# BASIC GENIUS
## English-Japanese Dictionary

# ベーシック
## ジーニアス
# 英和辞典

［編集主幹］
小西友七
原川博善

大修館書店

Taishukan's Basic Genius English-Japanese Dictionary
Copyright © 2002 by KONISHI Tomoshichi & HARAKAWA Hiroyoshi
Taishukan Publishing Company, Tokyo

# まえがき

　21世紀の日本と世界を担う若い世代に向けて，ここに『ベーシック ジーニアス英和辞典』をお届けする。この辞典は11年前に出版された『ヤング ジーニアス英和辞典』の後継となるものである。『ジーニアス英和大辞典』を頂点とするジーニアス=ファミリーにあって，きょうだい辞典『ジーニアス英和辞典〈第3版〉』，『アクティブ ジーニアス英和辞典』の末っ子として，高校生が入学当初から（場合によっては中学上級から）すぐに使いこなすことができる親しみやすい辞典を目指した。あわせて，高校3年間の学習と大学入試にも対応できる内容を備えたものとなるよう配慮した。

　この10年あまり，世界はソ連の崩壊以後，東欧・中東における民族・宗教紛争の勃発，EU（ヨーロッパ連合）の誕生と発展，米ソ二極冷戦構造から米国を核とする世界秩序の再編成へと大きく動いてきた。また，地球温暖化，熱帯雨林の破壊などによる地球環境の悪化，クローニングや遺伝子組み換えなど，生命倫理にかかわる先端科学技術の進展，インターネット，emailなどのIT革命などを見てきた。これらの変化に伴い，英語の上にもさまざまな新語・新語義が生まれている。新語・新語義の基本的なものはできるだけ収録し，現代のニーズに応えられるよう努めた。

　この辞典が，英語の本質（genius）についての理解と英語習得を促し，生来の天分（genius）を引き出し，「使える英語」を学ぶための強力な助けとなることを切に望んでいる。

　編集にあたっては，『ヤング ジーニアス英和辞典』において他の同種の辞典に先がけて導入した「基本語の語義の図解」「対話形式の用例」「Q&A欄」を受け継いで増強する一方，初級の学習者にとってuser-friendlyなものとなるようさまざまな工夫を取り入れた。

　つぎの4点が主な柱となっている。

1　**新語・新語義の収録**　古くなった語義，頻度の低い語彙を削除する一方，政治・経済・科学・社会・文化など諸分野の新語・新語義を加え，全体として成句等を含めて約40,000項目を盛り込んだ。

2　**コミュニケーションの重視**　重要語ではできるだけ対話用例（対話とい

うマークで表示）を設けて，生きた場面における用いられ方をリアルに示すようにした。また一般の用例でも会話の決まり文句を数多く収録して，oral communicationの理解と実際の場面に生かせるようにした。

### 3　user-friendlyにするための工夫

a) カタカナ発音表示：発音記号による英語音の把握への橋渡しとして，英語音の目安を与えるものとして採用
b) 基本語の語義の図解
c) わかりやすい文型表示
d) 自動詞・他動詞の関係，関連する©名詞とU名詞の図示
e) 重要語の語義インデックス
f) 効果的な2色刷り
g) 重要語の特大見出しなど

### 4　付録の充実

わかりやすい文章で書かれた「文法のてびき」のほか，「接頭辞・接尾辞一覧」「不規則変化名詞表」など従来なかった付録を収録し，充実をはかった。

　この辞典の編集にあたっては，別掲の編集委員・編集協力者のご尽力，資料提供者のご協力に負うところが大きい。また，ジーニアス＝ファミリーの他の辞書，特に最新の『ジーニアス英和辞典〈第3版〉』の成果を活用した。

　大修館書店編集第二部の諸氏は，企画から出版まで種々お世話くださり，形式・内容についても有益な提言をされた。さらに共同印刷株式会社，日本アイアール株式会社ほか，すべての関係者の方々に心からお礼を申しあげる。

　最後になったが，今回の出版に際しても，これまでにジーニアス＝ファミリーの利用者の皆さまから寄せられたご意見・ご指摘を活用させていただいた。ここに改めて厚く御礼申しあげる。今後も，厳しいご批判と温かいご助言によって，この辞典を育てていただきたく，ここにお願いを申しあげる次第である。

2002年9月

　　　　　　　　　　　　　　　　　　　　小西友七　　原川博善

### 編集主幹
小西友七　　原川博善

### 編集委員
佐藤哉二　　中畠 繁　　政村秀實

### 編集協力者・校閲者・執筆者
中畠 繁　　Milo Wakelin　　佐藤哉二　　瀬谷廣一
南出康世　　池内敏郎　　杉本一潤　　畠山利一　　小林資忠

### 協力者・資料提供者
茂原光博　　岡田隆男　　小林敏彦　　米山正夫　　柳田躬嗣
尾崎恒夫　　岩瀬恭一　　真野寬海　　本山照夫　　中村 淳

---

[ヤング ジーニアス英和辞典　編集関係者]

| | |
|---|---|
| **編集主幹** | 小西友七 |
| **編集委員** | 原川博善　八村伸一　政村秀實　Alan Brady |
| **編集協力者** | 佐藤哉二　小林資忠 |
| **校閲者・執筆者** | 佐藤哉二　小林資忠　原川博善　八村伸一　阿部初子 |
| | 吉岡誠次　浜口 仁 |
| **資料提供者** | 窪田雄一　金子和義　筧 通文 |

[ジーニアス英和辞典 第3版　編集関係者]

| | |
|---|---|
| **編集主幹** | 小西友七　南出康世 |
| **編集委員** | 畠山利一　佐藤哉二　小林資忠 |
| **編集協力者・校閲者・執筆者** | 池内敏郎　杉本一潤　中畠 繁　宮本正俊　Lawrence Schourup |
| | Kevin Keane　広瀬浩三　西川眞由美　吉田 聡　瀬谷廣一　森 哲郎 |
| | 須賀 廣　橋本喜代太　森本 勉　浜口 仁　南條健助　有本 純 |
| **協力者・資料提供者** | |
| | 柳田躬嗣　川島 明　尾崎恒夫　岩瀬恭一　上野義雄　中口國雄 |
| | 佐藤 学　佐藤哲夫　茂原光博　真野寬海　本山照夫　野沢 清 |
| | 今村 達　井上貞明　北村光昭　秋山耕壱　中島吉一　中村 淳 |

# 利用のてびき

[( ) 内の番号は「この辞典の使い方」の参照箇所を示す]

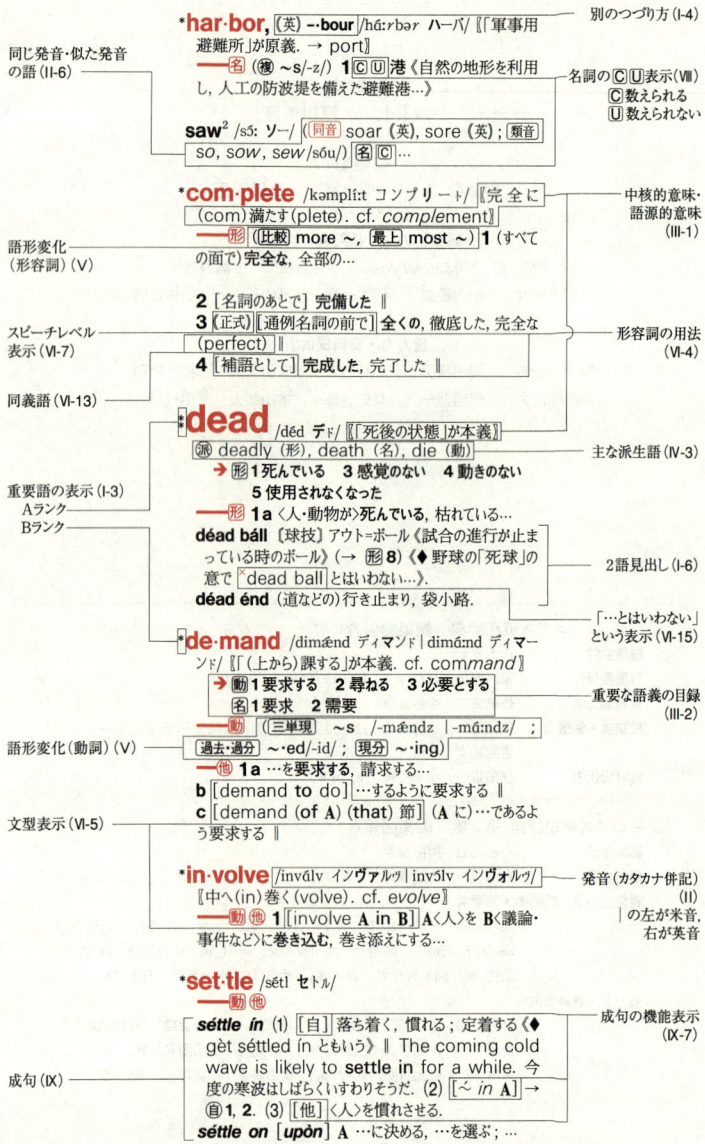

# この辞典の使い方

## I 見出し語

**見出し語の並べかた**

1 アルファベット順に並べてある。同じつづりで大文字・小文字の違いのあるものは，小文字→大文字の順。

2 同じつづりで語源の異なる語は別見出しとし，右肩に番号をつけた（ただし，説明の都合で同語源でも別立てとしたものがある）。

**bill¹ bill² Bill**

大文字の略語は，原則としてピリオドなしの形だけを示した。

**重要語の表示**

3 重要度に応じて次のような記号をつけてランクを示した。

\*\* Aランク 中学学習語（赤色の特大見出し） 約1100語
\* Bランク 高校学習語（赤色の見出し） 約2300語
無印 Cランク その他 約30400語

**いろいろなつづりがある場合**

4 ( ) は省略可能の部分，- は最初のつづりとの共通部分を示す。
( ) 内の部分もアルファベット順に含めて配列した。

**ben·zine, -·zin** [benzine とも benzin ともつづる]
**Bern(e)** [Bern とも Berne ともつづる]

**分　節**

5 音節の切れ目は，・（小さい中点）で表示した。

**2語見出し（分離複合語）**

6 2語以上からなる見出し語（以下「分離複合語」という）は，最初の語の項目の末尾にまとめて掲げた（アルファベット順）。
例えば，table knife は見出し語 table の末尾に **táble knife** として示した。

**派　生　語**

7 ある語に接尾辞 -ly, -ness, -ment, -(e)d をつけてできたCランクの派生語は，元の語の末尾（分離複合語のあと）に置く場合がある。（いくつか派生語があるとき，アルファベット順によらない。）

## II 発　音

**発音の表記**

1 発音記号は別表（p. xvii）のものを用い，/ / に入れた。
米国式と英国式の発音が異なるときは，/米音 | 英音/ のように示

| この辞典の使い方 | viii |

した。ただし，別表の注1に示すような読み替えを行なう。
省略可能な音は斜字体（*ə*, *j* など）で表記した。ただし，斜字体にせず（　）に入れて示したものもある（別表の注1も参照）。
第1アクセントは´，第2アクセントは`をつけた。

**2** 発音記号の直後に，カタカナによる発音表記を示した。これは目安であり，これだけを見て正しい発音が再現できるものではない（くわしくは p. xx 参照）。

**3** 同じ発音で違うアクセントもあるときは，ダッシュ（-）を使って /-́-̀-/ のように表記した。（1音節につき1つのダッシュ）。

**4** 分離複合語（I-6 参照）は，原則として発音を省略し，アクセントだけを示した。見出し語の末尾に置く派生語（I-7 参照）も，原則として発音を省略し，第1アクセントの位置だけを示した。

**5** 連結形 の発音は代表的なものだけを示した。実際の語のなかでは他の発音もありうる。

《発音注意》・
同音 ・ 類音

**6** 発音がわかりにくい語や日本人がよく誤って発音する語には《発音注意》《アクセント注意》と注記した。また，適宜《◆bは発音しない》などと注記したほか，よく犯す誤りを《◆×…》の形で示した。

発音表記のあとに 同音 として見出し語と同じ発音の語を掲げた。見出し語または掲げた同音語にいくつか発音があるときは △印 をつけた。

日本人の立場から見て発音が似ていてまぎらわしい語を 類音 として掲げた。

**fork** /fɔ́ːrk/　類音 fo/k /fóuk/）

## III　本義・原義・主要語義目録

本義・原義

**1** A, Bランクの語については，意味の総合的な理解の助けとするため，その語の語義全体の基本となる「本義（中核的意味）」または「原義（語源的意味）」を〖　〗に入れて示した。Cランクでも必要に応じて〖　〗で語源を示した。

　　**cassette**〖小さい(-ette)箱(case)〗
　　**close**〖「互いに密着している」が本義〗

基本的な語義を特に図解したものもある。

語義目録

**2** A, Bランクの語で多くの語義のある語については，主要な語義を→のあとに掲げ，ひと目でわかるようにした。

　　＊**face**…
　　→ 名 **1**顔　**2**顔つき　**4**表面
　　　動 他 **1**面する　自 向いている

由　　来

**3** 外来語（完全に英語化しているものも一部含む）は，その由来する言語名を〖フランス〗〖スペイン〗などとして示した。

|               | 　　　　　　　　　　　　　　　　　　　　　　　　　　　　　　　　　　　　　　　　　　　　　　　|
|---|---|
|               | 〖聖〗は聖書，〖Shak.〗はシェイクスピアの作品に由来する句・用法であることを示す。|
| 自他の関係     | **4** 動詞の自他は別々に示されているが，実際は自と他は別個のものではない。この自と他の関係を明らかにするため，次のような表示をした。|

---

―― 他と自の関係 ――

| 他 | **1a** bake A | A 〈パン・魚など〉を焼く |
|---|---|---|
| 自 |     A bake    | A 〈パン・魚などが〉焼ける |

---

## IV 品　　　詞

**品詞の表示**

**1** 品詞は次のような記号で示した。

|          |          |          |
|---|---|---|
| 名 名　詞 | 動 動　詞 | 前 前置詞 |
| 代 代名詞 | 自 自動詞 | 接 接続詞 |
| 形 形容詞 | 他 他動詞 | 間 間投詞 |
| 副 副　詞 | 助 助動詞 |          |
| 略 略　語 | 記号 記号 | 連結形 連結形 |

接頭辞・接尾辞は別表（p.1740）にまとめた。

**2** 分離複合語には品詞を示していない。ただし，外来語などわかりにくいものには示した。

派　　　　**3** A, Bランクの語については，重要な派生語（主としてA, Bランク）を派として品詞表示の前に掲げた。

## V 語 形 変 化

**語形変化の表示の原則**

**1** 名詞，動詞，形容詞，副詞の語形変化は，品詞表示のすぐあとに（ ）に入れて示した。
〜は見出し語まるごとの代用，‐は見出し語の一部（音節の切れ目から前）の代用である。

**2** A, Bランクの語では，規則変化・不規則変化にかかわらず変化形をすべて発音とともに示した。
Cランクの語については，不規則変化と，注意を要するものだけを示した。

**3** 不規則変化する語およびA, Bランクの語で変化形に注意を要するもの（語尾のyをiに変える，-eを取って-ingをつける，など）については，変化した形も見出し語に立てた。

**名 詞 の複 数 形**

**4**（複　）として表示した。つづりが-oで終わる語，-esをつける語，yをiに変えて-esをつける語，その他注意を要する語に

| | ついては，Cランクでも複数形を示した。 |
|---|---|
| 動詞の<br>語形変化 | **5** A, Bランクの動詞の語形変化は次のように示した。<br> **run**（三単現 ~s/-z/; 過去 ran/rǽn/, 過分 run; 現分 run·ning）<br>  [三人称単数現在形 runs; 過去形 ran, 過去分詞形 run;<br>  現在分詞形 running であることを示す]<br>過去形と過去分詞形が同じときは，過去・過分 という表示で1回だけ示した。<br>2つ以上の形があるときは (... または ...) のように示した。<br>**6** Cランクの動詞では，不規則変化の変化形のほか，三人称単数現在形で -es をつけるもの，三人称単数現在形・過去形・過去分詞形で語尾の y を i に変えるもの，過去形・過去分詞形・現在分詞形で語尾の子音を重ねるもの，現在分詞形で -e を取って -ing をつけるものを示した。<br> **abolish**（三単現 ~·es/-iz/）<br> **amplify**（三単現 --·pli·fies/-z/; 過去・過分 --·pli·fied/-d/）<br> **abet**（過去・過分 a·bet·ted/-id/; 現分 a·bet·ting）<br> **advocate**（現分 --·cat·ing） |
| 形容詞・副詞の比較変化 | **7** A, Bランクの1, 2音節からなる形容詞・副詞については比較変化をすべて示し，比較級には 比較，最上級には 最上 と表示した。3音節以上で表示のないものは more ~, most ~ を用いる。<br>**8** Cランクの語では，表示のない場合<br> 1音節の語　　　　　　-er, -est<br> 2音節以上の語　　　　more ~, most ~<br>を用いる。(時に 比較 ~·er, 最上 ~·est) は more 型と -er 型の両方が用いられることを示す。 |

## VI 語義・文型表示，その他の注記

| | |
|---|---|
| 語義の<br>区分・順序 | **1** 語義は**1, 2, 3**...の数字で区分し，さらに必要に応じて**a, b, c**...やセミコロン（;）で区切って示した。多くの語義のある語では，**I, II, III**...でいくつかの大きなブロックに分けた。<br>語義を掲げる順序は，頻度順を原則としながら，意味の関連・展開がわかりやすい順序となるように工夫した。 |
| 語義の<br>示し方 | **2** 語義は，説明的な訳は避け，なるべくそのまま訳語として使えるような形にした。<br> ( ) 内は省略可能な部分，または「内包的意味」(普通そういう意味をこめて用いられるという部分) である。<br> **hall** ... 名 ...... **2** 玄関(の広間)<br>  [「玄関」または「玄関の広間」の意になる]<br> **cabin** ... 名 **1** (丸太造りの)小屋 |

[  ]は直前の語句と交換ができる語句を示す。
**brickyard** ... 图 ... れんが工場[販売所]
[「れんが工場」または「れんが販売所」の意になる]
語義のあとの《 》内は語義の定義や内容説明である。

**3** A, Bランクの語では, 重要な語義を太字で示した。太字の語義については, 文型を示し, 用法の注記などを特にくわしくした。

**用法の指示 文法上の 注 記**

**4** さまざまな語法・文法上の注記を[ ]に入れて示した。(〜は見出し語の代用。ただし, 2字以下の語やわかりにくい場合などは全部つづった。)以下に主なものを掲げる。

語形
　[P〜] 見出し語は小文字だが, ここでは大文字で用いる。
　[p〜] 見出し語は大文字だが, ここでは小文字で用いる。
名詞の用法
　[the 〜][a 〜][an 〜] それぞれの冠詞つきで用いる。
　[one's 〜] 人称代名詞の所有格 (my, your, his, her, our など) つきで用いる。
　[〜s][〜es] 複数形で用いる。(y を i に変えて -es をつける語は全部つづった。)
形容詞の用法
　[補語として] He is crazy. の crazy のように, 連結動詞 (be, remain など) の補語として用いる。
　[名前の前で] a crazy boy の crazy のように, 名詞の直前に置いてその名詞を直接修飾する。
動詞の用法
　[be 〜ed] 受身形で用いる。(y を i に変えて -ed をつける語は全部つづった。)
　[be 〜ed] および [通例 be 〜ed] については, それに続く訳語も受身にしたものを掲げた。
　[be 〜ing] 進行形で用いる。
　[〜 oneself] 再帰代名詞 (myself, yourselves など) とともに用いる。

そのほか, [a 〜 of...][数詞の前で][比較級を強めて][命令形で][比喩的に] などさまざまな表示をした。

**文型表示**

**5** 重要な動詞および一部の形容詞については, 主語に **S**, 目的語 (時に主語など) に **A**, **B**, 補語に **C** を用いて文型を表示した。

　**give** 他 **1** [give (A) B / give B (to A)]
　〈人が〉(A〈人〉に)B〈物・金〉を(無償で)与える
　**become** 自 [become C] C〈の状態〉になる
　**kind** 形 **1b** [A is kind to do / it is kind of A to do]
　…するとは A〈人〉は親切だ

**6** 不定詞, 動名詞, that 節, wh 節, 決まった前置詞などを伴う場合は, それも含めて示した。

| スピーチ レベル | **7** 語の使われる地域，文体，時代的差異などに関するスピーチレベルは，（ ）に入れて示した。主なものは次のとおり（指示のない語は普通に用いられる一般語である）。 |
|---|---|

機能的差異

|  |  |
|---|---|
| (文) | 文語，堅い書き言葉（時に(古)(詩)に通じる） |
| (詩) | 詩で用いる言葉 |
| (正式) | あらたまった書き言葉・話し言葉 |
| (略式) | くだけた書き言葉・話し言葉 |
| (俗) | 俗語，非常にくだけた話し言葉 |

性的・年齢的・人種的差異

(男性語)　(女性語)　(学生語)　(小児語)

|  |  |
|---|---|
| (黒人語) | 米国の黒人特有の言葉 |

地域的差異

|  |  |
|---|---|
| (方言) | ある地域でだけ用いる。(英方言)とあれば英国のある地域でのみ用いる言葉ということになる。 |
| (米) | 米国でのみ用いる。 |
| (英) | 英国でのみ用いる。 |
| (カナダ) | カナダでのみ用いる。 |
| (豪) | オーストラリア・ニュージーランドでのみ用いる。 |
| (スコット) | スコットランド方言 |
| (アイル) | アイルランド方言 |

　　　　その他，必要に応じていろいろな地域名を用いた。

時代的差異

　　(古)　(やや古)　(廃)

その他

　　(愛称)　(掲示)

その他，場面を表す短い言葉（(空港のアナウンス)(店員の言葉) など）を（ ）で示した。

**8**「主に」「…ではしばしば」「…では時に」などの言葉も用いて，特に地域ごとの使用実態を示すようにした。

|  |  |
|---|---|
| (主に英) | 主に英国で用いる。米国でも用いることがある。 |
| (英では主に) | 英国では主にこの語句・語形を用いる。他の語句・語形を用いることもある。米国では用いない。 |
| (英ではしばしば) | 英国ではこの語句・語形を用いることもよくある。米国では用いない。 |
| (英では時に) | 英国では時にこの語句・語形を用いることもある。米国では用いない。 |
| (英まれ) | 英国でまれにこの語句・語形を用いることがある。米国では用いない。 |
| (英古) | 英国で古い用法でのみ用いる。米国では用いない。 |
| (英・カナダ) | 英国とカナダでのみ用いる。 |

| | | |
|---|---|---|
| (PC) | **9** | 性差別・人種差別・障害者差別等につながりうる語句には，非差別的表現を，(PC) という表示をつけて掲げた．(PC = politically correct) |
| | | 例えば，人間全体を示す男性名詞（例：man, mankind），男女両性を含む男性職業名詞（例：salesman, congressman），ことさら男女の違いを強調する語（例：lady doctor, waitress）などに対して，男性に偏しない両性平等に使える語を示した． |
| | | (PC) としてあげた語は，本辞典で見出し語となっていない場合がある． |
| 専 門 語 | **10** | 専門的な語，決まった分野で用いられる語には，分野を〔 〕で示した（訳語から明らかなものは表示を省略した場合がある）．〔動〕は動物(学)，〔植〕は植物(学)の略． |
| 選択制限 | **11** | 動詞の主語・目的語・補語，形容詞の被修飾語，前置詞の目的語などにどういう内容の語がくるか（これを選択制限という）を，語義の中に〈 〉で示した． |
| | | **damage** ... 動 ... **1**〈物・事が〉〈物〉に損害を与える． |
| | | ［主語については〈…が〉のように示す］ |
| | | **derive** ... 動 ... **1** [derive A from B] **B**〈本源となる物・事〉から **A**〈利益・楽しみ・安心など〉を引き出す，得る． |
| | | **decisive** ... 形 ... **1**〈戦い・勝利などが〉明確な結果をもたらす，決定的な． |
| | **12** | 動詞にしばしば伴う副詞辞は+印をつけて（ ）に入れ，斜字体で示した． |
| | | **fence** ... 動 ... …に囲いをめぐらす（+*in*, *off*）． |
| 同 義 語 | **13** | 語義のあとの（ ）内に同義語または言い換え可能な英語を示した． |
| いろいろな 注記・記号 | **14** | 語義・訳語についての関連情報や語法説明・語のイメージ・補足などは《◆ 》に入れて示した．説明の長いものは囲み記事とし，一部は Q&A として質問と答えの形で示した． |
| | **15** | 必要に応じて，次のような表示を用いた． |
| | | 関連　語法　文化　事情 |
| | | 類　類義語　　比較　日本語と英語の比較 |
| | | 表現　主に英語で表現する場合に役立つ知識 |
| | | ×　　　文法的に誤った英語，語法上不適切な表現 |
| | | cf.　　…を参照せよ |
| | | →　　…を見よ（直接関連する情報が他の箇所にある場合） |
| | | ↔　　反意語・対になる語 |

## VII 用　例

**用　例**

1　各項目の語義のあとに，‖で区切って用例を掲げた。
すぐに役立つ対話形式の用例を，対話 の表示をして収録した。
見出し語部分は太字にした。

2　[　]は，語義の場合と同じように，直前の語と交換が可能であることを示す。ただし，英語とその訳の両方に[　]があるときは，[　]の前の語同士，[　]の中の語同士が原則として対応している（これは注記などでも同じ）。

  a convex [concave] lens　凸[凹]レンズ. [a convex lens が「凸レンズ」, a concave lens が「凹レンズ」となる]

**準成句**

3　用例の中で，特によく使われる連語や重要な句，成句的な慣用表現などは，「準成句」と考えて太字にした。

**言い換え**

4　重要語の用例では，可能な限り，言い換え[書き換え]を次のように示した。

  **cold** ...　形 ...　‖
   It's **cold** in this room. ＝This room is **cold**. ＝I feel **cold** in this room.　この部屋は寒い.
  **collapse** ...　動自 ...　‖
   Under the weight of the snow the roof of the house **collapsed**.　雪の重みで家の屋根がつぶれた（＝The weight of the snow **collapsed** the roof of the house.）[他を用いた言い換え]

ここで用いた等号（＝）は，「まったく同じ意味」ということではなく，「だいたい同じような意味である（ニュアンスに相違もある）」といった場合にも用いている。

**イントネーション, ストレスなど**

5　イントネーションやストレスによって意味の違いが生じる場合（「部分否定」と「全否定」など），丁寧さの度合いが異なる場合（Thank you. (↗)(↘) など），その他必要に応じて用例にイントネーションやストレスを示した。イントネーションは，高低変化の終わった箇所に，次のような記号で示した。

 ↘　（下降調）　通例平叙文で用いられ，文の完結を示す。断定的口調。

 ↗　（上昇調）　通例疑問文で用いられ，質問・勧誘・依頼などを表す。また文中で，文が未完結であることを示す。

 ↘↗　（下降上昇調）　通例文頭の文全体を修飾する副詞(句)・挿入句[節]で用いる。
   文尾では対比とか話し手の含みのある態度を示す。

 ↘　（部分下降調）　中途半端な下降で，未完結あるいは話し手のちゅうちょなどを表す。

ストレスは，´と｀のアクセント記号をつけて示した。

この他, ┆ によって，若干の休止があることを示した。

## VIII ⓒ と Ⓤ

**名詞のⒸとⓊ**

1 名詞には，数えられるものにⒸ (countable), 数えられないものにⓊ (uncountable) の記号をつけた。
語義番号の前にある記号は全部の語義に共通である。番号のあとのⒸⓊは，次の記号があるまで適用される。

**ⒸとⓊの意味**

2 Ⓒ名詞は，単数形では a, an (または the, my, any, that などの決定詞) が必要であり，複数形にすることができる。

3 Ⓤ名詞は，冠詞 (または他の決定詞) なしで用いることができ，複数形にならない。いわゆる物質名詞，抽象名詞などがこれに含まれる。特に a, an がつくときは [a～], また [しばしば a～][しばしば～s] などとして示した。

4 [集合名詞]としたものには通例ⒸⓊをつけない。
固有名詞にはⒸⓊ記号をつけない。
実際にはⒸとⓊの中間段階の語(義)もある。こうした語やランクの低い語については一括してⒸⓊまたはⓊⒸと表示した。

**関連する用法の表示**

5 [the～][a～][～s][the～s][one's～] などとあるものは常にこの形で用いられることを示す。この場合ⒸⓊはつけない。
複数形の語の語義については，必要に応じ，[単数扱い][複数扱い][単数・複数扱い] という表示をした。[単数扱い]の語が主語になった場合は単数の主語に一致する動詞を用い，また単数の代名詞で受ける。(複数形で表示のないものは複数扱いである。)

## IX 成句・句動詞

**成句の掲げ方**

1 成句 (イディオム，熟語) は各品詞の語義・用例のあとに太い斜字体で掲げた。(自動詞・他動詞の成句はその終わりに1か所にまとめて示した。)

2 配列はアルファベット順 (単語ごとでなく，全体を通してのアルファベット順) である。A, B, S などはアルファベット順に含めないが，その他 one's, oneself, the, a などはアルファベット順に含めた。また，( ) 内の語 (省略可能の意) はアルファベット順に含め，[ ] 内の語 (直前の語と交換可能の意) は含めない。
句動詞 (動詞＋前置詞または副詞辞で全体として動詞の機能をもつ成句) のうち，特に重要なものは独立の見出し語とした。本来の位置 (1語めの動詞の語義のあと) には次のような参照見出しを置いた。
◇ *lóok úp* → look up (見出し語).

| | |
|---|---|
| 成句に用いた記号 | **3** **A, B** は動詞・前置詞の目的語を示す（ただし，目的語ではなくても便宜上 **A, B** を用いた場合がある）。<br>*one's* は成句の主語と同じものが人称代名詞（my, your, her, their など）になって入ることを示す。その他の場合は **A***'s* とする。<br>*oneself* は再帰代名詞（myself, yourself, themselves など）が入ることを示す（この辞典の **oneself** の項目の 語法 参照）。[ ]が成句見出しと訳の両方にあるときは，用例の場合（VII-2参照）と同じように，英語とその訳を対応させた。<br>**4** 成句には標準的なアクセントを表示した。ただし，文脈による変動や個人差も大きいので，ひとつの目安としての表示である。<br>**5** 重要な成句には◇印を付け，重要な語義は太字にした。 |
| 成句を扱う場所 | **6** 名詞を含む成句は名詞のところで扱う。それ以外は，その成句の中でもっとも重要な語またはもっとも特徴的な語の見出し語のところで扱う。<br><br>    *in the lóng rùn*        **run** 名 で扱う。<br>    *hít it óff* (*wèll*)        **hit** 動 で扱う。<br>    *còme* (*báck*) *to lífe*   **life** 名 で扱う。<br><br>引きにくいものについては，いろいろな箇所から引けるように参照見出しをつけた。 |
| 機能表示 | **7** 「動詞＋前置詞または副詞辞」からなる句動詞には，成句としての機能（品詞に準ずるもの）を次のように表示した。<br>  ［自］  自動詞＋副詞辞。目的語をとらない。<br>  ［他］  他動詞＋副詞辞。目的語は他動詞の目的語であり，原則として副詞辞は目的語の前にもあとにも置かれる。ただし目的語が代名詞の場合は通例 ~ **A** up の形でのみ使われる。<br>自動詞＋前置詞からなる句動詞は，[~ *thròugh* **A**] のように表示した。<br>**8** 句動詞以外でも，形や訳語からわかりにくいものは［名］［副］［接］のように機能表示をした。 |

# 発音記号表

## [母 音]

| | | | | |
|---|---|---|---|---|
| /iː/ | sea /síː/ スィー/ | | /əːr \| ʌr/* | courage /kə́ːridʒ カーリヂ/ kʌ́ridʒ カリヂ/ |
| /i/ | hit /hít/ ヒト/ | | /ei/ | take /téik/ テイク/ |
| /e/ | set /sét/ セト/ | | /ai/ | right /ráit/ ゥライト/ |
| /æ/ | bat /bæt/ バト/ | | /ɔi/ | choice /tʃɔ́is/ チョイス/ |
| /æ \| ɑː/ | laugh /lǽf ラフ \| lɑːf ラーフ/ | | /au/ | out /áut/ アウト/ |
| /ɑː/ | father /fɑ́ːðər/ ファーザ/ | | /ou/* | rope /róup/ ゥロウプ/ |
| /ɑ \| ɔ/ | hot /hát/ ハト \| hɔ́t ホト/ | | /ɑːr/* | star /stɑ́ːr/ スター/ |
| /ʌ/ | cup /kʌ́p/ カプ/ | | /ɔːr/* | door /dɔ́ːr/ ドー/ |
| /ɔː/ | law /lɔ́ː/ ロー/ | | /iər/* | deer /díər/ ディア/ |
| /ɔ(ː)/* | long /lɔ́(ː)ŋ/ ロ(ー)ング/ | | /eər/* | hair /héər/ ヘア/ |
| /u/ | book /búk/ ブク/ | | /uər/* | tour /túər/ トゥア/ |
| /uː/ | soup /súːp/ スープ/ | | /-iər-/* | serious /síəriəs/ スィアリアス/ |
| /(j)uː/* | new /n(j)úː/ ヌー (ニュー)/ | | /-eər-/* | parent /péərənt/ ペアレント/ |
| /ə/ | collect /kəlékt/ コレクト/ | | /-uər-/* | tourist /túərist/ トゥアリスト/ |
| /ər/* | paper /péipər/ ペイパ/ | | | |
| /əːr/* | bird /bə́ːrd/ バード/ | | | |

## [子 音]

| | | | | |
|---|---|---|---|---|
| /p/ | pen /pén/ ペン/ cup /kʌ́p/ カプ/ | | /dz/ | reads /ríːdz/ ゥリーヅ/ |
| /b/ | boy /bɔ́i/ ボイ/ | | | adds /ǽdz/ アヅ/ |
| | job /dʒáb/ ヂャブ \| dʒɔ́b ヂョブ/ | | /tʃ/ | chart /tʃɑ́ːrt/ チャート/ |
| /t/ | team /tíːm/ ティーム/ sit /sít/ スィト/ | | | catch /kǽtʃ/ キャチ/ |
| /d/ | date /déit/ デイト/ pad /pǽd/ パド/ | | /dʒ/ | July /dʒulái/ ヂュライ/ |
| /k/ | kick /kík/ キク/ cut /kʌ́t/ カト/ | | | bridge /brídʒ/ ブリヂ/ |
| /g/ | gate /geit/ ゲイト/ leg /lég/ レグ/ | | /h/ | hot /hát/ ハト \| hɔ́t ホト/ |
| /f/ | fight /fáit/ ファイト/ puff /pʌ́f/ パフ/ | | | who /húː/ フー/ |
| /v/ | voice /vɔ́is/ ヴォイス/ | | /m/ | man /mǽn/ マン/ sum /sʌ́m/ サム/ |
| | save /séiv/ セイヴ/ | | /n/ | not /nát/ ナト \| nɔ́t ノト/ |
| /θ/ | three /θríː/ スリー/ | | | run /rʌ́n/ ゥラン/ |
| | tooth /túːθ/ トゥース/ | | /ŋ/ | song /sɔ́(ː)ŋ/ ソ(ー)ング/ |
| /ð/ | this /ðís/ ズィス/ | | | singer /síŋər/ スィンガ/ |
| | bathe /béið/ ベイズ/ | | /l/ | light /láit/ ライト/ tell /tél/ テル/ |
| /s/ | sun /sʌ́n/ サン/ | | /r/ | red /réd/ ゥレド/ |
| | pass /pǽs/ パス \| pɑ́ːs パース/ | | | terrible /térəbl/ テリブル/ |
| /z/ | zoo /zúː/ ズー/ noise /nɔ́iz/ ノイズ/ | | /j/ | yes /jés/ イェス/ |
| /ʃ/ | she /ʃíː/ シー/ cash /kǽʃ/ キャシュ/ | | | opinion /əpínjən/ オピニョン/ |
| /ʒ/ | vision /víʒən/ ヴィジョン/ | | /w/ | well /wél/ ウェル/ one /wʌ́n/ ワン/ |
| | pleasure /pléʒər/ プレジャ/ | | /hw/* | where /hwéər/ ウェア/ |
| /ts/ | cats /kǽts/ キャツ/ | | /x/ | loch (外国語のみ) /... \| lɔ́x ロホ/ |
| | roots /rúːts/ ゥルーツ/ | | | |

## [発音記号表への注]

### 1. 米音と英音

/lǽf | láːf/ のような場合, | の左側が米国式, 右側が英国式の発音である。
《米+》,《英+》は「米国ではこの発音もある」,「英国ではこの発音もある」の意。
\*印の音については米音と英音が異なっていて, 次のように対応している。

| | | | |
|---|---|---|---|
| /ɔ(ː)/ | → | 米 /ɔː/ | 英 /ɔ/ |
| /(j)uː/ | → | 米 /uː/ | 英 /juː/ |
| /ər/ | → | 米 /ɚ/ | 英 /ə/ |
| /əːr/ | → | 米 /ɚː/ | 英 /əː/ |
| /ɑːr \| ʌr/ | → | 米 /ɚː/ | 英 /ʌr/ |
| /ou/ | → | 米 /ou/ | 英 /əu/ (英音を特に示すときは /əu/ を用いた) |
| /ɑːr/ | → | 米 /ɑɚ/ | 英 /ɑː/ |
| /ɔːr/ | → | 米 /ɔɚ/ | 英 /ɔː/ |
| /iər/ | → | 米 /iɚ/ | 英 /iə/ |
| /eər/ | → | 米 /eɚ/ | 英 /eə/ |
| /uər/ | → | 米 /uɚ/ | 英 /uə/ |
| /-iər-/ | → | 米 /-ir-/ | 英 /-iər-/ |
| /-eər-/ | → | 米 /-er-/ | 英 /-eər-/ |
| /-uər-/ | → | 米 /-ur-/ | 英 /-uər-/ |
| /hw-/ | → | /w-, 《米+》 hw-/ | |

/ɚ/ /ɚː/ については 4. 参照。

### 2. /i/と/iː/, /u/と/uː/

/i/と/iː/, /u/と/uː/の違いは, 音の長さの違いではなく, 音質の違いである。すなわち, /i//u/は舌の位置が低く, 緊張がない, 唇の形が緩む, といった特徴があるのに対し, /iː//uː/は舌の位置が高く, 緊張があり, 唇が張って [/uː/ では丸められて] いる。(この点, 「おじいさん」と「おじさん」を母音の長さで区別する日本語とは事情が異なる。実際のところ, **beat** /bíːt/ と **bid** /bíd/ の母音の長さはほとんど等しい。)

本辞典では従来からの記号を使って表記をしているが, 上記の点を考慮して/i//u/の代わりに/ɪ//ʊ/と表記することも多くなってきている。

### 3. あいまい母音 /ə/

通常「あいまい母音」と呼ばれている /ə/ (記号の名称は「シュワー (schwa)」) は,「そのつづり字本来の母音を弱く発音した音」を表す。/ə/ は時に「日本語のアの弱い音」というように説明されることもあるが, 実際にはそれだけでなく, かなり広い範囲の音が含まれる。

例えば, **today** /tədéi/ の /tə-/ は,「タ」ではなく,「tu-/ の方に寄った音である。

### 4. /ər/と/əːr/(または/ɚːr/)

米音における/ər/と/əːr/ (または/ɚːr/) は, /ə+r/ /əː+r/という2つの音の連続ではなく, 実際には, それぞれ/ɚ//ɚː/という1つの母音として発音される (/ɚ/ の記号は「かぎ付きのシュワー (hooked schwa)」と呼ばれる)。母音の/ɚ//ɚː/は, いわば子音の/r/を長めに発音した音 (すなわち音節主音的な/r/) であり, これら3つの音の音質は, 実質的に同じであると考えてよい。

## 5. 音節主音的子音の発音表記

主として日本人の発音に多い誤りを防ぐ配慮から，次のような語の終わりにくる「音節主音的子音（syllabic consonant）」/l/ /m/ /n/ の前では通例母音を表示しない。

(1) /pl/ **principal** /prínsəpl/　　/kl/ **local** /lóukl/
　　/sl/ **Russell** /rʌ́sl/　　　　/bl/ **global** /glóubl/
　　/fl/ **beautiful** /bjúːtəfl/
　　　（ただし，「…1杯分」の -ful は/-fùl/）
　　/zl/ **drizzle** /drízl/　　　　/tl/ **metal** /métl/
　　/nl/ **national** /nǽʃənl/　　/ml/ **normal** /nɔ́ːrml/
　　　その他 /dl/ /gl/ /vl/ /ʃl/ など。
　　　副詞形では **normally** /nɔ́ːrməli/ のようになる。
(2) /zm/ **prism** /prízm/　　　　/ðm/ **rhythm** /ríðm/
(3) /tn/ **cotton** /kʌ́tn/　　　　/pn/ **happen** /hǽpn/
　　/dn/ **harden** /hɑ́ːrdn/　　　/zn/ **reason** /ríːzn/
　　/sn/ **lesson** /lésn/　　その他 /fn/ /vn/ /kn/ など。

また，/əl/ /əm/ /ən/ /ər/は，それぞれ音節主音的な/l/ /m/ /n/ /r/として発音されることがあるということを示している。

## 6. 強勢（ストレス）とアクセント

アクセントと強勢（ストレス）ということばはしばしば同じように用いられるが，正しくは，強勢は音の強さ（大きさ）を表す用語であり，音の高さや長さとは関係がないのに対し，アクセントは，音の強さ（大きさ）に加えて，音の高さや長さなどの要素を総合したものを指す。本辞典の（アクセント注意）は，内容としては「強勢の位置に注意せよ」という意味である。

なお，英語のアクセントは強勢を主とする「強さアクセント（stress accent）」であるのに対し，日本語のアクセントは音の高低による「高さアクセント（pitch accent）」という違いがある。

## 7. 強勢の位置の変化

強勢（ストレス）は，①リズムの都合により，また②2つのものを対照させる場合に，その位置が変化することがある。

①英語では，強弱のリズムを整えるために，第1強勢が連続することを避けようとする傾向がある。例えば，後ろの方に第1強勢のある形容詞（または形容詞的用法の名詞）がすぐ次の名詞を修飾するとき，その形容詞の第1強勢が前に移動して，第2強勢のあった位置に置かれることがある。これを「強勢移動（stress shift）」という。

　　**Japanese**　　普通は Jàpanése だが，例えば boy を限定的に修飾するときは通例 a Jápanèse bóy となる。分離複合語（Jápanèse ápricot など）でも同様。
　　**New York**　　単独では Nèw Yórk だが，「ニューヨーク市」のときは Néw Yòrk Cíty となる。

ただし，強勢移動が起こるかどうかは，人により，場合により異なる。

②happy or unhappy（幸福なのか不幸なのか）のように意味を対照させる場合は，unháppy を本来の強勢位置で発音すると意味の区別にとって重要な un- が際だたないので，第1強勢を un- に移動させて únhàppy とし，対照を明確にすることがある。これを「対照強勢（contrastive stress）」という。

**8.** その他,「この辞典の使い方」のIIを参照。

# [カナ表記について]

発音表記には発音記号にカタカナを併用した。これは,実際の発音に到達するまでの橋渡しとして,発音記号をできるだけ音の近いカタカナの表記に転写したものである。すなわち,あくまで英語音を把握するための目安としての表記であり,カタカナから正確な発音が再現できる仕組みにはなっていない。たとえば,/ʌ/と/ɑ/,/o/と/ɔ/などの母音の違い,/s/と/θ/,/l/と/r/などの子音の違いは書き分けられていない(語頭の/r/はラ・リ…の前に小さな「ゥ」をつけて/l/と区別した)。

表記上の主な原則は次のとおりである。
・第1アクセントの来る音節に対応する部分を太字にした。促音(ッ)を使用しなかったので,自然な英語音に近づくためにはこの部分を特に強く発音する気持ちが必要である。
・複数の発音を掲げた語については,カタカナ表記は最初に掲げた発音のみにつけた。
・米音と英音が異なる場合はそれぞれにカタカナ表記をつけた。
・発音記号に省略可能な部分が斜体で示されているときは,原則としてその音を読む場合のみにカタカナ表記をつけた。
・発音記号に省略可能な部分が( )で示されているときは,カタカナはその部分が省略された場合とされない場合の両方を示した。
  **new** /n(j)úː **ヌー(ニュー)**/
・/ə/の音には,英語音としての自然さを考慮しつつ,原則としてつづりに合わせたカタカナを対応させた(注3.参照)。
  **agree** /əgríː **アグリー**/
  **movement** /múːvmənt **ムーヴメント**/
  **collect** /kəlékt **コレクト**/
  **freedom** /fríːdəm **フリーダム**/
  **supplement** /sʌ́pləmənt **サプリメント**/

# A

\***a, A** /éi エイ/ 名 (後 a's, as; A's, As/éiz/) **1** C U 英語アルファベットの第1字.
**2** C A字形のもの.
**3** C U 第1番目(のもの); (米)〔教育〕成績最優秀, 「優」‖
Grade **A** milk 最高級ミルク.
get an **A** in English 英語で A をとる.

| 米国の成績評価の例 | | |
|---|---|---|
| A | Excellent | 優 |
| B | Good | 良 |
| C | Fair, Passing, Average | 可 |
| D | Below Average | 可 |
| F | Failing, Failure | 不可 |

英国については grade 名 **3** 関連 参照.
**4** U 〔音楽〕イ音, イ調‖
in **A** flat major 変イ長調で.
***from Á to Ź*** 〔通例 know, learn と共に用いて〕初めから終わりまで; 完全に(thoroughly).
**Á lèvel** =advanced level.

\***a** /(弱) ə ア; (強) ei エイ, éi/**, an** /(弱) ən アン; (強) æn アン, æn, æn/ 〖「ひとつ(one)」が原義で, 原則として単数の C 名詞に付く. **不定冠詞** (indefinite article)と呼ばれる〗
→ 形 **1** ある **2** どの **3** 1つの **5** …につき **6** 一種の **8** …という(名の)人 **14** 同じ

——形

語法 (1) [a と an] a は次の音が子音の場合に, an は次の音が母音の場合に用いる. 詳しくは → an.
(2) [a を強く言う場合] ふつうは/ə, ən/であるが, 次のような場合は強い/ei, æn/を用いる. a) (演説などで)特に強調するとき: a/éi/ new nation (ひとつの)新しい国(家) / make a/éi/ real effort 本腰を入れて頑張る. b) 「真に, その名に値する」の意を表すとき: It's not a/ə/ good car, but it's a/éi/ car. いい車ではないが, 車であることに変わりはない. c) 対照的に用いるとき: I didn't write *a* /éi/ pen, but *the*/ði/ pen. a pen ではなく the pen と書いたのだ《♦ the も強く読む》.
(3) [a(n)の省略と反復] a) 全体として1つと考えられる1対になっている2つの語は, ふつう最初の語の前にだけ a(n) を用いる: *a cup and saucer* 受け皿付きのカップ / *a knife and fork* (1組の)ナイフとフォーク. b) 同一の人を指す2つの語が and で結ばれるときは, 初めの語の前にのみ a(n) を付けるのがふつう: He is *a* poet ***and*** novelist. 彼は詩人であり小説家である《♦ and の発音は→ and **2**》.

▮ [a + C 単数名詞]
**1** [初めて登場するある特定の人[物]を指す名詞, または特にこれと断定しないで漠然とある人[物]を指す名詞に付けて] ある, 1つ[1人, 1匹, など]の《♦日本語には訳さないことが多い》‖
**A** boy came running toward me. **He** was breathless. 少年が私の方へ駆けて来た. 彼は息を切らしていた.
**2** [総称的に] どの, どれも, …というものは(すべて)《♦ any の弱い意味. 同類の中から1つを代表に選ぶ言い方で, 定義や一般的事実を述べる時に用いる》‖
**A** horse is an animal. 馬は動物である(= Horses are animals.).
**A** [Any] child needs love. 子供には愛情が必要だ(=All children need love.).

語法 (1) 実際にはこの総称用法では無冠詞複数形がよく使われる. 特に目的語となる名詞は複数形がふつう: I like (reading) books [ˣa book]. 本(を読むの)が好きだ.
(2) U 名詞の総称用法は以下の斜体字の語のように常に無冠詞単数形: *Paper* is made from *wood*. 紙は木から作られる / I like *chocolate*. チョコレートが好きだ.

**3** 1つの, 1人[1匹など]の《♦ one の弱い意味》‖
*a* friend of mine 私の友だち《♦ 何人かの友だちのうちのだれか1人. 聞き手にもそれとわかる友だちは my friend. ˣa my friend, ˣmy a friend としない》.
for *a* week 1週間(の間).
Not *a* star was visible. 星ひとつ見えなかった《♦強調形は *Not a single* star was visible.》.
Don't make *a* mistake. 間違いをしないように (= Don't make mistakes.).

Q&A ***Q***: どういう場合に a の代わりに one が使われますか.
***A***: 数詞や only などと共に用いる場合や, another, others と対照的に用いる場合はふつう one を使います: 対話 "How many children do you have?" "I have *one* daughter and two sons." 「お子さんは何人ですか」「娘1人と息子が2人です」/ "Are you going to take any more exams?" "There's only

one [*an] exam left." 「まだほかに受けるのですか」「1つだけ残っています」/ One [*A] teacher stayed but all the *others* went home. 1人の先生が残り他の先生は皆帰宅した.

**4** [a＋名詞が補語になる場合]《◆日本語には訳さない》‖
He is **a** bus driver. 彼はバスの運転手だ.
Don't call that student **a** fool. あの学生をばか者呼ばわりするな.

語法 (1) 主語・目的語が複数のとき,補語も複数となる: *They* are bus driver*s*. / Don't call those student*s* fool*s*. (2) captain, chairman, head, president, principal など団体の長を表す語は冠詞がつかないのがふつう (→ as 前 **1**): She is *captain* of the team. / They elected him *president*.

**5** [a＋数量・期間を表す名詞] …につき(each), …ごとに(every)《◆商業文では per》‖
She earns $28,500 **a** year. 彼女の年収は28500ドルだ.
It costs eight pounds **an** ounce. それは1オンス8ポンドだ.

**II** [a＋Ⓤ名詞]

**6** [a＋物質名詞] 一種の; 1杯の ‖
a good [French] wine 上質[フランス産]のワイン《◆ふつう品質・生産地などを表す修飾語がつく》.
Give me **a** coffee, please.《略式》コーヒーを1杯ください《◆正式には a cup of coffee》.

**7** [a＋抽象名詞] 一例の,1つの場合の, 一種の, ある量・期間の《◆ an example of, a case [kind, period] of などの省略表現》‖
These slums are **a** disgrace to the city. このようなスラム街は市の恥だ《◆主語が複数でも disgraces とならない. → **4** 語法(1)》.
He has **a** knowledge of biology. 彼には生物学の知識が多少ある.
There was **a** silence. しばしの沈黙があった.

**III** [a＋固有名詞]

**8**《しばしば正式》…という(名の)人 ‖
**A** Mr. Brown came to see you while you were out. 留守中, ブラウンさんとおっしゃる方が来られましたよ《◆Mr., Mrs. のような敬称の前につける. → one 形》.

**9** …のように偉大な[悪名高い]人[物] ‖
He thinks he is **an** Edison. 彼は自分をエジソンのような発明家だと思っている《◆次の例の of Japan のような限定する語句を伴う場合は the: He is *the* Edison *of* Japan. 彼はまさしく日本のエジソンだ》.

**10** a 一家の一員 ‖
She was **a** Smith before her marriage. 彼女は結婚前はスミス姓だった《◆*the* Smith*s* は「スミス家の人々全員」》.
**b** …の作品, …の製品 ‖
a Millet ミレーの絵.

a Ford フォード社の車.

**IV** [その他]

**11** [a＋数量詞]《◆次の句で》‖
a dozen 1ダース.
a few books 数冊の本.
a good many people かなり多数の人々.
a great deal of advice 多くの助言.

**12** [a＋序数詞] もう1つの(another) ‖
She tried to jump up **a** second time. 彼女はもう一度跳び上がろうとした.

**13** [have [take など]＋a＋動詞からできた名詞]《略式》1つの, ちょっとした, 1回だけの ‖
have **a** careful look at the picture その絵を注意深く見る(=look carefully at the picture).

語法 (1) 主な動詞は give, have, make, take. (2) 動詞よりも名詞を強めに発音する. (3) a の代わりに one, another, の所有格も可能: give *one* glance at it それをちらっと見る《◆ one を another に変えると「もう一度見る」》.

**14** [… of [at] a(n)] 同じ, 同一の(the same)《◆ことわざ・成句表現以外では(やや古)》‖
We are **of an** age. 我々は同じ年齢だ《◆We are (of) the same age. がふつう》.
Two of a trade seldom agree.《ことわざ》同業者はめったに意見が合わない.

**@** /ət/ アト/ 記号)《コンピュータ》アットマーク.

**ab·a·ci** /ǽbəsài/ アバサイ / 名 → abacus.

**a·back** /əbǽk/ アバク/ 副《◆次の成句で》.
**be táken abáck**めんくらう, あっけにとられる.

**ab·a·cus** /ǽbəkəs/ アバカス / 名 (複 ~·es, ab·a·ci/-sài/) Ⓒ (子供用の)計算器; そろばん.

**a·ban·don** /əbǽndən/ アバンドン/ 動 他《正式》**1**〈職業・希望・計画など〉を(中途で)あきらめる, 断念[中止]する(give up) ‖
The girl had to **abandon** the idea of becoming a singer. その少女は歌手になる考えを捨てなければならなかった.

**2**〈家・船など〉を捨てる(→ desert²) ‖
**Abandon** ship! 退船せよ《緊急避難命令》.
**abándon** one**sèlf to A**《正式》**A**《悲嘆・快楽など》に身をまかせる, まける.

**a·ban·don·ment** /əbǽndənmənt/ アバンドンメント/ 名 Ⓤ 放棄.

**a·bash** /əbǽʃ/ アバシュ/ 動 (三単現) ~·es/-iz/)《正式》(通例 be ~ed)〈人が〉(劣等感で)まごつく; 赤面[困惑]する ‖
The boy **was** not **abashed** by [at] the laughter of his classmates. その子は級友たちに笑われても動じなかった.

**a·básh·ment** 名 Ⓤ《正式》赤面; 当惑, まごつき, とまどい.

**a·bashed** /əbǽʃt/ アバシュト/ 動 → abash.
── 形 赤面した.

**a·bate** /əbéit/ アベイト/ 動 (現分) ·bat·ing)《正式》他 …を減ずる, 〈痛みなど〉をやわらげる ‖

**a·bate** his fury 彼の怒りをしずめる.
――自 〈風・あらし・痛みなどが〉やわらぐ.
**a·báte·ment** 名 U C 減少（額）.
**ab·bess** /ǽbis アベス/ 名 (複 ~·es/-iz/) C 女子修道院長.
**ab·bey** /ǽbi アビ/ 名 1 C (男子または女子の)大修道院. 2 [the ~; 集合名詞; 単数・複数扱い] 僧団, 尼僧団.
**ab·bot** /ǽbət アボト/ 名 C (男子)大修道院長.
**ab·bre·vi·ate** /əbríːvièit アブリーヴィエイト/ 動 (現分 --at·ing) 他《正式》〈話・言葉などを〉短縮[要約, 省略]する.
**ab·bre·vi·a·tion** /əbrìːviéiʃən アブリーヴィエイション/ 名 U C《正式》省略, 短縮; 省略形, 略語, 略字《New York の略の NY など》.
**ABC**[1] /éibìːsíː エイビースィー/ 名 (複 ~'s, ~s/-z/) 1 U [通例 the ~('s)] アルファベット. 2 U C [通例 the ~('s)] (物事の)基本原則; 初歩, いろは.
**ABC**[2] (略) America, Britain and Canada; American Broadcasting Companies (米) ABC 放送(会社)《CBS, NBC と並ぶ3大放送網のひとつ》.
**ab·di·cate** /ǽbdikèit アブディケイト/ 動 (現分 --cat·ing) 他《正式》〈王位などを〉放棄する. ――自 退位[辞任]する.
**ab·di·ca·tion** /æbdikéiʃən アブディケイション/ 名 U C 退位; 放棄.
**ab·do·men** /ǽbdəmən アブダメン, æbdóu-/ 名 C 《解剖・動・昆虫》腹部, 腹腔(→ stomach).
**ab·dom·i·nal** /æbdámənl アブダミヌル, əb-|-dɔ́mi- ドミヌル/ 形《解剖・動》腹部の.
**ab·duct** /æbdʌ́kt アブダクト/ 動《正式》〈人を〉誘拐する, 拉致(ら)する, かどわかす(kidnap).
**ab·duc·tion** /æbdʌ́kʃən アブダクション/ 名 U C 誘拐, 拉致.
**Abe** /éib エイブ/ 名 エイブ《Abraham の愛称》.
**A·bel** /éibl エイブル/ 名《聖書》アベル《Adam と Eve の第2子. 兄 Cain に殺された》.
**ab·er·ra·tion** /æ̀bəréiʃən アバレイション/ 名 U C《正式》逸脱; 奇行;（精神の一時的な）異常.
**a·bet** /əbét アベト/ 動 (過去・過分 a·bet·ted/-id/; 現分 a·bet·ting) 他《法律》[abet A (in B)] A〈人〉をそそのかして(B を)犯させる.
**a·bét·ment** 名 U そそのかすこと.
**ab·hor** /æbhɔ́ːr アブホー|əb- アブ-/ 動 (過去・過分 ab·horred/-d/; 現分 --hor·ring) 他《正式》…を忌(い)み嫌う, 憎んでいる; [abhor to do] …することを非常に嫌っている.
**ab·hor·rence** /æbhɔ́ːrəns アブホー(ー)レンス|əb- アブ-/ 名 U C (感)憎悪[嫌悪](感) ‖
have an **abhorrence** of her ＝**hold** her in **abhorrence** 彼女をはげしく嫌っている.
**ab·hor·rent** /æbhɔ́ːrənt アブホー(ー)レント|əb- アブ-/ 形《正式》嫌悪感を起こさせる; 相反する, 対立する; 嫌悪する.
**a·bide** /əbáid アバイド/ 動 (過去・過分 a·bode /əbóud/ または a·bid·ed/-id/; 現分 a·bid·ing) (文) 1 とどまる, 住む.

2 忠実に守る, 遵守(じゅんしゅ)する; 甘んじて受ける ‖ abide by one's promise 約束を守る.
――他 [cannot abide] …を我慢できない.
**a·bid·ing** /əbáidiŋ アバイディング/ 動 → abide.
――形《文》不変の, 永遠の.
**a·bil·i·ties** /əbílətiz アビリティズ/ 名 → ability.

*__a·bil·i·ty__ /əbíləti アビリティ/ [→ able]
――名 (複 --ties/-z/) 1 U a (実際に物事ができる)能力, 才能, 手腕, 力量 ‖
a man of ability 手腕家.
display great **ability** as a lawyer 弁護士としてすぐれた力量を発揮する.
to the best of one's **ability** 力の及ぶ限り.
She has unusual **ability** in [at] music. 彼女は音楽に非凡な才能がある.
**b** [the ability to do / an ability to do] …できる能力 ‖
He **has** the **ability to** speak six languages. 彼は6つの言語を話すことができる(→ able 1).
2 [通例 abilities] (生まれながらの)才, 才能 ‖
a man of many **abilities** 多芸多才の男.
**ab·ject** /ǽbdʒekt アブチェクト, (米+) -/ (類音 object/ǽbdʒikt|ɔ́b-/) 形《正式》みじめな, みすぼらしい; 軽蔑(けい)に値する.
**a·blaze** /əbléiz アブレイズ/ 形《正式》燃えて; 輝いて; 興奮して.

*__able__ /éibl エイブル/ 【原義「持つ」から「すぐ使える状態にしておく」→「能力がある」. cf. habit】
(派) ability (名), enable (動)
――形 1 (比較 better ~, more ~; 最上 best ~, most ~) [補語として] [be able to do] 〈人が〉(現実に)…することができる, …する能力がある(↔ unable) ‖
He **is able to** speak ten languages. 彼は10の言語を話せる(→ ability 1 b).
[対話] "**Is** the baby **able to** walk?" "Yes, he's **able to** already." 「その赤ん坊は歩けますか」「ええ, もう歩けます」.

---
[語法] [can [could] との比較] (1) 現在時制では can の方が一般的.
(2) 未来時制では will [shall] be able to, または can (→ can[1] [語法]).
(3) 過去時制については → could 2 [語法].
(4) 受身では can がふつう: The door *could* not [˟was not able to] be opened. ドアはあけられなかった.

---

2 (比較 a·bler, more ~; 最上 a·blest, most ~) 〈人が〉有能な; [通例名詞の前で]〈行為などが〉有能ぶりを示す◆強めるには very などを用いる》
an **able** teacher 有能な教師.
an **able** speech 才気あふれる演説.
**a·bly** /éibli エイブリ/ 副 上手に, 立派に, 能力を発揮して.
**ab·nor·mal** /æbnɔ́ːrml アブノームル/ [→ normal] 形 例外的な, 特異な;〈態度・人などが〉異常な,

変態の(↔ normal).

**ab·nór·mal·ly** /æbnɔ́ːrməli/ 副 異常なほど, 変態的に.

**ab·nor·mal·i·ty** /æbnɔːrmǽləti/ アブノーマリティ/ 名 (複 ~·i·ties/-z/) ⓤ 普通でないこと, 変則, 異常; ⓒ 特異な物[事].

**a·board** /əbɔ́ːrd/ アボード/ (類音 abode/əbóud/) 副 乗って, 乗船[乗車, 搭乗]して(on board) ‖
All of us went **aboard** quickly. 私たちは全員急いで乗りこみました!
**Wélcome abóard!**〔乗務員の言葉〕ご搭乗[乗車, 乗船]ありがとうございます.
**Áll abóard!** お早くご乗車[船]願います; 全員乗車, 発車(オーライ).
—— 前〔船・飛行機・電車・バスに乗って〕‖
go aboard the train 列車に乗る.

**a·bode**[1] /əbóud/ アボウド/ 名 ⓒ 〔文〕住居, 住まい; ⓤ 住所.

**a·bode**[2] /əbóud/ アボウド/ 動 → abide.

**a·bol·ish** /əbɑ́liʃ/ アボリシュ/ |əbɔ́l-/ アボリシュ/ 動 (三単現 ~·es/-iz/) 他 〈法律・制度・慣習など〉を廃止[撤廃]する ‖
abolish the death penalty 死刑を廃止する.

**ab·o·li·tion** /æbəlíʃən/ アボリション/ 名 ⓤ (制度・法律・戦争などの)廃止, 撤廃 ‖
the abolition of nuclear weapons 核兵器の廃絶.

**ab·o·li·tion·ist** /æbəlíʃənist/ アボリショニスト/ 名 ⓒ 奴隷廃止主義者, 死刑廃止主義者.

**A-bomb** /éibɑ̀m エイバム/|-bɔ̀m -ボム/ 名 =atom bomb.

**a·bom·i·na·ble** /əbɑ́minəbl/ アバミナブル/ |əbɔ́m- アボミ-/ 形 〔正式〕嫌悪感を引き起こす;〔略式〕ひどい, まずい, いやな.

**a·bóm·i·na·bly** 副 ひどく.

**ab·o·rig·i·nal** /æbərídʒənl/ アバリヂヌル/ 形 原生の, 土着の.

**ab·o·rig·i·ne** /æbərídʒəni/ アバリヂニー/ 名 ⓒ [通例 ~s] 1 先住民, 土着民. 2 [A~] アボリジニ, オーストラリア先住民.

**a·bor·tion** /əbɔ́ːrʃən/ アボーション/ 名 ⓤⓒ 〔医学〕流産, 早産, 妊娠中絶, 堕胎.

**a·bor·tive** /əbɔ́ːrtiv/ アボーティヴ/ 形 失敗に終わった.

**a·bound** /əbáund/ アバウンド/ 動 ⓘ 〔正式〕いっぱいいる, いっぱいある ‖
This meadow abounds with [in] frogs. = Frogs abound in this meadow. この草地にはカエルがうようよいる.

**a·bout** /əbáut/ アバウト/ 〖「(漠然と)付近に, まわりに」→「約, およそ」〗
→ 前 1 …のまわりに 3 …について
→ 副 1 まわりに 2 およそ 3 ぐるりと回って
—— 前 1〔位置・運動〕**a**〔円周〕…のまわりに, …の周囲に[を, の]; …を取り巻いて ‖
There is a fence **about** the house. 家のまわりには塀がめぐらしてある.
**b**〔周辺〕〔主に英・米正式〕…の近くに, …のあたりに[を, で]; …のあちこちに[を, で], …のほうぼうに[を, で]((米) around) ‖
wander **about** the town (あてもなく)町をぶらつく.
I lost my key (somewhere) **about** here. このあたりで かぎを落とした.
**2**〔携帯〕〔主に英〕(金銭・財布などを)〈人〉の身につけて, 〈人〉が持って ‖
I have no money **about** me. お金を(今)持っていない(◆ with が一般的. (米)ではふつう on で about は用いない).
**3**〔関連〕…について, …に関して, …に関する ‖
He spoke **about** his new car. 彼は買った新車の話をした.
They are arguing **about** their share of the property. 彼らは財産分けのことでもめている.
**What** is the letter **about**? その手紙には何と書いてあるの.
**4**〔概略〕およそ…, 約…, …ぐらい, …ごろ《◆副詞とも考えられる. → 副 **2**》‖
The rope is **about** 20 feet long. そのロープは長さ約20フィートです.
It's **about** ten o'clock. 10時ごろだ.
***be abòut*** A〈人が〉A〈仕事など〉に従事している ‖
**What** is he **about**? 彼は何をしているのですか(= What is he doing?) / Be quick **about** it! それを早くしろ, ぐずぐずするな.
◇***be abòut to*** *do* (まさに)…しようとしている, …するところである《◆形容詞とも考えられる》‖ The swans spread their wings and **were about to** fly. 白鳥は羽を広げ今にも飛ぼうとしていた / I was just **about to** go out when the phone rang. 外出しようとしていると電話が鳴った(ので外出できなかった).

> 語法 be going to よりも差し迫った未来を表し, ふつう未来を表す副詞(句)を伴わない.

***be nót abòut to*** *do*〔略式〕…する気がしない ‖ I'm not **about to** pay 150 dollars for a dress like that. そんな服に150ドルも払う気がしない.

***There is something about*** A. → something 代 1.

—— 副 1〔主に英〕**a** まわりに, 周囲に[を]; 周囲に (…ある) ‖
look **about** 周囲を見回す《◆比較: Can I look *around*? (店で)見て回ってもいいですか》.
The lake is ten miles **about**. その湖は周囲が10マイルある.
**b** 近くに, あたりに[を]; あちこちに[へ, を], ほうぼうに ‖
walk **about** 歩き回る.
Is she **about** yet? 彼女はもう来ていますか.
There was no one **about**. あたりにはだれもいなかった.
**2** およそ, 約, …ぐらい ‖
She is *about* forty. 彼女は40歳ぐらいだ.

He will arrive there (at) about five o'clock. 彼はそこに5時ごろに着くでしょう.

This tree is about as high as that one. この木はあの木とほぼ同じ高さだ.

That's (just) about it (for now). 《略式》(今のところは)まあそんなところだ, まあそんなものだ.

[対話] "You have a date this morning. It's about time you got up, isn't it?" "Yes, I'll get up right now." 「けさはデートがあるんでしょ. もう起きてもいいころじゃないの?」「うん, すぐ起きるよ」

**3** ぐるりと回って; 向きを変えて, 反対の方向に[へ]; 回り道をして ‖

the other [wrong] way about 反対に, あべこべに.

Abòut fáce [〔英軍事〕túrn]! 〔米軍事〕(号令)回れ右!

The ship turned about. 船はぐるりと向きを変えた.

**4** [be about] (病後などに起きて)動き回って[活動して]いる; 〈病気が〉はやっている; 〈うわさなどが〉広まっている《◆形容詞とも考えられる》‖

be úp and abòut 《略式》(病床・寝室から)起きて動き回っている[働いている]

be (out and) about (病気などに元気になって)仕事ができるようになる, 仕事をしている.

Measles is about. はしかが流行している.

**\*a·bove** /əbʌ́v アバヴ/ [前] əbʌ́v アバヴ/ 《「(場所が)…より高く」が本義で, そこから「(価値・地位・程度などの点で)…よりすぐれた, …を超越した」という用法が生じた; → below》

→ [前] I [位置] **1** …の上に[の]
II [超過] **4** …より上で
[副] **1** 上に

——[前] I [位置]
**1** [空間的位置] (表面から離れて)…の上に[の], …の上方に[の], …より高く[高い]; …の上に(出て)《◆真上を含めて広く上方の位置を示す. over は真上を示して覆いかぶさる感じを伴う》(↔ below) ‖

1,000 meters above sea level 海抜1000メートル.

the iceberg above the water 水面に出ている氷山.

a room above the garage ガレージの上の部屋.
fly above the clouds 雲の上を飛ぶ.

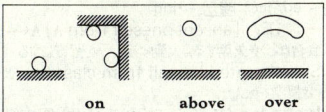
on　above　over

**2** [地理的位置] …より上流に; …より北に; …より先に[遠くに]; …の向うに[の, で] ‖

a waterfall above the bridge 橋の上流にある滝.

[対話] "Where is White Plains, please? (↗)" "It lies just above New York." 「ホワイトプレインズはどこですか」「ニューヨークのすぐ北ですよ」《◆地図などを見て言う場合》.

‖ [超過]
**3** [超過] (数・量・程度の点で)…以上で[の, に), 基準より上の[で]; 〈音が〉…より大きく[高く] ‖

value [put] honor above life 生命よりも名誉を重んじる.

above average in weight 体重が平均以上で.
Her voice could be heard above the noise. 彼女の声は騒音の中でも聞きとれた.

**4** [優越] (地位などで)…より上で; (能力などで)…よりまさって, …よりすぐれて ‖

A captain is above a sergeant. 大尉は軍曹よりも階級が上だ.

**5** [超過] …を超えている; (行為などが)〈非難・疑惑などを〉受けない; 〈人が〉(高潔・善良さなどで)…を超越して, …を脱して; [above doing] …しない, …するのを恥とする ‖

live above one's income 収入以上の生活をする.

Her behavior is above praise. 彼女の行為は言葉ではほめきれないほど立派だ.

She is honest and above telling a lie. 彼女は誠実だからうそをついたりしない.

◦**abòve áll (thíngs)** [副] とりわけ, 中でも, 何よりもまず ‖ He is strong, brave and, above all, kind. 彼は強くて勇敢で, とりわけ親切だ.

——[副] **1** [しばしば名詞のあとで] 上に[の], 高い所に[の]; 頭上に[階上に][の] ‖

the sky above 頭上の空.
a cry from above 上からの叫び声.
**2** 上流に[の], 上(%)の方に ‖
the bridge ten miles above 10マイル上流にある橋.

**3** 前述の, 上記の, 先に ‖
the example (mentioned) above 上述の例.
For the examples, see above. 用例については前の方のページ参照.

**4** 上位に(あって), 上級に(ある) ‖
the court above 上級裁判所.
**5** (数量を越えて, それ以上(over) ‖
30 and above 30(とそれ)以上.

——[形] 《正式》上述の, 上記の ‖
the above facts 上記の事実《◆ the facts (mentioned) *above* などの方がくだけた言い方. → [副] **3**》.

——[名] 《正式》[the ~; 単数・複数扱い] 上記のこと[もの, 人], 上にあるもの[いる人].

**a·bove-men·tioned** /əbʌ́vmènʃənd アバヴメンションド/ [形] 前述の, 上記の.

**ab·ra·ca·dab·ra** /ǽbrəkədǽbrə アブラカダブラ/ [名] ⓤ アブラカダブラ《魔よけとして文字を逆三角形に並べて書いた呪文(%)》. (図) → 次ページ

**A·bra·ham** /éibrəhæm エイブラハム/ [名] **1** 〔聖書〕アブラハム《ユダヤ人の始祖》. **2** アブラハム《男の名. 愛称 Abe》.

**a·bra·sive** /əbréisiv アブレイシヴ, 《米+》-ziv/ [形] **1** 研磨用の; 〈皮膚を〉すりむく. **2** しゃくにさわる, 不愉

快な; 耳障りな. ——名 UC 研磨材.

**a·breast** /əbrést アブレスト/ 副 横に並んで[だ], 並行して ∥
They walked two abreast. 彼らは横に2列になって歩いた.
**kèep abréast of [with]** A〈時勢・進歩などに〉遅れないでついて行く; A〈事に精通している.

```
ABRACADABRA
ABRACADABR
ABRACADAB
ABRACADA
ABRACAD
ABRACA
ABRAC
ABRA
ABR
AB
A
abracadabra
```

**a·bridge** /əbrídʒ アブリヂ/ 動 (現分 ·-bridg·ing) 他 (正式) …を要約する, 短縮する.

**a·brídg·ment** 名 UC (正式) 簡約(版); 抄録, 抜粋, 要約.

**a·brídge·ment** 名 (英ではしばしば) =abridgment.

*__a·broad__ /əbrɔ́:d アブロード/ 〖広いところ(broad)へ(a)〗

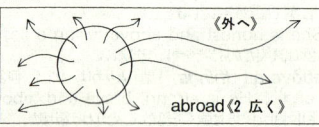
abroad 〈2 広く〉

——副 **1 外国に[へ], 海外に[へ]** ∥
go abroad 外国に行く《◆abroad は名詞ではないので, ×go to abroad のようにはいわない》.
return from abroad 帰国する.
対話 "Do you know how many Japanese travel abroad every year?" "I have no idea." "More than ten million." 「毎年日本人がどれだけ海外旅行するか知ってるかい」「知らないよ」「1千万人以上だよ」.

**2** (文) 広く, あちこちに ∥
The news quickly spread abroad. ニュースはすぐに広まった.

**a·brupt** /əbrʌ́pt アブラプト/ 形 **1** 突然の. **2** まとまりのない; ぶっきらぼうな. **3** 切り立った.

**a·brúpt·ness** 名U 唐突さ.

**a·brúpt·ly** /əbrʌ́ptli アブラプトリ/ 副 **1** (通例文頭・動詞の前で) 突然, 不意に. **2** (通例動詞のあとで) ぶっきらぼうに, 荒々しく.

**ab·scess** /ǽbses アブセス/ 名 (複 ~·es /-iz/) C (医学) 膿瘍(のうよう), はれ物.

**ab·scond** /æbskánd アブスカンド/ -skɔ́nd -スコンド/ 動 自 (正式) 姿をくらます, 逃亡する (run away).

*__ab·sence__ /ǽbsəns アブセンス/ 〖→ absent〗
——名 (複 ·-senc·es /-iz/) **1** U不在, 欠席, 欠勤, 居合わせないこと (↔ presence) ∥
the long years of my absence from Sydney 私がシドニーを留守にしていた間の長い年月.
Did anyone visit me during my absence? 私のいない間[留守中]にだれか訪ねてきましたか《◆while I was out の方が口語的》.
**2** C (1回の) 不在[欠席, 欠勤] (期間) ∥

frequent absences from school 学校をしばしば休むこと.
After an absence of two years Ms. Turner returned to Japan from Hawaii. 2年ぶりでターナーさんがハワイから日本へ帰って来た.
**3** UC (全く) ないこと, 欠乏《◆lackに「必要なもの・望ましいものの不足」》∥
an absence of curiosity 好奇心の欠如.
An absence of rain caused wild plants to die. 雨不足で野山の植物が枯れた.
**4** U ぼんやり(していること); 夢中 《◆ 次の句で》∥
**ábsence of mínd** 放心(状態), うわの空.
**in** A's **ábsence** A〈人〉のいないときに[所で] ∥ I called on him to speak in his brother's absence. 私は彼の兄さんがいないときに話してくれるように彼に頼んだ.
◇**in the ábsence of** A A〈人・物〉が(い)ないので[ときに(は)] ∥ We can't promise anything in the absence of the manager. 支配人がいませんので私どもでは何もお約束できません.

**\*\*ab·sent** /ǽbsənt アブセント; 動 æbsént アブセント/ (アクセント注意) 〖離れて存在する[いる] → 「目の前にいない」. → present¹〗派 absence (名)

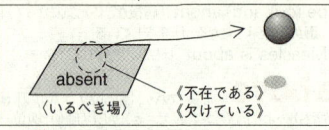
absent 〈いるべき場〉 〈不在である〉 〈欠けている〉

——形 **1**〈人が〉(いるべき場所に)**不在の, 欠席の, 欠勤の, 居合わせない** (↔ present) ∥
your absent friend 君の欠席した友人《◆×your present friend (君の出席した友人)とはいえない》.
the absent (people) =the people absent その場にいない人々, 欠席している人々.
**2** (正式) (通例名詞の前で) 〈表情・様子などが〉ぼんやりした, 放心状態の.
look at him in an absent way =give him an absent look ぼんやりと彼を見る.
**be ábsent from** A (1) …を欠席する ∥ She was absent from lectures. 彼女は講義に出席しなかった. (2) 〈精神・感情・物・事などが〉A〈人・生活などに〉欠けている, ない (cf. lack 動 自).
——動 /æbsént/ (三単現 ~s/-sénts/; 過去・過分 ~ed/-id/; 現分 ~·ing)
——他 (正式) [absent oneself from A] A〈学校・会合などを〉**欠席する, 欠勤する**; …を留守にする ∥
She absented herself from class(es). 彼女は授業を休んだ.

**ab·sen·tee** /æbsəntí:/ アブセンティー/ 名 C 欠席者.
**ab·sent-mind·ed** /ǽbsəntmáindid アブセントマインディド/ 《◆ 名詞の前で使うときはふつう /-́-̀-/》形 ぼんやりした, 忘れっぽい.
**ábsent-mínd·ed·ly** 副 ぼんやりと.

*__ab·so·lute__ /ǽbsəlù:t アブソルート/ (アクセント注意) 《◆×アブソリュート》〖…から (ab) 完全に自由にする

(solute). cf. absolve』⑳ absolutely (副)

——形 1 [名詞の前で] **完全な**, 欠けたところのない, 絶対の; 純粋の ‖
have absolute trust in him 彼を全く信頼している.
He's an absolute fool if he thinks Malaysia and Singapole are the same country. マレーシアとシンガポールが同じ国だと思っているとすれば, 彼は底抜けのばかだ.
**2**《正式》**無制限の**, **無条件の**, 絶対的な(↔ relative); 専制の ‖
an absolute promise 無条件の約束.
an absolute ruler 専制的な支配者.
**3**〘文法〙独立の, 遊離する ‖
an absolute infinitive 独立不定詞.
**ábsolute majórity** 絶対多数, 過半数.
**ábsolute mónarchy** 専制君主制[国].
**ábsolute témperature** 〘物理〙絶対温度.
**ábsolute válue** 〔数学〕絶対値.
**ábsolute zéro** 〔物理〕絶対零度.

\*ab·so·lute·ly /ǽbsəlù:tli アブソルートリ, ˋ-ˋ-/
《◆形容詞などの前ではふつう /ˋ-ˋ-/, 単独(→ **4**)または動詞などの後ろから修飾する場合(→ **2**)では /ˋ-ˋ-/. cf. positively》〖→ absolute〗

——副 **1** [意味を強めて] **完全に**, 全く.
**ábsolutely impóssible** 全く不可能な.
**2 きっぱりと**, 断固として.
refuse **àbsolútely** きっぱり断る.
**3** [否定文で] **少しも**, 全く(…でない).
**4**《略式》[返事として] **そうだとも** ‖
[対話] "Do you think so?" "**Àbsolútely!**"「そう思うかい」「全くそのとおりだ!」.

ab·so·lu·tion /æ̀bsəlú:ʃən アブソルーション/ 名U C 〘キリスト教〙(苦行・宗教儀式による)(罪の)許し; 赦免;《義務・約束の》免除.

ab·so·lut·ism /ǽbsəlu:tìzm アブソルーティズム/ 名U 絶対主義.

ab·solve /əbzɔ́lv アブザルヴ, -sɔ́lv/ -zɔ́lv ソルヴ/ 動 (現分) ~·solv·ing) 他《法律》〈人〉を免除する; 〘キリスト教〙〈人〉を赦免する.

\*ab·sorb /əbzɔ́:rb アブゾーブ, -sɔ́:rb/ 〖吸い(sorb)とる(ab). cf. suck〗
⑳ absorption (名)
——動 (三単現) ~·s/-z/; 過去・過分 ~ed/-d/;
現分 ~·ing)
——他《正式》〈物が〉〈液体〉を**吸収する**, 吸い込む;
〈熱·光·音·衝撃など〉を(吸収して)やわらげる ‖
Dry sand absorbs water. 乾いた砂は水を吸い込む.
**be absórbed in A** 〈人が〉…に**夢中になる**, 没頭する ‖ She **was absorbed in** reading comic books. 彼女は漫画に夢中になっていた.

ab·sorb·ent /əbzɔ́:rbənt アブゾーベント, -sɔ́:rb-/ 形《正式》吸収性のある.
**absórbent cótton** 《米》脱脂綿《英》cotton wool).

ab·sorb·ing /əbzɔ́:rbiŋ アブゾービング, -sɔ́:rb-/ 動 → absorb. ——形 夢中にさせる.

ab·sorp·tion /əbzɔ́:rpʃən アブゾープション, -sɔ́:rp-/ 名U 吸収; 没頭, 夢中 ‖
absorption in sport スポーツに没頭すること.

ab·stain /əbstéin アブステイン, æb-/ 動⑤ 避ける, 控える; 棄権する ‖
He **abstained from** alcohol. 彼は禁酒した.

ab·sten·tion /əbsténʃən アブステンション/ 名U 慎む[控える, 断つ, 棄権する]こと; C 棄権者(数).

ab·sti·nence /ǽbstinəns アブスティネンス/ 名U《正式》自制.

\*ab·stract 名 ǽbstrækt アブストラクト, ˋ-; 動 -ˋ, əb-/ (アクセント注意)〖(具体的なものから)抜いて(tract)取り去られた(abs). cf. detract〗

concrete 《具象的》    abstract 《抽象的》

——形 **1** 抽象的な(↔ concrete) ‖
**abstract words** like "truth" and "beauty" 「真理」とか「美」といった抽象的な言葉.
**2**《正式》理想主義的な, 空想的な(↔ practical).
**3** 難解な, 深遠な. **4**〘美術〙〈絵などが〉抽象主義[派]の.
——名 (複 ~s/-stræk ts/) C **1** [通例 the ~] **抽象**(観念, 概念) ‖
speak one's mind **in the ábstract** 心のうちを抽象的に述べる.
**2**《正式》要約, 抜粋 ‖
**màke an ábstract of** a long article 長い論文を要約する.
**3**〘美術〙抽象絵画.
**ábstract árt** 抽象芸術.
**ábstract nóun** 〘文法〙抽象名詞.

ab·stract·ed /ǽbstræktid アブストラクティド/ 形《正式》うっかりした, うわの空の.
**ab·strác·ted·ly** 副 うっかりして.

ab·strac·tion /æbstrǽkʃən アブストラクション, əb-/ 名《正式》**1** U 抽象概念.
**2** U 抽出[抽出]作用.
**3** U 放心(状態) ‖
**in one's abstraction** =**in a moment of abstraction** ぼんやりして(いて).
**4**〘美術〙U 抽象主義; C 抽象主義の作品.

\*ab·surd /əbsə́:rd アブサード/ 〖「…から(ab)耳が聞こえない(surd)」→「道理がわからない」〗
——形 (比較)more ~, (まれ) ~·er; (最上) most ~, (まれ) ~·est) **常識に反した**, ばかげた; [it is absurd of **A** to do / **A** is absurd to do] 〈人〉が…するのはばかげている ‖
**It is absurd of** you **to** say such a thing. =**You are absurd to** say such a thing. そんなことを言うなんてどうかしてますよ《◆前者がふつう》.

ab·surd·i·ty /əbsə́:rdəti アブサーディティ/ 名 (複 -i·ties/-z/) U 不合理; ばかげていること; C ばかげた行為[考え].

**ab·surd·ly** /əbsə́ːrdli アブサードリ/ 副 ばかばかしいほど; [文全体を修飾] 愚かにも.

\***a·bun·dance** /əbʌ́ndəns アバンダンス/
——名 U (正式) [しばしば an ~] 大量, 豊富(→plenty); あり余る量; 余分, 過多 ‖
in abúndance あり余るほどに.
an abundance of natural resources 豊かな天然資源.

**a·bun·dant** /əbʌ́ndənt アバンダント/ 形 豊富な, あり余る, 豊かな; 大量の ‖

《あふれるほど多量である》

a forest (which is) abundant in trees 樹木が豊かな森林.
an abundant supply of food 十分な食物の供給.
Oranges are abundant in Spain. ＝Spain is abundant in oranges. スペインではオレンジがたくさんとれる.

**a·bun·dant·ly** /əbʌ́ndəntli アバンダントリ/ 副 豊富に, 多量に; とても, 非常に.

**a·buse** /動 əbjúːz アビューズ; 名 əbjúːs アビュース/
——動 (現分 --bus·ing) 他 1 (正式) 〈権利・権力〉を乱用する, 悪用する, 誤用する; …を乱用して健康(など)を損(そこ)なう.
abuse one's power 権力を乱用する.
2 〈子供・動物〉を虐待する.
3 〈人〉をののしる, …にがみがみ言う.
——名 1 UC (正式) 悪用, 乱用; 誤用 ‖
word abuse 語の誤用.
drug abuse 薬の乱用.
2 U (性的)虐待; 酷使 ‖
child abuse 子供の虐待.
3 U 毒舌, 悪口.

**a·bu·sive** /əbjúːsiv アビューシヴ/ 形 乱用の; 口汚い, 悪口に満ちた. ——他 …に隣接する.

**a·byss** /əbís アビス/ 名 (複 ~·es/-iz/) C (文) 深い淵(ふち); どん底.

**ac, AC** (略) 〔電気〕alternating current (↔ dc); air conditioning.

**a/c, A/C** 〔略〕 account.

**a·ca·cia** /əkéiʃə アケイシャ/ 名 C 〔植〕1 アカシア(の木). 2 ＝locust 3.

\***ac·a·dem·ic** /æ̀kədémik アカデミック/
——形 1 [通例名詞の前で] 学園の, 大学の《◆ふつう大学以上の高等教育機関をいう》‖
an academic degree 学位.
2 理論の, 学究[学者]的な;
academic freedom 学問[学園]の自由.
3 純理論的な.
4 (米) 〔教育〕 人文科学の; 一般教養の.
——名 C 大学教師, 学究(的な)人; [~s] 学業(成績).
**académic yéar** 学年度(school year) 《英米ではふつう9月, 時に10月から6月まで. オーストラリア・ニュージーランドは2月から11月》.

**a·ca·de·mi·cian** /æ̀kədəmíʃən アカデミシャン/ 名 C アカデミー[学士院, 芸術院]会員.

**a·cad·e·my** /əkǽdəmi アキャデミ/ 名 (複 --mies/-z/) 1 C 高等教育機関《ふつう大学以上》; 特殊専門学校 ‖
a military academy 陸軍士官学校《米国のWest Point など》.
a police academy 警察学校.
2 [しばしば the A~] 学堂, 美術[芸術]院 ‖
the Royal Academy 英国王立美術院.
3 C (ふつう私立の)中等[高等]学校.
**Acádemy Awárd** アカデミー賞《映画人に贈られる米国の賞》.

**ac·cel·er·ate** /ækséləreit アクセラレイト, æk-/ 動 (現分 --at·ing) 他 (正式) …を加速する. ——自 加速する.

**ac·cel·er·a·tion** /ækseləréiʃən アクセラレイション, æk-/ 名 U 加速(力), 促進; 〔物理〕加速度.

**ac·cel·er·a·tor** /ækséləreitər アクセラレイタ/ 名 C 1 アクセル(ペダル), 加速装置. 2 〔物理〕粒子加速装置.

\***ac·cent** /名 ǽksent アクセント; ǽksnt アクスント; 動 ǽksent アクセント, -´-/ 〖「言葉に付けられた曲」が原義〗派 accentuate (動)
——名 (複 ~s/-sents|-snts/) 1 C アクセント, 強勢 ‖
In the word "bamboo", the accent is on the second syllable. bamboo という単語のアクセントは第2音節にある.

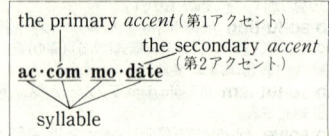

2 C アクセント符号(accent mark) 《/´/ や /`/》.
3 U 特色, 特徴; (略式) 重点, 強調.
4 C なまり ‖
speak English with a German accent ドイツ語なまりの英語をしゃべる.
5 [~s] 口調, 言葉づかい ‖
in tender accents やさしい口調で.
——動 /ǽksent, -´-/ 他 1 …にアクセントを付けて発音する, アクセント符号を付ける.
2 ＝accentuate.
**áccent màrk** ＝accent 名 2.

**ac·cen·tu·ate** /ækséntʃueit アクセンチュエイト, æk-/ 動 (現分 --at·ing) 他 1 …を目立たせる; …を強調する. 2 ＝accent 動 1.

**ac·cen·tu·a·tion** /æksèntʃuéiʃən アクセンチュエイション/ 名 1 U 強調, 力説, 重点. 2 C 発音の仕方, アクセント(符号)の付け方.

\***ac·cept** /æksépt アクセプト, æk-/ 〖「(同意し)受け入れる」が本義〗派 acceptable (形), acceptance (名)

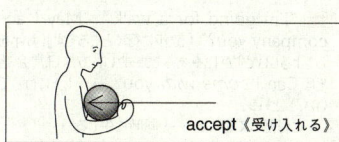
accept《受け入れる》

──動 (三単現) ~s/-sépts/; (過去・過分) ~ed /-id/; (現分) ~·ing
──他 1〈贈り物などを〉**快く受け取る**, 受理する;〈招待・申し出などを〉**受諾する**(↔ refuse) ‖
accept an invitation 招待に応じる《◆「積極的に同意して受け取る, 受け入れる」の意. receive は単に行為として「招待状を受け取る」こと: I received some money from him, but didn't accept it. 彼からお金が届いたが, 私は受け入れなかった(→ receive 他1[Q&A])》.
We would be happy to accept your offer. 喜んでお申し出をお受けします.
2 a〈説明・人などを〉(妥当として)**受け入れる**, 容認する(admit) ‖
accept oneself 自分に満足する.
accept her story (as true) 彼女の話を(事実と)認める.
b [accept that 節] …であることを認める《◆ that はふつう省略しない》‖
I accept that he was telling the truth. 彼が事実を告げていたものと私は認めます.
It is accepted that we'll have a meeting tomorrow. あす会合があるということは了解済みだ.
3 a〈事態・運命などに〉(やむなく)**服する** ‖
accept a situation 事態を甘んじて受ける.
b〈責任・仕事などを〉引き受ける.
c〈機械などが〉〈物を〉受け付ける.
[対話] "Does this machine take 500 yen coins?" "No, it accepts only 100 yen coins."「この販売機に500円玉は使えますか」「いいえ, 100円玉しか使えません」.

**ac·cept·a·ble** /əkséptəbl アクセプタブル, æk-/ 形〈決定などが〉(すぐれていないが)受け入れられる, 受諾しうる, (一応)満足できる, 無難な.
**ac·cépt·a·bly** 副 無難に.

**ac·cept·ance** /əkséptəns アクセプタンス, æk-/ 名 [U] 受諾, 承諾(だく); 賛成, 容認; [C] 受諾通知 ‖
meet with general acceptance 一般に認められる.

**ac·cept·ed** /əkséptid アクセプティド, æk-/ 動 → accept. ──形 一般に容認された, 確立した.

**ac·cess** /ǽkses アクセス/ 名 (複 ~·es/-iz/) 1 a [U]《正式》接近方法; [C] 通路, 入口 ‖
the only access to the roof 屋根へ上る唯一の方法.
The mountain is easy of access. その山は登りやすい.
b [U] 出入[利用]の権利 ‖
Students have access to these computers. 学生はこのコンピュータを利用できる.
2 [C]《文》[通例 an ~](怒り・感情の)突発, 発作.
3 [U]【コンピュータ】アクセス《システムとの接続や記憶装置とのデータのやりとりを行なうこと》.
**áccess pòint** 【コンピュータ】アクセスポイント.
**áccess tìme** 【コンピュータ】呼び出し時間.

**ac·ces·si·bil·i·ty** /æksèsəbíləti アクセシビリティ/ 名 [U] 接近できること.

**ac·ces·si·ble** /æksésəbl アクセシブル, ək-/ 形 1 接近できる, 入場[利用]可能な ‖
These books are accessible to all students. これらの本は学生がだれでも利用できます.
2 影響されやすい; 理解できる; 通用する.

**ac·ces·sion** /ækséʃən アクセッション, ək-/ 名《正式》1 [U] 接近, 到達; 相続. 2 [U][C] 同意. 3 [U][C] 増加.

**ac·ces·so·ry** /əksésəri アクセサリ, æk-/ 名 (複 -so·ries/-z/) [C] [通例 accessories] 付属品, 装飾品, アクセサリー《◆日本語の「アクセサリー」と違って帽子・かばん・手袋なども含まれる》. ──形 付属の, 副次的な.

*__ac·ci·dent__ /ǽksədənt アクスィデント/ [[…へ(ac)降りかかる(cident)]]

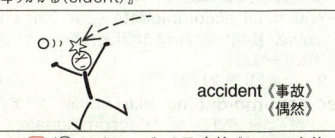
accident《事故》《偶然》

──名 (複 ~s/-dənts/) 1 [C] **事故**《◆ふつう身体に危害を及ぼす事故. disaster より小さく incident より大きい》, 不測の出来事; 故障 ‖
have [meet with] an accident 事故にあう.
She was killed in a traffic accident. 彼女は交通事故で死んだ.
2 [U] [しばしば an ~] **偶然** ‖
by accident of birth 生まれ合わせで.
It was just an accident that we met. = Our meeting was just an accident. 我々が出会ったのは全くの偶然だった.
3 [C] 偶然に発生した事物[生物].
◇**by áccident** たまたま(accidentally), 偶然(に), 誤って(by chance)(↔ on purpose) ‖ It happened by accident. それは偶然に起こった.
**without áccident** 何事もなく.

**ac·ci·den·tal** /æksədéntl アクスィデントル/《アクセント注意》《◆*アクスィデントル》形 偶然の, 予期しない ‖
an accidental death 不慮の死.

**ac·ci·den·tal·ly** /æksədéntəli アクスィデンタリ/ 副 偶然に, 誤って; 付随的に; [文全体を修飾] ふとしたことから.

**ac·claim** /əkléim アクレイム/《正式》動 他 1 …を(拍手かっさいして)歓迎[賞賛]する ‖
He was acclaimed as the best writer of the year. 彼はその年の最優秀作家として絶賛された.
2 [acclaim A (as) C] A〈人〉を C として歓呼して迎える ‖
They acclaimed him (as) their leader. 彼らは彼を指導者として歓呼で迎えた.
──名 [U] 拍手かっさい, 賞賛, 賛嘆, 歓呼.

**ac·cla·ma·tion** /æklɘméiʃɘn アクラメイション/ 名 U《正式》承認, 賛成;〔通例 ~s〕拍手かっさい, 歓呼.

**ac·cli·mate** /æklɘmèit アクリメイト, ɘkláimeit/ 動 (現分) ··mat·ing 他《主に米正式》[acclimate A (to B)]A〈人・物〉を B〈新風土・環境など〉に慣らす, 順応させる(accustom). — 自 [acclimate (to A)]〈人・物〉が A〈新風土・環境など〉に慣れる.

**ac·cli·ma·tion** /ɘklàiméiʃɘn アクライメイション/ 名 U 順応.

**ac·co·lade** /ǽkɘlèid アコレイド/ 名 C《正式》〔通例 ~s〕賞賛, 賛美.

**ac·com·mo·date** /ɘkámɘdèit アカモデイト | ɘkɔ́mɘdèit アコモデイト/ 動 (現分) ··dat·ing 他《正式》**1**〈ホテル・建物などが〉〈人〉を宿泊させる, 収容する;〈乗物などが〉〈人〉を乗せられる ‖
The hotel can **accommodate** 500 guests. そのホテルは500人収容できる.
**2** [accommodate A to B] A〈人・物〉を B〈物・事〉に**適応させる**, 順応[適合]させる ‖
You must **accommodate** your plans to mine. 私の計画に合うように計画を変えていただかねばなりません.
**3** …に融通[調達]する.

**ac·com·mo·dat·ing** /ɘkámɘdèitiŋ アカモデイティング | ɘkɔ́m- アコモ-/ 動 → accommodate.
—— 形《正式》好意的な, 親切な; 順応しやすい, 扱いやすい.

**ac·com·mo·da·tion** /ɘkàmɘdéiʃɘn アカモデイション | ɘkɔ̀mɘdéiʃɘn アコモデイション/ 名 (複 ~s/-z/)
**1** U〔《米》通例 ~s; 複数扱い〕収容[宿泊]設備《部屋・寝台・食事など》;収容能力 ‖
The hotel **has accommodations** for 300 guests. そのホテルには300人宿泊できる.
**2** U (環境への)順応. **3** C 調停, 和解.

**ac·com·pa·nied** /ɘkʌ́mpɘnid アカンパニド/ 動 → accompany.

**ac·com·pa·nies** /ɘkʌ́mpɘniz アカンパニズ/ 動 → accompany.

**ac·com·pa·ni·ment** /ɘkʌ́mpɘnimɘnt アカンパニメント/ 名 C **1** 付随して生じるもの, 産物; 付属物 ‖
The **accompaniments** of war are misery and sorrow. 戦争には悲惨と悲しみがつきものだ (cf. accompany 他 **2**).
**2** 伴奏 ‖
sing to a piano **accompaniment** = sing to the **accompaniment** of a piano ピアノ伴奏に合わせて歌う.

**ac·com·pa·nist** /ɘkʌ́mpɘnist アカンパニスト/ 名 C 伴奏者.

\***ac·com·pa·ny** /ɘkʌ́mpɘni アカンパニ/〖…の(ac)仲間(company)として一緒に行く. cf. *companion*〗
—— 動 (三単現) ··pa·nies/-z/; (過去・過分) ··pa·nied/-d/; (現分) ~·ing)
—— 他 **1** …に同行する, 同伴する ‖
The boy **was accompanied by** his parents. その子は両親に付添われて行った.

対話 "I'm going for a walk." "May I **accompany** you?"「散歩に行くところです」「お伴をしてよろしいですか」《♦あらたまったいい方. 日常会話では Can I *come with* you? (いっしょに行っていい?)という》.
**2** …に付随して起こる, …と同時に生じる ‖
Thunder usually **accompanies** lightning. 稲妻にはふつう雷鳴がつきものだ.
War is **accompanied** by misery and sorrow. 戦争には悲惨と悲しみが伴う(cf. accompaniment 名 **1**).
**3** …に伴わせる, 加える ‖
**accompany** one's article **with** photos 記事に写真を添える.
**4** …の伴奏をする ‖
**accompany** her **on** the piano ピアノで彼女の(歌の)伴奏をする.

**ac·com·plice** /ɘkámplis アカンプリス | ɘkʌ́m- アカンプリス/ 名 C 共犯者 ‖
an **accomplice** in the robbery 強盗の一味.

**ac·com·plish** /ɘkámpliʃ アカンプリシュ | ɘkʌ́mpliʃ アカンプリシュ/ 動 (三単現) ~·es/-iz/) 他《正式》〈仕事・計画など〉を(努力と忍耐によって)成しとげる, 達成する(carry out) ‖
Did you **accomplish** the task? 仕事を成しとげましたか.

**ac·com·plished** /ɘkámpliʃt アカンプリシュト | ɘkʌ́m- アカンプリシュト/ 動 → accomplish.
—— 形 **1** 成しとげられた, でき上がった ‖
an **accomplished** fact 既成の事実.
**2** 熟達した ‖
an **accomplished** pianist 熟達したピアニスト.

**ac·com·plish·ment** /ɘkámpliʃmɘnt アカンプリシュメント | ɘkʌ́m- アカンプリシュ-/ 名《正式》U 遂行, 達成, 完成; C 成果, 業績 ‖
a plan (which is) easy of **accomplishment** 遂行しやすい計画.

\***ac·cord** /ɘkɔ́ːrd アコード/〖心・中心(cord)へ向かって(ac). cf. dis*cord*〗派 accordance (名), according (副), accordingly (副)
—— 動 (三単現) ~s/ɘkɔ́ːrdz/; (過去・過分) ~·ed /-id/; (現分) ~·ing)《正式》
—— 自 一致する, 調和する(↔ differ) ‖
His words and actions do not **accord** (well together). 彼の言行は(あまり)一致していない.
Her account of the incident **accords** with yours. その事件についての彼女の説明は君の説明と一致する.
—— 他 **1** [accord A B / accord B to A]〈人が〉A〈人〉に B〈許可など〉を**与える**(give) ‖
**accord** the professor respect = **accord** respect **to** the professor 教授に敬意を表する.
**2**〈敬意など〉を示す ‖
**accord** praise for good behavior 善行をほめる.
—— 名 (複 ~s/ɘkɔ́ːrdz/)《正式》**1** U 一致, 合致, 調和 ‖

Our views on the matter are (completely) in **accord**. その件についての我々の見解は(全く)一致している.
**2** C 協定, 協約.
**3** U C 〖音楽〗和音, 協和音(↔ discord).
*in accórd (with* **A**) (…と)一致して ‖ in accord with her pace 彼女のペースに合わせて.
*of one's ówn accórd* 〈人が〉自発的に; 〈物・事が〉自然に, ひとりでに ‖ She did the dishes of her own accord. 彼女は自発的に皿洗いをした.

**ac·cord·ance** /əkɔ́ːrdns アコーダンス/ 名 U (正式)一致, 合致, 調和 ‖
They built the ship in accordance with the plans. 彼らは設計図どおりに船を作った.

\***ac·cord·ing** /əkɔ́ːrdiŋ アコーディング/ 〖→ accord〗
― 動 → accord.
― 副 一致して; 従って《◆次の成句で》.
◇*accórding to* **A** (1) **A**〈発言・文献・時計などによれば〉(…だそうだ); **A**〈(他の)人〉の話では ‖ 対話 "What will the weather be like tomorrow?" "According to the weather forecast, it will snow." 「あしたの天気はどうでしょうね」「天気予報では雪です」.

語法 ふつう,「私の考えでは」は ×according to my opinion でなく in my opinion という. また「私が思うに」も ×according to me ではなく I think … などという.

(2) (正式) **A**〈計画・約束など〉に従って, 応じて ‖ according to her instructions 彼女の指示に従って行動する / We started according to plan. 計画どおりに出発した《◆成句的に用いるものはしばしば冠詞を省略する》. (3) **A**〈事〉の順に, …を基準にして, …に比例して ‖ We will pay you according to the amount of work you do. 君がする仕事の量に応じて金を払おう.

**ac·cord·ing·ly** /əkɔ́ːrdiŋli アコーディングリ/ 副 **1** [動詞のあとで] それに応じて(ふさわしく) ‖
She is an adult, so you should treat her accordingly. 彼女はおとなだから, それ相応に扱うべきだ.
**2** (正式) それゆえに, したがって(therefore) ‖
This watch is expensive; accordingly (↘)｜ it should keep correct time. (↗) この時計は高価なものだ. だから時間が正確なはずだ.

**ac·cor·di·on** /əkɔ́ːrdiən アコーディオン/ 名 C アコーディオン.
*accórdion pléats* アコーディオンプリーツ《スカートのじゃばら型のひだ》.

**ac·cost** /əkɔ́(ː)st アコ(ー)スト/ 動 他 (正式)〈こじきなど〉〈人〉に近寄って声をかける, 金をせびる.

\***ac·count** /əkáunt アカウント/ 〖…に(ac)計算して入れる (count). cf. discount〗
―名 (複 ~s/əkáunts/) **1** C [通例 ~s] 勘定書, (金銭の)計算書; 会計簿 ‖
keep accounts 簿記をつける; 会計係をする.
**2** C (貸借)勘定; 預金口座; 信用取引; (主に米)得意先.
*on account* つけで.
*Short accounts make long friends.* 《ことわざ》貸借の期間が短ければ交友期間は長い; 長いつき合いに掛けは禁物.
I'd like to open a savings **account** with you. 普通預金口座を開きたいのですが.
**3** C 報告, 話; 釈明, 報告書 ‖
give a detailed [full] **account** of one's trip 旅行の詳しい報告をする.
give a good **account** of him 彼をほめる.
give a bad [poor] **account** of him. 彼をけなす.
**4** U 考慮, 配慮; 評価《◆次の句で》 ‖
tàke accóunt of him =táke him into accóunt 彼を考慮に入れる, 重視する.
tàke [màke] nó accóunt of him 彼を無視する.
**5** U (正式) 重要性, 重大さ.
a man of líttle accóunt 取るに足りぬ人.
**6** U 理由, 根拠 ‖
on that **account** その理由で.
**7** C 〖コンピュータ〗アカウント《パソコンやネットワークを利用するための資格, またその課金》.
*give a góod accóunt of* **A** (1) → 3. (2) **A**〈人〉を負かす.
*give a góod accóunt of oneself* (試合などで)堂々とふるまう, やってのける.
*give a póor accóunt of oneself* (試合などで)しくじる, 失敗する.
*on account* (1) → 2. (2) 分割払いで.
*on* **A**'s *accóunt* **A**〈人〉のために ‖ She worked on my account. 彼女は私のために尽くしてくれた.
◇*on accóunt of* **A** (1) (正式) …のために, …という理由で ‖ The game was delayed on account of (the) snow. 雪のために競技の開始が遅れた. (2) (主に米) **A**〈人〉の(利益)のために.
*on áll accóunts* すべての点で, どう考えても; 是が非でも.
*on évery accóunt* =on all ACCOUNTs.
*on nó [not on ány] accóunt* 決して…しない ‖
You must on no account do such a thing. そんなことを絶対にしてはいけない.
*on one's ówn accóunt* (1) 自分の利益[喜び]のために. (2) 自分の責任で. (3) 独りで.
*tàke accóunt of* **A** =táke **A** into accóunt → 4.
*tùrn* **A** *to (góod) accóunt* **A**〈経験など〉を生かす, 活用する.
― 動 (三単現 ~s/əkáunts/; 過去・過分 ~·ed /-id/; 現分 ~·ing) 自 [account for **A**] **1** …の理由を説明する; …の原因[源]となる ‖
That accounts for the accident. それで事故の原因がわかった.
There is no accounting for taste(s). 《ことわざ》人の好みは説明できない; 「たで食う虫も好きずき」.

**accountable**

**2** 釈明をする, 責任をとる ‖
How do you account for your negligence? 君の怠慢には釈明の余地がありませんね.
**3** 支出報告をする.
**4** [account for A] 〈人・物が〉A〈割合〉を占める.
Girls account for 60% of the total students of this school. この学校は女子が全体の60%を占めている.
——他 (正式) 〈人・物などを〉…だとみなす ‖
account the new plan (to be) practicable 新計画を実行可能とみなす.

**ac·count·a·ble** /əkáuntəbl/ アカウンタブル/ 形 (正式) **1** (釈明する)責任がある 《◆ responsible の強意語》. **2** もっともな, 無理もない.
**ac·còunt·a·bíl·i·ty** 名 U 説明責任.

**ac·count·an·cy** /əkáuntənsi/ アカウンタンスィ/ 名 U 会計事務, 会計職.

**ac·count·ant** /əkáuntənt/ アカウンタント/ 名 C 会計係, 会計士.

**ac·count·ing** /əkáuntiŋ/ アカウンティング/ 動 → account. ——名 U 会計(学), 経理; 精算.

**ac·cu·mu·late** /əkjú:mjəlèit/ アキューミュレイト/ 動 (現分) -lat·ing / (正式) 他 …を積み上げる; …を集める; …を蓄積する. ——自 積もる, 集まる, 増える.

**ac·cu·mu·la·tion** /əkjù:mjəléiʃən/ アキューミュレイション/ 名 U 蓄積; 蓄財; C 蓄積物, たまった金[財産].

*\***ac·cu·ra·cy** /ǽkjurəsi/ アキュラスィ/ 〖→ accurate〗
——名 U 正確さ, 精密であること ‖
for accuracy 正確among に.
with accuracy 正確に, 的確に.

*\***ac·cu·rate** /ǽkjərət/ アキュラット/ (発音注意) 《◆ ×アキュレイト》 〖〈…に(ac)注意を払った(curate)〗
派 accuracy (名)
——形 **1** 間違いのない, 周到な; 正確な, 的確な, 寸分の誤りもない ‖
The sentence is not grammatically accurate. その文は文法的に正確ではない 《◆ correct より精密さ・正確さを強調》.
be accurate in arithmetic ＝ be accurate at figures [counting] 計算が正確である.
**2** 〈計器などが〉精密な, 誤差のない.

**ac·cu·rate·ly** /ǽkjərətli/ アキュラトリ/ 副 正確に, 精密に.

**ac·curs·ed** /əkə́:rsid/ アカースィド, əkə́:rst/, **ac·curst** /əkə́:rst/ アカースト/ 形 (文) のろわれた; 非運の; (略式) いやな.

**ac·cu·sa·tion** /ækjuzéiʃən/ アキュゼイション/ 名 **1** U 〔法律〕告発, 告訴; C 告訴理由 ‖
bríng [láy] an accusátion agàinst him 彼を告訴する.
What's the accusation against him? どうして彼を告訴するのですか.
**2** U C 非難, とがめ.

**ac·cu·sa·tive** /əkjú:zətiv/ アキューザティヴ/ 〔文法〕名 U 対格; C 対格の語. ——形 対格の.

**ac·cuse** /əkjú:z/ アキューズ/ 動 (現分) ··cus·ing /

---

**ache**

/ 他 [accuse A of B] **1** A〈人〉を B〈盗みなど〉の理由で訴える, 告発[告訴]する 《◆ charge と違って必ずしも公的機関への訴えとは限らない》 ‖
The company was accused of causing water pollution. その会社は水質汚染を引き起こしたと告発された.
**2** A〈人〉を B〈怠慢など〉の理由で非難する, 責める (blame) ‖
accuse him of carelessness 彼を不注意だと責める.

**ac·cused** /əkjú:zd/ アキューズド/ 動 → accuse.
——形 **1** 告発された. **2** 〔法律〕 [the ～; 集合名詞的に; 単数・複数扱い] (刑事)被告人.

**ac·cus·tom** /əkʌ́stəm/ アカスタム/ 他 [accustom A to B] A〈人・動物〉を B〈環境・仕事など〉に慣れさせる.

*accústom onesélf to* A 《◆ A に doing も可》(正式) …に慣れる, 順応する; …することに慣れる ‖
He soon accustomed himself to cold weather. 彼は寒い気候にすぐに慣れた / We had to accustom ourselves to rising with the dawn. 我々は夜明けと共に起きる習慣をつけねばならなかった.

◇*be accústomed to* A 《◆ A に doing も可》〈人が〉A〈環境・仕事など〉に慣れている; …することに慣れている 〖◆(1) get [become] accustomed to A は「…に慣れる, 習慣になる」の意. (2) be [get, become] used to A より堅い表現〗 ‖ The policeman became [got] accustomed to the noisy traffic. 警官は騒々しい往来に慣れた / I am not accustomed to being interrupted. 私は話の途中で口をはさまれる[仕事の途中でじゃまされる]のに慣れておりません 《◆「じゃましないで」という意味の遠回しな言い方》.

**ace** /éis/ エイス/ 名 **1** U C (トランプ・さいころの) 1; (トランプ・ドミノの) 1 の札, エース; (さいころの) 1 の目 ‖
the ace of spades スペードのエース.
**2** C (テニス・バレーボールなどの) サービスエース; それで得た1点.
**3** C (略式) 一流の人; 達人, エース ‖
a tennis ace ＝ an ace at tennis テニスの第一人者.
**4** (略式) [形容詞的に] 優秀な, 一流の, 最高の.

**a·cet·y·lene** /əsétəli:n/ アセティリーン/ 名 U 〔化学〕アセチレン.

**ache** /éik/ エイク/ 動 (現分) ach·ing/ 自 **1** 〈人・体の部分が〉痛む ‖
I ached all over. からだ中が痛んだ.
My leg aches [is aching] from sitting. 座っていたので脚がうずく.
**2** 〈人が〉心を痛める, つらい思いをする; 〈心が〉痛む ‖
Her heart ached for the poor child. そのあわれな子供に彼女は心を痛めた.
**3** (略式) うずうずする, わくわくする; 思いこがれる ‖
ache with desire to go home 家に帰りたくてたまらない.
ache for him 彼に会いたくてたまらない.

***be áching to*** *do* …することを熱望する, 切に願う ‖ I'm aching to go swimming. 泳ぎに行きたくてたまらない.
──名UC (長く続く鈍い) 痛み, うずき 《◆鋭い痛みは pain》
aches and pains 大小の痛み.
I have an ache in my arm. 腕が痛む.

関連 earache 耳の痛み / backache 背の痛み / headache 頭痛 / stomachache 腹痛 / toothache 歯の痛み.

**a·chiev·a·ble** /ətʃíːvəbl アチーヴァブル/ 形 完遂(ポ)できる, 達成可能な.

\***a·chieve** /ətʃíːv アチーヴ/ 《「(努力して, または能力があって) 頂点[究極]に達する」が本義》
派 achievement (名)
──動 (三単現) ~s/-z/; 過去・過分 ~d/-d/; 現分 a·chiev·ing)
──他 **1** …を成しとげる, 完成する; …を達成する, 果たす ‖
achieve nothing 何事も成しとげない.
Have you achieved all you expected to? したいと思っていたことが全部できましたか.
She achieved the goal of winning the prize. 彼女は入賞の目的を達成した.
**2** …を獲得する, 得る; …をもたらす ‖
achieve fame 有名になる.
achieve the highest rank in one's class クラスで首席になる.

\***a·chieve·ment** /ətʃíːvmənt アチーヴメント/ 《→ achieve》
──名 (複 ~s/-mənts/) **1** U 達成, 成就(%); 獲得.
the achievement of fame 名声の獲得 ‖
**2** C 業績, 偉業, 手柄; 離れ技 ‖
a great technological achievement 工学上の大偉業.
**3** U 学業成績, 学力.
achievement tèst 〔教育〕 学力検査, アチーブメント・テスト.

**a·chiev·ing** /ətʃíːviŋ アチーヴィング/ 動 → achieve.

**A·chil·les** /əkíliːz アキリーズ/ 名 〔ギリシア神話〕 アキレウ(ス) 《トロイ戦争でのギリシア軍の英雄》.
Achílles(') héel アキレスのかかと, 弁慶の泣き所 《唯一の弱点》.
Achílles(') téndon 〔解剖〕 アキレス腱(½).

\***ac·id** /ǽsid アスィド/
──形 **1** すっぱい, 酸味のある ‖
acid fruit すっぱい果物 《lemon, lime など》.
**2** 〔化学〕 酸の, 酸性の (↔ alkaline) ‖
acid rain 酸性雨.
**3** 気難しい, 意地の悪い; 辛辣(½)な ‖
an acid comment 辛辣な批評.
──名 UC **1** すっぱい物. **2** 〔化学〕 酸.

**ac·knowl·edge** /əknάlidʒ アクノリヂ/ 動 (現分 --edg·ing) **1a** 〈過失・敗北な

どを〉 (しぶしぶ) 認める (↔ deny) 《◆容疑者が罪を認めるというときは admit が好まれる》 ‖
acknowledge one's failure 過失を認める.
**b** [acknowledge doing] …したことを認める ‖
acknowledge having been defeated 敗北を認める.
**c** [acknowledge A as C / acknowledge A to be C] A 〈人・行為など〉を C だと認める; [acknowledge that 節] …ということを(本当)と認める ‖
acknowledge the statement as [to be] true = acknowledge that the statement is true. その発言を本当だと認める.
**2** …を受取ったことを知らせる; 〈好意など〉に礼を言う; 〈正式〉〈人〉に会釈する ‖
acknowledge her favor 彼女の好意に感謝する.

**ac·knowl·edg(e)·ment** /əknάlidʒmənt アクナリヂメント | əknɔ́l- アクノリヂ-/ 名 **1** U 自白, 承認.
**2** C 受取通知書, 礼状. **3** UC 感謝, お礼; C 感謝の印, お返し; [通例 ~s] (著者の)謝辞.
***in acknówledg(e)ment of*** A (1) A 〈行為など〉に感謝して. (2) A 〈物・事〉を認めて.

**ac·me** /ǽkmi アクミ/ 名 C 〈正式〉 [通例 the ~] (完成度の)極致, 絶頂, 最盛期.

**ac·ne** /ǽkni アクニ/ 名 U ニキビ.

**a·corn** /éikɔːrn エイコーン/ 名 C ドングリ 《oak の実》.
ácorn cùp (ドングリの)へた.

**a·cous·tic, --ti·cal** /əkúːstik(l) アクースティク(ル)/ 形 **1** 聴覚の. **2** 〈ギターが〉アンプ[増幅器]を用いない.

**ac·quaint** /əkwéint アクウェイント/ 動 他 〈正式〉 [acquaint A with B] A 〈人〉に B〈事実など〉を(詳しく)知らせる, 熟知させる ‖
acquaint the boy with the rules of the school 少年に校則を教える.
***be acquáinted with*** A (1) A 〈事実など〉を知っている ‖ be acquainted with all the facts あらゆる事実を知っている. (2) A 〈人〉と知り合いである; 交際している.
***becòme [gèt] acquáinted with*** A (1) A 〈事実など〉を知る, わかる ‖ They became [got] acquainted with the routine. 彼らはそのしきたりがわかるようになった. (2) A 〈人〉と知り合いになる, 交際するようになる ‖ Tom and Mary became acquainted (with each other) through their mutual friends. トムとメリーはお互いの友人を通じて知り合った.

\***ac·quaint·ance** /əkwéintəns アクウェインタンス/ 《→ acquaint》
──名 (複 --tanc·es/-iz/) **1** C 知り合い, 知人 (↔ stranger) 《◆friend ほど親しい関係ではなく, 仕事の上などで知っている人に用いる》 ‖
an acquaintance of mine 私の知人.
make some acquaintances 数名の人と知り合う.
**2** U 〈正式〉 [しばしば an ~] 面識, なじみ; 交際; 知識, 心得.

I am glad to make your **acquaintance**. 初めてお目にかかります，どうぞよろしく《◆I'm glad to meet you. の堅い言い方》.

I hàve nó acquáintance with French. 私はフランス語は全然知らない.

**hàve a nódding [bówing] acquáintance with** A A〈人〉と会えば会釈する程度の知り合いである.

*__ac·quire__ /əkwáiər/ アクワイア/ 〖…を(ac)求める(quire). cf. in**quire**〗 ⑰ acquisition (名)
——動 〖三単現〗 ~s/-z/; 〖過去・過分〗 ~d/-d/; 〖現分〗 --quir·ing/-wáiəriŋ/)
——他 **1** …を(努力して)**得る**, 獲得する《◆ **get** より堅い言い方》

**acquire** a fortune in the real estate business 不動産業でひと財産を築く.

[対話] "Look at all these objects!" "Well, over the years she has **acquired** a great number of them from many places." 「ここにあるのを全部見て!」「何年もかかって彼女はあちちからこれだけのものを手に入れたのですよ」.

**2** 〈知識などを〉**得る**, 学ぶ; 〈習慣などを〉身につける ‖

**acquire** education 教養を身につける.

**acquire** a bad habit 悪い習慣がつく.

It is not easy to **acquire** the ability to speak French. フランス語を話す能力を身につけるのは容易なことではない.

**ac·quir·ing** /əkwáiəriŋ/ アクワイアリング/ 動 → ac**quire**.

**ac·qui·si·tion** /ækwizíʃən/ アクウィズィション/ 名 《正式》 **1** Ⓤ 獲得; 習得. **2** Ⓒ 取得物; 掘り出し物 《人についてもいう》.

**ac·quis·i·tive** /əkwízətiv/ アクウィズィティヴ/ 形 《正式》 欲深い.

**ac·quit** /əkwít/ アクウィト/ 動 〖過去・過分〗 --quit·ted/-id/; 〖現分〗 --quit·ting/ 他 …に無罪を宣告する.

**acquít onesèlf** 《正式》ふるまう, 行動する《◆ 副詞(句)を伴う》‖ **acquít onesèlf wéll** りっぱにふるまう.

**ac·quit·tal** /əkwítl/ アクウィトル/ 名 Ⓒ Ⓤ **1** 《法律》無罪, 判決, 無罪判決. **2** 責任免除, 解除.

*__a·cre__ /éikər/ エイカ/ (つづり注意) 〖「野原・土地」から「耕作地」の意になり, Edward I のとき, 2頭ひき(yoke)の雄ウシの1日分の耕作面積を 1 acre と定めた〗
——名 (阀) ~s/-z/; Ⓒ **1** エーカー《面積の単位. 約 4047 m². (略) ac》.

**2** [~s] 私有地, 地所(estate); 田畑, 牧草地.

**a·cre·age** /éikəridʒ/ エイカリッヂ/ 名 Ⓤ 〖しばしば an ~〗 エーカー数, 面積.

**ac·rid** /ækrid/ アクリド/ 形 **1** 〈味・におい などが〉ぴりっとする, 刺すような; 苦い. **2** 〈気質・言葉 などが〉きつい, とげとげしい, 辛辣(ら)な.

**ac·ro·bat** /ǽkrəbæt/ アクロバト/ 名 Ⓒ 曲芸師; 大胆な人《◆日本語の「アクロバット」と違い, 「人」をさす》.

**ac·ro·bat·ic** /ækrəbǽtik/ アクロバティク/ 形 曲芸(師)の, 軽業(らざ)的な, アクロバットの.

**ac·ro·bat·ics** /ækrəbǽtiks/ アクロバティクス/ 名 Ⓤ
**1** [単数扱い] 曲芸(術), 軽業(らざ), アクロバット; [複数扱い] 曲芸における一連の妙技.

**2** [複数扱い] 離れ業, 超人的行為 ‖
mental acrobatics 超人的な頭脳の働き.

**ac·ro·nym** /ǽkrənim/ アクロニム/ 名 Ⓒ 頭字語《各語の頭字をつづりあわせて作った語. NATO, radar など》.

**a·crop·o·lis** /əkrápəlis/ アクロポリス | əkrɔ́p- アクロポリス/ 名 (阀) ~·es/-iz/) Ⓒ (古代ギリシア都市の) 城砦(ざい); [the A~] (アテネの)アクロポリス《◆ Parthenon 神殿の遺跡がある》.

*__a·cross__ /əkrɔ́(ː)s/ アクロ(ー)ス, 《米+》 əkrás/ 〖「十字(cross)に」が原義で, 一方から他方の側への横断の意を含む〗

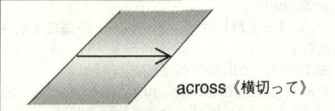

across 〈横切って〉

→ 前 **1** …を横切って **2** …の向こう側に
　 副 **1** 横切って **2** 十文字に交わって **3** 直径
——前 **1** [方向・運動] 〈平面的なものを〉横切って, …を横断して, …を越えて; …の至る所に ‖

a bridge **across** the river 川に渡した橋.

(all) **across** the country 国を横切って; 国中に.

We flew **across** the Atlantic. 大西洋を飛行機で横断した.

Ann swam **across** the river. アンは川を泳いで渡った.

Tom walked **across** the room. トムは部屋の向こう側に歩いて行った.

[対話] "See if you can jump **across** the stream. You are not afraid, are you?" "No, but I can't do it." 「川を飛び越えられるかやってごらん. 恐くないだろう?」「うん, でもそんなことできないよ」.

**2** [位置] 〈平面的なものを〉向こう側に, …を越えた所に ‖

Susie lives **across** the street from Tom. スージーはトムの家とは通りをはさんで向こう側に住んでいる.

He came **from across** the river. 彼は川の向こう側からやって来た.

There is a village **across** the woods. 森の向こうに村がある.

**3** …と交差して, …に交わるように; …を(斜めに)横切って ‖

with one's arms **across** one's chest 腕組みをして.

saw **across** the grain of the wood (のこぎりで)木材を横びきする.

——副 **1** 横切って, 横断して; (越えて)向こう側に ‖

jump across 跳んで渡る.
come across in a boat ボートで渡って来る.
We shall soon be across. すぐにそちら側に渡ってしまうだろう.
I helped an old lady across. 老婦人が渡るのを助けた.
**2 十文字に交わって, 交差して; 斜めに** ‖
saw across (のこぎりで)横びきにひく.
**3 直径で, さしわたしで, 幅で** ‖
The pond is five yards across. その池は直径が5ヤードある.

***across from*** A 《米略式》…の向こう側に, 正面に.
***from across*** A → 前 2.

*__act__ /ǽkt/ 〖行為とその結果生まれたものをさす〗
㊌ action (名), active (形), actor (名), actual (形)

→ 名 1 行為  2 幕
動 1 行動する  2 ふるまう  他 1 演じる

——名 (複 ~s/ǽkts/) C **1** 〔正式〕(1 回限りの) 行ない, 行為, 行動; (略式) みせかけ, ふり, 芝居 [類 action, behavior, conduct, deed] ‖
do a noble act りっぱな行ないをする.
It is an act of courtesy for the host to sip the wine first. ホスト役がまず1 口ワインを飲むのが礼儀である.
Her crying was just an act. 彼女の涙はただの空涙(そらなみだ)だった.
[C と U]　act C
　　　　　action, behavior U

**2** [しばしば A~] (劇の) **幕** ‖
in Act III, Scene ii of *Hamlet* 『ハムレット』の第3幕第2場で《◆ *Act* three, Scene two と読む》.
This opera has five acts. =This is an opera in [with] five acts. =This is a five-act opera. この歌劇は5幕ものです.

**3** [しばしば A~] **法律, 条令**.

**4** (ショー・ラジオ番組などの) 出し物の 1 つ ‖
a magician's act 奇術.

◇*in the (véry) áct of doing* …している**最中**に《◆ 特に悪いことをしているとき》 ‖ be caught in the act of kidnapping 営利誘拐の現行犯でつかまる.

——動 (三単現 ~s/ǽkts/; 過去・過分 ~·ed/-id/; 現分 ~·ing)
——自 **1** 〈人が〉**行動する, 実行する**; (職務上) 出動する ‖
act quickly てきぱきと動く.
act against his will 彼の意志に逆らって行動する.

**2** ふるまう(behave) ‖
She always acts politely toward everybody. 彼女はだれにでも常に礼儀正しくふるまう.
[対話] "What did I do wrong?" "You're acting like a child again. Grow up." 「何か私のしたこと間違ってる?」「また子供じみたことをして. おとなげないことをするよ」.

**3 a** 〈機械などが〉(正常に)動く ‖
The engine is not acting well. エンジンの調子が悪い.
**b** 〈薬などが〉効く, 作用する.

**4 演じる**.
——他 **1** …の役を**演じる**; …を上演する ‖
act Hamlet ハムレットを演じる.

**2** (略式) …のようにふるまう.
act the fool ばかげたふるまいをする.

***áct as*** C (1) 〈人が〉C の役目を務める 《◆ C はふつう無冠詞》‖ act as interpreter 通訳をする.
(2) 〈物が〉…の働きをする ‖ act as a bed ベッド代わりになる.

***áct for*** A …の代理をする.

***áct on*** [〔正式〕 *upón*] A (1) …に従って行動する ‖ act on impulse 衝動的に動く. (2) …に作用する ‖ Tobacco acts on the brain. タバコは脳に影響を与える.

***áct óut*** [他] 〈人が〉〈感情など〉を態度に表す; 行動に移す ‖ 〈出来事など〉を実演する.

***áct úp*** (略式) [自] 〈人・動物が〉(注意をひこうとして, 興奮して) あばれる, いたずらする(cf. PLAY up); 〈機械・器官などが〉調子が狂う.

**act·ing** /ǽktiŋ/ 動 → act.
——形 代理の, 臨時の ‖
an acting principal 校長代理.
——名 U 実行; 演技.

*__ac·tion__ /ǽkʃən/ アクション 〖← act〗
→ 名 1 行動  3 動作  4 作用
——名 (複 ~s/-z/) **1** U (全体の) **行動, 活動**; 実行 ‖
a man of action 活動家.
suit the action to the word 言葉に行動を一致させる.

**2** C (ある期間にわたる複数の) 行ない; [~s] 日常のふるまい ‖
The invasion of other countries is a shameful action. 他国への侵略は恥ずべき行為である.
*Àctions speak lòuder than wórds.* (ことわざ) 行ないは言葉より影響が大きい; 不言実行.

**3** C [通例 a ~ / the ~] (俳優・運動選手・馬などの) 動作 ‖
Action! 《映画監督の指令》演技開始, 本番.
[対話] "What do you think of this movie?" "It has no action. It's putting me to sleep." 「この映画どう思う?」「動きがないね. 眠たくなるよ」.

**4** U 作用, 影響; (機械・器官などの) 働き ‖
the action of acid on copper 銅に対する酸の作用.

**5** C (ピアノ・銃などの) 機械装置, 動く部分.

**6** U C 交戦, 戦闘; [スポーツ] 試合, 競技 ‖
be killed in action 戦死する.

**7** C 訴訟 ‖
bring [raise] an action against him 彼を訴える.

***in áction*** 活動[競技, 交戦, 作動]中の[に] ‖ put the plan in action 計画を実行に移す.

***òut of áction*** [形] 〈機械・兵器などが〉(事故・攻

撃などのため)動かない；〈人が〉活動できない．
**tàke áction** (*in* [*on*] **A**) (A に対して)措置をとる．
**tàke áction** (*on* **A**) (A に取りかかる．
**tàke áction** (*against* **A**) (A を取り締まる；訴える．

**ac·ti·vate** /ǽktəvèit アクティヴェイト/ 動 (現分) **-vat·ing** 他 …を活動的にする．

\*__ac·tive__ /ǽktiv アクティヴ/ 〖→ act〗 派 activity (名)
——形 (比較 more ~, 最上 most ~) **1** 活動的な；活発な，元気な；盛んな(↔ inactive) ‖
lead an **active** life 多忙な生活を送る．
be **active** in business 実業界で活躍している．
Some animals are **active** at night. 夜活動する動物もいる．
**2** 積極的な，自発的な(↔ passive) ‖
They took an **active** part in the war. 彼らは進んで戦争に参加した．
**3** 〈物が〉活動中の ‖
an **active** volcano 活火山．
**4** 〖文法〗能動の(↔ passive) ‖
the **active** voice 能動態．

**ac·tive·ly** /ǽktivli アクティヴリ/ 副 活動的に，活発に，積極的に．

**ac·tiv·i·ties** /æktívətiz アクティヴィティズ/ 名 → activity.

\***ac·tiv·i·ty** /æktívəti アクティヴィティ/ 〖→ active〗
——名 (複 ~·ties/-z/) **1** Ⓤ **a** 活動性, 活躍 ‖
He is in full **activity**. 彼は盛んに活動している．
**b** 活発さ；活気 ‖
a person of **activity** 活動的な人．
**2** ⓒⓊ 活動；[しばしば activities] (ある目的, 特に興味とか楽しみのために反復される一定の)活動, 運動 ‖
extracurricular **activities** 課外活動．
Watching TV is a passive **activity**. テレビを見ることは受身的活動である．

\***ac·tor** /ǽktər アクタ/ 〖→ act〗
——名 (複 ~s/-z/) ⓒ (女性を含めた一般の)俳優, (特に)男優 ‖
Who is your favorite **actor**? あなたの大好きな俳優はだれですか．

\***ac·tress** /ǽktrəs アクトレス/ 〖→ act〗 名 (複 ~·es/-iz/) ⓒ 女優(→ actor).

\***ac·tu·al** /ǽktʃuəl アクチュアル/ 〖→ act〗 派 actually (副)
——形 [通例名詞の前で] **1** (理論上・想像上・未来のことでなく)実際の, 現実に生じた[存在する](↔ potential) ‖
an **actual** person 実在の人物．
in **actual** fact 実際は．
**2** 当面の；現行の．

**ac·tu·al·i·ty** /ǽktʃuǽləti アクチュアリティ/ 名 (複 -·i·ties/-z/) 〖正式〗**1** Ⓤ 現実(性), (現象的)実在 ‖
in **actuality** 現実に, 現実問題として．
**2** ⓒ [通例 actualities] 実情. **3** ⓒ 実際の事件の

記録映画 [(録音)放送]；ドキュメンタリー．

\***ac·tu·al·ly** /ǽktʃuəli アクチュアリ/《◆(略式)ではしばしば /ǽktʃli/》〖→ actual〗
——副 **1** [通例文全体を修飾] (予想・外見と違って)**現実に**(おいては), 実際に(は) (類 really, in fact) ‖
He **actually** isn't the manager of the hotel. 彼は(名目上はどうか)実際はそのホテルの支配人ではない．
He drinks a lot but he's not **actually** an alcoholic. 彼はお酒をよく飲むが, アルコール依存症というわけではない．
[対話] "Did you **actually** see the train crash?" "Yes, I **actually** saw it." 「列車の衝突を目撃したって本当なの?」「うん, この目で確かに見たんだよ」．
**2** [文全体を修飾] **a** (意外でしょうが)本当のところは ‖
[対話] "They should have arrived there by now." "**Actually** (↘), they haven't." 「彼らはもうそちらに着いているはずだよ」「それがなんとまだなんですよ」．
**b** (略式) 実は, 実のところ．
[対話] "What do you do, by the way?" "I'm in electronics (↘), **actually**. (↗)"「ところでお仕事は?」「電子工学関係なんですよ, 実は」．

**a·cu·men** /əkjúːmən アキューメン, ǽkjə-/ 名 Ⓤ 〖正式〗鋭さ, 鋭敏 (sharpness)；眼識, 洞察力．

**a·cute** /əkjúːt アキュート/ 形 (比較 more ~, a·cut·er; 最上 most ~, a·cut·est) **1** 先のとがった；〖数学〗鋭角の ‖
a leaf with an **acute** tip 先のとがった葉．
**2** 〈感覚・知力などが〉鋭い (keen), 鋭くされた, すぐに反応する ‖
**acute** hearing すぐれた聴力．
**acute** intelligence 鋭い知性．
**3** 〈痛みなどが〉激しい；〈病気が〉急性の《◆「慢性の」は chronic》‖
**acute** pain 激痛．
**4** [意味を強めて] ひどい, きつい ‖
an **acute** shortage of engineers 深刻な技術者不足．
**5** 〈音が〉鋭い．

**a·cute·ly** 副 鋭く．
**a·cute·ness** 名 Ⓤ 鋭さ, 厳しさ．

**ad** /ǽd ア[ド]/ (同音 add；類音 odd/ɑd | ɔd/) 名 ⓒ **1** 〖*ad*vertisement〗(略式) 広告 ‖
a help-wanted **ad** 求人広告．
**2** 〖*ad*vantage〗(米)〖テニス〗アドバンテージ．

**ad.** (略) adverb；advertisement.

**A.D., A.D.** /éidiː エイディー/ (略)〖ラテン〗Anno Domini (=in the year of our Lord) キリスト紀元 [西暦]…年(↔ B.C.).

[語法] (1) A.D.1960 のように数字の前に置くのが

(正式)であるが, B.C. の類推で from 500 B.C. to 500 A.D. のように書くことも多い. 次のようなときも後に置く: during the fifth century A.D. (2) A.D. は B.C. と対照して紀元後と特に明示する必要のある場合以外は省略するのがふつう.

**a·da·gio** /ədάːdʒou アダージョウ/ 〖イタリア〗〖音楽〗形副 ゆるやかな[に], アダージョ調の[で]《◆largo と andante の中間》. ━名 C アダージョ調の楽曲[楽章], 緩徐(徐)曲; ゆるやかな舞踏.

**Ad·am** /ǽdəm アダム/ 名 **1** アダム《旧約聖書に出てくる神が初めて造った人間. cf. Eve》. **2** アダム《男の名》.

**Ádam's ápple** 〖禁断の木の実が Adam ののどにつかえたという伝説から〗のどぼとけ.

**ad·a·mant** /ǽdəmənt アダマント/ 形 《正式》強固な; 不屈の; 頑強に主張する.

**Ad·ams** /ǽdəmz アダムズ/ 名 **1** アダムズ《John ~ 1735-1826; 米国第2代大統領(1797-1801), 独立戦争の指導者》. **2** アダムズ《John Quincy /kwínzi, -si/ ~ 1767-1848; **1** の子. 米国第6代大統領(1825-29)》. **3** アダムズ《William ~ 1564-1620; 英国の航海士. 日本に帰化し三浦按針(あんじん)と称した》.

**\*a·dapt** /ədǽpt アダプト/ (類音 adopt/ədάpt | ədɔ́pt/) 〖…に(ad)合わせる(apt). cf. aptitude〗

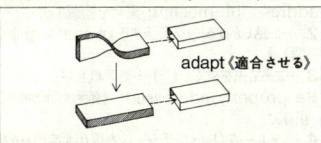

adapt《適合させる》

━動 (三単現) ~s/ədǽpts/; (過去・過分) ~ed /-id/; (現分) ~·ing
━他 **1** [adapt A to B] A〈物・事〉を B〈物・事〉に適合させる, 合わせる; A〈人・動物など〉を B〈環境など〉に順応させる, なじませる ‖
adapt one's way of life **to** the new circumstances 生活様式を新しい環境に合わせる.
**2** [adapt A for B / adapt B from A] A〈物〉を B〈別の用途〉に改造する; A〈作品など〉を B〈映画など〉に改作する, 翻案する(→ adopt) ‖
adapt the novel **for** the play =adapt the play **from** the novel 小説を劇にする.
adapt the book **for** children 子供向きに本を書き直す.
━自 [adapt to A] A〈環境など〉に(努力して)順応する; 慣れる ‖
(対話) "How do you like Chicago?" "Well, it took me almost six months to adapt **to** life there." 「シカゴはいかがですか」「そうですね, 生活に慣れるのに半年ほどかかりました」.
**adápt** oneself **to** A 〈環境などに〉慣れる, なじむ ‖ adapt oneself **to** hot weather 暑い天候に慣れる.

**a·dapt·a·bil·i·ty** /ədæptəbíləti アダプタビリティ/ 名 U 順応性, 適応性.

**a·dapt·a·ble** /ədǽptəbl アダプタブル/ 形 融通のきく; 適応できる.

**ad·ap·ta·tion** /æ̀dæptéiʃən アダプテイション/ 名 U 順応, 適応; 改造; C 改造物; 改作, 翻案物 ‖
This film is an adaptation of a novel. この映画は小説をもとにしている.

**a·dapt·er, a·dap·tor** /ədǽptər アダプタ/ 名 C 改造者; 改作者, 翻案家; 〖電気〗アダプター.

**\*add** /ǽd アド/ (同音 ad; 類音 odd/άd | ɔ́d/) 〖「加える」が本義〗派 addition (名)

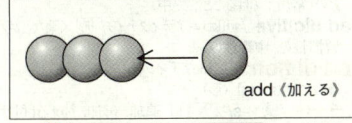

add《加える》

━動 (三単現) ~s/ǽdz/; (過去・過分) ~·ed/-id/; (現分) ~·ing
━他 **1** [add A (to B)] 〈人が〉 A〈人・物・事〉を(B〈人・物・事〉に)加える, つけ足す; 〈物・事が〉 A〈雰囲気など〉を(B〈人・物・事〉に)添える; 〈数字〉を合計する (+up, together) (↔ subtract) ‖
add fùel to the fláme(s) → fuel.
If you add 5 **to** [and] 8, you get 13. 8足す5は13です.

関連 〖足し算の読み方〗8 + 5 =13は Eight and [plus] five are [is, make(s), equal(s)] thirteen. と読む.

(対話) "This tastes awful." "Well, if you add some sugar, it tastes better." 「これひどい味ね」「じゃあ少し砂糖を入れたらよくなるよ」.
**2** [add that 節] …とひとつ加えて言う[書く]; 「…」と言い足す ‖
He added that I should come to the party, too. ="You should come to the party, too," he added. 私もパーティーに来るべきだ, と彼はつけ加えた.
━自 足し算をする.
**ádd ín** [他] 〈人・物・事〉を加える, 入れる; 〈費用〉を算入する.
**ádd to** A …を増やす, 増す ‖ This adds to our troubles. これでやっかいなことがまた増える.
**ádd úp** (1) [自] 合計する; 〈口語〉〈話などが〉つじつまが合う, 筋が通っている. (2) [他] → **他1**; 〈内容などを検討する.
**ádd úp to** A (1) 〈数字が〉合計…になる. (2) 〈口語〉つまるところ…ということになる, 結局…を意味する ‖ What she wants to say just adds up **to** a refusal. 彼女の言いたいことは結局「ノー」ということだ.

**add·ed-val·ue tax** /ǽdidvǽlju: tǽks アディドヴァリュー タクス/ 付加価値税(value-added tax, VAT).

**ad·der** /ǽdər アダ/ 名 C 〖動〗ヨーロッパクサリヘビ; シシバナヘビ, マムシ.

**ad·dict** 動 /ədíkt アディクト/; 名 ǽdikt アディクト/

**addiction** 18 **adequate**

—動 [通例 ~ oneself / be ~ed] 中毒になる; 夢中になる ‖
He is addicted to heroin. 彼はヘロイン中毒になっている。
Don't addict yourself to gambling. 賭(か)け事にふけるな。
—名 C 常用者, 中毒者 ‖
a drug addict 麻薬中毒者.
a TV addict テレビ狂.

**ad·dic·tion** /ədíkʃən アディクション/ 名 U C (薬などの)常用; ふけること; 熱中.

**ad·dic·tive** /ədíktiv アディクティヴ/ 形 〈薬などが〉習慣性の, 中毒性の.

\***ad·di·tion** /ədíʃən アディション/ 〖→ add〗
派 additional (形)
—名 (複 ~s/-z/) 1 U 追加, 付加, 加える[付け足す]こと; U C 〔数学〕足し算, 加算, 加法 ‖
be good at *addition* 足し算が得意である.
The addition of 7 and [to] 2 gives you 9. 2と[に]7を足すと9になる.
The addition of two more people will make our job easier. 2人加わったので我々の仕事が楽になるだろう.

[関連] subtraction 引き算 / multiplication 掛け算 / division 割り算.

2 C 追加[増加]分, 加えられた[増加した]物[人] ‖
There has been an addition to his family. 新たに彼の家族が増えた《◆ふつう子供が生まれること》.
build an addition to one's house 家の増築をする.
She is a new addition to the teaching staff. 彼女が新たに教授陣に加わった人です.

◇*in addition* (正式) その上, さらに加えて (類 besides, what is more) ‖ It was cold, and in addition (ヽ), it was windy. 寒かった. その上風が吹いていた.

◇*in addition to* A (正式) …に加えて, …である上に ‖ In addition to being a good teacher, she was a great scholar. 彼女はよい教師であるばかりでなく, 偉大な学者でもあった (= She was a great scholar as well as a good teacher.).

**ad·di·tion·al** /ədíʃənl アディショヌル/ 形 追加の; 特別に余分の ‖
an additional charge 追加料金.

**ad·dí·tion·al·ly** 副 その上, さらに.

\***ad·dress** /ədrés アドレス, 名 2 では (米+) ǽdres/ (アクセント注意) 〖〖…に (ad) 言葉を向ける (dress)〗〗

→ 名 1 演説  2 あて先   動 他 2 話しかける

—名 (複 ~es/-ɪz/) 1 C (正式) (口頭·書面での公式的な) あいさつ (の言葉), 演説, 講演 《◆ speech より改まった演説》 ‖
an inaugural address 就任演説.
an opening address 開会の辞.
〔対話〕"Did you see the Prime Minister's address on TV last night?" "She explained the situation very well." 「昨夜首相の演説をテレビで見たかい」「情勢をとてもうまく説明していたね」.

2 C あて先《◆ふつう氏名は含まない》, 住所, 所(ば)番地; 上書き ‖
What's your home address? あなたのお宅の住所はどこですか.
〔対話〕"I'd like to apply for a job." "Fill in your name and address on the form, please?(ノ)" 「仕事に応募したいのですが」「その用紙に住所, 氏名を書いていただけますか」.

[事情] 米英の住所は, 戸番, 通りの名, 都市名, 州名, zip code [postal code] の順に書く. 例:
125 Fifth Avenue, New York, NY 10010

3 C 〔コンピュータ〕アドレス《データの記憶場所を示す番号·文字列. IPアドレス, 電子メールアドレス, ホームページのURLなど》.

—動 (三単現 ~·es/-ɪz/; 過去·過分 ~ed/-t/; 現分 ~·ing)
—他 1 …に (正式に) 話をする, 演説[講演] する ‖
address the nation 国民に演説する.
address the meeting 集会で演説する.

2 …に話しかける, …と話をする《◆ speak to より堅い語》 ‖

3 …にあて先を書く; (米) …に手紙を書く ‖
Be properly addressed. (郵便の標示) あて名は正確に.

4 (正式) …を (じかに) 言う; …を提出する; …を申し入れる ‖
address his thanks to his host 主人に感謝の気持ちを述べる.

5 〈問題などに〉取り組む ‖
address the issue その問題に取り組む, 立ち向かう.

*addréss onesélf to* A (正式) (1) …に話しかける ‖ He addressed himself to the mayor. 彼は市長に発言許可を求めた. (2) …に (本気で) 取りかかる, 専念する.

**ad·dress·ee** /ædresí: アドレスィー/ 名 C 受信人; 聞き手.

**ad·e·noid** /ǽdənɔid アデノイド | ǽdi- アディ-/ 〔医学〕名 U C [通例 ~s] 形 アデノイド(の); 腺(せん)様の.

**a·dept** /形 ədépt アデプト; 名 ǽdept アデプト/ 形 熟達した; 精通した. —名 C (正式) 名人, 達人.

**ad·e·qua·cy** /ǽdəkwəsi アディクワスィ/ 名 U (正式) 適切さ, 申し分のなさ, 適性, 妥当性.

\***ad·e·quate** /ǽdəkwət アディクワト/ 〖〖…と (ad) 等しい (equate)〗〗
—形 1 (ちょうど) 十分な量の, ちょうどの ‖
an adequate supply of information 情報の十分な提供.
adequate money for the trip 十分な旅行費

用.
adequate rain to grow rice イネの生育に十分な雨.

**2** 適した, 向いた, 有能な ‖

She isn't **adequate to** the task. 彼女はその仕事に不向きだ.

He only said, "Thank you for everything." He couldn't think of a more **adequate** way to say it. 彼は「いろいろありがとう」と言っただけだ. 彼にはもっと適切な言い方が思いつかなかったのだ.

**3** 〈行為などが〉まずまずの, 平凡な ‖
merely **adequate** performance 及第点ぎりぎりの演技.

**ád·e·quate·ness** 名 U 適切さ, 妥当性.

**ad·e·quate·ly** /ǽdəkwətli アディクワトリ/ 副 十分に, 適切に, まずまず, 平凡に.

**ad·here** /ədhíər, æd-/ 動 (現分) **··her·ing**) 自 《正式》 くっつく, 粘着する, 付着する ‖
The gum **adhered to** the sole of the shoe. ガムが靴底にくっついた.

**2** 固守する, かたくなに支持[信奉]する ‖
**adhere to** one's decision 自分の決意を絶対に変えない.

**ad·her·ence** /ədhíərəns アドヒアレンス, æd-/ 名 U 執着(しゅう), 固守; 信奉, 支持.

**ad·her·ent** /ədhíərənt アドヒアレント, æd-/ 名 C 《正式》支持者; 党員; 信奉者; [~s] 与党.

**ad·he·sion** /ədhíːʒən アドヒージョン, æd-/ 名 **1** U 粘着, 付着; 粘着性. **2** UC 《医学》癒着(ゆちゃく).

**ad·he·sive** /ədhíːsiv アドヒースィヴ, æd-/ 形 粘着性の, べとつく. — 名 UC **1** 接着剤. **2** 接着用テープ, ばんそうこう (adhesive tape).

**adhésive tàpe** = adhesive 名 **2**.

**ad hoc** /ǽd hák アド ハク | -hɔ́k -ホク/ 《ラテン》 形 副 特別の[に], その場限りの[で] ‖
**ad hoc** rules その場限りの規則.

**a·dieu** /ədjúː アドゥー/ 《フランス》 間 《主に詩》さようなら.

**a·di·os** /ædióus アディオウス | -s -オス/ 《スペイン》 間 さようなら.

**adj.** 略 *adj*ective.

**ad·ja·cent** /ədʒéisnt アヂェイスント/ 形 隣接した; 近辺の ‖
The stadium **is adjacent to** the school. その球場は学校の近くにある.

*****ad·jec·tive** /ǽdʒiktiv アヂクティヴ/ 《発音注意》《♦×アドジェクティヴ》 名 C 《文法》形容詞.

**ad·join** /ədʒɔ́in アヂョイン/ 動 他 《正式》 …に隣接する, …の隣にある ‖
There is an anteroom **adjoining** the library. 書斎の隣りに控えの間がある.
— 自 隣り合う.

**ad·journ** /ədʒə́ːrn アヂャーン/ 動 他 **1** 〈会議など〉を延期する ‖
**adjourn** the meeting **until** tomorrow at 9 a.m. 会議をあすの午前9時まで延期する.

**2** 〈会議など〉を一時休止する.

— 自 〈会議などが〉延期になる; 一時休止する.

**ad·journ·ment** 名 UC 延期.

**ad·junct** /ǽdʒʌŋkt アヂャンクト/ 名 C 《正式》 **1** 付属品. **2** 助手.

*****ad·just** /ədʒʌ́st アヂャスト/ 《…に (ad) ぴたりと合わせる (just)》 派 adjustment (名)
— 動 (三単現 ~s/ədʒʌ́sts/; 過去・過分 ~·ed /-id/; 現分 ~·ing)
— 他 《正式》 **1a** [adjust **A to** B] A〈物・事〉を B〈物・事〉に**適合させる** ‖
**adjust** the seat **to** one's height 自分の身長に合うように座席を調節する.

**b** [adjust oneself **to**] …に慣れる, 順応する.
**adjust** oneself **to** one's new way of life 新しい生活様式に慣れる.

**2** 〈機械など〉を**調節する**, 整備する; 〈衣服など〉を整える, あるべき状態にする ‖
**adjust** one's tie ネクタイをきちんと結ぶ.
**adjust** the brakes on the car 自動車のブレーキを調整する.

**3** 〈間違いなど〉を**調整する**, なくす; 〈争いなど〉を調停する ‖
**adjust** the difference of opinion 意見の違いを調整する.
**adjust** conflicts 紛争を解決する.
**adjust** one's accounts 清算する.

— 自 ‖ [adjust (**to** A)] (A に) 順応する, 慣れる, なじむ ‖
My eyes haven't yet **adjusted to** the darkness. 私の目はまだこの暗さに慣れていない.

**ad·just·a·ble** /ədʒʌ́stəbl アヂャスタブル/ 形 調整のできる.

**ad·just·ment** /ədʒʌ́stmənt アヂャストメント/ 名 UC **1** 調整, 調節, 加減 ‖
make **adjustments** 調整をする.
**2** 調停, 解決. **3** 精算.

**ad-lib** /ǽdlíb アドリブ/ 《*ad libitum* の略》《略式》 形 即興の, アドリブの. — 動 (過去・過分 -libbed /-d/; 現分 -lib·bing) 自 他 《…を》即興的に歌う[演奏する, しゃべる].

**ad lib** /ǽd líb アド リブ/ 副 《略式》即興的に, アドリブで. — 名 (複 ad libs) C 即興演奏[せりふ], アドリブ.

**ad·min·is·ter** /ədmínəstər アドミニスタ/ 動 他 **1** …を〈秩序整然と〉治める; …の行政管理をする; …を運営[管理]する, …をつかさどる, 指揮する ‖
**administer** a corporation 会社を経営する.

**2** 《法律》〈財産〉を管理[処分]する.
**3** 《正式》…を執行する, 施行する ‖
**administer** aid to him 彼を援助する.
**4** [administer **A** B / administer **B to A**] A〈人〉に B〈非難・忠告など〉を与える 《♦ give よりもったいぶった語》 ‖
**administer** John a rebuke = **administer** a rebuke to John ジョンをののしる.

**ad·min·is·tra·tion** /ədmìnəstréiʃən アドミニストレイション/ 名 **1** U 行政, 施政, 政治; [the ~; 集合名詞; 単数・複数扱い] 行政部; [the A~] 《主に米》

政府, 内閣((英) (the) Government) ‖
city administration 都市行政.
**2** Ⓤ (団体・業務などの)管理, 運営; [the ~] 管理部, 本部 ‖
administration of a big business 大事業の経営.
**3** Ⓤ (政治家・管理者の)任期, 在任期間.
**4** ⓊⒸ 執行, 実施;(薬剤の)投与.

**ad·min·is·tra·tive** /ədmínəstrèitiv アドミニストレイティヴ, -trətiv|-istrətiv-ミニストラティヴ/ 形 **1**行政の, 行政に関する ‖
administrative policies 施政方針.
**2** 管理の, 運営上の ‖
administrative ability 管理能力.

**ad·mín·is·trà·tive·ly** 副 行政[管理]上.

**ad·min·is·tra·tor** /ədmínəstrèitər アドミニストレイタ/ 名Ⓒ 行政官, 経営者, 理事.

**ad·mi·ra·ble** /ǽdmərəbl アドミラブル/ **(発音注意)** 《×アドマイアラブル》 形 賞賛に値する, あっぱれな; すてきな, 見事な ‖
an admirable school record すばらしい学業成績.

**ad·mi·ra·bly** /ǽdmərəbli アドミラブリ/ 副 見事に.

**ad·mi·ral** /ǽdmərəl アドミラル/ 名 [しばしば A~] Ⓒ 海軍将官, 提督, (艦隊の)司令長官; 海軍大将 《◆「陸軍大将」は general》.

**ad·mi·ra·tion** /ædməréiʃən アドミレイション/ 名Ⓤ [しばしば an ~] 感嘆, 敬服; 賞賛 ‖
with admiration 感嘆して.
I féel [hàve] admirátion for his talent. 彼の才能に敬服しています.
She stood in admiration of the garden. 彼女は庭に見とれて立っていた.

\*ad·mire /ədmáiər アドマイア/ 《…に(ad)感嘆する(mire)》 派生 admiration (名)
——動 (三単現) ~s/-z/; (過去・過分) ~d/-d/; (現分) --mir·ing/-máiəriŋ/)
——他 **1a** …に感心する, 敬服[感嘆]する; …に見とれる ‖
I admire his courage. 私は彼の勇気に感心しています(→ **b**).
admire oneself うぬぼれる.
admire a girl's dress 女の子のドレスに見とれる.
**b** [admire A for B] A〈人〉の B〈物・事〉をたたえる ‖
I admire him for his courage. 私は彼の勇気に感心しています(→ **a**).
**2** …をほめる, すてきだという(praise).

**ad·mir·er** /ədmáiərər アドマイアラ/ 名Ⓒ (クラシック音楽などの)賞賛者, ファン 《◆ fan より高級なものについて用いる》.

**ad·mir·ing** /ədmáiəriŋ アドマイアリング/ 動 → admire.
——形 敬服の念に満ちた, うっとりしている ‖
admiring glances うっとりした目付き.

**ad·mir·ing·ly** /ədmáiəriŋli アドマイアリングリ/ 副 感嘆して, うっとりして.

**ad·mis·si·ble** /ədmísəbl アドミスィブル/ 形 《正式》認められる, 許される.

\*ad·mis·sion /ədmíʃən アドミッション/ 〖→ admit〗
——名 (複 ~s/-z/) **1**Ⓤ 入れること; 入場[入会, 入社, 入学]許可; 入る権利[資格] ‖
the admission of aliens into Japan 外国人を日本に入国させること.
gain admission to the library stacks 書庫に入る許可を得る.
No admission without tickets. (掲示)切符なしでは入場できません.
対話 "She applied for admission to several colleges." "Has she been accepted by any of them?" 「彼女はいくつかの大学に入学願書を出しました」「どこか入学を許可してくれましたか」.
**2** Ⓤ **a** 入場料, 入会金(admission fee) ‖
admission to the zoo 動物園入園料.
Admission free. (掲示)入場無料.
**b** 入場券(admission ticket).
**3** Ⓤ [しばしば an ~] 承認; (犯罪などの)自白, 告白; Ⓒ 承認された事実, 了承事項 ‖
by [on] one's own admission 自分が認めているように, 自白により.
make an admission of guilt to one's lawyer 罪を弁護士に打ち明ける.
She couldn't make the admission that she had broken her father's watch. 彼女は父親の時計を壊したことを告白できなかった.

**admíssion fèe** = admission **2 a**.
**admíssion tìcket** = admission **2 b**.

\*ad·mit /ədmít アドミト/ 〖「受け入れることを認める」が本義〗 派生 admission (名), admittance (名)
——動 (三単現) ~s/-míts/; (過去・過分) --mit·ted/-id/; (現分) --mit·ting)
——他 **1a** [admit A ((to be) C)] A を(C であると)認める(↔ deny) ‖
admit one's guilt 罪を認める.
We admitted him to be the best tennis player. 我々は彼が最も上手なテニス選手であると認めた.
**b** [admit (that) 節] …ということを認める, 自白する; 「…」と言って認める ‖
She admitted (that) she was wrong. 彼女は自分が誤っていることを認めた(=She admitted herself to be wrong. → **a**).
**c** [admit doing] …することを認める ‖
She admitted being wrong. 彼女は自分が誤っていることを認めた(→ **b**).
Tom admitted having broken the window. トムは窓を割ったことを白状した(=Tom admitted that he had broken the window. → **b**).
**2** [通例否定文で] 〈物・事が〉…を認める, 許容する, …の余地を残す ‖
The law admits no exceptions. その法律は例外を認めていない.
**3** 《正式》…に入場[入会, 入学]を認める, 許す ‖
admit him into the office 彼を事務所に入れる.

The key admits you. このかぎであなたは入れます.
Windows admit air to the room. 窓は空気を部屋に入れる.
He was admitted to ((米) the) hospital. 彼は入院した.
**4** 〈ある人数〉を**収容できる** ‖
This hall admits only 500 people. この会館は500人しか入れない.
── 自 《正式》《◆通例次の句で》.
admit to lying うそをついたことを認める.
admit of no excuse 弁解の余地がない.

**ad·mit·tance** /ədmítns アドミタンス/ 名U 《正式》（場所への）入場（の権利），入場許可 ‖
Admittance to staff members only. 《掲示》職員以外入室［入場］禁止.

**ad·mit·ted** /ədmítid アドミティド/ 動 → admit.
── 形 《（ふつう悪い）事実などが》（公然と）認められた，疑いのない ‖
an admitted liar 自らうそつきと認める者.

**ad·mit·ted·ly** /ədmítidli アドミティドリ/ 副 《しばしば全体を文修飾》一般の人［自ら］が認めているように；明らかに.

**ad·mon·ish** /ədmɔ́niʃ アドマニシュ, æd- | ədmɔ́niʃ アドモニシュ/ 動 《三単現》 ~·es /-iz/) 他 《正式》**1**〈年上・上位の人が〉…に忠告する ‖
The police admonished him to drive more slowly. 警官は彼にスピードを落とすように注意した.
**2** …に警告する.

**ad·mo·ni·tion** /ædmənǐʃən アドモニション/ 名UC 《正式》（目上の人からの）おだやかな訓戒；忠告，助言.

**a·do** /ədúː アドゥー/ 名U 《正式》（くだらない）騒ぎ；面倒.

**a·do·be** /ədóubi アドウビ/ 〖スペイン〗 名U アドーべれんが，日干しれんが；C 日干しれんがが造りの建物.

**ad·o·les·cence** /ædəlésns アドレスンス/ 名U 《しばしば an ~》**1** 青春期；思春期の成長. **2** 若々しさ.

**ad·o·les·cent** /ædəlésnt アドレスント/ 形 青春期の，若々しい；《略式》（知能・情緒の面で）未熟な.
── 名C 青春期の人，10代の若者；《略式》子供っぽい人.

*****a·dopt** /ədápt アダプト | ədɔ́pt アドプト/ 《類音》adápt/ədǽpt/》〖…を(ad)選ぶ(opt)，選んで採用する. cf. *option*〗

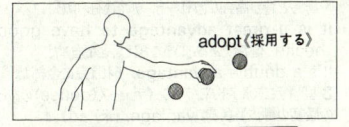

adopt 《採用する》

── 動 《三単現》~·s /ədápts/; 《過去・過分》~·ed /-id/; 《現分》~·ing)
── 他 **1**〈（新しい）理論・技術などを**採用する**；〈外国語などを〉（形を変えずに）借用する；〈他国の習慣・態度などを〉身につける ‖
Public schools have adopted a five-day school week since April, 2002. 公立学校は2002年4月から学校週5日制を採用している.
**2** …を採択［可決］する；《英》…を選ぶ ‖
adopt him as our representative 彼を私たちの代表に選ぶ.
**3** 〈孤児などを〉**養子にする**；〈人・動物などを〉引き取る ‖
an adopted child 養子.

**a·dop·tion** /ədápʃən アダプション | ədɔ́p- アドプション/ 名UC 採用；養子縁組.

**a·dop·tive** /ədáptiv アダプティヴ | ədɔ́pt- アドプティヴ/ 形〈父・母が〉養子関係の ‖
adoptive parents 養父母.

**a·dor·a·ble** /ədɔ́ːrəbl アドーラブル/ 形 《略式》とてもかわいい. **a·dór·a·bly** 副 とても愛らしく.

**ad·o·ra·tion** /ædəréiʃən アダレイション/ 名 **1** 崇拝. **2**《時に an ~》 愛慕（の念）.

**a·dore** /ədɔ́ːr アドー/ 動 《現分》 --dor·ing) 他 **1**（主に詩）〈神・聖体などを〉崇拝する，あがめる ‖
They adore God. 彼らは神をあがめている.
**2** 〈人〉を（神のように）敬愛する，…にあこがれる.
**3** 《略式》…が大好きである.

**a·dor·er** /ədɔ́ːrər アドーラ/ 名C 崇拝者，熱愛者.

**a·dorn** /ədɔ́ːrn アドーン/ 動 他 《正式》〖adorn A with [in] B〗A〈人・物〉をB〈物〉で飾る ‖
adorn oneself with garlands 花輪で身を飾る.

**a·dorn·ment** /ədɔ́ːrnmənt アドーンメント/ 名 《正式》U 装飾；C 装飾品.

**a·dren·a·lin** /ədrénəlin アドレナリン/ 名U **1** 〖生化学〗アドレナリン《副腎髄質から分泌されるホルモンの一種》. **2** C 興奮させるもの.

**a·drift** /ədríft アドリフト/ 形 副 波［風］に漂って；《略式》ゆるんで.

**ADSL** (略) 〖コンピュータ〗 asymmetric(al) digital subscriber loop [line] 非対称デジタル加入者線《通常の電話線を使った高速通信システム》.

*****a·dult** /ədʌ́lt アダルト | ǽdʌlt アダルト/ 〖「成長する」が原義〗
── 形 **1** 《通例名詞の前で》**成人した**，おとなの；成長した. **2** 成人向きの.
── 名C **おとな（らしい）人**（grown-up）；（法律上の）成人《◆ふつう米国20-21歳，英国18歳以上》；成長した動物［植物］.
adúlt educátion 成人教育.

**a·dul·ter·y** /ədʌ́ltəri アダルタリ/ 名 《複》 --ter·ies /-z/) UC 姦通（かんつう），不倫，不貞（の行為）.

**adv.** (略) *adverb*.

*****ad·vance** /ədvǽns アドヴァンス | ədváːns アドヴァーンス/ 〖「前へ」が原義. cf. *advantage*〗
派 advanced (形)，advancement (名)
➡ 動 他**1**進める **4**前払いする 自**1**進む 名**1**進歩
── 動 《三単現》 ~·vanc·es /-iz/; 《過去・過分》 ~d /-t/; 《現分》 --vanc·ing)

| 他 と 自 の関係 | | |
|---|---|---|
| 他 **1** | advance A | A を進める |
| 自 **1** | A advance | A が進む |
| 自 **2** | A advance | A〈人が〉進歩する |

──他 **1** …を**進める**, 前進させる；〈人〉を昇進させる ‖
He advanced his troops to the river. 彼は軍を川のところまで進めた.
She advanced the hands on the clock. 彼女は時計の針を進めた.

**2** …を**促進**[推進, 増進]**する** ‖
advance the cause of peace 平和運動を促進する.

**3**《正式》〈期日など〉を**早める**, くり上げる ‖
advance the date of the wedding 結婚式の日取りを早める.

**4** [advance A to B] B〈人〉に A〈金銭〉を(特に担保をとって)**前払いする** ‖
advance $60 to him against next week's salary 彼に来週分の給料から60ドルを前払いする.

**5**《正式》〈計画などを〉**提出する**, 提案する ‖
advance a legal claim for damages 法的に損害賠償の請求を出す.

──自 **1** **進む**, 前進する(↔ retreat) ‖
The army has advanced to the river. 軍隊は川のところまで進出した.

**2**〈人が〉**進歩する**；昇進する；〈仕事が〉はかどる；〈夜が〉ふける ‖
advance in years [age] 年をとる.
advance in one's profession 職業上の地位が上がる.

◇**advánce on** [**upòn**, 《主に英》**agàinst**] **A** A〈敵・町など〉に向かって**進撃する**, A〈人〉に詰め寄る ‖ They advanced on [against] the town. 彼らは町に攻め寄せた.

──名 (複 ~·vanc·es/-iz/) **1** UC **前進**, 進出；進軍；進行；**進歩**, 発達；[an ~] 前進した事[物] ‖
an advance on the previous theory 前の理論より進歩したもの.

|対話| "People are living longer." "No wonder! In recent years, rapid and remarkable advances have been made in medicine."「寿命が長くなったね」「そのはずだよ. 最近医学の方面でどんどんめざましい進歩がみられるから」.

**2** UC **昇進**, 昇級(→ advancement) ‖
his advance in the firm 会社での彼の昇進.

**3** C **前払い**, 貸し付け[立て替え]（金）, 前金(advance(d) payment)；前渡し品 ‖
get an advance on one's allowance 給与の前貸しを受ける.

**4** C [通例 ~s]（女性に対する）**誘惑**, 口説き；申し入れ.

**5** [形容詞的に] **前もっての**, あらかじめの ‖
an advance ticket 前売り券.
an advance party 先発隊.

◇**in advánce** (1)《正式》**前もって**, あらかじめ《◆具体的な時間は直前に置く: two weeks *in advance* 2週間前に》. (2) **前金で**, 立て替えて ‖ pay the rent in advance 家賃を前払いする.

◇**in advánce of A** (1)（場所的・時間的に）…より**進んで**；…**よりすぐれて** ‖ a boy far in advance of his friends 友だちよりもかなり前にいる子 / an idea in advance of the time 時代を先取りした考え. (2) …に**先立って**(before) ‖ in advance of the meeting 会議の前に.

**ad·vanced** /ədvǽnst アドヴァンスト│-vɑ́ːnst -ヴァーンスト/ 動 → advance.
──形 **1**（場所的に）**前にある**, 前に動いた；（時間的に）〈年齢などが〉**進んだ**, 〈夜が〉ふけた ‖
an advanced pawn （チェスで）前方のポーン.
a person of advanced years [age] =a person advanced in years《正式》高齢者.

**2**〈学問などが〉**上級の**, 高等の；〈国などが〉**進歩した**；〈思想などが〉進歩的な.

**advanced lèvel** 《英》〔教育〕上級課程(の中等教育修了試験)(略 A level) (cf. ordinary level).

**ad·vance·ment** /ədvǽnsmənt アドヴァンスメント│-vɑ́ːns- -ヴァーンスメント/ 名《正式》**1** UC（学問・希望などの）**促進**, 助長；進歩, 前進. **2** U **昇進**, 昇級.

**ad·vanc·ing** /ədvǽnsɪŋ アドヴァンスィング│-vɑ́ːns- -ヴァーンスィング/ 動 → advance.

\*ad·van·tage /ədvǽntɪdʒ アド**ヴァ**ンティチ│ədvɑ́ːntɪdʒ アドヴァーンティチ/〖『前にある状態』が原義. cf. advance〗派 advantageous（形）

advantage《有利》

──名 (複 ~·tag·es/-ɪz/) (↔ disadvantage) **1** U **有利**(なこと), 好都合, 便利, 優越 (類 benefit, profit, vantage)《◆通例次の句で》 ‖
use one's height to advantage in the game 試合で長身を有利に使う.
turn one's previous experience to advantage これまでの経験を生かす.
It was shortened with advantage. それは切り詰められてよくなった.
It will be to his advantage to go. 行けば彼の利益になるだろう.

**2** C **有利な点**, 強み, メリット ‖
He has an advantage over us in volleyball, because he is much taller. 彼は我々よりずっと背が高いのでバレーボールでは有利だ.
It is a great advantage to have good health. 健康であることは大きな強みだ.
It's a double advantage. それは鬼に金棒だ.

**3** U〔テニス〕**アドバンテージ**《デュース(deuce)のあとの最初の得点》(《英》vantage, 《米》ad) ‖
advantage server サービス側の得点.

◇**hàve the advántage of A** A〈事〉という強みを**持つ** ‖ He had the advantage (over me) of knowing the language. 彼には(私より)その言葉を知っているという強みがあった.

◇**tàke advántage of A** (1) A〈機会など〉を**利用する** ‖ I'm sorry I cannot take advantage of your offer. お申し出をお受けすることができません[できなくて残念です]. (2) 《略式》 A〈親切・無知などにつけ込む.

◇*to advántage* → 1.
*to* A*'s advántage* → 1.
*tùrn* A *to* (*one's*) *advántage* → 1.

**ad·van·ta·geous** /ædvəntéidʒəs アドヴァンテイヂャス/ [形] 有利な, 都合のよい.

**àd·van·tá·geous·ly** [副] 好都合に.

**Ad·vent** /ǽdvənt アドヴェント/ [名] 《正式》 **1** 降臨[降誕]; 降臨節, 待降節(たいこうせつ)《クリスマス前約4週間. 祈りと断食の時期とされる》; (最後の審判の日の)キリストの再臨(the Second *Advent* [Coming]).
**2** [the ~ / an ~] (重要人物・事件・時代などの)到来, 出現, 登場.

***ad·ven·ture** /ədvéntʃər アドヴェンチャ/ 〖目前に(ad)起こってくる(vent) (異常な)こと(ure)〗
——[名] (複 ~s/-z/) **1** [U] **冒険**(心); 危険に出あうこと ‖
a story of **adventure** 冒険物語.
She is full of **adventure**. 彼女は冒険心に満ちあふれている.
**2** [C] **予期せぬできごと**[**事件**], はらはらする[珍しい]経験; 危険な旅[冒険] ‖
It was an **adventure** to go there. そこへ行くのは冒険だった.
the **adventures** of Marco Polo マルコ=ポーロの冒険記.
——[動] ([現分] --tur·ing) [他] …をあえてする[言う].
—[自] 危険にもかかわらず進む; [adventure (**into** [on, **upon**] A)] あえて危険を冒して(A に) 乗り出す《◆動詞としては venture がふつう》.

**ad·ven·tur·er** /ədvéntʃərər アドヴェンチャラ/ [名] [C] **1** 冒険家. **2** 投機家, 相場師. **3** いかさま師.

**ad·ven·tur·ous** /ədvéntʃərəs アドヴェンチャラス/ [形] **1** 冒険好きな, 大胆な. **2** 危険な, 冒険的な; 勇気のいる.

**ad·vén·tur·ous·ly** [副] 大胆にも.

**ad·verb** /ǽdvəːrb アドヴァーブ/ [名] [C] 〔文法〕 副詞.

**ad·ver·sa·ry** /ǽdvərsèri アドヴァセリ | -səri -サリ/ [名] (複 --sa·ries/-z/) [C] 《正式》 敵対者, 競争相手.

**ad·verse** /ædvə́ːrs アドヴァース, ニ/ [形] 《正式》 **1** 反対の, 敵意に満ちた. **2** 〈風などが〉逆方向の; 有害な, 不都合な.

**ad·ver·si·ty** /ædvə́ːrsəti アドヴァースィティ | əd- アド-/ [名] 《文》 **1** [U] 不運, 不幸. **2** [adversities] 不幸なできごと, 災難.

***ad·ver·tise,** (米ではまれに) **--tize** /ǽdvərtàiz アドヴァタイズ/ (アクセント注意) 《◆ ×アドヴァタイズ》 〖…へ(ad) (注意を)向ける(vert)ようにする(ise). cf. *adverse*〗 [派] advertisement (名)
——[動] ([三単現] --tis·es/-iz/; [過去・過分] ~d/-d/; [現分] --tis·ing)
—[他] …**を広告する**, 宣伝する, 公示する; …に注意を向けさせる ‖
advertise new books **in** the newspaper 新聞に新刊書の広告を出す.
—[自] **広告を出す**; 宣伝する ‖
advertise **on** TV **for** volunteers テレビ広告でボランティアを募集する.

**ad·ver·tise·ment,** (米ではまれに) **--tize--** /ædvərtáizmənt アドヴァタイズメント, ədvə́ːrtiz- | ədvə́ːtismənt アドヴァーティスメント, -tiz-/ (発音注意) [名] [U] 広告(すること); [C] 広告, 告示(《略式》 ad) ‖
**put an advertisement for** a baby-sitter **in** the paper 新聞にベビーシッターを求める広告を出す.

**ad·ver·tis·er** /ǽdvərtàizər アドヴァタイザ/ [名] [C] 広告主; [A~] …新聞《◆新聞名に用いる》.

**ad·ver·tis·ing,** (米ではまれに) **--tiz·ing** /ǽdvərtàiziŋ アドヴァタイズィング/ [動] → advertise.
——[形] 広告の, 広告を扱う. ——[名] [U] [集合名詞] (新聞・ビラなどによる)広告; 広告[告示]すること; 広告業.

**ad·ver·tize** /ǽdvərtàiz アドヴァタイズ/ [動] ([現分] --tiz·ing) (米ではまれに) =advertise.

**ad·ver·tize·ment** /ædvərtáizmənt アドヴァタイズメント, ədvə́ːrtiz-/ [名] (米ではまれに) =advertisement.

***ad·vice** /ədváis アドヴァイス/ (アクセント注意) 《◆ ×アドヴァイス》 〖(相手の身になって)人を(ad)見ること(vise). cf. *vision*〗 [派] advise (動)
——[名] [U] (私的な)**忠告**, 助言, アドバイス; (公的な)**勧告**; (専門家の)診断, 鑑定 ‖
**follow** [**take, act on**] one's doctor's **advice** 医師の助言に従う.
**ask** his **advice** =**ask** him **for** (his) **advice** 彼に忠告を求める.
**on** [**at, by, under**] his **advice** 彼の忠告で, 彼の勧めに従って.

> [語法] (1) 「1つの助言」は a piece [bit, word] of advice, 「2つの助言」は two pieces of advice, 「いくつかの助言」は some pieces [または a few words] of advice のように言う. some advice は「いくらか[若干]の助言」.
> (2) 形容詞に修飾されても不定冠詞はつかない. ×a good advice, ×an advice. cf. a yellow chalk, ×a chalk.

**ad·vis·a·ble** /ədváizəbl アドヴァイザブル/ [形] 当を得た; 賢明な, 分別のある ‖
It is **advisable** (**for** you) **to** go by train. =It is **advisable** (**that**) you (**should**) go by train. 電車で行くのが賢明ですよ《◆should を用いるのは《主に英》》.
It's often cold, so overcoats are **advisable**. 寒いことが多いからオーバーを持って行った方がよい.

**ad·vís·a·bly** [副] 当を得て, 賢明に; [文全体を修飾] (…が)得策だ, 賢明だ.

***ad·vise** /ədváiz アドヴァイズ/ 〖→ advice〗 [派] adviser (名), advisory (形)
——[動] ([三単現] --vis·es/-iz/; [過去・過分] ~d /-d/; [現分] --vis·ing)
—[他] **1a** [advise A to do / advise A('s) doing] A〈人〉に…するように[…することを]**勧める**, 忠告

する ‖

対話 "Did you see the school doctor?" "Yes. She advised me to go home and rest."「校医さんに診てもらったの?」「はい. 家に帰って寝なさいと言われました」(=She advised (me) that I (should) go home and rest. → **b**).
**b** [advise (A) that 節] (A〈人〉に)…するように忠告する ‖
I advise (you) that you (should) go by train. 電車で行くように忠告します(→ advisable).
**c** [advise A against B] A〈人〉に B〈事〉をしないよう戒(いまし)める;[advise A not to do / advise A against doing] A〈人〉に…しないよう戒める ‖
She advised him against the use of too much sugar. =She advised him not to use too much sugar. =She advised him against using too much sugar. 彼女は彼に砂糖を使いすぎないよう忠告した.
**d** [advise A on [about, in] B] A〈人〉に B〈物・事〉について助言する, 忠告する ‖
He advised me on my study. 彼は私の研究について忠告してくれた.
**e** [advise A (on) wh 節・句] A〈人〉に…かについて忠告する ‖
She advised me (on) where to stay. どこに滞在すべきか彼女は私に助言してくれた.
**2** 〈人〉に忠告する;[advise doing] …することを勧める ‖
advise an early start 早く出発するように勧める.
advise consulting a lawyer 弁護士に相談するように勧告する.
――自 忠告する, 助言する.

\*ad·vis·er, ad·vi·sor /ədváizər アドヴァイザ/
――名 (複 〜s/-z/) C **1** 助言者;(法律・政治などの)相談相手.
**2** (米)(大学の)新入生指導教員.

ad·vis·ing /ədváiziŋ アドヴァイズィング/ 動 → advise.

ad·vi·so·ry /ədváizəri アドヴァイザリ/ 形 助言を与える, 忠告の; 助言の権限を持つ, 顧問の ‖
an advisory committee 諮問委員会.

ad·vo·ca·cy /ǽdvəkəsi アドヴォカスィ/ 名 U 弁護, 支持.

ad·vo·cate /名 ǽdvəkət アドヴォカト; 動 -kèit -ケイト/ 名 C (主義などの)主張者, 支持[擁護]者.
――動 (現分 --cat·ing) 他 (正式)…を主張[唱道, 弁護, 支持]する ‖
I don't advocate (you [your]) going there. 私は(あなたが) そこへ行くのを支持しない.

Ae·ge·an /idʒíːən イヂーアン/ 形 エーゲ海[文明]の.
――名 [the 〜] the Aegean Sea.
Aegéan Íslands [the 〜] エーゲ海諸島.
Aegéan Séa [the 〜] エーゲ海《ギリシア・トルコ間の地中海の一部》.

aer·i·al /éəriəl エアリアル/ 形 **1** 空気の, 大気の, 空気より軽い; 気体の;〈植物・根などが〉気生の, 空気中で生育する[に住む]. **2** 航空機の, 航空機用の

《♦ air を用いることが多い).
――名 C (英) アンテナ;(米) antenna).

aer·o- /éərə- エアロ-, éərou- /連形 空気, 空中; 航空(術) (air-).

aer·o·bat·ics /èərəbǽtiks エロバティクス | èərə- エアロウ-/ 名 U [複数扱い] 空中曲芸. **2** [単数扱い] 曲芸飛行術.

aer·o·bics /eəróubiks エアロウビクス/ 発音注意 《◆ ×エアロビクス》 名 U [単数扱い] エアロビクス, 有酸素運動.

aer·o·gram, --gramme /éərəgrǽm エログラム | èərə- エアロウ-/ 名 C **1** =air letter. **2** 無線電報.

aer·o·nau·tics /èərənɔ́ːtiks エアロノーティクス | èərə- エアロウ-/ 名 U [単数扱い] 航空術[学].

aer·o·plane /éərəplèin エアロプレイン/ 名 (英) = airplane.

aer·o·sol /éərəsɔ̀l エロサル | éərəsɔ̀l エアロウソル/ 名 **1** U (化学) エーロゾル. **2** C =aerosol bomb [spray].
áerosol bòmb [spráy] 噴霧器.

aer·o·space /éərəspèis エアロスペイス/ 名 U (もと米) 大気圏と(その外側の)宇宙; 航空宇宙学.
――形 航空宇宙の.

Ae·sop /íːsɑp イーサプ | -sɔp -ソプ/ 名 イソップ, アイソーポス《620?-564?B.C.; ギリシアの寓(ぐう)話作家》.

aes·thet·ic, (米ではしばしば) es-·-/esθétik エスセティク | iːs- イース-/ 形 (正式) **1** 美的な, 美学の; 審美的な. **2** 美的感覚[審美眼]のある, 美を愛する; (知的に対し)感覚的な. ――名 U 美学(原理).

a·far /əfɑ́ːr アファー/ 副 (文) **1** 遠くで[に]. **2** [名詞的に] 遠方 ‖
from afar 遠くから.

af·fa·ble /ǽfəbl アファブル/ 形 愛想のよい, 思いやりのある.
áf·fa·bly /-bli/ 副 愛想よく.

\*af·fair /əféər アフェア/ [(何かを)する(fair)こと (af)]
――名 (複 〜s/-z/) C **1** [しばしば 〜s] (日々の)事務, 業務, 仕事;(漠然とした)事態, 事情 ‖
a man of affairs 実務家.
in the present state of affairs 現状では.
world affairs 世界情勢.
Put your affairs in order. あなたの仕事をきちんと(整理)しなさい.
**2** 浮気, 情事.
**3** (個人的な)関心事, 問題, 雑務.
対話 "What's happening between you and Ken?" "That's my affair." 「君とケンの仲はどうなっているの」「それはあなたの知ったことではないわ」.
**4** (世間を騒がせるような[よく知られた])事件, できごと, 事物, 事変.
the Kennedy affair ケネディ(暗殺)事件.

\*af·fect[1] /əfékt アフェクト/ (類音 effect/ifékt/)[(…に) (af)作用する(fect). cf. effect, infect]
親 affection (名), affectionate (形)
――動 (三単現) 〜s/əfékts/; 過去・過分 〜·ed /-id/; 現分 〜·ing)

—[他] **1** (直接的に)〈物・事〉に**影響する**, (不利に)作用する《♦ 間接的に行動・思想などに変化を起こすのは influence》‖
A damp, cold day **affects** his health. じめじめした寒い日は彼の健康に悪い.
This article will **affect** my thinking. この論文は私の思考に影響を及ぼすだろう.
The greater part of the area has been **affected** by the recent flooding. その地域の大部分が先ごろの洪水の被害を受けた.
**2** [通例 be ~ed] 冒される, 襲われる ‖
She **is affected with** the gout. 彼女は痛風を病んでいる.
**3** [通例 be ~ed] **感動する**, 心を動かされる ‖
**be affected with** pity 哀れみに心を動かされる.
I was deeply **affected by** [at] the sad news. その悲しい知らせを受けてひどく悲しんだ.

**af·fect**[2] /əfékt アフェクト/ ([類音] effect/ifékt/) [動] [他] (正式) **1 a** …のふりをする, …を装う ‖
**affect** a British accent 気取って英国アクセントでしゃべる.
**b** [affect **to** do] …するふりをする.
**2**〈物〉を好んで用いる[選ぶ].

**af·fec·ta·tion** /æfektéiʃən アフェクテイション/ [名] [U] [C] 気取った態度[言動], わざとらしさ ; [an ~ of + [U] 名詞] …のふりをすること, 見せかけ ‖
**an affectation of** innocence 純真なふり.

**af·fect·ed**[1] /əféktid アフェクティド/ [動] → affect[1].
—[形] **1** 影響を受けた, 被害を受けた ; (病気に)冒された. **2**〈人が〉心が動かされた.

**af·fect·ed**[2] /əféktid アフェクティド/ [動] → affect[2].
—[形] 気取った ; みせかけの.

**af·fect·ing** /əféktiŋ アフェクティング/ [動] → affect.
—[形] (正式) 人の心を打つ ; 痛ましい.

***af·fec·tion** /əfékʃən アフェクション/ 〚→ affect[1]〛 [派] affectionate (形)
—[名] ([複] ~s/-z/) [U] [しばしば an ~] (穏やかな持続的な)**愛情**, 好意 ; [~s] 恋慕(の情), 愛着 ‖
She **has** [**feels**] (a) great **affection for** her parents. 彼女は両親をとても愛している.

**af·fec·tion·ate** /əfékʃənət アフェクショナト/ [形] **1** 情愛のある, やさしい ‖
**be affectionate to** each other 互いに愛し合っている.
**2** 愛情のこもった.

**af·fec·tion·ate·ly** /əfékʃənətli アフェクショナトリ/ [副] やさしく ‖
**Yours affectionately** =(米) **Affectionately** (**yours**) (手紙の結び) さようなら《♦ 特に親しい者の間や女性同士で用いる》.
**Affectionately**, your brother Bill 親愛なる兄ビルより.

**af·fil·i·ate** /[動] əfílièit アフィリエイト ; [名] əfíliət アフィリアト/ [動] ([現分] --at·ing) (正式) [他] …を会員にする, 加入させる ‖
The Institute of Technology **is affiliated with** [**to**] the University. その工学研究所は大学に付属している.
—[自] 加入する, 提携する.
—[名] [C] **1** 支部, 支社, 分会. **2** 加入者, 会員.

**af·fil·i·a·tion** /əfìliéiʃən アフィリエイション/ [名] [U] [C] **1** 加入 ; 所属. **2** 提携, 合併(されること).

**af·fin·i·ty** /əfínəti アフィニティ/ [名] ([複] --i·ties/-z/) (正式) **1** [U] [C] 類似点[性], 密接な関係 ‖
**affinities between** different languages 異なった言語間の類似性.
**2** [U] [C] (血縁以外の) 親類(関係).

**af·firm** /əfə́ːrm アファーム/ [動] [他] (正式) 《♦ ふつう進行形にしない》[affirm **A** to be **C** / affirm **that** 節]〈人が〉(信念に基づいて) **A**〈人・物〉を **C** だと断言する, 肯定する(↔ deny) ; [affirm **A** (**to B**)] (**B**〈人〉に対して) **A**〈事〉を確言する《♦「力説する」という含みはない》([類] assert, warrant, declare, protest) ‖
He **affirmed** the truth of the report (**to** her). その報告は本当だと彼は(彼女に)断言した.

**af·fir·ma·tion** /æfərméiʃən アファメイション/ [名] [U] [C] 断言, 肯定.

**af·firm·a·tive** /əfə́ːrmətiv アファーマティヴ/ (正式) [形] 肯定的な, 賛成の(↔ negative).
—[名] [U] [通例 the ~] 断定, 肯定(文, 表現) ‖
answer **in the affirmative** 肯定の答えをする(= say yes).
**affírmative áction** =positive discrimination.

**af·fix** /[動] əfíks アフィクス ; [名] ǽfiks アフィクス/ [動] ([三単現] ~·es/-iz/) [他] …をはる, 添付する ‖
**affix** a stamp **on** [**to**] a letter 手紙に切手をはる.
—[名] ([複] ~·es/-iz/) [C] 〔文法〕接辞《接頭辞・接尾辞・挿入辞をまとめた言い方》.

**af·flict** /əflíkt アフリクト/ [動] [他] (正式) [通例 be ~ed] 苦しむ, 悩む ‖
**be afflicted with** rheumatism リューマチで苦しむ.

**af·flic·tion** /əflíkʃən アフリクション/ [名] (正式) **1** [U] 苦痛, 苦悩(の状態) ‖
**in affliction** 苦しんで, 悩んで.
**2** [C] 苦しみ[苦痛]の種.

**af·flu·ence** /ǽfluəns アフルエンス/ [名] [U] (正式) 富, 富裕.

**af·flu·ent** /ǽfluənt アフルエント/ [形] (正式) **1** 裕福な, 富裕な. **2** 豊富な.

***af·ford** /əfɔ́ːrd アフォード/ 〚原義「与える」→「(与える・持つ) 余裕がある」〛
—[動] ([三単現] ~s/əfɔ́ːrdz/ ; [過去・過分] ~·ed /-id/ ; [現分] ~·ing)
—[他] **1 a** [can afford **to** do] …**する**(経済的・時間的)**余裕がある** ; …しても困らない ‖
You **can't afford to** neglect your health. 君は自分の健康を度外視するわけにはいかない.
[対話] "Can't we buy that machine?" "No, we **can** only **afford** to spend a limited amount of money." 「あの機器は買えないのですか」「ええ, なにぶん予算に限度があるものですからね」.
**b** [can afford **A**] **A**〈休暇・車・お金など〉を**持つ**[と

る]余裕がある ‖
Couldn't you **afford** a taxi? タクシーに乗るお金がなかったのですか.
**2** (正式) [afford A B / afford B to A] 〈人・物事が〉A〈人など〉に B〈物・事〉を与える(give); [afford B] 〈物・事〉が〈自然の結果として〉…を供給[産出]する ‖
Music **affords** us much pleasure. =Music **afford** much pleasure **to** us. 音楽は私たちを大いに楽しませてくれる.

**af·front** /əfrʌ́nt/ アフラント/ 動 他 《正式》〈人〉を故意に侮辱する;〈人〉の誇り[感情]を公然と傷つける.
—— 名 C 公然[故意]の侮辱, 無礼な行為[言葉].

**Af·ghan** /ǽfgæn/ アフギャン/ 名 **1** C アフガニスタン人. **2** U アフガニスタン語. **3** [a~] C 毛糸編みの掛けぶとん[肩掛け]. **4** C (動) アフガン犬(Afghan hound)《猟犬の一種》. —— 形 アフガニスタン人[語]の.

**Áfghan hóund** =Afghan 名 **4**.

**Af·ghan·i·stan** /æfgǽnəstæn アフギャニスタン | -istάːn -ギャニスターン/ 名 アフガニスタン《アジア中西部の共和国. 首都 Kabul》.

**a·field** /əfíːld/ アフィールド/ 副 《文》家を離れて, 遠くに.

**a·fire** /əfáiər アファイア/ 《文》副形 燃えて ‖
set the fields **afire** 畑に火をつける.

**a·flame** /əfléim/ アフレイム/ 形 燃え立って.

**a·float** /əflóut/ アフロウト/ 《文》副形 **1** 浮かんで, 漂って. **2** 海上に[で]. **3** 〈うわさなどが〉広まって.

**AFN** (略) American Force's Network 米軍放送網.

**a·foot** /əfút/ アフト/ 副 《文》〈事が〉起こって, 進行中で.

**\*a·fraid** /əfréid/ アフレイド/ 《「おびやかされた」が原義》
—— 形 (比較 more ~, 最上 most ~) [補語として] **1** [be afraid of A] …を恐れる, 怖くなる, 心配される, いやになる(類) frightened, terrified, timid, fearful) ‖
She is quite **afraid of** barking dogs. 彼女はほえる犬をとても怖がる.
Jim was **afraid of** physical labor. ジムは肉体労働がいやになっていた.
[対話] "How white you've gone! (↘) Are you **afraid of** something?" "No, I just have a little fever." 「真っ青だね. 何か怖いことでもあるの」「いいえ, ちょっと熱があるだけよ」.
**2** [be afraid of doing / be afraid that 節] …(するの)ではないかと心配する, 恐れる ‖
When you speak a foreign language, don't **be afraid of** making mistakes. 外国語を話すときは間違いを恐れるな.
She was **afraid of** his [《略式》him] having an accident. =She was **afraid that** he might have an accident. 彼女は彼が事故にあうのではないかと心配した《◆ that 節の方がふつう》.
He was **afraid (that)** he might hurt her feelings. =He was **afraid of** hurting her feelings. 彼は彼女の感情を傷つけるのではないかと不安に思った.
**3** [be afraid to do] (結果を心配して)怖くてできない[したくない], あえて…する勇気がない ‖
I was **afraid to** talk to you. 君に話しかけるのが怖かったのです.
[対話] "**Were** you **afraid to** come and see me?" "Frankly, very much." 「私に会いに来るのに気おくれしていましたか」「実はそうなんです」.
**4** (略式) [be afraid for [about] A] …を気づかう ‖
Parents are **afraid for** (the safety of) their daughter. 両親は娘の安否を気づかっている.
He was **afraid about** what was going to happen. 彼は何が起こるのかと心配だった.
◇ **I'm afraid (that) …** (略式) 残念ながら…のようだ, (漠然と)どうやら…のように思う; 申しあげにくいのですが(I'm sorry, 《正式》I regret)《◆ よくないことを言ったり, 不作法になりそうな発言をやわらげたりするていねい表現. ふつう that は省略》(cf. hope, expect) ‖ I'm **afraid (that)** she will fail. = She will fail, **I'm afraid**. どうも彼女は失敗するように思う《◆ 文頭・文中・文尾でも挿入的に用いる》/ [対話] "Are we late?" "**I'm afráid sò.**"「我々は遅刻ですか」「どうもそのようです」/ "Can you meet me at the airport?" "**I'm afráid nót.**(↘)"「空港に迎えにきてくれますか」「申し訳ありませんが, 無理なのです」/ "Hello. Is Emily there, please?(↗)" "**I'm afraid** she's busy at the moment." 「もしもし, エミリーさんをお願いします」「あいにく今, 手が放せないのですが」.

**a·fresh** /əfréʃ/ アフレシュ/ 副 《正式》新たに, 再び.

**\*Af·ri·ca** /ǽfrikə アフリカ/ 《「カルタゴの地」が原義》名 アフリカ (略 Afr.).

**\*Af·ri·can** /ǽfrikən/ アフリカン/
—— 形 アフリカ(産, 特有)の; アフリカ(黒)人の.
—— 名 アフリカ人.

**Af·ri·can-A·mer·i·can** /ǽfrikənəmérikən アフリカナメリカン/ 名 C 形 アフリカ系アメリカ人(の)《◆ 現在では公称として black より多く用いられる. → black 形 **1** 文化, **2** 語法》.

**Af·ri·can·ism** /ǽfrikənìzm/ アフリカニズム/ 名 U アフリカなまり; アフリカ文化の特質.

**Af·ro** /ǽfrou/ アフロウ/ 名 (複 ~s) C 形 アフロヘア(の)《縮れ毛を丸くふくらませた髪型》.

**Afr(o)-** /ǽfr(ou)-/ アフル- (アフロウ-)/ (連結形) アフリカ(人)の.

**aft** /ǽft / άːft/ アフト / アーフト/ 〔海事・航空〕 副 船尾[尾翼](の近く)で, 船尾[尾翼]の方へ(↔ fore).
—— 形 船尾[尾翼](の方)にある.

**\*af·ter** /ǽftər / άːftə/ アフタ / アーフタ/ 《元来は時間・場所の前後関係を示したが, 現在では「…のあとで」という時間の用法が中心. さらに論理的判断と結びつき「結果」の意が生じた(→ **3**). また元は場所的背景を示したことから, 捕えようとして追いかける

「追求」の意が生じた(→ **4, 5**)』

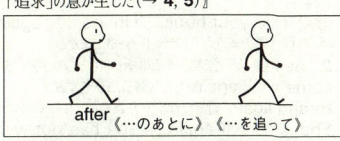

after 《…のあとに》《…を追って》

→ 前 1 …のあとに[で]　3 …にもかかわらず
　　　 4 …を追って　　　5 …にちなんで
　接 …したあとに[で]

―― 前 1 [時間] …のあとに[で]; …過ぎに(past)
(↔ before) ‖

the dáy àfter tomórrow 明後日.
the week after next 再来週.
after May 1 5月1日以降.
half **after** five 《米》5時30分《◆《英》では past》.
I met him **after** a week. 1週間後に彼に会った(→ 副).
She came back ten minutes **after** the burst. 爆発の10分後に彼女は帰って来た《◆ 具体的な時間の開きを示す数値は after の直前に置く《→ 接 第1例》》.

**2** [順序・順位] **a** …のあとに[で]; …の次に, …について ‖

Àfter yóu(↗). どうぞお先に《◆ Go ahead(, please). よりていねい》.
After you with the paper, please. 新聞をお読みになったら私にお回しください.
After Hardy, Dickens is my favorite writer. ハーディの次には, ディケンズが好きな作家だ.
She closed the door after her. 彼女は入って[出て]からドアを閉めた.

**b** [名詞を繰り返して]《◆ 反復・継続を表す》‖
tíme àfter tíme 何度も何度も.
dáy àfter dáy 毎日毎日.
wéek àfter wéek 毎週毎週.
read óne letter àfter anóther 手紙を次々に読む(→ one 代 成句).
have mèeting after méeting 次々に会議を開く.
Bus **after** bus [One bus **after** another] was full. 来るバスも来るバスも満員だった.

**3 a** [結果] …のあとだから, …したのだから, …の結果 ‖
[対話] "**After** that remark, I will never speak to you again." "That's your choice. Well, I don't really care." 「あんなふうに言ったのだから君とは二度と口をきかないよ」「君がそう決めたのなら, ぼくの方は少しもかまわないよ」.

**b** [逆の結果] [通例 ~ all …] (せっかく…いろいろと)…したのに, …にもかかわらず(in spite of) ‖
Àfter áll his efforts, he still failed to pass the examination. 努力したにもかかわらず, 彼は依然として試験にパスしなかった.

**4** [目的・追求]〈仕事など〉を求めて,〈犯人など〉を追って,〈名声などを〉追い求めて ‖
run **after** the thief 泥棒を追う.
shout **after** him 彼の後ろから大声で叫ぶ.

She is áfter a better job.《略式》彼女はもっとよい仕事を探している.
**5** [模倣・順応] …にならって, …をまねて, …ふうの, …流儀の; …にちなんで; …に従って[応じて] ‖
a picture **after** (the style of) Rubens ルーベンスふうの絵画.
I **was named** Tom **after** my uncle. 私はおじの名をとってトムと名づけられた.

**○ after áll** [副] (1) /=/ [通例文尾で] (意図・予想などに反して) 結局 ‖ I thought he was going to fail the exam, but he passed áfter àll. (↘) 私は彼が試験に落ちると思ったが結局は受かってしまった. (2) /=/ [前文への理由・補足を示して; 通例文頭で]…だから(for); そもそも, お忘れかもしれませんが ‖ [対話] "I think I'm going to punish Elaine. No more television!" "Don't punish her so much; àfter áll (↘), she is only a child." 「エレインをこらしめてやろうと思うの. これ以上テレビを見せないわ」「そんなにひどい仕打ちはだめだよ. 何といってもまだ子供なんだから」. (3) /=/ [コンマなしで文尾, 時に文頭で] (なんのかんの言っても) 結局, やはり, とうとう ‖ So you have come after all. (↘) やあ, やっと来ましたね / After all │ she did not come. (↘) とうとう[やっぱり]彼女は来なかった(→ at LAST).

**àfter áll A** → **3 b**.
**àfter áll is sáid and dóne**《米ではまれ》=after all (3) (→ after 前).

―― 副 あとに[で], のちに ‖
a week after (未来のある時点から)その1週間後に(→ 前 1)《◆ 過去の場合は今は three days later がふつう》.
soon after すぐあとに.
the day after その翌日に.
follow after ついて行く.
look before and after 前後を見る; あと先を考える.

**èver áfter** → ever.

―― 接 …したあとに[で] ‖
I came back five days **after** he left Tokyo. 彼が東京をたって5日後に私は帰ってきた(→ 前 1 最終例と注).
He arrived **after** you (had) left. 君が帰ったあとで彼が到着した.

[語法] 未来のことを述べるとき, after 節では現在形または現在完了形を使う: I will go out *after* I finish [I have finished] my homework. 宿題を終えたら出かけます《◆ ×I will go out after I will finish … は誤り》.

―― 形 のちの, あとの; 後部の.
**af·ter·care** /ǽftərkèər アフタケア | ɑ́ːftəkèə アーフタケア/ 名 [U]《正式》**1** (病後[手術後])の健康管理, アフターケア. **2** (刑期終了後の)更生補導.
**áf·ter-dìn·ner spéech** /ǽftərdìnər アフタディナー | ɑ́ːftə- アーフタ-/ テーブルスピーチ《◆ 英米では食後にするのがふつう. *table speech* は誤り》.

**af·ter·ef·fect** /ǽftərifèkt アフタイフェクト | ɑ́ːftə- アーフタ-/ 名 U C [しばしば ~s] **1** 余波, なごり. **2** 〖医学〗(薬などの)あと作用[効果]; (病気などの)後遺症.

**af·ter·life** /ǽftərlàif アフタライフ | ɑ́ːftə- アーフタ-/ 名 **1** 〖正式〗[the ~] 来世, あの世. **2** U [通例 one's ~] 晩年, 余生.

**af·ter·math** /ǽftərmæθ アフタマス | ɑ́ːftə- アーフタ-/ 名 C [通例 the ~ / an ~] (災害・戦争などの)余波, 結果.

**\*af·ter·noon** /æftərnúːn アフタヌーン | ɑ̀ːftə- アーフタヌーン/ 《◆名詞の前で使うときはふつう /=/》《正午(noon)のあと(after). → noon》
——名 (複 ~s/-z/) **1** U C 午後 ; [形容詞的に] 午後の ‖
this afternoon きょうの午後.
tomorrow afternoon あしたの午後.
She died **yesterday afternoon**. 彼女はきのうの午後亡くなった.
**in [during] the afternoon** 午後に.
**on Sunday afternoon** 日曜日の午後に.
**on the afternoon of** June 6th 6月6日の午後に.
**2** (米略式) [~s; 副詞的に] 午後は(いつも).

**áf·ter-sàle(s) sérvice [sérving]** /ǽftərsèil(z)- アフタセイル(ズ)- | ɑ́ːftə- アーフタ-/ (主に英) アフターサービス.

**af·ter·thought** /ǽftərθɔ̀ːt アフタソート | ɑ́ːftə- アーフタ-/ 名 U C **1** あとから思いついたこと, 考え直し, 再考. **2** あと知恵 ; 追加した物.

**af·ter·ward(s)** /ǽftərwərd(z) アフタワド(アフタワッ) | ɑ́ːftəwəd(z) アーフタワド(アーフタワッ)/ 副 あとで (later) ; その後, 以後 ‖
ever afterward それから以後ずっと.
long afterward ずっとあとに.
two weeks afterward 2週間後に.
shortly afterward その後まもなく.

**af·ter·word** /ǽftərwə̀ːrd | ɑ́ːftə- アーフタ-/ 名 C (主に著者以外の人による)あと書き.

**\*a·gain** /əgén アゲン, əgéin/ 〖原義「向かい合って」→「反響して」「繰り返して」〗
——副 **1** 再び, もう一度, さらに ; [別の事柄を述べる際に] この場合もまた[やはり] ‖
**all over again** 始めからもう一度.
**never again** 二度と…しない.
**(the) sàme agáin** (↘) (注文して)お代わり, (↗) お代わりはいかがですか.
"Here you come again." 「やっぱり来たのね」.
**Again** (↘) she felt hesitant. 再び彼女はためらった.
"**Come again**? (↗)" (英略式)「もう一度言ってよ, 何ですって」《◆相手の言ったことに軽く驚いたときに用いる》.
対話 "What was her name **again**? (↗)" "Isabella di SanGregorio." 「もう一度聞くけど, あの人の名前なんだっけ」「イザベッラ=ディ=サングレゴリオよ」.
対話 "I lost your book." "Oh, not (↘) again (↗)!" 「君の本をなくしたよ」「あーあ, またか」.
**2** /əgén/ 《♦ 弱い強勢》もとの所へ, もとの状態へ ‖
come back **again** もどって来る, 帰宅する.
**to and again** 行きつもどりつ, あちらこちらへ.
She is herself **again**. = She has got well **again**. 彼女は(病気が治って)もとどおり元気になった.
**agáin and agáin** 何度も何度も.
◇**once again** → once 副.
**thén agáin** 〖正式〗その上に, さらにまた.

**\*a·gainst** /əgénst アゲンスト, əgéinst/ 〖原義「向かい合って」から「対立して」へ発展〗

against 《…に対抗して》

→ 前 **1** …に反対して **2** …によりかかって
**4** …を背景にして
——前 **1** [対抗する運動・行為] …に反対して, …に対抗[抵抗, 敵対]して, …に反して, …に逆らって ‖
fight **against** the enemy 敵と戦う.
struggle **against** poverty 貧困と戦う.
**against one's will** 自分の意志に反して.
Are you **for** or **against** the plan? その計画に賛成ですか反対ですか.
We are **against** working on Sundays. 日曜日に働くのは反対だ.
**2** [接触・圧迫・衝突] …に対して, …に押しつけて ; …にもたれて, …によりかかって ; …にぶつかって ‖
run **against** a wall 〈車が〉壁に衝突する.
place one's ear **against** a wall 壁に耳を(ぎゅっと)押しあてる.
lean **against** the door ドアにもたれる.
**3** [防御・準備] …から防いで, …しないように ; …に備えて ‖
I bought warm clothes **against** (the) winter. 冬に備えて暖かい衣類を買った.
**4** [比較・対照] …と比較[対比]して ; **…を背景にして** ‖
The church stood out **against the blue sky**. その教会は青空を背景にくっきりそびえていた.
If you weigh the metal **against** these coins, you will find its weight. これらの硬貨と比較してみれば, その金属の重さがわかる.
**5** [不利益]〈人〉に不利に[な], …に都合悪く[い] ‖
the evidence **against** him 彼に不利な証拠.
His age is **against** him. 彼は年齢の点で損をしている, 彼の年齢では駄目だ.
**as against** → as 前.

**Ag·a·mem·non** /ægəmémnɑn アガメムナン | -nən -ノン, -nɒn/ 名 〖ギリシア神話〗アガメムノン《トロイ戦争のギリシア軍総大将》.

**a·gape** /əgéip アゲイプ/ 副 (驚いて)口をぽかんとあけて; 非常に驚いて.

**Ag·a·tha** /ǽgəθə アガサ/ 名 アガサ《女の名.《愛称》Aggie》.

**＊＊age** /éidʒ エイヂ/ [「生涯」が原義]
派 aged (形)
→ 名 1 年齢　5 時代
── 名 ag·es /-iz/ 1 UC 年齢, 年《◆人だけでなく, 動植物・物にも用いる》‖
at your age あなたの年齢では.
look one's age 年相応に見える; 年とって[疲れて]いるように見える.
feel one's age 年[疲れ]を感じる.
people of all ages あらゆる年齢の人たち.
What age was he when his father died? 父親が亡くなったとき彼は何歳でしたか(=How old was he when …).
His age is 32 (years). 彼の年齢は32です.
He is nine years of age. 彼は9歳です《◆He is nine (years old). の方がふつう》.
He died at the age of 70. =(米) He died at age 70. 彼は70歳で亡くなった(=He died when he was 70 years old.).
I have a daughter (of) your age. =I have a daughter the same age as you. 私にはあなたと同じ年の娘がいます.
She looks young for her age. 彼女は年の割には若く見える.

2 U 成年; 規定の年齢‖
còme of áge 成年に達する.
be of driving áge 運転できる年齢である.
be under áge 未成年である.
対話 "What's the drinking age in the US?" "It varies from state to state." 「アメリカでは何歳になったらお酒が飲めますか」「それは州によって違います」.

3 U 高齢, 老齢《ふつう65歳以上》; [集合名詞] 老人たち‖
youth and age 老いも若きも.
the wisdom of age 年の功.

4 U 寿命, 一生; (一生の)一時期; C 世代‖
the age of man 人間の寿命.
the age of adolescence 青春期.
a person of full age 成年の人《◆中年は middle age, 老年は old age》.

5 C [通例複合語で; the ~] …時代, 時期‖
the Iron Age 鉄器時代.
the Middle Ages 中世.

6 C (略式) [an ~ / ~s] 長い間‖
It's been ages [an age] since I saw you last. =I haven't seen you for ages [an age]. たいへんお久しぶりですね.

**còme of áge** (1) → 名 2. (2) 十分発達する.
── 動 (現分) ag(e)·ing 自《人が》年をとる, ふける; 古くなる.
── 他《人》をふけさせる;《物》を古びさせる‖
Worries aged him rapidly. 心配のあまり彼は急にふけこんだ.

**áge lìmit** 年齢制限, 定年.

**aged¹** /éidʒd エイヂド/ 動 → age.
── 形 [数詞の前に置いて] …歳の[で] ‖
a man aged 40 (years) 40歳の男(=a 40 year-old man).
die aged eighty 80歳で死ぬ.

**ag·ed²** /éidʒid エイヂド/ 動 → age.
── 形 [しばしば感動をこめて] 1 老いた, 年とった (very old)‖
my aged father 老いた私の父.
2 [the ~;集合名詞的に;複数扱い] 老人.

**age·ing** /éidʒiŋ エイヂング/《英》動 形 =aging.

**a·gen·cy** /éidʒənsi エイヂェンスィ/ 名 (複 a·gen·cies /-z/) 1 UC (正式) [通例 the ~] 作用, 働き; 手段‖
the agency of fate 運命の力.
2 U (正式) 媒介, 仲介, 周旋‖
by [through] his agency 彼の仲介で.
3 UC 代理店, 取次店; 代理業(者).

**a·gent** /éidʒənt エイヂェント/ 名 C 1 代理人; 代理店, 特約店; 仲介者‖
a travel agent 旅行代理業者.
real estate agent (米) 不動産業者.
2 (反応・変化などを起こす)力, 媒介.
3 法の執行官《警官・刑事など》; 秘密情報員, スパイ‖
an FBI agent 連邦捜査局員.
a double agent 二重スパイ.

**ag·gra·vate** /ǽgrəvèit アグラヴェイト/ 動 (現分) ·vat·ing) 他 1 (正式) …をさらに悪化させる. 2 (略式) …を怒らせる, 悩ます.

**ag·gre·gate** /ǽgrigèit アグリゲイト; 形 名 -gət -ガト/ 動 (現分) ·gat·ing) 他 (正式) (ひとまとめに) …を集める. ── 自 集まる.
── 形 (正式) 総計の.
── 名 UC (正式) 総計, 合計‖
in (the) ággregate 全体として, 総計で.

**ag·gre·ga·tion** /ǽgrigéiʃən アグリゲイション/ 名 (正式) 1 U 集合[集成](すること). 2 C 集合体, 集団.

**ag·gres·sion** /əgréʃən アグレション/ 名 UC 1 攻撃, 侵略(行為). 2 侵害.

**ag·gres·sive** /əgrésiv アグレスィヴ/ 形 1 攻撃的な, 侵略的な; けんか好きな.
2 (略式) 活動的な, 精力的な; 積極的な‖
You have to be aggressive to be a success. 出世するためには積極的な人間でなければならない.
3 自信たっぷりな, 独断的な.

**ag·grés·sive·ly** 副 攻撃的に.
**ag·grés·sive·ness** 名 U 攻撃性, 積極性.

**ag·gres·sor** /əgrésər アグレサ/ 名 C 攻撃者[国], 侵略者[国].

**aggréssor nátion [cóuntry]** 侵略国.

**ag·grieve** /əgríːv アグリーヴ/ 動 (現分) ·griev·ing) 他 (正式) …を苦しめる, 悩ます.

**a·ghast** /əgǽst アギャスト | əgáːst アガースト/ 形《正

**ag·ile** /ǽdʒəl アヂル/ǽdʒail アチャイル/ 形 **1** すばやい；機敏な，(頭の回転が)速い．**2** 生き生きして活気のある．

**a·gil·i·ty** /ədʒíləti アヂリティ/ 名 U 軽快さ，機敏．

**ag·ing,** (英) **age·ing** /éidʒiŋ エイヂング/ 名 U 年をとること，老化；高齢化；熟成．── 形 (非常に)年とった，高齢の；老朽化した．

**ag·i·tate** /ǽdʒəteit アヂテイト/ 動 (現分 ··tat·ing) 他 **1** 〔正式〕…を激しく(揺り)動かす ‖
A sudden wind **agitated** the surface of the pond. 突然の風で池面が波立った．
**2** …をかき乱す，興奮させる；…を扇動する．── 自 世論をわきたてる，扇動する，アジる．

**ag·i·tat·ed·ly** /ǽdʒəteitidli アヂテイティドリ/ 副 動揺[興奮]して．

**ag·i·ta·tion** /ædʒətéiʃən アヂテイション/ 名 **1** U 動揺，興奮；(社会的)不安 ‖
**in great agitation** 非常に興奮して．
**2** U C 世論に訴えること，扇動．

**ag·i·ta·tor** /ǽdʒəteitər アヂテイタ/ 名 C 扇動者．

**a·gleam** /əglíːm アグリーム/ 形 きらめく．── 副 きらめいて．

**a·glow** /əglóu アグロウ/ 形 〔文〕赤く輝いて，赤らんで (glowing)．

**Ag·nes** /ǽgnis アグニス/ 名 アグネス《女の名．《愛称》Aggie》．

**\*\*a·go** /əɡóu アゴウ/ 〘《過去の方》へ(a) 行く (go)〙

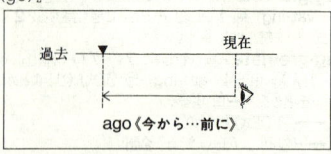

ago《今から…前に》

── 副 **1** 〔期間を表す語(名詞・副詞)を前に置いて〕今から…前に ‖
**not long ago** つい先ごろ．
**long ago = a long time ago** ずいぶん前に．
**How long ago** was that? それはどのくらい前のことでしたか．
対話 "When did you leave Tokyo for Okinawa?" "Seven years **ago**."「東京を離れて沖縄に行かれたのはいつでしたか」「7年前でした」．

Q&A (1) **Q**: ago は現在完了形といっしょには用いないのですか．
**A**:「(今から)…前に」のように過去のある時点をさすので，動詞は過去形となります： I *saw* [\**have seen*] him an hour *ago*. 1時間前に彼を見かけました．
(2) **Q**: He said, "I visited her two days *ago*." を that 節を使って表すとき，He said that he had visited her two days *before*. (彼は2日前に彼女を訪問したと言った．)のように，ago を before に変えるのはなぜですか．

**A**:「過去のある時から…前」の意味は ago にはないので，before に言いかえる必要があるのです．

**2** 〔位置を表す語を前に置いて〕…前に ‖
**two pages ago** 2ページ前に．

**ag·o·nize,** (英ではしばしば) **-nise** /ǽgənaiz アゴナイズ/ 動 (現分 ··niz·ing) 自 **1**〔略式〕ひどく苦しむ．**2** 必死に努力する．
── 他〈人〉をひどく苦しめる ‖
**agonize** oneself 苦悩する．

**ág·o·nized** /-d/ 形 苦しそうな．

**ag·o·ny** /ǽgəni アゴニ/ 名 (複 **-o·nies**/-z/) U C 〔正式〕**1** (ふつう長く続く肉体的・精神的な)激しい苦痛《◆**pain** よりも強い》 ‖
**lie in agony** 横になって苦しみもだえる．
**2** 〔時に agonies〕死の苦しみ；〔the A~〕受難前のキリストの苦しみ．

**a·grar·i·an** /əgréəriən アグレアリアン/ 形 **1** 土地利用[所有権分配]に関する．**2** 農民[農業]の進歩向上に関する．

**\*a·gree** /əgríː アグリー/ 〘「議論したりなどして合意に達する」が本義〙
派 agreeable (形)，agreement (名)
── 動 (三単現 ~**s**/-z/; 過去・過分 ~**d**/-d/; 現分 ~·**ing**)
── 自 **1a** [agree (to A)]（A〈提案など〉に）**同意する，**を受諾する ‖
I asked him to come with me and he **agreed**. 私は彼について来てくれるよう頼んだところ彼は承知してくれた．
**agree to** his proposal 彼の提案に同意する．
**b** [agree to do] …することを認める；[agree to (A's) doing]（A が）…することを認める ‖
I **agree to** her marrying John. 彼女とジョンとの結婚に同意する．
We **agreed to** start early. 我々は早く出発することに合意した（→ 他）．

**2 a** [agree with A] A〈人〉と意見が一致する，A〈人・考え〉に賛成の意を表す (↔ disagree)；A〈事〉に意見がまとまる ‖
I **agree with** you. あなたのおっしゃることに賛成です (= I **agree** what you say.).
I **agree with** your opinion on this point. この点ではあなたと同意見です（→ **b**）．
対話 "Let's go by car." "Sorry, I don't **agree with** that idea."「車で行くことにしよう」「悪いけどそれには賛成できないよ」．

語法 agree with は一応賛成はするが同意して受け入れるまでに至っていないことをいう： I *agree with* his proposal, but didn't *agree to* that. 彼の提案に賛成はしたが受け入れなかった．

**b** [agree on [about / in] A] A〈事〉に意見がまとまる ‖
We **agree on** this point. この点ではあなたと同意見です（→ **a**）．
We all **agree in** liking the teacher. あの先生

が好きだということでは我々はみんな意見が一致している.
We **agreed on** a date for our next meeting. 次の会合の日取りを決めた.
We don't **agree about** [**on**] the dog. その犬のことで我々は意見が合わない.
**3** [通例否定文で] 感心する, よいと認める ‖
I **don't agree with** you smoking. あなたがタバコを吸うのは感心しない.
**4** 仲良くやっていく ‖
The people in the office will never **agree**. あの会社の人たちはけっしてうまくやっていけないだろう.
**5** 〈物・事が〉一致する, 符合する ‖
Your story doesn't **agree with** what I've heard before. 君の話は前に聞いた話と矛盾している.
**6** [**agree with A**] 〈風土・気候・食物が〉A〈…(の体質)〉に合う《◆ ふつう否定文・疑問文で》‖
Milk **doesn't agree with** me. ミルクは私の体質に合わない.
This climate **doesn't agree with** me. この気候にはなじめない.
—[他] 《主に英》…を承認する, 認める; …であることに同意する; 「…」と言って同意する ‖
We **agreed** [**It was agreed**] **that** we (**should**) start early. 我々は早く出発することに合意した(=We **agreed to** start early. → [自] **1 b**).
I **agreed with** them **that** we should try again. 再びやってみるべきだという彼らの意見に私は賛成した.
***agrèe to disagrée*** [***díffer***] 意見の相違は相違として認め言い争わない《◆ 論争を友好的に打ち切る決まり文句. 主語はふつう複数》.

**a·gree·a·ble** /əgríːəbl アグリーアブル/ [形] **1** 《正式》感じのよい, 愛想のよい, 愛嬌(きょう)のある《◆ pleasant よりも弱い》(↔ disagreeable); 好み[性]に合う ‖
an **agreeable** girl 感じのいい少女.
an occupation **agreeable to** one's tastes 自分の好みに合った職業.
**2** 同意する, 賛成する, 乗り気で ‖
Are you **agreeable to** our plan? 私たちの計画に賛成してくれますか.
I'm quite **agreeable to** doing my duty. 喜んで私の義務を果たしましょう.
**3** 一致する, ふさわしい, ぴったりの ‖
music (which is) **agreeable to** the occasion その場にふさわしい音楽.

**a·gree·a·bly** /əgríːəbli アグリーアブリ/ [副] 快く, 楽しく ‖
be **agreeably** surprised うれしい驚きである.

**a·gree·ment** /əgríːmənt アグリーメント/ [名] **1** [C] 協定, 契約《◆ 国家間の条約(treaty), 個人の契約(contract)を含む》‖
**make** [**arrive at, come to, reach**] **an agreement with** their employers **about** wages 経営者と賃金契約を結ぶ.
**2** [U] (意見の)一致, 調和; 同意, 合意(↔ disagreement) ‖
**reach agreement on** [**about**] that point その点についての意見が一致する, 合意する.
She is **in** partial **agreement with** this decision. 彼女はこの決定に部分的に同意している.
**3** [U] 〔文法〕(性・数・格・人称の)一致, 呼応.

**ag·ri·chem·i·cal** /ægrikémikl アグリケミクル/ [名] [C] [通例 ~s] 農薬.

**ag·ri·cul·tur·al** /ægrikʌ́ltʃərəl アグリカルチャラル/ [形] 農業の[に関する]; 農学の ‖
agricultural products 農産物.
**agricúltural chémicals** 農薬.

**ag·ri·cul·ture** /ǽgrikʌ̀ltʃər アグリカルチャ/ [名][U] 農業, 農耕.

**a·ground** /əgráund アグラウンド/ [副][形] **1** 座礁して[した] ‖
run **aground** 座礁する.
**2** 困窮して(いる).

*__ah__ /ɑ́ː アー/ ([同音] △are 《英》)
—[間] ああ, あれ《◆ 驚き・悲しみ・賞賛などを表す. 発見・確認・納得などの反射的反応や話の中で間を置くのに用いる》‖
Áh, me! ああ悲しい[驚いた]!

**a·ha** /ɑːhɑ́ː アーハー, əhɑ́ː/ [間] (あ)はあ!, (ほ)ほう! 《◆ ah には喜びの気持ちが含まれることがあるが, aha にはそれはない》‖
Aha, I got it. ああ, わかった.

*__a·head__ /əhéd アヘド/ 〖頭(head)の方向に(a)〗

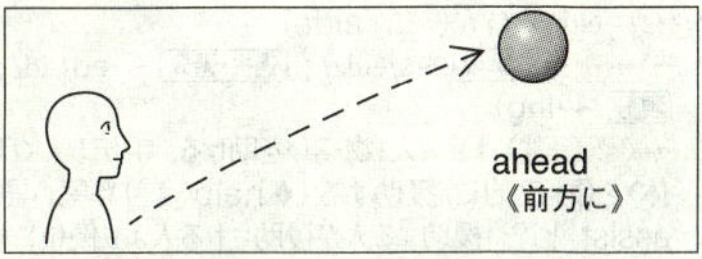


—[副] ([比較] further ~, more ~; [最上] furthest ~, most ~) **1** (位置的に)前方に[へ, の] (↔ behind), 行く手に; 先頭に立って; [名詞のあとで] 前方の ‖
The road **ahead** was blocked by a stalled truck. そこから先の道路はエンストしたトラックがふさいでしまっていた.
I went **ahead** on the road. 私は先頭に立って道を歩いた.
The station is just **ahead**. 《略式》駅はこのすぐ先だ.
[対話] "Where's the next gas station?" "It's up the road **ahead** on the left." 「次のガソリンスタンドはどのあたりですか」「この先を行って左側です」.
**2** (時間的に)前に, 早く; 前途に; (時間などを)早めて, 前もって, 将来に備えて ‖
look **ahead** 前方を見る; 将来のことを考える.
set a clock **ahead** 時計を進める.
Next time phone **ahead**. 次は前もって電話してください.

Go ahead with this work. 《略式》この仕事をどんどん進めなさい.
3 [比喩的に] 進んで, 有利な立場に, 進歩して; まさって ‖
get ahead in business 商売で成功する.
America is ahead in space technology. アメリカは宇宙技術において(他より)進んでいる.
three points ahead 3点リードして.

◇**ahead of** A (1)(位置的に) A〈人・物〉の前に[へ, を]‖ He walked ahead of me. 彼は私の前方を歩いた / "See that sign ahead of us. It says only six more miles to the city." 「前方の標識を見てごらん. 町まであとたった6マイルだって」. (2)(時間的に) A〈人・事・時刻〉より前に ‖ ahead of time 予定[定刻]より早く / I arrived ahead of the others. 私は他の人たちより先に着いた. (3) A〈人・事〉より先に, にまさって ‖ be ahead of the times 時代に先んじている.

◇**go ahead** 〔自〕(1) → 1, 2. (2) [Go ～!] a) (話を促して)それで, その先は ‖ Go ahead with your story. どうぞ話を続けてください. b) (エレベーターなどに乗る際に)お先にどうぞ《◆ After you. よりくだけた言い方》. c) (米)(電話交換手の言葉)お話しください. (3)〈人・仕事などが〉進歩する, はかどる; [命令文で](許可を表して)どうぞ, さあ…しなさい ‖ "May I borrow this pen?" "Yes, go ahead." 「このペンをお借りしていいですか」「ええ, どうぞ」.

**a·hem** /mm: (せき払いをするように)ムムー, hm, əhém/ [擬音語] 間 うふん, えへん.

***aid** /éid エイド/ (同音 aide)
— 動 (三単現) ~s/éidz/; 過去・過分 ~·ed/-id/; 現分 ~·ing
— 他 《正式》**1a**〈人・物・事を〉助ける, 手伝う;〈団体を〉(財政的に)援助する《◆ help よりも堅い語. assist と違い援助する人が援助される人より優位にある》‖
He aided me with my homework. 彼は私の宿題を手伝ってくれた.
**b** [aid A in doing] A〈人〉が…するのを手伝う ‖ She aided her daughter in dressing. 彼女は娘の身じたくを手伝った.
**2** …を助成する, 促進する ‖
This new medicine may aid your recovery. この新薬は君の回復を早めるかもしれない.
— 名 (複 ~s/éidz/) **1** Ⓤ (精神的・肉体的)救いの手, 助力; (財政的)援助, 救援《◆ help より堅い語》‖
go to his aid 彼を助けに行く.
give first aid to people who are injured 負傷者に応急手当をする.
**2** Ⓒ [複合語で] 助力者, 援助者; 助手.
**3** Ⓒ [複合語で] 補助物[器具] ‖
a hearing aid 補聴器.
**in áid of** A A〈人など〉の助けとして.

**aide** /éid エイド/ (同音 aid) 名 Ⓒ (ふつう政府高官の)補佐官, 側近; [通例複合語で] 助手 ‖
a nurse's aide 看護助手.

**AIDS** /éidz エイツ/ [acquired immunodeficiency [immune deficiency] syndrome] 名 Ⓤ エイズ, 後天性免疫不全症候群.

**ail·ment** /éilmənt エイルメント/ 名 Ⓒ (軽いまたは慢性の)病気, 不快.

***aim** /éim エイム/ 〖「ねらう」が本義〗
→ 動 ❶ 向ける 〔自〕❶ ねらう ❷ 目ざす
名 ❶ ねらい
— 動 (三単現) ~s/-z/; 過去・過分 ~ed/-d/; 現分 ~·ing
— 他 **1** [aim A at B] A〈人・物など〉に A〈銃など〉を向ける; B〈人などに〉A〈言葉・行為など〉を向ける ‖
aim a gun carefully at a target 銃で的をしっかりとねらう.
aim a stone at a dog 犬めがけて石を投げる.
aim a protest against martial law 戒厳令に対して抗議する.
The governor's speech was aimed at the press. 知事の演説は記者団に向けて行なわれた.
**2** [通例 be aimed at doing] 〈計画などが〉…するよう意図されている.
— 自 **1** ねらう; ねらって撃つ; もくろむ ‖
The hunter aimed at the bird but missed. その猟師は鳥をねらって撃ったが当たらなかった.
aim at full victory 完全優勝をねらう.
aim for directorship 重役の地位をねらう.
**2** [aim to do / 《英では主に》 aim at doing] …することを目ざす; 努力する ‖
He aims to improve [at improving] his invention. 彼は発明品を改良しようと努めている.
We aim to please. 《商店・ホテルなどの宣伝文句》お客様にご満足いただけるよう努力しております.
— 名 (複 ~s/-z/) **1** Ⓤ ねらい, (武器・話などを)向けること ‖
Take steady aim at the tiger. トラにしっかりねらいをつけなさい.
対話 "I missed the target again." "That's because your aim is no good." 「また的をはずしたよ」「よくねらっていないからだよ」.
**2** Ⓒ (特定の)目標; 目的, 意図 ‖
an aim in life 人生の目標.

**aim·less** /éimləs エイムレス/ 形 目的[目当て]のない. **áim·less·ly** 副 目的もなく.

**ain't** /éint エイント/ 〔非標準〕 am [is, are] not の短縮形; 助動詞用法の have [has] not の短縮形 ‖
Ain't I right? おれの言うとおりじゃない(と言うの)か.
I ain't seen him. 彼を見ちゃいねえ 〖◆ 付加疑問・否定疑問の ain't は他の場合に比べ多く用いられる. これは ain't が am not の短縮形 amn't に由来するとの語源的理由と他の適当な短縮形がないため〗.
語法 → aren't》.

***air** /éər エア/ (同音 heir) 〖「大気の下層部分」が原義〗 派 aerial (形)
→ 名 ❶ 空気 ❷ 空中 ❸ 外見
— 名 (複 ~s/-z/) **1** Ⓤ (一般的に)空気, 大気 《◆ atmosphere は地球を囲む大気》; Ⓤ 圧縮空

気(compressed *air*).
**2** [the ~] **空中**, 空; (特定の場所の)**空気**, 外気 ‖
soar high **in the air** 空中高く舞い上がる.
**3** [C] 《正式》[通例 an ~] (人・物の特徴的な)**外見**(appearance), 様子, 雰囲気, (自信のある)態度; [~s] (主に女性の)気取った態度 ‖
have an air of mystery なぞめいた様子をしている.
**àirs and gráces** お上品ぶり, 高慢な態度.
do things **with an air** 自信満々で物事をやる.
**pùt òn áirs** 気取る; お高くとまる.
**4** [形容詞的に] 空気の; 航空(機)の[による]; 空軍の.
***build a castle* [*castles*] *in the air*** → castle.
◇***by áir*** 飛行機で; 航空便で; 無線で.
***disappéar into thín áir*** =melt into thin AIR.
◇***in the áir*** (1) 空中に(→ **2**) ‖ Rain is **in the air**. 雨が降りそうだ. (2) 《略式》〈うわさなどが〉**取りざたされて**; 〈不満・不安などが〉(人々の心に)**広まって**; 近々起りそうで ‖ It's **in the air** that they may get married. あの2人が結婚するらしいというわさだ.
***in the ópen áir*** 戸外で[に].
***òn* (*the*) *áir*** (定期的に)放送されて; 放送中で.
***vánish* [*disappéar*] *into thín áir*** 完全に見えなくなる[手が届かなくなる].
—[動][他] **1** 〈衣類など〉を空気にあてて乾かす; 〈部屋など〉の換気をする(+*out*) ‖
air the blanket on the line ひもに掛けて毛布を乾かす.
**2** …を公表する, 議題にのせる, 〈知識など〉を見せびらかす ‖
air one's new ideas at parties パーティーで自分の新しい考えを言いふらす.
**3** 《米略式》…を放送[放映]する.
**áir conditioner** (夏期の)空気調節[冷房]装置, エアコン, クーラー《◆ cooler はこの意味では用いない》.
**áir conditioning** 空気調節, 冷暖房《◆「冷房中」の標示は Air-Conditioned, Refrigerated, Cool Inside など》‖ **air conditioning** units 空調設備一式, クーラー / [対話] "It's too cold in here. I'm freezing." "Maybe the **air conditioning** is too high." 「ここは寒すぎる. こごえそうだ」「冷房が強すぎるのかもしれないね」.
**áir fòrce** 空軍《◆「陸軍」は army,「海軍」は navy》.
**Áir Fòrce Óne** 米国大統領専用機.
**áir hòstess** エアホステス《◆ 今は flight attendant がふつう》.
**áir lètter** 航空便(の手紙); 《主に英》航空書簡, エアログラム(aerogram).
**áir pollùtion** 大気汚染.
**áir prèssure** 空気圧.

**air·bus** /éərbʌ̀s エアバス/ [名] ([複] ~·es/-iz/) [C] エアバス, 大型旅客ジェット機.

**air-con·di·tion** /éərkəndìʃən エアコンディション/ [動] [他] …にエアコン[冷暖房装置]をつける, …の空気調節をする.

*__air·craft__ /éərkræ̀ft エアクラフト | éəkrɑ̀:ft エアクラーフト/ 〖空の(air)船(craft)〗
—[名] ([複] air·craft) [C] **航空機**《◆ airplane, helicopter, glider, airship, balloon などの総称. ふつう集合的に用いるが, 時に冠詞・数詞と共に an aircraft, 20 aircraft のようにも用いられる》.
**áircraft càrrier** 航空母艦, 空母.

**air·crew** /éərkrù: エアクルー/ [名] [C] 〔航空〕[集合名詞; 単数・複数扱い] 乗組員(全体).

**air·field** /éərfì:ld エアフィールド/ [名] [C] 〔航空〕 **1** (設備の少ない)飛行場. **2** 《米》(軍用などの)飛行場.

**air·i·ly** /éərəli エアリリ/ [副] 軽快に; 気軽に; 陽気に.

**air·less** /éərləs エアレス/ [形] **1** (特に新鮮な)空気のない; 風通しの悪い. **2** 〈天候が〉おだやかな.

**air·line** /éərlàin エアライン/ [名] [C] **1** 定期航空路.
**2** [しばしば ~s; 単数扱い] 航空会社(《英》airways) ‖
American **Airlines** 《会社名》アメリカン航空.

**air·lin·er** /éərlàinər エアライナ/ [名] [C] (大型)定期旅客機.

**air·mail** /éərmèil エアメイル/ [名] **1** [U] 航空郵便(制度)《◆「海[陸]上便」は surface mail》; [U][C] 航空郵便(小荷)物 ‖
(by) airmail 航空郵便で.
**2** [形容詞的に] 航空郵便の[で送付された] ‖
an **airmail** edition (雑誌などの)空輸版.

**air·man** /éərmən エアマン/ [名] ([複] --men) [C] **1** [通例複合語で] 飛行家 ‖
a civilian **airman** 民間飛行家.
**2** 〔空軍〕航空兵.

*__air·plane__ /éərplèin エアプレイン/ 〖空気(air)板(plane)〗
—[名] ([複] ~s /-z/) [C] 《米》**飛行機**(《英》aeroplane)《◆ 単に plane ということが多い》‖
I've never flown [been] in an **airplane**. 私は飛行機に乗ったことがない.

**__air·port__ /éərpɔ̀:rt エアポート/ [名] ([複] ~s /-pɔ:rts/) [C] **空港**, **飛行場**(cf. airfield).

**air·ship** /éərʃìp エアシップ/ [名] [C] 飛行船.

**air·tight** /éərtàit エアタイト/ [形] 気密の.

**air-to-air** /éərtu:éər エアトゥーエア/ [形] [副] 空対空の[に]; 飛行中の2機間の[に] ‖
an air-to-air missile 空対空ミサイル.

**air·way** /éərwèi エアウェイ/ [名] **1** [C] 航空路.
**2** 《英》[~s] 航空会社(《米》airlines) ‖
British **Airways** 《会社名》英国航空.

**air·y** /éəri エアリ/ [形] ([比較] air·i·er, [最上] air·i·est) **1** 空気の(ような); 風通しのよい; 軽やかな. **2** 《略式》気取った.

**aisle** /áil アイル/ (発音注意) 《◆ s は発音しない》 ([同音] isle, I'll) [名] [C] **1** 《主に米》(教会・劇場・教室・列車などの座席間の)通路《◆ ふつう《英》では教会は church aisle, 劇場は aisle または corridor, 列車は corridor》‖

an **aisle seat** 通路側の席《◆窓側の席は **window seat**, 中央の席は **center seat**》.
2 〔建築〕(教会堂の)側面の通路, 側廊.

**a·jar** /ədʒɑ́ːr アチャー/ 副形 少し開いて, 半開きで ‖
leave the door **ajar** 戸を半開きにしておく.

**a·kim·bo** /əkímbou アキンボウ/ 副形 〖名詞のあとに置いて〗両手を腰に当てひじを張って《◆女性の「なにょ」といった気持ちを表すときに多い》‖
She stood defiantly **with arms akimbo.** 彼女は挑戦的な態度で両手を腰に当てて立っていた《◆今ではこの表現は古風とされることもある》.

**a·kin** /əkín アキン/ 形 同種の, 同族の; 類似した ‖
Your opinions **are akin to** mine. 君の意見は私のと似ている.

**Al·a·bam·a** /æləbǽmə アラバマ/ 名 アラバマ《米国南東部の州. 州都 Montgomery》.

**al·a·bas·ter** /ǽləbæstər アラバスタ|-bɑ̀ːs- -バースタ/ 名U 雪花石膏(こう).

**à la carte** /ɑ̀ː lɑ̀ː kɑ́ːrt アー ラー カート, æ lə-|æ-アー/〖フランス〗形副 (定食でなく)献立表による, 好みの料理の, アラカルトの[で].

**A·lad·din** /əlǽdn アラドン|-din -ディン/ 名 アラジン《『アラビアンナイト』中の一話「アラジンと魔法のランプ」(*Aladdin and the Wonderful Lamp*)の主人公》.

**Aláddin's cáve** アラジンのほら穴(のように財宝[すてきな物]が詰まった場所[入れ物]).

**Aláddin's lámp** アラジンのランプ(のように願いを何でもかなえてくれる物).

**Al·a·mo** /ǽləmòu アラモウ/ 名〖the ~〗《米国 Texas 州 San Antonio にある修道会伝道所で後に要塞(さい). テキサス独立戦争で1836年メキシコ軍に包囲され守備の米人が全滅した》‖
Remember the **Alamo**! 《米》アラモを忘れるな《◆報復・雪辱の合言葉》.

**à la mode, a la mode** /ɑ̀ː lɑ̀ː móud アー ラー モウド, æ lə-|æ- アー/〖フランス〗形副 1 流行の; 現代的な[に].
2 〖主に米〗〖料理〗アイスクリームをのせた; 〖牛肉が野菜とともに料理した〗‖
an apple pie **à la mode** 《米》アイスクリームを添えたアップル゠パイ.

**Al·an** /ǽlən アラン/ 名 アラン《男の名》.

**a·larm** /əlɑ́ːrm アラーム/ 名 1 U (激しい)驚き, (危険を察知しての)突然の恐怖, 恐慌《◆ **fear** より堅い語》‖
The deer darted off **in alarm.** シカは驚いて急いで逃げていった.
2 C 警報 ‖
**give [raise] the alarm** 警報を発する.
3 C **a** 警報器[装置] ‖
a fire **alarm** 火災報知器.
**sound [ring] the alarm** 非常ベルを鳴らす.
**b** 目覚まし時計 (**alarm clock**).
—動 1〈人・事が〉〈人〉を(突然の恐怖や心配で)はっとさせる, 不安にさせる ‖
I am **alarmed** by your irresponsible attitude. 君の無責任な態度には驚いています《◆驚きのあとの不安・懸念などを暗示》.
2〈人〉に警報を発する, 危急を告げる.

**alárm clòck** = alarm 名 3 b.

**a·las** /əlǽs アラス, 《英+》əlɑ́ːs|/ 間 〖古・文〗ああ, 悲しや《◆悲嘆・後悔・哀れみ・恐れなどの発声》‖
**Alas**, she died young. ああ, 彼女は若くして逝ってしまった.

**A·las·ka** /əlǽskə アラスカ/ 名 アラスカ《米国北西部の州. 州都 Juneau》.

**A·las·kan** /əlǽskən アラスカン/ 形 アラスカ(人)の. 名 C アラスカ州人.

**al·ba·tross** /ǽlbətrɔs アルバトラス|-trɔs -トロス/ 名 C (複 ~·es, 集合名詞 **al·ba·tross**) アホウドリ《南太平洋に多い, 翼の長い水鳥. 航海中にこの鳥が飛ぶと, あらしの前兆とされた》.

**al·beit** /ɔːlbíːit オールビーイト/ 接〖文〗…にもかかわらず(*although*); (たとえ)…であろうとも(*even though*).

**Al·bert** /ǽlbərt アルバート/ 名 1 アルバート《男の名. (愛称) Al, Bert》. 2 Prince ~ アルバート公《1819-61; Victoria 女王の夫君》.

**Álbert Háll** 〖the ~〗アルバート゠ホール《ロンドンの Kensington にある Prince Albert を記念した大公会堂》.

***al·bum** /ǽlbəm アルバム/ 〖「白い平たい板」が原義〗
—名 (複 ~s/-z/) C 1 アルバム.

|比較| (1) 英語では白紙のページを含むものを広く **album** と称するので,「写真帳」のほか, 次のものを指す: **autograph book** サイン帳 / **commonplace book** 備忘録 / **scrapbook** スクラップブック / **stamp book** 切手帳 / **visitors' book** 来客名簿. (2)「卒業アルバム」は **yearbook** という.

|事情| 英米の家庭では, 招待客に **album** にサインしてもらい記念にする習慣がある.

2 (レコード・テープの)全集, 曲集; (レコードの)ジャケット.

**al·bu·men** /ælbjúːmin アルビューミン|ǽlbju- アルビュミン/ 名 U 卵の白身 (cf. **yolk**).

**al·che·mist** /ǽlkəmist アルケミスト/ 名 C 錬金術師[学者].

**al·che·my** /ǽlkəmi アルケミ/ 名 U (中世の)錬金術.

**al·co·hol** /ǽlkəhɔ̀(ː)l アルコホ(ー)ル/ (発音注意)《◆ h の音を発音する》名 1 U アルコール, 酒精. 2 U アルコール飲料, 酒.

|関連| **brandy** ブランデー / **beer** ビール / **cocktail** カクテル / **gin** ジン / **highball** ハイボール / **whiskey** ウイスキー / **wine** ワイン.

**al·co·hol·ic** /æ̀lkəhɑ́lik アルコハリク | -hɔ́lik -ホリク/ [形] **1** アルコールの[を含んだ] ‖
alcoholic liquors アルコール飲料.
**2** アルコールによる.
**3** アルコール中毒[依存症]の.
——[名] [C] アルコール中毒患者.
**al·co·hol·ism** /ǽlkəhɑlìzm アルコハリズム | -hɔlìzm -ホリズム/ [名] [U] 〘医学〙 アルコール中毒[依存症].
**Al·cott** /ɔ́:lkət オールコト/ [名] オールコット《Louisa May ～ 1832-88 ; 米国の女性作家》.
**al·cove** /ǽlkouv アルコウヴ/ [名] [C] (部屋の壁の一部を引っ込ませて作った)小部屋《ベッド・書棚・いすなどを置く》, 床の間, アルコーブ.

alcove

**al·der·man** /ɔ́:ldərmən オールダマン/ [名] (複 -·men) [C] **1** 《米》市会議員. **2** 《英》市[町]参事会員.
**ale** /éil エイル/ ([同音] ail) [名] [U] [C] エール《◆ビールの一種. 色・苦み・アルコール分(6%)はlager (beer) より多く, stout より少ない》.
**a·lert** /əlɔ́:rt アラート/ [形] **1** 油断のない, 用心深い ; 敏感な ‖
This place is very dangerous, so you have to **be alert to** everything and everyone around you. このあたりはとても危険だから周りの物や人一切に用心しないとだめだよ.
**2** 機敏な, 抜け目のない ‖
A sparrow is very **alert in** its movements. スズメは動作が非常にすばしこい.
——[名] [C] 空襲[警戒]警報 ; 警報発令期間.
***on the alért*** 油断なく警戒[待機]して.
——[動] [他] …に警戒態勢を取らせる.
**Al·ex·an·der** /æ̀ligzǽndər アリグザンダ | -ɑ́:n- アリグザーンダ/ [名] **1** アレクサンダー《男の名. 《愛称》 Sandy》. **2** ～ the Gréat アレクサンドロス[アレクサンダー]大王《356-323 B.C.; Macedonia の王(336-323 B.C.)》.
**al·fal·fa** /ælfǽlfə アルファルファ/ [名] [U] 《米》〘植〙 アルファルファ, ムラサキウマゴヤシ《牧草・緑肥用》.
**Al·fred** /ǽlfrid アルフリド/ [名] **1** アルフレッド《男の名. 《愛称》 Al》. **2** ～ the Gréat アルフレッド大王《849-899 ; 古代英国 Wessex の王(871-899)》.
**al·ga** /ǽlgə アルガ/ [名] (複 -·gae/-dʒi:/) [C] 〘植〙 藻(も) ; [-gae] 藻(そう)類.
**al·ge·bra** /ǽldʒəbrə アルヂェブラ/ [名] [U] 代数(学). 《◆「幾何学」は geometry》.
**Al·ge·ri·a** /ældʒíəriə アルヂアリア/ [名] アルジェリア《北アフリカの共和国. 首都 Algiers》.
**Al·ge·ri·an** /ældʒíəriən アルヂアリアン/ [形] アルジェリアの. ——[名] [C] アルジェリア人.
**Al·giers** /ældʒíərz アルヂアズ/ [名] **1** アルジェ《アルジェリア共和国の首都》. **2** アルジェ《アルジェリアの旧称》.
**a·li·as** /éiliəs エイリアス/ [副] (特に犯人について)別名は…, またの名は… ‖
Jones, **alias** Williams ジョーンズ通称ウィリアムズ, ウィリアムズことジョーンズ.
——[名] (複 ～·es) [C] 別名, 偽名 ; 〘コンピュータ〙 エイリアス(shortcut).
**Ali Ba·ba** /ɑ:li bɑ́:bə アーリ バーバ | æli- アリ-/ [名] アリババ《『アラビアンナイト』中の一話「アリババと四十人の盗賊」(*Ali Baba and the Forty Thieves*)の主人公》.
**al·i·bi** /ǽləbài アリバイ/ [名] (複 ～s) [C] **1** 〘法律〙 アリバイ, 現場不在証明 ‖
establish [prove] an **alibi** アリバイを成立させる.
**2** 《略式》 口実, 言い訳(excuse).
**Al·ice** /ǽlis アリス/, **Al·i·ci·a** /əlíʃə アリシャ/ [名] アリス, アリシア《女の名. 《愛称》 Elsie》.
**al·ien** /éiliən エイリエン/ [形] **1** 外国(人)の《◆ foreignより堅い, 主に法律上の語》‖
an **alien** language 外国語.
**2** 相いれない, 対立した ‖
Poverty **is alien to** her nature. 貧乏は彼女の性(しょう)に合わない.
——[名] [C] **1** 外国人 ; 居留外人《◆法律上のまたは公式な語. foreigner が一般的》. **2** (地球人に対して)宇宙人, 異星人, エイリアン.
**al·ien·ate** /éiliənèit エイリエネイト/ [動] ([現分] -·at·ing) [他] 《正式》 **1** 〈物・事が〉〈(以前親しかった)人〉を遠ざける, 不和にする. **2** 〈愛情・信頼など〉をよそに向ける, そらす.
**al·ien·a·tion** /èiliənéiʃən エイリエネイション/ [名] [U] 疎(うと)んじること, 疎外 ; 仲たがい.
**a·light**[1] /əláit アライト/ [動] ([過去・過分] ～·ed または《まれ・詩》 a·lit/əlít/) [自] 《正式》 **1** (乗物から)降りる. **2** 〈鳥などが〉降りて止まる.
**a·light**[2] /əláit アライト/ [副] 燃えて ; 灯[明かり]がともって ; [比喩的に] 輝いて.
***sèt A alíght*** A〈物〉に火をつける.
**a·lign, a·ligne, a·line** /əláin アライン/ [動] ([現分] a·lign·ing) [他] **1** …を1列に並べる. **2** 《正式》 [～ oneself] 提携する.
**a·lign·ment, a·line·–** /əláinmənt アラインメント/ [名] **1** [U] 整列 ‖
in **alignment** 1列に並んで.
**2** [U] [C] 《正式》 提携, 連合.
***a·like** /əláik アライク/
——[形] ([比較] more ～, [最上] most ～) [補語として] (外見・性質などが)**似ている**, **同様な**(↔ unlike) ‖
The figures are exactly **alike**. その図柄は全くよく似ている.
[対話] "Did you meet the sisters?" "Yes, they look more **alike** than I thought." 「あの姉妹に会いましたか」「ええ, 思っていたよりもよく似ていますね」.
——[副] 同様に ; 同等に(equally) ‖
treat all students **alike** すべての学生を同等に扱う.
**a·líke·ness** [名] [U] 同様, 同等 ; 類似.
**a·line** /əláin アライン/ [動] ([現分] -·lin·ing) =align.

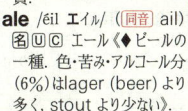

## *a・live* /əláiv アライヴ/

—形 [補語として] **1 生きて(いる)** (↔ dead)《名詞の前にくる形容詞には live/láiv/ や living を用いる》‖
She was only half **alive**. 彼女は半死半生だった.
After that terrible accident, he's lucky to still be **alive**. あのひどい事故のあとで今も生きてるとは彼は幸運だな.

**2 生き生きして, 活発で**‖
She was wonderfully **alive** for her age. 彼女は年の割には驚くほど元気だった.

**3 敏感で, 気づいている**‖
He was **alive** to the danger. 彼は危険に気がついていた.

**4** 〈場所などが〉**いっぱいの, 活気づいている**‖
The pond was **alive** with tiny fishes. その池は小さな魚でいっぱいだった.

**5** [最上級形容詞など + 名詞のあとに用いて意味を強めて] **現存の, この世での**‖
the happiest woman **alive** この世でいちばん幸福な女性.
any man **alive** (この世の)人はだれでも.

**6** 〈電気・電話・ラジオなどが〉**通じて**.

**al・ka・li** /ǽlkəlài アルカライ/ 名 (複 ~s, ~es) UC **1**〔化学〕アルカリ (↔ acid). **2**〔農業〕アルカリ塩類.

**al・ka・line** /ǽlkəlàin アルカライン, 《米+》-lin/ 形〔化学〕アルカリ(性)の; アルカリを含んだ (↔ acid).

## *all* /ɔ́ːl オール/

→形 **1 全部の 2 いかなる 3 …に満ちた**
代 **1 すべての物[事] 2 あらゆる人[物]**
副 **1 全く**

—形 **1** [定冠詞・所有格・指示形容詞・数詞などの前で] **全部の, 全体の, すべて, 全…**.

**a** [単数名詞を修飾]
**all** the money 有り金全部 (=the whole money).
**all** (the) morning 午前中ずっと.
**all** (the) week 1週間中.
We had to walk **all the way** to the station. 私たちは駅までずっと歩かなければならなかった.
This flower has a scent **all its own**. この花は独特の香りがする.
Where have you been **all this time**? 今までずっとどこにいたの.

**b** [複数名詞を修飾]‖
**all** my friends 私の友人全部.
birds of **all** kinds あらゆる種類の鳥.
on **all** sides =in **all** directions 四方八方に.
**All** the stories are interesting. どの話もおもしろい.

対話 "He's read **all** the history books in the library." "What, every book?" "Every single book." 「彼は図書館にある歴史の本を全部読んだんだ」「なんだって, どれもみなかい」「1冊残さずだよ」.

語法 (1) 「1日中」は all day (long), 《主に英》all the day.
(2) all the minute [hour, decade, century] の連語では the の省略不可.
(3) [all と all of] 代名詞が続く場合は of の省略不可(→ 代): ˣall them, ˣall us / all of them, all of us (cf. them all, us all). 単数名詞がくる場合《米》では of を用いる方が好まれる: all (of) the way. the や his のように限定する意味を持つ語を伴う複数名詞がくる場合は of はつけてもつけなくてもよい: all (of) the stories / all (of) his friends. 複数名詞が定冠詞, 所有格などで限定されない場合は of は不要: all (ˣof) stories.

**2** [U 名詞の前で] **いかなる, あらゆる, できる限りの**‖
beyond **all** doubt 何の疑いの余地もなく.
in **all** haste 大急ぎで.
with **all** one's might 全力を出して.
with **all** speed 全速力で.

**3 …に満ちた, …だけの, すっかり…**《♦ 主に次の句で》‖
be **all** ears 熱心に聴く.
be **all** fire and energy 全身火と燃え気力があふれている.
He is **all** kindness. 彼は親切そのものだ (=He is kindness itself.).
be **all** skin and bone(s) 《略式》骨と皮ばかりにやせている.
be **all** thumbs 不器用である.
He was **all** smiles. 彼は満面笑みをたたえていた.

**4** [not ~ A] **すべてが(…とは限らない)**‖
**Nót all** children like apples.(↘) =**Áll** children do **nót** like apples. (↘) どの子供もリンゴが好きだとは限らない.
She did **nót** answer **áll** the questions. (↘) 彼女は必ずしもすべての質問に答えたわけではない.

語法 会話で下降調の音調をとると, **Áll** children do **nót** like apples. (↘) では「どの子供もリンゴが好きでない」(=No children like apples.) や, He did **nót** answer **áll** the questions. (↘) では「彼はすべての質問に答えなかった」(=He answered no questions.) のように, すべてが否定されることがある.

°**for [with, àfter] áll** A …にもかかわらず(→ with 成句).
**of áll (the)** A 《略式》数ある…の中で[の], (人, 事, 所, 時)もあろうに, よりによって《♦ 驚き・困惑を表す》‖ **Of all** the silly ideas! ばかげた考えにもほどがある / **Of all** places to meet you! よりによってこんな所で君に会うなんて.

—代 **1** [単数扱い] **(全体的に)すべての物[事], いっさい, 万事; (物・時などの)全体, 全部; もっとも大切なもの**‖
spend **all of the** money 金を全部使う.

**All is lost [over].** 万事休す.

**All (of) the** town was destroyed by a fire. 町は火事で全焼した《◆「all (of) the＋単数の©名詞」については→ 形1 語法 (3)》.

**All** that is heard is the sound of waves. 聞こえるのは波の音だけだ(=I hear only the sound of waves.).

**All's** well that ends **well**. 《ことわざ》「終わりよければすべてよし」.

**All** you have to do is (to) do your best. 君は最善を尽くしさえすればよい(=You have only to do your best.)《◆ to を省くのは all 節の中に do, did を含む場合に限る》.

It was **all** he could do not to laugh. 《略式》彼は笑いをこらえるのが精一杯だった(=All he could do was not (to) laugh.).

**2** [複数扱い] (漠然と)あらゆる人[物]; (複数のものの)全部 ||

**All** were quiet in the room. その部屋ではみんな静かだった《◆ *All was* quiet in the room. のように単数扱いの場合は「その部屋の中は静まりかえっていた」→ 1)》.

I can read them **all** [**all** of them]. それら全部を読むことができる《◆ 名詞が目的語のときは ˣI read the books all. は不可. I read *all* the books. という》.

You are **all** [ˣAll you are, ˣYou all are] diligent. =《米》**All** of you are diligent. 君たちはみんな勤勉だ《◆ いずれの all も you と同格》.

We students **all** [《米》**All** of us students] like baseball. 我々学生はみんな野球が好きだ《ˣWe all students like baseball. としない》.

They **all** [ˣAll they] went there. =《米》**All** of them went there. 彼らはみなそこへ行った.

語法 特定のもののすべてをさす場合 all を単独で用いない: There are some nice cars parked outside. I like ˣall. / I like **all** of them [them all].

**above all (things)** → above 前.
**after all** → after 前.
**all being well** 《主に略式》うまくゆけば.
○**áll but ...** (1) …のほかはみな || **All but** she [《略式》her] answered the question. 彼女のほかはみなその質問に答えた. (2) [副] [通例形容詞の前に置いて] ほとんど(almost) || It is **all but** impossible. それはほとんど不可能だ / He is **all but** dead. 彼は死んだも同然だ.

語法 動詞の前に置くこともある: Mary **all but** wept when she heard the sad news. 悲報を聞いてメリーは涙をこぼしそうになった.

**áll in áll** (1) 《略式》[通例文頭で] だいたい, 概して || taking **all in all** 全体的に見て. (2) 合計[全体]で. (3) 完全に. (4) 《正式》[名] 最も大切な物[人] || Love is **all in all** to her. 彼女にとって愛はかけがえのないものだ.

**áll of ...** (1) 《略式》[副] [数詞を伴って] たっぷり, 十分… (fully), 少なくとも || study **all of** three hours たっぷり3時間も勉強する. (2) [副] [all of＋名詞] 全く… || **all of** a tremble 《略式》ぶるぶる震えて /《**all**》 **of a sudden** 《略式》全く突然. (3) → 形1 語法 (3). (4) → 代 1, 2.

**and áll** 《略式》[無冠詞の名詞のあとで] すっかり, …ごと || He jumped into the water clothes **and all**. 彼は服ごと水に飛び込んだ.

○**at áll** [副] (1) [否定文で] **全然**, 少しも || He doesn't watch television **at all**. =He doesn't **at all** watch television. 彼は全然テレビを見ない / 対話 "Thank you." "**Nòt at áll**." 「ありがとう」「どういたしまして」《◆(1)《米》では You're welcome. がふつう. (2) Not *at all*. だけではそよそしいので, 後から I'm glad I could help you. などの文句を加えることが多い》. (2) [if 節で] いやしくも, かりそめにも || If he comes **at all**, it will be surprising. そもそも彼が来たとしたら驚きだ. (3) [疑問文で] いったい, そもそも || What do you want to do **at all**? いったい何がしたいんだい. (4) [肯定文で] ともかく, まさか || I was surprised that she succeeded **at all**. とにかく彼女が成功したのには驚いた.

**éach and áll** =all and SUNDRY.
**in áll** [副] 全体で, 合計で(all told).
○**nòt at áll** → at ALL (1).

——名 Ⓤ [one's ～] 一切の所有物, 全財産; 全体, 総体 ||
lose **one's áll** 全財産を失う.

——副 **1** [形容詞・副詞・前置詞句の前で] **全く**, すっかり(completely) ; 《略式》ひどく, ただ…だけに(only) ||
**áll at ónce** 突然.
an **áll tòo** important difference あまりにも重大な相違.
The play ended **all too** soon. 劇は残念なくらい早く終わった.
I'm **áll** for her proposal. 彼女の提案に大賛成だ.
It's **áll óver** [**áll úp**] with him. 《略式》彼はもうだめだ.
The can is **áll** émpty. かんは空っぽだ《◆一時的な状態を表す形容詞の前に用いる》.
対話 "Well, how are you?" "Tired." "You're **all** tired out." 「気分はどう」「疲れたよ」「くたくたってわけだね」《◆ふつう好ましくない意味の形容詞の前に用いる》.

**2** [all the＋比較級で] かえって, ますます… || She got **all the more** angry **for** my silence [**because** I kept silent]. 私が黙っていたので彼女はよけいに腹を立てた.

**3** [スポーツ] それぞれ, 両方とも ||
thirty all [テニス] サーティーオール.
The score is one **all**. スコアは1対1だ.
**áll ín** 《略式》[be のあとに置いて] 疲れきった.
**áll óne** =all the same (2) (→ same 代).

○**áll óver** (略式) [副] (1) 至る所, 一面に; 体中《◆ all over the place の短縮表現》. (2) 全体的に, すっかり(覆って) ‖ His hands were muddy all over. 彼の手は泥だらけだった. (3) [名詞のあとで] いかにも…らしい; どこからどこまでも, 全く ‖ That's Bill all over. いかにもビルのやりそうなことだ / She is her mother all over. 彼女は母親そっくりだ.

○**áll óver ...** [前] …の至る所で ‖ all over the world 世界中で《◆ all the world over of all は[形]》/ from all over the town 町中から.

○**all right** → right [形].

**áll róund** =all around (→ around [副]).

**áll thát** (略式) [副] [否定文·疑問文で] それほど (so, very) ‖ He isn't as honest as all that. =He isn't all that honest. 彼はそれほど正直ではない.

**and áll thát** (略式) その他全部, …などいろいろ.

**áll cléar** [通例 the ~] 空襲[危険, 障害]警報解除の合図, 信号(↔ alert).

**Áll Fóols' Dáy** =April Fools' Day.

**áll fóurs** (1) (獣の)四つ足, (人間の)手足(→ on all fours (four 成句)). (2) [単数扱い] オールフォア《トランプ遊びの一種》.

**Áll Sáints' Dáy** 諸聖人の祝日, 万聖(ばんせい)節《11月1日. cf. Halloween》.

**Áll Sóuls' Dáy** 諸死者の記念日, 万霊(ばんれい)祭《11月2日》.

**Al·lah** /ǽlə, (米+) ɑ́:lə/ [名] アラー《イスラム教の唯一神》.

**all-A·mer·i·can** /ɔ̀:ləmérikən オーラメリカン/ [形] 1 米国人だけからなる. 2 (スポーツで)全米代表の.
―― [名] [A~] [C] 全米代表選手[チーム].

**Al·lan** /ǽlən ǽラン/ [名] アラン《男の名. 異形 Alan》.

**all-a·round** /ɔ̀:lərǎund オーララウンド|ˊ-ˊ/, **all-round** /ɔ̀:lrǎund オールラウンド|ˊ-ˊ/ [形] 1 多芸多才の, オールラウンドの ‖
an all-around player 万能選手.
2 多方面にわたる, 全部を含む ‖
all-around education 全人教育.

**al·lay** /əléi アレイ/ ([類音] alley /ǽli/) [動] [他] (正式) <苦痛などを>やわらげる; <怒りなどを>鎮める.

**al·le·ga·tion** /ǽləgéiʃən アレゲイション/ [名] [U][C] (正式) (証拠のない)主張, 申し立て.

**al·lege** /əlédʒ アレヂ/ [動] (現分) --leg·ing) [他] (正式) 1(証拠なしに)…を断言する, [allege that 節] …だと主張する ‖
She still alleges that she is innocent. 彼女は今でも無実を主張している.
2 [be alleged to be C] (真偽のほどはわからないが) C だといわれている; [be alleged to do] …するといわれている ‖
It is alleged that he was the thief. 彼は泥棒だったそうだ(が疑わしい).

**al·le·giance** /əlíːdʒəns アリージャンス/ [名] [U] (正式) 忠誠(の義務); 献身.

**al·le·gor·ic** /ǽləgɔ̀(ː)rik アレゴーリク/, (主に英) **--i·cal** /ǽləgɔ̀(ː)rik(ə)l/ (―)リク(ル) [形] たとえ話の, 寓話的な.

**al·le·go·ry** /ǽləgɔ̀(ː)ri アリゴーリ|-gəri -ガリ/ [名] [U] 諷喩(ふうゆ)(法), 寓喩(ぐうゆ); [C] 寓話, (ためになる)たとえ話.

**Al·len** /ǽlən アレン/ [名] アレン《男の名. → Alan》.

**al·ler·gic** /ələ́:rdʒik アラーヂク/ [形] 1 [医学] アレルギーの.
2 (略式) 大嫌いな ‖
She's allergic to going out. 彼女は外出嫌いだ.

**al·ler·gy** /ǽlərdʒi アラヂ/ [名] (複 --ler·gies/-z/) [C] 1 [医学] アレルギー. 2 (略式) 反感, 嫌悪.

**al·le·vi·ate** /əlíːvièit アリーヴィエイト/ [動] (現分) --at·ing) [他] (正式) <苦痛などを>軽減する.

**al·le·vi·a·tion** /əlìːviéiʃən アリーヴィエイション/ [名] [U][C] 軽減[緩和](するもの).

**al·ley** /ǽli アリ/ ([類音] alley /əléi/) [名] [C] 1 (庭園·公園などの)小道. 2 横町, 路地. 3 (ボーリングの)アレー, レーン.

**al·li·ance** /əláiəns アライアンス/ [名] 1 [U][C] 同盟, 協調, 提携 ‖
in alliance with other schools 他の学校と協力して.
a triple alliance 三国同盟.
2 [C] [単数·複数扱い] 同盟国[者].

**al·lied** /əláid アライド, ǽlaid/ [動] 1 → ally.
―― [形] 同盟した; [A~] (第一·第二次世界大戦における)連合国(側)の.

**Állied Fórces** [the ~] 連合軍(略 AF).

**al·li·ga·tor** /ǽləgèitər アリゲイタ/ [名] [C] アリゲーター《米国南東部·中国東部産のワニ. あごは丸く口を閉じると歯が隠れる》; (広義) ワニ. [関連] crocodile.

**al·lit·er·a·tion** /əlìtəréiʃən アリタレイション/ [名] [U] [修辞] 頭韻(法)《by choice or chance の /tʃ/ 音など》.

**al·lo·cate** /ǽləkèit アロケイト/ [動] (現分) --cat·ing) [他] (正式) …をとっておく; …を割り当てる.

**al·lo·ca·tion** /ǽləkéiʃən アロケイション/ [名] (正式) [U] 割り当て; [C] 割り当て額[量].

**al·lot** /əlɑ́t アラト|əlɔ́t アロト/ [動] (過去·過分 --lot·ted/-id/; 現分 --lot·ting) [他] (正式) 1 [allot A to B / allot B A] <人·政府などが> A <物> を B <人 など> に割り当てる, 分配する ‖
They allotted (to) each player the benefits due (to) him. 彼らは各選手に支払われるべき利益を分配した.
2 <物>を充てる, 充当する ‖
allot a pound a week for petrol 1週間につき1ポンドをガソリン代に割り当てる.

**al·lot·ment** /əlɑ́tmənt アラトメント|əlɔ́t- アロトメント/ [名] (正式) [U] 割り当て(ること), 分配; [C] (金銭·空間などの)割り当てられたもの, 配当, 持ち分.

*****al·low** /əláu アラウ/ (発音注意) 《◆ ×アロウ》[「認めて許す」が本義] 派 allowance (名)
→ [他] 1a 許す 2 与える 4 認める
―― [他] (三現) ~s/-z/; 過去·過分 ~ed/-d/; 現分 ~·ing)
―― [他] 1a <人·事>を<事>を許す; [allow doing]

**allowable** 39 **almost**

…することを許す(↔ forbid) ‖
You are not **allowed** to swim at the beach. =They do not **allow** swimming at this beach. =Swimming is not **allowed** at this beach. この海岸で泳いではいけない.
This gate **allows** access to the garden. この門から庭に入れる.
No pets **allowed**. (掲示)ペット持込み禁止(◆ be 動詞が省かれる).

**b** [allow A to do] 〈人・事が〉A〈人・物・事が〉に…させておく；A〈人・物・事が〉…するのにまかせる ‖
(Please) **allow** me to introduce myself. 自己紹介をさせていただきます.

対話 "Why didn't you come with us last night?" "I wasn't **allowed** to. My parents don't **allow** me to stay out late at night." 「きのうの晩どうして一緒に来なかったの」「許してもらえなかったよ. 両親は私が夜遅くまで外出するのを許してくれないの」.

**2** [allow A B / allow B to A] A〈人〉に B〈物〉を与える、配分する ‖
His father **allows** him £2 [**allows** £2 to him] a week as spending money. 父親は彼にこづかいとして週2ポンド与えている.
He **allóws** himsèlf many luxuries. 彼はぜいたくな暮らしをしている.

対話 "How much paid vacation are you **allowed** at your office?" "20 days a year." 「お宅の会社では有給休暇はどれくらいもらえますか」「1年に20日です」.

**3 a** 〈物〉を取っておく、充てる ‖
**allow** funds in case of emergency 非常時の資金としておく.
Please **allow** 14 days for delivery. 配達には14日見てください.
**b** …を割り引く.

**4** 〈物・事〉を(正当と)認める；[allow A to be C] A〈物・事〉が C であると認める；(正式) [allow that 節] …だと認める ‖
The tax agent **allowed** the deduction. 税務署は控除を認めた.
We must **allow** him to be a brave man. =We must **allow** that he is a brave man. =We must **allow** his bravery. 私たちは彼を勇敢な男だと認めないわけにはいかない.
── 自 (◆ 通例次の成句で).

**allów for** A …を考慮に入れる ‖ **allow for** unexpected expenses 不意の出費を念頭に入れておく.

**allów of** A (正式)〈物・事が〉…を許す、認める(◆ふつう否定文で)‖ This rule **allows** of no exception. この規則には例外は認められない.

**al·low·a·ble** /əláuəbl アラウアブル/ 形 許される、差し支えない.

**al·low·ance** /əláuəns アラウアンス/ (発音注意)(◆ *アロウアンス) 名 C (一定額の)手当て；(食料などの一定の)割当て量；(米)(主に子供の)こづかい((英) pocket money) ‖

a travel **allowance** 通勤手当.
**màke allówances for** A 〈事〉を考慮する；A〈人〉を大目にみる(◆ allowances を主語にして受身が可能)‖ We must **make allowance(s) for** her youth. 彼女がまだ若いという点を配慮しなければいけない.

**al·loy** /ǽloi アロイ, əlɔ́i/ 名 UC 合金；U (貴金属に混ぜる)卑金属；混ぜ物.

**all–round** /ɔ́:lráund オールラウンド|-́-́/ 形 =all-around.

**all–star** /ɔ́:lstɑ̀:r オールスター/ 形 スター[花形選手]総出場の. ── 名 C 〈スポーツ〉オールスターチームに選ばれた選手.

**all–time** /ɔ́:ltáim オールタイム/ 形 **1** 空前の. **2** 全時間勤務の(↔ part-time).

**al·lude** /əlú:d アルード/ (現分) **··lud·ing** 自 (正式) それとなく言う、ほのめかす ‖
He **alluded** to her failure. 彼は彼女の失敗のことを暗にほのめかした.

**al·lure** /əlúər アルア/ 動 (現分) **··lur·ing** 他 (正式) …を魅惑する；…を誘い込む ‖
**allure** passers-by **into** the sideshows 通行人を見世物に呼び寄せる.
── 名 U (正式) [しばしば an ~] 魅惑(するもの).

**al·lure·ment** /əlúərmənt アルアメント/ 名 **1** U 誘惑、魅惑. **2** C 誘惑する物；魅力.

**al·lur·ing** /əlúəriŋ アルアリング/ 動 → allure.
── 形 誘惑する；魅力的な.

**al·lu·sion** /əlú:ʒən アルージョン/ 名 UC (正式) ほのめかすこと、当てつけ ‖
make an **allusion** to her death 彼女の死亡のことをそれとなく言う.

**al·ly** /動 əlái アライ；名 ǽlai アライ, əlái/ 動 (三単現) **al·lies** /-z/；(過去・過分) **al·lied** /-d/) 他 **1** [通例 be allied / ~ oneself] 同盟する、連合する、縁組みする ‖
Germany **was** once **allied with** Italy. ドイツはかつてイタリアと同盟国であった.
**2** [通例 be allied] 結びつく、関連している.
── 名 (複 **al·lies** /-z/) C **1** 同盟国、盟邦 ‖
the **Allies** (第一次・第二次世界大戦における) 連合軍 (cf. axis).
**2** 協力者、味方 ‖
make an **ally** of … …を味方にする.

**al·ma·nac** /ɔ́:lmənæk オールマナク, (米+) ǽl-/ 名 C **1** 暦 (特に天文・気象・日の出・日没などの情報を盛ったもの. cf. calendar). **2** 年鑑 (yearbook).

**al·might·y** /ɔ:lmáiti オールマイティ/ (◆ 名詞の前で使うときはふつう /-́-́-/) 形 [しばしば A~] 〈宗教〉全能の (omnipotent) ‖
**Almighty** God = God **Almighty** 全能の神.
the **Almighty** [名詞的に] 全能者、神(God).

**al·mond** /ɑ́:mənd アーモンド, (米+) ǽlmənd/ 名 C アーモンド、ハタンキョウ；その木；その種子.

*****al·most** /ɔ́:lmoust オールモウスト, (米+) -́-́/ (◆ アクセントの位置は, (1) 名詞の前ではふつう /-́-́/, 名詞の後ではふつう /-́-́/: álmost dóne / dóne al-móst. (2) 単独では《米》ではふつう /-/》〖「到達点または限界に近づいてはいるがまだ少し足りない」というのが本義. cf. nearly》

——副 ほとんど, ほぼ, たいてい; もう少しで, 九分どおり, …と言ってもよい; **もう少しで…するところ** ‖
The day is **almost** over. 1日は終わろうとしている.
**Álmost áll (of) the** students like English. 学生のほとんど全員が英語が好きだ《♦ Most of the students like English. だとこれよりやや少ない人数をいう》.
That is **almost** correct. だいたい正しい; [否定の意味で; 通例 almost を強く発音して] まだ少し正確には言えない.
**Álmost éverybody** was invited. ほとんど全員が招待された.
He **almost** made it to the top of the mountain but gave up. 彼はもう少しで山の頂上にたどりつくところであきらめてしまった.
対話 "She **almost** crashed her car." "She didn't **álmost** crash.(↘) She créshed. (↘)"「彼女は危ういところで車をぶつけるところだった」「危ういところじゃなくて本当にぶつけたんだよ」.

類語法 [almost と nearly] (1) almost はもう少しである状態に達していないこと, nearly はもう少しのところである状態に達しそうなことをいう.《英》では特に nearly は驚き・不満などの感情が含まれることが多い: She *almost* [*nearly*] drowned. 彼女は危うくおぼれ死ぬところだった《♦ almost では危うかったが結局死ななかったこと, nearly は危うく死にそうになったことが強調される》. (2) 比較・測定できるある具体的な状態に近いことを表す場合は nearly と交換可能. その他では almost のみ: He is *almost* [*nearly*] six feet tall. 彼はほぼ6フィートもの身長がある / It's *almost* [*nearly*] tíme to go to bed. そろそろ寝る時刻だ.

**alms** /ɑ:mz アームズ/ 图 (複 alms) ⓒ (文)(貧民救済の)施し物, 義捐(ぎえん)金.
**al·oe** /ǽlou アロウ/ 图 ⓒ [植] アロエ, ロカイ《ユリ科の薬用・観賞用植物》.
**a·loft** /əlɔ́ft アラフト | əlɔ́ft アロフト/ 副 (文)上に, 高く; 空中に, 飛んで.
**a·lo·ha** /əlóuhɑ: アロウハー, əlóuhɑ:/ 〖ハワイ〗 間 アロハ; ようこそ, さようなら.

**a·lone** /əlóun アロウン/ 〖全く(al)ひとり(one)〗
——形 [補語として] **1** ただひとりの, 孤独な ‖
We are [stand] **alone in** believing that she is a beautiful woman. 彼女が美人だと思っているのは私たちだけだ.
She found herself **much** [**quite**] **alone**. 彼女はさびしく孤独だった.
The girl is **alone**. その少女は孤独だ《♦ 名詞の前では lonely を用いる. She is a *lonely* [×*an* alone] girl.》.
**2** (正式)[通例主語の名詞・代名詞のあとで] **ただ…だけ**《♦ only より意味が強い. この alone は副詞ともとれる. → 副1》‖
Jóhn alóne went there. ジョンだけがそこへ行った(＝**Only** Jóhn went there.)(cf. John went there **alone**. ジョンはそこへひとりで行った).
Man shall not live by bread **alone**. 人はパンだけで生きるのではない《♦ 聖書より》.
**3** [be [stand] alone **in**]〈人・物が〉A〈能力・誠実さなど〉の点で比較するものがない ‖
He **stands alone in** his ability to solve the problem. その問題を解決する能力では彼にかなうものはいない.
◇**lèt alóne ...** (略式)[通例否定文のあとで] …はいうまでもなく(much less) ‖ I don't have a cent, **let alone** a dollar. 1ドルどころか, 1セントも持っていない / She can hardly walk, **let alone** run. 彼女は走るどころか, ろくに歩けもしない.
◇**lèt** [**léave**] A **alóne** (略式)A〈人・物を〉(かまわず)そのままにしておく, …に干渉しない ‖ He could not **leave** the toy **alone**. 彼はそのおもちゃをいじらずにはいられなかった.

——副 **1** ひとりで, 単独で(by oneself); 単に, ただ…だけ ‖
The church stood **alone** on the hill. 教会は丘にぽつんと立っていた.
I did it for money **alone**. ただ金もうけのためにだけそれをした.
**2** 独力で.
**àll alóne** ひとりだけで(寂しく); 全く独力で.

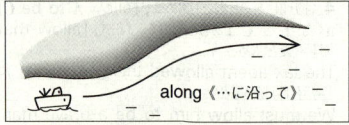

**a·long** /əlɔ́(:)ŋ アロー(ン)グ/ 副 -/-/ 〖「細長いものに沿って端から端まで」が本義だが, 現代ではこの意は all along で表し, along 単独では必ずしも全長を意味しない〗

along《…に沿って》

——前 **1**〖方向・運動〗**…に沿って**, …づたいに, …沿いの; …の上[中]をずっと; [all ～] …に沿って[…の上[中]を](端から端まで)ずっと ‖
walk **along** the river 川に沿って(土手を)歩く.
sail **along** the river 川(の中)を航行する《♦「そのものの上を通って」と第一例のように「外側に沿って」との2つの意味がある》.
walk **along** the street 通りを歩く.
drag one's coat **along** the ground コートを地面に引きずって歩く.
Pass **along** the bus, please!(↗)(車掌が乗客に)中ほどへお詰めください.
There are trees **all along** the banks. 両岸に沿ってずっと並木がある.
**2**〖位置〗《英》…の途中に[で]; …をずっと行った所に;〈旅行などの〉間に(during) ‖

along the way 途中で.
There is a mailbox somewhere along this street. この通りのどこかに郵便ポストがある.
**3**〈方針・方向などに〉沿って, …に従って ‖
along the lines mentioned above 上で述べた線に沿って.
──副 **1** 沿って ‖
cars parked along by the building 建物のそばに並んで駐車している車.
run along beside him 彼と並んで走る.
**2**（止まらずに）前へ,（どんどん）先へ; 進んで ‖
She drove along. 彼女はどんどん車を走らせた.
Move along, please!（警官が群衆に）立ち止まらないでどんどん歩いて!
**3 a**[通例 far, well などを前に置いて]〈仕事・時間などが〉かなり進行して[はかどって] ‖
The party was well along when I came. 私が来た時にはパーティーはもうとけなわだった.
She is six months along. 彼女は妊娠6か月だ.
**b**[about, toward をうしろに伴って]（時間的に）…に近づいて, …ごろに ‖
along about [toward] midnight 真夜中ごろ.
◦**àll alóng** (1) ──前**1**. (2)（略式）ずっと, 最初から《◆ふつう know, feel, sense などと共に用いる》‖ I knew it all along. 最初からそれがわかっていた.
◦**alóng with A**〈人〉と一緒に; …と協力して; A〈物・事〉に加えて, …のほかに ‖ He planned the project along with his colleagues. 彼は同僚と協力してその計画を立てた.
**be alóng**（略式）[未来時制で]やって来る ‖ I'll be along soon. すぐ行きます.

**a·long·side** /əlɔ́ːŋsàid/ アロ(ー)ングサイド/ 副 **1** そばに; 並んで, 平行して ‖
walk alongside of the river 川沿いに歩く.
**2**〔海事〕横付けに, 舷側(げんそく)に.
──前〔alongside of の of が脱落したもの〕…のそばに; …と並んで, …と平行して ‖
The boat was alongside the quay. そのボートは波止場につながれていた.

**a·loof** /əlúːf/ アルーフ/ 副 離れて, 遠ざかって;〔海事〕風上の方に. ──形 よそよそしい.

*__a·loud__ /əláud/ アラウド/
──副（人に聞こえるほどに）**声を出して**（→ loudly）‖
think (out) aloud（思わず）ひとりごとを言う.
read a poem aloud 詩を朗読する.

**al·pha** /ǽlfə/ アルファ/ 名 **1** ⓊⒸ アルファ《ギリシアアルファベットの第1字(α, Α). 英字の a, A に相当. → Greek alphabet》 表現「彼には実力プラスアルファがある」は He has real capacity plus something. **2** ⓤ〈物事の〉初め, 第1（のもの）.

*__al·pha·bet__ /ǽlfəbèt/ アルファベット/《ギリシア語のalpha (α) と beta (β) の結合からできた語》
──名（複 ~s/-bèts/）**1** ⓒ[集合名詞]**アルファベット**, ABC; 字母 ‖
a phonetic alphabet 発音記号.
**2**[the ~]初歩, いろは.

the alphabet of mathematics 数学の初歩.
Q&A (1) Q: アルファベットをすべて使った日本の「いろはうた」に相当するような文はありますか?
A: The quick brown fox jumps over the lazy dog.（すばやい褐色のキツネが怠け者の犬を跳び越える）というのがあります.
(2) Q: アルファベットにも単数形や複数形があるのですか?
A: あります. 単数形で an R (R字1個) のように an が付くのは A, E, F, H, I, L, M, N, O, S, X です. これ以外は a B のように a が付きます. 複数形は Cs, C's, cs, c's, のような形になります. a と an の付け方は → an.

**al·pha·bet·i·cal, -·bet·ic** /ælfəbétik(l)/ アルファベティッ(ク(ル))/ 形 アルファベット(字母)の, アルファベット[ABC]順の.
**al·pha·bet·i·cal·ly** 副 アルファベット順に.
**al·pine** /ǽlpain/ アルパイン/ 形 **1**[A~]アルプス山脈の. **2**[時に A~]高山の.
──名 ⓒ 高山植物(alpine plant).
**Alps** /ǽlps/ アルプス/ 名 [the ~; 複数扱い] アルプス山脈《ヨーロッパ南部の山脈. 最高峰 Mont Blanc》.

*__al·read·y__ /ɔːlrédi/ オールレディ/《全く(al)準備ができた(ready). cf. alone》
──副 **1**[肯定文で; しばしば完了時制で]**もう, すでに, 今までに, それまでに**《◆これに対する否定文・疑問文では yet を用いる》‖
Tom's already here, but Bill hasn't come yet. トムはもうここへ来ていますがビルはまだです.
She has already finished the work. 彼女はもう仕事を終えました.
I ran to school but the bell had already rung. 学校へ走って行ったがベルはとっくに鳴っていた.
She was already getting ready to go to bed when the phone rang. 彼女が寝ようとしていたちょうどその時電話のベルが鳴った.

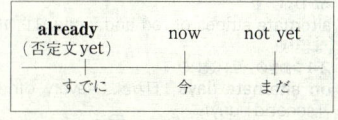

| already (否定文yet) | now | not yet |
|---|---|---|
| すでに | 今 | まだ |

**2**[疑問文・否定文で; しばしば完了時制で]**もう, そんなに早く**《◆意外・驚きを表す》‖
Have you already met Mr. Smith? スミスさんにもう会われたのですか.
Are my socks dry already? 靴下もう乾いたの(早いね).
対話 "He hasn't come already(↘), has he? (↗)" "Yes, he has. He's waiting downstairs." 「まさかもう彼が来たのではないでしょうね」「いいえ, 見えてますよ. 下で待っておられます」

**al·right** /ɔːlráit/ オールライト/（略式）副 形 = all

RIGHT.

**\*al·so** /ɔ́ːlsou オールソウ/ 〖全く(al)そのように(so)〗
──副 …もまた，さらに，同様に《◆too, as well より堅い語》‖
He is a doctor and also a novelist [and a novelist also]. 彼は医者であり小説家でもある(=《略式》He is a doctor and a novelist, too.).
We went to the museum. We also went to the temple. 我々は博物館へ行った．その寺へも行った(=We went to the museum as well as the museum.).

**Al·tair** /ǽltέər アルテア, ǽlteə アルテア/ 图 〖天文〗アルタイル，彦星，牽牛(けんぎゅう)星《わし座(Eagle)の首星. cf. Vega》．

**al·tar** /ɔ́ːltər オールタ/ (同音 alter) 图 C 祭壇．

**\*al·ter** /ɔ́ːltər オールタ/ (同音 altar) 〖『他のもの(al)にする』が原義. cf. alternate〗派 alteration (名)
──動 (三単現 ~s/-z/ ; 過去・過分 ~ed/-d/ ; 現分 ~·ing/-tərɪŋ/)

| ──他 と ──自 の関係 |
|---|
| 他 alter A　A を変える |
| 自 A alter　　A が変わる |

──他 …を作り変える；…を改造する，変える，改める《◆change より部分的な変化を強調する》‖
This coat must be altered. この上着は仕立て直ししなければならない．
She has altered the way she does her hair. 彼女はヘアスタイルを変えた．
──自 変わる，改まる‖
He has altered very much in appearance. 彼はずいぶん外見が変わった．

**al·ter·a·tion** /ɔ̀ːltəréɪʃən オールタレイション/ 图 C U **1** 変更(すること)，修正．**2** 変化，変質．

**al·ter·ca·tion** /ɔ̀ːltərkéɪʃən オールタケイション/ 图 U C 《正式》口論．

**al·ter·nate** /形图 ɔ́ːltərnət オールタナト, ǽl-/ /ɔ́ːltəːrnət オールターナト/ /動 ɔ́ːltərnèit オールタネイト, 《米十》ǽl-/ 形 **1** 交互に起こる[現れる]，交替の，かわるがわるの‖
alternate stripes of red and white 紅白のしま模様．
**2** 1つおきの，互い違いの‖
on alternate days 1日おきに(=every other [second] day).
**3** 《2者のうち》どちらか一方の；代わりの．
──名 C 《主に米》代わりをする人，代理人，代役，補欠．
──動 (現分 -nat·ing) 《正式》他 …を交替にする，交互にする；…を互い違いにする‖
alternate reading with watching TV 読書をしたりテレビを見たりする．
──自 交替する；交互にする；交互に来る[起こる]‖
She alternated between joy and grief. 彼女は喜んだり悲しんだりした．

**al·ter·nate·ly** /ɔ́ːltərnətli オールタナトリ, ǽl-/ ɔ́ːltəːrnətli オールターナトリ/ 副 かわるがわる，交替に．

**al·ter·nat·ing** /ɔ́ːltərnèitiŋ オールタネイティング, 《米十》ǽl-/ 動 → alternate. ──形 交互の；〖電気〗交流の．

**álternating cúrrent** 〖電気〗交流．

**al·ter·na·tion** /ɔ̀ːltərnéɪʃən オールタネイション, 《米十》ǽl-/ 图 U C 交互(にすること)，(2者間の)交替．

**al·ter·na·tive** /ɔːltɔ́ːrnətiv オールターナティヴ, 《米十》ǽl-/ (アクセント注意)《◆×オルタナティヴ》形 どちらか1つを選ぶべき，あれかこれかの；代わりの‖
alternative courses (死か降伏などの)二筋道．
──名 [the ~] 二者択一；(2者以上から)選択すべきもの《◆alternative は必ず1つは選ばなければならないのに対して，choice は必ずしも選ばなくてもよい》；代わるもの‖
There is no (other) alternative. (この)他に取るべき道はない．

**altérnative énergy** 代替エネルギー《太陽熱・風力など》．

**al·tér·na·tive·ly** 副 二者択一的に，代わりに；[文全体を修飾] (承諾するか)あるいは(instead).

**\*al·though** /ɔːlðóu オールゾウ/ 〖全く(al)+though〗
──接 …であるけれども，…にもかかわらず《◆though より意味が強くて堅い語. → though》‖
Although teachers give a lot of advice, students don't always take it. 教師はいろいろと助言をするが，生徒はいつも聞き入れるわけではない(=Teachers give a lot of advice, but (even so) students don't always take it.).
Although (he is) rich, he is not happy. 彼は金持ちだが幸せではない(=In spite of [For all, Despite (of)] his riches, he is not happy.).

**\*al·ti·tude** /ǽltətjùːd アルティトゥード (アルティテュード)/ 〖高い(alt)こと(tude)〗
──名 (複 ~s/-tjùːdz/) **1** [通例 an ~ / the ~] (山・飛行機などの)高さ，高度；海抜，標高‖
fly at a low altitude 低空飛行をする．
**2** C [通例 ~s] 高所，高地．

**al·to** /ǽltou アルトウ/ 图 (複 ~s) 〖音楽〗**1** U アルト(→ soprano). **2** C アルト歌手；アルト声部；アルト楽器. **3** [形容詞的に] アルトの．

**al·to·geth·er** /ɔ̀ːltəgéðər オールトゥゲザ/ 副 **1** 全く，完全に，すっかり‖
an altogether trustworthy person 完全に信頼のおける人．
That is not altogether bad. (﹅) 全く悪いというわけではない，まんざら悪くはない《◆否定文では部分否定》．
**2** 全部で，総計で(in all).
**3** [文頭で；文全体を修飾] 全体的に見て，要するに；概して‖
Altogèther [Táken altogéther](﹅)﹐ it was a success. 全体的に見れば成功だった．

**al·u·min·i·um** /ǽləmíniəm アルミニアム/ 图 《英》=aluminum.

**a·lu·mi·num** /əlúːmənəm アルーミナム/ 图 U 《米》

アルミニウム《金属元素．記号 Al》((英) aluminium).

**\*al·ways** /ˈɔːlweɪz オールウェイズ, -wəz/ 〖頻度100%が本義．cf. often〗
── 副 **1a** いつも，いつでも；(今まで)ずっと；いつまでも，永遠に(↔ never) ‖
I **always** walk to school. 私はいつも徒歩で通学する．
Night **always** follows day. 昼のあとには必ず夜がやってくる．
I will love you **always**. 永遠にあなたを愛します．
**b** 〖通例完了形と共に〗ずっと，もともと，前々から，かねがね ‖
She **has always** lived in Otaru. 彼女はずっと小樽で暮している．
**c** 〖進行形と共に〗いつも[たえず]…ばかりしている《◆ふつう話し手の非難・立腹・不平・嫌悪(ㅸ)・軽蔑(ᆗ)・いらだたしさの気持ちを表す》‖
He **is always saying** bad things about others. 彼は絶えず他人の悪口ばかり言っている．
I'm **always** meeting him there. 彼とはよくそこでばったり会うよ《◆「いつも偶然に会う」の意．I always meet him there. では，いつも決まって会う場合をいう》．
**2** …はすべて，必ず ‖
Good books are **always** worth reading. 良書はすべて読むに値する(=**All** good books are worth reading.)．
**3** 〖通例 can と共に；強意副詞として〗いつだって；きっと，とにかく，必要ならば ‖
We **càn álways** find time for reading. いつだって読書の時間は見つけられるのだ《◆強調するときは We *àlways* cán find time for reading. (ほんとうにいつだって…)となる．→ 語法 (2) b)》．

語法 (1) 類語・関連語を頻度(ㅸ)順に並べるとだいたい次のようになる．always 100%; usually, generally 80%; often, frequently, not always 60%; sometimes 50%; occasionally 40%; seldom, rarely 20%; never 0%. ただし always, never 以外は文脈によって%は異なることもある．
(2) 語順 a) 命令文以外は文頭に置かない：*Always* be kind. いつも親切にしなさい / ˣ*Always* he comes early.
b) be 動詞以外の動詞ではその前に置かれ，be 動詞および助動詞ではその後に置かれるのが原則：I *always* get up at six. 彼はいつも6時に起きる / He is *always* late for school. 彼はいつも学校に遅刻する．
c) always は否定語の前には置けない．したがって「いつも…しない」は I never walk … のようにいう(ˣI always do not walk …)．

**álmost** [**nèarly**] **álways** たいてい ‖ I almost **always** play baseball after school. ぼくは放課後にはたいてい野球をする．

**nòt álways** [部分否定] (1) いつも…である[する]とは限らない ‖ 対話 "Are you **always** free on Sundays?" "No, I'm **not always** (↘) free. (↗)"「日曜日はいつもお暇ですか」「いいえ，いつもというわけではないのですが」．(2) 必ずしも…である[する]とは限らない ‖ Great men are **not always** wise. 偉人が必ずしも聡(ᆤ)明であるとは限らない(= Not all great men are wise.)．

**Álz·hei·mer's disèase** /ɑːltsˈhaɪmərz- アールツハイマズ-/ 名 U 〔医学〕アルツハイマー病《退行性の老人性痴呆症》．

**\*am** / (弱) əm アム；(強) ǽm アム, ɛm/《◆発音はふつう弱形．(略式) ではふつう短縮形 'm/m/となる．ただし文尾にくるときや強調のあるときは強形で，(略式) でも短縮形はとらない(→ 第2例)》
── 動 過去 was, 過分 been; 現分 be·ing
── 自 1人称単数を主語とする be の直接法現在形 (語法 → be) ‖
I **am** a housewife. 私は主婦です．
対話 "Are you a student?" "Yes, I **am**."「学生さんですか」「はいそうです」《◆この例で Yes, ˣI'm. とは言わない》．

語法 am not の短縮形は 'm not が用いられるが，am I not の短縮形では aren't I や ain't I が用いられる．→ aren't, ain't.

**AM, a.m.** 略 〔電気〕amplitude modulation.
**Am.** 略 America(n).

**\*a.m., A.M.** /ˌeɪˈem エイエム/ 〖ラテン語 *ante meridiem* (=before noon) の略〗
── 副 午前(↔ p.m., P.M.) ‖
at 10 **a.m.** 午前10時に．
catch the 10/tén/ **a.m.** (train) to Hakata 博多行午前10時の列車に乗る．

語法 (1) 見出し・時刻表などのとき以外は小文字で書くのがふつう．(2) 時間を示す数字の後に置く．(3) 会話では，列車の時刻などというとき以外はふつう in the morning を用いる：She got up at seven *in the morning*. 彼女は午前7時に起きた．

Q&A **Q**：12 a.m. は正午ですか夜中ですか．
**A**：どちらにもとれます．混同を避けるには，12 a.m. や 12 p.m. は用いず，正午は noon または twelve noon, 真夜中は midnight とするのがよいでしょう．

**a·mal·ga·mate** /əˈmælɡəmeɪt アマルガメイト/ 動 現分 -mat·ing (正式) 他 自 (…を)合併する；融合する．

**a·mal·ga·ma·tion** /əˌmælɡəˈmeɪʃən アマルガメイション/ 名 U C **1** 融合(すること)；融合体．**2** (会社などの)合併；(人種などの)混交，混血．**3** 〔冶金〕アマルガム製錬(法)．

**am·a·ryl·lis** /ǽmərílis アマリリス/ 名 (複 ~·es -iz/) C 〖植〗 アマリリス.

**a·mass** /əmǽs アマス/ 動 (三単現 ~·es /-iz/) 他 《正式》…を集める.

**am·a·teur** /ǽmətʃuər アマチュア | ǽmətə アマタ/ 名 C アマチュア, しろうと (↔ professional); 愛好家 ‖
a musical amateur = an amateur in music 音楽愛好家.
── 形 未熟な; アマチュアの.

\***a·maze** /əméiz アメイズ/ 〖ひどく(a)まごつかせる (maze)〗 派 amazement (名), amazing (形)
── 動 (三単現 a·maz·es /-iz/; 過去過分 ~d /-d/; 現分 a·maz·ing)
── 他 **1** …をびっくりさせる, 驚嘆させる 《◆ surprise より強い「驚き」を表し, とても信じられない気持ちを含む》 ‖
Your foolishness amazes me. 君のばかさかげんには驚くよ.
**2** [be amazed at [with, by] A] …にびっくりする ‖
He was amazed at the news. 彼はその知らせを聞いて仰天した.
**3** [be amazed to do] …してびっくりする ‖
He was amazed to hear the news. 彼はその知らせを聞いて仰天した.
**4** [be amazed that 節] …ということに驚嘆する ‖
I'm amazed (that) Sue accepted his proposal. スーが彼のプロポーズを受け入れたのにはたまげた.

**a·mazed** /əméizd アメイズド/ 動 → amaze.
── 形 びっくりした, 驚嘆した ‖
an amazed look びっくりした顔つき.

**a·maz·ed·ly** /əméizidli アメイズイドリ/ 副 びっくりして, 驚嘆して.

**a·maze·ment** /əméizmənt アメイズメント/ 名 U びっくりすること, ひどく驚くこと, 仰天, 驚嘆 ‖
in amazement 動転して ‖
To my amazement, she came first. 彼女が最初に来たのにはびっくりした.

\***a·maz·ing** /əméiziŋ アメイズィング/ [→ amaze]
── 動 → amaze.
── 形 びっくりさせるような, 驚嘆すべき, 見事な ‖
amazing skills 驚くほどの技能.
It is amazing (that) you won the prize. 君が入賞したのにはびっくりした.

**a·maz·ing·ly** /əméiziŋli アメイズィングリ/ 副 驚嘆するほど, 驚くほど; [文全体を修飾] 驚嘆すべきことには ‖
Amazingly (⌒), the old man recovered his health. 驚くべきことに, その老人は健康を回復した.

**Am·a·zon** /ǽməzən アマザン | -zən アマゾン/ 〖乳房 (mazos) のない (a) 女〗 名 **1** [the ~] アマゾン川《南米北部の大河 (6300 km). 世界最大の流域をもつ》. **2** C 〖ギリシア神話〗 アマゾン族 (の女), アマゾネス《カフカス山や黒海沿岸にいたとされる勇猛な女武人族. 弓を引く便利さから右乳房を切ったという》.

**am·bas·sa·dor** /æmbǽsədər アンバサダ/ 名 C [しばしば A~] 大使《◆直接呼びかけるときは Your Excellency という》‖
the Japanese ambassador to the US 駐米日本大使《◆国名以外の場合は the ambassador in [at] Washington ワシントン駐在大使》.

**am·ber** /ǽmbər アンバ/ 名 U こはく; こはく色《◆交通信号の「黄色」など》.

**am·bi·gu·i·ty** /æmbigjúːəti アンビグーイティ/ 名 (複 -·i·ties /-z/) **1** U C 2 つ以上の意味にとれること; 多義性, あいまいさ. **2** C あいまいな表現.

**am·big·u·ous** /æmbígjuəs アンビギュアス/ 形 **1** 2 つ以上の意味にとれる; あいまいな. **2** 不確かな, 不明瞭な.

**am·bí·gu·ous·ly** 副 どっちつかずに, あいまいに.

\***am·bi·tion** /æmbíʃən アンビション/ 〖(票を求めて) 歩き回る (ambit) こと (ion)〗
派 ambitious (形)
── 名 (複 ~s /-z/) **1** U C 大望, 渇望; 野心, 野望; 功名心, 権力欲 《◆よい意味にも悪い意味にも用いられる》‖
be filled with [be full of] ambition 野望に燃えている.
She realized her ambition to become a great scientist. 彼女は大科学者になるという夢を実現した.
**2** C 野心の対象, 野望の的.

**am·bi·tious** /æmbíʃəs アンビシャス/ 形 **1** 大望のある, 野心のある, 野望に燃えている ‖
an ambitious student 大志を抱いている学生.
**2** 熱望 [渇望] する ‖
Boys, be ambitious! 若者よ, 大志を抱け《◆クラーク (W. S. Clerk) 博士の言葉》.
He was ambitious to succeed in business. 彼は実業家として成功したいと熱望していた.
They were extremely ambitious for their children. 彼らは極端に子供たちに期待をかけている.
**3** 〈計画などが〉野心的な, 大がかりの; 〈文体などが〉大げさな ‖
Her project is too ambitious. 彼女の企画は欲ばりすぎている.

**am·bí·tious·ly** 副 野心的に, 大がかりに.

**am·biv·a·lent** /æmbívələnt アンビヴァレント, 《英 +》 æmbivéi-/ 形 相反する [矛盾する] 感情の; 〖心理〗 両面価値的な.

**am·ble** /ǽmbl アンブル/ 動 (現分 am·bling) 自 〈人が〉ぶらぶら歩く, ゆっくり歩く; 〈馬が〉側対歩で歩く. ── 名 〖馬術〗 [an ~] 側対歩《馬が同じ側の前後の脚を片側ずつほぼ同時に上げて進む歩き方. → gait 名 2》.

\***am·bu·lance** /ǽmbjələns アンビュランス/ 〖「歩く病院」が原義〗
── 名 (複 -·lanc·es /-iz/) C 救急車 ‖
by ambulance 救急車で.
They lifted him carefully into the ambulance. 彼らは彼を慎重に救急車に運び込んだ.

**am·bush** /ǽmbuʃ アンブシュ/ 名 (複 ~·es/-iz/) ⓊⒸ **1** 待ち伏せして奇襲すること, 待ち伏せ. **2** 待ち伏せ場所[地点].
— 動 (三単現 ~·es/-iz/) 他 …を待ち伏せする.

**AmE** 略 American English.

**a·me·ba** /əmíːbə アミーバ/ 名《米》=amoeba.

**a·me·lio·rate** /əmíːliəreit アミーリオレイト/ 動 (現分 -rat·ing)《正式》他 …を改良する. — 自 良くなる, 向上する.

**a·men** /èimén エイメン, àːmén/《聖歌では /ɑːmén/》間 名 Ⓤ アーメン《キリスト教で祈りの終わりに唱える語.「かくあらせたまえ」(=《正式》So be it!) という意味》.

**a·me·na·ble** /əmíːnəbl アミーナブル/ 形《正式》従順な; 従う義務のある.

**a·mend** /əménd アメンド/ 動 他〈法律など〉を修正する, 改正する ‖
amend the Constitution 憲法を改正する.

**\*a·mend·ment** /əméndmənt アメンドメント/ 【→ amend】
— 名 (複 ~s/-mənts/) **1** ⓊⒸ 改正, 修正; 改善, 改心 ‖
amendments to the text 本文の修正.
**2** Ⓒ 《憲法の》修正条項; 改正案 ‖
the Amendments《米国憲法の》修正条項.

**a·mends** /əméndz アメンヅ/ 名 [単数・複数扱い]《不親切・損害などの》償い, 埋め合わせ.
**màke améds (for A)**《…の》償いをする.

**a·men·i·ty** /əménəti アメニティ, əmíːn- | əmíːn- アミーニティ/ 名 (複 -i·ties/-z/) **1**《正式》[the ~] 心地よさ, 快適さ, アメニティ; 感じのよさ. **2** [amenities] 生活を楽しく[快適に]するもの[環境]; 楽しみ; 娯楽設備.

**Amer.** 略 America(n).

**\*A·mer·i·ca** /əmérikə アメリカ/《イタリアの航海家 Amerigo Vespucci の名前から》派 American (形・名)

— 名 **1** アメリカ《合衆国》, 米国《◆ 正式名 the United States of America. 首都 Washington, D.C.》.

語法 **2** の意とまぎらわしいとき, また米国人自身はふつう the United States を用いる. 書くときは主に the US (または《正式》the USA) とする. 米国人が国外で自国をいうときはふつう the States とする.

**2**《南北》アメリカ大陸《の一方》; [the ~s] 南北アメリカ, アメリカ大陸全体.

**\*A·mer·i·can** /əmérikən アメリカン/ 【→ America】
— 形 **1** アメリカ《合衆国》の; アメリカ人の; アメリカ式の《◆ **2** の語義とまぎらわしい場合は US residents (米国の住民) のようにする》‖
an American citizen アメリカ市民.
**2**《南北》アメリカの; アメリカ大陸の ‖
an American plant アメリカ産の植物.
**3** アメリカ先住民の.
— 名 (複 ~s/-z/) **1** Ⓒ アメリカ人, 米国人《◆ 米国の 略 US をもじって擬人的に Uncle Sam と言うことがある》‖
She is married to an American. 彼女はアメリカ人と結婚している.
the Americans アメリカ人《全体》; そのアメリカ人たち.
**2** Ⓒ アメリカ大陸の《先》住民.
**3** Ⓤ =American English.

**Américan dréam** [the ~] アメリカ人の夢[理想]《民主主義・平等・自由・物質的繁栄と成功など》.

**Américan éagle** (1) 〔鳥〕ハクトウワシ(bald eagle)《米国の国鳥》. (2) [the ~] 白頭のワシ印《米国の紋章》.

**Américan Énglish** アメリカ英語, 米語(cf. British English).

![American football diagram with labeled positions: halfback, quarterback, right guard, left guard, center, left tackle, split end, line judge, cornerback, safety, fullback, back judge, referee, umpire, safety, right tackle, cornerback, tight end, defensive tackle, outside linebacker, middle linebacker, linesman, defensive end, inside linebacker, line of scrimmage, defensive tackle]

American football

**Américan fóotball** アメリカンフットボール《◆米国では単に football ともいう》.

**Américan Índian** アメリカインディアン.

**Américan Léague** [the ~] アメリカンリーグ《National League と共に米国の2大プロ野球連盟. cf. major league》.

**Américan plàn** [the ~] (ホテルの)アメリカ方式《部屋代・食費を合算する料金制. cf. European plan》.

**Américan Revolútion** [the ~] アメリカ独立革命《1775-83》.

**A·mer·i·can·ism** /əmérikənìzm アメリカニズム/ 名 1 © U 米国特有の英語表現; アメリカ語法 (cf. Briticism). 2 © U アメリカふう (のもの); アメリカ人気質(ﾞ); U アメリカびいき.

**A·mer·i·can·i·za·tion** /əmèrikənəzéiʃən アメリカニゼイション/ |-kənai-. -カナイゼイション/ 名 U アメリカ化; 米国帰化.

**A·mer·i·can·ize** /əmérikənàiz アメリカナイズ/ 動 (現分) ~**iz·ing**) 他 …をアメリカふうにする; アメリカ語法に変える; …を米国に帰化させる. ── 自 アメリカ風になる; アメリカ語法に変わる; 米国に帰化する.

**A·mes·lan** /ǽməslæn アメスラン/ 〖*American Sign Lan*guage の略〗名 U アメリカ手話法.

**am·e·thyst** /ǽməθist アメシスト/ 名 1 © アメジスト, 紫水晶《2月の誕生石》. 2 © 紫色, すみれ色.

**a·mi·a·ble** /éimiəbl エイミアブル/ 形 愛想のよい, やさしい; 好意的な ‖
an amiable girl 気だてのよい女の子.

**á·mi·a·bly** 副 愛想よく, やさしく.

**am·i·ca·ble** /ǽmikəbl アミカブル/ 形 (正式) 友好的な.

**a·mid** /əmíd アミド/ 前 (文) …のまん中に[で], …の中に[で]《◆ **among** より堅い語》; [比喩的に] …のまっただ中に[で].

**a·midst** /əmídst アミドスト/ 前 (文) =**amid**.

**a·miss** /əmís アミス/ (文) 副 間違って; 具合悪く; 不都合に, 不適当に.
── 形 1 誤った; 不都合な; 具合の悪い, 故障した ‖
There is something amiss with this latest plan. この最近の計画には具合の悪いところがある《◆ **wrong** がふつう》.
2 [否定文で] 不適当な, まずい ‖
It may not be amiss to give this advice. こんな忠告をしても悪くはなかろう.

**tàke A amíss** (やや古) A〈他人の言葉など〉を(誤解して)悪く取る.

**am·i·ty** /ǽməti アミティ/ 名 U (正式) 友好, 親善.

**am·mo·ni·a** /əmóunjə アモウニァ/ 名 U 〖化学〗(気体の)アンモニア; アンモニア水.

**am·mo·nite** /ǽmənàit アモナイト/ 名 © 〖古生物〗アンモナイト《古代の軟体動物. うず巻状の化石となっている》.

**am·mu·ni·tion** /æmjuníʃən アミュニション/ 名 U 1 弾薬. 2 [比喩的に] 攻撃手段[材料]; 防衛手段.

**am·nes·ty** /ǽmnəsti アムネスティ, -nèsti/ 名 U (正式) [通例 an ~] 恩赦, 大赦, 特赦.

**Ámnesty Internátional** 国際アムネスティ《思想犯・政治犯の釈放をめざす団体》.

**a·moe·ba** /əmí:bə アミーバ/ (米では しばしば **a·me·**) 名 (複 ~s, **-bae**/-bi:/) © 〖動〗アメーバ.

***a·mong** /əmáŋ アマング/ 〖「周囲の集合体の中に囲まれて位置する」が本義〗

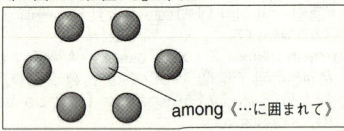

among 〈…に囲まれて〉

── 前 1 [物理的位置・分布] …に囲まれて, …の間に[を, で], …の中に[を]《複数(代)名詞・時に集合名詞を伴う: walk *among* the trees [*the forest*] 森の中を歩く. cf. walk through the forest 歩いて森を通り抜ける. 2つのものの関係をいう場合は **between**》‖
a cottage among the trees 木々に囲まれた小屋.
the political unrest among the people 国民の間に広がっている政情不安.
He passed among the crowd. 彼は群衆の中を通り抜けた.
attitudes common among scholars 学者によく見られる態度.
2 [部分] [通例 among the + 最上級] …の中の1つ[1人]で(one of); …の中で目立って ‖
a prince among princes 王子の中でも特にきわ立った王子.
choose one (from) among many dresses 多くのドレスの中から1つを選ぶ.
Among modern novels, this is the best. 近代小説の中でこれが最高傑作だ.
This lake is among the deepest in the country. この湖はその国で最も深いものの1つだ (= This is one of the deepest lakes in the country.).
3 みんなで, 協力して; お互いに, 内輪どうしで ‖
We lifted the table among us. 我々はみんなで力を合わせてテーブルを持ち上げた.
The three men had £50 among them. 3人は合わせて50ポンド持っていた.
They quarreled among themselves. 彼らは互いに口論した.
He divided one million dollars among his five sons. 彼は100万ドルを5人の息子に分けた.

**a·mongst** /əmáŋst アマングスト/ 前 (主に英) =**among**.

**am·o·rous** /ǽmərəs アマラス/ 形 (正式) 多情の, 恋をしている, なまめかしい, 色っぽい, 恋愛の.

***a·mount** /əmáunt アマウント/ 〖山(mount) に (a)登って → (頂上に)達する〗
── 動 (三単現) ~**s**/əmáunts/; (過去・過分) ~**ed**/-id/; (現分) ~**ing**)
── 自 《◆進行形にしない》1 [amount to A] 〈数が〉総計 A〈数・量・額〉に達する, のぼる ‖

His debts **amount to** more than he can pay. 彼の負債は支払い限度以上に達している.

The number of unemployed college graduates **amounts to** more than 4,000. 大学卒業生の未就職者は4000人以上に及んでいる.

**2** [amount to A] 〈事が〉(内容・価値などの点で)…になる, …に等しい, …同然である ‖

Her advice **amounts to** an order. 彼女の助言は命令も同然だ.

── 名 (複 ~s/əmáunts/) **1** [the ~] 総計, 総額 ‖

three times **the amount** of money 3倍の金額.

pay the full **amount** 全額支払う.

**2** [the ~] 帰するところ, 要旨; 意義, 全体的な価値.

**3** [a + 形容詞 + ~; 形容詞 + ~s] ある量[額].

◇**ány amóunt of A** (1) どれだけの量[額]の **A**〈金銭・手間など〉(でも) ‖ **Any amount of** information will do. どれだけの情報でも結構です. (2) (略式) たくさんの[無限の] **A**〈金など〉.

**in amóunt** (1) 量は; 総計で. (2) 結局, 要するに.

**am·pere, am·père** /ǽmpiər アンピア/ -peə-ペア/ 名 C 〔電気〕アンペア《電流の強さの単位. (略) amp ともいう. 物理学者 A. M. Ampère の名にちなむ. (記号)A》.

**am·per·sand** /ǽmpərsænd アンパサンド/ 名 C (正式) アンパサンド《and を意味する & の字の呼び名. 主に商用文・参考文献などに用いられる》.

**am·phib·i·an** /æmfíbiən アムフィビアン/ 形 〔動〕両生類の. **2** 水陸両用の.
── 名 **1** 両生動物. **2** 水陸両用飛行機[戦車].

**am·phib·i·ous** /æmfíbiəs アムフィビアス/ 形 **1** 水陸両生の. **2** (正式) 水陸両用の.

**am·ple** /ǽmpl アンプル/ 形 (比較) **am·pler**, (最上) **am·plest**) **1** 広い, 広大な; 〈場所が〉十分ゆとりのある ‖

an **ample** house 広々とした家.

**2** [遠回しに] 太った, でっぷりした.

**3** 十二分の ‖

**ample** energy for the work その仕事をするに十二分な精力.

**am·pli·fi·ca·tion** /æmpləfikéiʃən アンプリフィケイション/ 名 U [しばしば the ~ / an ~] **1** 拡大(すること), 拡張. **2** 〔電気〕増幅; 〔光学〕倍率.

**am·pli·fi·er** /ǽmpləfàiər アンプリファイア/ 名 C 〔電気〕増幅器, アンプ; 拡声器.

**am·pli·fy** /ǽmpləfài アンプリファイ/ 動 (三単現) **--pli·fies**/-z/; (過去・過分) **--pli·fied**/-d/) 他 (正式) **1** …を拡大[拡張]する. **2** …をさらに詳述する; 〈理論〉を展開する; 〈感情〉を誇張する. **3** 〔電気〕…を増幅する.

**am·pli·tude** /ǽmplətj(j)ùːd アンプリテュード/ 名 U **1** (正式) 広さ, 大きさ (largeness); 多量, 十分(なこと). **2** 〔物理・電気〕 [しばしば an ~] 振幅.

**ámplitude modulátion** 〔電気〕振幅変調 (略) AM, a.m.); AM 放送.

**am·ply** /ǽmpli アンプリ/ 副 [動詞の前で] 十分に, たっぷり; [動詞のあとで] 広く; 詳細に.

**am·pu·tate** /ǽmpjətèit アンピュテイト/ 動 (現分) **--tat·ing**) 他 (正式) (外科手術として)〈手・脚など〉を切断する.

**Am·ster·dam** /ǽmstərdæm アムスタダム/ 名 アムステルダム《オランダの海港・首都》.

**A·mund·sen** /ɑ́ːmundsən アーマンドセン/ 名 アムンゼン, アムンセン《Roald/róuəl/~ 1872-1928》ノルウェーの探険家. 1911年南極点到達》.

\***a·muse** /əmjúːz アミューズ/ [[…を(a)見つめる (muse)]] 派 amusement (名), amusing (形)
── 動 (三単現) **a·mus·es**/-iz/; (過去・過分) ~**d**/-d/; (現分) **a·mus·ing**)
── 他 **1** …をおもしろがらせる, 笑わせる, 楽しませる ‖ Her anecdotes **amuse** us all. 彼女の逸話はだれにとってもおもしろい(→ amusing).

対話 "Do you like Mr. Trevor?" "Very much. He always **amuses** us by telling jokes." 「トレバー先生って好き?」「とても. いつも冗談を言って私たちを楽しませてくれるのですもの」.

**2** …に楽しく時間を過ごさせる, を慰める.

◇**amúse onesèlf with A** [(**by**) **doing**] **A**〈遊びなどをして〉楽しむ ‖ The girls **amused themselves (by)** playing games [**with** games]. 女の子たちはゲームをして遊んだ.

◇**be amúsed at** [**by, with**] **A**〈人が〉**A**〈事〉を見て[聞いて, 知って]**おもしろく思う** ‖ He was **amused at** your suggestion. 彼は君の提案を聞いておもしろがった(=Your suggestion was amusing to him.).

**be amúsed to** do [**that** 節] …して[…ということに]おもしろく思う.

**You amúse me!** (略式) ばかばかしい, 笑わせるね.

**a·muse·ment** /əmjúːzmənt アミューズメント/ 名 **1** U 楽しみ; 愉快, 楽しいこと, 楽しませること; おもしろ味 ‖

places of **amusement** 娯楽場.

for **amusement** 楽しみとして.

**2** C 慰めごと, 娯楽; [~s] 遊戯設備, 遊び道具.

**amúsement pàrk** 遊園地.

**a·mus·ing** /əmjúːziŋ アミューズィング/ 動 → amuse.
── 形 [他動詞的に] 楽しくさせる, 愉快な; おもしろい ‖

The story **was amusing** to us. その話は我々にとっておもしろかった(=The story **amused** us. / We were **amused with** the story.).

**a·mús·ing·ly** 副 楽しませるように; [文全体を修飾] 興味のそそられることには.

\***an**[1] /(弱) ən アン, (強) æn アン/
── 形 [不定冠詞] =a《◆ 弱形 /n/ は次のように強勢のある語にはさまれた場合に起こりやすい: He was nót **an**/n/ ápt person for the task. 彼はその仕事に適任ではなかった》.

語法 [**an** と **a**] (1) a は子音で始まる語の前で, an

は母音で始まる語の前で用いる: *a* year/ə jíər アイア/ 1年, *an* ear/ən íər アニア/ 耳, *a* dog/ə dɔ́g アドッグ/ 犬, *an* apple/ən ǽpl アナプル/ りんご.

(2) 子音を表す文字でも発音が母音のときは an を用いる: *an* hour/ən áuər アナワ/ 1時間, *an* R /ən άːr アナール/ R字1個, *an* 80-year-old lady 80歳の女性.

(3) 母音を表す文字でも発音が /j/ /w/ で始まるときは a を用いる: *a* useful animal 有用な動物, *a* one-way ticket 片道切符.

(4) h で始まる語でも最初の音節にアクセントがないときは an とすることもある: *a(n)* hotél ホテル, *a(n)* histório house 歴史上有名な家.

**an²**, **an'** /ən アン/ 接 (略式) =and 《◆ 'n, 'n' とも書く》.

**a·nach·ro·nism** /ənǽkrənìzm アナクロニズム/ 名 ⓒⓊ (正式) **1** 時代錯誤, アナクロニズム; [しばしば an 〜] 時代遅れの人[物]. **2** 年代[日付]の誤り.

**a·nach·ro·nis·tic**, **--ti·cal** /ənæ̀krənístik(l) アナクロニスティク(ル)/ 形 時代錯誤の, 時代遅れの.

**a·nae·mia** /əníːmiə アニーミア/ 名 (主に英) =anemia.

**a·nae·mic** /əníːmik アニーミク/ 形 (主に英) =anemic.

**an·aes·the·si·a** /æ̀nəsθíːʒə アネススィージャ | -θíːziə -スィーズィア/ 名 (英) =anesthesia.

**an·aes·thet·ic** /æ̀nəsθétik アネスセティク/ (英) 形 名 =anesthetic.

**an·a·gram** /ǽnəgræ̀m アナグラム/ 名 Ⓤ つづり換え, アナグラム; ⓒ その単語[句]; [〜s; 単数扱い] つづり換えゲーム[遊び] ‖
make [form] an **anagram** of "lapse" lapse のつづり換えをして別の単語を作る《pleas, pales, sepal, leaps の4つができる》《◆[代表例] Florence Nightingale → Flit on, cheering angel. 羽ばたけ, 心の支えの天使 (ナイチンゲールは白衣の天使として有名)》.

**an·a·log** /ǽnəlɔ̀(ː)g アナロ(ー)グ/ 名 (米) =analogue.

**a·nal·o·gous** /ənǽləgəs アナロガス/ 形 (文) 類似した.

**an·a·logue**, (米ではしばしば) **--log** /ǽnəlɔ̀(ː)g アナロ(ー)グ/ 名 ⓒ (文) 類似の物, 類似語; [電子工学] アナログ (cf. digital).

**a·nal·o·gy** /ənǽlədʒi アナロヂ/ 名 (複 **-o·gies** /-z/) **1** Ⓤ (正式) 類似, 似かより ‖
We can draw an **analogy** between the human heart and a pump. 人間の心臓とポンプには類似点が指摘できる.
**2** Ⓤ 類推, 推論; [論理] 類推 ‖
by **analogy** =on the **analogy** 類推によって.

*****an·a·lyse** /ǽnəlàiz アナライズ/ 動 (現分) **-lys·ing**) (主に英) =analyze.

**an·a·lys·ing** /ǽnəlàiziŋ アナライズィング/ 動 (英) =analyzing.

**a·nal·y·sis** /ənǽləsis アナリスィス/ 名 (複 **-ses** /-sìːz/) ⓒⓊ **1** 分析, 分解, 検討, 解明, 分析結果, 分析表 《◆動詞は analyze》‖
make an **analysis** of the poison 毒物を分析する.
**2** 〔化学〕分析; 〔文法〕分析, 解剖.
**3** 精神分析 (psychoanalysis).
*in the final [lást, últimate] análysis* とどのつまり, 結局は, つまるところ (in the end).

**an·a·lyst** /ǽnəlist アナリスト/ 名 ⓒ 分析者, アナリスト, (情勢などの)解説者; (米) 精神分析医 (psychoanalyst).

**an·a·lyt·ic**, **--i·cal** /æ̀nəlítik(l) アナリティク(ル)/ 形 分析的, 分解の, 分析的な.

*****an·a·lyze**, (主に英) **--lyse** /ǽnəlàiz アナライズ/
—動 (三単現) **-lyz·es**/-iz/; (過去・過分) 〜**d** /-d/; (現分) **-lyz·ing**)
—他 **1** …を分析する, 分解する; …を解明する, 分析して調べる ‖
**analyze** his motive 彼の動機を解明する.
**analyze** a chemical compound 化合物を分析する.
**2** …の精神分析をする (psychoanalyze).

**an·a·lyz·ing** /ǽnəlàiziŋ アナライズィング/ 動 → analyze.

**an·ar·chist** /ǽnərkist アナキスト/ 名 ⓒ 無政府主義者, アナーキスト; (略式) テロリスト (terrorist).
—形 無政府主義(者)の(ような).

**an·ar·chy** /ǽnərki アナキ/ 名 Ⓤ 無政府状態; (一般に)無秩序, 混乱 ‖
be in a state of **anarchy** 無政府状態である, (一般に)混乱している.

**an·a·tom·i·cal**, (主に英) **--ic** /æ̀nətɑ́mik(l) アナタミク(ル) | -tɔ́mi- アナトミク(ル)/ 形 解剖の, 解剖学(上)の, 構造[形態]上の.

**a·nat·o·mist** /ənǽtəmist アナトミスト/ 名 ⓒ 解剖医[学者]; 分析者.

**a·nat·o·my** /ənǽtəmi アナトミ/ 名 (複 **-o·mies** /-z/) **1** Ⓤ 解剖学. **2** ⓒ (人体・動植物の)解剖学的構造[組織, 形態]; [通例 an 〜 / the 〜] (一般に)組織, 構造.

*****an·ces·tor** /ǽnsestər アンセスタ/ 〖先に (ante) 行く人 (cestor). cf. con*cede*〗
—名 (複 〜**s**/-z/) ⓒ **1** 祖先, 先祖 (⇔ descendant) 《♦ (1) ふつう祖父母よりも以前のものについていう. (2) 日本語は集合的だが, 英語は個別的であることに注意》. **2** 先駆者, 先人.

**an·ces·tral** /ænséstrəl アンセストラル/ 形 祖先の, 先祖代々の.

**an·ces·try** /ǽnsestri アンセストリ/ 名 (複 **-ces·tries**/-z/) ⓒⓊ [通例 an 〜 / the 〜] **1** [集合名詞] 祖先, 先祖 (↔ posterity). **2** 家系.

**an·chor** /ǽŋkər アンカ/ 名 ⓒ **1** 錨 (いかり) ‖
*drop [cast] anchor* 投錨 (とうびょう) する; (ある場所に)とどまる, 落ち着く.
*be [lie, ride] at ánchor* 錨をおろしている, 停泊している.
*cast [drop] anchor* 錨をおろす.
*weigh anchor* 錨をあげる.

by [with] an **anchor** 錨で.
**2** 固定された物；支え[頼み]になる人[綱,物].
**3** =anchor man.
**cóme to (an) ánchor** (1) 停泊する. (2) 落ち着く, 定着する.
──動 他 **1**〈船などを〉錨で止める；…を固定する. **2**〔放送〕…のニュースキャスターを務める. ──自 投錨する, 停泊する；定着する, 固着する.

**an·chor·age** /ǽŋkəridʒ アンカリヂ/ 名 C 停泊所[港].

**An·chor·age** /ǽŋkəridʒ アンカリヂ/ 名 アンカレッジ《米国 Alaska 州南部の都市》.

**an·chor·man** /ǽŋkərmæn アンカマン/ 名 (複 -men) **1**〔放送〕ニュースキャスター, 総合司会者((PC) anchor). **2**〔スポーツ〕(リレーの)最終走者[泳者], アンカー；(綱引きで)最後尾の人. **3** 重要な役割をする人.

**an·cho·vy** /ǽntʃəvi アンチョヴィ/ -tʃəvi -チョヴィ/ 名 (複 -cho·vies, an·cho·vy) C 〔魚〕アンチョビ《カタクチイワシ科の小魚. ソースなどに用いる》.

\*__an·cient__ /éinʃənt エインシェント/ 〖「以前の(ante)」が原義〗
──形 (比較 more ~, 最上 most ~) [通例名詞の前で] **古代の**；(広義)太古の, 大昔の；大昔からある(⇔modern).
**ancient** Greek 古代ギリシア語.
──名 C [通例 the ~s] 古代人, 古代文明人, 古代芸術家[作家].
**áncient hístory** 古代史；(略式)(近い過去の)周知の事実, だれでも知っている事.

**án·cient·ly** 副 昔は, 以前は；古代に.

\*__and__ / (弱) ənd アンド, nd /, (強) ænd アンド/ 類語 end/énd/)〖「付加」が本義〗
→接 **1** そして **2** …付きの **4** どんどん **5** それで **7** それなのに **8** そうすれば **9** それも
《◆ふつう, 弱形 /ənd アンド/ (次の語が母音で始まる場合),/n アン/ (主に次の語が子音で始まる場合)を用いる. /t, d/ の後では /n/ となることが多い. その他詳細は各語義の発音注記を参照》.
──接
**I** [等位接続詞](語・句・節を対等につなぐ)
**1** [並列的に語・句・節を結んで] **a** [ənd/] [並置] そして, および；…と…, …や… ‖
you [she] **and** I あなた[彼女]と私《◆I **and** you [she] は(非標準)；通例二人称, 三人称, 一人称の順》.
a table **and** four chairs テーブルと4つのいす.
a black **and** yellow insect 黒と黄の混じった昆虫《◆このように同種の形容詞が重なる場合以外は, ふつう **and** を用いない：a big black insect 大きな黒い昆虫》.
the ability to read, write(,) **and** speak English 英語を読み書き話す能力.
He is a póet **and** nóvelist. 彼は詩人であり, か つ小説家だ.
《◆強調するときは, ふつう冠詞・所有[指示]代名詞を繰り返し, and は強く発音される：He is a póet

**and** /ǽnd/ a nóvelist. / a knífe **and** a spóon ナイフとスプーン (cf. a knífe and fórk) / my fáther **and** (my) áunt 私の父とおば / thóse books **and** (those) pápers あの本と書類》
I went home **and** Bill stayed at the office. 私は家路につき, ビルは会社に居残った.

|語法| [**and** と動詞の省略] John reads comics *and* Mary novels. ジョンはコミックを, メリーは小説を読む《◆2度目の reads はふつう省略》.

**b** /ænd/ [追加・順応] [and also …] (それに)また；…したり…したり ‖
He has long hair **and** wears jeans. 彼は髪を長くし, ジーンズをはいている.
You mind your own business. **And** when you talk to me, take off your hat. 余計なお世話だ. それにおれに口をきくときは帽子ぐらい取れよ.
We drank, sang **and** danced all night. 私たちは一晩中飲んで歌って踊り明かした.

**2** /n, ən/ [一体となったものを表して] [単数扱い] … 付きの ‖
bread **and** butter /brédnbʌ́tər ブレドンバタ/ バターを塗ったパン《◆/bréd ənd bʌ́tər ブレド アンド バタ/ と発音すれば別々の物をさす》.
a hóok **and** líne 糸のついた釣り針.
hám **and** éggs ハムエッグ《◆(米俗)では eggs を略して ham *and*/hæmǽnd/ハマンド/ ということもある. coffee **and** (doughnuts) も同様》.

|語法| (1) 発音は話し言葉では /p, b/ のあとでは /m/, /k, g/ のあとでは /ŋ/ となることがある：cúp *and*/m/ sáucer 受け皿つきカップ / bláck *and* /ŋ/ whíte 白黒.
(2) ふつう短い語を先に置く：bíg *and* úgly 大きくて醜い / mále *and* fémale [mén *and* wómen] 男女 / bóys *and* gírls 少年少女《◆ girls *and* boys ともいう》.
(3) 成句となったものは前後を入れ替えられない：on one's hánds *and* knées [×knees and hands] 四つんばいになって / with (a) knífe *and* fórk ナイフとフォークで / físh *and* chíps 魚フライとポテトフライ.

**3** [数詞を結んで] …に加えて, …と… ‖
Two **and** two make(s) four. 2たす2は4.
two hundred (**and**) forty-five 245.
two thousand, five hundred (**and**) thirty-one 2531《◆(1) hundred の次の and は(米)ではふつう略されるが, 百の位が0のときは略さない：two thousand *and* five 2005. (2) 慣習的に and を略す場合：1707 =one seven O/ou/ seven (電話番号) / 1987 =nineteen eighty-seven (年号) / 261 =two sixty-one または two six one (部屋番号・番地など)》.
two pounds **and** fifty pence 2ポンド50ペンス

《《略式》では簡単に two pounds fifty あるいは two fifty という》.

**4** [同一語の反復] **a** /ənd/ [同一語を結んで, 時・状態・行為などの連続・反復を示して] どんどん, …も…も ‖
again **and** again 何度も何度も.
They rán **and** rán **and** rán. 彼らはどんどん走った(=They kept running.) 《◆ **and** は省略しない: ˣThey ran, ran and ran.》.
It's getting wármer **and** wármer. だんだん暖かくなってきた《◆ It's getting *more and more* warm. ともいえる》.

**b** /ænd/ [there is の文で同一の名詞を結んで] (差異を強調して) (ピンからキリまで, よいのやら悪いのやら) さまざまの ‖
There are téachers (↗) **ánd** téachers (↘). 先生にもいろいろある(=There are good and bad teachers.).

**5** [理由・結果] [しばしば and so, and therefore] **それで**, だから ‖
He was very tired **and** (so) went to bed early. 彼はとても疲れていたので早く寝た(=Because he was very tired, he went to bed early.).
The clock is accurate **and** dependable. その時計は正確で(それゆえに)当てにできる.

**6** [時間的前後関係を示す] そして, **それから**; すると (and then) ‖
He told her **and** she smiled. 彼が彼女に話すと彼女はにっこりした.
She washed the dishes **and** she dried them. 彼女は皿を洗い, それから乾かした.

**7** /ǽnd/ [対照] **それなのに**(意外にも), しかし, (また)一方 《◆ but と交換可能》‖
She tried hard **ánd** she failed. 彼女は一生懸命やったが失敗した.
Roy is secretive **ánd** Ted is candid. ロイは秘密主義だがテッドはざっくばらんだ.

‖ [準等位的] (前の文に追加して言うとき)

**8** [条件] [命令文またはそれに相当する句のあとで] そうすれば(cf. or 4) 《◆ふつう, あとの節は will を含む》‖
Hurry up, **and** you'll be in time for school. 急ぎなさい, そうすれば学校に間に合うよ(=If you hurry up, you'll be in time for school.).
Eight more months, **and** you'll have him home again. もう8か月すれば彼はまたあなたのもとへ帰ってきますよ.

対話 "Are there any tickets available for the Saturday concert?" "Just a minute **and** I'll see if there are any." 「土曜日のコンサートの切符はありますか」「少しお待ちください. あるかどうか調べてみます」.

語法 しばしば脅迫を表す: Move (an inch), **and** you'll be dead. 動いてみろ, 命はないぞ(=Don't move, or I'll kill you.).

**9** /ənd/ [補足・要約] (挿入または追加的に) **それも**, しかも; すなわち, つまり ‖

They hated Tom — **ánd** that's not surprising. 彼らはトムを嫌っていた—それも当然のことだ.
He, **ánd** he alone, must go. 彼, しかも彼ひとりだけが行かねばならない.
He did it, **and** in her presence. 彼はそれをやった, しかも彼女の前で.
I'm against the Constitution, **ánd** for the following reason. 私は現行憲法には反対だ. つまり理由は次のとおりで.

**10** /ənd/ [動詞 + and + 動詞]

**a** [通例命令文で; try ~ …] …するように ‖
Trỳ **and** swím! さあ泳いでごらん(=Try to swim!) 《◆ tries, tried のあとではこの構文は使わない: ˣHe tried and swam. ◆「やってみて泳げた」の意では可》/ ˣHe tries and swims. cf. He'll try and swim. 彼は泳いでみるだろう》.

**b** [通例命令文で; come [go, hurry up, run, stay, stop など] ~ …] ‖
Còme (and) sée me again tomorrow. あしたまた来てください《◆《米式》では come, go のあとの and はしばしば脱落》.
He usually stays **and** has dinner with us after the game. 彼はゲームのあとでいつもうちで食事をしていく《◆ **10 a** と違い, 三人称主語・過去形でもこの構文が可能》.

**c** [sit, lie, walk などのあとに用いて] …して, …しながら《◆ and 以下が現在分詞に相当》‖
She sat **and** smoked. 彼女はタバコを吸いながら座っていた(=She sat smoking.).

**11** /ænd/ [疑問文の文頭に用い, 相手の言葉を受けて, または相手の発言をうながすために] それで(…は?); それじゃ(…というわけですね); [意味を強めて] しかも ‖

対話 "Have you been well?" "I've lost weight." "**Ánd** are you able to sleep?" "Hardly at all." 「おからだは?」「やせました」「で, 眠れますか」「ほとんど眠れないのです」.

**12 a** /ænd/ [特に何かを言うということはなく, 驚き・意外・非難などを表す] ほんとうに, そうとも, …だよ ‖
O John, **and** you have seen him! ああ, ジョンね, ほんとうに彼を見かけたのだね.

**b** [主語 + ~ + 補語の形で] …のくせに《◆ be 動詞に接近する》‖
A policeman **and** afraid of a thief! 警官のくせに泥棒を恐れるなんて.

**A ánd/ór B** [主に法律・商業] A と B または A か B ‖ by cash **and**/or check 現金と小切手またはその一方(=by cash or check, or both) / I like fish **and**/or meat for dinner. 夕食には魚と肉の(両方), またはそのどちらかがいい.

**and how** → how

**and só òn** =**and só fórth** …など(略) etc.) 《◆人には and others などを用いる》‖ tea, sugar, salt **and** so on お茶・砂糖・塩など.

**an·dan·te** /ɑːndάːnteɪ アーンダーンテイ|ændǽnti アンダンティ/ 〖イタリア〗 副 形 [音楽] アンダンテ, 歩くような速さで[の], 適度にゆるやかに[な]《adagio と allegretto の中間》.

――名 C アンダンテ(の曲).

**An·der·sen** /ǽndərsən アンダセン/ 名 アンデルセン, アネルセン《Hans Christian ～ 1805-75; デンマークの童話作家》.

**An·des** /ǽndiːz アンディーズ/ 名 [the ～] アンデス山脈《南米西部の大山脈》.

**An·drew** /ǽndruː アンドルー/ 名 **1** アンドルー《男の名.《愛称》Andy》. **2** (Saint) ～ 聖アンデレ《キリストの十二使徒の1人. スコットランドの守護聖人》.

**An·drom·e·da** /ændrάmidə アンドラミダ|-drɔ́m--ドロミダ/ 名 **1**《ギリシア神話》アンドロメダ(Cassiopeia の娘. 海神の捧げ物とされたが Perseus に助けられた). **2**《天文》アンドロメダ座《北天の星座》.

**An·dy** /ǽndi アンディ/ 名 アンディ《Andrew の愛称》.

**an·ec·dote** /ǽnikdòut アニクドウト/ 名 (複 ··dota/-s/) C《正式》逸話, 秘話.

**a·ne·mi·a**,《主に英》**a·nae·--** /əníːmiə アニーミア/ 名 U《医学》**1** 貧血(症). **2** 無気力, 虚弱.

**a·ne·mic**,《主に英》**a·nae·--** /əníːmik アニーミク/ 形 **1**《医学》貧血(症)の. **2** 無気力な, 弱々しい.

**a·nem·o·ne** /ənéməni アネモニ/ 名 C《植》アネモネ.

**an·es·the·sia**,《主に英》**an·aes·--** /ænəsθíːʒə アネススィージャ|-ziə -ズィア/ 名 U 麻酔;(一時的な知覚)麻痺(ひ).

**an·es·thet·ic**,《主に英》**an·aes·--** /ænəsθétik アネスセティク/ 形 **1** 麻酔の, 麻酔による. **2** 無感覚の.
――名 C 麻酔剤.

**a·new** /ənjúː アヌー(アニュー)/ 副《文》もう一度;新たに.

**an·gel** /éindʒəl エインチェル/ 名 C **1** 天使. **2** [通例 an ～] 天使のような(純潔無垢(く)の)人, やさしい[美しい]人《◆特に女性・子供に用いる》|| She is **an angel** of a girl. 彼女は天使のような少女だ《◆日常語としては She is (like) **an angel**. の方がふつう》.

**an·gel·ic, –i·cal** /ændʒélik(l) アンチェリク(ル)/《→ angel》形 天使のような; 愛らしい, 無垢(く)の.

*\***an·ger** /ǽŋgər アンガ/『「悲しみ」が原義』
派 angry (形)
――名 U [しばしば an ～] 怒り, 立腹 ||
**provoke** him **to anger** ＝**arouse anger in** him 彼をかっとさせる.
She insulted her friend **in (a moment) of anger**. かっとなって彼女は友人をののしった.
――動 他《人》を怒らせる, 立腹させる.

*\***an·gle**[1] /ǽŋgl アングル/『「曲がったもの」が原義. cf. anchor』派 angular (形)
――名 (複 ～s/-z/) C **1** 角度, 角 ||
at **an angle** of 30 degrees ＝at a 30° **angle** 30度の角をなして.
The two lines cross each other at right **angles**. その2つの線は直角に交わっている.
**2** [建築] (建物・部屋・構築物の)かど.
**3** (略式)(鋭い・特定の)観点, 見方, 視点, 見解;(問題・状況の)面 ||
from another **angle** 別の見地から.

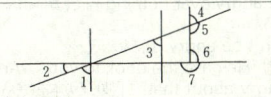

1 角 (angle)
2 1の余角 (complementary angle)
3 1の同位角 (corresponding angle)
4 鋭角 (acute angle)  5 鈍角 (obtuse angle)
6 直角 (right angle)  7 平角 (straight angle)

from a journalist's **angle** 記者の目から.
**at an ángle** 斜めに, 傾いて.
――動《現ク》**an·gling**. 他《物》を斜めに動かす.

**an·gle**[2] /ǽŋgl アングル/ 動《現ク》**an·gling** 自 **1**(釣針を使って)魚釣りをする ||
**go angling** 釣りにいく《◆ go fishing がふつう》.
**2** [angle **for** A] …を(遠回しに)求める, (小細工して)得ようとする.

**an·gler** /ǽŋglər アングラ/ 名 C (趣味で)魚を釣る人, 太公望.

**An·gli·can** /ǽŋglikən アングリカン/ 形 **1** アングリカンチャーチ［イングランド（国）教会］(派)の(→ Anglican Church), 聖公会の(略 Angl.). **2**《米》イングランド[英国](国民)の.
――名 C アングリカンチャーチ［イングランド（国）教会］信徒《米》聖公会の人.

**Ánglican Chúrch** [the ～] (1) アングリカンチャーチ, イングランド(国)教会(Church of England)《◆「英国国教会」と訳されることが多い》. (2) 聖公会《「アングリカンチャーチ派教会の世界的連合」》.

**Ánglican Commúnion** ＝Anglican Church (2).

**An·gli·cize** /ǽŋglisàiz アングリサイズ/ 動《現ク》**··ciz·ing**) 他 [時に a～] 《物》を英国ふう[式]にする; …を英語化する. 自 英国ふう[式]になる; 英語化する.

**An·glo-Sax·on** /ǽŋglousǽksn アングロウサクスン/ 名 **1** [the ～] アングロサクソン族《今の英国人の主な祖先で, 5, 6世紀に英国に移住したゲルマン民族》; C アングロサクソン(族)の人. **2** U アングロサクソン語, 古(期)英語. ――形 **1** アングロサクソン族の. **2** アングロサクソン語の.

**An·go·ra** /æŋgɔ́ːrə アンゴーラ/ 名 **1** [しばしば a～] C アンゴラネコ[ウサギ, ヤギ] (Angora cat [rabbit, goat]). **2** U アンゴラヤギ[ウサギ]から作る毛糸[毛織物] (Angora wool).

**Angóra cát, rábbit, góat** ＝Angora **1**.
**Angóra wóol** ＝Angora **2**.

**an·gri·er** /ǽŋgriər アングリア/ 形 → angry.
**an·gri·est** /ǽŋgriist アングリイスト/ 形 → angry.
**an·gri·ly** /ǽŋgrili アングリリ/ 副 怒って, 憤慨して.

*\***an·gry** /ǽŋgri アングリ/『→ anger』
――形 (比較 ··gri·er, more ～; 最上 ··gri·est, most ～) **1** [補語として] **a** [be angry at [about, over] **A**] **A**《事》に怒って ||
be **angry about** the situation その状態に業(ごう)を煮やしている.

get angry over nothing 何でもないことに腹を立てる.
Don't be angry. 怒るな.
対話 "He gave the book to you." "Are you angry about that?"「彼にその本をもらったのね」「そのことで怒っているのですか」.
**b** [be angry with [《米では主に》at] **A**] **A**〈人〉に腹をたてて ‖
get [become, grow] angry with [at, *to] the children 子供たちに腹を立てる.
**c** [be angry to do] …して怒った ‖
I was angry to find that she had deceived my children. 彼女がうちの子供たちをだましたので腹が立った (→ **d**).
**d** [be angry that 節] …ということに立腹して ‖
I was angry that she had deceived my children. 彼女がうちの子供たちをだましたので腹が立った (→ **c**).
**2** [名詞の前で]〈人・言葉・様子が〉怒った(ような) ‖
angry words とげのある言葉.
He is in an angry mood. 彼は機嫌をそこねている.
**3** 怒った(ような), 険悪な ‖
an angry sea 怒り狂った海.
The sky looks angry. 空模様があやしい.
**4** 〈傷などが〉痛そうな, 赤くなった, ずきずきする.
**ángry yóung mán** [しばしば A~ Y- M-] 怒れる若者《社会に対する不満・反抗を示した1950年代の英国の若い作家たちの一群》.
**an·guish** /ǽŋgwiʃ アングウィシュ/ 名 U《正式》(精神的・肉体的な)苦痛, 非常な悲しみ.
**an·gu·lar** /ǽŋɡjələr アンギュラ/ (類音) angler /ǽŋɡlər/ 形 **1** かどのある, 角張った. **2** やせこけた (thin), 骨ばった. **3** ぎこちない, 不器用な.

\*# an·i·mal /ǽnəməl アニムル/ 《「呼吸するもの」が原義》
——名 (複 ~s/-z/) **1** C《広義》動物.
the higher animals 高等動物.
Men, dogs, fish, and birds are all animals. 人間, 犬, 魚, 鳥はみな動物である.
**2** C《狭義》(人間と区別して)動物, けだもの;(鳥・爬(は)虫類と区別して)哺(ほ)乳動物, (特に)四足獣《日常ではこの意味に用いることが多い》(類 beast, brute) ‖
a wild animal 野獣.
a domestic(ated) animal 家畜.
an animal of prey 食肉獣.
**3** C (性的に)けだもの(のような人間), 人でなし.
——形 [名詞の前で] **1** 動物の, 動物性[質]の ‖
animal food 動物性食物, 獣肉《◆「動物のえさ」ではない》.
an animal companion 動物伴侶(はんりょ)《◆pet の遠回し表現. a companion animal ともいう》.
**2** (知的・精神的に対して)肉体的な, 動物的な.
**an·i·mate** /動 ǽnəmèit アニメイト/ 形 ǽnəmət ア二マト/ 動 (現分) --mat·ing) 他《正式》…を活気のあるものにする, 元気づける, 勇気づける ‖

Her face was animated by joy. 喜びで彼女の顔はぱっと明るくなった.
——形 生きている, 生き生きとした.
**an·i·mat·ed** /ǽnəmèitid アニメイティド/ 形 → animate.
——形 **1** 活気に満ちた. **2** アニメの.
**ánimated cartóon** 《正式》アニメーション.
**an·i·ma·tion** /æ̀nəméiʃən アニメイション/ 名 **1** U 活発, 生気[元気](を与えること). **2** U アニメ制作; C アニメーション.
**an·i·ma·tor, --mat·er** /ǽnəmèitər アニメイタ/ 名 C アニメ作家[制作者].
**an·i·mos·i·ty** /æ̀nəmásəti アニマスィティ /-mɔ́s-/ -モスィティ/ 名 (複 --i·ties/-z/) U C《正式》憎しみ, 敵意.
**An·ka·ra** /ǽŋkərə アンカラ/ 名 アンカラ《トルコ共和国の首都. 旧名 Angora》.
\***an·kle** /ǽŋkl アンクル/ (類音) uncle/ʌ́ŋkl/) 《「曲がったもの(angle)」が原義》
——名 (複 ~s/-z/) C 足首, 足関節(図) → body).
**ánkle sóck** 《英》=anklet.
**an·klet** /ǽŋklət アンクレト/ 名 C 《米》[通例 ~s] (足首までの)短いソックス(《英》ankle sock).
**Ann, Anne** /ǽn アン/ 名 アン《女の名. 愛称》Annie, Nancy, Nanny》.
**an·nals** /ǽnlz アヌルズ/ 名 [複数扱い] **1** 年代記; 編年史料. **2** 記録. **3** (学会などの)紀要, 年報.
**An·nap·o·lis** /ənǽpəlis アナポリス/ 名 アナポリス《米国 Maryland 州の州都》;(同地の)海軍兵学校.
**Anne** /ǽn アン/ 名 **1** =Ann. **2** Queen ~ アン女王《1665-1714; 英国の女王 (1702-14)》.
**an·nex, ~~an·nexe~~** /動 ənéks アネクス; 名 ǽneks アネクス/ 動 (三単現 ~·es/-iz/) 他《正式》〈領土・国〉を併合する ‖
The United States annexed Texas in the 19th century. 合衆国はテキサスを19世紀に併合した.
**2** 《正式》…を付け加える, 添える.
——名 (複 ~·es/-iz/) C **1** 付加物; 付録. **2** 建増し, 別館.
**an·nex·a·tion** /æ̀nekséiʃən アネクセイション/ 名《正式》U 付加, 併合, 添付; C 付加されたもの.
**an·nexe** /ǽneks アネクス/ 名《英》=annex.
**An·nie** /ǽni アニ/ 名 アニー《Ann(e), Anna の愛称》.
**an·ni·hi·late** /ənáiəlèit アナイアレイト/ (発音注意) 《\*アンニヒレイト》動 (現分) --lat·ing) 他 **1**《正式》〈町・敵など〉を全滅[絶滅]させる ‖
The bomb annihilated the whole city. その爆弾で全市が壊滅した.
**2** 《略式》〈相手チーム〉を負かす.
**an·ni·hi·la·tion** /ənàiəléiʃən アナイアレイション/ 名 U《正式》全滅, 壊滅.
**an·ni·ver·sa·ry** /æ̀nəvə́ːrsəri アニヴァーサリ/ 名 (複 --sa·ries/-z/) [通例複合語で] …周年記念日 (cf. birthday); 記念祭, 記念行事 ‖

the anniversary of Dr. Johnson's birth ジョンソン博士生誕祭.
We celebrated our tenth wedding anniversary yesterday. きのう私たちは結婚10周年の祝いをした.

**An·no Dom·i·ni** /ǽnou dάmənɑi, -nɑi|-ǽnəu-/『ラテン』形 [時に a~ D-]《正式》=A.D.

**an·no·tate** /ǽnəteit アノテイト|ǽnəu-アノウ-/ 動 (現分) --tat·ing)《正式》他〈本〉に注釈をつける. —自 注釈する.

**an·nounce** /ənáuns アナウンス/ 動 (現分) --nounc·ing) 他 **1a** [announce A (to B)] A〈事・物〉を(B〈人〉に)公表する, 公告[布告]する, 知らせる ‖
He announced his engagement to her. 彼は彼女との婚約を発表した.
**b** [announce (to A) (that) 節] (A〈人〉に)…であると公表する, 知らせる《◆受身はふつう It is announced that … 》; 「…」と公表する, 知らせる ‖
The Prime Minister announced that he would resign within a few weeks. 首相は数週間以内に辞職すると発表した.
**2**〈人が〉…を(大声で)知らせ,〈事・物が〉…の到来を示す; [announce that 節] …であることを示す《◆ふつう命令形・進行形にしない》‖
The dark clouds announced the coming of a typhoon. 黒い雲が出て台風が近づいていることを示していた.
**3** [announce A as C / announce A to be C] A を C であると発表する ‖
She announced herself to him as [to be] his mother. 彼女は彼に自分が母親であると打ちあけた.
**4**《主に米》〈番組〉のアナウンサーを務める;〈出演者〉を紹介する.

**an·nounce·ment** /ənáunsmənt アナウンスメント/ 名 CU 発表, 公表, アナウンス; 公示; 通知(状) ‖
make an announcement of an auction 競売を公表する.

**an·nounc·er** /ənáunsər アナウンサ/ 名 C アナウンサー; 発表者, 告知[公表]する人; 告知する物.

*__an·noy__ /ənɔ́i アノイ/『「不愉快にさせる」が本義』
派 annoyance (名)
—動 (三単現) ~s/-z/; (過去・過分) ~ed/-d/; (現分) ~·ing)
—他 **1** [annoy A (with B)] A〈人〉を(B で)いらいらさせる, 悩ます ‖
He always annoys me with foolish questions. 彼はばかげた質問で私をいつも困らす.
**2** [be annoyed about [at, by] A] A〈物・事〉にいらいらする, むっとする, 当惑する ‖
be annoyed at the interruption じゃまをされてむっとする.
I was (much) annoyed by hecklers during my speech. 私は演説中のやじに(とても)悩まされた.
**3** [be annoyed with A] A〈人〉にいらいらする, む

っとする ‖
She is very [much] annoyed with me. 彼女は私にとても腹を立てている.

**an·noy·ance** /ənɔ́iəns アノイアンス/ 名 **1** U いらいらさせること, いらいらすること, いらだち, わずらわしさ ‖
with annoyance 困惑して.
put [subject] him to annoyance 彼を困らせる.
**2** C 頭痛「悩み」の種.

**an·noy·ing** /ənɔ́iiŋ アノイイング/ 動 → annoy. —形 いらいらさせる, うるさい, うっとうしい ‖
an annoying fly うるさいハエ.
It's really annoying to me that I can't do that. それができないのは実にくやしい.

**an·nóy·ing·ly** 副 うるさく.

*__an·nu·al__ /ǽnjuəl アニュアル/『cf. anniversary』
—形 [名詞の前で] **1** 年1回の, 年次の, 例年の, 毎年の(→ periodical); 1年間の ‖
an annual event 例年の催し物.
an annual income [salary] 年収, 年俸.
an annual ring 年輪.
**2**〔植〕一年生の(cf. biennial, perennial).
—名 (複 ~s/-z/) C **1** 年報, 年鑑.
**2**〔植〕一年生植物.

**an·nu·al·ly** /ǽnjuəli アニュアリ/ 副 毎年; 年1度.

**an·nu·i·ty** /ən(j)ú:əti アヌーイティ (アニューイティ)/ 名 (複 --i·ties/-z/) C《正式》年金.

**an·nul** /ənʌ́l アナル/ 他 (過去・過分 an·nulled/-d/; 現分 --nul·ling)《正式》…を無効にする, 取り消す. **an·núl·ment** 名 UC 取消.

**an·ode** /ǽnoud アノウド/ 名 C〔電気〕陽極.

**a·noint** /ənɔ́int アノイント/ 他《正式》**1** …に軟膏(ɡɑ̂)[油]を塗る, すりこむ; …に塗る. **2**〔キリスト教〕…を聖油で清める, 油を塗って聖別する.

**a·nóint·ment** 名 UC 聖別(式).

**a·nom·a·lous** /ənɑ́mələs アナマラス|ənɔ́m- アノマラス/ 形《正式》変則的な; 異常な.

**a·nom·a·ly** /ənɑ́məli アナマリ|ənɔ́m- アノマリ/ 名 (複 --a·lies/-z/)《正式》U 例外, 変則; C 異例な人[物].

**a·non·ym·i·ty** /ænəníməti アノニミティ/ 名 (複 --i·ties/-z/) UC 匿名(の人).

**a·non·y·mous** /ənɑ́nəməs アナニマス|ənɔ́n- アノニ-/ 形 **1** 匿名の, 名を明かさない ‖
an anonymous letter 匿名の手紙.
**2** 名のわからない ‖
an anonymous book 筆者不明の本.

**a·nón·y·mous·ly** 副 匿名で.

**an·o·rak** /ǽnəræk アノラク/ 名 C《英》アノラック(cf. parka), 防寒用上着.

*__an·oth·er__ /ənʌ́ðər アナザ/『an + other からできた語. 同じ種類の物について「もう1つ別の」のように追加を表すのが基本的意味』
—形 [C 名詞の前で] **1** もう1つの, もう1人の ‖
May I have another piece of cake? もう1つケーキを食べてもいいですか ◆数を強調する場合は one more を用いる: Give me one more

one   another   another
《もう１つの》《もう１つの》

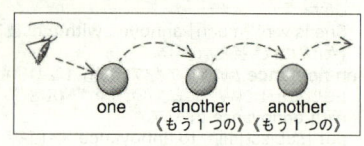

card, please. カードをもう１枚ください).
**2** 別の, 他の, 異なった ‖
The store was closed, so I decided to come **another** day. 店は閉まっていたのでまたの日に来ることにした.
**Anóther thing ís** (＼ゝ) ... (略式) さらに, 他の問題点は….
**3** よく似た; (人格・業績などで) 同様の, 等しい ‖
**another** Hitler 第２のヒトラー.

Q&A (1) **Q**:「もう１冊の本」は another book ですが,「私のもう１冊の本」はどう言えばいいのですか. **A**: もともと another は an + other ですから, my と一緒に使うことはできません. ˣmy another book / ˣanother my book は間違いで, another book of mine または my other book と言います.
(2) **Q**: それでは Give me another five eggs. (卵をもう５個くれ)のように複数形の名詞と用いられるのはなぜですか.
**A**: それは Five months *is* too short. (５か月という期間は短すぎる)のように「数詞＋複数形の名詞」が１つのまとまりと考えられるからです: There's room for *another* few people in the bus. バスにはもう数人乗れるスペースがある / *Another* three months have [has] passed. さらに３か月が過ぎた (♦ ３か月を１つのまとまりととらえると単数扱いで has).

**jùst anóther** (略式) 通りいっぺんの, ありふれた ‖
That was **just another** party. 月並みなパーティーだったよ.

—代《(複) には others を用いる》**1** もう１つ, もう１人 ‖
I ate a hamburger and ordered **another**. 私はハンバーガーを１つ食べてもう１つ注文した.
Help yourself to **another** if you like. よろしければどうぞもう１つお取りください.
**2** 別のもの《♦ しばしば one といっしょに用いる》‖
He came in **one** car, his wife and children in **another**. 彼は車で来たが, 奥さんと子供たちは別の車で来た.
**for one reason or another** どういうわけか《♦ for some reason or *other* ともいうが, ˣfor some reason or another とはしない》.
**óne àfter anóther** １つまた１つと, 続々と.
対話 "This sweater is not my size. Show me **another**." "I'm afraid we don't have anything else in that color." 「このセーターはサイズが合いません. 別のを見せてください」「あいにくその色ではほかにございません」.

**3** 似たもの[人], 同等のもの[人] ‖
He's a liar, and you're **another**. 彼はうそつきだが, おまえもだ《♦ 人を侮辱した言葉》.

語法 多くのもの[人]から任意に次々と選び出す場合, one, *another*, *another*, … もしくは one, a second, a third … といい, 残りの１つ[１人]を the other, ２つ[２人]以上であれば the others という.

**one another** → one 代.

＊**an·swer** /ǽnsər アンサ | ɑ́:nsə アーンサ/
〖「反応する」が本義〗
—動〖三単現〗～s/-z/;〖過去・過分〗～ed/-d/;〖現分〗～·ing/-sərin/)
—他 **1a**〈人・質問・手紙などに〉答える (↔ ask)《♦ reply より口語的な》(類 respond, retort) ‖
**Answer** my letter as soon as possible. できるだけ早く手紙の返事をください.
You have not **answered** my question yet. あなたはまだ私の質問に答えていません.
対話 "Don't worry about making a decision now. Sleep on it." "Thank you. I'll **answer** you tomorrow morning." 「今すぐに決めていただくにはおよびません. 一晩ゆっくり考えてください」「ありがとうございます. あすの朝ご返事いたします」.
**b** [**answer A**] A と答える《♦ A は返答の内容を示す語句》;「…」と答える ‖
She **answered** nothing. 彼女は何も答えなかった.
"Do you know him?" "Yes," she **answered**. (=She **answered** yes [in the affirmative].)「彼を知っていますか」「ええ」と彼女は答えた.
**c** [**answer (A) that** 節] (A〈人〉に)…と答える ‖
They **answered that** they did not know me. =They **answered**, "We don't know you." 彼らは私を知らないと答えた.
**2**〈電話・ノックなどに〉応答する ‖
I'll **answer** the door. 玄関には私が出ましょう《♦ ドアを開け応対する一連の行為をさす》.
対話 "That's the telephone." "Will you **answer** it for me?" "OK." 「電話が鳴ってるよ」「出てくれる」「わかった」.
**3** (正式)〈目的・要求などに〉かなう, 役立つ, …を満たす.
—自 **1**〈人が〉答える, 返事をする, 応答する ‖
**Answer** at once when spoken to. 話しかけられたらすぐに返事をしなさい.
He asked me a question, but I couldn't **answer** clearly. 彼は私に質問したが私ははっきり答えられなかった.
She **answered** with a nod. 彼女は言葉で答える代わりにうなずいた.
**2** 従う, 正しく反応する.
**answer to** one's **name** 名前を呼ばれて答える.

**3** [answer to A] A〈人相書・記述の内容〉に一致する.

**ánswer báck**〔略式〕(1)〔自〕口答えする. (2)〔他〕〈人〉に口答えする, 抗弁する.

◇**ánswer for** A (1) A〈人・物・事〉の責任を負う ‖ I will answer (to you) for the failure. 私は(あなたに対して)失敗の責任はとります. (2) A〈物・事〉を保証する, 受け合う ‖ I answer for the truth of this information. =I answer for it that this information is true. この情報が間違いないことを私が保証します. (3) A〈物・事〉の役に立つ. (4) A〈人〉に代わって答える.

──名 (複) ~s/-z/) C **1 a** 答え, 返事, 応答, 回答 (↔ question) ‖
a straight answer 誠意ある[率直な]返答 ‖
give an answer to him 彼へ返事[返答]をする. **b** [answer that 節] …という答え ‖
I got the answer that she would agree to our request. 私たちの依頼に応じるつもりだという彼女の返答を私は得た. **2** 解答, 解決策 ‖
the answer to our housing problem 住宅問題の解決策. **3** (身ぶり・行為による)応答, 応対.

**ánswering machìne** 留守番電話.
**ánswering sèrvice** 留守番電話取次業.

**an·swer·a·ble** /ǽnsərəbl アンサラブル | á:n- アーン-/ 形 答えられる; 責任のある.

*****ant** /ǽnt アント/ ─同音 aunt (米)
─名 (複 ~s/ǽnts/) C 〔昆虫〕アリ(蟻)《◆秩序だった行動と勤勉のたとえにされる》.

[関連] white ant 白アリ / carpenter ant オオアリ / worker (ant) 働きアリ / queen ant 女王アリ.

**ánt bèar**〔動〕(1) オオアリクイ《南米産》. (2) ツチブタ《アフリカ産》.
**ánt hèap** =anthill.
**ánt hìll** =anthill.

**an·tag·o·nism** /æntǽgənìzm アンタゴニズム/ 名 U C《正式》反目, 敵対(心), 対立 ‖
come into antagonism with him 彼と対立するようになる.

**an·tag·o·nist** /æntǽgənist アンタゴニスト/ 名 C《正式》敵対者; ライバル.

**an·tag·o·nis·tic** /æntæ̀gənístik アンタゴニスティク/ 形 《正式》対抗する, 対立する; 敵意をもつ.

**an·tag·o·nize** /æntǽgənàiz アンタゴナイズ/ 動 (現分 ··niz·ing) 他《正式》…に反感をもたせる, …を敵にまわす. ─自 対立する, 敵対する.

*****Ant·arc·tic** /æntá:rktik アンタークティク | æntá:k-/ 形 〔北極の(arctic)反対(ant)〕
──形 [名詞の前で] **南極**(地方)の.
──名 [the ~] 南極地方.

**Antárctic Círcle** [the ~] 南極圏《南緯66°33′の緯線》.
**Antárctic Cóntinent** [the ~] =Antarctica.
**Antárctic Ócean** [the ~] 南氷洋, 南極海.
**Antárctic Zòne** [the ~] 南極帯《南緯66°33′以南の地域》.

**Ant·arc·ti·ca** /æntá:rktikə アンタークティカ/ 名 南極大陸.

**ant·eat·er** /ǽntì:tər アンティータ/ 名 C 〔動〕アリクイ《中南米産》.

**an·te·ce·dent** /æ̀ntisí:dnt アンティスィーデント, (英 +) −́−−/《正式》形 先の, 前の; 先行の. ──名 C **1** 前例, 先行する事件. **2**〔文法〕先行詞.

**an·te·date** /ǽntidèit アンティデイト, −́−−́/ 動 (現分 ··dat·ing) 他《正式》**1** …に先行する, …より先に起こっている. **2** …を(実際の日付より)早める, …の日付を前にする.

**an·te·lope** /ǽntəlòup アンテロウプ/ 名 (複 an·te·lope, ~s) 〔動〕 C アンテロープ, レイヨウ《主にアフリカ産》; U そのなめし皮.

**an·ten·na** /ænténə アンテナ/ 名 C **1** (複 ··nae /-ni:/) 〔動〕触角. **2** (複 ~s) (米)アンテナ((英) aerial).

**an·te·ri·or** /æntíəriər アンティアリア/ 形 (時間・場所が)前の; 前方の; 以前の.

**an·them** /ǽnθəm アンセム/ 名 C 賛美歌, 聖歌; 賛歌, 祝歌 ‖
a national anthem 国歌.

**an·ther** /ǽnθər アンサ/ 名 C 〔植〕(花の雄しべの)葯(?)(図 → flower).

**ánt·hill** /ǽnθìl アンスヒル/**, ánt hìll** 名 C **1** アリ塚, アリの塔. **2** たくさんの人でにぎわう場所[建物]; 群衆.

**an·thol·o·gy** /ænθɑ́lədʒi アンサロヂ | −θɔ́lə−/ 名 C 〔複 ··o·gies/-z/〕詩選集; 作品集, 選集.

**An·tho·ny** /ǽnθəni アンソニ, ǽnt−/ 名 **1** アントニー, アンソニー《男の名. 《愛称》Tony》. **2** Saint ~ 聖アントニウス《251?-356; 修道院の創始者》. **3** アンソニー《Susan B. ~ 1820-1906; 米国の婦人参政権指導者》.

**an·thra·cite** /ǽnθrəsàit アンスラサイト/ 名 U 無煙炭(→ coal).

**an·thro·poid** /ǽnθrəpɔ̀id アンスロポイド/ 形 〔動物が〕類人の; 〈人が〉猿に似た. ──名 C =anthropoid ape.
**ánthropoid ápe** 類人猿(anthropoid).

**an·thro·po·log·ic, -i·cal** /æ̀nθrəpəlɑ́dʒik(l) アンスロポラヂク(ル) | -lɔ́dʒ- -ロヂク(ル)/ 形 人類学の.

**an·thro·pol·o·gist** /æ̀nθrəpɑ́lədʒist アンスロパロヂスト | -pɔ́lə- -ポロヂスト/ 名 C 〔文化〕人類学者.

**an·thro·pol·o·gy** /æ̀nθrəpɑ́lədʒi アンスロパロヂ | -pɔ́lə- -ポロヂ/ 名 U 人類学; 文化人類学; 人間学.

**an·ti** /ǽntai アンタイ, -ti | -ti -ティ -тi/《略式》名 (複 ~s) C 反対者. ──形 反対の, 異議のある. ──前 …に反対の.

**anti-** /ǽnti- アンティ- | -ti- −ティ- / 〔連結形〕[名詞・形容詞に付けて] 反, 非…, 対…, 不…《◆母音や大文字で始まる語の前ではハイフンを用いる》.

**an·ti·bi·ot·ic** /æ̀ntibaiɑ́tik アンティバイアティク | -biɔ́tik -ビオティク/ 名 C 〔医〕抗生物質(の).

**an·ti·bod·y** /ǽntibɑ̀di アンティバディ | -bɔ̀di -ボディ/ 名 (複 ··bod·ies/-z/) C 抗体.

**an·ti·can·cer** /æntikǽnsər アンティキャンサ/ 形 制がんの ‖ anticancer drugs 制がん剤.

**an·tic·i·pate** /æntísəpèit アンティスィペイト/ 動 (現分) ‑pat·ing) 他 **1 a** 〈物·事〉を予想する, 予期する, 期待する, 懸念する《◆expect より堅い語で, 前もって必要な手段を講ずることを含む. → **2**》‖ anticipate the worst 最悪の事態を予期する. **b** [anticipate doing] …することを予期する, 期待する ‖
We are **anticipating** receiving a gift from our uncle. おじから贈り物をもらえるものと楽しみにしています.
**c** [anticipate that 節] …だと予期[期待]する ‖
Nobody **anticipated** that interest rates would decline so sharply. そんなに急激に利率が下がるとはだれも予想しなかった.
**2** 《正式》…の先手を打つ, …に先んじる; …を未然に防ぐ; 〈要求など〉を言われる前にかなえる ‖
Mother **anticipates** all my desires. 母は私の望むものは何でも言わなくてもかなえてくれる.

**an·tic·i·pa·tion** /æntìsəpéi∫ən アンティスィペイション/ 名 U 期待して待つこと, 予期, 予想《◆expectation より堅い語》‖
**in anticipation of** his arrival 彼の到着を今か今かと待って.
**with great anticipation** 大いに期待して.
**2** 先手を打つこと, 機先を制すること, 先取.
***in anticipátion*** 期待しながら, 前もって.

**an·tic·i·pa·to·ry** /æntísəpətɔ̀ːri アンティスィパトーリ|‑təri ‑タリ/ 形 予想しての;《文法》先行の.

**an·ti·dote** /ǽntidòut アンティドウト/ 名 C 解毒(げどく)剤, 毒消し; 解決方法.

**an·tip·a·thy** /æntípəθi アンティパスィ/ 名 (複 ‑a·thies/‑z/) UC《正式》嫌悪, 反感 ‖
feel [have] a great **antipathy** toward him 彼をひどく毛嫌いする.

**an·ti·quat·ed** /ǽntikwèitid アンティクウェイティド/ 形 時代遅れの, 古風な, 旧式の.

**an·tique** /æntíːk アンティーク/ 形 古風な, 時代を経た, 骨董(こっとう)の; 古くさい.
──名 C 古器, 骨董品 ‖
an **antique** shop 古美術店.

**an·tiq·ui·ty** /æntíkwəti アンティクウィティ/ 名 (複 ‑ui·ties/‑z/) **1** U 古代《特に古代ギリシャ·ローマの時代》. **2** U 大昔, 太古の昔. **3** C《通例 antiquities》古代の遺物[美術品].

**an·ti·sep·tic** /æntiséptik アンティセプティク/ 形 防腐の. ──名 CU 防腐剤.

**an·ti·so·cial** /æntisóu∫əl アンティソウシャル/ 形 反社会的な.

**an·tith·e·sis** /æntíθəsis アンティセスィス/ 名 (複 ‑ses/‑siːz/)《正式》**1** U 反対の性質, 対立. **2** UC 正反対(のもの) **3** U《修辞学で》対照法; C 対句.

**an·ti·trust** /æntitrʌ́st アンティトラスト/ 形 《米》《法律》反トラストの, 独占禁止(法)の ‖
antitrust laws 独占禁止法.

**An·toi·nette** /æntwənét アントワネット/ 名 Marie /məríː/ ~ マリー=アントワネット《1755‑93; フランス王ルイ16世の王妃でフランス革命の際処刑された》.

**An·to·ni·a** /æntóuniə アントウニア/ 名 アントニア《女の名》.

**An·to·ni·o** /æntóuniòu アントウニオウ/ 名 アントニオ《男の名》.

**An·to·ny** /ǽntəni アントニ/ 名 アントニー《男の名. 《愛称》Tony》.

**an·to·nym** /ǽntənìm アントニム/ 名 C 反意語《↔ synonym》.

**a·nus** /éinəs エイナス/ 名 (複 ~·es/‑iz/) C 〔解剖〕 肛門(こうもん).

**an·vil** /ǽnvil アンヴィル/ 名 C 鉄床(かなとこ).

**anx·i·e·ties** /æŋzáiətiz アングザイエティズ/ 名 → anxiety.

***anx·i·e·ty** /æŋzáiəti アングザイエティ/ (発音注意) 〖「のどを締めつけるもの」が原義〗派 anxious（形）
──名 (複 ‑e·ties/‑z/) **1** U 心配, 不安 ‖
feel strong **anxiety** for her safety 彼女の安否をたいへん気づかう.
He was filled with **anxiety** about his wife's return. 彼は妻の帰りを心配する気持ちでいっぱいだった.
**2** C 心配事, 心配の種 ‖
His illness is one of my **anxieties**. 彼の病気は私の心配事の1つだ.

***anx·ious** /ǽŋk∫əs アンクシャス/ 〖← anxiety〗
──形 《比較》more ~, 《最上》most ~) **1 a** [補語として] [be anxious about [for] A] 〈人が〉A〈人·物·(まだ起こらない)事〉を心配している, 不安に思う ‖
She is **anxious** about [for] the results of her son's test. 彼女は息子のテスト結果がどうなるかと心配している《◆for を使うと「テストの結果がほしい」という意味にもなる → **2**》.
**b** [be anxious at A] …で不安である, 心配な ‖
The director became really **anxious at** this second postponement. その指揮者はこの2度目の延期によってほんとうに不安になった.
**2** [補語として] [be anxious for A / that 節 to do] 〈人が〉A〈事·物〉を切望する, …であることを切望する(eager)《◆期待どおりになるだろうかという不安を含む》‖
I was **anxious for** a new digital camera. 新しいデジカメがほしかった.
She is very **anxious for** her son **to** succeed. ＝She is very **anxious that** her son (should) succeed. 彼女は息子の成功を強く望んでいる《◆should を用いるのは主に《英》》.
**3** [名詞の前で] 〈人を〉不安にさせる, 気がかりな ‖
an **anxious** matter 心配事.

**anx·ious·ly** /ǽŋk∫əsli アンクシャスリ/ 副 心配して; 切望して ‖
The climbers **anxiously** waited for daybreak. 登山家たちは今か今かと夜明けを待った.

***an·y*** / (弱) əni エニ; (強) éni エニ, əni/
→ 形代 **1** 何か **2** どれも **4** どれでも

# any

──**形** [名詞の前で]《◆ ⓒ ⓤ 名詞を修飾する. ⓒ 名詞の場合はふつう複数形》**1** /əni/ [疑問文で] 何か, 少しでも, どれか, だれか《◆日本語には強いて訳さないことが多い. yes か no かいずれの答を期待しているかは原則として五分五分. → 語法》‖
Is there **any** butter in the refrigerator? 冷蔵庫にバターがありますか.
Do you have **any** children? お子さんがおありですか.
[対話] "Have you got **any** plans for the weekend?" "I've been invited over to a friend's."「週末の予定はありますか」「友だちの家によばれています」.

Q&A **Q**: 疑問文で any の代わりに some を用いるのはどんな場合ですか.
**A**: 相手から yes という答えを予期する場合です. 人に物を勧めたり, 頼む場合にも用いられます: Are there *some* letters for me? (たぶん来ているはずですが)私に手紙が来ていませんか / Would you have *some* more tea? お茶をもう少しいかがですか / Can I have *some* more coffee, please? もう少しコーヒーをいただけますか.

**2** /əni, èni/ [否定文で; not any + 名詞] どれも…ない, 何も…ない, だれも…ない; 少しも…ない《◆日本語では訳さないことが多い》‖
I don't want **any** sandwiches. サンドイッチはいりません《◆肯定文では I want *some*/səm/ sandwiches.》.
There is **not any** hope of his success. 彼が成功する望みは全くありません.

語法 (1) not がなくても否定的な意味の語があると any: *without any* trouble 簡単に(=with no trouble) / They *refused* to eat *any* cake. 彼らはケーキを食べようとしなかった.
(2) [not any … と no …] 両者は交換できるが, no の方が否定の意味が強い. また, ふつう not any の方が口語的: People are starving because there are nòt ány jobs [nó jobs]. 職がないので, 人々は飢え死にしかけている / *No* [×Not any] students came. (×Any students did not come.) 学生はだれも来なかった《◆主語では交換できない. また any not の語順は誤り》.

**3** /èni/ [肯定文で] どれでも, どんなもの[人]でも, だれでも《◆ふつう any を強く発音する》‖
Come and see me **ány** day. いつでも遊びに来てください.
You can have **ány** cake on the table. テーブルのケーキはどれでも食べてもいい《◆ケーキが2つあれば either》.
**Any** bed is better than nó bed. どんなベッドでもないよりはよい.

語法 一見肯定文で使われているようで実は否定文の any がある: I did not think that she would eat *any* cake. 彼女はケーキを食べないと私は思った《◆ not はもともと I thought she would *not* eat *any* cake. の not any の位置から主節に繰り上がったもの. → not **4**》.

**4** /əni, èni/ [if 節で] どれでも, どんな[人]でも, だれでも‖
If you eat **any** cake, I'll whip you. もしケーキを1つでも(無断で)食べたら, ぶつからね《◆好ましい意味で「もし…したら」ではふつう some: *If you eat some* spinach, I'll give you a present. もし(嫌いな)ホウレンソウを食べたら, ごほうびをあげよう》.
If you have **any** difficulty, ask me for help. もし手に余るようなことがあれば, 私に助けを求めなさい.

**5** /əni, eni/ [否定文で; 時に ~ ordinary] ただの, 並の‖
This isn't **any** ordinary ability. これは並の能力ではない.

──**代** /èni/ **1** [疑問文で; しばしば any of the + 名詞] (…のうち)何か, どれか, だれか‖
I need some butter. Is there **ány** in the fridge? バターが必要です. 冷蔵庫にありますか《◆ **any** butter の省略表現》.
Does [Do] **ány of** the members agree with you? メンバーのだれかが君に賛成していますか《◆単数扱いが原則だが, members に引かれて複数扱いされることがある》.

**2** [否定文で; しばしば any of the + 名詞] (…のうち)どれも, だれも‖
I want to buy **some** flowers. We don't have **any** in the garden. 花を買うつもりだ. 庭には全然ないから(=We have **none** in the garden.)《◆ **any flowers** の省略表現》.
I don't lend my books to **any of the** students. 私は学生のだれにも本は貸さない(=I lend my books to **none** of the students.).

**3** [肯定文で; しばしば any of the + 名詞] (…のうち)どれも, だれも‖
**Ány of these** will do. これらのうちのどれでも結構です.

**4** [if 節で; しばしば any of the + 名詞] (…のうち)どれでも, だれでも‖
May I have some more tea **if** there is **any** in the pot? ポットに残っていたらお茶のお代わりをしてもいいですか《◆ **any tea** の省略表現》.

**5** 《米略式》だれでも (anybody).

──**副** /èni/ **1** [形容詞・副詞の比較級を修飾] いくらか, 少しは; [否定文で] 少しも‖
He isn't **any** older than I thought. 彼は私が思っていたより少しも年がいっていない(思っていたとおりの年だった).
Do you feel **any better** today? きょうは少しは気分がいいですか.

**2** 《主に米略式》[動詞を修飾; 否定文・疑問文で] 少しは, ちょっとでも‖
Have you **practiced any** today? きょうは少し

でも練習しましたか.
Don't you like them any at all? 彼らをほんとうに嫌いなのですか.

***any móre*** → anymore.

***ány (old) time*** 《略式》=anytime.

**any one** (1) /éni wʌ́n/ =anyone. (2) /éni wʌ́n/ 《しばしば any one of the + 名詞》(…のうちの)どれ[だれ]も, 1つ[1人]残らず《♦ any を強調して》∥ Any one [×Anyone] of us could do it. だれでもそれはできるでしょう《♦ one は数詞》/ 対話 "Which pen do you want?" "Any one will do." 「どのペンがいいですか」「どれでもいいよ」《♦ one は pen の代用》.

***ány time*** → anytime.

***if ány*** (1) もしあれば《♦ if there is [are] any … の省略表現》∥ Correct errors if any. もし誤りがあれば訂正せよ. (2) たとえあったとしても ∥ There is little(,) if any(,) difference between the two. 両者の間には, たとえあったとしてもごくわずかしか, 相違はありません.

***than ány other*** → than 接 1 語法.

**a·ny·bod·ies** /énibʌ̀diz エニバディズ, -bədiz | -bədiz -ボディズ/ 名 ▶ anybody.

## **a·ny·bod·y** /énibʌ̀di エニバディ, -bədi | énibɔ̀di エニボディ, -bədi/

—代 =anyone.

> 語法 (1) 呼びかけなどの場合は anybody が好まれる: Don't **anybody** move! だれも動くな!
> (2) 関係詞が続く場合は逆に anyone が好まれる(→ anyone 語法 (2)).

—名 (複 ‑‑bod·ies/-z/) **1** Ⓤ [疑問文・否定文で] ひとかどの人物, 大物(↔ nobody) ∥
Is she **anybody**? 彼女は相当な人物かね.
**2** Ⓒ [肯定文で] つまらぬ人間, 小物, 並.

***if ánybody*** (ふさわしい人が)もしいるとしたら ∥ Bill can do it **if anybody** (can). それをするにはビルがちがってつけだ.

**an·y·how** /énihàu エニハウ/ 副 =anyway.

**any more,** 《米主に》**an·y·more** /ènimɔ́ːr エニモー/ 副 **1** [否定文・疑問文で] もはや, これ以上 (any longer) ∥
We can't walk **anymore**. もうこれ以上歩けません.

> 語法 量をいう場合は常に any more の2語つづり: I don't want *any more* [×anymore]. もうこれ以上いりません.

**2** 《米方言》最近は, 近頃は.

## **an·y·one** /éniwʌ̀n エニワン, -wən/

—代 《♦ anybody の方が口語的》**1** [疑問文で] だれか, だれにでも ∥
Does **ányone** know where Tom lives? だれかトムの住んでいる所を知りませんか.
Is **ányone** else coming? ほかにだれか来ますか.
**2** [否定文で] だれも, どの人も ∥
She was so sad that she **did not** want to speak to **anyone**. (↘) 彼女はとても悲しかったので, だれにも話しかけたくなかった.
There was **hardly anyone** in the room. (↘) 部屋にはほとんど人はいなかった(=There were very few people in the room.).
I did **not** meet **anyone**. (↘) だれにも会わなかった(=I met nobody.).

> 語法 (1) anyone を含む文を下降・上昇調にすると部分否定になる. この場合 just ányone となることが多い: I do not want (*just*) *ányone* for this job. (↘) この仕事はだれでもよいというわけでない.
> (2) 主語の anyone の直前やそのあとには否定語を置かないのが普通(→ any 形 2 語法 (2)): *No one* [×Not anyone] can do it. (×Anyone cannot do it.) だれもそれができない. ただし anyone が関係詞に修飾されているような場合は可: *Anyone who* is unwilling to read ¦ *does not* understand the joy of reading. いやいや本を読む人はだれも読書の喜びがわからない(=*Nobody* who is unwilling to read understands the joy of reading.).
> (3) 形は肯定文でも意味的に否定の場合は anyone を使う(→ any 形 2 語法 (1)): It's unlikely ¦ that ányone will come tomorrow. あすはだれも来そうにない.

**3** [肯定文で] だれでも, どの人も ∥
Give help to **anyone** who needs it. 助けを必要としている人にはだれにでも手を貸してあげなさい(=Give help to **whoever** needs it.).
**4** [if 節で] だれの人も《♦ if 節では否定・肯定にかかわらず用いる》∥
**If anyone** comes to see me, tell him that I am out. もしだれか会いに来ても, 留守だと言いなさい《♦ だれか会いに来そうだと話し手が考えている場合は If *somebody* comes to see me, tell him that I am out.》.

> 語法 (1) [anyone, anybodyと数の一致・人称の呼応] 形の上では常に単数扱いであるが, 意味の上では複数を表すので代名詞は they, their, them のように複数形で受けることがある. 特に付加疑問文ではこれがふつう: Anyone can become a member, can't *they*? だれでも会員になれるね / Anyone who acts [×act] so selfishly is [×are] sure to lose his [their] friends. そのようにわがままにふるまう人はきっと友だちを失う破目になります(cf. each, everybody).
> (2) of 句が続く場合 any one のみ可: *any one* [×anyone, ×anybody] *of* us 我々のうちのだれも(→ ANY one).

# any

──**形** [名詞の前で]《◆ⒸⓊ 名詞を修飾する．Ⓒ名詞の場合はふつう複数形》**1** /əni/ [疑問文で] **何か，少しでも，どれか，だれか**《◆日本語には強いて訳さないことが多い．yes か no かいずれの答を期待しているかは原則として五分五分．→ 語法》‖
Is there **any** butter in the refrigerator? 冷蔵庫にバターがありますか．
Do you have **any** children? お子さんがおありですか．
対話 "Have you got **any** plans for the weekend?" "I've been invited over to a friend's." 「週末の予定はありますか」「友だちの家によばれています」．

Q&A **Q**: 疑問文で any の代わりに some を用いるのはどんな場合ですか．
**A**: 相手から yes という答えを予期する場合です．人に物を勧めたり，頼む場合にも用いられます: Are there *some* letters for me? (たぶん来ているはずですが)私に手紙が来ていませんか / Would you have *some* more tea? お茶をもう少しいかがですか / Can I have *some* more coffee, please? もう少しコーヒーをいただけますか．

**2** /əni, èni/ [否定文で; not any + 名詞] **どれも…ない，何も…ない，だれも…ない；少しも…ない**《◆日本語では訳さないことが多い》‖
I don't want **any** sandwiches. サンドイッチはいりません《◆肯定文では I want *some*/səm/ sandwiches.》．
There is **not any** hope of his success. 彼が成功する望みは全くありません．

語法 (1) not がなくても否定的な意味の語があれば any: *without any* trouble 簡単に(=with no trouble) / They *refused* to eat *any* cake. 彼らはケーキを食べようとしなかった．
(2) [not any … と no …] 両者は交換できるが，no の方が否定の意味が強い．また，not any の方が口語的: People are starving because there are nòt ány jobs [nó jobs]. 職がないので，人々は飢え死にしかけている / *No* [×Not any] students came. (×Any students did not come.) 学生はだれも来なかった《◆主語では交換できない．また any not の語順は誤り》．

**3** /éni/ [肯定文で] **どれでも，どんなもの[人]でも，だれでも**《◆ふつう any を強く発音する》‖
Come and see me **ány** day. いつでも遊びに来てください．
You can have **ány** cake on the table. テーブルのケーキはどれを食べてもいい《◆ケーキが2つあれば either》．
**Any** bed is better than nó bed. どんなベッドでもないよりはよい．

語法 一見肯定文で使われているようで実は否定文の any がある: I did not think that she would eat *any* cake. 彼女はケーキを食べないと私は思った《◆not はもともと I thought she would *not* eat *any* cake. の not any の位置から主節に繰り上がったもの．→ not **4**》．

**4** /əni, èni/ [if 節で] **どれでも，どんなもの[人]でも，だれでも**‖
If you eat **any** cake, I'll whip you. もしケーキを1つでも(無断で)食べたら，ぶつからね《◆好ましい意味で「もし…したら」ではふつう some: *If* you eat *some* spinach, I'll give you a present. もし(嫌いな)ホウレンソウを食べたら，ごほうびをあげよう》．
If you have **any** difficulty, ask me for help. もし手に余るようなことがあれば，私に助けを求めなさい．

**5** /əni, eni/ [否定文で; 時に ~ ordinary] **ただの，並の**‖
This isn't **any** ordinary ability. これは並の能力ではない．

──**代** /éni/ **1** [疑問文で; しばしば any of the + 名詞] **(…のうち)何か，どれか，だれか**‖
I need some butter. Is there **ány** in the fridge? バターが必要です．冷蔵庫にありますか《◆**any** butter の省略表現》．
Does [Do] **ány** of the members agree with you? メンバーのだれかが君に賛成していますか《◆単数扱いが原則だが，members に引かれて複数扱いされることがある》．

**2** [否定文で; しばしば any of the + 名詞] **(…のうち)どれも，だれも**‖
I want to buy **some** flowers. We don't have **any** in the garden. 花を買うつもりだ．庭には全然ないから(=We have **none** in the garden.)《◆**any** flowers の省略表現》．
I don't lend my books to **any of the** students. 私は学生のだれにも本は貸さない(=I lend my books to **none** of the students.).
**3** [肯定文で; しばしば any of the + 名詞] **(…のうち)どれも，だれも**‖
**Ány of these** will do. これらのうちのどれでも結構です．

**4** [if 節で; しばしば any of the + 名詞] **(…のうち)どれでも，だれでも**‖
May I have some more tea if there is **any** in the pot? ポットに残っていたらお茶のお代わりをしてもいいですか《◆**any tea** の省略表現》．

**5**《米略式》**だれでも**(anybody).

──**副** /éni/ **1** [形容詞・副詞の比較級を修飾] **いくらか，少しは**; [否定文で] **少しも**‖
He isn't **any** older than I thought. 彼は私が思っていたより少しも年がいっていない(思っていたとおりの年だった)．
Do you feel **any better** today? きょうは少しは気分がいいですか．

**2**《主に米略式》[動詞を修飾; 否定文・疑問文で] **少しは，ちょっとでも**‖
Have you **practiced any** today? きょうは少し

でも練習しましたか.
Don't you like them any at all? 彼らをほんとうに嫌いなのですか.

**àny móre** → anymore.

**ány (óld) tíme**《略式》=anytime.

**any one** (1) /éni wʌ́n/ (또한) =anyone. (2) /éni wʌn/《しばしば any one of the + 名詞》《…のうちの》どれ[だれ]も, 1つ[1人]残らず《◆any を強調して》‖ Any one [ˣAnyone] of us could do it. それでもそれができるでしょう《◆one は数詞》/ 対話 "Which pen do you want?" "Any one will do." 「どのペンがいいですか」「どれでもいいよ」《◆one は pen の代用》.

**ány tìme**《略式》=anytime.

**if ány** (1) もしあれば《◆if there is [are] any … の省略表現》‖ Correct errors if any. もし誤りがあれば訂正せよ. (2) たとえあったとしても‖ There is little(,) if any(,) difference between the two. 両者の間には, たとえあったとしてもごくわずかしか, 相違はありません.

**than ány other** → than 接1 語法.

**a·ny·bod·ies** /énibɑ̀diz エニバディズ, -bədiz | -bɔ̀diz -ボディズ/ 名 》 anybody.

**\*a·ny·bod·y** /énibɑ̀di エニバディ, -bədi | énibɔ̀di エニボディ, -bədi/
── 代 =anyone.

> 語法 (1) 呼びかけなどの場合は anybody が好まれる: Don't **anybody** move! だれも動くな!
> (2) 関係詞が続く場合は逆に anyone が好まれる(→ anyone 語法 (2)).

── 名 (複 --bod·ies/-z/) 1 Ⓤ [疑問文・否定文で] ひとかどの人物, 大物《↔ nobody》‖
Is she **anybody**? 彼女は相当な人物かね.
**2** Ⓒ [肯定文で] つまらぬ人間, 小物, 並.

**if ánybody**《ふさわしい人が》もしいるとしたら‖ Bill can do it **if anybody** (can). それをするにはビルがうってつけだ.

**an·y·how** /énihɑ̀u エニハウ/ 副 =anyway.

**any more,**《米では主に》**an·y·more** /ènimɔ́ːr エニモー/ 副 1 [否定文・疑問文で] もはや, これ以上 (any longer)‖
We can't walk **anymore**. もうこれ以上歩けません.

> 語法 量をいう場合は常に any more の2語つづり: I don't want any more [ˣanymore]. もうこれ以上いりません.

**2**《米方言》最近は, 近頃は.

**\*an·y·one** /éniwʌ̀n エニワン, -wən/
── 代《◆anybody の方が口語的》**1** [疑問文で] だれか, だれも‖
Does **ányone** know where Tom lives? だれかトムの住んでいる所を知りませんか.
Is **ányone** else coming? ほかにだれか来ますか.
**2** [否定文で] だれも, どの人も‖
She was so sad that she did **not** want to speak to **anyone**. (↘) 彼女はとても悲しかったので, だれにも話しかけたくなかった.
There was **hardly anyone** in the room. (↘) 部屋にはほとんど人はいなかった(=There were very few people in the room.).
I did **not** meet **anyone**. (↘) だれにも会わなかった(=I met nobody.).

> 語法 (1) anyone を含む文を下降・上昇調にすると部分否定になる. この場合 just ányone となることが多い: I do not want (just) ányone for this job. (↘↗) この仕事はだれでもよいというわけでない.
> (2) 主語の anyone の直前やそのあとには否定語を置かないのが普通(→ any 形2 語法 (2)): No one [ˣNot anyone] can do it. (ˣAnyone cannot do it.) だれもそれができない. ただし anyone が関係詞に修飾されているような場合は可: Anyone who is unwilling to read does not understand the joy of reading. いやいや本を読む人はだれも読書の喜びがわからない(=Nobody who is unwilling to read understands the joy of reading.).
> (3) 形は肯定文でも意味的に否定の場合は anyone を使う(→ any 形2 語法 (1)) : It's unlikely ¦ that ányone will come tomorrow. あすはだれも来そうにない.

**3** [肯定文で] だれでも, どの人も‖
Give help to **anyone** who needs it. 助けを必要としている人にはだれにでも手を貸してあげなさい (=Give help to **whoever** needs it.).
**4** [if 節で] だれでも, どの人も《◆if 節では否定・肯定にかかわらず用いる》‖
If **anyone** comes to see me, tell him that I am out. もしだれかが会いに来ても, 留守だといいなさい《◆だれか会いに来そうだと話し手が考えている場合は If **somebody** comes to see me, tell him that I am out.》.

> 語法 (1) [anyone, anybodyと数の一致・人称の呼応] 形の上では常に単数扱いであるが, 意味の上では複数を表すので代名詞は they, their, them のように複数形で受けることがある. 特に付加疑問文ではこれがふつう: Anyone can become a member, can't **they**? だれでも会員になれるね / Anyone who acts [ˣact] so selfishly is [ˣare] sure to lose his [their] friends. つまりわがままにふるまう人はだれでも友だちを失う破目になります(cf. each, everybody).
> (2) of 句が続く場合 any one of … のみ可: any one [ˣanyone, ˣanybody] of us 我々のうちのだれも(→ ANY one).

**an·y·place** /éniplèis エニプレイス/ 副《米略式》= anywhere.

# **an·y·thing** /éniθiŋ エニスィング/
— 代 1 [疑問文で] **何か**, どれでも ‖
Is there **anything** like go in India? インドには碁のようなものが何かありますか.
Do you have **anything** to do after that? そのあと何か用事がありますか.

[語法] 相手がたぶん yes と答えるものと予測される場合, または相手が yes と答えやすくしてやりたい気持ちがある場合は疑問文でも something: Do you smell *something* burning? 何か焦げていませんか / Is there *something* I can do for you? 何か私にできることがありましたらどうぞ.

[対話] "**Anything** else, sir?" "Yes, I'd like to know the exchange rate for dollars." 「ほかに何かご用がございますか」「ええ. ドルの為替レートを知りたいのですが」《◆ Anything else, sir? は, ホテルで部屋まで荷物を運んできたボーイがチップを要求するときの遠回し表現にも用いられる》.

**2** [否定文で] **a 何も**, どれも ‖
I do **not** know **anything** about him. 彼のことは全く知りません(=I know nothing about him.).
She **hardly** ate **anything**. 彼女はほとんど何も食べなかった(=She ate almost nothing.).
**b** たいした事[物] (cf. anybody 代**1**) ‖
I got injured in the car accident, but it was not **anything**. 車の事故で負傷したが, たいした事ではなかった.

**3** [肯定文で] **何でも**, どれでも ‖
How about a cafeteria? It has just about **anything**. カフェテリアに行きましょう. あそこならほとんど何でもありますから.
**Anything** will do. どれでも結構ですよ.
I will do **anything** I can to help. 手伝えることなら何でもいたしましょう(=I will do whatever I can [no matter what it is] to help.).

**4** [if 節で] **何か**, 何でも ‖
If you do **anything** wrong, you will be punished. もし何か少しでも悪いことをしたら, 罰せられますよ《◆ 好ましい意味ではしばしば something: If you do *something* good, I'll give you some pencils. 何かいいことをしたら鉛筆をあげよう》.

— 副 [通例否定文・疑問文で; しばしば ~ like] とにかく, いやしくも, 少しでも (→ 成句).

○**ánything but ...** 《◆ この句の but は「…以外の」 (except) の意》 (1) [形容詞・名詞の前で] **少しも…でない**, …どころでない ‖ This is **anything but** easy. とてもやさしいしろものではない《◆ This is far from easy. より口語的》/ He is **anything but** a gentleman. 彼が紳士だなんてとんでもない話だ. (2) 《略式》[A~ but!] (相手の質問に対して) とんでもない, それどころか ‖ [対話]
"Was the exam easy?" "**Anything but**!" 「テストはやさしかったかい」「とんでもない」. (3) [do ~ but] …のほかは何でもする ‖ She never does **anything but** waste her money. 彼女は金を浪費することしか能がない(=She does nothing but waste her money.).

**ánything like ...** (1) → 代**1**. (2) [否定文・疑問文・条件文で; 形容詞・数詞の前で] **…に近いもの** ‖ This movie is **not ánything like** as exciting as that one. これはあの映画ほどおもしろくない(=This movie is nothing like that one.). (3) [否定文で; 名詞の前で] …に似たもの ‖ My bike is **not ánything like** yours. 僕のバイクは君のにはとても及ばない《◆ My bike is not like yours. の強調表現》.

○**ánything of a ...** 《略式》[否定文・疑問文で] ちょっとした…《◆ 肯定文では something of a ...》 ‖ He is **not ánything of a** gentleman. 彼には紳士らしいところがまるでない(=He is nothing of a gentleman.).

**as ... as ánything** 《略式》[形容詞・副詞を強めて] **何にもまして…で**, めっぽう, とても (very)《◆ ánything は主に easy, strong, fast など》.

**for ánything** [通例 would not と共に] **何と引き換えても「絶対に」(…しない)**《◆ for は「交換」の意》.

**if ánything** (1) [通例文頭で] **どちらかといえば**, むしろ. (2) もしあるとしても ‖ He had little, **if anything**, to say. 彼はほとんど言うべきことがなかった.

**like ánything** 《略式》[動詞のあとで] **猛烈に**, めちゃくちゃに《◆ ふつう好ましくない状態に用いる》 ‖ cry **like anything** おいおい泣く.

**... or ánything** [疑問文・否定文・条件文で] …や何か.

**an·y·time** /énitàim エニタイム/, **ány tíme** 副 **1** 《主に米》**いつでも, いつも, 常に**《◆《英》では (at) any time がふつう》 ‖
Call me **anytime**. いつでもお電話ください.
[対話] "Thanks for your help." "**Anytime**." 「手伝ってくれてありがとう」「いつでもどうぞ」《◆ You can ask [call] me *anytime*. の意》.

**2** [接続詞的に] **…する時はいつも**《◆ whenever より口語的》 ‖
Come and see me **any time** you want to. その気になったらいつでも遊びに来てください《◆ 接続詞用法では any time の 2 語つづりがふつう》.

# **an·y·way** /éniwèi エニウェイ/
— 副 **1** [肯定文で; しばしば文頭で] **いずれにせよ**, **ともかく**《◆ in any case より口語的》 ‖
I'm coming **anyway**, no matter what you may say. 君が何と言おうと, とにかく私は来ます.
[対話] "I'm not sure I'll be able to come to the party." "**Anyway**, I'll call you again." 「パーティーに伺えるかどうかはっきりしないのです」「ともかく, もう一度お電話します」.
[対話] "Shall I give you a ride to the station?" "I think I'll walk. Thanks **anyway**."

「駅まで乗せてあげようか」「歩くことにするよ. いずれにしてもありがとう」.

**2** どんな方法にせよ《◆ in any way より口語的》; [否定文で] どうしても(…できない) ‖
The door was locked, so I couldn't get into the room ányway. ドアにかぎがかかっていたので, どうしても部屋に入れなかった.

**3** [話題を変えたり, もとに戻すときに] それはともかくとして ‖
対話 "Are you thinking about something?" "I can't remember. Anyway, let's talk about what we're going to do on weekend." 「何か考え事をしているの」「何だったかな, 思い出せないんだ. それはそうと, 週末に何をするのか話そうよ」

**4** [通例 but 節で文尾に置いて] とはいうものの, それでもやはり《◆ nevertheless より口語的》‖
I'm tired, but I'm góing ányway. 疲れているが, それでもやはり行くつもりだ.

語法 接続詞的に用いる場合は any way の2語づづりがふつう: Do it any way you like. どれでも好きな方法でやりなさい.

**5**(略式)[通例 just ~] いいかげんに, ぞんざいに(carelessly) ‖
Don't do the job just anyway. いいかげんに仕事をするな.

\*an·y·where /énihwèɚr エニウェア/
── 副 **1** [否定文で] どこへも, どこにも ‖
I haven't seen them ánywhere.(↷) 彼らはどこにでも会ったことがない《◆ I have seen them nowhere. は(まれ)》.

語法 形は肯定文でも否定的文脈では anywhere: They refused to go anywhere on foot. 彼らは歩いてはどこへも行きたくないと言った.

**2** [疑問文で] どこかへ[で] ‖
Have you seen my glasses ànywhere? 私のめがねをどこかで見かけなかったですか.

**3** [肯定文で] どこでも, どこへでも ‖
Just put those packages ánywhere. とにかくその包みをどこでもいいから置きなさい.

**gèt ánywhere** [通例否定文で](議論などで)結論が出る, うまくいく.

**... or ánywhere** [否定文・疑問文・条件文で] …やどこかで[へ].

**AO** 略 〔教育〕admissions office 入試事務室; AO 方式《学力以外の要素を加えて選抜する入試方式》.

**AP** 略 airplane;(米)Associated Press AP 通信(社)《UPI と並ぶ米国2大通信社の1つ》.

**Ap.** 略 April; Apostle.

**A·pach·e** /əpǽtʃi アパチ/ 〖スペイン〗名(複 A·pach·e, ~s) ⓒ アパッチ族(の人)《北米先住民の一種族》.

\***a·part** /əpɑ́ːrt アパート/ 〖一方の側(part)へ(a)〗
── 副 [名詞・動詞の後で] **1** ばらばらに ‖
come apart ばらばらになる, ほつれる.

**2** 離れて ‖
We've just spent two weeks apart. 離ればなれに過ごしてちょうど2週間になります.

**3** 一方へ, わきへ ‖
set [put, lay] some money apart for a vacation 休暇に備えてお金を取っておく.

**4** 別にして, それだけで ‖
View each suggestion apart. それぞれの提案を別々に見なさい.

**5** [通例 be, seem と共に用いて] 離れた, 無関係の;(意見などを)異にした ‖
"It's best for us to be apart for a while, darling," he said. 「しばらく離れているのがいちばんいいんだよ」と彼は言った.

**apárt from** A (1) A〈人・物〉と離れて. (2) A〈物・事〉はさておき ‖ Apart from her temper, she's all right. 短気なのを別にすれば, 彼女は申し分がない.

**knów** A **apárt** → tell A APART.

**take apart** → take 動.

**téll** A **apárt** [can, cannot を伴って] A〈人・物・事〉を識別[区別]する《◆ A は複数名詞. 別々に表せば tell A from B》.

**wórlds apart** → world.

**a·part·heid** /əpɑ́ːrtèit アパータイト, -hait | əpɑ́ːθèit アパータイト/ 名Ⓤ アパルトヘイト《南アフリカ共和国の人種隔離政策》.

**a·part·ment** /əpɑ́ːrtmənt アパートメント/ 名ⓒ **1**(主に米)アパート(の貸室)(略 Apt(s).)((英)flat)(→ mansion) (cf. condominium)《◆ (1) 1室, または1世帯分の数室《居間・食堂・台所・寝室・浴室など》をさす. (2) 日本の「アパート」《建物全体》に当たるのは apartments または apartment house: Sunset *Apartments* サンセットアパート》(→ flat) ‖
Apts. Furnished《新聞広告》家具付きアパート有り.
I would like to rent an apartment. 私はアパートを借りたい.

**2** =apartment building [house].

**apártment bùilding** [**hòuse**] (米)アパート((英)(block of) flats)《◆ tenement house より高級》.

**apártment còmplex** 団地.

**apártment hotèl** (米)ホテル式アパート((英)service flat)《家具付きで, 食事サービスもある》.

**ap·a·thet·ic** /æ̀pəθétik アパセティク/ 形 (正式) 無感動の; 無関心な, 冷淡な.

**ap·a·thy** /ǽpəθi アパスィ/ 名Ⓤ(正式)(物事に)無関心[冷淡](であること), 無関心.

**ape** /éip エイプ/ 名ⓒ **1**(ふつう尾のない)サル;(特に)類人猿《gorilla, chimpanzee, baboon, orangutan など》;(広義)サル《◆ monkey よりしばしば悪意・ずるさを含む》. **2** 人のまねをする者.
**pláy the ápe** 人のまねをしてふざける.

—動 (現分) ap·ing 他 (笑われるようなへたな)…のものまねをする.

**ap·er·ture** /ǽpərtʃuər アパチュア|-tʃə -チャ/ 名 C
1 (正式)(光・空気などが通る)穴, すきま. 2 【光学】レンズの口径.

**a·pex** /éipèks エイペクス/ 名 (複 ~·es, a·pi·ces /ǽpisìːz | éipi-/) C (正式)[通例 the ~] 1 (物の)頂点 ‖
the apex of a triangle 三角形の頂点.
2 (力・成功の)絶頂, 極致 ‖
at the apex of one's career 生涯の全盛期に.

**Aph·ro·di·te** /ǽfrədáiti アフロダイティ/ 名 (ギリシア神話)アフロディテ, アプロディテ《愛と美の女神でローマ神話の Venus に当たる》.

**ap·i·ces** /ǽpisìːz アピスィーズ, (英+) éipi-/ 名 → apex.

**a·piece** /əpíːs アピース/ 副 (正式)[通例目的格のあとで] 各個に, 各人に, おのおのに ‖
The oranges cost 7 pence apiece. そのオレンジは1個7ペンスになる.

**A·pol·lo** /əpálou アパロウ|əpɔ́lou アポロウ/ 名 (複 ~s) 1 《ギリシア神話・ローマ神話》アポロン《詩・音楽・予言などをつかさどる美青年の神. また太陽神ともされる》. 2 [a~] C 美青年.

**ap·o·lo·get·ic** /əpàlədʒétik アパロヂェティク|əpɔ̀lə- アポロ-/ 形 謝罪の(気持ちを表した), 弁明の; 申し訳なさそうな ‖
He was apologetic for being absent. 彼は欠席したことを弁žしました.
—名 C (正式の)弁明, 謝罪.

**ap·o·lo·get·i·cal·ly** /əpàləʒétikəli アパロヂェティカリ/ 副 弁明して.

**a·pol·o·gise** /əpɔ́lədʒaiz アポロチャイズ/ 動 (現分) --gis·ing (英) =apologize.

**a·pol·o·gis·ing** /əpɔ́lədʒaiziŋ アポロチャイズィング/ 動 (英) =apologizing.

*****a·pol·o·gize**, (英ではしばしば) --gise /əpάlədʒaiz アパロヂャイズ|əpɔ́lədʒaiz アポロヂャイズ/ [⇒ apology]
—動 (三単現) --giz·es /-iz/, (過去・過分) --gized /-d/, (現分) --giz·ing)
—自 [apologize (to A) (for B)] (A〈人〉に)(B〈事・人〉のことで)(言葉・文書で)わびる, あやまる 《◆ A, B を時に主語にして受身可》 ‖
I must apologize to him for doing it. それをしたことを彼に謝らなければならない.

**a·pol·o·giz·ing**, (英) --gis·ing /əpálədʒaiziŋ アパロチャイズィング/

**a·pol·o·gy** /əpálədʒi アパロヂ|əpɔ́lədʒi アポロヂ/ 名 (複 --o·gies) 1 C U わび, 謝罪 ‖
in apology for one's fault 過失をわびて, 弁解して.
My [Many] apologies for being so late! 遅れてしまってごめんごめん《◆ My … の方がふつう》.

2 C (主張・信念などに対する)弁護, 弁明.

**a·pos·tle** /əpάsl アパスル|əpɔ́sl アポスル/ 名 C 1 [しばしば A~] 使徒《キリストの12人の弟子の1人》‖
the Apostles 十二使徒.
2 初期のキリスト教伝道者《パウロなど》.
Apóstles' Créed 使徒信条[信経].

**a·pos·tro·phe** /əpάstrəfi アパストロフィ|əpɔ́s- アポス-/ 名 C アポストロフィ(')《◆[用法](1) 文字・数字の省略: cannot → can't; 1905 → '05. (2) 所有格: boy's, boys' (3) 文字・数字の複数: There are two I's in 'Bell.'》.

**Ap·pa·la·chi·an** /ǽpəléitʃiən アパレイチアン, (米)-lǽtʃ-/ 形 アパラチア山脈の. —名 [the ~s] = Appalachian Mountains.
**Appaláchian Móuntains** [the ~] アパラチア山脈《北米東部の山脈》.

**ap·pall**, (英ではまに) --pal /əpɔ́ːl アポール/ 動 他 …をぞっとさせる.

**ap·pall·ing** /əpɔ́ːliŋ アポーリング/ 動 → appall.
—形 1 (人を)ぞっとさせる.
2 (略式)びっくりさせるほどの, ひどい ‖
She is an appalling cook. 彼女は料理が恐ろしくへただ.

**ap·pa·ra·tus** /ǽpərǽtəs アパラタス, -réitəs | -réitəs -レイタス/ 名 (複 ~·es/-iz/) 1 [集合名詞] 器具一式, 機械 ‖
a piece of apparatus 1組の道具.
a lot of apparatus たくさんの器具.
2 C [通例 an ~] (ある目的に必要な)1組の機械[道具, 器具] ‖
an underwater breathing apparatus 水中呼吸器具.
3 C [通例 the ~] (一連の)器官 ‖
the digestive apparatus 消化器官.

**ap·par·el** /əpǽrəl アパレル/ 名 1 U (文)(りっぱな)衣服, 服装(clothes) ‖
priestly apparel 聖職者の服装.
2 (主米) [集合名詞] (特に女性・子供の)衣服, 衣料品; (特に)既製服.

**ap·par·ent** /əpǽrənt アパレント, əpéər-/ 《アクセント注意》《◆×アパレント》 形 1 明白な, 明らかな(類 obvious, clear) ‖
Since he looks pale, it is apparent that he's sick. 顔色が悪いので彼が病気であるのは明らかだ.
2 (正式)(実はそうではないかもしれないが)見たところ; 外見上[一見]…らしい(↔ real, actual) ‖
an apparent advantage うわべだけの利点.
Many people believe she's shy, but it's only apparent. Actually, she's very outgoing. 彼女が内気な人だと思っている人は多いが, それはうわべだけで実際はとても社交的だ.
3 〈物〉がはっきり見える ‖
The building is apparent from across the room. その建物は部屋の反対側からよく見える.

*****ap·par·ent·ly** /əpǽrəntli アパレントリ, əpéər-/
—副 1 [しばしば文全体を修飾](実際はともかく)

見たところは…らしい《cf. evidently, obviously》‖
an **apparently** genuine five-dollar bill 一見本物らしい5ドル紙幣.
**Apparently**(＼) he is a good swimmer, though I have never seen him swim. 実際に泳いでいるのを見たことはないが，彼は泳ぎが上手なようだ(=**It appears** [*is apparent] **that** he is a good swimmer, though I …).
対話 "I thought she passed her test." "So did I. But **apparently** not." 「彼女なら試験に合格すると思っていたんだけど」「私もそうです．でもどうやらだめだったようです」．
**2**《まれ》[文全体を修飾] 明らかに ‖
(Very) **apparently** (＼) he is a good swimmer. He has won many races. 彼が泳ぎが上手なのは明らかだ，多くのレースで優勝しているから(=**It is apparent that** he is a good swimmer.).

**ap·pa·ri·tion** /ˌæpəríʃən アパリション/ 名 **1** Ⓒ 亡霊，幽霊；奇妙[奇怪]な現象. **2** Ⓤ《正式》(突然の)出現.

*__ap·peal__ /əpíːl アピール/ 〖…に(ap)話しかける(peal)〗
—動 [三単現] ~s/-z/；[過去・過分] ~ed/-d/；[現分] ~ing
—自 **1a** [appeal **to** A **to** do] A〈人〉に…してくれるように懇願する ‖
I **appealed to** you **to** contribute to the new clinic. 新しい病院に寄付をお願いいたします.
**b** [appeal **to** A] A〈理性・力など〉に訴える ‖
**appeal to** arms 武力に訴える.
**2 a** [appeal **to** A **for** B] A〈人〉に B〈助け・同情など〉を求める；お願いする ‖
She **appealed to** me **for** help. 彼女は私に助けを求めた.
**b** [appeal **for** A] A〈物〉を求める；A〈人〉に訴える ‖
They are **appealing for** money to help refugees. 彼らは難民救済の資金を求めている.
**3 a**《法律》上訴する ‖
The defendant will **appeal to** a higher court. 被告は上級裁判所に上訴するだろう.
I will **appeal against** the sentence. その判決が不満で上訴する.
**b**《スポーツ》アピールする；抗議する.
**4** 気に入る，興味をひく ‖
She **appeals to** me. 彼女は私の好みにぴったりだ.
Do these paintings **appeal to** you? これらの絵は好きですか.
—他《主に米》《法律》〈判決などに〉対して上訴する.
—名 (徳) ~s/-z/) **1** Ⓤ Ⓒ (同情・助けを求める)訴え，嘆願，要求 ‖
make an **appeal for** mercy 慈悲を乞う.
**2 a** Ⓒ Ⓤ《法律》上訴 ‖
a court of **appeal** 控訴院.
**b**《スポーツ》アピール，抗議.
**3** Ⓤ 魅力，人気；興味を起こさせるもの ‖
sex **appeal** 性的魅力；《主に米》人間的魅力.

Contemporary music holds little **appeal** for me. 現代音楽には私はほとんど興味がない．

**ap·peal·ing** /əpíːlɪŋ アピーリング/ 形 → appeal.
—形 人の心を動かすような；魅力[興味]のある；哀願的な.

**ap·peal·ing·ly** 副 心に訴えるように.

*__ap·pear__ /əpíər アピア/ 〖「自ら姿を見せる(show oneself)」が原義〗派 appearance (名)
→ 自 **1** 現れる **3** …のように見える

appear《現れる》

—動 [三単現] ~s/-z/；[過去・過分] ~ed/-d/；[現分] ~ing/-ɪŋ/
—自 **1**〈物が〉**現れる**，見えてくる；〈物・事が〉出現する (↔ disappear) ‖
Dimples **appear** on her cheeks when she smiles. 彼女はにっこりすると，ほおにえくぼができる.
**2 a**〈人が〉**姿を現す**《♦「一時的に姿を見せる」を含意》；出演する；出廷する；出頭する《♦場所を表す副詞を伴う》‖
**appear on** television テレビに出演する.
**appear as** Hamlet ハムレット役で出演する.
**appear in** court =**appear before** a judge 出廷する.
A man suddenly **appeared in** the doorway. 突然人が玄関に現れた(=A man turned up [showed up] in the doorway.).
**b**〈本などが〉出版される，〈記事などが〉載る ‖
The weekly **appears on** Thursday. その週刊誌は木曜日に出る.
**3 a** [appear **(to** A**) (to** be**)** C] 〈人・物が〉(A〈人〉に) C の**ように見える，思える**《♦(1) C は名詞・形容詞・前置詞句. (2) 五感のうち主に視覚による判断を示す. seem は五感のいずれでもよい. (3) 進行形にしない》‖
She **appears to** me **to** be cruel. 彼女は私には残酷そうに見える.
The boy **appeared to** be in bad health. その子はからだの具合が悪そうだった《♦ C が前置詞句の場合 to be は省略しない》.
He **appears (to** be**)** a rich man. 彼は金持ちのようだ《♦名詞でも to be を省略しないことが多い》.
She **appears** [looks] well today. 彼女はきょうは調子がよさそうだ《♦視覚による印象のみをいう場合は look と交換可能》.
**b** [it appears **(to** A**) (that)** 節] (A〈人〉にとって)…らしい，きっと…だ ‖
It **appears that** he will win first prize. 彼は1等賞を取りそうだ.
対話 "It **appears that** he knows everything about it." "It **appears so.** [So it **appears.**]" 「彼はそのことは全部お見通しのようだ」「そのようだね」《♦否定的に反応するときは It ap-

*pears* not.).
**c** [appear to do] …のようだ ‖
He **appears** to know Ann. 彼はアンを知っているようだ(=It **appears** that he knows Ann.)《◆進行形にしない》.
She **appeared** to have forgotten my name. 彼女は私の名前を忘れてしまっているようだった(=It **appeared** that she had forgotten my name.).

**ap·pear·ance** /əpíərəns/ アピアランス/ 图 **1** ⓒ (人前に)姿を現すこと, 出現;(目･頭に)浮かぶこと(↔ disappearance);出演, 出廷 ‖
**make** one's **appearance** 姿を現す, 出現する;出演する.
I hadn't seen him for 15 years, so his sudden **appearance** shocked me. 彼には15年も会っていなかったので, 突然姿を見せたのはショックだった.
**2** ⓤⓒ 外見, (外見からの)様子《特に服装など》, 印象;顔つき, 容貌(ﾖｳﾎﾞｳ)《◆この意では look(s) の方がふつう》;見せかけること ‖
**in appearance** 外観は, 見たところ(は).
**judging by appearances** 外見から判断すると.
**put on [give] an appearance of** being busy 忙しそうに見せかける.
She has a friendly **appearance**. 彼女は気さくな人のようだ(= She **appears** [**looks**] friendly.).
**keep up appéarances** 世間体を良くする.
**pùt in [màke] an appéarance** (会合などに)ちょっと顔を出す.
**to [by, from] all appéarance(s)** どう見ても《◆ふつう文頭または動詞のすぐあとに置く》‖ He was **to all appearances** a "strong man." 彼はどう見ても「実力者」だ.

**ap·pease** /əpíːz/ アピーズ/ 動 (現分) **··peas·ing** 他《正式》**1** …をなだめる;…に譲歩する. **2**〈食物などが〉〈空腹･欲求などを〉満たす.
**ap·pease·ment** 图 ⓤⓒ 妥協(策), 譲歩.
**ap·pend** /əpénd/ アペンド/ 動 他《正式》…を付け加える.
**ap·pend·age** /əpéndidʒ/ アペンディヂ/ 图 ⓒ《正式》付属物.
**ap·pen·di·ces** /əpéndəsìːz/ アペンディスィーズ/ 图 → appendix.
**ap·pen·di·ci·tis** /əpèndəsáitis/ アペンディサイティス/ 图 ⓤ《医学》虫垂炎《◆いわゆる「盲腸炎」のこと》.
**ap·pen·dix** /əpéndiks/ アペンディクス/ 图 (複 ~·**es**, ap·pen·di·ces/-disìːz/) ⓒ **1**(本の)付録, 補遺. **2**《解剖》突起;(特に)虫垂.
\***ap·pe·tite** /ǽpətàit/ アピタイト/ 《[…を(ap)捜し求める(pete)]. cf. compete》
──图 (複 ~s/-tàits/) ⓤⓒ **1** 食欲《◆飲み物に対する欲求も含めることがある》‖
**increase** one's **appetite** =**make** one's **appetite bigger**(運動などが)食欲を増進させる.
**spoil [take away]** one's **appetite**(物･事が)食欲を失わせる.
**lose** one's **appetite** 食欲をなくす.
**satisfy** one's **appetite** 食欲を満たす.
I've a good **appetite** today. きょうは食欲がある.
**A good appetite is the best sauce.**《ことわざ》食欲は最良のソースである;「空腹にまずいものなし」.
**2**(生理的･精神的)欲求;好み ‖
sexual **appetites** 性的欲求.
She has a great **appetite for** adventure. 彼女は冒険心が旺盛(ｵｳｾｲ)だ.

**ap·pe·tiz·er** /ǽpətàizər/ アピタイザ/ 图 ⓒ《主に米》アペタイザー《食前酒･前菜など》;興味･意欲を刺激する軽い活動.
**ap·pe·tiz·ing** /ǽpətàiziŋ/ アピタイズィング/ 形 食欲[欲望]をそそる.
**ap·plaud** /əplɔ́ːd/ アプロード/ 動 自〈人が〉拍手する《◆賞賛･同意を表明する行為. ふつう喝采(ｶｯｻｲ)は含まない. cf. cheer》.
──他 **1**〈人･行為〉に拍手を送る ‖
The audience **applauded** the performer. 聴衆は演奏者に拍手を送った.
**2**《正式》…を賞賛する ‖
I **applaud** your decision to quit smoking. よくまあ禁煙を決意しましたね.
**ap·plause** /əplɔ́ːz/ アプローズ/ 图 ⓤ 拍手, 賞賛 ‖
**give applause** 拍手を与える, 賞賛を与える.

\***ap·ple** /ǽpl/ アプル/ ──图 (複 ~s/-z/) ⓒ **1 a** リンゴ ‖
**peel apples** リンゴの皮をむく.
**An apple a day keeps the doctor away.**《ことわざ》1日にリンゴ1個で医者いらず.
**b** リンゴの木(apple tree).

> 文化 (1) エデンの園でアダムとイブが食べた禁断の木の実は, 一般には apple であるとされる. 花言葉は「誘惑」.
> (2) 英米ではしばしば洗わないで皮をみがいて生で食べるほか, 煮たり焼いたりして食べることが多い.
> (3) 木は人間の幸福･喜びを表す. 連想する色は赤･黄のほか緑がある.
> (4) berry と共にアングロサクソンの代表的果実.
> 語法 果実そのままは ⓒ だが, 切り分けられたりした果肉というときは ⓤ. 後者を数えるときは a piece of *apple*, a fragment of *apple* などという. これは他の果実についても同様.

**2** リンゴに似た果実《crab apple など》. **3**(形･色などが)リンゴに似たもの.

**ápple píe** アップルパイ ‖ **(as) American as apple pie**《米》非常にアメリカ的な / **Mom's apple pie**《米》おふくろの味. 文化 apple pie は米国では代表的デザートで, 味は日本の味噌汁やつけものと同様に母親のイメージと重なる.
**ápple sàuce** =applesauce.
**ápple trèe** =apple **1 b**.

**ap·ple·sauce, apple sauce** /ǽplsɔːs アプルソース|ニ/ 名U リンゴソース《リンゴをきざんで甘く煮たもの》.

**ap·pli·ance** /əpláiəns アプライアンス/ 名C (家庭用の小型の)器具, 道具, 設備;《米》電気[ガス]器具《コンロ・トースター・冷蔵庫・掃除機・洗濯機など》;《英》消防車 ‖
a household appliance 家庭用電気器具.

**ap·pli·ca·ble** /ǽplikəbl アプリカブル, əpli-|əplíkəbl アプリカブル, ǽpli-/ 形 《正式》**1** 適用できる, 効力がある, 正しい ‖
This remark is not applicable to you. この意見はあなたにはあてはまらない.
**2**《薬などが》使用できる, 効用がある.

**ap·pli·cant** /ǽplikənt アプリカント/ 名C 志願者, 応募者 ‖
an applicant for a job 求職者.

\*__ap·pli·ca·tion__ /ӕplikéiʃən アプリケイション/ 《→ apply》
——名 (複 ~s/-z/) **1 a** U 申し込みをすること; C 申し込み, 申請, 要請 ‖
make an application for admission 入学を申し込む.
More detailed information will be supplied on application to the publisher. 詳細は当出版社に申し出があり次第お知らせ申し上げます.
Her application for leave was refused. 彼女の休暇の申請は拒否された.
**b** C 申込用紙, 申請書(application blank [form]) ‖
fill out an application 申請書に書き込む.
**2** U 《正式》応用すること, 利用(すること); あてはめること, 適用;《コンピュータ》アプリケーション《実務処理用のソフトウェア》 ‖
the application of psychology to linguistic research 心理学を言語学の研究に利用すること.
**3** UC 効用, 効果; 妥当性, 適合性 ‖
This method has no application to the case. この方法はその場合にはあてはまらない(→ apply 自1).

**applicátion blànk** (米) [**fòrm**(英)] =application **1 b**.

**applicátion mòney** 申込金.

**ap·plied** /əpláid アプライド/ 動 → apply.
——形 応用の(↔ pure, theoretical) ‖
applied chemistry 応用化学.

**ap·plies** /əpláiz アプライズ/ 動 → apply.

**ap·pli·que** /ǽplekéi アプリケイ|əpli:kèi アプリーケイ/《フランス》名U アップリケ(をすること).

\*__ap·ply__ /əplái アプライ/ 《…に(ap)くっつける, しばりつける(ply). cf. reply》
派 applicant (名), application (名)
→ 他 **1** 適用する **2** 加える **3** 充当する **4** 向ける
自 **1** あてはまる **2** 求める
——動 (三単現) ap·plies /-z/ ; (過去・過分) ap·plied /-d/ ; (現分) ~·ing

—— 他 自 の関係
| 他 | **1** | apply A (to B) |
| | | A〈法・規則〉を〈B〈人・事〉に〉適用する |
| 自 | **1** | A apply (to B) |
| | | A〈法・規則などが〉〈B〈人・事〉に〉あてはまる |

—— 他 **1** 《正式》[apply A (to B)] A〈法・規則〉を〈B〈人・事〉に〉**適用する, 応用する**; A〈物〉を〈B〈人・事〉に〉応用する, 利用する (use) ‖
He succeeded in applying steam to navigation. 彼は蒸気で船を動かすのに成功した.
In order to solve this problem we will have to apply all our knowledge. この問題を解決するためには我々の知識を総動員しなければならないだろう.
対話 "Does this rule apply to everyone?" "To almost everyone. However, it cannot be applied to you." 「この規則はだれにもあてはまりますか」「ほとんどの人にあてはまりますが, あなたにはあてはめられません」.
**2** 《正式》[apply A (to B)] A〈力・熱・物など〉を〈B〈物〉に〉**加える**, 当てる; A〈薬・のり・化粧品・ペンキなど〉を〈B〈体・物〉に〉塗る(put); A〈マッチ〉で〈B〈物〉に〉火をつける ‖
apply a bandage 包帯をする.
Mother applied the medicine to the sore on my knee. 母は私のひざの傷にその薬を塗ってくれた.
At the last minute he applied the brakes, so the accident was avoided. あわやというところで彼はブレーキをかけて事故を免れた.
**3** [apply A to B] A〈資金など〉を B〈事〉に**充当する**, A〈金〉を B〈口座〉に入れる ‖
The money is to be applied to the debt. その金は負債の支払に充当されることになっている.
**4** [apply A to B] A〈自分自身・心〉を B〈事〉に**向ける**, B〈事〉に熱中する, 専心する; A〈表現・名〉を〈人・物・事〉にあてはめる ‖
He applied himself [his mind] to the task. 彼はその仕事に打ち込んだ.

—— 自 **1** 《正式》[apply (to B)] 〈法・規則などが〉〈B〈人・事〉に〉**あてはまる**《◆進行形にしない》‖
The same rule applies to going for a journey. 旅行に出かけるときにも同じ規則があてはまる《◆B が場所を表す場合は前置詞は in: This law does not *apply in* Japan. この法律は日本では通用しない》.
**2** [apply (to A) for B] 〈A〈人〉に〉 B〈仕事・許可・援助など〉を**求める**(ask for), …を**志願する**, 問い合わせる ‖
She applied to him for help. 彼女は彼に助けを求めた.
I am going to apply for a tourist visa today. きょう観光ビザの申請をするところだ.
He applied to three colleges. 彼は3つの大学に出願した.
Apply within. 《掲示》応募の方はお入りください.

**ap·point** /əpɔ́int アポイント/ 動 他 《正式》**1 a** [ap-

point A (to be / as) C] A⟨人⟩を C (の役職)に指名する, 任命する ‖
The Government appointed Mr. Brown (as [to be]) ambassador to Peru. 政府はブラウン氏をペルー大使に任命した《◆C が唯一の役職のときはふつう無冠詞》.
**b** [appoint A to B] A⟨人⟩を B⟨役職⟩に任命する ‖
**2 a** [appoint A (for B)] (B⟨会合・会見など⟩のために) A⟨時・場所⟩を約束して決める ‖
appoint March 3 for a party 3月3日をパーティーの日と決める.
**b** [appoint A as B] A⟨時・場所⟩を B⟨会合などの時・場所⟩に指定する, …に決める《◆名詞の appointment はよく使われるが, appoint は《正式》. fix の方が一般的》 ‖
appoint a coffee shop as the place for a date 喫茶店をデートの場所に決める.
**c** [appoint A to do] A⟨時・場所⟩を…する時[場所]に指定する.

**ap·point·ed** /əpɔ́intid アポインティド/ 動 → appoint.
──形 **1** 任命された ‖
**2** 《正式》指定された, 約束した ‖
at the appointed time 約束の時間に.
**3** [副詞のあとで] 設備のある ‖
a well appointed hotel 設備のよいホテル.

**ap·point·ment** /əpɔ́intmənt アポイントメント/ 名 **1 a** U (人を役職に)任命(すること), 指名 ‖
the appointment of Henry Ward as [to be] sales manager ヘンリー=ワードを営業部長に任命すること.
They filled the vacancy by appointment. 彼らは空席を任命で充足した.
**b** C (任命による)役職 ‖
receive an appointment from the President 大統領から役職を与えられる.
**2** C|U (面会の)約束, (医師・美容院などの)予約《◆promise との交換はできない. ホテルの宿泊, レストランの食事などの予約は reservation》 ‖
make an appointment 会う約束をする.
The dentist will see you only by appointment. その歯科医には予約をしないと診てもらえない.
I have an appointment with the professor at 1:30. =I have an appointment to see the professor at 1:30. 私は教授と1時30分に会う約束がある.

> 事情 英米では医者の診療や人を訪問する場合などは予約をするのがふつう. 都合の悪いときは I'm sorry, but I have a five o'clock *appointment* with Tom. (すみませんがトムと5時の約束があります)などと言って調整し, set up [arrange] an *appointment* (約束を取り決める)ようにする.

**ap·po·si·tion** /æpəzíʃən アポズィション/ 名 U 並置; 付加, 添付; 書類にサイン[捺(な)印]すること; 〔文法〕同格.

**ap·prais·al** /əpréizəl アプレイズル/ 名 U|C 《正式》評価; 査定額, 価値判断.
appraisal gain 含み益.

**ap·praise** /əpréiz アプレイズ/ 動 《現分》 --praising) 他 《正式》…を評価する.

**ap·pre·ci·a·ble** /əpríːʃəbl アプリーシャブル/ 形 《正式》評価可能な, 容易に感知できる; かなり大きい.

\***ap·pre·ci·ate** /əpríːʃièit アプリーシエイト/ 〘…に (ap)価格をつける(preciate). cf. *prai*se, *pri*ce〙 appreciation (名)
──動 (三単現 ~s/-eits/; 過去・過分 --at·ed /-id/; 現分 --at·ing) 《正式》(↔ depreciate)
──他 **1** ⟨物・事⟩を正しく理解する, 正しく評価する; …を察する; [appreciate that 節] …であることを正しく理解する(understand)《◆進行形にしない》 ‖
appreciate the difference between right and wrong 善悪を見分ける.
I can appreciate how badly you feel about the test score, but I can't let you take another test. 試験の点数のことでがっかりしているのはよくわかるが, 再試験を受けさせることはできないよ.
I appreciate that you are very fatigued. たいへんお疲れのことと思います.
**2** (正しい判断・分析などによって)⟨人・物・事⟩の価値を認める, …を正しく評価する ‖
be appreciated by his own generation 彼の同世代の人々に認められる.
We don't appreciate our health until we lose it. 健康を失うまでその価値はわからない, 病気になって初めて健康のありがたさがわかる.
**3** ⟨物・事⟩をありがたく思う, …を感謝する; [appreciate doing] …することをありがたく思う ‖
I would appreciate it if you could [would] agree to my plan. 私の計画を聞きいれていただければ幸いです.
I really appreciate your kindness [all that you've done for me]. お世話になりました(=《略式》Thank you for your kindness.).
I will appreciate hearing from you soon. すぐにお返事をいただければ幸いです ‖
**4** …を鑑賞する, …のよさを味わう ‖
appreciate literature and music 文学や音楽を味わい楽しむ.
appreciate a rest after hard work 熱心に働いたあとの休息を満喫する.

**ap·pre·ci·at·ing** /əpríːʃièitiŋ アプリーシエイティング/ 動 → appreciate.

\***ap·pre·ci·a·tion** /əpríːʃiéiʃən アプリーシエイション/ 名 (⇔ appreciate)
──名 U [しばしば an ~] **1** 《正式》正しい理解[認識]; 察知 ‖
an appreciation of fine shades of meaning 微妙な意味の違いの識別.
I have some appreciation of your prob-

lems. あなたが困っているのは少しはわかっている.
**2** 正しい評価, 真価を認めること.
**3** 鑑賞(力), 味わうこと[力] ‖
have an appreciation of English poetry 英詩を味わう.
**4** 感謝(すること) ‖
by way of appreciation 感謝のしるしに.
show no appreciation of [for] her help 彼女の援助に礼も言わない.
**5** (好意的な)批評 ‖
an appreciation of a new book 新刊書の書評.

**ap·pre·ci·a·tive** /əpríːʃətiv アプリーシャティヴ, -ʃièi-/ əprí:ʃiə- アプリーシア-/ 形 (↔ unappreciative) (正式) **1** 感知する, 認める ‖
be appreciative of the dangers of this job この仕事の危険なことがわかっている.
**2** 鑑賞する; 目の高い ‖
an appreciative audience 耳の肥えた聴衆.
**3** 感謝の, 感謝する.

**ap·pre·hend** /æprihénd アプリヘンド/ 動 他 (正式) …を捕える, 逮捕する.

**ap·pre·hen·sion** /æprihénʃən アプリヘンション/ 名 **1** ⒰Ⓒ⒰ [しばしば ~s] (未来のことについての)懸念, 気づかい; 心配 ‖
feel apprehension for the safety of my husband 夫の安否を気づかう.
**2** ⒰Ⓒ (正式) 逮捕.

**ap·pre·hen·sive** /æprihénsiv アプリヘンスィヴ/ 形 (正式) 恐れる; 心配する, 気づかう (afraid) ‖
be apprehensive of danger 危険を恐れる.
be [feel] apprehensive for one's son's safety 息子の安否を気づかう.
be apprehensive about one's interview for the job 就職の面接のことが気にかかる.
wear an apprehensive expression 心配そうな顔をしている.

**ap·pren·tice** /əpréntis アプレンティス/ 名 Ⓒ 見習い工, 実習生; [形容詞的に] 修業中の.

**ap·pren·tice·ship** /əpréntisʃip アプレンティスシプ/ 名 **1** ⒰Ⓒ 見習いであること. **2** Ⓒ 見習い期間.

***ap·proach** /əpróutʃ アプロウチ/ […へ(ap)近づく (proach). cf. reproach] 
— 動 (三単現) ~es /-iz/; (過去・過分) ~ed /-t/; (現分) ~ing)
— 自 **1** …に近づく, 接近する ‖
approach him 彼に近づく.
The plane is approaching New York. 飛行機はニューヨークに接近している.
**2** (正式) …の域に達する, …に達する, 匹敵する ‖
Her passion for collecting approaches madness. 彼女の収集癖はもはや狂気に近い.
No writer can approach Shakespeare in greatness. どの作家も偉大さの点ではシェイクスピアに及ばない.
**3** (正式) 〈人〉に (特別な目的を持って)接近する, 話をもちかける ‖
approach my father on the matter その件で

父に相談してみる.
approach the bank for a loan 貸付の件で銀行に当たってみる.
Her boss is easy to approach. 彼女の上司は親しみやすい.
**4** …に取り組む, 着手する, 対応する ‖
approach the subject in a practical way 実際面からその問題を取り扱う.
**5** 〔ゴルフ〕…に寄せる, アプローチする.
— 自 **1** 近づく, 接近する ‖
approaching winter 間近に迫っている冬.
The time for payment approaches. 支払い期限が迫る.
**2** 近いものとなる, 近似する ‖
Her reply approaches to an absolute denial. 彼女の返事は完全な拒否といってよいものだ.
**3** 〔ゴルフ〕寄る, アプローチする.
— 名 (複 ~es/-iz/) **1** Ⓤ 近づくこと, 接近 ‖
the approach of the typhoon to Japan 台風の日本への接近(cf. 他 1).
**2** Ⓒ 近いこと, 近似 ‖
an approach to perfection 完成の域に近いこと.
**3** Ⓒ (正式) 近づく道; 通路, 入り口 ‖
All approaches to the town were blocked by snow. 町に入るすべての道は雪で遮断(ざん)された.
**4** Ⓒ 接近方法, 研究方法; 手引, 手がかり ‖
a new approach to Milton ミルトン研究への新しいアプローチ.
**5** Ⓒ 〔ゴルフ〕=approach shot (1) ; 〔テニス〕=approach shot (2). **6** 進入路; =approach path; =approach road.
*be difficult of appróach* 〈場所・人が〉近づきにくい.
*be éasy of appróach* 〈場所・人が〉近づきやすい.
**appróach pàth** 〔航空〕滑走路への進入路.
**appróach ròad** 高速道路の進入路.
**appróach shòt** (1) 〔ゴルフ〕アプローチ=ショット. (2) 〔テニス〕アプローチ=ショット《ネットへ出ていくための打球》.

**ap·proach·a·ble** /əpróutʃəbl アプロウチャブル/ 形 **1** 接近できる. **2** 付き合いやすい, きさくな.

**ap·pro·ba·tion** /æprəbéiʃən アプロベイション | æprəu- アプロウ-/ 名 Ⓤ (正式) 賞賛, 認可.

***ap·pro·pri·ate** /形 əpróupriət アプロウプリアト; 動 əpróuprièit アプロウプリエイト/ [(ある目的)のために(ap)とっておく(propriate) → (目的)にふさわしい]
— 形 (正式) 適切な; ふさわしい ‖
take appropriate measures 適切な処置をする.
a dress appropriate for [to] the occasion その場にふさわしい服装.
— 動 (/əpróuprièit/ (三単現) ~s/-èits/ ; (過去・過分) -at·ed/-id/ ; (現分) -at·ing)
— 他 (正式) **1** 〈金など〉を充当する, 当てる ‖
appropriate £2,000,000 for new school buildings 新校舎建築に200万ポンドの予算を組

む.
**2** …を(不法に)私用に供する; …を盗む.
**ap·pró·pri·ate·ly** 副 ふさわしく, 適切な形で.
**ap·pro·pri·at·ing** /əpróuprièitiŋ アプロウプリエイティング/ 動 → appropriate.
**ap·pro·pri·a·tion** /əpròupriéiʃən アプロウプリエイション/ 名 《正式》 **1** ⓊⒸ 充当, 流用; 支出金. **2** Ⓤ 専用, 私用; [遠回しに] 盗用, 横領.

\*__ap·prov·al__ /əprúːvl アプルーヴル/
—名 Ⓤ **1** 是認, 賛成; [形容詞的に] 支持の (↔ disapproval) ‖
meet with her **approval** 彼女の支持[賛同]を得る.
The new policy had our **approval**. 我々はその新方針に賛成した.
**2** 承認, 認可 ‖
have the **approval** of the committee 委員会の承認を得る.
give final **approval** to a five-year plan 5か年計画について最終的な許可を与える.

**ap·prove** /əprúːv アプルーヴ/ 動 《現分》 -prov·ing) 他 **1** 《正式》〈事〉に賛成する, 是認する; …をよく思う ‖
The teacher **approved** Tom's work. 先生はトムの作品をほめた.
**2** …を(正式に)承認する, 認可する ‖
Congress **approved** the budget. 議会は予算案を可決した.
—自 賛成する, よく思う (↔ disapprove) ‖
The parents don't **approve** of Mary('s) marrying Tom. 両親はメリーがトムと結婚することを認めない.

**ap·prov·ing** /əprúːviŋ アプルーヴィング/ 動 → approve. ——形 賛成の, 満足げな.
**ap·próv·ing·ly** 副 うなずくように, 満足げに.
**ap·prox·i·mate** 形 /əpráksəmət アプラクスィマト | əpróksəm-/, 動 /-mèit -メイト/ 形 近似の, おおよそ(…)の ‖
a statement **approximate** to the truth 本当らしい声明.
——動 《現分》 ··mat·ing) 自 《略式》 近づく; 同程度になる ‖
a story that **approximated** to the truth 本当らしい話.
**ap·prox·i·mate·ly** /əpráksəmətli アプラクスィマトリ | əpróksəm-/ 副 おおよそ, 約 《♦ about より堅い語》 ‖
**approximately** five thousand people ざっと5千人の人々.
**ap·prox·i·ma·tion** /əpràksəméiʃən アプラクスィメイション | əpròksəm-/ 名 Ⓤ [しばしば an ~] 《正式》 **1** 接近, 近似. **2** 概略. **3** 概算; 《数学》 近似値[式].
**a·pri·cot** /éiprəkɑt アプリカト, éi- | éiprikɔt エイプリコト/ 名 **1** Ⓒ アンズ(の実); アンズの木. **2** アンズ色, 黄赤色.

\*__A·pril__ /éiprəl エイプリル/ [「開花の月」が原義]
——名 Ⓤ 4月; [形容詞的に] 4月の(略 Ap., Apr.) (語法 → January).
**Ápril fóol** 4月ばか《エイプリル=フールにかつがれる人》《(米) エイプリル=フールのいたずら.
**Ápril Fóol's [Fóols'] Dày** エイプリル=フール, 4月ばかの日《4月1日. All Fools' Day ともいう. 人をかついでもいいのは正午までとされる》.
**a·pron** /éiprən エイプロン/ 発音注意 《♦ ×エプロン》 [a napron (ナプロン)が an apron となった] 名 Ⓒ **1** エプロン. **2** (位置, 外見・機能が)エプロンに似たもの; (空港の)エプロン《格納庫などの前の舗装した広場》. **3** 張出し前舞台(apron stage).
**ápron stáge** =apron 3.

\*__apt__ /æpt アプト/ [「結びつけられた」が原義]
——形 (1, 2 では 比較 more ~, 最上 most ~; その他は 比較 ~·er, more ~; 最上 ~·est, most ~) **1** [通例 be apt to do] (本来的に)…する傾向がある, (とかく)…しがちである 《♦ liable は「よくないこと・危険などに」陥りがちな》 《類 be inclined to, tend to》 ‖
A careless person **is apt to** make mistakes. 不注意な人は間違いをおかしやすい.
**2** 《米略式》 [be apt to do] …しそうである ‖
The sky really looks dark; I believe it **is apt to** rain later. 空が暗くみえる, 今に雨が降りそうだ (=It is likely to rain.).
**3** 《正式》 (まさに)適切な, ふさわしい ‖
an **apt** quotation 適切な引用句.
pick out a term **apt** for the use その用法にぴったりの言葉を選ぶ.
**4** 《正式》 [通例名詞の前で] かしこい, 利発な (clever) ‖
an **apt** pupil よくできる生徒.
**ápt·ness** 名 Ⓤ [通例 the ~] 適切さ; 傾向; 才能.
**ap·ti·tude** /æptət(j)uːd アプティトゥード/ 名 ⓊⒸ 《正式》 [しばしば an ~] 適性; (学問・芸術習得の)才能, 素質 ‖
a remarkable **aptitude** for [in] languages すばらしい語学の才能.
have an **aptitude** for music 音楽の才能がある.
**áptitude tèst** 適性検査.
**apt·ly** /æptli アプトリ/ 副 [通例文全体を修飾] 適切に, うまく.
**AQ** 略 achievement quotient 学業指数.
**Aq·ua·lung** /ækwəlʌŋ アクワラング/ 名 Ⓒ [しばしば Aqua-Lung, a~] 《商標》 動 自 アクアラング(をつけて潜水する) 《潜水用水中呼吸器. cf. scuba》.
**aq·ua·ma·rine** /ækwəmərí:n アクワマリーン/ 名 **1** 《鉱物》 藍玉(らんぎょく), アクアマリン《緑柱石(beryl) の変種. 3月の誕生石》. **2** Ⓤ 青みを帯びた緑色.
**a·quar·i·um** /əkwéəriəm アクウェアリアム/ 名 (複 ~s, -i·a /-iə/) Ⓒ **1** (養魚用)水槽. **2** 水族館.
**A·quar·i·us** /əkwéəriəs アクウェアリアス/ 名 **1** 《天文》 みずがめ座(the Water Bearer). **2** 《占星》 宝瓶(ほうへい)宮, みずがめ座(cf. zodiac); Ⓒ 宝瓶宮生まれの人《1月20日-2月18日生》.
**a·quat·ic** /əkwætik アクワティク | əkwɔ́t-/ アクワティ

ク, əkwɑ́t-/ 形 (正式) **1** 水生の, 水中にすむ. **2** 水の, 水上の.

**aq·ue·duct** /ǽkwədÀkt アクウィダクト/ 名 C (人工)送水路, 水道;(高架式)水路橋.

**Ar·ab** /ǽrəb アラブ/ 名 C **1** アラブ人;[the ~s] アラブ民族. **2** アラビア馬《足の速さ・優美さ・かしこさで有名》. ——形 アラビア人の.

**ar·a·besque** /ærəbésk アラベスク/ 名 C **1** アラビア模様,唐草模様《工芸品・壁面装飾用》. **2** 〔バレエ〕アラベスク《基本姿勢の1つ》. ——形 唐草[アラビア]模様の.

**A·ra·bi·a** /əréibiə アレイビア/ 名 アラビア《紅海とペルシア湾の間にある大半島》.

**A·ra·bi·an** /əréibiən アレイビアン/ 形 アラビアの;アラビア人[民族]の ‖
the Arabian Desert アラビア砂漠.

arabesque 1

——名 C **1** アラビア人. **2** アラビア馬(Arabian horse)(→ Arab 名 **2**).

**Arábian cámel** 〔動〕ヒトコブラクダ.

**Arábian hórse** =Arabian 名 **2**.

**Arábian Níghts** [the ~] 『アラビアンナイト』『千(夜)一夜物語』(*The Arabian Nights' Entertainments*, *The Thousand and One Nights*)《シェーラザードがペルシア王に語る形式の大説話集》.

**Ar·a·bic** /ǽrəbik アラビク/ (アクセント注意)《◆'アラビク) 形 アラビア(人)の;アラビア語[文字]の ‖
Arabic architecture アラビア建築.

——名 U アラビア語.

**Árabic númerals** [**fígures**] アラビア数字〈1, 2, 3など〉.

**ar·a·ble** /ǽrəbl アラブル/ 形 耕作に適する, 耕地の.
——名 U 耕地.

**ar·bi·trar·i·ly** /ɑ̀ːrbətrέərəli アービトレリリ | ɑ́ːbətrərəli アービトラリリ/ 副 任意に, 勝手に;独断的に.

**ar·bi·trar·i·ness** /ɑ̀ːrbətrέərinəs アービトレリネス | ɑ́ːbətrərinəs アービトラリネス/ 名 U 任意, 独断, 気ままなこと.

**ar·bi·trar·y** /ɑ́ːrbətrὲri アービトレリ | ɑ́ːbitrəri アービトラリ/ 形 **1** 任意の, 随意の(random);独断的な ‖
make an arbitrary decision 勝手に決定する.
**2** 気ままな, 移り気な ‖
an arbitrary character 気まぐれな性質.

**ar·bi·trate** /ɑ́ːrbətrèit アービトレイト/ 動 (現分 -trat·ing)(正式) 自 他 (…を)仲裁する.

**ar·bi·tra·tion** /ɑ̀ːrbətréiʃən アービトレイション/ 名 U C 仲裁, 調停 ‖
go to arbitration 仲裁に付す[付される].

**ar·bi·tra·tor** /ɑ́ːrbətrèitər アービトレイタ/ 名 C 仲裁者, 調停者.

**ar·bor**[1], (英) **--bour** /ɑ́ːrbər アーバ/ 名 C (正式) 木陰;あずまや《囲った格子に木の枝・ブドウ・ツタなどはわせた休憩所》.

**ar·bor**[2] /ɑ́ːrbər アーバ/ 名 (複 **-bo·res**/-rìːz/) C (植) 木本(凭), 樹木《◆一般には tree》.

**Árbor Dày** (米・カナダなどで)植樹祭(の日)《ふつう4月下旬から5月上旬》.

**ar·bour** /ɑ́ːrbər アーバ/ 名 (英) =arbor[1].

**arc** /ɑ́ːrk アーク/ (同音 ark) 名 C **1**〔数学〕円弧, 弧;〔天文〕弧;〔電気〕アーク.
**2** 弓形 ‖
with eyebrows raised in an arc まゆを弧形につり上げて《◆驚き・非難などのしぐさ》.

**árc làmp** アーク灯.

**árc líght** アーク灯;弧光.

**ar·cade** /ɑːrkéid アーケイド/ 名 C **1** アーケード ‖
a shópping arcàde 商店街.
**2**〔建築〕拱(ë̆)廊《アーチ状の側面の続いている廊下》;(ギリシア建築にみられる)列柱, 柱廊.

**Ar·ca·di·a** /ɑːrkéidiə アーケイディア/ 名 アルカディア《古代ギリシアの景勝地. 田園的な理想郷とされる》.

arcade 2

**arch** /ɑ́ːrtʃ アーチ/ 名 (複 **~·es**/-iz/) C **1**〔建築〕アーチ, (橋・建物の)迫持(芒).
**2** アーチ[弓形]門 ‖
a triumphal **arch** =an **arch** of triumph 凱(ä)旋門.
**3** アーチ道(archway).
**4** アーチ形[弓形, 弧形](のもの, デザイン) ‖
an arch in the cat's back 弓形に丸めたネコの背《◆警戒・怒り・おどしなどのしぐさ》.

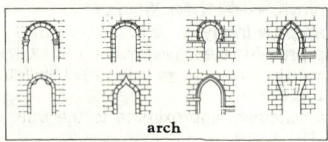

arch

——動 (三単現 **~·es**/-iz/) 他 …をアーチ形[弓形]に曲げる ‖
A bridge **arches** the stream. 川にアーチ橋がかかっている.
——自 弓形に曲がる, アーチ形にかかる ‖
The rainbow **arched** over the river. 川に虹がかかった.

**ar·chae·o·log·i·cal** /ɑ̀ːrkiəlɑ́dʒikl アーキオラヂクル | -lɔ́dʒi- -ロヂクル/ 形 考古学(上)の.

**archae·ol·o·gist** /ɑ̀ːrkiɑ́lədʒist アーキアロヂスト | -lɔ́l- -オロヂ/ 名 C 考古学者.

**ar·chae·ol·o·gy** /ɑ̀ːrkiɑ́lədʒi アーキアロヂ | -lɔ́l- -オロヂ/ 名 U 考古学.

**ar·cha·ic** /ɑːrkéiik アーケイイク/ 形 **1** 古語の, 古体の. **2** 古風な, 旧式の. **3** 古代の, 初期の.

**arch·an·gel** /ɑ́ːrkèindʒəl アーケインヂェル, ニ-/ 名 C 〔カトリック〕大天使, 天使長.

**arch·bish·op** /ɑ̀ːrtʃbíʃəp アーチビショプ/ 名 C 〔カト

リック)大司教;〔プロテスタント〕大監督;〔ギリシア正教・アングリカン〕大主教;〔仏教〕大僧正. 事情 archbishop (大司教), bishop (司教), priest (司祭), deacon (助祭)の順の階級がある.

arched /ɑ́ːrtʃt/ アーチト 動 → arch. ――形 アーチ形の, 弓形の;アーチ付きの.

arch·er /ɑ́ːrtʃər/ アーチャ/ 名 1 ⓒ 弓の射手, アーチェリーの選手. 2 [the A~]〔天文・占星〕射手(ˈ)座 (Sagittarius).

arch·er·y /ɑ́ːrtʃəri/ アーチャリ/ 名 Ⓤ 1 アーチェリー, 洋弓術. 2 [集合名詞] 弓矢類, アーチェリー用具.

ar·che·type /ɑ́ːrkitaip/ アーキタイプ/ 名 ⓒ 1 原型 (prototype). 2 典型.

Ar·chi·me·des /ɑ̀ːrkəmíːdiːz アーキミーディーズ | ɑ̀ːki- アーキ-/ 名 アルキメデス《287?- 212 B.C.; 古代ギリシアの数学者・物理学者》.

ar·chi·pel·a·go /ɑ̀ːrkəpéləgou アーキペラゴウ | ɑ̀ːki- アーキ-/ 名 (複 ~(e)s) ⓒ 1 群島, 諸島 ‖ the Japanese archipelago 日本列島.
2 多島海;[the A~] エーゲ海.

ar·chi·tect /ɑ́ːrkətèkt アーキテクト/ 名 ⓒ 1 建築家, 設計者.
2 [通例 the ~] 製作者, 立案者, 創造者 ‖ the architect of one's own fortune 自らの運命の開拓者.

ar·chi·tec·tur·al /ɑ̀ːrkətéktʃərəl アーキテクチャラル/ 形 建築上の;建築学[術]の.

*ar·chi·tec·ture /ɑ́ːrkətèktʃər アーキテクチャ | ɑ̀ːki- アーキ-/ 〖→ architect〗
名 (複 ~s/-z/) 1 Ⓤ 建築, 建築学[術].
2 ⓊⒸ [通例複合語で] 建築様式 ‖ classical [modern] architecture 古典[現代]建築.
Romanesque [Byzantine, Greek] architecture ロマネスク式[ビザンチン式, ギリシア]建築.
3 [the ~;集合名詞] 建築物.
4 Ⓤ 《正式》[通例 the ~] 構成, 構造(plot) ‖ the architecture of a novel 小説の筋立て.

ar·chive /ɑ́ːrkaiv アーカイヴ/ 発音注意《◆ "アーチャイヴ" 名 [~s;複数扱い] 1 公文書保管所, 文書館.
2 [集合名詞] 古文書;記録文書.

arch·way /ɑ́ːrtʃwei アーチウェイ/ 名 ⓒ アーチ道, アーチの下の通路[入口].

Arc·tic /ɑ́ːrktik アークティク/ 形 1 北極地方[付近]の (↔ Antarctic).
2 [a~]《略》厳寒の, 極寒の ‖ arctic weather 極寒.
――名 1 [the ~] 北極地方. 2 ⓒ 《米》[通例 arctics] 防寒[オーバー]シューズ.

Árctic Círcle [the ~] 北極圏《北緯66°33′の緯線》.
Árctic fóx ホッキョクギツネ.
Árctic Ócean [Séa] [the ~] 北極海.
Árctic Zòne [the ~] 北極帯《北緯66°33′以北の地域》.

ar·dent /ɑ́ːrdnt アーデント/ 形 1 熱情的な, 熱烈な;激しい ‖ ardent love 燃えるような愛.
2 熱心な, 熱狂的な.

ar·dor, 《英》 --dour /ɑ́ːrdər アーダ/ 名 ⓊⒸ《正式》情熱;熱心.

ar·du·ous /ɑ́ːrdʒuəs アーチュアス | -dju- -デュアス/ 形 《正式》困難な;努力を要する.

*are¹ /(弱) ər アア;(強) ɑːr アー/ 同音 △ah, △R)《◆発音はふつう弱形で, 《略式》ではふつう短縮形 're となる. ただし文中にくるときや強調のあるときは強形で, 《略式》でも短縮形にしない》
――動 (過去 were;過分 been;現分 be·ing)
――自 二人称単数および各人称の複数を主語とする be の直説法現在形《語法 → be》‖
You are my student. 君は私の(教えている)学生だ.
対話 "Are they your children?" "Yes, they áre." 「お子さんですか」「はい, そうです」.

are² /éər エア, ɑːr アー/ 名 ⓒ アール《面積の単位. =100㎡》.

*ar·e·a /éəriə エアリア/〖『空地』が原義. cf. arid〗
――名 (複 ~s/-z/) 1 ⓊⒸ (表)面積;建坪 ‖ The area of this floor is 100 square meters. =This floor is 100 square meters in area. =This floor has [covers] an area of 100 square meters. この床面積は100平方メートルある.
2 ⓒ (特定の)地域, 地方《◆ region より狭い区域》(類 district) ‖ a desert area 砂漠地帯.
France is the perfect area for growing grapes. フランスはブドウ栽培にはぴったりの地域だ.
3 ⓒ 広場, 空地;場所, 空間 ‖ a picnic area ピクニック場.
a parking area 駐車場.
the shopping area ショッピング街.
4 ⓒ (活動などの)範囲, 領域;部門 ‖ in the area of language teaching 言語教育の分野で.

área còde 《米・カナダ》(電話の)市外局番《頭3けた》(《英》dialing code).
área stùdy 地域研究.

a·re·na /əríːnə アリーナ/ 名 ⓒ 1 (古代ローマの)円形闘技場. 2 a (一般的に)闘技場, リング. b 円形演技場 (arena stage). 3 闘争の場.
aréna stàge = arena 2 b.
aréna théater 円形劇場.

*aren't /ɑ́ːrnt アーント/ 1 are not の短縮形.

語法 I am の付加疑問には, 《略式》aren't I? / 《正式》am I not? / 《非標準》ain't I? の3つの型がある. これらに抵抗を感じる人は isn't that so?, right?, OK? などを使う (→ ain't).

2 [疑問形式の感嘆文で] am not の短縮形 ‖ Aren't I strong? おれ, 強いだろう (=How strong I am?).

Ar·gen·ti·na /ɑ̀ːrdʒəntíːnə アーチェンティーナ/ 名 アルゼンチン《南米の共和国. 正式名 the Argentine Republic. 首都 Buenos Aires》.

**Ar·gen·tine** /1 では /ά:rdʒəntain アーチェンタイン, 2 では -ti:n -ティーン/ 名 1 [the ~] =Argentina. 2 Ⓒ アルゼンチン人. ── 形 アルゼンチンの.

**ar·gu·a·ble** /ά:rgjuəbl アーギュアブル/ 形 疑わしい；論証できる, もっともな. **ár·gu·a·bly** 副 [文全体を修飾]（…とは）異論のあるところで(あるが)；[断定をやわらげて] ほぼまちがいなく, たぶん.

\***ar·gue** /ά:rgju: アーギュー/ 『「明らかにする」が原義』argument（名）
── 動 ([三単現]~s/-z/; [過去・過分]~d/-d/; [現分]-gu·ing)
── 他 **1** [argue that 節] …だと**主張する**, 論ずる；「…」と主張する ‖
They **argued that** the earth is round. 彼らは地球は丸いと言い張った.
**2 a** [argue into doing]〈人〉を…するように**説得する** ‖
He really didn't want to go at first but I **argued** him **into** going. 彼は最初は行きたがなかったのだけど行くように説きふせたのだ.
**b** [argue out of doing]〈人〉を…しないように**説得する** ‖
**argue** her **out of** killing herself 彼女を説得して自殺を思いとどまらせる.
**3**〈問題など〉を（理由・証拠をあげて）**論じる；論争する** ‖
**argue** the whole matter **out** その全問題を論じ尽くす.
**4**〔正式〕**a** [argue A (to be) C]〈事が〉A〈人〉が C だと示す；[argue that 節] C だと示す ‖
His accent **argues** him (to be) a foreigner. =His accent **argues that** he is a foreigner. 彼のなまりから外国人だとわかる.
**b**〈事によって〉〈事〉であるのがわかる(prove).
── 自 **論ずる, 議論する**, 言い争う；〔正式〕論をとなえる ‖
We **argued with** each other **about** the best place for a holiday. 休暇を過ごすのにどこがいちばんいいか言い合った.
The next speaker **argued against** the plan. 次の発言者は計画に反対の意見を述べた.

**ar·gu·ing** /ά:rgjuiŋ アーギューイング/ 動 → argue.

**ar·gu·ment** /ά:rgjəmənt アーギュメント | ά:gju- アーギュ-/ 名 **1** ⓒⓊ **議論, 論争** ‖
have an **argument with** her over [about] politics 政治のことで彼女と論議する.
**without argument** 異議なく.
There are many **arguments for and against** smoking. 喫煙の是非については多くの議論がある.
**2** 口論, 口げんか(quarrel).
**3** Ⓒ 論拠, 論点；道理, 理由.
(just) for árgument's sàke 議論の糸口として.

**ar·gu·men·ta·tive** /ὰ:rgjəmέntətiv アーギュメンタティブ | ὰ:gju- アーギュ-/ 形 **1** 論争の. **2** 論争的な.

**a·ri·a** /ά:riə アーリア, 《米+》έəriə/ 〔イタリア語〕Ⓒ 〖音楽〗アリア《オペラなどの中の独唱曲》.

**ar·id** /ǽrid アリド/ 形 **1**〔正式〕〈土地など〉（異常に）乾燥した, 湿気のない；不毛の. **2** 退屈な, 単調な.

**Ar·i·es** /έəriz エアリーズ/ 名 〖天文〗おひつじ座. **2**〖占星〗白羊宮, おひつじ座(the Ram). Ⓒ 白羊宮生まれの人《3月21日-4月19日生》.

**a·rise** /əráiz アライズ/ 動 ([過去] a·rose/əróuz/; [過分] a·ris·en; [現分] a·ris·ing) 自〔正式〕〈事・物が〉起こる, 現れる；生ずる ‖
This fear **arises from** ignorance. この恐怖は無知が原因です.

**a·ris·en** /ərízn アリズン/ 動 → arise.

**a·ris·toc·ra·cy** /ὰrəstάkrəsi アリスタクラスィ | -tɔ́k- -トクラスィ/ 名 ([複]-ra·cies/-z/) **1** Ⓒ [通例 the ~；集合名詞] 貴族(階級).
**2** Ⓒ〔正式〕[集合名詞] 上流階級；エリート層, 第一流の人々 ‖
an **aristocracy** of scientists 屈指の科学者たち.
**3** Ⓤ 貴族政治；Ⓒ 貴族政治国家.

**a·ris·to·crat** /ərístəkræt アリストクラト | ǽris- アリス-/ 名 Ⓒ 貴族；上流階級の人.

**a·ris·to·crat·ic** /ərìstəkrǽtik アリストクラティク | ὰris- アリス-/ 形 **1** 貴族の；上流階級の. **2** 貴族政治の. **3** 貴族的な.

**Ar·is·tot·le** /ǽristɑ̀tl アリスタトル | -tɔ̀tl -トトル/ 名 アリストテレス《384-322 B.C., 古代ギリシャの哲学者》.

**a·rith·me·tic** /əríθmətik アリスメティク；形 ὰriθmétik アリスメティク/ 〖アクセント注意〗名 Ⓤ 算数, 算術；計算(能力)《◆reading, writing とともに the three R's という》‖
do a little **arithmetic** 簡単な計算をする.
His **arithmetic** is good. 彼は計算に強い.
── 形 /ὰriθmétik/《◆分節は ar·ith·met·ic》=arithmetical.

**ar·ith·met·i·cal** /ὰriθmétikl アリスメティクル/ 形 算数の, 算術の.

**Ar·i·zo·na** /ὰrəzóunə アリゾウナ/ 名 アリゾナ《米国南西部の州. 州都 Phoenix》.

**ark** /ά:rk アーク/ 〖同音〗arc〗名 Ⓒ 〖聖書〗ノアの箱船.

**Ar·kan·sas** /ά:rkənsɔ̀: アーカンソー/ 〖発音注意〗《◆×アーカンサス》名 アーカンソー《米国中南部の州. 州都 Little Rock》.

**Ar·ling·ton** /ά:rliŋtən アーリントン/ 名 アーリントン《米国 Virginia 州北東部の郡. Washington, D.C. の郊外住宅地. 国立墓地があり, そこには無名戦士の墓や, Kennedy 大統領の墓がある》.

\*\***arm**¹ /ά:rm アーム/ 『「肩とつなぎ合うもの」が原義』
── 名 ([複]~s/-z/) **1** Ⓒ **腕, 上肢**《◆肩から手首までを含む. 図 → body》；（動物の）前肢（図 → horse）‖
one's better **arm** きき腕.
a lady **with** a baby **in** her **arms** 赤ん坊を抱いた婦人.

hold a racket **under** one's **arm** ラケットを小わきにかかえる.
**fold** [**lock**] one's **arms** 腕組みをする.
unfold one's arms (組んでいた)腕をとく.
bare one's arms 腕をまくる.
spread out one's arms 腕[手]を大きく広げる《◆驚き・絶望などのしぐさ》.
The policeman held him by the arm. 警官は彼の腕をつかんだ(→ catch 他 1b).

spread out one's arms

**2** Ⓒ 腕状の物; (いすなどの)ひじかけ; (服の)そで; 腕木, 腕金, てこの腕, (船の)帆桁(ﾎﾞ); 大枝 ‖
an arm of the sea 入江, 河口.
an arm of a river 分流, 支流.
the arms of a chair いすのひじかけ.
**3** Ⓤ 《正式》 力(strength), 権力(authority) ‖
the ((略式)) long) arm of the law 法の力, 警察の捜査.
the secular arm (教権に対する法廷の)俗権.
◇**árm in árm** 仲よく腕を組んで ‖ They walked arm in arm. 彼らは腕を組んで歩いた.
**at árm's léngth** (1) (手を伸ばせば届くほど)すぐ近くに. (2) ある距離をおいて; よそよそしく ‖ keep [hold] him at arm's length 彼を寄せつけない.
**jóg** [**núdge**] **A's árm** A(人)の腕を自分の腕でこづく; A(人)の腕をつつく《◆相手の不注意・失念を気づかせたり, 警告を与えるしぐさ》.
**with** one's **árms fólded** 腕組みして; 手をこまねいて(=with folded arms).
**with ópen árms** (1) 両手を広げて. (2) 心から, 熱烈に.

\***arm**² /άːrm アーム/ 〖「腕で使うもの」が原義. cf. armor, army〗
──名 (圈 ~s/-z/) [~s] 武器, 兵器 (類 weapons)《◆数詞や many, few などをつけない. ふつう複数扱い》‖
the arms race between the super powers 超大国の軍備拡張競争.
carry [bear, shoulder] arms 武器を携帯する.
To arms! (号令)戦闘準備.
**lày dówn** one's **árms** 《文》《軍事》降伏する.
**tàke úp árms** =**ríse úp in árms** 《文》武器を取る; 戦闘を開く.
**ùnder árms** 戦いの準備をして; 戦時体制になって.
──動 (三単現 ~s/-z/; 過去・過分 ~ed/-d/; 現分 ~ing)
──他 **1**〈人〉を**武装させる** ‖
be armed to the teeth 完全武装している.
The skunk is armed with a powerful scent. スカンクは激臭で身を守る.
**2** [通例 be ~ed / 時に ~ oneself] 身につける,

(万全の)用意をする ‖
arm oneself against the cold with a fur coat 毛皮のコートで寒さに備える.
Arm your children with a good education. 子供たちにはしっかりした教育を受けさせなさい.

**ar·ma·da** /ɑːrmάːdə アーマーダ, -méi-/ 名 **1** [時に複数扱い] 大型艦隊. **2** [the A~] 《歴史》(スペインの)無敵艦隊《1588年英国海軍に敗れた》.
**ar·ma·dil·lo** /ὰːrmədíloʊ アーマディロウ/ 名 (圈 ~s) Ⓒ 《動》 アルマジロ《南米産》.
**ar·ma·ment** /άːrməmənt アーマメント/ 名 **1** Ⓒ [通例 ~s] **a** (一国の)軍備, 軍事力. **b** (軍家・軍艦などの)装備, 兵器. **2** Ⓤ 軍備を整えること.
**arm·band** /άːrmbænd アームバンド/ 名 Ⓒ 腕章.
**arm·chair** /άːrmtʃὲər アームチェア/ 名 Ⓒ ひじ掛けいす.
**armed** /άːrmd アームド/ 動 → arm.
──形 武器を身に付けた; 武装した ‖
the armed forces (陸・海・空軍の)軍隊.
**Ar·me·ni·a** /ɑːrmíːniə アーミーニア/ 名 アルメニア《Caucasia 地方の国》.
**Ar·me·ni·an** /ɑːrmíːniən アーミーニアン/ 形 アルメニアの; Ⓒ アルメニア人(の); Ⓤ アルメニア語(の).
**arm·ful** /άːrmfὺl アームフル/ 名 [an ~ of + 名詞] ひとかかえの….
**arm·hole** /άːrmhòʊl アームホウル/ 名 Ⓒ そでぐり(図) ‖ jacket.
**ar·mies** /άːrmiz アーミズ/ 名 → army.
**arm-in-arm** /άːrmináːrm アーミナーム/ 副 = ARM¹ in arm.
**ar·mi·stice** /άːrməstis アーミスティス/ 名 Ⓒ 休戦, 停戦.
**ar·mor,** 《英》 --**mour** /άːrmər アーマ/ 名 Ⓤ **1** よろいかぶと ‖
in armor 武装して.
a suit of armor よろいかぶと一式.
**2** (軍艦・戦車などの)装甲; [集合名詞] 装甲[機甲]部隊.
**3** 〖生物〗 甲羅(ﾊﾞ).
**ar·mored,** 《英》 --**moured** /άːrmərd アーマド/ 形 よろいを着けた; 装甲した.
**ar·mo·ri·al** /ɑːrmɔ́ːriəl アーモーリアル/ 形 紋章の.
**ar·mo·ry,** 《英》 --**mou·ry** /άːrməri アーマリ/ 名 (圈 --**mor·ies**) Ⓒ 兵器庫; 《米》兵器工場.
**ar·mour** /άːmə アーマ/ 名 《英》=armor.
**arm·pit** /άːrmpìt アームピト/ 名 Ⓒ わきの下(図 body).
**arm·rest** /άːrmrèst アームレスト/ 名 Ⓒ (いすなどの)ひじ掛け.

\***ar·my** /άːrmi アーミ/ 〖「武装(arm)されたもの」が原義. cf. arm²〗
──名 (圈 **ar·mies**/-z/) Ⓒ **1** (一国の)**軍隊**, 全地上部隊; 軍勢, 兵力 ‖
a standing army 常備軍.
an army of occupation =an occupation army 占領軍.
**2** [通例 the ~; 単数・複数扱い] (一国の)**陸軍** (cf. navy, air force); [形容詞的に] 陸軍の ‖

join [enter, go into] the army (陸軍に)入隊する.
an officer in the army =an army officer 陸軍将校.
the Department of the Army 陸軍省.
**3** [an ~ of + C 名詞の複数形] …の**大群**, 大勢の… ‖
an army of demonstrators 大勢のデモ隊.

**Ar·nold** アーノルド《男の名》.

**a·ro·ma** /əróumə/『ラテン』名 U **1** 《正式》芳香;(特にワインの)香気. **2**(芸術品のもつ)気品.

**ar·o·mat·ic** /ӕrəmǽtik アロマティク/ 形《正式》香りのよい(sweet), 快くピリッとした.

**a·rose** /əróuz アロウズ/ 動 → arise.

**★a·round** /əráund/ アラウンド/『元来, 円周およびそれに沿っての運動を表したが, それより漠然と周辺の位置・運動を表すようになった』

→ 副 I [円周] 1 ひとまわりして 2 周りに[を]
II [周辺の位置・運動] 6 あちこちに[を]
8 およそ
前 1 …をひとまわりして 2 …の周りに[を]
4 …のあちこちを 5 …の近くで[の]

《◆ 副 前 とも《米》では around, 《英》では round が好まれるが, 今日《こんにち》では特に運動を表す用法では《英》でも around が優勢になりつつある》

——副 I [円周(運動)]
**1**《周りを》ひとまわりして, 巡って; 回転して; 円周が(…ある) ‖
a tree 4 feet around 周囲が4フィートある木.
How big around is that tree? あの木の周りはどれくらいですか.
Her turn came around. 彼女の順番がやってきた.

**2** 周りに[を], 周囲に[を]; 四方に[から] ‖
look around (ぐるっと)あたりを見回す.
A dense fog lay all around. 濃い霧があたり一面にたちこめていた.

**3**《周囲の一部を》回って; 回り道をして ‖
The road goes around by the lake. その道は湖を迂(う)回している.

**4**(反対方向に)向きを変えて, ぐるりと; もとの方向に, もとの状態に ‖
turn around (後ろを)ふり向く.
bring the conversation around to politics 話を政治に戻す.
The unconscious man came around. 気を失っていた人が意識を回復した.

**5**〈年が〉始めから終わりまで;(まんべんなく・次々と)回して, 回って ‖
all (the) year around 1年中《◆「1日中」は all day (long)》.

II [周辺の位置・運動]
**6** あちこちに[を], ほうぼうに[を]《◆《英》では about も用いる》‖
shop around《略式》《買物で》あちこち品物を見て回る.
I shall be delighted to show you around. 喜んでご案内致しましょう.

**7**《略式》(ぶらぶらとして)あたりに, 近くに ‖
I'll be around when you need me. その辺にいますから用があったらどうぞ.

**8**《略式》およそ, …時頃(about) ‖
(at) around 5 o'clock 5時頃に.

**9**《略式》**a**〈人が〉(病床から起きて)動き回って, 働いて ‖
He is úp and aróund now. 彼は今ではピンピンしている.
**b**〈人が〉やって来る, 行く;〈物が〉出回っている, 手にはいる.
**c** [最上級形容詞 + 名詞のあとに置いて] 現存する(うちで) ‖
the most productive of the writers (who are) around 現存している(人のうちで)最も多作の作家.

**áll aróund** [副] (1) → 副 **2**. (2)《握手など》(まんべんなく)みんなに, 一同に;《略式》万事に.

**háve been aróund**《略式》(1)(前から)存在している ‖ Digital cameras **have been around** for seven years. デジカメが出てから7年になる. (2)〈人が〉世間[人生]をよく知っている, 教養が高い; 交際が派手である, プレイボーイ[ガール]である.

——前《◆**1, 2, 3** は 副 I (**1, 2, 3**)に, **4, 5, 6** は 副 II (**6, 7, 8**)にそれぞれ対応する》 **1** …をひとまわりして, …を巡って;〈軸など〉を中心[基礎]にして ‖
a story built around a new plot 新しい筋をもとに作られた物語.
The earth revolves around the sun. 地球は太陽の周りを回る.

**2** …を取り巻いて, …の周りに[を], …の周囲に ‖
sit around the table 食卓を囲んで座る.
She put her arms around him. 彼女は彼に両腕をまわした.
Many people stood around him. 多くの人が彼の周りに立っていた.

**3 a** …を回って;〈角など〉を曲がった所に ‖
go around the corner 角を曲がって行く.
the church around the corner 角を曲がった所にある教会.
**b**〈法律・規則など〉を避けて ‖
a way of getting around the regulation その規則をのがれる方法.

**4** …のあちこちを, …のほうぼうを ‖
travel around the world 世界をあちこち旅行して回る; 世界を1周する(→ **1**).
wander around the town 町をあちこちぶらぶら歩く.
She left empty bottles around the house. 彼女は家のあちこちに空きびんをほうっておいた.

**5**《略式》…の辺りで, …の近くで[の] ‖
hang around the drugstore ドラッグストアの周りにむろする.
He lives somewhere around Paris. 彼はパリ近郊に住んでいる.

**6**《米略式》約, およそ, …ぐらい, …頃(about)《◆ 副 ともとれる》‖

**a·rouse** /əráuz アラウズ/ (発音注意)《×アロウズ》動 (現лы) 他 (正式) 1〈人〉を目覚めさせる, …の目を覚まさせる《◆比喩的にも用いる》(awake) ‖
Her cry **aroused** me **from** my sleep. 彼女の泣き声で私は眠りから覚めた.
**2**〈物・事が〉〈感情・行為など〉を刺激する, 呼び起こす (excite);〈人〉をふるい立たせて…させる,〈人〉を駆りたてる ‖
The music **aroused** the audience **to** enthusiasm. その音楽は聴衆を熱狂させた.

**\*ar·range** /əréindʒ アレインヂ/ 「『ばらばらのものを秩序ある状態に整える』が本義. cf. de*range*」
派 arrangement (名)

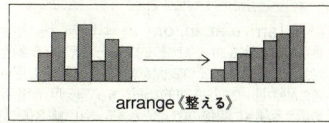

arrange〈整える〉

→ 他 **1** きちんと並べる **3** 取り決める

——動 (三単現) --rang·es/-iz/; (過去・過分) ~d /-d/; (現分) --rang·ing
——他 **1** …をきちんと並べる, 整頓する; …を配列する; …を整理する ‖
an **arranged** match 見合い結婚.
His daughter **arranges** flowers well. 彼の娘は生け花が上手だ.
**2**〈紛争など〉を調停する, 解決する (settle) ‖
She **arranged** a dispute between the two. 彼女は二人の争いを調停した.
**3 a**〈会合など〉を取り決める, 打ち合わせる ‖
We have **arranged** a meeting for tomorrow. 我々はあす会合をすることにした.
Fall, 2004 (dates to be **arranged**) 2004年秋 (期日は未定).
**b**〈人・物・事〉の手はずを整える ‖
対話 "He says we need twenty more people for the trip." "I'll **arrange** everything (**for** it), so there's no need to worry." 「彼の言うには旅行にはあと20人必要なんだって」「ぼくがなんとか手配するから心配しないで」.
**c** [arrange that 節 / arrange wh 節・句] …であると取り決める, …できるよう手配 [準備] する ‖
It is **arranged** that he (**should**) stay at home on Tuesday. 彼が火曜日には家にいるよう打ち合わせてある (=It is **arranged** for him to stay at home ....)《◆ should を用いるのは主に《英》.
Shall we **arrange what** to do next? 次に何をすべきか打ち合わせしましょうか.
She **arranged** that he (**should**) meet her friend here. 彼女は彼がここで彼女の友だちに会えるようにお膳立てしてくれた (=She **arranged** for him to meet her friend here. (→ 自 **3**))《◆ should を用いるのは主に《英》.

——自 **1** [arrange **with** A]〈人〉と取り決めをする ‖
**arrange with** him about the party 彼とパーティーの打ち合わせをする.
**2** [arrange **about** [**for**] A] …の手はずを整える, 準備する ‖
Who **arranged about** (buying) the tickets? だれが切符を手配してくれましたか.
She **arranged for** the music at the wedding. 彼女は結婚式の音楽の用意をした.
**3** [arrange (**for** A) **to** do] (〈人・物〉が)…するように手配する ‖
I'll **arrange** to meet her at ten. 10時に彼女と会うように手はずをします.
I **arranged for** him **to** drive me home 彼に車で家に送ってもらうように手はずをした (→ 他 **3 c**).

**ar·range·ment** /əréindʒmənt アレインヂメント/ 名
**1 a** ⓤ (きちんと) 並べる [られる] こと. 整頓 (とん), 配列, 配置, 整理 ‖
in arrangement 整然と.
**b** ⓒ 整理 [配列] した物; 整理 [配列] 法 ‖
a flower **arrangement** 生け花.
**2** ⓒⓤ 調停 (すること); 解決 ‖
the **arrangement** of the difference between the brothers 兄弟間のいさかいの仲裁.
**3** ⓒⓤ 取り決めること; 打ち合わせ, 協定 ‖
by arrangement with A press A出版社と特約して.
I came to an **arrangement with** her **about** the matter. その件について彼女と相談がまとまった.
**4** [通例 ~s] 準備, 用意, 手配 ‖
Have you made **arrangements for** the wedding? 結婚式の準備はできましたか (=Have you **arranged for** the wedding?).
I made **arrangements for** him **to** see her home. 彼に彼女を家に送ってもらうよう手配した (=I **arranged for** him to see her home.).
**5** ⓒⓤ 編曲 [脚色] (すること), アレンジ.

**ar·rang·ing** /əréindʒiŋ アレインヂング/ 動 → arrange.

**ar·rant** /ǽrənt アラント/ 形 (文) 悪名高い, 全くの ‖
an **arrant** liar 大うそつき.

**ar·ray** /əréi アレイ/ (顔音) 動 他 (正式) **1**〈軍隊など〉を整列させる; …を配備する ‖
**array** his troops along the river 彼の軍を川沿いに配置する.
**2** …を盛装させる.
——名 ⓤ **1** [しばしば an ~] 整列, 配列 ‖
set the troops in **array** 軍隊を配置する.
**2** [an ~ **of** A] …の勢ぞろい [列挙], ずらりと並んだ… ‖
an **array of** cakes ずらりと並んだケーキ.
**3** (正式) 衣装, (特に) 美しい服装 ‖
in fine **array** すばらしい衣装で [を身にまとって].

**ar·rest** /ərést/ アレスト/ 〖(ある状態)に(ar)引き止める(rest)〗
──動 (三単現) ~s/ərésts/; (過去・過分) ~·ed /-id/; (現分) ~·ing
──他 **1** 〈犯罪者などを〉**逮捕する**, 検挙する ‖
The policeman **arrested** him for drunken driving [as a drunken driver]. その警官は彼を飲酒運転で逮捕した.
[対話] "They caught him taking some money from the company." "He's been **arrested** then, has he?"「彼が会社の金をごまかしているのがわかったんだって」「すると彼は警察に引き渡されたのですね」.
**2** (正式) …の(進行)を止める ‖
The new drug **arrested** the growth of the disease. 新薬がその病気の進行を抑えた.
**3** (正式) 〈物・事が〉〈人の注意など〉を(ちょっと)引く ‖
Her casual remark **arrested** me. 彼女のさりげない言葉が私の注意を引いた.
──名 (複) ~s/əréts/ [C][U] **1 逮捕**, 検挙 ‖
an **arrest** warrant 逮捕状.
make an **arrest** of him 彼を逮捕する.
make more than twenty **arrests** 20名以上の人を逮捕する.
**2** 〔法律・医学〕止まること, 停止; 止めること, 妨害 ‖
a cardiac **arrest** 心臓が止まること, 心(拍)停止.
◇**únder arrést** 逮捕されて ‖ place [put] him under **arrest** 彼を逮捕する / You're under **arrest**. 《警察官の言葉》お前を逮捕する.

**ar·rest·ing** /əréstiŋ アレスティング/ 動 → arrest.
**ar·riv·al** /əráivl アライヴァル/ 名 **1 a** [U] 到着(すること) (↔ departure) 《◆前置詞については → arrive [語法]》‖
I am waiting for his **arrival** at the hotel. 彼がホテルに着くのを待っている(=I am waiting for him to **arrive** at the hotel.).
**b** [形容詞的に] 到着の ‖
an **arrival** platform 到着ホーム.
What's the **arrival** time in Tokyo? 東京到着時刻は何時ですか.
**2** [U] 到達; 出現; 出生 ‖
our **arrival** at a conclusion 我々の結論への到達.
the **arrival** of his son and heir 彼の跡とり息子の誕生.
**3** [C] 到着する[した]人[物]; (略式) [new ~] 新しく生まれた子 ‖
an early [a late] **arrival** 早く[遅く]来た人.
Best wishes to the new **arrival**. 《電文》ご出産おめでとう.
**on** (one's) **arrival** 着くとすぐ, 着き次第.

**\*ar·rive** /əráiv アライヴ/ (類音) a/íve/əláiv/ 〖「水路で岸(rive)に着く」が原義. cf. *river*〗
(派) **arrival** (名)
──動 (三単現) ~s/-z/; (過去・過分) ~d/-d/; (現分) ~·riv·ing
──自 **1** 着く, 到着する, 来る(get to, reach) (↔ depart) ‖
No letters **arrived** today. きょうは手紙が1通も来なかった.
She **arrived at** the station. 彼女は駅に到着した.
We **arrived over** Paris. パリの上空に達した.
When did he **arrive on** the scene? 彼はいつ現場に到着した[姿を現した]か.
[対話] "My friend Marilyn **is arriving** from Tokyo this afternoon. Can you meet her at the station?" "Sure. What time does the train **arrive**?"「友人のマリリンが午後に東京からやってくるのだけど, 君, 駅まで出迎えに行ってくれないか」「いいですよ. 列車は何時に着きますか」.

[語法] [arrive at, in, on] at は比較的狭いと考えられる場所に, in は比較的広いと考えられる場所に, on, upon はその表面が意識される場合に用いるのが原則. ただし心理的な面もあって必ずしも場所の広さや狭さに関係のないこともある. **at** 前3 [語法] 参照.

**2** [arrive at **A**] **A**〈結論・年齢などに〉**到達する**, 達する 《◆(1) 受身可能. (2) 自1 と違い常に at を用いる》‖
After many hours' talk, we **arrived at a conclusion**. 何時間もの話し合いのあと我々は1つの結論に到達した.
**3** 〈時・時期などが〉来る(come) ‖
The great day **arrived**. すばらしい日が訪れた.
The time has **arrived** for us to stand up. 我々の立ち上がる時がやって来た.
**4** 〈赤ん坊が〉生まれる(be born) ‖
The baby **arrived** on Monday. 赤ちゃんが月曜日に生まれた.

**ar·riv·ing** /əráiviŋ アライヴィング/ 動 → arrive.
**ar·ro·gance** /ǽrəgəns アロガンス/ 名 [U] 横柄(おうへい)さ, 尊大さ.
**ar·ro·gant** /ǽrəgənt アロガント/ 形 横柄な, 尊大な; 無礼な. **ár·ro·gant·ly** 副 横柄に.
**ar·row** /ǽrou アロウ/ 名 [C] **1** 矢 ‖
fly straight as an **arrow** まっすぐに飛んで行く.
shoot an **arrow** at the target 的(まと)をねらって矢を射る.
**2** 矢に似たもの; 矢印 《→》‖
follow the **arrows** 矢印をたどる.
**ar·se·nal** /ɑ́ːrsənl アーセヌル/ 名 [C] 兵器工場; 兵器庫.
**ar·se·nic** /ɑ́ːrsənik アーセニック/ 名 [U] 〔化学〕ヒ素 《記号 As》; 《広義》毒薬.

**\*\*art** /ɑ́ːrt アート/ 〖「技術」が原義〗 (派) artificial (形), artistic (形)
──名 (複) ~s/ɑ́ːrts/) **1 a** [U][C] 芸術《美術のほかに音楽・詩歌・劇・舞踊なども含む》; 美術《絵画・彫

刻・建築など. cf. fine arts》∥
àrts and cráfts 工芸美術.
art for art's sake 芸術のための芸術, 芸術至上主義.
Art is long, life is short. 《ことわざ》「芸術は長く人生は短し」《もとのラテン語は「技術を修得するのには長くかかるから時間をむだにしないで励め」の意. → 3》.
b [形容詞的に] 芸術の, 美術の∥
an art form 芸術形式(=a form of art).
art history 美術史.
2 [集合詞] a 芸術作品, 美術品∥
a museum of modern art 近代美術館.
b (新聞・雑誌などの)さし絵, カット.
3 ⓊⒸ 技術, こつ, 要領;(芸術的)手腕, わざ, 技巧∥
the art of búilding =the búilding àrt 建築術.
the art of writing letters 手紙を書く要領.
the art of defence 護身術《boxing や fencing の別名》.
There is an art to [in] binding books. 本を装丁するには技術が必要だ.
4 Ⓤ 人工, 人為(↔ nature)∥
the beauties of art 人工の美.
5 [~s] a [単数扱い] (自然科学に対し)人文科学∥
an arts subject 人文系科目.
b [複数扱い] (大学の)一般教育科目.
by árt 熟練によって;人為的に;策略で.
árt diréctor (1) [演劇・映画・テレビ] 美術監督. (2) (出版・広告の)美術面担当者(art editor).
árt èditor =art director (2).
árt gàllery (1) 美術館(art museum). (2) 画廊.
árt musèum =art gallery (1).
ar·te·ri·al /ɑːrtíəriəl アーティアリアル/ 形 1 [解剖] 動脈の. 2 (鉄道・道路が)幹線の. ―名 Ⓒ 幹線道路(arterial road [highway]).
artérial ròad [híghway] =arterial 名.
ar·ter·y /ɑːrtəri アータリ/ 名 (複 -ter·ies/-z/) Ⓒ 1 [解剖] 動脈. 2 (道路・伝達などの)幹線.
art·ful /ɑːrtfl アートフル/ 形 狡猾(ᵓᵘ)な, ずるい;巧妙な.
árt·ful·ly 副 狡猾に;巧妙に.
árt·ful·ness 名 Ⓤ 狡猾さ;巧妙さ.
ar·thri·tis /ɑːrθráitis アースライティス/ 名 Ⓤ [病理] 関節炎.
ar·thro·pod /ɑːrθrəpɑd アースロポド|-pɔd -ポド/ 名 Ⓒ 節足動物.
Ar·thur /ɑːrθər アーサ/ 名 1 アーサー《King ~ アーサー王. 5, 6世紀ごろの英国の伝説的王》. 2 アーサー《Chester/tʃéstər/ Alan ~ 1830-86;米国第21代大統領(1881-85)》. 3 アーサー《男の名. 〔愛称〕Art, Artie》.
ar·ti·choke /ɑːrtitʃòuk アーティチョウク/ 名 Ⓒ Ⓤ 1 [植] チョウセンアザミ《頭状花が食用. 高級品》. 2 キクイモ;その塊茎《食用》.

*ar·ti·cle /ɑːrtikl アーティクル/
――名 Ⓒ 1 〔正式〕品物, 物(thing);(同種の物の)1個, 1つ(piece)∥
an article of clothing 衣料品1点.
domestic articles 家庭用品.
a missing article 紛失品.
They sell articles of all kinds at the shop. その店ではいろいろな物を売っている.
2 (新聞・雑誌などの)記事, 論説, 論文∥
a leading article (米) 主要記事, (英) (新聞の)社説(editorial).
Are there any interesting articles in today's paper? きょうの新聞におもしろい記事がでていますか.
3 〔正式〕[通例 ~s] (法律・条約・契約などの)箇条, 項目;規約∥
the ninth article of the Constitution 憲法第9条.
4 〔文法〕冠詞《a, an, the》∥
the definite article 定冠詞.
the indefinite article 不定冠詞.
ar·tic·u·late /副 ɑːrtíkjuléit アーティキュレイト;形 -lət -ラト/ 動 (現分 -lat·ing) 1 〔正式〕他 1 …をはっきり発音する; …をはっきり述べる. 2 …を関節でつなぐ. ―自 1 はっきり言う[発音する]. 2 (関節などで)つながる. ―形 1〈発音・言葉などが〉はっきりした. 2〈人が〉考えをはっきり述べられる;〈考えなどが〉明確な. 3 [動] 関節のある.
artículated lórry (英) トレーラー=トラック((米) trailer truck).
ar·tic·u·late·ly 副 はっきりと, 明確に.
ar·tic·u·late·ness 名 Ⓤ 明確さ.
ar·tic·u·la·tion /ɑːrtìkjuléiʃən アーティキュレイション/ 名 1 Ⓤ 明瞭(ᵓʸᵒᵘ)な発音. 2 Ⓤ (思想・感情の)表現. 3 Ⓒ [動] 関節.
ar·ti·fice /ɑːrtifis アーティフィス/ 名 1 Ⓒ 工夫, 巧みな配置. 2 Ⓤ 〔文〕巧妙さ, 器用さ.

*ar·ti·fi·cial /ɑːrtifíʃl アーティフィシュル/ 《◆名詞の前ではしばしば ᵓˉ⁻》【→ art, genuine】
――形 1 人工の, 人工的な;人造の;模造の(↔ natural)∥
artificial snow 人工雪.
an artificial flower 造花.
an artificial tooth 入れ歯, 義歯.
an artificial leg 義足.
2 不自然な, わざとらしい, 見せかけの∥
artificial tears そら涙.
〔対話〕 "Her smile really shows me that she's thinking one thing and saying another." "Yeah, if you ask me her smile is most artificial." 「彼女のほほえむのを見ていると心の中と言葉がちがいそうだ」「そう, 言わせてもらえば彼女の笑い方はとてもわざとらしいんだ」.
artifícial intélligence 人工知能(略 AI).
artifícial respirátion 人工呼吸.
artifícial sátellite 人工衛星《◆単に satellite ともいう》.
artifícial túrf 人工芝.

**ar·ti·fi·cial·ly** /ὰːrtifíʃəli アーティ**フィ**シャリ/ 副 人工的に;不自然に,わざとらしく.

**ar·til·ler·y** /ɑːrtíləri アー**ティ**ラリ/ 名 U [集合名詞] 大砲《◆個々の大砲は gun》;[しばしば A~] 砲兵隊.

**ar·ti·san** /άːrtəzən アー**ティ**ザン, ὰːtizǽn アーティ**ザ**ン/ 名 C 《正式》職人,熟練工,名工《大工・石工など》.

**\*art·ist** /άːrtist アーティスト/ 〖→ art〗
―― 名 (複 ~s/-ists/) C **1** 芸術家;(特に)画家,彫刻家 ‖
You're an [a good] artist. 君は立派な芸術家だ《(素人で絵などのうまい人に)絵(など)がお上手ですね.
**2** =artiste.
**3** 《略式》名人,達人,…通 ‖
an artist at wine ワイン通.

**ar·tiste** /ɑːrtíːst アー**ティ**スト/ 〖フランス〗 名 C 《正式》芸能人《歌手・俳優・ダンサーなど》;理容師,料理人.

**ar·tis·tic** /ɑːrtístik アー**ティ**スティク/ 形 **1** 芸術の,美術の;芸術家の,美術家の ‖
the artistic temperament 芸術家的気質.
**2** 芸術的な;風雅な,趣のある ‖
artistic impression 〔フィギュアスケートなど〕芸術点,芸術的評価《◆technical merit (技術点)に対して》.
**3** 芸術がわかる;芸術を好む,芸術家肌の.

**ar·tis·ti·cal·ly** /ɑːrtístikəli アー**ティ**スティカリ/ 副 芸術的に;(みれば).

**art·ist·ry** /άːrtistri **アー**ティストリ/ 名 U 《正式》芸術家としての手腕;芸術的効果.

**art·less** /άːrtləs **アー**トレス/ 形 《正式》自然のままの,作りものでない;飾らない;無邪気な.

**\*as** /(弱) əz アズ;(強) ǽz アズ/
→ 接 **1** …する時(に) **2** …するにつれて
**3** (…する)ように **4** …なので
**5** …と同じほど **6** けれども
副 **1** 同じくらい
代 **1** (…する)ような **2** それは…だが
前 **1** …として(の) **2** …(である)と
―― 接 **1** [時] …する時(に) (when);…する間,…しながら (while) ‖
As I entered the room, they applauded. 私が部屋へ入っていく時,彼らは拍手をした《◆ While I was entering the room, they applauded. の意に近く,まだ完全に部屋に入っていなくてもよい. When I entered the room, they applauded. だと,部屋に入る行為が完了したことになる》.
I saw him as he was coming out of the house. 彼が家から出てくるのが見えた《◆ I saw him coming out of the house. とほぼ同じ意味》.

|語法| 同時性をさらに強調するには,just as …, as soon as … を用いる: I was held up by a visitor just as I was going out. ちょうど私が出かけようとしているときにお客さんにつかまっちゃってね.

**2** [比例] …するにつれて,…と比例[並行]して ‖
As the sun rose, the fog dispersed. 太陽が昇るにつれて霧が晴れた.
As it grew darker, it became colder. 暗くなるにつれて,いっそう寒くなった (=The darker it grew, the colder it became.).

|語法| (1) ふつう become [grow, get] +比較級といっしょに用いられる.
(2) 時・理由の as 節とはっきり区別するため,according as … 《文》なども用いられる.

**3** [様態] (…する)ように,(…する)やり方で,(…する)のと同様に((略式) the way, (米式) like) ‖
Do as I do. 私のするようにしなさい.
You may dance as you please. 好きなように踊ってよい.
In the nineteenth century, as in the seventeenth, great social changes took place. 17世紀の頃と同様,19世紀には社会的な大変革が起こった《◆主語と動詞の省略されたもの》.

**4** [理由] …なので,(…する)から[ので] ‖
As I didn't have any stamps, I couldn't mail the letter. 切手がなかったので,手紙を出すことができなかった.
Careless as she was, she could never pass an examination. 彼女は注意が足りなかったから,試験にはとうてい合格できなかった《◆この語順では文脈によって **6** の意になる場合もある》.
As (he is) a married man, he has to think of the future. 彼は結婚しているのだから,将来のことを考えねばならない (=Because he is a married man, he has to think of the future.) 《◆ he is を省略した場合 as は前置詞(→ **前1**)とも取られる. because の場合は he is の省略は不可》.

|語法| (1) as は多くの意味を持つので,原因・理由の意を明確に述べるには because, 特に《米》では since がしばしば好まれる.
(2) ふつう as 節は主節より前に置く.

**5** [比較] [as … as A (does)] A と同じほど…,A ぐらい…, A のように… 《◆(1) 前の as は副詞で,そのあとに形容詞・副詞を置く(→ **副1**). (2) 前の as が省略されることがある. (3) A のあとが完全な文でなければ,(助)動詞は省略することもある》 ‖
He has as much money as I [as I do, 《略式》as me]. 彼は私と同じくらい金を持っている.
Mr. Brown's not as old as he looks. ブラウン氏は外見ほど年はとっていない.
She isn't as energetic as she once was. 彼女はひところほど元気がなくなった.
I can't drink coffee as sweet as this. 私は

こんな甘いコーヒーは飲めない.
The twins are **as** alike **as** two peas in a pod. その双子はさやの中の2つのえんどう豆のように似ている[うりふたつだ].
Her face turned (**as**) white **as** flour. 彼女の顔は小麦粉のように白くなった.
She scolds Terry **as** often **as** (she scolds) me. 彼女は私をしかるのと同じくらいよくテリーをしかる.

語法 (1) 否定文では前の as が so になることもあるが今は《まれ》(→ 成句 not as **A** as **B**).
(2) He is not *ás* tall *as* his brother. では He is not *as* tàll *as* his brother. (彼は兄より背が低い)と違って,単に「彼は兄と同じ背丈ではない」の意.

**6** [譲歩] 《やや正式》程度などを表す形容詞・副詞,動詞を前に置いて] (…である)**けれども**(though)‖
Good **as** he is, he will never come out at the top of his class. 彼はいい生徒だが,決してクラスのトップにはなれないだろう(=For all his goodness, he will never come out ...)《♦ (1) as の代わりに though も使えるが Though he is good, he will never ... の語順が一般的(→ though 接1). (2) 本来は比較の as なので,《主に米》では *As* good as he is, he will never ... ということが多い》.

Much **as** I admire him as a writer (↘), I do not like him as a man. 作家としては大いに彼には敬服するが,1人の人間としては好きではない.

Try **as** she does [will, may, might], she never seems able to do the work satisfactorily. どんなにやっても彼女は決して満足にその仕事ができそうにない.

Egotist **as** he was (↘), his parents loved him. 彼はわがままだったが,両親は彼を愛した《♦ as の前の名詞には冠詞はつかない》.

語法 as 節の主語には, the boy のように限定的または butter のように総称的な名詞(句)がくる:
Big *as the* [ˣa] boy was, he couldn't lift it. その少年はからだが大きいが,それを持ち上げることはできなかった / Expensive *as butter* is, I still prefer it to margarine. バターは高価だが,私はやはりマーガリンより好きだ.

**7** [直前の名詞を限定して] (…する)**ような**, (…した)ときの《♦ 時に as の直後に主語と be 動詞が省略されて過去分詞や形容詞がくることもある》‖
Language **as** we know is a human invention. 我々の知っているような言語は人間の創り出したものである.
humans **as** different from wild animals 野生の動物とは違った人間.

——副 **1** [形容詞・副詞の前に置いて] **同じくらい**, 同じように, 同様に《♦ 接 **5** の as ... as **A** (does) における前の as で,その時の状況により as **A** (does)

が省略されることもある》‖
He swims fast, but I can swim just **as** fast. 彼は速く泳ぐが,私も全く同じくらい速く泳げる.
She has **three times as many** books **as** I [**as** I do, 《略式》**as** me]. 彼女は本を私の3倍持っている《♦ 倍数や分数は as ... as の直前に置く: Japan is *one-twentieth as* large *as* China. 日本は中国の1/20の広さだ》.

対話 "Please come home **as** quickly **as** possible [**as** you can]." "Sure, I will." 「できるだけ早く帰宅してください」「わかった,そうするよ」《♦ *×... as possibly as you can.* は誤り》.

**2** 《正式》たとえば,…のような((非標準) like) 《♦ 例を列挙する場合には such as が ふつう》‖
a capital city **as** Paris (or London) パリ(あるいはロンドン)のような首都.

○*as ... as* **A** 《数詞》(と同じほど)**も** ‖ as early as the 12th century 早くも12世紀には / as often as five times a week 1週間に5回も / The tower is **as** high **as** 220 meters. その塔は高さが220メートルもある.

○*nót as* [《今はまれ》*so*] **A** *as* **B B** であるほど **A** ではない《♦ (1) **A** は形容詞・副詞. (2) **B** は節》‖ She is not **as** old **as** she looks. 彼女は見かけほど年をとってはいない / He doesn't drive **as** carefully **as** Tom (does). 彼はトムほど慎重には運転しない.

——代 [関係代名詞] **1** (…する)**ような**, (…する)…《♦ (1) such, as, the same といっしょに用る. (2) as 節中では主語・動詞などが省略される場合がある. → such, same》‖
Such (men) **as** had money were able to buy butter. お金を持っていた人はバターを買うことができた.
I have never heard **such** stories **as** he tells. 彼の言うようなそんな話は一度も聞いたことがない.
She wears **the same** kind of clothes **as** her sister wears. 彼女は姉さんが着るのと同じ種類の服を着る.
John wants to come up with **as** good a solution **as** Christine's [Christine did]. ジョンはクリスティーンのと同じくらい良い解決策を提案したいと思っている.
**As** many girls **as** he knew there were teachers. 彼がそこで知っている女はみな教師だった《♦ 一般には All the girls he knew there were teachers. という》.

**2** [継続用法] [前の文の内容を補足説明する] それは…だが; (…する)ように《♦ which 代 **4 b** より堅い語》‖
Her feet were bare, **as** was the custom in those days. 彼女は素足だったが,それは習慣であった.
We had completely misjudged the situation, **as** we later discovered. 我々はその事態の判断を完全に誤っていたが,そのことはあとになってわかったことだった.

As was so often the case after snow had ceased to fall, everything could be seen with a supernatural clarity. 雪の降り止んだあとではよくあることだが、あらゆるものが不思議なくらい澄みきって見えた.

──前 **1** …として(の)《♦あとに置かれる名詞が唯一の役職を表す語の場合、ふつう無冠詞》‖
She worked **as** a maid and cook for him. 彼女は彼の女中兼料理人として働いた.
**As** your doctor, I advise you to eat less. あなたの医者として、食事の量を減らすよう忠告します.

**2** [補語を導いて] …(である)と、…として《♦名詞のほか形容詞・分詞を伴う》‖
I regard him **as** my friend. 私は彼を友人と考える.
I accepted the report **as** trustworthy. 私はその報告を信頼できるものと認めた.
We regarded the document **as** belonging to her brother. その文書は彼女の兄さんのものだと私たちは考えた.
The plan strikes me **as** impracticable. その計画は私には実行不可能に思われる.

**3** …の時に、…の頃‖
**As** a young man, he taught English in Africa. 青年の頃、彼はアフリカで英語の先生をしていた.

**4**《文》…のような[に](like)‖
Her lips were **as** a pomegranate. 彼女の唇はザクロのようだった.

**as agáinst A** …に比べて《♦心理的に相当な違いのあるものを比較する場合に用いる. 前にコンマを置く》.

○**as for A** …について言えば、…に関する限りでは((主に英) as to), …のごときは《♦(1) ふつう文頭に用い、前述の人・物・事に関連して、新しい情報を追加する. (2) with regard [reference] to より一般的な語》‖ Mary has several close friends. **As for** John, he is always surrounded by friends. メリーは数人親友がある. ジョンはどうかと言えば、いつも友人に囲まれている.

**as from A**《正式》〈法律・契約など〉…(の日)から、…以降(→ AS of).

**as ... góes** [as の前にコンマを置いて] …としては《♦「平均してみれば」という意味を含み、善悪の価値判断についていうことが多い》‖ He is a good doctor, **as** doctors **go** these days. 今の医者としては、彼はよい医者だ.

○**as if** /əzíf アズィフ/ [接] あたかも(…する)かのように、まるで(…である)みたいに(as though)‖ Tim writes **as if** he were [《略式》was, is] left-handed. ティムは左ききのような書き方をする / He shook his head at me **as if** to say that the store was closed. 店は閉まっているとでも言わんばかりに彼は私を見て首を振った《♦このように不定詞句・前置詞句・分詞句の直前に置くことも可》/ She looks [looked] **as if** she was ill. 彼女は病気のように見える[見えた]《♦ as if 節が主節の動詞の示す時より前の事柄について述べる場合には had + 過去分詞(仮定法過去完了)を用いる: She looked **as if** she had been ill for a long time. 彼女は長い間病気であったように見えた》/ It looks **as if** some of you aren't studying as much as you should. 君たちの中には当然すべき勉強をしていない者がいるようだ《♦(1)《主に米程式》では as if の代りに like を用いる. (2) It looks [seems] **as if** … は It seems that …, Apparently, Probably などを用いた表現とほぼ同じで、as if 節中でも直説法がふつう》/ It's not **as if** I have anything to gain. 何も得をすることがあるわけじゃない / **As if** I cared! 気にしているわけじゃあるまいし、(そんなこと)どうでもいい.

**as ís**《主に米程式》そのままで、手を加えないで.

○**às it ís** (1) [文頭で][だが]実情は(そうでないので)、実際のところは《♦ふつう前に述べた仮想と対照して用い、前に but を置くこともある》‖ I'd like to have seen you today. **As it ís** (✓), I will wait until tomorrow. きょうお会いしたかったのですが、お会いできませんでしたので、あすまで待ちます. (2) [文中で] 現状は、実際問題として. (3) [文尾・目的語の後で] そのままにして、そのままの《♦指すものによって it は他の人称代名詞に変わる. is もそれに応じて are とか過去形にも変わる》‖ I'll take it away **as it is**. それはそのまま持って帰ります / Come **as you are**. そのまま[ふだん着で]お越しください.

○**às it wére** [副] いわば《♦ so to speak より堅い語. 決まり文句なので ✗as it was とはならない》‖ In many ways children live, **as it were**, in a different world from grown-ups. いろいろな点で子供というのはいわばおとなとは違った世界で生活している.

**as of A** …現在で(の); 《主に米》**A**〈日時〉から(as from **A**). 語法 元来法律用語. 普通の文脈では starting from … を用いる ‖ **as of** now 現在のところ(=《米》right now, now, at present) / **As of** midnight tonight, the contract becomes effective. 今夜12時からその契約は効力を発する.

○**às A, sò B** A と同様に B; A と同時に B《♦**A, B** は節》‖ Just **as** British people enjoy their beer, **so** the Japanese enjoy their sake. イギリス人がビールをたしなむように日本人は酒をたしなむ《♦比較を強調するため just を置くこともある》/ **As** the wind blew harder, **so** did the trees tremble more. 風が強く吹くにつれさらに木は大きく揺れた《♦ **so** に続く主語と動詞の語順が入れかわることが多い》.

**as though** =AS if.

○**às to A** (1)《主に英》[文頭で] (先ほどの)…について言えば. (2) …について(about)‖ I have no complaint **as to** the house rent. 家賃については何の不満もない / I can't decide (**as to**) which to choose. どちらを選ぶかきめられない《♦ **A** が wh 節・wh 句の場合、as to はなくすむことが多い》. (3) …に応じて(according to)‖

They graded the apples as to size and shape. 彼らはリンゴを大きさと形で等級づけした.
*do**ing** as A **does** =done as A is* このとおり[実際]A は…しているので《◆as A does [is] は強調のために付けられる》‖ living within two minutes' walk of Main Street as I do ― このとおりメインストリートから歩いて2分とかからないところに住んでいるので / Written, as it is, in easy English, the book is suitable for beginners. このとおりやさしい英語で書かれているので, その本は初学者に適している.

**as·bes·tos** /æsbéstəs アスベストス, æz-│-təs ートス, -təs/ 名 U 石綿(布), アスベスト.

**as·cend** /əsénd アセンド/ 動 (正式) 自 **1** 〈人が〉登る, 上る ‖
ascend against a stream 小川をさかのぼる.
**2** 〈道などが〉上りになる[なっている]; 〈煙などが〉上昇する; 〈値が〉騰貴する; 〈地位・名声が〉上がる ‖
The road ascends gently here. 道はここからゆるやかな上りだ.
― 他 〈山など〉に登る, 上がる(climb) (↔ descend); 〈川・系図など〉をさかのぼる ‖
ascend a river はしごを登る.

**as·cend·an·cy, --en·cy** /əséndənsi アセンダンスィ/ 名 U 〔時に an ~〕(正式) 優位, 支配.

**as·cend·ant, --ent** /əséndənt アセンダント/ 形 (正式) 上昇する; 優勢な. ―― 名 U 〔通例 the ~〕優勢, 支配力.

**as·cend·ing** /əséndiŋ アセンディング/ 動 → ascend. ―― 形 (正式) 上昇する;〈植〉〈茎・葉などが〉上向かう, 斜上する.

**as·cent** /əsént アセント/ 名 (正式) **1** C U 登ること; 上昇. **2** C U 向上, 進歩; 昇進; 〈古代への〉さかのぼり. **3** C 上り坂.

**as·cer·tain** /æsərtéin アサテイン/ 〔アクセント注意〕《×アサーテイン》「確かな(certain)方へ(as)」 動 他 (正式) **1** 〈調査・観察など〉…を確かめる ‖
We ascertained that he (had) succeeded. 私たちは彼の成功を確かめた(→ **2**).
**2** …であるかを確かめる, …かどうかを確かめる ‖
She must ascertain whether [if] the novel is based on facts. 彼女は彼の小説が事実に基づいているかどうかを確かめねばならない《◆これから確かめる場合はふつう whether [if] 節を用いる》.

**as·cet·ic,** (まれ) **--i·cal** /əsétik(l) アセティク(ル), æs-/ 形 (正式) 苦行の, 禁欲主義の. ―― 名 C 修行者, 苦行者, 禁欲主義者.

**as·cot** /æskət アスコト/ 名 C (米) アスコットタイ《スカーフ状にゆるく結ぶネクタイ. (英) では Áscot tìe とも》.

**as·cribe** /əskráib アスクライブ/ 動 (現分) --cribing) 他 (正式) [ascribe A to B] A〈事〉の原因をB〈物・事・人〉だとみなす, …によって生じたものと判断する ‖
He ascribes his poverty to bad luck. 彼は貧乏なのを不運のせいにしている.

**ASEAN** /ásiàn アスィアン, æz-/ [Association of Southeast Asian Nations] 名 東南アジア諸国連合, アセアン.

**a·sex·u·al** /eiseksjuəl エイセクシュアル, æ-/ 形 〔生物〕性別のない, 性器のない; 無性の.

***ash**[1] /æʃ アシュ/
―― 名 (複 ~·es/-iz/) **1** U 灰《◆火・死・悲惨などを象徴》; [~es; 複数扱い] (火事の)灰(がら), 廃墟, 跡《(詩)》; 火山灰 ‖
a heap of cigarette ash(es) タバコの灰の山.
burn [be burnt, be reduced] to ashes 焼けて灰になる.
We have too many ashes [too much ash] in the fireplace. 炉に灰がたまりすぎている.
**2** [~es] (骨を焼いた)灰, 遺骨; (詩) なきがら ‖
Peace to her ashes! 彼女の霊に安らかれ.

**ash**[2] /æʃ アシュ/ 名 (複 ~·es/-iz/) C 〔植〕(セイヨウ)トネリコ; U トネリコ材《スキー・バット用》.

***a·shamed** /əʃéimd アシェイムド/ 〔→ shame; ashame という語はない〕
―― 形 (比較) more ~, (最上) most ~) [補語として] **1a** [be ashamed of A] (面目を失って, 良心の呵責(かしゃく)から)…を恥じている, 恥じ入っている (↔ proud) ‖
You should be ashamed of yourself. 少しは恥を知りなさい.
I'm ashamed of you! 君という人にはあきれるよ.
He is ashamed of his idleness. 彼は怠けていたことを恥じている.
**b** [be ashamed of doing] …したことを恥じている ‖
He is ashamed of having been idle. 彼は怠けていたことを恥じている(→ **a, c**).
対話 "I was not quite myself last night." "You certainly weren't. You should be ashamed of what you said about me." 「きのうの晩はどうかしてたよ」「そうだね. ぼくのことをあんなふうに言ったことを恥ずかしいと思ってもらいたいね」.
**c** [be ashamed that 節] …であることを恥じている ‖
He is ashamed that he was [has been] idle. 彼は怠けていたことを恥じている(→ **a, b**).
I am [feel] ashamed for her that she is ignorant of it. それを知らないなんて彼女にはあいそがつきたよ.
**2** [be ashamed to do] …するのが恥ずかしい(と思う); 恥ずかしくて…することができない ‖
I am ashamed to say that I have betrayed him. 恥ずかしいことですが彼を裏切ってしまったのです.
I was ashamed to go out in old clothes. 古い服を着て出かけるのは恥ずかしくていやだった《◆実際に外出したかどうかは文脈による》.

**ash·en** /æʃən アシェン/ 形 (正式) 灰色の; 青白い.

**a·shore** /əʃɔ́:r アショー/ 副 岸に[へ], 浜に[へ], 陸上に[へ] (↔ aboard) ‖
go [come] ashore from a ship 船から上陸する.
run [be driven] ashore 〈船が〉座礁する.

Áll ashóre that's going ashòre!《出帆前のアナウンス》お見送りの方は下船してください.

**ash·tray** /ǽʃtreɪ/ アシュトレイ 名C《タバコの》灰皿.

**ash·y** /ǽʃi/ アシ/ 形 [比較] --i·er, [最上] --i·est) **1** 灰(だらけ)の. **2** =ashen.

**＊A·sia** /éɪʒə エイジャ, 《英+》-ʃə/《発音注意》《×アジア》[「《ヨーロッパから見て》太陽の昇る東の土地」が原義]派 Asian (形・名) 名 **アジア**(大陸).

**Ásia Mínor** 小アジア《黒海と地中海にはさまれた半島でトルコの大部分を含む》.

**A·sian** /éɪʒən エイジャン | -ʃən エイシャン/ 形 アジア(大陸)の; アジア人の (cf. Asiatic) ‖
Asian influenza アジアかぜ/(略式) Asian flu.
――名C アジア人.

**A·si·at·ic** /èɪʒiǽtɪk エイジアティク | -ʃi- エイシアティク/ 形 名 =Asian《特に人種を示す場合は軽蔑(⁻)的な含みがある》.

**＊a·side** /əsáɪd アサイド/《わき(side)に(a)》
――副 わきへ[に], かたわらに, わきを向いて; [比喩的に] わきへ, 別にして ‖
the man aside そばの人《♦このように名詞を後から修飾することがある》.
draw [take] him aside (内緒話をしようと)彼をわきへ連れていく.
put [set, lay] money aside for an emergency 非常用に金をとっておく.
I stepped [stood] aside for her to pass. 彼女が通れるようにわきへ寄った.

***aside from*** A (1)《本題など》からはずれて, それて ‖ turn aside | from the topic 本題から脇線する. (2)《米》…は別として (apart from).

――名C **1**《演劇》わきぜりふ. **2** ひそひそ話, 余談.

**＊ask** /ǽsk アスク | ɑ́ːsk アースク/ [「質問する」意から「頼み事をやってくれるかを尋ねる」の **2** の意が派生]
→ 他 **1** 尋ねる **2** …するように頼む **3** 要求する **4** 招待する
自 **1** 尋ねる **2** 求める
――動 (三単現) ~s/-s/ ; [過去・過分] ~ed/-t/ ; [現分] ~·ing
――他 **1a**〈人が〉〈物・事〉を**尋ねる**, 聞く, 問う;〈人〉に尋ねる (↔ answer)《♦inquire, enquire よりくだけた語》[類] question, interrogate)‖
ask him about the problem 彼にその問題について聞く.

**b** [ask if 節 / ask wh 節·句] …かどうか[…かを]**尋ねる**;「…」と言って尋ねる ‖
I asked if he liked it. 私は彼がそれを好きかどうか聞いた.

**c** [ask A B]〈人〉に B〈物·事〉を尋ねる, 問う《♦B は語, 句, wh 節·句》‖
ask him the way to the station 彼に駅へ行く道を尋ねる.
Ask (him) his name. 彼に名前を尋ねなさい《♦ ×Ask his name of [to] him. としない》.
He asked me some questions. 彼は私にいくつか質問した《♦ 受身形は I was asked some questions (by him). / Some questions were asked me (by him).》.

**d** [ask A if 節 / ask A wh 節·句] A〈人〉に…かどうか[…かを]**尋ねる** ‖
He asked her how to send e-mail. 彼は彼女に電子メールの送り方を尋ねた.
I asked her if she was free. 彼女に暇かどうか尋ねた(=I said to her, "Are you free?").
She asked me who had caused the accident. 事故を起こしたのはだれかと彼女が私に尋いた(=She said to me, "Who (has) caused the accident?").

**2 a**〈人〉に頼む, 請う;〈物〉を**求める**《♦改まった依頼は request》‖
ask permission 許可を求める.

**b** [ask A for B / ask B from A] A〈人〉に B〈物·事〉をくれと頼む ‖
I asked him for help. =I asked help from him. 彼に援助を求めた.

**c** [ask A B / ask B of A] A〈人〉に B〈事〉を頼む《♦後者の方がふつう》‖
ask too much of her 彼女に過大な事を要求する.

[対話]"May I ask you (for) a favor [a favor of you]?" "Certainly, what is it?"「1つお願いしてもよろしいですか」「どうぞ,何でしょう」.

**d** [ask A to do / ask A that 節] A〈人〉に…するように**頼む**, 誘う; 「…」と言って頼む ‖
ask him to sweep the room 彼に部屋を掃除するように言う(=say to him, "Please sweep the room.").
I asked her to tell about herself. 彼女に自分のことを話してくれるように頼んだ.

**e** [ask to do]《米略式》…させてほしいと頼む ‖
She asked to come with me. 彼女は私に同行させてほしいと頼んだ(=She asked if she could [might] come with me.).

**3**〈物·事が〉〈物·事〉を**要求する**, 必要とする;[ask (A) B]〈人が〉〈A〈人〉に〉B〈代金〉を求める ‖
This translation asks time. この翻訳は時間がかかる.
He asked $10 for this vase. 彼はこの花瓶に10ドルを要求した.

**4**〈人〉を**招く**《♦in, up, over などの副詞を伴う》; [ask A to [for] B] A〈人〉を B〈場所〉に招待する, 招く ‖
ask her up 彼女を階上へ上がるようすすめる.
ask guests to a party 客をパーティーに招く《♦invite の方がふつう》.
ask him in for [to] dinner 《略式》彼を夕食に招く.
ask her out 彼女をデートに誘う.

――自 **1** 尋ねる, 聞く ‖
ask back [against] 問い返す.
ask about a matter 事柄について聞く.
**Don't ask!** さあ知らないね.
Mary asked about you when I met her yesterday. きのうメリーに会ったら君のことについて

聞いていたよ (君が元気でいるかと聞いていたよ).
**2** 求める ‖
**ask for** advice 忠告を求める.
The workers **asked for** a pay increase. 労働者は給与を上げてくれるように要求した.

**ásk àfter A**(**'s héalth**) 《略式》**A**〈人〉は元気かと尋ねる; **A**〈人〉の容態を (手紙などで) 聞く.

**ásk for A** (1) → ⑤ **2**. (2) 《略式》**A**〈人〉の消息などを尋ねる.

**if you ásk me** 《略式》言わせてもらえば ‖ I think they sold you a bad article, **if you ask me**. 私に言わせれば君は不良品をつかまされたのだよ.

**a·skance** /əskǽns アスキャンス, (英+) -skɑ́ːns/ 副
**1** 不信の念をもって ‖
look **askance** at the offer of help 《正式》援助の申し入れを疑いの目で見る.
**2** 横目で; 斜めに.

**a·skew** /əskjúː アスキュー/ 副 斜めに, ゆがんで; 怪しんで ‖
wear one's hat **askew** 帽子を斜めにかぶっている.
look **askew** at him 彼を (軽蔑(ミスラ)して) 横目で見る.

**ask·ing** /ǽskiŋ アスキング | ɑ́ːsk- アースキング/ 動 → ask.
―名 求めること, 請求.
You may have it [It's yours] **for the ásking**. ご入用でしたらさしあげます.

**a·slant** /əslǽnt アスラント | əslɑ́ːnt アスラーント/ 副 形 傾いて (いる), 斜めに[の].

*****a·sleep** /əslíːp アスリープ/
―形 [補語として] 眠って (いる) (↔ awake).
語法 名詞の前では sleeping (→ 第4例) ‖
**awake** or **asleep** 寝ても覚めても.
The tired boy is fast [sound] **asleep**. 疲れた少年はぐっすり眠っている.
I fell (fast [sound]) **asleep** during (the) class. 私は授業中 (ぐっすり) 寝入ってしまった (cf. go to sleep).
the old man **asleep** 眠っている老人 (=the sleeping old man).

**as·par·a·gus** /əspǽrəɡəs アスパラガス/ 名 (複 **as·par·a·gus·es**) Ⓤ Ⓒ〔植〕アスパラガス; その芽.

*****as·pect** /ǽspekt アスペクト/ 〖原義『…を (a) 見る (spect) から『外見上の特徴』が本義. cf. ex*pect*, in*spect*, sus*pect*〗
―名 (複 ~s/-pekts/) **1** Ⓒ Ⓤ 《正式》顔つき, 表情, 容貌(ヨウ) (appearance) ‖
a man **of** [**with**] (a) serious **aspect** 深刻な顔つきの人.
be stern **in aspect** きびしい風貌をしている.
**2** Ⓒ 《物・事の》外観, 様子, 光景; 《ある時点での》形勢, 状況, 局面, 側面 ‖
change the **aspect** of a town 町の外観を一新する.
assume [take on] a new **aspect** 新局面を呈する.
**aspects** of language 言語の諸相.
consider a problem **in all** its **aspects** [**from every aspect**] 問題をあらゆる面から考える.
**3** Ⓒ 《正式》 (家などの) 向き, 側 ‖
The villa has a southern **aspect**. その別荘は南向きだ.

**as·pen** /ǽspən アスペン/ 名〔植〕アスペン《ポプラの類. 微風でもカサカサ音を立てる》.

**as·per·i·ty** /æspérəti アスペリティ/ 名 Ⓤ 《正式》 (気質・言動の) 荒々しさ; (気候・境遇などの) きびしさ.

**as·phalt** /ǽsfɔːlt アスフォールト | -fælt -ファルト/ 名 Ⓤ アスファルト. ―動 他 …をアスファルトで舗装する.

**ásphalt jùngle** 《米略式》生存競争のきびしい大都会; (都会で) 暴力の横行する地区.

**as·pir·ant** /ǽspərənt アスピラント, əspáiər-/ 名 Ⓒ 《正式》大望を抱く人; (名声・地位などを) 熱望する人.

**as·pi·ra·tion** /æ̀spəréiʃən アスピレイション/ 名 Ⓤ Ⓒ 切望, 抱負, 向上心, 大志; Ⓒ 熱望の対象.
have **aspirations** [an **aspiration**] **after** [**for**] honor 名誉を熱望している.
her **aspiration to** attain her goal 目標を達成したいという彼女の熱望.

**as·pire** /əspáiər アスパイア/ 動 (現分 **··pir·ing**) 𝒾 《正式》熱望する, 切望する ‖
**aspire after** [**to, for**] fame =**aspire to** be famous 名声を熱望する.

**as·pi·rin** /ǽsprin アスプリン/ 名 Ⓤ〔薬学〕アスピリン; Ⓒ アスピリン錠《◆もと (商標). 解熱・鎮痛剤》.

**ass** /ǽs アス/ 〖頭音〗 us/ʌs/) 名 (複 ~es/-iz/) Ⓒ **1** ロバ《◆この意味では donkey が普通の語. 馬より小さく不格好なことから愚かの象徴とされる. 鳴き声は bray》. **2** /(英+) ɑ́ːs/ 《略式》ばか, とんま, がんこ者.
**What an áss!** なんてばかなんだ!

**as·sail** /əséil アセイル/ 動 他 《正式》…を激しく攻める, 襲撃する ‖
**assail** a fortress 要塞(ヨクサ)を襲う.
be **assailed with** [**by**] worries 心配に襲われる.

**as·sail·ant** /əséilənt アセイラント/ 名 Ⓒ 《正式》襲撃[攻撃, 加害]者; 敵.

**as·sas·sin** /əsǽsən アサスィン/ 名 Ⓒ 《正式》暗殺者, 刺客(ショク).

**as·sas·si·nate** /əsǽsəneit アサスィネイト/ 動 (現分 **··nat·ing**) 他 **1** 〈支配者・政治家などを〉暗殺する. **2** 〈名誉・人格などを〉 (卑劣な手段で) 傷つける.

**as·sas·si·na·tion** /əsæ̀səneiʃən アサスィネイション/ 名 Ⓤ Ⓒ 暗殺.

**as·sas·si·na·tor** /əsǽsəneitər アサスィネイタ/ 名 Ⓒ 暗殺者.

**as·sault** /əsɔ́ːlt アソールト/ 名 Ⓒ 突然の激しい襲撃, 攻撃; 非難; Ⓒ Ⓤ〔法律〕脅迫, 婦女暴行《◆rape の遠回し語》, 強制わいせつ罪 ‖
make an **assault on** [**upon**] a castle 城を激しく襲う.
**assáult and báttery**〔法律〕暴行殴(ナッ)打.

——動 他 …を(突然)激しく襲撃する[非難]する；…に暴行を働く．

**as·sem·ble** /əsémbl アセンブル/ 動 (現分) ~·sembling) 他 [正式] **1** …を集める，集合させる ‖
assemble a committee 委員会を開く．
We were assembled at the station to meet her. 私たちは彼女を迎えに駅に集まった．
**2 a** 〈機械など〉を組み立てる(put together)．
**b** [assemble A into B / assemble B from A] A〈部品など〉を[から]B〈機械〉に組み立てる ‖
He assembled parts into a TV set. =He assembled a TV set from parts. 彼は部品からテレビを組み立てた．
**3** [コンピュータ]〈プログラム〉を機械語に翻訳する．
——自 [正式] 〈人が〉集まる ‖
They assembled in the hall. 彼らはホールに集まった．

**as·sem·bler** /əsémblər アセンブラ/ 名 © [コンピュータ] アセンブラ．

**as·sem·bly** /əsémbli アセンブリ/ 名 (複 ~semblies/-z/) **1 a** ©U (ある目的の)集まり，集合；(特に討議のための)集会，会合 (◆assemblage より一般的な語) (類 meeting, gathering) ‖
the city assembly 市議会．
**b** [しばしば the A~] 立法議会 ‖
the General Assembly (国連の)総会．
**2** U (機械の)組み立て；© 組み立て(部)品．
**3** U [コンピュータ] アセンブリ《プログラムを機械語に翻訳すること》．

**assémbly hàll** (学校などの)集会場；議場，会館；(飛行機の)組み立て工場．

**assémbly line** (大量生産の)流れ作業(列)．

**as·sent** /əsént アセント/ 動 自 [正式] 同意する，賛成する ‖
assent to a proposal 提案に賛成する．
assent to go there そこへ行くことに同意する．
——名 U [正式] 同意，賛同，承諾 ‖
in assent 同意して．
with óne assént =by common assent 満場一致で，異議なく．
give one's assent to an opinion 意見に同意する．

*****as·sert** /əsə́ːrt アサート/ 〖一方へ(as)結びつける(sert). cf. desert〗
——動 (三単現) ~s /əsə́ːrts/；(過去・過分) ~·ed /-id/；(現分) ~·ing)
——他 **1** [正式] …を断言する，はっきりと[自信を持って]主張する；[assert that 節] …だと断言[主張]する ‖
He asserts the truth of his words. 彼は自分の言ったことは事実だと断言している．
Can you really assert that he's telling the truth? 彼が真実を述べていると断言できますか．
**2** 〈無罪・要求など〉を(自信を持って)主張する，擁護する；〈権力など〉を(強引に)行使する．
**3** [~ oneself] 〈人が〉自分の権利[意見など]を(自信を持って)主張する，でしゃばる，我を張る；〈天分などが〉現れる ‖
Virtue will assert itself. 徳は必ず現れるものだ．

**as·ser·tion** /əsə́ːrʃən アサーション/ 名 U©断言，断定；主張 ‖
make an assertion はっきりと主張する．

**as·ser·tive** /əsə́ːrtiv アサーティヴ/ 形 [正式] はっきりと[自信を持って](自分の意見を)述べる ‖
speak in assertive tone 自信に満ちた調子で話す．

**as·sér·tive·ly** 副 断定的に．

**as·sess** /əsés アセス/ 動 (三単現 ~·es/-iz/) 他 [正式] **1** …を算定する；…を査定[評価]する ‖
assess it at $10,000 それを10000ドルと算定する．
**2** 〈税金・会費など〉を課す，割り当てる．

**as·sess·ment** /əsésmənt アセスメント/ 名 **1** U (財産・収入の)査定，評価；税額の決定，課税；© 査定[評価]額；(罰金の)割当額．
**2** U© (人・物などの)判断，評価 ‖
environmental assessment 環境アセスメント《環境が受ける影響を事前に評価すること》．

**as·set** /ǽset アセト/ 名 © **1** (狭義) 財産；(広義) [通例 an ~ / one's ~] 有用[有利, 貴重]なもの；強味，利点，宝 ‖
Honesty is a great asset to him. 正直なのが彼の大きなとりえだ．
**2** [商業] [通例 ~s] 財産，資産．

**as·sid·u·ous** /əsídʒuəs アスィデュアス｜əsídjuəs アスィデュアス/ 形 [正式] 根気強い，勤勉な ‖
an assiduous student 勤勉な学生．

**as·sign** /əsáin アサイン/ 動 他 [正式] **1 a** …を割り当てる(give) ‖
assign homework every day 毎日宿題を出す．
**b** [assign A B / assign B to A] A〈人〉にB〈仕事・場所など〉を割り当てる ‖
They assigned him much work. 彼は多くの仕事を割り当てられた．
**2 a** [assign A for B] A〈人〉をB〈職務など〉に任命する ‖
assign her for a new duty 新しい任務に彼女を任命する (→ b).
**b** [assign A to do] A〈人〉に…するように命じる ‖
assign her to perform a new duty 新しい任務に彼女を任命する (→ a).
**3** …を指定する ‖
assign a day for a meeting 会合の日取りを決める．
**4** [法律]〈財産・権利など〉を委託する．

**as·sign·a·ble** /əsáinəbl アサイナブル/ 形 [正式] **1** 割り当てうる；[法律] 譲渡されうる．
**2** (…に)帰すべき，原因する ‖
Her success is assignable to her diligence. 彼女の成功は勤勉によるものだ．

*****as·sign·ment** /əsáinmənt アサインメント/ 〖→assign〗
——名 (複 ~s/-mənts/) [正式] **1 a** U (仕事などの)割り当て；© 割り当てられた仕事[任務]．
**b** © (米) 宿題，研究課題(homework)．

**2** Ⓤ Ⓒ (日時・場所などの)指示, 指定.
**3** Ⓤ 〖法律〗(財産などの)譲渡, (権利などの)委託(証).

**as·sim·i·late** /əsíməlèit アスィミレイト/ 動 (現分) -lat·ing) 他 1 〈食物などを〉消化する; 〈考え・知識などを〉理解する ‖
assimilate food 食物を消化する.
**2** 〈言語・文化・民族などを〉同化する, 融合する ‖
assimilate oneself to new surroundings 自分自身[考え方]を新しい環境に合わせる.
The immigrants were assimilated with the natives. 移民は先住民に同化した.
──自 **1** 〈食物などが〉消化される. **2** (米) 〈人・物・事が〉同化する.

**as·sim·i·la·tion** /əsìməléiʃən アスィミレイション/ 名 Ⓤ 同化, 融合; (食物の体への)消化, 吸収.

**as·sist** /əsíst アスィスト/ 動 他 (正式) **1a** 〈人を〉(補助的に)助ける, 手伝う ‖
assist a lady from a car 婦人が車から降りるのに手を貸す.
**b** [assist A in [with] B] A〈人〉のB〈仕事など〉を助ける ‖
assist him with money 彼に金銭的援助をする.
assist him in his business 彼の事業を助ける.
**c** [assist A in doing] 〈人が〉A〈人〉が…するのを手伝う ‖
He sometimes assists her in doing her homework. 彼は時に彼女の宿題をみてやる.

語法 「人を(危険などから)助ける」意では assist は使わないのがふつう: "Help [*Assist] me!" (おぼれている人が)「助けて!」.

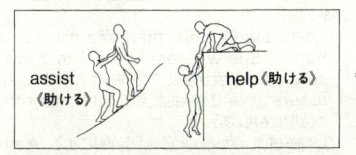

assist 《助ける》  help《助ける》

**2** 〈物・事が〉…を促進する, …の助けとなる ‖
Rest assists digestion. 休息は消化を促進する.
──自 〈人・事が〉(補助的に)助ける, 手伝う (help).
──名 Ⓒ 助力, 援助.

*__as·sis·tance__ /əsístəns アスィスタンス/
──名 Ⓤ (正式) 手伝うこと; 援助, 助力 (help) ‖
economic assistance (政府間の)経済援助.
give [render] assistance to him 彼を援助する.
Nobody came to her assistance. だれも彼女を手伝いに来なかった.

*__as·sis·tant__ /əsístənt アスィスタント/ 〖→ assist〗
──名 (複 ~s/-tənts/) Ⓒ **1** 助手, 補佐役, アシスタント; 店員 ‖
serve as assistant to him 彼の助手を務める 《◆ as のあとの名詞が無冠詞になることについては →

as 前**1**》.
Assistant to the President (米国の)大統領補佐官.
**2** 補助になるもの[手段].
──形 [名詞の前で] 援助[助力]の; 補助の, 副… ‖
an assistant manager 副支配人.

*__as·so·ci·ate__ /動 əsóuʃièit アソウシエイト, -si-/; 名 形 əsóuʃiət アソウシエット, -si-/ 〖…に(as)結び(soci)つく(ate). cf. *soci*al, *soci*ety〗
派 association (名)
→ 動 他 **1** 連想する 自 交際する 名 **1** 仲間
──動 (三単現) ~s/-èits/ ; (過去・過分) ~at·ed/-id/ ; (現分) ~at·ing)
──他 **1** [associate A with B] A〈人・物・事〉でB〈人・物・事〉を連想する, 思い出す; A と B を結びつけて考える 《◆ connect の方が一般的》 ‖
A snake is associated with horror. ヘビと聞いただけでもぞっとする.
対話 "When you think of the word "family", what do you think of?" "The first thing I associate it with is safety." 「「家庭」という言葉からどういうことを思い浮かべますか」「それでまず連想するのは安全ということだね」.
**2** …を仲間に加える, …を関係させる ‖
associate oneself with the political movement 政治運動に参加する.
She was associated with me in business. 彼女は私と一緒に事業をしていた (= She was my business associate.).
──自 (正式) 交際する, 提携する ‖
associate with him 彼とつき合う.
──名 /-ʃiət, -si-/ (複 ~s/-ʃiəts/) Ⓒ (正式) **1** 仲間, 同僚, (同じ)組合員. **2** 準会員.
──形 /-ʃiət, -si-/ [名詞の前で] **1** 連合した, 仲間の. **2** 準…, 副….

**as·so·ci·at·ing** /əsóuʃièitiŋ アソウシエイティング, -si-/ 動 → associate.

*__as·so·ci·a·tion__ /əsòusiéiʃən アソウスィエイション, -ʃi-/ 〖→ associate〗
──名 (複 ~s/-z/) **1a** Ⓒ 協会 《◆ society より一般的》, 組合, 団体, 会社 ‖
the Association of Southeast Asian Nations 東南アジア諸国連合 (略 ASEAN).
**b** Ⓤ (正式) 連合, 合同, 提携; 交際 (friendship) ‖
his close association with the president 大統領との親交.
in association with him 彼と共同して.
**2** Ⓤ Ⓒ 連想(されるもの) ; 〖数学〗結合; 〖化学〗会合 ‖
There is an association between Lincoln and slavery.  リンカーンといえば奴隷制度だ (→ associate 他**1**).

**assóciátion fóotball** (英) サッカー ((略式) soccer).

**assóciátion bòok [còpy]** (米) (名士などが書き入れをした)手沢(しゅたく)本.

**as·sort** /əsɔ́ːrt アソート/ 動 《正式》 他 **1** …を類別する.

**2** [通例 be ~ed]〈品物が〉各種そろっている ∥
All kinds of chocolates are assorted at that store. あの店ではありとあらゆるチョコレートを取りそろえている.
— 自 〈物・事が釣り合う〉 ∥
That behavior assorts well [ill] with her character. あのふるまいはいかにも彼女らしい[あまり彼女らしくない].

**as·sort·ed** /əsɔ́ːrtid アソーティド/ 動 → assort.
— 形 **1** 分類された, (用途・好みに応じて)組み合わせた; 各種取りそろえた; 雑多な ∥
assorted biscuits ビスケットの詰め合わせ.

**2** [複合語で] 釣り合った, 調和した ∥
a well-assorted couple 似合いの夫婦.

**as·sort·ment** /əsɔ́ːrtmənt アソートメント/ 名 《正式》 **1** U 類別, 分類 (classification). **2** C 各種取りそろえた[詰め合わされた]物; [an ~ of + C 名詞] 各種の (variety).

**as·sume** /əsjúːm アスーム (アスューム)/ 動 《現分》 --sum·ing/ 他 《正式》 **1** 〈事を(証拠のないままに)想定する, 憶測する, …を本当[確か]だと思う; [assume A to be C] A〈人・物・事〉を C ととる, C であるとみなす《◆C は名詞・形容詞》; [assume that 節] …だと思いこむ ∥
I assume his honesty. = I assume him to be honest. = I assume that he is honest. 私は彼を正直だと思う.

**2** 《正式》〈責任を〉とる, 〈役目などを〉引き受ける ∥
assume office 就任する.

**3** 《正式》〈態度を〉とる; 〈習慣・衣服などを〉身につける; 〈物が〉〈様相・性質などを〉帯びる ∥
assume a good habit よい習慣をつける.

**4** 《正式》〈態度・性質などを〉装う, …するふりをする ∥
assume a look of surprise = assume to be surprised 驚いたふりをする.

**assúming** [**assúme**] (**that**) … 《正式》 [しばしばあとに疑問文を伴って] …と仮定して, …とすれば (if) ∥ Assuming (that) it rains tomorrow, what should I do? あした雨が降ったらどうしよう.

**as·sump·tion** /əsʌ́mpʃən アサンプション/ 名 UC
**1** 当然のことと考えること; [assumption (that) 節] (…という)想定, 前提, 推定 ∥
accept (a) mere assumption 全くの憶測を認める.
on the assumption that the rumor is true うわさが本当だという仮定[推定]のもとに.

**2** 《正式》(任務・責任などを)引き受けること; 就任; (権力の)独占, 横領 ∥
the assumption of the presidency 大統領就任.
the army's assumption of power 陸軍が権力を握ったこと.

**3** 《正式》〈態度などを〉とること, 〈様相・性質などを〉帯びること.

**4** 《正式》〈態度・性質などを〉装うこと, 見せかけ ∥

put on an assumption of indifference 無関心を装う.

**as·sur·ance** /əʃúərəns アシュアランス | -ʃɔ́ːr- アショーランス/ 名 **1** C 保証, 請け合い ∥
in spite of all her assurances 彼女が固く請け合ったにもかかわらず.
I gave him my assurance that I would have it done by the end of this month. 今月末までにはそれをさせましょうと彼に請け合った.

**2** U 《正式》確信 ∥
with assurance 確信をもって.
I have full assurance of her success. = I have full assurance that she will succeed. 彼女の成功を十分確信している.

**3** U (強い)自信; 落着き (self-confidence) ∥
have the assurance to do so 厚かましくもそうする.

**4** U 《主に英正式》 (生命)保険 ∥
life assurance 生命保険.

**as·sure** /əʃúər アシュア | əʃɔ́ː アショー/ 動 《現分》 --sur·ing/ 他 《正式》 **1a** [assure A (of) B] 〈人・物・事が〉A〈人〉に B〈物・事〉を保証する, 請け合う ∥
I assure you (of) her sincerity. 彼女が誠実なことを保証します (= Assuredly she is sincere.) (→ **b**).
**b** [assure A that 節] A〈人〉に確かに…だと言う ∥
I assure you (that) she is sincere. 彼女が誠実なことを保証します (→ **a**).

**2a** [assure A of B] 〈人・物・事が〉A〈人〉に B〈物・事〉を確信させる ∥
I am assured of his innocence. = I assure myself of his innocence. 私は彼が無罪だと確信している (→ **b**).
**b** [assure A that 節] A〈人〉に…だと確信させる ∥
I (can) assure you (that) she will come here. = She will come here, I (can) assure you. 彼女はきっとここへ来ますよ《◆I (can) assure you は挿入的に文頭・文中・文尾のいずれの位置にも用いる》.

**3** 〈物・事が〉〈物・事を〉安全[確実]にする 《◆ensure の方がふつう》 ∥
This assures his success in the examination. これで彼が試験に合格するのは間違いなしだ.

**4** 《主に英》…に保険をかける.

**as·sured** /əʃúərd アシュアド | əʃɔ́ːd アショード/ 動 → assure.
— 形 **1** 保証された, 確かな.

**2** [しばしば self-assured] 自信たっぷりの, 厚かましい ∥
in an assured manner 自信満々の態度で.

**as·sur·ed·ly** /əʃúəridli アシュアリドリ | əʃɔ́ːd- アショード-/ 副 **1** 《文·まれ》 [文全体を修飾] 確かに, 確実に (→ assure 他 **1a**). **2** [時に反語的に] 自信をもって; ずうずうしく.

**as·ter** /æstər アスタ/ 名 C 《植》 アスター《キク科のシオン・ヨメナの類》; アスターの花.

**as·ter·isk** /ǽstərìsk/ アスタリスク 名C 星印, アステリスク(star)《*》《◆注や文法的に誤っている文の表示などに用いる》; 星形のもの.

**a·stern** /əstə́ːrn/ アスターン 副 **1** [名詞のあとで] 船尾に(ある), 飛行機の後尾に(ある). **2** 後方に.

**as·ter·oid** /ǽstərɔ̀id/ アステロイド 名C【天文】小惑星《主に火星·木星間に散在》.

*__as·ton·ish__ /əstɑ́niʃ|əstɔ́niʃ/ アスタニシュ|アストニシュ/ 『「(雷に打たれたように)驚かす」が原義』派 astonishment (名)

——動 [三単現] ~·es/-iz/; [過去・過分] ~·ed/-t/; [現分] ~·ing.

——他〈人〉を(跳び上がるほど)驚かす, びっくりさせる; [be astonished at [by] A]A〈物・事〉に驚く, 驚いている; [be astonished to do] …して驚く; [be astonished that 節] …ということに驚く《◆ふつう進行形にしない. surprise より強い意味を表すが astound より弱い》‖

in an astonished voice 驚いた声で.
He was astonished at the news. その知らせを聞いて彼は驚いた.
We are all astonished (that) she has failed. 我々みんなは彼女が失敗したのにあきれている.

**as·ton·ish·ing** /əstɑ́niʃiŋ/ アスタニシング|-tɔ́n-|-トニシング/ 動 ▷ astonish.
——形 びっくりさせるような, 驚くべき, めざましい ‖
an astonishing man 驚くべき人物《◆「驚いている人」の意ではない》.
His success was astonishing to me. 彼の成功には驚いた(=I was astonished at his success.).
It's astonishing (that) she should have got angry that way. 彼女がそんなに怒ったなんて驚きだ.

**as·tón·ish·ing·ly** 副 [しばしば文全体を修飾] 驚くほど, 驚いたことには.

**as·ton·ish·ment** /əstɑ́niʃmənt|-tɔ́n-|-トニシュメント/ 名U (大変な)驚き; C 驚くべき事[物] ‖
cry in [with] astonishment 驚いて叫ぶ, 泣く.
to one's [A's] astonishment (A が) (全く) 驚いたことには.

**as·tound** /əstáund/ アスタウンド 動 他 …をびっくり仰天させる《◆ astonish より意味が強い. shock がふつうの語》‖
I was astounded at the traffic accident. その交通事故に私はたまげた.

**a·stray** /əstréi/ アストレイ/ [しばしば比喩的に] 副 形 道に迷って, 道をはずれて, 正しい道からそれて《◆形 は名詞の前では stray》.
*go astray*〈人が〉道に迷う,〈物が〉行方不明になる; 堕落する;〈話などが〉脱線する, それる.
*lead A astray* [他] A〈人〉を道に迷わせる, 堕落させる.

**a·stride** /əstráid/ アストライド 前 -/ 副 形 前 またがって, 両足を広げて.

**as·trin·gent** /əstríndʒənt/ アストリンジェント 形 **1**【医学】収斂(しゅうれん)性の. **2**〈批評などが〉手きびしい;〈味が〉渋い. ——名CU【医学】収斂剤《止血

用》; アストリンゼン(ト).

**as·tro-** /ǽstrə-|ǽstrəu-/ アストロウ/【連結形】星, 天体. 例: astronaut, astronomy.

**as·tro·dome** /ǽstrədòum/ アストロドウム/ǽstrəu-アストロウ-/ 名C **1**【航空】天測窓《飛行機上部のドーム型の窓》. **2** アストロドーム《丸屋根つきの全天候競技場》.

**as·trol·o·ger** /əstrɑ́lədʒər|-trɔ́l-/ アストラロジャ|-トロ-/ 名C 占星術師.

**as·tro·log·i·cal** /ǽstrəlɑ́dʒikl|-lɔ́dʒ-/ アストロラヂクル|-ロヂカル/ 形 占星術の.

**as·trol·o·gy** /əstrɑ́lədʒi|-trɔ́l-/ アストラロヂ|-トロロヂ/ 名U 占星術.

*__as·tro·naut__ /ǽstrənɔ̀ːt/ アストロノート 名(複) ~s/-nɔ̀ːts/ C (特に米国の)宇宙飛行士.

**as·tron·o·mer** /əstrɑ́nəmər/ アストラノマ|-trɔ́n-|アストロノマ/ 名C 天文学者.

**as·tro·nom·i·cal, -ic** /ǽstrənɑ́mik(l)|-nɔ́m-|-/ǽstrənɑ́mik(l)|-ノミカル/ 形 **1** 天文(学上)の ‖
an astronomical observatory 天文台.
**2** (略式)〈数・量などが〉天文学的な, けたはずれに大きな.

**as·tron·o·my** /əstrɑ́nəmi|əstrɔ́n-/ アストラノミ|アストロノミ/ 名U 天文学.

**as·tute** /əst(j)úːt/ アストゥート(アステュート)/ 形 機敏な; 抜け目のない, ずるい.

**a·sun·der** /əsʌ́ndər/ アサンダ 副 《正式》別々に; ばらばらに.

**a·sy·lum** /əsáiləm/ アサイラム/ 名 (複) ~s, --la /-lə/) **1** C 保護施設, 養護施設 ‖
an orphan asylum 孤児院.
an asylum for the aged 養老院.
**2** UC 隠れ場, 避難所.

*__at__ /(弱) ət アト, (強) ǽt アト, ǽt/ 〖場所・時の一点を示すことから, 方向·存在を表し, だんだん比喩的に割合·関連·原因の意を表すようになった〗

→ 前 I [場所] **1** …で **2** …から **3** …の
II [時] **4** …に
III [方向] **6** …に向かって
IV [存在] **8** …をして(いる)
V [割合・程度] **11** …で
VII [原因・理由] **16** …を見て[聞いて, 知って]

——前 I [場所]
**1** [位置・地点] …に, …で ‖
at (a distance of) 10 feet 10フィート離れたところに.
at the corner of the street 町角で.
at [(主に米) on] the side of the road 道路の脇に.
I bought it at the grocer's (shop). 食料品店でそれを買った.
I live at 99 Glóucester Róad. グロスター通り99番に住んでいる《◆戸番が明示されないと on か in: I live in [(主に米) on] Hárding Street.》.
Open your books at [(主に米) to] page ten. 10ページをあけなさい.
She was at the station. 彼女は駅にいた《◆駅

の構内とは限らず駅前の広場や道路・駅のそばにいたことも含む. in では常に構内を表す. → 語法 (2)》.
対話 "Where did you stay in Boston?" "At the Hotel Sheraton."「ボストンではどこに泊まりましたか」「シェラトンホテルです」.
**2** [所属] [出入点・起点] …から《◆特定の連語以外では (まれ)》‖
enter at [by, through] the back door 裏口から入る《◆ at は出入りする地点, by は経路, through は通り抜ける動作に力点がある.(米)では by, through がふつう》.
get information at its source 情報源から情報を得る.
**3** [所属] …の ‖
He is a student at London University. 彼はロンドン大学の学生だ《◆(1) He *studies* at London University. の名詞表現(→ 語法 (3)). (2) 大学名を the University of London というときは, 単に London というときは と異なる. in London では地名を表す. (3) college の前では常に at: a professor *at* King's College》.

> 語法 [at と in] at は狭い場所[地点], in は広い場所[区域]に用いるのが原則だが, 狭さ・広さは主観的なので, 心理的にどう見るかによって at と in は使いわけられる.
> (1) 大都市でも地図上の一点, 寄港地・乗り換え地点として見る場合は at が普通 (cf. arrive 語法): The party stopped *at* Chicago on its way to New York. 一行はニューヨークへ行く途中シカゴに立ち寄った.
> (2) 自分の住んでいる所など, その中での活動が暗示される文脈では場所の大小を問わず in が用いられる傾向が強い.
> (3) in が単に場所「…の中に」を示すのに対し, at は従事・活動の意を含むことがある. She was *at* the cinema. は「映画館にいた」から「映画を見ていた」「映画館で働いていた」も表す (→ **8**).
> (4) at (地点)は it と共に用いない: He is *at* the station. *She is at it, too. 《She is *there*, too. とする》. in, on にはこの制限はない.

**II** [時] (一時点の意味より時間・年齢を, さらに順序・回数を表す)
**4** [時間・年齢] …に ‖
at noon 昼に《[類例] *at* dawn, *at* sunrise, *at* twilight, *at* nightfall, *at* midnight, *at* dusk, *at* night》.
at Christmas クリスマス (の季節) に《◆ on Christmas は「クリスマス(当日)に(12月25日)」》.
at (the age of) 13 13歳の時に (= at age 13).
at about five o'clock 5時ごろに.
School begins at [*from] 8:30. 授業は8時30分から始まる《◆次例では at はふつう省略: *What time does school begin?*》.
対話 "What time is your appointment?" "At 7:30." "You're early." 「何時の予約ですか」「7時30分です」「早く来られましたね」.

**5** [順序・回数] ‖
at first 最初は.
at all times いつでも.
at regular intervals 等間隔で.
I passed the test at the third attempt. 3回目で試験にパスした.

**III** [方向] (一点に向けての意図的な目標・試みを示す)
**6** [方向・目標] …に対して, …に向かって, …を目がけて《◆意図的な目標を示すため, しばしば攻撃・敵意・非難などの意を含む》‖
point at the house その家を指さす.
get angry at John ジョンに腹を立てる.
throw the ball at Bill (あてようと思って)ビルにボールを投げつける《◆比較: throw the ball *to* Bill ビルにボールを (捕球できるように) 投げる》.
She shouted at me. 彼女は私をどなりつけた《◆比較: She shouted *to* me. 私に向かって大声で言った》.
The tiger pounced at the deer. トラはシカに襲いかかった.
**7** [試み] [catch, strike, shoot, grasp, guess などの他動詞と共に]《◆試みが達成したかどうかは不明, at がなければふつう達成したことを示す》‖
guess at the meaning その意味を察しようとする.
The hunter shot at the bird. ハンターは鳥をねらって撃った《◆比較: The hunter shot the bird. 鳥を撃ち落とした》.

**IV** [存在] (ある地点にいることから従事の意を表し, そこから比喩的に **9**, **10** の意が生じた)
**8** [存在・従事] …に(出席して) ; …をして(いる)《◆あとにくる名詞はふつう無冠詞で単数》‖
at (the) table 食事中で《◆(米)では the をつけることが多い》.
be (at) home 在宅している《◆ at の省略は(主に米)》.
be at play 遊んでいる.
be at chess チェスをしている.
He is at school. 彼は授業を受けている; 在学中である《[類例] be *at college*》.
What are they át? 彼らは何をしているのか, 何をしようとしているのか.
**9** [状態] …(の状態)で ‖
at (one's) ease くつろいで.
at a standstill 行きづまって.
at a loss 途方にくれて.
at a disadvantage 不利な立場で.
(at) full length 大の字になって.
**10** [任意・根拠] …のままで[に]; …によって ‖
at will 意のままに.
at one's request 要求によって.
the fortune at his disposal 彼の自由になる財産.
They were at your mercy. 彼らはあなたの思うままだった.

**V** [割合・程度] (変動するものの一点を示すことから, **11** の意を表し, そこから **12**, **13** の意味が生じた)

**11** [価格・速力・度合い] …で ‖
at any rate とにかく.
at (an angle of) 90° 90度(の角度)で[に].
drive at (a speed of) 50 miles an hour 時速50マイルで運転する.
sell these things **at** ten cents each これらを1つ10セントで売る《♦ each でなく, 全部の金額をいうときは at [for] ten cents》.
The temperature stands **at** 25°C. 気温は摂氏25度だ.

**12** [方法・様態] …(のやり方)で ‖
at a run かけ足で.
at a draft ぐいっと一飲みで.
at wholesale 卸売りで.

**13** [条件・代価] …として, …で《♦ 主に次の句で》‖
at any price どんな犠牲を払っても.
at one's (own) risk 自分自身の責任で.
at the cost of one's health 自分の健康を犠牲にして.

**VI** [関連・極限] (行為・状態の点を示すことから, 関連の意味を表す. また比喩(*)的に極限を示す)

**14** …の点で, …において, …に関して ‖
be slow **at** learning 覚えが遅い.
be kind **at** heart 根は親切だ.
He is an expert **at** chess. 彼はチェスの達人だ.
She **is** good **at** golf. 彼女はゴルフがうまい.

**15 a** [極限] ‖
at a maximum 最大限で.
at the outset 最初に.
at the completion of the work 仕事を完了して.
**b** [最上級と共に] ‖
at (the) most いくら多くても, せいぜい.
at (the) best いくらよくても, せいぜい.
at (the) latest 遅くとも.
at (the) worst 悪くても.
at (the) least 少なくとも.
at (the) earliest 早くとも.

**VII** [原因・理由] (一点を示すことから, 「…に接して『喜ぶ』」のように感情の原因となる接点を表す)

**16 a** [感情を表す動詞・形容詞・名詞と共に] …を見て[聞いて, 知って] ‖
be pleased **at** his success 彼の成功を喜ぶ(= be pleased to hear about his success).
Everyone marvelled **at** her courage. みんな彼女の勇気に驚嘆した.
**b**《♦ 次の成句で》…して ‖
He hesitated **at the sight of** her face. 彼は彼女の顔を見てためらった.
They stopped **at the sound of** his voice. 彼らは彼の声を聞いて立ち止まった.
**be át it** けんか[いたずらなど]をしている.
**át sign** 《コンピュータ》アットマーク《@》.
**atch·oo** /ətʃúː/ 《米》間 ハクション. ——名 (複 ~s) ⓒ 「ハクション」の音(→ bless 動 成句).
**ate** /éit エイト | ét エト, éit | 》《♦ /ét/ は米語では《非標準》》[同音]《米》eight 動 → eat.
**at·el·ier** /ætljéi アトゥリェイ | ətéliei アテリエイ /『フランス』名 ⓒ アトリエ, 画室; (職人の)仕事場.
**a·the·ism** /éiθìizm エイスィイズム / 名 Ⓤ 無神論; 不信心.
**a·the·ist** /éiθiist エイスィイスト / 名 ⓒ 無神論者; 不信心者.
**A·the·ne** /əθíːni(ː)/ 名 『ギリシア神話』アテナ, アテネ《知恵・学芸・工芸・戦術の女神. ローマ神話の Minerva に当たる》.
**Ath·ens** /ǽθənz アスンズ | ǽθinz アスィンズ/ 名 アテネ, アテナイ《ギリシアの首都》.
**ath·lete** /ǽθliːt アスリート / 《『賞を争う人』が原義》名 ⓒ 運動選手, スポーツマン(→ sportsman); 《英》陸上競技の選手.
**áthlete's fóot** (足の)水虫.
*__ath·let·ic__ /æθlétik アスレティク / [→ athlete]
——形 [通例名詞の前で] **1** (戸外)運動競技の, 体育の ‖
athletic sports 運動競技.
an athletic meet(ing) 競技会《◆「学校の」運動会の日」は《米》field day, 《英》sports (day). 英米では競技だけで遊戯はふつう含まれない》.
**2** 運動選手らしい, 筋骨たくましい ‖
athletic build (運動競技に適した)がっしりした体格.
[対話]"Well, my brother is athletic." "Athletic?" "Yes. He can swim, ski, play golf, football and baseball."「私の兄はスポーツマンタイプだよ」「スポーツマンタイプって?」「うん, 水泳もスキーも, ゴルフ, アメフトに野球もできるんだ」.
**ath·let·ics** /æθlétiks アスレティクス / 名 **1** [通例複数扱い]《戸外》運動競技《◆《英》ではトラック・フィールドなどの陸上競技》. **2** [通例単数扱い] (科目としての)体育理論 [実技].
*__At·lan·tic__ /ətlǽntik アトランティク /『「西の果てとされたアトラス山脈(the Atlas Mountains)に接する海」の意. → Atlas 』
——名 [the ~] =Atlantic Ocean.
——形 **1** 大西洋の, 大西洋岸の ‖
an Atlantic liner 大西洋航路定期船.
the Atlantic islands 大西洋諸島.
the Atlantic states 米国大西洋岸諸州, 東部諸州.
**2** アトラス山脈の.
**Atlántic Ócean** [the ~] 大西洋.
**Atlántic (stándard) tíme**《米》大西洋標準時.
**at·las** /ǽtləs アトラス / 名 (複 ~·es) **1** [A~] 『ギリシア神話』アトラス《肩で天を支えるように宣告された巨人》; ⓒ 重荷を負う人. **2** ⓒ 地図帳[書]《♦ 昔の地図帳の巻頭に天球をになうアトラスの絵があったことから. 1枚の地図は map》.
*__at·mo·sphere__ /ǽtməsfìər アトモスフィア / 『空気の(atmos)圏(sphere). cf. hemi*sphere*』

Atlas

―名 (複) ~s/-z/) **1 a** [the ~] (地球または天体を取り巻く)**大気** ‖
pollute the earth's atmosphere 大気を汚染する.
**b** C (特定の場所の)**空気** ‖
a clear atmosphere 澄みきったきれいな空気.
**2** C U **雰囲気**(☆☆), 周囲の情況, 環境;(略式)ムード ‖
an atmosphere of peace =a peaceful atmosphere のどかな雰囲気.
a restaurant with atmosphere ムードのあるレストラン.

**at·mo·spher·ic** /ǽtməsférik アトモスフェリク/《名詞の前で使うときは /ˌ-ˈ-/》形 **大気の**;大気によって[大気中に]起こる.

**átmosphèric préssure** 〔気象〕(大)気圧《◆単に pressure ともいう》.

**at·oll** /ǽtɔ(ː)l アト(ー)ル/ 名 C 環状珊瑚(☆ん)島, 環礁.

*at·om /ǽtəm アタム/ 〖《これ以上》分割(tom)できない(a)もの. cf. anatomy〗 派 atomic (形)
―名 (複) ~s/-z/) C **1**〔物理・化学〕**原子**《◆「分子」は molecule》‖
the power of the atom 原子力.
**2** 微粒子;みじん, 破片;(略式) [an ~ of + U 名詞] 少量(bit) ‖
to atoms こっぱみじんに.
There was not an atom of evidence to convict him. 彼の有罪を証明する証拠は何ひとつなかった.

**átom bòmb** 原子爆弾《◆A-bomb, atomic bomb, fission bomb ともいう》.

*a·tom·ic /ətámik アタミク | ətɔ́mik アトミク/ 〖→ atom〗
―形〔通例名詞の前で〕**原子(力)の**[に関する], 原子(力)で動く;原子爆弾を使う[持っている].

**atómic áge** [the ~] 原子力時代.
**atómic bómb** =atom bomb.
**atómic énergy** 原子力, 原子[核]エネルギー.
**atómic píle** 原子炉《◆ atomic reactor, nuclear reactor ともいう》.
**atómic pówer plànt** [stàtion] 原子力発電所.
**atómic wéapon** 核兵器.

**a·tom·i·cal·ly** /ətámikəli アタミカリ | -tɔ́m- アトミカリ/ 副 原子力的に[によって];こっぱみじんに.

**a·tone** /ətóun アトウン/ 動 (現分 **a·ton·ing**) 自 (正式) 償いをする, 罪滅ぼしをする(make up for).

**a·tone·ment** /ətóunmənt アトウンメント/ 名 **1** U (正式) 償い, あがない ‖
màke atónement for one's sins with one's life 死をもって罪の償いをする.
**2** [the A~] キリスト教の贖罪(ょくざい)《十字架にかかり人類の償いをしたこと》.

**a·top** /ətɑ́p アタプ | ətɔ́p アトプ/ 副 上に.
―前 (文) …の上に[の].

**a·tro·cious** /ətróuʃəs アトロウシャス/ 形 **1** (正式) 残虐な;たちの悪い;ぞっとするような. **2** (略式)〈食事・天気などが〉ひどい, たいへん悪い;不愉快な.

**a·tró·cious·ly** 副 (正式) 残虐に;(略式) ひどく, 猛烈に.

**a·troc·i·ty** /ətrɑ́səti- アトラスィティ | ətrɔ́s- アトロスィティ/ 名 (複) **--i·ties**/-z/) **1** U 残虐;C 残虐行為. **2** C (略式) ひどいこと;ばかげたもの.

**ATS** (略) 〔鉄道〕 Automatic Train Stop 自動停止装置.

**at·ta·boy** /ǽtəbɔi アタボイ/ 間《主に米略式》いいぞ, よくやった《◆激励・賞賛の叫び. That's the boy! のなまり. 女性にも使う. cf. attagal》.

**at·tach** /ətǽtʃ アタチ/ 動 (三単現 ~·es/-iz/) 他 **1** [attach A to B] B〈物〉に A〈物〉をはり付ける, 結びつける, 付け加える(↔ detach) ‖
attach one's name to the contract 契約書に名前を書き添える.
**2**〈人〉を配属する《◆一時的な配属をいう. 長期的な配属には assign を用いる》;[be attached to A] A〈団体など〉に所属する ‖
I am attached [attach myself] to the Liberals. 私は自由党員です.
**3** [attach A to B] A〈人〉を B〈人・物・事〉に愛情[愛着]を持たせる, なつかせる ‖
He is deeply attached to his wife. 彼は妻を深く愛している.
**4** [attach A to B] A〈重要性・性質など〉が B〈人・物・事〉にあるものと考える ‖
I attach no importance to what she said. 私は彼女が言ったことを重視しない.
―自 付着する;(正式) 付随する ‖
No blame attaches to me. 私が悪いのではありません(=(略式) I am not to blame.).

**attáched schóol** 付属学校.

**at·ta·ché** /ǽtəʃéi アタシェイ | ətǽʃei アタシェイ/ 〖フランス〗名 C (大使・公使の)随行員, 大[公]使館員.

**attaché case** アタッシェケース, 小型手下げかばん, 書類入れ.

**at·tach·ment** /ətǽtʃmənt アタチメント/ 名 **1** U 取り付け, 付着;C 付属物[品];留め金, 締め具 ‖
The attachment of the new engine to the train took only a few minutes. 列車に新しい機関車をつなぐのに数分しかかからなかった.
**2** C (正式) 愛着, 愛情, 献身, 忠誠 ‖
form an attachment for the baby その赤ん坊が好きになる.
I have a strong attachment to Yokohama. 私は横浜が大好きです.
**3** C 〔コンピュータ〕添付ファイル.

*at·tack /ətǽk アタク/ 〖『一方的に取りかかる』が本義. cf. attach〗
―動 (三単現 ~s/-s/; 過去・過分 ~ed/-t/; 現分 ~·ing)
―他 **1** …を**攻撃する**(↔ defend);…を非難する ‖
The army attacked the fort. 軍は要塞(ミラ)を攻撃した.
**2** …に着手する, 取りかかる ‖
He attacked a big pie as if he had not

eaten for days. 何日も物を食べていないかのように彼は大きなパイをガツガツ食べ始めた.
**3** 〈病気が〉〈人(のからだ)〉を冒す; 〈物が〉〈物〉をいためる, だめにする ‖
The disease **attacked** her suddenly. 突然彼女は病気になった.
Rust **attacks** metals. さびは金属を侵す.
── 自 攻撃する; (ゲームで) 得点しようとする.
── 名 (~s/-s/) **1** ⓊⒸ 攻撃, 襲撃; 非難 ‖
deliver an **attack** on government policy 政府の政策を攻撃する.
come under **attack** 攻撃を受ける.
**Attack** is the best form of defense. 攻撃は最大の防御である.
対話 "What can you remember about the **attack**?" "Well, I was walking along the park when somebody hit me on the head."「襲われた時のことで何か思い出せませんか」「公園に沿って歩いていたらだれかが頭をなぐったのです」.
**2** Ⓤ 開始, 着手 ‖
make a new **attack** on the problem その問題に新たに取り組む.
**3** Ⓒ 発病, 発作 ‖
a heart **attack** 心臓発作.
have an **attack** of fever 熱病にかかる.
**4** Ⓤ 発声法, 音の出だし.

**at·tack·er** /ətǽkər アタカ/ 名 Ⓒ 攻撃者; (ゲームの)アタッカー.

**at·ta·gal** /ǽtəgæl アタギャル/, **at·ta·girl** /-gɜːrl ガール/ 間 (主に米略式) いいぞ, よくやった《◆男性には使えない. cf. attaboy》

**at·tain** /ətéin アテイン/ 動 他 (正式) **1** 〈目的・望みなど〉を達成する, 成しとげる, 〈地位など〉を獲得する(get) (類 achieve, accomplish) ‖
**attain** the position of President 大統領の地位を得る.
**2** 〈場所・年齢など〉に到達する(reach), 〈事が〉〈完成など〉の域に達する ‖
**attain** the top of the mountain 山頂に達する.

**at·tain·a·ble** /ətéinəbl アテイナブル/ 形 〈目標などが〉到達できる, 成しとげられる.

**at·tain·ment** /ətéinmənt アテインメント/ 名 (正式)
**1** Ⓤ 到達, 達成 ‖
for the **attainment** of one's purpose 目的達成のために.
**2** Ⓒ (通例 ~s) 才芸, 技芸, 学識, 造詣(ぞうけい) ‖
a man of great **attainments** 学識豊かな人.

*at·tempt /ətémpt アテンプト/ 《[…を(at)試みる (tempt). cf. tempt》
── 動 (三単現 ~s/ətémpts/; 過去・過分 ~ed /-id/; 現分 ~ing)
── 他 **1** …を試みる, 企てる《◆try より堅い語で, しばしば失敗に終わることを含意》‖
**attempt** an attack 攻撃を試みる.
**2** [attempt to do] …しようと企てる ‖
She **attempted to** jump the fence. 彼女は

塀を跳び越えようとした.
── 名 (複 ~s/ətémpts/) Ⓒ **1** [attempt to do / attempt at doing] (…する)試み, 企て, 努力 ‖
on one's first **attempt** = at the first **attempt** 1回目の(試み)で.
He màde anóther **attémpt** to cross [at crossing] the river next day. 彼は次の日もう1度その川を渡ろうと企てた.
対話 "You can't have a chance of success if you don't even try." "But this is my fifth **attempt** without success."「やってみもしないでうまくできっこないじゃないか」「でも5回やってみていつもうまくいかないんだ」.
**2** (正式) 襲撃, 攻撃(attack); (記録などを)破ろうとする企て ‖
màke an attémpt on her life 彼女の命をねらう.

*at·tend /əténd アテンド/ 《[…へ(at)足を伸ばす, 心を向ける(tend). cf. extend》
派 attendance (名), attendant (形・名), attention (名), attentive (形)
→ 他 **1** 出席する **2** 世話する
   自 **2** 言うことを注意して聞く
── 動 (三単現 ~s/əténdz/; 過去・過分 ~ed /-id/; 現分 ~ing)
── 他 **1** …に出席する, 参列する《◆ go to より堅い語》‖
**attend** school 通学する.
**attend** church 教会へ通う.
The meeting will be well **attended**. その会合には出席者が多いだろう《◆「会合などで人々が集まった」の意味では受身可能》.
**2** (正式) 〈医者などが〉〈病人など〉を世話する(look after), 看護する, 診療する ‖
Each child must be **attended** by a parent. 子供には親が付き添わねばならない.
Who is **attending** you? だれがあなたの担当医ですか.
**3** (文) 〈人が〉〈貴人など〉に仕える, 随行する; 〈事が〉〈仕事など〉に伴う, 付随する(accompany) ‖
May good luck **attend** you! (↘) ご幸運をお祈りいたします(=May you have good luck! (↘)).
── 自 (正式) **1** (まれ) [attend (at A)] (…に) 出席する, 参列する.
**2** [attend to A] 〈人〉の言うことを注意して聞く; 〈話など〉を耳をかたむけて聞く《◆ pay attention to の方がふつう》; 〈人〉の世話をする (look after), 〈客など〉の応対をする; 〈仕事など〉に精を出す ‖
You are not **attending to** what I am saying. 私が言っていることをあなたは注意して聞いていない.
If you go out, who will **attend to** the baby? あなたが出かけたら, だれが赤ん坊の世話をしますか《◆ attend the baby に比べ一時的な世話をいう》.
I'll **attend to** that. ご希望に添うようにします.

Are you being attended to? (店員が客に)だれかご用を承っておりましょうか.

**at·tend·ance** /əténdəns アテンダンス/ 图 1 ⓊⒸ 出席, 参会, 参列, 出勤(回数) ‖
take [check] attendance 出席をとる.
be in attendance at classes 授業に出席している.
**2** [集合名詞; 単数形で; 修飾語を伴って] 出席者(数), 参会[参列]者(数) ‖
There will be a large attendance at the meeting. その会議には出席者が多いでしょう.
**3** Ⓤ 付き添い, 随行; 世話, 看護 ‖
medical attendance 医療, 治療.
His mother is in attendance on [upon] him. 母親が彼に付き添っている; 彼の看護にあたっている.

**at·tend·ant** /əténdənt アテンダント/ 形 **1** (正式)〈人が〉出席の, 付き添いの, 随行の;〈困難・問題などが〉伴う, 付随する ‖
war and its attendant horrors 戦争とそれに伴う恐怖.
**2**〈人が〉出席の, 列席の, 居合わせた.
—— 图 Ⓒ **1** 付き添い人; 従者; 看護人.
**2** 案内係, 添(そ)乗員, 店員 ‖
a shop attendant 店員.
a museum attendant 博物館の案内係.
**3** 付随するもの ‖
ignorance and its attendants 無知とそれに伴うもの.

*__at·ten·tion__ /əténʃən アテンション/ 〖→ attend〗
—— 图 (複 ~s/-z/) **1** Ⓤ 注意, 注意力 ‖
attract [arrest, catch, draw] (his) attention to that point その点に(彼の)注意を引く.
direct [turn] one's attention to her research 彼女の研究に注意を向ける.
call his attention to the idea そのことに彼の注意を促す.
come to his attention 彼の知るところとなる.
He was àll atténtion. =He was atténtion itsélf. 彼は全身を耳にしていた.
Atténtion, pleàse! (アナウンス) お知らせ致します; (人に)ちょっとお聞きください.
Pay more attention to your teacher. 先生のおっしゃることをもっと注意して聞きなさい.
対話 "Would you please listen when I talk to you?" "You never give me your attention when I talk to you."「私の話を聞いてくれない?」「君こそぼくの話を注意して聞かないじゃないか」.
**2** Ⓤ 配慮, 考慮; 手当て, 手入れ; 世話 ‖
My car needs attention. 私の自動車は手入する必要がある.
**3** ⓊⒸ (正式) 親切[丁重](な行為).
**4** Ⓤ (軍隊の)気をつけの姿勢 ‖
stand at attention 気をつけの姿勢で立つ (↔ stand at ease).
bring them to attention 彼らに気をつけの姿勢をとらせる.

Attention! (号令) 気をつけ!《◆発音は /əténʃən アテンシャン/. さらに短縮されて 'shun/ʃʌn シャン/ ともなる》.

**at·ten·tive** /əténtiv アテンティヴ/ 形 **1** 注意深い, 油断のない; 注意を集中している ‖
They were most attentive to his speech. みんなは彼の話をたいへん注意深く聞いた.
**2** 親切な, 思いやりのある, 気をつかう ‖
She is always attentive to older people. 彼女はいつもお年寄りに親切である.

**at·ten·tive·ly** /əténtivli アテンティヴリ/ 副 注意深く; ていねいに《◆ carefully より堅い語》 ‖
listen attentively 注意深く聞く.

**at·ten·u·ate** /əténjueit アテニュエイト/ 動 (現分 ~·at·ing) (正式) 他 〈物〉を細くする;〈人〉をやせ細らせる.
—— 自 減ずる, 弱る.

**at·test** /ətést アテスト/ 動 (正式) 自 証明[証言]する; 証拠となる ‖
attest to one's innocence 無実を証明する.
—— 他 **1**〈真実性など〉を証明する(show); [attest that 節] …だと言証する《◆ふつう法廷での発言に用いる》.
**2**〈事が〉〈事・性質など〉の正拠となる, 真実性を示す;〈署名・遺言書など〉を認証する;〈人〉に誓わせる ‖
His success attests his diligence. 彼の成功から勤勉のほどがわかる.

**at·tic** /ǽtik アティク/ 图 Ⓒ **1** 屋根裏. **2** 屋根裏部屋《◆ garret と違い日常的な語で, こぎれいな感じを含む. cf. loft》.

**at·tire** /ətáiər アタイア/ 图 Ⓤ (古・正式) (豪華な, 特別の)服装, 衣装 (clothing).

*__at·ti·tude__ /ǽtətjùːd アティトゥード(アティテュード)/ 〖適している(atti)こと(tude). cf. aptitude〗
—— 图 (複 ~s/-tjùːdz/) Ⓒ **1** (正式) 姿勢, 身構え ‖
The listeners stood in an attentive attitude. 聴衆は話を注意して聞こうと身構えて立っていた.
**2** 態度, 心構え, 気持ち(の持ち方) ‖
take [assume] a strong attitude toward [to, on] him 彼に対して強硬な態度をとる.
**3** [one's ~] 判断, 意見 ‖
What is your attitude to [toward] the accident? その事故についてあなたはどう思いますか.
対話 "What does he think about our idea?" "His attitude is (that) we have to plan it more carefully."「彼はぼくたちの計画をどう思っていますか」「あの人の意見はもっと慎重に計画を練ったほうがいいということです」.

**at·tor·ney** /ətə́ːrni アターニ/ 图 Ⓒ **1** (米) 弁護士.
**2** 法定代理人 ‖
a letter of attorney 委任状.
power(s) of attorney 委任権.
by attorney 代理人でもって.

*__at·tract__ /ətrǽkt アトラクト/ 〖…の方へ(at)引き寄せる(tract). cf. abstract〗派 attraction (名), attractive (形)

attract《引きつける》

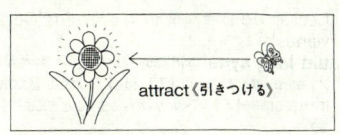

—**動** 〖三単現〗~s/ətrǽkts/; 〖過去・過分〗~ed /-id/; 〖現分〗~ing

—他 **1**〈注意・興味など〉を引く;〈人・動物〉を引きつける, 魅惑する《◆ charm は「魔法のような力で魅了すること」》‖

Try not to **attract** attention. 人目を引かないようにしなさい.

The merry music **attracted** the children to the fairground. 子供たちは楽しい音楽に引き寄せられて博覧会場へ行った.

I feel **attracted** to her. 私は彼女に魅力を感じている;私は彼女が好きだ.

**2**〈物が〉〈磁力で〉〈物〉を引きつける‖

A bar magnet **attracts** nails. 棒磁石はくぎを引きつける.

**at·trac·tion** /ətrǽkʃən アトラクション/ **名 1** ⓊⒸ 魅力, 引きつける力; Ⓒ 引きつけるもの, 魅力あるもの, 呼び物‖

the center of **attraction** 人気の的《◆場所・人いずれにも用いる》.

Detective stories **hold** a special **attraction for** me. 私は推理小説には特に興味があります.

**2** Ⓤ 引きつける[引きつけられる]こと, 誘引, 吸引; 引力‖

the **attraction** of a magnet 磁力.

*__at·trac·tive__ /ətrǽktiv アトラクティヴ/ 〖→ attract〗

—**形 1** 魅力的な, あいきょうのある;〈値段などが〉人を引きつける‖

an **attractive** personality 魅力的な人柄.

**2** 引力のある‖

**attractive** powers of a magnet 磁石の引力.

**at·trác·tive·ness** 名Ⓤ 魅力; 人目を引くこと; 引きつけること.

**at·trac·tive·ly** /ətrǽktivli アトラクティヴリ/ **副** 魅力的に, 人目を引く[目につく]ように.

**attrib.**〖略〗attribute; attributive(ly).

**at·trib·ut·a·ble** /ətríbjətəbl アトリビュタブル/ **形** [**attributable to A**]〈事が〉…に帰することが, …のせいだと考えられる.

**at·trib·ute** /—**動** /ətríbju:t アトリビュート/《アクセント注意》**動** 〖現分〗-ut·ing/ 他 **1** [**attribute A to B**]〈事〉は B〈人・事・物〉のおかげである, A〈事〉の原因を B〈人・事・物〉に帰する‖

He **attributed** his success **to** his teacher. 彼は成功したのは先生のおかげと考えた.

**2** [**attribute A to B**] A〈性質〉が B〈人など〉にあると考える‖

No fault can be **attributed to** her. 彼女に欠点があるとは考えられない.

**3**〖正式〗 [**be attributed to B**]〈作品が〉B〈人〉の作品と考えられている‖

This story **is attributed to** Mark Twain. この物語はマークトウェインの作と考えられている.

—**名** /ǽtribju:t/《◆分節は at·tri·bute》Ⓒ **1** 属性《本来備えている性質》; 特質‖

Diligence is an **attribute** of a good student. 勤勉は優秀な生徒の特質である.

**2** 付属物, 象徴.

**3**〖文法〗限定詞《属性・性質を表す語》.

**at·tri·bu·tion** /ætrəbjú:ʃən アトリビューション/ 名 〖正式〗**1** Ⓤ [the **attribution of** A **to** B] A〈物・事〉を B〈人・物・事〉のせいにすること. **2** Ⓒ 属性. **3** Ⓒ 《…に属する》権限, 職権.

**at·trib·u·tive** /ətríbjətiv アトリビュティヴ/ **形 1**《正式》属性を表す. **2**〖文法〗限定的な, 連体的な《↔ predicative》. —**名** Ⓒ 〖文法〗限定《形容詞》《attributive adjective》《◆ the old dog の old のように名詞の前に置く形容詞. cf. predicative》.

**attríbutive ádjective** =attributive 名.

**at·trib·u·tive·ly** /ətríbjutivli アトリビュティヴリ/ **副** 限定的に.

**au·burn** /ɔ́:bərn オーバーン | ɔ́:bən オーバン/ 名Ⓤ **形**〈毛髪が〉赤褐色(の).

**auc·tion** /ɔ́:kʃən オークション/ 名ⓊⒸ 競売, せり売り, オークション‖

buy a thing **at** [《英》**by**] **auction** 競売で物を買う.

put a thing up **at** [《英》**to, for**] **auction** 物を競売に出す.

come up for **auction**〈物が〉競売に出される.

—**動**〈物〉を競売する(+*off*).

**auc·tion·eer** /ɔ̀:kʃəníər オークショニア/ 名Ⓒ 競売人, せり売り人.

**au·da·cious** /ɔ:déiʃəs オーディシャス/ **形 1**〖正式〗大胆不敵な, 勇敢な. **2** 無礼な, 失礼な.

**au·dac·i·ty** /ɔ:dǽsəti オーダシティ/ 名《複》-ties/-z/) ⓊⒸ〖正式〗《通例 the ~》大胆さ; 厚かましさ‖

He has the **audacity** to borrow some money from me. 彼はずうずうしくも私から金を借りようとする.

**au·di·ble** /ɔ́:dəbl オーディブル/ **形** 聞き取れる‖

in a scarcely **audible** voice ほとんど聞き取れぬほどの声で.

**áu·di·bly** **副** 聞こえるように, 聞き取れるほどに.

*__au·di·ence__ /ɔ́:diəns オーディエンス, -djəns, 《米+》 á:-/ **名**《複》-enc·es/-iz/》**1** Ⓒ **a**《集合名詞; 修飾語を伴って》聴衆, 観衆, 観客, 聞き手;《ラジオの》聴取者,《テレビの》視聴者;《本の》読者(→ spectator Q&A)‖

There **was** a large **audience** at the concert. 演奏会の聴衆は大勢だった(→ large **形 2**).

My **audience was** [**were**] mostly women. 私の聴衆は大部分女性でした《◆単数扱いが原則だが, 個々の成員をさしているときは《英》では一般に複数扱い》.

**b** [1会場・1団体として] 聴衆‖

The band attracted many **audiences** in many countries. その楽団は多くの国々で聴衆を魅了した.

**2** ⓤⓒ《正式》謁見(炊), 引見(炊); 接見 ‖
be received in **audience** 謁見を許される.

**áudience ràting** 視聴率.

**au‧di‧o** /ɔ́ːdiòu オーディオウ/ 形〔通例複合語で〕音声の, 可聴周波(数)の; 音の再生の, ハイファイの. ──名 ⓤⓒ 音の送信[受信]; 音声部門(cf. video).

**au‧di‧o‧cas‧sette** /ɔ́ːdioukəsèt オーディオウカセット, -kæs-/ ≃/ 名 ⓒ 録音カセット.

**au‧di‧o‧vi‧su‧al** /ɔ́ːdiouvíʒuəl オーディオウヴィジュアル,《英+》-zju-/ 形 視聴覚の. ──名 [~s] 形 = audio-visual aids.

**áudio-visual áids** 視聴覚教具(略 AV).

**au‧dit** /ɔ́ːdət オーディト/ 名 ⓒ 会計検査, 監査. ──動 他〈会計簿などを〉検査する.

**au‧di‧tion** /ɔːdíʃən オーディション/ 名 **1** ⓤ 聴力, 聴覚; 聴取.
**2** ⓒ (歌手・俳優などの)オーディション;(レコードの)試聴 ‖
give an **audition** to him 彼のオーディションをする.
have an **audition** for the part of Ophelia オフィーリア役のオーディションを受ける.
──動 他〈歌手・俳優〉のオーディションをする.
──自 オーディションを受ける.

**au‧di‧tor** /ɔ́ːdətər オーディタ/ 名 ⓒ 会計検査官, 監査役.

**au‧di‧to‧ri‧um** /ɔ̀ːdətɔ́ːriəm オーディトーリアム/ 名(複 ~s, ‑‑ri‧a/-riə/) ⓒ **1**《米》講堂, 大講義室. **2** 公会堂, 音楽堂. **3** 観客席.

**Au‧drey** /ɔ́ːdri オードリ/ 名 オードリー《女の名》.

**Aug.** August.

**aug‧ment** /ɔːɡmént オーグメント/ 動《正式》〈収入など〉を増加[増大]させる. ──自 増加[増大]する.

**aug‧men‧ta‧tion** /ɔ̀ːɡmentéiʃən オーグメンテイション/ 名 ⓤ《正式》増加, 増大. **2** ⓒ 増加物.

**au‧gur** /ɔ́ːɡər オーガ/ 名 ⓒ《正式》〔ローマ史〕卜占(梵)官《鳥の動きを見て公事の吉凶を占った神官》; 易者, 占い師.
──動 他《正式》〈事〉を占う, 予言する(predict);〈事〉の前兆を示す. ──自 前兆となる.

**au‧gust** /ɔːɡʌ́st オーガスト/ 形《正式》威厳のある; 尊敬の念を起こさせる.

***Au‧gust** /ɔ́ːɡəst オーガスト/『ローマ皇帝アウグストゥス(Augustus)の月』
──名 ⓤ 8月; [形容詞的に] 8月の(略 Aug.).
語法 → January).

**Au‧gus‧tine** /ɔ́ːɡəstiːn オーガスティーン, əɡʌ́s-|ɔːɡʌ́stin オーガスティン/ 名 **1** Saint ~ 聖アウグスティヌス《354-430; 北アフリカ Hippo の司教で初期キリスト教会最大の指導者》. **2** Saint ~ [Austin] 聖アウグスティヌス, 聖オーガスティン《?-604; ローマの修道士で英国 Canterbury の初代大司教》.

**Au‧gus‧tus** /ɔːɡʌ́stəs オーガスタス/ 名 アウグストゥス《63 B.C.‑A.D. 14; ローマ帝国の初代皇帝. Julius Caesar の後継者. 皇帝になる前の名は Octavianus》.

**auld lang syne** /ɔ́ːld læŋ záin オールド ラング ザイン|-sáin -サイン/ 名 ⓤ《スコット》**1** なつかしい昔(old long since)《◆ 歌ったり飲んだりするときによく言う》‖
Let's drink to **auld lang syne.** 過ぎし日々に乾杯しよう.
**2** [A~ L‑ S‑] オールドラングサイン《R. Burns の詩の題名. これにつけた曲が「ほたるの光」のメロディ》.

***aunt** /ǽnt アント|ɑ́ːnt アーント/ (同音)《米》ant)『「父の姉妹」が原義』
──名(複 ~s /ǽnts|ɑ́ːnts/) ⓒ **1**[しばしば A~] おば, 父母の姉妹; おじの妻; 甥(炊)か姪(炊)のいる女性(cf. uncle) ‖
one's **aunt** on one's father's side 父方のおば.
Read me the book, **Aunt** (Jane).(ジェーン)おばさん, その本を読んでください《◆ 自分のおばは my *aunt* だが, 身内の甥や姪かのときは, 固有名詞的に *Aunt* とすることが多い. より親しみをこめて単に Jane と呼ぶこともある. ×Aunt Smith のように姓(family name)と共に用いない》.
**2** [しばしば A~] 慕われる年配女性, おばさん《◆ 呼びかけも可》‖
be an **aunt** to the children 子供と親しくする.

**aunt‧ie, aunt‧y** /ǽnti アンティ|ɑ́ːnti アーンティ/ 名(複 **aunt‧ies**/-z/) ⓒ《略式・小児語》おばちゃん《◆ Aunt の親愛語. 本当のおばでなくても使える. 呼びかけにも用いる》.

**au‧ra** /ɔ́ːrə オーラ/ 名(複 ~s, au‧rae/ɔ́ːriː/) ⓒ《正式》ほのかな香り; 独特の雰囲気, オーラ.

**au‧ral** /ɔ́ːrəl オーラル/ 形(同音)oral)耳の, 聴覚の.

**au‧ro‧ra** /ərɔ́ːrə オローラ, ɔː-/ 名(複 ~s, ‑‑rae/-riː/) **1** ⓒ オーロラ, 極光. **2** [A~]《ローマ神話》アウロラ, オーロラ《夜明けの女神. ギリシア神話の Eos に当たる》.

**auróra aus‧trá‧lis** /-ɔːstréiləs -オーストレイリス/ 南極光(the southern lights).

**auróra bo‧re‧á‧lis** /-bɔ̀ːriéiləs -ボーリエイリス/ 北極光(the northern lights)《◆ 災害などの前兆といわれる》.

**aus‧pice** /ɔ́ːspis オースピス/ 名 ⓒ《正式》**1** [~s] 保護, 後援, 主催 ‖
under the auspices of ... ...の主催[後援]で.
**2** 前兆; 吉兆; 予言 ‖
under favorable **auspices** さい先よく.

**aus‧pi‧cious** /ɔːspíʃəs オースピシャス/ 形《正式》さい先のよい, めでたい; 幸運な.

**àus‧pí‧cious‧ly** 副 さい先よく, めでたく.

**Aus‧ten** /ɔ́ːstn オーストン/ 名 オースティン《Jane ~ 1775‑1817; 英国の女性小説家》.

**aus‧tere** /ɔːstíər オースティア/ 形《正式》**1** 厳格な. **2** 質素な, 飾りけのない; 質素な.

**aus‧ter‧i‧ty** /ɔːstérəti オーステリティ/ 名 **1** ⓤ 厳格さ, きびしさ. **2** ⓤ 簡素, 質素; 耐乏, 緊縮; [aus-

terities) 禁欲[耐乏]生活.
**Aus・tin** /ɔ́ːstin オ(ー)スティン/ 名 1 ⓒ (商標) オースティン《英国製小型自動車》. 2 オースティン《米国 Texas 州の州都》. 3 オースティン《男の名. Augustine の異形》. 4 =Augustine 2.

\*__Aus・tral・ia__ /ɔ(ː)stréiljə オ(ー)ストレイリャ/〚「南の(国)」が原義〛
── 名 1 オーストラリア(大陸), 豪州.
2 オーストラリア連邦《南半球国. 首都 Canberra》.

\*__Aus・tral・ian__ /ɔ(ː)stréiljən オ(ー)ストレイリャン/〚→ Australia〛
── 形 オーストラリアの, 豪州の；オーストラリア人の；オーストラリア英語(発音)の ‖
an Australian bear フクログマ(koala).
── 名 (複 ~s/-z/) 1 ⓒ **オーストラリア人**；オーストラリア先住民.
2 ⓤ オーストラリア英語(Australian English)；オーストラリア先住民の言語.

**Aus・tri・a** /ɔ́ːstriə オ(ー)ストリア/〚「東の(国)」が原義〛名 オーストリア《ヨーロッパ中部の国. 現在は共和国. 首都 Vienna》.

**Aus・tri・an** /ɔ́ːstriən オ(ー)ストリアン/ オーストリア(人)の. ── 名 ⓒ オーストリア人.

**au・then・tic** /ɔːθéntik オーセンティク/ 形 《正式》本物の, 真正の；(事実に基づき)信頼できる, 確実な；元の物に忠実な；(略式) 心からの.

**au・then・ti・cal・ly** /ɔːθéntikəli オーセンティカリ/ 副 真正に；確実に；正式に.

**au・then・ti・cate** /ɔːθéntikèit オーセンティケイト/ 動 (現分 ‑cat・ing) ⑯ (正式) …を本物であると認める, 証明する.

**au・then・tic・i・ty** /ɔ̀ːθentísəti オーセンティスィティ/ 名 ⓤ 真正[本物]であること.

\*__au・thor__ /ɔ́ːθər オーサ/〚「生み出す人」が原義〛
── 名 (複 ~s/-z/) ⓒ **著者**, 作者, 著述家, 作家《♦ 具体的には, playwright, dramatist, poet, novelist, composer, biographer など. 女性も含む》‖
the author of Faust 『ファウスト』の著者.
Shakespeare is my favorite author. シェイクスピアは私のいちばん好きな作家です.

**au・thor・ise** /ɔ́ːθəraiz オーサライズ/ 動 (現分 ‑is・ing) 《英》=authorize.

**au・thor・i・ta・tive** /əθɔ́ːrətèitiv オソーリテイティヴ｜ɔːθɔ́ːritətiv オーソリタティヴ/ 形 1 〈情報・本などが〉権威のある, 信頼できる ‖
an authoritative book on the Civil War 南北戦争に関する権威ある本.
2 当局の, 官憲の, その筋の.
3 命令的な, 横柄な ‖
speak in an authoritative voice 命令口調で話す.

**au・thór・i・tà・tive・ly** 副 権威を持って, 命令的に.

**au・thor・i・ty** /əθɔ́ːrəti オソーリティ｜ɔːθɔ́ːrəti オーソリティ/ 名 (複 ‑i・ties/-z/) 1 ⓤ (正式) **権威**, 権力(power)；影響力 ‖
a man of authority 権威ある人.

with authority 権威を持って.
under the authority of a principal 校長の権力下に.
They have no authority over [with] their children. 彼らは自分の子供に全然にらみがきかない.
2 [the authority to do / the authority for doing] …する権限, 職権, 許可 ‖
By [On] whose authority do you enter this room? いったいだれの許しを得て君はこの部屋に入ってくるのか.
Do you have (the) authority to practise medicine? 医者を開業する許可を得ていますか.
3 [しばしば authorities；複数扱い] 当局, 官憲, その筋；ⓤ [the ~] 公共事業機関 ‖
the school authorities 学校当局.
the authorities concerned 関係当局.
4 ⓒⓤ 典拠, 根拠；権威者, 大家 ‖
an authority on English literature 英文学の大家.
on the authority of the dictionary その辞典によりどころして.

**au・thor・i・za・tion** /ɔ̀ːθərəzéiʃən オーサリゼイション｜-rai- オーサライ-/ 名 ⓤ 公認, 許可, 権限.

**au・thor・ize**, 《英ではしばしば》 ‑‑ise /ɔ́ːθəràiz オーサライズ/ 動 (現分 ‑iz・ing) (正式) 1 [authorize A (to do)] 〈人・国家などが〉 Ⓐ〈人〉に(…する)権限[権限]を与える ‖
The law authorizes policemen to carry weapons. 警官は法律によって武器を携帯することを公認されている.
2 〈計画・支払いなどを〉認定[認可, 公認]する.

**au・thor・ized** /ɔ́ːθəraizd オーサライズド/ 動 → authorize. ── 形 1 公認[認可]された；検定済みの.
2 〈人〉の権限を与えられた.

**Áuthorized Vérsion** [the ~] 欽(ᵏⁱⁿ)定訳聖書《(主に米) King James Version》《1611年に英国王ジェームズ1世(James I)の命により出版された英訳聖書；略 AV》.

**au・thor・ship** /ɔ́ːθərʃip オーサシプ/ 名 ⓤ 著作者であること；著述業.

**au・to** /ɔ́ːtou オートウ/ 名 (複 ~s) ⓒ (米略式) =automobile.
**áuto còurt** モーテル(motel).
**áuto ràce** オートレース.
**Áuto Stàte** [the ~] 自動車州《Michigan の愛称》.

**au・to‑** /ɔ́ːtou- オートウ‑/ (連結形) 《♦ 母音の前では aut‑》 1 自身の. 例：autobiography. 2 自動車の. 例：automobile.

**au・to・bi・og・ra・pher** /ɔ̀ːtoubaiɔ́grəfər オートウバイオグラファ/ ‑baiɔ́g‑ ‑バイオグラファ/ 名 ⓒ 自叙伝作者.

**au・to・bi・og・ra・phy** /ɔ̀ːtoubaiɔ́grəfi オートウバイオグラフィ/ ‑baiɔ́g‑ ‑バイオグラフィ/ 名 (複 ‑ra・phies/-z/) ⓒ 自伝, 自叙伝；ⓤ 自伝文学.

**au・toc・ra・cy** /ɔːtɔ́krəsi オータクラスィ/ ‑tɔ́k‑ オートクラスィ/ 名 (複 ‑ra・cies/-z/) 《正式》 ⓤ 独裁権；

**au·to·crat** /ɔ́ːtəkræt/ オートクラット/ 名 ① **1** 独裁[専制]君主; 独裁者. **2** 横暴な人, ワンマン.

**au·to·crat·ic, ‑i·cal** /ɔ̀ːtəkrǽtik(l)/ オートクラティク(ル)/ 形 独裁的な; 独裁[専制]政治の, 横暴な.

**au·to·graph** /ɔ́ːtəɡræf | ‑ɡrɑːf/ オートグラフ | ‑グラーフ/ 名 ⓊⒸ **1** 自筆, 肉筆; 自署, (有名人の)サイン ‖

May I have your **autograph** [ˣsign, ˣsignature]? サインしていただけますか.

> Q&A **Q**: 俳優や歌手などにサインをしてもらうときsign や signature ではいけないのですか.
> **A**: sign は名詞では単に「付号, 記号」, signature は書類や小切手などの「署名」の意に使う語で, このような場合には用いません.

**2** 自筆の原稿[文書].
—— 動 他〈手紙·本·写真など〉に自署[サイン]する.

**áutograph àlbum** [**bòok**] サイン帳.

**au·to·mat·ic** /ɔ̀ːtəmǽtik/ オートマティク/ 形 **1**〈機械·工程など〉自動(式)の, 自動装置の(↔ manual); 無人の ‖

an **automatic** washing machine 自動洗濯機.

**2**〈動作が〉機械的な, 無意識的な, 習慣的な.
—— 名 Ⓒ **1** 自動操作機械[装置]; 自動変速装置つきの自動車. **2** 自動拳銃(automatic pistol).

**áutomàtic péncil** シャープペンシル((米) mechanical pen, (英) propelling pencil)《◆ a sharp pencil は「先のとがった鉛筆」》.

**áutomàtic pístol** =automatic 名 **2**.

**áutomàtic transmíssion** [**drìve**] (自動車の)自動変速装置.

**au·to·mat·i·cal·ly** /ɔ̀ːtəmǽtikəli/ オートマティカリ/ 副 自動的に; 無意識的に, 機械的に ‖

This door shuts **automatically**. このドアは自動的に閉まる.

**au·to·ma·tion** /ɔ̀ːtəméiʃən/ オートメイション/ 名 Ⓤ (機械などの)自動操作, オートメーション; (労働者に代わる)機械使用.

**au·to·mo·bile** /ɔ́ːtəmoubìːl/ オートモウビール/ 発音注意 名 Ⓒ (主に米) 自動車《◆ 日常語は car. ふつう乗用車をさすが, bus や truck を含めることも多い. (略) auto).

**au·ton·o·mous** /ɔːtɑ́nəməs/ オータノマス/ ‑tɔ́n‑/ オートノ‑/ 形 (正式) 自治の, 自治権のある, 独立した.

**au·ton·o·my** /ɔːtɑ́nəmi/ オータノミ/ ‑tɔ́nə‑/ オートーノミ/ 名 (複 ‑·o·mies/‑z/)《正式》 Ⓤ 自治(権); Ⓒ 自治体, 自治団体.

**\*\*au·tumn** /ɔ́ːtəm/ オータム/ 発音注意 《◆ n は発音しない》
—— 名 (複 ~s/‑z/) ⓊⒸ [時に A~] 秋, 秋季 (語法 → spring)《◆ (英) で 8, 9, 10 月, (米) で 9, 10, 11 月が autumn とされる. (米) では autumn は (正式) で, ふつうは fall》; [形容詞的に] 秋の(ような) ‖

I prefer **autumn** to spring. 春よりも秋が好きです.

**au·tum·nal** /ɔːtʌ́mnl/ オータムヌル/ 形 《正式》 **1** 秋の, 秋に実る[咲く]《◆ autumn, fall で代用することが多い》. **2** 初老の, 中年を過ぎた.

**aux.** (略) auxiliary.

**aux·il·ia·ry** /ɔːɡzíljəri/ オーグズィリャリ/ 形 補助の, 予備の; 援助する ‖

**auxiliary** troops 援軍.
—— 名 (複 ‑·ia·ries/‑z/) Ⓒ **1**〔文法〕=auxiliary verb. **2** 助手, 補助者; 補助団体; [auxiliaries] 援軍, 外人部隊.

**auxíliary vérb** 助動詞(auxiliary).

**a·vail** /əvéil/ アヴェイル/ 動 [通例否定文·疑問文で] 他〈物·事が〉〈人·事〉に役立つ, …を益する(help) ‖

What does it **avail** to do so? そんなことをして何の役に立つか.
—— 自〈物·事が〉役に立つ, 用が足りる ‖

No medicine **availed** against the disease. その病気にどの薬もきき目はなかった.

**aváil onesélf of A** …を利用する, …に乗じる (make use of) ‖ She **availed** herself of every opportunity to improve her English. 彼女は英語の上達のためにあらゆる機会を利用した.
—— 名 Ⓤ 利益(advantage), 効用, 効力.

(**áll**) **to nó** [**líttle**] **aváil** [しばしば but のあとに用いて] 無益に, 甲斐なく(in vain)《◆ 文中·文尾に置く》.

**be of nó** [**líttle**] **aváil** 全然[ほとんど]役に立たない.

**a·vail·a·bil·i·ty** /əvèiləbíləti/ アヴェイラビリティ/ 名 (複 ‑·ties/‑z/) **1** Ⓤ 利用できること, 有効性. **2** Ⓒ [availabilities] 利用できる人[物].

**\*a·vail·a·ble** /əvéiləbl/ アヴェイラブル/《→ avail》
—— 形 (比較 more ~, 最上 most ~) **1** 利用できる, 役立てられる《◆ useful の意味に「手近にあり実際に利用できる」の意味が加わったもの》; 入手できる, 得られる ‖

a plan (which is) **available** for the purpose その目的に利用できる計画.

The motel had no **available** rooms. そのモーテルには空き部屋はなかった.

The dress is **available** in all sizes. その服はどのサイズでも手に入ります.

The telephone is now **available**. もう電話は使えますよ.

Plenty of time is **available**. 時間がたっぷりあります.

**2**《正式》〈人が〉(手があいて) 会って[来て, 話して, 仕事をして]もらえる; 手があいている(free) ‖

対話 "Hello. I would like to see Mr. Palmer, please." "He's not **available** now. Will you come back in two hours?" 「パーマーさんに会えませんか」「今手が離せません. 2時間後に来ていただけますか」.

**av·a·lanche** /ǽvəlæntʃ/ アヴァランチ/ -lɑːntʃ -ラーンチ/『フランス』 名 1 ⓒ なだれ.
2 [an ~ of A] 数多くの, 殺到する(質問, 手紙など)‖
The post office expects **an avalanche of** mail(s) at Christmas. 郵便局はクリスマスには郵便物が殺到するのを予期している.

**av·a·rice** /ǽvəris/ アヴァリス/ 名 Ⓤ (正式) (金銭に対する)強欲(ごう), 欲が深いこと(greed).

**av·a·ri·cious** /æværíʃəs/ アヴァリシャス/ 形 (正式) 強欲な.

**A·ve Ma·ri·a** /ɑ́ːvei məríːə/ アーヴェイ マリーア, éivi-/ ɑ́ːvi- アーヴィ-/ 〔カトリック〕 (聖母マリアに捧げる)アベマリアの祈り, 天使祝詞《◆ラテン語で「幸いあれマリア様」の祈り》.

**Ave.** 略 Avenue.

**a·venge** /əvéndʒ/ アヴェンヂ/ 動 (現分) ··veng·ing) 他 (正式) 1 (正義のために)〈事〉の復讐(ふくしゅう)をする, 仕返しをする(→revenge) ‖
Hamlet **avenged** his father's murder. ハムレットは父親殺害の復讐をした.
2 [be ~d / ~ oneself] 仕返しをする ‖
I **avenged myself** on him for the insult. 私は彼に侮辱(ぶじょく)された仕返しをした.

\***av·e·nue** /ǽvənjuː/ アヴェニュ(アヴェニュー)/ 〔「...へ(a)近づく(venue)道」〕
— 名 (複 ~s/-z/) ⓒ 〔しばしば A~〕大通り, 本通り, 大街路《◆米国の都市ではしばしば Avenue と Street が直角に交差している. New York 市では南北の通りをいう. 略 Ave.》; 並木道; 《(英) 大邸宅の本道から玄関までの》並木道 ‖
an **avenue** of elms ニレの並木道.
Fifth **Avenue** 5番街《New York 市の繁華街》《◆固有名詞に用いると Swán Ávenue のようにthe をつけるのがふつう》.

\***av·er·age** /ǽvəridʒ/ アヴァリヂ/ 〔「損失商品の分担」が原義〕
— 名 [an ~ / the ~] 平均; 標準, 並み ‖
up to (the) **average** 平均に達して.
take an [the] **average** 平均をとる.
The **average** of 4, 5 and 9 is 6. 4と5と9の平均は6である.
My height is above (the) **average** in height. =I am above (the) **average** in height. 私の身長は標準以上です《◆「標準以下」は below (the) average》.
An **average** of twenty people apply [applies] each month. 毎月平均して20名が申し込みます《◆略式では複数扱いがふつう》.
His batting **average** stands at .332. 彼の平均打率は3割3分2厘です《◆at three thirty-two と読む》.
○ **on (an) áverage** 平均して ‖ He earns ten pounds a week **on (an [the]) average**. 彼は平均して週に10ポンドかせぎます.
— 形 [名詞の前で] 平均の, 並みの ‖
an **average** student ふつうの学生.
the **average** rainfall for April 4月の平均降雨量.
What is the **average** life span? 平均寿命はどれだけですか.
— 動 (現分) ··ag·ing) 自 (略式) [average at A] 平均が...となる(+out).

**a·verse** /əvə́ːrs/ アヴァース/ 形 (正式) 反対で, 嫌で ‖
She is **averse to** our plan. 彼女は我々の計画に反対である.
He is (very) much **averse to** doing homework. 彼は宿題をするのをひどくいやがる.

**a·ver·sion** /əvə́ːrʒən/ アヴァージョン/ -ʃən -ション/ 名 (正式) 1 [an ~] 反感, 避けたい気持ち ‖
Cats **háve an avérsion to** getting wet. 猫はぬれるのをいやがる.
2 ⓒ 〔通例 one's pet ~〕嫌いな人[物].

**a·vert** /əvə́ːrt/ アヴァート/ 動 他 (正式) 1〈目など〉をそむける, そらす, 転ずる ‖
She **averted** her glance **from** an ugly sight. 彼女はいやな光景から目をそらした.
2〈事故・危険など〉を避ける, 防ぐ.

**a·vi·ar·y** /éivièri/ エイヴィエリ/ -əri -アリ/ 名 (複 ··ar·ies/-z/) ⓒ (動物園などの)大きな鳥のおり; 鳥類飼養場.

**a·vi·a·tion** /èiviéiʃən/ エイヴィエイション/ 名 Ⓤ 1 航空術[学]. 2 航空機産業.

**av·id** /ǽvid/ アヴィド/ 形 (正式) 1 渇望している, 欲が深い ‖
She is **avid of** [**for**] fame. 彼女は名声が欲しくてたまらない.
2 熱心な 》
an **avid** reader of science fiction SF の熱烈な愛好家.

**av·o·ca·do** /ævəkɑ́ːdou/ アヴォカードウ/ 名 (複 ~s, ~es) 1 ⓒ Ⓤ アボカド(の実) (avocado pear)《◆サラダに入れるので salad fruit ともいう》. 2 ⓒ 〔植〕アボカドノキ.

**avocádo pèar** =avocado 1.

\***a·void** /əvɔ́id/ アヴォイド/ 〔「...を離れて(a)空虚にする(void)」〕

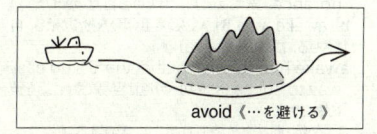

avoid 《...を避ける》

— 動 (三単現 ~s/əvɔ́idz/ ; 過去·過分 ~·ed/-id/ ; 現分 ~·ing)
— 他 1 ...を避ける, よける ‖
**avoid** fried foods 油で揚げた食べ物を避ける.
対話 "John's in a really bad mood today. If you see him you'll be sorry." "So I guess it's a good idea to **avoid** him." 「ジョンはきょうはご機嫌ななめだ. 会えば後悔しますよ」「それなら避けた方がよさそうですね」.
2 [avoid doing] ...しないようにする ‖
I **avoid** crossing the street here if I am in

a hurry. 急いでいるときはここの通りは横断しないようにしている.

**a·void·a·ble** /əvɔ́idəbl アヴォイダブル/ 形〈事故などが〉避けられる.

**a·void·ance** /əvɔ́idəns アヴォイダンス/ 名U 回避(すること).

**A·von** /éivn エイヴン/ 名[the ~]エイボン川《イングランド中部の川. Stratford-upon-Avon を流れる》.

**a·vow** /əváu アヴァウ/ 動他《正式》1〈欠点・罪などを率直に認める ‖
avow one's errors 自分の誤りを認める.
**2** …を公言する, [avow oneself (to be) C] C だと公言する, [avow that 節] C だと明言する ‖
He avówed himsélf (to be) a patriot. =He avowed that he was a patriot. 彼は自分は愛国者だと公言した.

**a·vow·al** /əváuəl アヴァウアル/ 名UC《正式》公言, 明言;公認;告白.

**a·wait** /əwéit アウェイト/ 動他 1 …を待つ, 待ち受ける《◆ wait for より堅い語. 抽象的な物事を待つ場合に多く用いられる》‖
They awaited the result with glee. 彼らはうきうきしながら結果を待ち受けた.
**2**〈事・物が〉〈人〉を待ち構えている ‖
No one knows what awaits him in life. 人生において何が待ち構えているかだれにもわからない.

**＊a·wake** /əwéik アウェイク/ [→ wake]
—動 三単現 ~s/-s/, 過去 a·woke/əwóuk/ または a·waked/-t/, 過分 a·woke または a·waked は a·wok·en/əwóukn/, 現分 a·wak·ing)《◆ wake と awake については → wake 動 Q&A》
—他 **1**《正式》〈人・物・事が〉〈人〉を起こす, 眠りから覚ます(wake up)‖
The alarm clock awoke me at five. 目ざまし時計で5時に私は目を覚ました.
**2**《正式》**a** [awake A from B]〈人〉を B〈無知など〉から目覚めさせる, 覚醒(かくせい)させる ‖
The teacher awoke her from a state of ignorance. 先生は彼女を無知から目覚めさせた.
**b** [awake A to B]〈人〉に B〈事〉を気づかせる, 自覚させる, 悟らせる(wake)‖
awake him to the fact that there's no easy way to success 成功への道は容易でないことを彼に悟らせる.
**3**〈記憶・興味など〉を呼び起こす, 喚起する ‖
awake old memories 昔の記憶を呼び起こす.
—自 **1**《正式》目が覚める, 起きる(wake)‖
I awoke to find my purse stolen. =When I awoke, I found my purse stolen. 目が覚めたらさいふが盗まれていた.
The next morning she awoke exhausted. 翌朝彼女が目を覚ますとひどく疲れが残っていた.
**2 a** [awake from A]〈人〉〈迷いなど〉から覚める ‖
He awoke from a delusion. 彼は妄想から覚めた.
**b** [awake to A] A〈危険など〉に気づく, …を意識する ‖
They awoke to the danger. 彼らは危険に気づいた.
**3**〈記憶などが〉よみがえる;〈興味などが〉呼び起こされる.
—形[補語として]**1** 目が覚めて, 眠らずに(↔ asleep)‖
awake or asleep 寝ても覚めても.
I was wide awake all night. 私は一晩じゅう全く眠らずにいた《◆ この wide は fully の意味》.
**2** 油断のない;気づく ‖
We became awake to the danger. われわれは危険に気がついた.
**wide awáke** (1) → 形 1. (2) 簡単にはだまされない.

**a·wak·en** /əwéikn アウェイクン/ 動 =awake (→ wake Q&A).

**a·wak·en·ing** /əwéikniŋ アウェイクニング/ 動 awaken.
—名UC [通例 an ~ / the ~ / one's ~] 目覚め;覚醒(かくせい);自覚 ‖
have [receive] a rude awakening 突然いやなことに気づく.
—形 目覚めつつある;覚醒させるような, めざましい.

**a·wak·ing** /əwéikiŋ アウェイキング/ 動 → awake.

**＊a·ward** /əwɔ́:rd アウォード/《発音注意》《＊アワード》[[(裁判で)~s]]
—動 三単現 ~s/əwɔ́:rdz/, 過去・過分 ~·ed /-id/, 現分 ~·ing)
—他 [award A B / award B to A]〈人〉に〈賞〉を B〈物〉を授与する ‖
He awarded her the sum of 500 pounds for the best paper. =He awarded the sum of 500 pounds to her for the best paper. 彼女はその優秀な論文に対して彼女に総額500ポンドを与えた.
She was awarded [They awarded her] (the) first prize. =(The) first prize was awarded to her. 彼女は1等賞をもらった.
—名 (複 ~s/əwɔ́:rdz/) C **1**(選考の結果与えられる)賞, 賞品, 賞金(cf. prize, reward)‖
The winner received an award of $1,000. 優勝者は賞金1000ドルを得た.
**2** 審査, 判定, 裁定(額). **3** 奨学金.

**＊a·ware** /əwéər アウェア/ […に(a)用心して(ware). cf. beware] 派 awareness(名)
—形 比較 more ~, 最上 most ~)**1** [be aware of A] …に気づいて;[be aware that 節] …であることを知っている;[be aware wh 節] …かを知っている《◆ 内面的でなく外からの観察・情報などによって気づくことをいう》(conscious)(↔ unaware) ‖
None of them were aware (of) how dangerous it was. それがどれほど危険であるかだれにもわかっていなかった.
I was very much aware that something serious was happening to me. 私には何か重大なことが起こりそうだということが十分わかっていま

した。

対話 "She has no idea how dangerous it is to go there at night." "Can't you make her **aware** (of the danger) somehow?"「彼女は夜になってそこへ行くのはどれほど危険かわかっていない」「なんとか彼女に危険であることを気づかせてやってくれませんか」

**2**[副詞を伴って]〈人が〉理解がある, 知識がある; 気がつく ‖

an aesthetically **aware** woman 美的感覚に目覚めている女性.

\***a·ware·ness** /əwéərnəs アウェアネス/〖→ aware〗

——名 U [しばしば an ~] 知ること, 自覚すること, 認識すること ‖

the **awareness** of one's ignorance = the **awareness** that one is ignorant 自分が無知だと知ること.

She has an **awareness** of what they want. 彼らが何を望んでいるかを彼女は知っている.

**a·wash** /əwɔ́ʃ | əwɔ́ʃ アワシュ/アウォシュ/ 形 波に洗われて.

\***a·way** /əwéi アウェイ/〖「ある物から離れて」が本義〗

→ 副 **1** 不在で **3** 離れたところへ **4** どんどん

—— 副 **1**[位置・時間] **a** 離れて[た], 去って, 遠くへ; 不在で, 欠席で ‖

park a truck half a mile **away** 半マイル離れた所にトラックを止める.

a village 5 miles **away** from here ここから5マイル向こうにある村《◆ **away** from … の前に具体的な数字を置くと **away** が省略されることもある》.

We are far **away** from the village. 村から遠く離れている《◆ We are a long way from the village. がふつう》.

I shall be **away** two weeks. 2週間留守にするよ《◆ 出張・旅行などで不在の場合に用いる. ちょっと留守の意の場合は out: He is out for a walk. 彼は散歩に出かけている》.

Christmas is a week **away**. あと1週間すればクリスマスだ.

**b**[通例 well ~]〈人が〉有利な立場に, 〈走者・馬が〉よいスタートを切って; 〈人が(酔っ払って)〉陽気に騒いで ‖

They're **away**!(実況放送で)一斉にスタートしました.

**2**[通例移動を表す動詞と共に] **あちらへ**, 向こうへ; 離れて別の方向へ, わきへ; 安全な場所に ‖

rùn awáy 走り去る.

cárry it awáy それを運び去る.

turn one's face **away** from him 彼から顔をそむける.

lock **away** the jewels in the safe 宝石を金庫にしまい込む.

**Away**! あちらへ行け! 立ち去れ!(= Go **away**!)《◆ 動詞を使わずに命令的に用いることができる》.

**3** 離れたところへ, 除いて, 消えて, 弱まって ‖

throw the paper **away** 紙を投げ捨てる.

cut **away** a dead branch 枯れた小枝を切り落とす.

The sounds faded [died] **away**. 音は次第に消えていった.

**4** どんどん, せっせと絶えず ‖

work **away** at a job 仕事を懸命に続ける.

**5**[通例命令文で] すぐに; (ためらわずに)さっさと ‖

Say **away**! さっさと言いなさい.

**6**[前置詞・副詞を強めて] ずっと, はるかに(far)《◆ 'way, way ともなる》.

**away** beyond the hills 丘のずっと向こうに.

**away** back in 1900 ずっとさかのぼって1900年に.

**7**[形容詞的に] **a**[名詞の前で]〈試合が〉遠征地での, アウェイの(↔ home) ‖

an **away** match [game] 遠征試合(= a match [game] we play **away**).

**b**〖野球〗アウトになった(out).

*Awáy with* A!《文》…を追い払え, 取り除け.

◇*right away* → right 副.

**awe** /ɔ́ː オー/《発音》owe, oh(óu)/ 名 U 《正式》畏(ぃ)れ, 畏敬(ぃはぃ), 畏怖(ぃふ)(fear) ‖

be struck with **awe** 畏敬の念に打たれる.

keep [hold] him in **áwe** 彼に畏敬の念を抱かせる.

stand [be] in **awe** of him 彼を畏れ敬(ぅゃま)う.

—— 動 《現分》 **aw(e)·ing**》 他《正式》…に畏敬の念を起こさせる; [**be awed into B**]《人が》畏敬の念で…の状態になる ‖

They **were awed into** silence. 彼らは畏敬の念に打たれて沈黙してしまった.

**awe·some** /ɔ́ːsəm オーソム/ 形 **1**《正式》畏敬(ぃはぃ)の念を起こさせる; 〈光景などが〉恐ろしい, すさまじい. **2**《米略式》すごい, とてもよい.

**awe-strick·en** /ɔ́ːstrìkn オーストリクン/ 形 威厳に打たれた, 畏敬(ぃはぃ)の念に打たれて, 畏怖(ぃふ)した.

**awe-struck** /ɔ́ːstrʌ̀k オーストラク/ 形 = awe-stricken.

\***aw·ful** /ɔ́ːfl オーフル/《◆《英》では 形 **1** では /-ful/》〖awe + ful〗派 awfully 副

—— 形《比較》**more ~, --ful·ler**; 《最上》**most ~, --ful·lest**》 **1**《正式》〈光景・事故などが〉恐ろしい, すさまじい ‖

There was an **awful** silence before the tornado. 暴風雨の前は恐ろしいほど静かだった.

**2**《略式》[名詞の前で]〈天気・行為などが〉ひどい, たいへん悪い ‖

an **awful** joke たいへんひどい冗談.

an **awful** lot of money ものすごく多くの金.

対話 "What an **awful** speech!" "Oh, really? Do you think so?"「まったくひどいスピーチだなあ」「あっ, そう? そう思いますか」.

—— 副《略式》ひどく, すごく(very much) ‖

I am **awful** tired. ぼくはへとへとに疲れている.

**áw·ful·ness** 名 U **1** /5:ful-/ 畏(ぉそ)るべきこと, 荘厳さ. **2** /5:fl-/《略式》ひどさ, すさまじさ.

**aw·ful·ly** /ɔ́ːfəli オーフリ, **2** では -fuli/ 副 **1**《略式》非常に, ひどく, とても ‖

She is **awfully** kind to me. 彼女は私にとても親切にしてくれる.
It's **awfully** cold today. きょうはものすごく寒い. **2** たいへん悪く ‖
He behaved **awfully** last night. 彼は昨晩はたいへん行儀が悪かった.

**a·while** /əwáil アワイル/ 副《主に文》しばらく, ちょっとの間.

**awk·ward** /ɔ́ːkwərd オークワド/ 形《比較》more ~, ~·er; 最上 most ~, ~·est) **1**〈人が〉不器用な, ぎこちない, へたな, ぶざまな(↔ skillful) ‖
an **awkward** dancer へたなダンサー.
He is still **awkward** with chopsticks. 彼はまだはしの使い方がまずい.
**2** 落ち着かない, どぎまぎした ‖
I felt **awkward** with them. 彼らと一緒にいてきまりが悪かった.
**3** [it is awkward to do A / A is awkward to do]〈人・物には…しにくい〉;〈A〈立場などが〉やっかいな, やりにくい, 困った;〈A〈物が〉使いにくい, 扱いにくい(difficult) ‖
There was a long **awkward** silence among us. 私たちの間に気まずい長い沈黙があった.
That heavy axe was **awkward** to use. その重いおのは使いにくかった.
It is **awkward** that she should be unable to come. 彼女が来られないなんて困ったことだ.
**4**〈日・時が〉具合の悪い, 不便な ‖
at an **awkward** time 具合の悪い時に.

**awk·ward·ly** /ɔ́ːkwərdli オークワドリ/ 副 **1** 不器用に, へたに. **2** きまり悪そうに. **3** ぶざまに.

**awk·ward·ness** /ɔ́ːkwərdnəs オークワドネス/ 名 U **1** 不器用. **2** 間の悪さ, 具合の悪さ. **3** ぶざま.

**awl** /ɔːl オール/ 名 C (革や木に穴をあける)突き錐(きり), 千枚通し.

**awn·ing** /ɔ́ːniŋ オーニング/ 名 C (窓・入口などの)日よけ, 雨おおい; (甲板上の)天幕.

**a·woke** /əwóuk アウォウク/ 動 → awake.

**a·wok·en** /əwóukn アウォウクン/ 動 → awake.

**a·wry** /ərái アライ/ 形 副 **1** 曲がった[て], ゆがんだ[で], ねじれた[て] ‖
look **awry** 横目で見る.
**2** 間違った[て], 不首尾で[に] ‖

The plan has gone **awry**. その計画は失敗に終わった.

**ax,**《主に英》**axe** /æks アクス/ 名 (複 **ax·es**/-iz/) **1** C おの, まさかり; 首切りおの, いくさおの.

関連 chopper なた / hatcher 手おの / tomahawk (アメリカ先住民の)まさかり.

**2**(略式) [the ~] 首切り, 解雇; (人員・経費の)削減.

**gét the áx(e)** 〈人が〉くびになる, 放校される, ふられる;〈計画などが〉中止になる.

**gíve A the áx(e)** 〈A〈人〉をくびにする, 放校する, ふる;〈A〈計画など〉を中止する.

――他 (略式) **1**〈人〉をくびにする;〈人員・経費〉を切りつめる. **2**〈計画など〉を突然打ち切る.

**ax·es** 名 **1** /æksiz アクスィズ/ → ax(e). **2** /æksìːz アクスィーズ/ → axis.

**ax·i·om** /æksiəm アクスィアム/ 名 C (正式) **1**《数学》公理《◆「定理」は theorem》. **2** 原理, 原則, 自明の理. **3** 格言.

\***ax·is** /æksis アクスィス/
――名 (複 **ax·es**/æksìːz/) C **1** 軸, 軸線, 中心線 ‖
the **axis** of the earth ＝the earth's **axis** 地軸.
**2**(国家間の)枢軸(すうじく); [the A~] (第二次世界大戦での)枢軸国《日本・ドイツ・イタリア》‖
the Rome-Berlin-Tokyo **Axis** 日・独・伊枢軸国.

**aye, ay** /ái アイ/《方言・詩》副 間 はい; 賛成! (yes)《◆ 票決の時の発声》
Ay(e), ay(e), sir! アイアイサー《◆ 船員・海軍軍人が命令を確認したときの応答》.
――名 (複 **ayes**) C (主に英国議会で) 賛成者, 賛成票 (↔ nay) ‖
The **ayes** have it, and the amendment is passed. 賛成多数で修正案は可決されました.

**a·zal·ea** /əzéiliə アゼイリア/ 名 C 《植》ツツジ, サツキ, アザリア.

**az·ure** /æʒər アジャ, -ʒjuər, éi-/ (正式) **1** U 空色, 淡青色. **2** C 青色の絵の具 [顔料]. **3** (詩) [the ~] 青空, 蒼穹(そうきゅう). ――形 空色の; 青空の.

# B

**b, B** /bíː/ 名 (複 b's, bs; B's, Bs/-z/) **1** © ⓤ 英語アルファベットの第2字. **2** ⓤ 〖音楽〗ロ音, ロ調. **3** © 〖米〗〖教育〗良 (→ grade 名 **3** 関連).
**B** (略) black 《◆鉛筆の硬度. B, BB の順で軟らかくなる》; 〖チェス〗Bishop.

**baa** /báː | báː/ バー/ 〖擬音語〗名 © メー《ヒツジ・ヤギの鳴き声》. ── (過去・過分) ~ed または ~'d) 〖ヒツジが〗メーと鳴く.

**bab·ble** /bǽbl バブル/ (類音 bubble/bʌ́bl/) 〖擬音語〗動 (現分 bab·bling) 自 〈小児が〉ブーブーと言う, 片言を言う; (略式) 〈おとなが〉たわごとを言う. ── 他 …を片言で言う. ── 名 ⓤ 〖しばしば a ~〗片言, おしゃべり.

**babe** /béib ベイブ/ 名 © **1** (詩) 赤ん坊 (baby). **2** (米略式) かわいこちゃん.

**Ba·bel** /béibl ベイブル, (米+) bǽbl/ 名 〖聖書〗バベルの塔 (the Tower of Babel) 《人間が神をおそれず, 天まで届くように建て始めた塔. 神は立腹して人々の言語を通じなくして建設を中止させたという》.

**ba·bies** /béibiz ベイビズ/ 名 → baby.

**ba·boon** /bæbúːn バブーン/ | bə- バ-/ 名 © 動 ヒヒ.

**‡ba·by** /béibi ベイビ/ 〖babe に愛称を示す -y がついたもの〗
── 名 (複 ba·bies/-z/) © **1** 赤ん坊, 赤ちゃん, 乳児《◆自分の家の赤ん坊をいうとき, 性別を問題にする場合は he, she で, それ以外ではしばしば it で受ける》‖
make a baby of him 彼を赤ん坊扱いする.
like a baby 赤ん坊のように.

> 事情 ふつう満2歳ごろまでが baby, 14歳までが child. 赤ん坊がブーブー (babble) 言うことから babe という語が生まれた.

**2** 〖形容詞的に〗赤ん坊(用)の; 小型の ‖
a baby monkey サルの赤ちゃん.
── 動 (三単現 ba·bies/-z/; 過去・過分 ba·bied/-d/) 他 (略式) …を赤ん坊のように扱う, 大事にする.
**báby bòy [gírl]** 男[女]の赤ん坊.
**báby càrriage [búggy]** (米) うば車, ベビーカー.

> 事情 (1) baby car は「小型自動車」のことで,「うば車」の意味にはならない.
> (2) 〖(折りたたみ式の)ベビーカー〗は (米) stroller ((英) push-chair) という.

**báby tòoth** (米) 乳歯.
**ba·by·hood** /béibihùd ベイビフド/ 名 ⓤ 幼年期; 〖集合名詞〗赤ん坊 ‖
since **babyhood** 赤ん坊の時から.

**ba·by·ish** /béibiiʃ ベイビイシュ/ 形 〈ふるまいなどが〉赤ん坊のような; 赤ん坊じみた.

**Bab·y·lon** /bǽbələn バビロン/ | -lən/ 名 バビロン《Babylonia の首都》. 文化 ユーフラテス川流域に栄えた町で, ぜいたくで悪徳の町の代名詞に用いられることもある.

**Bab·y·lo·ni·a** /bæ̀bəlóuniə バビロウニア/ 名 バビロニア《メソポタミアの古代帝国》.

**Bab·y·lo·ni·an** /bæ̀bəlóuniən バビロウニアン/ 形 バビロニアの. ── **1** © バビロニア人. **2** ⓤ バビロニア語.

**ba·by-sit** /béibisit ベイビスィト/ 動 (主に米) (過去・過分 baby-sat/-sæt/; 現分 baby-sitting) 自 (他人の)子供の子守りをする ‖
Could you **baby-sit** for us tonight? 今夜, 子守りをお願いできますか《◆過去形は baby-sat より did (some) baby-sitting がふつう》.
── 他 〈他人の子供〉の子守りをする ‖
She **baby-sits** her friend's daughter. 彼女は友人の娘さんのベビーシッターをしている.

**ba·by-sit·ter** /béibisitər ベイビスィタ/ 名 © ベビーシッター《親の留守中に赤ん坊の世話をする職[アルバイト]の人》.

**Bac·chus** /bǽkəs バカス/ 名 〖ローマ神話〗バッカス, バッコス《◆酒神. ギリシャ神話の Dionysus に当たる》.

**Bach** /báːk バーク, báːx/ 名 バッハ《Johann Sebastian/jouhɑ́ːn sebɑ́stjən/ ~ 1685-1750; 近代音楽の祖といわれるドイツの作曲家》.

**bach·e·lor** /bǽtʃələr バチェラ/ 名 © **1** 独身の男, 一人者. **2** 〖しばしば B~〗学士 (cf. master, doctor).
**báchelor gìrl [wòman]** (遠回しに) (自活している)独身女性 (cf. spinster).

**ba·cil·lus** /bəsíləs バスィラス/ 名 (複 -li/-lai/) © 〖医学〗バチルス, 桿状菌 (かんじょうきん); [-li] (略式) 細菌 (bacteria).

**‡back** /bǽk バク/ (類音 buck/bʌk/) 〖「(人間・動物の)背」が本義で, その形状から「ナイフ・本などの背」など, その位置から「後部・裏」などの意味が派生〗

→ 名 **1** 背中　**3** 後部　形 **1** 後ろの　副 **1** 後ろへ　**2** もとへ　動 他 **1** 後援する　**2** 後退させる

── 名 (複 ~s/-s/) © **1** [one's ~ / the ~] (人間・動物の)背, 背中《neck から buttocks の部分. 図 → body》; 背骨 (backbone) ‖
swim on one's **back** 背泳ぎをする.
have nothing on one's **back** 何も荷物を背負

っていない;何も着ていない.

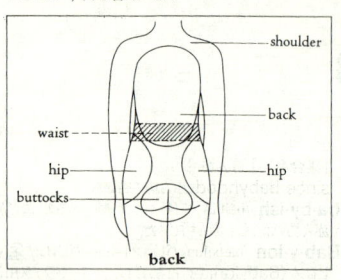

（図）shoulder / back / waist / hip / hip / buttocks / back

**2** Ⓒ [通例 the ～] 背状の物;(ナイフ・本などの)背; (山)の尾根;(刀の)峰.
**3** Ⓒ [通例 the ～] (物の)**後部**, 奥, 裏(↔ front);(舞台の)背景;(事の)真相;裏張り ‖
the back of the head 後頭部, うなじ.
sit in the back of the car 車の後部座席に座る(=sit on the back seat of the car).
sit at the back of the theater 劇場の後部座席に座る.
**4** Ⓤ Ⓒ [球技] 後衛, バック(の位置, 選手).
◇**at the báck of** A A〈人・物〉のうしろに[で](behind) (↔ in front of) (→ 名 **3**).
**báck to báck (with** A**)** (…と)背中合わせに.
**báck to frónt** 前後逆に.
◇**behínd** A**'s báck =behind the báck of** A (略式) A〈人〉のいない所で, 陰で;内緒で(↔ to A's face) ‖ 対話 "Mary's really upset with you." "Why?" (～) I didn't say anything behind her back." 「メリーは君のことに腹を立てているよ」「どうして. 陰で悪口など言わなかったよ」.
**bréak** one's **báck** 背骨を折る;非常に努力する.
**gèt** A's **báck úp** (略式)A〈人〉を怒らせる.
**gíve** A **the báck =give the báck to** A A〈人〉に背を向ける, …をそむく, …を無視する.
**go behínd** A**'s báck** A〈人〉をだます, あざむく.
**háve** A **at** one's **báck** A〈人〉に支援してもらう.
**(in) báck of** A (米略式) =at the BACK of.
**on** A's **báck** A〈人〉におんぶされた[て]; A〈人〉に頼って.
◇**on** one's **báck** (略式) (1) あお向けの[に] (→ 名 **1**) ‖ lie [be (flat)] on one's back あおむけに寝る;病床についている(be sick in bed). (2) 背負った[て] ‖ She has her baby on her back. 彼女は赤ん坊をおんぶしている.
**on [upón] the báck of** A (1) …の裏側[後ろ]に. (2) …のすぐあとに, …に引き続いて, …に加えて. (3) …の助けで, …に乗じて.
**pát** A **on the báck** (1) A〈人〉の背中をポンとたたく ‖ Someone patted me on the back. だれかが私の背中をポンとたたいた. (2) (略式) A〈人〉を激励する, A〈人〉に賛同する.
**sée the báck of** A (略式) A〈人〉を追い払う.
**túrn the [**one's**] báck on [upón]** A (1) …に背を向ける, …を無視する. (2) …を見捨てる.

**with** one's **báck to [agàinst] the wáll** (略式)追いつめられて.

──形 [名詞の前で] [複合語で] **1** 後ろの, 背後の, 後部の, 裏の, 奥の(cf. front 名 **5**) ‖
a back garden 裏庭(=a backyard).
back teeth 奥歯.
**2** (中心部から)遠い(remote), へんぴな, 未開の.
**3** 逆の, あと戻りの;反対の ‖
back action 反動.
**4** 未納の, 滞(とどこお)った.

──副 **1** 後ろへ[に], 後方[奥]に;(中心部から)離れて (↔ forward) ‖
drop [draw] back あとずさりする.
The hotel is back from the road. ホテルは道路から引っ込んだ所にある.
**2** (位置・状態が)もとへ, 逆戻りして;(借金・返答などを)返して ‖
Back! 帰れ, 戻れ(=Go [Come] back.).
I'm back [home]. いま帰りました(◆日本語の「ただいま」のような決まり文句はないが, このように言うことがある. ほかに Hi, Hello なども使う).
còme báck to life 生き返る.
back to school (米)(夏休みから)学校へ戻って (◆新学年を象徴する言葉).
"We'll be right báck." (米)(アナウンサー)「(これはまたすぐ続けますが)ここでちょっとコマーシャルを」.
I've been back for an hour. 帰宅して1時間になる.
対話 "Do you want her báck?" "No." (電話で)「彼女とまた替わろうか」「いいえ」.
**3 a** (昔に)さかのぼって, 以前に;…前に ‖
a while back 数週間[数か月]前(◆a little while ago は「数分前, ちょっと前」).
back in 1800 さかのぼって1800年に.
from way back (米略式)ずっと前から, 長い間.
**b** (本のページで) …ページ前に.
**4** (笑いなどを)押えて;(真実などを)隠して;(物を)保留して;(支払いなどが)滞って ‖
keep [hold] 20 dollars back from one's salary 自分の給料から20ドルをとっておく.
◇**báck and fórth [fórward]** 前後に, あちこちに;往復して ‖ swing back and forth 前後に揺れる.
**báck of** A (米略式) =at the BACK of.
**thére [to** A**] and báck** そこまで[…へ]往復して[の] ‖ go there [to Tokyo] and back そこ[東京]まで往復する / the fare to Paris and back パリまでの往復運賃.

──動 (三単現) ～s/-s/; (過去・過分) ～ed/-t/; (現分) ～ing
──他 **1** 〈人が〉〈人・案などを〉(経済的に・精神的に)後援する, 支持する ‖
back a project (up) 企画を支持する.
**2** 〈人が〉〈乗物などを〉後退させる, バックさせる(+ up, out) ‖
back a car up into a parking lot 車をバックさせて駐車場へ入れる.
──自 後退する, あとずさりする(+ away).

***báck awáy*** (*from* A) (…から) 後退する, 下がる; (主義などから) 遠ざかる.

***báck dówn*** (*from* A) (1) (場所から) 降りる. (2) (略式) 主張などを放棄する; (事業などから) 手を引く.

***báck dówn*** (*on* A) (A〈約束など〉を) 取り消す.

***báck óff*** (1) (米) [自] ＝BACK down (from A) (2). (2) [自] (通例命令文で) いじめるのをやめろ.

***báck úp*** (1) [自] 後退する; 逆流する. (2) [他] [back up A / back A up] → ⑪ **1**, **2**; 〈事が〉〈主張などを〉証拠だてる; 〈スポーツ〉〈選手を〉バックアップする; 〈米〉〈交通などを〉停滞させる; 〈コンピュータ〉〈データなどの〉バックアップをとる.

**báck cráwl** (水泳) 背泳.

**báck dive** (水泳) 背面飛び込み.

**báck dóor** 裏門, 裏口; 陰謀(の手段) ‖ get in through [by] the back door 不正な手段で職につく.

**báck númber** (新聞・雑誌などの) バックナンバー.

**báck séat** (車などの) 後ろの席; (略式) 目立たない [重要でない] 地位 ‖ take a back seat 目立たないでいる, 出しゃばらないでおく; 一目(いちもく)置く.

**báck strèet** 裏通り; [-s] 裏町, 場末.

**báck tàlk** (米略式) 生意気な口答え.

**back·ache** /bǽkèik/ バケイク/ 图 ⓒⓊ 背中の(下部の)痛み, 腰痛.

**back·bite** /bǽkbàit/ バクバイト/ 動 (現分) --bit·ing) (文) ⑪ (…の) 陰口をきく.

**back·bone** /bǽkbòun/ バクボウン/ 图 **1** [the ~] 背骨, 脊(せき)柱(spine).
**2** [the ~] 背骨状の物.
**3** Ⓤ [通例否定文で] 気骨, (不屈の)勇気 ‖ have no backbone 根性がない.
***to the báckbone*** 骨の髄まで, 徹底的に[な], 全く(の) ‖ a gentleman to the backbone まぎれもない紳士.

**báck·bòned** /-d/ 形 背骨のある; 気骨のある.

**back·break·ing** /bǽkbrèikiŋ/ バクブレイキング/ 形 〈仕事が〉骨の折れる.

**back·date** /bǽkdèit/ バクデイト/ ≠≠/ 動 (現分) --dat·ing) ⑪ …を(ある期日に)さかのぼらせる.

**back·er** /bǽkər/ バカ/ 图 ⓒ 後援者, 支持者.

**back·field** /bǽkfi:ld/ バクフィールド/ 图 (アメフト) [集合名詞] バックス(の選手[位置]); そのプレー範囲.

**back·fire** /图 bǽkfàiər/ 動 ≠≠/≠/ 图 ⓒ **1** (内燃機関の) バックファイア, 逆火. **2** (米) (山火事の延焼を防ぐための) 向かい火. ── 動 (現分) --fir·ing) ⓐ さか火を起こす; (米) 向かい火を放つ.

**back·gam·mon** /bǽkgæmən/ バクギャモン, ≠≠/ 图 Ⓤ バックギャモン 《2人でする西洋すごろく》.

***back·ground** /bǽkgràund/ バクグラウンド/
── 图 (圏 ~s/-grǎundz/) **1** [the ~] (風景・絵画・舞台の)背景, 遠景, バック(↔ foreground) ‖ against the background of the sky 空を背景にして.
**2** ⓒ (織物などの)地.
**3** [the ~] 目立たない所, 裏面 ‖ The girl kept herself in the background during the party. その少女はパーティーの間目立たないでいた.
**4** [the ~] (事件の)背景, 原因.
**5** Ⓤ = background information.
**6** ⓒ (人の)素姓(すじょう) 《♦ 家族関係・教育・経験などを含む》; 経歴, 学歴 ‖
an academic background 学歴.
**7** Ⓤ ＝background music.
**8** ⓒ (コンピュータ) 背景, バックグラウンド.

**báckground informàtion** 予備知識, 裏面の情報(background).

**báckground mùsic** (映画・放送) 背景音楽; (喫茶店・デパートなどの) ムード音楽, BGM 《♦ 単に background ともいう》.

**back·hand** /bǽkhænd/ バクハンド/ 图 **1** ⓒ ＝ backhand stroke. **2** ⓒ 手の甲で打つこと. **3** Ⓤ 左傾斜の筆跡. ── 形 副 **1** 逆手(ぎゃくて)打ちの[で].
**2** 左傾斜の書体の[で].

**báckhand stróke** (テニスなどの) バックハンド, 逆手打ち(backhand)(↔ forehand).

**back·hand·ed** /bǽkhændid/ バクハンディド/ 形 バックハンドの, 逆手(ぎゃくて)打ちの; 〈お世辞などが〉裏の意味を持つ, あいまいな; 皮肉な.

**back·ing** /bǽkiŋ/ バキング/ 動 → back. ── 图 **1** Ⓤ 助力, 支援; 保証; [a ~; 集合名詞] 後援者グループ. **2** ⓒ (補強用の) 裏張り.

**back·pack** /bǽkpæk/ バクパク/ 图 ⓒ (米) バックパック 《しょいこ付の箱型リュックサック》.

**back·ped·al** /bǽkpèdl/ バクペドル/ ── 動 (過去・過分) ~ed または (英) --ped·alled/-d/; (現分) ~ing または (英) --al·ling) ⓐ (自転車の速度を落とすため) ペダルを逆に踏む.

**back·side** /bǽksàid/ バクサイド/ 图 ⓒ 後部; 裏側.

**back·slide** /bǽkslàid/ バクスライド/ 動 (過去) --slid, -slid/; (過分) --slid または --slid·den /-slìdn/; (現分) --slid·ing) ⓐ (正式) (もとの不信仰・悪癖に) 逆もどりする.

**back·space** /bǽkspèis/ バクスペイス; 動 (英+) ≠/ ── 動 (現分) ---spac·ing) ⓐ (タイプライターで) 1スペース分戻す. ── 图 ⓒ (戻し) スペース, 戻し用のキー.

**back·stage** /副 bǽkstéidʒ/ バクステイヂ/ 形 ≠≠/ 副 (劇場の舞台裏[楽屋]で[へ]; 舞台の奥へ. ── 形 舞台裏の; (俳優の)私生活の; 内密の.

**back·stop** /bǽkstòp/ バクスタプ/ -stɔp/ 图 ⓒ (野球) バックネット(図 → baseball) 《♦ ×backnet は誤り》; キャッチャー, 捕手.

**back·stretch** /bǽkstrétʃ/ バクストレチ/ 图 (複 ~es/-z/) ⓒ (陸上競技・競馬) バックストレッチ(↔ homestretch).

**back·stroke** /bǽkstròuk/ バクストロウク/ 图 **1** Ⓤ (水泳) 背泳(back crawl); [(the) ~] 背泳技. **2** ⓒ (テニス) バックハンド, 逆手(ぎゃくて)打ち.

**back·up** /bǽkʌp/ バカプ/ 图 形 **1** 代替要員(の); 予備品(の); (コンピュータ) バックアップ(の). **2** (略式) 後援者(の); 支え, 裏打ち(となる).

*__**back·ward**__ /bǽkwərd/ バクワド/
── 形 **1** [名詞の前で] 後方(へ)の; もとへ戻る, 過

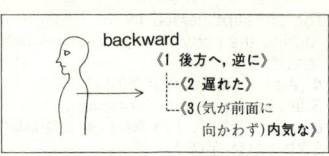

**backward**
《1 後方へ, 逆に》
《2 遅れた》
《3 (気が前面に向かわず)内気な》

去へ戻る, 逆行する; 逆の(↔ forward) ‖
a backward fall あおむけの転倒.
a backward journey 帰路の旅.
対話 "You know he still thinks women should never work." "That is really backward thinking, isn't it?"「あのね, 彼は今だに女性は仕事をすべきでないと考えているのよ」「それはずいぶん時代遅れな考え方じゃないか」.
**2** (知恵の)**遅れた**, 発達[進歩]の遅い; **時期的に遅い** ‖
a backward child 遅進児.
**3** [通例補語として] 気おくれする, 積極性に欠ける, **内気な** ‖
She **is backward in** giving [to give] her views. 彼女は自分の意見を述べたがらない.
── 副 《主に英》 -·wards/-wərdz/) **1** 後ろへ; 後ろ向きに; 逆に, 逆さに; あおむけに(↔ forward) ‖
walk [go] backward あとずさりする.
put on a hat backward 帽子を前後逆にかぶる.
The tide ebbs backward. 潮がひく.
**2** 退歩して, 退化して ‖
go backward 退歩する.
*báckward and fórward* 前後に, 左右に, あちこち(back and forth).
**báck·ward·ness** 图 U 後進性; しりごみ.
**back·wards** /bǽkwədz バクワッヅ/ 副 《主に英》 = backward.
**back·wa·ter** /bǽkwɔ̀ːtər バクウォータ/ 图 C **1** 戻り水, 逆流; よどみ.
**2** (心の)沈滞; 辺地.
**back·woods** /bǽkwùdz バクウッヅ/ 图 《主に米》 [the ~; 単数·複数扱い] 未開拓森林地; 辺境, 奥地.
**back·yard** /bǽkjɑ́ːrd バクヤード/ 图 C 裏庭《◆米国では一家団らんのできる場所でふつう塀で囲いがしてある. 単に yard ともいう(→ yard²). 英国ではしばしば舗装され, 物置きなどに使う》.
*báckyard bárbecues* 《裏庭で行なう》バーベキューパーティー.
**ba·con** /béikn ベイクン, béikŋ/ 图 U ベーコン. 事情
(1) ブタのわき腹や背のあぶら肉を塩づけにして干したり, いぶしたもの. かたまりを chunk という. (2) ハムは普通ブタのもも肉を塩づけにしていぶしたもの ‖
a piece [slice, strip] of bacon ベーコン1切れ.
a kilo of bacon ベーコン1キロ.
bacon strips 薄切りベーコン.
bacon bits (カリカリにいためた)みじん切りベーコン.
bacon lettuce and tomato ベーコン, レタス, トマトのサンドイッチ.
◇**bacon and egg(s)** /béikənənég(z) ベイコンネグ(ズ)/ [単数扱い] ベーコンエッグ《◆英国の朝食に多

い. 卵が1個の場合は単数形. cf. sunny-side up》.
*bring hóme the bácon* [**gróceries**] 《略式》生活費を稼ぐ; (企てに)成功する, 試合に勝つ.
*sáve one's bácon* 《英略式》危機を脱する《A〈人〉を危機から救う》.
**Ba·con** /béikn ベイクン/ 图 ベーコン《Francis ~ 1561-1626; 英国の哲学者, 近代哲学の祖》.
**bac·te·ri·a** /bæktíəriə バクティリア/ 图 複 《単数形》 -·ri·um/-riəm/) バクテリア, 細菌, ばい菌.
**bac·te·ri·al** /bæktíəriəl バクティリアル/ 形 バクテリアの.
**bac·te·ri·ol·o·gist** /bæktìəriɑ́lədʒist バクテリアロヂスト/ -51- -オロヂスト/ 图 C 細菌学者.
**bac·te·ri·ol·o·gy** /bæktìəriɑ́lədʒi バクテリアロヂ/ -51- -オロヂ/ 图 U 細菌学.
**bac·te·ri·um** /bæktíəriəm バクティリアム/ 图 → bacteria.
**Bác·tri·an cámel** /bǽktriən- バクトリアン-/ 《動》 フタコブラクダ (cf. dromedary).

*★**bad** /bǽd バド/ 《願雷》 bud/bʌd/) 『『好ましくない状態』をさす最も一般的な語』(↔ good)
派 badly (副)
→形 1 悪い 2 不快な 3 腐った 4 ひどい
5 へたである
── 形 《比較》 worse /wə́ːrs/, 《最上》 worst /wə́ːrst/) **1 a** (道徳的に見て)**悪い**, 不道徳な, 不品行な, 邪悪な; 品性を欠く, 粗野な ‖
a bad guy (テレビ·映画の)悪者, 悪玉.
bad behavior 不品行.
You bad girl [boy]! いけない子ね《女の子[男の子]をたしなめる表現》.
**b** [it is bad (of A) to do / A is bad to do] …するとは(A〈人〉は)無作法である《類》evil, wicked》 ‖
It's bad of you to hurt her. = You are bad to hurt her. 彼女(の感情)を傷つけるなんてひどいよ.
**2 a 不快な**, いやな(unpleasant); [補語として] 有害な ‖
a bad smell 悪臭.
*have a bad time* (of it) ひどい目にあう《◆ of it については it 代 9》.
The food tasted bad. 食事はまずかった.
Eating too much is **bad for** the health. 食べすぎはからだに悪い(→ b).
**b** [it is bad for A to do] …するのは A〈人·物〉にとって有害だ, よくない ‖
It is bad for us to overwork. 働きすぎはからだに悪い(→ a).
**3 腐った**, 朽ちた(rotten) ‖
go bád (ミルク·魚·果物·野菜·卵が)腐る.
**4** 《略式》[意味を強めて] ひどい, 重い(serious) ‖
a bad cold ひどいかぜ.
a bad mistake ひどい誤り.
**5** [be bad at A] …がへたである, まずい, 未熟である(poor) 《◆職業を表す語や動名詞などと共に用

He is a bad swimmer. =He is bad at swimming. 彼は泳ぎがへただ(=He cannot swim well.).
**6** からだの具合が悪い, 痛む ∥
have a bad leg 足が悪い.
be bad with fever 熱病にかかっている.
I'm feeling bad from drinking too much. (略式)飲みすぎて気分が悪い.
be bád at A → **5**.
fèel bád (略式) (1) → **6**. (2) 残念[気の毒]に思う ∥ 対話 "Did you hear? Tom failed the test." "Oh, no. (↷) I feel really bad for him. He studied so hárd tóo." 「聞いた？トムが試験に落ちたんだって」「うわあ, それはかわいそうだな. あんなに勉強していたのに」. (3) がっかりする, しょげる《◆ feel sorry よりも口語的》.
go from bád to wórse [しばしば進行形で] 悪化する.
It's tóo bád. (略式)[ゆっくり発音して] それは残念だ《◆ too bad は a pity「残念なこと」の意味》; [it's too bad (that) 節] …だとは残念だ ∥ It's (just) too bad she's ill. 彼女が病気だとは気の毒です.
nòt bád (略式) 悪くはない, けっこういける(rather good)《◆控え目な表現》∥ 対話 "How are you doing?" "**Not bad**, thanks. How about you?" 「調子はどう?」「悪くないよ. 君はどうなの?」.
That's tóo bád. =It's too BAD.
—— 副 (略式) ひどく, とても(badly).
be bád óff =be badly off (→ badly).
—— 名 U [the ~] 悪いこと, 悪い状態《◆次の句で》∥
take the bàd with the góod 人生の運不運を甘受する.
bád blóod 悪感情, 反目(bad feeling).
bád bréath 口臭.
bád débt 不良債権.
bád lánguage のろいの言葉; 悪態, 毒舌.
bád móuth (主に米略式) 悪口, 中傷 ∥ put the bad mouth on him 彼の悪口を言う.
**bád·ness** 名 ⓤ 悪い状態; 悪行; 不良; 不吉.
**bade** /bǽd バド, béid/ 動 → bid.
**badge** /bǽdʒ バヂ/ [願源] budge/bʌ́dʒ/》名 ⓒ **1** 記章, バッジ《◆ button の方がふつう》∥
a school badge 校章.
**2** 象徴, 印.
**badg·er** /bǽdʒər バヂャ/ 名 ⓒ アナグマ; ⓤ アナグマの毛皮.
—— 動 ⓗ 〈人〉を(逆上するほど)困らせる, 悩ます ∥ She often badgered me with riddles. 彼女はなぞなぞでよく私を困らせた.
*bad·ly /bǽdli バドリ/ [⇒ bad]
—— 副 (比較 worse /wə́ːrs/, 最上 worst /wə́ːrst/) **1** [通例動詞・目的語のあとで] まずく, へたに, 不当に(↔ well) ∥
They treated him badly. 彼らは彼を虐待した.

対話 "How did he handle it?" "Badly." 「彼の扱い方はどうでしたか」「まずかったです」.
**2** (略式) [しばしば動詞の前で] とても, ひどく ∥
be badly defeated こてんこてんにやられる.
She badly needed [wanted] the money. 彼女にはどうしてもその金が必要だった.
対話 "How did he crush his car?" "Badly." 「彼は車をどの程度ぶつけたの?」「そりゃひどいもんです」.
be bádly óff (略式)[しばしば否定文で] 貧乏である; (…がなくて)困っている(cf. well-off) ∥ The hospital is badly off for experienced doctors. その病院は経験を積んだ医師が不足している.

**bad·min·ton** /bǽdmintən バドミントン/ 《イングランドの地名から》名 ⓤ バドミントン.

> 関連 用語: smash スマッシュ / drive ドライブ / service サービス / racket ラケット / net ネット / shuttlecock 羽根((略式) bird).

**bad-tem·pered** /bǽdtèmpərd バドテンパド/ 形 機嫌が悪い; 気難しい; 怒りっぽい.

**baf·fle** /bǽfl バフル/ 動 (現分 baf·fling) ⓗ **1** 〈人〉をまごつかせる, 当惑させる ∥
The quiz baffled me. そのクイズにはまいった.
**2** 〈計画・努力・願望など〉をくじく.

**\*bag** /bǽg バグ/ 《願源 bug/bʌ́g/》『「束・包み」が原義』
—— 名 (複 ~s/-z/) ⓒ **1** 袋; かばん, 手さげ 《◆(1) handbag, suitcase, pouch, trunk, purse の総称. (2) sack は果物・小麦などを入れる大きな布[皮]製の袋》∥
a shópping bàg (米) =a carrier bag (英) 買物袋.
対話 "Why do you stick with a shoulder bag?" "Because I need to have my hands free." 「どうしてショルダーバッグにこだわるの」「両手を自由に使いたいからだよ」.

> 関連 [いろいろな bag] tráveling bàg 旅行かばん / páper bàg 紙袋 / plástic bàg ビニール袋 / sléeping bàg 寝袋 / schóol bàg ランドセル / dispósal bàg (飛行機の座席などに備えられている)処理袋, 汚物袋 / dóggy bàg (食べ残した物を持ち帰るための)ドギーバッグ.

**2** 1袋(の量); 1俵 ∥
three bags of coins 硬貨3袋.
**3** 財布 ∥
bear the bag 金が自由になる.
consult one's bag ふところと相談する.
**4** (通例 a ~) (狩り・釣りの)獲物 ∥
have a good bag 大猟[大漁]だ.
**5** (皮膚・布などの)たるみ; (英略式) [~s] (だぶだぶの)ズボン ∥
bags under the eyes (睡眠不足などによる)目の

下のたるみ.
**6**《略式》[~s of A] たくさんの… ‖ bags of money たくさんの金.
***a bàg of bónes*** やせこけた人[動物].

**bag·ful** /bǽgfùl/ バグフル/ 名 (複 ~s, bags·ful) C 袋1杯の(分量).

\***bag·gage** /bǽgidʒ/ バギヂ/『「束ねたもの」が原義』
── 名 **1** U 《主に米》[集合名詞](旅行時の)**手荷物**《◆《略式》では (one's) things ということが多い》‖
three **pieces** of baggage 3個の荷物《◆×three baggages は誤り》.
How many pieces of baggage can I take on the airplane with me? 機内へは何個荷物を持ち込めますか《◆How much baggage …? ともいう.×How many baggages …? は誤り》.
対話 "You're only going away for three days." "Yes, but I need to take all this [*these*] baggage anyway."「家を空けるのは3日だけなんだろう」「そうよ.でもこれだけの荷物を持っていかなくちゃだめなの」.
**2** U (軍隊などの)携帯装備;心の準備,覚悟.
**bággage clàim** (空港の)手荷物引き渡し所.
**bággage ròom** (米)手荷物一時預り所(cloakroom).
**bággage tàg** (米)手荷物の荷札.

**bag·gy** /bǽgi/ バギ/ 形 (通例 比較 -gi·er, 最上 -gi·est) 袋のような; だぶだぶの; ふくれた.

**Bagh·dad** /bǽgdæd/ バグダド/ |=| 名 バグダッド《イラク共和国の首都》.

**bag·pipe** /bǽgpàip/ バグパイプ/ 名 C [しばしば the ~s] バグパイプ,風笛((略式) pipes).

**Ba·ha·ma** /bəhɑ́ːmə/ バハーマ, (米+) -héi-/ 名 **1** [the ~s; 複数扱い] = Bahama Islands. **2** [~s; 単数扱い] バハマ連邦《1973年に独立》.

**Baháma Íslands** [the ~] バハマ諸島《フロリダ半島の東南》.

bagpipe

**Bai·kal** /baikǽl/ バイキャル/ 名 バイカル湖(Lake Baikal)《ロシアの東シベリア南部にある世界最深の淡水湖》.

**bail¹** /béil/ ベイル/ (同音 bale/ 類音 veil/véil/) 名 U 保釈;保釈金 ‖
be (òut) on báil 保釈出所中である.
be under bail 保釈中である.
***stànd* [*pùt úp, gò*] *báil for A*** A〈人〉の保釈保証人になる.
── 動 他 〈判事が〉〈被告〉の保釈を許す;〈人〉を保釈させる(+*out*).

**bail²**, (英ではしばしば) **bale** /béil/ ベイル/ 名 C (船の)あか汲み(ぐ)器具). ── 動 他 〈〈船の〉あか〉を汲み出す,〈船〉からあかを汲み出す. ‖ あかを汲み出す.

**bai·liff** /béilif/ 名 C **1** (英)執行吏《◆sheriff の助手》. **2** (米)廷吏(ぐ) (usher). **3** (英)土地[農場]管理人.

**bait** /béit/ ベイト/ (同音 bate) 名 U [しばしば a ~]
**1** (釣針・わなに付ける)えさ,餌(ぐ) ‖
put a bait on a hook 釣針にえさを付ける.
**2** (人を)おびき寄せる物,おとり;誘惑.
── 動 他 **1**〈釣針・わな〉にえさを付ける;〈魚釣り場〉に餌をまく ‖
bait the trap (with meat) わなに(肉片の)えさを仕掛ける.
**2**〈人〉を誘惑する.

\***bake** /béik/ ベイク/『「肉をくしに刺して焼く」が原義』派 baker (名)
── 動 (三単現 ~s/-s/; 過去・過分 ~d/-t/; 現分 bak·ing)

┌── 他 と 自 の関係 ───┐
│ 他 **1a** bake A 〈パン・魚など〉を焼く │
│ 自  A bake   A〈パン・魚など〉が焼ける │
└─────────────────┘

── 他 **1a**〈パン・魚など〉を焼く ‖
We **baked** bread. 私たちはパンを焼いた.
bake potatoes ジャガイモを焼く.
**b** [bake A C] A〈パン・魚など〉を C の状態になるまで焼く ‖
We **baked** the cake brown. 私たちはケーキをキツネ色に焼いた.
**c** [bake A B / bake B for A] A〈人〉に B〈ケーキ/パンなど〉を焼いてやる ‖
I **baked** Ken a cake. =I baked a cake for Ken. 私はケンにケーキを焼いてやった.

┌─ 関連 ─ roast オーブンで[時に焼きぐしに刺して直火で]大きな肉の塊を焼く / broil, grill 焼き網やグリル装置で直火であぶり焼く / barbecue 肉の小片や野菜を焼きぐしに刺すなどしてソースをつけてゆっくり焼く / sear 強火でさっと焼く / toast チーズや bake されたパンなどをカリッとキツネ色に焼く / scorch, burn 加熱しすぎて黒く焦がす ─┐
└─────────────────────┘

**2**〈火などが〉〈レンガ・陶器など〉を(ある状態まで)焼く,焼き固める ‖
The pottery was **baked** by fire. 陶器は火で焼かれた.
**3**(太陽などで)〈肌〉を焼く(burn).
── 自〈パン・魚などが〉焼ける;〈パン・魚などが〉焼き固まる,乾く;〈人が〉(パンなどを)焼く;(こんがり)日焼けする;《略式》〈人(のからだ)が〉熱くなる(become hot).

**bake·house** /béikhàus/ ベイクハウス/ 名 (米)= bakery.

**Ba·ke·lite** /béikəlàit/ ベイクライト/『L. H. Baekeland/béiklənd/ の名から』名 《商標》ベークライト《合成樹脂》.

\***bak·er** /béikər/ ベイカ/ 名 C パンを焼く人,パン製造業者;パン屋の主人 ‖
go to the baker's (shop) パン屋へ行く.
Her mother is a good **baker**. 彼女の母はパンを焼くのがうまい(=Her mother bakes well.).
***a báker's dózen*** 『昔パン屋が1個増おまけをつけたことから』(古略式) パン屋の1ダース,13個.

**bak·er·y** /béikəri ベイカリ/ 名 (複 --er·ies/-z/) C 製パン所; パン屋; パン・ケーキ販売所.

**bak·ing** /béikiŋ ベイキング/ 動 → bake.
——名 U パン[ケーキ, クッキーなど]を焼くこと; [形容詞的に] パン焼き用.
——形 副 《英略式》焼けつくような[に] ‖
Open the window. It's báking hót in here. 窓をあけてくれ. ここは暑くてたまらない(=We are baking in here.).
**báking pówder** ふくらし粉, ベーキングパウダー.
**báking sòda** 重曹(bicarbonate of soda).

**bal·a·lai·ka** /bæləláikə バラライカ/ 《ロシア》 名 C 〔音楽〕 バラライカ.

\***bal·ance** /bǽləns バランス/ 《アクセント注意》 《◆ ×バランス》 『「天秤(ﾃﾝﾋﾞﾝ)の両側の2つの皿」が原義』
——名 (複 --anc·es /-iz/) 1 C 天秤, はかり ‖ weigh eggs in a balance 卵をはかりにかける.

〔関連〕 (1) 種類: platform balance 台ばかり / spring balance ばねばかり / steelyard さおばかり / torsion balance ねじばかり. (2) 用語: beam さお / counterweight 分銅 / fulcrum 支点.

**2** [the B~] 〔天文〕 てんびん座(Libra).
**3** U はかること; 評価.
**4** [a ~] 平衡おもり.
**5** U [しばしば a ~] (重量・勢力などの)均衡, 釣り合い, バランス; (心の)落ち着き, 平静; (美的な)調和 《◆ 日本語の「アンバランス」は英語の imbalance に相当する》 ‖
the balance of mind 正気.
a man of balance 落ち着いた人.
the balance of nature 自然の調和.
keep one's balance バランスを保つ.
lose one's balance バランスを失う.
throw him off (his) balance (知らせなどが)彼に平衡を失わせる; 彼を面食らわせる.
**6** C U 〔商業〕 貸借勘定 ‖
The remaining balance is due and payable immediately. 貸借勘定の残高は即座にお支払いします.
**7** 《略式》 [the ~] 残り, 残余(rest).
**off bálance** バランスを失って, 倒れそうになって; 不安な状態になって; → 名 5.
**on bálance** すべてを考慮して; 結局は.
——動 (三単現 --anc·es /-iz/; 過去・過分 ~d /-t/; 現分 --anc·ing)
——他 1 [balance A (with B)] A〈物・事〉を(B〈物・事〉と)釣り合わす; A〈物・事〉を(B〈物・事〉で)埋め合わす, 相殺する 《◆ with の他に by, against も可》 ‖
〔対話〕 "Sorry to say, but I think you're working too much." "I try to balance work with [and] leisure, but I can't." 「こう言っては悪いけど君は働きすぎだよ」「仕事と余暇のバランスをとろうとしているのだけれど, できないんだ」.
**2** …の平衡(釣り合い, バランス)を保たせる ‖
bálance onesélf on one leg 片足で倒れないように立つ.
**3** 〈問題・論点など〉を考察する, 比較する.
——自 **1** [A balance (with B)] A〈重さ・額が〉(B と)等しい, 釣り合っている; A〈人〉がバランスを保つ. **2** 〈計算・帳尻(ﾁﾘ)〉が合う.
**bálance béam** 〔体操〕 平均台.
**bálance dúe** (支払うべき) 不足額.
**bálance shèet** 〔商業〕 貸借対照表.

**bal·anced** /bǽlənst バランスト/ 動 → balance.
——形 釣り合いのとれた ‖
a balanced diet (栄養の)バランスのとれた食事.

**bal·anc·ing** /bǽlənsiŋ バランシング/ 動 → balance.

**bal·co·nied** /bǽlkənid バルコニド/ 形 バルコニーのある.

**bal·co·ny** /bǽlkəni バルコニ/ 名 (複 --co·nies /-z/) C **1** バルコニー.
**2** (劇場の)さじき, 階上席.

**bald** /bɔ́ːld ボールド/ 《類音》 bold /bóuld/ 形 **1** 〈人・頭が〉はげた, 〈動物・鳥が〉毛[羽毛]のない; 〈木が〉葉のない; 〈山・平野などが〉木[草]のない ‖
He's bald. あの人ははげだ.
**2** 〈文体・発言などが〉味気ない; 飾り気のない, ありのままの.

**báld éagle** 〔鳥〕 ハクトウワシ《◆米国の国章. 貨幣や切手の模様になっている》.
**báld·ly** 副 率直に; 露骨に.
**báld·ness** 名 U はげていること; 露骨さ; 味気なさ.
**bald·head** /bɔ́ːldhèd ボールドヘド/ 名 C はげ頭の人.
**bald·head·ed** /bɔ́ːldhédid ボールドヘディド/ 形 頭のはげた. ——副 しゃにむに.
**bald·ing** /bɔ́ːldiŋ ボールディング/ 形 〈人が〉はげかかった.

**bale¹** /béil ベイル/ 《同音》 bail) 名 C 梱(ｺﾘ), 俵 《輸送用に圧縮梱(ｺﾝ)包した一定量の商品》; [~s] 貨物.
**bale²** /béil ベイル/ 動 (現分 bal·ing) 《英》 =bail².
**bale·ful** /béilfl ベイルフル/ 形 《正式》 (破滅をもたらすほど)有害な; 悪意に満ちた; 不吉な.
**Ba·li** /báːli バーリ/ 名 バリ島 《ジャワ島の東, インドネシア領》.

**balk**, (主に英) **baulk** /bɔ́ːk ボーク/ 動 ⾃ **1** 〈馬などが〉(障害物に)たじろいで急に止まる, 止まって動かない.
**2** 《正式》 しりごみする, ちゅうちょする ‖
balk at telling lies うそをつくのをためらう.
**3** 〔野球〕 ボークをする.
——他 《正式》 〈希望・計画など〉を挫折(ｻﾞｾﾂ)させる, くじく(block); 〈人〉を挫折させる; 〈人〉の邪魔する[妨害]

をする ‖
She was **balked of** her purpose. 彼女は目的を達せられなかった.
──名 (正式) **1** [通例 a ~] 妨害, 障害. **2** 梁(ﾊﾘ)材. **3** [野球] ボーク.

**Bal·kan** /bɔ́ːlkən バールカン/ 形 **1** バルカン諸国民の. **2** バルカン半島[山脈]の. ──名 [the ~s] =Balkan States.

**Bálkan Península** [the ~] バルカン半島《ヨーロッパ南東部の黒海とアドリア海との間の半島》.

**Bálkan Státes** [the ~] バルカン諸国.

## *ball[1]

/bɔ́ːl ボール/ (同音) bawl; (類音) bowl)
──名 (複 ~s/-z/) **1** © (球技用の) **ボール**, 球, 玉, まり ‖
hit a **ball** ボールを打つ.

[関連] **ball** はどの球技にも用いられる一般語. 各種の球技で使用するボールは次のようにいう: baseball / basketball / football / golf ball / softball / tennis ball / volleyball.

**2** © 球形の物, 球体;(手足の親指のつけ根の)丸いふくらみ ‖
the **ball** of the eye 眼球(eyeball).
a **ball** of wool 毛糸の玉.
The sun is a flaming **ball**. 太陽は燃える球体である.
**3** Ⓤ 球技;(米)野球(baseball).
**4** © **a** [野球] (投げた・打った)球 ‖
a curve(d) **ball** カーブ(ボール)《♦ curveball, または単に curve ともいう》.
a fast **ball** 速球.
a flý **báll** フライ.
a fóul **báll** ファウル(ボール) (↔ a fair ball).

[関連] [投手の球種] knuckle ball ナックルボール / screwball スクリューボール / slider スライダー, シュート / change-up チェンジアップ.

**b** [野球] ボール (↔ strike) ‖
three **balls** and two strikes ツーストライク=スリーボール《♦ 日本語とは語順が逆》.
a base on **balls** 四球 → base 成句.
**c** [サッカー・ラグビー] パス, (けった)球.
**5** Ⓤ© (丸い)弾丸, 砲丸.
(**be**) **on the báll** 『「ボールをよく見ている」ことから』(略式)(人が)油断のない, 抜け目のない.
**cárry the báll** (略式)率先してやる, 責任を一身に負う.
**háve the báll at** one's féet 好機に恵まれている.
**kèep the báll rólling** 『「転がるボールが止まらないようにする」から』(略式)(話・仕事などを)うまく続けていく, (パーティーなどで)座が白けないようにする.
**pláy báll** (1) 球技をする. (2)(米)野球(などの球技)を始める[再開する]. (3)(主に米略式)協力する.
**stárt [sèt] the báll rólling** (略式)(会話・仕事などで)率先して始める, (話などで)口火を切る.
**The báll is with yóu** [**in yóur court**]. (略式) さあ, 君の番だ.

**báll béaring** [機械] (1) [通例 -s;複数扱い] ボールベアリング, 玉軸受け. (2) (1) の玉.

**báll bòy** [野球・テニス] ボールボーイ.

**báll gàme** (米) 球技;(特に)野球.

**ball**[2] /bɔ́ːl ボール/ (同音) bawl; (類音) bowl/bóul/)
名 © (公式の)大舞踏会 (cf. dance 名 2) ‖
give a **ball** 舞踏会を催す.
**háve** (one**self**) **a báll** (略式) 大いに楽しむ.

**bal·lad** /bǽləd バラド/ 名 © **1** バラッド《素朴な民間伝承の物語詩;またその形式で作られた詩;その詩につける曲》. **2** バラード《素朴で感傷的なラブソング》.

**bal·lade** /bəlɑ́ːd バラード, bæl-/ [フランス] 名 © [詩学] バラード《フランス詩の一形式》; [音楽] バラード, 譚(ﾀﾝ)詩曲.

**bal·last** /bǽləst バラスト/ 名 Ⓤ **1** [海事] 底荷, バラスト. **2** (気球の)砂袋. **3** (鉄道・道路に敷く)バラス, 砂利. ──動 他 **1** [海事] …に底荷[砂袋]を積む, (底荷・砂袋で)…を安定させる. **2** …にバラス[砂利]を敷く.

**bal·le·ri·na** /bæləríːnə バラリーナ/ [イタリア] 名 © バレリーナ;(一般的に)女性バレエダンサー.

## *bal·let

/bæléi バレイ|ー/ (発音注意) 『「踊る」が原義』[フランス]
──名 (複 ~s/-z/) **1** Ⓤ© [時に the ~] バレエ, 舞踊劇; [形容詞的に] バレエの ‖
She invited me to **the ballet**. 彼女は私をバレエ(の公演)に招待してくれた.
a **ballét** dàncer バレエダンサー.
**2** © バレエ曲. **3** © バレエ団.

**bal·lis·tic míssile** /bəlístik- バリスティク-/ 弾道ミサイル.

## *bal·loon

/bəlúːn バルーン/ 『「大きな球(ball)」が原義』
──名 (複 ~s/-z/) © **1** 気球《♦「袋」は bag, 「(下にぶらさげる)かご」は basket》‖
a hot-air **balloon** 熱気球.
**2** ゴム風船. **3** 吹き出し《漫画中の人物の言葉を示す風船形の囲み》.
──動 自 (風船のように)ふくれる (+out, up).

**bal·lot** /bǽlət バロト/ 名 © **1** 無記名投票用紙 ‖
cast a **ballot** for the candidate その候補者に投票をする.
**2** 投票数;投票総数.
**táke a bállot** 投票する.
**by bállot** 投票で, くじ引きで.
──動 (正式) 自 (無記名で)投票する(vote); [ballot (for A)] (…に)投票で決める ‖
**ballot** for the office of mayor 市長の職を投票で決める.
──他 …を投票[くじ]で決める, …を投票する.

**bállot bòx** 投票箱.

**bállot pàper** 投票用紙.

**ball·park** /bɔ́ːlpɑ̀ːrk ボールパーク/ 名 © (米) 野球場.

**ball·play·er** /bɔ́ːlplèiər ボールプレイア/ 名 © (米)

(主にプロの)野球選手.

**ball·point** /bɔ́ːlpɔ̀int ボールポイント/ 图 (主に英) = ball-point pen.

**báll-pòint pén** 图 C ボールペン《◆〔英〕では biro ともいう》.

**ball·room** /bɔ́ːlrùːm ボールルーム/ 图 C (ホテルなどの)舞踏室[場].

**balm** /báːm バーム/《発音注意》《◆lは発音しない》图 1 U 香油, 香膏(ɛ̀ɔ̀). 2 U C 鎮痛剤, バルム剤.

**balm·y** /báːmi バーミ/ 形《比較》--i·er, 《最上》--i·est 1《風・外気などが》さわやかな; おだやかな. 2 芳香のある.

**bal·sa** /bɔ́ːlsə ボールサ/ 图 U 〔植〕バルサ; U バルサ材(balsa wood)《軽い木材》; C バルサ材のいかだ〔浮き〕.

**Bal·tic** /bɔ́ːltik ボールティク/ 形 1 バルト海の. 2 バルト諸国の(略 Balt.). 3 バルト語派の. ── 图 U バルト語派《リトアニア語・ラトビア語など》.

**Báltic Séa** [the ~] バルト海.

**Bal·ti·more** /bɔ́ːltəmɔ̀ːr ボールティモー/ 图 ボルティモア《米国 Maryland 州の商業都市》.

**bal·us·trade** /bǽləstrèid バラストレイド/ 图 C 手すり, らんかん(图 ~ stairs).

**Bal·zac** /bɔ́ːlzæk ボールザク/ 〔英〕bǽlzæk バルザック/ バルザック《Honoré de/ɔ̀ːnəréi də/ ~ 1799-1850; フランスの小説家》.

**bam·boo** /bæmbúː バンブー/《マレー語より》《◆名詞の前で使うときはふつう /-/》图 (複 ~s) 1 U C 〔植〕竹 ‖
bamboo shoots [sprouts] たけのこ.
2 C 竹ざお; C 竹材; 〔形容詞的に〕竹(製)の ‖
bamboo work 竹細工.

**ban** /bǽn バン/《類音》bun/bʌn/, van/væn/ 图 C 〔通例 a ban (on A)〕(法による)(…の)禁止(令), 禁制 ‖
put [place] a ban on trespassing = put [place] trespassing under a ban 立入を禁止する.
── 動《過去・過分》banned/-d/;《現分》ban·ning 他〔出版・行動などを〕(法的に)禁止する; 〔ban A from doing〕A《人》が…するのを禁止する, さし止める ‖
You are banned from entering this place. ここは立入禁止である.

**ba·nal** /bənǽl バナル, béinl / bənáːl/ 形《正式》(新鮮味がなく)平凡な, ありふれた; つまらない.

**ba·nal·i·ty** /bənǽləti バナリティ/ 图 (複 --i·ties /-z/) U 平凡; C 平凡な言葉[考え].

\***ba·nan·a** /bənǽnə バナナ / bənáːnə バナーナ/《西アフリカの語より》
── 图 (複 ~s/-z/) 1 C バナナ(の実); 〔植〕バナナ《多年草》‖
a bunch of bananas バナナの1ふさ.
2 U バナナ色.

\***band** /bǽnd バンド/《類音》bond /bánd | bɔ́nd/《「結ばれたもの」から「帯状のもの[集団]」が本義》
── 图 (複 ~s/bǽndz/) C 1 (物を縛る)ひも, 帯(状のもの), バンド《◆ズボンの「バンド」は belt》; (おけなどの)たが, 帯金; (帽子のはち巻きリボン); (機械の)ベルト; (本の)背とじ糸; (建造物の)帯飾り ‖
a rubber band 輪ゴム.
a hair band ヘアバンド.
2 (色の)すじ, 筋(stripe).
3 (通信機の)バンド, 周波帯(wave band).
4 (レコードの)バンド《1曲分の音みぞ》.
5 (ある目的を持つ人・時に動物の)**一隊**, 一団, 一群《◆しばしば悪人の集団に用いる》‖
a band of robbers 強盗の一味《◆group が一般的な語》.
6 〔単数・複数扱い〕(主に吹奏楽・軽音楽の)**楽団**, バンド《◆ふつう弦楽器を含まない. 本格的な楽団は orchestra》‖
a róck bànd ロックバンド.
── 動 他 1 …を(ひもで)縛る; …にしまをつける; (識別のために)〈鳥など〉にバンドをつける. 2 …を結合[団結]させる(+together); 〔~ oneself〕団結する. ── 国 団結する(+together).

**bánd mùsic** バンド音楽.
**bánd sàw** 〔機械〕帯のこぎり.
**bánd shèll** (半円形の)野外音楽堂.

**ban·dage** /bǽndidʒ バンディヂ/《類音》bondage /bán- | bɔ́n-/ 图 C U 包帯, 巻き布 ‖
put a bandage on a wound 傷に包帯をする.
have a bandage over one's eye 目に眼帯をしている.

**Band-Aid** /bǽndèid バンデイド/ 图 C 1 〔米商標〕バンドエイド. 2 《米》〔時に band-aid〕応急策; 〔形容詞的に〕応急の, 間に合わせの.

**ban·dan·na, --dan·a** /bændǽnə バンダナ/ 图 C バンダナ《カウボーイなどが首に巻く大型ハンカチ, スカーフ》.

**B & B, b & b** /bíː ənd bíː ビーアンドビー/〔bed and breakfast〕《主に英略式》宿泊と朝食; 朝食つきの民宿《◆BB とも書く》.

**ban·dit** /bǽndit バンディト/ 图 (複 ~s, ~·ti /bǽnditiː/) C (山野に出没する)盗賊(の一味), 追いはぎ; 強盗.

**band·stand** /bǽndstænd バンドスタンド/ 图 C 野外ステージ; (ホールなどの)演奏台.

**band·wag·on** /bǽndwægən バンドワゴン/ 图 C 《米》(パレードの先頭の)楽隊車.
**júmp on the bándwagon** [**wágon**] 《略式》優勢な政党の肩を持つ; 時流に乗る.

**ban·dy** /bǽndi バンディ/ 動《三単現》ban·dies /-z/;《過去・過分》ban·died/-d/)他 1 〈ボールなど〉を打ち合う; …をやり取りする. 2 …を言いふらす.

**bane** /béin ベイン/《類音》vain, vein, vane /véin/ 图 1 〔the ~〕破滅[災難]のもと. 2 U 〔複合語で〕毒.

**bane·ful** /béinfl ベインフル/ 形 破滅[災難]をもたらす; 有害な.

**bang** /bǽŋ バング/〔「激しく打つ音」が本義〕動 他 1 …をドシン[バタン, ドンドン]とたたく, …を打ちつける, …にぶつかる ‖
bang the door with one's fist = bang

one's fist on the door ドアをこぶしでドンとたたく.

**2**〈ドアなどを〉バタンと閉める. **3**…を手荒に扱う,ドシンと置く. **4**〈鉄砲などを〉ズドンと撃つ. **5**〈知識などを〉たたき込む.

──自 ドンドンたたく[打つ];ドシンとぶつかる;大きな音をたてる[たてて歩く].

*báng shút* 〈ドアが〉バタンと閉まる.
*báng úp* 〔略式〕他〈車〉をだめにする.

──名 C (複 ~s/-s/) **1**〔通例 a ~〕衝撃音, 炸(☆)裂音, ドスン[バタン, ズドン]という音‖
"Bang! Bang!"〔子供がピストルごっこで〕「バン!バン!」.

*with a báng* (1) ドスン[バタン]と. (2)〔略式〕うまくいって, 大成功で‖ go off with a bang 大成功を収める.

──副 ごう音を伴って;突然;激しく.
*báng in the míddle* ど真ん中に.
*gò báng* (1)〈鉄砲が〉ズドンと鳴る;〈ドアが〉バタンと閉まる. (2)〈希望などが〉あっけなく消え去る.

──間 ドスン, バタン, ズドン.

**Bang·kok** /bǽŋkɑk バンカク/ [≠] 名 バンコク〈タイの首都〉.

**Ban·gla·desh** /bæ̀ŋgləde̥ʃ バングラデシュ/ 名 バングラデシュ(人民共和国)〈正式名 People's Republic of Bangladesh. 1972年パキスタンから独立した. 首都 Dacca〉.

**ban·gle** /bǽŋgl バングル/ 名 腕輪, 足首飾り.

**ban·ish** /bǽnɪʃ バニシュ/ [類音]*vanish*/vǽnɪʃ/ 動 (三単現 ~·es/-z/) 他〔正式〕**1**〈人〉を追放する;〈人〉を流刑にする‖
He was banished to an island for high treason. 彼は大逆罪で島流しにされた.

**2**…を追い払う;…を取り除く.

**ban·is·ter** /bǽnɪstər バニスタ/ 名 **1**手すり子《階段の手すりを支える》. **2**〔~s〕=balustrade.

**ban·jo** /bǽndʒou バンチョウ/ 名 (複 ~s, ~es) C〔音楽〕バンジョー.

**\*bank¹** /bǽŋk バンク/ 〔類音〕*bunk*/bʌ́ŋk/〕『「盛り上がった所」が原義』

──名 (複 ~s/-s/) C **1**土手, 堤, 川岸, 湖畔;〔~s〕川の両岸‖
the right bank of a river 川の右岸《◆左右は下流に向かっていう》.
The river often overflows its banks. その川はよく(堤防を越えて)氾濫(☆)する.

**2**〔畑などの境界の〕盛り土;(盛り土のようになった)雪・霧・雲などの)かたまり(mass)‖
The bank of dark clouds threatens rain. 黒雲のかたまりは雨を呼びそうだ.

──動
*báηk úp* (1)〔自〕積み重なる. (2)〔他〕〈まきなど〉を積み上げる;〈テラスなど〉を(盛り土で)支える;〈川〉をせき止める.

**\*bank²** /bǽŋk バンク/ 〔「長いす・カウンター」の原義から「両替屋のテーブル・店」となった. cf. *bench*〕

[類音] banker(名)

──名 (複 ~s/-s/) C **1**銀行;〔英〕〔the B~〕イングランド銀行(the Bank of England)‖
put [deposit] money in the bank 銀行に預金する.
(Have you) been robbing a bank?〔英〕銀行強盗でもしてきたのかい《♦金をたくさん持っている人へのジョーク》.

**2**〔略式〕小型貯金箱(piggy bank)《ふつう豚の形をしている》.

**3**〔複合語で〕貯蔵所, バンク‖
an éye bànk アイバンク.
a blóod bànk 血液銀行.

──動 (三単現 ~s/-s/;過去・過分 ~ed/-t/; 現分 ~·ing)
──他〈金〉を銀行に預ける;〈金〉を預ける‖
My father banks part of his salary every week. 父は毎週給料の一部を銀行に預金する.

──自 預金する‖
Where do you bank? 取引銀行はどこですか.
*bánk on* [*upòn*] A〔略式〕…を頼みとする.
**bánk accòunt**〔米〕銀行預金口座〔残高〕.
**bánk bìll**〔米〕銀行手形.
**bánk clèrk** 銀行員《◆「銀行家」は banker》.
**bánk hóliday**〔英〕一般公休日〔法定休日. 年8回〕;〔米〕(一般休日以外の)銀行休日.
**bánk nòte** 紙幣.
**bánk ràte** 公定歩合.

**bank·er** /bǽŋkər バンカ/ 名 C 銀行家;銀行の幹部職員(bank officer)《♦平(<sup>ひ</sup>)の「銀行員」は bánk clèrk》.

**bank·ing** /bǽŋkɪŋ バンキング/ 動 → bank².
──名 U 銀行業;銀行業務.

**bank·rupt** /bǽŋkrʌpt バンクラプト, -rəpt/ 名 C〔法律〕破産者, 支払い不能者.
──形〔法律〕破産した, 支払い能力のない‖
go [become] bankrupt 破産する.
──動 他〈人・会社など〉を破産させる.

**bank·rupt·cy** /bǽŋkrʌptsi バンクラプツィ, -rəpt-/ 名 (複 ~·rupt·cies/-z/) **1** UC 破産(状態).

**2** U〔正式〕(名声)を失うこと, (性格・計画などの)破綻(☆), 失敗.

**ban·ner** /bǽnər バナ/ 名 C **1**〔文〕(君主・騎士などの)旗, (国・軍隊・学校などの)旗(flag);旗じるし‖
under the banner of change 変革の旗じるしのもとに.

**2**〔デモなどの標語入り)横断幕;〔歓迎の〕たれ幕.

**3**〔コンピュータ〕バナー《ウェブサイトの長方形の広告》.
──形〔米〕すばらしい, 大成功の.

**ban·quet** /bǽŋkwət バンクウェト|-kwit -クウィト/ 名 C 宴会, 祝宴《スピーチ・乾杯があり, dinner, feast より儀式ばった会》.

**ban·tam·weight** /bǽntəmwèit バンタムウェイト/ 名 C〔ボクシング〕バンタム級の選手(→ boxing).

**ban·ter** /bǽntər バンタ/ 名 U (気さくな, 悪意のない)冗談, ひやかし.

**ba·o·bab** /béiəbæb ベイオバブ/ béiəu- ベイオウバブ/

名C〔植〕バオバブ (baobab tree) 《熱帯アフリカ・インド産の巨木》.

**bap·tism** /bǽptɪzm/ バプティズム/ 名 **1** UC (教会) 洗礼(を行なう[受ける]こと); 洗礼式, バプティスマ ‖ a baptism of blood (未受洗者の)血の洗礼, 殉教.
**2** C [比喩的に] 洗礼, 初体験.

**bap·tis·mal** /bæptízml/ バプティズムル/ 形 洗礼の.
**baptísmal nàme** 洗礼名(Christian name).

**Bap·tist** /bǽptɪst/ バプティスト/ 名 **1** C **a** バプテスト(派の人). **b** [the ~s] バプテスト派《幼児洗礼を認めず, 成人の自覚に基づく洗礼を主張》. **2** [通例 b~] C 洗礼を授ける人. **3** [the ~] 洗礼者ヨハネ (John the Baptist).

**bap·tize**, (英ではしばしば) **-tise** /bæptáɪz|bæptaɪz バプタイズ/ 動 (現分) -tiz·ing) 他 **1** 〈人〉に洗礼を施す. **2** [baptize A C] 〈牧師などが〉(洗礼を施して) A〈人〉を C 宗派の教徒にする; A〈人〉に C という洗礼名(Christian name)をつける.

**bar** /bɑ́ːr/ バー/ 名 **1** 棒, (棒状・長方形の)かたまり ‖ a bar of soap = a soap bar 石けん1個.
**2** (門・窓の)かんぬき《◆鉄製の戸じまり用のものは bolt》, 横木; (戸の)桟(さん), 格子(こうし); (バレエ練習用の)手すり ‖ behìnd bárs (略式) 服役中で[に].
**3** 〔正式〕 [通例 a ~] 障害(物), 妨害(する物), 邪魔物(barrier); 柵(さく); (道路の)遮断(しゃだん)棒; (河口の)砂州(さす) ‖ a bar to job opportunity 就職への障害.
**4** [通例 the ~] (裁判所の被告席・傍聴席との)仕切り; 被告席; 裁判所, 法廷 ‖ a case at (the) bar 審理中の事件.
**5** [the ~ / the B~] 弁護士業; [集合名詞; 単数・複数扱い] 弁護団 ‖ be admìtted to the bár 弁護士になる.
**6 a** (食堂・家庭の軽食を出す)台, カウンター(counter). **b** 酒場, バー. **c** [複合語で] (カウンター形式の)軽飲食店. **d** 売り場, カウンター.
**7** (光・色などの)線条, 筋, しま.
**8** 〔音楽〕 (楽譜を小節に分ける)縦線, 小節線(bar line); 小節.
―― 動 (過去・過分) barred/-d/; (現分) bar·ring) 他 **1** 〈戸・門などにかんぬきをする; …を閉じ込める ‖ bár oneself ín 閉じこもる.
**2** …を除外する, …を締め出す(exclude) ‖ He has been barred from the club. 彼はクラブから締め出しを食っている.
**3** 〈道〉をふさぐ ‖ bar the way to the city 町への道を閉ざす.
**4** 〔正式〕 …を禁止する ‖ Her lack of money barred her from going abroad to study. 彼女は金がなくて留学できなかった.

**bár còde** 〔コンピュータ〕 バーコード 《商品の識別などに用いる白黒のしま模様のコード》.

**bár line** = bar 名 **8**.

**barb** /bɑ́ːrb/ バーブ/ (類音 verb/vɑ́ːrb/) 名 C (矢じり・釣り針の)あご, かかり, 戻り, さかとげ.

**Bar·ba·ra** /bɑ́ːrbərə/ バーバラ/ 名 バーバラ《女の名》.

**bar·bar·i·an** /bɑːrbέəriən/ バーベアリアン/ 名 C **1** 野蛮人, 未開人. **2** 野蛮な人; 無教養な人.
―― 形 未開の; 無教養の.

**bar·bar·ic** /bɑːrbǽrɪk/ バーバリク/ 形 野蛮人の(ような), 未開の; 〈文体・趣味などが〉荒っぽい, 粗野な.

**bar·ba·rism** /bɑ́ːrbərɪzm/ バーバリズム/ 名 〔正式〕 U 野蛮(な状態); 未開(状態) (↔ civilization); C 野蛮な行為[風習].

**bar·bar·i·ty** /bɑːrbǽrəti/ バーバリティ/ 名 (複 -i·ties/-z/) UC 野蛮; 粗野.

**bar·ba·rous** /bɑ́ːrbərəs/ バーバラス/ 形 〔正式〕 〈扱い・罰などが〉残酷な, むごい.
**bár·ba·rous·ly** 副 野蛮に, 残酷に.

**bar·be·cue** /bɑ́ːrbɪkjuː/ バービキュー/ 〔ハイヒ〕 名 C **1 a** バーベキュー用のグリル[こんろ]. **b** バーベキューで料理した肉. **2** = barbecue party.
**bárbecue párty** バーベキューパーティー(barbecue)《裏庭や公園などで行なわれる野外パーティー. 手紙ではよく BBQ と省略される》.
**bárbecue sàuce** バーベキューソース.

**barbed** /bɑ́ːrbd/ バーブド/ 形 とげのある; 辛辣(しんらつ)な.
**bárbed wíre** 有刺鉄線.

**bar·bell** /bɑ́ːrbel/ バーベル/ 名 C (重量挙げの)バーベル.

**bar·ber** /bɑ́ːrbər/ バーバ/ 名 C 理容師, 理髪師《◆英米ではふつう男性. 男性の散髪をする. 女性を対象にする場合 hairdresser という》; 理容店[室], 散髪屋, 床屋 ‖ at a barber's (shop) (英) 床屋で《◆(米) では at a barbershop》.
go to the barber('s) 床屋へ(散髪しに)行く.

〔事情〕 (1) 昔外科医を兼ねていたので赤と白(と青)の看板のポールは血と包帯を示す.
(2) 英米では散髪・ひげそり・洗髪が独立し, 各々の料金とチップを払う. 予約制が多い.

**bárber shòp** = barbershop.

**bar·ber·shop** /bɑ́ːrbərʃɑp|-ʃɔp -ショプ/, **bárber shòp** 名 C (米) 理容店, 床屋 ‖ at a barbershop 床屋で.

**Bar·ce·lo·na** /bɑ̀ːrsəlóʊnə/ バーセロウナ/ 名 バルセロナ《スペインの都市. 1992年オリンピック開催地》.

**bard** /bɑ́ːrd/ バード/ (類音 bared/bέərd/) 名 C **1** (ケルト族の)吟遊(ぎんゆう)詩人《ハープを持つ》. **2** 〔文〕(大)詩人(poet).

***bare** /bέər/ ベア/ (同音 bear) 〔「本来覆われているものが露出した」が本義〕
―― 形 (比較 bar·er /bέərər/; 最上 bar·est /bέərɪst/) **1** 〈あるべき〉覆いのない, むきだしの, 露出した; (部分的に)衣服をつけていない, 裸の, 裸体の ‖ a bare floor 敷物の敷いていない床.
a bare wall 装飾のない壁.
a bare tree 裸になった木.

a bare mountain はげ山.
**with bare head** 無帽で(bareheaded).
**with (one's) bare hands** 〈武器·道具を持たず〉素手で.
walk in (one's) bare feet はだしで歩く.
**2** 〈からの(empty); [be bare of A]〈場所などが〉A〈物〉がない
The fields are bare of grass. その原野は草が生えていない.
**3** [名詞の前で]〈物事·話が〉ありのままの, 偽りのない
the bare truth of the matter 事の赤裸々な真相.
**4** [名詞の前で] 最低限の; [通例 a ～] ほんの, ただそれだけの
the bare necessities of life ぎりぎりの生活必需品.
by a bare majority やっと過半数で.
escape with one's bare life 命からがら逃れる.
**5** 〈じゅうたんなどが〉すり切れた.
*láy báre* **A** …をむき出しにする; **A**〈秘密など〉を明かす, 漏らす, 暴露する.
──**動** 他 …をむき出しにする, あらわにする ‖
bare one's teeth 〈犬など〉が(怒って)歯をむく.
**báre inínitive** 〖文法〗原形不定詞《toのない不定詞. I saw a dog run. の run など》.
**báre·ness** 名 U (木などの)裸, むき出し; (部屋などの)がらんどう, からっぽ.
**bare·back, -backed** /béərbæk(t) ベアバク(ト)/ 形 副 裸馬の[で], 鞍(くら)なしの[で].
**bare·foot, -foot·ed** /béəfʊt, béəfʊtɪd ベアフト[ベアフティド]/《◆〈英〉では後者がふつう /ニ-/》 形 副 素足の[で] ‖
walk bare-foot(ed) はだしで歩く.
**bare·head·ed** /béərhèdɪd ベアヘディド/ 形 副 帽子なしの[で].
***bare·ly** /béərli ベアリ/ 〖類音〗barley/báːrli/〖「かろうじて(ある)」が本義〗
──**副 1** [意味を強めて] かろうじて(…するに足る), やっと, なんとか(only just) ‖
barely able to stand 立つのがやっとの.
There were barely fifty people there. そこにいたのはせいぜい50人だ.
I had barely got home when the storm broke. 家に着いたとたんあらしになった.
We have barely enough bread for breakfast. 朝食用のパンはなんとかある.

> **Q&A** *Q*: scarcely, hardly とどう違うのですか.
> *A*: barely は「かろうじて**ある**」こと, scarcely, hardly は「**十分にはない**」ことに焦点があります: We have scarcely [hardly] any bread for breakfast. 朝食用のパンはほとんどない.

**2** (家具などが)十分でなく ‖
a barely furnished room =a room barely furnished 家具がわずかしか付いていない部屋.
**bar·gain** /báːrgən バーゲン/ |-gin -ギン/ 名 C **1** (売買)契約, 取引, (労使間の)協定 ‖
make a bargain with him over the price 価格について彼と契約する.
A bargain's a bargain. 《ことわざ》契約は契約《履行しなければならない》.
**2** 掘出し物, 買い切り品; 割引き値 ‖
a bad bargain 損な買物.
I got the bicycle at a (good) bargain. = The bicycle was a (good) bargain. この自転車は安かった.
It's [That's] a bargain! それは安い, それは買い得だ; それで決まった.
**3** [形容詞的に] 格安の, 特売の ‖
at a bárgain príce 特価で.
[比較]「バーゲンセール」は単に sale.
*into* [〈米〉*in*] *the bárgain* その上に, おまけに(in addition).
──**動** 自 (売買)契約する; 商談する ‖
bargain with employers for wages 雇い主と賃金を掛けあう.
*bárgain awáy* [他]〈土地など〉を(ある利益のために)安く手放す.
*bárgain for* **A** (1) …を予想[当てに]する(expect) ‖ I didn't bargain for so many people coming to the party. こんなに多くの人がパーティーに来るとは思いもよらなかった. (2) → 自.
*bárgain on* **A** 〈主に米略式〉=BARGAIN for (1).
**barge** /báːrdʒ バーヂ/ 名 C **1** (川·運河での)平底荷船, はしけ, 伝馬(てんま)船. **2** 〈主に英〉屋形(やかた)船; (大型의)遊覧船.
──**動** (現分 barg·ing) 自 《略式》《◆通例次の成句で》.
*bárge ín* [自] (人のことに)干渉する, 首を突っ込む.
**bar·i·tone** /bǽrɪtòʊn バリトウン/ 〖音楽〗名 U 形 バリトン(の)(→ bass); C バリトンの声; バリトン歌手[楽器](の).
**bar·i·um** /béəriəm ベアリアム/ 名 U 〖化学〗バリウム 《記号 Ba》; (X線撮影用の)硫酸バリウム.
***bark**¹ /báːrk バーク/
──名 (複 ~s/-s/) C **1** (犬·キツネなどの)鳴き声, ほえる声 ‖
give a deep bark 低い声でほえる.
**2** (人の)どなり声 ‖
His bark is worse than his bite. 《略式》彼は口やかましいが本心は悪くない.
──**動** (三単現 ~s/-s/; 過去·過分 ~ed/-t/; 現分 ~·ing)
──自 **1** 〈犬など〉がほえる ‖
A barking dog seldom bites. 《ことわざ》ほえる犬はめったにかまない.

> [関連] bowwow ワンワン《犬の鳴き声》/ howl 〈オオカミ·犬が〉遠吠えする / woof 〈犬が〉ウーとうなる / roar 〈猛獣などが〉ほえる / bay 〈猟犬が〉(獲物を追って)ほえる / growl 怒ってうなる.

**2** どなる; 《略式》大声で呼ぶ ‖

Stop **barking** at people like that. そんなふうに人に向かってどなるのはやめてよ.
——他 (命令形で)…をどなる(+*out*).
**bárk at** A …に向かってほえる; → 自 2.
**bárk úp the wróng trée**《略式》[通例進行形で]見当違いな事をする, おかど違いの非難をする.

**bark**² /báːrk バーク/ 名 U 木の皮; キナ皮 [関連] → skin).
——動 他《木》の皮をむく;《略式》〈からだの部分〉をすりむく.

**bar·ley** /báːrli バーリ/ ([類音] barely/béərli/) 名 U 大麦《ビール・ウイスキーの原料》[関連] wheat, oat, rye》‖
harvest **barley** 大麦を収穫する.

**bar·ley·corn** /báːrlikɔ̀ːrn バーリコーン/ 名 C 大麦の粒.

**bar·maid** /báːrmèid バーメイド/ 名 C 《英》バーのウエイトレス; 女のバーテン.

**bar·man** /báːrmən バーマン/ 名 C 《主に英》= bartender.

**barn** /báːrn バーン/ ([類音] burn/báːrn/) 名 C 《農場の》納屋, 物置き《乾し草・農具などをしまっておく場所》(cf. shed); 《米》家畜小屋, (トラック・電車などの)車庫.

**bar·na·cle** /báːrnəkl バーナクル/ 名 C 《動》フジツボ, エボシガイ.

**barn·yard** /báːrnjɑ̀ːrd バーンヤード/ 名 C (垣のある)納屋の前庭, 農家の庭.

**ba·rom·e·ter** /bərɑ́mətər バラミタ | -rɔ́m- バロミタ/《アクセント注意》《*バロメータ》名 C 1 気圧計, 晴雨計.
2《正式》(世論などの動向を示す)尺度, 指標, バロメーター ‖
a **barometer** of success 成功の指標.

**bar·o·met·ric, ‑ri·cal** /bæ̀rəmétrik(l) バロメトリク(ル)/ 形 気圧(計)の ‖
**barometric** pressure 気圧.

**bar·on** /bǽrən バロン/ ([同音] barren) 名 C 1 男爵《貴族の最下位の階級. → duke》.
2 [前に修飾語を伴って] 大実業家 ‖
a newspaper **baron** 新聞王.

**bar·on·ess** /bǽrənəs バロネス/ 名 (複 ~·es/-iz/) C 男爵夫人[未亡人].

**ba·roque** /bəróuk バロウク | -rɔ́k バロク/ 形 [しばしば B~] 【建築・美術・音楽】バロック(様)式の.
——名 [the ~ / B~] 【建築・美術】バロック様式[時代](の作品); 【音楽】バロック音楽.

**bar·rack** /bǽrək バラク/ 名 [通例 ~s; 単数・複数扱い] 1 (基地の)兵舎, 兵営. 2 バラック, にわか造りの建物.

**bar·rage** /1 báːriʒ バーリッジ; 2, 3 bərɑ́ːʒ バラージュ | bǽrɑːdʒ バラージ/ 名 C 1 ダム, せき.
2〔軍事〕集中砲撃.
3《正式》連発 ‖
a **barrage** of questions 質問の雨.

**bar·rel** /bǽrəl バレル/ 名 C 1 (胴のふくらんだ)たる《◆大きいものから順に barrel, cask, keg》‖
a beer **barrel** ビアだる.
**2 a** 1たるの分量(barrelful) ‖
a **barrel** of beer ビール1たる分.
**b** バレル《◆容量の単位. 《米》では石油は42米ガロン(約159ℓ), 他の液体は31.5米ガロン(約119ℓ), 《英》では36英ガロン(約164ℓ)》.
3 たるに似たもの; 銃身《図 → revolver》.
**bárrel òrgan** 小型の手回しオルガン.

**bar·ren** /bǽrən バレン/ ([同音] baron) 形 ([比較] more ~, ~·er; [最上] most ~, ~·est) 1 〈土地が〉不毛の ‖
**barren** soil 不毛の土壌.
2《木などが》実を結ばない;《女性が》不妊の.
3 内容のない; 無益な, 退屈な.
**bár·ren·ness** /-nəs/ 名 U 不毛; 不妊; 無益.

**bar·rette** /bərét バレト/ 名 C 《米》ヘアクリップ, 髪留め.

**bar·ri·cade** /bǽrəkèid バリケイド/ 二 名 C 妨害するもの, バリケード, 障害物.
——動 (現分 ‑cad·ing) 他 …にバリケードを築く, …をバリケードで囲む ‖
**bárricade onesélf in** バリケードを作って立てこもる.

***bar·ri·er** /bǽriər バリア/《横木(bar)で作ったもの》

**barrier**《2 障害》

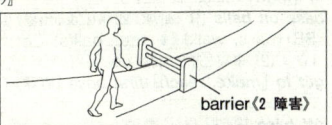

——名 (複 ~s/-z/) C 1 防壁, さく; 《主に英》(鉄道の)改札口; (競馬の)ゲート ‖
break the minute **barrier** 1分の壁を破る.
2 障害, 妨げ ‖
I heard that age is a **barrier** to promotion. Is that true? 年齢が昇進の妨げになると聞きましたが本当ですか.

**barrier-free** /bǽriərfríː バリアフリー/ 形《家・道路などが》(老人・身障者が動きやすいように)段差のない, 障壁のない.

**bar·ring** /báːriŋ バーリング/ 動 → bar. ——前《略式》…を除いて; …がなければ.

**bar·ris·ter** /bǽrəstər バリスタ/ 名 C 《英》法廷弁護士.

**bar·row** /bǽrou バロウ/ ([類音] burrow/bə́ːrou/) 名 C 1 = wheelbarrow. 2《英》(果物行商人の)2輪手押し車; 《米》手押し車. 3 手押し車1杯分の荷.

**bar·ten·der** /báːrtèndər バーテンダ/ 名 C 《米》バーテン(《主に英》barman).

**bar·ter** /báːrtər バータ/ ([類音] butter/bʌ́tər/)《正式》動 他 〈物〉を交換する ‖
**barter** milk and butter **for** oil chemical products 牛乳やバターと石油化学製品を交換する.
——自 物々交換する ‖
They **bartered with** the villagers **for** furs. 彼らは村人と物々交換して毛皮を手に入れた.

***bárter awáy*** [他]〈自由など〉を(金と交換に)安く手放す.
──[名] 物々交換; [C] その品物.

**ba·salt** /bəsɔ́:lt バソールト | bǽsɔ:lt バサールト/ [名][U]〔鉱物〕玄武岩.

\***base**¹ /béis ベイス/ ([同音] bass¹) 〖「土台」が本義. → basis〗派 basic (形)

→ [名] **1** 土台 **2** 基礎 **3** 基地 **4** 塁
[動] 基礎を置く

──[名] (複 bas·es /-iz/) [C] **1** 土台, 基底, 基礎の一部; ふもと ‖
the **base** of a pillar 柱の基部.
The **base** of the building had begun to crumble. 建物の土台がぼろぼろになり始めていた.
**2** (計画・組織などの)**基礎**, 根拠, (思考などの)原理, 原則 ‖
use the novel as a **base** for the film 映画の下敷としてその小説を使う.
raise the wage **base** ベースアップする(=raise pay)《◆"base up" とはいわない. cf. raise》.
**3** 〔軍事〕基地, 根拠地; (事業などの)本部, 本拠.
**4** 〔野球〕塁, ベース; 〔競技〕出発点, ゴール ‖
a **bases**-loaded home run 満塁ホームラン.
fill [load] **bases** 満塁にする.

***báse on bálls*** (1)〔野球〕四球(による出塁)(略 BB) (pass, walk)《◆"four ball(s) とはいわない》. (2) 事実と違う, 間違った.
***gét to [máke, réach] fírst báse*** 〔野球〕1塁に出る.
***óff báse*** 〔野球〕塁から離れて.

──[動] ((三単現) bas·es /-iz/; (過去・過分) ~d/-t/; (現分) bas·ing)
──[他] [base **A** on [upon] **B**]〈人が〉**B**〈事実など〉に **A**〈意見など〉の**基礎を置く** ‖
Her theory **is based on** careful research. 彼女の理論は入念な調査に基づいている.

***báse càmp*** 〔登山〕ベースキャンプ.
***báse line*** 〔野球・テニス〕ベースライン.
***báse páy*** 基本給.
***báse rùnner*** 〔野球〕走者, ランナー.
***báse rùnning*** 〔野球〕走塁, ベースランニング.

**base**² /béis ベイス/ [形] **1** (正式)〈人・行動など〉卑劣な, さもしい. **2** 質の低下した, にせの.
***báse métal*** 卑金属《銅・スズなど》(↔ noble metal).

\*\***base·ball** /béisbɔ̀:l ベイスボール/
──[名] (複 ~s/-z/) **1** [U] **野球**, ベースボール《◆単に ball, また ball game ともいう》; [形容詞的に] 野球の ‖
play (*the) **baseball** 野球をする.
a **baseball** game 野球の試合.
a **baseball** player 野球の選手.
a **baseball** team 野球のチーム《◆ nine ともいう》.

[由来] 英国のクリケット(cricket)から発生したラウンダーズ(rounders)という古い球技をもとにして, 19世紀初めに米国で始まった.

**2** [C] 野球用のボール.

[関連]〔野球の英語〕
(1) 守備: battery バッテリー《pitcher と catcher》/ infielder 内野手 / outfielder 外野手 / tag タッチ《◆ touch とはいわない》.
(2) 攻撃: hitter, batter バッター / hit, safety ヒット / single 単打 / double 2塁打 / triple 3塁打 / homer, home run ホームラン / inside-the-park homer ランニングホーマー《◆ˣrunning homer とはいわない》/ grounder ゴロ / stolen base, theft 盗塁 / base on balls, walk 四球《◆ˣfour balls とはいわない》/ hit by a pitch デッドボール《◆ dead ball は「試合停止球」》.
(3) 球場: → 〔図〕. (4) 投球: → ball¹ [名] **4 a, b.**

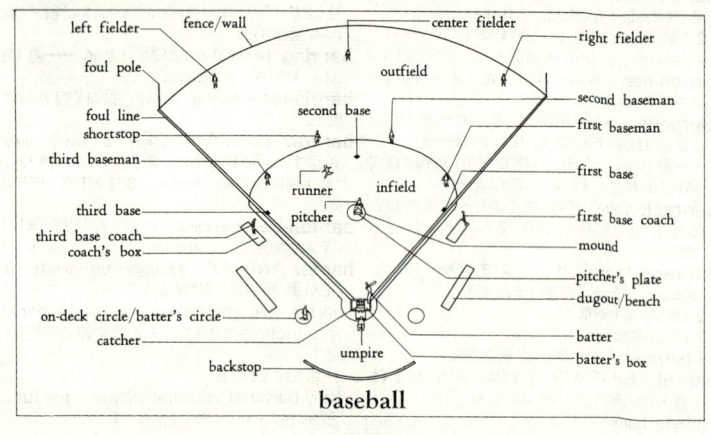

baseball

**base·ment** /béismənt ベイスメント/ 名 地階, (半)地下室《◆ 英国では台所や食堂にし, 住むことも多い. 米国ではボイラー室や物置にし, cellar ともいう》.

**bas·es**¹ /béisiz ベイスィズ/ 名 → base.

**ba·ses**² /béisiːz ベイスィーズ/ 名 → basis.

**bash** /bǽʃ バシュ/ 動 (三単現) ~-es/-iz/) 他 (略式) **1** …を強打する; …を打ちこわす, へこます; 〈頭などを〉ぶつける. **2** …をはげしく非難する. ──名 (複 ~-es /-iz/) (略式) 強打, へこみ.

**bash·ful** /bǽʃfl バシュフル/ 形 内気な, 恥ずかしがり屋の(shy); はにかんだ, 恥ずかしそうな.
**básh·ful·ly** 副 はにかんで.
**básh·ful·ness** 名 ⓤ 内気.

\***ba·sic** /béisik ベイスィク/ 〖→ base¹〗
──形 (比較 more ~, 最上 most ~) 基礎の, 根本的な; (略式) 初歩的な(elementary) ‖
a basic wage 基本給.
The discovery is basic to modern science. その発見は現代科学にとっての基礎となった.
──名 (略式) [~s] 基礎(事実), 根本原理 ‖
go back to the basics 原点に帰る.

**BASIC** /béisik ベイスィク/ 〖Beginner's All-purpose Symbolic Instruction Code〗 名 〘コンピュータ〙ベーシック《パソコン用のプログラミング言語》.

**ba·si·cal·ly** /béisikali ベイスィカリ/ 副 基本的に, 基礎として; 〖全文体を修飾〗基本的にいえば; 実のところ, 要するに ‖
〖対話〗"What do you do for a living?" "Well, basically, I'm a writer."「どうやって生活しているの?」「ふむ, 基本的にはもの書きなんだ」.

**Ba·sic Énglish** /béisik- ベイスィク-/ 〖Basic は British, American, Scientific, International, Commercial より〗名 ⓤ ベーシック=イングリッシュ《C. K. Ogden が国際補助語として考案した850語からなる基礎英語》.

**bas·il** /bǽzl バズル/ 名 ⓤ 〘植〙メボウキ, バジル《シソ科. 葉を食用にする》.

**ba·sin** /béisin ベイスン/ 名 ⓒ **1** (深さに比べ幅の広い)水ばち, 水盤, たらい, (料理用のやや深い)容器, はち《◆ bowl より浅い》; (浴室の)洗面器; (台所の)流し.
**2** 水ばち1杯の分量(basinful) ‖
a basin of cold water 洗面器1杯の冷たい水.
**3** (河川の)流域 ‖
the Amazon Basin アマゾン川流域.
**4** 盆地; 入江; ドック ‖
a basin for yachts ヨットハーバー.

**bas·ing** /béisiŋ ベイスィング/ 動 → base.

\***ba·sis** /béisis ベイスィス/ 〖「土台」が本義. cf. base¹〗
──名 (複 ba·ses/-siːz/) ⓒ **1** (知識・体系などの)基礎; 論拠, 基本原理, 基準; (交渉などの)共通基盤 ‖
act on the basis of past experience 過去の経験に基づいて行動する.
take a job on a trial basis 仮採用で仕事につく.
The research provided a basis for discussion. その調査が話し合いの基盤を提供した.
**2** (正式) 主成分 ‖
the basis of bread パンの主成分.

**bask** /bǽsk バスク | báːsk バースク/ 動 (自) **1** 〈人・動物が〉寝そべる ‖
bask in the sun(-shine) 日なたぼっこをする.
**2** 〈人が〉(恩寵などに)ひたる, 浴する.

\***bas·ket** /bǽskət バスケト | báːskit バースキト/
──名 (複 ~-s/-kits/) ⓒ **1** かご, バスケット, ざる ‖
be left in the basket 売れ残る, 見捨てられる.

〖関連〗shópping bàsket 買い物かご / clóthes [láundry] bàsket 洗濯物入れかご / wástebàsket (米) 紙くずかご((英) wástepaper bàsket).

**2** かご1杯(の量)(basketful) ‖
a basket of strawberries かご1杯のイチゴ.
**3** 〘バスケットボール〙(ゴールの)バスケット; 得点.

\***bas·ket·ball** /bǽskətbɔːl バスケトボール | báːskitbɔːl バースキトボール/
──名 (複 ~-s/-z/) **1** ⓤ バスケットボール. 〖由来〗1891年に米国の YMCA のネイスミス(J. Naismith)によって考案されたといわれる ‖
a basketball game バスケットボールの試合.
a basketball team バスケットボールのチーム《five ともいう》.
play (*the) basketball バスケットボールをする.
**2** ⓒ バスケットボール用ボール.

**Basque** /bǽsk バスク/ 名 **1** ⓒ バスク人《スペイン・フランス国境付近に住む少数民族》. **2** ⓤ バスク語.

**bass**¹ /béis ベイス/ 〖発音注意〗《◆ ×バス》〖同音〗base; 〖類音〗vase/véis/ (米)〗名 〘音楽〙(複 ~-es/-iz/) **1** ⓤ バス, ベース(→ soprano). **2** ⓒ バス歌手[楽器]. ──形 バスの, ベースの.

**bass**² /bǽs バス/ 名 (複 bass, ~-es) ⓒ 〘魚〙バス《サンフィッシュ類. トラウト(trout) と共に釣魚(game fish)の代表》.

**bas·soon** /bæsúːn バスーン | bə- バースーン/ 名 ⓒ バスーン, ファゴット.

**bas·tard** /bǽstərd バスタド | báːs- バース-/ 名 ⓒ **1** (侮蔑) 私生児, 庶子((PC) love child).
**2** にせ物, 粗悪品.
**3** (略式) [しばしば怒り・共感を示して] 無礼な男[事] ‖
You bastard! (↘) こんちくしょう!, くそったれ!

**baste** /béist ベイスト/ 動 (現分 bast·ing) 他 (火であぶりながら)〈肉〉に肉汁[バター]をかける.

**Bas·til(l)e Dày** /bæstíːl- バスティール-/ フランス革命記念日《7月14日. 1789年のこの日のバスチーユ監獄襲撃で, フランス革命が始まった》.

\***bat**¹ /bǽt バト/ 〖類音〗but/bʌt/) 〖「(戦場で相手を)打つ(人)」が原義. cf. battle〗

―名 (複 ~s /bǽts/) ⓒ **1**〈野球・クリケットの〉バット, 〈卓球・バドミントン・テニスの〉ラケット ‖
a baseball **bat** 野球用バット.
hit a ball with a **bat** バットで球を打つ.
**2**〈略〉打者, バッター ‖
a good **bat** 好打者.
*at bát* 〔野球〕(1) 打席について ‖ Who is at **bat** now? 今だれが打っていますか？(2) 〔名〕打数, 打席.
*gò to bát for A* 〈米略式〉**A**〈人〉を支持[援助]する.
*òff one's ówn bát* 〈主に米略式〉自分の力で, 独力で; 自分の意志で, 勝手に(without help).
*(rìght [hót]) òff the bát* 〈米略式〉すぐに, ただちに; まず初めに((略式) right away [off ]).
―動 〔三単現〕~s /bǽts/; 〔過去・過分〕**bat**・ted /-id/; 〔現分〕**bat**・ting
―自〈人が〉バットで打つ, 打席に立つ ‖
He **bats** next. 彼が次に打つ.
Tom **bats** with his left hand. =Tom **bats** left-handed. トムは左打者だ.
―他 **1**〈人が〉〈ボールなど〉をバットで打つ ‖
He **batted** the ball into the left field seats. 彼はボールを左翼席へ打ち込んだ.
**2**〔野球〕打って〈走者〉を進ませる ‖
**bat** a runner home 打って走者を生還させる.
**3**〔野球〕…の打率をあげる ‖
I **batted** .330 last year. 去年ぼくの打率は3割3分だった(=My batting average was .330 last year.)(♦ .330は three thirty と読む).
*bát aróund* 〈略式〉〔自〕〔しばしば be ~ting〕あちこち走りまわる.
*bát ín* 〔他〕打って〈得点〉を入れる.
*bát bòy* 〈米〉〔野球〕バットボーイ.
**bat**² /bǽt/ バト/ ⓒ コウモリ(♦ 悪魔・死・盲目・吸血を連想させる) ‖
At night **bats** flitted about catching insects. 夜になるとコウモリが飛び回って虫をつかまえていた.
**batch** /bǽtʃ/ バチ/ 〔名〕(複 ~・es /-iz/) ⓒ **1** [a ~]〈パン・陶器などの〉1かま分, 1焼き分(bake) ‖
a **batch** of cookies 1焼き分のクッキー.
**2**〈略式〉[a ~]〈処理・生産の〉1度分; 1束; 一群; 〔コンピュータ〕バッチ《1度に処理するジョブの集合》‖
a **batch** file バッチファイル.

**\*\*bath** /bǽθ バス/ bɑːθ バース/ 〔類音〕**birth**, **berth**/bəːrθ/, **bus**/bʌs/, **bass**/bæs/〕〖「暖めること」が原義〗〔派〕**bathe** (動)
―名 (複 ~s /bǽðz, bǽθs/ bɑːðz, bɑːθs/) ⓒ **1** 入浴, 水浴; 日光浴 ‖
tàke [〈英〉hàve] a báth 入浴する.

〔関連〕〔種類〕súnbàth 日光浴 / stéam [vápor] bàth 蒸しぶろ / shówer bàth シャワー / cóld báth 水ぶろ / spónge bàth (湯ぶねに入らず)ぬらした布[スポンジ]でからだをふく入浴.

**2**〈浴用の〉湯, 水.

**3**〈主に米〉浴室, ふろ場〈ふつう寝室の近くにある〉; 〈英〉浴槽, 湯ぶね(〈主に米〉bathtub).
**4**〔通例 ~s〕ふろ屋, 温泉場; 〈英〉[the ~s] 屋内プール ‖
(the) public **baths** 公衆浴場《英米では海水浴場に多く, 間仕切りをしたシャワー室になっている》.
take the **baths** 温泉場で静養する.
―動〔他〕〈英〉〈病人・赤ん坊〉を入浴させる((主に米) bathe).
**báth màt** バスマット.
**báth tòwel** バスタオル.
**Bath** /bǽθ バス/ bɑːθ バース/ 〔名〕バース《イングランド南西部の Avon 川に臨む都市. 温泉地として有名》.
**Báth chàir** [しばしば b~] 〈病人用の〉ほろ付き車イス(cf. wheelchair).

**bathe** /béɪð ベイズ/ 〔発音注意〕〔動〕〔現分〕**bath**・ing
―他 **1 a**〈からだの部分〉を水に浸す, 洗う; 〈波・海などが〉〈岸〉を洗う ‖
**bathe** one's sprained ankle twice a day くじいた足首を1日2回水に浸す.
**b**〈米〉〈病人・赤ん坊など〉を入浴させる((英) bath).
**2**〔文〕〔通例 be ~d〕〈場所・物などが〉〈日光などを〉浴びる;〈人・顔などが〉〈汗・涙などに〉まみれる ‖
His eyes are **bathed** in [with] tears. 彼の目は涙でぬれている.
―自 **1** 〈米〉入浴する.
**2**〈主に英正式〉水泳する, 水浴をする, 海水浴に行く; 日光浴する ‖
**bathe** in the sea 海で泳ぐ.
**bathe** in the sun 日光浴する.
―名 〈英〉〔通例 a ~〕水浴, 水泳 ‖
gó for a báthe 泳ぎに行く.
hàve [tàke] a báthe 水を浴びる, 水泳する.
**bath**・**er** /béɪðər ベイザ/ 〔名〕ⓒ 入浴[水浴]する人.
**bath**・**ing** /béɪðɪŋ ベイズィング/ 〔動〕→ bathe.
―名 Ⓤ 水浴, 水泳; 入浴.
**báthing càp** (特に女性用の)水泳帽.
**báthing sùit** (米・英古)(ワンピース型女性用)水着.
**báthing trùnks** 水泳パンツ.
**bath**・**robe** /bǽθroʊb バスロウブ/ bɑːθ- バース-/ 〔名〕ⓒ バスローブ, ガウン.

**\*bath**・**room** /bǽθruːm バスルーム/ bɑːθruːm バースルーム/ ―名 (複 ~s /-z/) ⓒ **1** 浴室; [the ~; 遠回しに] 〈個人住宅の〉お手洗い, トイレ(♦ 浴室にあることが多いが, 浴槽なしで便器と洗面台だけのものも bathroom という. 「浴室」の意をはっきりさせるには bath を用いる》.
〔対話〕"May [Can] I use your **bathroom**?" "It's upstairs on the left." 「トイレをお借りできますか」「階段を上って左です」(→ toilet 〔関連〕).
**2**〈英〉浴室, ふろ場(♦(1) 2階建ての家ではふつう2階にある. (2) 浴槽[シャワー]としばしば洗面台・水洗便器を含む. 洗濯物を乾かしたり物置の役も果たす》.
**báthroom scàle** (浴室におく)体重計(♦ \*health meter とは言わない).
**bath**・**tub** /bǽθtʌb バスタブ/ bɑːθtʌb バースタブ/ 〔名〕ⓒ 〈主に米〉(備え付けの)浴槽((英) bath, (略式)

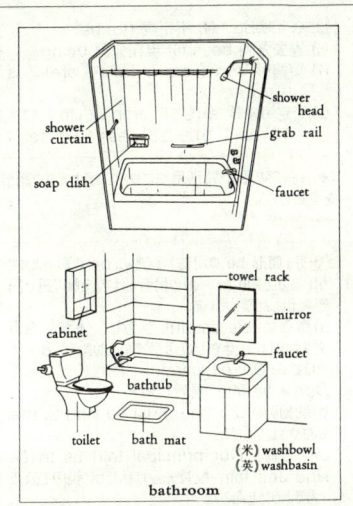

**bathroom** の図:
shower head, shower curtain, grab rail, faucet, soap dish, towel rack, cabinet, mirror, faucet, bathtub, toilet, bath mat, 《米》washbowl 《英》washbasin

tub)（図 → bathroom）；《主に英》《移動式》浴槽.

**bat·man** /bǽtmən バトマン; ❷ -mæn -マン/ 图 (複 ‥men) 1 ⓒ 《英》《陸軍将校付きの》当番兵. 2 [B~] バットマン《Superman, Green Hornet, Spiderman と並ぶ米漫画のヒーロー》.

**bat·on** /bətán バタン|bǽtən バトン/ 图 ⓒ 1 《警官の》警棒.
2 《音楽》指揮棒；《楽隊長・バトンガールの》バトン.
3 《競技》《リレー用の》バトン ‖
the báton pàss [pàssing] バトンパス, バトンタッチ《◆ ✕baton touch とはいわない》.
**báton twírler** 《楽隊行進の》指揮者, バトントワーラー《◆ ✕baton girl とはいわない》.

**bats·man** /bǽtsmən バツマン/ 图 (複 ‥men) ⓒ 《クリケットの》打者.

**bat·tal·ion** /bətǽljən バタリオン|-iən バタリオン/ 图 ⓒ 1 《軍事》大隊《→ army》. 2 [~s / a ~] 大軍, 多数 ‖
a battalion of firefighters 消防士の大集団.

**bat·ter¹** /bǽtər バタ| (同音) butter/bʌ́tər/ 图 他 …を乱打する；…を打って壊す；[通例 be ~ed] 《長期使用で》いたむ ‖
batter the door in 戸をたたき壊す.
a battered felt hat 使い古したフェルト帽.
— 图 Ⓤ 《料理》《牛乳・小麦粉・卵などの》こねもの《◆ぽたぽた落ちる程度の固さのもの》.

**bat·ter²** /bǽtər バタ/ 图 ⓒ 《野球・クリケットの》打者, バッター.

**bat·ter·y** /bǽtəri バタリ/ 图 (複 ‥ter·ies/-z/) ⓒ
1 電池, バッテリー ‖
The battery is dead. バッテリーがあがった.
charge the battery 電池を充電する.
a dry battery 乾電池.
2 《軍事》砲列；砲兵中隊.
3 [a ~] 1組の装置《器具》；《人・物の》勢ぞろい ‖
a battery of cooking pots ひとそろいのなべ.
4 《野球》バッテリー《投手と捕手》.

**bat·ting** /bǽtiŋ バティング/ 動 → bat¹.
— 图 Ⓤ 1 バッティング, 打撃 ‖
the bátting òrder 打順.
a bátting èye 選球眼.
2 《ふとん・キルティングに入れる本綿・毛の》詰め綿.
**bátting àverage** (1) 《野球》打率《◆打率の言い方 → number (3). 用例は bat 他 3》. (2) 《略式》成功率.

**\*bat·tle** /bǽtl バトル/ 《「打つこと」が原義. cf. bat-ter》
— 图 (複 ~s/-z/) 1 ⓒⓊ 《大規模な》《局地・短期》戦争《◆ war の部分をなす》, 《二者間の》戦闘 ‖
fall [be killed, die] in battle 戦死する.
engage in [give] battle 戦う, 攻める.
対話 "Our bathroom is really crowded in the morning." "Ours too. It's like a battle between tigers to use it." 「うちでは朝トイレが混むんだ」「うちでもそうだ. まるでトラが先を争うような感じだ」.
2 ⓒⓊ 《広義》闘争, 競争, いさかい, 対立 ‖
a battle of ideas 着想比べ.
join battle 戦いを始める.
a battle against the elements 暴風雨との戦い.
fight a losing battle （見込みのない事に）奮闘する.
3 [the ~] 勝利, 成功 ‖
Confidence is half the battle. 自信があれば半ば成功したも同然だ.
— 動 （現分 bat·tling） 自 《正式》戦う；闘争する (fight)；[~ one's way] 押し分けて[奮闘して]進む ‖
battle away against all opposition あらゆる反対勢力と戦い続ける.

**bat·tle·field** /bǽtlfiːld バトルフィールド/ 图 ⓒ 戦場, 闘争《葛藤（ ）》.

**bat·tle·ground** /bǽtlgraund バトルグラウンド/ 图 ⓒ 戦場.

**bat·tle·ment** /bǽtlmənt バトルメント/ 图 [通例 ~s] 銃眼付きの胸壁[狭間（ ）]；《塔や城の》胸壁で囲まれた平たい屋根.

**bat·tle·ship** /bǽtlʃip バトルシプ/ 图 ⓒ 戦艦.

**Bau·de·laire** /boudəlέər ボウドゥレア|-də- ボウドゥ/ 图 ボードレール《《Pierre》 Charles 《pjέər》/~ 1821-67；フランスの詩人・批評家》.

**baulk** /bɔːk ボーク, bɔːlk/ 《主に英》動 图 = balk.

**baux·ite** /bɔ́ːksait ボークサイト/ 图 Ⓤ 《鉱物》ボーキサイト.

**bawd·y** /bɔ́ːdi ボーディ/ 圏 《通例 比較 ‥i·er, 最上 ‥i·est》《話が》《ユーモアをねらって》みだらな.

**bawl** /bɔːl ボール/ 《同音》 ball；《類音》 bowl/bóul/》
動 他 〈人が〉…を大声でどなる, 〈品物を〉わめき立てて売る.
— 自 どなる, 《略式》大声で泣き叫ぶ ‖
bawl at her for coming in late 遅れて来たこ

とで彼女をどなる.
**báwl óut** (1) [自] 大声で叫ぶ. (2) 《略式》[他]〈人〉をひどくしかる.

**\*bay¹** /béi ベイ/
—名 (働 ～s/-z/) [しばしば B～] C (海・湖の)湾, 入り江《◆cove より大きく gulf より小さい》‖ Suruga Bay =the Bay of Suruga 駿河湾.

**bay²** /béi ベイ/名 U 1〈獲物を追いつめた猟犬の低く長い〉ほえ声, うなり声.
**2** 苦しい境遇, どたん場 ‖
be [stand] **at bay** 窮地に立っている.
**kéep** [**hóld**] **A at báy** A〈いやな人・猛獣・病気など〉を寄せつけない.
—[自]〈猟犬などが〉〈獲物に向かって〉太い声でほえたてる.

**báy** (**at**) **the móon** 月に向かってほえる; むだな不平を言う, むだなことをする.

**bay³** /béi ベイ/名 **1** C [植] ゲッケイジュ(bay tree). **2** [～s] 月桂冠(→ laurel).
**báy lèaf** ベイリーフ, ローリエ《(乾燥させた)ゲッケイジュの葉. 香辛料》.
**báy trèe** =bay³ 1
**bay·o·net** /béiənət ベイオネト/名 C 銃剣.
**bay·ou** /báiu: バイウー/ 名 C (米南部の)湿原中の川の支流, 沼のような入り江.
**ba·zaar,** 《米ではしばしば》 **-zar** /bəzɑ́:r バザー/《アクセント注意》《◆×バザー》『『市場』の意味のペルシア語から』名 C **1** (東洋諸国の)市場, バザール, 商店街.
**2** (基金を集める)バザー, 慈善市 ‖
hold a **bazaar** バザーを催す.
**ba·zoo·ka** /bəzú:kə バズーカ/名 C《米》〔軍事〕バズーカ砲, 対戦車砲.
**BBC** /bí:bi:sí: ビービースィー/ (略) [the ～] British Broadcasting Corporation 英国放送協会 ‖ BBC English BBC英語《BBCのアナウンサーが使う英語》.

**\*B.C., B.C., BC** /bí:sí: ビースィー, ´´/ (略) before Christ 紀元前(↔ A.D.)《◆230 B.C. のように数字のあとに付ける. ふつうスモールキャピタルで書く》.

**\*be** / (弱) bi ビ; (強) bí: ビー/ 動 助
→ 動 **1** …である, …となる **3** 存在する
助 **1 a** …しているところだ **b** …する予定だ
  **c** いつも…してばかりいる
  **2 a** …することになっている **b** …すべきだ
  **c** …できる **d** …する運命になっている
  **3** 仮に…するとしたら
  **4** …され(てい)る

[語形変化]
(1) 直説法
a)現在形 (I) am / (you) are / (he, she, it) is / (we, you, they) are
b)過去形 (I) was / (you) were / (he, she, it) was / (we, you, they) were
(2) 仮定法
a)現在形 be (人称・数に関係なし)
b)過去形 were (人称・数に関係なし)

(3) 命令形 (4) 不定詞 (to) be
(5) 過去分詞 been (6) 現在分詞 being
(7) 短縮形 'm (← am) / 're (← are) / 's (← is)
(8) 否定短縮形 a)現在形 aren't / isn't / 《非標準》ain't b)過去形 wasn't / weren't

《◆各語形の発音・特別用法についてはそれぞれの語形を参照》.

—動 [自]

[語法] [原形 be の用法] 原形の be の形のままで用いるのは次の a)—d)の場合だけで, それ以外は語形変化した形を用いる.
a)命令文: *Be* careful. 注意しろ《◆肯定命令文を強調するときや否定命令文では助動詞 do をつける: *Dó bè* careful. 注意しろったら / *Dón't bè* late. 遅刻するな》.
b)助動詞のあと: You must *be* kind to me. 私にやさしくしてね.
c)不定詞: Our principal told us to *be* kind and fair. 校長先生は私たちに親切で公正であるようにと命じた.
d)仮定法現在(→ 自 4).

**1 a** [be + 名詞 / be + 形容詞] …である, …となる ‖
I am Mr. Williams. 私はウィリアムズという者だ.
Are you cold? 寒いのですか.
The lesson is easy. 授業は簡単です.
I'm a sophomore now. ぼくはもう大学の2年生になった.
Tomorrow is Saturday. あすは土曜だ.
Two and three is [are] five. 2たす3は5である.
A week is seven days. 1週とは7日のことだ.
**b** [be to do] …することである, …することになる ‖
To say "yes" is to agree. 「はい」と言うことは同意することと同じだ.
To have a lot of money is to be in fear. 大金を持つと怖くなる.
What [All] I want you to do is (to) clear up your mess. 君(たち)にしてもらいたいのは整頓(とん)だ.
**c** [be doing] …することである ‖
Love is seeing her [him] in your dreams. 愛とは夢にまで彼女[彼]を見ることだ.
**d** [be (that) 節] …ということである ‖
The tróuble with yóu is (`\`) ¦ (that) you talk too much. 君の困った性分はしゃべりすぎることだ《◆《略式》では that はしばしば省略される》.
**e** [be wh節[句]] …である, …となる ‖
Our problem is how to get in touch with him. 我々の問題は彼といかに連絡をとるかだ.
**f** [be + 前置詞 + 名詞] …である, …となる ‖
His letter was of the invitation to the party. 彼の手紙はパーティーへの招待だった.
**2** [存在を示す]〈人・物・事が〉ある, いる,〈物・事が〉起こる(take place)《◆主語はふつう the, this,

The radio **is** in my room. そのラジオは私の部屋にある《◆主語に a がついている場合は there 構文を用いる: *There is a* radio [✗A radio is] in my room. 私の部屋にラジオがある》.

The station **is** only two blocks away. 駅はほんの2ブロック[街区]離れた所です.

I'll **be** there in a minute. すぐそちらに行きます.

I **was** at the party. 私はパーティーに出席し(てい)た.

**Where** will the wedding **be**? 結婚式はどこであるのですか.

The meeting **was** last month. 会合は先月あった.

対話 "**Where are** you?" "I'm here **in** the kitchen." 「どこにいるの」「ここ台所だよ」.

**3** 《文》〈神・人・物が〉**存在する**(exist); 〈人が〉生存する(live) ‖

God **ís**. 神は存在する《◆There is a God. の方が一般的》.

He **is** no more. 彼はもはやいない.

I think, therefore I **ám**. 我思う, 故に我在り《◆デカルトの言葉》.

**4** [be の形での特殊用法] **a** 《正式》[仮定法現在] ‖

If any person **be** found guilty ... もしだれであれ有罪であるとわかれば….

Be it ever so humble, there's no place like home. いかに粗末であろうともわが家にまさる所はない(=No matter how humble it may be, there's no place like home.).

Be that as it may, ... それはともあれ….

**b** 《米》[要求・命令・提案などを表す動詞, およびそれに似ている意味を持つ形容詞に続く that 節中で]《《英》ではふつう should be》‖

We insist that a meeting **be** held as soon as possible. 会合をできる限り早急に開催することを我々は要求する.

**Was** it necessary that my uncle **be** informed? 叔父に知らせることが必要だったか.

━━ 助 **1** [be doing] [進行形] **a** [進行中・行為中] **…しているところだ** ‖

The ship **is** sinking. 船が沈んでいく《◆沈んでいく最中》; 船が沈もうとしている《◆沈み始めている》.

Our rocket **is being** built. 私たちのロケットは今建造中だ.

I'll **be waiting** for you. お待ちいたしております《◆I'll wait for you. より控え目》.

対話 "What **are** you **doing**?" "I'm just watching TV." 「何をしているんだ」「テレビを見ているところだ」.

**b** [予定・意図・計画] [通例未来を表す副詞(句)を伴って; 主に意識的な人間の動きを表す] 〈人が〉**…するつもりだ**; [往来・発着の動詞と共に]〈人・乗物が〉**…する予定だ** ‖

We're **getting** out of here in a moment. もうすぐここから逃げ出すのだ.

I'm **leaving** you tomorrow. 君とはあすお別れだ.

The ship **is sailing** at three. 船は3時出航の予定だ.

We **are meeting** at seven. 7時に会うことになっている.

**c** [反復行為・習慣] [通例 always, continually などを伴って] **いつも…してばかりいる**《◆ふつう話し手の非難・不平・いらだちなどを表す》‖

She **is always complaining** about [of] my small salary. 彼女はいつも私の安い給料の不満ばかり言っている.

**d** [一時的行為] [be being + 形容詞・名詞] …のようにふるまっている, …のふりをしている ‖

She **is being** as nice as she can. 彼女はできるだけやさしくふるまっている.

He **is being** Nelson tonight. 彼は今晩ネルソン(の役)をやっている.

**2** [be to do]《◆述語動詞の時点から見た未来の動作を表す》**a** [予定] **…することになっている** ‖

We **are to meet** at seven. 7時に会うことになっている《◆公式の予定を表す. 日常会話では We're going to meet at seven. などがふつう》.

They **were to have been married**. 彼らは結婚することになっていたのだが(=They were to be married, but they did not marry.)《◆was [were] to have + 過去分詞は実現しなかったことを述べ, They *were to be* married. では実現したかどうかは不明》.

**b** [義務]《主に掲示文で》**…すべきだ** ‖

You **are not to leave** this building. この建物を出てはいけないことになっています(=You should [must] not leave this building.).

**c** [可能] [通例否定文で] **…できる**《◆to be done を伴って》‖

The ring **was not to be found** anywhere (↘). 指輪はどこにも見つからなかった(=The ring couldn't be found anywhere.).

**d** [運命] [通例過去時制で] **…する運命になっている** ‖

After his accident, he **was** never to get a chance to play in a real game. 事故のあと, 彼は公式試合に出場する機会を得ることは二度となかった.

**e** [必要] [条件節で] **…するのが必要なら** ‖

If you **are to succeed** in your new job, you must work hard now. 今度の新しい仕事で成功することが必要なら, 君は今懸命に働かねばならない(=If you need to succeed in your new job, you must work hard now.).

**f** [目的] **…するためのものだ** ‖

The letter **was to announce** their engagement. 手紙は彼らの婚約を知らせるためのものでした.

**3** [if S were to do] [未来の出来事について, 起こりそうもないものとして仮定する] **仮に…するとしたら**《◆(1) if S should do より強い言い方. (2) 主節では助動詞の過去形を用いる. (3) 主語が一・三人称単数の場合, were の代わりに was を使うのは《略式》》‖

What would you do if war **were to** break out? 万一戦争が起こるとしたらどうなさいますか.
If you **were to** [(文) **Were** you **to**] move a bit to the right, we could all sit down. ほんの少し右に寄っていただければみんなが座れるのですが《◆遠慮がちな言い方》.
**4** [be done] [受身形]《◆動詞は他動詞》…される《動作》, …されている《状態》‖
What **was** [got] **stolen** from his pocket? 彼のポケットから何が盗まれたのか《◆動作を表す場合は get done ともいえる. → **get** [動][自] **3**》.
The butter **is kept** here. バターはここにしまってあります.
**5** [be done] [完了形]《◆動詞は finish, go, change など特定の自動詞》…した, …してしまっている ‖
All the money **was gone**. 有り金全部なくなってしまった.
All my lectures **are finished**. 私の講義はすべて終わった.

> [語法] 現在では, be come [set, risen, fallen, arrived, departed, etc.] などの自動詞の完了形は(古)で, have come [set …] がふつう.

***beach** /bíːtʃ ビーチ/ ([同音] beech)〘「小石, 砂利」が原義〙
——[名] ([複] ~·es/-iz/) **1** [C] **砂浜**, 浜辺, なぎさ, 波打ちぎわ; (特に水泳・避暑のための)海岸(地域) (→ coast [類]) ‖
walk on the **beach** 浜辺を歩く.
[対話] "Let's go for a swim. How about it?" "At the póol (↗) or down by the **béach**? (↘)" 「泳ぎに行こう. どうだい」「プールかい, それとも海辺に出かけるのか」.
**2** [C] (米) 海岸沿いの道路.
——[動] ([三単現] ~·es/-iz/) [他] 〈船・クジラなど〉を浜に(引き)あげる.
**béach bàll** ビーチ=ボール.
**béach umbrèlla** (米) ビーチパラソル《◆ ×beach parasol とはいわない》.

**beach·head** /bíːtʃhèd ビーチヘド/ [名][C] **1** 〔軍事〕海岸の上陸拠点, 橋頭堡(ほ). **2** (出発点となる)足がかり, 足場.

**beach·wear** /bíːtʃwèər ビーチウェア/ [名][U] ビーチウェア《水着の上に着用》.

**bea·con** /bíːkn ビークン/ [名][C] **1a** かがり火, のろし (beacon fire)《◆昔合図に用いた》. **b** (英) 高台地《◆昔はここでのろしなどをあげた》. **2** 立標; 信号灯, 信号ブイ. **3** 灯台. **4** (英) =Belisha beacon.
**béacon fìre** =beacon **1a**.
**béacon lìght** 合図の光《灯台の光など》.

**bead** /bíːd ビード/ [名][C] **1** じゅず玉, ビーズ《◆昔から交易品として尊重され, また魔よけに使われた》.
**2** [~s] (ビーズの)ネックレス, じゅず, ロザリオ.
**3** (汗などの)玉, しずく; (ビールなどの)あわ ‖
beads of dew 露[しずく]の玉.

**bead·ing** /bíːdiŋ ビーディング/ [名][U][C] (服・小物類の)ビーズ細工[飾り], (リボンを通す)レースふち飾り.

**bead·work** /bíːdwə̀ːrk ビードワーク/ [名][U] ビーズ細工[飾り].

**bead·y** /bíːdi ビーディ/ [形] ([比較] --i·er, [最上] --i·est) ビーズのような, ビーズで飾った; 泡だった ‖
beady eyes 小さく丸く輝く目《◆興味・欲望・疑惑を示す》.

**bea·gle** /bíːgl ビーグル/ [名][C] ビーグル犬《ウサギ狩りに使う短脚で小形の猟犬》. [関連] C. Darwin は Beagle 号という船で動物の生態調査をした.

**beak** /bíːk ビーク/ [名][C] **1** (猛鳥のかぎ形にとがった)くちばし《◆水鳥などの細長く扁平(へんぺい)なものは bill》.

> [表現] 「くちばしの黄色い青年」は an inexperienced youth, 「…にくちばしを入れる」は poke (one's) nose into ….

**2** くちばし状の物; (バク・ゾウなどの)鼻; (略式) (人の)わし鼻; (水差しの)注ぎ口.
**béaked** /-t/ [形] くちばしのある, くちばし状の, 突き出ている.

**beak·er** /bíːkər ビーカ/ [名][C] **1** (広口の)大コップ [プラスチック容器]; それに1杯の量.
**2** (化学実験用の)ビーカー.

**beak·er·ful** /bíːkərfùl ビーカフル/ [名][C] 大コップ1杯の量.

**be-all** /bíːɔ̀ːl ビーオール/ [名] [the ~] かなめ, 本質; 全部 ‖
the bé-all and (the) énd-all (of …)〘Shak.〙(…の)すべて, 究極のもの, 最も重要なもの.

**beam** /bíːm ビーム/ [名][C] **1** 〔建築〕梁(はり), けた, 横材.
**2** 〔海事〕(船の)ビーム, 横梁; 船幅, 真横.
**3** (はかりの)さお, 棒; はかり; 柄.
**4** (太陽・月などの)光線, (ランプ・灯台の)光《◆ふつう ray は光線の1すじ, beam は光線の束》‖
a moon **beam** 月光.
**5** [比喩的に; a ~ of A] (…の)光, 輝き; 笑顔 (smile) ‖
a **beam of** hope 希望の光.
with a **beam of** welcome ようこそといった顔で.
**6** 〔無線〕(飛行機・船を導く)信号電波, ビーム.
——[動][他] …を表(おもて)にあらわす, 発する ‖
beam a cheerful welcome 笑顔で迎える.
—[自] にこにこほほえむ.

**beam·ing** /bíːmiŋ ビーミング/ [動] → beam.
——[形] 光り輝く; 喜びにあふれた; 陽気な.

**bean** /bíːn ビーン/ ([同音] △been; [類音] bin /bín/) [名][C] **1** [通例 ~s] 豆《◆「エンドウ」の類は pea》.

> [関連] broad beans ソラマメ / soya beans 大豆 / small beans アズキ / kidney [French] beans インゲン豆.

**2** [通例 ~s] (豆に似た)実 ‖
coffee beans コーヒー豆.
***fúll of béans*** (略式) (1) 〈人・馬が〉元気な. (2) (米) 間違って.

*spíll the béans* 《略式》秘密をうっかりもらす.
**béan cùrd** 豆腐(tofu).
**bean‧ball** /bíːnbɔːl ビーンボール/ 名 C 《野球》ビーンボール《打者の頭の近くをねらった投球》.
**bean‧stalk** /bíːnstɔːk ビーンストーク/ 名 C 豆の茎
Jack and the Beanstalk『ジャックと豆の木』《童話の題》.
**bear**¹ /béər ベア/ 〔同音〕bare) 動 《過去・過分》bore/bɔ́ːr/ または 《古》bare/béər/, 《過分》borne/bɔ́ːrn/ または born/bɔ́ːrn/ (→ **7**)〕
──他 **1**〈物か〉〈重さ〉を支える(support);〈人が〉〈費用・責任など〉を持つ, 負担する ‖
bear a heavy load of duty 義務の重荷を負う.
**2**《正式》〈武器・印・跡など〉を身につける, 帯びる(carry);〈関係・称号など〉を持つ ‖
bear a part in the course of events 一連の事件に関係[協力, 参加]する.
This letter bears no signature. この手紙には署名がない.
**3**《正式》[bear A B / bear B against A]〈人が〉A〈人〉にB〈恨み・愛情など〉をいだく ‖
bear her no ill-will = bear no ill-will against her 彼女にはどんな悪意も抱かない.
**4**〔通例否定文で〕〈事・物が〉…に耐えうる, [bear doing] …するのに適する ‖
His joke won't [doesn't] bear repeating. 彼の冗談は繰り返して言えないほど(ひどいもの)だ.
**5**〔通例 can と共に; 否定文・疑問文で〕〈人が〉…に耐える; [bear (A's) doing / bear (A) to do](A〈人〉が)…するのを我慢する(→ stand 他 **2**)‖
He can't bear sleeping in a hard bed. 彼は堅いベッドに寝るのに耐えられない.
I can't bear you to be unhappy. 君が不幸になるのには我慢できない.
**6 a**《正式》〈女性が〉〈子〉を産む《◆過去分詞は borne. by 句のない受身では born》‖
She has borne two sons. 彼女は2人の息子をもうけた.
**b**〈花・実〉を生じる;〈利子〉を生む ‖
His efforts bore fruit. 彼の努力が実った.
**c** [be born] → 成句 be born.
**7**《正式》…を運ぶ, 持って行く(carry, convey)‖
Sweet scents are borne on soft breezes. 甘い香りがそよ風に乗ってくる.
──自 **1**〔通例否定文・疑問文で〕持ちこたえる;《正式》我慢する ‖
The ice will not bear here. ここの氷は乗れば割れるだろう.
If you'll bear with me for a minute, I'll check the files. ちょっとお待ちいただけますか. ファイルを調べますので.
**2** もたれる ‖
bear on a stick つえにすがる.
○**béar on [upòn]  A** (1)《正式》〔しばしば比喩的に〕…のしかかる, …を圧迫する ‖ The price increases bear most severely on people. 物価高が人々に最もこたえる. (2)〈物・事が〉A〈人・

物・事〉に関係[影響]する.
*béar óut*《正式》他〈仮説・言葉など〉を支持[証明]する ‖ The results bear out my suspicions. 結果は私の疑惑を証明している.
*béar úp* 〔自〕頑張る.
*be bórn* 生まれる(cf. born)‖ John was born in Liverpool in 1940. ジョンは1940年にリバプールで生まれた.
*be bórn to A*《正式》〈人〉を(両)親として生まれる, …の所に生まれる.
*bórn and bréd* (1) [be動詞のあとで]〔ある場所で〕生まれ育った ‖ He was born and bred in Boston. 彼はボストンで生まれ育った. (2) [名詞のあとで] 生粋(きっすい)の, はえ抜きの ‖ a Parisian born and bred 生粋のパリっ子.
*be bórn with A in hánd* …を手にして生まれてくる, 生まれながらの…上手である.
**bear**² /béər ベア/ 名 《複》~s/-z/, 集合名詞 bear)
**1** C《◆醜(みにく)く粗暴なイメージがある. 鳴き声はgrunt, growl. 米国の森林警備隊(Forest Rangers)のシンボルマーク》

関連 brown bear ヒグマ《北ユーラシア産》/ polar [white] bear 北極グマ, 白クマ / grizzly bear 灰色グマ, グリズリー《北米産》/ black bear 黒クマ《北米産》/ bear cub 子グマ.

**2** C《米略式》難しいこと ‖
The exam was a bear. テストは難しかった.
**3** [the B~]《天文》くま座 ‖
the Great [Little] Bear おおぐま[こぐま]座.
*béar húg* (1) クマが前足で獲物をつかむこと. (2)《レスリング》ベアハッグ. (3)《略式》(再会を喜ぶときなどの)力強い抱擁.
**bear‧a‧ble** /béərəbl ベアラブル/ 形 我慢できる.
**beard** /bíərd ビアド/《発音注意》《◆×ベアド》名 **1** U C (男の)あごひげ《◆時に口ひげ(m(o)ustache), ほおひげ(whiskers)を含む. 知恵・経験を示すものとして敬意を払われた》‖
a man with beards [a beard] あごひげをはやした人.

beard　mustache　whiskers

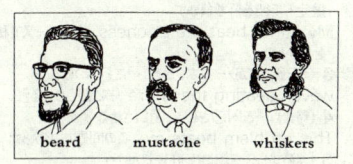

**2** C あごひげ状の物;(矢じり・釣針などの)あご;(麦などの)のぎ.
**beard‧ed** /bíərdid ビアディド/ 形 ひげのある.
**beard‧less** /bíərdləs ビアドレス/ 形 ひげのない; 青二才の.
**Beards‧ley** /bíərdzli ビアズリ/ 名 ビアズリー《Aubrey/ɔ́ːbri/ Vincent ~ 1872-98; 英国のさし絵画家》.
**bear‧er** /béərər ベアラ/ 名 C **1**《正式》(手紙など

の)使者,運搬する人[物]. **2** (小切手・手形の)持参人.

**bear·ing** /béəriŋ ベアリング/ 動 → bear¹.
— 名 **1** Ⓤ〔正式〕〔時に a ~〕(その人特有の)態度,物腰,ふるまい.
**2** Ⓤ〔正式〕関係,関連;意味,趣旨;面 ‖
It does not have much bearing on this problem. それはこの問題にたいして関係がない.
**3** Ⓒ 方向,方位;[one's ~s; 比喩的に] 自己の位置,進路 ‖
take a (compass) bearing on a lighthouse 灯台の方向に針路をとる.
**4** Ⓤ 忍耐,我慢 ‖
His rudeness is beyond (all) bearing. 彼の不作法は(どうにも)我慢がならない.
**5** Ⓒ〔機械〕〔通例 ~s〕軸受け,ベアリング.

**bear·skin** /béərskin ベアスキン/ 名 **1** Ⓤ クマの毛皮《敷物用》. **2** Ⓒ クマの毛皮製品. **3** Ⓒ ベアスキン帽《英国近衛(ێѯ)連隊兵のかぶる黒毛皮高帽》.

**beast** /bíːst ビースト/ 名 **1 a**〔文〕(人間以外の)動物《◆ 粗野で残酷なイメージがある. 一般的には animal がふつう》;(特に)獣,四足獣 ‖
a beast of prey 肉食獣.
beasts and birds 鳥獣.
**b** Ⓤ〔集合名詞〕(人間に対して)けだもの,畜生 ‖
man and beast 人畜.
**2**(運搬・労役の)牛馬,家畜.
**3**〔略式〕残酷な(獣のような)人;〔英略式〕いやな人[物] ‖
You beast! けだものめ,こん畜生.

**\*beat** /bíːt ビート/〔同音〕beet/〔「続けざまに打つ」が本義〕
— 動 (三単現) ~s/bíːts/; 過去 beat, 過分 beat·en/bíːtn/ または〔米〕beat; 現分 ~·ing)
— 他 **1**(続けざまに)…を打つ,たたく《♦ hit, strike は1回打つ意》;(罰として)…をむち[つえ]で打つ ‖
The girl was beaten for lying. その女の子はうそをついたためぶたれた.
**2**〔略式〕(ふつうスポーツ・知識で)…を打ち負かす,打ち破る(defeat) ‖
beat him to the top of the hill 丘の頂上まで競走して彼を打ち負かす.
My father beat me at chess. 父はチェスで私を負かした.
**3**〈水・風などが〉…にぶつかる,…に打ちつける ‖
waves beating the shore 岸に打ちつける波.
**4**〔略式〕…を困惑させる,閉口させる ‖
This problem beats me. この問題には参った.
**5**〔米略式〕…をだます,詐欺にかける ‖
beat her out of the inheritance 彼女をだまして相続財産を巻き上げる.
**6**(ハンマーなどで)〈鉄などを〉打ち延ばす.
**7**〈道などを〉踏み固める.
**8**〈卵などを〉(スプーンで)強くかきまぜる;〈クリームなど〉を泡立てる ‖
beat eggs for a cake ケーキ用に卵をかきまぜる.
**9**〈翼などを〉はばたかせる.
**10**〔音楽〕〈拍子を〉取る;〈秒を〉刻む ‖
beat time 拍子をとる.
— 自 **1** 続けざまに(ドンドン)打つ,たたく;〈雨・風などが〉激しくあたる,打ちつける ‖
beat at [on] the door 戸をドンドンとたたく.
Waves beat against the shore. 波が岸に激しく打ちつける.
**2**〈心臓が〉どきどきする;〈脈が〉打つ ‖
My heart is beating with joy. 私の心臓はうれしくてどきどきしています.
**3**〈太鼓が〉ドンドン鳴る,ビートを打つ.
**béat abóut**〔自〕探し回る.
**béat aróund**〔米略式〕〔自〕ぶらぶらと暮す.
**béat dówn** (1)〔自〕〈雨から〉どしゃ降りに降る;〈太陽が〉照りつける. (2)〔他〕…を打ち倒す. (3)〔略式〕〔他〕〈価格を〉値切る.
**béat it**〔略式〕〔しばしば命令文で〕急いで去る[逃げる] ‖ Beat it. 逃げろ.
**béat óut**〔他〕〈火などを〉たたき消す;〈曲などを〉打ちならす.
**béat úp**〔他〕〈人〉をぶちのめす.
— 名 Ⓒ **1**(続けざまに)打つこと;その音《ドンドン,パカパカなど》.
**2**〈心臓の〉動悸(ೠ),脈搏(੍੍ੰ੍ं੍),その音.
**3**(鳥の翼の)羽ばたき,ひと打ち.
**4** 拍子,足拍子;〔音楽〕指揮棒のひと振り;(ロックなどの)ビート,強いリズム.
**5** 巡回[パトロール,配達]区域 ‖
on one's [the] beat 巡回中.
**óff (the) béat** 調子がはずれて.
**òn (the) béat** 調子が合って.
**póund the béat**〔略式〕担当区域を巡回する.
— 形 **1**〔略式〕〔補語として〕〔しばしば dead ~ / all ~〕疲れ切って(very tired). **2**〔しばしば B~〕ビート族(の世代)の.
**béat generátion**〔the ~〕ビート族(の世代)《♦ ひとりひとりは beatnik》.

**beat·en** /bíːtn ビートン/ 動 → beat.
— 形 **1**(むちで)打たれた. **2** 踏み固められた. **3** 打ち負かされた. **4** 疲れはてた. **5**〈金属が〉打ち延ばされた.

**beat·er** /bíːtər ビータ/ 名 Ⓒ かきまぜる器具 ‖
an egg beater 卵泡立て器.

**beat·ing** /bíːtiŋ ビーティング/ 動 → beat.
— 名 **1** Ⓤ Ⓒ 打つ[たたく]こと;むち打ち(の刑罰);(心臓の)鼓動;羽ばたき.
**2** Ⓒ 打ち負かすこと ‖
táke a béating〔略式〕大敗する.

**beat·ing-up** /bíːtiŋÁp ビーティンガップ/ 名 Ⓤ Ⓒ **1** 袋だたき,打ちのめすこと. **2**〔紡績〕筬(ိၷ)打ち.

**Bea·tles** /bíːtlz ビートルズ/ 名〔the ~; 複数扱い〕ビートルズ《世界の音楽・風俗に大きな影響を与えた英国のロックグループ. メンバーは John Lennon, Paul McCartney, George Harrison, Ringo Starr. 1970年解散. beat と beetle を組み合わせて命名》.

**Be·a·trice** /bíːətrəs ビーアトリス/ béətris ベアトリス/ 名 **1** ベアトリーチェ《Dante の理想とした女性》. **2** ベアトリス《女の名》.

**beau·ti·cian** /bjuːtíʃən ビューティシャン/ 名 Ⓒ 美

容師.
**beau・ties** /bjúːtiz ビューティズ/ 图 → beauty.

## beau・ti・ful /bjúːtəfl ビューティフル/ [→ beauty] 派 beautifully (副)

──形 **1** (心・感覚などを)楽しませる,(完璧(ﾍﾟ)に)美しい,きれいな(↔ ugly) (→ pretty, cute, handsome, good-looking, attractive);(道徳的・知的に)りっぱな ∥
a beautiful face 美しい顔.

**2** (略式)すばらしい,すごい,見事な ∥
a beautiful game すばらしい試合.
beautiful weather 快晴.
Beautiful soup! なんておいしいスープなんだろう.

**3** [the ～;名詞的に;単数扱い] 美;[集合名詞的に;複数扱い] 美人,美しいもの,美女たち.
──間 (略式)お見事,でかした.

**beau・ti・ful・ly** /bjúːtəfli ビューティフリ/ 副 **1** 美しく;りっぱに;見事に ∥
She dances **beautifully**. 彼女のダンスは見事だ.
**2** (略式)[意味を強めて] 実に, 非常に.

**beau・ty** /bjúːti ビューティ/ [美しい(beau)こと(ty)] 派 beautiful (形)
──名 (複 beau・ties/-z/) **1** Ｕ 美, 美しさ《◆高貴・愛・不滅・うつろいやすさの象徴》∥
a woman of great **beauty** 絶世の美女.
**Beauty** is but [only] skin déep. (ことわざ)美貌(ﾎﾞ)は皮一重(ﾋﾄｴ);外面では人柄はわからない.
**2** Ｃ 美人, 美女 ∥
What a **beauty** she is! 彼女はなんて美人なんだろう.
**3** (略式) [a ～] きわ立って美しいもの;見事なもの ∥
Look at that rose; what a **beauty**! あのバラをごらん. なんてきれいなんだ.
His new car is a **beauty**. 彼の新車はすばらしい.
**4** (略式) [the ～] 美点;長所;魅力.

**béauty còntest** 美人コンテスト.
**béauty quèen** 美人コンテストの女王.
**béauty sàlon** [(米) **shòp**, (主に英) **pàrlor**] 美容院.
**béauty spòt** (1) 景勝地, 景観のすぐれた場所. (2) (文)つけぼくろ, ほくろ.

**bea・ver** /bíːvər ビーヴァ/ 名 **1** Ｃ (動)ビーバー《◆勤勉な動物とされる》∥
work like a beaver せっせと[熱心に]働く.
**2** Ｕ ビーバーの毛皮.

**be・came** /bikéim ビケイム/ 動 → become.

## be・cause /(強)bikáz ビカズ, bə-, -kɔ́ːz, -káːz, (弱) -kəz -カズ/ (強) bikɔ́z ビコズ, bə-, -káz/, (略式) 'cause, 'cos/(強) káz カズ, (弱) kəz カズ/ [by + cause より]

──接 **1 a** …だから, …なので;…だけに;なぜなら…だから《◆for との違いは → 接 [語法]》∥
We are not busy now **because** the tourist season is over. 観光シーズンが終わったので今はひまです《◆We are not busy now. ˟**Because** the tourist season is over. のように

because 節を独立させるのは誤り》.
**Becáuse** he (had) overslept (↘), he was late for school. 彼は寝過ごしたので学校に遅刻した(＝He had overslept, **so** he was late …)《◆文脈では強く読むことが多い》.
**It was because** I was angry **that** I did not reply. 返事をしなかったのは腹が立っていたからだ.
対話 "Why aren't you going?" "**Becáuse** I am busy." 「どうして行かないの」「忙しいからです」

[語法] (1) why に対する返事は because …を使い, for, as, since は使わない. また To finish my work today. 「今日中に仕事を終えるためです」などのように答えることもある.
(2) 相手の問いが間違っている時には, but で始めることもある: "Why didn't you come?" "**But** I did." 「なぜ来なかったの」「いえ行ったよ」

**b** [主節のあとで] [主節の内容のことを主張する根拠を述べて] …というのは, …から判断すると((正式)for)∥
He was drunk, **because** he fell off the pier. 彼は酔っ払っていた, (どうしてこのように主張するかというと)というのも桟橋から落ちたから.

**c** [否定語を伴って] …だからといって(…ではない)《(1) 否定の範囲が because 以下全部に及ぶ点において **a** と異なる. したがって because の前にコンマ[ポーズ]は用いない. (2) because 節は just, only, simply, chiefly などの程度を表す副詞で限定されることが多い》∥
You should **not** despise a man **jùst becàuse** he is poorly dressed. 身なりが貧しいというだけで人を軽蔑(ｹｲ)してはいけない.
She dídn't come hóme **because** it was ráining. (↗) 彼女は雨が降っていたから家に帰ってきたのではない(ほかに理由があった)《◆She dídn't come hóme ¦ *because* it was raining. (↘)では「雨が降っていたので彼女は家に帰らなかった」の意》.

[語法] (略式)では, because, for なしですますことが多い: I'm sorry I couldn't be there. I was busy. 行けなくてすみません. 忙しかったのです.

**2** (略式) [the reason … is because … の形で] …ということ((正式)that) ∥
**The reason** (why) he is absent **is because** he has a cold. 彼が欠席したのはかぜをひいているからです.

**becáuse of** A …の理由で, …が原因で ∥ We changed our plans **because of** her late arrival. 彼女が遅刻したため, 計画を変更した(＝We changed our plans because she arrived late.) / The game was canceled **because of** (the) heavy rain. 大雨のため試合は中止された / 対話 "**Because of** him, I got into trouble." "You mean it wasn't yóur fáult? (↗)" 「彼が原因で面倒にまき込まれてしまっ

**beck** /bék ベク/ 名C うなずき(nod); 手招き《◆通例次の句で》‖
be at his béck and cáll 彼の言いなりになる.

**beck·on** /békn ベクン/ 動他 **1a** (ふつう指で)〈人など〉に(自分の近くに[あとについて]来るよう)合図する, 手招きする(+*in, on*)《◆手のひらを自分のほうに向けて人さし指を前後に動かす》
**b** [beckon A to do]〈人〉に…するように合図する‖
The guide beckoned us to follow him. ガイドは我々にあとについてくるよう合図した.
**2**〈事・物が〉…を誘う, 招き寄せる.
—自 合図する, 手招きする.

**Beck·y** /béki ベキ/ 名 ベッキー《女の名. Rebecca の愛称》.

**★be·come** /bikám ビカム, bə-/《be の動作形(→ get)》
—動《三単現》~s/-z/;《過去》--came/-kéim/,《過分》--come;《現分》--com·ing
—自 [become C] C (の状態)になる《◆現在形で使うのはまれ. 現在進行形はよく使う》‖
She became a teacher. 彼女は先生になった.
He became king. 彼は王になった《◆ C が団体の長, 唯一の役職を表す場合は 無冠詞. → 形 4》.
She became sick. 彼女は病気になった.
The truth will never become known to them. 真相は決して彼らに知られないだろう.
I want to become a doctor. 私は医者になりたい《◆「これから…になる」の意味では become の代わりに be もしばしば使われる》.

Q&A *Q*:「…するようになる」は become to do と言えます.
*A*: 言えません. She learned to swim.(彼女は泳げるようになった) / He came to know the fact. (彼は事実を知るようになった)のように言い, become は使えません.

—他 **1**〈衣服・髪形などが〉〈人〉に**似合う**《◆ suit より堅い語.「衣服の大きさが人に合う」は fit》‖
Your new dress becomes you very well. 君の新しい服はとても似合っています(=Your new dress is very becoming on you.).
**2**《正式》《通例否定文で》〈言動などが〉〈人〉にふさわしい‖
It ill becomes you to grumble. =It does not become you to grumble. ぶつぶつ言うのは君らしくない《◆第1文の ill は「ほとんど…ない」の意味 → ill 第3. 2文ともこの it is to do 以下を受ける形式主語》.

◇**becóme of** A《通例 what, whatever を主語として》…はどうなるのか‖ What has become of him? 彼はどうなったのだろう(=What (has) happened to him?);《略式》彼はどこへ行ったのか / Whatever will become of his wife if he does not return? 彼が戻らなければ奥さんはいったいどうなるだろうか.

**be·com·ing** /bikámiŋ ビカミング/ 動 → become.
—形《英ではやや古》**1** [be becoming on [to] A]〈服装などが〉…によく似合う(suitable)‖
a becoming dress よく似合うドレス.
Red looks very becoming on you. 赤は君によく似合う(=Red becomes you very well.).
**2** [be becoming to [in, for] A]〈言動などが〉…にふさわしい‖
conduct becoming (to) a gentleman 紳士にふさわしい行為《◆前置詞なしでは(やや古)》.

**be·com·ing·ly** /bikámiŋli ビカミングリ/ 副《英ではやや古》ふさわしく; 上品に‖
becomingly modest 上品につつましい.

**★★bed** /béd ベド/《「穴を掘る」が原義》
—名(複 ~s/-bédz/) **1a** C **ベッド**, 寝台‖
We need two beds. ベッドが2つ必要だ.
**b** U 就寝(時間)‖
get out of bed 起床する.
対話 "Bóy, am I tíred. (↘)" "Let's call it a day, and go to bed." 「あー疲れた」「きょうはこれでおしまいにして寝るとしようか」.

事情 bed の幅は single を基準に semi-double, double の順に広くなる. 長さは standard を基準に queensized, kingsized となる. ベッドの頭の方を head, 足の方を foot という.
[種類] bunk (bed) 2段ベッド / foldaway bed 折りたたみ式ベッド / sofa bed ソファーベッド / trundle bed 引き出しベッド.

**2 a** C 寝所; 休息所. **b** U 結婚の床.
**3** C 苗床; 花壇‖
a bed of tulips チューリップの花壇.
**4** C 川床, 湖底, 海底.
**5** C (貝, 鉱物などを含む)岩床, 鉱床.
**béd and bóard** 宿泊と食事.
**béd and bréakfast**《もと英略式》朝食つきの民宿[宿泊]《◆看板には B & B や BB などと書かれている》.
*in béd* 床について‖ read in bed ふとんに入って本を読む.
◇**máke a béd** =**máke the béd(s)** ベッドを整える[片づける]; 床をとる.
**pút to béd** A〈子供・病人など〉を寝かしつける.
**béd linen**《集合名詞的に》シーツとまくらカバー.

**bed·clothes** /bédklòuz ベドクロウズ, -klòuðz/ 名《複数扱い》寝具, 夜具《毛布とシーツ》.

**bed·cov·er** /bédkàvər ベドカヴァ/ 名 C ベッドカバー.

**bed·ding** /bédiŋ ベディング/ 名 U **1** 寝具. **2** (牛馬の)寝わら.

**bed·lam** /bédləm/ ベドラム/ 名U (略式) 大騒ぎ; [a ~] (騒々しい) 混乱の場所.

**bed·mak·ing** /bédmèikiŋ/ ベドメイキング/ 名U ベッドを整えること, ベッドメーキング.

**Bed·ou·in, --u·in** /bédu:in/ ベドウィン, (米+) bédwin/ 名 [しばしば b~] (複 ~s, 集合名詞 **Bed·ou·in**) C形 ベドウィン(の)《アラブ系遊牧民》.

**bed·pan** /bédpæn/ ベドパン/ 名C (病人用)差し込み便器.

**be·drag·gled** /bidrǽgld/ ビドラグルド/ 形 (正式)〈衣服などが〉引きずって汚れた; ぬれた, 汚くなった.

**bed·rid·den** /bédridn/ ベドリドン/ 形 (病気・老齢・けがで)寝たきりの.

**bed·rock** /bédràk ベドラック/ -rɔ̀k -ロック/ 名U〔地質〕基岩, (最下層の)岩盤, 岩床.

***bed·room** /bédru̇:m/ ベドルーム/
——名 (複 ~s/-z/) C 寝室《◆英米の一戸建ての住宅では ふつう2階にある. → upstairs 副》.
**bédroom sùburb(s) [community, town]** (米) (通勤者が住む)ベッドタウン《◆ ×bed town は誤り》.

**bed·side** /bédsàid/ ベドサイド/ 名C [通例 a ~, the ~] 形 寝台のそば(の); (病人の)まくらもと(の) ‖
 a bedside lamp まくらもとのランプ.

**bed·spread** /bédsprèd/ ベドスプレド/ 名C (装飾的な)ベッドカバー, 寝台掛け.

**bed·stead** /bédstèd/ ベドステド/ 名C 寝台の骨組み.

**bed·time** /bédtàim/ ベドタイム/ 名 1C 就寝時間.
**2** [形容詞的に]〈話・食事などが〉寝る前の ‖
 a bedtime story (子供を寝かしつけるときにする)おとぎ話.

**Bed·u·in** /bédu̇in/ ベドウィン/ 名形 =Bedouin.

***bee** /bí:/ ビー/ (同音 △be)
——名 (複 ~s/-z/) C **1** ミツバチ(honeybee); (広義) ハチ《◆勤勉の象徴. ハチが巣にこもれば雨, 飛びまわれば晴れといわれる》‖
 a queen bee 女王バチ.

関連 wasp ジガバチ / hornet スズメバチ《英国では最も大形》.

**2** 勤勉な働き者 ‖
 He's a busy bee. (略式) 彼は働き者だ.
**3** (米) (共同作業・遊びなどの)集まり, 寄り合い.
*(as) búsy as a bée [bées]* (略式) 非常に忙しい.
*have a bée in one's bónnet* (略式) ひとつのことばかり考えている, 妙な考えにとりつかれる.

**beech** /bí:tʃ/ ビーチ/ (同音 beach) 名 (複 ~·es /-iz/) **1** C〔植〕ブナ(beech tree)《◆デンマークの紋章》. **2** U ブナ材.
**béech trèe** =beech 1.

***beef** /bí:f/ ビーフ/『「牛」が原義. cf. pork』
——名 (複 ~s/-z/) **1** U 牛肉.

事情 (1) 英米では日本のような薄い切身は売っていない. (2) 等級は prime (最上級), choice (上級), good (中級), standard (並み). (3) 動物と肉の関係は → pork 関連.

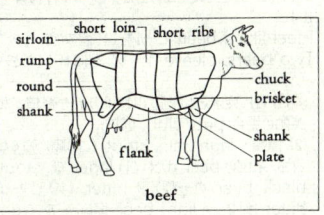

[図: beef の部位 — sirloin, short loin, short ribs, rump, round, shank, chuck, brisket, flank, shank, plate]

**2** [合成語で] …肉 ‖
corned beef コーンビーフ.
horse beef 馬肉.
**béef càttle** [集合名詞的に; 複数扱い] 肉牛.
**béef consommé** 牛肉のコンソメ.
**béef filet** 牛ヒレ肉.
**béef liver** 牛のレバー.
**béef pótpie** 牛肉の温かいパイ.
**béef stéw** ビーフシチュー.

**beef·burg·er** /bí:fbə̀:rgər/ ビーフバーガ/ 名UC ビーフバーガー.

**beef·steak** /bí:fstèik/ ビーフステイク/ 名CU ビーフステーキ(用の厚切り肉)《単に steak ともいう》.

関連 (1) 最も美味とされるのは sirloin, porterhouse, T-bone, filet mignon など.
(2) 焼き方には rare (レア, 生焼けの), medium rare, medium (ミディアム, 並み焼けの), medium well-done, well-done (ウェルダン, よく焼けた) の5段階があるが, レストランで "How do you like your steak?" と聞かれたら rare, medium, well-done のいずれかで答えるのがふつう.

**beef·y** /bí:fi/ ビーフィ/ 形 (比較 -i·er, 最上 -i·est) **1** 牛肉の(ような). **2** (略式) 筋骨たくましい; でっぷり肥えた.

**bee·hive** /bí:hàiv/ ビーハイヴ/ 名C **1** ミツバチの巣(箱); [集合名詞] ミツバチの群れ. **2** 人が群がる場所, 繁華街, 盛り場.

**bee·keep·er** /bí:ki:pər/ ビーキーパ/ 名C ミツバチを飼う人, 養蜂家(ようほうか).

**bee·keep·ing** /bí:ki:piŋ/ ビーキーピング/ 名U 養蜂.

**bee·line** /bí:làin/ ビーライン/ 名C (米) 一直線, 最短距離 ‖
 màke a béeline for the washroom (略式) トイレへ直行する.

***been** /(弱) bin ビン/ (強) bín ビン | bí:n ビーン, bín/ (同音 △bean, △bin)
——動助 ⇒ be (語法) ⇒ be; have 助).

**beep·er** /bí:pər/ ビーパ/ 名C (主に米) ポケットベル ((主に米) bleeper)《◆この意味で ×pocket bell

**beer** /bíər ビア/ (同音) bier) 名 **1a** Ⓤ ビール ‖ a bottle of beer ビール1本.
**b** Ⓒ [ビールを注文する場合に] ビール1杯[1本, ひと缶] ‖
I feel like a **beer**. ビールを1杯飲みたい.
Two **beers**, please. ビール2本[2杯]ください.

事情 (1) 英米とも家庭ではあまり飲む習慣がなく, 英国の場合 pub, club で飲む.
(2) 種類: lager, ale, stout《この順に強くなる. 日本・米国の beer はたいてい lager 級. stout は black beer の一種》/ bitter (英) ビター(→ bitter 名 **2**) / light beer 弱いビール / double beer 強いビール / draft [(英) draught] beer (=beer on draft) 生ビール / bottled beer びん詰めビール / canned beer 缶ビール.
(3) 容器: beer barrel ビアだる / beer bottle ビールびん / glass コップ / jug ジョッキ / mug ジョッキ型カップ / tankard ふた付きジョッキ《◆ cup はふつう用いない》.

**2** Ⓤ [合成語で] (アルコール分に関係なく)発泡飲料 (→ ginger beer).
**béer bélly** [**gùt**] (略式)ビール腹(の男).
**béer gàrden** (ビール会社などの)ビアガーデン.
**béer hàll** (米)ビアホール.
**bees·wax** /bíːzwæks ビーズワクス/ 名 Ⓤ 動 他 みつろう(を塗る).
**beet** /bíːt ビート/ (同音) beat) 名 Ⓒ [植] ビート, ビーツ, 砂糖大根, 甜菜(テンサイ).
**Bee·tho·ven** /béitouvn ベイトウヴン | béithəuvn ベイトホウヴン/ 名 ベートーベン《Ludwig van/lúːdwig væn/ ~ 1770-1827,ドイツの作曲家》.
**bee·tle** /bíːtl ビートル/ 名 Ⓒ [昆虫] 甲虫《クワガタムシなど》; (略式) (一般に) 甲虫に似た虫.

関連 [種類] stag beetle クワガタムシ / long-horned beetle カミキリムシ.

**beet·root** /bíːtrùːt ビートルート/ 名 Ⓒ (主に英) ビートの根((米) beet).
**be·fall** /bifɔ́ːl ビフォール/ 動 (過去) --fell, (過分) --fall·en) (文式) 他 〈不幸などが〉〈人〉に起こる.
—— 自 〈不幸などが〉起こる, 降りかかる.
**be·fall·en** /bifɔ́ːlən ビフォールン/ 動 → befall.
**be·fell** /bifél ビフェル/ 動 → befall.
**be·fit** /bifít ビフィット/ 動 (過去) --fit·ted/-id/ または (米+) be·fit, (過分) --fit·ted; (現分) --fit·ting) 他 (文式) [しばしば it ~s ...] 〈物·事が〉〈人〉にふさわしい, 適する.
**be·fit·ting** /bifítiŋ ビフィティング/ 動 → befit.
—— 形 適当な, ふさわしい.

***be·fore*** /bifɔ́ːr ビフォー, bə-; 前接 -/ 
『元来, 「前に」という副詞であったが, 後に前置詞から接続詞の用法が生じた. 本来は静止したものについて用いるが, 今日(ʰツ)ではむしろ動くものの前後, さらに時の順序を表す』
→ 副 **1** 以前に
前 **1** …の前に **2** …よりも早く
接 **1** …する前に

——副 [時] **1** [過去·現在完了時制で] (今より)前に, 以前に, 今まで(に); [過去完了時制で] (過去のある時より)前に, それ以前に ‖
lóng befòre とっくの昔に.
He presented Betty with a brooch he had bought **the day before**. 彼は前の日に買ったブローチをベティにプレゼントした.
I've seen you somewhere **before**. (現在を基準にして)以前どこかであなたに会ったことがある.
I had met her **two years before**. (過去を基準にして)その2年前に彼女に会ったことがあった.
**2** (決められたある時より)前に, 早く(earlier) ‖
You should have come home **before**. 君はもっと早く帰るべきだった.

——前 **1** [位置] **a** [しばしば比喩的に] …の前に, …に直面して 《◆建物·無生物などの具体的な前の位置はふつう in front of を用いる》(↔ behind) ‖
A bright future lies before us. 我々の前途には輝かしい未来がある.
They had the whole day **before** them. 彼らはまる1日を自由に使えた.
**b** (正式)〈裁判官などの〉面前で; [審議·考慮などのために] …の前に ‖
before God 神に誓って.
appear **before** a judge 裁判官の前に出頭する.
the problem **before** us 我々の眼前の問題.
The question is **before** the committee. その問題は委員会にはかられている.
**2** [時] **a** …よりも前に[先に, 早く] (↔ after) ‖
before dark 日が暮れないうちに.
the day before yesterday 一昨日.
(in) the May **before** last 一昨年の5月に《◆(英)ではしばしば in をつける》.
I haven't been here **before** now. 今までにここへ来たことがない.
I thought it over **before** giving my reply. 返事をする前にそのことをよく考えた.
He got home **before** 5 o'clock. 彼は5時前に家に帰った.
**b** (米) (…分)前に(to) ‖
five **before** ten 10時5分前に(≒five to ten)《◆ (米式)ではほかに of も用いる》.

Q&A **Q**: この意味の before と until はどう違うのですか.
**A**: He didn't come home *before* [*until*] midnight. では前者は「夜中の12時を過ぎて帰った(いつ帰ったかは不明)」の意ですが, until は「ちょうど夜中の12時に帰って来た」ことを表します(by との違いについては → by **13**).

**3** [順位·優先·選択] …より前[先]に; (正式) …に優先して, よりまさって; [will, would と共に] …よりむしろ ‖

His name comes before mine on the list.
リストで彼の名前は私より前にある.
I would die before leaving you. 君と別れる
ぐらいなら死んだほうがましです (=I would rather
die than leave you. → 接 **2**).
He puts his family before everything else.
彼は何よりも家族を最優先する.
***befòre áll** (**things**) =**befòre éverything** [副]
何よりも, 何事よりも.
◇***befòre lóng** [副] まもなく (soon) ‖ She will
be back before long. 彼女はほどなく戻るでしょ
う.

── 接 **1** …する前に, …しないうちに ‖ I'll finish it
before you come home. あなたが帰る前に
それをすましておきます (◆未来のことであっても現在
形を用いる).
He (had) got up (ten minutes) before the
sun rose. 彼は日の出の (10 分) 前に起きた (◆
before で前後関係が明らかなので, 過去完了を過
去形で代用することが多い. また, 時間の開きは before の直前に具体的な数値を置くだけで表す).
Before you go (↗) I must tell you something. 君が行く前に言っておきたいことがあります (◆
文頭では強勢をおくことが多い).
It was a week ┊ before she got well. 彼女
は 1 週間してようやく回復した.
It will be five years ┊ before I see you
again. 今度あなたにお会いするのは 5 年先でしょ
う.
Hardly had I left before the fight started.
(文) 私が立ち去ったとたんにけんかが始まった (=As
soon as I left, the fight started.).
She had not been employed five months
before she was fired. 彼女は雇われて 5 か月も
しないうちにくびになった.
**2** [will, would と共に] …するよりもむしろ (rather
than) ‖
I would die before I would give in. 降参す
るぐらいなら死んだほうがましです.
**3** [形容詞節を導いて] …する前の ‖
The year before they were married (↗)
he often sent her flowers. 結婚する前の年に
彼は彼女にしばしば花を送った.
◇***it is nót lóng befòre** … ほどなく…, すぐに…
(soon, before long) ‖ It was not long
before she came. 待つほどなく彼女はやって来
た.

**be·fore·hand** /bifɔ́ːrhænd ビフォーハンド/ [副][形]
あらかじめ.

**be·friend** /bifrénd ビフレンド/ [動] (正式) 〈困って
いる人の〉友 [味方] として力を貸す, 助ける.

*****beg** /bég ベグ/ (類音 big/bíg/)「「施しを請う」が原
義] [発] beggar (名)
── 動 (三単現) ~s/-z/; (過去・過分) begged/-d/;
(現分) beg·ging
── 他 **1 a** 〈衣食・金など〉を(熱心に)請う, 頼む, 懇願
する ‖
beg one's bread 食物を請う, 乞食(こじき)をする.

beg one's life 命乞いをする.
**b** [beg **A** from [(略式) off, (正式) of] **B** / beg
**B** for **A**] **B**〈人〉に **A**〈物〉を求める ‖
beg money from him =beg him for money 彼に金を無心する.
I beg a favor of you. お願いがあります.
**2** (正式) **a** [beg to do] …することを願う ‖
She begged to ride a bicycle. 彼女は自転車
に乗りたいとせがんだ (→ **c**).
**b** [beg **A** to do] **A**〈人〉に…してくれと**頼む** ‖
I beg you to behave well. どうか行儀よくして
ください (→ **c**).
She begged me not to run in the room.
室内で走らないでと彼女は私に言った.
**c** [beg (**A**) that 節] …であることを願う ‖
I beg that you (should [may]) behave
well. どうか行儀よくしてください (→ **b**).
She begged that she might ride a bicycle. 彼女は自転車に乗りたいとせがんだ (→ **a**).
── 自 **1** 施しを請う; 求める, 請う ‖
beg for mercy from a passerby 通行人に慈
悲を請う.
beg for something to drink 何か飲み物を求
める.
a begging letter 無心の手紙.
**2** (正式) [beg of **A** to do] **A**〈人〉に…してくれと
**請う**[**頼む**] ‖
I beg of you to go there. どうぞそこへ行ってく
ださい.
◇(*I*) *bég your párdon* → pardon 名.

**be·gan** /bigǽn ビギャン/ [動] → begin.

**beg·gar** /bégər ベガ/ [名] ⓒ こじき ‖
die a beggar のたれ死にする.
**Bèggars can't be chóosers.** (略式) (ことわざ)
物もらいにえり好みは禁物.
**Once a beggar, always a beggar.** (ことわざ)
こじきは 3 日やればやめられない.

**beg·gar·y** /bégəri ベガリ/ [名] Ⓤ 極貧; こじきの身
分.

**★be·gin** /bigín ビギン/ [「運動や過程を始める」
が本義] [発] beginner, beginning (名)
── 動 (三単現) ~s/-z/; (過去) be·gan/-gǽn/,
(過分) be·gun/-gʌ́n/; (現分) ··gin·ning
── 他 と 自 の関係 ──
| 他 | begin A | A を始める |
| 自 | A begin | A が始まる |

── 他 **1** …を始める, …に取りかかる; …を創始する
(↔ end, finish); [begin to do / begin doing] 〈人が〉…し始める; 「…」と言い始める ‖
begin a new business 新商売を始める.
She began to run [running]. 彼女は走りだし
た.
I began to feel tired. 疲れを感じ始めた.
It is beginning to rain. 雨が降りかけている.
There began to be a discussion. 討論が始
まった.

**2** 《略式》[not begin to do] 全く…しない; …するどころではない ‖
He doesn't begín to speak English. (↘) 彼は英語のエの字もしゃべれない.

―自 始まる; 始める, 着手する; 言い出す ‖

begin at nine [on Sunday, on the first of December, in March, in 2000] 9時[日曜日, 12月1日, 3月, 2000年]から始まる《◆ from は用いない》.

begin at [(米) on] page five, line ten 5ページの10行目から始める.

begin on new work 新しい仕事にとりかかる.

I began by writing my own name. まず自分の名を書いた.

The concert began with a piece by Beethoven. 音楽会はベートーベンの曲で始まった.

What shall I begin with? 何から始めようか.

If you are ready, let's begin. 用意ができたようでしたら, さあ始めましょうか.

◦**to begín with** (1) [通例文頭, 時に文尾で]《理由をあげて》**まず第一に** ‖ To begin with (↘) he is unexperienced; secondly (↗) he is unreliable. 第一に彼は経験が浅いし, 第二に信用できない. (2) [文尾で] 最初に[は].

**be·gin·ner** /bigínər ビギナ/ 图 C 初学者, 初心者 ‖
a book for beginners 初心者向けの本.

# \*be·gin·ning /bigíniŋ ビギニング/ 〖→ begin〗

―動 → begin.

―图 (複 ~s/-z/) **1** C 始め, 最初(の部分)(↔ end); 起源, 起こり ‖

at [in] the beginning of the film 映画の最初の部分で.

in the beginning (まず)手始めに, 最初に.

from the beginning 始めから.

make a good beginning 最初から快調である.

Curiosity is the beginning of knowledge. 好奇心が知識のもとである.

対話 "Did you enjoy the show?" "Completely. **From beginning to end** it was just great." 「ショーは楽しかったですか」「とっても. 始めから終わりまでとてもすばらしかったです」.

**2** C [通例 ~s; 単数扱い] 初期, きざし, 幼少のころ ‖

the beginnings of medical science 医学の初期.

**3** [形容詞的に] 最初の; 初歩の, 基礎の ‖
a beginning teacher 新米教師.

**be·go·nia** /bigóunjə ビゴウニァ/ 图 C 〖植〗ベゴニア.

**be·grudge** /bigrÁdʒ ビグラヂ/ 動 (現分 --grudg·ing) 他《正式》《◆ grudge の強調形》**1** …をしぶしぶ与える[認める, 許す]. **2** …をねたむ(envy).

**be·guile** /bigáil ビガイル/ 動 (現分 --guil·ing) 他 《正式》**1** …を迷わす, 欺く. **2** …をだまし取る. **3** …を慰める.

**be·gun** /bigÁn ビガン/ 動 → begin.

**be·half** /bihǽf ビハフ/ bihάːf ビハーフ/ 图 U 味方, 支持; 利益《◆ 次の成句で》.

◦**on** [(米ではしばしば) **in**] **behálf of** A = *in* [*on*] A's **behálf** 《正式》(1) A⟨人・物・事⟩のために ‖ He works on behalf of the country. 国のために彼は働く. (2) A⟨人⟩の代理として, …の代表として ‖ I attended the meeting on her behalf. 彼女に代ってその会に出席した.

# \*be·have /bihéiv ビヘイヴ/ 《発音注意》《×ビハッ》〖『自分自身を完全に支配する』が原義〗派 behavior (名)

―動 (三単現 ~s/-z/; 過去・過分 ~d/-d/; 現分 --hav·ing)

―他 [behave onesèlf] ふるまう, 行儀よくする ‖
behave oneself like a child 子供らしくふるまう.

Behave (yourself)! 《子供をたしなめて》行儀よくしなさい.

The car behaved itself. 車は故障せずに走った.

―自 〖様態の副詞(句)と共に〗ふるまう ‖

Tomy behaved well [badly] to his uncle. トミーはおじさんに行儀よく[悪く]した(→ 他 用例).

She behaves as if she owned the place. 彼女はまるで主人づらをしている.

対話 "You should know how to behave at a formal party like this." "Did I do anything wrong?" 「こうしたあらたまったパーティーでの作法はちゃんと知っていなくちゃだめよ」「何かまずいことしたかな」.

**be·hav·ing** /bihéiviŋ ビヘイヴィング/ 動 → behave.

# \*be·hav·ior, 《英》 --iour /bihéivjər ビヘイヴャ/ 〖→ behave〗

―图 U **1** ふるまい, 動作; 行儀; 態度 ‖

his behavior at table 食事中の彼の行儀.

His behavior toward me shows that he respects me. 私に対する彼の態度から私を尊敬していることがわかる.

Such behavior will spoil your fair name. そんなことをすると名前に傷がつくよ.

**2** 《特定の状況での》反応, 作用.

\***be·hav·iour** /bihéivjə ビヘイヴャ/ 图 《英》= behavior.

**Béhçet's sỳndrome** /béitʃets- ベイチェ-/ 〖医学〗ベーチェット症候群.

**be·head** /bihéd ビヘド/ 動 他 ⟨人⟩を打ち首にする.

**be·held** /bihéld ビヘルド/ 動 → behold.

# \*be·hind /bihάind ビハインド, bə-; 副图 -/ 〖『静止したものの背後に位置する』が本義で, そこから時間の「遅れ」を, また転じて「背後に」「劣って」を表す〗

―前 **1** [位置・場所] **a** …の後ろに, …の裏側に (↔ in front of) ‖

a garden behind the house 家の裏にある庭.

a small village (a few miles) behind the hill 丘の(数マイル)向こうにある小さな村《◆ 距離は

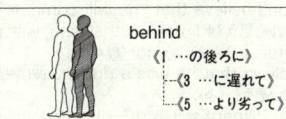

behind
⟨1 …の後ろに⟩
⟨3 …に遅れて⟩
⟨5 …より劣って⟩

behind の直前に具体的な数値を置いて表す).
hide **behind** the tree 木の後ろに隠れる.
**b** …のあとに続いて(↔ ahead of) ‖
He closed the door **behind** him. 彼はドアを閉めた.
They marched **behind** the band. 彼らは楽団のあとに続いて行進した.
**2** [leave, stay, remain などの動詞と共に]⟨人などの**あと**に[残して, とどまって]⟩ ‖
He stayed **behind** the others. 彼は他の人たちが行ったあとに残った.
She left a great name **behind** her. 彼女は後世に偉大な名を残した.
**3** [時] **a** ⟨定刻などに⟩**遅れて** ‖
The train arrived five minutes **behind** time. 列車は5分遅れて到着した.
[対話] "Maybe I'm a little **behind the times**, but I think this music is too loud." "No way. This music is really up to date." 「少し時代遅れなのかもしれないけれど, この音楽は耳障りだね」「そんなことはない. これがいちばん新しい音楽なんですよ」.
**b** ⟨人⟩の過去にある, …の経験としてある ‖
My happy schooldays will soon be **behind** me. 楽しい学生時代もやがて過ぎ去るだろう.
**4** (略式) …の背後に; …の陰に; …を陰で支えて, 支持して; …の原因となる ‖
**behind** his back 彼のいないところで.
I wondered what was **behind** her refusal. 彼女の拒絶の原因は何かと思った.
The mayor is **behind** the project. 市長がその計画の後押しをしている.
**5** [劣等] …より遅れて; …より劣って; …に負けて ‖
She is **behind** the others in mathematics. 彼女は数学では他の者より遅れをとっている.
We are two goals **behind** them. (相手チームに)2ゴール負けている.
──副 **1** [位置] 後ろに[の]; あとに(残して); [比喩的に] 背後に, 陰に⟨◆ 名詞を後から修飾可能⟩‖
the mán behìnd 後ろの人.
lóok behínd 後ろを見る.
remáin behìnd あとに残る.
the cárs behìnd 後ろに連なっている車.
léave the key behínd かぎを忘れる.
He attacked me fròm behínd. 彼は私を背後から攻撃した.
**2 a** [時] (米・スコット)⟨時計などが⟩遅れて ‖
The train is **behind** today. きょうは列車が遅れている.
The clock is ten minutes **behind**. その時計は10分遅れている.
**b** 過ぎ去って.

**3** [behind in [with]] **A**⟨支払・仕事など⟩に遅れて; 劣って ‖
lag [fall] **behind** at school 学校の勉強についていけない.
[対話] "John's **behind** with his car payment again. You want me to call him? (↗)" "No, I'm sure he'll pay soon enough." 「ジョンがまた車の支払いを滞(とどこお)らせているな. 彼に電話をしてやろうか?」「いや, きっとそのうち払ってくれるでしょう」.
──名 C (略式) [遠回しに] しり(buttocks) ‖
fall on one's **behind** しりもちをつく.
**be·hold** /bihóuld ビホウルド/ 動 (〜held) 他 (詩)…を(じっくり)見る, 見守る.
**be·hold·er** /bihóuldər ビホウルダ/ 名 C 見る人, 見物人.
**beige** /béiʒ ベイジ/ 名 U (染めていない)生地のままの毛織物; その色, ベージュ色, 薄いとび色. ──形 ベージュ色の.
**Bei·jing** /béidʒíŋ ベイチング/ 名 ペキン(北京)⟨中華人民共和国の首都. Peking ともする⟩.
*be·ing /bíiŋ ビーイング/
──動 [be の現在分詞形] **1** [be being + 形容詞・名詞] → be 助 **1d**.
**2** [be being + 過去分詞] → be 助 **1a**.
**3** [being …] …なので ‖
**Being** tired, I slept well. 疲れていたのでよく眠った(=As I was tired, I slept well.).
──名 (複 〜s/-z/) **1** U (…で)あること, (…に)いること⟨◆ be の動名詞⟩‖
I hate myself for **being** timid. 私は自分が臆(おく)病なのがいやになる.
**Being** honest will pay. 正直であることは割に合う.
**2** U 存在, 生存; 人生 ‖
the aim of one's **being** (人の)生きている目的.
**3** C 生き物⟨◆ ふつう形容詞を伴う⟩‖
a human **being** (動物に対して)人間.
all human **beings** 生きとし生けるもの.
a **being** from outer space 宇宙からの生命体.
*brìng* [*cáll*] **A** *into béing* **A**⟨物⟩を生み出す, 生じさせる.
○*còme into béing* ⟨物・事が⟩出現する, 生まれ出る, 設立される.
──形 現在の⟨◆ 次の成句で⟩.
*for the tíme béing* さしあたり, 当分の間.
**Bei·rut** /béirúːt ベイルート/ 名 ベイルート⟨Lebanon の首都⟩.
**be·lat·ed** /biléitid ビレイティド/ 形 (正式) 遅れた; 手遅れになった; 時期遅れの.
**be·lat·ed·ly** /-li/ 副 遅ればせながら, 遅れて.
**belch** /béltʃ ベルチ/ 動 (三単現 〜·es/-iz/) 他 ⟨げっぷ⟩を出す⟨◆ 英米でも人前でのげっぷはきわめて下品なこととされる⟩. ──名 (複 〜·es/-iz/) C げっぷ.
**Bel·gian** /béldʒən ベルチャン/ 形 ベルギー(人)の. ──名 C ベルギー人.
**Bel·gium** /béldʒəm ベルチャム/ 名 ベルギー⟨ヨーロッパ西部北海沿岸の王国. 首都 Brussels⟩.

**Bel·grade** /bélgréid ベルグレイド/ 名 ベオグラード《セルビア=モンテネグロの首都》.

**be·lie** /bilái ビライ/ 動《過去・過分》~d;《現分》-ly·ing》他《正式》**1**〈物・事が…〉を誤って[偽って]伝える;〈感情など〉を隠す. **2**〈物・事が〉…が偽りであることを示す.

\***be·lief** /bilí:f ビリーフ, bə-/ [→ believe]
— 名 (複 ~s/-s/) **1** ⓤ **a** (証拠なく真実と)信じること; 確信; 意見, 所信 ‖
the belief in one's good fortune 自分の幸運を信じること.
beyond belíef 信じられない(ほど).
to the bést of my belíef《正式》私の信じる限りでは.
be líght of belíef 信じやすい.
My belief is [It is my belief] (↘)! that she has never told a lie. 彼女はうそをついたことがないと私は信じている(=I believe (that) she has never told a lie.).
**b** [the ~ / one's ~] 信念, 考え ‖
in the belief that … …と信じて.
対話 "Why isn't she talking to you?" "She has this belief that I said something bad about her." 「どうして彼女はきみに話しかけないの?」「私が彼女のことを何か悪く言ったと思いこんでいるのよ.」
**2** ⓤ 信用, 信頼 ‖
have firm belief in him 彼を大いに信頼する.
**3** ⓤⓒ 信仰; [しばしば ~s]〈宗教上の〉信条 ‖
belief in God 神への信仰.
Christian beliefs キリスト教的信条.

**be·liev·a·ble** /bilí:vəbl ビリーヴァブル/ 形 信じられる, 信用できる.

\*\***be·lieve** /bilí:v ビリーヴ, bə-/ [「物・事の真実・存在を信じる」が本義. 2, 3 のように確信の弱いときにも用いる] 派 belief (名)
— 動 (三単現) ~s/-z/;《過去・過分》~d/-d/;《現分》-liev·ing
— 他《◆ふつう進行形にしない》**1** …を信じる, 信用する ‖
believe a rumor うわさを本当だと思う.
I can't believe my ears [eyes]. 自分の耳[目]が信じられない《◆非常に驚いたときに言う》.
Belíeve mé (↘)! nothing's changed in him.《略式》ほんとうに彼はちっとも変わっていない.
I belíeve you. 君の言うことを信じる; ごもっとも, そうですとも《◆あいづちとして用いる》.
I can wèll belíeve it. それはあり得ることだと思う.
I'll believe it when I see it. (自分の目で)確かめるまでは信じない.
**2 a** [believe that 節]〈人が〉…であると思う, 信じる ‖
I believe (that) he is kind. 彼は親切だと思う(→ **b**).
It is believed that she is kind. =They believe that she is kind. 彼女は親切だと信じられている.
I don't believe that she will come. 彼女は来ないと思う.◆I believe that she will not come. よりふつう. → not 副 **4**).
I believe that he was a doctor. 彼は医者だったと思う(→ **b**).
対話 "Where's Laura? Is she in the house?" "No, I don't believe she is. I think she went out a while ago." 「ローラはどこ? 家の中ですか」「いいえそうじゃないと思います. ちょっと前に外出したと思います.」
対話 "Will she be glad to hear the news?" "Yes, I belíeve sò [No, I belíeve nòt]."「彼女はその知らせを聞いて喜ぶだろうか」「うん, そう思うよ[いや, そうは思わない].」
**b** [believe A (to be) C] C であると思う ‖
do what one believes to be right 正しいと信じることをする.
I believe him to be kind. 彼は親切だと思う(→ **a**).
I believe him to have been a doctor.《文》彼は医者だったと思う(→ **a**).
**c** [believe wh節] …であるかと思う ‖
Nobody believes how diligent he is. 彼がどんなに勤勉であるかをだれも信じない.
**3**《略式》[通例 I ~ で挿入的に] 確か…だと思う《◆あいまいな確信で I think とほとんど同じ》‖
She has, I belìeve (↗), a villa. =She has a villa, I belìeve. (↘) 彼女は確か別荘を持っている.
"Mr. Wood, I belìeve?"「ウッドさん, でしたよね.」
— 自〈人が〉信じる, 思う ‖
I quite believe! まったくだ.
◦**belíeve in A** (1) …の存在を信じる,〈宗教〉を信仰する ‖ Do you believe in UFOs? 空飛ぶ円盤の実在を信じますか / I believe in Christianity. キリスト教を信仰している. (2)〈人・人柄・能力〉を(一時的ではなく)信用する ‖ I believe in you. 君の(人格)を信じる. (3)〈事・物〉の価値[正しさ]を信じる, …を信条とする ‖ He believed in getting up early in the morning. 彼は早起きを信条にしていた.

**Belíeve it [me] or nòt**《略式》信じようが信じまいが, こんなことを言っても信じないだろうが.

**belíeve me**《略式》[挿入的に] ほんとうに, 実は(用例 → 他 **1**).

◦**màke belíeve** [make people believe などの目的語の省略から] [make believe to do] …するふりをする, [make believe (that) 節] …と見せかける(pretend) ‖ Let's make believe we are pirates. 海賊ごっこをしよう.

**be·liev·er** /bilí:vər ビリーヴァ/ 名 ⓒ 信じる人; 信者 ‖
a great believer in walking for the health 散歩が健康によいと信じている人.

**be·liev·ing** /bilí:viŋ ビリーヴィング/ 動 → believe.
— 名 ⓤ 信じること ‖
Seeing is believing. → seeing 名.

**Be·li·sha bea·con** /bəlíːʃə ベリーシャ-/ 名 C 《英》ベリーシャ交通標識《頂上に赤黄色の球をつけた歩行者の横断箇所を示す立標。単に beacon ともいう》.

**be·lit·tle** /bilítl ビリトル/ 動 (現分) ‑lit·tling) 他 《正式》**1** …を小さくする,小さく見せる.
**2** …の価値を下げる；…をけなす ‖
belittle oneself 自分を卑下(ひげ)する.

*Belisha beacon*

**\*bell** /bél ベル/ 〖「ほえる」が原義〗
—— 名 (~s/-z/) C **1** ベル, 鈴, 呼び鈴；鐘；(ベル・鐘などの)音 ‖
ánswer the béll 来客を取りつぐ.
toll the bell at his death 彼の死に際して鐘を鳴らす.
対話 "There goes the **bell**. Someone's at the door." "I'll answer it." 「ベルが鳴っているよ。だれか玄関に来ているんだ」「私が出ます」.

文化 (1) 教会の鐘の音は英米人の生活と密接に結びついている。鐘の音色は ding-a-ling, ding-dong など, チリンチリンと鳴るのは tinkle.
(2) [いろいろな bell] church bell 教会の鐘 / churchgoing bell 礼拝時間を知らせる鐘 / marriage bell (教会の)結婚式の鐘 / passing bell 臨終の鐘 / minute bell (喪を表す)1分ごとに鳴らす鐘 / funeral bell 弔いの鐘.

**2** 鐘状のもの；(管楽器・パイプ・鉛管などの)広がった口；花冠(かかん)；くらげのかさ.
*ríng a béll* 《略式》〈名前などが〉記憶を呼び起こす, ぴんと来る.
**béll ròpe** (緊急用の)ベルのひも.

**Bell** /bél ベル/ 名 **1** ベル《《愛称》→ Isabel》. **2** ベル《Alexander Graham ~ 1847–1922; Scotland生まれの米国の科学者。電話を発明》.
**bell·boy** /bélbɔi ベルボイ/ 名 C 《主に米》(ホテルなどの)ボーイ((PC) page)《◆この意味で boy は誤り》.
**bell·flow·er** /bélflàuər ベルフラウア/ 名 C 《植》ホタルブクロ, ツリガネソウ.
**bel·lig·er·ence** /bəlídʒərəns ベリチャレンス/ 名 U 好戦性；戦争行為.
**bel·lig·er·ent** /bəlídʒərənt ベリチャレント/ 形 **1** 好戦的な；けんか腰の. **2** 《正式》交戦中の.
**bel·líg·er·ent·ly** 副 好戦的に, けんか腰で.
**bel·low** /bélou ベロウ/ 動 **1** 〈牛などが〉大声で鳴く. **2** どなる, わめく. **3** 〈大砲などが〉〈風がうなる. — 他 (大声で, または怒って)…をどなる. —— 名 C ほえ声, どなり声, (大砲の)ひびき.
**bel·lows** /bélouz ベロウズ/ 名 (複) bel·lows) C [単数・複数扱い] **1** ふいご《◆両手で使うふつうは a pair of *bellows*, 足で付けたのは (the) *bellows*》. **2** (カメラなどの)じゃばら；(オルガンなどの)送風器.

**bel·ly** /béli ベリ/ [類音 very/véri/] 名 (複) bel·lies/-z/) C 1a 腹(部), (動物の)腹面, 下面；《略式》胃 ‖
lie on one's **belly** 腹ばいになる.
**b** [the ~] 食欲, 食(じき)欲 ‖
The **belly** has no ears. 《ことわざ》空腹の時は道理も聞こえない；「衣食足りて礼節を知る」.
**2** 腹状の物；(バイオリン・びん・たるなどの)胴；(帆の)ふくらみ；(飛行機の胴体の)下側.
**bélly lànding** =bellylanding.
**bel·ly·ache** /bélièik ベリエイク/ 名 U C 腹痛.
—— 動 (現分) ‑ach·ing) 自 《略式》しきりに不平を言う.
**bel·ly·land·ing** /bélilændiŋ ベリランディング/, **bélly lànding** 名 U C 《略式》胴体着陸.

**\*be·long** /bilɔ́(ː)ŋ ビロ(ー)ング/ 〖「本来あるべき所にある[いる]」が原義〗

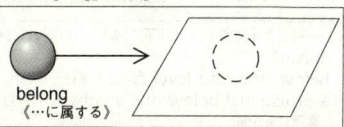

belong 〈…に属する〉

—— 動 (三単現) ~s/-z/; 過去・過分) ~ed/-d/; 現分) ~·ing)
—— 自 《命令形・進行形にはしない》《正式》**1** [belong to A] …に所属している, 付属している, …の所有である；…の一員である ‖
I **belong** [×am belonging] to the music club. 私は音楽部員だ《◆I am a member of the music club. の方が一般的》.
The button **belongs to** this dress. そのボタンはこのドレスのだ.
対話 "Whose coat is this? It isn't mine." "Thanks. It **belongs to** me." 「このコートはだれのですか。ぼくのじゃない」「すみません。それはぼくのです」《◆It is mine. の方が《略式》》.

Q&A *Q*: 「あなたはここの会社の人ですか」というとき belong は使えますか.
*A*: 学校のクラブ以外ではまず使いません. Do you work here? ぐらいに言うのが普通です.

**2** あるべき所にある, いるべき所にいる ‖
Maybe the boy doesn't **belong in** the advanced course. おそらくその男の子は上級コースに入るべきではない.
She **belongs among** the greatest chemists. 彼女は大化学者の仲間に入る人だ.
He doesn't **belong** here. 彼はここに住んでいない；ここは彼の来るべき[いるべき]所ではない.
**3** 《分類上》属する ‖
Dolphins **belong among** the mammals. イルカは哺(ほ)乳動物の一種だ.
**be·long·ing** /bilɔ́(ː)ŋiŋ ビロ(ー)ンギング/ 動 → belong.
—— 名 C **1** 所属しているもの, 付属物.

**2** [~s; 複数扱い] 所有物, 身の回り品; 財産《◆家・土地・金銭などは含まない》∥
one of my belongings 私の持ち物の一つ.
personal belongings 私物.

**be·lov·ed** /形/ bilÁvid ビラヴィド, -lÁvd; /動/ bilÁvd ビラヴド/《正式》/形/ **1** 最愛の, いとしい ∥
one's beloved child 愛児.
**2** 愛用の.
——/名/ Ⓒ [通例 one's ~] 最愛の人; 恋人.
——/動/《古》 belove の過去分詞 [通例 be ~] 愛されている.

*be·low /bilóu ビロウ, bə-/《「あるものより低く位置する」が本義》

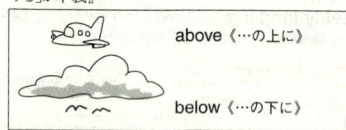

above 〈…の上に〉

below 〈…の下に〉

——/前/ **1** [位置] …より下に[の], …の下方に(↔ above) ∥
below (the) sea level 海面より下に.
a bruise just below one's right eye 右目の真下にある傷.
a few yards below the bridge 橋の数ヤード下手に.
**2** [下位] (数・量などが)…より下で[の], …未満で[の]; (地位・階級などが)…より低く[劣って] ∥
below average in height 身長が平均より下で.
children below sixteen 16歳未満の子供.
He is below me. 彼は私より地位が下だ.
The output is below last year's level. 生産高は昨年の水準より落ちこんでいる.
**3** …にふさわしくない《◆この意味では beneath の方がふつう》∥
It is below her to say that. そんなことを言うと彼女の値打ちが下がる.
——/副/ **1** 下に[の, へ, を]; 下流に, 下手に(↔ above)《◆ 名詞の後で修飾可能》∥
the man below 下にいる男.
You can see the village belów from the hilltop. 小山の頂上から下の村が見える.
**2** 階下に[の] ∥
the róom belòw 階下の部屋.
**3** (本・ページの)下記の, 以後に ∥
See below. 下[あと]を見よ.
**Belòw thére!** おーい下の人!《◆物を落とすときなどの注意》.

**belt** /bélt ベルト/ /名/ Ⓒ **1a** ベルト, バンド(cf. band) ∥
loosen one's belt two holes ベルトの穴を2つゆるめる.
**b** (機械の)ベルト.
**2** (農産物・動植物などの)分布地域, 帯状の広がり; [複合語で] …地帯 ∥
a wheat belt 小麦生産地帯.
——/動/ /他/ …をベルトで締める; 〈帯状のものが〉〈物〉を巻く ∥

the equator belting the earth 地球をとりまく赤道.
**bélt convèyor** ベルトコンベア.
**bélt híghway** 《米》(都市周辺の)環状(幹線)道路.
**bélt líne** 《米》(交通機関の)環状線.
**be·mused** /bimjúːzd ビミューズド/ /形/ 当惑して.
**Ben** /bén ベン/ /名/ ベン《Benjamin の愛称》.

*bench /béntʃ ベンチ/《「長い座席」が原義》
——/名/ (/複/ ~·es/-iz/) **1** Ⓒ ベンチ, 長いす《◆屋内外・背の有無には関係ない. → chair》∥
sit on [at] a bench ベンチに座る.
**2** [the ~ / 時に the B~] **a** 裁判官席, 法廷.
**b** [集合名詞] 裁判官の職; 裁判官(全体) ∥
bench and bar 裁判官と弁護士.
appear before the bench 出廷する.
**3** Ⓒ 《英》[通例 the ~] (議会の)議員席; [集合名詞] 議員.
**4** Ⓒ (大工・職人などの)作業台.
**5** Ⓒ《米》〖スポーツ〗選手席, ベンチ; [the ~; 集合名詞] 補欠選手(bench warmers) ∥
warm the bench 補欠でいる, 試合に出ないでいる.
**bénch wàrmer [pòlisher]** 《米》〖スポーツ〗補欠[控え]選手(→ /名/ **5**).

**bend** /bénd ベンド/ /動/ (過去過分 bent/bént/ または《古》~·ed/-id/) /他/

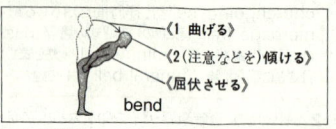

〈1 曲がる〉
〈2 (注意などを)傾ける〉
〈屈伏させる〉
bend

**1** …を曲げる(↔ unbend) ∥
bend one's elbow ひじを曲げる.
bend an iron rod into a hoop 鉄棒を曲げて輪を作る.
bend one's [the] brows まゆをひそめる.
bend the knee(s) 〖宗〗おじぎ[礼拝]をする.
bend one's [the] neck 首を下げる, 屈服する.
**2** 〈目・耳・歩みなど〉を向ける; 《文》〈心・注意など〉を傾ける ∥
bend one's ear to the radio ラジオに耳を傾ける.
bend one's mind to the work 仕事に打ち込む.
bend oneself to music 音楽に熱中する.
——/自/ **1a** 曲がる, たわむ ∥
A bar of iron will not bend easily. 鉄の棒はなかなか曲がらない.
Do not bend. (郵便物で)折りたたみ厳禁.
Better bend than break. 《ことわざ》折れるより曲がったほうがまし;「柳に雪折れなし」.
**b** からだを曲げる, かがむ ∥
bend down かがむ.
bend over a table テーブルの上にかがみ込む.
**2** 〈川・道などが〉向かう ∥

The river bends slightly to the right here. 川はここでわずかに右へ曲がっている.
ー名 UC 曲げる[曲がる]こと；(道路・航路などの)曲がり目, カーブ；曲がった状態[物] ‖
a bend of the knee ひざを曲げること.
at the sharp bend in the road 道の急カーブしたところで.

**\*be·neath** /biníːθ ビニース/
— 前 **1** 〈位置〉《正式》…の下に[の], …の真下に(↔ above)；…に隠れて[た] ‖
sit beneath a tree 木の下に座る.
The letter was beneath a pile of newspapers. 手紙は新聞紙の山の下になっていた.
**2** 〈重み・圧迫・影響などの〉もとに, …を受けて ‖
The shelf sagged beneath the weight of the books upon it. その棚は本の重みでたわんだ.
**3** 《正式》〈地位・能力などが〉…より低く, 劣って ‖
They are far beneath him in intelligence. 彼らは知力が彼よりはるかに劣る.
She married beneath her. 彼女は(自分より)身分の低い人と結婚した.
**4** 〈軽蔑・注目などに〉値しない；〈人〉にふさわしくない ‖
beneath notice 注目する価値もない.
Such conduct is beneath you. そのような行為は君にふさわしくない.

**Ben·e·dict** /bénədikt ベネディクト/ 名 **1** ベネディクト《男の名》. **2** [b~] C 新婚の男. **3** Saint ~ 聖ベネディクトゥス《480?-543?；ベネディクト会の創立者》.

**ben·e·dic·tion** /bènədíkʃən ベネディクション/ 名 UC〔教会〕(牧師の)祝福；(食事時の)感謝の祈り.

**ben·e·fac·tor** /bénəfæktər ベネファクタ, ≤≥/ 名 C《正式》**1** 恩人, 恩恵を施す人. **2** (学校・慈善事業などの)後援者.

**ben·e·fi·cial** /bènəfíʃəl ベネフィシャル/ 形《正式》有益な, ためになる ‖
beneficial to your health 健康によい.
**bèn·e·fí·cial·ly** 副 有益に.

**ben·e·fi·ci·ar·y** /bènəfíʃièri ベネフィシエリ | -ʃəri -シャリ/ 名 (複 ~·ar·ies /-z/) C〔法律〕(信託)受益者；(遺産などの)受け取り人.

**\*ben·e·fit** /bénəfit ベネフィト/ 〖善(bene)を行なう(fit). cf. pro*fit*〗 beneficial (形)
— 名 (複 ~s /-fits/) **1** U 利益, 助け ‖
the public benefit 公共の利益.
for the benefit of the poor 貧しい人々のために.
It would be to his benefit [of benefit to him] to do so. そうするのが彼のためになるだろう.
**2** UC 恩恵, 親切(な行為)；特典, 特権 ‖
without benefit of … …の恩恵を受けずに.
I got a lot of benefit from my teachers. 先生がたにたいへんお世話になった.
**3** C〔しばしば ~s〕(年金・保険などの)給付金, 扶助(ふじょ)金 ‖
unemplóyment bènefits 失業手当.

**4** C 慈善[募金]興行 ‖
a bénefit còncert 慈善音楽会.
**for A's bénefit** = **for the bénefit of A** (1) → **1**. (2) …をこらしめるために.
— 動 (三単現) ~s/-fits/；〖過去・過分〗~·ed または《米》-fit·ted/-id/；〖現分〗~·ing または《米》-fit·ting)

| 他 と 自 の関係 |
|---|
| 他 A benefit B　　A が B のためになる |
| 自 B benefit from A　B が A で利益を得る |

— 他《正式》〈物・事が〉〈人〉のためになる, …を益する ‖
The long rest benefited her. 長い休養が彼女のためになった.
— 自 [benefit from A]〈人が〉…で利益を得る ‖
Who will benefit from his death? 彼の死で得をするのはだれだ.
**bénefit society** [**àssociation**]《米》共済組合, 共済会(《英》friendly society).

**be·nev·o·lence** /bənévələns ベネヴォレンス/ 名《正式》U 善意, 慈悲心；C 善行.

**be·nev·o·lent** /bənévələnt ベネヴォレント/ 形《正式》**1** 慈悲深い, 親切な；やさしい. **2** 慈善のための.
**be·név·o·lent·ly** 副 慈悲深く.

**Ben·gal** /bèŋɡɔ́ːl ベンゴール, béŋ-/ 名 ベンガル《インド亜大陸北東部の地方. 旧英領インドの州. 略 Beng.》.

**be·nign** /bənáin ベナイン/ 形《正式》**1** 優しい, 慈悲深い. **2** 〈気候などが〉温和な. **3** 〖医学〗良性の(↔ malignant).

**Ben·ja·min** /béndʒəmin ベンチャミン/ 名 ベンジャミン《男の名. 愛称 Ben, Benny》.

**Ben·ny** /béni ベニ/ 名 ベニー《Benjamin の愛称》.

**\*bent** /bént ベント/
— 動 → bend.
— 形 **1** 〈物が〉曲がった, 曲げられた(↔ straight) ‖
a bent twig 曲がった小枝.
His back is bent (down) with age. 彼は老齢で腰が曲がっている.
**2** 《正式》[be bent on [upon] A]〈人が〉A〈物・事〉をしようと決心している；…に熱中している ‖
be bent on one's work 仕事に没頭している.
[対話] "She's practicing the piano really hard, isn't she?" "Yes. I think she's bent on becoming a concert pianist someday." 「彼女はピアノを実に真剣に練習していますね」「ええ. いつかコンサートのピアノ奏者になろうと心に決めているようです」.
— 名 (複 ~s/bénts/) C《正式》(生まれつきの)好み, 傾向, 性癖(せいへき)；適性 ‖
a man with an artistic bent 芸術家肌の男.
fòllow one's bént 自分の気の向くままにする.
hàve a bént for sewing 裁縫に向いている.

**Ben·tham** /bénθəm ベンサム, -təm/ 名 ベンサム《Jeremy ~ 1748-1832；英国の哲学者. 功利主義(utilitarianism)を唱えた》.

**Ben·tham·ism** /bénθəmìzm ベンサミズム, -təm-/ 名U ベンサムの功利説《最大多数の最大幸福説》.

**ben·zine, --·zin** /bénzi:n ベンズィーン, -/ 名U ベンジン.

**Be·o·wulf** /béiəwùlf ベイオウルフ | béiəu- ベイオウルフ/ 名 ベオウルフ《8世紀初めに書かれた古代英語の叙事詩. その主人公の英雄名》.

**be·queath** /bikwíːð ビクウィーズ, -kwíːθ/ 動 (正式) **1** [bequeath A B / bequeath B to A] B 〈動産〉をA〈人・団体〉に遺言で譲る(leave) ‖
He bequeathed Mary a lot of money. = He bequeathed a lot of money to Mary. 彼は多額の金をメリーに遺産として残した.
**2** 〈物〉を伝える, 残す ‖
discoveries (which are) bequeathed to us 我々に伝えられた種々の発見.

**be·quest** /bikwést ビクウェスト/ 名 (正式)〔法律〕U 遺贈; C 遺産, 形見.

**be·reave** /birí:v ビリーヴ/ 動 (過去・過分) ~d; (現分) --reav·ing/ 他 (正式) [bereave A of B] 〈事故・死などが〉A〈人〉からB〈近親〉を奪う(take away) ‖
the bereaved 遺族.
The accident bereaved him of his wife. その事故で彼は妻を亡くした.

**be·reave·ment** 名UC (肉親に) 先立たれること, 死別.

**be·ret** /bəréi ベレイ | bérei ベレイ/ 名C ベレー帽.

**Be·ring** /bíəriŋ ビアリング | béəriŋ ベアリング/ 名
**Béring Séa** [the ~] ベーリング海《シベリアとアラスカの間》.
**Béring Stráit** [the ~] ベーリング海峡.

**Ber·lin** /bəːrlín バーリン/《◆名詞の前で使うときはふつう /-ː-/》名 ベルリン《ドイツの首都. 1990年まで東西に分割されていた》.
**Berlín Wàll** [the ~] ベルリンの壁《1989年11月に取り除かれた》.

**Ber·lin·er** /bəːrlíːnər バーリナ/ 名C ベルリン市民.

**Ber·mu·da** /bərmjúːdə バミューダ/ 名 **1** バミューダ《諸》島. **2** (米略式) [~s] バミューダ=パンツ《ひざ上までの半ズボン》(Bermuda shorts).

**Bermúda shórts** =Bermuda 2.
**Bermúda Tríangle** [the ~] バミューダ三角海域《◆海難・航空事故の多発地帯として有名》.

**Ber·nard** /bəːrnáːrd バナード | báːnəd バーナド/ 名 **1** バーナード《男の名》. **2** → Saint Bernard.

**Bern(e)** /báːrn バーン/ 名 ベルン《スイスの首都》.

**ber·ry** /béri ベリ/ (同音) bury; (類音) véry/véri/, bél/y/béli/) 名 (~·ries/-z/) C (植) ベリー《イチゴの類などの核のない食用小果実. apple と共にアングロサクソン人の代表的果物》.

> 関連 blackberry クロイチゴ / blueberry コケモモ / cranberry ツルコケモモ / dewberry キイチゴ / gooseberry グズベリー / raspberry ラズベリー / strawberry イチゴ.

**Bert** /báːrt バート/ 名 バート《Albert, Gilbert, Herbert, Bertrand の愛称》.

**berth** /báːrθ バース/ 名C **1** (船·列車の) 寝台, 段ベッド. **2** [海事] 投錨地; 停泊位置; 操船余地. **3** (競技などの) 出場権.

**ber·yl** /bérəl ベリル/ 名UC 【鉱物】緑柱石《緑色・薄青色の宝石》; U 緑色, 薄青色.

**be·seech** /bisíːtʃ ビスィーチ/ 動 (三単現) ~·es /-iz/; (過去·過分) --sought/-sɔ́ːt/ または ~ed) 他 (文) **1a** …を嘆願する, 懇願する.
**b** [beseech A to do] 〈人〉に…するように懇願する ‖
He besought her to marry him. 彼は彼女に結婚を懇願した.
**c** [beseech A that 節] A〈人〉に…するよう請う.
**2** [beseech A for B = beseech B of A] A〈人〉にB〈慈悲·許可など〉を嘆願する ‖
beseech the judge for mercy = beseech mercy of the judge 裁判官に慈悲を嘆願する.

**be·set** /bisét ビセ/ 動 be·set; --set·ting) 他 **1** (文) …を包囲する; …を(四方八方から) 襲う(attack). **2** (文) [通例 be beset] 悩まされる.

**be·sét·ment** 名U 包囲; 悩み.

**be·set·ting** /bisétiŋ ビセティング/ 動 → beset.
── 形 絶えずつきまとう ‖
besetting sin 陥りやすい罪.

**\*be·side** /bisáid ビサイド/ 〖そば(side)近くに(be)〗

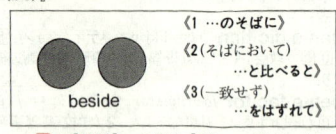

<1 …のそばに>
<2 (そばにおいて) …と比べると>
<3 (一致せず) …をはずれて>
beside

── 前 **1** [位置] …のそばに[の], …の近くに ‖
a town beside the sea 海のそばにある町.
She walked beside me. 彼女は私と並んで歩いた.

**2** …と比べると ‖
He looked young beside his brother. 彼は弟と比べて若く見えた.

**3** (正式)〈的·本題など〉をはずれて, …と無関係で ‖
The question is beside the point. その質問は的をはずれている.

**beside thát** その上(besides).

◇**besíde onesélf** → oneself.

**\*be·sides** /前 bisáidz ビサイヅ; 副 -/ 〖beside に副詞を作る -s がついたもの. nowadays の s と同類〗

── 前 **1** [肯定文で] …のほかに, …に加えて《(正式) in addition to》 ‖
Are you studying any foreign languages besides Japanese? 日本語の他に何か外国語を勉強していますか.
Besides Susie there were several other girls in the room. 部屋にはスージーのほか数人の女の子がいた.

**2** [主に否定文・疑問文で] …を除いて, …以外に ‖ He has no friends besides me. 彼は私以外に友人がない.

―― 副 [接続詞的に] その上, さらに；その他に ‖ She had four sons and an adopted one besìdes. 彼女は4人の男の子と, それ以外に1人の養子をかかえていた.

対話 "Why can't you buy the jacket?" "For one thing it's too big. Besides(↷), it's the wrong color." 「どうしてそのジャケットを買わないの」「第一に大きすぎるし, そのうえ色もパッとしない」.

**be·siege** /bisíːdʒ ビスィージ/ 動 (現分) ~sieg·ing) 他 (正式) **1** …を包囲する；〈群衆などが〉…に押し寄せる. **2** …を悩ます.

**be·síege·ment** 名 U 包囲.

**be·sieg·er** /bisíːdʒər ビスィージャ/ 名 C 包囲者；[~s] 攻囲軍 (↔ the besieged).

**be·sought** /bisɔ́ːt ビソート/ 動 (正式) → beseech.

**be·spat·ter** /bispǽtər ビスパタ/ 動 他 (正式) **1** …にはねかける. **2** …を中傷する.

**be·spec·ta·cled** /bispéktəkld ビスペクタクルド/ 形 (正式) めがねをかけた.

**Bess** /bés ベス/, **Bes·sie**, **Bes·sy** /bési ベスィ/ 名 ベス, ベシー《Elizabeth の愛称》.

**＊best** /bést ベスト/
―― 形 〖good, well の最上級〗 **1** 最もよい, 最善の, 最適の, 最も有益[上手]な (↔ worst) ‖
one's best days 全盛時代.
the three best writers 3大作家.
the best person for the job その仕事に最適の人.
the best poet I have ever known 知っている中で最高の詩人.
That wine is ((正式)) of the best. そのワインは極上だ.
It is best for him to do his duty. =It is best that he (should) do his duty. 彼が義務を果たすのがいちばんよい.
The view is best about here. 眺めはこのあたりが最もよい.

**2** ((略式)) [the ~ part of A] …の大半 (most of) ‖
the best part of the journey 旅の大部分.

―― 副 〖well, very much の最上級〗 **1** 最もよく；最も上手に；最も多く (↔ worst) ‖
I enjoyed her first novel *bést* of àll her nóvels. 彼女の小説の中では第一作がいちばん読んで楽しかった (=I enjoyed her first novel better than any other novel by her.).

対話 "What's your favorite movie?" "That's hard, but I like mysteries bést of áll." 「好きな映画は何ですか」「それは難しいけれど, ミステリーものが一番好きです」.

**2** ((略式)) [複合語で] 最も, いちばん (most) ‖
the best-pleasing singer 最も愛嬌(あいきょう)のある歌手.

the best-hated man いちばんの憎まれ者.

***as bést* one *can* [*may*]** できるだけ, 精いっぱい ‖ Do it as best you can. 精いっぱいやりなさい.

**°*had* [*would*] *bést* *do*** (米) …するのがいちばんよい；…すべきである ‖ You had best start now. 今出発すべきだ.

―― 名 U [通例 the ~ / one's ~] **1** 最もよいもの, 最上[最善]のもの；((略式)) 晴れ着；[通例複数扱い] 最もすぐれた人々 ‖
the second [next] best 2番目によいもの, 次善の策.
the best of husbands 模範的な夫.
the ten bests in fiction 小説のベストテン (= the ten best novels)《◆日本語との語順の違いに注意》.
one of the best ((略式)) いいやつ.
the best and brightest 最も優秀な人たち, エリート層.

**2** [the ~ / one's ~] 〈人・物の〉最もよい状態 ‖
in the best of health 全く健康で.
look one's *bést* 最も[魅力的に]見える.

**3** [通例 one's ~] 全力, 精いっぱい ‖
dò [try] one's bést =dò the bést (that) one can 最善を尽くす《◆ I will do my *best*. はしばしば「期待に応えられないが…」という意を含む》.
Why not the best? (→ why 圖3).

**4** (米略式) [one's ~] 〈手紙などで〉よろしくというあいさつ ‖
Please **give my best to** your father. お父さんによろしく.

(*àll*) *for the bést* [形][副](悪く見えていても) 〈物・事が〉結局はいちばんよい[よくなるように] ‖ It turned out all for the best. それがいちばんいい結果になった.

**Áll the bést!** ((略式)) 幸あれ, ごきげんよう《◆乾杯・別れ・友人への手紙の末尾の言葉》.

***at its [one's] bést*** 最高の状態で.

***at** (**the**) ***bést*** (最悪の事態を見越して)よくても, せいぜい (↔ at (the) worst) ‖ He will get an average mark at best. 彼はせいぜい平均点しか取れないだろう.

(*even*) *at the bést of times* 最良の時[状態]にあっても《◆ふつう否定文で用いる》.

***gèt*** [*hàve*] ***the bést of A*** ((略式)) (1) A〈人〉をしのぐ, 出し抜く, だます. (2) A〈議論・競技など〉に勝つ；A〈取引〉をうまくやる.

**°*màke the bést of A*** 〈不満足な事情・条件〉を何とかうまく切り抜ける[乗り切る]；A〈機会など〉を最大限に利用する《◆「有利な条件を利用する」は make the most of A 》 ‖ make the best of a bad business [situation] 思わしくない状況を生かすよう努力する / 対話 "Oh, no. We didn't make it." "I know. We missed the last train. Well, let's **make the best of it**." 「しまった. 間に合わなかったよ」「そうだね. 終電は出てしまったね. まあ, なんとかしよう」.

**The bést of it ís (that) …** 最もおもしろい[よい]

ことは…だ.
**to the best of** A《正式》A〈能力・知識など〉の限り（では）∥ to the best of my knowledge 私の知っている限りでは / to the best of her ability 彼女の力の及ぶ限り.
**bést séller** → 見出し語.
**be·stow** /bistóu ビストウ/ 動 他《正式》…を授ける∥
bestow knighthood on him 彼にナイトの爵位を与える.
**be·stow·al** /bistóuəl ビストウアル/ 名《正式》1 Ⓤ 授与；貯蔵. 2 Ⓒ 贈り物.
**be·strew** /bistrú: ビストルー/ 動《過去》～ed,《過分》--strewn または ~ed) 他…を一面に散らす.
**be·stride** /bistráid ビストライド/ 動《過去》--strode または --strid,《過分》--strid·den;《現分》--strid·ing) 他《正式》〈馬・いすなど〉にまたがる.
**bést séller, best-sell·er** /béstséləʳ ベストセラ/ 名 Ⓒ 1 ベストセラー〈本・レコードなど〉. 2 ベストセラー作家.
**best-sell·ing** /béstséliŋ ベストセリング/ 形〈本・作家などの〉ベストセラーの.
*__bet__ /bét ベト/
——動《三単現》~s /béts/;《過去・過分》bet または bet·ted /-id/;《現分》bet·ting)
——他 1〈金など〉を賭(か)ける∥
What will you bet? 君は何を賭けるのかい.
2 [bet A on B /《英》bet A B] A〈金〉を B〈馬・チームなど〉に賭ける∥
I bet five pounds on the horse. =《英》I bet the horse five pounds. 私はその馬に5ポンド賭けた.
3 [bet A on B] A〈人〉と B〈物事〉について賭けをする∥
I will bet you on the game. その試合で君と賭けよう.
4 [bet (A) B (that) 節] (A〈人〉に）きっと…だと B〈金〉を賭ける∥
対話 "I'm sure he can climb that mountain if he tries." "You think so?(↗)I bet (you) $100 that he can't." 「彼はやりさえすればきっとあの山に登れるよ」「そう思う？ ぼくは登れないように100ドル賭けるよ」.
——自 [bet on A] …であることに(金を)賭ける；[bet against A] …でないことに(金を)賭ける∥
It's foolish to bet on horses. 競走馬に金を賭けるのはばかげている.
I'll bet against his winning. 彼が負けるほうに金を賭けるよ.
**I('ll) bét (you) (that) …**《略式》(1) きっと…だ∥ I bet you can't do that. 絶対にそんな事できないよ；できるものならやってごらん. (2) まさか, さあどうだかね.
◇**You bét (that) …**《略式》(君の言うとおり）確かに…だ 対話 "Frightened?" "You bet (I was)." 「ぞっとしたかい」「実はそうなんだ」.
——名 Ⓒ 賭け, 賭け金, 賭けの対象∥
win a bet 賭けに勝つ.

**màke a bét** 賭けをする∥ I made a bet that she would win the game. 私は彼女が試合に勝つと賭けた.
**bétting tícket** 馬券.
**be·ta** /béitə ベイタ| bí:- ビータ/ 名 Ⓤ Ⓒ ベータ《ギリシアアルファベットの第2字(β, B). 英字の b, B に相当. → Greek alphabet》.
**Beth** /béθ ベθ/ 名 ベス《Elizabeth の愛称》.
**Beth·le·hem** /béθlihèm ベθリヘム, -liəm/ 名 ベツレヘム, ベースレヘム《Jerusalem の近くの町でキリスト生誕の地. 現在ヨルダン国内》.
**be·tide** /bitáid ビタイド/ 動《現分》--tid·ing) 自《文》〈事が〉起こる(happen)《◆通例次の句で》 whatever (may) betide 何が起ころうとも.
**be·tray** /bitréi ビトレイ/ 動 他 1 …を裏切る, …にそむく；〈味方などを〉売り渡す∥
betray one's country to the enemy 祖国を敵に売る.
2《正式》…を漏らす, あばく∥
She betrayed his secret to her friends. 彼女は彼の秘密を自分の友だちに漏らした.
3《正式》〈表情・様子などが〉〈弱点・事実など〉を(うっかり)さらけ出す；…であることを表す∥
Her pale face betrayed her fear. 彼女の真青な顔は恐怖を表していた.
**betráy onesélf** うっかり本性を表す.
**be·tray·al** /bitréiəl ビトレイアル/ 名 Ⓤ Ⓒ 裏切り；密告.
**Bet·sy** /bétsi ベツィ/ 名 ベツィ《Elizabeth の愛称》.

*__bet·ter__ /bétəʳ ベタ/
——形《good, well の比較級》1 [good の比較級] よりよい, よりすぐれた, もっと上手な, より好ましい (↔ worse) ∥
Mary is a better dancer than Beth. メリーはベスよりダンスがうまい.
Which of the two is the better skater? 2人のうちでスケートがうまいのはどっちですか.
It is better for him to go there. =It is better that he (should) go [《主に英略式》he goes] there. 彼はそこへ行くほうがよい.
It is better than nothing. ないよりはましだ.
The sòoner, the bétter. 《略式》早ければ早いほどよい, 「善は急げ」.
**So much the bétter!** ますます結構.
**Bètter lúck néxt time!** 今度こそうまくいきますように！
**Bètter láte than néver.**《ことわざ》遅くともしないよりはまし.
2 [well の比較級] [補語として] **a** 快方に向かった∥
対話 "How are you feeling?" "(I feel) better than yesterday, but I'm not well enough to work." 「気分はどうですか」「きのうよりいいのですが, 働けるほどの状態ではありません」.
**b** 〈病人が〉健康を回復した, 全快した∥
Don't start work again until you are quite

better. すっかりよくなるまで仕事を始めるな.
3 [good の比較級] 爽快(そうかい)な気分の ‖
Doing something other than housework will make you feel even **better** about yourself. 家事以外のことをするとさらに気分が晴れるでしょう.
4 [good の比較級] 《略式》 [the ~ part of A] …の半分以上 ‖
**the better part of** one's pay 給料の大部分.
***little* [*nò*] *bétter than*** ... …も同然の ‖ His house is **no** [**little**] **better than** a rabbit hutch. 彼の家はまるでウサギ小屋だ.
━━[副] 〘well, very much の比較級〙 **1** [well の比較級] **よりよく**, より上手に ‖
sing **better** than anyone else だれよりもうまく歌う.
**2** [very much の比較級] **より多く**, より以上に ‖
I like spring **better** than summer. 夏よりも春が好きだ.
**3** [~ still, ~ yet; 接続詞的に] いっそのこと ‖
You can call her, **better yet**, you can go (and) see her personally. 彼女に電話してもよいが, いっそのこと直接会いに行った方がよい.
◇***àll the bétter*** かえって, それだけよく[多く] ‖ I like her **all the better for** her faults. 欠点があるからかえって彼女が好きだ(=I like her better because she has faults).
***bétter óff*** [形] よりよい[幸せな, 快適な]状態で ; いっそう暮らし向きがよい(↔ worse off) ‖ The Japanese are far **better off** than before. 日本人は以前に比べてはるかに暮らし向きがよくなった.
◇***had bétter*** *dò* (今あるいはこれから)…**するのがよい**, すべきである ‖ I'**d better** hurry. 急がなくては / There **had better** be a break between the two lectures. 講演と講演の間にひと休みがある方がよい / You **had better not** do it. 君はそれをしないほうがいい.

> [語法] (1) 主語が you の場合, 日本語の「…したほうがよい」という意味より命令的で, 警告・押しつけがましさの意が含まれることがある : You'd *better* do it. (↘) そうするのがよい《忠告》; You'd *better* do it. (↘↗) そうした方がよい(さもないと…), そうした方が身のためですよ《警告》.
> (2) 目上の人に対しては Maybe [Perhaps] you'd *better* do it. / It would [might] be *better* for you to do it. / I suggest [suppose] you do it. / You should do it. などが無難.

◇***know better than*** A [*to do*] → know [動].
***will* [*would*] *dò bétter to*** *do* …する方がよい.
━━[動] [他] **1** 〈(よい)状態など〉をよりよくする, 改善する. **2** …にまさる, よりすぐれる. ━[自] 《正式》 よりよくなる ; 向上する.
***bétter*** *oneself* (1) 出世する, 向上する, 昇給する. (2) 自己をみがく, 教養をつむ.
━━[名] [C] **1** 《正式》 [a ~ / the ~] よりよい物[事, 人] ‖
a change **for the better** 好転, 改善, 栄転.
**the better of the two** 2つ[2人]のうちでよりよい物[人].
**2** [通例 ~s] (能力・地位などの)よりすぐれた人 ‖
one's (elders and) **bétters** 目上の人, 先輩.
***for bètter* (*or*) *for wórse*** [副] よいときも悪いときも, どんなことがあろうと(永遠に) 《◆ 結婚式の宣誓の文句》.
***for bètter or wórse*** [副] よかれあしかれ.
***gèt* [*gàin, hàve*] *the bétter of*** A A〈人〉よりすぐれる ; A〈困難など〉に打ち勝つ.
**bétter hálf** 《略式》 [おおげさに] 妻 ; (時に)夫.

**bet·ter·ment** /bétərmənt ベタメント/ [名] 《正式》 **1** [U] 向上すること ; 出世 ; 改善. **2** [C] 〔法律〕 [通例 ~s] (改良による不動産の)増価, 値上がり.

**Bet·ty** /béti ベティ/ [名] ベティ《Elizabeth の愛称》.

**be·tween /[前] bitwiːn ビトウィーン ; [副] -́/
〘「2つのものの間にある」というのが本義で, それより種々の2者間の関係を表す. 目的語を省略すると [副]〙

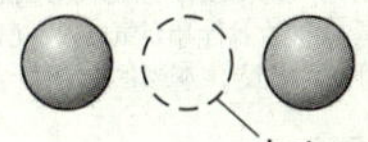


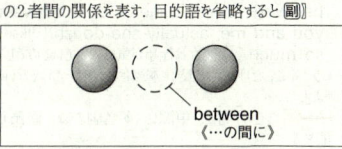

━━[前] **1** [場所・時間・関係] **…の間に**[**で, を, の**] ‖
eat (snacks) **between meals** 間食をする.
the love **between** mother and child 母と子の愛情.
a bridge **between** the island and the mainland 島と本土を結ぶ橋.
He is always here | **between** 5 and 6 o'clock. 彼は5時から6時の間はいつもここにいる.

> [語法] 原則として2つのものについて用いるが, 個別関係を示す時は3つ以上でも between を用いる(cf. among **1**) : Switzerland lies *between* Italy, Germany, Austria and France. スイスはイタリア, ドイツ, オーストリア, フランスと接している.

**2** [区別・選択・分配] …の間に[で]; …のどちらかを ‖
Divide the remainder of the cake **between** the two children. そのケーキの残りを2人の子供に分けなさい《◆この場合 《略式》 では3人以上でも between を用いることがある》.
What's **the difference** | **between** lions and leopards? ライオンとヒョウの違いは何ですか.
[対話] "You can't have both books. Only one." "How can I **choose between** them? I like them both." 「2冊ともほしいといってもだめだよ. 1冊だけだよ」「どちらかを選ぶことなどできないよ. どちらも好きなんだ」.
**3** [程度・性質] …の中間に[の], …のどっちとも言えない ‖

a girl **between** a child and a woman 子供ともおとなとも見分けのつかぬ少女.
Orange is **between** red and yellow. オレンジ色は赤と黄色の中間色だ.
**4** [協力・共有] 〈人が〉協力して, 共同で; (お金など を)みんな合わせて《◆この意味では3人以上でも用いる. cf. among 3》‖
**Between** them they finished the job. 彼らは協力してその仕事を終えた.
The three boys have $50 **between** them. 3人の男の子は合わせて50ドル持っている.
**5** [原因] [between A(, B) and C] A やら (B やら) C で ‖
**Between** cóoking, wáshing and cléaning, her mother was very busy. 料理やら洗濯やら掃除で彼女の母はたいへん忙しかった.
*cóme* [*stánd*] *betwèen* A〈人〉 A の間に割り込む, A〈人〉の間を裂く.
(*strictly*) *betwèen ourselves* = (*strictly*) *betwèen yóu and mé* (略式) [通例文頭で] ここだけの話だが; 内密[内緒]だが ‖ 対話 "She likes her work, doesn't she?" "Just **between you and me**, actually she doesn't like it so much."「彼女は仕事が気に入っているのでしょう?」「ここだけの話だけど, 本当はあまり好きじゃないのよ」.
── 副 (その)間に, 中間に《◆ 名詞の後で修飾可能》‖
the man **between** 間にはさまれている人.
Though he can't come here now, he'll come sometime **between**. 彼は今ここに来られないがその時間中にいつか来るでしょう.
*ín betwèen* [副] (1) 中間で, 間にはさまれて; 合い間に ‖ two rooms with a hall **in between** 間にホールのある2つの部屋. (2) どちらとも言えない.
**bev·el** /bévl ベヴル/ 名 Ⓒ **1** 斜角. **2** 傾斜面.
**bev·er·age** /bévərɪdʒ ベヴァリヂ/ 名 (正式)[しばしば ~s]〈水以外の〉飲み物《coffee, milk, tea など》.
**Bév·er·ly Hílls** /bévərli- ベヴァリ-/ ベバリーヒルズ《米国 Los Angeles 市西方の都市. 映画人が多く住む高級住宅地》.
**be·ware** /bɪwéər ビウェア/ 動 (現分) **-war·ing** (正式)《◆ 命令文・不定詞または助動詞のあとのみ用いる》⾃ [beware of A] …に用心する, 注意する ‖
**Beware of** thieves. 泥棒に気をつけなさい.
── 他 …に用心する; 気をつける.
**be·wil·der** /bɪwíldər ビウィルダ/ 動 他 …を当惑させる ‖
She **was bewildered** by their questions. 彼らの質問ぜめにあって彼女はどぎまぎした.
**be·wil·der·ing** /bɪwíldərɪŋ ビウィルダリング/ 動 → bewilder. ── 形 まごつかせる, 途方もない.
**be·wil·der·ing·ly** /bɪwíldərɪŋli ビウィルダリングリ/ 副 とまどうほど, 途方に尽くれて.
**be·wil·der·ment** /bɪwíldərmənt ビウィルダメント/ 名 Ⓤ 当惑, とまどい ‖

in **bewilderment** 当惑して.
**be·witch** /bɪwítʃ ビウィチ/ 動 (三単現) **-witch·es** /-ɪz/ 他 **1**〈人〉に魔法をかける ‖
I'll **bewitch** him **into** a frog! あいつに魔法をかけてカエルにしてやろう.
**2**〈人・情景などが〉〈人〉を魅惑する.
**be·witch·ment** 名 ⓊⒸ **1** 魅力; 恍惚(ǎ)(状態). **2** 呪文(ǎ), 魔術.

***be·yond*** /前 biànd ビアンド, bijànd | bijɔ́nd ビヨンド, biɔnd; 副 名 -/『「越えて向こうに位置する」が本義で, そこから時間的超過, または比喩(ǐ)的に範囲・限界を越えていることを表す』

**beyond** 〈…の向こうに〉

── 前 **1** [位置] …の向こうに[へ, で, の] ‖
My house is just [well] **beyond** that river. 私の家はあの川のすぐ[ずっと]向こうにある.
The ship disappeared **beyond** the horizon. 船は水平線のかなたに消えて行った.
対話 "Can you tell me where the next gas station is?(↗)" "Not so far, just **beyond** that hill over there."「次のガソリンスタンドはどのあたりでしょうか」「そう遠くではありません. あの丘を越えるとすぐです」.
**2** [時間] …を過ぎて ‖
stay out **beyond** midnight 真夜中を過ぎるまで外にいる.
**3** [範囲・限界] 〈…の範囲・限界〉を越えて; …より以上に; …よりすぐれて ‖
His conduct was **beyond** reproach. 彼の行動は非難の余地がなかった.
a success **beyond** our expectations [hopes] 予想外の大成功.
live **beyond** one's income 収入以上の生活をする.
The lecture is **beyond** me. その講義は私にはわからない.
He must be **beyond** 50. 彼は50歳を越えているにちがいない.
*beyònd* all recóvery 全く回復の見込みがない.
**4** [通例疑問文・否定文で] …のほかに, …以外に (except) ‖
対話 "So what happened next?" "He got angry and left home. **Beyond** that, I know nothing."「それで次にどうなったの」「彼が怒って家を出てしまったんです. それから先は知りません」.
── 副 (ややまれ)(はるか)向こうに, かなたに《◆ 名詞の後で修飾可能》‖
the hill **beyond** 向こうの丘.
The village is fàr **beyónd**. その村ははるかかなたにある.
── 名 [the ~] かなた; 来世, あの世 ‖
the (gréat) **beyónd** あの世.

live at the back of **beyond**《英式》へんぴな土地に住んでいる《◆ 軽蔑(%)的用法》.
**bi·an·nu·al** /baiǽnjuəl バイアニュアル/ 形《正式》年2回の.
 **bi·án·nu·al·ly** 副 半年ごとに.
**bi·as** /báiəs バイアス/ 名 (複 ~·es/-iz/) CU 先入観; 偏見 ‖
He has a bias against women drivers. 彼は女性ドライバーに偏見を抱いている.
 ―動 (三単現 ~·es/-iz/ または《主に英》~·ses/-iz/;過去・過分 ~ed または《主に英》bi·assed;現分 ~·ing または《主に英》·as·sing) 他《正式》[通例 be ~ed] 偏見を持つ ‖
The girl was biased against him. その女の子は彼に偏見を抱いていた《◆ be biased in favor of … は「…に好意を抱いている」》.
**bib** /bíb ビブ/ 名 C **1** よだれ掛け. **2**（エプロン・オーバーオールなどの）胸当て.
\***Bi·ble** /báibl バイブル/『「書物」が原義』
 ―名 (複 ~s/-z/) C **1a** [the ~]（キリスト教の）聖書, バイブル《◆ 旧約(the Old Testament)と新約(the New Testament)から成る》.
 **b** C (1冊の)聖書.
**2** [しばしば b~] C (一般に)聖典.
**3** [b~] C《略式》(聖書のように)権威ある書物, 必読書 ‖
the car mechanic's bible 自動車整備士のバイブル.
**kiss the Bible** 聖書に接吻(%)して宣誓する.
**bib·li·cal** /bíblikl ビブリクル/ 形 [時に B~] 聖書の, 聖書から出た ‖
a biblical quotation 聖書の引用(文句).
**bib·li·og·ra·phy** /bibliάgrəfi ビブリアグラフィ | -lióg- リオグラフィ/ 名 (複 ~·ra·phies/-z/) **1** U 書誌学. **2** C 書籍類題の記述. **3** C (巻末の)参考文献一覧; 出版目録; 著書目録.
**bi·cen·te·nar·y** /bàisenténəri バイセンテナリ, -séntəneri | bàisentí:nəri バイセンティーナリ/《英》形 名 (複 --nar·ies/-z/) =bicentennial.
**bi·cen·ten·ni·al** /bàisenténiəl バイセンテニアル/ 形《米正式》200年目ごとの(記念の);200年間続く(《英》bicentenary). ―名 C 200年祭; [B~] 米国独立200年祭《1975-76》(bicentennial anniversary).
 **bicenténnial annivérsary** =bicentennial 名.
**bick·er** /bíkər ビカ/ 動 (自) 言い争う.

\*\***bi·cy·cle** /báisəkl バイスィクル/『2つの(bi)車(cycle)』
 ―名 (複 ~s/-z/) C 自転車(略式 bike) ‖
on a bicycle 自転車に乗って.
ride (on) a bicycle 自転車に乗る.
get on a bicycle 自転車にまたがる.
get off a bicycle 自転車から降りる.
対話 "How do you go to school?" "By bicycle. There's no bus service available." 「学校へはどうやって行きますか」「自転車で行きます. バスがないんです」.

関連 motorcycle オートバイ / scooter スクーター / tandem タンデム《2人乗り自転車》/ tricycle（子供用）3輪車 / unicycle 1輪車.

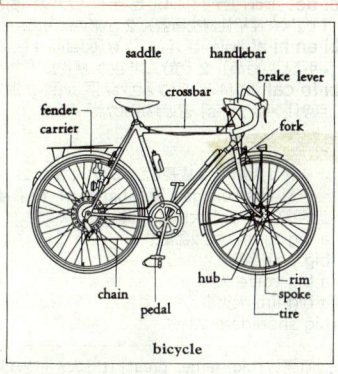

saddle / handlebar / crossbar / brake lever / fender / carrier / fork / chain / pedal / hub / rim / spoke / tire
**bicycle**

**bícycle kíck** 〔サッカー〕 =scissors kick.
**bícycle làne** 自転車専用路.
**bi·cy·clist** /báisəklist バイスィクリスト/ 名 C 自転車に乗る人.
**bid** /bíd ビド/ 動 (他 1, 2 で 過去 bade/bǽd, béid/, 過分 bid·den /bídn/ または bid, それ以外で 過去 bid, 過分 bid; 現分 bid·ding) 自 **1**（競売・入札で）値をつける ‖
bid for [on] the new road 新道路の建設に入札する.
**2** 得ようと努力する ‖
bid for fame 名声を得ようと手を尽くす.
 ―他 **1**（文·古）[bid ((to) do)] …に命ずる, 言いつける ‖
I bade him (to) do so. 彼にそうするようにと言った.
**2**（文·古）[bid A B / bid B to A] A〈人〉にB〈あいさつなど〉を述べる, 言う ‖
She bade me farewell. 彼女は私に別れのあいさつを述べた.
**3**（競売・入札で）〈金額の値〉をつける ‖
He bid a high price for [on] the painting. 彼はその絵に高値をつけた.
 ―名 C **1** つけ値 ‖
make a bid of $100 for a vase 花びんの入札に100ドルの値をつける.
**2**《略式》力, 企て ‖
màke a bíd for the presidency 大統領の座をねらう.
**bid·den** /bídn ビドン/ 動 → bid.
**bid·der** /bídər ビダ/ 名 C （競売・トランプの）入札をする人.
**bid·ding** /bídiŋ ビディング/ 動 → bid.
 ―名 C **1** つけ値.
**2** UC 命令, 言いつけ ‖
at the bidding of him =at his bidding 彼

の言うがままに.

**bide** /báid バイド/ 【動】（過去）bid·ed または bode /bóud/, （過分）bid·ed；（現分）bid·ing）他 《文》〈好機〉を待つ.

**bi·det** /bidéi ビデイ｜bídei ビーデイ/ 【フランス】名 C 1 ビデ《女性用性器洗浄器》. 2 小形の乗用馬.

**bi·en·ni·al** /baiéniəl バイエニアル/ 形 名 C 1 《正式》2年ごとの(行事). 2 〔植〕 二年生の(植物).

**bi·fo·cal** /báifóukl バイフォウクル/ 名 C 形 二重焦点の(レンズ)；[~s] 遠近両用メガネ.

***big** /bíg ビグ/
→ 形 1 大きい 2 成長した 3 偉い；重要な
——形 (比較) big·ger, (最上) big·gest) 1 〔形・数量・規模などの点で〕大きい(↔ little) ‖
a big room 大きな部屋.
big pay 高給.
a big voice 大声.
a big fire 大火事.
big shoulders 広い肩.

類 語法 [big, large, great] (1) 「大きさ」をいうとき big は重さ・かさに, large は単に大きさ・広さに重点がある. 数量では large がふつう. great は「巨大な」の意味以外ではまれ. great, large, big の順に口語的となる： a big [large, ×great] lunch たっぷりの昼食 / a big [large, great] city 大都会.
(2) 「重大さ」をいうとき great は big より堅い語. large は用いない： a big [great] failure 大きな失敗.
(3) U 名詞と用いるのは ふつう great だけ： great [×big] care [difficulty] ひどい気苦労[困難].
(4) 一般に large は無色な語であるが big, great は親しみ・賞賛・驚きなどの色を帯びることが多い： a large man からだつきの大きい人《♦ a big man では親しみがこめられる(→ 3 b). a big man は「偉人」》.

2 〈人が〉成長した；[名詞の前で]《米》年上の ‖
one's bíg bróther 兄(→ brother 名1).
You're a big boy [girl] now. ほう大きくなったね；もう大きいんでしょう《♦子供の言動をたしなめる言葉》.

3 [通例名詞の前で]《略式》a 〈人が〉偉い(→ 類 (4))；〈人・物・事が〉重要な, 目立つ ‖
He is a big man. 彼は偉い人だ.
have big ideas でっかい事を考える, 野心家である.
b 《米》〈人・飲食物などが〉人気のある(popular).

4 《略式》a 〈人・心・処置などが〉寛大な(generous) ‖
do big things 寛大な処置をとる.
That's big of you! どうもご親切さま《♦ 時に皮肉で》.
b 〈人・言動などが〉尊大な, おおぎさな ‖
big words 大きな言葉.
look big 偉そうな顔をする.
c [意味の強め] 大変な, 非常に ‖

a big eater 大食漢.
a big liar 大うそつき.
a gréat bìg búll ばかでかい牛.

5 [big with A] A〈涙・物・事など〉でいっぱいの ‖
eyes (which are) big with tears 涙でいっぱいの目.
be big with events 行事が目白押しだ.

——副 1 《略式》大いに ‖
eat big 大食する.
pay big for ... ...に多額の金を払う.
2 大きく, 自慢して ‖
act big でかい面(ﾂﾗ)をする.
think big 大きなことを考える.
talk big ほらを吹く, 偉そうな口をきく.

**bíg báng** 〔天文〕 [the ~] 宇宙爆発起源, ビッグバン.

**Bíg Bén** 〖工事監督をした Benjamin Hall の名から〗ビッグベン《英国国会議事堂時計塔の時鐘》；その塔[時計].

**bíg búsiness** (1) 大きな商売[取引]. (2) 《略式》[集合名詞的に] 財閥；大企業.

**Bíg Dípper** 《米》〔天文〕 [the ~] 北斗七星.

**bíg·ness** /bígnəs/ 名 U 大きいこと, 大きさ；重大さ, おおげさ.

**big·a·my** /bígəmi ビガミ/ 名 (複 -a·mies/-z/) U C 重婚(罪).

**big·ot** /bígət ビゴト/ 名 C (宗教・政治・人種に関して)頑迷な人, 偏狭な人.

**big·ot·ry** /bígətri ビゴトリ/ 名 (複 -ot·ries/-z/) U C 《正式》がんこ[偏狭](な行為).

***bike** /báik バイク/ 名 C 《略式》自転車(bicycle) 《◆ 小型オートバイを含むが, 自転車をさすことが多い》.

**Bi·ki·ni** /bikíːni ビキーニ/ 名 1 ビキニ環礁《北太平洋 Marshall 群島の1つで原爆の実験地》(Bikini Atoll). 2 [b~] C ビキニ《女性用水着の一種. ツーピース型》.

**Bikíni Atòll** =Bikini 1.

**bi·lat·er·al** /bailǽtərəl バイラタラル/ 形 《正式》両側の, 双方の.

**bil·ber·ry** /bílberi ビルベリ｜-bəri ビルバリ/ 名 (複 -ber·ries/-z/) C 〔植〕 コケモモ(の木)；コケモモの実《食用》.

**bile** /báil バイル/ 名 U 1 〔生理〕 胆汁. 2 《文》 不機嫌；かんしゃく.

**bi·lin·gual** /bailíŋgwl バイリングウル/ 形 名 C 2言語使用[併用]の(人).

**bi·lin·gual·ism** /bailíŋgwəlìzm バイリングワリズム/ 名 U 2言語使用.

***bill¹** /bíl ビル/ 〖『押印した文書』が原義〗
→ 名 1 請求書 2 a ちらし b 番組 3 法案 4 紙幣 5 手形
——名 (複 ~s/-z/) C 1 請求書, 勘定書；つけ《◆ 食堂などの勘定書は《米》では check》.
pay the hotel bill for $70 ホテルの勘定70ドル

Big Ben

を払う.
collect bills 集金する.
a medical bill 医療費.
a utility bill ガス電気代.
対話 "How much do we have to pay for dinner?" "Let me see … the total bill is about 5,000 yen." 「ディナーの代金はいくらでしょうか」「請求書が全部でほぼ5000円です」.
**2** (正式) **a** (催し物などの)ちらし, 広告; 貼(は)り紙, ポスター ‖
post (up) a bill ビラを貼る《ビラは bill のなまり》.
Post [Stick] No Bills. (掲示) 貼り紙お断り.
**b** (芝居・音楽会などの)番組(表), プログラム; 出し物 ‖
a theater bill 劇の番組.
**3** 法案《◆可決されると act (法令) となる》‖
pass a bill 議案を可決する.
reject a bill 議案を否決する.
the Women's Rights Bill「女性の権利」法案.
The bill was introduced [was brought] in the House of Representatives. 法案は下院に提出された.
**4** (米) 紙幣, 札 (cf. coin 事情) ‖
a ten-dollar bill 10ドル紙幣.

事情
[米国の紙幣]
| 紙幣 | 描かれた肖像 |
| --- | --- |
| 1ドル | ワシントン(Washington) |
| 2ドル | ジェファソン(Jefferson) |
| 5ドル | リンカーン(Lincoln) |
| 10ドル | ハミルトン(Hamilton) |
| 20ドル | ジャクソン(Jackson) |
| 50ドル | グラント(Grant) |
| 100ドル | フランクリン(Franklin) |
| 500ドル | マッキンレー(McKinley) |
| 1000ドル | クリーブランド(Cleveland) |

《◆米国の紙幣は大きさが皆同じ. また裏側が緑色なので green backs という愛称がある》

[英国の紙幣]
5ポンド
10ポンド
20ポンド
50ポンド
《(1) 肖像はみなエリザベス2世. (2) 1ポンド紙幣は1985年に廃止になった》

**5** 〔商業〕手形, 為替(かわせ)手形; 商証, 証券.
**6** 明細書.
***bill of rights*** [the ~] 基本的人権宣言; [B~ of R-] 権利章典《◆英では1689年, 米では1791年》.
**bíll bròker** (主に英) 証券[手形]仲買人.
**bill²** /bíl/ 图 © くちばし《◆鳥のくちばしの意の一般的な語. ワシ・タカなどでは特に beak という》.
**Bill** /bíl/ ビル 图 ビル《William の愛称》.

**bill·board** /bílbɔ̀ːrd/ ビルボード 图 © **1** (もと米) (屋外の)広告板, 掲示板(hoarding). **2** (米) 〔ラジオ・テレビ〕ビルボード, 提供クレジット《番組の開始[終了]時に行なうスポンサーなどの表示》.
**bil·let** /bílət/ ビレト 图 © 〔軍事〕 (兵士が宿泊するための)民家.
**bill·fold** /bílfòuld/ ビルフォウルド 图 © (米) (2つ折りの)札入れ, 名刺入れ(wallet) (→ purse 图 **1**).
**bil·liard** /bíljərd/ ビリャド 形 ビリヤードの, 玉突きの.
**bil·liards** /bíljərdz/ ビリャツ 图 U [単数扱い] ビリヤード, 玉突き ‖
play billiards =have a game of [(英) at] billiards 玉突きをする.
**bil·lion** /bíljən/ ビリョン | -iən ビリオン 图 (複 bil·lion, ~s/-z/) **1** © (基数の)10億 (英) milliard《10⁹; 100万(million)の千倍. 序数は bil·lionth》; (英古) 1兆 ‖
three billion(s) 30億.
billions of dollars 何十億ドル.
**2** (略式) [~s] 莫大な数.
**bil·lion·aire** /bìljənéər/ ビリョネア | bíljən- ビリオネア 图 © 億万長者 (cf. millionaire).
**bil·low** /bílou/ ビロウ 图 © **1** (文) 大波, うねり. **2** 波のようにうねるもの《炎・煙・音など》. —— 動 ⃝ **1** 〈炎・煙などが〉大波のようにうねる (+out). **2** 〈帆・旗などが〉ふくらむ, ふきあがる.
**bil·ly** /bíli/ ビリ 图 (複 bil·lies/-z/) © **1** (略式・小児語) (成長した雄の)ヤギさん(billy goat). **2** (米略式) こん棒, (警官の)警棒(billy club).
**bílly clùb** =billy **2**.
**bílly gòat** =billy **1**.
**Bil·ly** /bíli/ ビリ 图 ビリー《William の愛称》.
**Bílly the Kíd** ビリー=ザ=キッド《1859-81; 本名 William H. Bonney. 米国西部の無法者でピストルの名手》.
**bi·month·ly** /bàimʌ́nθli/ バイマンスリ 副 形 ひと月おきに[の]. —— 图 (複 ··month·lies/-z/) © 隔月刊行物.
**bin** /bín/ ビン (同音 been) 图 © **1** (石炭・穀物などの)ふた付きの大箱; (パンなどの)容器, 貯蔵所. **2** (英) ごみ入れ.
**bi·na·ry** /báinəri/ バイナリ 形 2つの, 2つから成る; 〔数学〕2進法の, 2進数の.
***bind** /báind/ バインド 〖『ひもなどで縛ってしっかり固定する』が本義〗
—— 動 (三単現) ~s /báindz/; (過去・過分) bound /báund/; (現分) ~·ing)
—— 他 **1** …を縛る, 結ぶ ‖
bind a package with string 包みをひもで縛る.
He was bound hand and foot. 彼は手足を縛られた.
**2** [bind A to [on] B] A〈人・動物・物〉を B〈物・場所・職〉に縛りつける, くくりつける ‖
bind sails to the mast 帆をマストに縛りつける.
be bound to hard work つらい仕事に縛られる.
**3** …に包帯をする; …をくるむ; …を束ねる ‖
bind (up) one's hair in a handkerchief 髪をハンカチでくくる.

bind a bandage about the head 頭に包帯を巻く.
bind (up) a wound 傷に包帯をする.
**4**《正式》…を束縛する, 義務づける ‖
be bound by a promise 約束に束縛される.
bind oneself by an agreement 協約に縛られる.
be bound to secrecy 秘密を守らされる.
**5**《米》…を見習い奉公に出す.
**6** …を製本する; …を合本する ‖
a book bound in cloth 布表紙の本.
a well-bound book 上製本.
bind up two books into one volume 2冊を1巻に合本する.
── 自 **1** 縛る, 束ねる.
**2** 拘束する ‖
an obligation that binds 人を拘束する義務.
**3**〈土砂などが〉固まる.
*be bóund up in* **A** (1) …に忙しい, …に夢中になる. (2) =be bound up with (次項).
*be bóund úp with* **A** …と密接な関係がある, …に依存する.
*I'll be bóund.*《略式》[通例文尾で] 請け合う, きっと…だ《◆I bet がふつう》.
── 名 © **1** 縛るもの《ひもなど》, 縛ること. **2**《略式》[通例 a bit of a 〜] やっかいなこと.
*in a bínd*《米略式》困って, あせって.

**bind·er** /báindər バインダ/ 名 **1** © 縛る[くくる]人; (特に)製本職人. **2** ©〈新聞・雑誌などを郵送するときの〉帯封(ポン), とじ込み表紙; ひも. **3** © 刈り取り束ね機. **4** ©⓾ 接合剤. **5** ©〈ルーズリーフ用〉バインダー.

**bind·er·y** /báindəri バインダリ/ 名 (複 **-er·ies** /-z/) © 製本所.

**bind·ing** /báindiŋ バインディング/ 動 → bind.
── 形 拘束力のある ‖
This agreement is binding on all of us. この契約には我々すべてが従わねばならない.
── 名 **1** ⓾ 縛る[結ぶ]こと, 束縛.
**2** © 縛る物, ひも, 包帯.
**3** ©〈本の〉表紙;⓾ 装丁, 製本.
**4** ⓾〈衣類の補強・飾りの〉縁取り材料 ‖
with silk binding 絹の縁取りで.

**bin·go** /bíŋgou ビンゴウ/ 名 ⓾ ビンゴ《5×5のます目に数を記入したカードを使ってするゲーム》.

**bi·noc·u·lar** /形 bainάkjələr バイナキュラ, bi-|-nɔ́kju- バイノキュラ; 名 bi- ビナキュラ, bai-|-nɔ́kju- ビノキュラ/ 形 両眼〈用〉の ‖
a binocular telescope 双眼(望遠)鏡.
── 名 © [通例 〜s; 複数扱い] 双眼鏡《◆数えるときは a pair of binoculars》 ‖
ten-power binoculars 倍率10倍の双眼鏡.

**bi·o-** /báiou- バイオウ-|báiə- バイオ-/ 連結形 生物, 生命《◆母音の前では bi-》. 例: bio*logy*.

**bio·chem·i·cal** /bàiouként̬ikl バイオウケミクル|bàiə- バイオ-/ 形 生化学の, 生化学的な.

**bio·chem·ist** /bàiouként̬ist バイオウケミスト|bàiə- バイオ-/ 名 © 生化学者.

**bio·chem·is·try** /bàiouként̬istri バイオウケミストリ|bàiə- バイオ-/ 名 ⓾ 生化学.

**bi·og·raph·er** /baiάgrəfər バイアグラファ|-5g- バイオグラファ/ 名 © 伝記作家.

**bi·o·graph·i·cal, -ic** /bàiougrǽfik(l) バイオウグラフィク(ル)|bàiə- バイオ-/ 形 伝記の, 伝記体の, 伝記ふうの ‖
a biographical dictionary 人名辞典.
a biographical sketch 略伝.
**bi·o·gráph·i·cal·ly** 副 伝記ふうに.

**bi·og·ra·phy** /baiάgrəfi バイアグラフィ|bai5grəfi バイオグラフィ/ 名 (複 **-ra·phies**/-z/) **1** © 伝記, 一代記 ‖
the biography of Dr. Johnson ジョンソン博士伝.
**2** ⓾ [集合名詞] 伝記文学, 伝記物.

**bi·o·log·i·cal, -ic** /bàiəlάdʒik(l) バイオラヂク(ル)|-15dʒi- -ロヂク(ル)/ 形 生物学(上)の, 生物学的な.

**bi·ol·o·gist** /baiάlədʒist バイアロヂスト|-51- バイオロヂスト/ 名 © 生物学者.

*****bi·ol·o·gy** /baiάlədʒi バイアロヂ|bai5lədʒi バイオロヂ/《生物の(bio)学問(logy). cf. psycho*logy*》
── 名 ⓾ 生物学, 生態学; 生態.

**bio·mass** /báioumæs バイオウマス|báiə- バイオ-/ 名 ⓾ バイオマス《燃料として使われる動植物》.

**bio·rhythm** /báiourìðm バイオウリズム|báiə- バイオ-/ 名 ©⓾ バイオリズム, 生物周期.

**bio·sci·ence** /bàiousáiəns バイオウサイエンス|bàiə- バイオ-/ 名 ⓾ 生物科学, 生命科学.

**bio·tech·nol·o·gy** /bàiouteknάlədʒi バイオウテクナロヂ|bàiəutekn5l- バイオウテクノロヂ/ 名 ⓾ 生物工学, バイオテクノロジー;《米》人間工学.

**bi·ped** /báiped バイペド/ 名 ©《正式》2足動物《人間や鳥》. ── 形 2足の.

**bi·plane** /báiplein バイプレイン/ 名 © 複葉機.

**birch** /bə́rtʃ バーチ/ 名 (複 〜·es/-iz/) **1** ©〈植〉カバ, カバノキ(birch tree) ‖
a white [silver] birch シラカバ.
**2** ⓾ カバ材.
**3** ©〈カバ材で作った〉つえ; =birch rod.
**bírch trèe** =birch 1.
**bírch ròd**《カバの枝を束ねた, 生徒を罰するための》むち(birch).

****bird** /bə́rd バード/《類語》bə́rd/bə́rdz/)
── 名 (複 〜·s/bə́rdz/) © **1** 鳥 ‖
birds of prey 猛禽(ホッシ)《タカ・ワシなど》.
a bird of paradise 極楽鳥.
a bird of passage 渡り鳥[者].
A little *bird* told me. 風の便りに聞いたよ.
Birds of a féather (flock togéther).《ことわざ》《略式》同じ羽の鳥(は群れをなす); 同じ興味[考え]の人〈は集まる傾向がある〉,「類は友をよぶ」《◆のは「同じ」の意味. → a 形14》.
The èarly bird catches [gets] the wórm.《ことわざ》早起き鳥は虫を捕える;「早起きは三文の得」.

**関連** (1) 窓をたたく鳥・家に入る鳥は不幸をもたらすといわれる. (2) [国鳥]米国 bald eagle ハクトウワシ／英国 robin コマドリ／オーストラリア lyrebird コトドリ／日本 pheasant キジ. (3) [州鳥] ハワイ州 Hawaiian goose (ハワイガン)／ワシントン州 American goldfinch (オウゴンヒワ).

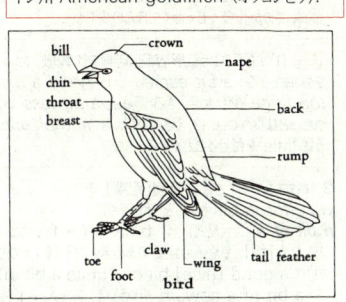

[bird diagram with labels: bill, crown, nape, chin, throat, breast, back, rump, toe, foot, claw, wing, tail feather, bird]

**2** 猟鳥《シャコ・キジなど》. **3**《英略式》女の子.
*a bírd in the hánd* 何か確実なもの, 手に入っているもの ‖ A bird in the hand is worth two in the bush. 《ことわざ》手中の1羽はやぶの中の2羽の値打ちがある;「あすの百よりきょうの五十」.
*éat like a bírd* とても少食である.
*kíll twó bírds with óne stóne*《略式》一石で二鳥を得る, 一挙両得をする.
*the bírd of fréedom* 自由の鳥《米国の紋章のハクトウワシ》. → bald eagle》.
**bírd wàtcher** 野鳥観察家.
**bírd wàtching** バードウォッチング, 野鳥観察.
**bird·cage** /bə́ːrdkèidʒ バードケイヂ/ **名** C 鳥かご.
**bird·call** /bə́ːrdkɔ̀ːl バードコール/ **名** C **1** (鳥のさえずり; そのものまね. **2** (鳥を呼び寄せる)呼び子.
**bird·ie** /bə́ːrdi バーディ/ **名** C **1** (小児語) 小鳥さん ‖
Watch [Look at] the birdie! はーい, 小鳥さんを見て《◆写真をとるときや小さい子に言う言葉》.
**2**《ゴルフ》バーディー《par より1打少ないホールイン. → par 関連》. **3**(バドミントンなどの)羽根.
**bird's-eye** /bə́ːrdzài バーヅァイ/ **形 1** 上空から見おろした, 鳥瞰(½%)的な.
**2** 概観的な, 大まかな ‖
take a **bird's-eye** view of … …を大観する.
**bird's-eye view** 全景, 鳥瞰図; (略式) 概観, 大要(→ bird's-eye **2**).
**Bir·ming·ham** /bə́ːrmiŋəm バーミンガム/ **名** バーミンガム《イングランド中部の工業都市》.

*****birth** /bə́ːrθ バース/ (同音) berth) 〚「赤ん坊を運び出すこと」が原義〛派 birthday (名)
—— **名** (複 ~s/-s/) **1** C U **a** 出生, 誕生 ‖
the date [day] of one's **birth** 生年月日.
be delicate **from (one's) birth** 生まれつき弱である.
My daughter weighed eight pounds **at birth**. 娘は生まれた時8ポンドの重さだった.

対話 "You have trouble hearing? (↗)"
"Yes. I have had this problem since **birth**." 「耳が遠くていらっしゃるのですか」「ええ, この障害は生まれた時からずっとあるのです」.
**b** 産むこと, 出産 ‖
have two **at a birth** 双子を産む.
have an easy **birth** 安産である《◆「難産」は a difficult birth》.
**2** U 生まれ, 血統, 家系 ‖
a man **of noble birth** 高貴な生まれの人.
Birth is much, but breeding is more. 《ことわざ》「氏(½)より育ち」.
**3** U 《正式》出現, 発生; 始まり, 起源 ‖
the **birth** of a new car 新車の出現.
***by bírth*** (1) 生まれは ‖ She doesn't speak Japanese at all, but she is Japanese **by birth**. 彼女は全然日本語を話しませんが, 生まれは日本人です. (2) 生まれながらの ‖ be an artist **by birth** 生まれながらの芸術家である.
***give bírth to A***《正式》(1) A〈子〉を産む(bear).
(2) A〈物・事〉を生み出す, …の原因となる ‖ He gave birth to a brilliant idea. 彼はうまい考えを思いついた.
**bírth certificate** 出生証明書.
**bírth contròl** 産児制限(の方法); 避妊.
**bírth ràte** 出生率《◆ふつう年間の千分比》.

**\*\* birth·day** /bə́ːrθdèi バースデイ/ 〚→ birth〛
—— **名** (複 ~s/-z/) C 誕生日(の祝い); 創立記念日(の祝い); (形容詞的に) 誕生日の ‖
celebrate [keep, observe] one's twentieth **birthday** 20歳の誕生日を祝う.
We met again on the 10th **birthday** of our company. 我々は会社の創立10年記念日に再び出会った.
Happy **birthday** (to you)! =Let me wish you a happy **birthday**! 誕生日おめでとう.
対話 "When is your **birthday**?" "It's (on) June 1." 「誕生日はいつですか」「6月1日です」.

Q&A **Q**:「生年月日」の意で birthday は使えますか.
**A**: 使えません. 次のような表現にします: 対話
"What's the date of your birth?" (= "When were you born?") "It's October 4, 1986." 「生年月日はいつですか」「1986年10月4日です」.

事情 (1) 子供が生まれたときには次のような言葉のカードを送る: Congratulations On Your New Addition! And Best Wishes to All of You. 新しいご家族のお誕生おめでとうございます. 皆様のご多幸をお祈りします.
(2) 英米では日本で祝う還暦(60歳), 喜寿(77歳)などはふつう祝わない.

**bírthday càke** バースデー=ケーキ《◆年齢の数だけろうそくをたて本人が吹き消すのが習慣》.
**bírthday càrd** 誕生日祝いのカード.
**bírthday hònours**〔英〕国王[女王]の誕生日に与えられる叙爵・叙勲.
**bírthday pàngs**（社会変革の）生みの苦しみ;〔米〕（出産の）陣痛(labor pains).
**bírthday pàrty** 誕生(日祝い)の会.
**bírthday prèsent**[**gíft**] 誕生日の贈り物.
**bírthday sùit**（略式）（生まれた時のままの）素肌, 裸‖ in one's **birthday suit** すっ裸で.
**birth・mark** /bə́ːrθmɑ̀ːrk/ バースマーク／名 C（生まれつきの）あざ, ほくろ.
**birth・place** /bə́ːrθplèis/ バースプレイス／名 C 生まれ故郷, 出生[生誕, 発生]地;源(cf. cradle 名 2).
**birth・stone** /bə́ːrθstòun/ バースストン／名 C 誕生石《身につけると幸運が訪れるといわれる》.
\***bis・cuit** /bískit ビスキト/ 〖「長い船旅の保存食として「2度焼かれたパン」が原義〗
——名（複 ~s/-kits/, **bis・cuit**）C〔米〕（パサパサで甘みがなく楕(だ)円形の)薄焼きパン《パンの一種でレストランでも出る. しばしば軍隊・病院の朝食用》〔英〕scone;〔英〕ビスケット, クッキー.
**bi・sex・ual** /baisékʃuəl バイセクシュアル/ 形 1（男女・雌雄）両性の;両性を備えた. 2 両性愛の.
——名 C 1〖生物〗両性体;雌雄同体. 2 両性愛者.
**bish・op** /bíʃəp ビショプ/ 名 1〖しばしば B~〗C〖アングリカン〗主教《◆England と Wales の約40の管轄教区の1つを統轄する最高職の僧》;〖カトリック〗司教;〖プロテスタント〗主教, 監督;〖仏教〗僧正(ぞう).
2 C〖チェス〗ビショップ《僧正帽子の形で, 将棋の「角」に当たる駒》.
**Bis・marck** /bízmɑːrk ビズマーク/ 名 ビスマルク《Otto/átou|ɔ́tou/ von ~ 1815–98;ドイツ帝国の初代宰相. あだ名は Iron Chancellor (鉄血宰相)》.
**bi・son** /báisn, -zn バイスン/ 名（複 **bi・son**）C〖動〗バイソン, 野牛《アメリカバイソンとヨーロッパバイソンがある》.
\***bit**¹ /bít ビト/〖「かみ(bite)とられた部分」が原義〗
——名（複 ~s/bíts/）C 1〖通例 a bit of＋U 名詞〗**a bit**, わずか(の…);（物の）小片, 小部分‖［通例 ~s］破片‖
a **bit** of lánd わずかな土地.
a **bit** of bread 1切れのパン.
gò [còme] to **bíts** こなごなになる.
be in **bits** こなごなになっている.
púll a thing to **bíts** 物をこなごなにする.
[対話]"Do we have any milk left?" "Not much, but there's a **bit** left in the refrigerator."「ミルクは残ってるかな」「あまりないけど, 冷蔵庫に少しは残っているわ」.
**b**（略式）（事の）1つ‖
a **bit** of advíce 1つの忠告.
**c**（食物の）1つ‖
a **bit** of fóod 1口の食物.
2（略式）［a ~; しばしば副詞的に］少し, ちょっと(a little, slightly)《◆しばしば「予想外」の意味を含む》‖
The question was **a bit** difficult. 問題は(予想より)少し難しかった.
walk **a bit** slowly 少しゆっくり歩く.
[対話]"Do you need any more money?" "Not so much, just **a bit** more."「もっとお金がいるのか」「多くじゃなくてほんの少しね」.

[語法] (1) 以下のように形容詞・副詞の比較級, too を修飾できる: a *bit earlier* 少し早めに / a *bit tòo lárge* 少し大きすぎる / eat a *bit less* いつもほどは食べない. (2)（略式）では a *líttle bít* のように little を付けることがある.

3（略式）[a ~] 少しの時間[距離]‖
wáit (for) **a bìt** ちょっとの間待つ.
**a bit of a ...**（略式）(1) わずかの物(→1);ちょっとした人[物];やや…の素質のある人[物]《◆「かなりの」は a good [nice] bit of / quite a bit of》‖ **a bit of a** coward やや臆(ぉく)病な人 / I've got **a bit of a** problem. ちょっとした問題をかかえてましてね. (2) 大変な人[物]《◆皮肉をこめた言い方》‖ It's **a bit of a** book. それはたいした本だ.
**bìt by bít**＝**by bíts**＝**a bít at a tíme**［副］（略式）少しずつ, 徐々に(little by little).
**dó** one's **bít**（英略式）本分を尽くす;ひと肌ぬぐ.
○**évery bít**（略式）[名](1) [every bit of A] すべての…;…の一部始終. (2) ［副詞的に］どの点から見ても, 全く‖ He is **every bit** a gentleman. 彼はどこから見ても紳士だ.
**nòt a bít**（略式）［副］少しも…ない[でない]（↔not a little）《◆強調では not ... óne bit ともいう》‖ I'm **nót a bít** tíred. ちっとも疲れていない／**Nòt a bít** (of it).（相手の言葉・前言を強く打ち消して）それどころか;（礼を言われて）どういたしまして《◆Not at all. の方がていねい》.
**bit**² /bít ビト/ 名 C 1（馬の）はみ;（一般に）制御する物. 2（きりの）穂先;（かんな・やっとこなどの）刃;（かぎの）歯.

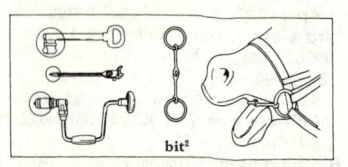

bit²

**bit**³ /bít ビト/〖*binary digit* から〗名 C〖コンピュータ〗ビット《情報量の基本単位》.
**bit**⁴ /bít ビト/ 動 → bite.
**bitch** /bítʃ ビチ/ 名（複 ~・es/-iz/）C 1 雌犬《◆「雄犬」は dog》;（オオカミ・キツネの）雌‖
a **bitch** fox 雌ギツネ.
2（俗）意地の悪い女, 尻軽女.
——動（三単現 ~・es/-iz/）自〈人が〉意地悪をする. —他〈人に〉意地悪をする;（略式）〈物〉を台なしにする.

**bite**

にする, やりそこなう (+*up*).

\***bite** /báit バイト/ 〖「(歯で)切る, かむ, 突き刺す, はさむ」が本義〗

── 動 (三単現) ~s/báits/; (過去) bit/bít/, (過分) bit·ten/bítn/ または (まれ) bit; (現分) bit·ing/

── 他 1 …をかむ, かみつく, かみ切る; 〈穴〉をかんであける ‖

The monkey **bit** me **on** [**in**] the hand. 猿が私の手にかみついた.

The dog **bit** meat **off** the bone. 犬は肉を骨からかじりとった.

If you approach that dog, you may have your hand **bitten**. その犬に近寄ると手をかまれるよ.

Once **bitten**, twice shy. 《ことわざ》一度こりるとあとで用心する;「あつものにこりてなますを吹く」.

**2** 〈虫などが〉〈人・動物〉を刺す; 〈カニが〉〈物〉をはさむ ‖

I am being **bitten** by mosquitoes this evening. 私は今夜は蚊に刺され通しだ.

**3** 〈寒さが〉〈人〉にしみる; 〈霜・酸などが〉〈物〉をいためる, 腐食する; 〈コショウなどが〉〈人〉を刺激する ‖

Pepper **bites** the tongue. コショウは舌にぴりぴりくる.

Acid **bites** metals. 酸は金属を腐食する.

── 自 **1** 〈人・動物が〉かみつく; 食いつく ‖

A barking dog seldom **bites**. → bark¹ 自 **1**.

**2** 〈魚が〉餌(え)に食いつく ‖

The fish won't **bite** today. きょうは魚がどうもかからない.

── 名 **1** Ⓒ かむこと; (魚の) あたり ‖

**2** Ⓒ かみ傷, 刺し傷.

**3** [a ~] ひとかじり; 少量 ‖

She hasn't had a **bite** of bread since yesterday. 彼女はきのうから1口のパンも食べていない.

Give me a **bite**. ひと口味見させろよ.

**4** Ⓤ (歯車の)かみ合い, ひっかかり.

**5** Ⓤ [しばしば a ~] (文体的) 鋭さ, 辛辣(しんらつ)さ; (空気・風の)肌を刺す冷たさ.

**6** (略式) [a ~] 食物, 軽い食事 ‖

Can you come over to the house for a **bite** tonight? 今晩, めしを食いに家に来ないかい.

**bit·ing** /báitiŋ バイティング/ 動 → bite.

── 形 **1** 身を切るように寒い ‖

a **biting** wind 肌を刺す風.

**2** 〈皮肉などが〉鋭い, 痛烈な ‖

**biting** remarks 辛辣(しんらつ)な言葉.

**3** [副詞的に] 身を切るように ‖

It is **biting** cold. ひどく寒い.

**bít·ing·ly** 副 身を切るように; 痛烈に.

**bit·ten** /bítn ビトン/ 動 → bite.

**bit·ter** /bítər ビタ/ 形 (通例 比較) more ~, (最上) most ~) **1** 苦い (↔ sweet) ‖

This coffee tastes **bitter**. このコーヒーは苦い味がする.

**2 a** 〈できごとなどが〉むごい, つらい; 〈人〉の心を痛める ‖

**black**

know [learn] from **bitter** experience つらい経験から学ぶ.

**b** 〈言動などが〉激しい, 辛辣(しんらつ)な ‖

**bitter** criticism 痛烈な批評.

**3** 〈風・寒さなどが〉厳しい, 身を刺す(harsh) ‖

the **bitter** cold 厳寒.

── 名 **1** [the ~(s)] 苦いもの, 苦さ; 苦しみ ‖

táste the swéets and **bítters** of lífe =táke the **bítter** with the swéet 人生の苦楽を経験する.

**2** Ⓤ (英) 苦味ビール, ビター(→ 形 **1**)〈ホップで強い苦味をつけた英国の代表的生ビール. ふつう日本のビールより泡(head)が少ない. pint 単位で注文する. → beer〉.

**3** [~s] 苦味酒《苦い草・根・実などを浸したアルコール飲料. カクテルの風味用》.

**bítter órange** 〖植〗 ダイダイ.

**bit·ter·ly** /bítərli ビタリ | bítəli ビタリ/ 副 **1 a** 激しく, 痛烈に ‖

I **bitterly** regret my mistake. 失敗を身にしみて後悔しています.

**b** 苦々しく, 敵意に満ちて ‖

speak **bitterly** 苦々しげに言う.

**2** 身を刺すように.

**bit·ter·ness** /bítərnəs ビタネス/ 名 Ⓤ 苦さ; つらさ; 恨み, 敵意; 皮肉.

**bit·ter·sweet** /bítərswìt ビタスウィート/ 形 **1** ほろ苦い, 苦くて甘い; 楽しくてつらい. **2** (米) 〈チョコレートが〉ほとんど砂糖の入っていない. ── 名 Ⓤ ほろ苦い味; 苦しみの混じった楽しさ.

**bi·tu·mi·nous** /bit(j)úːmənəs ビトゥーミナス (ビテューミナス)/ 形 瀝青(れきせい)(質)の.

**bi·valve** /báivælv バイヴァルヴ/ 名 Ⓒ 二枚貝《カキ・ハマグリ・アサリなど》.

**biv·ou·ac** /bívuæk ビヴアク/ 名 Ⓒ (軍隊の)露営(地), 野営, (登山の)ビバーク. ── 動 (過去・過分) ~ked; (現分) ~·king) 自 露営[野営]する.

**bi·week·ly** /bàiwíːkli バイウィークリ/ 形副 1週間おきの[に].

── 名 (複) ··**week·lies**/-z/) Ⓒ 隔週刊の雑誌[新聞など] (→ periodical).

**bi·zarre** /bizɑ́ːr ビザー/ 形 (正式) 風変わりな, 奇怪な.

**Bi·zet** /bizéi ビゼイ | bíːzei ビーゼイ/ 名 ビゼー《Georges/ʒɔ́ːrʒ/ ~ 1838-75; フランスの作曲家. 歌劇『カルメン』を作曲》.

**b.l., BL, B/l, B/L** (略) bill of landing 積荷[船荷]証券.

**blab** /blæb ブラブ/ 動 (過去・過分) **blabbed**/-d/; (現分) **blab·bing**) (略式) 他 自〈秘密などを〉漏らす; (無分別に) しゃべりまくる.

\***black** /blǽk ブラク/

── 形 (比較 ~·er, 最上 ~·est) **1** 黒い, 黒色の (↔ white) ‖

a huge **black** cloud 大きな黒い雲.

His eyes are **black**. =He has **black** eyes. 彼は目が黒い《◆ (1) 少し茶色っぽくても **black** とい

う. (2) He has *a black eye*. は「なぐられて目の周囲が黒くあざになっている」という意味になる》.

[文化] 一般的には, 日本語の「黒」と同じくしばしばよくないイメージを暗示. 陰気な色から不吉・死・敗北・違反な代名詞として用いられることが多い. ただし, **2** [語法] 参照.

**2** 〈人が〉(皮膚が)黒い《◆黒人であるということ.「日に焼けて黒い」は brown, sunburnt, (sun-)tanned. ただし次の表現は可能: She is burned [tanned] almost *black*. 彼女は日に焼けてほとんど真っ黒だ.「彼は色が黒い」は He's dark.》∥ Black English 黒人英語.

[語法] 米国の黒人については, 1970-80年代に black が最もふつうの語となった(それ以前は Negro, colored). 90年代以降, Afro-American を経て, 現在は African-American が公称となったが, black も依然として日常語として使われている. Negro, colored は特別な連語を除いて避けられる.

**3** (略式)〈手・着物などが〉汚れた, たいへん汚い(dirty).
**4** 真っ暗な, 真っ暗やみの《◆ dark より暗い状態》∥ The cave was bláck as níght. ほら穴は真っ暗だった.
[対話] "It's really dark in here. I can't see a thing." "It is black in here, isn't it?"「この中は暗いなあ. 何も見えないよ」「ほんとに真っ暗だね」.
**5** (文)[名詞の前で] 悪意の, 邪悪な(evil) ∥ commit many **black** deeds 悪業を重ねる.
**6** [しばしば B~] 不吉な(unlucky), たいへん憂い, 憂うつな;〈事態が〉険悪な ∥ terrible **black** days ひどく憂うつな日. Don't look on the **black** side. 悪い面を見るのはよしなさい. Things look **black**. 事態は険悪だ.
**7** [通例名詞の前で] 非常に怒った(angry), むっとした(bad-tempered) ∥ He gave me a **black** look. =He looked **black** at me. 彼はむっとして私を見た.
**8** 〈コーヒーが〉ミルク[クリーム]の入っていない, ブラックの(↔ white) ∥ have [drink] one's coffee **black** コーヒーをブラックで飲む.

**bláck and blúe** (ぶたれて)青あざのできた.
**bláck and whíte** (1) (写真・テレビ・印刷の)白黒《◆ ×white and black とはいわない》∥ in black and white (口頭でなく)印刷物[文書]で; 白黒テレビで. (2) 白か黒か, 善か悪か, (その中間はないという)割り切った考え方 (cf. black-and-white).

── [名] (複 ~s/-s/) **1** ⓤⓒ 黒, 黒色(↔ white) ∥ Black is beautiful. 黒は美しい《◆1960年代の黒人解放運動のスローガン》.
**2** ⓤ 黒い服, 黒衣, 喪服 ∥

be (dressed) in black 喪服を着ている.
**3** [the ~] 黒字(↔ red) ∥ get into the black 黒字になる.
**4** ⓤⓒ 黒色の絵具[染料, 色素]; ⓒ すす, 汚れ.
**5** ⓒ **a** 黒人. **b** (豪)オーストラリア先住民.

**swéar bláck is whíte** =**tálk bláck into whíte** (目的のためには)手段を選ばない, 黒を白という.

── [動] [他] **1** …を黒く[暗く]する;〈靴〉をみがく. **2** (主英) (ストに)…をボイコットする, 休業を宣言する.
**3** =blacken **2**.

**bláck óut** (1) [自] 灯火管制をする《空襲に備え, 明かりを減らしたり, 消したりして目標にならないようにする》. (2) [自] (一時的に)気を失う. (3) [他] …を灯火管制する; [演劇]〈舞台〉を暗くする;〈記事〉を黒く塗りつぶす;〈ニュースなど〉の放送を禁止する.

**bláck húmor** ブラックユーモア《不吉で憂うつで気味の悪いユーモア》.
**bláck líst** ブラックリスト, 要注意人物表(cf. blacklist).
**bláck márket** やみ市場, やみ取引.
**bláck pépper** 黒コショウ.
**bláck pówer** [しばしば B~ P-] ブラックパワー《自らの権力機構を樹立しようという米国の黒人の運動スローガン》.
**Bláck Séa** [the ~] 黒海.
**bláck téa** 紅茶.
**bláck tíe** (1) 黒蝶(ちょう)ネクタイ. (2) (男性用)略式夜会服.

**black-and-white** /blǽkənhwáit/ ブラカンワイト/ [形] 白黒のはっきりした, 単純明快な;[映画]白黒の (cf. black and white (black [形] 成句)).

**black·ber·ry** /blǽkbèri/ ブラクベリ/ [名] (複 -berries/-z/) ⓒ クロイチゴ(の木)《◆多産で知られる》∥ (as) plentiful as blackberries たくさんある.
── [動] [自] 《◆次の句で》∥ go blackberrying クロイチゴをつみに行く.

**black·bird** /blǽkbə̀ːrd/ ブラクバード/ [名] ⓒ [鳥] クロゴモガラス《アメリカ産》; クロウタドリ《◆(1) ヨーロッパ産. ヒタキ科. スウェーデンの国鳥. (2) *bláck bírd* は「黒い鳥」の意》.

***black·board** /blǽkbɔ̀ːrd/ ブラクボード/ (アクセント注意)《◆ ×ブラクボード》
── [名] (複 ~s /-bɔ̀ːrdz/) ⓒ (教室の)黒板《◆緑色のものにも用いる. board ともいう. 台所のメモ用は message board. black board は「黒い板」の意》.
[対話] "Mr. Kelly. Could you repeat what you said, please?" "Shall I write it on the blackboard?"「ケリー先生. 今言われたことをもう一度言ってくださいませんか」「黒板に書きましょうか」.

**bláckboard júngle** (米)暴力教室.
**black·en** /blǽkn/ ブラクン/ [動] [他] **1** …を黒く[暗く]する. **2** 〈人格・名声など〉を傷つける.
**black-eyed** /blǽkàid, (英+) -=/ [形] 黒い目をした; 目のふちが黒くなった.
**black·jack** /blǽkdʒæk/ ブラクチャク/ [名] **1** ⓒ (米)

自在こん棒. **2** ⓒ 海賊旗. **3** Ⓤ〔トランプ〕21 (twenty-one)《◆エースと絵札の組み合わせ》.
**black·list** /blǽklìst ブラクリスト/ 動 他 …をブラックリストに載せる(cf. black list).
**black·ly** /blǽkli ブラクリ/ 副 怒って(angrily), 悲しく(も) (sadly) ; (文) 凶悪に(evilly).
**black·mail** /blǽkmèil ブラクメイル/ 名 Ⓤ ゆすり, 恐喝(で得た金).
―― 動 他 …をゆする, 恐喝する.
**black·mail·er** /blǽkmèilər ブラクメイラ/ 名 ⓒ 恐喝する人.
**black·ness** /blǽknəs ブラクネス/ 名 Ⓤ **1** 黒さ, 暗黒. **2** 腹黒さ, 陰険. **3** 陰うつ.
**black·out** /blǽkàut ブラカウト/ 名 ⓒ **1** 灯火[報道]管制. **2** 停電. **3** 〔演劇〕暗転. **4** (一時的な)意識不明, 記憶喪失.
**black·smith** /blǽksmìθ ブラクスミス/ 名 ⓒ かじ屋, 蹄(ひづめ)鉄工《◆昔は時には病人も治した》.
**blad·der** /blǽdər ブラダ/ 名 **1** 〔解剖〕[the ~] 嚢(のう), 袋状組織 ; (特に)膀胱(ぼうこう) ‖
the gall bladder 胆嚢.
**2** ⓒ 嚢状の物 ; (魚・水泳用の)浮き袋.
**blade** /bléid ブレイド/ 名 ⓒ **1** (草・麦などの穀草の)(平らく細長い)葉《◆木の葉は一般に leaf, 松葉は needle》‖
a blade of grass 草の葉.
**2** (刀などの)刃 ; 刀身, 刀物. **3** (鋤(すき)などの道具の)平らな部分 ; (オールの)水かき ; (プロペラ・扇風機などの)羽根 ; 肩甲(けんこう)骨.
**Blake** /bléik ブレイク/ 名 ブレイク《William ~ 1757-1827 ; 英国の詩人・画家》.
*__blame__ /bléim ブレイム/ 〖「冒瀆(ぼうとく)する」が原義〗

blame〈名指して責める〉

―― 動 [三単現] ~s/-z/ ; [過去・過分] ~d/-d/ ; [現分] blam·ing〉
―― 他 **1** [blame A (for B)] (B〈事〉で)A〈人〉を非難する, とがめる, 責める(↔ praise)《◆(1) accuse より意味が弱い. → condemn. (2) for 句は非難の対象となる行為・事がらを示す》‖
They blamed her for having left there. そこを離れたことで彼らは彼女を責めた.
I don't blame you. (君のしたことは間違っていない) それでよかったのだ, そのとおりだ.
[対話] "It was your mistake, not mine." "I'm not blaming you. I'm just saying you did nothing to stop me." 「それは君の方の間違いじゃないよ」「君を責めているんじゃない. ただぼくを引き止めてくれなかったと言っているんだ」.
**2** [blame A on B / blame B for A] A〈物事〉を B〈人・物・事〉の**責任にする**, …のせいにする, …に負わせる ‖
I blamed the accident on the driver. ＝I

blamed the driver for the accident. 私は事故の責任を運転手に負わせた.
◇**be to bláme** 責めを負うべきである, 責任がある ‖
He is to blame for the accident. その事故の責任は彼にある.
―― 名 Ⓤ **1** 非難, 責め ‖
incur blame for the mistake その誤りに対して非難を招く.
**2** [通例 the ~] **責任** ‖
tàke [bèar] the bláme for the defeat その敗北のことで責任をとる, 泥をかぶる.
làv [pùt, plàce] the bláme for the accident on her 事故の責任を彼女に負わせる《◆ ˣIt's my blame. のように所有格をつけるのは誤りで, I am to blame. / It's my fault. のようにする. cf. fault 名 **3**》.
**blame·less** /bléimləs ブレイムレス/ 形 〔正式〕〈生活などが〉非難するところのない, 罪[欠点]のない, 潔白な(innocent).
**bláme·less·ness** 名 Ⓤ 潔白.
**blam·ing** /bléimiŋ ブレイミング/ 動 → blame.
**blanch** /blǽntʃ ブランチ/ blǽntʃ/ ブランーチ/ 〔類音〕 branch/brǽntʃ/ 動 [三単現] ~·es/-iz/ 他 **1** …を漂白する ; 〈セロリなど〉を(土で覆って)白く栽培する ‖
blanch tablecloths white テーブルクロスをさらして白くする.
The sun blanched the rug. 日光で敷物の色があせた.
**2** 〔料理〕〈果実・野菜など〉を熱湯に通す, ゆがく.
**bland** /blǽnd ブランド/ 〔類音〕 brand/brǽnd/ 形 **1** 〈人・態度などが〉おだやかな, 人あたりのよい ; どっちつかずの, 個性のない ; 精彩のない, 感情を示さない. **2** 〈食物が〉薄味の, 刺激の少ない. **3** 〈気候などが〉温和な.
**blánd·ly** 副 おだやかに.
**blánd·ness** 名 おだやかさ.
**blan·dish·er** /blǽndiʃər ブランディシャ/ 名 ⓒ ご機嫌取り.
**blank** /blǽŋk ブランク/ 形 **1** 白紙の, 何も書いていない ‖
a blank sheet of paper 白紙1枚.
**2** 〈表情が〉無表情な, うつろな ; まごついた ‖
go blank (頭・心などが)うつろになる.
**3** 〈壁や窓や戸のない〉〈空間などが〉がらんとした, からっぽの.
**4** 〈日々か〉無味乾燥な, 空虚な ; 成果のない ‖
blank efforts 実りのない努力.
―― 名 ⓒ **1** 空白, 余白 ‖
in blank 空白のままで.
Fill in [out, up] the blanks. (問題の)空所を埋めよ.
**2** 白紙 ; (米)書き込み用紙 ‖
an application blank 申し込み用紙.
**3** [通例 a ~ ; 比喩的に] 空白, 空虚 ; 何もない時間. **4** 空包, 空弾《火薬だけで実弾をこめていない弾薬. 音だけが出る》(blank cartridge) (↔ ball cartridge).

B

***dráw (a) blánk*** 空くじを引く；《略式》しくじる.
**blánk cártridge** =blank [名] **4**.
**blánk vérse** 無韻詩《弱強五歩格などの脚韻のない詩. シェイクスピアが戯曲で多用した》.
**blánk wáll** 窓や扉のない壁(→ [形] **3**) ‖ come up against a **blank wall** 行き詰まる.

***blan·ket** /blǽŋkət ブランケト/ 〘「白いもの」が原義. 毛布は元来白い羊毛でできていた〙
——[名] ([複] ~s/-kits/) [C] **1** 毛布.
**2** 《米・カナダ》(先住民の)外衣.
**3** [a ~ of A] (毛布のように)すっぽり覆うもの ‖
a **blanket** of mist 一面の霧.
**4** [形容詞的に] 総括的な ‖
a **blanket** rule 総括的な規則.
——[動] [他] **1** 〈人・物〉を毛布でくるむ.
**2** [通例 be ~ed] (毛布でくるむように)〈場所が〉覆われる ‖
The hill **was blanketed** with [in] snow. 丘は一面雪で覆われた.

**blank·ly** /blǽŋkli ブランクリ/ [副] **1** ぼんやりと, ぽかんと. **2** きっぱりと.

**blare** /bléər ブレア/ [動] ([現分] **blar·ing**) [自] (耳障りに)鳴り響く(+*out*). ——[他] 〈らっぱ・音など〉を高らかに鳴らす；大声で…をがなり立てる. ——[名] [a ~ / the ~] **1** (らっぱなどの)響き；がなり立てること. **2** まばゆさ, きらびやかさ.

**blas·pheme** /blæsfíːm ブラスフィーム/ [動] ([現分] **-·phem·ing**) [他] 《正式》〈神・神聖なもの〉を冒瀆(ぼうとく)する, …をけがすようなことを言う. ——[自] 不敬[冒瀆]の言葉を発する.

**blas·phe·mous** /blǽsfəməs ブラスフィマス/ [形] 《正式》不敬の, 冒瀆(ぼうとく)的な.

**blas·phe·my** /blǽsfəmi ブラスフィミ/ [名] ([複] **-·phe·mies**/-z/) **1** [U] (神聖なものへの)冒瀆(ぼうとく).
**2** [C] (一般に)不敬な言動.

**blast** /blǽst ブラスト | blɑ́ːst ブラースト/ [名] **1** [C] 突風(〈類〉 wind) ‖
a **blast** of wind 一陣の風.
**2** [C][U] 爆発, 爆破；爆風；(1回分の)発破(はっ)《火薬による爆破》.
**3** [C] (らっぱなどの)一吹き(の音), (車の)警笛 ‖
blow a **blast on** one's horn 角笛を高らかに吹く.
**4** [C] (炉へ送る)強い一吹き ‖
at a **blast** 一吹きで；一気に.
***at fúll blást*** (仕事などに)全力をあげて；〈ラジオなどが〉最高の音量で.
——[動] [他] **1** …を(発破・砲撃で)爆破する；(爆破して)〈トンネルなど〉を作る ‖
**blast** a channel through the reefs 岩礁に発破をかけて水路を開く.
**2** 《正式》〈事が〉〈評判・希望など〉を台なしにする, 破滅させる.
***blást óff*** [自] 〈ロケットなどが〉発射する.

**blast·ed** /blǽstid ブラスティド | blɑ́ːst- ブラースティド/ [動] → blast. ——[形] 《略式》ひどい, いまいましい.

**blast·ing** /blǽstiŋ ブラスティング | blɑ́ːst- ブラーステイング/ [動] → blast. ——[形] 爆破の.

**blast·off** /blǽstɔ̀(ː)f ブラストー(ー)フ | blɑ́ːst- ブラーストー(ー)フ/ [名] [C][U] (ロケット・ミサイルなどの)打ち上げ, 発射.

**bla·tant** /bléitnt ブレイタント/ [形] 《正式》**1** 騒々しい. **2** ずうずうしい. **3** 見えすいた.
**blá·tant·ly** [副] 騒々しく.

**blaze**[1] /bléiz ブレイズ/ [名] [C][U] **1** (明るく燃え上がる)炎, 火炎；火事 ‖
in a **blaze** 一面火となって.
The fire **burst into a blaze**. 火が燃え上がった.
**2** 強い輝き, (宝石などの)まばゆい光；(名声の)輝き ‖
the **blaze** of the sun まばゆい太陽の光.
a **blaze of** glory さんぜんたる栄光.
**3** (感情などの)激発(outburst) ‖
He left here **in a blaze of** anger. 彼はかっとなってここを立ち去った.
——[動] ([現分] **blaz·ing**) [自] **1** 燃え立つ；ぎらぎら照る.
**2** かっとする ‖
His eyes were **blazing with** anger. 彼の目は怒りに燃えていた.

**blaze**[2] /bléiz ブレイズ/ [名] [C] **1** (木につけた)目印. **2** (牛馬の顔面の)白いマーク, ほし. ——[動] ([現分] **blaz·ing**) [他] 〈木など〉に目印をつける.

**blaz·er** /bléizər ブレイザ/ [名] [C] ブレザー《◆ 運動選手の制服などにする. ×blazer coat とはいわない》.

**blaz·ing** /bléiziŋ ブレイズィング/ [動] → blaze.
——[形] **1** 赤々と燃えている, 焼けるような. **2** 《略式》まぎれもない.

**bleach** /blíːtʃ ブリーチ/ ([類音] breach/bríːtʃ/) [動] ([三単現] **~·es**/-iz/) [他] …を漂白する；〈日光が〉〈物〉をさらす. ——[自] (さらされて)白くなる. ——[名] ([複] **~·es**/-iz/) [U][C] 漂白剤；漂白.
**bléaching pòwder** さらし粉.

**bleach·er** /blíːtʃər ブリーチャ/ [名] **1** [C] 漂白する人；漂白剤. **2** 《米》[~s] (野球場などの)屋根なし観覧席.

**bleak** /blíːk ブリーク/ [形] **1** 〈天候が〉寒々とした, 冷たい.
**2** 〈場所が〉吹きさらしの, 荒涼とした.
**3** 〈見通しなどが〉わびしい ‖
a **bleak** prospect [outlook, future] 暗い前途.
**bléak·ly** [副] 吹きさらしに, わびしく.
**bléak·ness** [名] [U] わびしさ, 陰気さ.

**blear·y** /blíəri ブリアリ/ [形] (時に [比較] **-·i·er**, [最上] **-·i·est**) **1** 〈目が〉かすんだ；〈輪郭(りんかく)が〉ぼやけた. **2** 疲れた.

**bleat** /blíːt ブリート/ 〘擬音語〙 [動] [自] 〈羊・ヤギ・子牛などが〉鳴く；《略式》泣き言を言う. ——[他] 《略式》…をぐちっぽくしゃべる. ——[名] [C] [通例 a ~ / the ~] (羊・ヤギの)鳴き声；哀れな震え声.

**bled** /bléd ブレド/ [動] → bleed.

***bleed** /blíːd ブリード/ ([類音] breed/bríːd/) 〘「血(blood)が流れる」が本義〙
——[動] ([三単現] **~s** /blíːdz/ ; [過去・過分] **bled** /bléd/ ; [現分] **~·ing**)

**bleeding** — 147 — **blind**

**—⾃ 1** 出血する ‖
bleed to death 出血多量で死ぬ.
His nose is **bleeding** badly. あの人ひどく鼻血が出ているよ.
He is **bleeding from** the cuts on the face. 彼は(かみそりあとなどの)顔の切り口から[切り傷で]血が出ている.
**2** 血を流す, 傷を負う ‖
bleed for one's country 祖国のために血を流す.
**—他 1**〈人〉から血を採る, 放血する《昔の医者の治療法》.
**2**〈ガス・液体などを〉(しぼるように)採る ‖
bleed a tire **of** air タイヤから空気を抜く.
**3**《略式》〈人〉から〈もどしぼり〉上げる ‖
He **bled** me **of** all my money. 彼は私からすっかり金をしぼり取った.
*bléed A whíte* [*drý*]《略式》〈人〉から金をしぼり取る.

**bleed·ing** /blíːdiŋ ブリーディング/ 動 → bleed.
**—形** 出血する, 血まみれの.

**bleep** /blíːp ブリープ/ 名 C **1**(無線などの)ピーピー音. **2**《主に英》=bleeper. **—動 ⾃** ピーピー音を出す. **—他** を信号音で呼ぶ.

**bleep·er** /blíːpər ブリーパ/ 名 C 《主に英》ポケットベル(《主に米》beeper).

**blem·ish** /blémiʃ ブレミシュ/《正式》動 (三単現 ~·es/-iz/) 〈名声・人格などを〉傷つける, 汚す.
**—名**(複 ~·es/-iz/) C (名声・美しさなどを損う)欠点, 汚点.

**blend** /blénd ブレンド/ 動 (過去・過分 ~·ed/-id/または《詩・文》blent/blént/) **1 a** を(完全に)混合する ‖
blend the paints 絵の具を混ぜる.
**b** [blend A with B] 〈A〈物〉を〉B〈物〉に混ぜ合わせる ‖
blend some herbs **with** tea 薬草を茶に混ぜ合わせる.
**2**〈茶・酒・タバコなどを〉(ブレンドして)作る, 調整する.
**—⾃ 1** 溶け合う ‖
Oil and water won't **blend with** [**into**] water. =Oil and water won't **blend with** [**into**] each other. 油は水と溶け合わない.
**2** 調和する ‖
The curtain **blends** well **with** the walls. そのカーテンは部屋の壁の色とよく調和している.
**—名** C **1**(数種のものの)混合物, ブレンド ‖
our special **blends** (of coffee) 当店特製の(コーヒーの)ブレンド.
a **blend of** love and hatred 愛憎の入りまじった気持ち[態度].
**2**〔言語〕混成語, かばん語《♦ smog ← smoke + fog など》.

**blend·er** /bléndər ブレンダ/ 名 C 《主に米》(電動の)ミキサー.

**blend·ing** /bléndiŋ ブレンディング/ 動 → blend.
**—名** Ｕ Ｃ **1** 混合(物), 融合, 調合. **2** 混成(語), 混交.

*****bless** /blés ブレス/ (類音 blíss/blís/) 〘「(いけにえ

の)血で清める」から「神を崇拝し加護を祈る」が本義〙 blessing(名)
**—動**(三単現 ~·es/-iz/; 過去・過分 ~·ed/-t/または blest/blést/; 現分 ~·ing)
**—他**《正式》**1**(十字を切って)…に神の加護を祈る ‖
The priest **blessed** the congregation. 司祭は会衆(しゅう)一同を祝福した.
**2**〔通例 be ~ed〕恩恵を受ける, 恵まれる ‖
I am **blessed with** a bad memory. 私は記憶が悪くて困る.
対話 "So she won another race, didn't she?" "It was easy for her since she's **blessed with** great speed." 「というと彼女はまたレースに勝ったのですね」「彼女にしたら簡単なんです. スピードに恵まれていますから」.
**3**(儀式で)〈パン・ブドウ酒などを〉聖別[祝別]する.
**4**〈神を〉賛美する; …に感謝する ‖
Bless the name of the Lord! 主の御名(みな)をほめたたえよ.
I **bless** him **for** his kindness. 彼の親切に心から感謝している.
*God bléss you!* =*Bléss you!* あなたに神の恩寵(ちょう)がありますように; どうもありがとう; おやまあ！ま, あ, かわいそうに《♦ 英米ではくしゃみをした人に言う. 言われた人は Thank you. と返す》.

**bless·ed** /blésid ブレスィド/, 《主に詩・古》blest/blést ブレスト/ (類音 breast/brést/) 動 → bless.
**—形 1**(才能・健康などに)恵まれた ‖
We are **blessed** with good friends. 私たちはよい友人に恵まれている.
**2** 神聖な ‖
the **blessed** land 天国.
**3**《主に聖書》幸せな, 神の恵みを受けた.
**4**〔名詞の前で〕楽しい, 喜ばしい.

**bless·ing** /blésiŋ ブレスィング/ 動 → bless.
**—名 1** C 〔通例 a ~〕祝福; (食事の前後の)短い祈り ‖
ask [say] **a blessing** 食前(または食後)の祈りをする.
**2** C 神の賜物(たまもの); ありがたいもの ‖
Her baby was a great **blessing to** her. 赤ん坊は彼女にとって大きな天の恵みだった.
**3** U《略式》承認, 賛成.

**blest** /blést ブレスト/ 動 → bless.
**—形** =blessed.

*****blew** /blúː ブルー/ 動 → blow[1].

**blight** /bláit ブライト/ (類音 bright/bráit/) 名 **1** Ｕ (植物の)胴枯れ病. **2** C 《正式》〔通例 a ~〕(希望・前途を)くじくもの. **—動 他** …を枯らす, だめにする.

*****blind** /bláind ブラインド/ (比較 ~·er, 最上 ~·est) **1a** 目の見えない, 盲目の, 盲人の, 〔名詞の前で〕盲人の(ための).
関連 deaf 耳の聞こえない / dumb 口のきけない ‖
a **blínd schóol** 盲学校.
(as) **blínd as a bát**《略式》全く目が見えない;〔比喩的に〕先が見えない.
be **blind in** the left eye 左目が見えない.

turn a [one's] blind eye to his faults 彼の欠点を見て見ぬふりをする.
**b** [the ~; 集合名詞的に; 複数扱い] 目の見えない人たち ‖
It is (a case of) the blind leading the blind. 〖聖〗それは盲人が盲人を導くようなものだ; 非常に危険だ《マタイ伝》.
**2** [補語として] 物を見る目がない; わからない ‖
He is blind to her kindness. 彼には彼女の親切がわからない.
**3** [通例名詞の前で] **盲目的な**, 無計画な, 無目的な ‖
a blind purchase 衝動買い.
by blind chance 全くの偶然で.
in one's blind haste やたらに急いで.
Love is blind. (ことわざ)「恋は盲目」.
**4** [通例名詞の前で]〈場所・建物などが〉出口[窓]のない; 〈道などが〉見通しのきかない, 行き止まりの.
──動 他 **1** …を盲目にする; 〈人・目〉を(一時的に)見えなくする ‖
be blinded in a war 戦争で失明する《◆負傷など外的な理由がない場合には become blind》.
The sunlight blinded me [my eyes]. 日光で目がくらんだ.
**2 a** …の分別[判断]を失わせる ‖
His love for her blinded him to her faults. 愛するあまり彼には彼女の欠点が見えなかった.
**b** [blind oneself to A] A〈物・事〉に目をつぶる ‖ blind oneself to one's failure 自分の失敗に目をつぶる.
**3** …を暗くする; …を隠す.
──名 (複 ~s/bláindz/) Ⓒ **1 a** ブラインド; (窓の)日よけ((米) shade) ‖
draw up [raise] the blind(s) 日よけを上げる.
pull down [lower] the blind(s) 日よけを降ろす.
**b** [~s] (馬の)目隠し皮.
**2** (略式) 口実, 隠れみの.
──副 **1** 盲目的に ‖
go it blind =go blind on it (あと先を考えず)がむしゃらにやる.
**2** (略式) 意識を失うほど ‖
be blind drúnk べろべろに酔っている.
**3** 〖空訳〗計器に頼って ‖
fly blind 計器飛行をする; わけもわからずに行動する.
**blínd álley** (1) 袋小路, 行き止まり(→ 形 4). (2) (略式) 先の見込みのないもの[こと].
**blínd dáte** (米略式) ブラインドデート=デート(の相手)《第三者の紹介による面識のない男女のデート》.
**blínd spòt** (1) (眼球の)盲点; [比喩的に] 盲点, 弱点. (2) (通信の)難視聴地域; (劇場の)見え[聞こえ]にくい所.
**blind·er** /bláindər ブラインダ/ 名 Ⓒ **1 a** 目をくらます人[物, 事]. **b** (米) [~s] 視覚[識別]をさまたげるもの. **2** (米) [~s] (馬の)目隠し皮.
**blind·fold** /bláindfòuld ブラインドフォウルド/ 動 他 …に目隠しをする; …をだます. ──名 Ⓒ 目をくらませるもの, 目隠し布. ──形 副 目隠しの[して], 目隠しして.

された[て]; 向こう見ずの[に].
**blind·ly** /bláindli ブラインドリ/ 副 盲目的に; 目がくらむほど.
**blind·man** /bláindmæn ブラインドマン/ 名 (複 -men) Ⓒ (英) (郵便局の)あて名判読係((PC) blind-reader).
**blíndman's búff** [**blúff**] 目隠し遊び《◆目隠しされた鬼がつかまえた人の名を当てる鬼ごっこ》.
**blind·ness** /bláindnəs ブラインドネス/ 名 Ⓤ **1** 盲目, 失明. **2** 無知; 無分別; 向こう見ず.
**blink** /blíŋk ブリンク/ 動 自 **1** まばたきする; 目をぱちくりして見る ‖
I blinked in the sparkling sunshine. 輝く日光がまぶしくてまばたいた.
**2** (文) 明滅する, またたく.
**3** (米)〈車のライトが〉点滅する.
──他 **1**〈目〉をしばたたく.
**2** まばたきして〈涙など〉を押さえる ‖
blink away one's tears まばたきして涙を隠す.
*blink at* A (略式) …を驚きの目で見る ‖ blink at her splendid dress 彼女のすばらしい服に驚く.
──名 Ⓒ **1** まばたきすること, またたき ‖
in the blink of an eye またたく間に.
**2** (文) (光などの)きらめき, ちらつき.
*on the blínk* (略式) (1)〈機械などが〉調子が悪い, 故障している. (2) 死んで, くたばって.
**blink·er** /blíŋkər ブリンカ/ 名 Ⓒ **1** (交差点などの)点滅信号灯; (米) [~s] (自動車の)方向指示器, ウインカー.
**blínk·ered** /-d/ 形 〈人が〉視野の狭い.
**blink·ing** /blíŋkiŋ ブリンキング/ 動 → blink.
──形 **1** まばたきする; 明滅する. **2** (英略式) ひどい, いまわしい《◆ bloody の遠回し語》.
**bliss** /blís ブリス/ (類音 bless/blés ブレス/) 名 (複 ~·es/-iz/) Ⓤ Ⓒ 無上の幸福[喜び] ‖
Ignorance is bliss. (ことわざ)無知は至福である; 「知らぬが仏」.
*in blíss* 無上の幸福感に満ちて.
**bliss·ful** /blísfl ブリスフル/ 形 この上なく幸福な.
**blíss·ful·ly** 副 この上なく幸福に.
**blis·ter** /blístər ブリスタ/ 名 Ⓒ (皮膚の)水[火]ぶくれ; (足の)まめ. ──動 他〈手足など〉を水[火]ぶくれにする. ──自〈手足など〉が水[火]ぶくれになる.
**blithe** /bláið ブライズ, (米+) bláiθ/ 形 (詩) 陽気な (gay), 楽しそうな, 心配のない.
**bliz·zard** /blízərd ブリザド/ 名 Ⓒ 猛ふぶき, 暴風雪.
**bloat** /blóut ブロウト/ 動 自〈物が〉ふくれる. ──他 …をふくらませる.
**blob** /bláb ブラブ | blɔ́b ブロブ/ 名 Ⓒ **1** (ろう・絵具などの)しずく, 小さな塊. **2** (インクなどの)しみ.
**bloc** /blák ブラク | blɔ́k ブロク/〖フランス〗名 Ⓒ 連合, ブロック, 圏 ‖
the eastern European bloc 東欧圏.
***block*** /blák ブラク | blɔ́k ブロク/ 〖原義は「丸太・切株」. その「用途」により **1** が, 「固まり」の概念より **2** が, 「つまずく原因」の連想から比喩(*)的な **3** の意味が生まれた〗
→ 名 **1** 大きな塊 **2 a** 街区 **3** 障害(物)

——名 (複 ~s/-s/) ⓒ **1a** (木・石などの)大きな塊(鬼); (建築用)角材; (コンクリート)ブロック ∥
big **blocks** of ice 大きな氷の塊.
**b** 台木, 作業台 ∥
a chopping **block** まな板.
put [lay] one's head on the **block** (略式) (危険なことに)首をかける.
**c** (米) [~s] (おもちゃの)積み木.
**2 a** (主に米) (4つの街路で囲まれた)街区, ブロック, 区画《◆ふつう 20 **blocks** で1マイル(1.6キロ)になる》∥
Mary lives two **blocks** (away) from the school. メリーは学校から2区画行ったところに住んでいる.
**b** (主に英) (住居・事務所から成る)ビル, 建物, 棟 ∥
a **block** of flats =an apartment **block** アパート.
**c** (座席の)区画; (株券・切手など)1組.
**3** [通例 a ~] (通行・通過の一時的な)障害(物) ∥
a **block** in the pipe 管の詰まり.
——動 (三単現) ~s/-s/ ; (過去・過分) ~ed/-t/ ; (現分) ~·ing
——他 **1** …をふさぐ; …を封じ込める; …を締め出す ∥
(Road) Blocked. (掲示)この先通行止め.
Traffic was **blocked** (up) with [by] a stalled truck. 立往生したトラックのために交通が麻痺(沙)した.
The tall building **blocks** (out) the light from the west. 高いビルが西日をさえぎっている.
[対話] "Don't let the dog into the building." "Don't worry. I'll **block** the door and make sure it can't get in." 「犬を建物の中に入れるなよ」「心配しないで. 戸口をふさいで, 入れないようにするから」.
**2** …(計画など)を妨害する ∥
What is **blocking** our plan? 何が私たちの計画を邪魔しているのか.
**3** 〔スポーツ〕〈相手・動きを〉ブロックする.

**blóck lètter** [**càpital**] 活字体, ブロック体《◆ふつう大文字》.

**blóck signal** 〔野球〕ブロックサイン《◆×block sign は誤り》.

**blóck stýle** (手紙文の)ブロックスタイル《◆左をそろえる》.

**block·ade** /blɑkéid ブラケイド|blɔk- ブロケイド/ [**block** + barric**ade**] 名 ⓒ (交通・進行の)障害(物); (港湾・道路などの)封鎖. ——動 (現分) -·ad·ing; …を封鎖する; …をさえぎる.

**block·age** /blɑ́kidʒ ブラキヂ|blɔ́k- ブロキヂ/ 名 ⓒ 妨害; 妨害物.

**block·head** /blɑ́khèd ブラクヘド|blɔ́k- ブロク-/ 名 ⓒ (略式)うすのろ.

**blond** /blɑ́nd ブランド|blɔ́nd ブロンド/《◆形容詞では女性より男性に多く用いる傾向があるが, 名詞は主に男性に用いる》形 **1** ブロンドの, 金髪の. **2** 色白の. **3** 色白で金髪の. ——名 **1** ⓒ 色白で金髪の人. **2** Ⓤ ブロンド色.

**blonde** /blɑ́nd ブランド|blɔ́nd ブロンド/ 形 = blond《◆主に女性について用いるが時に男性にも用いる. 名詞は女性のみ》. ——名 ⓒ 金髪の女[美人].

**blon·die** /blɑ́ndi ブランディ|blɔ́ndi ブロンディ/ 名 **1** ⓒ =blond. **2** [B~] ブロンディ《C. Young の漫画 *Blondie* の女主人公. 米国の代表的中流家庭の主婦》.

\***blood** /blʌ́d ブラド/《発音注意》《◆×ブルード》《◆ flood と同様 -oo- は /ʌ/ と発音する. cf. *brood*》(派) **bleed** (動), **bloody** (形)
——名 Ⓤ **1** 血, 血液; 生命 ∥
(as) red as **blood** 血のように真赤な[で].
spill [let, shed] **blood** 血を流す.
give one's **blood** for one's country 祖国に一命を捧げる.
The blow drew **blood**. その一撃で血が出た.
Please Give Blood. (表示)献血をお願いします.
**2** 純血; 血統; 家柄; 名門 ∥
be of the same **blood** 同族である.
a person of noble [blue] **blood** 高貴な家柄の人.
a prince [princess] of the **blood** (royal) 王子[王女]; 親王[内親王].
[対話] "She's good at gardening." "Yes, it's in her **blood**." 「彼女は庭いじりが得意だね」「あれは親譲りなんですよ」.
**Blóod is thicker than wáter.** (ことわざ)血は水よりも濃い.
**Blood will tell.** 血統は争えないものだ.
**3** (文) 血気, 元気, 情熱, 感情 ∥
be in **blood** 元気がある.
be out of **blood** 元気がない.
feel one's **blood** tingle 血潮の高鳴りをおぼえる.
It made her **blood** boil. そのことで彼女は腹わたが煮えくりかえった.
My **blood** froze [ran cold] in my veins. 私は血の凍る思いをした.
Her **blóod** is up. 彼女は頭に血がのぼってかっかしている.

**frésh** [**néw, yóung**] **blóod** (ある血統・分野に導入された)新しい血, 要素; [集合名詞的に] (新風を吹き込む)新進気鋭の人 ∥ infuse new **blood** into the old tradition 古い伝統に新しい生命を吹き込む.

**in cóld blóod** 冷酷に, 平然として.

**in hót blóod** (英)激怒して.

**pùt** one's **blóod into A** A〈仕事など〉に心血を注ぐ.

**stír the** [A's] **blóod** (A〈人〉を)わくわくさせる, うずうずさせる.

**blóod bànk** 血液銀行(の輸血用貯蔵血液).

**blóod bàth** (略式) [a ~ / the ~] 血戦, 大殺戮(?).

**blóod donàtion** 献血.

**blóod dònor** 供血者, 献血者.

**blóod gròup** 血液型《◆「A型」は group [type] A blood》.

**blóod hòrse** 純血種の馬, サラブレッド.

**blóod prèssure** 血圧.
**blóod rèd** 暗赤(色)色.
**blóod relátion [rélative]** 血族, 肉親.
**blóod spòrt** 血を流すスポーツ《闘牛・狩猟など》.
**blóod strèam** =bloodstream.
**blóod transfùsion** 〔医学〕輸血(法).
**blóod tỳpe** 血液型.
**blóod véssel** 血管〔関連〕artery 動脈／vein 静脈〕.

**blood(-)cur·dling** /blʌ́dkəːrdliŋ ブラドカードリング/ 形 血も凍るほど恐ろしい, 身の毛もよだつような.

**blood·hound** /blʌ́dhàund ブラドハウンド/ 名 C ブラッドハウンド《嗅覚(きゅうかく)の鋭い警察犬・猟犬》.

**blood·i·ly** /blʌ́dili ブラディリ/ 副 血だらけになって; むごたらしく.

**blood·less** /blʌ́dləs ブラドレス/ 形 1 血の(出)ない; 血の気(け)のない(pale).
2《文》生気のない.
3《文》流血を見ない ‖
a bloodless victory 無血の勝利.
4 冷酷な.
**Blóodless Revolútion** 〔英史〕 [the ~] 無血革命 (English [Glorious] Revolution)《1688-89》.

**blóod·less·ly** 副 1 青ざめて; 元気なく. 2 冷酷に.

**blóod·less·ness** 名 U 血色[血気]のないこと; 冷酷さ.

**blood·line** /blʌ́dlàin ブラドライン/ 名 C 血統.

**blood·shed** /blʌ́dʃèd ブラドシェド/ 名 UC《正式》流血(の惨事); 虐殺.

**blood·shot** /blʌ́dʃɑ̀t ブラドシャト |-ʃɔ̀t -ショト/ 形 《目が》充血した, 血走った.

**blood·stained** /blʌ́dstèind ブラドステインド/ 形 1 血痕(けっこん)のついた, 血まみれの. 2 〔比喩的に〕血で汚(けが)れた, 人殺しの.

**blood·stream** /blʌ́dstrìːm ブラドストリーム/, **blóod strèam** 名 U《通例 the ~》《体内の》血流; 《活力などの》主流, 本流.

**blood·suck·er** /blʌ́dsʌ̀kər ブラドサカ/ 名 C 1 吸血動物[虫], 《特に》ヒル. 2 《略式》搾取者, 吸血鬼, 居候(いそうろう).

**blood·thirst·y** /blʌ́dθə̀ːrsti ブラドサースティ/ 形 血に飢えた, 残虐な.

**blood·y** /blʌ́di ブラディ/ 形 (比較 -i·er, 最上 -i·est) 1 血だらけの, 血まみれの; 血の(ような) ‖
a bloody sword 血ぬられた剣.
2《正式》血なまぐさい, 殺伐(さつばつ)とした, 残虐な ‖
a bloody battle 血なまぐさい戦闘.
a bloody tyrant 残忍な暴君.
3《英略式》いまいましい; [否定を強めて] ただの(…も …も); [意味を強めて] すごい, ひどい.
── 副《英略式》ひどく, やけに.

**blood·y-mind·ed** /blʌ́dimáindid ブラディマインディド/ 形《英略式》残酷な.

\***bloom** /blúːm ブルーム／《類音》broom/brúːm/》〖「花」「盛り」が原義〗《正式》
── 名 (複 ~s/-z/) 1 C 《主にバラなど観賞用植物の)花《一般に「花」は flower がふつうの語. 梅など果樹園の花はふつう blossom》 ‖
a large yellow bloom 黄色の大輪の花.
2 U [集合名詞](木・枝全体の)花 ‖
the bloom of a cherry tree 桜の花《◆(the) cherry blossom(s) がふつう. → blossom 1, 2》.
be covered with bloom 花盛りである.
3 U 《観賞用植物(の花)の》開花(期), 花盛り ‖
burst into bloom 一時に花が咲き始める.
The roses are in bloom. バラが咲いている.
The cherry trees are in fúll blóom. 桜が満開である《◆in full blossom ともいう》.
4 [the ~; 比喩的に] 開花期, 最盛期《◆通例次の句で》 ‖
be in the bloom of youth 若い盛りである.
**táke the blóom off A** 《略式》…の新鮮味をそぐ.
── 動 ⾃ 1 咲く; 花を咲かせる ‖
対話 "The cherry trees are still bare." "They won't bloom until later this month, I'm afraid." 「桜の木はまだ芽も出ていないね」「今月の末あたりまで咲かないのじゃないかしら」.
2 [比喩的に] 開花する, 栄える.

**bloom·er** /blúːmər ブルーマ/〖*blooming error* の略〗名 C 《英略式》ばかげた大失敗, ドジ.

**bloom·ers** /blúːmərz ブルーマズ/ 名 [複数扱い] ブルーマー《19世紀後半によはれた婦人服》.

**bloom·ing** /blúːmiŋ ブルーミング/ 動 → bloom.
── 形 花の咲いた, 花盛りの; 盛りの.

\***blos·som** /blɑ́səm ブラサム | blɔ́səm ブロサム/〖→ bloom〗
── 名 (複 ~s/-z/) 1 C 《主に桜・リンゴなど食用果樹の》花《観賞用植物の花はふつう flower, bloom》 ‖
The apple blossoms are out. リンゴの花が咲いている《◆このように特定の樹木全体の花をいうときはふつう *blossoms*》.
2 U [集合名詞; しばしば ~s] (木・枝全体の)花 ‖
apple blossom リンゴの花《◆apple *blossoms* がふつう. また特定の木の花をいう場合は the apple *blossoms*; → 1》.
a tree covered in [with] blossoms 花盛りの木《◆a tree in *blossom* ともいえる. → 3》.
3 U 《食用果樹の)開花(期), 花盛り ‖
come [burst] into blossom 咲き出す.
bring the roses into blossom (季節などが)バラを咲かせる.
The cherry trees are in fúll blóssom. 桜の花が満開である《◆in full bloom ともいう》.
4 U [比喩的に] 開花(期), 最盛期; 青春(時代).
── 動 (三単現 ~s/-z/; 過去・過分 ~ed/-d/; 現分 ~·ing)
── ⾃《正式》1 開花する, 満開になる ‖
The cherry trees are about to blossom. もうすぐ桜の花が咲きそうだ.
2 [比喩的に] 開花する, 実を結ぶ; 《人が》(花が開くように)活発になる; 成長する ‖
Her literary talent blossomed early. 彼女の

文学的才能は幼くして開花した.
She will **blossom out into** a first-rate artist. 彼女はやがて一流の画家になるだろう.

**blot** /blɑ́t ブラト | blɔ́t ブロト/ 名 C 1 しみ, 汚れ ‖
a **blot** on the paper 紙についたしみ.
**2** [比喩的に] しみ, 汚名, 汚点 ‖
a **blot** on his name [reputation] 彼の汚名.
対話 "She made a terrible mistake. I'm sure this'll be a **blot** in her career." "Well, I don't think so. Nobody is perfect, you know." 「彼女はひどいへまをやったんだ. きっと彼女の経歴に傷がつくよ」「いや, そうは思わないな. 完璧(%)な人間なんていないからよ」.

━━動 (過去・過分) blot・ted/-id/ ; (現分) blot・ting) 他 **1** …を汚す, …にしみをつける ‖
He **blotted** his shirt **with** ink spots. 彼はシャツをインクのしみで汚した.
**2** 〈人格・名声などを〉傷つける, 汚(%)す ‖
His misbehavior **blotted** his family name. 彼の不品行は家名に傷をつけた.
**3** …に吸取紙を当てる ‖
**blot** his letter 彼の手紙を吸取紙で乾かす.
◇*blót óut* [他] 〈文字・記憶などを〉すっかり隠す 〈景色などを〉すっかり隠す ‖ The thick fog **blotted out** everything. 濃い霧は何もかもすっかり隠してしまった.

**blótting pàper** 吸取紙.

**blotch** /blɑ́tʃ ブラチ | blɔ́tʃ ブロチ/ 名 (複 ~・es /-iz/) C **1** (インクなどの) 大きなしみ, 汚れ. **2** [比喩的に] しみ, 汚点, 欠点.

**blot・ter** /blɑ́tɚ ブラタ | blɔ́tə ブロタ/ 名 C **1** 吸取紙[器]. **2** 《米》 (取引・出来事などの)(臨時の)記録簿, 控え帳.

**blouse** /bláus ブラウス, bláuz | bláuz ブラウズ/ 名 C **1** ブラウス《女性用》. **2** 仕事着《腰やひざまでの長さでしばしばベルトでしめる》.

## **blow**¹

/blóu ブロウ/ 〘本義の「〈風が〉吹く」から「〈物・人〉を吹き動かす」「〈物が風に吹かれる〉」が生じた. さらに「息などを吹きかける」から「〈楽器などが鳴る〉」が生じた〙
━━動 (三単現) ~s/-z/ ; (過去) blew/blúː/, (過分) blown/blóun/ ; (現分) ~・ing)
━━自 **1** 〈風が〉吹く ‖
It has **blown up**. あらし(突然)起こった.
対話 "You'd better be careful when you go out." "Why?(↘) Is the wind **blowing** that hard?" 「外出するなら気をつけた方がいいよ」「どうして? そんなに風が強いの?」
**2** [**blow** C] 〈物が〉風に吹かれて C になる《◆ C はふつう吹かれた結果を示す》 ‖
**blow** (wide) open 〈ドアが〉ぱっと開く ; 《略式》〈事が〉明るみにでる.
**3** 息を吐く ; あえぐ ; 風を送る ; 〈クジラが〉潮を吹く ‖
be (puffing and) **blowing** あえいでいる.
I'll **blow** on my tea to cool it down. お茶を吹いてさまそう《◆ 英米では不作法な行為》.
There she **blows**! あっ潮を吹いたぞ《◆ クジラ発見の第一声》.
**4** 〈管楽器などが〉鳴る ‖
The car horn **blew** for the dangerous curve. 車は危険なカーブで警笛を鳴らした.
**5** 爆発する, 破裂する ; 〈ヒューズが〉とぶ, 〈電球・電気製品が〉切れる.
━━他 **1a** [**blow** A C] 〈風が〉A〈物〉を吹いて C にする《◆ C はふつう吹かれた結果を示す》 ‖
The strong wind **blew** the door shut. 強い風がドアをバタンと閉めた.
**b** 《略式》 [it を主語にして] 〈あらし・強風などを〉引き起こす ‖
It's **blowing (up)** a storm [a gale, great guns]. あらしが吹き荒れている ; あらしがきそうだ.
**2 a** 〈息・タバコの煙・水などを〉吐く, 吹きつける ; 〈送風機などが〉〈風を〉送る ‖
**blow** kisses 投げキスをする.
Don't **blow** your smoke **in** my face! タバコの煙を顔に吹きかけないでよ.
**b** …に息を吹きつける ‖
**blow** one's hand 吹いて手を暖める.
**blow (up)** the fire (into flames) (ふいごなどで)火を吹いておこす.
**3** …を吹いて中味を出す[空気を通す, 掃除する] ;
[**blow** A C] 〈物を〉吹いて C の状態にする ‖
**blów** one's nóse 鼻をかむ《◆ 英米では音をたてても失礼ではない》.
**blow** a table 食卓のほこりを吹きとばす(＝**blow** dust off a table).
I **blew** my pipe clear. 私はパイプを吹いてきれいにした.
**4** [**blow** A B / **blow** B for A] A〈人〉に B〈ガラス細工・泡など〉を吹いて作ってやる ; B〈風船・タイヤなど〉を吹いてふくらませる.
**5** 〈管楽器・警笛などを〉鳴らす, 吹く ; 〈管楽器が〉〈曲〉を奏する ‖
**blow** a trumpet トランペットを吹く.
**6** …を爆破する ‖
The bomb **blew** the wall **up**. 爆弾が壁をこっぱみじんにした.
**blow** one's **bráins out** 頭をぶちぬいて自殺する.
**7** 〈うわさなどを〉広める.

*blòw dówn* [他] …を吹き倒す.
*blów ín* (1) [自] 〈人・物が〉不意に現われる, どやどや入ってくる. (2) ＝BLOW out (1). (3) 〈風・物が〉吹き込む.
*blów into* A (1) 《略式》〈人が〉A〈場所〉に不意に現れる. (2) 〈風・物が〉…に吹き込んでくる.
*blów óff* (1) [自] 〈蒸気などが〉吹き出る ; 〈物が〉吹き飛ぶ. (2) [~ *off* A] 〈物から〉…から吹き飛ぶ. (3) 《略式》[他] 〈悩み・精力などを〉発散させる ‖
**blow** steam **off** with drink [by drinking] 酒でうっぷんをはらす. (4) [他] …を吹き飛ばす.
*blów óut* (1) [自] 〈タイヤなどが〉パンクする ; 〈油井(%)・ガスなどが〉(押しきれずに)突然吹き出る(blow in) ; 爆発する. (2) [自] 〈嵐などが〉吹き止む. (3) [他] 〈タイヤなどを〉パンクさせる ; 〈ヒューズを〉とばす ; 〈火・ろうそくを〉吹き消す. (4) [他] → 他 **6**.

**blów úp** (1) [自]〈計画・評価などが〉台なしになる ‖ Their plans blew up when the war broke out. 戦争の勃発で彼らの計画は完全につぶれた. (2) [自]〈不吉な事が突然起こる; 一触〔ʌˈ〕即発の危機に発展する〉; →(自) 1;〈タイヤなどが〉ふくらむ. (3) [他]〈信用・事（の重要性）など〉を台なしにする. (4) [他]《略式》〈写真〉を引き伸ばす;《略式》〈評判・話など〉を誇張する,〈製品〉を誇大宣伝する; →(他) 1b, 2b, 6.
── 名 C **1**《略式》[a ~] ひと吹き(の風); 強風.
**2**（息の）ひと吹き;（鼻を）かむこと ‖
Give your nose a good blow. 鼻をよくかみなさい.
**3**（楽器の）吹奏; 吹奏音.
**blow**[2] /blóu ブロウ/ 名 C **1a** 強打, 一撃《♦hit より堅い語》‖
get a heavy **blow** to the jaw [in the stomach] あご[腹]に強烈な一撃をくらう.
give him **blows** to the head 彼の頭を何度もなぐる.
**b** [~s] なぐり合い, けんか ‖
be at blows けんかをしている.
The matter brought them to blows. その件で彼らはなぐり合いのけんかになった.
**2** [比喩的に] 精神的打撃, ショック ‖
Her sudden death was a blow to us. 彼女の突然の死は私たちにとってショックだった.
***a lów blów***《ボクシング》ローブロー《♦腰より下部への打撃で反則》;《略式》汚い行為.
***at óne blów*** 一撃のもとに; 一挙に, たちまち.
***cóme to blóws*** なぐり合いを始める.
***gèt a blów ín***《略式》(1) うまく一撃を食らわせる. (2) 言い負かす, 口で仕返しをする.
***strike a blów*** いきなり襲う.
***without (striking) a blów*** 戦わずに, 労せずして.
**blow·er** /blóuər ブロウア/ 名 C 吹く人; ガラス吹き工.
**blown** /blóun ブロウン/ 動 → blow[1].
── 形 **1**（空気・ガスなどで）ふくれた. **2**（吹管で）吹いて作った. **3**〈ヒューズなどが〉とんだ.
**blow·out** /blóuàut ブロウアウト/ 名 C **1**（タイヤなどの）パンク（箇所）; ショート. **2**（油田・ガス田の）（突然の）噴出.
**blow·up** /blóuʌp ブロウアプ/ 名 C 爆発.
**blow·y** /blóui ブロウイ/ 形（比較 -i·er, 最上 -i·est）《略式》風の吹く, 風の強い(windy).
**blub·ber** /blʌ́bər ブラバ/ 名 U（クジラなどの）脂肪.
── 動 自《略式》〈子供などが〉めそめそ泣く.
── 他 …を泣きながら（途切れ途切れに）言う;〈目・顔〉を泣きはらす.
**bludg·eon** /blʌ́dʒən ブラヂョン/ 名 C こん棒.

**\*\*blue** /blúː ブルー/（同音 blew）
── 形（比較 blu·er, 最上 blu·est）**1**青い, 青色の ‖
the blue sea 青い海.

文化 空・海の青さや青ざめたさまをいう場合は日英共通. blue には「憂うつ・優秀・厳格・わいせつ」のイメージがある. 日本語の「青二才」などに見られる「未熟」のイメージは英語では green で表す.

**2**（寒さ・恐れ・怒りなどで）青ざめた, 青黒い ‖
a blue face 青ざめた顔.
gò blúe in the face 顔が青ざめる.
blue from [with] cold 寒さで青ざめた.
I've got blue legs. 足が寒くて土気色〔ˈつちけ〕になった.
**3**《略式》[補語として] 元気のない, 落胆した ‖
fèel blúe 憂うつである.
lòok blúe 気分がふさいでいる.
対話 "What's the matter? Why are you so blue today?" "I just lost my wallet."「どうしたの. きょうはなぜそんなに元気がないの」「財布をなくしたんです」.
**4**《俗》わいせつな ‖
blue jokes わい談.
***scréam [shóut, crý] blúe múrder***《略式》大声をはりあげる, 騒ぎ立てる.

── 名 **1**（複 ~s/-z/）C U 青(色), 空色, あい, 紺青〔ˈこんじよう〕; ブルー ‖
(A) light **blue** is his favorite color. 淡青色は彼のお気に入りの色だ.
**2** U 青い服;（警官・水夫などの）青い制服; [しばしば B~]（米国南北戦争時代の）北軍の兵士)(↔ gray); [the Blues]《英》近衛〔ˈこのえ〕騎兵.
**3**《詩》[the ~] 青い海; 青空; 未知.
**4** U C 青色の染料[色素];《英》(洗濯用の)青み《(米) blue(ing)》.
**5** [しばしば B~] C 《英》(Oxford, Cambridge 大学の)正選手《♦ dark blue が Oxford, light blue が Cambridge を代表する色》‖
get [win] one's blue 正選手になる.
**6 a**《音楽》[the ~s; 単数・複数扱い] ブルース; [~s; 単数扱い] ブルース曲 ‖
a blues singer ブルースの歌手.
**b**《略式》[the ~s] 憂うつ ‖
be in the blues ふさいでいる.
***óut of the blúe*** 突然(の), 予告なしに.
**Blúe Bírd** (1) [the ~] 青い鳥《♦ 幸福の象徴》(cf. bluebird). (2)《米》campfire girls の 7-9歳の団員.
**blúe blóod** 貴族(の血統); 貴族の人.
**blúe chíp** 優良株.
**blúe jéans** [複数扱い] ジーパン, ブルージーンズ《♦ ×G pants は誤り. → denim 2》.
**blúe Mónday**《米略式》憂うつな月曜日.
**blúe ríbbon** (1)（英国の）ガーター勲章の青いリボン. (2)（品評会・コンクールの）最高賞(cf. blue-ribbon).
**Blue·beard** /blúːbìərd ブルービアド/ 名 青ひげ《6人の妻を次々と殺して取り替えたおとぎ話の人物》.
**blue·bell** /blúːbèl ブルーベル/ 名 C 〔植〕ブルーベル《♦青いつりがね型の花の咲く草の総称. イングランドでは wild hyacinth, スコットランドでは harebell を主にさす》.

**blue·ber·ry** /blúːbèri ブルーベリ | -bəri -バリ/ 名 (複 --ber·ries/-z/) C 【植】ブルーベリー《ツツジ科の低木》;その実.

**blue·bird** /blúːbə̀ːrd ブルーバード/ 名 C 【鳥】ルリツグミ《北米産》(cf. Blue Bird).

**blue-blood·ed** /blúːbládid ブルーブラディド/ 形 貴族(出身)の, 名門(出)の.

**blue-col·lar** /blúːkálər ブルーカラ | -kɔ́lə -コラ/ 形 《主に米》肉体労働(者)の, ブルーカラーの(↔ white-collar)‖
a blue-collar robot 工場で働くロボット.

**blue·grass** /blúːgræs ブルーグラス | -grɑːs -グラース/ 名 (複 ~·es/-iz/) 1 C 《米》【植】イチゴツナギ《牧草・芝生用》. 2 U 【音楽】ブルーグラス《米南部のカントリーミュージック》.

**blue·print** /blúːprint ブループリント/ 名 C 青写真; 詳細な計画.

**blue-rib·bon** /blúːríbən ブルーリブン/ 形 最優秀の, 特選の(cf. blue ribbon).

**bluff**¹ /blʌ́f ブラフ/ 形 1 絶壁(ば)の. 2 (気立てはいいが)ぶっきらぼうな. ——名 C (海岸などにある幅の広い)断崖(蒜); [the B~] 山の手.

**bluff**² /blʌ́f ブラフ/ 動 他 1 …をだます‖
He bluffed them into thinking he was a detective. 彼は彼らにはったりをかけて自分を刑事だと信じ込ませました.
2 …を(はったりで)おどす.
——自 はったりをかける.
——名 1 C U はったり; こけおどし. 2 C 《米》はったり屋.

**blu·ish** /blúːiʃ ブルーイシュ/ 形 青みがかった.

**blun·der** /blʌ́ndər ブランダ/ 名 C 大失敗, 不覚, 不手際(きわ). ——動 自 1 大失敗する. 2 恐る恐る歩く; つまずく. 3 偶然見つける.

**blunt** /blʌ́nt ブラント/ 形 1 〈刃・先端などが〉鈍い, 切れない. 2 〈人・態度などが〉ぶっきらぼうな, そっけない. ——動 他 1 〈刃・先などを〉鈍くする. 2 〈感覚・思考力などを〉鈍らせる.

**blúnt·ness** 名 U 1 鈍さ; 鈍感. 2 無骨さ.

**blúnt·ly** /blʌ́ntli ブラントリ/ 副 1 〈刃・先などが〉丸まって; 鈍感に. 2 (相手の感情を考えずに)ぶっきらぼうに, 不遠慮に; [文全体を修飾] 遠慮なく言えば‖
to speak bluntly 遠慮なく言うと.

**blur** /blə́ːr ブラー/ 名 1 C [a ~] (霧などで)かすんだもの, ぼやけた状態. 2 C (インクなどの)汚れ, しみ. 3 C 不明瞭な音.
——動 (過去・過分 blurred/-d/; 現分 blur·ring/-/) 他 1 …をぼやけさせる; 〈感覚などを〉鈍らせる. 2 〈書き物などを〉汚す; [比喩的に] …を汚す, 傷つける.
——自 1 ぼやける; 〈感覚が〉鈍る. 2 汚れる.

**blurb** /blə́ːrb ブラーブ/ 名 (略式) 1 C (新刊本のカバーなどの)宣伝文. 2 U つまらない宣伝資料.
——動 他 …を(誇大に)広告する.

**blurt** /blə́ːrt ブラート/ 動 他 …をうっかり口に出す, 口走る.

**blush** /blʌ́ʃ ブラシュ/ (類音 brush/brʌ́ʃ/) 動 (三単現) ~·es/-iz/) 顔を赤らめる, 赤面する, 恥ずかしく思う‖

blush for [with] shame 恥ずかしくて顔を赤める.
He blushed at his own error. 彼は自分の誤りに赤面した.
——名 (複 ~·es/-iz/) C (恥ずかしさなどで)顔を赤らめること, 赤面‖
Spare my blushes! おだてるなよ; 恥をかかせるなよ.

**at fírst blúsh** 《文》一見したところでは.

**blush·er** /blʌ́ʃər ブラシャ/ 名 C 赤面する人; ほお紅.

**blush·ing** /blʌ́ʃiŋ ブラシング/ 動 → blush.
——形 顔を赤らめている; はにかんでいる.

**blush·ing·ly** /blʌ́ʃiŋli ブラシングリ/ 副 顔を赤らめて.

**blus·ter** /blʌ́stər ブラスタ/ 動 自 1 〈風・波などが〉荒れ狂う. 2 いばりちらす. ——名 1 荒れ狂う風[波]. 2 どなりちらすこと.

**bo·a** /bóuə ボウア/ 名 1 (動) =boa constrictor. 2 ボア《羽毛や毛皮製の女性用えり巻き》.

**bóa constríctor** ボア(boa)《南米産の大蛇で無毒》.

**boar** /bɔ́ːr ボー/ (同音 bore) 名 1 C (去勢していない)雄ブタ; U その肉(→ pig 関連). 2 C イノシシ (wild boar)《◆「森の騎士」と呼ばれる》; U その肉.

***board** /bɔ́ːrd ボード/ (同音 bored; 類音 bode/bóud/)『「船の横側で水との境の板」が原義. cf. border』

〈1 板〉 board 〈3 賄い〉
〈4 委員会〉

——名 (複 ~·s/bɔ́ːrdz/) 1 C (細長い)板, 板材‖
a floor board 床板.
a board fence 板塀.
2 C [しばしば複合語で] (特定の目的のための)板, …台, …盤; 黒板; 【米】掲示板‖
a búlletin bòard 掲示板.
a díving bòard 飛び込み台.

関連 chessboard チェス盤 / surfboard サーフボード / switchboard (電話の)配電[交換]盤.

3 U (下宿での)食事(費), 賄(ホポ)い; C (ごちそうが山盛りの)食卓‖
Room [Bed] and Board (看板)食事付き下宿 (=(英) Board and Lodging).

4 [しばしば B~] C (会社・政府などの幹部)会議; 委員会, 部局, 省; [集合名詞; 単数・複数扱い] 重役, (試験・面接)委員‖
a board of directors 重役[理事]会.
a board of education 教育委員会.
be on the board (問題が)審議中である, (人が)委員会のメンバーである.

**gò by the bóard** (1) 〈人・マストなどが〉船から落ち

る, (荒海で)行方不明になる. (2)《略式》〈計画などが〉完全に失敗する;〈習慣・希望などが〉無視[放棄]される.

***on bóard*** (1) [前]〈船〉に乗って. (2) [副] = aboard.

──[他] 1 …を板張りにする ‖
boarded-up shops 閉鎖された店.
2〈船・飛行機・列車などに〉乗り込む. 3〈人を〉(費用をとって)賄う, 食事付きで下宿させる.
──[自] (費用を払って)食事付きで下宿する.
**bóard gàme** ボード-ゲーム《チェス・チェッカーなど》.
**bóard ròom** (重役・理事の)会議室.

**board·er** /bɔ́ːrdər ボーダ/ (同音 border) [名]C
1 (賄(まかな)い付きの)下宿人. 2 (英)(寄宿学校の)寄宿生.

**board·ing** /bɔ́ːrdiŋ ボーディング/ [動] → board.
──[名]U 1 板張り, 板囲い; [集合名詞] 板. 2 [しばしば a ~] 乗船, 乗車, 搭乗. 3 (英) 賄い.
**bóarding càrd** [pàss] 搭乗券, 乗船券.
**bóarding hòuse** =boardinghouse.
**bóarding schòol** 寄宿[全寮制]学校(↔ day school).

**board·ing·house** /bɔ́ːrdiŋhàus ボーディングハウス/, **bóarding hòuse** [名]C 1 (賄い付きの)下宿屋. 2 (英・豪)(寄宿学校の)寄宿舎.

**board·walk** /bɔ́ːrdwɔ̀ːk ボードウォーク/ (米) (海辺などの)遊歩道; 板道; (工事現場の)足場.

*****boast** /bóust ボウスト/ (派) boastful (形)
──[動] (三単現) ~s/bóusts/; (過去・過分) ~·ed/-id/; (現分) ~·ing
──[自] [boast of A] …を自慢する, 鼻にかける《◆be proud of より「鼻にかける」の意が強い》‖
**boast of [about]** one's cleverness 自分の利口さを鼻にかける.
I don't mean to **boast**, but I have a good camera. 自慢じゃないがよいカメラを持っている.
He **boasted to** [(英) **with**] his classmates **about** having won the prize. 彼は級友に賞を取ったことを自慢した.
[対話] "Did he really catch 30 fish yesterday?" "It's hard to say. He's always **boasting about** his fishing." 「彼はきのうほんとうに30匹も釣ったのかい」「さあそれはどうかな. いつも釣りの自慢ばかりしているから」.
──[他] 1a [boast that 節] …であることを鼻にかける;「…」と鼻にかけて言う ‖
He **boasts that** he is a famous writer. 彼は(自分は)有名な作家だと自慢している《◆He *boasts of* being a famous writer. の方がふつう》.
**b** [boast oneself (to be)]C C だと自慢する ‖
He **boasts himself (to be)** a famous writer. 彼は(自分は)有名な作家だと自慢している.
2 (正式) 〈町・学校などが〉〈誇らしい物を〉持っている, 〈物・事を〉誇りにする ‖
The city **boasts** a fine library. その町にはすばらしい図書館がある.
──[名] (複) ~s/bóusts/ C 1 (正式) 誇りとする物

[事], 自慢の種《◆ 悪い意味はない》‖
A fine park is the **boast** of the town. 美しい公園がその町の誇りだ.
It is her **boast** that she has a good memory. もの覚えがよいというのが彼女の自慢だ.
2 いばった言葉, ほら, 自慢.
**màke a bóast of A** …を自慢する, 誇る.

**boast·er** /bóustər ボウスタ/ [名]C 自慢家, ほら吹き.

**boast·ful** /bóustfl ボウストフル/ [形] 自慢する; 〈言葉などが〉自慢に満ちた ‖
She **is boastful of [about]** her talent. 彼女は自分の才能を自慢にしている.
**bóast·ful·ly** [副] 自慢そうに.

***boat** /bóut ボウト/ (類音 bought/bɔ́ːt/)〖オール・帆・発動機で動く「小舟」から一般の「船」の意にも用いる〗
──[名] (複) ~s/bóuts/) C 1 [しばしば複合語で] ボート, 小舟《♦(1) モーターボート(motorboat), 帆船(sailboat), こぎ船(rowboat)などをいう. (2) 日本語の「ボート」は主に rówbòat. (3)《海事》では boat は小舟, ship は定期船をいう》‖
a físhing bòat 釣り船.
a ship's boat 救命ボート.
We went to the lake to row a **boat**. ボートをこいで湖へ出かけた.

[文化] 毎春 Oxford 対 Cambridge で行なわれる大学対抗ボートレースは the Boat Race という. ふつうこのようなボートレースは regatta という.

2 《略式》(一般に) 船(ship)《♦(1) (小型)蒸気船(steamboat), 客船(passenger boat), 遠洋定期船をさす. (2) 大きい順に vessel, ship, boat となる》‖
**by bóat** =**in [on] a bóat** 汽船で.
**take a bóat** for Kobe 神戸行きの船に乗る.

[関連] [種類] ferryboat フェリーボート / foldboat 折りたたみ式ボート / showboat ショーボート / whaleboat 捕鯨用ボート / pleasure boat 遊覧船.

3 [通例複合語で] 船形容器 ‖
a sauce boat 船形ソース入れ.
**be (áll) in the sáme bóat**《略式》境遇[運命, 危険, 困難など]を共にする.
**míss the bóat**《略式》好機を逸する, チャンスをのがす; 要点をつかみそこなう.
──[動] [自] (船遊びで)ボートに乗る, ボートをこぐ ‖
go **boating** on [*in, *to] Lake Biwa 琵琶湖へ船遊びで[ボートをこぎ]行く.
**bóat pèople** [集合名詞的に; 複数扱い] ボートピープル, (船で国を脱出した)難民《主にベトナム難民》.

**boat·house** /bóuthàus ボウトハウス/ [名]C 艇庫; 船小屋.

**boat·ing** /bóutiŋ ボウティング/ [動] → boat.

——名 U 船遊び, ボートこぎ.

**boat·man** /bóutmən ボウトマン/ 名 (複 ‑men) C 1 貸ボート屋(の主人). 2 ボートのこぎ手(＝(PC) rower). 3 船頭；ボート乗組員.

**boat·swain** /bóusn ボウスン/ 名 C [海事] (商船の)甲板長, ボースン.

**bob¹** /báb バブ｜bɔ́b ボブ/ 動 (過去・過分 bobbed /‑d/；現分 bob·bing) 自 1 ひょいと動く, 上下に動く. 2 (ゲームで)口でくわえて取る. ——他 …を(ぴょこんと)上下に動かす.

**bob²** /báb バブ｜bɔ́b ボブ/ 名 C (女性の)ショートヘア, ボブ；結び髪.

**Bob** /báb バブ｜bɔ́b ボブ/ 名 ボブ《Robert の愛称》.

**bob·bin** /bábən バビン｜bɔ́bin ボビン/ 名 C (筒型の)糸巻き, ボビン.

**Bob·by** /bábi バビ｜bɔ́bi ボビ/ 名 ボビー《Robert の愛称》.

**bob·sled** /bábsled バブスレド｜bɔ́b‑ ボブ‑/ 名 C ボブスレー；二軸そり(の片方). ——動 (過去・過分 ‑‑sled·ded/‑id/；現分 ‑‑sled·ding) 自 ボブスレーに乗る.

**bob·sleigh** /bábslei バブスレイ｜bɔ́b‑ ボブ‑/ 名 (英) ＝bobsled.

**bode¹** /bóud ボウド/ (類音 board/bɔ́:rd/) 動 (現分 bod·ing) 他 (文) …の前兆となる, …を前もって示す.

**bode²** /bóud ボウド/ 動 → bide.

**bod·ice** /bádis バディス｜bɔ́d‑ ボディス/ 名 C 1 (婦人服の)胴着, 身ごろ. 2 (からだに密着した女性用の)ベスト《ふつう前中央をひもで締めあげる》.

**‑bod·ied** /‑bádied ‑バディド｜‑bɔ́did ‑ボディド/ 連結形 …なからだ[本体, 味わい]を持った. 例：able-bodied.

**bod·i·es** /bádiz バディズ｜bɔ́d‑ ボド‑/ 名 → body.

**bod·i·ly** /bádəli バディリ｜bɔ́dili ボディリ/ 【→body】 形 肉体の；肉体的な ‖ bodily defects 身体上の欠陥. bodily suffering 肉体的苦痛.
——副 からだごと, まるごと.

**\*\*bod·y** /bádi バディ｜bɔ́di ボディ/ (類音 bud·dy/bʌ́di/) 《昔酒を入れた「たる」(cask)が原義》
派 bodily (形・副)
→ 名 1 からだ 2 死体 4a かたまり b 団体
——名 (複 bod·ies/‑z/) 1 C (広義) (人・動物の)からだ, 肉体(↔ mind, soul, spirit) (図 → 次ページ)；(狭義) (頭・手足を除いた)胴, 胴体 類 figure, build ‖
I don't have the feeling for Chinese music **in** my **body**. 中国の音楽はどうもぼくの肌に合わない.
対話 "You look awful. What happened?" "I exercised yesterday and my whole **body** hurts."「ひどい格好ね. どうかしたの」「きのう運動をしてからだじゅうが痛むんだよ」.
(You can do it) òver my déad **bódy**! (略式) (提案などに強く反対して)私の目の黒いうちはそんなことはさせないぞ.

2 C **a** 死体；遺体. **b** (略式) 人, やつ.

3 C (植物の)幹；(服の)胴部；[通例 the ～ of a ＋名詞] 主要部 ‖
the **body** of a violin バイオリンの共鳴箱.
the **body** of a speech 演説の主文.

4 a C [主に a ～ of ＋ U C 名詞] 大量[多数]のかたまり, 集まり ‖
a **body** of evidence 一連の証拠.
a large **body** of policemen 大勢の警官隊.
対話 "What's that noise?" "There's **a large body of** people outside and they want to see you."「あの騒ぎは何だ」「外に大勢の人が来ていてあなたに会いたいそうです」.
**b** [集合名詞；単数・複数扱い] 団体 ‖
the student **body** 学生集団[自治会].
**in a bódy** 一団になって, 一斉に.

5 C 天体；物質；〖物理〗物体；〖数学〗立体 ‖
heavenly **bodies** 天体.

**bódy and sóul** 肉体と精神；[副詞的に] 身も心も, 全身全霊で ‖ keep **body and soul together** 生計を立てる.

**bódy chèck** 〘アイスホッケー〙ボディーチェック《相手側選手の動きをからだで阻止すること》《◆ 空港などでの「ボディーチェック」は secúrity chèck, bódy sèarch》.

**bod·y-blow** /bádiblòu バディブロウ｜bɔ́di‑ ボディ‑/ 名 C 1 〖ボクシング〗ボディーブロー. 2 (略式) ひどい挫折(ざつ)[失敗].

**bod·y-build·ing** /bádibìldiŋ バディビルディング｜bɔ́di‑ ボディ‑/ 名 U ボディービル.

**bod·y·guard** /bádigà:rd バディガード｜bɔ́di‑ ボディ‑/ 名 C ボディーガード；[集合名詞；単数・複数扱い] ボディーガードの一団, 護衛団.

**bod·y·suit** /bádisù:t バディスート｜bɔ́di‑ ボディ‑/ 名 (米) ボディースーツ《シャツとパンティがひと続きになった型の婦人服. ふつうスラックスやスカートと併用. レオタード(leotard)もこの一種. 下着の場合もある》.

**bod·y·work** /bádiwà:rk バディワーク｜bɔ́di‑ ボディ‑/ 名 U (外側の)車体；車体製造[修理].

**Bo·er** /bɔ́:r ボー, bóuar/ (古) 名 C 形 ボーア人(の) 《南アフリカのオランダ系移民. 今は Afrikaner》.
——形 ボーア人の.

**Bóer Wár** [the ～] ボーア戦争《1899‑1902》.

**bog** /bág バグ｜bɔ́g ボグ/ (類音 bag/bǽg/, bug/bʌ́g/) 名 C U 沼地. ——動 (過去・過分 bogged /‑d/；現分 bog·ging) 他 (略式) [通例 be ~ged] 沼にはまりこむ；動きがとれなくなる.

**bo·gey** /bóugi ボウギ/ 名 C 〖ゴルフ〗ボギー《ホールの基準打数(par)より1つ多いスコア. → par 関連》；(主に英) ＝par.

**bog·gle** /bágl バグル｜bɔ́gl ボグル/ 動 (現分 bog·gling) 自 (略式) ぎょっとする, ためらう.

**bog·gy** /bági バギ｜bɔ́gi ボギ/ 形 (比較 ‑‑gi·er, 最上 ‑‑gi·est) 沼地の, 低湿の.

**bo·gus** /bóugəs ボウガス, (英+) bɔ́‑/ 形 にせの, いんちきの.

**Bo·he·mi·a** /bouhí:miə ボウヒーミア｜bəu‑ ボウ‑/

## body

Front view labels: skull, face, forehead, chin, temple, neck, chest, shoulder, breast, armpit, nipple, thorax, navel, stomach, knee, shin, ankle, instep, toe, sole

Back view labels: head, trunk, back, waist, arm, elbow, hip, forearm, hand, wrist, buttock, leg, thigh, calf, foot, heel

---

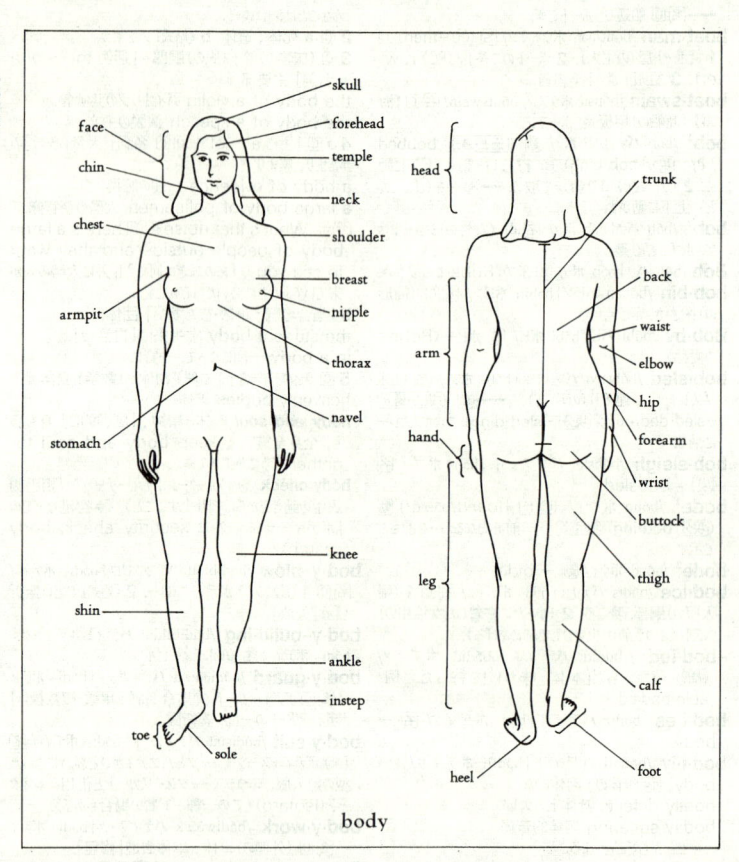

名 ボヘミア《チェコの西部地方》.
**Bo·he·mi·an** /bouhíːmiən ボウヒーミアン | bəu- ボウ-/ 形 ボヘミア(人, 語)の. ── 名 C ボヘミア人; U ボヘミア語.
**Bo·he·mi·an·ism** /bouhíːmiənìzm ボウヒーミアニズム | bəu- ボウ-/ 名 U 奔放(ᴺᴺ)な気質.
***boil** /bɔ́il ボイル/ 〖「泡を立てる」が原義〗

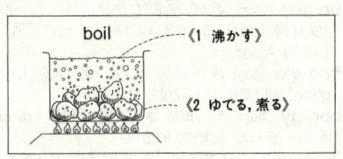

boil
《1 沸かす》
《2 ゆでる, 煮る》

── 動 (三単現) ~s/-z/ ; (過去・過分) ~ed/-d/ ; (現分) ~·ing

── 他 と 自 の関係 ──
| 他 1 | boil A | A を沸かす |
| 自 1 | A boil | A が沸騰(ᴺᴺ)する |

── 他 1 …を沸かす ‖
**boil** water 湯を沸かす《◆ *boil hot water とはいわない》.
**boil** a kettle やかんで湯を沸かす.
**2 a** …をゆでる, 煮る, 炊く ‖
**boil** the rice in a rice-cooker ごはんを炊飯器で炊く.
**b** [boil A B / boil B for A] A〈人〉に B〈食物〉をゆでてやる ‖
He **boiled** me (**up**) some eggs. = He **boiled** (**up**) some eggs for me. 彼は私に卵をゆでてくれた.
**c** [boil A C] A〈卵など〉をゆでて C (の状態)にする

**boiler**

《◆C は形容詞》∥
**boil** eggs soft [hard] 卵を半熟[固ゆで]にする《「半熟卵」は soft- [×half-] boild eggs》.

関連 simmer (沸騰寸前の状態で) ことこと煮る / stew 弱火で長時間煮込む / steam 蒸す / braise 蒸し煮にする / poach 沸騰した湯で形をくずさないようにさっとゆでる.

——自 **1 a** 沸騰する；ゆだる，煮える，炊ける∥
Water **boils** at 212°F. 水は華氏212度で沸騰する《◆two (hundred) and twelve degrees Fahrenheit と読む》.
The kettle's **boiling**. =The water in the kettle is **boiling**. やかんの湯が沸いている《◆boiling water は「煮えている湯」「(湯の種類としての)熱湯(boiled water)」の二つの意味がある》.
A watched pot never **boils**. 《ことわざ》ポットは見つめていると沸かない；「待つ身は長い」.

**b** [boil C]〈液体・食物が〉沸騰して[煮えて]C (の状態)になる《◆C は形容詞》∥
**boil** dry 沸騰して[煮つまって]水分がなくなる.

**2** 《略式》激怒する，〈血などが〉煮えたぎる；〈海などが〉沸き立つ，荒れ狂う∥
She **boiled** (over) with rage at his betrayal. 彼女は彼の裏切りに激怒した.
It made my blood **boil** to hear that. それを聞いて腹わたが煮えくりかえった.

対話 "Is he angry about what happened?" "Is he angry? (↗) He's **boiling** about it." 「彼のことで怒っている？」「怒っているかって？ かんかんに怒っているよ」.

——名 [a ～ / the ～] 沸騰(状態)，沸点；[英略式] [the ～] 興奮[危機]の頂点∥
give it a good **boil** それをよくゆでる[煮る].
*cóme* [*be bróught*] *to the* [《主に米》*a*] *bóil* [しばしば比喩的に] 沸騰する，頂点に達する.

**boil·er** /bɔ́ɪlər ボイラ/ 名 C **1** ボイラー；(家庭用)給湯器，煮沸器《かま・なべなど》. **2** 煮沸する人.

**boil·ing** /bɔ́ɪlɪŋ ボイリング/ 動 → boil.
——形 副 沸騰している，ひどく暑い；激しく∥
**boiling** hot 《略式》猛暑の.
——名 U 沸騰，煮沸.

**bóiling pòint** [the ～] 沸点；(忍耐の)限界.

**bois·ter·ous** /bɔ́ɪstərəs ボイスタラス/ 形 **1** 〈人・言葉が〉乱暴な；〈陽気に〉騒々しい. **2**〈風・海・天候などが〉荒れ狂う，大荒れの.

**bóis·ter·ous·ly** /bɔ́ɪstərəsli ボイスタラスリ/ 副 騒々しく；荒れ狂って.

***bold** /bóʊld ボウルド/ 《類音》bald/bɔ́ːld/) 『「危険を前にして恐れを知らない」が本義』派 boldly (副)
——形 (通例 比較 ～·er, 最上 ～·est)

**1 a** 大胆な，勇気のある；[it is bold of A to do A is bold to do] …するとはA〈人〉は大胆である《◆brave より向こう見ずな勇敢さを強調》∥
a **bold** man 大胆な人.
It is **bold** of you to dispute her proposal. =You are **bold** to dispute her proposal. 彼女の提案に異議を唱えるとは君も大胆だ.

**bolt**

**b** 度胸を必要とする，大胆さを要する∥
a **bold** plan 大胆な計画.

**2**《正式》ずうずうしい，厚かましい∥
a **bold** woman ずうずうしい女.
She gave me a **bold** glance. 彼女は不遠慮に私をちらっと見た.

**3**〈輪郭などが〉はっきりした，目立つ；[印刷] ボールド体の，太活字の∥
**bold** features はっきりした顔だち.
**bold** handwriting 肉太の筆跡.

***màke*** [*be*] *bóld to do =màke* [*be*] *so bóld as to do*《正式》失礼ながら…する，あえて…する∥
May I make so **bold** as to ask your help? 恐縮ですがお手伝い願えませんか.

***màke bóld with*** A …を勝手に使う《◆make free with A の方がふつう》.

**bold·ly** /bóʊldli ボウルドリ/ 副 **1** 大胆に∥
She **boldly** went up to the king. 彼女は臆(おく)することなく王の面前へ出た.
**2** 厚かましく. **3** くっきりと.

**bold·ness** /bóʊldnəs ボウルドネス/ 名 U **1** 大胆さ. **2** 図太さ∥
have the **boldness** to do 厚かましくも…する.
**3** 目立つこと.

**Bo·liv·i·a** /bəlíviə ボリヴィア/ 名 ボリビア《南米中西部の共和国．首都 La Paz》.

**Bo·lo·gna** /bəlóʊnjə ボロウニャ/ 名 **1** ボローニャ《北イタリアの都市》. **2** [b～] C U =bologna sausage.

**bológna sàusage** 《米》ボローニャソーセージ(bologna)《大型のソーセージ》.

**Bol·she·vik** /bóʊlʃəvɪk ボウルシェヴィク, bɑ́l-ǀ bɔ́l-ボル-/ 名 (複 ～s, ··vi·ki/-viki:/) C **1** [歴史] ボルシェビキ《ロシア社会民主労働党の多数派の人》. **2** (1918年以降の)ソ連共産党員. **3** 《広義》共産党員. **4** [時に b～] 過激主義者；非協力的な人.

**Bol·she·vism** /bóʊlʃəvɪzm ボウルシェヴィズム/ 名 U **1** ボルシェビキの思想. **2** [時に b～] 過激主義.

**Bol·she·vist** /bóʊlʃəvɪst ボウルシェヴィスト/ 名 C ボリシェビキの(一員)《レーニンを指導者とするロシア社会民主労働党の左派(の人)》.

**bol·ster** /bóʊlstər ボウルスタ/ 名 C 長枕《ふつうまくらの敷布の下に置く》. ——動 他《世論・団体などが》…を支持する，励ます.

**bolt** /bóʊlt ボウルト/ (《類音》volt/vóʊlt/) 名 C **1** ボルト，締めくぎ(→ nut).
**2** (門・戸・窓を締める)かんぬき，差し錠(じょう).
**3** 稲妻(いなずま)，電光.
**4** (織物などの)1巻き，1反；(わらなどの)束∥
a **bolt** of silk 1反の絹.
**5** [a ～] 逃げる[駆け出す]こと∥
do a **bolt** 逃げる.
◇*a bólt from* [*òut of*] *the blúe*《略式》青天の霹靂(へきれき)，思いがけないできごと.
——動 他 **1** …にかんぬきを掛ける∥
**bolt** the door ドアにかんぬきを掛ける.
**2** …をボルトで留める.
**3**〈食物〉をかまずに飲み込む，大急ぎで食べる∥

bolt (down) one's lunch 昼食をかきこむ.
— 自 **1** かんぬきで締める. **2**〈馬などが〉(驚いて)急に駆け出す;〈略式〉〈人が〉逃げ出す.
*bólt* A *ín* [*óut*] [他] A〈人〉を閉じこめる[締め出す].

**bomb** /bám バム | bɔ́m ボム/《発音注意》《◆ *b* は発音しない》《類音》ba/m/bá:m/)〚「ブーン」という音の擬音語〛
— 名 (複 ~s/-z/) C 爆弾 ‖
drop an atomic **bomb** 原子爆弾を落とす.
plant a time **bomb** 時限爆弾を仕掛ける.

> 関連 [種類] a plastic bomb プラスチック爆弾 / a robot bomb ロボット爆弾 / a rocket bomb ロケット爆弾 / a tear gas bomb 催涙弾 / a smoke bomb 発煙弾 / an incendiary bomb 焼夷(い)弾.

*gó* (*like*) *a bómb*〈英略式〉(1)〈車などが〉速く走る. (2)〈事が〉成功する;〈物がよく売れる.
— 動 (三単現 ~s/-z/; 過去・過分 ~ed/-d/; 現分 ~ing)
— 他 …を爆撃する, …に爆弾を落とす ‖
The city was **bombed** by enemy planes. 町は敵機の爆撃を受けた.
*be bómbed óut* 空襲で焼け出される.

**bom·bard** /bambá:rd バンバード | bɔm- ボン-/ 動 他 …を爆撃する; …を(質問などで)攻め立てる.

**bom·bard·ment** /bambá:rdmənt バンバードメント | bɔm- ボン-/ 名 C U《通例 a ~》爆撃;(質問などの)攻撃.

**Bom·bay** /bambéi バンベイ | bɔm- ボン-/《◆ 形容詞的にはふつう/⌒-/》名 ボンベイ《インド西部の都市 Mumbai の旧称》.

**bomb·er** /bámər バマ | bɔ́mə ボマ/《発音注意》名 C 爆撃機;爆破犯人.

**bomb·ing** /bámiŋ バミング/ 動 → bomb.
— 名 U C 爆撃.

**bomb·shell** /bámʃèl バムシェル | bɔ́m- ボム-/ 名 C 爆弾;砲弾.

**bo·nan·za** /bənǽnzə ボナンザ, bou-/ 名 C《主に米》
**1** (鉱山中の)富鉱帯, 豊富な鉱脈.
**2**〈略式〉[形容詞的に] 大当たり(の), 大もうけ(の), 幸運 ‖
a bonanza year 大豊年.

**bond** /bánd バンド | bɔ́nd ボンド/《類音》band /bǽnd/) 名 C **1**《しばしば ~s》(愛情などの)きずな, 結束《◆ tie より強く, 一体と感じられる結びつき》‖
**Bonds** of friendship unite the two men. 友情のきずなが2人を結びつけている.
**2**《文》[~s] (囚人の)鎖, 足かせ ‖
be in **bonds** 囚人[奴隷]となっている.
**3** C 縛るもの, 結ぶもの;ひも.
**4** C 契約;契約書, (債務)証書;債券.
**5 a**《正式》[a ~] 接着, 結合 (join). **b** U C 接着剤, くっつける力.
— 動 他 …をくっつける. — 自 くっつく, つながる.

**bond·age** /bándidʒ バンディチ | bɔ́nd- ボンディチ/《類音》bandage /bǽnd-/) 名 U **1**〈文〉隷属の境遇. **2** (行動の自由の)束縛, 屈従.

**Bond Street** /bánd- バンド- | bɔ́nd- ボンド-/ ボンド街《London の高級商店街》.

*bone /bóun ボウン /《類音》born/bɔ́:rn/)〚「手足の骨」が原義〛
— 名 (複 ~s/-z/) **1** C U 《集合名詞;単数扱い》骨;(骨格を形成する)骨片;肉付きの骨 ‖
a cheek **bone** ほお骨.
a small **bone** in a fish 魚の小骨.
(*as*) *dry as a bone*〈略式〉かさかさに乾いて.
*Nó bónes bróken!* たいしたことないよ, 無事だ.

> 表現「…するのに骨が折れる」は have trouble [difficulty] (in) doing /「骨のある人」は a man of spirit.

**2**《略式》[~s] 死骸(がい), 遺体《◆遺体を焼いたあとの骨の細片は ashes》‖
lay [leave] one's **bones** 埋葬される, 死ぬ.
*féel* [*belíeve*] *in* one's *bónes that* …〈略式〉(直感的に)…だと確信する, 予感する.
*màke nó bónes abóut* [*of*] A〈略式〉A〈物事〉を遠慮せず(平気で)やる, 率直に言う.
*to the bóne*〈略式〉からだのしんまで, 徹底的に;〈費用・バスの便などが〉最小限度まで ‖ cut expenses to the bone 費用を極度に切りつめる.
— 動 (現分 bon·ing) 他〈魚・肉などの〉骨をとる.

**Bón·fire Níght** /bánfàiər- バンファイア- | bɔ́n- ボン-/《英》たき火の夜《11月5日. → Guy Fawkes Day》.

**bon·go** /báŋgou バンゴウ/ 名 (複 ~s, ~es) C ボンゴ《ラテン音楽に用いる小型太鼓》.

**Bonn** /bán バン | bɔ́n ボン/ ボン《ドイツの都市. 旧西ドイツの首都》.

**bon·net** /bánit バニト | bɔ́nit ボニト/ 名 C **1** ボンネット《昔の婦人帽の一種. 今は小児・修道女の帽子》;《スコット》(男性用)ベレー帽. **2**《英》(車の)ボンネット (《米》 hood ) of car).

**bo·nus** /bóunəs ボウナス/ 名 (複 ~·es/-iz/) C **1** 特別手当, 賞与《◆ 英米では日本の「ボーナス」のように社員全員に定期的に支給されるのではなく, 腕ききのセールスマンとか会社役員に規定以外に支給される》.
**2**〈略式〉予期しない贈り物;おまけ.
**bónus sàle** おまけ付きセール.

**bon·y** /bóuni ボウニ/《類音》bonny /báni-/) 形 (比較 -i·er, 最上 -i·est) **1** 骨ばかりの. **2** 骨ばった. **3** 骨の多い. **4** 骨の(ような).

**boo** /bú: ブー/〚擬音語〛間 **1** ブー《観衆が発する非難・不満の声》.
**2** バアー, お化けだぞ!《人・子供を驚かす声》;
Peek-a-boo! いないいないバアー.
— 名 C ブー[バアー]という声.
— 動 自 (…に)ブー[バアー]と叫ぶ;やじる ‖
boo the speaker off the platform 演説者をやじって演壇から降ろす.

**boob** /bú:b ブーブ/〈略式〉名 C **1** ばか者. **2** どじ, へま. — 動 自 他 (試験などを)へまをする.

**boo·by** /búːbi ブービ/ 图 (圈 boo·bies/-z/) © **1** ばか者. **2** 最下位.
**bóoby prize** 最下位賞.

**book** /búk ブク/ [「皮に文字を刻んだ beech (ブナの木)」から、「とじ合わせてあるもの」が本義]
— 图 (~s/-s/) © **1 a** 本《◆知恵・知識の象徴》; 著作. [関連] guidebook 案内書 / textbook 教科書 / picture book 絵本 ‖
a math **book** 数学の教本《参考書》《◆a *book* on [about] math は「数学に関する本」》.
a talking **book** 音声録音された本《盲人用》.
**books** by Agatha Christie アガサ=クリスティーの著作.
I like to read **books**. (習慣・趣味で)読書が好きだ.

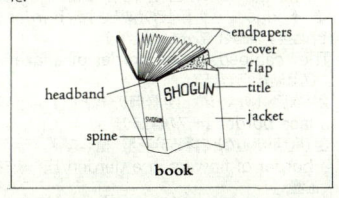

endpapers
cover
flap
title
headband
jacket
spine
book

**b** 巻, 編(略 b.)《◆外形上の分冊をさす volume に対して, 内容的区分をさす》‖
an epic in 12 **books** 12巻からなる叙事詩.
the **Book** of Genesis 〔聖書〕創世記.
**c** (オペラなどの)歌詞, 台本; (劇の)脚本 ‖
the **book** (of words) for [of] 'Oklahoma' 『オクラホマ』の台本.
**d** [the ~; 時に B~] 聖書 ‖
people of the **Book** ユダヤ民族.
the good **book** =the Good Book (略式) 聖書.
**2 a** ノート, 帳面(notebook); [複合語で] …帳, …録, (個々の)帳簿; (競馬の賭(か)帳); 〔主に英格式〕電話帳(telephone book). [関連] autograph book サイン帳 / workbook 学習帳 ‖
an address **book** 住所録.
He's [His name's] not in the **book**. 彼は電話帳に出ていない.
**b** [~s] 名簿; 会計簿 ‖
be on the **books** (人・名前が)記録[登録]されている.
keep **books** 会計簿をつける.
**3** (マッチ・小切手などの)つづり, とじ込み; (タバコの葉の)束, ひと山 ‖
a **book** of tickets =a ticket book 1つづりの回数券.
**4** (略式) [the ~] (一連の)基準, 規則, 慣例, 政策 ‖
not in the **book** 許可されていない.
by [according to] the **bóok** 規則どおりに; (適切な情報・典拠に基づいて)正確に.
*in* my **bóok** 私の意見では.
*like* a **bóok** 改まった口調で, 正確に; 完全に.
— 動 他 **1** (英) **a** [book (A) B/ book B (for A)] (A〈人〉のために) B〈座席・部屋・切符など〉を予約する((米) reserve) (+*up*)《◆美容院・歯科医などの予約は make an appointment》‖
**book** him a room =**book** a room *for* him 彼のために部屋を予約してやる.
**b** …に乗物の切符を発行する; 〈乗物の切符〉を発行する.
**2 a** 〈人・名前・注文など〉を(予約)名簿[帳簿]に記載する. **b** (主に英略式)[通例 be ~ed]〈違反者などが〉調書をとられる.
**3** [通例 be ~ed]〈人が〉出演[講演]する予定である, 予約[契約]をしている.
— 自 (部屋などを)予約する.
**bóok ín** (英)(1)[自](ホテルを)予約する; チェックイン(checkin)する. (2) [他]〈人〉に(ホテルを)予約してやる;〈人〉を(チェックインさせて)受け入れる.
**bóok úp** [他] [通例 be ~ed] 〈ホテル・劇場などが〉予約済みである; (略式)〈人が〉予定[約束]がつまっている ‖ Sorry, but we're (fully) **booked up**. 申し訳ありません, 全席[全室]予約済みです.
**bóok còver** 本の表紙《◆「ブックカバー」は book jacket》.
**bóok ènds** ブックエンド.
**bóok jàcket** ブックカバー.
**bóok revìew** 書評; (新聞・雑誌の)書評欄; 書評誌.
**bóok tòken** (主に英) 図書券.
**book·case** /búkkèis ブクケイス/ 图 © 本箱, 本棚.
**book·ing** /búkiŋ ブキング/ 動 → book.
— 图 ⓤ © (主に英) **1** 予約. **2** 出演契約. **3** 調書[帳簿]記入.
**bóoking clèrk** (英)(駅の)出札係.
**bóoking òffice** (英) =ticket office.
**book·keep·er** /búkkìːpər ブクキーパ/ 图 © 簿記係.
**book·keep·ing** /búkkìːpiŋ ブクキーピング/ 图 ⓤ 簿記《◆「簿記」は bookkeeping の音訳》.
**book·let** /búklət ブクレト/ 图 © 小冊子, パンフレット.
**book·mark(·er)** /búkmɑːrk(ər) ブクマーク (ブクマーカ)/ 图 © **1** しおり. **2** [コンピュータ] ブックマーク, お気に入り.
**book·sell·er** /búksèlər ブクセラ/ 图 © (小売りの)本屋; その経営者.
**book·shelf** /búkʃèlf ブクシェルフ/ 图 (圈 -shelves/-ʃélvz/) © 本棚.
**book·shop** /búkʃàp ブクシャプ|-ʃɔp -ショプ/ 图 © (主に英)書店, 本屋.
**book·stall** /búkstɔ̀ːl ブクストール/ 图 © **1** (戸外の) (古)本・雑誌の屋台店. **2** (英) =newsstand.

**book·store** /búkstɔ̀ːr ブクストー/ 图 © (米) 書店, 本屋((主に英) bookshop).
**book·worm** /búkwə̀ːrm ブクワーム/ 图 © **1** (略式)読書家, 勉強家, 本の虫. **2** 本をむしばむ虫《シミなど》.
**boom**¹ /búːm ブーム/ 图 [擬音語] © **1** (大砲・雷などの)とどろき, うなり; (ハチなどの)ブーンという羽音.

**boom**

**2** にわか景気, ブーム; (物価の)急上昇; (都市の)急発展 ‖
a boom town 新興都市.
── 動 ⾃ **1** 〈大砲・雷・人の声などが〉とどろく; 〈ハチなどが〉ブーンとうなる. **2** 〈商売などが〉にわかに景気づく; 〈物価が〉急に上がる; 急に有名になる. ── 他 …を大声で伝える, …とうなるように発する, 報じる.

**boom²** /búːm ブーム/ 名 C **1** [海事] 帆の下桁(げた), ブーム. **2** (マイク・カメラなどの操作用)ブーム. **3** (起重機の)腕木.

**boo·mer·ang** /búːməræŋ ブーメラング/ 名 C ブーメラン《オーストラリア先住民の飛び道具》.

**boon** /búːn ブーン/ 名 C 恩恵, 利益.

**Boone** /búːn ブーン/ 名 ブーン《Daniel 〜 1734-1820; 米国辺境の開拓者. 伝説的な英雄》.

**boost** /búːst ブースト/ 動 他 **1** (略式) …を下[後ろ]から押し上げる. **2** (略式)〈値段など〉を上げる; …を増加する. ── 名 C **1** 押し上げる[上げられる]こと. **2** 上昇, つり上げ.

**boost·er** /búːstər ブースタ/ 名 C **1** 後押しする人, (志気・気力などを)高めるもの; 後援者. **2** [電気] 昇圧機. 〔電子工学〕ブースター, 増幅器.

***boot¹*** /búːt ブート/
── 名 (複 〜s/búːts/) C **1** (通例 〜s) 長靴, ブーツ; (英) (くるぶしの上までくる)靴, 編上靴(→ shoe) ‖
pull on one's **boots** 長靴をはく.
have one's **boots** on =be in one's **boots** 長靴[深靴]をはいている.
two pair(s) of ski **boots** スキー靴2足.

[関連] [種類] riding boots 乗馬靴 / elastic-sided boots ゴム長 / Wellington boots (ひざまでの)長靴.

**2** (英) (自動車の)トランク.
**3** (略式) [a 〜] キック, けること ‖
give the door a **boot** ドアをける.
**gét** [*be given*] *the bóot* 解雇される.
**pút the bóot ín** = *pút ín the bóot* (主に英俗) [自] (倒れた相手を)残酷にもける; [比喩的に] とどめを刺す.
── 動 他 (略式) **1** …をける. **2** 〈人〉を(無理やり)追い出す(+*out*). **3** 〔コンピュータ〕…を起動する, 立ち上げる.

**bóot trèe** 靴型《靴の形がくずれないように脱いだ靴に入れる》.

**boot²** /búːt ブート/ 名 (正式)《◆次の成句で》.
*to bóot* その上, おまけに.

**booth** /búːθ ブース, búːð/ búːθ ブーズ/ 名 C **1a** 小さく仕切った部屋, ブース ‖
a pólling [(米) vóting] bòoth 投票用紙記入ボックス.
a tícket bòoth 切符売場.
**b** (レストランなどの)仕切り席, ボックス席.
**c** 公衆電話ボックス(telephone booth).
**2** (定期市などの)屋台の店, 売店.

**boo·ty** /búːti ブーティ/ 名 U **1** 戦利品; 略奪品, (盗人の)獲物《◆山分けされる》. **2** (事業などの)もうけ.

**booze** /búːz ブーズ/ (俗) 名 U 酒; C 酒盛り《英 booze-up》 ‖
go on the **booze** 酒盛り[どんちゃん騒ぎ]をする.
── 動 (現分 booz·ing) ⾃ [通例 be boozing] 大酒を飲む(+*up*).

**bop** /báp バプ/ bɔ́p ボプ/ (米式) 名 C なぐること.
── 動 (過去・過分 bopped/-t/; 現分 bop·ping)

**Bor·deaux** /bɔːrdóu ボードウ/ 名 **1** ボルドー《フランス南西部の都市. 周辺はワインの名産地》. **2** U ボルドー(産の)ワイン (cf. claret).

***bor·der*** /bɔ́ːrdər ボーダ/ (同音 boarder)《「船の側面・船と水との境の板」が原義》
── 名 (複 〜s/-z/) C **1** (地域・平面の)へり, 縁, 端《◆ edge は「へり・縁」そのものをさすが, border はそれに接する細長い部分をも含む》‖
They camped **on the border of** a lake. みんなは湖畔で野営した.

**2** (衣服・本のページなどの)縁飾り, 縁どり ‖
a lace **border** レースの縁飾り.

**3** (庭園・歩道などを縁どる)花壇, 植込み ‖
a **border** of flowers in a garden 庭を縁どる花壇.

**4** (国・州・地方などの)境界(線); 国境(線); 国境地方《◆ boundary と違って国家の地理的境界(山・川など)をさすことが多い. cf. frontier》‖
over the **border** 国境を越えて.
within our **borders** 領土内に.
pass across the **border** 国境を越える.
[対話] "Are you planning to go into Canada while on vacation?" "No, we'll just go up to the **border** and then come back."「休暇中カナダへ行く予定ですか」「いいえ, 国境のところまで行って戻ってくるだけです」.

**5** [形容詞的に] 国境の ‖
**border** guards 国境警備兵.
*on the bórder of* A (1) …に接して, …のほとりに(→ 名**1**用例). (2) 今にも…しそうで.
── 動 他 **1** 〈衣服・歩道などに〉縁をつける ‖
**border** a dress **with** lace 服にレースで縁どりする.
a garden **bordered by** flowers 花で縁どられた庭.

**2** 〈土地など〉に接する, …と境界をなす.
── ⾃ **1** 〈土地などが〉接する ‖
France **borders on** Italy. フランスはイタリアに接している.

**2** [border on A] ほとんど…の状態である ‖
Her behavior **borders on** the ridiculous. 彼女の行動ははかげている.

**bor·der·er** /bɔ́ːrdərər ボーダラ/ 名 C 国境地方に住む人; イングランドとスコットランドの境界地方の住民.

**bor·der·land** /bɔ́ːrdərlænd ボーダランド/ 名 C 国境地方.

**bor·der·line** /bɔ́ːrdərlàin ボーダライン/ 名 C [通

例 a ～ / the ～ 国境線, 境界線. ―形 1 境界[国境]線上の. 2 不明確な；きわどい.
**bórderline càse** どちらとも決めにくい場合.

\*bore¹ /bɔ́:r ボー/ (同音 boar)
―動 (三単現) ～s/-z/; (過去・過分) ～d/-d/; (現分) bor·ing/bɔ́:riŋ/
―他 …をうんざりさせる, 退屈させる ‖
I was **bored with** his lecture. 彼の講義にはあきあきした《◆興味・関心がなくてあきあきすること. 同じことのくり返しであきあきするのは be tired of》.
―名 (複) ～s/-z/) C 1 [a ～] うんざりさせる人[事], 退屈な人[事] ‖
She is **an awful bore**. 彼女は全く退屈な人だ.
対話 "Every time he comes, it's the same old story." "What a bore! (↘) He never has anything new to say."「彼はいつ来ても同じ話ばかりだ」「うんざりだね. 新しい話題が何もない人だもの」.
2 《主に英語式》[通例 a ～] いやな事, 不快な事.

**bore²** /bɔ́:r ボー/ (動) → bear¹.
**bore³** /bɔ́:r ボー/ (動) (現分) bor·ing) 他 1〈穴を〉あける；〈板などに〉穴をあける. 2〈トンネル・井戸を〉掘る.
―自 1 穴をあける；試掘する. 2〈物に〉穴があく.
―名 C 穴；試掘孔；U (銃・管などの)内腔 (圏 → revolver).

**Bo·re·as** /bɔ́:riəs ボーリアス|-æs -アス/ 名《ギリシャ神話》ボレアス《北風の神》; U《詩》北風.

**bore·dom** /bɔ́:rdəm ボーダム/ 名 U 退屈, 倦怠(けんたい).

\***bor·ing¹** /bɔ́:riŋ ボーリング/
―動 → bore¹.
―形 (比較 more ～, 最上 most ～)《人を》うんざりさせる, 退屈させる ‖
How **boring**! 退屈だなあ!

**bor·ing²** /bɔ́:riŋ ボーリング/ 動 → bore³.
―名 U 穴あけ, ボーリング；C 穿孔(せんこう)であけた穴；[通例 ～s] きりくず.

\***born** /bɔ́:rn ボーン/ (同音 borne) (類音 bone /bóun/)
―動 → bear¹ (cf. bear¹ 他 6, 成句 be born).
―形 1 [名詞の前で] 生まれながらの, 天性の ‖
a **born** poet 生まれながらの詩人.
2 生まれた；生じた ‖
a recently **born** child 最近生まれた子供.

**-born** /-bɔ́:rn -ボーン/ (連結形) …生まれの；…から生じた. 例：an American-**born** student アメリカ生まれの学生.

**borne** /bɔ́:rn ボーン/ 動 → bear¹.

**Bor·ne·o** /bɔ́:rniòu ボーニオウ/ 名 ボルネオ《Malay 諸島の島の一つ》.

**bor·ough** /bə́:rou バーロウ, -rə | bʌ́rə バラ/ (発音注意)《◆×ボーロウ》(同音 ²burrow; 類音 bor·row/bárou|bɔ́rou/) 名 C 1 (New York 市の)行政区《Manhattan, the Bronx, Brooklyn, Queens, Staten Island の5区がある. 略 bor.》.
2《米》(アラスカ州で)郡 (county)；(Connecti-cut 州などで)町, 村. 3《英式》(行政単位としての)市《《米》の city に相当》. 4 (ロンドンの)区《Greater London (大ロンドン)は the City と32の区とからなる》.

\***bor·row** /bárou bɔ́rou バーロウ, 類音 burrow, borough/bə́:rou/《「借りて持って行く」が本義》
―動 (三単現) ～s/-z/; (過去・過分) ～ed/-d/; (現分) ～·ing)
―他 1 [borrow A (from B)] 《B〈人など〉から》A〈物・金〉を(無料で)借りる (⇔ lend) (語法 (2)) ‖
You can **borrow** these books **from** the library for a week. これらの本は図書館から1週間借り出せます.
対話 "Can I **borrow** your scissors?" "Sure. Here you are."「ハサミを借りていいかい」「もちろん. はいどうぞ」.

(語法) (1) トイレなど移動不可能なものを借りる場合には use, 家・部屋など賃借りするのは rent を用いる. 電話の場合は固定・携帯とも use, borrow の両方が用いられる：Can I **use** [**borrow**] your telephone? 電話を借りてもよろしいですか.
(2) hire 《主に英》は移動可能・不可能に関係なく, 短期間有料で借りること.《英》では衣類・ボートなどを借りるのは hire で, 車は rent か hire, 家については rent. しかし《米》ではこれらすべてに rent を用いる.

2〈人・言語などが〉〈考え・言葉などを〉取り入れる, まねる ‖
**borrowed** estate 借地.
English words are much **borrowed into** [**by**] other languages. 英語の単語は他の言語にずいぶん取り入れられている.

**bor·row·er** /bárouər bɔ́rouər バ(ー)ロウア/ 名 C 借り手.
**bor·row·ing** /bárouiŋ bɔ́rouiŋ バ(ー)ロウイング/ 動 → borrow. ―名 1 U 借りること, 借用. 2 C 借用したもの；借用語；借金.

**bos·om** /búzəm ブザム/ (発音注意)《◆×ボザム》名 C《文》1 [通例 ～s] (女の)胸《◆ breasts の遠回し語》‖
I pressed him **to my bosom**. 彼を胸に抱きしめた.
2 (衣服の)胸部；(金・物を入れる)ふところ；《米》(シャツの)胸.
3 胸(の中) ‖
keep the grief **in** one's **bosom** 悲しみを胸に秘めておく.
4 [形容詞的に] 親しい, 胸に秘めた ‖
a **bosom** friend 親友.
a **bosom** secret 大切な秘密.
5 [通例 the ～] 内部, 奥, (家族・団体などの)内輪(うちわ)；(海・庭などの)広い表面, 真ん中 (center) ‖
**in** the **bósom of** one's **fámily** 家族内で, 一家団欒(だんらん)の中で.

**Bos·por·us** /báspərəs bɔ́s- バスパラス, ボス-/, **--phor·us** /-fər- -ファラス/ 名 [the ～] ボスポラス海峡《黒海とマルマラ海を結ぶ. アジアとヨーロッパの境

界》.

**boss** /bɔ́(ː)s ボ(ー)ス/ ([類音] *both*/bóuθ/) 名 (複 ~・es/-iz/) © (略式) **1** 上司；(労働者の)親方；雇用主, 社長《◆(1) 女性にも用いる. (2)「ボス, 顔役」の悪い響きはない》‖

He **is boss**. 彼が上司です《◆ *be* 動詞のあとではしばしば無冠詞》.

**2** 支配者, 実権を持っている人 ‖

She is the **boss** in this house. 彼女がこの家の実権を握っている.

You're the **boss**. 決定権は君にある. (何かを決めるとき)君が決めてよ.

**boss・y** /bɔ́(ː)si ボ(ー)スィ/ 形 (通例[比較] -・i・er, [最上] -・i・est) (略式)(人・態度がいばり散らす, 横柄な.

**Bos・ton** /bɔ́(ː)stan ボ(ー)ストン/ 名 ボストン《米国 Massachusetts 州の州都. 《愛称》the Puritan City, the Bean Town》.

**Bóston bàg** 手下げ袋.

**Bóston Téa Párty** [米史] [the ~] ボストン茶会事件《1773年英政府の茶税に抗議するボストン市民が英船に忍び込み茶箱を海に投棄した》.

**bo・tan・i・cal** /bətǽnikl ボタニクル/ 形 植物の, 植物に関する；植物から採った；植物学(上)の ‖

**botanical** gardens 植物園.

**bot・a・nist** /bátənist バタニスト | bɔ́tə- ボタ-/ 名 © 植物学者.

**bot・a・ny** /bátəni バタニ | bɔ́tə- ボタ-/ 名 (複 -a・nies/-z/) U 植物学；(一地方の)植物(全体)；一植物の生態；© 植物学書.

**botch** /bátʃ バチ | bɔ́tʃ ボチ/ (略式) 動 (三単現 ~・es/-z/)

— 名 (複 ~・es/-iz/) © へたな仕事 ‖

**màke** a **bótch of** mending a chair いすの修理をやり損なう.

**\*\*both** /bóuθ ボウス/ ([類音] *boss*/bɔ́s, bɔ́ːs/)

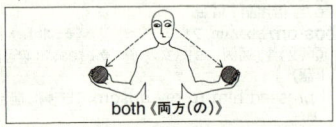

*both 《両方(の)》*

— 形 [名詞の前で] 両方の, 双方の《◆ these や所有格などがあるときはその前に置く》‖

**both** these toys このおもちゃ2つとも.

**both** Jack's sisters ジャックの(2人の)姉の両方.

There are hotels on **bóth** sides of the street. 通りの両側にホテルがある.

[Q&A] **Q:**「カップは2つとも割れている」はどう言いますか.

**A:** いろいろと言い方があります.
1) **Both** cups (=**Both** of the cups) are broken.
2) The cups are **both** broken.
3) **Both** these (=(略式) **both** of these) cups are broken.

**both** を使わずに The two cups are broken. とも言えます.

— 代 [通例 **both** of+©名詞複数形] 両方, 双方, 両者2人[2つ]とも ‖

**Bóth of** us have a desk. =We **both** have a desk. =We have **both** a desk. 我々2人は共有の机を持っている.

**Bóth of** them are not necessary. i) [↘] [部分否定] 両者とも必要なわけではない. ii) [↘] [全面否定] 両者とも必要ではない(=Neither of them is [are] necessary.) (cf. **all** 形 **4** [語法]).

**Both of** the girls are my classmates. その女の子は2人とも私のクラスメイトです(=The girls are **both** my classmates.)《◆**Both** (the) girls are my classmates. ともいえる》.

— 副 [**both** A **and** B] A も B も両方とも, A だけでなく B も(↔ neither A nor B)《◆A, B はふつう文中で同じ働きをする語句で, 名詞・形容詞・動詞・句など》‖

The book is **both** useful **and** amusing. その本は有益でありそのうえおもしろい(=The book is not only useful but (also) amusing. / The book is amusing as well as useful.).

He likes **both** Máry **and** Bétty. =(米) He likes Máry and Bétty **bóth**. 彼はメリーもベティも好きなのです.

He can **both** spéak **and** write Russian. 彼はロシア語が話せるし書くこともできる.

**\*both・er** /báðər バザ | bɔ́ðə ボザ/ 《「うるさく言って[つきまとって]困らせる」が本義》

*bother 《悩ます》*

— 動 (三単現 ~・s/-z/；[過去・過分] ~ed/-d/；[現分] ~・ing/-ərin/)

— 他 **1** …を悩ます《◆(1) annoy よりも迷惑の程度は軽い. (2) worry と違って故意に悩ます場合もある》‖

I won't **bother** [*worry] you any more. もう君には迷惑をかけないつもりです.

[対話] "Why can't you do it yourself? You see, I'm busy." "I don't mean to **bother** you, but I need your help."「どうして自分でできないの. ねえ, ぼくは忙しいんだよ」「迷惑をかけるつもりはないけど, あなたに手伝ってほしいの」.

[対話] "Will it **bother** you if I turn on the radio?" "Certainly not."「ラジオをつけてもご迷惑じゃないでしょうか」「かまいませんよ」.

**2** …を困らせる ‖

The child **bothered** me **with** his crying. 子供が泣いて私を困らせた.

**3** …に面倒をかける ‖

Bob **bothered** me **to** give him money. ボ

ブが金をねだって困った.
── 自 **1** 思い悩む, 心配する, 苦にする ‖
Don't **bother** about my lunch. I'll eat out. 私の昼食に気を使ってもらわなくて結構です. 外で食べますから.
**2** [**bother** to *do*] [通例否定文で] わざわざ … する ‖
Don't **bother** to call me back. 折り返し電話をかけていただくには及びません.
── 名 (複 ~s/-z/) **1** Ⓤ (ちょっとした) 面倒, やっかい; 騒ぎ ‖
I had a lot of **bother** (*in*) finding the book. その本を探すのにたいへん苦労した 《◆ *in* の省略がふつう》.
Nó **bóther** (*at all*). 少しも面倒[じゃま]ではありませんよ 《◆返答に用いる》.
**2** [a ~] 悩みの種, やっかいなもの.
── 間 (主に英)(軽いいらだちを表して) ちぇっ, うるさい ‖
**Bother** (it)! ちぇっ!
Oh, **bother** (you)! うるさい! 《◆ *damn* などの遠回し表現》.

**both·er·some** /bɑ́ðərsəm バザサム ǀ bɔ́ðə- ボザサム/ 形 (正式) やっかいな, うるさい.

**Bot·ti·cel·li** /bὰtitʃéli バティチェリ ǀ bɔ̀t- ボティ-/ 名 ボッティチェリ《**Sandro**/sάːndrou/ ~ 1444?-1510; イタリアの画家》.

**\*\*bot·tle** /bɑ́tl バトル ǀ bɔ́tl ボトル/ 《類音 **bat·tle**/bǽtl/》
── 名 (複 ~s/-z/) Ⓒ 《「小さなたる」が原義》 **1** (一般的に) びん, ボトル, びん型の容器《◆ (1) ふつう口が細くなっているものをいう. (2) 厳密には広口びんは **jug**, 取っ手付きは **jug**》 ‖
a juice **bottle** ジュースびん.
a squéeze **bòttle** (マヨネーズなどの) 絞り出し容器.
wine in **bottle** びん詰めのワイン.
対話 "How much juice should I get for the party?" "Oh, maybe three or four large **bottles**." 「パーティーにはジュースをどれだけ買えばいいだろう」「大びんを3, 4本くらいかな」.

関連 (1) [種類] mílk bòttle ミルクびん / ínk bòttle インクびん / vácuum bòttle 魔法びん.
(2) 「せん」は **stopper**, 「せん抜き」は **opener**.

**2** [a ~] **1** びんの量, びんの中味 ‖
drink a whole **bottle** of soda ソーダ水を1びん飲み干す.
**3** 哺乳びん; [the ~ / one's ~] (哺乳びんに入れた)ミルク, 人工乳(↔ **breast**) ‖

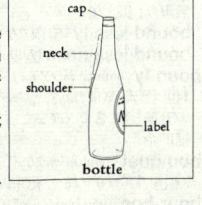

bring up the baby on **the bottle** 人工栄養で赤ん坊を育てる.
**bóttle nòse** とっくり鼻.

**bot·tled** /bɑ́tld バトルド ǀ bɔ́t- ボトルド/ 形 びん詰め[入り]の.

**\*bot·tom** /bɑ́təm バタム ǀ bɔ́təm ボタム/ 《「底」「基底」が本義》

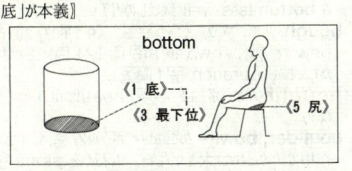

── 名 (複 ~s/-z/) **1** Ⓒ [通例 the ~] (物の)底, 最低部(↔ **top**); (川・海などの)底, 水底(↔ **surface**); (靴などの)裏(底); [形容詞的に] 最下部の, 底の, 水底にある ‖
the **bottom** of the glass グラスの底.
**bottom** fish 底魚《海底にすむ魚》.
the **bottom** shelf いちばん下の棚.
the **bottom** of the cliffs がけの下.
barnacles on the **bottom** of a boat ボートの底についたフジツボ.
Write your name at the **bottom** of the paper. 用紙のいちばん下に名前を書きなさい.
The boat sánk [wént, was sént] to the **bóttom** (of the sea). ボートは海底に沈んだ.
対話 "Did you say the butter was at the top of the refrigerator?" "Sorry, I meant at the **bottom**." 「バターは冷蔵庫のいちばん上にあると言ったかな」「ごめん, いちばん下と言ったつもりなの」.
**2** Ⓒ (心などの)底 ‖
from the **bottom** of one's heart 心の底から.
He is a very kind man at **bóttom**. 彼は根はとても親切だ.
**3** Ⓒ [通例 the ~] 最下位, 末席, びり(の人); [形容詞的に] びりの, 最後の ‖
She is always (*at*) the **bottom** of the class. = She is always the **bottom** student of the class. 彼女はいつもクラスのびりである.
**4** (英) [the ~] (道・庭などの) (いちばん)奥, 行き止まり ‖
the **bottom** of the garden 庭のいちばん奥.
**5** Ⓒ (いすの)座部; (略式) 尻(*しり*), けつ(**buttocks**).
**6** [the ~] (物事の)本質, 真相; 裏面, 黒幕; [形容詞的に] 根本的な, 本質的な ‖
We must gét to the **bóttom** of this mystery. このなぞの真相を突き止めねばならない.
Who is at the **bottom** of these rumors? このうわさの張本人はだれだ.
**7** Ⓒ [しばしば ~s] 川沿いの低地《◆ bottom land ともいう》. **8** Ⓒ (野球) (イニングの)裏(↔ **top**).
*at* **bóttom** (表面的にはどうあれ)心の底は; 根本的には; 実際は (→ **2**).
**Bóttoms úp!** (略式) さあ, 乾杯!, さあぐいと一杯!

《♦「持っている杯の尻(しり)を上げて飲み干そう」の意》.
***bóttom úp*** [***úpward***] [副] さかさまに.
**bóttom lànd** =bottom **7**.

**bot·tom·less** /bátəmləs バタムレス | bɔ́t- ボタム-/ [形] **1** 底のない, 〈いすなどが〉底部のない. **2** (正式) 非常に深い; [比喩的に] 測り知れない; 無限の ‖
a bottomless well 底なしの井戸.

**bough** /báu バウ/ (発音注意) 《♦ ×ボウ》 ([同音] bow[2,3]; [類音] vow/váu/) [名] [C] (文) (実・花のついた)大枝(→ branch [名] **1** [語法]).

***bought** /bɔ́ːt ボート/ ([類音] boat/bóut/) [動] → buy.

**boul·der, bowl-** /bóuldər ボウルダ/ [名] [C] (水の作用で角のとれた)大きな丸石, 玉石(→ stone [名] **2**).

**boul·e·vard** /búləvàːrd ブルヴァード | búːlvɑːd ブールヴァード/ 〘フランス〙 [名] [C] **1** (もとパリの) 広い並木道. **2** [B~; 街路名で] (米) 大通り((略) blvd.) 《♦ avenue の方がよく用いられる》 ‖
Sunset **Boulevard** (ハリウッドの)サンセット大通り.

**bounce** /báuns バウンス/ [動] ([現分] **bounc·ing**) [自] **1** 〈ボールなどが〉はずむ, はね上がる ‖
**bounce on** a trampoline トランポリンの上ではねる.
The ball **bounced over** the net. ボールははねてネットを越した.
**2** 跳び上がる, はねるように歩く; (怒って) 荒々しく歩く; 〈車が〉音をたてて走る ‖
**bounce out of** bed ベッドからはね起きる.
—[他] 〈ボールなど〉をはずませる ‖
**bounce** a child on one's knee(s) [lap] ひざの上で子供をゆすってあやす.
***bóunce báck*** [自] 〈ボールなどが〉はね返る; (略式) すぐ立ち直る, もとどおり元気になる.
—[名] **1** [C] はずみ, はね返り ‖
on the **bounce** (ボールが)はね返ったところで.
**2** [U] 弾力(性).
**3** [U] (略式) (うるさいほどの)元気のよさ, 活力; (失意などからの)すばやい回復力 ‖
with **bóunce** and **vígor** 元気はつらつとして.

**bounc·er** /báunsər バウンサ/ [名] [C] **1** 跳びはねる人[物]. **2** (俗) (ナイトクラブなどの)用心棒. **3** (米俗) 不渡り手形.

**bounc·ing** /báunsiŋ バウンスィング/ [動] → bounce. —[形] (略式) 元気のいい, 健康な.

**bound**[1] /báund バウンド/ [動] → bind.
—[形] **1** 縛られた, 縛り[結び]つけられた ‖
a **bound** prisoner 縛られた囚人.
**2** [be bound to do] **a** 〈人・物・事が〉きっと…する, …するに違いない(→ must [助] **3 a** [語法] (1)) ‖
Your plan **is bound to** fail. 君の計画はきっと失敗するよ.
**b** 〈人が〉…する義務がある ‖
We **are bound** by the rules **to** attend the meeting. 我々は規定によりその会議に出席する義務がある.
**3** (米略式) [be bound **to** do / be bound **on** doing] 〈人が〉…する決心をしている ‖
I'm **bound to** go [**on** going] whatever you say. あなたが何と言おうと私は行くことに決めています.
**4** 装丁された.

**bound**[2] /báund バウンド/ [動] [自] **1** はずむ, はね返る ‖
The ball hit the wall and **bounded back**. ボールは塀に当たりはね返った.
**2** 跳び上がる, 跳んで行く[来る]; 元気に歩く; 〈心が〉躍る ‖
My dog **bounded through** the field. 私の犬は野原をはねるように走り抜けた.
Her heart **bounded** with joy. 彼女の胸は喜びで躍った.
—[名] [C] **1** はね[跳び]上がり(leap); (心の)躍動. **2** (ボールの)はね返り, はずみ ‖
catch a ball **on the bound** ボールがはね返ったところを捕える.

**bound**[3] /báund バウンド/ [名] [C] (正式) [通例 ~s; 比喩的に] 境界(線), 限界, 限度 《♦ 物理的な境界は boundary, border》 ‖
put [set] **bounds to** his activity 彼の活動を制限する.
There are no **bounds** to her love of money. 彼女の金への執着心には際限がない.
***òut of bóunds*** (主に英) [形] [副] 立ち入り禁止の[に].
***within*** [***in***] ***bóunds*** 立入り自由の[で].
—[動] [他] **1** …を制限[抑制]する.
**2** (正式) [通例 be ~ed] 境を接する, 隣接する ‖
Mexico **is bounded on** [**in**] the north by the United States. メキシコは北が米国に接している.
—[自] 境を接する.

**bound**[4] /báund バウンド/ [形] (正式) 〈列車などが〉…行きの ‖
He is **bound for** home. 彼は帰国途上にある.
[対話] "Where's that truck going?" "I think it's **bound for** Boston." 「あのトラックはどこへ行きますか」「ボストン行きだと思う」.

**-bound** /-báund -バウンド/ [連結形] 〈乗物などが〉…行きの; …に閉ざされた, …に束縛された; 〈本などが〉…装の.

**bound·a·ry** /báundəri バウンダリ/ [名] ([複] **-a·ries** /-z/) [C] 境界線; [比喩的に] 限界 ‖
It is beyònd the **bóundary** of human knowledge. それは人知の範囲を越えている.

**bound·less** /báundləs バウンドレス/ [形] 際限のない, 無限の; 広大な.
**bóund·less·ly** [副] 限りなく.
**bóund·less·ness** [名] [U] 無限.

**boun·ty** /báunti バウンティ/ [名] ([複] **boun·ties**/-z/) **1** [U] (正式) 気前のよさ, 恵み深さ. **2** [C] (正式) (貧者への)施し物. **3** [C] (産業などに対する政府の)奨励金, 補助金.

**bou·quet** /boukéi ボウケイ, bu- | bu- ブケイ/ 〘フランス〙 [名] **1** [C] (手に持つ)花束. **2** [C] おせじ, ほめ言葉.

**bour·bon** /bɔ́ːrbən バーボン | bɔ́ː- バー-, búə-/ [名]

Ⓤ Ⓒ バーボン《トウモロコシを主原料とする米国のウイスキー。1789年 Kentucky 州の Bourbon で牧師の E. Craig が作った》.

**Bour·bon** /búərbən ブアボン/ 图 ブルボン家《フランスの王家》; Ⓒ ブルボン家の人.

**bour·geois** /buərʒwɑ́ː ブアジョワー, ニニ/ 《フランス》 图 (複 bour·geois) Ⓒ **1** 中産階級の市民; 商工業者. **2** (マルクス主義で) 資本家(階級の人), ブルジョア. ── 形 中産階級の; 資本主義の.

**bour·geoi·sie** /bùərʒwɑːzíː ブアジョワーズィー, (英+) bɔ̀ː-/ 《フランス》 图 Ⓤ [通例 the ~; 単数・複数扱い] **1** [(商工業に従事する)中産階級. **2** (マルクス主義で)資本家[ブルジョア]階級.

**bout** /báut バウト/ 图 Ⓒ **1 a** (活動などの)一期間, 一仕事 ‖
a bout of exercise 一運動.
**b** (病気の)一期間, 発作 ‖
several bouts of fever 数回の発熱.
**2** (ボクシングなどの)1勝負[試合].

**bou·tique** /buːtíːk ブーティーク/ 《フランス》 图 Ⓒ ブティック.

**bow¹** /bóu ボウ/ 图 Ⓒ **1** 弓(→ crossbow) ‖
a bów and árrow 弓矢.

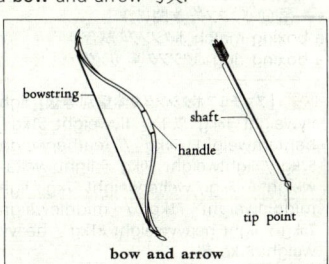

bowstring / shaft / handle / tip / point
bow and arrow

**2** (弦楽器の) 弓.
**3 a** (リボンなどの)ちょう結び ‖
tie a ribbon in a bow リボンをちょう結びにする.
**b** ちょうネクタイ《◆ bow tie ともいう》.
**4** 弓形(のもの).

**bów tie** =bow¹ 3 b.

*****bow²** /báu バウ/ ((発音注意)) 《◆ ✕ボウ》[「(弓のように)曲げる」が本義] ((同音)) bough; ((類音)) vow /váu/

── 動 (三単現) ~s/-z/; (過去・過分) ~ed/-d/; (現分) ~·ing

── 圓 おじぎをする, 頭を下げる, 腰をかがめる (+ *down*) 《◆英米では握手がふつうのあいさつなので日本と違って日常の動作ではない. 左足を引きひざを曲げる女性のおじぎは curtsy》 ‖
She bowed before the queen. 彼女は女王の前でうやうやしく頭を下げた《◆身分の高い人に対しては to よりも before を用いる》.
対話 "I'll tell you one thing about Japanese people." "What is it?" "When they usually meet a person for the first time, they usually bow (down) to each other instead of shaking hands." 「日本人について1つ教えてあげるね」「どんなこと?」「日本人は初対面の時, ふつうは握手はしないでお互いにおじぎをするんだ」

── 他 **1** 〈頭・首〉を下げる, 〈ひざ・腰〉をかがめる ‖
The priest bowed his head in prayer. 牧師は頭を下げて祈りを捧げた.
**2** (おじぎをして)〈同意・感謝など〉を表す ‖
bow one's thanks 頭を下げて感謝の気持ちを表す.
**3** (会釈して)〈人〉を案内する.
**4** [通例 be ~ed]〈人・物が〉曲がる, 〈人〉の気力がくじける ‖

be bowed (down) by [with] grief 悲しみで打ちひしがれる.

*bów óut* (1) [圓] おじぎをして引き下がる. (2) [~ *óut of* A] (略式) …から身を引く.

── 图 Ⓒ [通例 a ~] おじぎ, 会釈 ‖
answer with a polite bow ていねいにおじぎをして答える.
She gave [made] me a deep bow. 彼女は私に深々とおじぎをした.

**bow³** /báu バウ/ ((同音)) bough; ((類音)) vow/váu/ 图 【海事】[時に ~s; 単数扱い] 船首, へさき, 艦首 (↔ stern).

**Bów bélls** /bóu- ボウ-/ [複数扱い] (ロンドンの)ボウ教会の鐘.
*be bórn withín the sóund of Bów bélls* 生粋(きっすい)のロンドン子(cockney)である.

**bowed** /báud バウド/ 動 → bow. ── 形 (頭などを)下げた; 〈物が〉曲がった.

**bow·el** /báuəl バウエル/ ((類音)) vowel/váuəl/ 图 Ⓒ 腸(の一部) ‖
the large bowel 大腸.
bind the bowels 下痢を止める.
loosen [move] the bowels 通じをつける.
keep one's bowels 規則正しい便通がある.
**bówel mòvement [mòtion]** 便通, 排便.

**bow·er** /báuər バウア/ 图 Ⓒ (文) 木陰; 木陰の休息所; あずまや.

**bow·ing** /bóuiŋ ボウイング/ 图 Ⓤ (弦楽器の)運弓法, ボウイング.

*****bowl¹** /bóul ボウル/ ((同音)) boll; ((類音)) ball/bɔ́ːl/[「(泡のように)ふくらんだ」木の球」が原義]
── 图 ~s/-z/) Ⓒ **1** はち, わん, (料理用の)ボウル《◆ cup より大きく深い容器. basin はふつう bowl より浅く洗面・洗濯用》. [関連] [種類] finger bowl フィンガーボール / punch bowl ポンチばち / toilet bowl 便器 ‖
a sugar bowl 砂糖つぼ.
a salad bowl サラダボール.
a goldfish bowl 金魚ばち(鉢).
対話 "Mom. Can I have some more rice?" "Give me your bowl." 「お母さん, もう少しごはんちょうだい」「おちゃわんをよこしなさい」.
**2** [a ~] はち[わん]1杯の量 ‖
a bowl of rice ごはん1杯(bowlful).
**3** (さじ・パイプ・はかりなどの)はち状の部分; (土の)くぼみ.

**4 a** 《米》(すりばち型)円形競技場. **b** (シーズン後年末年始にかけて行なわれる)大学フットボール選抜試合《◆ **bowl** game ともいう》.

[事情] [4大ボウル] Rose Bowl (カリフォルニア州), Cotton Bowl (テキサス州), Sugar Bowl (ルイジアナ州), Orange Bowl (フロリダ州).

**bówl gàme** =bowl¹ 4 b.

**bowl²** /bóul ボウル/『「球」が原義』[名] 1 [C] (ボウルズの)木球《◆重心が片寄っている》;(ボウリングの)ボウル;その一投 ‖
play bowls ボウリングをする.
**2** [~s; 単数扱い] **a** ボウルズ《芝生でするボウリング》. **b** ボウリング.
—— [動] 他 **1** (ボウリングなどで)〈球〉を転がす;〈得点〉をあげる. **2**〔クリケット〕〈球〉を投げる;〈打者〉をアウトにする.
—— [自] **1**〔正式〕ボウルズ[ボウリング]をする ‖
go bówling ボウリングをしに行く.
**2**〔クリケット〕投球する.

**bowl·der** /bóuldər ボウルダ/ [名] =boulder.

**bowl·er¹** /bóulər ボウラ/ [名] [C] **1** ボウリングをする人. **2** (クリケットの)投手.

**bowl·er²** /bóulər ボウラ/ [名] [C] 《英》山高帽 (bowler hat).

**bówler hàt** =bowler².

**bowl·ful** /bóulfùl ボウルフル/ [名] [C] ボウル[はち]1杯の量.

**bowl·ing** /bóuliŋ ボウリング/ 《同音》boring /bɔ́:riŋ/》[動] → bowl². —— [名] [U] ボウリング.

[用語] bowl(s) ボウル / gutter ガーター / lane レーン / pin ピン / spare スペア / split スプリット / strike ストライク.

**bow·string** /bóustriŋ ボウストリング/ [名] [C] 弓のつる, ゆづる(図) (→ bow, crossbow).

**bow-wow** [間] báuwáu バウワウ, ~|~;[名]~/[間] ワンワン《犬の鳴き声》;《略式》わーわー《やじの声》.
—— [名] [C] 犬の鳴き声;《小児語》わんわん, 犬(→ bark [動] 自 1 [関連]).

**\*box¹** /báks バクス|bɔ́ks ボクス/ 《同音》backs /bǽks/》『「箱の材料にしたツゲ(box³)」が原義』
—— [名] (~·es/-iz/) [C] **1** 箱 ‖
a wóoden bóx 木箱.
a tóol bòx 道具箱.
What do you have in the **box**? 箱に何が入っていますか.

[関連] [種類] ice box 冷蔵庫 / cake box ケーキ箱 / paper box 紙箱 / wooden box 木箱 / corrugated box 段ボール箱 / folding box 折りたたみ箱.

**2** **1** 箱(の分量) ‖
two **boxes** of popcorn ポップコーン2箱.

**3** (劇場・レストランなどの)ます席, ボックス(席).
**4** 小屋, 詰所 ‖
a police **box** 交番.
**5**〔野球〕バッターボックス, コーチャーズボックス;ピッチャーズマウンド;キャッチャーの定位置.

**bóx òffice** (劇場などの)切符売場《◆鉄道の切符売場は ticket office》;(興行の)売上げ, 大当たり (cf. box-office).

**bóx scòre**〔野球〕ボックススコア.

**bóx sèat** (劇場などの)ます席の座席;特等席;御者席.

**box²** /báks バクス|bɔ́ks ボクス/ [名] (~·es/-iz/) [C] (平手やこぶしの)殴打. —— [動] (三単現 ~·es /-iz/) [自] ボクシングをする.

**box³** /báks バクス|bɔ́ks ボクス/ [名] (~·es/-iz/) **1**〔植〕[C][U] ツゲ;《豪》ユーカリ(属の木). **2** [U] ツゲ材.

**box·car** /bákskà:r バクスカー|bɔ́ks-ボクス-/ [名] [C] 《米》〔鉄道〕有蓋(がい)貨車.

**box·er** /báksər バクサ|bɔ́ksə ボクサ/ [名] [C] **1** ボクサー, 拳闘(けんとう)家. **2** ボクサー《ブルドッグ系の犬》.

**box·ing** /báksiŋ バクシング|bɔ́ks- ボクシング/ [動] → box².
—— [名] [U] ボクシング, 拳闘(けんとう) ‖
a **boxing** match ボクシングの試合.
a **bóxing** rìng ボクシング場, リング.

[関連] [アマチュアボクシングの体重別等級] light flyweight 48kg 以下 / flyweight 51kg / bantamweight 54kg / featherweight 57kg / lightweight 60kg / light welterweight 63.5kg / welterweight 67kg / light middleweight 71kg / middleweight 75kg / light heavyweight 81kg / heavyweight 81kg 超.

**bóxing glòve** ボクシング用グラブ.

**box-of·fice** /báksɔ̀:fəs バクソフィス|bɔ́ksɔ̀fəs ボクソフィス/ [形] 切符売場の;大当たりの, 大人気の (cf. box office).

**\*boy** /bɔ́i ボイ/ 《同音》 △buoy》《「男の従者」が原義》[派] boyhood (名)
—— [名] (~s/-z/) [C] **1** (誕生から成人に達するまでの)男の子, 少年 (↔ girl);(おとなに対して未熟な)青年, 若者 ‖
a **boy** student 男生徒.
a **boy** doctor 青年医師.
I want our new baby to be a **boy**. 今度生まれてくる子は男の子がいい.
**2**《略式》息子《◆年齢に関係なく使う》.
**3** 青二才, 若造(ぞう), 未熟もの.
[対話]"I was really upset about his rude behavior last night." "Oh, forget about it. He's just a **boy**."「昨夜の彼の失礼な態度には本当に腹が立ったよ」「もう忘れろよ. 彼はまだ子供なんだよ」.
**4**《主に略式》(年齢に関係なく)男 ‖

That's the boy. それでこそ男だ.
**5** 給仕, ボーイ《◆ふつうホテルでは bellboy, レストランは waiter》.
— 間 《主に米略式》[しばしば oh ～] わあ, まあ, おや《◆驚き・感嘆などを表す. 男女の別なく用いるが, 黒人に対して用いるのは軽蔑(ﾊﾞ)的》.
Bóy (↘), it was damn hot!(↘) いやー, 暑いのなんって.

**bóy scòut** (1) [the B～ Scouts] ボーイスカウト《米国では1910年, 英国では1908年創設》. (2) ボーイスカウトの一員.

[関連] (1) 年齢順に cub scout; boy scout; 《米》explorer [《英》venture];
(2) [モットー] Be prepared. 備えよ / Do a good turn daily. 一日に一善をせよ.
(3) [大会] 国内は camporee キャンポリー, 国際的には jamboree ジャンボリー.

**-boy** /-bɔ́i -ボイ/ 連結形 少年, (特に)勤労少年, 青年. 例: schoolboy.

**boy·cott** /bɔ́ikət ボイカト/ |-kɔt -コト/《小作人から排斥(ﾊｲｾｷ)されたアイルランドの土地管理人 Boycott の名より》 動 他 **1** …を(同盟して)のけものにする. **2** 〈商品の〉購買を拒否する, …をボイコットする.
—名 ⓒ 排斥[不買]運動, ボイコット ‖
put him under a boycott 彼を共同排斥する.

**boy·friend** /bɔ́ifrènd ボイフレンド/ 名 ⓒ《略式》《女の側から見た》男の恋人, 男友だち, ボーイフレンド《◆ (1)ふつう性的な関係を含意するので, 単なる男友だちをいう場合は He is a friend (of mine). などが無難. (2) 2語にはつづらない: *a boy friend》.

**boy·hood** /bɔ́ihud ボイフド/ 名 Ⓤ [時に a ～] 少年時代, 少年期; [形容詞的に] 少年時代の ‖
in my boyhood 少年時代に.

**boy·ish** /bɔ́iiʃ ボイイシュ/ 形 〈男の子が〉少年[男の子]らしい; 〈女の子が〉男の子のような; 元気な.
**bóy·ish·ly** 副 少年のように.
**bóy·ish·ness** 名 Ⓤ 少年らしさ.

**bra** /brɑ́ː ブラー/ 名 《略式》 =brassiere.

**brace** /bréis ブレイス/ 名 《複 4 では brace》ⓒ **1** 締め金, かすがい.
**2** 突っ張り, 支柱.
**3** 中かっこ(中の片方)《 }》.
**4**〈鳥・動物の〉つがい, 1組 ‖
a brace of quails ひとつがいのウズラ.
**5**〔医学〕支持器〈弱った関節などを支える〉; 〔歯科〕 [～s] 歯列矯正器.
**6**《英》[～s] ズボンつり ‖
a pair of braces ズボンつり1つ.
—動 《現分 brac·ing》他 **1** …を元気づける.
**2** [～ oneself] 気を引き締める ‖
I bráced mysélf for [to hear] the news. そのニュースに[を聞くのに]備えて腹をすえた.
**3** …を補強する, 支える.
—自 《略式》元気を出す.

**brace·let** /bréislət ブレイスレト/ 名 ⓒ 腕輪, ブレスレット.

**brac·ing** /bréisiŋ ブレイシング/ 動 → brace.
—形 〈気候などが〉さわやかな.

**brack·et** /brǽkət ブラケト/ 名 **1**〈棚(ﾀﾅ)などを支える〉腕木, ブラケット. **2** [通例 ～s] かっこ. —動 他 **1** …をかっこでくくる. **2** …を一括する.

**brack·ish** /brǽkiʃ ブラキシュ/ 形《正式》〈水が〉塩気のある(salty); 不快な.

**brag** /brǽg ブラグ/ 動《過去・過分》bragged/-d/; 《現分》brag·ging》 自 自慢する ‖
nothing to brag about 《略式》取るに足りないこと.
He bragged to me that he had succeeded. 彼は私に自分の成功を自慢げに話した.

**brag·gart** /brǽgərt ブラガト/ 名 ⓒ 形 《やや古》自慢屋(の), ほら吹き(の).

**Brah·man** /brɑ́ːmən ブラーマン/ 名 《複 ～s》 ⓒ 〔ヒンドゥー教〕バラモン《カーストの最高位》.

**Brah·man·ism** /brɑ́ːmənìzm ブラーマニズム/ 名 Ⓤ バラモン教.

**Brahms** /brɑ́ːmz ブラームズ/ 名 ブラームス《Johannes/jouhǽnis/ ～ 1833-97; ドイツの作曲家》.

**braid** /bréid ブレイド/ 名 **1** ⓒ 《主に米》[通例 ～s] おさげ髪, 三つ編み. **2** Ⓤ 《絹・金などで》編んだひも, 組みひも. —動 他 《主に米》 …を編む.

***brain** /bréin ブレイン/ 【「脳」から「頭脳」「知力」へ意味が拡大した】

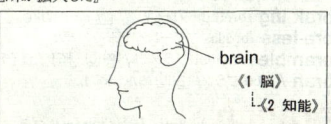

brain
〈1 脳〉
〈2 知能〉

—名 《複 ～s/-z/》 **1** ⓒ Ⓤ [通例 the ～/ one's ～s] 脳, 脳髄; 〈食用になる〉動物の脳 ‖
calf's brains 子牛の脳.
**2** Ⓤ ⓒ《略式》[しばしば ～s] 頭脳, 知能, 頭 ‖
a clear brain 明晰(ﾒｲｾｷ)な頭脳.
have good [plenty of] brains = have much brain 頭がよい.
beat one's brains out 知恵をしぼる, 考え抜く.
[対話] "This is really difficult to solve." "You've got to use your brain(s). Think more!"「これはとても難しくて解けないよ」「頭を使わなければだめだ. もっとよく考えて」
**3** ⓒ《略式》知的な人, 秀才; [～s]《一団・計画などの》知的な指導者, ブレーン.

**háve A on the bráin** A〈物・事〉をいつも考えている; Aのお金・性などのことが頭から離れない.

**bráin déath** [医学] 脳死.

**bráin dráin**《略式》[a ～ / the ～] 頭脳流出《優秀な人材が外国へ行ってしまうこと》.

**bráin wàsh** 洗脳, 意識改革 ‖ give him a brain wash 彼を洗脳する.

**brain·storm** /bréinstɔ̀ːrm ブレインストーム/ 名 ⓒ 《略式》(1) 霊感. **2** 突然の精神錯乱. **3** = brainstorming.

**brain·storm·ing** /bréinstɔ̀ːrmiŋ ブレインストーミング/ 名 Ⓤ 《主に米》ブレーンストーミング《グループの中で

自由にアイディアを出しあう問題解決法》.

**brain·y** /bréini ブレイニ/ 形 (比較) -·i·er, (最上) -·i·est)《略式》〈人が〉頭のいい, よくできる(clever).

**braise** /bréiz ブレイズ/ 動 (現分 brais·ing) 他 …を(油でいためてから, とろ火で)蒸し煮にする(関連→ boil).

**\*brake** /bréik ブレイク/ (同音 break) 『break の変形』
—— 名 (複 ~s/-s/) C **1** [しばしば the ~s] ブレーキ, 制動装置, 歯止め, 輪止め ‖
pùt ón a bráke [the bráke(s)] ブレーキをかける.

> 関連 [種類] áir bràke エアブレーキ / dísk bràke ディスクブレーキ / emérgency bràke 非常ブレーキ.

**2** 抑制, 牽(%)制 ‖
act as a brake on his plan 彼の計画にブレーキをかける.
—— 動 (三単現 ~s/-s/; 過去・過分 ~d/-t/; 現分 brak·ing)
—— 自 〈人が〉ブレーキをかける.

**brake·man**, 《英》**brakes-** /bréik(s)mən ブレイクスマン/ 名 (複 -·men) C (列車の)制動手, ブレーキ係; 車掌助手.

**brak·ing** /bréikiŋ ブレイキング/ 動 → brake.

**bra·less** /bráːləs ブラーレス/ 形 ノーブラの.

**bram·ble** /bræmbl ブランブル/ 名 C 〖植〗クロイチゴ.

**bran** /brǽn ブラン/ 名 U ぬか, ふすま.

**\*\*branch** /brǽntʃ ブランチ|bráːntʃ ブラーンチ/ 〖「枝」から「枝状のもの(支流・支局など)」をさす〗
—— 名 (複 ~·es/-iz/) C **1** 枝《◆子孫・友情の象徴. 幹は trunk, 根は root》‖
a dead branch 枯れ枝.

> 類 bough 《文》花・実などのついた(切り取った)大枝 / twig, sprig, spray 小枝 / shoot 若枝 / limb 《文》主要な幹・枝.
> 語法 特に区別しない場合は大枝(bough), 小枝(twig)の総称として用いる.

**2 a** 枝状のもの. **b** [しばしば形容詞的に] (川の)支流(の). **c** (道・鉄道の)支線《◆ branch line ともいう》.
**3 a** 支店《◆ branch office ともいう》. **b** (学問などの)部門, 機関.
—— 動 (三単現 ~·es/-iz/) 自 《◆通例次の成句で》
***bránch óff*** [自]〈列車・車が〉支線に入る.
***bránch óut*** [自] 枝を出す; 〈事業・人が〉活動範囲を広げる.
**bránch líne** =branch 名 **2 c**.
**bránch óffice** =branch 名 **3 a**.

**brand** /brǽnd ブランド/ (類音 b/and/blǽnd/) 名 C **1** 品質, 銘柄 ‖
What brand of tea do you like best? 紅茶はどのブランドがいちばん好きですか.
**2** 種類, タイプ ‖
one's own **brand** of humor その人特有のユーモア.
**3 a** (家畜に印を押す)焼きごて《◆ branding iron ともいう》. **b** (家畜などに押した)焼き印.
—— 動 他 **1** …に焼き印を押す ‖
They branded the calves. 彼らは子牛に焼き印を押した.
**2** [通例 be ~ed]〈経験などが〉焼きつく ‖
his name branded on [in] my memory 私の記憶に焼きついた彼の名.
**3** …に烙(%)印を押す.
**bránding íron** =brand 名 **3 a**.
**bránd náme** 商標名; ブランド品.

**bran·dish** /brǽndiʃ ブランディシュ/ 動 (三単現 ~·es/-iz/) 他 《正式》〈武器などを〉振り回す; 〈物〉を見せびらかす.

**brand-new, brand·new** /brǽndn(j)úː ブランドヌー(ブランドニュー) |-/ 《◆(英)名詞の前で使うときはふつう /≒/》形 真新しい, 新品の.

**bran·dy** /brǽndi ブランディ/ 名 (複 bran·dies /-z/) **1** U ブランデー ‖
plum brandy プラムブランデー.
**2** C [brandies] ブランデー1杯 ‖
two brandies and sodas ソーダ水で割ったブランデー2杯.

**Bra·síl·i·a** /brəzíliə ブラズィリア/ 名 ブラズィリア《1960年からブラジルの首都》.

**brass** /brǽs ブラス|brάːs ブラース/ 名 (複 ~·es /-iz/) **1** U 真鍮(しんちゅう), 黄銅; [形容詞的に] 真鍮[黄銅]の ‖
brass ware 真鍮製器具.
**2** C **a** [the ~(es)] 真鍮製器具. **b** [the ~; 集合名詞] 金管楽器部.
**3** U《略式》[通例 the ~] 厚かましさ ‖
have the brass to do 厚かましくも…する.
(*as*) **bóld** *as* **bráss** ずうずうしい.
**bráss bánd** ブラスバンド《金管・打楽器による楽団》.

**bras·siere, --·sière** /brəzíər ブラズィア|brǽziə ブラズィア, -siə/ 〖フランス〗名 C ブラジャー.

**brat** /brǽt ブラト/ 名 C 子供, がき.

**bra·va·do** /brəvάːdou ブラヴァードウ/ 名 (複 ~(e)s /-z/) U 虚勢, からいばり; C その行為.

**\*\*brave** /bréiv ブレイヴ/ 〖「野蛮な」から「危険なことに立ち向かうことができる」が本義〗
派 bravely (副), bravery (名)
—— 形 (比較 brav·er, 最上 brav·est) **1 a** 勇敢な, 勇ましい, 恐れない (↔ cowardly)《◆ courageous より日常的な語. → bold》‖
a brave man 勇敢な男.
**b** [A is brave to do / it is brave of A to do] …するとは A〈人〉は**勇気がある**‖
She was brave to go into the burning house to save a baby. 勇敢にも彼女は赤ちゃんを助けるために燃えさかる家に飛び込んだ.
対話 "Did you see that? It was really brave

of her." "She saved that child in the cold water. She's really something."「あれ見たかい. あの人とても勇気があるね」「冷たい川の水に落ちたあの子を助けたとは, 彼女はたいしたものだ」.

**2** [the 〜; 複数扱い] 名詞的に 勇敢な人たち.

**brave・ly** /bréivli ブレイヴリ/ 副 勇敢に(も); 雄々(ﾎﾞ)しく ‖
face death **bravely** 敢然と死に立ち向かう.

**brav・er・y** /bréivəri ブレイヴァリ/ 名 U 勇敢さ, 勇気(ある行為) (↔ cowardice) (◆ courage よりも日常的な語) ‖
Her **bravery** saved a drowning child. おぼれかかった子供は彼女の勇敢な行為によって救われた.

**bra・vo** /brɑ́ːvou ブラーヴォウ/ 間 〖イタリア〗 ブラボー, うまいぞ《演技[奏]者などを賞賛する叫び声》.
―名 (複 〜(e)s, -vi/-vi:/) C かっさいの叫び.

**brawl** /brɔ́ːl ブロール/ 名 C 格闘; 騒々しいけんか[口論]. ―動 自 格闘する; 騒々しくけんか[口論]する.

**brawn** /brɔ́ːn ブローン/ 名 U **1** たくましい筋肉;《知力に対する》腕力. **2**《英》煮て塩漬けにした豚肉.

**bray** /bréi ブレイ/ 名 C **1** ロバの鳴き声. **2**《らっぱなどの》耳障りな音; 騒々しい音. ―動 自 **1**《ロバなどが》いななく;《人が》耳障りな音を出す. **2**《らっぱが》鳴りひびく.

**bra・zen** /bréizn ブレイズン/ 形 **1**《文》真鍮(ちゅう)の. **2** 恥知らずの.
―動 他《◆次の句で》‖
**brazen** it out 厚かましく押し通す.

**brá・zen・ly** 副 ずうずうしく.

\***Bra・zil** /brəzíl ブラズィル/《アクセント注意》《◆ˈブラズィル》
―名 **1** ブラジル《南米の共和国. 公式名 the Federative Republic of Brazil ブラジル連邦共和国. 公用語はポルトガル語. 首都 Brasília》.
**2** [〜] ブラジルコーヒー.

**Bra・zil・ian** /brəzíljən ブラズィリアン/ 形 ブラジル(人)の. ―名 C ブラジル人.

**BrE** 略 British English.

**breach** /bríːtʃ ブリーチ/《正式》名 (複 〜・es/-iz/) **1** C U 違反, 不履行 ‖
(a) **breach** of promise 違約,《古》婚約不履行.
**2** C《壁・堤防などの》割れ目; [比喩的に] 穴, 欠陥.
―動 (三単現 〜・es/-iz/) 他《約束などを》破棄する, 破る.

\***bread** /bréd ブレド/〖『生命を維持するもの』が本義〗
―名 (複 〜s/brédz/) U **1** 食パン《◆種類をいうときは C》‖
a loaf [roll] of **bread** パン1個.
a slice of **bread** パン1枚.
a piece of **bread** パン1切れ.
dry **bread** バターの付いていないパン.
bake **bread** brown パンをこんがり焼く《◆よく焼いたのは dark, 軽く焼いたのは medium brown, その中間が brown》.
I have a glass of milk, hot cereal, and **bread** and butter for breakfast. 朝食はミルクと熱いオートミールとバター付きのパンです.
What **breads** have you got today? きょうはどんな(種類の)パンがありますか.

関連 (1) 食パン以外の小型パンは roll, 「丸パン」は bun という. (2) パンの「皮・耳」は crust, 中は crumb. (3) [種類] white bread 白パン《普通の食パン》/ brown bread (糖みつ入りの)黒い蒸しパン;《全粒(ﾘｭｳ)小麦粉の》黒パン / black bread (ライ麦の)黒パン. (4) 日本語の「パン」はポルトガル語に由来. (5)「パンを落としたら拾ってキスをせよ(そうすれば飢えることはない)」「パンをさかさまに置くと不吉」などの迷信がある.

**2**《略式》食糧, 糧(ﾃ); 生計 ‖
one's daily **bread** 日ごとの糧.
earn [gain] one's **bread** 生計を立てる.
beg one's **bread** こじきをする.

**bréad and bútter** (1) [名; 単数扱い] バター付きパン. (2)《略式》名 [one's 〜; 単数扱い] 生計(の資[手段]); 必須(ﾋﾂｽ)のもの, 基本; [形容詞的に] 最も基本的な (cf. bread-and-butter) ‖
earn one's **bread and butter** as a writer 作家として生計をたてる. (3)《略式》間「くわばらくわばら」《◆不運を避けるまじない》.

関連 **bread and cheese** チーズ付きパン; 簡素な食事[生活] / **bread and water** 最も簡素な食事 / **bread and milk** 熱い牛乳に浸したパン《小児食》.

**bútter bóth sídes of** one's **bréad** (1) パンの両面にバターを塗る. (2)《略式》ふたまたをかけてかせぐ.

**táke (the) bréad óut of** A's **móuth**《略式》A《人》から生活の道を奪う.

**bútter knífe** パン切りナイフ.

**bread-and-but・ter** /brédnbʌ́tər ブレドンバタ/ 形《略式》生計に関する; 主要な収入源となる (cf. bread and butter (bread 成句))‖
a **bread-and-butter** job 生業.
a **bread-and-butter** question 最も基本的な問題.

**bread・fruit** /brédfrùːt ブレドフルート/ 名 C〖植〗パンノキ (breadfruit tree); U その実《焼くとパンの味がする》.

**bread・line** /brédlàin ブレドライン/ 名 C《主に米》施しの食料配給を待つ人の列;《英》最低生活水準 ‖
on the **breadline** とても貧乏で.

**breadth** /brédθ ブレドス, brétθ/ 名《正式》**1** U C 幅, 横幅 (width)《◆「長さ・丈」は length》‖
This desk is one meter in **breadth**. この机は幅1メートルです.
**2** C (布などの)一定の幅.
**3** C (土地・水面などの)広がり.
**4** U (知識・経験などの)広さ, 範囲.

a woman of great **breadth** of mind 極めて寛容な精神の女性.

**breadth·ways** /brédθwèiz ブレドスウェイズ/ 副形 《主に英》＝breadthwise.

**breadth·wise** /brédθwàiz ブレドスワイズ/ 副形 横に[からの], 横切って[た].

## **break**

/bréik ブレイク/ (同音 brake) 《「突然力を加えてこなごなにする」が本義》

派 brake (名・動), breach (名)

→ 動 他 1 壊す 2 無理にあける 3 故障させ
4 中断する 5 破る
自 1 壊れる 5 急に現れる
名 1 破壊 2 休憩

——動 (三単現) ~s/-s/; 過去 broke/bróuk/, 過分 bro·ken/bróukn/; 現分 ~·ing)

——他 **1** …を(誤って・故意に)**壊す**, 割る, 砕く, 折る, ちぎる《◆「(刃物で)切る, 割る」は cut, 「裂く」のは tear》∥

**break** the stick of wood 木の棒を折る.
**break** the biscuit into three pieces ビスケットを3つに割る.
She **broke** her leg when (she was) skiing. 彼女はスキー中に脚を骨折した.
Don't **break** branches **from** [**off**] the tree. 木の枝を折るな.
対話 "Stop crying. It's okay." "Yes, but it was your favorite dish and I **broke** it into pieces." 「泣くのはやめなさい. もういいよ」「ええ, でもあなたが気に入っているお皿をこなごなに割ってしまったんですもの」.

比較 「からだをこわす」は injure [lose] one's health / 「上着を破る」は tear one's coat / 「話を壊す」は upset [spoil] a conversation.

**2 a** …を無理にあける ∥
He **broke** the safe. 彼は金庫を破った.
**b** [break A C] A〈物〉を壊してCにする ∥
We **broke** the door open. 我々は戸を壊してあけた.

**3** 〈機器〉を**故障させる**, 壊す ∥
My brother **broke** my watch. 弟は私の時計をだめにしてしまった.
The television is **broken** again. テレビがまた故障している.

**4** 〈行為〉を**中断する**; 〈沈黙・眠りなど〉を破る, 終わらせる ∥
**break** one's habit of smoking 禁煙する.
**break** one's journey at Rome ローマで途中下車する.
The baby's cry **broke** the silence. 赤ん坊の泣き声が静けさを破った.

**5** 〈約束・法律など〉を**破る**, 犯す ∥

**break** one's promise 約束を破る.
Did you ever **break** the traffic rules? 交通違反をしたことがありますか.

**6** 〈主に悪い知らせ〉を(そっと)打ち明ける, 知らせる ∥
Who **broke** the news of her death **to** you? 彼女が死んだことをだれがあなたに知らせたのですか.
対話 "Did you tell him where I went? (↗)" "Not me!(↘) You know I would never **break** the news to anyone." 「私の行き先を彼に教えたのですか」「ぼくじゃありません. ぼくが先にそっと知らせるようなことをしないのはご存知でしょう」.

**7** 〈そろっているもの〉を分ける, ばらす; 〈金・紙幣など〉を(小銭に)くずす ∥
**break** a set ばらにして売る.
Could you **break** a ten-thousand-yen note? 1万円札をくずしていただけませんか.

**8** 〈牢(ろう)など〉から(力ずくで)のがれる, 脱出する ∥
**break** jail [prison] 脱獄する.

**9** 〈人・気力〉をくじく, 打ちのめす, …を弱める ∥
The sad news **broke** his heart. 悲報に彼は打ちひしがれた.
The big oak tree **breaks** the force of the wind. 大きなオークの木が風の力を弱めている.

**10** 〈記録〉を破る, 更新する, 上回る ∥
This winter the record for snowfall was **broken**. この冬は降雪量の記録を破った.

**11** 〈動物〉を馴(な)らす(train); 〈人・動物〉に〈動作・癖〉をやめさせる ∥
**bréak** onesélf **of** smóking タバコ(の習慣)をやめる.

**12** 〈暗号・なぞなど〉を解読する; 〈事件・問題など〉を解く; 〈アリバイなど〉の誤りを立証する.

**13** 《略式》〈人・銀行など〉を破産させる.

——自 **1** 〈物が〉**壊れる**, 割れる, 砕ける; ちぎれる, はずれる ∥
The cup **broke into** [**to**] pieces. カップはこなごなに割れた.
The rubber band **broke** with a vicious snap. ゴムバンドがプツンと音を立てて切れた.
The TV antenna **broke away** in last night's storm. テレビのアンテナが昨夜のあらしで壊れた.

**2** 〈機器が〉**故障する**, 壊れる ∥
My watch has **broken**. 時計が壊れた.

**3** 〈続いている事が〉中断する, 途切れる; 〈人が〉(やっていることを)中断する ∥
Let's **break** for coffee. ひと休みしてコーヒーにしよう.

**4** 〈雲などが〉ちぎれる, 消散する.

**5** 〈物・事が〉**急に現れる**, 〈あらしなど〉が急に起こる; 〈日などが〉始まる; 《略式》〈ニュースなど〉が知れる ∥
The sun **broke through** the clouds. 太陽が雲の合い間から顔を出した.
A storm **broke** during the night. 夜のうちにあらしになった.
The news of her victory will **break** in the evening paper. 彼女の勝利のニュースは夕刊で報道されるだろう.

The day [dawn, morning] is **breaking**. 夜が明けかけている《◆ The night を主語にしない》.
**6** 逃げる, 脱出する ‖
**break** out of prison 脱獄する.
**7** 〈健康・体力などが〉弱る; 〈心が悲しみに打ちひしがれる〉‖
Her heart **broke** when her husband died. 夫が死んで彼女は悲しみに沈んだ.
**8** 〈波が〉激しく打つ, あわとくだける. **9** 〈魚などが〉水面から飛び上がる. **10** 〈熱などが〉急に下がる;〈声・楽器の〉調子が変わる,〈声が〉声変わりする;〈価格・株価が〉急落[暴落]する. **11** 破産する.

**bréak awáy** [自] ⇒**自1**; 関係を断つ.
**bréak dówn** (1) [自] 〈車・機械などの〉故障する;〈人が〉取り乱す;〈交渉などが〉物分かれに終わる,だめになる;〈健康などが〉衰える;〈人が〉健康を害して〉倒れる. (2) [他] 〈物〉を壊す, つぶす.
**bréak ín** (1) [自] 話に割り込む;建物に侵入する. (2) [他] 〈戸など〉をぶち抜く. (3) [他] 〈馬・人など〉を訓練する;〈靴など〉をはき慣らす;〈新しい機械〉を慣らし運転する.
**bréak ín on [upón] A** **A**〈会話・会合など〉に割り込む, …を中断させる.
**bréak ínto A** (1) 〈店・家など〉に侵入する, 押し入る《◆受身可能》. (2) 急に **A**〈動作〉をし始める ‖
**break** into a run [a laugh, song, tears] 急に走り[笑い, 歌い, 泣き]出す. (3) 〈会話などに〉口をさしはさむ;〈新しい分野など〉に乗り出す. (4) →**自1**.
**bréak lóose** のがれる, 離れる, 解放される.
**bréak óff** (1) [自] 急に話を止める. (2) [他] →**他1**.
◇**bréak óut** [自] (1) 〈火事・病気・暴動などが〉急に発生する, 勃発(ぼっぱつ)する ‖ A smile broke out on her face. 彼女の顔に突然微笑が浮かんだ. (2) 〈にきびなどが〉できる.
**bréak óut dóing** 急に…し始める.
**bréak úp** (1) [自]〈関係・友情などが〉終わる;〈会議・群衆などが〉解散する;〈学校・生徒が〉休暇になる. (2) [他]〈関係・友情など〉を終わらせる;〈群衆・会などを〉解散させる ‖ Break it **up**! もうやめろ《◆けんかの仲裁などで》.
**bréak wíth A** 〈人〉と別れる, 絶交する;〈A〉組織などを脱退する;〈A〉考え・伝統などを捨てる.

──名 (復 ~s/-s/) ⓒ **1** 破壊, 破損;破損箇所, 割れ目, 裂け目 ‖
patch up a few **breaks** in the wall 壁のすきまをふさぐ.
**2** [通例 a ~] 小休止, 休憩 ‖
a cóffee brèak 《主に米》コーヒーブレイク.
We have **a** ten-minute **break** between classes. 《主に英》授業時間の間に10分の休憩がある.
[対話] "We've been working on this for almost two hours. Let's take a break." "I was just about to say the same thing."「もう2時間近くもこのことに取り組んでいるよね. ひと休みしようよ」「私もそう言おうと思っていたんだ」.

**3** Ⓤ 〔詩〕(日の)始まり ‖
the **break** of day 夜明け.
**4**《略》逃走, 逃亡;突進 ‖
màke a bréak for it 脱走(しようと)する.
**5** [通例 a ~] 急に[きわだった]変化 ‖
a **break** in the weather 天気の急変.
**6** 中断, 中止;仲たがい, 断交 ‖
She spoke for 30 minutes **without a break**. 彼女は30分ぶっ続けにしゃべった.
He made a clean **break** with them. 彼は彼らとはきっぱり別れた.
**7**《略》[通例 a ~] 運, 幸運;機会, 好機 (chance) ‖
Give me a **break**. チャンスを与えてくれ;《米略式》かんべんしてくれよ.
Her big **break** came when she appeared on a TV show. 彼女はテレビ番組に出ていっぺんにブレークした.

**break·a·ble** /bréikəbl ブレイカブル/ 形 壊すことのできる, 壊れやすい.

**break·age** /bréikidʒ ブレイキヂ/ 名 Ⓤ 破損;ⓒ 破損箇所;[~s] 破損した物.

**break·a·way** /bréikəwèi ブレイカウェイ/ 名 ⓒ **1** 脱走[離脱]する人, 分離するもの. **2**(集団・習慣から)離れること. **3**〔スポーツ〕フライング.
──形 分離した, 壊れ[曲がり]やすい.

**break·down** /bréikdàun ブレイクダウン/ 名 ⓒ **1**(機械・自動車などの)故障.
**2**(心身の)衰弱 ‖
a nervous **breakdown** 神経衰弱.
**3** 崩壊,(交渉などの)決裂 ‖
the **breakdown** of law and order 法と秩序の崩壊.
**4** 統計的分析;内訳.
bréakdown lòrry レッカー車(《米》wrecker).

**break·er** /bréikər ブレイカ/ 名 ⓒ **1** 砕く人;破砕(はさい)機. **2** 波浪, 白波. **3**〔電気〕ブレーカー, 遮断(しゃだん)機.

**\*\*break·fast** /brékfəst ブレクファスト/
〖断食(fast)を破る(break)〗
──名 (復 ~s/-fəsts/) ⓒⓊ 朝食 ‖
at [during] **breakfast** 朝食中に.
I **have** [eat] **breakfast** at seven. 私は7時に朝食をとる.
What would you like **for breakfast**? 朝食は何がよろしいですか.
The hotel serves excellent **breakfasts**. そのホテルの朝食はすばらしい.
I ate a modest **breakfast** of toast and coffee and one egg. 私はトーストとコーヒーと卵1個というつつましい朝食をとった.

[事情]【米英の朝食】米国の典型的な朝食は (1) juice, fruit (2) cereal (3) egg (4) toast (5) coffee, tea, milk などからなる. 英国では例えば B & B では (1) cereal and/or orange juice (2) bacon and eggs with fried tomatoes

《トマトの輪切りを炒めたもの》(3) toast (butter, jam をつける) with tea などからなり、米国のに比べ量が多い(→ English breakfast). ヨーロッパ大陸の朝食は continental breakfast といわれ、ふつうパンとコーヒーのみ紅茶.

表現 「そんなの朝飯前だ」は That's quite easy. / That's a piece of cake. など.

——動 自《正式·文》[breakfast (on A)] (…で)朝食をとる.

**bréakfast cèreal** 朝食用の穀物食品《コーンフレークスやオートミールなど》.

**break-in** /bréikin ブレイキン/ 名 C **1** 不法侵入. **2** 試行, 試運転.

**break·out** /bréikàut ブレイカウト/ 名 C **1** (集団)脱獄, 脱走. **2** 強行突破. **3** 発疹(はっしん).

**break·through** /bréikθrù: ブレイクスルー/ 名 C **1** (科学上の)大発見, 躍進. **2** 切り開くこと, 打開, 突破口; 突破(作戦), 打破.

**break·up** /bréikÀp ブレイカプ/ 名 C **1** (組織の)分裂, 解体, 解散. **2** (関係の)崩壊; (夫婦の)離別, 別居; (財産などの)分割.

**break·wa·ter** /bréikwɔ̀:tər ブレイクウォータ/ 名 C 防波堤.

**bream** /brí:m ブリーム/ 名 (複 bream, 種類を表すときは ~s) C **1** ブリーム《コイ科の淡水魚》《平たい体形の》の種々の淡水魚. **2** タイ類の魚(sea bream).

\***breast** /brést ブレスト/ 【「肩から腰までの部分」が原義】

——名 (複 ~s/bréts/) C **1 a** [the ~] (女性の)乳房, 乳《◆母性·愛·保護の象徴》(図 → body); 栄養源 ‖

a child at the breast 乳飲み子.
give a child the breast 子供に乳を与える.
take the breast 乳を飲む.

**b** (正式) (人·動物·鳥などの)胸(bosom), 胸部(chest); (衣服の)胸部(bust).

表現 「胸がつまって声も出なかった」は My heart was too full for words.

**2** (文) 胸中, 心 ‖

a pain in the breast 心の痛み.

**béat** one's **bréast** (略式) (時に見せかけに)胸をたたいて悲しむ.

**bréast pòcket** 胸ポケット.

**breast·bone** /bréstbòun ブレストボウン/ 名 C 〔解剖〕胸骨(cf. skeleton).

**breast-fed** /bréstfèd ブレストフェド/ 形 母乳で育てた.

**breast·stroke** /bréststròuk ブレストストロウク/ 名 U [the ~] 平泳ぎ, ブレスト.

\***breath** /bréθ ブレス/ 【→ breathe】

——名 **1** U 息, 呼吸(作用); [a ~] 一呼吸《◆魂·精神·生命力の象徴》‖

take [draw] a deep breath ほっとひと息つく; 深呼吸をする.

He has very bad breath. =His breath smells bad. 彼は息がとてもくさい.
one's last [dying] bréath 臨終.

**2** [a ~; 通例否定文で] そよぎ, ゆるぎ ‖

There isn't a breath of air [wind]. そよとの風もない.

**3** [a ~] 気配(ｹﾊｲ), 気味.

**4** U 〔音声〕無声音.

**a bréath of frésh áir** (1) 新鮮な空気. (2) 新鮮さをもたらす物[人].

**belów [benéath]** one's **bréath** =under one's BREATH.

**be óut of bréath** =lose one's BREATH.

**cátch** one's **bréath** (恐怖·驚きなどで)息をのむ, 息を止める; (仕事·運動のあと)ひと息つく.

**dráw bréath** =take BREATH.

**hóld** one's **bréath** (1) 息を止める. (2) 息を殺す, かたずをのむ.

**in óne bréath** (1) [in the next (breath [moment])と相関的に用いて] …したと思うと, …と言った舌の根も乾かぬうちに. (2) (相反することを)同時に.

**in the sáme bréath** =in one BREATH (2).

**lóse** one's **bréath** 息をきらす, あえぐ.

**tàke bréath** ひと休みする, ひと息つく.

**tàke A's bréath awáy** A〈人〉をはっとさせる.

**ùnder** one's **bréath** 小声で, 息をひそめて.

**wáste** one's **bréath** (略式) (くたびれ損の)話[説得]をする.

**with óne bréath** =in one BREATH.

\***breathe** /brí:ð ブリーズ/ (類音 breeze/brí:z/) 【「息を吸う」(inhale)と「息を吐く」(exhale)を含めた動作を示す】 派生 breath (名)

——動 (三単現 ~s/-z/; 過去·過分 ~d/-d/; 現分 breath·ing)

——自 呼吸する, 息をする ‖

breathe in 息を吸う.

——他 〈空気を〉呼吸する; 〈においなど〉を吸いこむ; 〈息など〉を吐く (+out, forth) ‖

He breathed a sigh of relief. 彼はほっとひと息ついた.
breathe in the scent of flowers 花の香りを吸いこむ.
breathe out cigarette smoke タバコの煙を吐く.

**breath·er** /brí:ðər ブリーザ/ 名 C (略式) ひと休み, ひと息 ‖

tàke [hàve] a bréather ひと息つく.

**breath·ing** /brí:ðiŋ ブリーズィング/ 動 → breathe.

——名 U **1** 呼吸; [a ~] 一呼吸 ‖

heavy breathing 激しい息づかい.

**2** [a ~] ひと息(つく間).

——形 呼吸している, 生きている.

**breath·less** /bréθləs ブレスレス/ 形 **1** 息切れした ‖

in breathless haste =in a breathless hurry 息せききって.

**2** 息を殺した ‖

a breathless audience かたずをのんで聞きいる聴衆.

**breath·less·ly** /bréθləsli ブレスレスリ/ 副 **1** 息を切らして. **2** かたずをのんで.

**breath·tak·ing** /bréθtèikiŋ ブレステイキング/ 形 **1** わくわくさせる. **2** すごい, 息をのむような, 並はずれた.

**bred** /bréd ブレド/ 動 → breed.
── 形 [複合語で] 育ちが…の ‖
íll-bréd しつけ[育ち]の悪い.
British-bred 英国育ちの.

**breed** /bríːd ブリード/ (類音 b/eed/bli:d/) 動 (過去・過分 bred/bréd/) 他 **1** 〈子〉を産む, 〈卵〉を孵(かえ)す.
**2** …を繁殖させる, 飼育する, 品種改良する; (米) …をつがわせる ‖
He is breeding pigs for the market. 彼は市場用に豚を飼っている.
**3** [通例 be bred] しつけられる, 育てられる ‖
She was bred to do right. 彼女は正しい行ないをするように育てられた.
**4** 〈事態〉を引き起こす.
── 自 子を産む; 〈動物が〉育つ, 繁殖する ‖
Mosquitoes breed in this pond. 蚊はこの池で繁殖する.
**born and bred** → bear¹.
── 名 C (ふつう人為的に作られた動植物の)品種.

**breed·er** /bríːdər ブリーダ/ 名 C 畜産家, ブリーダー, 栽培者.

**breed·ing** /bríːdiŋ ブリーディング/ 動 → breed.
── 名 U (動植物などの)繁殖.

**breeze** /bríːz ブリーズ/ 名 **1** UC (心地よい)微風, そよ風《◆ すきま風(draft)のような不快な風には用いない》(類 → wind¹); 〔気象〕秒速1.6-13.8m の風(→ wind scale) ‖
a lovely cool breeze さわやかな風.
**2** C (米略式) [通例 a ~] 容易なこと ‖
win in a breeze やすやすと勝つ.
── 動 (現分 breez·ing) 自 **1** [通例 it を主語にして] 〈風が〉そよそよと吹く. **2** (略式) すいすいと動く, さっさと片づける.
***bréeze ín*** [自] 人が不意に入ってくる.
***bréeze óut*** [自] 人が不意に出ていく.
**bréez·i·ly** 副 そよ風が吹いて; 陽気に.
**bréez·i·ness** 名 U 風通しのよいこと; 陽気さ.

**breez·y** /bríːzi ブリーズィ/ 形 (比較 ‑·i·er, 最上 ‑·i·est) (略式) **1** そよ風の(吹く). **2** 威勢のよい. **3** 軽薄な.

**breth·ren** /bréðrən ブレズレン/ 〖brother の複数形の1つ〗 名 [複数扱い] 同志, 仲間.

**brev·i·ty** /brévəti ブレヴィティ/ 名 U (正式) **1** (時の)短さ.
**2** (表現の)簡潔さ ‖
for brevity 略して.

**brew** /brúː ブルー/ (類音 b/ew, b/ue/bju:/) 動 **1** 〈ビールなど〉を醸造する. **2** 〈コーヒーなど〉を入れる. **3** 〈陰謀など〉をたくらむ; 〈波乱など〉を起こす.
── 自 (英) 〈あらし・陰謀などが〉起こる.
── 名 UC 醸造酒, (特に)ビール.

**brew·er** /brúːər ブルーア/ 名 C ビール醸造人.

**brew·er·y** /brúːəri ブルーアリ/ (発音 ‑er·ies /‑z/) 名 C (ビールなどの)醸造所.

**bri·ar** /bráiər ブライア/ 名 = brier¹, brier².

**bribe** /bráib ブライブ/ 名 C **1** わいろ ‖
offer bribes わいろを贈る.
take [accept] bribes わいろを受け取る.
**2** (いやな事をさせるための)えさ, 誘惑物.
── 動 (現分 brib·ing) 他 **1** …にわいろを贈る; 〈人〉を買収する ‖
bribe a judge 判事に贈賄(ぞうわい)する.
He bribed the guards to get out of prison. 彼は看守を買収して脱獄した.
**2** [bribe A to do / bribe A into B] A〈人〉を買収して…させる《◆ B は名詞・動名詞》‖
The witness was bribed into silence. = The witness was bribed to say nothing. その証人はわいろをもらって口をつぐんだ.

**brib·er·y** /bráibəri ブライバリ/ 名 U 贈賄[収賄]行為.

***brick** /brík ブリク/ 〖「割れたかけら」が原義〗
── 名 (複 ~s /‑s/; brick) **1** UC [集合名詞] れんが; C (1個の)れんが ‖
a brick wall れんが壁.
a brick house =a house built of brick(s) =a house built with brick(s) れんが造りの家.
**2** [a brick of] れんが状のもの ‖
a brick of ice cream 箱形のアイスクリーム.
**3** C (英) (おもちゃの)積み木.

**brick·lay·er** /bríklèiər ブリクレイア/ 名 C れんが工[職人].

**brick·work** /bríkwɚːrk ブリクワーク/ 名 U **1** れんが積み工事. **2** れんが造りの壁[装飾].

**brick·yard** /bríkjɑːrd ブリクヤード/ 名 C れんが工場[販売所].

**brid·al** /bráidl ブライドル/ (同音 △bridle) 形 花嫁の; 結婚の.
**brídal féast** 結婚の祝宴.
**brídal fínery [sùit]** 花嫁衣装.
**brídal shówer** (米) [a ~] 結婚する女性をその女友だちが祝福するパーティー《◆ 祝いの品を持参するのが習慣》.

**bride** /bráid ブライド/ 名 C 花嫁, 新婦; 新妻.
**bride and gróom** 新郎新婦.

**bride·groom** /bráidgrùːm ブライドグルーム/ 名 C 花婿, 新郎.

**brides·maid** /bráidzmèid ブライヅメイド/ 名 C 花嫁[新婦]の付き添い《◆ 若い未婚の女性. 花婿の付き添いは best man》.

***bridge**¹ /brídʒ ブリヂ/ 〖「梁(はり), けた」が原義. cf. beam〗
── 名 (複 bridg·es /‑iz/) C **1** 橋, 橋梁(きょうりょう) ‖
London Bridge ロンドン橋《◆ 固有名詞のときはふつう the はつけない》.
build [make] a bridge over [across] a river 川に橋をかける.
cross a bridge 橋を渡る.

A lot of water has gone [flowed] under the **bridge** (since then). (その時以来)いろいろな事が起こった, (回顧して)時間がずいぶんたったものだ.

B

Don't cross your bridges before you come [get] to them. =Cross your bridges when you come [get] to them. 《ことわざ》橋のたもとに着いてから橋を渡れ;「取り越し苦労はするな」.

> [事情] ロンドンでは London Bridge, Waterloo Bridge, Tower Bridge, Westminster Bridge, ニューヨークでは George Washington Bridge, Brooklyn Bridge, サンフランシスコでは Golden Gate Bridge などが有名.
> [関連] [種類] arch bridge アーチ橋 / floating bridge 浮橋 / pontoon bridge 舟橋 / railroad bridge 鉄橋 / stone bridge 石橋 / suspension bridge つり橋 / swing bridge 旋回橋 / trestle bridge 陸橋.

**2** 船橋(きょう), 艦橋《船長・艦長の指揮するデッキ》.
**3** [比喩的に] 橋渡し, 仲立ち.
**4** 橋状のもの; 鼻柱(はなばしら), (メガネの)ブリッジ; (弦楽器の)こま.
***búrn** one's **brídges*** 背水の陣をしく.
——[動] ([現分] bridg·ing) [他] **1** …に橋をかける. **2** …の橋渡しをする; …の空白[ギャップ]を埋める.

**bridge**² /brídʒ ブリヂ/ [名][U] ブリッジ《代表的なトランプゲーム. 米英では特に contract bridge は最も知的なゲームとされる》.

**brídge ròll** 《英》小型のロールパン.

**bri·dle** /bráidl ブライドル/ ([同音] △bridal) [名][C] 馬勒(ばろく)《馬の頭部につける headstall (おもがい), bit (くつわ), reins (手綱)の総称》.
——[動] ([現分] bri·dling) [他] …に馬勒をつける.
—[自] 《正式》頭をつんと上げる, そり返る《◆怒り・あざけり・傲慢(ごうまん)の態度》; ふんとあざ笑う.

***brief** /brí:f ブリーフ/ 〖「短い」が本義で, 時間・できごと・文書・話などに用いる〗
[派] briefly (副), brevity (名)
——[形] ([比較] ~·er, [最上] ~·est) **1** **短時間の**《◆short より《正式》》‖
Life is **brief**. 人生は短い.
**2** **簡潔な** ‖
a **brief** announcement 簡潔な告知.
**to be brief** 手短に言えば.
[対話] "I hate weddings." "Why?(↘) Because the speeches aren't so **brief** as you like?(↗)" 「結婚式は嫌いだ」「どうして? スピーチが, こちらの期待するほど短くないからですか」.
**3** そっけない.
——[名] **1** [C] 簡単な声明, 要約. **2** [C] 訴訟事件摘要書. **3** [~s] ブリーフ《男性用のぴったりした短いパンツ》.
◇***in bríef*** [副] (1) (要約して)**要するに**(to be brief) ‖ **In brief**, you should have accepted the responsibility. つまり君が責任を取るべきだったのだ. (2) 手短に ‖ He answered **in brief**. 彼は手短に答えた.
——[動][他] …を要約する.

**bríef·ness** [名][U][C] 《正式》簡単[簡潔](であること); (時の)短さ.

**brief·case** /brí:fkèis ブリーフケイス/ [名][C] (革製の)書類かばん.

**brief·ing** /brí:fiŋ ブリーフィング/ [名][C][U] 簡単な報告, 事実関係の説明.

**brief·ly** /brí:fli ブリーフリ/ [副] **1** 簡潔に, 手短に; [文全体を修飾] (要約して)手短に言えば(briefly speaking, to be brief, in brief) ‖ Briefly(↘), ¦ it's nonsense. 要するに, それはばかげたことだ.
**2** しばらく, 暫時, 一時的に.

**bri·er**¹, **--ar** /bráiər ブライア/ [名][C] 〔植〕イバラ, 野バラ; [U] その茂み.

**bri·er**², **--ar** /bráiər ブライア/ [名] **1** [C] 〔植〕ブライア, エイジュ(栄樹)《地中海沿岸原産. ツツジ科》. **2** [U] ブライア材《根の部分》. **3** [C] ブライアの根で作ったパイプ.

**bri·gade** /brigéid ブリゲイド/ [名][C] **1** 〔軍事〕旅団; 砲兵大隊.
**2** (軍隊式編制の)団体, 隊, 組 ‖
a fire **brigade** 消防隊.

**brig·a·dier** /brìgədíər ブリガディア/ [名] ([複] ~s) [C] **1** 〔英軍事〕(陸軍)准(じゅん)将; 旅団長. **2** 〔米軍事〕=brigadier general.

**brigadíer géneral** 准将(brigadier).

**bright /bráit ブライト/ ([類音] b/ight/bláit/) 〖「明るく輝く」が本義〗 [派] brighten (動), brightly (副)
→ [形] **1 輝いている 2 鮮明な 3 輝かしい 4 生き生きした 5 利口な**
——[形] ([比較] ~·er, [最上] ~·est) **1** **輝いている, 光っている**; 明るい《◆light より明るい》(↔ dark) ‖
**bright** brass knobs きらきら光る真鍮(しんちゅう)の取っ手.
The moon is very **bright** tonight. 今夜は月がとても明るい.
**2** 〈色が〉**鮮明な**, さえた, 強烈な(↔ dull) ‖
**bright** yellow dresses 派手な黄色の服.
**3** **輝かしい**, 頼もしい, 有望な ‖
a **bright** future [outlook] 明るい前途.
Lóok on [at] the **bríght** síde of thìngs. (悲観せずに)物事の明るい面を見ましょう.
**4** 〈人・顔などが〉**生き生きした**, 晴れやかな, 快活な(cheerful) ‖
a **bright** smile 晴れやかな笑み.
Her face looked **bright**. 彼女の顔は生き生きとして見えた.
**5** 《略式》**利口な**, 頭のよい《◆brilliant は「並外れて頭のよい」》; 〈考えなどが〉気のきいた; [it is bright of A to do / A is bright to do] …するとは A〈人〉は賢い ‖
a **bright** answer いい答え.
It is bright of you to reject his demand.

=You are bright to reject his demand. 彼の要求をけるとは君は賢明だ.

対話 "How's your kid doing in class these days?" "She's not the **brightest**, but she's doing just fine." 「最近お子さんはクラスでどうしておられますか」「とても優秀というわけではありませんが,何とかやっているようです」.

**bríght and éarly** (略式)[副] 朝早く(からいそいそと).

──[副] (略式) 明るく,輝いて.

**bright·en** /bráitn/ ブライトン/ [動] [他] 1 …を輝かせる,磨く; …を明るくする ‖
Sunlight **brightened** the room. 日がさして部屋が明るくなった.
2 …を晴れ晴れとさせる; …を有望にさせる ‖
A child will **brighten** (up) a home. 子供は家庭を明るくするものだ.
──[自] 1 明るくなる,輝く; 快活になる ‖
The weather has **brightened** (up). 天気がよくなってきた.
2 有望になる.

**bright·ly** /bráitli/ ブライトリ/ [副] 1 明るく,輝いて ‖
The sun is shining **brightly**. 日は明るく照っている.
2 快活に ‖
smile **brightly** 晴れ晴れとほほえむ.

**bright·ness** /bráitnəs/ ブライトネス/ [名] 1 明るさ,輝き. 2 あざやかさ. 3 聡明(そうめい). 4 快活.

**Brigh·ton** /bráitn/ ブライトン/ [名] ブライトン《英国East Sussex 州南部の海辺保養地》.

**bril·liance, ‑lian·cy** /bríljəns(i)/ ブリリャンス(イ)/ [名] ⓤ 1 輝き. 2 華麗. 3 すばらしい才能. 4 【音楽】(音色の)輝かしさ.

**bril·liant** /bríljənt/ ブリリャント/ [形] 1 輝く,光り輝く《◆ bright より明るく輝く》‖
**brilliant** jewels きらきら光る宝石.
2 りっぱな,華々しい ‖
a **brilliant** performance すばらしい演奏[演技].
3 すばらしい; 才気あふれた ‖
a **brilliant** musician 才能豊かな音楽家.
──[名] ⓒ ブリリアンカットの宝石《特にダイヤモンド》.

**bril·liant·ly** /bríljəntli/ ブリリャントリ/ [副] きらきらと,あざやかに,見事に.

**brim** /brím/ ブリム/ [名] ⓒ 1 (コップ・はちなどの)縁,へり ‖
The waiter filled our glasses **full to the brim**. ウエイターは私たちのグラスになみなみと注いだ.
2 (突き出た)縁,つば ‖
the **brim** of a hat 帽子のつば.
──[動] (過去・過分) brimmed/‑d/; (現分) brim·ming) (正式) [他] …を縁まで満たす.
──[自] (容器などが縁までいっぱいになる; [通例 be ~ming] あふれる ‖
His eyes **were brimming** over with tears. 彼の目から涙があふれ出ていた.

**‑brimmed** /‑brímd ‑ブリムド/ [形] (…の)縁のある.

**brine** /bráin/ ブライン/ [名] ⓤ 1 塩水《漬物用》. 2 (文) [the ~] 海水; 大海.

## *bring /bríŋ/ ブリング/
〖自動詞 come に対応し, 「行為者が自分とともに人[物]を話し手[聞き手]のところへ移動させる」が本義 (↔ take)〗

bring《持って来る》

──[動] (三単現) ~s/‑z/; (過去・過分) brought /brɔ́ːt/; (現分) ~·ing
──[他] I [持って来る]

1 [bring A B / bring B to [for] A] A〈人〉に B〈物〉を**持って来る**; 〈聞き手のところに〉に持って行く (→ **2**) ‖
**Bring** your books **down**. 本を持って降りなさい.
She **brought** some flowers **to** school. 彼女は花を学校へ持って来た.
**Bring** Papa today's paper. ＝**Bring** today's paper **to** [**for**] Papa. きょうの新聞をパパに持って来てくれ.
I'll **bring** it **to** you tomorrow. あすそちらへ持ってまいります《♦ I'll bring it you … は不可》.

語法 bring A B の受身型は一般に B〈物〉を主語にする: Some flowers *were brought for* her. 花が彼女に届けられた《♦ for に注意》. She *was brought* some flowers. のように A〈人〉を主語にするのは不自然.

2 〈人・できごと・乗物などが〉〈人〉を(…に)**連れて来る**; …を〈聞き手のところに〉**連れて行く** ‖
I'll **bring** ((略式)) **along**) my sister to the party. 妹をパーティーに連れて来[行き]ます《♦ 聞き手の主催するまたは出席予定のパーティーなどでは,しばしば「行く」という訳になる. 対応する自動詞の come も I'll *come* to the party. 「私はパーティーに行きます」となる(→ **come** 自 1)》.
The train will **bring** you there. その列車に乗ればそこへ行けます《＝(略式) If you take the train, you can get there.》.
The accused was **brought** before a judge. 被告は裁判官の前へ連れて来られた.

対話 "Do you want me to **bring** anything to the party?" "No, just **bring** yourself. That's enough." 「パーティーには何を持って行けばいいですか」「手ぶらでお出かけください. あなたが来てくださるだけで十分ですよ」.

3 〈物・事〉が〉〈物・事〉を(人・場所)に)**もたらす**; [bring A B / bring B to A] 〈事が〉A〈人〉に B〈物・事〉を**もたらす** ‖
His brave deeds **brought** him a medal [a medal **to** him]. その勇敢な行為で彼は勲章をもらった.
My old car **brought** me $100. 中古車は100ドルで売れた.

**4** 〈物が〉〈値段〉で売れる ‖
対話 "Why are these vegetables so expensive?" "You know, in winter they **bring** a much higher price." 「この野菜どうしてこんなに高いの」「あのね, 冬になると(品不足で)野菜がぐんと高値になるんです」.

**5** 〈法律〉〈訴訟など〉を(人に対して)提起する, 起こす; 〈訴訟〉を(損害などに対して)起こす《◆「人に対して」のときは against, 「損害などに対して」のときは for を用いる》

bring a charge **against** the doctor その医師を相手取って訴訟を起こす.

bring an action **for** damages [libel] 損害賠償請求[名誉毀損(きそん)]の訴訟を起こす.

∥ [ある状態に至らせる]

**6** [bring A C] 〈物・事・人が〉A〈人・物・事〉を C の状態に**至らせる**《◆ C は doing, 形容詞》‖
It was the sound ｜ that **brought** her eyes open. 彼女の目を開かせたのはその音だった.

**7** [通例否定文・疑問文で] [bring A to do] 〈人・事が〉A〈人に〉に…**するようにさせる**; [bring oneself to do] …する気になる ‖
What **brought** you to buy a car? どうして車を買うことになったのですか.
She could **nót** quite **bríng** herself to adópt a chíld. 彼女はどうしても子供をもらって育てる気にはなれなかった.

◦**bring abóut** [他] 〈死・失敗などを〉(徐々に)**引き起こす**;〈事〉を成しとげる ‖ Her recklessness brought about her death. 彼女の無謀さが死を招いた.

**bríng** A **(a)róund** …を連れて[持って]来る;A〈人〉の意識を戻させる.

◦**bring báck** → bring back (見出し語).

**bring dówn** [他] 〈飛行機・鳥などを〉うち落とす;〈獲物〉を射止める;〈家・木などを〉倒す;〈値段・費用〉を下げる.

**bring fórward** [他] 〈人・物〉を前面に出す;〈意見・提案など〉を提出する;〈時計〉を早める, 〈日時・行事〉を繰り上げる.

**bring ín** [他] (1)〈収穫物〉を取り入れる. (2)〈賃金・金額〉を稼ぐ; [~ (A) **in** B]〈財産・投資・職業などが〉A〈人に〉に B〈利益・金額〉をもたらす. (3)〈物・事〉を流行させる, とり入れる, 紹介する;〈法案・議案〉を提出する;〈陪審員〉が〈評決〉を答申する.

**bring óff** [他]〈人〉を救助する;《略式》〈困難な仕事など〉をやってのける.

**bring ón** [他]〈物・事が〉〈病気・戦争・熱などを〉引き起こす;〈人・物〉を紹介する[見せる];〈事〉を上達させる;〈人〉を向上させる.

**bring óut** [他]〈新製品など〉を出す,〈本〉を出版する; …を明らかにする, 提出する.

**bríng** A **róund to** B A〈人〉の考えを B に変えさせる.

**bring thróugh** (1) [他] [~ A **through**]〈病人〉を回復させる,〈国・会社など〉を(危機から)切り抜けさせる. (2) [他] [~ A **through** B] A〈人〉を B〈病気・戦争など〉から救う.

**bring tó** (1) [自]〈船〉が止まる. (2) [他]〈人〉を正気づかせる;〈船〉を停止させる.

**bring togéther** [他]〈人〉を呼び集める,〈物〉を寄せ集める;〈人〉を接触[和解, 一致, 再会]させる.

**bring** A **únder** [他]〈政府・警察などが〉A〈暴動・暴徒〉を鎮圧する; [~ A **ùnder** B] A〈物〉を B〈部類〉に分ける, 含める.

◦**bring úp** → bring up (見出し語).

\***bring back** /brìŋ bǽk ブリング バク/
——動 (変化形 → bring) [他] **1** [bring A B back / bring B back to A / bring A back B / bring B back to A] A〈人に〉B〈物〉を**返す** ‖
Brìng me my nótebook bàck, please. = Brìng my nótebook bàck to me, please. = Brìng me báck my nótebook, please. = Brìng báck my nótebook to me, please. 私のノートを返してください《◆「A のために持って[買って]帰る」の意では to の代わりに for》.
**2**〈事や〉〈事〉を思い出させる;〈旧制度〉を回復させる,〈人〉を回復させる.

\***bring up** /brìŋ ʌ́p ブリング アプ/
——動 (変化形 → bring) [他] **1**〈子供〉を**育てる**, 養育する, しつける ‖
**bring up** one's children to be truthful 子供を誠実な人間に育てる.
He is badly **brought up**. 彼は育ちが悪い.
**2**〈議題・問題など〉を持ち出す, 提出する.

**brink** /bríŋk ブリンク/ 類義 b/ink/blíŋk/) 名 © [通例単数扱い] **1**(絶壁などの危険な)**縁**《◆ edge より堅い語》. **2**(破滅の)瀬戸際(ぎわ).
**on** [**at, to**] **the brínk of** A 〈死・滅亡などに〉ひんして ‖ His bad manners brought him **to the brink of** disaster. 無作法が彼を大きな不幸のふちに追いやった.

**brisk** /brísk ブリスク/ 形 **1** 活発な, きびきびした; 元気のよい(↔ dull) ‖
at a **brisk** trot 急ぎ足で.
The tourist trade is **brisk**. 観光業は活発である. **2** 風などが身のひきしまるような, すがすがしい.
**brísk・ness** 名 Ⓤ 活発さ.
**brisk・ly** /brískli ブリスクリ/ 副 きびきびと, 活発に.
**bris・tle** /brísl ブリスル/ 名 © (動物の毛や人のひげの)剛毛;(ブラシの)毛.
——動 (現分 bris・tling) 自 (1)(怒って)毛を逆立てる,〈毛が〉逆立つ(+*up*) ‖
The cat **bristled** (**up**), held at bay. 猫は追いつめられて毛を逆立てた.
**2** けんか腰になる.

**bris・tly** /brísli ブリスリ/ 形 (比較 --tli・er, 最上 --tli・est) **1** 剛毛質の, 剛毛の多い. **2**《略式》〈人が〉不機嫌な, 短気の.

**Bris・tol** /brístl ブリストル/ 名 ブリストル《英国南西部 Avon 州の州都で貿易港》.

**Brit** /brít ブリト/ 名 © 《略式》英国人.

**Brit.** 略 Britain; Britannia; Briticism; British; Briton.

\***Brit・ain** /brítn ブリトン/ 同音 Briton) 名 = Great Britain《◆地理的にはグレートブリテン島をさ

**Bri·tan·ni·a** /brɪtǽnjə, -niə/ 名《大ブリテン島の古代ローマ名》. **2** =British Empire. **3**《文》=Great Britain.

し, England, Scotland, Wales をいうが, 政治的には英国(the United Kingdom (of Great *Britain* and Northern Ireland))をさすこともある》(→ England).

**Bri·tan·nic** /brɪtǽnɪk ブリタニク/ 形 英国の(British) ‖
Her Britannic Majesty 英国女王陛下.

**Brit·i·cism** /brítɪsɪzm ブリティシズム/ 名UC 英国特有の語(句)(表現), 英国語法.

***Brit·ish** /brítɪʃ ブリティシュ/
—形 英国の; 大ブリテン(Great Britain)の; 英連邦(the British Commonwealth)の; 英国人の《◆一般に English, 政治的には *British* が好まれる. → English 》‖
Instead of bowing, **British** and American people shake hands. おじぎの代わりに, 英国人やアメリカ人は握手をする.
—名 **1** [the ~; 複数扱い] 英国人; 大ブリテン人; 英連邦民 ‖
The **British** are a conservative people. 英国人は保守的な国民だ.
**2** U《米》=British English.
**3** U 古代ブリトン語.

**British Acádemy** [the ~] 英国学士院《人文学の研究・発展を目的として1901年に創立》.

**British Àirways** 英国航空(略 BA).

**British bréakfast** =English breakfast.

**British Bróadcasting Corporàtion** [the ~] 英国放送協会(略 BBC).

**British Colúmbia** (カナダの)ブリティッシュ=コロンビア州.

**British Cómmonwealth (of Nátions)** [the ~] 英連邦(→ commonwealth).

**British Cóuncil** [the ~] ブリティッシュ=カウンシル《英国文化の海外紹介と英語の普及を目的とした機関》.

**British Émpire** [the ~] 大英帝国《英本国とその植民地・自治領の旧称. 現在公式には用いられない》.

**British Énglish** イギリス英語《◆アメリカ英語に対して使われる》.

**British Ísles** [the ~] イギリス諸島《Great Britain, (Northern) Ireland, the Isle of Man, the Channel Islands, the Orkneys, the Shetlands などからなる》.

**British Líbrary** [the ~] 大英図書館《1973年に British Museum の図書部門が独立してできた》.

**British Muséum** [the ~] 大英博物館《ロンドンで1753年創立. → British Library》.

**Brit·on** /brítn ブリトン/ (同音 Britain) 名C **1**《文》英国人(Englishman (名 2)). **2**《英史》ブリトン人《ローマ軍侵入の頃英国南部に住んでいたケルト(Celt)人》.

**Brit·ta·ny** /brítəni ブリタニ/ 名 ブルターニュ《フランス北西部の半島》.

**brit·tle** /brítl ブリトル/ 形 **1** もろい ‖
a **brittle** glass 壊れやすいグラス.
**2** はかない ‖
a **brittle** friendship あてにならぬ友情.
**3 a** 短気な, 冷淡な. **b** 傷つきやすい.

**brít·tle·ness** 名U もろさ; 冷淡さ.

**broach** /bróʊtʃ ブロウチ/ (同音 △brooch) 動 (三単現 ~·es /-ɪz/) 他《正式》…を初めて話題に出す.

**broad** /brɔːd ブロード/ (発音注意)《◆ ×ブロウド》形 **1** (普通より)広い《◆ wide にくらべて「幅」よりも「広がり」に重点を置く語》(↔ narrow); 広々とした.
語法 穴の口などの大きさをいうときは wide: a wide gap 大きな割れ目 ‖
a **broad** road 広々とした道路《◆ a wide road は「幅の広い道路」》.
a **broad** stretch of land 広大な土地.
**2** [距離を表す語のあとで] 幅が…ある《◆ この場合は wide, in width がふつう》‖
This river is thirty meters **broad** [《正式》in breadth]. この川の幅は30mあります.
**3**〈心・知識などが〉広い ‖
have a **broad** knowledge of American culture アメリカ文化について幅広い知識を持つ.
**4** 一般的な, 大まかな ‖
a **broad** agreement 大筋での一致.
**5**〈光が〉満ち満ちた ‖
in **broad** dáylight 白昼に.
**6** 明白な, わかりやすい. **7** 不遠慮な; 下品な. **8**〈言葉が〉なまりの強い.
—副 すっかり, 十分に《◆ wide の方がふつう》‖
She was **broad** awake. 彼女はぱっちり目を覚ましていた.

**bróad·ness** 名U 広いこと, 広々としていること.

**broad·band** /brɔːdbǽnd ブロードバンド/【無線・コンピュータ】名形 広帯域(の), ブロードバンド(の).

***broad·cast** /brɔːdkæst ブロードキャスト | brɔːdkɑːst ブロードカースト/ 『「広範囲に投げる」が本義』
—動 (三単現 ~·s /-kæsts | -kɑːsts/; 過去・過分 broad·cast または ~·ed /-ɪd/; 現分 ~·ing)
—他 **1** …を放送する ‖
**broadcast** the news ニュースを放送する.
対話 "What time's the next news on?" "I think it's **broadcast** 6:30-7:00." 「次のニュースは何時ですか」「6時半から7時に放送されると思う」.
**2** …を言いふらす, 吹聴(ふいちょう)する ‖
**broadcast** gossip うわさをまく.
—自 **1** 放送する, 出演する ‖
The NHK **broadcasts** at 5 a.m. every day. NHK は毎朝5時から放送している.
**2** まき散らす.
—名 (複 ~·s /-kæsts | -kɑːsts/) U (ラジオ・テレビの)放送; C 放送番組, 番組出演.
—形 放送された, 広められた.

**bróadcast mèdia** [the ~] 放送メディア, 電波媒体.

**broad·cast·er** /brɔ́ːdkæstɚ ブロードキャスタ | -kɑ̀ːstə -カースタ/ 名 C アナウンサー, 放送会社; 散布器.

**broad·cast·ing** /brɔ́ːdkæstɪŋ ブロードキャスティング | -kɑ̀ːst- -カースティング/ 動 → broadcast.
── 名 U 放送(業) ‖
a rádio [télevision] bróadcasting stàtion ラジオ[テレビ]放送局.

> 関連 on-the-spot telecast (テレビの)実況放送 / minute-to-minute [on-the-spot] broadcast (ラジオの)実況放送 / commercial (message) コマーシャル, CM / rebroadcast 再放送, 中継放送 / relay broadcast 中継放送 / master [mistress] of ceremonies (=MC) 司会者.
> 事情 [米国の3大放送網] ABC / CBS / NBC 《◆他に Fox を含めて4大放送網とする事もある》. [英国の2大放送網] BBC / ITV 《◆他に Channel 4 がある》.

**broad·cloth** /brɔ́ːdklɔ̀(ː)θ ブロードクロ(ー)ス/ 名 U ブロード《婦人服・ワイシャツ用の生地》, 広幅生地.

**broad·en** /brɔ́ːdn ブロードン/ 動 自 1 〈川などが〉広くなる; 〈視野などが〉広がる. 2 〈顔などが〉(笑いで)崩れる. ── 他 〈川などを〉広げる; 〈視野などを〉広げる.

**broad·ly** /brɔ́ːdli ブロードリ/ 副 1 大ざっぱに ‖
broadly speaking 大まかに言えば.
2 [文全体を修飾] (正確なことを言うのを避けて)大ざっぱに言えば, 概して 《◆ broadly speaking の形でも用いる》.
3 幅広く ‖
broadly known あまねく知られた.
4 露骨に.

**broad·mind·ed** /brɔ́ːdmáindid ブロードマインディド/ 形 偏見のない; 寛大な.
**bróad·mínd·ed·ness** 名 U 寛大さ.

**broad·side** /brɔ́ːdsàid ブロードサイド/ 名 C 1 〔海事〕舷側《水面上の船首から船尾まで》. 2 (略式) (言葉での)いっせい攻撃. ── 副 1 舷側に[を向けて]; 横[側面]から. 2 いっせいに; (主に米)でたらめに, 見境なく.

**Broad·way** /brɔ́ːdwèi ブロードウェイ/ 名 1 a ブロードウェイ 《New York 市マンハッタン区を南北に走る大通り》. b ブロードウェイ 《a の一流劇場街で, 米国演劇界の中心地. cf. off-Broadway》. 2 [b~] 大通り, メインストリート.

**bro·cade** /broukéid ブロウケイド | brə- ブロ-/ 名 U にしき織. ── 形 にしき織の. ── 動 (現分 --cad·ing) 他 〈布〉をにしき織にする.

**broc·(c)o·li** /brɑ́kəli ブラコリ | brɔ́k- ブロク-/ 《イタリア語から「小さな芽」から》 名 C U (植) ブロッコリー.

**bro·chure** /brouʃúɚ ブロウシュア | brɔ́uʃə ブロウシャ/ 名 C パンフレット 《◆ 広告などでは pamphlet よりよく用いられる》.

**broil** /brɔ́il ブロイル/ 動 1 (主に米)…を照り焼きにする 関連 → bake. 2 (米) 〈…を〉焼けるようにあつく照りつける.

**broil·er** /brɔ́ilɚ ブロイラ/ 名 C 1 (焼肉用の)若鶏, ブロイラー. 2 (米) 肉焼器.

\***broke** /bróuk ブロウク/ 動 → break.
── 形 (略式) 文無しの ‖
be flat [(英) stony] broke =be broke to the world 全く一文無しである.
**gò bróke** (略式) 文無しになる, 破産する.

\***bro·ken** /bróukn ブロウクン/
── 動 → break.
── 形 1 壊れた, 折れた, 割れた (↔ unbroken) ‖
a broken cup 壊れたカップ.
He suffered a broken leg. 彼は足を折った.
2 故障した, 動かない.
3 〈地面が〉でこぼこの, 平らでない.
4 破棄された ‖
a broken promise 破られた約束.
5 つぶれた, 崩壊した ‖
a broken marriage 破綻(はたん)した結婚生活.
対話 "Her mother and father separated when she was very young." "A friend of mine also comes from a broken home." 「彼女の両親は彼女が小さい頃に別れたのです」「私の友だちにも両親が別居している家の子がいます」.
6 切れ切れの, 断続的の ‖
broken sleep とぎれとぎれの眠り.
7 くじけた, 打ちひしがれた ‖
broken dreams 破れた夢.
a broken man 失意の男.
8 〈言葉が〉不完全な, ブロークンの ‖
broken English でたらめな英語.
対話 "His English is nowhere near perfect. It's very broken." "Maybe, but I have no trouble understanding him." 「彼の英語は完全にはほど遠い. でたらめだ」「かもしれない, でも彼の言うことは難なく理解できるよ」.

**bróken héart** 失意, 失恋.
**bróken líne** 破線 《----》; 折れ線.
**bró·ken·ly** 副 とぎれがちに, 変則的に.
**bro·ken-down** /bróukndáun ブロウクンダウン/ 形 1 打ち砕かれた. 2 健康を損ねた. 3 動かない; ポンコツの.
**bro·ken-heart·ed** /bróuknhɑ́ːrtəd ブロウクンハーテド/ 形 悲嘆にくれた, 望みを失った.
**bro·ker** /bróukɚ ブロウカ/ 名 C 1 [しばしば複合語で] ブローカー, 周旋屋. 2 (英) 古物(ふるもの)商, 質屋.
**bro·ker·age** /bróukərɪdʒ ブロウカリッジ/ 名 U 1 (正式) 仲買手数料. 2 仲買業務.
**bro·mide** /bróumaid ブロウマイド/ 名 1 U C (化学) 臭化物. 2 C (略式) 退屈な人; 陳腐でなぐさめの言葉.
**bron·chi·tis** /brɑŋkáitis ブランカイティス | brɔŋ- ブロン-/ 名 U (医学) 気管支炎.
**bron·co** /brɑ́ŋkou ブランコウ | brɔ́ŋ- ブロンコウ/ (複 ~s) C ブロンコ 《北米西部産の半野生馬》.
**Bron·të** /brɑ́nti ブランティ | brɔ́n- ブロン-/ 名 ブロンテ 《Anne ~ 1820-49; Charlotte ~ 1816-55; Emily ~ 1818-48; 英国の小説家3姉妹》.
**Bronx** /brɑ́ŋks ブランクス | brɔ́ŋks ブロンクス/ 名

[the ~] ブロンクス《New York 市の5つの区のひとつ》.

**bronze** /bránz ブランズ|brɔ́nz ブロンズ/〖「Brindisi（イタリアの港市）の赤味がかった褐色の銅」が原義〗
——名（複 bronz・es/-iz/）**1** Ⓤ 青銅, ブロンズ ‖
a medal made of bronze 青銅（製）のメダル.
**2** Ⓤ 青銅色, 赤茶色. **3** Ⓒ ブロンズ製品.
——形［名詞の前で］**1** 青銅の, ブロンズの ‖
a bronze medal 銅メダル.
**2** 青銅色の. **3** 青銅［ブロンズ］製品の.
**Brónze Àge** [the ~] 青銅器時代《the Stone Age と the Iron Age の間》;《ギリシャ神話》青銅時代《戦争と暴力の時代》.

**brooch** /bróutʃ ブロウチ, (米+) brúːtʃ/［同音］broach］名（複 ~・es/-iz/）Ⓒ ブローチ《◆ 昔は青銅製で動物の姿が多く, 帽子につけられた》.

**brood** /brúːd ブルード/名（複 ~s/-z/）［集合名詞; 単数・複数扱い］**1** ひとかえりのひな鳥;（動物の）ひと腹の子 ‖
a brood of chickens ひとかえりのニワトリのひな.
**2**《略式》(一家の) 子供たち, がきども.
——動 ⓘ **1** 卵を抱く. **2**《文》〈夕やみなどが〉たれこめる;〈鳥が〉ぼんやりとそびえる. **3** 考え込む (over).——他〈卵を〉抱く.

**brood・y** /brúːdi ブルーディ/形 [比較 ~・i・er, 最上 ~・i・est]〈人が〉不機嫌な, 陰気な.

**brook** /brúk ブルク/名 Ⓒ《文》小川 (stream).

**Brook・lyn** /brúklin ブルクリン/名 ブルックリン《New York 市の5つの区のひとつ》.

**broom** /brúːm ブルーム/［類音］b[oom/blúːm/］名 Ⓒ ほうき, 長柄のブラシ《文化》未婚の女性がほうきをまたぐと妊娠するという迷信がある》‖
A new broom sweeps clean.（ことわざ）新しいほうきはきれいに掃ける; 新任者は改革に熱心になる.

**broom・stick** /brúːmstik ブルームスティク/名 Ⓒ ほうきの柄《魔女 (witch) がこれに乗って空を飛ぶと考えられた》.

**bros., Bros.** /bráðərz ブラザズ/略 brothers ‖
Smith Bros. & Co. スミス兄弟商会.

**broth** /brɔ́ːθ ブロ(ー)ス/名 Ⓤ［形容詞を伴うときは a ~］(肉・野菜などの) 薄い澄んだスープ ‖
a nice chicken broth おいしいチキンスープ.

**broth・el** /bráθl ブラスル, brɔ́ː-|brɔ́θl ブロスル/名 Ⓒ 売春宿.

**broth・er** /bráðər ブラザ/〖「同族の人」が原義〗
——名（複 ~s/-z/）Ⓒ **1** 兄弟, 兄, 弟 (↔ sister) ‖
my older [big,《主に英》elder] brother 私の兄.
my younger [little, baby] brother 私の弟.
(the) Ford brothers フォード兄弟.
［対話］"How many brothers or sisters do you have?" "I have three brothers."「兄弟姉妹は何人いますか」「兄弟が3人います」《◆ 英米

ではふつう兄と弟を特に区別せず, 単に her brother のようにいう.「兄さん」という呼びかけには本人の名前を用いる》.

［Q&A］**Q**: 日本語の「きょうだい」は兄弟姉妹区別なく使えて便利ですが, 英語にはこれにあたる言葉はないのでしょうか.
**A**: sibling という語があります. 死語となっていましたが近年だんだん使われるようになり, 特にこれを短くした sib も［対話］"How many sibs [siblings] do you have?" のように言えます.

**2**（兄弟のように）親しい男性, 親友. **3** 同僚; 同級生; 仲間.

**broth・er・hood** /bráðərhùd ブラザフド/名 Ⓤ (正式) 兄弟の間柄, 兄弟愛.

**broth・er・in・law** /bráðərinlɔ̀ː ブラザーインロー/名（複 brothers-in-law）Ⓒ 義理の兄[弟], 義兄[弟] (cf. sister-in-law).

**broth・er・ly** /bráðərli ブラザリ/形 **1** 兄弟（として）の; 兄弟にふさわしい ‖
brotherly affection 兄弟愛.
**2** 優しい, 親切な.
**bróth・er・li・ness** 名 Ⓤ 兄弟らしさ.

**brought** /brɔ́ːt ブロート/動 → bring.

**brow** /bráu ブラウ/（発音注意）［◆ ×ブロウ］名 Ⓒ **1**［通例 ~s］まゆ毛 (eyebrow)《◆ 感情や性格の表れる部分とされる》‖
knit one's brows まゆをひそめる.
**2** 額 ‖
a wrinkled brow しわがよった額.

**brow・beat** /bráubiːt ブラウビート/動（過去 browbeat, 過分 ~・beat・en）他（顔・言葉などで）〈人〉をおどす.

**brown** /bráun ブラウン/
——形 [比較 ~・er, 最上 ~・est] **1** 茶色の, 褐色の, とび色の《◆ トースト, ミルクを入れたコーヒー, ジャガイモの皮などの色.「茶色」だけでなく黄色から黒に近い色までを含む》‖
brown eyes 茶色の目.
a brown horse 栗毛の馬.
He had dark, brown hair. 彼はこげ茶色の髪をしていた.
［対話］"So what did the guy look like? Did he have fair hair?" "No, I think it was brown."「それでその男はどんな感じの人でしたか. 髪は金髪でしたか」「いいえ, 茶色だったと思います」.
**2** 日焼けした;（オーブンなどで）こんがり焼けた, キツネ色の.
——名（複 ~s/-z/）**1** ⓊⒸ 茶色, 褐色 ‖
(a) dark brown こげ茶.
**2** ⓊⒸ 茶色の絵の具[染料].
——動 ⓘ 茶色になる. ——他 …を茶色にする.
**brówned óff**（英略式）うんざりした, 困った.
**brówn béar**〔動〕ヒグマ.
**brówn bréad**（糖みつ入りの）黒い蒸しパン;（全粒

**brown·ie** /bráuni ブラウニ/ 名 C 〖伝説〗ブラウニー《夜間ひそかに家事の手伝いをするという善良な小妖精(ﾖｳｾｲ)》; (米)(木の実入りの)小さなかたいチョコレートケーキ.

**Brown·ing** /bráuniŋ ブラウニング/ 名 ブラウニング《Robert ~ 1812-89; 英国の詩人》.

**brown·ish** /bráuniʃ ブラウニシュ/ 形 茶色がかった.

**brown·stone** /bráunstòun ブラウンストウン/ 名 U (米) **1** 赤褐色の砂岩. **2 1** を正面に張った家.

**browse** /bráuz ブラウズ/ (類音) b/ouse/bláuz/) 名 [通例 a ~](本などの)拾い読み(の期間)‖
have a good **browse** through his books 彼の本をあちこち拾い読みする.
—動 (現分) brows·ing) 自 **1** 〈家畜が〉(草などを)食べる‖
**browse** on the leaves 葉を食べる.
**2** 拾い読みする;本を立ち読みする‖
**browse** through [among] one's books 本をあれこれ拾い読みする.
**3** (店の中で品物を)見て回る.
**4** 〖コンピュータ〗(ウェブページを)あちこち見る.

**brówsing ròom** (図書館の)ブラウジングルーム.

**brows·er** /bráuzər ブラウザ/ 名 C 〖コンピュータ〗ブラウザー《ウェブページを表示するためのソフト》.

**bruise** /brúːz ブルーズ/ (発音注意) (類音) b/ues /blúːz/) (現分) bruis·ing) 他 …に傷をつける, …をいためる‖
The child fell and **bruised** his knee. その子は転んでひざを打った.
— 自 傷つく‖
The skin of peaches **bruises** easily. モモの皮はいたみやすい.
— 名 C **1** 打撲傷, 打ち身. **2** (野菜・果物の)傷.

**brunch** /brántʃ ブランチ/ [breakfast + lunch の混成] 名 (複 ~·es/-iz/) U C (略式)(昼食兼用の)遅い朝食, (朝食兼用の)早い昼食.

**bru·net** /bruːnét ブルーネト/ 形 〈皮膚が〉浅黒い;〈髪が〉ブルネットの《「黒みがかった色」から「褐色の色」をいう》.— 名 C ブルネットの人《◆ふつう男性. 女性形は brunette. ただし男女とも brunet を使うという動きもある》;(肌の)浅黒い人.

**bru·nette** /bruːnét ブルーネト/ 名 C brunet の女性形.

**brunt** /bránt ブラント/ (類音) b/unt/blánt/) 名 C ほこ先《◆通例次の成句で》.
bear the **brunt** of A (正式) A〈攻撃・非難〉の矢面(ｵﾓﾃ)に立つ.

***brush**¹ /bráʃ ブラシュ/ (類音) b/ush/bláʃ/) [「灌木(ｶﾝﾎﾞｸ)(bush)」が原義]
— 名 (複 ~·es/-iz/) C **1** ブラシ, はけ;毛筆, 画筆, (掃除用の)モップ‖
a tóoth **brùsh** 歯ブラシ.

関連〖種類〗a náil brùsh つめブラシ / a sháving brùsh ひげそり用ブラシ / a wríting brùsh 筆 / a páintbrùsh 絵筆.

**2** [通例 a ~] ブラシをかけること;絵筆を使うこと;[the ~] 筆法, 画法, [集合名詞] 画家‖
She gáve my shoes a quíck brúsh. 彼女は私の靴にさっとブラシをかけてくれた.
**3** 軽い接触[衝突]‖
I felt the **brush** of her hand against me. 彼女の手が触れたのを感じた.
**4** (キツネ・リスなどの)ふさふさした尾《狩りの記念にする》.
— 動 (三単現 ~·es/-iz/) (過去・過分) ~ed/-t/) (現分) ~·ing)
— 他 **1** …にブラシをかける, …を(ブラシ・モップで)磨く‖
**brush** one's shoes 靴を磨く.
**brush** one's teeth clean before going to bed 寝る前に歯を磨く.
**2** …を(ブラシ・手などで)払いのける‖
**brush** the dirt **off** (the coat) with one's hand 手で(上衣の)ほこりを払い落とす.
**3** …にさっと触れる.
**4** [~ one's way] 力ずくで進む(force).

**brúsh asíde** [他] …を払いのける;…を無視する, 軽くあしらう.

**brúsh dówn** [他] 〈人・服などの〉ほこり[ごみ]を(ブラシなどで)払い落とす;(略式)〈子供などを〉しかる.

**brúsh úp** [他] (1) 〈物を〉(ブラシで)すっかりきれいにする;〈人の〉身づくろいをする. (2) 〈外国語・知識など〉を磨き直す, 復習する‖ **brush up** one's English 英語をやり直す.

**brúsh úp on** A = BRUSH up (2).

**brush**² /bráʃ ブラシュ/ 名 U **1** (主に米・豪)(低木の)やぶ, 雑木林;その地域;下ばえ. **2** (折れた)小枝, しば, そだ. **3** (米)[the ~] 未開拓地.

**brush-up** /bráʃàp ブラシャプ/ 名 C (忘れかけている知識・技能の)復習.

**brusque, brusk** /brásk ブラスク | brúːsk ブルースク/ 形 ぶっきらぼうな, 無愛想な.

**brúsque·ly, brúsk·ly** 副 ぶっきらぼうに.

**Brus·sels** /báslz ブラスルズ/ 名 ブリュッセル《ベルギーの首都》.

**Brússels spróut** 芽キャベツ.

**bru·tal** /brúːtl ブルートル/ 形 **1** 獣のような, 野蛮な. **2** (獣のように)残酷な, 無慈悲な(cruel). **3** 〈気候などが〉きびしい. **4** 〈事実などが〉ごまかしようのない.

**brú·tal·ly** 副 野獣のように.

**bru·tal·i·ty** /bruːtǽləti ブルータリティ/ 名 (複 -·ties/-z/) **1** U 獣性;残忍性. **2** C 残虐行為, 野蛮な行為.

**brute** /brúːt ブルート/ 名 C **1** (文·略式) 獣, 畜生, 動物(cf. animal, beast)‖
a **brute** of a man 獣のような男.
**2** (獣のように)冷酷[残忍]な人, 人でなし;(略式)いやなやつ‖
a **brute** of a problem やっかいな問題.
— 形 獣のような, 非情な.

**brut·ish** /brúːtiʃ ブルーティシュ/ 形 獣のような;粗野な;理に合わない, 不合理な.

**Bru·tus** /brúːtəs ブルタス/ 名 ブルータス《Marcus Junius/máːrkəs dʒúːnjəs/ ~ 85?-42 B.C.; ローマの政治家。Caesar の暗殺者》.

**BSE** 略 〔獣医病〕 bovine spongiform encephalopathy 牛海綿状脳症, 狂牛病.

**BST** 略 British Standard Time 英国標準時; British Summer Time 英国夏時間.

**bub·ble** /bʌ́bl バブル/ (類音) babble/bǽbl/) 名 **1** Ⓒ [通例 ~s] (1つ1つの)あわ, あぶく; 気泡《◆ bubble の集まりは foam》‖
sóap bùbbles 石けんのあわ.
**2** Ⓤ あわ立ち; 沸騰音. **3** Ⓒ (すぐ消える)誇大な計画; 詐欺. **4** ⓊⒸ 〔経済〕 泡沫的投機[事業]; バブル経済.
——動 (現分 bub·bling) 自 **1** あわ立つ; 沸騰する; ぶくぶく沸く. **2** 浮かれ騒ぐ.
**búbble bàth** あわぶろ, (ふろの)あわ立て剤.
**búbble gùm** 風船ガム.

**Bu·cha·rest** /búːkərèst ブカレスト, bjúː-/ ─́-/ 名 ブカレスト《ルーマニアの首都》.

**buck**[1] /bʌ́k バク/ 名 (複 ~s, 集合名詞 buck) Ⓒ **1** 雄ジカ; (トナカイ・ヒツジ・ウサギ・ネズミなどの)雄《cf. doe》《= deer》. **2** 〔南〕カモシカ(antelope). **3** (略式) 元気な若者.

**buck**[2] /bʌ́k バク/ 動 自 〈馬が〉背を曲げてはねあがる.
——他 〈馬が〉はねて〈乗り手〉をふり落とす.
**búck úp** (略式) (1) [自] 元気を出す; 急ぐ. (2) [他] 〈人〉を元気づける; 〈考えなど〉をもっとよいものにする.

**Buck** /bʌ́k バク/ 名 バック《Pearl (Sydenstricker/sáidnstrìkər/) ~ 1892-1973; 米国の女性小説家》.

\*__buck·et__ /bʌ́kət バケト/ 〖小さな(et)容器(buck)〗
——名 (複 ~s/-its/) Ⓒ **1** バケツ, 手おけ; つるべ.
**2** =bucketful.
**3** (略式) [~s] 多量 ‖
対話 "Is it raining hard outside?" "You bet. It's coming down in buckets." 「外はひどい雨ですか」「そうだよ, どしゃぶりだ」.

**buck·et·ful** /bʌ́kətfùl バケトフル/ 名 [通例 a ~ of + Ⓤ 名詞] バケツ1杯の(量).

**Búck·ing·ham Pálace** /bʌ́kiŋəm- バキンガム-/ バッキンガム宮殿《ロンドンにある英国王室の宮殿。午前11時の衛兵の交替式(Changing the Guard)はロンドン名物の1つ》.

**buck·le** /bʌ́kl バクル/ 名 Ⓒ **1** (ベルトの)バックル. **2** (靴の)飾り締め金.
——動 (現分 buck·ling) 他 **1** 〈ベルトなど〉を締め金で留める. **2** 〈熱・圧力・衝撃など〉で〈物〉を曲げる.
——自 **1** 〈物が〉(圧力・熱などで)曲がる; 〈人など〉が(権威・攻撃などに)屈服する. **2** 〈服・ベルトなどが〉締め金で留まる; (車の)シートベルトを締める(+up).
**búckle dówn** (**to A**) (…に)(気合を引き締めて)熱心にとりかかる.
**búckle tó** [自] (困難・危機に直面して)〈仲間・団体が〉一丸となって頑張る, 仕事に励む.

**buck·wheat** /bʌ́kwìːt バクウィート/ 名 Ⓤ **1** 〔植〕 ソバ(の実)《◆ 英米では家畜・家禽(ホッ)の飼料》. **2** ソバ粉《◆ 米国では búckwheat flòur ともいい, 朝食のパンケーキに用いる》.

**bud** /bʌ́d バド/ (類音 b**ad**/bǽd/) 名 Ⓒ **1** 〔植〕 芽; (花の)つぼみ ‖
a rose bud バラのつぼみ.
**2** 未熟なもの; 未成年; 小娘, (米) 社交界に出たての娘.
**cóme into búd** 〈木など〉が芽(め)を出す.
**in búd** 〈木・花〉が芽ぐんで, つぼみをつけて; 〈人・物〉が未成熟[未発達]の状態で.
——動 (過去・過分 bud·ded/-id/; 現分 bud·ding) 自 芽を出す, つぼみをつける.

**Bu·da·pest** /bjúːdəpèst ブーダペスト (ビューダペスト)/ ─́-/ 名 ブダペスト《ハンガリーの首都》.

**bud·ded** /bʌ́did バディド/ 動 → bud. ——形 芽ぐんだ, つぼみをもった.

**Bud·dha** /búːdə ブダ/ 名 **1** [the ~] 仏陀(ダ), 釈迦牟尼(ムン)《563?-483? B.C.; 仏教の開祖》. **2** Ⓒ 仏像.

**Bud·dhism** /búːdizm ブディズム/ 名 Ⓤ 〔宗教〕 仏教, 仏道.

**Bud·dhist** /búːdist ブディスト/ 名 Ⓒ 形 仏教徒; 仏陀の, 仏教(徒)の ‖
a Buddhist monk 仏教寺院.

**bud·ding** /bʌ́diŋ バディング/ 動 → bud. ——形 **1** つぼみを出しかけた. **2** 新進の, 世に出始めた.

**bud·dy** /bʌ́di バディ/ 名 (複 bud·dies/-z/) Ⓒ (主に米略式) **1** (男の)仲間, 相棒. **2** [呼びかけ] (男に対して)(親しく)おい, 君; (怒って)おいおまえ.

**budge** /bʌ́dʒ バヂ/ (類音 badge/bǽdʒ/) 動 (現分 budg·ing) (略式) [通例否定文で] 自 ちょっと動く, 身動きする. ——他 〈物〉を動かす; 〈意見など〉を変える.

**budg·et** /bʌ́dʒət バヂェト/ 名 Ⓒ **1** 経費, 生活費 ‖
balance the **budget** 収支の均衡をとる.
**2** (国などの)予算(案) ‖
a government **budget** 政府予算(案).
**3** ひとまとめ, 束.
——動 自 予算を立てる ‖
**budget** for buying a new house 新しい家を買う予算を立てる.

**Bud·weis·er** /bʌ́dwàizər バドワイザ/ 名 〔商標〕 バドワイザー《米国の代表的ビール》.

**Bue·nos Ai·res** /bwéinəs ái(ə)riz ブウェイノス アイリス, -eəriz/ 〖『良い空気』より〗 名 ブエノスアイレス《アルゼンチンの首都》.

**buff** /bʌ́f バフ/ 名 Ⓤ 形 **1** (牛などの)黄褐色のもみ皮(の). **2** 黄褐色(の).

**buf·fa·lo** /bʌ́fəlòu バファロウ/ 名 (複 ~(e)s, 集合名詞 buf·fa·lo) Ⓒ 〔動〕 スイギュウ《アジア・アフリカ産》; (俗用的に) アメリカバイソン.

**Búf·fa·lo Bíll** バファロー・ビル《本名 W. F. Cody 1846-1917; 米国西部開拓史上の伝説の人物》.

**buff·er** /bʌ́fər バファ/ 名 Ⓒ **1 a** (英) (ふつう鉄道の)緩衝(ミネェ)器. **b** 車止め(buffer stop). **2** (苦痛・衝撃などを)やわらげるもの[人]. **3** 〔コンピュータ〕 バッ

ファ《入出力データを一時的に保持する記憶領域》.
——動 他 …の衝撃をやわらげる.
**búffer stòp** =buffer 名 1b.

**buf·fet**[1] /bəféi ブフェイ, bu-│búfei ブフェイ/〖フランス〗名 (複 ~s/-z/) © **1** (軽食・飲食物をおく)カウンター, 台; (主に英) (駅・劇場などの)簡易食堂; 列車食堂, ビュッフェ.
**2** 立食の食べ物(buffet meal) ‖
a **buffet** lunch セルフサービス式昼食.
a **buffet** party 立食パーティー.
**búffet càr** (主に英) (簡)食堂車, ビュッフェ.

**buf·fet**[2] /báfɪt バフェト/ 名 © (正式) **1** (手・こぶしによる)打撃. **2** [比喩的に] 打撃, 不幸.
——動 他 (正式) …を打つ, …を(こぶしで)なぐる.

**buf·foon** /bəfúːn バフーン/ 名 © 道化者; ばかもの.

**bug** /bʌg バグ/ (類音) bag/bǽg/) 名 © **1** (主に米) 昆虫(insect). **2** (主に英) ナンキンムシ. **3** 〖コンピュータ〗バグ《プログラムの欠陥・誤り》.
——動 他 (過去・過分) bugged/-d/; (現分) bug·ging) 他 …を悩ます, 困らせる.

**bug·gy** /bʌ́gi バギ/ 名 (複 bug·gies/-z/) © **1 1** 頭立て(1-2人乗りの)軽装馬車《◆(米)ではふつうほろ付き4輪. (英)ではほろなし2輪》. **2** (米) =baby carriage.

**bu·gle** /bjúːgl ビューグル/ 名 〖音楽〗(軍隊の)らっぱ; ビューグル《trumpet に似た金管楽器》.

**bu·gler** /bjúːglər ビューグラ/ 名 © らっぱ手; ビューグル奏者.

**\*build** /bíld ビルド/ 〖「住居」が原義〗
派 building (名)
——動 (三単現) ~s/bíldz/; (過去・過分) built/bílt/ または (古) ~·ed; (現分) ~·ing)
——他 **1a** [build A (of [out of, from] B)] 〈人が〉(A(材料)で) A〈建物〉を**建てる**, 建築[建設, 建造, 敷く]設する; [build A B / build B for A] 〈人が〉A〈人〉にB〈建物〉を建てて[造って]やる《◆ make とは違い大きなものを造ること. トンネル・運河などを造る場合は dig, excavate》‖
**build** a bridge across a river 川に橋をかける.
a house (which is) **built** of brick(s) レンガ造りの家.
I **built** my son a new house. = I built a new house for my son. 息子に家を新築してやった《◆自分で建てるときにも, 業者に建てさせるときにもいう. have a new house *built* では後者の場合のみ》.

(対話)"The new co-op is finished, I hear." "Really?(↗) When did they finish **build**ing it?"「新しい生協が完成したんだって」「ほんとう? いつ建て終わったのかしら」.
**b** 〈人が〉〈機械類〉を組み立てる; 〈鳥が〉〈巣〉を作る; 〈火〉を起こす ‖
**build** a stereo receiver ステレオのレシーバーを組み立てる.

**2** 〈人が〉〈事業・国家など〉を**設立する**, 興し, 確立する; 〈事が〉〈名声・富など〉を築き上げる, 打ち立てる; 〈人格〉を形成する, 〈人〉の人格を形成する; …を

増強[増進]する ‖
**build** up one's health 健康を増進する.
be **built** that way (略式) 〈人が〉そんな性質[たち]だ.
the funds which have been **built** up over many years 何年もにわたって蓄積されてきた資金.
**Rome** was not built in a day. → Rome.
**3** [build A on [upon] B] 〈人が〉B〈物・事〉の上に A〈物・事〉を**築く**; B〈事〉を A〈事〉の基礎とする ‖
Her argument was not **built** on facts. 彼女の議論は事実に基づいていなかった.
He's **built** all his hopes **on** publishing this book. 彼はこの本の出版にすべての望みをかけてきた.
**4** 〈材料〉で作る; [通例 be built] 〈物が〉作りつけられている; 〈条項などが〉付記されている ‖
**build** a boy into a man 少年を一人前の男にする.
The bookshelves are **built** into the walls of my room. 私の部屋の壁に本棚が作りつけになっている.
——自 建築[建造]する; 建築業に従事する; 〈家が〉建つ ‖
The house is **building**. (やや古) 家が建築中である《◆現在では The house is being *built*. / The house is under construction. / They are *building* the house. がふつう. また「建っている」という状態を表すときには The house *stands* on the hill. のように stand を用いる》.

**build ín** [他] [通例 be built] 〈物〉を作りつけにする; 〈土地〉を建物で囲む; 〈条項などを〉組み入れる.
**build on** (1) [~ *on* A] 〈事〉を当てにする, 頼る ((略式) count on); 〈事〉に基づく. (2) [他] 〈建物〉を建て増しする.
**build úp** (1) [自] 〈圧力・風など〉が強まる, 〈緊張・音など〉が増す; 〈(交通)量〉が増える, 〈雲など〉が集まる, 出てくる ‖ Those books will **build up** into a fine library. それらの書物でりっぱな文庫ができるだろう. (2) [他] 〈物〉を作りつけにする; → 他
**2**. (3) [他] [通例 be built] 〈場所が〉建物で建て込む.
**build úpon** A =BUILD on.
——名 ⓊⒸ **1** (機械などの)造り, 構造.
**2** (人・動物の)体格 ‖
He has a medium **build**. 彼は中肉中背だ.

**build·er** /bíldər ビルダ/ 名 © 建築(業)者; (国家の)建設者.

**\*build·ing** /bíldɪŋ ビルディング/ 〖→ build〗
——動 → build.
——名 (複 ~s/-z/) **1** © 建造物, 建物, ビルディング(略 bldg.). ‖
a high [tall] **building** 高層ビル, のっぽビル.
The United Nations **building** was built in 1952. 国連のビルは1952年に建てられた.
**2** Ⓤ 建築[建造](すること, 術); [形容詞的に] 建築の ‖
**building** materials 建築材料.

**búilding blòck** 建築用ブロック；(おもちゃの)積み木；構築物.

*****built** /bílt/ 動 → build.

**-built** /-bìlt -ビルト/ 連形 …で造られた；…の体格の.

**built-in** /bíltìn ビルティン/ 形 作りつけの，本来備わった.

**built-up** /bíltʌ́p ビルタプ/ 形 **1** 組み立てた.
**2** 高く[大きく，強く]した.
**3** 〈土地が〉建て込んだ ‖
a built-up area 市街地.

**bulb** /bʌ́lb バルブ/ (類語 *valve*/vǽlv/) 名 © **1** (ユリ・タマネギなどの)球根；球根植物. **2** 球状の物；(寒暖計の)球；(白熱)電球.

**Bul·gar·i·a** /bʌlɡéəriə バルゲアリア/ 名 ブルガリア〈ヨーロッパ南東部の共和国. 首都 Sofia〉.

**Bul·gar·i·an** /bʌlɡéəriən バルゲアリアン/ 形 ブルガリアの；ブルガリア人[語]の.
── 名 **1** © ブルガリア人. **2** Ⓤ ブルガリア語.

**bulge** /bʌ́ldʒ バルヂ/ 名 © **1** ふくらみ, でっぱり.
**2** 《略式》一時的増加 ‖
a bulge in the birthrate 出生率の急増.
**3** 《略式》[the ~] 強み, 利点 ‖
get [have] the bulge on him 彼にまさる.
── 動 (現分 bulg·ing) (自) 〈物が〉ふくれる.

**bulk** /bʌ́lk バルク/ 名 **1** Ⓤ 容積, 大きさ, かさ；大きいこと.
**2** [the ~ of+Ⓤ 名詞] …の大部分 ‖
The bulk of his work is in the urban area. 彼の仕事は大半が都市部に集中している.
**in búlk** 大量に, 大口で.
── 動 (自) 〈物が〉大きくなる.
**búlk lárge** 〈事が〉大きくみえる；重大そうである.

**bulk·y** /bʌ́lki バルキ/ 形 (比較 -i·er, 最上 -i·est) 図体（ずうたい）の大きい，(遠回しに)太った；大きくて扱いにくい；〈衣服が〉ゆったりした ‖
a bulky package かさばった包み.

*****bull**[1] /búl ブル/
── 名 (複 ~s/-z/) © **1** (去勢してない成長した)雄牛(cf. John Bull). 関連 (1) 牛の種類は → cow. (2) 鳴き声は bellow.
**2** (からだが大きく攻撃的な)雄牛のような人. **3** (ゾウ・大ジカ・クジラなど大きな動物の)雄(↔ cow).
**táke the búll by the hórns** 《略式》勇敢に難局にあたる.
── 形 [名詞の前で] 雄の；雄牛のような.

**bull**[2] /búl ブル/ 名 © (カトリック) ローマ法王の教書 (cf. brief).

**bull·dog** /búldɔ̀(ː)ɡ ブルドッグ/ 名 © (動) ブルドッグ.

**bull·doze** /búldòuz ブルドウズ/ [[「鞭（むち）でおどす」が原義]] 動 (現分 ··doz·ing) 他 **1** 《略式》〈人〉を脅迫[強要]する. **2** 《正式》…をブルドーザーでならす.

**bull·doz·er** /búldòuzər ブルドウザ/ 名 © **1** ブルドーザー. **2** 《略式》脅迫する人.

**bul·let** /búlət ブレト/ 名 © **1** 弾丸, 銃弾《◆「散弾」は shot，「破裂弾」は shell》. **2** 小球, 弾丸状のもの.

**búllet tràin** (日本の)新幹線列車；超特急[弾丸]列車.

**bul·le·tin** /búlətn ブレトン/ 名 © **1** (官庁の)公報，告示；(新聞・ラジオ・テレビの)短いニュース.
**2** (学会の)会報，紀要；(会社の)社報.

**búlletin bòard** 《米》掲示板(《英》notice board).

**bul·let·proof** /búlətprùːf ブレトプルーフ/ 形 防弾の.

**bull·fight** /búlfàit ブルファイト/ 名 © 闘牛.

**bull·fight·er** /búlfàitər ブルファイタ/ 名 © 闘牛士 (matador).

**bull·fight·ing** /búlfàitiŋ ブルファイティング/ 名 Ⓤ 闘牛.

**bull·finch** /búlfìntʃ ブルフィンチ/ 名 (複 ~·es /-iz/) © (鳥) ウソ《胸毛の赤いアトリ科の小鳥》.

**bull·frog** /búlfrɔ̀(ː)ɡ ブルフラグ/ 名 © (動) ウシガエル，食用ガエル《北米原産》.

**bul·lion** /búljən ブリオン/ 名 Ⓤ 金[銀]の延べ棒.

**bull·ish** /búliʃ ブリシュ/ 形 〈性格・態度が〉雄牛のような.

**bull·ock** /búlək ブロク/ 名 © 去勢牛；(4歳以下の)雄牛(→ bull).

**bull·pen** /búlpèn ブルペン/ 名 © 《米》 **1** (米略式)留置場, ぶた箱；飯場. **2** 〔野球〕 ブルペン；[集合名詞] 救援投手.

**bul·ly** /búli ブリ/ 名 (複 **bul·lies**/-z/) © いじめっ子，(学校の)がき大将《◆「(弱い者)いじめ」は bullying という》.
── 動 (三単現 **bul·lies**/-z/；過去・過分 **bul·lied**/-d/) 他 〈人〉をいじめる，おどす ‖
He's always bullying people into doing things. 彼はいつも人をおどして物事をさせている.

**bum**[1] /bʌ́m バム/ 名 © 《米·豪俗》 **1** こじき (beggar), 浮浪者 (tramp) 《◆「性根の腐ったやつ」という含みがある》 ‖
go on the bum 乞食[放浪]生活をする.
**2** 怠け者, ぐうたら.

**bum**[2] /bʌ́m バム/ 名 © 《英略式》尻(しり), けつ《◆上品な言い方ではないがくだけた話し言葉にはふつう. ていねいに言う場合には bottom, behind》.

**bum·ble·bee** /bʌ́mblbìː バンブルビー/ 名 © (昆虫) マルハナバチ《大きな羽音を出すミツバチの一種》.

**bump** /bʌ́mp バンプ/ 〔擬音語〕 名 © **1** 打撃, 衝突(の音) ‖
with a loud bump ドスン[バタン]という大きな音を立てて.
**2** (ぶつかってできた)こぶ ‖
have a bump on one's head 頭にこぶができている.
**3** 隆起部.
── 動 (自) **1** がたがた通る. **2** 〈人·物が〉ドシンと当たる, ぶつかる. ── 他 …とぶつかる；…をぶつける.
**búmp into A** 《略式》…にぶつかる；A〈人〉とばったり出くわす.
── 副 ドスンと, バタンと ‖
go bump バタンと音がする.

**bump·er** /bʌ́mpər バンパ/ 名 © **1** 《英》(自動車の)バンパー, 緩衝器(図) (→ car)；《米》(鉄道の)緩衝装

置. ——形 とても大きい; 豊富な.

**bump·er-to-bump·er** /bʌ́mpərtəbʌ́mpər バンパトゥバンパ/ 形副《車が》じゅずつなぎの[に], 渋滞の[で]. ——動 自 渋滞した中をのろのろ進む.

**bump·y** /bʌ́mpi バンピ/ 形 (比較 -i·er, 最上 -i·est)《道などが》でこぼこの.

**bun** /bʌ́n バン/ (類音 ban/bæn/) 名 C 1 (米)(丸い, 細長い)ロールパン《◆ hamburger roll としてよく用いられる. もと神への供え物とされた》;(英)(小さく丸い)菓子パンの一種, ふつう干しぶどう入り》. 語法 この種のパンは bread とは呼ばない. 2 (後頭部で丸くまとめた)束髪(そくはつ).

**bunch** /bʌ́ntʃ バンチ/ 名 (複 ~·es/-iz/) C (通例 a ~ of ...) 1 (果物などの)房; 束;(英)[~es] 2 つに分けて結んだ髪 ‖
two **bunches** of grapes ぶどう2房.
a **bunch** of keys かぎ1束.
2 (略式)[単数・複数扱い](人の)集まり.
——動 (三現 ~·es/-iz/) 他 一団[束]になる(+ up).

**bun·dle** /bʌ́ndl バンドル/ 名 C 1 (手紙・衣類などの)束, 包み《◆花・かぎなどの束は bunch》‖
a **bundle** of sticks 1束の木切れ.
a **bundle** of old rags ぼろぎれの包み.
2 〔植〕 維管束(いかんそく).
3 (略式)[a ~ of **A**][比喩的に] かたまり, 組 ‖
I was a **bundle** of nerves during the interview. インタビューの間は神経が高ぶっていました.
4 〔コンピュータ〕 バンドル《ハードウェアにあらかじめソフトウェアが組み込まれて販売されること》.
——動 (現分 bun·dling) 他 1 ...を包み[束]にする.
2〈人・物〉をぞんざいに押し込む ‖
**bundle** shirts **into** a drawer 乱雑にシャツをたんすに詰め込む.
3 (略式) ...を追い立てる(+off).
——自 (略式) さっさと立ち去る; どやどやと入る, 乗り込む.
**búndle** (onesèlf) **úp** 暖かくくるまる.

**bung** /bʌ́ŋ バング/ 名 C (たるの)栓.
——動 他 ...に栓をする.

**bun·ga·low** /bʌ́ŋɡəlòu バンガロウ/ 名 C バンガロー《もとインドのベンガル地方のベランダ付きの住居》.

**bun·gle** /bʌ́ŋɡl バングル/ 動 (現分 bun·gling) 他 自 (仕事などを[で])しくじる, へまをする.

**bunk** /bʌ́ŋk バンク/ (類音 bank/bæŋk/) 名 C 1 (船・列車内の壁に作りつけの)寝棚, 寝台. 2 (子供用の)2段ベッド(bunk bed).
**búnk bèd** =bunk 2.

**bunk·er** /bʌ́ŋkər バンカ/ 名 C 1 (船内の)燃料庫. 2 〔ゴルフ〕 バンカー《ハザードの1つで, 砂などを入れて作られた凹地》.

**bun·ny** /bʌ́ni バニ/ 名 (複 bun·nies/-z/) C (小児語) ウサ(ギ)ちゃん(bunny rabbit).
**búnny rábbit** =bunny.

**bunt** /bʌ́nt バント/ (野球) 動 自 バントする.
——名 C バント; バントしたボール.

**bun·ting** /bʌ́ntiŋ バンティング/ 動 → bunt. ——名

U 《正式》旗・幔幕(まんまく)用の布地; 吹き流し; 万国旗.

**Bun·yan** /bʌ́njən バニャン/ 名 1 バンヤン《John ~ 1628-88; 英国の説教師. *Pilgrim's Progress* の著者》. 2 バンヤン《Paul ~ 米国の民話に伝わる怪力の巨人》.

**bu·oy** /búːi ブーイ, bɔ́i ボイ | bɔ́i ボイ《発音注意》《◆ボイ》(同音 ▵boy)〔「牛皮の帯」が原義〕名 C 1 ブイ, 浮標 ‖
bell [light, whistle] **buoy** ベル[光, 笛形]で知らせるブイ.

関連 [種類] can buoy 円筒形ブイ / spar buoy 円柱ブイ / nun buoy 円錐(えんすい)形ブイ.

2 救命浮袋.
——動 他 ...にブイをつける.

**buoy·an·cy** /bɔ́iənsi ボイアンスィ/ 名 U 1 〔時に a ~〕 浮力. 2 (打撃などから)回復する力, 快活さ.

**buoy·ant** /bɔ́iənt ボイアント/ 形 1 〈物が〉浮力のある. 2〈精神が〉元気な, 快活な, 楽天的な.

**Bur·ber·ry** /bə́ːrbəri バーバリ/ 名 C (複 --ber·ries /-z/) U C (商標) バーバリ《英国の Burberrys 社製造のコート類の商標》.

**bur·den** /bə́ːrdn バードン/ 名

burden 《1 荷物》 《2 負担》

1 C (正式) 荷(物), 重荷 ‖
They had to carry a heavy **burden** up the hill. 彼らは重い荷を丘の上に運ばなければならなかった.
2 C (正式) (精神的な)重荷, 負担 ‖
bear the **burden** 苦労を背負う.
3 U (船の)積載量 ‖
a ship of 300 tons **burden** 300トン積みの船.
***be a búrden to*** [***on, for***] **A** A〈人〉の負担になる.
——動 他 (正式)[burden **A** with **B**] A〈人・動物〉に B〈重荷・負担〉を負わせる ‖
be **burdened with** cares 心配で苦しむ.

**bu·reau** /bjúərou ビュアロウ/ 名 C (複 ~s/-z/, ~x/-z/) 1 (通例複合語で) **a** 案内所 ‖
a trável bùreau 旅行案内所《◆ふつう(掲示)では Travel Bureau》.
**b** 事務所 ‖
a news **bureau** 新聞社.
2 [通例 B~](主に米)局, 部(→ department) ‖
the Federal **Bureau** of Investigation (米国)連邦捜査局(FBI).
3 (米)(鏡付きの)整理ダンス;(英)(引き出し付きの)書き物机.

**bu·reauc·ra·cy** /bjuərákrəsi ビュアラクラスィ | -rɔ́k-　-クラスィ/ 名 C 1 [集合名詞; 単数扱い] 官僚, (企業の)官僚的な人. 2 官僚政治; お役所主義.

**bu·reau·crat** /bjúərəkræt ビュアラクラト/ 名C 官僚(主義者), 権力志向者.

**bu·reau·crat·ic** /bjùərəkrǽtik ビュアラクラティク/ 形 官僚政治の; 官僚的な, お役所的な.

**bu·reaux** /bjúərouz ビュアロウズ/ 名 → bureau.

**burg·er** /bə́ːrgər バーガ/ 名C **1** (略式) =hamburger 2.
**2** [複合語で] (…)バーガー ‖
a cheeseburger チーズバーガー.

**bur·glar** /bə́ːrglər バーグラ/ 名C 強盗, (特に)夜盗.

**bur·gla·ry** /bə́ːrgləri バーグラリ/ 名 (複 -gla·ries /-z/) **1** U 夜盗罪. **2** C 夜盗(事件), 押し込み.

**Bur·gun·dy** /bə́ːrgəndi バーガンディ/ 名 **1** ブルゴーニュ《フランス南東部地方》. **2** [しばしば b~] U C《♦種類を表すときはC》(ブルゴーニュ産)ワイン; (一般に)ワイン.

**bur·i·al** /bériəl ベリアル/ (発音注意) 《♦×バリアル》
**1** U C 埋葬; 土葬《♦(1) 英米では火葬も多いが主流は土葬. (2) 時に埋葬自体が葬儀をかねる》. **2** 埋葬地, 墓所; 墓《♦主に学術用語》.
**búrial gròund [plàce]** 墓所, 墓場《♦「共同墓地」は graveyard, cemetery. 「教会の墓地」は churchyard》.
**búrial sèrvice** 埋葬式; 葬儀.

**bur·ied** /bérid ベリド/ 動 → bury.

**bur·ies** /bériz ベリズ/ 動 → bury.

**bur·ly** /bə́ːrli バーリ/ (類音 barely/béərli/, barley/bə́ːrli/) 形 **1** 〈人が〉からだの大きい, たくましい. **2** ぶっきらぼうな. **búr·li·ly** 副 たくましく.

**Bur·ma** /bə́ːrmə バーマ/ 名 ビルマ《東南アジアの国. Myanmar (ミャンマー)の旧名》.

**\*\*burn** /bə́ːrn バーン/ (類音 barn/bá:rn/)
[「燃える」が本義]
—動 (三単現 ~s/-z/; 過去・過分 ~ed/-d/ または burnt/bə́ːrnt/; 現分 ~ing)《♦ふつう《米》では burned, 《英》では自動詞と比喩(ʰ)的意味の場合には burned, その他では burnt を用いる. 形容詞ではともに burnt. → burnt》.

—自と他の関係——
| 自 | **1** A burn | A が燃える |
| 他 | **1** burn A | A を燃やす |

—自 **1** 燃える; 〈ヒーターなどが〉燃焼する ‖
búrn lów 下火になる.
Paper **burns** easily. 紙は燃えやすい.
**2** 輝く; ともる ‖
The sun was **burning** bright in the sky. 太陽は空で明るく輝いていた.
対話 "Did he get any sleep last night?" "Not really. The lights **were burning** all night."「彼は昨夜少しでも寝たのですか」「そうでもないようです. 明かりが一晩中ともっていました」.
**3** 焦げる; 日焼けする (関連 → bake) ‖
The toast has **burned** black. トーストは黒焦げになってしまった.
The fire of ambition **burned** within her. 彼

女の胸の内には野心の火がめらめらと燃えていた.
**4** ひりひりする, ほてる ‖
He **was burning** with fever. 彼のからだは熱でほてっていた.
**5** [通例 be ~ing] かっとなる, 興奮する; 熱望する ‖
She **was burning** with anger. 彼女は怒りに燃えていた.
She **was burning** to tell the secret. 彼女は秘密を打ち明けたくてうずうずしていた.

—他 **1** …を燃やす; …を燃料とする ‖
**burn** the trash ごみを焼く.
be **burnt** to death 焼死する.
be **burnt** to ashes [cinders] 燃えて灰になる.
My car **burns** a lot of gas. ぼくの自動車はずいぶんガソリンをくう.
**2** 〈料理〉を焦がす, 焦げつかす (関連 → bake); 〈からだの部分〉をやけどさせる ‖
Don't **burn** the toast. トーストを焦がすな.
**burn** one's finger with a match マッチで指をやけどする.
**3** 〈印・銘など〉を焼きつける; 焼いて〈穴〉をあける; …を焼いて作る ‖
**burn** clay to bricks 粘土を焼いてれんがを作る.
His cigarette **burned** a hole in her dress. 彼のタバコの火で彼女の服に穴があいた.
**4** 〈人〉を怒らせる.

**búrn dówn** (1) [自] 全焼する; 下火になる. (2) [他] …を全焼させる.
**búrn óut** (1) [自] 燃え尽きる; 輝く, 光る; 〈怒り・熱意などが〉さめる, なくなる; オーバーヒートする. (2) [他] …を焼き尽くす; [通例 be burnt] 火事で焼け出される. (3) [他] 〈燃料など〉を使い果たす; …をオーバーヒートさせる.
**búrn úp** (1) [自] ぱっと燃え上がる; 燃え尽きる. (2) [他] …を焼き尽くす.

**burn·er** /bə́ːrnər バーナ/ 名C **1** 焼く人. **2** (ランプ・ストーブなどの)火口, バーナー.

**burn·ing** /bə́ːrniŋ バーニング/ 動 → burn. —形 **1** 燃えている. **2** ほてる. **3** 〈怒りなどが〉激しい. —副 燃えるように.

**bur·nish** /bə́ːrniʃ バーニシュ/ (類音 varnish /váːrniʃ/) 動 (三単現 ~es/-iz/) 他 (正式) …を磨く, …のつやを出す.

**Burns** /bə́ːrnz バーンズ/ 名 バーンズ《Robert ~ 1759-96; スコットランドの農民詩人》.

**burnt** /bə́ːrnt バーント/ 動 → burn.
—形 焼けた; 焦げた, やけどした ‖
A **burnt** child dreads the fire. (ことわざ) やけどした子供は火を恐れる; 「羹(ぁっもの)にこりて膾(なます)を吹く」.

**burp** /bə́ːrp バープ/ (略式) 動 他 自 (…に)げっぷをさせる[する] (belch). —名C げっぷ.

**bur·row** /bə́ːrou バーロウ | bʌ́r- バロウ/ (類音 barrow/bǽrou/) 名C (ウサギ・モグラなどが隠れ住む地中の)穴.
—動 自 **1** 穴を掘る. **2** 穴に住む. —他 〈穴〉を掘る; 〈道〉を掘り進む.

## burst

**\*burst** /bə́ːrst バースト/ 〖「破裂する」が本義〗
— 動 (三単現 ~s/bə́ːrsts/; 過去・過分 burst; 現分 ~・ing)

| 自と他の関係 | |
|---|---|
| 自 1 A burst | A が爆発する |
| 他 1 burst A | A を爆発させる |

— 自 **1 爆発する, 破裂する** ‖
対話 "How come there's no hot water?" "Didn't you hear? The water pipes burst." 「どうして湯が出ないの?」「聞いてなかったの? 水道管が破裂したのよ」.

**2 a 裂ける**; 〈はれもの・縫い目などが〉張り裂ける; 〈シャボン玉・クリなどが〉はじける; 急に飛び出す ‖
The racing cars burst away from the starting line. レーシングカーはスタートラインから矢のように飛び出して行った.
**b** [比喩的に](正式)〈つぼみがほころびる; 〈ドアなどが〉急に[ぱっと]開く ‖
The door burst open. ドアがぱっと開いた.

**3** [be bursting with A] …でいっぱいになる, はち切れそうになる ‖
She **was bursting with** health. 彼女は健康でぴちぴちもしていた.

**4** [be bursting to do](略式)…したくてうずうずしている ‖
He **was bursting to** go home. 彼は家に帰りたくてうずうずしていた.

**5** 〈あらし・拍手などが〉急に起こる[現れる].

— 他 **1** …を爆発させる, 〈風船など〉を引き裂く; 〈戸・錠など〉を壊す; …を決壊させる ‖
burst a blood vessel 血管を破裂させる; ひどく興奮する.

**2** [burst A open] …を押し破って開ける ‖
They **burst open** the door. =They **burst** the door **open**. 彼らはドアを押しあけた(→ open 形1 push the door open 注).

◇**búrst into** A → burst into (見出し語).

**búrst óut** (1) [自] 飛び[逃げ]出す; 湧き出る.
(2) [自] [be ~ing **out** (of A)]〈人が大きくなって〈服〉が〉張り裂けそうになる. (3) [自]〈好ましくないことが〉突発する. (4) [~ **out** (that 節)](…と)突然叫ぶ.

**búrst óut into** [**in**] A 突然…になる ‖ She **burst out in** laughter. 彼女は急に笑い出した / They **burst out into** a storm of abuse. 彼らは突然激しくののしり始めた.

◇**búrst óut** doing 突然…し始める ‖ She **burst out crying**. 彼女は急に泣き出した.

— 名 **爆発, 破裂; 突発** ‖
a **burst** of laughter どっと起こる笑い.
**at a burst** 一気に.

**\*burst into** /bə́ːrst intə バースト イントゥ/ 動
[burst into A] **1** A〈部屋など〉に乱入する.
**2** A〈泣き・笑いなど〉を**突然始める** ‖
Roses **burst into** flower [bloom, blossom]. バラがぱっと咲き出した.
**burst into** flame(s) 急に燃え上がる.

**burst into** view [sight] 突然見え始める.
She **burst into** tears [laughter, song]. 彼女は突然泣き[笑い, 歌い]出した(=She suddenly began to cry [laugh, sing].).
対話 "So you got angry?(↗)" "Of course. He **burst into** my office while I was talking to my important guest." 「それで君は怒ったの?」「もちろん. 大切なお客さんと話をしている時にやつはぼくの事務室に突然飛び込んできたんだから」.

**\*bur·y** /béri ベリ/ (発音注意) ◆ × バリ) (同音 berry; 類音 very/véri/) 〖「(埋めて)隠す, 守る」が原義〗 派 burial (名)

— 動 (三単現 bur·ies/-z/; 過去・過分 bur·ied /-d/; 現分 ~・ing)

— 他 **1a** …を**埋める**; 埋蔵する ‖
bury treasure 宝を埋蔵する.
**b** [比喩的に] …を埋もれさす ‖
The facts are **buried** in a few old books. その事実はいくつかの古い文献の中に埋もれている.

**2 a** …を**埋葬する**; 〈牧師が〉…の葬式をする ‖
対話 "I heard about your uncle. When did he pass away?" "Last Friday. We're going to **bury** him tomorrow." 「おじさんのことを聞きました. いつお亡くなりになりましたか」「先週の金曜日でした. あす埋葬します」.
**b**〈家族〉をなくす ‖
She has **buried** her husband. 彼女は夫に先立たれた.

**3** [比喩的に] **a** …を葬り去る, 忘れる ‖
bury old hatred 昔の憎しみを水に流す.
対話 "They don't want anyone to know about the problem." "Same old story. The truth **is buried** again." 「彼らはその問題についてはだれにも知られたくないんだ」「よくある話だね. 事実がまた葬り去られたということか」.
**b** [~ oneself / be buried]〈人が〉埋もれる; 〈建物などが〉へんぴな所にある ‖
**bury** oneself in the country 田舎(いなか)に引きこもる.

**4**〈顔など〉を(覆い)隠す; …をうずめる ‖
**bury** one's face in one's hands (恥ずかしさ・悲しみのあまり) 両手で顔を隠す.

**5** [通例 ~ oneself / be buried] 没頭する ‖
**bury** oneself in one's studies 研究に没頭する.
**be buried in** thoughts 物思いにふける.

**\*bus** /bʌ́s バス/ 〖omnibus (すべての人のための)の短縮語〗

— 名 (複 ~・es/-iz/; bus·ses/-iz/) C バス ◆ 20世紀初頭まで omnibus, やがて省略符号をつけた 'bus が用いられた 〉

a schóol bùs 通学バス.
a lóng-dìstance bús 長距離バス((英) coach; cf. greyhound 2).
travel **by bus** =travel **on a bus** バス旅行をする.
**get on the bus** バスに乗る.

catch the **bus** バスに間に合う；好機を捕える.
miss the **bus** バスに乗り遅れる；好機をのがす.
Take **bus** number 7 as far as Seventh Street. 7番バスに乗って7番街まで行きなさい.

> [関連] [種類] airbus エアバス / microbus マイクロバス / minibus ミニバス / one-man bus ワンマンバス / sightseeing [tour] bus 観光バス.
> [米国の長距離バス] Greyhound と Continental Trailways の2社が有名.

—[動] (時に [三単現] bus·ses/-iz/；[過去·過分] bussed/-d/；[現分] bus·sing) [他] **1** 〈乗客〉をバス輸送する, …をバスで運ぶ. **2** (米) 〈児童〉を(他の校区へ)バス通学させる《人種差別解消のため》.
**bús làne** (英) バス専用車線, バスレーン.
**bús sèrvice** バスの便.
**bús stàtion** [**dèpot, tèrminal**] バスターミナル.
**bús stòp** バス停(留所).

***bush** /búʃ ブシュ/
—[名] (複 ~·es/-iz/) **1** [C] **灌**(かん)**木**, 低木《♦ tree より背が低い. 根元で多くの枝に分かれているのは shrub》.
**2** [C] [しばしば the ~] **灌木の茂み**, やぶ《♦ 手入れをすれば hedge (生け垣)となる》.
**3** [the ~] (アフリカ·オーストラリアなどの)未開地, 奥地 ‖
a **búsh** fire (奥地の)山火事.
***béat aròund*** [(英) ***abòut***] ***the búsh*** (1) やぶの周りをたたいて獲物を駆り立てる. (2) (略式) [しばしば否定命令で] 遠回しに言う, なかなか要点に触れない；(相手に)さぐりを入れる.
***béat the búshes*** (主に米) (心当たりを捜したあと) くまなく捜す.

**Bush** /búʃ ブシュ/ [名] **1** ブッシュ《George Herbert Walker ~ 1924- ；米国の第41代大統領(1989-93)》. **2** ブッシュ《George Walker ~, Jr. 1946-；米国の第43代大統領(2001- ). **1**の子》《♦ ふつう**1**を George Bush, **2**を George W. Bush と区別することが多い》.

**bush·el** /búʃl ブシュル/ [名] [C] **1** ブッシェル《穀物計量の最大単位. [略] bu. **a** 体積単位：=4 pecks, 8 gallons ((米) 約35 ℓ, (英) 約36 ℓ). **b** (米) 重量単位：小麦 60 pounds, 大麦 48 pounds, オート麦 32 pounds, ライ麦·トウモロコシ 50 pounds》. **2** ブッシェルます.

**bush·y** /búʃi ブシ/ [形] ([比較] ··i·er, [最上] ··i·est) 灌(かん)木のおい茂った.

**bus·i·er** /bíziər ビズィア/ [形] → busy.

**bus·i·est** /bíziist ビズィイスト/ [形] → busy.

**bus·i·ly** /bízəli ビズィリ/ [副] 忙しく, せっせと, 熱心に, 活発に ‖
She is **busily** working. 彼女は忙しく働いている.

****busi·ness** /bíznəs ビズネス/ (発音注意)《♦ ×ビジネス》〚「手がふさがっている(busy)こと」が原義〛
→ [名]**1**職業 **2**商売 **4**本分 **5**用事
—[名] (複 ~·es/-iz/) **1** [U][C] **職業**, 商売, **仕事**；事業 ‖
the family **business** 家業.
the tailoring **business** 仕立職.
a man [woman] of **business** 実[事]業家.
**go into** [**enter**] **business** 実業界に入る.
**be out of business** 失業[廃業]している.
**be in business** (再び)実業についている, 商売している.
**Business** as usual. (掲示) 平常通り営業します.
**Open for business.** (掲示) 営業中《♦「閉店」は Closed for *business*.》.
What's your **business**? =What (line of) **business** are you in? あなたの商売は何ですか《♦ (1) What are you? では目上に対しては失礼になる. (2) How is your *business*? は「商売はいかがですか」》.
[対話] "So tell me what you do for a living." "You mean(↗), what **business** am I in? (↗)" 「それで何をして生計を立てていますか」「とおっしゃると, 私の職業は何かということですか」.

> [語法] (1) one's business は自分の経営している事業·商売をさすので, 単に自分の従事している仕事をいう場合は one's job を用いる：I like my job. 仕事が気に入っています.
> (2) 単に「やるべき事, 仕事」の意味で business を用いない：Do you have anything [×any business] to do this evening? 今晩仕事がありますか.
> (3) 数えるときは a *piece* [*bit*] of business.

**2** [U] 〔経済〕**商売**, 商取引, 売買；商況 ‖
**do good business** 商売が繁盛する.
**do business with** the firm その会社と取引する.
**Búsiness is búsiness.** (ことわざ) 商売は商売；「情けや寛容は禁物」.
**Business** is brisk at the shop. あの店は景気が良い.
**3** [C] 会社, 商社；店 ‖
open a **business** 開店する.
close a **business** 閉店[廃業]する.
My father owns a small **business** in Fukuoka. 父は福岡に小さな店を持っています.
**4** [U] [通例 one's ~] **本分**, 務め；[否定文で] かかわり合いのあること, 干渉する権利；(…する)権利 ‖
**Business before pleasure.** (ことわざ) 遊ぶことよりまず仕事.
**Éverybody's búsiness is nóbody's bùsiness.** (ことわざ) 共同責任は無責任.
**Mínd your (ówn) búsiness!** =**(It's) nóne of yóur búsiness.** (略式) 余計なことはするな, 君の知ったことか.
**It's nóne of mý bùsiness.** ぼくにはかかわりのないことだ.
**5** [U] (課せられた)用務, **用事**, 用件 ‖

come [get] to business 用件にとりかかる.
have business with him 彼に用事がある.
do one's business 用事をする; [遠回しに] 用を足す.

**6** [a ~] 事件, できごと; (略式)(予期に反して)やっかいな[不愉快な]こと ‖
It's quite a bùsiness. =It's a sticky business. やっかいなことだ.
Driving on an icy street is a dángerous bùsiness. 凍結した道路での運転は危険だ.
This tipping business always makes us uneasy. チップという面倒なことでいつも落ち着かない.

**gèt dówn to búsiness** まじめに[本腰を入れて]仕事に取りかかる, 本論に入る.
**on búsiness** 用事で, 商用で (↔ for pleasure).
**tálk búsiness** 商売の[まじめな]話をする.

**búsiness administràtion** (米) 経営学.
**búsiness càrd** 業務用名刺 《◆ 米英では日本人ほど使わない》.
**búsiness còllege** (速記・コンピュータ・簿記などを教える) 実務学校.
**búsiness Ènglish** 商業英語.
**búsiness hòurs** 営業[執務]時間.
**búsiness schòol** 実業学校; (米) (大学院レベルの) ビジネススクール (ふつう3年).
**búsiness sùit** (主に米) 背広 ((英) lounge suit).

**busi·ness·like** /bíznislàik ビズィスライク/ 形 事務的な, てきぱきした, 能率的な, 実際的な; ドライな (↔ sentimental) 《◆ 日本語の「ビジネスライク」と違って「冷たい」という含みはない》 ‖
a businesslike person きちょうめんな人.
in a businesslike way てきぱきと.

**busi·ness·man** /bíznəsmæn ビズネスマン/ (複 --men) C 実業家 《◆ 原則として経営者・企業主をさす. 単なる会社員は office worker, company employee など. ただし (米) ではよく会社員・サラリーマンをさす》 ((PC) businessperson); 実務家.

**bus·i·ness·per·son** /bíznəspə̀ːrsn ビズネスパースン/, **búsiness pèrson** 名 C (複 businesspeople) =businessman, businesswoman.

**busi·ness·wom·an** /bíznəswùmən ビズネスウマン/ 名 C 女性実業家 ((PC) businessperson).

**bust**[1] /bʌ́st バスト/ 名 **1** C 胸像, 半身像 《◆「全身像」は figure,「(頭・手足のない)胴体像」は torso》. **2** CU 上半身; (衣服を通してみる女性の) 胸部(の形); (女性の) 胸囲, バスト.

**bust**[2] /bʌ́st バスト/ 動 (過去・過分 ~ed または bust) 他 (米略式) …を壊す. —自 (略式) 壊れる.

**bust·er** /bʌ́stər バスタ/ 名 C (略式) 破壊的な力を持つ物.

**bus·tle** /bʌ́sl バスル/ 動 (現分 bus·tling) 自 せかせか動き回る. —他 〈人〉をせきたてる.
—名 [a ~ / the ~] せわしげな動き; 活気, ざわめき.

**bus·y** /bízi ビズィ/ 『「手がふさがっている」が本義. cf. business』 派 busily (副)

—形 (比較 --i·er, 最上 --i·est) **1** 手が空いていない (↔ free); 忙しい ‖
She is (as) busy as a bee. (略式) 彼女はとても忙しい 《◆ 主語が複数だと They are as busy as bees. のように bee も複数形になる》.
He is busy at [with] his new work. 彼は新しい仕事で忙しい.
She is busy (in) typing the reports. 彼女は報告書のタイプで手がふさがっています 《◆ in は省略されるのがふつう》.
Are you busy? いま手が空いてますか 《◆ 頼みごとをするときの表現》.
対話 "Can you help me with my homework?" "Sorry, I'm busy now. Maybe later."「宿題手伝ってくれますか」「悪いね, 今忙しいんだ. あとでだったらね」.

語法 次の例のように皮肉にも用いる: He is busy loafing on the job. あいつはのらりくらりの仕事にお忙しいことだ.

**2** 〈場所が〉にぎやかな, 人[車]が多い; 〈時間・生活などが〉多忙な ‖
a busy day 多忙な1日.
a busy street 交通量の多い通り, 繁華街.
**3** (米) 〈電話が〉話し中で[の] ‖
a busy signal [tone] (米) 電話で「話し中」の信号 ((英) engaged signal [tone]).
The line [phone] is busy. 話し中です (=(英) The line [number] is engaged.).
**4** 〈模様が〉ごてごてした.
**gèt búsy** (略式) 仕事にかかる.
—動 他 [be busied / ~ oneself] 忙しく過ごす ‖
Mother búsied hersèlf with sewing. 母は針仕事で忙しかった.

**bus·y·ness** /bízinəs ビズィネス/ 名 U 忙しさ; にぎやかさ 《◆ business とは発音も異なるので混同しないこと》.

**bus·y·bod·y** /bízibàdi ビズィバディ/-bɔ̀di ボディ/) 名 (複 --bod·ies/-z/) C おせっかい屋, 出しゃばり, 世話焼き.

**but** /(弱) bət バト; (強) bʌ́t バト/ (同音 butt; 類似 bat/bæt/) 『元来は「除いて」という意味の副詞・前置詞で, そこから接続詞の用法が生まれた』
→ 接 I [等位接続詞]
  **1** しかし  **2** (…)ではなくて (むしろ)
 II [従位接続詞]
  **6** …を除いて(は)
  **7** …ということがなければ
  **8** …しないでは(…ない)
  **9** …ではないと  **10** …と
前 …を除いて
代 …しないところの
副 ほんの
《◆ 接・前・副 の品詞区分については必ずしも明確には決められない点もある》

# but

**――接 I [等位接続詞]**

**1** [対比する語・句・節・文を結合して] **しかし**, だが, けれども, ところが ‖

He is poor(↘), **but** (he is) happy. 彼は貧しいが幸せだ.

His wife likes opera, **but** he doesn't. 妻はオペラが好きだが彼は嫌いだ.

**2** [not A **but** B] A ではなくてむしろ B ‖

This is **not** green(↘) **but** blue. これは緑ではなく青だ.

She didn't come to help, **but** to hinder us. 彼女は我々を手伝いに来たというより, 邪魔をしに来たようなものだ.

**Nót that** I hate reading, **but that** I have no time to read. 読書が嫌いというのではなく, 時間がないのだ.

**3** [間投詞・感嘆詞などのあとで]《◆反対・意外などの気持ちが加わるが, ほとんど意味を持たない》‖

My, **but** you're nice. まあ, すばらしいわ.

Whew! **But** I am tired. やあ, 疲れちゃった.

Sorry, **but** you must have the wrong number. (電話) お気の毒ですが, 番号違いです.

**4** [文頭で] **a** いや, でも; おや, まあ《◆不同意・驚きなどを表す》‖

**But** how lovely!(↗) まあ, なんてかわいい.

**b** 全く, ほんとうに(positively) ‖

You speak like your mother. **But** exactly. あなたはお母さんみたいなしゃべり方をするのね. ほんとうにそっくりよ.

**c** ところで《(1) 新しい話題を導く. (2) but を強く発音する》‖

**Bút** now to our next topic. さて次の話題に移ろう.

**5** [理由] でも …だから, しかし…だったので(because) ‖

I'm sorry I am late, **but** there's been a lot of work to do. 遅くなってすみません. やることがたくさんあったものですから.

**II [従位接続詞]**

**6** [除外を表す副詞節を導いて] **…を除いて(は)**, …以外に, …のほかには《◆but に先行する語は all, everybody, nothing など; ˟some [many] but I [me]》‖

Nobody went there **but** mé [(正式) Í]. 私以外だれもそこへ行かなかった(=Nobody **but** me [(正式) I] went there.).

**7** (文) [条件を表す副詞節を導いて] **…ということがなければ**, …しなければ(unless)《◆but の代わりに but that, (略式) but what を用いることがある》‖

I would buy the car **bùt** I am poor. 貧乏でなければその車を買うのだが(=I would buy the car if I were not poor.).

He would have gone **bút** he was tired. もし疲れていなかったら彼は行っていただろう(=He would have gone if he had not been tired.).

**8** (文) [否定文のあとで結果を表す副詞節を導いて] [後ろから訳して] **…しないでは(…ない)**(without doing); …しないほど(…ない)(that … not)《◆この場合 but の前に so, such が先行する》; [前から訳して] …すれば必ず(…する) ‖

It néver ráins bùt it póurs. (ことわざ) 降れば必ずどしゃ降り;「2度あることは3度ある」《◆「災難・不幸が重なる」の意だが, 好ましいことに用いることもある》.

Scárcely [Hárdly] an hour goes by **bùt** I think of you with love. 1時間もあなたを恋しく思わずにはいられない(=I cannot stop thinking of you with love even for an hour.).

Nó man is so old **bùt** he may learn. 学べないほど年をとった人はない; どんなに年をとっても学べる(=(略式) No man is too old to learn.).

He is nót such a fool **bùt** he can see the reason. 彼はそのわけがわからないほどばかではない(=He is not such a fool that he is unable to see the reason.).

**9** [名詞節を導いて] **…ではないと**(that … not)《◆(1) ふつう believe, expect, know, say, think, be sure などの否定文・疑問文のあとで用いる. (2) It cannot be, It is impossible, Is it possible? などのあとで用いることもある》‖

We are **not** sure **bùt** she is right. 彼女はきっと正しいだろう.

I can't say **bùt that** I agree with you. 君に賛成だとしか言えない.

Who knows **bùt** everything will go well? 万事うまくゆくだろう.

**10** [名詞節を導いて] **…と**(that)《◆(1) deny, doubt, question, wonder などの否定的意味を持つ動詞の否定・疑問文のあとで用いる. (2) 今日(ほん)では that がふつう》‖

I don't doubt **bùt** she will recover. 彼女はきっと回復するだろう.

It is **not** to be denied **bùt that** the news was a great shock to her. そのニュースが彼女に大きなショックを与えたことは否定のしようもない.

> [語法] 名詞 doubt, question などについても同様に用いる. この場合も that がふつう: There is no doubt [question] *bùt* he was murdered. 彼が殺されたことは疑いの余地がない.

**――前** /bʌt/ **…を除いて**, …以外に, …のほかは(except, (正式) save).

**a** [every, any, no (およびその合成語); all, none; who, what, where などのあとで用いて]《◆文頭には用いない》‖

I ate nóthing **but** bread and butter. バターを塗ったパン以外何も食べなかった.

He thinks of nóthing **but** making money. 彼は金もうけのことしか考えない.

Everyone **but** me [(正式) I] **\|** was tired. 私以外はみな疲れていた《◆I を用いれば but は 接 (→ 接 **6**)》.

**b** (主に英) [first, last, next のあとで] **…を含まないで** ‖

(the) last ¦ but one 最後から2番目.
He lives next door ¦ but one. 彼は1軒おいて隣に住んでいる.
c [動詞の原形・to 不定詞を伴って] ‖
She did nothing ¦ but complain. 彼女は不平ばかり言っていた(=All she did was (to) complain.).
We have no choice ¦ but to go. 我々は行くより仕方がない(=We cannot choose but (to) go.).
I cannót but láugh. (文)笑わざるをえない《◆I cannòt hélp *but* láugh. ともいうが I cannòt hélp láughing. が最も一般的》.

──代 [関係代名詞]《正式:文》[否定文中の語を先行詞として] …しないところの(that [who] … not).
語法 接続詞の場合と同様に but の代わりに but that, but what が用いられることがある ‖
There is **not** one of us **but** wishes to succeed. 成功を望まない人はだれ一人としていない(= There is not one of us who does not wish to succeed. =Every one of us wishes to succeed.).

──副 (文) **1** ほんの, たった, ただ ‖
He is **but** a child. 彼はほんの子供だ(=He is only a child.).
I heard it **but** [just] now. たった今そのことを聞いた.
**2** [can but+動詞] 少なくとも, とにかく…するだけ (only) ‖
We **can but** try. とにかくやってみるだけのことだ.

──名 ⓒ(略式)《通例 ~s》異議;疑問《◆通例次の句で》‖
ifs and [or] buts → if 名 成句.
Do as I tell you, nó búts about it. とやかく言わずに私の言うようにしなさい.
*all but* … → all 代.
◦*bùt for* A (正式) (1) [仮定法で] …がなければ(if it were not for, without);…がなかったら(if it had not been for, without) ‖ I couldn't do it **but for** her help. 彼女の援助がなければそれはできないだろう(=As she helps me, I can do it.) / **But for** the storm, I would have arrived earlier. あらしがなかったらもっと早く着いていただろう(=Because of the storm, I didn't arrive earlier.). (2) [直説法で] …を別とすれば ‖ The words 'dog' and 'fog' are spelled alike **but for** one letter. dog と fog という語は1字を除けば同じつづりである.
*but tóo* 残念ながらあまりにも.

*butch·er /bútʃər ブチャ/ 《「雄ヤギの肉を売る人」が原義. cf. buck》
──名 (~s/-z/) ⓒ **1** 肉屋(の主人);食肉処理業者 ‖
the butcher('s) shop 肉店《(英) the butcher's》《◆(1)(米)では meat market ともいう. (2) 魚も売っていることが多い》.
a butcher [(英) butcher's] knife 肉切り包丁.
I bought it at the new butcher's (shop).

それを新しくできた肉屋で買った.
**butch·er·y** /bútʃəri ブチャリ/ 名 (複 --er·ies/-z/) ⓒ (主英)食肉処理場(slaughterhouse);Ⓤ食肉処理(業);Ⓤ虐殺.
**but·ler** /bátlər バトラ/ 名 ⓒ 召使頭, 執事.
**butt**¹ /bát バト/ 名 (同音 but;類音 bat/bǽt/) ⓒ
**1 a** (武器・道具の)大きい方の端 ‖
the butt of a rifle 銃の台尻(ジリ).
**b** (植物の)根元.
**2** 残り, 切れ端;(タバコの)吸いさし.
**3** (米略)尻, けつ.

**butt**² /bát バト/ 動 他 〈獣が〉〈人・物〉を角で突く, 頭で押し出す ‖
butt him in the stomach 彼の腹を突く.
──自 **1** 頭[角]で突く. **2** 突き当たる, ぶつかる. **3** 突き出る(project).
*bútt ín* (*on* A) (略式) [自] (A〈話など〉に)(さしでがましく)口出しする, 干渉する.
──名 ⓒ 頭突き.

*but·ter /bátər バタ/ (類音 batter/bǽtər/)《「牛のチーズ」が原義》
──名 Ⓤ **1** 昔, 西欧ではバターとはちみつは客をもてなすぜいたく品だった ‖
three pounds of butter バター3ポンド.
a butter and honey waffle バターとはちみつを塗ったワッフル.
a bútter sprèader バターナイフ.
**2** [複合語で] (パンに塗る) バター状のもの ‖
ápple bùtter リンゴジャム.
cócoa bùtter カカオ脂《薬用・化粧品の原料》.
──動 他 〈パンなど〉にバターを塗る;…をバターで調理する ‖
buttered beets ビートのバターいため.
**but·ter·cup** /bátərkàp バタカプ/ 名 ⓒ 〔植〕キンポウゲ, ウマノアシガタ《春から初夏に黄色い花が咲く. 有毒多年生植物》.

*but·ter·fly /bátərflài バタフライ/
──名 (複 --ter·flies/-z/) ⓒ **1** 〔昆虫〕チョウ(蝶)《◆優雅さよりも, むしろせわしさ・落ち着きのなさを連想させる語》.
**2** 〔水泳〕[the ~] バタフライ(butterfly stroke).
*hàve* [*gèt*] *bútterflies* (*in* one's *stómach*) そわそわして落ち着かない, はらはらする.
**bútterfly stròke** [the ~] =butterfly **2**.
**but·ter·milk** /bátərmìlk バタミルク/ 名 Ⓤ バターミルク《バター採取後のどろっとした酸味のある牛乳. 健康食品》.
**but·ter·y** /bátəri バタリ/ 形 (時に 比較 --i·er, 最上 --i·est) **1** バターのような;バターを塗った[含んだ]. **2** (略式) お世辞たらたらの(flattering).
**but·tock** /bátək バトク/ 名 《通例 ~s》(人・動物の)尻(¦), 臀(デン)部《◆(1) hip に対し, 尻の肉の方全部をさす. 図→ back, body. (2) 遠回しに butt, behind, bottom などという》.

*but·ton /bátn バトン/《発音注意》《◆*ボタン》《「押し出された丸い物」が原義》
──名 (複 ~s/-z/) ⓒ **1** (衣服の)ボタン《◆日本

語の「ボタン」はポルトガル語に由来》;《主に米》えり章, バッジ《◆ badge とはあまりいわない》∥
undo **buttons** ボタンをはずす.
fasten **buttons** on a coat 上着のボタンをかける.
wear a police **button** 警察バッジをつけている.
**2**《ベル・機械などの》押しボタン;
press [push, touch] the **button** ボタンを押す; 物事を始める, (大事件の)口火を切る.
──**動 他** …にボタンを掛ける; …にボタンをつける(+ *up*).

**but·ton-down** /bÁtndàun バトンダウン/ **形** ボタンでとめる(方式の); 〈えりが〉ボタンダウンの; 〈服装・行動が〉型にはまった; 月並みな.

**but·ton·hole** /bÁtnhòul バトンホウル/ **名** C ボタン穴.

**bux·om** /bÁksəm バクサム/ **形** 〈女性が〉肉付きのよい, 胸が豊かな; ピチピチした.

\***buy** /bái バイ/ (同音 by) 『「金を出して〈物〉を手に入れる」が本義』
──**動** (三単現 ~s/-z/; 過去・過分 **bought** /bɔ́ːt/; 現分 ~ing)
──**他 1**〈物〉を買う, 購入する(↔ sell)《◆ purchase は堅い語でふつう大きな取引に用いる》; [buy **A** B / buy B for A] A〈人〉に B〈物〉を買ってやる, おごる∥
I **bought** this book **for** 2,000 yen. 私はこの本を2000円で買った.
He **bought** the car cheap [at a low price]. 彼はその自動車を安く買った.
I **bought** this bicycle at the store. この自転車はその店で買った.
I'll **buy** you lunch. 昼食をごちそうしよう(= Let me treat you to lunch.).
He **bought** her the hat. = He **bought** the hat **for** her. 彼は彼女に(欲しがっていた)あの帽子を買ってやった《◆受身形は She was bought the hat (by him). The hat *was bought for* her. for は省略しないのがふつう》.
We must **buy** a new carpet **for** this room. この部屋用に新しいじゅうたんを買わねばならない《◆ **A** が物の場合は ˣWe must **buy** this room a new carpet. のように buy **A** B の構文にはできない》.
We **buy** and sell antiques. (掲示) 骨董(とう)品売買いたします《◆日本語との順序の違いに注意》.
対話 "Why don't you **buy** yourself a new car?" "Because I have no money to **buy** one (with)." 「どうして自分用に新車を買わないのですか」「だって買う金がないんだもの」《◆ with は省略可能》.
**2**〈金が〉〈商品〉に値する, 相当する∥
Money can't *buy* happiness. お金で幸福は買えない.
**3**〈人など〉を買収する(bribe) (+*off*); 〈人〉をかなりの金を出して雇う∥
**buy** votes 票を買う.
try to **buy** a public official 役人の買収を図る.
──**自** 買物をする; 商品を仕入れる.

**búy báck** [他]〈売った物〉を買い戻す.
**búy ín** [他]〈商品〉を仕入れる.
**búy óut** [他]〈会社・事業〉を買い取る;〈人〉の権利[株]を買い上げる.
**búy úp** [他]〈物〉を買い占める;〈会社・土地など〉を接収する.
──**名** C (略式) [通例 a ~] 買物(すること); 格安品, 掘出し物∥
The coat was **a** good **buy** at $40. そのコートは40ドルでは買い得だった《◆ $40は forty dollars と読む》.

**Búy Américan pòlicy** (米国防衛のための)米国品優先買付政策.

**buy·er** /báiər バイア/ **名** C **1** 買手, 消費者(↔ seller). **2** 仕入係, バイヤー.

**buyer's [buyers'] market** /-/-/ [a ~/ the ~] 買手(に有利な)市場《需要より供給が多い経済状態》(↔ seller's [sellers'] market).

**búyers' strìke** 消費者不買同盟; 不買運動.

**buzz** /bÁz バズ/ **動** (三単現 ~·es/-iz/) **自 1** ブンブンいう, 低くうなり声を立てる; ざわつく; がやがやいう∥
The room **buzzed** with excitement. 部屋が興奮でざわめいた.
The rumor **buzzed** round the town. うわさが町中に広がった.
**2** 忙しく動きまわる. **3** ブザーを鳴らす.
──**他 1**〈羽など〉をブンブン鳴らす. **2**〈うわさなど〉をささやく, 広める. **3**〈人〉をブザーで呼ぶ.
──**名**(**複** ~·es/-iz/) C **1**(ハチ・蚊などの)ブンブンいう音, 低いうなり. **2**(人の)ざわめき, ささやき. **3** ブザーの合図. **4**(略式) [a ~] 電話をかけること.

**buz·zard** /bÁzərd バザド/ **名** C 〈鳥〉ノスリ《ユーラシア産のタカ科の鳥. タカの中では劣等な鳥というイメージがある》.

**buzz·er** /bÁzər バザ/ **名** C **1** ブーブー鳴る電気器具;(玄関の)ベル, ブザー; サイレン; 汽笛; ブンブンうなるもの(ハチ・蚊(ゕ)など). **2** 1の音《ブーンブーン・ブンブン・ジリジリなど》.

**buzz·word** /bÁzwə̀ːrd バズワード/ **名** C (略式) 〈素人を感心させるために使う〉もったいぶった専門語; 宣伝文句, キャッチフレーズ.

\***by** /前 bai バイ; 副名 bái バイ/ (同音 buy) 『「もののそばに位置する」が本義で, 運動動詞と結びついて通過・経由・時間を表し, 種々の比喩(ゆ)的意味を発達させている』
→**前 I**[位置]
　**1** …のそばに　**2** …に従って
　**3 a** …を　**b** …に関しては
　**4** …にかけて
　**II**[通過]
　**5** …のそばを通って
　**6** …だけ　**7** …ぎめで
　**III**[経由]
　**9** …を通って
　**10** …を使って　**11** …によって

**by**

Ⅳ [時]
　　13 …までに(は)
圖 1 そばに　2 通り過ぎて
─前 Ⅰ [位置]
**1** [平面的・空間的位置] **a** …の(すぐ)そばに[で, の], …の近くに, …のわきに; [通例 have, keep と共に] …の手元に(持って) ‖

a tree **by** [**beside**] the house 家のそばにある木《◆ by は前後・左右の位置を, beside は主として左右[横]の位置関係を表す》.

She is standing **by** [**at**] the window. 彼女は窓のそばに立っている《◆ by は漠然とそばにいることを示すが, at はより接近した地点を表し, ふつう何かをする[している]ことを暗示する》.

You should always have a good dictionary **by** you. 常に座右によい辞書を置いておきなさい.

**b** [方位] …寄りの ‖

North **by** East 東寄りの北, 北微東《◆ 北と北北東の間》.

**2** [準拠] …に従って, …に基づいて, …によって ‖

**by** your leave [consent] あなたの許し[同意]を得て; [皮肉に] 失礼ですが.

work **by** the rules 規則に従って働く.

a person **by** the name of Smith スミスという名の人(=a person whose name is Smith).

Don't judge a person **by** his appearance. 人を外見で判断してはいけない.

**By** my watch it is 5 o'clock. 私の時計では 5 時です.

**3** [全体の一部分を示して] **a** [動作を受ける部分] (人・物の)…を(つかんで・引っ張ってなど)《◆ふつう冠詞を伴う》‖

seize the hammer **by** the handle ハンマーの柄をにぎる.

He caught me **by** the arm. 彼は私の腕をつかんだ《◆ by *my* arm としない》.

**b** [関連] …に関しては, …は ‖

an Italian **by** birth 生まれはイタリア人.

a lawyer **by** profession 職業は弁護士.

It's all right **by** [**with**] me. 私はそれで結構です《◆ by を用いるのは《主に米》》.

I know her name, but not **by** sight. 彼女の名前は知っているが顔は知らない.

**4** [誓言] 〈神〉の前で, …にかけて(before) ‖

I swear **by** God that I will speak the truth. 神にかけて真実を語ることを誓う.

Ⅱ [通過]
**5** [通過] …のそばを通って(向こうへ)《◆ past がふつう》‖

The car sped **by** the house. 車は家のそばを走り過ぎて行った.

He went **by** me without (saying) a single word. 彼は一言も言わずに私のそばを素通りした《◆止まらずに行くことからしばしば無関心さを暗示する》.

**6** [程度・差異] **a** …だけ, …の差で ‖

increase **by** one 1 つだけ増す.

escape **by** a hairbreadth 間一髪のところで助かる.

miss the train **by** five minutes 5 分のところで電車に乗り遅れる.

He is older than Jane **by** two years. 彼はジェーンより 2 歳だけ年上だ(=He is two years older than Jane.).

**b** [乗除・寸法] ‖

multiply 8 **by** 2 8 に 2 をかける.

a 3-**by**-4 card 縦 3 インチ横 4 インチのカード.

a room 12 (feet) wide **by** 18 feet long 間口が 12 フィート奥行が 18 フィートの部屋.

**7** [単位] …単位で, …ぎめで; …ずつ; …ごとの, …別 ‖

**by** degrees 徐々に.

óne **by** óne 1 つずつ.

stép **by** stép 一歩一歩.

**by** the hour (→ hour 成句).

**by** the minute 1 分ごとに; (米) 刻一刻と.

**by** the hundreds 何百となく《◆ by the hundred, by hundreds ともいう》.

population **by** age 年齢別の人口.

sell eggs **by** the dozen 卵を 1 ダース単位で売る.

They are paid **by** the day [the week, result(s)]. 彼らは日給[週給, 能率給]制だ.

**8** [come, drop などと共に] 〈人の家など〉に[へ] (立ち寄る) (to, at) ‖

Drop **by** my office this evening. 夕方会社にお立ち寄りください.

Ⅲ [経由]
**9** [経由] …を通って, …を経由して ‖

She came **by** the nearest road. 彼女はいちばん近い道を通って来た.

The thief came in **by** the back door. 泥棒は裏口から侵入した.

**10** [運搬・伝達の様式] …を使って, …で ‖

**by** post [letter, telephone, telegram, email] 郵便[手紙, 電話, 電報, 電子メール]で.

go **by** train [ship, plane, bus] 汽車[船, 飛行機, バス]で行く《◆ on a train [ship, plane, bus] ともいう》.

[語法] (1) 具体的な時間をいう時などは冠詞がつく: *by an* early train 朝早い時間の電車で / leave *by the* 3.30 p.m. plane 午後 3 時 30 分の飛行機で出発する.
(2) 次の連語では *by* は使わない: go *in* my car 私の車で行く / come *on* the plane that arrives at 5.00 p.m. 午後 5 時に到着する飛行機でやって来る.

**11** [手段・方法・理由] …によって, …で; [by doing] …することによって ‖

**by** mistake 誤って.

**by** reason of his illness 彼の病気のために.

read **by** lamplight ランプの光で読書する.

the old engine driven **by** steam 蒸気で動く

古い機関車.
She passed the examination by working hard. 彼女は一生懸命勉強して試験にパスした.

**12** [動作主] …によって, …による《◆受身形で用いる》‖

a novel by Tolstoy トルストイの小説.
The city was destroyed by fire. その町は火災で焼け野原になった.

> 語法 受身形のとき, 動作主はby, 道具はwithで表す: The window was broken by a stone. (石があたって窓ガラスが割れた)《◆A stone broke the window. の受身形》The window was broken with a stone. (石を使って窓ガラスが割られた)《◆Somebody broke the window with a stone. の受身形. 動作主は人》.

### IV [時]

**13** [限界] …までに(は) (not later than)‖

The ship will arrive by five o'clock. 船は5時までには着くだろう.
By tomorrow I shall have finished it. あしたは(すでに)それを終えてしまっているだろう.
By the time (that) we had walked four miles, he was exhausted. 4マイルも歩かないうちに彼はくたくたになった《◆(1) that はふつう省略される. (2) that 節の中では, 現在形で未来の意味を, 現在完了形で未来完了の意味を表す: It will be dark by the time we finish it. 終えるときにはもう暗くなっているだろう》.

> 語法 (1) [until との比較] by は「未来のある時までには…する」, until は「未来のある時までずっと…する」を表す.
> He will come by 10 o'clock. 彼は10時までには来る.
> He slept until 10 o'clock. 彼は10時まで眠った(10時に起きた).
> 否定文では,
> She will not arrive by 10 o'clock. 彼女は10時前にはやって来ないだろう(10時以降に来る).
> She will not arrive until 10 o'clock. 彼女は10時までやって来ないだろう(10時に来る).
> (2) [before との比較]
> We got home by 5 o'clock. (ぎりぎり)5時前に帰宅した.
> We got home before 5 o'clock. (5時以後でなく)5時前に帰宅した.

**14** [期間] …の間に(during)‖

by daylight 明るいうちに.
by moonlight 月の明りで; 月夜に.
work by night and sleep by day 夜に働き, 昼間に眠る《◆by night は「夜陰にまぎれて」の意味を表すことがある》.

──副 /bái/ **1** [位置] そばに, 近くに‖

Look at the window. The girl standing by is my sister. あの窓を見てごらん. そのそばに立っているのが私の姉です《◆… standing by it … の it の略と考えられる》.
He revealed the secret to her when nobody was bý. そばにだれもいない時に彼は秘密を彼女に打ち明けた《◆… by her の her の略》.

**2** [通過] (そば・前を)通り過ぎて;〈時が〉過ぎ去って‖

in years gòne bý 昔は.
as time gòes bý 時がたつにつれて.
A dog ran bý. 犬が走り過ぎて行った.

**3** [通例 lay, put, set と共に] (備えのために)わきへ, 取りのけて(aside)‖

pùt móney bý for an emergency いざという時のためにお金を蓄える.

**4** (主に米話式) [come, call, drop, stop などと共に] (人の家などに)立ち寄って‖

stóp bý for a little talk on one's way home 家に帰る途中ちょっと話をしに立ち寄る.

◇**bý and bý** /(文)(副) やがて, まもなく(soon); あとで(later).

**bý and lárge** [副] (1) 概して, 一般的に; 全般的に見て. (2) 風に向かったり追われたりして.

**by-and-by** /báiəndbái バイアンドバイ/ 名 [the ~] 近い将来(のできごと); 来世.

**bye, by** /bái バイ/ 間 (略式) =bye-bye.

**bye-bye** /báibài バイバイ; 間 báibái バイバイ, bəbái/ 名ⓊⒸ (小児語) [しばしば~s] おねんね‖

go to bye-bye(s) ねんねする.

──間 (略式) バイバイ, じゃあね(good-by).

**by(e)-e·lec·tion** /báiilékʃən バイイレクション/ 名ⓒ 補欠[補充]選挙.

**by·gone** /báigɔ(ː)n バイゴ(ー)ン/ 形 (文) 過去の(past)‖

in bygone days 過ぎし日々に.

──名ⓒ (略式) [~s] 過去の(不快な事)‖

Let býgones be býgones. (ことわざ) 過去(の事)は水に流せ.

**by·pass** /báipæs バイパス| -pɑ̀:s -パース/ 名 (複 ~·es/-iz/) ⓒ バイパス, 迂(う)回路《自動車用》.

──動 (三単現 ~·es/-iz/) 他 **1**〈町など〉を迂回する. **2** …にバイパス[側路]をつける. **3**〈問題など〉を回避する.

**by-prod·uct** /báiprɔ̀dʌkt バイプラダクト| -prɔ̀d- -プロダクト/ 名ⓒ **1** 副産物. **2** 副作用.

**By·ron** /báiərən バイロン/ 名 バイロン《George Gordon ~ 1788-1824; 英国ロマン派の詩人》.

**by·stand·er** /báistæ̀ndər バイスタンダ/ 名ⓒ 傍観者, 見物人.

**byte** /báit バイト/ 名ⓒ《コンピュータ》バイト《コンピュータ処理の単位. ふつう8ビット(8-bit byte)》.

**by·way** /báiwèi バイウェイ/ 名ⓒ (正式) **1** わき道, 横道. **2** 近道.

**by·word** /báiwə̀ːrd バイワード/ 名ⓒ **1** 見本, 物笑いの種. **2** ことわざ, 決まり文句, 通り言葉.

**Byz·an·tine** /bízəntìːn ビザンティーン, -tàin | bizǽntàin ビザンタイン/ 形 **1** ビザンティン帝国の. **2**《建築・美術》ビザンティン様式の.

# C

**c, C** /síː スィー/ 名 (複 c's, cs; C's, Cs/-z/) **1** ⓒⓊ 英語アルファベットの第3字. **2** ⓒⓊ C字形のもの; 第3番目のもの. **3** Ⓤ 〖音楽〗ハ音, ハ調. **4** ⓒ 《米》〖教育〗可 (→ grade 名 3 関連).

**c.** (略) 〖野球〗catcher; cent(s); center; century; chief; cloudy; commander; copyright; cubic.

**C** (略) Celsius; coulomb(s).

Ⓒ (記号) copyright 著作権, 版権 《◆著作権の表示に用いる. 著作権の所有者名と発生年があとに続く》.

**Ca** (記号) 〖化学〗calcium; carbon.

**C/A** (略) 〖商業〗credit account; current account.

\***cab** /kǽb キャブ/ (類音 cub/kʌ́b/)
── 名 (複 ~s/-z/) ⓒ **1** 《主に米》タクシー (事情 → taxi) ‖
I took a cab to the station. = I went to the station by cab. 私はタクシーに乗って駅まで行った.
対話 "Could you call me a **cab**, please?" "Certainly." 「タクシーを呼んでいただけませんか」「承知しました」.
**2** (昔の)辻馬車《1頭立て2輪》. **3** (列車の)機関手室, (トラック・クレーンなどの)運転席.

**cáb ránk** 《英》 =taxi stand.

**cab·a·ret** /kǽbəréi キャバレイ|―́―́/ 〖フランス〗名 **1** ⓒ 《主に米》キャバレー《ショーを見ながら食事ができるレストラン兼ナイトクラブ》. **2** ⓒⓊ 《英》(ナイトクラブ・レストランの)ショー((英) cabaret show, floor show).

**cabarét shòw** =cabaret 2.

**cab·bage** /kǽbidʒ キャビヂ/ 名 ⓒⓊ 〖植〗キャベツ; Ⓤ (料理した)キャベツ(の葉)《◆中心の固い部分は head, heart》‖
(meat-)stuffed cabbage ロールキャベツ《◆ ×roll(ed)cabbage は誤り》.
two heads of **cabbage** = 《略》two **cabbages** キャベツ2個.
**2** (侮蔑) 植物状態の人 (vegetable).

**cab·by, ––bie** /kǽbi キャビ/ 名 ⓒ 《略式》タクシーの運転手 《愛称》運ちゃん.

\***cab·in** /kǽbin キャビン/ 〖『部屋』が原義〗
── 名 (複 ~s/-z/) ⓒ **1** (丸太造りの)小屋.
**2** 〖通例複合語で〗小さな家《建物》‖
a tourist **cabin** 旅行者用の簡易宿泊所.
**3** (寝台付きの)小室. **4** (飛行機などの)機室《操縦室・客室・荷物室》; (宇宙船の)船室.

**cábin bòy** (士官・船客付きの)ボーイ.

**cábin clàss** (客船の特別2等《first class と tourist class との間》.

**cábin crùiser** (居室付きの)遊覧船.

**cab·i·net** /kǽbənət キャビネット/ 名 ⓒ **1** 飾り棚, 整理棚, 《プラスチック・木製・金属製の》キャビネット ‖
a medicine **cabinet** (トイレの洗面台の上にある)薬品棚.
a filing **cabinet** 書類整理用キャビネット.
**2 a** [しばしば the C~] 内閣; [集合名詞; 単数・複数扱い] 閣僚; [形容詞的に] 内閣の ‖
the **Cabinet** Office (日本の)内閣府.
**b** ⓒⓊ 《英》閣議.

**ca·ble** /kéibl ケイブル/ 名 **1** ⓒⓊ (針金・繊維などの)太綱(⑳) (→ rope); 〖電気〗ケーブル線 ‖
a submarine **cable** 海底ケーブル.
**2** ⓤⓒ 海外電報, 外電 (cablegram).

**cáble càr** ケーブルカー, ロープウェイ.

**cáble ráilway** 《英》ケーブル鉄道.

**Cab·ot** /kǽbət キャボット/ 名 カボット《John ~ 1450?-98; イタリアの航海家. 北米大陸に到達(1497)》.

**cache** /kǽʃ キャシュ/ 名 ⓒ **1** (正式) (食料・武器・貴重品などの)隠し場(所); 貯蔵所. **2** 〖コンピュータ〗キャッシュ《ひんぱんに使うデータを一時的に蓄える高速メモリ》(cache memory).

**cack·le** /kǽkl キャクル/ 〖擬音語〗動 (現分 cackling) 圓 **1** 〈めんどりが〉(卵を産んだあと) コッコッと鳴く(→ cluck). **2** 〈人が〉キャッキャッと笑う; ぺちゃくちゃしゃべる. ── 名 **1** Ⓤ [通例 the ~] (めんどりが)コッコッと鳴く[声]. **2** Ⓤ (略式) (人の)くだらないおしゃべり. **3** ⓒ キャッキャッという笑い声.

**cac·tus** /kǽktəs キャクタス/ 名 (複 ~·es, ··ti /-tai/) ⓒ 〖植〗サボテン.

**ca·dav·er** /kədǽvər カダヴァ|-dáːv- カダーヴァ, -déiv-/ 名 ⓒ (正式) 〖医学〗(主に解剖用の人間の)死体.

**cad·die, cad·dy** /kǽdi キャディ/ 名 ⓒ 〖ゴルフ〗**1** キャディー. **2** (クラブを運ぶ)手押し車, ゴルフカート (caddie cart [car]).

**cáddie càrt [càr]** = caddie 2.

**ca·dence** /kéidns ケイデンス/ 名 ⓤⓒ (正式) 拍子, リズム; 声の抑揚.

**ca·den·za** /kədénzə カデンザ/ 〖イタリア〗名 ⓒ (正式) 〖音楽〗カデンツァ《独奏者用の即興的な装飾的楽節》.

**ca·det** /kədét カデット/ 名 ⓒ **1** (陸・空軍の)兵学校生徒. **2** 見習生.

**Cad·il·lac** /kǽdəlæk キャディラク/ 名 ⓒ (商標) キャデラック《米国製高級自動車》.

**cad·mi·um** /kǽdmiəm キャドミアム/ 名 Ⓤ 〖化学〗カドミウム (記号 Cd).

**cádmium pòisoning** カドミウム中毒.

**Cae・sar** /síːzər スィーザ/ 图 **1** カエサル, シーザー《Gaius/ɡáiəs/ Julius ~ 100-44 B.C.; ローマの将軍・政治家・歴史家》. **2** ⓒ ローマ皇帝《Augustus 帝から Hadrian 帝までの称号. Hadrian 帝の時からあとは王位継承者に用いられた》.

**Cae・sar・e・an, -i・an,** (米ではしばしば) **Ce・-** /sizéəriən スィゼアリアン/ 形 カエサルの; ローマ皇帝の; 専制君主的な.
——名 **1** カエサル派の人. **2** [時に c~] Ⓤⓒ 《略式》《医学》帝王切開(術) (Caesarean operation [section])《◆ Julius Caesar がこの方法で生まれたという伝説から》.

**Caesárean operátion [séction]** = Caesarean 名 **2**.

**ca・fé, ca・fe** /kæféi キャフェイ, kə-│kǽfei キャフェイ/『フランス』名 (複 ~s/-z/) **1** Ⓤ コーヒー. **2** ⓒ (小さな)コーヒー[喫茶]店. **3** ⓒ (酒類も出す)軽食堂, (英)(酒類は出さない)食堂. **4** ⓒ (米) 酒場, キャバレー, ナイトクラブ.

**café au láit** カフェオレ《コーヒーとほぼ同量のミルクを入れる》.

*__caf・e・te・ri・a__ /kæfətíəriə キャフェティアリア/ 『コーヒー名(cafe)店(teria)』
——名 (複 ~s/-z/) ⓒ カフェテリア《セルフサービスの食堂》.

**caf・fein(e)** /kæfíːn キャフィーン/=/ 名 Ⓤ 《化学》カフェイン《コーヒー・茶などに含まれるアルカロイド》.

*__cage__ /kéidʒ ケイヂ/『「くぼみ」が原義』
——名 (複 cag・es/-iz/) ⓒ 鳥かご; (獣の)おり.
——動 (現分 cag・ing) 他 《正式》…をかご[おり]に入れる[入れておく], 監禁する.

**cag(e)・y** /kéidʒi ケイヂ/ 形 (比較 -i・er, 最上 -i・est)《略式》用心深い, 抜け目のない.

**ca・hoots** /kəhúːts カフーツ/ 名 ⓒ 《略式》共同, 共謀《◆ 次の成句で》.
 **be in cahóots** 共謀している, ぐるになっている.
 **gò (in) cahóots** 山分けする.

**Cain** /kéin ケイン/《同音》cane) 名 《聖書》カイン《Adam と Eve の長男. 嫉妬(と)心から弟 Abel を殺した『創世記』)》.

**Cai・ro** /káiərou カイアロウ/ 名 カイロ《エジプトの首都》.

**ca・jole** /kədʒóul カヂョウル/ 動 (現分 --jol・ing) 他 …を甘言でだます; …をだまし取る.

*__cake__ /kéik ケイク/『「平たいパン」が原義』
——名 (複 ~s/-s/) **1a** Ⓤ ケーキ, 洋菓子《◆ (1) カステラふうの菓子の総称. pudding や pie は cake とはいわない. (2) 一定の形をした大きなものは Ⓒ, それを切ったものは Ⓤ》∥
 bake a birthday cake 誕生祝いのケーキを焼く.
 a piece [slice] of cake ケーキ1切れ.
 You can't have your cake and eat it (too). = You can't eat your cake and have it (too).《ことわざ》《略式》お菓子は食べればなくなる; 一度に2つのうまいことはできない.
 【対話】"Would you like some more cake?" "No, thank you." 「もう少しケーキを召し上がりませんか」「いいえ結構です」.

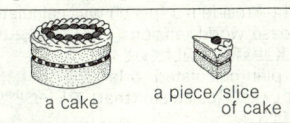

a cake　　a piece/slice of cake

**b** ⓒ 《通例複合語で》 (平たく薄い)焼きパン; (野菜・魚などの)だんご ∥
 cráb càkes カニ揚げだんご.

┌─────────────────────────────┐
│ Q&A **Q**:「デコレーションケーキ」は a decoration cake と言えますか.
│ **A**: いいえ, 言えません. a fancy cake または a decorated cake と言います.
└─────────────────────────────┘

**2** ⓒ (一定の形の)固まり ∥
 a cake of soap 石けん1個.
 a cake of mud 泥の固まり.
 *a píece of cáke* (1) → 1a. (2)《主に英国式》朝めし前のこと, お茶の子さいさい(のこと).
——動 (現分 cak・ing) 他 …を固める. 自 固まる; こびりつく.

**cal.** 《略》calorie.

**Cal・ais** /kæléi キャレイ/=/ 名 カレー《◆ Dover 海峡に臨むフランス北部の都市》.

**ca・lam・i・tous** /kəlǽmətəs カラミタス/ 形《正式》災難[不幸]をもたらす; 悲惨な, 痛ましい.

**ca・lam・i・ty** /kəlǽməti カラミティ/ 名(複 -i・ties/-z/) Ⓤⓒ 大災害《地震・洪水・火事など》; (失明・失聴などの)災難; (一般に)不幸, 苦難 (misery).

**cal・ci・um** /kǽlsiəm キャルスィアム/ 名 Ⓤ 《化学》カルシウム《記号 Ca》∥
 calcium hydroxide 水酸化カルシウム, 消石灰.
 cálcium càrbonate 炭酸カルシウム.

*__cal・cu・late__ /kǽlkjəlèit キャルキュレイト│-kju-キャルキュ-/ 『「石を用いて数える」が原義』 派 calculation (名)
——動 (三単現 ~s/-lèits/; 過去・過分 --lat・ed/-id/; 現分 --lat・ing)
——他 **1a** 《費用などを》計算する, 算出する《◆ count より堅い語》∥
 calculate the cost of repair 修理代を計算する.
 **b** [calculate that 節 / calculate wh 節] …であると算出[算定]する; …かを算出する ∥
 calculate how many days there are from now to Christmas 今からクリスマスまであと何日か数える.
 **2 a** …を(推理によって)決める, 判断[推定]する ∥
 calculate the time needed to make the trip 旅行するのに必要な時間を推定する.
 **b** …だと判断[推定]する.
 **3 a** [be calculated for A] …に意図されている, …に適している ∥
 This text is calculated for beginners. このテキストは初心者向きにできている.
 **b** [be calculated to do] …することが計画されて

いる, …しそうである ‖
The President's speech was calculated to ease world tensions. 大統領の演説は世界の緊張緩和を意図したものだった.
a plan calculated to fail 失敗しそうな計画.
**4**〈米略式〉[calculate (that) 節] …だと思う, 推測する ‖
I calculate it's a good idea. それはいい考えだと思う.
─⓲ **1** 計算する ‖
対話 "How long will it take you to figure out the answer?" "There's no way to tell. I have to calculate again." 「答えを出すのにどれほど時間がかかりますか」「何とも言えませんね. もう一度計算しないといけません」.
**2** 当てにする; 依存する《◆depend on より堅い語》.

**cal・cu・lat・ed** /kǽlkjəlèitid キャルキュレイティド | -kju- キャルキュ-/ ⓭ → calculate. ─⓮ **1** 算出［算定］された, 見積もられた, 推定の. **2** 計画的な, 計算ずくの.

**cal・cu・lat・ing** /kǽlkjəlèitiŋ キャルキュレイティング | -kju- キャルキュ-/ ⓭ → calculate.
─⓮ **1** 計算できる; 計算用の ‖
a calculating machine 計算器.
**2** 抜け目のない; 利己的な.

**cal・cu・la・tion** /kæ̀lkjəléiʃən キャルキュレイション | -kju- キャルキュ-/ 《正式》 **1** Ⓤ 計算; Ⓒ 計算(の結果) 関連 addition 足し算 / subtraction 引き算 / multiplication 掛け算 / division 割り算》 ‖
Do the calculations. 計算をしてください.

Q&A **Q**: 英語ではどのように読み上げ計算をしますか.
**A**: たとえば15×31は次のように(声に出して)計算します: (1) 1 time 5 is 5. (put down 5)
(2) 1 time 1 is 1. (put down 1)
(3) (Next line) (put down 0)
(4) 3 times 5 is 15. (put down 5 and carry 1)
(5) 3 times 1 is 3, and 1 are 4. (put down 4)
(6) (The addition) 5 and 0 is 5; 1 and 5 is 6, put down 4.
(Total) 465 (four hundred and sixty five).

| (1) | 15 | (2) | 15 | (3) | 15 |
|---|---|---|---|---|---|
| | ×31 | | ×31 | | ×31 |
| | 5 | | 15 | | 15 |
| | | | | | 0 |

| (4) | 15 | (5) | 15 | (6) | 15 |
|---|---|---|---|---|---|
| | ×31 | | ×31 | | ×31 |
| | 15 | | 15 | | 15 |
| | 50 | | 450 | | 450 |
| | | | | | 465 |

**2** Ⓤ Ⓒ 見積もり; 推定. **3** Ⓤ Ⓒ 事前の考慮, 熟慮. **4** Ⓤ 打算.

**cal・cu・la・tor** /kǽlkjəlèitər キャルキュレイタ | -kju- キャルキュ-/ ⓬ Ⓒ **1** (小型の)計算機, 電卓; 計算者. **2** 計算表.

**cal・cu・lus** /kǽlkjələs キャルキュラス | -kju- キャルキュ-/ ⓬ (複**1**で --li/-lài/, **2**で --es) **1** Ⓒ〈医学〉結石《胆石・尿石など》. **2** Ⓤ〈数学〉微積分学.

**Cal・cut・ta** /kælkʌ́tə キャルカタ/ ⓬ カルカッタ《インド東部の都市 Kolkata の旧称》.

**\*\*cal・en・dar** /kǽləndər キャリンダ/《アクセント・つづり注意》《◆ ×キャレンダ》〔「ついたち(calends)に支払う利子の台帳」が原義〕
─⓬ (複 --s/-z/) Ⓒ **1** カレンダー, 暦 ‖
the solar calendar 太陽暦.
the lunar calendar 太陰暦.
the Gregorian calendar グレゴリオ暦.
the Julian calendar ユリウス暦.
consult a desk calendar 卓上暦を繰る.
a gardener's calendar 園芸ごよみ.
a wall calendar 壁かけカレンダー.
an advertising [a publicity] calendar 広告付きカレンダー.
対話 "So when do you think is a good time to invite them?" "Let's look at the calendar and decide the day." 「そしたらあの人たちを招待するのはいつがいいですか」「カレンダーを見て日を決めようよ」.
**2** 日程表, 年間行事表.

**cálendar mónth** 暦月; 丸1か月.
**cálendar yéar** 暦年; 丸1年.

**calf**¹ /kǽf キャフ | kɑ́ːf カーフ/ ⓬ (複 calves/kǽvz | kɑ́ːvz/) **1** Ⓒ 子牛《◆肉は veal》(→ cow 関連).

Q&A **Q**: 「子犬」「子猫」などは何といいますか.
**A**: dog は puppie, cat は kitten, sheep は lamb, horse は pony か colt, goat は kid, duck は duckling などといいます.

**2** Ⓒ (ゾウ・クジラ・アザラシなどの)子. **3** Ⓤ 子牛の(なめし)皮《製本・製靴用》.

**calf**² /kǽf キャフ | kɑ́ːf カーフ/ ⓬ (複 calves) Ⓒ ふくらはぎ(の(図) → body) (cf. shin).

**cal・i・brate** /kǽləbrèit キャリブレイト/ ⓭ (現分 --brat・ing) ⓯ **1** …の口径を測定する. **2**〈計量器などの〉目盛りを調整する.

**ca・lif** /kéilif ケイリフ, kǽ-/ ⓬ [しばしば C~] Ⓒ カリフ《イスラム教国の教主・首長》.

**Calif.** (略) California.

**Cal・i・for・ni・a** /kæ̀ləfɔ́ːrnjə キャリフォーニャ | -niə -ニア/ ⓬ カリフォルニア《米国太平洋岸の州. 州都 Sacramento. (愛称) the Golden State. (略) Cal., Calif., (郵便) CA》; the Gulf of California カリフォルニア湾.

**Califórnia póppy** 〔植〕ハナビシソウ《カリフォルニア州の州花》.

**Cal・i・for・ni・an** /kæ̀ləfɔ́ːrnjən キャリフォーニャン |

**cal·i·per** /kǽləpər キャリパ/ 名 C (a pair of) ~s] カリパス, パス(caliper compasses) 《内径・外径・厚さなどを測る2脚の測定器具》, 測径器.

**ca·li·phate** /kǽləfèit キャリフェイト, -fət/ 名 U C カリフ(caliph)の地位[職, 統治, 領地].

## **call**
/kɔ́ːl コール/ (類음 coal/kóul/)〖「(大声で)呼ぶ」が本義〗

→ 動 ①1 呼ぶ 3 考える 4 電話をかける
   自 1 呼ぶ 2 電話をかける 3 ちょっと訪れる
   名 1 呼び声 2 呼び出し 3 短い訪問

—— 動 (三単現) ~s/-z/; (過去・過分) ~ed/-d/; (現分) ~·ing

—— 他 **1a** 〈人・名前・動物などを〉(大声で)呼ぶ, …に呼びかける(+out); …と叫ぶ; 〈名簿・リストの〉名前を呼ぶ ∥
You don't have to **call** me. I am right here. 私を呼ばなくていいよ. ここにいるからね.
**b** [call A to do] A〈人・名前〉を呼んで…せよと言う ∥
I **called** him to stop. 彼に止まれと呼びかけた.
**c** 「…」と呼ぶ ∥
She **called**, "Children, come downstairs." 彼女は子供たちに「みんな, 降りて来なさい」と叫んだ.
**d** 〈人を〉呼び出す, 呼び寄せる; …を召喚する;〈会などを〉招集する; [call A B / call B for A] A〈人〉にB〈車など〉を呼んでやる ∥
**call** the Diet 国会を召集する.
She **called** the pupils into the room. 彼女は生徒を呼んで部屋へ入らせた.
**Call** this lady a taxi. =**Call** a taxi for this lady. このご婦人にタクシーを呼んでください.
**2** [call A C] A〈人・物〉をCと呼ぶ, 名づける, 称する《◆Cは名詞・形容詞》∥
**Call** me Dick (for short). 私を(簡単に)ディックと呼んでくれ《=**Call** me by my first name. といっても同じ》.
We **cálled** him Thómas àfter his grándfather. 私たちは祖父にちなんで彼をトマスと名づけた.
What is that shop **called**? その店の名は何ですか《◆What is the name of that shop? よりふつう》.
**3** [call A C] A〈人・物・事〉をCと考える, 思う, みなす, 見積もる《◆Cは名詞・形容詞》∥
We **called** the party a great success. パーティーは大成功だった.
**4** 〈人・場所・番号〉に電話をかける((主に英)) ring);〈人と〉話す(→CALL up) ∥
Please **call** me at this number. この番号に電話をかけて.
He decided to **call** her apartment. 彼は彼女のアパートに電話する決心をした.
**5** 〈眠っている人を〉(呼び)起こす(wake) ∥
[対話] "I should like to be **called** in the morning at seven o'clock." "Certainly." 「朝7時に起こしてもらいたいのですが」「かしこまりました」.

**6 a** 〈動物を〉(鳴き声をまねて)呼び寄せる.
**b** 〈動物が〉〈動物に〉鳴き声をあげる; …を引きつける ∥
The mountains are **calling** me. 山が私を呼んでいる.
**7** 〈事件を〉(指令して)審議にかける, (法廷に)持ち出す ∥
The case is to be **called** to [in] court on May 2. その事件は5月2日に裁判にかけられる予定である.
**8** …を命令する, 指令する ∥
**call** a strike ストライキを指令する.
**9** 〈試合を〉(雨・日没などのため)中止(を宣言)する.
**10**〖スポーツ〗…を判定する, 宣する《◆形容詞・副詞を伴って》∥
He **called** the ball foul. 彼は打球をファウルと判定した.
The runner was **called** out at third. 走者は3塁でアウトになった.

—— 自 **1** 〈人が〉(大声で)呼ぶ, 叫ぶ; 〈動物・鳥が〉鳴く ∥
I **called** to a man across the street. 道路の向こう側の人に呼びかけた.
I **called** (out) to him to come and help me. 来て手伝ってくれるようにと彼に大声で言った.
**2** 〈人が〉電話をかける《主に英》∥
Who's **calling**, please. どなた様でしょうか.
[対話] "Is Alan there?" "No, he isn't. Can I take a message?" "No, thanks. Just tell him I **called**." 「アランいますか」「いや, いないよ. 伝言あるかい」「いやいいよ. ぼくから電話があったとだけ言っといて」.
**3** 〈人が〉ちょっと訪れる, 立ち寄る《◆主に call at, call on, call in, call round の成句で》;〈商人が〉(販売・配達のため)定期的に訪れる ∥
A Mr. Ono **called** to see you. あなたに会いに小野さんという方が立ち寄られました.
**4** 〈太鼓・らっぱなどが〉鳴る.

**cáll áfter** A 後ろからA〈人〉に呼びかける, A〈人〉を呼びとめる.
○**cáll at** A A〈場所〉にちょっと立ち寄る;〈列車などが〉A〈駅など〉に停車する;〈船が〉A〈港〉に寄港する ∥ I'll **call** at her house tomorrow. あすちょっと彼女の家に寄ってみます.
**cáll awáy** [他] 〈人〉を呼び出す ∥ He was **called away** on business. 彼は用事で呼び出された.
○**cáll báck** (1) [自] 折り返し電話をする; あとで電話する;〈セールスマンなどが〉もう一度訪問する; 大声で返事をする ∥ I'm afraid he's out to lunch. Would you like to **call back** later? あいにく彼は昼食で外出中です. かけ直していただけませんか. (2) [他]〈人を〉呼び戻す, 召喚する. (3) [他]〈人〉に折り返し電話する.
**cáll bý** (略式) [自] 通りがかりに立ち寄る.
**cáll dówn** [他] (1)〈天恵・天罰などを〉下すように祈る. (2)《米略式》〈人〉をひどくしかる. (3)〈人〉に

降りて来るように言う.

◦**cáll for A** (1) …を声をあげて求める；[比喩的に]…を(声を大にして)求める, 要求する(demand) ‖ call for help 助けてくれと叫ぶ / call for lower prices 値下げを求める. (2) 〈物・事が〉…を必要とする(require)；…に値する ‖ This job calls for practice. この仕事には慣れが必要である. (3) …を誘い[取り]に立ち寄る；…を(自分で)呼びに行く.

**cáll fórth** 《正式》[他]〈物・事が〉〈勇気・抗議など〉を奮い起こす；〈才能など〉を発揮させる.

◦**cáll ín** → call in (見出し語).

**cáll óff** [他]〈犬など〉を呼んで去らせる[追跡などをやめさせる]；〈予定の催し〉を中止する；…を取り消す(cancel).

◦**cáll on A** (1) A〈人〉を(ちょっと)訪ねる《◆call on a friend では visit a friend がふつう》‖ He called on Mrs. Winslow at her townhouse. 彼はウィンスロウ夫人を都会の別邸に訪ねた(cf. CALL at). (2) 《正式》A〈人など〉に(正式に)頼む, 訴える, 求める；〈授業で〉A〈生徒〉にあてる ‖ The member of Congress called on me for my support. その議員は私に支持を求めた. (3) 《正式》A〈力など〉に訴える.

**cáll óut** (1) [自] 大声で叫ぶ[言う, あいさつする](→ 圓1). (2) [他]…を大声で叫ぶ[言う, あいさつする](→ 1a). (3) [他]〈軍隊・消防隊など〉を出動させる, 召集する；〈才能など〉を引き出す；〈労働者〉にストライキを指令する. (4) [他] → 他10.

**cáll óver** (1) [自] ぶらっと立ち寄る. (2) [他]〈人〉を呼び寄せる；〈名簿など〉を(点呼のため)順に読み上げる.

**cáll róund** 《略》[自] ちょっと立ち寄る.

◦**cáll úp** → call up (見出し語).

**cáll upón A** =CALL on.

──名 (複 ~s/-z/) C **1 a** (ふつう目的のある)呼び声, 叫び；呼ぶこと；呼び起こすこと ‖
a loud call for help 助けを求める大きな叫び声.
The dog came at my call. 犬は私が呼ぶとやって来た.
I want a call at six. 6時に起こしてください.
**b** (動物の)鳴き声.
**c** (らっぱ・太鼓などによる)音, 合図；(動物をおびき寄せる)呼び笛.
**2** [例 a ~] (電話の)呼び出し, 通話 ‖
máke [pláce, pút ín] a (phóne) cáll 電話をかける.
Gíve me a cáll when you gèt báck. 《略》お帰りになったら電話をください.
I can't tàke your cáll now. ただいま電話に出られません《◆留守番電話のメッセージ》.

[関連] a lóng-dìstance cáll 長距離電話/《英》trúnk càll) / a collect càll 《米》料金受信人払い通話(《英》revérse-chárge càll) / a páid càll 料金発信人払い通話 / a pérson-to-pérson càll 《特定人)指名通話.

**3** 短い訪問；公式訪問；(職業上の)訪問；(列車の)停車；(船の)寄港 ‖
I paid him a call. 彼を訪問した《◆I called on him. の方がふつう》.
The doctor made six house calls in the afternoon. 医者は午後に6軒往診した.
**4** 募集, 招待；要請 ‖
respond to the call for equality 平等な扱いをとの訴えに応じる.
**5** 天職, 使命；神のお召し ‖
a call to the ministry 牧師になれというお召し.
**6** 《正式》[the ~] 魅力, 誘惑(attraction) ‖
the call of the sea 海の魅力.
**7 a** 要求, 要望 ‖
The job put a call on my time. その仕事で時間がとられた.
**b** Ⓤ [通例否定文で] 需要 ‖
There isn't much call for stockings these days. この頃は長靴下の需要があまりない.

**cáll signal with mélodies** (携帯電話の)着メロ.
**cáll bòx** (1) 《英》公衆電話ボックス(《米》pay station)《◆(tele)phone booth, (tele)phone box ともいう》. (2) 《米》(屋外の)非常用電話.
**cálled gáme** コールド=ゲーム《雨・日没などのため中止された試合》.
**cáll gìrl** コールガール.
**cáll nùmber** (図書館の)図書整理番号.
**cáll sìgn** [lètters] (放送局・無線局の)コールサイン, 呼び出し符号, 呼び出し信号.

**call·er** /kɔ́ːlər コーラ/ (同音 cóllar/kɑ́lər | kɔ́l-/) 名 C **1** (商用などの)訪問者(→ customer). **2** 呼び出し人；電話をかける人.

**cal·lig·ra·phy** /kəlíɡrəfi カリグラフィ/ 名 Ⓤ 能書(のうしょ)；書道《◆Japanese calligraphy ともいう》；筆蹟, 書法.

**call-in** /kɔ́ːlìn コーリン/ 《米》名 C 形 視聴者電話参加番組(の) (《英》phone-in).

*****call in** /kɔ́ːl ín コール イン/
──動 (変化形 → call) **1** [自] ちょっと立ち寄る.
**2** 《米》[自] 電話で報告する ‖
He called in sick. 彼は電話で病気欠勤を届けた.
**3** [他]〈医者・専門家など〉を呼ぶ.

**call·ing** /kɔ́ːliŋ コーリング/ 動 → call.
──名 Ⓒ Ⓤ **1** 《正式》天職, 職業 ‖
miss one's calling (進むべき)道を間違える.
**2** 招集. **3** 神のお召し. **4** 呼ぶこと.
**cálling càrd** 《米》名刺(→ card **3**).

**cal·lous** /kǽləs キャラス/ 形 **1** [医学]〈皮膚が〉硬くなった, たこになった. **2** 無感覚な；冷淡な, 無情な.
**cál·lous·ness** 名 Ⓤ 冷淡, 無情.

*****call up** /kɔ́ːl ʌ́p コール アプ/
──動 (変化形 → call) **1** (主に米) [自] 電話をかける(《英》ring up)；通信を送る.
**2** (主に米) [他] [call up A / call A up] A〈人・場所・番号〉に電話をかける, 〈人〉を電話に呼び出す(《主に英》ring (up)).
[対話] "I tried to cáll you úp several times yesterday. Were you óut?" "Yes, I was up

in London." 「昨日何回か電話しましたが, お出かけでしたか」「ええ, ロンドンに行っていました」.

**3** [他] 〈事・物・音などが〉〈記憶・過去の事などを〉呼び起こす; 〈人が〉…を思い出す.

**cal·lus** /kǽləs キャラス/ 名 (複 ~·es) C [医学] たこ, まめ.

**\*calm** /kάːm カーム, (米+) kάːlm/ 〖発音注意〗《◆lは発音しない》(→ should Q&A) 〖《真昼の暑さを避けるための》休息 → 静止, 静けさ〗

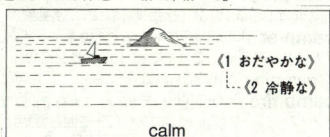

〈1 おだやかな〉
〈2 冷静な〉
calm

——形 (通例 比較 ~·er, 最上 ~·est) **1**〈天候・海などが〉**おだやかな**, 静かな, 風のない(↔ stormy) ‖
a calm sea おだやかな海.
The water was so calm (that) it looked like a glass. 水面はとてもおだやかで鏡のように見えた.
**2**〈人・気分・態度などが〉**冷静な**, 動揺を静めた; 〈社会状態・政情などが〉平穏な ‖
a calm expression 落ち着いた表情.
remain calm during the disturbance 騒動の間ずっと平穏を保つ.

対話 "It's so peaceful and quiet around here." "It's not always this calm. Sometimes you can't sleep at night." 「このあたりはとても平和で静かなんだね」「いつもこんなに物静かというわけではないのです. ときどき夜眠れないこともあります」.

——名 (複 ~s/-z/) **1** U [通例 a ~] **静けさ**, 平穏, おだやかさ ‖
There was a sudden calm as the wind dropped. 風がおさまると急に静かになった.
It was the calm before the storm. あらしの前の静けさだった.
**2** U C 無風状態, 凪(ﾅｷﾞ); [気象] 静穏《風が秒速 0.2 m 以下. → wind scale》‖
an area of calm 無風地帯.
**3** U 〈心・態度などの〉冷静, 平静, 落ち着き.

——動 他 …を静める, 落ち着かせる, なだめる ‖
He tried to calm her down. 彼は彼女を落ち着かせようとした.

——自 〈海・気分・社会状態などが〉静まる; 〈人が〉落ち着く(+down).

**calm·ly** /kάːmli カームリ/ 副 静かに; 平然として.
**calm·ness** /kάːmnəs カームネス/ 名 U 静けさ; 冷静, 落ち着き.
**cal·o·rie** /kǽləri キャラリ/ 名 C **1**〖物理・化学〗カロリー《1gの水を1℃高めるのに必要な熱量. 略 cal》.
**2**〖栄養〗カロリー《◆**1** kilo calorie に相当する栄養価》‖
Fewer calories a day. 1日のカロリーを控え目に.
**cálorie bàsis** 熱量換算.
**calves** /kǽvz キャヴズ | kάːvz カーヴズ/ 名 → calf¹,².

**Cal·vin** /kǽlvin キャルヴィン/ 名 **1** カルビン《男の名》. **2** カルバン《John ~ 1509-64; フランス生まれの宗教改革者》.
**ca·lyx** /kéiliks ケイリクス, kǽ-/ 名 (複 ~·es, -·lyc·es/-lisìːz/) C 〖植〗〈花の〉萼(ｶﾞｸ) (sepal) (〖図〗 cf. flower).
**cam** /kǽm キャム/ 名 C 〖機械〗カム《回転軸に取り付けて回転運動を上下・前後運動に変える装置》.
**Cam·bo·di·a** /kæmbóudiə キャンボウディア/ 名 カンボジア《東南アジアの共和国. 首都 Phnom-Penh》.
**Cam·bridge** /kéimbridʒ ケインブリヂ/ 〖発音注意〗《◆ **ケンブリッジ**》名 **1** ケンブリッジ《イングランド東部 Cambridgeshire 州の州都. Cambridge 大学の所在地. 形容詞 Cantabrigian》. **2** ケンブリッジ《米国 Massachusetts 州東部の都市. Harvard, MIT 両大学の所在地. 形容詞 Cantabrigian》.
**Cámbridge blúe** 〔英〕淡青色 (light blue) (cf. Oxford blue).
**Cámbridge Univérsity** ケンブリッジ大学《12世紀に創立された英国の古い伝統をもつ大学. cf. Oxford University》.

**\*came** /kéim ケイム/ 動 → come.
**cam·el** /kǽml キャムル/ 名 C ラクダ《◆砂漠の船といわれる》‖
It is the (last) straw that breaks the camel's back. (ことわざ) ラクダの背を折るのは最後の1本のわらだ; 荷物を積みすぎると最後の1本のわらでも命取りになる; 不運[苦境]が重なるとついにはちょっとしたことにも耐え切れなくなる.

関連 Arábian cámel ヒトコブラクダ(dromedary) / Báctrian cámel フタコブラクダ / hump ラクダのこぶ; 鳴き声は grunt.

**cámel('s) hàir** (1) ラクダの毛《の織物》. (2) リスの尾の毛《水彩画の絵筆用》.
**ca·mel·li·a** /kəmíːliə カミーリア, -mél-/ 名 C 〖植〗ツバキ《の花》.
**Cam·e·lot** /kǽmələt キャメラト, -lɒ̀t -ロト/ 名 **1** キャメロット《Arthur 王の宮廷にあったという英国の伝説上の町》. **2** 〔米〕魅力的な時代〖場所, 雰囲気〗.
**cam·e·o** /kǽmiòu キャミオウ/ 名 (複 ~s) C カメオ《メノウ・大理石・貝がらなどに横顔などを浮き彫りにした装身具》; カメオ細工.

**\*cam·er·a** /kǽmərə キャメラ/ 〖〖丸天井の(暗い)部屋〗→〖暗箱〗. cf. chamber〗
——名 (複 ~s/-z/) C カメラ, 写真機; (映画の)撮影機; テレビカメラ.

関連 [いろいろな camera] a TV camera テレビカメラ / a movie camera 映画カメラ / a single-lens reflex camera 1眼レフ / a twin-lens reflex camera 2眼レフ / a foolproof camera だれでも扱えるカメラ / an automatic camera 自動カメラ / a digital camera デジタルカメラ.

**cam·er·a·man** /kǽmərəmæn キャメラマン/ 名 (複 **-men**) C (映画・テレビの)撮影技師, カメラマン; 報道カメラマン((PC) camera operator, photographer).

**cam·er·a-shy** /kǽmərəʃài キャメラシャイ/ 形 写真嫌いの.

**Cam·er·oon, --oun** /kæmərúːn キャメルーン, -/ 名 カメルーン《西アフリカにある連合共和国》.

**cam·i·sole** /kǽmisòul キャミソウル/ 名 C 《主に米》キャミソール《短い女性用下着》.

**cam·o·mile** /kǽməmàil キャモマイル/ 名 C 〖植〗カミルレ, カミツレ; U 乾燥したその花と葉《◆健胃剤. ハーブティーとしても飲む》.

**cam·ou·flage** /kǽməflὰːʒ キャモフラージュ/ 名 C U 1 〖軍事〗カモフラージュ, 偽装(ぎそう), 迷彩. 2 ごまかし, 見せかけ, 変装. ── 動 (現分) **--flag·ing**) 他自 (…を)カモフラージュ[偽装]する.

*__camp__ /kǽmp キャンプ/ 〖『野原』が原義. cf. campaign, campus〗

── 名 (複 **~s**/-s/) C 1 (軍隊・登山隊・旅行者などの)**野営地**, キャンプ場; U 野営, キャンプ ‖
There is a Boy Scout camp by the pond. 池のそばにボーイスカウトの野営地がある.
We came back to camp before dark. 日暮れ前にキャンプに戻った.
**2** [しばしば集合名詞] 野営テント, 仮設小屋 ‖
pitch [set up] cámp テントを張る《◆この場合は無冠詞》.
strike [break (up)] (a) camp テントをたたむ.
**3** [集合名詞] 野営隊, キャンプする人たち.
**4** 仮設施設《テント・小屋など》.
**5** [集合名詞] (主に政治的・宗教的思想の)同志たち, 仲間; 同じ立場.

── 動 (三単現 **~s**/-s/; 過去・過分 **~ed**/-t/; 現分 **~·ing**)
── 自 キャンプする, 野営する ‖
camp (out) every summer 毎夏キャンプする.
go camping in [*to] the woods 森へキャンプに行く.
── 他 (通例 be ~ed)《軍隊・兵士が》野営する.

**cámp bèd** 《英》折りたたみ式簡易ベッド((米) cot).
**cámp chàir** 折りたたみ式いす.
**cámp fòllower** (1) (軍隊に随行する)民間人《売春婦・洗濯婦・商人など》. (2) (主義などの)同調者.

*__cam·paign__ /kæmpéin キャンペイン/ 〖原義の「野原」から「戦場」→「戦い」→「(政治的・社会的)活動」のように意味が変化した〗
── 名 (複 **~s**/-z/) C 1 (正式)(政治的・社会的)**運動**, 組織的活動, キャンペーン; (米) 選挙運動, 遊説 ‖
a campaign of smiles 微笑外交.
a sales campaign 大売出し, キャンペーンセール.
a campaign against smoking 禁煙運動.
a campaign for equal rights for women 男女同権運動.
an advertising campaign 宣伝活動.
a campaign to raise funds 募金運動.
He fought a successful election campaign. 彼は選挙運動を戦い勝利を手にした.
**2** 〖軍事〗(一連の戦略的)軍事行動, 方面作戦, 会議.

── 動 自 運動に参加する, 運動をする, 運動する.

**cam·paign·er** /kæmpéinər キャンペイナ/ 名 C 1 従軍者; 老練兵. 2 (社会・政治などの)運動家.

**camp·er** /kǽmpər キャンパ/ 名 C 1 キャンプする人, キャンパー. 2 (主に米) キャンピングカー《◆ *camping car とはいわない》.

**camp·fire** /kǽmpfàiər キャンプファイア/ 名 C キャンプファイアー; (米) キャンプファイアーを囲む集まり.
**cámpfire girl** (米) the Camp Fire Girls (人格・健康・奉仕精神などの向上を目的とする7歳から18歳の少女団体)の一員.

**camp·ground** /kǽmpgràund キャンプグラウンド/ 名 C 《主に米》キャンプ地[場](campsite).

**camp·ing** /kǽmpiŋ キャンピング/ 動 → camp.
── 名 U キャンプ(すること) ‖
go on a camping trip キャンプ旅行する.

**camp·site** /kǽmpsàit キャンプサイト/ 名 C キャンプ場[地](campground).

*__cam·pus__ /kǽmpəs キャンパス/ 〖「野原」から(大学)の構内へと場所が限定された〗
── 名 (複 **~·es**/-iz/) 1 U C (大学などの)**構内**, 校庭, キャンパス《◆ Harvard 大学では yard という》 ‖
on campus 学内で.
**2** U C 大学生活. **3** C (米) (大学の)分校.
**cámpus life** 学園生活.

**Ca·mus** /kæmúː キャムー/ 名 カミュ《Albert /ǽlbeər/ ~ 1913-60; フランスの小説家・劇作家》.

**\*\*can**¹ /(弱) kən カン, kn, k, g の前で kŋ; (強) kǽn キャン/ 〖原義「知っている(know)」から「能力(…できる)」になり, 「可能性(…できる), …しうる」, 「許可(…できる, …してよい)」の2つが生まれた〗

→ 助 **I** [能力] **1** …できる
**II** [可能性・推量] **3** …できる
**5** …ではありえない
**III** [許可] **8** …してもよい

── 助 (過去) could /(弱) kəd, (強) kúd/ ([否定形] cannot, (略式) can't)

**I [能力]**

**1** [can do] 〈人・動物が〉(内在的能力により) …**できる** ‖
Mary can dance very well. メリーは上手にダンスができる.
I can lift this stone. この石を持ち上げることができます.
対話 "Can he speak Japanese?" "Yes, he can speak it very well. He's married to a Japanese." 「彼は日本語を話せますか」「ええ, かなり自由に話せますよ. 日本人と結婚していますから」《◆ 相手に直接聞く場合は can では露骨に響くので

*Do* you speak Japanese? がふつう).

> [語法] (1) [can と be able to] → able [語法].
> (2) [can と未来時制] can の未来時制は will [shall] be able to であるが, if 節内では未来のことをいっていても can を用いる: If you *can* [×will be able to] use this computer perfectly in a month, you may keep it. もし1か月でこのコンピュータを完全に使いこなせるようになるのなら, 君の物にしてかまいません.
> (3) [能力の can と文脈的意味] 現実の場面では「…できる」から「…してあげましょう」,「(できるのなら)…してください」のように, 勧誘・依頼の意を含むことが多い: *Can* you use a computer? コンピュータを使えますか(→(使えるのなら)私のために操作してください).

> [Q&A] *Q*: 無生物の主語でも用いられますか.
> *A*: 無生物についても乗り物, 建物, 機械などのように能力があるとみなされる場合には, This car can run faster than that one. (この車はあの車よりスピードが出る)のように, 主語に用いることができます.

> [Q&A] *Q*: How can …? の文は可能の意味ですか.
> *A*: いいえ. How cán you stand all these noises! (よくこの騒音に耐えられますね)のように, 驚き・意外・あきれなどを表します. もっと強く非難・あざけりを表す場合は *How dare* you call me a liar? (よくもぼくをうそつき呼ばわりできるね)のように How dare …? を用います.

**2** [can + 感覚動詞(see, hear, feel など)]〈人・動物に〉…が見えて[聞こえて, 感じて, など]いる ‖ I **can see** the moon. 月が見えている《◆感覚動詞はふつう進行形にしない》.

[対話] "Will you speak louder? I **cán't** hear you." "Sorry." 「もっと大きい声で話してください. 聞こえませんので」「すみません」《◆×I am not hearing you. の代用表現. 耳が遠いと言っているのではない》.

**|| [可能性・推量]**

**3** [can do]〈人が〉…できる;〈事が〉…でありうる《◆「…でありうる」の意ではふつう疑問文となる. 否定文は → **5**. 話し手の確信度については → may **2**》‖
I **can** see you tomorrow. あすお目にかかりましょう.
You **can't** see him because he is engaged. 彼は仕事中なので面会はできません.
This game **can** be played by young children. このゲームは幼い子供にもできる.
It **can't** be true, I suppose. そんなはずはないだろうね.
[対話] "**Can** she still be at the station?" "I suppose so." 「彼女はまだ駅にいるでしょうか」「いると思うよ」.

**4** [can do]〈人・事・物は〉時には…しかねない, 時に…する場合もある《◆ふつう好ましくないことをいうのに用いる》‖
A referee **can** ruin a bout. レフェリーによっては試合を台なしにしかねない.
Sometimes you **can** feel lonely when you are surrounded by other people. ほかの人たちに囲まれている時でさえ淋しさを感じることがときどきある.
My father **can** be terribly childish, but he means well. 父は時には子供じみた事を言ったり, したりします. 別に悪気はないのですが.

> [語法] [can と may] 両方とも可能性を表すが, may は単なる推量: That child *may* reach the table. あの子はテーブルに手が届くかもしれない(し, 届かないかもしれない) / That child *can* reach the table. あの子は(その身長に達しているなどの理由で)テーブルに手が届くだろう / [対話] "Have you got a pencil?" "I *may* [×*can*] have one." 「鉛筆を持っていますか」「たぶん持っています」.

**5** [通例 can't be C]〈人・物・事は〉C ではありえない, C のはずがない, C であっては困る《◆C は名詞・形容詞》‖
It **cán't** be true. それは本当であるはずがない(= It is not possible that it is true.)《◆「本当のはずだ」は肯定文の ×It can be true. ではなくて It *must be* true.》.
If the car is gone, he **cán't** be at the office. もし車がないのなら, 彼は事務所にいるはずがない《◆推量の根拠は if 節で示す》.
This **can't** happen. こんなことがあっては困る.

> [語法] (1) この意味では堅い書き言葉でも can't とつづるのがふつう.
> (2) 疑問文にはしない: ×Can't the rumor be true?
> (3) can't の代わりに must not を用いることもある(→ must **3** [語法] (2)).

**6** [通例 can't have done]〈人・物・事が〉(これまでに)…した[であった]はずがない ‖
He **cán't** have told a lie. 彼がうそをついたはずがない《◆He could not have told a lie. ともいえる》.

**7** [can have done](まれ) …できてしまっているだろう《◆次の例の by 10 o'clock のような未来を表す副詞句を伴う》‖
I **can have got** the dinner ready by 10 o'clock. 10時までにはディナーの用意を終えているでしょう《◆I'll be able to get the dinner ready by 10 o'clock. がふつう》.

**||| [許可]**

**8** [can do](略式)〈人は〉…してもよい, さしつかえない ‖

You **can** smoke here. ここでタバコを吸ってもかまいません《◆ 禁煙の掲示がないとか引火の恐れがないという理由により「吸ってもよい」. You **may** smoke here. (=I allow you to smoke.)だと『私が許可するから吸ってもよい』》.
You **cánnot** stay here. ここにいてはいけません.
[対話] "**Can** I borrow your bike?" "Sure. But will you return it in an hour?"「君の自転車を借りてもいいですか」「いいですよ. でも1時間したら返してくれますか」.

[語法] [can と may] (1) 許可を求める場合 Can I ...? より May [Might, Could] I ...? の方がていねい: [対話] "*Can* I have óne, Mom?(↗)" "You should say 'May I have one?'."「ひとつもらっていい, おかあさん?」「ひとついただいてもいいですか, でしょう」. ただし許可をする場合, "Yes, ×you could [might]." としないのがふつう. "Yes, you *can* [*may*]." / "Yes, of course." / "Certainly." などを用いる.
(2) can は語調をやわらげるために話し手が下す許可の場合にもしばしば用いられる: [対話] "*May* I come in?" "Yes, you *can*."「入ってもいいですか」「ええ, どうぞ」(cf. may **1c**).

[Q&A] **Q**: 許可を表す can の主語に無生物を用いてもいいですか.
**A**: はい. Pencils *can* be red. (鉛筆は赤でもよい)のように用いられます.

**as ... as (...) can bé** この上なく…である ‖ She is as poor as (poor) can be. 彼女は貧乏のどん底だ.

\***can**[2] /kǽn キャン/ 〖「コップ(cup), 容器」が原義〗
—名 (複) ~s/-z/) ⓒ **1a** [しばしば複合語で] かん《用途も形もさまざま》; (米) (金属性の)ごみ入れ ((英) bin) ‖
a mílk càn ミルクかん.
a wátering càn じょうろ.
a trásh càn (米) (乾いたくず用の)ごみ入れ.
a gárbage càn (米) 生ごみ入れ.
**b** (金属性の)ジョッキ, 大コップ.
**2** (もと米) **かん詰め**(のかん) ((英) tin); 1かん分の量 (canful) ‖
two **cans** of beer かんビール2本.
serve a càn of péas for lunch 昼食に豆のかん詰めを出す.
—動 (三単現) ~s/-z/; (過去・過分) canned/-d/; (現分) can·ning)
—他〈食物を〉かん詰め[びん詰め]にする((英) tin) ‖
We eat all we can(↗) ‖ but what we can't (↘) ‖ we cán. 食べられるだけ食べますが食べきれないものはかん詰めにします.
**cán òpener** かん切り((英) tin opener).
**Can.** (略) Canada.
**Ca·naan** /kéinən ケイナン/ 名 **1** [聖書] カナン《ヨルダン川と地中海との間の土地で現在の Palestine に当たる. 神がアブラハムとその弟子たちに約束した土地(「創世記」)》. **2** ⓒ 約束[理想]の地, 天国.

\***Can·a·da** /kǽnədə キャナダ/ 〖アメリカインディアン語「村」から〗 派生 Canadian (形)
—名 カナダ《北米大陸北部の国. 首都 Ottawa. (略) Can.》.

\***Ca·na·di·an** /kənéidiən カネイディアン/ (発音注意) 《◆ ×カナディアン》〖→ Canada〗
—形 カナダ(人)の.
—名 (複) ~s/-z/) ⓒ カナダ人 (語法) → Japanese).

**ca·nal** /kənǽl カナル/ (アクセント注意) 《◆ ×カナル》名 ⓒ **1** [しばしば C~] 運河, 水路 ‖
the Suez **Canal** スエズ運河.
the Panama **Canal** パナマ運河.
**2** [解剖・植] (導)管, 脈管.
**Canál Zòne** [the ~] パナマ運河地帯《米国が借地していたパナマ運河とその両岸の地域. パナマ条約(1977)により西暦2000年パナマに返還された》.

**ca·nar·y** /kənéəri カネアリ/ (アクセント注意) 《◆ ×カナリ》名 (複) ~·nar·ies/-z/) **1** ⓒ [鳥] カナリア. **2** ⓤ カナリア色《鮮黄色》(canary yellow). **3** [the Canaries] =Canary Islands.
**Canáry Íslands** [the ~] カナリア諸島《アフリカの北西岸沖にあるスペイン領の群島. 島名は「犬(can)の多い島」の意》.

**canáry yéllow** =canary **2**.

**Can·ber·ra** /kǽnbərə キャンバラ/ 名 キャンベラ《オーストラリアの首都》.

\***can·cel** /kǽnsl キャンスル/ 〖「格子状に線を引く」が原義〗

5月4日(日)　運動会
~~5月5日(月)　遠　足~~
5月6日(火)　学習会
　　　　　　　　　　cancel《取り消す》

—動 (三単現) ~s/-z/; (過去・過分) ~ed または (英) can·celled/-d/; (現分) ~·ing または (英) ··cel·ling)
—他 **1**〈人が〉〈約束・注文・行事などを〉**取り消す**, 無効にする(call off) ‖
cancel one's hotel reservation ホテルの予約を取り消す.
**2** …を償(ౡ)う, 埋め合わせる, 釣り合わせる.
**3**〈切手・小切手などに〉消印を押す;〈切符などに〉パンチを入れる ‖
canceled stamps 使用済み切手.
**4** [印刷]〈文字などを〉線で消す, 削除する.

**can·cel·la·tion** /kǽnsəléiʃən キャンセレイション/ 名 **1** ⓤ 取り消し, キャンセル; 消去, 削除. **2** ⓒ 消印.

\***can·cer** /kǽnsər キャンサ/ 〖「カニ」が原義〗
—名 (複) ~s/-z/) **1** ⓒⓤ **がん**(癌); [医学] 癌腫(ポ゚ぅ)《◆ 遠回しに tumor, growth, Big C, long illness (長わずらい)とも》‖
terminal **cancer** patients 末期がんの患者.

**2** ⓒ《正式》(社会などの)がん;害悪,弊害 ‖
Narcotics are the **cancer** of our society.
麻薬(中毒)は社会のがんだ.
**3** [C~]〔天文〕かに座(the Crab);〔占星〕巨蟹(ぎょかい)宮, かに座(cf. zodiac);ⓒ 巨蟹宮生まれの人《6月22日-7月22日生まれ》.
**4** [C~] 北回帰線, 夏至線(the Tropic of Cancer)(図 → earth).

**can·cer·ous** /kǽnsərəs キャンサラス/ 形 がん(癌)の[にかかった].

**can·de·la·brum, --bra** /kændəlɑ́ːbrə(m) キャンデラブラ/ 名 (複 --bra, --brums; --bras) ⓒ (2本以上立てられる)装飾的な枝付き燭(しょく)台.

**can·did** /kǽndid キャンディド/ 形 (時に 比較 ~·er, 最上 ~·est) **1**《聞き手に不快なほど》率直な, 遠慮のない, 包み隠しのない(→ frank) ‖
a **candid** opinion 率直な意見.
to be perfectly **cándid** with you ざっくばらんに言わせてもらえば.
**2** (写真などで)ポーズを取らない, 気取らない.

**cándid cámera** スナップ用小型カメラ《隠し撮り用》.
**cándid phótograph** スナップ写真.
**cán·did·ly** 副 率直に, 腹蔵なく;公正に;[文全体を修飾] 率直に言えば.
**cán·did·ness** 名 ⓤ 率直[公平](さ).

**can·di·da·cy** /kǽndidəsi キャンディダスィ/ 名 (複 --da·cies/-z/) ⓤⓒ《正式》立候補(資格, 期間).

**can·di·date** /kǽndədèit キャンディデイト, -dət/ 名 ⓒ **1** 立候補者, 推薦候補 ‖
a presidential **candidate** 大統領候補.
a **candidate** for governor 知事候補.
**2** 志願者, 志望者;受験者〔生〕‖
twenty **candidates** for the job その仕事に対する20名の応募者.
**3** なりそうな人, 予備軍《◆よい事にも悪い事にも用いる》‖
a **candidate** for greatness 偉くなりそうな人.

**can·died** /kǽndid キャンディード/ 形 **1** 砂糖煮[づけ]の. **2** 砂糖状に結晶した.

**can·dies** /kǽndiz キャンディズ/ 名 → candy.

*****can·dle** /kǽndl キャンドル/〖輝く(cand)もの(le). cf. candid, candor〗
——名 (複 ~s/-z/) ⓒ ろうそく ‖
light a **candle** ろうそくに火をつける.
blow out a **candle** ろうそくの火を吹いて消す.
文化 英米のレストランなどでは食事中テーブルにろうそくをともすことが多い.

**can·dle·light** /kǽndllàit キャンドルライト/ 名 ⓤ **1** ろうそくの光 ‖
by **candlelight** ろうそくの光で.
**2** 薄暗い人工照明.

**can·dle·stick** /kǽndlstìk キャンドルスティク/ 名 ⓒ (ふつう 1本用の)ろうそく立て, 燭(しょく)台(cf. candelabrum).

**can·dor,**《英》**--dour** /kǽndər キャンダ/ 名 ⓤ **1**(言葉・表現などの)率直さ;誠実さ, 正直さ. **2** 公平, 公正.

*****can·dy** /kǽndi キャンディ/〖「砂糖」が原義〗
——名 (複 **can·dies**/-z/) **1**《米》ⓤ キャンディー《◆「何種類かのキャンディー」のときは candies》, ⓒ (1個の)キャンディー《英》sweet(s) ‖
two pieces of **candy** (同種の)キャンディー2個.
mixed [assorted] **cándies** 各種詰め合わせキャンディー.
take a **candy** from the box 箱からキャンディーを1つとる.
I like **candy** [**candies**]. キャンディーが好きだ《◆単数形がふつう》.
Don't eat too much **candy**. 甘い物を食べすぎるな.
**2**《英》ⓤ 氷砂糖, ⓒ (1かけの)氷砂糖《米》súgar cándy,《米》róck cándy).

**cándy ápple**《米》キャンディー=アップル《リンゴをあめでくるんで棒にさした菓子》.
**cándy cáne** キャンディー=ケイン《紅白のつえの形のあめ. クリスマス用》.
**cándy stòre**《米》菓子屋《英》sweet shop《◆清涼飲料・新聞・タバコなども売る》.

**cane** /kéin ケイン/ 名 **1** ⓒ (トウ・竹・サトウキビなどの)茎;サトウキビ.
**2** ⓤ (籐)《家具などの用材》;[形容詞的に] トウの, トウでできた ‖
a **cane** chair トウいす《◆「トウ細工(品)」は **cáne·wòrk**》.
**3** ⓒ トウ製のつえ;[通例 the ~] (体罰用の)むち ‖
get the **cane** (体罰として)むちで打たれる.
——動 (現分 **can·ing**) 他《やや古》〈生徒などを〉むちで打つ;むち打って…を教え込む.

**cáne súgar** 甘蔗(かんしょ)糖.

**ca·nine** /kéinain ケイナイン, kǽ-/ 形《正式》イヌの(ような), イヌ科の ‖
**canine** madness 狂犬病.
——名 **1** ⓒ《正式》イヌ;イヌ科の動物《イヌ・オオカミ・キツネなど》. **2** =canine tooth.

**cánine tóoth** 犬歯(図 → tooth).

**can·is·ter** /kǽnistər キャニスタ/ 名 ⓒ (ふた付きの)かん《茶・コーヒー・タバコなどを入れる》.

**can·ker** /kǽŋkər キャンカ/ 名 **1** ⓤⓒ (主に口腔(こうこう)・唇などの)潰瘍(かいよう). **2** ⓤⓒ〔植〕(果樹の)癌腫(がんしゅ)病. **3** ⓤⓒ〔獣医〕蹄癌(ていがん);(イヌ・ネコなどの外耳の)潰瘍. **4**《正式》[通例 a ~] (社会などに)蔓(はびこ)延する悪, 害毒.

**cánker sòre** 口内炎.

**can·na·bis** /kǽnəbis キャナビス/ 名 ⓤ **1** インド大麻. **2** カンナビス《マリファナより弱くハシシより強い麻薬》.

**canned** /kǽnd キャンド/ 動 → can².

—形《米》かん[びん]詰めにした((英) tinned) ‖ canned beer かんビール《◆ *can beer は誤り》.
**can·ner·y** /kǽnəri キャナリ/ 名 (複 ~ner·ies /-z/) C かん詰め工場.
**Cannes** /kǽn キャン/ 名 カンヌ《フランス南東部の地中海に臨む避暑地. 毎年ここで国際映画祭が開かれる》.
**can·ni·bal** /kǽnəbl キャニブル/ 名 C **1** 人食い人種;[比喩的に]鬼. **2** 共食いする動物.
—形 人食い人種[共食いする動物](のような).
**can·ni·bal·ism** /kǽnəblìzm キャニブリズム/ 名 U **1** 人食い[共食い](の風習). **2** 残忍さ, 野蛮な行為.
**can·ni·bal·is·tic** /kæ̀nəblístik キャニバリスティク/ 形 人食いの; 共食いの; 残忍な.
**can·non** /kǽnən キャノン/ (同音 canon) 名 (複 ~s/-z/, 集合名詞 can·non) C (飛行機の)機関砲;(射角45度以下の)カノン(砲)《榴(リウ)弾砲, 迫撃砲》;(一般に)大砲《◆現在では gun がふつう》.
—動 (自) 激しく衝突する, ぶつかる.
**can·non·ball** /kǽnənbɔ̀ːl キャノンボール/ 名 C **1** (旧式の)砲弾, 砲丸《◆今は shell がふつう》. **2**《米略式》特急[弾丸]列車.
*__**can·not**__ /kǽnɑt キャナト, -nət, kænɑ́t, kən-|kǽnɔt キャノト, -nət/ can¹ の否定形.
**can·ny** /kǽni キャニ/ 形 (比較 ··ni·er, 最上 ··ni·est) **1** (金銭の面で)抜け目のない; ずるい (shrewd). **2** 利口な, 見聞の広い.
*__**ca·noe**__ /kənúː カヌー/ (アクセント注意)《◆ "カヌー》
—名 (複 ~s/-z/) C カヌー《paddle でこぐ丸木舟の総称》;《英》では特にカヤック(cf. kayak) ‖
by canoe =in a canoe カヌーで.
paddle one's own canoe 《略式》自立する, 独力でやっていく.
—動《正式》(自) カヌーをこぐ, カヌーで行く.
—(他) をカヌーで渡す[運ぶ].
**can·on** /kǽnən キャノン/ (同音 cannon) 名 C **1**〔キリスト教〕(教会の)戒律. **2**《正式》[しばしば ~s](行動・思想などの)規範. **3**〔音楽〕カノン, 輪唱曲.
**can·o·py** /kǽnəpi キャノピ/ 名 (複 ··o·pies /-z/) C **1** 天蓋(がい)《寝台・王座・入口などの上部を覆う装飾》. **2** 屋根[天蓋]のような覆い; 日陰(shade) ‖
a canopy of death 死の影.
**3**(飛行機の操縦席上の透明な)円盤, キャノピー.

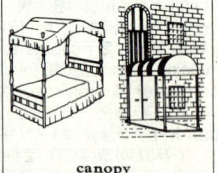

*__**can't**__ /kǽnt キャント|kɑ́ːnt カーント/ (同音《米》cant) 《略式》cannot の短縮形.
**can·ta·loupe, --loup** /kǽntəlòup キャンタロウプ|-lùːp -ループ/ 名 C U カンタロープ《マスクメロンの一種》.
**can·tan·ker·ous** /kæntǽŋkərəs キャンタンカラス, kən-/ 形《略式》怒りっぽい, けんか好きな; つきあいにく

い.
**can·ta·ta** /kəntɑ́ːtə カンタータ, kæn-/〖イタリア〗 名 C〔音楽〕カンタータ《独唱・重唱・合唱からなる声楽曲》.
**can·teen** /kæntíːn キャンティーン/ 名 C **1** 水筒. **2**(工場・学校などの)食堂, 売店;(緊急用の)仮設食堂.
**can·ter** /kǽntər キャンタ/ 名 C [通例 a ~] キャンター《馬のゆるい駆け足》(→ gait 名 **2**) ‖
win at [in] a canter《競走馬が》楽勝する.
—動 (自)馬がキャンターで駆ける. —(他)〈馬〉をキャンターで駆けさせる.
**Can·ter·bu·ry** /kǽntərbèri キャンタベリ|-təbəri キャンタバリ/ 名 カンタベリー《イングランド南東部の都市. アングリカンチャーチ総本山の所在地》.
**Cánterbury Táles** [The ~]『カンタベリー物語』《Chaucer の作》.
**Can·ton** /kæntɑ́n キャンタン|-tɔ́n -トン/ 名 **1** カントン《広東. 中国南東部の海港》. **2** カントン《米国 Ohio 州北東部の都市》.
**can·vas** /kǽnvəs キャンヴァス/ (同音 canvass) (複 ~·es /-iz/) 名 **1** U キャンバス地, ズック; C [集合名詞としても用いて]テント, 帆 ‖
canvas shoes ズック靴.
**2** C U カンバス, 画布; C 油絵; U (歴史・小説などの)背景.
**can·vass** /kǽnvəs キャンヴァス/ (同音 canvas) 動 (三単現 ~·es /-iz/) (他) **1**〈町・地区など〉を(寄付などを頼んで)回る;〈一定の問題〉を世論調査する ‖
canvass the whole block for subscriptions to evening papers 夕刊の予約購読の勧誘に町内を残らず回る.
**2**〈計画など〉を念入りに調べる.
—(自) **1** 投票[注文, 寄付]を頼む.
**2** 討論する, 議論する.
—名 (複 ~·es /-iz/) C **1** (商品販売などの)勧誘;(投票依頼などの)戸別訪問;世論調査.
**2** 討論, 議論.
**can·yon** /kǽnjən キャニヨン/〖スペイン〗名 C (川のある)深い峡谷;(地面などの)深い割れ目《◆米国の Grand Canyon は有名》.

**__*cap__** /kǽp キャプ/ (発音 cup/kʌ́p/)〖「頭 (head)」が原義. cf. capital, captain〗
—名 (複 ~s/-s/) C **1a**(縁なしの)帽子《◆縁のあるのは hat》‖
touch one's cap 帽子に手をやる《敬意・あいさつを表す動作》.
Where's your cap? (↗)(子供に向かって)ごあいさつは?
**b**[通例複合語で](職業・階級などを示す)制帽, 式帽 ‖
a cárdinal's càp 枢機卿(ケィ)の帽子.
a cóllege [squáre] càp 大学帽.
a nurse's cap 看護師の制帽.
**2** 帽子状の物;(びん・万年筆・カメラのレンズなどの)ふた;(キノコの)かさ.
**3** [the ~] 頂上;最高 ‖
the cap of a wave 波頭.

―**動** (過去・過分) capped/-t/ ; (現分) cap·ping
⊕ **1** …に帽子をかぶせる; (名誉・階級の象徴として)…に帽子を与える.
**2** 〈器具など〉にふたをかぶせる; …の頂上を覆う ‖
the hills (which are) capped with [by] snow =the snow-capped hills 雪をいただいた山々.

**ca·pa·bil·i·ty** /kèipəbíləti ケイパビリティ/ **名** (複) -·i·ties/-z/) ⓒⓊ **1** 能力, 才能; [the capability of [in] doing / the capability to do] …できる能力, 才能, 手腕; (◆capacity より堅い語) ‖
have the capability of dealing [to deal] with difficult problems 難問を処理する能力がある.
**2** [capabilities] (今後伸びる) 素質, 才能; 潜在能力, 将来性.

*__**ca·pa·ble**__ /kéipəbl ケイパブル/ 〖→ capacity〗 ―**形** (比較) more ~, (最上) most ~) (↔ incapable) **1** [A is capable of B] **a** A〈人・物が〉B〈の(潜在)能力がある, [be capable of doing] …する能力を秘めている ‖
The computer is capable of storing millions of pieces of information. コンピュータは何百万という情報をストックできる (= The computer is able to store …).
The airplane is capable of supersonic speeds. その飛行機は超音速で飛べる.
対話 "So, can you do it?" "Sure I'm as capable as ányone." 「そしたらそれができるのですか」「もちろん, 人並みの能力はありますので」.
**b** A〈人が〉B〈犯罪など〉をやりかねない, …をする可能性の(かなり)ある ‖
The man is quite capable of telling lies. やつはうそもつきかねない男だ.
**c** A〈事・物が〉B〈改善など〉を受け入れる余地がある, 受容能力がある ‖
The situation is capable of improvement. 状況は改善の余地がある.
**2** 必要な能力 [資格] のある; (専門職などで) 有能な, 敏腕の ‖
a capable lawyer 腕ききの弁護士.
He's capable as a lawyer. 彼は弁護士として有能だ.

**cá·pa·bly** **副** 巧みに, 上手に.

**ca·pac·i·ty** /kəpǽsəti カパシティ/ (↔ incapacity) **名** (複) -·i·ties/-z/)

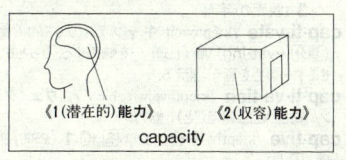

《1(潜在的)能力》 《2(収容)能力》
capacity

**1** ⓒⓊ [しばしば a ~] (潜在的)能力, 才能; [the [a] capacity for doing / the [a] capacity to do] (将来の可能性も含めて)…できる能力 (↔ incapacity) ‖
a man of great capacity 偉大な才能を秘めた人物.
The book is beyond [within] my capacity. その本は私に理解できない [できる].
**2** Ⓤ [しばしば a ~] 受け入れる能力, 受容 [収容] 能力, (建物などの) 定員; 容積, 容量 《◆形容詞は capacious》; [形容詞的に] 満員の; 〈仕事などが〉能力いっぱいの ‖
The theater was filled to capacity. 劇場は満員だった.
The tank has a capacity of fifty gallons. タンクの容量は50ガロンだ.
The seating capacity of the room is 200. その部屋には200人入れる.
a capacity crowd 満員の観客.
work at full capacity 全力で働く; フル操業する.
a capacity production フル操業の生産.
**3** ⓒ (正式) 資格, 立場 ‖
in the capacity of chairperson =(in one's capacity) as chairperson 議長として.

**cape**¹ /kéip ケイプ/ **名** **1** ⓒ みさき(岬) (headland) 《◆しばしば Cape で地名として使われる》 ‖
Cape Erimo 襟裳(ёёё)岬.
**2** [the C~] **a** =Cape Cod (→ Cod). **b** = the Cape of Good Hope 喜望峰.

**Cápe Canáveral** /-kənǽvərl -カナヴァラル/ ケープカナベラル 《米国 Florida 州東海岸の, ミサイル・人工衛星の実験基地. 一時 Cápe Kènnedy と呼ばれた》.

**Cápe Cód** → Cod.
**Cápe Hórn** → Horn.
**Cape Town** → 見出し語.

**cape**² /kéip ケイプ/ 《cap, 日本語の「(雨)かっぱ」と同語源》 **名** ⓒ (婦人服の)ケープ; (軍服などの)肩マント《円形のそでなし外衣の総称》.

**ca·per** /kéipər ケイパ/ **動** 圊 (正式) (陽気に)はね[飛び]回る (+about). ―**名** ⓒ **1** (陽気な)はね[飛び]回り. **2** (主に英略式) 悪ふざけ.

**Cape Town, Cape·town** /kéiptàun ケイプタウン/ **名** ケープタウン 《南アフリカ共和国南部の都市. 立法府所在地》.

**cap·il·lar·y** /kǽpəlèri キャピレリ | kəpíləri カピラリ/ **形** 毛(状)の, 毛管(現象)の. ―**名** (複 -lar·ies/-z/) ⓒ 毛細管; (解剖) [通例 capillaries] 毛細血管.

*__**cap·i·tal**__ /kǽpətl キャピトル/ (同音 Capitol) 〖「頭」が原義〗
派 capitalism, capitalist (名)
→ **名** 1首都 2大文字 3資本(金)
**形** 1大文字の 2最も重要な
―**名** (複 ~s/-z/) **1** ⓒ 首都, 首府; (産業などの)中心地; [形容詞的に] 首都の, 首府の(略 cap.) ‖
the modern capital of the automobile industry 自動車産業の現代の中心地.
対話 "Is New York the capital (city) of the State of New York?" "It should be. But

actually Albany is the capital." 「ニューヨークがニューヨーク州の州都ですか」「それが当然と思われますが、実際にはオールバニーが州都なのです」.

**2** Ⓒ **大文字**(capital letter) (↔ small letter); [~s] 大文字で書く[印刷する]こと、大文字体 ‖
Write only your family name in capitals [in capital letters]. 姓だけを大文字で書きなさい.
The sentence begins with a capital (letter). 文は大文字で始まる.

**3** Ⓤ [時に a ~] **資本**(金), 資産, 元金(↔ interest) ‖
They have enough capital to build a second factory. 彼らは次の工場を建設するだけの資本を持っている.
Her business was started with (a) capital of $2,000. 彼女の事業は資本金2000ドルで始められた.

**関連** fixed capital 固定資本 / circulating capital 流動資本 / authorized capital 授権資本 / fictitious capital 擬制資本 / financial capital 金融資本 / invested capital 投下資本.

——形 [通例名詞の前で] **1 大文字の** ‖
a capital letter 大文字.
**2 最も重要な**, 主要な, 主な ‖
be of capital importance 非常に重要である.
**3 死刑の**, 死刑に値する.

**cápital gáin** [(しばしば)~s] **gáins**) 資本利得, キャピタルゲイン《株や土地売買による所得》.
**cápital létter** =capital 名 2.
**cápital púnishment** 死刑.

**cap·i·tal·ism** /kǽpətəlìzm キャピタリズム/ 名Ⓤ 資本主義(制度). **関連**「共産主義」はcommunism, 「社会主義」はsocialism.

**cap·i·tal·ist** /kǽpətəlist キャピタリスト/ 名Ⓒ 資本家; 資産家, 金持ち; 資本主義者.
——形 =capitalistic.

**cap·i·tal·is·tic** /kæ̀pətəlístik キャピタリスティク/ 形 **1** [名詞の前で] 資本のある. **2** 資本主義の.
**càp·i·tal·ís·ti·cal·ly** 副 資本主義的に.

**cap·i·tal·i·za·tion** /kæ̀pətəlizéiʃən キャピタライゼイション | -təlai- キャピタライ-/ 名 **1** Ⓤ 資本化. **2** [a ~] 資本総額. **3** Ⓤ 大文字を使用すること.

**cap·i·tal·ize** /kǽpətəlàiz キャピタライズ/ 動 (現分)--iz·ing) 他 **1** …を大文字で書く[始める]. **2** …を資本として使う. ——自 利用する, つけ込む.

**Cap·i·tol** /kǽpətl キャピトル/ (同音 capital) 名 **1** (米) [the ~] 国会議事堂(the United States Capitol) 《◆ 日本の国会議事堂はthe Diet Building, 英国のはthe Houses of Parliament》; [通例 c~] Ⓒ 州議事堂《各州の州都にある》. **2** [the ~] (古代ローマの)カピトリヌス丘《神殿》. **3** =Capitol Hill.

**Cápitol Híll** 《米》国会議事堂のある丘(Capitol)

《◆ 首都ワシントンにある》; 米国議会(Congress) 《◆ 単に the Hill ともいう》.

**ca·pit·u·late** /kəpítʃəlèit カピチュレイト | -pítju-/ 動 (現分)--lat·ing) 自 (正式) 降伏する.

**ca·pit·u·la·tion** /kəpìtʃəléiʃən カピチュレイション | -pìtju- カピチュ-/ 名 **1** Ⓤ 条件付き降伏; Ⓒ 降伏文書. **2** Ⓒ 要項, 要約.

**ca·pon** /kéipɑn ケイパン | -pən -ポン/ 名Ⓒ (食用の)去勢おんどり.

**ca·price** /kəprí:s カプリース/ 名 (正式) **1** ⒸⓊ 気まぐれ. **2** Ⓤ 気まぐれな性格.

**ca·pri·cious** /kəpríʃəs カプリシャス/ 形 気まぐれな; 信頼できない; (文)《風などが》不安定な.

**Cap·ri·corn** /kǽprikɔ̀ːrn カプリコーン/ 名 **1**《天文・占星》やぎ座. **2** 南回帰線, 冬至線(the Tropic of Capricorn)(図 → earth).

**cap·size** /kǽpsaiz キャプサイズ | -ʹ-/ 動 (現分)--siz·ing) 他 …を転覆させる《◆沈没の意を含むこともある》. ——自 《船が》転覆する.

**cap·sule** /kǽpsl キャプスル | -sju:l -スュール/ 名Ⓒ **1** 小さな容器[袋, 箱]; (特に薬の)カプセル. **2** (宇宙ロケットの)カプセル.

**Capt.** (略) Captain.

**\*cap·tain** /kǽptn キャプテン | -tin キャプティン/ 〖『頭(かしら)になる人』が原義〗
——名(〜s -z/) Ⓒ (略 Capt.) **1** (集団などの)**長**; 指導者, 長官, 首領; 大立物 ‖
a càptain of índustry 産業界の大立物, 大実業家.
**2** (呼びかけにも用いて) **船長**, 艦長, 機長.
**3** (運動チームの)**キャプテン**, 主将;《英》(学校の)級長; 生徒[自治]会長 ‖
He is (the) captain of the team. 彼はチームの主将だ《◆無冠詞がふつう》.
**4** 陸軍[空軍]大尉; 海軍大佐. **5**《米》(ホテル・料理店の)ボーイ長.
——動他〈人など〉を統率する;〈チームなど〉の主将になる.

**cáptain géneral** ((複) ~s general, captain generals) 総司令官.
**Cáptain Kídd** キャプテン=キッド 《1645?-1701; 英国の伝説的海賊》.

**cap·tion** /kǽpʃən キャプション/ 名Ⓒ **1**《米》(新聞記事・章・公式文書などの)見出し, 表題, タイトル. **2** (イラスト・写真に添えた)短い説明文, 記述, キャプション. **3** (映画の)字幕.

**cap·ti·vate** /kǽptəvèit キャプティヴェイト/ 動 (現分)--vat·ing) 他 (正式) …を魅惑する, うっとりさせる; …の心を奪う, 捕える.

**cap·ti·va·tion** /kæ̀ptəvéiʃən キャプティヴェイション/ 名Ⓤ 魅惑(すること), 魅力.

**cap·tive** /kǽptiv キャプティヴ/ 名Ⓒ **1** (やや古) 捕虜, 囚人.
**2** (美・恋などの)とりこ(になっている人) ‖
a captive of love 恋のとりこ.
——形 捕虜になった; 閉じ込められた; (文) 監禁[束縛]の ‖

take him captive 彼を捕虜にする.
**cap·tiv·i·ty** /kæptívəti キャプ**ティ**ヴィティ/ 名 U 捕われの身[状態], 監禁状態[期間]; 束縛.
**cap·tor** /kǽptər キャプタ/ 名 C 《正式》捕える人.
**cap·ture** /kǽptʃər キャプチャ/ 動 (現分) -turing) 《◆ catch より堅い語》, …を捕虜にする, …を逮捕する; 〈陣地・要塞(きい)などを攻略[占領]する ‖

capture a thief 泥棒を捕える.
**b** [capture A doing] 〈人〉が…しようとしているのを捕える ‖
She was **captured** trying to steal jewelry. 彼女は宝石類を盗もうとして捕えられた.
**2** 〈人の心・注意など〉を捕え, 引きつける ‖
capture her attention 彼女の注意を引く.
**3** 〈賞品など〉を獲得する, 取る ‖
The Dodgers **captured** the pennant. ドジャースがペナントを取った[優勝した].
**4** 《正式》《映画・文字など》〈(捕えにくい) 物など〉を保存[表現]する ‖
The artist **captured** the charm of the lady. 画家はその婦人の魅力をうまく捕えた.
**5** 《コンピュータ》〈画像など〉を入力する, 取り込む.
── 名 **1** U 捕獲, 逮捕, 占領. **2** C 捕獲物, ぶんどり品.

\***car** /kɑːr カー/ 『『走る』→「ものを運ぶ2輪車」が原義. cf. **carr**y, **chari**ot』
── 名 (複 ~s/-z/) C **1** (ふつう自家用の) **自動車**, 乗用車 《◆(1)《主に米》auto(mobile), 《英・やや古》motorcar の一般語. (2) ふつう bus, taxi, truck などは含まない》 ‖

**by car** =in a **car** 車で.
**get [climb] into the car** 車に乗る 《◆ *get on the car*》.
**get out of the car** 車から降りる 《◆ *get off the car*》.
**drive a car** 車を運転する.

> Q&A　*Q*: 「彼の車でドライブする」という場合, by his car でいいのですか.
> *A*: いいえ. go for a drive in his car とします. by car は「移動手段として車を用いて」, in a car は「個別・具体的な車に乗って」の気持ちで用います.

> [種類] a patról càr パトロールカー / a spórts càr スポーツカー / a sprínt càr スプリントカー / a rácing càr レーシングカー.
> [事情] [米英の主要自動車名] [米] Buick (ビュイック), Chevrolet (シボレー), Ford (フォード), Chrysler (クライスラー), Lincoln (リンカーン), Cadillac (キャデラック).
> [英] Bentley (ベントレー), Rolls-Royce (ロールスロイス), Rover (ローバー), Jaguar (ジャガー).

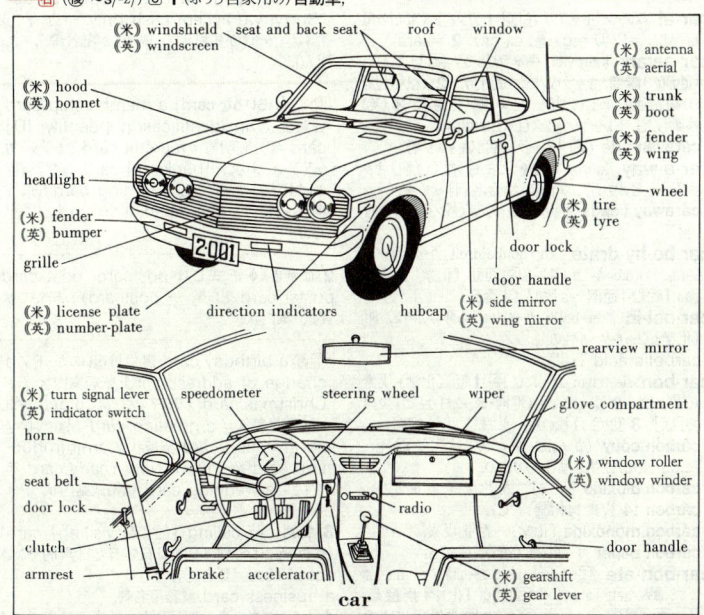

- 《米》windshield / 《英》windscreen
- seat and back seat
- roof
- window
- 《米》antenna / 《英》aerial
- 《米》hood / 《英》bonnet
- 《米》trunk / 《英》boot
- 《米》fender / 《英》wing
- headlight
- wheel
- 《米》tire / 《英》tyre
- 《米》fender / 《英》bumper
- door lock
- grille
- door handle
- 《米》license plate / 《英》number-plate
- direction indicators
- hubcap
- 《米》side mirror / 《英》wing mirror
- rearview mirror
- 《米》turn signal lever / 《英》indicator switch
- speedometer
- steering wheel
- wiper
- glove compartment
- horn
- 《米》window roller / 《英》window winder
- seat belt
- door lock
- radio
- clutch
- door handle
- armrest
- brake
- accelerator
- 《米》gearshift / 《英》gear lever

car

**2** (市街)電車《◆(米) streetcar, (英) tramcar などの略》.

**3** [複合語で] [列車の]車両, (…)車; (米) 客車 ((英) carriage), 貨車(《主に英》goods wagon)‖
a first class car 1等車.
a buffet [dining] càr 食堂車.
a dóme càr 展望車.

**4** (ロープウェイの)ゴンドラ;(飛行船・気球などの)つりかご;(米)(エレベーターの)箱 (cage).

**cár bèd** 幼児用携帯ベッド《車の後部に置く》.
**cár còat** カーコート《スポーティーな七分丈コート》.
**cár exhàust** 排気ガス.
**cár fèrry** (1) カーフェリー《鉄道車両・車などを運ぶ船. ferry(boat) ともいう》. (2) カーフェリー《車を運ぶ飛行機》.
**cár license** (車の)登録番号, ナンバープレート.
**cár pàrk** (英) 駐車場(《主に米》parking lot).
**cár pòol** カープール(のメンバー)《通勤者などが利用する自家用車の輪番相乗り》《◆今は自動詞 car-pool として「金を出し合ってタクシーに乗る」ことの意味にも用いられる》‖ do car pooling [car-pooling] 相乗りする.

**ca·rafe** /kəræf カラフ, -ráːf/ 名 C (水・ワインなどの)ガラス製卓上びん, カラフ; その1杯分の量.

**car·a·mel** /kǽrəml キャラムル|-mèl -メル/ 名 1 U =caramel sauce. **2** C キャラメル(1個).
**cáramel sàuce** カラメル (caramel) 《砂糖を煮つめたもの》.

**car·at** /kǽrət キャラト/ 名 C **1** カラット《宝石の重量単位. =200 mg. (略) c., ct.》. **2** =karat.

**car·a·van** /kǽrəvæn キャラヴァン/ 名 C **1** (古) (砂漠の)隊商, キャラバン隊;巡礼隊. **2** (屋根付きの)荷物運搬車;(ジプシーなどの)幌(ほろ)馬車. **3** (英) 移動住宅, トレーラーハウス(《米》trailer).
**cáravan síte** (英) トレーラーハウスキャンプ場.

**car·a·way** /kǽrəwèi キャラウェイ/ 名 C [植] キャラウェー, ヒメウイキョウ; U [集合名詞] その実.
**cáraway sèeds** キャラウェーの実《パン・ケーキの香料》.

**car·bo·hy·drate** /kàːrbouháidreit カーボウハイドレイト | kàːbəu- カーボウ-/ 名 C U [化学] 炭水化物;(略式)[通例 ~s] でんぷん食品.

**car·bol·ic** /kaːrbɑ́lik カーボリク|-bɔ́l- -ボリク/ 形 [化学] コールタール性の‖
carbólic ácid 石炭酸.

**car·bon** /káːrbən カーボン/ 名 **1** U [化学] 炭素((記号) C). **2** C [電気] (電池・アーク灯などの)炭素棒[板]. **3** U C (1枚の)カーボン紙. **4** C その写し.
**cárbon cópy** (カーボン紙による)写し((略) cc, c.c.);(略式) 生き写し, うり二つ.
**cárbon dióxide** [化学] 二酸化炭素, 炭酸ガス.
**cárbon 14** 炭素14((記号)¹⁴C).
**cárbon monóxide** [化学] 一酸化炭素.
**cárbon pàper** カーボン紙《複写用》.

**car·bon·ate** /káːrbənèit カーボネイト|-nit -ニト/ 名 C U [化学] 炭酸塩‖ ── 動 (現分) -at·ing 他 〈飲み物に〉炭酸を含ませる‖
carbonated drinks [beverages] 炭酸飲料.

**car·bon·ic** /kaːrbɑ́nik カーバニク|-bɔ́n- -ボニク/ 形 [化学] 炭素の, 炭素を含んだ.
**carbónic ácid** 炭酸.

**car·bu·re·tor, --ret·tor** /káːrbərèitər カーバレイタ | kàːbərétə カーバレタ/ 名 C (内燃機関の)キャブレター((図) → motorcycle).

**car·cass** /káːrkəs カーカス/ 名 (複 ~·es) C (動物などの)死骸(がい); (食肉用の動物の)屠殺(とさつ)体; (物の)残骸.

**car·cin·o·gen** /kɑːrsínədʒən カースィノチェン, -ːni-/ 名 C 発がん物質.

**car·cin·o·gen·ic** /kɑ̀ːrsinədʒénik カースィノチェニク/ 形 発がん性の.

## *card /káːrd カード/ (類音) curd/kə́ːrd/) 《「パピルスの葉」が原義. cf. chart》
── 名 (複 ~s/káːrdz/) C **1** カード, 券 ‖
The tickets used by the subway are little light green **cards**. その地下鉄の切符は小さな薄緑の券です.
[対話] "How can I get money from this Automated Teller Machine?" "Well, first put your **card** in the slot. Then press your secret number."「この現金自動支払機はどうしたらお金が引き出せますか」「まずカードを差入口に入れて, 次に暗証番号を押せばいいんです」.
[対話] "Do you accept (credit) **cards**?" "Sorry, we accept cash only."「カードで支払いができますか」「あいにく, 現金しかお受け取りできません」.

[関連] [いろいろな card] a mémbership càrd 会員証 / an idéntification [idéntity, ID] càrd 身分証明書 / a crédit càrd クレジットカード / a chéck [bánker's] càrd (銀行発行の)クレジットカード / a bóarding càrd (飛行機の)搭乗券 / an embarkátion càrd 出国記録カード.

**2** はがき《◆正式には postcard, post card, postal card という. → postcard》; あいさつ状, 賀状, 案内状.

[関連] a bírthday càrd 誕生日祝いのカード / a chánge of addréss càrd 転居案内状 / a Chrístmas càrd クリスマスカード / a gèt-wéll càrd 見舞状 / a gréeting càrd あいさつ状 / an invitátion càrd 招待状 / an introdúction càrd 紹介状 / a Néw Yéar's càrd 年賀状 / a wédding càrd 結婚式案内状.

**3** 名刺((米) cálling [(主に英) vísiting) càrd) 《◆英米では名刺の交換は日本ほど日常的でない. name *card* は「名札」》‖
a business *card* 業務用名刺.

**4** トランプ札, カルタ((正式) pláying càrd)《◆

trump は「切り札」(trump card)の意); [~s; 通例単数扱い] トランプ遊び ‖
deal (out) the cards トランプ札を配る.
cut the cards カードを切る.
Let's play cards [×do trumps]. =Let's have a game of cards. トランプをしよう.
He's good at cards. 彼はトランプがうまい (=He is a good cardplayer.).
**5** (スポーツの)プログラム, 番組, カード; (クリケット・ゴルフの)スコアカード.

**cárd gàme** トランプ(遊び).
**cárd index** カード索引(cf. card-index).
**card·board** /káːrdbɔ̀ːrd カードボード/ 名 U 厚紙, 段ボール; [厚紙(製)の]段ボール.
**car·di·ac** /káːrdiæk カーディアク/ 形 [医学]心臓(病)の.
――名 C **1** 心臓病患者. **2** 強心剤.
**car·di·gan** /káːrdigən カーディガン/《これを愛用した伯爵の名より》名 C カーディガン.
**car·di·nal** /káːrdnl カードヌル/ -dinl -ディヌル/ 形《正式》**1** 非常に重要な; 主要な, 基本的な. **2** 深紅色の, 緋(ひ)色の.
――名 **1**［しばしば C~］C［カトリック］枢機卿(すうききょう)《ローマ教皇の最高顧問. 深紅色の帽子と衣を着ける》. **2** U 深紅色, 緋色. **3** C［鳥］ショウジョウコウカンチョウ《北米産》. **4** C =cardinal number.
**cárdinal númber** 基数(cardinal)《1, 2, 3 …など》(cf. ordinal number).
**cárdinal póints** 基本方位 《◆ north, south, east, west の順にいう》.
**cárdinal vírtues** 基本徳目［道徳］《古代哲学では justice (正義), prudence (分別), temperance (節制), fortitude (忍耐)の自然徳. キリスト教ではこれに faith (信仰), hope (希望), charity (博愛)を加える》.
**cár·di·nal·ly** 副 基本的に; 抜群に.
**card-in·dex** /káːrdindeks カーディンデクス/ 動 《三単現》 ~·es/-iz/ 他 …のカード索引を作る(cf. card index).

**\*\*care** /kéər ケア/ ［「注意を払い気を使うこと」が本義. cf. caution］
派 careful (形), careless (形)
→ 名 **1** 心配 **2** 注意 **3** 世話
動 自 **1** 気づかう **2** 反対する
他 **1** 気にする **2** …したいと思う
――名 (複 ~s/-z/) **1a** U 心配, 気苦労, 気がかり; 不安, 懸念(けねん) ‖
the lines of care on his face 彼の顔の気苦労のしわ.
He is free from care. 彼には何の心配もない.
Her only care is the safety of her children. 彼女はただ一つ気がかりなのは子供たちの安全のことだ.
**b** C［通例 ~s］心配事, 苦労の種 ‖
She is troubled by the cares of raising a large family. 彼女は大勢の子供を養育するのに苦労している.

**2** U (細心の)注意, 用心(深さ); 努力 ‖
You should give a lot of care to your work. 仕事には十分気を配りなさい.
**3** U 世話, 介護, 保護; 管理, 監督 ‖
She left her dog in the care of a friend. 彼女は友人に犬を預けた.
The children are under the care of a trained nurse. 子供たちは正看護師に世話してもらっている.
**4** C 関心事, 注意すべき事［人］, 責任を持つ事［人］.
**cáre of A** …方, …気付《あて名ではふつう c/o, c.o.と書く》 ‖ Send this parcel to Mr. Johnson care of his company. 会社気付でジョンソンさんにこの小包を送ってください / Mr. John Brown, c/o Mr. Green グリーン様方ジョン=ブラウン様

> [Q&A] Q:「…様方」というとき, その人の名前がわからないときはどう書くのですか.
> A: 名前がわからないときは番地の前に at をつけて, 上の例ならば Mr. John Brown *at* 8 Park Avenue などとします.

**in cáre of A** (米) =CARE of.
◇**tàke cáre** 気をつける, 注意する ‖ Take care when you cross the street. 道路を横断するときは気をつけなさい / They took great care (in) choosing what was right for him. 彼らは非常に気を配って彼にふさわしいものを選んだ / 対話 "I'm calling to say goodbye. Thanks for everything." "Take care and don't forget to keep in touch." 「さよならを言おうと思って電話しました. いろいろありがとう」「さよなら. 忘れずに連絡してね」《◆ (米) では *Take care!* で別れるときにいう代わりにも用いる》.
◇**tàke cáre to** *dó*［(that)節］…するように気をつける ‖ Tàke cáre not to [(that) you don't] bréak the eggs. 卵を割らないように注意しなさい.
◇**tàke cáre of A** (1) …の世話をする, 面倒を見る, …を介護する ‖ He takes good care of his little brother. 彼は弟をとてもかわいがっている. (2) …に気を配る, …を大事にする ‖ Take cáre of yoursèlf. おからだを大事に / Let them take care of themselves. 彼らのことは放っておけよ. (3) (略式)…を責任をもって引き受ける ‖ Will you take care of gathering materials for the climb? 登山に必要なものを責任をもって集めてくれないか. (4) (略式) …を処理する, さばく.

> [語法] **2** 通りの受身にできる.
> (1) 形容詞＋care を主語にして(やや堅い表現): Good *cáre* will *be táken* of them. 彼らはちゃんと面倒を見てもらえるでしょう.
> (2) A を主語にして: They will *be taken* good *cáre of*.

**with cáre** 注意深く, 用心深く(→ carefully).

――動 (三単現) ~s/-z/; (過去・過分) ~d/-d/; (現分) car·ing/kéəriŋ/
――自 1 [care (about A)] (…を)気づかう, 心配する, (…に)関心がある《♦しばしば否定文・疑問文で用いる. 平叙文では a lot, greatly などの程度の副詞を伴うことが多い》‖

She **cáres** a **lót about** her personal appearance. 彼女は自分の容姿にとても気を使っている.

I don't **cáre about** what they say. 彼らが何と言おうと気にしない.

I didn't know you **cáred**! (友人間で)気をつかって[心配して]くれてどうも.

A (fat) lot you **cáre**! かまうもんか!.

対話 "What do you want for dinner tonight?" "Oh, I don't **care**." 「きょうの夕食に何が食べたい?」「何でもいいよ」.

**2** [通例否定文・疑問文で; care if 節] 反対する, いやと思う (cf. mind)‖

He won't **care** if you use his car. あなたが彼の車を使用しても彼は何とも思わないでしょう.

対話 "Do you **cáre** if I smoke? (↗)" "Yes. Please don't." 「タバコを吸ってもいいですか」「いえ, 吸わないでいただきたい」.

――他 1 [通例否定文・疑問文で] [care wh 節 / care whether 節 / care that 節] 〈人が〉…か […ということを]気にする, 心配する, …に関心がある‖

I don't **cáre** a **dámn** what people think of me. 人が私のことをどう思おうと全く気にしない.

Who **cares** when she will marry? (↘) =No one **cares** when she will marry. 彼女がいつ結婚しようとだれがかまうものか.

I don't **cáre** whether he leaves or stays. 彼が行ってしまおうといようと私は平気だ.

He helped me not even **caring** that he was hurt. 自分がけがをしていることを気にもしないで彼は私を助けてくれた.

**2** (正式) [通例疑問文・否定文・条件節で] [care to do] 〈人・動物が〉…したいと思う (wish)‖

I don't **cáre to** have coffee after breakfast. 朝食のあとにコーヒーは飲みたくない.

If you **care to**, come with us. もし来たければ, 私たちと一緒に来なさい.

対話 "Would you **cáre to** go for a walk?" "No, not right now." 「散歩はいかがですか」「いや, 今はやめておくよ」.

◇**cáre for A** (1) (正式) …の世話をする (look after)‖ I will **care for** your kitten during your absence. 留守中子ネコの世話はまかせてください. (2) [通例否定文・疑問文・条件節で] …を好む‖ He didn't **care for** swimming. 彼は水泳が好きではなかった. (3) [通例否定文・疑問文・条件節で] …を望む, …が欲しい (like)《♦ would, should を用いてていねいな提案を表す》‖

対話 "Would you **care for** some more soup?" "No, thank you. It's delicious, but I've had enough." 「スープをもう少しい

かが」「いいえ結構です. おいしいですが, 十分いただきましたので」. (4) …を心配する, …に関心がある《♦ care about の方がふつう》.

**ca·reen** /kərí:n カリーン/ ――動 自 1 (海事)〈船が〉傾く. **2** (主に米)〈車が〉揺れながら疾走する.

*****ca·reer** /kəríər カリア/ (同音)(英) Korea) (アクセント注意)[[「競走するための道路」から「その道に沿って人が進むこと」「生涯」の意味が生まれた]

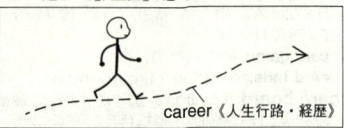

career《人生行路・経歴》

――名 (複) ~s/-z/) **1** Ⓒ (一生の)経歴, 生涯, 履歴‖

the **careers** of great men 偉人たちの生涯.

have a long **career in** politics 政治家として長い経歴がある.

**2** Ⓒ 生活手段;(生涯の, または専門的な)職業‖
make nursing her life's **career** 看護を生涯の職業とする.

対話 "What's your dream?" "You mean a **career**, like teacher or doctor? (↗)" 「あなたの夢は何ですか」「教師とか医者などの職業のことを言っているのですか」.

**3** Ⓤ [しばしば full ~] 速力 (speed);疾走‖
in [at] full **career** 全速力で.

**4** [形容詞的に] 職業的な, 専門職の‖
a **career** teacher 根っからの教師.
a **career** military man 職業軍人.
――動 自 疾走する, 突進する.

**caréer wòman [gírl]** 職業を持つ女性, キャリアウーマン《♦今は古風でかつセクシズムがあると見なされる. → sexism》(PC worker).

**care·free** /kéərfri: ケアフリー/ 形 **1** 心配のない, 楽しい‖

a **carefree** life 何の屈託もない生活.

**2** 無責任な.

*****care·ful** /kéərfl ケアフル/ [→ care]
派 carefully (副)
――形 (比較) more ~, 時に ~·er; (最上) most ~, 時に ~·est) **1a**〈人が〉注意深い, 用心深い, 慎重な, 念入りな (↔ careless) (類 cautious, prudent)‖

**Careful!** You'll drop it! 注意して! 落としてしまうよ.

対話 "Is Debby a **careful** driver?" "Far from it! She's reckless." 「デビーは運転が慎重ですか(=Does Debby drive **carefully**?)」「とんでもない. 荒っぽいわよ」.

**b** [be careful **about** [**of**, **in**] **A**]〈人が〉**A**〈人・物・事〉に気をつける‖

**Be careful of** those steps. 階段に気をつけなさい.

You'd better **be careful about** going down there to her house. 彼女の家へ行くの

は気をつけた方がいいよ.
She was careful (in) opening the drawer. 彼女は注意して引き出しをあけた《◆ in は省略されることが多い》(=She opened the drawer carefully.).
Be careful (about [of]) what you say. 注意して物を言いなさい《◆ふつう wh 節の前では前置詞は省略》.
[対話] "Be careful in your choice of words." "You should too." 「言葉づかいに気をつけろよ」「おまえこそな」.
c [be careful to do / be careful (that) 節] 〈人が〉…するように気をつける《◆ふつう that は省略. 節の中には未来を表す助動詞 will は用いない》‖
You must be careful (that) she doesn't fall over the cliff. 彼女ががけから落ちないよう気をつけなくてはいけませんよ.
She was careful not to break the glasses. 彼女はコップを割らないように気をつけた《◆「割らなかった」という結果までを含む》.
She was careful not to leave the door unlocked. 彼女はドアのかぎをかけ忘れないように気をつけた《◆ She was careful not to leave the door unlocked. では「彼女がかぎをかけ忘れなかったとは注意深いことであった」の意》.
[対話] "Be careful you don't break it." "OK. I will." 「割らないように気をつけてね」「うん、わかったよ」.
d [be careful with A] 〈人が〉A〈人・物・事〉の扱いに気をつける‖
Be careful with matches. マッチの扱いには注意しなさい.
2 [補語として] 心配する, 気づかう; 世話をする‖
She is very careful for her children. 彼女は子供の面倒をとてもよくみる.
3 [通例名詞の前で]〈行為などが〉念入りな, 完全な; 良心的な; 丹精こめた‖
careful research 徹底した調査.
**cáre·ful·ness** [名] [U] 注意深いこと, 慎重; 入念; 苦心.

**\*\*care·ful·ly** /kέərfəli ケアフリ/ 〖→ careful〗
——[副] 注意深く, 慎重に, 気をつけて; 入念に, ていねいに(↔ carelessly)‖
Drive carefully! 運転に注意(=Drive with care.).
You should have listened to him more carefully. 彼の話をもっとよく聞くべきでしたね(= You should have been more careful (in) listening to him.).

**\*care·less** /kέərləs ケアレス/ 〖→ care〗
——[形] (比較 more ~, 最上 most ~) 1 a 〈人が〉不注意な, 軽率な, うかつな(↔ careful)‖
Careless drivers have accidents. 不注意な運転者は事故を起こす.
b [be careless about [in] A] 〈人・物・事〉に不注意である‖

The maids were careless about leaving all the windows open. 女中たちは不注意にも窓を全部あけたままにしていた.
c [A is careless to do / it is careless of A to do] …するとは A〈人は〉不注意だ‖
It is careless of me [I am careless] to take the wrong bus. バスを乗り間違えるなんて私はどうかしている(=I carelessly took the wrong bus.).
d [be careless with A] 〈人が〉A〈人・物・事〉の扱いに不注意である.
2 (文) [be careless of [about] A] 〈人が〉A〈人・物・事〉に無頓着(むとんじゃく)である, …を気にかけない(unconcerned)‖
He was careless about [of] his health. 彼は自分の健康は気にしなかった.
3 [通例名詞の前で] a〈仕事などが〉ぞんざいな, 不正確な, 不完全な‖
Careless driving causes accidents. 不注意運転が事故のもとになる.
b〈優雅さなどが〉ありのままの, 自然な.
4《文》[名詞の前で] のんきな; 心配のない; 快活な‖
a careless life 気楽な生活.

**care·less·ly** /kέərləsli ケアレスリ/ [副] [しばしば文全体を修飾] 不注意にも, ぞんざいに; 無頓着(むとんじゃく)にも; のんきに, 気楽に(用例 → careless 1c).

**care·less·ness** /kέərləsnəs ケアレスネス/ [名] [U] 不注意, 軽率; 無頓着(むとんじゃく), のんき, 気楽さ.

**ca·ress** /kərés カレス/ [名] [C] 愛撫(あいぶ), 抱擁; キス. ——[動](三単現 ~·es /-iz/) [他] …を(優しく)愛撫[抱擁]する.

**care·tak·er** /kέərtèikər ケアテイカ/ [名] [C] (建物・地所などの)管理人.

**car·go** /kάːrgou カーゴウ/ [名] (~·es, (主に米) ~s /-z/) [U] [C] 1 (主に船・飛行機などで運ばれる)貨物, 積荷(freight). 2 (一般に)荷; 重荷.
**cárgo bòat [shíp]** 貨物船.

**Car·ib·be·an** /kærəbíːən キャリビーアン/ [形] カリブ人[海]の.
**Caríbbean (Séa)** [the ~] カリブ海.

**car·i·bou** /kǽrəbùː キャリブー/ [名] (複 ~s, 集合名詞 car·i·bou) [C] [動] カリブー《北米産の野生のトナカイ(reindeer)》.

**car·i·ca·ture** /kǽrikətʃùər キャリカチュア/ [名] 1 [C](人・物の特徴を誇張した)風刺もの, 風刺画[文], 戯画[文], カリカチュア《ひとコマの政治漫画など. 「続き漫画」は (comic) strip》. 2 [U] 風刺画[戯画]化(の技法).
——[動] (現分 ··tur·ing) [他] …を漫画化する; …を風刺的にまねる.

**car·i·ca·tur·ist** /kǽrikətʃùərist キャリカチュアリスト/ [名] [C] 風刺画家, 漫画家.

**car·ing** /kέəriŋ ケアリング/ [動] → care.

**Car·lyle** /kɑːrláil カーライル/《Thomas ~ 1795–1881; 英国の評論家・歴史家》.

**Car·men** /kάːrmən カーメン/ |-men -メン/ [名] カルメ

ン《Bizet 作のオペラ; そのヒロインの名》.
**car·nage** /kάːrnidʒ カーニヂ/ 名 U《正式》(戦争などの)大虐殺; [集合名詞](大量の)死体.
**car·nal** /kάːrnl カーヌル/ 形《正式》 1【法律】性欲の, 色情的な. 2 物欲[世俗]的な.
**car·na·tion** /kɑːrnéiʃən カーネイション/ 名 1 C 【植】カーネーション(の花)《米国 Ohio 州の州花》. 2 U 淡紅色.

> 文化 欧米では Mother's Day (母の日)に母親の生きている人は赤, 亡くなった人は白いカーネーションを胸にさす. 気候の正反対になるオーストラリア, ニュージーランドではその時期カーネーションは咲いていないので代わりに白い菊(chrysanthemum)を, 母のいるいないに関係なく胸にさすのが習慣.

**Car·ne·gie** /kɑːrnéigi カーネイギ/《♦名詞の前で使うときはふつう /kάːrnəgi カーネギ/》名 カーネギー《Andrew ~ 1835-1919; スコットランド生まれの米国の製鉄業者・慈善家》.
**Cárnegie Háll** カーネギーホール《New York 市にある有名な演奏会場》.
**car·ni·val** /kάːrnəvl カーニヴァル/ [[「肉食を断つ」が原義]] 名 1 U カーニバル, 謝肉祭.

> 文化 カトリック教国で四旬節(Lent)の直前3日間の祝祭. 四旬節にはキリストの断食苦行にならって肉食を断つので, その前にたらふく肉を食べ楽しく遊ぼうという行事. 最終日は Mardi gras. リオデジャネイロのカーニバル(Rio de Janeiro's carnival)が有名.

2 C (一般に)お祭り(騒ぎ); 行事, 大会, 催し物 ‖
a winter sports carnival 冬季スポーツ祭.
**car·niv·o·rous** /kɑːrnívərəs カーニヴァラス/ 形 肉食性の; 食虫性の《♦「草食性」は herbivorous》.
**car·ol** /kǽrəl キャロル/ 名 C 聖歌, 賛美歌; 祝い歌 ‖
Chrístmas càrols クリスマスキャロル.
── 動 (過去・過分) ~ed または(主に英) car·olled /-d/; 現分 ~ing または(主に英) ··ol·ling) ⓘ 1 (家から家へ)聖歌を歌ってまわる. 2 (文)楽しそうに歌う.
**Car·o·li·na** /kærəláinə キャロライナ/ [[Carolus (Charles 1世のラテン語名)より]] 名 カロライナ《米国の North Carolina, South Carolina の2州》; [the ~s] 南北カロライナ州.
**Car·o·line** /kǽrəlàin キャロライン, -lin/ 名 キャロライン《女の名. 愛称》Carrie).
**car·ou·sel** /kærəsél キャラセル/ 名 C 1《米》回転木馬(merry-go-round). 2 (空港の)円形のコンベアー《乗客の荷物を運び出す》.
**carp** /kάːrp カープ/ 名 (複 carp, ~s) C 【魚】コイ《♦「うす汚い(よどみにすむ)魚」という連想を伴う》; コイ科の魚.
**car·pen·ter** /kάːrpəntər カーペンタ/ 名 C 大工《♦《米》では joiner (建具屋)を含む》; [形容詞を伴って] 大工仕事が…な人 ‖

a Súnday [hóme] cárpenter 日曜大工《♦ do-it-yourselfer ともいう》.
the **carpenter's** son《文》大工の息子《イエス=キリストのこと》.
He is a good **carpenter**. 彼は腕のいい大工だ・(余技として)彼は大工仕事がうまい.
**cárpenter ànt** 【昆虫】オオアリ.
**car·pen·try** /kάːrpəntri カーペントリ/ 名 (複 ··pen·tries/-z/) 1 U 大工職; 大工仕事. 2 U 木工, 木工細工; C 木工品.
**car·pet** /kάːrpit カーピト/ 名 1 U C じゅうたん, カーペット《♦(1) 床・階段に敷きつめた状態のものは U. (2) rug は床の一部に敷くじゅうたん, マット》‖
put down [lay] a Persian **carpet** ペルシャじゅうたんを敷く.
2 C《正式》[比喩的に]じゅうたん, 一面の広がり ‖
a **carpet** of flowers 花のじゅうたん.
**car·port** /kάːrpɔ̀ːrt カーポート/ 名 C カーポート《♦ garage と違い, 差しかけ屋根のみの簡易車庫》.
**car·riage** /kǽridʒ キャリヂ/ 名 1 C (主に4輪)馬車; 乗物, 車 ‖
a **carriage** and pair 2頭立て4輪馬車.
2 C (英)(鉄道)客車(coach), 車両((米) car) ‖
Mr. Brown is sitting in the third **carriage** from the front of the train. ブラウン氏は列車の前から3両目に座っている.
3 C 砲架; (タイプライターの)キャリッジ.
4 /(米+) kǽriidʒ/ U 運送, 輸送; 運送[輸送]費.
5 C =baby carriage.
**cárriage fòrward**《英》運賃着払い(で).
**cárriage pàid**《英》運賃先払い(で).
**car·riage·way** /kǽridʒwèi キャリヂウェイ/ 名 C《英》自動車道[線].
**car·ried** /kǽrid キャリド/ 動 → carry.
**car·ri·er** /kǽriər キャリア/ 名 C 1 運ぶ人 ‖
a máil càrrier《米》郵便配達員(a postman).
2 運送・運輸業者[会社]《♦バス・鉄道・汽船・航空などの旅客会社も含む》. 3 輸送車[船, 機]; 航空母艦. 4 運搬装置; (自動車・自転車などの)荷台. 5【医学】病原菌媒介体, 保菌者. 6 =carrier pigeon.
**cárrier bàg**《英》(店で買物後に使う紙またはポリエチレン製の)買物袋, レジ袋((米) shopping bag).
**cárrier pìgeon** 伝書バト(carrier).
**car·ries** /kǽriz キャリズ/ 動 → carry.
**Car·roll** /kǽrəl キャロル/ 名 キャロル《Lewis ~ 1832-98; 英国の数学者・小説家. 本名 Charles Lutwidge Dodgson. Alice's Adventures in Wonderland『不思議の国のアリス』の作者》.
**car·rot** /kǽrət キャロト/ [同音] carat, karat) 名 C U【植】ニンジン《♦米英では celery と同じく生で食べるものというイメージが強い》.

\*\***car·ry** /kǽri キャリ/《類音》curry/kə́ːri/ kə́ri/》動 (第三 carriage (名), carrier (名)

→ [他]1 運ぶ 4 行かせる 5 伝える 6 支える 7 ふるまう [自]1 届く

—[動] ([三単現] car·ries/-z/ ; [過去・過分] car·ried /-d/ ; [現分] ~·ing)

—[他] I [運ぶ]

**1** 〈人が〉〈人・物〉を運ぶ, 持って行く《◆bear より口語的》‖

**carry** a box on one's back 箱を背負って運ぶ.

**carry** a child 子供を抱いて運ぶ.

The injured girl was **carried** to the ambulance on a stretcher. けがをした少女は担架で救急車に運ばれた.

She **carried** the computer to Bob. 彼女はコンピュータをボブの所へ持って行った.

**2** 〈乗物・風などが〉〈人・物〉を**運ぶ**, **輸送する**, 運送する(transport)《◆主語は媒体・手段》‖

A bus **carried** her **to** the airport. バスで彼女は空港へ行った(=She went to the airport by bus [on a bus].).

A tanker **carries** oil. タンカーは石油を運ぶ.

**3** 〈物〉を**携行**(けいこう)**する**, 持ち歩く(+*about*, *around*) ‖

[対話] "Can I see your identity card, please?" "It's in the car." "You are supposed to **carry** it **with** you at all times." 「身分証明書をお見せください」「車の中だわ」「いつも身につけていることになっているんですがね」.

A female kangaroo **carries** its young in the pouch. カンガルーの雌(めす)は子どもを腹の袋に入れて動く.

**4 a** 〈物・事が〉〈人〉を(ある程度・距離まで)**行かせる**, 前進させる《◆無生物主語は動機・理由を表す》‖

Ten liters of petrol **carried** me ninety kilometers. 10リットルのガソリンで(私の車は) 90キロ走った.

His capability **carried** him **to** the position of head teacher. 彼は手腕を発揮して校長にまでなった.

**b** 〈建造物〉を拡張する ; 〈戦争など〉を広げる ‖

**carry** the road **into** the mountains 道路を山中にまで延長する.

**5 a** 〈新聞などが〉〈記事など〉を**伝える**, 報道する(print, broadcast) ; 〈雑誌などが〉…を掲載する, 載せている ‖

The public hearing will be **carried** by all networks. 公聴会は全放送網で放送されるだろう.

That cigarette packet **carries** a health warning. そのタバコの箱には健康上の注意書きが書いてある.

**b** 〈管などが〉〈水など〉を**通す** ‖

Lead does not **carry** electricity. 鉛は電気を通さない.

**c** 〈昆虫などが〉〈病気〉を人から人へうつす, 伝染させる(spread) ‖

Some pets **carry** diseases. ペットには病気を伝染させるものがいる.

II [支える]

**6** 《略式》〈物が〉〈物〉を**支える**, 〈人などが〉〈人・会社など〉を支える, 維持する(support) ‖

Six columns **carry** [×are carrying] (the weight of) the roof. 6本の柱が屋根(の重み)を支えている《◆進行形にしない》.

**carry** the farm through hard times 不況を乗り切って農場を維持する.

The firm **carried** the sick employee. 会社は病気の従業員を援助した.

**7** 〈人が〉〈からだの一部〉を(ある姿勢に)**保つ**(bear) ; [carry oneself ...] …に**ふるまう**(behave)《◆受身にしない》‖

He **carries** his right shoulder slightly high. 彼は右肩が少し上がっている.

She **cárried hersèlf** with grace. 彼女の身のこなしは優雅だった.

**8** …を収容(して運ぶことが)できる ‖

a traveling bag **carrying** a week's worth of clothes 1週間分の衣類が入る旅行かばん.

**9 a** 〈商品〉を在庫として持っている ‖

Do you **carry** bandage? お宅の店には包帯がありますか.

**b** 〈意味・重みなど〉を持つ ; (結果・属性として)…を伴う, 生じる(involve) ; …を含む(imply) ‖

**carry** great responsibility 大きな責任を負っている.

A crime **carries** a punishment. 犯罪には処罰が伴う.

**10** 〈聴衆など〉を引きつける, …の支持を得る《◆受身にしない》‖

The candidate **carried** the crowd **with** him. =The candidate's speech [words] **carried** the crowd. 立候補者(の演説)は聴衆に受けた.

—[自] **1** 〈声・弾丸などが〉(ある程度・距離まで)**届く**, 伝わる ‖

Her voice did not **carry well** over the noises. 彼女の声は騒音でよく届かなかった.

**2** 持って行く, 物を運ぶ, 運べる.

◇***cárry* A *abóut* [*aróund*]** [他] A〈物〉を持ち歩く(→ [他] **3**) ‖ I always **carry** small change **about** with me. 私はいつも小銭を持っている.

***cárry* A *alóng*** [他] =CARRY **A** about.

◇***cárry awáy*** [他] (1) 〈物〉を**運び去る** ; 〈洪水などが〉〈物〉を押し流す ‖ The gardeners **cárried** fállen trées **away**. 植木屋たちが倒れた木を運び去った. (2) (正常な判断・行動ができなくなるほど)〈人〉を夢中にさせる, 興奮させる. (3) =CARRY off [他] **1, 2**

◇***cárry* A *báck*** [他] (1) 〈物・事・人が〉 A〈人〉に(過去のことを)**思い出させる** ‖ The small madeleine **carried** me **back to** my childhood. 小さなマドレーヌケーキを見ると幼い頃が思い出された. (2) A〈人・物〉をもとの所へ戻す.

***cárry dówn*** [他] 〈人・物〉を運びおろす ; [通例 be carried] 〈考えなどが〉後世に伝わる[残る].

***cárry fórward*** [他] 〈人・物〉を前進させる.

◇***cárry ín*** [他] 〈人・物〉を**運び込む** ‖ Carry in

the child. その子を中に運びなさい.
◦**cárry A ínto B** (1) A〈計画などを〉B〈実行〉に移す ∥ carry a plan into action [practice] 計画を実行に移す. (2) A〈人・物を〉B〈建物などに〉運び込む(cf. carry in).
◦**cárry óff** → carry off (見出し語).
◦**cárry ón** → carry on (見出し語).
◦**cárry óut** → carry out (見出し語).
**cárry óver** (1) [自] 移る, 引き継がれる. (2) [他]〈事を〉延期する, あとに回す.
**cárry thróugh** (1) [自] 存続する, 生き残る(persist). (2)《正式》[他]〈困難にもかかわらず〉〈計画・目的など〉を達成する(accomplish) ∥ carry through one's end 目的を達する. (3) [他]〈勇気などが〉〈人〉に困難を切り抜けさせる, やり抜かせる ∥ His support carried my grandfather through. 彼の援助で私の祖父は難局を切り抜けた.
◦**cárry A tóo fár** [他] A〈言葉・態度などの〉度が過ぎる, …をやり過ぎる ∥ He was scolded for carrying his trick too far. 彼はいたずらの度が過ぎてしかられた.
**cárry with** one (1) A〈物〉を持って歩く(→ 他 3). (2) → 他 10. (3) A〈できごと・印象など〉を記憶している, 心に留めている.
――名 Ⓤ [しばしば a ~ of A](銃・ミサイルなどの)射程, 〔ゴルフ〕(打球の)飛距離.
**cárrying capàcity**（車両の)積載(﹅)能力 ; (電線の)送電能力, 許容電流 ; (牧草地などの)扶養(‥)能力.
**car·ry·all** /kǽriɔ̀ːl キャリオール/ 名 Ⓒ 大きな手さげ袋 ; 旅行用大かばん.

\***carry off** /kǽri ɔ́(ː)f キャリ オ(ー)フ/
――動（変化形 → carry)[他] [carry off A / carry A off] 1 A〈賞・名誉など〉を勝ち取る, 得る(win) ∥
He carried off two trophies. 彼はトロフィーを2つ得た《◆ He cárried them óff. はよいが, ×He carried two trophies off. は誤り》.
2〈病気などが〉A〈人〉の命を奪う ∥
Epidemics often carried off half or more of the villagers. 伝染病が村人の半分もしくはそれ以上の命を奪うことがたびたびあった.
3 (不法に・力ずくで) A〈人・物〉をさらって行く.

**car·ry-on** /kǽriɑ̀n キャリアン|-ɔ̀n -オン/ 名 1 Ⓤ《略式》[通例 a ~] おふざけ, いちゃつくこと.
2 Ⓒ 飛行機内持ち込み手荷物.

\***carry on** /kǽri ɑ́n キャリ アン|-ɔ́n -オン/
――動（変化形 → carry) 1 [自]〈人が〉(頑張って)続ける, 再開続行する(continue) ∥
He carried on with his experiment. 彼は実験を続けた《◆ The experiment went on. はよいえるが, ×The experiment carried on. は誤り》.
2 [他] [carry on A / carry A on] A〈仕事など〉を続ける ; [carry on doing] …し続ける(continue) ∥
I tried to carry on the investigation on my own. 私は独自にその調査を進めようとした.
They carried on working. =They carried on with their work. 彼らは働き続けた.
3 [他] [carry on A / carry A on] A〈商売など〉を営む, 維持する.

**car·ry·out** /kǽriàut キャリアウト/《米・スコット》名 Ⓒ 形 持ち帰り式の(軽食堂) ; 持ち帰り用の(料理), テイクアウト(式)の(《米》takeout, 《英・豪》takeaway) ∥
a carryout (food) box 持ち帰り弁当.

\***carry out** /kǽri áut キャリ アウト/
――動（変化形 → carry) [他] [carry out A / carry A out] 1 A〈人・物〉を外へ運び出す ∥
carry out the victims of the fire 火事の犠牲者を外へ運び出す.
2 A〈実験など〉を行なう(perform) ∥
Where are chemical experiments carried out? 化学実験はどこで行なわれますか.
3 A〈計画・約束など〉を(指定[要請]どおりに)遂行する, 果たす ∥
The attack is to be carried out tonight. 攻撃は今夜決行されることになっている.

**car·sick** /káːrsìk カースィック/ 形 自動車[電車]に酔った.

**cart** /káːrt カート/《類音》curt/káːrt/) 名 Ⓒ 1 荷馬車 ; 農耕車. 2（2輪の)1頭立て軽装馬車. 3《米》小型運搬車, 手押し車〈食料雑貨運搬車, ゴルフ道具運搬車など〉.
――動 他 …を荷(馬)車で運ぶ.

**car·tel** /kɑːrtél カーテル/ 名 Ⓒ《正式》〔経済〕カルテル, (国際的)企業連合 ; 政党連合.

**Car·ter** /káːrtər カータ/ 名 カーター《James Earl ~, Jr. [Jimmy ~] 1924- ; 米国の第39代大統領(1977-1981)》.

**Car·thage** /káːrθidʒ カースィヂ/ 名 カルタゴ《アフリカ北岸にあった古代都市国家》.

**Car·tha·gin·i·an** /kɑ̀ːrθədʒíniən カーサヂニアン/ 形 名 Ⓒ カルタゴ(人)の ; カルタゴ人.

**car·ti·lage** /káːrtəlidʒ カーティリヂ/ 名 Ⓤ Ⓒ〔解剖〕軟骨(組織).

**car·tog·ra·phy** /kɑːrtágrəfi カータグラフィ | -tɔ́g- -トグラフィ/ 名 Ⓤ 地図作成(法).

**car·ton** /káːrtn カートン/ 名 Ⓒ 1 カートン, 大箱. 2 a 運送用のボール紙箱.
b（牛乳・タバコなどの)紙[プラスチック]の大型容器 ∥
a cárton of mílk 牛乳1カートン.

**car·toon** /kɑːrtúːn カートゥーン/ 名 Ⓒ 時事風刺漫画《ふつう1コマ》 ; 続き漫画 ; 漫画映画, アニメ ∥
draw cartoons 漫画を描く.
――動 他 自 (…を)漫画化する ; (…の)漫画[下絵]を描く.

**car·toon·ist** /kɑːrtúːnist カートゥーニスト/ 名 Ⓒ 漫画家.

**car·tridge** /káːrtridʒ カートリヂ/ 名 Ⓒ 1 弾薬筒 ; 発破用火薬筒 ∥
a ball cartridge 実弾包.
a blank cartridge 空弾包.
2（万年筆用インクの)カートリッジ ;〔写真〕(フィルム

の)カートリッジ; (レコードプレーヤーの)カートリッジ; (米)(録音・録画用)カートリッジ=テープ《cassette より大型》.

**cártridge bèlt** 弾薬帯.

**cart·wheel** /kάːrtʰwìːl/ カートウィール/ 名 C **1**(荷車の)車輪. **2**〖通例 ～s〗 側転, 横とんぼ返り.

*****carve** /kάːrv カーヴ/《類音》curb/kάːrb/; curve/kάːrv/)〖「刻み目をつける(notch)」が原義〗

——動 〖三単現〗 ~s/-z/; 〖過去・過分〗 ~d/-d/; 〖現分〗 carv·ing)

——他 **1**…を彫(ほ)る, 刻む, 彫刻する ‖
a casket **carved** with flowers 花柄が彫ってある手箱.
**carve** marble into a figure =**carve** a figure from [out of] marble 大理石を刻んで像を作る.
〖対話〗"What are you doing with that knife?" "I'm **carving** my initials **on** this board." 「そんなナイフを使って何をしているのですか」「イニシャルをこの木の板に刻んでいるのです」.

**2** [**carve A B** / **carve B for A**] **a** A〈人〉に B〈物〉を彫ってやる ‖
I'll **carve** you a brooch [I'll **carve** a brooch **for** you] from this wood. この木切れで君にブローチを彫ってあげよう.
**b** (食卓で)〈(主に)主人が〉A〈客〉に B〈肉〉を切って分ける ‖
**carve** the turkey **for** the guests 客に七面鳥を切り分ける.

**cárve óut** [他]〈名声・地位など〉を努力して得る(achieve) ‖ **carve out** a nice job for oneself =**carve** oneself (**out**) a nice job りっぱな仕事を自らの努力で得る.

**carv·ing** /kάːrviŋ カーヴィング/ 動 → carve.
——名 **1** C 彫刻作品. **2** U (食卓で主人が)肉を切り分けること.

**cárving fòrk** (食卓用大型)肉切りフォーク.
**cárving knìfe** (食卓用大型)肉切りナイフ.

**cas·cade** /kæskéid キャスケイド/ 名 C **1** 小滝, (大滝や段々滝の一部の)分かれ滝; (庭園などの)人工滝《◆「大滝」は cataract》. **2** 滝状のもの《レース飾り・髪など》.
——動 〖現分〗 -cad·ing) 〈水などが〉滝(のよう)に落ちる; 〈髪が〉滝のようにたれる(+*down*).

*****case**¹ /kéis ケイス/〖「入れ物」が原義〗
——名 〖複 cas·es/-iz/〗 C **1**箱, 容器, 袋; 〖複合語で〗…入れ, …ケース; (英)旅行かばん ‖
a leather jewel **case** 皮の宝石箱.

〖関連〗〖いろいろな case〗 pillowcase まくらカバー / attaché case アタッシュケース / vanity case 携帯用化粧道具入れ / pencil case 筆入れ / showcase ショーケース / bookcase 本箱 / briefcase 書類かばん.

**2** (1ダース入りの)1箱(分)(caseful) ‖
a **case** of eggs 卵1ケース.
three **cases** of bourbon 3ケース分のバーボン.
**3** 1組(set); 1対(pair).
**4** (窓・戸の)外枠(陳列用)ガラスケース; (時計の)側(がわ).

*****case**² /kéis ケイス/〖「個々のできごと・事情」が本義〗

→ 名 **1**場合 **2** 実例 **3** 真相 **4** 症例, 患者
——名 〖複 cas·es/-iz/〗 C **1**場合 ‖
in éither càse どちらにしても.
There are many **cases** where our discussion degenerates into an exchange of insults. 議論がののしり合いになるという場合がよくある.
〖対話〗"Mom, I'm not feeling so well." "In thát càse, you'd better stay home from school." 「お母さん, 気分がよくないの」「だったら学校を休んで家にいた方がいいわね」.

**2** 実例, 事例(instance) ‖
a typical **case** of careless driving 不注意運転の見本.

**3** 〖正式〗〖通例 be the case〗 真相, 事実, 実情(fact) ‖
That is not the cáse. それは本当ではない(=That is not true.).
Is it the cáse ¦ that he has met with an accident? 彼が事故にあったのは事実ですか.
Most women emigrated together with men. Súch was the cáse ¦ throughout New England. 女性のほとんどは男性と共に移民した. ニューイングランドの至る所で事情はそのとおりであった.

**4** [修飾語を伴って] (…の)症例, 病状; (…の)患者
《◆重点は「症例」にあるのでふつうの「患者・病人」には patient を用いる》‖
There were three **cases** of rabies last month alone. 先月だけで狂犬病患者が3人出た.
emergency **cases** 急患.

**5** (警察などの専門の調査・援助を要する)事件, 問題(の人), 該当者 ‖
a **case** of murder =a murder **case** 殺人事件.
a **case** of honor 名誉にかかわる問題.
a welfare **case** 生活保護者.

**6**〖法律〗訴訟(事件), 裁判 ‖
bring a case against him 彼に対する訴訟を起こす.

**7** 〖通例 a ～〗事実の申し立て, 主張; 証拠 ‖
have a (good) case もっともな言い分がある.

**8** C U 〖文法〗格 ‖
the nominative **case** 主格.
the possessive **case** 所有格.
the objective **case** 目的格.

○**as is óften the cáse (with** A) 〖正式〗(A〈人〉の場合には)よくあることだが ‖ As is often the case with students, those two borrow

each other's notebooks. 学生によくあることだが, あの2人はノートを貸し借りしている《◆As is those two ... の内容を受ける関係代名詞》.
**as the cáse may bé** 事情に応じて, 場合場合で, ケース=バイ=ケースで.
**as the cáse stánds** こういうわけで.
**cáse by cáse** 〔正式〕一件一件〔慎重に〕《◆「ケース=バイ=ケースで」は as the case may be や according to the situation などに相当》.
○**in ány cáse** どんな事情にせよ, ともかく ‖ In any case (↘), serious job-seekers had better turn to an employment agency for help. どんな場合でも, まじめに職を捜している人は職業安定所に当たってみるべきです.
**in cáse** (1) 〔主に米〕〔接〕もし…ならば, 万一…の場合には (if) ‖ In case I miss the train, don't wait to start. 私が電車に乗り遅れた場合は待たずに出発してください《◆I will miss the train, の ように, will は用いない》. (2) 〔接〕…だといけないから, …の場合に備えて《◆ふつう主節のあとに置く》 ‖ You must take your sweater in case it should snow. ＝... in case it snows. 雪になるといけないからセーターを持って行きなさい.

Q&A  *Q*: どんな時に should を用いるのですか.
*A*: 「雪になりそうではないが」という気持ちが強いときに使います. *in case* ... の代わりに lest it should snow にするのは古めかしい言い方です. 次の(3)にも同じことがいえます.

(3) 〔接〕…だといけないから言って〔聞いて〕おくが ‖ Where will you be tomorrow in case I (should) have to get in touch with you? あなたに連絡しなければならなくなった場合に必要なのでお聞きしますが, あすはどちらにおいでですか. (4) 〔副〕＝(just) in CASE.
○**in cáse of A** (1) 〔正式〕〔通例文頭で〕Aく事故など〉の場合は, …が起こったら ‖ In case of (an) earthquake, turn off the gas at the main. 地震の際はガスの元栓を締めてください《◆注意書き・掲示など》 (＝If there is an earthquake, turn off the gas at the main.). (2) 〔通例文頭で〕Aく事故など〉に備えて, …の用心のために ‖ She always wears a seat belt in the car in case of (an) accident. 彼女は事故に備えて車ではいつもシートベルトを締めている《◆(1)(2)とも A が普通名詞であっても a, an をふつうつけない》.
**(in) níne cáses óut of tén** 十中八九まで.
○**in nó cáse** どんな場合であっても…ない, 決して…ない ‖ In no case are you allowed to play baseball in this park. いかなる場合でもこの公園内で野球をしてはいけない《◆文頭に置くと主語と動詞は疑問文の語順がふつう》.
○**in the cáse of A** ＝in A's cáse A〈人・物〉に関しては, …の件について言えば, …の場合は ‖ in the case of Bill ＝in Bill's case ビルに関しては.

○(*jùst*) **in cáse** 〔略式〕〔副〕〔通例文尾で〕万一の場合に備えて ‖ A telegram addressed to you came last night, but I opened it just in case. あなたあての電報が昨夜届きましたが, まさかのことを考えて私が開いてみました.
**máke óut a** [*one's*] **cáse** 自分の主張の正しさを証拠立てて述べる.
**súch** [**thís**] **béing the cáse** 〔副〕こういう事情なので.
**cáse hístory** 〈ケースワーク(casework)のための〉個別〔症病〕事例史; 症病録, 病歴.
**cáse láw** 〔法律〕判例法 (cf. statute law).
**cáse stúdy** 〈適切な社会活動・人間関係回復をめざす個人や集団の〉事例研究, ケーススタディ.
**case·work** /kéiswə̀ːrk ケイスワーク/ 〔名〕Ｕ〔社会〕ケースワーク〈個人・家族の問題の相談・援助などの社会福祉活動. cf. social work〉.
**case·work·er** /kéiswə̀ːrkər ケイスワーカ/ 〔名〕Ｃ ケースワーカー.
*__cash__ /kǽʃ キャシュ/ 〖「〔金(認)〕箱」が原義〗
—〔名〕Ｕ **1** 現金《◆紙幣 (note) と硬貨 (coin) の両方をいう》 ‖ Please pay (by [in]) cash, not by credit card. クレジットカードではなく現金でお願いします.
**hárd cásh** 〔略式〕現なま.
**2** (つけ・延べ払いに対して) 即金《◆手形・小切手などによる支払いも含む》
〔対話〕"Cash or account [charge]?" "Cash, please." 「即金ですか, クレジットですか」「即金でお願いします」.
**cásh dówn** 即金払い(で).
**cásh on delívery** 〔英〕現金引き換え払い(〔略〕c.o.d., COD) (〔米〕 collect on delivery).
**in cásh** 現金を持って.
**óut of cásh** 現金を切らして.
**shórt of cásh** 現金不足で.
—〔動〕 (〔三単現〕 ~·es/-iz/; 〔過去・過分〕 ~ed/-t/; 〔現分〕 ~·ing)
—〔他〕〈手形など〉を現金に換える; [cash A for B] B〈人〉〈手形など〉を現金に換えてやる ‖ Cash this check for me, please. この小切手を現金にしてください.
**cásh ín** (1) 〔米略式〕〔自〕〈チップ・資産など〉を換える; 清算する. (2) 〔他〕〈小切手など〉を換える.
**cásh ín on A** 〔米略式〕…でもうける, …につけこんでもうける《◆金銭的な絡(な)みがない場合は take advantage of / avail oneself of》.
**cásh accóunt** 〔商業〕現金勘定.
**cásh dèsk** 〈商店の〉勘定台, レジ.
**cásh díscount** 現金割引(高).
**cásh dispénser** 〔銀行の〕現金自動支払機.
**cásh príce** 現金正価.
**cásh règister** レジ(スター), 金銭登録器.
**cash·ew** /kǽʃuː キャシュー, -´-/ 〔名〕Ｃ〔植〕カシュー《熱帯アメリカ原産の木. 油を採る》; その実, カシューナッツ《食用》.
**cash·ier** /kæʃíər キャシア/ 〔アクセント注意〕《◆キャ

シア》图C(店・ホテルなどの)勘定係, レジ係.

**cash·mere** /kǽmiər キャジュミア | kǽʃ- キャシュ-/ 图 **1** U カシミヤ毛(織物)《インド Kashmir 原産ヤギ(Cashmere goat)からとる》; カシミヤふう毛織り. **2** C カシミヤ製ショール(衣服).

**cas·ing** /kéisiŋ ケイスィング/ 图 **1** U 包装(すること). **2** U 包装の材料; (ソーセージの)皮(動物の腸); タイヤの外皮. **3** C (窓や扉の)外枠(frame); 額ぶち.

**ca·si·no** /kəsíːnou カスィーノウ, (英+) -zí:-/ 图《アクセント注意》(♦ ×kəzí/) (複 ~s) **1** C 《賭博(ミ)場をはじめダンスもできる娯楽場》. **2** U【トランプ】カジノ.

**cask** /kǽsk キャスク | káːsk カースク/ 图 C (ワインなどの)貯蔵だる; [a ~ of ...] 1たるの量の….

**cas·ket** /kǽskət キャスケト | káːs- カース-/ 图 C **1** (宝石などを入れる)小箱. **2** 《米》ひつぎ《♦ coffin の遠回し語》.

**Cas·pi·an Sea** /kǽspiən- キャスピアン-/ [the ~] カスピ海.

**cas·sa·va** /kəsáːvə カサーヴァ/ 图 **1** C【植】キャッサバ. **2** U キャッサバでんぷん(tapioca); それで作ったパン.

**cas·se·role** /kǽsəròul キャセロウル/ 图 **1** C キャセロール《ふた付きの蒸し焼きなべ》. **2** CU キャセロール《なべごと弱火で焼いてテーブルに出す料理》.

\***cas·sette** /kəsét カセト, kæs-/ 『小さい(-ette)箱(case)』
—图 (複 ~s/-éts/) C (録音用・録画用)カセット(テープ); 【写真】(ロールフィルムの)パトローネ
a cassette player カセットプレーヤー.
play a cassette of Mexican music メキシコ音楽のカセットをかける.

**Cas·si·o·pe·ia** /kæ̀siouṕíːə キャスィオウピーア/ 图【ギリシア神話】カシオペア; 【天文】カシオペア座.

**cast** /kǽst キャスト | káːst カースト/ (同音) caste) 動 (過去・過分 cast) 《♦ やや古風な文語. 1, 2 は今では throw がふつう》
—他 **1** …を投げる, ほうる(throw) ∥
cast a stone 石を投げる.
cast a net 網を打つ.
cast one's ballot [vote] 投票する(→ ballot).
**2** 《正式》**a**〈視線・非難などを〉向ける;〈物が〉〈光・影などを〉投げかける(throw) ∥
cast an [one's] eye **over** the paper《略式》新聞にざっと目を通す.
**b** [cast A B] A〈人〉に B〈視線など〉を投げる(throw) ∥
She cast me an envious glance. 彼女はうらやましそうな目つきで私を見た(→ **a**).
**3**【映画・演劇】〈俳優に〉役を割り当てる;〈映画などの〉役者を決める ∥
cast him **in** [**for**] the part of Hamlet =cast him **as** Hamlet 彼にハムレットの役を与える.
**4**〈生物が〉〈古くなった皮や角などを〉落とす(+off);〈子〉を早産する ∥
When does a snake cast its skin? ヘビはいつ脱皮するのか.
**5**〈像などを〉鋳造(ミボ)する; …を鋳(ミ)って造る ∥
cast a torso **in** bronze =cast bronze **into** a torso ブロンズでトルソーを作る《♦ cast a bronze torso ともいう》.

**be cást dówn** 意気消沈[がっかり]している.
**cást asíde** [他]〈衣服を〉脱ぎ捨てる;〈友などとの〉関係を絶つ;〈不安などを〉振り払う.
**cást awáy** [他]〈不安・偏見などを〉退ける;〈物を〉捨てる, 浪費する.
**cást óff** (1) [自]【海事】〈船が〉もやい綱を解かれて出航する. (2) [他]【海事】〈船の〉もやい綱を解く. (3) [他]〈人を〉見捨てる;〈いやな事などを〉振り払う.
**cást óut** [他]〈人・不安などを〉追い払う.
**cást úp** [他] (1)〈海草などを〉打ち上げる. (2) …を合計する.

—图 **1** C《正式》(さいころ・投網(ऄж)・釣糸・視線などの)ひと投げ, 投げる[投げられる]こと(throw); 投げる距離 ∥
within a stóne's cást 石を投げれば届くほどの所に.
**2** C 投げ[捨て]られたもの;(投げて出た)さいころの目;(ヘビなどの)抜けがら.
**3** U《正式》[通例 the ~ / a ~] 様子, 格好, 気質 ∥
a green dress with a blue cast 青味がかった緑のドレス.
**4** [a ~] 色合い, 気味 ∥
**5** C【映画・演劇】[the ~; 集合的詞] 出演者全員(の名と役), 配役, キャスト.

**cást iron** 鋳(ぃ)鉄.

**cast·a·way** /kǽstəwèi キャスタウェイ | káːst- カースタウェイ/ 图 CU 世間から見捨てられた(人);難破漂流した(人).

**caste** /kǽst キャスト | káːst カースト/ (同音 cast) 图 **1** U 身分制度; カースト《僧・士族・庶民・奴隷の4階級を基本とするインドのヒンドゥー社会の身分制度》∥
caste systems 階級制度.
**2** C 社会的階級.

**cast·er** /kǽstər キャスタ | káːst- カースタ/ 图 C **1** 投げる人. **2** キャスター《いすなどの脚に付けた車[こま]》. **3**(食卓用)薬味容器《塩・コショウなど》.

**cas·ti·gate** /kǽstigèit キャスティゲイト/ 動 (現分 -gat·ing) 他《正式》**1** …を懲戒(ちょう)する. **2** …を酷評する.

**cas·ti·ga·tion** /kæ̀stigéiʃən キャスティゲイション/ 图 UC《正式》懲戒(ちょう), 譴(ː)責(punishment); 酷評.

**cast·ing** /kǽstiŋ キャスティング | káːst- カースティング/ 動 → cast. —图 **1** U 投げること; 投げ釣り, キャスティング. **2** C 鋳物; U 鋳造(ぽう). **3** U【演劇】配役, キャスト.

**cásting vóte** 決定票《賛否同数のとき議長が投ずる票.「キャスティング=ボート(を握る)」のような意味ではない》.

**cast-i·ron** /kǽstáiərn キャスタイアン | káːst- カースタイアン/ 形 **1** 鋳鉄製の. **2** 鉄のような, 頑強な, ビクともしない; 確固たる.

**cas·tle** /kǽsl キャスル | kάːsl カースル/ 名 ⓒ **1** 城, 城郭《◆ヨーロッパ中世の町は領主の castle を中心に形成され, 町の外側を城壁 (walls) が囲んでいた》‖ Windsor Castle (英国の)ウィンザー城.
**2** (中世の城郭風の)大邸宅.
**3** 〔チェス〕城将, ルーク(rook).
*búild a cástle [cástles] in the áir [in Spáin]* 空中楼閣(くうちゅうろうかく)を築く, 非現実的な空想にふける.

**cast-off** /kǽstɔ(ː)f キャストオーフ | kάːst- カーストオーフ/ 形 脱ぎ捨てられた;〈人が〉見捨てられた.
——名 ⓒ (略式) [通例 ~s] 古着; 捨てられた物[人].

**cas·trate** /kǽstreit キャストレイト/ 動 (現分 --trat·ing) 他〈動物〉を去勢する.

**cas·tra·tion** /kæstréiʃən キャストレイション/ 名 Ⓤ ⓒ **1** 去勢. **2** (不適当な箇所の)削除訂正.

**Cas·tro** /kǽstrou キャストロウ/ 名 カストロ《Fidel /fiːdél/ ~ 1927- ; Cuba の首相》.

**cas·u·al** /kǽʒuəl キャジュアル/ 形〖「計画的・意図的でない」が本義〗
——形 **1** [通例名詞の前で]〈事が〉**偶然の**, 思いがけない(accidental) ‖
a casual meeting 偶然の出会い.
**2** [名詞の前で] **思いつきの**, 出まかせの, 何気ない ‖
casual comments 出まかせの批評.
**3** おざなりの, 無頓着(むとんちゃく)な; うわべだけの, 表面的な ‖
He took a casual glance through the documents. 彼は書類にざっと目を通した.
She is casual about her clothes. 彼女は服装に無頓着だ.
**4**〈態度・雰囲気などが〉うちとけた;〈服装が〉略式の, カジュアルな ‖
Don't be too casual with me tonight. 今夜はなれなれしくしないで.
casual wear ふだん着.
Dress casual. (招待のときに)ふだん着でお出かけください《◆この casual は副詞的用法》.
**5** [名詞の前で] 不定期の, 臨時の ‖
a casual laborer → 名1.
casual expenses 臨時の経費.
——名 ⓒ **1** =casual laborer. **2** [~s] ふだん着; =casual shoes.
**cásual láborer** 臨時雇い労働者(casual).
**cásual shòes** ふだんばき(casual).

**cas·u·al·ly** /kǽʒuəli キャジュアリ/ 副 偶然に, 思いがけなく; 不用意に, ふらりと, 何気なく;〈服装が〉略式で, ふだん着で, 形式ばらないで.

**cas·u·al·ty** /kǽʒuəlti キャジュアルティ/ 名 (複 --al·ties /-z/) ⓒ **1** (事故・災害などの)**死傷者**, 被害者; [casualties] 死傷者数(規模). **2** 大事故, 惨事.
**cásualty insùrance** 傷害保険.

**cat** /kǽt キャト/
——名 (複 ~s/kǽts/) ⓒ **1** ネコ(猫);〔動〕 ネコ科の動物 ‖
a wild [street] cat のら猫.
have [keep] a cat as a pet ペットとして猫を飼う.
He is a cat person. =He likes cats. 彼は猫好きだ.
When the cat's away, the mice will play. (ことわざ) 猫がいない間にネズミが遊ぶ;「鬼のいぬ間に洗濯」.
(Even) A cat may look at a king. (ことわざ) 猫でも王様が見られる; 卑しい人にも相応の権利がある《◆「マザーグース」から》.
A cat has nine lives. (ことわざ) 猫には命が9つある《猫は執念深く長寿とされる》.
Care killed the [a] cat. (ことわざ) (しぶといはずの)猫が心配のために死んだ; くよくよするな,「心配は身の毒」.
Curiosity killed the cat. (ことわざ) せんさく好きは身を滅ぼす.

[関連] (1) 英米でも犬と共に代表的なペット.
(2) 魔女を連想させ, 予言能力があるとされる.
(3) 鳴き声は mew,「のどを鳴らす」は purr.
(4)「雄猫」は he-cat, tomcat,「雌猫」は she-cat;「ぶち猫」は tabby,「三毛猫」は tortoise(-)shell cat;「子猫」は kitten,「猫ちゃん」(小児語) は pussy.

**2** Ⓤ 猫の毛(皮). **3** 意地悪女, 陰口をいう女.
*béll the cát* (略式・やや古) 進んで難局に当たる.
*It is ráining cáts and dógs.* (略式) ひどいどしゃぶりだ《◆時に raining の代わりに coming down, pouring も用いる》.
*lét the cát òut of the bág* (略式) ついうっかり秘密をもらす.

**cát sùits** (英) ジャンプスーツ《上着とズボンのつながった服》.

**CAT** /kǽt キャト/ 〖computerized axial tomography〗 名 Ⓒ X線体軸断層撮影.
**CÁT scànner** /sképnətr-/ 名 カタログ; X線体軸断層撮影装置《◆CT scanner ともいう》.

**cat·a·clysm** /kǽtəklìzm キャタクリズム/ 名 ⓒ (正式) **1** 大洪水; 地殻の激変. **2** (政治的・社会的)大変動.

**cat·a·clys·mic** /kǽtəklízmik キャタクリズミク/ 形 大変動の.

**cat·a·logue**, (米ではしばしば) **-log** /kǽtəlɔ̀(ː)g キャタロ(ー)グ/ 名 ⓒ カタログ; (ふつうアルファベット順の)目録, 便覧; 一覧, 列挙.
——動 (現分 --logu·ing) 他 冝 (…の) カタログを作成する; (…を) カタログに入れる.

**ca·tal·y·sis** /kətǽləsis カタリスィス/ 名 (複 --ses /-siːz/) Ⓤ ⓒ **1** 〔化学〕 触媒(しょくばい)作用[現象]. **2** 誘因.

**cat·a·pult** /kǽtəpʌ̀lt キャタパルト/ 名 ⓒ **1** 〖歴史〗 石弓, ど弩(ど)〖投石[投矢]用武器〗. **2** (英) ぱちんこ《Y 型のおもちゃ》《(米) slingshot》.
——動 他〈飛行機など〉をカタパルトで射出する; (英) をぱちんこで打つ, 飛ばす.

—圓 (発射されたように)勢いよく動く[飛び出す].
**cat·a·ract** /kǽtərækt キャタラクト/ 图 C **1** 〔正式〕瀑布(ばくふ), 大滝《◆「小滝」は cascade》; 〔通例 ~s〕急流. **2** 豪雨; 洪水. **3** 〔医学〕白内障.
**ca·tarrh** /kətάːr カター/ 图 U C 〔医学〕カタル《鼻・のどなどの粘膜の炎症》; かぜ.
**ca·tarrh·al** /kətάːrəl カターラル/ 囮 カタル性の.
**ca·tas·tro·phe** /kətǽstrəfi カタストロフィ/ 图 C **1** 大異変, 大災害, 大惨事. **2** 不幸, 災難;(悲劇の)結末, 破局.
**catástrophe thèory** 〔数学〕カタストロフィ理論.
**cat·a·stroph·ic** /kæ̀təstráfik キャタストラフィク | -stró̀f- -ストロフィク/ 囮 壊滅的な, 大異変の; 悲劇的な.
**cat·bird** /kǽtbə̀ːrd キャトバード/ 图 C 〔鳥〕ネコマネドリ《北米・中米のマネシツグミの類》.

## **catch** /kǽtʃ キャチ/ 〔「意識的にまたは偶然に, 適切な時期に様々な手段で動くものをつかむ」が本義〕

→ 動 ⓣ **1** つかまえる **3** 間に合う **4** その場で聞いて[見て]わかる **6** 見つける **7** b 命中する **8** b 襲う **9** ひっかける
🅘 ひっかかる
——動 〔三単現〕 ~·es/-iz/; 〔過去・過分〕 caught /kɔ́ːt/; 〔現分〕 ~·ing 《◆ be catching はまれ》

囲 ⓣ と 🅘 の関係
ⓣ **9** catch A A〈服・指など〉をひっかける
🅘 **1** catch A A〈服・指など〉がひっかかる

——ⓣ Ⅰ [動いているものを意識的につかむ]
**1 a** 〈人などが〉〈人・動物などを〉(追いかけて)つかまえる, 捕獲する; 〈人が〉〈ボール・機会などを〉捕える, つかむ ‖
**catch** crabs in a net 網でカニをとる.
Why do cats **catch** mice? ネコがネズミをつかまえるのはなぜだろうか.
**b** [catch A C] A〈動物など〉を C の状態でつかまえる《◆ C は形容詞》
**catch** a mole alive モグラを生けどりにする.
**c** [catch A by the B / catch A's B] A〈人〉の B〈からだの部分〉をつかむ ‖
She nearly fell forward and I **caught** her by the arm. 彼女は危うく前のめりに倒れるところだったが私は彼女の腕をつかまえた《◆ からだを支えたことを意味する. I *caught* her arm. は単に「腕をつかんだ」という意味》.
**d** [catch A B / catch B for A] A〈人〉に B〈魚など〉を捕ってやる ‖
I **caught** my brother some shrimps. =I **caught** some shrimps **for** my brother. 私は弟にエビをつかまえてやった《◆ 受身形は Some shrimps *were caught for* my brother. で, for が必要》.
**2** [catch A B] A〈人〉に B〈殴打〉を与える ‖
I **caught** him another blow **on** the nose. 私は彼の鼻にパンチをもう一発浴びせた《◆ I *caught* him *on* the nose *with* another blow. ともいえる》.

**3** 〈列車など〉に間に合う(↔ miss); 〈事〉を未然に食い止める; 〈人〉にうまく連絡がつく ‖
**Catch** the Ueno bus here. 上野行きバスにはここから乗りなさい《◆「乗る(get on, board)」の意味にも用いられることがあるが,「乗って行く」は take, go by の方がふつう》.
The bathtub nearly ran over and I **caught** it just in time. 浴槽は今にも水があふれそうだったが, かろうじて間に合った[止めた].
〔対話〕"Can I **catch** the 8 o'clock train?" "You can if you hurry."「8時の電車に間に合いますか」「急いだら間に合いますよ」《◆ 定時運行する交通機関に用いる》.

**4 a** 〈言葉・文字などを〉その場で聞いて[見て]わかる; [catch wh 節] …かを理解する《◆ ふつう進行形・受身にしない》 ‖
I didn't **catch** your name. Repeat it, please. お名前が聞きとれませんでした, もう一度言ってください.
Did you **catch** what the notice said? 掲示板に何と書いてあったかわかりましたか《◆ 第1例は hear, 第2例は see, understand と交換できるが, catch の場合は「瞬間的にわかる」の意》.
**catch** the reflection of oneself in the mirror 鏡に映った自分の姿を見る.
**b** 〈特徴・雰囲気などを〉(作品などに)正確に描写[再現]する.
**5** 〔略〕〈映画・放送番組などを〉(期日・時間に遅れず)見る, 聞く.

Ⅱ [偶然につかむ]
**6** [通例 catch A doing] (偶然に) A〈人など〉を(ふつうよくないことをしている最中に)見つける, 目撃する; 押さえる《◆ (1) (偶然)現場を見つけるだけで, 実際に捕まえるかどうかは不明. (2) 進行形にしない》 ‖
I **caught** my son (in the act of) stealing out of the room. =I **caught** my son while [just as] he was stealing out of the room. 私は息子がこっそり部屋を抜け出そうとしているところを見つけた.
You won't **catch** me sleeping at work again! 〔略〕二度と仕事中に居眠りはしません.
She has never been **caught** in her nightclothes. 彼女は寝姿でいるところを見られたことがない.

**7 a** 〈殴打〉をくらう; 〈帆などが〉〈風など〉を受ける《◆ 近づいて来るものを目的語とする》 ‖
**Catch** rain in this bucket. 雨をこのバケツで受けなさい.
He **caught** a blow **on** the chin. 彼はあごに1発くらった.
The sail **caught** the wind. 帆が風をはらんだ.
**b** 〈ボール・殴打など〉〈人(のからだの一部)〉に命中する; 〈風などが〉〈帆など〉に当たる ‖
The stone **caught** my arm [me **on** the arm]. 石が私の腕に当たった《◆ The stone *caught* me *on* the arm. は「人」に焦点を当てた言い方で, よろけるなどの衝撃が全身に及ぶことを含意. cf. ⓣ **1 b**》.

The heavy punch **caught** him **in** the stomach. 強烈な一撃が彼の腹部に命中した.
The wind **caught** the sail. 風が帆に当たった.
**8 a** 〈人が〉〈病気・雰囲気など〉に**感染する**, かかる ‖
catch measles はしかにかかる《♦ the mumps, diphtheria など伝染する病気にかかることをいう. a headache, an illness などには suffer from を用いる》.
His wife **caught** a disease **on** him. 《略式》彼は奥さんに病気になられて困った《♦ on は被害の対象を示す》.
There are some diseases which **are** usually **caught** in childhood. 病気の中にはふつう幼児期にかかるものがある《♦ ×A cold was caught by him. は誤り》.
**catch** the cheerful mood of the party パーティーの陽気な雰囲気に染まる.
**b** 〈病気・雰囲気・あらしなどが〉〈人〉を**襲う**; 〈炎が〉〈物〉に燃え移る ‖
The storm **caught** her just before she reached the shore. 彼女が岸に着く直前にあらしが襲った.
The flames **caught** the ceiling. 炎が天井に燃え移った.
**9** 〈服・指など〉を**ひっかける**, はさむ; 〈くぎ・戸などが〉〈服・指など〉をひっかける, はさむ ‖
**catch** a finger **in** the door ドアに指をはさむ.
She **caught** her sleeve **on** the knob. =The knob **caught** her sleeve. 彼女はそでを取っ手に引っかけた《♦ Her sleeve *caught* on the knob. ともいえる》.
—自 **1** 〈服・指などが〉**ひっかかる** ‖
Her foot **caught on** the curb. 彼女は歩道の縁石につまずいた.
**2** 〈物が〉燃える; 〈炎が〉燃え移る; 〈エンジンが〉かかる; 〈病気が〉うつる; 〈錠が〉かかる.
***be cáught by*** **A** (1) **A**〈甘言・うそなど〉にひっかかる ‖ No one will **be caught by** his flattery. 彼のお世辞にはだれものらない. (2) =be CAUGHT in.
◇***be cáught in*** **A** **A**〈雨など〉にあう ‖ **be caught in** a storm あらしにあう.
***be cáught úp in*** **A** (1) **A**〈事件・興奮など〉に巻き込まれる ‖ **be caught up in** a crime 犯罪に巻き込まれる. (2) **A**〈物・事〉に没頭[熱中]する ‖ He **was** so **caught up in** the game that he forgot what time it was. 彼は試合にあまりにも夢中になっていたので時間を忘れてしまった.
◇***cátch at*** **A** (1) **A**〈物〉をつかみにいく, つかもうと手を伸ばす, …にとびつく ‖ **catch at** a ball ボールを取ろうとする(《米》grab at)《♦ 自分に向かって飛んでくるボールを受けるのは *catch* a ball》/ **A drowning man will catch at a straw.** (ことわざ) おぼれる者はわらをもつかむ. (2) **A**〈機会など〉にとびつく ‖ **catch at** an offer 申し出にとびつく.
***cátch in*** [他] (1) 〈人〉を(自宅などで)おりよくつかまえる, …に連絡がつく. (2) 〈服〉を(ウエスト部などで)つめる.
◇***cátch ón*** → catch on (見出し語).
***cátch óut*** [他] 〈人〉の誤り[うそなど]を見破る, …を窮地に陥(おとしい)れる; 〈事〉を見破る.
◇***cátch úp*** → catch up (見出し語).
◇***cátch úp on*** **A** (1) 《略式》**A**〈勉強など〉の不足[遅れ]を取りもどす ‖ I must **catch up on** my reading. 読書不足を取りもどさねばならない《♦ on の代わりに with も用いられるが on の方がふつう》. (2) **A**〈新しい考え方・流行・情報など〉に精通する, 遅れずについて行く.
◇***cátch úp with*** **A** **A**〈人・車・国など〉に**追いつく**《♦ (1) overtake とは違って「追い越す」意味はない. (2) 空間的にも, 勉強・進歩などの程度にも用いる》‖
**catch up with** Japan in technology 科学技術で日本に追いつく / 対話 "Hurry! They're **catching up with** us." "But I can't run any faster." 「急いで. 追いつかれるわよ」「でもこれ以上速くは走れないよ」.
—名 Ⓒ **1** 捕えること, 捕球 ‖
a nice **catch** ナイスキャッチ.
make a fine **catch** 見事に捕球する.
**2** 捕獲物[量] ‖
a large **catch** of herring ニシンの大漁.
**3** (戸・バッグなどの)留め金, ホック. **4** 《略式》(問題・計画などの)落し穴, 策略, わな(trick); [形容詞的に] ひっかかりやすい(catchy). **5** 《略式》掘出し物; (財産・地位・容姿などから見て)結婚したい(ような)相手.
***pláy cátch*** =***hàve a cátch*** キャッチボールをする《♦ ×catchball は誤り》.
**cátch cròp** 〔農業〕間作物.
**cátch line** キャッチフレーズ.

**catch·er** /kǽtʃər キャチャ/ 名 Ⓒ **1** 捕える人[道具]. **2** 〔野球〕捕手, キャッチャー.

**catch·ing** /kǽtʃiŋ キャチング/ 動 → catch. —形 《略式》〈病気・くせなどが〉感染する, うつりやすい.

***catch on** /kǽtʃ ɑ́n キャチ アン | -ɔ́n -オン/
—動 (変化形 → catch) 《略式》[自] **1** [catch on (with **A**)] 〈考え・服装などが〉(**A**〈人〉に) **受け入れられる**, 流行する ‖
Miniskirts **caught on with** young people quickly. ミニスカートはたちまち若い人に受けた《♦ Young people *caught on to* miniskirts. ともいえる》.
**2** [catch on (to **A**)] 〈人が〉(**A**〈意味・冗談など〉を)その場で理解する, 気づく ‖
I didn't **catch on to** what she was saying. 彼女が何を言っているのかわからなかった.

**catch·phrase** /kǽtʃfrèiz キャチフレイズ/ 名 Ⓒ (一時的で無意味な)うたい文句, キャッチフレーズ.

***catch up** /kǽtʃ ʌ́p キャチ アプ/
—動 (変化形 → catch) **1** [自] **追いつく**, 遅れずについて行く, 遅れを取りもどす ‖
Go ahead, I'll **catch up** soon. 先に行ってください, すぐに追いつきますから《♦ 文脈上明らかなので with you を省略したもの. cf. CATCH up with, CATCH up on》.
**2** 《主に英》[他] 〈人・車・会社など〉に**追いつく**, 遅れず

について行く(overtake) ‖
He couldn't **catch** up the leader. =He could not **catch** up with the leader. 彼は先導者に追いつけなかった《◆(米)では後者がふつう》.

**3** [他]《物・幼児などを》すばやくつかむ.

**catch・y** /kǽtʃi キャチ/ 形《比較》-i・er,《最上》-i・est) **1**《曲などが》楽しくて覚えやすい. **2**《問題などが》間違いやすい, ぺてんの.

**cat・e・chism** /kǽtəkìzm キャテキズム/ 名 **1** C (キリスト教の)教義問答集, 教義要覧.

**2** C (一般の)問答式教本[入門書]; U 問答式教授法.

**3**《正式》[a ~ / one's ~] 連続的質問 ‖
put her through a catechism 彼女を質問ぜめにする.

**cat・e・gor・i・cal** /kæ̀təgɔ́(ː)rikl カテゴ(ー)リクル/ 形《正式》**1** 断定的な, 無条件の;《論理》断言的な. **2** 分類別の, 範疇(はんちゅう)に属する.

**cat・e・go・ry** /kǽtəgɔ̀ːri キャテゴーリ | kǽtəgəri キャテガリ/ 名 (複 -go・ries/-z/) C 範疇(はんちゅう), 種類, 区分, 部門《◆class より堅い語》.

**ca・ter** /kéitər ケイタ/ 動 (自) **1** 料理を賄(まかな)う ‖
Weddings and parties **catered** for at our hotel.《広告》当ホテルでは婚礼・宴会のご用も承ります.

**2**《正式》応ずる; 供する; 迎合する ‖
The official was accused of **catering** to a big business. その役人は大企業に便宜を図ったかどで告発された.

── 《主に米》〈宴会などの〉料理を(代金をとって)賄う.

**ca・ter・er** /kéitərər ケイタラ/ 名 C (宴会などの)仕出し屋, 宴会業者; (ホテルなどの)支配人, 宴会係.

**cat・er・pil・lar** /kǽtərpìlər キャタピラ/ 名 C **1** イモムシ, 毛虫《◆チョウ・ガの幼虫》. **2** [C~]《商標》無限軌道式トラクター; キャタピラー.

**cat・fish** /kǽtfìʃ キャトフィシュ/ 名(複 →fish[Q&A](2)) C《魚》ナマズ.

**ca・thar・sis** /kəθάːrsis カサースィス/ 名(複 -ses /-siːz/) U C《正式》**1**《美学》カタルシス《芸術作品, 特に悲劇による鑑賞者の精神浄化作用》. **2** (一般に)心のモヤモヤがはっきりすること.

**ca・thar・tic** /kəθάːrtik カサーティク/ 形 **1**《正式》精神浄化作用のある. **2** 排便作用のある. ── 名 C 下剤.

**ca・the・dral** /kəθíːdrəl カスィードラル/ 名 C 大聖堂, 司教[主教]座聖堂, カテドラル《カトリック・アングリカンの教区(diocese)の司教[主教](bishop)の法座がある中央聖堂》.

**Cath・e・rine** /kǽθərin キャサリン/ 名 キャサリン《女の名. 愛称》Cathy, Kate, Kitty》.

**cath・ode** /kǽθoud キャソウド/ 名 C《電気》陰極.

**cáth・ode-ràytùbe** /kǽθoudrèi- キャソウドレイ-/《電気》陰極線管, ブラウン管(Braun tube;《略》CRT).

**Cath・o・lic** /kǽθəlik キャソリク/《アクセント注意》 ── 形 **1**《ローマ》カトリックの《◆×a Catholic, ×Catholicsとはいわない》‖

(教徒)(の)」ということをいうのに, (ローマ)カトリック教徒は単にCatholic, 非(ローマ)カトリック教徒はRoman Catholic という》.

**2**《新教(Protestant)に対して》旧教の.

**3** [c~] 普遍的な, 全般的な.

── 名 C (ローマ)カトリック教徒; 旧教徒.

**Ca・thol・i・cism** /kəθάləsizm カサリスィズム/ ─θάl-カソリ-/ 名 U (ローマ)カトリック教; カトリックの教義[信仰].

**cat・kin** /kǽtkin キャトキン/ 名 C《植》尾状花序《ネコの尾の形に垂れて咲くヤナギなどの花穂(かすい)》.

**cat・nap** /kǽtnæp キャトナプ/ 名 C《略》うたた寝.

\***cat・tle** /kǽtl キャトル/《「「財産」が原義」》
── 名《集合名詞; 通例複数扱い》畜牛, ウシ《cow, bull, heifer, bullock, calf の総称. →cow[関連]》《◆×a cattle, ×cattles とはいわない》‖

The **cattle** were dying because they had no water. 水がなくて, 牛の群れは死にかけていた.
forty (head [×heads] of) **cattle** 40頭の牛.
béef càttle 食用牛.
raise **cattle** 牛を飼育する.

**cat・ty** /kǽti キャティ/ 形 (通例《比較》-ti・er,《最上》-ti・est) **1** 猫のような, 忍びやかな. **2**《略》〈主に女性が〉意地の悪い, 悪口好きの.

**cat・walk** /kǽtwɔ̀ːk キャトウォーク/ 名 C キャットウォーク《鉄橋や機関室などにある橋状の狭い通路》; (ファッションショーの)客席につき出た細長いステージ.

**Cau・ca・sia** /kɔːkéiʒə コーケイジャ, -ʃə|-ziə -ズィア/ 名 カフカス, コーカサス(地方)《黒海とカスピ海の間にある》.

**Cau・ca・sian** /kɔːkéiʒən コーケイジャン|-ziən -ズィアン/ 名 C 形 **1** カフカス地方[山脈](の). **2** コーカサス人(の); U コーカサス諸語(の).

**Cau・ca・sus** /kɔ́ːkəsəs コーカサス/ 名 **1** [the ~] カフカス[コーカサス]山脈(the Caucasus Mountains). **2** =Caucasia.

**cau・cus** /kɔ́ːkəs コーカス/ 名(複 ~・es /-iz/) C [the ~; 集合名詞] **1** (政党の)執行部, 幹部. **2** 執行委員会, 幹部会.

\***caught** /kɔ́ːt コート/《同音》court《英》《類音》coat /kout/ 動 → catch.

**cau・li・flow・er** /kɔ́ːliflàuər コーリフラウア/ 名 C《植》カリフラワー, 花キャベツ《語法》《◆ cabbage》; U (料理された)カリフラワー(の花球).

\***cause** /kɔ́ːz コーズ/《同音》corps《英》《類音》course, coarse /kɔːrs/《「「偶発的にある事態を生じさせるもと」が本義. cf. because. →effect]》

cause《…を引き起こす》

── 名(複 caus・es /-iz/) C **1** 原因, 種, もと; 原因となる人[物]‖

**cause and effect** 原因と結果, 因果《◆ふつう無冠詞》.

Lack of care was the **cause of** the bird death. 世話をしなかったのが鳥が死んだ原因だ.

対話 "Did you see the fire in that building?" "Yeah. I wonder what the **cause** was." 「あのビルの火事は見ましたか」「うん. 原因は何だったんだろう」(=I wonder what caused it. / I wonder why it broke out.)」.

**2** Ⓤ [通例 the 〜] 理由, わけ, 根拠, 動機 (reason) ‖

for good **cause** 正当な理由があって.

I have no **cause for** complaint [**to complain**]. 不平を言う理由は何もありません.

**3** Ⓒ [通例 the 〜] (個人や社会の掲げる)主義, 目標, 理想,(…)運動; 福祉 ‖

**in the cáuse of** world peace 世界平和をめざして.

She is working for **the refugees' cause**. 彼女は難民の福祉のために働いている.

——動 (三単現) **caus·es**/-iz/; (過去・過分) 〜**d**/-d/; (現分) **caus·ing**)

——他 **1** 〈人・事が〉〈事・苦悩など〉の**原因となる**; …を(結果として)引き起こす ‖

Each movement of my fingers **caused** stabbing pain. 指を動かすたびに刺すような痛みが走った.

He **caused** our failure. 彼が原因で私たちは失敗した(=He is the cause of our failure.)《◆失敗させようと彼が意図したとは限らない》.

The flood **caused** much damage. 洪水で大被害が出た(=Much damage resulted from the flood.).

**2** [cause **A** **B** / cause **B** to [for] **A**]〈人・事が〉**A**〈人〉に **B**〈苦痛・損害など〉を**もたらす**, 与える ‖

Your letter will **cause** him a great deal of distress. =Your letter will **cause** a great deal of distress **to** him. 君の手紙は彼にひどく苦しむことになるだろう.

We were **caused** much worry. 私たちはとても心配した.

**3** [cause **A** to do]〈人・事が〉**A**〈人・事〉に…**させる**(原因となる), (結果的に)…させる ‖

Her behavior **caused** me **to laugh**. 彼女のしぐさに私は笑ってしまった《◆Her behavior *made* me laugh. がふつう》.

He **caused** a tooth **to be taken out**. (まれ)彼は歯を1本抜かれた《◆to do に受身形がくる場合は He had a tooth taken out. がふつう》.

She **caused** me **to run into** the wall. 彼女のせいで私は壁に衝突した《◆make や have が意識的な使役を表すのに対し, *cause* は偶発的・無意図的》.

(')**cause** /kəz コズ;(強) kɔ́z カズ | kɔ́z コズ/ 接 (俗) =because.

**cause·way** /kɔ́ːzwèi コーズウェイ/ 名 Ⓒ **1** 土手道, あぜ道. **2** (車道より高い)歩道.

**caus·ing** /kɔ́ːziŋ コーズィング/ 動 → cause.

**caus·tic** /kɔ́ːstik コースティク/ 形 **1**【化学】苛性(か せい)の, 腐食性の ‖

caustic soda 苛性ソーダ.
**2** (正式)〈批判などが〉辛辣(しんらつ)な, 痛烈な.

*****cau·tion** /kɔ́ːʃən コーション/『「危険に対して注意すること」が本義』派 cautious (形)

——名 (複 〜**s**/-z/) **1** Ⓤ 用心, 警戒 ‖

use [exercise] **caution** 用心する.

Cross the busy street **with caution**. 交通量の多い通りを渡るときは用心しなさい.

**2** Ⓒ (特に警官などによる法的な)**警告**, 注意《◆warning より軽い警告》‖

He was given a **caution for** parking in front of the gate. 彼は門の前に駐車したことで警告を受けた.

a **caution** of "SOFT SHOULDER AHEAD"「前方路肩弱し」の注意書き.

——動 (三単現) 〜**s**/-z/; (過去・過分) 〜**ed**/-d/; (現分) 〜**·ing**)

——他 **警告を与える**, 注意する; [caution **A** to do]〈人〉に…するよう忠告する, 戒める; [caution (**A**) (that) 節]〈人〉に…であると事前に注意[警告]する(warn)‖

He **cautioned** us **about** the icy roads. 道路が凍結しているので用心するようにと彼は私たちに注意してくれた.

I **cautioned** her **against** overworking. 働きすぎないよう彼女に忠告した(=I cautioned her not to work too hard.).

I must **caution** (you) **that** you have been speeding. 注意しておきますがスピードの出しすぎですよ.

**cau·tion·ar·y** /kɔ́ːʃənèri コーショネリ | -ʃənəri -ショナリ/ 形 (正式) 注意を促す, 警告的な.

**cau·tious** /kɔ́ːʃəs コーシャス/ 形 [be cautious **of** [**about, with**] **A**]〈人が〉**A**〈人・物・事〉について注意深い, 用心深い, 慎重である(↔ incautious); [be cautious **not to** do](…しないよう)用心している《◆ careful より堅い語》‖

Be **cautious when** [**in**] crossing the road. 道路を横断するときは用心しなさい.

**cáu·tious·ness** 名 Ⓤ 用心深さ.

**cau·tious·ly** /kɔ́ːʃəsli コーシャスリ/ 副 用心して, 警戒して, 慎重に.

**cav·al·cade** /kævlkéid キャヴルケイド/ 名 Ⓒ (正式) (儀式などの)騎馬行進;(一般に)大パレード.

**cav·a·lier** /kævəlíər キャヴァリア/ (アクセント注意) 名 Ⓒ **1** 騎士道精神の持主《特に女性に礼をつくす男》; 女性のエスコート. **2** 騎士(knight).

——形 騎士気取りの; 尊大な.

**càv·a·líer·ly** 副 大様(おおよう)に [な], 傲慢(ごうまん)に [な].

**cav·al·ry** /kǽvlri キャヴルリ/ 名 [the 〜; 集合名詞に; 通例複数扱い] 騎兵(隊).

**cav·al·ry·man** /kǽvlrimən キャヴルリマン/ 名 (複 -men) Ⓒ 騎兵.

*****cave** /kéiv ケイヴ/『「へこんだ」が原義』

——名 (複 〜**s**/-z/) Ⓒ (山腹・地下にできた)**洞窟**(どうくつ), ほら穴, 横穴《◆hollow より大きく cavern より小さい》.

—**動** (現分) cáv·ing **他** …にほら穴を掘る;〈屋根·地盤など〉を陥没させる;〈帽子·壁など〉をへこませる(+*in*).

**cáve ín** (1)〔自〕〈建物·洞穴など〉崩れ落ちる;陥没する;〈帽子·ほねなど〉へこむ,落ちこむ;(略式)〈事業などが〉失敗する,破産する;(略式)〈人が〉へばる,降参する;〈抵抗·反対など〉弱まる,屈する. (2)〔他〕→ **他**.

**cave-in** /kéivin ケイヴィン/ 图 © **1** (鉱山の) 落盤[陥没] (箇所). **2** 堕落;失敗.

**cave·man** /kéivmæn ケイヴマン/ 图 (複 ‑·men) © (石器時代の)穴居(セック)人((PC) cave dweller).

**cav·ern** /kǽvərn キャヴァン|kǽvn キャヴン/ 图 © (正式) 大洞窟(ニッ)(→ cave).

**cav·i·ar, ‑·are** /kǽviɑːr キャヴィアー,ニー/ 图 Ⓤ キャビア《チョウザメの卵の塩づけ. 通好みの珍味とされる》.

**cav·i·ty** /kǽvəti キャヴィティ/ 图 (複 ‑·i·ties/‑z/) © (正式) **1** 空洞, 穴.
**2** [医学] 腔(ら);虫歯 ‖
I have a cavity. 虫歯が1本ある.

**ca·vort** /kəvɔ́ːrt カヴォート/ 動 〔自〕 (略式) 〈人が〉おどりはねる.

**Cax·ton** /kǽkstən キャクストン/ 图 カクストン《William 〜 1422?‑91;英国最初の印刷業者》.

**cay·enne** /kaién カイエン | kei‑ ケイ‑/ 图 Ⓤ = cayenne pepper.

**cayénne pépper** 粉末トウガラシ(cayenne)《薬味》; © [植] トウガラシ(の実).

**CBS** 略 Columbia Broadcasting System コロンビア放送会社.

**cc, c.c.** 略 carbon copy《メール·手紙の写し;その送り先》.

**CD** 略 compact disc.

**CD-R** /síːdìːáːr スィーディーアー/ 〖compact disc-recordable〗 图 © 〔コンピュータ〕シーディーアール.

**CD-ROM** /síːdìːrɑ́m スィーディーラム|‑rɔ́m ‑ロム/ 〖compact disc read-only memory〗 图 © 〔コンピュータ〕シーディーロム.

\***cease** /síːs スィース/
—**動** (三単現 ceas·es/‑iz/; 過去·過分 〜d/‑t/; 現分 ceas·ing) (正式文)

| | 自と他の関係 | |
|---|---|---|
| 自 | A cease | A〈続いている事が〉止まる |
| 他 | cease A | A〈活動など〉を止める |

—〔自〕〈続いている事が〉**終わる**, 途絶える(stop) ‖
The music ceased. 音楽がやんだ《◆動くものが「止まる」意には用いない: The car stopped [×ceased].》.
対話 "Thank God that noise ceased." "Mé tóo. It was really making me angry." 「あ, あよかった. あの騒音がおさまったね」「そうだね. 全く腹が立っていたんだ」.
—〔他〕〈活動などを〉止める, 中止する; [cease do-ing] …することを**止める**, 中止する; [cease to do] (次第に)…しなくなる ‖

That section ceased to exist. あの部署は廃止された[解散した].
He ceased writing in 1950. 彼は1950年に作家活動に終止符を打った.
—**图** Ⓤ (正式·文) 終止《◆次の句で》 ‖
without céase 絶え間なく.

**cease-fire** /síːsfàiər スィースファイア/ 图 © (軍事) 停戦, 休戦;戦闘中止;撃ち方止めの号令.

**cease·less** /síːsləs スィースレス/ 形 (正式) 絶え間のない, 不断の. **céase·less·ly** 副 絶え間なく.

**ceas·ing** /síːsiŋ スィースィング/ 名 = cease.

**Cec·il** /sésl スィースル, sésl/ 图 セシル《男の名》.

**Ce·cile** /sesíːl セスィール | sísíːl セスィール/ 图 セシ(一)ル《女の名》.

**Ce·cil·i·a** /səsíːljə セスィーリャ/ 图 セシ(一)リア《女の名》.

**ce·dar** /síːdər スィーダ/ 图 © 〔植〕シーダー, レバノン〔ヒマラヤ〕スギ(の類)《◆ヒンドゥー教徒の神木》;(材の香気が)ヒマラヤスギに似た針葉樹《日本のスギなど》; Ⓤ その材 ‖
the cedar of Lebanon レバノンスギ.

**cede** /síːd スィード/ 動 (現分 céd·ing) (正式) 〈権利·領土など〉を割譲する.

**ce·dil·la** /sədílə セディラ/ 图 © セディーユ《フランス語などで c の字の下に添える符号 (¸): français》.

**Ce·dric** /sédrik セードリック, síː‑/ 图 セドリック《男の名》.

\***ceil·ing** /síːliŋ スィーリング/ (同音 sealing)
—**图** 〜s/‑z/ © **1** (通例 the 〜) (建造物の) **天井**(の板) (↔ floor); 天井に似たもの ‖
from floor to ceiling 床から天井まで《◆この句ではふつう無冠詞》.
The house shook, and the ceiling of the living room was falling piece by piece. 家が揺れ, 居間の天井の板が1枚ずつ落ちてきた.
**2** 〔航空〕(飛行機の)上昇限度;〔気象〕雲高.
**3** (ふつう法定による賃金·価格などの)最高限度.
**4** [形容詞的に] 天井の;最高限度の.

\***cel·e·brate** /séləbrèit セレブレイト/ 〖『儀式や祝い事をする』が本義〗 派 celebration (名).
—**動** (三単現 〜s/‑brèits/; 過去·過分 ‑·brat-ed/‑id/; 現分 ‑·brat·ing)
—〔他〕 **1** 〈特定の日·めでたい事〉を祝う, 祝賀する(cf. congratulate)(→ 自 **1**) ‖
celebrate the victory with a party 勝利をパーティーを開いて祝う.
He celebrated his 90th birthday. 彼は90歳の誕生日を祝った《◆人から祝ってもらう場合にも用いる》.
**2** 〈儀式·祝典など〉を挙行する, 執(と)り行なう(→ 自 **1**) ‖
celebrate a wedding 結婚式を挙げる.
The priest celebrates Mass. 司祭はミサを行なう.
**3** (正式)〈人〉をほめたたえ(て世に知らせ)る;〈物·事〉を賛美する(praise) ‖
celebrate heroes in poems 詩で英雄をたたえる.

—自 1 祝う, 式を挙げる, 祝典を開く ‖
対話 "Congratulations!" "Thank you. Let's go out and celebrate tonight, shall we?" 「おめでとう」「ありがとう」「今夜はお祝いをしようよ」.
2 《略式》陽気に騒ぐ.

**cel·e·brat·ed** /séləbreitid セレブレイティド/ 形 -əd -ブレイテド/ 動 → celebrate.
—形 1 名高い, 有名な《◆ famous より堅い語》‖
a restaurant *celebrated for* its wines ワインで知られているレストラン.
a celebrated critic ＝a person (who is) celebrated as a critic 著名な批評家.
2 [the ～] 名士たち.

**cel·e·brat·ing** /séləbreitiŋ セレブレイティング/ 動 → celebrate.

**cel·e·bra·tion** /sèləbréiʃən セレブレイション/ 名 1 Ｕ 祝賀, 称賛.
2 Ｃ 祝賀会[式典] ‖
hold a celebration 祝賀会を開く.
*in celebration of* A Ａ〈事〉を祝って.

**ce·leb·ri·ty** /səlébrəti セレブリティ/ 名 (複 -ri·ties/-z/) 1 Ｃ 有[著]名人, 名士. 2 Ｕ 名声, 知名度.

**cel·er·y** /séləri セラリ/ 名 Ｕ 〘植〙セロリ. 語法 数えるときは, 食材, 畑での株は a head of *celery*, 食材のセロリ1本は a stick [stalk] of *celery* という.

**ce·les·tial** /səléstʃəl セレスチャル｜-tiəl -ティアル/ 形 《正式》1 天(体)の, 空の ‖
celestial bodies 天体.
2 天上界の, 神聖な.

**cel·i·ba·cy** /séləbəsi セリバスィ/ 名 Ｕ 《正式》(特に宗教上の誓いによる)独身[禁欲](主義).

**cel·i·bate** /séləbət セリバト/ 形 (特に宗教的理由で)独身[禁欲]を誓った. ——名 Ｃ 独身(主義)者.

**cell** /sél セル/ 同音 sell) 名 Ｃ 1 〘生物〙細胞;〘軍事〙班, チーム; (秘密結社・政党の)細胞 ‖
cancer cells がん細胞.
communist cells 共産党の支部.
2 電池. 3 小区分, 小部屋; ハチの巣穴;〘コンピュータ〙セル《表計算ソフトの1マス》. 4 (修道院の)独房; (刑務所などの)独房, 監禁室.
**céll divísion** 〘生物〙細胞分裂.

**cel·lar** /sélər セラ/ 同音 seller) 名 Ｃ 1 (食糧・燃料などの)地下貯蔵倉; ワイン貯蔵室.
2 ワインの蓄え ‖
keep a good cellar ワインの蓄えが多い.

**cel·list, 'cel·—** /tʃélist チェリスト/ 名 Ｃ チェロ奏者.

**cel·lo, 'cel·—** /tʃélou チェロウ/ 名 (複 ～s) Ｃ 〘音楽〙チェロ((正式) violoncello); 《略式》[通例 ～s] (楽団の)チェロ奏者.

**cel·lo·phane** /séləfèin セロフェイン/ 名 Ｕ セロファン《もと商標》.
**cél·lo·phàned** /-fèind -フェインド/ 形 セロファンの[で包まれた].

**cell·phone** /sélfoun セルフォウン/ 名 Ｃ 携帯電話 (cellular phone).

**cel·lu·lar** /séljələr セリュラ/ 形 細胞(状)の.
**céllular phóne [téléphone]** 〘米〙携帯電話《◆ cellphone, mobile phone ともいう. 固定電話は fixed phone [telephone]》.

**cel·lu·loid** /séljəlɔid セリュロイド/ 名 (米+) séla- 名 Ｕ セルロイド; 2 映画(フィルム).

**cel·lu·lose** /séljulòus セリュロウス/ 名 Ｕ (樹木などの)繊維素;〘化学〙セルロース《合成繊維》.

**Cel·si·us** /sélsiəs セルスィアス/ 名 百分度, 摂氏(ｾｯｼ)度《氷点を0度, 沸点を100度とした温度計測法. スウェーデンの天文学者セルシウスの名に由来. 記号 C》《◆ 10℃は ten degrees Celsius と読む》(cf. Fahrenheit).

**Celt** /kélt ケルト, sélt/ 名 Ｃ ケルト人; [the ～s] ケルト族《古代ヨーロッパにいた種族. 現在の Irish, Gaels, Welsh, Bretons はその子孫》.

**Celt·ic** /kéltik ケルティク, sélt-/ 形 ケルト語[族]の.
——名 Ｕ ケルト語(略 Celt.).

**ce·ment** /səmént セメント/ (アクセント注意)《◆ ×セメント》名 Ｕ セメント (cf. concrete); (一般に)接着[接合]材;〘歯科〙(虫歯の穴の)充填(ｼﾞｭｳﾃﾝ)材 ‖
plastic cement プラスチック接着剤.
——動 他 1 …をセメントで接着する; …にセメントを塗る (+*together*). 2 〈友情など〉を固める.
**cemént míxer** コンクリートミキサー (concrete mixer).

**cem·e·ter·y** /sémətèri セメタリ｜sémətri セメトリ/ 名 (複 -ter·ies/-z/) Ｃ (教会に属しない)共同墓地 (cf. churchyard).

**cen.** 略 central; century.

**cen·sor** /sénsər センサ/ 同音 censer) 名 Ｃ 1 検閲官; 検閲係. 2 《英》大学の学生監.
——動 他 〈出版物・映画など〉を検閲する; …を(検閲して)削除[修正]する.

**cen·sor·ship** /sénsərʃip センサシプ/ 名 Ｕ 検閲官の任務; 検閲.

**cen·sure** /sénʃər センシャ/ 《正式》名 Ｕ Ｃ 非難, 酷評; 不信任.
——動 (現分 --sur·ing) 他 …を非難[酷評]する; …をとがめる.

**cen·sus** /sénsəs センサス/ 名 (複 ～·es/-iz/) Ｃ (主に人口の)一斉調査; 国勢[市勢]調査.

## **cent** /sént セント/ 同音 scent, sent)〖「100(分の1)」が原義. cf. *cent*ury, per*cent*〗
——名 (複 ～s/sénts/) 1 Ｃ セント《米・豪・カナダ・ニュージーランド・EU などの通貨単位. 1ドルの1/100 [EU ではユーロの1/100]. 略 c, ct.; 記号 ¢》‖
対話 "A stamp for this postcard, please?" "Where is it going?" "Japan." "Thirty-six cents, please." 「このハガキの切手をください」「どこへ出しますか」「日本です」「36セントになります」.
2 Ｃ 1セント銅貨; 《米》[a ～; 否定文で] 少し[一文](も…ない) ‖
He doesn't give a (red) cent for his appearance. 彼は外見をちっとも気にしない.
3 Ｕ (単位としての)100 ‖
per cent 100につき (→ percent).

**cent.** 《略》centered; centigrade; centimeter; central; century.

**cen‧te‧nar‧y** /senténəri センテナリ|sentíː- センティー/ 《主英》名 (複 -nar‧ies/-z/) ⓒ 100周年(祭, 記念)(の) (《米正式》centennial).

**cen‧ten‧ni‧al** /senténiəl センテニアル/ 《米正式》形 100周年の, 100年(間)の. ── 名 ⓒ 100周年(祭, 記念) (《主英》centenary).

**centénnial annivèrsary** 100年記念(の年).

\*__cen‧ter__, 《英》 **-tre**/séntər センタ/ [類音] cent*au*r/séntɔːr/)〖「平面・球の中心点」が本義〗
派 central (形)
── 名 (複 ~s/-z/) **1** [the ~] (円・球の)**中心**, 中央, 真ん中 ‖

at the **center of** a circle 円の中心に.
in the **center of** the room 部屋の中央に(cf. middle).
the **center** of gravity 重心; 最も重要な物[人].
[対話] "Where was he born?" "He was born and bred in the **center of** Paris." 「彼はどこで生まれたのですか」「パリの中心地で生まれて育ったのです」(◆交通機関・行政・商業などの集中している場所を意味する. → **2**).

**2** ⓒ **a** (場所・人・物などのその活動・人気などの)**中心的存在**, 中核, 中心(地) ‖

a **center** of commerce 商業の中心地.
[対話] "Was she mixing well at the party?" "Yes, she was the **center of** attention." 「彼女はパーティーではうまくとけ込んでいましたか」「ええ, 注目の的になっていました」.

**b** [通例複合語で] (施設としての)…センター, 中央施設 ‖

a medical **center** 中央総合医療施設(◆固有名詞として用いるときはふつう the をつける).

[関連] [いろいろな center] commúnity cènter 市民センター / héalth cènter 保健所 / léisure cènter レジャーセンター / shópping cènter ショッピングセンター / spáce cènter 宇宙基地 / spórts cènter スポーツセンター.

**3** [主に the C~] 《政治》穏健派, 中道派《the Left と the Right の間》. **4** [the ~] 《アメフト・バスケットボール》センター; 《野球》センター, 中堅(手)(図→ American football); 《軍事》中央部隊, 本部隊.

── 動 (三単現 ~s/-z/; 過去・過分 ~ed/-d/; 現分 ~ing/-təriŋ/)
─ 他 と 自 の関係 ─
他 1 center A A を集中させる
自 A center A が集中する

── 他 **1** 《正式》〈人が〉〈関心・話題などを〉**集中させる** ‖

She **centered** her efforts **upon** her everyday learning. 彼女は毎日の学習に専念した.
**2** 〈物を〉中心に置く. **3** 〈物・事の〉中心をなす.

── 自 《正式》〈関心・話題などが〉集中する ‖

the story which **centers on** a murder 殺人(事件)を軸に展開する小説.

**cénter fíeld** 〖野球〗センター, 中堅.
**cénter fíelder** 〖野球〗センター, 中堅手.
**cénter fórward** 〖サッカー・ホッケーなど〗センターフォワード(《英略式》striker).

**cen‧ti‧grade** /séntəɡrèid センティグレイド/ [しばしば C~] 名 ⓒ 百分度; (温度の)百分度, 摂氏度(《略》cent.) (Celsius).
── 形 百分度の, 摂氏度の ‖

the **centigrade** thermometer 摂氏温度計(◆正式には the Celsius thermometer).

**cen‧ti‧me‧ter**, 《英》 **-tre** /séntəmìːtər センティミータ|sénti- センティ-/ 名 ⓒ センチメートル(《記号》cm).

**cen‧ti‧pede** /séntəpìːd センティピード/ 名 ⓒ 〖動〗ムカデ.

\***cen‧tral** /séntrəl セントラル/ [→ center]
── 形 **1 a** 中央にある, 中心の ‖

the **central** part of the area その地域の中心部.
**b** [補語として] 行きやすい, 近くて都合がよい ‖
The theater is very **central**. その劇場は地の利がよい[市の中央にある].

**2** 主要な, 中心をなす ‖

the **central** point of the discussion 議論の中心点.
Humanism was **central to** her way of life. 人道主義が彼女の生き方の中核をなすものであった.
[対話] "You look upset. Is anything wrong?" "The **central** part of my plan was not accepted." 「むしゃくしゃしているね. どうかしたの」「計画の肝心なところが受け入れてもらえなかったんだよ」.

**Céntral América** 中央アメリカ, 中米.
**Céntral Ásia** 中央アジア.
**céntral héating** 集中暖房(装置).
**Céntral Párk** セントラルパーク《New York 市 Manhattan の公園》.
**céntral prócessing ùnit** 〖コンピュータ〗中央処理装置(《略》CPU) (◆ céntral prócessor ともいう).
**Céntral (Stándard) Tíme** 《米国の》中部標準時.

**cen‧tral‧i‧za‧tion** /sèntrələzéiʃən セントラライゼイション|-lai- セントラライ-/ 名 ⓤ **1** 集中(化). **2** 中央集権(化). **3** 中央に集め(られ)ること.

**cen‧tral‧ize** /séntrəlàiz セントララィズ/ 動 (現分 ~ing) 他 《正式》**1** …を中心に集める. **2** …を中央集権化する.

**cen‧tral‧ly** /séntrəli セントラリ/ 副 中心に, 中心となって.

\***cen‧tre** /séntə センタ/ 《英》 名 =center.
── 動 (三単現 ~s/-z/; 過去・過分 ~d/-d/; 現分 cen‧tring/-təriŋ/) =center.

**cen‧trif‧u‧gal** /sentrífjəɡl セントリフュグル|sèntrifjúːɡl セントリフューグル/ 形 遠心性の, 遠心的な.

**centrífugal fórce** 遠心力.

**cen·tring** /séntəriŋ センタリング/ 動 → centre.
**cen·trip·e·tal** /sentrípitl セントリピトル/ 形 求心性の, 求心的な.
　**centrípetal fórce** 求心力.
**cen·tu·ries** /séntʃəriz センチュリズ/ 名 → century.

\***cen·tu·ry** /séntʃəri センチュリ/ 〖100(cent)の単位(ury). cf. *cent*enary〗
　──名 (複 ‥tur·ies/-z/) C **1** (任意の)100年間 ‖
　in half a **century** 50年後に.
　during the past **century** この100年[前世紀]の間に《◆ during this *century* は「今世紀に」. → 2》.
　This tower was built three **centuries** ago. この塔は300年前に建てられた.
　**2** [順序を表す語＋～] **a** [the ～; 時に C～] 世紀 (略 c., cent.) ‖
　in the twelfth [12th] **century** 12世紀に.
　during the last **century** 前世紀[この100年]の間に.
　around the turn of the **century** 世紀の変わり目の頃に.
　The 20th **century** runs from 1901 to 2000. 20世紀は1901年から2000年までにわたる《◆ 俗に1900-1999年を20世紀とする見方もある》.
　**b** [無冠詞で; 順序を表す語＋～] …世紀のもの, …世紀に属するようなもの ‖
　This sword is sixteenth **century**. この刀は16世紀のものだ.
　**c** [形容詞的に] …世紀の ‖
　(in) 14th-**century** Italy 14世紀のイタリア(で).
　a 18th **century** temple 18世紀の寺院.
**CEO** (略) chief executive officer.
**ce·ram·ic** /sərǽmik セラミク/ 形 《正式》陶製[陶磁器]の ‖
　**ceramic** tile (陶製の)タイル.
　──名 [通例～s] **1** [集合名詞; 複数扱い] 陶磁器. **2** [単数扱い] 陶芸; [工学] セラミックス《無機・非金属の原料による材料・製品》.
**Cer·ber·us** /sə́ːrbərəs サーバラス/ 名 〔ギリシャ神話・ローマ神話〕ケルベロス《頭が3つで尾がヘビの犬. 地獄の門を守る》.
**ce·re·al** /síəriəl スィアリアル/ (同音 serial) 名 **1** C 穀物《barley (大麦), wheat (小麦), oats (カラス麦), rice (米), maize ([米] corn)(トウモロコシ), millet (キビ), sorghum (モロコシ)など》; 穀草類.

Cerberus

　**2** CU (朝食用の)穀類加工食品, シリアル《oatmeal, cornflakes など》.
**cer·e·bral** /sérəbrəl セリブラル/ 形 **1** [医学] (大)脳の ‖

　**cerebral** palsy 脳性小児麻痺(ひ).
　**cerebral** cortex 大脳皮質.
　**2** 《正式》知的な, 理性的な(intellectual) ‖
　Go is a **cerebral** game. 囲碁は知的なゲームだ.
**cer·e·mo·ni·al** /sèrəmóuniəl セリモウニアル/ 形 儀式[祭式]の, 儀式的な, 儀式用の(formal) ‖
　a **ceremonial** occasion 祭典行事.
　a **ceremonial** visit 公式訪問.
　──名 **1** U 式次第. **2** C 儀式(ceremony).
**cer·e·mo·nies** /sèrəmóuniz セリモウニズ/ -məniz-/ 名 → ceremony.

\***cer·e·mo·ny** /sérəmòuni セリモウニ/ sérəməni セリモニ/ 〖「ローマに近い Caere の町の聖なる儀式」が原義〗
　──名 (複 ‥mo·nies/-z/) **1** C 儀式, 式典 ‖
　an awards **ceremony** 表彰式.
　perform [hold] a launching **ceremony** 進水式を挙行する.
　**2** UC 《正式》礼儀, 作法; 堅苦しさ, 形式ばること; 虚礼(formality) ‖
　Please don't stánd on céremony! (堅苦しいあいさつは抜きにして)気楽にしてください.
　**máster of céremonies** 《主に米》(ショーなどの)司会者《◆女性の場合は mistress ...》(emcee).
**Ce·res** /síəriz スィアリーズ/ (同音 series) 名 〔ローマ神話〕ケレス《豊穣(じょう)の女神でギリシア神話の Demeter に相当》; [天文] 《小惑星》.

\***cer·tain** /sə́ːrtn サートン/ 〖「確かな(cert)」が本義. cf. *certi*fy〗
　派 ascertain (動), certainly (副)
　──形 (比較 more ～, 時に ～er; 最上 most ～, 時に ～est)《◆(1) sure とほぼ同意だが, sure より客観的で, 確かな理由があることを含む. (2) 強めるときは ×very certain とはいわず, fairly, quite, greatly, absolutely などを用いる》.
　**1 a** [be **certain** of [about] **A**] 〈人が〉**A**〈事〉を確信している, 疑いないと思っている; [be **certain** that 節] …だと確信している《◆ **2** と違って「確信している」人は主語》(↔ uncertain) ‖
　He is **certain** of her recovery. =He is **certain** (that) she will recover. 彼女がきっと回復するものと彼は信じている.
　**b** [be **certain** wh 節・句] [通例否定文・疑問文で] …かを確信している ‖
　They were not **certain** which way they should take [**which** way to take]. 彼らはどちらの道をとればよいか自信がなかった.
　**2** [be **certain** to do] 〈人・物・事が〉**間違いなく**…する, 〈人・物・事が〉…するのは疑いない《◆「確信している」人は話し手であって主語ではない》‖
　He is **certain** to win. =It is **certain** that he will win. 彼は必ず勝つ(と私は思います)(=He will **certainly** win. =I am **certain** of his winning.).
　There is **certain** to be a mistake somewhere. どこかに誤りがあるのは確実だ(=There must be a mistake somewhere.).
　This medicine is **certain** to work on you.

この薬はきっとあなたに効きます。
対話 "Gee, it looks very dark out there, and it's only 2 p.m." "It's **certain to rain** later." 「うわー、外はあんなに暗いわ。まだ昼の2時なのに」「今にきっと雨になるよ」.

**3** [it is certain **that** 節 / it is certain **wh** 節] …ということは**確かである**, 明白だ, 疑いがない《◆「確信している」人は話し手》∥
It is certain **that** he will pay in cash. = That he will pay in cash is certain. =He is certain to pay in cash. 彼が現金で払うのは間違いない(=He will **certainly** pay in cash.).
It is certain **that** she went there. =She is certain to have gone there. 彼女がそこへ行ったのははっきりしている(=**Certainly** she went there.).
It is not certain **that** she knows it. 彼女がそれを知っているかどうかは確かではない(=She **may** not know it.).
It is not certain **when** he lived. 彼がいつ住んでいたのか確かではない《◆**how** he lived なら「どのように」》.

**4**[名詞の前で](話し手にはわかっているが何らかの理由ではっきり言わないで)**ある**…, 例の, あの(→ **some** 形**3**)∥
in a certain sense ある意味では.
certain professors ある教授たち.
a certain other secret pleasure あるもう1つのひそかな楽しみ《◆他の形容詞と用いる場合はいちばん最初の位置. また to と併用される》.
a certain Charlie Muffin チャーリー=マフィンという人[やつ]《◆話し手も知らない場合は a (certain) Mr. Smith 「スミスさんという方」》.

**5**[名詞の前で][a ~] **いくぶんかの**, ある程度の; かなりの∥
What you say is true **to a certain extent**. 君の言うことはある程度まで本当です.
**of a certain** age [遠回しに]かなり年配の.

**6**[名詞の前で]特定の, 一定の, 限定された; ある種の∥
at a certain hour 決められた時刻に.
perform certain jobs linked with social development 社会の発展にかかわりのある特定の仕事をする.

**7**《正式》不可避の, 必ず起こる《◆補語としての用法は主に **2**》∥
a certain winner =a person who is **certain to win** 必ず勝つ人《◆×a winner who is certain は誤り》.
certain success 必ずやってくる成功.

◇**for cértain** [通例動詞のあとで]**確かに**(は), はっきりと(は)∥ He will succeed **for certain**. 彼はきっとうまくやる(=He will **certainly** succeed.) / I don't know **for certain**. はっきりとは知らない《◆否定語と用いると部分否定》.

◇**màke cértain** (1) [自](事実などを)**確かめる**(make sure) ∥ Make certain **where** she is now. 彼女が今どこにいるのか確かめてください. (2) [自](席・仕事などを)確実に手に入れる. (3) [自](…するように)取りはからう, 手配する, 必ず(…するように)する《◆**that** 節内の時制については → SEE **to it that**》∥ I'll **make certain** (**that**) they meet you at the station. 彼らが駅であなたを出迎えるように私が手配しておきます. (4) [自]確信している. (5) [他] [make A ~] A〈物・事〉を確実なものにする.

——代 《正式》[~ **of** + ◎ 名詞複数形; 複数扱い] …の中のいくつか∥
**Certain of** the passengers **were** injured. 乗客のうち数人が負傷した.

**＊cer·tain·ly** /sɔ́ːrtnli サートンリ/ 《→ certain》
——副《◆疑問文には用いない. 否定語の前に置く》

**1**[文全体を修飾]**確かに**, 疑いなく, きっと∥
He will **certainly** give in. =It is certain that he will give in. 必ず彼は降参するよ(=**It is certain** that he will give in.).
My camera **certainly** does not need fixing. ぼくのカメラは修理する必要がないのは明らかだ.
He is **certainly** a miser. 彼はきっとけち坊だよ《◆×Is he certainly a miser? のように疑問文では用いられない》.

**2**[質問・依頼への返答として]**もちろん**, そのとおり, 承知しました(→ **absolutely**, **definitely**) ∥
対話 "May I talk to her?" "**Certainly**.(↘)" 「彼女と話してもいいですか」「もちろんですとも」.
対話 "Shall I ring up the police?" "Police? **Cértainly nót**." 「警察へ電話しましょうか」「警察? とんでもない」.
対話 "This book is not worth reading." "**Cértainly nót**." 「この本は読む価値がない」「全くそのとおりだ」.

**3**[意味を強めて]実に, 全く(very) ∥
He was **certainly** lazy. 彼は全く怠け者だった.

**cer·tain·ty** /sɔ́ːrtnti サートンティ/ 名 (複 ·・tain·ties/-z/) **1** Ⓤ 確かさ, 確信; 確実性, 確かな見込み(↔ uncertainty)∥
There is little certainty **that** he will resign [of his resignation]. 彼が辞職するという見込みはほとんどない.

**2** Ⓒ 確かなもの, 疑いのない事実∥
It's a certainty (**that**) she'll come. 彼女が来るのは確かなことだ.

**for a cértainty** 確かに, 間違いなく.
**with cértainty** 確信を持って.

**cer·tif·i·cate** /sərtífɪkət サーティフィカト/《発音注意》 名 Ⓒ **1** 証明書∥
a bírth certíficate =a certíficate of bírth 出生証明書.
a héalth certíficate 健康証明書.

**2** 免許状

a téaching [téacher's] certìficate 教員免許状.

**cer·ti·fi·ca·tion** /sɚ̀ːrtɪfɪkéɪʃən サーティフィケイション/ 名 1 Ⓤ 証明, 保証. 2 Ⓒ 証明書, 保証書.

**cer·ti·fied** /sɚ́ːrtɪfàɪd サーティファイド/ 動 → certify. ─ 形 証明[保証]された, 公認の, 証明書[免許証]を有する.

**cer·ti·fy** /sɚ́ːrtɪfàɪ サーティファイ/ 動 (三単現 --ti-fies/-z/; 過去・過分 --ti-fied/-d/) 他 (正式) 1〈物・事〉を〈文書で〉証明[保証]する; (米)〈銀行が〉〈小切手の支払いを保証する (declare) ||
certify his marriage 彼の結婚を文書で証明する.
2 [certify that 節] …だということを正式に証明する; [certify A as [to be] C] (検査の結果) A〈人〉を C だと認定する《◆C は形容詞》||
certify that the documents are correct = certify the documents (as [to be]) correct 書類に誤りのないことを証明する.
3〈医者が〉〈人〉を精神異常と認定する.
4〈人〉に証明書[免許状]を与える.

**cer·ti·tude** /sɚ́ːrtətjùːd サーティトゥード (サーティテュード)/ 名 Ⓤ (正式) (盲信的な)確信, 確実(性) (certainty).

**Cer·van·tes** /sərvǽntiːz サヴァンティーズ | sɑː--/ 名 セルバンテス《Miguel de/miɡél də/ ~ 1547-1616; スペインの作家. *Don Quixote* の作者》.

**ces·sa·tion** /seséɪʃən セセイション/ 名 ⓊⒸ (正式) 停止, 休止, 中断.

**cess·pit** /séspɪt セスピト/, **--pool** /-pùːl -プール/ 名 Ⓒ (便所・流しなどの)汚水溜(ため), 汚水槽; 不浄の場所, 悪の巣.

**Cey·lon** /sɪlɑ́n スィラン | -lɔ́n -ロン/ (発音注意)《×セイロン》名 セイロン(島)《◆ Sri Lanka のある島. また Sri Lanka の旧名》.

**Cé·zanne** /seɪzǽn セイザーン | sɪzǽn スィザン/ 名 セザンヌ《Paul ~ 1839-1906; フランス後期印象派の画家》.

**cf.** /síːéf スィーエフー, kɑ́nfəːr, kəmpéər/ (略)《ラテン》 confer 比較せよ, …を参照 (compare).

**ch., Ch.** (略) chapter.

**cha-cha(-cha)** /tʃɑ́ːtʃɑ̀ː(-tʃɑ̀ː) チャーチャー(チャー)/ 名 Ⓒ チャチャ(チャ)《南米起源の mambo に似た舞踏(曲)》.

**chafe** /tʃéɪf チェイフ/ 動 (現分 chaf·ing) 他 1〈手足など〉を(手で)こすって暖める ||
Chafe your feet right away. すぐ足をこすって暖めなさい.
2 …をすりむく, …にすり傷をつくる.
3 (正式) …をいらいらさせる.
─ 自 1〈皮膚などが〉(こすれて)すりむける.
2 (正式) いらだつ, じりじりする.

**chaff** /tʃǽf チャフ | tʃɑ́ːf チャーフ/ (略式やや古) 名 Ⓤ (悪意のない)からかい, ひやかし. ─ 動 他自 《人》をからかう, ひやかす.

**chaf·finch** /tʃǽfɪntʃ チャフィンチ/ 名 (複 ~·es /-ɪz/) Ⓒ 〔鳥〕ズアオアトリ《ヨーロッパ産の小鳥》.

**cha·grin** /ʃəɡrín シャグリン | ʃǽɡrin シャグリン/ 動 + ʃəɡríːn/ (発音注意)《×チャグリン》(正式) 名 Ⓤ (失敗による)無念, くやしさ (disappointment) ||
to one's chagrin 残念にも.
feel chagrin at his failure 彼の失敗を残念に思う.
─ 動 他 (通例 be ~ed) くやしがる.

**chain** /tʃéɪn チェイン/ 名 1 ⓊⒸ 鎖, チェーン ||
keep one's dog on a chain for the night 夜間犬を鎖でつないでおく.
a bícycle cháin 自転車のチェーン《◆このような循環鎖を an endless *chain* ともいう》.
a gold chain 金の鎖の首飾り.
2 Ⓒ (通例 ~s) 束縛[拘束]するもの, 鎖 ||
be put in chains 鎖でつながれ(てい)る.
3 [a ~ of + 複数名詞] (…の)連鎖(れんさ); 一続き(の…) ||
a chain of events 一連の事件.
a chain of mountains =a mountain chain 連山, 山系.
4 Ⓒ (レストランなどの)チェーン店 ||
a hotel chain ホテルチェーン.
─ 動 他 …を鎖でつなぐ; 〈ドアなど〉に鎖をかける ||
Chain your dog (down) to the kennel. 犬を犬小屋につないでおけ.

**cháin lètter** チェーンレター《受け取り人が順次同じ内容の手紙を数名の人に出すよう要求される. 日本の「不幸の手紙」など》.

**cháin reàction** 連鎖反応 || a 17-car chain reaction 17台の玉突き衝突.

**cháin sàw** チェーンソー.

**cháin smòker** =chain-smoker.

**cháin stìtch** 〔服飾〕チェーンステッチ《刺繍(ししゅう)のステッチの一種, 鎖編み(かぎ針編みの一種).

**cháin stòre** (もと米) チェーンストア《◆(英)では multiple shop [store] ともいう》.

**chain-smoke** /tʃéɪnsmòʊk チェインスモウク/ 動 (現分 -smok·ing) 自他 (タバコ)を立て続けに吸う.

**chain-smok·er** /tʃéɪnsmòʊkər チェインスモウカ/, **cháin smòker** 名 Ⓒ たて続けにタバコを吸う人.

**\*\*chair** /tʃéər チェア/ 『「いす」から転じて「議長席」、「教卓の席」を表し, さらにそこに座る人, その人の職・地位などを示す』
─ 名 (複 ~s/-z/) 1 Ⓒ (1人用で背のある)いす《◆ひじ掛けの付いたものもある. 背のないものは stool, 2人以上掛けるのは bench, sofa, バス・電車・劇場などの座席は seat》||
take a chair 座る.
sit on [in] the chair いすに腰かける (→ sit).
You go and bring a chair for her. 彼女にいすを持ってきてあげなさい.

> [文化] (1) 英米では, いすがないとき男性は女性のためにいすを持ってくるのが礼儀. (2) すでにいすがあるときは, 女性が座りやすいように, 男性がいすを引き, 押す.
> [関連]【chair のいろいろ】ármchàir ひじ掛けいす / cámp chàir 折りたたみいす / díning chàir 食卓のいす / hígh chàir ベビーいす / rócking chàir 揺りいす / swível chàir 回転いす /

whéelchàir 車いす

**2** [通例 the ~] 議長席[職], 会長席[職];《主に米》議長, 司会者(chairman);《英》市長の職[任期];《米》大統領[知事]の職 ‖

below [above, past] the chair 《英》(市参事会議員が)市長の経歴のない[ある].
be in the chair 《米まれ》議長席に着く; 議長[司会]を務める.
take the cháir 議長席に着く; 開会する.
appeal to the chair 議長の裁決を求める.
páss the cháir 議長[市長, 会長など]の任期を終える.

**3** (大学の)講座; 大学教授の職 ‖

hold the [a] chair of chemistry at the university 大学で化学の講座を担当する.

**4**《米》[the ~] 証人席(stand,《英》 witness box) ‖

tàke the cháir 証人になる.

──動 他《会》の議長[司会]を務める,《部・局》を統轄(とうかつ)する《◆主にジャーナリズム英語》.

**cháir bèd** (折りたたみ式の)寝台兼用いす.
**cháir lìft** (チェアリフト(ski lift).
**chair·man** /tʃéərmən チェアマン/ 名 (複 -men /-mən/) C **1 a** 議長, 司会者(→ chair 名 **2**)《◆呼びかけは, 男性には Mr. Chairman, 女性には Madam [Ms] Chairperson》.
**b** 委員長, (会社などの)会長, 社長;《英》市長.《(1) chairman は男女どちらにも使えるが, -man に抵抗のある女性解放運動家によって chairperson という語が生まれた. しかし, 現在では chair が好まれる傾向がある. → chair 名 **2**. (2) 特に女性であることを示したい場合は chairwoman を使う》.
**2**《米》(大学の)主任教授, 学科長.
**chair·man·ship** /tʃéərmənʃìp チェアマンシプ/ 名 **1** C [通例 a ~] chairman の職[任務, 地位, 期間]. **2** U chairman の才能[手腕, 素質].
**chair·per·son** /tʃéərpə̀ːrsn チェアパースン/ 名 → chairman **1 b**.
**chair·wom·an** /tʃéərwùmən チェアウマン/ 名 (複 -wom·en) C → chairman **1**.
**Chal·de·a** /kældíːə キャルディーア/ 名 カルデア《Babylonia 南部の古名. 新バビロニア王国(626-538 B.C.)があった》.
**cha·let** /ʃæléi シャレイ | ʃǽlei シャレイ/《フランス》名 (複 ~s/-z/) C シャレー《スイス山地の独特の家, 建て方》; シャレーふうの家[別荘].
**chal·ice** /tʃǽlis チャリス/ 名 C《正式》**1**(キリスト教会でブドウ酒を入れる)グラス, 聖餐(せいさん)杯. **2**《植》杯状花.

**＊＊chalk** /tʃɔ́ːk チョーク/《類音》choke/tʃóuk/)《「石灰(lime)」が原義》
──名 (複 ~s/-s/) **1** U C チョーク, 白墨 ‖

a long piece [stick] of chalk 1本の長いチョーク《◆ ˣa long chalk は誤り》.
two pieces [sticks] of chalk. 2本のチョーク《◆ ˣtwo chalks は誤り. ただし「2種類のチョーク」の意味では用いられる. → 第4例》.
You have chalk all over your clothes. 君の服がチョークだらけになっているよ.
He drew pictures on the blackboard with colored chalks. 彼は色チョークで黒板に絵を描いた《◆「いくつかの種類のチョーク」の意味ではこのように chalks となる》.

**2** U 〖地質〗(化石化した貝殻よりなる)白亜(質)《◆英国南部海岸は白亜の絶壁で有名》.

**by a lóng chàlk** = **by** (lóng) **chàlks** (1)《英略式》はるかに, ずっと(by far). (2) [否定文で] 全く(…でない).

──動 **1** …をチョークで書く[記す]. **2** …にチョークを塗る; …を(チョークで)白くする.

**chálk úp** [他] (1) 《略式》〈得点・勝利など〉を得る; 〈記録〉を達成する. (2) 〈事〉を(…の)せいにする.

**chalk·board** /tʃɔ́ːkbɔ̀ːrd チョークボード/ 名 C《米》(明るい色の)黒板.
**chalk·y** /tʃɔ́ːki チョーキ/ 形 (時に 比較 -i·er, 最上 -i·est) 白亜(質)の, もろい, チョークのような.

**＊chal·lenge** /tʃǽlindʒ チャリンヂ/ 《「権利の主張(claim)」が原義》
──名 (複 -leng·es/-iz/) **1** C [challenge to do] …しようという挑戦 ‖

accept a challenge to play chess チェスの試合の申し込みに応じる.
a challenge cup 優勝杯.

**2** C (やりがいのある)課題, 難問; U やりがい, 覚悟 ‖

a task with more challenge もっとやりがいのある仕事.
Real arms control is one of the challenges today. 実質的軍縮こそ今日(こんにち)の課題のひとつだ.

──動 (三単現 -leng·es/-iz/; 過去・過分 ~d/-d/; 現分 -leng·ing)
──他 **1 a** 〈人〉に挑(いど)む(cf. dare **3**);〈人・能力など〉を試す ‖

She challenged me to a judo bout. 彼女は私に柔道の試合を申し込んできた.
The problem challenged me to tackle it. その問題は私にそれに取り組む気を起こさせた.
**b** [challenge A to do] A〈人〉に…するように挑戦する.

Q&A **Q**:「富士山にチャレンジする」は challenge Mt. Fuji ですか.
**A**: いいえ.「挑戦する」意味では challenge の目的語はいつも「人」ですから使えません. こんなときには try to climb Mt. Fuji といいます.

**2**〈関心・論議など〉を喚起する;〈説明など〉を要求する.

**chal·leng·er** /tʃǽlindʒər チャリンヂャ/ 名 C 挑戦者(≠defender).
**chal·leng·ing** /tʃǽlindʒiŋ チャリンヂング/ 動 → challenge. ──形 **1**〈仕事・考えなど〉に興味をそそ

**cham·ber** /tʃéimbər チェインバ/ 名 C **1** 会議所, 会館 ‖
a chamber of commerce 商工会議所.
**2** [しばしば C~; the ~] 議院 ‖
the Upper and Lower Chambers 上院と下院.
**3** [通例複合語で] (建物の)特別室, 間(ま) ‖
an audience chamber (宮殿の)拝謁(はいえつ)の間.
**4** (生物体内・機械の)空間; (心臓の)心室, 心房; (銃の)薬室(図)→ revolver); (エンジンの)空気室.
**chámber còncert** 室内楽演奏会.
**chámber mùsic** 室内楽.
**chámber òrchestra** 室内管弦楽団.

**cham·ber·lain** /tʃéimbərlin チェインバリン/ 名 C
**1** (王室の)侍従, 式部官 ‖
the Lord Chamberlain 侍従長.
**2** (貴族の)執事.

**cha·me·le·on** /kəmí:liən カミーリオン/ 名 C **1** [動] カメレオン《トカゲの類で背景によって体色を変える》. **2** 無節操な人, 気まぐれな人.

**champ** /tʃæmp チャンプ/ 名 C (略式) **1** =champion. **2** [呼びかけに用いて] (やあ)だんな, 大将.

**cham·pagne** /ʃæmpéin シャンペイン/ 『フランス』名 U **1** 《◆種類をいうときは C》シャンパン《フランス Champagne 地方原産. 乾杯などで飲む発泡性の白ワイン》. **2** シャンパン色《緑黄または黄褐色》.

**cham·pi·on** /tʃæmpiən チャンピオン/ 名 C **1** 優勝者, 選手権保持者, チャンピオン《(略式) champ》; (品評会で)優勝出品物; 他よりすぐれた人[動物] ‖
a tennis champion テニスの選手権保持者.
**2** (主義・主張などの)擁護者, 闘士 ‖
a champion of democracy 民主主義の擁護者.
── 動 他 〈主義など〉を擁護する, …のために戦う.
── 形 **1** 優勝した, 選手権獲得の ‖
the champion team 優勝チーム.
**2** (英略式) この上ない, すばらしい.

*****cham·pi·on·ship** /tʃæmpiənʃip チャンピオンシプ/
── 名 (複 ~s/-/) **1** C 選手権, 優勝(者の地位, 名誉) ‖
win a world golf championship 世界ゴルフ選手権を獲得する.
**2** C [しばしば ~s] 選手権試合, 優勝[決勝]戦.
**3** U (主義・主張などの)擁護, 支持 ‖
championship of women's rights 女性の権利の擁護.

**Champs Ély·sées** /ʃɑ̀:nzelizéi シャーンゼリゼイ ‖ ʃɔ̀nzelízei ジョンゼリーゼイ/ 名 [(the) ~] シャンゼリゼ《Paris の大通り》.

*****chance** /tʃæns チャンス | tʃɑ́:ns チャーンス/
『「(好ましい)偶然」が本義. 「好ましくない偶然」は accident』
→ 名 **1** 偶然 **2** 見込み **3** 機会
── 動 自 たまたま…する
── 名 (複 chanc·es /-iz/) **1** U C 偶然(のできごと); 運(命); めぐり合わせ ‖
Do you have any spare postcards by any chance? ひょっとして余分のはがきをお持ちですか.
by (a) lucky [a fortunate] chance 運よく.
by ill chance 運悪く.
as chánce would [will] háve it (略式) 偶然に(も).
You must lèave nóthing to chánce. 何事も運任せにしてはいけない.
**2** C U 見込み, 公算, 可能性; [~s] 形勢 ‖
I stand no chance against her. 私は彼女に勝ち目がない.
There is a good chance of his being elected [chance that he will be elected]. =He has a good [fair] chance of being elected. 彼が選出される見込みは十分にある.
There are ten chances to one against his getting a date with Ann. =(The) chànces áre ten to one ¦ (that) he won't get a date with Ann. (略式) 彼がアンとデートできる見込みはまずほとんどない.
Chances are(,) it will rain before we get home. ひょっとすると家に着く前に雨にあうかもしれません.
対話 "Can I marry you?" "Nót a chánce." (略式)「結婚してくれる?」「いやよ」.
**3** C 機会, 好機, チャンス《◆ opportunity より偶然性が強い》‖
have [keep] an eye to the main chance in business (略式) 商売でもうけようと機会をうかがう.
She never misses a chance to play [of playing] tennis. 彼女は機会をのがさずにテニスをやる《◆ to do がふつう》.
The weekend gave her a chance to relax. 彼女は週末のおかげでくつろげた.
Give her a chance! (そんな言い方をしないで,) 私がやりますから.
対話 "I'll give you one more chance to try this game." "Thank you. I'll do my best this time." 「もう1度だけこのゲームをするチャンスをあげましょう」「ありがとう. 今度はベストを尽くします」.

語法 every, each などを伴って接続詞的に用いられることがある: He practiced speaking English every chance he could get. 彼は機会があるごとに英語を話す練習をした.

**4** C 冒険, 危険, 賭(か)け ‖
take a chance いちかばちかやってみる.
**5** C 宝くじ(の札).
*by chánce* 偶然に, たまたま (by accident) (↔ on purpose) ‖ I met him by chance on my way home. 家に帰る途中で彼に偶然出会った.
*by sóme chánce* 何かのひょうしで.

**Nó [Nót a] chánce!** (略式)(残念ながら)その見込みはないよ, 無理だね(用例 → 名 **2**).
**on the (off) chánce of dóing =on the (off) chánce that ... may dó** もしかすると…できるかと期待して.
**táke one's [the] chánce(s)** 運に任せる, 成行きに任せる, 危険を冒す.
—形 [名詞の前で] 偶然の, 思いがけない ‖
a chance child 私生児.
—動 [三単現] chanc·es /-iz/; [過去・過分] ~d /-t/; [現分] chanc·ing
—自 (文) [chance to do] たまたま…する ‖
I chanced to see her. =It chanced that I saw her. 偶然彼女に会った(=(略式) I happened to see her.).
**chánce on [upón] A** (正式) …を偶然見つける, …にふと出会う(come across).

**chan·cel·lor** /tʃǽnsələr チャンセラ | tʃɑ́:nsələ チャーンセラ/ 名 [しばしば C~] Ⓒ **1** 長官, 高官; (英) 大臣, 閣僚, (ドイツなどの)首相.
**2** (米) (一部大学の分校の)学長; (英) 名誉学長 [総長].

**chanc·ing** /tʃǽnsɪŋ チャンスィング/ 動 → chance.

**chanc·y** /tʃǽnsi チャンスィ | tʃɑ́:nsi チャーンスィ/ 形 ([比較] -i·er, [最上] -i·est) (略式) 偶然の, (の結果の)不確実な; 危険な.

**chan·de·lier** /ʃæ̀ndəlíər シャンデリア/ 名 Ⓒ シャンデリア.

## *change
/tʃéɪndʒ チェインヂ/ 「取り替える」「交換する」が原義 (派 changeable (形))

→ 動 **1** 変える **2** 取り替える 自 **1** 変わる
名 **1** 変化 **4** つり銭

—動 [三単現] chang·es /-iz/; [過去・過分] ~d /-d/; [現分] chang·ing

┌─他 と 自 の関係 ─────────────┐
│ 他 **1** change A       A〈物・事〉を変える │
│ 自 **1** A change       A〈人・物・事〉が変わる │
└────────────────────────┘

—他 **1** 〈物・事〉を**変える**, 変更する, 改める; [change **A into [to] B**] 〈人・事〉が A〈人・物・事〉を B〈人・物・事〉に変える, 変えてしまう ‖
change one's plan 計画を変更する《◆alter one's plan は「計画の一部を変更する」》.
change one's feeling for him 彼に対する自分の気持ちを変える.
a prince **changed into** a frog カエルになった王子.
対話 "You look somewhat different." "Maybe that's because I **changed** my hairdressers." 「あなた, 何となく感じが変わったわね」「行きつけの美容院を変えたからかもしれないわ」.
**2** [change **A for B**] A〈物〉と B〈物〉を**取り替える**(substitute); change **A (with B)**] (B〈人〉との間で) A〈物〉を交換する《◆A は複数名詞》‖
change one dress **for** another 服を別の服と交換する.
change the oil in one's car 車のオイルを替える.
change the sheets (ベッドの)シーツを変える《◆ change a bed ともいう》.
change one's dress 服を着替える[改める] 《◆alter one's dress は「服を手直しする」》.
change one's books (図書館で)別の本を借りる.
change trains 列車を乗り換える《◆ ×change one's train のように目的語に単数形をとらない》.
change seats with him 彼と席を交換する《◆ change one's seat は「別の席に座る」》.
change sides in an argument 議論で立場を変える.
対話 "Is she still working at the drugstore?" "Yes, but she wants to **change** jobs." 「彼女はまだドラッグストアで働いていますか」「ええ, でも転職したいと思っているんです」.
**3** 〈お金〉を両替する; …をくずす(break) ‖
change one's dollars **for [into]** pounds ドルをポンドに替える.
対話 "Could you **change** (me) this ten-dollar bill?" "What would you like?" "Ten one-dollar bills, please." 「この 10 ドル紙幣をくずしていただけませんか」「どのようにいたしましょうか」「1 ドル紙幣を 10 枚お願いします」.

—自 **1** 〈人・物・事〉が**変わる**, 変化[変容, 変装(ぼ)]する ‖
change (**from** a shy person) **into** a fine statesman (内気な人間から)堂々たる政治家に変貌(ぼ)する.
The grapes **changed from** sour **to** sweet. ブドウは甘くなった《◆from sour を省いた ×The grapes changed to sweet. は誤り》.
**2** (服を)**着替える**, 改める; はき替える; (乗物を)(… 行きに)乗り換える ‖
change **into** flat-heeled shoes かかとの低い靴にはき替える.
change **from** a train **to** a bus 列車からバスに乗り換える.
**Áll chánge!** 終点です; 皆様お乗り換え願います《バス・電車などのアナウンス》.
**3** 交換する ‖
If you need a sharper knife, I'll change **with** you. もっと切れるナイフが必要でしたら, 私のと交換しましょう.

**chánge óver** (1) [自] =CHANGE round (1)-(3). (2) [他] …を転換する. (3) [他] 〈語句など〉を入れ替える.

**chánge róund** [自] (1) 〈人が〉〈嗜(ʻ)好品・常用品など〉切り替える ‖ change round **from** coffee **to** tea for breakfast 朝食のコーヒーを紅茶に変える. (2) 〈人が〉〈場所[役職, 地位]を交替する; 〔スポーツ〕コートを交替する. (3) 〈風が〉変わる.

—名 (複 chang·es /-iz/) **1** ⓊⒸ **変化**, 変動; 変更, 修正; 変遷; 変節 ‖
a **change** in the weather 天候の変化.
the **chánge of lífe** 更年期.

a chánge for the bétter 改良, 進歩.
máke a chánge in plans 計画の変更をする.
**2** Ⓒ 差し替え; 乗り換え; 交替, 移動 ‖
a change of sheets シーツの交換.
Rinse it in three changes of water. 水を3回替えてゆすぎなさい.
**3** (略式) [通例 a ~] 転地(療養); 気分転換 ‖
for a chànge (of áir) 転地療養に.
A change is as good as a rest. 目先を変えてみると骨休めになる.
**4** Ⓤ つり銭; [しばしば small ~] 小銭; くずした金, 両替 ‖
carry small change loose in one's pocket ポケットに小銭をばらで入れておく.
Keep your [the] change. おつりはいいよ.
対話 "Can you give me change for a dollar?" "In dimes and quarters?" "That's fine." 「1ドルをくずしてくれませんか」「10セントと25セントにしましょうか」「それでいいですよ」.

Q&A　*Q*: 英米ではつり銭の渡し方は日本とは違うと聞いていますが.
*A*: ええ違います. たとえば95セントの買物をして5ドル紙幣を出した場合, 小銭のセントから数えて, 96, 97, 98, 99, 1 dollar と言いつつ5セントを渡し, 2, 3, 4 (and) 5 dollars と言って1ドル紙幣を4枚渡します.

**5** (略式) [the ~] ＝a CHANGE of life (→ **1**).
*a chánge of páce* (米) (何か続けてやったあとの)気分転換 ‖ You've been studying a long time. Why don't you listen to music for a change of pace [*for a change]? 長時間勉強してきたのだから, 気晴らしに音楽でも聞いたらどう?
○*for a chánge* (1) → 图**3**. (2) いつもと違って, マンネリを避けて, たまには《◆ふつう文尾に置く》‖ Let's dine out for a change. (いつも家で食べているから)たまには外で食事をしよう(→ a CHANGE of pace 用例).

**chánge gèar** (自動車などの)チェンジギア.
**chánge machìne** 両替機.
**change·a·ble** /tʃéindʒəbl チェインヂャブル/ 厖 **1** 〈天候が〉変わりやすい; 〈政策などが〉変更可能の, **2** [しばしば (as) ~ as weather]〈人・性質が〉移り気の, 気まぐれな.
**chánge·a·bly** 副 変わりやすく.
**change·o·ver** /tʃéindʒòuvər チェインチョウヴァ/ 图Ⓒ (設備などの)転換; (内閣などの)改造; (形勢の)逆転.
**chang·ing** /tʃéindʒiŋ チェインヂング/ 動 → change.
\***chan·nel** /tʃǽnl チャヌル/ [「水管」が原義. cf. canal]
——图 (複 ~s/-z/) Ⓒ **1** 海峡《◆strait より広い》‖
the (English) Channel イギリス海峡.
**2** (船が通れる)水路, 澪《深いところ》; (道路の)排水路, 側溝; みぞ.
**3** 河底, 川床.
**4** [しばしば ~s] 径路, ルート, 道筋 ‖
through official channels 公式ルートから.
**5** (ラジオ・テレビの)チャンネル ‖
turn to Channel 3 第3チャンネルをつける.
TV may be seen on seven channels in that city. その都市では7つのチャンネルでテレビを見ることができる.

——動 (過去・過分) ~ed または (英) ~nelled /-d/; 現分 ~ing または (英) ~nel·ling 他 (正式)
**1** …に水路を開く, …にみぞを掘る. **2** …を水路で運ぶ; …を向ける, 注ぐ, 集中する.
**chant** /tʃǽnt チャント/ 图Ⓒ **1** 詠唱(歌); 単調[詠唱的]な歌; (鳥の)さえずり. **2** シュプレヒコール, 唱和. ——動 他 **1** 〈聖歌・詩歌〉を詠唱する(recite). **2** …を(大声で)繰り返し言う(repeat), …をシュプレヒコールする. ——自 詠唱する.
**cha·os** /kéias ケイアス/ -ɔs ケイオス/ (発音注意)《◆ˣカオス》图Ⓤ 無秩序, 大混乱(cf. disorder, confusion) ‖
in chaos 大混乱の.
**cha·ot·ic** /keiátik ケイアティク/-ɔ́tik ケイオティク/ 厖 混沌(こん)とした; 無秩序の, 混乱した.
**chap** /tʃǽp チャプ/ 图Ⓒ (主に英式) [親しみをこめて] やつ《◆(米) では主に boy, fellow》; [呼びかけ] やあ, おい ‖
Hey, old chap. やあ, 君.
**chap.** (略) chapter.
**chap·el** /tʃǽpl チャプル/ 图Ⓒ **1** チャペル, (学校・病院・刑務所・船などに付設の)簡易礼拝室; 教会付設小礼拝室. **2** Ⓤ [しばしば a ~] 礼拝(式).
**chap·er·on, --one** /ʃǽpəròun シャペロウン/ 图Ⓒ (主に古) (社交場に出る未婚女性の)介添役中年女性; (パーティーなどでの若い男女の)お目付役《◆男でもよい》. ——動 他 〈未婚女性〉の介添をする. ——自 介添役をする(escort).
**chap·lain** /tʃǽplin チャプリン/ 图Ⓒ (chapel の)司祭, 牧師.
**Chap·lin** /tʃǽplin チャプリン/ 图 チャプリン《Sir Charles Spencer ~ 1889-1977; 英国生まれの俳優.「喜劇王」》.
**chaps** /tʃǽps チャプス/ 图 [複数扱い] (カウボーイの)革パンツ.
\***chap·ter** /tʃǽptər チャプタ/ [「頭部(head)」が原義]
——图 (複 ~s/-z/) Ⓒ **1** (書物などの)章(略 chap., ch.) ‖
in the first chapter ＝in Chapter 1 第1章で《◆アラビア数字と共に用いる場合はふつう大文字で始める》.
**2** (歴史・人生などの)区切り, 事件 ‖
It was an important chapter in the history of art. それは芸術史上画期的なことだった.
対話 "I'm so busy with homework. I never have any free time." "Don't worry. This chapter of your life will be over soon." 「宿題で忙しくて, 自由な時間が全然ありま

せん」「心配いらないよ. そういう時期ももうすぐ終わるんだから」.
**3**《米》(協会・組合などの)**支部**, 分会.

*char·ac·ter /kǽrəktər キャラクタ/ 〖「刻みつけられた印(engraved mark)」が原義〗
㉒ characteristic (形)

→ 图 **1**特性 **2 b**性格 **3**登場人物 **6**文字

——图 (複 ~s/-z/) **1** Ⓤ (総合的な)**個性**, 特性; Ⓒ 特徴 ‖
the French character フランス人気質.
assume a political character 政治色を帯びる.
**2 a** Ⓤ 徳性, 品位; Ⓒ 高潔な人《◆ふつう形容詞を伴わない》‖
develop (one's) character 修養を積む.
have little character 品性がない.
a (person of) character 人格者.
**b** Ⓤ 性質, 性格; Ⓒ (…の性格の)人《◆ふつう形容詞を伴う》‖
a (parson of) firm character 意志強固な人.
**3** Ⓒ (劇・小説・漫画などの)**登場人物**, 配役, キャラクター ‖
play the leading character 主役を演じる.
cartoon characters used on brands of children's goods 子供用品の商標として用いられた漫画のキャラクター.
**4** Ⓒ (略式)個性の強い人, 奇人, 変わり者(odd person); (一般に)人, 人物(person) ‖
You're a real character! 君は全く役者だよ.
He's quite a character. あいつは変わったやつだ;[ほめて]たいしたやつだ.
**5** [in one's ~ / in the ~ of [as] one] 地位, 身分 ‖
in one's character as an ambassador 大使の肩書で.
**6** Ⓒ **a** 表意文字(ideograph)《◆漢字など. 表意文字は phonogram, アルファベット文字は letter》;(一般に, 数字・記号を含めて)**文字**, 活字;〔数学〕(群の)指標 ‖
Chinese cháracters 漢字.
musical characters 楽譜記号.
**b** 書体, 字体 ‖
italicized characters イタリック体の文字.
*in cháracter* (1) 調和した, ぴったりした, ふさわしい. (2) その人にふさわしい.
*out of cháracter* (1)(…に)合わない, ふさわしくない. (2) その人にふさわしくない.
**cháracter àctor** 性格俳優.
**cháracter àctress** (女性の)性格俳優.
**cháracter skètch** (小説などの)性格描写;人物寸評.

*char·ac·ter·is·tic /kærəktərístik キャラクタリスティク/
——形 **1** 特有な, 特徴的な(cf. typical) ‖
Garlic has a characteristic smell. ニンニクは独特の臭いがする.
**2** [A is characteristic of B] A〈物・事〉は B の特徴である ‖
Friendliness is characteristic of sheep. 人なつこさはヒツジの特徴である.
**3** [It is characteristic of B to do] …するのは B の特徴である ‖
It is characteristic of Australians to pronounce "today" as "to die". 「トゥデイ」を「トゥダイ」と発音するのはオーストラリア人の特徴である.

——图 (複 ~s/-s/) Ⓒ 特性, 特色 ‖
Traffic jams are a characteristic of large cities. 交通渋滞は大都会の特徴だ.
[対話]"Nobody likes him." "I do. He's got some likable characteristics." 「彼のことが好きな人はだれもいないね」「私は好きだ. 彼には好ましい点がいくつかあるんだ」.

**char·ac·ter·is·ti·cal·ly** /kærəktərístikəli キャラクタリスティカリ/ 副 特徴的に, 特質を表して; [文全体を修飾]特徴的なことに, …らしいことであるが ‖
*Characteristically*, he said so. そう言ったのはいかにも彼らしい.

**char·ac·ter·i·za·tion** /kærəktərəzéiʃən キャラクタリゼイション| -tərai- -タライゼイション/ 图 ⓊⒸ (特性・人柄などの)説明, 評価;(文・劇中の人物・俳優の)性格描写, 演技 ‖
her characterization of him as a coward 彼の本性は臆〔病〕病者だとする彼女の解釈.

**char·ac·ter·ize**,《英ではしばしば》**-ise** /kǽrəktəràiz キャラクタライズ/ 動 (現分) --iz·ing) 他 **1** [characterize A as C] A〈人・物・事〉を C であると述べる, みなす ‖
He characterizes her as [to be] an angel. 彼に言わせれば彼女は天使だ.
**2** …を特徴づける ‖
An elephant is characterized by its long trunk. ゾウは鼻の長いのが特徴だ.

**cha·rade** /ʃəréid シャレイド| -rá:d -ラード/ 图 **1** [~s; 単数扱い] シャレード〔ジェスチャーゲームの一種〕. **2** Ⓒ (身振りなどで表す)謎言葉;《正式》みせかけ.

**char·coal** /tʃá:rkòul チャーコウル/ 图 **1** Ⓤ 木炭, 炭. **2** Ⓒ =charcoal drawing.
**chárcoal dráwing** 木炭画(charcoal).
**chárcoal gráy** チャコールグレー《濃灰色》.

*charge /tʃá:rdʒ チャーヂ/ 〖原義「車に荷を積む」から「(支払い・責任などの)負担を負わせる」. cf. *car*, *carry*, *chariot*〗

→ 動 他 **1** 請求する **3** ゆだねる **4** 指令する
**5** 責める
图 **1** 支払いを請求する
图 **1** 料金 **2** 責任 **6** 非難 **8** 装塡(てん)

——動 (三単現 charg·es /-iz/; 過去・過分 ~d /-d/; 現分 charg·ing)
——他 **1** [charge A B] A〈人〉に B〈金額〉を請求する, A〈人〉に B〈金額〉を請求する;〈税など〉を課す;〈人・物・土地など〉に(税などを)課す ‖
charge (him) 12p for a pint of milk 牛乳1パイントの代金として12ペンスを(彼に)請求する.
charge tax to [on] her estate =charge her estate with tax 彼女の地所に税金を課す.
They charged me (twelve dollars) for the

broken window. 窓の破損料を(12ドル)請求された.

Q&A **Q**: 物が主語の場合にも charge を用いるのですか.
**A**: いいえ. It cost [×charged] me twelve dollars to have the broken window repaired. (壊れた窓を直すのに12ドルかかった)のように cost を用います.

**2** 〈商品・費用など〉を**つける**, つけで買う; 《米》…を(負債として)借方に記入する(+*off*); 〈借用物〉を記録する ‖
charge off the last year's stock of dresses 昨年のドレスの在庫品を帳簿に(損失として)記入する.
対話 "Operator, I want this call **charged** to my credit card, please." "OK. Please give me your name and number."「この通話の料金はクレジットカード払いにしてほしいんですが」「わかりました. お名前と番号をおっしゃってください」.
**3** 《正式》[charge A with B] **A**〈人〉に**B**〈責任・仕事・世話など〉を**ゆだねる**, 負わせる; 託す, 頼む ‖
be **charged** with looking after the children 子供の世話を引き受ける.
**4** 《正式》[charge A to do] 〈人〉に(権威をもって)…するように**指令する**(command); 〈裁判官・司教が〉…に説論する ‖
The judge has **charged** the jury to make a fair decision in the case. 判事はその事件について公正な評決を下すよう陪審に説示した.
**5 a** [charge A with B] **A**〈人〉を**B**〈罪・失敗など〉のかどで**責める**《◆ accuse より堅い語》; 《正式》[charge that 節]…だと(公然と)非難する ‖
He was **charged** with assault and battery. 彼は暴行罪で告発された.
The senator **charged** that I had distorted the data. 上院議員は私がデータをゆがめたと告発した.
**b** 〈過失・事故・罪など〉を(人・事などの)せいにする; 《米》〈成功など〉を(…の)結果と考える(+*off*) ‖
He **charged** his failure to my negligence. 彼は自分の失敗を私の怠慢のせいにした.
**6 a** 《文》〈物・容器・頭など〉を**満たす**(fill), …に積む; 〈蓄電池〉に充電する(+*up*); 〔物理〕〈導体〉に帯電させる; 《古・文》〈銃〉に装填する(load) ‖
**charge** his glass with wine 彼のグラスにワインをつぐ.
**charge** the cannon (with shot) 大砲に弾丸を込める《◆ with 以下は当然予想されるので省略するのがふつう》.
**b** 〈水・空気など〉を飽和[充満]させる; 〈場の雰囲気など〉を(感情・恐怖などで)みなぎらす ‖
The scene was **charged** with dramatic tension. その場面は劇的な緊張に満ちていた.

—自 **1** [charge (for A)] (A〈物・事〉の)**支払いを請求する**; つけで買物をする ‖
**charge** for admission 入場料を取る.

**2** 突進する, かけ寄る ‖
**charge** off 《略式》走り去る.
**3** 〈バッテリーが〉充電される.

—名 (複 **charg·es**/-iz/) **1** [U][C] [しばしば ~s] **料金**, (諸)経費, 使用料, 手数料; 借方記入, つけ, クレジット(カードによる支払い) ‖
the **charges** for electricity and gas 電気代とガス代.
the hotel **charges** ホテル代.
goods delivered **free of** [**without**] **charge** 無料で配達された商品.
at one's own **charge** 自費で.
**2** [C] 負担, 負債(ふさい); 課税額.
**3** [U] **責任**, 義務; 世話, 保護; 管理, 監督, 運営 ‖
léave the child in his chárge = gíve the child **in** chárge to him = pút the child ùnder his chárge 子供を彼に預ける.
She is **in charge of** the sales department. = The sales department is **in her charge**. 彼女は販売部の責任者だ(= She is responsible for the sales department.)《◆ 部門の長でなくそこで働いているだけの場合は work for the sales department などとする》.
tàke [hàve] chárge of the class クラスを担任する.

語法 A is in charge of B. は i)「A が B を世話している」, ii)「A が B に世話されている」の両方に解釈されるが, A is in the charge of B. / A is in B's charge. は ii)の意だけを表す.

**4** [C] 《正式》(医者・乳母などに)託された人, 預かり物; (牧師の受け持ちの)教区(信者).
**5** [U][C] (…するようにとの)命令; (判事の)説示.
**6** [C] **非難**, 罪; 告発, 告訴 ‖
màke [brìng] a chárge of theft against her 窃盗罪で彼女を告発する.
**7** [C] 攻撃, 突撃 ‖
return to the **charge** 突撃[議論]をやり直す.
**8** [U][C] (銃1発分の)**装填**(量); (容器1杯の)分量, 荷; (燃料1回分の)投入(量); 迫力, 余韻; 《略式》(薬1回分の)服用(量); 《略式》1杯の酒.
**9** [C] 〔電気〕電荷, 電気.

**gíve A in chárge** (1) 《主に英》A〈人〉を警察に引き渡す. (2) A〈人〉を預ける(→ **3**).
**on** (**the** [**a**]) **chárge of A** …の罪で, …のかどで《◆《米》では1つの罪でも on *charges* of のように複数形を多用》.
**tàke chárge** (1) 《略式》〈物・事が〉(悲惨な結果を伴い)手に負えなくなる, 〈車が〉暴走する. (2) → **3**.
**chárge accòunt** 《米》掛け売り(勘定), つけ《英》credit account).
**chárge càrd** [**plàte**] (主に1つの店またはチェーン店でのみ使える)クレジットカード.

**charge·a·ble** /tʃɑ́ːrdʒəbl チャージャブル/ 形 **1** 〈責任・罪が〉負わねばならない; 〈人が〉責任を負うべき ‖
She is **chargeable** with murder. = The murder is **chargeable** to her. 彼女は殺人罪

に問われるべきだ.
**2** 〈費用・負担が〉負わねばならない;つけられるべき;〈税が〉課せられる,〈供出物が〉(税を)課せられる.

**charged** /tʃɑ́rdʒd チャーヂド/ 動 → charge.
── 形 **1**〔物理〕帯電[荷電]した.
**2** 熱のこもった, 感動に満ちた;〈評論などが〉反論[論争]を招きそうな.

**charg·er** /tʃɑ́rdʒər チャーヂャ/ 名 ⓒ **1**(炉などに)仕込む人[物]; (銃の)装塡(チダ)手; 〔電気〕充電器.
**2** 突撃する人.

**charg·ing** /tʃɑ́rdʒiŋ チャーヂング/ 動 → charge.

**Char·ing Cróss** /tʃǽriŋ- チャリング-/ 名 チャリングクロス《London の中央部, Trafalgar Square 近くの繁華街》.

**char·i·ot** /tʃǽriət チャリオト/ 名 ⓒ〔歴史〕(1人乗り) 2輪馬車《古代では戦闘・競技・凱旋(ガイ)に用いた 2頭[4頭]立て馬車. 太陽の車・神の乗物とみなされた》.

**cha·ris·ma** /kərízmə カリズマ/《**発音注意**》《×カリスマ》 (複 **-ta** /-tə/, **~s**) **1** ⓒ〔神学〕神から授けられた超能力. **2** Ⓤ〔正式〕カリスマ《人々を信服させる強い特殊な魅力》.

**cha·ris·mat·ic** /kærizmǽtik カリズマティク/ 形 カリスマ的な.

**char·i·ta·ble** /tʃǽritəbl チャリタブル/ 形 **1** 惜しまず施しをする, 慈悲[情け]深い; 寛大な. **2** 慈善(事業)の. **chár·i·ta·bly** 副 慈善深く.

**char·i·ty** /tʃǽrəti チャリティ/ 名 (複 **-i·ties**/-z/) **1** Ⓤ 慈善, 施(ホドコ)し; ⒰Ⓒ 施し物, 救助金[品] ‖
live on charity 施しを受けて生活する.
be (as) cóld as chárity [皮肉的に] とても冷淡である《時に慈善が形式に流れることから》.
**2** ⓒ 慈善施設[団体, 事業, 基金]; [charities] 慈善行為[事業] ‖
run a charity 慈善事業を行う.
**3** ⓒ 慈悲心, 思いやり; (人の言動に対する) 寛容さ ‖
She cared for the children óut of chárity. 彼女はかわいそうに思ってその子らの面倒をみた.
**4** Ⓤ〔キリスト教〕 (神の) 慈愛;(神・人に対する) 愛, 人間[隣人] 愛 ‖
Charity begins at hóme.《ことわざ》愛はまず身内から.

**char·la·tan** /ʃɑ́rlətən シャーラトン/ 名 ⓒ〔正式〕ペテン師.

**Charles** /tʃɑ́rlz チャールズ/ 名 **1** チャールズ《男の名.（愛称）Charley, Charlie》. **2** [Charles I] チャールズ1世《~ Stuart 1600-49; 英国王(1625-49). 清教徒革命で処刑された》. **3** [Charles II] チャールズ2世《1630-85; Charles I の子, 英国王(1660-85)》. **4** チャールズ(王子)《1948- ; Elizabeth II の第1王子》.

**Charles·ton** /tʃɑ́rlztən チャールストン/ 名 **1** チャールストン《米国 South Carolina 州の都市》. **2** チャールストン《米国 West Virginia 州の州都》. **3** ⓒ チャールストン(ダンス)《1920年代に流行》.

**Char·ley, --lie** /tʃɑ́rli チャーリ/ 名 チャーリー《Charles の愛称》.

**Char·lotte** /ʃɑ́rlət シャーロト/ 名 シャーロット《女の名.（愛称）Lottie, Lotty》.

\***charm** /tʃɑ́rm チャーム/ 〖「まじない」が原義〗
ⓓ charming (形)
── 名 (複 ~s/-z/) **1** ⓒⓊ 魅力; [~s]（女の）色香, 器量（のよさ）‖
cultivate mental **charms** 知的魅力を養う.
Her warm personality adds **charm** to her beauty. 彼女の温かい人柄が美貌(ビボウ)を一層際立たせている.
**対話** "It's so quiet here and so peaceful." "That's the **charm** of the place." 「ここはとても静かで平和だね」「そこがこの場所の魅力なんです」.
**2** ⓒ まじない(の行為, 言葉); 魔除け, お守り ‖
recite a **charm** against evil spirits 悪霊よけの呪文(ジュモン)を唱える.
carry a rabbit's foot as a **charm** 幸福のお守りにウサギの足を身につけている.
**3** ⓒ (腕輪・首飾りなどにつける) 飾り.
***áct [wórk] like a chárm***《計画などが》魔法のようにきく;《薬などが》不思議なほど効く.
── 動（三単現）~s/-z/;（過去・過分）~ed/-d/;（現分）~ing）
── 他 **1**〈人〉を魅了する (cf. attract) ‖
They were all **charmed** by [with] her song. 彼らはみんな彼女の歌にきかされた.
I'm **charmed** to see you.《英格式》お目にかかれてうれしく存じます《♦I'm pleased [glad] to see you. よりもていねい》.
**2**（不思議な力[魔力, 魅力]で）〈人・動物〉を操(アヤ)る, …を誘惑する;〈秘密など〉を(魔術のように)引き出す ‖
**charm** the code number **out of** her 彼女をたぶらかして暗証番号を聞き出す.
**3**〈怒り・悲しみなど〉を魔力で[魔法のように]除く, やわらげる (+*away*) ‖
Her pain was **charmed away**. うそのように彼女の痛みは消えた.

**chárm bràcelet** 飾り付き腕輪.

**chárm schòol** チャーム=スクール《社交上の作法を教える》.

\***charm·ing** /tʃɑ́rmiŋ チャーミング/ 〔→ charm〕
── 動 → charm.
── 形 (比較 more ~, 時に ~·er; 最上 most ~, 時に ~·est) 魅力的な; 感じがよい, 愛嬌(アイキョウ)がある; すばらしい (→ attractive)《♦(1)主に上から下の者に用いる.（2）男性にも用いる. 外見のみでなく,「人あたりがよい」「物腰が柔らかい」の意をもつ》‖
a **charming** young man 人あたりのよい青年.
She gave me **charming** embroideries. 彼女からすばらしい刺繡(シシュウ)をもらった.

**chárm·ing·ly** 副 魅力的に.

\***chart** /tʃɑ́rt チャート/ 〖「パピルスの葉」が原義〗

──名 (複 ~s/tʃɑːrts/) C 1 海図, 水路図; 空図 (→ map).
2 図表; [複合語で] …図 ‖
a wéather chàrt 天気図.
show on a chart 図で表す.
3 [the ~s] (よく売れるレコードの)曲目表, ヒットチャート, 週間[月間]順位表.
──動 他 (正式) 1 …を海図に記す. 2 …を図表で表す. 3 …のおおよその計画を立てる.

**char·ter** /tʃɑ́ːrtər チャータ/ 名 1 [通例 the C~] C 憲章.
the Great **Charter** (英)大憲章, マグナカルタ (Magna Charta).
the **Charter** of the United Nations 国連憲章.
2 C (正式) 設立認可(状); 特権.
3 UC (飛行機・バスなどの)チャーター, 借り切り; [形容詞的に] 借り切った, チャーターした ‖
a **charter** plane チャーター機.
──動 他 〈飛行機・船・バスなどを〉借り切る, チャーターする ‖
**charter** a boat to go fishing 船をチャーターして魚釣りに行く.

**char·tered** /tʃɑ́ːrtərd チャータド/ 動 → charter.
──形 1 特許[免許]を受けた, 公認の ‖
a **chartered** accountant (英)勅許会計士 ((米) a certified public accountant).
**chartered** rights 特権.
2 貸し切りの ‖
a **chartered** flight チャーター便.

**Cha·ryb·dis** /kəríbdis カリブディス/ 名 1 〈シチリア島沖の〉大渦巻. 2 〖ギリシア神話〗カリュブディス 《Poseidon と Gaea の娘で大渦巻の神》.

**chase** /tʃéis チェイス/ 動 (現分 chas·ing) 他 1 …を(すばやく, しつこく)追跡する 《◆ pursue より接近して激しく追う意が強い》; …を追い求める; 捜し求める ‖

chase《追跡する》

chase deer シカ狩りをする.
2 …を追い立てる[払う] ‖
**Chase** the cat (**away**) from the kitchen. 台所からそのネコを追い出してくれ.
──自 (略式) 追いかける, 走り回る ‖
**chase off after** the singer その歌手のあとを追って急いで駆け出す.
──名 1 CU 追跡, 追求, 追撃 (pursuit); 〔映画〕追跡[撃]場面 ‖
in (full) **chase** (of …) (…を)(全力で) 追って.
2 U (正式) [the ~] 狩猟 (hunting); C 捕獲[追跡]の対象, 獲物; (英)(私有)狩猟場.

**chas·er** /tʃéisər チェイサ/ 名 C 1 追跡者; 狩猟家; (米俗) 女の尻(½)を追う男. 2 (略式) チェーサー《強い酒の直後かその間に飲む軽い飲み物. 水・ビール・コーヒーなど》.

**chasm** /kǽzm キャズム/ (発音注意)《◆ ×チャズム》名 C 1 (地表の)大きな裂け目, 亀裂(ポッ). 2 (正式) [比喩的に] 亀裂, (感情・意見の)食い違い.

**chas·sis** /tʃǽsi シャスィ/ 〖フランス〗名 (複 chas·sis /-z/) C 1 (自動車などの)車台, シャシー. 2 (ラジオ・テレビの)シャシー, セット台.

**chaste** /tʃéist チェイスト/ 形 (通例 比較 chast·er, 最上 chast·est) (正式) 〈言動・精神が〉純潔な; 〈女性が〉貞淑な. **cháste·ly** 汚(½)れなく.

**chas·ten** /tʃéisn チェイスン/ (発音注意) 《◆ t は発音しない》動 他 (正式) 1 〈人〉を(矯正のため)懲らしめる; 〈苦難などが〉〈人〉を鍛練する. 2 〈精神〉を鍛える, 〈感情など〉を抑える, やわらげる (calm). 3 〈文体など〉を洗練させる.

**chas·tise** /tʃæstáiz チャスタイズ/ (アクセント注意)《◆ ×チャスタイズ》動 (現分 --tis·ing) 他 (正式) 〈人〉を折檻(ポッ)する.

**chas·tise·ment** /tʃæstáizmənt チャスタイズメント/ 名 (U) 折檻(ポッ)すること; C 体罰.

**chas·ti·ty** /tʃǽstəti チャスティティ/ 名 U 1 純潔. 2 (精神などの)清純. 3 (文体などの)上品さ.

**chat** /tʃǽt チャト/ 動 (過去・過分 chat·ted/-d/; 現分 chat·ting) 自 (略式) 1 おしゃべりをする, 談笑する (→ chatter 動 2).
2 〔コンピュータ〕チャットする《インターネットでリアルタイムにメッセージを交換する》‖
**chat with** one's friend via an Internet message board インターネットの伝言板を使って友だちとチャットする.
──他 (英略式) …に言い寄る, …を口説く (+up).
──名 C おしゃべり, 歓談, むだ話; U しゃべること ‖
They had a long **chat over** the old days. 彼らは長々と昔話をした.
**chát shòw** (英)(有名人の)対談番組 ((米) talk show).

**cha·teau, châ–** /ʃætóu シャトウ/ 〖~, ~x/-z/〗〖フランス〗名 (複 ~s, ~x/-z/) 1 C (フランスの)城; 大邸宅. 2 [C~] シャトー《フランス Bordeaux 地方の自営のブドウ畑と醸造所のある邸宅》‖
**Chateau** wine シャトーものワイン《シャトーの醸造所で作られたワイン》.

**chat·ter** /tʃǽtər チャタ/ 動 自 1 〈鳥が〉ピーチクパーチク鳴く; 〈サルが〉キャッキャッと鳴く; 〈木の葉などが〉サラサラと音を立てる; 〈歯・機械などが〉ガタガタと音を立てる ‖
My teeth **chattered with** [**from**] cold. 寒くて歯がガチガチ鳴った.
2 〈人が〉ぺちゃくちゃしゃべる, ぺらぺらよくしゃべる《◆「やかましくてうるさい」という含みがある. chat にはこのような含みはない》.
──名 U 1 キャッキャッ[サラサラ, カタカタ, ガタガタ, カチカチ](いう音) ‖
the **chatter** of one's teeth 歯がガタガタいう音.
2 (やかましい)しゃべり声, おしゃべり.

**chat·ter·box** /tʃǽtərbɑ̀ks チャタボクス/ -bɔ̀ks チャタボクス/ 名 (複 ~·es/-iz/) C (略式) おしゃべりな人《特に子供》.

**chat・ty** /tʃǽti チャティ/ 形 (時に [比較] ~・ti・er, [最上] ~・ti・est) (略式) おしゃべりな；話好きの；(語り口が) 打ち解けた, くだけた.

**Chau・cer** /tʃɔ́ːsər チョーサ/ 名 チョーサー《Geoffrey ~ 1340?-1400；英国の詩人。「英詩の父」と呼ばれる。*The Canterbury Tales* の著者》.

**chauf・feur** /ʃóufər ショウファ, ʃoufə́ːr/ (発音注意)《×チャウファ》【フランス】名 C お抱(かか)え運転手. — 動 自 (…の)お抱え運転手として働く.

**chau・vin・ism** /ʃóuvinizm ショウヴィニズム/ 名 U (狂信的)身びいき；愛国心；同属偏愛思想 ‖ male chauvinism 男性優越[女性蔑(べっ)視]思想.

**cheap** /tʃíːp チープ/ ([同音] cheep) 【「よい商い」が原義】
—形 ([比較] ~・er, [最上] ~・est) **1a** 〈品物が〉安い；〈店などの〉商品の安い，〈ホテルなどの〉費用が少なくてすむ(↔ expensive, dear) ；《英》〈運賃・切符などが〉割引の ‖
This dress was **cheap**. このドレスは安かった(= The price of this dress was low [×cheap]. → [語法])
E-mail is faster, **cheaper**, and easier than the fax. Eメールはファックスより速く，安く，しかも手軽だ.
**b** 〈品物が〉安物の；質の悪い，見かけ倒しの ‖
**cheap** plastic goods 安っぽいプラスチック製品.

> [語法] (1) *cheap* には「安物の，安っぽい」の含みがあるので値段は安いがまあまあの品質の商品には inexpensive, economical, moderate, reasonable を用いることが多い．
> (2) 「安い値段」は a low [×cheap] price. 「安い給料」は a small [×cheap] salary.

**2** 〈人・行動などが〉誠意のない，下品な ‖
màke oneself (too) chéap 自分の品位を下げ(すぎ)る．
hòld him chéap 彼を低く評価する．
**3** 〈勝利などが〉楽に手に入る．
**4** 〈通貨が〉(インフレで)価値の低い；〈客などが〉購買力が低い．
**5** 《主に米略式》〈人が〉けちん坊の，しみったれの．
fèel chéap (略式) 恥ずかしく思う．
—副 (略式) 安く；安っぽく ‖
sell the book **cheap** 本を安く売る《◆この表現では cheaply より好まれる》．
Lemons are going **cheap** now. 今レモンが安い．
áct chéap 安っぽくふるまう．
**on the chéap** 《主に英略式》安く，割引いて(cheaply) ‖ the hotel that is run **on the cheap** 安あがりに運営されているホテル.
**chéap・ness** 名 U 安価；安っぽさ.

**cheap・en** /tʃíːpn チープン/ 動 他 〈商品を〉安くする，…の値を下げる；〈人・物の〉品位を落とす，安っぽくする；…を軽視する．

**cheap・ly** /tʃíːpli チープリ/ 副 安く；安っぽく，下品に ‖
get off **cheaply** 罰が軽くすむ.

***cheat** /tʃíːt チート/
— 動 ([三単現] ~s /tʃíːts/; [過去・過分] ~ed /-id/; [現分] ~・ing)
— 他 **1a** 〈人〉をだます，欺く(deceive) ‖
**cheat** the customs 税関をごまかす.
be **cheated** by appearance 外見でごまかされる.
**b** [cheat A (out) of B] A〈人〉から B〈物〉をだましとる ‖
**cheat** him (out) of his money 彼の金を巻き上げる.
**2** [cheat A into B / cheat A into doing] A〈人〉をだまして B させる(mislead) ‖
He was **cheated into** accepting [acceptance of] the forged check. 彼は偽小切手をつかまされた.
— 自 いかさまをする，カンニングをする ‖
**cheat at** [in, 《米》on] cards トランプでいんちきをする.
**cheat at** [in, 《米》on] an examination 試験でカンニングをする.
— 名 **1** C 詐欺(ぎ)師，いかさまをする人《◆呼びかけにも用いる》 ‖
Get out, **cheat**. 出て行け，いかさま野郎.
**2** U C 不正行為；カンニング《◆「カンニング＝ペーパー」は(略式) a *chéat* shèet. cf. cunning》；【法律】詐欺，詐取.

***check** /tʃék チェク/ ([同音] Czech) 【チェス用語の「王手」が原義】
→ 動 他 **1** 止める **2** 照合する **3** 照合の印をつける
名 **3** 照合 **4** 預り札 **5** 小切手 **6** 伝票
— 動 ([三単現] ~s /-s/; [過去・過分] ~ed /-t/; [現分] ~・ing)
— 他 **1**〈人・物・事の(動き・進行)〉を**止める**，阻止する《◆ stop より堅い語》；…を遅らせる；…を抑制する；…を妨害する ‖
The doctor **checked** the flow of blood from the wound. 医者は傷からの出血を止めた.
**check** one's anger 怒りを抑える.
The rope **checked** her fall. ロープによって彼女は転落をまぬがれた.
**2** …を**照合する**，合っているか確かめる；…を(正しい状態か)調べる，調査する，検査する《◆ inspect より手早く簡略な調査》‖
**check** the figures 数字が正しいか確かめる.
**check** a copy **against** [**with**] the original コピーを原文と照合する.
**check** the engine エンジンの調子をみる.
Would you **check** my English for mistakes? 私の英語を見ていただけませんか.
**3** 《米》…に**照合[チェック]の印(✓)をつける**((英) tick)《◆(✓)他の○または×に相当する. ×印のようなマイナスのイメージはない》‖
**check off** a list 表に照合の印をつける.

Check the correct answer. 正解に✓印をつけなさい.
**4** 《米》〈所持品〉を一時預ける[預かる].
—⦿ **1** 《主に米》一致する, 符合する ‖
My accounts check ((略式) out) with hers. 私の計算は彼女のとぴったりだ.
**2** 調べる ‖
check on when the train leaves 列車の発車時刻を確かめる.
***check・in*** (1) [自] 宿泊手続きをする;搭乗手続きをする;(タイムレコーダーを押して)出勤する (cf. checkin). (2) [他] 〈荷物〉を〈空港で〉預ける.
***check・out*** (1) [自] (手続きしてホテル・スーパーなどを)出る; (タイムレコーダーを押して)退社する (cf. checkout). (2) 《略式》[自] → ⦿ **1**. (3) 《主に米》[他] …を調べる ‖ check out a fact 事実を調べる. (4) 《主に米》[他] 〈荷物〉を受け取る.
***check・up*** [他] 〈物・事〉を調べる; …の健康診断をする.

—名 (複 ~s/-s/) **1** U [しばしば a ~] (突然の)停止; 抑制; 妨害(restraint) ‖
kèep [hòld] the enemy in chéck =kèep [pùt, plàce] a chéck on the enemy 敵を阻止する.
**2** C 止める[抑制する]者[物] ‖
a check for wheels 車輪止め.
**3** C 照合, 引き合わせ; (照合・検査の)基準, 検査, 点検; 監督; 《米》チェックの印《✓》(→ 他 **3**) ‖
run a check on the computer コンピュータのテストをする.
**4** C 預り札; チッキ ‖
a bággage chèck 《米》荷物の預り札 (《英》luggage ticket).
**5** C 《米》小切手 (《英》cheque) ‖
a tráveler's chèck トラベラーズチェック, 旅行者用小切手.

[関連] [種類] a rubber [bounced] check 不渡り小切手 / a personal check 個人小切手 / a company check 企業小切手.

**6** C 《米・スコット》伝票, 勘定書 (《英》bill) ‖
[対話] "May I have the check, please?" (=《略式》"Check, please!") "Right away."「お勘定をお願いします」「ただいま」.
**7** U C 格子(ごう)じま(の1つ); チェック柄の布 ‖
a check suit チェックのスーツ.
chéck lìst =checklist.
**check・book** /tʃékbùk/ チェクブク/ 名 C 《米》小切手帳 (《英》chequebook).
**checked** /tʃékt/ チェクト/ 動 → check. —形 格子(ごう)じまの.
**check・er**¹ /tʃékər/ チェカ/ 名 C **1** 格子(ごう)じま(の1まず). **2** 《米》チェッカーのこま (draftsman); [~s; 単数扱い] チェッカー (drafts).
**check・er**² /tʃékər/ チェカ/ 名 C **1** 照合[点検]する人. **2** 《スーパーなどの》レジ係. **3** クローク係.
**check・ered,** 《英》**cheq・uered** /tʃékərd/ チェ

カド/ 形 **1** 色とりどりの; (正式) 変化に富んだ, 波乱万丈の ‖
a checkered life [career] 波乱万丈の人生.
**2** 格子じまの.
**check・in** /tʃékìn/ チェキン/ 名 C チェックイン (↔ checkout) 《(ホテルでの)宿泊・(空港での)搭乗・(会社での)出勤など》.
**check・list** /tʃéklìst/ チェクリスト/, **chéck list** 名 C (照合・確認用の)照合表, 一覧表《商品カタログ・選挙人名簿など》.
**check・mate** /tʃékmèit/ チェクメイト/ 名 C U (チェス) チェックメイト《将棋の「詰み」》 ‖
Checkmate! チェックメイト! 《◆今はふつう Mate!》.
**check・out** /tʃékàut/ チェカウト/ 名 U チェックアウト (↔ checkin) 《ホテルで勘定を済ませて出ること》.
**check・point** /tʃékpɔ̀int/ チェクポイント/ 名 C (通行者・車の)検問所.
**check・up** /tʃékʌ̀p/ チェカプ/ 名 U C 照合; (詳しい)検査, 点検; 《略式》健康診断.
**ched・dar** /tʃédər/ チェダ/ 名 [しばしば C~] U チェダーチーズ (cheddar cheese) 《もと英国 Cheddar 原産のチーズの一種》.
\* **cheek** /tʃíːk/ チーク/ [[あご (jaw)」が原義]
—名 (複 ~s/-s/) **1** C ほお ‖
kiss her on the cheek 彼女のほおにキスする.
puff out one's cheeks (不満で)ほおをふくらませる.
Her cheeks are (as) red as roses. 彼女のほおはバラ色だ.

[関連] (1)「青ざめたほお」は憂うつ,「バラ色のほお」は青春の象徴. (2)「チーク=ダンスを踊る」は dance cheek-to-cheek.

**2** (器具の)側面, (万力の)あご.
**3** U 《略式》ずうずうしさ (impudence); 生意気な態度[言葉] ‖
give him cheek 彼に生意気なことを言う.
have much [plenty of] cheek 非常に生意気だ.
He hàd the chéek to object to it. 彼は厚かましくもそれに反対した (◆ have the face to do より一般的).
None [No more] of your cheek! 生意気なことを言うな.
What cheek! =Of all the cheek! 何と厚かましいんだ.
—動 他 《英略式》〈人〉に生意気な態度をとる[口をきく].
chéek it 《英略式》ずうずうしく押し通す.
**cheek・bone** /tʃíːkbòun/ チークボウン/ 名 C ほお骨.
**cheek・y** /tʃíːki/ チーキー/ 形 (比較 ‑i‑er, 最上 ‑i‑est) 《略式》生意気な, 厚かましい.
**cheep** /tʃíːp/ チープ/ 動 ⦿ 〈小鳥が〉ピヨピヨ鳴く; 〈子ネズミが〉チュウチュウ鳴く.
—名 [a ~] (ひな鳥・子ネズミの)ピヨピヨ[チュウチュウ]鳴く声.

**cheer** /tʃíər/ チア/『「顔」が原義』
(派) cheerful (形)

── 名 (複 ~s/-z/) **1** ⓒ 歓呼, かっさい, 万歳; 応援, 声援《◆ 'hurrah' や 'rah! rah! rah!'》‖
take the **cheers** of the crowd 群衆の歓呼にこたえる.
give three **cheers** for the King 王のために万歳三唱をする《◆ Híp, híp, hurráh [hooráy, hurráy]! を (Hip, hip はリーダーが, hurrah は全員で) 3 回繰り返す》.
two **cheers** うわべだけの応援[賛同].
**2** Ⓤ 励まし, 激励 ‖
words of **cheer** 激励の言葉.
bring **cheer** to the sick child 病気の子を慰(なぐさ)める.
**3** Ⓤ《文》気分, 機嫌; 元気, 陽気, 喜び ‖
with good **cheer** 喜んで, 元気よく.
be of good **cheer** 希望にあふれている.
What **cheer**? ごきげんいかが (= How do you feel?).
**4**《略式》[間投詞的に] ~s; (健康を祝して) 乾杯!《♦ Your health! / Your very good health! ともいう. Cheerio! は《やや古》;《英》(サービスに対して) ありがとう (Thank you!)《♦ /tʃíːz/ と発音する》;《英》(特に電話で) さようなら (Good-by).

── 動 (三単現) ~s/-z/; (過去・過分) ~ed/-d/; (現分) ~ing/tʃíəriŋ/
── 他 **1**《略式》…を元気づける, 慰(なぐさ)める ‖
The flowers **cheered** her up. 彼女は花に慰められた.
**2** …にかっさいを送る, …を歓呼して迎える ‖
**cheer** his favorite horse (**on**) 彼のひいきの馬を応援する.
── 自 **1**《略式》元気づく ‖
**Chéer úp**! がんばれ.
**2** 歓呼する ‖
**cheer** over the victory 勝利にかっさいする.

\***cheer·ful** /tʃíərfl/ チアフル/『→ cheer』
── 形 (通例 比較) more ~, (最上) most ~) **1** 機嫌のいい, 快活な ‖
a **cheerful** girl 元気な少女.
対話 "You look happy. What happened?" "Nothing. I just feel **cheerful** today."「うれしそうだね. 何があったの?」「別に. きょうは気分がうきうきするだけよ」.
**2** [通例名詞の前で] (人を) 気持ちよくさせる, 楽しい; [反語的に] すてきな ‖
That's a **cheerful** remark.《反語》それは結構なお言葉ね.
**3** [通例名詞の前で] 心からの, 進んでする ‖
a **cheerful** worker 喜んで仕事をする人.
**cheerful** labor 自発的な労働.
**cheer·ful·ly** /tʃíərfəli/ チアフリ/ 副 快活に; 進んで.
**cheer·ful·ness** /tʃíərflnəs/ チアフルネス/ 名 Ⓤ 上機嫌, 愉快, 気持ちよさ.
**cheer·i·ly** /tʃíərəli/ チアリリ/ 副 元気よく, 陽気に.
**cheer·i·o** /tʃìərióu/ チアリオウ/ 間《主に英略式》**1** [↗] さようなら, じゃあまた. **2**《やや古》(乾杯で) ご健康を祝して, おめでとう.
**cheer·lead·er** /tʃíərlìːdər/ チアリーダ/ 名 ⓒ《主に米》(女性の) 応援団員, チアリーダー, チアガール《♦ ×cheergirl とはいわない》.
**cheer·y** /tʃíəri/ チアリ/ 形 (比較 --i·er, 最上 --i·est)《比較》上機嫌の, 陽気な;〈音楽などが〉元気づけるような.

\***cheese** /tʃíːz/ チーズ/
── 名 (複 chees·es/-iz/) Ⓤ《♦ 種類をいうときは ⓒ チーズ; ⓒ (特定の形にした) チーズ (1 個)《♦ 英国では食事の終わりによくクラッカーと共に出される (→ course 名 **5**). ネズミ捕り用の典型的なえさ》‖
a slice [piece] of **cheese** チーズ 1 切れ.
grated **cheese** 粉チーズ.
blue **cheese** ブルーチーズ.
green **cheese** できたての未熟なチーズ.
a selection of **cheeses** 各種チーズの品ぞろえ.
buy two **cheeses** at the grocery 食料雑貨店でチーズを 2 個買う.
**Sày chéese**! はい笑って《◆ 写真を撮る人が言う》.
**chéese càke** = cheesecake.
**cheese·burg·er** /tʃíːzbə̀ːrgər/ チーズバーガ/ 名 ⓒ チーズバーガー.
**cheese·cake** /tʃíːzkèik/ チーズケイク/, **chéese càke** 名 ⓊⒸ チーズケーキ.
**cheese·cloth** /tʃíːzklɔ̀(ː)θ/ チーズクロ(ー)ス/ 名 Ⓤ 目の粗い薄地の綿布《♦ もとチーズを包んだ. 今は医療用ガーゼや衣服・カーテンなどに用いる》.
**chee·tah** /tʃíːta/ チータ/ 名 ⓒ [動] チータ.
**chef** /ʃéf/ シェフ/『フランス』名 ⓒ (ホテルなどの) コック長, シェフ; コック ‖
**chef's** special(ty) [suggestions]《メニュー》シェフのおすすめ料理.
Give my compliments to the **chef**. 料理長においしかったとお伝えください《♦ 料理が気に入ったときウエイターに言う表現》.
**Che·khov** /tʃékɔːf/ チェコーフ/ 名 チェーホフ《Anton Pavlovich/ɑːntsn pɑːvlɔːvitʃ/ ~ 1860-1904; ロシアの劇作家・短編作家》.
**chem.** (略) chemical; chemist; chemistry.

\***chem·i·cal** /kémikl/ ケミクル/
── 形 [名詞の前で] 化学の; 化学作用の; 化学薬品の[による] ‖
a **chémical** expériment 化学実験.
a **chemical** reaction 化学反応.
**chemical** products [goods] 化学製品.
a **chémical** fíre extìnguisher 化学 (薬品を詰めた) 消火器.
**chémical** and biológical wárfare (化学生物兵器を用いる) 化学生物戦争.
── 名 (複 ~s/-z/) ⓒ [しばしば ~s] 化学製品, 化学薬品 ‖
fine **chemicals** (少量単位で扱う) 精製薬品.
heavy **chemicals** (大量単位で扱う) 農工業用薬品.
**chémical** engineering 化学工学 [工業].
**chém·i·cal·ly** /-kəli/ 副 化学的に, 化学作用によって.

**chem·ist** /kémist ケミスト/ 名 © **1** 化学者. **2 a** (英) 薬剤師, 薬屋 (《米·スコット》druggist). **b** = chemist's (shop).

**chémist's (shóp)** 薬局, 薬屋の店 (chemist, (正式) pharmacy, (米) drugstore) 《◆化粧品なども売る》.

**chem·is·tries** /kémistriz ケミストリズ/ 名 → chemistry.

**\*chem·is·try** /kémistri ケミストリ/
—名 (複) **··is·tries**/-z/) ⓤ **1** 化学 ||
orgánic chémistry 有機化学.
physical chemistry 物理化学.
**2** ⓤ © (物質の)化学的性質 (反応, 作用, 結合) ||
the chemistry of iron 鉄の化学的性質.
**3** ⓤ (化学反応に似た)不思議な反応[作用]; 相性 ||
the chemistry of nature 自然の神秘.
The chemistry is right for us. =Our chemistry is right. (略式) 私たちは相性がいい.
対話 "They don't seem to like each other very much." "Probably the chemistry between them is no good." 「あの2人はお互いに気に入っていないようですね」「おそらく気が合わないんだろう」.

**cheque** /tʃék チェク/ 名 (英) =check 名 5.

**cheque·book** /tʃékbùk チェクブク/ 名 (英) = checkbook.

**\*cher·ish** /tʃériʃ チェリシュ/ 『「自分の所有するものの真価を認め誇りに思い愛情を注ぐ」が本義』
—動 ((三単現) ~·es/-iz/; (過去·過分) ~ed/-t/; (現分) ~·ing)
—他 (正式) **1** …を大事にする; …を(愛情をこめて)世話する, 育てる《◆進行形にしない》||
He still cherishes his old car. 彼は今だに古い車を愛用している.
cherish freedom 自由を愛する.
cherish a pet ペットをかわいがる[大切に育てる].
**2** …を(大切に)心に抱く[持ち続ける], 胸に秘める (keep) ||
cherish the memory of his dead wife 亡き妻のことを懐かしむ.
cherish a grudge against him 彼に対して恨みを抱く.

**Cher·o·kee** /tʃérəkì: チェロキー/ 名 (複) ~s, 集合名詞 Cher·o·kee) **1** © チェロキー族《北米先住民の一部族》. **2** ⓤ チェロキー語.

**cher·ry** /tʃéri チェリ/ 名 (複) **cher·ries**/-z/) **1** © サクランボ《「種」は cherry stone》. **2 a** © サクラ材. **b** © サクラ(の木) (cherry tree) 《◆「サクラの花」は cherry blossom》. **3** ⓤ サクランボ(鮮紅)色.

> Q&A　**Q**: 日本を象徴する「サクラの花」に当たるような花は欧米にありますか.
> **A**: バラの花(rose)がそれに当たると言われています. 特にイングランドと米国では国花に制定されています.

—形 **1** [名詞の前で] サクラ材の. **2** サクランボ色の.
**chérry bòb** (英) (柄のつながった)2個のサクランボ.
**chérry trèe** =cherry 名 2 b.
**chérry píe** チェリー=パイ《サクランボ入りのパイ》.

**cher·ub** /tʃérəb チェラブ/ 名 **1, 2** では **··u·bim** /-əbìm/, **3** では ~s) © **1** ケルビム《天使の9階級の第2位で知識を司る. → angel》. **2**【美術】ケルビムの絵《◆翼のはえた丸々とした愛らしい子供として表される》. **3** 愛らしい無邪気な人[子供].

**cher·u·bim** /tʃérəbim チェラビム/ 名 → cherub.

**Ches·a·peake** /tʃésəpì:k チェサピーク/ 名
**Chésapeake Báy** チェサピーク湾《米国東部の大西洋岸最大の入江》.

**Chesh·ire** /tʃéʃər チェシャ/ 名 **1** チェシャー《イングランド西部の州. 州都 Chester》. **2** ⓤ = Cheshire cheese.
**Chéshire chéese** チェシャー=チーズ《Cheshire 産の黄白色の固いチーズ》.

**chess** /tʃés チェス/ 名 ⓤ チェス, 西洋将棋. 関連 chessboard チェス盤 / chessman チェスのこま / checkmate チェックメイト ||
play (at) chess チェスをする.

**chess·board** /tʃésbɔ̀:rd チェスボード/ 名 © チェス盤《◆8×8＝64ますの盤》.

**chest** /tʃést チェスト/ 名 **1** © (男·女の)胸(部) ((図) → body) 《肋(ろっ)骨と胸骨に囲まれ, 心臓·肺のある箱状の部分. breast は胸の前部. bust は女性の胸》; ⓤ 胸部の寸法 ||
a cold in [on] the chest せきかぜ.
have a pain in the chest 胸が痛い.

> 関連 [chestのジェスチャー] ráise [pláce, pùt] a hánd to one's chést (敬意·忠誠を示して)胸に手を置く / thrów [stíck] one's chést óut (自信·自慢で)胸をそらす[張る] / béat one's chést 胸をたたいて悲しむ / póint at one's chést with one's thúmb (自分のことを)親指で胸をさす《◆日本での人さし指で鼻をさす動作に当たる》.

**2** © (ふつう木のふたつきの丈夫な)衣類·道具·金·薬などの保存用の箱, ひつ; 容器 ||
a médicine chèst 薬箱.
a chèst of dráwers (英) (寝室·化粧室の)たんす 1さお《◆鏡の付いたものは(米)では bureau, dresserという》.
**3** [a ~ of A] (…の)1箱分 ||
a chest of clothes 1箱分の衣服.
**4** ⓤ (略式) 胸の中, 心 (bosom) ||
gét the sécret òff one's chést 秘密を打ち明けてさっぱりする.
have something on one's chest 気になることがある.
—動 《◆次の句で》**chést dòwn** [他] 【サッカー】〈ボール〉を胸でたたき落とす.

**chest·nut** /tʃésnʌt チェスナト, tʃésnət/ 《発音注意》《◆最初のt は発音しない》 名 **1** © **a** クリ(の実). **b** クリ[トチ]の木(chestnut tree); その実.

**2** ⓤ クリ材; [形容詞的に] クリ材の.
**3** ⓤ くり色; [形容詞的に] くり色の ‖
chestnut hair くり色の髪.
**4** ⓒ くり毛の馬. **5** (略式) [通例 an old ~] 陳腐な話; 古くさい冗談.
**chéstnut trée** =chestnut **1 b**.

\***chew** /tʃúː/ チュー/ 『「何度もかむ」が原義』
──**動** (三現単) ~s/-z/; (過去・過分) ~ed/-d/; (現分) ~ing)
──**他 1** …をかんで食べる, かみこなす[砕く], 咀嚼(そしゃく)する《♦「ひと口かむ」は bite》, …をかみちぎる ‖ Chew your food well. 食物はよくかみなさい.
**2** (略式) …をじっくり考える(consider) (+*over*).
──**自** (もぐもぐ) かむ, かみ[食べ]続ける, かみ砕く; (略式) かみタバコをかむ.
**chéw óver** [**on**] **A** …を熟考する.
──**名 1** [a ~] かむこと ‖
have a chew at [on] meat 肉をひと口かむ.
**2** (略式) (甘い味の) かむ[かまれる]物; (かみタバコの) ひとかみ分.
**chéwing gùm** チューインガム《♦ 単に gum ともいう》‖ a piece [stick] of chewing gum ガム1つ[1枚].
**chic** /ʃíːk シーク/ 『フランス』 (形) (比較) more chic, (最上) most chic) (正式)〈服装・人・店などが〉粋(いき)な, あかぬけした, シックな(cf. smart). ──**名** ⓤ 粋, 上品.
**Chi·ca·go** /ʃikáːgou シカーゴウ, -kɔ́ː-/ 『インディアン語の「タマネギ」から』 **名** シカゴ《Illinois 州 Michigan 湖畔にある米国第2の都市》.
**chick** /tʃík チク/ **名** ⓒ (ニワトリの) ひよこ; (一般に) ひな《♦ 鳴き声は cheep》.

\***chick·en** /tʃíkin チキン/ 『「小さい雄鳥」が原義』
──**名** (複 ~s/-z/) **1** ⓒ (ニワトリの) ひよこ《♦ chick より大きい》, 若鶏《♦ 雄・雌ともに用いる. 焼肉用は broiler》‖
Which came first(↘), the chicken(↗) or the egg?(↘) ひよこと卵はどちらが先か?《♦ 見方によりどちらともいえるので結論が出ないような問題についていう. It's (a cáse of) the *chicken* and [or] the *égg.* ともいう》.
Don't count your chickens (before they are hatched)! (ことわざ) (かえる前に) ひなを数えるな;「とらぬタヌキの皮算用」.

> (関連) (1) おんどり (米) rooster, (英) cock; めんどり hen. (2) [鳴き声] おんどり crow; めんどり cackle, cluck; ひよこ cheep.

**2** ⓒ (米) ニワトリ.
**3** ⓤ とり肉 ‖
fried chicken チキンのフライ.
I ate chicken for lunch. 昼食にチキンを食べた《♦「肉」の意味では ⓤ なので ˣa chicken とはしない》.
**4** ⓒ (略式) [通例 no ~] 若い人, 青二才.
**5** ⓒ (俗) 臆(おく)病者(coward)《♦ 子供が用いる》.
**6** [形容詞的に] とり肉の, 小さい.

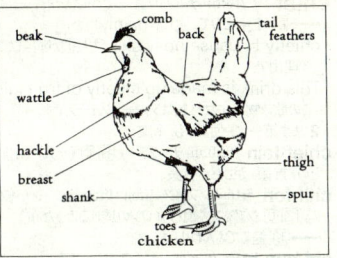

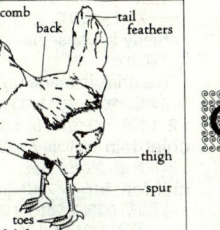

chicken (beak, comb, back, tail feathers, wattle, hackle, breast, shank, toes, thigh, spur)

**gò to béd with the chíckens** (米略式) 夜早く寝る《♦「(早起きの)ニワトリと同じ時に寝る」の意から》.
──**動** 自 (略式) (弱気・恐怖心のため) おじけづく, しりごみする, 逃げる.
**chícken pòx** [医学] 水ぼうそう, 水痘.
**chick·pea** /tʃíkpiː チクピー/ **名** ⓒ (植) ヒヨコマメ.
**chic·o·ry** /tʃíkəri チカリ/ **名** (複 **-o·ries**/-z/) ⓒ [植] チコリー, キクニガナ; ⓤ [集合名詞] チコリーの葉《サラダ用》; チコリーの根《ひいてコーヒーの代用品とする》.

\***chief** /tʃíːf チーフ/ 『「頭(かしら)」が原義』
──**名** (複 ~s/-s/) ⓒ (集団・組織・団体などの)長, かしら, チーフ; (官職の)長官; (部族の)首長, 族長《♦「校長」は principal》‖
the chief of (the) police (department) 警察署長.
(対話) "Who's the chief around here?" "Just a minute and I'll get her." 「ここの責任者はだれですか」「ちょっとお待ちください. 呼んでまいります」.
**in chíef** (1) [名詞のあとで] 最高位[長官]の ‖ the éditor in chíef 編集長. (2) (文) とりわけ, 特に, 主として.
──**形** [名詞の前で] [通例 the ~] **1** (階級・権限などの) 最高(位)の, 長官の ‖
the chief cook コック長.
the chief engineer 機関[技師]長.
**2** 主要な, (最も) 重要な ‖
the chief cause of disease 病気の主原因.
the chief thing to remember まず記憶すべき重要な事.
(対話) "Why did your team lose the game?" "The **chief** reason was Owen's absence." 「君のチームはなぜあの試合に負けたの?」「第1の理由はオーウェンが欠場していたことです」.
**chief cónstable** (英) 警察部長.
**chíef exécutive** (米) [the ~] (1) [C~ E~] 大統領. (2) 行政の責任者《州知事・市長など》.
**chief exécutive òfficer** [the ~] (会社の) 最高業務執行者 (略) CEO).
**chief inspéctor** (英) 警部.

**chíef jústice** [the ~] (1)【法律】裁判長, 首席裁判官. (2) [C~ J-]【米】最高裁判所長官.

**\*chief·ly** /tʃíːfli チーフリ/【→ chief】
— 副 **1** 主として, 主に(mainly) ‖
chiefly because he is sick 主に彼が病気だという理由で.
This drink is made up **chiefly** of fruit juice. この飲み物の主な材料はフルーツジュースです.

**2** まず第一に, 何よりも, 特に.

**chief·tain** /tʃíːftən チーフテン/ 名 Ⓒ (正式) (山賊などの) 首領, かしら; 首長.

**chif·fon** /ʃifán シファン, ʃifɔn | ʃifɔn シフォン/《フランス》名 Ⓤ シフォン《絹・ナイロンの透けるような布》.
— 形 軽くてふんわりした.

**chi·hua·hua** /tʃiwάːwɑː チワーワー,《英+》-wə/ 名 Ⓒ【動】チワワ《メキシコ原産の超小形犬》.

**chil·blain** /tʃílblèin チルブレイン/ 名 Ⓒ [通例 ~s] しもやけ《♦ frostbite より軽い症状》.

**\*\*child** /tʃáild チャイルド/【『子宮の産物』が原義】派 childhood (名), childish (形)
— 名 ⓒ (chil·dren /tʃíldrən/) Ⓒ **1** (おとなに対して) 子供(↔ adult)《♦ ふつう14歳以下. boy, girl はふつう18歳以下.《略式》は kid》; 児童; [my ~; 呼びかけ] 坊や, ぼく, お嬢ちゃん ‖
from a **child** 子供の頃から(=since childhood).
The **child** is crying, isn't it [he]? あの子は泣いているのではありませんか《♦ 性別が不明のとき, 子供一般についていうときは it か he で受ける》.

[語法]「子供というのは」という総称的な言い方では the children を用いる: *The children* [\**The child*] *like to play.* 子供というのは遊びが好きなものだ.

[文化] 英国の伝統的な厳格なしつけとして *Children should be seen and not heard.* (子供はおとなの前に出てもよいが, 自分の方から口をきいてはいけない)というのがある. 今では古いという人もいる.

[関連] 日本の「子供の日」は *Children's* Day, 「児童憲章」は *Children's* Charter という.

**2** 赤ん坊; 胎児.
**3** (親に対して)子, 子供(↔ parent)《♦ 代名詞は常に he か she》‖
an only **child** ひとりっ子《♦ 時に, 甘やかされ, 円滑な対人関係ができないという含みがある》.
have a grówn-ùp **chíld** 成年に達した子供がいる.
**4** [通例 children] 子孫(↔ fathers) ‖
the **children** of Israel イスラエルの子孫たち《ユダヤ人のこと》.
**5** 子供じみた人, 幼稚な人 ‖
be a **child** about money 金銭に関してはまるで子供である.
be such a **child** in worldly affairs 世事にとてもうとい.

**6** 崇拝者, 信奉者; 弟子 ‖
a **child** of God 神の子; 信者, 善人.
a **child** of the Devil 悪魔の子; 悪人.
**7** (時代・風潮・作用などの) 生み出した人間, 落とし子, 申し子 ‖
a **child** of the Renaissance ルネサンスが生んだ人物.
a **child** of nature 自然児.
a **child** of the age 時代の申し子.
**8** (作用などの) 結果, 所産, 産物 ‖
one's brain **child** (人の)頭脳の産物.
a **child** of fancy 空想の産物.
Illness is a **child** of intemperance. 病気は不摂生(ふせっせい)の産物だ.

**with chíld**《文・古》妊娠して《♦ pregnant の遠回し表現》‖ get her **with child** 彼女を妊娠させる / be great [heavy] **with child** 出産が近い.

**chíld abùse** 児童虐待.
**chíld càre** (1) 育児. (2)《英》(保護者のいない児童に対する地方自治体による一時的)児童保護.
**chíld's plày** (略式) 簡単な[たやすい]こと ‖ be like child's play 児戯(じぎ)にひとしい.

**child·bear·ing** /tʃáildbèəriŋ チャイルドベアリング/ 名 Ⓤ 出産.
**child·birth** /tʃáildbə̀ːrθ チャイルドバース/ 名 Ⓤ (正式) 出産, 分娩(ぶん); 出産率 ‖
die in childbirth 出産の時に死ぬ.

**\*child·hood** /tʃáildhùd チャイルドフド/【→ child】
— 名 Ⓤ [時に a ~] 子供時代, 児童期; 子供の身分(↔ adulthood)《infancy と youth の間》(cf. boyhood, girlhood) ‖
from [since] early childhood 幼い子供の時から.
in my childhood 子供時代に(=《略式》when I was a child).
have a happy childhood 楽しい子供時代を過ごす.
(be) in one's [a] second childhood もうろくして(いる).
enjóy one's [a] sécond chíldhood 童心にかえって楽しむ.

**\*child·ish** /tʃáildiʃ チャイルディシュ/【→ child】
— 形 **1** 子供っぽい, おとなげない, 幼稚な; ばかげた(cf. childlike) ‖
a childish remark ばかげた意見.
Don't be childish. ばかなことをするな.
**2** 子供の, 児童の; 子供らしい ‖
a childish coat 子供にふさわしい上着.
**child·ish·ly** 副 子供っぽく.
**child·ish·ness** 名 Ⓤ 子供っぽさ; 幼稚.
**child·less** /tʃáildləs チャイルドレス/ 形 子供のない.
**child·like** /tʃáildlàik チャイルドライク/ 形 子供らしい, (子供のように)純真な(cf. childish) ‖
a childlike faith in people 人々に対する純真な信頼.
**child·mind·er** /tʃáildmàindər チャイルドマインダ/

名C《主に英》(特に両親が共働きの)児童を預かる人.
**child-proof** /tʃáildprùːf チャイルドプルーフ/ 形 子供が操作できない(しくみの),子供がさわっても壊れないようになっている.
***chil·dren** /tʃíldrən チルドレン/ 名 → child.
**Chil·e** /tʃíli チリ/ 名 チリ《南アメリカにある共和国 (the Republic of Chile). 首都 Santiago》.
**Chil·e·an, Chil·i·an** /tʃílian チリアン/ 名C チリ人. ― 形 チリ(人)の.
**chil·i** /tʃíli チリ/ 名 **1** UC《植》チリトウガラシ(の木); チリトウガラシ(の実)《香辛料》. **2** U =chili con carne.
**chíli còn cár·ne** /-kàn káːrni -カン カーニ | -kɔn- -コン カーニ/ チリコンカルネ(chili)《チリのきいた豆とミンチ肉のシチュー. メキシコ料理》.
**chíli sàuce** チリソース.
**chill** /tʃíl チル/ 名 **1**《通例 a ~ / the ~》(肌を刺す)冷たさ, 冷気《◆ cold より少し弱い冷たさ》‖
the chill of the night 夜の冷えこみ.
take the chill off the milk 牛乳を少し温める.
**2** C《通例 a ~》(恐れなどによる身震いを伴う)寒け;《主に英》(悪寒(ホン)を伴う)かぜ ‖
have [feel] a chill 寒けがする.
**3**《正式》《通例 a ~》冷淡(な態度);興ざめ, 陰気な感じ ‖
cást [thrów] a chíll over [on] the párty パーティーに水をさす.
― 形《文》冷たい; 冷淡な.
― 動 他 **1** …を冷やす《◆ freeze までいかない》;〈人を〉寒がらせる, ぞっとさせる ‖
chill wine ワインを冷やす.
chill his blood 彼に血も凍る思いをさせる.
**2**《正式》〈興・熱意などを〉さます, そぐ.
― 自〈物が〉冷える;〈人が〉寒けがする.
**chill·i·er** /tʃíliər チリア/ 形 → chilly.
**chill·i·est** /tʃíliist チリイスト/ 形 → chilly.
***chill·y** /tʃíli チリ/
― 形《通例 比較 -i·er, 最上 -i·est》**1** うすら寒い, ひんやりとした;〈寒さで〉ぞくぞくする《◆ cold ほど冷たくはない. → cool 形1》‖
a chilly wind ひんやりした風.
feel chilly 寒けがする.
**2**《略式》冷淡な, よそよそしい(unfriendly) ‖
a chilly welcome すげない歓迎.
**3**(恐怖・不安で)ぞっとする.
**chíll·i·ness** /tʃíliənis/ 名U 冷え;寒さ;冷淡.
**chime** /tʃáim チャイム/ 名 **1** C《しばしば ~s》**a**(種々の音が出るよう組み合わされた1組の)鐘;《音楽》チャイム《管状の鐘を並べた打楽器》‖
a chime of bells 1組の鐘.
**b** 鐘の音; 鐘の奏(ヵ)でる音楽 ‖
ring the chimes 鐘を鳴らす.
**2** C (玄関・時計の)チャイム(装置).
― 動《現分》chim·ing》他 **1** …を鳴らす, …で音楽を奏でる.
**2**〈鐘などが〉鳴って〈時刻〉を知らせる ‖
The clock chimed noon. 時計が正午を告げた.
― 自 **1**〈鐘が〉鳴る ‖

The bells **chimed** as the couple left the church. 2人が教会を出て行く時鐘が鳴り響いた.
**2**〈物・事が〉調和する, 一致する ‖
Do her ideas chime (in) with yours? 彼女の考えは君と同じですか.
**chíme ín**《略式》[自](会話で)相づちを打つ, 口をはさむ;調子を合わせて加わる;→ 自 **2**.
**chim·ney** /tʃímni チムニ/ 名 C **1** 煙突《◆暖炉から屋根に通じる全体をさすが, ふつうは屋根の上の部分だけをいう. 「(工場·汽船·汽車の)煙突」は smokestack. 図 → house》‖
a short chimney 低い煙突.
**2** (ランプの)ほや.
**3**《登山》チムニー《岩・がけの縦の裂け目》.
**chímney còrner** [**nòok**]《主に英》(旧式の大きな暖炉の)炉すみ, 炉火に近い居心地のよい場所;炉ばた(fireside)《◆「煙突のすみ」ではない》.
**chímney swèeper** [《略式》**swèep**]煙突掃除人[道具].
**chimp** /tʃímp チンプ/ 名《略式》=chimpanzee.
**chim·pan·zee** /tʃìmpænzíː チンパンズィー | -pən-/ チンパンジー, -pæn-/ 名C《動》チンパンジー, クロショウジョウ《アフリカ産》.
**chin** /tʃín チン/ 名 C (人の)下あご, あご先(図 → body)《あご(jaw)の先端》‖
stick [thrust] one's chin out (挑戦・反抗・決意を示して)あごを突き出す.
rub [stroke] one's chin あごをなでる《◆考えごとをするときや, 不安なときのしぐさ》.
*Chín úp!*《略式》頑張れ.
**kéep** one's **chín úp**《略式》[しばしば命令形で](難局にも)勇気を失わないでいる(cf. Chin up!).
**chi·na** /tʃáinə チャイナ/ 名C **1** 磁器(ミ゙);磁器製品 ‖
a piece of china 1個の磁器.
a *chína* vase 磁器の花びん.
**2** [集合名詞] 陶磁器類, 瀬戸物;皿, 食器類(dishes) ‖
a collection of china 陶磁器のコレクション.

***China** /tʃáinə チャイナ/《中国最初の統一王朝「秦(Ch'in)の名から》圈 Chinese (形)
― 名 中国《現在の正式名 the People's Republic of *China* 中華人民共和国. 首都 Beijing [Peking] (北京)》;[形容詞的に] 中国(産)の ‖
a China aster《植》エゾギク.
the China-Japan Friendship Association 日中友好協会.
**Chi·na·town** /tʃáinətàun チャイナタウン/ 名C[時に the ~](中国以外の都市にある)中国人街, 中華街, チャイナタウン.
**chi·na·ware** /tʃáinəwèər チャイナウェア/ 名[集合名詞]陶磁器(食器)類.

***Chi·nese** /tʃàiníːz, ニ チャイニーズ/《◆名詞の前で使うときは発音はふつう /ニ/ : a *Chínèse* boy》[→ China]

―― 形 中国の; 中国人[語]の ‖
Chinese medicine 漢方医学.
Chinese classics 中国古典, 漢文学.
―― 名 **1** (復 Chi·nese) Ⓒ **中国人**; [the ~; 複数扱い] 中国国民 (語法 → Japanese).
**2** Ⓤ **中国語**.
**Chínese cháracter** 漢字.
**Chínese Wáll** [the ~] 万里の長城(the Great Wall of China).

**chink** /tʃíŋk チンク/ 名 Ⓒ すき間; 割れ目, 裂け目.

**chintz** /tʃínts チンツ/ 名 Ⓤ チンツ《カーテンなどに用いるプリント柄の光沢のあるさらさ木綿》.

**chip** /tʃíp チプ/ (類音 tip/típ/) 名 Ⓒ **1 a** (木·石·陶磁器などの)切れはし, かけら; (略式)小粒のダイヤ[水晶].
**b** (かご·帽子などを編む)経木(きょうぎ); (主に英) = chip basket.
**2** (陶磁器などの)欠けた箇所, 欠いた傷 ‖
a chip on [in] the edge of a cup カップのふちの欠けた傷.
**3** (果物·野菜などの)薄切りの小片; (米塁)[通例 ~s] ポテトチップ(potato chip(s), (英) crisps); (英略式)[~s] チップス《拍子木切りのジャガイモの揚げもの》.
**4** (ポーカー·ルーレットの)数取り札, 点棒, チップ (counter) 《現金の代用. 青·赤·白の順で低額になる. cf. blue chip》.
*a chíp on one's shóulder* (略式) (ばかにされたと)ぷりぷりすること, けんか腰; しゃくの種 ‖ You have **a chip on** your **shoulder**. えらくご機嫌ななめ.
―― 動 (過去·過分) chipped/-t/; (現分) chipping) 他 **1** 〈木〉を削る; 〈石·陶磁器などを欠けさせる, 小片に砕く; 〈小片など〉を削り取る(+off, away) ‖
I've chipped a piece off [out of] the glass. =I've chipped off a piece of the glass. コップを欠いてしまった.
**2** 〈字·文字など〉を刻む, 作る.
―― 自 〈石·陶磁器など〉が欠ける, 砕ける; 〈ペンキなど〉がはげ落ちる ‖
This glass chips easily. このコップは欠けやすい.
*chíp ín* (略式) (1) [自] 〈金·労力など〉を出し合う, 寄付する ‖ chip in for [to buy] the present その贈り物を買うのに金を出し合う. (2) [自] 横から口出しする. (3) [他] 〈金〉を出し合う.
**chíp básket** 経木細工の果物かご(chip).

**chip·munk** /tʃípmʌŋk チプマンク/ 名 Ⓒ 動 シマリス《北米·アジア産. squirrel より小さい》.

**chip·per** /tʃípɚr チパ/ 形 (米略式) 機嫌のよい (cheerful); 元気な (lively); 小ぎれいな.

**chirp** /tʃə́ːrp チャープ/ 動 自 〈小鳥·虫など〉チーチーッとさえずる, チュンチュン[リンリン]と鳴く.
―― 名 Ⓒ (小鳥や虫の)鳴き声.

**chis·el** /tʃízl チズル/ 名 Ⓒ のみ, たがね; 彫刻刀; Ⓤ [the ~] 彫刻術.
―― 動 (過去·過分) ~ed または (英) chis·elled /-d/; (現分) ~·ing または (英) ··el·ling) 他 …を彫る, 彫刻する.

**chit** /tʃít チト/ 名 Ⓒ (略式) 子供; 生意気な小娘《◆ふつう a mere *chit* of a girl の句で使う》.

**chit-chat** /tʃíttʃæt チトチャト/ 名 Ⓤ (略式) 雑談, うわさ話.

**chiv·al·rous** /ʃívlrəs シヴルラス/ 形 (正式) 騎士道にかなった; 勇敢な, 女性に親切[丁重]な.
**chív·al·rous·ly** 副 騎士らしく, 勇ましく.

**chiv·al·ry** /ʃívlri シヴルリ/ 名 Ⓤ **1** 騎士·騎士道(精神), (西洋の)武士道《◆勇気·礼節·忠君·寛容などの徳を重んじ, 武芸にたけ, 女性を敬い, 弱者を助けるといった資質》. **2** (正式) 〈女性·弱者への〉丁重な態度, 親切.

**chive** /tʃáiv チャイヴ/ 名 Ⓤ Ⓒ 〔植〕 チャイブ, アサツキ; [通例 ~s] その葉《サラダ·スープの薬味に用いる》.

**chlo·rel·la** /klərélə クラレラ/ 名 Ⓤ Ⓒ 〔植〕クロレラ.

**chlo·ride** /klɔ́ːraid クローライド/ 名 Ⓤ Ⓒ 〔化学〕塩化物 ‖
chloride of líme さらし粉.

**chlo·rin·ate** /klɔ́ːrinèit クローリネイト/ 動 (現分) ··at·ing) 他 〔化学〕〈物質〉を塩素と化合させる; 〈水〉を塩素殺菌する.

**chlo·rine** /klɔ́ːriːn クローリーン/ 名 Ⓤ 〔化学〕塩素《記号 Cl》.

**chlo·ro·form** /klɔ́(ː)rəfɔ̀ːrm クロ(ー)ロフォーム/ 〔化学·薬学〕名 Ⓤ 動 他 (…に)クロロホルム(で麻酔かける).

**chlo·ro·phyl(l)** /klɔ́(ː)rəfil クロ(ー)ロフィル/ 名 Ⓤ 〔植·生化学〕葉緑素, クロロフィル.

**chock** /tʃák チャク/ /tʃɔ́k チョク/ (類音 choke /tʃóuk, tʃúk/tʃúk/) 名 Ⓒ (たる·車輪の下に置く)まくらくさび, 輪止め. ―― 動 …にまくらくさび[輪止め]をかます.

**chock-a-block** /tʃákəblák チャカブラク/ /tʃɔ́kəblɔ́k チョカブロク/ (略式) 形 副 ぎっしり詰まった[て].

*choc·o·late /tʃɔ́(ː)kələt チョ(ー)コラト/《メキシコ原産の食物の名から》
―― 名 (復 ~s/-ləts/) **1** Ⓤ Ⓒ **チョコレート**; Ⓤ (料理用の)チョコレート. 文化 英米では女性に対する贈り物によく使われる ‖
a piece of chocolate チョコレート1枚.
a bar of chócolate =a chocolate bar 板チョコ.
a box of chocolates 箱詰めのチョコレート.
chocolate in powder 粉末チョコレート.
**2** Ⓤ **チョコレート飲料**, ココア; Ⓒ ココア1杯 (cocoa) ‖
a cup of (hot) chocolate (熱い)チョコレート[ココア]1杯.
**3** Ⓤ =chocolate brown [color].
**chócolate brówn [cólor]** チョコレート色 (chocolate).
**chócolate chíp** (米) チョコチップ.

*choice /tʃɔ́is チョイス/ 《→ choose》
―― 名 (復 choic·es/-iz/) **1** Ⓤ Ⓒ **選択**, 選ぶこと《◆入念に選ぶことを表す selection より選択範囲が

狭いことが多い》‖
the book **of** his (**own**) **choice** 彼の選んだ[好きな]本.
take [make] one's **choice** of rooms 好きな部屋を選択する.
màke a chóice from [(**from**) **among**, **out of**] so many 多くの物から選択する.
[対話] "Can't I ever do what I like?" "When you grow up, you can make **choices**. Now you listen to us." 「自分のしたいようにしてはいけないの?」「大きくなったら自分で選んでいいけど、今は私たちの言うことを聞きなさい」.

**2** ⓤ 選択の自由[権利], 選択力, 選(ﾃﾞ)り好み; ⓒⓤ 選択の機会; 二者のうちの一方‖
from **choice** (自ら)進んで, 好んで.
without **choice** あれこれ区別しないで.
She had a **choice** of going or remaining. 彼女は行くか残るかどちらかだった.
You leave [give] me no **choice** in the matter. そのことで私の取るべき道は1つしかない.
I hàve nó chóice but to dó it. それをやるよりほかにどうしようもない, そうするしかない(=I cannot help doing it.).
[対話] "What kind of soup do you have?" "Well, you have a **choice** of tomato(↗), corn(↗) or potato. (↘)"「スープにはどんな種類がありますか」「トマト、コーン、ポテトのうちからお選びいただけます」.

**3** ⓒ 選ばれた物[人]‖
He is our **choice** as captain. 船長には彼を選んだ.

**4** [通例 a+形容詞+~ of ...] 選択の範囲[種類]‖
This shop has **a large [wide, big] choice of** bags. =There is a **large [wide, big] choice of** bags in this shop. この店はたくさんのかばんをそろえている.

**5** [the ~] 選(ﾃﾞ)りぬきの物[人], 優良品; (米)(牛肉の等級で)上肉(→ beef)‖
These flowers are **the choice of** her garden. これらの花は彼女の庭で咲いた逸品である.

*of* (*one's* (*ówn*)) *chóice* (1) 自分の好みの. (2) [副] 好き勝手に, 好きこのんで.
—形 [比較] **choic·er**, [最上] **choic·est**[通例名詞の前で] **1** 最上等の, 優良の, 精選の‖
**choice** wine 特選ワイン.
a **choice** spot for a picnic ピクニック用によりすぐれた場所.
**2** (米)〈肉が〉上の(→ standard 形4).
**chóice·ly** 副 精選して, すばらしく.

**choir** /kwáiər クワイア/ 〔発音注意〕《◆×チョイア》〔同音〕quire) 名 ⓒ **1** [the ~; 集合名詞; 単数・複数扱い](教会の)聖歌隊; [通例 the ~] 聖歌席. **2** (広義)(一般に)合唱団.

**choke** /tʃóuk チョウク/ 〔類音〕chalk/tʃɔ́ːk/) 動 〔現分〕**chok·ing**) 他 **1** ～を窒息させる, 息苦しくさせる《◆suffocate よりくだけた語》‖
**choke** him to death 彼をしめ殺す(=strangle him).
**2** 〈場所・管など〉をふさぐ, 詰まらす‖
Mud **choked (up)** the pump. 泥でポンプが詰まった.
**3** 〈言葉など〉を詰まらす‖
She **choked (up)** her utterance **with** sobs. 彼女は泣きじゃくって口がきけなかった.
—⾃ **1** 息が詰まる, 窒息する‖
**choke on** one's food 食べ物でのどが詰まる.
**2** 〈管などが〉詰まる; 〈物が〉つかえる.
—名 **1** ⓤⓒ 窒息, むせること; むせび音[声]. **2** ⓒ (エンジンの)空気吸入調節弁, チョーク.

**chok·er** /tʃóukər チョウカ/ 名 ⓒ **1** (息を)止める[詰まらせる]人[物]. **2** チョーカー《首にぴったり巻きつくもの. 短い首飾りなど》.

**chok·ing** /tʃóukiŋ チョウキング/ 動 → **choke**.
—形 息を詰まらせる[窒息させる]ような; 〈声が〉(感情で)詰まった‖
in a **choking** voice 声を詰まらせて.

**chol·er·a** /kálərə カララ | kɔ́l- コララ/ 〔発音注意〕 名 ⓤ 〔医学〕コレラ.

**cho·les·te·rol** /kəléstərðul コレスタロウル | -rɔl -ロル/, (俗)**-rin** /-rin -リン/ 名 ⓤ 〔生化学〕コレステロール.

**Cho·mo·lung·ma** /tʃðumouláŋmə チョウモウルンマ/ 名 チョモランマ《Mt. Everest のチベット名》.

\***choose** /tʃúːz チューズ/ 〔派〕**choice**(名)
—動 〔三単現〕**choos·es**/-iz/; 〔過去〕**chose** /tʃóuz/; 〔過分〕**cho·sen**/tʃóuzn/; 〔現分〕**choos·ing**)
—他 **1a** …を選ぶ, 選んで取り出す《◆**choose** は単に欲しいものを選ぶこと. **select** は最高[最適]のものを多くの中から入念に選び出すこと》‖
[対話] "**Choose** one **from** [(**from**), **among**, **out of**] these books." "Only one?"「これらの本から1冊選びなさい」「1冊だけですか」.
**b** [**choose A B** / **choose B for A**]〈人が〉A〈人〉に B〈人・物〉を選んでやる‖
I will **choose** them (**out**) **for** my mother. 母にそれらを選んであげよう.
She will help me **choose** myself a new car. 彼女は新車を選ぶのに手助けしてくれるでしょう.

**2** [choose A as [**for** / **to be**] C]〈人・団体が〉A〈人〉を C〈役職(にある人)など〉に選ぶ, 選挙する《◆**elect** は投票で選出する. **choose** は選出の方法は問わない》‖
We **chose** John **as** [**for**, **to be**] captain. 我々はジョンをキャプテンに選んだ.
Beijing was **chosen as** the site for the 2008 Olympics. 北京は2008年のオリンピック開催地に選ばれた.

**3** [choose **to do** / choose **wh** 節·句]〈人が〉…することに決める‖
**choose** what to do 何をすべきかを決める.
She **chose** not to pay the fine. 罰金など払うまいと彼女は決心した.
He **chose to** have me stay. 彼は私をとどまら

せることにした.
— 自 **1** 選ぶ, 選択する ‖
choose (from) among these neckties これらのネクタイから好きなものを選ぶ.

> 語法 choose (between) **A** or **B** の型もある.
> 対話 "The weather is getting worse." "We have to *choose* (*between*) going back *or* staying here one night." 「天気がどんどん悪くなってきたぞ」「戻るか, それともここで一夜を明かすか決めなきゃならないな」.

**2** 欲する, 望む ‖
You can do as you **choose**. お好きなようにできますよ.
*There is nóthing to chóose betwèen* **A** *and* **B**. A と B の間に優劣は全くない《◆「あまりない」は There is not much to choose ...》.

**choos·er** /tʃúːzər/ 名 C 選択者; 選挙人.
**choos·ing** /tʃúːzɪŋ/ チューズィング 動 → choose.
**choos·y, ‒ey** /tʃúːzi/ チューズィ 形 (比較 ‒i·er, 最上 ‒i·est) (略式) 好みのうるさい, 気難しい.

**chop**¹ /tʃɑ́p/ チャプ | tʃɔ́p- チョプ/ 動 (過去・過分 chopped/‒t/; 現分 chop·ping) 他 **1** …をたたき切る, ぶった切る《◆ cut と異なりふつうくり返す動作を伴う》 ‖
chop a branch｜off a tree 木から枝を切り取る.
**2** 〔通例 ~ one's way〕〈道などを〉切り開く ‖
We **chopped** our way through the jungle. 我々はジャングルを切り開いて進んだ.
**3** …を切り刻む; 〈語句などを〉切って短くする; (略式) 〈費用・予算などを〉削る ‖
chop up meat into small pieces 肉をこま切れにする.
**4** (テニスなどで)〈球〉を(回転を与えるために)切って打つ, チョップする.
— 自 **1** たたき切る, ぶった切る; 切りつける ‖
He **chopped** at me with his knife, but missed. 彼はナイフで私に切りかかったがはずれた.
**2** (テニスなどで) 切って打つ《◆ボールに回転を与えるため》; (ボクシングなどで) 上からの一撃を加える.
*chóp ín* 〔自〕突然割り込む, 差し出口をする.
— 名 C **1** 〔通例 a ~〕(おのなどで)たたき切る一撃.
**2** (球・相手への)(上からの鋭い)一撃《テニス・クリケット》チョップ; 〔空手〕チョップ.
**3** ぶった切った一片; (ヒツジ・豚のあばら骨付きの)切り身, チョップ ‖
pork **chops** ポークチョップ.

**chop²** /tʃɑ́p/ チャプ | tʃɔ́p- チョプ/ 動 (過去・過分 choped/‒t/; 現分 chop·ping) 自〈風が〉急に向きを(くるくる)変える; 〈人が〉気が変わる.
*chóp and chánge* (1) 〔自〕ころころ気が変わる(+ *about*). (2) 〔他〕〔~ *and change* **A**〕**A**〈考え・計画などを〉ころころ変える《◆ change の強調表現》.

**Cho·pin** /ʃóupæn/ ショウパン | ʃɔ́pæːn ショパーン/ 名 ショパン《Frederic François/frédərik frɑːnswɑ́ː/ ~ 1810‒49; フランスで活躍したポーランドの作曲家・ピアニスト》.

**chop·per** /tʃɑ́pər/ チャパ | tʃɔ́p- チョパ/ 名 C **1** (肉の切り手; 大包丁. **2** (略式) ヘリコプター.
**chop·py** /tʃɑ́pi/ チャピ | tʃɔ́pi チョピ/ 形 (比較 ‒·pi·er, 最上 ‒·pi·est)〈水面が〉波立つ, 三角波の立つ.
**chop·stick** /tʃɑ́pstɪk/ チャプスティク | tʃɔ́p- チョプ-/ 名 C 〔通例 ~s〕はし(箸) ‖
a pair of **chopsticks** はし1ぜん.
**chóp súey** [**sóoy**] /-súːi -スーイ/ 名 U チャプスイ《米英式中華丼(ぶり)》.
**cho·ral** /kɔ́ːrəl/ コーラル/ (同音 coral) 形 聖歌[合唱]隊の; 合唱の.
**chóral socíety** 合唱団.
**chord** /kɔ́ːrd/ コード/ (同音 cord; 類音 code /kóud/) 名 C **1** 〔詩〕(楽器の)弦(string); (心の)琴線, 情感 ‖
His voice strikes a **chord**. 彼の声は聞きおぼえがある.
**2** 〔数学〕弦.
*stríke* [*tóuch*] *the ríght chórd* 心の琴線に触れる, 万人の感情に訴える.
**chore** /tʃɔ́ːr/ チョー/ 名 C **1** はんぱ仕事, 雑用.
**2** 〔~s〕決まりきった仕事, 日課; (特に家庭・農場の)毎日の仕事 ‖
do household **chores** 家事をする.
**3** つらい[いやな]仕事.
**cho·re·og·ra·phy** /kɔ̀ːriɑ́grəfi/ コ(一)リアグラフィ | ‒ɔ́g- ‒オグラフィ/ 名 U (正式) **1** (バレエなど舞台舞踊の)振付け(法); 舞踊記譜法. **2** 舞踊術; 舞踊, バレエ.
**cho·ris·ter** /kɔ́ːrəstər/ コ(一)リスタ/ 名 C **1** (正式) (教会の)(主に少年)聖歌隊員(→ choir). **2** (米) 聖歌隊指揮者.
**chor·tle** /tʃɔ́ːrtl/ チョートル/ 〖Lewis Carroll の造語(*chuckle*+*snort*)〗動 (現分 chor·tling) 自 他〈人が〉(…を)満足げに笑う[言う]. — 名 〔a ~〕うれしげ[満足げ]な笑い.
*  **cho·rus** /kɔ́ːrəs/ コーラス/
— 名 (複 ~·es/‒ɪz/) C **1** 〔the ~; 集合名詞; 単数・複数扱い〕合唱団, コーラス; (ミュージカルなどの)コーラス《主役の後ろで歌い踊る一群》.
**2** 合唱(曲)《◆「斉唱」は unison》; (歌の)合唱部分 ‖
a mixed **chorus** 混声合唱.
**3** (人・動物の)いっせい[異口同音]の発声 ‖
a **chorus** of loud laughter どっとくる笑い声.
**chorus** reading (教室でのテキストの)斉唱.
*in chórus* 合唱して, 声をそろえて; みんないっしょに.
— 動 (三現 ~·es/‒ɪz/) 自 他 (…を)合唱する, 声をそろえて言う.
*  **chose** /tʃóuz/ チョウズ/ 動 → choose.
*  **cho·sen** /tʃóuzn/ チョウズン/ 動 → choose.
— 形 選ばれた《◆名詞の前に置いても後ろに置いてもよい》; 〔神学〕神に選ばれた ‖
my **chosen** man =my man **chosen** 私の選んだ(男の)人.

the **chosen** =the **Chosen People** 神の選民《ユダヤ人》.

**chow·der** /tʃáudər チャウダー/ 名 U 《主に米》チャウダー《二枚貝など魚介類と野菜を牛乳で煮込んだ濃いスープ》.

\***Christ** /kráist クライスト/ 【『塗油で聖別された人』が原義】派生 Christian (形・名), Christianity (名)
━━ 名 **1** [the ～] (旧約聖書で預言された) 救世主 (Messiah).
**2** イエス=キリスト (Jesus Christ) 《◆ *Christ* は称号だったが, 後に固有名詞化》.
**3** [意味を強める成句として] 《◆ 遠回しに goodness や heaven を用いる方が一般的》‖
for Christ's sake 《略式》後生だから.
in Christ's name 《略式》いったいぜんたい.
By Christ! (↷) 神かけて, 確かに.
Thánk Chríst! (↷) 《略式》ありがたい.

**chris·ten** /krísn クリスン/ (発音注意) 《◆ t は発音しない》 動 他 **1** …に洗礼を施す,《洗礼を施して》…をキリスト教徒にする. **2** [通例 be ～ed C] 《人が》洗礼を受けて C と命名される;《船·鐘などが》名をつけられる.

**Chris·ten·dom** /krísndəm クリスンダム/ 名 《正式》[集合名詞] 全キリスト教徒.

**chris·ten·ing** /krísniŋ クリスニング/ 動 → christen. ━━ 名 U C 洗礼[命名](式).

\***Chris·tian** /krístʃən クリスチャン/ [→ Christ]
━━ 形 **1** キリスト (教) の; キリスト教を信じる, クリスチャンの.
**2** [しばしば c～] 《人·精神などが》キリスト教徒にふさわしい; 慈悲深い, 隣人愛のある ‖
Christian chárity 隣人愛, 博愛.
━━ 名 (複 ～s/-z/) C **1** キリスト教徒, クリスチャン; キリスト教の実践者.
**2** クリスチャン (男の名).

**Christian Éra** [しばしば ～ e-] [the ～] 西暦[キリスト]紀元 (略 CE).

**Christian náme** (姓 (surname, family name) に対して) 洗礼名 《◆ キリスト教徒が first name を指す言葉. 聖書の英雄·使徒や伝説上の人物の名がよく用いられる》.

事情 洗礼 (christening) を受けない人やキリスト教以外の宗教の人も多いので, 特に正式文書では first name ((姓に対する) 名), forename ((姓の前につける) 名), given name ((姓に対する) 名) などを用いるのがふつう (→ first name).

**Christian Science** クリスチャンサイエンス 《◆ 19世紀中頃 Mary Baker Eddy が米国で起こしたキリスト教の一派. 信仰療法が特色》.

\***Chris·ti·an·i·ty** /krìstʃiǽnəti クリスチアニティ | krìsti-/ 名 U [→ Christ]
━━ 名 U キリスト教; キリスト教信仰[精神, の宗派].

**Chris·tie** /krísti クリスティ/ 名 **1** クリスティ (男[女]の名). **2** クリスティ (Agatha ～ 1891-1976; 英国の推理小説家).

\***Christ·mas** /krísməs クリスマス/ 『キリスト (Christ) のミサ (Mass)』
━━ 名 U [a + 形容詞 +～] クリスマス, キリスト降誕(たん)祭 (Christmas Day) (→ Xmas); = Christmastide ‖
**on Chrístmas (Day)** クリスマスに 《12月25日当日のみをいう. **at Christmas** は Christmastide (クリスマスの期間に) の意》.
**on Christmas mórning** クリスマスの朝 《◆ 「クリスマスの午後[晩]に」は on the afternoon [evening] of *Christmas* Day という. ×on Christmas afternoon [evening]》.
対話 "(A) Mérry [《英ではしばしば》 Háppy] Chrístmas (to you)! (↷)" "(The) sáme to yóu!" 「クリスマスおめでとう」「おめでとう」《◆ (1) 「いいクリスマスを」という意味にもなる. cf. new year 2 ; wish 他 **8 a**. (2) キリスト教徒以外の人に対しては I wish you a happy holiday. とか Season's Greetings! がよいとされる》.

**Christmas bòx** 《英》クリスマスの贈り物 《特に郵便配達人や牛乳配達人に贈られるもの. ふつうはお金》.

**Christmas càke** クリスマスケーキ 《◆ ふつうフルーツケーキ》.

**Christmas càrd** クリスマスカード.

Q&A ***Q***: クリスマスカードはクリスマスの当日に着くように出すのですか.
***A***: いいえ, クリスマスの (かなり) 前に着くように出すのがふつうです.

**Christmas cràcker** クラッカー 《ひもを引っ張ると破裂して, 紙ふぶきなどが飛び出す. 単に cracker ともいう》.

**Christmas Dày** キリスト降誕祭, クリスマス祭日.

**Christmas Éve** クリスマス前夜[前日], クリスマスイブ 《12月24日》.

**Christmas hólidays** [《米》 **vacátion**] [the ～] クリスマス休暇; (学校の) 冬休み 《4-5週間》.

**Christmas présent** [**gíft**] クリスマスの贈り物.

**Christmas púdding** 《英》クリスマスのプディング (plum pudding) 《ときどきお金や小さい馬のひづめの形をしたものが入っており, それに当たった人は幸運とされる》.

**Christmas ròse** 《植》クリスマスローズ 《クリスマスの頃から春先にかけて花が咲くキンポウゲ科の常緑植物》.

**Christmas stòcking** クリスマスの (長) 靴下.

**Christmas trèe** クリスマスツリー 《ふつう fir (モミノキ) を用いる》.

**Christ·mas·tide** /krísməstàid クリスマスタイド/, **-time** /-tàim -タイム/ 名 U 《文》クリスマス期間 《Christmas Eve (12月24日) から New Year's Day (1月1日) まで. 《主に英》 では Epiphany (1月6日) まで》.

**Chris·to·pher** /krístəfər クリストファ/ 名 クリストファー (男の名. 愛称 Chris, Kit).

**chrome** /króum クロウム/ 名 **1** 《略式》=

**chromium.**
**2** クロム染料.
**chrome green** クロム緑《緑色顔料》.
**3**《略式》(自動車などに施した)クロムめっき.
**chro·mi·um** /króumiəm クロウミアム/《化学》クロム《記号 Cr》.
**chro·mo·some** /króuməzòum クロウモゾウム | -səum -ソウム/ 名C《生物》染色体.
**chron·ic** /kránik クラニク | krɔ́n- クロニク/ 形 慢性の; 癖になった.
**chron·i·cle** /kránikl クラニクル | krɔ́n- クロニクル/ 名C **1** 年代記;《広義》《正式》記録. **2** [the C~] …新聞《例: *the Daily Chronicle*》.
── 動《現分》·i·cling 他《正式》…を年代記に載せる, 記録にとどめる.
**chron·o·log·i·cal** /krànəládʒikl クラノラヂカル | krɔ̀nəlɔ́dʒ- クロノロヂカル/ 形《正式》年代順の, 年代順に配列した‖
in chronological order 年代順に; 発生順に.
**chròn·o·lóg·i·cal·ly** 副 年代順に.
**chro·nol·o·gy** /krənálədʒi クロナロヂ | -nɔ́l- -ノロヂ/ 名 (複 ·o·gies /-z/)《正式》**1** U 年代学. **2** C 年代記; 年表.
**chrys·a·lis** /krísəlis クリサリス/ 名 (複 ~·es, chry·sal·i·des /krisǽlidiːz/) C《昆虫》(特にチョウ類の)さなぎ.
**chry·san·the·mum** /krəsǽnθəməm クリサンセマム/ 名 C《植》キク(の花)《◆東洋(特に日本)のものというイメージがある. 英米でも葬儀に用いる》.
**chub·by** /tʃʌ́bi チャビ/ 形 (比較 ··bi·er, 最上 ··bi·est) 丸々太った, ふっくらした.
**chuck**[1] /tʃʌ́k チャク/ 動 他《略式》…を投げ捨てる; …を断念する.
**chuck**[2] /tʃʌ́k チャク/ 名 U チャック《牛の首から肩の肉. 図 → beef》‖
chuck steak チャックステーキ.
**chuck·le** /tʃʌ́kl チャクル/ 名 C [しばしば a ~] くすくす[含み]笑い, ほくそ笑み. ── 動《現分》chuck·ling /-k(ə)liŋ/) 自 くすくす笑う, ほくそ笑む; おもしろがる‖
chuckle at [to] oneself ひとりでくすくす笑う.
**chug** /tʃʌ́g チャグ/《擬音語》名 C (蒸気機関の)ポッポッ[シュシュ]という音. ── 動《過去·過分》chugged /-d/;《現分》chug·ging) 自 **1**《蒸気機関が》ポッポッと音を立てる. **2**《略式》《車が》ポッポッと音を立てて進む.
**chum** /tʃʌ́m チャム/ 名 C《略式》(特に男子の)仲し; 親友.
**chump** /tʃʌ́mp チャンプ/ 名 C ばか, うすのろ, 「かも」.
**chunk** /tʃʌ́ŋk チャンク/ 名 C《略式》(パン·肉·材木などの)大きな塊, 厚切り‖
a chunk of coal 石炭の塊.
**chunk·y** /tʃʌ́ŋki チャンキ/ 形 (比較 ··i·er, 最上 ··i·est) **1** ずんぐりした. **2**《食物が》分厚い.

# ‡church
/tʃə́ːrtʃ チャーチ/《「神の家」が原義》
── 名 (複 ~·es/-iz/) **1** C《キリスト教の》教会(堂)《◆《英》では(イングランド)国教会の教会をさす. 宗教行事のほか, パーティーなどの社交の場でもある. 非国教徒や大学付属の教会は chapel》‖
Are you **church** or **chapel**?《英略式》国教派ですか非国教派ですか《◆*church*, chapel は形容詞的用法》.
**2** U [無冠詞で] (教会の)礼拝(service), 礼拝の場所としての教会‖
in [at] **church** 礼拝中に[で, の].
**Church** begins at ten. 礼拝は10時に始まる.
対話 "Are you a regular churchgoer?" "Yes. I go to [《正式》attend] **church** every Sunday."「いつもきまって教会へ行かれますか」「ええ. 毎日曜日にお祈りに行きます」(cf. I went to **the church** to see the pictures by Rubens. ルーベンスの絵を見にその教会へ行った).
**3** [通例 C~] [通例複合語で] (独立した)教派, …教会(cf. sect, denomination)‖
the Chùrch of Éngland イングランド(国)教会, アングリカンチャーチ(the Established Church, the Anglican Church).
the Roman Catholic **Church** カトリック教会(cf. a Roman Cathoric church ローマカトリック系の教会).
**4** [通例 the C~; 集合名詞] (ある国·地方·教派の)(全)キリスト教徒(the Church of Christ); キリスト教(世)界‖
the **Church** and the world 教会と世俗.
**5** [the ~ / the C~] 聖職, 僧職(clergy)‖
énter [gó ìnto] the Chúrch《正式》牧師になる, 聖職につく.
be destined for **the church** 僧職につくことになっている.
**6** [しばしば C~] U (国家に対する)教会, 教権‖
the separation of **church** and state 政教分離.
**7** [the ~; 集合名詞] (特定のキリスト教会の)会衆(ひぐん);(非キリスト教の)教団, 会衆.
**chúrch règister** 教会記録(簿), 教会戸籍簿.
**chúrch sèrvice** (1) (教会の)礼拝. (2)《アングリカン》祈禱(きとう)書.
**church·go·er** /tʃə́ːrtʃgòuər チャーチゴウア/ 名 C **1** (規則正しく)教会へ礼拝に行く人. **2**《主に英》アングリカンチャーチ信徒.
**Church·ill** /tʃə́ːrtʃil チャーチル/ 名 チャーチル《Sir Winston/wínstn/ (L.S.) ~ 1874-1965; 英国の政治家·首相》.
**church·yard** /tʃə́ːrtʃjàːrd チャーチヤード/ 名 C 教会の敷地; (特に教会付属の)墓地(→ burial ground).
**churl·ish** /tʃə́ːrliʃ チャーリシュ/ 形《文》不作法な.
**churn** /tʃə́ːrn チャーン/ 名 C **1** (バターを作る)攪(こう)乳器. **2**《英》(運搬用の)大型牛乳かん.
── 動 他 **1**《クリーム·牛乳》をかき回す; かき回して(バター)を作る. **2** …を激しくかき回す. ── 自 攪乳器を動かす, バターを作る.
**chute** /ʃúːt シュート/《同音》shoot) 名 C **1** シュート《穀物·郵便物·ごみなどを下へ滑り落とす装置》; ダストシュート; [しばしば ~s] (遊園地の)滑り台‖
a máil [létter] chùte レターシュート.

a wáter chùte ジェットコースター, ウォーターシュート《遊園地で客の乗ったボートを池へ滑り落とす滑走台》.

an escápe chùte (旅客機の)緊急脱出装置.

**2** 急流;滝. **3** (略式) =parachute.

**chut·ney** /tʃʌtni チャトニ/ 图U チャツネ《果実・酢・スパイスで作るインドの薬味. カレーなどにそえる》.

**CIA** (略) Central Intelligence Agency (米国の)中央情報局.

**ci·ca·da** /sɪkéɪdə スィケイダ|-kɑ́ːdə スィカーダ/ 图 (複 ~s, -dae/-diː/) C〖昆虫〗セミ《◆ギリシア神話ではアポロや暁の女神アウロラの持ち物とされた》.

**Cic·e·ro** /sísəroʊ スィサロウ/ 图 キケロ《Marcus Tullius/mɑ́ːrkəs tʌ́liəs/ ~ 106-43 B.C.; 古代ローマの哲学者・政治家・雄弁家》.

**ci·der**, (英ではしばしば) **cy-**--/sáɪdər サイダ/ 图 **1** U (米)リンゴジュース; (英)リンゴ酒(《米》hard cider)《◆アルコール分10%未満. 食中・食後酒. 日本でいう「サイダー」は soda pop》. **2** C (1杯・1本の)リンゴジュース[酒].

**ci·gar** /sɪɡɑ́ːr スィガー/ 图 (アクセント注意)《◆×スィーガー》 C 葉巻, シガー. 文化 米国では(特に男の)子供が生まれたとき, Have a *cigar*. My wife had a boy. (葉巻をどうぞ. 男の子が生まれました)と言って葉巻を贈る習慣がある.

***cig·a·rette**, (英まれ) **--ret** /sígərèt スィガレト|-̀-́-/ 〖*cigar* (葉巻) + *ette* (小さい)〗
――图 (複 ~s/-réts/) C (紙)巻きタバコ ‖

a carton of **cigarettes** 1ケースの巻きタバコ.

How many **cigarettes** do you smoke a day? 1日に何本タバコを吸いますか.

**cigarétte hòlder** 巻きタバコ用パイプ.

**cigarétte líghter** タバコ用ライター《◆単に lighter ともいう》.

**cigarétte pàper** 巻きタバコ用の薄い紙.

**cinch** /síntʃ スィンチ/ 图 (複 ~es/-ɪz/) C **1** (米)(くら(saddle)を止める)くら帯. **2** (略式) [a ~] 容易にできる[朝飯前の]こと; 確実なこと; (スポーツで)本命. ――動 (三単現 ~es/-ɪz/) 他 (米略式) …をしっかりつかむ; …を確実なものにする.

**Cin·cin·nat·i** /sìnsənǽti スィンスィナティ/ 图 シンシナティ《米国 Ohio 州の都市. Ohio 川に臨む》.

**cin·der** /síndər スィンダ/ 图 **1** C (石炭・木材の)燃え殻; 消し炭 ‖

be burnt to a **cinder** 黒焦げになる.

**2** [~s] 灰.

**Cin·der·el·la** /sìndərélə スィンダレラ/ 图 **1** シンデレラ《童話で, 王妃になった灰かぶり娘》; C その童話. **2** C 不幸な境遇に埋もれた美女; (人になかなか認められない)埋もれた価値のあるもの[人]. **3** C 一躍有名になった人.

**Cinderélla stòry** シンデレラ物語; (突然の)成功物語.

**cin·e·ma** /sínəmə スィネマ, -mɑː-/ 图 **1** C (英)映画館(movie house, (米) movie theater) ‖

go to the [a] **cinema** 映画を見に行く.

**2** U [通例 the ~; 集合名詞] 映画((主に英略式) pictures, (主に米) movies); (主に英)映画芸術[産業]((主に米) movies).

**cin·na·mon** /sínəmən スィナモン/ 图 **1** U シナモン; 肉桂皮《香辛料》; C その木. **2** U シナモン色, 淡黄褐色.

**cínnamon tòast** シナモン=トースト.

**ci·pher** /sáɪfər サイファ/ 图 **1 a** U 暗号; C 暗号文 ‖

in **cipher** 暗号で.

**b** =cipher key.

**2** C (文)(数学)ゼロ(記号). **3** C 取るに足りない(つまらない)人[物]. **4** C アラビア数字.

――動 他 …を暗号で記す(↔ decipher).

**cípher kèy** 暗号解読の鍵(cipher).

**cir·ca** /sə́ːrkə サーカ/《ラテン》 前 (正式) およそ(about)《◆ふつう c., ca., cir(c) と略して日付などの数字の前につける》‖

**circa** 1470 1470年ごろに.

***cir·cle** /sə́ːrkl サークル/ 〖「小さな輪」が原義. cf. *circuit, circus*〗 派生 circular (形)

→ 图 **1 a** 円 **2** 仲間 **3** 範囲 **4** さじき
 動 ① 旋回する

――图 (複 ~s/-z/) C **1 a** 円, 円形, 丸; 円形の物, 輪, 環 ‖

in a **circle** 輪になって.

draw a **circle** 円を描く.

talk in **circles** 堂々めぐりの議論をする.

make a **circle** with (the) thumb and forefinger (相手に手のひらを見せて)親指と人差指で輪を作る《◆ O.K., 「やった」などのサイン》.

関連 circumference 円周 / chord 弦 / arc 弧 / diameter 直径 / radius 半径.

**b** (米)(市街地の)円形広場((英) circus) ‖

Dupónt /djuːpɔ́ːn/ **Círcle** デュポンサークル《Washington, D.C. の中心にある》.

**2** [しばしば ~s; 集合名詞; 単数・複数扱い] 仲間, 団体; [複合語で] …界 ‖

a **circle** of friends 友だち仲間.

You stood out in our **circle**. 我々の仲間ではあなたは異色の存在だった《◆「(学校などの)クラブ, サークル」は club》.

**3** (活動・勢力の)範囲 ‖

have a wide [large] **circle** of friends 付き合いが広い.

**4** 〖演劇〗(半円形の)さじき《◆ gallery と floor の間. 特等席は dress circle》.

――動 (三単現 ~s/-z/; 過去・過分 ~d/-d/; 現分 **cir·cling**)

――自 〈飛行機などが〉旋回する.

――他 **1** 〈飛行機などが〉…の上[周り]を旋回する. **2** 〈敵などが〉…を取り囲む. **3** 〈答えなどに〉丸を付ける.

**cir·cling** /sə́ːrklɪŋ サークリング/ 動 → circle.

**cir·cuit** /sə́ːrkɪt サーキト/ 图 **1** C 周囲, 円周; (幾何) 長円, 楕円(ˈ)(ellipse); 円状に囲まれた部分. **2** C (電気) 回路, 回線 ‖

a television **circuit** テレビ回線.

**3** C 1周; 巡行; (裁判官・牧師の)定期的巡回; 巡

**circuitous**

回裁判区[教区] ‖
be [go] on circuit 巡回裁判に回る.
máke a círcuit of the city 市を一巡する.
**4** UC (映画館・劇場の)チェーン, 興行系統.

**cir·cu·i·tous** /sərkjúːətəs サキューイタス | səː- サー-/ 形 《正式》**1** 回り道の. **2** 回りくどい.

**cir·cu·lar** /sə́ːrkjələr サーキュラ/ 形 **1** 円形の, 丸い.
**2** 循環的な.
**3** 《英式》周遊の ‖
a circular tour [trip] 周遊旅行.
——名 C 回状, 回覧(板); (広告用の)ちらし.

**cir·cu·late** /sə́ːrkjəlèit サーキュレイト/ 動 《現分》 --lat·ing) **1** 循環する ‖
Blood circulates through [(a)round] the body. 血液が身体を循環する.
**2** 《通貨などが》流通する; 《新聞・雑誌などが》読まれる, 行きわたる ‖
Money circulates among people. 金は天下の回りもの.
**3** 《略式》移動する, 動き回る. **4** 《うわさなどが》広がる.
——他 **1** 《水などを循環させる; 《新聞・雑誌などを配布[回覧]する. **2** 《通貨などを流通させる; 《うわさなどを広める.

**cir·cu·la·tion** /sə̀ːrkjəléiʃən サーキュレイション/ 名
**1** UC (主に血液の)循環 ‖
a person with poor circulation 血行の悪い人.
**2** U (ニュースの)伝達, 流れ; (貨幣の)流通 ‖
the circulation of information 情報の流れ.
**3** U (新聞・雑誌の)発行部数, (図書の)貸出部数 ‖
This magazine has a circulation of 400,000 in Japan. この雑誌は日本で40万部発行されている《◆ふつうこの連語でのみ a を伴う》.
**be in circulátion** (1) 《貨幣などが》流通している. (2) 《米》《人が》社交界・実業界で活動している.
**be óut of circulátion** (1) 《貨幣などが》現在使われていない. (2) 《米》《人が》社交界・実業界で活動していない.

**cir·cu·la·to·ry** /sə́ːrkjələtɔ̀ːri サーキュラトーリ | sə̀ːkjuléitəri サーキュレイタリ/ 形 《正式》循環上の ‖
the circulatory system 循環系.

**cir·cum-** /sə̀ːrkəm- サーカム-/ 《連結形》…の周りに, …の諸方に.

**cir·cum·cise** /sə́ːrkəmsàiz サーカムサイズ/ 動 《現分》--cis·ing) 《人に》割礼(をǐ)を施す《◆ふつう男子は陰茎の包皮, 女子は陰核を切り取ること. ユダヤ教・イスラム教などの宗教的儀式》.

**cir·cum·ci·sion** /sə̀ːrkəmsíʒən サーカムスィジョン/ 名 **1** UC 割礼(ǐǎ). **2** [C~] 割礼祭《1月1日》.

**cir·cum·fer·ence** /sərkʌ́mfərəns サカムファレンス/ 名 UC 《幾何》**1** 円周; 周囲 ‖
The circumference of the pond is almost 5 miles. =The pond is almost 5 miles in circumference. その池の周囲は約5マイルである.
**2** 周辺の長さ; 範囲.

**cir·cum·spect** /sə́ːrkəmspèkt サーカムスペクト/ 形 《正式》**1** 《人が》(礼儀作法に)用心深い, 慎重な.
**2** 《行為が》用意周到な.

\***cir·cum·stance** /sə́ːrkəmstæns サーカムスタンス, 《英+》 -stəns/ 【回りに(circum)立つ(stance)】 派 circumstantial (形)
——名 (複 --stanc·es/-iz/) **1** C [通例 ~s] (周囲の)**事情, 状況**, 環境《◆「生活環境」は environment という》‖
a reasonable requirement in the circumstances 現状からみて当然な要求.
It was a poor choice of words under [(主に英) in] the circumstances. こういう状況ではうまい言葉が出なかった.
Circumstances alter cases. 《ことわざ》ものごとは状況次第.
**2** [~s] (経済的な)**生活状態, 境遇** ‖
He seems to be in easy circumstances. 彼は暮らし向きが楽にみえる.
**3** U 《正式》儀式ばったこと, ものものしさ(ceremony) ‖
with pómp and círcumstance 威風堂々と.
without circumstance 手軽に.
**4** C 《正式》(人・物事に影響する偶然の)できごと, 事実 ‖
It is a lucky circumstance that ... …というのは幸運な事実である.
**5** U (事の)次第, 詳細 ‖
with much [great] circumstance 詳細に.
You can't say anything till you know the circumstances. 事の次第がわかるまでは, 君は何も言えない.
**ùnder [in] nó círcumstances** 決して…ない(never)《◆文頭に用いると主語と動詞は疑問文の語順になる》.

**cir·cum·stan·tial** /sə̀ːrkəmstǽnʃl サーカムスタンシュル/ 形 《正式》**1** 付随的な, 重要でない.
**2** 詳細な ‖
a circumstantial report 詳細な報告.
**circumstántial évidence** 【法律】情況証拠.

**cir·cum·vent** /sə̀ːrkəmvént サーカムヴェント/ 動 他 《正式》…を回る, 巡る; 《計画を妨げる, 《法律などの抜け道を見つける, 《人を出し抜く.

**cir·cus** /sə́ːrkəs サーカス/ 名 (複 ~·es/-iz/) **1** サーカス(団) ‖
run a circus サーカスの興行を行なう.
Let's go to the circus this weekend. 今週の週末サーカスを見に行こうよ《◆演技を表す場合は the を伴う》.
**2** 曲芸, 曲馬.
**3** (円形の)興行場; (古代ローマの)円形の野外大競技場.
**4** 《英》(街路の集まる)円形広場《米》circle)《◆固有名詞に用いる. 「方形広場」は square》‖
Píccadilly Círcus ピカデリー広場《ロンドンの繁華街にある》.

**cir·rus** /sírəs スィラス/ 名 (複 --ri/-rai/) UC 《気象》巻雲.

**cis·tern** /sístərn/ スィスタン |-tən -タン/ 名C 水槽. (水洗トイレの)貯水タンク;《主に米》貯水池.

**cit·a·del** /sítədl/ スィタドル/ 名C **1** 城, とりで. **2**《文》安全な避難所, 最後のよりどころ.

**ci·ta·tion** /saitéiʃən/ サイテイション,《英+》si-/ 名C 引用文; U 引用.

**cite** /sáit/ サイト/ (同音 sight, site) 動(現分 cit·ing) 他《正式》**1** …を引用[引証]する. **2** …を例証する. **3**《法律》…を法廷へ召喚する.

**cit·ies** /sítiz/ スィティズ/ 名 → city.

**cit·i·zen** /sítəzn/ スィティズン,《米+》-sn/ 名C **1** 国民, 公民, 人民《◆本来 citizen は共和国の国民, subject は王に従うものとしての国民をいう.「英国[日本]国民」は(女)王[天皇]が実際上の権力を持たないので a British [Japanese] citizen でよい》(↔ alien) (cf. national 名) ‖
 a naturalized citizen 帰化人.
**2** (ある市・町の)市民, 住民 ‖
 a citizens' group 市民団体.
**3** (一般に)居住者, 住民(resident);《米》(軍人・警官などに対して)民間人, 一般人(civilian);(ある場所にいる)生物 ‖
 sénior cítizens お年寄り《◆ older people の遠回し表現》.
 a citizen of the forest 森の住人.
 a citizen of the world 世界人, 国際人, コスモポリタン.

**cit·i·zen·ship** /sítəznʃɪp/ スィティズンシプ,《米+》sítisn-/ 名U **1** 市民権, 公民権 ‖
 acquire citizenship 市民権を得る.
**2** 市民[国民]であること; その身分[資格, 義務].

**cit·ron** /sítrən/ スィトロン/ 名 **1** C〔植〕シトロン《ミカン属の植物》; その実. **2** U (砂糖づけの)シトロンの皮. **3** U 淡黄色.

**cit·rus** /sítrəs/ スィトラス/ 名(複 ~·es/-iz/) C〔植〕かんきつ類の植物(citrus tree)《citron, lemon, orange などの木》. ── 形 かんきつ類の; 甘ずっぱい.

***city** /síti/ スィティ/〖「市民(citizen)のいる所」が原義〗派 civic (形)
── 名(複 cit·ies/-z/) C **1** (田舎(いなか)に対して)都市, 都会《外来形容詞 urban》‖
 a lárge [bíg] cíty 大都会.
 the cápital cíty 首都.
 I like living in cities. =I like city life. 私は都会に住むのが好きです.
 Kobe is a sister city of Seattle. 神戸はシアトルの姉妹都市です.
**2** [通例 C~] (行政上の正式の)市《◆米国では州の認可を受けた自治体で, ふつう town より大きい. 英国では国王の勅許を得た town で, cathedral を有する》‖
 New York City ニューヨーク市.
**3** [the ~; 集合名詞; 通例単数扱い] その市の(全)市民, 住民 ‖
 All the [The entire] city knows the news. 全市民がそのニュースを知っている.
**4** [the C~] シティー《London 旧市内の中心部 約1マイル四方で, 英国の金融・商業の中心地. 米国の Wall Street に相当》; 財界, 金融界.
**5** (古代ギリシアなどの)都市国家.
**6** [形容詞的に] 市の; 都会の; 公共の ‖
 a city university 市立大学.
 city people 市当局の(人).

**cíty cóuncil** 市議会.

**cíty éditor** (新聞社の)《米》社会部長, 地方記事編集長,《英》経済部長.

**cíty háll** 《米》 (1) 市役所, 市庁舎(town hall). (2) 市当局, 都市行政.

**cíty páge** 《英》(新聞の)経済面.

**cíty plánning** 《米》都市計画 (《英》town planning).

**cíty róom** 《米》 (1) (新聞社・放送局などの)ローカルニュース編集室. (2) (1) の職員.

**cíty státe** (古代ギリシアなどの)都市国家.

**civ·ic** /sívik/ スィヴィク/ 形 **1** 都市の, 市の; 市立の (類 urban, municipal) ‖
 a civic problem 都市問題.
 a civic university 市立大学.
**2** 公民の, 市民(として)の, 市民にふさわしい ‖
 a civic group 市民団体.
 a civic movement 市民運動.
 civic rights 公民[市民]権.
 a civic duty 市民の義務.

**civ·ics** /síviks/ スィヴィクス/ 名U [単数扱い] **1** 市論, 市政学, 公民研究. **2** (学科としての)公民科.

***civ·il** /sívl/ スィヴル/〖「市民(citizen)の」が原義〗
── 形 (比較 more ~, (まれ) ~·er; 最上 most ~, (まれ) ~·est) **1** [名詞の前で] (軍人・官吏に対して)一般人の, 民間(人)の; (武に対して)文の (↔ military); (僧に対して)俗の (↔ ecclesiastical) ‖
 return to civil life (軍人をやめて)一般市民の生活に戻る.
 civil government (軍政に対して)民政.
 civil aviation 民間航空.
**2** [名詞の前で] 国内の (↔ foreign); 国家の, 政府の ‖
 civil affairs 国事, 国内問題.
 civil strife 内乱.
**3 a**〈人が〉(最低限度に)礼儀正しい, 丁重[ていねい]な, 親切な (↔ uncivil)《◆ polite より好意的でなく, よそよそしい》‖
 a civil letter ていねいな手紙.
 **b** [A is civil to do / it is civil of A to do] …するとは A〈人〉は礼儀正しい ‖
 It was civil of him [He was civil] to offer his seat to the old man. 老人に席を譲るとは彼も礼儀をわきまえていた.
**4**〔法律〕[名詞の前で] 民事の; 大陸法の ‖
 a civil suit 民事訴訟.

**cívil defénse** (空襲や天災などに対する)民間防衛.

**cívil disobédience** 市民の不服従《武力でなく納税拒否などの手段による》.

**cívil enginéer** 土木技師.
**cívil láw** 民法.
**cívil líberty** [通例 ~ liberties] 市民的自由《思想・言論の自由など》.
**cívil ríghts** [しばしば C~ R-] (米) [複数扱い] 公民権, 市民権.
**cívil ríghts móvement** [the ~] 公民権運動《主に米国の黒人の公民権と平等を求める運動. 1960年代に高まった》.
**cívil sérvant** 《主に英》公務員《(主に米) public servant》.
**Cívil Sérvice** [しばしば c~ s-] (1) [the ~]《軍・司法・立法・宗教関係以外の》政府官庁; 行政機関. (2) [集合名詞的に] 公務員.
**cívil wár** (1) 内乱, 内戦. (2) [the C~ W-] a) 〔米史〕南北戦争《1861-65》. b) 〔英史〕大内乱《Charles I と議会との抗争(1642-46, 1648-52)》. c) スペイン内乱《1936-39》.
**ci‧vil‧ian** /sivíljən スィヴィリャン/ 图 C《軍人・警官・消防署員・僧侶に対して》一般市民, 民間人.
── 形 民間の, 一般市民の; 非軍事的な ‖
civilian control 文民統制, シビリアン＝コントロール《軍人より文民が優位に立つこと》.

\*civ·i·li·sa·tion /sìvəlaizéiʃən スィヴィライゼイション/ 图 (英) =civilization.
**civ·i·lise** /sívəlaiz スィヴィライズ/ 動 (英) =civilize.

\*civ·i·lised /sívəlaizd スィヴィライズド/ 形 (英) =civilized.
**ci·vil·i·ty** /səvíləti スィヴィリティ/ 图 (複 -i·ties /-z/) 1 Ⓤ《特に正式な場での》ていねいさ, 礼儀正しさ, 親切 ‖
with civility ていねいに.
2 C [しばしば civilities] ていねいな言葉, 礼儀正しいふるまい ‖
exchange civilities 時候のあいさつなどを交わす.

\*civ·i·li·za·tion,《英ではしばしば》**-sa·tion** /sìvələzéiʃən スィヴィリゼイション | sìvəlaizéiʃən スィヴィライゼイション/
──图 (複 ~s/-z/) 1 ⓊC 文明; 《特定の地域・国民・時代に発達した》文明, 文化《◆一定の生活様式をもつ文化(状態). 精神的な面を強調した語は culture》 ‖
modern civilization 現代文明.
with the progress of civilization 文明の進歩に伴って.
(the) Egyptian civilization エジプト文明.
2 Ⓤ 文明化, 開化, 教化 ‖
the civilization of primitive tribes 原始的部族の文明化.

**civ·i·lize**,《英ではしばしば》**-lise** /sívəlaiz スィヴィライズ/ 動 (現分) **-liz·ing**) 他 1〈未開人(種)など〉を文明化させる, 教化する, 啓蒙する ‖
The ancient Britons were civilized by the Romans. 古代ブリトン人はローマ人に文明化された.
2〈人〉を礼儀正しくさせる, 洗練する ‖
civilize youngsters 青少年を健全育成する.

\*civ·i·lized,《英ではしばしば》**-lised** /sívəlaizd スィヴィライズド/
── 動 → civilize.
── 形 1 文明化した, 文化の発達した, 開化した, 教化された(↔ uncivilized) ‖
civilized life 文化的生活.
a civilized country 文明国.
[対話] "You know, people here still eat with their hands." "I know, but they are the most civilized people around here." 「あのね, ここの人たちは今でも手で物を食べるんですよ」「わかっています. でも, このあたりでは彼らが最も進んでいるんですよ」.
2 礼儀正しい, 教養のある, 洗練された ‖
civilized behavior 行儀よい態度.

**cl.** (略) centiliter(s).
**clack** /klæk クラッ/〔擬音語〕《略式》图 C 動 自 他 1 (…に)カタッ, カチッという音(がする, をさせる).

[比較] 次のような擬声音に当たる: カタンカタン, カタカタ, パタパタ, パチパチ, ガチャリ, パチッ, カチカチ / crack はズドン, ガチャン, バリバリ, ピシャリ.

2 (…を)ぺちゃくちゃおしゃべり(する) (chatter).
**clad** /klæd クラド/ 動 《古》→ clothe.
── 形 《文》[しばしば複合語で] (…を)着た; (…に)覆われた (clothed) ‖
snow-clad mountains 雪に覆われた山々.

\*claim /kléim クレイム/〖「大声で叫ぶ」が原義. cf. exclaim〗
→ 動 1 求める 3 主張する
图 1 要求 2 権利 3 主張
── 動 (三単現) ~s/-z/; [過去・過分] ~ed/-d/; [現分] ~·ing)
── 他 1〈物事が〉〈物事〉を求める, 必要とする;〈事故などが〉〈人命〉を奪う;〈注意・尊敬・称賛など〉に値する ‖
several matters that claim our attention 注目に値するいくつかの事柄.
The typhoon claimed many lives. 台風が多くの生命を奪った.
2〈人が〉(当然の権利として)〈物・事〉を要求する, 請求する(↔ disclaim) (→ demand) ‖
Does anyone claim this knife? このナイフの持ち主はいませんか?.
Where do I claim my baggage?《空港で》私の手荷物はどこで受け取るのですか.
3 [claim (that) 節 / claim to do]〈人が〉(疑い・反対にあって)…である[…すると]主張する ‖
He claims (that) he knows nothing about her. = He claims to know nothing about her. 彼女のことは何も知らないと彼は言い張っている.
4 [claim A to be C]〈人が〉A〈人・物〉が C であると主張する ‖
She was claimed to be the best tennis player in the school. 彼女はテニスが校内一だと言われていた.

**claimant**

―名 (複 ~s/-z/) C **1** (当然の権利としての)要求, 請求 ◆ 日本語の「クレーム」の意味はない. → complaint 1 ‖

Bággage Cláim (掲示)(空港の)荷物受け取り所.

màke [pùt ín] a cláim for damages against him 彼に損害賠償を求める(=claim damages against him).

She asked, "Wasn't the claim legal?"「請求は無効だったの?」と彼女は尋ねた.

**2** 権利 ‖

She has a claim on her deceased husband's estate. 彼女は死んだ夫の財産の相続権をもっている.

**3** 主張, 声明, 断言 ‖

It is my claim that I have done nothing wrong. 何も悪いことはしていないと申し上げているのです.

**4** 請求物; (主に)払下げ請求地.

**5** (保険金の)支払要求.

láy cláim to A A〈財産など〉に対する所有権を主張する.

**claim·ant** /kléimənt クレイマント/ (正式), **claim·er** /kléimər クレイマ/ 名C 要求[請求, 主張]する人; (法律) 原告.

**clair·voy·ant** /kleərvɔ́iənt クレアヴォイアント/ (正式) 形名C 千里眼[透視力](の人).

**clam** /klǽm クラム/ 名C **1** (貝類) 二枚貝《食用にされる二枚貝の総称》. **2** (略式) だんまり屋, 無口な人.

(as) háppy as a clám (米略式) とても幸せで.

―動 (過去・過分 clammed/-d/; 現分 clam·ming) 自 (主に米) 二枚貝を採る ‖

go clamming 二枚貝採りに行く.

clám úp (略式) 自 口をつぐむ, だまり込む.

**clam·ber** /klǽmbər クランバ/ 動自 (手足を使って)よじ登る ‖

clamber up a wall 壁をよじ登る.

**clam·my** /klǽmi クラミ/ 形 (比較 ··mi·er, 最上 ··mi·est) 汗で冷たく湿った, ねばねばする.

**clam·or,** (英) **―our**/klǽmər クラマ/ 名C (通例 a ~ / the ~) **1** やかましい人の声, 大きな叫び声 ‖

the clamor of children at play 遊んでいる子供たちのはしゃぐ声.

**2** (楽器・交通などの)やかましい[騒々しい]音; (動物の)うなり声, やかましい鳴声 ‖

the clamor of a waterfall ゴーゴーと落ちる滝の音.

**3** (要求・抗議の)民衆の声, わめき ‖

a clamor against higher prices 値上げ反対の叫び.

―動自 **1** 大きな声を出す, やかましく叫ぶ.

**2** やかましく要求する, やかましく反対する ‖

clamor against the government policy 政府方針に大声で反対[抗議]する.

**clam·or·ous** /klǽmərəs クラマラス/ 形 (正式) **1** 騒々しい. **2** やかましく要求する.

**clam·our** /klǽmə クラマ/ (英) 動名 =clamor.

**clamp** /klǽmp クランプ/ (類音) clump/klʌ́mp/, cramp/krǽmp/ 名C 留め[締め]金; かすがい.

―動他 …を(留め金などで)留める.

**clámp dówn (on) A** (略式) …を弾圧する, 取り締まる.

**clamp-down** /klǽmpdaun クランプダウン/ 名C (略式) 締め付け, 弾圧.

**clan** /klǽn クラン/ 名C **1** (主に高地スコットランドの)氏族. **2** 一門, 一族; (俗語的に; (しばしば)けなして) 仲間, 党, 派.

**clan·des·tine** /klændéstin クランデスティン/ 形 (正式) **1** 秘密の. **2** 不法の.

**clang** /klǽŋ クラング/ (擬音語) 動自 …はカラン[ガラン]と鳴る. ―他 …をカラン[ガラン]と鳴らす.

―名C (the ~ / a ~) カラン[ガラン]と鳴る音《◆ clink, clank, clang の順に音が大きくなる》.

比較 次のような擬音に当たる: カチン, ガチン, カーン, チャリン, ガラン, カラン, ガチャン. clink はチリン, チャリン, カチン, チャラチャラ.

**clank** /klǽŋk クランク/ (類音) crank/ (擬音語) 動自〈鎖などが〉チャリンと鳴る. ―他 …をチャリンと鳴らす.

―名 [a ~ / the ~] (鎖・金属などが打ち合う)チャリンと鳴る音《◆ clang ほど大きくない音》.

比較 次のような擬音に当たる: ガチャッ, カチン, ガチッ, チャリン, ガチャン.

***clap** /klǽp クラプ/ 『「打ちつける」が原義』

―名 (複 ~s/-s/) **1** C パチパチ[バンバン, ピシャリ]という音; (鳥の)羽ばたく音; (雷などの)バリバリという破裂音 ‖

a clap of thunder 雷鳴.

比較 次のような擬音に当たる: パチパチ, バンバン, ピシャリ, バリバリ, ピシャン, パチン, パタン, ゴツン, ポン.

**2** [a ~] 拍手《◆ clapping の方がふつう》‖

We gave the performer a clap. 我々はその演奏者に拍手を送った.

**3** [a ~] 軽くたたくこと ‖

He gave me a clap on the back. 彼は私の背中を軽くたたいた.

―動 (三単現 ~s/-s/; 過去・過分 clapped/-t/; 現分 clap·ping)

―他 **1a** 〈人が〉〈手〉をたたく; 〈人・演技など〉に拍手する(applaud) ‖

clap one's hands 拍手する; (人を呼ぶために)手をたたく.

clap a singer 歌手に拍手する.

**b** 〈物〉をピシャリ[パチン]とたたく; 〈鳥が〉〈羽〉を打つ ‖

clap the cymbals シンバルをたたく.

**2** 〈人が〉(歓迎・激励などのために)〈人〉の〈身体の部分〉をポンとたたく, (失敗・失望などで)〈手〉を〈身体の部分〉にあてる, たたく ‖

clap him on the back 彼の背中をポンとたたく.
clap a hand to one's forehead 額をポンとたたく.
3 《略式》…をさっと動かす, すばやく置く ‖
clap him in jail 彼を刑務所に送る.
—(自) 拍手する; 〈物が〉ピシャリと音を立てる; 〈ドアが〉バタンと締まる.

**clap·per** /klǽpər クラパ/ 图 © 1 拍手する人. 2 拍子木; (鈴・鐘の)舌. 3 《英》鳴子.
*like the cláppers* 《英略式》にぎやかに, 騒々しく; ものすごく速く.

**clap·ping** /klǽpiŋ クラピング/ 動 → clap.
—图 Ⓤ 拍手.

**Clar·a** /klǽrə クレアラ, 《米+》 klǽərə クレアラ/ 图 クララ《女の名. 愛称 Clare》.

**clar·et** /klǽrət クラレト/ 图 1 ⓊⒸ クラレット《フランス産の赤ワイン》; (一般に)赤ワイン. 2 Ⓤ 赤紫色.

**clar·i·fy** /klǽrifai クラリファイ/ 動 (三単現 ~·i·fies /-z/; 過去過分 ~·i·fied/-d/) (他) 《正式》1 〈意味などを〉明らかにする. 2 〈液体・バターなどを〉浄化する.
—(自) 1 〈意味などが〉明らかになる. 2 〈液体・バターなどが〉澄む.

**clar·i·net** /klærinét クラリネト/ 图 © 〔音楽〕クラリネット《木管楽器》.

**clar·i·net·(t)ist** /klærinétist クラリネティスト/ 图 © クラリネット奏者.

**clar·i·ty** /klǽrəti クラリティ/ 图 Ⓤ 《正式》〈液体・音色などの〉清澄 (せいちょう), 透明; 〈論理・表現などの〉明快さ.

**clash** /klǽʃ クラシュ/ 《類音 crash/kræʃ/》 動 (三単現 ~·es/-iz/) (自) 1 〈ぶつかりあって〉ガチャンと音をたてる, ガチャンとぶつかる 《類》clash は固いもの同士の衝突に用いる. 「(衝突して)破損する」は crash, 柔らかいものと衝突して「つぶす」は crush ‖
The glasses clashed (against each other). グラスがガチャガチャと鳴った.
2 〔比喩的に〕ぶつかる, 衝突する; 一致しない ‖
His view will clash with ours. 彼の見解は我々のと合わないだろう.
3 〈色彩の点で〉調和しない, つり合わない ‖
The red shoes clash with this green shirt. 赤い靴はこの緑色のシャツとは合わない.

語法 2, 3 とも, A *clashes* with B. =A and B *clash*. といえる. 進行形にはしない.

—(他) 〈鐘などを〉ジャンジャン鳴らす; 〈物を〉打ち鳴らす, ガチャンとぶつける.
—图 (複 ~·es/-iz/) 1 [a ~] ガチャンという音. 2 Ⓒ (意見などの)対立, 不一致 ‖
a clash of opinions 意見の不一致.
3 Ⓒ 争い.

**clasp** /klǽsp クラスプ | klɑ́ːsp クラースプ/ 图 © 1 (ブローチ・ネックレス・ハンドバッグなどの)留め金, 締め金 ‖
The clasp on [of] his belt broke. 彼のベルトの留め金が壊れた.
2 〔通例 a ~〕握り, 握手, 抱擁.
—動 (他) 1 《正式》…を留め金で止める; 〈くるなどが〉…に巻きつく, からみつく.
2 …を握り[抱き]しめる ‖
clasp him by the hand 彼の手を握りしめる《◆ *clasp* his hand は「手」に焦点を当てた表現. cf. catch him **1b**》.
**clasp hands with** him 彼と堅く握手する《◆ shake hands with him より感情をこめた握手》.

## **class**
/klǽs クラス | klɑ́ːs クラース/ 〖「同種のものの集まり」が原義〗派 classic (形・名), classical (形), classify (動)

→ 图 1 クラス 2 授業 3 部類 4 レベル 5 階級

—图 (複 ~·es/-iz/) 1 © (学校で授業を受ける) クラス, 学級; [集合名詞; 単数・複数扱い] クラスの生徒たち; [呼びかけ] (クラスのみなさん) ‖
This class consists of 40 students. このクラスは40人だ.
We are in the same class. 我々は同級生だ.
At school he was always at the top of his class. 学校では彼はいつもクラスでトップだった.
"Good morning, class." 「みなさん, おはよう」.
The class is [are] divided on this question. この問題ではクラスの意見が分かれている.

語法 (1) 《米》では単数扱いがふつう. ただし1人1人を意識すれば複数扱い(cf. family **1** 語法).
(2) 英米では日本の A 組, B 組式に Class A, Class B といわず, 担任の名をとって Miss Green's class などと呼ぶのがふつう.

2 ⓒⓊ (クラスの)授業; (主に米)(大学の)講義; 講習; 授業時間; (授業中の)教室 ‖
attend [go to] class 授業に出る.
after class (is over) 授業後に.
I don't have classes today. きょうは授業がない.
I cut [skipped, ×escaped] my English class yesterday. きのう英語の授業をサボった.
**in class** 授業中.
take classes in dancing ダンスの講習を受ける《◆ class は集団的授業, lesson は個人的レッスン》.

3 Ⓒ 《正式》(人・物の)部類, 種類(kind) ‖
be in a class with children 子供と同類[同等]である.
Both belong to the same class. 両方とも同じ部類に属する.

4 Ⓒ [first, high などを伴う合成語で] レベル, ランク, 水準, 等級; [複合語で] (乗物の)…等 ‖
a first-class tennis player 一流のテニス選手.
a first-class ticket to Paris パリ行き1等の切符.
travel (by) first class 1等で旅行する(→ first-class 副).

5 Ⓒ [しばしば ~es; 集合名詞; 単数・複数扱い; 複合語で] (社会の)階級 ‖ 階級制度 ‖
the úpper [míddle, lówer] cláss(es) 上流[中流, 下層]階級.

the working class 労働者階級.
class distinctions 階級間の差異.
the classes (主に米) 裕福で教育のある人々, 有産・知識階級.

**6** C (米) [集合名詞] (高校・大学の)同期(卒業)生, …年生
the class of 1990 =the 1990 class 1990 年(卒業)生.
the sophomore class 2年生(全体).

**7** U (略式) 高級, 上等, 優秀性(high quality); (俗) (衣装・デザイン・挙動の)品位, 気品, 格調, ハイカラ(style); [形容詞的に] 優秀な ‖
a class hotel 一流ホテル.
She's got real class. 彼女は実に気品がある.

**8** C 〖生物〗綱(ごう)(→ classification).
—— 動 (三単現 ~·es/-iz/) 他 **1** …を分類する, …に等級をつける(classify).
**2** (略式) …を(…と)みなす ‖
John is classed as an able vet. ジョンは有能な獣医とみなされている.

**cláss cónsciousness** 階級意識.
**cláss strúggle** [the ~] 階級闘争; 階級間の対立.

**clas·sic** /klǽsik クラスィック/ 形 **1** 〈文学・芸術などが〉最高級の, 第一流の; 模範的な, 標準的な.
**2** 古典の, 古典的な (↔ romantic) ‖
classic culture 古典文化 〈古代ギリシア・ローマをさす〉 (→ classical **3**).
**3** (文学上・歴史上)由緒(ゆいしょ)ある, 伝統的な, 有名な ‖
a classic event 伝統的な行事.
**4** 〈衣服などが〉伝統的な〈スタイルの〉 ‖
wear classic clothes 伝統的な服装をまとう.
—— 名 C **1** 一流の作者〔作品〕 ‖
Shakespeare is a classic. シェイクスピアは第一級の作家である.
**2** 伝統的(に有名な)行事.
**3** [(the) ~s] (古代ギリシアの)古典(文学); 古典語.
**4** [Classics] (大学の)古典のコース〔講座〕.
**5** 〖スポーツ〗(伝統的な)大試合 ‖
the midsummer pro baseball classic (米) (大リーグの)オールスターゲーム.

*__clas·si·cal__ /klǽsikl クラスィクル/
—— 形 [通例名詞の前で] **1** [時に C~] (古代ギリシア・ローマの)古典文学の, 古典語の ‖
classical studies 古典研究.
**2** =classic **1**.
**3** 〖音楽〗クラシックの; (ロマン派に対して)古典派の ‖
classical [×classic] music クラシック音楽(cf. popular [folk] music).
**4** 〈文学・芸術が〉古典派〔伝統的〕の(↔ romantic).

**clás·si·cal·ly** 副 古典ふうに, 古典的に.
**clas·si·cism** /klǽsisizm クラスィスィズム/ 名 U **1** (文学・芸術に関する)古典主義《形式の簡素・均整・調和・抑制を重んじる》. **2** [しばしば C~] 古典の学

識.
**clas·si·cist** /klǽsəsist クラスィスィスト/ 名 C 古典学者〔主義者〕.
**clas·si·fi·ca·tion** /klæsəfikéiʃən クラスィフィケイション/ 名 **1** U 分類, 区分, 類別, 等級分け ‖
by classification 分類すれば〔によって〕.
**2** C 類(型), 部類, 範疇(はんちゅう), タイプ. **3** U 〖生物〗分類, 分類体系《◆大きな方から phylum 〔植〕division〕門, class 綱, order 目, family 科, genus 属, species 種(, variety 変種)》.

**clas·si·fied** /klǽsəfaid クラスィファイド/ 動 → classify. —— 形 **1** 分類された. **2** 〈文書などが〉(国家・軍事)機密の, 極秘扱いの.
**clássified ád** [(正式) advertísement] (新聞などの)部門別案内広告, 求人広告.

**clas·si·fy** /klǽsəfai クラスィファイ/ 動 (三単現 -si·fies/-z/; 過去・過分 -si·fied/-d/) 他 **1** [classify A into [in, as] B] A〈人・物〉を B〈部門など〉に分類する, 類別〔区分〕する; …を等級に分ける ‖
classify books into ten categories 図書を10部門に分類する.
**2** 〈情報・文書などを〉(区分して)機密扱いにする.

*__class·mate__ /klǽsmeit クラスメイト | klɑ́:smeit クラースメイト/
—— 名 (複 ~s/-meits/) C (正式) (授業・ホームルームの)同級生; (米) 同期生《◆「同窓生」は schoolmate》‖
He and I are classmates. =He is my classmate. 彼と私は級友〔同期生〕だ.

*__class·room__ /klǽsru:m クラスルーム | klɑ́:sru:m クラースルーム/
—— 名 (複 ~s/-z/) C **1** 教室《◆ふつう英米の教室は room number で呼ばれる》.
**2** [形容詞的に] 教室の ‖
classroom English 教室英語.

**class·y** /klǽsi クラスィ | klɑ́:si クラースィ/ 形 (比較 -i·er, 最上 -i·est) (略式) センスのいい, ハイカラな, 高級な; 身分〔地位〕の高い.

**clat·ter** /klǽtər クラタ/ 名 [a ~ / the ~] カタカタ〔ガチャガチャ〕いう音 ‖
a clatter of plates 皿の触れあうガチャガチャいう音.
the muffled clatter of a typewriter upstairs 2階のタイプライターのかすかな音.
—— 動 自 **1a** 〈なべ・皿などが〉ガタガタ〔ガチャガチャ〕音を立てる ‖
Dishes clattered in the kitchen. 皿が台所でガチャガチャ音を立てた.
**b** ガタガタ音を立てて進む ‖
clatter downstairs ドタドタと階下に降りる.
**2** ぺちゃくちゃしゃべる.
—— 他 〈茶わん・皿などを〉ガチャガチャ鳴らす.

**clause** /klɔ:z クローズ/ (同音 close/klóuz/) 名 C
**1** (条約・法律の)条項, 個条. **2** 〖文法〗節(cf. phrase).

**clav·i·cle** /klǽvikl クラヴィクル/ 名 C 〖医学〗鎖骨.

**claw** /klɔ́: クロー/ (同音 crow/króu/) 名 C **1** (鳥

獣の)かぎづめ((図) → bird) (関連) talon (主に)猛鳥のつめ / hoof 牛馬のひづめ). **2** (カニ・エビなどの)はさみ. **3** くぎ抜き((図) → hammer).

——動 他 〈物〉をつめでつかむ[引き裂く, ひっかく], …をひっかくようにして進む ∥
Claw me, and I'll claw thee. (ことわざ)「万事相手の出かた次第」.
——自 つめでつかもうとする; 手探りする.

**clay** /kléi クレイ/ 名 ① **1** 粘土. **2** 土.
**cláy pígeon** クレー《粘土製標的》.
**cláy pígeon shòoting** クレー射撃《◆ trap-shooting ともいう》.

***clean** /klíːn クリーン/ [「汚れた所が1つもない」が本義] 派 cleanly (形・副)
——形 (比較 ~·er, 最上 ~·est) **1 a** (全く)汚れていない, (すっかり)きれいな, 清潔な(↔ dirty, unclean) (cf. clear) ∥
clean dishes きれいな皿.
The cottage was **cléan** and tídy. その別荘は清潔で整然としていた.
Keep your hands **clean**. 手を清潔にしておきなさい.
**b** [通例名詞の前で] 真新しい, まだ使っていない, 新鮮な ∥
a clean page 白紙のページ.
a clean sheet of paper 新しい[書込みのない]きれいな紙.
clean jeans 真新しい[きれいに洗った]ジーンズ.
**2** 〈人・心・生活などが〉(道徳的・性的に)清らかな, 汚(けが)れのない ∥
a clean record 前科などのない履歴.
He led a clean life all his life. 彼は一生清廉(せいれん)潔白な人生を送った.
**3** 〈物が〉不純物のない, 純粋な(pure) ∥
cléan drínking wàter きれいな飲料水.
**4** [通例名詞の前で] きれい好きな, 身ぎれいな (cleanly) ∥
clean animals きれい好きな動物.
**5** 〈物事が〉欠点[誤り, 問題, 障害]のない ∥
a clean manuscript 間違いのない原稿.
a clean copy 清書.
**6** 〈競技(者)・戦い・規則などが〉正々堂々とした ∥
a clean fight フェアな戦い.
**7 a** [通例名詞の前で] 格好のよい, すらりとした, 均整のとれた; 〈車・船などが〉流線型の ∥
a clean profile 整った横顔.
**b** [通例名詞の前で] 〈切り口・面などが〉滑らかな, でこぼこ[ぎざぎざ]のない ∥
a clean cut 滑らかな切り口.

**còme cléan** (略式)(悪事・不都合な事実を)白状する, ドロを吐く.

**hàve cléan fíngers** [**hánds**] (金銭・選挙などで)やましいところがない, 潔白である.

——副 **1** (略式) 全く, すっかり (completely) ∥
get clean away 完全に逃げさる.
I'm clean out of sugar. 砂糖がすっかり底をついた.
I clean forgot (to call her). 彼女に電話するのをすっかり忘れていた.
A pistol bullet went **clean** through his leg. ピストルの弾が彼の脚を貫通した.
**2** きれいに, 清潔に(cleanly) ∥
The street was **clean** swept. 通りがきれいに掃除してあった.

——動 (三単現 ~s/-z/; 過去・過分 ~ed/-d/; 現分 ~·ing)

| —他と自の関係— | | |
|---|---|---|
| 他 1 | clean A | A〈場所・物〉をきれいにする |
| 自 1 | A clean | A〈場所・物〉がきれいになる |

——他 **1** 〈人・機械が〉〈場所・物〉を(すっかり)きれいにする, 清潔にする; (完全に)掃除する ∥
clean the table テーブルをきれいにふく.

clean the table　　clear the table
　　　　　　　　　食事のあと片付けをする

You must **clean** your hands before meals. 食事の前には手をきれいに洗わなければいけない.
Please **clean** the floor **with** this mop. このモップで床をきれいにしてください.
**2** 〈物〉の中身を空にする ∥
cléan one's pláte 皿の料理を平らげる.
clean fish 魚の内臓をきれいに取り除く.

——自 **1** 〈物・場所が〉(すっかり) きれいになる ∥
This heater cleans easily. このヒーターはすぐきれいに手入れできる.
**2** (家の)掃除をする ∥
I'm cleaning. 今お掃除しているところなの《◆ 車やその他には用いない》.

**cléan dówn** [他] 〈壁・家・ドア・車など〉を(くまなくブラシをかけたりふいたりして)きれいにする[洗う]; 〈馬など〉をブラシをかけて洗う.

**cléan A of B** A〈物〉を洗って B〈汚れなど〉をきれいに落とす.

**cléan óut** [他] 〈部屋・引出しなど〉の内部を掃除する, 片づける; 〈金・資源〉を使い果たす; (略式) (賭(か)け・投機・盗みなどで)〈人〉を無一文にする; 〈場所〉から(金品などを)全部盗む.

**cléan úp** (1) [自] (すっかり)きれいに清掃する, 片付ける; 身ぎれいになる. (2) [他] 〈場所・物〉を(すっかり)きれいに掃除する, 片付ける; …を処分する; 〈敵・不良分子・腐敗など〉を一掃する; 〈場所〉から悪を一掃する, …を浄化する. (3) (略式) [他] 〈仕事など〉を仕上げる. (4) (主に米) [他] [~ oneself *up*] からだを洗う, 身なりを整える.

**cléan ròom** (精密機械工場・病院・宇宙船などの) 無菌[塵]室.

**cléan·ness** 名 ① 清潔.

**clean-cut** /klíːnkʌ́t クリーンカト/ 形 1 すっきりとして整った, 格好のよい; 輪郭のよい, はっきりした. 2 明確な, はっきりした. 3 きちんとした, 身だしなみのよい.

**clean·er** /klíːnər クリーナ/ 名 C 1 掃除人[婦]. 2 洗(浄)剤. 3 (電気)掃除機, クリーナー; 空気清浄機.

**clean·ing** /klíːniŋ クリーニング/ 動 → clean.
— 名 U 1 掃除 ‖
do the (géneral) hóuse clèaning 家の(大)掃除をする.
2 洗濯, クリーニング.
cléaning wòman [làdy] (特に時間給の)掃除婦《♦今は house keeping cleaner を用いる》.

**clean·li·ly** /klénlili クレンリリ/ 副 きれいに, 清潔に.

**clean·li·ness** /klénlinəs クレンリネス/ 発音注意 《♦×クリーンリネス》名 U [しばしば比喩的に] 清潔, きれいなこと; きれい好き ‖
cleanliness of thought 思想の高潔さ.

**clean·ly**¹ /klénli クレンリ/ 形 (比較 more ~, ··li·er; 最上 most ~, ··li·est) (正式)〈人・動物が〉(性格・習性として, 神経質なほど)きれい好きな, いつもこざっぱりした(tidy) ‖
The Japanese are said to be a cleanly people. 日本人は清潔好きな国民だといわれている.

**clean·ly**² /klíːnli クリーンリ/ 副 1 (神経質なほど)きれいに, ちゃんと, 見事に ‖
This knife cuts very cleanly. このナイフはよく切れる.
2 (すっかり)清潔に, きれいに ‖
The car was cleanly washed. 車はきれいに洗われた.
3 潔白に, 不正をせずに ‖
live cleanly 清く生きる.

**cleanse** /klénz クレンズ/ 発音注意 《♦×クリーンズ》動 (現分 cleans·ing) 他 (正式) 1〈肌など〉を清潔にする.
2 …を清める, 浄化する ‖
She was cleansed of her sin. 彼女の罪は洗い清められた.

**cleans·er** /klénzər クレンザ/ 名 1 U C 洗剤, クレンザー. 2 C 洗う人.

**clean-shav·en** /klíːnʃéivn クリーンシェイヴン/ 形 ひげをきれいにそった; ひげのない.

**clean·up** /klíːnʌ̀p クリーナプ/ 名 1 [a ~] (大)掃除. 2 [a ~] (犯罪・汚職・ギャンブルなどの)一掃, 浄化.
cléanup hítter [bàtter, màn] (野球)4番打者《♦3, 4, 5番打者をさして ×cleanup (trio) とはいわない》.

## **clear**
/klíər クリア/ 『「じゃまなものがなく視界がさえぎられない」が本義. → clean, obscure』
派 clearly (副)
→ 形 1 澄んだ　2 晴れた　4 鮮やかな　5 a はっきりした
副 1 はっきりと　2 すっかり
動 1 きれいにする　3 a 跳び越す　自 1 晴れる
— 形 (比較 ~·er /klíərər/, 最上 ~·est /klíərist/) 1〈物が〉澄んだ, すき通った, 透明な《♦clear は「視覚的にきれいな」, clean は「汚染がなくきれいな」》類 transparent, translucent ‖
clear water 澄んだ水.
clear soup すましスープ, コンソメ.
Her eyes are (as) clear as glass. =Her eyes are very clear. 彼女の目はガラスのように澄みきっている.
対話 "Look how clear this water is. You can see everything in the river." "Yeah, but it wasn't like this two years ago."「見てごらん, この水澄んでるね. 川底まで全部見えるよ」「うん, でも2年前はこんなにきれいじゃなかったよ」.
2 (雲ひとつなく)晴れた, 快晴の ‖
It was a fine, clear day today. きょうは快晴の1日だった.
3〈音声が〉澄んだ, 明るい ‖
in a clear voice よく聞きとれる明瞭な声で.
4〈色彩が〉鮮やかな, 明るい ‖
a clear blue 抜けるような青色.
5 a はっきりした, 明らかな, 明瞭な; よくわかる(↔vague) ‖
make things clear 事態を明らかにする.
I have a clear memory of my childhood. 子供の頃のことをよく覚えている.
Have I máde mysèlf cléar? =Clear enough? 今言ったことはおわかりですか.
b [it is clear that 節 / wh 節] …だということは明らかだ ‖
It is clear that he pretended to be ill. 彼が仮病を使ったのは明らかだ(=He clearly pretended to be ill.)《♦×It is clear for him to have pretended to be ill. とはしない》.
It is not clear what the writer is trying to say. 筆者が何を言おうとしているかはっきりしない.
6〈形・輪郭などが〉はっきりした, くっきりした(distinct) ‖
a clear photo 鮮明な写真.
Her face was not clear in the poor light. 薄暗い照明の中で, 彼女の顔ははっきり見えなかった.
7〈頭脳・思考・人が〉明晰(せき)な ‖
a clear head さえた頭.
8 [補語として]〈人が〉確信している, はっきり知っている ‖
I'm not clear about his address. =I'm not clear (as to) what his address is. 彼の住所はよく知らない.
対話 "Can't you remember what happened at the party?" "I'm sorry but I'm not clear about it."「あのパーティーで何が起こったか覚えていないのですか」「申し訳ありませんが, はっきり覚えていないのです」.
9 a〈邪魔・危険などの〉妨げるものがない, 空いた, 開けた;〈道が〉自由に通れる ‖
a clear space 空き地.
Keep clear. 《掲示》駐車禁止.
We had a clear view of the sea. 海が沖の方まではっきり見渡せた.

**b** [補語として] 離れて, 避けて;(都合の悪いものが)ない, 自由に, わずらわされず ‖
This street is **clear** of traffic at night. この通りは夜は車や人が通らない.
She is **clear** of worry. 彼女は心配ごとがない.
Keep **clear** of the propellers.(聞き手のいる所を基準にして)プロペラに近づくな《◆プロペラを基準にして,「そこから離れていろ」は Keep *away* from the propellers.》.
**10** 潔白な, やましいところのない ‖
have a **clear** conscience 良心に恥ずべきところがない.
**11** 傷[しみ]のない ‖
(a) **clear** skin しみのない肌.
**12 a** [通例名詞の前で] [しばしば数詞を伴って] 純粋の(pure), 正味の(net) ‖
earn a **clear** ¥10,000 =earn ¥10,000 **clear** 純益1万円をあげる.
**b** (略式) [名詞の前で] 全くの(complete) ‖
win a **clear** victory 完勝する.
***Áll cléar!*** (1) 敵襲なし, (空襲)警報解除. (2) だれもいなくなった, もう大丈夫だ.
──(比較) ~**er**, (最上) ~**est** **1** はっきりと, 明瞭に(clearly) ‖
see **clear** 《主に米》(遠くの物が)はっきり見える.
Speak **clearer**. もっとはっきり話しなさい.
Speak lóud and cléar. 大きな声ではっきり言いなさい(=Speak loudly and clearly.).
**2** (略式) すっかり, 完全に(completely);《主に米》ずっと ‖
get **clear** away 逃げ切る.
run **clear** to the station 駅までずっと走る.
**3** (正式) 離れて, 触れずに(away) ‖
stand **clear** of the fence 柵から離れて立つ.
──動 (三単現) ~**s**/-z/, (過去・過分) ~**ed**/-d/, (現分) ~**ing**/klíəriŋ/
──他 **1** 〈場所〉をきれいにする, 片付ける ‖
cléar the táble 食事の後片付けをする(→ clean 他**1**図).
cléar one's thróat せきばらいをする《◆のどの通りをよくするためだけでなく, 発言の前に威厳(ḯn)・思わせぶりを表すためにする》.
**2** [clear A of B / clear B from A] A〈場所〉からB〈邪魔な物・人〉を取り除く, 排除する ‖
She **cleared** the roads of snow. =She **cleared** snow from the roads. 彼女は道路の雪を片付けた.
対話 "There's one thing I don't like autumn." "What is it?" "I have to **clear** fallen leaves from the yard every day." 「秋というと1つだけ嫌なことがあるんだ」「何だい?」「毎日庭の落ち葉を片付けねばいけないことだよ」.
**3 a** 〈障害物〉を(触れずに)跳び越す, 通り越す;〈難関〉を突破する, クリアーする ‖
**clear** a fence 柵を跳び越す.
**clear** the entrance exam 入試(の難関)を突破する.
**b** 〈法案〉を(議会を)通過する;〈荷物など〉を通過する.
**4** …をーをさせる;…を明らかにする ‖
**clear** the head 頭をすっきりさせる.
**clear** the mystery なぞを解明する.
**5** 〈人〉の嫌疑を晴らす;〈身〉のあかしを立てる ‖
She **cleared** herself of [from] the doubt. 彼女は疑惑を晴らした.
──自 **1** 〈天候・空・霧が〉**晴れる**(+*off*, *away*, *up*);〈雲・煙などが〉消える;〈雨が〉あがる ‖
The sky finally **cleared**. 空がとうとう晴れた.
**2** 〈液体が〉澄む. **3** 〈心が〉晴れる;〈頭・考え・視力・状況などが〉はっきりする;〈発作(ほっ)などが〉消える. **4** 〈法案が〉(議会を)通過する;〈障害物などを〉跳び越す, クリアーする, パスする;〈小切手が〉清算される.
**cléar awáy** (1) 〈徴候などが〉消える;〈人が〉立ち去る. (2) (他) 〈物〉を(場所から)取り除く, 片付ける;〈群衆〉を排除する;〈仕事などを〉片付ける;〈疑いなど〉を一掃する.
**cléar óff** (1) (自) → (自)**1**. (2) (他) 〈場所〉から邪魔なものを取り除く;《米》〈テーブル〉から食器類を片付ける. (3) (他) 〈不用物〉を処分する;〈借金〉を返済する;〈未了の仕事〉を片付ける;〈人〉を立ちのかせる, 排除する;〈客〉を安く売る.
**cléar óut** (1) (自) (会社などを)やめる. (2) (他) 〈物の中の物〉を取り出す, 片付ける;〈物〉を取り除く;〈場所〉をきれいに掃除する;(略式) 〈人など〉を追い出す, 排除する.
**cléar úp** (1) (自) → (自)**1**;〈かぜ・悩みなどが〉治る, 消える;きれいに片付ける. (2) (他) 〈物・場所〉を片付ける, 整頓(ṯñ)する;〈仕事などを〉仕上げる, 片付ける;〈問題・なぞ・疑い・誤解などを〉解く, 明らかにする.
──名 [the ~] 空所, 余白, 空き地, あき.
***in the cléar*** (略式) (1) 疑われていない, 無実[無罪]で. (2) じゃま[危険]がない, 自由で[に]. (3) 借金がない.

**clear·ance** /klíərəns クリアランス/ 名 **1** U C 取り除くこと, 除去, 撤去, 排除;片付け;整理 ‖
make (a) **clearance** of goods 商品をきれいに処分する.
**2** C =clearance sale.
**3** U C (車・船などが橋などを通るときの)間隔, ゆとり, すき間 ‖
Clearance 5 feet. (掲示) (左右・高さ)あき5フィート.
**4** U (船の)関門手続き;C =clearance papers.
**cléarance pàpers** 出[入]港許可証;U (航空機の)離[着]陸許可(clearance).
**cléarance sàle** 在庫一掃大売出し(clearance).

**clear-cut** /klíərkʌt クリアカト/ 形 **1** 〈人・物が〉輪郭のはっきりした, くっきりした. **2** 〈発言・考えなどが〉はっきりした.

**clear-head·ed** /klíərhédid クリアヘディド/ 形 〈人の〉頭の切れる, 頭脳明晰(ḯn)な.

**clear·ing** /klíəriŋ クリアリング/ 動 → clear. ── 名 **1** C (森林の)開拓地. **2** U (障害物の)除去.

*****clear·ly** /klíərli クリアリ/ 【→ clear】
── 副 (比較) more ~, (最上) most ~) **1** はっき

りと, 明らかに ‖
Pronounce this word more **clearly**. この単語をもっとはっきり発音しなさい.
You can see Mt. Fuji very **clearly** from here. ここから富士山がとてもはっきり見える(= You can have a very **clear** view of Mt. Fuji from here.).
**2** [文全体を修飾] 明らかに, 疑いなく(obviously, undoubtedly) ‖
We **clearly** need to think again. =**Clearly** (↘), we need to think again. はっきり言って我々はもう一度考えてみる必要がある(=It is **clear** that we need to think again.).
対話 "What do you think?" "Well, the man is telling the truth, but **clearly** the woman isn't."「どう思う?」「男の方は本当のことを言っているが, 明らかに女はそうじゃないよ」.
**3** [返答として] そのとおり, いかにも.

**clear·ness** /klíərnəs クリアネス/ 名U **1** 明らかなこと, 明瞭, 明快. **2** 明るいこと, 鮮明(さ), 清澄(ちょう). **3** じゃまがないこと.

**clear-sight·ed** /klíərsáitid クリアサイティド/ 形 **1** よく目が見る. **2** 判断力のある, 先見の明のある.

**cleav·age** /klí:vidʒ クリーヴィチ/ 名 **1** ⓒ (正式) 裂け目 ‖
a **cleavage** in society between rich and poor 社会の貧富の溝.
**2** U 分裂(すること).

**cleav·er** /klí:vər クリーヴァ/ 名 ⓒ 裂く人[物]; (肉屋の)肉切り包丁.

**clef** /klǽf クレフ/ 名 (複 ~s) ⓒ (音楽) 音部記号 ‖
a G [a C, an F] **clef** ト[ハ, ヘ]音記号(図 → music).

**cleft** /klǽft クレフト/ 名 ⓒ (正式) 裂け目(crack); 裂け口.

**clem·en·cy** /klémənsi クレメンスィ/ 名 U (正式) **1** 慈悲. **2** (天候・性格の) 温和.

**clem·en·tine** /klémentain クレメンタイン, -tì:n/ 名 **1** ⓒ (園芸) クレメンタイン (《小型オレンジ》). **2** [C~] クレメンティーン, クレメンタイン 《女の名》.

**clench** /klénʧ クレンチ/ (発音) cl**i**nch/klínʧ/) 動 (三単現 ~·es/-iz/) 他 **1** 〈歯〉をくいしばる; 〈手など〉を固く握りしめる ‖
**clench** one's teeth in pain 痛みに歯をくいしばる.
**clench** one's hands [fists] (緊張して)手を握りしめる.
**2** 〈物〉をしっかりつかむ. **3** =clinch 他 **1**.

**Cle·o·pa·tra** /klí:əpǽtrə クリーオパトラ/ 名 クレオパトラ《69?-30 B.C.; エジプトの女王(51-30 B.C.)》.

**cler·gy** /klə́:rdʒi クラーヂ/ 名 [the ~; 複数扱い] **1** 聖職者. **2** 牧師たち.

**cler·gy·man** /klə́:rdʒimən クラーヂマン/ 名 (複 -men) ⓒ 聖職者, 牧師((PC) member of the clergy).

**cler·ic** /klérik クレリク/ 《古》 名 形 牧師[聖職者](の).

**cler·i·cal** /klérikl クレリクル/ 形 **1** 事務員の, 書記の ‖
clérical wòrk 事務の仕事.
**2** 聖職者[牧師]の.
—— 名 **1** ⓒ 牧師. **2** [C~] ⓒ 聖職権を主張[支持]する人. **3** [~s] 僧服.

*****clerk** /klə́:rk クラーク | klɑ́:k クラーク/ 《原義の「牧師」が読み・書きのできるところから「書記・事務員」の意が生まれた. cf. cleric, clergy》 (発音) clerical (形)
—— 名 (複 ~s/-s/) ⓒ **1** (銀行・会社・ホテルなどの)事務員, 係 ‖
対話 "What kind of work do you do?" "I'm a room **clerk** at Hotel Sheraton."「どんなお仕事をしているのですか」「シェラトンホテルで部屋係をしています」.

関連 áirline clèrk 空港の事務員 / bánk clèrk 銀行員 / bóoking clèrk 出札係 / fíle clèrk 文書整理係 / frónt désk clèrk 受付係 / párish clèrk 教会の庶務係 / shípping clèrk 発送係 / níght clèrk 夜勤係.

**2** (裁判所・町議会などの)書記, 事務員. **3** (主に米) 店員((米) salesclerk, (英) shóp assìstant).
—— 動 自 (主に米略式) 店員を務める.

**Cleve·land** /klí:vlənd クリーヴランド/ 名 **1** クリーヴランド《米国オハイオ州北東部の都市》. **2** クリーヴランド《(Stephen) Grover /gróuvər/ ~ 1837-1908; 第22, 24代米国大統領(1885-89, 1893-97)》.

*****clev·er** /klévər クレヴァ/ 《「(手先が)器用な」が原義》
—— 形 (比較 通例 ~·er/-ərər/, 時に more ~; 最上 ~·est/-ərist/, 時に most ~) **1** 〈人が〉〈小〉利口な, 頭がよい, 物わかりのよい, 賢い(→ wise); [A is clever to do / it is clever of A to do] …するとは A〈人〉は利口だ(↔ stupid) ‖
a **clever** man 利口な人.
He is **clever** [It is **clever of him**] to solve the problem. その問題を解くとは彼は頭がよい.
対話 "She left early unnoticed." "That was **clever of her**."「彼女は気づかれないように早めに抜け出した」「それは抜かりがなかったね」.

語法 **clever** は, 頭の回転の速さを強調するため, 「小利口な, ずる賢い」の意味になることがある(→ **4**). よい意味での「利口な」には **bright, intelligent, brilliant** などを用いる方が無難.

**2** 〈人が〉器用な, 上手な, 巧みな; 〈人が〉(道具・手先などの扱いに)うまい(↔ clumsy) ‖
a **clever** liar 上手なうそつき.
He is **clever at** making model cars. 彼は模型自動車を作るのがうまい.
She is **clever with** her fingers [hands]. 彼女は手先が器用だ.
対話 "I think he's lying but I can't be sure.

"That's because he's very **clever at** it."
「どうも彼がうそをついていると思うのだが,確かにそうとは言えないんだ」「それは彼がうそをつくのがうまいからだ」.

**3** 〈言動・考え・作品などが〉巧妙な,うまい ‖
a **clever** reply 気のきいた返答.
a **clever** trick 巧妙な手口.

**4** (略式)〈人・物が〉抜け目[そつ]のない,(誠実さに欠け)うわべだけの ‖
make a **clever** excuse 巧妙な言い訳をする.
You're **cleverer** than I thought. 君ってすみにおけないね.

**5** (略式)〈道具などが〉扱いやすい.

**clev·er·ly** /klévərli クレヴァリ/ 副 利口に,器用に,上手に,巧妙に.

**clev·er·ness** /klévərnəs クレヴァネス/ 名 Ⓤ 利口なこと,利口さ,器用(さ),巧妙さ.

**cli·ché** /kli:ʃéi クリーシェイ|-́-/ 〖フランス〗 名 Ⓒ **1** (使い古された)陳腐(ﾁﾝﾌﾟ)な決まり文句,クリーシェイ. **2** ありきたりの筋[場面,効果].

**click** /klík クリク/ 〖擬音語〗 名 Ⓒ **1** (かぎを回すときなどの)カチッという音. **2** 〖音声〗舌打ち音. **3** 歯止め(pawl). **4** 〖コンピュータ〗(マウスボタンの)クリック(の音).
――動 ⑪ **1** 〈掛け金などが〉カチッと音がする ‖
The door **clicked** shut behind him. 彼のうしろでドアがカチッと閉じた.
**2** (略式)〈事が〉うまくいく;〈劇などが〉うける. **3** (略式)フィーリングが合う,意気投合する,しっくりいく. **4** (略式)〈物事が〉つじつまがあう,わかる. **5** 〖コンピュータ〗(マウスのボタンを)クリックする.
――他 **1** …をカチリといわせる. **2** カチリと音を立てて…を動かす. **3** 〖コンピュータ〗〈マウス〉をクリックする,(マウスで)…をクリックする.

**cli·ent** /kláiənt クライエント/ 名 Ⓒ **1** (弁護士などへの)依頼人;(公的機関に)相談する人. **2** (正式)(商店の)顧客(→ customer).

**cli·en·tele** /klàiəntél クライエンテル|klìːən- クリーオン-/ 〖フランス〗 名 (正式) [the ~ または / one's ~;集合名詞](劇場・商店などの)顧客,常連.

**cliff** /klíf クリフ/ 名 (主に海岸の)絶壁,がけ,岩壁.

**cliff·hang·er** /klífhæŋər クリフハンガ/ 名 Ⓒ **1** 最後まで結果がわからない競争(者)[試合]. **2** 次回に興味をもたせるような場面で終わるテレビ[ラジオ]の連続サスペンスドラマ.

*__cli·mate__ /kláimət クライマト/ 〖発音注意〗 《♦ ×クライメイト》〖「赤道から両極への傾き」が原義.cf. climax〗
――名 (複 ~s/-mits/) **1** Ⓤ Ⓒ (年間を通じての)気候 《♦ 特定の日の天気は weather》 ‖
Japan has a mild **climate**. 日本は気候が温和である.
The **climate** did not agree with her. その気候は彼女に合わなかった.
**2** Ⓒ [通例 the ~] (ある時代・社会の)風潮,傾向,精神的風土 ‖
the **climate** of public opinion 世論の風潮.
the American cultural **climate** =the cultural **climate** of America アメリカの文化的風土.
**3** Ⓒ (気候上からみた)地方,風土 ‖
a dry **climate** 乾燥地.

**clímate chànge** 気候変動 《♦ しばしば地球温暖化(global warming)と同じ意に用いる》.

**cli·mat·ic** /klaimǽtik クライマティク/ 形 気候(上)の,風土上の.

**cli·mat·i·cal·ly** /klaimǽtikəli クライマティカリ/ 副 気候上,風土上に.

**cli·max** /kláimæks クライマクス/ 名 (複 ~·es /-iz/) **1** Ⓒ (事件・考え・表現などの)頂点,最高点,最高潮.
**2** Ⓒ (劇・小説・映画などの)最高の山場,クライマックス ‖
the **climax** of the novel 小説の山場.
――動 ⑪ (三現単) ~·es/-iz/) Ⓒ 絶頂に到達する.
――他 〈人・物事〉を絶頂に到達させる.

**★climb** /kláim クライム/ 《発音注意》《♦ b は発音しない》《同音》clime;《類音》crime/kráim/)〖「手足を使って側面に密着させて登る」が本義〗
――動 (三現単) ~s/-z/; 過去·過分 ~ed/-d/; 現分 ~·ing)
――他 **1** 〈人・動物が〉〈山・木・塀・がけ・綱・坂道など〉に[を](足,時に手足を使い苦労して)登る,よじ登る;〈車など〉〈坂道・丘など〉を上る 《♦ ascend より口語的.down を伴うと「降りる」にも使える》 ‖
**climb** the stairs 階段を登る.
The bus **climbed** the hill slowly. バスはゆっくりと丘を上った.

Q&A　Q: **climb** Mt. Fuji (富士山に登る)のように「東京タワーに上る」にも **climb** が使えますか.
A: いいえ.エレベーターなどで上るときには使えません. например (名) Tokyo Tower といい,同じように「ロープウェイで山に登る」は go up the mountain by cable car といいます.

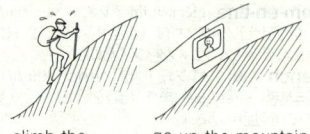

climb the mountain　　　go up the mountain by cable car

**2** 〈植物が〉〈壁など〉を伝って[巻きついて]上る.
**3** 〈太陽・煙・飛行機などが〉〈空など〉に昇る ‖
The sun **climbed** the sky. 太陽が空に昇った.
**4** 〈栄達の道など〉を歩む,昇進する.
――⑪ **1** 〈人・動物が〉(手足を使って)(よじ)登る,上がる;(壁・さくを)よじ登って越える ‖
**climb** up a tree 木に登る.
**climb over** a wall 壁を乗り越える.
I **climbed onto** the bicycle. 私は自転車にまたがった.
**climb up** the Matterhorn マッターホルンに登る

《♦他動詞用法 climb the Matterhorn では「頂上まで登る」を意味する》.
対話 "Where is the top of this mountain?" "Well, we have to **climb** about 300 more meters." 「この山の頂上はどこなんですか」「もうあと300メートル登らなければなりません」.
**2**〈手足を使ってはうように〉進む ‖
**climb** into one's bed ベッドにもぐり込む.
**climb** into [out of] a car （幼児などが）車に乗り込む[から降りる]
**climb** through the window 窓をよじ登って出る[入る].
**3**〈飛行機・煙・太陽などが〉上昇する；〈物価・温度などが〉上がる《♦「気球が上がった」は The balloon rose. といい **climbed** は使わない》‖
The airplane **climbed** above the clouds. 飛行機は雲の上に昇った.
Military budgets are **climbing** steadily. 軍事費が着実に増えている.
The death toll from the hurricane **climbed** to 20. ハリケーンによる死者の数は20人にのぼった.
**4**〈道が〉上り坂になる.
**5**〈植物が〉はい登る(+*over*).
**6**〈人が〉(努力して)出世する, 昇進する；〈評判・地位などが〉上がる ‖
He has **climbed** to a high position. 彼は出世した.
The higher you **climb**, the harder you fall.《ことわざ》高く登った分だけ, 落ちた[失敗した]とき痛い.
***clímb dówn*** (1) [自]（手足を使って）降りる ‖ **climb down** from the roof 屋根から降りる. (2) [自]（自分の非や誤りを認めて）引き下がる, 譲歩する；(高位から)降格する, 下がる. (3) [〜 *down* を]（手足を使って）…を降りる.
—名C（通例 a 〜）**1**登ること, (ひと)登り, 登山, 登坂；上がること, 上昇. **2**登る(必要のある)所, 急坂, 傾斜面.

**climb-down** /kláimdàun クライムダウン/ 名C **1**（はい）降りること. **2**《略式》(主張・要求などの)撤回；譲歩.

**climb-er** /kláimər クライマ/ 名C **1**登山家[者]；登る人[物], 上昇するもの. **2**《植》よじ登り植物《ツタなど》.

**clinch** /klíntʃ クリンチ/ 動《類音》clench /klénʃ/)（三現単~・es/-iz/）他 **1**〈(打ち込まれた)くぎを〉打ち曲げる, …の先をたたきつぶす.
**2**〈板などを〉をしっかり固定させる.
**3**《略式》〈問題・議論などに〉決まりをつける ‖
**clinch** a deal 取引をまとめる.
**clinch** the matter 事件のかたをつける.
**4**《正式》《ボクシング》〈相手を〉クリンチする.
—名（複 〜・es/-iz/）C《ボクシング》クリンチ.

**cling** /klíŋ クリング/ 動（過去・過分 clung /klʌ́ŋ/）**1**くっつく, 粘着する ‖
The mud **clung** to her skirt. 彼女のスカートに泥がくっついていた.
**2**すがりつく, しがみつく ‖

I was **clinging** to my beer glass. 私はビールのグラスを離さなかった.
**3**[**cling to A**] A〈希望・習慣など〉に執着する, …を固守する ‖
I still **cling** to my belief. 私はまだ自分の信念に執着している.

**cling·ing** /klíŋiŋ クリンギング/ 動→cling. —形 **1**〈衣服が〉(からだに)ぴったりした. **2**まといついた.

**clin·ic** /klínik クリニク/ 名C **1**（特殊な病気の）診療所, クリニック. **2**《米》(医大・病院付属の)診療所；専門相談所.

**clin·i·cal** /klínikl クリニカル/ 形 **1**臨床の. **2**病床の. **3**冷静な, 客観的な.

**clink** /klíŋk クリンク/《擬声語》動自〈ガラス・金属が〉カチン[チリン]と鳴る. —他〈ガラス・金属を〉カチン[チリン]と鳴らす. —名C カチン[チリン]と鳴る音(→ clang).

**Clin·ton** /klíntn クリントン/ 名 クリントン《Bill [William Jefferson] ~ 1946- ；米国の第42代大統領(1993-2001)》.

**clip**¹ /klíp クリプ/ 動（過去・過分 clipped/-t/；現分 clip·ping）他 **1**〈毛・植木などを〉はさみで摘む, 刈る；〈記事・絵などを〉切り取る[抜く]‖
**clip** a hedge 生け垣を刈り込む.
**clip** a picture out of the paper 新聞から写真を切り抜く《♦人間の長い頭髪を刈るときはふつう cut》.
**2**〔比喩的に〕…を摘む, 刈り取る ‖
**clip** the powers of the ministers 大臣の権限を縮小する.
**3**《略式》〈人・からだの一部〉を強くなぐる ‖
**clip** him on [round] the ear 彼の耳をぶんなぐる.
—名C **1**（はさみで）切ること, 刈り込み；《主に米》新聞の切り抜き. **2**新聞の切り抜き.

**clip**² /klíp クリプ/ 名C **1**クリップ, はさみ金具. **2**（万年筆の）留め金具. **3**挿弾(子).
—動（過去・過分 clipped/-t/；現分 clip·ping）他 …をクリップで留める[はさむ]‖
**clip** papers together 書類をクリップではさむ.

**clip·board** /klípbɔ̀rd クリプボード/ 名C 紙ばさみ付き筆記板, クリップボード.

**clip·per** /klípər クリパ/ 名C **1**(昔の)快速帆船. **2**切る[刈る]人.
**3**（通例 〜s）（木・針金などを切る）はさみ《♦数えるときは a pair [two pairs] of clippers という. 紙・布などを切るはさみは scissors》‖
hair-**clippers** バリカン.
nail **clippers** つめ切り.

**clip·ping** /klípiŋ クリピング/ 動→ clip¹.
—名C **1**切られたもの；U 切る[刈る]こと ‖
nail **clippings** 切られたつめ.
**2**(もと米)新聞・雑誌の切り抜き(《米》cutting).

**clique** /klíːk クリーク/《略式》名C （主に文学的）(排他的な)派閥, 徒党.

**cloak** /klóuk クロウク/《類音》clock /klɑ́k/)名C **1**(ふつうそでなしの)マント《♦今は overcoat の着用がふつう》

draw on a **cloak** マントをまとう.
**2** 覆い隠すもの, 仮面, 口実 ∥
a **cloak** for bribery わいろ行為の偽装.
**ùnder (the [a]) clóak of A** A〈慈善など〉の口実のもとに; A〈夜・やみ〉にまぎれて.

**cloak·room** /klóukrùːm クロウクルーム | klɔ́ːk- クロー/ 图ⓒ **1** (劇場などの)携帯品[手荷物]一時預り所, クローク. **2** (英)(公共の)トイレ, 便所.

**clob·ber** /klάbər クラバ | klɔ́b- クロバ/ 動他 (略式) **1** 〈人〉をぶんなぐる. **2** 〈競技などの相手〉をひどく負かす.

** **clock** /klάk クラク | klɔ́k クロク/ (類音) c*rock*/krάk | krɔ́k/) 〖『鐘』が原義. 昔は鐘の音で時刻を知らせた. cf. cloak〗
――图 (徆 ~s/-s/) ⓒ **1** 時計《掛け時計や置き時計. 携帯用の時計は watch. (図) → watch》∥
set the **clock** for seven 時計を7時にセットする.
wind (up) the **clock** 時計のネジを巻く.
The **clock** struck two. 時計が2時を打った.
The **clock** is slow. 時計は遅れている.
The **clock** is (two minutes) fast. 時計は(2分)進んでいる《◆「時計が進む[遅れる]」は The *clock* gains [loses].》.
対話 "What's the time?" "The wall **clock** says that it is nine twenty." 「今何時ですか」「掛け時計では9時20分です」.

関連 [**clock** のいろいろ] table clock 置き時計 / wall clock 柱[掛け]時計 / alarm clock 目覚し時計 / grandfather clock 大型の柱時計 / cuckoo clock カッコウ時計 / digital clock デジタル時計 / musical clock オルゴール時計 / time clock タイムレコーダー / clock radio 時計つきラジオ.

**2** (略式)速度計; 走行距離計; タクシーのメーター; ストップウォッチ; タイムレコーダー.
**agàinst the clóck** (略式)時計とにらめっこで, 時間に追われて.
**(a)róund the clóck = the clóck (a)róund** まる一日中, 昼も夜も; 休みなくぶっ通しで.
――動 他 **1** 〈レース・ランナー〉のタイムを計る. **2** (略式)〈ある時間・スピードなど〉を達成[記録]する.
**clóck ín [ón]** (自) (タイムレコーダーで)出勤時を記録する; (出勤して)仕事を始める.
**clóck óut [óff]** (自) (タイムレコーダーで)退出時刻を記録する; 仕事を終える.

**clock·wise** /klάkwàiz クラクワイズ | klɔ́k- クロク-/ 副形 (時計の針のように)右回りに[の].

**clock·work** /klάkwə̀ːrk クラクワーク | klɔ́k- クロク-/ 图 ⓤ 時計仕掛け[仕掛け]; [形容詞的に] 時計[ぜんまい]仕掛けの.
**lìke clóckwork** 規則正しく, 正確に; スムーズに, すらすらと.

**clod** /klάd クラド | klɔ́d クロド/ (類音) cl*ad*/klǽd/) 图ⓒ (粘土・土の)かたまり.

**clod·hop·per** /klάdhὰpər クラドハパ | klɔ́dhɔ̀p-クロドホパ/ 图ⓒ **1** 田舎(いなか)者. **2** [通例 ~s] どた靴.

**clog** /klάg クラグ | klɔ́g クロッグ/ 動 (過去・過分) clogged/-d/; (現分) clog·ging) 他 〈機具などの〉動きを妨害する, 〈管など〉を詰まらせる; 〈心など〉を(不安などで) ふさぐ(+*up*).
――自 〈機械などが〉動きが悪くなる; 詰まる.
――图ⓒ **1** [通例 ~s] 木靴 ∥
wooden **clogs** (日本の)げた.
**2** 動きを妨げるもの.

**clois·ter** /klɔ́istər クロイスタ/ 图ⓒ〖建築〗[通例 ~s] (修道院・大学・寺院などの)回廊, 柱廊.

**clone** /klóun クロウン/ 图 **1** ⓒ〖生物〗クローン, 栄養系, 分枝系《1つの細胞または個体から無性生殖的に発生した遺伝的に同一の細胞[個体]群》. **2** (略式) そっくりなもの[人], 写し. ――動 (現分) clon·ing) 他 …をクローンとして増やす.

**clon·ing** /klóunɪŋ クロウニング/ 動 → clone.
――图 ⓤ〖生物〗クローン化.

** **close**¹ /klóus クロウス/ (類音) cl*oth*/klɔ́(ː)θ/) 〖『互いに密着している』が本義〗
――形 (比較) clos·er, (最上) clos·est) **1** (距離・時間の点で)接近した, ごく近い ∥
a **close** view 近景.
at **close** range [ˣdistance] 近距離で.
The hut is **close** to [ˣfrom] the lake. 小屋は湖のすぐ近くにある.
Our ages are very **close**. = We are very **close** in age. 私たちの年齢はごく近い.
対話 "I can't see so well from here." "Let's go down there and get a **closer** look." 「ここからはあまりよく見えません」「あそこまで降りて行ってもっと近くから見ようよ」.

**2 a** (関係・愛着の点で) 親密な, 親しい, 気心の知れた, 身近な; 緊密な, 密接な (→ intimate) (↔ distant) ∥
a **close** friend 親友.
people **close** to her 彼女に親しい人々.
be in **close** association with them 彼らと親密な交際[提携]をしている.
There is a **close** relationship between Japan and the US. 日米両国間には緊密な関係がある.
対話 "Why are you looking at us that way?" "I didn't know you two are that **close**." 「どうしてそんなふうに私たちのことを見ているの」「君たち2人がそんなに親しいとは知らなかったんだ」.
**b** (程度・状態の点で) 似かよった, 類似した ∥
a **close** resemblance 酷似.
She is **close** to tears. 彼女は今にも泣きそうだ.
Spanish is **close** to Italian. スペイン語はイタリア語によく似ている.

**3 a** [通例名詞の前で] 〈観察・注意などが〉綿密な, 周到な, きめの細かい ∥
after (a) **closer** examination もっとよく調べてから.
tàke a **clóse** lóok at his plan 彼の計画に注目

する.
This work needs **close** attention. この仕事は細心の注意を要する.
Keep a **close** grip on your purse. 財布のひもをしっかり握っておけ.
**b** 〈写本・翻訳などが〉(原典に)忠実な, 厳密な ‖
a **close** translation 原文に忠実な翻訳.
**4** [通例名詞の前で] 〈間隔が〉密集した, ぎっしり詰まった ‖
**close** printing 活字がびっしり詰まった印刷.
**close** bushes 密生した灌(㌽)木.
in **close** order 密集隊形で.
**5** [通例名詞の前で] 〈服が〉ぴったり合った(tight) ‖
a **close** hat ぴったり合う帽子.
**6** 〈競技・試合・選挙などが〉接戦の, 互角の ‖
have a **close** contest [game] with him 彼と接戦を演じる.
a **close** district 《米》勢力の伯仲した選挙区.
**7** 〈場所が〉狭苦しい, 窮屈な; 閉ざされた ‖
live in **close** quarters 狭苦しい所に住む.
a **close** area 四方を山に囲まれた地域.
**8** 〈部屋・空気が〉風通しの悪い, 息苦しい;〈天気が〉むし暑い, うっとうしい(stuffy, sultry) ‖
a hot, **close** room 暑くて息苦しい部屋.
It [The air] is very **close** in here. ここはとても暑苦しい.
**9 a** 秘密の, 隠された ‖
kèep [lìe] **clóse** 隠れている.
kéep the màtter **clóse** その件を秘密にしておく.
**b** 《略式》[補語として] 秘密にしたがる(secretive), 口数の少ない ‖
She was very **close** about her past. 彼女は自分の過去については話したがらなかった.
**10** 厳重に監禁された ‖
a **close** prison 監視のきびしい刑務所.
**11** 《略式》[補語として] 〈人が〉手離さない, けちな;〈金が〉乏しい ‖
He is **close** with his money. 彼は金にけちけちする.
**12** 〈頭髪・芝生などが〉短く刈りこまれた.
**13** 〔音声〕〈母音が〉閉音の《舌の位置が口蓋(㌽)に近い》.
──**副** (比較) **clos·er**, (最上) **clos·est**) **1** 接近して, 密接して, すぐ近くに ‖
draw **close** 〈日などが〉近づく.
The dog followed **close** behind (me). 犬は(私の)すぐあとについてきた.
対話 "It takes me only twenty minutes to get to the office." "So you must live very **close** to the place." 「会社まで20分しかかかりません」「それでは, きっと近くに住んでおられるのですね」.
**2** ぴったりと, くっつき合って, 密集して(+*together*) ‖
come **close** together 互いに身を寄せ合う.
He héld her **clóse**. 彼は彼女をひしと抱いた.
(**close**) **at hánd** → hand 图.
**clóse on** [**upòn**] (1) 〈年齢・時間・数値が〉ほとんど…で, …近くで(almost) ‖ He is **close** on sixty. 彼はもうすぐ60歳だ. (2) …に引き続いて.
**clóse to** (1) → 形 1, 副 1. (2) =CLOSE on (1) ‖ **Close to** 300 people came. 300人近くの人が来た. (3) /klóuz túː クロウズ トゥー/ 近くに[で] ‖ I saw him **close to**. 彼を近くで見た.
**clóse úp** (**to** A) (A〈人・物〉に)密着して, 寄りそって.
**clóse cáll** 《略式》(1) 危機一髪(で危険や失敗をのがれること)(narrow escape). (2) 勝敗が微妙な試合の審判の判定.
**clóse sháve** 《略式》=close call (1).
**clóse thíng** (1) =close call (1). (2) 薄氷の勝利.

## **close**[2]
/klóuz クロウズ/ (同意) cloze, △clothes) 『原義の「開いているものを閉じる」から「活動や機能を止める」の意が生まれた』
→ 動 他 **1** 閉じる, 閉める **5** 終える
自 **1** 閉まる **2** 終わる
──**動** (三単現) clos·es/-iz/; (過去・過分) ~d /-d/; (現分) clos·ing)

| 他 と 自 の関係 | |
|---|---|
| 他 **1** close A | Aく〈ドア・門・窓など〉を閉じる |
| 自 **1** A close | A〈ドア・門・窓など〉が閉まる |

──他 **1** 〈人・物〉が〈開いているドア・門・窓など〉を閉じる, 閉める (→ shut Q&A) (↔ open) ‖
**Close** [Shut] your eyes, and I'll kiss you. 目を閉じてごらん, キスしてあげる.
She **closed** the door tightly behind her. 彼女は入ってからドアをきっちり閉めた.
**2 a** 〈店・工場などを〉閉じる, 閉鎖する(+*off*) ; …の営業を中止する ‖
The shop is **closed** at seven. その店は7時に閉店になる[閉店している].
対話 "How late are you open?" "Sorry, we're **closed** after seven." 「お店は何時まで開いていますか」「あいにく7時には閉店いたします」.
**b** 〈道路・井戸などの〉使用を中止する ‖
This road is **closed** to traffic for construction work. この道路は工事中のため通行止めだ.
**3** 〈すき間などを〉ふさぐ, 閉鎖する (+*off, up*) ‖
**close** the hole 穴をふさぐ.
Rocks **closed** the road. 岩が道路を遮断した.
**4** 〈人・動物を〉閉じ込める ‖
The burglar **closed** the couple **in** the basement. 強盗は夫婦を地下室に閉じ込めた.
**5** 〈議論・仕事・取引などを〉終える, 締めくくる, 止める;〈申し込みを〉締め切る;〈勘定を〉締める ‖
The professor **closed** his lecture by quoting Shakespeare. 教授はシェイクスピアを引用して講義を締めくくった.
**6** 〈列の間隔を〉詰める, 寄せる; …をくっつける; …を密集させる ‖
**close** ranks 列の間を詰める;〈政党などを〉大同団結させる.
**7** 〈目・心・門戸を〉閉ざす ‖
Japan **closed** its door to Westerners in

the Edo period. 江戸時代の日本は西洋人に対して門戸を閉ざしていた.

―― 自 **1** 〈ドア・門・窓などが〉**閉まる**;〈目・唇・花(びら)などが〉閉じる, くっつく(+*up*);〈穴・傷口などが〉ふさがる(+*up*) ‖
This door **clóses** by itsélf. このドアはひとりでに閉まる.

**2** 〈店・会社・施設などが〉**終業する**, ひける, 閉まる;〈会・討論などが〉終わる ‖
School has **closed** for the Christmas holidays. 学校はクリスマスで休みになった.
We're **closing** in five minutes. あと5分で閉店[閉会]です.
Well, I must **close** now. (手紙で)ではこの辺でペンを置きます.
We never **close**. (掲示)年中無休.

**3** 〈敵・やみ・霧などが〉しのび寄る(+*in*, *down*);閉じ込める ‖
The night **closed** in (on us). 夜のとばりが降りた.

**4** 〈間隔が〉狭(ﾞ)まる;〈人が〉間隔を狭める(+*up*) ‖
Close up a bit. ちょっと詰めてくれ.

**clóse (a)róund** [《主英》**abóut**] **A** 〈人・物〉を(次第に)取り囲む, じりじりと迫る.

**clóse dówn** (1) [自]〈工場・店などが〉閉鎖[停止, 廃業]する;《英》(当日の)放送が終了する;《米》〈やみ・霧などが〉迫る, 降りる(→ 自 **3**). (2) [他]〈工場・店などを〉閉鎖[停止, 廃業]する;〈放送局〉に(当日の)放送を終了させる.

**clóse dówn on A** **A**〈麻薬の取引など〉を禁止する;**A**〈反乱など〉を押さえる.

**clóse ín** (1) [自]〈日が〉次第に短くなる;→ 自 **3**. (2) [他] …を閉じ込める.

**clóse ón** [他]〈手が〉…をしっかりと握る;〈夜が〉〈人〉に徐々にしのび寄る.

**clóse óut** 《米》[他]〈商品〉を(閉店などのため)在庫一掃大安売りする.

**clóse úp** (1) [自]〈店などが〉(一時的に)閉まる, 業務を停止する;〈花(びら)が〉閉じる;〈傷口などがふさがる;口を閉ざす, 黙る;→ 自 **1**, **4**. (2) [他]〈店などを〉(一時的に)閉める;〈道路などを〉閉鎖する;〈活字・スペース〉を詰める.

―― 名 /klóuz/ C [通例 a ~ / the ~] (活動・時間・期間の)最後, 終わり;(話・劇などの)結末, 締切り ‖
the close of the game 試合の結末.
at the close of the chapter 章末で.
**bríng A to a clóse** …を終わらせる.
**cóme [dráw] to a clóse** 終わりになる.

**close-by** /klóusbái クロウスバイ/ 形 すぐ近くの, 隣接する.

**closed** /klóuzd クロウズド/ 動 → close².
―― 形 (↔ open) **1** 閉じた.
**2** 囲まれた.
**3** 閉店の, 休業の ‖
Closed Today. (掲示)本日休業.
We're closed. (掲示)閉店しました, 休業中(→

we 代 **3** Q&A).
**4 a** 制限された ‖
a **closed** membership 限定会員.
**b** 非公開の ‖
behìnd closed dóor(s) 内密に, 非公開で.

**clósed shóp** クローズド=ショップ《労働組合員だけを雇う工場・会社. cf. union shop》(↔ open shop).

**closed-cir·cuit** /klóuzdsə́ːrkət クロウズドサーキト/ 形 **1**《電気》閉回路の. **2** 有線方式の.

**close·li·er** /klóusliər クロウスリア/ 形 → closely.

**close·li·est** /klóusliist クロウスリイスト/ 形 → closely.

*__close·ly__ /klóusli クロウスリ/ [→ close¹]
―― 副 (比較 more ~, 時に ··li·er; 最上 most ~, 時に ··li·est) **1** (抽象的関係において)**密接に**;親密に ‖
He **closely** resembles his father. 彼は父親にそっくりだ.

**2** 綿密に, 細かく注意して, 念入りに, 厳重に《◆close は用いない》‖
Study this report **closely**. この報告書を綿密に検討せよ.
look **closely** at a problem 問題を入念に見る.
**3** ぴったりと, きっちりと, ぎっしりと(詰めて) ‖
be **closely** packed with people 人々がぎっしり詰まっている.
This dress fits **closely**. このドレスはぴったり合う.

**close·ness** /klóusnəs クロウスネス/ 名 U **1** 近いこと, 接近, 近似. **2** 親密(さ), 緊密(さ). **3** 厳密(さ), 精密(さ). **4** 密着, 密集. **5** 閉鎖.

**clos·et** /klázət クラゼト | klɔ́zət クロゼト/ 名 C 《主に米・カナダ》(台所用品・衣類・食料などの)物置, 収納室, 戸棚, 押入れ, 《英》cupboard.
―― 形《米略式》秘密の, 人には知られていない; 非実際的な.
―― 動 他〈人〉を(密談のため)小部屋に閉じ込める.

**close-up** /klóusÀp クロウサp/ 《発音注意》《◆ ˈˈpˈ クロウザp》名 C《写真・映画・テレビ》接写;大写しの写真, クローズアップ.

**clos·ing** /klóuziŋ クロウズィング/ 動 → close².
―― 名 U 閉じること, C 終わり.
―― 形 終わりの(↔ opening) ‖
a **closing** ceremony 閉会式.
**clósing tìme** 閉店[終業]時刻.

**clo·sure** /klóuʒər クロウジャ/ 名 UC 閉める[締まる]こと.

**clot** /klát クラト | klɔ́t クロト/ 名 C (血・粘土・ゴムなどの)どろっとした固まり.
―― 動 (過去・過分 clot·ted/-id/; 現分 clot·ting) 他〈…を〉凝固(ぎょう)させる. ―― 自 凝固する.

**\*\*cloth** /klɔ(ː)θ クロ(ー)ス | klɔ́θ クロス/ 《類音 close¹/klóus/》『「布」が本義』
派 clothe (動), clothes (名), clothing (名)
―― 名 (複 ~s /1 の意では -s, 2 では klɔ́(ː)ðz/) **1** U
《種類を表すときは C》布(地);[形容詞的に] 布

製の ‖
**cloth** of gold 金糸織.
two yards of **cloth** 布地2ヤール.
**2** [C] (特定の用途の)**布切れ**; 食卓掛け(tablecloth); ふきん(dishcloth); ぞうきん(dustcloth) ‖
lay the **cloth** 食事の用意をする.

**clothe** /klóuð クロウズ/ ([類音] close²/klóuz/) [動] ([過去・過分] ~d/-d/ または《古・文》 clad/klǽd/; [現分] cloth·ing) [他] **1** [通例 be ~d / ~ oneself] 着る《◆ dress より飾り気のない堅い語》‖
**be clothed in** silk 絹の服を着ている.
**clóthe onesèlf in** one's bést 晴れ着を着る.
**2** 〈人〉に衣服をあてがう. **3** 《文》…をすっかり覆う.

**clothes /klóuz クロウズ, klóuðz/ ([同音] △close²) 《◆/klóuziz, klóuðziz/ でないことに注意》〖→ cloth〗
—[名] [集合名詞; 複数扱い] **1** **衣服**, 身につけるもの《◆ 時に帽子・靴も含む》([類] dress, costume, clothing) ‖
baby **clothes** ベビーウェア.
put on one's **clothes** 服を着る.
two changes of **clothes** 着替え2着.
**Fine clothes make the man.** 《ことわざ》「馬子(まご)にも衣装」.
[対話] "Do you have many everyday clothes?" "No, I have only two suits of clothes." 「ふだん着をたくさんお持ちですか」「いや, 2着しか持っていません」.
**2** 寝具(bedclothes)《◆ 毛布・シーツを含む》.
**clóthes bàg** 洗濯物袋.
**clóthes bàsket** 洗濯物かご.
**clóthes trèe** 樹木形の帽子・コート掛け.

**clothes·line** /klóuzlàin クロウズライン, klóuðz-/ [名][C] 物干し綱《◆ line ともいう》.

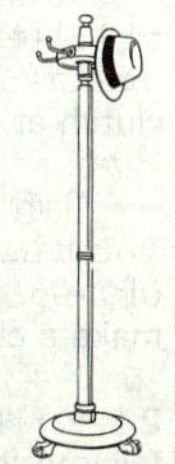
clothes tree

**clothes·pin** /klóuzpìn クロウズピン, klóuðz-/ [名][C] 《米》洗濯ばさみ.

***cloth·ing** /klóuðiŋ クロウズィング/ 〖→ cloth〗
—[動] → clothe.
—[名][U] [集合名詞] **衣料品**, 衣類《◆ clothes より堅い語で, 意味が広く, 帽子・靴など身につけるものをすべて含む. 個人使用の clothes に対して商売用のものをいう》‖
**an article** [《略式》 **a piece**] **of clothing** 衣類1点.
a **clothing** store 衣料品店.
food, **clothing** and shelter 衣食住《◆ 日本語との語順の違いに注意》.
Don't wear much **clothing**. 厚着をするな.

****cloud** /kláud クラウド/ ([類音] crowd /kráud/) 〖「岩や土のかたまり」が原義〗
[派] cloudy (形)
—[名] ([複] ~s/kláudz/) **1** [C][U] **雲** ‖
The sun came out from behind a **cloud**. 太陽が雲間から顔を出した.
**Every cloud has a silver lining.** 《ことわざ》どんな雲も裏は銀色に光っている; 「苦は楽の種」.
mushroom **cloud** (原爆による)きのこ雲.
**2** [C] **雲状のもの**, 煙 ‖
a **cloud of** sand もうもうと巻き上がった砂煙.
**3** [C] **大群** ‖
a **cloud of** locusts イナゴの大群.
a **cloud of** arrows 雨あられと飛んでくる矢.
**4** [C][U] (液体・ガラスなどの)曇り, 濁り; (大理石などの)きず.
**5** [C] 《文》暗雲, 憂うつ, 憂慮, 疑念; 浮かぬ様子 ‖
a **cloud** of war 戦雲, 戦争がはじまりそうな気配.
have a **cloud** on one's brow 浮かぬ顔をする.
The sad news cast a **cloud** over the party. その悲しい知らせにパーティーは憂うつなものになった.
***in the clóuds*** (1) 《略式》〈人・頭・心などが〉ぼんやりして; 空想にふけって《◆ ふつう have [with] one's héad in the *clóuds* の句で用いる》. (2) 〈事が〉実際的でない, 空想的な.
***ùnder a clóud*** (1) 疑われて, 嫌われて. (2) 憂うつで.
—[動] ([三単現] ~s/kláudz/; [過去・過分] ~·ed /-id/; [現分] ~·ing)

[他]と[自]の関係

| | | |
|---|---|---|
| [他] 1 | cloud **A** | **A** を曇らせる |
| [自] | **A** cloud | **A** が曇る |

—[他] **1** …**を曇らせる**, 〈液体〉を濁らせる ‖
The steam **clouded** my glasses. 湯気でめがねが曇った.
**2** …に暗い影を投げかける; 〈名声・評判など〉を汚す.
**3** 《文》…を暗くする; …を憂うつにさせる ‖
His face was **clouded with** anxiety. 彼の顔は不安で曇っていた.
—[自] **曇る**(+*over*, *up*)《◆ 比喩(ゆ)的にも用いる》.

**cloud·burst** /kláudbə̀ːrst クラウドバースト/ [名][C] 突然の豪雨, 暴風雨.

**cloud·i·er** /kláudiər クラウディア/ [形] → cloudy.

**cloud·i·est** /kláudiist クラウディイスト/ [形] → cloudy.

**cloud·less** /kláudləs クラウドレス/ [形] 雲のない, 晴れわたった.

****cloud·y** /kláudi クラウディ/ 〖→ cloud〗
—[形] ([比較] --i·er, [最上] --i·est) **1** 〈空・日などが〉**曇った**; 日のほとんどささない(↔ bright, sunny) ‖
It will be **cloudy** tomorrow. あすは曇りでしょう.
**2** 雲の(ような).
**3** 〈液体が〉はっきりしない; 〈川・鏡などが〉濁った.
**4** 〈考えなどが〉明瞭でない, あいまいな ‖
[対話] "You don't remember anything about the movie?" "Sorry, but my memory is very **cloudy** now." 「その映画のことは何も覚えてませんか」「すみませんが, 今はぼんやりした記憶

しかないのです」.
**5** 〈表情などが〉陰うつな.
**clóud·i·ness** 名U 曇り; 不透明; 不明瞭.
**clout** /kláut クラウト/ 名C (略式) [通例 a ~] (ふつうげんこつで)コツンとたたくこと(blow).
**clove**[1] /klóuv クロウヴ/ 名C (植) チョウジ; [通例 ~s] 丁字, クローブ《チョウジのつぼみを干して作る香辛料》.
**clove**[2] /klóuv クロウヴ/ 名C (植) 小鱗茎(りんけい)《ユリ根・ニンニクなどの1片》.
**clo·ver** /klóuvər クロウヴァ/ 名UC (植) クローバー, シロツメクサ《家畜の飼料になる. four-leaf clover (四つ葉のクローバー)は幸運をもたらすといわれる》.
*live [be] in clóver* (略式) ぜいたくにのんびり暮す.
**clown** /kláun クラウン/ (類音 crown/kráun/) 名C 道化役者, 道化師, ピエロ; おどけ者.
——動自 道化を務める; おどける.

\***club** /kláb クラブ/ (類音 crab/kræb/) [「先にこぶのついた太い棒」が原義(→ 名 **5**). こぶのように1つにまとまることから「クラブ, チーム」などの意が生まれた]
——名 (複 ~s/-z/) C **1** (社交・スポーツ・研究のための)クラブ ‖
a tennis club テニスクラブ.
a golf club ゴルフクラブ(◆ **4** の意味にもなる).
join a club クラブに入会する.
I am in [a member of] the music club. 私は音楽部に入っています.
**2** クラブ室, クラブ会館(clubhouse).
**3** こん棒, 警棒.
**4** (ゴルフの)クラブ(golf club); (ホッケーの)スティック.
**5** [トランプ] クラブ《♣の模様はこん棒をデザインしたもの》; [~s; 単数・複数扱い] クラブの組 ‖
the four of clubs クラブの4.
——動 (過去・過分 clubbed/-d/; 現分 clubbing) 他〈人・動物などを〉こん棒で打つ, なぐる.
——自 資金を出し合う(+*together*).

**club·house** /klábhàus クラブハウス/ 名C クラブ会館, クラブハウス《◆ 単に club ともいう》; (米) 運動選手のロッカー室.
**cluck** /klák クラク/ [擬音語] 動自〈めんどりが〉コッコッと鳴く《ひよこを呼び集めたり, 卵を抱くとき》. 関連 cackle (卵を産んで)コッコッと鳴く / crow おんどりが鳴く.
——名C コッコッという鳴き声.
**clue** /klú: クルー/ (類音 crew/krú:/) 名C 手がかり, ヒント, 糸口 ‖
get [find] a clue to a question 問題の糸口を見つける.

〈問題〉
clue〈糸口〉

——動 他《◆ 主に次の成句で》.
*be (all) clúed úp* (略式) 明るい, 精通している.

**clump**[1] /klámp クランプ/ (類音 clamp/klǽmp/) 名C 木立ち; (低木の)やぶ.
**clump**[2] /klámp クランプ/ 名 [a ~ / the ~] 重い足音; (略式) 一撃, ガツン. ——動自 ドシンドシン歩く.
**clum·si·ly** /klámzili クラムズィリ/ 副 ぎこちなく, 不器用に.
**clum·sy** /klámzi クラムズィ/ 形 (比較 **··si·er**, 最上 **··si·est**) **1** 不器用な; 〈道具などが〉不細工な, できの悪い ‖
clumsy shoes ぶかっこうな靴.
be clumsy with a tool 道具の扱いがへただ.
**2** 〈言葉が〉気のきかない ‖
a clumsy apology へたな言い訳.
**clúm·si·ness** 名U ぎこちなさ, 不器用.
**clung** /kláŋ クラング/ 動 → cling.
**clunk** /kláŋk クランク/ [擬音語] 名C ドスン[ゴツン](というにぶい音). ——動自他 (…に)ドスン[ゴツン]と当たる[音を立てる].
**clus·ter** /klástər クラスタ/ 名C **1** (花・果実などの)房(ふさ), かたまり ‖
a cluster of grapes 1房のブドウ.
**2** (同種の動物・人・物などの)群れ, 一団 ‖
in clusters =in a cluster 群れをなして, 集団で.
——動自〈人・生物が〉群れをなして集まる, 〈植物などが〉群生する ‖
When there's an accident, people always cluster together. 事故があるといつも人が集まってくる.
——他〈物を〉かたまりにする.
**clutch**[1] /klátʃ クラチ/ 動 (三単現 ~·es/-iz/) 他 …をぐいと握る[抱きしめる](→ snatch) ‖
She clutched her daughter to her breast. 彼女は娘をぎゅっと胸に抱きしめた.
——自 [clutch at **A**] **A**〈物・人〉をぐいとつかむ[つかもうとする]《◆ つかむ動作に焦点を当てた表現. 実際につかんだかどうかは文脈による》‖
clutch at a drifting log 漂っている丸太をぐいとつかむ.
——名 (複 ~·es/-iz/) C **1** [通例 a ~ / the ~] ぐいとつかむこと, しっかり握ること(grip); [a ~] つかむ[つかもうとする]手, 指 ‖
make a clutch at the man その男につかみかかる.
**2** [~es] 魔手, 手中, 支配 ‖
fall into the clutches of the enemy 敵の手中に陥る.
**3** (機械) クラッチ, クラッチ=ペダル[レバー]; (ボートの)クラッチ. **4** =clutch bag.
**clútch bàg** クラッチバッグ《脇にかかえる型のハンドバッグ》.
**clutch**[2] /klátʃ クラチ/ 名 (複 ~·es/-iz/) C **1** 一度にかえす卵, 1回に抱く卵. **2** 一度にかえったひな.
——動 (三単現 ~·es/-iz/) 他〈ひなを〉かえす.
**clut·ter** /klátər クラタ/ (類音 clatter/klǽtər/) 名CU 散らかり(の山), 混乱, 群がり, 騒々しさ.
——動他〈場所を〉散らかす, ごった返す.
**Clyde** /kláid クライド/ 名 [the ~] クライド川《スコ

ットランド南部の川. 河口に Glasgow がある》; the Firth of Clyde クライド湾.

**cm** (記号) centimeter(s).

**CM** (略) (まれ) commercial message.

**Co.** /kóu コウ, kámpəni/ (略) (商業) Company.

**c.o., c/o** (略) care of. …様方 ‖
Mr. Ford **c/o** Mrs. D. Brown D. ブラウン様方フォード様.

\***coach** /kóutʃ コウチ/ [初めてこの馬車が用いられたハンガリーの村の名 Kocs/kɔ́:tʃ/ から]
――名 (複) ~・es/-iz/) ⓒ 1 (米) バス; (英) 長距離 [観光] 用バス《◆ (英) では1階バスをさし, 市内用2階バス(double-decker)は単に bus として区別する》; [形容詞的に] バスの ‖
travel by **coach** バス旅行をする.
a **coach** tour [trip] バス旅行.
2 (鉄道) (米) 普通客車《◆ Pullman と区別して使う》, (英) (鉄道の)車両.
3 (旧式の)大型4輪馬車 ‖
a stage **coach** 駅馬車.
a **coach** and four 4頭立て4輪馬車.
4 (運動競技・演技などの)コーチ, 指導員; (サッカーなどの)監督 ‖
a singing **coach** 歌のコーチ.
a baseball **coach** 野球のコーチ.
5 (受験指導専門の)家庭教師.
――動 (三単現) ~・es/-iz/) ⓗ 1 〈人〉に指導する ‖
**coach** him in chess 彼にチェスを教える.
**coach** my son for the English exam 息子に英語の試験に備えて指導をする.
2 〈チームなど〉のコーチをする ‖
**coach** the football team フットボールのコーチをする.
――(自) 1 コーチを務める. 2 家庭教師について勉強する.

**cóach bòx** (野球) コーチャーズボックス ((図) → baseball).

**coach・er** /kóutʃər コウチャ/ (名) ⓒ 指導者; (野球) コーチ.

**co・ag・u・late** /kouǽgjəlèit コウアギュレイト/ (動) (現分) ‥lat・ing) (正式) ⓗ 〈溶液〉を凝固させる.
――(自) 〈溶液〉が凝固する.

**co・ag・u・la・tion** /kouæ̀gjəléiʃən コウアギュレイション/ (名) Ⓤ 凝固(作用); Ⓒ 凝固物.

\***coal** /kóul コウル/ (類音) call/kɔ́:l/) [「燃える石」が原義]
――名 (複 ~s/-z/) 1 Ⓤ 石炭; [形容詞的に] 石炭の ‖
(as) black as **coal** 真っ黒な.
a **coal** fire 石炭の火.

(関連) anthracite 無煙炭(hard coal) / bituminous coal 瀝(れき)青炭(soft coal) / cannel coal 燭(しょく)炭 / lignite 褐炭 / peat 泥炭 / coke コークス.

2 ⓒ (1個の)石炭; (英) [~s] (燃料用に)砕いた石炭.

**cárry** [**táke**] **cóals to Néwcastle** 《Newcastle-upon-Tyne が炭坑の中心地であったから》(英) 物をあり余った所へ持って行く; むだな骨を折る《◆That's (like) *coals to Newcastle*. (それは必要ないことだ)のようにも用いる》.

**cóal gàs** (燃料用の)石炭ガス; (石炭を燃やしたときに出る)ガス.

**cóal mìne** 炭坑, 炭山.

**cóal tàr** コールタール.

**co・a・li・tion** /kòuəlíʃən コウアリション/ (名) ⓒⓊ (正式) (党・国家などの一時的な)連合.

\***coarse** /kɔ́:rs コース/ (同音) course) (形) 1 粗雑な, 粗悪な, 下等な ‖
**coarse** fare [food] 粗食.
2 〈生地・粒・肌などが〉きめの粗い; 粗大な(⇔ fine) ‖
**coarse** tea 番茶.
3 〈態度・言葉などが〉(不快で)粗野な, 下品な, みだらな.

**cóarse・ly** (副) 粗野に, みだらに.

**cóarse・ness** (名) Ⓤ (生地などの)きめの粗さ; 粗雑; 粗野.

**coars・en** /kɔ́:rsn コースン/ (動) (正式) ⓗ …を粗雑 [粗野, 下品] にする; …をざらざらにする. ――(自) 粗雑 [粗野, 下品] にする; ざらざらにする.

\***coast** /kóust コウスト/ (類音) cost/kɔ́(:)st/)
――名 (複 ~s/kóusts/) ⓒ 1 沿岸, 海岸; 沿岸地方 ‖
Boston is on the Atlantic **coast**. ボストンは大西洋沿岸にある.
The ship sank off the **coast** of Ireland. 船はアイルランドの沖合で沈んだ.

(類) coast は地図・気候・防備などの面から見た海岸. beach は shore の一部で, 海水浴・保養のための海岸. 大きな湖の浜にも用いる. shore は海岸についてふつう用いられる語で川・湖などの岸についても用いる. 観光地としての海岸は seaside.

2 [the C~] (米) (米国の)太平洋岸(地域).
**from cóast to cóast** (米) 太平洋岸から大西洋岸まで(の), 全国(的)に[の].
**The coast is clear.** じゃま者や敵などがいない, 障害はない.

**cóast guàrd** [しばしば C~ G-] (米) 沿岸警備隊(員).

**coast・al** /kóustl コウストル/ (形) 沿岸の.

**coast・er** /kóustər コウスタ/ (名) ⓒ 1 沿岸航行者[船], 沿岸貿易船. 2 (コップなどの下に敷く)コースター; (食卓用ブドウ酒びんの)銀製の盆.

**coast・line** /kóustlàin コウストライン/ (名) ⓒ (主に海から見た)海岸線.

\*\***coat** /kóut コウト/ (同音) cote; (類音) caught/kɔ́:t/, court/kɔ́:rt/) [「覆うもの」が本義]
――名 (複 ~s/kóuts/) ⓒ 1 (背広・女性用スーツの)上着 (類) jacket) ‖
a **còat** and skírt [単数扱い] 女性外出用スーツ.

A **còat** and **tíe** are required. 《レストランの入口の掲示》上着とネクタイをお召しください.
**2** コート, 外套(がい) ‖
a heavy **coat** 厚手のコート.

> 関連 [**coat** のいろいろ] trench coat トレンチコート / rain coat レインコート / duffel coat ダッフルコート / overcoat オーバー / topcoat 軽いオーバー.

**3** (動物の)被毛, 毛(fur); (植物の)皮, 殻.
— 動 他 [通例 be ~ed] 覆われる.
**cóat hànger** 洋服掛け, ハンガー.

**coat·ed** /kóutid コウティド/ 動 → coat.
— 形 光沢のある; 〈レンズが〉コーティングを施した.

**-coat·ed** /kóutid -コウティド/ 連結形 …を塗った, …で包んだ. 例: sugarcoated 砂糖で(外側を)固めた.

**coat·ing** /kóutiŋ コウティング/ 動 → coat.
— 名 CU 上塗り; 〔光学〕コーティング; 被覆物.

**coax** /kóuks コウクス/ (同音 cokes) 動 (三単現 ~·es/-iz/) 他 **1** 〈人〉を(何度も)説得して…させる, 〈人〉を説得して…をやめさせる; 〈物〉をうまく扱って…させる(+up) ‖
coax a child to take [into taking] its medicine 子供の機嫌を取り薬を飲ませる.
coax a fire to burn うまく火を燃やす.
**2** …を(人から)うまく引き出す.
— 自 甘言(かんげん)を使う, なだめる, だます.

**cob** /káb カブ/ k5b コブ/ (類音 cab/kǽb/, cub/kʌ́b/) 名 C **1** トウモロコシの穂軸(図→corn). **2** コップ種の馬《短脚で丈夫》. **3** 雄のハクチョウ.

**co·balt** /kóubɔːlt コウボールト/ -/ 名 U **1**〔化学〕コバルト(記号 Co). **2** コバルト色, コバルト絵の具.
**cóbalt blúe** コバルトブルー(の).

**cob·ble** /kábl カブル/ k5bl コブル/ 名 C **1** [通例 ~s] =cobblestone. **2** (英)[~s] 丸石大の石炭. — 動 (現分 cob·bling) 他 …に丸石を敷く.

**cob·bler** /káblər カブラ/ k5bl- コブラ/ 名 C **1** (古)靴直し(店), 《◆shoemaker, shoe repairer がふつう》.

**cob·ble·stone** /káblstòun カブルストウン/ k5bl- コブル-/ 名 C (鉄道・道路舗装・壁用の)丸石, 玉石, くり石(cobble) (→ stone 名 2).

**co·bra** /kóubrə コウブラ/ 名 C〔動〕コブラ《インド・アフリカ産の毒ヘビ》.

**cob·web** /kábwèb カブウェブ/ k5b- コブ-/ 名 C クモの巣[糸]. — 動 (過去・過分 cob·webbed/-d/; 現分 ~·web·bing) 他 〈クモが〉…に巣を張る.

**Co·ca-Co·la** /kòukəkóulə コウカコウラ/ 名 U (商標) コカコーラ (《略式》 coke, Coke); C 1 びん[1杯]のコカコーラ.

**co·caine, --cain** /koukéin コウケイン, 《米+》 ⊃-/ 名 U コカイン《麻酔剤・興奮剤》.

**coch·i·neal** /kàtʃiníːl カチニール/ k5tʃ- コチ-/ 名 **1** C〔昆虫〕エンジムシ《サボテンに寄生する》. **2** U コチニール《エンジムシを乾燥して採る鮮紅色の染料》.

**cock**[1] /kák カク/ k5k コク/ 名 C **1** (主に英)(成長した)おんどり, 雄鳥 ((米) rooster) (↔ hen) ‖
Every cock crows on its own dunghill. (ことわざ) どのおんどりも自分の糞(ふん)の山の上でときをつくる;「内弁慶はだれにでもできる」.

> 関連 cockerel 若いおんどり / cock-a-doo-dle-doo コケコッコウ《おんどりの鳴き声》/ cluck コッコッ《めんどりの鳴き声》.

**2 a** [しばしば複合語で](鳥の)雄 ‖
a **cock** robin 雄のコマドリ.
a pea**cock** 雄のクジャク.
**b** (大エビ・カニ・サケなどの)雄.
**3** (ガス・水道・たるの)栓, 飲み口, コック.
**4** (銃の)撃鉄.
— 動 他 **1**〈銃〉の打ち金を起こす.
**2**〈耳・鼻・目など〉をぴんと立てる, 上へ向ける ‖
**cock** one's nose 鼻をつんと上に向ける《◆軽蔑(けいべつ)の表情》.
— 自 〈耳・尾などが〉ぴんと立つ.

**cócked hát** (1) つばを上に曲げた帽子. (2) 三角[二角]帽.

**cock-a-doo·dle-doo** /kákədùːdldúː カカドゥードゥルドゥー/ k5k- コカ-/ 名 C コケコッコウ《おんどりの鳴き声》.

**cock·a·too** /kákətùː カカトゥー/ kɔ̀kətúː コカトゥー/ 名 (複 ~s) C〔鳥〕バタン《フィリピンからオーストラリア産の冠毛が鮮やかなオウムの類》.

**cock·er·el** /kákərəl カクレル/ k5k- コクレル/ 名 **1** (生後1年以内の)若いおんどり(→ cock). **2** けんか好きの若者.

**cock-eyed** /kákàid カカイド/ k5k- コカイド/ 形 斜視の.

**cock·le** /kákl カクル/ k5kl コクル/ 名〔貝類〕ザルガイ《トリガイの類》; その殻.

**cock·ney** /kákni カクニ/ k5k- コクニ/ 名 **1** [しばしば C~] C (生粋(きっすい)の)ロンドン子《◆特に East End の労働者階級をさす》. **2** U ロンドンなまり, コクニー《◆plate を /pláit/, house を /áus/ のように発音する》.

**cock·pit** /kákpìt カクピト/ k5k- コク-/ 名 C **1** (航空) 操縦室(図→airplane); (レーシングカーの)運転席, (ヨット・ボートの)操舵席. **2** 闘鶏場.

**cock·roach** /kákroutʃ カクロウチ/ k5k- コク-/ 名 (複 ~·es/-iz/) C ゴキブリ, アブラムシ (《俗称》 bláck bèetle).

**cock·sure** /káksʃúər カクシュア/ k5ksʃɔ́ː コクショー/ 形 (略式) 自信たっぷりの.

**cock·tail** /káktèil カクテイル/ k5k- コク-/ 名 **1** C カクテル《ジンなど強い酒をベースにした混合酒で食前に飲む. manhattan, old-fashioned など》. **2** C U (カキ・エビなどの)カクテル《前菜》; (食前に出す)フルーツ《トマト》ジュース.
**cócktail drèss** カクテルドレス《準正装用》.
**cócktail glàss** カクテルグラス.
**cócktail pàrty** カクテルパーティー《◆単に cocktails ともいう. ふつう複数形》.

**cock·y** /káki カキ/ k5ki コキ/ 形 (比較 --i·er, 最上 --i·est) (略式) うぬぼれた; 横柄な, 生意気な.

**co·coa** /kóukou コウコウ/ (発音注意)《◆ˣココア》 [名] **1** [U] ココア《粉末》; [C] カカオの木《◆cacao の方がふつう》. **2** [U] ココア《◆飲料》; [C] 1杯のココア (cf. chocolate **2**). **3** [U] ココア色.

**COCOM** /kóukàm コウカム | kóukɔ̀m コウコム/ 〚*Co*ordinating *Com*mittee for Export to Communist Area〛 ココム《対共産圏輸出統制委員会》.

**co·co·nut, -·coa·-** /kóukənʌ̀t コウコナト/ [名] **1** [C] (ココ)ヤシの実. **2** [U] (ココ)ヤシの果肉《食用》.
**cóconut mílk** ココナツミルク, ヤシの果汁.
**cóconut pàlm** 〔植〕ココヤシの木.

**co·coon** /kəkúːn コクーン/ [名] [C] (チョウ・ガ・特にカイコの)繭(まゆ)《中に pupa (さなぎ)が包まれている》.

**cod** /kɑ́d カド | kɔ́d コド/ [名] ([複] cod, 種類を表すときは ~s) **1** [C] 〔魚〕タラ(codfish). **2** [U] タラの肉.

**Cod** /kɑ́d カド | kɔ́d コド/ [名] Cape Cod コッド岬《米国 Massachusetts 州南東部の岬》.

**c.o.d., COD** [略] ([米]) collect [([英]) cash] on delivery.

**code** /kóud コウド/ ([類音] co*r*d, cho*r*d/kɔ́ːrd/) [名] [C] **1** 法典 ‖
the civil **code** 民法.
the criminal **code** 刑法.
**2** (社会・階級・同業者などの)規約(の体系), 規則, 習慣 ‖
the school **code** 校則.
a **còde** of hónor 紳士淑女の道, 決闘の作法.
**3** (体系立った)符号, 記号, 番号; 〔コンピュータ〕コード, 符号 ‖
break a secret **code** 暗号を解読する.
an área **còde** ([米・カナダ]) 市外局番 (([英]) dialing code).
**——**[動] ([現分] cod·ing) [他] …を暗号にする.

**códe-shàr·ing practice** /kóudʃèəriŋ- コウドシェアリング-/ (航空会社の)共同運航方式.

**cod·i·fy** /kɑ́dəfài カディファイ | kóudi- コウディ-/ [動] ([三単現] -·i·fies/-z/; [過去・過分] -·i·fied/-d/) [他] ([正式]) 〈法律・規則など〉を成文化[集成]する.

**co·ed, co-ed** /kóuèd コウエド/ 〚coeducational の略〛 ([略式]) [名] ([複] ~s) [C] **1** ([米]) (男女共学校の)女子大学生. **2** 男女共学の学校. **——**[形] 共学制の.
**cóed dòrm** ([米]) 大学の男女共用の寮.

**co·ed·u·ca·tion** /kòuedʒəkéiʃən コウエヂュケイション | -edju- コウエデュ-/ [名] [U] 男女共学 (([略式]) coed).

**co·ed·u·ca·tion·al** /kòuedʒəkéiʃənəl コウエヂュケイショナル | -edju- コウエデュ-/ [形] 共学の.

**co·ef·fi·cient** /kòuifíʃənt コウイフィシェント/ [名] [C] 〔数学・物理〕係数, 率 ‖
a differential **coefficient** 微分係数.
a **coefficient** of friction 摩擦係数.

**coe·la·canth** /síːləkæ̀nθ スィーラキャンス/ [名] [C] シーラカンス《中世代の魚で, 現存の種. 「生きた化石」として知られる》.

**co·erce** /kouə́ːrs コウアース/ [動] ([現分] -·erc·ing) [他] ([正式]) 〈人〉に無理強いする, 〈事〉を強要する.

**co·er·cion** /kouə́ːrʃən コウアーション/ [名] [U] 強制(力), 抑圧, 威圧; 弾圧政治.

**co·ex·ist** /kòuigzíst コウイグズィスト/ [動] [自] ([正式]) 〈国などが〉同時に[同一場所に]存在する; 共存する; 平和共存する.

**co·ex·is·tence** /kòuigzístns コウイグズィステンス/ [名] [U] 共存, 共在 ‖
peaceful **coexistence** 平和共存.

**co·ex·ist·ent** /kòuigzístnt コウイグズィステント/ [形] 共存する.

***cof·fee** /kɔ́ːfi コーフィ, kɑ́ːf- | kɔ́fi コフィ/
**——**[名] ([複] ~s/-z/) **1a** [U] 《◆「何種類かのコーヒー」の意では coffees となる》 **コーヒー** ‖
I like strong **coffee**. 濃いコーヒーが好きだ.
feel like some **coffee** コーヒーを飲みたい.
I drank two cups of **coffee**. コーヒーを2杯飲んだ.
Will you **make some coffee** for me? コーヒーを入れてくれますか.
[対話] "How would you like your **coffee**?" "I'd like mine black." 「コーヒーはどのようにいたしましょうか」「ブラック(ミルクなし)で願います」《◆white は milk または cream 入り》(→ [関連]).
**coffee and (doughnuts)** → and [接] **2**.
**b** [C] ([略式]) (1杯の)**コーヒー** ‖
How about a **coffee** on me? コーヒーでもどう, おごるよ《◆会話では a cup of *coffee* よりふつう》.
[対話] "Two **coffees**, please." "Certainly!" 「コーヒー2つください」「かしこまりました」《◆一般に「テーブルにコーヒーが2杯ある」というのを ˣThere are two *coffees* on the table. とはいわない》.

> [関連] (1) [用語] roast [blend, grind] coffee (beans) コーヒー豆を炒(い)る[ブレンドする, ひく] / fine grind 細びき《サイフォン用》/ medium [drip] grind 中びき《ふつうドリップ(drip coffee)用》/ coarse [regular] grind 荒びき《パーコレーター(percolator)用》.
> (2) [種類] ice(d) coffee アイスコーヒー / instant [soluble] coffee インスタントコーヒー / fresh [regular] coffee (たてて飲む)ふつうのコーヒー / decaffeinated /diːkǽfənèitid/ coffee カフェイン抜きのコーヒー《◆([商標]) Sanka/sǽŋkə/ が有名》/ Irish coffee アイリッシュ=コーヒー《◆ウイスキーの香りをつけ生クリームをのせる》/ espresso エスプレッソ《◆強く焙煎した豆に高圧蒸気[熱湯]を通す》/ café au lait カフェオレ.
> [文化] 米国のコーヒーは薄く, 日本のお茶に相当する日常的な飲料で, 至る所にコーヒーの飲める店がある. 英国や欧州では食後にミルクなしでコーヒーを少量飲む(after-dinner coffee)習慣がある. コーヒーはおとなの飲料で, 16, 17歳頃親にコーヒーを許可されることはおとなの仲間入りを意味する.
> [表現] American coffee は単に「アメリカ式のコーヒー」という意で, 日本でいう「アメリカンコーヒー」には当たらない.

**2 a** Ⓒ コーヒーの木(coffee tree).
**b** Ⓤ コーヒー豆; ひいたコーヒー(coffee bean) ‖ a pound of **coffee** コーヒー豆1ポンド.
**3** Ⓤ コーヒー色; [形容詞的に] コーヒー色の.
**4** =coffee break.

**cóffee bàr** (1)《米》コーヒー(専門)店. (2)《英》=《米》coffee shop (1).

**cóffee bèan** =coffee **2 b**.

**cóffee brèak**《主に米》(職場での)コーヒーブレイク《◆(1) 午前10時から午後3時に各15分程度. 単にcoffee ともいる. (2)《英》の tea break に当たる. ただし今は《英》でも, 特に午前中は coffee break とすることが多い》.

**cóffee cùp**《teacupに比べて米国では大きく, 英国では小さい》.

**cóffee hòuse**(軽食も出す)喫茶店;《英》コーヒーハウス, クラブ式軽食喫茶店《17-18世紀の文人・政客のたまり場. 現在では coffee bar より高級なものをさす》.

**cóffee machìne** コーヒー自動販売機.

**cóffee mìll** コーヒー豆ひき器.

**cóffee sèrvice [sèt]** (ふつう銀製の)コーヒー=セット《coffeepot, sugar bowl, creamer, tray など》.

**cóffee shòp** (1)《米》(ホテルなどの)喫茶軽食店(《英》coffee bar). (2) (コーヒー豆も売る)コーヒー店.

**cóffee tàble** (ソファーの前に置く)低いテーブル.

**cóffee trèe** =coffee **2 a**.

**cof·fee·pot** /kɔ́:fipàt コーフィパト, káf- | kɔ́:fipɔ̀t コーフィポト/ 图 Ⓒ コーヒーポット[沸かし].

**cof·fin** /kɔ́:fin コーフィン | kɔ́fin コフィン/ 图 Ⓒ 棺, ひつぎ.

**cog** /kág カグ | kɔ́g コグ/ 图 Ⓒ **1**〔機械〕(歯車の)歯. **2**《略式》(大きな組織・企業などで)小さな役割を果たしている人[物].

**co·gent** /kóudʒənt コウヂェント/ 形《正式》適切な, 説得力のある; 強制力のある.

**co·gnac** /kóunjæk コウニャク | kɔ́n- コニャク/ 图 [しばしば C~] Ⓤ コニャック《フランスのコニャック地方原産のブランデー》;《略式》(フランス産の)ブランデー; Ⓒ 1杯のコニャック.

**cog·ni·tion** /kagníʃən カグニション | kɔ́g- コグ-/ 图 Ⓤ《正式》認識(作用), 認知, 知覚; 認識されたもの, 知識.

**co·habit** /kouhǽbit コウハビト/ 動 圁《正式》**1** 同棲(せい)する, 共同生活をする. **2** 両立する, 共存する.

**co·hab·i·ta·tion** /kouhæbitéiʃən コウハビテイション/ 图 Ⓤ《正式》同棲(せい), 共同[集団]生活.

**co·her·ence, ‒en·cy** /kouhíərənsi コウヒアレンス(イ)/ 图 Ⓤ《正式》**1** =cohesion. **2** (話・文章の)首尾一貫性, 理路整然性, 結束 (consistency).

**co·her·ent** /kouhíərənt コウヒアレント/ 形《正式》**1** 密着した. **2**〈文章などが〉筋の通った.

**co·he·sion** /kouhí:ʒən コウヒージョン/ 图 Ⓤ《正式》結合, 粘着, 結束.

**coil** /kɔ́il コイル/ 動 他 **1** …をぐるぐる巻く(+up); …を巻きつける ‖

**coil** a long wire **around** the tree 木に長い針金を巻きつける.
**2** …を丸くする, 輪状にする ‖
He cóiled himsèlf on the bed. 彼はベッドで丸くなっていた.
— 圁 **1**〈ヘビなどが〉とぐろを巻く, 巻きつく; 丸くなる(+up). **2**〈川などが〉くねくね曲がる, うずを巻く.
— 图 Ⓒ **1** (綱・針金などの)1巻き, 輪; とぐろ巻き. **2**〔電気〕コイル, (冷蔵庫などの)らせん状のパイプ配管. **3** 巻き毛.

**\*coin** /kɔ́in コイン/《『鋳型』が原義》
— 图 (徴 ~s/-z/) Ⓒ 硬貨《◆表は head(s), 裏は tail(s) という. cf. bill》; Ⓤ〔集合名詞〕硬貨, 《俗》金(かね), 銭(ぜに) ‖
a copper **coin** 銅貨.
Do you collect **coins**? コインを集めていますか.
false **coin** にせ金.
pay in [with] **coin** 硬貨で支払う.
flip [toss] a **coin** コインを指ではじく《◆表(head)か裏(tail)かでサッカー・テニスなどで先攻を, その他順序などを決める》.

---

**事情**【米国の硬貨】

| 硬貨 | 通称 | 刻まれた肖像 |
|---|---|---|
| 1セント | penny | リンカーン (Lincoln) |
| 5セント | nickel | ジェファーソン (Jefferson) |
| 10セント | dime | F. ローズベルト (Roosevelt) |
| 25セント | quarter | ワシントン (Washington) |
| 50セント | half dollar | ケネディ (Kennedy) |
| 1ドル | | アイゼンハワー (Eisenhower) アンソニー (Anthony) |

【英国の硬貨】
1ペニー, 2ペンス(以上銅貨) 5ペンス, 10ペンス, 50ペンス, 1ポンド, 2ポンド(以上白銅貨)
《◆肖像はみなエリザベス2世 (Elizabeth II)》.

---

— 動 他 **1**〈硬貨〉を鋳造する. **2**〈新語・うそなど〉を造り出す. — 圁 硬貨を鋳造する.

**coin·age** /kɔ́inidʒ コイニヂ/ 图 Ⓤ **1** 硬貨鋳造(権); [集合名詞]硬貨. **2** Ⓤ 貨幣制度.

**co·in·cide** /kòuinsáid コウインサイド/ 動 (現分 ‒cid·ing) 圁 **1** 同時に起こる《◆happen [come] together の方がふつう》‖
His free time never **coincided with** hers. 彼と彼女の暇な時間は一致しない.
**2** (性質・性格などで)一致する《◆agree の方がふつう》‖
**coincide** in opinion on that matter そのことで意見が一致する.

**co·in·ci·dence** /kouínsidəns コウインスィデンス/ 图 Ⓒ Ⓤ《正式》**1** 同時発生, 同所共存.

**2** (偶然の)一致, 暗合; 符合 ‖

**by a** curious **coincidence** 不思議にも偶然の一致で.

What a **coincidence**! 何という偶然でしょう《◆思いがけない人にばったり出会ったときなどに発する表現》.

**co・in・ci・dent** /kouínsidənt コウインスィデント/ 形 (正式) **1** 一致した, 調和する. **2** 同時に起こる.

**co・in・ci・den・tal・ly** /kouìnsidéntəli コウインスィデンタリ/ 副 (偶然)一致[符号]して, 同時的に.

**coke**¹ /kóuk コウク/ 名 C U コークス.

**coke**², **Coke** 〔Coca-Cola の略〕 名 (略式) U コカコーラ; C 1杯[1本]のコカコーラ.

**col・an・der** /kʌ́ləndər カランダ/ 名 C (料理用の)水切りボール.

**＊cold** /kóuld コウルド/ (類音) called/kɔ́:ld/) 〖「霜のおりるほど寒い」が原義〗
 (派) coldly (副), coldness (名)
 ─形 (比較 〜・er, 最上 〜・est) **1** 寒い, 冷たい, 低温の; 〈人が〉寒けがする(↔ hot) 《◆ cold ほどでない寒い状態は chilly (うすら寒い). 非常に寒い状態は freezing 凍るような / icy 氷のような / nippy (英略式)身を切るような. → cool, chilly》‖

It's **cold** in this room. =This room is **cold**. =I feel **cold** in this room. この部屋は寒い.

January is the **coldest** month in Japan. 日本では1月が最も寒い月だ.

My hands are as **cold** as ice. 手が氷のように冷たい.

**2** 〈物が〉**冷えた**, さめた ‖

対話 "Mike! Your dinner's going **cold**." "Coming." 「マイク, 夕食がさめてしまうわよ」「今行くよ」

**3** 〈人・性格・行為などが〉**冷淡な**, 冷酷[無情]な, よそよそしい; (略式) [補語として] 冷静な, 平然とした(↔ warm) ‖

I got a **cold** look from her. 彼女に冷たいまなざしで見られた.

**4** [補語として] 〈人が〉死んだ; (略式) [(out) 〜] (主に頭に打撃を受けて)無意識の(unconscious).

**gèt** [**hàve**] **A cóld** (略式)〈人〉を思いのままにする, さんざんやっつける.

**gò cóld all óver** ぞっとするほどこわくなる[心配する].

**léave A cóld** 〈物・事が〉 A〈人〉に無感動[興味, 感銘]を与えない, 失望させる.

─名 (複 〜s/kóuldz/) **1** U [しばしば the 〜] 寒さ; 寒気, 寒い天候; 寒け ‖

I can't bear the **cold** of the winter here. 私はここの冬の寒さには堪えられない.

**2** C U かぜ, 感冒(鷹)(common cold) ‖

be in bed with a **cold** かぜで床につく.

When people cough, you can catch a **cold**. まわりの人がせきをするとかぜをひくことがある.

She has a bad [slight] head **cold**. 彼女はひどい[ちょっと]鼻かぜをひいている.

表現 (1)「かぜをひく」は, catch **cold**, catch a **cold**, get a **cold**. 「かぜをひいている」は have a **cold**. (2)「のどかぜ」は a sóre thróat,「せきかぜ」は a **cóld** in [on] the **chést**).

**óut in the cóld** ただひとりの[で], 無視されて, のけ者にされて《◆ しばしば be, leave, keep, stay などのあとに用いる》.

**cóld crèam** コールドクリーム.

**cóld cùts** (主に米) コールドカット《チーズや冷肉の薄切り》.

**cóld féet** (略式) 弱気, しりごみ《◆ 通例次の句で》 ‖ gèt [hàve] **cóld féet** おじけづく.

**cóld físh** (略式) よそよそしい人, 変人.

**cold front** /=|≈/ 〔気象〕 寒冷前線.

**cóld injury** 凍傷.

**cóld mèat** (サラミ・ハムのような)加工肉, 冷肉《料理してから冷したもの》.

**cóld mèdicine** かぜ薬.

**cóld shóulder** わざと冷たくあしらうこと ‖ gíve him the **cóld shóulder** =turn a cold **shoulder** to him 彼を冷遇(ぢ)する.

**cóld stórage** 冷蔵; (略式) (計画をしまっておく)胸(の内).

**cóld stòre** 冷蔵倉庫.

**cóld swéat** [a 〜] 冷や汗 ‖ be in a cold **sweat** 冷や汗をかいている.

**cóld wár** 冷戦(↔ hot war); [the C〜 W〜] 米ソ間の冷戦.

**cóld wàve** (1) 〔気象〕寒波(↔ heat wave). (2) コールドパーマ《◆ *cold perma は誤り》.

**cold-blood・ed** /kóuldblʌ́did コウルドブラディド/ 形 **1** 冷酷な, 残忍な, 無情な. **2** 〈動物が〉冷血の.

**cóld-blóod・ed・ly** 副 残酷に; 寒さに敏感に.

**cold-heart・ed** /kóuldhɑ́ːrtəd コウルドハーテド/ 形 無情な, 不親切な.

**cóld-héart・ed・ly** 副 冷淡に.

**cóld-héart・ed・ness** 名 U 無情.

**cold・ly** /kóuldli コウルドリ/ 副 **1** 寒く, 冷たく. **2** 冷やかに, よそよそしく. **3** 冷静に.

**cold・ness** /kóuldnəs コウルドネス/ 名 U 寒さ, 冷たさ; 冷淡.

**Cole・ridge** /kóulərɪdʒ コウラリヂ/ 名 コールリッジ《Samuel Taylor 〜 1772-1834; 英国ロマン派詩人・批評家》.

**cole・slaw** /kóulslɔː コウルスロー/ 名 U (米) コールスロー《細かく刻んだキャベツをマヨネーズであえたサラダ》.

**col・ic** /kálik カリク/ kɔ́l- コリク/ 名 C 〔医学〕 [しばしば the 〜] 仙痛, 乳児仙痛《激しい腹痛》;(赤ん坊の)夜泣き.

**col・lab・o・rate** /kəlǽbərèit コラバレイト/ 動 (現分 …rat・ing) 自 (正式) (文芸・科学の分野で) 協力[協同]する, 合作する, 共同研究する ‖

Please **collaborate** on this project with him. このプロジェクトは彼と協力してすすめてください.

**col·lab·o·ra·tion** /kəlæbəréiʃən コラボレイション/ 名《正式》**1** ⓤ 協力；共同制作 ‖
in **collaboration** with ... ...と共同して．
**2** ⓒ 合作(してできた作品).

**col·lab·o·ra·tor** /kəlǽbərèitər コラボレイタ/ 名 ⓒ 協力者，共著者．

**col·lage** /kəlɑ́:ʒ コラージュ/ 名 ⓤⓒ 【美術】コラージュ．

**col·laps·a·ble** /kəlǽpsəbl コラプサブル/ 形 =collapsible.

**col·lapse** /kəlǽps コラプス/ 動 (現分) **~·laps·ing**)
ⓘ

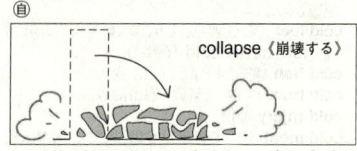

**collapse** 《崩壊する》

**1** 〈建物・足場・屋根などが〉崩壊する，くずれる《◆ fall down より堅い語》‖
Under the weight of the snow the roof of the house **collapsed**. 雪の重みで家の屋根がつぶれた(=The weight of the snow **collapsed** the roof of the house.).
**2** 〈計画・事業などが〉失敗する，つぶれる ‖
After all her efforts the project **collapsed**. 彼女のあらゆる努力にもかかわらずその企ては挫折(ざせつ)した．
**3** 〈人が〉崩れるように倒れる，卒倒する；〈体力・健康が〉衰弱する；〈人が〉(疲労などで)倒れる，卒倒する ‖
**collapse** to one's knees がっくりとひざをつく．
**4** 〈机・いすなどを〉折りたためる．
── 他 **1** 〈人・物を〉つぶす，くじけさせる；〈物を〉折りたたむ．**2** ...を合体させる，まとめる．
── 名 **1** ⓤ [しばしば a ~] 〈建物などの〉倒壊；〈事業・計画などの〉崩壊；挫折．
**2** ⓒⓤ 〈健康などの〉衰弱；意気消沈 ‖
suffer from a nervous **collapse** 神経衰弱に陥る．

**col·laps·i·ble** /kəlǽpsəbl コラプスィブル/ 形 折りたためる．

**col·lar** /kɑ́lər カラ | kɔ́lə コラ/ (類音) color /kʌ́lər/) 名 ⓒ **1** (服の)えり，カラー(図 → jacket) ‖
a stánd-ùp cóllar 立ちえり．
grab him by [in] the **collar** and threaten to make him pay up 彼の胸ぐらを取って金を出せとおどす．
**2** (女性の)えり飾り，首飾り；(英)(勲章の)首章 《騎士の階級章》．**3**(犬などの)首輪．
── 動 他 《略式》〈人の〉のえり首をつかむ；〈(いやがる)人を〉(話しかけて)引き止める．

**col·lar·bone** /kɑ́lərbòun カラボウン | kɔ́lə- コラボウン/ 名 ⓒ 【解剖】鎖骨 (clavicle).

**col·late** /kəléit カレイト, koul-, kɑl- | kɔl- コレイト, kɔl-/ 動 (現分) **~·lat·ing**) 他 **1** 《正式》...を対照[校合(きょう)]する．**2** 《製本》...のページ順をそろえる；...の落丁を調べる．

**col·lat·er·al** /kəlǽtərəl コラタラル/ 形 《正式》**1** 平行する．**2** 二次的な．**3** 傍系の．

**col·league** /kɑ́li:g カリーグ | kɔ́li:g コリーグ/ 名 ⓒ (専門職・公職にある人の)同僚，仲間(cf. companion **1a**).

\*\***col·lect** /kəlékt コレクト/ (類音 correct /kərékt/) 【共に(col)集める(lect). cf. elect, select】 派 collection (名), collective (形), collector (名)

── 他 と 自 の関係 ──
| | | |
|---|---|---|
| 他 **1a** | collect A | A を集める |
| 自 **1** | A collect | A〈人・動物が〉集まる |

── 動 (三単現) ~s/-ékts/；(過去・過分) ~·ed /-id/；(現分) ~·ing)
── 他 **1a** ...を**集める** (gather) 《◆ 目的語はふつう複数名詞》‖
The teacher **collected** the papers. 先生は答案用紙を集めた．
**b** 〈切手・骨董(こっとう)品などを〉(趣味・研究で)**収集する** ‖
My hobby is **collecting** stamps. 私の趣味は切手を集めることです．
(対話) "I have more than a thousand CDs in my house." "Really? You **collect** CDs too?"「家にはCDが1000枚以上あるよ」「本当? CDも集めているのか」.

Q&A **Q** : **collect** と **gather** の違いは何ですか．
**A** : **gather** は「バラバラのものを一か所に集める」こと，**collect** は「取捨選択して組織的に集める」ことを強調します．**collect** [**gather**] the scattered coins (ちらばったコインを拾い集める)ではどちらでもよいですが，「コインを収集する」は **collect**，「寄付金や料金を集める」も **collect** です．

**2** 〈税金・料金などを〉**徴収する**；〈保険金・給料などを〉受け取る；〈寄付を〉募る ‖
**collect** tolls 料金を徴収する．
**collect** one's salary 給料を受け取る．
**collect** thousands of dollars for the poor 貧しい人々のために何千ドルもの寄付金を集める．
**3** 〈考えなどを〉**まとめる**；〈勇気・自制心などを〉取り戻す；[~ oneself] 気を落ち着ける，気を取り直す ‖
**collect** one's thoughts [ideas] 考えをまとめる．
(対話) "I don't know what to do." "Calm down and **collect** yourself."「どうしたらいいんだろうか」「落ち着いて気を取り直しなさいよ」．
**4** 《略式》〈人・動物を〉迎え[連れ]に行く；〈物を〉取ってくる((主に英) fetch) ‖
I'll call and **collect** the parcel on my way home. 帰りに立ち寄って小包を取ってきます．
**5** 《米》〈タイトルなどを〉獲得する，手に入れる．
── 自 **1** 〈人・動物が〉**集まる** (+*together*)；〈水・ほこりなどが〉たまる；〈雪などが〉積もる ‖
A crowd **collected** to hear her speech. 彼

女の演説を聞くために大勢が集まった.
**2** 集金する, 支払いを受ける; 寄付を募る ∥
**collect on** the insurance 保険金を受け取る.
**colléct on delívery** 《米》現金引き換え払い《(略) c.o.d., COD》《(英) cash on delivery》.
──[形][副] 《米》〈電話などが〉受信人払いの[で]; 〈荷物が〉着払いの[で] ∥
I'd like to make a **collect** call to Mr. Andy Smith in Chicago, please. シカゴのアンディ=スミスさんにコレクトコールしたいのですが.
Call me **collect**. コレクトコールで電話をくれ.
[対話] "I don't have enough money to call home." "Why don't you **call collect**?"「家に電話する金が足りないんだ」「コレクトコールで電話したらどう」.

**col·lect·ed** /kəléktid コレクティド/ [動] → collect.
──[形] 落ち着いた《◆ 通例次の句で》∥
cool, calm and **collected** 平然として, 落ち着きはらって.
**col·léct·ed·ly** [副] 落ち着いて.

\*col·lec·tion /kəlékʃən コレクション/ 《(類音) cor-rection/kərék-/》[→ collect]
──[名] (複 ~s/-z/) **1** [U][C] 収集, 採集; 集積; [C] 郵便物の回収 ∥
The **collection** of these coins took me nine years. これだけのコインを集めるのに9年かかった.
**2** [C] 収集物, コレクション; 収蔵物 ∥
a large **collection** of foreign stamps 外国切手の大コレクション.
**3** [C] [通例 a ~ of + [U] 名詞] 堆(ﾀｲ)積, 山と集めたもの ∥
a **collection** of dirt ほこりの山.
**4** [C] (教会などでの)寄付金, 献金 ∥
tàke (úp) [màke] a **colléction** 募金をする.
a **collection** box 献金箱, 募金箱.

**col·lec·tive** /kəléktiv コレクティヴ/ 《(類音) cor-rective/kərék-/》[形] **1** 《正式》集めた. **2** 集団の; 共同の, 共通の.
──[名] **1** 共同体, 集合体. **2** 集産主義社会; 集団農場.
**colléctive nóun** 〔文法〕集合名詞《family, audienceなど》.
**col·léc·tive·ly** [副] 集団的に, 団結して.

**col·lec·tor** /kəléktər コレクタ/ [名][C] [しばしば複合語で] 集める人[物]; 集金人; 収集家, マニア.

\*\***col·lege** /kálidʒ カリヂ | kɔ́lidʒ コリヂ/ 〖「仲間(colleague)の集まり」が原義〗《(類音) courage/kǽridʒ/》〖「共に(col)選ぶ(lege)」 cf. colleague〗
──[名] (複 ··leg·es/-iz/) **1** [C][U] 《広義》**大学**; [形容詞的に] 大学の; 大学生用の《◆《米》ではしばしば university と区別なく用いられる》∥
We go to **college**. =We are **college** students. =We are in **college**. 私たちは大学生だ《◆ どの大学に行っているかを問題にしているときは文脈に応じて go to a [the] **college** のように冠詞をつける. → university》.
[対話] "What are you going to study in [at] **college**?" "I hope to study history."「大学では何を勉強しますか」「歴史を勉強したいと思っています」《◆ at / in については → school [名]**1**》.
**2** [C] 《米》**単科大学**; [U][C] (総合大学の)学部(faculty) ∥
the **College** of Law 法学部.
Téachers' Còllege 教員養成大学, 教育[学芸]学部.
the médical cóllege of Yale University エール大学の医学部.
**3** [C] 専修学校, 専門学校, 各種学校 ∥
a bárber(s') **còllege** 理容学校.
a secretarial **college** 秘書養成学校.
**4** [C] 《英》(Oxford, Cambridge 大学などの総合大学の中で自治体として独立した)大学学寮.
**5** [C] [U] 《英·カナダ》私立中等学校, パブリックスクール《◆ 校名に用いる》∥
Eton Cóllege イートン校.
**6** [C] (大学·専門学校などの)校舎, 寮舎.
**7** [C] (大学·専門学校などの)教職員と学生全体.

**col·le·gi·ate** /kəlí:dʒiət コリーヂアト/ [形] 《正式》大学の, 大学生(用)の.

**col·lide** /kəláid コライド/ [動] (現分 ··lid·ing) [自] **1** 衝突する, ぶつかる ∥
The bus **collided with** a lorry. バスがトラックとぶつかった.
**2** [比喩的に] 衝突する, 一致しない ∥
They **collided with** me over this plan. この計画については彼らと意見が合わなかった.

**col·lie** /káli カリ | kɔ́li コリ/ [名][C] 〔動〕コリー《スコットランド原産の牧羊犬》.

**col·lier·y** /káljəri カリャリ | kɔ́l- コリャリ/ [名] (複 ··lier·ies/-z/) [C] 《英》炭鉱《◆施設をも含む》.

**col·li·sion** /kəlíʒən コリジョン/ [名][C][U] **1** 衝突 ∥
a héad-òn **collísion between** two buses バスどうしの正面衝突.
cóme into collísion with an oil tanker 石油タンカーと衝突する.
**2** [通例 a ~] 対立, 衝突, 食い違い ∥
a **collison** of views 意見の対立.
**collísion cóurse** (弾道弾などの)衝突進路; [比喩的に] 衝突経路 ∥ be on a **collision course** with ... …と衝突必至である.

**col·lo·cate** /káləkèit カロケイト | kɔ́l- コロ-/ [動] (現分 ··cat·ing) [他] …を並べる. ──[自] 〔文法〕連語を成す, 共起する.

**col·lo·ca·tion** /kàləkéiʃən カロケイション | kɔ̀l- コロ-/ [名] **1** [C] 《正式》配列. **2** [C][U] 〔文法〕連語(関係), コロケーション.

**col·loq.** colloquial(ly); colloquialism.

**col·lo·qui·al** /kəlóukwiəl コロウクウィアル/ [形] 口語(体)の, 話し言葉の, 日常会話の《↔ literary》.
**col·ló·qui·al·ly** [副] 口語(体)で.

**col·lo·qui·al·ism** /kəlóukwiəlìzm コロウクウィアリズム/ [名][U] 口語[談話]体; [C] 口語的表現.

**col·lu·sion** /kəlú:ʒən コルージョン/ [名][U] 《正式》共

謀.

**Co·logne** /kəlóun コロウン/ [名] **1** ケルン《ドイツ西部の都市》. **2** [時に c~] [U] オーデコロン.

**Co·lom·bi·a** /kəlʌ́mbiə コランビア/ [名] コロンビア《南米北西部の共和国. 首都 Santafé De Bogotá》.

**Co·lom·bo** /kəlʌ́mbou コランボウ/ [名] コロンボ《スリランカのもとの首都》.

**co·lon** /kóulən コウロン/ [名] [C] コロン《:》《句読点の1つ. コンマ(,)とセミコロン(;)の中間に位置し, 説明句·引用句の前や対句の間, 時間(9:15)や対比数字(2:3)(two to three と読む)などに用いる》.

**colo·nel** /kə́ːrnl カーヌル/ (発音注意)《◆ ×コロネル》([同音] kernel) [名] [C] 〔軍事〕(米) (陸軍, 空軍, 海兵隊)大佐 ; (英) 陸軍大佐, 連隊長.

**co·lo·ni·al** /kəlóuniəl コロウニアル/ [形] 植民地の, 植民地風の ; [しばしば C~] (米) 英国植民地(時代)の ; 古めかしい.

**co·lo·ni·al·ism** /kəlóuniəlìzm コロウニアリズム/ [名] [U] 植民地主義[気質].

**col·o·nies** /kάləniz カロニズ | kɔ́l- コロ-/ [名] → colony.

**col·o·nist** /kάlənist カロニスト | kɔ́lənist コロニスト/ [名] [C] 植民地開拓者, 入植者 ; 植民地住民.

**col·o·ni·za·tion** /kὰlənəzéiʃən カロニゼイション | kɔ̀lənai- コロナイ-/ [名] [U] 植民地化 ; 植民(地)状態.

**col·o·nize,** (英ではしばしば) **-·nise** /kάlənàiz カロナイズ | kɔ́l- コロ-/ [動] ([現分] -·niz·ing) [他] …に植民地を建設する ; 〈移民〉を植民地に移住させる. —[自] 入植する.

**col·on·nade** /kὰlənéid カロネイド/ [名] [C] **1** 〔建築〕コロネード, 列柱, 柱廊. **2** 並木.

***col·o·ny** /kάləni カロニ | kɔ́ləni コロニ/ 〘「耕作する人」が原義〙 [派] colonial (形), colonist (名)

—[名] ([複] -·o·nies/-z/) **1** [U] [集合名詞] **植民** ; 移民.

**2** [C] **a 植民地** ; [the Colonies] 〔米史〕(独立により合衆国を形成した)東部13州の英国植民地.

**b** 属領, 海外領土 ; その住民.

**3** [C] 居留地, 居留民 ; [複合語で] …人街 ‖

the Japanese **colony** in Los Angeles ロサンゼルスの日本人街.

**4** 〔生物〕群落.

****col·or,** (英) **-·our** /kʌ́lər カラ/ ([類音] collar/kάlər | kɔ́lə/) [派] colorful (形)

—[名] ([複] ~s/-z/) **1** [C][U] **色, 色彩, 色調** ; [形容詞的に] 色の, 色彩の (cf. monochrome) ‖

primary **colors** 原色《光の場合は赤·緑·青. 絵の具の場合は赤·青·黄》.

a complementary **color** 補色.

What is the **color** of her car? 彼女の自動車は何色ですか《◆(1) ×What color does her car have? とはいわない. Of what *color* is her car? は堅い表現. (2)「それは緑色です」は It's green. で, It is a green *color*. や It is green in *color*. は冗長で避けられる. ただし, ハイフン語, -ish で終わる語の場合には, *color* をつけることが多い : a reddish-brown *color* 赤みがかった茶色 / a horrible greenish *color* 気味の悪い緑っぽい色》.

How many **colors** does a rainbow have? にじはいくつの色からなっていますか.

> [語法] (1) 明度を表す語
> light, medium, dark
> (2) 彩度を表す語
> grayish, moderate, strong, vivid
> (3) 明度と彩度の両方を表す語
> brilliant (light, strong)
> pale (light, grayish)
> deep (dark, strong)

**2** [C][U] **絵の具, 顔料, 染料** ‖

paint in oil **color(s)** 油絵の具で描く.

**3** [U] [しばしば a ~] (主によい) **顔色**, 血色 ; 顔の赤らみ ‖

The boy **has a good color.** その少年は血色がよい.

She had no **color** in her cheeks. 彼女のほおには赤味がなかった.

The **color** returned to her cheeks. 彼女のほおに赤味が戻った.

**4** [C] 皮膚の色 ; [U] (有色人種, 主に黒人の)肌の色 ; [形容詞的に] 肌の色の ‖

people of all **colors** あらゆる皮膚の色の人たち.

**cólor prèjudice** (有色人種, 主に黒人に対する)肌の色による偏見.

**5** [the ~s] 国旗, 軍旗, 連隊旗, 船舶旗 ; 〔軍事〕国旗[軍旗]掲揚[降納]式 ; 軍隊 ‖

**the** Quéen's [Kíng's] **cólors** 英国国旗.

desert one's **colors** 脱営する.

serve (with) **the colors** 兵役に服する.

**6** [~s] (象徴を示す)色 ; (クラブ·学校·チームなどを表す)服, 帽子, バッジ, リボン ‖

my school **colors** 私の学校のスクールカラー《服·帽子などに用いる色》.

> [表現] 抽象的な意の「カラー」は color を用いず, 次のようにいう : I like the atmosphere [feeling] at this school. この学校のスクールカラーは好きだ.

**7** [U] 外観, 外見, 姿 ; もっともらしさ ; 口実 ‖

The rumor has some **color** of truth. そのうわさはいくぶん本当のようである.

**8** [U] (人格·文学作品などの)精彩 ; 味, 気分 ; 特色 ‖

His story has plenty of **color**. 彼の話は精彩に富んでいる.

***chánge cólor*** 〈人が〉(恐怖で)青ざめる ; (当惑で)顔を赤らめる.

***gíve cólor to* A** A〈話など〉をもっともらしく見せる.

***hàve a hígh cólor*** 顔を紅潮させている.

***in*** (***fùll***) ***cólor*** 〈映画などが〉(白黒でなく)カラーの

[で].
***in* one's *trúe cólors*** ありのままの姿で.
◇***lóse cólor*** 〈人が〉(恐怖・病気などで)青ざめる.
***óff cólor*** (1) 《略式》健康をそこなって,気分が悪い《◆ふつう be, feel, look, seem などの補語として用いる》.(2) 《話・冗談などが》いかがわしい.
***shów [revéal] one's (trúe) cólors*** 本性を現す.
***stíck to one's cólors*** 《略式》自分の意見[決意,政党など]に忠実である[固執する].
***ùnder cólor of A*** …という口実のもとに.
──動 **1** 〈物〉に〈絵の具・クレヨンなどで〉色をつける,塗る;〈物〉を〈ある色に〉塗る[染める];〈顔など〉を紅潮させる(↔ discolor).
**2** 《正式》〈話など〉を潤色する,間違って伝える,誇張する(exaggerate)(+*up*).
**3** 〈意見・文章など〉を特徴づける.
──自 **1** 〈人が〉(当惑・いらだちなどで)顔を赤らめる,赤面する(+*up*)‖
She colored (up) at my compliments. 私がほめたので彼女は赤面した.
**2** 〈果実・木の葉が〉色づく;〈物の〉色が変わる.
***cólor ín*** [他] 〈絵・形など〉に色を塗る.
**cólor bòx** 絵の具箱.
**cólor film** カラーフィルム《◆白黒フィルムは monochrome [black and white] film》.
**Col·o·ra·do** /kὰlərǽdou カララドゥ, -rάː-|kɔ̀lərάːdou コララードゥ/『「赤い(川)」の意のスペイン語から』名 コロラド《米国西部の州.州都 Denver.《愛称》the Centennial State.《略》Colo., Col.,《郵便》CO》;[the ~] コロラド川.
**col·or·blind** /kʌ́ləァblàind カラブラインド/ 形 色覚障害の.
**cól·or·blìnd·ness** 名 Ⓤ 色覚障害.
**col·ored,** 《英》**-oured** /kʌ́ləァd カラド/ 動 → color.
──形 **1** 色のついた,着色した;[複合語で] …色の‖
a créam-còlored swéater クリーム色のセーター.
**2** [しばしば C~]《やや古》有色人種の,(特に)黒人の《◆1950年代まで用いられたが現在では African-American が最も穏当な語.→ Negro, black, African-American》.
──名 Ⓒ [通例 ~s; 俗用的に]《しばしば侮蔑》有色人,(主に)黒人;[the ~;複数扱い] 有色人種.
**cólored ràces** 有色人種.
\***col·or·ful,** 《英》**-our-**·/kʌ́ləァfl カラフル/『→ color』
──形 **1** 色彩に富んだ,カラフルな;派手な(↔ colorless).
**2** 〈話などが〉生き生きとした;絵のように美しい‖
colorful descriptions of his adventures 彼の冒険の生き生きとした描写.
**col·or·ing,** 《英》**-our-** /kʌ́ləriŋ カラリング/ 動 → color. ──名 Ⓒ **1** 着色(法). **2** 着色剤.
**col·or·less,** 《英》**-our-** /kʌ́ləァləs カラレス/ 形 **1** 無色の(↔ colorful). **2** 《正式》退屈な. **3** 青白い,色ざめた.

**co·los·sal** /kəlάsl コラッスル|-ls- コロッスル/ 形 《略式》巨大な,膨大な.
**Col·os·se·um** /kὰləsíːəm カロスィーアム|kɔ̀ləsíːəm コロスィーアム/ 名【ローマ史】[the ~] コロセウム《古代ローマの円形競技場.紀元80年の建造物》. **2** [c~] 大競技場,大宴芸場.
**co·los·sus** /kəlάsəs コラッサス|-ls- コロッサス/ 名 --**si**/-sai/, ~·**es** Ⓒ 巨像;[the C~] アポロ神の巨像.

\***col·our** /kʌ́lə カラ/《英》名動 =color.
\***col·our·ful** /kʌ́ləfl カラフル/ 形《英》=colorful.
**colt** /kóult コウルト/ 名 Ⓒ **1** 雄の子ウマ[ロバ,ラバ]《ふつう4歳未満のもの》(↔ filly). **2**《略式》未熟者,青二才,若造.
**Colt** /kóult コウルト/ 名 Ⓒ《商標》コルト式自動拳銃.
**Co·lum·bi·a** /kəlʌ́mbiə コランビア/ 名『Columbus の名から』 **1** コロンビア《米国 South Carolina 州の州都》. **2** [the ~] コロンビア川(Columbia River) 《太平洋に注ぐ川》.
**Co·lum·bus** /kəlʌ́mbəs コランバス/ 名 **1** コロンブス《Christopher ~ 1451?-1506; イタリアの航海者. 1492年北米に到達》. **2** コロンバス《米国 Ohio 州の州都》.
**Colúmbus Dày**《米》コロンブス(米大陸上陸)記念日《多くの州では10月の第2月曜日で法定休日. Discovery Day ともいう》.
**col·umn** /kάləm カラム|kɔ́ləm コラム/《発音注意》《◆n は発音しない》名 Ⓒ

〈1 柱〉〈2(煙などの)柱〉〈3 縦の欄,コラム〉
column

**1**【建築】円柱,柱.
**2** 円柱状の物,(煙などの)柱‖
a column of mercury (温度計の)水銀柱.
**3** (新聞・雑誌などの)縦の欄[段],定期特約寄稿欄;コラム‖
a sports column スポーツ欄.
**col·umn·ist** /kάləmnist カラムニスト, -əmist|kɔ́l- コラムニスト/ 名 Ⓒ (新聞・雑誌などの)特約寄稿者,特別欄担当者,コラムニスト.
**co·ma** /kóumə コウマ/ 名 Ⓤ Ⓒ【医学】昏(こん)睡(状態)‖
go into a coma 昏睡状態になる.
**Co·man·che** /kəmǽntʃi コマンチ/ 名《複》**Co·man·che, ~s** Ⓒ [the ~(s)] コマンチ族; Ⓒ コマンチ族の人《北米先住民》; Ⓤ コマンチ語.
**co·ma·tose** /kóumətòus コウマトウス,《米+》kά-/ 形【医学】昏睡性の,昏睡状態の.
\***comb** /kóum コウム/《発音注意》《◆b は発音しない》『「歯の立ったもの」が原義』

――名 (複 ~s/-z/) C **1** くし(櫛); (麻・羊毛などの)梳(ｽ)き具; [通例 a ~] くしで梳くこと ‖
the teeth of a **comb** くしの歯.
**2** (鶏の)とさか(状の物) (図→ chicken); 波がしら.

> Q&A **Q**: mb で終わる語では b を発音しないのですか.
> **A**: はい. climb, limb, lamb, thumb, bomb, tomb, dumb などをまとめて覚えておきましょう.

――動 他 **1** 〈髪・毛のもつれなど〉をくしでとかす; …をくし具ですく. **2** (略式)〈場所〉を徹底的に捜査する(search).
*cómb óut* (略式) [他]〈不要な人員・物〉を整理する; 〈組織〉から不要な人[物]を取り除く.

\***com·bat** /名 kámbæt カンバト | kɔ́mbæt コンバト; 動 kəmbǽt コンバト, kámbæt | kɔ́mbæt コンバト, kəmbǽt/ 〖共に(com)打つ(bat). cf. *battle*〗
――名 (複 ~s/-bæts/) C|U 戦闘, 争争, 論争 ‖
a single **combat** 一騎打ち.
a trial by **combat** 決闘裁判.
in **combat** 戦闘中.
――動 ((三単現) ~s/-bæts/; (過去・過分) (米) --bat·(t)ed または (英) --bat·ted/-id/; (現分) (米) --bat·(t)ing または (英) --bat·ting) (正式) 自 戦う; 奮闘する(fight) ‖
**combat** for one's rights 権利のために戦う.
**combat against** disease 病気と闘う.
――他 …と闘う.

**com·bat·ant** /kəmbǽtnt コンバタント | kɔ́mbətənt コンバタント, kʌ́m-/ 名 C (正式) 戦闘員[部隊]; 闘士.

\***com·bi·na·tion** /kɑ̀mbənéiʃən カンビネイション | kɔ̀mbinéiʃən コンビネイション/
――名 (複 ~s/-z/) **1** C|U 結合(体), 組み合わせ, 合同, 連合; チームワーク; 連係動作 ‖
the **combination** of red and white 赤と白の配合.
enter into **combination** with the firm その会社と協力する.
in **combination** with the partner そのパートナーと共同[協力]して.
make a good **combination** よい組み合わせとなる.
対話 "You two really work well together." "We are a good **combination**, aren't we?" 「君ら2人は実によく一緒に仕事をするんだね」「私たちいいコンビでしょう」.
**2** (米) [~s] コンビネーション《シャツとズボン下[スリップとパンティ]が続いている下着》.
**combinátion lòck** (数字と文字の組み合わせの)ダイアル錠.

**com·bine** /動 kəmbáin コンバイン; 名 kámbain カンバイン | kɔ́mbain コンバイン / 動 (現分) --bin·ing)
他 [**combine A (with B)**] A〈物・事〉を(B〈物・事〉と)結合させる, 合併[連合]させる; …を組み合わせる, 兼ね備える ‖
**combine** factions **into** a party 党派を合体して一党にする.
**combine** theory **with** practice 理論を実践と結びつける.
――自 結合する; 合同する; 団結する ‖
The factory workers **combined** to oppose the change. 工場の労働者は団結してその改革に反対した.
――名 C **1** 企業合同, (政治上の)合同. **2** (略式) = combine harvester.
**cómbine hàrvester** 刈り取り, 脱穀機, コンバイン(combine).

**com·bo** /kámbou カンボウ | kɔ́m- コンボウ/ 名 (複 ~s) C (米略式) 小編成のジャズ楽団, コンボ.

**com·bus·ti·ble** /kəmbʌ́stəbl コンバスティブル/ 形 (正式) 燃えやすい; 興奮しやすい.

**com·bus·tion** /kəmbʌ́stʃən コンバスチョン/ 名 U **1** 燃焼; (有機体の)酸化. **2** 激動, 大騒ぎ.

\*\***come** /kʌ́m カム/ 〖「(話し手の所へ)来る」「(聞き手の所へ)行く」が本義〗
→自 **1** 来る; 行く **3** 達する **4** 現れる
　　　**5** 出身である **6** 到来する **7** 起こる
　　　**8** 心に浮かぶ **9** 入手できる **12** なる
――動 ((三単現) ~s/-z/; (過去) came/kéim/, (過分) come; (現分) com·ing)
――自

**I** [来る]

**1** 〈人・動物・車などが〉(話し手の方へ)(やって)来る; (聞き手の方へ)行く ‖
**Come** to my office. 私のオフィスに来なさい(そこで待っていますから)《◆ Go to my office. は話し手がオフィス以外の場所から聞き手に指示》.
Are you **coming** to the meeting? あなたは会にいらっしゃいますか《◆ 会が話し手の家で開かれるか, 話し手も会に行くことを決めている場合の表現. *going* を用いるとこのような含みはない》.
I'll **come** to the party. パーティーに出席します《◆ 聞き手の主催するまたは出席予定のパーティーについていう発話で, *go* では関係のない相手に述べていることになる. cf. I'll **bring** (along) my sister to the party. (→ bring 他 **2**)》.
May I **come** and visit you? 《電話で》おうかがいしてよろしいですか.
I'm **coming** to Kobe next week. 《手紙で神戸の友人へ》来週神戸へ行きます《◆ I will *come* there next week. (そちらに参ります)も可》.
Mary asked me to **come** to her party, but I didn't. メリーはパーティーに来てほしいと言ったが, 私は行かなかった《◆ 最後に *go* が省略されている》.
対話 "We're **going to** a movie tonight. Would you **come** with us?" "Thank you for asking, but I don't think so." 「今晩映画へ行きます. 君も一緒に行きませんか」「誘っていただいてありがとう. でも失礼させていただきます」.
対話 "**Come** downstairs. Dinner's ready." "I'm **cóming**. (↗)" 「降りておいで. 夕食ですよ」

「今行きます」.

> Q&A　**Q**: 上例で「今行きます」は I'm going. ではないのですか.
> **A**: going を使えばどこか別のところへ行くことになります.「話し手の方へ行く」場合には come でないといけません.

**2** 〈人・乗物などが〉(ある場所に)**着く**, 到着する(arrive at) ‖
Go straight until you **come** to a crossroads. 交差点に行き着くまでまっすぐに行きなさい.
対話 "What time does the next train **come**?" "According to the timetable, it will arrive in ten minutes." 「次の列車は何時に着くのですか」「時刻表によるとあと10分で着きます」.

**3** [come to **A**]〈物が〉**A**〈物〉**に達する**, 届く(+ *down, up*)‖
His hair **comes** (**down**) to his shoulders. 彼の髪は肩まである.
My son **comes** (**up**) to my shoulder. 息子の背は私の肩まである.

**4** 〈物が〉**現れる**, 生じてくる; 〈子供が〉生まれる ‖
The moon **came** and went. 月が見えたり, 隠れたりした.

**5** [come from [of] **A**]〈人が〉**A**〈場所・家族〉の**出身である**《◆当該者が存命中の時は現在形で用いる. be 動詞と交換可能》; 〈物が〉**A**〈場所〉の産である[からとれる], …の製品である; 〈習慣・生活様式などが〉…から来ている, …がもとになっている; 〈事象〉**A**〈事〉**に由来する** ‖
He **comes from** [**of**] a very good family. 彼は名門の出である《◆ of はやや堅苦しく(主に英)》.
Where do you **come from**? どこの出身ですか? (=Where are you from?)《◆(1) 大まかな質問なので, 国籍を聞いているのか, 都市とか町の名を聞いているのかあいまいで, 場合によっては Where did you *come* from? (さきごろまでどこにいましたか)の意にもなる. (2) ˣFrom where do you come? とはいわない. (3) 国籍を聞くときは What is your nationality?, 国籍がわかっているときは What city [state, part of America] do you *come* from? のように聞くとはっきりする》.

**6** 〈時・事柄が〉**到来する**, 近づく; (順序として)くる; 〈順序が〉回ってくる ‖
Monday **comes** after Sunday. 月曜日は日曜日の次に来る.
Our wedding anniversary is **coming** soon. 私たちの結婚記念日はもうすぐです.
Spring has **come**. 春が来た(=Spring is here. / Spring is now with us.)《◆ Spring is *come*. は今では(古)》.
The time may **come when** people will have used up all the oil. 人間がすべての石油を使い切ってしまう時が訪れるかもしれない《◆ when は関係副詞でその先行詞は The time》.
Your turn **comes** last. あなたの番は最後です.

**7** 〈事が〉(結果として)**起こる**(happen)‖
This kind of accident **comes** when you are careless. この種の事故は不注意のために起こる.
**Whatever may come**, I will stay. どんなことが起こっても私はとどまります(=〈正式〉**Còme what máy** [**will**], I will stay. /〈略式〉Whatever happens, I will stay.).

**8** [come (**to** [**upon**] **A**)]〈考えなどが〉(**A**〈人〉の)**心に浮かぶ**; [come **into A**]〈心・頭〉に浮かぶ ‖
Suddenly an idea **came to** him. 突然ある考えが彼の心にひらめいた(=Suddenly he hit on an idea.).
An answer **came into** her mind at once. すぐさま返答が彼女の心に浮かんだ.
It suddenly **came to** [**upon**] me that I had once been here. 一度ここに来たことがあると私はふと思った.

**9** [come **in A**]〈商品などが〉**A**〈容器・大きさ・色など〉で**入手できる**, 売られる, 生産される ‖
This clock **comes in** four colors. この時計の色は4色あります.
This coat **comes in** all sizes. この上着はすべてのサイズがそろっている.

**10**〈略式〉[仮定法現在形で]〈時〉が来ると ‖
You can hardly find parking space around here, **come** summer. 夏になると, このあたりではまず駐車のスペースはありません(=You can hardly find parking space around here when summer comes.).

**11** [命令形; 間投詞のように] さあ, これ, おい, よせ, 考えなおせよ, 落ち着け《◆怒り・いらだち・抗議・非難などの感じを表す》‖
**Come, come**, you shouldn't do that. これこれ, そんなことはよせ.
**Oh, come now**. まさか(本気でそう言っているんじゃないでしょうね)《◆相手の言ったことに対する不信と拒絶》.

‖ **[ある状態に至る]**

**12** [come **to** [**into**] **A**]〈人・事・物が〉**A**〈事・状態・事態〉**になる**《◆(1) 固定した表現に多い. (2) into のあとの **A** はふつう Ⓤ 名詞》‖
**come to** blows けんかを始める.
**come to** his aid [assistance, help] 彼を助ける.
**come into** blossom [flower]〈木などが〉花を咲かせる.
I don't know whát things are **coming to**.〈略式〉事態がどうなるのかわからない.

> 関連 [類例] **come to A**: come to grief 〈略式〉〈計画などが〉失敗に終わる; 〈人などが〉ひどいめにあう, 事故にあう / come to a halt [standstill]〈車・工場などが〉止まる / come to light〈正式〉〈秘密などが〉明るみに出る.
> **come into A**: come into bud〈木・枝が〉芽をふく / come into leaf〈木・枝が〉葉を出す/

**come into fashion [vogue]** 流行してくる / **come into sight [view]** 現れる.

**13** [come C]〈物・事〉が C になる《♦ふつう好ましい意味に用いる. C は形容詞または過去分詞. 名詞の場合は come to [into](→ **12**)》∥
His dream **came** true. 彼の夢は実現した.
The doorknob has **come loose**. ドアの取っ手がゆるんできた.
My bow tie **came undone**. ちょうネクタイがほどけた.

**14** [come to do]〈人などが〉…するようになる《♦ do は know, love などの状態を表す動詞》∥
I **came to** know him on board the ship. 船の中で彼と知り合った《♦ ˟I became to know him on board the ship. は誤り》.

Q&A　*Q*:「習得して…するようになる」はどう言うのですか.
*A*:「努力して…するようになる」ことですから, She learned to swim. (彼女は泳げるようになった)のように learn to do を用います.

**as** ... **as they cóme** 非常に…, 最高に…《♦... は人の性質を示す clever, stupid などの形容詞》.
○**còme abóut** → come about (見出し語).
○**còme acróss** → come across (見出し語).
**cóme áfter** A (1) → 匣 **6**.  (3) (略式)A〈人〉を追跡する.  (3) …を誘い[取り, 探し]に来る.
**cóme agáin** [自] (1) 帰る, 戻る.  (2) [*C~ again?*] (略式)もう一度言ってください, 何とおっしゃいましたか; ほんとうに, うそじゃないだろうね.
**cóme alóng** [自] (1)〈人・機会などが〉(偶然)やって来る, 現れる;〈赤ん坊が〉生まれる. (2) [様子・態度を表す副詞(句)を伴って]人が運ぶ; (略式)〈人・仕事などが〉進歩する(progress);〈植物が〉(特に苗の段階で)育つ;〈人が〉元気になる《♦along の代わりに on も用いる》. (3)〈人が〉ついてくる《♦しばしば短い距離の場合に用いる》. (4) 同伴する∥ **Come along with** us to go shopping. (もしよかったら)一緒に買物に行きませんか《♦ Let's go shopping. では何か計画があって「さあ, 行こう」という感じ》. (5) (略式)[通例命令文で]a)急げ, もっと努力せよ; しっかりしろよ, 元気を出せよ; ねえ, 君, いいかい, ちょっと待て, まさか《♦ *Come* on (now)! ともいう》. b)さっさとどけろ.
**cóme and** dó (略式)[通例命令文で]…しに来る∥ **Come and** see me tomorrow. あした遊びに来なさいよ(=**Come** to see me tomorrow.)《♦(米略式)では and を省略して *Come* see me tomorrow. ともいう. *Come* and see. は「(ここへ)来て見てごらん」の意》.
**cóme and gó** (1) 行ったり来たりする《♦語順に注意》. (2) ちょっと立ち寄る. (3) つかの間である.
**cóme apárt** [自]〈物が〉(力を加えないで)ばらばらになる.
○**còme aróund** [自] (1) (定期的に)巡って来る ∥ My birthday **comes around** next week. 私の誕生日が来週やってくる. (2) (家などを)ちょっと訪れる; 意識[健康]を取り戻す(cf. COME to (1)); (考え方などに)(意見・態度などを)変える, (反対だったのに)同意する; 議論に決着をつける.
**cóme at** A (1) A〈事実・真理など〉を見つける, 得る; A〈考えなど〉を理解[習得]する. (2) A〈人・動物が〉かかる, …に向かってくる. (3)〈人・動物が〉A〈物〉に届く; A〈人・場所〉へ近づく.
**cóme awáy** [自]〈物が〉はずれる, 離れる;〈人が〉(ある印象・感じを抱いて)(場所・人から)去る; (英)去る((米) get away).
○**còme báck** [自] (1) 帰る, 戻る;〈事がよみがえる, 思い出されてくる;〈服・スタイルなどが〉再び流行する; (米略式)口答えする, (略式)〈芸能人・選手などが〉(もとの座に)カムバックする. (2)〈制度などが〉(もとの状態に)戻る.
**cóme befóre** A (1) A〈人・物〉の前に来る, 位置する; A〈人・物〉より重要である. (2)〈人・問題などが〉A〈法廷・委員会など〉で審議[審理]される.
**cóme betwéen** A (1) A〈人・物・事〉の間に来る, 位置する. (2) A〈二者〉の事に干渉する, 間を裂く. (3) [~ *between* A *and* B] A〈人〉の B〈仕事・休息など〉を妨げる《♦受身にしない》.
**cóme bý** (1) [自] 通り過ぎる; (米)〈人が〉立ち寄る. (2) [~ *by* A]《♦受身可》A〈金・仕事など〉を(ふつう努力の結果)得る; A〈傷など〉を(偶然に)受ける. (3) [~ *by* A] =come across **3**.
**còme cléan** → clean.
**cóme clóse to** dóing (1) もう少し[すんでのところ]で…するところである. (2) [否定文で] もう少しで〈人に〉追いつく, 並ぶ.
○**còme dówn** → come down (見出し語).
**cóme dówn on [upón]** A (1) (略式)A〈人〉をひどくしかる[どなりつける]; A〈人〉を罰する; A〈人〉の過失を非難する. (2) (略式)A〈人〉に(支払い・補償を)要求する; A〈人〉に求める. (3) A〈人〉を急に襲う.
**cóme dówn to** A (1) → 匣 **3**. (2) (略式) 結局 A〈事〉になる. (3)(略式)A〈事・動作〉まで落ちぶれる, …をするはめになる《♦ A はしばしば動名詞》.
**cóme dówn with** A (略式) (1) (米)A〈かぜなど〉にかかる. (2) A〈金〉を支払う; A〈金〉を寄付する.
**cóme for** A A〈人〉に(攻撃を加えようと)向かって来る; …を取り[迎え]に来る.
**cóme fórward** [自]〈人が〉(助力などを)進んで申し出る, 志願する, 名乗り出る;〈問題などが〉議題として提案される.
○**còme ín** → come in (見出し語).
**cóme ín for** A (1) A〈財産・金〉を(権利・分け前として)受け取る(come into). (2) A〈賞賛・批判・注目などの〉的である. (3) A〈事・人〉の役に立つのに利用できる《♦ come in handy [useful] for ... ともいう》.
**cóme ín on** A (略式) A〈計画・事業など〉に加わる. (2) A〈人〉の記憶によみがえる.
**cóme into** A (1) → 匣 **8, 12**. (2) A〈財産・金〉を相続する.
**cóme it** (*a bít* [*a líttle, ráther*]) **tòo stróng** (主に英略式) (ちょっと)言い[やり]過ぎる, 誇張する.

***còme néar to*** A A〈事〉に近い, …と言ってよいくらいだ.

***còme néar to dóing*** =COME close to doing 《《略式》では *come* near doing となることがある》.

***cóme of*** A (1) → **5**. (2) A〈人・事〉に起こる ‖ What's come of him? 彼にいったい何が起こったのだい, 彼はいったいどうしたのだ.

***cóme off*** [自] (1) [~ *off* (…)]〈馬・自転車などから〉落ちる;〈柄・ボタンなどが〉〈なべ・服などから〉とれる;〈塗料が〉〈壁などから〉はがれる. (2)〈柄・ふたなどが〉取りはずせる;〈塗料などが〉はがれる;《略式》〈事が〉行なわれる, 起こる;《略式》〈計画・試み・実験などが〉成功する, うまくいく;《略式》[well や badly などの副詞(句)を伴って]〈人が〉やっていく, ふるまう.

***Còme off (it)!*** 《略式》格好つけるのはやめろ, ばかを言うよ, いいかげんにしろよ;やめろ, そんなことをするな《◆*Come* off the grass [one's perch]. ともいう》.

○***Cóme òn.*** さあ行こう;そうだ, その調子だ《◆みんながあとについているよといった親しみと励ましを表す表現. 競技などでの声援》;勝負しよう, さあ来い《◆けんかのとき》;早く, ねえ, しっかり, これこれ《◆せきたてたり, ねだったり, たしなめたりするとき》;[反語的に]いいかげんにしろよ, よせよ, あきれたね;まさか, ばかな《◆相手の発言に対する軽い抗議のとき. しばしば Oh, *còme* òn! *Cóme* òn nów! となる》; **さあさあ**《◆命令文の前に用いて, 意味を強める》‖ 対話 "Where do you want to go this weekend, Kenji?" "Well, Dad, I want to go to Universal Studios Japan." "Oh, come on, Kenji. We've been there many times."「健二, 今度の週末にはどこへ行きたいかい」「お父さん, ぼくユニバーサル=スタジオ=ジャパンへ行きたいよ」「あきれたやつだな. もう何度も行ったじゃないか」 対話 "Come on, Bill. Get up. It's seven thirty." "Oh, I don't want to go to school today."「さあビル, 起きなさい. 7時半よ」「きょうは学校へ行きたくないんだ」.

***cóme òn*** [自] (1) [well などの副詞(句)を伴って]〈人・仕事などが〉進行する, 進歩する《◆《米》では on の代わりに along がふつう》. (2) 《略式》〈熱が〉出てくる,〈風邪・頭痛などが〉起こる;〈夜・雨・あらし・季節などが〉やって来る ‖ The snow came on.《英》It came on to snow. 雪が降り出した. (3) (舞台に)登場する, (持ち場に)つく;(電話・テレビに)出る;【スポーツ】試合に出る.

***Còme òn in!*** 《略式》さあお入り.

○***Cóme óut*** → come out (見出し語).

***còme óut in*** A《略式》〈人・肌・からだの部分が〉A〈にきびなど〉で(部分的に)覆われる, 汗をかく.

***còme óut with*** A《略式》(1)〈事実・話などで〉言う. (2)〈宣言などを〉公表する;A〈本〉を出版する;A〈製品〉を世に出す《◆受身にしない》.

○***cóme óver*** → come over (見出し語).

***còme róund*** [自] =COME around.

***còme thróugh*** [自] (1)〈知らせなどが〉届く;〈人が〉通信する ‖ He came through on the phone from Tokyo. 彼が東京から電話をかけてきた. (2)《略式》期待[要求]に応える. (3)〈能力などが〉はっきり現れる;〈声などが〉聞こえる;生き抜く, 切り抜ける;〈人が〉病気から持ち直す;成功する. (4) [~ *through* A] A〈病気・危機など〉を切り抜ける.

○***cóme tó*** [自] (1) 意識を取り戻す《◆無意識の時間が長い場合には *come* around が好まれる》. (2) 〈船が〉停泊する;船首を風上に向ける. (3) [~ *to* A] → ⓐ **3, 8, 12**. (4) [~ *to* A] [when [if] it ~s to …] …ということ[話]になれば ‖ When it cómes to swimming, she always beats me. 水泳ということになるといつも彼女には勝てません.

***còme to onesélf*** (1) (ばかなことをやめて)まじめにやる, 自制心を取り戻す. (2) 意識を回復する;(ぼんやりしていた状態から)正気づく, はっと気がつく.

***còme to thát*** 《略式》[文頭・文尾で]そのことについて言えば, その場合には《◆if it *comes* to that の省略表現で, 前言をさらに詳しく述べるときに用いる》.

***còme to thínk of it*** 《略式》もう一度考えると, そういえば, ほんとうに《◆whèn [nów that] I còme to thínk of it の省略表現》.

***cóme ùnder*** A (1) A〈部類・見出しなど〉に分類される, …に見つけられる. (2) A〈勢力・権力など〉に支配[監督]される. (3) A〈砲火など〉を受ける.

***còme úp*** [自] (1) 上ってくる;出世する, 昇進する;近づく, やって来る, 達する;〈太陽が〉昇る;〈種子・植物が〉芽を出す;〈ダイバー・魚などが〉水面へ上ってくる;〈問題・質問などが〉生じる, 述べられる;〈事件が〉審理される;〈被告が〉(法廷に)出廷する. (英) (London へ)行く;(米)(北部へ)やって来る. (3)《略式》〈食べた物が〉ゲーと出る. (4)〈機会などが〉生じる;〈あらしなどが〉起こる.

***còme úp against*** A A〈問題・困難など〉に直面する.

***còme úp to*** A (1) → ⓐ **3**. (2)〈人・仕事・結果などが〉A〈規準〉にそう, 匹敵する, A〈望み〉に合う.

***còme úp with*** A 《略式》A〈考えなど〉を思いつく;持ち出す, 提案する, 申し出る(propose);(主に米) A〈人・物〉を見つける. (2) A〈人・事など〉に追いつく.

***hàve*** A **cóming (to one)** 《略式》A〈罰・困難など〉を(当然の報いとして)こうむる;A〈休暇など〉を手にする.

***I don't knów whether [if] I am cóming or góing.*** どうしていいかわからない.

\*__come about__ /kʌm əbáut カム アバウト/
——動 (変化形 → come) [自] **1**〈事が〉**起こる, 生じる**(happen)《◆次の例のように it を主語にして that 節がくることが多い》‖ How did it **come about** that you were late? 《文》遅かったのはどうしてですか(=Why were you late?).

対話 "How did the accident *come about*?" "Probably the bus driver had a heart attack." 「どうしてその事故は起こったのか」「おそらくバス

の運転手が心臓発作を起こしたのだろう」．
**2** 〈風が〉向きを変える；〈船が〉向きを変える．

## *come across /kÁm əkrɔ́(ː)s カム アクロ(ー)ス/
――動 （変化形 → come）**1** [自]〈人・話・声などが〉理解される，印象を与える；（略式）ふるまいなどから（…だと）思われる ‖
He came across (to us) as (being) honest. 彼は（私たちには）正直だと思われた《◆as のあとは名詞・形容詞・動名詞》．
**2** [自] 向こうから[渡って]来る．
**3** [come across A] **A**〈人・物〉に（偶然）出くわす，会う，…を見つける；〈考えなどが〉**A**〈人・心〉に浮かぶ《◆受身にしない》‖
You came across my mind. あなたのことが頭に浮かんだ．
対話 "How did you come across those rare stamps?" "Well, to cut a long story short, my friend in England sent them to me."「その珍しい切手はどういうふうにして見つけたのですか」「手短かに言うと，イギリスの友だちが送ってきてくれたのです」．
**4** [come across A] …を渡って[向こうから]来る．

**come・back** /kÁmbæk カムバク/ 名 Ⓒ **1** 返り咲き，復帰 ‖
make one's comeback on the stage 舞台にカムバックする．
**2** （略式）当意即妙の答え，しっぺ返し．

**co・me・di・an** /kəmíːdiən コミーディアン/ 名 Ⓒ **1** 喜劇役者，コメディアン．**2** （略式）こっけいな人．

**co・me・di・enne, co・mé・―** /kəmìːdién コミーディエン | kəmèːdién コメイディエン／[フランス]/ 名 Ⓒ 喜劇女優．

**com・e・dies** /kÁmədiz カメディズ | kɔ́m- コメ―/ 名 → comedy.

## *come down /kÁm dáun カム ダウン/
――動 （変化形 → come）[自] **1** （高い所から）降りてくる；（大都会・北方から）来る ‖
Come down from there. そこから降りて来い．
**2** ―come ⓐ **3**；〈天井・壁などが〉落ちる，〈ずれる〉；〈雨などが〉降ってくる；〈建物などが〉取り壊される；〈飛行機などが〉撃墜される，（故障など）降りる．
**3** 〈話・伝統・習慣などが〉伝わる，受け継がれる．
**4** 〈価格・温度などが〉下がる，〈体重などが〉減る ‖
Meat will soon come down in price. = The price of meat will soon come down. 肉の値段はやがて下がるだろう．
**5** 落ちぶれる．**6** （ためらったあとなどで）（…に賛成[反対]の）決断をする．

**com・e・dy** /kÁmədi カメディ | kɔ́mədi コメディ/ [「宴会」が原義] 形 comic (形・名).
――名 （複 -e・dies/-z/）Ⓤ 喜劇，喜劇文学 (↔ tragedy); Ⓒ （一編の）喜劇．

関連 [種類] a light comedy 軽喜劇 / a low comedy → low comedy / a comedy of manners 風俗喜劇．

## *come in /kÁm ín カム イン/
――動 （変化形 → come）[自] **1** （部屋・家などに）入る，入ってくる．
**2** 流行する ‖
Long skirts are now coming in again. 長いスカートがまたはやりだしている．
**3** 〈野菜・魚などが〉しゅんになる，取れるようになる，出回る．
**4** 〈人が〉（試合・仕事などで）参加する，役目を分担する ‖
Where do I come in? 私の役目[分け前]はどうなるのですか．
**5** [順序を表す数の副詞を伴って] （競技で）〈選手・馬などが〉…着になる ‖
He came in third in the hundred-meter dash. 彼は100メートル競走で3着に入った．

## *come out /kÁm áut カム アウト/
――動 （変化形 → come）[自] **1** 〈日・月・星が〉現れる，（外へ）出てくる，出る；〈花が咲く，〈つぼみが〉出る ‖
Stars come out at night. 星は夜現れる．
**2** 〈ニュース・真実などが〉知られる，広まる，ばれる．
**3** (文) （社交界・芸能界に）デビューする．
**4** 〈意味などが〉明らかになる．
**5** 〈本などが〉出版される，〈品物が〉店に出る．
**6** [well などの副詞(句)を伴って]〈人などが〉（写真に）写る，〈写真が〉できる ‖
The picture didn't come out well. その写真はよく写っていなかった．
**7** 〈しみなどが〉とれる，〈染色が〉おちる．
**8** （主に英）〈労働者が〉ストライキをする（（米）walk [go] out on strike).
**9** （試験などに）(…位に)ある ‖
He came out top in the test. 彼は試験で一番だった．
**10** 〈結果が〉出る，発表される；〈合計・計算などが〉できる；〈合計・平均などが〉（…に）なる．
**11** 〈言葉・宣言などが〉述べられる，口から出る；態度を表明する ‖
come out against [for] a plan 計画に反対[賛成]する．
**12** （ドライブ・ピクニックで）家を出る，出かける．
**13** 〈歯・くぎ・ボルトなどが〉抜ける，はずれる．

## *come over /kÁm óuvər カム オウヴァ/
――動 （変化形 → come）**1** [自] やって来る《◆over は単に口調の関係で軽く加えることも多い》‖
対話 "Will you come over and play with me?" "Sorry, but I'm doing my homework now."「うちへ来て遊ばないか」「悪いけど今宿題をしてるんだ」．
**2** [自] 〈人・国家などが〉意見を変える，（…の側に）つく．
**3** [自] ぶらっと立ち寄る．
**4** （主に英ական）[自] [通例気分・病気を表す形容詞を伴って]〈人が〉（急に）…になる，感じる《◆形容詞の前に all, quite, rather のような副詞を伴うこともあるが，all を伴えばや俗）(俗)》‖
**5** [come over A] 〈強い感情が〉**A**〈人〉を襲う，…の身にふりかかる《◆受身にしない》‖

What ever has **come over** him? いったい彼はどうしたのかしら《◆態度が急に変わったときなど》.

**com·et** /kάmit カミト | kɔ́m- コミト/ 图 ⓒ 〖天文〗彗星(すいせい), ほうき星《◆昔は天災・疫病などの前兆とされた》.

**com·fort** /kΛ́mfərt カムフォト/《アクセント注意》《×カムフォト》图 **1** Ⓤ 快適さ, 安楽, 満足(↔ discomfort) ‖
live in **comfort** 快適な暮らしをする.
**2** Ⓤ 慰(なぐさ)め, 慰安 ‖
The news **brought** great **comfort to** the sick. その知らせは病人たちには大いに慰めとなった.
**3** ⓒ [通例 a ~] 慰めとなる人[物]; [しばしば ~s] 生活を快適にする物 ‖
He was **a** great **comfort** to me. 彼が私にとって大きな慰めであった.
——動 他 **1** 〈人・物・事が〉〈人〉を慰める, 元気づける, 〈子供・動物〉をなだめる ‖
**comfort** a dying man 死にかかっている人を元気づける(cf. ease).
**2** 〈からだの部分〉の痛みをやわらげる.

**cómfort stàtion** (米) 公衆便所((英) public convenience).

**cómfort stòp** (米) (長距離バスなどで)トイレのための一時停車.

*****com·fort·a·ble** /kΛ́mfərtəbl カムファタブル/《アクセント注意》《×カムファタブル》
——形 **1** 〈いす・部屋・温度などが〉(身体的に) **快適な**, 居心地のよい(↔ uncomfortable) ‖
a **comfortable** bed 寝心地(ねごこち)のいいベッド.
**2** [通例名詞の前で] 〈人・事が〉(人を身体的・精神的に)心地よくさせる, 慰め[安らぎ]を与える ‖
a **comfortable** night 安眠の[快適な]夜.
**3** [通例補語として] 〈人が〉(身体的・精神的に)心地よく思う, くつろげる, 気楽な; 苦痛[悲しみ]のない, 満足する ‖
She didn't feel **comfortable** with my friends. 彼女は私の友人と一緒では落ち着かなかった.

> [Q&A] **Q**: comfortable の代わりに pleasant は使えますか.
> **A**: いずれも他動詞的に「人を居心地よくさせる」意味なので, **1** と **2** の例では pleasant も使えます. **3** の意味では pleasant は用いられないので She didn't feel pleased with my friends. のようにしなければいけません.

**4** (略式) [補語として] かなり裕福である. **5** 〈収入などが〉十分な, 不足しない(decent).

**com·fort·a·bly** /kΛ́mfərtəbli カムファタブリ/ 副 心地よく, くつろいで, 気楽に, 不自由なく (in comfort) (↔ uncomfortably).

**com·fort·er** /kΛ́mfərtər カムファタ/ 图 ⓒ **1** 慰める人, 慰めとなる物. **2** (米) 羽根ぶとん, キルト仕上げのベッドカバー.

*****com·ic** /kάmik カミク | kɔ́mik コミク/ 〖→ comedy〗

——形 (比較) more ~, (最上) most ~) **1** [名詞の前で] **喜劇の**, 喜劇的な(↔ tragic)《この意味では(比較変化しない)》; (意図的に)こっけいな(cf. comical). ‖
a **comic** actor 喜劇俳優.
**2** 人を笑わせるための, 漫画の.
——图 **1** ⓒ (略式) 喜劇役者.
**2** ⓒ (米) 漫画; 喜劇映画; [~s] =comic strip.

**cómic bóok** 漫画本.

**cómic ópera** 喜歌劇.

**cómic strìp** (新聞・雑誌の)続き漫画(comic) ((英) strip cartoon).

**com·i·cal** /kάmikl カミクル | kɔ́m- コミ-/ 形 こっけいな, おどけた ‖
a **comical** appearance おかしな風采(ふうさい).

**cóm·i·cal·ly** 副 こっけいに.

**com·ing** /kΛ́miŋ カミング/ 動 → come.
——形 **1** 〈時・できごとなどが〉来たるべき, 次の ‖
Can you come **the coming Friday**? 今度の金曜日に来られますか《◆ next では「来週の」の意にもなる》.
**2** (略式) 前途有望な, 新進の.
——图 ⓤⓒ 到来, 到着, 接近; 来訪, 訪れ ‖
**comings and goings** (略式) 出入り, 往来; 消息, 動静.

*****com·ma** /kάmə カマ | kɔ́mə コマ/ 〖『切られた断片』が原義〗
——图 (複 ~s/-z/) ⓒ **コンマ**(,)《文中の軽い切れ目, 短い休止, 区切りを示す》 ‖
inverted **commas** 逆コンマ, 引用符《' ', " "》.

*****com·mand** /kəmǽnd コマンド | kəmά:nd コマーンド/ 〖『全く(com)任せる(mand)』から「指揮権を与える[持つ]」が本義. cf. demand, mandate〗派 commander (名)
——動 (三単現) ~s/-ændz/|-άːndz/; (過去・過分) ~ed/-id/; (現分) ~ing
——他 (正式) 《◆進行形にしない》 **1a** 〈事〉を **命ずる** (order) ‖
**command** silence 黙れと命ずる.
**b** [**command A to** do / **command (that)** 節] **A** 〈人に〉…するよう命令する《◆ to do は A に直接命令を下す場合. that 節はだれに命令したかは不明》 ‖
The captain **commanded** his men **to** retreat. 大尉は部下に退却を命じた.
She **commanded (that)** the city **(should)** be attacked. その町を攻撃するように彼女は命じた.
**2** 〖軍事〗…を指揮する, 率いる ‖
The captain **commands** his ship. 船長は船を指揮する.
**3** 〈感情など〉を抑制する, 支配する (control); 〈お金など〉を意のままにする; 〈言葉〉を自由にあやつる ‖
He **commands** seven languages. 彼は7つの言語を話す.
**4** 〈同情・尊敬など〉を集める, 起こさせる, …に値する (deserve) ‖
Her bravery **commanded** our admiration.

彼女の勇気は賞賛に値した.
**5** 〈家・砦(とりで)〉などが〈景色などを〉**見おろす**(overlook), 見渡す(look over), …を押えている ∥
a house **commanding** a fine view =a house which **commands** a fine view 見晴らしのよい家.
This fort **commands** the whole valley. このとりでから谷全体が見渡せる(◆日常会話では We can see the whole valley from this fort. のように言う方がふつう).

—名 (複 ~s/-ændz|-ɑ́:ndz/) **1** Ⓒ [command to do / command that 節] (…するようにという)**命令, 号令**
by his command 彼の命令で.
on command 命令すると, 命令に応じて.
give [issue] a command for the crowd to be dispersed =a command that the crowd (should) be dispersed 群衆を解散させるようにという命令を出す.
**2** Ⓤ **指揮(権), 統率, 支配** ∥
a general in command of an army 軍隊を指揮する将軍.
thirty men under my command 私の配下の30名.
**3** Ⓤ (正式) [しばしば a ~] (感情の)**抑制力**(control) ; (言葉を)**自由にあやつる力** ∥
have command over oneself 自制できる.
lose command of oneself 自制力を失う.
have (a) fine [poor] command of English 英語が上手[不得意]である.
**4** Ⓤ (正式) 見晴らし, 展望(view), 見おろす位置の占有 ∥
The hill has the command of the whole city. その丘から全市を見渡せる(◆書き換え例 → 他 5).
**5** Ⓒ [コンピュータ] (コンピュータに与える)コマンド, 命令, 指令.

**com·man·dant** /kὰmandǽnt カマンダント, -dɑ́:nt|kɔ̀mən- コマン-/ 名 Ⓒ 司令官.

**com·man·deer** /kὰməndíər カマンディア|kɔ̀mən- コマン-/ 動 他 〈人〉を徴兵する ; …を徴用する.

**com·mand·er** /kəmǽndər コマンダ|kəmɑ́:ndə コマーンダ/ 名 Ⓒ 指揮官, 長官.
**commánder in chíef** 〔陸軍〕最高指揮官 ; 〔海軍〕司令長官.

**com·mand·ing** /kəmǽndɪŋ コマンディング|kəmɑ́:nd- コマーンディング/ 動 → command.
—形 **1** 命令する. **2** (正式) 威厳のある. **3** (正式) 見晴らしのよい.
**commánding ófficer** 隊長, 指揮官.

**com·mand·ment** /kəmǽndmənt コマンドメント|kəmɑ́:nd- コマーンド-/ 名 Ⓒ (正式) **1** 命令. **2** 戒律.
**the Tén Commándments** 〖聖〗(モーセの)十戒.

**com·man·do** /kəmǽndou コマンドウ|-mɑ́:n- コマーンドウ/ 名 (複 ~s, ~es) Ⓒ **1** [しばしば C~] (第二次世界大戦時における連合国の)特殊部隊, コマンド. **2** ゲリラ隊(員).

**com·mem·o·rate** /kəmémərèɪt コメメレイト/ 動 (現分) --rat·ing (正式) **1** …を記念する. **2** …を賛美する.

**com·mem·o·ra·tion** /kəmèməréɪʃən コメメレイション/ 名 (正式) **1** Ⓤ 祝賀, 記念 ∥
in commemoration of the victory 戦勝を記念して.
**2** Ⓒ 祝典(ceremony) ; 記念物[碑].

**com·mem·o·ra·tive** /kəmémərèɪtɪv コメメレイティヴ, -rə-/ 形 記念となる.

**com·mence** /kəméns コメンス/ 動 (現分) --menc·ing (正式) **1** …を開始する, 始める《◆begin, start より堅い語》 ∥
commence the ceremony 儀式を始める.
**2** [commence to do / commence doing] 〈人が〉…し始める ∥
She commenced studying [to study] law. 彼女は法律を勉強し始めた.
—自 始める, 始まる.

**com·mence·ment** /kəménsmənt コメンスメント/ 名 Ⓒ Ⓤ **1** (正式) 開始, 始め(beginning). **2** (米) 国の大学, Cambridge, Dublin 大学の)学位授与式 ; その日 ; (米) (一般に)卒業式(graduation)《◆卒業は人生のスタートであるという発想から》.

**com·mend** /kəménd コメンド/ 動 他 (正式) **1** 〈人・物〉をほめる, 推賞する(praise) ∥
She commended the cook on the excellent meal. 彼女はそのすばらしい食事のことで料理人をほめた.
**2** 〈人・物〉を推薦する, 推挙する《◆recommend の方がふつう》.
**3** 〈人・物〉を(…の世話に)ゆだねる, 託する.
**comménd** oneself [*itsèlf*] **to A** (正式) …に好印象を与える, …を魅惑する.

**com·mend·a·ble** /kəméndəbl コメンダブル/ 形 (正式) ほめるに足る.

**com·men·da·tion** /kὰməndéɪʃən カメンデイション, -men-|kɔ̀mən- コメン-/ 名 Ⓒ Ⓤ (正式) 推賞, 賞賛 ; 推薦.

**com·men·su·rate** /kəménsərət コメンスラト|-fərət -シュラト/ 形 (正式) 等しい, 相応の ; 比例した.

\***com·ment** /kάment カメント/ 名
〖共に(com) 心にかけること(ment). cf. *mental*〗
—名 (複 ~s/-ents/) **1** Ⓒ Ⓤ **論評, 批評**, 評言, コメント ; **注解, 解説** ∥
No comment. (そのことについては)何も申し上げられません.
**2** Ⓤ (世間の)うわさ話(gossip).
—動 (三単現) ~s/-ents/ ; (過去・過分) ~·ed/-ɪd/ ; (現分) ~·ing
—自 批評する, 論評する, 注解する ∥
Everyone commented on his new poem. みんなは彼の新作の詩を批評した.
—他 …を批評[論評]する ; [comment that 節] …だと批評する.

**com·men·tar·y** /kάmentèri カメンテリ|-təri -タリ/ 名 (複 --tar·ies/-z/) Ⓒ **1** 論評 ; 解説(書)

a **commentary on** the Scripture 聖書解説書.
**2** [通例 commentaries] 事実の記録.
**3** 実況解説.
**com·men·ta·tor** /kάməntèitər カメンテイタ | kɔ́m- コメン-/ 图 Ⓒ コメンテーター, 注釈者; 時事問題解説者, (スポーツなどの)評論家; 実況放送のアナウンサー.
**com·merce** /kάmə(ː)rs カマ(一)ス | kɔ́mə(ː)s コマ(一)ス/ 图 Ⓤ 〔正式〕 商業; 貿易(trade).
**commerce** and industry 商工業.
domestic **commerce** 国内貿易.
foreign **commerce** 外国貿易.
a Chamber of **Commerce** 商工会議所.
**com·mer·cial** /kəmə́ːrʃəl コマーシャル/ 形 **1** 商業(上)の, 通商の, 貿易の ‖
a **commercial** school 商業学校.
a **commercial** transaction 商取引.
a **commercial** treaty 通商条約.
**commercial** correspondence 商業通信(文).
**commercial** English 商業英語.
**commercial** law 商法.
**2** 営利的な; 営業用の, 市販の; 大量生産された.
**3** (放送の)広告用の, スポンサー付きの; 民間放送の.
**4** 〈米〉〈肉が〉準, 並みの(→ standard 形 **4**).
—— 图 Ⓒ 広告放送, コマーシャル(commercial message)《♦「新聞・雑誌・ビラなどによる宣伝」は advertisement》 ‖
a spot **commercial** 番組の間にはさまれた広告, スポット.
in a TV **commercial** テレビのコマーシャルで.
**commércial mèssage** =commercial 图 《♦ CM と略するのは〈まれ〉》.
**commércial TV** [**rádio**] スポンサー提供のテレビ [ラジオ]番組.
**com·mer·cial·ism** /kəmə́ːrʃəlìzm コマーシャリズム/ 图 Ⓤ 商業主義[本位], 営利主義.
**com·mer·cial·ize** /kəmə́ːrʃəlàiz コマーシュライズ/ 動 (現分) ~iz·ing/ 他 …を商業[営利]化する, 商品化する.
**com·mer·cial·ly** /kəmə́ːrʃəli コマーシャリ/ 副 商業上, 商業[営利]的に; 通商[貿易]上.
**com·mis·er·ate** /kəmízərèit コミザレイト/ 動 (現分) -at·ing/ 自 〔正式〕 同情する.
**com·mis·er·a·tion** /kəmìzəréiʃən コミザレイション/ 图 Ⓤ 〔正式〕 あわれみ.
**com·mis·sion** /kəmíʃən コミション/ 图 **1** Ⓤ (職権・任務の)委任, 委託; Ⓒ 委任状.
**2** Ⓒ Ⓤ 任務, 職権, 権限 ‖
go beyond one's **commission** 権限外のことをする.
**3** [しばしば C~]; 集合名詞] 委員会《♦ ふつう単数扱い. 個々の構成委員に重点を置くと複数扱い》.
**4** Ⓤ 〔法律〕 (罪を)犯すこと ‖
be charged with the **commission** of murder 殺人罪で告訴される.
**5** 〔商業〕 代理手数料.

**in commission** 〈略式〉働いて; 使用可能の.
**on commission** 〔商業〕委託されて, 手数料で.
**out of commission** 〈略式〉働かないで; 使用不可能の.
—— 他 [commission A to do] A〈人・物〉に …する権限を与える, 委任する; A〈人〉に…するように依頼する ‖
She **commissioned** the artist to paint a portrait for her. 彼女はその画家に頼んで自分の肖像画を描いてもらった.
**com·mis·sion·er** /kəmíʃənər コミショナ/ 图 [しばしば C~] Ⓒ **1** 委員, 理事; (官庁の)長官, 局長《♦ 呼びかけにも用いる》. **2** 〈米〉(プロ野球などの)コミッショナー.

\***com·mit** /kəmít コミト/ 图 《「[ある人の所へ(com)送る(mit)]から「人にゆだねる」が本義》 (源) commission(er) (名), committee (名)
—— 動 (三単現) ~s/-its/; (過去・過分) …mit·ted /-id/; (現分) …mit·ting)
—— 他 **1** 〈罪・過失など〉を犯す ‖
**commit** murder 人殺しをする.
〔対話〕 "Don't you ever make a mistake?" "Last week I **committed** a big error, don't you remember?" 「間違いをするということはないのですか」「先週大きな間違いを犯しましたが覚えていませんか」《♦ make an error より堅い言い方》.
**2** 〔正式〕 [commit A to B] **a** A〈人・物〉を B〈人など〉に託す, 委託する(trust) ‖
**commit** a child to him [his care] 子供の世話を彼にしてもらう.
**b** A〈人〉を B〈施設など〉に送る(send) ‖
**commit** a suspect (to prison) 容疑者を刑務所に送る.
**commit** troops to the front 部隊を前線へ送る.
**c** A〈物・事〉を B〈記憶・焼却など〉にゆだねる ‖
**commit** an idea to memory 着想を(忘れないよう)記憶する《♦ memorize an idea より堅い言い方》.
**commit** a letter to the fire 手紙を焼き捨てる.
**commit** her body to the flames 彼女のなきがらを火葬にする.
**3** 〈政府などが〉〈人・予算など〉を割(さ)くと約束する(promise); [~ oneself / be ~ted] 約束する, 言質(ぱん)を与える ‖
**commit** some money to improving the health service 医療行政の充実に金を支出する.
**commit** oneself to help [helping] him 彼の手伝いをすると約束する.
〔対話〕 "How about helping us next week?" "I can't **commit** myself to anything next week. I'll be very busy at work." 「来週手伝ってくれませんか」「来週はいっさい時間を割くことができません. 仕事がとても忙しいのです」.
**4** [be ~ted / ~ oneself] 動きのとれない立場に落ち込む; 係(かか)わる, コミットする; 自分の考えを明らかにする; 傾倒する, 専心する ‖

commít onesèlf (on women's rights) (女性の諸権利について)自己の立場を明らかにする。
commít onesèlf in a political movement 政治活動に参加する。
be committed to a sect ある宗派に傾倒する。
be committed to the cause of world peace 世界平和のために専心[献身]する。

**com·mit·ment** /kəmítmənt コミットメント/ 图 (正式) **1** 約束, 言質(ੱ), 義務, 責任 ‖
I'm sorry I have a commitment. すみませんお先約がありますので《◆誘われたときに断る言葉》.
**2** U 献身；参加.

*com·mit·tee /kəmíti コミティ | kɔ́míti コミティ/ [→ commit]
——图 (複 ~s/-z/) C [しばしば複合語で；集合名詞] 委員会, (全)委員 ‖
a stánding committee 常任委員会.
a jóint commìttee 合同委員会.
be in committee 委員会で審議中である.
be [sit] on the committee =《正式》serve on the committee 委員会の一員である.
The committee meet(s) in this hall. 委員会はこのホールで開かれる《◆ふつう単数扱い. 個々の構成委員に重点を置く場合は《英》では一般に複数扱い. 単数呼応のときは関係代名詞は which, 複数呼応のときは who》.

**com·mo·di·ous** /kəmóudiəs コモウディアス/ 形 (正式)《家・部屋などがゆったりして便利な.

**com·mod·i·ty** /kəmádəti コマディティ | kəmɔ́dəti コモディティ/ 图 (複 -ties/-z/) C (正式) **1** 産物, 商品；[しばしば commodities] 必需品, 日用品 (goods) ‖
prices of commodities 物価.
staple commodities 主要商品.
**2** 便利[有利]なもの(advantage).

**com·mo·dore** /kámədɔ̀ːr カモドー | kɔ́m- コモドー/ 图 [しばしば C~] C 《◆呼びかけにも用いる》**1** 《米》海軍准将[代将]《◆少将と大佐の間の階級. 平時にはおかない》. **2** 《英》艦隊司令官；空軍准将.

*com·mon /kámən カモン | kɔ́mən コモン/ 〖共に(com)役に立つ(mon). cf. *commune, community*. → uncommon〗

→ 形 **1** 共通の **2** 公共の **3** ふつうの **4** 一般的な

——形 (比較 more ~, ~·er; 最上 most ~, ~·est) **1** 共通の, 共有の, 共同の (↔ personal) ‖
cómmon próperty 共有財産.
work in a bíg [lárge] cómmon ròom 大部屋で仕事をする.
Barking at strangers is a habit common to [a common habit of] many dogs. 見知らぬ人にほえるのは多くの犬に共通の習性である.
**2** [名詞の前で] 公共の, 社会全体の ‖
a cómmon cóuncil 市[町]議会.
work for the common good 公益のために働く.
**3** ふつうの, ありふれた, よく起こる《類 ordinary, usual) (↔ uncommon) ‖

a cómmon expérience 日常的体験.
an error common among [with] students 学生にありがちな間違い.
Cherry trees are common in Japan. 桜は日本ではどこにでも見られる.
It is quite common for him to say so. 彼がそう言うのはごくふつうのことだ.
**4** 一般的な, よく[広く]知られた (↔ unknown) ‖
This word is not in common use. この単語は一般によく使われてはいない.
a common mistaken notion 間違った通念.
**5** 並の, ふつうの, 平凡な；特別の位のない；平民の ‖
common courtesy ごくふつうの礼儀.
a common soldier 兵卒.
対話 "I just want to have a common life." "Me, too. Too much money scares me." 「ごくふつうの生活をしたいと思うだけです」「私もです. 金がありすぎるのは怖い気がします」
**6** 《略式》品のない, 野卑な, 俗っぽい, 品質の悪い ‖
common manners 無作法.
common clothes 粗末な服.

——图 [時に ~s] (町・村)の共用地, 公有地《◆囲いのない草地・荒地；地名に多い》.

*háve A ín cómmon* …を共通に持つ ‖ They have a lot [have nothing] in common. 彼らには（興味・性格などについて）共通点が多い[ない].

*ín cómmon* 共同の；[通例文頭で] 同様に.

**cómmon cóld** (ふつうの)かぜ, 感冒.
**cómmon denóminator** (1)《数学》公分母. (2) C 共通点.
**cómmon gróund** (討論のための)共通の基盤, (見解・関心などの)一致点 ‖ on common ground 共通の場で[に立って], 一致して / Common ground!《英》同感!
**cómmon knówledge** だれもが知っていること, 常識；周知の(不快な)事実 ‖ as is common knowledge [前文を受けて] それはみなよく知ってのことだが.
**cómmon láw** 慣習法, 不文法(cf. *common-law*).
**cómmon nóun** 〖文法〗普通名詞《book, bird, desk など》.
**cómmon sénse** (経験から身についた)常識的な判断力, 良識, 分別 (good sense) (cf. *commonsense*).

**com·mon·er** /kámənər カモナ | kɔ́m- コモナ/ 图 C 一般の人, 一庶民；平民.

**com·mon-law** /kámənlɔ̀ː カモンロー | kɔ́m- コモン-/ 形 **1** 慣習法の, 慣習法による(cf. *common law*). **2** 内縁の.

**com·mon·ly** /kámənli カモンリ | kɔ́m- コモンリ/ 副 **1** 一般に, 通例, ふつうには (↔ uncommonly) ‖
He is commonly known as Tom. 彼は通称トムという名で知られている.
**2** 下品に, 安っぽく ‖
behave commonly 下品なふるまいをする.

**com·mon·ness** /kámənnəs カモンネス | k5m- コモン-/ 名 U ふつう(であること), 平凡.

**com·mon·place** /kámənplèis カモンプレイス | k5m- コモン-/ 形 **1** ごくふつうの, 平凡な; つまらない《◆ common よりも「ありふれた」の意が強い》‖
commonplace duties 日常の(きまりきった)職務.
**2** 陳腐な, 新味のない ‖
make a commonplace remark 陳腐なことをいう.
── 名 C **1** 陳腐な文句, わかりきったこと[話].
**2** ありふれた物, 平凡なこと ‖
Traveling abroad is now a commonplace. 海外旅行は今では珍しくない.
**cómmonplace bòok** (名文句の)抜き書き帳, 備忘録.

**com·mon·sense** /kámənsèns カモンセンス | k5m- コモン-/ 形 常識的な, 良識のある; はっきりとした(cf. common sense).

**com·mon·wealth** /kámənwèlθ カモンウェルス | k5mənwèlθ コモンウェルス/ 名 **1** C 国家; 連邦, 共和国, 民主国. **2** C (共通の利益で結ばれた)団体. **3** [the C~] =the COMMONWEALTH of Nations.
*the Cómmonwealth of Austrália* オーストラリア連邦《Australia の正式名》.
*the Cómmonwealth of Nátions* 英連邦《英国・カナダ・オーストラリアなどの連合体. the British Commonwealth of Nations が1949年に改名》.

**com·mo·tion** /kəmóuʃən コモウション/ 名 U C 激動; 興奮; 動乱 ‖
be in commotion 動揺している.

**com·mu·nal** /kəmjú:nl コミューヌル | k5mju- コミュ-/ 形 **1** 共同社会の. **2** 共同(使用)の.

**com·mune**[1] /kəmjú:n コミューン | k5m- コミューン/ 動 (現分) ‑‑mun·ing 自 《文》親しく語り合う, 心を通わせる.

**com·mune**[2] /kámju:n カミューン | k5- コミューン/ 名 C **1** (共産的)共同社会. **2** コミューン, 市町村自治体[自治区]《フランスなどの欧州諸国の最小行政単位》. **3** [the C~] 〔歴史〕パリコミューン(the Commune of Paris, the Paris Commune) 《1871年3月から5月までパリを支配した史上最初の社会主義政権》.

**com·mu·ni·ca·ble** /kəmjú:nikəbl コミューニカブル/ 形 《正式》(容易に)伝達できる; 伝染性の.

*****com·mu·ni·cate** /kəmjú:nəkèit コミューニケイト/ 『「他人と共有する」が原義』
派 communication (名)
── 動 (三単現) ~s/-kèits/, (過去・過分) ‑‑cat·ed/-id/, (現分) ‑‑cat·ing)
── 他 《正式》**1** 〈情報・見解などを〉知らせる, 伝達する ‖
Bill communicated the whole story to me. ビルは話を残らず伝えてくれた.
対話 "What did she tell you about the party?" "She didn't communicate anything interesting. I'll have to ask her again."「パーティーのこと彼女は何か君に話しましたか」「何もおもしろいことは伝えてくれませんでした. もう一度尋ねてみなくては」.
**2** 〈熱・動きなどを〉伝える, 導く; 〈病気を〉うつす ‖
communicate a disease **to** her 彼女に病気を感染させる.
Her excitement communicates itself to me. 彼女の興奮が私に伝わってくる.
── 自 **1** 通信する, 連絡する; 話が通じ合う ‖
The prisoner was not allowed to communicate **with** his family. 囚人は家族との接触を許されていなかった.
**2** 《正式》〈部屋・ベル・場所などが〉通じている ‖
The hallway communicates **with** his study. その廊下は彼の書斎に通じている.

**com·mu·ni·cat·ing** /kəmjú:nəkèitiŋ コミューニケイティン/ 形 → communicate.

*****com·mu·ni·ca·tion** /kəmjù:nəkéiʃən コミューニケイション/ 《→ communicate》
── 名 (複 ~s/-z/) **1** U 伝える[伝わる]こと; (熱の)伝導; (動力の)伝播(ぱ²); (病気の)感染.
**2** U 伝達, 連絡; 報道; 通信, 交信; 意思疎通, 交際, 取引 ‖
Language is not the only means of communication. 言語はコミュニケーションの唯一の手段ではない.
be in communication **with** him 彼と連絡[通信, 文通]している.
**3** U C 《正式》(伝達された)情報, ニュース, 通知(information); (送られてきた)文書, 通信文, 書言; 学会発表論文. **4** U C 交通; 交通機関[手段], (汽車などの)便(びん). **5** [しばしば ~s] (電話・電信などの)通信機関[施設]; (ラジオ・テレビなどの)報道機関; (道路・鉄道などの)交通網, 輸送機関.

**communicátions gáp** (年齢差などによる)意思疎通の欠如, コミュニケーション=ギャップ.

**communicátion(s) skíll** コミュニケーション能力.

**com·mu·ni·ca·tive** /kəmjú:nəkèitiv コミューニケイティヴ | -kətiv -カティヴ/ 形 《正式》**1** 話好きの, 隠しだてをしない. **2** 伝達の, 通信の.

**com·mun·ion** /kəmjú:niən コミューニオン/ 名 U 《詩·文》親交; (霊的)交感, 交流.

**com·mu·ni·qué** /kəmjù:nəkéi コミューニケイ/ 『フランス』名 C コミュニケ, 公式発表; 声明書.

**com·mu·nism** /kámjunìzm カミュニズム | k5mjunìzm コミュニズム/ 名 U **1** (広義)共産主義. **2** [C~] (マルクス=レーニン主義にもとづく)共産主義(理論).

**com·mu·nist** /kámjunist カミュニスト | k5mjunist コミュニスト/ 名 C **1** 共産主義者; 左翼の[左傾化した]人. **2** [C~] 共産党員; パリコミューンの支持者.
── 形 **1** 共産主義(者)の. **2** [C~] 共産党員の.

**com·mu·nis·tic** /kàmjunístik カミュニスティク | k5m- コミュ-/ 形 [しばしば C~] 共産主義(者)の (communist).

**com·mu·ni·ties** /kəmjú:nətiz コミューニティズ/ 名 → community.

\*com·mu·ni·ty /kəmjúːnəti コミューニティ/ 〖「共有[共同]の状態」が原義. cf. common〗

――名 (複 -·ni·ties/-z/) 1 ⓒ 地域社会, 市町村自治体; その人々 ‖
a village community 村落共同体.

2 ⓒ 〖通例 the ~〗(利害・職業・宗教・国籍などを同じくする人の)社会(集団), 共同体(society) ‖
a religious community 教団.
the political community 政界.
the Chinese community in the US 米国の中国人社会.

3 〖the ~〗一般社会, 一般大衆.

4 ⓒ 〖生物〗群集; 〖植〗群落.

community anténna télevision 〖テレビ〗有線放送(略 CATV).

community cènter コミュニティセンター《教育・文化・厚生施設があり地域社会の中心》.

community hòme (英) 非行少年収容施設.

com·mute /kəmjúːt コミュート/ 動 (現分 ··mut·ing) 他 1 〖正式〗…を取り替える, 交換する. 2 〈距離〉を毎日通う.
――自 通勤する, 通学する《◆元来は「郊外から鉄道で通う」の意だったが, 今は交通手段を問わない》‖
commute from Nara to Osaka ＝commute between Nara and Osaka 奈良から大阪まで通勤[通学]する.

com·mut·er /kəmjúːtər コミュータ/ 名 ⓒ (鉄道の)定期[回数]券利用客, 通勤[通学]者.

commúter bèlt (郊外の)通勤者居住区, ベッドタウン(地帯).

commúter páss 通勤[通学]用定期券.

\*com·pact¹ /形 kəmpǽkt コンパクト, kǽmpækt ｜-, kɔ́mpækt; 動 kəmpǽkt コンパクト; 名 kǽmpækt カンパクト ｜ kɔ́mpækt コンパクト/ 〖共に(com)堅く締める(pact). cf. im*pact*〗

――形 (比較級 more ~, 時に ~·er; 最上 most ~, 時に ~·est) 1 きっしり詰まった; 引き締まった; 目の詰まった; (狭い場所に)密集した ‖
the cabbage with a compact head 固く巻いたキャベツ.
in a compact mass 密集して.

2 〈家・車・道具などが〉むだなスペースのない, こぢんまりした; 小さくて安い ‖
a compact camera コンパクトカメラ.

3 〈文体・記述などが〉簡潔な ‖
a compact style of writing きびきびしてむだのない文体.

――動 他 〖正式〗〖通例 be ~ed〗〈物が〉凝縮[密集]する; 圧縮される.

――名 ⓒ 1 コンパクト《携帯用のおしろい入れ》. 2 (主に米) ＝compact car.

compact càr (経済的な)小型自動車(compact)《◆ standard と subcompact の中間. 日本の小型車は subcompact に当たる》.

compáct dìsc コンパクトディスク(略 CD).

com·pact² /kǽmpækt カンパクト ｜ kɔ́m- コンパクト/ 名 ⓤⓒ 合意, 協定; 契約.

com·pa·nies /kʌ́mpəniz カンパニズ/ 名 → com-pany.

\*com·pan·ion /kəmpǽnjən コンパニョン/ 〖共に(com)パンを食べる(panion)人. cf. ac*compa*-*ny*, *company*〗

――名 (複 ~s/-z/) ⓒ 1a 仲間, 友だち, (偶然の)連れ, (一時的な)話し相手《◆ friend ほど心のつながりはないが一緒にいることを強調. 動物や本など旅先で人の心を慰めるものの場合もある》(類 colleague, comrade) ‖
former companions at school 昔の学校友だち.
a traveling companion 旅の道連れ.
one's lifelong companion 終生の伴侶(はんりょ).
a companion in [at] arms 戦友.
companions in good fortune 幸運を共にした仲間.

b 気の合った友, 同好の友 ‖
The woman is a good companion to me. その女性は私のよき友です.

2 付添い, コンパニオン《老人・病人などの話し相手・手伝いとして雇われる人. 主に女性》.

3 〖C～; 通例書名で〗手引き, 必携, …の友 ‖
The Motorist's Companion 運転者必携.

compánion ànimal ＝animal companion (→ animal 形 1 用例).

com·pan·ion·a·ble /kəmpǽnjənəbl コンパニョナブル/ 形 連れ[友]になる, 親しみやすい, 人付き合いがいい.

com·pan·ion·ship /kəmpǽnjənʃip コンパニョンシプ/ 名 ⓤ 〖時に a ~〗仲間付き合い, (親密な)交際 ‖
enjoy his companionship 彼と交際する.

\*com·pa·ny /kʌ́mpəni カンパニ/ 〖一緒に(com)パン(pany)を食べる人. cf. *compani*on〗

→ 名 1 同席 2 仲間 3 来客 4 一団 5 会社

――名 (複 -·pa·nies/-z/) 1 ⓤ 同席(すること), 同行; 付き合い, 交際 ‖
She loves the company of children. 彼女は子供を相手にするのが好きだ.

対話 "You know, every time I'm with you I feel happy." "Same with me. I really enjoy your company, too." 「あのう, ご一緒するたびに私は幸せな気持ちになるのです」「私も同じです. ご一緒できるのがとても楽しいです」《◆ your company は, 「私があなたと一緒にいること」の意味で, 「あなたが私と一緒にいること」ではない》.

2 ⓤ 〖通例集合名詞; 単数・複数扱い; 無冠詞〗仲間, 友だち, 連れ《◆個人をさすこともある》‖
get into bad company 悪友仲間に入る.
A man is known by the company he keeps. (ことわざ) 付き合う仲間を見ればその人の人柄がわかる.
He is good company. 彼は付き合っておもしろい人だ《◆「おもしろくない」は good の代わりに poor または dull とする》.
Two's company, three's none [a crowd]. (ことわざ)(略訳) 2人はお連れ, 3人は仲間割れ.

3 ⓤ 〖集合名詞; 無冠詞〗来客, 客《◆(1) visitor,

guest がふつう. (2) 個人にも用いる》‖
receive a great deal of company 多くの客を迎える.
We are expecting [having] company tomorrow. あす来客がある.
**4** Ⓒ 《集合名詞；単数・複数扱い》 **a** 人の集まり, 一団, 一行〔類〕 band, party, troop》‖
A company of tourists are [is] arriving soon. 観光客の一団がもうすぐ着きます.
**b** (俳優などの)一座, 劇団‖
an opera company 歌劇団.
Royal Shakespeare Company ロイヤル＝シェイクスピア劇団.
**5 a** 会社 (略 Co.) 《◆ & Co. /ənd| kóu/ は John Smith & Co. のように主に個人名の合資会社, 合名会社に用いる (→ **5 b**). この場合複数扱いにすることもある》(cf. firm) ‖
an oil company 石油会社.
an insurance company 保険会社.
a business [trading] company 商事会社.
a publishing company 出版社.
a bogus company 幽霊会社.
a company employee 会社員.
My mother works for [at, in] a big company. 母は大きな会社に勤めている《◆日本語の「会社」に比べ,「人間(の集まり)」ということが強く意識されているので for を用いることが多い》.

Q&A **Q**:「会社に行く」というときに company が使えますか.
**A**: いいえ. go to work とか go to the office [factory] と言うのがふつうです.

関連 [会社の種類] a joint-stock company (米)合資会社；(英)株式会社 / a stock company (米)株式会社 / a limited (liability) company (英)有限責任会社(略 Co., Ltd.) / a public [private] company (英)(株式の)公開[非公開]会社(cf. corporation, firm²).

**b** Ⓤ (会社名に名前の出ない)共同経営者；(一般)社員(たち)；[… and C〜 (略) … & Co.)] …商会‖
John Smith and Company =John Smith & Co. ジョンスミス商会.
**c** Ⓒ (中世の)同業組合, ギルド(guild).

*be in góod cómpany* 良い仲間と付き合っている；(あることができなくても)同じような人はほかにもたくさんいる‖対話 "I'm not good at English." "Don't Worry. You're in good company." 「英語はうまくないんだ」「気にしなくていいさ. (英語がうまくないのは君だけじゃないんだよ)」.
*for cómpany* 付き合いに；話し相手として.
*in cómpany* (1) 一緒に. (2) 人前で, 客の前で.
*kéep cómpany* 付き合う.
*kéep* A *cómpany* A〈人〉に同行する, A〈人〉と一

緒にいる.
*párt cómpany* (正式) (1) 絶交する. (2) (路上などで)別れる. (3) 意見を異にする.
*cómpany mànners* (略式) (客の前での)たいへん丁重(ﾁｮｳ)なふるまい.

**com·pa·ra·ble** /kámpərəbl カンパラブル | kɔ́mpərəbl コンパラブル/ 形 (正式) (↔ incomparable) **1** 比較できる；同種の, 類似の(equivalent). **2** [しばしば否定文で] 比較に値する；匹敵する, 同等の.
**cóm·pa·ra·bly** 副 比較できる[匹敵する]ほど(に).

**com·par·a·tive** /kəmpǽrətiv コンパラティヴ/ 形 **1** 比較の, 比較に基づいた‖
comparative literature 比較文学.
**2** (正式) 比較した(場合の), 相対的な；かなりの‖
in comparative comfort かなりゆったりと.
**3** 〔文法〕(形容詞・副詞)比較級の《◆「原級の」は positive,「最上級の」は superlative》.
—— 名 〔文法〕[the 〜] =comparative degree.
**compárative degrée** 比較級(の形)《2つのものを比較する形容詞・副詞の程度を示す. older, more difficult など》.

**com·par·a·tive·ly** /kəmpǽrətivli コンパラティヴリ/ 副 **1** 比較的(に), かなり；いくぶん, 少し.
**2** 比較して(みると)‖
comparatively speaking 比較して言えば.

*****com·pare** /kəmpéər コンペア/ 〖共に(com)同等の状態(par)に置く. cf. par, pair〗
派 comparable (形), comparative (形), comparison (名)
—— 動 (三単現 〜s/-z/; 過去・過分 〜d/-d/; 現分 --par·ing/-péəriŋ/)
—— 他 **1** [compare A and [with, to] B] A〈人・物・事〉をB〈人・物・事〉と比較する, 比べる《◆ to は受身で好まれる》‖
compare the two novels 2つの小説を比べる(= make a comparison between the two novels).
compare his work with hers 彼の作品を彼女の作品と比較検討する.
対話 "Which one is better, the green one or the blue one?" "I don't know. Let's compare them."「緑のと青いのとどちらが良いですか」「わかりません. 比較してみましょう」.
**2** [compare A to B] A〈人・物・事〉をB〈人・物・事〉にたとえる, なぞらえる；A を B と同等にみなす, 同じとみる‖
Life is often compared to a voyage. 人生はしばしば航海にたとえられる《◆今はしばしば to の代わりに with も用いる》.
**3** 〔文法〕〈形容詞・副詞〉の比較変化形をつくる[示す].
—— 自 [compare with A] [通例否定文で；肯定文では poorly などを伴って]〈人・物・事が〉A〈人・物・事〉に匹敵する；…に似ている, …と同じ水準にみえる‖

He just can't compare with Bach. 彼はバッハにはとうていかなわない(=There is no **comparison** between Bach and him.).

This picture poorly [favorably] compares with the original. この写真は実物に劣る[まさる].

◇(*as*) *compáred with* [(主に米) *to*] **B** …と比較すると, 比べて ‖ Compared with China, Japan is small. 中国に比べると日本は狭い.

―名 (文) 比較(comparison) 《◆次の成句で》.

*beyònd* [*pàst, withòut*] *compáre* 比類なく, 比較にならないくらい(すばらしい).

**com·par·ing** /kəmpéəriŋ コンペアリング/ 動 → compare.

**com·par·i·son** /kəmpǽrisn コンパリスン/ 名 U C
**1** 比べること, 比較; 類似, 相似; 匹敵(するもの) ‖ the **comparison** of this book and [with, to] that この本とその本との比較.

*beyònd* [*withòut*] *compárison* 比類なく, 並ぶものがないほど(すぐれた).

*by compárison* 比較すると.

*in compárison with* France フランスと比較すると.

béar [stánd] compárison with her beauty 彼女の美しさにたちうちできる.

máke [dráw] a compárison between an artificial flower and a wild one 造花と野生の花を比べる(=**compare** an artificial flower with a wild one).

**2** たとえること, なぞらえること; たとえ, 比喩(ゅ)(的表現); 例示, 実例 ‖ the **comparison** of the heart to a pump 心臓をポンプにたとえること.

**3** 〔文法〕(形容詞・副詞の)比較変化(形)《原級・比較級・最上級がある》.

**com·part·ment** /kəmpɑ́ːrtmənt コンパートメント/ 名 C **1** 区画, 仕切った部分. **2** 〔鉄道〕 仕切り客室, コンパートメント 《◆米国では寝台・トイレ付きの豪華個室をさす. ヨーロッパでは, 向かい合わせの座席のある, 通路とはドアで仕切られた定員6-8人の部屋》.

**com·pass** /kʌ́mpəs カンパス/ (発音注意) 《◆ ×コンパス》 名 (複 ~·es/-iz/) **1** C 羅(ら)針儀; 方位磁石 ‖ the 32 points of the **compass** コンパスの32方位.

**2** C [しばしば ~es] (製図用)コンパス, 両脚器 ‖ draw [×write] a circle with **compasses** [(略式) a **compass**] コンパスで円を描く《◆ a pair of *compasses* ともいう》.

**3** U C [通例 the ~] (囲まれた)地域(area); 範囲, 限界(limit) ‖
*within the cómpass of* the élevator エレベーターの内部に.

*beyònd* [*within*] *the cómpass of* one's expérience 経験の範囲外[内]で.

**com·pas·sion** /kəmpǽʃn コンパション/ 名 U 思いやり, あわれみ, 同情《◆ pity より堅い語》 ‖

out of **compassion** あわれに思って, 同情して.
have **compassion** for the poor 貧しい人に同情する.

**com·pas·sion·ate** /kəmpǽʃənət コンパショナト/ 形 あわれみ深い, 思いやりのある《◆ sympathetic より堅い語》. **com·pás·sion·ate·ly** 副 あわれに思って, 同情して.

**com·pat·i·bil·i·ty** /kəmpætəbíləti コンパティビリティ/ 名 U 矛盾のないこと; 適合性; 両立性; 〔コンピュータ〕互換性.

**com·pat·i·ble** /kəmpǽtəbl コンパティブル/ 形 矛盾しない, 共存できる, うまが合う; 両用の, 共用できる; 〔コンピュータ〕互換性のある. **com·pát·i·bly** 副 矛盾なく.

**com·pa·tri·ot** /kəmpéitriət コンペイトリオト/ -pǽ--パトリオト/ 名 C (正式) 同胞, 同国人.

**com·pel** /kəmpél コンペル/ (アクセント注意) 《◆ ×コンペル》動 (過去・過分) **com·pelled**/-d/; (現分) **-pel·ling**) 他 (正式)

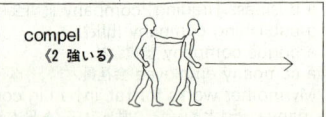

**1** [**compel** A **to do**] A〈人・物〉に無理やり…させる《◆ force の方が一般的な語. force, compel, oblige の順に意味が弱くなる》.
His illness **compelled** him to stay indoors. 彼は病気のため家にいなければならなかった.

**2** [compel A (from B)] A〈沈黙・服従など〉を(B〈人〉に)強いる, 強要する ‖
Her performance **compelled** admiration from us [our admiration]. 彼女の演奏に感嘆せざるをえなかった.

**com·pel·ler** /kəmpélər コンペラ/ 名 C 強制する人.

**com·pel·ling** /kəmpéliŋ コンペリング/ 動 → compel. ―形 (正式) **1** 強制的な, やむにやまれぬ. **2** 感心[尊敬, 注目]せざるをえない. **com·pél·ling·ly** 副 強制的に.

**com·pen·sate** /kɑ́mpənsèit カンペンセイト, -pen-|kɔ́mpən- コンペン-, -pen-/ 動 (現分) **-sat·ing**) 他

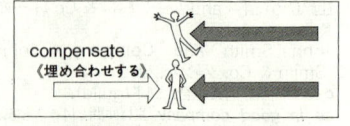

**1** 〈人〉に賠償[補償]をする; 〈人〉に報いる ‖
**compensate** him for his injury with money お金で彼に傷害補償をする.

**2** 〈損失・欠点など〉を埋め合わせる ‖
**compensate** one's lack of experience with diligence 経験不足を勤勉で補う.

◇*cómpensate for* A …の埋め合わせをする, …を補う(make up) ‖ We cannot **compensate** for lost time. 失った時間は埋め合わせできない.

**com·pen·sa·tion** /kàmpənséiʃən カンペンセイション, -pen-|kɔ̀mpənséiʃən コンペンセイション, -pən-/ 名
U **1** 埋め合わせ, 補償 ‖
in compensation for his injury 彼の傷害の補償として.
**2** [しばしば a 〜] 補うもの; 補償金, 賠償金; 《米》報酬 ‖
some compensation for her lack of talent 彼女の才能の不足を補うもの.

**com·père** /kámpeər カンペア|kɔ́m- コンペア/ 《フランス》《英》名 C (ラジオ・テレビ番組の) 司会者.
——動 (現分) ·-père·ing 他 自 **1** (…の) 司会を務める. **2** (…の) ガイドを務める.

*__com·pete__ /kəmpíːt コンピート/ [共に(com)求める(pete). cf. *petition*] 動 competition (名)
——動 (三単現) ~s/-píːts/; (過去・過分) ·-pet·ed /-id/; (現分) ·-pet·ing
——自 **1** [compete with A / compete against A] A〈人〉と**競争する**, 張り合う ‖
I had to compete with him for the prize. その賞を手に入れるために彼と競わねばならなかった.
**2** [compete in A] …に参加する ‖
対話 "Are you going to participate in the race?" "I'll compete in it only if you do." 「そのレースに参加しますか」「君が参加するなら私も出ます」.
**3** [compete with A] [通例否定文で] …に匹敵する; …に比べられる ‖
No one can compete with her in intelligence. 知性の点で彼女に並ぶ人はいない.

**com·pe·tence** /kámpətəns カンピタンス|kɔ́m- コンピ-/ 名 U 《正式》能力, 力量 (ability); 適性 ‖
his competence to drive [for driving] 彼の運転能力.
his competence in coping with a problem 彼の問題処理能力.

**com·pe·tent** /kámpətnt カンピテント|kɔ́m- コンピ-/ 形 《正式》**1a** 能力[力量]のある ‖
a competent pianist 腕のいいピアニスト.
**b** [be competent for A / be competent to do] …する能力がある, …するのに適任である ‖
a man competent for the task その仕事が十分やれる人.
She is competent to teach Spanish. 彼女はスペイン語が教えられる.
**c** [be competent at [in] A] …が上手である ‖
He is competent in teaching music. 彼は音楽を教えるのが上手だ.
**2** 〈能力・収入などが〉十分な, 相当な; 〈仕事が〉満足のいく.

**cóm·pe·tent·ly** 副 有能に, りっぱに, 十分に.

**com·pet·ing** /kəmpíːtiŋ コンピーティング/ 動 → compete.

*__com·pe·ti·tion__ /kàmpətíʃən カンペティション|kɔ̀mpətíʃən コンペティション/ [→ compete]
——名 (複) ~s/-z/; **1** U **競争**, 張り合い ‖
bitter [keen, intense] competition for leadership 激しい主導権争い.
in competition with other rivals 競争相手と競って.
**2** C (力・技能を競う) 競技(会), 試合, コンクール, コンペ; 競争試験, コンテスト ‖
enter a dancing competition ダンス競技会に参加する.
win a competition 試合に勝つ.

**com·pet·i·tive** /kəmpétətiv コンペティティヴ/ 形 **1** 競争による, 競争的な.
**2** 〈価格・製品などが〉他に負けない ‖
(at) competitive prices 他より安い価格(で).
**3** 競争好きな.

**com·pet·i·tor** /kəmpétətər コンペティタ/ 名 C 競争する人[団体], 競争相手.

**com·pi·la·tion** /kàmpəléiʃən カンピレイション|kɔ̀mpə- コンピ-, -paə-/ 名 U 編集; C 編集物.

**com·pile** /kəmpáil コンパイル/ 動 (現分) ·-pil·ing 他 **1** 《資料》を収集[編集]する; 《辞書・リストなど》を編集する《◆ edit は新聞・雑誌・映画・書物の編集》‖
compile information into a book 資料を編集して本にする.
**2** 《コンピュータ》〈プログラム〉をコンパイルする, 機械語に翻訳する.

**com·pil·er** /kəmpáilər コンパイラ/ 名 C (辞書などの) 編集者; 《コンピュータ》コンパイラ.

**com·pla·cence, -cen·cy** /kəmpléisns(i) コンプレイスンス(ィ)/ 名 U 自己満足.

**com·pla·cent** /kəmpléisnt コンプレイスント/ 形 自己満足的な; のん気な.

**com·plá·cent·ly** 副 悦に入って, のん気に.

*__com·plain__ /kəmpléin コンプレイン/ [「非常に悲しむ」が原義] 動 complaint (名)
——動 (三単現) ~s/-z/; (過去・過分) ~ed/-d/; (現分) ~·ing
——自 **1** [complain of [about] A] …について不満を言う, ぶつぶつ言う, 文句[不平]を言う ‖
complain of the book being too difficult その本は難しすぎるとこぼす.
She is always complaining. 彼女はいつも文句ばかり言っている 《◆ always, constantly などが進行形につくとしばしば主語の習慣的行為に対する話し手のいらだち・非難・不平などを強く表す》.
対話 "How are you?" "Can't complain [Nothing to complain about]." 「やあ, どうだい」「まあまあってとこだね」.
対話 "Why are you complaining about his behavior?" "It's not his behavior but his attitude." 「彼のやったことになぜみんなに文句を言っているの」「やったことじゃなくて, 態度が問題なんだよ」.
**2** [complain of [about] A] …について訴える, 苦情を言う ‖
complain about the noise to the police 警察に騒音のことを訴える.
**3** (病苦・苦痛などを) 訴える ‖
complain of a toothache 歯が痛いと言う.
——他 [complain (to A) (that) 節] …であると《A〈人〉に》不満[不平]を言う, 訴える, 嘆く ‖

She **complained to** me (that) the book was too difficult to her. その本は難しすぎると彼女は私に文句を言った。

**com·plaint** /kəmpléint コンプレイント/ 图 **1** Ⓒ 不平, 不満, 泣きごと, 愚痴 ‖

his **complaint against** the government 政府に対する彼の不満.

**make a complaint about** the service to the manager 支配人にサービスについての苦情を申し立てる《◆日本語の「クレームをつける」はこれに相当する》.

**2** Ⓒ 不平[不満]の種; [遠回しに] (身体の)病気 ‖ have a heart **complaint** 心臓が悪い.

**3** Ⓤ 不平[不満]の訴え.

**com·ple·ment** /图 kάmpləmənt カンプリメント | kɔ́mpləmənt コンプリメント; 動 -ment -メント/ (同音 compliment) 图 Ⓒ **1** 補充物, 完全にするもの ‖

Mercy must be a **complement** to the law. 法律は慈悲によって補わなければならない.

**2** 【文法】補語《動詞の意味を補う語(句)で主格補語と目的格補語がある》; 補文.
——動 他 (正式) …を完全にする.

**com·ple·men·ta·ry** /kὰmpləméntəri カンプリメンタリ | kɔ̀m- コンプリ-/ (同音 complimentary) 形 補足的な.

\***com·plete** /kəmplíːt コンプリート/ 〖完全に (com)満たす(plete). cf. *comp*lement〗
派 **completely** (副)
——形 (比較 more ~, 最上 most ~) **1** (すべての面で)**完全な**, 全部の《◆ perfect は「質がすぐれている」の意が加わる》(↔ incomplete) ‖

the **complete** works of Shakespeare シェイクスピア全集.

An ordinary Japanese meal is not **complete** without rice. ふつう和食にはご飯が必ずついている.

**2** [名詞のあとで] 完備した ‖
a house **complete** with furniture 家具付きの家.

**3** (正式) [通例名詞の前で] 全くの, 徹底した, 完全な (perfect) ‖

He is a **complete** [perfect, total] stranger. 彼は赤の他人だ (=He is **completely** [perfectly, totally] a stranger.).

It's a **complete** surprise to see you here. ここであなたにお会いするとは全く思いがけないことです.

Her face showed **complete** contentment. 彼女の顔には満足しきった様子が現れていた.

**4** [補語として] 完成した, 完了した ‖
Her work is now **complete**. 彼女の作品はもう完成している.

——動 (三単現 ~s -pli:ts/; 過去・過分 -plet·ed /-id/; 現分 -plet·ing)
——他 **1** …を完全(なもの)にする, …を全部そろえる ‖ The news **completed** my happiness. その知らせで彼女の上なく幸せになった.

**2** …を仕上げる; [complete doing] …することを仕上げる, 完成する《◆ finish より堅い語》‖

**complete** repairing a watch 時計の修理を終える.

The building was **completed** last month. その建物は先月完成した.

\***com·plete·ly** /kəmplíːtli コンプリートリ/ 〖→ complete〗
——副 完全に, すっかり, 徹底的に (↔ incompletely) ‖

She's **completely** fanatical. 彼女は救いがたいほど狂信的だ.

a **completely** new method 全くの新方式.

He **completely** denied it. 彼はそれをきっぱり[強く]否定した.

I still didn't **completely** trust him. 私はまだ彼を完全に信用しているわけではなかった《◆ 部分否定》.

対話 "When do you want me to finish this?" "I want it **completely** finished by noon." 「いつこれを終わらせればいいのでしょうか」「正午までに完全に終わらせてください」.

**com·plete·ness** /kəmplíːtnəs コンプリートネス/ 图 Ⓤ (正式) 完全(であること), 完璧(へき).

**com·plet·ing** /kəmplíːtiŋ コンプリーティング/ 動 → complete.

**com·ple·tion** /kəmplíːʃən コンプリーション/ 图 Ⓒ (正式) 完成, 終了, (課程などの)修了 ‖

bring the plan **to completion** その計画を完成させる.

**on completion of** the work その仕事の完了時に.

**com·plex** /形 kəmpléks カンプレクス | kɔ́mpleks コンプレクス; 图 -í-/ 形 (時に 比較 ~·er, 最上 ~·est) **1** (密接に関連した)多くの部分からなる, 複合の, 合成の ‖

a **complex** mechanism of administration 複雑な行政機構.

**2** 入り組んだ, 錯綜(そう)した; 複雑な (↔ simple).

**3** 【文法】〈文が〉複文の; 〈語が〉合成の.

——图 ~·es/-iz/) Ⓒ **1** 複合体, 合成物; 総合ビル, 合同庁舎; (工場の)コンビナート ‖

a hóusing cómplex 住宅団地.

a léisure còmplex 総合レジャーセンター.

**2** 【心理】コンプレックス; 感情複合体; (略式) 固定観念, 強迫観念 ‖

an inferiority **complex** 劣等感《◆ complex 単独では「劣等感」の意はない》.

a superiority **complex** 優越感.

**compléx séntence** 【文法】複文《1つ以上の従属節を含む文》.

**com·plex·ion** /kəmplékʃən コンプレクション/ 图 **1** 肌の色; 顔のつや ‖
a fair **complexion** 色白.

**2** [通例 a ~ / the ~] 様子, 形勢 (aspect).

**com·plex·i·ty** /kəmpléksəti コンプレクスィティ/ 图 (複 -i·ties/-z/) (正式) Ⓤ 複雑さ; Ⓒ 複雑なもの.

**com·pli·ance, -an·cy** /kəmpláiəns(i) コンプライアンス(イ)/ 图 Ⓤ (正式) **1** 従うこと ‖

**in compliance with** his wishes 彼の希望に

**compliant**

従って.
**2** 追従(ついしょう), へつらい.
**com・pli・ant** /kəmpláiənt コンプライアント/ 形 《正式》従順な, すなおな.
 **com・plí・ant・ly** 副 従順に.
**com・pli・cate** /kámpləkèit カンプリケイト|kɔ́m-コンプリ-/ 動 (現分) ‑cat・ing) 他 …を複雑にする, 悪化させる ‖
That only **complicates** matters. それでは事がめんどうになるばかりだ.
**com・pli・cat・ed** /kámpləkèitəd カンプリケイテド|kɔ́mpləkèitəd コンプリケイテド/ 動 → complicate.
 ──形 **1** 込み入った,〈仕組みが〉複雑な (類 complex) ‖
a **complicated** personality 容易には理解しがたい人物.
**2** 難しい, 困難な《◆ difficult より堅い語》‖
a **complicated** puzzle 解きにくいパズル.
**com・pli・ca・tion** /kàmpləkéiʃən カンプリケイション|kɔ̀m- コンプリ-/ 名 ① 困難化；複雑化. **2** ⓒ (さらに加わる)困難のもと, 紛糾の種.
**com・plic・i・ty** /kəmplísəti カンプリスィティ|kɔm-コンプリ-/ 名 共謀, 共犯.
**com・pli・ment** 名 kámpləmənt カンプリメント|kɔ́mpləmənt コンプリメント；動 ‑ment ‑メント/ (同音 complement) 名 ⓒ **1** 賛辞, ほめ言葉, (社交上の)お世辞；賛美, 表敬《◆ flattery と異なり, 積極的によい意味を持つ》‖
**màke a cómpliment to** him (**on** his book) =**pay** him **a compliment** (**on** his book) 彼(の著書)をほめる.
**páy** him the **cómpliment of** attending the meeting 彼に敬意を表してその会に出席する.
"Your presence is a great **compliment**."「御臨席いただき光栄に存じます」《◆会などでのあいさつ》.
**2** 《正式》[〜s] (時候の)あいさつ；(表敬の)言葉 (cf. regard 名 **3**, wish 名 **3**) ‖
the **compliments of** the season (クリスマス・新年などの)時候のあいさつ.
a **cómpliments** slìp (贈呈本にはさむ)献辞(けんじ)を書いた紙.
With Mr. Butler's **compliments** =With **compliments** of Mr. Butler =With the **compliments** from Mr. Butler 謹呈──バトラーより《◆贈呈品に記す文句》.
──動 他 [**compliment A on B**] **A**〈人〉の **B**〈技術など〉をほめる；**A**〈人〉に **B**〈成功など〉の祝辞を述べる ‖
He **complimented** her **on** her beauty. 彼は彼女を美しいとほめた.
**com・pli・men・ta・ry** /kàmpləméntəri カンプリメンタリ|kɔ̀m- コンプリ-/ (同音 complementary) 形 **1** あいさつの；敬意[賞賛]を表す. **2** (好意により)無料の；招待の.
**com・ply** /kəmplái コンプライ/ 動 (三単現 com・plies/‑z/; 過去・過分 com・plied/‑d/) 自 《正式》従う, 応じる ‖

**compound**

**comply with** the law 法律に従う.
**com・po・nent** /kəmpóunənt コンポウネント/ 形 (機械などを)構成している, 構成要素[部分]をなす.
──名 ⓒ 構成要素[部分]；(車などの)部品, パーツ；(ステレオの)コンポ(ーネント).
**com・pose** /kəmpóuz コンポウズ/ 動 (現分 ‑pos・ing) 他 **1a** 《正式》…を構成する, 組み立てる.
 **b** [**be composed of A**] …から成り立つ(be made up) (類 comprise, consist of) ‖
The encyclopedia **is composed of** 30 volumes. その百科事典は30巻からなる.
**2**〈物・事〉を創作する；〈詩・小説〉を書く；〈曲〉を作曲する；〈絵〉を構図する ‖
**compose** a letter 《正式》手紙を書く.
**compose** poetry 詩を作る.
**3** 《正式》〈心・気持ち〉を鎮(しず)める；〈表情・態度〉を和(やわ)らげる；[〜 oneself]〈人が〉気を鎮める, 心を落ち着ける；[be 〜d] 落ち着いている(↔ discompose) ‖
He **compósed** himsèlf before speaking. 彼は話す前に気を鎮めた.
──自 詩[文]を書く；作曲する；構図にまとめる.
**com・posed** /kəmpóuzd コンポウズド/ 動 → compose. ──形〈人が〉(つらい事態に対して)落ち着いた, 平静な.
 **com・pos・ed・ly** /kəmpóuzidli コンポウズィドリ/ 副 落ち着いて, 静かに.
**com・pos・er** /kəmpóuzər コンポウザ/ (類音 composure/‑póuʒ‑/)
──名 (複 〜s/‑z/) ⓒ 製作者, 作者；**作曲家**；調停者.
**com・pos・ite** /kəmpázit カンパズィト|kɔ́mpəzit コンポズィト/ 形 《正式》混合の, 合成の, 複合の.
***com・po・si・tion** /kàmpəzíʃən カンポズィション|kɔ̀mpəzíʃən コンポズィション/
──名 (複 〜s/‑z/) **1** ⓤ 《正式》構成(すること), 合成；組み立て；創作(すること), 作曲 ‖
She read a poem of her own **composition**. 彼女は自作の詩を読んだ.
**2** ⓒ 構成物；(製)作品；(1つの)詩[曲] ‖
his earlier **compositions** 彼の初期の作品.
**3** ⓤⓒ (学校の)作文.
**4** ⓤ 配合, 配置；組織, 構造；組成；(絵などの)構図.
**5** ⓤ 《正式》(人の)性質, 気質 ‖
There is something eccentric in his **composition**. 彼の性質は一風変わっている.
**com・post** /kámpoust カンポウスト|kɔ́mpost コンポスト/ 名 ⓤ 堆肥(たいひ), 積み肥(ごえ)；《正式》混合物 ‖
a **compost** heap [pile] 堆肥の山.
**com・po・sure** /kəmpóuʒər コンポウジャ/ (類音 composer/‑póuz‑/) 名 ⓤ 《正式》落ち着き, 平静.
**com・pote** /kámpout カンポウト|kɔ́mpət コンポト/ 名 **1** ⓤ 砂糖煮の果物《デザート用》. **2** ⓒ コンポート《菓子・果物用の足付きの盛り皿. (図) → 次ページ》.
**com・pound**[1] /形名 kámpaund カンパウンド|kɔ́mpaund コンパウンド, 形《米+》/；動 kəmpáund コンパウンド/ 形 **1** 合成の, 混合の, 複合の；複雑な.

**2** 2つ以上の機能[作用]をもつ

a compound organ いろいろな機能をもつ器官.

**3** 〔文法〕複合の; 重文の.

――图C **1** 混合物, 合成物, 複合物; 〔化学〕化合物 ‖

compote 2

Water is a chemical **compound** made up of hydrogen and oxygen. 水は水素と酸素からなる化合物である.

**2** 〔文法〕複合語《2つ以上の語が結びついたもの》.

――動 他 《正式》**1**〔通例 be compounded of A〕…で構成されている, 成り立っている ‖

Her charm is **compounded** of gaiety and kindness. 彼女の魅力は陽気さと親切さにある.

**2** …を混ぜて作る.

**cómpound éye** 〔動〕〔昆虫などの〕複眼.

**cómpound séntence** 〔文法〕重文《◆ and, but, or で結ばれた文》.

**com·pound²** /kámpaund カンパウンド | kɔ́m- コンパウンド/ 图C 〔壁·垣などで囲まれた〕構内.

*****com·pre·hend** /kɑ̀mprihénd カンプリヘンド | kɔ̀m- コンプリヘンド/ 〖完全に(com)つかむ (prehend). cf. *com*prise〗派 comprehensive (形)

――動 (三単現) ~s/-héndz/; 過去·過分 ~·ed/-id/; 現分 ~·ing)

――他 《正式》**1** …を理解する, …がわかっている(understand)《◆進行形にしない》‖

I don't **comprehend** her behavior. 彼女の行動はうなずけない.

**2** …を包む.

**com·pre·hen·si·ble** /kɑ̀mprihénsəbl カンプリヘンスィブル | kɔ̀m- コンプリ-/ 形 《正式》理解できる(understandable).

**com·pre·hen·sion** /kɑ̀mprihénʃən カンプリヘンション | kɔ̀m- コンプリ-/ 图 **1** U 理解(力) (understanding) ‖

The topic is beyónd [abóve] my comprehénsion. その話題は私には理解できない.

**2** UC 〔理解して得た〕知識; 〔生徒に課する言語能力の〕試験《読解力[聞き取り]テスト》.

**com·pre·hen·sive** /kɑ̀mprihénsiv カンプリヘンスィヴ | kɔ̀m- コンプリ-/ 形 **1** 《正式》多くのものを含む, 広範囲な; すべてを包含する, 包括的な ‖

She made a **comprehensive** list of all the local restaurants. 彼女は地元のレストランのすべてを網羅したリストを作った.

**2**〈理解力が〉幅広い.

**comprehénsive schòol** 《英》総合中等学校《能力に応じて分けられた grammar [modern, technical] school の弊害を避けるため, 各地域の11-18歳の生徒を教育する学校. 現在英国の公立中等学校の大部分を占める》(cf. grammar school) (→ school¹).

**còm·pre·hén·sive·ly** 副 広範囲にわたって, 包括的に.

**com·press** /kəmprés コンプレス | kɔm- コンプレス/ 動 (三単現) ~·es/-iz/) 他 《正式》**1** …を圧搾[圧縮]する; 〔コンピュータ〕〈データ〉を圧縮する. **2**〈思想·文章〉を要約する.

**com·pres·sion** /kəmpréʃən コンプレション/ 图 U 《正式》圧縮[圧搾](状態) (pressure); 〔内燃機関の〕圧縮量; 〔思想などの〕要約; 〔コンピュータ〕〔データの〕圧縮.

**com·pres·sor** /kəmprésər コンプレサ/ 图 C 〔空気·ガスなどの〕圧縮[圧搾]器[装置]; 〔医学〕〔血管などの〕圧迫器, コンプレッサー.

**com·prise** /kəmpráiz コンプライズ/ 動 (現分) --pris·ing) 他 《正式》**1**〈団体·組織など〉〈人·物を含む(include);〈部分〉からなる(consist of) ‖

His family **comprises** two daughters. 彼の家族には娘さんが2人いる.

**2**〈部分が〉〈団体·組織〉を構成する(make up, 《正式》compose) ‖

My house is **comprised of** these four rooms. 私の家はこの4つの部屋からなっている.

**com·pro·mise** /kámprəmàiz カンプロマイズ | kɔ́mprəmàiz コンプロマイズ/ 图 **1** UC 妥協(すること), 歩み寄り ‖

by **compromise** 妥協して.

a happy **compromise** 円満解決.

**2** C 妥協の結果; 妥協案; 折衷(せっちゅう)物, 中間物 ‖

màke [arrànge] a cómpromise with him 彼に歩み寄る.

――動 (現分) --mis·ing) 自 妥協する, 折り合う ‖

I **compromised** with her on the matter. その件で彼女と和解した.

――他 **1**〈紛争など〉を解決する. **2**〈名誉·体面〉を損う, 汚(けが)す, 危うくする; [~ onesèlf] 自分の名誉を傷つける.

**com·pul·sion** /kəmpʌ́lʃən コンパルション/ 图 **1** U 《正式》強制 ‖

under **compulsion** 強いられて.

**2** C 衝動.

**com·pul·sive** /kəmpʌ́lsiv コンパルスィヴ/ 形 《正式》強制的な; やむにやまれぬ.

**com·púl·sive·ly** 副 強制的に; やむにやまれずに.

**com·pul·so·ry** /kəmpʌ́lsəri コンパルサリ/ 形 《正式》**1** 強制的な, 無理じいの(↔ voluntary).

**2** 義務的な; 必修の(↔ optional) ‖

a **compulsory** subject 《英》必修科目.

**compulsory** education 義務教育.

**com·punc·tion** /kəmpʌ́ŋkʃən コンパンクション/ 图 U 《正式》[しばしば否定文で] 良心の呵責(かしゃく), 罪の意識.

**com·pu·ta·tion** /kɑ̀mpjutéiʃən カンピュテイション | kɔ̀m- コンピュ-/ 图 UC 《正式》[しばしば ~s; 単数·複数扱い] 計算[算定](法); C 計算結果, 算定数値; コンピュータの操作.

**com·pute** /kəmpjúːt コンピュート/ 動 (現分) --put·ing) 《正式》他 **1**〈数·量などを計算する. **2** …をコン

ピュータで計算する. ― 自 計算する; コンピュータを操作する.

**\*com・put・er** /kəmpjúːtər/ コンピュータ 〖共に(com)考える(pute)もの〗
― 名 (複 ~s/-z/) C **1** コンピュータ, 電子計算機 《♦代名詞は he, his で受けることがある》.
**2** 計算[算定]する人.

**compúter gàme** コンピュータゲーム.
**compúter gràphics** コンピュータグラフィックス.
**compúter illíteracy** コンピュータ音痴《コンピュータを使えないこと》.
**compúter lànguage** コンピュータ言語《BASIC, COBOL, FORTRAN など》.
**compúter líteracy** コンピュータ操作能力(のあること).
**compúter vìrus** コンピュータウィルス《♦単に virus ともいう》.

**com・put・er・ize** /kəmpjúːtəràiz/ コンピュタライズ/ 動 (現分) --iz・ing (正式) 他 …をコンピュータで処理する.

**com・rade** /kάmræd カムラド, -rəd/kɔ́mreid コムレイド, -rid/ 名 C **1** (正式) 仲間; 親友, 僚友 (類 companion).
**2** (同じ組合・政党などの)組合員, 党員; (共産主義者・社会主義者の)同志《♦呼びかけにも用いる》‖
Comrades, please be quiet. 同志諸君, 静かにしてください.

**com・rade・ship** /kάmrædʃìp カムラドシプ|kɔ́mreid- コムレイドシプ/ 名 U 仲間[同志]関係; 友情.

**con** /kάn カン| kɔ́n コン/ 〖「信頼(confidence) させて…する」の意の短縮語〗(略式) 動 (過去・過分) conned/-d/; (現分) con・ning) 他 〈人〉をペテンにかける. ― 名 C 信用詐欺.

**con・cave** /形 kɑnkéiv カンケイヴ, ⁻̩| kɔn- コン-, ⁻̩; 名 ⁻̩/ 形 凹(ዉ)面(の), 凹形(の), くぼんだ.

**con・ceal** /kənsíːl コンスィール/ 動 他 **1** …を隠す《♦ hide より堅い語》‖
conceal a book under the desk 机の下に本を隠す.
**2** 〈事〉を秘密にする, 隠しておく (↔ reveal) ‖
He concealed his anger from any of his friends. 彼は友人に怒りをみせなかった.

**con・ceal・ment** /kənsíːlmənt コンスィールメント/ 名 (正式) **1** U 隠すこと, 隠されている状態. **2** C 隠れ[隠し]場所.

**con・cede** /kənsíːd コンスィード/ 動 (現分) --ced・ing) 他 (正式) **1a** …をしぶしぶ認める ‖
concede defeat しぶしぶ敗北を認める.
**b** [concede (that) 節] …だと容認する ‖
He conceded (that) he was wrong. 彼は自分が間違っていたことを認めた.
**2** …を〈権利・特権など〉許す, 与える; [concede A B / concede B to A] 〈人・団体が〉A〈人・団体など〉に B〈権利・特権〉を与える.

**con・ceit** /kənsíːt コンスィート/ 名 U うぬぼれ, 自尊心《♦vanity より鼻もちならない気持ちが強い》(↔ modesty) ‖

be full of conceit うぬぼれが強い.

**con・ceit・ed** /kənsíːtid コンスィーティド/ 形 うぬぼれの強い, 思い上がった.

**con・ceiv・a・ble** /kənsíːvəbl コンスィーヴァブル/ 形 (正式) 考えられる, 想像できる, ありそうな (↔ inconceivable) ‖
try to escape by every conceivable means ありとあらゆる手段で逃亡を企てる.
It is conceivable (to me) that he knows the rumor. おそらく彼はそのうわさを知っているだろう(=Conceivably, he knows the rumor).
**con・céiv・a・bly** 副 (正式) [文全体を修飾; 文頭で] 考えられる限りでは, たぶん.

**con・ceive** /kənsíːv コンスィーヴ/ 動 (現分) --ceiv・ing) 他 **1** (正式) …を思いつく, 考え出す; 〈考え・恨みなど〉を心に抱く (have) ‖
conceive a bright idea 名案を思いつく.
conceive a prejudice against him 彼に偏見を抱く.
**2** (正式) **a** [conceive A (to be) C] 〈人・物・事〉が C だと考える《♦C は名詞・形容詞》‖
conceive him (to be) honest 彼を正直だと思う.
**b** [conceive (that) 節 / conceive wh 節] …だと思う (think) ‖
I conceive (that) she is now in (the) hospital. 彼女は今入院中だと思う.
**3** [can を伴う疑問文・否定文で] [conceive wh 節・句] …を想像する, 理解する (know) ‖
I cannot conceive what to do [what I should do]. どうしたらよいかわからない.
**4** [通例 be ~d] 〈考えなど〉が言葉で表される (express) ‖
His idea is conceived in plain terms. 彼の考えはやさしい言葉で述べられている.
**5** 〈子〉をはらむ; 〈男が〉〈子〉をもうける ‖
conceive a child 妊娠する.
― 自 **1** (正式) [通例 cannot ~] 想像する, 思いつく ‖
I can't conceive of her deceiving me. 彼女が私をだますなんてとても考えられない.
**2** 妊娠する.

**\*con・cen・trate** /kάnsəntrèit カンセントレイト, -sen-| kɔ́nsəntrèit コンセントレイト/ (アクセント注意)《♦*カンセントレイト》〖「同じ(con)中心(centre)に集まる」〗派 concentration (名)
― 動 (三単現) ~s /-tréits/; (過去・過分) --trat・ed/-id/; (現分) --trat・ing)
― 他 **1** (正式) **a** …を1点に集める, 中心に集める (類 assemble, gather) ‖
concentrate people in a square 人々を広場に集める.
He concentrated all interests into his hand. 彼は全利益を手中に収めた.
**b** [concentrate A on [upon] B] A〈努力・注意など〉を B〈目標・仕事など〉に集中する ‖
concentrate one's attention on the scene 場面に注意を集中する.

**2** 〈溶液〉を濃縮する.
——自 **1** (1点に)**集まる**(gather) ‖
Money concentrates in banks. 金は銀行に集まる.
**2** [concentrate on [upon] A] …に努力を集中する, 注意を集中する, 専念する ‖
[対話] "How can I concentrate on my homework with all this noise!" "Okay, I'll close the door and leave you alone." 「こんなうるさい音がしていたら宿題に神経を集中することができないじゃないか」「わかった. ドアを閉めて君を一人にしてあげるよ」.
**3** 〈溶液が〉濃縮される.
——名 ⓊⒸ 凝縮[濃縮]物[食品].

con·cen·trat·ed /kάnsəntrèitid カンセントレイティド, -sen-│kɔ́n- コン-/ 動 → concentrate.
——形 **1** 〈人・物・注意などが〉集中した, 激しい ‖
cóncentrated hóuses 密集した家.
màke a cóncentrated éffort 一心に努力する.
**2** 〈溶液が〉濃縮された ‖
concentrated juice 濃縮ジュース.

con·cen·trat·ing /kάnsəntrèitiŋ カンセントレイティング, -sen-│kɔ́n- コン-/ 動 → concentrate.

*con·cen·tra·tion /kὰnsəntréiʃən カンセントレイション, -sen-│kɔ̀nsəntréiʃən コンセントレイション/ 〖→ concentrate〗
——名 (複 ~s/-z/) ⓊⒸ **1** (正式)**集中**; 専念 ‖
In the next chapter we will focus our concentration on this problem. 次章でこの問題を重点的に扱います.
**2** 集結. **3** [a ~ / the ~] 濃度; 濃縮.
concentrátion càmp (政治犯・捕虜などの)強制収容所.

con·cen·tric /kənséntrik コンセントリク/ 形 **1** 〈円・球が〉同心の. **2** 集中的な.

*con·cept /kάnsept カンセプト│kɔ́nsept コンセプト/ 〖→ conceive〗
——名 (複 ~s/-septs/) Ⓒ (正式) **概念**; 観念, 着想, 発想, 考え 《◆ idea, conception, concept の順により抽象度が高くなる》‖
an abstract concept 抽象観念.

con·cep·tion /kənsépʃən コンセプション/ 名 (正式)
**1** ⓊⒸ 心に抱くこと, 想像(力), 概念(idea) ‖
have no conception of his feelings 彼の気持ちが全然わからない.
His plan is beyond all conception. 彼の計画は全く想像もつかない.
**2** Ⓒ 着想; 計画. **3** ⓊⒸ 妊娠.

*con·cern /kənsə́ːrn コンサーン/ 〖共に(con)ふるい分ける(cern). cf. discern〗
卿 concerning (前)
——動 (三単現) ~s/-z/; [過去・過分] ~ed/-d/; [現分] ~·ing)
——他 **1 a** [話などが]〈人・物・事〉**に関することである**, …のことを扱っている ‖
The telegram concerned my mother. 電報は母に関することであった《◆「電報が母を心配させた」の意にもなる. → 他 **3**》.

[対話] "What's this story about?" "It concerns a family of three people who live in the countryside." 「これはどんな物語ですか」「田舎(いなか)に住む3人の家族の話です」.
**b** 〈物・事が〉〈人〉**に関係する**, 影響する, …にとって重要である, …の関心事である ‖
The project concerned all the people living in that area. 計画はその地域の全住民に関係していた.
**2** [be concerned with [about, in] A / concérn onesèlf with [about, in] A] 〈人・研究・学科などが〉A〈物・事〉に関係している, 関心がある[を持つ]; [be concerned in A] 〈犯罪など〉に関係している, 加担している; [be concerned to do] …したい ‖
He was concerned in the crime. 彼はその犯罪に関係していた.
The organization is concerned with the welfare of the aged. その団体は老人福祉にかかわっている.
I am concerned to tell you what has become of her. 彼女がどうなったかをお話ししたい.
[対話] "Don't concern yourself with my problems." "But I want to help you." 「私の問題ですからあれこれ口を出さないでください」「でもあなたのお役に立ちたいんです」.
**3** (正式) **a** 〈物・事が〉〈人〉を(大いに)**心配させる**(worry) ‖
Their son's illness concerns them greatly. =They are greatly concerned about their son's illness. 彼らは息子の病気をたいへん心配している.
**b** [be concerned about A / concérn onesèlf about A] 〈人が〉A〈人・事〉を**気にかける**, 心配する(make oneself uneasy)《◆ 受身のときは for, over, at, that 節も可》‖
Doctors must always be concerned about their patients. 医者は常に患者のことを気にかけていなければならない.
We are concerned for [about] his safety. 私たちは彼の安否を気づかっている.
I'm concerned that you lost. 君が負けたので私は心配している.
*as concérns* A …に関しては, …については.
◦*as [so] fàr as* A *is concérned* (一般的状況はさておき)…に関する限り《◆ ふつう文頭で A を強く言う》‖ As fàr as I'm concérned (↗), I have no complaint (to make). 私に関する限り不満はありません(=As for me, I have no complaint (to make).) / [対話] "Can I use this PC?" "As far as I'm concerned." 「このパソコン使っていいですか」「私はかまいません」《◆ 許可を求める質問の返事として単独でも用いる》.
*where* A *is concérned* …のこととなると.
——名 (複 ~s/-z/) **1** Ⓒ **a 関心事**, 重大事《◆ interest より堅い語》‖
It should not be put off as no concern of ours. それは対岸の火事として軽視されるべきでは

い.
public **concern** number one (国・州などの)最大の課題[関心事].
**b** [~s] (個人的な)事柄, 仕事《◆business より堅い語》‖ interfere with her **concerns** 彼女の仕事のじゃまをする.
**2** Ⓤ (真剣な)**関心**, 気づかい(↔ unconcern);(正式)**心配**, 懸念 ‖
the mother's **concern** over her sick child 病気の子供に対する母親の心配.
ask with [(英)in] **concern** 心配して尋ねる.
show some **concern** on the subject その問題にある程度懸念を示す.
I felt a strong **concern** for her. 私は彼女に強い関心を持った.
I appreciate your **concern**. ご配慮いただいて感謝しています.
**3** Ⓒ **関係**, 関連; Ⓒ **利害関係**, 出資 ‖
a matter of no small **concern** to man 人間にとって重要な事柄.
have no **concern** with … …とは関係がない.
I have a **concern** in the business. 私はその事業に関係[出資]している.

**con·cerned** /kənsə́ːrnd コンサーンド/ 動 → concern.
─ 形 **1** (正式)心配そうな, 気づかっている ‖
with a **concerned** look 心配そうな顔つきで.
**2** [通例名詞, all, everyone, everybody のあとで] 関係している, 当該の ‖
speak to the people **concerned** 関係者に話をする.

**con·cern·ing** /kənsə́ːrniŋ コンサーニング/ 前 → concern.
─ 前 (やや正式) **1** [名詞のあとで] …について(の), …に関して(の) (about) ‖
an article **concerning** the financial situation 財政事情に関する記事.
**2** [名詞の前で; 通例文頭で] …に関して言えば(as for), …に関する限りでは ‖
**Concerning** your application, I am pleased to inform you that you were admitted to our university. あなたの出願につきまして, 本学への入学が許可されましたのでお知らせします《◆合格通知書》.

*con·cert /kɑ́nsərt カンサト | kɔ́nsərt コンサト/
『「共に(con)決める(cert)」より「協定する」「一致」の意が生まれた』
─ 名 (穆 ~s/-sərts/) **1** Ⓒ **音楽会**, 演奏会, コンサート《◆「独奏[唱]会」は recital》; [形容詞的に] 音楽会の(ための) ‖
give [ˣopen] a **concert** 音楽会を開く.
a **concert** pianist 音楽会で演奏できるピアニスト.
We enjoyed listening to a **concert** in the open air. 野外コンサートを聞いて楽しかった.

関連 [いろいろな **concert**] a charity concert 慈善音楽会 / a school concert 校内音楽会 / a pop concert ポップコンサート / a promenade concert プロムナードコンサート / an orchestral concert オーケストラ演奏会 / a chamber concert 室内楽演奏会.

**2** Ⓤ (目的・行動などの)一致, 協力; 調和.
in cóncert (正式) **(1)** いっせいに, 声をそろえて(together). **(2)** 協力して.

**con·cert·ed** /kənsə́ːrtəd コンサーテド/ 形 (正式) 協定された, 協調した.
concérted éffort 一致協力.

**con·cer·to** /kəntʃéərtou コンチェアトウ, -tʃə́ːr-/ [イタリア] 名 (穆 ~s, --ti/-tiː/) Ⓒ 【音楽】協奏曲, コンチェルト.

**con·ces·sion** /kənséʃən コンセション/ 名 (正式) **1** ⒰Ⓒ 譲歩, 容認 ‖
make a concession to him 彼に譲歩する.
**2** Ⓒ 免許; 特権.

**con·ci·erge** /kɑ̀nsiéərʒ カンスィエアジュ | kɔː(ŋ)-/ [フランス] 名 Ⓒ 守衛; 管理人《ふつう女性》; 接客係.

**con·cil·i·ate** /kənsílièit コンスィリエイト/ 動 (現分) --at·ing) 他 (正式) **1** 〈人〉をなだめる;〈不信・敵意など〉をやわらげる. **2** 〈尊敬・好意など〉を得る;〈人〉の気に入る.

**con·cil·i·a·tion** /kənsìliéiʃən コンスィリエイション/ 名 Ⓤ (正式) なだめ, 慰め; 調停, 和解.

**con·cil·i·a·to·ry** /kənsíliətɔ̀ːri コンスィリアトーリ|-təri -タリ/ 形 (正式) なだめる(ような).

**con·cise** /kənsáis コンサイス/ (アクセント注意)《◆ˣコンサイズ》形 〈言葉・文体など〉が簡潔な, 簡明な.
**con·císe·ness** 名 Ⓤ 簡潔.
**con·císe·ly** 副 簡潔に.

**con·clude** /kənklúːd コンクルード/ 動 (現分) --clud·ing) (正式) 他 **1** …を終える, …の結末をつける(end, finish) ‖
Concluded (連載記事の)本号完結.
To be concluded. (連載記事の)次号完結.
conclude a lecture 講義を終える.
The party was **concluded with** three cheers. 万歳三唱でパーティーは終わった.
**2** [conclude (that) 節 / conclude to do] …と[…すると]結論を下す, (米) …と[…することを]決心[決定]する(decide); [conclude A to be C]〈人が〉A〈人・物・事〉がC だと推論[断定]する《◆進行形にしない》‖
From his explanation, I **conclude that** he is right. 説明を聞いて彼(の言うこと)が正しいと考える.
He **concluded** not to make the same mistake. =He **concluded that** he would not make the same mistake. 彼は同じ誤りを犯すまいと決心した.
**3** 〈条約など〉を締結する.
─ 自 **1** 結びとする ‖
To conclude (↗), I agree with you. 結論を言えば君に賛成だ.
**2** 〈文・話・会などが〉終わる(end); 決定する, 決心を下す ‖

The meeting concluded with the school song. その会合は校歌斉唱で終わった.

**\*con·clu·sion** /kənklúːʒən コンクルージョン/ ──名 (複 ~s/-z/) **1** Ⓒ 結論, 決定, 断定;[conclusion that 節] …という結論;推論 ‖
a hasty conclusion 早合点.
I cáme to [arríved at, réached] the conclúsion that I must study harder to pass the exam. 試験に合格するためには今以上に熱心に勉強しなければならないという結論に達した.
dráw a conclúsion from experience 経験から推論する.
júmp [leap] to conclúsions 軽率に結論する, 早合点をする.
**2** (正式) Ⓤ 結末;Ⓒ 終局, 結び(end) ‖
at the conclusion of the ceremony 儀式の終わりに.
bring the discussion to a conclúsion 討論を終わらせる.
**3** Ⓤ 締結(%%) ‖
the conclusion of a peace treaty 平和条約の締結.
**in conclusion** 終わりに, 要するに.

**con·clu·sive** /kənklúːsiv コンクルースィヴ/ 形 (正式) 決定的な, 確実な;最終的な ‖
give a conclusive reply 最終的な返事をする.
**con·clú·sive·ly** 副 決定的に, 断固として.

**con·coct** /kənkákt コンカクト | kənkɔ́kt コンコクト/ 動 他 (正式) **1** スープ・飲食物などを(混ぜ合わせて)調理する. **2** 〈話などを〉でっち上げる.

**con·coc·tion** /kənkákʃən コンカクション | -kɔ́k- -コクション/ 名 (正式) **1** Ⓤ (飲食物などの)混合(mixture);ⒾⒸ 調合物, 混合飲食物;調合薬. **2** Ⓒ 作り事[話];Ⓤ でっち上げ(invention).

**con·cord** /kánkɔːrd カンコード | kɔ́ŋ- コンコード/ 名 (正式) **1** Ⓤ Ⓒ 一致;調和;親善関係 ‖
live in concord with others 人と仲よく暮らす.
**2** Ⓤ Ⓒ (国際間の)協調, 友好協定. **3** Ⓤ 〖文法〗(数・性・人称などの)一致, 呼応.

**con·cord·ance** /kənkɔ́ːrdəns コンコーダンス/ 名 Ⓤ (正式) 一致, 調和(agreement) ‖
act in concordance with one's principles 主義に従ってふるまう.

**Con·corde** /kánkɔːrd カンコード | kɔ́n- コン- / 〖フランス〗名 Ⓒ コンコルド《英仏で開発した超音速旅客機》.

**con·course** /kánkɔːrs カンコース | kɔ́ŋ- コンコース/ 名 Ⓒ **1** Ⓤ Ⓒ 集合;群衆. **2** Ⓒ 中央広場;中央ホール.

**con·crete** /kánkriːt カンクリート, -´- | kɔ́nkriːt コンクリート; 動 也 **2** (英) kənkríːt/ 形 **1 a** (正式) 具体的な, 有形の(↔ abstract) ‖
The union leaders have not come up with a concrete proposal yet. 組合幹部はまだ具体的な提案を出すに至っていない.
**b** 実際の, 現実の(real);特殊な(↔ general).
**2 a** コンクリート製の ‖
a concrete building コンクリートの建物.
**b** 固まった, 固体の.
──名 Ⓤ Ⓒ **1** コンクリート;結合体, 凝固物. **2** 具体的観念 [語句].
──動 (現分) --cret·ing) 也 **1** …をコンクリートで固める. **2** …を固める.

**cóncrete júngle** 生存競争の激しい大都会.
**cóncrete míxer** コンクリートミキサー(車).
**cón·crete·ly** 副 具体的に.
**cón·crete·ness** 名 Ⓤ 具体性, 有形.

**con·cur** /kənkə́ːr コンカー/ 動 (過去・過分) concurred/-d/;(現分) --cur·ring) 自 (正式) **1** 意見が一致する;同意する. **2** 同時に起こる.

**con·cur·rence** /kənkə́ːrəns コンカーレンス | -kʌ́r- -カレンス/ 名 Ⓤ Ⓒ (正式) **1** 同意, 一致;意見の一致. **2** 同時発生[作用];協力 ‖
A fire broke out in concurrence with an earthquake. 《文》 地震と同時に火事が発生した.

**con·cur·rent** /kənkə́ːrənt コンカーレント/ 形 (正式) **1** 同時に発生[存在]する;〈職を〉兼任の ‖
a concurrent resolution (米) (上下院の)同一決議.
**2** 〈意見などが〉同一の, 一致した.

**con·cus·sion** /kənkʌ́ʃən コンカション/ 名 Ⓤ Ⓒ **1** 衝撃, 激動. **2** 〖医学〗脳震盪(ʑ).

**con·demn** /kəndém コンデム/ (発音注意) 《♦ n は発音しない》 動 他 **1** …を責める, とがめる, 非難する 《♦ blame, censure より意味が強く damn より弱い》 ‖
condemn his mistake = condemn him for his mistake 彼の過失を責める.
condemn impudence as evil 厚かましさを悪だととがめる.
**2 a** [condemn A for B] 〈人・行為〉を〈B事〉のために有罪と判決する ‖
condemn him for murder 彼に殺人罪を宣告する.
**b** [condemn A to B] 〈人〉に〈B刑〉を宣告する ‖
condemn him to death 彼に死刑を宣告する.
**c** [condemn A to do] 〈人〉に…することを宣告する ‖
He was condemned to be hanged. 彼は絞首刑を宣告された.
**3** 〈言動・表情などが〉…の非難[有罪]のもととなる, …に災いする ‖
His manner condemns him. 態度で彼が有罪だとわかる.
**4** 〈人〉を強いる, 運命づける ‖
be condemned to (lead) a miserable life みじめな生活を(送るよう)に運命づけられる《♦ to lead の方が好まれる》.

> **Q&A** **Q**: condemn のように mn で終わる語では n を発音しないのですか.
> **A**: そうです. ほかに autumn, column, hymn, damn などがあります.

**con·dem·na·tion** /kàndemnéiʃən カンデムネイシ

ョン｜kɔn- コン-/ 名 U C **1** 非難. **2** 有罪の判決.

**con·den·sa·tion** /kɑ̀ndenséɪʃən カンデンセイション｜kɔ̀n- コン-/ 名 **1** U 凝縮；濃縮. **2** C U 《正式》要約.

**con·dense** /kəndéns コンデンス/ 動 《現分》-dens·ing》 他 **1** 〈液体・気体〉を濃くする, 濃縮する, 凝(ぎょう)縮する ‖
condense milk 牛乳を練乳にする.
condense steam into water 蒸気を水に凝縮する.

**2** 《正式》〈本・思想など〉を要約する, 短縮する ‖
condense the manuscript to half its original length 原稿をもとの半分に短縮する.
——自 〈液体・気体などが〉濃くなる, 濃縮する；凝固[液化]する.
**condénsed mílk** 練乳, コンデンスミルク.

**con·dens·er** /kəndénsər コンデンサ/ 名 C (気体・液体などの)濃縮器, 液化[固体化]装置.

**con·de·scend** /kɑ̀ndəsénd カンデセンド｜kɔ̀n- コン-/ 動 自 **1** お高くとまらない, いばらない；[condescend to do] へりくだって…する. **2** 恩着せがましい態度をとる；[しばしば皮肉的に] 身を落として(卑劣な行為をする)；[condescend to do] いばって[恩着せがましく]…する, 卑劣にも…する.

**con·de·scend·ing** /kɑ̀ndəséndɪŋ カンデセンディング｜kɔ̀n- コン-/ 動 → condescend. ——形 **1** 謙遜(けんそん)した, 腰の低い. **2** いばった, 恩着せがましい.

**con·de·scen·sion** /kɑ̀ndəsénʃən カンデセンション｜kɔ̀n- コン-/ 名 U C **1** (目下の者への)謙遜(けんそん), 腰の低さ. **2** 恩着せがましさ.

**con·di·ment** /kɑ́ndəmənt カンディメント｜kɔ́n- コン-/ 名 U 《正式》[しばしば ~s] 香辛料, 薬味《カラシ・ケチャップ・コショウなど》.

\***con·di·tion** /kəndíʃən コンディション/ 《共に (con)言うこと(dition)》
——名 《複 ~s/-z/》 **1** U [しばしば a ~] **a** 状態, 健康状態, 体調；コンディション ‖
improve one's **condition** by jogging ジョギングで健康を増進する.
óut of condítion 調子が悪い.
The player is in condítion. その選手は調子がよい.

対話 "What happend?" "Two cars hit each other, and the two drivers are in very bad **condition**." 「何があったの」「車と車がぶつかって運転手が2人とも重体なのです」.

**b** [condition to do] …できる状態 ‖
She is in no [not in a] **condition** to go óut. 彼女はとても外出できるようならずではない.

**2** [~s] (周囲の)状況, 事情《◆ situation より範囲が狭い日常的な事情》 ‖
líving condítions 生活状況.
the présent [exísting] condítions 現状.
wórking condítions 労働環境.
líve ùnder dífficult condítions 困難な状況のもとで生活する.

**3** C 条件, 必要条件 ‖
a **condition** of success 成功の条件.

対話 "Will you go with me to the party?" "Yes! **On one condition**. Take me home after the party." 「ぼくとパーティーに行ってくれるかい」「いいよ. でも一つだけ条件があるわ. パーティーの後, 家まで送ってね」.

**4** U C 《古》地位, 身分, 境遇 ‖
a man of **condition** 身分のある人.
people of every **condition** [all **conditions**] あらゆる階級の人々.

◦**on condition** (**that**) ... 《正式》…という条件で, もし…ならば(if) 対話 "Well, can I borrow the car?" "Yes, but only **on condition** (**that**) you come [will come] home by 9 p.m."「車を借りてもいいか」「いいよ. でも夜の9時までには家に帰ってくるのが条件だよ」.

**on nó condítion** どんな条件でも…ない, どんなことがあっても…ない ‖ I can **on no condition** forgive her. どんなことがあっても彼女を許せない《◆文頭に置くと On no condition can I forgive her. のように疑問文の語順になる》.
——動 他 **1** …をよい状態にする；…のコンディションを調整する；〈室内の空気・温度など〉を調節する ‖
**condition** onesèlf for a game 試合に備えて体調を整える.

**2** 《正式》〈物・事が〉…を決定する ‖
The circumstances often **condition** our characters. 環境はしばしば私たちの性格を左右する.
Success is **conditioned** by effort. 成功は努力次第だ.

**con·di·tion·al** /kəndíʃənəl コンディショヌル/ 形 《正式》**1** 条件付きの.
**2** [be conditional on A] …次第である ‖
A big crop is **conditional** on the weather. 豊作は天気次第だ.
**3** 《文法》条件を表す ‖
a **conditional** clause 条件節.

**con·di·tion·er** /kəndíʃənər コンディショナ/ 名 C 冷[暖]房装置.

**con·do·lence** /kəndóuləns コンドウレンス/ 名 C 《正式》悔み, 哀悼；(病気や不幸にあった人への)見舞, なぐさめの言葉 ‖
a letter of condolence お悔み状, 見舞状.

**con·dom** /kɑ́ndəm カンダム｜kɔ́n- コン-/ 名 C コンドーム.

**con·do·min·i·um** /kɑ̀ndəmíniəm カンドミニアム｜kɔ̀n- コン-/ 名 C 《米》分譲マンション《◆建物全体にもその中の1戸にもいう》.

**con·done** /kəndóun コンドウン/ 動 《現分》-don·ing》 他 《正式》〈罪など〉を許す；償う.

**con·dor** /kɑ́ndər カンダ｜kɔ́ndɔː コンドー, -də/ 名 C 《鳥》コンドル《南米産の大きな鳥》；カリフォルニアコンドル.

**con·du·cive** /kəndj(ː)úːsɪv コンドゥースィヴ《コンデュースィヴ/ 形 《正式》[be conducive to A] …に貢献する ‖
Moderate exercise is **conducive** to good health. 適度な運動は健康によい.

**con·duct** /名 kάndʌkt カンダクト | kɔ́ndʌkt コンダクト; 動 kəndʌ́kt コンダクト/ 名 U《正式》**1**（道徳上の）行ない, 行為, 品行(behavior) ‖
good **conduct** よいふるまい.
**2**（仕事・活動などの）指導, 案内；管理；遂行.
── 動 他《正式》**1**〈人〉を導く(lead), 案内する(guide) ‖
**conduct** him **out** 彼を外へ案内する.
**conduct** her **through** the city 彼女に市内を案内する.
**2**〈業務など〉を行なう；〈会社など〉を経営する ‖
**conduct** a fair investigation 公正な調査を行なう.
**3**〈楽団・演奏会・曲〉を指揮する.
**4** [~ oneself] ふるまう, 行動する ‖
**conduct** oneself well りっぱにふるまう.
**5**〈金属などが〉〈熱・電気など〉を伝える, 伝導する ‖
**conduct** electricity 電気を伝える.

\***con·duc·tor** /kəndʌ́ktər コンダクタ/
── 名（複 ~s/-z/;《女性形》--tress）C **1** バス・路面電車・列車の**車掌**《◆《英》では列車の車掌は guard》.
**2**《音楽》**指揮者**.
**3** 案内人, ガイド, 添乗員.

**con·duc·tress** /kəndʌ́ktris コンダクトリス/ 名（複 ~·es/-iz/）→ conductor《◆ ×bus girl とはいわない》.

**cone** /kóun コウン/《類音》corn/kɔ́:rn/）名 C **1** 円錐(ǎ)(形). **2** 円錐状のもの《ソフトクリームの容器(《英》cornet)・道路工事現場を仕切る円錐柱・暴風警報球・円錐形火山など》.

**Con·es·to·ga** /kὰnəstóugə カネストウガ | kɔ̀n- コネス-/ 名 C =Conestoga wagon.

**Conestóga wágon**《米》（西部移住に用いた）大型ほろ馬車(Conestoga)《◆ペンシルバニア州 Conestoga で初めて作られた》.

**Cóney Ísland** /kóuni- コウニ-/ 名 コニーアイランド《New York 市 Long Island の遊園地》.

**con·fec·tion·er·y** /kənfékʃənèri コンフェクショネリ | -əri -əri/ 名（複 -er·ies/-iz/）**1** U [集合名詞] 菓子類《◆ケーキ・パイも含む》. **2** U 菓子製造(業). **3** C 菓子製造所；菓子店.

**con·fed·er·a·cy** /kənfédərəsi コンフェダラスィ/ 名（複 -a·cies/-z/）**1** C 連合, 同盟国；連邦. **2** C 徒党；共謀. **3** [C~] =the Confederate States of America (→ confederate 形 成句).

**con·fed·er·ate** /kənfédərət コンフェダラト/ 形《正式》**1** 同盟の, 連合した.
**2** [C~]《米史》南部連合の(→ the Confederate States (of America))(↔ Federal) ‖
the **Confederate** government 南部連合政府.

***the Confédera**te Stá**tes** (**of América**)《米史》南部連合《南北戦争のとき, 合衆国から脱退した11州が結成した》.
── 名 C 同盟国[国], 連合国；（犯罪の）共謀者.

**con·fed·er·a·tion** /kənfèdəréiʃən コンフェダレイション/ 名《正式》**1** UC 同盟, 連合；C 連邦, 連盟国. **2** [the C~]《歴史》（独立または合併前の13州の）アメリカ植民地同盟；イギリス自治領カナダ連邦.

**con·fer** /kənfə́:r コンファー/ 動（過去・過分）con·ferred/-d/;（現分）**-fer·ring**）《正式》他〈恩恵・贈り物など〉を与える；〈資格・称号など〉を贈る ‖
**confer** an award **on** her 彼女に賞を授ける.
── 自 話し合う, 協議する.

**con·fér·ment** 名 U《正式》授与；叙勲.

\***con·fer·ence** /kάnfərəns カンファレンス | kɔ́nfərəns コンファレンス/《共に(con)持ち寄る(fer) こと(ence). cf. pre**fer**, re**fer**》
── 名（複 --enc·es/-iz/）**1** C **会議, 協議会**《◆特に年1回開催のものをいう》；会見 ‖
convene [call] a staff **conference** 幹部会を招集する.
hold [give, have, ×open] an international **conference** in Paris パリで国際会議を開催する.

対話 "What's going on in that building?" "There's a **conference** on peace, and more than 500 people are participating from 20 different countries."「あの建物では何が行なわれているのですか」「平和に関する会議があって20か国から500人以上の人が参加しています」.

**2** U《正式》（重要な問題に関する）相談, 会談, 協議 ‖
He is **in conference with** his director. 彼は監督と協議中だ.

**con·fess** /kənfés コンフェス/ 動（三単現 ~·es/-iz/）他 **1a**〈悪事など〉を白状する, 告白する,〈秘密など〉を打ち明ける(↔ conceal) ‖
She **confessed** her secret **to** him. 彼女は彼に秘密を打ち明けた《◆ ×confessed him one's secret とはいわない》.
**b** [confess (that) 節] …だと白状する ‖
**confess (that)** one is guilty 罪を白状する.
**2a**〈事〉を（事実だと）認める ‖
**confess** a mistake 誤りを認める.
**to confess the truth**（↗）[通例文頭で] 実を言えば.
**b** [confess A (to be) C] A〈罪・欠点など〉を C だと認める《◆ C は名詞・形容詞》‖
He **confessed** himself (**to be**) a swindler. 彼は自らぺてん師だと認めた.
**c** [confess (that) 節]〈人が〉…だと認める；「…」だと認める ‖
I (must) **confess (that)** I have told a lie. 実を言うと私がうそをついたのです.
**3**〈罪〉をざんげする；〈司祭が〉〈人〉のざんげを聞く.
── 自 **1**〈人が〉白状する；《正式》[confess to A / confess to doing] A〈罪など〉を[…したことを]白状する, 認める ‖
**confess to** a crime 罪を認める.
He **confessed to** having broken the window. 彼は窓を壊したと白状した.
**2** ざんげする；ざんげを聞く.

**con·fessed** /kənfést コンフェスト/ 動 → confess. ——形 (事実だと) 認められた, 明白な.

**con·fes·sion** /kənféʃən コンフェション/ 名 **1** ⓊⒸ 自白, 白状, 告白; 自認; 自白の行為[内容] ‖
The suspect made a full confession of his crime to the police. 容疑者は自分の罪を洗いざらい警察に白状した.
**2** ⓊⒸ (正式)(信仰の)告白;(罪の)ざんげ ‖
a confession of faith 信仰告白.
gò to conféssion 〈信者が〉司祭に告白[ざんげ]に行く.
hear confession 〈司祭が〉ざんげを聞く.

**con·fes·sion·al** /kənféʃənl コンフェショヌル/ 形 告白[ざんげ]の; 信仰告白の. ——名 ⓒ 告白(聴聞(ちょうもん))室, ざんげ(聴聞)室.

**con·fes·sor** /kənfésər コンフェサ/ 名 ⓒ 告白[自白]する人.

**con·fet·ti** /kənféti コンフェティ/ 〖イタリア〗 名 ⓥ ((単数形)) --fet·to/-tou/) Ⓤ **1** 〔単数扱い〕(結婚式・パレードなどでまく)紙ふぶき. **2** 糖菓, キャンディ.

**con·fi·dant** , (女性形)) --dante /kánfidænt カンフィダント, ニー | kɔ́n- コン-, ニー / 〖フランス〗名 ⓒ (正式) (悩み・秘密を打ち明けられる)腹心の友, 親友.

**con·fide** /kənfáid コンファイド/ 動 (現分)) --fid·ing) 自 [confide in A] **1** A 〈人など〉を信頼する, 信用する ‖
I can confide in his good judgment. 私は彼のすぐれた判断力を信頼している 《◆ 書き換え例 → confidence **1**》.
**2** A〈人〉に秘密を打ち明ける ‖
These days children seldom confide in their parents. このごろの子供はめったに心の内を両親に話さない.
——他 **1** [confide A (to B)] A〈秘密などを〉(B〈人〉に)打ち明ける; [confide (to B) (that) 節 / confide (to B) wh 節] …だと[…かを](B〈人〉に)打ち明ける, 「…」と打ち明ける ‖
confide one's secret to him 彼に秘密を打ち明ける.
**2** A〈人・仕事など〉を委(ゆだ)ねる, 委託する ‖
She confided her child to her sister's care. 彼女は子供を姉に預けた.

*__con·fi·dence__ /kάnfidəns カンフィデンス | kɔ́nfidəns コンフィデンス /
——名 (複) --denc·es/-iz/) **1** Ⓤ (理性・証拠に基づく)信頼, 信用《◆ 直感に基づく信頼は trust》 ‖
win her confidence 彼女の信頼を得る.
I hàve [pùt, pláce] gréat cónfidence in his skill. 私は彼の技術を大いに信頼している.
**2** Ⓤ 自信(self-assurance), [confidence that 節] …という確信; 大胆さ; 厚かましさ ‖
lóse cónfidence 自信を失う.
búild cónfidence 自信をつける.
with confidence 自信をもって.
I have every confidence that she will pass the examination. 私には彼女が試験に合格するという十分な確信がある.
対話 "Do you think he can find the solution?" "No problem. He has perfect confidence in his ability." 「彼には解答が見つかると思いますか」「大丈夫. 彼は自分の能力に絶対の自信がありますから」.
**3** ⓒ (正式) 打ち明け話, 秘密 ‖
exchange confidences ないしょ話をする.
hàve the cónfidence to do 自信を持って[ずうずうしくも]…する.
in cónfidence ないしょで, 秘密で ‖ She told me the story in confidence. 彼女はないしょで私にその話をした 《◆ 意味を強めて「絶対にないしょで(と言って)」というときは in strict(est) confidence とする》.
táke A into one's cónfidence A〈人〉に秘密を打ち明ける.

*__con·fi·dent__ /kάnfidnt カンフィデント | kɔ́nfidnt コンフィデント/ 〖→ confide. 「信頼して」の意は(廃). cf. confidence〗
——形 **1** [be confident of [about] A / be confident of [about] doing / be confident that 節] A〈事〉を[…することを/…ということを]確信している《◆ sure より強い確信を示す》 ‖
I am confident of [about] their victory. 私は彼らの勝利を確信している.
He is confident of winning a prize. ＝He is confident that he will win a prize. 彼は入賞を確信している.
**2** 自信がある, 自信に満ちた, 度胸のある(↔ diffident) ‖
be cónfident in onesélf 自信がある.
in a confident voice 自信に満ちた声で.

**con·fi·den·tial** /kὰnfidénʃl カンフィデンシュル | kɔ̀n- コン-/ 形 **1** 秘密の, 内密の(→ public, open) ‖
confidential documents 秘密書類.
Confidential 親展(封筒の上書き).
**2** 信用のおける, 頼りになる ‖
a confidential secretary 腹心の秘書.
**3** 〈態度などが〉うちとけた, 〈人がないしょごとを打ち明ける ‖
in a confidential tone of voice うちとけた口調で.
gèt confidéntial with him (親しくなって)彼に打ち明け話をする.

**con·fi·den·ti·al·i·ty** /kὰnfidenʃiǽləti カンフィデンシアリティ | kɔ̀n- コン-/ 名 Ⓤ 内密であること, 秘密性.

**con·fi·den·tial·ly** /kὰnfidénʃəli カンフィデンシャリ | kɔ̀n- コン-/ 副 **1** 内密に, 秘密の話として(↔ openly); [文全体を修飾; 文頭で] ないしょの話だが ‖
Confidentially, do you like it? ここだけの話だがそれが気に入りましたか.
**2** うちとけて.

**con·fi·dent·ly** /kάnfidntli カンフィデントリ | kɔ́n- コン-/ 副 確信して, 自信を持って, 大胆に.

**con·fid·ing** /kənfáidiŋ コンファイディング/ 動 → confide. ——形 人を信じやすい, 人を疑わない.

**con·fig·u·ra·tion** /kənfìɡjəréiʃən コンフィギュレイ

ション》 名C《正式》(起伏のある)外形, 形状;輪郭;(部分・要素などの)配列;〖コンピュータ〗(システムの)設定;機器構成.

**con·fine** /kənfáin コンファイン/ 動 他 (現分 --fin·ing) 他 1 [confine A (to B)] 〈人が〉A〈発言・努力・人などを〉B〈物・事・人の範囲に〉制限する, 限定する(restrict) ‖
I will confìne mysèlf to (making) a short comment. 手短に意見を述べるだけにします.
2 〈人を〉閉じ込める, 監禁する ‖
confine him to [in] prison 彼を投獄する.
confìne onesèlf to one's róom 部屋に閉じこもる.

**con·fined** /kənfáind コンファインド/ 動 → confine. ——形 1〈場所が〉限られた, 狭い. 2《正式》〈人が〉引きこもった.

**con·fine·ment** /kənfáinmənt カンファインメント | kɔ́n- コン-/ 名 1 U《正式》閉じ込めること, 監禁(状態), 限定, 制限 ‖
He is under [has been placed in] confinement. 彼は監禁されている.
2 [時に a ~] 出産, お産の床につくこと;病床.

**con·firm** /kənfɔ́ːrm コンファーム/ 動 他 1a 〈発言・証拠などを〉(本当だと)確かめる ‖
I want her crime confirmed. 彼女の犯罪の真偽のほどを確かめてほしい.
b [confirm (that) 節] …ということを裏づける ‖
His story confirmed (that) she had refused the offer. 彼の話から彼女が申し出を断ったことがはっきりわかった.
2〈契約・協定などを〉(正式に)承認する;〈条約など〉を批准する;〈任命などを〉承認する.
3 [confirm (A in) B] (A〈人の〉) B〈決意・習慣〉を強める ‖
You confirmed (me in) my opinion. 君のおかげで私の意見はいっそう固まった.

**con·fir·ma·tion** /kànfərméiʃən カンファメイション | kɔ̀n- コン-/ 名 U C 1 確認, 確証, 承認;[confirmation that 節] …という裏づけ, 批准 ‖
witness in confirmation of her innocence 彼女の無実を確認する証人となる.
2〖キリスト教〗堅信(礼), 信仰確認式.

**con·firmed** /kənfɔ́ːrmd コンファームド/ 動 → confirm. ——形 1〈発言などが〉確認された;〈条約などが〉批准(ὅ̋ᷝ)された;〈決定などが〉固められた.
2〈習慣・癖などが〉常習的な, 慢性的な.

**con·fis·cate** /kánfiskèit カンフィスケイト | kɔ́n- コン-/ 動 (現分 --cat·ing) 他 …を没収する.

**con·fis·ca·tion** /kànfiskéiʃən カンフィスケイション | kɔ̀n- コン-/ 名 U C 没収, 押収(品).

*****con·flict** /名 kánflikt カンフリクト | kɔ́nflikt コンフリクト; 動 「ぶつかり合う」 cf. afflict, inflict] ——名 (複 ~s/-flikts/) U C《正式》1闘争, 争い, 論争, 口論;[遠回しに] 紛争, 戦争(war) ‖
a conflict between two countries 2国間の争い.
2 衝突, 矛盾, 不一致, 対立 ‖

a conflict of opinions 意見の対立.
a conflict between the theories of two scholars 2人の学者の理論の食い違い.
testimony that is in conflict with reliable evidence 確かな証拠と相反する証言.
——動 /kənflíkt/ 自〈人・意見などが〉矛盾する, 衝突[対立]する(disagree);〈計画などが〉かち合う ‖
He conflicted with her on the time of John's arrival. ジョンの到着時刻の件で彼は彼女と意見が合わなかった.
対話 "Can't you agree with me just this once?" "I don't mean to conflict with you, but you're wrong." 「今度だけは私の言うことに同意してくれませんか」「あなたと意見を対立させるつもりはないですが, あなたは間違っていますよ」.

**con·flict·ing** /kənflíktiŋ コンフリクティング/ 動 → conflict. ——形 矛盾する, 対立する.

**con·form** /kənfɔ́ːrm コンフォーム/ 動 自 1 従う, 順応[適合]する;《英》国教を奉じる ‖
conform to [with] the customs 慣習に従う.
2《正式》〈物・事が〉一致する.

**con·form·i·ty** /kənfɔ́ːrməti コンフォーミティ/ 名 U C [時に a ~] 一致, 適合, 相似(ῐ̋ᷝ). 2 服従, 従順.

**con·found** /kənfáund コンファウンド, 《米+》kɑn-/ 動 他 1《やや古》…を混同する.
2〈人を〉当惑させる;[be ~ed] まごつく, うろたえる ‖
be confounded at [to hear] the news その知らせにまごつく.

**con·front** /kənfrʌ́nt コンフラント/ 動 他《正式》

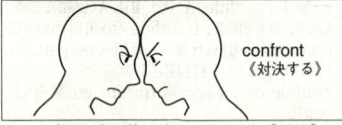

confront《対決する》

1 …と向かい合う(face);〈人と〉対面[対決]する(face up to) ‖
confront danger 危険に立ち向かう.
two armies confronting each other にらみ合う両軍.
2〈困難などが〉〈人に〉立ちはだかる;[be confronted with [by] A] 〈人が〉A〈困難など〉に直面する[している] (be faced with) ‖
Some difficulties confronted him. =He was confronted with [by] some difficulties. 彼は困難に直面した.

**con·fron·ta·tion** /kànfrʌntéiʃən カンフロンテイション | kɔ̀n- コン-/ 名 U C 対決, 直面.

**Con·fu·cius** /kənfjúːʃəs コンフューシャス/ 名 孔子 《551?–479?B.C.》.

*****con·fuse** /kənfjúːz コンフューズ/《共に(con)注ぐ(fuse). cf. refuse》他 confusion (名)
——動 (三単現 --fus·es/-iz/, 過去・過分 ~d/-d/, 現分 --fus·ing)
——他 1a …を混同する, …の区別がつかない ‖

confuse 〈混同する〉

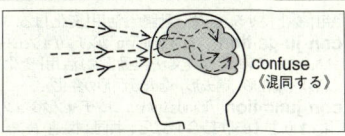

confuse the dates 日付を混同する.
**b** [confuse **A** with [and] **B**] **A**〈人・物〉を **B**〈人・物〉と間違える ‖
My aunt is often **confused with** my mother. 私のおばはよくうちの母と間違えられる.
**2** [通例 be ~d] **困惑する**, まごつく, 面くらう ‖
get [become] **confused about** the issue その問題にとまどう.
Her expression **confused** me. = I was **confused by** [with] her expression. 彼女の表情に私は困惑した.
対話 "I'm **confused**. Where can he be?" "I don't have any idea, either." 「困ったなあ. 彼はいったいどこにいるんだろう」「私にも全くわからないよ」.
**3** 〈問題など〉をあいまい[乱雑]にする;…を混乱させる.

**con·fused** /kənfjúːzd コンフューズド/ 動 → confuse. ——形 (正式) **1** 混乱した, 乱雑な, あいまいな. **2** 困惑した, まごついた.

**con·fús·ed·ly** /kənfjúːzidli コンフューズィドリ/ 副 混乱して, 乱雑に;困惑して.

**con·fus·ing** /kənfjúːziŋ コンフューズィング/ 動 → confuse. ——形 困惑させる, まごつかせる, 混乱させる.

**con·fu·sion** /kənfjúːʒən コンフュージョン/ 名 ⓤ **1** [時に a ~] 混乱(させること), 乱雑, 混雑 (disorder) ‖
The room is **in confusion**. 部屋はとり散らかされている.
**2** [時に a ~] 混同, あいまいさ, 取り違え ‖
the [a] **confusion of** freedom **with** [and] license 自由と放縦のはき違え.
**3** [時に a ~] (心の)混乱, 困惑, ろうばい ‖
cry **in confusion** ろうばいして泣く.
**thrów** him **into confúsion** 彼を混乱させる.

**con·geal** /kəndʒíːl コンチール/ 動 ⾃ 〈液体などが〉固まる. ——他 〈液体などを〉固まらせる.

**con·gen·ial** /kəndʒíːnjəl コンチーニアル/ 形 (正式) **1** 〈人が〉同じ性質[趣味]の, 気心の合った. **2** 〈物・事が〉性分[趣味]に合った.

**con·gén·ial·ly** 副 (正式) 気が合って;快適に.

**con·gen·i·tal** /kəndʒénitl コンチェニトル/ 形 〈病気・障害などが〉生まれつきの, 先天的な.

**con·gest·ed** /kəndʒéstid コンチェスティド/ 形 (正式) 密集した, 混雑した.

**con·ges·tion** /kəndʒéstʃən コンチェスチョン/ 名 ⓤ (正式) 密集, 過剰, 混雑.

**con·glom·er·ate** /kəŋglάmərət コングラマラト | -glɔm- -グロマラト/ 形 丸く固まった, 集塊状の. ——名 ⓒ **1** (正式) 集合(体). **2** 複合企業(体).

**con·glom·er·a·tion** /kəŋglὰməréiʃən コングラマ レイション | -glɔm- -グロマレイション/ 名 ⓤⓒ 集塊, 複合企業の形成.

**Con·go** /kάŋgou カンゴウ | kɔ́ŋ- コンゴウ/ 名 **1** [しばしば the ~] コンゴ(共和国)《アフリカ中部の国. 首都 Brazzaville》. **2** [しばしば the ~] コンゴ(民主共和国)《アフリカ中部の国. 首都 Kinshasa. 旧称 Zaire》. **3** [the ~] コンゴ川《アフリカ中部の川》.

**con·grat·u·late** /kəngrǽdʒəlèit コングラチュレイト | -grǽtʃu- コングラチュ-/ 動 (現分) -lat·ing) 他 **1a** 〈人が〉〈人〉を祝う《◆ celebrate は〈物・事〉を祝う》‖
She is to be **congratulated**. 彼女は運のいい人だ.
**b** [congratulate **A** on [upon, (略式) for] **B**] **A**〈人〉に **B**〈喜びのことでお祝いを述べる, 祝う《◆(1) for を誤用とする人もあるが特に米国では広く用いられる. (2) celebrate は「物・事」を祝う》‖
Let me **congratulate** you **on** your success. 成功おめでとう.
**2** [congratulate oneself on **A** / congratulate that 節] **A**〈成功・幸福〉を[…だと]喜ぶ ‖
He **congrátulated himsèlf on** his success. = He **congratulated** himself **on** having succeeded. = He **congratulated that** he had succeeded. 彼はうまくいったことを喜んだ.

\***con·grat·u·la·tion** /kəngrǽdʒəléiʃən コング ラチュレイション | -grǽtʃu- コングラチュ-/
——名 (複 ~s/-z/) ⓤ 祝うこと, 祝賀;ⓒ [~s] 祝いの言葉, 祝辞 ‖
wire him a message of **congratulation on** his graduation 彼の卒業の祝いに電報を打つ.
対話 "You did a great job. You have my **congratulations**." "Thanks. I congratulate you too for making the original plan."「見事な出来栄えだったね. おめでとう」「どうも. 原案を作ってくれた君にもおめでとうを言うよ」.
——間 [Congratulations] (成功・幸福などを祝って)おめでとう《◆努力して成功した人, めでたいことがあった人に贈る言葉. 新年・クリスマスのあいさつには用いない》‖
**Congratulátions (on** your **graduátion)!** (～) (卒業)おめでとう.
対話 "I hear you're now a father, Rex. **Congratulations!**" "Thanks, Peter."「レックス, お父さんになったんだってね. おめでとう」「ありがとう, ピーター」.

Q&A **Q**: 結婚式の場合にも Congratulations! と言いますか.
**A**: 結婚式の場合, 花婿にはこれをふつうに用いますが, congratulate には元々「努力して手に入れる」の意味があるので花嫁には I wish you great [every] happiness. / Best wishes! などと言うのがよいとされています. しかし, 最近では若い人や親しい間柄では Congratulations (on your marriage)! が花嫁にも用いられるようになりました.

**con·grat·u·la·to·ry** /kəngrǽdʒələtɔ̀ːri コングラチュラトーリ | kəngrǽtʃuléitəri コングラチュレイタリ/ 形 《正式》祝いの, 祝賀の.

**con·gre·gate** /káŋgrəgèit カングリゲイト | kɔ́n- コングリ-/ 動 (現分) ‑‑gat·ing 自 《正式》〈人・物が〉集まる, 集合する.

**con·gre·ga·tion** /kàŋgrəgéiʃən カングリゲイション | kɔ̀ŋgrəgéiʃən コングリゲイション/ 名 1 Ⓤ 《正式》(人々の)集まること, 集まり; Ⓒ (宗教的な)集会. 2 [集合名詞]集まった人々, 会衆.

**con·gre·ga·tion·al** /kàŋgrəgéiʃənl カングリゲイショヌル | kɔ̀ŋ- コングリ-/ 形 集会の; 会衆の.

**con·gress** /káŋgrəs カングレス | kɔ́ŋgres コングレス/ 名 1 Ⓒ [時に C~] Ⓒ [単数・複数扱い] 会議, 大会, 学会 ‖
the Internátional Cóngress of Línguists 世界言語学者会議.
the International PEN Congress 国際ペン大会.
2 [C~] Ⓤ 《通例無冠詞》(米国・中南米諸国の)国会; その会期(略 Cong., C.)《◆ 上院(the Senate)と下院(the House of Representatives)から成る. 日本・デンマークなどは the Diet, 英国・カナダは Parliament》‖
a member of Congress 国会議員.
in Congress 議会開会中.
Congress meets. 国会が開会する.

**con·gres·sion·al** /kəngréʃənl コングレショヌル/ 形 1 会議の, 大会の, 集会の. 2 [C~] (米) 国会の, 議会の.

**con·gress·man** /káŋgrəsmən カングレスマン | kɔ́ŋ- コングレス-/ 名 (複) ‑‑men [しばしば C~] Ⓒ (米) 国会議員, (特に)下院議員《◆男女の区別を避けて congressperson, a member of Congress, representative ともいう. 「上院議員」は senator》.

**con·gress·per·son** /káŋgrəspə̀ːrsn カングレスパースン | kɔ́ŋ- コングレス-/ 名 → congressman.

**con·ic**, **-i·cal** /kánik(l) カニク(ル) | kɔ́n- コニク(ル)/ 形 《正式》円錐(☆)形の.

**co·ni·fer** /kóunifər コウニファ | kɔ́- コニファ/ 名 Ⓒ 【植】針葉樹, 球果植物《球果をつけるマツ・モミ類》.

**conj.** (略) 【文法】 conjugation; conjunction; conjunctive.

**con·jec·ture** /kəndʒéktʃər コンヂェクチャ/ 名 Ⓤ 《正式》推測, 憶測 ‖
a mere conjecture 単なる憶測.
hazard a conjecture 当て推量をする.
the conjecture that he will get on in life 彼が出世するという推量.
máke [fórm, gíve] a conjécture on the matter その問題について推測する.
——動 (現分) ‑‑tur·ing 他 …を(不十分な証拠によって)推測する(guess).

**con·ju·gal** /kándʒəgl カンヂュグル | kɔ́n- コン-/ 形 《正式》結婚の, 夫婦(間)の.

**con·ju·gate** /kándʒəgèit カンヂュゲイト | kɔ́n- コン-/ 動 (現分) ‑gat·ing 【文法】 他 〈動詞〉を活用[変化]させる. —— 自 〈動詞〉が活用[変化]する.

**con·ju·ga·tion** /kàndʒəgéiʃən カンヂュゲイション | kɔ̀n- コン-/ 名 ⓊⒸ 【文法】(動詞の)活用[変化] (形) 現在形, 過去形, 過去分詞形の変化).

**con·junc·tion** /kəndʒʌ́ŋkʃən コンヂャンクション/ 名 1 ⓊⒸ 《正式》結合すること; 共同; 関連 ‖
in conjunction with him 彼と協力して.
2 Ⓒ 【文法】接続詞(略 conj.)《語・句・節などを結びつける語で and, but, as, if など》‖
coordinate [subordinate] conjunctions 等位[従属]接続詞.

**con·junc·ti·vi·tis** /kəndʒʌ̀ŋktəváitis コンヂャンクティヴァイティス/ 名 Ⓤ 【医学】結膜炎.

**con·jure** /kándʒər カンヂャ | kɔ́n- カン-/ 動 (現分) ‑jur·ing 他 1 《正式》〈霊・悪魔など〉を呪(は)文で呼び出す; (略式)〈食事など〉を手早く用意する.
2 …を魔法[奇術]で出す; …を魔法のように追い払う[消す]; 〈人〉に魔法をかける ‖
conjure a flower out of a hat (奇術で) 帽子から花をとり出す.
3 《正式》〈物・事が〉…を思い出させる; 〈人が〉…を思い起こす (+up).

**con·jur·er**, **-jur·or** /kándʒərər カンヂュラ | kɔ́n- カン-/ 名 Ⓒ 手品師, 魔法使い.

\***con·nect** /kənékt コネクト/ 【共に(con)結ぶ(nect). cf. an*nex*》(形) connection (名)
—— 動 (三単現) ~s/‑ékts/; (過去・過分) ~ed /‑id/; (現分) ~ing
—— 他 1 …をつなぐ, 結びつける; 〈物〉を接続する《◆ join より独自性を保って結びつける》(↔ disconnect) ‖
This freeway connects Kobe and Nagoya. この高速道路は神戸と名古屋を結んでいる.
Daddy helped me connect up the tracks of my toy railroad. パパが模型の鉄道線路をつなぐのを手伝ってくれた.
He connected a garden hose to the faucet. 彼は庭のホースを蛇口につないだ.
2 a 〖connect A with B〗 A〈物〉を B〈物〉と関係づける, A で B〈物〉を連想する(associate) ‖
We used to connect London with fog. 以前はロンドンと聞くと霧を連想したものだ(=We used to associate London with fog.).
b [通例 be ~ed / ~ oneself] (縁故(ダン)・仕事などで) 関係がある ‖
He is connected with the Hills by marriage. 彼はヒル家と姻戚(☆)関係にある.
She is connected with that company. 彼女はあの会社と取引関係がある.
3 (電話で)…をつなぐ ‖
[対話] "Please connect me with Chicago." "Just a moment, … You are connected."
「シカゴにつないでください」「お待ちください…つながりました」.
—— 自 1 つながる, 接続する.
2 連絡する ‖
This flight connects in Paris with one for Rome. この(飛行)便はパリでローマ行きの便と連

絡している.

**con·nect·ed** /kənéktid コネクティド/ 形 → connect.
——形 **1** 接続した; 関連した.
**2** [通例複合語で] 縁続きの, 縁故[コネ]のある ‖ a well-**connected** man 良い縁故のある人.

**Con·nect·i·cut** /kənétikət コネティカト/ 〈発音注意〉《2つ目の c は発音しない》名 コネチカット《米国北東部の州. 州都 Hartford. 〈愛称〉the Constitution State, the Nutmeg State. 略 Ct., Conn., 〔郵便〕CT〕.

\***con·nec·tion**, 〈英ではまれに〉~-**nex·ion** /kənékʃən コネクション/ 〖→ connect〗
——名 複 ~s/-z/) **1** C つなぐこと, 接続, 連結.
**2** C U 関係, つながり《◆relation より具体的な関係が強い》‖
cut ties and sever **connections** with the firm その会社との関係を断つ.

対話 "You think poor people more easily commit crimes than rich people?" "Maybe(↗), maybe not. (↘) But there must be a **connection** between crime and money." 「貧しい人の方が金持ちよりも犯罪をおかしやすいとお考えですか」「そうかもしれないし、そうでないかもしれない. でも犯罪と金との間には確かに関係があるに違いありません」.

**3** C [通例 ~s] 縁故(者), コネ; 取引先, 得意先; 親類(関係), 遠縁(の人)‖ He has powerful **connections** in the publishing world. 彼は出版業界に有力なコネがある.
**4** C **a** (交通機関の)連絡, 接続; 乗り換え‖ I made a **connection** at Kyoto for Nara. 私は京都で奈良行きの列車に乗り換えた.
**b** 連絡している列車[船, バスなど]‖ miss the [one's] **connection** to Osaka 大阪への連絡列車[船, バスなど]に乗り遅れる.
**5** C つながっている物; (電話の)接続; (機械などの)連結部‖ We have a bad (telephone) **connection**. 電話の接続が悪い《声が遠い・混線など》.
The **connection** was broken. 電話が切れた.

*in connéction with A* (1) 〈正式〉 …に関連して(about); …と共同で. (2) 〈列車などが〉…に連絡して.
*in this [that] connéction* これ[それ]に関連して, ちなみに; この[その]文脈では.

**con·nex·ion** /kənékʃən コネクション/ 名 〈英〉 = connection.
**Con·nie** /káni カニ/ 名 コニー《Conrad の愛称》.
**con·nive** /kənáiv コナイヴ/ 動 (現分) --niv·ing) 自 〈正式〉 **1** 見て見ぬふりをする. **2** 共謀する.
**con·nois·seur** /kànəsə́r カノサー | kɔ̀n- コノサー, -sjúə/ 〔フランス〕名 (美術品などの)鑑定家; 通(?), 目きき, くろうと.
**con·no·ta·tion** /kànətéiʃən カノテイション | kɔ̀n- コノテイ-/ 名 U C 〈正式〉 [しばしば ~s; 単数扱い] 言外の意味.

\***con·quer** /káŋkər カンカ | kɔ́ŋkər コンカ/ 〖「求めて手に入れる」が原義〗
派 conqueror (名), conquest (名)
——動 (三単現 ~s/-z/; 過去・過分 ~ed/-d/; 現分 ~·ing/-kəriŋ/)
——他 〈正式〉 **1** …を征服する(defeat)‖ **conquer** a nation 国を征服する.
**conquer** Mt. Everest エベレスト山を征服する.
**Conquer** yourself before you **conquer** others. 人に勝つより自分に勝て.
対話 "So many people have died from the disease." "Yes, if we don't **conquer** it soon, it will get worse." 「たくさんの人がその病気で亡くなっている」「そうです. 早いうちに抑えないと、もっとひどいことになります」.
**2** 〈名声・注意など〉を得る‖ **conquer** liberty 自由をかちとる.
**3** 〈困難・習慣など〉を克服する; 〈感情〉を抑える‖ **conquer** difficulties 困難を克服する.
——自 勝つ, 克服する‖ stóop to cónquer 勝つために恥を忍ぶ, 負けて勝つ.

**con·quer·a·ble** /káŋkərəbl カンカラブル | kɔ́ŋ- コンカラブル/ 形 征服できる, 克服できる.
**con·quer·or** /káŋkərər カンカラ | kɔ́ŋkərə コンカラ/ 名 **1** C 征服者, (戦争の最終的)勝利者《◆ victor は 1 つの勝利者》‖
máke onesèlf the cónqueror of the wórld 世界の征服者になる.
**2** [the C~] 征服王 (William the Conqueror) (→ William **2**).

**con·quest** /káŋkwest カンクウェスト, káŋ- | kɔ́ŋkwest コンクウェスト/ 名 (複 ~s/-kwests/) **1** U 征服, 克服, 勝利‖ the **conquest** of the sky 空の征服.
**2** U C (愛情・好意などの)獲得; C 征服された物[人, 国, 土地]‖ the **conquests** of Napoleon ナポレオンの征服地.
**3** [the C~] =Norman Conquest.

\***con·science** /kánʃəns カンシェンス | kɔ́nʃəns コンシェンス/ 〈発音注意〉《◇"コンサイエンス"》〖共に(con)知るもの(science). cf. conscious, science〗
——名 (複 --scienc·es/-iz/) U C 良心, 善悪の判断力, 分別, 誠実さ ‖
have **a** bad [guilty] **conscience** 心がやましい.
have **a** good [clear] **conscience** 心がやましくない《◆修飾語のあるとき、個人の良心のときは a をつける》.
consult one's (own) **conscience** 良心に訴える.
対話 "Did you give back the wallet you found?" "Yes. My **conscience** told me to." 「拾ったあの札入れを持ち主に戻したかい?」「うん, わが良心に従ったよ」

*for cónscience(') sàke* 気休めに, 後生だから.
*háve A on one's cónscience* A〈人・言動など〉を気に病む.
*in (áll) cónscience* 〈正式〉=〈略式〉 *upòn one's*

*cónscience* [通例挿入的に用いて] 良心にかけて; [強調的に] 確かに.

**con·sci·en·tious** /kànʃiénʃəs カンシエンシャス | kɔ́n- コン-/ 形 (正式) 良心的な; 用心深い ‖
a consciéntious objéctor 良心的参戦拒否者.
còn·sci·én·tious·ly 副 良心的に, 入念に.
còn·sci·én·tious·ness 名 U 良心的なこと, 誠実.

**\*con·scious** /kánʃəs カンシャス | kɔ́nʃəs コンシャス/ 形 〖← conscience〗 派 consciousness (名)
——形 (比較 more ~, 最上 most ~) **1a** [be conscious of A] …を**意識している**, 自覚している (↔ unconscious, subconscious) ‖
become conscious of one's own faults 自分の欠点を自覚する.
She was not conscious of being laughed at. 彼女は笑われているのに気づかなかった.
対話 "Does he know what he's doing?" "No, I don't think he's conscious of what he's doing." 「あいつは自分のしていることがわかっているのか」「いや, 自分のしていることに気がついていないと思うよ」.
**b** [be conscious that 節 / be conscious (of) wh 節] 〈物・事に〉**気づいている**, …ということに気づいている ‖
I was conscious that she was innocent. 彼女の無実に私は気づいていた.
I am conscious (of) how honest she is. どんなに彼女が正直だか知っている.
**2** [補語として] 〈人が〉**意識のある**, 正気の ‖
Mary became conscious again. メリーは再び意識を取り戻した.
remain conscious 意識がある.
**3** [名詞の前で] 〈言動が〉**意識的な**, 故意の(↔ subconscious) ‖
a conscious smile 作り笑い.
make a conscious effort 意識的に努力する.

**-con·scious** /-kánʃəs -カンシャス | -kɔ́nʃəs -コンシャス/ (連結形) …を意識した. 例: self-conscious 自意識の強い, sex-conscious 性に目覚めた, weight-conscious 体重を気にする.

**con·scious·ly** /kánʃəsli カンシャスリ | kɔ́n- コン-/ 副 意識して, 自覚して, 故意に.

**con·scious·ness** /kánʃəsnəs カンシャスネス | kɔ́nʃəsnəs コンシャスネス/ 名 U (正式) [時に a ~] 気づいていること, 意識, 自覚 ‖
class consciousness 階級意識.
the consciousness of guilt 罪の自覚.
cóme to cónsciousness 正気づく.
lóse (one's) cónsciousness 意識を失う.
recóver [regáin] (one's) cónsciousness 意識を取り戻す.
ráise one's cónsciousness (政治・経済的)自覚を高める.
She hàs a cléar cónsciousness of her limitátions. 彼女は自分の限界をはっきり自覚している.

**con·script** 名 kǽnskript キャンスクリプト | kɔ́n- コン- ; 動 kənskrípt コンスクリプト/ 名 C 徴集兵.
——動 他 …を徴兵する.

**con·scrip·tion** /kənskrípʃən コンスクリプション/ 名 U 徴兵(制度); [集合名詞] 徴募兵.

**con·se·crate** /kánsəkrèit カンセクレイト | kɔ́n- コン-/ 動 (現分) -crat·ing) 他 **1** (正式) 〈生命などを〉捧げる. **2** …を神聖にする.

**con·se·cra·tion** /kànsəkréiʃən カンセクレイション | kɔ̀n- コン-/ 名 U C 神聖化.

**con·sec·u·tive** /kənsékjətiv コンセキュティヴ/ 形 連続した.

**con·sen·sus** /kənsénsəs コンセンサス/ 名 (複 ~·es/-iz/) U C (正式) [通例 a ~ / the ~] (意見・感情などの)一致, 合意, コンセンサス; (大多数の)一致した意見; 世論.

**con·sent** /kənsént コンセント/ 動 自 (正式) **1** [consent (to A)] (…に)**同意する**, 承諾する (agree) ‖
consent to his plan 彼の計画に同意する.
**2** [consent to do] …することに同意する ‖
He consented to help her. 彼は彼女の手助けをすることに同意した.
**3** [consent (that) 節] …ということに賛成する ‖
He consented (that) I ((主に英) should) marry her. 彼は私が彼女と結婚することを承諾した(◆ He consented to my marrying her. がふつう).
——名 U 同意, 承諾(ﻟﺎﺳﺔい), 許可 ; 一致 ‖
choose with one consent =(略式) choose by common consent 満場一致で選ぶ, 異議なく選ぶ.
give (one's) consent to her offer 彼女の申し出を承諾する.
Silence gives consent. (ことわざ) 沈黙は承諾の印.
***the áge of consént*** (正式) (法律) 同意年齢《自分の意志で結婚できる年齢. 米国では13-18歳, 英国では16歳》.

**con·se·quence** /kánsəkwèns カンセクウェンス | kɔ́nsikwəns コンスィクウェンス/ 名 **1** C (必然の)**結果**, 成り行き, 影響《◆ result より堅い語》‖
live by natural consequences 自然の成り行きにまかせて生きる.
have grave consequences 重大な結果をもたらす《◆ 外交では「戦争」の遠回し表現》.
**2** U (正式) (人・事の影響などの)重要さ, 重大さ (importance) ; 尊大さ (self-importance) ‖
walk with an air of consequence もったいぶって歩く.
It is of no consequence to me that he is coming. 彼が来ることは私にとって少しも重要でない.

◇***in cónsequence*** (正式) したがって, その結果 (consequently, as a result) ; 結果として ‖
He changed his mind in consequence of the marriage. 結婚の結果, 彼は考え方が変わった.

**con·se·quent** /kánsəkwènt カンセクウェント |

kɔ́nsikwənt コンスィクウェント/ 形 《正式》 1 結果として起こる ‖
His failure was **consequent** upon his idleness. 彼が失敗したのは怠けたせいだった.
2 当然の, 一貫した.

\*con·se·quent·ly /kάnsəkwèntli カンセクウェントリ | kɔ́nsikwəntli コンスィクウェントリ/
——副 《正式》 [主に文頭で] **その結果**, したがって, 必然的に(therefore, as a result) ‖
The city is situated near the sea and **consequently** enjoys a healthy climate. 町は海の近くにあり, 気候も健康によい.

con·ser·va·tion /kὰnsərvéiʃən カンサヴェイション | kɔ̀n- コン-/ 名 U 保護, 管理, 保存.

con·serv·a·tism /kənsə́ːrvətìzm コンサーヴァティズム/ 名 U 保守主義, 保守性.

con·serv·a·tive /kənsə́ːrvətiv コンサーヴァティヴ/ 形 1 保守的な, 保守主義の(↔ progressive) ‖
**conservative** politics 保守的な政策.
**be conservative in** one's principles 主義を変えない.
2 《略式》控えめな, 用心深い; 〈服装などが〉じみな ‖
plan by a **conservative** estimate 控えめに見積もって計画をたてる.
——名 1 保守的な人.
2 [C~] (英国・カナダなどの)保守党員; 保守的なユダヤ教徒.
**Consérvative Pàrty** [the ~] (英国・カナダなどの)保守党《◆英国では the Labour Party (労働党)と並ぶ大政党》.

con·sérv·a·tive·ly 副 保守的に; 控えめに.
con·sérv·a·tive·ness 名 U 保守性.

con·serv·a·to·ry /kənsə́ːrvətɔ̀ːri コンサーヴァトーリ | -təri -タリ/ 名 (複 -to·ries/-z/) C 1 《正式》(家に付いた)温室(greenhouse). 2 《米》芸術[音楽]学校.

con·serve 動 kənsə́ːrv コンサーヴ; 名 kάnsəːrv カンサーヴ, kάnsəːv | kɔ́nsəːv コンサーヴ, kənsə́ːv/ 動 (現分 ~·serv·ing/-iŋ/) 他 〈森林・水・エネルギーなどを〉保存する, 保護する ‖
**conserve** forests 森林を保護する.
2 《正式》〈果物などを〉ジャム[砂糖漬け]にして保存する.
——名 C U 《正式》 [通例 ~s] (種々の果物の)ジャム, 砂糖漬け.

\*con·sid·er /kənsídər コンスィダァ/ 〖「(星占いで)星をよく調べる」ことから「熟慮[考察]する」意が生まれた〗 considerable (形), considerate (形), consideration (名)
→ 他 1 よく考える  2 …だとみなす
3 考慮に入れる
自 よく考える
——動 [三単現] ~s/-z/; [過去・過分] ~ed/-d/; [現分] ~·ing/-əriŋ/

——他 1a 〈物・事を〉よく考える, 検討する ‖
**consider** a plan 計画をよく練る.
対話 "Well, where should we go on vacation?" "That depends. There are many things we have to **consider** first." 「休暇にはどこへ行くのがよいでしょうか」「何とも言えませんね. その前に考えないといけないことがたくさんあります」.
b [consider doing] …することをよく考える, 熟慮する, 検討する ‖
We are **consider**ing going on a picnic. ピクニックに出かけようかと考えています.
c [consider wh 句・節] …かどうかをよく考える, 熟慮[検討]する ‖
We must **consider** how to get there [how we should get there]. どうやってそこへ行ったらよいか考えねばならない.
2 《正式》[consider A (to be) C] A〈人・物・事〉をCだとみなす《◆Cは名詞・形容詞》; [consider (that) 節] 〈人が〉…だと考える ‖
We **consider** it necessary to meet her. 彼女に会わねばならないと思う(=We **consider** meeting her necessary. → ⇨ **1 b**).
I **consider** her **to have** told [**to be** telling] a lie. =I **consider** (that) she told [is telling] a lie. 彼女がうそをついた[ついている]と思う《◆ 後half の that 節を伴った文の方がふつう》.
対話 "I want the report now." "*Consider* it done." 「報告書まだかい」《略式》「もうすぐよ」.
対話 "Wow, he is a great baseball player." "You know, most people in Japan *consider* him *to be* the best player." 「わあ—, あの人はすごい野球選手ね」「そう, 日本人ならたいていあの選手が最高だと思っていますよ」.
3 …を考慮する; [consider that 節 / consider wh 節] …ということを[…かを]考慮に入れる, しんしゃくする ‖
**consider** his diligence =**consider** (the fact) that he is diligent 彼の勤勉さをしんしゃくする.
**consider** a refrigerator on the installment plan 月賦で冷蔵庫を買おうかと考える.
Just **consider** how kind she is. 彼女がどんなに親切かちょっと考えてごらん.
4 …に注意を払う, 関心を寄せる; [通例 be ~ed] 〈人が〉尊敬[尊重]される 《◆しばしば well, greatly を伴う》 ‖
He **is** well **considered**. 彼はとても尊敬されている.
——自 《正式》よく考える, 熟慮[検討]する, 注視する(think) ‖
**Consider** well before you practice. 実行する前によく考えよ.
*all things considered* [文頭・文中・文尾で] あらゆることを考えてみると; 結局(のところ)(=taking all things [everything] into *consideration*).

\*con·sid·er·a·ble /kənsídərəbl コンスィダラブル/ 〖→ consider〗

—形 1 〈数・量・大きさ・程度が〉かなりの, 相当な(↔ inconsiderable) 《◆(略式) large, many の控えめな表現》‖

a considerable income かなりの収入.
a man of considerable wealth 相当な金持ち.
a considerable number of mistakes 相当数の誤り《◆名詞の複数形を直接修飾しない: ×considerable mistakes》.

2 〈人・物・事が〉重要な, 注目に値する‖
a very considerable businessman 有力な大実業家《◆ important がふつう》.

con·sid·er·a·bly /kənsídərəbli コンスィダラブリ/ 副〔通例比較級・動詞を修飾して〕かなり, ずいぶん《◆ very, much などの控えめな表現》‖
I was considerably offended by her remarks. 彼女の言葉にかなりむかっとした.

con·sid·er·ate /kənsídərət コンスィダラト/ 形 1 思いやりがある, 理解がある‖
He is considerate of old people. 彼はお年寄りに思いやりがある.

2 [A is considerate to do / it is considerate of A to do] …するとは A〈人は〉思いやりがある, 察しがよい(thoughtful)‖
You are very considerate to advise me. =It is very considerate of you to advise me. =How considerate of you to advise me! 私に忠告してくれてほんとうにありがとう.

con·síd·er·ate·ly 副 思いやり深く.
con·síd·er·ate·ness 名 U 思いやり(の深いこと).

*con·sid·er·a·tion /kənsìdəréiʃən コンスィダレイション/ 〔→ consider〕
—名 (複 ~s/-z/) 1 U よく考える[考えた]こと, 考慮, 考察, 黙考‖
a matter for consideration 一考を要する事柄.
He gave careful consideration to the problem. 彼はその問題を慎重に考察した(=He considered the problem carefully.).
leave her proposal out of consideration 彼女の提案を考慮しない.
after much consideration 十分考えたあとで.
2 C (決定時に)考慮すべきこと[理由, 動機]‖
That's a consideration. それは考えものだ.
3 U 思いやり, しんしゃく‖
show consideration for others 人をいたわる.
out of consideration for her youth 彼女の若さに免じて.
4 C [通例 a ~; 遠回しに] 報酬, 心付け(payment) ‖
a small consideration for his kindness 彼の親切に対するささやかな報酬.
for a consideration 心付けに; 報酬目当てに(for a fee).

in considerátion of [for] A (1) …を考慮して. (2) …の返礼として, …のために.
on nó considerátion 決して…しない(never).
◇táke A into considerátion =take into siderátion A A〈人・物・事〉を考慮する‖ We must take all these facts into consideration. これらすべての事実を考慮しなければならない.
táking éverything [áll things] into considerátion =all things CONSIDERed.
ùnder considerátion 考慮中の[で], 検討中の[で].
ùnder nó considerátion = on no CONSIDERATION.

con·sid·ered /kənsídərd コンスィダド/ 動 → consider.
—形 1 よく考えた(上での). 2 尊敬される, 重んじられる.

con·sid·er·ing /kənsídəriŋ コンスィダリング/ 動 → consider.
—前 …を考えると, …の割には, …にもかかわらず‖
He looks young(,) considering his age. 彼は年の割には若く見える.
—接 …であることを考えれば, …である割には‖
Considering (that) he has no experience, he did quite well. 未経験にしては, 彼はかなりよくやった.

con·sign /kənsáin コンサイン/ 動 他 (正式) …を引き渡す, ゆだねる.

con·sign·ment /kənsáinmənt コンサインメント/ 名 〔商業〕 1 U 委託(販売), 託送. 2 C 委託される物.

*con·sist /kənsíst コンスィスト/ 〖共に(con)立つ(sist). cf. assist, exist〗派 consistent (形)

consist 〈…から成り立つ〉

—動 (三単現 ~s /-sísts/; 過去・過分 ~·ed /-id/; 現分 ~·ing)
—自 1 [consist of A] …から成り立つ, 成り立っている(類 be composed of, be made up of, be comprised of)‖
対話 "Our class consists of [×is consisting of] 40 pupils." "That's quite a big class." 「私たちのクラスは40人です」「それはかなり大人数のクラスですね」.

2 (正式) [consist in A] 本来…にある(lie in)‖
Happiness consists in contentment. 幸福は満足にある.

3 (正式) 一致[両立, 調和]する‖
Her story consists with the facts. 彼女の話は事実と合っている.

con·sist·en·cy /kənsístənsi コンスィステンスィ/ 名 (複 -·en·cies /-z/) (正式) 1 U C 堅さ; 濃度, 密度. 2 U 一貫性.

*con·sist·ent /kənsístənt コンスィステント/ 〖→ consist〗
—形 (正式) 1 [補語として] 一致する, 調和する, 矛盾しない(↔ inconsistent)‖
He is not consistent with himself. 彼は矛盾している.

Her behavior is consistent with her words. 彼女の行動は言うことと一致している.
**2** 〈人が〉一貫した, 変わらない, 堅実な ‖
a consistent advocate 自説を曲げない主張者.
She is consistent in her beliefs. 彼女の信念は不動である.

**con·sist·ent·ly** /kənsístəntli コンスィステントリ/ 副《正式》**1** 絶えず, いつも. **2** 一貫して, 堅実に.

**con·so·la·tion** /kɑ̀nsəléiʃən カンソレイション | kɔ̀n-コン-/ 图 **1** Ⓤ 慰め《◆ comfort より堅い語》‖
find consolation in music 音楽に慰めを見出す.
**2** Ⓒ 〔通例 a ~〕慰めとなる人[物, 事].

**con·sole**[1] /kənsóul コンソウル/ 動 (現分 --sol·ing) 他 [console A with B] A〈人〉を B〈物·事〉で慰める, 元気づける《◆ comfort より堅い語》‖
I consoled him for missing his chance at a promotion. 昇進のチャンスを逸したことで彼を慰めた.

**con·sole**[2] /kɑ́nsoul カンソウル | kɔ́n- コン-/ (アクセント注意) 图 Ⓒ **1** (パイプオルガンの)演奏台. **2** (卓上型·携帯用に対して)(ラジオ·テレビなどの)コンソール型《床に置いて用いるもの》. **3** =console table.
**cónsole tàble** コンソール=テーブル(console)《壁に取り付けられた受け木脚付きの小型テーブル》.

**con·sol·i·date** /kənsɑ́lidèit コンサリデイト | -sɔ́li--ソリデイト/ 動 (現分 --dat·ing) 《正式》他 **1** …を合併する, …をまとめて整理する. **2** 〈権力·地位などを〉固める.
— 自 **1** 合併する. **2** 〈地位などが〉固まる.

**con·sol·i·da·tion** /kənsɑ̀lidéiʃən コンサリデイション | -sɔ̀li- -ソリデイション/ 图 **1** Ⓤ 強化. **2** Ⓤ 合併.

**con·som·mé** /kɑ̀nsəméi カンソメイ | kɔ̀nsɔ́mei コンソメイ/《フランス》图 Ⓤ コンソメ《肉と骨でだしを取ったスープ. cf. potage》.

**con·so·nant** /kɑ́nsənənt カンソナント | kɔ́nsənənt コンソナント/ 图 Ⓒ 《音声》子音(↔ vowel); 子音字.

**con·spic·u·ous** /kənspíkjuəs コンスピキュアス/ 形 **1** 人目をひく, 顕著な(↔ inconspicuous) ‖
be conspicuous for beauty 美しさで人目につく.
**máke onesèlf conspícuous** (変わった服装·言行などで)人目をひく.
**2** 見えやすい, わかりやすい.

**con·spic·u·ous·ly** /kənspíkjuəsli コンスピキュアスリ/ 副 著しく, 目立って.

**con·spir·a·cy** /kənspírəsi コンスピラスィ/ 图 (複 --a·cies/-z/) ⓊⒸ 陰謀(ぼう) ‖
in conspiracy 共謀して.

**con·spir·a·tor** /kənspírətər コンスピラタ/ 图 Ⓒ 共謀者, 陰謀をたくらむ人.

**con·spire** /kənspáiər コンスパイア/ 動 (現分 --spir·ing) 自 《正式》**1** 共謀する; 陰謀をたくらむ.
**2** 〈事などが〉重なる.

**con·sta·ble** /kɑ́nstəbl カンスタブル | kʌ́nstəbl カンスタブル/ 图 Ⓒ 《英》(平の)巡査, 警官(police officer).

**con·stan·cy** /kɑ́nstənsi カンスタンスィ | kɔ́n- コン-/ 图 Ⓤ 《正式》不変; 忠実.

*__con·stant__ /kɑ́nstənt カンスタント | kɔ́nstənt コンスタント/ 〖共に(con)立つ(stant). cf. distant, instant〗形 constantly 副
— 形 (比較 more ~, 最上 most ~) **1** 不変の, 一定の(↔ variable); [通例名詞の前で] 休みなく続く, 不断の ‖
constant temperature 常温.
The patient requires constant care. その患者は片時も目を離せない.
対話 "How are you feeling? Any better?(↗)" "Not really.(↘) The pain is constant." 「気分はどうですか. 少しはよくなりましたか」「いいえ. 相変わらず痛みます」.
**2** 《文》変わらない; 誠実な ‖
a constant companion 誠実な友.
be constant in love 愛情が変わらない.
be constant to one's wife 妻に誠実である.

**Con·stan·tine** /kɑ́nstəntìːn カンスタンティーン | kɔ́nstəntàin コンスタンタイン/ 图 **1** コンスタンチン《男の名》. **2** ~ the Great コンスタンチヌス大帝《280?-337; Constantinople を首都としキリスト教を公認したローマ帝国皇帝》.

**Con·stan·ti·no·ple** /kɑ̀nstæntənóupl カンスタンティノウプル | kɔ̀nstæntə- コンスタンティ-/ 图 コンスタンチノープル《トルコの都市 Istanbul の旧称》.

*__con·stant·ly__ /kɑ́nstəntli カンスタントリ | kɔ́nstəntli コンスタントリ/ 〖→ constant〗
— 副 絶えず, しきりに; 《略式》[進行形の文で] しばしば, 繰り返して(too often)《◆話し手のいらだち·非難などを表す》‖
She is constantly complaining of her workload. 彼女はしょっちゅう仕事のノルマのことで愚痴($)をこぼしている.

**con·stel·la·tion** /kɑ̀nstəléiʃən カンステレイション | kɔ̀n- コン-/ 图 Ⓒ 《天文》星座; 《占星》星運.

**con·ster·na·tion** /kɑ̀nstərnéiʃən カンスターネイション | kɔ̀n- コン-/ 图 Ⓤ 《正式》非常な驚き, 仰天.

**con·stit·u·en·cy** /kənstítʃuənsi コンスティチュエンスィ | -stítju- コンスティテュ-/ 图 (複 --en·cies/-z/) Ⓒ **1** [集合名詞; 単数·複数扱い] 選挙民. **2** 選挙区.

**con·stit·u·ent** /kənstítʃuənt コンスティチュエント | -stítju- コンスティテュ-/ 形 **1** 《正式》構成する, 作り上げる ‖
the constituent parts of a cake 菓子の成分.
**2** 選挙[指名]権のある.
— 图 Ⓒ **1** 《正式》成分. **2** 選挙有権者.

**con·sti·tute** /kɑ́nstətùːt カンスティトゥート | kɔ́nstətjùːt コンスティテュート/ 動 (現分 --tut·ing) 他 《正式》**1** …を構成する, …の一部をなす(make up, comprise); 《文》…の体質[性質]である《◆進行形にしない》‖
Five chapters constitute this book. =This book is constituted of five chapters. この本は5章からなる.
**2** 〈法律などを〉制定する, 設置する; 〈委員会などを〉

They **constituted** the committee last year.
昨年その委員会を設置した.

**3** [constitute A C] A〈人〉を C〈役職〉に任命する, 選任する ‖
We **constituted** him chairman. 彼を議長に選んだ.

**\*con·sti·tu·tion** /kɑ̀nstətúːʃən カンスティトゥーション | kɔ̀nstətjúːʃən コンスティテューション/

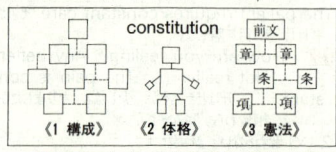

constitution
〈1 構成〉 〈2 体格〉 〈3 憲法〉

——图 (複 ~s/-z/) **1** UC **構成**, 組織, 構造《◆ structure, construction より堅い語》‖
the political **constitution** of Japan 日本の政治構造.

**2** UC (正式) **体格**, 体質; 性質; 健康 ‖
have a good [strong] **constitution** 体格がよい.
be weak [delicate] by **constitution** 生まれつきひよわだ.

**3** C **憲法**; 政体, きまり, 法令 ‖
the **Constitution** of Japan 日本国憲法.
a written **constitution** 成文憲法.

**4** U (正式) 制定, 設立, 任命.

**con·sti·tu·tion·al** /kɑ̀nstətúːʃənl カンスティトゥーショヌル | kɔ̀nstətjúːʃənl コンスティテューショヌル/ 形 **1** **憲法(上)の, 合憲の** ‖
**constitutional** government 立憲政治.
a **constitutional** monarchy 立憲君主国.

**2** (正式) 体格の, 体質の; 気質の, 生まれつきの.

**con·sti·tu·tion·al·ism** /kɑ̀nstətúːʃənəlìzm カンスティトゥーショナリズム | kɔ̀nstətjúː- コンスティテューショナリズム/ 图 U 立憲政体; 立憲主義.

**con·strain** /kənstréin コンストレイン/ 動 他 (正式) **1**〈服従など〉を強いる; [be constrained to do] …せざるを得ない ‖
**constrain** him to study 彼に無理に勉強させる.
**2** …を押し込める, 束縛する.

**con·strained** /kənstréind コンストレインド/ 動 → constrain.
——形 強いられた, ぎこちない.

**con·straint** /kənstréint コンストレイント/ 图 (正式) **1** U 制限; C 強制する物 ‖
under [in] **constráint** やむを得ず.
**2** U (感情などの) 抑制; (言行の) 気がね.

**con·strict** /kənstríkt コンストリクト/ 動 他 (正式) …を締めつける.

**con·stric·tion** /kənstríkʃən コンストリクション/ 图 U (正式) 締めつけ; C 締めつけられる感じ, 締めつける物.

**con·struct** /kənstrʌ́kt コンストラクト/ 動 他 **1** …を組み立てる, …を建設する(↔ destroy) 《◆ build より堅い語》‖

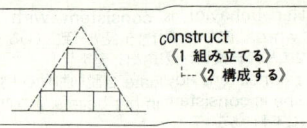

construct
〈1 組み立てる〉
〈2 構成する〉

**construct** a new public library 新しい公共図書館を建設する.
**2** 構造・理論などを構成する.

**con·struc·tion** /kənstrʌ́kʃən コンストラクション/ 图 **1** U (正式) **建設, 建造**(building) (↔ destruction); 建築工事 ‖
The new bridge is under [in the course of] **construction**. その新しい橋は建造中だ.
**2** U **構造[建築](様式)**; C **建造物, 建築物** ‖
buildings of modern **construction** 現代ふうの建物.
**3** C (正式) **解釈**《◆ この意味の動詞は construe》.

**con·struc·tive** /kənstrʌ́ktiv コンストラクティヴ/ 形
**1** (正式)〈考えなどが〉建設的な(↔ destructive).
**2** 構造(上)の, 構成的な.

**con·struc·tor** /kənstrʌ́ktər コンストラクタ/ 图 C (正式) 建設者.

**con·strue** /kənstrúː コンストルー/ 動 (現分 --struing) 他 (正式) **1** …を解釈する. **2** 〔文法〕〈語・句〉を分析する.

**con·sul** /kɑ́nsl カンスル | kɔ́n- コン-/ 图 C **領事**《◆「大使」は ambassador》.

**con·su·lar** /kɑ́nsələr カンスラ | kɔ́nsjulə コンシュラ/ 形 領事の.

**con·su·late** /kɑ́nsəlit カンスリト | kɔ́nsju- コンシュリト/ 图 C **領事館**; U 領事の職.

**con·sult** /kənsʌ́lt コンサルト/ 動 他

consult
〈相談する〉

**1** (正式)〈専門家・権威者〉に意見を求める, 助言[情報]を求める,〈医者〉に診察してもらう ‖
**consult** a doctor about my coughs せきが出るので医者に診(み)てもらう《◆ see より堅い語》.
**2**〈辞書・本など〉を調べる《◆ look up より堅い語》‖
**consult** a dictionary for the spelling つづりを辞書で調べる.
——自 (正式) **相談する, 協議する, 話し合う** ‖
**consult with** the local government **about** a new nuclear power plant 新しい原子力発電所のことで当地の自治体と協議する.
**consult as to** what to do どうしたらよいか話し合う.

**con·sult·ant** /kənsʌ́ltənt コンサルタント/ 图 C 相談する人, 相談を受ける人, (専門的意見・助言を与える)顧問, コンサルタント.

**con·sul·ta·tion** /kɑ̀nsəltéiʃən カンサルテイション | kɔ̀nsəltéiʃən コンスルテイション/ 图 **1** UC 相談, 協

議；診察 ‖
be in consultation with a specialist 専門医と協議中だ.
**2** Ⓒ 協議会, 会議.

**con·sul·ta·tive** /kənsʌ́ltətiv コンサルタティヴ/, **con·sul·ta·to·ry** /-sʌ́ltətɔ̀ːri -サルタトーリ／|-təri -タリ/ 形 《正式》相談の, 顧問の.

**con·sult·ing** /kənsʌ́ltiŋ コンサルティング/ 動 → consult. ── 形 相談役の; 診察の.

*__con·sume__ /kəns(j)úːm コンスーム (コンスューム)/ 〖完全に(con)取る(sume). cf. assume, presume〗
派 consumer (名), consumption (名)
── 動 (三単現 ~s/-z/; 過去・過分 ~d/-d/; 現分 -sum·ing)
── 他 《正式》**1** 〈時・金などを〉**消費する**, 使い果たす (use up); …を浪費する (waste) ‖
consume much time (in) reading 多くの時間を読書に費やす.
consume one's fortune on gambling 財産を賭(か)けごとに浪費する.
**2** 〈火事・病気などが〉〈物・気持ちなどを〉**消滅させる**, 破壊する (destroy) ‖
A big fire consumed the whole city. 大火が全市を焼き尽くした.
His illness consumed his courage. 病気で彼は勇気がくじけた.
**3** …を食べ尽くす, 飲み尽くす (eat up, drink up).
**4** 〈野心・憎悪などが〉〈人〉を夢中にさせる.

**con·sum·er** /kəns(j)úːmər コンスーマ (コンスューマ)/ 名 Ⓒ 消費する人[物]; 《正式》消費者 (↔ producer).
consúmer propénsity 消費性向.

**con·sum·ing** /kəns(j)úːmiŋ コンスーミング (コンスューミング)/ 動 → consume.

**con·sum·mate** /kánsəmèit カンサメイト|kɔ́n-コン-/ 動 (現分 -mat·ing) 他 《正式》…を完成する.

**con·sum·ma·tion** /kànsəméiʃən カンサメイション|kɔ̀n- コン-/ 名 ⓊⒸ 《正式》 [通例 a ~ / the ~] 完成, 仕上げ; 〈目的・願望などの〉達成.

*__con·sump·tion__ /kənsʌ́m(p)ʃən コンサンプション/ 〖→ consume〗
── 名 Ⓤ 《正式》**1 消費** (↔ production); [しばしば a ~] 消費高[量] ‖
oil consumption 石油の消費量.
annual consumption per head 1 人当たり年間消費量.
**2** 〈破壊などによる〉消耗, 消失.
consúmption dúty [tàx] 消費税 《◆ 日本の consumption tax》.
consúmption gòods 消費財 (consumer(s')goods).

**con·sump·tive** /kənsʌ́mptiv コンサンプティヴ/ 形 消費の.

**cont.** (略) content(s); continent(al); continue(d).

*__con·tact__ /kántækt カンタクト|kɔ́ntækt コンタクト; 動 ＋ kəntǽkt/ 〖共に(con)触れる(tact). cf.

intact〗
── 名 (複 ~s/-tæks/) **1** Ⓤ **接触**, 触れ合い ‖
bríng [pút] her ínto cóntact with him 彼女を彼と接触させる.
cóme in [into] cóntact with a foreigner 《正式》外国人と接触する, 出会う.
gét [kéep] (in) cóntact with him 彼と接触する[を保つ].
avóid [flée] cóntact with her 彼女との接触を避ける.
**2** Ⓤ [しばしば ~s] 付き合い, 連絡; 《略式》コネ; 連絡員, 〈交渉の〉橋渡しをする人[物] ‖
a man of many contacts 交際の広い人.
be in góod cóntact with him ＝ hàve góod cóntacts with him 彼と親交がある.
At last we màde cóntact with the police. やっと警察と連絡がとれた.
**3** ⓊⒸ〖電気〗接点.
**4** 《略式》＝ contact lens.
── 動 他 …と接触させる; 《略式》〈人に〉連絡する 《◆「彼と連絡[コンタクト]をとる」は contact him という (×contact with him)》.
cóntact lèns [しばしば ~ lenses] コンタクトレンズ (contact).

**con·ta·gion** /kəntéidʒən コンティヂョン/ 名 **1** Ⓤ 《正式》〈病気の〉接触感染. **2** Ⓒ 〈接触〉伝染病. **3** ⓊⒸ 影響; 悪影響.

**con·ta·gious** /kəntéidʒəs コンテイヂャス/ 形 **1** 〈病気が〉〈接触〉伝染する; 〈人が〉伝染病を感染させる. **2** 《略式》〈動作などが〉伝染性の.
**con·tá·gious·ly** 副 伝染して.

*__con·tain__ /kəntéin コンテイン/ 〖ものを共に(con)保つ(tain). cf. attain, maintain, retain〗
派 container (名)
── 動 (三単現 ~s/-z/; 過去・過分 ~ed/-d/; 現分 ~·ing) 《◆ 名詞は content》
── 他 **1**〈物が〉〈物を〉**含む**, 持っている; …が入っている 《◆ 一時的な状態を表すとき以外では進行形にしない. include は「中味の一部として含む」の意》 ‖
[対話]"What's in that box?" "Oh, it contains some books and letters."「その箱に何が入っているの」「ああ, これには本と手紙が入っているんです」.
**2** 《正式》〈人数〉を**収容できる**, …が入る ‖
This stadium will contain 50,000 people. このスタジアムは 5 万人入る.
**3** 《正式》〈数量が〉…に相当する. **4** 《正式》[通例否定語を伴って]〈感情など〉を抑える.

**con·tain·er** /kəntéinər コンテイナ/ 名 Ⓒ **1** 容器, 入れ物 《box, can, jar, pitcher, vessel など》. **2** 〈貨物用〉コンテナ; [形容詞的に] コンテナ用の ‖
a contáiner tràin コンテナ貨車.

**con·tain·ment** /kəntéinmənt コンテインメント/ 名 Ⓤ **1** 抑制, 束縛; 〖軍事〗牽(け)制. **2** 〈対立国の力・思想に対する〉封じ込め〈政策〉.
contáinment bòom オイルフェンス《海上での油の拡散を防止する帯状浮袋. 単に boom ともいう》.

**con·tam·i·nate** /kəntǽminèit コンタミネイト/ 動

(現分) --nat·ing 他 **1** …を汚染する(↔ purify).
**2** …に悪影響を及ぼす.

**con·tam·i·na·tion** /kəntæmənéiʃən コンタミネイション/ 名 **1** Ⓤ 汚染. **2** Ⓒ 汚染物.

**cont'd, contd.** (略) contained; continued.

**con·tem·plate** /kάntəmplèit カンテンプレイト, kəntém-|kɔ́ntəmplèit コンテンプレイト/ 動 (現分) --plat·ing (正式) 他 **1** …をじっと見つめる, 凝視する (stare at); 〈作品など〉を鑑賞する ‖
contemplate one's face in a mirror 鏡に映った顔をじっと見つめる.

**2** …をじっくり考える, 熟慮する(consider) ‖
contemplate a matter 問題を熟考する.

**3** …を意図する; [contemplate doing] …しようともくろむ(plan) ‖
She is contemplating (making [ˣto make]) a trip. 彼女は旅行を計画している.
—自 じっくり考える, 熟考する; 沈思する.

**con·tem·pla·tion** /kὰntəmpléiʃən カンテンプレイション|kɔ̀n- コン-/ 名 Ⓤ (正式) **1** じっと見つめること, 凝(ぎょう)視(stare).

**2** じっくり考えること, 熟慮; 沈思(thought) ‖
be lóst [absόrbed, súnk] in contemplátion 黙想にふける.

**3** 意図, 計画(plan) ‖
be in [ùnder] contemplátion 計画中である.

**con·tem·pla·tive** /kəntémplətiv カンテンプラティヴ, kɑ́ntəmplèitiv/ 形 熟考する.

**con·tem·po·rar·y** /kəntémpərèri コンテンポラリ|kəntémpərəri コンテンポラリ/ 形 **1** 同時代に存在する; 同時代の, 同年輩の ‖
She was contemporary with Milton. 彼女はミルトンと同時代の人だった.

**2** 現代の, 当代の ‖
contemporary poetry 現代詩.
—名 (複) --rar·ies/-z/) Ⓒ 同時代の人, 同(代)の刊行物; 現代の人 ‖
a contemporary of Keats キーツと同時代の人.
We were contemporaries at college. 私たちは大学の同期生だった.

**con·tempt** /kəntémpt コンテンプト/ 名 Ⓤ **1** [しばしば a ~] さげすみ, 軽蔑(けい), 侮(ぶぎょ)り (↔ respect) 《♦ scorn は「ひどい[敵意に満ちた]軽蔑」》 ‖
bring upon oneself the contempt of others 人の侮りを招く.

háve [fèel] a gréat contémpt for a flatterer ごますり屋をひどく軽蔑している.
act in contempt of rules 規則を無視して行動する.
be benèath contémpt 軽蔑にも値しない.

**2** 恥辱(じょく), 恥(はじ) (disgrace) ‖
bring him into contempt 彼に恥をかかせる.
fáll into contémpt 恥をかく.

**3** 〔法律〕 (法廷・国会などに対しての)侮辱行為 ‖
contempt of court 法廷侮辱(罪).

**con·temp·ti·ble** /kəntémptəbl コンテンプティブル/ 形 軽蔑(けい)に値する, 卑劣(ひれつ)な.

**con·temp·tu·ous** /kəntémptʃuəs コンテンプチュアス|-tju- -テュアス/ 形 〈人が〉軽蔑(けい)を示す; 軽蔑して.

**con·temp·tu·ous·ly** 軽蔑して.

**con·temp·tu·ous·ness** 名 Ⓤ 傲(ごう)慢, 無礼.

**con·tend** /kənténd コンテンド/ 動 (正式) 自 **1** 戦う, 争う(struggle) ‖
have to contend with misfortune 不運と戦わねばならない.
contend with them for the prize in the contest コンテストで賞をとろうと彼らと競い合う.

**2** 議論[論争]する(argue).
—他 [contend (that) 節] …だと主張する(claim) 《♦受身にしない》 ‖
She contends (that) money cannot buy happiness. 金で幸福は買えないというのが彼の持論だ.

**\*con·tent**[1] /kάntent カンテント|kɔ́ntent コンテント/ (アクセント注意) 《♦ ˣコンテント『共に(con)含まれたもの(tent)』》 《♦ 動詞は contain》
—名 (複 ~s/-tents/) (正式) **1** [~s; 複数扱い] 中身; 項目, 目次 ‖
the contents of a bottle びんの中身.
a table of contents 目次, 目録.

**2** Ⓤ (本・芸術などの表現する)内容, 要旨, 趣旨 (meaning) (↔ form) ‖
the content of a statement 声明の要旨.

**3** Ⓤ Ⓒ 含有量, 容積.

**con·tent**[2] /kəntént コンテント/ 形 **1a** [be content with A] …に満足している, 甘んじている; 《♦「完全に満足した」は satisfied》 ‖
I'm (well) content with my present salary. 私は今の給料に(大いに)満足している.
die content 満足して死ぬ.

**b** [be content that 節] …ということに安心する ‖
I was content that they succeeded. 彼らがうまくやれたことで安心した.

**2** [be content to do] 喜んで…する(willing); [be content that 節] …であることに満足する, 甘んじる ‖
He is content to help poor people. 彼は喜んで貧しい人たちを助ける.
—名 Ⓤ 満足 《♦ contentment より堅い語》 ‖
sleep in content 満足して眠る.
*to one's heart's content* → heart.
—動 他 **1** 〈人を〉満足させる ‖
Will it content you if I can help you? もし私がお手伝いできればご満足いただけますか.

**2** [~ oneself] (不十分な物・事で)満足する ‖
contént onesèlf with one's life 自分の生活に甘んじる.

**con·tent·ed** /kənténtid コンテンティド/ 動 → content.
—形 満足した 《♦ content よりくだけた語》 ‖
a contented look 満足した顔.
be contented with one's circumstances 自分の環境に満足している.
be well contented to obey him 甘んじて彼

**con·tent·ed·ly** 副 満足して, 満足そうに.
**con·tent·ed·ness** 名 U 満足.
**con·ten·tion** /kənténʃən コンテンション/ 名《正式》
1 UC 口論, 議論. 2 C 論点.
**con·ten·tious** /kənténʃəs コンテンシャス/ 形《正式》争い好きの;〈問題などが〉議論を起こす.
**con·tén·tious·ly** 副 論争的に, けんか腰で.
**con·tent·ment** /kənténtmənt コンテントメント/ 名 U 満足.

*__con·test__ 名 kántest カンテスト | kɔ́ntest コンテスト; 動 kəntést コンテスト/〖共に(con)証言する(test). cf. *testi*mony, *test*ament〗
——名 (複 ~s/-tests/) C 1 **競争**, 競技, コンテスト ‖
a béauty còntest 美人コンテスト.
a spéech còntest 弁論大会.
a speed contest スピード競技.
a kéen [hárd, bítter] cóntest for the prize 賞をめざす激しい競争.
2 論争, 論戦; 争い.
——動 /kəntést/ 他《正式》1 …を得ようと争う.
2 …に異議を唱える.
**con·test·ant** /kəntéstənt コンテスタント/ 名 C 競技者; 論争相手.

*__con·text__ /kántekst カンテクスト | kɔ́ntekst コンテクスト/〖織り(text)合わせる(con)〗
——名 (複 ~s/-teksts/) CU (文の) **前後関係**, 文脈, (事柄の)背景, 状況 ‖
in thís cóntext この文脈で, この状況で; これに関連して.
**con·tex·tu·al** /kəntékstʃuəl コンテクスチュアル | -tju- -テュアル/ 形 文脈上の, 前後関係の.
**con·téx·tu·al·ly** 副 文脈上, 前後関係上.

*__con·ti·nent__ /kántənənt カンティネント | kɔ́ntinənt コンティネント/〖『切れずに続いている(continuous)土地』が原義〗榎 continual (形)
——名 (複 ~s/-nənts/) C 1 **大陸** ‖
the Néw Cóntinent 新大陸《南北アメリカ》.
live on the Óld Cóntinent 旧大陸に住む《ヨーロッパ・アジア・アフリカ》.
Australia is the smallest continent in the world. オーストラリアは世界最小の大陸である.

> 事情 7大陸: Asia, Africa, Australia, Antarctica, Europe, North America, South America.

2 [the C~]《英》《英国から見て》ヨーロッパ大陸;《米》北米大陸.
**con·ti·nen·tal** /kàntənéntl カンティネントル | kɔ̀nti-néntl コンティネントル/ 形 1 大陸の, 大陸的な. 2 [しばしば C~]《英》《英国(ふう)に対して》ヨーロッパ大陸(風)の. 3《米》北アメリカ大陸の; [C~]《米史》《独立戦争時の》アメリカ植民地の.
——名 C 1 大陸の人; [しばしば C~]《英国から見て》ヨーロッパ大陸の人. 2 [C~]《米史》《独立戦争時の》アメリカ兵〖軍曹〗.

**Continéntal bréakfast** コンチネンタルブレックファースト《ヨーロッパで好まれるコーヒーとパンのみの簡単な朝食》.
**continéntal shélf** 大陸棚.
**con·tin·gen·cy** /kəntíndʒənsi コンティンチェンスィ/ (榎 ··gen·cies/-z/) 1 U 偶然(性). 2 C 不慮のできごと.
**con·tin·gent** /kəntíndʒənt コンティンチェント/ 形《正式》1 [be contingent on [upon] A]〈事がA〈事〉に依存している(dependent), …次第である〗‖
His success is **contingent upon** his efforts. 彼の成功は努力次第だ.
2 不確かな, 起こり得る.
3 偶然の, 不慮の.
——名 C [単数・複数扱い] 派遣団.
**con·tin·u·al** /kəntínjuəl コンティニュアル/ 形 1 断続的な; くり返される, ひんぱんな《◆「切れずに続く」は continuous》‖
Continual study is a prerequisite to success. くり返しの勉強は成功になくてはならぬものだ.
2 《略式》絶え間ない, 連続した.
**con·tin·u·al·ly** /kəntínjuəli コンティニュアリ/ 副 [進行形の文で] 絶えず; ひんぱんに; 引き続いて ‖
He's **continually** complaining. 彼は愚痴ばかりこぼしている《◆しばしば話し手の非難・不平・軽蔑(べっ)などのいらだたしさを表す》.
**con·tin·u·a·tion** /kəntìnjuéiʃən コンティニュエイション/ 名《◆ continue (他)の名詞形》1 U 連続, 延長; 続けること. 2 UC (中断後の)続き, 再開; C (建物の)継ぎ足し.

*__con·tin·ue__ /kəntínju: コンティニュー/〖原義「共に保つ」から「持続する」の意義が生まれた〗
榎 continual (形), continuous (形)
——動 (三単現 ~s/-z/; 過去・過分 ~d/-d/; 現分 ··u·ing)
——自 1 **続く**, 続いている; 続ける ‖
**continue on** one's opinion 意見を変えない.
**continue with** one's work 仕事を続ける.
The talk **continued (on)** all night. 話が一晩中続いた.
This plain **continues** westward. この平原は西方に延びている.
2《正式》[continue (to be) C] 引き続き C である(remain)《◆ C は形容詞・前置詞句》‖
**contínue** quíet 静かにしている.
3《正式》留(と)まる(stay) ‖
**continue in** office 在職する.
4 再開される ‖
The game **continued** after a heavy rain. 大雨のあと, 試合は再開された.
——他 1〈人が〉〈動作・習慣などを〉続ける; [continue to do / continue doing] …することを**続ける**《◆ doing は「前から続いていたことがこれからも続く」ことを含むが, to do にはこの含есть はない》‖
**continue having [to have]** one's own way わがままを通し続ける.
She **continued** her studies all her life. 彼

女は生涯研究を続けた.
**2 a** …を継続させる, 存続させる; …を再開する《◆中断後, 動作を続ける場合は resume がふつう》‖
continue the traffic regulations 交通規則を存続させる.
continue a talk 話の続きをする.
To be continued. 《雑誌などの読み物の末尾で》以下次号, 次回に続く.
The story is continued on p.30. 話は30ページに続く.
**b** [continue (that) 節] …だと話を続ける;「…」と話を続ける ‖
She continued (that) you should keep your promise. あなたは約束を守るべきだと彼女は続けて言った.
**3** 《正式》〈人〉を留まらせる ‖
continue him in office as chief 彼を主任として留任させる.
continue her at school 彼女に就学を続けさせる.

**con·tin·u·ing** /kəntínjuːɪŋ コンティニューイング/ 動 → continue.

**con·ti·nu·i·ty** /kɑ̀ntənúːəti カンティヌーイティ/ kɔ̀ntənjuː- コンティニューイティ/ 名 (複 -·i·ties/-z/)
**1** Ⓤ [しばしば a ~] 連続, 継続性; 関連; ⓊⒸ 一続き ‖
the continuity of a narrative 一続きの物語.
**2** Ⓒ〔映画・ラジオ・テレビ〕シナリオ, 台本, コンテ;〔ラジオ・テレビ〕(番組の間の)つなぎの言葉〔音楽〕.

**con·tin·u·ous** /kəntínjuəs コンティニュアス/ 形 切れずに続いた; 連続的な, 継続的な《◆ continual は「断続的な」》‖
a continuous noise ひっきりなしの騒音.
**continuous tense** 〔文法〕進行時制.

**con·tin·u·ous·ly** /kəntínjuəsli コンティニュアスリ/ 副 [しばしば進行形の文で] 連続的に, 切れ目なく, とぎれなく ‖
It has been raining continuously since Sunday night. 日曜の夜以来雨が降り続いている.

**con·tort** /kəntɔ́ːrt コントート/ 動《正式》他〈物・手足などを〉(ひどく)ねじる(twist). ― 自〈顔などが〉ゆがむ.

**con·tor·tion** /kəntɔ́ːrʃən コントーション/ 名ⓊⒸ ねじれ, ゆがみ.

**con·tour** /kɑ́ntuər カントゥァ | kɔ́ntuə コントゥァ/ 名Ⓒ **1**《正式》[しばしば ~s](山などの)輪郭(線), 外形(outline). **2** =contour line.
― 動 他 …の輪郭[外形]を描く.
**cóntour line** 等高線(contour).

**con·tra·band** /kɑ́ntrəbænd カントラバンド | kɔ́n-コン-/ 名Ⓤ《正式》[集合名詞] 密売買品; 密売買.

**con·tra·bass** /kɑ́ntrəbèis カントラベイス/ kɔ̀ntrəbéis コントラベイス/ 名 (複 ~·es/-iz/) Ⓒ〔音楽〕コントラバス.

**\*con·tract** /名 kɑ́ntrækt カントラクト | kɔ́ntrækt コントラクト/; 動 kəntrǽkt コントラクト/《◆動**1 a**はkɑ́ntrækt ともする》[共に(con)引き合う(tract).

cf. attract, retract]
― 名 (複 ~s/-trǽkts/) **1** ⓒⓊ 契約, 請負, 約定; ⓒ 契約書 ‖
a breach of contract 契約違反.
be ùnder cóntract to [with] her 彼女と契約している.
cancel a contract 契約を取り消す.
close a mutual contract 相互契約を結ぶ.
máke [énter ìnto] a cóntract with him for 1,000 barrels of oil 彼と石油1000バレルの契約を結ぶ.
sign a contract 契約書に署名する.
pút the wórk òut to the contract 仕事を請負に出す.
build a bridge by [on] contract 請負で橋をかける.

> 関連 a contract of insurance 保険契約 / a social contract 社会契約 / verbal contract 口頭契約 / written contract 成文契約 / sales contract 売買契約 / a temporary contract 仮契約 / formal contract 本契約 / an express contract 明約 / an implied contract 黙約.

**2** Ⓤ =contract bridge.
― 動 /kəntrǽkt/, 他**1** 自 (米+) kɑ́ntrækt/;〔三単現〕~s/-trǽkts/;〔過去・過分〕~·ed/-id/;〔現分〕~·ing〕《正式》
― 他 **1 a** …を契約する ‖
contract oneself to a hotel ホテルと契約する.
contract a marriage with him 彼と婚約する.
be contracted to him 彼と婚約している.
contract an alliance with a developing country 発展途上国と同盟を結ぶ.
pay the money as contracted 契約どおり金を払う.
**b** [contract to do / contract doing] …することを請負う ‖
contract to build a road 道路の建設を請負う.
**2**《正式》〈重い病気〉にかかる;〈癖〉が(自然に)つく;〈借金などを〉作る. **3** …を縮める.
― 自 **1** 契約をする ‖
contract with him for the house 彼と家の建築の契約をする.
**2** 縮まる, 収縮する.
**contráct ín** (英) 〔自〕参加契約をする.
**contráct óut** (英) 〔自〕不参加契約[表明]をする.
**cóntract brídge**《トランプ》コントラクト=ブリッジ(contract)《米英で最も人気のあるゲーム》.
**cóntract wòrker** 契約社員.

**con·trac·tion** /kəntrǽkʃən コントラクション/ 名 **1** Ⓤ 短縮, 収縮; Ⓒ 短縮[収縮]した物 ‖
the contraction of muscles 筋肉の収縮.
**2** ⓊⒸ〔文法〕(語・句の)短縮(形)《won't など》.

**con·trac·tor** /kɑ́ntræktər カントラクタ | kəntrǽktə コントラクタ/ 名Ⓒ 契約者.

**con·trac·tu·al** /kəntrǽktʃuəl コントラクチュアル |

**con·tra·dict** /kɑ̀ntrədíkt カントラディクト | kɔ̀ntrədíkt コントラディクト/ **動 他 1**〈言葉・主張などを〉否定する《◆ deny は「(事実でないと)否定する」》;〈人〉に口答えする;〈人・言行〉に反論する ‖ contradict the rumor うわさを否定する.
**2** …と矛盾(ひょぅ)する ‖
contradíct onesèlf 矛盾したことを言う.
His actions always **contradict** his words. 彼の言動は常に矛盾している.
— **自** 否定する, 反論する; 矛盾する.

**con·tra·dic·tion** /kɑ̀ntrədíkʃən カントラディクション | kɔ̀n- コン-/ **名 UC 1** 否定; 反対の主張 ‖
áct in contradíction to one's prínciples 主義と正反対の行動をする.
**2** 矛盾; 矛盾した言動[事実].

**con·tra·dic·to·ry** /kɑ̀ntrədíktəri カントラディクタリ | kɔ̀n- コン-/ **形** 矛盾した, 反対の ‖
a report **contradictory** to the fact 事実と矛盾した報告.

**con·tral·to** /kəntræltou コントラルトウ | -trɑ́ːl- コントラールトウ/ **名** (複 ~s, ·ti/-tiː/)《音楽》**1** Ⓒ コントラルト, アルト《tenor と soprano の中間, 女声の最低音》. **2** Ⓒ コントラルト歌手.

**con·trap·tion** /kəntrǽpʃən コントラプション/ **名** Ⓒ (略式)(機械などの)工夫, 新案; 珍奇な機械, からくり.

**con·tra·ry** /kɑ́ntreri カントレリ | kɔ́ntrəri コントラリ/ **形 1** 反対の, 反する《◆ contradictory より意味が弱い. cf. opposite》‖
This is **contrary** to your interest. これは君の利益に反する.
**2**〈天候などが〉逆の, 都合の悪い ‖
**contrary** weather 悪天候.
— **名** (複 ·tra·ries/-z/) [the ~] 逆, 反対; Ⓒ 反対のもの ‖
do the **contrary** of a rule 規則違反をする.
◇ **on the cóntrary** (1) [文頭で] (相手の言葉を否定したり, 自分の否定的な意図をはっきりさせて)それどころか(far from that)《◆うしろに話し手の意見が示される》‖ 対話 "Your mother looks much younger than your father." "**On the contrary**, she is two years older than he." 「君のお母さんはお父さんよりずっと若そうだね」「とんでもない. 母は父より2歳年上なんですよ」. (2) [文中で] 一方では(on the other hand) ‖
Food was abundant; water, **on the contrary**, was running short. 食べ物はたくさんあったが, 一方水は不足していた.
◇ **to the cóntrary** (1) (正式) [修飾する語句のあとで] それと反対に[の]; それにもかかわらず ‖ say something **to the contrary** それと反対のことを言う / There is no evidence **to the contrary**. そうでないという証拠はない / She's unhappy, all her brave talk **to the contrary**. 彼女は, けなげに話しているが, 悲しいのだ. (2) (米) [文頭で] = on the CONTRARY (1).
— **副** 反して, 逆らって ‖

**Contrary** to our expectation, she succeeded in the examination. 私たちの予想に反して彼女は試験に合格した.
act **contrary** to the wishes of a superior 上役にそむく行動をとる.

\***con·trast** /kɑ́ntræst カントラスト | kɔ́ntræst コントラースト/ **動** kəntrǽst カントラスト | -trɑ́ːst -トラースト/《反対して(contra)立つ》

contrast 〈対照〉

— **名** (複 ~s/-træsts | -trɑːsts/) **1** Ⓤ Ⓒ 対照, 対比 ‖
màke a béautiful cóntrast with a blue sky 青空と美しい対照をなす.
His house is old **in contrast to [with]** mine. 彼の家は私のとは対照的に古い.
You are diligent **by contrast with** her.《主に英》君は彼女と比べて勤勉だ.
It's cold outside the house, but **by [in] contrast** it's very warm inside. 家の外は寒いが, 対照的に中は非常に暖かだ.
**2** Ⓒ 差異, 相違; [a ~] 対照的な人[物] ‖
the remarkable **contrast between** right and wrong 善悪の著しい相違.
His manner forms [offers, presents] a great **contrast to [with]** hers. 彼の態度は彼女のと非常に違っている.
対話 "You two people are really different." "In some ways I'm a complete **contrast** to my brother." 「君ら2人はえらい違いだね」「いくつかの点で私は弟とぜんぜん正反対です」.
— **動** /kəntrǽst | -trɑ́ːst/ (三単現)~s/-trǽsts | -trɑ́ːsts/; (過去・過分)~ed/-id/; (現分)~·ing
— **他 1** …を対照させる ‖
**contrast** the two boys 2少年を比べる.
**2** [**contrast** A **with** [**and**] B] A〈人・物・事〉をB〈人・物・事〉と対比する; A を B と対比して引き立たせる ‖
**contrast** butterflies **with** [**and**] moths チョウをガと対比する.
The ship is **contrasted with** a blue sea. その船は青海原(とょぅ)を背景に引き立っている.
**as contrasted with** her 彼女と対照してみると.
— **自** よい対照となる, 対比して目立つ ‖
Her dress **contrasts** well **with** her bonnet. 彼女の服は帽子でよく引き立っている.
The tall green trees **contrasted** strikingly **with** the white snow. 高い緑の木々は白い雪と著しい対照をなしていた.

**con·tra·vene** /kɑ̀ntrəvíːn カントラヴィーン | kɔ̀n- コン-/ **動** (現分) ··ven·ing **他** (正式)〈法律・慣習などを〉破る, …に反する.

\***con·trib·ute** /kəntríbjuːt コントリビュート/《共に(con)与える(tribute). cf. at*tribute*》

㊗ contribution（名）

—[動]（三単現）~s /-bju(:)ts/;（過去・過分）--uted /-id/;（現分）--ut-ing

—[他] **1** [contribute A to B] A〈金・援助〉をB〈人・事業などに〉与える; A〈助言・考えなど〉をB〈目的〉に与える《♦give より堅い語》‖
contribute money to relieving the poor 貧民救済にお金を寄付する.
contribute a new idea to [toward] the work 仕事で新しい考えを出す.
[対話] "You know, we need some more money for the project." "Aha, you want me to contribute something, don't you?"「あのね，計画にはまだお金が必要なんですよ」「ははあ，ぼくにいくらか寄付をしてほしいというんだね」.

**2** [contribute A to B] A〈原稿などを〉B〈出版物・出版社〉に**寄稿する**‖
a contributed article 寄稿記事.
contribute a report to a magazine 論文を雑誌に寄稿する.

—[自] [contribute to A] **1**《正式》A〈人・事業などに〉**寄付する, 寄与する, 貢献する**(donate)《♦この意味では to の代わりに toward でもよい》;〈物・事が〉A〈結果〉の**一助となる, 一因となる**‖
a contributing editor 補助編集員.
contribute to the community chest 共同募金に寄付する.
contribute to one's success 成功に貢献する.
Her experience contributed toward overcoming difficulties. 困難を克服するのに彼女の経験が役立った.

**2**〈出版物・出版社〉に**寄稿する**‖
contribute to a newspaper 新聞に寄稿する.

**3**〈意見・考えなどを〉述べる, 提案[進言]する.

**con·trib·ut·ing** /kəntríbju(:)tiŋ コントリビュー(ー)ティング/ [動] ⇒ contribute.

**con·tri·bu·tion** /kɑntrɪbjúːʃən カントリビューション | kɔntribjúːʃən コントリビューション/ [名] **1** Ⓤ Ⓒ《正式》**寄付（金）, 寄贈（物）**‖
colléct contribútions to the church 教会の寄付（金）を集める.

**2** Ⓤ［しばしば a ~］**貢献, 寄与, 助力**‖
màke a lárge contribútion to industry 工業に大いに寄与する.

**3** Ⓤ **寄稿**; Ⓒ 投稿作品 ‖
sénd a contribútion to the local press 地方新聞に投稿する.

**4** Ⓒ **発言, 提案, 進言.**

**con·trib·u·tor** /kəntríbjətər コントリビュタ/ [名] Ⓒ 寄付する人; 寄稿者.

**con·trib·u·to·ry** /kəntríbjətɔ̀ːri コントリビュトーリ | -jutəri -リビュトリ/ [形]《正式》**1** 寄付の, 出資の.
**2** 寄与する, 一因となる.

**con·trite** /kəntráit コントライト | kɔ́ntrait コントライト/ [形]《正式》悔恨（かいこん）の, 悔恨している.

**con·trite·ly** [副] 悔恨して.

**con·tri·tion** /kəntríʃən コントリション/ [名] Ⓤ《正式》悔恨.

**con·trive** /kəntráiv コントライヴ/ [動]（現分）--triv·ing）[他] **1** …を**考案する, 工夫する**(devise), **発明する, 設計する** ‖
She contrived a new machine. 彼女は新しい機械を考案した.

**2**《正式》〈悪事〉を**たくらむ**(plot); [contrive to do] …**しようと企てる**(try) ‖
contrive theft 窃盗（せっとう）をたくらむ.
He contrived to cheat in the examination. 彼は試験で不正行為をしようと企てた.

**3**《正式》[contrive to do / contrive (that)節]〈人か〉どうにか[うまく]**…する**(manage); 見事に…する ‖
He contrived to support his family. 彼はどうにか家族を養った.
I contrived to leave my wallet behind. 私は見事に財布を忘れてくるというへまをしでかした《♦反語用法》.
I'll contrive (that) they (should) escape punishment. 彼らが罰を免れるよううまくやろう.

*__con·trol__ /kəntróul コントロウル/〚「名簿に記載する」が原義〛

—[動]（三単現）~s /-z/;（過去・過分）con·trolled /-d/;（現分）--trol·ling

—[他] **1** …を**支配する, 統制する, 監督する, 左右する** ‖
control prices 物価を統制する.
She cannot control her children. 彼女は子供に手を焼いている.

**2**〈感情などを〉**抑える**;〈出費などを〉**規制[調整]する**;〈害虫・病気などの蔓延（まんえん）を〉**防ぐ** ‖
control one's sorrow 悲しみを抑える.
contról onesèlf 自制する.
control payments 支払いを調整する.
The flies were well controlled with the spray. ハエはその殺虫剤で十分抑えられた.

—[名]（複）~s /-z/）**1** Ⓤ **支配（力）, 統制, 制限, 管理, 監督, 指揮（権）** ‖
bírth contròl 産児制限, 避妊.
remóte contròl 遠隔操作.
tráffic contròl 交通整理.
a teacher's control over the class 教師のクラス掌握（しょうあく）.
He feels in control. 彼は何でもできると思っている.
be in (full) contról of a róbot = hàve (góod) contról of [òver] a róbot ロボットを（完全に）制御している《♦in the control of … は「…に支配されて」》.
act without control 勝手にふるまう.
gain [take] control of the region その地方を支配する.
gét [bríng] a fíre ùnder contról 火事を消す.
My family is [comes, falls] ùnder the control of Mother. 私の家では母親にらみをきかせている.
Things gòt beyònd [òut of] contról. 事態は手に負えなくなった.

**controllable**    315    **convent**

2 ⓤ 抑制(力), 制御; ⓒ (通例 ~s) 抑制[制御]の手段 ‖

**hàve contról òver oneself** 自分の気持ちを抑える.

**lóse contról of [òver] one's temper** 怒りを爆発させる.

The machine wènt **óut of contról**. その機械は制御がきかなくなった.

3 (~s) 操縦装置; (機械・器具の)調整用つまみ.

4 ⓤ 〔野球〕(投手の)制球力, コントロール.

**contról tòwer**〔航空〕管制塔, コントロールタワー.

**con·trol·la·ble** /kəntróuləbl コントロウラブル/ 形 支配できる, 管理できる.

**con·trol·ler** /kəntróulər コントロウラ/ 名 ⓒ 1 支配人; 監督官. 2 制御装置.

**con·tro·ver·sial** /kὰntrəvə́rʃl カントロヴァーシャル | kɔ̀n- コン-/ 形〔正式〕論争(上)の, 議論の余地のある; 〈人が〉論争好きの.

**con·tro·ver·sy** /kάntrəvə̀rsi カントロヴァースィ | kɔ́ntrəvə̀rsi コントロヴァースィ, kəntrɔ́vəsi/ (アクセント注意) 名 (複) ‑‑ver·sies /‑z/) ⓤⓒ〔正式〕論争, 議論(debate); 論戦 ‖

a barren **controversy** about [over, on] a matter 問題に関する水かけ論.

a question in **controversy** 論争中の問題.

hàve a **cóntroversy** with [against] him 彼と論争する.

The proposal is beyònd **cóntroversy**. その提案については議論するまでもない《◆ 受理・拒否の両方の意味がある》.

**con·va·lesce** /kὰnvəlés カンヴァレス | kɔ̀n‑ コン‑/ 動 (現分) ‑‑lesc·ing) 自〔正式〕(病後の)次第に回復する.

**con·va·les·cent** /kὰnvəlésnt カンヴァレスント | kɔ̀n‑ コン‑/ 形 (患者の)回復期の.

**con·vec·tion** /kənvékʃən コンヴェクション/ 名 ⓤ〔物理〕(熱の)対流; 〔気象〕上昇気流.

**con·vene** /kənví:n コンヴィーン/ 動 (現分) ‑ven·ing) 他〔正式〕〈会・人などを〉招集する, 召喚する. ― 自 〈会が〉開かれる.

*con·ven·ience /kənví:niəns コンヴィーニエンス/ [→ convenient]
― 名 (複) ‑ienc·es/‑iz/) 1 ⓤ 便利, 便宜;〔正式〕好都合(↔ inconvenience); ⓒ 便利なこと, (個人の)好都合な時[事情] ‖

cancel one's order for the book as a matter of **convenience** [according to one's **convenience**] 都合上, 本の注文を取り消す.

move to the city **for the convenience of** one's child 子供が便利なように都合へ引っ越す.

Consult [Follow] your own **convenience**. 都合のよいようにしなさい.

It is a great **convenience** to have a car. 車があると非常に便利だ.

Write to me **at your éarliest convénience**. 〔正式〕ご都合がつき次第お手紙ください(=〔略式〕Write to me as soon as you're free.).

2 ⓒ〔正式〕(通例 a ~) **便利な物**, (文明の)利器; (~s) 便利な設備, 衣食住の便 ‖

skiing **conveniences** スキー用具.

a hotel with wonderful modern **conveniences** すばらしい近代的設備のホテル.

màke a **convénience** of him (好意をよいことにして)彼をいいように利用する.

The cellphone is **a convenience**. 携帯電話は便利なものだ.

3 ⓒ〔英〕公衆便所(public convenience).

**a márriage of convénience** 政略結婚.

**at A's éarliest convénience** A〈人〉の都合がつき次第に.

**for (the sàke of) convénience** = **for convénience's sake** 便宜上.

**if it sùits A's convénience** = **if it is to A's convénience**〔正式〕A〈人〉にとって都合がよければ ‖ Come to see me **if it suits** your **convenience**. ご都合がよろしければ遊びにいらっしゃい.

**convénience fòod** インスタント食品.

**convénience gòods** 日用雑貨.

**convénience stòre** [màrket] コンビニ, 日用雑貨食料品店《早朝から深夜まで営業の小規模なスーパーマーケット》.

*con·ven·ient /kənví:niənt コンヴィーニエント/ 〖「共に(con)来る(venient)」から「そばにいて[あって]便利な」が本義. cf. **conve**ne〛
⦿ convenience (名)
― 形 1〈物が〉**便利な**; (通例名詞の前で)〈物・場所・時が〉**都合のよい**, 使いやすい, 手頃な (↔ inconvenient) ‖

a **convenient** tool 便利な道具.

a **convenient** place to go skiing スキーをするのにかっこうの場所.

make it **convenient** to phone him 都合をつけて彼に電話する.

The river is **convenient for** fishing. その川は釣りをするのによいところだ.

対話 "**If it's convenient (to [for] you)**, can you call on me tomorrow after work?" "It's okay with me. Are you sure you don't mind?" 「都合がよければあすは仕事が終わってから私の家に来ていただけますか」「私はよろしいですが, あなたの方はそれで構いませんか」.

2 (略式) (補語として) 〈場所が〉近くて便がよい ‖

My house is **convenient for** [**to**] the post office. 私の家は郵便局に近くて便利だ.

**con·ven·ient·ly** /kənví:niəntli コンヴィーニエントリ/ 副 1 便利よく, 好都合に.

2 (文全体を修飾) 好都合なことに ‖

**Conveniently**, I live near the station. 好都合なことに私は駅の近くに住んでいる.

**con·vent** /kάnvent カンヴェント | kɔ́nvənt コンヴェン

**con·ven·tion** /kənvénʃən コンヴェンション/ 图 **1** ⓒ 代表者会議, 大会；集会, 協議会；《米》政党大会 ∥
be in convention 会議中である.
hold an annual convention 年次大会を開く.
**2** ⓒⓊ しきたり, 因習, 慣習 ∥
follow social conventions 社会慣習に従う.
**3** ⓒ （国家間などの）協定, 協約《◆ treaty よりくだけた語》∥
a peace convention 平和協定.
sign a convention of security 安全保障協定に署名する.
**convéntion cènter** コンベンション＝センター《会議場・宿泊施設を完備した地区・総合ビル》.
**convéntion hàll** 《ホテル・会館の》会議場.

**con·ven·tion·al** /kənvénʃənl コンヴェンショヌル/ 形 **1** 型にはまった, 平凡な ∥
make conventional remarks 月並みなことを言う.
**2** 因習[慣例]的な, 従来の；[the ～；名詞的に] 因習的なもの ∥
judge in the conventional sense ふつう言われている意味で判断する.
**convéntional wísdom** 世間一般の通念.

**con·vén·tion·al·ly** 副 慣例的[因習]的に, 月並みに.

**con·verge** /kənvə́ːrdʒ コンヴァーヂ/ 動 （現分) --verg·ing) 自 《正式》集まる, 集中する.

**con·ver·gence** /kənvə́ːrdʒəns コンヴァーヂェンス/ 名Ⓤ 一点への集中.

**con·ver·sant** /kənvə́ːrsənt コンヴァーサント/ 形 《正式》**1** 精通している. **2** 親交がある.

\***con·ver·sa·tion** /kɑ̀nvərséiʃən カンヴァセイション | kɔ̀nvəséiʃən コンヴァセイション/ 〖「共につき合う(converse)こと」が原義〗
——名 (複 ～s/-z/) ⓊⒸ 《正式》会話, 対話, 座談；[～s] 非公式会談 ∥
be in conversátion with him about the matter 彼とその問題について話をしている.
hàve [hóld, càrry ón] a conversation with her on the future 将来について彼女と話し合う.
màke conversátion 雑談をする.

> 表現 「英会話が得意」はふつうは「英語をうまくしゃべる」意に用いるので be good at speaking English という. be good at English conversation は「英語での会話術・英語での会話のかけ引きにすぐれている」のような意になる.

**con·ver·sa·tion·al** /kɑ̀nvərséiʃənl カンヴァセイショヌル | kɔ̀n- コン-/ 形 会話（体)の, 座談の, 会話で用いられる.

**con·ver·sa·tion·al·ist** /kɑ̀nvərséiʃənəlist カンヴァセイショナリスト | kɔ̀n- コン-/ 名 ⓒ 話好きな人, 話のうまい人.

**con·verse**¹ /kənvə́ːrs コンヴァース/ 動 （現分) --vers·ing) 自 《正式》談話する, 話す ∥
converse with him about [on] a subject ある問題について彼と話し合う.

**con·verse**² /形 kɑ́nvəːrs コンヴァース | kɔ́nvəːs コンヴァース；動 kənvə́ːrs カンヴァース | kɔ́n- コン-/ 形 《正式》逆の, 正反対の(opposite). ——名 [a ～ / the ～] 正反対（の物）.

**con·ver·sion** /kənvə́ːrʒən コンヴァージョン, -ʃən | kənvə́ːʃən コンヴァーション/ 名 ⓊⒸ 《正式》**1** 転換, 変化(change)；改装, 改造；(財産・債務の)転換 ∥
cause the conversion of water into steam 水を蒸気に変える.
**2** 改宗；（主義などの）転向 ∥
the conversion of a Buddhist to Christianity 仏教徒のキリスト教への改宗.

**con·vert** /動 kənvə́ːrt コンヴァート；名 kɑ́nvəːrt カンヴァート | kɔ́nvəːt コンヴァート/ 動 《正式》他 **1** [convert A into [to] B] A〈物・事〉を（機能上）B〈物・事〉に変える, 転換[変形, 改造]する(change) ∥
convert the transmission on a car from manual to automatic 車の変速装置をマニュアルからオートマに変える.
**2** [convert A to B] A〈人〉を B〈宗教〉に改宗させる, B〈主義など〉に転向[改心]させる；[be ～ed] 改宗する ∥
be converted to Buddhism 仏教に改宗する.
**3** 《正式》〈金〉を両替する；〈証券・財産〉を替える.
——自 変形する, 転換する；転向[改心, 改宗]する；両替する, 換算する.
——名 ⓒ 転向者, 改宗[改心]者 ∥
màke a cónvert of him 彼を転向[改心]させる.

**con·vert·er, --ver·tor** /kənvə́ːrtər コンヴァータ/ 名 ⓒ 《電気》変換器, コンバーター；《コンピュータ》コンバーター, 変換器.

**con·vert·i·ble** /kənvə́ːrtəbl コンヴァーティブル/ 形 **1** 変えられる ∥
a convertible bed ソファーベッド.
**2** 〈言葉が〉言い換えられる.
**3** 〈自動車が〉ほろがたたみこめる.
——名 ⓒ 《米》コンバーチブル, オープンカー《たたみこみほろ付き自動車. \*open car とはいわない》.

**con·vex** /kɑnvéks カンヴェクス | kɔn- コン-/ 形 中高の, 凸（とつ）面の(↔ concave) ∥
a convex lens [glass] 凸レンズ.

**con·vey** /kənvéi コンヴェイ/ 動 他 **1** 《正式》…を運ぶ, 運搬する(carry)；〈病気〉を移す(transfer), 〈におい・音・熱・電気などを〉伝える(send) ∥
convey passengers by train 乗客を列車で運ぶ.
convey a disease to him 病気を彼にうつす《◆ \*convey him a disease とはいわない》.
**2 a** [思想・感情などを]伝える(tell) ∥
convey my pleasure to her 私の喜びを彼女に伝える.
**b** [convey (that) 節 / convey wh 節] …とい

うことを知らせる ‖
Words cannot **convey** how glad I am. = Words cannot **convey** (**that**) I am very glad. 私がどんなにうれしいか言葉では伝えられない.

**con·vey·ance** /kənvéiəns コンヴェイアンス/ 名 1 U (正式) 運搬, 輸送. 2 C 伝達. 3 C (正式) 輸送機関, 乗物.

**con·vey·or, –er** /kənvéiər コンヴェイア/ 名 C (正式) 運搬[伝達]する人[物], コンベアー; =conveyor belt.
　**convéyor bèlt** ベルトコンベアー.

**con·vict** /動 kənvíkt コンヴィクト; 名 kάnvikt カンヴィクト | k5n- コン-/ 他 (正式)〈人〉に有罪を宣告する(↔ acquit) ‖
**convict** the accused **of** murder 被告人に殺人罪の判決を下す.
——名 C 罪人, 囚人.

**con·vic·tion** /kənvíkʃən コンヴィクション/ 名 1 U C 確信, [conviction that 節](…という)信念《◆事実に基づかない確信は confidence》‖
áct in [ùnder] the convíction that time is money 時は金だという信念に基づいて行動する.
**2** U C (法律) 有罪判決, 有罪 ‖
a **conviction for** murder 殺人による有罪判決.
**3** U 説得(力) ‖
His words cárry líttle convíction. 彼の言葉にはあまり説得力がない.

**con·vince** /kənvíns コンヴィンス/ 動 (現分) --vinc·ing/ 他 1a [convince A of B]〈人〉にB〈事〉を納得させる, 確信させる; [convince A (that)]〈人〉に…だと納得させる ‖
I **convinced** him **of** her sincerity. =I **convinced** him **that** she was sincere. 彼に彼女の誠実さを確信させた.
**b** [be convinced **of** A] …を確信している; [be convinced (**that**) 節] …だと確信する ‖
I am **convinced of** her guilt. =I am **convinced** (**that**) she is guilty. 彼女が有罪だと確信している.
**2** [convince A **to do**](主に米)〈人〉を(道理で)説得して…させる(persuade) ‖
I **convinced** her **to** study hard. 私は熱心に勉強するよう彼女を納得させた.

**con·vinc·ing** /kənvínsiŋ コンヴィンスィング/ 動 → convince.
——形 人を納得させる; 信じられる ‖
a **convincing** speech 説得力のある話.

**con·viv·i·al** /kənvíviəl コンヴィヴィアル/ 形 (正式)〈行事・言動が〉陽気な;〈人が〉親しみのある.

**con·vo·ca·tion** /kὰnvəkéiʃən カンヴォケイション | k5n- コン-/ 名 U (会議・議会の)招集; C (招集された)議会, 集会.

**con·vo·lu·tion** /kὰnvəlúːʃən カンヴォルーション | k5n- コン-/ 名 C (正式) [通例 ~s] 回旋(状態), うずまき.

**con·voy** /kάnvɔi カンヴォイ | k5n- コン-, 動 (米+) kənvɔ́i/ 他 …を護衛する.
——名 1 U 護衛 ‖

ùnder **convoy** 護送されて.
in **convoy**〈輸送船が〉船団を組んで;〈車両が〉隊列を組んで.
**2** C [集合名詞] 護衛艦[隊].

**con·vulse** /kənvʌ́ls コンヴァルス/ 動 (現分) --vuls·ing) 他 (正式) …を激しく震動させる; …に騒動を起こさせる.

**con·vul·sion** /kənvʌ́lʃən コンヴァルション/ 名 C (正式) **1** 震動; 動乱, 動揺. **2** [通例 ~s] けいれん, 発作.

**con·vul·sive** /kənvʌ́lsiv コンヴァルスィヴ/ 形 けいれん性の, 発作的な.
　**con·vúl·sive·ly** 副 発作的に, 急激に.

**coo** /kúː クー/ 動 (自)〈ハトが〉クークー鳴く. —他〈言葉〉を甘くささやく.
——名 C (ハトの)クークー鳴く声.

\*\***cook** /kúk クッ/ (類音) cock/kάk | k5k/)
〖「加熱して食べられるものにする」が本義〗
派 cookery (名), cooking (名)
——動 (三単現) ~s/-s/; (過去·過分) ~ed/-t/; (現分) ~·ing)
——他 **1a**〈食べ物〉を(火·熱で)料理する ‖
**cook** a chunk of ham in five cups of water for an hour ハムのかたまりを5カップの水で1時間ゆでる.

語法 cook の目的語は材料·食事·完成した料理のいずれでもよい. 料理の内容に応じて cook は「ゆでる」「煮る」「炊く」「焼く」「揚げる」などの意味になりうる. ただし soup については make を用いる. 加熱前の下ごしらえの段階は prepare を, 加熱しない料理では dress, fix, make, prepare などを用いる. したがって, He made [fixed, ×cooked] this salad.

**b** [cook A C] A〈食べ物〉を C (の状態)で[まで]料理する《◆ C は形容詞·分詞·副詞(句)》‖
**cook** the meat well-done unsalted 塩をしないで十分火が通るまで肉を焼く.
**c** [cook A B / cook B **for** A] A〈人〉に B〈食べ物〉を料理してやる《◆2つの文型のうち, ふつう前者はB を, 後者は A を強調する場合に用いる. 受身形は後者の B が主語の受身が最もふつうで, 前者の B が主語の受身にはしない: A delicious meal was *cooked for* me. おいしい食事を作ってもらった》‖
She **cooked** me lunch. 彼女は私に昼食を作ってくれた《◆ lunch を強調》.
She **cooked** some ham and eggs **for** me and then some **for** herself. 彼女は私にハムエッグを作ってくれ, 自分にも1皿作った《◆ me と herself を強調》.
I'm **cooked** meals by my mother. 食事は母に作ってもらっている.

関連 (1) fry 揚げる, いためる / sauté 手早くいためる → boil 他 **2** 関連.
(2) cook a meal (食事を作る)の場合, 火·熱で

料理したもの以外, たとえば salad, sandwitch などが含まれていてもよい.
(3) bake, roast, grill, broil, toast などについては → bake 他1関連.

**2**《略式》〈話・弁解などを〉でっちあげる ‖
cook up an excuse 言い訳をでっちあげる.

— 自 **1** 料理する；コックとして働く ‖
cóok for onesélf 自炊する(=cook one's own meals).
cook (in) the French style =《略式》cook French style フランス料理を作る.
cook with gas ガスで料理する.

**2**〈食べ物が〉料理される, 火が通る ‖
Onions cook more quickly than potatoes. タマネギはジャガイモより早く煮える.

*cóok úp* [他]…を手早く料理する；→ 他2.

— 名 (複 ~s/-s/) C コック, 料理人；料理をする人；[形容詞を伴って] 料理が…な人《(1) この意味で cooker とはいわない. (2) 自分の家の料理人にはふつう無冠詞. (3) cook は男女どちらにも用いる》 ‖
be one's own cook 自炊する.
Too many cooks spoil the broth. (ことわざ) 料理人が多すぎるとスープがまずくなる;「船頭多くして船山に登る」.
対話 "You certainly are a good cook, Barbara." "Thank you. I'm glad you liked it." 「バーバラさん, ほんとうに料理がお上手ですね」「ありがとう. 喜んでいただけてうれしいわ」《◆ 時には「ごちそうさま」に相当する表現》.

**Cook** /kúk クク/ 名 クック《James ~ 1728-79；英国の航海家. 愛称 Captain Cook》.

**cook·book** /kúkbùk ククブク/ 名 C 料理の本《(英) では cookery book ともいう》.

**cook·er** /kúkər ククァ/ 名 **1** 加熱用調理器具《なべ・かまどなど》、《主に英》料理用こんろ・レンジ. **2** [通例 ~s] 料理向きの果物[リンゴ].

**cook·er·y** /kúkəri クカリ/ 名 (複 --er·ies/-z/) **1** U 料理法. **2** C (米) 料理工場.

**cóokery bòok** (英) =cookbook.

**cook·ie, cook·y** /kúki クキ/ 『原義小さなケーキ』 名 (複 cook·ies/-z/) C **1** (米) クッキー, ビスケット((英) biscuit). **2**《コンピュータ用語》サーバーがユーザーを識別するために使われる短いデータ》.

*\*cook·ing /kúkiŋ クキング/ [⇒ cook]
— 動 → cook.
— 名 U 料理(法)；[形容詞的に] 料理用の ‖
do the cooking 料理をする.
do one's own cooking 自炊する.

**cook·y** /kúki クキ/ (複 cook·ies/-z/) 名 = cookie.

*\*cool /kú:l クール/ 『warm と cold の間』が本義』 派 cooler (名), coolness (名)
— 形 (比較 ~·er, 最上 ~·est) **1 a**〈天候・空気などが〉涼しい, ひんやりとした, 少し寒い；〈液体が〉(ほどよく)冷たい；〈物・場所が〉涼しそうな ‖
a cool day 涼しい日.

a cool dress 涼しそうな服.
a cool fever 平熱.
It's getting cooler day by day. 日ごとに涼しくなっている.

**Q&A** **Q**: cool は「ひんやりした」, 「少し寒い」という意味がありますが, どのくらいの温度をいうのですか.
**A**: だいたい摂氏2, 3度から16, 17度ぐらいの間をさします. ですから日本語の「(少し)寒い」ところまで含むことになります. しかし, cold や chilly (うすら寒い)が不快を示すことが多いのに対し, cool はいつも快適な感じを示すところが異なります.

**b**〈液体・料理などが〉冷たい, さめた；〈色が〉寒色の《緑・青・灰色など》(↔ warm)；〈音が〉反響のない ‖
cool water 冷たい水.

**2 a** [通例補語として]〈人が〉冷静な, 落ち着いた (calm) ；クールな《◆ composed, collected より口語的》(↔ excited) ‖
cool and collected 落ち着き払って《◆ 頭韻を踏んで口調がよいためこのように重ねてよく使う》.
a cool head 冷静な頭(の人).
keep [remain] cool in the face of danger 危険に直面しても落ち着いている.

**b**〈人が〉熱意のない, 冷淡な, 無関心な (↔ warm) ‖
be cool toward his hobby 彼の趣味に無関心である.
get a cool reception 冷たく扱われる.

**3**《略式》〈人・態度が〉厚かましい, ずうずうしい (impudent) ‖
a cóol hánd [cárd, cústomer, físh] ずうずうしいやつ.
a cool lie 厚かましいうそ.

**4**《略式》[名詞の前で] [意味を強めて]〈金銭・数量が〉正味の, (全くの)掛け値なしの ‖
She got a cool million dollars a day. 彼女は(何とまあ)1日で大枚100万ドルも手に入れた.

*kéep onesèlf cóol* 涼んでいる；落ち着いている.

— 副《略式》冷静に, 冷たく《◆ 次の句で》‖
pláy (it) cóol 落ち着いてふるまう.

— 名 U **1** [the ~] 涼味, (ほどよい)冷気；涼しい時[所] ‖
take a walk in the cool of the morning 朝の涼しい時に散歩する.

**2**《略式》[one's ~] 冷静さ (calmness) ；(米略式) 自信 ‖
lose [blow] one's cool 興奮する.
kéep one's cóol (困難な状態にあっても)落ち着いている, 平然としている.

— 動 (三単現 ~s/-z/；過去・過分 ~ed/-d/；現分 ~·ing)

| 他と自の関係 |  |  |
|---|---|---|
| 他1 | cool A | A を冷やす |
| 自1 A | cool | A がさめる |

— 他 **1**…を冷やす, 涼しくする, さます (↔ heat,

warm) ∥
cool (off) a room 部屋を涼しくする.
**2** 〈人・感情など〉を**静める**, 落ち着かせる ∥
cool down one's feelings 感情を静める.
Cóol it. 《略式》落ち着け, そうむきになるな; スピードを落とせ.
—**自 1** さめる, 涼しくなる; 〈人が〉涼む. **2** 冷静になる; 〈怒り・熱意などが〉さめる.

**cool·er** /kúːlər クーラ/ 名 C 冷やすもの, 冷却器; 《米》冷蔵庫《◆日本語の「クーラー」は air conditioner》.

**cool·ly** /kúːli クールリ/ 副 **1** 涼しく, (ほどよいほど)冷たく. **2** 冷静に. **3** 冷淡に; ずうずうしく.

**cool·ness** /kúːlnəs クールネス/ 名 U **1** 涼しさ, (ほどよい)冷たさ. **2** 冷静. **3** 冷淡; ずうずうしさ.

**coon** /kúːn クーン/ 名 C 《主に米略式》アライグマ.

**coop** /kúːp クープ, 《米+》kúp/ 名 C (ニワトリ・ウサギ用の)囲いかご, おり.
—動 他 〈ニワトリなど〉をかごに入れる; 《略式》[通例 be ~ed up] 閉じ込められている.

**co-op, Co-op** /kóuɑp コウアプ/ -ɔp -オプ/ 〖co(-)operative society [store]〗 名 《略式》 [the ~] =cooperative.

**coop., co-op.** 略 cooperative.

**co·op·er·ate, co·öp.–** /kouɑ́pərèit コウアパレイト|kouɔ́pər- コウオパ-/ 動 (現分) ··at·ing) 自

cooperate 《協力する》

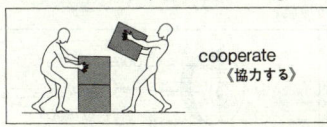

**1** [cooperate with A] A〈人〉と**協力する**, 協同する ∥
cooperate with them for world peace 彼らと協力して世界平和を図る.
**2** [cooperate to do] 〈事態が〉重なって…する ∥
All things cooperated to make her pass the exam. すべてうまく運んで彼女は試験に合格した.

\***co·op·er·a·tion, co·öp.–** /kouɑ̀pəréiʃən コウアパレイション, kòuɑp-|kouɔ̀pəréiʃən コウオパレイション, kòuɔp-/〖→ cooperate〗
—名 **1** U 協力, 協同 ∥
work in cooperation with a policeman 警官と協力して働く《◆「…の協力を得て」は with the cooperation of …》.
give one's cooperation 協力する.
対話 "I can't finish this work alone. I need some cooperation from others." "You won't get any help unless you ask nicely." 「この仕事は一人では仕上がらない。だれかの協力が必要だ」「きちんと頼まないとだれからも助けてもらえないよ」.
**2** C 協同組合.

**co·op·er·a·tive, co·öp.–** /kouɑ́pərèitiv コウアパレイティヴ|kouɔ́pərətiv コウオパラティヴ/ 形 **1** 協同の, 協力的な. **2** 協同組合の.

**co·op·er·a·tive·ly** 副 協力して.

**co·or·di·nate** /形名 kouɔ́ːrdənit コウオーディニト|-ɔ́ːdi- コウオーディ-; 動 -neit -ネイト/ 形 **1**《正式》同等の, 対等の.
**2** 〔文法〕等位の(↔ subordinate).
a coordinate conjunction 等位接続詞.
—名 **1**《正式》同等の人[物]. **2** [~s]《服・家具などの》コーディネート《色・デザインなどの調和》.
—動 (現分) ··nat·ing) 他 **1** …を対等にする; …を順序よく整理する. **2** 〈部分・働きなど〉を調整する, 調和させる.

**co·or·di·na·tion** /kouɔ̀ːrdənéiʃən コウオーディネイション|-ɔ́ːdi- コウオーディ-/ 名 U 同等; 調整, 調和.

**coot** /kúːt クート/ 名 C 〔鳥〕オオバン《ヨーロッパ・アジアなどの水鳥》; 《米》クロガモ.

**cop** /kɑ́p カプ|kɔ́p コプ/ 名 C 《略式》警官.

Q&A Q: どうして cop に警官の意味があるのですか.
A: 次のような説があります. (1) 「つかまえる」という意味のラテン語の capere に由来する. (2) 警官のバッジや制服のボタンが copper (銅) でできていたから.

\***cope** /kóup コウプ/〖「打つ」が原義〗
—動 (三単現) ~s/-s/; (過去・過分) ~d/-t/; (現分) cop·ing)
—自 [cope with A] [主に否定文で] …と争う, 対抗する; 《略式》A〈問題などに〉うまく処理する ∥
cope with a problem 問題に対処する.
I can't cope with her in English. 英語では彼女に歯がたたない.

**Co·pen·ha·gen** /kóupənhèigən コウペンヘイゲン|-⏤/ 名 コペンハーゲン《デンマークの首都》.

**Co·per·ni·can** /koupə́ːrnikən コウパーニカン/ 形 コペルニクス(説)の; 地動説の ∥
the Copernican revolution コペルニクス的転回.

**Copérnican sýstem [théory]** [the ~] 地動説 (cf. Ptolemaic system).

**Co·per·ni·cus** /koupə́ːrnikəs コウパーニカス/ 名 コペルニクス《Nicolaus ~ 1473-1543; ポーランドの天文学者》.

**cop·ied** /kɑ́pid カピド|kɔ́pid コピド/ 動 → copy.

**cop·i·er** /kɑ́piər カピア|kɔ́piə コピア/ 名 C コピー機.

**cop·ies** /kɑ́piz カピズ|kɔ́piz コピズ/ 名 → copy.

**cop·ing** /kóupiŋ コウピング/ 動 → cope.
—名 C (塀の上の)かさ石.

**co·pi·ous** /kóupiəs コウピアス/ 形 《正式》多い, 豊富な.

**có·pi·ous·ly** 副 豊富に.

**có·pi·ous·ness** 名 U 豊富さ.

**cop·per** /kɑ́pər カパ|kɔ́pə コパ/ 名 **1** U 〔化学〕銅 (記号 Cu).
copper wire 銅線.
**2** C 銅貨; 《英略式》[~s] 小銭.
**3** [形容詞的に] 銅(製)の, 銅色の ∥

copper ware 銅器.
**copse** /káps カプス | kɔ́ps コプス/ 名 雑木林.
**cop·u·la** /kápjələ カピュラ | kɔ́p- コピュラ/ 名 ❶ 連結物. ❷〔文法〕連結詞, 連辞, 繋(ﾂﾅｷﾞ)辞《主語と述語をつなぐ be, seem など》.
**cop·u·late** /kápjəlèit カピュレイト | kɔ́p- コピュ-/ 動 (現分) -·lat·ing) 自 《正式》交尾する, 性交する.

**★cop·y** /kápi カピ | kɔ́pi コピ/ 『「書かれた物を写して増やすこと」が本義』 copious (形)
— 名 (複 cop·ies/-z/) ❶ C 写し, 複写, コピー (↔ script); 模写, 模倣 ||
a **copy** of picture 絵の模写.
a foul [rough] **copy** 下書き.
make a fair **copy** 清書する.
màke a **cópy** of a report 報告書の複写をとる.
対話 "Will you get me ten **copies** of this page?" "Certainly." 「このページのコピーを10枚とってくれますか」「いいですよ」.
❷ C (同じ本・雑誌などの)部, 冊, 通 ||
I need two **copies** of today's paper. きょうの新聞が2部ほしい.
❸ U (印刷用の)原稿;《略式》(新聞記事になる)事柄, 人;コピー, 広告文;《複製した》芸術作品.
— 動 (三単現) cop·ies/-z/; 過去・過分 cop·ied/-d/; 現分 ~·ing)
— 他 ❶〈書類などを〉(そっくり)写す,(コピー機で)コピーにとる (+*down*);〈絵・手紙などを〉複写[模写]する (+*out*) ||
**copy** the exercise in the notebook ノートにその問題を写しとる.
**copy** out a picture 絵を模写する.
**copy** a key 合かぎを作る.
Will you **copy** this article for me? = Will you **copy** me this article? この記事のコピーをとってくれますか.
❷〈態度などを〉まねる, 手本とする ||
**copy** her merits 彼女の長所を見習う.
❸〔コンピュータ〕〈ファイルを〉コピーする.
— 自 写す, 複写する, まねる;[copy to A] A にコピーを送る ||
**copy** after an example 手本にならう.
**copy** from life 写生する.
**cop·y·right** /kápiràit カピライト | kɔ́pi- コピ-/ 名 C U (本・演劇・音楽などの)著作権, 版権(記号 ©).
**copy·right·er** /kápiràitər カピライタ | kɔ́pi- コピ-/ 名 C 著作権[版権]所有者.
**cop·y·writ·er** /kápiràitər カピライタ | kɔ́pi- コピ-/ 名 C コピーライター, 広告文案家.
**cor·al** /kɔ́ːrəl コーラル/ 名 ❶ U サンゴ《◆昔, あらし・火災よけのお守り, 子供の魔よけなどにした》.
❷ C サンゴ細工.
❸ U サンゴ色.
❹ [形容詞的に] サンゴ(製, 色)の ||
a **coral** wedding サンゴ婚式《結婚35年の祝い》.
**córal rèef** サンゴ礁.
**cord** /kɔ́ːrd コード/ (同音 chord; 類音 code /kóud/) 名 ❶ C U 綱, ひも, 細引き (→ rope).

❷ U C (電気の)コード ||
a telephone **cord** 電話線.
❸ U 《略式》あぜ織布, コーデュロイ, コールテン; [~s; 複数扱い] コーデュロイのズボン (corduroys).
**cor·dial** /kɔ́ːrdʒəl コーヂャル | kɔ́ːrdiəl コーディアル/ 形 ❶《正式》心からの, 真心のこもった, 思いやりのある ||
a **cordial** welcome 心からの歓迎.
❷〈飲食物・薬が〉強心性の, 元気をつける ||
a **cordial** drink 強壮飲料.
— 名 ❶ U 元気づける飲食物; 強心[強壮]剤.
❷ U C コーディアル, リキュール酒.
**cor·di·al·i·ty** /kɔ̀ːrdʒiǽləti コーヂャリティ | -diǽl--ディアリティ/ 名 (複 -·ties/-z/)《正式》U 真心; 思いやりのある気持ち; C 思いやりのある言動.
**cor·dial·ly** /kɔ́ːrdʒəli コーヂャリ | kɔ́ːrdiəli コーディアリ/ 副 心から, 真心こめて ||
Yóurs **córdially** = **Córdially** yóurs 敬具《◆親友間の手紙の結び文句》.
**cord·less** /kɔ́ːrdləs コードレス/ 形 コードなしの; 電池作動の.
**cor·don** /kɔ́ːrdn コードン/ 名 ❶ 飾りひも; (肩からかける)飾りリボン. ❷ (警察の)非常線.
**cor·du·roy** /kɔ́ːrdərɔ̀i コーデュロイ, (英+) -djuː-/ 名 ❶ U コールテン; [形容詞的に] コーデュロイ製の.
❷ [~s] コーデュロイのズボン.
**★core** /kɔ́ːr コー/ (同音 corps, (英) caw) 『「心」が原義』

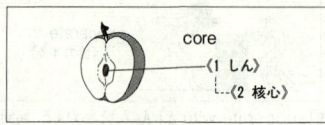

core
〈1 しん〉
〈2 核心〉

— 名 (複 ~s/-z/) C ❶ (リンゴ・ナシなどの)(種を含む)しん(芯).
❷ [通例 the ~] (事・物の)中心(部), 核心 ||
the **core** of the earth 地球の中心部.
**to the** [*one's*] **córe** 芯まで, 徹底的に || an English to the **core** 生粋(ｷｯｽｲ)のイングランド人.
**Cor·inth** /kɔ́(ː)rinθ コ(ー)リンス/ 名 コリント, コリントス《古代ギリシアの都市》.
**Co·rin·thi·an** /kərínθiən カリンスィアン/ 形 ❶ コリントの.
❷《正式》(コリント市民のように)ぜいたくな;〈文体が〉華麗な.
❸〔建築〕コリント式の ||
the **Corinthian** order コリント様式《図 → order》.
— 名 ❶ C コリント人. ❷〔聖書〕[the ~s;単数扱い] コリント人への手紙《新約聖書の一書 St. Paul による. 第1, 第2の2つがある》.
**cork** /kɔ́ːrk コーク/ (類音 coke /kóuk/) 名 ❶ C〔植〕= cork oak.
❷ U コルク, コルクガシの樹皮.
❸ C コルク栓; コルク製品 ||
draw [pull] out a **cork** 栓を抜く.
❹ [形容詞的に] コルク製の.
**córk òak**〔植〕コルクガシ (cork).

**cork·screw** /kɔ́ːrkskrùː コークスクルー/ 名 C コルク抜き、栓抜き.

**cor·mo·rant** /kɔ́ːrmərənt コーマラント/ 名 C **1**〖鳥〗ウ（鵜）. **2** 大食いの人.

**＊corn** /kɔ́ːrn コーン/（類音 **cone**/kóun/）〖「穀粒」が原義〗
— 名 （複 ~s/-z/） **1**《米・カナダ・豪》トウモロコシ（Indian corn，《英》maize）. 文化 米国では *corn*, peas, carrot などの mixed vegetables を毎日のように食べる人が多い ‖
**corn on the cob** 穂軸のついたままの（調理した）トウモロコシ.
**corn in the ear** [**shuck**] さや付きのトウモロコシ. **2**〖集合名詞〗穀物，穀類《《イング》では小麦（wheat），《スコット・アイル》ではカラスムギ（oats）をさす》.
**3** C （穀物の）粒（grain）‖
a pepper **corn** コショウの1粒.
**4** U 穀草（cereal）《脱穀前の wheat, barley など》‖
husk the **corn** 脱穀する.
**5** U 《米略式》スイートコーン（《主に英》sweet corn）.
**córn bèef** 《米》コーンビーフ.
**Córn Bèlt** [the ~] 米国中西部のトウモロコシ生産地帯《Iowa, Illinois, Indiana 州など》.
**córn flòur** =cornflour.

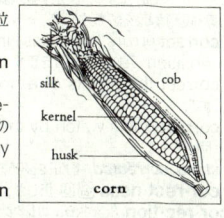

**cor·ne·a** /kɔ́ːrniə コーニア/ 名 C 〖解剖〗角膜（図→ eye）.

**corned** /kɔ́ːrnd コーンド/ 形 塩漬けの ‖
**corned beef** コーンビーフ（《米》corn beef）.

**＊cor·ner** /kɔ́ːrnər コーナ/〖「交差する所」が本義〗
— 名 （複 ~s/-z/） C **1** （外から見て）**かど**；（内から見て）すみ；（道の）曲がりかど ‖
a stove **in the corner of** a room 部屋のすみのストーブ.
a shop **at** [**on**] **the corner of** a street 町かどの店《◆ in は場所内のすみ, at はかどの地点・接触点》.
look at it **out of** [**from**] **the corner of** one's eye(s) 横目でそれを見る. **2**《略式》片すみ，へんぴな[静かな]所；[しばしば ~s] 地域，地方，方面；[the C~]《豪略式》オーストラリア中部地方 ‖
remote **corners** 片田舎（いなか）.
assemble **from all** [**the** (**four**)] **corners of the earth** [**world**] 世界のすみずみから集まる.
be done **in a corner** こっそり行なわれる. **3**《略式》窮（きゅう）地，苦しい立場 ‖
be **in a** (**tight**) **corner** 窮地に陥（おちい）っている.
**dríve** [**fórce, pút**] **her ìnto a córner**《略式》

彼女を窮地に追い込む.
**4**〖サッカー〗=corner kick [hit]；〖ボクシング〗コーナー《（ラウンドの間に）ボクサーの休む所》.
**cùt córners** (1)〈運転手が〉近道をする. (2)（手間・経費・努力などを）節約する，手抜きをする.
(**jùst**) (**a**)**róund the córner** (1) かどを曲がった所に. (2)《略式》（距離・時間的に）すぐそこに. (3) 相手の先を越して. (4) 〈病気・景気などが〉危機を脱して.
**túrn the córner** (1) かどを曲がる. (2) （事業・病気などで）危機を脱する，峠を越す.
— 動 （三単現 ~s/-s/；過去・過分 ~ed/-d/；現分 ~·ing/-nəriŋ/）
— 他 **1** …をすみに置く；〈場所・物に〉かどをつける.
**2** …を窮地に追い込む.

**córner kick** [**hit**] 〖サッカー〗コーナーキック（corner）.

**cor·ner·stone** /kɔ́ːrnərstòun コーナストウン│kɔ́ː-コー-/ 名 C **1**〖建築〗すみ石；礎石《起工の期日・言葉などを記す》. **2**〖比喩的に〗基礎.

**corn·flakes** /kɔ́ːrnflèiks コーンフレイクス/ 名 [複数扱い] コーンフレーク《トウモロコシをつぶして焼いた食品．牛乳をかけて朝食にする》.

**corn·flour** /kɔ́ːrnflàuər コーンフラウア/, **córn flòur** 名 U **1**《米》コーンフラワー，トウモロコシ粉；《英》穀物. **2** =cornstarch.

**Cor·nish** /kɔ́ːrniʃ コーニシュ/ 形 （英国の）コーンウォル（Cornwall）地方（特有の）；コーンウォル人[語]の.
— 名 U コーンウォル語《ケルト語系．今は死語》.

**corn·meal** /kɔ́ːrnmiːl コーンミール/ 名 U **1** （ひき割りの）穀粉，トウモロコシ粉. **2**《スコット》オートミール.

**corn·starch** /kɔ́ːrnstɑ̀ːrtʃ コーンスターチ/ 名 U 《米》コーンスターチ《トウモロコシからとったでん粉．プディングなどの材料用．《英》cornflour》.

**Corn·wall** /kɔ́ːrnwɔːl コーンウォール, -wəl│-wəl -ウォル/ 名 コーンウォル《England 南西部の地方，州. 略 Corn.》.

**corn·y** /kɔ́ːrni コーニ/ 形 （通例 比較 --i·er，最上 --i·est）**1** 穀類[トウモロコシ]の（多い）. **2**《略式》〈しゃれなどが〉古くさい，陳腐（ちんぷ）な；〈ジャズなどが〉感傷的な；〈人が〉うぶな，素朴な.

**cor·ol·lar·y** /kɔ́ːrəlèri コーロレリ│kərɔ́ləri カロラリ/ 名 （複 --lar·ies/-z/） C **1**〖数学〗系. **2**《正式》推論；当然の結果.

**cor·o·nar·y** /kɔ́ːrənèri コーロネリ│kɔ́rənəri コロナリ/ 形 冠（のよう）；心臓の冠状（動脈）の.

**cor·o·na·tion** /kɔ̀ːrənéiʃən コーロネイション│kɔ̀rə-コロ-/ 名 U C 戴（たい）冠（式），即位（式）.

**cor·o·ner** /kɔ́ːrənər コーロナ│kɔ́rə- コロ-/ 名 C 検死官.

**corp., Corp.** 略 corporation.

**cor·po·ra** /kɔ́ːrpərə コーパラ/ 名 → corpus.

**cor·po·ral**[1] /kɔ́ːrpərəl コーパラル/ 形 《正式》身体の ‖
**corporal punishment** 体罰.

**cor·po·ral**[2] /kɔ́ːrpərəl コーパラル/ 名 C 〖軍事〗伍（ご）長《最下位の下士官》.

**cor·po·rate** /kɔ́ːrpərət コーパラト/ 形 《正式》**1** 法

人組織の ‖
a body **corporate** = a **corporate** body 法人(団体).
**2** 団体の ‖
**corporate** responsibility 共同責任.

**cor·po·ra·tion** /kɔ̀ːrpəréiʃən コーパレイション/ 名
© **1** 法人, 社団法人 ‖
the corporátion tàx 法人税.

**2** (米) 有限会社, 株式会社((主に英) limited liability company) ((略) corp., Corp.) ‖
a trading **corporation** 商事会社.

関連 「X株式会社」は X Co., Ltd. というが(米)では X Inc. か X *Corporation* がふつう.

**3** [通例 the C~] (英) 市自治体, 市政機関 ‖
the **Corporation** of the City of London ロンドン市自治体.

**corps** /kɔːr コー/ (発音注意)《ps は発音しない》(同音 core)『フランス』名 (複) **corps**/kɔːrz/ © **1** [しばしば C~]〔軍事〕軍団;(専門技術をもった)部隊 (cf. army) ‖
a flying **corps** 航空隊.

**2** (英) 団体, 団, 班 ‖
a press **corps** 記者団.
the Péace Còrps 平和部隊.

**corpse** /kɔːrps コープス/ 名 © (特に人間の)死体, 死骸(ぶ).

**cor·pu·lent** /kɔ́ːrpjələnt コーピュレント/ 形 (正式)〈人・からだが〉太った, 肥満の 《◆ふつう不健康な意味》.

**cor·pus** /kɔ́ːrpəs コーパス/ 名 (複) **-po·ra**/-pərə/, 集合名詞 **~·es**) © **1** [集合名詞](文書などの)集大成, 集積 ‖
the **corpus** of civil law 民法典.
the **corpus** of Shakespeare's works シェイクスピア全集.

**2** 〔言語〕言語資料, コーパス.

**cor·pus·cle** /kɔ́ːrpəsl コーパスル |-pʌsl -パスル/ (発音注意) 名 © 〔生理〕[通例 ~s] 小体, 血球 ‖
red **corpuscles** 赤血球.
white **corpuscles** 白血球.

**cor·ral** /kərǽl カラル | kərɑ́ːl カラール/ 名 © (主に米西部)(牛馬を入れる)さく囲い.
── 動 (過去・過分 **cor·ralled**/-d/; 現分 **cor·ral·ling**) 他 〈家畜〉を囲いに入れる.

\***cor·rect** /kərékt カレクト/ (類音 co**l**lect/kəlékt/) [原義「まっすぐにする」]から「基準から離れない」が本義. cf. e*rect*, di*rect*] 派生 **correctly** (副)

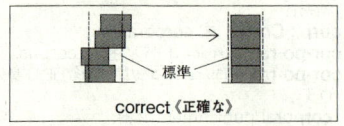

correct 《正確な》

── 形 (比較 more ~, 時に ~·er; 最上 most ~, 時に ~·est) **1** 正しい, 正確な (↔ incorrect) (類 right, accurate, exact) ‖
a **correct** answer 正解.
What is the **correct** time? = Do you have the **correct** time? 正確な時間がわかりますか.
That's **correct**. そのとおりです 《◆単に "*Correct*." ともいう. 正式の場で多く用いられる返答で, 一般には That's right.》.
He is **correct** in doing so. 彼がそうするのは正しい.

**2** 正式な, 礼儀にかなった; 適当な, ふさわしい ‖
the **correct** dress for a ceremony 儀式用の正装.
do the **correct** thing 適切なことをする.
It is **correct** for her to say so. 彼女がそう言うのは礼儀にかなっている.

── 動 (三単現 ~·s/-ékts/; 過去・過分 ~·ed /-id/; 現分 ~·ing)
── 他 …を訂正する, 校正する, 添削する;〈機械・計算・観測など〉を調整する ‖
**correct** errors [mistakes] in English composition 英作文の誤りを正す.
**correct** the proofs of a novel 小説の校正をする.
**correct** one's watch by the radio ラジオで時間を合わす.

*stànd corréctèd* 訂正を認める, 注意を認める.
**cor·réct·ness** 名 Ⓤ 正しさ; 適切さ.

**cor·rec·tion** /kərékʃən カレクション/ 名 Ⓤ © **1** 訂正, 修正, 校正; 添削; 訂正箇所 ‖
make a **correction** 誤りを訂正する.
**2** [遠回しに]矯正; こらしめ, 罰 ‖
He is beyònd corréction. こらしめても彼には通じない.

**cor·rec·tive** /kəréktiv カレクティヴ/ 形 (正式) 正すための, 矯正する ‖
**corrective** training 非行少年補導.
── 名 © 矯正するもの[方法].

**cor·rect·ly** /kəréktli カレクトリ/ 副 正しく, 正確に;[文全体を修飾]正確には, 正確に言えば.

**cor·re·late** /kɔ́ːrəleit コーレレイト/ 動 (現分 **-lat·ing**) 他 …を関連づける ‖
**correlate** demand **with** supply 需要と供給を相互に関係づける.
── 自 関連する.

**cor·re·la·tion** /kɔ̀ːrəléiʃən コーレレイション | kɔ̀rəléiʃən コレレイション/ 名 Ⓤ © (正式) 相互関連, 相関(関係).

**cor·rel·a·tive** /kərélətiv カレラティヴ | kɔr- コレラティヴ, kər-/ 形 **1** (正式) 相関関係のある.
**2** 〔文法〕相関的な ‖
**correlative** conjunctions 相関接続詞 《either … or など》.

\***cor·re·spond** /kɔ̀ːrəspánd コーレスパンド | kɔ̀rəspɔ́nd コレスポンド/ [『共に(cor)応じる(respond)』] → 「応じ合う」が本義 派生 correspondence (名), correspondent (名)
── 動 (三単現 ~s /-spǽndz | -spɔ́ndz/; 過去・過分 ~·ed /-id/; 現分 ~·ing)
── 自 **1** (正式) 〈物・事が〉一致する, 調和する, 合う

(agree) ‖
**correspond to** facts 事実に一致する.
The hat **corresponds** well **to** her dress. その帽子は彼女の服によく合っている.
対話 "His words and actions don't correspond at all." "I know. That's why I don't trust him." 「彼はまったく言動が一致しませんね」「そうなんです. だから私は彼を信用しないんです」.
**2** 〈物・事が〉**相当する**, 対応する ‖
The president of a company **corresponds to** the captain of a ship. 会社の社長は船の船長に相当する.
**3**《正式》〈人が〉**文通する**, 通信する ‖
対話 "You don't write letters at all these days, do you?" "I don't have any time to **correspond with** anyone. That's why." 「この頃全然手紙を書きませんね」「だれとも手紙のやりとりなどする時間がないのです. だからですよ」.

**cor·re·spond·ence** /kɔ̀ːrəspάndəns|kɔ̀rəspɔ́ndəns コレスポンデンス|kɔ̀rəspɔ́ndəns コレスポンデンス/ 名 ⓊⒸ《正式》
**1** 一致すること(agreement); 調和, 符合 ‖
the **correspondence of [between]** the goods and the samples =the **correspondence of** the goods **to** the samples 商品と見本の一致.
**2** 相当すること; 類似, 対応.
**3** 文通, 通信(communication); [集合名詞] 往復書簡, 通信(文), 投書 ‖
**be in [have] correspóndence with** a pen pal ペンパルと文通している.
**énter into correspóndence with** her 彼女と文通を始める.
**learn by correspóndent** 通信教育を受ける.

**cor·re·spond·ent** /kɔ̀ːrəspάndənt|kɔ̀rəspɔ́ndənt コレスポンデント/ 名 Ⓒ **1a**《正式》文通する人, 通信者 ‖
a good **correspondent** 筆まめな人《◆「筆不精な人」は a bad [poor] **correspondent**》.
**b** 通信員, 記者; 投書家 ‖
a fóreign **correspondent** 海外通信員.
**2**(外国・遠方の商社などとの)取引先[店]; 地方駐在員.
—— 形《正式》一致する, 対応する.

**còr·re·spónd·ent·ly** 副 一致して, 符合して.

**cor·re·spond·ing** /kɔ̀ːrəspάndɪŋ|-spɔ́nd- -レスポンディング/ 動 → correspond.
—— 形 **1** 一致する, 対応する, 類似の ‖
the **corresponding** period last year 昨年の同期.
**2** 文通[通信]する, 取引する ‖
a **corresponding** clerk [secretary] 通信係.

**còr·re·spónd·ing·ly** 副 一致[対応]して, 同様に.

**cor·ri·dor** /kɔ́ːrədər コーリダ|kɔ́ridɔː コリドー, -də/ 名 Ⓒ 廊下, 通路(→ aisle).

**cor·rob·o·rate** /kərάbərèɪt カラバレイト|-rɔ́b- ロバ-/ 動《現分》**··rat·ing** 他《正式》〈陳述などを〉裏付ける.

**cor·rob·o·ra·tion** /kərὰbəréɪʃən カラバレイション|-rɔ̀b- カロバ-/ 名 Ⓤ **1** 確証. **2**〔法律〕補強[裏付け]証拠.

**cor·rode** /kəróʊd カロウド/ 動《現分》**··rod·ing** 他 …を腐食させる. —— 自 さびつく.

**cor·ro·sion** /kəróʊʒən カロウジョン/ 名 ⓊⒸ 腐食; さび.

**cor·ro·sive** /kəróʊsɪv カロウスィヴ/ 形 腐食する, さびる.

**cor·ru·gat·ed** /kɔ́ːrəgèɪtɪd コールゲイティド|kɔ́r- コル-/ 形 波形の; しわがよった ‖
**corrugated** boxes 段ボール箱(→ cardboard).

**cor·rupt** /kərʌ́pt カラプト/ 形(時に 比較 **~·er**, 最上 **~·est**) **1** 堕(ʣ)落した, 退廃した ‖
a **corrupt** society 乱れた社会.
**2** 不純な; 有害な ‖
**corrupt** air 汚れた空気.
**corrupt** ideas 危険な思想.
**3** わいろのきく, 不正な ‖
a **corrupt** mayor 悪徳市長.
**corrupt** practices (選挙などでの)贈賄(ʣɔ̀ʊwaɪ), 収賄; 汚職.
—— 動 他 **1**〈人〉を堕落させる, 退廃させる ‖
films which **corrupt** youth 若者をだめにする映画.
**2**〈人〉を買収する ‖
**corrupt** a politician 政治家を買収する.
**3**《正式》〈原文〉を改悪する.
—— 自 〈物・事が〉人を堕落させる《◆ 通例次の句で》‖
Power [Money] **corrupts**. 権力[金]は人をだめにする.

**cor·rup·tion** /kərʌ́pʃən カラプション/ 名 **1** Ⓤ 堕落, 退廃 ‖
the **corruption** of the government 腐敗した政府.
**2** Ⓤ 買収; 汚職.

**cor·sage** /kɔːrsάːʒ コーサージュ/ 名 Ⓒ **1**《米正式》コサージュ《婦人服・帽子につける花飾り》. **2**〔洋裁〕(婦人服の)身ごろ.

**cor·set** /kɔ́ːrsət コーセト/ 名 Ⓒ [しばしば ~s] コルセット《女性用下着, また整形外科用》 ‖
a pair of **corsets** コルセット 1 着.

**Cor·si·ca** /kɔ́ːrsɪkə コースィカ/ 名 コルシカ島《イタリア半島西方のフランス領の島. ナポレオン 1 世の出生地》.

**cor·tège, --tege** /kɔːrtéɪʒ コーテイジュ|-téɪʒ -テイジュ/《フランス》名 Ⓒ《正式》[単数・複数扱い] **1** 行列. **2** [集合名詞] 従者.

**cor·tex** /kɔ́ːrteks コーテクス/ 名 (複 **··ti·ces** /-tɪsiːz/; ~·es) Ⓒ **1**〔植〕皮層; 表層組織; 樹皮.
**2**〔解剖〕(脳・腎臓などの)皮質, 外皮.

**cos·met·ic** /kɑzmétɪk カズメティク|kɔz- コズ-/ 形
**1** 化粧の, 美容の.
**2** 美容整形の ‖
**cosmetic** surgery 美容整形外科.

—名 C [通例 ~s] 化粧品.

**cos·mic** /kázmik カズミク | kɔ́z- コズ-/ 形 宇宙の, 天体の ‖

cósmic ráys [radiátion] 〘物理〙宇宙線.
cosmic space 宇宙空間.

**cos·mo·pol·i·tan** /kàzməpálətn カズモパリトン | kɔ̀zməpɔ́l- コズモポリトン/ 形 **1** 全世界[国際]的な; 多くの国の人からなる《◆今は international がふつう》‖

a cosmopolitan city 国際都市.
**2** (国家の立場にとらわれない) 世界主義的な ‖
a politician with a cosmopolitan outlook 国際的な視野を持つ政治家.

—名 C コスモポリタン, 世界主義者, 国際主義者, 国際人.

**cos·mos**¹ /kázməs カズモス | kɔ́zmɔs コズモス/《発音注意》名 U〘正式〙[the ~] (chaos に対し秩序ある体系としての) 宇宙.

**cos·mos**² /kázməs カズモス | kɔ́zmɔs コズモス/ 名 (複 cos·mos, ~·es) C 〘植〙コスモス.

**Cos·sack** /kásæk カサク | kɔ́s- コサク/ 名 C コサック人; [the ~s] コサック族《黒海の北に住む. 昔, 騎兵として活躍》.

\***cost** /kɔ́ːst コ(ー)スト/《類音 coast/kóust/》〖「代価がかかる」が原義〗派 costly (形)

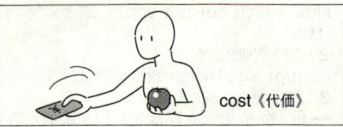

cost《代価》

—名 (複 ~s /kɔ́ːsts | kɔ́sts/) **1** UC [しばしば ~s] 値段, 代価; 費用; 原価(類 expense, price) ‖

the cost of living = living costs 生活費.
production costs 生産コスト.
at cost 原価で.
below cost 原価以下で.
at small [great] cost わずかの[多大の]費用で.
The castle was restored at a cost of $200,000. その城は20万ドルの費用で復元された.
**2** CU (時間・労力の)犠牲, 損害; 失費 ‖
at (a) great [heavy] cost 大損をして.

◇**at áll cósts** = **whatéver the cóst** [ふつう肯定文で] ぜひとも, どんな犠牲を払っても ‖ We must prevent war at all costs. なんとしても戦争は防がねばならない.

**at any cost** どんな金[犠牲]を払っても (at any price) ‖ We must not make war at any cost. どんな犠牲を払ってでも戦争をしてはならない.

◇**at the cóst of A** (結果として)…を犠牲にして ‖ If you continue to smoke, it will be at the cost of your health. タバコを吸い続けたら健康を犠牲にすることになるよ.

**to** one's **cóst**〘英〙(人が) 損害を受けて, ひどい経験をして.

—動 (三単現 ~s /kɔ́ːsts | kɔ́sts/; 過去・過分 cost; 現分 ~·ing)

—他 **1** [cost (A) B] 〈物が〉(A〈人〉に) B〈金額・費用〉がかかる, …を要する ‖
This hat cost (me) $10. この帽子は10ドルした (=This hat was $10). 《◆ ˣThis hat cost $10 for [to] me. とはいわない》.
It cost us a million dollars to build the museum. 博物館建設に100万ドルかかった.

対話 "How much [What] does it cost?" "It costs $30." 「それはいくらですか(=What is its price? = How much is it?)」「30ドルです」.

語法 (1) 進行形・受身形にはふつうしない. ただし比較級を伴う場合などには進行形にする: Eggs have been costing more since last month. 先月以来, 卵はだんだん値上がりしている.
(2) price を いっしょには用いない: ˣIts price costs too much.《◆ The price is too high.(値段は高すぎる) か It costs too much.》.
(3) Tools cost money.(道具にはお金がかかる) のように金額を明示しないときは, 多額を暗示する.

**2** [cost (A) B] 〈事が〉(A〈人〉に) B〈時間・労力〉がかかる; (A〈人〉に) B〈損失・犠牲〉を支払わせる ‖
cost much time and patience 多くの時間と根気がいる.
One mistake can cost a person his life. たったひとつのミスで人は生命を失うこともある.

**co-star** /kóustɑːr コウスター/ 名 C (主役との)共演[助演]者.
—動 (過去・過分 co-starred/-d/; 現分 -star·ring) 自 共演する. —他 …を共演させる.

**Cos·ta Ri·ca** /kástə ríːkə カスタ リーカ | kɔ́s- コス-/〖「富める海岸」というスペイン語から〗名 コスタリカ《中米の共和国. 首都 San José サン=ホセ》.

**cost·li·ness** /kɔ́ːstlinəs コ(ー)ストリネス/ 名 U 高価, 費用のかかること.

**cost·ly** /kɔ́ːstli コ(ー)ストリ/ 形 (比較 -li·er, 最上 -li·est)〘正式〙**1** 高価な, 費用のかかる (→ expensive) ‖
a costly jewel 高価な宝石.
**2** 犠牲[損失]の大きい ‖
costly mistakes 痛い間違い.

\***cos·tume** /kástuːm カストゥーム | kɔ́stjuːm コスチューム, -/〖「習慣となった服装」が本義. cf. custom〗

—名 (複 ~s /-z/) **1** UC (国民・階級・時代・地方などに特有の)服装《◆髪型・装身具なども含む》‖
academic costume 大学の正装.
Dutch costume オランダの民族衣装.
wear hippie costumes ヒッピースタイルの服装をする.
**2** UC 衣装, 扮(ふん)装 ‖
in (a) Halloween costume 万聖祭の仮装をして.
Shakespearean costumes シェイクスピア劇の時代衣裳.
**3** C [通例複合語で] (季節・目的に適した) (婦人)

服, …着；(やや古)女性用スーツ[アンサンブル] ‖
a ríding còstume 乗馬服.
a swímming còstume (主に英)(女性用)水着
((主に米) bathing suit).
**co·sy** /kóuzi コウズィ/ 形名動=cozy.
**cot** /kάt カト|kɔ́t コト/ 名C 簡易ベッド.
\***cot·tage** /kάtidʒ カティヂ|kɔ́tidʒ コティヂ/ [『「覆いのある所」が原義. cf. cot, cote』]
—名 (複~es/-iz/) C 1 田舎(ｲﾅｶ)屋, (主に郊外の)小さな家 《◆米国ではふつう平屋だが英国は平屋とは限らない》. 関連 hut, hovel, shack, shed, shanty.
2 (米)(避暑地などの)**小別荘**, 小ロッジ, 山荘 《◆豪華なものは villa》.
cóttage chèese (米)コテージ＝チーズ((主に英)curd cheese)《白くて柔らかい》.
cóttage índustry 家内工業.
\***cot·ton** /kάtn カトン|kɔ́tn コトン/
—名U 1 綿, 綿花 ‖
raw cotton 原綿.
cotton in the seed 実綿.
pick cotton 綿をつむ.
2 [集合名詞] =cotton plants.
3 a 綿布(cotton cloth).
b 綿糸(cotton thread) ‖
séwing còtton カタン糸《「カタン」は cotton のなまったもの》.
a néedle and cótton [単数扱い](木綿)糸を通した縫い針.
cótton cándy (米)綿菓子((英) candyfloss).
cótton clòth =cotton 3 a.
cótton plànts ワタの木(cotton).
cótton thrèad =cotton 3 b.
cótton wóol (1) (米)原綿. (2) 精製綿；(英)脱脂綿((米) absorbent cotton) ‖ be [live] in cotton wool (英略式)安楽に暮らす, ぜいたくに暮らす / wrap [keep] … in cotton wool 《英略式》〈人〉を甘やかす／〈物〉を大事にしすぎる.
**cot·ton·seed** /kάtnsìːd カトンスィード|kɔ́tn-/ 名 (複 ~s, cot·ton·seed) UC 綿の実.
**cot·ton·wood** /kάtnwùd カトンウド|kɔ́tn-/ 名C (植)ポプラ(poplar)；アメリカクロヤマナラシ《米国の代表的なポプラ. Kansas, Nebraska, Wyoming の州木》.
**cot·y·le·don** /kὰtəlíːdən カティリードン|kɔ̀ti-/ 名C (植)子葉(ﾖｳ).
**cot·y·le·don·ous** /kὰtəlíːdnəs カティリードナス|kɔ̀ti-/ 形 子葉(ﾖｳ)のある.
**couch** /káutʃ カウチ/ 発音注意《◆クーチ, ×コウチ》 類音 coach/kóutʃ/ 名 (複 ~·es/-iz/) C 寝いす, 長いす.
—動 (三単現 ~·es/-iz/) 他 1 (文)〔通例 be ~ed／~ oneself〕〈人〉がからだを横たえる. 2 (正式)…を表現する, 言い表す.
cóuch potàto (米俗)長いすに寝そべって(テレビにかじりついて)いる人, カウチポテト族.
**cou·gar** /kúːgər クーガ/ 名C (主に米)[動]クーガ, アメリカライオン《puma の別名》.

\***cough** /kɔ́(ː)f コー(ー)フ/ 発音注意 擬音語
—動 (三単現 ~s/-s/；過去・過分 ~ed/-t/；現分 ~·ing)
—自 1 せきをする；せき払いをする ‖
He's coughing badly. 彼はひどくせき込んでいる.
2 〈エンジンが〉せき込むような音を出す.
—他 せきをして…を出す ‖
cough out phlegm せきでたんを吐く.
**cóugh úp** (略式)[他]〈金・情報〉をしぶしぶ出す ‖ cough it up すっかりしゃべる, 口を割る.
—名 (複 ~s/-s/) C 1 [a ~] せき；せき払い ‖
give a (slight) cough (ふつう注意・警告のため)(軽く)せき払いをする.
2 せきの音, ゴホン.
3 せきの出る病気 ‖
I have a bad cough. ひどいせきで困っている.
cóugh dròp [(英) swèet] せき止め(剤).

\***could** /(弱) kəd クド, (強) kúd クド/ (→ should) Q&A 『can の直説法・仮定法過去としての用法のほか, 独立用法として現在時の可能性・推量を表す』
→ 助 I [独立用法]：可能性・推量
   1 …である[だった]かもしれない
  II [can の直説法過去]
   2 …する能力があった  4 …できた
  III [仮定法]：能力・可能性
   5 できる[できた・だろう]のに
   6 …していいですか
—助
I [独立用法]：可能性・推量
1a [could do] …であるかもしれない《◆形は過去形でも現在の推量を表す. 話し手の確信度については → may》 ‖
This could be the chance you have been looking for. これが君の求めていたチャンスかもしれない(=It is possible that this is the chance you have been looking for.).
Could it be true? それはいったい本当でしょうか.
b [could have done] …だったかもしれない《◆現在, 当時から見た過去の推量》 ‖
The answer could have been right. 答えは正しかったかもしれない(=It is possible that the answer was right.).
Could she have missed her train? 彼女が電車に乗り遅れたなんてことがありうるでしょうか.
II [can の直説法過去]
2 [能力] a [could do] [通例過去のある期間を示す語句を伴って] …する能力があった, …する能力が備わっていた ‖
He ran as fast as he could. 彼はできるだけ速く走った(=He ran as fast as possible.).
I could drive perfectly ten years ago. 10年前は私も車の運転はだれにも負けなかった.
対話 "Could you swim when you were a child?" "Yes. I could swim very well at ten." 「子供の時泳ぎはできましたか」「ええ, 10歳の時にはもう上手に泳げました」.

語法 [could と was able to] (1)「(…する能力があり, 実際に)ある行為ができた」という肯定文の場合は could は用いられない: I *was able to* [×could] pass my driving test. 車の運転テストに通ることができた / She *was able to* [×could] swim across the river then. その時, 彼女は川を泳いで渡ることができた.
(2) 知覚動詞 (hear, see, feel など) の場合は could も用いられる: I *could* [*was able to*] see him through the window. 窓の向こうに彼の姿を見ることができた.
(3)「…できた」は英語では I pass*ed* my driving test. (運転免許の試験に合格した)のように単に動詞の過去時制ですますことが多い.

**b** [could + 感覚や理解などを表す動詞(hear, see, feel, understand, guess など)] …が聞こえて[見えて]いた《◆過去進行形の代用》∥
I **could hear** the door slamming. ドアがパタンパタンと閉まるのが聞こえていた.
I **could see** the divers' bubbles coming to the surface. 潜水夫の出すあぶくが水面に上ってくるのが見えていた.

**3** [過去時の可能性・推量] **a** [could do] (時には)…しかねなかった, (時には)…する場合もあった∥
She **could** sometimes be annoying as a child. 子供の頃, 彼女は時に手をやかせることもあった.

**b** [could have done] …であったかもしれない《◆現在から見た過去の推量》∥
It seemed like hour, but it **couldn't have been** more than three or four minutes. 何時間もたったように思えたが, 3, 4分しかたっていなかったかもしれない.
対話 "One more blow **could have killed** him." "**Could have.**"「もう一発なぐっていたら, 彼は死んでいたかもしれない」「そうだったかもね」

**4** [過去時の許可] …できた, …するのが許されていた ∥
When she was 15, she **could** stay out only until 9 o'clock. 15歳の時, 彼女は夜の外出は9時までしか許されていなかった (=When she was 15, she was allowed only to stay out until 9 o'clock.)《◆この文脈で might を用いるのは《まれ》》.

### III [仮定法: 能力・可能性]

**5** [could do] **a** …できる《◆「もしも可能なら」という含みが could にあるので can よりていねい》∥
対話 "**Could** you help me?" "Yes, I **can** [×could]."「お手伝い願えますか」「ええ, いいですよ」.

**b** [if の帰結節として] (もし…すれば)…できるであろうに ∥
We **could** win the game **if** we tried harder. もっと一生懸命やれば, 試合に勝てるだろうに (= It **would be** possible for us to win the game if we tried harder.).

語法 文脈からそれとわかる場合は, if 節は表現されないことが多い: I *could* swim across the river.(もしその気になれば)川を泳いで渡れるのだが《◆文脈によっては(過去において)「川を泳いで渡れる能力があった」の意にもなる》/ I am so hungry that I *could* eat a whole loaf. 腹が減っているので食パンを丸ごと食べられそうなくらいだ / 対話 "How are you?" "*Couldn't* be better." 「どうだい」「とても快調だ(これ以上のことはない)」.

**c** [could have done] [if の帰結節として] (もし…であったなら)…できたろうに ∥
The driver **could have avoided** the accident if he had been more careful. もっと注意深かったら運転手は事故を避けることができたろうに.

**6** [許可] [通例 could I [we] …?] …していいですか《◆can よりていねい》∥
対話 "**Could I** use your cellphone?" "Yes, you **can** [×could]."「ケータイを使ってもいいですか」「ええ, どうぞ」《◆許可を与える場合には could は ふつう用いない》.
対話 "**Could I** borrow your map?" "Sure. Here it is."「あなたの地図をお借りできますか」「ええ, どうぞ」.

**cóuld be** (略式) [副] たぶんね, かもね《◆maybe とほぼ同じではっきり yes, no と言いたくないときに用いる. cf. **3 b**》∥ 対話 "Do you think that girl will go out with me if I ask her?" "**Could be.**"「あの子, 誘ったらデートしてくれると思うかい」「うんまあね」.

\***could·n't** /kúdnt クドント/ (略式) could not の短縮形.

\***coun·cil** /káunsl カウンスル/ (同音 counsel)
[共に(con)呼び合って集まる(cil). cf. *concili*ate] 派 councilor (名)
—名 (複 ~s/-z/) C [集合名詞; 単数・複数扱い] **1 会議**, 評議, 協議 ∥
be **in cóuncil** 会議中である.
a cábinet cóuncil 閣議.
**2** 評議[審議, 協議]会 ∥
the stúdent cóuncil (米) 生徒会, 学生自治会.
**3** (主に英) 地方自治体.

**coun·cil·lor** /káunsələr カウンスィラ/ 名 (主に英) = councilor.

**coun·cil·or**, (主に英) **--cil·lor** /káunsələr カウンスィラ/ (同音 counselor) 名 C **1** 評議員, 顧問官.
**2** (英) 市[町, 村]会議員.

**coun·sel** /káunsl カウンスル/ (同音 council) 名
**1** U C (正式) 忠告, 助言; 勧告 (advice) ∥
a counsel [counsels] of perfection (文) 実行不可能な理想案.
**2** U (文) 相談, 協議, 評議 ∥
meet for counsel 協議する.
táke [hóld] cóunsel with her 彼女と相談する.
**3** (英) [単数・複数扱い] 弁護人; [(the) ~; 集合

名詞] 弁護団.
　——動 (過去・過分) ~ed または (英) coun·selled /-d/; (現分) ~·ing または (英) --sel·ling 他 (正式)
**1** 〈人〉に忠告する ∥
The teacher **counseled** him **about** his future plans. 先生は彼に将来の計画について忠告した.

**2** 〈行動など〉を勧める, [counsel doing] …するよう勧める(advise) ∥
The doctor **counseled** an immediate operation. 医者はすぐに手術することを勧めた.

**3** [counsel A to do] A〈人〉に…するよう勧める ∥
I **counseled** him **to** start. 彼に出発するよう勧めた.

**coun·sel·ing**, (主に英) **--sel·ling** /káunsliŋ カウンスリング/ 名 U カウンセリング, 助言；指導.

**coun·sel·or**, (主に英) **--sel·lor** /káunslər カウンスラ/ (同音 councilor) 名 C 助言者；カウンセラー.

*__count__¹ /káunt カウント/ 〖「計算する」が原義〗
　——動 (三単現) ~s/káunts/; (過去・過分) ~ed /-d/; (現分) ~·ing
他 **1** …を数える, 合計する；…を計算[算出]する (類 enumerate, calculate, compute, reckon) ∥
**count** the house 入場者を数える.
**count** heads [noses] (略式) (出席者の)人数を数える.
**count** up [over] all the desks 机を全部数えあげる.

**2** (正式) …を勘定に入れる；…を考慮する ∥
There are five people, **counting** her. 彼女を入れて5人いた.
**count** him **among** our friends 彼を仲間の1人とみなす.

**3** (正式) [count A (as [for]) C] A〈人・物・事〉をCと考える, 思う (◆ (1) C は名詞・形容詞. (2) 進行形にしない) ∥
**count** oneself háppy 自分を幸福だと思う.
She is **counted as** their leader. 彼女は彼らの指導者と考えられている.

　——自 **1** 数える；計算する；(合計で…の)数になる[入る] ∥
**count** (up) from one to ten on one's fingers 指を折って1から10まで数える.
The oranges **count** eight. オレンジは数えると8個ある.
How high can you **count**? いくつまで数えられるの.

---
Q&A　*Q*: 米英では指で数を数えるときはどうするのですか？
*A*: こうやって左手の親指から1つ, 2つと小指の方へと右の人さし指で数えていきます ((図) ↗).
*Q*: 指を折ったりして数えないのですか？
*A*: ええ, それもあります. 親指から折り始めて, 6から小指から逆に開いていくのです.
---

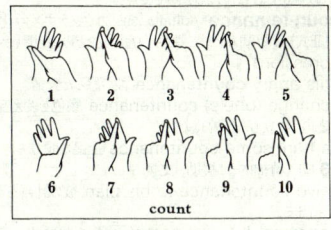

count

**2** みなされる ∥
The book **counts as** his masterpiece. その本は彼の傑作とみなされている.

**3** 価値がある, 重要である ∥
The voices of two small people do not **count for** much in this world. この世ではちっぽけな2人の発言など問題にならない.
Money **counts for** something. お金は重要である ((◆ 「重要でない」は count for nothing)).
Seconds **count**. 1秒を争う.

**count** (A) **against** B (1) B〈人〉に不利となる. (2) [通例否定文で] A〈事情〉でB〈人〉を不利と考える.

**count dówn** 自 (3, 2, 1のように)数を逆に数える；(ロケット発射時などに)秒読みする.

**cóunt ín** (略式) 他 …を勘定に入れる ∥ Let's **count** him **in for** the party. 彼をパーティーの仲間に入れよう.

**count on [upon]** A (略式) …を頼りに[期待]する (depend on) ∥ You are always **counting on** him to help you. =You are always **counting on** him for help. =You are always **counting on** his help. =You are always **counting on** his [(略式) him] helping you. 君はいつも彼の助けを当てにしている.

**cóunt óut** 他 (1) (英略式) …を勘定に入れない. (2) (ボクシング) 〈選手〉にノックアウトを宣言する.

**cóunt to tén** (略式) (1) 10まで数える. (2) (10まで数えて)心を落ち着ける.

**cóunt úp to** A …まで数える；(総計で)…になる.

　——名 (複) ~s/káunts/) **1** UC (1つ1つ)数えること, 計算, 勘定 ∥
by **count** 数える[計算する]と.
beyònd [òut of] cóunt 数え切れない.
màke a héad cóunt 人数を数える.

**2** CU 総数, 統計 (をとって数を数えること).

**3** C (野球) (打者の)ボールカウント 《日本とは逆にボール・ストライクの順に three and one のように数える》；(ボクシング) [the ~] カウント 《ダウンのあと審判の数える秒数》.

**count**² /káunt カウント/ 名 [しばしば C~] C (英国以外の)伯爵 (◆ 呼びかけにも用いる. cf. duke).

**count·a·ble** /káuntəbl カウンタブル/ 形 **1** (正式) 数えられる. **2** (文法) 可算の (↔ uncountable).
　——名 C 数えられるもの；(文法) 可算名詞 ((◆ 本辞典では C と表示してある)).

**count·down** /káuntdàun カウントダウン/ 名 UC

**coun·te·nance** /káuntənəns カウンテナンス/ 名
(正式) **1** ⓊⒸ 顔つき, 顔色; (顔・眉などの)表情(expression) ‖
his angry countenance 彼の怒った表情.
change (one's) countenance 顔色を変える.
**2** Ⓒ 顔立ち, 容貌(ようぼう) ‖
a handsome countenance 上品な顔立ち.
**3** Ⓤ (精神的な)援助, 支援 ‖
give cóuntenance to his plan 彼の計画を支持する.

**count·er**[1] /káuntər カウンタ/ 名Ⓒ **1** カウンター, 売り台, 勘定台; 調理台 ‖
a clerk behind [across] the counter 売場の店員.
pay òver the counter カウンターで支払う.
sérve [sít, wórk, stánd] behìnd the cóunter 売場で働く; 小売店を営む.
**2** 計算者; 計算器.
**3** (ゲームの)カウンター《得点計算に用いる金属・象牙(ぞう)・木などの小片》.
**òver the cóunter** (1) 公明正大に, 堂々と. (2) 小売店を通して. (3) 処方せんなしで.
**ùnder the cóunter** 《商品が正規のルートによらず》やみ取引で; こっそりと.

**coun·ter**[2] /káuntər カウンタ/ 形 《正式》反対の, 逆の.
—— 副 《正式》反対方向に; 反対して ‖
a hound running counter (獲物・指示とは)反対の方向へ走っている猟犬.
act counter to all advice ことごとく忠告にさからう.
—— 動 他 《正式》**1** …に反対する; …を無効にする ‖
We countered attempts to defeat him. 彼を破滅させようとするすべての試みを打ち砕いた.
**2** …という反証をあげる ‖
We countered that our warnings had been ignored. 我々は警告が無視されていたという反証をあげた.
—— 自 《正式》反対する.
—— 名Ⓒ **1** 逆, 反対のもの. **2** 〖ボクシング〗カウンター(counterpunch). **3** (靴の)カウンター, 円form芯(しん) (図 → shoe).

**coun·ter·act** /kàuntərǽkt カウンタアクト/ 動 他 (反作用で)…をやわらげる.

**coun·ter·at·tack** /káuntərətæk カウンタアタク/ 名Ⓒ 逆襲, 反撃. —— 動 他自 (…に)反撃する.

**coun·ter·bal·ance** /káuntərbæləns カウンタバランス; 動 ⌃⌃/ 名Ⓒ **1** 釣り合いおもり; 平衡力. **2** 〖通例 a ~〗 釣り合うもの.
—— 動 (現分) ~anc·ing) 他 **1** …と釣り合わせる.
**2** …の埋め合わせをする.

**coun·ter·clock·wise** /kàuntərklákwàiz カウンタクラクワイズ; -klɔ́k- -クロクワイズ/ 《主に米》 形 副 反時計回りの[に], 左回りの[に] 《《主に英》 anticlockwise》.

**coun·ter·feit** /káuntərfit カウンタフィト/ 形 偽造の; 模造の. —— 動 他 …を偽造する.

**coun·ter·part** /káuntərpɑ̀:rt カウンタパート/ 名Ⓒ
**1** 《正式》互いによく似た人[物] (の一方) ‖
He is the very counterpart of his father. 彼は父親に生き写しだ.
**2** 対応[相当]するもの.
**3** 〖法律〗(契約書などの)副本, 写し.

**coun·ter·point** /káuntərpɔ̀int カウンタポイント/ 名 **1** 〖音楽〗Ⓤ 対位法; Ⓒ 対位旋律. **2** Ⓤ 〖文学〗対位形式. **3** Ⓤ 対照, 対比.

**coun·ter·sign** /káuntərsàin カウンタサイン/ 名Ⓒ
**1** 応答[応信]信号. **2** 〖軍事〗合い言葉.

**coun·tess** /káuntəs カウンテス/ 名 (複 ~·es/-iz/) Ⓒ 《《呼びかけにも用いる》》 **1** 伯爵夫人. **2** 女伯爵.

**coun·ties** /káuntiz カウンティズ/ 名 → county.

***count·less** /káuntləs カウントレス/ 形 数えきれない(ほどの), 無数の.

**coun·tries** /kʌ́ntriz カントリズ/ 名 → country.

**\*\*coun·try** /kʌ́ntri カントリ/ 〖「向こう側の土地」が原義〗
→ 名 **1 a** 土地, 地方  **b** 田舎(いなか)  **2** 国
—— 名 (複 coun·tries/-z/) **1** Ⓤ **a** 〖通例無冠詞; 修飾語を伴って〗(広々とした開発されていない)土地, 地方, 地域 ‖
open country ずっと開けた土地.
There's a lot of country there. そこにはまだ広々とした土地がたくさんある.
**b** 〖the ~〗 (都会に対して)田舎, 田園, 郊外 (countryside) 《farm, ranch, pasture, orchard, woods などを連想させる語》(⇔ the town) 《関連形容詞: pastoral, rural》 ‖
live in the country late in life 晩年を田舎で過ごす 《◆「その国」と混同されやすいので, この意味では countryside を使う》.
**2** Ⓒ **a** (地理的な意味での)国, 国家 (nation), 国土 (land) 《◆言語や文化面から見た「国」の意味にもなる: Wales is a country. ウェールズは1つの国だ》‖
a civilized country 文明国.
a developing country 開発途上国.
the country of Japan 日本の国土.
in this country 我が国では《◆自国にいる人が自国のことをいう場合に用いる. in our country は「我が母国[祖国]では」といった感じを含む. → 2 b》.

類 country は地理的な国土としての国, nation は歴史的共同体としての国民からなる国, state は法律的・政治的な概念としての国家をさす.

**b** 〖通例 one's ~〗 祖国, 本国, 故郷 ‖
love of one's country 祖国愛.
flee from one's own country 祖国から亡命する.
**3** 〖the ~; 集合名詞; 単数扱い〗 国民, 大衆 ‖
All the [The whole] country is opposed to war. 国民はみな戦争に反対した.
**4** 〖形容詞的に〗 田舎(ふう)の, 粗野な(→ rural);

a country road 田舎道.
country dignity 国の威厳.
**acròss (the) cóuntry** 《道を通らずに》田野を横切って；一直線に；国中に.
**cóuntry clùb** カントリークラブ《ゴルフ・スポーツなどの設備をもつ社交クラブ》.
**cóuntry hòuse** (英)(貴族・富豪などの)田舎の邸宅；(米)別荘.
**cóuntry mùsic** = country-and-western.
**coun·try-and-west·ern** /kʌ́ntriəndwéstərn カントリアンドウェスタン | -wéstn -ウェストン/ 名 Ⓤ 〔音楽〕カントリー=アンド=ウェスタン《略》C & W》.
**coun·try·man** /kʌ́ntrimən カントリマン/ 名 (複) -men；《女性形》-wom·an Ⓒ ((PC) inhabitant, native (inhabitant), resident, citizen).
**1** (ある土地の)出身者.
**2** [通例 one's ~] 同国人, 同郷人.
**3** 田舎(いな)者.

*\***coun·try·side** /kʌ́ntrisàid カントリサイド/
── 名 [the ~] **1** Ⓤ (国内の)地方, 田舎(いな)《◆田舎の風景を伝える語. → country 1b》.
**2** [集合名詞；単数扱い] 地方の住民.

*\***coun·ty** /káunti カウンティ/ 〖「伯爵(count)の管轄地」が原義〗
── 名 (複) coun·ties /-z/) Ⓒ **1** (米)郡《state (州)の下位の行政区画. (略) Co.；ただし Louisiana は parish を使う. cf. borough》》
Suffolk County (米)サフォーク郡.
**2** (英・アイル)州, 県(イングランド・ウェールズ・アイルランドの)州, 県(英(英国) shire)《行政区画上の最大区画. アイルランドでは Co. Dublin のように表す》》
the county of Devon デボン州(=Devonshire) 《◆ *Devon County としない》.
**cóunty cóuncil** (英)州議会.
**cóunty fáir** (米)(ふつう年1回秋の)農産物品評会.

**coup** /kúː クー/ (発音注意)《◆ p は発音しない》(同音) coo)《フランス》名 (複) ~s/-z/) Ⓒ **1** (正式)予期しないこと；大当たり, 大成功
máke [púll óff] a gréat cóup 大成功を収める.
**2** =coup d'état.

**coup d'é·tat** /kúː deitáː クー デイター/ 〖フランス〗名 (複) coups d'état /~/, coup d'états /~z/) Ⓒ クーデター.

**cou·pé, ‑·pe** /kuːpéi クーペイ,—/ 〖フランス〗名 (複) ~s /-z/) Ⓒ **1** 〔歴史〕クーペ型馬車《御者台が外にある4輪箱型馬車. 2人乗り》. **2** クーペ型自動車《2ドア箱型. 最近では two-door sedan [hardtop] ということが多い》.

*\***cou·ple** /kʌ́pl カプル/ 〖「つなぎ合わされたもの」が原義. cf. copula, copulate〗
── 名 (複) ~s /-z/) Ⓒ **1** (同種類の)2個, 2つ《◆ pair は同一のものが1対をなすもの》》
Every couple is not a pair. (ことわざ)同種類のもの2個が必ず1対になるものではない.
**2** [集合名詞] 男女の1組；夫婦, 恋人, カップル《◆

1つの単位をなすときは単数扱い, 2人を示すときは複数扱い》》
a married couple 夫婦.
an engaged couple 婚約中の2人.
The couple are spending their honeymoon in Hawaii. 新婚夫婦はハワイでハネムーンを過ごしている《◆ are の代わりに is の場合は their は its となる》.
***a cóuple of*** A (1) 2つの…, 2人の… ‖ a [×one] couple of socks 2つのソックス《◆そろいとは限らない. a pair of socks なら「(そろいの)ソックス1足」》 / a couple of girls 2人の少女《◆ two girls とすれば (2) の意味との誤解がないが (略式)では *a couple of* は 2つ, 3の, いくらかの(a few), 数人の《◆(1) 最高4(人)ぐらいまで. (2)(1)との区別は文脈による》》‖ a couple (of) hours 2, 3時間 / have a couple (of) drinks 数杯飲む《◆(米)では of を省くことがある》 / Bring a couple more chairs. いすをもう2, 3脚持って来なさい《◆more がつくと of 省略がふつう》.
── 動 (現分) cou·pling) 他 …をつなぐ；…を結びつけて(考える)る ‖
couple the railway cars together 車両を連結する.
We couple the name of Aomori with the idea of apples. 青森といえばリンゴを連想する.

**cou·plet** /kʌ́plət カプレト/ 名 Ⓒ 〔詩〕二行連句, 対句.

**cou·pling** /kʌ́pliŋ カプリング/ 動 → couple.
── 名 **1** Ⓒ 連結, 結合. **2** Ⓒ 〔機械〕カップリング, 連結器；〔鉄道〕連結手.

**cou·pon** /kúːpɑn クーポン | kúːpɔn クーポン/ 名 Ⓒ **1** 切り取り切符, クーポン式乗車券. **2** クーポン, 優待券, 割引券, 粗品引換券, (広告などに付いている)見本請求券.

*\***cour·age** /kə́ːridʒ カーリヂ | kʌ́ridʒ カリヂ/ 〖原義「心の状態」から「芯(しん)の強さ」を表す〗
── 名 Ⓤ (恐怖・不安・危険に対して発揮する)勇気, 度胸, 大胆(↔ cowardice)；(苦痛・不幸などに耐える)精神力《◆ bravery より堅い語》》
hàve the cóurage to do so そうする勇気がある, 平気でもそうする.
táke cóurage 勇気を出す.
an act of courage 勇気ある行為.
pluck [muster, screw, summon] up one's courage 勇気を奮(ふる)い起こす, 元気を出す.
His courage almost failed him. 彼の勇気はほとんど尽きた.
対話 "I just can't talk to her." "Boy, you really need more courage." 「ぼくはどうも彼女の前に出ると話ができないんだ」「おいおい, もっと勇気を持たなくちゃ」.

**cou·ra·geous** /kəréidʒəs カレイヂャス/ 形 勇気[度胸]のある, 勇ましい(↔ cowardly)；(苦痛・不安など)耐える《◆ brave より堅い語》》
It is very courageous of him to say so. = He is very courageous to say so. =How

courageous of him to say so! そう言うとは彼はなかなか勇気がある.
**cou·ra·geous·ly** 副 勇敢に.
**cou·ri·er** /kúriər クリア, (米+) kə́:riər/ 名 C **1** (正式)特使. **2** (団体旅行の)添乗員.

## course /kɔ́:rs コース/ (同音 coarse)
『「流れ,走る所」が原義』

→ 名 **1 a** 進行 **b** 方向 **2** 経過 **3** 方針 **4** 連続講座;課程

── 名 (複 cours·es/-iz/) **1** U C **a** [しばしば the ~] (ある方向への)**進行**, 推移 ‖
the course of life 人生行路.
**b** [the ~ / one's ~] (とるべき)**方向**, 進路, 針路; (物が進む)道(筋), 行程; 水路 ‖
the course of a river 川の水路.
change [shift] one's course westward 進路を西に変える.
stand the course 進路を変えない.
The boat is on its right cóurse. 船は正しい針路をとっている《◆「…からはずれている」は óff its right cóurse.
**2** U [通例 the ~] (時·事態の)**経過**, 成り行き ‖
the course of things 事態, 成り行き.
Let it take the course of nature. それを自然の成り行きにまかせる.
**3** C **方針**, 方向, 策, 方法; ふるまい, 行動 ‖
the best course 最善策.
take one's (own) course 思いどおりにする.
take to evil courses 放蕩(ほうとう)を始める.
**4** C **連続講座**(series), 講習, 研修; (英)一続きの医療; (ふつう高校以上の)**課程**, 講座; 教科, 科目, 単位 ‖
a history course =a course (of lectures) in history 歴史講座.
take the first course in Spanish スペイン語初歩(の科目)をとる.
**5** C (コース料理の)一品, 一皿 ‖
a six-course dinner =a dinner of six courses 6品料理の食事《ふつう soup, fish, meat, sweets, cheese, dessert の順. ×full course は誤り》.
**6** C [しばしば複合語で] (競走·競技の)コース, 走路 《◆「1人分ずつに分かれた「コース」は lane》 ‖
a race-course (英)競馬場.
run the course in 10 seconds 10秒でコースを走る.

***in cóurse of*** A …中の[で] ‖ in course of construction 建設中の[で]《◆ (米)では in the course of ... ともいう》.

***in dúe cóurse*** (1) 当然の順序を追って, 事が順調に運んで. (2) やがて, ついには, 時が来れば.

***in the cóurse of*** A (1) (正式)…の間に, …のうちに(during) ‖ go to London in the course of one's travel 旅行中にロンドンを訪ねる. (2) (米) =in COURSE of A.

***in (the) cóurse of tíme*** そのうちに, やがて, いつかは.

***in the (órdinary) cóurse of thíngs [evénts]*** 自然の成り行きで, 自然に.

◦***of cóurse*** /əvkɔ́:rs オヴコース, əf-/ [副] (1) (相手への返答)**もちろん**, 確かに ‖ 対話 "May I go with you?" "Of course.(↘)" 「一緒に行ってもいい」「もちろんさ」| 対話 "You haven't told a lie?" "Of cóurse nòt." 「うそじゃないだろうね」「もちろん(うそなんかついてない)」《◆「そんなことわかりきっている」というときに使う言い方なので多用すると失礼になることがある》. (2) (略式)あっそうだ(ったね), (ああ)そうそう《◆当然なことに気づいたり, 思い出したりするとき》 ‖ 対話 "I'm Tom's brother." "Of course. That's right." 「トムの兄では」「そうそう, そうでしたね」. (3) [しばしば but, all the same などを伴って; 文全体を修飾] **もちろん**, **当然** ‖ Of course, he went, but I didn't. もちろん彼は行ったが私は行かなかった.

***rún [fóllow, táke] its cóurse*** 〈事件·病気などが〉成り行きにまかされる, 自然の経過をたどる.

── 動 (現分 cours·ing) 自 勢いよく流れる.

## *court /kɔ́:rt コート/ (同音 (英) caught; 類音 coat /kóut/) 『「囲まれた庭」から1, 2 の意味が生れた』 関 courteous (形), courtly (形)

→ 名 **1** 法廷 **2** 宮廷 **3 a** 中庭 **b** コート

── 名 (複 ~s/kɔ́:rts/) **1** C **法廷**(courtroom), 裁判所; U 開廷, 裁判; [the ~; 集合名詞; 単数扱い] **裁判官**, 判事 ‖
a cóurt of jústice 裁判所, 法廷.
appear in [attend] court 出廷する.
bring her to cóurt 彼女を裁判にかける.
hold court 開廷する.
settle the matter in court 法廷で黒白をつける.
táke it into [to] cóurt それを裁判ざたにする.
**2** [しばしば C~] U C **宮廷**, 王宮, 皇居; (英)大邸宅; [集合名詞; 単数·複数扱い] **廷臣**(ていしん), 王室 ‖
the king and his (whole) court 王と全廷臣.
be presented at court [Court] 宮廷で拝謁(はいえつ)を賜わる.
gò to Cóurt 参内(さんだい)する.
**3** C **a** 中庭.
**b** [しばしば複合語で] (テニスなどの)**コート**; その一画 ‖
a tennis court テニスコート.

── 動 他 (正式)求愛する.

**cóurt ténnis** (米)コートテニス((英)real tennis)《屋内の壁面を利用するテニスで lawn tennis の原型》.

**cour·te·ous** /kə́:rtiəs カーティアス, (英+) -tjəs, kɔ́:-/ 形 (正式)**礼儀正しい, ていねいな, 親切な**(polite) ‖
It is very courteous of you to help me. = You are very courteous to help me. = How courteous of you to help me! 私を助けてくださってありがとうございます.

**cour·te·ous·ly** /kə́:rtiəsli カーティアスリ, (英+)

-tjəs, kɔ́ːr-/ 副 礼儀正しく, ていねいに.

**cour・te・sy** /kə́ːrtəsi カーテスィ, (英+) kɔ́ːr-/ 名 (複 -te・sies/-z/) **1** Ⓤ 礼儀正しいこと, ていねい; 親切; Ⓒ (式) いんぎんな行為[言葉] ∥
with courtesy 礼儀正しく.
**2** Ⓤ 寛大, 好意; Ⓤ Ⓒ 優遇; Ⓒ 黙認.
**3** [形容詞的に] 儀礼上の; 優遇の; (ホテルなどの) 送迎用の ∥
a courtesy visit 表敬訪問.
*by cóurtesy* 儀礼[慣例]上の(の).
*(by) cóurtesy of* A …の好意で[の] ∥ by cóurtesy of the áuthor 著者の好意で[の].

**cour・ti・er** /kɔ́ːrtiər コーティア/ 名 Ⓒ (古) 廷臣.

**court-mar・tial** /kɔ́ːrtmɑ́ːrʃl コートマーシャル/ 名 (複 courts-mar・tial, ~s) Ⓒ 軍法会議(の公判).
── 動 (過去・過分) ~ed または (英) -mar・tialled /-d/; (現分) ~・ing または (英) -tial・ling 他 〈人〉を軍法会議にかける.

**court・room** /kɔ́ːrtrùːm コートルーム/ 名 Ⓒ 法廷.

**court・ship** /kɔ́ːrtʃip コートシプ/ 名 Ⓤ Ⓒ (文) **1** (女性への)求愛, (動物・鳥などの)求愛(期間). **2** 賞賛[好意]の要求.

**court・yard** /kɔ́ːrtjɑ̀ːrd コートヤード/ 名 Ⓒ (建物・塀などで囲まれた)中庭.

**＊cous・in** /kʌ́zn カズン/ 〖「母親方のおばの子」が原義〗
── 名 (複 ~s/-z/) Ⓒ いとこ((式) coz)《従兄・従弟・従姉・従妹. 図 → family》 ∥
a first cousin (実の)いとこ.
a first cousin once removed いとこの子.
a second cousin またいとこ, はとこ《親のいとこの子》.

**cove** /kóuv コウヴ/ 名 Ⓒ (湾内の)入江(→ bay).

**cov・e・nant** /kʌ́vənənt カヴナント/ 名 Ⓒ **1** 契約.
**2** [the C~] 〖聖書〗 (神とイスラエル人との)約束 ∥ the Land of the Covenant 約束の地(Canaan).
── 動 他 …を約束する.

**Cóv・ent Gárden** /kʌ́vənt- カヴント-, kɑ́v-|kɔ́v-コヴント-/ 名 **1** コベントガーデン《ロンドンの中心部の地名. もと青果・草花市場があった》. **2** コベントガーデン劇場《同地区にあるオペラ劇場 Royal Opera House の通称》.

**Cov・en・try** /kʌ́vəntri カヴントリ|kɔ́v- コヴントリ/ 名 コベントリー《英国中部にある工業都市》.

**＊cov・er** /kʌ́vər カヴァ/ 〖「隠したり, 保護するため表面を完全に覆(聚)う」が本義〗
→ 動 他 **1** 覆う **2** かばう **3** 含む **4** 行く
名 **1** 覆う物
── 動 (三単現) ~s/-z/; (過去・過分) ~ed/-d/; (現分) ~・ing/-əriŋ/)
── 他 **1** 〈人・物が〉〈物・人〉を覆う, 包む, …にかぶせる (+*up*) (↔ uncover) ∥
cover a table with a cloth テーブルにクロスを掛ける, 食事の用意をする.
cover (up) his knees with a blanket 彼のひざに毛布を掛ける.
cover one's face with [in] one's hands 両手で顔を覆う.
She is covered in [with] confusion. 彼女はどぎまぎしている.
Dust covered her face. =Her face was covered with [by, in] dust. 彼女の顔はほこりまみれだった.

> 語法 (1) 受身では「覆われている」状態は with, 「覆われる」動作は by.
> (2) with, by は表面が隠されていることを, in はある物の中にすっぽり収まっていることをいう.

**2 a** 〈人が〉〈物〉に覆いをつける; 〈人が〉〈物〉に(覆い・上張りなどを)つける; 〈物〉に(ペンキなどを)塗る ∥
cover the pan with a lid なべにふたをつける.
cover a wall with paper 壁に紙を張る.
**b** 〈人〉をかばう (+*up*); 〖軍事〗 …の掩(ぇ)護射撃をする; 〈人・物が〉〈人・事〉を保護する, 覆い隠す, さえぎる ∥
cover one's head 帽子をかぶる.
cover (up) one's tracks 足跡を隠す, 行方をくらます;《略式》活動[消息]を秘密にする.
The trees covered me from rain. 木のおかげで雨にぬれずにすんだ.
I tried to cover my grief with a smile. 私は笑って悲しみをごまかそうとした.
**c** [be covered with [in] A / cover oneself with A] 〈人・物が〉A 〈物・事〉をになう, 身に受ける ∥
cóver onesèlf with glóry 光栄に浴する.
He was covered with arrogance. 彼の顔には傲慢(ぷ)さが出ていた.
**3** 〈人・物・事が〉〈範囲・問題など〉を含む, 扱う, 担当する; …にわたる ∥
cover the post その地位を引き受ける.
The law covers this case. その規則はこの場合にあてはまる.
Her land covers three square miles. 彼女の土地は3平方マイルに及んでいる.
Her report covers air pollution thoroughly. 彼女の報告書は大気汚染を余さず取り扱っている.
**4** 〈人・乗物が〉〈距離・場所〉を行く, 踏破する ∥
cover 100 miles a day 1日に100マイル行く.
**5** 〈料金・損失など〉を償う, まかなう; …に保険をかける, …を担保に入れる ∥
cover the damage by insurance 保険で損害をまかなう.
I am covered against fire. 火災保険をかけている.
Five dollars a person won't cover the expenses for the party. 1人5ドルの会費では足が出るだろう.
**6** 〈事件など〉を報道[放送]する ∥
cover an accident for a newspaper 事故について新聞で報道する.

*cóver óver* [他] 〈物・事〉をすっかり覆う;〈悪事・

**coverage** / **crack**

失敗などを隠す.
**cóver úp** (1) 〔自〕（コートなどで）身をくるむ；（うそをついたりして）かばう. (2) 〔他〕→ 〔他〕**1, 2 b**；〈悪事・本心などを〉隠す.
──图〔複 ~s/-z/〕 C **1** 覆う物, 包む物；（本の）表紙（図 → **book**）《表紙をくるむ「カバー」は (book) jacket, wrapper》；包装紙 ‖
a **cover** for a car 自動車用カバー.
put a **cover on** a sleeping child 寝ている子供に上掛けをかける.
read a book (from) **cover** to **cover** 本を最初から最後まで読み終える.
**2** U C 保護する物［事］, 避難；（鳥獣の）隠れ場；（略式）（人の）隠れ場所, さえぎるもの；〔軍事〕掩（え）護（物）；[the ~] 一面に生えている植物 ‖
beat the **cover** 獲物の隠れ場を打って回る.
break **cover** 〈獲物が〉隠れ場から飛び出す.
get under **cover** 避難する.
The trip was a **cover** for his smuggling. 旅行は彼の密輸入の隠れみのだった.
**3** C U（郵便）封筒；小包.
under separate **cover** 別封で, 別便で.
under the same **cover** 同封で.
under plain **cover**（社名などの明記のない）無地の封筒［小包］で.
táke cóver 隠れる, 避難する.
únder (a [the]) cóver (1) 屋根の下に（→ 图**2**）；封筒に入れて（→ 图**3**）. (2) 隠れて, まぎれて, こっそりと ‖ under (the) **cover** of friendship 友情にかこつけて.
**cóver chàrge**（レストラン・ナイトクラブなどの）カバーチャージ, 席料.
**cóver girl**（略式）カバーガール《雑誌の表紙の美女》.
**cóver stòry** カバーストーリー《雑誌の表紙になるような目玉記事》.
**cov·er·age** /kʌ́vərɪdʒ カヴァリヂ/ 图 U 適用範囲；（ラジオ・テレビの）放送範囲.
**cov·er·ing** /kʌ́vərɪŋ カヴァリング/ 動 ← **cover**.
──图 U C 覆う物［事］；覆い, ふた；カバー.
**co·vert** /kóuvə:rt コウヴァート | kʌ́v- カヴァート/ 形（正式）隠された；ひそかな（↔ **overt**）‖
**covert** irony 暗に示したいやみ.
**cov·et** /kʌ́vɪt カヴィット/ 動 〔他〕（正式）〈他人の物を〉むやみに欲しい（と思う）.
**cov·ey** /kʌ́vi カヴィ/ 图 C [単数・複数扱い]（ウズラ・シャコなどの）一群（→ **flock**[1]）.
**\*\*COW**[1] /káu カウ/
──图〔複 ~s/-z/〕 C **1** 雌牛（し）；乳牛, ウシ《ox が動物学的な総称であるのに対し, cow は牛乳と結びつく一般的な名称》‖
milk a **cow** 牛の乳をしぼる.
a sacred **cow**（ヒンドゥー教で）神聖なウシ；[皮肉的に] 侵すべからざるもの, タブー.
He keeps ten **cows** and a bull. 彼は雌牛10頭と雄牛1頭を飼っている.

関連 (1) [種類] bull 去勢しない雄牛 / ox 去勢した雄牛 / calf 子牛 / steer 去勢された雄の食肉用の牛 / bullock 去勢された雄の荷役用の牛 / heifer 子を産んでいない若い雌牛 / cattle 集合的に家畜としての牛.
(2) [鳴き声] cow は low, moo; bull は bellow; ox は bow, bellow; calf は bleat.

**2**（ゾウ・クジラ・アザラシなどの）雌 ‖
a **cow** elephant 雌ゾウ.
till [until] the cóws còme hóme（略式）いつまでも《ウシは放っておけばいつまでも小屋に帰ってこないことから》‖ You can wait till the **cows** come home. いつまでも待つがいいさ《待ってもむだだという含み》.
**cow**[2] /káu カウ/ 動 〔他〕（正式）…をおびやかす.
**cow·ard** /káuərd カウアド/ 图 C 臆（お）病者 ‖
You **coward**! Are you afraid of injections? この意気地なし！注射が恐いのか.
**cow·ard·ice** /káuərdɪs カウアディス/ 图 U 臆（お）病（↔ **bravery**）.
**cow·ard·ly** /káuərdli カウアドリ/ 形 臆（お）病な（↔ **brave, courageous**）‖
**cowardly** behavior 臆病な態度.
──副 臆病に.
**ców·ard·li·ness** 图 U 臆病, 小心.
**cow·boy** /káubɔɪ カウボイ/ 图 C（米）カウボーイ, 牧童（(PC) cowhand）.
**cow·er** /káuər カウア/ 動 〔自〕（恐怖・恥ずかしさ・寒さなどで）すくむ, ちぢこまる.
**cowl** /kául カウル/ 图 C **1**（宗教）（修道士の）ずきん（付き外衣）. **2**（煙突・通風筒などの）通風帽.
**cow·man** /káumən カウマン/ 图〔複 ··men〕 C **1**（米）牧畜業者.
**2**（英）牛飼い（(PC) rancher）.
**cox·swain** /kɑ́ksn カクスン, kɑ́kswèɪn | kɔ́k- コクスン/ 图（正式）（ボート（レース）の）コックス.
**coy** /kɔ́ɪ コイ/ 形〈主に女性（のふるまい）が〉（わざと）内気な, 恥ずかしがりの.
**cóy·ly** 副 恥ずかしそうに.
**cóy·ness** 图 U はにかみ.
**co·zy**,（主に英）**co·sy** /kóuzi コウズィ/ 形 居心地のよい,（暖かくて）気持ちのよい.
**có·zi·ness** 图 U 居心地よさ, 快適さ.
**CPU**（略）〔コンピュータ〕central processing unit.
**crab**[1] /kræb クラブ/ 图 C [動] カニ；U カニの肉.
**crab**[2] /kræb クラブ/ 图 C ＝crab apple.
**cráb àpple** 野生リンゴ（の木）（crab）.
**\*crack** /kræk クラク/〔「突然音を立てて割れること」が本義〕
──图〔複 ~s/-s/〕 C **1**〔通例 the ~〕（雷・むち・銃などの）（裂けるような）鋭い音《ドカン, バリバリ, ズドン, バチッ, ピシャ, パンパン, ガラガラ, ポキン, パシッ, ピシッなど》‖
the **crack** of thunder ドカンという雷の音.
the **crack** of a whip むちのピシッという音.
the **crack** of the guns パンパンという銃声.
**2** 割れ目, 裂け目, ひび ‖
There is a **crack** in the window. 窓にひびが

# cracked

はいっている.
3 [a ~] (ドア・窓の)少しの開き; [副詞的に]少し開いて |
Please open the window just **a crack**. 窓をほんの少しあけてください.
4 強打 |
She gave him **a crack** on the head. 彼女は彼の頭をピシッとたたいた.
5 (略式) [通例 a ~] 好機; 試み ‖
hàve a cráck at it それを試しにやってみる.
**at the cráck of dáwn** (略式)夜明けに.

—[動] (三単現) ~s/-s/; (過去・過分) ~ed/-t/; (現分) ~·ing)

| 自と他の関係 | | |
|---|---|---|
| 自 1 | A crack | A がパンと音を立てる |
| 他 1 | crack A | A〈物〉をパンと鳴らす |

—[自] 1 パン[ピシッ]と音を立てる, 鋭い音を出す ‖
Thunder **cracked** and the horses ran. 雷鳴がとどろき馬が逃げ出した.
2〈物が〉(急激な音を立てて)砕ける, 裂ける, 割れる; ひびがはいる《◆ break より小規模》‖
The wall **cracked** in three places. 壁に3か所ひびが入った.

—[他] 1〈物を〉パン[ピシッ]と鳴らす ‖
Six different players **cracked** home runs for the Tigers. タイガースの6選手がポンポンとホームランを打った.
2〈食器など〉を割る, 砕く, …にひびを入れる ‖
**crack** nuts 木の実を割る.
3 (略式)〈酒びんなど〉をポンとあける.
4〈頭など〉をぶち当てる ‖
He fell and **cracked** his head against the pillar. 彼は転んで柱に頭をぶつけた.
5 (略式)〈冗談〉を言う(joke); 〈秘密〉をばらす.
**cráck dówn on A** (略式)〈人・事〉を厳しく取り締まる, …に断固たる処置をとる.
**cráck ópen** (1) [自] パンと音をたてて開く. (2) [他] [~ A *open*] A〈金庫など〉を爆破する; A〈事件など〉を解決する.
**cráck úp** (1) [自]〈飛行機などが〉大破する; (略式)〈人が〉弱る, 心がくじける; (略式)笑い転げる. (2) (略式) [他]〈車・飛行機など〉を(ぶつけて)壊す; …をほめそやす; 〈人〉を精神[肉体]的にまいらせる.

**cracked** /krǽkt クラクト/ [動] → crack.
—[形] 1 砕いた, 砕けた, 割れた. 2 (略式)気の変な, 愚かな. 3〈信用などが〉傷ついた. 4〈声がかすれた.

**crack·er** /krǽkər クラカ/ [名] C 1 クラッカー ‖
cheese and **crackers** チーズを添えたクラッカー.
2 爆竹, かんしゃく玉. 3 [~s] クルミ割り器. 4 (コンピュータ)クラッカー《ネットワークへの不法侵入者》.

**crack·le** /krǽkl クラクル/ [動] (現分) **crack·ling**)
[自] 1〈火が〉パチパチ音を立てる. 2〈陶器の表面に〉ひびができる. —[名] 1 [the ~ / a ~] パチパチ[バリバリ]という音. 2 U〈陶器の〉細かいひび模様.

**crack·ling** /krǽkliŋ クラクリング/ [動] → crackle.
—[名] 1 U C (ローストポークの)カリカリする上皮. 2 U [時に a ~] パチパチと音を立てること.

## cradle

**cra·dle** /kréidl クレイドル/ [名] 1 C 揺りかご ‖
What is learned in the **cradle** is carried to the grave. (ことわざ)揺りかごの中で覚えたことは墓場まで運ばれる;「雀百まで踊り忘れず」.
2 [通例 the ~] (文芸・民族などの)揺籃(ようらん)の地, 発祥(はっしょう)地《◆ birthplace より堅い語》‖
the **cradle** of culture 文化の発祥地.
3 [the ~] 幼年時代, 初期 ‖
**from the cradle** 幼児から.
**in the cradle** 初期に, 幼少時代に.
4 C 船の進水台, (ビル作業用の)釣り台; (電話の)受話器台.
**from the crádle to the gráve** 揺りかごから墓場まで, 一生を通じて《◆福祉国家のスローガンとしても用いられる》.

—[動] (現分) **cra·dling**) [他]〈赤ん坊など〉を揺りかごに入れる, 揺すってあやす ‖
**cradle** a baby in one's arms 赤ん坊を抱いてあやす.

\***craft** /krǽft クラフト | krɑ́:ft クラーフト/ 『「力・熟練」が本義. cf. handi*craft*》派 craftsman (名)
—[名] (複) ~s/krǽfts | krɑ́:fts/) 1 C (手先の技術を要する)仕事, 商売; 工芸; 手工業 ‖
the jewelers' **craft** 宝石細工師の技術.
2 C (正式) [通例単複同形] (主に小型)船舶.

**crafts·man** /krǽftsmən クラフツマン | krɑ́:fts-クラーフツマン/ (→ sportsman Q&A) [名] (複 -men) C 職人, 熟練工((PC) artisan, craft(s)worker, skilled worker).

**crafts·man·ship** /krǽftsmənʃip クラフツマンシプ/ [名] U 職人の技能 ((PC) artisanship, handiwork).

**craft·y** /krǽfti クラフティ | krɑ́:fti クラーフティ/ [形] (通例 比較) -i·er, 最上) -i·est) 悪賢い, ずるい.
**cráft·i·ly** [副] ずる賢く.
**cráft·i·ness** [名] U ずる賢さ.

**crag** /krǽg クラグ/ [名] C ごつごつした岩, 絶壁.

**crag·gy** /krǽgi クラギ/ [形] (通例 比較) -gi·er, 最上) -gi·est) 岩の多い;〈顔が〉岩のようにごつごつした.

**cram** /krǽm クラム/ (類音) crumb/krʌ́m/, c/am/klǽm/) [動] (過去・過分) **crammed**/-d/; (現分) **cram·ming**) [他] 1 …を[に]ぎっしり詰める《◆ fill より口語的》‖
The boy **crammed** all his clothes **into** the bag. = The boy **crammed** the bag **with** all his clothes. その少年は衣類を残らずかばんに詰め込んだ.
2 (略式)〈人〉に詰め込み勉強させる;〈学科〉を詰め込み勉強する.
—[自] (略式)詰め込み勉強をする.

## cramp

**cramp** /krǽmp クランプ/ (類音) c/amp/klǽmp/) [名] C 1 けいれん, ひきつり, こむらがえり《◆(英)ではふつう U》‖
get a **cramp** in one's leg 脚の筋肉がひきつる.
2 [通例 ~s] 腹部のけいれん[激痛]. 3 (建築) = cramp iron.
—[動] [他] 1 …にけいれんを起こす. 2 …を束縛[拘

**crámp ìron** 〔建築〕かすがい(cramp).

**cramped** /krǽmpt クランプト/ [動] → cramp.
— [形] **1** 狭苦しい，窮屈な． **2**〈文字が詰まって〉判読しにくい．

**cran·ber·ry** /krǽnbèri クランベリ|-bəri -バリ/ [名] ⓒ (複) **-ber·ries**/-z/〔植〕ツルコケモモ；その実《cranberry sauce を作る》．

**cránberry sàuce** クランベリー=ソース《ゼリー状のソースで感謝祭などに出す七面鳥の付け合わせに用いる．→ pumpkin〔文化〕

**crane** /kréin クレイン/ [名] ⓒ **1**〔鳥〕ツル；(米)アオサギ． **2** クレーン，起重機．— [動] (現分) **cran·ing**
(他) 〈首〉を伸ばす．

**cráne flỳ**〔昆虫〕ガガンボ．

**cra·ni·um** /kréiniəm クレイニアム/ [名] (複) **~·ni·a** /-niə/, **~s**) ⓒ〔医学〕頭蓋(がい)，頭蓋骨．

**crank** /krǽŋk クランク/ (類音) c/ank/klǽŋk/) [名] ⓒ **1**〔機械〕クランク《回転[往復]運動を変える棒，L字形ハンドル． **2** (略式) 変人，奇人． — [動] (他) 〈車のエンジン〉をクランクを回して始動させる．

**crank·y** /krǽŋki クランキ/ [形] (比較) **-i·er**, (最上) **-i·est**) **1** (米・豪) 気難しい． **2** 〈機械・装置が〉不安定な． **3** 風変わりな，変人の．

**cran·ny** /krǽni クラニ/ [名] (複) **cran·nies**/-z/) ⓒ (文)〈壁・岩などの〉割れ目．

**craps** /krǽps クラプス/ [名] Ⓤ (米)[単数扱い] クラップス《サイコロ賭博(く)の一種》‖
shoot **craps** クラップスをする．

**crash** /krǽʃ クラシュ/ (類音) crush /krʌ́ʃ/, c/ash /klǽʃ/) [名] ⓒ **1**〈物が倒れたり，壊れるときの〉すさまじい音；〈雷などの〉とどろき《ガチャン，ガラン，ガラガラ，ドシン，ゴロゴロなど》‖
the **crash** of thunder 雷のゴロゴロというとどろき． **2**〈乗物などの〉激突(事故)；〈飛行機の〉墜落‖
in an automobile **crash** 車の衝突事故で．
a five-car **crash** 5台の車の玉突衝突． **3** (略式) 倒産；〈相場などの〉暴落．
— [動] (三単現) **~·es**/-iz/) (自) **1**〈激しい音を立てて〉割れる，壊れる‖
**crash** to pieces ガチャンと粉々に割れる． **2** (大音響を立てて) 衝突する‖
**crash** head-on ドーンと正面衝突する．
The truck **crashed** into a house. トラックがドカンと家に衝突した． **3**〈飛行機が〉墜落する‖
The plane turned sharply to the right just before it **crashed**. 飛行機は墜落寸前に右に急旋回した． **4**〈人・動物が〉(大きな音を立てて) 進む，突進する‖
elephants **crashing** through the woods 森林をドスンドスンと突進してくる象． **5** (略式)〈事業などが〉つぶれる． **6**〔コンピュータ〕〈装置・プログラムが〉クラッシュする，(突然)故障して動かなくなる．
— (他) **1**〈物〉をガチャンとつぶす，壊す(類) → clash). **2**〈車など〉を衝突させる；…をガチャンと落とす[置く] (類) → clash). **3**〈飛行機〉を不時着させる．

**crásh bàrrier** 高速道路の中央分離帯．

**crásh hèlmet** (レーサーなどの) ヘルメット．

**crash-land** /krǽʃlænd クラシュランド|≃/ [動] (自)〈飛行機が〉不時着する． — (他)〈飛行機〉を不時着させる．

**crass** /krǽs クラス/ [形] **1** 愚かな，鈍い，粗野な． **2** (正式)〈愚かさが〉ひどい．

**crate** /kréit クレイト/ [名] ⓒ **1** (果物・びんなどを運ぶ) 木わく，わく箱，かご． **2** わく箱一杯の量．

**cra·ter** /kréitər クレイタ/ [名] ⓒ **1**〔火山の〕噴火口． **2** (爆弾・隕(ぃ))石などで地面にできた)穴． **3**〔月面などの)火口状のくぼみ，クレーター．

**cra·vat** /krəvǽt クラヴァト/ [名] ⓒ (英商用語) ネクタイ．

**crave** /kréiv クレイヴ/ [動] (現分) **crav·ing**) (正式)
(他) …を切望する．
— (自) 切望する‖
**crave** for a cup of tea 紅茶が1杯飲みたくてたまらない．

**crav·ing** /kréiviŋ クレイヴィング/ [動] → crave.
— [名] ⓒ 切望‖
have a **cráving** for sweets 菓子が欲しくてたまらない．

**craw·fish** /krɔ́:fiʃ クローフィシュ/ [名] (主に米) = crayfish.

*★**crawl** /krɔ́:l クロール/ 《「ヘビのようにはう」が本義》
— [動] (三単現) **~s**/-z/; (過去・過分) **~ed**/-d/; (現分) **~·ing**)
— (自) **1** **a**〈ヘビ・虫・人などが〉はう，腹ばいで進む(→ creep (自) **1a**)‖
**crawl** on the ground 地面をはう．
An insect is **crawling** up your collar. 虫が君のえりをはっているよ．
**b**〈乗物などの〉のろのろ進む；〈時間が〉ゆっくり過ぎる‖
Our car **crawled** through the jammed traffic. 私たちの車は交通渋滞の中をゆっくり進んだ． **2** (略式) いっぱいである‖
The town is always **crawling** with tourists. その町はいつも観光客でごった返している． **3**〈肌が〉むずむずする，ぞっとする‖
My flesh **crawls** when I see lizards. 私はトカゲを見ると背筋がぞっとする． **4** (略式) 〈人〉にぺこぺこする． **5**〔水泳〕クロールで泳ぐ．
— [名] **1** [a ~] はうこと，徐行‖
go at [on] a **crawl** のろのろ行く． **2** Ⓤ〔水泳〕[しばしば the ~] =crawl stroke.

**cráwl stròke** クロール (crawl) で．

**crawl·er** /krɔ́:lər クローラ/ [名] ⓒ **1** はう人[物，動物]． **2** [~s] (赤ん坊の) はいはい着． **3** クロール泳者．

**cray·fish** /kréifiʃ クレイフィシュ/ [名] (複) → fish (Q&A)(2)) ⓒ [動] ザリガニ；Ⓤ その肉 (主に米) crawfish).

**cray·on** /kréiən クレイアン/ [名] **1** Ⓤ ⓒ クレヨン‖
with a **crayon** =with **crayons** =in **cray·on(s)** クレヨンで． **2** ⓒ クレヨン画．

――動 圓 他 (…を)クレヨンで描く.
**craze** /kréiz クレイズ/ 動 (現分 **craz·ing**) 他 [be ～d] 発狂する.
――名 © 熱狂, 流行 ‖
Long hair is the latest **craze** among Japanese girls. ロングヘアーは最近日本女性の間で大流行だ.
**cra·zi·er** /kréiziər クレイズィア/ 形 → crazy.
**cra·zi·est** /kréiziist クレイズィイスト/ 形 → crazy.
\***cra·zy** /kréizi クレイズィ/ 『「ばらばらになった」が原義』

――形 (比較 --zi·er, 最上 --zi·est) **1**〈人が〉正気でない, 気が狂った, 狂気じみた(insane); 途方もない ‖
be **crazy** with worry 心配のあまり頭がおかしくなる.
It is **crazy** of her to swim in this weather. =She is **crazy** to swim in this weather. こんな天気に泳ぐなんて彼女はどうかしている.
**2** [補語として] 夢中である, 熱中している ‖
He is **crazy** about dancing. 彼はダンスに夢中だ.
He is girl **crazy**. あいつは女の子のことしか頭にない.
I am **crazy** for her. 私は彼女にのぼせ上がっている.
*like crázy* 《略式》気が狂ったように, 猛烈に, 非常に ‖
I sell like **crazy** 飛ぶように売れる.
**crá·zi·ly** /-li/ 副 狂気のように; 熱狂的に.
**creak** /kríːk クリーク/ (同音 creek)【擬音語】名 © [通例 a ～ / the ～] キーキー[ギーギー]鳴る音, きしむ音.――動 圓 〈枝などが〉キーキー[ギーギー]鳴る, きしむ(cf. squeak).
**creak·y** /kríːki クリーキ/ 形 (比較 --i·er, 最上 --i·est) 〈枝などが〉キーキー[ギーギー]きしる.
**cream** /kríːm クリーム/ 名 **1** Ⓤ クリーム《◆コーヒー・紅茶に英国では生牛乳(fresh milk)を, 米国ではクリームを入れることが多い》.
**2** ©Ⓤ クリーム菓子[食品, 料理] ‖
**cream** of chicken (soup) クリーム入りチキン料理(スープ).
**3** ©Ⓤ 化粧用クリーム; [しばしば複合語で] クリーム状製品 ‖
a skin **cream** (顔・手に塗る)栄養クリーム.
shoe **cream** 靴ずみ.
**4** [the ～] 粒よりの人(たち), 精選したもの; 精髄 ‖
the **cream** of society 最上流階級の人(たち).
the **cream** of the **cream** 社交界の粋; 最高のもの《◆フランス語の crème de la crème より》.
**5** Ⓤ クリーム色.
――形 **1** クリームで作った, クリームの入った. **2** クリーム色の. **3** 〈シェリー酒が〉甘い.
――動 **1** 〈牛乳〉からクリームを採る(skim).
**2** 〈バターなど〉をクリーム状にする.
**3** 〈紅茶など〉にクリームを入れる; …をクリームで料理する ‖
**creamed** potatoes ジャガイモのクリーム煮.
**créam pùff** シュークリーム《◆「シュークリーム」はフランス語 un chou à la crème のなまったもの》.

**créam tèa** 《英》クリームティー《ジャムまたは濃縮クリーム(clotted cream)をのせたパンケーキの出る午後のお茶. 英国南西部に多い》
**cream·y** /kríːmi クリーミ/ 形 (比較 --i·er, 最上 --i·est) **1** クリームを(多く)含んだ; クリームの味のする. **2** クリーム状の.
**crease** /kríːs クリース/ 名 © [通例 ～s] しわ; 折り目, ひだ (図 → pants).
――動 (現分 **creas·ing**) 他 …に折り目をつける; …をしわくちゃにする(→ crumple).――圓 折り目がつく; しわになる.
\***cre·ate** /kriéit クリエイト/ 『「物を生み出す」が本義』派 creation (名), creative (形), creature (名)

――動 (三単現 ～s/-éits/; 過去・過分 --at·ed /-id/; 現分 --at·ing)
――他 **1a** …を創造する《◆ make より堅い語》; …を創作[創設, 創立]する ‖
In the beginning God **created** the heaven and the earth. 【聖】初めに神は天と地を造り給うた《◆「創世記」の言葉》.
対話 "What's this? A new type of computer?" "Yes. It was **created** only recently." 「これは何? 新型のコンピュータかい」「そう. ついこの間出たばかりです」.
**b**〈人〉を…の(状態)になるように造[創(?)]る ‖
All men are **created** equal. 人はみな平等に創られている《◆合衆国の独立宣言の中の言葉》.
**2**〈興奮・騒動・印象など〉を引き[巻き]起こす《◆ cause より堅い語》.
**3**〈貴族など〉に列する;〈人〉を(地位・爵位などに)任命する.
**cre·at·ing** /kriéitiŋ クリエイティング/ 動 → create.
**cre·a·tion** /kriéiʃən クリエイション/ 名 **1** Ⓤ 創造, 創作; 創設, 創立; [通例 the C～]（神の)天地創造 ‖
the **creation** of a new committee 新しい委員会の創設.
**2** © 創造物; 創作品; 創案衣装; 人目をひく着物(帽子); (俳優の)特異な演技.
**3** Ⓤ 《正式》世界, 宇宙; 万物, 森羅(らん)万象(universe) ‖
the lórd of (áll) creátion 万物の霊長; 人間.
\***cre·a·tive** /kriéitiv クリエイティヴ/ [→ create]
――形 創造力のある; 創造[創作, 独創]的な; 想像力[創意]に富んだ ‖
**creative** writing 作文.
**cre·a·tive·ly** 副 創造的[創意]的に.
**cre·a·tiv·i·ty** /krìːeitívəti クリーエイティヴィティ/ Ⓤ 創造力.
**cre·a·tor** /kriéitər クリエイタ/ 名 © 創造[創作, 創設]者, 創案[考案]者; [the C～] 造物主, 神(God).
\***crea·ture** /kríːtʃər クリーチャ/ (発音注意)《◆×クリエイチャ》『「create されたもの」が本義』
――名 (複 ～s/-z/) © **1** 生き物, 動物; 家畜 ‖
dumb **creatures** ものが言えない動物.
the small **creatures** of the forest 森の小さな

動物たち.
**2** 〔軽蔑(ﾊﾞ)·同情·賞賛などを示す形容詞を伴って〕人, 人間, 女性, やつ ‖
a lovely creature すてきな女性.
**3** 手先, 子分, 隷属(は%)者 ‖
Man is a creature of habit. 人間は習慣の奴隷である.

**créature cómforts** 〔複数扱い〕肉体的安楽を増すもの, 衣食住.

**cre·den·tial** /krədénʃəl クレデンシュル/ 名 C〔正式〕〔通例 ～s〕信用証明物, 成績[人物]証明書；資格.

**cred·i·bil·i·ty** /krèdəbíləti クレディビリティ/ 名 U〔正式〕信用性.

**cred·i·ble** /krédəbl クレディブル/ 形 (証拠があり, 論理的で)信用される(↔ incredible)；説得力のある ‖
a credible news report 信頼できるニュース報道.

**cred·i·bly** 副〔通例文全体を修飾〕確実に, 確かな筋から.

\***cred·it** /krédit クレディット/〔「信じること」が本義, cf. *cred*ence〕
→ 名 **1** 信用 **2** 名声 **3** 名誉となる人[物] **4** 掛け

—— 名 (複 ～s/-its/) **1** U〔正式〕信用(belief), 信頼(trust) (↔ discredit) ‖
That statement had credit. =We could give credit to that statement. その言葉は信用できた.
put [place] credit in what she says 彼女の言葉を信用する.
**2** U 名声, 評判, 信望；功績, 手がら勤務評定 ‖
a person of credit 名声のある人.
She acquired credit within the town. 彼女はその町で信望を得た.
give credit where it is due (功績を)正当に評価する.
**3** C〔正式〕〔通例 a ～〕名誉となる人[物], 面目をほどこすような物[人] ‖
He is a credit to his country. 彼は国家の名誉だ.
**4** U 掛け(売り), つけ, クレジット.
**5** U (支払い能力に対する)信用度.
**6** U (銀行)預金, 貸付金額.
**7** C〔商業〕=credit side.
**8** C〔主米〕(大学の学科の)(履修)単位[証明] ‖
She needs ten more credits to graduate. 彼女は卒業するのにもう10単位必要だ.

*dó A crédit* =*dó crédit to A* A〈人〉の名誉となる.
*give A crédit for B* A〈人〉がB〈性質など〉を持っていると思う；B〈功績〉をA〈人〉の功績と認める.
*hàve crédit with A* …に信用がある.
*lóse crédit with A* …の信用を失う.
◦*on crédit* 〔文尾で〕クレジットで, 掛けで ‖ buy a new car on credit 新車をクレジットで買う.
*to A's crédit*〔正式〕(1) …の名誉となって. (2) …名義で《◆ 文頭·文中·文尾で用いる》.

—— 動 他 **1**〔略式〕…を信じる(believe) (↔ discredit).
**2**〔正式〕[credit A with B] A〈人·物〉がB〈性質などを〉を持っていると思う ‖
I don't credit him with loyalty. 彼に誠実さがあるとは思わない.
**3** [credit A with B / credit B to A] **a** A〈人〉にB〈金額〉の信用貸しをする ‖
credit a customer with £10 =credit £10 to a customer お客に10ポンド信用貸しする.
**b** A〈人〉にB〈行為など〉の功績があると思う；B〈物·事〉をA〈人·物·事〉のせいにする ‖
The poor crop was credited to draught. =Draught was credited with the poor crop. 不作は日照り続きのためだった.
**4**〔米〕〈学生〉に履修証明[単位]を与える.

**crédit accòunt**〔英〕掛け売り(勘定), つけ(〔米〕charge account).

**crédit càrd** クレジットカード(〔略式〕plastic money) ‖ 対話 "Can I pay by credit card?" "Yes, you can." 「クレジットカードで支払えますか」「ええ, どうぞ」.

**crédit sìde** 貸し方(credit).

**cred·it·a·ble** /kréditəbl クレディタブル/ 形〔正式〕りっぱな, 見事な.

**créd·it·a·bly** 副 りっぱに, 見事に；〔文全体を修飾〕信頼すべき筋から.

**cred·i·tor** /kréditər クレディタァ/ 名 C 貸し主(↔ debtor).

**cre·do** /kríːdou クリードウ, kréi-/ 名 (複 ～s/-z/) C〔正式〕信条.

**creed** /kriːd クリード/ 名 **1** C (宗教上の)信条. **2** C (一般に)信条, 信念. **3** [the C～] 〔教会〕使徒信条(the Apostles' Creed).

**creek** /kriːk クリーク, 〔米+〕 krík/ (同音 creak) 名 C **1**〔英〕(海·湖などの)入江, 小湾. **2**〔米·豪〕小川.

**creep** /kríːp クリープ/ 動 (過去·過分 crept/krépt/) 自 **1 a**〈赤ん坊·四足動物など〉がはう, はって進む《◆ crawl は主にヘビ·ムカデ·虫などについていう》‖
The baby crept across the room. 赤ん坊が部屋をはいはいした.
**b**〔正式〕〈植物が〉はう, からまる ‖
Vines had crept up the stone wall. ツルが石塀をはっていた.
**2 a** ゆっくり動く, 忍び足で歩く, 徐行する.
**b**〈時間が〉徐々に過ぎる；〈やみ·疑念などが〉忍び寄る ‖
Old age creeps upon us unnoticed. 老齢は気づかぬうちに我々に忍び寄る.
**3** (虫がはうような気がして)むずむずする；(寒さ·恐怖などで)ぞっとする ‖
màke his flésh [skín] créep =make him creep all over 彼をぞっとさせる.

—— 名 **1** C〔俗〕(上役におべっかを使う)いやなやつ, 不愉快な人；助平なやつ.
**2** U はうこと, 徐行.
**3**〔略式〕[the ～s] ぞっとする感じ ‖

give him the creeps 彼をぞっとさせる.

**creep·er** /kríːpər クリーパ/ 名 C 1 はうもの《昆虫・爬(ハ)虫類》, はう人. 2 C U 〘植〙つる植物.

**creep·y** /kríːpi クリーピ/ 形 《比較》--i·er, 《最上》--i·est) 〘略〙身の毛がよだつ, ぞくぞくする, 気味が悪い.

**cre·mate** /kríːmeit クリーメイト | krəméit クレメイト/ 動 《現分》--mat·ing) 他 《死体》を火葬する; …を焼却する.

**Cre·ole** /kríːoul クリーオウル/ 名 U クレオール語《主にヨーロッパ系言語と非ヨーロッパ系言語との接触による混成語で母語として話されているもの. cf. pidgin》.

**cre·o·sote** /kríːəsòut クリーオソウト/ 〘化学〙 名 U クレオソート《防腐剤・医療用》. — 動 《現分》--sot·ing) 他 …をクレオソートで処理する.

**crepe, crêpe** /kréip クレイプ/ 〘同音〙crape)〘フランス語〙名 1 U クレープ, ちりめん《◆表面に細かく縮み加工を施した綿布や絹織物など. 喪服用の黒地のものにはふつう crape のつづりを用いる》. 2 C 薄焼きパンケーキ, クレープ.

**crept** /krépt クレプト/ 動 → creep.

**cre·scen·do** /krəʃéndou クレシェンドウ/ 〘イタリア語〙形 副 1 しだいに《大きさが》増して〔増して〕. 2 〘音楽〙クレッシェンドの[で]《↔ diminuendo》.
— 名 《複》~s, --di/-di/) C 1 〘音楽〙漸強音. 2 〘略〙最高潮《climax》.

**cres·cent** /krésnt クレスント/ 名 C 1 三日月, 新月. 2 三日月形の物; 《主に英》三日月形の街区[家並み]; 《米》=crescent roll.

**créscent róll** クロワッサン《crescent》.

**cress** /krés クレス/ 名 U カラシナ類の植物《カラシナ・オランダガラシなど. しばしばサラダにそえる》.

**Cres·si·da** /krésidə クレシダ/ 名 〘ギリシア神話〙クレシダ《トロイの王子 Troilus の恋人》.

**crest** /krést クレスト/ 名 C 1 《鳥の》とさか; 冠羽. 2 《the ~》山頂, 波頭; 《物事の》最上, 極致 ‖ at the crest of the sales boom 売上げの絶頂期に.
3 《馬などの》首筋; たてがみ《mane》. 4 〘建築〙棟(ムネ)飾り《回 = house》.

**crest·fall·en** /kréstfɔːlən クレストフォールン/ 形 意気消沈した.

**Crete** /kríːt クリート/ 名 クレタ島《地中海にあるギリシア領の島》.

**cre·vasse** /krəvǽs クレヴァス/ 名 C クレバス《氷河の深い割れ目》, 地表の割れ目.

**crev·ice** /krévis クレヴィス/ 名 C 《主に岩の》狭い割れ目[裂け目].

*****crew** /krúː クルー/ 〘類音〙c/ue/klúː/〘『増える』が原義. cf. accrue』
— 名 《複》~s/-z/) C 〘集合名詞; 単数・複数扱い〙 1 《一般に船の》乗組員, 船員《◆高級船員は除く》‖
The crew respect(s) their [its] captain. 船員たちは船長を敬っている《◆構成員1人1人を強調する場合は複数扱いで their で受け, 動詞も複数扱い. 団体とみる場合は単数扱いで its で受け, 動詞も単数扱い》.

2 《飛行機・列車の》乗務員.
3 《作業[従業]員の》一団, 一同, チーム ‖ a camera crew カメラ班.

**crib** /kríb クリブ/ 名 C 1 《主に米》ベビーベッド《《英》cot》. 2 まぐさおけ. 3 《英略式》アンチョコ, とらの巻; =crib sheet.
— 動 《過去・過分》cribbed/-d/; 《現分》crib·bing) 《略式》他 …を盗用する《copy dishonestly》. — 自 アンチョコ[とらの巻]を使う; 盗用する.

**críb shèet** カンニングペーパー《crib》.

**crick** /krík クリク/ 名 C 《通例 a ~》《首・背の筋肉などの》けいれん. — 動 他 《首・背などの》筋を違える.

**crick·et**[1] /kríkət クリケト/ 名 C 〘昆虫〙コオロギ.

文化 (1) 炉辺で鳴くコオロギ《house cricket》は昔は死の前兆を告げるといわれたが, 今は平和と幸運の虫として親しまれる. (2) 鳴き声は chirp で英米人には陽気にひびく. (3) 日本のマツムシ, スズムシも cricket の一種とされる.

**crick·et**[2] /kríkət クリケト/ 名 U クリケット《11人のチーム2組で bats と hard balls を用いる戸外の球技で英国の国技. 中央に22ヤードの間隔で2つの wickets《三柱門》がある》.

関連 [クリケットの用語] a cricket match クリケット試合 / bowler 投手 / batsman 打者 / umpire 審判 / the pitch 三柱門と三柱門の間の部分 / a cricket ground [field] クリケット競技場.

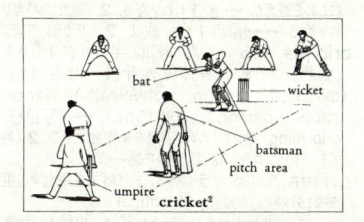

*cricket²* (図: bat, wicket, batsman, pitch area, umpire)

*pláy crícket* (1) クリケットをする. (2) 公明正大にふるまう.

**crick·et·er** /kríkətər クリケタ/ 名 C クリケット競技者.

**cries** /kráiz クライズ/ 動 → cry. — 名 → cry.

*****crime** /kráim クライム/ 〘類音〙c/imb/kláim/) 〘『決定されたこと, 判決』が原義〙
派 criminal 《形・名》
— 名 《複》~s/-z/) 1 C 《法律上の》罪, 犯罪《cf. sin, vice¹》‖
a crime of robbery 強盗の罪.
He committed a serious crime and was sentenced to death. 彼は重罪を犯して死刑を言い渡された.

関連 burglary, robbery 強盗 / murder 殺

人 / larceny 窃盗 / aggravated assault 暴行 / (forcible) rape 強姦(ごうかん).

**2** Ⓤ (一般に)**罪悪**, 悪事 ‖
There is much **crime** in the big cities. 大都会には罪悪がはびこっている.
**Crime doesn't pay.** 《ことわざ》悪事は割に合わないものだ.
**3** Ⓒ よくない行為, 無分別な行動; (略式)〔通例 a ～〕恥ずべきこと, けしからぬこと(shame) ‖
It's a **crime** to waste the food. 食べ物をむだにしたらばちが当たるよ.
**críme fíction** [集合名詞的に] 推理小説, 犯罪小説.

**Cri·me·a** /kraimíːə クライミーア, kri-| -míə -ミア/ 名 [the ～] クリミア半島.

**crim·i·nal** /krímɪnl クリミヌル/ 形 **1** 犯罪の, 刑事上の ‖
a **criminal** court 刑事裁判所.
a **criminal** offense 刑事犯.
**2** 犯罪的な, 罪を犯した ‖
a **criminal** act 犯罪行為.
**3** (略式) けしからん, 法外な(very bad) ‖
——名 Ⓒ 犯人, (法律上の)罪人(cf. sinner).
**críminal láw** 刑法.
**crím·i·nal·ly** 副 罪を犯して; 刑事[刑法]上.

**crim·son** /krímzn クリムズン/ 名 Ⓤ (紫がかった)濃赤色, 深紅色. ——形 濃赤色の.

**cringe** /krɪndʒ クリンヂ/ 動 (現分 cring·ing) (自) **1** すくむ, ちぢこまる. **2** ぺこぺこする.

**crin·kle** /krínkl クリンクル/ 動 (crin·kling) …にしわを寄せる. ——(自) **1** しわが寄る. **2** 〈紙などが〉カサカサ鳴る. ——名 Ⓒ **1** しわ, 波状. **2** カサカサいう音.

**crip·ple** /krípl クリプル/ 名 Ⓒ 手足の不自由な人[動物]; (一般に)身体障害者《◆今は遠回しに disabled person, (physically) handicapped person などが用いられる》. ——動 (現分 crip·pling) (他) **1** 〈人の〉手足を不自由にする. **2** (略式)…をそこなう; 〈活動などを〉鈍らせる.

*****cri·sis** /kráɪsɪs クライスィス/ 『「(将来を左右する重要な)分岐点」が原義』派 critical (形)
——名 (複 cri·ses /kráɪsiːz/) Ⓒ **1** (事態の)**危機**, **重大局面**, 難局 ‖
an energy **crisis** エネルギー危機.
bring things to a **crisis** 事態を危機に追い込む.
Things are coming to [drawing to, reaching] a **crisis**. 事態が重大局面を迎えようとしている.
対話 "There's no more gas in the car. What a **crisis**!" "It's no **crisis**. We can still get there in time if we go by bus." 「車にもうガソリンがないなあ. 困ったぞ」「そんなことないよ. バスで行けばまだそこには間に合うよ.」
**2** (人生・運命などの)**重大な分かれ目**, 岐路, 転換期; (病気の)峠; (小説などの)山場 ‖
She has passed the **crisis**. 彼女の病気は峠を越した.

**crisp** /krísp クリスプ/ 形 **1** パリパリした, カリカリした ‖
**crisp** snow バリバリに凍った雪.
**2** 〈野菜・果物などが〉(新鮮で)ぱりっとした; (紙などが)手の切れるような ‖
fresh and **crisp** celery 新鮮でしゃきっとしたセロリ.
**3** 〈空気・天気が〉身のひきしまるような, さわやかな ‖
cool and **crisp** ひんやりとすがすがしい.
**crisp** and sharp 身を切るように寒い.
**4** 〈態度・口調などが〉きびきび[てきぱき]した ‖
a **crisp** and clear manner of speaking 歯切れのよい話し方.
**5** 〈髪などが〉細かくカールした; さざ波の立っている.
——名 Ⓒ **1** 堅くてもろい物 ‖
a toast burned to a **crisp** こげてカリカリになったトースト.
**2** (英) [～s] = potato crisp ((米) potato chip).
**crísp·ness** 名 Ⓤ パリパリ[カリカリ]にすること; さわやかさ, 新鮮さ.
**crisp·ly** /kríspli クリスプリ/ 副 **1** パリパリ[カリカリ]して. **2** ぱりっとして. **3** きびきびと; さわやかに.
**crisp·y** /kríspi クリスピ/ 形 (比較 -i·er, 最上 -i·est) =crisp 形 **1**, **2**.

**criss·cross** /krískrɔ(ː)s クリスクロ(ー)ス/ 名 (複 ～es /-ɪz/) Ⓒ 形 **1** 十文字(の). **2** 食い違い[違った]. ——副 十字に, 交差して. ——動 (三単現 ～·es /-ɪz/) (他)(自) (…に)十文字に書く.

**cri·te·ri·a** /kraitíəriə クライティアリア/ 名 → criterion.

**cri·te·ri·on** /kraitíəriən クライティアリオン/ 名 (複 -ri·a /-riə/, ～s/-z/) Ⓒ (正式) **標準**, 基準, 尺度 (standard) ‖
No single **criterion** is enough for me. 私にはたった1つの基準では不十分だ.

**crit·ic** /krítik クリティク/ 名 Ⓒ **1** (主に美術・音楽の)**批評家**, 評論家.
**2** あら捜しをする人, 酷評する人 ‖
She is my **critic**. 彼女は私のすることにいちいちけちをつける.

*****crit·i·cal** /krítɪkl クリティクル/
——形 **1** [名詞の前で] **批評の**, **評論の** ‖
**critical** essays 評論.
She wrote several **critical** works on Gandhi. 彼女はガンジーについて評論を何冊か書いた.
**2** あら捜しする, 酷評する(↔ uncritical) ‖
**critical** remarks 手きびしい意見.
対話 "Everytime I say something, you disagree." "I'm only **critical of** you because you're wrong." 「私が何か言うといつもあなたは反対意見を言うね」「ぼくが口うるさく言うのは君が間違っているからさ」.
**3** **危機の**; **重大な**, 決定的な; 危篤の ‖
the **critical** moment 重大な時.
a **critical** illness 重病.

**crit·i·cal·ly** /krítɪkəli クリティカリ/ 副 **1** 批判的に, 酷評して.

**2** 危うく, 危篤状態に ‖
be **critically** ill 危篤である.

**crit·i·cise** /krítisàiz クリティサイズ/ 動 (現分) **--cis·ing**) 《英》=criticize.

**crit·i·cism** /krítəsìzm クリティスィズム/ 名 **①** U (主に芸術作品の)批評, 評論(文).
**2** UC 非難, あら捜し, 酷評.

**crit·i·cize**, 《英ではしばしば》 **--cise** /krítəsàiz クリティサイズ/ 動 (現分) **--ciz·ing**) 他 **1** 〈人・作品など〉を批評する, 批判[評論]する ‖
criticize a poem 詩を批評する.
**2** [criticize A for B] B〈事〉のことで A〈人〉を非難する ‖
We criticized her **for** her behavior. 私たちは行ないが悪いといって彼女を非難した.
**3** 〈人など〉のあら捜しをする.
―自 批評する; 非難する.

**cri·tique** /kritíːk クリティーク/ 名 C 《正式》(文学・芸術の)批評, 評論.

**croak** /króuk クロウク/ 《頭音語》c/oak/klóuk/) 《擬音語》名 C **1** (カラス・カエルなどの)ガーガー[カーカー]鳴く声. **2** [a ~] しわがれ声, 不吉な言葉.
―自 **1** 〈カラス・カエルなどが〉ガーガー[カーカー]鳴く. **2** しわがれ声で話す. ―他 …を陰気な声で言う.

**Cro·a·tia** /krouéiʃə クロウエイシャ/ 名 クロアチア《ヨーロッパ中部の国. 首都 Zagreb》.

**cro·chet** /krouʃéi クロウシェイ/ 〈発音注意〉《◆t は発音しない》名 U かぎ針編み[クローシェ編み](の作品). ―動 自他 (…を)かぎ針で編む.

**crock·er·y** /krákəri クラカリ | krɔ́k- クロカリ/ 名 U [集合名詞] 陶器類, 瀬戸物.

**Crock·ett** /krákit クラキト | krɔ́k- クロキト/ 名 クロケット《David [Davy] ~ 1786-1836; 米国西部開拓者・政治家. アラモのとりでで戦死》.

**croc·o·dile** /krákədàil クラコダイル | krɔ́k- クロコ-/ 名 C **1** 動 クロコダイル《あごがとがっていて, 口を閉じたときも下あごの第4歯が外にはみ出す. cf. alligator》; (一般に)ワニ. **2** U ワニ皮.
*crý* [*shéd*] *crócodile téars* そら涙を流す.

**cro·cus** /króukəs クロウカス/ 名 (複 ~·es, ~·ci /-sai, -kai/) C 植 クロッカス(の花[球根])《◆英国で春を告げる花とされる》.

**Croe·sus** /kríːsəs クリーサス/ 名 クロイソス《Lydia 最後の王. 富力で有名》.

**crois·sant** /krəsánt クロサーント | kwæsɔːŋ クワソーング/ 《フランス》名 (複 ~s /-z/) C クロワッサン《(米) crescent (roll)》《三日月型のロールパン》.

**Cro-Mag·non** /kroumǽgnən クロウマグノン | -mæɲɔ̃ːŋ/ 名 C形 クロマニヨン人(の).

**Crom·well** /krámwəl クラムウェル | krɔ́mwel クロムウェル/ 名 クロムウェル《Oliver ~ 1599-1658; 英国の清教徒革命指導者》.

**Cro·nus, --nos** /króunəs クロウナス/ 名《ギリシア神話》クロノス《ローマ神話の Saturn に当たる巨人》.

**crook** /krúk クルク/ 動 他 〈腕・指など〉を曲げる, 湾曲させる ‖
crook one's finger 指を曲げる《◆手の平を上にして人さし指を曲げたりおいでの動作. → beck-
on (図)》.
―自 曲がる, 湾曲する.
―名 C **1** 曲がった物, かぎ型の物; かぎ, フック; 羊飼いのつえ; 司教杖. **2** [the ~] (腕・川などの)湾曲[屈曲](部); (背・性格などの)曲がり, ねじれ.

**crook·ed** /krúkid クルキド/ 動 → crook.
―形

crooked
《1 ねじれた》
《3 ひねくれた》

《◆図のどの場合についても crooked といえる》

**1** 〈物が〉曲がった, ねじれた. **2** (年で腰などが)曲がった.
**3** 《略式》 ひねくれた; 〈人が〉不正直な.
**cróok·ed·ly** 副 斜めに, 曲がって; 不正に.

**croon** /krúːn クルーン/ 動 他 …をささやき声[ハミング]で歌う. ―自 甘く感傷的に歌う.

***crop** /kráp クラプ | krɔ́p クロプ/ 《【穂】が本義》
―名 (複 ~s /-s/) C **1** [しばしば ~s] (穀物・野菜・果樹などの)作物, 収穫物 ‖
whíte **crops** 穀物.
gréen **crops** 青物類.
bláck **crops** 豆類.
gather [harvest, reap] a **crop** 作物を取り入れる.
The land is òut of **cróp** this year. その土地は今年は作付けしていない.
**2** (一地方・一季節の作物の)全収穫高; (広義)生産高; 産出高. 類 yield は《正式》, harvest は収穫の時期・作業をさし, produce は特に野菜・果物についていう ‖
an average **crop** 平年作.
have a good **crop** of rice 米が豊作である.
the lamb **crop** 子羊肉生産高.
**3** [a ~ of] 続出する…; …の集まり[群れ]《◆ふつう単数扱い》‖
a **crop** of troubles 続出する困難.
a large **crop** of rookie ball players 大勢の新人野球選手.
a fine **crop** of hair ふさふさした髪.
**4** [通例 a ~] 短く刈り込んだ髪, いがぐり頭 ‖
get a close **crop** 五分刈りにしてもらう.
―動 (三単現 ~s /-s/; 過去・過分 **cropped** /-t/; 現分 **crop·ping**)
―他 **1** 〈作物・頭髪・本・動物のしっぽなど〉の先端を刈る, 縁を刈る(cut), [crop A (C)] A の先を切り落として C の状態にする ‖
have one's hair **cropped** short 髪を短く刈り込んでもらう.
**2** 〈土地〉に植え付ける ‖
**crop** five acres **with** wheat 5エーカーの土地に小麦を植えつける.
**3** 〈作物〉を収穫する, 刈り入れる.
―自 〈作物が〉できる ‖
The potatoes have **cropped** well this year. ジャガイモは今年できがよかった.

**cróp sprày·ing** [**dùst·ing**] 農薬の空中散布.

**cro·quet** /krouéi クロウケイ/ krɔ́uki クロウキ/ 名
① 《木製の球を木づち(mallet)で打つゲーム. 日本の「ゲートボール」はこれを基にして考案された》; ⓒ その球.

**cro·quette** /krouét クロウケト/ krɔ- クロ-/ 『フランス』 名 ⓒ [しばしば ~s] コロッケ.

**cross** /krɔ́(ː)s クロ(ー)ス/ 類音 c*loth* /klɔ́(ː)θ/) 『「十字形」が本義. cf. crux』
㊗ crossing ⓔ
→ 名 1 十字架 3 十字形 4 試練
他 1 横切る 2 組み合わせる 3 横線を引く

—— 名 (複 ~·es/-iz/) ⓒ 1 十字架《◆(1) キリスト教》・受難の象徴. (2) 人さし指に中指を重ねる十字架は魔よけ, 幸運を祈るしるし. → finger 図》, はりつけ台; [the C~] キリストがはりつけにされた十字架 ||
die on the cross はりつけになる.
2 [しばしば C~] 十字形の紋章[勲章]; (キリスト教徒が首にさげる)十字架; (墓の)十字塔; (境界・交差点などの)十字標 ||
the Military Cross 戦功十字勲章.

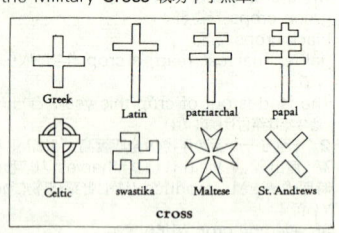

Greek  Latin  patriarchal  papal
Celtic  swastika  Maltese  St. Andrews
cross

3 十字形[記号]《+ × † など》《◆(1) キリスト教徒が十字を切って祈るしるし, (2) 地図などで所在地を示す場合, (3) 誤りを示す場合, (4) 字が書けない人の署名代わりにする場合, (5) 手紙の終わりに記してキス代わりにする場合, などに用いられる》; (t などの)横線 ||
make one's **cróss** 署名代わりに書類に十字記号を記入する.
make the sign of the cross 胸の前で十字を切る《◆指先を額・胸・左肩・右肩の順に当てる》.
4 [the C~] キリスト教; キリストの受難; (一般に) **試練**, 苦難, 受難, 苦悩, 苦痛 ||
bear [carry, take up] one's cross 苦難に耐える.
No cross, no crown. 《ことわざ》苦難なくして栄冠なし.
5 十字路, 交差点.
6 [サッカー] クロスパス.
*on the cróss* 斜めに, 対角線に.

—— 動 (三現) ~·es/-iz/; 過去·過分 ~ed/-t/; 現分 ~·ing)
—— 他 1 〈人·乗物などが〉〈川など〉を**横切る**, 横断する, 渡る; 〈人が〉〈人〉を横断させる; 〈橋が〉〈川〉にかかっている ||
We **crossed** the river in a rowboat. 我々はこぎ船で川を渡った(=We rowed across the river in a rowboat.).
対話 "Where is the shopping center, please?" "Soon after you **cross** the street over there, turn left, and you'll find it at the end of the street."「ショッピングセンターはどこですか」「あそこの通りを渡ってすぐ左に曲がれば, つきあたりにありますよ」
2 〈人が〉〈2つの物〉を**交差させる**, 〈手·足など〉を**組み合わせる** ||
He sat on the chair **with** his legs [arms] **crossed**. 彼はいすに脚を組んで[腕組みして]座っていた《◆ He sat *crosslegged* on the floor. は「彼は床にあぐらをかいて座っていた」の意》.
3 〈人が〉〈t などの文字〉の**横線を引く**; 〈名前など〉を(リストなどから)線を引いて消す(+*off*, *out*); (英)〈小切手〉に(銀行渡りの)横線を引く ||
**Cross** his name **off** (the list). (名簿から)彼の名前を消しなさい.
4 〈手紙などが〉〈他の手紙など〉と**行き違いになる** ||
My letter must have **crossed** yours in the mail [post]. 私の手紙はあなたのと行き違いになったに違いありません.
5 〈ある動植物〉を交配させる; 〈2種類の動植物〉を交配させる.
—— 自 1 横断する, 渡る; 通り抜ける ||
Don't **cross** now. (英)《信号の表示》止まれ((米) Don't walk.).
2 〈2本の線・道などが〉交わる, **交差する**; 〈複数の人が〉会う, すれ違う ||
Our paths seem to **cross** very often lately, don't they? このところよくお会いしますね.
3 〈手紙·人などが〉行き違いになる.
*cróss óff* [他] → 他 3; 〈勘定など〉を帳消しにする.

—— 形 (主に英略式) 怒った(angry), 不機嫌で ||
She was **cross at** having to stay at home. 彼女は留守番をしなければならないといって怒っていた.
**cróss fire** 十字砲火; (質問の)集中攻撃.
**cróss·ness** 名 ⓤ 不機嫌, 意地悪いこと, すねること.

**cross·bar** /krɔ́(ː)sbɑ̀ːr クロ(ー)スバー/ 名 ⓒ 横木; (ラグビーなどの)ゴールの横棒《図》→ rugby》; (走り高跳びなどの)バー; 自転車のハンドルとサドルをつなぐ心棒《図》→ bicycle》.

**cross·bow** /krɔ́(ː)sbòu クロ(ー)スボウ/ 名 ⓒ (中世の)石弓.

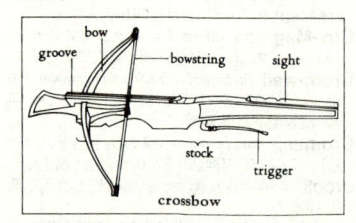

bow, groove, bowstring, sight, stock, trigger
crossbow

**cross·bred** /krɔ́(ː)sbrèd クロ(ー)スブレド/ 形 名 ⓒ 異

種交配の(動[植]物).

**cross-coun·try** /krɔ́(ː)skʌ̀ntri クロ(ー)スカントリ/ 形 クロスカントリーの[で], 田舎(いなか)を通る[って]; 〈旅・鉄道などが〉国を横断する.
——名 (複 -coun·tries/-z/) Ｕ Ｃ クロスカントリー競技.

**cross·cul·tur·al** /krɔ́(ː)skʌ̀ltʃərəl クロ(ー)スカルチャラル/ 形 異文化間の, 比較文化的な.

**cross-ex·am·i·na·tion** /krɔ́(ː)sigzæmənéiʃən クロ(ー)スィグザミネイション/ 名 Ｕ Ｃ 反対尋問.

**cross-ex·am·ine** /krɔ́(ː)sigzǽmin クロ(ー)スィグザミン/ 動 (現分 -in·ing) 他 〈証人〉に反対尋問をする; 〈人〉をきびしく詰問する.

**cross-eyed** /krɔ́(ː)sàid クロ(ー)サイド/ 形 寄り目の.

**cross-hold·ing** /krɔ́(ː)shòuldiŋ クロ(ー)スホウルディング/ 名 [～s] 株式持ち合い.

**cross·ing** /krɔ́(ː)siŋ クロ(ー)スィング/ 動 → cross.
——名 **1** Ｕ Ｃ 航海; 横断.

**2** Ｃ 交差(点); 横断歩道.

> 事情 a panda [pelican] crossing (英) 押しボタン式信号のある横断歩道 / a pedestrian crossing (英) 横断歩道((米) crosswalk) / a zébra cróssing (英) 歩行者優先横断歩道 / a railroad crossing 踏切.

**cross-legged** /krɔ́slégd クラスレグド | krɔ́s- クロス-/ 形 脚を組んだ[で]; あぐらをかいた[で].

**cross·o·ver** /krɔ́(ː)sòuvər クロ(ー)ソウヴァ/ 名 **1** Ｃ (英) (列車の) 渡り線; 立体[高架]交差路, 跨線(こせん)橋((米) overpass).

**2** Ｕ (音楽) クロスオーバー 《ジャンルの混交によってできた新形態の音楽》.

**cross-ref·er·ence** /krɔ́(ː)srèfərəns クロ(ー)スレファレンス/ 名 Ｃ (同一書中の) 他箇所参照.

**cross·roads** /krɔ́(ː)sròudz クロ(ー)スロウツ/ 名 (複 cross·roads) Ｃ **1** [しばしば a～] 交差道路.

**2** [しばしば a～] 十字路, 交差点.

**3** [しばしば a～; 比喩的に] 交差点, (重大な) 岐路 ‖

stand [be] at a [the] **crossroads** 岐路に立っている.

**cross·walk** /krɔ́(ː)swɔ̀ːk クロ(ー)スウォーク/ 名 Ｃ (米) 横断歩道.

**cross·wind** /krɔ́(ː)swìnd クロ(ー)スウィンド/ 名 Ｃ 横なぐりの風.

**cross·wise** /krɔ́(ː)swàiz クロ(ー)スワイズ/ 形 副 横なぐりの[に]; 交差した[て].

**cróss·word (púzzle)** /krɔ́(ː)swə̀ːrd クロ(ー)スワード/ 名 Ｃ クロスワードパズル.

**crotch** /krɑ́tʃ クラチ | krɔ́tʃ クロチ/ (類音 crutch /krʌ́tʃ/) 名 (複 ～·es/-iz/) Ｃ (人・ズボンなどの) また, 木のまた.

**crotch·et** /krɑ́tʃət クラチェト | krɔ́tʃət クロチェト/ 名 Ｃ (英) (音楽) =quarter note.

**crouch** /kráutʃ クラウチ/ 動 (三単現 ～·es/-iz/) 自 **1** しゃがむ, うずくまる; (攻撃のため)身を低くする.

**2** (恐怖で)ちぢこまる, すくむ; ぺこぺこする.

**crow**[1] /króu クロウ/ (類音 c*l*aw /klɔ́ː/) 名 Ｃ **1** カラス 《◆鳴き声は caw, croak》 ‖
(as) bláck as a cr**ów** 真っ黒で.
a white **crow** 珍しいもの.

> 関連 raven ワタリガラス / rook ミヤマガラス / jackdaw コクマルガラス / carrion crow ハシボソガラス.

**2** =crowbar.

*as the crów flíes* =*in a crów line* 直線距離で(行けば) 《◆カラスは目標に向かってまっすぐ飛ぶことから》.

**crow**[2] /króu クロウ/ 動 自 **1** 〈おんどりが〉鳴く, 時を告げる. **2** 大喜びする; 〈赤ん坊が〉喜んでキャッキャッと言う. **3** (略式) 誇らしげに言う.
——名 Ｃ **1** [a ～ / the ～] おんどりの鳴き声 《◆cock-a-doodle-doo と鳴く》. **2** [a ～] 赤ん坊の喜びの声.

**crow·bar** /króubɑ̀ːr クロウバー/ 名 Ｃ かなてこ, バール.

***crowd** /kráud クラウド/ (類音 c*l*oud/kláud/) 〖「押す」が原義〗(発音 /kráudz/) Ｃ **1** 群衆, 人ごみ; 観衆 《◆個人を問題にするときは複数扱い. (米) では単数扱いが多い》; [the ～] (専門家・特権階級に対して) 一般大衆, 民衆 ‖
All the **crowd** was [were] waiting to see the Prince. 群衆はみんな王子を見ようと待っていた.
対話 "Boy, today was hot." "I know. On television I saw **crowds** at the beach." 「あーあ, きょうは暑かった」「うん. テレビで見ると海水浴場はイモを洗うような混み方だった」.

> Q&A **Q**: Tom was found in [among] the **crowd**. (群衆の中にトムがいるのが見つかった)の in と among はどう違いますか.
> **A**: in はふつうは「群衆の中に」ということだけですが, among では in よりも入り混じった感じが強く出ています.

**2** (略式) 多数 ‖
come together in a **crowd** 大勢集まる.
A **crowd** [**Crowds**] of people gathered in front of the city hall. 多くの人たちが市役所前に集まった.
I have **crowds** of things to do. しなければならないことが山ほどある.
——動 (三単現 ～s /kráudz/; 過去・過分 ～·ed /-id/; 現分 ～·ing)
——他 …に群がる, 押し[詰め]かける; [crowd **A** with **B** / crowd **B** into **A**]〈場所〉に**B**〈人・物〉を詰め[押し]込む, いっぱいにする ‖
Thousands of people **crowded** the beach. =The beach was **crowded** with thousands of people. 何千人もの人たちがその浜に押しかけた.

We were **crowded** into the small room. 我々は狭い部屋に詰め込まれた.
 ― 自 〈人・事が〉**群がる**, 押しかける〔寄せる〕 ‖
The eager spectators **crowded** into the stadium. 熱狂的な観客が競技場になだれ込んだ.
Pleasant memories **crowded** in on me. 楽しい思い出がどっとよみがえってきた.

**crowd·ed** /kráudid クラウディド/ 〚→ crowd〛
― 動 → crowd.
― 形 〔比較〕 more ~, 〔最上〕 most ~〕 **1** 〈場所・乗物が〉**込み合った**(↔ empty), 満員の《◆「身動きできないほどぎっしり詰めの」は jammed》 ‖
**crowded** spectators 満員の観客.
The bus is very [extremely, ˣvery much] **crowded** this morning. 今朝はバスがとても込んでいる.
**2** 〈事が〉ぎっしり詰まった ‖
a **crowded** program ぎっしり詰まったプログラム.

**crown** /kráun クラウン/ (同音 c/own/kláun/) 名
**1** ⓒ (勝利の印の)花の冠, 栄冠; 栄誉; 報い; [the ~] 優勝 ‖
a **crown** of laurel leaves 月桂冠.
take the **crown** in tennis テニスで優勝する.
**2** ⓒ 王冠; (通例 the C~) 王, 女王, 君主; [the ~] 王権; 王位 ‖
fight for the **Crown** 王のために戦う.
**3** ⓒ 王冠の形をした物[飾り]; 王冠章[印]; (びんの)王冠; (時計の)竜頭(ﾘｭｳｽﾞ); (図) → watch).
**4** ⓒ =crown piece.
**5** ⓒ とさか(crest); 脳天; 頭; てっぺん, 頂; (帽子の)てっぺん[山]; (宝石の)カットの上部[表面]; 〖建築〗(アーチの)最高部; 〖医学〗歯冠 ‖
from **crówn** to tóe 頭のてっぺんからつま先まで, 全身に.
**6** [the ~] 極致(ｷｮｸﾁ), 絶頂, 盛り.
― 他 **1** …に王冠を載せる, …を王[女王]にする.
**2** …の頂上を占める[覆う] ‖
a tower (which is) **crowned** with a spire 尖(ﾄｶ)塔のある塔.
**3** …の(最後)を栄誉で飾る, …に報いる ‖
Success **crowned** her efforts. ＝Her efforts were **crowned** with success. 成功によって彼女の努力は報われた《◆好ましくない意味でも用いる》: To **crown** our troubles, it started raining. 雨まで降りだして踏んだりけったりだった》.
**to crówn (it) áll** あげくの果てに.
**crówn càp** [**còrk**] (英) (コーラびんなどの)キャップ, 王冠.
**crówn jéwels** (戴(ﾀﾞｲ)冠式などで身につける)装飾品《王冠・刀剣・宝石など》; 即位の宝器.
**crówn piece** (英国旧制度の)クラウン貨幣《旧5シリングのコイン. 今は25ペンス》; (ヨーロッパの)クラウン貨幣単位, クローネ(krone).
**crówn prínce** 皇太子《◆英国の皇太子は the Prince of Wales》.
**crown príncess** (1) 皇太子妃《英国の皇太子妃は the Princess of Wales》. (2) (推定王位継承人である)王女.

**cru·cial** /krúːʃl クルーシュル/ 形 **1** (正式) 決定的な, ゆゆしき ‖
a **crucial** stage 決定的な段階.
**2** 命にかかわる, 重病の.
**3** 欠くことのできない, 必須(ﾋｯｽ)の.
**cru·cial·ly** /krúːʃli クルーシュリ/ 副 決定的に; ゆゆしく.
**cru·ci·ble** /krúːsibl クルーシブル/ 名 ⓒ るつぼ.
**cru·ci·fix** /krúːsəfiks クルースィフィクス/ 名 (複 ~·es/-iz/) ⓒ キリスト受難の像.
**cru·ci·fix·ion** /krùːsəfíkʃən クルースィフィクション/ 名 ⓒⓊ はりつけ; [the C~] キリストの(十字架上の)処刑.
**cru·ci·fy** /krúːsifài クルースィファイ/ 動 (三単現 -ci·fies/-z/; 過去・過分 -ci·fied/-d/) 他 …をはりつけにする, 十字架にかける.

**crude** /krúːd クルード/ 形 **1** 天然のままの, 自然の, 加工していない ‖
**crude** rubber 生ゴム.
**2** 荒い, 大まかな; 生硬な ‖
a **crude** summary 大ざっぱな要約.
a **crude** log cabin 粗末な丸太小屋.
**3** 〈人・態度・言葉などが〉無礼な, 粗野な; みだらな.
**crúde·ly** 副 粗野に, そっけなく; 〔文全体を修飾〕露骨に言えば.
**crúde·ness** 名 Ⓤ 粗野, 荒さ, 生硬.
**crud·i·ty** /krúːdəti クルーディティ/ 名 (複 -i·ties/-z/) **1** =crudeness. **2** ⓒ 未熟[粗雑]なもの[行為]; 未完成品.

**cru·el** /krúːəl クルーエル/ 〚「生(ﾅﾏ)の」が原義. cf. crude〛 派 cruelty (名)
― 形 〔比較〕 ~·er, (英) -el·ler; 〔最上〕 ~·est, (英) -el·lest〕 **1** 冷酷な, 非情[無慈悲]な(brutal) ‖
have to be **cruel** to be kind 〈人の〉ためを思えばつらく当たることもやむを得ない.
対話 "How can people kill animals like that! It's terrible." "I guess some people enjoy being so **cruel**." 「あんなふうによくも動物を殺せるものだ. ひどい」「虐待するのを楽しむ人がいるようだ」.
**2** 〈事が〉むごい; 悲惨な, 痛ましい ‖
a **cruel** punishment 厳しい刑罰.
be placed in a **cruel** predicament 痛ましい苦境に置かれる.
**3** [A is cruel to do / it is cruel of A to do] …するとは A〈人〉はひどい[むごい] ‖
You are **cruel** to ignore their trouble. 彼らが困っているのを無視するとはあなたもひどい人ですね.
**cru·el·ly** /krúːəli クルーエリ/ 副 無慈悲に, 残酷に; 痛ましく.
**cru·el·ties** /krúːəltiz クルーエルティズ/ 名 → cruelty.

**cru·el·ty** /krúːəlti クルーエルティ/ 〚→ cruel〛
― 名 (複 -el·ties/-z/) Ⓤ 残酷さ, むごたらしさ; 悲惨; 無慈悲, 残忍性; ⓒ 残酷な行為[言動, 言葉] ‖
**cruelty** to animals 動物虐待.

**cruise** /krúːz クルーズ/ 動 (現分) cruis·ing ‖ **1** 船で巡遊する; 巡航する ‖
go **cruising** 巡遊する.
**2** 〈人が〉漫遊する.
**3** 〈タクシーが〉(客を拾うため)流す, 〈パトカーが〉(巡回のため)ゆっくり走る; 〈人が〉車をゆっくり走らせる.
── 名 ⓒ 巡航, 船旅 ‖
gó on [for] a crúise on a liner 定期船で遊覧する.
**crúise mìssile** 巡航ミサイル.
**crúise shìp** 巡航客船.
**cruis·er** /krúːzər クルーザ/ 名 ⓒ **1** 巡洋艦. **2** 巡航飛行機; 流しのタクシー; (米)(無線つきの)パトカー. **3** 遊覧[行楽]用モーターボート.
**crumb** /krÁm クラム/ (類音) cram/krǽm/) 名 **1** ⓒ (通例 ~s) (パン・ケーキなどの)くず; パン粉.
**2** ⓒ [主に a ~ of + Ⓤ 名詞] ほんの少し, 断片 ‖
a **crumb of** comfort ささやかな慰め.
**3** Ⓤ パンの身.
**crum·ble** /krÁmbl クランブル/ 動 (現分) crum·bling) 他 …をぼろぼろにする; …を細かくちぎる ‖
**crumble** the bread for the bird 鳥にやるためパンをちぎる.
── 自 **1** ぼろぼろになる, 砕ける ‖
stone that **crumbles** quickly 砕けやすい石.
**2** 〈望みなどが〉水泡(!!)に帰(*)する.
── 名 ⓒ Ⓤ クランブル《煮た果物に小麦粉・バター・砂糖をまぶしたもの》.
**crum·bly** /krÁmbli クランブリ/ 形 砕けやすい, もろい.
**crum·pet** /krÁmpit クランペト/ 名 ⓒ (主に英) クランペット (English muffin)《マフィンに似たパン》.
**crum·ple** /krÁmpl クランプル/ 動 (現分) crum·pling) **1** …をしわにする, もみくちゃにする. **2** 〈人〉を肉体[精神]的にまいらせる. ── 自 **1** しわくちゃになる. **2** (略式) 〈望みなどが〉つぶれる; 肉体[精神]的にまいる.
**crunch** /krÁntʃ クランチ/ 動 (三単現) ~·es/-iz/) 他 …をポリポリ[ガリガリ]かむ; …をバリッとつぶす; …をザクザク[サクサク]と踏む. ── 自 **1** カリカリ[ザクザク, バリバリ]という音を立てる. ── 名 (複 ~·es/-iz/) **1** [a ~ / the ~] 砕ける音《ザクザク, ポリポリなど》. **2** ⓒ (略式) [通例 the ~] ピンチ, 危機, 試練.
**cru·sade** /kruːséid クルーセイド/ 名 ⓒ **1** [通例 the Crusades] [歴史] 十字軍; 聖戦.
**2** (正式) 改革運動 ‖
a **crusade for** women's rights 女権擁護運動.
── 動 (現分) ··sad·ing) 自 **1** [歴史] 十字軍[聖戦]に参加する. **2** 改革運動をする.
**cru·sad·er** /kruːséidər クルーセイダ/ 名 ⓒ **1** [C~] [歴史] 十字軍戦士. **2** 社会運動[キャンペーン]参加者.
**crush** /krÁʃ クラシュ/ (類音) clash /klǽʃ/, crash /krǽʃ/) 動 (三単現) ~·es/-iz/) 他
**1** …を押しつぶす, 踏みつぶす, ぺしゃんこにする (類 → clash) ‖
the rock which **crushed** ten people (to death) 10 人もの人を押しつぶした岩.
**2** …を粉々にする; 〈ジュース〉をしぼり出す ‖
**crush** the juice out (of a lemon) (レモンから)果汁をしぼり出す.
**3** 〈事が〉〈心・人など〉を押しつぶす; …を鎮(!!)圧する (+*down*) ‖
**crush** a revolt 反乱を抑える.
── 名 ~·es/-iz/) **1** Ⓤ 押しつぶし[される]こと.
**2** (略式) [a ~ / the ~] 大群衆, 雑踏(!!), 混雑.
**3** (略式) [a ~] 夢中, ほれこみ ‖
have [get] a **crush on** him 彼にのぼせる.
**Cru·soe** /krúːsou クルーソウ/ 名 → Robinson Crusoe.
**crust** /krÁst クラスト/ 名 **1** ⓒ Ⓤ パンの皮, パンの耳; Ⓤ パイ皮. **2** Ⓤ ⓒ 堅い外皮, 堅くなった表面.
**crus·ta·ce·an** /krʌstéiʃən クラステイシャン/ (正式) 名 ⓒ 形 甲殻類動物(の)《カニ・エビなど》.
**crust·y** /krÁsti クラスティ/ 形 (比較) ··i·er, (最上) ··i·est) **1** 皮殻質の, 表面の堅い. **2** パンなどがパリパリした.
**crutch** /krÁtʃ クラチ/ (類音) crotch /krɑ́tʃ | krɔ́tʃ/) 名 (複 ~·es/-iz/) ⓒ [通例 ~es] 松葉づえ ‖
a pair of **crutches** (1 対の)松葉づえ.
go [walk] **on crutches** 松葉づえをついて歩く.
**crux** /krÁks クラクス/ 名 (複 ~·es, cru·ces /krúːsiːz/) ⓒ (正式) [通例 the ~] 難問; 急所, ポイント.

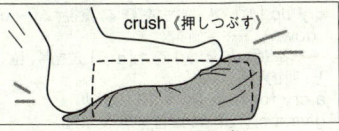

\***cry** /krái クライ/ 〖「助けを求めて叫ぶ」が原義〗
── 動 (三単現) cries /-z/; (過去・過分) cried /-d/; (現分) ~·ing)
── 自 **1** 涙を流して泣く; 泣く, 嘆く ‖
**cry with** grief 悲しみのあまり声をあげて泣く.
Don't **cry** any more. You're a good boy. もう泣かないで, いい子だから.

関連 weep しくしく泣く, sob むせび泣く, wail わんわん泣く, moan うめき声を出して泣く.

**2 a** 大声をあげる, 叫ぶ《◆ shout より堅い語》‖
The girl **cried óut** for help. その少女は大声で助けを求めた.
**b** 〈物が〉泣く ‖
The flower is **crying to** be watered. 花がとても水を欲しがっている.
**3** 〈鳥が〉鳴く, さえずる;〈獣が〉ほえる.
**4** 〈人が〉大声で呼びかける; 哀願する.
── 他 **1** 〈涙〉を流して泣く. **2** …と叫ぶ (+*out*); [**cry (that)** 節] …だと叫ぶ.
**crý** *oneself* 泣いて…の状態になる ‖ **cry** oneself asleep = **cry** oneself to sleep 泣いているうちに寝入ってしまう.

***crý úp*** [他]〈人・物〉を賞賛する, 重視する(↔ cry down); …を評価する.

——[名] (複 cries/-z/) ⓒ **1** [a ~] 泣き声; 泣くこと; 叫び声 ‖
a cry for help 助けを求める叫び声.
give a cry of pain 苦痛の声をあげる.
have a good cry 思い切り泣く.
Much cry and little wool. 《ことわざ》《豚の毛を刈ろうとしても》鳴き声ばかり大きく毛は少ししかとれない; 空騒ぎ, 「大山鳴動してネズミ1匹」.
**2** 哀(愁)願, 嘆(愁)願, 要求; (商品の) 宣伝の声; スローガン ‖
give a cry of triumph 勝ちどきの声をあげる.
**3** (鳥の)鳴き声, (動物の)ほえ声 〈猟犬の群れの〉ほえ声.
***be a fár crý from*** A 《略式》…から遠く離れている; …と大いに異なる, …どころではない.
***within crý of*** A …から呼べば聞こえる範囲内に.

**crypt** /krípt クリプト/ [名] ⓒ (教会堂の)地下聖堂《礼拝・納骨に用いる》.

**cryp·tic, –·ti·cal** /kríptik(l) クリプティク(ル)/ [形] 秘密の, なぞの.

**crys·tal** /krístl クリストル/ [名] **1** Ⓤ 水晶; ⓒ 水晶製品〈細工〉; =crystal ball.
**2** Ⓤ =crystal glass.
**3** ⓒ 《化学・鉱物》 結晶(体) ‖
crystals of snow =snow crystals 雪の結晶.
**4** 〔形容詞的に〕水晶(製)の, 水晶質の; クリスタル製の; 透明な, 澄みきった.

**crýstal báll** (占い用)水晶球(crystal).

**crýstal gláss** クリスタルガラス; 〔集合名詞的に〕カットグラス製品〔食器類〕(crystal).

**crys·tal·line** /krístəlin クリスタリン, -àin|-àin -タライン/ [形] **1** 水晶の; (文)透明な. **2** 結晶体からなる.

**crys·tal·li·za·tion** /krìstələzéiʃən クリスタリゼイション|-lai- クリスタライ-/ [名] Ⓤ 結晶, 晶化; 結晶体; 具体化.

**crys·tal·lize,** 《英ではしばしば》 **–·lise** /krístəlàiz クリスタライズ/ [動] (現分 -·liz·ing) [他] **1** …を結晶させる. **2** 《正式》〈考えなど〉を具体化する. **3** 〈果物など〉を砂糖づけにする.
——[自] **1** 結晶する. **2** 《正式》具体化する.

**cub** /kʌ́b カブ/ (同音 cab/kǽb/) [名] ⓒ (キツネ・トラなどの)子; クジラの子.

**Cu·ba** /kjúːbə キューバ/ [名] キューバ《西インド諸島の共和国. 首都 Havana》.

**Cu·ban** /kjúːbən キューバン/ [形] キューバ(人)の.
——[名] ⓒ キューバ人(語法 → Japanese).

**cube** /kjúːb キューブ/ [名] ⓒ **1** 立方体; 正六面体; 立方体のもの〈さいころ・角氷など〉 ‖
a cube of sugar =a sugar cube 角砂糖1個 (=a lump of sugar).
**2** 〔数学〕立方, 3乗 ‖
The cube of 3 is 27. 3の3乗は27である(=3 cubed is 27.).
——[動] (現分 cub·ing) [他] 〈数〉を3乗する《◆「2乗する」は square》.

**cúbe sùgar** Ⓤ 角砂糖.

**cu·bic** /kjúːbik キュービク/ [形] 立方体の; 体積の.

**cu·bi·cle** /kjúːbikl キュービクル/ [名] ⓒ 小私室.

**cub·ism** /kjúːbizm キュービズム/ [名] 〔しばしば C~〕 Ⓤ 《美術》立体派, キュービズム.

**cuck·oo** /kúːkuː クークー|kúku クク-/ [名] ⓒ **1** カッコウ《◆ 英国では花が咲く頃に鳴き, 春・初夏の訪れを告げる鳥として歓迎される. 他の鳥の巣に卵を産む》.
**2** クックー《その鳴き声》.

**cúckoo clòck** カッコウ時計, 鳩時計.

**cu·cum·ber** /kjúːkʌmbər キューカンバ, 《英+》 -kəm-/ [名] ⓒ 《植》キュウリ《◆ 占星術では月の影響で冷たいとされる》.

**cud·dle** /kʌ́dl カドル/ [動] (現分 cud·dling) [他] …を抱き締める. ——[自] ぴったりよりそって寝る.
——[名] [a ~] 抱擁.

**cue**[1] /kjúː キュー/ (同音 queue) [名] ⓒ きっかけ, 合図; 《演劇》キュー ‖
take one's cue from her 《略式》彼女からヒントを得る.
——[動] (現分 cue·ing) [他] …に合図を与える.

**cue**[2] /kjúː キュー/ [名] ⓒ **1** (玉突きの)キュー, 突き棒. **2** おさげ; 弁髪(べん).

**cuff**[1] /kʌ́f カフ/ [名] ⓒ **1** (服の)そで口; カフス. **2** (米豪)(ズボン・ブーツ・靴下の)折り返し(《英》turnup) (図) → pants).

**cúff lìnks** カフスボタン(《英》 sleeve links)《◆ ×cuff's button とはいわない》.

**cui·sine** /kwizíːn クウィズィーン/ [《フランス式》] [名] Ⓤ 〔しばしば a ~〕 (独特の)料理(法).

**cul-de-sac** /kʌ́ldəsæk カルドゥサク, kúːl-/ [《フランス》] [名] (複 culs-de-sac /kʌ́ldə-, kùlz-/, ~s) ⓒ 行き止まり, 袋小路.

**cul·i·nar·y** /kjúːlənèri キューリネリ|kʌ́linəri カリナリ/ [形] 《正式》料理(用)の; 台所の.

**cull** /kʌ́l カル/ [動] [他] **1** 《文》〈花〉を摘む(pick). **2** …をより抜く.

**cul·mi·nate** /kʌ́lmənèit カルミネイト/ [動] (現分 -·nat·ing) [自] 《正式》結果になる ‖
All her efforts culminated in failure. 彼女のすべての努力は水泡に帰した.

**cul·mi·na·tion** /kʌ̀lmənéiʃən カルミネイション/ [名] Ⓤ 〔通例 the ~〕最高点〔潮〕, 絶頂.

**cu·lotte** /kju(ː)lɑ́t キュ(ー)ラト, -ː | -lɔ́t -ロト/ [名] [~s; 複数扱い] キュロット=スカート《半ズボン式スカート》.

**cul·pa·ble** /kʌ́lpəbl カルパブル/ [形] 《正式》有罪の.

**cul·prit** /kʌ́lprit カルプリト/ [名] ⓒ 《正式》〔通例 the ~〕罪人; 犯人.

**cult** /kʌ́lt カルト/ [名] ⓒ **1** 儀式.
**2 a** 礼(愁)賛, 崇拝 ‖
the [a] cult of Napoleon ナポレオン崇拝.
**b** (一時的な)熱狂, (…)熱 ‖
the cult of yoga ヨーガの流行.

\***cul·ti·vate** /kʌ́ltəvèit カルティヴェイト/ 〖『耕された(cult) 状態にする(ate). cf. *culture*』〗
——[動] (三単現 ~s/-vèits/; 過去・過分 -·vat·ed /-id/; 現分 -·vat·ing)
——[他] **1** 〈土地〉を耕す, 耕作する, 開墾(なん)する ‖
We cultivated the field to grow wheat. 私

たちは小麦をつくるために畑を耕した.
**2** 《正式》…を栽培[養殖, 培養]する(grow).
**3** 《正式》〈品性・才能など〉を磨く, 高める, 洗練する, 陶冶(とうや)する(improve); 〈芸術・学術など〉を奨励する, 育成する; 〈人〉を教化する, 啓発する; 〈学問〉を修める, …にはげむ ‖
She cultivated her mind by reading many books. 彼女は多くの本を読んで精神を陶冶した.

**cul·ti·vat·ed** /kʌ́ltəvèitid カルティヴェイティド/ [動]→ cultivate. ──[形] **1** 《正式》教養のある, 洗練された, 教育を受けた. **2** 耕作された.

**cul·ti·vat·ing** /kʌ́ltəvèitiŋ カルティヴェイティング/ [動] → cultivate.

**cul·ti·va·tion** /kʌ̀ltəvéiʃən カルティヴェイション/ [名] Ⓤ **1** 耕作 ‖
under cultivation 耕作中の.
**2** 栽培. **3** 《正式》教養, 教化, 育成; 洗練.

\***cul·tur·al** /kʌ́ltʃərəl カルチャラル/ 〖→ culture〗
──[形] 《通例名詞の前で》 **1** 文化の, 文化的な; 教養(上)の, 修養の ‖
understand cultural diversity 文化的多様性を理解する.
**2** 栽培上の, 培養の ‖
a cultural variety 栽培変種.
**cúltural anthropólogy** 文化人類学.
**cúltural exchánge** 文化交流.
**cúltural rèvolútion** (1) 文化革命. (2) [the C-R-] (中国の)文化大革命.
**cúltural stúdies** 教養科目; カルチュラル=スタディーズ.
**cúl·tur·al·ly** [副] 文化的に; [文全体を修飾] 文化的には.

\***cul·ture** /kʌ́ltʃər カルチャ/ 〖耕された(cult)ところ(ure). cf. agriculture, cultivate〗
⇒ cultural (形)
──[名] (複 ~s/-z/) **1** ⓊⒸ 文化, 精神文明《◆ civilization より精神面を強調》‖
The culture of ancient Egypt was highly advanced. 古代エジプトの文化はきわめて高度なものであった.
Culture Day (日本の)文化の日.
**2** ⓊⒸ 教養, 洗練; 修養 ‖
a man of meager culture ほとんど教養のない男.
the two cultures 2つの教養《文学と科学》.
wear one's culture lightly 教養をひけらかさない.
**3** Ⓤ 耕作; 栽培, 養殖, 培養 ‖
wet rice culture 水稲(すいとう)栽培.
**cúlture gàp** (2文化間の)文化の違い.
**cúlture shòck** (異文化に接したときに受ける)カルチャーショック.

**cul·tured** /kʌ́ltʃərd カルチャド/ [形] **1** 〈人が〉教養のある; 文化のある; 教化[洗練]された. **2** 栽培[養殖, 培養]された.
**cúltured péarl** 養殖真珠.

**cum·ber·some** /kʌ́mbərsəm カンバルサム/ [形] (運搬・着用するのに)やっかいな, 扱いにくい.

**cu·mu·la·tive** /kjúːmjəlɑ̀tiv キューミュラティヴ, -li-/ [形] 《正式》しだいに増加[増大]する, 累積[累加]的な.

**cu·mu·lus** /kjúːmjələs キューミュラス/ [名] (複 cu·mu·lus, ··li/-lai/) ⓊⒸ 積乱雲; 積み重ね, 堆(たい)積.

**cun·ning** /kʌ́niŋ カニング/ [形] (比較 more ~, ~·er; 最上 most ~, ~·est) 悪賢い, 狡猾(こうかつ)な, ずるい《◆ clever にずるさが加わる. sly より知恵・実行力があることが強調される. cf. crafty》‖
(as) cunning as a fox 非常にずる賢い.
──[名] Ⓤ 狡猾さ, 悪賢さ, ずるさ. 表現 日本語の「カンニング」は cheating at [in, on] an examination).

**cun·ning·ly** /kʌ́niŋli カニングリ/ [副] 悪賢く, ずるく, 抜け目なく.

\***cup** /kʌ́p カプ/ (類音 cap/kǽp/) 〖「たる(tub)」が原義〗
──[名] (複 ~s/-s/) Ⓒ (コーヒー・紅茶用の)茶わん, カップ《◆(1) ふつう取っ手があり, 温かい飲み物を入れる. 日本語の「コップ」は主に glass に当たる(cf. mug). (2)「(食事用の)茶わん」は bowl》‖
A breakfast cup is twice as large as a tea cup. 朝食用のカップは紅茶茶わんの2倍の大きさである.
**2** Ⓒ 茶わん1杯分(のコーヒー・紅茶など); 計量カップ1杯の量(cupful)《米英ではふつう1/2 pint》‖
Add two cups of flour to it. 小麦粉2カップをそれに加えなさい.
[対話] "Would you like another cup (of tea)?" "Yes, please." 「(紅茶を)もう1杯いかがですか」「はいどうも」.
**3** Ⓒ **a** [しばしば the C~] 優勝杯 ‖
the Davis Cup tournament デビスカップ(テニス)試合.
wín the cúp 優勝する.
**b** 〖キリスト教〗聖(せい)餐(さん)杯; [the ~] 聖杯のブドウ酒.
**4** Ⓒ 杯状のもの; (花の)がく.
**cúp and /ən/ báll** [単数扱い] 拳玉(けんだま)(遊び).
**cúp and /ən/ sáucer** [単数扱い] 受け皿つきカップ (cf. and **2** [語法]).
*one's* **cup of tea** → tea.
──[動] (過去・過分 cupped/-t/; 現分 cup·ping) [他]〈手など〉を杯状にする; …を杯状の物の中に入れる ‖
cup his hands behind his ears =cup his ears in his hands (よく聞こえるように) 耳に手をあてがう.
cup water from a brook 小川の水を手[カップ]ですくう.

**cúp fínal** [〖英〗 (the) (the C~ F-] (サッカーなどの優勝杯争奪戦(cup-tie)での)決勝戦, 優勝決定戦.

**cup·board** /kʌ́bərd カバド/ (発音注意)《◆ p は発音しない》[名] Ⓒ **1** 食器戸棚. **2** 《英》(衣服・食器・食料用の)戸棚, 押入れ《(主に米) closet》.
**a** [**the**] **skeleton in the cupboard** → skeleton.

**cup·ful** /kʌ́pfùl/ カプフル/ 名 C **1** [料理] 計量カップ1杯(の量)《米英ではふつう 1/2 pint》∥
two **cupfuls** of flour 小麦粉 2 カップ.
**2** カップ 1 杯分.

**Cu·pid** /kjúːpid/ キューピド/ 名 **1**《ローマ神話》キューピッド《Mercury と Venus との子で恋愛の神. 弓と矢を持った裸の美少年. ギリシア神話の Eros に当たる》. **2** [c~]《愛の象徴としての》美少年.
**Cúpid's bòw**(二重弓形の)上口唇.

**cur·a·ble** /kjúərəbl キュアラブル/ 形《病気が》治療できる, 治せる.

**cur·ate** /kjúərət キュアラト/ 名 C 補助司祭.

**cu·ra·tor** /kjuəréitər キュアレイタ/ 名 C 博物[図書]館長.

**curb** /kə́ːrb カーブ/ [類音] curve/kə́ːrv/] 名 C **1**(主に米)《歩道の》縁(ふち)(石)《英》kerb). **2** [建築] 化粧縁《井戸の井げた・天窓のわくなど》. **3** くつわ鎖. ─ 動 **1**《馬》にくつわ鎖をかける. **2**《歩道》に縁石をつける.

**curd** /kə́ːrd カード/ [類音] card/kɑ́ːrd/] 名 U [通例 ~s; 単数扱い] 凝乳《チーズの原料》.
**2** 凝乳状の食品∥
béan cùrd 豆腐.

**cur·dle** /kə́ːrdl カードル/ 動《現分》 cur·dling) 自 凝乳になる;《血が》(恐怖で)凍る. ─ 他 …を凝乳にする;《血》を(恐怖で)凍らせる.

*****cure** /kjúər キュア/《『世話・注意(care)』が原義. cf. accurate, secure, manicure》
─ 動《三単現》 ~s/-z/;《過去・過分》 ~d/-d/;《現分》 cur·ing/kjúəriŋ/)
─ 他 **1 a**《人・体の部分》を治療する, 治す(→ heal Q&A)∥
The medicine **cured** the sick children. その薬が病気の子供を治した.
[対話]"My back hurts really bad." "Let me see. Oh, this is a little serious. It won't be **cured** so easily." 「背中がひどく痛むんです」「みせてごらん. ああ, これはあまりよくありませんね. そう簡単には治らないでしょうね」.
**b** [cure A of B] A《病人》の B《病気》を治す∥
The doctor **cured** the patient **of** cancer. その医者は患者の癌(がん)を治した.
**2 a**《弊害・悪癖》を除く∥
**cure** a bad habit like smoking 喫煙のような悪習を改める.
**b** [cure A of B] A《人》から B《悪癖など》を取り除く∥
**cure** him **of** biting his nails 彼につめをかむのをやめさせる.
**3**《乾燥・塩漬け・燻(くん)製により》《肉など》を保存する.
─ 名《複》 ~s/-z/) C **1** 治療; 回復; 治療法[薬]∥
Aspirin is a **cure for** headaches. アスピリンは頭痛にきく薬だ.
[対話]"I don't know if he can recover from the illness or not." "True. Without a good **cure for** it I don't think he will live." 「彼がその病気から立ち直れるかどうかなあ」

「全くだ. 妙(みょう)な薬でもないと彼は生きのびることができないだろう」.
**2**《魂の》救済(法), (悪explosions癖などの)矯(きょう)正(法).

**cure-all** /kjúərɔ̀ːl キュアオール/ 名 C 万能薬.

**cur·few** /kə́ːrfjuː カーフュー/ 名 **1** C《戒厳(かいげん)令下の》夜間外出禁止令. **2** U 外出禁止時刻; 門限.

**Cu·rie** /kjúəri キュアリ, kjuríː/ 名 **1** キュリー《Marie ~ 1867-1934; ポーランド生まれの物理・化学者. 夫 Pierre とラジウムを発見(1898)》. **2** キュリー《Pierre ~ 1859-1906; フランスの物理・化学者》.

**cur·ing** /kjúəriŋ キュアリング/ 動 → cure.

**cu·ri·o** /kjúəriòu キュアリオウ/《*curio*sity の短縮語》名《複》 ~s) C 骨董(こっとう)品; 珍しい美術品; 風変わりな人.

**cu·ri·os·i·ties** /kjùəriɑ́sətiz キュアリオスィティズ| -ɔ́s-, -ɔ́ːsiːtiz/ 名 → curiosity.

*****cu·ri·os·i·ty** /kjùəriɑ́səti キュアリアスィティ| kjùəriɔ́səti キュアリオスィティ/《→ curious》
─ 名《複》 -i·ties/-z/) **1** U [しばしば a ~] 好奇心; せんさく好き∥
My sister is full of intellectual **curiosity**. 私の妹は知的好奇心でいっぱいである.
She has a burning **curiosity** [is burning with **curiosity**] to know everything. 彼女は何でも知りたがる.
**Curiosity killed the cat.**《ことわざ》あまりせんさく好きだと面倒(めんどう)に巻き込まれる, 好奇心は身を誤る《◆ 知りたがりやをいさめるときに言う》.
**2** C 珍奇な物[人], 骨董(こっとう)品.
**(just) òut of cúriosity** 好奇心から, 物好きに(も).

*****cu·ri·ous** /kjúəriəs キュアリアス/《『注意(cure)を向ける(ous)』》形 *curio*sity の形
─ 形《比較》 more ~,《古》 ~·er;《最上》 most ~,《古》 ~·est) **1 a** 好奇心が強い; せんさく好きな (cf. inquisitive)∥
An intelligent person is always **curious**. 知的な人は常に好奇心が強い.
[対話]"Why do you always ask about her? Do you like her?" "Not really. I'm only **curious** about her likes and dislikes." 「君はどうしていつも彼女のことを聞くのだい. 彼女のことが好きなのか」「そういうわけじゃないけど. ただ彼女の好き嫌いについて知りたいだけなんです」.
**b** [be curious to do]《しきりに》…したく思う∥
I am **curious** to know how that old clock works. あの古い時計がどう動くか知りたい.
**2** 奇妙(きみょう)な, 好奇心をそそる, 不思議な∥
What is this **curious** animal? この奇妙な動物は何だ.
It is **curious** that he didn't reply. 彼が返事をしなかったのは奇妙だ.
**cúrious to sáy**《通例文頭で》不思議なことに, 妙な話だが (curiously (enough)).

**cú·ri·ous·ness** 名 U 珍しさ; 好奇心.

**cu·ri·ous·ly** /kjúəriəsli キュアリアスリ/ 副 **1**《動詞を修飾》物珍しそうに; 物好きに, 興味ありげに.
**2** [通例文頭で; 文全体を修飾] 奇妙にも, 不思議にも∥

Curiously (enough), ... 不思議なことに…(=It is **curious** that ...).
**3**［形容詞を修飾］不思議なほど, 妙に.

\***curl** /kə́ːrl カール/
──動 (三単現) ~s/-z/; (過去・過分) ~ed/-d/; (現分) ~・ing)
──他 と自 の関係──
| | 他 | 1 | curl A | A〈髪〉をカールする |
| | 自 | 1 | A curl | A〈髪〉がカールする |

──他 **1**〈髪〉をカールする, 巻毛にする ‖
**curl** one's hair 髪をカールする.
**2** …を巻きつける;…をらせん状にする.
**3** …をねじ曲げる, ゆがめる ‖
**curl** one's lip（軽蔑(ゔ)などで）口をゆがめる.
──自 **1**〈髪が〉カールする, 巻毛になる ‖
Does Mary's hair naturally **curl**? メリーの髪は巻毛ですか.
**2**〈道などが〉曲がりくねる, 湾(ゎ)曲する.
**3**〈紙などが〉丸まる; ゆがむ ‖
Paper **curls** as it burns. 紙は燃えるとき丸くなる.
**4** らせん状になる ‖
Smoke **curled** slowly upwards into the evening air. 煙が夜空にゆっくりとうず巻きながら立ち昇っていった.
**curl** (*oneself*) *up* からだを丸くする; 丸まって寝る ‖ **curl** *up* on the sofa ソファーにくつろいで座る.

──名 (複 ~s/-z/) **1 a** ⓤⓒ 巻毛, カール.
**b** [~s] 巻毛の[カールした]髪.
**c** ⓤ 巻くこと, カールすること; 巻かれた状態 ‖
keep one's hair in **curl** 髪をカールしておく.
**2** ⓒ **a** 巻いた物, 渦巻き状の物 ‖
a **curl** of smoke 渦巻いて立ち昇る煙.
**b** ねじれた物 ‖
a **curl** of one's lip 口をゆがめること.

**curl·ing** /kə́ːrliŋ カーリング/ 動 → curl. ──名 ⓤ カーリング《氷上で柄のついた大きな石 (cúrling stòne) を滑らせ的をねらうスコットランド起源のスポーツ. 4名で1組》.

**curl·y** /kə́ːrli カーリ/ 形 (比較) ··i·er, (最上) ··i·est) 巻毛の, カールをかけた[しやすい]‖
**curly** hair 巻毛.

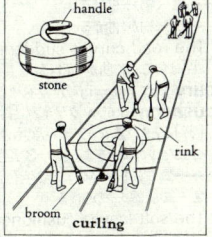

**cur·rant**
/kə́ːrənt カーラント|kʌ́r- カラント/ (同音 current)
名 ⓒ 小粒の種なし干ブドウ;《植》スグリ(の実).

**cur·ren·cy** /kə́ːrənsi カーレンスィ|kʌ́r- カレンスィ/
名 (複 ~·ren·cies/-z/) **1** ⓤⓒ 貨幣, 通貨;ⓤ 流通 ‖
(a) gold **currency** 金貨.

(a) paper **currency** 紙幣.
foreign **currency** 外貨.
soft **currency** 交換不能通貨.
**2** ⓤ《正式》流布(ふ), 普及;（言葉の）通用（期間）; 容認 ‖
gíve a rúmor **cúrrency** =give cúrrency to a rúmor うわさを広める.

\***cur·rent** /kə́ːrənt カーレント|kʌ́rənt カレント/（同音 currant)『「走っている」が原義. cf. cur-riculum, incur』 派 currency (名)
→ 形 **1** 今の **2 a** 通用している
  名 **1** 流れ **2** 電流 **3** 風潮
──形 (比較 more ~, 最上 most ~)《正式》 **1** [通例名詞の前で] 今の, 現時の(present); 最新の (up-to-date) ‖
the **current** price 時価.
the **current** fiscal year 今の会計年度.
the **current** issue of the magazine 雑誌の最新号.
対話 "When did they start their **current** tour?" "May 20th." 「今回の巡業はいつ始まりましたか」「5月20日です」.
**2 a** 通用している, 受け入れられている ‖
**current** beliefs 通念.
The figurative meaning is no longer in **current** use. その比喩(ゅ)的意味はもはや使われていない.
**b** 流通[流行, 流布]している ‖
the **current** coin 現在流通している硬貨.
**current** fashions 今はやりのファッション.
**c**《コンピュータ》今処理対象になっている.
**páss cúrrent**〈うわさ・ニュースなどが〉広まる;〈にせ金などが〉通用[流通]する.

──名 (複 ~s/-ənts/) **1** ⓒ（川・空気などの）**流れ**, 流動; 潮流, 海流《◆ stream より速さ・力強さを強調》‖
a river **current** =the **current** of a river 川の流れ.
a cold **current** of air 冷気流.
**2** ⓒⓤ 電流.
**3** ⓒ（時・情勢などの）流れ;**風潮**, 傾向, 動向 ‖
the **current** of events 事件の成り行き.
the **current** of public opinon 世論の動向.
**cúrrent accóunt**《主に英》《商業》当座預金《《米》checking account) (略 C/A).

**cur·rent·ly** /kə́ːrəntli カーレントリ|kʌ́r- カレントリ/
副 [通例助動詞・be動詞のあとで] 現在(のところ) (at present);（世間）一般に.

**cur·ric·u·lum** /kərík jələm カリキュラム/ 名 (複 --la/-lə/, ~s) ⓒ（学校の）全教科課程, カリキュラム;（卒業・免許に必要な）履(り)修課程.

**currículum ví·tae** /-víːtai -ヴィータイ, -váitiː/『ラテン』《正式》履歴書（personal history,《米》résumé）《◆ 米英では, 履歴は日本とは逆に現在から書き始めて過去にさかのぼることが多い》.

**cur·ry, cur·rie** /kə́ːri カーリ|kʌ́ri カリ/（類音 carry /kǽri/）名（複 **cur·ries**/-z/) **1** ⓤⓒ カレー料理; =curry sauce ‖

(a) shrimp curry 小エビのカレー料理.
curry and [with] rice [単数扱い] カレーライス《◆英国のレストランにはあるが米国にはふつうない》.
**2** ⓤ =curry powder.
——動 (三単現) cur・ries/-z/; 過去・過分 cur・ried/-d/ 他 〈米〉をカレー粉で料理[味付け]する ‖
curried rice ドライカレー.
curried chicken チキンのカレー煮.
**cúrry pòwder** カレー粉(curry).
**cúrry sàuce** カレーソース(curry).

**curse** /kə́ːrs カース/ 名 ⓒ **1** のろい, のろいの言葉(↔ blessing)《◆のろいに魔力があると考えられた》‖
call down curses (from Heaven) upon her 彼女にのろいあれと祈る.
láy [pút] a cúrse on him =láy him ùnder a cúrse 彼にのろいをかける.
**2** のろわれたもの; (のろいによる)たたり, 災い; 災いのもと, 不幸の種 ‖
Gambling is a curse to many. ばくちは多くの人には災いのもとだ.
**3** 悪態, ののしりの言葉; 不敬な言葉《God damn you!, Go to hell!, Confound it! など》.
——動 (現分) curs・ing) **1** …をのろう, …に災いあれと願う(↔ bless) ‖
I silently cursed my stupidity. 心の中で自分のばかさかげんをののしった.
**2** …をののしる ‖
Curse it [you]! こんちくしょう!
The thief cursed the police for finding him. 泥棒は見つかって警官に毒づいた.
**3** [be cursed with A] …で苦しんでいる ‖
He is cursed with poor health. 何の因果か彼はからだが弱い.
——自 (災いあれと)のろう; ののしる ‖
curse and swear 悪罵雑言(ぞうごん)する, ちくしょう[くたばれ]と乱暴な口をきく《◆swear は神聖な事物を引き合いに出して怒り・困惑などを表すこと》.

**curs・ed** /動 kə́ːrst カースト; 形 kə́ːrsid カースィド/ 発音注意 動 → curse. ——形 **1** のろわれた(↔ blessed). **2** 〈やや古・略式〉いまいましい, のろうべき; ひどい, 困った, べらぼうな.
**cúrs・ed・ly** 副 〈略式〉ひどく, べらぼうに.
**cur・sor** /kə́ːrsər カーサ/ 名 ⓒ [コンピュータ] カーソル.
**cur・so・ry** /kə́ːrsəri カーサリ/ 形 《正式》大まかな; せっかちな.
**curt** /kə́ːrt カート/ 類音 cart/káːrt/ 形 ぶっきらぼうな. **cúrt・ly** 副 そっけなく. **cúrt・ness** 名 ⓤ 無愛想.
**cur・tail** /kərtéil カテイル | kɑːtéil カーテイル/ 動 他 《正式》**1** …を(予定より)短くする. **2** …を減ずる.
**cur・táil・ment** 名 ⓤⓒ 短縮; 抑制.

*__cur・tain__ /kə́ːrtn カートン/ 『「小さな中庭」が原義』
——名 (複 ~s/-z/) ⓒ **1** カーテン, 窓掛け(cf. drape) ‖
draw the curtain カーテンを引く《◆開閉のいずれにも用いるが, ふつう「閉じる」意. → draw 他》.
**2** (舞台の)幕, どんちょう; [通例 the ~; 比喩的に] 開幕, 閉幕 ‖
The curtain fell. 幕が下りた.
The curtain was raised. =The curtain went up. 幕が上がった.
**3** さえぎるもの, 覆うもの, 仕切り ‖
a curtain of smoke 煙幕.
**4** ⓒ =curtain call.
*behind the cúrtain* 背後に隠れて, 秘密に.
——動 他 〈窓などに〉カーテンをつける.
**cúrtain óff** 他 〈部屋・ベッドなど〉をカーテンで仕切る.
**cúrtain cáll** カーテンコール(curtain)《閉幕後, 出演者が並んで拍手を受けること》.
**cúrtain fáll** (芝居の)幕切れ, (事件の)結末.

**curt・sy, --sey** /kə́ːrtsi カーツィ/ 名 (複 curt・sies/-z/) ⓒ (女性の)ひざを曲げるおじぎ《◆高貴な人に対する会釈》‖
make [dróp, bób] a cúrtsy to the queen 女王におじぎをする.

**cur・va・ture** /kə́ːrvətʃər カーヴァチャ/ 名 ⓒⓤ 《正式》屈曲, 湾曲.

*__curve__ /kə́ːrv カーヴ/ 類音 curb/káːrb/)『「曲がった」が原義』
——名 (複 ~s/-z/) ⓒ **1** (一般に)曲線(cf. arc); [数学]曲線; [統計]曲線図表[グラフ] ‖
draw a curve 曲線を描く.
**2** 曲がり, 湾曲部, コーナー(cf. bend, corner, turn) ‖
take a curve in a road 道を曲がる.
**3** [野球]カーブ(curveball) ‖
throw [pitch] a curve カーブを投げる.
——動 (三単現) ~s/-z/; 過去・過分 ~d/-d/; 現分 curv・ing)

——他 と 自 の関係
| curve A | A〈物〉を曲げる |
| A curve | A〈物〉が曲がる |

——他 〈物〉を曲げる.
——自 〈物が〉曲がる ‖
The road curves suddenly to the right. 道路は急に右に曲がっている.

**curv・ing** /kə́ːrviŋ カーヴィング/ 動 → curve.
**cush・ion** /kúʃən クション/ 名 ⓒ **1** クッション, 座[背]ぶとん. **2** クッション状のもの; (衝撃をやわらげる)クッションの働きをするもの. **3** 玉突き台のクッション.
——動 他 **1** …にクッションを付ける.
**2** …の衝撃をやわらげる ‖
The soft leaves cushioned his fall. 軟らかい枯葉のおかげで彼の落下の衝撃がやわらげられた.

**cuss** /kʌ́s カス/ 名 (複 ~・es/-iz/) ⓒ 《略式》**1** 野郎, やつ《◆動物にも用いる》. **2** 《主に米》=curse.
**cus・tard** /kʌ́stərd カスタド/ 名 **1** ⓤⓒ カスタード《カスタードソース(→ **2**)を焼いたり蒸したりした菓子》. **2** ⓤ 《主に英》カスタード=ソース《牛乳・卵・砂糖などを混ぜ合わせたもの》.

**cústard píe** カスタード＝パイ.
**cústard pówder** (英) 粉末カスタード《牛乳を混ぜてカスタード＝ソースにする》.
**cus·to·di·an** /kʌstóudiən カストウディアン/ 名 C (公共物の)管理人.
**cus·to·dy** /kʌstədi カストディ/ 名 U (正式) **1 a** 管理, 保管. **b** (特に未成年者の)保護監督.
**2** 留置；拘(う)置
be in cústody 拘置中である.

*__cus·tom__ /kʌstəm カスタム/ 「『自分のもの』が原義. cf. accustom》 ㊗ customer (名)
→ 動 **1** 慣習, 習慣的行為  **2** 愛顧  **3 a** 関税 **b** 税関

—名 (複 ~s/-z/) **1** C U (正式) (社会の)慣習, 風習；慣行, 慣例(convention)；(個人の)慣習的行為《♦ habit は「癖」にも用いる》||
sócial cústoms 社会慣習.
Custom is second nature. 《ことわざ》習慣は第二の天性.
Custom makes all things easy. 《ことわざ》「習うより慣れよ」.
It is my father's **custom** to take a walk before breakfast. =My father makes it a **custom** to take a walk before breakfast. 朝食前に散歩するのが父の習慣です.

**2** U (正式) (商店などへの)愛顧, 引き立て, ひいき；[集合的に] 顧客, 取引[得意]先 ||
Thank you for your **custom**. お引き立てありがとうございます.

**3** [~s] **a** [単数・複数扱い] 関税 ||
pay **customs** on the jewelry 宝石に関税を払う.
**b** [しばしば the Customs; 複数扱い] 税関；税関の手続き ||
gèt thróugh (the) cústoms 税関を通過する.
**c** [形容詞的に] 関税の；税関の ||
a **customs** officer 税関の役人.

—形 (米) [名詞の前で] あつらえの, オーダーメイドの (custom-made) ||
a **custom** tailor 注文服の仕立屋.
**custom** clothes (米) 注文服(↔ ready-made).

**cus·tom·ar·y** /kʌstəmèri カスタメリ/-əri -タマリ/ 形 (正式) 習慣的な, 通例の；慣習の ||
a **customary** law 慣習法.
It is **customary** (for [with] her) to do so. そうするのが(彼女の)習慣である.
**cús·tom·ar·i·ly** 副 習慣的に, 慣例上.

**cus·tom-built** /kʌstəmbílt カスタムビルト/ 形 (米) 注文建築の, 注文製の ||
a **custom-built** house 注文住宅《♦「建て売り住宅」は a réady-built hóuse》.

*__cus·tom·er__ /kʌstəmər カスタマ/ [→ custom]

—名 (複 ~s/-z/) C (商店・レストランの)顧客, 常連, 得意[取引]先；銀行の口座の持ち主《♦弁護士などの依頼客は client, 「招待客, ホテルの客」は guest, 「訪問客」は visitor, caller》||

The **customer** is always right. お客様を第1に考えよ；お客様は神様です《接客業者のモットー》.
**cústomer sèrvice** アフターサービス, カスタマーサービス.

**cus·tom·ize** /kʌstəmaiz カスタマイズ/ 動 [現分] -iz·ing/ 他 《コンピュータ》…をカスタマイズする《個々のユーザーが自分の必要に応じて設定を変えること》.

**cus·tom-made** /kʌstəmméid カスタムメイド/ 形 〈服など〉があつらえの(made-to-order) (↔ ready-made).

*__cut__ /kʌt カト/ 「『刃物で切る』が原義》
→ 動 ㊀ **1** 切る  **4** 切り開く  **7** 短縮する
㊁ **1** 切れる
名 **1** 切ること, 切り傷  **2** 切り取った物
形 **1** 切った

—動 (三単現 ~s/kʌts/；過去・過分 cut；現分 cut·ting/)
—他 **1** 〈からだの(一部)〉を(うっかりまたは故意に)切る, …を傷つける ||
**cut** one's throat のどを切る, 自殺する.
[対話] "I've **cut** my finger **on** a piece of glass." "Oh, no. Are you all right?" 「ガラスの破片で指を切ってしまった」「まあ, 大丈夫ですか?」《♦ with では故意に切る含みを持つことがある》.

**2 a** 〈人など〉〈物〉を切断する(+up)《♦「引っ張って切る」は break: break a string ひもを切る》；〈物〉を切り分ける；〈木など〉を切り倒す(+down)；〈作物〉を刈り取る, 収穫する；〈髪・つめ・芝生・植木など〉を短く切る, 刈る, 刈り込む；〈花〉を(切って)摘む；…を切り取る[離す](+away, off) ||
have one's hair **cut** 散髪する.
**cut** a branch **from** the tree 木の枝を切り落とす.
**cut** the grass with a lawn-mower 芝刈り機で芝生を刈り込む.
**Cut** the cake **in** two [**into** halves]. そのケーキを2つに切りなさい.
[対話] "How would you like it?" "**Cut** it short all over, please." 「どういうふうにいたしましょうか」「全体に短く刈ってください」.

関連 chop (おのなどで)たたき切る, slice (パン・ハムなどを)薄く切る, break 引っ張って切る.

**b** [cut A B / cut B for A] 〈人〉に B〈物〉を切ってやる ||
She **cut** me a slice of cake. =She **cut** a slice of cake **for** me. 彼女は私にケーキを1切れ切ってくれた.

**3** 〈道・場所〉を横切る；〈角〉を横切って近道をして行く；…と交差する ||
**cut** one's way **through** the woods 森を通り抜ける.

**4** 〈人など〉が〈穴〉を掘り抜く；〈道・運河〉を切り開く ||
She **cut** a hole **through** the wall. 彼女は壁に穴をあけた.

**5** 〈物〉を切って作る; 〈名前など〉を刻む; 〈像〉を彫る; 〈服〉を裁断する; 〈原紙〉を切る.

**6** [cut A C] A〈物・人〉をCの状態にする《◆C は主に free, loose, open, short》‖
cut a long story short 長い物語を短縮する.
cut him short 彼の話のじゃまをする.
cut an envelope open 手紙を開封する.
cut oneself loose from one's family 家族から独立する.
He cút himsèlf frée with his knife. ロープをナイフで切って彼は自由になった.

**7** 〈人などが〉〈物など〉を短縮する, 縮小[カット]する; (略式) …を取り除く, 削除する(+*out*); …を切り詰める, 下げる; …をやめる(stop)(+*out*) ‖
cut out (the) dead wood 不要な物[人]を除く.
My allowance was cut from 5,000 yen to 3,000 yen. ぼくの小遣いは5千円から3千円に下げられた.
Cut the talking. 話をやめろ.
Cut it [that] out! (⤵) やめろ, いいかげんにしろ.
対話 "This report is too long. Cut it to five pages." "OK. I will." 「この報告書は長すぎるよ. 5ページに縮めてくれ」「じゃ, そうします」.

**8** (略式) 〈ガス・水道・電気〉の供給を止める; 〈機械〉を止める(switch off).

**9** 〈人〉の心を傷つける; 〈風などが〉〈人〉の身にこたえる; 〈人・動物〉を(むちで)激しく打つ ‖
The cold wind cut me to the bone. 寒風が骨身にこたえた.
The teacher's words cut me to the core. 先生の言葉は私にひどくこたえた.

**10** (略式) 〈授業・学校〉を無断欠席する, さぼる(stay away from); 〈人〉を無視する, …に知らないふりをする(ignore); 〈関係など〉を絶つ ‖
cut history 歴史の授業をさぼる.
She deliberately cut me. 彼女はわざと聞こえないふりをした.

**11** [トランプ] 〈カード〉をカットする《2組に分け上下を入れかえる》; 〈1枚〉を(親などを決めるため無作為に)引く. **12** [スポーツ] 〈球〉をカットする, 回転させる.

—⾃ **1** 切る, 切断する; 刻む; 裁断する; 〈刃物が〉切れる; 〈物が〉切られる《◆副詞を伴って》‖
This knife cuts well [badly]. このナイフはよく切れる[切れない](= This knife is sharp [dull].).
This meat doesn't cut easily. この肉は簡単には切れない.

**2** 急に進路を変える; 通り抜ける; 横切る, 横切って近道する ‖
The road cuts through the forest. その道は森を通り抜けている.

**3** 〈風が〉身にしみる; 〈言葉が〉心を傷つける.

**4** [トランプ] カードをカットする; (親などを決めるため)カードをめくる.

**cút acróss** A (1) → ⾃ **2**. (2) …に反する, …と食い違う. (3) …を妨げる. (4) …を無視する, …の領域[範囲]を越える.

**cút at** A A〈人などに切りつける; A〈希望・計画など〉をだめにする.

**cút awáy** (1) [⾃] 逃げ出す. (2) [他] 〈不要[悪い]部分〉を切り取る(→ ⾃ **2**); 〈邪魔な部分〉を(一部が見えるよう)カットする.

**cút báck** (1) [⾃] 急いで帰る; [映画] 〈フィルムが〉前のシーンに戻る[をくり返す]; [スポーツ] 突然方向を変える; 切り下げる, 削減する. (2) [他] 〈木〉を刈り込む, 剪(セン)定する; …を削減する, 縮小する.

**cút A déad [cóld]** A〈人〉に知らないふりをする, …を完全に無視する.

**cút dówn** [他] (1) 〈木〉を切り倒す(→ ⾃ **2**). (2) 〈数・量〉を減らす; 〈費用〉を削減する ‖ Cut down the amount of food you eat. 食事の量を減らしなさい《◆*Cut down food. とはしない》. (3) 〈値段〉を下げる, 割引する; 〈人〉に割引させる ‖ I succeeded in cutting him down by $5. 彼に5ドルまけさせることができた. (4) 〈衣類・文章など〉を短くする.

**cut down on** A (ふつう必要にせまられて) A〈食事・仕事などの〉量[数]を減らす.

**cút ín** (1) (略式) [⾃] 邪魔をする, 話を横取りする. (2) (略式) [⾃] 〈車が割り込む; (人の(車の)前に)車を割り込ませる. (3) (略式) [他] 〈人〉に分け前を与える. (4) [他] 〈モーターなど〉に電流を通す.

**cút into** A (1) A〈話・計画など〉に割り込む, 食い込む. (2) 〈ケーキなど〉にナイフを入れる; 〈ナイフなどが〉A〈ケーキなど〉に入る, 通る.

**cút it fíne [clóse]** (1) 時間[金]をぎりぎりに見積もる. (2) どうにか間に合う[足りる]ようにする.

**cút it shórt** =CUT it fine [close].

**cút óff** (略式) (1) [⾃] 急いで立ち去る. (2) [他] …を切り離す, 切り取る, 切り落とす (→ ⾃ **2**). (3) [他] 〈人〉の電話を切る; 〈機械〉を止める; 〈ガス・電気などの供給〉を切る; 〈ショー・話など〉を中断する[させる]; 〈進路など〉をさえぎる, 断ち切る; 〈地域〉を包囲する, 封鎖する, 孤立させる.

**cút óut** (1) [⾃] 〈車〉が追越しをするために列から飛び出す; (米略式) 〈エンジンが〉急に止まる; 〈電気などが〉切れる. (3) [他] 〈記事など〉を切り取る[抜く]. (4) [他] 〈服〉の裁断をする. (5) [他] 〈道など〉を切り開く; 〈地位〉を切り開く ‖ They cut out a path through the jungle. 彼らはジャングルに道を通した. (6) [他] → ⾃ **7**.

**cút through** A (1) …を刃物で切り開く. (2) …をはしょる. (3) → ⾃ **2**.

**cút úp** [他] (1) …を細かく[薄く]切る(→ ⾃ **2**). (2) (略式) [通例 be cut up] 〈人〉が嘆き悲しむ.

—名 (~s/kʌts/) ⓒ **1** 切ること; 切り傷, 切り口《◆in は on よりも深い傷を示す》‖
She made a cut at me with her knife. 彼女はナイフでぼくに切りつけてきた.

**2** 切り取った物, 切片; 切り肉 ‖
a tasty cut of meat 味のよいひと切れの肉.

**3** 削減, 値引き; 縮小, 短縮, 削除, (映画・劇の場面の)カット ‖
a 30 percent cut in income taxes 30%の所

得税減税.
The shopkeeper made a **cut** in his prices. 店主は値下げした.
**4** (服・髪などの)型, スタイル, 切り[裁ち]かた.

> 関連 [種類] crew cut クルーカット / military cut ミリタリーカット / GI cut GIカット / off-center part 横分け.

**5** (略式)分け前, 取り分(share).
**6** (スポーツ)球をカットすること(による回転)
**7** 一撃, 一打；感情を傷つける発言；辛辣(しんらつ)な批評 ‖
His remark was a **cut** at her. 彼の言葉は彼女の気持ちを傷つけた.
**8** [トランプ]カット；(無作為に)1枚引くこと.
**9** 中断すること；停電.
**10** (略式)無断欠席, さぼること ‖
take frequent **cuts** ちょいちょいさぼる.
**11** 近道；切り通し ‖
take a short **cut** to the river 川へ近道をする.
*a cút abóve* A (略式) …より良質[上位] ‖ It is a **cut** above me. それはぼくの能力を越えている / He is a **cut** above me in English. 英語にかけてはやつの方が一枚上だ(=He is rather better than I in English.).

*cut and páste* [コンピュータ] カット=アンド=ペースト《編集中の文書の一部を切り取って別のところに貼りつけること》.

——形 [通例名詞の前で] **1** 切った, 刈った, 摘(つ)んだ, 裁断した, 傷ついた, 彫った, 刻んだ ‖
a **cut** finger 切傷のある指.
**2** [植]〈葉が〉切れ込んだ. **3** 切り詰めた, 削減した, 削除した, 省略した, 短縮した. **4** [スポーツ]〈ボールが〉カットされた.

**cút flówer** (飾り用の)切り花.
**cút gláss** カットガラス(の器).

**cut-and-dried** /kʌ́təndráid カタンドライド/, (英でしばしば) **cut-and-dry** /-drái -ドライ/ 形 **1** すでに用意のできた, 前もって決まっている. **2** 新鮮さがない, 月並みな.

**cut·back** /kʌ́tbæk カトバク/ 名 C **1** 削減, 縮小. **2** [映画]カットバック《異なる場面を交互に映し出す手法》.

**cute** /kjúːt キュート/ 形 **1** (小さくて)かわいい, 魅力的な ‖
a **cute** baby 抱き締めたくなるような赤ん坊.
a **cute** dress かわいいドレス.
**2** (主に米略式)気のきいた, 抜け目のない ‖
a **cute** trick 利口なやり方.

**cu·ti·cle** /kjúːtikl キューティクル/ 名 C **1** [動・植] 表皮. **2** (つめのつけ根の)細長い皮, あま皮.

**cut·las(s)** /kʌ́tləs カトラス/ 名 (複 ~·las(s)·es) C **1** カトラス, (昔船乗りが武器にした)そり身の短剣. **2** =machete.

**cut·ler** /kʌ́tlər カトラ/ 名 C 刃物師.

**cut·ler·y** /kʌ́tləri カトラリ/ 名 U **1** [集合名詞] 刃物類；食卓用金物《ナイフ・フォーク・スプーンなど》. **2** 刃物製造[販売]業.

**cut·let** /kʌ́tlət カトレト/ 名 C (子牛・ヒツジの肉の)1人分の薄い切り身《フライ・焼き肉用》；カツレツ ‖
a breaded veal **cutlet** パン粉をまぶして揚げた子牛のカツ.

**cut-off** /kʌ́tɔːf カト(ー)フ/ 名 **1** C 締め切り, 期限. **2** U 遮断；C 遮断[安全]装置. **3** C 近道.

**cut-price** /kʌ́tpráis カトプライス/ 形 **1** 〈品物が〉安売りの, 割引した. **2** 〈店が〉安売りする.

**cut·ter** /kʌ́tər カタ/ 名 C **1 a** 切る人, (仕立屋の)裁断師, (映画の)フィルム編集者. **b** 切る道具, カッター. **2** [海事]カッター《1本マストの快速帆船. 軍艦付き小艇》；沿岸警備船.

**cut·throat** /kʌ́tθròut カトスロウト/ 名 C **1** (主に英) =cutthroat razor. **2** (魚) =cutthroat trout.
——形 殺人的な, 残酷な.

**cútthroat rázor** (サックのない)西洋かみそり(cut-throat, (米) straight razor).

**cútthroat tròut** (北米産の)サケ科の一種.

**cut·ting** /kʌ́tiŋ カティング/ 動 → cut.
——名 **1** UC 切ること. **2** C 切り取った物. **3** C (主に英)山などを切り開いて作った道路.
——形 **1** 〈刃物が〉鋭利な. **2** 〈風が体を切るような. **3** 〈言葉が〉辛辣(しんらつ)な, 皮肉な.

**cút·ting·ly** 副 身を切るように, 辛辣に.

**cut·tle·fish** /kʌ́tlfiʃ カトルフィシュ/ 名 (複) → fish [Q&A] **2** C [動] コウイカ；(一般に)イカ《◆欧米では悪魔を連想させる》.

**cut·worm** /kʌ́twəːrm カトワーム/ 名 C ネキリムシ, ヨトウムシ《特に夜に苗木の茎の根本から食いちぎる害虫》.

**Cuz·co** /kúːskou クースコウ/ /kús- クスコウ/ 名 クスコ《ペルー南部の都市. かつてのインカ帝国の首都》.

**cy·a·nide** /sáiənàid サイアナイド/ 名 U [化学] シアン化物；青酸塩；[化合物名で] シアン化….

**cy·ber** /sáibər サイバ/ 形 コンピュータに関係した, ネットワークの.

**cýber cásh** 電子マネー.

**cýber secúrity** ネットワーク上の安全確保.

**cy·ber·space** /sáibərspèis サイバスペイス/ 名 U サイバースペース, ネットワーク空間.

**cýberspace màrketting** サイバースペース[ネットワーク]上の売買.

**cy·cla·men** /síkləmən スィクラメン/ 名 C [植] シクラメン.

*\***cy·cle** /sáikl サイクル/ 名 **5** (米) síkl/ 『『円』が原義. cf. *cycl*one』
——名 (複 ~s/-z/) C **1** (正式)周期, 循環 ‖
the **cycle** of the seasons 季節の移り変わり, 春夏秋冬.
**2** [a ~ of] 一連, 一組, 一団 ‖
a **cycle** of events 一連の事件.
**3** (一連の)詩歌, 伝説群 ‖
the Arthurian **cycle** アーサー王伝説群.
**4** [電気]周波, サイクル《◆ 今は hertz がふつう》.
**5** 自転車(bicycle)；三輪車(tricycle)；オートバイ(motorcycle).
——動 (三単現) ~s/-z/；過去・過分 ~d/-d/；現分

**cy·cling**)
— 自 自転車に乗る, 三輪車[オートバイ]に乗る ‖ go (ˣon a) cycling サイクリングに出かける. She **cycles** to school every day. 彼女は毎日自転車通学をしている.

**cy·clic** /sáiklik サイクリク, sí-/, **--cli·cal** /sáiklikl サイクリクル| sí- シクリ-, sái-/ 形 (略式) 周期的な, 循環の.

**cy·cling** /sáikliŋ サイクリング/ 動 → cycle.

**cy·clist** /sáiklist サイクリスト/ 名ⓒ 自転車[三輪車, オートバイ]に乗る人.

**cy·clone** /sáikloun サイクロウン/ 名 **1** Ⓤ 〔気象〕 サイクロン《インド洋の熱帯性低気圧. cf. typhoon, hurricane》; (一般に) (温帯性) 低気圧. **2** ⓒ 大竜巻 (tornado), 大暴風.

**cy·clon·ic** /saiklánik サイクラニク| -klɔ́n- -クロニク/ 形 サイクロンの[に似た]; 大暴風の.

**cyg·net** /sígnət スィグネト/ 名ⓒ ハクチョウのひな.

**cyl·in·der** /sílindər スィリンダ/ 名ⓒ **1** 円筒; 〔幾何〕円柱, 円柱面. **2** 〔機械〕シリンダー; 気筒 (圏 → motorcycle); (連発銃の) 弾倉 (圏 → revolver); ボンベ.

**cy·lin·dri·cal, --dric** /səlíndrik(l) スィリンドリク(ル)/ 形 (正式) 円筒(形)の; 円柱(状)の.

**cym·bal** /símbl スィンブル/ (同音) symbol) 名ⓒ **1** 〔音楽〕 〔通例 ~s〕 シンバル. **2** (出帆の合図の) ドラ.

**cym·bid·i·um** /simbídiəm スィンビディアム/ 〔植〕 シンビジウム《ラン科》.

**cyn·ic** /sínik スィニク/ 名ⓒ **1** 〔C~〕〔歴史〕 犬儒(けんじゅ)学派 (→ cynicism). **2** (人間を利己心の固まりとする) 冷笑家, 皮肉屋.

**cyn·i·cal** /sínikl スィニクル/ 形 (人の誠実さを) 軽蔑(けいべつ)する; 冷笑的な, 皮肉的な; 〔俗用的に〕 悲観的な. **cýn·i·cal·ly** 副 冷笑的に, 皮肉に.

**cyn·i·cism** /sínəsìzm スィニスィズム/ 名 **1** Ⓤ 冷笑; 皮肉な態度[性格]; ⓒ 皮肉な言葉[行動]. **2** Ⓤ 犬儒(けんじゅ)哲学[主義]《紀元前4-5世紀頃ギリシアに起こり禁欲主義を唱えた》.

**Cyn·thi·a** /sínθiə スィンスィア/ 名 シンシア《女の名》.

**cy·press** /sáiprəs サイプレス/ 名(複 ~·es/-iz/) ⓒ 〔植〕イトスギ; Ⓤ イトスギ材; ⓒ イトスギの枝.

**Cy·prus** /sáiprəs サイプラス/ 名 キプロス(島)《トルコ南方の地中海にある共和国》.

**cyst** /síst スィスト/ 名ⓒ **1** 〔医学〕嚢(のう)胞. **2** 〔解剖〕小袋, 包嚢.

**czar** /zɑ́ːr ザー/ 名ⓒ **1** 〔しばしば C~〕(特にロシアの) 皇帝, 王; 専制君主《◆tsar, tzar ともつづる》‖ Czar Nicholas ニコライ皇帝.
**2** (米略式) 親玉, 権力者; (大きな公共事業の) 責任者.

**Czech** /tʃék チェク/ (同音) check) 名 **1** ⓒ チェコ人. **2** Ⓤ チェコ語.
—— 形 チェコの; チェコ人[語]の ‖ The Czech Republic チェコ共和国.

**Czech.** (略) Czechoslovakia(n).

**Czech·o·slo·vak, Czech·o-Slo·vak** /tʃèkəslóuvæk チェコスロウヴァク, (米+) -vɑ́ːk/ 名ⓒ チェコ=スロバキア人 (Czech). —— 形 チェコ=スロバキア(人, 語)の.

**Czech·o·slo·va·ki·a, Czech·o-Slo·va·ki·a** /tʃèkəslɑvɑ́ːkiə チェコスロヴァーキア| -vǽkiə -ヴァキア/ 名 チェコ=スロバキア《東ヨーロッパの国. 1993年チェコとスロバキアに分離》.

# D

**‡d, D** /díː ディー/ 名 (複 d's, ds; D's, Ds /-z/) **1** ⓒⓊ 英語アルファベットの第4字. **2** → a, A 2. **3** Ⓤ 第4番目(のもの); (品質が) D級, 最下位. **4** ⓒ (米)〖教育〗可(→ grade 名 3〖関連〗). **5** Ⓤ (ローマ数字の)500(→ Roman numerals). **6** Ⓤ〖音楽〗二音, 二調.

**D́ dáy** 〖D は day からといわれる〗(重大な)計画実施予定日;〖軍事〗Dデー《1944年6月6日. 第二次世界大戦中連合軍が Normandy に上陸した日》.

**d-** /díː ディー, dəm/ = damn 《◆damn を遠回しにした書き方》.

**\*'d** (略式) had, did, would の短縮形 ‖ We'd (=had) come too early. / Where'd (=did) he go? 《◆ふつう where, what, when などの疑問詞のあとで用いる》/ I'd (=would) rather walk.

**dab** /dǽb ダブ/ 〖類音〗dub/dʌ́b/) 動 〖過去・過分〗dabbed/-d/;〖現分〗dab・bing) 他 **1** …を軽く[パタパタ]たたく, **2** …を軽く塗る. ―自 軽くたたく.
―名 ⓒ **1** 軽くたたく[塗る]こと.
**2** (略式) [通例 a ～ of + Ⓤ名詞] 少量; ひと塗り(の量) ‖
a dab of paint ペンキのひと塗り.

**dab・ble** /dǽbl ダブル/〖類音〗double/dʌ́bl/) 動〖現分〗dab・bling) 自 **1** (水の中で) 手足をバタバタさせる, 水遊びをする.
**2** (道楽半分に)手を出す ‖
dabble at [in] art 美術をちょっと勉強する.
―他 **1**〈手足〉を(水の中で)ばたつかせる. **2**〈水など〉をはねかける.

**dachs・hund** /dɑ́ːkshùnt ダークスフント | dǽksnd ダクスンド/ 名 ⓒ ダックスフント《ドイツ原産の胴長短脚の犬. もとは猟犬》.

**\*dad** /dǽd ダド/
―名 (複 ~s/dǽdz/) ⓒ (略式・小児語) おとうちゃん, 父さん, パパ(daddy) (cf. mom, mum, mummy) 《◆papa よりもよく使われる語. 父親が子供との会話で自分を指して使うこともある》‖
I told Dad about it. 私は父さんにそのことを話した 《◆家族内で自分の父親を指すとき, また呼びかけのときはしばしば固有名詞的に Dad を用いる》.

**dad・dy** /dǽdi ダディ/ 名 (複 dad・dies/-z/) ⓒ (略式・小児語) = dad 《◆dad より強い親しみをこめた語. cf. mummy》.

**dáddy lóng・lègs** (複 daddy long-legs) [単数・複数扱い] (1) (米)〖動〗ザトウムシ. (2) (英)〖昆虫〗ガガンボ. (3) 足長おじさん《J. Webster に同名の小説がある》.

**Daed・a・lus** /dédələs デダラス | díːd- ディーダ-/ 名 〖ギリシア神話〗ダイダロス《クレタ島の迷路を作った名工匠. Icarus の父》.

**daf・fo・dil** /dǽfədìl ダフォディル/ 名 ⓒ **1**〖植〗ラッパズイセン; その花《◆leek と共に Wales の象徴. primrose, bluebell, snowdrop と並んで英国の春を代表する草花》. **2** Ⓤ 淡黄色.

**daft** /dǽft ダフト | dɑ́ːft ダーフト/ 形 (英略式) ばかな, 気違いじみた; 熱狂的な.

**dag・ger** /dǽɡər ダガ/ 名 ⓒ **1** 短剣, 短刀. **2**〖印刷〗ダガー, 剣標(✝)《参照・没年などを示す》.

**dahl・ia** /dǽljə ダリャ, dɑ́ːliə | déiliə デイリア/ 名 ⓒ〖植〗ダリア.

**\*dai・ly** /déili デイリ/ 〖→ day〗
―形 [名詞の前で] **1** 毎日の, 日々の ‖
a dáily néwspaper 日刊新聞(cf. periodical〖関連〗).
one's dáily life 日常生活.
éarn one's dáily bréad (略式) 毎日の暮らしを立てる.
**2** 日単位の ‖
a daily wage 日給.
―副 毎日, 日ごとに; 絶えず, しばしば ‖
Park open 9:00 A.M. daily. (掲示)毎日9時開園.
―名 (複 dai・lies/-z/) ⓒ 日刊新聞.
**dáily hélp** 通いの家政婦.
**dáily róund** 毎日行なう仕事.

**dain・ty** /déinti デインティ/ 形 (比較 ··ti・er, 最上 ··ti・est) **1** 優美な, きゃしゃな 《◆delicate より堅い語》‖
a dainty little girl かれんな少女.
**2** (文) 好みのやかましい ‖
be dainty about food 食べ物の好みがうるさい.

**\*dair・y** /déəri デアリ/ 〖類音〗diary/dáiəri /) 名 (複 dair・ies/-z/) **1** ⓒ (農場内の)搾(½)乳場, バター・チーズ製造場 ‖
The doctor recommended eating fewer dairy products. 医者は乳製品をもっと少なくするように勧めた.
**2** ⓒ 牛乳・乳製品販売店.
**dáiry cáttle** 乳牛.
**dáiry fàrm** 酪農場.

**dai・sies** /déiziz デイズィズ/ 名 → daisy.

**\*dai・sy** /déizi デイズィ/ 〖「昼の眼(day's eye)」(=太陽)が原義〗
―名 (複 dai・sies/-z/) **1** ⓒ〖植〗デージー, ヒナギク 《◆春の訪れを告げる花で朝花が開いて夕方閉じる》.
**2** [D～] デイジー《女の名》.

**Da・ko・ta** /dəkóutə ダコウタ/ 名 〖「同盟者」の意のアメ

リカ先住民語から》[名] ダコタ《米中西部の North Dakota と South Dakota からなる地域. (略) Dak.》; [the ~s] 両ダコタ州.

**Dal·las** /dǽləs ダラス/ [名] ダラス《米国 Texas 州の都市. 1963年 Kennedy 大統領が暗殺された地》.

**dal·ly** /dǽli ダリ/ [動] (三単現 dal·lies/-z/; 過去・過分 dal·lied/-d/) (自) (略式) 1 もてあそぶ, 戯れる. 2 ぐずぐずとする, ぶらぶら時を過ごす.

**dam** /dǽm ダム/ (同音 damn; 類音 dumb /dǽm/) [名] 1 ⓒ ダム, 堰(せき) ‖
the Kurobe Dam 黒部ダム.
2 ⓤ せき止めた水, ダムの水.
── [動] (過去・過分 dammed/-d/; 現分 dam·ming) (他) 1 〈川〉にダムを造る; 〈流れなど〉をせき止める ‖
dam (up) the river その川にダムを造る.
2 〔正式〕…をさえぎる, 〈感情など〉を抑える ‖
dam up one's anger 怒りを抑える.

\***dam·age** /dǽmidʒ ダミチ/ (発音注意) 《◆×ダメージ》〔「『傷ついてだめになること』が本義〕

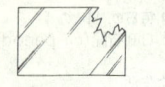

damage《損害》

── [名] (複 ~·ag·es/-iz/) 1 ⓤ 損害, 損傷, 被害 《◆ damage は加えられた損害, loss は失うことによる損害・損失》 ‖
the widespread damage [×damages] from typhoons 台風による広範囲にわたる損害.
The flood caused [did, ×gave] extensive damage to the village. =The flood did the village extensive damage. 洪水が村に大きな被害を与えた.

対話 "After the typhoon, there was a lot of damage." "You mean houses and buildings were destroyed?(↗)" 「台風で大きな被害がありました」「家やビルが壊れたというのですか」.
2 〔法律〕損失, 危害; [~s; 複数扱い] 損害賠償(額) ‖
claim damages for the loss of prestige 名誉毀損(きそん)に対する損害賠償を要求する.
── [動] (三単現 ~·ag·es /-iz/; 過去・過分 ~d /-d/; 現分 ~·ag·ing)
── (他) 1 〈物・事が〉〈物〉に損害を与える ‖
damaged goods いたんだ商品, 傷物.
The truck collision damaged the cargo. トラックの衝突で積荷が損害を受けた.
2 〈体面・評判など〉を傷つける, 損なう ‖
His reputation was damaged. 彼の評判に傷がついた.

Q&A Q: 人体を傷つける場合も使えますか.
A: いいえ. 人体を傷つける場合には injure, hurt を用います. また, 武器・凶器で傷つけるときには wound を用います.

**dam·ag·ing** /dǽmidʒiŋ ダミチング/ [動] → damage.

**Da·mas·cus** /dəmǽskəs ダマスカス | -mɑ́ːs- ダマース-/ [名] ダマスカス《シリアの首都》.

**dame** /déim デイム/ [名] [D~] 《英》デーム《◆ knight の位を与えられた女性の敬称で, 男の Sir に相当する. Dame Janet (Baker) のように常に洗礼名をつける》.

**damn** /dǽm ダム/ (発音注意) 《◆ n は発音しない》(同音 dam; 類音 dumb/dǽm/) [動] 1 …をだめだと判定する, 非難する; …をけなす(→ condemn) ‖
The film was damned by the critics. その映画は批評家たちにこきおろされた.
2 〔宗教〕〈神が〉〈人〉を永遠に罰する, 地獄に落とす.
3 〈人・一生など〉を破滅させる, 台なしにする ‖
damn her chances 彼女の好機をつぶす.
4 …をののしる, のろう; ちくしょう!, ちぇっ!, ああ! 《◆ swearword の1つ(→ swear). 間投詞のように用いて, ふつう怒り・困惑(にん)・失望などの不快な感情を表すが, 驚き・感嘆・同情などを示すこともある》.

**dam·na·ble** /dǽmnəbl ダムナブル/ [形] 1 〔正式〕憎むべき, のろわしい. 2 《略式》実にひどい.
**dám·na·bly** [副] ひどく.
**dam·na·tion** /dæmnéiʃən ダムネイション/ [名] ⓤ 破滅.

**damned** /dǽmd ダ ム ド, 《詩》dǽmnid/ [動] → damn.
── [形] (比較 ~·er, 最上 ~·est または damnd·est) 1 [the ~; 集合名詞的に; 複数扱い] 地獄に行く定めの人々. 2 非難された, 悪く評された. 3 《略式》ひどい, くそいまいましい《◆遠回しに d—d /díːd, dǽmd/ と書かれることがある》.
── [副] 《略式》ひどく, 全く 《◆ 悪いことにも良いことにも用いる》.

**Dam·o·cles** /dǽməkliːz ダモクリーズ/ [名] ダモクレス《紀元前4世紀シラクサの王ディオニュシウスの廷臣》.
**the swórd of Dámocles** = **Dámocles' swórd** ダモクレスの剣, いつ起こるかも知れぬ危険《◆王の幸福をうらやんだので, 王はダモクレスを王座につかせ, 彼の頭上から髪の毛1本で剣をつるして王位の危険を教えた故事による》.

**Da·mon** /déimən デイモン/ [名] 1 《ギリシア伝説》ダモン《Pythias が死を宣告されて家事の整理に帰った間, 身代わりに獄にいて彼を待ったというシチリア人》. 2 デイモン《男の名》.
**Dámon and Pýthias** ダモンとピュティアス; 無二の親友.

**damp** /dǽmp ダンプ/ (類音 dump/dʌ́mp/) [形] 湿っぽい, じめじめした ‖
damp weather じめじめした天気.
My coat is still damp from the rain. コートは雨でまだ湿っている.

類 damp, 〈文〉 dank はしばしば不快な湿気をいう. moist は「(主に食べ物・目・唇などが)適度に湿った」という意味で, しばしばよい意味で使われる. humid は「(天気・天候などが)湿気でむしむしする」

意. cf. wet.
—名 ⓤ [しばしば the ~] 湿気, 水気, 水蒸気, もや ‖
If you go out in the evening damp, you will catch cold. 夕霧の中を歩くと，かぜをひくよ.
—動 ⓣ **1** …を湿らす ‖
damp a towel タオルを湿らす.
**2** …を弱める, 消す ‖
**damp down** a fire (灰などを使って)弱火にする.
**dámp·ness** 名 ⓤ 湿り, 湿気.
**damp·en** /dǽmpən ダンプン/ 動 (主に米) =damp.
**damp·er** /dǽmpər ダンパ/ 名 ⓒ **1** (通例 a ~) 勢いをそぐもの[人]. **2** (ストーブ・炉の通風を調節する)風戸, 空気調節器.
**dam·sel** /dǽmzl ダムズル/ 名 ⓒ (文) 少女.
**dam·son** /dǽmzn ダムズン/ 名 **1** ⓒ [植] インシチチアスモモ(の実). **2** ⓤ 暗紫色.
**Dan** /dǽn ダン/ 名 **1** ダン《Daniel の愛称》. **2** 〔聖書〕ダン《ヤコブの第5子》.

## **dance** /dǽns ダンス | dɑ́ːns ダーンス/
派 dancer (名)
—動 (三単現 danc·es/-iz/; 過去・過分 ~d/-t/; 現分 danc·ing)
—自 **1** ダンスをする, 踊る, 舞う《♦日本舞踊・盆踊りなども入る》‖
Let's dance to music on the radio. ラジオの音楽に合わせて踊ろう.
a **dáncing gírl** 踊っている少女 (→ dancing girl (dancing 複合語)).
**2** 飛びはねる, はね回る ‖
She danced (up and down) with joy at the news. 彼女はその知らせに小躍りして喜んだ.
**3**《文》〈波・木の葉などが〉踊る, 揺れる；〈心臓・血などが〉躍動する ‖
The leaves were **dancing** about in the gentle wind. 木の葉がそよ風に揺れていた.
—他 **1**〈ダンスを〉踊る ‖
**dance** a polka ポルカを踊る.
**2** [しばしば比喩的に]〈人〉を踊らせる, 飛びはねさせる ‖
He **danced** me round the room. 彼は私をリードして部屋の中を踊り回った.
**3**〈子供〉を上下に揺すってあやす.
—名 (腹 danc·es/-iz/) **1** ⓒ ダンス, 舞踊 ‖
do a **dance** ダンスをする.
May I have this **dance**? (ダンスパーティーで)お相手をさせていただけませんか.

関連 [dance の種類] (1) 社交的なもの: polka ポルカ, rumba ルンバ, tango タンゴ, samba サンバ, cha-cha チャチャ, mambo マンボ, rock-and-roll ロックンロール, Charleston チャールストン, twist ツイストなど. (2) 演劇的なもの: ballet バレエ, adagio アダージョ, tap dance タップ＝ダンスなど.

**2** ⓒ (ふつう団体が主催する)ダンスパーティー, 舞踏会《♦公式の大舞踏会は ball》‖
go to a **dance** ダンスパーティーに行く.
have [hóld, gíve, ˣópen] a **dánce** on Saturday night 土曜日の夜ダンスパーティーを開く.
**3** ⓒ =dance music. **4** ⓤ [(the) ~], 時には D~] 舞踊術, (特に)バレエ.
**dánce mùsic** 舞踏曲, ダンス曲 (dance).

## **danc·er** /dǽnsər ダンサ | dɑ́ːnsə ダーンサ/ 〔→ dance〕
—名 (腹 ~s/-z/) ⓒ 踊る人；ダンサー, 舞踊家 ‖
She is a beautiful **dancer**. 彼女はダンスが上手だ(=She **dances** beautifully.)；美人のダンサーだ(=She is a dancer who is beautiful.).
**danc·ing** /dǽnsiŋ ダンスィング | dɑ́ːns- ダーンスィング/ 動 = dance.
—名 ⓤ [しばしば複合語で] 踊り, ダンス ‖
ballet **dáncing** バレエダンス(→ dance).
**dáncing gírl** ダンサー, 踊り子；(東洋の)舞姫《♦ **dáncing gírl** と発音すれば「踊っている少女」の意で, この dancing は現在分詞形》.
**dan·de·li·on** /dǽndəlàiən ダンディライオン/ 〔ライオン(lion)の(de)歯(dan); 葉の形から〕名 ⓒ [植] タンポポ.
**dan·druff** /dǽndrʌf ダンドラフ/ 名 ⓤ (頭の)ふけ.
**dan·dy** /dǽndi ダンディ/ 名 (腹 dan·dies/-z/) ⓒ **1**(略式) 飛び切りの物[人], 一級品. **2** 《やや古》しゃれ男, ダンディ, きざな男. — 形 (通例 比較 ··di·er, 最上 ··di·est) (主に米略式やや古) おしゃれの, きざな.
**Dane** /déin デイン/ 名 ⓒ **1** デンマーク人(→ Denmark)；デンマーク系の人 (cf. Danish). **2** 〔英史〕デーン人；[the ~s] デーン族《9-11世紀ごろ英国に侵入したスカンジナビア人》.

## **dan·ger** /déindʒər デインチャ/《発音注意》
《◆ˣデンチャ》〔原義〕〔領主の権力〕→〔危害を加える力〕→〔危険〕. → peril〕派 dangerous (形)
—名 (腹 ~s/-z/) **1** ⓤ (生命の)**危険**, 危険状態 (↔ safety) 類 hazard, risk, peril ‖
**Danger**! Falling Rocks. 〔標示〕危険！落石注意.
There is a lot of **danger** in swimming in this pond. この池で泳ぐのはたいへん危険だ.
Can they play without **danger** here? 彼らはここでは安心して遊べるだろうか.
**2** ⓤ (被害・損失などの)危険性；[danger that 節] (…という) 恐れ ‖
There is no **danger** of his losing all his money. =There is no **danger** that he will lose all his money. 彼が有り金すべてを失う恐れはない.
**3** ⓒ 危険なもの[人, こと], 脅威 ‖
A dense fog is a **danger** to mountain climbers. ガスは登山者には危険だ.
**be at dánger**〈信号が〉危険を示している.
**be in dánger** 危険な状態にある ‖ You're in **danger**! 危ない！《♦この意味では You're **dangerous**! としない(この文は「君は危険人物だ」

の意味). → dangerous **2**.

◇**be in dánger of A** …の危険がある, …しそうである ‖ The old bridge is in danger of collapse [collapsing]. その古い橋は今にも崩れ落ちそうだ.

**be òut of dánger** 危険を脱している.

\***dan·ger·ous** /déɪndʒərəs デインヂャラス/《→ danger》

―― 形 **1**〈物・事が〉**危険な**, 危ない, 物騒(ぶっそう)な(↔ safe) ‖

a dangerous place 危険な所.

It is dangerous for children to play on the street. = The street is dangerous for children to play on. 子供が道路で遊ぶのは危険だ.

**2**〈人・植物・物などが〉**危害を加えそうな** ‖

a dangerous animal 危険な動物.

He is dangerous to honest people. 彼は正直者を食いものにする(= He is a danger to honest people.) (→ be in DANGER).

**dan·ger·ous·ly** /déɪndʒərəsli デインヂャラスリ/ 副 危険なほどに; 危うく.

**dan·gle** /dǽŋgl ダングル/ 動 (現分) **dan·gling**) 自 **1** だらりとたれる, ぶら下がる, ぶらぶら揺れる; 追い回す. ― 他〈物を〉ぶらさげる;〈気をひくための物・望みなどを〉ちらつかせる.

**Dan·iel** /dǽnjəl ダニエル/ 名 **1** ダニエル《男の名. 愛称 Dan》. **2**〔聖書〕ダニエル《ユダヤの預言者》; ダニエル書《旧約聖書中の一書. 略 Dan.》.

**Dan·ish** /déɪnɪʃ デイニシュ/《発音注意》《◆×ダニシュ》形 デンマークの(→ Denmark; cf. Dane); デンマーク人[語]の; デーン族の(the Danes)の《語法》→ Japanese)― 名 U デンマーク語.

**dank** /dǽŋk ダンク/ 形《文》じめじめした《類→ damp》.

**Dan·te** /dǽnteɪ ダーンテイ | dǽnti ダンティ/ 名 ダンテ《1265-1321; イタリアの詩人. 『神曲』(Divina Commedia)の作者》.

**Dan·ube** /dǽnjuːb ダニューブ/ 名《the ~》ドナウ川, ダニューブ川《ドイツ南部から黒海に注ぐ. ドイツ名 Donau》.

**Daph·ne** /dǽfni ダフニ/ 名 **1** ダフネ《女の名》. **2**〔ギリシャ神話〕ダフネ, ダブネー《Apollo に追われ月桂樹に化けた妖精(ようせい)》.

**dap·per** /dǽpər ダパ/ 形《正式》〈小柄な男が〉こざっぱりした, 敏捷(びんしょう)な.

\***dare** /déər デア/《「…する大胆さがある」が本義》動 《助《◆ dare は動と助の両方の性質を持っている》.

―― 助 《三単現》~s/-z/;《過去・過分》~d/-d/;《現分》**dar·ing** /déərɪŋ/）

―― 他 **1** [dare (to) do] 〈人が〉**あえて…する**, 思いきって…する, 大胆にも…する《◆(1) ふつう進行形にしない. (2) to はしばしば略される. (3) しばしば否定文で用いる》‖

I wonder if he dares (to) try again. 彼はもう一度やる勇気があるだろうか.

We don't dare (to) speak. 口をきく勇気がない (= We are afraid to speak.).

Did she dare (to) ask for a raise? 彼女は昇給のことを口にする度胸がありましたか(= Did she have the courage to ask for a raise?).

対話 "Why don't you tell him he made a mistake?" "I don't dare (to) do that. If I do, I'll really be in trouble."「どうして彼に彼がしたことは間違いだと言ってやらないの」「そんなことする勇気はないよ. もししたら, 面倒なことになるから」.

語法 dare が daring (現在分詞・動名詞) として用いられる場合, ふつう to は省略しない: She ran away not *daring* to look back. 振り返ろうともせず彼女は逃げていった.

**2**《文》…に立ち向かう, …をものともしない ‖

He will dare any danger. 彼はどんな危険でも冒す.

**3**《文》[dare A to do] A〈人〉に…するように挑戦[挑発]する(cf. challenge 動 **1**)《◆(1) 疑問文・否定文は(まれ). (2) 特に子供たちの間で危険なことについて用いられる》‖

I dare you to climb up the tree. その木に登れるものなら登ってみろよ.

―― 助《過去》~d;《主に英》[通例否定文・疑問文・if [whether] 節で] **あえて…する**, 思い切って…する, 大胆にも…する ‖

I wonder if he dare come to this dangerous place. 彼にはこの危険な場所に来る勇気があるかしら.

We daren't speak. 口をきく勇気がない.

I dared not tell her the sad news. 彼女にその悲しい知らせを伝えるだけの勇気がなかった.

語法 dare は成句や daren't (上例: 話し言葉) 以外では動詞として用いるのがふつう.

***I dáre sáy***《略式》(1) [文頭・文尾で] 多分, おそらく《I suppose (so)》‖ I dare say there'll be taxis at the station. たぶん駅でタクシーが拾えるでしょう《◆ say の後に that をつけない》. (2) (質問に答えて) たぶんね, まあね 対話 "Are you going to Hokkaido for the summer?" "I dare say."「夏, 北海道へ行きますか」「たぶんね」.

語法「あえて言う」の意味でのアクセントは I dáre sáy …

***Hòw dáre …?*** よくも [厚かましくも, ずうずうしくも] …できるね《他人に対する憤慨を表す》‖ How dare you insult me? よくも私をばかにしてくれたね《◆(1) この構文では助動詞用法がふつう. (2) 単に驚きを表す場合は can: How *can* you stand all these noises? よくこの騒音に耐えられるね》.

―― 名 C《文》挑戦, あえてすること ‖

take a dare 挑戦を受けて立つ.

**dare·n't** /déərənt デアレント/《主に英》dare not の短縮形.

**dar·ing** /déərɪŋ デアリング/ 動 → dare.

——形 1 (よい意味・悪い意味で) 大胆な, 勇気のある, 向こうみずの ‖
a daring crime 大胆な犯罪.
2 〈考えなどが〉思い切った, 異常な; 〈物・事が〉衝撃的な(shocking) ‖
a daring plan 斬新な計画.
daring news 衝撃的なニュース.
——名 U 大胆, 勇気, 向こうみず; 衝撃性 ‖
lose one's daring 勇気を失う, (がっかりして)力を落とす.

**\*dark** /dáːrk ダーク/ 〖「(光がなくて)暗い」が本義〗 派 darken (動), darkness (名)
→形1暗い 2濃い 名1やみ
——形 (比較 ~・er, 最上 ~・est) 1〈場所・時など が〉暗い, やみの(↔ light, bright) (類 dim, dusky, gloomy) ‖
a dark winter day 暗い冬の日.
a dark street 暗い通り.
In winter it gets dark before five o'clock. 冬には5時までに暗くなる.
The darkest hour comes [is that] before the dawn. 《ことわざ》いちばん暗いのは夜明け前《苦境にある人を力づける言葉》.
2 [しばしば色彩語の前で]〈色が〉濃い, 〈物が〉やや黒色に近い(↔ light) (→ color 語法) ‖
a dark dress 黒っぽい服.
She wore a dark blue scarf. 彼女は濃い青のスカーフをしていた.
3〈頭髪・目が〉黒い, 〈人が〉黒みがかった髪の;〈皮膚が茶色の(not fair), 〈人が〉肌の浅黒い ‖
She has dark eyes. 彼女の目の色は黒だ(→ black 形1).
a short dark man 背の低い色黒の人《◆ふつう髪の毛も黒いことを暗示》.
対話 "Who's that over there?" "The tall woman with dark hair?" 「あそこのあの人だれなの」「髪の黒い背の高い女の人?」.
4 陰うつな, 陰気な(gloomy);〈表情などが〉不機嫌な(angry) ‖
give him a dark look 彼にむっとした顔をする.
look on the dark side of life 人生の暗い面ばかり見る.
5〈行為・たくらみなどが〉邪悪(じゃ)な, 腹黒い(evil) ‖
a dark deed 邪悪な行為.
dark thoughts 腹黒い考え.
6 [音声]〈声や音が〉低く太い;〈音が〉暗い響きの(↔ light, clear).
——名 1 [the ~] やみ, 暗がり ‖
Are you afraid of the dark? あなたは暗がりが怖いですか.
Bats are able to fly in the dark. コウモリはやみの中を飛ぶことができる.
2 U [無冠詞] 夜, 日暮れ ‖
*àfter dárk* 日が暮れてから.
*befòre dárk* 日が暮れないうちに.
*in the dárk* (1) 秘密の[に]. (2) 知らない(で) ‖
keep [leave] her in the dark 彼女に知らさないでおく. (3) → 名1.
**Dárk Àges** [the ~] 暗黒時代《西ヨーロッパでの知識・芸術が衰退期と考えられる476-1000年》.
**dárk hórse** (1) (競馬の) ダークホース, 穴馬. (2) (米) (選挙・競技などで予想外の新人, 競争相手.
**dark・en** /dáːrkn ダークン/ 動 他 1 …を(薄)暗くする. 2 …を黒くする. 3〈気分などを〉陰うつ[憂うつ]にする. ——自 1〈空・日などが〉暗くなる. 2 憂うつ[陰気]になる.
**dark・ly** /dáːrkli ダークリ/ 副 1 暗く; 黒ずんで. 2 (正式) 神秘的に; こっそりと. 3 ぼんやりと. 4 陰気に; 険悪に.

**\*dark・ness** /dáːrknəs ダークネス/ 〖→ dark〗
——名 U 1 暗さ, やみ, 暗黒(↔ light) ‖
The room was in complete darkness. 部屋は真っ暗であった.
2 夜, 夜間 ‖
In fall darkness comes quickly after sunset. 秋は日が沈むとすぐに日が暮れる.
3 色の黒さ.
4 無知.
5 邪悪 ‖
deeds of darkness 悪事, 犯罪.
*in the dárkness* 暗がり(の中)を[で].

**dar・ling** /dáːrliŋ ダーリング/ 名 C 1 最愛の人, お気に入りの人[動物, 物] ‖
She is her father's darling. 彼女は父親のお気に入りだ.
2 [呼びかけ] あなた, おまえ《◆夫婦間・恋人同士・家族の間で相手を呼ぶときに用いる. 特に幼い子供に呼びかけるときは Hello, Darling. (こんにちは) のように用いられる》‖
Is that you, darling? ねえ, あなたなの.
——形 (時に 比較 ~・er, 最上 ~・est) 1 最愛の, お気に入りの.
2 (略式) すてきな, 魅力のある(charming) ‖
What a darling outfit! なんてすてきな衣装だこと!

**darn** /dáːrn ダーン/ (正式) 動 他 自 〈穴などを〉かがる, 繕(つくろ)う. ——名 C かがった箇所.

**dart** /dáːrt ダート/ 名 C 1 (武器・狩り用の) 投げ槍(やり) [矢]; (ダーツの) 投げ矢.
2 [~s, 単数扱い] 投げ矢遊び《標的に矢を投げて得点を競う室内ゲーム》.
3 [通例 a ~] 猛烈な突進 ‖
with a dart 矢のように(速く).
make a sudden dart 突進する.
4 [洋裁] ダーツ, ひだ.
——動 自 矢のように飛んで行く, 突進する ‖
dart away [off] 駆け去る.
——他 (正式) 1〈槍(やり)などを〉投げる.
2〈視線などを〉放つ ‖
dart an angry look at her 怒って彼女をじろりとにらむ.

**dart・board** /dáːrtbɔːrd ダートボード/ 名 C ダーツ (darts) の標的(盤).

**Dar・win** /dáːrwin ダーウィン/ 名 ダーウィン

**Darwinism**

《Charles ~ 1809-82; 英国の博物学者で進化論の提唱者》.

**Dar·win·ism** /dáːrwinìzm ダーウィニズム/ 名 U ダーウィン説, 進化論《自然淘汰(とうた)と適者生存による進化の理論》.

**dash** /dǽʃ ダッシュ/ 動 (三単現 ~·es/-iz/) 他 1 〈物〉を投げつける, ぶつける; …を打ち砕く; …をはねとばす ‖

dash away one's tears 涙を振り払う.

2 〈水など〉をぶっかける, まく; 〈場所・人〉にまく; 〈絵の具など〉を塗りたくる ‖

dash a bucketful of water **over** the floor バケツ1杯の水を床にまく.

3 〈元気・希望など〉をくじく; 〈人〉を落胆させる.
— 自 1 突進する; 勢いよく走る; ダッシュする ‖

A car **dashed** by. 車がそばを飛ばして行った.
She **dashed for** the elevator. 彼女はエレベーターへ向かって駆け出した.

2 〈液体〉が打ちつける.

***dásh óff*** (1) (略式) [自] 急いで立ち去る[行く].
(2) [他] 〈手紙など〉を急いで書く.

— 名 (複 ~·es/-iz/) 1 [a ~] 突然駆け出すこと, 突進, 突撃 ‖

màke a dásh for the bus stop バス停に向かって駆け出す.

**at a dásh** 一気に, 突進して.

2 U [通例 the ~ / a ~] 〈波・水の〉打ちつける音, ザブザブいう音.

3 C (主に米) [通例 the ~ / a ~] 短距離競走 ‖ the 100-meter **dash** 100メートル競走.

4 [a ~ of + U 名詞] (他の物と混ぜる)少量の物, …気味 ‖

whisky with **a dash of** soda 少量のソーダで割ったウイスキー.

5 U 活気, 元気, 威勢 ‖

a man of great **dash** and spirit たいへん意気盛んな男.

6 C ダッシュ《一記号》《♦ コンマよりも分断力が強い》.

[関連] [ダッシュの主な用法]
(1) 文の途中で他の語句を挿入する場合.
(2) 列挙(れっきょ)したものをまとめる場合.
(3) 躊躇(ちゅうちょ)を示す場合.
(4) 前言を訂正する場合.
(5) 最後の語句を強める場合.
(6) 「すなわち」の意を示す場合.
(7) 語・数字・人名などを省略する場合.

7 C 見え ‖

cút a dásh (身なりや態度で)強烈な印象を与える, 見えを張る.

8 C (モールス信号の)「ツー」.

**dash·board** /dǽʃbɔ̀ːrd ダッシュボード/ 名 C (自動車などの)計器盤, ダッシュボード.

**dash·ing** /dǽʃiŋ ダッシング/ 動 → dash.
— 形 1 元気のいい. 2 派手な. 3 突進する.

***da·ta** /déitə デイタ, dɑ́ːtə, (米+) dǽtə/ [→ da-tum]

名 U [単数・複数扱い] 資料, データ; 情報; 事実 ‖

comprehensive **data on** economic growth 経済成長に関する包括(ほうかつ)的な資料.

[対話] "How's your women's life research report coming?" "OK, but I need more **data** about women who don't work at all." 「女性の生き方についての調査報告書はどうなっていますか」「うまくいっていますが, 職業を持っていない女性のデータがもっとほしいところです」.

[Q&A] **Q** : data は datum の複数形ですからいつも複数扱いにするのが正しいのではないでしょうか.
**A** : 本当はそうなのですが, datum のほうはあまり使われず, そのうちに data がその複数形であることが忘れられて, 単数扱いをする人が多くなり, とうとうそれが認められてきたのです.

**dáta bànk** データバンク.
**dáta pròcessing** (コンピュータ) データ処理.
**dáta protèction** (コンピュータ) データ保護《個人情報を不正の使用から保護する措置》.

**data·base** /déitəbèis デイタベイス, dɑ́ːtə-, dǽtə-/ 名 C (コンピュータ) データベース.

***date**¹ /déit デイト/《昔手紙の初めに日付の前に発信地を示して「…で与えられた(data)」と書いたことから. cf. *datum*》

→ 名 1 日 2 日付 3 時代 4 会う約束
動 他 1 日付を書く 2 年代を定める
自 1 始まる

— 名 (複 ~s/déits/) 1 C (ある特定の)日; (出来事の起こった[起こる])日 ‖

the **date for** the workshop 研究集会の日.
The **date of** my birth [My **date of** birth] was [is] May 1, 1988. 私の生年月日は1988年5月1日です(=I was born on May 1, 1988.).

December 7, 1941 was the **date of** the attack on Pearl Harbor. 1941年12月7日は真珠湾攻撃の日であった《日本時間では8日》.

[対話] "What's the **date** today [today's **date**]?" = "What **date** is this?" "It's May 3." 「きょうは何日ですか」「5月3日です」《♦ What day of the month is it today? とも言える. What day is (it) today? はふつう曜日を尋ねる》.

2 C (文書・手紙・書物・貨幣などが書かれたり製造された時を表す)日付, 月日, 年《♦ しばしば場所をあわせて示す》‖

The **date** on the coin is 1970. 貨幣には1970年と入っている.

[語法] [日付の書き方] (1) (米) June 2, 2003, (英) や (米軍) では 2 June, 2003.
(2) 文の中で年月日を書く場合は年の前にコンマを置くが, 年と月だけであればふつうコンマはつけない. (3) 数字だけで年月日を書く場合, (米) では 6. 2. 03

または 6/2/03 のように月/日/年の順;《英》では 2/6/03のように日/月/年の順;時に 2-VI-03 のように月をローマ数字で書くこともある.

**3** ⓤⓒ（歴史上の）**時代**, 年代; 継続期間 ‖
of early date 古代の.
the date of the Renaissance 文芸復興期, ルネサンス期.

**4** ⓒ《略式》（決めた時刻と場所で）**会う約束**《◆診察などの予約は appointment》‖
Can we màke a lúnch dàte? ＝Can we make a date for lunch? 昼食を一緒にしないか.

**5** ⓒ《略式》**デート** ‖
have [make] a date with him 彼とデートをする.
She has never been asked for a date. 彼女は一度もデートに誘われたことがない.
They went out on a date. 彼らはデートに出かけた.

**6** ⓒ《主に米略式》デートの相手.

◦**óut of dáte** 時代遅れで[の], 旧式で[の], すたれて[た]; 無効で[の] ‖ 対話 "Miniskirts have been out of date for some time." "No, they're coming back." 「ミニスカートがすたれてもうしばらくになる」「いや, また流行し始めているよ」.

**to dáte**《正式》《ふつう最上級の形容詞または完了形と共に》現在まで, 今までの(ところ).

**úp to dáte** 最新の情報による, 最新の知識を取り入れた, 最新の; 現在まで;《通例文頭で》これまで[今日まで]のところ ‖ I must bring my address book up to date. 住所録を新しいものに書き直さなければならない.

──動 (三単現) ~s/déits/; (過去・過分) dat·ed /-id/; (現分) dat·ing

──他 **1** [date A (as) B]〈手紙・貨幣などに〉**B の日付を書く**《◆動 では 名 と違って年だけでもよい》‖
His letter is dated from Tokyo, 20 June. 彼の手紙は東京発, 6月20日付となっている.
The statue is dated (as) 1920. その彫像には(製作の年が)1920年と刻まれている.

**2**《正式》[date A (to B)] A〈出来事・作品など〉の**年代を**(B と)**定める** ‖
date the pot to about A.D. 600 そのつぼを西暦600年頃のものと推定する.

**3** …を時代遅れに見えさせる.
**4**《略式》〈異性〉とデートする; …と会う約束をする ‖ Do you ever date her? 彼女とデートすることはありますか.

──自 **1**〈物・事が〉**始まる**, さかのぼる; 続いている ‖
This church dates from 1800. この教会は1800年に建てられたものである.
This custom dates back to the 12th century. この風習の起源は12世紀にさかのぼる.

**2**《略式》時代遅れになる[である]. **3**《略式》デートする.

**dáte line** [しばしば D~ L~] [the ~] 日付変更線《◆正式には international date line》.

**date²** /déit/ 名ⓒ〔植〕ナツメヤシ(date palm [tree]); その実.
**dáte pàlm** [**trèe**] ナツメヤシ(date).

**dat·ed** /déitid デイティド/ 動 → date¹. ──形《正式》**1** 時代遅れの, 旧式の. **2** 日付のある.

**dat·ing** /déitiŋ デイティング/ 名

**da·tum** /déitəm デイタム, dá:-/ 名 (複 da·ta/-tə/) ⓒ (まれ) データ, 資料(→ data).

**daub** /dɔ́:b ドーブ/ 動他 **1**〈塗料・泥など〉を塗る, 〈物に〉塗る ‖
daub mud on a wall ＝daub a wall with mud 壁に泥を塗りつける.
**2**〈絵の具〉をへたに塗る, 塗りたくる.
──名 ⓒⓤ 塗料, しっくい; ⓒ 少量の塗料.

## \*daugh·ter /dɔ́:tər ドータ/ 〖「ミルクを与える人」が原義〗
──名 (複 ~s/-z/) ⓒ **1**（親に対して）**娘**, 女の子供《◆ son（息子）と違い呼びかけにはふつう用いない》‖
one's eldest daughter 長女.
have two daughters 娘が2人いる.

**2** 義理の娘; 養女.

**daugh·ter·hood** /dɔ́:tərhùd ドータフド/ 名ⓤ **1** 娘であること. **2**〔集合名詞; 単数扱い〕娘たち.

**daugh·ter-in-law** /dɔ́:tərinlɔ̀: ドータインロー/ 名 (複 daugh·ters-) ⓒ 息子の妻, 嫁.

**daunt** /dɔ́:nt ドーント/ (類音 don't/dóunt/) 動他《正式》〈人〉の気力をくじく.
**nóthing dáunted**《正式》少しもひるまず.

**dáunt·ing** 形 [他動詞的に]〈仕事などが〉人の気力をくじく, きつい(demanding); おびえさせる.

**daunt·less** /dɔ́:ntləs ドーントレス/ 形 びくともしない, 勇敢な.

**dau·phin** /doufǽn ドウファン | dɔ́:fin ドーフィン/ 名〔しばしば D~〕ⓒ《フランス史》王太子《1349–1830年のフランスの第1王子の称号》.

**Dave** /déiv デイヴ/ 名 デイブ《David の愛称》.

**Da·vid** /déivid デイヴィド/ 名 **1** デイビッド《男の名. 愛称 Dave, Davy》. **2**〔聖書〕ダビデ《紀元前1000年頃の第2代イスラエル王. 旧約聖書の「詩編」の作者とされる. その子孫からメシアが現れるとされた》. **3** Saint ~ 聖デイビッド《? –601? ; ウェールズの守護聖人》.

**Da·vis** /déivis デイヴィス/ 名 デイビス《姓. 男の名》.
**Dávis Cúp** デビスカップ《米国の政治家 Dwight F. Davis が国際テニス試合に寄贈した大銀杯》; [the ~] デビスカップ争奪戦.

**Da·vy** /déivi デイヴィ/ 名 デイビー《David の愛称》.

**daw·dle** /dɔ́:dl ドードル/ 動 (現分 daw·dling)《略式》自他 ぶらぶら［ぐずぐず］して(時を) 過ス.

## \*dawn /dɔ́:n ドーン/ (発音注意)《◆ˣダウン》(類音 down/dáun/, don/dán | dɔ́n/) 〖「日(day)になる」が原義〗
──名 (複 ~s/-z/) **1**ⓤⓒ **夜明け, 暁, 日の出**((正式) daybreak); 夜明けの空(↔ dusk) ‖
at dawn ＝at (the) break of dawn 夜明けに, 明け方に.
before dawn 夜明け前に.

from dawn till dark [dusk] 夜明けから日暮まで.
The dawn is breaking. 夜が明けようとしている；新しい時代が来ようとしている.
**2** (正式) [the ~] (事の)始まり, 発端；出現, 誕生∥
the dawn of the space age 宇宙時代の幕明け.
—— 動 自 (正式) **1** [しばしば it を主語にして] 夜が明ける, 明るくなる∥
It dawned. =(The) morning [(The) day] dawned. 夜が明けた(=The day broke.)《♦ ×Night dawned. とはいわない》.
**2** 〈才能・文化などが〉発達し始める, 現れ始める.
**3** 〈意味・真実などが〉わかり始める∥
The meaning has slowly dáwned upòn us. その意味が私たちに徐々にわかってきた.
**dáwn chòrus** (夜明けの)鳥のさえずり.

\*\***day** /déi デイ/ [『「太陽が暑い時」が原義』]
派 daily (形)
→ **1** 日  **2** 日中  **3** 時代  **4** 全盛時代  **5** 祝日
—— 名 (複 ~s/-z/) **1** ⓒ 日, 1日, 1昼夜∥
évery dáy 毎日.
sóme dày いつの日か.
the óther dày 先日.
óne dày (過去の)ある日；(未来の)いつか.
évery óther dày =évery sécond dáy =évery twó dáys 1日おきに.
the dáy àfter tomórrow 明後日.
the dáy befòre yésterday 一昨日.
There are seven days in a week. =A week has seven days. 1週間は7日です.
"What day is his birthday? 彼の誕生日はいつですか.
対話 "What day (of the week) is (it) today?" "It's Friday." 「きょうは何曜日ですか」「金曜日です」.
**2** Ⓤⓒ 日中, 昼間(↔ night)；日光, 昼の明かり∥
before day 夜明け前に.
in broad day 真っ昼間に.
during the day 昼間は.
We can see by day, but not by night. (主に文)昼は見えるが, 夜は見えない.
**3** ⓒ [しばしば ~s] **時代**, 時世, 時期；[the ~] 現代, 当世∥
at the present day 現代では.
in days to come 将来.
in the day(s) of Queen Anne アン女王時代に.
**4** (正式) [one's ~(s)] 生涯, 寿命；**全盛時代**, 活動期, 好機∥
in one's day 若いころには.
end one's days 一生を終える.
She has seen better days. [完了形で] (今は落ちぶれているが)彼女にも全盛時代があった.
Every dog has his day. (ことわざ) → dog **1**.

**5** ⓒⓊ [しばしば D~] 祝日, 祭日, 記念日；約束日, 期日；[the ~] 戦い[試合]の日；戦い, 勝負；勝利∥
New Year's Day 元日.
on graduation day 卒業式の日に.
keep one's day 期日を守る.
**6** ⓒ (労働時間の単位としての)1日, 1日の労働時間∥
work an eight-hour day 1日8時間働く.
**a dáy óff** 休日 ∥ táke **a dáy òff** 1日休暇をとる.
**áll dáy (lóng)** =(主に英) **áll the dáy** 1日中.
**by the dáy** (1) 1日いくらで ∥ We work by the day. 我々は日ぎめで働く. (2) (米)日ごとに, 一日一日と(day by day).
**cáll it a dáy** (略式) その日の仕事を終える ∥ Let's call it a day! きょうはここまでにしよう.
**dáy àfter dáy** 毎日, 来る日も来る日も(同じことをくり返して)《♦ 主語としても用いる》.
**dáy and níght** =**níght and dáy** 昼も夜も, 昼夜の別なく, いつも.
**dáy by dáy** 日ごとに, 一日一日と(変化して).
**dày ín, dày óut** =**dáy ín and dáy óut** 明けても暮れても；来る日も来る日も(day after day).
**from dáy to dáy** 日ごとに, 一日一日と.
**máke A's dáy** (略式) 〈事・人が〉A〈人〉に大変楽しい1日を過ごさせる.
**òne of thése (fíne) dáys** 近日中に；(そんなことをしていたら)そのうちに《♦ 相手に何かを警告するときに用いる》.
**sée bétter dáys** [完了形で] → **4**；[will …] (今は落ちぶれているが)楽しい目にあう, いい思いをする.
**thése dáys** 近頃では, 今日(ﾆょう)では.
**to this (véry) dáy** 今日まで.
**dáy núrsery** (米)託児所, 保育所.
**dáy shift** 昼間勤務(時間).

\***day·break** /déibrèik デイブレイク/ [cf. Day breaks. (夜が明ける)]
—— 名 Ⓤ (正式) 日の出, 夜明け(dawn)∥
at daybreak 夜明けに.
The climbers awoke before daybreak. 登山者は夜明け前に目を覚ました.

**dáy-càre cènter** /déikèər- デイケアー/ (米) (親が働いている子供のための)託児所, 保育所《♦ 教育をする施設を Educational Day-care Center と呼ぶ. 放課後の学童保育所は After-school-care Center》.

**day·dream** /déidrì:m デイドリーム/ 名 ⓒ 空想, 夢想. —— 動 (過去・過分 ~ed または ··dreamt) 自 空想する.

**day·dream·er** /déidrì:mər デイドリーマ/ 名 ⓒ 空想家.

**day·light** /déilàit デイライト/ 名 Ⓤ 昼の明かり, 日光；昼, 昼間, 日中；夜明け, 暁(dawn)∥
at daylight 夜明けに.
in broad [full] daylight 真っ昼間に；白昼公然と.
before daylight 夜明け前に.

**by daylight** 暗くならないうちに; 昼間に.
**bring A into the dáylight** A〈事〉を明らかにする.
**dáylight sáving (tìme)** 《米》夏時間《◆夏に時間をふつう1時間進める制度. daylight time, 《英》 summer time ともいう》.

\***day·time** /déitàim/ デイタイム/
──名 [the ~] 昼間, 日中 ‖
Vampires never go out **in [during] the daytime**. 吸血鬼は決して昼間は出てこない.
──形 [名詞の前で] 昼間の, 日中の.

**day-to-day** /déitədéi デイトゥデイ/ 形 1 毎日の, 日常の. 2 1日限りの, その日暮らしの.

**daze** /déiz デイズ/ 〖→ dazzle〗 動 (現分 daz·ing) 他 1 〈人〉をぼうっとさせる ‖
The news left him **dazed**. その知らせに彼は茫然(ぜん)としていた.
She lòoked **dázed** from sleep. 彼女は眠くてぼうっとした顔をしていた.
2 〈人〉の目をくらませる; 〈人〉をまごつかせる.
──名 [a ~] 茫然, 当惑《◆通例次の句で》‖
**in a daze** ぼうっとして.

**daz·zle** /dæzl ダズル/ 動 (現分 daz·zling) 他

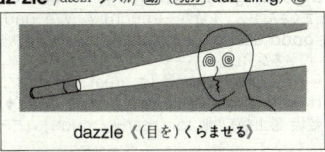

dazzle 《(目を)くらませる》

1 〈強い光が〉〈人の目〉をくらませる ‖
The car's headlights **dazzled** me [my eyes]. 車のヘッドライトに目がくらんだ.
2 [通例 be ~d] 感嘆する ‖
She was **dazzled by** the gorgeous room. 彼女はその豪華な部屋に目がくらむ思いがした.
──名 [the ~ / a ~] 目がくらむこと, 輝き.

**daz·zling** /dæzliŋ ダズリング/ 動 → dazzle.
──形 目もくらむほどの, まぶしい.

**D.C.** 《略》 District of Columbia (→ Washington 1a).

**dea·con** /díːkn ディーケン/ 名 C〈カトリック〉助祭, 〖プロテスタント・アングリカン〗執事《priest の次位》.

\*\***dead** /déd デド/ 〖「死後の状態」が本義〗
派 **deadly** (形), **death** (名), **die** (動)
➔ 形 1 死んでいる 3 感覚のない 4 動きのない
5 使用されなくなった

──形 1**a** 〈人・動物が〉死んでいる, 〈植物が〉枯れている (↔ alive, living) ‖
a **dead** flower 枯れた花.
**be déad and góne** (とうの昔に)死んでしまった.
He has been **dead** for six years. 彼が死んでから6年経つ (=He **died** six years ago. =It is [《米式》has been] six years since he **died**. =Six years have passed since he **died**.) (→ die 語法 (2)).
She was found **dead** in her bedroom **from** an overdose of sleeping pills. 彼女が睡眠薬を飲みすぎて寝室で死んでいるのが発見された.
By the time I returned to Japan, she was **dead of** cancer. 私が日本に帰って来た時には彼女はすでにがんで死んでいた《◆ … she had died of cancer がふつう. 前置詞については → die 自 1 及び 語法 (1)》.
**Dèad men tèll no tàles [lìes]**. 〈ことわざ〉「死人に口なし」.
**b**《略式》[補語として]〈死ぬほど〉疲れ切って, へとへとの(very tired) ‖
I'm (half) **dead of [on]** my feet. 足が棒のようだ.
2 [通例名詞の前で]《元来》生命のない ‖
**dead** matter 無機物.
3 [補語として]〈からだの部分・人が〉(死んだように)感覚のない;《正式》〈人〉が感受性のない ‖
My toes feel **dead with** cold. 足の先が寒さで感覚ない《◆ My toes feel numb by [with] cold. がふつう.
She is **dead to** my passionate appeals. 彼女は私の熱烈な訴えにも動じない.
4**a**〈物・事が〉(死んだように)動きのない; 活気のない; 興味・興奮などの失せた ‖
a **dead** sleep 前後不覚の眠り; 熟睡.
**dead** air よどんだ空気.
a **dead** love さめた愛.
a **dead** season (社交・取引などの)さびれた時期, 夏枯れ時.
**b** 活動[機能]の停止した ‖
a **dead** volcano 死火山《◆ an extinct volcano がふつう》.
**dead** soil 不毛の地.
This radio has **gone dead** (on us).《略式》このラジオは音が出なくなった.
5〈言語などが〉使用されなくなった, 廃用の; 〈法律などが〉実効力のない ‖
a **déad lánguage** 死語《ラテン語など》(↔ a living language).
**dead** villages 廃村.
6 [名詞の前で] (死のように)突然の, 絶対の; 完全な, 正確な, 確実な ‖
**come to** a **dead stop** 急にぴたりと止まる.
**go into** a **dead faint** 完全に気を失う.
**in dead silence** 全く黙りこくって.
7〈色・音が〉さえない, 鈍い; 〈部屋などが〉反響しない, 吸音性の.
8 〖球技〗〈ボールが〉ライン外に出た ‖
a **déad-báll line** 〖ラグビー〗 死球線《ゴールライン後方25ヤード以内の線. それを越えた「アウト=ボール」は a *déad báll*》.

**dead to the wórld** ぐっすり眠っている; 完全に意識不明の.

──名 1 [the ~; 複数扱い] 死者たち; (1人の)死者 ‖
**the dead and the living** 生者と死者.
2 [通例 the ~] (寒さ・静寂・暗やみの)最たる時 ‖
**in the dead of** winter 真冬に.

——副 **1** 突然 ‖
drop dead ぽっくり死ぬ.
**2** 《略式》絶対に；完全に ‖
dead asleep ぐっすり眠って.
**3** 《略式》まっすぐに；正確に ‖
dead ahead 真っ正面に.

**déad báll** 〖球技〗アウト=ボール《試合の進行が止まっている時のボール》(→ 形8)《◆野球の「死球」の意で ˟dead ball とはいわない.「デッドボールをくう」 is be hit by a pitch》.

**déad énd**（道などの）行き止まり，袋小路；（行動・政策などの）行き詰まり.

**déad héat**（徒歩競走・競馬での同時にゴールインする）引き分け（試合）；同点［同着］での大接戦《◆日本語の「デッドヒート」は a close [heated] race など》.

**Déad Séa** [the ~] 死海.

**déad·ness** 名 Ⓤ 死の（ような）状態.

**déad·en** /dédn デドン/ 動 他 …の強さ［力, 感覚, 光沢など］を失わせる，弱める，〈音・痛みなど〉をやわらげる.

**déad·line** /dédlàin デドライン/ 名 Ⓒ（原稿などの）締切り（時間），（最終）期限；越えてはならない線.

**déad·lock** /dédlɑk デドラク/ |-lɔ̀k -ロク/ 名 Ⓤ［しばしば a ~］（交渉などの）行き詰まり，デッドロック ‖
be in a (total) deadlock（完全な）行き詰まりの状態にある《◆「行き詰まりになる」は come to a deadlock》.
break the deadlock 行き詰まりを打開する.

**déad·ly** /dédli デドリ/ 形 **1** 命にかかわる, 命取りになる, 命を奪うほどの；［比喩的に］致命的な, 痛烈な 類 fatal, mortal ‖
a deadly disease 命取りの病気.
**2** 生かしておけない；命がけの ‖
a deadly enemy 不倶戴天(ぐたいてん)の敵.
**3 a**《略式》過度の；死ぬほど退屈な ‖
a deadly party 全くうんざりするパーティー.
**b** 絶対の, 徹底的な；（ねらいなどの）全く正確な.
**4** 死（人）を思わせる.
——副 **1**《略式》ひどく, 極度に ‖
deadly serious 大まじめで.
**2** 死（人）のように.

**déadly síns** 〖神学〗[the ~]（キリスト教での7つの）大罪《pride 高慢(こうまん), covetousness 貪欲(どんよく), lust 肉欲, anger 怒り, gluttony 大食, envy 嫉妬(しっと), sloth 怠惰(たいだ)》《◆ seven deadly sins ともいう》.

**déad·pan** /dédpæn デドパン/《略式》形 名（冗談などを言うのに）無表情な［に］, まじめくさった（顔で）.

**déad·wood** /dédwùd デドウド/ 名 Ⓤ **1** 立ち枯れの木［枝］. **2**《略式》無用の人［情報］.

\***deaf** /déf デフ/《発音注意》《◆ ˟ディーフ》〖「ぼんやりとした」が原義〗
——形 《比較》 ~·er, 《最上》 ~·est **1** 耳が聞こえない, 耳が遠い, 耳が不自由な ‖
a deaf old man 耳の遠いお年寄り.
the deaf 耳の聞こえない人々（=deaf people）《◆複数扱い》.

**deaf and dumb** 聾啞(ろうあ)の《◆今は deaf-mute がふつう》.
be deaf in one ear 片方の耳が聞こえない.
**2**《正式》［補語として］**聞こうとしない**, 耳を傾けない ‖
He was deaf to all arguments. 彼は一切の論議に耳を貸さなかった.

**déaf·ly** 副 聞こえないで, 聞こえないかのように.

**déaf·ness** 名 Ⓤ 耳が聞こえないこと；耳を貸さないこと.

**deaf-aid** /défèid デフエイド/ 名 Ⓒ《英略式》補聴器.

**deaf·en** /défn デフン/ 動 他（騒音などが）〈人〉の耳を（一時的, または永久に）聞こえなくする；〈音など〉をかき消す, 聞こえなくする.

**deaf-mute** /défmjùːt デフミュート/ 名 Ⓒ 聾啞(ろうあ)者.——形 聾啞(者)の.

\***deal¹** /díːl ディール/ 〖「分けた部分」が原義〗
——名 [a ~] 量, 程度, 額《◆通例次の成句で》.
∘**a góod [gréat] déal** =a déal たくさん, 多量(much) ‖ We learn a good deal at school. 私たちは学校でたくさんのことを学ぶ.
∘**a góod [gréat] déal of A** =**a déal of A** たくさんの…, 多量の…(much) ‖ We had a good deal of snow last winter. 去年の冬は雪が多かった.
——副 [通例 a good [a great] ~] 大いに, ずいぶん；しばしば；［意味を強めて］うんと, ずっと《◆比較級・最上級その他 too many [much] などを修飾する》
She's a good deal older than he (is). 彼女は彼よりずっと年上である.
Do you see her a great deal? 彼女とはよく会いますか.

\***deal²** /díːl ディール/ 〖「物を分け与える」が原義〗
派 **dealer**（名）

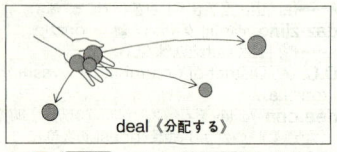

deal〈分配する〉

——動（三単現）~·s/-z/；過去・過分 dealt/délt/；現分 ~·ing
——他 **1** [deal A (to B) / deal B A]（B〈人〉に）A〈物・事〉を**分配する**, 分ける；〈神などが〉（分け前・当然の報いとして）…を授ける ‖
She dealt out two oranges to each guest. 彼女はお客にオレンジを2個ずつ配った.
A judge should deal (out) justice to all. 裁判官は万人に公平であるべきである.
**2**〖トランプの札など〗を**配る** ‖
He dealt seven cards to each of us. 彼は私たちに7枚ずつカードを配った.
**3**《正式》[deal A B]〈人など〉にB〈打撃など〉を加える, 与える(give)；［比喩的に］〈打撃〉を与える ‖
He dealt me a sharp punch on the chin. 彼は私のあごをげんこつで強くなぐった.

The failure would **deal** a heavy blow **to** my hopes for promotion. その失敗は私の昇進の望みに対して大きな打撃となるだろう。
— ⑤ カードを配る．
***déal at*** A A〈会社·店など〉をひいきにする，…と取引する．
◇***déal in*** A A〈商品〉を扱う，商う ‖ This shop **deals in** kitchen utensils. この店は台所用品を売っている．
◇***déal with*** A (1) A〈人·書物·論文などが〉A〈事柄〉を扱う，論じる；…に関係がある ‖ His lecture **dealt with** air pollution. 彼の講演は大気汚染を扱ったものであった． (2) A〈人·会社などと〉**取引す る**；A〈人〉と交際する ‖ I've **dealt with** this store for years. 私は何年もこの店と取引がある． (3) A〈問題·事件など〉を処理[処置]する，…に対処する ‖ This matter must be **dealt with** sooner or later. この問題は遅かれ早かれ片付けねばならない．
— 名 ⓒ **1** 商取引，契約 ‖
Will you **make** [〈英〉**do**] **a deal with** him? 彼と取引をしませんか．
**It's a deal.** = **You('ve) got a deal.** 話は決まった．
**2** [a ~] 取り扱い，待遇．
**deal·er** /díːlər ディーラ/ 名 ⓒ **1** 販売人，販売店，ディーラー，…商 ‖
a used-car **dealer** = a **dealer** in used cars 中古車商．
**2** 〔トランプ〕(札の)配り手，親．
**deal·ing** /díːlɪŋ ディーリング/ 動 → deal.
— 名 **1** [~s] 商取引関係；交際関係 ‖ have **dealings with** him 彼と取引[交際]している．
**2** Ⓤ (他人に対する)ふるまい，待遇．
**dealt** /délt デルト/ 動 → deal².
**dean** /díːn ディーン/ 名 ⓒ **1** 〔アングリカン〕主席司祭；〔カトリック〕地方司教代理． **2** (大学の)学部長．

*****dear** /díər ディア/ 〔同音 deer / 類音 dare /déər/〕〖「大事な」が本義〗派 dearly (副)
→ 形 **1** 親愛な **3** 大事な 名 **1** いとしい人 間 おや
— 形 〔比較 ~·er /díərər/, 最上 ~·est /díərɪst/〕 **1** 親愛な，いとしい，かわいい ‖
a **dear** little boy 小さなかわいい男の子．
**2** [通例 D~] [名詞の前で] 敬愛する，…様《◆手紙の書き出し》‖
**Dear** Sir [Madame] 拝啓《◆前は既知の人にも用いたが，今は未知の人に対して用いる》．
**Dear** John ジョン様．

> [Q&A] *Q* : Dear John Smith のようには言えませんか．
> *A* : 言えません．ふつう Dear は full name には用いません．Dear Mr. Smith, My dear Mr. Smith 《《米》では前者の方がくだけた言い方，《英》では逆》のように言えばいいのです．名前以外では My

dear son, Dear Son (前者の方がくだけた言い方)のように言います．

**3** 〔叙述として〕**大事な**，貴重な ‖
Life **is** very **dear** to me. 私は命が惜しい．
Try not to lose anything that **is dear** to you. あなたにとって大切なものは何も失わないようにしなさい．

**4** (主に英) 〔通例叙述として〕(法外に)高価な，(品質の割に)高い(expensive) ‖
Fresh vegetables are very **dear** in winter. 冬は新鮮な野菜は高値である．
— 名 (複 ~s/-z/) ⓒ **1** いとしい人，かわいい人；いい人，親切な人《◆恋人·家族に対する愛情をこめた呼びかけにも使われる．男女両用》‖
You are **a dear** to help me. 手伝ってくださってありがとう．
Come here, (my) **dear**. おまえ, こっちへおいで．
**2** [a ~] いい子《◆なだめたり，元気づけるのに用いる》‖
Be **a dear** and post this letter, won't you? = Post this letter, **thére's a déar**. いい子だから，この手紙出してきてね．
— 間 〔しばしば Déar mé!; 驚き·悲しみ·同情·いらだち·失望などを表して〕**おや，まあ．

**déar·ness** 名 Ⓤ 高価；貴重，親愛．
**dear·ly** /díərli ディアリ/ 副 **1** とても，非常に ‖
I'd **dearly** love to have a picture of you. あなたの写真がとても欲しいのです．
**2** 愛情をもって，心から ‖
She loves her son **dearly**. 彼女は息子をこよなく愛している．
**3** (正式) 大きな犠牲を払って．
**dearth** /dɜːrθ ダース/ 名 Ⓤ (正式) [しばしば a ~] 不足；飢饉(きん) ‖
a **dearth** of food 食糧不足．

*****death** /déθ デス/ 〔→ die, dead〕
— 名 (複 ~s/-s/) **1** Ⓤ 死(↔ life), 死ぬこと(cf. birth); ⓒ 死亡(事例); [a … ~] …な死に方 ‖
díe a nátural dèath (病気·老齢による)自然死を遂げる《◆この death は同族目的語》(=die naturally)(→ die 他).
**on** [**upon, at**] **the death of** my wife = **on** [**upon, at**] my wife's **death** 妻の死に際して．
**death with** dignity 安楽死，尊厳(げん)死《◆ mercy killing の遠回し表現》．
many **deaths from** cancer がんによる多くの死亡(件数)．
**2** [the ~ / one's ~] 死因；命取り；Ⓤ 致命的なこと ‖
Heart failure was **the death of** him. 心不全で彼は死んだ．
Water pollution is **death to** fishermen. (正式) 水質汚染は漁師にとって致命的である．
**3** Ⓤ [しばしば a ~] 死んでいる状態 ‖
lie still **in death** 死んで静かに横たわっている．
**4** [D~] 死神《◆鎌(かま)を持った骸(がい)骨の姿で表さ

れる》.
**5** [the ~] (無生物の)消滅, 壊滅, 終わり.

***pút* A *to* déath** 《正式》A〈人〉を死刑にする, 殺す.

***to* déath** (1) 死ぬまで ‖ be burnt to death 焼け死ぬ. (2)《略式》死ぬほど, ひどく ‖ be sick to death もう飽き飽きしている.

***to the* déath** 死ぬまで(の) ‖ a fight to the death 死闘.

Death 4

**déath másk** デスマスク, 死面.
**déath pènalty** [通例 the ~] 極刑, 死刑.
**déath ràte** (1) (人口1000人に対する)死亡率 (mortality rate). (2) (同じ病気の100人に対する)致死率 (fatality rate).
**déath tòll** (事故などの)死亡者数.

**death·bed** /déθbèd デスベド/ 图C 《正式》[one's ~] 死の床; [形容詞的に] 臨終の ‖ on [at] his deathbed 臨終の床で, 死にかかって.

**death·ly** /déθli デスリ/ 形《正式》死のような.
── 副 死んだように.

**de·base** /dibéis ディベイス/ 動《現分》--bas·ing/ 他《正式》〈人格·品位などを〉落とす, 卑しくする.

**de·bat·a·ble** /dibéitəbl ディベイタブル/ 形《正式》議論の余地のある.

\***de·bate** /dibéit ディベイト/ 〖「打ち負かす (beat)」が原義. cf. discuss〗
──動《三単現》~s/-béits/; 《過去·過分》--bat·ed /-id/; 《現分》--bat·ing
──他 **1**〈問題など〉を討論する, 討議する;〈人〉と論議[討論]する ‖ debate him on the problem その問題について彼と討論する.
**2** [debate wh 節·句] …かどうかを熟慮(ミ)ヘ)する, 思案する ‖ We debated whether to [whether we should] go by train or car. 私たちは電車で行くか車で行くか思案した.
──自 議論する, 討論する ‖ The trade representative has been debating with his counterparts here over the matter of tariffs. 貿易委員が当地の委員と関税問題について討議を続けている.
──图《複》~s/-béits/)CU (公開の場での進行計画に従った正式な)討論, 議論; C 討論会 ‖ hold a debate on the subject of tax increases 増税問題について討論する.
a problem under debate 論争中の問題.

**de·bat·er** /dibéitər ディベイタ/ 图C 討論する人, 討議者; 巧みな論客.

**de·bat·ing** /dibéitiŋ ディベイティング/ 動 → debate.

**de·bauch** /dibɔ́:tʃ ディボーチ/ 動他《三単現》~es /-iz/)〈人〉を堕落させる. ──图《複》··es/-iz/) 放蕩(ĸ)(の時代).

**de·bauch·er·y** /dibɔ́:tʃəri ディボーチャリ/ 图《複》--er·ies/-z/) **1** U 放蕩(ĸ). **2** [debaucheries] 遊興(淸ゞう).

**Deb·by** /débi デビ/ 图 デビー《◆Deborah の愛称》.

**de·bil·i·tate** /dibílətèit ディビリテイト/ 動《現分》--tat·ing/ 他《正式》〈人·からだを〉(一時的に)衰弱させる, 虚弱にする.

**de·bil·i·ty** /dibíləti ディビリティ/ 图U 《正式》(病気による)衰弱.

**deb·it** /débət デビト/ 图C 《正式》【商業】=debit side. ──動他〈金額〉を借方に記入する.
**débit càrd** デビットカード, 口座引き落しカード.
**débit side** 借方, 借方項目 (debit).

**de·bris, dé·--** /dəbrí: ドゥブリー | débri: デイブリー/ 《フランス》图U 破片, 瓦礫(ĸĸ), 残骸(ĸĸ).

\***debt** /dét デト/ 《発音注意》《◆b は発音しない》〖「人が払う義務のある」が原義〗
──图《複》~s/déts/) **1** CU 借金, 借り, 負債; U 借金状態 ‖ gét [rún, fáll] *into* débt 借金をする.
gét óut of débt 借金を返す.
kéep óut of débt 借金せずに暮らす.
対話 "When can you pay me back that money I loaned you?" "Don't worry. I always pay back my debts quickly." 「貸したお金はいつ返してくれますか」「ご心配は無用です. ぼくは借金はいつもすぐに返します」.
**2** CU (他人に)負うているもの, 恩義, 義理 ‖ I owe him a debt of gratitude for his services. 私は彼の尽力に対し恩義がある.
*be in* débt *to* A A〈人〉に借金している.
**débt forgíveness** 債権放棄.

**debt·or** /détər デタ/ 图C 借り主, 債務者.

**de·bug** /dì:bʌ́g ディーバグ/ 動《過去·過分》~bugged/-d/; 《現分》--bug·ging)他《略式》〈機械などの〉不調の箇所を取り除く, 欠陥を直す;〈部屋〉から盗聴装置(bug)を取り除く; 【コンピュータ】…をデバッグする, …の誤りを見つけて直す ‖ debug the computer program コンピュータのプログラムをデバッグする.

**de·bunk** /dì:bʌ́ŋk ディーバンク/ 動他《略式·もと米》〈人·思想などの〉正体を暴露する, あばく.

**De·bus·sy** /débjusi: デイビュスィー, déibjusi | dəbú:si ドゥブースィ/ 图 ドビュッシー《Claude Achille /klɔ́:d əfíːl/ ~ 1862-1918;フランスの作曲家》.

**de·but,** 《米ではしばしば》**dé·but** /deibjú: デイブー, -, dé-- | -/ 《フランス》图C 《正式》デビュー, 初舞台.

**deb·u·tante,** 《米ではしばしば》**déb·--** /débjutànt デビュタント/ 《フランス》图C 初舞台の女優; 初めて社交界に出る娘.

**Dec.**《略》December.

**dec·ade** /dékeid デケイド, -́-́/ 图C 10年間 ‖ the first decade of this century 今世紀の最初の10年《2001-10》.
for two decades 20年間.

**dec·a·dence** /dékədəns デカダンス, dikéi-/ 名 U
(式) **1** (道徳・文芸などの)衰微, 堕落, 衰退期 ‖
moral decadence 道徳の退廃.
**2** [芸術] デカダンス, デカダン運動《19世紀末にフランスを中心に起こった退廃的な美を求める傾向》.

**dec·a·dent** /dékədənt デカデント, dikéi-/ 形 **1** 退廃的な. **2** [芸術] デカダン派の.

**de·cant** /dikǽnt ディキャント/ 動 他 (正式)〈ワインなどの〉上澄みをそっとデカンターに移す.

**de·cant·er** /dikǽntər ディキャンタ/ 名 C デカンター《栓付きの食卓用ガラスびん. 主にワイン入れ》.

**de·cap·i·tate** /dikǽpətèit ディキャピテイト/ 動 (現分) ‑‑tat·ing) 他 (正式)〈人〉の首をはねる[切る]; (米略式)〈人〉を首にする.

**de·cath·lon** /dikǽθlən ディキャスラン|‑nɑː‑ ‑ロン/ 名 U [the ~] 十種競技.

**de·cay** /dikéi ディケイ/ 動 自 (物が)(徐々に, 自然に)腐敗する, 腐る, 朽ちる(go bad) ‖
The supports beneath the iron bridge have decayed to the point where they are hazardous. 鉄橋の支柱が腐って危険な状態になった.

Q&A  *Q*: decay と rot はどう違いますか.
*A*: decay は物が少しずつ腐りかけてきたときに, rot はその腐敗の度が進んだときに用います. rot の方が日常的によく使われます. また, くだけた言い方としては go bad, spoil なども普通です.

**2** (正式)〈健康・勢力・美などが〉衰える, 衰退する, 低下する(become weak); 堕落(ﾀﾞﾗｸ)する ‖
Our powers decay in old age. 年を取ると力が衰える.
――他〈歯〉を虫歯にする ‖
Sugar decays teeth. 砂糖をとると虫歯になる.
――名 U **1** 腐敗 ‖
We must brush daily to avoid tooth **decay**. 虫歯を防ぐために毎日歯を磨かなければならない.
**2** (勢力・財力・美などの)衰退, 衰え; 堕落 ‖
After the operation, the decay in his health was rapid. 手術後, 彼の体力が急に衰えだした.
**fáll into decáy = gò to decáy** 衰える.
**be in decay** 荒廃している.

**de·cease** /disíːs ディスィース/ 名 U (正式)(法律)死亡, 死去.

**de·ceased** /disíːst ディスィースト/ 形 (正式)(法律)(特に最近)死んだ, 故…. ――名 [the ~; 単数・複数扱い] (特定の)死者, 故人.

**de·ceit** /disíːt ディスィート/ 名 **1** U いつわり, 欺(ｱｻﾞﾑ)くこと, 詐欺(ｻｷﾞ), ぺてん; 虚偽(性) ‖
A true statesman is incapable of **deceit**. 真の政治家はうそをつかない.
**2** C たくらみ, 策略, 計略.

**de·ceit·ful** /disíːtfl ディスィートフル/ 形 **1** 人をだます, うそつきの ‖
a deceitful person うそをつく人.
**2** (外見・言動などが)人を誤らす; だますつもりの ‖
a deceitful act 人を惑わす行動.
**de·céit·ful·ly** 副 だますつもりで.
**de·céit·ful·ness** 名 U ずるさ, 欺瞞(ｷﾞﾏﾝ).

\***de·ceive** /disíːv ディスィーヴ/ 《〈人〉から(de)物を取る(ceive). cf. receive, perceive》
㊊ deceit (名)
――動 (三単現) ~s/‑z/; (過去・過分) ~d/‑d/; (現分) ‑‑ceiv·ing)
――他 **1**〈人〉をだます, 欺(ｱｻﾞﾑ)く, 惑わす ‖
His eyes deceived him. 彼は見間違えた.
He was deceived into the belief that she was right. 彼はだまされて彼女が正しいと信じてしまった.
**decéive onesèlf with ...** …に関して思い違いをする.
対話 "Don't think that she really supports you." "She won't deceive me." 「彼女が君を支持していると思わないほうがいいよ」「彼女はぼくを欺くようなことはしないさ」.
**2** [deceive A into doing] 〈人〉をだまして…させる ‖
He was deceived into believing that she is right. 彼はだまされて彼女が正しいと信じてしまった.

**de·ceiv·er** /disíːvər ディスィーヴァ/ 名 C だます人, 裏切り者.

**de·ceiv·ing** /disíːviŋ ディスィーヴィング/ 動 → deceive.

\***De·cem·ber** /disémbər ディセンバ/ 《10番目 (decem)の月. ローマ暦では10月に当たる》
――名 U 12月《◆ 平和・静寂を連想させる》; [形容詞的に] 12月の(略 Dec.) (語法 → January) ‖
December snow 12月の雪.

**de·cen·cy** /díːsnsi ディースンスィ/ 名 U **1** 礼儀正しさ, 上品さ ‖
He doesn't have the decency to say he's sorry. 彼はすみませんも言えないほど礼儀知らずだ.
**2** 体面, 体裁, 世間体.

**de·cent** /díːsnt ディースント/ (アクセント注意)《×ディセント》形 (時に 比較 ~·er, 最上 ~·est) **1** (正式)〈服装などが〉かなりりっぱな(suitable), 〈人が〉ちゃんとした服装をした; 相当な身分の ‖
come of a decent family 相当な身分の家柄の出である.
**2** 上品な, 慎み深い, 礼儀正しい ‖
a decent answer まともな返事.
It is not decent to laugh at another's troubles. 他人の困っているのを見て笑うのは失礼である.
**3** (略式)かなりの, まあまあの(adequate)《♦very good の控え目な表現》 ‖
a decent standard of living かなりの生活水準.
**4** (英略式)親切な; [A is decent to do / It is decent of A to do] 〈人が〉…するとは寛大だ(kind) ‖
It was decent of you to lend me your car. 車を貸していただいてどうもありがとう.

**de·cent·ly** /díːsntli ディースントリ/ 副 **1** 上品に. **2**

（略）相当に. **3**《略式》親切に，気前よく．

**de·cen·tral·i·za·tion** /dìːsèntrəlɪzéɪʃən ディーセントラリゼイション | -trəlaɪ- ディーセントラライ-/ 名 Ⓤ 分散；地方分権．

**de·cen·tral·ize** /dìːséntrəlaɪz ディーセントラライズ/ 動 (現分) **-iz·ing** 他〈組織・権力などを〉分散させる，地方分権にする．

**de·cep·tion** /dɪsépʃən ディセプション/ 名 **1** Ⓤ だますこと；だまされること ‖
practise deception on him 彼をだます．
**2** Ⓒ 詐欺(ᵊ)，ごまかし，ぺてん．

**de·cep·tive** /dɪséptɪv ディセプティヴ/ 形 人をだます(ような)．

**dec·i·bel** /désəbèl デシベル/ 名 Ⓒ《正式》〔物理〕デシベル(記号) dB)．

***de·cide** /dɪsáɪd ディサイド/ 〖切り(cide)離す(de)．cf. scissors〗
派 decision (名), decisive (形)
—— 動 (三単現) **~s** /-sáɪdz/；(過去・過分) **·cid·ed**/-ɪd/；(現分) **·cid·ing**
—— 他 **1** [decide to do / decide (that) 節] …しようと**決心する**，決意する(make up one's mind)《◆これより強い決意は determine, resolve》‖
They decided **to** go abroad. = They decided (that) they would go abroad. 彼らは外国へ行こうと決心した．
[対話]"I've decided **to** look for a new position." "Have you looked in the want ads yet?"「新しい職を捜すことにしましたよ」「求人広告を見てみましたか」．
**2** [decide (that) 節] …することを**決定する**，決める；[decide wh 節・句] …するかを決定する ‖
decide what to do next = decide what we should do next 次に何をするべきか決定する．
They decided [It was decided] that the profits (should) be divided equally. 利益は等分することに決まった《◆ should を用いるのは(主に英)．that 節の中は受身が多い》．
I can't decide whether or not to cut my hair shorter. 髪をもっと短く切ろうかどうか決めかねている．
**3 a**〈問題・議論などを〉**解決する**，決定する；〈訴訟事件に〉判決を下す ‖
Have you decided your future plans? 将来の計画は決めましたか．
That play decided the outcome of the match. そのプレーが試合の行方を決めた．
(It is) to be decided later. (それは)あとで決定する．
**b** [decide (that) 節] …すると判断する，…と考える ‖
I decided (that) I was too old to take the job. その仕事に就くには年がいきすぎていると思った．
**4**〈物・事が〉〈人に〉決心させる ‖
What decided you against it? どうしてそうしないことに決めたのですか．
—— 自 **1** [decide (on [upon]) A)]〈人が〉〈A〈事物〉に〉**決定する**，決心する；[decide (against A)]〈人が〉(…をしないことに)決める ‖
I haven't decided **on** a day to visit you. お訪ねする日を決めていません．
We decided **on** camping this year. 今年はキャンプに行くことに決めた．
**2** 判決をする ‖
The judge decided **against** the plaintiff. 裁判官は原告に不利な判決を下した．

**de·cid·ed** /dɪsáɪdɪd ディサイディド/ 動 → decide.
—— 形《正式》**1** 明確な，疑いのない．**2**〈人・性格などが〉確固たる，断固とした．

**de·cid·ed·ly** /dɪsáɪdɪdli ディサイディドリ/ 副《正式》**1** 断然．**2** きっぱりと．

**de·cid·ing** /dɪsáɪdɪŋ ディサイディング/ 動 → decide.

**de·cid·u·ous** /dɪsídʒuəs ディスィチュアス |-sídju- ディスィデュアス/ 形 落葉性の．

**dec·i·mal** /désəml デシムル/ 名 Ⓒ 小数；小数を含む数字．—— 形 **1** 小数の．**2** 10進法の．
**décimal fràction** 小数．
**décimal pòint** 小数点．
**décimal sỳstem** 10進法．

> [Q&A] **Q**：小数の読み方は？
> **A**：7.3 (seven point [decimal] three),
> 5.26 (five point [decimal] two six),
> 0.8 (naught [zero] point eight),
> 15.33 … (fifteen point three, three recurring; recurring は「…がくり返す」の意)のように読みます．小数点以下は棒読みにします．→ number [関連]

**dec·i·mate** /désəmèɪt デシメイト/ 動 (現分) **·mat·ing** 他《正式》〈疫病・戦争などが〉…の大半[大部分]を殺す．

**de·ci·pher** /dɪsáɪfər ディサイファ/ 動 他 **1**《正式》…を判読する．**2**〈暗号(cipher)などを〉解読する．

***de·ci·sion** /dɪsíʒən ディスィジョン/ (発音注意)《◆×ディサイジョン》〖→ decide〗
—— 名 (複) **~s**/-z/) **1** ⒸⓊ **決定**，解決；結論；決定事項 ‖
We must máke [táke] a decision on this right now. これについてはすぐに決定しなければならない．
He cáme to [arríved at, réached] the decision to follow my advice. 彼は私の忠告に従うことに決めた．
**2** Ⓤ **決心**，決意 ‖
I applaud your decision to study abroad. 留学しようという君の決心には拍手するよ．
**3** Ⓒ《法廷での》**判決**(→ verdict)；《審判などの》判定．
**4** Ⓤ《正式》**決断力** ‖
a man of decision 決断力のある人．
**5** Ⓒ《ボクシングなど》判定(勝ち)．

**de·ci·sive** /dɪsáɪsɪv ディサイスィヴ/ 形《正式》**1**〈戦い・勝利などが〉明確な結果をもたらす，決定的な

a decisive battle 決戦.
**2** 〈人・性格などが〉断固とした, 果断な.
**de·ci·sive·ly** /disáisivli ディサイスィヴリ/ 副 決定的に; 断固として.

\***deck** /dék デク/
——名 (複 ~s /-s/) C **1** 〔海事〕デッキ, 甲板(炊) ‖
go up on deck 甲板に出る.

関連 [種類] upper [top] deck 上甲板 / main deck 正[主]甲板 / middle deck 中甲板 / lower deck 下甲板.

**2** デッキ状の部分《建物・バス・飛行機などの階・床, 橋・リングの床, 陸(?)屋根, 客車の屋根など》‖
a double-deck bus 2階建てバス.
**3** (米)(札の)1束, 1組((英) pack) ‖
shuffle a deck of cards 1組のトランプを切る.
**4** テープデッキ.
——動 他 …を飾る.

**deck·chair** /dékt∫èar デクチェア/ 名 C デッキ=チェア《木枠に帆布(ぱをはった折りたたみ式いす》.

**dec·la·ra·tion** /dèkləréi∫ən デクラレイション/ 名 **1** C U 宣言, 発表, 布告; 告白 ‖
a declaration of war 宣戦布告.
**2** U C (税関への)申告(書).

**de·clar·a·tive** /diklǽrətiv ディクララティヴ/ 形 陳述する, 叙述する; 宣言の.
**declárative séntence** 〔文法〕平叙文.

**de·clare** /dikléər ディクレア/ 動 (現分 ··clar·ing) 他 **1** 〈国家・人などが〉…を宣言する, 布告する, 公表する ‖
Britain declared war on [against] Germany on September 3, 1939. 1939年9月3日にイギリスはドイツに宣戦を布告した.
**2** (正式) **a** [declare A (to be) C] 〈人・物・事〉を C だと断言する, 明らかにする《♦C は名詞か形容詞》 ‖
I declare the story (to be) false. その話はうそだと私はここに断言いたします(→ **b**).
**b** [declare (that) 節] …だと断言する ‖
I declare (that) the rumor is false. そのうわさはうそだと私はここに断言いたします(→ **a**).
I have nothing to declare. 課税品はありません.
**3** (税関で)〈課税品などを〉申告する ‖
——自 宣言[断言, 言明]する; (正式) 表明する ‖
The newspaper declared for the Republican candidate. 新聞はその共和党候補を支持することを表明した.

**de·clen·sion** /diklén∫ən ディクレンション/ 名 U C 〔文法〕語形変化.

\***de·cline** /dikláin ディクライン/ 〖下に(de) 曲げる(cline). cf. decay, incline〗
——動 (三単現 ~s/-z/; 過去・過分 ~d/-d/; 現分 ··clin·ing)
——他 **1 a** 〈招待・申し出などを〉**断る**(turn down), 拒否する, 辞退する(↔ accept) 《♦ refuse よりおだやかな拒否を表す》 ‖

decline an invitation to dinner 食事への招待を断る.
She declined our offer. 我々の申し出を彼女は断った.
**b** [decline to do] …することを断る.
**2** …を傾ける, 〈頭〉をたれる. **3** 〔文法〕〈名詞・代名詞・形容詞〉を語形[格]変化させる.
——自 **1** 断る, 辞退する, 拒否する ‖
decline with thanks せっかくだがと断る.
**2** 〈土地などが〉**傾いている**; 〈夕日が〉傾く; 〈1日・1年などが〉終わりに近づく ‖
one's declining years 晩年.
**3** (正式)〈体力・健康などが〉衰える, 〈価値などが〉低下する; 〈国家などが〉堕落する, 〈物価が〉下落する.
**4** 〔文法〕語形[格]変化する.
——名 (複 ~s /-z/) C (正式) [通例 a ~ / the ~] **1** 衰え, 衰微; 退歩; 堕落 ‖
the decline of the Roman Empire ローマ帝国の衰退.
**2** (物価などの)下落, 減退 ‖
a decline in population 人口の減少.
**on the decline** 衰えて, 下り坂で.

**de·clin·ing** /dikláiniŋ ディクライニング/ 動 → decline.

**de·code** /dìːkóud ディーコウド/ 動 (現分 ··cod·ing) 〈符号[コード]化された通信文・データなどを〉復号化にする, (もとに戻して)解読する(↔ encode).

**de·com·pose** /dìːkəmpóuz ディーコンポウズ/ 動 (現分 ··pos·ing) 他 **1** 〈光線・光などを〉分解[分析]する. **2** …を腐敗させる《♦rot の遠回し語》. ——自 **1** 分解[分析]する. **2** 腐敗する

**de·com·po·si·tion** /dìːkɑmpəzí∫ən ディーカンポズィション/ |-kɔm-| 名 U (正式) **1** 分解[分析](過程). **2** 腐敗; 変質.

**dé·cor, de·cor** /deikɔ́ːr デイコー, =/ 〖フランス〗名 U C **1** (正式) (部屋などの)装飾; 飾りつけ. **2** 舞台装置.

\***dec·o·rate** /dékərèit デカレイト/ 《アクセント注意》 《×デカレイト》〖〘装飾(decor)をつける(ate). cf. decent〗
⑱ decoration (名)
——動 (三単現 ~s /-rèits/; 過去・過分 ··rat·ed /-id/; 現分 ··rat·ing)
——他 **1** …を飾る, 装飾する(→ adorn) ‖
We decorated a Christmas tree with shining tinsels. ぴかぴか光る小物でクリスマスツリーを飾った.
The streets were decorated with flags. 通りは旗で飾られていた.
**2** 〈家・部屋など〉にペンキを塗る, 壁紙をはる.
**3** (正式) 〈人〉に勲章を授ける.

**dec·o·rat·ing** /dékərèitiŋ デカレイティング/ 動 → decorate.

**dec·o·ra·tion** /dèkəréi∫ən デカレイション/ 名 **1** U 装飾, 飾る[飾られること] ‖
the decoration of the dining room with flowers 花による食堂の飾りつけ.

**2** C [しばしば ~s] 装飾物, 飾りつけ ‖ Christmas decorations クリスマスの飾りつけ. **3** C 勲章, メダル.
**Décoràtion Dày** 《米》=Memorial Day.

**dec·o·ra·tive** /dékərətiv ﾃﾞｶﾗﾃｨｳﾞ, 《米+》-ərèi-/ 形 装飾的な, 装飾用の ‖ a decorative design 装飾図案.

**dec·o·ra·tor** /dékərèitər ﾃﾞｶﾚｲﾀ/ 名 **1** 装飾する人, 装飾者. **2** 室内装飾家[業者].

**de·co·rum** /dikɔ́:rəm ﾃﾞｨｺｰﾗﾑ/ 名 U 《正式》礼儀正しい行動, 上品さ; [~s] 礼儀作法, 礼節.

**de·coy** 動 dikɔ́i ﾃﾞｨｺｲ/ 名 dí:kɔi ﾃﾞｨｰｺｲ, -ꞌ-/ 動 他 《正式》**1** 〈人·野鳥·動物などを〉(おとりを使って)おびき寄せる. **2** 〈人〉をそそのかす, 誘惑する. ── 名 U **1** (鳥をおびき寄せるために用いる)人工の鳥;おとり用の鳥[動物]. **2** おとり.

*__de·crease__ /動 di:krí:s ﾃﾞｨｰｸﾘｰｽ, di-, dí:kri:s ﾃﾞｨｰｸﾘｰｽ; 名 dí:kri:s ﾃﾞｨｰｸﾘｰｽ, dìkrí:s/ 『下へ(de)増える(crease). cf. *decline*』
── 動 (三単現) --creas·es /-iz/; (過去·過分) ~d /-t/; (現分) --creas·ing

| 自と他の関係 | |
|---|---|
| 自 A decrease | A〈数·人口など〉が減少する |
| 他 decrease A | Aを減少させる |

── 自 〈数·人口などが〉**減少する, 減る**(↔ *increase*) ‖
Water consumption **decreased** during the winter. 冬の間水の消費量は減った.
A valuable object **decreases** in value if it is damaged. 貴重品は傷がつくと価値が下がる.
── 他 …を減少させる, 減らす ‖
**decrease** crime 犯罪を減らす.
── 名 /-ꞌ-, -ꞌ-/ --creas·es/-iz/) **1** UC [しばしば a ~] 減少, 縮小 ‖
a **decrease** in unemployment 失業率の減少.
the **decrease** in the bank rate 公定歩合引き下げ. **2** C 減少量[額] ‖
a **decrease** in sales of 25% 25%の売上げ減少額.
**òn the decréase** 次第に減少して.

**de·cree** /dikrí: ﾃﾞｨｸﾘｰ/ 名 **1** CU 法令, 制令. **2** C 《主に米》《法律》(裁判所の)判決, 裁定, 命令. ── 動 他 …を(法令で)命ずる; [decree (that) 節] …であると定める, 《主に米》であると判決を下す.

**de·crep·it** /dikrépət ﾃﾞｨｸﾚﾋﾟﾄ/ 形 よぼよぼの, 老朽化した.

**de·cry** /dikrái ﾃﾞｨｸﾗｲ/ 動 (三単現) **de·cries** /-z/; (過去·過分) **de·cried**/-d/) 他 《正式》…を公然と非難する.

**ded·i·cate** /dédikèit ﾃﾞﾃﾞｨｹｲﾄ/ 動 (現分) --cat·ing) 他 **1** 《正式》**a** 〈時間·精力など〉をささげる (give up) ‖
I've decided to **dedicate** my life to this work. 私はこの仕事に一生を捧げることにした.
**b** [dedicate oneself to A / be dedicated to A] …に専念する, 打ち込む (devote) ‖
The teacher **dedicated** herself to teaching English. その教師は英語教育に専念した. **2** 《正式》〈教会堂など〉を奉献する, ささげる. **3** 《敬意·感謝·愛情などの印として》〈著書·詩など〉を献呈する ‖
**Dedicated to** my wife 妻にささぐ《◆著書のとびらなどに印刷する献呈の言葉》.

**ded·i·cat·ed** /dédikèitid ﾃﾞﾃﾞｨｹｲﾃｨﾄﾞ/ 動 → dedicate. 形 **1** 〈人が〉ひたむきな, 献身的な, 打ち込んでいる. **2** 《コンピュータ》〈プログラムなどが〉専用の.

**ded·i·ca·tion** /dèdikéiʃən ﾃﾞﾃﾞｨｹｲｼｮﾝ/ 名 **1** U 《正式》献身, 専念. **2** U 奉納; C 献納式, 《米》開所式. **3** U 〈著書などの〉献呈; C 献呈の辞.

**de·duce** /didjú:s ﾃﾞｨﾃﾞｭｰｽ (ﾃﾞｨﾃﾞｭｰｽ)/ 動 (現分) --duc·ing) 《正式》〈結論〉に達する; 〈結論など〉を推定する, 演繹する.

**de·duct** /didʌ́kt ﾃﾞｨﾀﾞｸﾄ/ 動 他 《正式》〈一定の金額·一部分など〉を差し引く, 控除する.

**de·duc·tion** /didʌ́kʃən ﾃﾞｨﾀﾞｸｼｮﾝ/ 名 《正式》**1** U 差し引き; C 差し引き高. **2** U 《論理》演繹法. **3** UC 推論; C その結果.

**de·duc·tive** /didʌ́ktiv ﾃﾞｨﾀﾞｸﾃｨｳﾞ/ 形 推論的な; 《論理》演繹的な (↔ *inductive*).

**deed** /dí:d ﾃﾞｨｰﾄﾞ/ 名 C **1** 《正式》行為, 行動 (*act*) ‖
do a good **deed** りっぱな行為をする.
one's good **deed** for the day 日々の善行, 一日一善《ボーイスカウトなどの標語》.
**2** (特に言葉に対して)実行, 行動 ‖
**Deeds** are better than words. 《ことわざ》 実行は言葉にまさる.
**3** 《法律》《正式》の)捺(ﾅﾂ)印証書; 不動産譲渡証書.

**deem** /dí:m ﾃﾞｨｰﾑ/ 動 他 《正式》[deem A (as [to be]) C / deem (that) 節] A〈物·事〉を C だと考える, …だと思う (*consider*) ‖
He **deemed** it his duty [deemed that it was his duty] to carry out the order. その命令を遂行することが自分の義務だと彼は思っていた.

*__deep__ /dí:p ﾃﾞｨｰﾌﾟ/
㊅ deepen (動), deeply (副), depth (名)
→ 形 **1** 深い **2** 深さが…の **4** 難解な 副 **1** 深く
── 形 (比較) ~·er, (最上) ~·est) **1** (上部から下方へ, または表面から内部へ)**深い**(↔ *shallow*); 奥行きの深い (*dense* 表現 (1)) ‖
the **deepest** lake in Japan 日本でいちばん深い湖.
walk in **deep** snow 深い雪の中を歩く.
He had a **deep** cut in his arm. 彼は腕に深い切り傷を負った.
My bookcase is **deep** enough to take large dictionaries. 私の本箱は大きな辞書が入る奥行きがある.
**2** [通例深さの程度を示す語を前に置いて] 深さが…の; 奥行きが…の; …列に並んだ ‖

**deepen**

The pond is nine feet **deep**. その池は9フィートの深さである(=The pond has a **depth** of 9 feet. / The pond is 9 feet in **depth**.).
The snow was knee **deep**. 雪はひざまでの深さがあった.
Cars were parked four **deep**. 車は4列に駐車してあった.

**3** 〈呼吸・ため息などが〉深い, 下の方から出る ‖
take a **deep** breath 深呼吸をする.
give a **deep** sigh of relief ほっとして深いため息をつく.

**4** 難解な, 難しい(difficult) ‖
Ethics is too **deep** for me. 倫理学は私には難しくてわからない.

**5** 深遠な, 鋭い, 洞察力のある ‖
a **deep** thinker 考え深い人.

**6** 強度の, 極端な; 痛切な, 心からの; 変えにくい ‖
a **deep** sleep 深い眠り.
**deep** love 強い愛情.

**7** [補語として] 没頭している ‖
She was **deep** in thought about her job. 彼女は仕事のことで頭がいっぱいだった.

**8** 〈色が〉濃い; 〈声などが〉低くて張りのある, 太い.

*ánkle* [*knée*, *wáist*] *déep in* A [形] [副] A 〈泥・水などに〉足首[ひざ, 腰]までつかった[て].

—— [副] **1** 深く; 過度に(→ deeply **1**) ‖
go **deep** into the cave 洞穴の奥深くへ入る.
breathe **deep** 深呼吸をする.

**2** [時間を表す前置詞句または他の副詞と共に] 遅く(まで), ずっと先まで ‖
She studied **deep** into the night. 彼女は夜遅くまで勉強した.

*déep dówn* (1) 下深く. (2) 《略式》心の底では, 気持ち[良心]としては.

*Déep Sóuth* [しばしば d〜] [the 〜] 深南部《米国で最も南部色の濃い South Carolina, Georgia, Alabama, Mississippi, Louisiana の5州》.

**déep·ness** [名] ⓊⓌ 深さ; 深遠さ.

**deep·en** /díːpn ディープン/ [動] ⦿ **1** …を(一層)深くする. **2** 〈印象・知識などを〉深める. **3** 〈色を〉濃くする; 〈音などを〉低くする. —— ⦿ **1** (一層)深くなる. **2** 〈やみなどが〉深まる, 〈音などが〉低くなる, 〈心配などが〉増す. **3** 〈色が〉濃くなる.

**deep-freeze** /díːpfríːz ディープフリーズ/ [動] (過去) -froze または 〜d, (過分) -fro·zen または 〜d; (現分) -freez·ing) …を急速冷凍する. —— [名] **1** [D〜] Ⓒ (商標) 急速冷凍庫(freezer). **2** Ⓤ (略式) 急速冷凍.

**deep·ly** /díːpli ディープリ/ [副] **1** 深く ‖
Dig the hole deeply 穴を深く掘れ.
**2** (正式) [感情を表す動詞と共に] 深く, 非常に ‖
He is **deeply** disappointed. 彼はひどく失望している.

**deep-root·ed** /díːprúːtid ディープルーティド/ [形] 〈習慣・偏見などが〉根深い.

**deep-sea** /díːpsíː ディープスィー/ [形] 深海の, 遠洋の.

**deep-seat·ed** /díːpsíːtid ディープスィーティド/ [形] (正式) 〈病気・信念・感情などが〉根深い.

*deer /díər ディア/ (同音 dear; 類音 dare /déər/) [「けだもの(beast)」が原義]
—— [名] (複 deer) Ⓒ シカ
a herd of **deer** シカの群れ.

[関連] 雄ジカは hart, (red deer では) stag, (fallow deer では) buck / 雌ジカ (red deer では) hind, (fallow deer では) doe / 子ジカは fawn.

**de·face** /diféis ディフェイス/ [動] (現分) --fac·ing) ⦿ (正式) …の外観を損なう.

**def·a·ma·tion** /dèfəméiʃən デファメイション/ [名] Ⓤ (正式) 悪口, 中傷; [法律] 名誉毀損(きそん).

**de·fam·a·to·ry** /difémətɔ̀ːri ディファマトーリ, -təri -タリ/ [形] (正式) 中傷的な, 名誉毀損(きそん)の.

**de·fame** /diféim ディフェイム/ [動] (現分) --fam·ing) ⦿ …を中傷する.

**de·fault** /difɔ́ːlt ディフォールト/ [名] Ⓤ **1** 〔主に法律〕不履行, 怠慢; 債務不履行; (法廷への)欠席. **2** 〔競技〕 欠場, 棄権, 試合放棄. —— [動] (正式) ⦾ **1** 履行しない. **2** 〔法律〕(裁判に)欠席する; 〔競技〕欠場[棄権]する, 不戦敗になる. **3** 〔コンピュータ〕初期値, デフォルト(値)《あらかじめ設定され, ユーザーが特に変更を加えない値》. —— ⦿ 〈債務などを〉履行しない, 怠る.

*de·feat /difíːt ディフィート/ [『遅ざせて(de)しまう(feat). cf. de*fect*, *feat*』]
—— [動] (三単現) 〜s/-fíːts/; (過去・過分) 〜·ed /-id/; (現分) 〜·ing) ⦿ **1** 〈敵・相手などを〉破る, 負かす ‖
**defeat** one's opponent in tennis テニスで相手を負かす.
**2** 〈計画・希望などを〉くつがえす, くじく ‖
**defeat** his hopes 彼の希望をくじく.
—— [名] ⓊⒸ **1** 敗北, 負け (↔ victory) ‖
suffer **defeat** 負ける.
**2** 打破; 打倒, 征服.
**3** (計画などの)挫折(ざせつ), 失敗.

**de·fect** /[名] díːfekt ディーフェクト, [動] difékt ディフェクト/ [名] Ⓒ **1** 欠点, 欠陥(fault); 短所, 弱点, きず《◆ 宝石などのきずは flaw》‖
**defects** in an educational system 教育制度の欠陥.
**2** 不足, 欠乏, 欠如 ‖
a speech **defect** 言語障害.
*in défect of* A …がない場合で; …がないので.
—— [動] ⦾ 離反する; 逃亡する, 変節する.

**de·fec·tion** /difékʃən ディフェクション/ [名] Ⓒ (正式) 離脱, 変節.

**de·fec·tive** /diféktiv ディフェクティヴ/ [形] 欠点のある, 欠陥のある, 不完全な.

*de·fence /diféns ディフェンス/ [名] 《英》=defense.

*de·fend /difénd ディフェンド/ [『打って(fend)遠ざける(de). cf. offend』] ⦿ defense (名)

—動 (三単現) ~s /-féndz/; (過去・分) ~ed /-id/; (現分) ~ing)
—他 1 …を防御する, 守る(↔ attack) ‖
defend one's country against enemies 敵から国を守る.
defend him from harm 危害から彼を守る.
2 …を擁護する, 支持する ‖
defend one's rights 権利を擁護する.
3 〔法律〕…を弁護する.
—自 防御する, 弁護する(↔ accuse).

**de·fen·dant** /diféndənt ディフェンダント/ 〔法律〕名CC形 被告(人)(の) (↔ plaintiff).

**de·fend·er** /diféndər ディフェンダー/ 名C 1 防御[擁護, 弁護]者. 2 〔競技〕選手権保持者(↔ challenger); 〔スポーツ〕(サッカーなどの)守備[ディフェンス]の選手, ディフェンダー.

\***de·fense**, (英) -fence /diféns ディフェンス/ [⇒ defend]
—名 (複 -fens·es/-iz/) 1 UC 防御, 守り, 防衛, 守備(↔ offense) (◆offense と対照させるときに(米)では/difens/に合わせてしばしば/dí:fens/と発音する. → 第2例).
for the defense of [in (the) defense of] one's country 国を守るために.
The best défense is a good óffense. 攻撃は最大の防御.
2 UC 〔法律〕(通例 a ~ / the ~)(被告側の)弁護, 抗弁; [the ~; 単数・複数扱い] 弁護人[団]; (米) 被告(人)側(↔ prosecution) ‖
She made an eloquent defense. 彼女は言葉たくみに弁護した.
3 C 防御物, 防御施設[手段]; [~s] とりで, 要塞(さい). 4 U (言論・文書による)弁明, 支持. 5 U〔競技〕ディフェンス; C [単数・複数扱い] 守備の選手[チーム].

**de·fense·less** /difénsləs ディフェンスレス/ 形 1 防備のない. 2 防御できない; 無力な.

**de·fen·si·ble** /difénsəbl ディフェンスィブル/ 形 (正式) 1 防御[弁護]できる. 2 正当と認められる.

**de·fen·si·bly** /difénsəbli ディフェンスィブリ/ 副 防御して.

**de·fen·sive** /difénsiv ディフェンスィヴ/ 形 (正式) 1 防御の, 防御用の. 2 守勢の, 受身の.
—名 [the ~] 防御手段[策]; 守勢 ‖
be [stánd, áct] on the defénsive 守勢をとる.

**de·fén·sive·ly** 副 防御的に; 受身的に.

**de·fer**[1] /difə́:r ディファー/ (類音 differ/dífər/) 動 (過去・分) -ferred/-d/; (現分) -fer·ring) 他 (正式) …を延期する(put off).

**de·fer**[2] /difə́:r ディファー/ 動 (過去・分) -ferred/-d/; (現分) -fer·ring) 自 (正式) 従う, 譲る.

**def·er·ence** /défərəns デファレンス/ (類音 difference/dífərəns/) 名 U (正式) 1 服従.
2 尊敬, 敬意 ‖
shów [páy] déference to a judge 裁判官に敬意を示す.
in [out of] déference to A 〈人・人の希望など〉に従って, …を尊重して, …に敬意を表して.

**de·fi·ance** /difáiəns ディファイアンス/ 名 U (正式) 1 挑戦的な態度, 公然たる反抗; 挑戦. 2 無視, 冷淡; 軽蔑(っ).
in defíance of A 〈命令・法など〉をものともせず, 無視して.

**de·fi·ant** /difáiənt ディファイアント/ 形 (正式) 挑戦的な, 反抗的な.

**de·fi·ant·ly** /difáiəntli ディファイアントリ/ 副 挑戦的に, 反抗的に.

**de·fi·cien·cy** /difíʃənsi ディフィシェンスィ/ 名 (複 -cien·cies/-z/) UC (正式) 1 不足, 欠乏; 欠陥, 不完全 ‖
(a) vitamin deficiency =a deficiency of vitamins ビタミン不足.
2 不足分, 不足量[額].

**de·fi·cient** /difíʃənt ディフィシェント/ 形 (正式) 1 欠けている, 不足している(lacking) ‖
He is deficient in courage. 彼は勇気がない.
2 不完全な, 欠点のある.

**de·fí·cient·ly** 副 不足して.

**def·i·cit** /défəsit デフィスィト, (英+) dífi-/ 名 C (正式) 〔商業〕不足(額), 赤字.

**déficit-fináncing bònd** /défəsitfənǽnsiŋ-/ デフィスィトフィナンスィング/ 赤字国債.

**de·file** /difáil ディファイル/ 動 (現分) -fil·ing) (正式) 1 …を汚す. 2 …を冒瀆(とく)する. 3 〈名声などを〉汚(けが)す, 〈人の〉名誉を汚す.

\***de·fine** /difáin ディファイン/ 〔「範囲を定める」が本義. cf. confine〕
派 definite (形), definition (名)
—動 (三単現) ~s/-z/; (過去・分) ~d/-d/; (現分) -fin·ing)
—他 1a 〈語・句など〉を定義する, …の意味を明確にする ‖
Each scientific term must be carefully defined. 科学用語はどれも注意深く定義しなければならない.
b [define A as C] A〈人・物・事〉を C と定義する ‖
対話 "What's the meaning of this word?" "Well … It's difficult to define." 「この単語の意味は何ですか」「うーん, 定義するのが難しいね」.
2 (正式) 〈範囲・境界など〉を限定する, 定める ‖
rivers that define a country's borders 国境となる川.
3 (正式) …を明らかにする ‖
define one's position 自分の立場を明確にする.

**de·fin·ing** /difáiniŋ ディファイニング/ 動 → define.

**def·i·nite** /défənət デフィニト/ 形 1 一定の, (はっきりと)限定された ‖
definite standards 一定の標準.
2 明確な, 正確な ‖
a definite answer はっきりした答え.
3 [A is definite about B] 〈人が〉 B を確信している ‖
Mary was very definite about having seen him before. メリーには前に彼に会ったこと

**definite árticle** 〔文法〕[the ~] 定冠詞〈the〉.
**def·i·nite·ly** /défənətli デフィニトリ/ 副 **1** 明確に, はっきりと.
**2** (略式) 確かに, そのとおり; [否定文で] 決して, 絶対に ‖
Définitely nòt! (↘) 絶対そうではありません!
対話 "Are you coming?" "Definitely!" 「来る?」「ええ, もちろん」.

*def·i·ni·tion /dèfəníʃən デフィニション/ 〖→ define〗
──名 (複 ~s/-z/) **1** ⓒ (語・句などの)**定義**, 記述; ⓤⓒ 定義すること, 定義づけ ‖
give a definition of a word 語の定義をする.
**2** ⓤ (正式) (境界・範囲などの)限定, (輪郭・目的などの)明確化.
**3** ⓤ〔光学〕(レンズの)解像力.
*by definition* 定義上; 当然(のこととして), 明らかに.

**de·fin·i·tive** /difínətiv ディフィニティヴ/ 形 (正式) 決定的な; 最終的な ‖
a definitive version 決定版.

**de·flate** /difléit ディフレイト/ 動 (現分) ‑‑flat·ing) 他 (正式) (経済) 〈膨張した価格・通貨など〉を収縮させる, 引き下げる, 〈国の経済〉をデフレにする(↔ inflate). ──自 (は) 収縮する.

**de·fla·tion** /difléiʃən ディフレイション/ 名 ⓤⓒ〔経済〕通貨収縮, 物価下落, デフレ(↔ inflation).

**de·flect** /diflékt ディフレクト/ 動 (正式) 他 …をそらす. ──自 それる.

**de·flec·tion**, (英ではまれに) **‑‑flex·ion** /diflékʃən ディフレクション/ 名 ⓤⓒ (正式) **1** それ, ゆがみ, 片寄り. **2** (計器などの)ふれ, 偏差.

**De·foe** /difóu ディフォウ/ 名 デフォー 《Daniel ~ 1660?-1731; 英国の小説家. *Robinson Crusoe* の作者》.

**de·for·es·ta·tion** /di:fɔ̀(:)ristéiʃən ディーフォ(ー)リステイション/ 名 ⓤ 森林破壊.

**de·form** /difɔ́ːrm ディフォーム/ 動 他 (正式) …を変形させる, …を醜くする.

**de·for·ma·tion** /dì:fɔ:rméiʃən ディーフォーメイション/ 名 ⓤ 外観を損なうこと, 醜化.

**de·formed** /difɔ́ːrmd ディフォームド/ 動 → deform. ──形 形のくずれた, 醜い.

**de·form·i·ty** /difɔ́ːrməti ディフォーミティ/ 名 (複 ‑‑ties/-z/) ⓤⓒ (正式) 変形, 奇形.

**de·fraud** /difrɔ́ːd ディフロード/ (発音注意) ◆×ディフラウド 動 他 (正式) 〈人〉からだまし取る ‖
defraud him of his property 彼から財産を巻き上げる.

**de·frost** /di:frɔ́(:)st ディーフロ(ー)スト/ 動 他 **1** (米) 〈(冷蔵庫・自動車のフロントガラスなどの)霜・氷・曇り〉を取る. **2** 〈冷凍食品など〉を解凍する. ──自 **1** (米) 〈霜・氷・曇り〉が取れる. **2** 解凍する.

**de·frost·er** /di:frɔ́(:)stər ディーフロ(ー)スタ/ 名 ⓒ 霜取り装置, デフロスター.

**deft** /déft デフト/ 形 (正式) 〈手先・人などが〉器用な, 巧みな; 〈行動などが〉すばやい.

**deft·ly** /déftli デフトリ/ 副 器用に, 上手に; すばやく.

**de·funct** /difʌ́ŋkt ディファンクト/ 形 (正式) 〔法律〕消滅した, 現存しない.

**de·fuse** /di:fjú:z ディーフューズ/ 動 (現分) ‑‑fus·ing) 他 **1** 〈爆弾など〉から信管を取り除く. **2** 〈危険・緊張など〉を静める, やわらげる.

**de·fy** /difái ディファイ/ 動 (三単現 de·fies/-z/; 過去・過分 de·fied/-d/) 他 (正式) **1** …を無視する; …に(公然と)反抗する ‖
defy the law 法律を無視する.
**2** (正式) 〈物事が〉〈解決・理解など〉を拒む, 許さない, 受け入れない《◆ 受身・命令形にしない》‖
His strange behavior **defies** understanding. 彼の奇妙な行動は理解できない.
**3** [defy A to do] A〈人〉に(…してみよと)いどむ ‖
I **defy** you **to** prove this. さあ, これを証明できるならしてみなさい.

**de Gaulle** /də gɔ́:l ドゥ ゴール, -gɔ́:l | -góul ゴウル/ 名 ドゴール《Charles /ʃɑ́ːrl/ (André Joseph Marie) ~ 1890-1970; フランスの将軍・政治家. 大統領 (1959-69)》.

**de·gen·er·ate** 動 didʒénərèit ディチェナレイト/ 形 ‑ərət ディチェナラト/ (正式) 動 (現分) ‑‑at·ing) 自 退化する, 堕落する. ──形 **1** 退化した; 堕落した. **2** 〔生物〕退化した. ──名 ⓒ 堕落者; 退化した動物[植物].

**de·gen·er·a·tion** /didʒènəréiʃən ディチェナレイション/ 名 ⓤ (正式) 退化, 退歩.

**deg·ra·da·tion** /dègrədéiʃən デグラデイション/ 名 ⓤⓒ (正式) **1** (地位の)格下げ, 免職. **2** (品格などの)低下.

**de·grade** /digréid ディグレイド/ 動 (現分) ‑‑grad·ing) 他 **1** 〈人〉の地位を下げる. **2** 〈人など〉の品位を下げる. ──自 **1** 堕落する, 品位を落とす.

**de·grad·ing** /digréidiŋ ディグレイディング/ 動 → degrade. ──形 品位を下げるような.

*de·gree /digrí: ディグリー/ 〖『下への(de)一歩 (gree). cf. *degr*ade〗

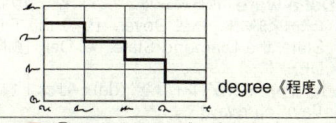

degree 〈程度〉

──名 (複 ~s/-z/) **1** ⓒⓤ (正式) 程度, 度合(extent) ‖
That's simply a matter of **degree**. それは単に程度の問題だ.
a high **degree** of sophistication 高度の教養.
**2** ⓒ (経度・緯度・温度計などの)度 ‖
Water freezes at 32° Fahrenheit. 水は華氏32度で凍る《◆ 32° は thirty-two *degrees* と読む. 0° は zero *degrees* と読む》.
90 **degrees** longitude 経度90度.
**3** ⓒ〔教育〕学位, 称号 ‖
a BA **degree** 文学士の学位《◆ 米国では Associate (準学士), Bachelor (学士), Master (修士), Doctor (博士)の4種類がある》.

take the [one's] degree 学位を取る.
**4** Ⓤ 〖古〗(社会的・職務上の)階級, 地位, 身分 (rank) ‖

a man of high degree 身分の高い人.
**5** Ⓤ 〖文法〗(形容詞・副詞の)級 ‖
the positive degree 原級.
the comparative [superlative] degree 比較 [最上]級.
**6** Ⓒ 〖幾何〗(角度の単位の)度; 〖数学〗(方程式・多項式の)次, 次数 ‖

an angle of 90° 90度の角, 直角.
**7** Ⓒ 〖音楽〗(音階上の)度.
*by degrées* 次第に, 徐々に(gradually).
*in sóme degrée* いくぶん, 多少.
*nót ... in the slíghtest* [*léast, smállest*] *degrée* 少しも…ない(not at all).
*to a degrée* (1) 〖略式〗大いに, とても(to a great degree). (2) 〖古〗ちょっと, いくぶん, 多少《◆この意味では to some degree がふつう》.
*to the lást* [*híghest*] *degrée* 極度に.

**deign** /déin ディン/ 〖動〗〖自〗〖正式〗[deign to do]
**1**〈目上の人が〉もったいなくも…してくださる ‖
The queen deigned to shake hands with him. 女王は恐れ多くも彼と握手してくださった.
**2** [通例否定文で] 身を落として…する ‖
She would not deign to consider such an offer. 彼女はそんな申し出は考えてもくれないだろう.

**de·i·ty** /díːəti ディーイティ | déiə- デイア-/ 〖名〗(複 ~·i·ties/-z/) 〖正式〗⑴ Ⓒ 神; Ⓤ 神性.

**dé·jà vu** /déiʒɑː vjúː デイジャー ヴュー/ 〖フランス〗〖名〗Ⓤ 〖心理〗既視感《初めての経験なのに、かつて経験したという感じがするような錯覚. 記憶錯誤の一種》.

**de·ject·ed** /didʒéktid ディチェクティド/ 〖形〗《失敗などで》意気消沈した, 落胆した《◆ disappointed より堅い語》. **de·jéct·ed·ly** 〖副〗意気消沈して.

**de·jec·tion** /didʒékʃən ディチェクション/ 〖名〗Ⓤ 〖正式〗落胆, 意気消沈 (disappointment), 憂うつ.

**Del·a·ware** /déləwèər デラウェア/ 〖名〗デラウェア《米国東部の州. 州都 Dover. 〖愛称〗 the First State, the Diamond State. 〖略〗Del., 〖郵便〗DE》.

\***de·lay** /diléi ディレイ/ 〖全く(de)のままにしておく(lay). cf. re*lay*〗
── 〖動〗 (三単現) ~s/-z/; 〖過去・過分〗 ~ed/-d/; 〖現分〗 ~·ing
── 〖他〗 **1 a** …を延期する, 延ばす《◆ put off より堅い語》‖
delay our trip for a week 旅行を1週間延ばす.
**b** [delay doing] …することを延期する ‖
Why have you delayed seeing the dentist? 歯医者に行くのをどうして遅らせているのか.
**2** 〈事が〉〈人・物・事を〉遅らせる, 遅延(ホェッ)させる ‖
The storm delayed the bus. あらしでバスが遅れた.
We were delayed by the heavy traffic. 交通渋滞に巻き込まれて遅れた.
〖対話〗 "We've been waiting for you for two

hours." "We had an accident. That's why we're delayed." 「もう2時間も君を待っていたんだよ」「事故にあってしまって, それで遅れたのです」.
── 〖自〗 ぐずぐずする, 手間どる ‖
Don't delay on this errand. 使いの途中道草をくうな.
You must not delay in paying off your debt. 借金は速やかに返さなければいけない《◆ You must not delay paying off your debt. のように他動詞用法がふつう》.
── 〖名〗(複 ~s/-z/) **1** Ⓤ 延期; 遅延; ぐずぐずすること ‖
the delay caused by a derailment 脱線による遅れ.
Was there any delay in the flight? その(飛行機の)便は遅れましたか.
Do it without delay. さっさとそれをしなさい.
**2** Ⓒ 遅れ, 遅延時間 ‖
The bus had (a) 10 minutes' delay. = The bus had a delay of 10 minutes. バスは10分遅れた.

**de·lec·ta·ble** /diléktəbl ディレクタブル/ 〖形〗〖正式〗快い, 楽しい.

**del·e·gate** 〖名〗déligət デリガト, -gèit; 〖動〗-gèit デリゲイト/ 〖名〗Ⓒ 代表, 使節; 代理人《◆「代表団」は delegation》‖
Delegates have been sent by three countries. 代表者たちが3か国から派遣された.
── 〖動〗(現分) ··gat·ing 〖他〗 **1** …を代表として派遣する ‖
She was delegated to attend the convention. 彼女は会議に派遣された.
**2** 〈権限・任務・責任などを〉委任する, 委任する ‖
delegate rights to a deputy 代理者に権利を委任する.

**del·e·ga·tion** /dèligéiʃən デリゲイション/ 〖名〗 **1** Ⓤ 代表派遣. **2** Ⓤ 委任. **3** Ⓒ 〖正式〗[集合名詞] 代表団.

**de·lete** /dilíːt ディリート/ 〖動〗(現分) ··let·ing 〖他〗 **1** 〖正式〗〈文字などを〉削除する, 消す (erase). **2** 〖コンピュータ〗〈データ・ファイルなどを〉削除する.

**Del·hi** /déli デリ/ 〖名〗デリー《インド北部の都市. もとインドの首都. 現在の首都 New Delhi に対し, Old Delhi ともいう》.

**de·lib·er·ate** 〖形〗dilíbərət ディリバレット; 〖動〗-èit ディリバレイト/ (アクセント注意) 〖形〗 **1** 慎重な, 思慮のある; 用心深い《◆ careful より堅い語》(↔ random) ‖
a deliberate choice 慎重な選択.
**2** 故意の, 計画的な, 意図的な《◆ intentional より口語的》; よく考えた, 熟考した(↔ spontaneous) ‖
a deliberate insult 故意の侮辱.
**3** 〈動作などが〉落ち着いた, ゆっくりした《◆ slow より堅い語》‖
deliberate steps 落ち着いた歩調.
── 〖動〗(現分) ··at·ing 〖正式〗〖他〗 **1** …を熟慮する,

熟考[審議, 考察]する(consider) ‖
**deliberate** a difficult matter 困難な問題を熟慮する.

**2** [deliberate wh 節・句 / deliberate whether 節・句] …か(どうか)を熟考する ‖
We were **deliberating whether** to go or not. 行ってよいかどうか思案していた.

―⦿ **1** 熟慮[熟考]する(consider) ‖
She is **deliberating upon** [**about**] the problems of education. 彼女は教育問題について熟慮している.

**2**〈委員会などが〉審議する(discuss).

**de·lib·er·ate·ly** /dilíbərətli ディリバラトリ/ 副[正式]**1** 慎重に, ゆっくりと ‖
speak quietly and **deliberately** 落ち着いて慎重に話す.

**2** 故意に, わざと(intentionally), 意識的に, 計画的に.

**de·lib·er·a·tion** /dilìbəréiʃən ディリバレイション/ 名[正式] **1** Ⓤ 熟考, 熟慮, 思案 ‖
after long **deliberation** 熟考の末.

**2** ⓒⓊ [しばしば ~s] (正式の)審議, 討議, 協議(debate) ‖
the **deliberations** of Congress 国会の審議.

**3** Ⓤ 慎重さ; 緩慢(かんまん)さ ‖
speak with **deliberation** 慎重に話す.

**del·i·ca·cy** /délikəsi デリカシィ/《アクセント注意》《◆×デリカシイ》名(優《容姿・形状などの》優美さ, 優雅さ, 上品さ(↔ indelicacy).

**2** Ⓤ (感覚・感情・趣味などの)繊細さ, 敏感さ.

**3** Ⓤ (計器などの)精巧さ, 正確さ.

**4** Ⓤ (問題などの)微妙さ, 扱いにくさ, 細心の注意[こつ]を要すること.

**5** Ⓤ (他人の感情への)思いやり, 心づかい; 慎み深さ, たしなみの良さ.

**6** Ⓤ (身体の)か弱さ, 虚弱, きゃしゃ; もろさ.

**7** ⓒ おいしいもの, 美味, 珍味.

***del·i·cate** /délikət デリカト/《発音注意》《◆×デリケイト》『すっかり(de)とりこにする(licate)』

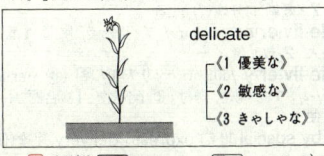

delicate
〈1 優美な〉
〈2 敏感な〉
〈3 きゃしゃな〉

―形 (通例 [比較] more ~, [最上] most ~) **1**〈容姿・形状などが〉**優美な**, 上品な;〈感覚などが〉**繊細な**, きめの細かい(類 dainty) ‖
a **delicate** figure 優美な姿.
**delicate** skin きめの細かい肌.

**2**〈機械などが〉**精巧な**, 精密な;〈計器などが〉**敏感な**, 鋭敏な ‖
a **delicate** instrument 精巧な器械.
a **delicate** sense of touch 敏感な触覚.

**3**〈身体が〉弱い, 虚弱な, きゃしゃな;〈物が〉壊れやすい ‖
a **delicate** child 虚弱な子供.

be in **delicate** health 病弱である.

**4**〈色などが〉柔らかい, ほのかな, 薄い ‖
a **delicate** fragrance ほのかな香り.

**5**〈問題などが〉扱いにくい, 細心の注意[こつ]を要する;〈人が〉慎重な, 手ぎわのよい; 微妙な ‖
a **delicate** affair 扱いにくい問題.
a **delicate** position 微妙な立場.

**6** 思いやりのある, よく気のつく; 慎み深い(↔ indelicate) ‖
a **delicate** speech 思いやりのある言葉.

**7**〈食べ物などが〉おいしい, あっさりしている.

**del·i·cate·ly** /délikətli デリカトリ/ 副 **1** 優美に; 繊細に. **2** 微妙に; 精巧に. **3** 上品に.

**del·i·ca·tes·sen** /dèlikətésn デリカテスン/ 名 **1** ⓒ デリカテッセン, 調製食品店《ハム・チーズ・サラダ・かん詰め・サンドイッチなどの軽食を扱う》. **2** [集合名詞]調製食品《◆ふつう (米) 複数扱い, (英) 単数扱い》.

***de·li·cious** /dilíʃəs ディリシャス/《アクセント注意》《◆×デリシャス》『すっかり(de)とりこにされた(licious). cf. de*licate*』

―形 **1**〈食べ物などが〉**とてもおいしい**, うまい; 香りのよい. [語法] 何かを食べて「これはおいしい」は This tastes good. などと言う. 「おいしい」には good がよく使われる ‖
a **delicious** meal とてもおいしい食事.

[対話] "I hear that the custard pie is **delicious** here." "Yes. It's fantastic."「ここのカスタードパイはとてもうまいらしいね」「ええ, おいしいですよ」.

**2** とても気持ちのよい, 愉快な, 楽しい.

**de·li·cious·ly** /dilíʃəsli ディリシャスリ/ 副 **1** とてもおいしく; 香りよく. **2** 気持ちよく, 愉快に.

***de·light** /diláit ディライト/『すっかり(de)とりこにする(light)』派 delightful (形)

―名 **1** Ⓤ **大喜び**, 楽しみ(→ pleasure **1**) ‖
To his **gréat delíght** [**Múch to his delíght**], his plan succeeded. 彼がとても喜んだことには彼の計画は成功した(= He was greatly **delighted that** his plan had been successful.).

[対話] "How was the trip?" "**To my delight**, the weather was great, and I met some interesting people."「旅行はどうでしたか」「うれしいことに天気がすばらしく, 何人かおもしろい人にも会いました」.

**2** [a ~ / one's ~] 楽しみ[喜び]を与えるもの[人] ‖
Skiing is her chief **delight**. スキーは彼女のいちばんの楽しみです.

**tàke (a) delíght in** A = **féel delíght at** A …を喜ぶ, 楽しむ.

―動 ([三単現] ~s /-láits/; [過去・過分] ~ed /-id/; [現分] ~ing)

┌ 他 と ⦿ の 関係 ─────────┐
│ 他 **1** delight A  A〈人〉を大喜びさせる │
│ ⦿  A delight  Aが喜ぶ │
└──────────────────────┘

―他 **1**〈人〉を**大喜びさせる**, うれしくさせる, 楽しませ

る《◆please より強い意味になる》‖
The play **delighted** the children. その劇は子供たちを楽しませました(=The play was **delightful** to the children.).
**2 a** [be delighted with [at, by] **A**] …を喜ぶ‖
They **were** (very) much [(略式) very] **delighted at** the good news. 彼らはよい知らせを聞いてたいへん喜んだ.
**b** [be delighted to do] …してうれしい‖
I'd **be delíghted to** cóme to your party. パーティーには喜んで参ります《◆ていねいな表現》.
They **were** (very) much [(略式) very] **delíghted to** héar the good news. 彼らはよい知らせを聞いてたいへん喜んだ.
**c** [be delighted that 節] …であることを喜ぶ‖
I am **delighted that** you were successful. 君が成功してうれしい《◆ I am *delighted to* know of your success. がふつう》.
──自(正式) 楽しむ, 喜ぶ‖
He **delights in** teasing his younger sister. 彼はおもしろがって妹をからかう.

**de·light·ed** /diláitid ディライティド/ 動 → delight. ──形〈人が〉うれしくて, 喜んで;〈笑いなどが〉楽しそうな, 喜びに満ちた.

**de·light·ed·ly** /diláitidli ディライティドリ/ 副 喜んで, うれしくて.

\***de·light·ful** /diláitfl ディライトフル/ [→ delight]
──形 (他動詞的に)〈物・事・人が〉**人を愉快にさせる, 楽しい, 喜びを与える**‖
a **delightful** holiday 楽しい休日.
a **delightful** person 愉快な人.

> 語法 「私はうれしい」は I am **delighted** [×delightful]. She is *delightful*. は「彼女は人を楽しくさせる人だ」の意.

**de·light·ful·ly** /diláitfəli ディライトフリ/ 副 楽しく, うれしく, 愉快に.

**de·lin·quen·cy** /dilíŋkwənsi ディリンクウェンスィ/ 名 (正式)〔法律〕**1** U (職務などの) 怠慢, 不履行. **2** U 犯罪, 非行, 過失.

**de·lin·quent** /dilíŋkwənt ディリンクウェント/ 形 (正式)〔法律〕**1** 怠慢な, 義務を怠る. **2** 過失を犯した, 非行の. **3** (米) 滞納の.

**de·lir·i·ous** /dilíriəs ディリリアス/ 形 **1**〈高熱などで一時的に〉精神が錯乱した, うわごとを言う. **2** (喜びなどで) ひどく興奮した, 有頂天の.

**de·lir·i·um** /dilíriəm ディリリアム/ 名 (複 ~s, -i·a·riə/) CU (正式) **1** (高熱などでうわごとや幻覚を伴う)一時的精神錯乱. **2** [通例 a ~] ひどい興奮 (状態), 有頂天.

\***de·liv·er** /dilívər ディリヴァ/ 《(手元)から(de)自由にする(liver). cf. *liberate*》 派 delivery (名)
──(三単現) ~s/-z/;(過去・過分) ~ed/-d/;(現分) ~·ing/-əriŋ/)
──他 **1**〈手紙・品物などを〉**配達する**, 届ける;〈伝言

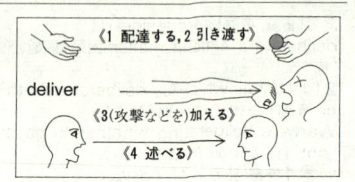

deliver 図: 《1 配達する, 2 引き渡す》《3 (攻撃などを)加える》《4 述べる》

などを〉人に伝える‖
**deliver** the message **to** him 彼に伝言を伝える.
Letters are **delivered** only once a day here. 当地では郵便は日に1回しか配達されない.
**2** (正式)〈財産などを〉**引き渡す**;〈町などを〉明け渡す, 手放す (give (up)) (+*up, over*)‖
**deliver** oneself **to** the police 警察に自首する.
**deliver** the town **up to** the enemy 町を敵に明け渡す.
**deliver over** one's property **to** one's daughter 娘に財産を譲る.
**3** (正式)〈打撃・攻撃などを〉加える(strike);〈球を〉投げる‖
**deliver** a hard blow **to** his jaw 彼のあごに強打を加える.
**deliver** a curve カーブを投げる.
**4** (正式)〈意見などを〉述べる,〈演説などを〉する;〈判決などを〉申し渡す‖
**delíver** onesèlf **of** the opinion その意見を述べる, 口に出して言う.
She **delívered** a lecture **to** us yesterday. 彼女はきのう私たちに講演した《◆give と違い, ×delivered us a lecture とはならない》.
**5** (正式)〈人を〉救い出す‖
**Deliver** us **from** evil.〔聖〕われらを悪より救い給え.
**6** (主に米略式) [deliver **A B** / deliver **B to A**] (選挙で) **A**〈候補者〉のために **B**〈票・支持〉を集める‖
We'll **deliver** him all our support. 私たちは全力で彼を支援するつもりだ.
**7**〈妊婦〉に分娩(ぶん)させる.

**de·liv·er·er** /dilívərər ディリヴァラ/ 名 C **1** 配達人. **2** 救助者.

**de·liv·er·y** /dilívəri ディリヴァリ/ 名 (複 ··er·ies /-z/) **1** UC **配達, 送付**; C 配達物; [複合語で] …便‖
**by special** [(英) express] **delivery** 速達(便)で.
the **delivery of** the handbills **to** each door 各戸へのビラ配り.
a **delívery** certificate 配達証明書.
We have two **deliveries** every day. 配達は毎日2回あります.
**2** UC 引き渡し, 放棄‖
**cash** [(米) collect] **on delivery** 現品引き換え払い.
**3** U (文)解放, 釈放.
**4** UC 分娩(ぶん), 出産‖
painless **delivery** 無痛分娩.

5 ©Ⓤ 話し方；演説 ‖
have a good **delivery** 話し方がうまい.
**delívery trùck** (米) 荷物配達トラック.

**del·ta** /déltə デルタ/ 名 ⓊⒸ **1** デルタ《ギリシアアルファベット第4字(δ, Δ). 英字の d, D に相当. → Greek alphabet》

**2** (Δのように)三角形のもの；(河口の)三角州, デルタ(地帯) ‖
the Nile **Delta** ナイル河口の三角州.

**de·lude** /dilúːd ディルード/ 動 (現分 **-lud·ing**) 他 (正式)〈人〉の心〔判断〕を惑わせる；〈人〉を(まんまと)欺く(deceive).

**del·uge** /délju:dʒ デルーヂ/ 〈アクセント注意〉◆ˣデルーヂ 名 **1** Ⓒ (正式) 大洪水, 大水；[the D~] (聖書) ノア(Noah)の大洪水. **2** Ⓒ [比喩的に；通例 a ~] 洪水, 殺到. ── 動 (現分 **-ug·ing**) 他 (正式)〈場所が〉水浸しになる.

**de·lu·sion** /dilúːʒən ディルージョン/ 名 **1** Ⓤ (正式) 惑わすこと, 惑わされること.

**2** ⓊⒸ 間違った信念, [delusion that 節] (…という)思い違い, 錯覚；〖精神医学〗妄想《◆ illusion は誰もが陥りそうな感覚上の思い違い》‖
**delusions** of grandeur 誇大妄想.
be ùnder the **delúsion** that … …という妄想を抱いている.

**de·luxe, de luxe** /dəlúks デラックス, -lúks/ [フランス] 形 豪華な, デラックスな.

**delve** /délv デルヴ/ 動 (現分 **delv·ing**) 自 (正式) 徹底的に調べる.

**dem·a·gogue,** (米ではしばしば) **--gog** /déməgɑ̀g デマガグ|-gɔ̀g -ゴグ/ 名 Ⓒ 扇動する人；扇動政治家.

***de·mand*** /diménd ディマンド|dimάːnd ディマーンド/ 〖『(上から)課する』が本義. cf. com**mand**〗
→ 動 **1** 要求する **2** 尋ねる **3** 必要とする
名 **1** 要求 **2** 需要
── 動 (三単現) ~s /-mændz|-mάːndz/ ; (過去・過分) ~ed /-id/ ; (現分) ~ing
── 他 **1 a** …を要求する, 請求する《◆ request, require, claim より「有無を言わさず」の気持ちが強い》‖
**demand** an explanation 説明を要求する.
**demand** an apology from [of] her 彼女に謝罪を要求する.

**b** [demand to do] …するように要求する ‖
He **demanded to** know the truth. 彼は事実を教えろと要求した.

**c** [demand (of A) (that) 節] (A に)…であるよう要求する ‖
He **demanded** (of her) **that** she ((主に英) should) tell him the truth. 彼は彼女に事実を話してくれと要求した《◆(1) that 節内の動詞は原形(仮定法現在). (2) that は省略できる》.
対話 "Will he help us?" "I **demand** he do." 「彼は私たちを助けてくれるだろうか」「ぜひそう願いたいね」.

Q&A *Q* : She was demanded to tell him the truth. のような受身にできますか.

*A* : できません. しかし, 不定詞を受身にして He demanded to be told the truth by her. とは言えます. ふつうは It was demanded that she (should) tell him the truth. のようにします.

**2 a** 〈人が〉〈物・事を〉(権威を持って・強い調子で)尋ねる, 詰問する ‖
**demand** his name and address 彼に住所氏名を問う.

**b** [demand wh 節] …かと尋ねる, 詰問する；「…」と尋ねる ‖
Suddenly, a man **demanded**, "What are you doing in my garden?" 「うちの庭で何をしてるんだ」と突然男が尋ねた.

**3** (正式)〈物・事が〉〈注意・忍耐・技術・時間など〉を必要とする, 要する(need) ‖
Love **demands** understanding and compromise. 愛には理解と妥協が必要である.
── 名 (複 ~s/-méndz|-mάːndz/) **1** Ⓒ 要求, 請求 ‖
a **demand** for higher wages 賃上げ要求.
There have been **demands** for their payments. =There have been **demands** that they (should) pay. 彼らは支払いを要求されている.

**2** Ⓤ 需要(↔ supply) ‖
supplý and demánd 需要と供給.
There is much [a great] **demand** for doctors in this town. この町では医者の需要がとても多い.

**3** Ⓒ (時間・金などに関して) 差し迫った必要 ‖
There are a lot of **demands** on my money. 出費が多い.

◇*in demánd* 需要がある；ひっぱりだこの ‖ 対話
"My sister just moved to Arizona and got a job easily." "That's because she's a nurse and nurses are so much **in demand** anywhere." 「妹はアリゾナに移住したところですが簡単に職が見つかったのです」「それは妹さんが看護師をしていて, どこでもとても必要とされているからですよね」.

*màke demánds on* [*upòn*] A 〈人・仕事などが〉A〈時間・金など〉を費す.
*on demánd* 請求〔要求〕あり次第.
*supplý the demánd for* A …の需要を満たす.

**de·mand·ing** /diméndiŋ ディマンディング|-mάːndiŋ ディマーンディング/ 動 → demand.
── 形 〈人が〉あまりに多くを要求する, 自分本位の；〈仕事などが〉骨の折れる, きつい.

**de·mar·ca·tion** /dìːmɑːrkéiʃən ディーマーケイション/ 名 (正式) **1** Ⓤ 境界. **2** Ⓒ (明確な境界による)区分.

**de·mean** /dimíːn ディミーン/ 動 他 (正式)〈行為などが〉…の品位を下げる.

**de·mean·or,** (英) **--our** /dimíːnər ディミーナ/ 名 Ⓤ (文) [しばしば a ~] (他人に接する)態度, 物腰, ふるまい.

**de·ment·ed** /diméntid ディメンティド/ 形 〔医学〕

痴呆(ほう)症にかかった; (略式)不安で取り乱した.

**de·mer·it** /dimérit ディメリット | di:- ディー-/ 图 ⓒ 欠点, 短所(↔ merit).
the merits and **demerits** /dí:mèrits/ 長所短所, 功罪《◆反意語 merit と並べるときはアクセントが移動》.

**de·mise** /dimáiz ディマイズ/ 图 ⓤⓒ (文) (王の)崩御(ほう); 逝(せい)去《◆ death の遠回し語》.

**dem·o** /démou デモウ/ 图 (優 ~s) ⓒ (略式) **1** = demonstration 2, 3. **2** (新曲の)試聴テープ, デモテープ.

**de·moc·ra·cies** /dimάkrəsiz ディマクラスィズ | dim5k- ディモクラスィズ/ 图 → democracy.

*****de·moc·ra·cy** /dimάkrəsi ディマクラスィ/《アクセント注意》《◆×デモクラスィ》[民衆(demo)の統治(cracy). cf. aristo*cracy*] 派 democratic (形)
—图 (優 --ra·cies/-z/) **1** ⓤ 民主主義, 民主政治, 民主政体, 民主制 ‖
representative **democracy** 代議民主制.
direct **democracy** 直接民主制.
**2** ⓒ 民主(主義)国家, 民主社会.

**dem·o·crat** /déməkræt デモクラト/ 图 **1** ⓒ 民主主義(擁護)者. **2** [D~] (米) 民主党員[支持者].

**dem·o·crat·ic** /dèməkrǽtik デモクラティク/《アクセント注意》形 **1** 民主主義の, 民主制の ‖
**democratic** government 民主政治.
**2** 民主的な, 庶民的な, 大衆的な ‖
**democratic** art 大衆芸術.
**3** [D~] (米) 民主党の.
**Democrátic Párty** [the ~] (米国の)民主党《◆ the Republican Party と共に2大政党の1つ. cf. donkey》.

**dem·o·crat·i·cal·ly** /dèməkrǽtikəli デモクラティカリ/ 副 民主的に; 庶民的に.

Democratic Party のシンボル

**de·mog·ra·phy** /dimάɡrəfi ディマグラフィ | -m5ɡ- -モグラフィ/ 图 ⓤ 人口統計学.

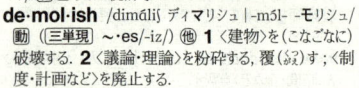

**de·mol·ish** /dimάliʃ ディマリシュ | -m5l- -モリシュ/ 動 (三単現) ~·es/-iz/) 他 **1** 〈建物〉を(こなごなに)破壊する. **2** 〈議論・理論〉を粉砕する, 覆(くつが)す; 〈制度・計画など〉を廃止する.

**dem·o·li·tion** /dèməlíʃən デモリション, di:m-/ 图 ⓤ (建物などの)破壊, 取り壊し; 粉砕; 廃止.

**de·mon** /dí:mən ディーモン/《発音注意》《◆×デーモン》 图 ⓒ **1** 悪霊, 悪魔, 鬼.
**2** 悪魔[鬼]のような人; (悪などの)権化(ごん) ‖
the **demon** of jealousy しっとの鬼.
**3** (略式) (超人的な)精力家, 名人 ‖
a **demon** for work 仕事の鬼.
a **demon** at golf ゴルフの名人.

**de·mon·ic, -·i·cal** /dimάnik(l) ディマニク(ル) | -m5n- -モニク(ル)/ 形 (正式) 悪魔の(ような); [通例 daemonic] 魔力のある, 神通力を持った, 超人的な.

**dem·on·strate** /démənstrèit デモンストレイト/《ア

クセント注意》《◆×デモンストレイト》動 (現分) ··strat·ing) 他 **1** (正式) **a** 〈学説・真理など〉を論証する; [demonstrate that 節] …だと証明する《◆ prove の方が適用範囲が広い》‖
**demonstrate** a philosophical principle 哲学的論理を論証する.
**b** …の証拠となる; [demonstrate that 節] …ということを明らかに示す ‖
This blunder **demonstrates that** she is ignorant of the situation. この大失敗は彼女がその状況を知らないことをよく示している.
**2 a** 〈事実・方法〉を説明する, 明示する; [demonstrate wh 節・句] …かを説明する ‖
**demonstrate** how the machine works その機械の作動の仕方を実地で説明する.
**b** 〈商品〉を実物宣伝[実演]する.
**3** 〈感情・意志など〉をあらわにする ‖
She **demonstrated** her love **by** the sacrifices she made. 彼女はいろいろなことを犠牲にして愛情を示した.
—⾃ **1** 示威運動をする, デモをする ‖
**demonstrate for** changes in their education 教育の改革を求めてデモをする.
**2** 実地に説明する, 実際にやってみせる.

*****dem·on·stra·tion** /dèmənstréiʃən デモンストレイション/ [→ demonstrate]
—图 (優 ~s/-z/) **1** ⓤⓒ 論証, 証明; [demonstration that 節] (…ということの)実証, 立証; 証拠(となるもの) ‖
The **demonstration that** you are right is difficult. 君が正しいことを立証するのは困難だ.
**2** ⓤⓒ 実地教授; (商品の)実物宣伝, 実演.
**3** ⓒ デモ(ンストレーション)((略式) demo), 示威運動 ‖
a student **demonstration** 学生デモ.
The students **held a demonstration against** nuclear tests. 学生たちは核実験反対のデモをした.
**4** [a ~] 表示, 表明 ‖
An embrace is a **demonstration of** affection. 抱擁は愛情の表現である.

***give a demonstrátion of*** A (1) …を実演して見せる. (2) A〈感情など〉を表に出す.
**demonstrátion vérsion** [コンピュータ] (ソフトの)デモ版.

**de·mon·stra·tive** /dimάnstrətiv ディマンストラティヴ | -m5n- -モン-/ 形 **1** (正式) 証明に役立つ, 説明的な.
**2** 感情をあらわに示す.
**3** 指示的な; (文法) 指示の ‖
a **demonstrative** pronoun 指示代名詞.
—图 ⓒ (文法) 指示詞《this, there など》.
**de·món·stra·tive·ly** 副 論証的に, 明白に; 感情をあらわに.

**dem·on·stra·tor** /démənstrèitər デモンストレイタ/ 图 ⓒ **1** 論証する人; 証拠品. **2** デモ参加者; [~s]デモ隊.

**de·mor·al·ize,** (英ではしばしば) **-ise** /dim5:rəlàiz

ディモーララィズ, -mā-│-m5- -モーラライズ/ 動 (現分) --iz·ing 他 〈人・兵士に〉のやる気を失わせる.

**de·mote** /dimóut ディモウト/ 動 (現分) --mot·ing 他 《正式》…を降格する.

**de·mur** /dimə́ːr ディマ―/ 類音 de*mure* /dimjúər/ 動 (過去・過分) --murred/-d/; (現分) --mur·ring 自 《正式》異議を唱える《◆ object よりおだやかで自信のない反対》.
―― 名 U 《正式》[通例否定語と共に] (穏やかな) 異議, 反対 ‖
*without* demúr 異議なく.

**de·mure** /dimjúər ディミュア/ 類音 de*mur* /dimə́ːr/ 形 (通例 比較) --mur·er, (最上) --mur·est) **1** 内気で慎み深い, おとなしい. **2** いやにとりすました.

**den** /dén デン/ 類音 d*in*/dín/ 名 C **1** (野獣の)巣穴. **2** (隠れ場所としての)ほら穴. **3** 《略式》(ふつう男性の)私室, 仕事部屋.

**de·ni·al** /dináiəl ディナイアル/ 名 **1** U 否定, 否認; C 否定の申し立て.
**2** UC 《正式》拒絶, 拒否 ‖
*give a flat* denial きっぱり断る.
*màke a deníal of* A …を否定する.

**de·nied** /dináid ディナイド/ 動 → deny.

**de·nies** /dináiz ディナイズ/ 動 → deny.

**den·im** /dénəm デニム/ 名 **1** U デニム地(製の). **2** (略式)[~s] デニムの作業着.

**Den·mark** /dénmɑːrk デンマーク/ 名 デンマーク《ヨーロッパ北部の王国. 首都 Copenhagen. 形容詞は Danish》.

**de·nom·i·na·tion** /dinɑ̀mənéiʃən ディナミネイション│-nɔ̀m- ディノミ-/ 名 **1** 《正式》C 名称; U 命名. **2** C 宗派. **3** C 種類, 種目. **4** CU (貨幣・度量衡などの)単位(名), 金種; (貨幣・証券などの)額面金額.

関連 日本語の「デノミ(ネーション)」は英語の re-denomination (通貨単位の呼称変更), re-denomination downward (通貨単位の呼称切り下げ)などに当たる.

**de·nom·i·na·tor** /dinɑ́məneìtər ディナミネイタ│-nɔ́m- ディノミ-/ 名 C 〔数学〕分母(↔ numerator).

**de·note** /dinóut ディノウト/ 動 (現分) --not·ing 他 《正式》…を意味する.

**de·nounce** /dináuns ディナウンス/ 動 (現分) --nounc·ing 他 《正式》…を公然と非難する ‖
denounce him *as* a coward 彼を臆(*ネン*)病者と非難する.

***dense** /déns デンス/ 〖「密度が高くて貫き通せない」が本義. cf. con*dense*〗派 density (名)

| dense | thin |
|---|---|
| 〈密集した, 濃い〉 | 《希薄な》 |

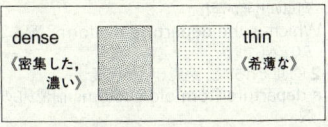

―― 形 (比較) dens·er, (最上) dens·est) **1 a** 密集した, 混雑した; 〈織物が〉目の詰んだ(↔ thin, sparse) ‖
a **dense** forest 密林.
a **dense** crowd たいへんな人ごみ.
The garden was **dense** with weeds. = The weeds were **dense** in [*on*] the garden. 庭には雑草が生い茂っていた.
**b** 〈液体・蒸気などが〉濃い, 向こうを見通しにくい(↔ rare, thin) ‖
**dense** clouds 密雲.

表現 (1) 「深い霧」は dense [thick, heavy, ˣdeep] fog [mist].
(2)「濃いコーヒー」は strong coffee,「濃いスープ」は thick [rich] soup.

**2** 《略式》[通例補語として] 愚かな.
**dénse·ness** 名 U 密集; 濃さ; 愚鈍さ.
**dense·ly** /dénsli デンスリ/ 副 密集して; ぎっしりと; (見通せないほど)濃く ‖
a **densely** populated country 人口の密な国.
**den·si·ty** /dénsəti デンスィティ/ 名 (複 --si·ties /-z/) **1** U 密集; 密度; (霧・液体などの)濃さ, 深さ; 込み入っていること ‖
traffic **density** 交通量.
the **dénsity** of (the) populátion = populátion **dènsity** 人口密度.
**2** UC 〔物理〕密度.

**dent** /dént デント/ 類音 d*int*/dínt/ 名 C へこみ, くぼみ. ―― 動 他 〈物を〉へこませる.

**den·tal** /déntl デントル/ 形 歯の; 歯科(用)の《◆名詞は tooth》 ‖
a **dental** office 歯科医院.

***den·tist** /déntəst デンティスト/ 〖歯(dent)に関心を持つ人(ist). cf. in*dent*〗
―― 名 (複 ~s/-tists/) C 歯科医, 歯医者(《正式》dental surgeon). 事情 英国では doctor 扱いしない ‖
There's a **dentist** office around the corner. 角を曲がったところに歯科医院があります.
対話 "I have a terrible toothache." "You should go to the **dentist** [《主英》**dentist's**]." 「歯がひどく痛くてね」「歯医者さんに行った方がいいよ」(→ doctor 名 Q&A).

**den·tist·ry** /déntəstri デンティストリ/ 名 U 《正式》歯科(医学), 歯学; 歯科医業.

**den·ture** /déntʃər デンチャ/ 名 C 《正式》[通例 ~s] 義歯, 入れ歯《◆しばしば総入れ歯をさす. false teeth がふつう》.

**de·nun·ci·a·tion** /dinʌ̀nsiéiʃən ディナンスィエイション, -ʃiéi-/ 名 UC 《正式》公然の非難.

**Den·ver** /dénvər デンヴァ/ 名 デンバー《米国 Colorado 州の州都》.

***de·ny** /dinái ディナイ/ 〖「完全に(de)否定する」が原義〗
―― 動 (三単現) de·nies/-z/; (過去・過分) de·nied/-d/; (現分) ~·ing)

**—[他] 1 a**〈主張・陳述など〉を**事実でないと言う, 否定する**(→ admit, affirm, acknowledge) ‖
He flatly **denied** the charge. 彼はきっぱりと容疑を否定した; 彼はそういう悪いことはした覚えがないと言った.
I don't **deny** that, but ... それは否定はしませんが…《◆他人が直前に述べたことを批評する表現》.
[対話] "Does he admit that he checked the file without permission?" "No, he **denies** everything." 「彼は無断でファイルを調べたことを認めていますか」「いいえ, 全面的に否認しています」.
**b** [deny (that) 節] …**でないと言う**, …ということを否定する; [deny doing …しないと言う; [deny having done] …しなかったと言う ‖
He **denied (that)** he had ever seen her. = He **denied** ever **having seen** her. 彼は彼女を見たことがないと言った.
**It cannot be denied that** he is honest. = There is no **denying** that he is honest. 彼が正直だということは否定できない[だれもが認める].

> [語法] 現在・過去のことを否定するのに用い, 未来のことの否定には用いない.

**c** (文) [deny **A**] **A**〈事〉は…**でないと言う**, [deny **A** to have been **C**] **A**〈事〉は **C** でなかったと言う ‖
She **denied** it **to be** the case. それは事実ではないと彼女は言った.
**2** …と(自分は)**関係がないと言う**, …を知らない[に責任がない]と言う(↔ admit, affirm) ‖
In order to save his life, he **denied** Christ. 自分の命を守るために彼はキリストを知らないと言った.
**3** (正式) **a** [deny **A B** / deny **B** to **A**] **A**〈人〉に **B**〈要求された物[事]〉を**与えない**, 与えることを拒絶する(refuse) ‖
She **denies** her child nothing. =She **denies** nothing **to** her child. 彼女は子供に何でも与える.
**b**〈要求など〉を拒否する, …に応じない.
***denẏ oneself* A** (正式) (欲しいのに)…を我慢[自制]する《◆しばしば宗教・道徳的理由を暗示. 名詞は self-denial》.

**de·o·dor·ant** /dióudərənt ディオウダラント/ [名] [U] [C] (特に不快な体臭の)防臭剤, 脱臭剤.

**de·o·dor·ize** /diːóudəràiz ディーオウダライズ/ [動] ([現分] --iz·ing) [他]〈部屋・服など〉の臭気を除く.

**de·part** /dipɑ́ːrt ディパート/ ([類音] deport/dipɔ́ːrt/) 〖離れて(de)分かれる(part)〗 [動] [自] (正式)

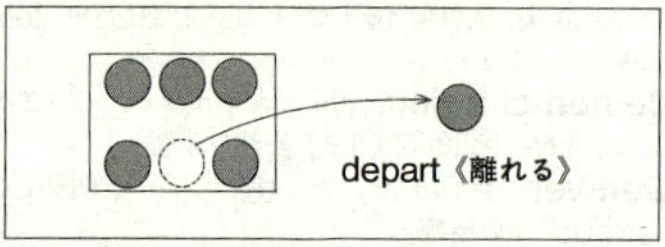


**1** 出発する(start, leave) (↔ arrive) ‖
The flight **departs from** Tokyo **for** Seoul at 6:15 p.m. 東京発ソウル行きの便は午後6時15分に出発します.

> [語法] 時刻表では [略] dep. を使う: dep. Tokyo 6:15 P.M. 午後6時15分東京発.

**2** はずれる, それる ‖
**depart from** old customs 旧習にそむく.

**de·part·ed** /dipɑ́ːrtid ディパーティド/ [動] → depart. **—[名]** [the ~] **1** [単数扱い] (特定の)故人. **2** [集合名詞; 複数扱い] 亡くなった人々.

***de·part·ment** /dipɑ́ːrtmənt ディパートメント/ ([類音] deportment/dipɔ́ːrt-/) 〖→ depart〗
**—[名]** ([複] ~s/-mənts/) [C] **1 部門, 部, 課**; (百貨店の)売り場, コーナー ‖
the menswear **department** 紳士服売場.
[対話] "Excuse me, where's the furniture **department**?" "It's on the 3rd floor." 「すみませんが家具売場はどこでしょうか」「3階です」.
**2** [通例 D~] (米国政府の)省; (英国政府各省の)局, 課《◆英国の「省」は Ministry, Office だが, 新設の省などでは Department: the *Department* of Environment 環境省. 日本の「省」は Ministry. 米国の「局, 部」は Bureau, 「課」は Division》.

> [事情] [米国の省] the Department of State 国務省 / ... of Justice 司法省《◆「以下, 「... 」は the Department の略》/ ... of Education 教育省 / ... of the Treasury 財務省 / ... of Interior 内務省 / ... of Defense 国防総省 / ... of Labor 労働省 / ... of Agriculture 農務省 / ... of Commerce 商務省 / ... of Health and Human Service 保健福祉省 / ... of Energy エネルギー省 / ... of Transportation 運輸省 / ... of Housing and Urban Development 住宅都市開発省.

**3** [しばしば D~] 〔教育〕(主に米) (大学の)学科, (まれ) 学部(cf. faculty) ‖
the **Department** of Physics =the Physics **Department** 物理学科.
**4** (フランスなどの行政区としての)県.
**5** (略式) [通例 one's ~] (知識・活動・責任などの)部門, 分野; 得意分野 ‖
That's **your department**. それは君の領域だ.
**depártment stòre** 百貨店, デパート《◆この意味で depart を用いるのは誤り》.

**de·part·men·tal** /dipɑ̀ːrtméntl ディパートメントル, diː- | diː- ディー-/ [形] 部門(別)の; 各部[省, 局, 課, 科]の.

**de·par·ture** /dipɑ́ːrtʃər ディパーチャ/ [名] **1** [U] 出発(すること) (↔ arrival) ‖
The **departure** of the train was delayed. 列車の出発が遅れた.
Which is the **departure** platform? 発車ホームはどちらですか.
**2** [C] [U] それること, 逸脱(いつだつ); 発展 ‖
a **departure from** old customs 旧習からの離脱.

a new departure in physics 物理学上の新発展.

tàke one's depárture 《正式》出発[発足]する.

\*de·pend /dipénd ディペンド/ 〖下方へ(de)垂れる(pend). cf. pendant〗⑲ dependence (名), dependent (形)
—動 (三単現) ~s/-pendz/ ; (過去・過分) ~ed/-id/ ; (現分) ~ing)
—⾃ 《◆be dependent より《略式》》 **1 a** [depend on [upon] A] A〈人など〉に頼る, 依存する, …を当てにする《◆ depend は一般的な語. rely は「(過去の経験に基づいて)信頼する」こと》‖
The children depend on her. その子たちは彼女を頼りにしている.
The map can't be depended upon. その地図は当てにならない.
Japan depends on foreign countries for oil. 日本は石油を外国に依存している.
対話 "I think he should be more independent." "That's right. He still depends on his parents for everything, including money."「彼はもっと自立すべきだと思う」「その通り. 彼はお金も含めすべてを両親に頼っているんだ」.
**b** [depend on [upon] A to do / depend on [upon] A's doing] A〈人〉が…するのを信頼する, 当てにする《◆進行形にしない》‖
You may depend on him to help you. = You may depend on his helping you. 彼の助けを当てにしてもいい.
対話 "This book is no help to us at all." "Here's another book we can depend on to help us get the information."「この本は全く役に立たない」「こっちの本なら欲しい情報を手に入れられることが期待できるよ」.
**c** [depend on [upon] it that 節] …ということを当てにする ‖
You may depend on it that she will join us. 彼女が私たちに加わると思ってもいい《◆(1) it は形式目的語. (2) ˣYou may depend that …, ˣYou may depend on that … とはならない》.
**2** [depend (on [upon] A)] 〈事が〉〈A〈人・物・事〉〉次第である, (…)によって決まる, (…)にかかっている ‖
Our success depends on his coming in time. 我々の成功は彼の到着が間に合うかどうかで決まる.
It (all) depends on how you handle this. 万事は君のこの取り扱い方次第だ《◆この例の場合, 《略式》では on を省略してもよい》.
対話 "Is New York friendly to foreign visitors?" "Well, it depends on you."「ニューヨークは外国の訪問者にとって親しみの持てる所かい」「それは君次第だよ」.
対話 "Would you do me a favor?" "It depends. What is it?"「ひとつお願いしたいんだけど」「場合によるね. 何なの」.
(you can [may]) depénd on [upòn] it 《略式》[文頭・文尾で] きっと, 確かに, 大丈夫 ‖ She will return, depend upon it. きっと彼女は帰ってくるよ.

de·pend·a·ble /dipéndəbl ディペンダブル/ 形 (良識があって)信頼できる, 当てになる (reliable).

de·pend·ant, (主に米) --ent /dipéndənt ディペンダント/ 名 ⓒ《米》他人に(食物・衣服・お金などを)頼って生活する人, 居候(ぞうろう); 扶養(ふよう)家族.

de·pend·ence, --ance /dipéndəns ディペンデンス/ 名 Ⓤ **1** 頼ること, 依存(状態), 依頼 (↔ independence) ‖
lìve in depéndence on another 他人の世話になって暮らす.
**2** 《正式》信頼, 信用 ‖
pláce [pùt] depéndence on [in] her 彼女を信頼する.

de·pend·en·cy /dipéndənsi ディペンデンスィ/ 名 (複 -en·cies/-z/) ⓒ **1** 属国; 保護領. **2** 従属物, 依存物.

\*de·pend·ent /dipéndənt ディペンデント/ 〖→depend, independent〗
—形 **1** [be dependent on A] …に頼っている (↔ independent) ‖
Children are totally dependent on their parents for food, clothing and shelter. 子供は衣食住を親に全く依存している.
**2** [be dependent on A] …次第である, …に左右される ‖
Promotion is dependent on ability. 昇進は能力次第である.
—名 《主に米》=dependant.

depéndent cláuse 〖文法〗従節, 従属節《主節に対して従属的な名詞[形容詞, 副詞]節》.

de·pict /dipíkt ディピクト/ 動 他 …を描く, 描写する.

de·plete /diplí:t ディプリート/ 動 (現分) --plet·ing) 他《正式》…を激減させる; …を使い果たす.

de·ple·tion /diplí:ʃən ディプリーション/ 名 Ⓤ 減少; 枯渇, 消耗.

de·plor·a·ble /dipló:rəbl ディプローラブル/ 形《正式》**1** 嘆かわしい, 悲しむべき, 遺憾(いかん)な ‖
It is deplorable that she should have done so. 彼女がそんなことをしたとは嘆かわしい.
**2** みじめな, 不幸な.

de·plór·a·bly 副 嘆かわしくも; ひどく; 遺憾ながら.

de·plore /dipló:r ディプロー/ 動 (現分) --plor·ing) 他《正式》…を遺憾に思う, 非難する《◆ condemn と違って〈人〉を目的語にしない》‖
I deplore their saying it. 私は彼らがそう言うのを嘆かわしく思っている.

de·ploy /diplói ディプロイ/ 動 〖軍事〗⾃〈部隊などが〉配置につく. —他〈部隊などを〉配置につかせる.

de·pop·u·late /dipápjəlèit ディーパピュレイト|-pópju- -ポピュレイト/ 動 (現分) --lat·ing) 他《正式》〈戦争・疫病などが〉〈ある地域〉の人口を激減させる.

de·port /dipɔ́:rt ディポート/ 〖類音〗depart /dipá:rt/ 動 他 **1** …を国外に追放する. **2** 《正式》[~ oneself]〈人が〉ふるまう.

de·por·ta·tion /dì:pɔ:rtéiʃən ディーポーテイション/

名⃝Ⓤ 国外追放.
**de·pose** /dipóuz ディポウズ/ 動 (現分) ··pos·ing) 他 …を退位させる ‖
depose him from office 彼を免職にする.
**de·pos·it** /dipázət ディパズィト｜dipózət ディポズィト/ 動 (三単現) ~s /-z/; 過去·過分 ~ed /-id/; 現分 ~ing) 他 **1** (正式) …を置く, おろす ‖
He deposited the packages on the table. 彼はその包みをテーブルの上におろした.
**2** 〈金〉を預金する; 〈貴重品など〉を預ける ‖
deposit [put] money in a bank 銀行に金を預ける.
the deposited money 預金.
**3** 〈金〉を手付金として払う.
**4** 〈泥など〉を堆(たい)積させる.
—— 名 **1** Ⓒ 預金 ‖
a fixed deposit 定期預金.
make a large deposit in a bank 銀行に多額の預金をする.
draw out [take out, withdraw] a deposit 預金を引き出す.
**2** Ⓒ (通例 a ~) 手付金.
**3** Ⓤ⃝Ⓒ 〔地質〕堆積物, 沈殿物; (ワインなどの)おり.
**4** Ⓒ (鉱石·石油などの)鉱床.
**de·pot** /dépou デポウ/ **1** では (米) /dí:-/ 発音注意 ◆ t は発音しない) 名⃝Ⓒ **1** (米) (鉄道の)駅, (バスなどの)発着所. **2** (英) (鉄道·バスの)車庫. **3** 貯蔵所, 倉庫.
**de·praved** /dipréivd ディプレイヴド/ 形 (正式) (道徳的に)堕落した; 邪悪な.
**de·prav·i·ty** /diprǽvəti ディプラヴィティ/ 名 (複 ··i·ties/-z/) (正式) Ⓤ 堕落, 腐敗; Ⓒ 悪行.
**dep·re·ca·tion** /dèprəkéiʃən デプリケイション/ 名⃝Ⓤ 非難.
**de·pre·ci·ate** /diprí:ʃièit ディプリーシエイト/ 動 (現分 ··at·ing) (正式) 他 …の価値を下げる, …を見くびる, 軽視する. —— 自 価値が下がる.
**de·pre·ci·a·tion** /diprì:ʃiéiʃən ディプリーシエイション/ 名⃝Ⓤ⃝Ⓒ (正式) 価値の下落.
**de·press** /diprés ディプレス/ 動 (三単現 ~es /-iz/) 他

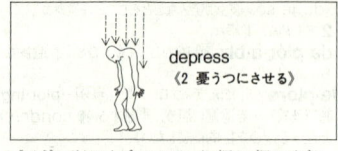

depress
《2 憂うつにさせる》

**1** (正式) 〈ボタン·レバーなど〉を下に押す, 押し下げる.
**2** 〈人〉を意気消沈させる, 憂うつにさせる, 悲しくさせる; 〈人〉の元気をなくさせる ‖
He is depressed that everybody blames him. 皆が非難するので彼は気がめいっている.
**de·pressed** /diprést ディプレスト/ 動 → depress.
—— 形 **1** 〈人が〉気落ちした ‖
I feel depressed. 気がめいる《◆ この意味で feel depressing とはいわない》.
**2** 不景気の; 〈力·価値などが〉低下した.

**de·press·ing** /diprésiŋ ディプレスィング/ 動 → depress.
—— 形 [他動詞的に] (事柄が)人を気落ちさせる, 気のめいるような, 憂うつな ‖
a depressing movie (見ると)気がめいるような映画《◆ この意味で a depressed movie とはいわない》.
**de·préss·ing·ly** 副 重苦しく.
**de·pres·sion** /dipréʃən ディプレション/ 名 **1** Ⓤ⃝Ⓒ 憂うつ, 意気消沈, スランプ; Ⓤ 〔精神医学〕うつ病 ‖
fall into a depression ふさぎ込む.
**2** Ⓒ⃝Ⓤ 〔経済〕(長期に及ぶ深刻な)不景気, 不況, 不振; [the (Great) D~] 世界大恐慌《1929年米国に始まった》.
**3** Ⓒ (正式) くぼみ, くぼ地(hollow) ‖
There are some depressions in the road. その道路にはくぼんだ所がいくつかある.
**4** Ⓒ 〔気象〕低気圧.
**dep·ri·va·tion** /dèprəvéiʃən デプリヴェイション/ 名 Ⓤ⃝Ⓒ (正式) **1** (権利などの)剥(はく)奪. **2** (痛い)損失; 欠如.
*__de·prive__ /dipráiv ディプライヴ/ 〖完全に(de)奪う(prive). cf. private〗
—— 動 (三単現 ~s /-z/; 過去·過分 ~d /-d/; 現分 ··riv·ing)
—— 他 [deprive A of B] A〈人·物〉から B〈人·物·地位など〉を奪う(take away) ‖
People were deprived of their political rights. 人々は政治的権利を奪われた.
The new building deprived my house of sunlight. 新しくビルができたためわが家に陽が当たらなくなった.

語法 (1) rob と違って, 必ずしも不法手段を用いることを意味しない.
(2) ×They deprived his books. とか ×He is deprived his books. とはいわない.

**de·prived** /dipráivd ディプライヴド/ 動 → deprive.
—— 形 (社会的·経済的に)恵まれない, 人並みの生活をしていない《◆ poor の遠回し語》; [the ~; 集合名詞的に] 恵まれない人々 ‖
a deprived child 恵まれない子供.
**de·priv·ing** /dipráiviŋ ディプライヴィング/ 動 → deprive.
**Dept., dept.** 略 department; deputy.
*__depth__ /dépθ デプス/ 〖→ deep〗
—— 名 (複 ~s /-s/) **1** Ⓤ⃝Ⓒ (通例 a ~ / the ~) 深さ; 奥行き; 深いこと ‖
dive to a depth of 4 meters 4メートルの深さまでもぐる.
What is the depth of the bookshelf? その本棚の奥行きはどれだけありますか(=How deep is the bookshelf?).
The well is 40 feet in depth. =The depth of the well is 40 feet. その井戸は深さが40フィ

ートである(=The well is 40 feet deep.).
**2** Ⓤ 〈感情の〉深刻さ, 強さ ‖
The **depth** of her feeling surprised me. 彼女の深刻な思いに私は驚いた.
**3** Ⓤ 〈性格・知性などの〉深み; 眼識(がんしき); 聡明; 高潔 ‖
a book of great **depth** 非常に深みのある本.
**4** Ⓤ 〈思考などの〉難解さ.
**5** Ⓤ 〈静寂・色などの〉濃さ, 深さ; 〈声・音などの〉低さ.
**6** Ⓤ [しばしば the ~s] 奥まった所, 奥地; 最も深い[強烈な, 厳しい]部分 ‖
the **depth**(s) of winter 真冬.
be (down) in the **depths** of despair 失望のどん底にある.
stir him to the **depths** 彼を深く感動させる.
*in dépth* 完全に[な], 徹底的に[な], 包括的に[な].
*óut of* A's [one's] **dépth** (1) 背の立たない所で. (2) (略式) 理解できない(で), 力が及ばない(で).
**dépth psychólogy** 深層心理学.

**dep·u·ta·tion** /dèpjətéiʃən デピュテイション/ 图 Ⓒ [集合名詞] 代表団.

**dep·u·ty** /dépjəti デピュティ/ 图 (簿 -·u·ties/-z/)
**1** Ⓒ 代理(人), 代表者; 副官, 補佐官.
**2** [形容詞的に] 代理の; 副の ‖
He was appointed a **deputy** director. 彼は所長代理に任命された.
*by députy* 代理で[として].

**de·rail** /diréil ディレイル/ 動 自 〔鉄道〕 [通例 be [get] ~ed] 〈列車などが〉脱線する.

**de·range** /diréindʒ ディレインヂ/ 動 他 (現分 --rang·ing) (正式) [通例 be ~d] 〈人の〉気が狂っている. **de·ránge·ment** 图 Ⓒ Ⓤ 発狂.

**Der·by** /dáːrbi ダービ/dáː- ダービ/ 图 **1** [the ~] ダービー競馬 《a (英) ロンドンの南のエプサムで毎年5月5日(ママ)6月に行なわれる3歳馬のレース. 1780年に第12代ダービー伯が始めた. b (米) → Kentucky Derby》. **2** [d~] (簿 der·bies/-z/) Ⓒ (米) 山高帽 ((主に英) bowler hat).

**Dérby dày** (英) ダービー競馬日.

**Der·by·shire** /dáːrbiʃər ダービシャ/dáː- ダービ-/ 图 ダービーシャー《イングランド中部の州》.

**der·e·lict** /dérəlikt デレリクト/ 形 見捨てられた.

**de·ride** /diráid ディライド/ 動 他 (~·rid·ing) (正式) …をあざける, あざ笑う, ばかにする.

**de·ri·sive** /diráisiv ディライスィヴ/ 形 (正式) 嘲笑(ちょうしょう)的な.

**der·i·va·tion** /dèrivéiʃən デリヴェイション/ 图 **1** Ⓤ 由来, 起源; 語源. **2** Ⓤ 派生; Ⓒ 派生物. **3** Ⓤ 〔文法〕(語の)派生.

**de·riv·a·tive** /dirívətiv ディリヴァティヴ/ 形 (正式) 派生した. ——图 Ⓒ **1** 派生してきた物; 〔文法〕派生語. **2** 〔金融〕デリバティブ, 金融派生商品.

**de·rive** /diráiv ディライヴ/ 動 (現分 -riv·ing) 他 (正式) **1a** [derive A from B] B〈本源となる物・事〉から A〈利益・楽しみ・安心などを引き出す, 得る, 見出す ‖
**derive** a good deal of benefit **from** one's tuition 授業から大きな恩恵を得る.

**b** 〈性格〉を受け継ぐ.
**2** 〈物・事〉の由来をたずねる(trace); [A is derived from B] A〈物・事・単語・家系など〉が B〈物・事・言語・家系など〉に由来する, 起源がある, …から得られる ‖
This word **is derived from** Greek. この語はギリシア語から出ている.
——自 [derive from A] 〈人・物・事・単語などが〉…から出る, …に由来する ‖
This word **derives from** Greek. この語はギリシア語から出ている.

**de·rog·a·to·ry** /dirágətɔːri ディラガトーリ/-rɔ́gətəri -ロガタリ/ 形 (正式) 傷つけるような; 軽蔑(けいべつ)的な.

**der·rick** /dérik デリク/ 图 Ⓒ **1** =derrick crane. **2** 油井(ゆせい)やぐら.

**dérrick cràne** デリック(クレーン) 《船などに貨物をつり上げる起重機. もとは絞首刑の道具》.

**des·cant** /déskænt デスキャント/ 图 Ⓤ Ⓒ 〔音楽〕ディスカント《装飾的な高音の対位声部》; (多声曲の)ソプラノ声部.

**Des·cartes** /deikáːrt デイカート/-¦-/ 图 デカルト《René/rənéi/ ~ 1569-1650; フランスの哲学者・数学者・物理学者. 形容詞は Cartesian》.

**de·scend** /disénd ディセンド/ 動 自

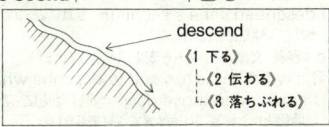

descend
〈1 下る〉
〈2 伝わる〉
〈3 落ちぶれる〉

**1** (正式) **a** 下る, 降りる(↔ ascend) ‖
The river **descends** from the mountains to the bay below. 川は山を下って湾へ注いでいる.
**b** 〈道・丘などが〉下りになる.
**2** 〈財産・特権・性質などが〉伝わる, 伝来する, 遺伝する; 〈物事が〉由来する ‖
**descend** from father to son 父から子へ伝わる.
**3** 〈人が〉身を落とす, 落ちぶれる ‖
**descend** to stealing 盗みをするほど落ちぶれる.
——他 **1** (正式) 〈階段・川などを〉下る, 降りる; 〈道が〉〈丘など〉を下る ‖
**descend** the stairs 階段を降りる.
**2** [be ~ed] 子孫である; 〈言語などが〉由来する ‖
He **is descended** from William the Conqueror. 彼は征服王ウィリアムの子孫だ.
*descénd on* [*upòn*] A …を急に襲う(attack).

**de·scen·dant** /diséndənt ディセンダント/ 图 Ⓒ 子孫, 末裔(まつえい); 伝来物(↔ ancestor, forefather) ‖
She is a **descendant** of the Pilgrims. 彼女はピルグリムファーザーズの子孫だ.

**de·scent** /disént ディセント/ (同音) dissent; (類音) decent/díːsnt/) 图 (正式) **1** Ⓤ Ⓒ 降下, 下ることと ‖
We're going to begin the **descent** for

Honolulu. 《機内放送》ホノルル着陸のため降下を始めます。

**2** ⓒ 下り坂[道, 傾斜, 階段].

**3** ⓤ 家柄; ⓒ (特定の家系の)1世代 ‖
be of Russian descent ロシア系である.

**4** ⓤⓒ 低下; 堕落.

\*de・scribe /dɪskráɪb ディスクライブ/ 〖下へ(de)書く(scribe). cf. prescribe, ascribe〗
㊜ description, descriptive (形)
— 動 (三単現) ~s /-z/; (過去・過分) ~d /-d/;
(現分) --scrib・ing
— 他 **1 a** …の特徴を述べる, 状況を説明する ‖
20 hours of videotape to **describe** the new machine 新しい機械の特徴を説明する20時間にわたるビデオテープ.
Can you **describe** the man to me? その男の人について私に話してもらえませんか.
[対話] "Well what did the man look like? Was he tall, did he have a beard?" "It's really difficult to **describe** him." 「その男はどんな感じの人でしたか. 背が高かったですか, ひげをはやしていましたか」「彼の特徴を言葉にするのは本当に難しいです」.

**b** …を描写する, 記述[表現, 説明]する; [describe wh 節] …かを記述する ‖
I **described** Jane's situation. 私はジェーンの置かれている状況を説明した.

**c** 〈言葉・文章などが〉…を表す, 物語っている ‖
The word hell is too soft to **describe** what happened in those days. 当時何が起こったかは地獄という言葉では弱すぎて言い表せない.

**2** [describe A as C] A 〈人・物・事〉を C だと言う, 評する《◆(1) C は形容詞・名詞・doing など. (2) 進行形にはしない》‖
**describe** onesélf as a téacher 教師だと自称する.
They **described** the girl **as** (being) small. 彼らはその少女を小柄だと言った.

**3** 《正式》〈図形・線〉を描く《◆draw がふつうの語》.

de・scrib・ing /dɪskráɪbɪŋ ディスクライビング/ 動 → describe.

\*de・scrip・tion /dɪskrɪ́pʃən ディスクリプション/ 〖→ describe〗
— 名 (複 ~s /-z/) **1 a** ⓤⓒ 記述(すること), 描写[表現, 説明](すること) ‖
He wrote a fine **description** of [×about] what happened there. そこで何が起こったかを彼は見事に書き表した.

**b** ⓒ (物品の)説明(書); (パスポートなどの)記載事項; 人相(書き) ‖
Can you give me a brief **description** of the thief? その泥棒の人相とか服装を簡単に話してくれますか.

**2** ⓒ 種類, たぐい ‖
a person of that **description** そういったたぐいの人.

of évery descríption =of all descríptions あらゆる種類の.

°**beyònd description** 言葉では言い表せない(ほど) ‖ Her beauty was **beyond description**. =She was beautiful **beyond description**. 彼女の美しさは言葉では表現できないほどだった.

**gíve [máke] a description of** A …を記述[描写, 説明]する.

de・scrip・tive /dɪskrɪ́ptɪv ディスクリプティヴ/ 形 記述的な, よく表現された ‖
be **descriptive** of life on a farm 農場の生活を記述[説明]している.

Des・de・mo・na /dèzdɪmóʊnə デズデモウナ/ 名 デズデモーナ《Shakespeare 作 Othello の中の Othello の若妻》.

des・e・crate /désɪkrèɪt デスィクレイト/ 動 (現分) --crat・ing 他 《正式》…の神聖を汚(けが)す, …を冒瀆(ぼうとく)する; 〈神聖なもの〉を俗用に供する.

de・seg・re・gate /di:ségrɪgèɪt ディーセグリゲイト/ 動 (現分) --gat・ing 自 〈学校・公共施設・人などが〉人種差別を廃止する. — 他 〈学校・公共施設・人など〉の人種差別を廃止する.

des・ert¹ /dézərt デザト/ 《アクセント注意》《類音》 desert², dessert /dɪzə́ːrt/) 名 ⓒⓤ 砂漠《◆waste と違って水がなくて不毛であることを強調》‖
the **Desert** of Sahara =the Sahara (**Desert**) サハラ砂漠.
— 形 **1** 砂漠のような, (乾燥して)不毛の; 砂漠に生息する[住む].

**2** 住む人のない, 寂しい ‖
Their boat washed ashore a **desert** island. 彼らの船は無人島に漂着した.

de・sert² /dɪzə́ːrt ディザート/ 《アクセント注意》《同音》 dessert; 《類音》 desert¹/dézərt/) 動 他

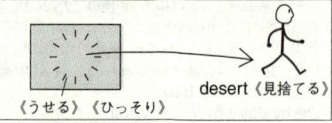

〈うせる〉 〈ひっそり〉 desert 〈見捨てる〉

**1** 〈人・地位・場所などを見捨てる《◆abandon や forsake と違って非難的意味を含む》‖
How could he **desert** his wife and children? 彼はよくも妻と子供たちを見捨てられたものだ.

**2** [be ~ed] 〈通り・村などが〉人が通らない, ひっそりとしている ‖
The streets **were deserted** at night. 夜は通りには人影がなかった.

**3** 〈軍務・持ち場などから〉脱走する, 逃亡する ‖
A soldier must never **desert** his post. 兵士は決して持ち場を捨ててはならない.

**4** 〈勇気・信念などが〉〈人〉からなくなる, うせる ‖
His courage **deserted** him in his hour of need. いざという時に彼の勇気はくじけた.
— 自 **1** 〈軍人などが〉脱走する, 逃亡する.
**2** 〈人が〉義務[職務]を捨てる.

de・sert³ /dɪzə́ːrt ディザート/ 名 [~s] 当然受けるべき賞[罰].

**de·sert·ed** /dizə́ːrtid ディザーティド/ 動 → desert².
— 形 人の住まない；人通りのない ‖
a deserted village 廃村.

**de·sert·er** /dizə́ːrtər ディザータ/ 名 C 脱走兵；見捨てる人.

**de·ser·ti·fi·ca·tion** /dizə̀ːrtəfikéiʃən ディザーティフィケイション/ 名 U (樹木の無秩序な伐採・過放牧などによる)砂漠化.

**de·ser·tion** /dizə́ːrʃən ディザーション/ 名 C U 1 捨て去ること，捨て去られること；(家族などの)遺棄；(義務・職場などの)放棄. 2 (軍人などの)脱走.

**de·serve** /dizə́ːrv ディザーヴ/ 動 (現分) ··serv·ing) 《◆進行形にしない》他 1 …に値する，…を受けるに足る ‖
She really **deserves** the award. 彼女はその賞をもらって当然です.
A person who steals **deserves** punishment. 盗みをはたらく者は罰せられて当然だ 《◆不定詞を用いて … *deserves* to be punished. とも言える(→ **2**)》.
2 [deserve to do] …する価値がある，…する権利がある；…してもおかしくない ‖
He **deserves** to succeed. 彼なら成功してもおかしくない.
His objection does not **deserve** to be taken seriously. 彼の反対は真剣に考えるに値しない.
— 自 それだけの報いを受けるに値する ‖
He was praised as he (well) **deserved**. 彼はそれ相応の賞賛を受けた.

**de·serv·ed·ly** /dizə́ːrvidli ディザーヴィドリ/ 副 《正式》 [しばしば文全体を修飾] 当然(の報いとして), 正当に.

**de·serv·ing** /dizə́ːrviŋ ディザーヴィング/ 動 → deserve.
— 形 1 [be deserving of A] …に値する ‖
This plan **is deserving of** our attention. この計画は注目に値する.
2 正当な資格のある.

**des·ic·cate** /désikeit デスィケイト/ 動 (現分) ··cat·ing) 《正式》…をからからに乾燥させる.

***de·sign** /dizáin ディザイン/ 〖『下に(de)印をつける(sign). cf. resign』 派 **designer** (名)
→ 名 **1 a** 図案　**b** デザイン　**2** 計画
　　動 **1** 下図を作る　**2 a** 計画する
— 名 (複 ~s/-z/) **1 a** C 図案, 下絵；設計図；模様；(芸術作品としての)デザイン ‖
draft a **design** for a house 家の設計図をかく.
a **design** of flowers [a flower **design**] in a rug じゅうたんの花模様《◆ in の代わりに on も可》.
a sweater **of her own design** 彼女が自分でデザインしたセーター.
**b** U デザイン, 意匠(術)；設計(技術) ‖
a school of dress **design** 服飾デザイン学校.
**c** U C (芸術作品などの)構想.
**2** C 《正式》計画, 企画；U 故意, もくろみ；C 《略式》[通例 ~s] 下心, 陰謀(%) ‖

not by accident but **by design** 偶然でなく故意に.
He **hàs desígns on** her estate. 彼は彼女の財産をねらっている.
— 動 (三単現 ~s/-z/；過去・過分 ~ed/-d/；現分 ~ing) — 他 **1** …の下図を作る；〈服など〉をデザインする；…を設計する ‖
**design** dresses **for** the shop その店の服飾デザインをする.
**2** (正式) **a** 〈事〉を(入念に)**計画する**；[design to do / design doing / design that 節] …しようと**計画する**, もくろむ(intend) ‖
**design** breaking prison = **design** to break prison 脱獄を計画する.
I did not **design** that she (should) overhear it. = I did not **design** her to overhear it. 私は彼女にそれを聞かせるつもりはなかった.
**b** 〈人・物〉を予定する, 当てる ‖
a room **designed** for the children 子供用の部屋.
— 自 (店などの)デザイナーをする；設計[企画]をする；意匠[図案]を作る.

**des·ig·nate** /dézigneit デズィグネイト/ 動 (現分) ··nat·ing) 他 《正式》 **1** …を示す, 明示する, 指摘する ‖
Cities are **designated** on this map as red dots. 都市はこの地図では赤い点で示されている.
**2** [designate A (as) C] 〈人・物などを〉C と呼ぶ, 称する ‖
The new shopping center **is designated (as)** New York Plaza. 新しいショッピングセンターはニューヨークプラザと称されている.
**3** …を指名する.

**désignated hítter** 〔野球〕指名打者 (略 DH).

**des·ig·na·tion** /dèzignéiʃən デズィグネイション/ 名 **1** U 指示, 指定. **2** C 指名, 任命.

**de·sign·er** /dizáinər ディザイナ/ 名 C デザイナー, 設計技師, 考案者.

**de·sign·ing** /dizáiniŋ ディザイニング/ 《正式》 動 → design. — 形 腹黒い. — 名 U 設計(術)；(服などを)デザインすること.

**de·sir·a·bil·i·ty** /dizàiərəbíləti ディザイアラビリティ/ 名 (複 ··i·ties/-z/) U 《正式》望ましさ(の度合)；C [desirabilities] 望ましい状況.

**de·sir·a·ble** /dizáiərəbl ディザイアラブル/ 形 望ましい, 望み値打ちのある ‖
a **desirable** woman (性的)魅力のある女性.
It is more **desirable for** you **to** stay here. = It is more **desirable that** you (〈主に英〉 should) stay here. あなたはここにとどまる方が望ましい 《◆ 不定詞を使う文のほうがふつう》.
**de·sír·a·ble·ness** 名 U 望ましいこと.
**de·sír·a·bly** 副 望ましいように.

***de·sire** /dizáiər ディザイア/ 〖『星が出ないかと待つ』が原義』派 **desirable** (形), **desirous** (形)
— 動 (三単現 ~s/-z/；過去・過分 ~d/-d/；現分 ··sir·ing/-záiəriŋ/)

## desiring

—他 (正式) **1 a** 〈物・事〉を強く望む; [desire to do] …することを強く望む(wish, want) ‖
He has **desired** marriage to her. =He has **desired** to marry her. 彼は彼女との結婚を(以前から)望んでいる.
**b** [desire A to do] A〈人〉に…してほしいと願う[言う]; [desire (that) 節] …であれと願う《◆ command の遠回し語》‖
It is desired that any reference to us (**shall**) be made in writing. 《公文書》当方への照会は文書でされたし.
Her Majesty **desires** them to abandon the plan. =Her Majesty **desires** that they (**should**) abandon the plan. 女王陛下には彼らにその計画を中止してほしいとのおぼし召しです.
**2** 〈人〉に欲情をいだく.

◇ **lèave múch to be desíred** (正式)〈行動・仕事などが〉遺憾な点が多い《◆「少しある」は lèave sómething to ...》‖

◇ **lèave nóthing to be desíred** (正式)〈行動・仕事などが〉全く申し分ない《◆「ほとんど申し分ない」は lèave líttle to ...》‖

—名 (複 ~s/-z/) **1 a** ⓒ 願望, ⓒ 要望 ‖
He has a great **desire** for success. 彼は成功したくてたまらない.
A rescue corps was dispatched at [by, according to] the **desire** of the President. 大統領の要請で救援隊が急派された.
**b** [desire to do / desire of doing] …したいという願望, 要望 ‖
The President expressed a **desire** to dispatch a rescue corps. 大統領は救援隊の派遣を要請した.
**c** [desire that 節] (…という)願望, 要望 ‖
He has no **desire** that he (should) be recognized. 彼には世間に認められたいという願望がない.
**2** ⓒ (文) [通例 one's ~ / the ~] 望みのもの, 願っていること ‖
my héart's desíre =the desire of my heart 私の心からの願い.

**de·sir·ing** /dizáiəriŋ ディザイアリング/ 動 → desire.

**de·sir·ous** /dizáiərəs ディザイアラス/ 形 (正式) 切望している ‖
He is **desirous** of prosperity. =He is **desirous** that he (should) prosper. 彼は立身出世を強く望んでいる.

**de·sist** /dizíst ディズィスト, -síst/ 動 ⾃ (正式) やめる, 思いとどまる.

## *desk
/désk デスク/ 〖『皿(のようなもの)』が原義〗
—名 (複 ~s/-s/) ⓒ **1** 机《◆飲食用は table》; [形容詞的に] 机上用の ‖
on a **desk** 机上に.
in a **desk** 机の引出しの中に.
sit at the [one's] **desk** 机に向かって(執務・勉強して)いる.
a **désk** cháir 机用のいす.
a **désk** díctionary 机上版の辞書.
a **désk** lámp 卓上スタンド.
対話 "Is Paul at his **desk** today?" "No, he isn't. He's just too sick to come to work."「ポールはきょう出勤していますか」「いいえ. 具合が悪くて仕事に来られないのです」.
**2** [the ~] (会社・ホテルなどの)受付; フロント《(主に英) reception desk, (米) front desk》.
**3** (官庁などの)部局; (米) [the ~] 編集部, デスク ‖
the city **desk** 社会部, (米)地方記事編集部.

**desk·top** /désktàp デスクタプ/ 形 机上用の, 卓上用の; 〖コンピュータ〗デスクトップの ‖
désktop públishing デスクトップパブリッシング, (電子)卓上出版 (略 DTP).
—名 ⓒ 〖コンピュータ〗デスクトップ; デスクトップコンピュータ《コンピュータ起動後の画面》.

**des·o·late** /désələt デソラト/ 形 -lèit -レイト/ 形 (正式) **1** 荒廃した; 住む人のない. **2** 〈人が〉不幸な; みじめな. **3** 孤独な; 陰うつの. ——動 (現分) --lat·ing) 他 **1** 〈土地などを〉荒廃させる. **2** [通例 be ~d] 〈人が〉悲しくなる, みじめになる.

**des·o·la·tion** /dèsəléiʃən デソレイション/ 名 (正式) **1** Ⓤ 荒廃. **2** Ⓤ 寂しさ, 悲しみ. **3** ⓒ 荒れ果てた場所.

## *de·spair
/dispéər ディスペア/ 〖「望みがないこと」が原義〗
—名 (複 ~s/-z/) **1** Ⓤ 絶望, 失望, 落胆; 憂うつ(↔ hope) ‖
in (one's) **despair** 絶望して.
**2** ⓒ (正式) [通例 the ~ of A] …の絶望の種, やっかい者[物] ‖
be the **despair** of one's family 家族の悩みの種である.
——動 (三単現 ~s/-z/; 過去・過分 ~ed/-d/; 現分 ~·ing/-spéəriŋ/)
——⾃ [despair of A] A〈物・事〉に絶望する; (…を)あきらめる ‖
**despair** of the future 将来に絶望する.
**despair** of ever seeing him again もう再び彼に会えないとあきらめる.
対話 "Don't **despair**. It's not the end of the world." "I can't help it. Failing the test really makes me depressed."「絶望するなよ. 世界が終わるわけじゃないんだから」「どうしようもないよ. テストに落ちてほんとうにがっくりしているんだ」.

**de·spair·ing** /dispéəriŋ ディスペアリング/ 動 → despair. ——形 絶望の, 絶望的な.

**de·spatch** /dispǽtʃ ディスパチ/ 動 名 =dispatch.

## *des·per·ate
/déspərət デスパラト/ (アクセント注意) 〖望み(sperate)がない(de)〗
(派) desperately (副)
——形 **1** 絶望的な, (回復の)見込みのない《◆ hopeless と違って希望はまだ少しはあるという含みをもつ》‖
a **desperate** illness 重病.

## desperately — destruction

in a desperate state 絶望的な状態で.
**2** 向こう見ずの, 手に負えない, 気違いじみた ‖
a desperate criminal 凶悪犯.
**3** [補語として] 欲しくてたまらない ‖
be desperate for some sweets 甘い物が欲しくてたまらない.

対話 "I need some help. I'm really desperate." "I wish I could help you, but you know how busy I am."「人手が必要なんだ. どうしても欲しいんだ」「手伝えるといいんだけど, ぼくがどんなに忙しいかはご存じでしょう」.

**4** 必死の; 困難で危険な; [意味を強めて] ひどい, 極端な ‖
desperate poverty 極貧.
desperate efforts to win 勝利への執念.

**des·per·ate·ly** /déspərətli デスパラトリ/ 副 必死になって; 絶望的に, やけになって; (略式)[意味を強めて] ひどく (extremely) ‖
He desperately needs your assistance. 彼は何としてもあなたの助けを必要としている.

**des·per·a·tion** /dèspəréiʃən デスパレイション/ 名 Ⓤ 自暴自棄, 死にもの狂い ‖
in desperation やけになって.

**des·pic·a·ble** /dispíkəbl ディスピカブル, déspik-/ 形 (正式) 卑しむべき, 卑劣な.

**de·spise** /dispáiz ディスパイズ/ 動 (現分) -spis·ing) 他 …を軽蔑(ﾍﾞﾂ)する, 見下す; (略式) look down on) (↔ respect) [◆(1) scorn の方が軽蔑の度合が強い. (2) 進行形にしない]; …をひどく嫌う ‖
despise him inwardly for his dishonesty 彼の不正直さをひそかに軽蔑する.

\***de·spite** /dispáit ディスパイト/
—— 前 …にもかかわらず《◆ in spite of より堅い語であるが, 新聞などではよく使われる》‖
Despite the fog we went for a walk. 霧が出ていたにもかかわらず我々は散歩に出かけた.

**de·spond·en·cy, -·ence** /dispándənsi ディスパンデンス(ｨ)-, -spónd- ディスポンデンス(ｨ)/ 名 Ⓤ (正式) 落胆, 失望.

**de·spond·ent** /dispándənt ディスパンデント, -spónd- ディスポンデント/ 形 (正式) 元気のない; 落胆した.

**des·pot** /déspət デスポト, -pɑt -パト, -pɔt -ポト/ 名 Ⓒ 専制君主, 独裁者, 暴君.

**des·pot·ic, -·i·cal** /despάtik(l) デスパティク(ﾙ), dis- -pɔ́t- -ポティク(ﾙ)/ 形 専制的な, 独裁的な; 横暴な.

\***des·sert** /dizə́ːrt ディザート/ (発音注意)(同音) desert², (類音) desert¹)『「食卓を片付けること」が原義』
—— 名 (榎) ~s/-z/ Ⓤ Ⓒ デザート《◆ディナーの最後の一品で, 米国ではアイスクリーム・パイ・ケーキなど, 英国ではパイ・プディングなどが代表的》 (cf. pudding) ‖
the ice cream served for dessert デザートに出たアイスクリーム.
desséert fòrk デザート用フォーク.

desséert wine デザート用ワイン《甘口》.

**des·sert-spoon** /dizə́ːrtspùːn ディザートスプーン/ 名 Ⓒ (主英) デザート=スプーン(1杯の量).

**de·sta·bi·lize** /diːstéibəlàiz ディーステイビライズ/ 動 (現分) -iz·ing) 他 …を不安定にする.
**de·sta·bi·li·za·tion** /diːstèibəlizéiʃən/ 名 Ⓤ 不安定化.

**des·ti·na·tion** /dèstənéiʃən デスティネイション/ 名 Ⓒ (正式) 目的地, 行先 ‖
the destination of a ship 船の行先.
Her destination is Paris. 彼女の目的地はパリだ.

**des·tine** /déstin デスティン/ 動 (現分) -tin·ing) 他 (正式) **1a** [be destined to do] …する運命にある ‖
He was destined to become a great musician. 彼は偉大な音楽家になる運命にあった.
**b** [be destined for A] …になる運命にある ‖
a son who is destined for the church 牧師になる運命の息子.
**2** 〈乗物などが〉…行きである (be bound) ‖
ships destined for China 中国行きの船.

**des·ti·ny** /déstəni デスティニ/ 名 (榎) -ti·nies/-z/ Ⓤ Ⓒ (避けられない) 運命, 宿命《◆しばしばよい運命をさす. cf. fate》; [しばしば D~] 運命の神 ‖
It was her destiny to become a great writer. 彼女は偉大な作家になるべき運命にあった.

**des·ti·tute** /déstitjùːt デスティトゥート/ 形 極貧の, 貧窮の.

\***de·stroy** /distrɔ́i ディストロイ/ 〖下に(de)積み上げる(stroy) → 取り壊す〗
派 destruction (名), destructive (形)
—— 動 (三単現) ~s/-z/; 過去・過分 ~ed/-d/; 現分 ~·ing)
—— 他 **1** …を破壊する, 打ち壊す (↔ construct) (類) demolish, ruin) ‖
His house was destroyed by a bomb. 彼の家は爆弾で破壊された.
The fire completely destroyed the business district. 火事で商業地区が全焼した.
**2** …を滅ぼす, 撲滅する, 殺す《◆ kill の遠回し語》‖
The horse's leg was broken and it had to be destroyed. 馬の脚(ｱｼ)が折れていたので, 始末せざるをえなかった.
**3** 〈計画など〉を台なしにする, だめにする;〈希望など〉をくじく ‖
destroy his life and all his hopes 彼の人生と希望をすべて台なしにしてしまう.

**de·stroy·er** /distrɔ́iər ディストロイア/ 名 Ⓒ **1** 破壊者[物]. **2** 駆逐(ﾁｸ)艦.

\***de·struc·tion** /distrʌ́kʃən ディストラクション/ 〖→ destroy〗
—— 名 Ⓤ **1** 破壊(行為) (↔ construction) ‖
the destruction of the city by air attack 空襲による都市破壊.
**2** 破壊状態; 滅亡 (ruin).
**3** [the ~ / one's ~] 破滅手段, 破滅の原因 ‖
Drink will be her destruction. 酒が彼女の命取りになるだろう.

**de·struc·tive** /dɪstrʌ́ktɪv ディストラクティヴ/
〖→ destroy〗
　──形 **1** 破壊的な ‖
The wars of the twentieth century were terribly **destructive**. 20世紀の戦争は極めて破壊的であった.
**2** [補語として] 有害な.

**des·ul·to·ry** /désəltɔːri デサルトーリ/ ‖-tɔri -タリ/
形《正式》とりとめのない, 気まぐれな; とっぴな.

**de·tach** /dɪtǽtʃ ディタチ/ 動 (三単現) ~·es/-ɪz/)
他 **1** …を引き離す, 分離する(↔ attach) ‖
detach freight cars **from** a train 列車から貨物車を引き離す.
**2**《軍事》〈軍隊・軍艦など〉を(特別任務に)派遣する.

**de·tach·a·ble** /dɪtǽtʃəbl ディタチャブル/ 形 分離できる.

**de·tached** /dɪtǽtʃt ディタチト/ 動 → detach.
　──形 **1** 分離した ‖
a **detached** house 一戸建ての家.
**2**《正式》〈考えなどが〉公平な; 超然とした.

**de·tach·ment** /dɪtǽtʃmənt ディタチメント/ 名 **1** Ｕ《正式》分離, 孤立. **2** Ｕ《正式》超然, 無関心; 公平(な態度). **3** Ｃ《軍隊》の派遣.

*__de·tail__ /díːteɪl ディーテイル, dɪtéɪl/〖「細かく(de)切断する(tail)」 cf. retail〗
　──名 (複 ~s/-z/) **1** Ｃ 細部, 細目, 項目 ‖
the **details** of a contract 契約書の細目.
**2** [~s] 詳細; Ｕ 詳細な記述, 詳説 ‖
Please describe the accident **in** (great) **detail**. その事故について詳しく述べてください.
Tell me what happened in a few words; don't go [enter] **into details**. 何が起こったかを手短に話してください, くどくど言う必要はありませんよ.
**3** Ｕ（絵画・彫刻・建築などの）細部（装飾）.
　──動 他《正式》…を詳しく述べる.

**de·tailed** /díːteɪld ディーテイルド/ 動 → detail.
　──形 詳細な, 詳細にわたる.

**de·tain** /dɪtéɪn ディテイン/ 動 他《正式》〈人〉を引き留める, 待たせる, 手間取らせる ‖
She was **detained** by the blizzard. 彼女は吹雪で足止めをくった.

**de·tain·ee** /diːteɪníː ディテイニー/ 名 Ｃ《正式》〖法律〗拘留(されている)人.

**de·tect** /dɪtékt ディテクト/ 動 他《正式》《◆進行形にはできない》 **1**〈悪事・秘密など〉を見つける, 見抜く; [detect **that** 節] …だと知る ‖
We managed to **detect that** there were two switches. スイッチが2つあるのを何とか見つけた《◆ that は省略できない》.
**2** [detect A doing] A〈人〉が…しているのを発見する ‖
The child was **detected** stealing cookies. その子供はクッキーを盗んでいるところを見つかった.

**de·tec·tion** /dɪtékʃən ディテクション/ 名 Ｕ《正式》 **1** 看破. **2** 発覚. **3**〖無線・電子工学〗検波; 整流.

*__de·tec·tive__ /dɪtéktɪv ディテクティヴ/〖→ detect〗
　──名 (複 ~s/-z/) Ｃ 探偵, 刑事 ‖
a private **detective** 私立探偵, 私服警官.
**detéctive stòry** [nòvel] 探偵小説, 推理小説.

**de·tec·tor** /dɪtéktər ディテクタ/ 名 Ｃ **1** 発見者, 探知者.
**2** 探知器, 検出器 ‖
a líe detèctor うそ発見器.
**3**〖無線〗検波器.

**dé·tente** /deɪtɑ́ːnt デイターント ‖ déɪtɒnt デイトント/〖フランス〗名 Ｃ Ｕ（国際関係の）緊張緩和, デタント.

**de·ten·tion** /dɪténʃən ディテンション/ 名 Ｕ **1**《正式》引き留め. **2** 勾(こう)留《◆「拘(こう)留」は主に custody》; [時に a ~]（罰としての）放課後の居残り.

**de·ter** /dɪtə́ːr ディター/ 動 (過去·過分) -·terred /-d/; (現分) -·ter·ring) 他《正式》〈人〉·恐怖·不安などが〈人〉に思いとどまらせる, やめさせる.

**de·ter·gent** /dɪtə́ːrdʒənt ディターヂェント/ 形 洗浄性の. ──名 Ｃ Ｕ（中性）洗剤; 清浄剤.

**de·te·ri·o·rate** /dɪtíəriərèɪt ディティアリオレイト/ 動 (現分) -rat·ing) 自《正式》悪くなる, 低下する.

**de·te·ri·o·ra·tion** /dɪtìəriəréɪʃən ディティアリアレイション/ 名 Ｕ Ｃ 悪化.

**de·ter·mi·na·tion** /dɪtə̀ːrmənéɪʃən ディターミネイション/ 名 **1** Ｕ 決心, 決意; 決断力 ‖
her **determination** to win 勝とうという彼女の決意.
a leader **of** great **determination** 意志堅固な指導者.
**with determination** 決然として.
**2** Ｕ Ｃ《正式》決定, 確定 ‖
make a **determination of** who will go だれが行くかを決定する.

*__de·ter·mine__ /dɪtə́ːrmɪn ディターミン/《アクセント注意》〖「はっきりと限界を定める」が原義. cf. terminal〗派 determination (名)
　──動 (三単現 ~s /-z/; 過去·過分 ~d /-d/; 現分 -min·ing)
　── 他 **1**《正式》**a** [determine to do / determine (**that**) 節]〈人が〉…することを**決心する**, 決意する(decide) ‖
She **determined** to accept the offer. = She **determined** (**that**) she would accept the offer. 彼女はその申し入れを受けようと決心した《◆ She decided to accept … の方がふつう》.
**b** [determine A to do]〈物·事が〉A〈人〉に…することを**決心させる** ‖
What **determined** you **to** be a doctor? どうして医者になる気になったのですか.
**c** [be determined to do] …することを**堅く決心している**, 決意している ‖
They **were determined to** maintain peace. 彼らは平和を守ろうと堅く決意していた.
対話 "Do you think he will pass the test?" "I'm sure of it. He's really **determined**."「彼は試験に通ると思う?」「きっと受かるよ. どうしても通る気でいるから」.
**2 a**《正式》…を**決定する**, 確定する(fix);〈日取りなど〉を予定する ‖

determine the course to be taken 今後の進路を決定する.
This determined his fate. このことが彼の運命を決めた.
b [determine wh 節・句] …かを決める.
3 …を測定する, 決定する.
—[自] [determine on [upon] A] …を決心する; 決定する ‖
They determined on an early start. =They determined on starting early. 彼らは早く出発することに決めた.

**de·ter·mi·ner** /ditə́ːrminər ディターミナ/ [名] [C] 1 決定する人[もの]. 2 〔文法〕決定詞, 限定詞《◆冠詞・指示代名詞・代名詞および名詞の所有格など》.

**de·ter·min·ing** /ditə́ːrminiŋ ディターミニング/ [動] → determine.

**de·ter·rent** /ditə́ːrənt ディターレント, -tér- | -tér- ディテレント/ [形] 〈物・事〉が妨げる, 引き止める, おじけづかせる; 戦争抑止の.
—[名] [C] 1 引き止める物, 妨害物; 戦争抑止力. 2 (英) 核兵器.

**de·test** /ditést ディテスト/ [動] [他] …を憎む; [detest doing] …するのをひどく嫌う《◆(1) hate より意味が強い. (2) 進行形にできない》.

**de·test·a·ble** /ditéstəbl ディテスタブル/ [形] (正式) 憎悪すべき.

**det·o·nate** /détənèit デトネイト/ [動] ([現分] --nat·ing) [他] (正式) …を爆発させる. —[自] 爆発する.

**de·tour** /díːtuər ディートゥア, ditúər/ 『フランス』 [名] [C] 1 遠回り; 回り道. 2 [比喩的に] 回り道.

**de·tract** /ditrǽkt ディトラクト/ [動] [自] (正式) [detract from A] …を損なう, 減ずる.

**det·ri·ment** /détrəmənt デトリメント/ [名] (正式) 1 [U] 損害, 損失. 2 [C] [通例 a ～] 損害の原因.

**det·ri·men·tal** /dètrəméntl デトリメントル/ [形] (正式) (健康などに)有害な(harmful).

**De·troit** /ditrɔ́it ディトロイト/ [名] デトロイト《米国 Michigan 州南東部の大都市. 自動車産業の中心地. Motor City とか Automobile Capital of the World などと呼ばれる》.

**deuce** /d(j)úːs ドゥース(デュース)/ [名] 1 [C] (トランプの)2の札; (ポーカーの)ワンペア; (ダイスの)2の目, 2点. 2 [U] 〔テニス・バレーボールなど〕デュース, ジュース.

**de·val·u·a·tion** /diːvæljuéiʃən ディーヴァリュエイション/ [名] [U] 平価切り下げ; (価値などの)低下.

**de·val·ue** /diːvǽljuː ディーヴァリュー/ [動] ([現分] --u·ing) [他] …の価値を減ずる.

**dev·as·tate** /dévəstèit デヴァステイト/ [動] ([現分] --tat·ing) [他] (正式) 〈国土など〉を荒らす.

**dev·as·tat·ing** /dévəstèitiŋ デヴァステイティング/ [動] → devastate. —[形] 1 (正式) 〈物・事が〉(完全に)破壊的な. 2 (略式) [意味を強めて] 圧倒的な; 痛烈な.

**dev·as·ta·tion** /dèvəstéiʃən デヴァステイション/ [名] [U] (正式) 荒らすこと; 荒廃(状態), 廃墟(きょ) (ruins).

***de·vel·op** /divéləp ディヴェロプ/ 『包み(velop)を解く(de). cf. en*velop*』
[派] development (名)
—[動] ([三単現] ～s/-s/; [過去・過分] ～ed/-t/; [現分] ～·ing)

[他] と [自] の関係
[他] 1 develop A A〈物・事〉を発達させる
[自] 1 A develop A〈物・事が〉発達する

—[他] 1 …を**発達させる**, 発展させる, 発育させる, 啓発する ‖
develop one's knowledge 知識を広める.
develop one's muscles by doing exercises 運動して筋肉をつける.
2 〈資源など〉を**開発する**, 〈宅地など〉を造成する ‖
develop the natural resources 天然資源を開発する.
develop nuclear energy for peaceful purposes 平和目的で原子力エネルギーを開発する.
3 〈計画・議論など〉を展開する, 進展させる ‖
develop a theory 理論を展開する.
4 (正式) 〈傾向・好みなど〉を発現させる; 〈潜在的なもの〉を引き出す; (米) 〈新事実など〉を明らかにする; 〈病気〉になる ‖
The investigation failed to develop any new facts. その調査では何ら新事実が明らかにならなかった.
develop a liking for classical music クラシック音楽が好きになる.
develop a sense of humor ユーモアのセンスを身につける.
develop the habit of getting up early 早起きの習慣がつく.
develop a fever 熱を出す.
5 〔写真〕…を現像する ‖
develop pictures 写真を現像する《◆ pictures は結果の目的語》.
—[自] 1 〈物・事が〉**発達する**, 発展する, 進展する, 発育する ‖
A blossom develops from a bud. =A bud develops into a blossom. 芽が出て花が咲く.
The situation developed unexpectedly. 事態は意外な展開を示した.
2 (米) [it develops that 節] …ということが明らかになる ‖
It developed that they had an alibi for the night. 彼らにその夜のアリバイがあることが明らかになった.
3 (表面に)現れる, 見えてくる.
4 〔写真〕〈フィルムが〉現像される.

**de·vel·op·er** /divéləpər ディヴェロパ/ [名] 1 [C] 開発者, 啓発者; 宅地造成業者. 2 [U][C] 〔写真〕現像液[剤].

**de·vel·op·ing** /divéləpiŋ ディヴェロピング/ [動] → develop.
—[形] 発展[発達]途上の ‖
a devéloping cóuntry [nátion] 発展途上国《◆ a backward [an undeveloped, an underdeveloped] country の言い換え表現》.

D

**de·vel·op·ment** /divéləpmənt ディヴェロプメント/ 〖→ develop〗
——名 (複 ~s/-mənts/) **1** Ⓤ 発達, 発育, 成長; 進展, 発展, 啓発 ‖
economic development 経済的発展.
social development 社会性の発達, 社会性を身につけること.
**2** Ⓤ (資源・土地などの)**開発**, 造成; Ⓒ (低所得者向けの)団地 ‖
housing developments 団地.
**3** Ⓒ 進化[発展, 発達]の結果; 新事態 ‖
Here are the latest news developments. 今入りましたニュースをお知らせいたします《◆ニュースでアナウンサーがよく使う言葉》.
**4** ⒰Ⓒ 〔数学〕展開; 〔音楽〕展開(部); 〔写真〕現象.
devélopment wòrk 開発事業.

**de·vi·ate** /dí:vièit ディーヴィエイト/ 動 (現分) ··at·ing) 圓 (正式) それる; 逸脱(ⅳ)する.

**de·vi·a·tion** /dì:viéiʃən ディーヴィエイション/ 名 Ⓤ Ⓒ 逸脱.

*__de·vice__ /diváis ディヴァイス/ 〖→ devise〗
——名 (複 ~vic·es/-iz/) Ⓒ **1** 装置, (機械的)仕掛け, 考案物 ‖
a device for sharpening pencils 鉛筆削り器.
a núclear devíce 核装置, 原水爆.
**2** (正式) 工夫, 計画, 方策.
**3** (正式) (文学的効果をねらった)特殊表現, 比喩(*)表現. **4** 〔コンピュータ〕デバイス《キーボード・ディスプレイなどの周辺装置》.
léave A to A's ówn devíces (忠告・援助を与えず) A〈人〉を思うように[勝手に]させる.

**dev·il** /dévl デヴル/ (発音注意) 《◆*デビル》名 Ⓒ **1** [通例 the D~] 悪魔, 悪鬼, 魔神; 魔王, サタン《◆ヤギの頭に角・尾・長い耳・割れたひづめ・コウモリの翼に女の腕と胸をもった姿で表される》‖
worship the Devil 悪魔を崇拝する.
The devil has the best tunes. 《ことわざ》悪の快楽は最も甘い.
The dévil looks àfter his ówn. 《ことわざ》悪魔に助けられて事を成す《◆他人の成功をねたんでしばしばおどけて用いる》.
Talk [Speak] of the devil (and he will [is sure to] appear). 《ことわざ》悪魔のことを口に出せば悪魔が現れる;「うわさをすれば影」.
**2** 極悪人.
**3** (略式) [通例 poor ~] 哀れな人, みじめなやつ ‖
That poor devil! 哀れなやつめ!
**4** (略式) [the ~] **a** [のろい・驚き・怒りなどを表して] こんちくしょう!, まさか!
**b** [wh 語を強めて; 疑問詞の直後で] いったい全体 ‖
What the devil happened? いったい全体何事だ《◆今は the hell がふつう》.
gó to the dévil (1) 落ちぶれる. (2) [命令文で] うせろ!, くたばれ.

**dev·il·ish** /dévliʃ デヴリシュ/ 形 悪魔のような, 悪魔

に似た.

**de·vi·ous** /dí:viəs ディーヴィアス/ 形 (正式) **1** 曲がりくねった. **2** ひねくれた.

**de·vise** /diváiz ディヴァイズ/ 動 (現分) ··vis·ing) 他 (正式) …を工夫する, 考案する(make up), 発明する(invent) ‖
devise a secret code 暗号を考案する.
We must devise some means of escape. 何か逃げる手だてを考えねばならない.

**de·void** /divóid ディヴォイド/ 形 (正式) [be devoid of A] …を欠いている ‖
a man (who is) devoid of humor ユーモアのない人.

**dev·o·lu·tion** /dèvəlú:ʃən デヴォルーション / dì:v- ディーv-/ 名 Ⓤ **1** (発達過程などにおける)段階的推移[移行]. **2** (権利・義務・地位などの)移転, 継承; 委任.

**de·volve** /diválv ディヴァルヴ / -vɔ́lv ディヴォルヴ/ 動 (現分) ··volv·ing) (正式) 他〈権利など〉を譲り渡す. ——圓 [devolve on [to] A] 〈義務・職などが〉…に移る.

**Dev·on** /dévn デヴン/ 名 **1** デボン《イングランド南西部の州. 州都 Exeter》. **2** デボン種牛《食用》.

*__de·vote__ /divóut ディヴォウト/ 〖心から(de)誓う(vote)〗 派 devotion (名)
——動 (三単現) ~s/-vóuts/; 過去・過分) ··vot·ed/-id/; 現分) ··vot·ing) 他 **1** [devote A to B] A〈時間・努力・金など〉を B〈人・仕事・目的など〉にささげる, あてる, 向ける ‖
devote one's energies to the cause of peace 精力を平和運動にささげる.
devote much time to reading 多くの時間を読書にあてる.
**2** [devote oneself to A / be devoted to A] …に一身をゆだねる, 専念する; …を熱愛する ‖
He's devoting himself to spending his father's money. 彼は父親の金をどんどん使っている《◆好ましくない行為にも用いられる》.
He is devoted to football. 彼はフットボールがとても好きだ.
対話 "He really likes her, doesn't he?" "He's devoted to her. He'll do anything she asks him." 「彼はあの娘のこと本当に好きなんだね」「彼女にぞっこんだよ. 言われたことは何でもするんだから」.

**de·vot·ed** /divóutid ディヴォウティド/ 動 → devote.
——形 (正式) **1** 献身的な, 忠実な ‖
a devoted friend 忠実な友.
**2** (神に)ささげられた.

**de·vot·ed·ly** /divóutidli ディヴォウティドリ/ 副 献身的に; 一心に.

**dev·o·tee** /dèvətí: デヴォティー | dèvəu- デヴォウ-/ 名 Ⓒ (正式) 愛好者, 熱愛者 ‖
a golf devotee ゴルフ狂.

**de·vot·ing** /divóutiŋ ディヴォウティング/ 動 → devote.

**de·vo·tion** /divóuʃən ディヴォウション/ 名 Ⓤ (正式)

**1** 深い愛情; 忠誠, 忠実(loyalty) ‖
the **devotion** of a mother to [for] her children 子供に対する母親の深い愛情.
**2** 献身, 専念, 傾倒 ‖
the **devotion** of a lifetime to research 研究に一生をささげること.
**3** 信心, 信仰, 帰依(き).

\***de·vour** /diváuər ディヴァウア/《発音注意》《♦ ×ディヴォーア》**動** 他 《正式》**1** …をむさぼり食う, がつがつ食う ‖
The lion **devoured** its prey. ライオンは獲物をむさぼり食った.
[対話] "Boy, can he eat a lot of food!" "Yeah, I once saw him **devour** three big steaks in 10 minutes!" 「驚いた. 彼はたくさん食べるね」「うん. 前に彼が10分ほどのうちに大きなステーキを3つぺろっと平らげるのを見たことがあるよ」.
**2** …をむさぼるように読む[見る, 身につける]; …に熱心に聞き入る ‖
**devour** historical novels 歴史小説をむさぼり読む.
**3**《火事などが》《建物・森林などを》なめつくす, 滅ぼす(destroy);《海・やみなどが》…を飲み込む ‖
The fire **devoured** twenty acres of forest. 火事は森林20エーカーをなめつくした.
**4** [通例 be 〜ed]《人》がとりこになる, 夢中になる ‖
be **devoured** by hate 憎しみに満ちている.

**de·vout** /diváut ディヴァウト/ **形** 《正式》**1** 信心深い; [the 〜; 集合名詞的に; 複数扱い] 信心深い人々. **2** 心からの.

**de·vout·ly** /diváutli ディヴァウトリ/ **副** 《正式》敬虔(※)に; 心から.

**dew** /djúː ドゥー (デュー)/ 《同音 due》 **名** U **1** 露(②) ♦5月の朝露で顔を洗うと美しくなるという迷信がある》‖
The grass glistened with **dew**. 草は露できらきら光っていた.
**2**(涙・汗などの)しずく ‖
beads of **dew** しずく[露]の玉.

**Dew·ey** /djúːi ドゥーイ (デューイ)/ **名** デューイ《John 〜 1859-1952; 米国の哲学者・教育者. プラグマティズムの主唱者》.

**dex·ter·i·ty** /dekstérəti デクステリティ/ **名** U 《正式》器用さ, 巧妙さ.

**dex·ter·ous** /dékstərəs デクスタラス/ **形** 《正式》**1** 器用な. **2**(動作の)機敏な.

**DH**(略)〔野球〕designated hitter.

**di·a·be·tes** /dàiəbíːtiz ダイアビーティーズ/ **名** U 糖尿病.

**di·a·bet·ic** /dàiəbétik ダイアベティック, -bíːt-/ **形** 糖尿病の, 糖尿病に関係のある, 糖尿病患者用の.
―― **名** C 糖尿病患者.

**di·a·bol·i·cal** /dàiəbálikl ダイアバリクル | -ból- -ボリクル/ **形** 非常に残忍な, 邪悪な, 極悪非道の.

**di·ag·nose** /dáiəgnòus ダイアグノウス | ―ˈ―/ **動**《現分》--nos·ing》他《病気》を診断する.

**di·ag·no·sis** /dàiəgnóusis ダイアグノウスィス/ **名**《複》--ses/-siːz/ UC〔医学〕診察; 診断(法).

**di·ag·nos·tic** /dàiəgnástik ダイアグナスティック | -nós- -ノスティック/ **形** 診察の, 診断(上)の; 診断に役立つ.

**di·ag·o·nal** /daiǽgənl ダイアゴヌル/ **形**〔幾何〕対角線[面]の.
―― **名 1** C 対角線[面]; 斜線. **2** U =diagonal cloth.
**diágonal clòth** あや織(diagonal).

**di·ag·o·nal·ly** /daiǽgənəli ダイアゴナリ/ **副** 対角線[面]的に, 斜めに, 筋違いに.

\***di·a·gram** /dáiəgrǽm ダイアグラム/ 〖対角線に(dia)書く(gram)〗
―― **名**《複》〜s/-z/ C **1** 図, 図形, 図表; 図解 ‖
He explained new technique using a **diagram**. 彼は新技術を図表を使って説明した.
**2**〔数学〕図式, 作図.
**3** 海図, グラフ,(列車の)ダイヤ(グラム).
―― **動**《過去・過分》〜ed または《英》--grammed /-d/;《現分》〜ing または《英》--gram·ming》他 …を図(表)で示す.

**di·a·gram·mat·ic, ―i·cal** /dàiəgrəmǽtik(l) ダイアグラマティク(ル)/ **形** 《正式》図表[図式]の.

\***di·al** /dáiəl ダイアル/ 〖「1日を示す目盛」が原義〗
―― **名**《複》〜s/-z/ C **1**(時計の)**文字盤**;(各種計器の)目盛盤, 指針盤 ‖
the **dial** of a wrist watch 腕時計の文字盤.
**2**(ラジオ・電話・金庫などの)ダイヤル.
―― **動**《過去・過分》〜ed または《英》-alled/-d/;《現分》〜ing または《英》-al·ling》他 **1** …を文字盤で示す[測る].
**2** …に電話をかける(cf. telephone);《電話番号・金庫などの》ダイヤルを回す ‖
**dial** 911[nine-one-one] 911番を回す《♦ 米国で, 日本の「110番, 119番」に当たる》.
If you wish to call the United States, **dial** 0011 and then the number. 米国におかけになるときは, まず0011を, それから(必要な)番号を回してください.
[対話] "I called John but someone else answered." "Maybe you **dialed** the wrong number. Try again." 「ジョンに電話をかけたけれど, だれかほかの人が出たよ」「ひょっとしたら間違い電話をかけたんだ. もう一度かけてごらん」.
**3**(ダイヤルを回して)《ラジオなど》を調整する; …の波長を合わせる.
―― **自** 電話のダイヤルを回す.

**dial.**(略) dialect; dialectic; dialogue.

**di·a·lect** /dáiəlèkt ダイアレクト/ **名** CU(地域)方言, 地方語;(社会・階級)方言;(職業)方言; なまり ‖
speak in **dialect** 方言で話す.

**di·a·lec·tic** /dàiəléktik ダイアレクティク/ **形** 弁証(法)的な.

**di·a·logue**,《米ではしばしば》--log /dáiəlɔ̀(ː)g ダイアロ(ー)グ/ **名** CU **1** 対話.
**2**(劇・小説などの)対話(cf. monologue) ‖

in dialogue 対話体で.
**3**（首脳者間などの）会談.
**di·am·e·ter** /dáiəmətər ダイアミタ/ 图ⓒ **1**〔数学〕直径, さしわたし (cf. radius) ‖
The tree is five feet in **diameter**. その木は直径5フィートある.
**2**〔光学〕〔拡大単位の〕…倍 (cf. magnification) ‖
a lens that magnifies 20 **diameters** 倍率20倍のレンズ.
**di·a·met·ri·cal**, 《主に英》 **--ric** /dàiəmétrik(l) ダイアメトリク(ル)/ 形 **1** 直径の. **2** 正反対の; 対立的な.
**di·a·met·ri·cal·ly** /dàiəmétrikəli ダイアメトリカリ/ 副 完全に, まったく ‖
**diametrically** opposite [opposed] views 《正式》正反対の意見.
**di·a·mond** /dáimənd ダイモンド | dáiə- ダイア-/ 图 **1**ⓤⓒ ダイヤモンド《◆4月の誕生石》; ⓒ ダイヤの装身具; [形容詞的に] ダイヤの. **2**ⓒ **a** ダイヤモンド形, ひし形; [形容詞的に] ひし形の. **b**〔野球〕〔通例 the ~〕内野; 野球場. **c**〔トランプ〕ダイヤの札.
**díamond wédding (annivérsary)** ダイヤモンド婚式《結婚60周年（または75周年）の祝い》.
**Di·an·a** /daiǽnə ダイアナ/ 图 **1**〔ローマ神話〕ディアナ《狩猟と月の女神で女性の守護神. ギリシア神話の Artemis に当たる. cf. Luna》. **2**ⓤ〔詩〕月. **3** Princess ~ ダイアナ妃《1961-97; 元英国皇太子妃》. **4** ダイアナ《女の名》.
**di·a·per** /dáipər ダイパ | dáiə- ダイア-/ 图ⓒ《米》おしめ《しに英正式》napkin》.
**di·a·phragm** /dáiəfræm ダイアフラム/ 图ⓒ **1**〔解剖〕隔膜, 横隔膜. **2**〔正式〕（機械類の）仕切り板；（電話機の）振動板；〔光学・写真〕（レンズの）絞り.
**di·ar·rhe·a**, 《主に英》 **--rhoe·a** /dàiərí:ə ダイアリーア | -ríə -リア/ 图ⓤ〔医学〕下痢.
**di·a·ries** /dáiəriz ダイアリズ/ 图 → diary.

***di·a·ry** /dáiəri ダイアリ/ 『『（食料・給料の）日々の割り当て(daily allowance)の記録』が原義. cf. dial』
— 图（複 --a·ries/-z/）ⓒ **1** 日記, (個人の) 日誌 (cf. journal) ‖
keep a **diary** 日記をつけている《◆長時間の習慣的行為を表すので ˟keep a **diary** every night などとはいわない》.
write in one's **diary** 日記をつける《◆個々の行為》.
He told his **diary** that she had come to see him. 彼は日記の中で彼女が会いに来たと書いている.

語法 日記では, 日付や天気は Monday, May 1 [《英》1 May]. Fine. の順で書く. 主語 I は省略することが多い.

**2** 年間覚え書帳, 日誌帳.
**dice** /dáis ダイス/ 图 《複》《◆元来単数形は die/dái/ で dice は複数形だが, 現在では dice が単複両用に用いられる》 **1** さいころ《◆ふつう2個以上を1組として用いるので単数形はまれ. 「さい1つ」は a die の代わりに one of the dice という》. **2** [単数扱い] さいころ遊び, ばくち. **3**（野菜・肉などの）さいの目に切ったもの.
— 動（現分）dic·ing）貟 **1**〔正式〕さいころで遊ぶ. **2** さいの目に切る.
— 他〈野菜・肉など〉をさいの目に切る；…を市松模様にする.
**díce with déath**《略式》大きな危険を冒す, 無用の危険を冒す.
**Dick** /dík ディク/ 图 ディック《Richard の愛称》.
**Dick·ens** /díkinz ディキンズ/ 图 ディケンズ《Charles ~ 1812-70；英国の小説家》.
**dict.**（略）dictation; dictator; dictionary.
**dic·tate** /動 díkteit ディクテイト, -´-; 图 -´- / 動 （現分）--tat·ing）他 **1**〈文章などを〉書き取らせる, 口述する ‖
**dictate** a letter 手紙の内容を言って書き取らせる.
**2**〔正式〕…を命令する ‖
I hate to be **dictated** to. 人に命令されるのは嫌いだ.
— 貟 **1** 要件を書き取らせる, 口述する ‖
**dictate** in French **to** the class クラス（の生徒）にフランス語で書き取らせる.
**2** 命令する.
— 图ⓒ〔正式〕[通例 ~s]（理性・良心などの）命令 ‖
follow [obey] the **dictates** of one's conscience 良心の指示に従う.

***dic·ta·tion** /diktéiʃən ディクテイション/
— 图（複 ~s/-z/）**1** 書き取り, 口述, (外国語の) ディクテーション；ⓒ 書き取られた[口述された]もの ‖
write at his **dictation** 彼の口述を書き取る.
**2**ⓤ 命令, 指図, 指令.
**dic·ta·tor** /díkteitər ディクテイタ, -´-´-/ 图ⓒ 独裁者, (会社などの) ワンマン.
**dic·ta·to·ri·al** /dìktətɔ́:riəl ディクタトーリアル/ 形〔正式〕独裁的な；独断的な.
**dic·ta·tor·ship** /díkteitərʃip ディクテイタシプ/ 图 **1**ⓤⓒ 独裁者の職[任期]. **2**ⓒ 独裁国[制]. **3**ⓤⓒ 独裁権.
**dic·tion** /díkʃən ディクション/ 图ⓤ 用語選択, 言葉づかい, 言い回し, 語法《◆ speech より堅い語》‖
poetic **diction** 詩語.
**dic·tio·nar·ies** /díkʃənèriz ディクショネリズ | -ʃənəriz ディクショナリズ/ 图 → dictionary.

***dic·tio·nar·y** /díkʃənèri ディクショネリ | díkʃənəri ディクショナリ/ 『（単語(diction)の本(ary). cf. dictum』
— 图（複 --nar·ies/-z/）ⓒ 辞書《◆用語辞典・特殊事典も含む》（略 dict.）‖
consult a **dictionary** 辞書を引く.
lóok úp a wórd in a [the] **dictionary** 辞書で単語を引く.
a wálking **díctionary** 生き字引.
an English-Japanese **dictionary** 英和辞典.

a sports **dictionary** スポーツ事典.
a **dictionary** of place-names 地名辞典.
**dictionary** English 堅苦しい英語.

# *did
/(弱) did ディド; (強) díd ダイド/ 動助 → do.

**di·dac·tic, --ti·cal** /daidǽktik(l) ダイダクティク(ル) | di- ディダク-/ 形 (正式) 1 教訓的な. 2 説教的な.

# *did·n't
/dídnt ディドント/ did not の短縮形.

# *die¹
/dái ダイ/ (同音 dye) 【「生物が病気や退化によって生命を失う」が本義】
派 **dead** (形), **death** (名)
──動 (三単現 ~s/-z/; 過去・過分 ~d/-d/; 現分 dy·ing)
──自 **1a** 死ぬ; [die of A] A (が原因) で死ぬ, 枯れる (↔ live) 《◆ of の代わりに from も用いる》||
He **is dying of** cancer. 彼はがんで死にかけている.
What did she **die of**? = How did she **die**? 彼女の死因は何ですか.
The victim **died of [from]** a loss of blood. 被害者は出血多量で死んだ.
He **died** in a traffic accident. 彼は交通事故で死んだ《◆ He was killed in a traffic accident. ということも多い》.
He **died (of)** fighting in the Vietnam War. 彼はベトナム戦争で戦死した《◆ (1) He was killed in the Vietnam War. がふつう. (2) 動名詞の前では前置詞が略されることが多い》.
Many pine trees **are dying [begin to die] of** automobile exhaust. 松の木が車の排気ガスで次々と枯れだした.
She almost **died** twice. 彼女は2度死にかけた.
A man can only **die** once. どっちみち1度しか死ねないよ; どうせいつかは死ぬんだ《◆ 危険に突入しようとする人への激励の言葉》.

[語法] (1) [of, from 以外の前置詞] **die by** violence 非業 (ひごう) の死を遂げる / **die by** one's own hand 自殺する / **die in** poverty 貧困のうちに死ぬ (= **die** poor) / **die for** love 恋に殉 (じゅん) ずる / **die for** one's country 祖国に殉ずる / **die through** neglect 放置されて死ぬ / My wife **died on** me. (主に米略式) 女房に先立たれた.
(2) [**die** と完了形] ˣHe has died for five years. のように「継続」の意味で用いないのが普通 (→ **dead** 形 1). ただし Many people have died of cancer. (これまでに多くの人ががんで亡くなっている) は可.

[Q&A] **Q**: die の遠回しな言い方はありますか.
**A**: ええ, 次のようなものがあります. pass away (亡くなる), breathe one's last (正式) 息を引き取る), go out of [depart] this world (この世を去る), go to the other [next] world (あの世へ行く), go to Heaven (天国へ行く), fall asleep (眠りにつく), go to Jesus (キリストのもとに行く), be no longer with us (私たちのところにいない), kick the bucket, push up daisies (くたばる) などです.

**b** [die **C**] 〈人が〉**C** の状態で死ぬ《◆ **C** は名詞または は happy, young, rich, poor などの形容詞》||
He **died** rich. 彼は亡くなった時は金持ちだった.
She **died** (as) a millionaire. 彼女は死んだ時は百万長者であった《◆ **die** old は「年をとって(から) 死ぬ」の意. 「老齢(が原因)で死ぬ」は **die** of old age》.

**2** 〈略式〉**a** [主に be dying] 元気がなくなる; [主に be dying of A] 死ぬかと思うほど…である […する] ||
**be dying of [from]** boredom 死ぬかと思うほど退屈する.
They (nearly) **died (of)** laughing. 彼らは笑いこけた.
**b** [be dying for A] A 〈物・事〉が欲しくてたまらない; [be dying to do] …したくてたまらない ||
I'm **dying for** a break. = I'm **dying to** take a break. 私は一休みしたくてたまらない.

**3** 〈物・事が〉存在しなくなる, 消える, 忘れられる, 機能停止する; 〈音・光・風・騒音などの〉力 [勢い] が次第に弱まる (+ **away, down, out, off**) ||
The candle **is dying**. ロウソクが消えそうだ.
The smile **died** on her lips. ほほえみが彼女の口もとから消えた.
Her theory **died** with her. 彼女は自分の理論を公表せずに死んだ.
The storm **died (away)** in a breeze. あらしは次第におさまって微風になった《◆ 勢いが完全になくなっていない文脈では **die down** を用いる》.

──他 [die a [an] ... death] 〈人が〉…の状態で死ぬ ||
**die a dóg's déath** みじめな死に方をする.
**die a háppy déath** 幸せに死ぬ《◆ **die** happily より幸せということを強調した言い方》.

**díe hárd** (1) 〈習慣・感情などが〉なかなか消滅しない || Bad habits **die hard**. 悪い癖はなかなかとれない《◆ ふつう現在形で用いる. cf. die-hard》. (2) 苦しんで死ぬ.

**díe óff** [自] (1) 〈生物の一群が〉(短期間に) 次々死ぬ [枯れる] || Their young family are **dying off** through [for] lack of food. 食糧不足で一家の子供たちが次々に死んでいる. (2) 〈家系・種族などが〉絶滅する (die out).

**díe óut** [自] 〈家系・種族などが〉絶滅する; 〈商売・風習などが〉すたれる.

**Néver sày díe!** くじけるな, 元気を出せ.

**die²** /dái ダイ/ 名 (複 dice/dáis/) (→ dice) ⓒ 《主に米》さい, さいころ《◆ ふつう複数形 dice を用いる》||
The **die is cast [thrown]**. (ことわざ) (やや古) さいは投げられた (もうあとへは引けない) (cf. Rubicon).

**die-hard, die·hard** /dáihɑːrd ダイハード/ 形 名
© なかなか死なない(者), がんこな(保守主義者), いこじな(人) (cf. die hard → die¹ 成句)).

**die·sel** /díːzl ディーズル, 《米+》-sl/ 〖発明者のドイツ人の名から〗名 [しばしば D~] © =diesel engine [motor].

**díesel èngine [mòtor]** ディーゼル機関(diesel).

*__di·et__¹ /dáiət ダイエット/ 〖「一日の食事」が原義〗
―名 **1** © (治療・減量・罰のための)**規定食**, 減食, ダイエット; 美容食 ‖
bè on a díet ダイエットをしている.
gò on a díet ダイエットをし始める.
**2** U [しばしば a ~] (栄養面からみた日常の)**飲食物**, 常食; (動物の)常用飼料 ‖
a meat diet 肉食.
a well-balanced diet 栄養のバランスのとれた食事.
対話 "I'm gaining too much weight." "You should be more careful about your diet." 「体重が増えすぎるんです」「食べる物にもっと気をつけるべきですね」.
―動 @ 規定食をとる, ダイエットをする.

**di·et**² /dáiət ダイエット/ 名 [the D~] (日本の)国会, 議会(cf. Congress, Parliament, House) ‖
The Diet is now in session [sitting]. 国会は今開会中だ.

**di·e·tar·y** /dáiətèri ダイエタリ | -əri -タリ/ 形 **1** 食事の, 食物の. **2** ダイエットの, 食餌(ʲ)療法の.

**díetary lífe** 食生活.

**dif·fer** /dífər ディファ/ 《アクセント注意》《×ディファー》《類音 defer/difəːr/》 動 @ **1a** [differ (from A) (in B)] (A と) (B の点で)**異なる**《◆ be different より堅い語》‖
Tastes differ. 《ことわざ》好みは人によって異なる; 「たで食う虫も好きずき」.
His opinion differs from [than] hers. = He differs in opinion from her. 彼の意見は彼女のとは違う《◆ than については → different Q&A》.
**b** [differ from A to A] …によって異なる ‖
Manners and customs differ from country to country. 風俗習慣は国によって異なる.
**2** [differ (with [from] A)] (…と)意見を異にする; [differ (on A)] (…に関して)意見が合わない; [differ (in A)] (…の点で)意見が合わない《◆ disagree より堅い語》‖
He never differs with my plans. 彼は決して私の計画に異をはさまない.
I beg to differ (with you). 《正式》失礼ですが同意しかねます.

*__dif·fer·ence__ /dífərəns ディファレンス/
―名 (複 ~·enc·es/-iz/) **1** © U **相違**, 違い, 差; 相違点; 区別, 差別 ‖
What [×How] is the difference between a mule and a horse? ラバと馬はどう違いますか.
I will màke nó difference in my treatment of them. 彼らの扱いについて私は区別をしない.
It doesn't màke múch difference to him what I do. 私が何をやるかは彼には大した問題ではない.
It makes no difference what she said. 彼女が何を言ったって構わない《♦ What she said makes *no difference*. は「彼女の言ったことは見当違いだ」の意》.
The difference is not so great [×much] for me. その相違は私にはそれほど重大ではない.
What's the difference? 《略式》どう違うのだ; どちらでもいいではないか.
**2** © (正式) [しばしば ~s] 意見の相違; 不和(disagreement); 紛争 ‖
hàve mány dífferences (with my wife) on [about, over] our house 家のことで(妻と)何度も仲たがいをする.

*__dif·fer·ent__ /dífərənt ディファレント/
―形 **1a** [be different from A (in B)] A と (B の点で)**違っている**, 異なっている(↔ same) ‖
Man is different from animals in having the faculty of speech. = Man is different in that he has the faculty of speech. 人間は話す能力がある点で動物と異なる.
**b** 違った, 別の ‖
a different project from what I expected 私が期待していたのと違った計画.
Hi, Meg, you lòok dífferent today! やあ, メグ, きょうは別人のようだよ!
対話 "So you like sports but your sister doesn't." "Yes, we're different in many ways." 「それでは君はスポーツが好きで, 妹さんは好きじゃないのですね」「そうです. 私たち2人はいろんな点で違っているのです」.

> Q&A **Q**: different に続く前置詞は何ですか?
> **A**: from がふつうですが, 《米略式》や《英》では than, 《英》では to も用いられます. 特に節が続く場合は than がふつうです: He's now a *different* man *than* he was ten years ago. 彼は10年前と人が変わって別人のようだ.

**2** [複数名詞の前で] **種々の**, いろいろ, さまざまな (various) ‖
This dress comes in different colors. このドレスにはさまざまな色がそろっている.

**dif·fer·en·tial** /dìfərénʃəl ディファレンシャル/ 形 **1** 〈賃金・関税などの〉区別を示す, 格差のある.
**2** 〈特徴・性格などが〉特異な, 区別の目安になる.
―名 (正式) **1** © 差異, 差(額). **2** U © =differential gear(ing).

**differéntial géar(ing)** [機械] 差動歯車[装置], ディファレンシャル (differential).

**dif·fer·en·ti·ate** /dìfərénʃièit ディファレンシエイト/ 動 (現分) ··at·ing) 《正式》 他 **1** …を区別[識別]する. **2** …を変更する. ―@ 〈器官・種類などが〉分化する; 区別をする.

**dif·fer·en·ti·a·tion** /dìfərènʃiéiʃən ディファレンシエイション/ 名 U 区別, 差別; 分化.

**dif·fi·cult** /dífikʌlt ディフィカルト | dífikəlt ディフィカルト/ 〖difficulty からできた語〗
——形 1〈物・事が〉難しい, 困難な; つらい, 問題のある; [it is difficult to do A / A is difficult to do] A〈物・事は〉…するのが難しい《◆hard より堅い語. 労力よりは技術・才能・知恵が必要な難しさをいい, 日本語のような否定的な含みはない》(↔ easy) ‖
The book is **difficult** to read. =It is **difficult** to read the book. その本は読みにくい.
Which is more **difficult**, English or Chinese? 英語と中国語とではどちらが難しいですか.
2〈人が〉扱いにくい, 気難しい; [it is difficult to do A / A is difficult to do] A〈人は〉…するのに手こずらせる ‖
He is a **difficult** person to get along with. =He is **difficult** to get along with. =It is **difficult** to get along with him. 彼はつき合いにくいやつだ.
She is being rather **difficult**. 彼女は少し気難しいことを言って[態度をとって]いる.
[対話] "Do you like Mary?" "Not so much. She's **difficult** to talk to." 「メリーが好きですか」「それほど好きではありません. 彼女は話がしにくいのです」.

**dif·fi·cul·ties** /dífikʌltiz ディフィカルティズ | -kəltiz -カルティズ/ → difficulty.

\***dif·fi·cul·ty** /dífikʌlti ディフィカルティ | dífikəlti ディフィカルティ/ 〖「容易さから離れること」が原義〗
 difficult (形)
——名 (複 ··cul·ties/-tiz/) 1 Ⓤ 難しさ, 困難, 問題 (↔ ease) ‖
with (much) **difficulty** かろうじて, やっとのことで.
without múch dífficulty たいした苦労もなく, 楽々と.
I hàve **difficulty** with foreign languages. 私は外国語に苦労している.
I had no **difficulty** (in) finding his house. 彼の家を見つけるのに少しも苦労しなかった.
2 Ⓒ 難事, 困難な点[原因]; (行動の)障害; [通例 difficulties] 難局; 財政的困難 ‖
a big **difficulty** for him 彼にとっての大きな困難.
be in **difficulties** (for money) 金に困っている.
meet many **difficulties** in building a dam ダム建設に当たって多くの障害に出くわす.
3 ⓊⒸ 不和, いざこざ; 口論, 異議 ‖
be in **difficulty** with the police 警察ともめている.
máke dífficulties [a dífficulty] 苦情を言う.

**dif·fi·dence** /dífidəns ディフィデンス/ 名 Ⓤ 《正式》自信のなさ; 内気 (↔ confidence).

**dif·fi·dent** /dífidənt ディフィデント/ 形 《正式》自信のない (↔ confident); 内気な.
  **díf·fi·dent·ly** 副 遠慮がちに.

**dif·fuse** 動 difjúːz ディフューズ; 形 -fjúːs ディフュース/ 〔現分〕 ··fus·ing 他 1〈気体・液体などを〉散放する(spread). 2〈知識などを〉広める. ——自 広まる, 普及する. ——形 1 広がった, 拡散した. 2〈文体・作家などの〉言葉数の多い.

**dif·fu·sion** /difjúːʒən ディフュージョン/ 名 Ⓤ 1 拡散. 2 普及. 3〈文体などの〉冗漫.

\***dig** /díg ディグ/ 〖「溝を掘る」が原義〗
——動 (三単現) ~s/-z/; (過去・過分) dug/dʌg/ または (古) digged/-d/; (現分) dig·ging)
——他 1〈地面・穴などを〉掘る, 〈畑などを〉掘り起こす, 掘り返す; 〈トンネルなどを〉掘って作る ‖
**dig** the ground 地面を掘る.
**dig** a tunnel **through** the hill 丘を掘り抜いてトンネルを作る.
2〈埋っているもの〉を掘り出す, 掘り当てる ‖
**dig** potatoes ジャガイモを掘り出す.
**dig** up some treasure 宝物を掘り当てる.
3 《米略式》〈物・事〉を見つけ[調べ]出す, 探究する ‖
**dig** up old records 古い記録を見つけ出す.
4 …を突く, 突っ込む; 〈人〉を指[ひじ]でつつく ‖
**dig** him in the ribs ひじで彼のわき腹をつつく 《◆こっけいなことや冗談を人に教えるときなどのしぐさ》.
——自 1 土を掘る[掘り返す].
2 掘り抜く, 掘り進む ‖
**dig** through a mountain 山を掘り抜く.
**díg into** A 《略式》 A〈食物〉をがつがつ食べる.
**díg óut** [他] …を掘り出す; 〈穴などを〉掘る.
**díg óver** 《略式》[他] 〈問題などを〉考え直す.
**díg úp** [他] …を掘り出す, 掘り起こす; 〈遺跡など〉を発掘する; → 他 2, 3.
——名 Ⓒ 1 [a ~] ひと掘り; 《略式》(考古学上の)発掘, 発掘物[現場].
2 《略式》[a ~] こづき, 突き.
3 《略式》[a ~] 当てこすり, 皮肉 ‖
gèt in a díg at her 彼女に当てこすりを言う.

**di·gest** 動 daidʒést ダイヂェスト, di-; 名 dáidʒest ダイヂェスト/ 動 他 1〈食べ物〉を消化する; 〈食べ物〉の消化を助ける[促す] ‖
food that is easy to **digest** 消化しやすい食べ物.
2 《正式》〈知識などを〉消化する; …を熟考する.
3 《正式》〈文学作品などを〉要約する.
——名 Ⓒ 《正式》要約, 摘要; (文学作品などの)梗概(ぷあ), ダイジェスト(summary) 《◆雑誌名の一部にもする: *Reader's Digest*》.

**di·gest·i·ble** /daidʒéstəbl ダイヂェスティブル/ 形 消化できる; 要約できる.

**di·ges·tion** /daidʒéstʃən ダイヂェスチョン, di-/ 名 Ⓤ Ⓒ 1〖生理〗消化(作用) ‖
have a good **digestion** 胃が丈夫だ.
have a poor [weak] **digestion** 胃が弱い.
2 (文化などの)同化, 吸収; 理解, 会得(ぇぇ).

**di·ges·tive** /daidʒéstiv ダイヂェスティヴ/ 形 《正式》〖医学〗消化の, 消化を助ける; 消化力のある.
**digéstive sýstem** [the ~] 消化器系統.

**dig·ger** /dígər ディガ/ 名 Ⓒ 掘る人[機械]; 坑夫.

**dig·it** /dídʒit ディヂト/ 名 Ⓒ 1《略式》(人・動物の手・足の)指(finger, toe). 2 指幅《約3/4インチ》. 3 **a** アラビア数字《0から9までの(時には0を除く). 本来指で数えたことから》. **b** 桁(で).

**dig·i·tal** /dídʒitl ディヂトル/ 形 1 指(状)の.

**2** (通信・信号・録音などの)デジタル(式)の(↔ analogue);〔コンピュータ〕デジタル(型)の, 計数型の ‖ go digital デジタル化される.

**dígital clóck [wátch]** デジタル時計.

**dígital divíde** デジタル格差《パソコンを持っている人[国]とそうでない人[国]との間に生じる情報差》.

**dig·ni·fied** /dígnəfàid ディグナファイド/ 形 → dignify.――形 威厳のある, 品位のある.

**dig·ni·fy** /dígnəfài ディグニファイ/ 動 (三単現) ~·nifies/-z/;(過去・過分) ~·nified/-d/) 他 …に威厳をつける; …にもったいをつける ‖
The meeting was dignified by the presence of the governor. その会合は知事の臨席の光栄に浴した.

**dig·ni·ty** /dígnəti ディグニティ/ 名 (複 ~·nities/-z/) **1** Ⓤ 威厳(けん), 重々しさ, 荘重(そう)さ ‖
The mayor is a man of considerable dignity. 市長はかなり威厳のある人だ.
**2** Ⓤ (人格などの)品位, 気品;尊厳;価値 ‖
the real dignity of a man 人間の本当の品位.
**3** ⓊⒸ (正式) 高位, 高官.
**be benéath A's dígnity** (略式) A〈人〉の威厳[体面]にかかわる, 品位を落とす.

**di·gress** /daigrés ダイグレス, di-/ 動 (三単現 ~·es/-iz/) 自 (正式) (話・文章で)脱線する.

**dike,**(主に英) **dyke** /dáik ダイク/ 名 Ⓒ **1** 堤防;土手道.
**2** 溝.

**di·lap·i·dat·ed** /dilǽpidèitid ディラピデイティド/ 形 くずれかかった.

**di·late** /dailéit ダイレイト, di-/ (現分 ··lat·ing) 動 (正式) 他 **1** 〈目・ひとみなど〉を大きく広げる, 開く. **2** …を詳しく述べる.――自 **1** 膨張する. **2** (正式) 詳しく述べる.

**di·lem·ma** /diléma ディレマ, dai-/ 名 Ⓒ ジレンマ, 板ばさみ.

**dil·i·gence** /dílidʒəns ディリヂェンス/ 名 Ⓤ 勤勉, 不断の努力.

*__**dil·i·gent**__ /dílidʒənt ディリヂェント/ 〖〖(入念に)選び(dili)分ける(dis)〗〗
――形 **1** 勤勉な, 精励な, 絶えず努力する《♦ earnest, hardworking より堅い語. industrious は (性格的に)勤勉な》(↔ idle, lazy) ‖
be diligent in one's work 仕事熱心だ.
a diligent student of literature 文学をよく勉強する学生.
**2** 〈仕事など〉入念な, 苦心の.

**dil·i·gent·ly** /dílidʒəntli ディリヂェントリ/ 副 精出して, こつこつと, 入念に.

**dill** /díl ディル/ 名 Ⓤ 〔植〕 イノンド, ディル《セリ科. その果実は薬用・香辛料》.

**di·lute** /dailú:t ダイルート, di-/ 動 (現分 ··lut·ing) 他 (正式) **1** …を薄める. **2** …の効果[強度]を弱める.

*__**dim**__ /dím ディム/ 〖「暗い」が原義〗
――形 (比較 dim·mer, 最上 dim·mest) **1** 薄暗い, ほの暗い(↔ bright) ‖
a dim room 薄暗い部屋.
by the dim light of the candle ろうそくの薄暗い光によって.
[対話] "I can hardly see in here. It's so dim." "Let's find a light."「ここはほとんど見えないな. 暗すぎるよ」「明かりを捜そう」.
**2** ぼやけた, かすんだ ‖
eyes dim with tears 涙でかすんだ目.
**3** おぼろげな, 鮮明でない ‖
a dim recollection of the accident その事故のおぼろげな記憶.
**4** 光沢のない, 曇った, くすんだ.
**5** (略式) 頭の鈍い, まぬけな, さえない.
**táke a dím víew of A** (略式) A〈物・事など〉を悲観的に見る, 懐疑的に見る.
――動 (過去・過分 dimmed/-d/;現分 dim·ming) 他 **1** …を薄暗くする, 曇らす;〈目など〉をかすませる. **2** (米)〈車のヘッドライト〉を暗くする.――自 薄暗くなる, 曇る, かすむ.

**dím·ness** 名 Ⓤ 薄暗さ;おぼろげ, 不鮮明.

**dime** /dáim ダイム/ 名 Ⓒ (米国・カナダの) 10セント硬貨(→ coin 事典)《♦ 電話・地下鉄などのスロットに入れる硬貨として最も手軽に用いられる.「小額の金」の意も含む》;(略式) [a ~; 否定文で] ぴた一文 ‖
I don't care a dime about it. そんなのちっとも気にしない.
His car can stop on a dime. (米略式) 彼の車はぱったりと急に止まれる, 急停車できる.

**díme nóvel** (米) (19世紀後半から20世紀初めにはやった) 三文(さん)小説.

**díme stòre** (米) 10セントストア, 安物雑貨店《(正式) five-and-ten-cent store》.

**di·men·sion** /diménʃən ディメンション | dai-, ダイ-/ 名 **1** ⒸⓊ (正式) 寸法《length, width, thickness》.
**2** Ⓒ [~s] 面積, 規模;重要性 ‖
a problem of great dimensions 非常に重要な問題.
**3** Ⓒ [しばしば ~s] 特性, 要素;局面.
**4** Ⓒ 〔数学・物理〕次元 ‖
the fourth dimension 第4次元.

**di·min·ish** /dimíniʃ ディミニシュ/ 動 (三単現 ~·es/-iz/) 他 **1** …を減らす, 小さくする, 少なくする(decrease) ‖
Unforeseen expenses diminished his savings. 予期せぬ出費のため彼の預金は減った.
**2** 〈名声・信用など〉を落とす.
――自 小さくなる, 減少[縮小]する.

**di·min·u·tive** /dimínjətiv ディミニュティヴ/ 形 (正式) 小さい, 小型の.

**dim·ly** /dímli ディムリ/ 副 薄暗く, ぼんやりと;かすかに.

**dim·ple** /dímpl ディンプル/ 名 Ⓒ **1** えくぼ. **2** (地面の) 小さなくぼみ;(水面の) さざ波.

**din** /dín ディン/ 〔擬声〕 den/dén/) 〖擬音語〗 名 Ⓤ [時に a ~] 騒音 ‖
kíck úp a dín ガンガン音を立てる.

**dine** /dáin ダイン/ (現分 din·ing) 自 (正式) 正餐(さん)をとる, (広義) 食事をする(have dinner) (→ dinner 文化)

**díne óut** (レストラン・友人宅など)外で食事する, 食事に招かれて出かける.

**díne on** [**upòn, òff**] A (正式) A〈食物〉で食事をする ‖ dine on roast beef ローストビーフを食事に食べる.

**din·er** /dáinər ダイナ/ (発音注意)(◆×ディナ) 名 C
1 (正式) (特にレストランで)食事する人; ディナーの客.
2 食堂車. 3 (米)(食堂車に似た道路沿いの)簡易食堂.

**ding-dong** /díŋdɔ̀ːŋ ディングドーング | dìŋdɔ́ŋ ディングドング/ 名 C ゴーンゴーン, ガランガラン, ジャンジャン《鐘の音》. (戸口のベルの)キンコン, ピンポン.

**din·ghy, --gy** /díŋi ディンギ/ 名 (複 din·ghies /-z/) C (競走・娯楽用の)小型ヨット;(船に積み込む)小ボート; 救命ボート.

**din·gle** /díŋgl ディングル/ 名 C 峡谷, (茂った)深い小谷.

**din·gy**[1] /díndʒi ディンヂ/ 形 (通例 比較 --gi·er, 最上 --gi·est) 黒ずんだ; 薄汚ない; 陰気な.
**dín·gi·ly** 副 黒ずんで.

**din·gy**[2] /díŋi ディンギ/ 名 (複 din·gies/-z/) = dinghy.

**din·ing** /dáiniŋ ダイニング/ 動 → dine.
——名 U 正餐(せいさん)を食べること, 食事.
**díning càr** 食堂車.
**díning ròom** (家・ホテルなどの)食堂.
**díning tàble** (一般に)食卓(cf. dinner table).

**\*\*din·ner** /dínər ディナ/
——名 (複 ~s/-z/) 1 C(◆種類や1人分の食事をいうときは C)正餐(せいさん), ディナー, (1日のうちで主要な)食事; (広義)食事, 料理(meal) ‖
have [eat] too much dinner 多すぎる量の食事をとる.
cook dinner 夕食を作る.
a late dinner 晩餐.
be at dinner 食事中である.
ask her to dínner 彼女を食事に招く.
They serve excellent [good] dinners at this hotel. このホテルはおいしい料理を出す.
The dinner was a frugal one. その正餐は質素なものだった.
対話 "Thank you very much. It was a wonderful dinner." "Come again!"「ごちそうさまでした. お食事おいしかったです」「またお越しください」.

Q&A ***Q***: 英米の一般家庭における dinner について教えてください.
***A***: (1) 現在では日曜日を除いて通例夕食を dinner とする場合が多いのですが, 田舎(いなか)の方では昼食を dinner とする所もあります. しかし朝食は dinner にしません.
(2) 日曜日・祭日などには昼食が dinner になり, 夜は軽い簡単な supper ですませます.
(3) 正式の dinner は通例スープに始まり, パン, 野菜サラダのあとに, 肉や魚にジャガイモその他の野菜をつけた主料理が続き, 最後にアイスクリームやパイなどのデザートが出ます.

2 C [通例 a ~] (公式の)晩餐会; 宴会 (dinner party) ‖
gíve [hóld] a dínner for the ambassador 大使のために夕食会を催す.
**dínner jàcket** (主に英) (紳士用)略式夜会服一式; その上着((米) tuxedo).
**dínner pàrty** = dinner **2**.
**dínner sèrvice [sèt]** 正餐用食器類一式.
**dínner tàble** (正餐の)食卓.

**di·no·saur** /dáinəsɔ̀ːr ダイノソー/ 名 C (古生物)恐竜.

**di·o·cese** /dáiəsis ダイオスィス, -sìːs, -síːz/ 名 C 教区.

**Di·o·ny·sus, --sos** /dàiənáisəs ダイオナイサス/ 名 (ギリシア神話) ディオニュソス《酒と演劇と多産の神. ローマ神話の Bacchus に当たる》.

**di·ox·ide** /daiáksaid ダイアクサイド, -id | -5ks- -オクサイド/ 名 U (化学) 二酸化物; 過酸化物.

**di·ox·in** /daiáksin ダイアクスィン | dai5ksin ダイオクスィン/ 名 U (化学) ダイオキシン.

**dip** /díp ディプ/ 動 (過去・過分 dipped/-t/ または dipt/dípt/; 現分 dip·ping) 他

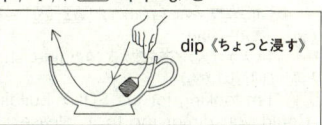

dip 《ちょっと浸す》

1 …をちょっと浸す, さっとつける《◆ immerse は「完全に浸す」》‖
dip one's pen into the ink ペンをインクにちょっとつける.
2 …をくみ出す, すくい出す, すくい上げる ‖
dip water from a bucket バケツから水をくみ出す.
3 〈手・スプーンなど〉を入れる ‖
dip one's hand into the jar かめに手を突っ込む.
4 …をちょっと下げてまたすぐ上げる; (英)〈ヘッドライト〉を下げて減光する((米) dim).
5 〈羊など〉を殺虫液に浸して洗う.
——自 1 ちょっと浸る[もぐる].
2 沈む; 急に降下する.
3 下り坂になる; 下方に傾く.
4 手[スプーンなど]を突っ込む.
5 ちょっと調べる; 拾い読みする ‖
dip into English history 英国史をかじる.
——名 1 [a ~] ちょっと浸すこと; (略式) ひと浴び ‖ gó for a díp in the sea 海へひと泳ぎしに行く.
2 [a ~] ひとすくい. 3 C (土地・道路などの) 沈下, くぼみ, 傾斜, 下り坂; (値段の)下落. 4 U ディップ《パン・野菜などを浸して食べるドレッシング》.

**diph·the·ri·a** /difθíəriə ディフスィアリア, dip-/ 名 U (医学) ジフテリア.

**diph·thong** /dífθɔːŋ ディフソーング, díp- | -θɔŋ -ソング/ 名 C (音声) 1 二重母音, 複母音《英語では /ai,

**di·plo·ma** /diplóumə ディプロウマ/ 图 (複 ~s) © 1 卒業[修了]証書. 2 (一般に)資格免許状, 賞状.

**di·plo·ma·cy** /diplóuməsi ディプロウマスィ/ 图 U 1 外交. 2 《正式》外交的手腕; 駆け引きのうまさ.

**dip·lo·mat** /dípləmæt ディプロマト/ 图 © 1 外交官《大使・公使・代理大[公]使など》. 2 外交的手腕にすぐれた人, 駆け引きのうまい人.

**dip·lo·mat·ic** /dìpləmætik ディプロマティク/ 形 1 外交の, 外交上の; 外交官の ‖
diplomatic relations 外交関係.
2 《正式》外交的手腕のある; 駆け引きのうまい.

**dip·lo·mat·i·cal·ly** /dìpləmætikəli ディプロマティカリ/ 副 外交上; そつなく.

**dipt** /dípt ディプト/ 動 → dip.

**dire** /dáiər ダイア/ 形 《文》 1 恐ろしい; 悲惨な.
2 〈必要・危険などが〉差し迫った; 〈貧困などが〉極端な ‖
in díre stráits 八方ふさがりで.

***di·rect** /動形副 dərékt ディレクト, dai- ダイ-, də-/; 形 + dáirekt ダイレクト/ 『「まっすぐに(支配)された」が原義. cf. corréct, indiréct』 direc·tion (名), directly (副), director (名)
—— 動 (三単現 ~s /-rékts/; 過去·過分 ~ed /-id/; 現分 ~ing)
—— 他 1 〈人が〉〈人〉に道を教える《◆ guide, show と違って同行はしない》 ‖
対話 "I'm looking for the SONY building. Could you **direct** me **to** it, please? (= Could you tell me the way to it?)" "I'm sorry but you'll have to ask someone else." 「ソニービルを捜しているのですが, そこへ行く道を教えていただけませんか」「申し訳ありませんがだれかほかの人にきいてください」.

2 …を指揮する, 指導する(control); 〈映画・劇・俳優などを〉監督する(produce) ‖
**direct** the building of the new bridge 新しい橋の建設を監督する.
**direct** the symphony orchestra 《主に米》オーケストラを指揮する.
3 《正式》[direct A to do / direct that A (should) do] A〈人〉に…するように指図する《◆ command, order ほどの強い命令ではないが, instruct より強い》 ‖
She was **directed** not to part with it. 彼女はそれを手放さないように指示されていた.
The policeman **directed** the crowd **to** proceed slowly. = The policeman **directed that** the crowd (**should**) proceed slowly. 警官は群衆にゆっくり進むように命令した《◆ should を用いるのは《主に英》》.
4 《正式》〈手紙・小包などに〉あて名を書く(address).
5 《正式》〈目・言葉・歩みなど〉を向ける ‖
**direct** the water **at** the fire 水を火に向ける.
**direct** all one's energies **to** finding a solution to the problem 全力を問題解決の発見に注ぐ.

—— 形 /dərékt, dai-, dáirekt/ (比較 more ~, 時に ~er) (最上 most ~, 時に ~est) (↔ indirect) 1 まっすぐな, 一直線の(straight); 直行の ‖
a **diréct** flíght 直行便.
a **diréct** hít on the church 教会への直撃.
2 直接の, じかの(immediate) ‖
the **direct** rays (of the sun) 直射日光.
a **direct** election 直接選挙.
3 [名詞の前で]〈子孫·先祖などが〉直系の.
4 率直な, てきぱきとした(frank) ‖
a **direct** expression 端的な表現.
**direct** insult 露骨な侮辱.
He is very **direct** about it. 彼はそれについて非常に単刀直入だ.
対話 "What do you think of my acting?" "**To be direct with you**, it's not so good." 「私の演技をどう思いますか」「ずばり言わせてもらえば, あまりよくないね」.
5 [名詞の前で]全くの(absolute) ‖
the **direct** opposite(s) 正反対.

—— 副 まっすぐに, 直通[直行]で; 直接に ‖
対話 "I need that money tomorrow. Can you send it then?" "No problem. We'll send it **direct** to your office in the morning." 「あのお金はあした必要なんですが送ってもらえますか」「承知しました. 午前中に会社の方へ直接お送りいたします」.

**diréct cúrrent** 〔電気〕直流.

**diréct máil** ダイレクトメール(→ mail 関連).

**diréct narrátion** 〔《英》spéech〕〔文法〕直接話法.

**diréct óbject** 〔文法〕直接目的語.

**diréct propórtion** 〔数学〕正比例(↔ inverse proportion).

**diréct táx** 直接税.

***di·rec·tion** /dərékʃən ディレクション | dai- ダイ-/ 〖→ direct〗
—— 图 (複 ~s /-z/) 1 U 《正式》 a 指導(guidance), 支配; (映画・劇などの)監督; (音楽の)指揮 ‖
be ùnder the diréction of the dóctor 医者の管理のもとにある.
b 道(順).
2 © 方向, 方角 ‖
in áll diréctions = in évery diréction 四方八方に, クモの子を散らすように.
She has a sense **of direction**. 彼女は方向感覚がよい《◆「方向感覚が悪い」は She has a poor sense …》.
rush **in the direction of** the gate 門の方へ突進する.
I was looking **in** his **direction**. 私は彼の方を見ていた.
対話 "Where's the train station? Is it straight ahead?" "I'm afraid not. You're going **in the wrong direction**." 「鉄道の駅はどちらですか. この先をまっすぐ行ったところですか

## directly

「それが違うのですよ. 方角が間違っています」.
**3** ©《式》[比喩的に] 方向, 傾向 ‖
a new **direction** in the investigation 調査の新しい動向.
**4** ©[通例 ~s] 使用法, 説明(書); 指示, 指図 ‖
the **directions** for this machine この機械の説明書[使い方].
a **direction** to begin immediately すぐに始めるようにという命令.

\*di·rect·ly /dəréktli ディレクトリ | dai- ダイ-/《[→ direct]》
——副 **1** 直接に, じかに(↔ indirectly); すぐ次に ‖
She was linked **directly** with the conspiracy. 彼女はその陰謀に直接関わった.
**2** まっすぐ, 直行して ‖
go **directly** to the airport 空港に直行する.
**3** ちょうど; 正に, 全く ‖
live **directly** opposite the post office 郵便局の真向かいに住んでいる.
**4** すぐに, ただちに; まもなく, やがて ‖
I'll be back **directly** after dark. 暗くなったらすぐに戻るよ.
——接《◆しばしば/drékli ドレクリ/とも発音する》《主に英略式》…するとすぐに(as soon as).

di·rect·ness /dəréktnəs ディレクトネス | dai- ダイ-/ 名 ⓤ まっすぐ[直接]であること; 率直.

di·rec·tor /dəréktər ディレクタ | dai- ダイ-/ 名 ©
**1** 管理職の人, 管理者; 重役, 取締役; 理事; 長官, 局長; 所長; 校長 ‖
a board of **directors** 取締役会; 理事会.
**2**《映画・劇などの》監督, 演出家(《英》producer);《テレビ・ラジオの》製作責任者;《主に米》《音楽の》指揮者(conductor).

di·rec·to·ry /dəréktəri ディレクタリ | dai- ダイ-/ 名 (後·-to·ries/-z/) © **1**《ある地区の》住所氏名録 ‖
a telephone **directory** 電話帳.
**2**《コンピュータ》ディレクトリ《複数のファイルをまとめて収納する場所》.

diréctory assístance [《英》enquiries] 電話番号案内.

dirt /də́ːrt ダ〜ト/《頬音》dəːrt/də́ːrt/》名 ⓤ **1** 不潔なもの, 汚物; 泥, ほこり, ごみ; 垢 ‖
The boys were playing soccer in the **dirt**. 少年たちは泥だらけになってサッカーをしていた.
**2**《特にばらばらの》土《◆「土」は,《米》では dirt が,《英》では earth がふつう. 大量の広大な地域にわたる土というときは,《米》でも earth を使うことがある》.
**3**《口》悪口; 卑劣さ ‖
fling [throw] **dirt** at him 彼に悪態をつく.

dirt·i·er /də́ːrtiər ダーティア/ 形 → dirty.

dirt·i·est /də́ːrtiist ダーティイスト/ 形 → dirty.

\*dirt·y /də́ːrti ダーティ/
——形 (比較 ··i·er, 最上 ··i·est) **1** 汚い, 汚れた, 不潔な; 泥だらけの, ぬかるみの《◆ dirty に比べ, 不快感を強調するときには filthy, foul》(↔ clean) ‖
**dirty** hands 汚い手.
Don't get your clothes **dirty**. 服を汚してはいけません.
対話 "Is everything OK, madam?" "No, it isn't. This knife is **dirty**."「何も問題はございませんでしょうか」「あるわよ. このナイフ汚れているわ」.
**2**《仕事などが》汚れがつきがち, 不潔にさせる ‖
a **dirty** job 汚れ仕事.
**3**《略式》[通例名詞の前で] 不正な, 下劣な(mean) ‖
**dirty** play (競技の) 反則.
**4** [通例名詞の前で] 下品な, わいせつな ‖
**dirty** books ポルノ.

gíve A a dírty lóok 《略式》A《人》をさげすむ[非難する]ような顔で見る.
——動(三単現 dirt·ies/-z/;過去過分 dirt·ied/-d/)他 **1** …を汚す. **2**《名誉などを》汚す.

dírty mòney 不正な金(もうけ); 汚物を扱う人への手当.

dírty tríck 卑劣な策略.

dírty wórd 《略式》下品[卑猥(ひわい)]な言葉.

dírty wórk 汚れ仕事; 人のいやがる仕事;《略式》不正行為, ぺてん, ごまかし.

dírt·i·ly 副 不潔に; 下劣に; 下品に.

dis·a·bil·i·ty /dìsəbíləti ディサビリティ/ 名《正式》 **1** ⓤ 能力を欠くこと, 無能力. **2** © 身体障害.

dis·a·ble /diséibl ディセイブル, diz-/《[→ able]》動 (現分 ··a·bling) 他《正式》**1** [disable A from B] A《人》に B をできなくさせる(↔ enable) ‖
A sprained ankle **disabled** him from walking for a month. 足首のねんざで彼は1か月歩けなかった.
**2** [通例 be ~d] 《人が》身体障害者になる(→ cripple).

dis·a·bled /diséibld ディセイブルド, diz-/ 動 → disable.
——形《正式》身体障害のある ‖
the **disabled** [集合名詞的に; 複数扱い] 身体障害者.

\*dis·ad·van·tage /dìsədvǽntidʒ ディサドヴァンティヂ | dìsədvɑ́ːntidʒ ディサドヴァーンティヂ/
——名 (後 ··tag·es/-iz/) **1** © 不利な立場[状態], 不便[不都合] (なこと) (↔ advantage) ‖
That put him **at a great disadvantage** in the contest. そのことで, 彼はコンテストで非常に不利な立場におかれた.
**2** ⓤ 不利(益), 損失, 損害.

to A's disadvántage A《人》の不利となるように.

dis·ad·van·taged /dìsədvǽntidʒd ディサドヴァンティヂド | -vɑ́ːn- ディサドヴァーン-/ 動 → disadvantage.
——形《正式》不利な, 恵まれない《◆ poor の遠回し語》‖
the **disadvantaged** [集合名詞的に]《米国の》少数民族《黒人・メキシコ系アメリカ人など》.

dis·ad·van·ta·geous /dìsædvəntéidʒəs ディサドヴァンテイヂャス | dìsædvən- ディサドヴァン-/ 形《正式》

不利(益)な, 不都合な.
**dis･af･fect･ed** /dìsəféktid ディサフェクティド/ 形
(正式)(政治的に)不満な, 不忠実な.
**dis･af･fec･tion** /dìsəfékʃən ディサフェクション/ 名
Ⓤ(正式)(政治的な)不満, 不忠実.
**dis･a･gree** /dìsəgríː ディサグリー/ 動 圓 **1** 意見が合わない, 争う(↔ agree) ‖
 disagree with him about when we should start. いつ出発するかについて彼と意見が合わない.
**2**〈報告･話などが〉一致しない, 異なる, 符合しない ‖
 Your report disagrees with the fact. 君の報告は事実と食い違っている.
**3**〈食べ物･気候などが〉適さない, 害になる ‖
 A cold climate disagrees with me. 寒冷な気候は私のからだによくない.
**dis･a･gree･a･ble** /dìsəgríːəbl ディサグリーアブル/ 形 **1**〈物･事が〉不愉快な, いやな(↔ agreeable) ‖
 disagreeable words to her 彼女には気にくわない言葉.
 be disagreeable to the taste 口あたりが悪い.
**2**〈人が〉気難しい, 付き合いにくい ‖
 a disagreeable man 付き合いにくい人.
**dis･a･grée･a･bly** 副 気難しく.
**dis･a･gree･ment** /dìsəgríːmənt ディサグリーメント/ 名 **1** Ⓤ 不一致, 相違; Ⓒ (遠回しに)意見の相違点, けんか, 争い(↔ agreement) ‖
 be in disagreement with him [his opinion] 彼と意見が合わない.
 disagreements between men and women 男女間の意見の相違.
**2** Ⓤ (食べ物･気候などが体質に)合わないこと, 不適合.
**dis･al･low** /dìsəláu ディサラウ/ 動 他 (正式) …を許さない, 禁ずる, 〈要求などを却下[拒否]する.
*__dis･ap･pear__ /dìsəpíər ディサピア/ 〖見え(appear)なくなる(dis)〗 ㋲ disappearance (名)

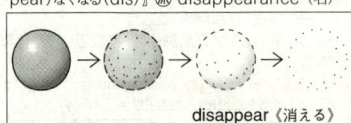

disappear 〈消える〉

— 動 ([三単現] ~s/-z/; [過去･過分] ~ed/-d/; [現分] ~ing/-iəriŋ/)
— 圓 **1** 見えなくなる, (視界から)消える, 姿を消す(↔ appear) ‖
 The sun disappeared below the horizon. 太陽は水平線のかなたに消えた.
**2** 消失する, なくなる, 存在しなくなる; 失踪(そう)する ‖
[対話] "Tell me what happened, madam." "Well, when I came back from the rest room, my bag had disappeared." 「何があったのか教えてください, 奥さん」「化粧室から戻ってみると, 私のかばんがなくなっていたんです」.
**dis･ap･pear･ance** /dìsəpíərəns ディサピアランス/ 名 Ⓤ Ⓒ 消失, 消滅; Ⓤ Ⓒ 失踪(そう) ‖
 disappearance from home 家出.

*__dis･ap･point__ /dìsəpóint ディサポイント/ 〖約束(appoint)をたがえる(dis)〗
— 動 ([三単現] ~s/-ints/; [過去･過分] ~ed/-id/; [現分] ~ing)
— 他 **1a**〈人を〉失望させる, がっかりさせる(↔ satisfy) ‖
 I must have disappointed you. (ご期待くださったのに)がっかりなさったでしょう.
[対話] "Did you enjoy the movie?" "No, it disappointed me." 「映画はおもしろかったですか」「いや, 失望した」.
**b** [be ~ed] 失望する ‖
 I was disappointed at your absence. =I was disappointed to find that you were out. あなたが留守だったのでがっかりしました.
 She was disappointed in her marriage. 彼女は結婚生活に失望した.
 Are you very disappointed about [at] losing the race? =Are you very disappointed that you lost the race? 競走に負けてたいそうがっかりしていますか.
[対話] "Did you have a good time on vacation?" "I was disappointed. The beaches were very crowded." 「休暇は楽しかったですか」「がっかりしました. 海辺は人が混んでいましたので」.
**2**〈期待などを〉裏切る ‖
 This result disappointed his hopes. この結果によって彼の希望は実現しなかった.
**dis･ap･point･ed** /dìsəpóintid ディサポインティド/ 動 → disappoint.
— 形 **1** 失望した, がっかりした ‖
 many disappointed faces 多くの失望した顔.
**2**〈計画･希望が〉くじかれた, 当てはずれの.
**dis･ap･point･ing** /dìsəpóintiŋ ディサポインティング/ 動 → disappoint.
— 形 [他動詞的に] (人を)失望[がっかり]させる, 期待はずれの; 案外つまらない ‖
 It is disappointing that she is [should be] so late. 彼女がそんなに遅れるとはがっかりだ.
 The news was disappointing. ニュースは期待はずれだった(=I was disappointed at the news).
*__dis･ap･point･ment__ /dìsəpóintmənt ディサポイントメント/ 〖→ disappoint〗
— 名 (複 ~s/-mənts/) **1** Ⓤ 失望, 期待はずれ ‖
 to his great disappóintment =mùch to his disappóintment 彼がたいそう失望したことには.
 our disappointment at the result 結果に対する我々の失望.
**2** Ⓒ [通例 a ~] 失望のもと, 案外つまらない人[事, 物] ‖
 The picnic was a disappointment. ピクニックは案外つまらなかった.
**dis･ap･prov･al** /dìsəprúːvl ディサプルーヴル/ 名 Ⓤ 不承認; 不賛成, 不満(↔ approval) ‖
 shake one's head in disapproval だめだと首

**dis·ap·prove**

to her disappróval 彼女が容認しなかったことには.

**dis·ap·prove** /dìsəprúːv ディサプルーヴ/ 動 (現分) -·prov·ing) (自) 不賛成である, 気に入らない ‖
He disapproves of mothers going out to work. 彼は母親たちが仕事に出ることに反対である.

**dis·ap·prov·ing·ly** /dìsəprúːviŋli ディサプルーヴィングリ/ 副 不賛成の様子で; 非難して.

**dis·arm** /disɑ́ːrm, diz- ディサーム/ 動 他 **1a** [disarm A of B] A〈人〉から B〈武器〉を取り上げる. **b** …の武装を解除する(↔ arm). **2** (正式)〈人〉の怒りをやわらげる. — 自 武装を解除する; 軍備を縮小する.

**dis·ar·ma·ment** /disɑ́ːrməmənt ディサーマメント, diz-/ 名 U 武装解除; 軍備縮小[制限, 撤廃].
**dísármament cònference** 軍縮会談.

**dis·ar·ray** /dìsəréi ディサレイ/ (正式) 名 U 混乱, 無秩序, 乱雑. — 動 他 …を混乱させる, 乱す.

\***di·sas·ter** /dizǽstər ディザスタ | dizɑ́ːstə ディザースタ/ 〚「幸運の星(star)から離れて」が原義. cf. *astronomy*〛派 disastrous (形)
— 名 (複 ～s/-z/) **1** CU 災害, 天災, 大惨事, 不幸 類 calamity, catastrophe) ‖
court disaster 災難を自ら招く.
The apartment fire was a disaster for the family who lived there. アパートの火事は入居していた家族にとってたいへんな災難であった.
**2** (略式) U 完全な失敗; C 失敗作.

**di·sas·trous** /dizǽstrəs ディザストラス|-zɑ́ːs- ディザーストラス/ (→ disaster) 形 災害を引き起こす, 破滅を招く; 悲惨な.

**di·sás·trous·ly** 悲惨にも, 破滅的に.

**dis·a·vow** /dìsəváu ディサヴァウ/ 動 他 (正式)〈知識・責任など〉を否認[否定]する.

**dis·band** /disbǽnd ディスバンド/ 動 他 (正式)〈組織など〉を解散する.

**dis·be·lief** /dìsbilíːf ディスビリーフ/ 名 U (正式) 不信, 疑惑; 不信仰(↔ belief) ‖
in utter disbelief 全く信じられずに.

**dis·be·lieve** /dìsbilíːv ディスビリーヴ/ 動 (現分) -·liev·ing) (正式) 他 自 (…)を信じない, 疑う.

**disc** /dísk ディスク/ 名 (英) =disk.

\***dis·card** /diskɑ́ːrd ディスカード/ 〚「札(card)を捨てる(dis)」〛
— 動 (三単現) ～s /-kɑ́ːrdz/; 過去・過分) ～ed /-id/; 現分) ～ing)
— 他 **1** (正式)〈不用品・習慣など〉を捨てる, 放棄する(throw away);〈人〉を見捨てる ‖
After the concert, we discarded our programs. コンサートのあと, プログラムを捨てた.
**2**〚トランプ〛〈不用の手札〉を捨てる.

**dis·cern** /disə́ːrn ディサーン, dizə́ːrn/ 動 他 (正式) **1** …をはっきり見る, 見分ける (◆ distinguish の方がふつう). **2** …の差異を識別する.

**dis·cérn·ment** 名 U 識別, 認識力.

**dis·cern·i·ble** /disə́ːrnəbl ディサーニブル, dizə́ːrn-/ 形 (正式) 認識できる.

**dis·cern·ing** /disə́ːrniŋ ディサーニング, dizə́ːrn-/ 動

→ discern. — 形 (正式) 洞察力のある.

\***dis·charge** /distʃɑ́ːrdʒ ディスチャーチ; 名 -, -/ 〚「積荷(charge)を取り除く(dis)」〛
→ 動 **1** 降ろす **2** 発射する **3** 排出する **5** 解放する **6** 果たす
名 **1** 荷揚げ **2** 発砲 **4** 解放
— 動 (三単現) -·charg·es /-iz/; 過去・過分) ～d /-d/; 現分) -·charg·ing)
— 他 **1a** …を降ろす ‖
The taxi discharged its passengers at Tokyo Station. タクシーは東京駅で客を降ろした. **b** [discharge A of B / discharge B from A] A〈乗物〉の B〈荷・人〉を降ろす ‖
discharge a ship of a cargo =discharge a cargo from a ship 船の荷を降ろす.
**2** …を発射する ‖
discharge a gun at him 彼に発砲する.
**3** …を出す, 排出する(let out) ‖
The wound discharged pus. 傷口からうみが出た.
**4** [通例 ～ oneself]〈川が〉流れ込む.
**5**〈人〉を解放する (◆ free, release より堅い語);〈人〉を解雇する ‖
discharge him from his debt 彼の負債を免除する.
discharge him from hospital 彼を退院させる.
discharge a lazy employee 仕事をさぼる従業員を解雇する.
**6**〈義務・責任〉を果たす;〈負債〉を支払う.
— 名 /-, -/ (複 -·charg·es/-iz/) (正式) **1** CU 荷揚げ.
**2** CU 発砲; 爆発.
**3** CU (正式) 排出(量, 物); 流出.
**4** CU (正式) 解放; 免除; U 退院, 除隊, 釈放; 解雇; C 解任状.
**5** UC 遂行; 支払い.

**dis·charg·ing** /distʃɑ́ːrdʒiŋ ディスチャーチング/ → discharge.

**dis·ci·ple** /disáipl ディサイプル/ 名 C **1** (宗教的大指導者などの)弟子, 信奉者. **2** [しばしば D～] キリスト12使徒(the Apostles)の1人.

**dis·ci·plin·ar·y** /dísəplənèri ディスィプリネリ|-plínəri -プリナリ/ 形 (正式) **1** 訓練(上)の, 訓練に関する.
**2** 規律[懲戒]の ‖
disciplinary measures 懲戒処分.

\***dis·ci·pline** /dísəplin ディスィプリン/ 〚「弟子(disciple)の教育」が原義〛
— 名 (複 ～s/-z/) **1** U 訓練, 鍛練, 修養; C 訓練[学習]法, 修養法 ‖
The soldiers had to undergo severe discipline. 兵士たちはきびしい訓練を受けねばならなかった.
**2** U 規律, しつけ, 風紀; 統制, 自制 ‖
school discipline 学校の規律.
Discipline is essential in the classroom. 教室では規律が不可欠だ.
**3** U 懲戒(ちょうかい), 懲罰.

4 [C] 学科, 学問(分野).
——[動] ([現分] --plin·ing) [他] **1** …を訓練する, しつける. **2** …を懲戒する.

**dis·claim** /diskléim ディスクレイム/ [動] [他] (正式) …を否認する(deny) ; …を拒否する.

**dis·claim·er** /diskléimər ディスクレイマ/ [名] [C] (正式) 否認, 拒否.

**dis·close** /disklóuz ディスクロウズ/ [動] ([現分] --clos·ing) [他] (正式) **1** …をあばく, 暴露(ばくろ)する, 摘発(てきはつ)する(reveal) ‖
disclose the truth 真実を暴露する.
This letter **discloses** their whereabout. この手紙は彼らの居場所を暴露している.
**2** [disclose to A (that) 節] 〈人が〉…であることを A〈人〉に発表する, 明らかにする ‖
He **disclosed to** me (that) he had been in prison. 彼は自分が服役していたことを私に明らかにした.
**3** …の覆いを取る ; …をあらわにする.

D

**dis·clo·sure** /disklóuʒər ディスクロウジャ/ [名] (正式) **1** [U] 暴露(ばくろ), 発覚 ; 発表. **2** [C] 発覚した事柄 ; 打ち明け話.

**dis·co** /dískou ディスコウ/ [名] ([複] ~s) [C] ディスコ, ディスコテーク.

**dis·col·or,** (英) **--our** /diskʌ́lər ディスカラ/ [動] (正式) [他] …を変色させる ; …の色を汚す ‖
paper **discolored** with age 古くなって変色した紙.
—[自] 変色する, 色があせる.

**dis·col·or·a·tion** /diskʌ̀ləréiʃən ディスカラレイション/ [名] [U] (正式) 変色, 退色 ; [C] 変色の部分, しみ.

**dis·com·fort** /diskʌ́mfərt ディスカムファト/ [名] (正式) **1** [U] 不快, 不安 ; 苦痛. **2** [C] 不快なもの ; 不便, 困難.

**dis·con·cert** /dìskənsə́ːrt ディスコンサート/ [動] [他] (正式) 〈人〉の落ち着きを失わせる, …を当惑させる.

**dis·con·cert·ing·ly** /dìskənsə́ːrtiŋli ディスコンサーティングリ/ [副] 当惑させるように, まごつくほど(に).

**dis·con·nect** /dìskənékt ディスコネクト/ [動] [他] …との連絡を断つ ; …を分離する ; 〈電話など〉を切る, …の電源を切る(↔ connect).

**dis·con·nec·tion,** (英ではまれに) **dis·con·nex·ion** /dìskənékʃən ディスコネクション/ [名] [U] [C] **1** (連絡の) 断絶, 分離 ; 〔電気〕断線. **2** (話・思想などが) まとまりのないこと.

**dis·con·tent** /dìskəntént ディスコンテント/ [名] (↔ content) [U] 不満, 不平, 不愉快.
——[動] [他] [通例 be ~ed] 不満をいだく.
**dis·con·tént·ment** [名] [U] 不満.

**dis·con·tin·ue** /dìskəntínjuː ディスコンティニュー/ [動] ([現分] --u·ing) [他] (正式) **1** …をやめる(stop), 停止する.
**2** …の採用[使用など]をやめる ‖
discontinue the morning paper 朝刊の購読をやめる.

**dis·cord** /dískɔːrd ディスコード/ [名] (正式) **1** [U] 不一致, 不調和 ; [U] [C] 仲たがい, 不和, 争い ; 論争 ‖
discord between nations 国家間の不和.
be in discórd with the fácts 事実と一致していない.
**2** [C] 騒音 ; 〔音楽〕不協和音.

**dis·cord·ant** /diskɔ́ːrdənt ディスコーダント/ [形] (正式) **1** 一致しない ; 争っている. **2** 耳障りな ; 〔音楽〕不協和音の. **dis·córd·ant·ly** [副] 一致せずに ; 耳障りな音を立てて.

*__dis·count__ /[動] dískaunt ディスカウント, --ˊ ; [名] ˊ--/ 〖反対に(dis)数える(count)〗
——[動] ([三単現] ~s /-kaunts/ ; [過去・過分] ~·ed /-id/ ; [現分] ~·ing)
—[他] **1** …だけ割り引く ; …を割り引いて売る《◆掲示では10%OFF また SAVE10%など》‖
discount 10 percent **for** cash 現金払いについて1割引く.
discount men's wear **at** 5 percent **from** the retail price 小売値段から5分引きで紳士服を売る.
**2** (正式) 〈話・考えなど〉を割り引いて聞く[考える] ; …を考慮[勘定]に入れない ‖
discount half of what I hear 人の話を半分に割り引いて聞く.
[対話] "I don't think he can pass the test." "Well, don't **discount** him; he might be able to do it." 「彼はテストに合格しないと思う」「彼をみくびってはいけない. 合格するかもしれないよ」.
——[名] /ˊ--/ ([複] ~s/-kaunts/) [U] [C] 割引 ; 割引額[率] ‖
make [allow, give] (a) 5% **discount on** cash purchases 現金買いに5分の割引をする.
[対話] "That's a nice sweater you have on." "Thanks. I bought it at 10% **discount**." 「そのセーターとてもいいわ」「ありがとう. 1割引で買ったんです」.

*__dis·cour·age__ /diskə́ːridʒ ディスカーリヂ | diskʌ́ridʒ ディスカリヂ/ 〖勇気(courage)をくじく(dis)〗
——[動] ([三単現] --ag·es/-iz/ ; [過去・過分] ~d/-d/ ; [現分] --ag·ing)
—[他] **1** …を落胆させる, がっかりさせる ; …の勇気[希望, 自信]を失わせる, やる気をなくさせる(↔ encourage) ‖
The news **discouraged** me. =I **was discouraged at** the news. その知らせにがっかりした.
**2** (正式) 〈計画・活動など〉をじゃまする, 妨げる ; [discourage A from doing] A〈人〉に…するのをやめさせる, 思いとどまらせる ‖
Urgent business **discouraged** me **from** attending the meeting. =Urgent business **discouraged** my attending the meeting. 急用で会合に出席するのをあきらめた.

**dis·cour·age·ment** /diskə́ːridʒmənt ディスカーリヂメント | -kʌ́r- -カリヂメント/ [名] [U] [C] がっかりさせること[もの], 落胆 ; 阻止, 支障.

**dis·cour·ag·ing** /diskə́ːridʒiŋ ディスカーリヂング | -kʌ́r- -カリヂング/ [動] → discourage. ——[形] [他動詞的に] (人を)がっかりさせる.

**dis·course** /dískɔːrs ディスコース, ーˊ/ 〖動 ーˊ/ 〖名〗（正式）**1** ⓒ 講演；講話(lecture)；論説. **2** Ⓤ 言葉による思想の伝達；会話, 談話(conversation). **3** Ⓤ〔言語〕談話《まとまりのある発話》.
——〖動〗（現分）··cours·ing）⾃（正式）講演[演説, 説教]する.

**dis·cour·te·ous** /diskə́ːrtiəs ディスカーティアス/ 〖形〗（正式）失礼な, 不作法な.
**dis·cóur·te·ous·ly** 〖副〗ぶしつけに.

**＊dis·cov·er** /diskʌ́vər ディスカヴァr/〖『覆い(cover)を取り除く(dis)』〗〖派〗discovery（名）
——〖動〗（三単現）~s/-z/；〖過去・過分〗~ed/-d/；〖現分〗~·ing/-ərɪŋ/）
——⽥ **1** …を発見する ‖
discover an island 島を発見する.
〖対話〗 "Do you know who discovered America?" "Of course. Columbus did." "No. Native Americans were already there." 「誰がアメリカを発見したか知ってる?」「もちろんだよ, コロンブスでしょう?」「いいや. 先住民がそこにはすでにいたんだよ」

**2** [discover (that)節 / discover wh 節·句] 〈人が〉…ということを知る, 悟る《◆find より堅い語》‖
I discovered (that) he was kind. 彼が親切だとわかった《◆ふつう過去形・完了形で用いる》.
He discovered how to open the box. 彼は箱のあけ方を見つけた.
It was not discovered why she left. 彼女がなぜ去ったのかわからなかった《◆ it は形式主語》.

**3** [discover A to be C] 〈人·物·事〉が C であることがわかる《◆ C は名詞・形容詞》‖
I discovered him to be kind. 彼が親切だとわかった.

**4** [discover A doing] A〈人〉が…しているのを見つける ‖
discover him sitting there 彼がそこに座っているのを見つける.

〖語法〗「(なくしていた物)を見つける」は find: Have you *found* [×*discovered*] your gloves? 手袋が見つかりましたか.

**dis·cov·er·er** /diskʌ́vərər ディスカヴァラr/ 〖名〗ⓒ 発見者.
**dis·cov·er·ies** /diskʌ́vəriz ディスカヴァリズ/ 〖名〗→ discovery.
**＊dis·cov·er·y** /diskʌ́vəri ディスカヴァリ/ 〖→ discover〗
——〖名〗（複 -ies/-z/）Ⓤ 発見；[the [one's] discovery that 節] …という発見《◆「発明」は invention》；ⓒ 発見された物, (芸能·スポーツ界の)新人 ‖
the discovery of uranium ウランの発見.
the discovery that the earth is round 地球は丸いという発見.
màke a gréat discóvery through scientific experiment 科学実験で大発見をする.
**Discóvery Dày** 〖米〗=Columbus Day.

**dis·cred·it** /diskrédət ディスクレディット/ 〖動〗⽥（正式）**1** …を疑う, 信用しない. **2** …をうそだとしてはねつける, 信用できないものとする. **3** …の評判を悪くする.
——〖名〗（正式）**1** Ⓤ 不信用；疑惑.
**2** Ⓤ 不面目；不評；[a ~] 不面目な人[事, 物] ‖
bríng discrédit upòn oneself 信用をなくす.

**dis·cred·it·a·ble** /diskrédətəbl ディスクレディタブル/ 〖形〗（正式）信用を傷つける(ような).

**dis·creet** /diskríːt ディスクリート/ 〖形〗（通例 比較 more ~, 最上 most ~）**1** 思慮分別のある. **2** 控え目な.
**dis·creet·ly** /diskríːtli ディスクリートリ/ 〖副〗思慮深く, 慎重に；控え目に.

**dis·crep·an·cy** /diskrépənsi ディスクレパンスィ/ 〖名〗（複 -an·cies/-z/）Ⓒ Ⓤ（正式）不一致, 矛盾, 食い違い.

**dis·cre·tion** /diskréʃən ディスクレション/ 〖名〗Ⓤ（正式）**1** 行動[判断, 選択]の自由, 自由裁量 ‖
at your discretion あなたの裁量で.
**2** 思慮分別, 慎重(さ).

**dis·cre·tion·ar·y** /diskréʃənèri ディスクレショネリ/-ʃəri -ショリ/〖形〗（正式）任意の, 自由裁量で処理できる.

**dis·crim·i·nate** /diskrímənèit ディスクリミネイト/ 〖動〗（現分）··nat·ing）⾃ **1** 区別する ‖
discriminate between good and bad books 良書と悪書とを区別する.
**2** 差別待遇をする.

**dis·crim·i·nat·ing** /diskrímənèitiŋ ディスクリミネイティング/ 〖動〗→ discriminate. ——〖形〗（正式）識別力のある.

**＊dis·crim·i·na·tion** /diskrìmənéiʃən ディスクリミネイション/
——〖名〗Ⓤ **1** 区別, 識別.
**2**（正式）識別力.
**3** 差別待遇 ‖
racial discrimination 人種差別.
sex discrimination 男女差別.

**dis·cur·sive** /diskə́ːrsiv ディスカースィヴ/ 〖形〗（正式）〈議論・記述などが〉広範囲[多方面]にわたる；散漫な.

**dis·cus** /dískəs ディスカス/ 〖名〗（複 ~·es /-iz/, dis·ci/dískai/）ⓒ（競技用）円盤 ‖
the discus throw 円盤投げ.

**＊dis·cuss** /diskʌ́s ディスカス/〖アクセント注意〗《◆×デ ィスカス》〖『言葉を打ち砕く』が原義で「考えを交換し合う」意が生まれた〗discussion（名）
——〖動〗（三単現）~·es/-iz/；〖過去・過分〗~ed/-t/；〖現分〗~·ing）
——⽥ **1** …を話し合う, 討論する；[discuss do-ing] …することを話し合う《◆ talk over [about] より堅い語》‖
a book which has been widely discussed lately 最近評判の本.
discuss the problem with them 彼らとその問題について討論する《◆ ×discuss about [on]

the problem … としない).
discuss going [\*to go] on a picnic ピクニックに行くことを話し合う.
対話 "So what did you two talk about?" "Nothing much. We just discussed the game." 「それでお二人は何を話し合ったんですか」「たいしたことではなく、試合のことを話し合っただけなんです」.
**2** [discuss wh句・節]…すべきかを検討する ‖
We discussed what to do [what we should do] first. まず何をしたらよいかを話し合った.

> 類 discuss は軽く「話し合う」の意味合いで用いることが多い. 日本語の「議論する」はしばしば感情の対立・とげとげしさを含むので, dispute に近い. argue は相手を説得しようと自分の考えを主張すること. debate は公的問題を賛否両面から討論すること.

\***dis·cus·sion** /diskÁʃən ディス**カ**ション/ 《→ discuss》
―名 (複 ~s/-z/) ⓊⒸ 討議, 討論, 審議 ‖
a propósal ùnder discússion (正式) 審議中の提案.
beyònd discússion 論をまたない.
be dówn [(正式) còme úp] for discússion 〈議題が〉討議に出されている[出される].
hàve [hold, \*make] a héated discússion on the subject その問題について激しく論じ合う.
**dis·dain** /disdéin, diz- ディス**デ**イン/ (正式) 動 他 **1** …を軽蔑(ペッ)する ‖
**2** [disdain to do] …することを恥じる《◆進行形にしない》‖
He disdained to tease the weak. 彼は弱い者いじめをいさぎよしとしなかった.
―名 Ⓤ 軽蔑(ペッ)(感); 高慢(な態度) ‖
with a look of disdain 相手を見下した顔つきで.
**dis·dain·ful** /disdéinfl ディス**デ**インフル, diz- 形 (正式) …的な, 尊大な ‖
be disdainful of liars うそつきを軽蔑する.
**dis·dáin·ful·ly** 副 軽蔑して, 尊大に.
\***dis·ease** /dizíːz ディ**ズ**ィーズ/ 《安楽(ease)がない(dis)こと》

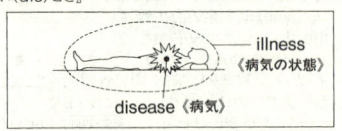

illness 〈病気の状態〉
disease 〈病気〉

―名 (複 --eas·es/-iz/) ⓊⒸ **1** 病気, 疾病(は2), 疾患《◆ illness, (米) sickness に対し, 病名のはっきりした病気をいう》(↔ health) ‖
foot disease 足の病気.
a family disease 遺伝病.
対話 "Why is he so sick?" "I think he has a serious disease of the liver." 「彼はなぜあんなに顔色が悪いの」「どうも重い肝臓病にかかっているようだ」.
**2** 不健全な状態, 悪い習慣 ‖
a social disease 社会悪.
**dis·eased** /dizíːzd ディ**ズ**ィーズド/ 動 → disease.
―形 病気の(↔ healthy).
**dis·em·bark** /dìsəmbáːrk ディセン**バ**ーク/ 動 (正式) 他 …を降ろす. ―自 降りる.
**dis·em·bar·ka·tion** /dìsəmbɑːrkéiʃən ディセンバーケイション/ 名 Ⓤ 陸揚げ.
**dis·em·bod·ied** /dìsəmbádid ディセン**バ**ディド | -bɔ́did -**ボ**ディド/ 形 **1** 〈霊魂などが〉肉体から分離した ‖
the disembodied spirits of the dead 死者の亡霊.
**2** 〈思想などが〉具体性から切り離された ‖
disembodied theories 机上の空論.
**dis·en·chant** /dìsəntʃǽnt ディセン**チャ**ント | -tʃɑ́ːnt -**チャ**ーント/ 動 他 …に幻滅を感じる.
**dis·en·gage** /dìsəngéidʒ ディセン**ゲ**イヂ/ 動 《現分》 --gag·ing》 …を自由にする; 〈機械の一部〉をはずす.
**dis·en·tan·gle** /dìsəntǽŋgl ディセン**タ**ングル/ 動 《現分》 --tan·gling》 他 (正式) …のもつれをほどく; 〈ごたごた〉を解決する.
**dis·fa·vor**, (英) **--vour** /disféivər ディス**フェ**イヴァ/ 名 Ⓤ (正式) **1** 不快, 冷遇; 不賛成(↔ favor).
**2** 不興, 気嫌 ‖
fàll ìnto disfávor with the yóung 若者に嫌われる.
**dis·fig·ure** /disfígjər ディス**フィ**ギャ | -fígə -**フィ**ガ/ 動 《--ur·ing》 他 (正式) **1** …の外観を損なう.
**2** …の価値を損なう.
**dis·fig·ure·ment** /disfígjərmənt- ディス**フィ**ギャメント | -fígə- -**フィ**ガメント/ 名 Ⓤ 美観を損なうこと; Ⓒ 傷, 欠点.
**dis·grace** /disgréis ディス**グ**レイス/ 名 **1** Ⓤ 不名誉, 不面目(cf. dishonor), 恥(shame); 不人気, 不評 ‖
bring disgrace on [to] one's family 家名を汚(ピ)す.
I féll ìnto disgráce with him. 私は彼に嫌われた.
**2** [a ~] 不名誉となる人[物, 事]; 面(デン)汚し ‖
He is a disgrace to the city. あいつは市の恥さらしだ.
―動 《現分》 --grac·ing》 他 …の恥となる, 名を汚す ‖
disgrace one's name 名を汚す.
disgrace oneself by one's bad conduct 不品行で面目をつぶす.
**dis·grace·ful** /disgréisfl ディス**グ**レイスフル/ 形 恥ずかしい, 不名誉な, 不面目な.
**dis·gráce·ful·ly** 副 不名誉にも, 卑劣にも.
**dis·gráce·ful·ness** 名 Ⓤ 不名誉, 恥.
**dis·grun·tled** /disgrÁntld ディス**グ**ラントルド/ 形 不機嫌な.
**dis·guise** /disgáiz ディス**ガ**イズ/ 動 《現分》 --guis·ing》 他 **1** …を変装させる, 偽装させる; [be ~d /

## disgust

~ oneself] 変装している, 変装する ‖

**disguise** oneself **with** [**by** wearing] a wig かつらで変装する.

**2** …を隠す, 偽る ‖

**disguise** one's voice **with** a strong accent ひどいなまりで作り声をする.

**disguise** one's sorrow **beneath** a smile [**by** making a smile] 微笑で悲しみを隠す.

—— 名 **1** Ⓤ 変装(すること), 偽装, 仮面; Ⓒ (舞踏会などの)仮装; (芸人などの)扮装(禁) ‖

a salesman **in disguíse** 変装したセールスマン.

**in** [**ùnder**] **the disguíse of** her illness 彼女の病気にかこつけて.

**2** ⓊⒸ 見せかけ; 口実 ‖

confess **withòut disguíse** ありのままに白状する.

**màke nó disguíse of** one's feelings 感情をむき出しにする.

\***dis·gust** /disgʌ́st/ ディスガスト/ 〖『味(gust)を嫌う(dis)〗〗

—— 動 (三現) ~s/-gʌ́sts/; 過去・過分 ~ed /-id/; 現分 ~ing

—— 他 〈人〉をむかつかせる, うんざりさせる《◆ 進行形にしない》

His behavior **disgusts** me. =I am disgusted **at** [**by, with**] his behavior. 彼のふるまいにはうんざりだ《◆ **at** は「見て, 聞いて, 知って」, **by** は「うんざりさせられる」といった受身的性格が強い場合に, **with** は「うんざりしている」という状態をいう場合に用いる》.

—— 名 Ⓤ 嫌悪, 反感, 愛想づかし《◆ **dislike** より強い意味》

**in disgúst** いやになって, うんざりして.

**to** one's **disgúst** うんざりしたことには, 愛想がつきたことには.

**fáll ìnto disgúst of** him 彼が大嫌いになる.

**dis·gust·ing** /disgʌ́stiŋ ディスガスティング/ 形 → disgust. —— 形 [他動詞的に] うんざりさせる.

**dis·gúst·ing·ly** 副 うんざりするほど.

\*\***dish** /díʃ ディシュ/ 〖「投げられる[投げこまれる]物」が原義. cf. **disk**〗

—— 名 (複 ~·es/-iz/) Ⓒ **1** 皿, 大盛り皿《(米)**platter**》《◆ 料理をテーブルまで運ぶ深い皿. 各人がめいめいによそって食べる皿は **plate**, 「受け皿」は **saucer**.(米)では **dish** を **plate** の意にも用いる》 ‖

a **dish** for meat =a méat **dìsh** 肉皿.

**2** [**the** ~·es] (食事で使用された)**食器類**《◆ ナイフ・フォーク類を含むがふつう銀器・ガラス器は含まない》 ‖

**wásh** (**úp**) [**dó**] **the díshes** (食後)食器を洗う.

**3** (皿に盛った)**料理, 食物**; 1皿分(の料理)(**dishful**) ‖

one's favorite **dish** 好きな料理, 好物.

the main **dish** (コースの中の)主菜.

—— 動 (三現) ~·es/-iz/) 他 〈料理〉を皿に盛る《◆ 通例次の成句で》.

## disintegration

**dísh óut** [他]〈料理〉を皿に取り分ける; (略式)…をばらまく.

**dísh úp** (1) [自] 料理を盛りつける. (2) [他]〈料理〉を盛りつける.

**dísh tòwel** (主に米)皿ふきん《(英)**tea towel**》.

**dis·heart·en** /dishɑ́ːrtn ディスハートン/ 動 他 (正式)〈人〉の勇気[自信]を失わせる.

**dis·héart·ened** 形 勇気[自信]を失った.

**dis·héart·en·ing** 形 失望させる, 落胆させる.

**di·shev·eled**, (英) **--elled** /diʃévld ディシェヴルド/ 形 (正式)〈髪が〉ぼさぼさの; だらしのない.

**dis·hon·est** /disɑ́nəst ディサネスト ǀ disɔ́nəst ディソネスト, diz-/ 形 不正直な, 不誠実な, まじめでない; 不正の(↔ **honest**) ‖

a **dishonest** transaction 不正取引.

be **dishonest** about one's qualifications 資格を偽る.

**dis·hón·est·ly** 副 [文全体を修飾] 不正直にも, 不誠実にも.

**dis·hon·es·ty** /disɑ́nəsti ディサニスティ ǀ disɔ́nəsti ディソニスティ, diz-/ 名 (複 --es·ties/-z/) Ⓤ 不正直, 不誠実(↔ **honesty**); Ⓒ 不正行為.

**dis·hon·or**, (英) **--our** /disɑ́nər ディサナ ǀ disɔ́nə ディソナ, diz-/ 名 **1** Ⓤ 不名誉, 不面目, 恥《◆ **shame**, **disgrace** より堅い語》(↔ **honor**) ‖

bring **dishonor on** one's family 家族の恥さらしとなる.

live **in dishonor** 屈辱の生活を送る.

**2** ⓊⒸ 軽蔑(お), 無礼(な言動) ‖

do him a **dishonor** 彼を侮辱する.

**3** Ⓤ [しばしば a ~] 不名誉となる人[物, 事] ‖

a **dishonor to** one's school 学校の面(ﾂ)汚し.

—— 動 他 (正式)…の名誉を汚(ｹ)す.

**dis·hon·or·a·ble**, (英) **--our--** /disɑ́nərəbl ディサナラブル ǀ disɔ́n- ディソナラブル, diz-/ 形 不名誉な, 恥ずべき, 卑劣な(↔ **honorable**).

**dis·hón·or·a·bly** 副 不名誉に; [文全体を修飾] 不名誉にも.

**dis·hon·our** /disɔ́nə ディソナ, diz-/ (英) 名 動 = **dishonor**.

**dish·wash·er** /díʃwɑ̀ʃər ディシュワシャ ǀ -wɔ̀ʃ- -ウォシャ/ 名 Ⓒ (米) 皿洗い(をする人, 機).

**dis·il·lu·sion** /dìsiljúːʒən ディスィルュージョン/ 名 = **disillusionment**. —— 動 他 (正式)〈人〉に迷いをさまさせる, 幻滅を感じさせる.

**dis·il·lu·sion·ment** /dìsiljúːʒənmənt ディスィルュージョンメント/ 名 Ⓤ 幻滅(感), 覚醒(ﾂ).

**dis·in·fect** /dìsinfékt ディスィンフェクト/ 動 他 …を消毒する.

**dis·in·fect·ant** /dìsinféktənt ディスィンフェクタント/ 名 Ⓒ 殺菌剤, 消毒剤.

**dis·in·her·it** /dìsinhérət ディスィンヘリト/ 動 他 …から相続権を奪う.

**dis·in·te·grate** /disíntəgrèit ディスィンティグレイト/ 動 (現分) --grat·ing 自 (正式)崩壊する.

**dis·in·te·gra·tion** /disìntəgréiʃən ディスィンティグレイション/ 名 Ⓤ 崩壊, 分解.

**dis·in·ter·est·ed** /dɪsíntərəstɪd ディスインタレスティド, -tərèst-/ 形 私心のない.

**dis·joint·ed** /dɪsdʒɔ́ɪntɪd ディスヂョインティド/ 形 《正式》〈言葉・思想などが〉支離滅裂な.

**disk,**《英ではしばしば》**disc** /dísk ディスク/〖類音〗desk /désk/《◆特にコンピュータ関係では《英》でも disk とつづる》 名 C 1 (平らな)円盤(状の物). 2 《略式》[通例 disc] レコード, 音盤. 3 〔コンピュータ〕磁気ディスク(magnetic disk).

**dísk bràke**〔通例 ~s〕(自動車などの)ディスク=ブレーキ.

**dísk drive**〔コンピュータ〕ディスク=ドライブ《ディスクを動かし, 読み書きする装置》.

**dísk hàrrow** 円板ハロー《トラクター用農機具の1つ》.

**dísk jòckey** ディスクジョッキー(《略式》deejay)《軽い話題・コマーシャルなどを間にはさんだレコード音楽の番組を担当するアナウンサー. 略 DJ》.

**dísk whèel** (自動車などの)ディスク=ホイール, 円板車輪.

\***dis·like** /dɪsláɪk ディスライク/〖好き(like)でない(dis)〗
―動 (三単現) ~s /-s/; (過去・過去分) ~d /-t/; (現分) ~·lik·ing)
―他 …を嫌う, 嫌っている; [dislike doing] …することをいやだと思う《◆(1) 進行形にしない. (2) not like より意味が強く hate より弱い》‖
I dislike big cities. 大都会が嫌いだ.
I dislike your writing to her in such a tone. 君にあんな調子で彼女に手紙を書いてもらいたくない.
I dislike being alone. 1人でいるのはいやだ.
対話 "Do you like sushi?" "Well, I don't dislike it really, but I prefer sashimi." 「おすしは好きですか?」「嫌いではないのですが, さしみの方が好きですね」.
―名 U 〔通例 a ~〕 嫌い; 嫌気, 反感 ‖
tàke a dislíke to him 彼が嫌いになる.
I hàve a dislíke of [for] cats. ネコが嫌いだ.
**líkes and díslikes** 好き嫌い《◆反意語と並べた時アクセント位置が移る》.

**dis·lik·ing** /dɪsláɪkɪŋ ディスライキング/ 動 → dislike.

**dis·lo·cate** /dísloʊkèɪt ディスロウケイト,《米+》 dɪslóʊkeɪt/ 動 (現分 -cat·ing) 他 1 …の関節をはずす. 2 〈計画などを〉狂わせる, 混乱させる.

**dis·lo·ca·tion** /dìsloʊkéɪʃən ディスロウケイション/ 名 U C 位置を変えること; 脱臼(きゅう); 混乱.

**dis·lodge** /dɪslɑ́dʒ ディスロヂ/-lɔ́dʒ/ 動 (現分 --lodg·ing) 他 《正式》…を移動させる; 〈人などを〉追い払う.

**dis·loy·al** /dɪslɔ́ɪəl ディスロイアル/ 形 《正式》不忠実な.

**dis·loy·al·ty** /dɪslɔ́ɪəlti ディスロイアルティ/ 名 (複 --al·ties/-z/) 《正式》U 不忠実, 不信; C 不忠な行為, 背信行為.

\***dis·mal** /dízml ディズムル/〖〖悪い(mal)日(dis)〗〗
―形 (比較 more ~, ~·er; 最上 most ~, ~·est) 1 陰気な, 憂うつな《◆gloomy より堅い語》‖
a dismal song 陰気な歌.
dismal weather うっとうしい天気.
2 みじめな ‖
対話 "His grades are really bad, aren't they?" "Yes. They're dismal." 「彼の成績はひどいもんだね」「そうだね. 惨たんたるものだ」.

**dís·mal·ly** 副 陰気に, 憂うつに; みじめに.

**dis·man·tle** /dɪsmǽntl ディスマントル/ 動 (現分 --man·tling) 他 《正式》 1〔通例 be ~d〕取り除かれる. 2 〈機械などを〉分解する.

**dis·may** /dɪsméɪ ディスメイ, dɪz-/ 名 U 1 ろうばい, うろたえ; 仰天; 不安感, 恐怖感《◆fear より堅い語》‖
They listened in [with] dismay to the news. 彼らは呆(ぼう)然としてその知らせを聞いた.
2 失望, 落胆; 自信喪失.
**to A's dismáy** 仰天[びっくり]したことには.
―動 他 1〈心配・恐怖などが〉人をうろたえさせる, ろうばいさせる; [be ~ed] びっくりする ‖
He was dismayed by the sight of the burning house. 彼は燃えている家を見てろうばいした.
We were dismayed at (hearing) the news. そのニュースを聞いて私たちはうろたえた.
2 〈人を〉失望させる, 意気消沈させる《◆disappoint より堅い語》.

**dis·mem·ber** /dɪsmémbər ディスメンバ/ 動 他 《正式》 1 …の手足を切断する. 2 〈土地などを〉分割する.

**dis·miss** /dɪsmís ディスミス/ 動 (三単現 ~·es /-ɪz/) 他 1〈集会などを〉解散させる, 散会させる;《正式》〈人を〉去らせる, …に退出を許す[命ずる] ‖
dismiss her with a wave of the hand 手を振って彼女を去らせる.
2 …を解雇する ‖
dismiss him for neglect of duty 職務怠慢で彼をくびにする.
dismiss him from school 彼を退学させる.
3 《正式》〈考えなどを〉捨てる ‖
dismiss him from one's mind 彼のことを忘れる.
4 〔法律〕〈訴訟などを〉却下[棄却]する.

**dis·mis·sal** /dɪsmísl ディスミスル/ 名 U C 1 解職, 免職. 2 放棄; 〔法律〕(訴訟などの)却下, 棄却.

**dis·mis·sive** /dɪsmísɪv ディスミスィヴ/ 形 拒否するような, 否定的な. **dis·mís·sive·ly** 副 否定的に, すげなく.

**dis·mount** /dɪsmáʊnt ディスマウント/ 動 自 《正式》降りる(get off).

**Dis·ney** /dízni ディズニ/ 名 ディズニー《Walt(er Elias) ~ 1901-66; 米国の動画・映画製作者・興行師》.

**Wált Dísney Wòrld** ディズニーワールド《1971年に開設した Florida 州 Orlando 市近郊の遊園地》.

**Dis·ney·land** /dízniːlænd ディズニランド/ 名 [(the) ~] ディズニーランド《米国 Los Angeles 市近郊の遊園地. 1955年 W. Disney により開園》.

**dis·o·be·di·ence** /dìsəbíːdiəns ディソビーディエン

ス/ 名 U 不従順, 違反.
**dis·o·be·di·ent** /dìsəbí:diənt ディソビーディエント/ 形 服従しない, 反抗的な.
**dis·o·bé·di·ent·ly** 副 反抗的に.
**dis·o·bey** /dìsəbéi ディソベイ/ 動 他〈人・命令など〉に服従しない, 違反する(↔ obey). ― 自 服従しない.
**dis·or·der** /disɔ́:rdər ディソーダ, diz-/ 名 1 U(正式) 混乱, 不整頓(とん), 乱雑 ‖
be in disorder 混乱している.
2 UC (政治的)無秩序, 不隠(おん), 暴動.
3 UC (正式) (心身機能の)不調, 異常, 障害; (軽い)病気.
**dis·ór·dered** /-d/ 形 1 乱れた, 乱雑な. 2 病気の, 不調な.
**dis·or·der·ly** /disɔ́:rdərli ディソーダリ, diz-/ 形 (正式) 1 無秩序の, 乱雑な. 2〈人・行為など〉乱暴な. 3〔法律〕治安[風紀]を乱す.
**dis·or·gan·ize**, (英ではしばしば) **–ise** /disɔ́:rgənaiz ディソーガナイズ/ 動 (現分) **-iz·ing**) 他…の組織を乱す.
**dis·own** /disóun ディソウン/ 動 (現分) 他…に責任がないと言う, …との関係を否定する.
**dis·par·age** /dispǽridʒ ディスパリヂ/ 動 (現分) **-ag·ing**) 他 (正式) …をけなす.
**dis·par·i·ty** /dispǽrəti ディスパリティ/ 名 (複 **-i·ties**/-z/) UC (正式) 相違, 不釣り合い.
**dis·patch** /dispǽtʃ ディスパチ/ 動 (三単現) **~es** /-iz/) 1 (正式) …を発送する, 投函(とうかん)する; …を派遣する. 2 (正式) …を手早くすませる.
― 名 U (正式) 1 派遣, 特派; 発送, 投函.
2 手早い処理; 迅(じん)速 ‖
with great dispatch 大急ぎで.
**dis·pel** /dispél ディスペル/ 動 (過去・過分) **dispelled**/-d/; (現分) **-pel·ling**) 他 (正式) …を追い散らす, 追い払う.
**dis·pen·sa·ble** /dispénsəbl ディスペンサブル/ 形 なくてもすむ.
**dis·pen·sa·ry** /dispénsəri ディスペンサリ/ 名 (複 **-sa·ries**/-z/) C 医務室.
**dis·pen·sa·tion** /dìspənséiʃən ディスペンセイション/ 名 UC (正式) 分配, 施し; C 分配品, 施し物.
**dis·pense** /dispéns ディスペンス/ 動 (現分) **-pens·ing**) 他 1 (正式) …を分配する, 施す. 2〈法〉を施行する;〈儀式など〉を執り行なう. 3〈薬〉を調合する.
○ ***dispénse with*** A (1) …なしですます(♦ do without より堅い語. 共に「必要ではあるが」の意を含む) ‖ dispense with the car 車なしですます. (2) …を不要にする ‖ This modern machine dispenses with much hard labor. この新しい機械を使えば多くの労力が省ける.
**dis·pens·er** /dispénsər ディスペンサ/ 名 C 1 薬剤師, 調剤師. 2 (かみそり・石けんなどの)取り出し容器; 自動販売機.
**dis·per·sal** /dispə́:rsl ディスパースル/ 名 (正式) = dispersion.
**dis·perse** /dispə́:rs ディスパース/ 動 (現分) **-pers-**

**ing**) 他 (正式) …を四方に散らす, 分散[散乱]させる.
― 自〈群衆などが〉散らばる, 分散[離散]する.
**dis·per·sion** /dispə́:rʒn ディスパージョン|-ʃən -ション/ 名 U 散布; 散乱, 離散, 四散.
**dis·pir·it·ed** /dispíritəd ディスピリティド/ 形 がっかりした ‖
look dispirited がっかりしている様子だ.
**dis·place** /displéis ディスプレイス/ 動 (現分) **-plac·ing**) 他 (正式) 1 …を置き換える, 移す, 動かす.
2 …にとって代わる, …と入れ代わる(replace) ‖
The electric refrigerator quickly displaced the ice box. 電気冷蔵庫が氷を使った冷蔵庫にすばやくとって代わった.
3 …を解任させる.
**displáced pérson** (戦争・飢饉(きん)・動乱などによって故国を追放された)難民.
**dis·place·ment** /displéismənt ディスプレイスメント/ 名 U 1 (正式) 置き換え; 取り替え ‖
The union rebelled at the displacement of large numbers of people. 組合は多くの人々の配置転換に抗議した.
2 解雇, 解職, 解任.
3〔しばしば a ~〕(船舶の)排水量[トン].
*__dis·play__ /displéi ディスプレイ/ 〖「折り重なっているものを広げてみせる」が原義〗

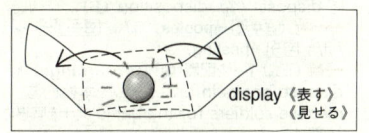

display〈表す〉〈見せる〉

― 動 (三単現) ~s/-z/; (過去・過分) ~ed/-d/; (現分) ~·ing)
― 他 1 (正式) …を表す, 露呈(ろてい)する; …を発揮する(show) ‖
display great courage 大いに勇気を発揮する.
Many people display their lack of knowledge as soon as they start talking. 話し始めるとすぐ知識のなさを露呈する人が多い.
2 …を**陳列する**, 展示する, 飾る ‖
display fall fashions in the window ショーウインドーに秋のファッションを陳列する.
3 …を見せびらかす, 誇示する.
― 名 (複 ~s/-z/) 1 UC 表示, (感情などの)発揮, 露呈.
2 UC 陳列, 展示, 装飾; C 展示品 ‖
Spring fashions were **on displáy** in the shop windows. 春のファッションが店のウインドーで展示中であった.
対話 "Are they showing anything interesting in the museum?" "Yes, there are some Elizabethan costumes **on display**."「美術館では今何か興味深い展示がありますか」「ええ, エリザベス朝時代の衣装が展示されています」.
3 U〔しばしば a ~〕見せびらかし, 誇示; (旗の)掲揚(よう) ‖

òut of displáy これ見よがしに.
**4** ⓒ [コンピュータ] ディスプレイ, 表示装置.

**dis·please** /displíːz ディスプリーズ/ 動 (現分) **--pleas·ing** ⑯ 《正式》…を不快にする, 怒らせる; [be ~d] 不快になる ‖
He is displeased at her rude behavior. = He is displeased with her for behaving rudely. 彼は彼女の不作法に立腹している.

**dis·pleas·ing** /displíːziŋ ディスプリーズィング/ 動 → displease. ── 形 不快な.

**dis·pleas·ure** /displéʒər ディスプレジャ/ 名 Ⓤ 《正式》不快, 不満, 不機嫌.

**dis·pos·a·ble** /dispóuzəbl ディスポウザブル/ 形 処分できる ‖
a disposable cup 使い捨て紙コップ.

**dis·pos·al** /dispóuzl ディスポウズル/ 名 Ⓤ 《正式》**1** 配置, 配列.
**2** 処分, 処理, 始末 ‖
ocean disposal of wastes 廃棄物の海洋投棄.
**3** [しばしば one's ~] 処分権, 処分の自由 ‖
The money is at my dispósal. お金は私の自由になる.

**dispósal bàg** (ホテルなどに備えつけの)汚物[生理用品]処理袋.

*__dis·pose__ /dispóuz ディスポウズ/ 《(適当に)離して (dis)置く (pose). cf. expose》
⑱ disposal (名), disposition (名)
── 動 (三単現) **··pos·es** /-iz/, (過去·過分) **~d** /-d/, (現分) **··pos·ing**
── ⑯ 《正式》**1** …を配置[配列]する (arrange) ‖
dispose books in order きちんと本を並べる.
dispose soldiers for the battle 兵士を戦場に配置する.
**2** [dispose A for B] A⟨人⟩に B⟨仕事など⟩をする気にさせる; [dispose A to do] A⟨人⟩に…する気にさせる ‖
Her poverty disposed me to help her. 貧しさを見かねて彼女を助ける気になった.
I'm not disposed for a drive [to take a drive]. ドライブする気がしない.
**3 a** [dispose A to B] A⟨人⟩を B⟨病気·言動など⟩をする傾向にする; [dispose A to do] A⟨人⟩を…しがちにする ‖
My advice disposes him to silence [to be silent]. 私が忠告すると彼は黙りがちだ.
**b** [be disposed to do] …する傾向がある ‖
She was disposed to colds. 彼女はかぜをひきやすかった.

◦**dispóse of A** …を処理する, 処分する 《◆受身にできる》 ‖ dispose of an argument 議論を片付ける / dispose of oneself 身の振り方を決める.

**dis·pos·er** /dispóuzər ディスポウザ/ 名 ⓒ ディスポーザー, (流しのごみを砕いて処理する)生ごみ粉砕機.

**dis·pos·ing** /dispóuziŋ ディスポウズィング/ 動 → dispose.

**dis·po·si·tion** /dìspəzíʃən ディスポズィション/ 名 **1** Ⓤ [しばしば a ~] **a** 気質, 性質, 傾向 ‖
a disposition to tears 涙もろいたち.
be of a selfish disposition わがままな性質である.
**b** 気持ち ‖
I was in [I felt] a disposition to sympathize with her. 彼女に同情したい気になった.
**2** ⓊⒸ 《正式》(物·軍隊などの)配置, 配列; [~s] 準備 ‖
make one's dispositions for the departure 出発の準備を整える.
**3** Ⓤ [しばしば a ~] 処分(権)措置; (財産の)売却, 譲渡 《◆ disposal がふつう》.

**dis·pro·por·tion·ate** /dìsprəpɔ́ːrʃənət ディスプロポーショナト/ 形 《正式》不釣り合いな.

**dis·prove** /disprúːv ディスプルーヴ/ 動 (現分) **··prov·ing**) ⑯ 《正式》…の誤りを立証する.

**dis·pute** /動 dispjúːt ディスピュート/ 名 ≠, ≠/ 動 (現分) **··put·ing**) ⑯ **1** ⟨問題など⟩を議論する, 討論する; [dispute wh 節·句] …かを議論する (→ discuss 類) ‖
We disputed when to carry it out. = We disputed when we should carry it out. それをいつ実行すべきかを討論した.
**2** ⟨事実·問題など⟩に反論する, 異議を唱える; [しばしば否定文で] [dispute that 節] …ということに異議を唱える ‖
dispute her marriage 彼女の結婚に反対する.
── ⑧ 討論する, 口論する 《◆ discuss より感情的な議論である意を含む》 ‖
I disputed with him about world peace for an hour. 彼と1時間も世界平和について論争した.

── 名 ⓊⒸ 議論, 口論, 紛争 ‖
a labor dispute about efficiency wages 能率賃金についての労働争議.

*beyònd dispúte* 議論の余地なく, 疑いなく.

*in dispúte* = *ùnder dispúte* 論争中の[で]; 未解決の[で].

**dis·qual·i·fi·ca·tion** /dìskwɑləfikéiʃən ディスクワリフィケイション | -kwɔli- ディスクウォリ-/ 名 **1** Ⓤ 資格剝奪(はくだつ); 不適任. **2** Ⓒ 失格理由.

**dis·qual·i·fy** /dìskwɑləfai ディスクワリファイ | -kwɔlə- ディスクウォリファイ/ 動 (三単現) **··i·fies** /-z/, (過去·過分) **··i·fied**/-d/) ⑯ ⟨人⟩の資格を奪う; ⟨人⟩を失格させる ‖
Insufficient education disqualified him for the job. 彼は十分な教育を受けていないためその仕事に就けなかった.

**dis·re·gard** /dìsrigɑ́ːrd ディスリガード/ 《正式》動 ⑯ …を無視する. ── 名 Ⓤ [しばしば a ~] 無視; 無関心.

**dis·rep·u·ta·ble** /disrépjətəbl ディスレピュタブル/ 形 評判の悪い; いかがわしい.

**dis·rép·u·ta·bly** 副 評判悪く; みっともなく.

**dis·re·pute** /dìsripjúːt ディスリピュート/ 名 Ⓤ 《正式》不評; 汚名 ‖
fáll ìnto disrepúte 評判を落とす.

**dis·re·spect** /dìsrispékt ディスリスペクト/ 名 Ⓤ 《正式

**dis·re·spect·ful** /dìsrispéktfl ディスリスペクトフル/ 形 (正式) 失礼な. **dis·re·spéct·ful·ly** /-fuli/ 副 失礼に(も).

**dis·rupt** /disrʌ́pt ディスラプト/ 動 他 (正式) …を分裂させる; …を混乱させる.

**dis·rup·tion** /disrʌ́pʃən ディスラプション/ 名 UC (正式) (国家などの) 分裂, 崩壊; 混乱.

**dis·sat·is·fac·tion** /dìssætisfǽkʃən ディスサティスファクション/ 名 U 不満, 不平; C 不満の種.

**dis·sat·is·fied** /dìssǽtisfàid ディスサティスファイド/ 形 不満[不快]を示す; [be dissatisfied with [at] A] …に不満である.

**dis·sect** /disékt ディセクト/ 動 他 (正式) …を解剖する.

**dis·sec·tion** /disékʃən ディセクション/ 名 U 解剖.

**dis·sem·i·nate** /disémənèit ディセミネイト/ 動 (現分) --nat·ing 他 (正式) …を普及させる.

**dis·sem·i·na·tion** /disèmənéiʃən ディセミネイション/ 名 U 普及.

**dis·sen·sion** /disénʃən ディセンション/ 名 (正式) 1 U 意見の不一致. 2 C 不和の原因.

**dis·sent** /disént ディセント/ (正式) 動 自 意見が違う. ─名 U 意見の相違.

**dis·ser·ta·tion** /dìsərtéiʃən ディサテイション/ 名 C 学術論文.

**dis·serv·ice** /dissə́:rvis ディスサーヴィス/ 名 U (正式) [しばしば a ~] ひどい仕打ち, あだ; 害.

**dis·sim·i·lar** /dissímələr ディススィミラ/ 形 (正式) 似ていない.

**dis·si·pate** /dísəpèit ディスィペイト/ 動 (現分) --pat·ing (正式) 他 1 〈雲・霧・煙などを〉散らす; 〈心配・恐怖などを〉消す. 2 …を浪費する. ─自 消散する(disappear).

**dis·so·ci·ate** /disóuʃièit ディソウシエイト/ -si- ディソウスィ-/ 動 (現分) --at·ing 他 (正式) …を引き離す; …との関係を絶つ.

**dis·so·ci·a·tion** /disòusiéiʃən ディソウシエイション, -ʃi-/ 名 U 分離(作用・状態).

**dis·so·lute** /dísəlù:t ディソルート/ 形 (正式) ふしだらな. **dís·so·lùte·ly** 副 (正式) ふしだらに.

**dis·so·lu·tion** /dìsəlú:ʃən ディソルーション/ 名 CU (正式) 1 溶解. 2 解消, 解約; (英) (議会などの) 解散.

**dis·solve** /dizʌ́lv ディザルヴ/ diz5lv ディゾルヴ/ (発音注意) 《◆ "ディサルヴ》 動 (現分) --solv·ing 他 1 …を溶かす ‖
dissolve sugar in water 砂糖を水に溶かす.
2 (正式) …を解散する; …を解消する ‖
dissolve a partnership 契約を解消する.
3 …を解く; 〈希望・疑いなどを〉なくす.
─自 1 溶ける ‖
Ice dissolves into water. 氷は溶けて水になる.
2 (正式) 解散する; 消える; 解消する ‖
My resolution dissolved at the last moment. いざという時に決意がくじけた.

**dis·suade** /diswéid ディスウェイド/ 動 (現分) --suad·ing 他 (正式) [dissuade A from B] A 〈人〉を説得して B〈事〉を思いとどまらせる 《◆B には doing も可》 ‖
dissuade a friend from marrying 友人に忠告して結婚を思いとどまらせる.

*__dis·tance__ /dístəns ディスタンス/ 〖離れて(dis)立った位置(stance). cf. in*stance*〗
─名 (複 --tanc·es/-iz/) CU 1 距離; 道のり, 行程 ‖
a great distance away [off] 遠く離れて.
within striking distance すぐ近くに.
walk a distance of three miles 3マイルの道のりを歩く.
What is the distance (from here) to the station? (ここから)駅までどのくらいの距離ですか (=How far is it from here to the station?).
2 遠距離, 隔たり; 遠い地点[地域]; (絵の)遠景; [通例 ~s] (空間的)広がり, 範囲 ‖
the míddle dístance 中景.
fly away into the distance 遠くへ飛び去る.
at a distance of five miles 5マイル離れたところに 《◆ "at a five miles' distance とはいわない》.
3 (時間の) 隔たり, 経過; (長い) 期間 ‖
look back over a distance of ten years 10年の年月を顧(かえり)みる.
4 (正式) (精神面の) 隔たり, 敬遠; (態度の)よそよそしさ.

○***at a distance*** 少し離れて ‖ view it at a distance behind him 彼のうしろから少し離れてそれを見る.

***from a distance*** ちょっと離れて.
***in the distance*** 遠方に ‖ I saw a town in the distance. 遠方に町が見えた.
***kéep A at a dístance*** A〈人〉によそよそしくする ‖ Keep her at a distance. 彼女になれなれしくするな.
***kéep one's dístance from A*** …に近づかない, …を遠ざけておく ‖ Keep your distance from her. 彼女になれなれしくするな.

*__dis·tant__ /dístənt ディスタント/ 〖離れて(dis)立つ(stand). cf. con*stant*〗 派 distance (名)
─形 (比較 more ~, 最上 most ~) 1 遠い(↔ near); [名詞の前で] 遠方への, 遠方からの ‖
a distant country 遠い国.
a distant voyage 遠洋航海.
have a distant view of Mt. Fuji 遠くに富士山が見える.
対話 "Is the airport far from the town?" "Well, it's about ten miles distant (from it)." 「空港は町から遠いですか」「そうですね, (町から) 10マイルほどです」.
2 (時間的に)遠い ‖
the distant past 遠い過去.
at no distant date 近いうちに.
3 a [名詞の前で] 〈関係が〉遠い(↔ close) ‖
a distant relative 遠い親類.
b 〈類似・記憶が〉かすかな; 〈態度が〉冷やかな, 遠回しの; 水くさい ‖

a distant recollection かすかな思い出.
have a distant attitude toward [to] him =be distant with him 彼によそよそしい態度をとる.

**dis・taste** /distéist ディステイスト/ 名 (正式) [時に a ~] 嫌悪, 嫌気(dislike) ‖
hàve a distáste for hard work つらい仕事を嫌う.

**dis・taste・ful** /distéistfl ディステイストフル/ 形 **1** (正式) いやな, 不快な. **2** 味がまずい.
  **dis・táste・ful・ly** 副 不愉快に.

**dis・tend** /disténd ディステンド/ 動 (正式) 他 …を膨張させる. ―自 膨張する.

**dis・ten・sion**, (米) **--ten・tion** /disténʃən ディステンション/ 名 UC (正式) 膨張.

**dis・till**, (英) **--til** /distíl ディスティル/ 動 (過去・過分) ~ed または (英) dis・tilled/-d/; (現分) ~ing または (英) --til・ling/ 他 …を蒸留して造る.

**dis・til・la・tion** /dìstəléiʃən ディスティレイション/ 名 U 蒸留(作用), 蒸留法.

**dis・till・er・y** /distíləri ディスティラリ/ 名 (複 --er・ies/-z/) C 蒸留酒製造場.

**dis・tinct** /distíŋkt ディスティンクト/ 形 (時に 比較 ~・er, 最上 ~・est) **1** 全く異なった, 別個の(different); 独特な ‖
Butterflies are distinct from moths. チョウとガは異なる.
対話 "What's the difference between these two cars? They look similar." "Their engines are actually quite distinct." 「この2台の車の違いは何ですか. よく似ていますが」「実はエンジンが全く違うのです」.
**2** はっきりした, 明瞭(%\_)な(↔ indistinct) ‖
in a distinct voice はっきりとした声で.
**3** 〈言動が〉目立った.
  **dis・tínct・ness** 名 U 明瞭さ, 明確さ.

**dis・tinc・tion** /distíŋkʃən ディスティンクション/ 名 UC (正式) 区別, 差別; 相違, 識別(difference) ‖
in distinction from [to] … …と区別して.
màke a distínction between right and wrong 善悪を区別する.
**2** U [しばしば a ~] 特徴, 特色; 風格; 気品.
**3** UC 栄誉; 優遇; 著名 ‖
have the distinction of being presented to the King 王に拝謁(%)する栄誉を得る.
**4** U 卓越, 功績 ‖
a man of distinction 名士.
serve with distinction 手柄をたてる.
win distinction 名声を得る.

**dis・tinc・tive** /distíŋktiv ディスティンクティヴ/ 形 (正式) (他と)明確に区別できる; 特有の, 独特の(unique) ‖
a distinctive accent 独特のなまり.
  **dis・tínc・tive・ness** 名 U 特殊性.

**dis・tinct・ly** /distíŋktli ディスティンクトリ/ 副 **1** はっきりと, 明白に. **2** [文全体を修飾] 疑いもなく, 確かに.

*****dis・tin・guish** /distíŋgwiʃ ディスティングウィシュ/ 〖「分割・分離する」が原義で「特徴によって人・物・事を分離する」という意が生まれた〗 派 distinct (形), distinction (名), distinctive (形)

distinguish 〈区別する〉

―動 (三単現) ~・es /-iz/; (過去・過分) ~ed/-t/; (現分) ~・ing
―他 (正式) **1a** …を見分ける ‖
distinguish the two ideas 2つの考えを識別する.
**b** [distinguish A from B] A〈人・物・事〉をB〈人・物・事〉と区別する《◆tell A from B の方が一般的》‖
distinguish cultured pearls from genuine ones by experience 経験で養殖真珠と天然物とを区別する.
**2** [通例 can を伴って] (五感で)…をはっきりと認める ‖
I couldn't distinguish the boat in the far distance. 非常に遠距離だったので船ははっきり見えなかった.
**3** …を特色づける ‖
His honesty distinguished him from them. =He was distinguished from them by his honesty. 彼は正直なことで彼らと違っていた.
**4** [~ oneself] 目立つ, 有名である ‖
He distínguished himsèlf by his skill. 彼は技量で名をあげた.
―自 (正式) 相違を見分ける ‖
distinguish between love and charity 愛と慈愛の見分けがつく.

**dis・tin・guish・a・ble** /distíŋgwiʃəbl ディスティングウィシャブル/ 形 区別できる, 見分けられる.

**dis・tin・guished** /distíŋgwiʃt ディスティングウィシュト/ 動 → distinguish.
―形 **1** 〈行動などが〉すぐれた, 抜群の; 〈人が〉有名な, 顕著な(famous) (略 dist) ‖
She is distinguished for her eloquence. 彼女は雄弁で有名だ.
**2** 〈人・言動などが〉気品のある, 威厳のある.

**dis・tort** /distɔ́ːrt ディストート/ 動 他 (正式) **1** 〈顔など〉をゆがめる, 〈手足など〉をねじる. **2** 〈事実など〉を曲げる.

**dis・tor・tion** /distɔ́ːrʃən ディストーション/ 名 UC (正式) **1** ゆがめること, ねじれ. **2** ゆがめられた話.

**dis・tract** /distrǽkt ディストラクト/ 動 他 **1** 〈注意などを〉そらす(↔ attract) ‖
distráct one's mínd from one's worries 心配事から気持ちを紛らす.
**2** [通例 be ~ed] 心を悩ます ‖
be distracted with anxiety 心配で心を悩ましている.

**dis·trac·tion** /distrǽkʃən ディストラクション/ 图 **1** ⓤ 注意散漫, うわの空, 放心状態. **2** ⓒ 気晴らし, 娯楽; 迷惑なもの. **3** ⓤⓒ (正式) 乱心, 動転.

**dis·traught** /distrɔ́ːt ディストロート/ 形 (正式) 取り乱した.

**dis·tress** /distrés ディストレス/ 图 (複 ~·es/-iz/) (正式) **1** ⓤ 悩み(worry), 嘆き(sorrow); ⓒ 悩みの種 ‖
feel distress over his disappearance 彼の失踪(〻)に心を痛める.
**2** ⓤ (肉体的)苦痛(pain), 疲労.
**3** ⓤ 難儀, 苦境; 困窮, 貧困 ‖
She is in (deep) distress over money. 彼女はお金のことで(ひどく)困っている.
— 動 (三単現 ~·es/-iz/) 他 **1** 〈物·事·人が〉〈人〉を悩ませる, 悲しませる; [~ oneself / be ~ed] 悩む, 苦しむ, 心配する, 疲れる ‖
Don't distréss yoursèlf [Don't be distressed] about her. 彼女のことで心配するな.
**2** …を追いこんで[苦しめて]…させる ‖
His poverty distressed him into stealing. 貧しさのあまり彼は人の物に手を出した.

**dis·tress·ful** /distrésfl ディストレスフル/ 形 苦しい; 痛ましい. **dis·tréss·ful·ly** 副 苦しく, 痛ましく.

**dis·tress·ing** /distrésiŋ ディストレスィング/ 動 → distress. — 形 苦しめる; 悲惨な.
**dis·tréss·ing·ly** 副 悲惨に, 痛ましく.

***dis·trib·ute** /distríbjət ディストリビュト |-juːt -トリビュート, ⌒/ [分けて(dis)与える(tribute). cf. contribute] 派 distribution (名)

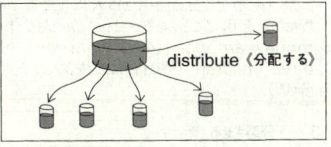

distribute 〈分配する〉

— 動 (三単現 ~s/-bjuːts |-bjuːts/; 過去·過分 --ut·ed/-id/; 現分 -ut·ing)
— 他 **1** …を分配する, 割り当てる ‖
distribute cakes to [among, round] the children 子供にケーキを配る.
**2** …を散布する, 塗る; [be ~d] 分布する ‖
distribute paint over a wall 壁にペンキを塗る.
This insect is distributed throughout the world. この虫は世界中に分布している.

**dis·trib·ut·ing** /distríbjətiŋ ディストリビューティング| -bjuːtiŋ, ⌒/ 動 → distribute.

**dis·tri·bu·tion** /dìstrəbjúːʃən ディストリビューション/ 图 (正式) **1** ⓤ 配分, 配給, 配布; ⓒ 配給品, 分配品 ‖
the distribution of money to [among] the poor 貧しい人への金の分配.
**2** ⓤ (動植物·言語の)分布(状態); ⓒ 分布区域.

**dis·trib·u·tor** /distríbjətər ディストリビュタ/ 图 ⓒ 分配する人.

***dis·trict** /dístrikt ディストリクト/ [原義「支配する」より「領主の支配の及ぶ範囲·地域」の意になった]
— 图 (複 ~s/-trikts/) ⓒ **1** 地区, (行政·司法·教育·選挙などの目的で区分された)区域 ‖
an eléction district 選挙区.
a postal district 郵便区.
a schóol district 学区.
a residéntial district 住宅地[区域].
the Tohoku district 東北地方.
**2** 地方(region); (都市などの特定の)地域, 街 ‖
a farming district 農業地域.
the theater district 劇場街.
a shopping district 商店街.
a poor district of London ロンドンの貧民街.
*the District of Colúmbia* コロンビア特別区《米国首都 Washington 市のことで, 他の州と独立した議会直轄地. 略 D.C. ; Washington, D. C. ともいう》.

**dis·trust** /distrʌ́st ディストラスト/ (正式) 動 他 …を信用しない, 疑う《◆mistrust より意味が強い》.
— 图 ⓤ [しばしば a ~] 不信, 疑惑.

**dis·trust·ful** /distrʌ́stfl ディストラストフル/ 形 (正式) 信用しない, 疑い深い.

***dis·turb** /distə́ːrb ディスターブ/ [完全に(dis)かき乱す(turb). cf. *turbulence*]
派 disturbance (名)
— 動 (三単現 ~s/-z/; 過去·過分 ~ed/-d/; 現分 ~·ing)
— 他 **1 a** …をかき乱す, 混乱させる ‖
disturb the peace 治安を乱す.
**b** …を妨げる, …に迷惑をかける ‖
disturb him in his work 彼の仕事のじゃまをする.
Don't distúrb yoursèlf. (私に)おかまいなく.
She disturbed herself to tell me the way to the station. 彼女はわざわざ私に駅への道を教えてくれた.
対話 "Stop disturbing me. I can't get to sleep." "I'm sorry we bothered you." 「もう, うるさくしないでよ. 寝られないじゃない」「じゃまをしてしまってごめんね」.
**2** …を不安にする; [be ~ed] 心配[当惑]する ‖
I am disturbed at [by] the news. = I am disturbed to hear the news. ニュースを聞いて心配している.
— 圓 睡眠[休息]をじゃまする ‖
Do not disturb. 《掲示》 (ホテルで)起こさないでください, 入室ご遠慮ください.

**dis·tur·bance** /distə́ːrbəns ディスターバンス/ 图 ⓤⓒ **1** (正式) (治安·平静·秩序を)乱すこと[もの, 人] (disorder); 妨害(物).
**2** 不安, 心配 ‖
make much disturbance about it そのことでたいへん興奮する[立腹する].
**3** 騒動, 暴動《◆ riot の遠回し語》 ‖
cause a disturbance 騒動を起こす.

**dis·use** /disjúːs ディスユース/ 图 ⓤ (正式) 不使用; 廃止.

**dis·used** /disjúːzd ディスユーズド/ 形 すたれた, 使われなくなった.

**ditch** /dítʃ/ ディチ/ 名 (複 ~·es/-iz/) C (畑などの灌漑(がい)用の)水路, 溝, (道路沿いの)排水溝《◆道路沿いの溝で ditch より小さいのは gutter》∥ The car drove right into a **ditch**. 車は溝にまともにつっこんだ.
— 動 (三単現 ~·es/-iz/) 他 (略式)…を見捨てる.

**dit·to** /dítou/ ディトウ/ 名 (複 ~s) C **1** (略式)同上, 同前(略 do.; 記号 〃, -). **2** = ditto mark [sign].

**dítto màrk** [**sign**] 同上符号《〃》.

**di·van** /dívæn/ ディヴァン, daɪvǽn/ 名 C ディバン《壁ぎわに置く背もたれやひじかけのない長いす・寝いす》.

**dive** /dáɪv/ ダイヴ/ 動 (三単現 ~s/-z/; 過去 ~d /-d/ または (米) dove/dóuv/, 過分 ~d; 現分 div·ing) 自 **1** (頭から)飛び込む, 潜(もぐ)る ∥
**dive** for pearls 真珠を取りに潜る.
**dive from** the boat **into** the sea ボートから海に飛び込む.
**dive in** the cold water 冷たい水に潜る.
**2** 〈飛行機・鳥などが〉急降下する.
**3** (略式)突進する, 駆け込む.
**4** 手を突っ込む, 探る.
**5** (略式)急に打ち込む, 没頭する ∥
**dive into** the history of automobiles 自動車の歴史の研究に急にこりだす.
— 名 C 飛び込み, ダイビング; 潜水; 突進 ∥
make [do] a **dive into** the sea 海に飛び込む.

**div·er** /dáɪvər/ ダイヴァ/ 名 C 潜水夫, ダイバー, 海女(ま); ダイビング選手.

**di·verge** /dɪvə́ːrdʒ/ ディヴァーチ | daɪ- ダイ-/ 動 (現分 ··verg·ing) 自 (正式) **1** 分岐する, 分かれる. **2** 〈意見などが〉分かれる.

**di·verse** /dəvə́ːrs/ ディヴァース | daɪ- ダイ-/ 形 (正式)種々の, 多様な(different).

**di·ver·si·fi·ca·tion** /dəvə̀ːrsəfɪkéɪʃən/ ディヴァースィフィケイション | daɪ- ダイ-/ 名 (正式) **1** U 多様化, 多様性. **2** UC (多様な)変化, 変形.

**di·ver·si·fy** /dəvə́ːrsəfàɪ/ ディヴァースィファイ | daɪ-ダイ-/ 動 (三単現 ··si·fies/-z/; 過去·過分 ··si·fied) 他 …を多様化する.

**di·ver·sion** /dəvə́ːrʒən/ ディヴァージョン | daɪvə́ːʃən/ ダイヴァーション/ 名 C **1** (正式)わきへそらすこと, それること, 転換. **2** C (正式)気晴らし, 娯楽.

**di·ver·si·ty** /dəvə́ːrsəti/ ディヴァースィティ | daɪ- ダイ-/ 名 (複 ··si·ties/-z/) (正式) **1** U 相違; C 相違点.
**2** C [しばしば a ~ of ...] 多様(性), 種々 ∥
a **diversity** of food on the menu メニューのさまざまな食物.

**di·vert** /dəvə́ːrt/ ディヴァート | daɪ- ダイ-/ 動 他 (正式) **1** …をわきへそらす. **2** 〈注意など〉をそらす, …を楽しませる.

**di·vest** /daɪvést/ ダイヴェスト, dɪ-/ 動 他 (正式) [divest **A** of **B**] **1 A**〈人など〉から **B**〈服など〉を脱がす. **2 A**〈人〉から **B**〈権利〉を剥奪(はく)する.

*__di·vide__ /dɪváɪd/ ディヴァイド/ 『離れて(di)分ける(vide). cf. pro*vide*』 派 division (名)

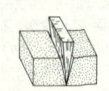

divide 《分割する》

— 動 (三単現 ~s /-váɪdz/; 過去·過分 ··vid·ed/-ɪd/; 現分 ··vid·ing)
— 他 **1** …を分割する ∥
the river **dividing** the two countries 2国を分離している川.
**divide** land **into** [×in] three (pieces) 土地を3つに分ける《◆「半分に分ける」の場合は *divide* land in half》.
**divide** one's time **between** work and play 時間を勉強と遊びに割り当てる.
**divide** (**off**) the study **from** the living room **by** a partition 書斎を仕切りで居間と分ける.
**2** …を分け合う ∥
**divide** (**out**) a cake **between** two children ケーキを2人の子供に分ける《◆「3人の子供に」は among three children》.
**divide** (**up**) pleasure **with** him 喜びを彼と分け合う.
対話 "How much money do we have altogether?" "Exactly $20. So if we **divide** it **among** us four, we each have $5." 「お金は全部でいくらあるの?」「ちょうど20ドルほどだ. じゃ4人で分けると1人当たり5ドルだな」.

語法 (略式)では分配相手が3人以上でも between を用いることもある: He *divided* his money *among* [(略式) *between*] his three children (彼は自分の金を3人の子供に分けた).

**3** …を分裂させる, 迷わす ∥
Jealousy **divided** us. 嫉妬(と)が私たちの仲を裂いた.
Their opinions were **divided as to** where to spend their holidays. = They were **divided** (**in** opinion) **as to** where to spend their holidays. 休日をどこで過ごしたらよいかについて彼らの意見が分かれた.
United ┆ we stand(↗), divided ┆ we fall. (ことわざ)団結すれば栄え, 分裂すれば倒れる.
対話 "How do you three feel about going to the movies?" "We're **divided**. I want to go, but they don't." 「君たち3人映画を見に行くのはどう?」「意見が分かれているんです. 私は行きたいのですが, この2人は行きたくないのです」.

**4** …を分類する ∥
**divide** books **into** various types **by** their subjects 主題によって本をいろいろな類型に分類する.

**5** 〈数〉を割る ∥
**Divide** 2 **into** 8. = **Divide** 8 **by** 2. 8を2で割りなさい.

**divided** 411 **do**

> 関連【割り算の読み方】15÷3＝5 は Fifteen *divided* by three equals [is] five. と読む.

—⾃ **1** 〈川などが〉分かれる；〈意見などが〉割れる ‖
a road dividing into two directions 2方向に分かれている道.
They divided (up) into two parties on the proposal. 彼らはその提案で2派に割れた.
**2** 等しく分配する ‖
The cake divided up nicely. そのケーキはうまく分けられた.
**3** 割り切れる ‖
8 divides by 4. =4 divides into 8. 8は4で割り切れる(＝8 is divisible by 4.).

**di·vid·ed** /dɪváɪdɪd ディヴァイディド/ 動 → divide.
—形 分けられた, 分かれた.

**div·i·dend** /dívɪdènd ディヴィデンド/ 名 Ⓒ (株の)配当(金).

**di·vid·er** /dɪváɪdər ディヴァイダ/ 名 Ⓒ **1** 分割する物. **2** [通例 (a pair of) ~s] ディバイダー, 分割コンパス.

**di·vid·ing** /dɪváɪdɪŋ ディヴァイディング/ 動 → divide.

**Di·vi·na Com·me·dia** /dɪvíːnɑ kəméɪdɪɑ ディヴィーナ コメイディア|-kɔm- -コメーディア/ 〖イタリア〗名 La/lɑ/ ~ 『神曲』(*Divine Comedy*)《ダンテの叙事詩》.

**di·vine** /dɪváɪn ディヴァイン/ 形 (時に 比較 --vin·er, 最上 --vin·est) **1** 神の(↔ human) ‖
the Divíne Béing [Fáther] 神.
**2** 神にささげた, 神聖な ‖
a divine vocation 聖職.
**3** 神のような, 神々しい ‖
She is a woman of divine beauty. 彼女は神々しいまでに美しい女性だ.
**4**《やや古》すてきな, 完全な.
—動 (現分 --vin·ing) 他 (正式) …を占う.
—自 予言する.

**div·ing** /dáɪvɪŋ ダイヴィング/ 動 → dive.
—名 Ⓤ 潜水; ダイビング, 飛び込み.

**díving bòard** (プールなどの)飛び込み台.

**díving sùit** [**drèss**] 潜水服.

**di·vin·i·ty** /dɪvínɪtɪ ディヴィニティ/ 名 (複 --ties /-z/) **1** Ⓤ 神性なる力. **2** Ⓒ (一般に)神; [the D~] 天地創造の神, (キリスト教の)神. **3** Ⓤ 神学.

**di·vis·i·ble** /dɪvízəbl ディヴィズィブル/ 形 (正式) 分けられる.

**di·vi·sion** /dɪvíʒən ディヴィジョン/ 名 **1** Ⓤ Ⓒ 分割; 分配 ‖
the division of the school year into terms 学年を学期に分けること.
**2** Ⓒ **a** 部分; 部門, 課. **b** 仕切り, 境界(線).
**3** Ⓤ Ⓒ (意見などの)相違, 分裂, 不一致.
**4** Ⓤ Ⓒ 〖数学〗割算, 除法.
**5** Ⓒ 〖植〗(分類上の)門(→ classification).

**di·vorce** /dɪvɔ́ːrs ディヴォース/ 名 **1** Ⓤ Ⓒ 離婚(↔ marriage) ‖
get a divorce from one's wife 妻と離婚する.
**2** Ⓒ (正式) [通例 a ~] 分離, 絶縁 ‖
a divorce between religion and science 宗教と科学との分離.
—動 (現分 --vorc·ing) 他 **1** 〈夫婦〉を離婚させる, 〈夫・妻〉と離婚する(= marry) ‖
Mary divorced her husband. メリーは夫と離婚した.
She [They] got divorced. 彼女[彼ら]は離婚した.
**2** (正式) …を分離する, 切り離す ‖
divorce fantasy from reality 空想を現実から切り離す.

**di·vulge** /dəvʌ́ldʒ ディヴァルチ | daɪ- ダイ-/ 動 (現分 --vulg·ing) 他 (正式) …を暴露する.

**Dix·ie** /díksɪ ディクスィ/ 名 Ⓒ = Dixieland **1**.

**Dix·ie·land** /díksɪlænd ディクスィランド/ 名 Ⓤ **1** (米略式) [集合名詞] 米国南部諸州(Dixie). **2** [しばしば d~] = Dixieland jazz.

**Díxieland jàzz** ディキシーランド=ジャズ(Dixieland)《米国 New Orleans で始まった初期のジャズ音楽の一形式》.

**DIY, d.i.y.** (略) do-it-yourself.

**diz·zy** /dízɪ ディズィ/ 形 (比較 --zi·er, 最上 --zi·est) **1** 目まいがする, ふらふらする.
**2** 目まいを起こさせるような ‖
a dizzy height 目がくらむような高所.

**díz·zi·ly** 副 めまいがするよう[ほど]に.

**díz·zi·ness** 名 Ⓤ 〖医学〗(ふらふらする)目まい.

**DJ** (略) disc jockey《◆ deejay とも書く》.

**DNA** (略) deoxyribonucleic acid デオキシリボ核酸.

\***do**¹ /(弱) du ドゥ, də, d; (強) dúː ドゥー; 助 名 dúː ドゥー/ (同音 △dew (米), △due (米))
→ 助 **1** …しますか **2** …しない **3** …するな
**4** ほんとうに
動 **1** する **2** 終える **3** 遂行する
**4** 処理する **5** a 勉強する **6** 見物する
**9** もたらす **10** 示す
自 **1** 行動する **2** ふるまう **3** 終える
**4** a やっていく **6** 間に合う **7** よい
《◆ 主な用法：助動詞, 代動詞, 動詞》
—助 / (弱) du, də, d; (強) dúː/《◆ do は母音や /w/ の前では /du/, 子音の前では /də/, /d/》(三単現 does / (弱) dəz; (強) dʌ́z/, (過去) did / (弱) did; (強) díd/, (過分) done /dʌ́n/; Ⅰ では過去分詞はない》《◆ 主な短縮形: don't, doesn't, didn't.》

**Ⅰ [疑問・否定・強調]**

**1** [Do A + 動詞原形…?] …しますか《一般動詞・have 動詞を疑問文にする時に用いる(→ Q&A (3))》
対話 "Do you like fish?" "Yes, I dó." 「魚は好きですか」「はい好きです」
Does she play tennis? 彼女はテニスをしますか.
Where did she go? 彼女はどこへ行きましたか.
Dídn't you read the book? その本を読まなかったのですか《◆(1) ×Did not you read the

book? は誤り. (2) Did you not read the book? は可能だが《略式》ではふつう用いない》.

**Q&A** ***Q***: どんな場合に do を用いないのですか.
***A***: (1) Who [Which boy] opened the door? (だれ[どの子]がドアをあけたのか) のように疑問詞が主語になるか, 主語を修飾している場合です.
(2) I said to him, "Do you clean the room?" のような文を I asked him if he cleaned the room. (彼に部屋を掃除したのかと尋ねた) という間接疑問文にする場合にも do は用いません.
(3) 助動詞の do は can, must, may, will, shall などの助動詞と共には用いません: ˣdo can, ˣmay do.

**2** [do not ＋動詞原形] …しない《◆(1) 一般動詞・have 動詞を**否定文**にする時に用いる(→ **1** Q&A (3)). (2) do not は《略式》では don't, doesn't, didn't となる》∥
I **do nót** [**dón't**] work on Sundays. 私は日曜日は働かない.
She **did nót** [**dídn't**] go to the library yesterday. 彼女はきのう図書館へ行かなかった.

**語法** (1) 分詞や不定詞の否定に do は用いない: I asked him not [ˣdo not] to make a noise. 彼に騒がないように頼んだ(=I said to him, "Please *don't* make a noise.").
(2) do の否定には not を用い, never, hardly などの副詞はふつう用いない: I *do not* [ˣdo never] drink wine. 私はワインを飲まない(cf. He *cannot* [*can never*] drive a car. 彼は車の運転ができない). never などを用いるときは **do** は不要: I *never* drink wine.

**3** [Don't ＋動詞原形] **否定の命令文を作る**] …するな∥
**Don't** worry. (↘) 心配するな《◆ Don't の代わりに *Do* not を用いるのは堅い言い方》.
**Don't** yóu touch me. (↗) 私に触れないで《◆ Don't touch me! より相手を非難する気持ちが強い》.
**Don't** ánybody move! だれも動くな(＝Nobody move!).
**Don't be** silly. ばかなことをするな[言うな].
**4** [強調] ほんとうに, ぜひ, ねえ, やっぱり《◆以下の例のように do, does, did を強く発音する》.
**a** [do ＋動詞原形] [肯定の意味を強調する]《◆一般動詞・have 動詞と共に用いる》∥
I **dó** wànt to see him. ぜひ彼に会いたい.
I **dó** páint, but not very well. 絵を描くことは描くがあまり上手でない.
So I **díd** sèe you! やっぱりお会いしましたね！
I'm afraid I **díd** tàlk too frankly. あまり正直に話しすぎたのではないかしら.
対話 "Why didn't you come yesterday?" "But I **díd** còme." 「きのうはどうして来なかったんだ」「いや行ったとも」.

**語法** 否定の意味の強調には I did nót [dídn't] come. 「私は(来たのではなく)来なかった」のように not または didn't を強く発音する.

**b** [Do …] [肯定命令文の強調]《◆(1) 一般動詞・have 動詞・be 動詞と共に用いる. (2) 相手にたのむ時や親しみを込めた強い勧めなどに用いる. (3) 以下の例のように do を強く発音する》.
**Dó** come ìn! ぜひお入りください《◆ˣDo you come in! のように主語のある命令文には強調の do は用いない》.
Sit down. Please **dó** sit down. お座りください. どうぞ座ってください.
**Dó** be quiet! 静かにしてってば.
Tell me, **dó**. 話して, お願い《◆この文のように do がしように来ることもある》.
**5** 《文》[… do ＋主語＋動詞；**倒置文を作る**]《◆(1) 一般動詞・have 動詞と共に用いる. (2) … は never, little, hardly など否定の副詞や only など. (3) do, does, did は強く発音する》.
**Líttle did** she éat. 彼女はほとんど食べなかった.
**Ónly** yésterday **did** I sée him. きのうようやく彼に会った.

**II** [**代動詞**]

《◆動詞の反復を避けるために用いる. do, does, did は強く発音する》.

**6 a** [先行する動詞または動詞を含む語句の代用]∥
She ran as fast as hé **did**. 彼と同じくらい速く彼女は走った《◆did ＝ran. he を省略した as he は堅い言い方, she him はくだけた言い方》.
I speak French as well as shé **does**. 彼女と同じくらい私もフランス語が話せる《◆does ＝speaks French》.
**b** [do so, do it, do that などの形で；先行の動詞または動詞を含む語句の代用]∥
I wanted to go to bed, and I **díd so**. 私は眠りたかった. だから寝た.
**c** [so do **A**] **A** もまたそうである, **A** もまた…する∥
He works hard and **só does shé** (=she works hard, too). 彼はよく働く. 彼女もまたそうだ.
**7** [疑問文に対する答の中で]《◆ふつう do (did) を強く発音する》∥
対話 "Do you like music?" "Yes, I **dó** (＝like music)." 「音楽は好きですか」「ええ好きです」.
対話 "You don't like music?" "Yes, I **dó**. (↗[↘])" 「音楽は好きではないのですね」「いえ, 好きです」.
対話 "Who won the race?" "**Jóhn dìd** (＝won the race)." 「だれが競走に勝ちましたか」「ジョンです」.
**8** [do ＋代名詞, don't ＋代名詞] [付加疑問文の中で]《◆言っていることに自信がある場合は下降調の音調で「…ですね」の意味になる. 上昇調で「(自信はありませんが)…ですね」の意味になることもある》∥

He works in a bank, **doesn't** he? 彼は銀行に勤めているんですね《◆(⤵)だと, 聞き手も「彼が銀行に勤めている」ことをすでに知っているはずだが, 念のために確認する気持ち. (⤴)だと話し手の方が「彼が銀行に勤めている」かどうかはっきり知らないので, 聞き手の意見を聞き出す気持ち》.

You didn't read that book, **did** you?(⤵) 君はその本を読まなかったでしょう.

They sell clothes at the store, **don't** they? その店では衣類を売っていますね.

> 語法 **付加疑問文の作り方**(付け加える部分のかたち) (1) もとの文が肯定なら don't, doesn't, didn't を用い, もとの文が否定なら do, does, did を用いる.
> (2) もとの文の主語が somebody, anybody, everybody, nobody, neither などのとき, 付け加える部分の代名詞はふつう they となる. また, もとの文の主語が nothing のとき付け加える部分の代名詞は it がふつう: Everyone turned up, *didn't they*? 皆来ましたね / *Nothing* matters, does it? 問題になることはありませんね.

**9** [相づち] ‖
対話 "I bought a car." "Oh, **did** you?(⤵) [⤴]" 「車を買いました」「ああそうですか」.
対話 "I don't like coffee." "**Don't** you?(⤵) [⤴]" 「コーヒーは嫌いです」「そうですか」.

**10** [so, neither, nor などで始まる応答の文の中で] ‖
対話 "I live in Kyoto." "Só **do** Í (=I live in Kyoto, too)." 「私は京都に住んでいます」「私もです」《◆ I を強く発音する》(cf. **6 b**).
対話 "I didn't go to the party." "**Néither [Nór] did Í** (=I didn't go, either)." 「私はパーティーに行かなかった」「私もそう」.

**11** […ing as **A dó**] ‖
Living as I **dó** in a rural area, I rarely have visitors. 私は田舎(いなか)に住んでいるのでめったに訪問客はない(=Since I live in a rural area, I rarely have visitors.).

――**動** /dúː/ ‖「(物事を)行なう」が本義. 主な意味: **I** 「する」 **II** 「人に…をもたらす」 **III** 「作る」 **IV** 「その他」《三単現 does/dʌz/; 過去 did/díd/, 過分 done /dʌ́n/; 現分 do·ing》
――⊕ **I** [する]

**1a** 〈人が〉〈行動・仕事など〉を**する** ‖
Today I **did** a lot of work. きょうはたくさん仕事をした.
Do you have anything to **dó** today? きょうは何か予定[すること]がありますか.
What are you **dóing**?(⤵) 何をしているのですか; 仕事はなんですか; (⤴)(非難して)何をぐずぐずしているんだ.
Áll you have to **dò**(⤵) is (to) púsh the button. ボタンを押しさえすればよい(あとは自動だ).
Everything I **do**, I **do** it for you. ぼくのすることはみんな君のためなんだよ.

**Whát can I dó for yòu?**(⤴) (店員が)何にいたしましょうか.
**Whát can you dó about it?**(⤵) そのことで君はいったい何ができる(仕方がないじゃないか).
対話 "Are you **doing** anything tonight after work?" "No, I have no plans. How about you?" 「今晩仕事のあとで何かする予定がありますか」「いいえ, 何も予定はありません. あなたはいかがですか」.
対話 "What are these dishes **doing** in the sink? It was your turn to do them." "But I'm tired out from hard work at the office." 「食器が流しの中で汚れたままになっているけどどういうことなの? 皿洗いはあなたの番だったでしょ」「でも会社のきつい仕事でくたくたなんだ」.
対話 "What can I **do** for you?" "I have the chills and an upset stomach." (医者が)「どうしましたか」「寒けがしておなかの具合が悪いのです」.

**b** [**do** the **doing**] …をする《◆(1) the の代わりに one's, **A**'s, some, much などを用いることもある. (2) the などを用いず do lecturing とするのは「(職業として)講義をする」の意. → **1c**》
I **díd** the shópping. 私は買物をした《◆「買物に行く」は go shopping で, the を入れない》.
I'll **dò** some réading today. きょうは本を読みます.

**c** (職業として)…をする ‖
I **dò** some téaching. 教師をしています(cf. **1 b**).
対話 "**What do you dó** (for a living)?" "I'm a fashion designer." 「何をして生計を立てていますか[お仕事は何ですか]」「ファッション=デザイナーです」.

> 語法 [「…する」と do/make] 一般的には,
> a)仕事, 日常の決まりきった事, 漠然とした行為には do を用いる: *do* one's work 仕事をする / *do* the cooking 料理をする / I have nothing to *do* this morning. 午前中は暇です.
> b)「作り出す」の意味には make を用いる: *make* a plan 計画を立てる / *make* a mistake 失敗をする. 名詞によって do, make のどちらと結びつくか決まっている場合も多い.

**2** [have done **A**] 〈人が〉**A**〈事〉を**終える**, すませる(finish); [be done] 〈事が〉終わる(cf. ⊜ **3**) ‖
I **have done** my work. 私は仕事をすませました《◆(略式)では have を省略することがある》.
His speech was finally **done**. 彼の話はようやく終わった.
**What's done is done** [**cannot be undone**]. (ことわざ) → undo ⊕ **2**.

**3** 〈人が〉〈任務などを〉**遂行する**, 果たす ‖
You have to **do your duty**. あなたは義務を果たさなければならない.
I'll **do my best** [**utmost**]. 最善を尽くします.

**4** 〈人が〉〈物・事〉を**処理する**《◆目的語によってさまざまな意味になる. cf. 成句 **do up**》; 〈部屋などを〉掃除する, 片付ける, 飾る; 〈皿などを〉洗う; 〈歯を〉磨く

〈花〉を生ける; 〈髪〉を整える; 〈庭など〉を手入れする; 〈食事・ベッド〉を提供する, 用意する ‖
**dó** the **róom** 部屋の掃除をする.
**dó** the **róom** in blue 部屋の壁を青色に塗る.
I'll **dó** the **díshes**. 私が(食後の)皿洗いをします.
**dó** one's **téeth** 歯を磨く.
She **díd** the **flówers**. 彼女が花を生けた.
**dó** one's **háir** 髪を整える[洗う].
**dó** one's **fáce** 化粧する.
The restaurant doesn't **dó lúnch**. そのレストランは昼食はやっていない.

**5 a** 〈人が〉〈学科〉を**勉強する**, 専攻する ‖
**dó** one's **léssons** 予習をする.
He is **dóing** phýsics. 彼は物理学を専攻している.
**b** 〈問題など〉を**解く** ‖
**dó** a **próblem** 問題を解く.
**dó** a **súm** 計算をする.

**6** (略式)〈人が〉〈場所〉を**見物する**, 見て回る ‖
He **díd** Páris in a week. 彼はパリを1週間で見て回った.
Have you **dóne** the Lóuvre? ルーブル美術館の鑑賞はもうすみましたか.

**7 a** 〈役〉を**演じる**; 〈役割〉を務める ‖
**dó** Hámlet ハムレットの役を演じる.
**dó** the hóst ホスト役を務める.
**b** 〈劇〉を**上演する** ‖
We **díd** *Macbéth*. 私たちは「マクベス」を上演した.

**8** (略式)…**らしくふるまう** ‖
do Cháplin チャプリンのようなしぐさをする.

**II** [〈人〉にもたらす, 〈人〉にする]

**9** [do **A B** / do **B** to **A**] 〈物・事が〉**A**〈人・作物など〉に **B**〈害・益などを〉**もたらす**, 与える; 〈人〉の **B**〈名誉など〉**になる**《◆ 文脈から明らかなときは **A**, to **A** は省略できる》‖
Too much drinking will **dó** you **hárm**. 酒の飲みすぎはからだに悪い.
His kindness **dóes** him crédit. 彼は親切なので評判がよい.

**10** [do **A B** / do **B** to [for] **A**]〈人が〉**A**〈人〉に **B**〈敬意・好意などを〉**示す**, 払う《◆ 文脈から明らかなときは **A**, to [for] **A** は省略できる》‖
**dó** hómage **to** her = **do** her homage 彼女に敬意を払う.
Will you **dó** me a **fávor**? お願いがあるのですが.

**11** (略式)〈人〉を**だます**, ぺてんにかける (cheat); 〈人〉からだましとる ‖
I've been **dóne**. だまされた.
He tried to **dó** her **out of** her money. 彼は彼女をだまして金を巻き上げようとした.

**12**(主に英式)[通例 will do **A**]〈人〉の**必要を満たす**, 役に立つ (cf. 自 6) ‖
This desk will **dó** us nícely. この机で十分間に合います.

**13 a** (主に英)〈人〉に**サービスを提供する** ‖
I'll **dó** you next, sir.《理髪店などで客に向かって》お次にいたします.
**b**(英略式)[通例 do **A** well で]**A**〈人〉に(良い)対応をする; **A**〈人〉をもてなす ‖
They **díd** me very **wéll** at the restaurant. そのレストランはとてもよい料理を出した.
**dó** onesélf **wéll** ぜいたくな生活をする.

**III** [作る]

**14 a** 〈作品など〉を**作る**, 製作する ‖
**dó** a **bóok** 本を書く[出版する].
**dó** a **móvie** 映画を作る.
**b** 〈コピー〉を**とる** ‖
**dó** two cópies of it それのコピーを2部作る.

**15 a** 〈本など〉を**翻訳する** (translate) ‖
do Bob Green **into** Japanese ボブ=グリーンを日本語に訳す.
**b** 〈本など〉を(別の形式に)**変える** ‖
do the book **into** a play その本を劇化する.

**16 a** 〈肉・野菜など〉を**料理する**, 焼く (cook) ‖
I like my steak **dóne ráre**. ステーキはレアが好きだ《◆「よく焼いたステーキ」は a **wéll-dòne** steak》.
**b** 〈料理〉を**こしらえる** (prepare) ‖
do the salad サラダを作る.

**IV** [その他]

**17 a** 〈人・乗物が〉〈距離〉を**進む**, 行く ‖
We **díd** síxty kilométers in an hour. 1時間で60キロ進んだ.
対話 "How many kilometers does your car **do** to the liter?" "Just over five." 「君の車はリッター当たり何キロ走りますか」「5キロちょっとだよ」.
**b** 〈車(の人)が〉〈速度〉で**走る** ‖
The car was **dóing** 100 mph (=miles per hour). その車は時速100マイルで走っていた.

—自 **1** 〈人が〉**行動する**, 活動する ‖
**Dó**, **dón't tálk**. 言うのをやめて実行せよ.
**Dó or díe**.(正式)死ぬ覚悟でやれ.
He was úp and **dóing** till late at night.(略式)彼は夜遅くまで大忙しだった.

**2** 〈人が〉**ふるまう**, 身を処す (behave) ‖
do wísely 賢明に事を運ぶ.
Do as you like. 好きなようにしなさい.
**When in Rome**, **dó as** the **Rómans dò** [**as Róme dóes**]. (ことわざ)ローマではローマ人のするようにせよ;「郷に入っては郷に従え」.
You **díd ríght** to follow her advice. 彼女の忠告に従ったのは正しかった.

**3**(正式)[have done / be done]〈人が〉〈行動・仕事などを〉**終える**, すます (finish) (cf. 他 **2**, 成句 have [be] done with)‖
**Háve dóne**! よせ, やめろ.
When he was **dóne**, I asked him a question. 彼が話し終わったとき, 私は彼に質問した.

**4 a** [通例 do badly / do well]〈人が〉〈仕事・勉強などを〉**やっていく**, 暮らしていく《◆ 疑問詞は how》‖
**do wéll in the world** 出世する.
He is **dóing wéll** in his job. 彼は仕事の方は快調だ.
How did you **dó** in the examination? 試

験のできはどうでしたか.
**Hów are you dóing these days?** 《主に米略式》このところ調子[景気]はどうだい.
**b** 〈人の〉健康状態が…である ‖
He is **dóing bádly** after his operation. 手術後の彼の体調は思わしくない.
**5 a** [do badly / do well] 〈事・会社などが〉(うまく, まずく)いく, 運ぶ, 進行する ‖
Our company is **dóing véry wéll**. わが社の業績はとても良好です.
**b** 〈動物が〉成長する, 育つ.
**6** [will do / would do] 〈物・事が〉**間に合う**, 役に立つ, ちょうどよい (cf. ⑫ 12) ‖
Thís car won't dò. この車ではだめだ.
Thís place will dò for playing baseball [for us to play baseball]. この場所は野球をするのにもってこいだ.
Thát will dó. それで結構です《◆文脈によっては, 怒って「もうたくさんだ」の意を表すが, そのときは dó となる》.
**7** 〈事が〉よい, 礼儀[規則]にかなう; [it will not [doesn't] do to do] …するのはよくない ‖
The boy's conduct won't dó. その少年のふるまいはよくない.
It won't [doesn't] dó to eat too much. 食べすぎはよくない.
**8** 《略式》[be doing] [受身的な意味で] 〈事が〉起こる(happen), 行なわれる ‖
What's doing over there? 向こうで何が起こっているのか(=What is being done over there?).

**be dóne with** A → have done with (do¹ 成句).

**be hárd dóne by** 《略式》ひどい扱いを受ける ‖ I have been hard done by. ひどい扱いを受けてきた.

**be to dó with** A …に関係[関連]がある.

**cánnot dó with** A 《英略式》A〈物・事・人〉に我慢できない ‖ I can't do with his rude manner. 彼の失礼な態度にはがまんできない.

**dó as** A =DO for A (2).

◇**dó awáy with** A 《略式》《◆受身にできる》(1) A〈規則・制度など〉を**廃止する**, 〈無用となった物〉を排除する (abolish, throw away) ‖ We should do away with these old rules. この古い規則は廃止すべきだ. (2) A〈人・動物など〉を始末する《◆ kill の遠回し表現》‖ do away with oneself 自殺する.

**dó bádly by** A 《略式》A〈人〉をひどく扱う, 冷遇する.

**dó dówn** 《英略式》[他] 〈人〉をだます; 〈人〉を(不正な手段で)負かす, やっつける; 〈人〉のかげ口を言う, …をけなす; [do *down* oneself / do oneself *down*] 恥ずかしく思う, 卑下(ǧ)する.

◇**dó for** A (1) → ⑫ 6. (2) A〈物〉の**代わりになる** ‖ This rock will do for a hammer. この石は金づちの代わりになる. (3) 《主に英》A〈人〉の家事[身の回り]の世話をする. (4) 《略式》[通例 be done] A〈人が〉殺される. (5) 《略式》A〈人〉をひどく疲れさせる, 負かす; A〈物・事〉をだめにする, 壊す ‖ I'm done for. もうだめだ《◆疲れきっているなど》.

**dó ín** 《略式》[他] (1) 〈人〉を殺す ‖ do oneself in 自殺する. (2) 《主に米》[通例 be done] 〈人が〉ひどく疲れる. (3) 〈物・事〉を壊す, だめにする《◆ふつう進行形にしない》.

**dó or díe** → ⑫ 1.

**dó óut** 《英》[他] 〈部屋など〉を掃除する; 〈引き出しなど〉を片付ける.

**dó** A **óut of** B → ⑫ 11;[しばしば A be done *out of* B]《略式》A〈人〉から B〈機会・権利など〉を奪う.

**dó óver** [他] 《英》〈部屋など〉を改装する; 〈家など〉を掃除する; 《米略式》…をやり直す.

**dó** … **to** A (1) A〈人〉を…に扱う. (2) → ⑫ 9, 10. (3) 〈手など〉に…の傷をつける ‖ What have you done to your index finger? 人さし指にどんなけがをしたの.

**dó úp** (1) [自] 〈衣類など〉が(ボタンなどで)締まる. (2) [他] 〈ボタン・ホック・靴ひも・チャックなど〉を留める, 締める; 〈結び目〉を結ぶ; 〈服などのボタン〉をかける; 《略式》…を包む, 包装する; 《略式》〈髪〉を(ピンなどで)留める, 結う. (3) 《略式》[他] 〈家・衣服など〉に手を入れる, 修繕[修理]をする.

**dó wéll by** A 《略式》A〈人〉を親切に扱う, A〈人〉によくしてやる ‖ My grandfather did very well by me. 祖父は私にたいへんよくしてくれた.

**dó with** A (1) …で満足する, …ですます. (2) [can [could] do *with* A] 《略式》A〈物・事〉があればありがたい, …が欲しい, A〈人〉が必要である ‖ I could do with some milk. 牛乳が飲みたい.

◇**dó** A **with** B [A は常に what]《略式》B〈物・人〉をどのように**処理する**, 扱う; どのように B〈物〉を用いる, 使う ‖ What did you do with my bag? 私のバッグをどうしましたか / What have you done with Tom? トムをどこへやったか, トムはどこにいますか《◆「トムと何をしたのですか」の意味にはならない. cf. What *have* you *done* to Tom? トムに何をしたのですか(けがをさせたのか)》/ They talked about what to do with the land. 彼らはその土地をどうしたらよいかについて話し合った.

◇**dó withóut** A (1) [主に can, could と共に] A〈物・事・人〉を**なしですます**[やっていく]《◆ dispense with より口語的. 共に「必要ではあるが」の意を含む》‖ If you can't get meat, you'll have to do without (it). 肉が手に入らなければ, なしですますなければならない《◆文脈から明らかなときは A は省略できる》. (2) [could [can] do without A]《略式》A〈批評・干渉など〉がなくてもよい, いらない.

**have dóne it** 《略式》へまをやった, しくじった ‖ Now you've done it. ほら, へまをやった.

◇**have** [**be**] **dóne with** A (1) A〈仕事など〉を**終える**, すます (cf. ⑫ 3) ‖ I have [am] done with the book. その本を読み終わった / I have [am] done with smoking. 私は禁煙した《タバコを吸い終わった》《◆この文は have と be とで意味が異なる》. (2) A〈人〉と交際をやめる.

***have* A *to do with* B** → have 動.
***How do you do?*** → how 副.
***máke* A *dó* = *màke dó with* A** (略式)(不十分だが[何とか]) A〈物・事〉で間に合わす, すます《◆do with でも表せる. → DO with (1)》.
***Thát dóes it!*** (略式)もうそれで十分[結構]です, もう我慢ならない.
***Thát's dóne it.*** (略式)(1)(ある事が)うまくいったぞ, 終わったぞ. (2)しまった.
***Thàt wíll dó.*** → 自 6.
◇***Wéll dóne!*** でかした, よくやった.
──名 /dúː/ (複 ~s, ~'s) C (主に英略式)祝宴, パーティー.
***dós and dón'ts*** (略式)すべきこととしてはいけないこと, 規則(集).

**do²** /dóu ドウ/ (同音 doe, dough) 名 (複 ~s) U C〔音楽〕ド《ドレミファ音階の第1音》. 関連「ドレミ…」は do, re, mi, fa, sol, la, si [ti] という.

**doc** /dάk ダク|dɔ́k ドク/ (同音 dock) 名 C (略式) **1** =doctor. **2** [呼びかけ](ちょっと)だんな.

**doc·ile** /dάsl ダスル|dóusail ドウサイル/ 形 素直な, 従順な, 御しやすい.

**dock¹** /dάk ダク|dɔ́k ドク/ (同音 doc) 名 C **1** ドック, 船渠(きょ) ‖
a flóating dóck 浮きドック.
a gráving [drý] dòck 乾ドック.
a wét dòck 係船ドック.
**2** [通例 the ~s] ドック地帯; 造船所(dockyard).
***in* [*into*] *dóck*** ドック入りして.
──動 他 **1** 〈船を〉ドックに入れる. **2** 〈2つ以上の宇宙船を〉ドッキングさせる. ──自 **1** 〈船が〉ドック入りする. **2** 〈宇宙船が〉ドッキングする.

**dock²** /dάk ダク|dɔ́k ドク/ 動 他 **1** 〈尾・毛髪など〉を短く切る. **2** 〈費用などを〉切り詰める.

**dock³** /dάk ダク|dɔ́k ドク/ 名 C [通例 the ~] (刑事法廷の)被告席.

**dock·et** /dάkət ダケト|dɔ́kət ドケト/ 名 C (正式) **1** 〔法律〕訴訟事件一覧表; 訴訟人名簿; (米)判決要録. **2** (主に英)荷札.

**‡doc·tor** /dάktər ダクタ|dɔ́ktə ドクタ/ 《教える(doc)人(tor). cf. *doc*trine, *doc*ument, *doc*ile》
──名 (複 ~s/-z/) [肩書としては D~] C **1** 医者, 医師; [形容詞を伴って]医者として腕が…の人; [呼びかけ]先生(略 Dr.)《◆(1)(米)では surgeon (外科医), dentist (歯科医), veterinarian (獣医)にも用いるが, (英)ではふつう physician (内科医)をさす. (2)(略式)では doc ともいう》‖
send for a [the] doctor 医者を呼びにやる.
call in a [the] doctor 医者を呼ぶ《◆2例ともかかりつけの医者の場合は the》.
go to the doctor('s) =see [(正式) consult] the doctor 医者の診察を受ける, 病院に行く (cf. hospital).
He is under the doctor for cancer. (英略式)彼はがんの治療で医者にかかっている.
She is a good doctor. 彼女は(人間的にみて)よい医者だ; 腕の立つ医者だ.
対話 "You look sick. Are you taking any medicine?" "No, but I'm going to the doctor later today."「顔色が悪いね. 何か薬は飲んでいますか」「いいえ, でもきょうはあとで医者に行くつもりです」.

Q&A ***Q***: go to the doctor's という場合の 's のあとには何が略されているのですか.
***A***: go to the dentist's (office) (歯医者へ行く)と同じく, office (診療所, 医院)の省略です. これは主に英国語法で, 米国では go to the dentist, go to the doctor が多く使われるようです.

**2** 博士; 博士号(略 Dr.)《◆(1)肩書として男女いずれにも用いられ, Dr. Brown のようにいう. (2)修士は master, 学士は bachelor》‖
a teaching doctor 博士号をもつ教師.
a Doctor of Literature 文学博士.
***Dóctor of Philósophy*** (1)(米)博士(略 Ph. D., PhD, D.Ph., D.Phil, DPhil.) (2)哲学博士, 学術博士.
──動 他 (略式) **1** …に勝手に手を加える. **2** 〈飲食物を〉混ぜる(+*up*).

**dóctor's degrée** 博士号, 学位.

**dóctor's óffice** 医院, 診療所, 病院《ふつう単に doctor's という(图1 の例参照). 入院施設のある大きな病院は hospital》.

**doc·tor·ate** /dάktərət ダクタラト|dɔ́k- ドク-/ 名 C (医学以外の)博士号, 学位.

**doc·trine** /dάktrin ダクトリン|dɔ́ktrin ドクトリン/ 名 U C (正式) **1** (宗教上の)教義; (米)(政策上の)主義, (学術上の)学説 ‖
the Monróe Dóctrine モンロー主義.
**2** [集合名詞](宗教上の)教典.

**doc·u·ment** /dάkjəmənt ダキュメント|dɔ́kjəmənt ドキュメント/ 名 C 文書, 書類; 〔コンピュータ〕ドキュメント, 文書 ‖
an official document 公文書.
a private document 私文書.
a human document 人間記録.

**doc·u·men·ta·ry** /dάkjəméntəri ダキュメンタリ|dɔ́k- ドキュ-/ 形 (正式)文書の, 記録による ‖
a documentary film on ants アリの記録映画.
a documentary drama ドキュメンタリードラマ.
──名 (複 -ta·ries/-z/) C 〔映画・テレビ・ラジオ〕記録作品, ドキュメンタリー.

**dodge** /dάdʒ ダヂ|dɔ́dʒ ドヂ/ 動 (現分 dodg·ing) 自 **1** すばやく身をかわす. **2** 言いのがれる, ごまかす.
──他 **1** …をひらりとよける ‖
dodge a ball 身をかわしてボールをよける.
**2** (略式)…を巧妙にさける.
──名 C [通例 a ~] **1** 身をかわすこと. **2** (略式)ごまかし, 言いのがれ; 工夫.

**dódge báll** ドッジボール.

**dodg·er** /dάdʒər ダヂャ|dɔ́dʒə ドヂャ/ 名 C **1** すばやく身をかわす人. **2** (略式)不正直な人; いかさま[詐

# doe — dollar

欺, ぺてん]師.

**doe** /dóu ドウ/ (同音 dough) 名 1 雌ジカ(→ deer)《◆「ドレミの歌」(*Do-Re-Mi*)は *Doe a deer, a female deer* …(ドはシカ, 雌ジカだよで)で始まる》. 2 (ウサギ・ヒツジ・ヤギ・カモシカなどの)雌(↔ buck).

***does** /(弱) dəz ダズ, dz, (強) dʌ́z ダズ/ 動 助 → do.

***does·n't** /dʌ́znt ダズント/ (略) does not の短縮形.

***dog** /dɔ́(:)g ド(ー)グ/

——名 (複 ~s/-z/) C 1 (広義) イヌ(犬); イヌ科の動物《◆(1) 英米の日常生活では man's best friend とされる. よくある呼び名は Toby, Fido, Rover など. (2) のら犬(stray dog)の連想から好ましくない意味で用いられることが多い. (3) 「犬(のような)」は canine. (4) 代名詞はふつう it で受けるが, 親しさをこめて he で受けることがある》‖
a dóg lòver [fàncier] 愛犬家.
Dick has a dog. ディックは犬を飼っている.
Every dog has his [its] day. (ことわざ)だれにでも得意な時代はある.
Lèt sléeping dógs lie. (ことわざ)眠っている犬は寝かせておけ;「さわらぬ神にたたりなし」.
He who hates Peter harms his dogs. (ことわざ)ピーターを憎む人はその犬をいじめる;「坊主憎けりゃ袈裟(%)まで憎い」《◆Love me, love my *dog*. ともいう》.
Give a dog a bad name (and hang him). (ことわざ)一度悪評が立てば二度と浮かばれない.

---

関連 [種類] húnting dòg, hound 猟犬 / wátch dòg 番犬 / shéep dòg 羊の番犬 / séeing éye dòg 盲導犬 / puppy 子犬.
[鳴き声] growl, snarl ウー / bark ワンワン《◆擬音語では bowwow》/ yelp キャンキャン / whine クンクン.
[芸の仕込み] Go fetch! 取っておいで / Down! おすわり / Beg! チンチン / Stay! (こ こを)動くな / Sit and roll over. おねんね.

---

2 (狭義) 雄イヌ(↔ bitch) ‖
a dog wolf 雄オオカミ.
*a dóg in the mánger* いじわるな人《◆*Aesop's Fables* から》.
*díe like a dóg* = *díe a dóg's dèath* みじめな死を遂げる.
*wórk like a dóg* なりふりかまわず働く.
——動 (過去・過分 dogged/-d/ ; 現分 dog·ging) 他 …をつけまわす.

**dog-ear** /dɔ́(:)gìər ド(ー)ギア/ 名 C (本の)ページの隅折れ. ——動 他 1 〈本のページの〉隅を折る. 2 (使いすぎて)…をぼろぼろにする.

**dog·ged** /dɔ́(:)gid ド(ー)ギド/ 動 → dog.
——形 (正式) 強情な.

**dog·ged·ly** /dɔ́(:)gidli ド(ー)ギドリ/ 副 (正式) がんこに, 根気強く.

**dog·house** /dɔ́(:)ghàus ド(ー)グハウス/ 名 C (主に米)犬小屋 (kennel) ; 犬に似たような建物.
*in the dóghouse* (略式) 面目を失って; 嫌われて.

**dog·ma** /dɔ́(:)gmə ド(ー)グマ/ 名 (複 ~s, ~·ta/-tə/) (正式) 1 C U 教義, ドグマ; U [集合名詞] 信条; 定説. 2 C 独断.

**dog·mat·ic, -i·cal** /dɔ(:)gmǽtik(l) ド(ー)グマティク(ル)/ 形 (正式) 1 教義上の. 2 独断的な.

**dog·mat·i·cal·ly** /dɔ(:)gmǽtikəli ド(ー)グマティカリ/ 副 教義[独断]的に.

**dog·ma·tism** /dɔ́(:)gmətìzm ド(ー)グマティズム/ 名 U (正式) 教条主義, 独断的態度.

**dog·wood** /dɔ́(:)gwùd ド(ー)グウド/ 名 C 〔植〕ハナミズキ《北米産》.

**do·ing** /dú:iŋ ドゥーイング/ 動 → do.
——名 1 U する[した]こと ‖
It's your own doing. それは君のしたことだ《「身から出たさび」》.
2 (略式) [~s] 行動, できごと ‖
everyday sayings and doings 毎日の言行.

**do-it-your·self** /dú:itjərsélf ドゥーイチャセルフ ǀ -itjə- ドゥーイテュー/ 『〔職人の手を借りないで〕自らの手でやれ(Do it yourself.)という生活運動から』(略) DIY, d.i.y.) 形 日曜大工の.
——名 U 日曜大工(の趣味).

**dol·drums** /dóuldrəmz ドウルドラムズ ǀ dɔ́l- ドル-/ 名《◆通例次の成句で》
*in the dóldrums* (略式) 〈船が〉無風状態にはいって; 〈人が〉ふさぎ込んで; 〈物が〉停滞状態で.

**dole** /dóul ドウル/ (同音 doll/dɑ́l ǀ dɔ́l/) 名 C 1 [通例 a ~] 施し(物).
2 [主に英略式] [通例 the ~] 失業手当 ‖
be [go] on the dole 失業手当を受けている[受ける].
——動 (現分 dol·ing) 他 …を分け与える.

**dole·ful** /dóulfl ドウルフル/ 形 (正式) 悲しみに満ちた.

***doll** /dɑ́l ダル, dɔ́:l ǀ dɔ́l ドル/ (同音 dole /dóul/) 『Dorothy の(愛称) Dolly から』
——名 (複 ~s/-z/) C 1 人形 ‖
plày dólls 人形遊びをする.
She is a collector of antique dolls. 彼女は昔の人形を収集している.
the Doll's Festival (日本の)ひな祭り.
2 (俗) 魅力的な少女; (略式) (頭の弱い) かわいこちゃん; (女から見て) かっこいい男.
——動 他 (略式) [~ oneself] 着飾る; [be ~ed] 着飾っている (+up).

***dol·lar** /dɑ́lər ダラ ǀ dɔ́lə ドラ/ 『貨幣を鋳造した地名 Joachimsthal の (略) Taler から』
——名 (複 ~s/-z/) C 1 ドル《米国・カナダ・オーストラリアなどの通貨単位》. =100 cents. (略) dol.《記号》$, $》; [形容詞的に] ドルの ‖
a ten dollar bill [(英) note] 10 ドル紙幣.
A hundred dollars [$100] is [*are] a good large sum of money. 100 ドルはかなりの金額だ《◆この例では100 ドルを1単位としてまとめ

**dol·ly** /dάli ダリ | dɔ́li ドリ/ 图 (復 dol·lies/-z/) C
1 (小児語) お人形さん. 2 (重い荷物を運ぶ)小さな車輪付きトロッコ.

**dol·men** /dóulmən ドウルメン, dɔ́ːl- | dɔ́lmen ドルメン/ 图 C 〖考古〗ドルメン《垂直に立てた2個以上の自然石の上に大きな平らな石を載せた先史時代の遺物で墓とみなされる》.

**dol·phin** /dάlfin ダルフィン | dɔ́ːl-, dɔ́l- ドール-, ドル-/ 图 C 1 〖動〗イルカ《◆人間の友とされる》;(特にマ)イルカ《鼻先のとがったもの. cf. porpoise》. 2 (略式)〖魚〗= dolphin fish.

**dólphin fish** シイラ(dolphin)《◆死ぬときにはだが変色する》.

**do·main** /douméin ドウメイン | də- ドウ-/ 图 C 1 (古)領地. 2 (正式)(知識などの)領域, 分野. 3 〖コンピュータ〗ドメイン《インターネット上で用いるコンピュータのグループ名. http://www.taishukan.co.jp の co.jp の部分のこと》.

**domáin nàme** 〖コンピュータ〗ドメイン名.

**dome** /dóum ドウム/ 图 C 丸屋根, 半天井, ドーム.

**do·mes·tic** /dəméstik ドメスティク/ 形 1 家庭の, 家事の ∥
domestic industry 家内工業.
domestic violence (主に夫の妻に対する)家庭内暴力《◆DVと略す》.
2 家庭的な, 家庭を愛する ∥
a domestic man マイホーム型の男.
3 家事の好きな, 家に引きこもりがちの ∥
He's afraid his wife isn't very domestic.
彼は妻はあまり家事が好きでないと思っている.
4 〈動物などが〉人に慣れた(tame)(↔ wild) ∥
a domestic animal 家畜.
a domestic fowl ニワトリ, 家禽(きん).
5 国内の, 自国の; 国産の(↔ foreign) ∥
domestic mail 国内郵便.
domestic and foreign news 内外ニュース.
domestic products [goods] 国産品.
**doméstic hèlp** 家事手伝い.
**doméstic pártnership** 同棲関係.
**doméstic wórker** 召使(domestic).

**do·mes·ti·cate** /dəméstikèit ドメスティケイト/ 動 (現分) ·-cat·ing/ 他 (正式) 〈動物〉を飼い慣らす.

**do·mes·ti·ca·tion** /dəmèstikéiʃən ドメスティケイション/ 图 U (正式) 飼い慣らすこと.

**do·mes·tic·i·ty** /dòumestísəti ドウメスティスィティ/ 图 (復 ·-ties/-z/) U (正式) 家庭的であること; 家庭生活; C [domesticities] 家事.

**dom·i·cile** /dάməsàil ダミサイル, -sl | dɔ́m- ドミサイル, --cil /-sl/ -スィル/ 图 C (正式) 居住地; 住居.

**dom·i·nance** /dάmənəns ダミナンス | dɔ́m- ドミ-/ 图 U 優越.

**dom·i·nant** /dάmənənt ダミナント | dɔ́m- ドミナント/ 形 1 支配的な; 優勢な ∥
the dominant group in society 会社の支配集団.
2 そびえ立つ.
3 〖生物〗〈遺伝形質が〉優性[顕性]の(↔ recessive) ∥
a dominant gene 優性遺伝子.
── 图 〖生物〗優性[顕性]形質(遺伝子).

\***dom·i·nate** /dάmənèit ダミネイト | dɔ́mənèit ドミネイト/ 〖「領主として支配する」が原義. cf. *domain*〗派 dominant (形)
── 動 (三単現) ~s /-néits/; (過去・過分) ·-nat·ed /-id/; (現分) ·-nat·ing
── 他 1 …を支配する ∥
small nations dominated by superpowers 超大国によって支配される小国.
[対話] "Whenever we have a quarrel, you win." "Yes, but every time I want to watch television you dominate it." 「けんかをするといつもあなたの勝ちね」「うん, でもぼくがテレビを見たいときはいつも君がチャンネル権を握っているよ」.
2 (文) …にそびえ立つ.

**dom·i·nat·ing** /dάmənèitiŋ ダミネイティング | dɔ́mə- ドミ-/ 動 → dominate.

**dom·i·na·tion** /dὰmənéiʃən ダミネイション | dɔ́mə- ドミ-/ 图 1 U 支配, 統治. 2 U 優位, 優勢.

**dom·i·neer·ing** /dὰməníəriŋ ダミニアリング | dɔ́mə- ドミ-/ 形 横柄な.

**Dom·i·ni·ca** /dὰməníːkə ダミニーカ, dəmíːnikə | dɔ̀m- ドミニーカ, dəmíni-/ 图 1 ドミニカ《西インド諸島の島国. 正式名 Commonwealth of Dominica》. 2 ドミニカ(女の名).

**Do·mín·i·can Repúblic** /dəmínikn ドミニクン-/ [the ~]ドミニカ共和国《西インド諸島の国. 首都 Santo Domingo》.

**do·min·ion** /dəmínjən ドミニョン/ 图 (正式) 1 U 統治権; 支配(control). 2 C 領土.

**dom·i·no** /dάmənòu ダミノウ | dɔ́m- ドミノウ/ 图 (復 ~(e)s) C 1 ドミノ仮装衣《ずきん付き外套(がいとう)と顔の上半分を隠す仮面からなる舞踏会用衣装》. 2 (骨・象牙製の)ドミノ牌(はい); [dominoes; 通例単数扱い] ドミノ(遊び)《28枚の牌で点合わせをする》.

**Don·ald** /dάnld ダヌルド | dɔ́n- ドヌルド/ 图 ドナルド (男の名. 愛称) Don).
**Dónald Dúck** ドナルドダック《Walt Disney の漫画映画に登場するアヒル》.

**do·nate** /dóuneit ドウネイト, -<u>≠</u> | dəuneit ドウネイト/ (現分) ·-nat·ing 他 1 (もと米) 〈金など〉を寄付する; 〈血液など〉を提供する.

**do·na·tion** /dounéiʃən ドウネイション | də- ドウ-/ 图 [時に a ~] 1 U C 寄付, 寄贈. 2 C 寄付金, 寄贈品.

\***done** /dΛn ダン/ (類音) don/dάn | dɔ́n/) 動 → do.
── 形 〈人・仕事が〉終わった, すんだ ∥
Done! よろしい, 承知した.

That's (done) it! 《略式》《不幸・我慢のあとで》それで十分だ; もうたくさんだ.

Are you done yet?《仕事などの進み具合をたずねて》もうすんだの《◆Are you finished [through]? ともいう》.

**don·key** /dɑ́ŋki ダンキ│dɔ́ŋki ドンキ/ 名Ⓒ **1** ロバ《(1)「雌ロバ」は特に mare とする. (2) ass より普通の語. 米国では民主党の象徴 (cf. elephant). (3) 鳴き声は hee-haw》‖
(as) stubborn as a donkey ロバのように強情な.
**2** ばか者, とんま; がんこ者 ‖
Don't be such a donkey! ばかなまねはよせ.
*dónkey's yèars*《略式》[単数扱い] ずいぶん長い間《◆years はロバの長い耳 ears にかけたもの》.

**do·nor** /dóʊnər ドウナ, -nɔːr/ 名Ⓒ **1** 寄贈者. **2** 〔医学〕献血者; (移植用の臓器などの) 提供者, ドナー.

**Dòn Qui·xó·te** /dɑ̀n kiɦóʊti ダン キホウティ, -kwíksət/ **1** ドン=キホーテ《スペインの作家 Cervantes の小説. その主人公》. **2** 非現実的な理想家.

\***don't** /dóʊnt ドウント/ do not の短縮形.
―― 名《略式》[~s] してはいけないこと.
*dós [dó's] and dón'ts [dón't's]* → do¹.

**doo·dle** /dúːdl ドゥードル/ 動《現分》 ‥doodling》 自《話・考え事をしながら》いたずら書きをする.
―― 名Ⓒ いたずら書き.

**doom** /dúːm ドゥーム/ 名Ⓒ **1** [通例 a ~ / one's ~] (通例悪い) 運命, 宿命(→ fate).
**2** 悲運, 破滅, 死 ‖
The general sent the soldiers to their doom. 将軍は兵士を死に追いやった.
**3** 〔キリスト教〕世の終わり; (神の人類に対する) 最後の審判 ‖
the day [crack] of doom = doomsday.
―― 動 [通例 be ~ed] 運命づけられる ‖
The project was doomed to fail [failure].
その計画は失敗する運命にあった.

**dooms·day** /dúːmzdèi ドゥームズデイ/ 名Ⓤ **1** [しばしば D~] 最後の審判の日, 世の終わり (Judgment Day). **2** 判決日, 運命の決まる日.
*till dóomsday*《略式》永久に (for ever).

\*\***door** /dɔ́ːr ドー/ 〚「門」が原義〛
―― 名 (複 ~s/-z/) Ⓒ **1** [通例 the ~] 戸, とびら, ドア《◆英米では内開きが多い》‖
the door to the room 部屋に通じる戸.
She knocked at [on] the door. 彼女はドアをノックした.
He went out of [《米》out] the back door.
彼は裏口から出て行った.

[関連] [種類] an accórdion [a fólding] dóor アコーデオン [折りたたみ] ドア / a revólving dóor 回転ドア / a slíding dóor 引き戸 / a swíng(ing)dóor スイングドア / a trapdoor (天井・床などの) はね上げ [落し] 戸.

**2** [通例 the ~] 戸口, 玄関, 出入口 (doorway) ‖
ánswer [gó to] the dóor《略式》応対に出る.
stand in the door 戸口に立つ.
see [shów] him to the dóor 彼を送り出す.
There is someone at the back door. だれか裏口に来ています.
**3** 1軒, 1戸 ‖
She lives next door (but one) to him. 彼女は彼の (1軒[室]おいて) 隣に住んでいる.
*in doors* 屋内で.
*out of doors* 屋外で.
*séll (from) dóor to dóor* 1軒1軒売り歩く.
He lives [His house is] four doors óff [awáy, dówn] from here. 彼はこの4軒先に住んでいる.
**4** [比喩的に] 門, 方法 ‖
a door to independence 独立への道.
be at death's door 死にかかっている.
*at A's dóor* (1) A《人》の家のすぐ近くに[の]. (2) …に迫って (→ **4**).
*láy A at B's dóor = láy A at the dóor of B* A《罪・失敗など》を B《人》のせいにする.
*néxt dóor to …* → **3**, next 形.
*shút [slám] the dóor in A's fáce* A《人》を入らせない; A《人》に計画を実行させない.

**door·bell** /dɔ́ːrbèl ドーベル/ 名Ⓒ 玄関の呼びりん [ベル].

**dóor·kèep·er** /dɔ́ːrkìːpər ドーキーパ/ 名Ⓒ = doorman.

**door·man** /dɔ́ːrmæn ドーマン/ 名 (複 ‥men) Ⓒ 門番, 守衛 (《PC》doorkeeper); (ホテル・クラブなどの) ドア係, ドアボーイ (《PC》concierge) 《◆×doorboy とはいわない》.

**door·mat** /dɔ́ːrmæt ドーマト/ 名Ⓒ (玄関先の) 靴ぬぐい, ドアマット《◆《米》では, welcome mat ということもある》.

**door·step** /dɔ́ːrstèp ドーステプ/ 名Ⓒ 戸口の上り段.

**door·way** /dɔ́ːrwèi ドーウェイ/ 名Ⓒ **1** 戸口, 出入口 ‖
in [at] the doorway of [to] the kitchen 台所の戸口で.
**2** [比喩的に] 門戸 ‖
the doorway to success 成功への道.

**dope** /dóʊp ドウプ/ 名 **1** Ⓤ《俗》麻薬 (drug); Ⓒ《俗》麻薬常用者. **2** Ⓤ《略式》(信頼できる筋からの) 情報; 予想. **3** Ⓒ《略式》まぬけ.

**Do·ra** /dɔ́ːrə ドーラ/ 名 ドーラ《女の名. Dorothea, Doris の愛称》.

**Dor·ic** /dɔ́ːrik ドー(ㇼ)ク/ 形 **1** ドーリス地方[語]の, ドーリス[ドリア]人の.
**2** 〔建築〕(古代ギリシア) ドリス式の ‖
the Doric order ドリス様式の (図 → order).

**Do·ris** /dɔ́ːris ドー(ㇼ)ス/ 名 ドリス《女の名.《愛称》Dolly, Dora》.

**dor·mant** /dɔ́ːrmənt ドーマント/ 形《正式》**1** 眠っている(ような); 《動物が》冬眠中の. **2** 《火山などが》休

止状態にある(↔ active).

**dor·mer** /dɔ́ːrmər ドーマ/ 图 © **1** =dormer window. **2** 屋根窓付きの切り妻[突出部].

**dórmer wíndow** 屋根窓(dormer)《傾斜した屋根から突き出ている明取りの窓》.

**dor·mi·to·ry** /dɔ́ːrmətɔ̀ːri ドーミトーリ | dɔ́ːrmətəri ドーミタリ/ 图 (複 ~·to·ries/-z/) © **1**《米》(大学などの)寄宿舎, 寮(《英》hall of residence).
**2**(多人数用の)共同寝室.
**3**《英》=dormitory town [suburb].

**dórmitory tòwn [sùburb]** 郊外住宅地, ベッドタウン(dormitory)(《米》bedroom town [surburb(s), community]).

**dor·mouse** /dɔ́ːrmaus ドーマウス/ 图 (複 dor·mice/-mais/) © 【動】ヤマネ《リスとネズミの中間的な動物》; 眠たげな人《ヤマネは冬眠が長いことから》.

**Dor·o·the·a** /dɔ̀ːrəθíːə ドーロスィーア | -θíə -スィア/, **--thy, --thee** /dɔ́ːrəθi ドーロスィ/ 图 ドロシア, ドロシー《女の名. 愛称 Dora》.

**dor·sal** /dɔ́ːrsl ドースル/ 形 (動物の)背(部)の, 背面の.

**DOS** (略)【コンピュータ】disk operating system ディスク=オペレーティング=システム.

**dos·age** /dóusidʒ ドウスィヂ/ 图 © 《正式》[ية a ~] 1回分の投薬[服用]量(dose).

**dose** /dóus ドウス/ 图 © **1** (主に飲み薬の)服用量(の1回分); (薬の)1服 ‖
take a daily **dose** of aspirin アスピリンを毎日服用する.
**2**《略式》(主にいやなことの)1回分, 一定量, 大量 ‖
a stiff **dose** of hard work 厳しい仕事.
——動 (現分 dos·ing) 他〈人〉に投薬する.

**Dos·to·ev·ski** /dàstəjéfski ダストイェフスキ | dɔ̀stɔiéf- ドストイエフ-/ 图 ドストエフスキー《Feodor Mikhailovich /fióudər miháiləvitʃ/ ~ 1821-81; ロシアの小説家》.

**dot** /dát ダト | dɔ́t ドト/ 图 © **1** 点; しみ《終止符, 小数点, i, j の点など》. **2** (点のように)小さな物; 少量.
**òn the dót**《略式》時間どおりに; 即座に.
**tò a dót**《略式》全く, 完全に.
——動 (過去·過分 dot·ted/-id/; 現分 dot·ting) 他 **1** …に点を打つ, …を点線で示す.
**2** …に点在する ‖
Cows **dotted** the field. =The field **was dotted** with cows. 野に牛が点在していた.

**dote** /dóut ドウト/ 動 (現分 dot·ing) 圁 溺(°)愛する.

**doth** /(弱) dəθ ドス, (強) dʌ́θ ダス/ 助《古》do の三人称·単数·現在形《◆ does に相当》.

**dot·ing** /dóutiŋ ドウティング/ 動 → dote.
——形 愛におぼれている, 溺(°)愛している.

**dot·ted** /dátid ダティド | dɔ́t- ドティド/ 動 → dot.

——形 点を打った, 点でできた, 点で描いた ‖
a **dotted** note 【音楽】符点音符.

**dótted líne** (署名欄などの)点線《…》; 予定のコース(cf. broken line).

\***dou·ble** /dʌ́bl ダブル/ 『「重なって存在する」が本義』
——形 (cf. single) **1** [名詞の前で] **2倍の** ‖
a **double** helping いつもの倍の盛り.
**double** beer (強さが倍の)特製ビール.
A **double** martini, please. マティーニのダブルを1杯ください《♦ beer と違い量が2倍》.
She eats a **double** portion of food. 彼女は2人前を食べる.

関連 triple 3倍の / quadruple 4倍の / quintuple 5倍の / sextuple 6倍の / septuple 7倍の / octuple 8倍の / nonuple 9倍の / decuple 10倍の.

**2** [通例名詞の前で] **二重の**, 二様の ‖
a **double** window 二重窓.
a **double** purpose 二様の目的.
a sword with a **double** édge 両刃の剣(=a **double**-edged sword).
**3** [名詞の前で]〈部屋·ベッドなどが〉2人用の, 2つの部分からなる; 2つ折りの ‖
a **double** seat 2人掛けの座席.
a **double** blanket 2枚(続きの)毛布.
give a **double** knock on the door ドアを2度続けてノックする.
**4** [通例名詞の前で]〈意味などが〉二通りにとれる, あいまいな;〈言行·性格などが〉裏表のある, 陰ひなたのある, 不誠実な ‖
His words had a **double** meaning. 彼の言葉には裏があった.
lead [live] a **double** life (偽名を使って)善と悪の二重の生活をする; (単身赴任(ぇ)などで)二重生活を営む.
a man with a **double** character 二重人格者.
spéak with a **dóuble** tóngue 二枚舌を使う.
**5** 【植】 八重(ょ)咲きの ‖
a **double** rose 八重のバラ.

——副 **1** [the/one's + 名詞の前で, または wh 節の前で] **2倍に**, 倍の ‖
Four is **double** 2. 4は2の2倍だ(=Four is the **double** of two.).
He is **double** my age. 彼は私の倍の年だ(=He is **twice** as old as I.).
at **double** the speed 2倍の速度で.
pay **double** the price 倍額支払う.
The house costs **double** what it did before. 住宅は前の2倍の価格だ《♦この例の **double** は 形 とすることもできる. 本来は of を伴った名詞》.
**2** [動詞のあとで] **二重に**, 2人一緒に, 対をなして; 2つ折りに ‖
sleep **double** 2人一緒にベッドに寝る.
ride **double** on a motorbike =ride a mo-

torbike double オートバイに相乗りする.
*sée dóuble* 酔って物が二重に見える.

——[名] (複 ~s/-z/) **1a** ⓤ (数・量・大きさ・強さ・価格などの)2倍 ‖

Six is the **double** of three. 6は3の2倍である(=Six is double three.).
Give me **double**. 私に倍ください.

**b** ⓒ (ウイスキーなどを入れる量がふつうの)2倍(のもの) ‖
Give me a **double**, please. (ウイスキーなど)ダブル1杯ください.

**2** ⓒ **a** 〔野球〕2塁打(two-base hit).
**b** 〔ブリッジ〕(点の)倍加, ダブル.
**c** 〔競馬〕重勝式の賭(%).

**3** [~s; 単数扱い] (テニスなどの)ダブルス(cf. singles) ‖
mixed **doubles** 混合ダブルス.

**4** ⓒ よく似た人[もの], 生き写し; (映画などの)代役(stand-in) ‖
You are your mother's **double** =You are the **double** of your mother. あなたはお母さんにそっくりね(=You closely resemble your mother.).

*at* [(米) *on*] *the dóuble* (略式)できるだけ早く, ただちに; 駆け足で《◆〔軍事〕(命令)「普通の速度の2倍で行進せよ」から》.

——[動] (三単現 ~s/-z/; 過去・過分 ~d/-d/; 現分 dou·bling)

| | 他と自の関係 | |
|---|---|---|
| 他 | double **A** | **A**を2倍にする |
| 自 | **A** double | **A**が2倍になる |

——[他] **1a** …を2倍にする, 倍加する ‖
**double** one's income 収入を2倍にする.
**Double** two and you get four. 2を2倍すると4になる.

**b** …の2倍ある ‖
Her salary **doubles** mine. 彼女の給料は私の2倍だ.

**2** …を2つに折る, 二重にする ‖
**Double** the paper (in two). その紙を2つに折りなさい.

——[自] **1** 2倍になる, 倍増する ‖
Prices have **doubled** in the last five years. 物価はこの5年間で倍になった.

**2** 2つ折りになる.

*dóuble as* **A** …の代わりをする, …としても使える ‖
a radio which **doubles** as an alarm clock 目覚まし兼用ラジオ.

*dóuble báck* (1) [自] 急に引き返す. (2) [他] 〈物〉を折りたたむ; 〈道など〉を急に引き返す.

*dóuble óver* (1) [自] (苦痛やおかしさなどで)ぎゅっと体を折り曲げる, かがみこむ. (2) [他] =DOUBLE back (2).

*dóuble úp* (1) [自] =DOUBLE over (1); 一緒の部屋で寝る, 同宿する; 急ぐ. (2) [他] =DOUBLE back (2); 〈人〉のからだを(苦痛やおかしさなどで)折り曲げさせる.

**dóuble báss** 〔音楽〕ダブルベース, コントラバス(contrabass)《◆単に bass ともいう》.

**dóuble click** 〔コンピュータ〕ダブルクリック《◆マウスのボタンを短い間隔で2度押すこと》(cf. double-click).

**dóuble pláy** 〔野球〕ダブルプレー, ゲッツー, 併殺《◆ ×get two とはいわない》.

**dóuble táke** 〔主に米略式〕《◆次の句で》‖ *do a double take* (初め気がつかないでしばらくしてから)はっと驚く〔喜劇役者の演技によく用いられる〕; 一度ではよくわからないので)もう一度見る[考える].

**dóuble tàlk** (略式)(1) まじめに見えるが意味のない語, まことしやかなごまかし. (2) (政治家などの)わかりにくい話.

**dou·ble-breast·ed** /dʌ́blbréstid ダブルブレスティド/ [形]〔服飾〕ダブル(ボタン式)の(cf. single-breasted).

**double-click** /dʌ́blklík ダブルクリク/ [動]〔コンピュータ〕[他] (…を)ダブルクリックする(cf. double click).

**dou·ble-cross** /dʌ́blkrɔ́(ː)s ダブルクロ(ー)ス/ [動] (三単現 ~·es/-iz/) [他] (略式)…を裏切る.

**dou·ble-deck·er** /dʌ́bldékər ダブルデカ/ [名]ⓒ (英) =double-decker bus.

**dóuble-décker bùs** 2階建てバス(double-decker)《◆英国では市内バスとして赤い double-decker bus を多く用いる. coach に対し単に bus ともいう》.

**dou·ble·head·er** /dʌ́blhédər ダブルヘダ/ [名]ⓒ (米)〔野球〕ダブルヘッダー((米略式) twin bill).

**dou·ble-space** /dʌ́blspéis ダブルスペイス/ [動] (現分 -spac·ing) [自][他] (…を)(タイプライターで)ダブルスペースで打つ, 1行置きにタイプする.

**dou·bling** /dʌ́bliŋ ダブリング/ [動] → double.

**dou·bly** /dʌ́bli ダブリ/ [副] **1** [形容詞を修飾して] 2倍に ‖
be **doubly** careful 倍注意する.

**2** 二重に, 二通りに.

*****doubt** /dáut ダウト/《発音注意》《◆ ×b は発音しない》[「2つ(double)の心を持つ」から]「いずれを選ぶか迷う」が本義] 派 doubtful (形), doubtless (副)
——[動] (三単現 ~s /dáuts/; 過去・過分 ~ed /-id/; 現分 ~·ing)《◆進行形にしない》

[他] **1a** …を疑う, 信じない ‖
I **doubt** his kindness. 彼が親切かどうか疑わしい.
[対話] "The weather report says it will rain later." "I **doubt** it. There are no clouds in the sky at all." 「天気予報ではこのあと雨になるそうだよ」「それはどうかな. 空に雲が少しもないもの」.

**b** [肯定文で] [doubt **whether** [**if**]節] …かどうかを疑う ‖
I **doubt whether** he is honest. 彼が正直かどうか疑わしいと思う.

**2** [通例否定文・疑問文で] [doubt (**that**)節] …でないと思う(→ suspect [動]② **2**) ‖
I don't **doubt** (**that**) she will succeed. 彼女はきっと成功する.
Do you **doubt** (**that**) he will betray me?

**doubtful**

彼が私を裏切らないと思うかい.

—:自: 疑う, 疑わしく思う ‖

I doubt of her success. 彼女の成功を疑う.

—:名: (:複: ~s/dáuts/) :U::C: 疑い；疑惑, 疑念 ‖
Egyptian doubts on peace 和平に対するエジプトの疑惑.

clear up doubts 疑いを晴らす.

thrów dóubt on the fact 事実に疑いを抱かせる.

There is nó dóubt that he will be chosen chairman. きっと彼は議長に選ばれるだろう.

I hàve nó dóubt of his honesty. 彼の正直を少しも疑わない.

There is some doubt if [(as to) whether] she is right. 彼女が正しいかどうか少し疑わしい.

[対話] "Don't you believe her?" "I don't know. I have some doubts about her words [about what she says]."「彼女のこと信じてないのですか」「さあどうかな. 彼女の言うことに疑いを抱いてはいるけど」.

*beyònd dóubt* =*òut of dóubt* =(略式) *withòut dóubt* 疑いもなく, 明らかに, きっと(doubtless, certainly).

*in dóubt* (正式) 疑った[て]; 不確かな[で](uncertain).

*nó dóubt* (1) (正式) [相手の同意を求めて] たぶん, おそらく(probably). (2) 疑いもなく, 確かに (surely)《◆ without (a) doubt の方が意味を強める言い方》. (3) [but と呼応して] なるほど…だが ‖ She is no doubt pretty, but she isn't beautiful. なるほど彼女はかわいいが美人とはいえない.

**doubt·ful** /dáutfl ダウトフル/ :形: **1** 疑っている, 確かでない ‖

I am doubtful of his diligence [of his being diligent]. 彼の勤勉を疑っている.

**2** 〈物·事が〉疑わしい, 不確かな；〈将来·結果などが〉不安な, おぼつかない ‖

It is doubtful that he meant it. 彼が本気でそれを言ったというのは疑わしい.

**doubt·ful·ly** /dáutfəli ダウトフリ/ :副: 疑わしく；不安な様子で；あいまいに；[文全体を修飾] 疑わしいと思うが.

**doubt·less** /dáutləs ダウトレス/ :副: [文全体を修飾] **1** (正式) 確かに, なるほど(indeed)《◆ しばしば but の前に置いて譲歩を示す》‖

He is doubtless rich, but he isn't happy. なるほど彼は金持だが幸せでない.

**2** (略式) たぶん, おそらく(probably).

**dough** /dóu ドウ/ (同音 doe) :名: :U: 練り粉, パン生地.

**dough·nut** /dóunʌt ドウナト/ :名: :C: ドーナツ《◆ 米国ではリング型, 英国ではまんじゅう型が多い》.

**Doug·las** /dʌ́gləs ダグラス/ :名: ダグラス《男の名. (愛称) Doug》.

**dour** /dúər ドゥア, dáuər| dóə ドゥア/ :形: 気難しい；陰気な.

**douse** /dáus ダウス, dáuz| dáus ダウス/ :動: (現分

dous·ing) :他: **1** (正式) …をずぶぬれにする. **2** (略式) 〈灯火など〉を消す.

**dove**[1] /dʌ́v ダヴ/ (発音注意)《◆ ×ドゥヴ》:名: :C: **1** ハト《◆ 平和·柔和·純潔·聖霊の象徴. Noah's Ark (ノアの箱船), olive leaf (オリーブの葉)を連想させる語. 鳴き声は coo》.

[類] 普通 pigeon は飼いバト, dove は小形の野生バトに用いるが, (英)ではどちらも pigeon が好まれ, dove は詩語に多い: the *dove* [×pigeon] of peace 平和のハト.

**2** (主に米) ハト派の人《平和外交政策をとる》(↔ hawk).

**dove**[2] /dóuv ドウヴ/ :動: (米) → dive.

**Do·ver** /dóuvər ドウヴァ/ :名: ドーバー《イングランド南東部の港町. フランスに最も近い》; the Strait(s) of Dover ドーバー海峡.

**dow·dy** /dáudi ダウディ/ :形: (比較 ··di·er, 最上 ··di·est) やぼったい.

**dow·el** /dáuəl ダウエル/ :名: :C: [木工] 合わせくぎ, 目くぎ, だぼ.

**\*down**[1] /dáun ダウン/ (類音 dawn/dɔːn/dɔ́ːn/)
『原義「丘(hill)の下へ」から下方への方向を示す副詞となった』(↔ up)

→ :副: **1** 下へ   **5** 南へ, 地方へ   **14** 押さえつけて
   **15** 減じて   **16** 休止の状態に   **17** 完全に
:前: **1** …の下へ   **3** 通って
:形: **2** 南方へ向かう, 下りの

—:副:《◆ 比較級はないが, 最上級に downmost を用いることがある》(↔ up).

**1** [運動] [動作動詞(sit, kneel など) + down] (高い所から)下へ, 下方へ, 下って, 降りて；(上から)地面[床]に ‖

sìt dówn 座る.

knéel dówn ひざまずく.

púll the blínd dówn 日よけを降ろす.

The sun goes down. 太陽が沈む.

pút the knífe dòwn on the table テーブルにナイフを置く.

get down from the bus バスから降りる.

She was knócked dówn by a car. 彼女は車にはねられた.

The river flows down into the sea. その川は海に注ぎこむ.

**2** [運動] [動作を表す動詞(come, die, go など) + down]〈価格·率·質·地位などが〉下がって, 落ちて；〈風などが〉弱まって, 静まって；〈人が〉落ちぶれて ‖

còme dówn in the wórld (社会的に)落ちぶれる.

The wind díed dówn. 風がおさまった.

Production has gòne dówn this year. 今年は生産高が落ちた.

**3** [状態] [状態を表す動詞(be, lie など) + down] 下に, 下がって, 降りて；(人などが)倒れて, 伏して；(カーテンなどが)降ろしてあって；(太陽が)沈

で；(温度が)下がって；(潮が)引いて；(価格・質などが)下がって，落ちて；(風などが)おさまって《◆**1**, **2** の動作を表す意味が状態を表すようになったもの》‖
The tire is dówn. タイヤの空気が減っている，パンクしている．
He isn't dówn yet. 彼はまだ起きてきていない《◆「寝室から下へ降りてきていない」の意》．
The price of fruit is dówn. 果物が安くなっている．
Down in the valley ¦ the fog still lingers. 下の谷にはまだ霧がかかっている．

**4** [状態] [状態動詞(be, feel など) + down] (人が)寝込んで；(人が)意気消沈して；(健康が)衰えて ‖
I felt dówn about my grades. 私は成績のことで気がめいった．
She is dówn with influenza. 彼女はインフルエンザにかかって床についている．

**5** [方角・方向] **a** 下手へ[に]；(内陸から)沿岸へ；下流へ；(住宅地域から)商業地域へ；(海事)風下へ；(米)(地図で)南へ；(英)(中心地から)地方へ，田舎(ﾂﾞｶ)へ ‖
They advanced 5 miles further dówn into the country. 彼らはその地域をさらに5マイル下手[沿岸，下流，南]へ進んだ．
We went dówn South.《米》我々は南部へ行った《◆《米》では大都市を中心に up, down を用いず，北へ行く場合は up, 南へは down を用いる．ただし《英》でも自動車旅行が増えるにつれてこの米式用法が広まってきた》．
take the train from London ¦ dówn to Brighton《英》ロンドン発ブライトン行きの列車に乗る《◆イングランドではロンドンへ向かうのは up, 離れるのは down》．
**b**《英》(大学から休暇で)帰省して，(大学を)卒業して．
**c** (舞台の)前方へ[に].

**6** [時・順序] (過去から)後代へ；(順位が)(…から…に)至るまで ‖
dòwn to the présent 現代に至るまで．
from the President ¦ dòwn to the secretaries 大統領から秘書に至るまで．
The story was handed dówn from father to son. その話は親から子へと伝えられた．

**7** (紙・文書に)書き留めて ‖
write dówn the address 住所を書き取る．
The date of the meeting is dówn in my notebook. 会合の日付は私のノートに書き留めてある．

**8** (会合などが)予定されて；(人が)(…する)ことになって；リストに名前が載って ‖
She is dòwn to spéak [spéak for a speech] at the meeting. 彼女はその会合で話をすることになっている．

**9** 頭金として ‖
No money dówn! 頭金なしのあと払い．
pay twenty dollars dówn 20ドルを頭金として払う．

**10** 《命令》[動詞を省略して] ‖
Dòwn, Rover!（犬に向かって）おすわり，ローバー．
Dòwn with týranny!（⤴）暴政打倒!
Dòwn with the flág! 旗を降ろせ．

**11** (略式)(在庫・残高などが)不足して，足りない；損をして；(人が)なくなって ‖
He was dówn to the last pound. 彼は持ち金が最後の1ポンドだけになってしまった．
We were fifty pounds dówn. 50ポンド不足していた．

**12**《スポーツ》(…点)負け越して ‖
Our team is two goals dówn. 味方チームが2ゴールリードされている．

**13**《野球》アウトになって；《アメフト》(ボールが)ダウンになって．

[主に動詞と結びついて]

**14** [抑圧] 押さえつけて，抑圧して；却下して ‖
pùt dówn the rebellion 反乱を鎮圧する．
tùrn dówn the proposal その提案を拒否する．

**15** [縮小] 減じて；薄めて；凝縮して；細かく ‖
grind dówn corn 穀物をすりつぶす．
cut dówn expenses 出費を減らす．
túrn the rádio dówn ラジオのボリュームを下げる．
thin dówn the syrup シロップを薄める．
gét the report dówn ¦ to sixty pages レポートを60ページに縮める．

**16** [休止] 休止[停止]の状態に ‖
argue him dówn 論駁(ﾊﾞｸ)して彼を黙らせる．
shút dówn the factory 工場を閉鎖する．
They have settled dówn near London. 彼らはロンドンの近くに定住した．
That little shop has clósed dówn. あの小さな店はつぶれてしまった．

**17** [意味を強めて] 完全に，すっかり；最後まで；根源まで；じっかりと；いっぱいに ‖
wash dówn a car 車をきれいに洗う．
hunt dówn a fox キツネを追いつめる．
tie dówn the lid of the box 箱のふたをしっかりとしばる．
I am loaded dówn with work. 仕事がいっぱいたまっている．

***be dówn and óut*** (1) 全く落ちぶれている，一文なしである．(2)《ボクシング》ノックアウトされる．
***be dówn on A***(略式) **A**〈人・事〉に腹を立てている，…を憎む，非難する；**A**〈事〉に反対する，偏見を持つ．

——前 **1** …の下(方)へ[に], …を下って，降りて ‖
run down a hill 丘を駆け下りる．
I have a pain ¦ down my leg. 脚の下の方が痛む．

**2 a** …の下手に，…を下ったところに；南方に[へ] ‖
live further down the river 川をずっと下ったところに住む．
**b**〈流れ・風の〉下(ﾃ)方向に ‖
gó down the river 川を下る．
down (the) wind 風下に．

**3**〈道路・廊下など〉を通って，…に沿って(along) ‖
Go down this street one block and turn to the right. この通りをずっと行って最初の角を右

に曲がりなさい《◆(1) 必ずしも下り坂を意味しない. (2) ふつう話者から遠ざかる場合に用いる》.
**4** …以来ずっと ‖
down the ages 大昔からずっと.

─── 形 [通例名詞の前で] **1** 下(方)への, 下向きの; 下降の, 下り坂の ‖
a down elevator 下りのエレベーター.
a down slope 下り斜面.
**2**《米》〈列車などが〉**南方へ向かう**, 町の中心部へ向かう;《英》下りの《◆「ロンドン[大都市]から離れる」の意味》‖
a down train《米》南行き列車《◆ a southbound train というのがふつう》;《英》下り列車.
a down platform《米》南行き線ホーム;《英》下り線ホーム.
**3** 頭金の ‖
a dówn páyment 頭金(の支払い).
**4**《略式》[補語として] 意気消沈した, ふさいだ.
**5** 終えた, 片付けた(finished) ‖
two down, three to go (問題などを)2つ片付けたが残りがまだ3つ.

─── 名 C **1** 下り, 下降. **2** [通例 ups and ～s] 不運, 衰運(→ up 成句). **3** (レスリングなどで)相手をダウンさせること. **4**《アメフト》ダウン.

***hàve a dówn on*** **A**《略式》**A**〈人〉を嫌う, 憎む, …に腹を立てる.

─── 動 他 **1**《略式》…を引き[押し, なぐり]倒す; …を負かす, 打ち破る, 屈服させる. **2**《略式》…をぐいっと飲みほす[飲み込む].

**dówn Éast** 米国 New England 地方《特に Maine 州》.

**dówn páyment**(分割払いの)頭金.

**down**² /dáun ダウン/ 名 U (鳥の)綿毛(なた), ダウン.

**down-and-out** /dáunəndáut ダウナンダウト/《略式》形 C 無一文の[落ちぶれた](人).

**down·beat** /dáunbìːt ダウンビート/ 名 C **1**《音楽》強拍, 下拍の指示(↔ upbeat). **2**《米》減退.
─── 形《略式》〈映画・音楽などが〉陰気な.

**down·cast** /dáunkæ̀st ダウンキャスト/ |-kɑ́ːst -カースト/ 形 **1** がっかりした. **2** うつむいた.

**down·fall** /dáunfɔ̀ːl ダウンフォール/ 名 **1** U C (急な)落下, 落下物; [通例 a ～ / one's ～ / the ～] 失脚. **2** C [通例 a ～](雨・雪の予期せぬ)大降り.

**down·grade** /dáungrèid ダウングレイド/ 名 C 下り坂; 落ち目, 悪化(↔ upgrade) ‖
a house on the downgrade 下り坂にある家, 没落しかかった家.
─── 動 (現分 ··grad·ing) 他《正式》…を格下げする.

**down·heart·ed** /dáunhɑ́ːrtəd ダウンハーテド/ 形 落胆した, 沈んだ.

**down·hill** /名 形 dáunhìl ダウンヒル/ 副 C 形 下り坂(の). ─── 副 下り坂に; 落ちぶれて.
***gò dównhill*** (1) 坂を降りる. (2) 質が落ちる; さびれる, 衰退する.

**Dówn·ing Strèet** /dáuniŋ- ダウニング-/ ダウニング街《◆首相官邸などのある London の官庁街. No. 10 (Downing Street) または Number Ten は英国首相官邸をさす. cf. Pennsylvania Avenue》.

**down·load** /dáunlòud ダウンロウド, ⁓ ⁄ 《コンピュータ》動 他 …をダウンロードする《ネット上の情報を自分のコンピュータに取り込む》.
─── 名 U C ダウンロード.

**down·pour** /dáunpɔ̀ːr ダウンポー/ 名 C [通例 a ～] どしゃ降り.

**down·right** /dáunràit ダウンライト/《略式》形 **1** 全くの. **2** 率直な. ─── 副 徹底的に, 全く.

## *down·stairs /dáunstéərz ダウンステアズ/ 形 ⁓ ⁄; 名 ⁓ ⁄ (↔ upstairs)
─── 副 階下へ[で] ‖
gò dównstairs 階下へ降りる《◆ ˣgo to downstairs としない》.
─── 形 /⁓ ⁄ 階下の.
─── 名 /⁓ ⁄ (複 down·stairs) C [the ～; 単数扱い] 階下(の部屋); 下り階段.

**down·stream** /dáunstríːm ダウンストリーム/《◆名詞の前で使うときは /⁓ ⁄/》副 流れに沿った[て], 下流の[へ](↔ upstream).

## *down·town /副 形 dáuntáun ダウンタウン; 名 ⁓ ⁄
─── 副 形《米》[名詞の前で] 町の中心部へ[の], 商業地区へ[の], 繁華街へ[の], 都心で[の](cf. uptown) ‖
gò dówntówn 繁華街へ(買物に, 遊びに)行く《◆ ˣgo to downtown としない》.
downtown centers ビジネス[商店]街.
─── 名 /⁓ ⁄ U 町の中心[繁華]街, 商業地区, 都心(部).

## *down·ward /dáunwərd ダウンワド/
─── 副《主に米》《◆ふつう英 では downwards》**1** 下の方へ, 下向きに(↔ upward); 落ち目に, 堕落して ‖
look downward to the village below 下の村を見おろす.
go downward in life 落ちぶれる.
**2** …以来, 以降 ‖
from the 19th century downward 19世紀以来.
─── 形 [通例名詞の前で] **1** 下の方への, 下向きの; 落ち目の, 堕落の ‖
a downward slope 下り坂.
start on the downward path 落ち目になり始める.
**2** …以来[以降]の.

**down·wards** /dáunwərdz ダウンワヅ/ 副《主に英》= downward.

**down·wind** /dáunwínd ダウンウィンド/ 副 形 風下に[の], 順風で[の](↔ upwind).

**Doyle** /dɔ́il ドイル/ 名 ドイル《Sir Arthur Conan /kóunən/ ～ 1859-1930; 英国の医師・小説家. 名探偵 Sherlock Holmes の生みの親》.

**doze** /dóuz ドウズ/ 動 (現分 doz·ing) 自 うたたねする. ─── 他〈時間〉をとうとうとして過す.

**dozen**

― 名 C [a ~] 居眠り, うたたね ‖
have a doze まどろむ.

*__doz·en__ /dʌ́zn ダズン/ [『12』が原義]
― 名 (複 doz·en, ~s/-z/) C **1** ダース, (同種類の)12個 ‖
two **dozen** (of) eggs 2ダースの卵 《◆数詞のあとでは dozen》.
hálf a dózen of pens = a hálf dózen of pens 5, 6本のペン.
some **dozens** of oranges オレンジ数ダース 《◆ some のあとでは複数形. ただし some *dozen* (of) oranges は約1ダースのオレンジ. この場合, 今では of をつけずに形容詞的に用いるのがふつう》.
pack apples in **dozens** 1ダースずつリンゴを詰める.
sell pencils by the **dozen** ダース単位で鉛筆を売る.
I met my old friends by the **dozens** at the party. パーティーで何十人となく旧友に会った.
対話 "How many tickets do you need?" "There are twelve of us, so give me a **dozen**, please." 「切符は何枚いりますか」「12人いますので, 12枚ください」.
**2** (略式) [~s of + 複数名詞] 何ダースもの…, 多数の… ‖
**dozens** (and **dozens**) of books 何十冊もの本.
**dozens** of times 何度も何度も.
― 形 [名詞の前で] **1** 1ダースの, 12の.
**2** (略式) 1ダース前後の, 10余りの, かなりたくさんの ‖
in a **dozen** ways かなりいろいろな方法で.

**__Dr., Dr__** /dɑ́ktər ダクタ | dɔ́ktə ドクタ/
(略) doctor …博士 ‖
**Dr.** Jones ジョーンズ博士.

**drab** /dræb ドラブ/ 形 (比較 drab·ber, 最上 drab·best) **1** (くすんだ) トビ色の, (さえない) 茶色の.
**2** 単調な.

**drach·ma** /drǽkmə ドラクマ/ 名 (複 ~s, ·mae /-mi:/-mai/) C ドラクマ《ギリシアの旧通貨単位》.

**Drac·u·la** /drǽkjələ ドラキュラ/ 名 ドラキュラ《吸血鬼. B. Stoker の怪奇小説の主人公》.

**draft,** (英) **draught** /drǽft ドラフト | drɑ́ːft ドラーフト/ 《◆ (英) では, 特に 名 **1, 3, 4,** 動 は draught が普通》 名 **1** U (線で描くこと); C 設計図, 図面 ‖
a **draft** for a house 家の設計図.
**2** C 草稿, 草案, 案 ‖
make out a **draft** of a speech 演説の草案を書く.
**3** U C (主に米) すきま風 ‖
an icy **draft** coming through the window 窓から入ってくる冷たいすきま風.
**4** C (文) ひと飲み ‖
drink a glass of water at a **draft** コップ1杯の水をひと息で飲む.
**5** U (積荷などを) 引くこと.
**6** U [the ~] (米) 徴兵; (スポーツ) ドラフト制度.
**7** C 選抜; (米) [the ~] 選抜 [分遣] 隊.
**8** 〔商業〕 U 手形振り出し; C 為替手形.
*in dráft* 草稿で; 計画の段階で.
― 動 他 **1** …の下図をかく; …を起草する ‖
a **drafting** committee 起草委員会.
**draft** out a plan for him 彼のために計画を練る.
**2** …を選抜する; (米) …を召集 [募集] する ‖
be **drafted** into the Army 陸軍にとられる.
**dráft bèer** 生ビール.

**draft·er** /drǽftər ドラフタ | drɑ́ːftə ドラーフタ/ 名
→ draftsman.

**drafts·man,** (英) **draughts-** /drǽftsmən ドラフツマン | drɑ́ːfts- ドラーフツ-/ 名 (複 ·men) C ((PC) drafter) **1** 製図者. **2** (文章の) 起草者.

**drag** /drǽg ドラグ/ (頭韻 drúg /drʌ́g/) 動
(過去·過分 dragged/-d/; 現分 drag·ging) 他 **1** …を引きずる, 引っ張る 《◆ pull は上下左右の方向の別なく自分の方へ引くこと. → trail, tow》 ‖
**drag** a big tree out (of the wood) (森から) 大木を引っ張り出す.
**2** 〈人〉を引きずり込む; (略式) 〈人〉を無理やりに引っ張り出す ‖
I was **dragged** out to the party. 私は無理やりにパーティーに引っ張り出された.
**3** 〈場所〉を探る, (網などで) さらう; …を聞き出す.
**4** 〔コンピュータ〕 〈アイコンなど〉をドラッグする.
― 自 **1** 引きずる[られる], 引っ張る[られる]; 地面を引きずる ‖
walk along with **dragging** feet のろのろ足を引きずって歩く.
**drag at** her arm 彼女の腕を引っ張る.
**2** 重そうに進む, のろのろ動く, 骨折って行動する ‖
**drág through** one's wórk やっと仕事をすます.
**3** (略式) だらだらと長引く ‖
The talk **drágged on** till three o'clock. 話は3時までだらだらと続いた.
― 名 **1a** C U 引きずる [引っ張る] こと[物]. **b** C 引き網. **2** C (略式) 退屈な人, うんざりする物 [こと]. **3** C じゃま物; 重荷. **4** U C (略式) のろのろした動き.
**drág búnt** 〔野球〕 ドラッグバント.

**drag·on** /drǽgn ドラグン/ 名 C 竜《翼・つめを持ち, 火を吐く伝説上の怪獣》.

**dragon** (西洋と東洋)

**drag·on·fly** /drǽgənflài ドラゴンフライ/ 名 (複 ·on·flies /-z/) C 〔昆虫〕 トンボ.

**drain** /dréin ドレイン/ 動 他 **1** …を排出させる, 流し出す ‖

drain water out into a ditch 溝へ排水する.
**2** 〈容器など〉から水を抜き取る;〈土地などの〉排水をする ‖
drain a bathtub 浴槽の水を抜き取る.
**3** …を飲み干す.
**4** …を徐々に消耗させる, 使い果たす ‖
The long hike **drained** my reserves of strength. 長いハイキングで私は体力を消耗した.
――自 **1** 水がはける;流れ出る.
**2** 排水する;干上がる;乾く.
**3** 徐々に尽きる ‖
I feel as though all my strength has **drained** away. 体力が全部尽きてしまったような気がする.
**dráin drý** (1) [自] 乾く. (2) [他] [~ A *dry*] …を乾かす;…を飲み干してからにする.
――名 **1** ⓒ 排水溝, 下水管; [~s] 下水施設.
**2** ⓤ [しばしば a ~] 流出, 消費;枯渇.
**3** ⓒ (財宝などの)国外流出 ‖
the [a] bráin dràin (略式) 頭脳流出.
***dówn the dráin*** (略式) 無価値になって, 水泡に帰して.

**drain·age** /dréinidʒ ドレイニヂ/ 名 ⓤ 排水設備;下水.

**drain·board** /dréinbɔːrd ドレインボード/ 名 ⓒ (米) 食器の水切り台.

**drain·pipe** /dréinpàip ドレインパイプ/ 名 ⓒ 排水管, 下水管.

**drake** /dréik ドレイク/ 名 ⓒ [鳥] アヒルの雄, 雄ガモ (cf. *duck*¹).

**Drake** /dréik ドレイク/ 名 ドレーク《Sir Francis ~ 1540?-96;英国の航海者, 提督. 1588年にスペインの無敵艦隊を破った》.

*__**dra·ma**__ /drάːmə ドラーマ, 《米+》dræmə/ 『「人のすること」が原義』dramatic (形)
――名 (複 ~s/-z/) **1** ⓒ 劇;戯曲, 脚本《◆ play より堅い語で, ふつうまじめ内容のものをさす》 ‖
a poetic **drama** 詩劇.
His latest work, a **drama**, was a great success. 彼の最新作のドラマは大ヒットだった.
**2** ⓤ [しばしば the ~] 演劇, 劇文学;上演[演出]法 ‖
the Elizabethan **drama** エリザベス朝の演劇.
**3** ⓒ 劇的な事件;ⓤ 劇的な状況[効果, 性質].

*__**dra·mat·ic**__ /drəmætik ドラマティク/ 『→ drama』
――形 **1** [通例名詞の前で] 劇の, 戯曲[脚本]の ‖
**dramatic** irony 劇的アイロニー《意味が観客にはわかるが登場人物にはわからないように設定されている皮肉な状況》.
**2** 劇的な, めざましい ‖
a **dramatic** event 劇的なできごと.
màke **dramátic** prógress in English 英語にめざましい進歩をとげる.
**3** [通例補語として] 芝居じみた, オーバーな.

**dra·mat·i·cal·ly** /drəmætikəli ドラマティカリ/ 副 劇的に;芝居がかって, 印象的に.

**dra·mat·ics** /drəmætiks ドラマティクス/ 名 ⓤ (通例単数扱い) **1** 演出法. **2** 芝居がかったふるまい.

**dram·a·tist** /dræmətəst ドラマティスト/ 名 ⓒ 劇[戯曲]作家.

**dram·a·ti·za·tion** /dræmətəzéiʃən ドラマティゼイション | -tai-/ -タイ-/ 名 ⓤⓒ 脚色, 劇化;脚本.

**dram·a·tize**, (英でしばしば) **-tise** /dræmətàiz ドラマタイズ/ 動 (現分) -tiz·ing) 他 **1** …を劇化する, 脚色する.
**2** …を劇的に表現する, …をおおげさに述べる ‖
**dramatize** one's success 成功を誇張して述べる.

*__**drank**__ /drǽŋk ドランク/ 動 → drink.

**drape** /dréip ドレイプ/ 動 (現分) drap·ing) 他 **1** …を優美に飾る;…をゆったりたらして掛ける. **2** 〈手·足などを〉だらりともたせかける. **3** [服飾] 〈スカートなど〉にひだをつける. ――名 ⓒ (通例 ~s) 掛け布;(米) 厚手のカーテン.

**drap·er·y** /dréipəri ドレイパリ/ 名 ⓤ **1** [しばしば draperies] 優美なひだのある掛け布;(米) 厚手のカーテン. **2** (英) 反物小売業;[集合名詞] 反物, 服地 (《主に米》dry goods).

**dras·tic** /dræstik ドラスティク/ 形 **1** (正式) 〈薬など が〉激烈な, 猛烈な.
**2** 〈行動·方法などが〉徹底的な, 思い切った ‖
take **drastic** steps 抜本(ばっぽん)的な手段を取る.
If we do not do something **drastic**, our company will fail. 何か思い切ったことをしないと, わが社はだめになる.

**dras·ti·cal·ly** /dræstikəli ドラスティカリ/ 副 徹底的に, 思い切って.

**draught** /drǽft ドラフト | drάːft ドラーフト/ 《発音注意》《◆ ×ドロート》(英) 名 ⓒ =draft.

**draughts·man** /drǽftsmən ドラフツマン | drάːfts-/ -ドラーフツ-/ 名 (英) =draftsman.

*__**draw**__ /drɔː ドロー/ 『「人·物を(手元に)引き寄せる」が原義. cf. drag』 派 drawer (名)

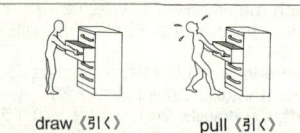

draw 〈引く〉    pull 〈引く〉

→ 動 他 **1** 引く  **2** 取り出す  **4** 引き寄せる  **6** 書く  **7** 引き起こす  **8** 吸い込む
自 **1** 引かれる  **2** 近づく
――動 (三単現) ~s/-z/;(過去) drew/drúː/,(過分) drawn/drɔːn/;(現分) ~·ing)
―― 他 と 自 の 関係 ――
| 他 **1** | draw A | A〈物〉を引く |
| 自 **1** | A draw | A〈物〉が引かれる |

――他 **1** 〈物〉を(平均した力で)引く;〈人·物〉を引っ張る, 引き寄せる《◆ pull より滑らかに引っ張ることが含まれる》 ‖
draw a cart 荷車を引っ張る.

draw the curtains over [across] the window 窓のカーテンを閉める.
draw a curtain aside カーテンを開ける.
draw the curtains apart (2枚の)カーテンを左右にあける(→ curtain 図 **1**).
draw **up** the blinds 日よけを上げる(↔ pull down).
dráw a cháir (úp) to [towàrd] the desk いすを机の方に引き寄せる.
draw a belt tight ベルトをきつく締める.
draw him aside (耳うちなどのため) 彼をわきに引き寄せる.

**2 a** 〈物〉を**引き出す**; 〈物・事〉を**取り出す**, 抜き[探り]出す(+*out*); 〈トランプの札・くじなど〉を引く; 〈賞品など〉をくじで引き当てる; 〔米軍〕〈食糧などを〉受給する ‖
draw (**out**) a nail くぎを抜く.
draw one's gun against [at] him 彼に向かって拳銃(ピストル)を抜く.
draw a lot くじを引く.
draw one's wages 給料をもらう.
draw a wallet **out of** one's pocket ポケットから財布を取り出す.
draw money **from** [**out of**] a bank 銀行から金をおろす.
draw a conclusion 結論を出す.
**b** …から中身[はらわた]を取り出す ‖
draw a chicken 鶏のはらわたを抜く.
**c** 〔英〕〈獲物〉をあさる, 探し出す; 〈やぶなど〉を狩り立てる ‖
draw a lake (網で)湖の魚をとる.
draw a covert **for** a fox やぶからキツネを狩り立てる.
**d** 〈茶〉をせんじ出す ‖
draw tea 茶を入れる.

**3** 〈液体〉をくみ出す; 〈血・しみなど〉を抜く ‖
draw water **from** a well 井戸から水をくむ.

**4** 〈人〉を**引き寄せる**; 〈人・興味・注意など〉を引きつける, 引き込む ‖
dráw a fúll hóuse 満員の客を呼ぶ.
draw him **into** the argument 彼を議論に引き込む.
draw her attention to a book 本に彼女の注意を引く.
Her dress **drew** all eyes. 《文》彼女の服にみんなの目が引きつけられた.
I felt **drawn toward** him. 彼の魅力に引きつけられた.

**5** 〈線〉を引く; 〈人・物〉を(線・言葉で)描く; 〈区画・区別・比較など〉をする ‖
draw [*write*] a line 線を描く(→ write 動 他 **1**).
draw Mt. Fuji on the paper 紙の上に富士山を線画で描く.
draw one's pen through the word その単語を線を引いて消す.
draw a comparison between good and evil 善悪を比較する.
draw animals from life 動物を写生する.
Draw a square (3cm × 3cm) on a piece of paper. 紙に一辺が3cmの正方形を描きなさい.

**6** 〈文書〉を**書く**, 作成する(+*up*); 〈手形など〉を振り出す ‖
draw (**up**) a contract 契約書を作成する.
draw him a check = draw a check for him 彼に小切手を振り出す.

**7** 〈人・事が〉〈事〉を**引き起こす**; 〈結果・災いなど〉をもたらす, 招く(+*out*, 《正式》*forth*); 〈人〉に意見を言わせる, 感情を示させる(+*out*); 〈利息〉を生む ‖
draw trouble on oneself 自ら面倒を引き起こす.
draw tears from the audience 聴衆の涙を誘う.
draw him **out on** a matter 問題について彼に意見を言わせる.

**8** 〈息〉を**吸い込む**; 〈ため息〉をつく ‖
draw a deep sigh 深くため息をつく.

**9** 〈糸など〉を(いっぱいに)**引き伸ばす**, 張る; 〈会議・苦痛など〉を長引かせる(+*out*) ‖
draw a rope tight 綱をぴんと張る.
draw out pain 苦痛を長引かせる.

**10** [通例過去分詞形で]〈顔〉にしわを寄せる; 〈顔〉をゆがめる ‖
a face **drawn** with anxiety 心配で引きつった顔.

**11** 〈試合〉を引き分けにする ‖
The game was **drawn** (at) 3-3 [3 all]. 試合は3対3で引き分けになった(◆「3-3」は three to three と読む).

─ 自 **1** 〈物が〉(ある状態で)**引かれる**, 引っ張られる; 〈帆・網など〉がぴんと張る ‖
The wagon **draws** well [easily]. その荷馬車は楽に引ける.

**2** 〈時・人・乗物が〉**近づく**(+*on*, *near*); 近寄る, 集まる ‖
dràw to an énd [a clóse] 終わりに近づく.
The summer vacation is **dràwing néar** [**ón**, **clóser**]. 夏休みはもうすぐだ.

**3** 剣[ピストル]を抜く; くじを引く; 弓をひく, 歯が抜ける ‖
draw **for** partners 相手をくじで決める.
draw **on** him 彼にピストルを構える.

**4** [通例 well, poorly などの副詞を伴って] **a** 絵を描く, 線で書く, 製図する ‖
He **draws** well. 彼は絵がうまい.
[対話] "What's she doing?" "She's **drawing** with a pencil."「彼女は何をしているのですか」「鉛筆で絵を描いているのです」.
**b** 人を引きつける, 人気を呼ぶ ‖
The new play **draws** well. その新しい芝居は大入りだ.
**c** 〈水がはれる; 〈煙突・部屋などが〉風を通す.

**5** 縮まる, 詰まる; 〈顔などが〉引きつる, ゆがむ(+*up*) ‖
His face **drew up** at the news. そのニュースを聞いて彼の顔は引きつった.

**6** (手形などを)振り出す; 当てにする.

**7** 〈茶が〉出る.

**8** 〈チームなどが〉試合を引き分ける ‖ The teams drew. 試合は引き分けに終わった.

**dráw apárt** (1) [自] 離れる, 2つに分かれる. (2) [他] …を分ける, 引き離す(→ 他**1**).

**dráw (a)róund** (1) [自] 周りに集まる. (2) [~ (a)round **A**] …を囲む, …の周りに集まる.

**dráw awáy** (1) [自] 少しあとずさりする, 去る, (急いで)離れる; 孤独になる; 〈競走などで〉抜く. (2) [他] …を引っこめる; 〈注意などをそらす.

**dráw báck** (1) [自] 後ろへさがる, たじろぐ; 退く; (事業などから)手を引く ‖ draw back into the country 田舎(ﾃﾞ)に引っこむ. (2) [他] 〈カーテンなどを〉あける; 〈人・物を〉引き戻す; 〈提案などを〉引っこめる.

**dráw dówn** [他] (1) 〈日よけなどを〉を引き下ろす(→ 他**1**). (2) 〈非難・賞賛などを〉招く ‖ My carelessness has **drawn down** blame on me. 私は不注意のため非難を浴びた.

**dráw ín** (1) [自] 《主英》〈日が〉暮れる; 短くなる(↔ draw out); 〈列車が〉着く; 〈車が〉わきに寄る. (2) [他] 〈人〉を引き入れる, 呼び寄せる; 〈人を引きつける, だます; 〈空気〉を吸い込む.

**dráw óff** (1) [自] 《軍隊などが》撤退する; 〈人が〉身を引く; 〈水などが〉はける. (2) [他] 《正式》〈手袋・靴下など〉をぬぐ(↔ draw on); 〈水などを〉うまく流す.

**dráw ón** (1) 《しばしば文》[自] 〈時・船などが〉近づく(→ 自**2**). (2) [~ on **A**] → 自**3**. (3) 《正式》[他] 〈手袋・靴下など〉をはく(↔ draw off). (4) 〈金〉を引き出す. (5) [~ **A** on] 〈人〉を進めさせる, 〈人を〉おびき寄せる; 〈人〉を促して…させる ‖ Her beauty **drew** him **on** to marry her. 彼女の美しさに魅せられて彼は結婚した. (6) [~ on **A**] …に近づく; …に頼る; …を要求する; …を参考にする ‖ **draw on** him **for** advice 彼の助言に頼る.

**dráw óut** (1) [自] 〈日・話などが〉長くなる(↔ draw in); 〈列車・車が〉出る, 去る; 〈約束など〉から)手を引く. (2) [他] → 他**2a**; 〈仕事などを〉長引かせる(→ 他**9**); → 他**7**; 〈秘密を〉聞き出す; 〈預金を〉引き出す(withdraw); 〈金属を〉引き[打ち]伸ばす; 〈文書・案などを〉作成する, 〈案〉を立てる.

**dráw togéther** (1) [自] (互いに)接近する; 〈意見などが〉まとまる, 一致する. (2) [他] 〈人〉を団結[協力]させる.

**dráw úp** (1) [自] 〈車〉が止まる ‖ A taxi **drew up** in front of the gate. タクシーが門の前で止まった. (2) [自] 追いつく; 近づく. (3) [自] 〈軍隊などが〉整列する. (4) [他] 〈カーテンなど〉を引き上げる[寄せる]; 〈車〉を止める; 〈文書〉を作成する(→ 他**6**); 〈計画〉を練る; 〈軍隊を〉整列させる.

**dráw A úp shárp [shárply]** 〈事が〉**A**〈人〉の話を急に中断させる; **A**〈人〉をふと考えさせる.

——图 (榎 ~s/-z/) C **1** 引くこと, 引っ張られること[物], 引き抜き; (弓の)ひきしぼり ‖ He's quick on the draw. 《略式》彼はピストル[剣]を抜くのがすばやい.

**2** 《略式》人を引きつけるもの, 呼び物(attraction) ‖ The concert is a great **draw** for teenagers. そのコンサートは10代の若者に大好評だ.

**3** (試合などの)引き分け; 引き分け試合(drawn [tied] game) ‖ The game ended in a draw. 試合は引き分けに終わった.

**4** 抽選, くじ(引き); 《略式》当たりくじを引くこと.

**draw·back** /drɔ́ːbæk ドローバック/ 图 C 欠点, 障害.

**draw·bridge** /drɔ́ːbridʒ ドローブリッヂ/ 图 C はね橋.

**draw·er** /**1, 2** drɔ́ːr ドロー; **3** drɔ́ːər ドローア/ (同音 **1, 2** 《英》draw) 图 C **1** 引出し; [~s] たんす ‖

a chést of dráwers たんす1さお(→ chest 图 **2**).

**2** [~s] ズボン下, ズロース.

**3** 製図家; 〔商業〕手形振出人.

**draw·ing** /drɔ́ːiŋ ドローイング/ 動 → draw.
——图 **1** U 引くこと, 引き出すこと. **2** U 線を引くこと, 製図; C スケッチ, 線画. **3** U 《米》くじ引き, 抽選.

**dráwing bòard** 画板, 製図板 ‖ on the drawing board(s) 計画中で.

**dráwing pìn** 《英》画びょう, 製図ピン(《米》thumbtack).

**dráwing ròom** (1) 《英古式》客間. (2) 《米》(列車の)特別個室.

**drawl** /drɔ́ːl ドロール/ 動 自 (母音を長く伸ばして)(…を)ゆっくり話す. ——图 UC ゆっくりとした話しぶり[言葉].

**drawn** /drɔ́ːn ドローン/ (類音 drone /dróun/, drown/dráun/) 動 → draw.
——形 **1** 引かれた, 引き伸ばされた; 〈顔などが〉やつれた.

**2** 〈ピストル・剣などが〉抜かれた; 〈鳥などが〉はらわたを抜かれた.

**3** 〈試合が〉引き分けの ‖
a drawn game ドローゲーム, 引き分け試合.

**dread** /dréd ドレド/ 動 他 …を恐れる; [dread doing] …するのをひどく心配する; [dread that 節 / dread wh 節] …ではないかと心配する ‖ She **dreaded** that she would catch (a) cold. かぜをひくのではないかと彼女は心配した.

——图 《正式》**1** U [しばしば a ~] 恐怖, 恐れること; (未来に対する)心配, 不安 ‖
be in dréad of death 死を絶えず恐れている.
hàve a dréad of mistakes 過ちをひどく恐れている.

**2** C 恐れられる人[物]; [通例 a ~ / the ~] 恐怖[心配]の種.

**dread·ful** /drédfl ドレドフル/ 形 **1** 恐ろしい ‖
a dreadful fire 怖い火事.
The sound of an approaching tank was **dreadful**. 迫ってくる戦車の音は恐ろしかった.

**2** 《略式》ひどい, いやな ‖
a dreadful dress ひどい服.

**dread·ful·ly** /drédfəli ドレドフリ/ 副 **1** 恐ろしく, も

のすごく, 恐る恐る.
**2** (略式) [意味を強めて] 非常に, ひどく ‖
dreadfully sorry まことに申し訳ない.

## **dream** /dríːm ドリーム/ [「喜び・音楽を心に描く」が原義]
―名 (複) ~s/-z/) C **1** (睡眠中の)夢, 夢路《◆「悪夢」は nightmare》‖
awake from a dream 夢から覚める.
hàve [ˣsee] a bád dréam 悪い夢を見る.
read a dream 夢判断をする.
Swéet dréams! お休み《◆親が子供に用いる》.
I can speak English well only in my dreams. 夢の中なら英語を上手に話せます.
**2** 夢うつつ(の状態), 夢心地 ‖
a waking dream 白日夢.
live in a dream 夢うつつで暮らす.
**3** (心に描く)夢, 理想 ‖
realize one's dream of becoming a doctor 医者になるという夢を実現させる.
My dréam has còme trúe. 夢がかなった.
対話 "Do you think the story really happened?" "No, I don't think so. It was probably just a dream."「その話は本当にあったことだと思いますか」「そうは思いません. おそらく空想にすぎないでしょう」.
**4** (略式) (夢のように)すばらしい[美しい]もの[人, 事] ‖
a dream of a trip すばらしい旅行.
She is a perfect dream. 彼女は文句なしの美人だ.
**5** (略式) [形容詞的に] 夢の(ような), すばらしい, 申し分ない ‖
a dream wife 理想的な妻.
―動 (三単現) ~s/-z/; (過去・過分) ~ed/-d, (英+) ~ed/-t/ または (やや古) dreamt/drémt/; (現分) ~·ing)
―自 **1** 夢を見る ‖
dream of my homeland 祖国の夢を見る.
I dream bady at night. 夜いやな夢を見る.
You must have dreamed. 君はきっと夢を見たんだよ.
対話 "You look somewhat happy this morning." "Yeah, I dreamed about a pretty girl I have never seen before last night."「今朝はなんだかうれしそうだね」「うん, 昨夜, 今までに見たこともないかわいい女の子の夢を見たんだ」.
**2 a** [dream of [about] A] …を夢に描く, 夢見る ‖
dream of one's future 将来を夢想する.
**b** [never [little] dream of A] (略式) …を夢にも思わない《◆A に doing も可》‖
I never [little] dreamed of marrying her. =(文) Never [little] did I dream of marrying her. 彼女と結婚するなんて夢にも思わなかった.
―他 **1a** [dream a ... dream] …な夢を見る ‖
dream [ˣsee] a stránge dream 変な夢を見る.
**b** [dream (that) 節] …することを夢にする, 空想する ‖
I dreamt (that) I was a bird. 鳥になった夢を見た.
**2** [never [little] + 助動詞 + 主語 dream that 節] …だとは夢にも思わない《◆ 語順に注意》‖
Little [Never] did I dream (that) she would come back. まさか彼女が帰って来るとは夢にも思わなかった.

***dréam awáy*** (1) [自] うとうとと過ごす. (2) [他] 〈時間〉を夢のように[うかうかと]過ごす.

***dréam úp*** (略式) [他] 〈とっぴな計画など〉を思いつく, 考え出す.

**dream·er** /dríːmər ドリーマ/ 名 C 夢見る人; 空想[夢想]家.

**dream·i·ly** /dríːmili ドリーミリ/ 副 夢のように, 夢見ごこちで.

***dreamt** /drémt ドレムト/ 動 (やや古) → dream.

**dream·y** /dríːmi ドリーミ/ 形 (比較) -i·er, (最上) -i·est) 空想にふける, 夢を見る; 夢のような, 幻想的な, ぼんやりした.

**drear·i·ly** /dríərili ドリアリリ/ 副 わびしく.

**drear·i·ness** /dríərinəs ドリアリネス/ 名 U わびしさ.

**drear·y** /dríəri ドリアリ/ 形 (比較) -i·er, (最上) -i·est) **1** わびしい, もの寂しい, 憂うつな ‖
a dreary room わびしい部屋.
a cold, dreary day 寒くて憂うつな日.
**2** (略式) 退屈な(dull), つまらない.

**dredge** /drédʒ ドレヂ/ 名 C 浚渫(しゅんせつ)機《水面下の土砂や岩石を掘り上げる機械》; 浚渫船.
―動 (現分) dredg·ing) 他 〈川底など〉を浚渫する; 〈土砂など〉をさらう.

**dregs** /drégz ドレグズ/ 名 [複数扱い] (水・飲み物の底に沈んだ)かす, おり.

**drench** /drénʧ ドレンチ/ 動 (三単現) ~·es/-iz/) 他 …をびしょぬれにする ‖
対話 "Did you get wet?" "Very. My clothes are drenched (to the skin)."「ぬれたかい」「とても. 着ているものがずぶぬれになった」.

**Dres·den** /drézdən ドレズデン/ 名 ドレスデン《ドイツの都市》.

## **dress** /drés ドレス/ [「一直線に並べる」の原義から「(きちんと)整える・用意する」に転じ, さらに服装に限定された. cf. direct, ad*dress*]
―動 (三単現) ~·es /-iz/; (過去・過分) ~ed/-t/; (現分) ~·ing)

| | 他 と 自 の 関係 | |
|---|---|---|
| 他 | dress A | A〈人〉に服を着せる |
| 自 | A dress | A〈人が〉服を着る |

―他 **1**〈人〉に服を着せる(↔ undress); [be ~ed]〈人が〉服をきこなしている, 装っている; 盛装[正装]している(→ clothe) ‖
dress the baby nicely 赤ん坊にすてきな服を着せ

る.
**be well dressed** きちんとした身なりをしている.
**Gèt dréssed [Dréss yoursèlf] quickly in black.** さっさと喪服を着なさい.
**At the dinner many were clothed, but few were dressed.** 晩餐(<sub>ばん</sub>)会では平服の人が多く,礼服の人はほとんどいなかった.
**2** 〈人〉に衣類をあてがう[選んでやる, 作ってやる].
**3** 〈物〉を飾る ‖
**the show window dressed with Christmas decorations** クリスマスの飾りつけをしたショーウインドー.
**4** 〈傷〉を消毒し包帯を巻く.
**5** (調理のため)〈鳥など〉を(毛や臓物を抜いて)下ごしらえをする.
──自 **1**〈人〉が服を着る, 服を着ている; 盛装[正装]する[している] ‖
**dress in silk** 絹の服を着る[着ている].
**Don't come in! I'm dressing for the party.** 入らないで! パーティーに行くために着替えているところなの.
[対話] "**So what shall I wear to the party?**" "**Dress as you like. I don't care.**" 「パーティーでは何を着たらいいかしら」「好きな服装にすれば. ぼくはかまわないよ」.
**2** 着こなしが…である《♦副詞(句)を伴う》‖
**She always dresses elegantly.** 彼女はいつも上品な身なりをしている(=She is always dressed elegantly.).
**dréss dówn** (1) [自] 控え目な[略式の]服装をする. (2) [略式] [他] 〈人〉をしかりつける.
**dréss úp** (1) [自] 盛装する; 〈子供などが〉仮装する ‖ **dress up as a pirate** 海賊の仮装をする. (2) [他] 〈人〉を盛装[正装]させる; …を仮装させる; 〈物・事〉を見ばえ[聞こえ]よくする, 扮飾(<sub>ふんしょく</sub>)する.
──名 (複 ~·es/-ɪz/) **1** Ⓒ (女性・女児の)ドレス, ワンピース《♦「紳士服」はふつう suit, clothes》‖
**a one-piece dress** ワンピース.
**a two-piece dress** ツーピース《♦ suit よりくだけた感じのもの》.

[関連] [いろいろなドレス] **afternoon dress** アフタヌーン(ドレス) / **cocktail dress** カクテルドレス / **evening dress** 夜会服 / **housedress** 家庭着 / **maternity dress** マタニティドレス / **wedding dress** ウェディングドレス.

**2** Ⓤ 服装; 衣装 ‖
**casual dress** ふだん着.
**soldiers in battle dress** 戦闘服を着た兵士たち.
**She is known as an Indian by her dress.** 彼女は服装からインド人だとわかる.
**3** Ⓤ 礼装, 正装; [形容詞的に] 礼装用の, 礼装を必要とする ‖
**in full dress** 正装して, 礼服で.
**a dress dinner** 公式晩餐(<sub>ばん</sub>)会.
**No dress.**《招待状》正装には及びません.

**dréss círcle** (劇場の)特等席《ふつう2階正面席で昔は礼装を必要とした》.
**dréss còat** えんび服《男子の正装夜会服の上着》.
**dréss shírt** 礼装用ワイシャツ, ドレスシャツ;(米)(スポーツシャツに対する)ワイシャツ.
**dréss súit** 男性用礼服[夜会服].
**dress·er**¹ /drésər ドレサ/ 名 Ⓒ **1** [形容詞を伴って] 着こなしが…の人 ‖
**the best dresser** 着こなしの上手な人.
**2** (劇場などの)着付け師, 衣装方.
**dress·er**² /drésər ドレサ/ 名 Ⓒ **1**(米) 化粧台, 鏡台, 鏡付き化粧だんす. **2**(主に英) 食器戸棚.
**dress·ing** /drésɪŋ ドレシング/ 動 → dress.
──名 **1** ⓊⒸ (傷などの)手当て; 包帯, 手当て用品(軟膏(<sub>なんこう</sub>), 脱脂綿, ガーゼなど) ‖
**first-aid dressings** 応急手当て用品.
**2** ⓊⒸ (米)(鳥料理の)詰め物.
**3** ⓊⒸ ドレッシング,(種々の)ソース.
**4** Ⓤ 着付け; 衣服.
**dréssing gòwn** (寝まきの上に着る)ガウン, 化粧着《男女両用》;(米)bathrobe, robe》.
**dréssing ròom** 化粧室;(劇場などの)楽屋.
**dréssing tàble** 鏡台, 化粧テーブル.
**dress·mak·er** /drésmèɪkər ドレスメイカ/ 名 Ⓒ (婦人服の)仕立屋, 洋裁師.
**dress·y** /drési ドレシ/ 形 (比較 -i·er, 最上 -i·est) (略式)〈服装が〉凝った, 粋(<sub>いき</sub>)な, ドレッシーな.
**drew** /drúː ドルー/ 動 → **draw**.
**drib·ble** /dríbl ドリブル/ 動 (現分 drib·bling) 自 **1** したたる, ポタポタ落ちる. **2** 〔球技〕 球をドリブルする.
──他 **1** …をしたたらせる, ポタポタ落とす. **2** 〔球技〕〈球〉をドリブルする. ──名 Ⓒ **1** したたり, 滴下; 少量. **2** 〔球技〕 ドリブル.
**dried** /dráɪd ドライド/ 動 → **dry**.
──形 (貯蔵のため)乾燥した, 干した.
**dríed frúit** 乾燥果実《apple, plum など》.
**dríed mílk** =dry milk.
**dri·er, dry·er** /dráɪər ドライア/ 形 → **dry**.
──名 Ⓒ 乾燥機, ドライヤー; 洗濯物を干す道具; 乾燥させる人; 乾燥剤.
**dries** /dráɪz ドライズ/ 動 → **dry**.
**dri·est** /dráɪɪst ドライイスト/ 形 → **dry**.
*****drift** /drɪft ドリフト/ 〖「追う(drive)」が原義〗
──動 (三単現 ~s /drɪfts/; 過去・過分 ~·ed /-ɪd/; 現分 ~·ing) ──自 **1** 漂う, 漂流する; 吹き流される ‖
**drift about in a boat** ボートで漂流する.
**drift slowly down the river** 川を漂いながらゆっくり下る.
**2** あてもなくあちこち動く; 放浪する ‖
**She drifts in to see us now and again.** 彼

女はときどき理由もなくひょっこり私たちに会いに来る.
drift from one job to another 転々と職を変わる.
drift through life 生涯ぶらぶらと暮らす.
**3** 吹き積もる ‖
The snow **drifted** against the garage. 雪がガレージのところで吹きだまりになっていた.
**—**[他] **1** …を漂わす, 漂流させる ‖
The current was **drifting** our boat toward the rocks. 潮流で船が岩礁の方へ押し流されていた.
**2** 〈雪など〉を吹き寄せる, 吹き積もらせる ‖
The wind **drifted** the snow against the window. 風で雪が窓のところに吹き積もっていた.
**—**[名] ([複] ~s/drifts/) **1** [U][C] (潮流・風などに) 押し[吹き]流されること, **漂流**; [U] **流れ**(の向き).
**2** [C] (雪・砂の)**吹き寄せ**, 吹きだまり; 漂流物 ‖
a **drift** of dead leaves 落葉の集まり.
**3** [U][C] 傾向, 成り行き ‖
The general **drift** of affairs was toward peace. 大勢は和平に傾いていた.

**drill** /dríl ドリル/ [名] **1** [C] きり, ドリル, 穴あけ機; 鑿岩(さくがん)機.
**2** [U] 〔軍事〕教練.
**3** [U][C] 練習, ドリル ‖
**drills** in a gymnastic performance 体操の演技の練習.
a fíre drìll 消防訓練.
**—**[動] [他] **1** …に穴をあける, 〈穴〉をあける ‖
drill a hole in wood 木に穴をあける.
**2** …を訓練する ‖
The teacher **drilled** them **in** [**on**] English pronunciation. 先生は彼らに英語の発音を教え込んだ.
**—**[自] **1** きりなどを使う; 穴をあける, 貫く, 突き通す. **2** 反復練習をする.

****drink** /dríŋk ドリンク/ 〘「液体を飲む」が本義〙
**—**[動] ([三単現] ~s/-s/; [過去] **drank**/drǽŋk/, [過分] **drunk**/drʌ́ŋk/ または (米略式) **drank**; [現分] ~·ing)
**—**[他] **1a** …を飲む ‖
drink tea with milk ミルクティーを飲む.
drink water from a stream 小川の水を飲む.
[対話] "What can I get you to **drink**?" "I'd love a glass of tomato juice." 「飲み物は何を持ってきましょうか」「トマトジュースを1杯いただきたいわ」.
[対話] "(Have you got) anything to **drink**? I'm very thirsty." "Sure. What would you like?" 「何か飲み物はありませんか. のどが渇いているんです」「わかりました. 何がいいですか?」.
**b** [drink **A C**] **A**〈飲み物〉を **C** の状態で飲む ‖
drink milk ¦ hót ミルクを熱くして飲む.
[対話] "Would you like cream in your coffee?" "No, I **drink** my coffee ¦ bláck." 「コーヒーにクリームを入れますか」「いや, 何も入れないで飲みます」.

[関連] swallow (かまずに) ごくりと飲む / sip ちびちび飲む / suck 〈母乳・汁など〉を吸って飲む / gulp (down), guzzle, quaff, swig, swill ごくごく[がぶがぶ]飲む《◆swig, swill は飲酒に用いられることが多い》.

[語法] (1) スープについては → soup [名].
(2) 薬[毒]を飲むときは錠剤・粉末・液体にかかわらずふつう take medicine [poison]. ただし液体では drink も用いる.

[Q&A] ***Q***: 飲み物を人に勧めるときはどう言えばいいのですか.
***A***: Won't you have some coffee? (コーヒーはいかがですか)のように have を用いるのがふつうです. しかし, 「何かお飲みになりませんか」では Would you like something to drink? のように drink を用いるか, [自] **1** [対話] や [名] **3** [対話] にあるような言い方をすればよいのです.

**2a** [drink **A** (**C**)] …を飲み干す ‖
drink two cups (of coffee) (コーヒーを)2杯飲む.
drink a glass ¦ drý [émpty] グラスを飲み干す.
**b** [drink oneself **C**] 〈人が〉酒を飲みすぎて **C** になる《◆**C** は形容詞, 前置詞 + 名詞》‖
**drínk onesèlf** insénsible 飲みすぎて意識がなくなる.
He **dránk himsèlf** to déath. 彼は飲みすぎて死んだ.
**drínk onesèlf òut of** one's situátion [posítion] 酒がもとで地位を失う.
**3** …を祝して乾杯する ‖
drink (the health of) the president =**drink** a health **to** the president 大統領の健康を祝して乾杯する.
drink each other's victory 互いの勝利を祈って乾杯する.
**4** 〈時間・金など〉を飲んで費やす.
**—**[自] **1** 飲む; 酒を飲む, 酒飲みである《◆「酔っぱらい」は drunken [(米) drunk] man, a drunkard》‖
eat and **drink** 飲み食いする.
I don't smoke or **drink**. 酒もタバコも飲まない.

[語法] 「(どこかで)1杯飲もう」は Let's have a *drink* (somewhere). などと言う(→ [名] **1**). Let's *drink*. では「飲んで酔っ払おう」といったようなニュアンスを伴う.

**2** 乾杯する ‖
drink to his health 彼の健康を祈って乾杯する.
◇***drínk dówn*** [***óff***] [他] 〈人が〉…を飲み干す ‖
She **drank** the juice **off**. 彼女はそのジュースを一気に飲んだ.

◇**drínk úp** [通例命令文で] (1) [自] 飲み干しなさい. (2) [他] …を飲み干しなさい ‖ Tom, drink up all your milk. トム, ミルクを残さずに飲んでしまいなさい.

──名 (複 ~s/-s/) **1** ⓤ 飲み物, 飲食物 《◆種類をいうときは ⓒ》: a hot drink 熱い飲み物 / an alcoholic drink アルコール性飲料 / canned drinks かん入り飲料 / soft drinks 清涼飲料《ginger ale など》.
対話 "What kind of **drink** would you like?" "Something sweet, please."「何をお飲みになりたいですか」「何か甘いものをお願いします」.

**2 a** [集合名詞] アルコール性飲料, 酒類.
**b** ⓤ 飲酒, 大酒.
**3** [a ~] ひと飲み, 1杯 ‖
háve [táke] a drínk 1杯飲む.
How about a drink? 1杯どうだい.
I want a drink of water. 水を1杯飲みたい.
対話 "Would you care for a drink?" "I think I'll have a cup of chocolate, if you have any."「何かお飲みになりますか」「もしあればココアを1杯いただこうかな」.

**drink·a·ble** /drínkəbl ドリンカブル/ 形 飲める.
**drink·er** /drínkər ドリンカ/ 名 ⓒ **1** 飲む人. **2** 酒飲み.
**drink·ing** /drínkiŋ ドリンキング/ 動 → drink.
──名 ⓤ **1** 飲むこと. **2** 飲酒.

**drip** /dríp ドリプ/ 動 (過去・過分 drip·ped/-t/ または dript/drípt/; 現分 drip·ping) 自 したたる, ポタポタ落ちる; 液体をポタポタ落とす ‖
Blood was **dripping** down from his hand. 彼の手から血がしたたり落ちていた.
──他 …をポタポタ落とす, たらす ‖
Her hand was **dripping** blood. 彼女の手は血をしたたらせていた.

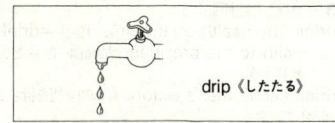

drip〈したたる〉

──名 **1** [a ~ / the ~] したたり落ちること[音], 滴下 ‖
in a **drip** したたって.
**2** [~s] しずく, 水滴.
**3** ⓒ 〔医学〕点滴(装置) ‖
get a **drip** 点滴を受ける.
**dríp cóffee** ドリップ(式で入れた)コーヒー.
**dríp grínd** ドリップコーヒー用にひいたコーヒー.
**dríp stòne** 水切り(drip)(〔図〕→ house).
**drip·ping** /drípiŋ ドリピング/ 動 → drip.
──名 **1** したたり. **2** [~s] 水滴.
**dript** /drípt ドリプト/ 動 → drip.

\***drive** /dráiv ドライヴ/ [「追う」が原義]
| (派) driver (名) |
| → 動 ❶追う ❷運転する 自 ❶車を運転する |
| 名 ❶ドライブ |

──動 (三単現 ~s/-z/; 過去 drove/dróuv/, 過分 driv·en/drívn/; 現分 driv·ing)
──他 **1** …を追う, 追い払う ‖
**drive** forty head of cattle to market 牛40頭を市に出す.
**drive** all care away あらゆる心配を吹き飛ばす.
**2** 〈車など〉を運転する; 〈人〉を車[馬車]で運ぶ ‖
**drive** a car 車を運転する.
**drive** a horse 馬を駆ってゆく.
Shall I **drive** you home? 家まで車で送りましょうか.

関連 [「運転する」のいろいろ] 自転車・オートバイは ride / 電車・エレベーターは drive, operate / 船は steer, navigate / 帆船は sail / モーターボートは handle / 飛行機は pilot, fly.

**3** 〈波・風が〉…を運ぶ, 吹き[押し]流す(drift) ‖
The wind **drove** the sailboat onto the rock. 風を受けてヨットが岩礁に乗り上げた.
**4** [通例 be driven] 動く, 運転される ‖
The engine is **driven** by steam. そのエンジンは蒸気で動く.
**5 a** [drive A C] A〈人〉を C (の状態)にする; C に追いやる《◆C は形容詞, 前置詞 + 名詞》‖
**drive** her to despair 彼女を絶望させる.
**drive** him into failure [out of his success] 彼を失敗させる.
対話 "I hate loud noises late at night." "Me too. They **drive** me crazy."「夜遅くなってからの大きい物音はいやだな」「私もです. 頭がどうかなってしまいそうです」.
**b** [drive A to do] A〈人〉を余儀なく…させる ‖
Impulse **drove** her to steal. 衝動にかられて彼女は盗みを働いた.
**6** 〈くぎ・くいなど〉を打ち込む.
──自 **1** 車を運転する, ドライブする; 馬車を御する ‖
Don't drink and **drive**. =〈略式〉Don't **drive** drunk. 飲酒運転はするな.
**drive** to work 車で仕事に行く.
This car **drives** easily. この車は運転しやすい.
You're **driving** too fast! Watch out for that car ahead of you. スピードの出しすぎだよ. 前方のあの車に注意しろよ.
対話 "Do you have a car?" "Yes, but I don't **drive** very often."「車はお持ちですか」「ええ, でも自分で運転することはあまりありません」.
**2** 車で行く. **3** 〈車・船などが〉疾走する; 〈雲が〉飛ぶように動く.
◇**dríve at** A 〈略式〉[be driving] …をするつもりである ‖ What are you **driving** at? あなたの言いたいことは何なのですか; どういうつもりですか.
**dríve** A **hóme** [他] → 他 **2**; A〈くぎなど〉を深く打ち込む: A〈事〉の核心をつく; …を理解させる, 痛感させる.
**dríve ín** [他] 〈くぎなど〉を打ち込む; …を教え込む, たたき込む.
**lèt dríve at** A …をねらって打つ.

—名 (複 ~s/-z/) **1** C (車を) 運転すること；ドライブ，自動車旅行；(馬車を) 駆ること ‖
Let's **go for [take] a drive** in my new car. ぼくの新車でドライブに出かけよう◆a drive の代わりに a ride を使うと「ひと乗りしよう」の意).
**2** C ドライブ道，(門から玄関・車庫などに通じる) 私設車道.
**3** U C (自動車の) 道のり ‖
The park is **two hours' drive** from here. ここから公園まで車で2時間かかる.
**4** U 精力，原動力，意気込み；〔心理〕動因，衝動，やる気 ‖
a young man full of **drive** 気力あふれる若者.
**5** C (目標達成のための) グループ運動，宣伝活動.
**6** C U 〔スポーツ〕(ボールの) 強打，飛距離.
**7** C (家畜を) 追うこと.
**8** U C 〔機械〕(動力の) 伝動，駆動.
**9** C 〔コンピュータ〕(ディスクなどの) ドライブ，駆動装置.

**drive-in** /dráivìn ドライヴィン/ 名 C (主に米) ドライブイン (車に乗ったまま用のたせる簡易食堂・映画館・商店・銀行など). ——形 車で乗り入れできる，ドライブイン式の.

**driv·el** /drívl ドリヴル/ 動 (過去・過分) ~ed または (英) driv·elled/-d/;(現分) ~ing または (英) ~el·ling) 自 たわいない [くだらない] ことをくどくど言う (+ on, about). ——名 U (略式) たわごと，ナンセンス.

*****driv·en** /drívn ドリヴン/ 動 → drive.

*****driv·er** /dráivər ドライヴァ/ [→ drive]
——名 (複 ~s/-z/) C **1** (車を) **運転する人**，運転者；(バス・タクシーなどの) **運転手**◆「自家用車のお抱え運転手」は chauffeur); (馬車の) 御者 ‖
a bus **driver** バスの運転手.
He is a good **driver**. 彼は運転が上手だ(=He **drives** well. / He is good at **driving**.).
**2** 牛追い，馬方. **3** 〔コンピュータ〕ドライバ (周辺機器とのインターフェースを制御するプログラム).

**driver's license** (米) 運転免許証((英) driving licence).

**drive·way** /dráivwèi ドライヴウェイ/ 名 C **1** (道路から家・車庫などへ通じる) 私設車道◆単に drive ともいう). **2** (カナダ) 景観道路，ドライブウェイ((米) parkway).

**driv·ing** /dráiviŋ ドライヴィング/ 動 → drive.
——形 **1** 運転(用)の. **2** 強い効果を与える. **3** 精力的な；(雨・雪などが) 吹きつける.

**driving licence** (英) 運転免許証((米) driver's license).

**driving mirror** (英) (車の) バックミラー(rearview mirror) (→ car 図) ◆*back mirror とはいわない).

**driving school** 自動車教習所◆英国では最初から路上練習をする).

**driving wheel** (車の) ハンドル ‖ sit behind the **driving wheel** 車を運転する.

**driz·zle** /drízl ドリズル/ 名 U 〔しばしば a ~〕霧雨，こぬか雨. ——動 (現分 driz·zling) 自 [it を主語として] 細雨 [霧雨] が降る.

**droll** /dróul ドロウル/ 形 (やや古) ひょうきんな，おどけた.

**drom·e·dar·y** /drámədèri ドラメデリ | drɔ́mədəri ドロメダリ/ 名 (複 --dar·ies/-z/) C 〔動〕ヒトコブラクダ(Arabian camel) 《アラビア産で足の速い乗用ラクダ. cf. Bactrian camel》.

**drone** /dróun ドロウン/ (類音) drawn/drɔ́:n/, drown/dráun/) 名 **1** C 雄バチ. **2** [the ~] (ミツバチ・車などの) ブーンという低い音. **3** C 居候(ぃそうろう)，なまけ者. ——動 (現分 dron·ing) 自 **1** (ハチなどが) ブンブンうなる. **2** 低い声でだらだらしゃべる.

**droop** /drú:p ドループ/ 動 自 **1** (正式) (だらりと) たれる，うなだれる ‖
A willow **droops** over the pond. 柳が池の上にたれ下がっている.
**2** 〈草木が〉しおれる；〈身体・元気が〉衰える；〈人が〉気が沈む.

**\*\*drop** /dráp ドラプ | drɔ́p ドロプ/ 〔「落ちること[物]」が原義〕
——名 (複 ~s/-s/) C **1a** しずく，1滴 ‖
a **drop** of water 水滴.
**drop by drop** 1滴ずつ.
**b** [a ~ of + U 名詞] 少量の…，…の微量；(略式) 少量の酒 ‖
Would you like **a drop of** wine? ワインをちょっといかがですか.
**(only) a drop in the bucket [ocean]** (略式) ごく少量，〔聖〕大海の一滴，九牛の一毛，焼け石に水.
She doesn't have **a drop of** kindness. 彼女には一かけらの親切心もない.
**c** [~s] 点滴薬 ‖
eye **drops** 点眼薬.
**2** したたり；[a ~ / the ~] 落下；下落；落下距離；落差 ‖
a sudden **drop** in temperature 気温の急降下.
a vertical **drop** (スキー競技の) 標高差.
Stocks have taken **a sharp drop**. 株が急落した.
**3** しずく状のもの ‖
a lemon **drop** レモンドロップ.
——動 (三単現 ~s/-s/;過去・過分 dropped/-t/ または (英) dropt/drápt/;現分 drop·ping)

| 自と他の関係 | | |
|---|---|---|
| 自 **1** | A drop | A がしたたる |
| 他 **1** | drop A | A〈液体〉をしたたらす |

——自 **1** したたる，ポタポタ落ちる(drip) ‖
The rain **dropped** from the leaves. 雨が葉からしたたり落ちた.
**2** 落ちる；〈花が散る；降りる；(正式) 〈川・丘などが〉下る◆fall は「落ちる」を表す最も普通の語》‖
**drop down** a river 川を下る.
**drop from** a window **into** the garden 窓から庭へひらりと飛び降りる.
The book **dropped off** my lap. 本がひざからすべり落ちた.

You could hear a pin drop. ピンが落ちる音でも聞こえるほど静かだ.
**3** 〈人が〉**急に倒れる**; 死ぬ ‖
drop into a chair いすにドサリと座る.
drop (on)to one's knees がっくりひざをつく.
drop with fatigue 疲れてへたばる.
**4** 〈程度・数量・価値などが〉**下がる**, 落ちる, 低くなる (+*away*) ‖
Her voice dropped to a whisper. 彼女の声が低くなってささやきとなった.
My temperature has dropped. 熱が下がった.
The price of meat dropped. 肉が値下がりした.
**5** 〈事が〉やめになる; 手を引く, やめる; 見えなくなる; 〈交通・話などが〉とだえる ‖
drop from business 商売から手を引く.
Let the matter drop now. その件はもうこれくらいにしておこう.
He dropped out of sight. 彼はどこかへ雲隠れした.
Their correspondence has dropped off. 彼らの文通がとだえた.
**6** 急に(ある状態に)なる, 陥る ‖
drop asleep =drop off to sleep 寝入る.
drop into deep thought 深く考え込む.
drop into a bad habit 悪いくせがつく.
**7**《略式》立ち寄る (→ 成句 drop in) ‖
drop by (at) an office ぶらりと事務所に立ち寄る.
dróp óver to her house 《米》彼女の家を訪問する.
**8** 落後[後退]する, 遅れをとる (+*away*, *back*, *off*, *behind*) ‖
dróp behínd (from) him in tennis テニスで彼に遅れをとる.
— 他 **1** 〈液体〉を**したたらす**, ポタポタ落とす ‖
drop milk into tea お茶にミルクをたらす.
drop tears for her 彼女のために涙をこぼす.
**2** 〈物〉を**偶然に**落**とす**, 落下させる; 〈手紙〉を投函(%)する; 〈試合〉を失う; …を空中投下する; 〈釣り糸・錨(%)など〉を下ろす ‖
drop a letter in the mailbox to her 彼女に手紙を出す.
drop one's jaw (驚いて下あごを落として)口をポカンとあける.
You should not drop litter on [in] the street. 通りにごみを捨ててはいけません.
The Mets dropped five straight games. メッツは5連敗を喫した.
対話 "Excuse me. You dropped something." "Oh, thanks. That's my wallet." 「もしもし, 何か落としましたよ」「ありがとう. それは私の財布です」
**3** 〈人・事が〉〈数量・程度・価値など〉を**下げる** ‖
drop the water level 5 inches 水位を5インチ下げる.
**4** 〈言葉・ため息など〉をもらす, それとなく言う; 〈短い手紙〉を書き送る ‖

drop him a hint =drip a hint for him 彼にヒントをにおわす.
drop him a line [note] 彼に手紙を出す.
drop a word in his ear 彼に言葉をもらす.
**5**《略式》…をなぐり倒す, 撃ち落とす ‖
drop him with a blow 一撃で彼をなぐり倒す.
**6**《略式》〈人・荷物〉を乗物から途中で降ろす (↔ pick up) ‖
Drop me (off) at the corner. 次の角で降ろしてください.
**7** 〈文字・音声〉を落とす, 抜かす ‖
drop a letter from a word 単語から1字を落とす.
She often drops her h's. 彼女は h の音を落として発音する《◆ロンドン子の特色. hat を 'at と発音するなど. → Cockney》.
**8**《略式》〈習慣・計画〉をやめる, 〈人〉と関係を絶つ, 別れる ‖
drop a plan 計画をやめる.
drop an old friend of mine 私の旧友と手を切る.
Drop it! (おしゃべり・悪ふざけを) もうやめろ!
対話 "I don't want to hear any more talk about marriage." "Okay. I'll drop it." 「結婚についての話はこれ以上聞きたくないのです」「わかった, その話はやめにするよ」.
**9** [コンピュータ] 〈アイコンなど〉をドロップする.

**dróp acróss** A A に偶然出会う; A〈物〉を偶然見つける.

**dróp awáy** [自] 1人ずつ去る, (いつのまにか)いなくなる, 減る, なくなる (cf. drop off (1)); 1滴ずつしたたる; → 自 **4, 8**.

◦**dróp ín** [自]《略式》ひょいと**立ち寄る**; (人に)偶然出会う《◆come across の方がふつう》 ‖ drop in on him ひょいと彼を訪ねる《◆on のあとは「人」, at のあとは [場所] / dróp ín for a cúp of cóffee 立ち寄ってコーヒーを飲む《◆call in より《略式》》.

**dróp ínto** A A〈場所〉に立ち寄る ‖ dróp ínto a bookstore 本屋に立ち寄る.

**dróp óff** (1)《略式》[自] 居眠りを始める, こっくりする (→ 自 **6**); 次第に立ち去る, 減る, 衰える. (2) [~ *off* A] → 自 **2**. (3) 《略式》 [他] → 他 **6**.

**dróp óut** [自] 立ち去る, 消える, なくなる; やめる, 退学[退部]する;《略式》(体制側から反体制側へ)離脱する; (競技で)落後する;〔ラグビー〕ドロップアウトする.

**dróp to** A → 自 **3, 4, 6, 7**;《略式》…をかぎつける, 知る.

**lét dróp** [他] …を落とす;〈言葉など〉をふともらす;〈話・仕事など〉をやめる, 打ち切る.

**drop・out** /drápàut ドラパウト | dróp- ドロパウト/ 名 C《略式》脱落(者), 落後(者), 中退(者).

**drought** /dráut ドラウト/, 《詩・スコット・アイル・米ではしばしば》 **drouth** /dráuθ ドラウス/ 名 U C 干ばつ, 日照り続き.

*****drove**¹ /dróuv ドロウヴ/ 動 → drive.

**drove**² /dróuv/ ドロウヴ/ 名 1 [集合名詞に] ぞろぞろ動いて行く家畜の群れ (関連 → flock).
**2** [集合名詞に] ぞろぞろ動く人の群れ ‖ in droves 群をなして.

**drown** /dráun/ ドラウン/ (発音注意) 《◆×ドロウン》(類音) drawn /drɔ́ːn/, drone/dróun/) 動 おぼれ死ぬ, 溺死(できし)する《◆この意味では《英》では be drowned も用いられるが, 《米》では drown で事故死を, be drowned で「溺死させられる」という殺人を表して区別することもある》‖
His friend **drowned** in the river. 彼の友だちは川で溺死した.
A **drowning** man will catch at a straw. (ことわざ) → CATCH at.

語法 自 他 とも「おぼれ死ぬ」ことまでを表し, 単に「おぼれる」は nearly *drown* / be nearly *drowned* のようにいう. ×He was drowned to death. は「彼は溺死して死んだ」ということになり, 意味が重複しているので不適.

—他 **1** …を溺死させる; [~ oneself / be ~ed] 溺死する ‖
Somebody had **drowned** her in the bathtub. 何者かが彼女を浴槽で溺死させていた.
**2** 《正式》…を水浸しにする, ずぶぬれにさせる ‖ streets and houses **drowned** by the flood 洪水で水浸しになった街路と家々.
**3** …を聞こえなくする ‖
The waves **drowned** out his words. 波の音が彼の言葉をかき消した.

**drowse** /dráuz/ ドラウズ/ (発音注意) 動 (現分) **drows·ing**) 自 うとうとする; ぼんやりしている《◆ does の方がふつう》.

**drow·si·ly** /dráuzili/ ドラウズィリ/ 副 眠そうに; うとうとと.

**drow·sy** /dráuzi/ ドラウズィ/ (発音注意) 形 (比較 -si·er, 最上 -si·est) **1** 眠い, うとうとしている ‖
The medicine made him feel **drowsy**. 薬を飲んで彼は眠気を催してきた.
**2** 眠気を誘う ‖
a **drowsy** lecture 眠くなる講義.
**3** のろい, 不活発な.
**4** 眠ったように静かな, 活気のない.
**drów·si·ness** 名 U うとうとと眠いこと; ものうさ.

**drudge** /drʌ́dʒ/ ドラヂ/ 名 C こつこつ働く人.

*__drug__ /drʌ́g/ ドラグ/ (類音) drag/dræg/) 【「薬」が原義であるが, 最近では「麻薬」の意味で用いることが多い】
—名 (複 ~s/-z/) C **1** 薬, 薬品薬剤《◆この意味では medicine がふつう》.
**2** 麻薬; 麻酔剤; 興奮剤; [比喩的に] 麻薬, 中毒を引き起こす物 ‖
a **drug** àddict 麻薬常用者.
be on **drugs** 麻薬中毒である.
—動 (過去・過分) drugged/-d/; 現分 drug·ging) 他 **1** 〈飲食物〉に薬物を入れる.
**2** …に麻酔をかける; …に麻薬を飲ませる.
**3** …を中毒させる; …を麻痺(まひ)させる.

**drug·gist** /drʌ́gist/ ドラギスト/ 名 C **1** 《米・スコット》薬剤師. **2** 《米》drugstore の経営者. **3** 薬屋《店》.
**drug·store** /drʌ́gstɔ̀ːr/ ドラグストー/ 名 C 《米》ドラッグストア.

事情 薬の処方・販売のほか, 化粧品・タバコ・雑誌・新聞なども売り, 軽い飲食もできる設備(soda fountain)がある. 《英》chemist's shop は主に薬品・化粧品を扱う.

*__drum__ /drʌ́m/ ドラム/
—名 (複 ~s/-z/) C **1** 太鼓, ドラム; ドラム奏者; [the ~s] (ジャズバンドなどの)ドラム(のパート) ‖
beat the [a] **drum** 太鼓をたたく.
play the **drums** in a dance band ダンスバンドのドラムを受け持つ.

関連 drum の種類: báss drúm 大太鼓 / snáre [síde] drùm 小太鼓 / conga (drum) コンガ / ténor drúm 中太鼓 / bongo (drum) ボンゴ / timpani, kettledrum ティンパニ.

**2** [a ~ / the ~] 太鼓の(ような)音 ‖
the **drum** of the rain on the tin roof トタン屋根を打つ雨の音.
**3** (形が)太鼓に似たもの; ドラムかん.
—動 (過去・過分) drummed/-d/; 現分 drum·ming) 自 **1** 太鼓を打つ. **2** トントン打つ; 〈指・雨などが〉たたく, 打つ.
—他 **1** 〈曲〉を太鼓で演奏する.
**2** …をドンドン鳴らす.
**3** 〈考え・事実など〉をたたき込む ‖
He **drummed** the idea into his son that he had to win. 勝たねばならないのだということを彼は息子に教え込んだ.

**drum·mer** /drʌ́mər/ ドラマ/ 名 C ドラマー, ドラム奏者.

**drum·stick** /drʌ́mstìk/ ドラムスティク/ 名 C **1** 太鼓のばち. **2** (略式)(料理した)鶏[アヒル, 七面鳥など]の脚の下半分.

*__drunk__ /drʌ́ŋk/ ドランク/ (類音) drank/dræŋk/)
—動 → drink.
—形 **1** 酔っ払って ‖
be very **drunk** on beer ビールで酔っ払っている.
**2** 酔いしれて, 夢中になって ‖
**drunk** with ecstasy 歓喜に酔いしれて.
**3** (略式) =drunken **3**.

**drunk·ard** /drʌ́ŋkərd/ ドランカド/ 名 C 《正式》大酒飲み, 飲んだくれ, アル中.

**drunk·en** /drʌ́ŋkn/ ドランクン/ 動 (古) → drink.
—形 《◆補語としては drunk》 **1** 酒に酔った (↔ sober) ‖
a **drunken** driver 酔っ払い運転手.
**2** 大酒飲みの.
**3** 酒の上での, 酔ったあげくの ‖
**drunken** driving 酔っ払い運転.
**drúnk·en·ly** 副 酔って.

**drúnk·en·ness** 名 U 泥酔.

**dry** /drái ドライ/《「乾いた, 潤いのない」が本義》
— 形 (比較 dri·er, dry·er; 最上 dri·est, dry·est) **1** 乾いた, ぬれていない, 水けのない(↔ wet) ‖
Wipe your hands with [on] a **dry** towel. 乾いたタオルで手をふきなさい.

**2** 雨の降らない, 雨の少ない, 乾燥した ‖
This is the **driest** summer we've had for the last ten years. 今年はこの10年間でいちばん雨の少ない夏です.
対話 "I hate this humid weather. Don't you?" "Yes, I wish I could live in a **dry** place." 「こういうじめじめした天候は嫌いだ. そうでしょう?」「ええ. 私も雨の少ない場所に住みたいものです」.

**3**〈川・池などが〉**水のかれた**, 干上がった;水につかっていない ‖
The well has rùn [gòne] **dry**. 井戸の水がかれてしまった.

**4** 涙(痰), 血などの出ない;〈牛などが〉乳の出ない ‖
a **dry** cough 空(空)せき.
a **dry** wound 血の止まった傷.
**dry** weeping 空泣き.
After the show there was not a **dry** eye in the house. そのショーのあと劇場ではだれもが涙を流していた.

**5** [名詞の前で] 液体を用いない,〈シャンプーが〉水なしで用いる;〈ひげそりが〉電気かみそりを用いる.

**6**〈人が〉のどの渇いた;〈仕事などが〉のどの渇く《◆thirsty より《略式》》‖
My throat went **dry** with fright. 恐怖のあまり私はのどがからからになった.

**7**〈トースト・パンなどが〉(バター・ジャムなどを)何もつけない;〈パンが〉古くなった (↔ fresh).

**8**〈ワインなどが〉辛口の, 甘くない (↔ sweet).

**9** 固体の, 乾物の ‖
**dry** foods 固形食品.

**10** 飾り気のない, あからさまの (plain) ‖
**dry** facts ありのままの事実.

**11** [通例補語として] 無味乾燥な, 退屈な (dull).

**12** 温かみのない, 冷淡な. 表現「割り切った」の意の「ドライな」は businesslike に当たる ‖
a **dry** answer そっけない返事.

**13**〈ユーモアなどが〉さりげない, 平静をよそおって言う ‖
a **dry** wit にこりともせずにみせた機知.

**14**《略式》〈国・法などが〉禁酒の, 禁酒法実施の (↔ wet) ‖
a **dry** town 酒類販売禁止の町.
a **dry** party アルコール抜きのパーティー.
gò **dry** 禁酒する, 禁酒法を敷く.
(**as**) **drý as a bóne** → bone 名 1 用例.
(**as**) **drý as dúst**〈人・本などが〉全くおもしろくない;〈人が〉とてものどが渇く.

— 動 (三単現 dries /-z/; 過去・過分 dried /-d/; 現分 ~·ing)

— 他 と 自 の関係
他 dry A   A〈物・人のからだなど〉を乾かす
自 A dry  A〈ぬれた物・液体など〉乾く

— 他 **1**〈人・太陽などが〉〈物・人のからだなど〉を乾かす (+*off*)《◆ぐっしょりぬれた物を乾かす場合は dry out》; [dry A (on B)] A〈物〉を (B〈タオルなど〉で) ふく ‖
**dry** the dishes 皿を乾かす, 皿をふく.
**dry** one's tears 涙をふく.
**drý** onesèlf on [with] a towel タオルでからだをふく.
対話 "You're all wet. Here's a towel. Please **dry** yourself off." "Thank you, but I have a **dry** towel already." 「びしょぬれじゃないですか. さあタオルでからだをふいてください」「ありがとう. でも乾いたタオルを持っています」.

**2**〈太陽・干ばつなどが〉〈川などを〉干上がらせる (+*up*).

**3**〈食品〉を干して貯蔵する ‖
**dry** fish 干魚にする.

— 自〈ぬれた物・液体が〉**乾く**;〈水が〉蒸発する (+*off*, *out*);〈川などが〉干上がる (+*up*) ‖
The clothes will soon **dry** (off). 着物はすぐ乾くだろう.
The river **dríed úp** last month. 先月川が干上がった.

**drý úp** (1) [自] → 自;《英》(洗った) 皿をふく;〈考え・想像などが〉枯渇(なっ)する;《略式》〈役者などが〉(せりふなどを) 忘れる, (あがったりして) 話すことができない;《俗》[通例命令文で] 黙る. (2) [他] → 他 2.

— 名 (複 ~s) **1** C 乾いているもの, 乾燥地; U かんばつ. **2** C《米略式》禁酒主義者.

**drý bàttery** [**cèll**] 乾電池.

**drý cléaner** ドライクリーニング屋[業]《◆**drý cléaner's** ともいう》;ドライクリーニング剤《ベンジン・ナフサなど》.

**drý cléaning** ドライクリーニング.

**drý fárming** 乾地農業.

**drý gòods** [単数・複数扱い]《主に米》(金物・食料雑貨類などに対する) 織物類, 繊維製品;《英》穀類 (soft goods).

**drý íce** [しばしば D~ I~] ドライアイス.

**drý mílk** ドライミルク, 粉ミルク.

**dry·er** /dráiər ドライア/ 名 = drier.

**dry·ly** /dráili ドライリ/ 副 冷淡に, 皮肉的に.

**dry·ness** /dráinəs ドライネス/ 名 U 乾燥(状態);日照り続き;無味乾燥;(酒の) 辛口;禁酒の状態.

**DTP** 略《コンピュータ》desktop publishing.

**du·al** /djúːəl デューアル/ (同音 duel) 形 **1** 二つの要素からなる, 二重の. **2** 2 の.

**dub**¹ /dʌb ダブ/ (類音 dab/dæb/) 動 (過去・過分 dubbed /-d/; 現分 dub·bing) 他 **1**《文ク》〈国王が〉(剣で肩を軽くたたいて)〈人〉にナイト爵位を与える. **2**《正式》〈人〉にあだ名をつける.

**dub**² /dʌb ダブ/ 動 (過去・過分 dubbed /-d/; 現分 dub·bing) 他〈映画・放送〉…をダビングする.

**du·bi·ous** /d(j)úːbiəs ドゥービアス (デュービアス)/ 形
《正式》「「よく疑う」と思う, 疑っている《◆doubtful は「はっきりと疑っている」》‖
I'm dubious about his chances of success. 私は彼の成功の見込みを疑っている.
**2** いかがわしい, 怪しげな ‖
a dubious scheme for making money 金もうけの怪しげな計画.
**3** 真意のはっきりしない, あいまいな.
**du·bi·ous·ly** 副 疑わしげに；あいまいに.

**Dub·lin** /dʌ́blin ダブリン/ 名 ダブリン《アイルランド共和国の首都. 略 Dub.》.

**duch·ess** /dʌ́tʃis ダチス/ 名 (複 ~·es/-iz/) [しばしば D~] C 公爵夫人[未亡人]; 女公爵(→ duke).

*__duck__[1] /dʌ́k ダク/ 『「水にもぐるもの(diver)」が原義』
── 名 (複 ~s/-s/, 集合名詞 duck) **1** C 《広義》アヒル, カモ ‖
a domestic duck アヒル.
a wild duck 野ガモ《◆鳴き声は quack》.
**2** C 《狭義》雌ガモ, アヒルの雌(cf. drake).
**3** U 《アヒル》の肉.
**dúck(s) and dráke(s)** 水切り遊び《石を投げて水面に飛ばす遊び》.

**duck**[2] /dʌ́k ダク/ 動 自 **1** ひょいとかがむ, 頭をひょいとひっこめる, 先端がひょいとこむ. **2** 《急いで》隠れる, 逃げる. ── 他 **1** 〈頭・からだなど〉をひょいとひっこめる. **2** …をひょいとかわす.

**duck·ling** /dʌ́kliŋ ダクリング/ 名 C 〔鳥〕子ガモ, アヒルの子.

**duct** /dʌ́kt ダクト/ 名 C **1** 送水管, 通気管. **2** 〔解剖〕導管, 輸送管.

**dud** /dʌ́d ダド/ 名 C 《略式》役に立たない人[もの].

**dude** /d(j)úːd デュード/ 名 C **1** めかし屋. **2** 《米》野郎, やつ. **3** 《米やや古》《米国東部などの》都会人.
**dúde rànch** 《米》《西部の》観光用牧場《開拓時代の cowboy の生活を見せる》.

*__due__ /d(j)úː デュー/ (同音 dew) 『「当然そうあるべき」が本義』派 **duly** (副)
→ 形 **1** 当然支払われる[支払う]べき **2** 支払い期日の来た **3** 当然の **4** 到着予定で
── 形 **1** 《正式》[補語として] 当然支払われる[支払う]べき; 当然与えられるべき《◆《米式》では to はしばしば省略》‖
the honor dúe (to) her 彼女に与えられるべき名誉.
When are my wages dúe? 給料の支払い日はいつですか.
Money is dúe (to) him for his work. 彼の仕事に対して当然金が支払われるべきだ.
対話 "When do I have to pay the money?" "The money is due by March 15." 「支払いはいつしなければなりませんか」「3月15日が支払い期限です」.
**2** 支払い期日の来た, 満期になる.
**3** 《正式》[名詞の前で] 当然の, 正当な, しかるべき (proper); 十分な ‖
in due form 正式に.
drive with due care 十分注意して運転する.
**4 a** [修飾として] 到着予定で ‖
The train is dúe in London at 5:30. 列車は5時30分にロンドン到着の予定だ.
I am dúe for promotion this spring. 私は今年の春昇進の見込みだ.
**b** [be due to do] …することになっている ‖
He is due to arrive today. 彼はきょう着くはずだ.

◇**dùe to** A (1) → 形 **1**. (2) [be 動詞または名詞のあとで] …の理由[原因]で, …のために[の] ‖ His absence was dùe to íllness. 彼が休んだのは病気のためだ(=He was absent because he was ill.) / mistakes dùe to cárelessness 不注意による間違い / 対話 "Why is the game cancelled?" "It's due to the rain, I believe." 「試合はなぜ中止になったのですか」「雨のためだと思います」. (3) 《略式》[副詞的に] …のために (because of) ‖ Dùe to the ráin, the match was cancelled. 雨のために試合は中止された.

**at the dúe tíme** =in due COURSE (2).

── 名 **1** U C [通例 one's ~] 当然支払われる[与えられる]べきもの.
**2** [~s] 会費, 料金 ‖
club dues クラブの会費.
membership dues 会費.

**gíve** A **his dúe** A《(好ましくない)人》の能力[優れた点]を正当に評価する.

── 副 [方位を示す副詞の前で] 正確に, 真(ま)…に (exactly) ‖
go due west 真西へ行く.

**du·el** /d(j)úːəl デューアル (デューアル)/ (同音 dual) 名 C 《歴史》決闘, 果たし合い《介添え人 (second) をつけ剣やピストルにより二者間で行なう》‖
fight a duel 決闘する.
── 動 (過去·過分 ~ed または 《主に英》du·elled /-d/; 現分 ~·ing または 《主に英》-el·ling) 自 《歴史》決闘する.

**du·et** /d(j)uːét デューエト (デューエト)/ 『イタリア』 名 C 〔音楽〕二重奏[唱], デュエット; 二重奏[唱]曲 (関連→ solo).

**duf·fel** /dʌ́fl ダフル/ 名 U ダッフル《粗毛ラシャの一種》.
**dúffel còat** ダッフル=コート.

**dug** /dʌ́g ダグ/ 動 = dig.

**dug·out** /dʌ́gàut ダガウト/ 名 C **1** 防空[待避]壕(ごう). **2** 〔野球〕ダッグ=アウト, ベンチ.

**duke** /d(j)úːk デューク (デューク)/ 名 C **1** [しばしば D~] 公爵《◆尊称は Your [His] Grace; Marquis 以下は Lord. 称号では Duke; 〈女性形〉duchess》(cf. prince) ‖
a royal duke 王族の公爵.
the Duke of Gloucester グロスター公爵.
**2** 《ヨーロッパの小公国の》君主, 公; 大公.

*__dull__ /dʌ́l ダル/ (類音 doll/dɑ́l | dɔ́l/) 『「愚かな」が

原義】
――形 (比較 ~・er, 最上 ~・est) **1** 頭の鈍い, のみ込みの悪い(stupid) ‖
Edison was thought to be a dull pupil and slow to learn. エジソンは頭が鈍い生徒で, のみ込みが悪いと思われていた.
[対話] "Why is he so slow?" "Sometimes he is very dull when he has to think."「どうして彼はあんなにぐずぐずするのだろう」「彼は頭を働かさないといかない時に, 回転が鈍くなることがあるんだ」.

**2** 〈刃などが〉切れ味の悪い; とがっていない(blunt) (↔ sharp) ‖
I can't write with this dull pencil. この先の丸くなった鉛筆では書けない.

**3** おもしろくない, 退屈な(boring), 飽き飽きする, 単調な ‖
What a dull speech! なんて退屈な話なんだ.
[対話] "This movie is really boring, isn't it?" "Yes, it is dull."「この映画はほんとにうんざりするね」「ええ, おもしろくないですね」.

**4** 明るくない, 輝いていない(↔ bright) ‖
a dull red くすんだ赤色.

**5** 〈音が〉はっきりしない(↔ clear), 低い(low); 〈味が〉さえない.

**6** 曇った(cloudy), どんよりした(overcast), うっとうしい(↔ sunny).

**7** 〈人・感覚が〉鈍い, 鈍感な; 〈目・耳などが〉よく機能しない. **8** 痛みなどが鈍い(↔ sharp). **9** 〈人・動物が〉やる気のない, 活力のない. **10** 〈商売などが〉沈滞した, 不振の(sluggish) (↔ active); 〈商品が〉需要のない.

――動 (三単現 ~s/-z/; 過去・過分 ~ed/-d/; 現分 ~・ing)
――他 …を鈍くする(+up); 〈痛みなどを〉やわらげる; 〈感覚など〉をぼんやりさせる ‖
dull the appetite 食欲をそぐ.
Television can dull our creative power. テレビは創造力を鈍らせる力がある.
――自 鈍くなる, ぼんやりする.

**dul(l)・ness** /dʌ́lnəs ダルネス/ 名U **1** 鈍さ, 鈍感. **2** 不活発, 不景気. **3** 〈色・音などの〉さえないこと.

**dul・ly** /dʌ́lli ダリ(ダルリ)/ 副 **1** 鈍く, のろく. **2** ぼんやりと. **3** 不活発に. **4** 単調に, 退屈するように.

**du・ly** /djúːli デューリ/ 副 (正式) **1** 正当に; 適切に. **2** 十分に. **3** 時間どおりに.

*__dumb__ /dʌ́m ダム/ (発音注意) ((◆ b は発音しない) (類音) dam/dǽm/) 〖「愚鈍な」が原義〗
――形 (比較 ~・er, 最上 ~・est) **1** (発声器官の障害により)物の言えない, 口のきけない((◆ mute は生来の聴力器官障害によって音声を聞いたことがない人について用いる))((PC) speech-impaired) ‖
a school for the deaf and dumb 聾唖(ろうあ)学校.

**2** (一時的に)物も言えない ‖
be struck dumb with horror 怖くて物も言えない.

**3** (文) [通例補語として] 黙して語らない; 無口な(silent) ‖

remain dumb 黙ったままでいる.
**4** 音声を出さない.
**dúmb・ness** 名U **1** 口のきけないこと. **2** 沈黙, 無言.

**dumb・bell** /dʌ́mbèl ダンベル/ 名C [通例 ~s] (木製・鉄製の)亜鈴, ダンベル ‖
a pair of dumbbells 亜鈴1対.

**dumb・ly** /dʌ́mli ダムリ/ 副 黙って, 無言で.

**dum・my** /dʌ́mi ダミ/ 名 (複 dum・mies/-z/) C
**1** マネキン人形; 練習用人形; 腹話術の人形. **2** 型見本, 模型. **3** (略式) 何も発言しない人, 手先, ロボット.

**dump** /dʌ́mp ダンプ/ (類音 damp/dǽmp/) 動 他 (略式) …をどさっと落とす[降ろす]; 〈ごみなどを〉捨てる. ――自 **1** どさっと落ちる. **2** 積荷[中味]を降ろす; ごみを捨てる.
――名C **1** [しばしば the ~] ごみ捨て場. **2** ごみの山. **3** (略式) 汚い[みすぼらしい, 乱雑に散らかった]場所.

**dúmp trùck** (米) ダンプカー((◆ ×dump car とはいわない)).

**dump・ling** /dʌ́mpliŋ ダンプリング/ 名CU (肉入り)ゆでだんご〈スープや煮込み料理用〉; リンゴ入り焼きだんご〈デザート用〉.

**dump・y** /dʌ́mpi ダンピ/ 形 (比較 -i・er, 最上 -i・est) (略式) 〈人が〉ずんぐりした.

**dunce** /dʌ́ns ダンス/ (類音 dance/dǽns | dáːns/) 名C **1** 劣等生, できの悪い生徒. **2** のろま.

**dune** /djúːn デューン/ 名C (風に吹かれて盛り上がった)砂の小山.

**dung** /dʌ́ŋ ダング/ 名U (牛・馬などの)ふん.

**dun・ga・rees** /dʌ̀ŋɡəríːz ダンガリーズ/ 名U ダンガリー布〈インド産粗製綿布〉; [~s] ダンガリー製ズボン[作業服].

**dun・geon** /dʌ́ndʒən ダンジョン/ 名C **1** (歴史) 土牢(ろう), 地下牢. **2** 天守閣, 本丸.

**dunk** /dʌ́ŋk ダンク/ 動 (略式) 他自 (パンなどを)(飲み物に)ちょっと浸して食べる.

**dúnk shòt** 〖バスケットボール〗 ダンクシュート.

**dun・no** /dənóu ダノウ/ (俗) =I don't know.

**duo** /djúːou デューオウ/ 名 (複 ~s) C
**1** 〖音楽〗 二重奏[唱](者); 二重奏[唱]曲; (略式)[単数・複数扱い]二重奏団. **2** (略式) 2人組.

**dupe** /djúːp デュープ/ (類音 dupe/djúːp/) 名C だまされやすい人. ――動 (現分 dup・ing) 他 …をだます.

**du・plex** /djúːpleks デュープレクス (デュープレクス)/ 形 **1** 2倍の, 二重の; 2部分をもつ. **2** 〖機械〗 複式の.
――名 (複 ~・es/-iz/) C **1** =duplex apartment. **2** =duplex house.

**dúplex apártment** (米) (高価な)複式アパート (duplex) 《1戸が上下2階に部屋をもつ》.

**dúplex hóuse** (米) 2世帯用住宅(duplex).

**du・pli・cate** 形名 /djúːplikət デュープリカト (デュープリカト)/; 動 -kèit -ケイト/ 形 **1** 複製の. **2** 二重の, 対の. ――名C **1** 写し, 複製. **2** (他のものと)全く同じもの.

*in dúplicate* (正式) (正副)2通りに.

―― 動 (現分) ‥cat·ing 他 **1** …の写しを作る, …を複製する ‖
a duplicating machine 複写機.
**2** …を2倍[二重]にする.
**3** …を繰り返す.

**du·pli·ca·tion** /djùːplikéiʃən ドゥープリケイション(デュープリケイション)/ 名 **1** U 2倍, 二重, 重複. **2** U 複製, 複写; C 複製[複写]物.

**du·ra·bil·i·ty** /djùərəbíləti ドゥアラビリティ (デュアラビリティ)/ 名 U 耐久性.

**du·ra·ble** /djúərəbl ドゥアラブル (デュアラブル)/ 形 (正式) **1** 長持ちする, 耐久力のある. **2** ⟨友情などが⟩永続性の. ―― 名 [~s] =durable goods.
**dúrable góods** 耐久消費財(durable) ⟨自動車・冷蔵庫など⟩.
**dú·ra·bly** 副 永続的に, 丈夫に.

**du·ra·tion** /djuəréiʃən ドゥアレイション (デュアレイション)/ 名 U (正式) 継続; 存続[持続]期間.

**du·ress** /djuərés ドゥアレス (デュアレス)/ 名 U (正式) (法律) (不法な) 強迫, 強要, 強制 ‖ ùnder duréss 強迫されて.

**\*\*dur·ing** /djúəriŋ ドゥーリング | djúəriŋ デュアリング (djúəriŋ/djúəriŋ)/ 類源 daring/déəriŋ/ [続く(dure)間(ing). cf. endure].
―― 前 **1** [期間] ⟨特定の期間⟩の間じゅう(ずっと) ⟨◆「始めから終わりまでずっと」の意を強調するには through, throughout⟩ ‖
during my stay in London ロンドン滞在中ずっと (=(略式) while I was staying in London) ⟨◆文脈により「滞在中(のある時)に」の意味にもなる⟩.
This street is very noisy during the day. この通りは昼間はたいへん騒がしい.
The doors remained shut during the concert. 演奏中ドアは閉められていた.
**2** [時点] ⟨特定の期間⟩のある時に, …の間に ‖
I was in (the) hospital for two weeks during the summer. 私は夏に2週間入院していた.
She left during my lecture. 彼女は私の講義中に出て行った.
対話 "Do you ever go out in the evening?" "Well, I never go out during the week, but I sometimes go out on weekends." 「夜出かけることはありますか」「そうですね, 平日には出かけませんが, 週末には時々出かけます」⟨◆ week には weekday (平日) の意味もある. → week **2 a**⟩.

**dusk** /dÁsk ダスク/ 名 U (やや文) **1** 夕暮れ時, たそがれ (↔ dawn) ⟨◆ twilight の暗い時⟩ ‖
at dúsk 夕暮れに.
àfter dúsk 日が暮れてから.
**2** (詩) (薄)暗がり ‖
in the dusk of the evening 夕やみに.

**dusk·y** /dÁski ダスキ/ 形 (比較) ‥i·er, (最上) ‥i·est) (文) **1** 薄暗い. **2** 薄黒い. **3** 陰気[憂うつ]な.

**dust** /dÁst ダスト/ 名 U **1** ちり, ほこり ⟨細かいごみ・砂・土・灰・花粉・胞子など⟩ ‖
Wipe the dust off the table. テーブルのほこりを拭(ふ)き取りなさい.
**2** [a ~] 立ちのぼるほこり [土ぼこり, 砂ぼこり] ‖
The speeding car raised quite a dust behind it. スピードを出して走っている車はものすごい土ぼこりを立てた.
**3** [通例複合語で] 粉末, 粉 ‖
coal dust 石炭の粉.
gold dust 砂金.
*bíte the dúst* ⟨(略式) (主に戦争で) 死ぬ.
―― 動 他 **1** [dust A with B / dust B on [onto, over] A] A⟨物⟩に B⟨粉など⟩を振りかける ‖
dust a cake with flour =dust flour on a cake ケーキに粉をかける.
**2** …のほこりをとる ‖
dust the furniture 家具のほこりを払う.
dust oneself down からだ[服]のほこりをきれいに払う.
―― 自 (家具などの) ほこりを払う, 掃除をする.
**dúst còver** (1) (家具の) ほこりよけカバー. (2) = dust jacket.
**dúst jàcket** (紙の) ブックカバー.
**dust·bin** /dÁstbin ダストビン/ 名 C (英) (大型の) ごみ[ちり]箱((米) ash can, garbage [trash] can).
**dust·er** /dÁstər ダスタ/ 名 C ふきん, ぞうきん.
**dust·i·er** /dÁstiər ダスティア/ 形 → dusty.
**dust·i·est** /dÁstiist ダスティイスト/ 形 → dusty.
**dust·i·ly** /dÁstili ダスティリ/ 副 ほこり[ちり]まみれで.
**dust·i·ness** /dÁstinəs ダスティネス/ 名 U ほこりだらけ; あいまいさ.
**dust·man** /dÁstmən ダストマン/ 名 (複 ‥men) C (英) ごみ収集人((米) garbage collector) ((PC) cleaner).

**\*dust·y** /dÁsti ダスティ/
―― 形 (比較) ‥i·er, (最上) ‥i·est) **1** ほこりまみれの; ほこりっぽい ‖
piles of dusty books in the room 部屋に山と積まれたほこりまみれの本.
**2** ほこりのような, 粉末状の. **3** 灰色がかった, くすんだ. **4** 無味乾燥な.

**\*Dutch** /dÁtʃ ダチ/ ⟨もと「ドイツの(deutsch)」を意味したがオランダ独立後今の意となる⟩
―― 形 オランダの ⟨◆国名をいう場合は the Netherlands, Holland⟩; オランダ人[語]の; オランダ製[産]の; オランダ式[流, ふう]の ⟨◆ 17-18世紀にオランダが貿易などで英国の競争相手であったことから, 英語にはオランダ人を軽蔑(けいべつ)するような意味を含む成句・複合語が多い⟩.
*gò Dútch* (with A) (略式) 各自が自分の金額を払う, (A⟨人⟩と) 割勘にする ⟨◆ split the bill というほうが好まれる⟩.
―― 名 **1** [the ~; 集合名詞; 複数扱い] オランダ人[国民] ⟨◆個人は a Dutchman, a Hollander. 語法 → Japanese⟩.
**2** U オランダ語.
**Dútch dóor** ダッチドア, 二段戸 ⟨上下二段に仕切られ別々に開閉できる. 台所などで使われる⟩.

**Dútch tréat** (略式) 割勘の食事.
**Dutch·man** /dʌ́tʃmən ダチマン/ (復 ··men /-mən/; (女性形) ··wom·an/-wùmən/) © オランダ人(Hollander) ((PC) Dutch person; 復 Dutch people) (語法 → Japanese).
**du·ties** /djúːtiz ドゥーティズ (デューティズ)/ 名 → duty
**du·ti·ful** /djúːtifl ドゥーティフル (デューティフル)/ 形 **1** 本分を尽くす, 義務を果たす, 忠実な. **2** 礼儀正しい, うやうやしい.
**dú·ti·ful·ly** 副 忠実に; 礼儀正しく.
**dú·ti·ful·ness** 名 ⓤ 忠実; 礼儀正しさ.

**du·ty** /djúːti ドゥーティ (デューティ)/ 〖負うべき(due) こと(ty)〗
— 名 (復 du·ties/-z/) **1** ⓒⓤ 義務, 本分; 義理 《「外的な事情から生ずる義務」は主に obligation》 ‖
do one's **duty** 本分を尽くす.
a **duty** to earn money for one's family 家族のために金をかせぐ義務.
It is your **duty** to be kind to old people. 老人に親切にするのはあなたたちの務めだ.
**2** ⓒ 職務, 任務, 職責 ‖
One of the **duties** of a policeman is giving directions to tourists. 警官の仕事の1つは旅行者に道を教えることだ.
**3** ⓒⓤ 〔しばしば duties〕税金, 関税 ‖
import **duties** 輸入税.
**óff** [**ón**] **dúty** 非[当]番で, 勤務時間外[中]で.
**du·ty-free** /djùːtifríː ドゥーティフリー (デューティフリー)/ 形 副 関税なしの[で], 免税の[で].
**DVD** /díːvìːdíː ディーヴィーディー/ 〖digital versatile [video] disk〗名 〖コンピュータ〗ディーブイディー.
**dwarf** /dwɔːrf ドゥオーフ/ 名 (復 ~s, dwarves /dwɔːvz/) ⓒ **1** 小びと, 一寸法師 (pygmy) (↔ giant). **2** (同種の普通サイズより)小さい動物[植物]. **3** (童話などの)魔力を持つ醜い小びと.
— 動 他 …の発育を妨げる, …を小さく見せる.
**dwell** /dwél ドゥェル/ 動 (過去・過分 dwelt/dwélt/ または ~ed/-d/) 自 (文) **1** 住む, 居住する (live) ‖
**dwell** in the country 田舎(ｲﾅｶ)に住む.
**2** 暮らす ‖
**dwell** in happiness 幸福に暮らす.
**dwéll on [upón] A** (1) …について長々と話す[書く]; …を強調する. (2) …をくよくよ考える, …にこだわる ‖ Don't **dwell on** your past mistakes. 過去の間違いをくよくよ考えるな.
**dwell·er** /dwélər ドゥェラ/ 名 ⓒ 居住者, 住人.
**-dwell·er** /-dwélər -ドゥェラ/ (連結形) …に住む人[動物]. 例: cíty-**dwèllers** 都会人, désert-**dwèllers** 砂漠の動物.
**dwell·ing** /dwéliŋ ドゥェリング/ 動 → dwell.
— 名 **1** ⓒ (文·古) (小さく貧相な)住居, 住宅, 家 (house) 《♦自分の家を謙遜(ｹﾝｿﾝ)していうのに用いる》. **2** ⓤ 居住.
**dwélling pláce** 居所, 住居, 家.
**dwelt** /dwélt ドゥェルト/ 動 → dwell.
**dwin·dle** /dwíndl ドゥインドル/ 動 (現分 dwin·dling) 自 だんだん小さくなる; 縮まる, 低下する.

***dye** /dái ダイ/ (同音 die) 〖「色を変える」が原義〗
— 名 ⓤ 《♦ 種類を表すときは ⓒ》 **1** 染料 ‖
acid **dyes** 酸性染料.
**2** 染め色, 色合い.
— 動 (三単現 ~s/-z/) (過去・過分 ~d/-d/; 現分 ~ing) 《♦ dying (← die) との混同に注意》
— 他 [dye A (C)] A〈布·服など〉を(C 色に)染める; [比喩的に] …を色づける ‖
**dye** one's white hair (dark) 白髪を(黒く)染める.
**dye** blue on [over] yellow 黄色の上から青を染める.
the sky **dyed** red by sunset 夕焼けで真っ赤な空.
**dy·er** /dáiər ダイア/ 名 ⓒ 染物師[屋].
**dy·ing** /dáiiŋ ダイイング/ (同音 dyeing) 動 → die¹.
— 形 **1** 〈生物が〉死にかけている (↔ undying); 〈無生物が〉消えかけている, すたれつつある ‖
the **dying** 死にかけている人々.
**2** [one's ~] 臨終の ‖
one's **dýing wórds** 辞世の言葉.
**to [till] one's dýing dáy** 死ぬまで, 生きている限り.
**dyke** /dáik ダイク/ (主に英) 名 動 (現分 dyk·ing) =dike.
**dy·nam·ic** /dainǽmik ダイナミク/ 形 **1** 動力の, 動的な.
**2** 〔物理〕力学上の.
**3** 活動的な, 精力的な, ダイナミックな ‖
a **dynamic** personality 活動的な性格.
**dy·nam·i·cal** /dainǽmikəl ダイナミカル/ 形 =dynamic. **dy·nám·i·cal·ly** 副 (動力)力学上, 動的に; 精力的に.
**dy·nam·ics** /dainǽmiks ダイナミクス/ 名 **1** ⓤ 〔物理〕〔単数扱い〕動力学, 力学. **2** 〔複数扱い〕(物理的·精神的な)原動力, 活動力, エネルギー.
**dy·na·mism** /dáinəmìzm ダイナミズム/ 名 ⓤ **1** (ある体系の)発展[運動]の過程[仕組み]. **2** 活発さ, 力強さ.
**dy·na·mite** /dáinəmàit ダイナマイト/ 名 ⓤ ダイナマイト. — 動 (現分 ··mìt·ing) 他 …をダイナマイトで爆破する.
**dy·na·mo** /dáinəmòu ダイナモウ/ 名 (復 ~s) ⓒ 発電機.
**dy·nas·tic** /dainǽstik ダイナスティク, di-/ 形 王朝の, 王家の.
**dy·nas·ty** /dáinəsti ダイナスティ, dí-/ 名 (復 ··nas·ties/-z/) ⓒ (正式) 王朝, 王家; その統治期間 ‖
the Tudor **dynasty** チューダー王朝.
**d'you** /dʒúː チュー, dʒə/ do you の短縮形.
**dys·en·ter·y** /dísəntèri ディセンテリ, |-təri -タリ/ 名 ⓤ 〖医学〗赤痢.
**dys·lex·i·a** /dislέksiə ディスレクスィア/ 名 ⓤ 〖精神医学〗難読症.

# E

**e, E** /íː/ 名 (複 e's, es; E's, Es/-z/) **1** ⓒⓤ 英語アルファベットの第5字. **2** → a, A **2**. **3** ⓒⓤ 第5番目(のもの). **4** ⓒ 〘米〙〘教育〙条件つき合格(→ grade 名 **3** 関連). **5** ⓤ 〘音楽〙ホ音, ホ調.

**e, E, e., E.** 略 east; eastern.

## each

**each** /íːtʃ イーチ/ 〘「(すでに知っているものについて)1つ1つの」が本義〙

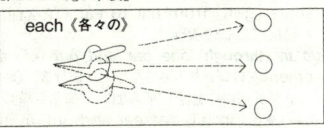

each 〈各々の〉

→ 形 各々の　代 各々　副 **1** それぞれ

―― 形 ⓒ〔単数名詞の前で〕**各々の, めいめいの**《2つまたはそれ以上の人・物について用いる》∥
There are some trees on **each** side of the street. 道路の両側に木がある《◆ ˣon **each** sides としない》

語法 (1) 〔**数と性**〕 each + 名詞は単数扱いが原則であるが, 代名詞で受けるときは単数形の he, his の他, 複数形の they, their も用いる. *Each* student has [ˣhave] received his [ˣtheir] diploma. (学生はめいめい卒業証書を受け取った)では, 意味的に複数形の students が頭にあるので形のうえで their でそろえることも多い. また his は男性本位なので his or her とすることもある. 性別がはっきりしている文脈では his, her のいずれかを用いる.
(2) 〔**each と every と all**〕 each は個別的に見て「それぞれ」, every は「例外なくどれも」, all はひとまとめにして「すべて」を表す: *Every* television is guaranteed for one year. *Each* set is inspected and tested before it leaves the factory. どのテレビも1年間の保証付きです. 出荷の前に1台1台, 厳重にチェックされます / *All* the televisions manufactured in this factory are high-definition televisions. この工場で組み立てられているテレビはすべて高品位テレビです.

―― 代 〔しばしば each of + the [this, these, my など] + 複数名詞〕(ある特定のグループの)**各々, めいめい** ∥
**Each** of the girls was [〔略式〕were] dressed neatly. どの女の子も小ぎれいな服装をしていた(=The girls were **each** dressed neatly.)《◆(1) ˣThe each girl were dressed neatly. / ˣEach the girl were dressed neatly. にしない. (2) 文脈から明らかな場合は of the girls は省略される: *Each* was dressed neatly. (3) each を受ける代名詞は → 形 語法 (1)》.

語法 ˣeach ... not の語順は誤り. neither か none を使う: ˣEach of them didn't have an umbrella. は Neither [None] of them had an umbrella. (彼らのうちどちらも[だれも]かさを持っていなかった)のようにいう.

―― 副 **1** 〔be 動詞のあと, 一般動詞の前で〕**それぞれ, 各々** ∥
Those flowers cost 10p **each**. この花は1本10ペンスだ《◆ Those flowers を修飾》(=**Each** of those flowers costs 10p.).
They will **each** get a prize. 彼らは各々入賞するでしょう《◆ They を修飾》.
The girls were **each** dressed neatly. 女の子たちはみな小ぎれいな服装をしていた《◆ The girls を修飾》.
**2** 〔目的語のあとで〕**それぞれ, 各々** ∥
I sent them **each** a present. 彼らにそれぞれプレゼントを贈った《◆ them を修飾》(=I sent **each** of them a present.).
I gave them an egg **each**. 彼らに卵を1個ずつ与えた《◆ them と離れることもある》.

○**éach óther** [代] **お互い(に), 相互に**《◆(1) 他動詞・前置詞のあとで用いる. (2) 従来は2つのものには each other, 3つ以上に one another を使うとされてきたが, 現在では3つ以上に each other も一般的に用いられる》∥ The three neighbors helped **each other**. 3人の隣人はお互いに助け合った / The twins often wore **each other's** [ˣothers'] clothes. その双子はよく服の取りかえっこをしていた.

Q&A　*Q*：「彼らはほほえみあった」は They smiled each other. ですか.
*A*：いいえ, They smiled at *each other*. とします. each other は副詞ではなく代名詞なので, 自動詞 smile のあとには置けません. 自動詞のときは「自動詞 + 前置詞 + each other」となります.

○**éach tíme** (1) **いつも, 毎回**. (2) 〔接続詞的に〕**…することに, …すれば必ず**《◆ whenever より口語的》∥ **Each time** I see you, I feel so happy. 君に会うたびにぼくはとても幸せな気持ちになる(=Every time I see you ...).

**ea·ger** /íːgər イーガ/ 〖「鋭い(keen)」→「心がある方向に鋭く向けられた」が本義〗㊗ eagerly (副)
―形 (比較) more ~, 時に ~·er/íːgərər/; (最上) most ~, 時に ~·est/íːgərist/) **1a** [be eager for [about] A] …を熱望している ‖
He is **eager** for success in the concert. 彼は演奏会での成功を強く願っている.
**b** [be eager to do] (とても)…したい ‖
He is **eager** to succeed in the concert. 彼はしきりに演奏会で成功したがっている.
対話 "So she really wants to go to Europe." "Yes, and she's also **eager** to visit China some day." 「それでは彼女はヨーロッパへとても行きたがっているわけだね」「そうです. 中国へもいつかなんとかして行きたいと言ってます」.
**c** ((正式)) [be eager that 節] …であるように熱望している ‖
He is **eager** that I ((主に英)) should) succeed. 彼は私が成功することを心から願っている.
**2** 熱心な；熱心である ‖
an **eager** collector of stamps 熱心な切手収集家.
an **eager** look 熱心な顔つき.
She is very **eager** in her studies. 彼女は勉強にとても熱心だ.

**ea·ger·ly** /íːgərli イーガリ/ 〖→ eager〗
―副 熱望して；熱心に, ひたむきに；しきりに ‖
study **eagerly** 熱心に勉強する.

**ea·ger·ness** /íːgərnəs イーガネス/ 名 Ⓤ 熱心, 熱望 ‖
with eagerness 熱心に(eagerly).

**ea·gle** /íːgl イーグル/ 名 Ⓒ **1** ワシ《◆ the king of birds (百鳥の王)と呼ばれる》.
**2** (旗・紋章などの)ワシ(印)《◆ bald eagle (ハクトウワシ)は米国の国章》.
**3** [ゴルフ]イーグル《par より2打少ない. → par 関連》.

**ear**¹ /íər イア/ ((類音)) year/jíər|jə́ː, jíə/ 〖「耳」の機能面から「聴覚・傾聴」, 形状面から「(水差しの)取っ手」などの意が生まれた〗

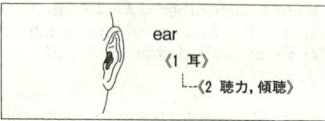

ear
⎧1 耳
⎩2 聴力, 傾聴

―名 (複 ~s/-z/) **1** Ⓒ 耳《◆ しばしば「耳のあたり」の意を含む》‖
listen with all one's **ears** 聞き耳をたてる.
pull him by the **ear** 彼の耳を引っ張る.
cover one's **ears** (聞きたくないことに)耳を覆う.
stuff one's **ears** with cotton wool 耳に綿をつめる.
Are your **ears** burning? ((略式))だれか君のうわさをしていると思わないか《◆うわさされている人の耳が熱くなるということから》.
Can I have a word in your **ear**? ((略式))ちょっと内緒でお話したいのですが.
**2** Ⓤ 〖通例 an ~〗**a** 聴覚, 聴力；聞き分ける力 ‖
a keen [nice] **ear** 鋭い聴力.
I cannot believe my **ears**. 自分の耳が信じられない.
You have an **ear** for music. 君は音楽がわかる.
**b** 傾聴, 注意 ‖
give (an) **ear** to what she says =lend an **ear** to what she says ((文))彼女の言うことに耳を傾ける.
**3** Ⓒ 耳状の物；(水差しの)取っ手.
*be áll éars* ((略式))(人が言おうとすることに)一心に耳を傾ける, 熱心に聴く.
*cátch* [*cóme to, réach*] *A's éars* A⟨人⟩の耳に入る, A⟨人⟩に聞こえる.
*from éar to éar* 口を左右に大きく開けて ‖
smile [grin] from ear to ear 口を左右に大きく開けてにんまり笑う.
*go ín* (*through*) *óne éar and òut* (*of*) *the óther* 右の耳から入って左の耳へ抜ける；((略式))⟨物・事⟩が印象[記憶]に残らない；⟨命令⟩が効果がない《◆ go in (at) one ear and out (at) the other ともいう》.
*pláy A by éar* (1) …を楽譜なしで演奏する. (2) ((略式)) [play it by ~] 臨機応変にやる.
*príck* (*úp*) *one's éars* (1) ⟨犬など⟩が耳をぴんと立てる. (2) ((略式))聞き耳をたてる.
*túrn a déaf éar to* A ((略式))…に少しも耳を貸さない；A⟨人⟩に手を貸さない.
*úp to the* [*one's*] *éars in* A ((略式))…に陥って身動きできない；…で手がいっぱいの ‖ I'm up to the ears in debt. ぼくは借金で首が回らないよ.
**éar shèll** 〖貝類〗アワビ；その殻.

**ear**² /íər イア/ 名 Ⓒ Ⓤ (麦などの)穂；((米・カナダ)) (トウモロコシの皮つきの)実 ‖
be in (the) **ear** 穂が出ている.
ten **ears** of corn トウモロコシ10本.
come into **ear** 穂を出す.

**ear·ache** /íəreik イアレイク/ 名 Ⓤ [((米))ではしばしば an ~] 耳の痛み, 耳痛.

**ear·drum** /íərdrʌm イアドラム/ 名 Ⓒ 鼓膜；中耳.

**earl** /ə́ːrl アール/ 名 Ⓒ ((英))(英国の)伯爵.

**ear·li·er** /ə́ːrliər アーリア/ 副形 → early.

**ear·li·est** /ə́ːrliist アーリイスト/ 副形 → early.

**ear·li·ness** /ə́ːrlinəs アーリネス/ 名 Ⓤ (時期・時間などが)早いこと.

**ear·ly** /ə́ːrli アーリ/ 〖「以前に」が原義〗
―副 (比較) ·li·er, (最上) ·li·est) **1** (予定・定刻などより)早く, 早めに(↔ late) ‖
They came to the show **early**. 彼らは(開演時刻から見て)早めにショーを見に来た.
The bus left three minutes **early**. バスは3分早く出た.
**2** (時間・時期から見て)早く；早い時期に；初期に；ずっと昔に ‖
**early** in my teens 10代の初めに.

We set out **early** in the morning. 私たちは朝早く出発した.

The sun sets **early** in winter. 冬には太陽は早く沈む(♦ **in early winter** は「初冬には」の意).

I never said I would come **as early as** nine o'clock. 9時(という早い時間)に来るなんて絶対言わなかった.

Could you come **earlier**? もっと早く来ていただけますか?.

対話 "How **early** are you open every day?" "Ten in the morning." 「毎日何時から開いていますか」「朝10時からです」.

> 関連 **fast**(速く)との相違に注意: He can type faster than Kate. 彼はケイトより速くタイプが打てる.

**éarlier ón** もっと早い時期[段階]に; 先に, 前に(↔ later on).

── 形 (比較) **··li·er**, (最上) **··li·est**) **1** 早めの; 〈植物が〉早生(はせ)の ‖
grow **early** rice 早生の稲を栽培する.
We had an **early** lunch. 私たちは早めの昼食をとった.
I was a little **early for** the appointment. 約束(の時間)には少し早かった.

**2** (時間的・時期的に)早い; [名詞の前で] 初期の, 始めの; 昔の, 古代の(ancient) ‖
in the **early** part of the book 本の始めのところで.
The telegram arrived in the **early** afternoon of May 5. 5月5日の午後早くに, 電報が届いた.
**Early** man learned to use stone tools. 人類は早くから石器を用いるようになった.

対話 "What time do you get up every morning?" "(I get up) about five thirty." "You're an **éarly ríser**." 「毎朝何時に起きますか」「5時半ごろです」「早起きですね(= You get up **early**.)」.

**3** [名詞の前で] 近い将来の, すぐさまの ‖
I'll be waiting for your **early** answer. 折り返しのご返事をお待ちしています.

**at (the) éarliest** 早くとも(↔ at the latest).
**kéep éarly [góod] hóurs** → hour.
**éarly bìrd** 早起きの人.
**éarly wárning sỳstem** 早期警報システム《敵機・ミサイルなどの接近時のほか大気汚染などの危険についても用いる》.

**ear·mark** /íərmɑːrk イアマーク/ 名 C 耳印(みみじるし)《所有者を示すため動物の耳につける》.

**ear·muff** /íərmʌf イアマフ/ 名 C [通例 ~s]《防寒用》耳覆い, 耳当て.

*__earn__ /ə́ːrn アーン/ (同音) urn) [「(正当な報酬として)得る」が本義]
── 動 (三単現) ~s/-z/; 過去・過分 ~ed/-d/; 現分 ~ing)
── 他 **1** 〈金など〉を得る, かせぐ♦ ギャンブルなどで「得る」は **win**》; 〈生計〉を立てる ‖
**earn** 50 dollars a day 1日50ドルかせぐ.

対話 "What do you do?" "I **earn** my living (by) writing stories for children." 「ご職業は何ですか」「童話を書いて生計を立てています」.

**2 a** 〈名声など〉を得る ‖
**earn** a reputation as a good doctor 名医としての評判を得る.
**b** [**earn A B**] **A**〈人〉に **B**〈名声など〉をもたらす ‖
His success **earned** him respect and admiration. 彼は立身出世して尊敬と賞賛を受けた.

**3** 〈感謝・報酬など〉を得るに値する, 足る.
**4** 〈利子など〉を生む, もたらす.

**éarned rún** [野球] 自責点.
**éarned rún àverage** [野球] 防御率(略 ERA).

**ear·nest** /ə́ːrnist アーニスト/ 形 **1** まじめな, 真剣な; くそまじめな ‖
an **earnest** student まじめな学生.
**2** [正式] 熱心な, 熱烈な(eager) ‖
They are **earnest** about [over] their children's education. 彼らは子供の教育に熱心だ.
── 名 U まじめ, 本気《次の成句で》.
**in éarnest** まじめに[な], 本気に[で], 真剣に[な]; 本格的に[な] ‖ be **in earnest** to study abroad 本気で留学したいと思っている / It began raining **in real earnest**. 雨が本降りになってきた.

**ear·nest·ly** /ə́ːrnistli アーニストリ/ 副 まじめに, 本気で, 真剣に.

**earn·ings** /ə́ːrniŋz アーニングズ/ 名 [複数扱い] **1** 所得, 給料, 賃金. **2** 事業所得, 事業収益.

**ear·phone** /íərfòun イアフォウン/ 名 C [通例 ~s] イヤホーン ‖
put on the **earphones** イヤホーンをつける.

**ear·ring** /íəriŋ イアリング/ 名 C [通例 ~s] イヤリング, 耳飾り ‖
pierced **earrings** ピアス《耳たぶに穴をあけて通すイヤリング》.
clip-on **earrings** イヤークリップ《耳たぶをはさんでつけるイヤリング》.

**ear·shot** /íərʃɑt イアシャト|-ʃɔt -ショト/ 名 U 声の届く範囲《通例次の句で》.
**out of éarshot of** ... …の聞こえない所に.
**within éarshot of** ... …の聞こえる所に.

**\*\*earth** /ə́ːrθ アース/ 《「大地」が原義》
派 **earthly**(形)
→ 名 **1** 地球 **2** 地球の全住民 **3** 地 **4** 土
── 名 (複 ~s/-s/) **1** [(the) ~; しばしば (the) E~]《他の天体と対比して》地球《♦ **globe** は球体を強調した「地球」》‖
The **earth** goes around the sun. 地球は太陽の周りを公転している.
**2** [the (whole) ~; 集合名詞] 地球の全住民, 全世界.
**3** U《空に対して》地(ground), 地面, 地上; 《海に対して》陸地(land) ‖
The paper plane fell slowly to **earth**. 紙飛

## earthenware

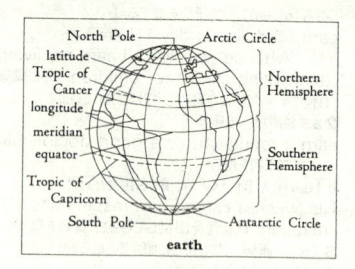

**earth** (figure labels): North Pole, Arctic Circle, latitude, Tropic of Cancer, longitude, meridian, equator, Tropic of Capricorn, South Pole, Antarctic Circle, Northern Hemisphere, Southern Hemisphere

飛行機はゆっくり地上に落ちた.
Coal is dug out from below the earth. 石炭は地中から採掘される.
**4** Ⓤ (岩石に対して)土, 土壌, (soil)(→ dirt 2)《◆「植物を育てる土」の意味も含む》‖
the earth in the pot 鉢の土.
Cover the seeds with a little earth. 種の上に少し土をかぶせなさい.
**5** [the ~] 俗事; 現世.
**6** Ⓒ (主に英) [通例単数形で] (キツネなどの)穴.
**7** Ⓒ Ⓤ (英) [電気] [(the) ~] アース(線), 接地(線)((米) ground).

**còme dówn [báck] to éarth** 夢から現実に戻る.

○**on éarth** (1) (略式) [What などの疑問詞を強調するため, その直後に置いて] **いったい(全体)** (in the world) ‖ What **on earth** are you doing? おまえはいったい何をしているんだ. (2) [形容詞の最上級を強調して] **世界中で** ‖ He is the happi**est** man **on earth**. 彼はこの世で一番の幸せ者だ. (3) [否定を強調して] 全然, ちっとも. (4) 地上で, この世で.

**Éarth Dày** (米) 地球の日《地球環境保全のための日. 4月22日. 1970年制定》.

**éarth science** 地球科学《地質学・気象学など》.

**earth·en·ware** /ə́ːrθnwèər アースンウェア/ 名 Ⓤ [集合名詞] 陶器, 土器.

**earth·ly** /ə́ːrθli アースリ/ 形 **1** (文) この世の, 地上の (↔ heavenly); 世俗的な ‖
an **earthly** paradise 地上の楽園.
対話 "So you like reading?" "Yes, I do. It's one of life's **earthly** joys." 「じゃ, 読書がお好きなんですね」「ええ. 人生の喜びのひとつですから」.
**2** (略式) [疑問文・否定文を強調して] いったい; 少しも ‖
There's **no earthly** reason for her to come. 彼女が来る理由なんか全くない.

*__earth·quake__ /ə́ːrθkwèik アースクウェイク/ 《大地(earth)が揺れる(quake)こと》
―― 名 (獲 ~s/-s/) Ⓒ 地震 ‖
There was [We had] an **earthquake** last night. =An **earthquake** occurred [happened, came] last night. 昨夜地震があった.
The city was hit [struck] by a strong earthquake. 市は強い地震に襲われた《◆「揺れの強い地震」の意. 大きな被害を引き起こす地震は a big [great, major, massive, severe, huge] earthquake などという》.

**earth·worm** /ə́ːrθwə̀ːrm アースワーム/ 名 Ⓒ ミミズ.

**ease** /íːz イーズ/ (類音 /ís/íz/) 名 Ⓤ **1** (しばしば正式) (精神的に)気楽さ, 安心, 安らぎ; (肉体的に)楽であること ‖
live a life of **ease** のんびりと暮らす.
**2** 容易さ, たやすさ (↔ difficulty) ‖
**ease** of use 使いやすさ.
**3** (態度などが) ゆったりしていること; 自然さ ‖
She greeted us with **ease**. 彼女は私たちを気取らずあいさつした.

○**at (one's) éase** (1) 気楽な[に] ‖ put [set] one's guest **at (his) ease** 客にくつろいでもらう / I am quite **at ease** among strangers. 私は知らない人の中にいても全然緊張しない. (2) [軍事] 休めの姿勢で[の]; (号令) 休め ‖ **stand at éase** 休めの姿勢でいる (↔ stand at attention).

**ill at éase** (人前で)不安し, 落ち着かない ‖ The girl felt **ill at ease** with strangers. その少女は見知らぬ人と一緒にいて落ち着かなかった.

**tàke** one's **éase** くつろぐ.

**with éase** 容易に; → 3.

―― 動 (現分 eas·ing) **1** (正式) 〈痛み・心配などを〉取り除く, やわらげる ‖
This medicine will **ease** your headache. この薬は頭痛に効きます.
**2** …を楽にする, 安心させる ‖
The news **eased** her mind. その知らせに彼女はほっとした.
**3** …をゆるめる; …を容易にする.
**4** …をゆっくり動かす ‖
They **eased** the patient on to the bed. 彼らは患者をそっとベッドに移した.

**éase óff** (1) (略式) 〔自〕気をゆるめる, のんびりやる; 速度を落とす. (2) 〔他〕〈物〉をゆっくり取りはずす.

**éase úp** 〔自〕=EASE off; 席を詰める.

**ea·sel** /íːzl イーズル/ 名 Ⓒ 画架, イーゼル; (黒板などの)支え台.

**eas·i·er** /íːziər イーズィア/ 形 副 → easy.

**eas·i·est** /íːziist イーズィイスト/ 形 副 → easy.

*__eas·i·ly__ /íːzəli イーズィリ | íːzili イーズィリ/《→ easy》
―― 副 **1** [通例文尾または修飾する動詞の前で] 容易に, 楽に; 努力しないで (with ease) ‖
Wooden houses **easily** catch fire. 木造家屋は焼けやすい.
対話 "He didn't have any trouble winning the race?" "No, he won **easily**." 「彼はレースに勝つのに苦労しなかったのですね」「はい, 楽勝でした(=It was **easy** for him to win the race.)」.
**2** [最上級・比較級などを強めて] 疑いもなく, 明らか

に, 飛び抜けて ‖
She is **easily** the fastest runner in the class. 彼女は走ることにかけては断然クラス一だ.
**3** [can, may と共に] 多分, おそらく ‖
She **may easily** come tomorrow. 彼女はおそらくくるだろう.
**4** 気楽に, 安楽に.
**5** すらすらと, なめらかに.

**eas·i·ness** /íːzinəs イーズィネス/ 名 U **1** 容易さ, 平易. **2** 楽さ. **3** 落着き. **4** のんきさ.

**＊east** /íːst イースト/ 〖本来は 副 で 名 はあとから生まれた. 形 は 名 の形容詞的用法〗
派 eastern (形), eastward (副)
—名 [しばしば E~] **1** [the ~] 東, 東方, 東部 (略 E, E., e, e.) 《◆「東西南北」は英語では north, south, *east* and west の順がふつう 》(cf. north, south, west) ‖
The sun rises **in the east**. 太陽は東から上る.
She came **from the east**. 彼女は東からやって来た.
Japan is **to the east of** China. 日本は中国の東方にある《◆ to the east of の to はしばしば省略され Japan is east of China. のように副詞的に用いる》.

〖語法〗(1) A is [lies] (to the) east of B. (A は B の東にある)は, 隣接している場合にも離れている場合にも用いる. 「隣接」をもっとはっきりさせるには England is *on* the *eastern* border of Wales. または England adjoins [bounds] Wales *on the east*. という. England is *on the east* of Wales. とはあまりいわない.
(2) Tokyo is *in the east of* Japan. (東京は日本の東部にある)は (主に英) で, (米) ではふつう Tokyo is *in the eastern part of* Japan./ Tokyo is *in eastern* Japan. という.

**2** 〔通例 the E~〕 **a** 東部地方; [the E~] (米) 東部(地方), 東部諸州《◆東西の分かれ目は Mississippi 川》; (特に)東北地方, ニューイングランド(地方).
**b** [the E~] (欧州からみた)東方諸国; 東洋(the Orient) ‖
the Far **East** 極東.
the Middle **East** 中東.
**c** [しばしば E~] (やや古風式) 東側(諸国)《旧ソ連・中国など, 共産圏(↔ the West)》.
**báck Éast** (米略式)(西部から見て)東部で[に].
—形 [しばしば E~] [名詞の前で] **1** 東の, 東にある, 東部の(→ eastern 〖語法〗) ‖
the **east** side 東側.
the **east** coast 東海岸.
**2** 東に向いた, 東へ行く; 〈風が〉東から来る ‖
the **east** gate 東門.
the **east** road 東街道.
the **east** wind 東風《◆英国では寒風》.
**3** 〖教会〗(聖堂の主祭壇のある)内陣側の.

—副 [しばしば E~] 東へ[に], 東方へ[に]; 〈風が〉東へ[〈古〉から] (cf. eastern, easterly) ‖
He is going **east** tomorrow. あす彼は東へ行く.
The wind is blowing **east** today. きょうは風は東へ[〈古〉から] 吹いている.

Q&A *Q*:「きょうは風は東から吹いている」はどう言えばよいのですか.
*A* : The wind is blowing from the east today. とか It is [We have] an east wind today. のように言います.

**Éast Ásia** 東アジア《中国・日本・(南北)朝鮮・ロシアの東シベリア地域》.
**Éast Berlín** 東ベルリン《東ベルリン地区の旧称. もと東ドイツの首都(1949-90)》.
**Éast Chína Séa** [the ~] 東シナ海.
**Éast Énd** [the ~] イースト=エンド《ロンドンの東部地区. 低所得者層の住む地域. ここの住民を **Éast Énder** という. cf. the West End》.
**Éast Gérmany** 東ドイツ《公式名 the German Democratic Republic (ドイツ民主共和国). 1990年10月 West Germany と統合》.
**Éast Índia Còmpany** 〖英史〗 [the ~] 東インド会社《1600-1874; 英国の東洋への勢力拡張のため設けられた機関》.
**Éast Índies** [the ~] (1) 東インド諸島《もとオランダ領東インド諸島, 今のインドネシア共和国をさす. マライ群島をさすこともある. cf. West Indies》. (2) [俗用的に] 東インド《インド・インドネシア・マライ群島を含むアジア東南部地域. **Éast Índia** ともいい, この住民を **Éast Índian** という》.
**Éast Síde** [the ~] イーストサイド《New York 市の Manhattan の東部地区. the Lower East Side ともいう. 住民を **Éast-Síder** という. cf. the East End》.

**＊Eas·ter** /íːstər イースタ/ 〖北欧神話の「光と春の女神」から〗
—名 **1** 〖キリスト教〗 復活祭, イースター《キリストの復活を記念する祭》.
**2** =Easter Day [Sunday].
**Éaster Dáy [Súnday]** 復活祭の祝日, 復活祭日(Easter)《3月21日以降の満月の日のあとにくる最初の日曜日. 米英の学校ではこの前後1-3週間の休日(Easter holidays [vacation])がある》.
**Éaster ègg** 《復活祭の前日にウサギ(bunny)が卵をもってきてくれるという言い伝えから》復活祭の卵《彩色したニワトリの卵またはチョコレートで作った人工の卵. 生命の象徴として贈り物や飾り物にする》.

**east·er·ly** /íːstərli イースタリ/ 形 **1** 東の; 東方への. **2** 〈風が〉東からの.

**＊east·ern** /íːstərn イースタン | íːstn イーストン/ 〖→east〗
—形 [しばしば E~] **1** 東の, 東方の, 東にある ‖
the **eastern** sky 東の空.
Tokyo is in the **eastern** part of Japan. 東京は日本の東部にある(→ east 名1 〖語法〗).

語法 East, North, South, West は政治的に区分がはっきりしている場合に用いて, *Eastern*, Northern, Southern, Western ははっきりしていない場合に用いるのがふつう: North Korea / *Eastern* countries. したがって *South France などとはいわない (cf. Southern France 南フランス).

**2** 東へ行く; 東向きの ‖
the **eastern** window 東向きの窓.
an **eastern** course 東回りの航路.
**3** 〈風が〉東からの ‖
an **eastern** breeze 東からのそよ風.
**4** 東部の; [E~] 《米》東部地方の ‖
**Eastern** Europe 東ヨーロッパ, 東欧.
**Eastern** habits 《米国》東部の習慣.
the **Eastern** States 《米》東部諸州.
**5 a** 東洋の(Oriental). **b** 《略》東側(諸国)の, 共産圏の.
**Éastern Hémisphere** [the ~] 東半球.

**east·ern·er** /íːstɚnɚ/ イースタナァ|イースタナ 名 © **1** 東部地方(生まれ)の人. **2** [E~] 《米》東部(生まれ)の人(→ east 名 2 a); 《特に》ニューイングランド地方(生まれ)の人.

**east·ward** /íːstwɚd/ イーストワァド 副 東へ[に], 東方へ[に]; 東方向かって.
——形 東(へ)の, 東方(へ)の; 東向きの.
——名 [the ~] 東(方).

**east·wards** /íːstwɚdz/ イーストワァヅ 副 =eastward.

**\*eas·y** /íːzi/ イーズィ/ [⇒ ease]
派 easily (副)
——形 《比較》 --i·er, 《最上》 --i·est) **1** 容易な, やさしい, 簡単な; [It is easy to do A / A is easy to do] A〈人・物〉は…しやすい(⇔ difficult) ‖
an **easy** question for me = a question **easy** for me 私には簡単な質問.
The problem is **easy** (for me) to solve. = It is **easy** (for me) to solve the problem. その問題は(私には)解くのが簡単だ.
The cave is **easy** of access. そのほら穴は近づきやすい.
It is really **easy** to please him. = He is really **easy** to please. 彼はとても気さくな人だ.
対話 "That test was very difficult, don't you think?" "Difficult! Are you kidding? For me it was **easy**." 「あのテストは難しかったね. そう思わないか」「難しいって. 冗談でしょう. ぼくにはやさしかったよ」.

**2** 安楽な, 心配のない(↔ uneasy); 〈態度などが〉ゆったりとした, くつろいだ ‖
lead an **easy** life 安楽な暮らしをする.
be **easy** in one's mind 安心している.
an **easy** manner 気取らない態度.
**3** 寛大な, 甘い; 厳しくない.
**4** 〈衣服などが〉ゆったりした, きつくない.

——副 《比較》 --i·er, 《最上》 --i·est) 《略》たやすく; 気楽に; ゆっくり, 慎重に(◆ 以下の用例・成句を除いてふつう easily を用いる) ‖
rest **easy** 心配しない.
**Èasy cóme, èasy gó.**《ことわざ》《略》得やすいものは失いやすい; 「悪銭身につかず」.
**Easy!** ゆっくり[そっと]やれ, 気をつけて.
(It [That] is) **èasier sàid than dóne**.《ことわざ》(そう言うが)実際は見た目[思った]より難しい; 「言うは易く行うは難し」.
**Gò éasy on [with] A**. …を加減して使え[行え].
**tàke it [things] éasy**《略》(1) のんびりやる, あまり力まない. (2)《米》《通例 Take it easy.》《別れのあいさつ》それじゃまた; (人を励まして)(無理しないで)頑張れよ, しっかりね(◆ こういう場面で日本語流に Work hard. などとはいわない).

**eas·y·go·ing** /íːziɡóuiŋ/ イーズィゴウイング 形 のんきな; のんびりした(◆ふつう, 日本語の「イージーゴーイング」のような悪い意味はない).

**\*\*eat** /íːt/ イート/ [「(固形物を)かんで(chew)飲み込む(swallow)」が本義]
——動 《三単現》 ~s/íts/; 《過去》 ate/éit/ | ét, éit/, 《過分》 eat·en/íːtn/, 《現分》 ~·ing
——他 **1 a** 〈食べ物などを〉食べる, 〈スープを〉(スプーンで)飲む《◆ 遠回しには have,《英》take》‖
**eat** chicken soup with a spoon スプーンでチキンスープを飲む.
**eat** good food 美食する.
**eat** a good meal おいしい食事をする.
Is there anything you don't **eat**? (宗教上の理由などで)何か召し上がらないものがありますか.
対話 "What would you like to **eat** for dinner today?" "Well, I'd like to **eat** sukiyaki." 「今日の夕食は何が食べたいですか?」「そうですね, すき焼きが食べたいです」.
**b** [eat A C] A を C の状態で食べる《◆ C は形容詞》‖
**Eat** your soup hot. スープは熱いうちに飲みなさい (→ soup).

**2** 〈虫・酸などが〉〈衣類・金属などを〉食い荒らす, 腐食する; 〈波などが〉〈土地を〉浸食する; 〈車などが〉…を(大量に)消費する; 〈病気・苦労などが〉〈人・心を〉むしばむ ‖
iron fences **eaten** (away) by rust さびで(次第に)腐食した鉄柵.
She was **eaten** (up) by cancer. 彼女はがんのためにやられ[侵され](果て)てた.

**3** [eat A C] 十分食べて[食い荒らして] A を C の状態にする《◆ C は形容詞, 前置詞 + 名詞》‖
The insect **ate** the peach **hollow**. 虫に食い荒らされてモモは中空になった.
She **ate** herself **sick [into a sickness]** on ice cream. 彼女はアイスクリームを食べすぎて病気になった.

——自 食べる, 食事をする ‖
**eat off** a dish 盛り皿からとって食べる.
**eat with** chopsticks はしで食べる.

**eat** in 家で食事をする.
**eat** between meals 間食する.
He **eats** well. 彼は大食漢だ.
対話 "Do you **eat out** very often?" "No, hardly ever." 「よく外で食事をするのですか」「いえ, めったに外食しません」.
**éat úp** (1) [自] 食べ物を平らげる《◆命令文で子供に対してよく用いる》. (2) [他]〈食物〉を(たちまち)残さずに食べる;〈火などが〉〈町などを〉なめつくす;〈金・時間など〉を使い果たす.

\***eat·en** /í:tn イートン/ 動 → eat.
**eat·er** /í:tər イータァ/ 名 C 食べる人 ‖
You are a good **eater**. よく食べるね《◆子供にいう場合はほめ言葉. おとなにいうと「大食漢」というニュアンスを伴う》.
**eat·ing** /í:tiŋ イーティング/ 動 → eat.
— 名 U 食べること;食物;[形容詞的に]〈果物などが〉生で食べられる, 食用に適した ‖
an **éating ápple** 生食用リンゴ.
**eaves** /í:vz イーヴズ/ 名 [複数扱い] (家の)軒, ひさし.
**eaves·drop** /í:vzdràp イーヴズドラァプ|-dròp -ドロァプ/ 動 (過去・過分) eaves·dropped/-t/; (現分) ··drop·ping) 自 立ち聞きする, 盗み聞きする.
**ebb** /éb エブ/ 名 U [通例 the ~ / an ~] **1** 引き潮, 干潮 (ebb tide) ‖
the **ebb** and flow of the sea 海の干満.
The tide is **on the ebb**. 引き潮である.
**2** (文) 退潮, 衰退 ‖
Her popularity is **at a lów ébb**. 彼女の人気は下り坂である.
the **ébb** and **flów** of **lífe** 人生の盛衰.
— 動 自 **1**〈潮が〉引く. **2** (文) 退潮する.
**ébb tíde** =ebb 名 **1**.
**eb·on·y** /ébəni エボニ/ 名 (複 ··o·nies/-z/) U 黒檀(こくたん);黒檀の木.
**EC** (略) European Community.
**ec·cen·tric** /ikséntrik イクセントリク/ 形 **1** 常軌(じょうき)を逸(いっ)した, 一風変わった. **2** 中心をはずれた.
— 名 C 変人, 奇人.
**ec·cen·tric·i·ty** /èksəntrísəti エクセントリスィティ|èksen- エクセン-/ 名 **1** U 風変わり, 奇抜. **2** [eccentricities] 風変わりな行為, 奇(き)癖.
**ec·cle·si·as·ti·cal** /iklì:ziǽstikl イクリーズィアスティクル/ 形 (キリスト)教会の;聖職者の.

\***ech·o** /ékou エコウ/《「反響」から「(おうむ返しの)繰り返し」「模倣」に意味が広がった》

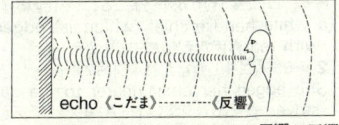

echo 〈こだま〉 ……〈反響〉

— 名 (複 ~es/-z/) C U **1** こだま, 反響;反響音 ‖
対話 "Hold it. I think I heard something." "Oh, you heard our footsteps. In this place everything has an **echo**." 「じっとして. 何か聞こえたように思うんだけど」「ああ, 我々の足音ですよ. この中では何でも反響するんですよ」.
**2** [比喩的に] 反響, 共鳴;[時に ~es] 影響, なごり ‖
the **echoes** of the French Revolution フランス革命の影響.
**3** (正式) (他人の意見・言葉・服装などの)模倣 (imitation);模倣者 (imitator).
**4** (音楽) エコー《同一楽句の弱音での反復》.
**5** [E~] 《ギリシア神話》エコー《Narcissus (ナルキッソス)に恋してこがれ死に, 声だけ残った妖精》.
— 動 (三単現) ~es/-z/;(過去・過分) ~ed/-d/;(現分) ~·ing)
— 他 **1**(正式)〈場所が〉〈音・声〉を**反響させる**, …のこだまを返す ‖
The canyon **echoed** her cry. 彼女の叫び声はその峡谷にこだました.
**2** …をおうむ返しに繰り返す, まねる〈人の意見など〉に共鳴する ‖
He **echoed** his teacher. 彼は先生の言葉をそっくりまねた.
— 自 反響する;こだまする ‖
The house **echoed** with her laughter. = Her laughter **echoed** through the house. 彼女の笑い声が家にこだました.
**e·clair** /eikléər エイクレア|ikléə イクレア/ 《フランス》 名 C エクレア《◆ chocolate *eclair* ともいう》.
**e·clipse** /iklíps イクリプス/ 名 C 《天文》(太陽・月の)食(しょく) ‖
a **sólar eclípse** 日食.
a **lúnar eclípse** 月食.
a **total eclipse** 皆既食.
**in eclípse** (1) 〈太陽・月が〉欠けて. (2) 光彩を失って.
— 動 (現分) e·clips·ing) 他 《天文》〈天体が〉〈他の天体を〉食する.
**e·co-** /í:kou イーコウ, ék-/ (連結形) [名詞・形容詞に付けて] 生態(の); 環境(の).
**ec·o·log·i·cal, --log·ic** /èkəládʒik(l) エコラヂク(ル)|ì:klódʒ- イークロヂク/ 形 生態学の, 生態(上)の. **èc·o·lóg·i·cal·ly** 副 生態学的に;[文全体を修飾] 生態学的見地から言えば.
**e·col·o·gy** /ikálədʒi イカロヂ|-kɔ́l- イコロヂ/ 名 U **1** 生態《生物の環境との関係》. **2** 生態学.
**e-com·merce** /í:kàmərs イーカマァス|-kɔ̀mərs コマース/ 名 =electronic commerce.

\***e·co·nom·ic** /èkənámik エコナミク|ì:kənɔ́mik イーコノミク/ 《→ economy》
— 形 **1** [名詞の前で] **経済の**;経済学(上)の ‖
Japán's **económic pólicy** 日本の経済政策.
**economic theories** 経済学の理論.
対話 "In Europe the greatest **economic** power is Germany." "In Asia it is Japan." 「ヨーロッパでいちばんの経済大国はドイツです」「アジアでは日本です」.
**2** (英) 採算のとれる, 利益になる.

\***e·co·nom·i·cal** /èkənámikl エコナミクル|ì:kənɔ́mikl イーコノミクル/ 《→ economy》

—形 **1 経済的な**, 徳用の ‖
an **economical** use of fuel 燃料の経済的な使い方.
A small car is very **economical** on gas. 小型車は燃料が少なくてすみとても経済的である.
**2 締まり屋の, 節約やる**, 浪費しない ‖
**economical** shoppers 買い物上手な客.
She is **economical** of her time. 彼女は時間をむだにしない.

Q&A **Q**: -ic, -ical で終わる語は económic, económical のように, つねにその直前の母音に第1アクセントが置かれるのですか.
**A**: ほとんどの場合そうですが, -ic の場合は次のような例外があります: Árabic, aríthmetic 形, Cátholic, héretic, lúnatic, pólitic, rhétoric.
-ical ではすべて規則的です: arithmétical, political, rhetórical.

**e·co·nom·i·cal·ly** /èkənámikəli エコナミカリ | iːkənɔ́m- イーコノミカリ/ 副 **1 経済的に, 節約して. 2** [文全体を修飾]経済的見地から言えば, 経済上.
**e·co·nom·ics** /èkənámiks エコナミクス | iːkənɔ́miks イーコノミクス/ 名 U **1** [単数扱い] 経済学. **2** [複数扱い]経済面, 経済問題, 経済状態.
**e·con·o·mies** /ikánəmiz イカノミズ | -kɔ́n- イコノミズ/ 名 → economy.
**e·con·o·mist** /ikánəmist イカノミスト | -kɔ́n- イコノミスト/ 名 C 経済学者.
**e·con·o·mize**, [英ではしばしば] **-mise** /ikánəmàiz イカノマイズ | -kɔ́n- イコノマイズ/ 動 他 (現分) **-miz·ing** 自 (…を)節約する.
\***e·con·o·my** /ikánəmi イカノミ | ikɔ́nəmi イコノミ/ 〖「家の管理」が原義〗 派 economic (形), economical (形), economics (名)
—名 (複) **-o·mies**/-z/) **1** U C (正式)**節約, 倹約** ‖
practice **economy** 倹約する.
We must make **economies** in buying clothes. 衣服を買うのを節約しなければならない.
**2** U (国家・社会などの)**経済**, 財政, 景気; C 経済組織 ‖
the household **economy** 家計.
**3** U =economy class.
**ecónomy clàss** (主に飛行機の)エコノミーミークラス (economy).
**e·co·tour·ism** /íːkoutùərìzm イーコウトゥアリズム/ 名 U エコツーリズム, 生態系保護観光《自然環境保護を意識した観光》.
**ec·sta·sy** /ékstəsi エクスタスィ/ 名 (複) **-sta·sies**/-z/) **1** U 無我夢中, 有頂天(→ rapture) ‖
in an **ecstasy** of delight 喜びに我を忘れて.
gó ínto **ecstasies** over the new book (略式)新刊書に無我夢中になる.
**2** (正式)歓喜, 恍惚(こうこつ).
**ec·stat·ic** /ekstǽtik エクスタティク | ik- イク-/ 形 (正式) **1** 有頂天の, 狂喜した. **2** 恍惚の.

**Ec·ua·dor** /ékwədɔːr エクワドル/ 〖「赤道」が原義〗 名 エクアドル《南米北西部の共和国. 首都 Quito》.
**ed.** (略) edition; editor; educated.
**ed·dy** /édi エディ/ 名 (複) **ed·dies**/-z/) C 小さな渦巻き. —動 (三単現) **ed·dies**/-z/ ; 過去・過分 **ed·died**/-d/) 自 渦を巻く.
**e·del·weiss** /éidlvàis エイドルヴァイス/ 《ドイツ》名 U 【植】エーデルワイス《キク科の高山植物》.
**E·den** /íːdn イードン/ 〖「喜び」が原義〗 名 **1** エデンの園(the Garden of Eden)《Adam と Eve が住んでいた楽園》. **2** C 楽土, 楽園; 極楽(の状態).
**Ed·gar** /édgər エドガ/ 名 エドガー《男の名. 愛称》Ed, Eddie, Eddy, Ned》.
\***edge** /édʒ エヂ/ 〖「鋭くとがったもの」が原義〗

edge
《1 刃先, 2 端》
《3 鋭さ》

edelweiss

—名 (複) **edg·es**/-iz/) **1** C **刃, 刃先**(→ knife 関連); [the ~ / an ~] 刃の鋭さ ‖
a knife which has a very sharp **edge** 大変よく切れるナイフ.
**2** C [通例 the ~] **縁**(ふち), へり, かど(→ border 名 1); **端**(はし), (町などの)はずれ ‖
at the **edge** of the water =at the water's **edge** 水ぎわで.
対話 "Where's my pen? Have you seen it?" "It's over there, on the far **edge** of the table." 「私のペンはどこかしら. あなた見なかった?」「向こうだ. テーブルの向こうの端にあるよ」.
**3** [the ~ / an ~] (欲望・皮肉などの)鋭さ, 強さ, 激しさ ‖
give an **edge** to one's appetite 食欲をそそる.
**be on édge** いらいらしている, 興奮している.
**háve an édge on [over]** A (略式)…よりまさる, 優位にある.
**on the édge of** A (1) …の縁[端]に. (2) まさに…しようとして.
—動 (三単現) **edg·es**/-iz/ ; 過去・過分 ~d/-d/ ; 現分 **edg·ing**)
—他 **1** …に**縁を付ける, …を縁どる**; …を仕切る ‖
a white handkerchief (which is) **edged** with red 赤色で縁どった白いハンカチ.
**2** …を斜めに[少しずつ, 注意して]**動かす** ‖
She **edged** her chair nearer **to** the gas stove. 彼女はいすをガスストーブの方へ少しずつ近づけた.
**3** 〈刃物〉の刃を立てる[研(と)ぐ]; …を鋭くする.
—自 斜めに[少しずつ, 注意して]進む.
**-edged** /-édʒd -エヂド/ 連結形 …刃の, 例; a sharp-**edged** blade 鋭い刃の刀身.

**ed·i·ble** /édəbl エディブル/ 形《正式》(毒性がなくて)食べられる, 食用に適する.

**ed·i·fice** /édəfis エディフィス/ 名《正式》**1** (宮殿などの)建物. **2** 複雑な組織.

**Ed·in·burgh** /édnbə̀ːrə エドンバーラ, -bə̀rə | édinbərə エディンバラ/ 名 エディンバラ《スコットランドの首都》.

**Ed·i·son** /édisn エディスン/ 名 エジソン《Thomas Alva/ǽlvə/ ~ 1847–1931; 米国の発明家》.

**ed·it** /édit エディト/ 動他 **1** …を編集する;〈原稿などを〉校訂する;《コンピュータ》〈データを〉編集する. **2** …の編集主幹になる.

**e·di·tion** /idíʃən イディション/ 名 Ⓒ **1** (本などの)版;《同じ版による》全発行部数;《ある版の》1冊, 1部《同じ版組で, 印刷する時が違うものは impression, printing「刷」》‖
a revised **edition** 改訂版.
**2** [修飾語を伴って]《印刷・出版形態上の》版‖
a paperback **edition** 紙装版.
**3**《日刊新聞の》版;《特定の日の特別の》版‖
the evening **edition** of the newspaper その新聞の夕刊.

**ed·i·tor** /édətər エディタ/ 名 Ⓒ **1** 編(集)者, 校訂者.
**2** =editor in chief.
**3**《新聞・雑誌の各部門の》部長‖
a sports **editor** スポーツ欄担当の部長.
**éditor in chíef**《新聞・雑誌の》編集長, 主幹(editor).

**ed·i·to·ri·al** /èdətɔ́ːriəl エディトーリアル/ 形 **1** 編集の; 編(集)者の‖
an **editorial** office 編集室.
the **editorial** staff [集合名詞的に] 編集部員.
**2** 社説の, 論説の‖
an **editorial** comment 社説の論評.
── 名 (複 ~s/-z/) Ⓒ《新聞・雑誌の》社説, 論説.

**ed·i·to·ri·al·ly** /èdətɔ́ːriəli エディトーリアリ/ 副 編(集)者として; 編集上; 社説で.

**ed·i·tor·ship** /édətərʃìp エディタシプ/ 名 Ⓒ 編(集)者の地位[職務, 権限, 指示].

**Ed·mund, Ed·mond** /édmənd エドマンド/ 名 エドモンド《男の名》.

*__ed·u·cate__ /édʒəkèit エヂュケイト | édju- エデュ-/
(アクセント注意)《◆ ˣエヂュケイト》《『能力を導き(duce)出す(e). cf. introduce』》
派 education (名), educational (形)
── 動 (三単現 ~s /-kèits/; 過去・過分 ‑cat·ed /-id/; 現分 ‑cat·ing)
── 他 **1** …を教育する《◆家庭で「作法などをしつける」は bring up》‖
**educate** oneself 独学する; (1人で)練習する.
He decided to **educate** his children at home. 彼は家で子供たちを教育することに決めた.
**2** …を学校へやる; …に学校教育を受けさせる‖
He was **educated** in [on] economics at Harvard. 彼はハーバードで経済学の教育を受けた.
It costs a lot to **educate** children. 子供を学校にやるのは高くつく.

**3**〈趣味・技能などを〉身につける‖
**educate** one's son's taste for music 息子の音楽の趣味を育てる.

**ed·u·cat·ed** /édʒəkèitid エヂュケイティド | édju- エデュ-/ 動 → educate. ── 形 教育を受けた; 教養のある.

**ed·u·cat·ing** /édʒəkèitiŋ エヂュケイティング | édju- エデュ-/ 動 → educate.

*__ed·u·ca·tion__ /èdʒəkéiʃən エヂュケイション | èdju- エデュ-/《→ educate》
── 名 Ⓤ **1** [時に an ~] 教育《◆具体的な科目の教育はふつう teaching: the teaching [ˣeducation] of English =English teaching 英語教育》‖
compulsory **education** 義務教育.
the **education** of children 子供の教育.
All people have the right to receive an equal **education**. 人はみな等しく教育を受ける権利を有する.
an **education**-conscious mother 教育ママ.
**2** [しばしば an ~] 教養, 知識‖
She has an [a good] **education**. 彼女は教養がある.
people without **education** 教養のない人たち.
**3** 教育学, 教授法.

Q&A *Q*: -ion で終わる語の発音上の特徴は何ですか.
*A*: 直前の母音に第1アクセントがあることです; quéstion, occásion, relígion, únion, appreciátion (例外: télevision).

**ed·u·ca·tion·al** /èdʒəkéiʃənəl エヂュケイショヌル | èdju- エデュ-/ 形 **1** 教育の, 教育上の‖
an **educational** system 教育制度.
**2** 教育的な, 有益な.

**ed·u·ca·tor** /édʒukèitər エヂュケイタ | édju- エデュ-/ 名 Ⓒ **1** 教師《◆ teacher の上品な言い方》.
**2**《米》教育学者.

**Ed·ward** /édwərd エドワド/ 名 エドワード《男の名》《愛称》Ed, Eddie, Ned, Neddy》.

**EEC**《略》European Economic Community.

**eel** /íːl イール/ 名 (複 ~s, eel) Ⓒ ウナギ; ウナギの類の魚‖
(as) slippery as an **eel** ウナギのように(つるつるして)つかみにくい; とらえどころのない.

**ee·rie, ee·ry** /íəri イアリ/ 形 (比較 ‑ri·er, 最上 ‑ri·est)〈場所・雰囲気などが〉無気味な, ぞっとするような.

**ef·face** /iféis イフェイス/ 動 (現分 ‑fac·ing) 他《正式》**1**〈文字などを〉消す. **2**〈記憶などを〉ぬぐい去る. **3** [通例 ~ oneself] 人目につかないようにする.

*__ef·fect__ /ifékt イフェクト/《類音》affect/əfékt/)《『完成して(fect)出た(ex)もの. cf. perfect』》
派 effective (形)
── 名 (複 ~s/-ékts/) **1** Ⓒ Ⓤ (原因の直接的な)結果(↔ cause)《◆ result は最終的な結果》‖
the **effect** of the accident 事故の結果.

cause 〈原因〉
effect 〈1 結果, 2 効果〉

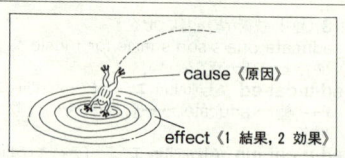

She is suffering from the **effects** of hot weather. 彼女は暑さ負けをしている.
**2** ⓒⓊ 効果, 効力, 影響; (薬などの)効きめ, 効能 ‖
**be of no effect** 効果がない, むだである.
**with effect** 効果的に.
**without effect** 効果なしに.
Our advice had no **effect** on him. 私たちの忠告は彼には効果がなかった.
対話 "Is she any better? Is the medicine working?" "I'm afraid not. It seems to have no **effect** at all." 「彼女は少しはよくなりましたか. あの薬は効いていますか」「そうでもないようです. 全然効きめがないようです」.
**3** ⓒⓊ (色・形・音などの)印象, 感じ; 効果 ‖
sóund efféct**s** 音響効果.
The picture gives an **effect** of moonlight. その絵は月の光の感じが出ている.
**4** 〔法律〕 [~s] 動産, 個人資産.
**bríng [cárry, pút] A ínto efféct** A〈法律など〉を実施する; A〈計画など〉を実行する.
**còme [gò] ínto efféct** 〈法律などが〉発効する.
**in effect** (1) [形] 〈法律・規則などが〉有効な(effective). (2) [副] 実際には; 事実上(effectively) ‖ In **effect** her idea was little different from mine. 事実上彼女の考えは私の考えとほとんど違わなかった.
○**tàke efféct** (1) 効果を生じる ‖ She lay quietly waiting for the sleeping pills to **take effect**. 彼女は静かに横になって睡眠薬が効くのを待った. (2) 〈法律などが〉発効する.
—動 他 (正式) …をもたらす, 達成する.

\***ef·fec·tive** /iféktiv イフェクティヴ/ 〖→ effect〗
—形 **1** 効果的である; 効きめがある(↔ ineffective) ‖
White clothes **are effective in** keeping cool in summer. 白い服は夏を涼しく過ごすのに効果的である.
対話 "I have a terrible headache." "Take this medicine. It's very **effective**." 「ひどい頭痛なんだ」「この薬を飲んでごらん. よく効くよ」.
**2** [補語として] 有効である, 実施されている ‖
The law is no longer **effective**. その法律はもう無効である.
**3** 感銘を与える, 印象的な.
**4** [名詞の前で] (名目的でなく)実際の, 事実上の.

\***ef·fec·tive·ly** /iféktivli イフェクティヴリ/
—副 **1** 効果的に; 有効に ‖
speak **effectively** 効果的に話す.
**2** 事実上, だいたい.

**ef·fec·tive·ness** /iféktivnəs イフェクティヴネス/ 名 Ⓤ 有効性.

**ef·fem·i·nate** /ifémənət イフェミナト/ 形 (正式) 女のような, めめしい.

**ef·fer·ves·cence** /èfərvésns エファヴェスンス/ 名 Ⓒ 沸騰(ﾌｯﾄｳ), 泡立ち; 興奮, あふれるような活気.

**ef·fer·ves·cent** /èfərvésnt エファヴェスント/ 形 沸騰(ﾌｯﾄｳ)性の; 興奮した.

**ef·fi·cien·cies** /ifíʃənsiz イフィシェンスィズ/ 名 → efficiency.

\***ef·fi·cien·cy** /ifíʃənsi イフィシェンスィ/
—名 (複 -cien·cies/-z/) **1** Ⓤ 能率, 能力 ‖
work **with** great **efficiency** 非常に能率的に働く.
**2** Ⓤ (機械などの)効率, 仕事率.

**ef·fi·cient** /ifíʃənt イフィシェント/ 形 **1** 有能な, 敏腕な; [it is efficient of A to do / A is efficient to do] …するとは A〈人〉は要領[手際]がよい ‖
an **efficient** doctor 有能な医師.
be very **efficient at [in]** one's work 仕事にとても有能である.
**2** 能率的な, 効率がよい ‖
The Japanese telephone system is highly **efficient**. 日本の電話網は非常に効率的にできている.

**ef·fi·cient·ly** /ifíʃəntli イフィシェントリ/ 副 能率的に, 効果的に.

**ef·fi·gy** /éfidʒi エフィヂ/ 名 (複 --fi·gies/-z/) Ⓒ (正式) 肖像, 人形.

\***ef·fort** /éfərt エファト/ 〖外に(ex)力を出す(fort)〗
—名 (複 ~s/-ərts/) **1** Ⓤ 努力すること; Ⓒ [しばしば ~s] 努力(したこと), 骨折り, 頑張り, 取り組み 《◆ endeavor, attempt より口語的》 ‖
màke évery **éffort to** master English 英語をマスターしようとあらゆる努力をする.
The Government has begun to put in serious **effort** to tackle diplomatic problems. 政府は外交問題に本腰を入れて取り組み始めた.
She **made an effort at** joking but it fell quite flat. 彼女は冗談を言おうと努力したが, うまくいかなかった.
対話 "I'm sorry you lost." "I gave it my best **effort**, so I don't feel bad." 「負けたのは残念だったね」「やれるだけのことはやったので後悔はしていません」.
**2** Ⓒ (略式) [通例複合語で] 努力の成果; (芸術上の)作品, 業績 ‖
a great literary **effort** 偉大な文学作品.

**ef·fort·less** /éfərtləs エファトレス/ 形 努力を要しない, 楽な, 簡単な.

**ef·fu·sive** /ifjúːsiv イフユースィヴ/ 形 〈感情などが〉あふれるばかりの, おおげさに表現された.

**EFL** /íːèfél イーエフエル/ 〖English as a foreign

language の略》 名 U 外国語としての英語.
**e.g.** /íːdʒíː イーヂー/《◆ for example とも読む》(略)
〖ラテン〗 exempli gratia (=for example) たとえば.

**egg** /ég エグ/
—名 (複 ~s/-z/) C **1** 卵; 鶏卵《(1) 生命の象徴とされる(→ Easter egg). (2)「料理した卵の一部分」の意では U (→ 第6例). (3) 卵の大きさの等級は Grade A, AA, AAA の順で小さくなる》∥
a carton of fresh **eggs** 新鮮な卵1カートン《12または6個》.
rotten **eggs** 腐った卵.
lay [×bear] an **egg** 卵を産む.
brood [sit on] **eggs** 〈鳥が〉卵を抱く.
break an **egg** 卵を割る.
I spilled **egg** on the floor. 私は床に卵をこぼした.
対話 "How would you like your **eggs**?" "Three-minute **eggs**, please."「卵はどのように召し上がりますか」「3分ゆでに願います」《◆「半熟」は soft-boiled,「固ゆで」は hard-boiled》.

Q&A *Q*: 卵料理にはどんなものがありますか.
*A*: a boiled egg ゆで卵 / fried eggs 目玉焼き; いり卵 / a poached egg 落とし卵 / a scrambled egg いり卵 / a shirred egg 皿に落とし天火で焼いた目玉焼き / a súnny-síde úp egg 片面焼きの目玉焼き / an egg (tipped) over 両面焼きの目玉焼き《◆Two eggs, òver éasy [hárd], please. (卵2個を両面を軽く[よく]焼いた目玉焼きにしてください)のように注文する》などがあります.

**2** =egg cell.
**égg cèll** 〖生物〗卵子, 卵細胞(egg, ovum).
**égg white** 卵の白身(cf. yolk).
**egg·plant** /éɡplænt エグプラント/ -plànt -プラーント/ 名 C 〖植〗ナス(の木); U C ナスの実《◆ egg apple ともいう.《英》では aubergine がふつう. 米英のものは日本のナスよりかなり大きい》.
**egg·shell** /éɡʃel エグシェル/ 名 C 卵のから; [形容詞的に]〈陶器などが〉薄手の; 〈塗料などが〉つや消しの.
**e·go** /íːgou イーゴウ, égou/ 名 (複 ~s) 《正式》**1** U C [しばしば the ~]〖哲学〗自我;〖精神分析〗自我, エゴ. **2** U 自負心, うぬぼれ; 自尊心.
**e·go·cen·tric** /ìːgouséntrik イーゴウセントリク, èɡou-/ 形《正式》自己中心の.
**e·go·ism** /íːɡouìzm イーゴウイズム, éɡou-/ 名 U **1** 利己主義, 自己本位. **2** うぬぼれ, 自負心.
**e·go·ist** /íːgouist イーゴウイスト, égou-/ 名 C **1** 利己的な人. **2** =egotist 1.
**ego·is·tic, --ti·cal** /ìːgouístik イーゴウイスティク/, èɡou-/ 形 **1** 利己主義の, わがままな. **2** うぬぼれた.
**e·go·tist** /íːgətist イーゴティスト, égətist エゴティスト/ 名 C **1** 自分本位の人. **2** =egoist 1.

**e·go·tis·tic, --ti·cal** /ìːgətístik イーゴティスティク(ル)/, èɡəu- エゴウ-/ 形 自己中心の.
***E·gypt** /íːdʒipt イーヂプト/ 《発音注意》《◆ ×Egypt》〖『黒い土地』が原義〗
—名 エジプト《現在の正式名 Arab Republic of Egypt. 首都 Cairo》.
**E·gyp·tian** /idʒípʃən イヂプシャン/ 形 エジプトの; エジプト人[語]の.
—名 **1** C エジプト人《語法》→ Japanese》.
**2** U (3世紀まで使われていた)エジプト語《セム=ハム語族. 略》Eg., Egypt》.
**eh** /éi エイ, (米+) é/ 間 《略式》えっ?《◆上昇調で用い, 驚きを示したり, 相手に繰り返し・同意を促す》.
**Éif·fel Tówer** /áifl- アイフル-/《設計者の名から》[the ~] エッフェル塔《パリにある鉄塔. 高さ315m》.

***eight** /éit エイト/《同音 ate》《米》
—名 (複 ~s /éits/)《◆形 とも用例は → two》**1** U C [通例無冠詞]《基数の》8《◆序数は eighth. 関連接頭辞 octa-, octo-》.
**2** [代名詞的に; 複数扱い] 8つ, 8個; 8人.
**3** U 8時, 8分, 8ドル[ポンド, セント, ペンスなど].
**4** U 8歳.
**5** C **a** 8の記号[数字, 活字]《8, viii, VIII など》. **b** 8の字形(のもの)《8の字形滑走[飛行], 8の字形結びなど》.
**6** C 〖トランプ〗8の札.
**7 a** C 8つ[8人]1組のもの; 8人乗りのボート(の乗員), エイト. **b** [the Eights]《英》(春にテムズ川で行なう)オックスフォード・ケンブリッジ大学対抗ボートレース.
—形 **1** [通例名詞の前で] 8つの, 8個の; 8人の.
**2** [補語として] 8歳の.
**éight báll** 《米》〖ビリヤード〗8と書いた黒球《◆持ち玉を落としきる前にこれを玉受け(pocket)に入れると負けになる》.

***eigh·teen** /èitíːn エイティーン/
—名 (複 ~s /-z/) **1** U C 18.
**2** U [複数扱い; 代名詞的に] 18個; 18人.
**3** U 18時《午後6時》, 18分, 18ドル[ポンド, セント, ペンスなど].
**4** U 18歳.
**5** C 18の記号《18, xviii, XVIII など》.
**6** C 18個[人]1組のもの.
—形 **1** [通例名詞の前で] 18の, 18個[人]の.
**2** [補語として] 18歳の.
**18** (記号)《英》(映画が)成人向き(の), 18歳未満入場禁止(の)(→ film rating).
**eigh·teenth** /èitíːnθ エイティーンス/《◆ 18th とも書く. 用例は 形 名 とも → fourth》形 **1** [通例 the ~] 第18の, 18番目の(→ first 形 **1**). **2** [a ~] 18分の1の.
—名 **1** C [通例 the ~]《順位・重要性で》第18番目[18位]の人[もの]. **2** U [通例 the ~]《月の》第18日(→ first 名 **2**). **3** C 18分の1.
**eighth** /éitθ エイトス/, (米+) éiθ/《発音注意》《◆ 8th とも書く. 用例は 形 名 とも → fourth》形 **1** [通例 the ~] 第8の, 8番目の(→ first 形 **1**). **2** [an ~]

**eighties**

8分の1の.

——名 (複 ~s) **1** ⓤ [通例 the ~] (順位・重要性で)第8番目[6位]の人[もの]. **2** ⓤ [通例 the ~] (月の)第8日(→ first 名 **2**). **3** ⓒ 8分の1. **4** ⓒ [音楽]第8度(音程), オクターブ(octave).

**éighth nóte** (米)[音楽] 8分音符((英)quaver).

**eight·ies** /éitiz エイティズ/ 名 ⇒ eighty.

**eight·i·eth** /éitiiθ エイティイス/ 形 **1** [通例 the ~] 第80の, 80番目の(→ first 形 **1**). **2** [a ~] 80分の1の.

——名 **1** ⓤ [通例 the ~] 第80番目[80位]の人[もの]. **2** ⓒ 80分の1.

*__eight·y__ /éiti エイティ/

——名 (複 **eight·ies**/-z/) **1** ⓤⓒ 80.

**2** ⓤ [複数扱い; 代名詞的に] 80個; 80人.

**3** ⓤ 80ドル[ポンド, セント, ペンスなど].

**4** ⓤ 80歳.

**5** ⓒ 80の記号[数字, 活字] 《80, LXXX など》.

**6** ⓒ 80個[人]1組のもの.

**7** [one's eighties] (年齢の)80代.

**8** [the eighties; 複数扱い] (世紀の)80年代, (特に)1980年代; (温度・点数などの)80台.

——形 **1** [通例名詞の前で] 80個の; 80人の.

**2** [補語として] 80歳の.

**eight·y-** /éiti- エイティ-/ (連結形) 80. 例: eighty-five 85, eighty-third 83番目の.

**Ein·stein** /áinstain アインスタイン/ 名 アインスタイン 《Albert ~ 1879-1955; ドイツ生まれの米国の物理学者で相対性理論の提唱者》.

‡__ei·ther__ /íːðər イーザー / áiðə アイザ, íːðə/
→ 形 **1** どちらかの　代 いずれか
　副 **1** A か B か　**2** …もまた

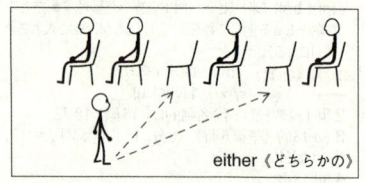

either 《どちらかの》

——形 [単数名詞の前で] **1** (2つのうち)どちらかの, いずれか一方の 《♦ both + 複数名詞は2つ[両者]とも》; [肯定文で] どちらの…も, どちらでも任意の; [疑問文・否定文で] どちらの…も

Either day is OK. どちらの日でも結構です.

Is either ticket available? どちらの切符も手に入りますか.

I don't know either boy [*boys]. どちらの少年も知らない(= I know **neither** boy.) 《♦ (1) 両方とも否定される. (2) I don't know *both* boys. では「2人とも知らない」(部分否定)の意》.

**2** 《正式》 [通例 side, end, hand など2つで1対になっている語と共に] (2つの)両方の ‖

at either end of the table テーブルの両端に.

on either side of the road 道路の両側に.

**éither wáy** どちらにしても, どっちみち.

——代 《正式》 (2つのうち)いずれか, どちらでも; [not (…) either で] (2つのうち)どちらも(…でない) ‖

Either of the students may fail the exam. どちらかの学生が試験に落ちるかもしれない 《♦ either of のあとには複数の代名詞や the [these, my など] + 複数名詞がくる》.

Either of you is [are] right. 君たちのうちどちらの言うことも正しい.

I offered him coffee or tea, but he didn't want either. 彼にコーヒーか紅茶をすすめたが, 彼はどちらもいらないと言った.

[対話] "Which do you want, the blue one or the red one?" "Either will do. You choose." 「青いのか赤いのかどちらがほしいですか」「どちらでもいいよ. 君が選んでください」.

[Q&A] (1) Q: 「(3つ以上のうち)いずれか」はどう訳すのですか.
A: any か any one /éni wán/ of … を用います: any one of us 私たちのだれかひとり.
(2) Q: either のあとに not は用いられませんか.
A: いいえ. その代わりに Neither of them came. (2人とも来なかった)のように neither を用います. → each [語法]

——副 **1** [either A or B] A か B か, A か B かのどちらか 《♦ 動詞は B の人称・数に合わせるのが原則. → neither 副 **1** [語法]

Either she or I am at fault. 彼女か私かどちらかが間違っている.

She went either to London or to Paris. 彼女はロンドンかパリかのどちらかへ行った.

**2** [否定文のあとで] …もまた(…ない) 《肯定文で「…もまた」は too, also》 ‖

Mary isn't coming and Bob isn't, either. メリーは来ないが, ボブも来ないのだ.

[対話] "Bob can't drive a car." "No, Tom can't do that(,) either." 「ボブは車を運転できない」「うん, トムもできないんだ(= Nor [Neither] can Tom do that.)」 《♦ too を使えば Tom, too, is unable to do that. / Tom is unable to do that, too. となる》.

**3** (略式) [肯定文のあとの否定文で前に述べた事を反復・修正して] その上, それに(moreover) ‖

She likes singing, and she doesn't have a bad voice, either. 彼女は歌が好きだ, それに声も悪くはないし.

Fred, behave, and I'm not joking, either. フレッド, 行儀よくしなさい, 本気で言っているのよ.

**e·jac·u·late** /idʒǽkjəleit イヂャキュレイト/ 動 (現分 --lat·ing) 他 《精液を》射出する.

**e·jac·u·la·tion** /idʒæ̀kjəléiʃən イヂャキュレイション/ 名 ⓤⓒ 射精.

**e·ject** /idʒékt イヂェクト/ 動 他 **1** 《正式》…を追い出す. **2** …を噴出する, はじき出す.

**eke** /íːk イーク/ 動 (現分 ek·ing) 他 《古》…を増す, 伸ばす.

***éke óut*** [他]〈不足分〉を補う;〈生計〉をなんとかして立てる.

**e·lab·o·rate** /ilǽbərət イラバラト/ [形] -əreit イラバレイト/ [形] 手のこんだ, 精巧な; 入念な, 苦心して作り上げた ‖
an elaborate design 精巧なデザイン.
elaborate plans 入念な計画.
――[動] (現分) ‑‑rat·ing [他] 〈正式〉…を念入りに作る;〈計画など〉練る,〈文章〉を推敲(ずいこう)する.
――[自] 詳しく述べる.

**e·lapse** /ilǽps イラプス/ [動] (現分) ‑‑laps·ing [自]〈正式〉〈時が〉経つ.

**e·las·tic** /ilǽstik イラスティク/ [形] **1** 弾力性の(ある), 伸縮自在の《◆もとの形に戻ることを強調する. cf. flexible》‖
an elastic bandage 伸縮性のある包帯.
**2**〈規則などが〉融通性のある;〈人・性質などが〉屈託のない, すぐに元気を取り戻す.
――[名] U ゴム入り生地; ゴムひも;[服飾] 伸縮性のある素材 ‖
a piece [strip] of elastic ゴムひも1本.
**2** C =elastic band.

**elástic bànd** (英) 輪ゴム, ゴムバンド《elastic,《米》rubber band》.

**e·las·tic·i·ty** /ilæstísəti イラスティスィティ, i:læs‑/ [名] U **1** 弾力性, 伸縮性;[物理] 弾性. **2** 融通性, 順応性, 適応性.

**e·lat·ed** /iléitid イレイティド/ [形] 意気盛んな, 大得意の.

**e·la·tion** /iléiʃən イレイション/ [名] U 意気揚々;喜び, 得意.

**El·ba** /élbə エルバ/ [名] エルバ島《イタリア領の小島. ナポレオン1世が流された所(1814-15)》.

**El·be** /élbə エルベ/ [名] [the ~] エルベ川《チェコからドイツを通って北海に注ぐ》.

***el·bow** /élbou エルボウ/ [[弓(bow)のような腕(el)]]
――[名] (複) ~s/-z/) C **1** ひじ;(いすの)ひじ掛け ‖
at one's [the] élbow ひじ先に, 手近に.
an élbow chàir ひじ掛けいす.
**2** ひじ状[L字形]の物; [建築] ひじ管.
――[動] 他〈人〉をひじで突く ‖
elbow one's way ひじで押し分けて進む.
elbow him aside 彼を押しのける.

***el·der**[1] /éldər エルダ/ [[old の比較級. cf. eldest]]
――[形]〈主に英・米文〉[通例名詞の前で]〈兄弟[姉妹]のうち〉年上の, 年長の《(米) older, big》(↔ younger)《◆米英では兄弟姉妹の年の上下を問題にすることはまれで, ふつう単に brother, sister を用いる》‖
She is the elder of the two daughters. 2人の娘のうち彼女が年上です.
[対話] "Do you have any brothers or sisters?" "Yes, two elder sisters." 「ご兄弟はいらっしゃいますか」「ええ, 姉が2人います」.

[語法] ×elder than A とはいわない:He is two years older [×elder] than Mary. 彼はメリーより2歳年上だ.
――[名] (複) ~s/-z/) C **1** (2人のうち)年上の人; [one's ~s] 年長者, 年配の人 ‖
You should respect your elders. 年上の人は尊敬すべきです.
**2** [通例 the ~s] 長老, 古老.

**el·der**[2] /éldər エルダ/ [名] C [植] ニワトコ;その実.

***el·der·ly** /éldərli エルダリ/ [éldəli エルダリ/ [[→ elder[1]]]
――[形] 年配の, 初老の, 中年過ぎの, 実年の《◆しばしば old, aged の遠回し表現. → old [形]1a [語法]》‖
an elderly lady かなり年配の婦人.

***el·dest** /éldist エルディスト/ [[old の最上級. cf. elder]]
――[形]〈主に英・米文〉[通例名詞の前で](3人以上の兄弟[姉妹]のうちで)最年長の, 一番年上の《(米) oldest, biggest》‖
my eldest brother 私の一番上の兄.

**El Do·ra·do, El·do·ra·do** /èl dərɑ́:dou エルダラードウ/《スペイン》[名] **1** エルドラド《南米アマゾン河畔にあると想像された黄金国[都市]》. **2** [el dorado, eldorado] C (一般に)宝の山.

**El·ea·nor** /élənər エラナ/ [名] エリナ《女の名.《愛称》Nell, Nellie, Nelly, Nora》.

***e·lect** /ilékt イレクト/ ([類語] erect/irékt/)[[選び(lect)出す(ex). cf. select, collect]]
派 election (名)
――[動] (三単現) ~s /ilékts/; (過去・過分) ~·ed /‑id/; (現分) ~·ing
――[他] **1** …を選挙する, 選出する ‖
elect a mayor every four years 市長を4年目ごとに選挙する.
[対話] "We'll have to elect a new chairperson." "Who can we choose?"「新しい委員長を選出しなければならないね」「だれを選べばいいのかな」.
**2 a** [elect A (as [to be]) C] A〈人〉を C〈役職など〉に選ぶ ‖
The committee elected him (as [to be]) chairman. 委員会は彼を委員長に選んだ《◆役職が同時には1名に限られる場合は無冠詞》.
**b** [elect A to B] A〈人〉を B〈役職・地位〉に選任する ‖
Bush was elected to the Presidency [×President]. =Bush was elected President. ブッシュが大統領に選ばれた.
**c** [elect A to do] A〈人〉を選んで…してもらう ‖
We elected her to approach our teacher on the matter. その事で先生に掛け合ってもらうように彼女を選んだ.
**3**〈正式〉**a**〈方針など〉を選ぶ, 決定する ‖
elect carpentry as a career (一生の)職業に

大工を選ぶ.
**b** [elect to do] …することに決める ‖
After careful thought, I elected to stay at home. よく考えた末, 私は家にいることに決めた.
——形《正式》当選した.
——名《正式》[the ~; 集合名詞; 複数扱い] 選ばれた人たち.

\*e·lec·tion /ilékʃən イレクション/ 〖→ elect〗
——名 (覆 ~s/-z/) ©Ⓤ (選挙で)選ぶ[選ばれる]こと; **選挙**, 投票, 当選; [形容詞的に] 選挙の ‖
her election to the governorship 彼女が知事に当選したこと.
an election campaign 選挙運動.

e·lec·tive /iléktiv イレクティヴ/ 形 **1** (正式)選挙で選ばれる. **2** 選挙権を有する.

e·lec·tor /iléktər イレクタ/ 名 © (正式)選挙人, 有権者.

e·lec·tor·al /iléktərəl イレクタラル/ 形 選挙(人)の.

e·lec·tor·ate /iléktərət イレクタラト/ 名 © [時には the ~; 集合名詞; 単数・複数扱い] 選挙民, 有権者.

\*e·lec·tric /iléktrik イレクトリク/ 〖「琥珀(こはく)のような」が原義. こすると電気が生じることから〗
派 electrical (形), electricity (名)
——形 **1** [名詞の前で] **電気の**; 電気を帯びた《◆「電気に関する」は electrical》‖
an eléctric cúrrent 電流.
an electric wire 電線.
**2** [通例名詞の前で] **電気で動く**, 電動の ‖
an electric motor 電動機.
対話 "What kind of heater is that? Gas or oil?" "Neither. It's an electric heater." 「そのヒーターはどんな種類のものですか. ガスか灯油のヒーターですか」「どちらでもないよ. 電気ヒーターなんだ」.
**3** [名詞の前で] 電気による, 電気で生じる; 〈機械が〉電気を起こす ‖
electric power 電力.
**4** 熱狂した, 興奮した; 緊張した.

eléctric cháir 電気いす; [the ~] 電気いすによる処刑; その判決.

eléctric guitár エレキギター.

e·lec·tri·cal /iléktrikl イレクトリクル/ 形 電気に関する, 電気を扱う ‖
Henry is an electrical engineer. ヘンリーは電気技師です.

e·lec·tri·cian /ilèktríʃən イレクトリシャン/ 名 © 電気技師.

\*e·lec·tric·i·ty /ilèktrísəti イレクトリスィティ, ìlek-/ 〖→ electric〗
——名 Ⓤ **1 電気** ‖
The machine is run on [by] electricity. その機械は電気で動く.
**2** 電気学.

e·lec·tri·fy /iléktrəfài イレクトリファイ/ 動 (三単現 --tri·fies/-z/; 過去・過分 --tri·fied/-d/) 他 …に電力を供給する; …を電化する.

e·lec·tro- /iléktrou- イレクトロウ-/ 連結形 電気の, 電気に関する, 電気による. 例: electromagnetic.

e·lec·tro·cute /iléktrəkjù:t イレクトロキュート/ 動 (現分 --cut·ing) 他 …を感電死させる; …を電気いすで処刑する.

e·lec·trol·y·sis /ilèktrάləsis イレクトラリスィス, i:lek-|-trɔ́l- イレクトロリスィス/ 名 (覆 --ses/-si:z/) Ⓤ© 電気分解.

e·lec·tro·mag·net /iléktrəmægnit イレクトロマグニト/ 名 © 電磁石.

e·lec·tro·mag·net·ic /iléktrəmægnétik イレクトロマグネティク/ 形 電磁石の; 電磁気の.

electromagnétic wáve 電磁波.

\*e·lec·tron /iléktran イレクトラン|iléktrɔn イレクトロン/
——名 (覆 ~s/-z/) © (物理・化学) **電子**, エレクトロン.

eléctron microscope 電子顕微鏡.

\*e·lec·tron·ic /ilèktránik イレクトラニク, i:lek-|ilèktrɔ́nik イレクトロニク, i:lek-/
——形 **1** [名詞の前で] **電子工学の**, エレクトロニクスの.
**2** 電子の, 電子による; 〈楽器が〉電子音楽の.

electrónic cómmerce 〘コンピュータ・経済〙電子商取引, eコマース(e-commerce).

e·lec·tron·ics /ilèktrániks イレクトラニクス|ilèktr5n- イレクトロニクス/ 名 Ⓤ [単数扱い] **電子[工学], エレクトロニクス**.

el·e·gance /éləgəns エリガンス/ 名 **1** Ⓤ [しばしば an ~] 優雅, 上品, 気品. **2** © 優雅な事[もの], 上品な言葉[作法].

el·e·gant /éləgənt エリガント/ 形 **1** 上品な, 優雅な 《◆「自然に内から出る上品さ」は graceful》; 〈芸術などが〉格調の高い, 優美な 《⇔ inelegant》‖
elegant in one's manners 身のこなしに気品のある.
**2** 的確な; 簡潔な. **3** (米略式) みごとな, すてきな.
**él·e·gant·ly** 副 優雅に, 上品に.

el·e·gy /élədʒi エリヂ/ 名 (覆 --e·gies/-z/) © **1** 哀歌, 挽歌(ばんか), 悲歌, エレジー. **2** 哀歌[挽歌]調の詩.

\*el·e·ment /éləmənt エリメント/ 〖「物事・物質・自然界などの基本要素」が本義〗 派 elementary (形)
——名 (覆 ~s/-mənts/) **1** © (化学) **元素** (cf. compound) ‖
Hydrogen is lighter than any other element. 水素は他のどの元素よりも軽い.
**2** © (構成)**要素**, 成分 ‖
Diligence is an important element of success. 勤勉は成功の重要な要素だ.
対話 "Which job should I choose? I have no idea." "Money is one element, but so is job happiness." 「どっちの仕事を選べばよいのだろう. ぼくにはわからないよ」「給料は大事な要素だけど仕事の満足感も大事だよ」.
**3** [複雑な総合体の構成要素] **a** [an ~ of + Ⓤ 名詞] 少量, 気味な (trace) ‖
There is always an element of sarcasm in what he says. 彼の言うことにはいつも皮肉がいくぶんこめられている.

**b** [C] [~s] (特殊な人の)一団, 分子《◆しばしば政治的な意味を含む》;〔軍事〕小部隊, 分隊.
**4** [自然界を構成する基本要素] [C] **a** (古) (古代・中世の宇宙論で宇宙を構成すると考えられた)四大(だい)の1つ, 基本元素《地・火・風・水》.
**b** [the ~s] (風・雨・寒さなどの)自然力, 風雨, 悪天候 ‖
We braved **the elements** to walk to the station. 風雨をものともせず駅まで歩いた.
***be in one's élement*** あるべき所にいる; 本領を発揮できる ‖ He's in his element when working on the farm. 畑仕事をしているとき彼はまるで水を得た魚のようだ.
***be óut of one's élement*** あるべき所にいない; 本領を発揮できない.

**el·e·men·tal** /èləméntl エレメントル/ 形 **1**《主に米》基本的な. **2**《正式》自然現象の.

***el·e·men·ta·ry** /èləméntəri エレメンタリ/ 《→ element》
——形 **1** 初歩の, 初等の ‖
elementary mathematics 初等数学.
**2** 〈問題などが〉単純な, 簡単な.
**3**〔化学〕元素の.
**eleméntary schóol** 《米正式》小学校《6-3-3制の最初の6年, 8-4制では前の8年をさす. 一般には grade school というのがふつう. 英国では primary school というのがふつう. → school》.
**èl·e·mén·tar·i·ly** 副 基本的に, 初歩的に.

***el·e·phant** /éləfənt エリファント/ 〖「牙(きば)を持つ動物」が原義〗
——名 ~s/-fənts, 集合名詞 **el·e·phant**》[C]
**1** ゾウ(象)《◆記憶力がよい(Élephants néver forgét. とされる. 米国では共和党の象徴(cf. donkey). 鳴き声は trumpet 参照)》‖
a herd of **elephant**(s) ゾウの群れ.
He walks with a slow but steady gait just like an **elephant**. 彼はちょうど象みたいにゆっくりだがしっかりした足どりで歩く.

> 関連 a bull [cow] elephant 雄[雌]ゾウ / a calf elephant 子ゾウ / a trunk ゾウの鼻 / ivory 象牙(ぞうげ).

**2** =white elephant.

**el·e·vate** /éləvèit エレヴェイト/ 動 《現分》··vat·ing》他 《正式》**1** 〈心などを〉高める, 高揚させる ‖
A child should be given books which **elevate** his mind. 子供には精神を高める書物が与えられるべきである.
**2** …を上げる(raise) ‖
He **elevated** his voice so as to make himself heard. 彼は届けとばかりに声を張り上げた.
**3** …を持ち上げる.
**4** …を昇進させる.

**el·e·va·tion** /èləvéiʃən エリヴェイション/ 名 (複 ~s/-z/) 《正式》**1** [U][C] 高める[られる]こと, 昇進.
**2** [U] 高尚(こうしょう)さ.
**3** [C] 高い場所.

**4** [U] [しばしば an ~] 高度, (地上における)海抜; 仰角(ぎょうかく) ‖
**at an elevation of** 1,000 meters ＝at 1,000meters **in elevation** 高度1000メートルで.
**5** [C] 正面図, 立面図.

***el·e·va·tor** /éləvèitər エレヴェイタ/ (アクセント注意) 《◆ ˟エレヴェイタ》〖→ elevate〗
——名 (複 ~s/-z/) [C] **1**《米》エレベーター, 昇降機(《英》lift) ‖
take the **elevator** to the 5th floor 5階までエレベーターに乗る.
**2** 《米》揚穀(ようこく)機[装置]; (揚穀装置のある大型)穀物倉庫. **3** 〔航空〕(飛行機の後尾の)昇降舵(だ)(図) → airplane).
**élevator càr** 《米》エレベーターの箱.

***e·lev·en** /ilévn イレヴン/ 〖「10に残り(leven)1つ(e). cf. twelve」〗
——名 (複 ~s/-z/) 《名 形 とも用例は → two》
**1** [U][C] (基数の)11《序数は eleventh》.
**2** [U] [代名詞的に; 複数扱い] 11個; 11人.
**3** [U] 11時, 11分; 11ドル[セント, ポンド, ペンスなど].
**4** [U] 11歳.
**5** [C] 11の記号[数字, 活字]《11, xi, XI など》.
**6** [C] 11個[人]1組(のもの); [集合名詞] (アメリカンフットボール・サッカー・クリケットなどの)11人チーム, イレブン(cf. nine 名 **7**).
**7** [the E~] キリストの11使徒《12使徒(the Apostles)からユダ(Judas)を除く》.
**8** 《英略式》[~s / ~ses; 通例複数扱い] (朝11時ごろの)おやつ.
——形 **1** [通例名詞の前で] 11個の, 11人の.
**2** [補語として] 11歳の.

**e·lev·enth** /ilévnθ イレヴンス/ 《◆ 11th とも書く. 用例は 形名 とも → fourth》形 **1** [通例 the ~] 第11の, 11番目の(→ first 形 **1**). **2** [an ~] 11分の1の.
——名 **1** [U] [通例 the ~] (順位・重要性で)第11番目[11位]の人[もの]. **2** [U] [通例 the ~] (月の)第11日(→ first 名 **2**). **3** [C] 11分の1.
***at the eléventh hóur*** きわどいところで.

**elf** /élf エルフ/ 名 (複 **elves**/élvz/) [C] **1** (ゲルマン神話の)小さい妖精(ようせい). **2** わんぱく小僧. **3** 小びと.

**e·lic·it** /ilísət イリスィット/ (同音 illicit) 動 他 《正式》…を引き出す.

**el·i·gi·bil·i·ty** /èlidʒəbíləti エリヂビリティ/ 名 [U] 適任(性), 適格(性); 被選挙資格.

**el·i·gi·ble** /élidʒəbl エリヂブル/ 形 選ばれるのにふさわしい; 資格のある; 適任の; (結婚相手として)適当な.

***e·lim·i·nate** /ilímənèit イリミネイト/
——動 《三単現》~s /-nèits/; 《過去・過分》··nat·ed /-id/; 《現分》··nat·ing)

—他 **1**《正式》…を除く, 除去[削除]する ‖ eliminate slang words from one's writing 書いたものから俗語を削除する.
**2**《略式》…を殺す, 消す《◆kill の遠回し語》.
**3** …を失格させる.

**e·lim·i·nat·ing** /ilímənèitiŋ イリミネイティング/ 動 → eliminate.

**e·lim·i·na·tion** /ilìmənéiʃən イリミネイション/ 名 C **1**《正式》除去, 排除. **2**《競技》予選.

**El·i·ot** /éliət エリオト/ 名 **1** エリオット《男の名》. **2** エリオット《George ~ 1819-80；英国の女性小説家. 本名 Mary Ann Evans》. **3** エリオット《T(homas) S(tearns) ~ 1888-1965；米国生まれの英国の詩人・随筆家・批評家》.

**e·lite, é·lite** /ilí:t イリート/《フランス》名 **1** C《通例 the ~；集合名詞；単数・複数扱い》えり抜きの人々, エリート. **2** U（タイプライターの）エリート活字《10ポイント》.

**e·lit·ism, é·--** /ilí:tizm イリーティズム/ 名 U エリート[精鋭]主義；エリート意識.

**E·liz·a·beth** /ilízəbəθ イリザベス/ 名 **1** エリザベス《女の名.《愛称》Bess, Bessie, Bessy, Beth, Betty, Eliza, Elsie, Lizzie, Lizzy》. **2** [Elizabeth Ⅰ] エリザベス1世《1533-1603；イングランドの女王(1558-1603)》. **3** [Elizabeth Ⅱ] エリザベス2世《1926- ；英国の女王(1952- )》.

**E·liz·a·be·than** /ilìzəbí:θn イリザビーズン/ 形 エリザベス1世時代の, エリザベス朝の. —名 C エリザベス女王時代の人[作家].

**elk** /élk エルク/ 名（複 ~s, elk）C《動》（ユーラシアの）ヘラジカ《= 北米の moose と同種でシカ類では最大.《米》では wapiti をさすこともある》.

**El·len** /élən エレン/ 名 エレン《女の名. Helen の別称.《愛称》Nell, Nellie, Nelly》.

**el·lipse** /ilíps イリプス/ 名 C《幾何》長円, 楕(だ)円(形).

**el·lip·sis** /ilípsis イリプスィス/ 名（複 --ses /-siz/）U C **1**《文法》省略《例：if (it is) possible》. **2**《印刷》省略符号《…, ***, など》.

**el·lip·tic, --ti·cal** /ilíptik(l) イリプティク(ル)/ 形《幾何》長円[楕(だ)円](形)の；（形）のような.

ellíptic órbit《宇宙》楕円軌道.

**elm** /élm エルム/ 名 C《植》ニレ(elm tree)；U ニレ材《棺おけの材料にされるので墓場を連想させることがある》.
To ask pears of an elm tree. (ことわざ)ニレの木にナシを求める；「無いものねだり」.

**elm trèe** =elm.

**el·o·cu·tion** /èləkjú:ʃən エロキューション/ 名 U 演説法, 朗読法, 雄弁術.

**e·lon·gate** /iló:ŋgeit イローンゲイト | í:lɔŋgeit イーロンゲイト/ 動（現分）--gat·ing）他 …を長くする.
—自 長くなる.

**e·lon·ga·tion** /ìlɔ:ŋgéiʃən イローンゲイション | ì:lɔŋ-イーロンゲイション/ 名 U 伸長；C 伸長部, 延長線.

**e·lope** /ilóup イロウプ/ 動（現分）--lop·ing）自 駆け落ちする.

**el·o·quence** /éləkwəns エロクウェンス/ 名 U《正式》**1** 雄弁；雄弁術 ‖
a man of eloquence 雄弁家.
**2** 力強い[効果的な]言葉.

**el·o·quent** /éləkwənt エロクウェント/（アクセント注意）《×エロクウェント》形《正式》**1** 雄弁な；〈演説などが〉聴衆に強く訴える, 感銘を与える ‖
an eloquent speaker 雄弁家.
**2** 表情豊かな ‖
eloquent eyes 表情豊かな目.

**él·o·quent·ly** 副 雄弁に.

**El Sal·va·dor** /el sælvədɔ:r エル サルヴァドー/ エル=サルバドル《中米中部の共和国. 首都 San Salvador》.

## *else /éls エルス/《「他の」が原義》

—副 **1** そのほかに[の], 代わりに《◆(what, who, where などの)疑問詞, any-, every-, some-, no- で始まる語, -body, -one, -thing, -where で終わる語, また all, much, little のあとで用いる》‖
Let's go somewhere else. どこかほかへ行こう.
Who else did you see, apart from Tom and Mary? トムとメリーは別にして他にだれに会いましたか.
What else did she say? 彼女はほかに何と言ったのですか.
That table is mine, but everything else belongs to John. あのテーブルは私のものだが, 他のものは全てジョンのものだ.
I'm telling you nothing else than the truth. 君に言っているのは事実だけです.
対話 "Who's going to the party?" "Tom, Jane, Mary and John." "Ányone élse?" "No, that's all." 「パーティーに行くのはだれですか」「トム, ジェーン, メリーとジョンです」「ほかにはだれか行くのですか？」「いいえ, それで全員です」.

> **Q&A** **Q**：else を所有格にするにはどうすればいいのですか.
> **A**：somebody else's car（だれかほかの人の車）のようにつけます. 発音は /élsiz/, また単独で This is not my book but somebody else's.（これは私の本ではなくだれかほかの人のです）のようにも用いられます.

**2** [or else ~] **a** [接続詞的に] さもないと(otherwise) ‖
Hurry, or else you'll be late. 急ぎなさい, でないと遅れるよ.
**b**《略式》[通例命令文のあとで単独で用いて]（おどし・警告を表して）そうしないと（ひどい目にあうぞ）‖
Don't move(,) or else! 動くな！さもないと….

## *else·where /élswhèər エルスウェア | =/

—副 どこかほかの所で[へ]《◆somewhere else より堅い語》‖
We will go elsewhere. どこかほかへ行こう.

**e·lu·ci·date** /ilú:sidèit イルースィデイト/ 動（現分）--dat·ing）他《正式》…を解明する.

**e·lude** /ilú:d イルード/ 動（現分）--lud·ing）他《正式

**e·lu·sive** /ilúːsiv イルースィヴ/ 形 《正式》 1 巧みに逃げる. 2 理解しにくい.

**elves** /élvz エルヴズ/ 名 → elf.

**'em** /əm エム/ 代 《略式》 =them.

**e·ma·ci·at·ed** /iméiʃièitid イメイシエイティド, (英+) imǽsi-/ 形 《正式》 やせ衰えた.

**e·ma·ci·a·tion** /imèiʃiéiʃən イメイシエイション/ 名 U 《正式》 衰弱.

**e·mail, e-mail** /íːmèil イーメイル/ 名 U C E メール, 電子メール(electronic mail) 《◆ Email, E-mail ともつづる. cf. snail mail》 ‖

by [via] email E メールで.

He checked his email first thing in the morning. 彼は朝一番に E メールをチェックした.

I have just received an email from him. 彼から今しがた E メールを受け取ったところだ.

I got ten emails today. 今日は 10 通 E メールが来た.

語法 最初の 2 例のように「(手紙や電話でなく) E メールという方法で」とか, 受信したメッセージをまとめてさす場合は U 名詞. 第 3, 4 例のように個々の E メールをさす場合は C 名詞.

——動 他 〈人・会社など〉に E メールを送る；…を電子メールで送る ‖

email his firm 彼の会社に電子メールを送る.

**em·a·nate** /émənèit エマネイト/ 動 (現分) --nat-ing) 自 《正式》 出る, 発する；広まる. ——他 …を出す, 発する.

**e·man·ci·pate** /imǽnsəpèit イマンスィペイト/ 動 (現分) --pat-ing) 他 《正式》 〈人〉を解放する, 自由にする (set free) ‖

emancipate women from old restrictions 古い拘束から女性を解放する.

**e·man·ci·pa·tion·ist** /imæ̀nsəpéiʃənist イマンスィペイショニスト/ 名 C 解放論者；(特に)奴隷解放論者.

**em·balm** /embáːm エンバーム | im- イン-/ 他 〈死体〉に防腐処置を施(ほどこ)す.

**em·bank·ment** /embǽŋkmənt エンバンクメント | im- イン-/ 名 1 U 堤防を築くこと；C 堤防. 2 [the E〜] エンバンクメント《London の Thames 川沿いの道路》.

**em·bar·go** /embáːrgou エンバーゴウ | im- イン-/ 名 (複 〜es) C 《商船の》出入港禁止(命令).

**em·bark** /embáːrk エンバーク | im- イン-/ 動 自 《正式》 1 乗船する ‖

embark for San Francisco at Kobe 神戸で乗船してサンフランシスコに向かう.

2 [embark on A] …を開始する.

**em·bar·ka·tion** /èmbaːrkéiʃən エンバーケイション/ 名 U C 1 乗船；積み込み. 2 《事業などへの》進出.

*__em·bar·rass__ /embǽrəs エンバラス | im- イン-/ 《中に (em) 障害物を置く (bar)》

——動 (三単現 〜·es /-iz/；過去・過分 〜ed /-t/；

現分 〜·ing)

——他 1 …に恥ずかしい思いをさせる, まごつかせる, 困らせる ‖

The lady was embarrassed when he asked her age. その婦人は彼に年を聞かれたとき当惑した.

The mother was embarrassed by [at, 《英》 with] her child's bad behavior. 母親は子供の行儀の悪さにきまりの悪い思いをした.

2 《正式》 [通例 be 〜ed] 〈人が〉財政困難になる.

**em·bar·rass·ing** /embǽrəsiŋ エンバラスィング | im- イン-/ 動 → embarrass. ——形 [他動詞的に] 〈人〉をまごつかせるような；ばつの悪い.

**em·bar·rass·ment** /embǽrəsmənt エンバラスメント | im- イン-/ 名 1 U 当惑, 困惑, きまり悪さ. 2 C [通例 an 〜] 当惑させる物[人], じゃまな物[人].

**em·bas·sy** /émbəsi エンバスィ/ 名 (複 --bas·sies /-z/) [しばしば固有名詞の一部として E〜] C 1 大使館《◆「公使館」は legation, 「領事館」は con-sulate》 ‖

the US Embassy 米国大使館.

2 [集合名詞] 大使と全大使館員.

**em·bat·tled** /embǽtld エンバトルド | im- イン-/ 形 1 《軍隊が》戦闘隊形をとった. 2 《町などが》要塞(ようさい)化された.

**em·bed** /embéd エンベド | im- イン-/ 動 (過去・過分) --bed·ded /-id/；現分 --bed·ding) 他 [通例 be 〜ded] 埋めこまれる, はめ込まれる.

**em·bel·lish** /embéliʃ エンベリシュ | im- イン-/ 動 (三単現 〜·es /-iz/) 他 《正式》 …を美しく飾る.

**em·bél·lish·ment** 名 U 装飾.

**em·ber** /émbər エンバ/ 名 C 《正式》 (石炭・薪などの) 燃え残り；[通例 〜s] 残り火.

**em·bez·zle** /embézl エンベズル | im- イン-/ 動 (現分) --bez·zling) 他 《会社などから》〈金など〉を使い込む, 横領[着服]する.

**em·bit·ter** /embítər エンビタ | im- イン-/ 動 他 《正式》 〈人〉につらい思いをさせる；〈感情など〉を害する.

**em·bla·zon** /embléizn エンブレイズン | im- イン-/ 動 他 1 …を飾る. 2 …を賞賛する.

**em·blem** /émbləm エンブレム/ 名 C 1 象徴, 表象 (symbol) ‖

The dove is the emblem of peace. ハトは平和の象徴である.

2 記章, 紋章.

**em·bod·i·ment** /embádimənt エンバディメント | imbɔ́d- インボディ-/ 名 U C 具体化(されたもの), 化身 ‖

She is the embodiment of kindness. 彼女は親切そのものだ.

**em·bod·y** /embádi エンバディ | imbɔ́di インボディ/ 動 (三単現 --bod·ies /-z/；過去・過分 --bod·ied /-d/) 他 《正式》 …を具体化する, 具体的に表す ‖

Her opinions are embodied in this book. 彼女の意見はこの本の中で具体的に表現されている.

**em·boss** /embɔ́(ː)s エンボー(ー)ス | im- イン-/ 動 (三単現 〜·es /-iz/) 他 〈図案・模様などを浮き上がらせる；〈紙など〉を(浮き出し模様で)飾る.

**em·brace** /embréis エンブレイス | im- イン-/ 動 (現分) --brac·ing) 他 (正式) **1** …を抱きしめる, 抱擁する(hug) ‖
She **embraced** her daughter tenderly. 彼女は娘をやさしく抱きしめた.
**2** 〈申し出・機会などに〉喜んで応ずる.
**3** …を含む ‖
The cat family **embraces** cats, leopards, jaguars and the like. ネコ科はネコ・ヒョウ・ジャガーとそれに類する動物を含んでいる.
**4** …を取り囲む, 取り巻く.
——自 抱き合う.
——名 C **1** 抱擁. **2** 包囲, 取り囲むこと.

**em·broi·der** /embrɔ́idər エンブロイダ | im- イン-/ 動 他 **1** …を刺繍(ししゅう)する, …に刺繍する ‖
**embroider** roses on a tablecloth = **embroider** a tablecloth with roses テーブル掛けにバラの刺繍をする.
**2** 〈物語〉を脚色する.

**em·broi·der·y** /embrɔ́idəri エンブロイダリ | im- イン-/ 名 (複 --der·ies/-z/) **1** U 刺繍(ししゅう) (法); C 刺繍作品. **2** U C (物語などの)尾ひれ, 脚色(したもの).

**em·broil** /embrɔ́il エンブロイル | im- イン-/ 動 他 (正式) …を巻き込む.

**em·bry·o** /émbriòu エンブリオウ/ 名 (複 ~s) C **1** 胎芽(たいが)〈受精後8週間未満の生体. それ以後は胎児(fetus)〉; 〔動・植〕幼虫, 胚(はい). **2** 初期.

**em·er·ald** /émərəld エマラルド/ 名 **1** C U エメラルド〈◆5月の誕生石〉; [形容詞的に] エメラルドの. **2** U =emerald green.
**émerald gréen** エメラルド色, 鮮緑色(emerald).
**Émerald Ísle** [the ~] (緑したたる)エメラルドの島《Ireland の愛称》.

**e·merge** /imə́ːrdʒ イマーチ/ 動 (現分) --merg·ing) 自 〈◆come out より堅い語〉

emerge〈現れる〉

emergency〈緊急事態〉

**1** 〈事実などが〉現れる, 明らかになる ‖
After long and hard study a possible solution **emerged**. 長期にわたる熱心な研究の結果解決の道が明らかとなった.
**2** 〈人・物が〉出て来る, 表に現れる ‖
The duck **emerged** from the water. そのアヒルは水中から出て来た.
**3** 〈人が〉身を起こす, 抜け出す ‖
She **emerged** from her ordeal with dignity. 彼女はきびしい試練を堂々と切り抜けた.

**e·mer·gence** /imə́ːrdʒəns イマーチェンス/ 名 U (正式) 出現.

**e·mer·gen·cies** /imə́ːrdʒənsiz イマーチェンスィズ/ 名 → emergency.

*__e·mer·gen·cy__ /imə́ːrdʒənsi イマーチェンスィ/ [→ emerge]
——名 (複 --gen·cies/-z/) U C 非常の場合, 緊急事態; 突発事件 ‖
a national **emergency** 国家の有事.
save money for **emergencies** 非常時に備えて貯蓄する.
Ring the alarm **in an emergency** [in case of **emergency**]. 危急の際には非常ベルを鳴らせ.
**emérgency càse** 急患.
**emérgency èxit** 非常口.
**emérgency hòspital** 救急病院.
**emérgency nùmber** 緊急電話番号(→ nine-one-one).

**e·mer·gent** /imə́ːrdʒənt イマーチェント/ 形 (正式)
**1** 〈人・物が〉現れ出る.
**2** 緊急の.
**3** 新興の ‖
the **emergent** countries of Africa アフリカの新興諸国.

**e·mer·i·tus** /imérətəs イメリタス/ 形 [時に名詞のあとで] 名誉… ‖
**Emeritus** Professor Yoshida 吉田名誉教授.
——名 (複 ~ti/-tài, -tìː/) C 名誉教授.

**Em·er·son** /émərsn エマソン/ 名 〈Ralph Waldo /wɔ́ːldou/ ~ 1803-82; 米国の随筆家, 詩人, 哲学者〉.

**em·i·grant** /émigrənt エミグラント/ 名 **1** C (他国への)移民, 移住者 (↔ immigrant).
**2** [形容詞的に] (他国へ)移住する ‖
**emigrant** laborers 移民労働者.

**em·i·grate** /émigrèit エミグレイト/ 動 (現分) --grat·ing) 自 **1** (他国へ)移住する, 出稼ぎに行く (cf. immigrate) ‖
**emigrate** from Britain to America 英国からアメリカへ移住する.
**2** (略式)転居する.

**em·i·gra·tion** /èmigréiʃən エミグレイション/ 名 U C **1** (他国への)移住, 出稼ぎ(cf. immigration).
**2** 移民(団).

**E·mi·ly** /éməli エミリ/ 名 エミリー《女の名. (愛称) Emmy》.

**em·i·nent** /émənənt エミネント/ 形 (正式)

eminent
〈1 著名な〉
〈2 卓越した〉

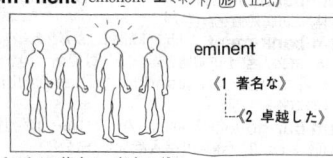

**1** 〈人が〉著名な, 高名な(famous) ‖
**eminent for** one's virtues 数々の徳行で著名な.
**eminent as** a sculptor 彫刻家として著名な.
**2** すぐれた, 卓越した(outstanding) ‖
**eminent** good sense 際立った良識.

**em·i·nent·ly** /émənəntli エミネントリ/ 副 際立って, 著しく ‖
an **eminently** fair decision きわめて公平な判定.

**e·mir** /əmíər エミア | emíə エミア/ 名 1 (アラビアの)君主, 首長. 2 モハメットの子孫の尊称.

**em·is·sar·y** /éməsèri エミセリ | -əri エミサリ/ 名 (複 -ser·ies/-z/) ⓒ 1 使者, 特使. 2 密偵, スパイ.

**e·mis·sion** /imíʃən イミション/ 名 1 ⓤⓒ (光・熱などの)放出, 放射. 2 ⓒ 放出[放射]物.

**e·mit** /imít イミト/ 動 (過去・過分 --mit·ted/-id/; 現分 --mit·ting) 他 (正式) 1 …を出す, 放つ(send out) ‖
The factory chimney **emitted** a cloud of smoke. その工場の煙突は煙をもうもうと出した.
2 〈言葉など〉を口に出す.

**Em·my** /émi エミ/ 名 1 (複 ~s, --mies) ⓒ (米) エミー賞《米国テレビ優秀番組・演技賞》. 2 エミー《Emily の愛称》.

\***e·mo·tion** /imóuʃən イモウション/ 【外への(e)動き(motion). cf. *emotive*】 派 emotional (形)
──名 (複 ~s/-z/) 1 ⓤⓒ 感情, 情緒《love, hate, anger, jealousy, sorrow, fear, despair, happiness などの総称》‖
blind **emotion** 盲目的感情.
a creature of **emotion** 感情に左右される生き物.
have an effect on one's **emotions** 人の感情に影響を及ぼす.
対話 "Everyone was crying after the movie, but not Jennifer." "She never shows any **emotion**, does she?" 「その映画のあと皆が泣いていたけれど, ジェニファーは泣いていなかった」「彼女は感情を表すことがないね」.
2 ⓤ 感動, 感激 ‖
a voice shaking with deep **emotion** 感動にうち震える声.

\***e·mo·tion·al** /imóuʃənl イモウショヌル/ 【→ *emotion* 】
──形 1 [名詞の前で] 感情の, 情緒の; 感情に基づく ‖
**emotional** support 心情的支持.
2 感情的な(↔ rational), 感激しやすい ‖
対話 "He is usually calm but when I talk about money …" "He becomes very **emotional**?" 「彼はいつもはおだやかな人ですが, お金のことを持ち出すと…」「感情的になるのですか」.
3 心を動かす, 感動的な ‖
an **emotional** argument 感情に訴える議論.

**e·mó·tion·al·ly** 副 感情的に; 感情に動かされて; [文全体を修飾] 感情面から言えば.

**e·mo·tive** /imóutiv イモウティヴ/ 形 (正式) 感情の, 感情を表す, 感動的な.

**em·pa·thy** /émpəθi エンパスィ/ 名 ⓤ 〖心理〗〖しばしば an ~〗感情移入, (人への)共感.

**em·per·or** /émpərər エンパラ/ 名 [通例 the E~] ⓒ 皇帝《女性形は empress》, (日本の)天皇(Mikado) (→ imperial)《◆ (帝政時代の)ロシア皇帝は Czar》‖
(the) **Emperor** Napoleon ナポレオン皇帝.
His Majesty the **Emperor** 皇帝[天皇]陛下.

\***em·pha·sis** /émfəsis エムファスィス/ 【→ *emphasize*】
──名 (複 --ses/-sì:z/) ⓒⓤ 1 強調(stress), 重要視, 主眼点 ‖
In this course, we place [lay, put] special **emphasis on** home discipline. この講座では家庭のしつけを特に強調する.
2 〖音声〗強勢, 強調.

\***em·pha·sise** /émfəsàiz エムファサイズ/ 動 (現分 --sis·ing) (英) = emphasize.

\***em·pha·size, (英ではしばしば) --sise** /émfəsàiz エムファサイズ/ 〖はっきりと(em)見える(phasis)ようにする(ize). cf. *phantom*〗派 emphasis (名)
──動 (三単現 --siz·es/-iz/; 過去・過分 ~d/-d/; 現分 --siz·ing)
──他 1a …を強調する, 力説する, 重要視する ‖
We **emphasized** the importance of his cooperation. 我々は彼の協力の重要性を強調した.
b [emphasize (that) 節] …であると力説する ‖
We **emphasized** (**that**) his cooperation was important. 我々は彼の協力が重要だと強調した.
2 〈語句〉を強めて言う, 強調する ‖
**emphasize** this word この語を強調する.

**em·pha·sis·ing** /émfəsàiziŋ エムファサイズィング/ 動 (英) → emphasise.

**em·pha·siz·ing** /émfəsàiziŋ エムファサイズィング/ 動 → emphasize.

**em·phat·ic** /emfǽtik エムファティク | im- イム-/ 形 1 強調された, 語気の強い; 強調して.
2 〈信念などが〉強い ‖
It is my **emphatic** opinion that he is right. 彼は正しい, というのが私の確信をもって言える意見です.
3 著しく目立つ ‖
an **emphatic** success 大成功.
an **emphatic** victory 圧勝.
4 〖音声〗強勢のある.

**em·phat·i·cal·ly** /emfǽtikəli エムファティカリ | im- イム-/ 副 1 強調して, 力強く. 2 断然, 徹底的に.

**em·pire** /émpaiər エンパイア/ 名 1 [しばしば the E~] ⓤⓒ 帝国《◆元首は emperor》, 帝王の領土 ‖
the Roman **Empire** ローマ帝国.
2 ⓒ (1個人・1グループの支配する企業などで)…帝国 ‖
a publishing **empire** 出版王国.

**Émpire Cíty** 《米》[the ~] エンパイア=シティー《New York 市の愛称》.

**Émpire Státe** 《米》[the ~] エンパイア=ステート《New York 州の愛称》.

**Émpire Státe Búilding** 《米》[the ~] エンパイアステート・ビル《ニューヨークにある. 102階建て. 1972年まで世界一の高さを誇った》.

\***em·ploy** /emplói エンプロイ | im- イン-/ 〖中に(em)包み込む(ploy). cf. *imply*〗派 employee (名), employer (名), employment (名)

**employee** 460 **empty**

──動 (三単現) ~s/-z/; (過去・過分) ~ed/-d/; (現分) ~ing

──他 **1 a** …を雇う, 雇用する(↔ discharge)《◆hire は一時的で個人的に雇う場合が多い》‖
the employed [集合名詞的に] 従業員(=the employees).
be employed by the Macy Stores メーシー百貨店に入社する.
対話 "So how many new workers do you need this year?" "We need to employ at least twenty new people." 「では今年は何人新しい職員が必要なのですか」「少なくとも20人新人を雇い入れる必要があります」.
**b** [be employed in [at] A] A〈会社など〉に雇われている, 勤めている‖
be employed in a lawyer's office 弁護士事務所に勤めている.
be employed at the fáctory 工場に勤めている.
**2** (正式)〈時間など〉を要する(require)‖
Collecting curios employs a lot of her time. 骨董(ミッ)品の収集に彼女は多くの時間をあてる.
**3** (正式) **a**〈物・技能など〉を**使用する**, 利用する(make use of)‖
employ skill in one's work 自分の仕事に手腕をふるう.
employ powerful measures for one's ends 目的達成のため強力な方策をとる.
**b**〈精力など〉を費やす(spend)‖
She employs all her free time in golfing. 彼女は自分の自由時間をすべてゴルフにあてる.
**4** (正式) [~ oneself / be ~ed] 従事する[している](occupy)‖
employ oneself on research 研究に専念する.
She was busily employed (in) watering the garden. 彼女は忙しそうに庭の水まきをしていた.

*em·ploy·ee, (米ではしばしば) --ploy·e /ɪmplɔ́ːiː インプロイイー, èmplɔ́iː/ 〖→ employ〗
──名 (複 ~s/-z/) C 従業員, 雇われている人, 社員(↔ employer)‖
Government employees =employees of the Government 国家公務員.

Q&A  Q: employer は「雇い主」で, employee は「雇われる人」なのですか.
A: そうです. -er は「…する人」, -ee は「…される人」を表します. そのほかに examiner (試験官) と examinee (受験者), trainer (トレーナー) と trainee (訓練生) などがあります.

*em·ploy·er /ɪmplɔ́ɪə インプロイア | im- イン-/ 〖→ employ〗名 (複 ~s/-z/) C 雇い主, 社長; 企業主(↔ employee).

*em·ploy·ment /ɪmplɔ́ɪmənt インプロイメント | im- イン-/ 〖→ employ〗
──名 (複 ~s/-mənts/) **1** U (人の)雇用(量), 雇うこと, 雇われること; 勤務, 勤め(↔ unemployment)‖
in employment 就職して.
out of employment =without employment 失業して.
the workers in his employment 彼に雇われている労働者(=the workers (who are) employed by him).
**2** UC (正式) 仕事(work); 職‖
find employment at the grocery store 食料雑貨店に就職する.
**3** U (正式) 使用, 利用‖
the employment of force by the police 警察の実力行使.
emplóyment àgency (英) (民間の)職業紹介所.
emplóyment bùreau (米) 職業安定所.

**em·po·ri·um** /empɔ́ːriəm エンポーリアム/ 名 (複 ~s, --ri·a/-riə/) C (正式) 商業中心地.

**em·pow·er** /ɪmpáʊə インパウア | im- イン-/ 動 他 (正式)〈人〉に権限を与える.

**em·press** /émprəs エンプレス/ 名 (複 ~·es/-ɪz/) C 女帝; 皇后(→ emperor)‖
the Empress of Russia ロシアの女帝.

**emp·tied** /émptid エンプティド/ 動 → empty.
**emp·ti·er** /émptiə エンプティア/ 形 → empty.
**emp·ties** /émptiz エンプティズ/ 動 → empty.
**emp·ti·est** /émptiist エンプティイスト/ 形 → empty.
**emp·ti·ness** /émptinəs エンプティネス/ 名 U **1** から, 空虚. **2** (頭が)からっぽ; 無意味. **3** 空腹; 空所.

*emp·ty /émpti エンプティ/ 〖「中味がからの」が本義〗

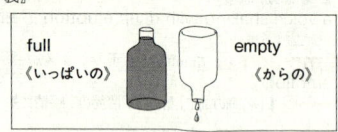

full 〈いっぱいの〉  empty 〈からの〉

──形 (比較) --ti·er, (最上) --ti·est) **1 a** からの, 中身のない(↔ full)‖
an empty bottle あきびん.
対話 "Yes, can I help you?" "Can I have some more wine? My glass is empty." 「はい, 何でございますか」「ワインをもう少しいただけますか. グラスがからになりました」.
**b** 空虚な, むなしい‖
return empty 何も持たずに帰る; むなしく帰る.
empty days 無為に過ごす日々.
**2 a** 〈家などが〉空いている, 人の(住んで)いない; 家具のない‖
an empty room 空室, 人のいない部屋; 家具の入っていない部屋.
Don't leave the house empty. 家を留守にしてはいけない.
**b** 〈道が〉人通りのない‖
an empty street 人通りのない通り.
**3** [通例名詞の前で] 口先だけの, 無意味な‖
empty promises から約束.
be émpty of A (正式) …を欠いている, …がない‖

words empty of meaning 無意味な語句 / The streets were empty of traffic. 通りは往来が途絶えていた.

―― 動 (三単現) emp·ties /-z/; (過去・過分) emp·tied /-d/; (現分) ~·ing

――他 と 自 の関係――
| 他 | 1 | empty A | A をからにする |
| 自 | 1 | A empty | A がからになる |

―― 他 1 …をからにする (↔ fill) ‖
They emptied the bottle. 彼らはびんをからにした[飲み干した].
2 [empty A from B / empty A out of B / (正式) empty B of A] A〈中味〉を B〈容器〉から出す, 取り出す ‖
empty the water out of the tub ふろおけから水を抜く.
Empty the drawer of its contents. 引き出しの中身をからにしなさい.

―― 自 1 からになる ‖
The tank empties in five minutes. タンクは5分でからになる.
2 〈川が〉注ぐ ‖
The Volga empties into the Caspian Sea. ボルガ川はカスピ海に注ぐ.

**emp·ty-hand·ed** /émptihǽndid エンプティハンデド/ 形 手ぶらで, から手で, 何の収穫もなく.

**em·u·late** /émjəlèit エミュレイト/ 動 (現分) ~·lat·ing) 他 (正式) …と競う.

**en·a·ble** /enéibl エネイブル | in- イネイブル/ (頭音 unable /ʌnéibl/) 動 (~·a·bling) 他 (正式) [enable A to do] 〈事が〉A〈人・物・事〉に…することを可能にさせる, …する手段[権利]を与える ‖
Her help will enable me to do the job sooner. 彼女が手伝ってくれれば, もっと早く仕事を済ませられるでしょう.
対話 "I hear your friend lives abroad." "Yes, and that enabled me to take the trip after all." 「君の友だちが外国に住んでいるそうだね」「うん, 結局そのおかげで旅行ができたんだ」.

**en·act** /enǽkt エナクト | in- イナクト/ 動 他 (正式) 1 …を制定する. 2 …を上演する.

**e·nam·el** /inǽml イナムル/ 名 U 1 エナメル(塗料), ほうろう, (陶器の)上薬 (うわぐすり) . 2 〔歯科〕 (歯の)質. ―― 動 (過去・過分) ~ed または (英) ~·nam·elled; (現分) ~·ing または (英) ~·el·ling) 他 …にエナメルを塗る.

**en·case** /enkéis エンケイス | in- イン-/ 動 (現分) ~·cas·ing) 他 …を入れる, …を包む.

**en·chant** /entʃǽnt エンチャント | intʃáːnt インチャーント/ 動 他 (正式) …をうっとりさせる, 魅了する, 喜ばせる (fascinate, charm) ‖
He was enchanted by the beauty of the words. 彼はその言葉の美しさに魅せられた.
She was enchanted at the proposal. 彼女はその提案に大喜びした.

**en·chant·er** /entʃǽntər エンチャンタ | intʃáːntə インチャーンタ/ 名 C 魔法使い; 魅惑する物.

**en·chant·ing** /entʃǽntiŋ エンチャンティング | intʃáːnt- インチャーンティング/ 動 → enchant.
―― 形 魅惑的な, ほれぼれするような; 非常に美しい.

**en·cir·cle** /ensə́ːrkl エンサークル | in- イン-/ 動 (現分) ~·cir·cling) 他 1 …を取り囲む ‖
Low bushes encircled the garden. やぶがその庭を取り囲んでいた.
a house (which is) encircled by trees 木々に囲まれた家.
2 …のまわりを回る, 1周する.

**en·cir·cle·ment** 名 U 包囲, 孤立化; 1周.

**en·close** /enklóuz エンクロウズ | in- イン-/ 動 (現分) ~·clos·ing) 他 1 (正式) …を(垣・壁などで)囲む ‖
enclose common land 公有地に囲いをする.
a garden (which is) enclosed with a wall 塀をめぐらした庭.
2 …を同封する ‖
I enclose [I am enclosing] a check for $50 with this letter [in this envelope]. この手紙に50ドルの小切手を同封します.

**en·clo·sure** /enklóuʒər エンクロウジャ | in- イン-/ 名 1 U 包囲; 同封. 2 C 囲われた土地. 3 C 塀 (へい), 壁, 同封物.

**en·code** /enkóud エンコウド | in- イン-/ 動 (現分) ~·cod·ing) 〈通信文・データなど〉を符号化する, コード化する (↔ decode).

**en·com·pass** /enkʌ́mpəs エンカンパス | in- イン-/ 動 (三単現) ~·es /-iz/) 他 (正式) 1 …を取り巻く. 2 …を包含 (ほうがん) する.

**en·core** /ɑ́ːŋkɔːr アンコー | ɔŋkɔ́ːr オンコー/ 〖フランス〗間 アンコール!, もう一度! ―― 名 C 1 アンコール, 再演希望 ‖
call for an encore アンコールを求める.
2 アンコール曲; (アンコールに応じての)再演奏.

*****en·coun·ter** /enkáuntər エンカウンタ | in- イン-/ 〖ぶつかって (counter) 中へ入る〗

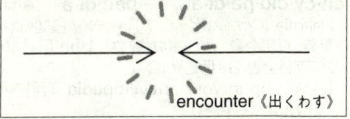

encounter 〈出くわす〉

―― 動 (三単現) ~s /-z/; (過去・過分) ~ed /-d/; (現分) ~·ing /-təriŋ/) 他 (正式) 1 …に偶然出会う, 出くわす ‖
She encountered an old friend on the street. 彼女は道でばったり旧友に出会った.
2 …に直面する ‖
encounter many difficulties 多くの困難に直面する.
3 〈敵〉と遭遇 (そうぐう) する, 交戦する.
―― 名 C (正式) 1 出会い, 遭遇. 2 交戦.

*****en·cour·age** /enkə́ːridʒ エンカーリヂ | inkʌ́ridʒ インカリヂ/ 〖〈中に (en) 勇気 (courage) を入れる. cf. discourage〗
―― 動 (三単現) ~·ag·es /-iz/; (過去・過分) ~d /-d/; (現分) ~·ag·ing) 他 1a …を励ます ‖

feel **encouraged** by her praise 彼女にほめられて自信がついた気がする.
**b** [encourage **A** to do] **A**〈人〉を…するよう励ます ‖
His parents **encouraged** him **to** apply for the job. 両親はその職に応募するように彼を励ました.
**c** [encourage **A in B**] **A**〈人〉に**B**〈事〉をするように**勇気づける**, 仕向ける(↔ discourage) ‖
**encourage** a son **in** his extravagance 息子の浪費を一層助長させる.
**2** …を促進する, 強める ‖
Good health **encourages** clear thinking. 健康だと思考もさえる.

**en·cour·age·ment** /enkə́ːridʒmənt エンカーリヂメント | inkʌ́r- インカリヂメント/ 图 **1** Ⓤ 激励, 奨励; 助長, 促進(↔ discouragement) ‖
Since money fell in value, there was no **encouragement to** save. お金の価値がなくなってきたのでためる張り合いがなくなった.
**2** [an ~] 激励となるもの ‖
My advice acted as **an encouragement to** her. 私の忠告は彼女の刺激となった.

**en·cour·ag·ing** /enkə́ːridʒiŋ エンカーリヂング | inkʌ́r- インカリヂング/ 動 → encourage.
――形 激励の, 励みとなる, 元気づける, 好意的な.

**en·cóur·ag·ing·ly** 副 激励して.

**en·croach** /enkróutʃ エンクロウチ | in- イン-/ 動 (三単現 ~·es/-iz/) 圓 (正式) 浸食する, 侵略する, 侵犯する.

**en·crust** /enkrʌ́st エンクラスト | in- イン-/ 動 他 [通例 be encrusted **with A**] …で覆われる.

**en·cum·ber** /enkʌ́mbər エンカンバ | in- イン-/ 動 他 (正式) **1** …を妨げる, じゃまする. **2** [be encumbered **with A**] …を課せられる, 負う; …でいっぱいである.

**en·cy·clo·pe·di·a , --pae·di·a** /ensàikləpíːdiə エンサイクロピーディア | in- イン-/ 图 Ⓒ 百科事典, 百科全書; 専門事典[辞典]; [the E~] フランス百科全書〈18世紀発刊〉‖
Look it up in your **encyclopedia**. 百科事典でそれを調べてみなさい.
I bought a complete set of *The Encyclopaedia Britannica*. 私は『ブリタニカ百科事典』の全巻を買った.

**en·cy·clo·pe·dic, --pae·dic** /ensàikləpíːdik エンサイクロピーディク | in- イン-/ 形 百科事典的な; 博学な.

\***end** /énd エンド/ ⟨類音⟩ and/and, ænd/⟩ 《「末端·結末·極限」が本義》派 endless (形)

end
《1 端, 2 終わり》
⋯(4《究極的な》目的)

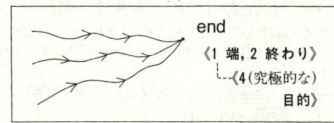

→ 图 **1** 端  **2** 終わり  **3** 限界  **4** 目的

動 他 **1** 終わらせる 圓 終わる, 終わりが…になる
――图 ~s/éndz/) Ⓒ **1a** [通例 the ~] 《細長い物の》端(はし), 先端(tip); 《広がりを持つものの》末端部; 《中心からはずれた》周辺地域; [形容詞的に] 端の, はずれの ‖
the south **end** of a town 町の南のはずれ.
the **end** of a stick 棒の先.
both **ends** of the room 部屋の両端.
the **end** room 突き当たりの部屋.
the **end** result 最終結果.
**end** users 末端消費者.
sit **at the end of** the table テーブルの端に座る.
The bus broke down at one **end** of the bridge. バスが橋の(一方の)たもとで動かなくなった.
**b** [しばしば ~s] 無用となった先端部分; 残りもの, かけら, くず ‖
cándle énds ロウソクの燃え残り.
a cigarette **end** タバコのすいがら.
**2 a** 《時間·行為などの》**終わり**, 最後, 末期(↔ beginning) ‖
**at the end of** the week 週末に《◆ 広がりが感じられる時は *in* the *end* of …》.
**toward the end of** the year 年末近くに.
**in the énd** ついに, 最後には《◆ 文頭または文尾に用いることが多い》.
fight bravely **to the (bitter [very]) end** 最後(の最後)まで勇敢に戦う.
**come to an end** 終わる.
begín [stárt] at the wróng énd 始めから誤る.
bring our arguments **to an end** 議論を終らせる.
The month is dráwing to an énd. 月末に近づいている.
[対話] "How was the movie?" "The beginning and the middle were terrible, but **the end** was great." 「映画はどうだった」「始めと途中はひどかったけれど最後はとてもよかった」.
**b** 《手紙·本などの》末尾, 結末 ‖
the **end** of a chapter 章の終わり.
**c** 存在の終わり, 終局; 終焉(状態のもの[人]).
**d** (正式) [しばしば one's ~ / the ~] 最期(ご), 死(因); 死にざま《◆ death の遠回し語》; 破滅(のもと); 廃止 ‖
meet a violent **end** 非業(ごう)の最期をとげる.
be nearing one's **end** 死期に近づいている.
Hard labor was **the end** of her. 重労働が彼女の命取りだった.
**3** (略式) [通例 the ~] **a** 《力·数量などの》限界, 限度(limit) ‖
**at the end of** one's strength 体力の限界に達して.
**There is no end to** the troubles in that family. その家族のもめごとにはきりがない.
**b** 我慢のならない人[物] ‖
The naughty boy really is **the** (absolute) **end**! そのいたずらっ子には全く我慢がならない.
**4** (正式) 《究極的な》**目的**, 目標(aim); 存在理由; [哲学] 究極目的 ‖

for [to] this end この目的のために.
gain [win, achieve, fulfill] one's end(s) 目的を達する.
For him gold was an end in itself. 彼にとって金それ自体が目的であった.
**5** (略式)(事業などの)一部門, 方面; 側, 部分 ‖ the advertising end 広告部門.
at the deep end (仕事の)一番難しい部分で.
**6** [スポーツ](攻撃や守備の)サイド; (ボウリングなどの)1試合; [アメフト] エンド(の位置[選手])(図 → American football).

*at an énd* 〈事件などが〉終わって; 〈忍耐などが〉尽きて.
*at a lóose énds* (米) =*at a lóose énd* (英) (1) 〈人が〉何もすることがなくて; 定職がなくて. (2) 〈人・物が〉混乱して; 〈物事を〉未決状態にして.
*énd ón* 先をまっすぐに, 端を先にして; 端と端を寄せて[ぶつけ合って].
*énd to énd* 端と端を接して; 縦につないで; 徹底的に.
*kéep [hóld] one's énd úp* 自分の役割を果たす, がんばり続ける.
*máke an énd of* A (正式) A〈けんか・うわさなど〉を終わらせる; A〈悪習など〉を除く, 廃止する; A〈動物など〉を殺す.
*máke (bóth [twó]) énds méet* 収入内でやりくりする, 収支を合わせる.
*nó énd* (略式) とても, ずいぶん; 絶えず.
*nó énd to* [(略式) *of*] A (1) 多数[多量]の… ‖ no end to the letters たくさんの手紙. (2) すてきな… ‖ have no end of a time すばらしい時を過ごす. (3) 大規模な, 途方もない… ‖ no end of a row 大騒ぎ.
*on énd* (1) 直立して ‖ His hair stood on end. (略式)(恐怖・驚きで)彼は身の毛がよだった. (2) (略式) 続けて, 立て続けに ‖ The path continues straight ahead for miles on end. その小道は何マイルもまっすぐ前方に続く.
*pút an énd to* A (正式) =make an END of.
*withòut énd* 果てしない[く], 際限のない[なく].

—— 動 (三単現) ~s /éndz/; (過去・過分) ~·ed /-id/; (現分) ~·ing)

| 他と自の関係 | | |
|---|---|---|
| 他 1 | end A | A〈物・事〉を終わらせる |
| 自 | A end | A〈人・事〉が終わる |

—— 他 **1a** 〈物・事〉を**終わらせる**, 終える (類 close, conclude, finish, complete, terminate) 《♦一般的には finish》‖
I ended the supper (up) with fruit. 夕食を果物で終えた.
He ended the show by singing 'My Way.' 彼は「マイウェイ」を歌ってショーをしめくくった.
**b** …を(無理に)やめさせる ‖
end our quarrel 我々のけんかにけりをつける.
**2** 〈人・生命など〉を絶つ, 殺す, 破壊する《♦ kill の遠回し語》.

—— 自 〈人・事〉が**終わる**, すむ; [end in A] 終わりが…になる, …の結果になる ‖
The play ends with the heroine's death. その劇は女主人公の死で終わる.
She will end by marrying the young man. 彼女は結局その若者と結婚することになるだろう.
He ended as a drunken man. 彼はついに飲んだくれになってしまった.
The struggle ended in a satisfactory settlement. 闘争は満足のいく和解となって終結した.

*énd óff* (1) [自] 〈道などが〉とぎれる, 終わる. (2) [他] 〈話・物語など〉を終える, やめる ‖ end the work off with a drinking party その仕事の打ち上げに宴会を催す.

*énd úp* [自] (1) **最後には**(…に)**なる**, なり果てる ‖ end up (as) a mayor 結局最後に市長になる. (2) 最後には(…に)入ることになる ‖ She ended up in (the) hospital. 彼女はしまいには入院するはめになった. (3) ついには(…することに)なる ‖ He ended up (by, ˣin) telling his wife everything. 彼は結局妻に何もかも話すことになった(= He finally told his wife everything.). (4) 終わる ‖ The game has ended up with the singing of 'Auld Lang Syne.' 試合は「ほたるの光」を歌って終わった(→ 自).

**énd tàble** (米)(いす・ソファーの横の)サイドテーブル, 小卓.

**en·dan·ger** /endéindʒər エンデインヂャ | in- イン-/ 動 他 (正式) …を**危険にさらす** ‖
endanger one's health by working too hard 働きすぎて健康を損なう.

**en·dan·gered** /endéindʒərd エンデインヂャド | in- イン-/ 動 → endanger.
—— 形 絶滅の危険にさらされた ‖
endangered species 絶滅寸前の種(½).

**en·dear** /endíər エンディア | in- イン-/ 動 他 (正式) 〈人〉を慕(½)わせる, いとしいと思わせる ‖
His generosity endeared him to everyone. =He endeared himself to everyone by his generosity. 彼は気前がよいので皆から慕われた.

**en·déar·ment** 名 U C 愛情(の表示).

**en·deav·or**, (英) --·our/endévər エンデヴァ | in- イン-/ (アクセント注意) 《♦ ˣエンデヴァ》動 自 (正式) [endeavor to do] …しようと努める(attempt, try) ‖
You should endeavor to be more considerate of others. もっと他人のことを思いやるように心がけなさい.
—— 名 C U (正式) 努力, 試み ‖
He made every endeavor to win her friendship. 彼は彼女に仲良くしてもらおうとあらゆる手を尽くした.

**en·deav·our** /indévə インデヴァ/(英) 動 名 =endeavor.

**en·dem·ic** /endémik エンデミク/ 形 (正式) 一地方特有の. —— 名 =endemic disease.

**endémic diséase** 地方病, 風土病(endemic).

**end·ing** /éndiŋ エンディング/ 動 → end.
**——**名 C **1** 終結, 終止；(話・劇・映画などの)最終部分, 大詰め ‖
a happy **ending** 幸せな結末.
**2** 最期(さいご)《◆death の遠回し語》.

**en·dive** /éndaiv エンダイヴ | -div -ディヴ/ 名 〔植〕 C キクヂシャ, エンダイブ《サラダ用》.

***end·less** /éndləs エンドレス/ 〖→ end〗
**——**形 (比較 more ~, 最上 most ~) **1 終わりのない**, 永遠の；無限の, 際限のない(類 eternal, everlasting) ‖
an **endless** desert 果てしなく続く長い砂漠.
**2** 長々しい；絶え間のない.
対話 "This meeting has been going on for hours with no final decision." "It's **endless**, isn't it?" 「この会議は何時間も続いているけど最終結論がまだ出ない」「いつ終わるかわからないね」.
**3** [名詞の前で] 切れ目のない, 循環の ‖
an **endless** tape エンドレステープ.
**énd·less·ly** 副 果てしなく；絶え間なく.

**en·do·crine** /éndəkràin エンドクライン | éndəu- エンドウ-/ 形 〔医学〕 内分泌の.
**éndocrine dis·rúp·tor** /-disrʌ́ptər ディスラプタ/ 内分泌かく乱物質, 環境ホルモン.

**en·dorse** /endɔ́ːrs エンドース | in- イン-/ 動 (現分 ··dors·ing) 他 **1a** 〈書類・手形など〉に裏書きする. **b** (正式) …を是(ぜ)認する, 支持する(support). **2** (主に英) [通例 be ~d] 〈運転免許証などが〉違反事項が書き入れられる.
**en·dórse·ment** 名 U C **1** 是認, 支持. **2** 裏書き；(主に英) (免許証に書かれた)交通違反事項.

**en·dow** /endáu エンダウ | in- イン-/ (発音注意) 《◆×エンドウ》 動 他 (正式)

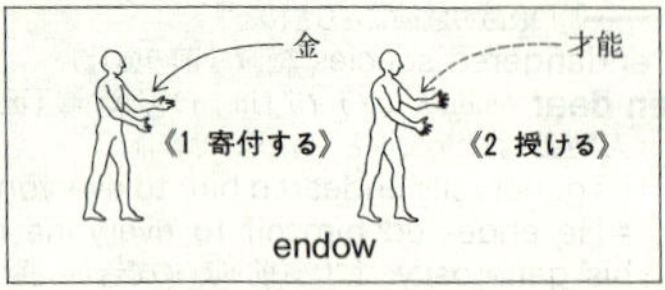


**1 a** 〈大学・病院など〉に基金を寄付する；〈基金など〉を寄付する ‖
**endow** a hospital 病院に基金を寄付する.
**endow** a scholarship 奨学基金を寄付する.
**b** [**endow** A **with** B] A〈人〉に B〈お金など〉を遺贈する ‖
The tycoon **endowed** each son **with** a million dollars. あの大事業家は息子それぞれに100万ドルを残した.
**2 a** [**endow** A **with** B] 〈自然などが〉 A〈人〉に B〈才能など〉を授ける, 賦与する ‖
Nature **endowed** him **with** great ability. 彼は生まれつき非常に才能があった.
be highly [richly] **endowed** 天分豊かである.
**b** [be **endowed with** A] A〈才能・資源など〉に恵まれている(blessed) ‖
She **was endowed with** both a sound mind and a sound body. 彼女は生まれながらに健全な精神と肉体に恵まれていた.
India **is** well **endowed with** a large variety of fruits. インドにはいろいろな果物が豊富にある.

**en·dow·ment** /endáumənt エンダウメント | in- インー/ 名 **1** U (基金の)寄付(をすること).
**2** C [通例 ~s] 寄付金；遺産；(生まれつきの)才能, 資質 ‖
natural **endowments** 天賦(てんぷ)の才.

**en·dur·ance** /endúərəns エンドゥアランス | indjúərəns インデュアランス/ 名 U **1** (機械などの)耐久(性, 力)；(慣習などの)継続, 持続.
**2** 忍耐(力), 辛抱(しんぼう)《◆patience より長期にわたる我慢をいう》 ‖
beyònd [pàst] (one's) **endúrance** 我慢できないほど.
her **endurance** of the pain 彼女の苦痛に耐える力.
**3** 試練, 苦難.
**endúrance tèst** 耐久試験.

**en·dure** /endúər エンドゥア | indjúə インデュア/ 動 (現分 ··dur·ing) 他 **1** (正式) [しばしば cannot, could not と共に] **a** …に耐える, 我慢する(bear, stand) ‖
I can no longer **endure** that noise. もうあの騒ぎには我慢がならない.
**b** [endure doing / (主に英) endure **to** do / endure (**that**) 節] 〈人が〉…することを(長期にわたって) 辛抱する ‖
He **cannot endure** seeing [**to** see] her treated unkindly. 彼は彼女が冷たく扱われるのを見ることに耐えられない.
**2** …に持ちこたえる.
**——**自 **1** (正式) 持ちこたえる, 長持ちする；続く(last) ‖
How many days will her life **endure**? 彼女の命は何日もつだろうか.
**2** 〈人が〉我慢する, 耐える ‖
**endure through** sad troubles 辛苦(しんく)に耐え抜く.

**en·dur·ing** /endúəriŋ エンドゥアリング | indjúəriŋ インデュアリング/ 動 → endure. **——**形 不朽(ふきゅう)の, 恒久[永久]的な；辛抱強い.

**en·e·my** /énəmi エネミ/ 名 (複 ··e·mies/-z/) C
**1** 敵, かたき, 敵対者(↔ friend) 《◆「好敵手・競争相手」は rival がふつう》 ‖
**make an enemy of** him 彼を敵にまわす, 彼の恨みを買う.
**2** 敵兵, 敵艦, 敵国(民)；[the ~；集合名詞；単数・複数扱い] 敵軍, 敵艦隊；[形容詞的に] 敵の ‖
an **enemy** aircraft 敵機.
**3** 害するもの, 敵 ‖
an **enemy of** freedom 自由の敵.
Exhaust gas is the **enemy of** healthy lungs. 車の排気ガスは健全な肺を冒すもとである.

**en·er·get·ic** /ènərdʒétik エナヂェティク/ 形 精力的な, エネルギッシュな.

**en·er·get·i·cal·ly** /ènərdʒétikəli エナヂェティカ

リ/ 副 精力的に.

\*__en·er·gy__ /énərdʒi エナヂィ/《発音注意》《◆ ˣエネルギー》〖「仕事に必要な力」が本義〗
——名 (複 --er·gies/-z/) 1 Ⓤ 精力, 活力, エネルギー ‖
be full of energy 元気いっぱいである.
have no energy to spare 余力が残っていない.
対話 "How about a movie tonight?" "I just can't. I don't have the energy to go anywhere tonight." 「今晩映画はどう?」「行けないよ. 今夜はどこへも出かける元気がないんだ」.
2 ⒸⓊ [しばしば energies] 活動力, 能力; 指導力 ‖
She applied [devoted] all her energy [energies] to the examination. 彼女はその試験に全精力を傾けた.
3 Ⓤ 〖物理〗エネルギー ‖
the energy of the sun = solar energy 太陽エネルギー.
supply energy for the entire city 市全域に電力を供給する.
**énergy chàrge** 電力料金.
**énergy crisis** エネルギー危機.

**en·force** /enfɔ́ːrs エンフォース | in- イン-/ 動 (現分) --forc·ing) ⑲ 《正式》1 …を施行する, 守らせる ‖
The law was enforced immediately. その法律は直ちに実施された.
2 …を押しつける, 強要する.
3 …を強化する, 論拠を補強する.

**en·force·ment** /enfɔ́ːrsmənt エンフォースメント | in- イン-/ 名 Ⓤ 1 (法律などの)施行, 実施. 2 強要, 強制.

**en·fran·chise** /enfrǽntʃaɪz エンフランチャイズ | in- イン-/ 動 (現分) --chis·ing) ⑲ …に選挙権を与える.
**en·frán·chise·ment** 名 Ⓤ 参政権賦与.

**Eng.** (略) England, English.

\*__en·gage__ /engéɪdʒ エンゲイヂ | in- イン-/ 〖「拘束[従事]する[させる]」が本義〗⑲ engagement(名)
→ 動 ⑲ 1a 従事している[する]  b 忙しい, 使用中である  c 取る
2 雇う  5 婚約している[する]
⑳ 従事する
——動 (三単現) --gag·es/-ɪz/, 過去·過分) ~d/-d/; 現分) ~gag·ing)
——⑲ 1 《正式》a [通例 be ~d / ~ oneself]〈人が〉従事している[する], 没頭している[する](occupy)‖
Tom is engaged in trade. トムは貿易に従事している.
She is engaged on her new job. 彼女は新しい仕事に没頭している.
b [be ~d] 忙しい, 面談中である, 手がふさがっている;〈電話·便所が〉使用中である;〈席·場所が〉予約済みである(reserved) ‖
be engaged with a visitor 客と面談中である.
(The) line [number] is engaged. 《英》(交換手の言葉) お話し中です(＝《主に米》 (The) line is busy.).
c 〈仕事などが〉〈時間などを〉取る, 要する ‖
Reading engages her spare time. 彼女の余暇は読書でふさがっている.
2 《正式》…を雇う(employ) ‖
engage two new employees 新しい従業員を2人雇う.
engage him as a guide 彼を案内人として雇う.
3 《正式》〈乗物〉を雇う;〈部屋·座席などを〉予約する ‖
engage a taxi タクシーを頼む.
engage seats at the theater 劇場の座席を予約する.
4 《正式》〈人が〉(会話などに)〈人〉を引き入れる;〈注意·関心〉を引きつける, よび起こす(attract) ‖
Her attention was engaged by the book. 彼女はその本に興味を引かれた.
5 [通例 be ~d / ~ oneself] 婚約している[する] ‖
John is engaged to [ˣwith] Ann. = John and Ann are engaged. ジョンはアンと婚約している.
He got engaged to Lucy last year. 彼はルーシーと去年婚約した.
6 《正式》〈敵〉と交戦する.
7 《機械》〈歯車〉をかみ合わせる ‖
engage the clutch クラッチを入れる.
——⑳ 従事する ‖
engage in politics 政治にたずさわる.

**en·gaged** /engéɪdʒd エンゲイヂド | in- イン-/ 動 → engage.
——形 1 婚約中の ‖
an engaged couple 婚約中の2人.
2 《正式》〈電話·便所などが〉使用中の ‖
an engaged signal [tone]《英》(電話で)話し中の信号((米) busy signal [tone]).

\*__en·gage·ment__ /engéɪdʒmənt エンゲイヂメント | in- イン-/ 〖→ engage〗
——名 (複 ~s /-mənts/) 1 Ⓒ 婚約 ‖
announce one's engagement 婚約を発表する.
break off one's engagement to her 彼女との婚約を破棄(%)する.
2 Ⓒ 《正式》約束, 取り決め(appointment) ‖
a social engagement (面接·招待などの)予定.
3 Ⓒ 用事, 用務. 4 ⒸⓊ 《正式》雇用, 雇用期間. 5 〖商業〗 [~s] 債務(ⁿ); 契約. 6 Ⓒ 交戦(battle). 7 Ⓤ 〖機械〗(歯車などの)かみ合わせ.
**engagément ring** 婚約指輪(◆ ˣengage ring は誤り).

**en·gag·ing** /engéɪdʒɪŋ エンゲイヂング | in- イン-/ 動 → engage. ——形 人を引きつける, 愛嬌のある.

\*__en·gine__ /éndʒɪn エンヂン/《中の(en)才能(gine). cf. in**gen**ious》
——名 (複 ~s/-z/) Ⓒ 1 エンジン, 機関, 原動機, 発動機 ‖
an internal-combustion engine 内燃機関.
2 蒸気機関(steam engine);(鉄道の)機関車.
3 消防車.

**éngine driver** (英)(機関車の)機関手((米) engineer).

## *en·gi·neer /èndʒəníər エンヂニア/ (アクセント注意)
《◆ *エンヂニア》『中に(en)才能(gine)のある(eer). cf. pion*eer*』
㊜ engineering (名)
──名 (複 ~s/-z/) Ⓒ **1** 技師, エンジニア(略 eng.), (英) technologist ‖
a civil **engineer** 土木技師.
**2** 機関士; (米)(列車の)機関手(英) engine driver.
──動 他 **1** 〈工事など〉を設計[建設, 監督]する ‖
The bridge **was** very well **engineered**. 架橋工事がみごとに計画実行された.
**2** (略式)〈陰謀など〉をたくらむ, 工作する.

**en·gi·neer·ing** /èndʒəníəriŋ エンヂニアリング/ 動
→ engineer.
──名 Ⓤ **1** 工学; 機関学 ‖
aeronautical **engineering** 航空工学.
**2** 工学技術(の駆使); 土木工事.

## *Eng·land /íŋɡlənd イングランド/ 『「アングル族(the Angles)の国」が原義』
㊜ English (形·名)
──名 **1** イングランド《Great Britain 島からスコットランド(Scotland)とウェールズ(Wales)を除いた地方. 首都ロンドン.(略 Eng.)》.
**2** (広義) 英国, イギリス; 大ブリテン島《◆元来の意味「イングランド」が拡大されたもの. ただし, ウェールズやスコットランドを無視してイングランドが英国を代表した形となるため, この用法は誤用とされる. → English 名 **1**)》.

## *Eng·lish /íŋɡliʃ イングリッシュ/ 『→ England』
──形 **1** イングランドの, イングランド人の ‖
He is **English**, not Irish. 彼はイングランド人で, アイルランド人ではない.
**2** (広義) イギリスの, 英国の; イギリス人の, 英国人の《この意味では British を用いるのが正しい. → 名 **1** 事情》‖
an **English** town イギリスの町.
an **Énglish** téacher 英国人の先生(cf. 名 **2** 用例)《◆ a British teacher の方がふつう》.
My father is **English**. 私の父はイギリス人です《◆国籍を強調するときは an Englishman. → Japanese》.
She is very **English**. 彼女はいかにもイギリス人らしい.
**3** [名詞の前で] 英語の ‖
an **English** text 英語の本文.
──名 **1** [the ~; 複数扱い] イングランド人; (広義) イギリス人, 英国民(語法 → Japanese) ‖
The English are [*is] a conservative people. イギリス人は保守的な国民である《◆正しくは The British are [*is] a conservative people.》(→ Englishman).

> 事情 the English はふつう「イングランド人」をさす. Welsh, Scots, Irish は the English の名で一括されることを快く思わないので,「イギリス人, 英国人」の意味では the British を用いるのがよい. (語法 → Englishman)

**2** Ⓤ (言語としての)英語(the English language), (学科としての)英語(English language) ‖
present-day **English** 現代英語.
wrítten **Énglish** 書き言葉の英語.
collóquial [spóken] **Énglish** 話し言葉の英語.
American **English** アメリカ英語, 米語.
the Kíng's [Quéen's] **Énglish** (王[女王]が使うような)純正イギリス英語《◆これに対して純正アメリカ英語は the President's *English* と呼ぶ》.
Biblical **English** 聖書の英語.
an **Énglish** tèacher 英語の先生(=a teacher of English)(cf. 形 **2** 用例).
translate [put, turn] this into **English** これを英語に訳す.
What is this called in **English**? これは英語で何といいますか.
"Book" is the **English** for "*hon*". book は「本」にあたる英語です《◆特定の語[句]をさす場合は the をつける》.
I got a C in **English** again. 英語の成績はまた C だった.
**in pláin Énglish** やさしい英語で; 平たく言えば, きっぱり言えば.

**Énglish bréakfast** 英国式朝食《◆ポリッジ(porridge), ベーコンエッグ(など)に続いてマーマレード付きのトースト・紅茶などが出る朝食. British breakfast ともいう. cf. continental breakfast》.

**Énglish Chánnel** [the ~] イギリス海峡, 英仏海峡《◆英国では the Channel ともいう》.

**Énglish diséase** [the ~] (1) (略式) 英国病《労働者の怠業・経営合理化の立遅れによる生産非能率・慢性的経済不振の状態. **Énglish síckness** ともいう》. (2) 気管支炎(bronchitis).

**Énglish hórn** (主に米) [音楽] イングリッシュホルン, コールアングレ《オーボエ属の木管楽器》.

**Énglish múffin** イングリッシュ=マフィン《トーストにして食べる平たいマフィン》.

**Énglish Revolútion** [the ~] イギリス革命, 名誉革命(the Bloodless Revolution)《1688-89》.

## *Eng·lish·man /íŋɡliʃmən イングリッシュマン/ 『→ English』
──名 (複 -men /-mən/ ; (女性形) -wom·an)
Ⓒ **1** (男の)イングランド人《◆ Scotsman, Welshman, Irishman と区別していう. cf. John Bull》.
**2** (広義) (男の) 英国人, イギリス人 ‖
I met **two Englishmen** at the party. パーティーで2人のイギリス人と知り合いになった《◆正確には two men from Britain, two British people など》.

**語法** (1)（広義）に用いる用法は Scots, Welsh, Irish にとっては侮辱的(→ English 名**1**[事情]).
(2) Englishman は女性を含めて英国人をさすこともあった: An **Englishman's** house [home] is his castle.《ことわざ》英国人にとっては家は城である.
(3) (PC) としては English [British] person.
(4) 子供だけのときには使えない: *That boy is an Englishman.

**Eng·lish-speak·ing** /íŋglíʃspiːkiŋ イングリッシュピーキング/ 形 英語を(母語として)話す,英語圏の.

**Eng·lish·wom·an** /íŋglíʃwùmən イングリッシュウマン/ 名 (複 ··wom·en/-wimin/) → Englishman 1, 2.

**en·grave** /engréiv エングレイヴ | in- イン-/ 動 (現分) ··grav·ing) 他 **1** …を彫る,刻む ‖
engrave initials on a ring =engrave a ring with initials イニシャルを指輪に彫る.
**2** 〈物事〉を(心・記憶などに)深く刻み込む.

**en·grav·ing** /engréiviŋ エングレイヴィング | in- イン-/ 動 ▶ engrave. ━名 **1** ⓤ 彫刻法[術].
**2** ⓒ 版画,印刷物.

**en·gross** /engróus エングロウス | in- イン-/ 動 (三単現 ~·es/-iz/) 他 **1** 〈時間・注意〉を奪う.
**2** [be engrossed in A] …に夢中になる ‖
He was completely engrossed in the book. 彼は読書にひたりきっていた.

**en·gulf** /engʌ́lf エンガルフ | in- イン-/ 動 (現分) ··gulf·ing) 他《正式》〈波・戦争などが〉…を飲み込む,巻き込む ‖
Bad smog engulfed the city. 町はひどいスモッグに包まれた.

**en·hance** /enhǽns エンハンス | inhɑ́ːns インハーンス/ 動 (現分) ··hanc·ing) 他《正式》〈価値・力・美など〉を高める.

**e·nig·ma** /ənígmə エニグマ/ 名 (複 ~s, ~·ta /-tə/) ⓒ《正式》**1** なぞ. **2** なぞめいた言葉[人,出来事].

***en·joy** /endʒɔ́i エンヂョイ | in- イン-/ 《中に(en) 喜び(joy)を持つ》
━動 (三単現 ~s/-z/; 過去・過分 ~ed/-d/; 現分 ~·ing)
━他 **1a** …を楽しむ; …を味わう,満喫する ‖
enjoy baseball more than football フットボールより野球を楽しむ.
I very much enjoyed the seaside. 海岸はとても楽しかった(=I had a very good time at the seaside.).
The two Americans enjoyed the tempura very much. その2人の米国人は天ぷらがすっかり気に入った.
**b** [enjoy doing] …して遊ぶ ‖
We quite enjoyed dancing [*to dance] with her. 我々は彼女とダンスをしてすっかり楽しんだ.
I enjoyed being with you. ご一緒できて楽しかったです.

**対話** "Do you always enjoy your work?" "I enjoy meeting people, but I don't really enjoy going to meetings."「仕事はいつも楽しいですか」「人に会うのは楽しいですが,会議に出るのはあまり楽しくありません」.

**Q&A** Q: enjoy のように動名詞を目的語とする動詞にはほかにどんなものがありますか.
A: finish, fancy, avoid, mind, give up, escape, put off, postpone, practice, stop, resist, deny などがあります.

**c** [~ oneself] 愉快に過ごす(have a good time) ‖
enjóy onesèlf (by) pláying gólf ゴルフを楽しむ(=enjoy playing golf).

**語法** Are you *enjoying yourself*? は How are you? に近い質問なので返答はふつう Yes, thank you.

**2** 〈収入・信頼などを〉持っている; 経験する ‖
She enjoys a high salary. 彼女は給料をたくさんもらっている.
This area enjoys a summer of rain. この地方は夏には雨に恵まれている.
I enjoy poor [ill] health. からだが弱い.

**en·joy·a·ble** /endʒɔ́iəbl エンヂョイアブル | in- イン-/ 形 **1** [他動詞的に]〈本・休暇などが〉(人を)愉快にさせる,おもしろい; 楽しめる ‖
have a very enjoyable weekend 楽しい週末を過ごす.
The party was very enjoyable. パーティーはとても楽しかった.
**2** 享有[享受]できる.

**en·joy·a·bly** 副 愉快に,楽しく.

**en·joy·ment** /endʒɔ́imənt エンヂョイメント | in- イン-/ 名 **1** ⓤ 楽しむこと,享楽,喜び,楽しみ; ⓒ 楽しいもの[こと]《◆pleasure の方がふつう》‖
take [find] enjoyment in one's work 仕事を楽しむ,楽しんで仕事をする.
His visit is a great enjoyment to [for] her. 彼が訪問すると彼女は大変喜ぶ.
**2**《正式》[the ~] 享受(きょうじゅ),恩恵にあずかること.

**en·large** /enláːrdʒ エンラーヂ | in- イン-/ 動 (現分) ··larg·ing) 他 **1a**《正式》…を大きくする,拡大する ‖
The hotel will be enlarged to accommodate more guests. そのホテルは収容能力を増やすために増築されることになっている.
**b**〈写真などを〉引き伸ばす;〈本〉を増補する ‖
enlarge an image fifty times 映像を50倍に拡大する.
**2**〈見解など〉を広くする.
━自 **1** 大きくなる,広がる;〈写真が〉引き伸ばしできる ‖
This photograph will enlarge well. この写真

は引き伸ばしがきくでしょう.
**2** 詳しく話す[書く] ‖
Will you **enlarge on** this point? この点について詳しくお話しくださいますか?

**en·large·ment** /enlάːrdʒmənt エンラーヂメント | in- イン-/ 图 **1** Ⓤ〔正式〕[しばしば an ~] 拡大[増大](すること). **2** Ⓒ〔写真〕引き伸ばし.

**en·light·en** /enláitn エンライトン | in- イン-/ 動 他 **1** …を啓発する, 啓蒙(ホル)する, 教化する ‖
We were greatly **enlightened** by the dean's lecture. 我々は司祭の講演に大いに啓発された.
**2**〔正式〕…に教える.

**en·list** /enlíst エンリスト | in- イン-/ 動 他 **1**〈兵〉を徴募(ホル)する. **2**〔正式〕…に協力を求める,〈人の援助・賛同〉を得る. ─ 自 **1** 入隊する. **2** 協力[参加]する.

**en·liv·en** /enláivn エンライヴン | in- イン-/《発音注意》《◆*エンリヴン》動 他〔正式〕…をにぎやかにする, 活気づける.

**en·mi·ty** /énməti エンミティ/ 图 (複 -mi·ties/-z/) **1** Ⓤ 敵意(hostility), 悪意, 憎しみ ‖
be at **enmity with** one's neighbors 隣人と不和である.
**2** Ⓒ 敵対感情, 憎しみの感情.

**en·no·ble** /enóubl エノウブル | in- イノウブル/ 動 (現分 -no·bling) **1** …に爵位を授ける. **2**〈人・品位などを高尚[高貴]にする.

**en·no·ble·ment** 图 気高くすること.

**e·nor·mi·ty** /inɔ́ːrməti イノーミティ/ 图 (複 -mi·ties/-z/) **1** Ⓤ〔正式〕極悪, 非道. **2** Ⓒ〔正式〕[通例 enormities] 大罪, 非道な行為.

**e·nor·mous** /inɔ́ːrməs イノーマス/ 形 異常に大きい, 巨大な; 莫(ᵇ)大な《◆ huge は「(かさが)大きい」》‖

enormous《巨大な》

an **enormous** elephant 巨大なゾウ.
an **enormous** appetite すごい食欲.
an **enormous** fortune 莫大な財産.

**e·nor·mous·ly** /inɔ́ːrməsli イノーマスリ/ 副 非常に, 法外に ‖
**enormously** rich 非常に金持ちの.

***e·nough** /ináf イナフ/《発音注意》[[「必要を満たすに足る」が本義]
─ 形 **1** [enough + 名詞](数量的に)十分な, 必要なだけの(cf. adequate) ‖
pay **enough** attention to his intention 彼の意図に十分留意する.
There isn't **enough** time. 時間が十分にない《*Time isn't enough. とはいわない》.
I don't have **enóugh ápples**. リンゴが十分にない.
That's **enough** talking. おしゃべりはもうたくさんだ.
There are **enough** good books. 良い本が十分ある.
**2 a** [名詞 + enough for A / enough + 名詞 + for A] …に足りる, 十分な, 不足のない ‖
There is **enough** bread [bread **enough**] for all of you. 君たち全員に足るだけのパンがある.
**b** [名詞 + enough to do / enough + 名詞 + to do] …するように足りる, 十分な ‖
There are not **enough** doctors to give proper care to the children. 子供たちに適した健康管理をしてやるだけの医者がいない.
─ 图 Ⓤ **1** 十分な数[量] ‖
There is **enough for** all of you. 君たち全員に足りるだけの分がある.
**Enough** has been said here on this subject. この主題についてはすでにここで十分議論した.
対話 "Do you want any more to eat?" "No, I've had **enough**, but could I have some more coffee, please?"「もっと召し上りますか」「いいえ, もう十分いただきました. でもコーヒーをもう少しいただけませんか」.
**2** [enough of + the [this, my など] + 名詞](うんざりするほど)十分な… ‖
That's **enough of** this folly! こんなばかげたことはもうたくさんだ.
We've had **enóugh of** living in the country. 田舎暮らしはもうたくさんだ.
I've had **enough of** this! もうこれはごめんだよ!
─ 副 **1** [形容詞・副詞 + enough to do] …するに十分に… ‖
She speaks clearly **enough to** be understood. 彼女ははっきりとした口調でみんなによくわかる.
He is wise **enough not to** do such a thing. そんなことをしないだけの分別が彼にはある.
He is a brave **enough** soldier [a soldier brave **enough**] to attempt it. 彼はそれをやってみるほど勇敢な兵士だ.
She was kind **enough to** show me the way. 彼女は親切にも道を教えてくれた(=She kindly showed me the way.).
**2** 十分に, 全く ‖
Boy, it's sure cold **enough** today. うーん, きょうはやけに寒いな.
**3** [文全体を修飾する副詞を作る]《◆ この **enough** には「十分に」の意はない》‖
óddly [cúriously, stránge(ly), absúrdly] enóugh 奇妙なことに.
líkely [náturally] enóugh 当然のことだが.
She said she would fail her examination, and súre enòugh she did.《略式》彼女は自分は試験に失敗するだろうと言ったが, 果たしてそのとおりになった.
**4** まあまあ, どうにか ‖
Oh, she's honest **enough**, I guess. うん, ま

ずまず彼女は正直だろうね.
He is respectable **enough**, but very snobbish. 彼は確かにりっぱだが鼻もちならないね.
◇**cannót** [**can néver**] *dó* **enóugh** いくら…しても…しすぎることはない ‖ I **cannot** praise you **enough**. 君をいくらほめてもほめきれない(=I cannot praise you too much.).
**wéll enóugh** かなり上手[りっぱ]に.
—**間** もういい, もうたくさんだ.

**en·quire** /enkwáiər エンクワイア | in- イン-/ **動** (現分) --quir·ing) =inquire.
**en·quir·y** /enkwáiəri エンクワイアリ | in- イン-/ (複 --quir·ies/-z/) **名** =inquiry.
**en·rage** /enréidʒ エンレイヂ | in- イン-/ **動** (現分 --rag·ing) **他** (正式) …を怒らせる.

\*__**en·rich**__ /enrítʃ エンリチ | in- イン-/ 〖豊か(rich)にする(en). cf. *en*courage, *en*large〗
—**動** (三現) ~·es /-iz/; (過去·過分) ~ed/-t/; (現分) ~·ing)
—**他** (正式) **1** …を豊かにする, 富ませる ‖
The discovery of oil **enriched** the country. 石油の発見でその国は裕福になった.
American culture has been **enriched** by European immigrants. アメリカの文化はヨーロッパ系移民の手で豊かになった.
**2** …を質的に向上させる(improve) ‖
**enrich** the soil **with** manure 肥料で土地をこやす.
**enriched** milk 栄養強化ミルク.
**en·rích·ment** **名** U 豊かにする[される]こと, 強化; C 豊富にするもの, 強化物; 装飾.

**en·roll**, (主に英) --**rol** /enróul エンロウル | inróul インロウル/ **動** (他) …を名簿に記載する, 登録する, 入会[入学]させる.—(自) 入会[入学]する, 入隊する.
**en·róll·ment**, (主に英) --**ról·ment 名** U 入隊, 入学, 入会; C (通例 an ~) 登録者数, 在籍者数.

**en route** /ɑːn rúːt アーン ルート/ 〘フランス〙 **副** 途中[途上]で.

**en·sconce** /enskáns エンスカンス | -skɔ́ns インスコンス/ **動** (現分 --sconc·ing) **他** (正式) **1** [~ oneself] 身を隠す; …を安置する; [be ~d / ~ oneself] 〈人が〉落ち着く.

**en·sem·ble** /ɑːnsɑ́ːmbl アーンサーンブル/ 〘フランス〙 **名** (複 ~s /-blz, -bl/) C **1** (正式) 全体(の感じ); 全体的効果[調和] ‖
be in an effective **ensemble** =make an effective **ensemble** しっくりとけあっている.
**2** (正式) (調和のとれた)婦人服のそろい, アンサンブル. **3 a** [しばしば E~; 単数·複数扱い] (小人数の)合奏[合唱]団. **b** その合奏[合唱]曲.

**en·shrine** /enʃráin エンシュライン | in- イン-/ **動** (現分 --shrin·ing) **他** (正式) **1** …を祭る. **2** …を大事にする.

**en·sign** /énsain エンサイン/ [→ sign] **名** C **1** 旗, 艦旗. **2** 記章.

**en·slave** /ensléiv エンスレイヴ | in- イン-/ **動** (現分 --slav·ing) **他** …を奴隷にする.

**en·sláve·ment 名** U 奴隷状態.
**en·snare** /ensnéər エンスネア | in- イン-/ **動** (現分 --snar·ing) **他** (文) …をわなにかける.
**en·sue** /ensúː エンスー | insjúː インスュー/ **動** (現分 --su·ing) **自** (正式) 続いて起こる.
**en·sure**, (主に米) **in·sure** /enʃúər エンシュア | inʃɔ́ː インショー/ **動** (現分 --sur·ing) **他** **1** (正式) **a** …を保証する, 確実にする(make sure) ‖
The novel **ensured** her fame. その小説は彼女の名声を確立した.
**b** [**ensure** (that) 節] …ということを保証する ‖
I **ensure** (**that**) he wins. 彼がきっと勝つ.
**2** [**ensure A B**] A〈人〉に B〈物·事〉を確保する, 手に入るようにする ‖
The agreement **ensured** him a fixed income. その協定で彼は定収入を得られることになった.
**3** …を守る ‖
Her calm judgment **ensured** us **from** accidents. 彼女の冷静な判断のおかげで我々は事故をまぬがれた.

**en·tail** /entéil エンテイル | in- イン-/ **動** 他 (正式) …を伴っている, …を引き起こす.
**en·tan·gle** /entǽŋgl エンタングル | in- イン-/ **動** (現分 --tan·gling) **1** …をもつれさせる ‖
My foot **entangled** itself **in** the net. 片足が網にからまった.
**2** (正式) 〈人〉を巻き込む.
**en·tan·gle·ment** /entǽŋglmənt エンタングルメント | in- イン-/ **名 1** U もつれ(させること). **2** C もつれさせるもの, もつれた状況. **3** C [しばしば ~s] 鉄条網.
**en·tente** /ɑːntɑ́ːnt アーンターント/ 〘フランス〙 **名 1** C U (国家間の)協約, 協商. **2** (時に E~; 集合名詞; 単数·複数扱い) 協商国.

\*__**en·ter**__ /éntər エンタ/ 〖「(外から)中に進む」が原義. cf. *enter*prise〗
(派) *entrance* (名), *entry* (名)
—**動** (三現) ~s /-z/; (過去·過分) ~ed/-d/; (現分) ~·ing /-təriŋ/)
—**他 1** …に入る, 入り込む〈◆(略式)では go [come, get] in(to)〉 ‖
**enter** the dining room **from** the recreation hall 娯楽室から食堂へ入る.
The pupils **entered** the bus. 生徒たちがバスに乗り込んだ.
**2** (正式) …に加わる; …の一員となる; …に加入[入学, 入会]する(join) ‖
**enter** a contest 競技に参加する.
**énter** (a) cóllege [a univérsity] 大学に入学する.
**enter** the Navy 海軍に入る.
**3** …を出場させる, 登録する; …を入学[入会]させる ‖
**enter** a car **for** [**in**] a race 車をレースに参加させる.
**enter** him **in** [**at**] a private school 彼を私立学校に入れる.

énter onesèlf for the examination 試験の申し込みをする.
**4** …を記入する, 記録する.
——⾃ **1** 入る, 入り込む ‖
enter at [by, through] the front door 表玄関から入る.
**2**〔演劇〕登場する(↔ exit, go off) ‖
Enter Macbeth. =Macbeth enters.《脚本のト書きで》マクベス登場.
*énter into* (1) …を始める ‖ énter into a debáte 討論を始める. (2) A〈人〉の計画・考えの中に入る.
*énter on* [*upòn*] A《正式》…を開始する(begin); …を取り上げる, 扱う.

**en·ter·prise** /éntərpràiz エンタプライズ/ 图 **1** Ⓒ 事業, 企て.
**2** Ⓤ 進取の気性, 冒険心 ‖
show great enterprise in publishing a book 書物を出すのに大いにやる気を見せる.
**3** Ⓒ〔しばしば複合語で〕企業, 会社 ‖
large enterprises 大企業.
small and medium-sized enterprises 中小企業.
a hardware enterprise 金物業.

**en·ter·pris·ing** /éntərpràiziŋ エンタプライズィング/ 動 → enterprise. ——形 進取の気性に富んだ, 商魂たくましい, 冒険的な.

**en·ter·tain** /èntərtéin エンタテイン/ 動 ⑯

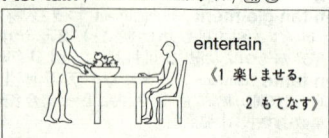

entertain
〈1 楽しませる, 2 もてなす〉

**1** …を楽しませる, 慰(なぐさ)める《◆ amuse は「愉快な気持ちにさせる」の意》‖
be entertained by [with] a show ショーを楽しむ.
**2** …をもてなす, 接待する, 招待する ‖
entertain her at [to] lunch 彼女を昼食に招いて歓待する.
**3**《正式》…を心に抱く, 考慮する ‖
entertain a subject ある問題をゆっくり考えてみる.
——⾃ 客を招待する, もてなす; 人を楽しませる.

**en·ter·tain·er** /èntərtéinər エンタテイナ/ 图 Ⓒ (客を)楽しませる人, 接待する人; 芸(能)人, エンタテイナー.

**en·ter·tain·ing** /èntərtéiniŋ エンタテイニング/ 動 → entertain.
——形〔他動詞的に〕(人を)楽しませる, おもしろい, 愉快な.
**èn·ter·táin·ing·ly** 副 おもしろく, 愉快に.

***en·ter·tain·ment** /èntərtéinmənt エンタテインメント/〔→ entertain〕
——图 (穫 ~s/-mənts/) **1** Ⓤ 歓待(かんたい)すること[されること], もてなし; Ⓒ 宴会, パーティー ‖
a lakeside hotel noted for its good entertainment サービスのよいことで有名な湖畔のホテル.
**2** Ⓤ Ⓒ 娯楽, 気晴らし ‖
a place [house] of entertainment 娯楽場.
the film as a popular entertainment 一般大衆の娯楽としての映画.
greatly [much] to the entertainment of my family 家族がとても楽しんだことには.
**3** Ⓤ Ⓒ 余興(よきょう), 演芸; Ⓒ〈人を〉楽しませるもの, (娯楽用の)軽い読み物[小説].

**en·thrall,**《主に英》**--thral** /enθrɔ́ːl エンスロール/ in- イン-/ 動 (過去・過分) en·thralled/-d/; (現分) --thral·ling ⑯《文》…を魅了する, 夢中にさせる.

**en·thuse** /enθúːz エンスーズ/ | inθjúːz インスューズ/ 動 (現分) --thus·ing 《略式》熱中する.

**en·thu·si·asm** /enθúːziæzm エンスーズィアズム/ inθjúː- インスュー/《アクセント注意》图 Ⓒ Ⓤ 熱狂, 熱中, 強い興味 ‖
He has a great enthusiasm for sumo. 彼は相撲狂だ.

**en·thu·si·ast** /enθúːziæst エンスーズィアスト/ inθjúː- インスュー/ 图 Ⓒ 熱狂者.

***en·thu·si·as·tic** /enθùːziǽstik エンスーズィアスティク/ inθjùː- インスュー/〔→ enthusiasm〕
——形 熱狂的な(excited), 熱心な ‖
She is enthusiastic about [over] the new teaching methods. 彼女は新教授法に熱心だ.
be enthusiastic about one's vacation 休暇のことで気もそぞろである.

**en·thu·si·as·ti·cal·ly** /enθùːziǽstikəli エンスーズィアスティカリ/ inθjùː- インスュー/ 副 熱狂的に.

**en·tice** /entáis エンタイス/ in- イン-/《発音注意》《♦ ×エンティス》動 (現分) --tic·ing ⑯《正式》**1** …を誘惑する, さそう ‖
entíce him awáy 彼をおびき出す.
**2**〈人〉をそそのかして(…)させる ‖
entice the boy into doing [to do] something wrong 少年をそそのかして悪いことをさせる.

**en·tice·ment** 图 **1** Ⓤ (性的)誘惑; 魅力. **2** Ⓒ〔しばしば ~s〕誘惑するもの.

**en·tire** /entáiər エンタイア | intáiə インタイア/ 形 **1** 全体の, 全部の《♦ whole より意味が強い》(↔ partial) ‖
the entire job 仕事全体.
**2** 無傷の; 全部そろっている(↔ incomplete) ‖
an entire set of china cups 全部そろった磁器茶わん1組.
**3** 完全な; 徹底的な(complete) ‖
entire absence of light 光が全くないこと.

***en·tire·ly** /entáiərli エンタイアリ | intáiəli インタイアリ/〔→ entire〕
——副 全く, すっかり(…であろう); もっぱら, ひたすら(→ utterly) ‖
My daughter prepares the meals entirely. 私の娘が食事を全部用意してくれます.
The explanation is not entirely satisfactory. (\\) その説明は必ずしも完全に納得のゆくものではない《♦ not entirely で部分否定になり, 音調は

**en·tire·ty**

下降上昇調がふつう》.
対話 "Do you agree with me?" "I agree entirely. That's exactly how I feel about it."「同意されますか」「全く同じ意見です. 私の感じているとおりです」.

**en·tire·ty** /ɪntáɪə(r)ti エンタイアティ | ɪntáɪərəti インタイアラティ/ 名《正式》完全.

**en·ti·tle** /entáɪtl エンタイトル | ɪn- イン-/ 動 (現分) --ti·tling) 他 **1** [entitle A to do] A《人》に…する資格[権利]を与える ‖
They **are entitled** to enter the laboratory. 彼らは研究所に入る権利が与えられている.
He was **entitled** to the promotion. 彼は昇格の資格があった.
**2**《正式》[通例 be ~d]《本などが》…という題がついている ‖
The book is **entitled** *Love Story*. その本の書名は『ラブ・ストーリー』だ《◆The book *is titled Love Story*. がふつう》.
**3** [entitle A to B] A《人》に B を得る資格[権利]を与える ‖
This ticket **entitles** you to free drinks. この券があれば, 無料で飲み物が飲めます.

**en·tí·tle·ment** 名 ⓒ 資格[権利]の授与.

**en·ti·ty** /éntəti エンティティ/ 名 (複) --ti·ties/-z/) **1** ⓒ《正式》実在する物. **2** Ⓤ 存在, 実在.

**en·to·mol·o·gy** /èntəmάlədʒi エントマロヂ | -mɔ́l- -モロヂ/ 名 Ⓤ 昆虫学.

**en·tou·rage** /ɑ̀:ntərɑ́:ʒ アーントゥラージュ | ɔ́:ntuərɑ̀:ʒ オントゥアラージュ/《フランス》名 ⓒ《正式》[集合名詞]側近の人たち.

**en·trails** /éntreɪlz エントレイルズ/ 名[複数扱い]《動物の》内臓, 腸.

*en·trance /éntrəns エントランス/ 《→ enter》
—— 名 (複) --tranc·es/-ɪz/) **1** ⓒ 入口, 戸口, 玄関(↔ exit) ‖
The **entrance** to the cinema is very narrow. その映画館の入口はとても狭い.
the front **entrance** of a school 学校の表口.
**2** Ⓤⓒ《正式》入ること; 入場, 入学;《俳優の》登場(↔ exit); 開始, 着手 ‖
**entrance** into negotiations 交渉の開始.
make one's second **entrance** (onto the stage)《舞台へ》2回目の登場をする.
be denied **entrance** to the meeting 会への入場を拒否される.
**3** Ⓤⓒ 入れること, 入場許可[権]; 入場料, 入学[入会]金 ‖
**Entrance** free《揭示》「入場無料」.
apply for **éntrance** to (a) univérsity 大学の入学試験を受ける.
**éntrance examinátion** 入学[入社]試験.
**éntrance fèe** 入場料; 入会[入学]金.

**en·trap** /ɪntrǽp イントラプ, en-/ 動 (過去・過分) en·trapped/-t/; (現分) --trap·ping) 他《正式》**1** …を(わなに)かける. **2**《人》をだまして(…)させる.

**en·treat** /entríːt エントリート | ɪn- イン-/ 動 他《正式》**1 a** …を嘆願する ‖

I **entreated** his help. 彼の助けを請うた.
**b** [entreat A to do] A《人》に…するよう嘆願する ‖
The patient **entreated** the doctor to ease his pain. 患者は痛みを取り除いて楽にしてほしいと医者に頼んだ.
**2**《人》に懇願する; …を請う ‖
**entreat** the king for mercy =**entreat** mercy of the king 王に慈悲を請う.

**en·trée, en·tree** /ɑ́:ntreɪ アーントレイ, -́- | ɔ́n- オン, ɑ̀m-/《フランス》名《正式》**1** Ⓤⓒ 入場(権), 入場許可. **2** ⓒ **a**《主に米》アントレ《ローストした肉以外の主料理》. **b**《主に英》アントレ《肉と魚の間に出る軽い料理》.

**en·trench** /entréntʃ エントレンチ | ɪn- イン-/ 動 (三単現 ~·es/-ɪz/) 他 **1** …を塹壕(ざんごう)で囲む. **2**《正式》[~ oneself / be ~ed]《人が》塹壕を掘って(堅固(けんご)に)身を守る.

**en·tries** /éntriz エントリズ/ 名 → entry.

**en·trust** /entrʌ́st エントラスト | ɪn- イン-/ 動 他《正式》…を任せる;《人などに》任せる ‖
**entrust** a task **to** him =**entrust** him **with** a task 彼に仕事を任せる.

*en·try /éntri エントリ/ 《→ enter》
—— 名 (複) en·tries/-z/) **1** Ⓤⓒ《正式》入ること; 入場, 入学, 入会(↔ exit¹)《◆ entrance より堅い語》‖
British **entry** to [into] the European Union 英国のヨーロッパ連合への加入.
**entry** into the spirit of the occasion その場の雰囲気にひたること.
**2** Ⓤⓒ 入れること; 入場権[許可] ‖
a "No **Entry**" sign「立ち入り[進入]禁止」の標識.
gain (an) **entry** to the library 図書館への入館許可を得る.
**3** ⓒ《主に米》入口; 玄関.
**4** Ⓤⓒ 記載(事項); 登録; 《辞書の》見出し(語, 項目).
**5** ⓒ 参加者; 出品物; [集合名詞]総出場者, 総出品物.

**en·twine** /entwáɪn エントワイン | ɪn- イン-/ 動 (現分) --twin·ing) 他《正式》《物》をからませる.

**e·nu·mer·ate** /ɪnjúːməreɪt イニューマレイト | -njúː- マレイト/ 動 (現分) --at·ing) 他《正式》…を列挙する.

**e·nun·ci·ate** /ɪnʌ́nsieɪt イナンスィエイト, -ʃi-/ 動 (現分) --at·ing) 他 **1**《言葉》を明確に発音する. **2**《考え・意見などを》明確に述べる, 表明する.

**e·nun·ci·a·tion** /ɪnʌ̀nsiéɪʃən イナンスィエイション/ 名 **1** Ⓤ 発音の仕方. **2** ⓒ 表明.

**en·vel·op** /envéləp エンヴェロプ | ɪn- イン-/ 動 他《正式》《人・物》を包む, 覆う.

**en·vél·op·ment** 名 Ⓤ 包むこと.

**en·ve·lope** /énvəloʊp エンヴェロウプ, ɑ́:n- | énvələʊp エンヴェロウプ, ɔ́n-/ 名 ⓒ **1** 封筒 ‖
a self-addressed stamped return **envelope** 受取人のあて名を入れ, 切手をはった返信用封

筒.
**2** 包み.
**3**（気球などの）気嚢(<ruby>のう<rt></rt></ruby>).

**en·vi·a·ble** /énviəbl エンヴィアブル/ 形 (人を)うらやましがらせる；うらやましい、ねたましい.

**en·vied** /énvid エンヴィド/ 動 → envy.

**en·vies** /énviz エンヴィズ/ 名 → envy.

**en·vi·ous** /énviəs エンヴィアス/ 形 うらやんだ、ねたんだ；しっと[ねたみ]深い (cf. jealous) ‖
She is envious of my success. 彼女は私の成功をねたんでいる (=She envies (me) my success.).

**en·zyme** /énzaim エンザイム/ 名 C〔生化学〕酵素.

**ep·au·let(te)** /épəlèt エポレト, ≤′/ 名 C（将校の）肩章.

**e·phem·er·al** /ifémərəl イフェマラル/ 形〔正式〕つかのまの、短命の.

**en·vi·ous·ly** 副 うらやんで, ねたんで.

\***en·vi·ron·ment** /enváiərnmənt エンヴァイアンメント/ invairən- エンヴァイロン-/ (アクセント注意)〖取り囲んだ (environ) 状態 (ment)〗
——名 (複 ~s/-mənts/) **1** U C 周囲、環境 (cf. surroundings) ‖
a happy home environment 幸せな家庭環境.
対話 "Do you like the class?" "The subject matter is okay, but the class environment is really bad." 「その授業は好きですか」「内容そのものはいいのだけどクラスの雰囲気がひどいんだ」
**2** [the ~] 自然環境《空気・水・土地・植物など》‖
protect the environment from destruction 自然環境を破壊から保護する.
**Environment Ágency**（日本の）環境庁.

**ep·ic** /épik エピク/ 名 C 叙事詩. ——形 叙事詩の.

**ep·i·dem·ic, --i·cal** /èpidémik(l) エピデミク(ル)/ 形 **1** 伝染性の ‖
an epidemic disease 伝染病.
**2**〈伝染病が〉流行している.
——名 C **1** 伝染病《◆さらにひどいのは plague》.
**2** 流行.

**en·vi·ron·men·tal** /enváiərnméntl エンヴァイアンメンタル | invàirən- インヴァイロン-/ 形 周囲の, 環境上の ‖
environmental adaptation 環境への適応.
environmental pollution 環境汚染, 公害.

**ep·i·de·mi·ol·o·gy** /èpidi:miáləʤi エピディーミアロジ|-5lɔdʒi -オロヂ/ 名 U 疫学.

**ep·i·gram** /épigræm エピグラム/ 名 C（機知を含む）警句, エピグラム, 短い風刺（詩）.

**ep·i·gram·mat·ic** /èpigrəmǽtik エピグラマティク/ 形 **1** 警句の（ような）. **2**〈人が〉警句好きの.

**en·vi·rons** /enváiərənz エンヴァイアロンズ|in- イン-/ 名〔正式〕〖複数扱い〗（都市の）近郊, 郊外.

**en·vis·age** /envízidʒ エンヴィズィヂ | in- イン-/ (現分 --ag·ing) 他〔正式〕…（の将来）を心に描く；…を（ある見地から）考察する.

**ep·i·lep·sy** /épəlèpsi エピレプスィ/ 名 U〔医学〕てんかん.

**en·voy** /énvɔi エンヴォイ/ 名 C〔正式〕（特命全権）大使［公使］；（政府などの）使節.

**ep·i·logue,**〔米ではしばしば〕**ep·i·log** /épəlɔ̀(:)g エピロ(ー)グ/ 名 C **1**（文芸作品の）結末；終局. **2**（劇の）エピローグ (↔ prologue).

\***en·vy** /énvi エンヴィ/ 〖上を (en) 見る (vy). cf. in·ví·dious〗派 envious（形）

\***ep·i·sode** /épəsòud エピソウド/〖「中に入れられたもの」が原義〗
——名 (複 ~s/-sòudz/) C **1**（劇・小説などの中の）エピソード, 挿話；（連続物の）1回分.
**2**（人生での）顕著(<ruby>けんちょ<rt></rt></ruby>)な出来事.

**ep·i·taph** /épətæ̀f エピタフ|-tɑ̀:f -ターフ/ 名 C 墓碑銘.

**ep·i·thet** /épəθèt エピセト, -θit/ 名 C〔正式〕（人・物の特性を表す）形容詞(句)；あだ名.

**e·pit·o·me** /ipítəmi イピタミ/ 名 C **1**〔俗用的に〕縮図, 権化(<ruby>ごんげ<rt></rt></ruby>), 典型. **2**〔正式: まれ〕要約, 大意.

**e·pit·o·mize** /ipítəmàiz イピタマイズ/ 動 (現分 --miz·ing) 他 …を縮図的に示す.

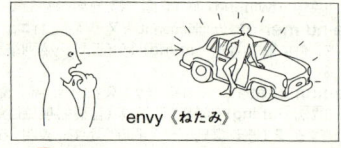

——名 **1** U ねたみ, しっと；うらやましさ, 羨(<ruby>せん<rt></rt></ruby>)望《◆ jealousy はうらやみから相手への憎しみや憤慨まで含むが, envy には憎しみは含まれない》‖
His envy at my success is obvious. 彼が私の成功をうらやましく思っていることは明白だ.
**2** [the ~] 羨望の的 ‖
His garden was the envy of the neighborhood. 彼の庭は近所の人々の羨望の的であった.

**ep·och** /épək エポク|í:pɔk イーポク/ 名 C **1**［しばしば an ~］新時代, 新紀元；（重大な事の起こった）時代《◆ era の幕開けが epoch》；画期的な事件 (event) ‖
The theory made [marked] an epoch in physics. その理論は物理学に新時代を開いた.
**2**（ある人にとって）記念すべき日時, 忘れがたい瞬間.
**3**〔地質〕世(<ruby>せい<rt></rt></ruby>) (→ era 3).

*out of énvy* しっとから, うらやんで.
——動〔三単現〕en·vies/-z/；〔過去・過分〕en·vied/-d/；〔現分〕~·ing〉
——他 **1**〈人〉をうらやむ；ねたむ ‖
I envied him for his wealth. 彼の財産がうらやましかった.
**2** 文型〔envy (A) B〕〈人が〉(A〈人〉の) B〈物〉をうらやましく思う ‖
People envied (him) his wealth. 人々は彼の財産をうらやましがった.

epaulet

## *e·qual /íːkwəl/ イークワル 《アクセント注意》《◆×イクウォール》 〖「平らな」が原義〗 派 equality (名), equalize (動), equally (副)

→ 形 1a 等しい　b 匹敵する　3a 耐えられる
名 同等の人　動 1 等しくする

—— 形 〘比較 more ~, 最上 most ~〙 **1** [be equal to [with] A in B] a B〈数量・大きさなど〉の点で A〈人・物〉と等しい(↔ unequal) ‖
pay an amount **equal** to $100 100ドル相当の金額を払う.
Twice four is **equal** to eight. 4の2倍は8だ(2×4＝8).

Q&A　Q: ≒は be equal to と読むのですか.
A: そうです. ≒は be almost equal to, 「合同」を示す≡は be identical with と読みます.

**b** B〈価値・能力など〉の点で A〈人・物〉に**匹敵する** ‖
I am quite **equal** to [with] her in brains. 頭については私は彼女と互角だ.

**2** 平等な, 一様な ‖
**equal** opportunities program 機会均等計画.
**3 a** [be equal to A] …に**耐えられる**, …に対応できる《◆A は doing も可》 ‖
対話 "Do you think she'll do okay with the speech?" "Yes, I think she's **equal** to it." 「彼女はちゃんとスピーチができると思うかい」「うん、彼女ならそれだけの力があるよ」.
**b** [be equal to A] A〈人〉にとってはどうでもよいことである ‖
Success or failure is **equal** to me. 成功しようが失敗しようが私にとってどちらでもよいことだ (＝It does not matter whether I succeed or fail.)

**on équal térms with A** …と対等(の条件)で.
**óther [áll] things being équal**(略式)他の事が同じであれば, 他の条件が同じであれば.

—— 名 (複 ~s/-z/) C **同等の人**; 匹敵する人[物] ‖
treat him as an **equal** 彼を対等に扱う.
In spelling Mary has no **equal**. 語のつづりの正確さにかけてはメリーに匹敵する人はいない.
Tom is not John's **equal** in strength. トムは腕力に関してはジョンにかなわない.

—— 動 (三単現 ~s/-z/; 過去・過分 ~ed または (英) e·qualled /-d/; 現分 ~·ing または (英) --qual·ling)
—— 他 **1** …に**等しい**; …に匹敵する (be equal to) ‖
Five minus three **equal**(s) two. 5引く3は2(5－3＝2) (＝Three from five leaves two.).
No one **equals** her in intelligence. 知力で彼女に及ぶ者はいない.
対話 "How much was this car?" "In US money it was about $10,000, and that **equaled** about ¥1,300,000 in Japanese money." 「この車はいくらしましたか」「米ドルで約1万ドルでしたから, 日本円では約130万円に相当しました」.

**2** …の基準に達する, …と対等のことをする ‖
**equal** the world's record in the bicycle race 自転車競走で世界タイ記録を作る.

**e·qual·i·ty** /ikwɑ́ləti イクワリティ | -kwɔ́l- イクウォリティ/ 名 U **1** 〘しばしば an ~〙 同等; 平等, 均等 (↔ inequality) ‖
She is on an **equality** with him. 彼女は彼と対等の地位にある.
**2** (運動などの)均一性, 一様性.

**e·qual·ize**, (英ではしばしば) **--ise** /íːkwəlaiz イークワライズ/ 動 (現分 --iz·ing) …を等しくする.
—— 自 等しくなる.

**e·qual·ly** /íːkwəli イークワリ/ 副 **1** 等しく, 同様に; 平等に; 均一に (↔ unequally) ‖
divide the cake **equally** between [among] them 彼らの間で平等にケーキを分け合う.
**2** 〘文全体を修飾〙同様に; とはいうものの ‖
They despise me. **Equally**, I can't stand them. 彼らは私を軽蔑(ミミ)している. 同様にまた私も彼らには我慢できない.

**e·qua·nim·i·ty** /iːkwənímɪti イークワニミティ | ekwə- エクワ-/ 名 U 〘正式〙 平静, 落ち着き.

**e·qua·tion** /ikwéiʒən イクウェイジョン, -ʃən/ 名 **1** U 〘正式〙 同一視すること; 等しくすること, 均一化; C 等しくすること ‖
his **equation** of love with [and] friendship 彼が愛と友情を同一視していること.
make easy **equations** of [between] things 物事をたやすく同一化する.
**2** C 〘数学〙方程式, 等式 ‖
a linear **equation** 一次方程式.

**e·qua·tor** /ikwéitər イクウェイタ/ 名 [the ~ / しばしば the E~] (地球・天体の)赤道(図→ earth); 赤道地域 ‖
It is hot at the **equator**. 赤道地帯では暑い.

**e·qua·to·ri·al** /iːkwətɔ́ːriəl イークワトーリアル | ekwə- エクワ-/ 形 **1** 赤道(付近)の; 赤道直下のような. **2** 酷暑の.

**e·qui·dis·tant** /iːkwədístənt イークウィディスタント/ 形 (空間・時間の点で)等距離の.

**e·qui·lat·er·al** /iːkwəlǽtərəl イークウィラタラル/ 形 〈図形が〉等辺の; 正多面体の; 〈双曲線が〉直角の.

**e·qui·lib·ri·um** /iːkwəlíbriəm イークウィリブリアム/ 名 U 〘正式〙 **1** 釣り合い, 平衡(ﾍﾟｲ) (balance). **2** (心の)平静.

**e·quine** /íːkwain イークワイン | é- エクワイン/ 形 〘正式〙 馬の(ような).

**e·qui·nox** /íːkwənɑːks イークウィナクス | -nɔ̀ks/ -ノクス/ 〖「等しい(equi)夜(nox)」〗 名 (複 ~·es/-iz/) 昼夜平分時, 春分, 秋分; 〘天文〙 昼夜平分点 ‖
the spring **equinox** 春分(点).
the autumn **equinox** 秋分(点).

**e·quip** /ikwíp イクウィプ/ 動 (過去・過分 e·quipped/-t/; 現分 --quip·ping) **1** …に備えつける, …を装備する《◆supply に比べて特定の装備を表す》‖

The soldiers were equipped with weapons. 兵士は武器を身につけていた.
**2** [通例 ～ oneself] 身じたくをする; 素養を身につける ‖
equip oneself for a task 仕事の身じたくをする, 仕事が出来るだけの力をつける.
**3** [equip A with B] A〈人〉に B〈知識など〉を身につけさせる ‖
equip him with a good education 彼にりっぱな教育を受けさせる.

**e·quip·ment** /ikwípmənt イクウィプメント/ 图 **1** Ⓤ《正式》備えること, 取り付けること; 準備, したく.
**2** [an ～ / the ～; 集合名詞] 装備; 備品 ‖
a hotel with modern equipment 近代設備の整ったホテル.
**3** Ⓤ (仕事のための)知識, 技術, 能力 ‖
the equipment for the job 仕事の心得.

**eq·ui·ta·ble** /ékwətəbl エクワタブル/ 形《正式》公平な, 公正な; 正当な. **éq·ui·ta·bly** 副 公平に.

**eq·ui·ty** /ékwəti エクウィティ/ 图 (複 **-ui·ties**/-z/)《正式》**1** Ⓤ 公平, 公正; 正当. **2** Ⓒ 公正な行為.

**e·quiv·a·lent** /ikwívələnt イクウィヴァレント/ 形 同等の, 同値の; 同価値の; 同義の, 等量の 《◆ equal より堅い語》‖
a fine equivalent (which is) to a weekly pay 週給に相当する額の.
—图 Ⓒ 同等[同量]のもの; 相当物 ‖
two thousand dollars or its equivalent in pure gold 2000ドルまたはその価格の純金.

**e·quiv·o·cal** /ikwívəkl イクウィヴォクル/ 形《正式》**1** 両義にとれる. **2** はっきりしない. **3** いかがわしい, 疑わしい (↔ unequivocal).

**er** /ə́ːr アー, ə́ː アー/ 間 えー, あー, あのう (uh)《◆言葉につかえた時の声》

*__er·a__ /í(ə)rə イ(ア)ラ, érə | íərə イアラ/《類音》error /érər/
—图 Ⓒ **1** [通例 the ～]《歴史上重要な》時代, 時期《◆ふつう age より短い》(cf. epoch) ‖
the Elizabethan era エリザベス朝時代.
the Meiji era 明治時代.
**2** [しばしば an ～] (重要な出来事で特色づけられた) 一時代, 一時期 ‖
an era of social reform 社会改革の時代.
**3** [the ～] 紀元; [地質] 代《◆ era の下位区分は period 「紀」, epoch 「世(*せい*)」の順》‖
the Christian era 西暦紀元.

**e·rad·i·cate** /irǽdikèit イラディケイト/ 動《現分》**-cat·ing**》…を根絶する.

**e·rad·i·ca·tion** /irǽdikéiʃən イラディケイション/ 图 Ⓤ 根絶, 絶滅.

**e·rase** /iréis イレイス | iréiz イレイズ/ 動《過分》**-ras·ing**》**1**《正式》〈文字などを〉消す, 消却する.
**2** …を削除する.

**e·ras·er** /iréisər イレイサ | iréizə イレイザ/ 图 Ⓒ **1**《主に米》消しゴム(《主に英》rubber). **2** 黒板ふき.

**e·rect** /irékt イレクト/《類音》e/ect/ilékt/》形 **1** 直立した, まっすぐな ‖
stand erect 直立する.
**2**〈髪·毛が〉さか立った.
—動 他《正式》**1** …を建てる(build) ‖
erect a monument 記念碑を建てる.
**2** …を立てる, 直立させる.

**e·rect·ly** /irékli/ 副 まっすぐに.

**e·rect·ness** 图 Ⓤ 直立, 垂直.

**e·rec·tion** /irékʃən イレクション/ 图 Ⓤ 建設, 直立.

**Er·ie** /í(ə)ri イアリ/ 图 Lake ～ エリー湖《北米五大湖の1つ》.

**Er·nest** /ə́ːrnəst アーネスト/ 图 アーネスト《男の名》.

**e·rode** /iróud イロウド/ 動《正式》《現分》**e·rod·ing**》**1**〈金属などが〉腐食する. **2**〈地形などが〉浸食される. —他 **1**〈金属などを〉腐食する. **2**〈地形などを〉浸食する.

**Er·os** /í(ə)rɑs イーラス, érɑs | íərɔs イアロス, érɔs/ 图 **1** 【ギリシャ神話】エロス《Aphrodite の息子で恋愛の神. ローマ神話の Cupid に当たる》. **2** [しばしば e～] Ⓤ 性愛.

**e·ro·sion** /iróuʒən イロウジョン/ 图 Ⓤ 浸食.

**e·rot·ic** /irátik イラティク | irɔ́tik イロティク/ 形〈作品などが〉性愛の, 性愛を扱った; 好色な[の]; 官能的な ‖
an erotic film ポルノ映画.

**e·rót·i·cal·ly** 副 官能的に.

**err** /ə́ːr アー, (米+) éər/《類音》(米) △air, △are², △heir》動 自《正式》間違いをする; 誤る (make a mistake) ‖
err on the side of justice 公正すぎる.
***To err is human, to forgive divine.***《ことわざ》過(*あやま*)つは人の常, 許すは神の心.

**er·rand** /érənd エランド/ 图 Ⓒ **1** 使い, 使い走り ‖
send him on an errand 彼を使いに出す.
go on [run] errands for her 彼女の使い走りをする.
**2**《使いの》用向き, 任務 ‖
accomplish one's errand 自分の任務を果たす.

**er·rat·ic** /irǽtik イラティク/ 形 **1** とっぴな. **2** 気まぐれな.

**er·rat·i·cal·ly** /irǽtikəli イラティカリ/ 副 気まぐれに.

**er·ro·ne·ous** /əróuniəs エロウニアス/ 形《正式》誤った, 間違った (incorrect).

**er·ró·ne·ous·ly** 副 誤って, 間違って.

*__er·ror__ /érər エラ/《類音》era /í(ə)rə, érə | íərə/
—图 (複 ～**s**/-z/) **1** Ⓒ 誤り, 間違い; 過失, 手違い, しくじり(類 mistake, blunder, slip) ‖
make [commit, ×do] an error in the bill 勘定を間違える.
Correct errors, if any. 誤りがあれば訂正せよ.
対話 "This is wrong. Check again." "Sorry, did I make another *error*?" 「これ間違ってるよ. もう一度調べてみて」「ごめん, また間違えてしまったかな」.
**2** Ⓤ《正式》考え違い, 思い違い, 誤信, 誤解 (misunderstanding) ‖
do it **in error** 誤ってそれをする.
He was **in error in** assuming that she would come to see him. 彼女が会いに来るだ

ろうと思ったのは彼の勘違いだった.
**3** ⓒ 誤差. **4** ⓒ 〖野球〗エラー, 失策. **5** ⓒ 〖コンピュータ〗(プログラム・システムの)エラー.

**e·rupt** /ɪrʌ́pt イラプト/ 〖動〗❶ 噴火する,〈溶岩などが〉噴出する. **2**〈抑えていた感情が〉爆発する.
―〖他〗**1**〈溶岩などを〉噴出する. **2**〈抑えていた感情〉を爆発させる.

**e·rup·tion** /ɪrʌ́pʃən イラプション/ 〖名〗**1** Ⓤ Ⓒ (火山の)爆発;(溶岩などの)噴出; Ⓒ 噴出物; Ⓤ Ⓒ (感情の)爆発 ‖
eruptions of ashes and lava 火山灰や溶岩などの噴出.
**2** Ⓤ Ⓒ (伝染病などの)発生, Ⓒ 発疹(ほっしん).

**es·ca·late** /éskəlèɪt エスカレイト/ 〖動〗(現分) -lat-ing) ― 〖自〗段階的に拡大する, エスカレートする.
―〖他〗…を段階的に拡大させる, エスカレートさせる.

**es·ca·la·tion** /èskəléɪʃən エスカレイション/ 〖名〗 Ⓤ (段階的な)増大, 拡大, エスカレーション.

**es·ca·la·tor** /éskəlèɪtər エスカレイタ/ 〖escalade と elevator の合成〗〖名〗 Ⓒ (米もと商標)エスカレーター (moving stairway 〖(英)staircase〗).

**es·ca·pade** /éskəpèɪd エスカペイド/ 〖名〗 Ⓒ 乱暴ないたずら.

***es·cape** /ɪskéɪp イスケイプ/ 〖(身を束縛する)外套 (cape) から(es) 抜け出て逃げる〗
―〖動〗(三単現) ~s/-s/; (過去・過分) ~d/-t/; (現分) -cap·ing)
―〖自〗**1 a** 逃げる; 脱出する(類 avoid, elude, evade) ‖
escape from [out of] the burning house 燃えさかる家から逃げ出す.
escape in the crowd 人ごみにまぎれて逃げる.
**b** のがれる; まぬがれる ‖
escape from the crushing weight of caring 心配事の重圧をのがれる.
**2** 消える, 漏れる, 流出する ‖
Oil escaped from the pipe. 油がパイプから漏れた.
―〖他〗**1 a** …をのがれる ‖
narrowly escape death あやうく死をまぬがれる.
She successfully escaped her pursuers. 彼女はうまく追跡者たちからのがれた.
**b** [escape doing] …することをうまく避ける ‖
escape being drowned 溺れ死ぬのをまぬがれる.

表現 「(授業を)エスケープする, サボる」は, ×escape a class でなく cut a class, cut a lecture, cut school などという.

**2**〈注意・記憶などに〉とまらない,〈人の〉記憶[注意]にとまらない《◆受身にしない》‖
Their names escaped me [my memory]. 彼らの名前が思い出せなかった.
**3**〈人・唇〉から漏れる ‖
A cry escaped her lips. 泣き声が彼女の唇から思わず漏れた.
―〖名〗(複 ~s/-s/) **1** Ⓒ Ⓤ 逃亡, 脱出; [しばしば an ~] 逃避, 回避; [形容詞的に] 逃亡(のための), 逃避の ‖

(an) escape from prison 刑務所からの脱走; 刑務所入りをまぬがれること.
have a narrow [hairbreadth] escape from death 死を間一髪でのがれる.
make gòod one's escápe 無事に逃げおおせる.
**2** Ⓒ のがれる手段; 逃げ口 ‖
a fire escape 火災避難ばしご, 非常階段.
have one's escape cut off 逃げ道をたたれる.
(ガス・水などの)漏れ.

**es·cap·ing** /ɪskéɪpɪŋ イスケイピング/ 〖動〗 → escape.

**es·cap·ism** /ɪskéɪpɪzm イスケイピズム/ 〖名〗 Ⓤ 現実逃避(主義).

**es·cort** 〖名〗éskɔːrt エスコート; 〖動〗 ɪskɔ́ːrt イスコート/ 〖名〗**1** Ⓒ (女性に)付き添う男性, エスコートする人 ‖
He was Mary's escort to the party. パーティーへは彼がメリーに付き添った.
**2** Ⓒ [集合名詞; 単数・複数扱い] 護衛団, 護衛艦; Ⓤ 護衛; 護送 ‖
under escort 護衛されて.
―〖動〗(◆ 分節は e·scort)〖他〗**1**(保護・儀礼上)〈男性が〉〈女性に〉付き添う;〈女性〉を送り届ける ‖
He escorted her to the party. 彼はパーティーへ彼女に付き添って行った.
**2** …を護衛する.

**Es·ki·mo** /éskəmòʊ エスキモウ/ 〖「生肉を食べる人」「雪靴を編む人」が原義とする説がある〗〖名〗(複 Es·ki·mo, ~s) **1** Ⓒ エスキモー人(◆ カナダ=エスキモーは自らを Inuit と呼ぶ). **2** Ⓤ エスキモー語.― 〖形〗エスキモー人[語]の.

**es·pe·cial** /ɪspéʃl イスペシャル/ 〖形〗(正式)特別な, 特有の(special); きわだった《◆ 一般的には special を用いる. especial は意味が強くしばしば古風な感じを伴う》‖
an especial friend 無二の親友.

***es·pe·cial·ly** /ɪspéʃəli イスペシャリ/ 〖→ special〗
―〖副〗(正式)(同種の中でも)特に, 特別に, とりわけ《◆ particularly より意味が強い》; きわだって, 著(いちじる)しく ‖
対話 "Do you like baseball?" "Not especially." 「野球が好きですか」「いや, 特に」.
対話 "What's your favorite type of music?" "I like all kinds, but especially classical." 「どんな音楽が好きですか」「何でも好きですが, とりわけクラシックが好きです」.

Q&A **Q**:「特に彼は計算が得意だ」を Especially he is good at figures. と訳したら誤りと言われました.
**A**: これは日本人がよく日本語につられて犯す誤りです. especially は原則として修飾する語の直前に置きます. したがって上の訳は He is especially good at figures. とすべきです.

**Es·pe·ran·tist** /èspərǽntɪst エスパラーンティスト/ ‖

**Es·pe·ran·to** /èspərǽntou エスペラーントウ |-ræn- エスペラン-/ 名 Ⓤ エスペラント(語)《ポーランド人 L. L. Zamenhof が1887年に創案した人造国際語》.

**es·pi·o·nage** /éspiənɑ̀ːʒ エスピオナージュ /《フランス》 名 Ⓤ スパイ活動; スパイを使うこと.

**es·pouse** /ispáuz イスパウズ/ 動 (現分) **··pous·ing**) 《正式》…を支持する, 採用する.

**es·pres·so** /esprésou エスプレソウ/《イタリア》 名 (複 ~s) **1** Ⓤ =espresso coffee. **2** Ⓒ エスプレッソコーヒー店[装置].

**espresso cóffee** エスプレッソコーヒー (espresso)《イタリア式の濃いコーヒー》.

**Esq., Esqr.** 略 Esquire.

**es·quire** /eskwáiər エスクワイア | is- イス-/ 名 [E~] Ⓤ …殿, …様.

語法 (1) 手紙のあて名や公式文書で Mr の代わりに用いる敬称. 姓名(名は頭文字のみでも可)のあとにつける.
(2)《米》では弁護士に用いる以外は Mr.(など)がふつう.
(3) ふつう Esq., Esqr. と略す: John Frost, Esq. ジョン=フロスト殿.

***es·say** /ései エセイ, ési; 2 では《米+》eséi/ 〖「試み」が原義〗
——名 (複 ~s/-z/) **1** Ⓒ 随筆, エッセー; 評論, 小論文, 感想文, 作文, (学生の)レポート ∥
She wrote an essay on travel. 彼女は旅行についての随筆を書いた.
**2**《正式》試み, 企て ∥
make an essay at driving [to drive] 車の運転をしてみる.

***es·sence** /ésns エスンス/ 〖「存在するもの」→「本質的に不可欠なもの」が原義〗 派 essential (形)

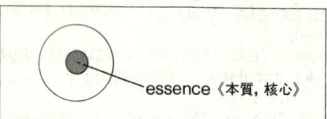

——名 (複 ··senc·es/-iz/) **1** Ⓤ《正式》本質, 真髄, 核心 ∥
Freedom of speech is the essence of democracy. 言論の自由は民主主義の本質である.
**2** Ⓒ Ⓤ エキス, 精, エッセンス.
**in éssence**《正式》本質的に(は), 本当は.

***es·sen·tial** /isénʃəl イセンシャル/ 〖→ essence〗 派 essentially (副)
——形 **1** 不可欠の, (絶対に)必要な, きわめて重要な (crucial)《◆ necessary より意味が強い》 ∥
Good water is essential to good sake. よい日本酒にはよい水が不可欠だ.
It is essential for us to overcome these difficulties. =It is essential that we (should) overcome these difficulties. この困難を克服することが必要だ《◆ that 節内に動詞の原型を用いるのは《主に米》, should を用いるのは《主に英》》.
**2** [名詞の前で] 本質的な, 根本的な ∥
Everyone knows her essential kindness. 彼女が根っから親切なのをみんな知っている.
**3** [名詞の前で] エキスの ∥
essential oil 精油《香水の原料》.
——名 (複 ~s/-z/) Ⓒ [通例 ~s] 本質的要素, 主要点; 不可欠な物 ∥
the essentials of the project その計画の要点.

**es·sen·tial·ly** /əsénʃəli イセンシャリ/ 副 本質的に(は); 本来(は); ぜひとも.

**Es·sex** /ésiks エスィクス/ 名 エセックス《England 東南部の州》.

***es·tab·lish** /istǽbliʃ イスタブリシュ/ 〖「強固・堅固なものにする」が本義. cf. stable〗
派 establishment
——動 (三単現) ~·es/-iz/; (過去・過分) ~ed/-t/; (現分) ~·ing)
——他《正式》**1** …を設立する, 設置[創立]する《◆ found より意味が強い》 ∥
establish a shop 店を開く.
Established (since) 1660. 1660年設立[創業]《◆ ホテル・店舗などの看板. Est. ... と略すこともある》.

対話 "When was the school first established?" "It began about 75 years ago, but at that time it was very small."「その学校が創立されたのはいつのことですか」「75年ほど前のことですが, 当時はとても小規模なものでした」.
**2**〈人〉を落ち着かせる, 定着させる, 任命する ∥
establish oneself (in business) as a furrier 毛皮商として(の商売で)身を立てる[開業する].
His novel established him as a national hero. 彼は小説で国民的英雄としての地位を固めた.
**3**〈名声など〉を確立する ∥
She established a reputation as a good dentist. 彼女は腕のよい歯医者という評判を得た.

**es·tab·lish·ment** /istǽbliʃmənt イスタブリシュメント/ 名 **1** Ⓤ 設立; 制定; 立証, 確立; 樹立 ∥
the establishment of a theory 理論の確立.
**2** Ⓤ 設立[制定, 確定]されたもの《学校・病院・会社・店舗・ホテル・食堂・法律など》; 制度, 秩序 ∥
This company is one of the oldest establishments in town. この商社は町で最古の会社の1つだ.
**3** Ⓤ《正式》(行政上の)官庁, 政党.
**4** [the E~]《主に英》[単数・複数扱い] (既成の)体制, 権力機構; 支配層.

**es·tate** /istéit イステイト/ 名 **1** Ⓒ **a** 地所, (通例邸宅のある田舎の広大な)土地(land); 屋敷 ∥
have a large estate 大きな地所を持つ.
**b** 大農園.
**2** Ⓤ《法律》**a** (ある人のすべての)財産; 財産権 (cf. property) ∥

réal estáte 不動産.
pérsonal estáte 動産.
**b** 遺産.
**3** C《英》地区；団地 ‖
an industrial estate 工業地区.

**estáte àgent**《英》不動産業者((米) realtor).

**estáte càr** [wàgon]《英》=station wagon.

**es·teem** /istíːm イスティーム/ 動 他《正式》**1** [esteem A (for B)] A〈人・物〉を B〈事のために〉尊重する，尊敬する；…を高く評価する《◆(1) respect より堅い語．(2) 進行形にしない》‖
esteem him for his skill = esteem his skill 彼の技量に感心する．

**2** [esteem A (as) C / esteem A(to be) C]〈人が〉A〈人・物・事〉を C〈物・事〉(…である)と思う，考える(consider)《◆C は形容詞・名詞》；[esteem (that) 節] …だと思う ‖
I shall esteem it (as) a great honor to receive this award. この賞をいただくことはまことに光栄に存じます．

——名 U《正式》[時に an ~] 尊敬，尊重(respect)；好意的な意見；名声 ‖
hold his ability in high esteem 彼の能力を重んずる．

**es·thet·ic** /esθétik エスセティク | iːs- イース-/ 形《米》=aesthetic.

**es·ti·ma·ble** /éstəməbl エスティマブル/ 形《正式》尊敬すべき，立派な．

*__es·ti·mate__ /動 éstəmèit エスティメイト；名 éstəmət エスティマト/『「価値を見積もる」が原義．cf. esteem』

→ 動 ① **1** 見積もる **2** 評価する
   ⓘ 見積もりをする
   名 **1** 見積もり **3** 評価

——動《三単現》~s /-mèits/；《過去・過分》-mated /-id/；《現分》--mat·ing

——他 **1 a**〈数・費用など〉を見積もる ‖
対話 "How big is your school library?" "Well, I don't know. It's impossible for me to estimate it."「君の学校の図書館はどの程度の規模ですか」「さあ，よくわかりません．どのくらいあるのか見当もつきません」．

**b** [estimate A at B] A〈費用・損害など〉を B〈金額・数量など〉と見積もる ‖
estimate one's income at £8,000 収入を8000ポンドと見積もる．

**c** [estimate (that) A is C] A〈価値・人数など〉を C であると推定する ‖
She estimated (that) the size of the crowd would be 200. 彼女は群衆の規模を200人とふんだ．

**2** …を評価する，判断する ‖
estimate the merit of literary works 文学作品の価値を評価する．
Her prose poetry is highly estimated among her contemporaries. 彼女の散文詩は同時代の人々の間で高く評価されている．

——自 [estimate for A] …に対して見積もりをする ‖
estimate for the repairs to the roof 屋根の修理の見積もり(書)を(作成)する．

——名 /-mət/《複》~s /-məts/) C **1** 見積もり(額)，概算 ‖
at a rough estimate ざっと見積もって．
by estimate 概算で．
make an exact estimate of the time 時間を正確に見積もる．

**2** [しばしば ~s]《仕事の》見積もり書．

**3**《正式》評価，判断，見解 ‖
in my estimate 私の意見では．

**es·ti·mat·ing** /éstəmèitiŋ エスティメイティング/ 動
→ estimate.

**es·ti·ma·tion** /èstəméiʃən エスティメイション/ 名 U
**1**《正式》評価，判断，意見 ‖
in one's estimation 人の見るところでは．

**2** [時に an ~] 概算，見積もり．

**es·tu·ar·y** /éstʃuèri エスチュエリ | -tjuəri -テュアリ/
名《複》--ar·ies /-z/) C《正式》**1** 河口．**2** 入り江．

**ET** 略 extraterrestrial.

**et al.** /èt ǽl エト アル, -ɔ́ːl, -áːl/『ラテン』略 et alii およびその他の者．

*__etc., etc, & c.__ /etsétərə エトセタラ，(非標準) ekstrə/《◆《米》では and so on [forth] と発音することもある》『ラテン語 et cetera の略』…など，その他《◆人間には et al. を用いる》.

**etch** /étʃ エチ/ 動《三単現》~·es /-iz/) 他 …にエッチングする，…をエッチングで描く．

**e·ter·nal** /itə́ːrnl イターヌル/ 形 **1**《時に E~》《正式》永遠の，永久の(↔ temporary) ‖
He is my eternal friend. 彼は永遠の友だ．

**2** [the ~；名詞的に] 永遠なるもの；[the E~] 神．

**3**《略式》絶え間のない，果てしのない．

**Etérnal Cíty** [the ~] 永遠の都《Rome の愛称》．

**e·ter·nal·ly** /itə́ːrnəli イターナリ/ 副 永遠に，永久に；《略式》絶え間なく，いつも(always).

**e·ter·ni·ty** /itə́ːrnəti イターニティ/ 名 **1** U 永遠(性)，無限；不滅，不朽ᵉˢᵗⁿ ‖
through all eternity 永久に，とわに．

**2** U《正式》来世．**3**《略式》[an ~] 長い時間．

**e·ther** /íːθər イーサ/ 名 U **1**《化学》エーテル《溶剤・麻酔剤などに用いる》．**2**《詩》[the ~]《雲の上の》澄んだ》天空．

**e·the·re·al** /iθíəriəl イスィアリアル/ 形《正式》この世のものと思えない，空気のような．

**eth·ic** /éθik エスィク/ 名 C 道徳，倫理；価値体系．

**eth·i·cal** /éθikl エスィクル/ 形 **1** 倫理の，道徳上の ‖
an ethical problem 道徳上の問題．

**2** 道義にかなった，道徳的な．

**éth·i·cal·ly** 副 道徳的に；[文全体を修飾] 道徳的見地から言えば．

**eth·ics** /éθiks エスィクス/ 名 **1** U [通例単数扱い] 倫理学．**2** U [通例複数扱い] 道義，道徳，倫理(観)．

**E·thi·o·pi·a** /ìːθióupiə イースィオウピア/『「日に焼け

**E·thi·o·pi·an** /iːθióupiən イースィオウピアン/ 形 C エチオピア(人)の; エチオピア人.

**eth·nic** /éθnik エスニク/ 形 **1** 民族の, 民族(学)的な, 人種的な《◆racial より広く, 文化・言語・宗教の共通性を含む》‖
ethnic minorities (ある社会の)少数派民族.
**2** 民族特有の, 魅惑的で風変わりな.

**eth·ni·cal** /éθnikl エスニクル/ 形 =ethnic.

**eth·nol·o·gy** /eθnɑ́lədʒi エスナロヂ|-nɔ́l- -ノロヂ/ 名 U 民族学.

**et·i·quette** /étikət エティケト, étikét エティケト エチケト, =/【フランス】【→ ticket】名 U 礼儀, 作法, エチケット《◆人について行儀の良い悪いをいう場合は He has good [bad] *manners*. といい, ×He has good [bad] etiquette. とはいえない》.

**Et·na** /étnə エトナ/ 名 Mount ~ エトナ山《イタリア Sicily 島の活火山》.

**E·ton** /iːtn イートン/ 名 **1** イートン《ロンドン西方の都市》. **2** =Eton College.

**Éton blúe** イートンブルー, 淡青色《Eton College のスクールカラー》.

**Éton cóllar** イートンカラー《幅広の堅いカラー》.

**Éton Cóllege** イートン校(Eton)《**1** にある有名な男子の public school》.

**Éton jácket** [*cóat*] イートン上着《イートン校の制服の上着. またそれに似た上着》.

**e·ty·mol·o·gy** /ètəmɑ́lədʒi エティマロヂ|-mɔ́l- -モロヂ/ 名 **1** U 語源学. **2** C (ある語の)語源.

**EU** (略) European Union.

**eu·ca·lyp·tus** /jùːkəlíptəs ユーカリプタス/ 名 (複 ~·es/-iz/, --ti/-tai/) **1** C〔植〕ユーカリ《オーストラリア原産. その葉はコアラのえさ》. **2** U =eucalyptus oil.

**eucalýptus óil** ユーカリ油(eucalyptus)《かぜ薬・虫下し・石けんの香料》.

**Eu·clid** /júːklid ユークリド/ 名 ユークリッド, エウクレイデース《紀元前300年ごろのギリシアの数学者》.

**eu·lo·gy** /júːlədʒi ユーロヂ/ 名 (複 --lo·gies/-z/)《正式》C 賛辞; U 称賛.

**eu·phe·mism** /júːfəmìzm ユーフェミズム/ 名《正式》U 婉(えん)曲語法; C 遠回し表現《◆die の代わりに pass away を用いるなど》.

**Eu·phra·tes** /juːfréitiːz ユーフレイティーズ/ 名 [the ~] ユーフラテス川《トルコに発しペルシア湾に注ぐ. 古代文明の発祥地》.

**Eur·a·sia** /juəréiʒə ユアレイジャ, -ʃə/【*Eur*ope + *Asia*】名 ユーラシア(大陸).

**Eur·a·sian** /juəréiʒən ユアレイジャン, -ʃən/ 形 C ユーラシアの; 欧亜混血の(人).

**eu·ro** /júərou ユアロウ/ 名 C ユーロ《EU の通貨単位》.

**Eu·ro-** /júərou- ユアロウ-, juərə-/ (連結形) ヨーロッパ(の).

**\*\*Eu·rope** /júərəp ユアロプ/【「日没の国」が原義】派 European (形・名)

—— 名 **1** ヨーロッパ, 欧州《◆英国では the British Isles と区別してヨーロッパ大陸(the Continent)をさす場合がある. 略 Eur.》‖
Northern Europe 北欧.
Southern Europe 南欧.
tour Europe ヨーロッパを旅行する.
**2**《英》ヨーロッパ共同市場(the Common Market).

**\*Eu·ro·pe·an** /jùərəpíːən ユアロピーアン/《アクセント注意》《◆×ユアロピアン》【→ Europe】
—— 形 ヨーロッパ(人)の, 欧州(人)の‖
an actor of European fame ヨーロッパで名高い俳優.
—— 名 (複 ~s/-z/) C **1** ヨーロッパ人, 欧州人‖
Continental Europeans (英国に対して)大陸のヨーロッパ人.
**2**《英》ヨーロッパ共同体主義者.

**Européan Commúnity** [the ~] ヨーロッパ共同体《EEC などが統合したもの. 現在は EU に発展. 略 EC》.

**Européan Económic Commúnity** 《正式》[the ~] ヨーロッパ経済共同体(the Common Market)《EUの前身. 略 EEC》.

**Européan plàn** 《米》[the ~] (ホテルの)ヨーロッパ方式《食事代と部屋代を別勘定にする方式. cf. American plan》.

**Européan Únion** [the ~] ヨーロッパ連合《1993年に European Community を発展・改称したもの. 略 EU》.

**E·va** /íːvə イーヴァ,《米+》évə/ 名 エバ《女の名. Eve の別称》.

**e·vac·u·ate** /ivǽkjuèit イヴァキュエイト/ 動 (現分 --at·ing) 他 **1** …を避難させる. **2** …から撤退する; …を撤退させる.

**e·vac·u·a·tion** /ivæ̀kjuéiʃən イヴァキュエイション/ 名 U C **1** 避難. **2** 撤退.

**e·vade** /ivéid イヴェイド/ 動 (現分 --vad·ing) 他《正式》**1** …を巧みに逃れる. **2** …を回避する. **3**〈質問など〉をはぐらかす.

**e·val·u·ate** /ivǽljuèit イヴァリュエイト/ 動 (現分 --at·ing) 他《正式》…の価値を見きわめる, 数値を出す.

**e·val·u·a·tion** /ivæ̀ljuéiʃən イヴァリュエイション/ 名 U 評価.

**e·van·gel·i·cal, --ic** /ìːvændʒélikl イーヴァンヂェリクル, èvən-/ 福音(書)の.

**e·van·gel·ist** /ivǽndʒəlist イヴァンヂェリスト|-dʒel- -チェリスト/ 名 C **1** (通例 E~) 福音書著者《Matthew, Mark, Luke, John》. **2** 福音伝道者.

**e·vap·o·rate** /ivǽpərèit イヴァパレイト/ 動 (現分 --rat·ing) 他 **1** 蒸発になる, 蒸発する. **2**《正式》〈希望などが〉消えうせる(disappear); 死ぬ.

**e·vap·o·ra·tion** /ivæ̀pəréiʃən イヴァパレイション/ 名 U 蒸発.

**e·va·sion** /ivéiʒən イヴェイジョン/ 名 **1** U のがれること. **2** U C (義務などの)回避; 言いのがれ.

**e·va·sive** /ivéisiv イヴェイスィヴ/ 形 責任のがれの.

**eve** /íːv イーヴ/ 名 C **1** [通例 E~]〔祝祭日などの〕前夜(祭), 前日 ‖
on Christmas Eve クリスマスイブに.
**2** [the ~]〔重要な事の〕直前 ‖
on the eve of one's departure 出発の直前に.
**3**〔詩〕夕方, 晩(evening).

**Eve** /íːv イーヴ/ 名 **1** イブ《女の名.〔別称〕Eva》. **2**〔聖書〕イブ, エバ《神が創造した最初の女性. Adam の妻》.

**Eve·lyn** /íːvlin イーヴリン, évlin/ 名 イーブリン, エブリン《女・男の名》.

## **e·ven**[1] /íːvn イーヴン/
―― 副 **1** [例外的な事がらを強調して] **a** …で(さえ), …すら, …だって, …までも《◆ even でなく強調される語を強く発音する》‖
Even a child can understand it. 子供でもそんなことはわかる.
[対話] "Did she read his letter?" "No, she didn't even ópen it." 「彼女は彼からの手紙を読みましたか」「いいえ, 読むどころか開きもしなかった」.
**b** [even if /〔正式〕even though / even when] たとえ…でも ‖
He will come here éven if it rains. 雨が降っても彼はここに来るだろう.
Even if she does not come, I will go there alone. たとえ彼女が来なくてもひとりでそこに行きます.
**2** [比較級を強めて] さらに, なおさら, 一層(still, yet) ‖
His satisfaction was even greater now. 彼の充足感は今やいやが上にも大きくなった.
**3** [さらに強調して]〔略式〕それどころか, 実に(indeed) ‖
I was happy, even joyous. 幸せで, 実にうれしくもあった.
**4** [同一性・同時性を強調して]〔正式・古〕[even as] ちょうど…の時に ‖
Even as I came home, it began to rain. 帰宅したとたん, 雨が降り始めた.
◦**éven nów** (1) [通例否定文で] 今でも ‖ Even now I can't believe it. 今でさえそれが信じられない. (2)〔正式〕ちょうど今.
◦**éven só** (1) たとえそうでも; それにしても ‖ It rained, but even so I enjoyed the game. 雨が降っていたが, それでも私はその試合を楽しんだ. (2) まさにそのとおり.
**éven thén** [通例否定文で] たとえそうでも; その時でさえ ‖ She explained everything, but even then I didn't understand. 彼女はすべてを説明してくれたが, それでも私はわからなかった.

## **e·ven**[2] /íːvn イーヴン/ 〔「水平な(level)」が原義〕
→ 形 **1 a** 平らな **3** むらのない **b** 規則正しい
―― 形 〔比較〕more ~,〔時に〕~·er;〔最上〕most ~,〔時に〕~·est **1 a** 平らな, 水平の(↔ uneven)《◆ level, flat, smooth より堅い語》‖
an éven flóor なめらかな床.
Make the road more even. 道路をもっと平らにしなさい.
**b**〈海岸線などが〉出入りのない, でこぼこのない.
**2** [補語として] 同じ高さの; 同一面[線]上の, 平行した ‖
move a table to make it even with the others テーブルを他と平行になるように動かす.
**3 a**〈色彩などが〉むらのない, 均一の ‖
an even application of paint 一様に塗ったペンキ.
**b** 規則正しい《◆ regular, steady より堅い語》; 単調な, 平凡な ‖
a strong, even pulse 力強くリズミカルな脈搏(な).
an even flow of work 整然とした仕事の流れ.
**c** [名詞の前で]〈気質などが〉落ち着いた, 平静な(calm).
**4** つり合いのとれた; 対等の(equal); 五分五分の ‖
an éven fíght 互角の戦い.
**5** 清算済みの; 貸し借りのない ‖
Give her two dollars, and you will be [get] even with her.〔略式〕彼女に2ドル返済すれば君は彼女に借りがなくなるよ.
**6** 偶数の(↔ odd) ‖
an even number 偶数.
**7**〈金・時間などが〉ちょうどの, 端(は)数のない ‖
an even 5 seconds =5 seconds even かっきり5秒.
**be** [**gét**] **éven with** A《もと米式》(1) A〈人〉に仕返しをする. (2) → **5**.
**bréak éven** 損得なしになる.
―― 動 他 **1**〔正式〕…を平らにする(smooth).
**2** …を平等にする(+out).
**éven·ness** 名 U **1** 均一. **2** 平静. **3** 水平.

**e·ven·hand·ed** /íːvnhændid イーヴンハンディド/ 形 公平な.

## **eve·ning** /íːvniŋ イーヴニング/
―― 名 〔複〕 ~s /-z/ U C **1** 夕方, 夕暮れ, 晩《◆ふつう日没から寝る時間までをいう. → night》; [形容詞的に] 夕方の, 晩の ‖
evening calm 夕なぎ.
evening glow 夕焼け.
this evening 今晩.
tomorrow evening 明晩.
yesterday evening 昨晩.
in the evening 夕方に, 晩に.
early in the evening 夕方早く.
on Sunday evening 日曜日の晩に.
on the evening of the 6th 6日の晩に.
**2** 夜会, 夕べ ‖
a musical evening 音楽の夕べ.
**évening drèss** 夜会服《男・女の礼服》.
**Évening Práyer**〔アングリカン〕夕べの祈り.
**évening stár** [the ~] よいの明星《夕方に西の空

**e・vent** /ivént/ イヴェント/（アクセント注意）《◆×イヴェント》〖結果として外に(e)出て来ること(vent). cf. prevent, ventilate〗
㊗ eventually（副）
—名（穆 ~s/ivénts/）Ⓒ **1** できごと, (大)事件;行事, 催し, イベント《◆ incident は event に付随的に起こる小さなできごと, accident は好ましくない偶然のできごと》

an annual [a yearly] **event** 年中行事.
a great **event** in chemistry 化学分野の一大事件.
**in the course of events** 事の成り行きで, 自然に.
Going abroad is (quite) an **event** for me. 海外へ行くことは私にとって重大事件だ.
Thunder and lightning are two separate **events**. 雷と稲妻は2つの別々の現象である.

[対話] "How many **events** did you take part in at the fair?" "I only entered the last one." 「品評会ではいくつの催しに参加しましたか」「最後の行事にだけ出ました」.

**2** [the ~] (事の)結果, 成り行き; 場合 ‖
in thát evènt その場合には.

**3** (競技・番組の)種目; 1試合 ‖
win fírst prize in the long jump **event** 幅跳びの種目で1等賞をとる.

**in ány evènt = at áll evènt** とにかく, いずれにしても(in any case).
◇ **in the evént of** A 《正式》…の場合には ‖ in the evént of rain（万一）雨が降った場合には.
**in the evént (that)** ...《主に米》[接続詞的に] …する場合には ‖ in the evént (that) it rains 雨が降った場合には《◆ if, in case の方がふつう》.

**e・vent・ful** /ivéntfl/ イヴェントフル/ 形 できごとの多い,波乱に富む.

**e・ven・tu・al** /ivéntʃuəl/ イヴェンチュアル/ 形《正式》結果として起こる, 終局の.

**e・ven・tu・al・i・ty** /ivèntʃuǽləti/ イヴェンチュアリティ/ 名（穆 -i・ties/-z/）Ⓒ《正式》万一の場合.

*****e・ven・tu・al・ly** /ivéntʃuəli/ イヴェンチュアリ/〖→ event〗
—副 結局は, ついに; ゆくゆくは, いつかは《◆否定文には用いない》‖
I **eventually** found a house that suited me. ついに自分の気に入る家を見つけた.

*****ev・er** /évər/ エヴァ/〖《否定文・疑問文で》any に対応する時の副詞〗
—副《◆ふつう文中で強く発音される》**1** [疑問文で] かつて, これまでに, いったい ‖
Have you **ever** been to Mexico? メキシコへ行ったことがありますか《◆多少強調の意味が含まれるだけなので日本語では訳されないことが多い》.

[対話] "Do you **éver** study in the library?" "Yes, I often study there."「図書館で勉強することがありますか」「ええ, よくします」.

**2** [否定文で] これまでに(1度も…しない)‖

I haven't **ever** been there. そこへ1度も行ったことがない《◆ I've *never* been there. の方がふつう》.
I don't remember **ever** seeing him there. 彼にそこで会ったことなど覚えていない.

**3** [no, nothing などの強調] どんなことがあっても, 絶対に ‖
**Nothing ever** makes Mary happy. どんなにしたってメリーを幸せにできない.

[対話] "Do you usually have a good night sleep?" "No, hardly **ever**."「いつも夜はぐっすり眠れますか」「いや, めったにないよ」.

**4** [if 節で] いずれ, いつか; とにかく ‖
Come and see me if you are **ever** in Osaka. 大阪へもしおいでになることがありましたらぜひお立ち寄りください.

**5** [最上級・比較級の強調] かつて, 今までに ‖
That's **more** people than I've **ever** seen. = That's the **most** people I've **ever** seen. あのような人出は私には初めてです.

**6** [whose, which を除く wh- で始まる語を強調して] いったい, そもそも, とにかく ‖
Why **ever** did you say so? いったいどうしてそんなことを言ったのよ.
What **ever** do you think you're doing? そもそもあなたは自分のしていることがわかっているの.

**(as) ... as éver** (1) あいかわらず…で ‖ He is (as) idle as **ever**. 彼はあいかわらずぶらぶらしている. (2)《文》[... ever lived] 古来まれな, 並はずれた ‖ He is as great a scholar as **ever** lived. 彼はきわめてすぐれた学者だ.

**éver áfter**《過去時制で》それ以後ずっと ‖ They lived happily **ever** after. それから2人はずっと幸せに暮らしました《◆おとぎ話の冒頭の Once upon a time there lived ... に呼応するしめくくりの決まり文句》.

**éver sínce** → since 副.

**éver so mùch** [動詞のあとで] とても ‖ Thank you **ever** so much. ほんとにありがとう.

**for éver**《主に米》=forever《《米》では1語つづりがふつう.《英》でも「常に」の意では時に1語つづりにする》.

**if éver** [挿入的に用いて] もし…だとしたら, …だとしても ‖ She has séldom, if **èver**, spoken in public. 彼女はまずめったに人前でしゃべらない.

**than éver** [形容詞・副詞の比較級のあとで] ますます, 以前よりまして ‖ News is more important than **ever**. ニュースは以前にまして重要だ.

**Ev・er・est** /évərist/ エヴァリスト/〖インドのイギリス人測量長官 Sir G. Everest の名から〗 名 Mount ~ エベレスト山, チョモランマ《ヒマラヤ山脈にある世界最高峰. 8848 m. チベット語名 Chomolungma》.

**ev・er・green** /évərgrì:n/ エヴァグリーン/ 名Ⓒ 常緑樹.

**ev・er・last・ing** /èvərlǽstiŋ/ エヴァラスティング | èvəlá:stiŋ/ エヴァラースティング/ 形 **1**《正式》永遠に続く, 不滅の ‖
for **everlasting** peace 恒久の平和のために.

**2** 絶え間のない; (略式) あいもかわらぬ.
**ev・er・more** /èvərmɔ́ːr エヴァモー/ 副 (格式) いつも, 常に.

## *eve・ry /évri エヴリ/

→ 形 **1** あらゆる **3** …ごとに, 毎…

—— 形 《◆ふつう文中で強く発音する》

**1** [C 単数名詞を修飾して; 語法 → each 形] **1** あらゆる, ことごとくの, どの…も《◆ every + 名詞は単数扱い》∥

Évery bóok [*books] **was** written by a well-known author. どの本もある有名作家が書いたものだった (=All the books were written by a well-known author.).

Every reporter sent **their** stories with the least possible delay. どの記者も即刻ニュースを送った《◆複数の記者が念頭にあるので, their となる. 他に his or her や his/ her や his も可. ただし his は性差別的と見なされ, 今は多くの人はこれを避ける. → everybody 語法》.

Every man, woman, and child **has** [*have] been evacuated. 男も女も子供も全員避難した《◆ every のあとに名詞が2つ以上続いても単数扱い》.

Every man has his price. (ことわざ) 人には皆それぞれ値段がある;「わいろの額次第で不正を働く」.

対話 "She's eaten all the cookies." "What, every one?"「彼女はクッキーをみんな食べてしまったよ」「え, 全部かい」.

語法 (1) 部分否定と全否定については → everybody 語法(3). (2) each と違って代名詞としての働きはない: Each [*Every] of the girls was dressed neatly.

**2** [C|U 名詞を修飾して; 時に ~ possible] 可能な限りの, あらんかぎりの, すべての《◆名詞は intention, reason, kindness, sympathy などの抽象名詞》∥

I have **every** confidence in him. 心から彼を信じています.

We have **every** reason to believe that she will come tomorrow. 彼女があす来るだろうと信ずる理由は十分にある.

**3** [数詞・other・few 句の前で] …ごとに; [day, week などの前に置いて副詞句を作って] 毎…∥

every other day =every second day 1日おきに, 2日ごとに; 毎日のように.

The medicine has to be taken **every six hours**. 6時間ごとに薬を服用しなければなりません (=The medicine has to be taken at intervals of six hours.).

évery dày 毎日《◆ *on every day. は誤り》.
évery wèek 毎週《◆ *in every week は誤り》.
évery bít → bit¹.
évery nòw and thén [agáin] → now 副.
every one (1) /꜓ ꜔/ (まれ) だれもかれも, みんな《◆ everyone と1語につづるのがふつう》. (2) /꜓ ꜔/ → everyone 語法.

*évery tìme (1) /꜓ ꜔/ (略式) 毎回, いつも. (2) /꜓ ꜔/ [接続詞的に] …する時はいつも[必ず]《◆ whenever より口語的》∥ She says something nasty **every time** she sees me. 私の顔を見ると彼女はいつも何か嫌なことを言う.

## *eve・ry・bod・y /évribɑ̀di エヴリバディ | évribɔ̀di エヴリボディ/

—— 代 《◆ふつう文中で強く発音される》[単数扱い] みんな, すべての人, だれでも∥

Everybody made up **their** minds. だれもが決心した《◆(1) their の代わりに his or her, his/ her, his も可. → every 形 1 第2用例注. (2) 代名詞については → 語法》.

Everybody was expected to bring **their** lunch. だれもが昼食に弁当を持ってくることになっていた《◆(1) their の代わりに his or her や his/her または his も可. (2) この場合は their でも目的語(lunch)の数は不変. → each》.

She is **everybody's** friend. 彼女は八方美人だ.

対話 "How's your family?" "**Everybody's** fine. Yours? (↗)"「ご家族はいかがですか」「みんな元気です. お宅のみなさんは?」.

語法 (1) [数と性] everybody は文法的には単数扱いであるが, 複数の人が念頭にあるため, 複数代名詞で受けることが多い: *Everybody* is coming, aren't **they**? みんな来ますね / 対話 "Does *everybody* like him?" "Yes, **they** do."「みんな彼が好きですか」「うん」.
(2) [everybody に呼応する動詞] 次の例の they のような複数代名詞で受けた場合でも Everybody に続く動詞は常に単数: *Everybody* **is** [*are] coming, aren't they?
(3) [部分否定と全否定] *Everybody* [*Every* student] didn't answer. (↘) は「すべての人[学生]が答えたわけではない」(=Not *everybody* [every student] answered.)部分否定がふつうだが, answer を強く発音し, 下降調(↘)をとるときは全否定で「すべての人[学生]が答えなかった」(=*Nobody* [*No* student] answered.)の意となる (cf. all 形 **4** 語法).

nòt évery body [部分否定] すべての人が…する[である]わけではない∥ Not everybody(↘) can be a poet. だれもが詩人になれるというわけではない.

## *eve・ry・day /évridèi エヴリデイ/

—— 形 [名詞の前で] 毎日の, 日々の; 日常の, ありふれた∥

wear one's **everyday** clothes ふだん着を着る.
an **everyday** incident 日常ありふれたできごと.
語法 副詞的に用いる場合は every day と2語につづる.

## *eve・ry・one /évriwʌ̀n エヴリワン/

—— 代 [単数扱い] みんな, すべての人, だれもかれも

《◆例文と語法 → everybody》.

**語法** [everyone と every one] (1) of ... が続く場合は常に every one: *Èvery óne* [×*Everyone*] *of them has* [×*have*] *passed the exam*. 彼らは1人残らず試験に合格した(→ each, everybody).
(2) 物をさす場合も常に every one: *She bought a dozen apples, and èvery óne (of them) was bad*. 彼女はりんごを12個買ったがどれも腐っていた.

**eve·ry·place** /évripleis エヴリプレイス/ 副《主に米略式》=everywhere.

## *eve·ry·thing /évriθiŋ エヴリスィング/

——代《◆ふつう文中で強く発音される》[単数扱い] すべてのこと[もの], 何もかも, 万事 ‖
*Everything (that) he said is* [×*are*] *true*. 彼の言ったことはすべて本当だ.
*Money is everything to the old man*. その老人にはお金がすべてだ.
*Everything has gone well, hasn't it?* 万事OKですね《◆ everybody, everyone と違って, ..., haven't *they*? のように they で受けることはできない. cf. everybody **語法**》.
*Have you got everything?* 何か忘れ物はないか《◆帰るときなどに言う》.
*Thank you for everything*. いろいろどうもありがとう.
**and éverything** 《略式》(列挙して)そしてその他もろもろ, 何もかも.
**nòt éverything** [部分否定] すべてではない, すべてが…というわけではない ‖ *Money is not everything*. 金がすべてではない / *You can't have everything*. (⌣) すべてがめでたしとはいかないからね.

## *eve·ry·where /évrihwèər エヴリウェア/

——副 **1** いたるところで[を], どこにも, どこへも《主に米略式》everywhere》‖
*everywhere else* 他のどの場所にも《◆every other place よりふつう》.
*I looked* (×*for*) *everywhere for the letter*. 手紙を見つけようとその辺をくまなく捜した.
*There was broken glass everywhere*. あたり一面ガラスの破片がとび散っていた.
**2** [接続詞的に] どこへ[で]…しても ‖
*Everywhere I go, the dog follows me*. どこへ行っても, その犬は私から離れない(=*Wherever I go, the dog follows me*.).

**e·vict** /ivíkt イヴィクト/ 動 他《正式》…を立ちのかせる.

**e·vic·tion** /ivíkʃən イヴィクション/ 名 ①⑥ 立ちのき, 追いたて; 取り戻し.

## *ev·i·dence /évidns エヴィデンス/ [明白に(e)見えるもの(vidence). cf. pro*vidence*]

派 evident (形)

——名 (複 --denc·es/-iz/) **1** ⑥ 証拠, 根拠(→ proof) ‖
*a piece of evidence* 1つの証拠.
*condemn her on no evidence* 何の証拠もなく彼女をとがめる.
*I have enough evidence (of her guilt) to arrest her*. 彼女を逮捕するための(犯罪の)証拠が十分ある.
*Is there any evidence for your statement?* あなたの申し立てに何らかの根拠がありますか.
*I discovered definite evidence that he had used it*. 彼がそれを使ったという明らかな証拠を発見した.
*On the evidence of her diligence so far, she will do well*. 彼女の今までの勤勉ぶりからすると, きっとうまくいくだろう.
**対話** "*Are you sure this is the place he haunts?*" "*I have the evidence to prove it.*" 「ここが彼がよく通って来る場所なのだね?」「その証拠があるんです」.
**2** ⑥ [時に ~s] しるし, 形跡 ‖
*This room béars* [*gíves, shóws*] *évidence of a struggle*. 《正式》この部屋には争った形跡がある.
*There is evidence that someone has entered the house*. だれかがその家に入った形跡がある.
**3** ⑥⑥〔法律〕証拠; 証言; 証人 ‖
*This photograph will be used in evidence against him*. この写真は彼に不利な証拠として用いられるだろう《◆「彼に有利な証拠」なら evidence for him …》.
**in évidence** (1) → **3**. (2)《略式》はっきり見えて[存在して]; 目立って ‖ *He hasn't been much in evidence recently*. 最近彼をあまり見かけない.

## *ev·i·dent /évidənt エヴィデント/ [→ evidence]

派 evidently (副)

——形《正式》明白な, 明らかな, はっきりわかる《◆ *evident* は apparent より視覚的で確実性が強く, obvious より弱い. → evidently》‖
*with evident satisfaction* いかにも満足そうに.
*It is quite evident to everyone that she has misunderstood me*. 彼女が私を誤解していたことはだれの目にも全く明らかだ.
*His failure is evident in his disappointment*. 彼の失敗は落胆ぶりを見れば確かだ.

**ev·i·dent·ly** /évidəntli エヴィデントリ, -dènt-, 〈強〉 èvidéntli/ 副 **1** [文全体を修飾] 明らかに, 確かに《◆ apparently より確実性が強く, obviously より弱

い》‖
Evidently she is [She is evidently] in the wrong. 彼女が間違っているのは明白だ(=It is evident that she is in the wrong.).
**2** 見たところ…らしい(apparently)‖
He's evidently going to be late. 彼はどうやら遅れそうだ.

**\*e·vil** /íːvl/ イーヴル/《発音注意》《◆×エヴィル》〖「限度を越えている」が原義〗
── 形 (比較 more ~, (時に) ~·er [英] -·vil·ler] [最上] most ~, (時に) ~·est [英] -·vil·lest]) (正式) **1** 悪い, 邪悪な, 悪質な(bad)‖
evil men 悪人.
evil deeds 悪行.
He leads an evil life. 彼は堕落した生活をしている.
**2** 有害な, 害を与える(harmful)‖
an evil plan 有害な計画.
**3** 不吉な; 不運な, 不幸な(unlucky)‖
an evil omen 凶兆.
evil news 凶報.
── 名 (複 ~s/-z/)(正式) **1** U (道徳上の) **悪**, 邪悪(↔ good)‖
do evil 悪事を働く.
return good for evil 悪に報いるのに善をもってする.
**2** C 害悪; 災害; 悪事(harm)‖
the evil of war 戦争のもたらす害悪.
**3** U 不運, 不幸(bad luck).
*héar nò évil, sée nò évil, spéak nò évil*「見ざる, 言わざる, 聞かざる」《◆語順に注意》.

**e·voke** /ivóuk/ イヴォウク/ 動 (現分) -·vok·ing) 他 (正式) **1** 〈笑いなど〉を引き起こす‖
His joke evoked a laugh. 彼の冗談は笑いを誘った.
**2** 〈記憶など〉を呼び起こす‖
The music evokes memories of an earlier time. その音楽を聞くと昔のことを思い出す.

**ev·o·lu·tion** /èvəlúːʃən エヴォルーション | iːvə- イーヴォ-/ 名 **1** U 発展, 進展, 展開(◆ growth, development より堅い語); C 発展したもの‖
the evolution of modern art from primitive pictures 原始時代の絵から現代美術への発展.
**2** U 〖生物〗進化, 進化論(the theory of evolution); C 進化したもの‖
human evolution =the evolution of man 人間の進化.

**ev·o·lu·tion·ar·y** /èvəlúːʃənèri エヴォルーショネリ | iːvəlúːʃənəri イーヴォルーショナリ/ 形 (正式) 発展の, 進化の; 進化論の.

**e·volve** /ivάlv イヴァルヴ | ivɔ́lv イヴォルヴ/ 動 (現分) -·volv·ing) 他 **1 a** 〈計画・理論などを発展させる, 展開させる; 〈計画など〉を練る. **b** 〈結論など〉を導き出す. **2** 〖生物〗 …を進化させる, 発達させる. ── 自 発展する, 進化する.

**e·vólve·ment** 名 U 発展; 進化.

**ewe** /júː ユー/ 《発音注意》《同音》△you, yew) 名 C (成長した)雌ヒツジ(cf. ram)(→ sheep 関連).

**ex.** (略)

**ex·ac·er·bate** /igzǽsərbèit イグザサベイト, ek-sǽs-/ 動 (現分) -·bat·ing) 他 (正式) …を悪化させる.

**\*ex·act** /igzǽkt イグザクト/ 形 (比較 more ~, (時に) ~·er; [最上] most ~, (時に) ~·est) **1** 正確な, 的確な, ぴったりの(correct); まさにその‖
the exact opposite まさに正反対.
**2** 厳密な, 精密な; 綿密な; きちょうめんな‖
exact minds 緻密(ち)な心の持ち主.
She is exact in enforcing rules. 彼女は厳正に規則を守らせる.
**3** (正式) 厳格な, 厳重な.
*to be exáct* 厳密に言うと.
── 動 他 (正式) 〈税金など〉を取り立てる, 〈服従・犠牲など〉を強要[要求]する.

**ex·áct·ness** 名 U (正式) 正確さ, 厳密さ.

**ex·act·ing** /igzǽktiŋ イグザクティング/ 動 → exact. ── 形 (正式) 厳格な, 骨の折れる.

**\*ex·act·ly** /igzǽktli イグザクトリ/ 〖→ exact〗
── 副 **1** 〖通例ँ量を表す語, 疑問詞などと共に〗正確に, 厳密に; ちょうど, まさしく; きっかり‖
What exactly do you think you're doing? 正確にいって君は何をしようと考えているのか.
Exactly ten people were present. ちょうど10人が出席していた.
**2** 〖同意して〗そうです, おっしゃるとおりです(quite (so))‖
対話 "You seem to like it." "**Exactly.**" 「それが気に入ったようですね」「その通りです」.
*nòt exáctly* (1) [部分否定で] 必ずしも…でない, 少し違って‖ I don't know exactly when I will be back. いつ帰れるか必ずしもよくはわからない. (2) (略式) …ではない(が)‖ Well, she isn't exactly beautiful. そうだな, 彼女は美人というわけではないな. (3) [Not ~.] (略式) ちょっと違いますね, そういう訳でもないのです‖ 対話 "Is this the way you want it?" "**Not exactly.**" 「こんな風にしてほしいのですね」「うーん, ちょっと違いますね」.

**\*ex·ag·ge·rate** /igzǽdʒərèit イグザチャレイト/ 〖上へ(ex)積み重ねる(aggerate)〗
── 動 ((三単現) ~s/-rèits/; (過去・過分) -·rat·ed /-id/; (現分) -·rat·ing)
── 他 **1** …をおおげさに言う[考える], 誇張する‖
The report exaggerated the capacity of the hall. その報告ではホールの収容能力が誇張されていた.
exaggerate one's own importance うぬぼれる.
**2** …を強調する, きわだたせる‖
Her new dress exaggerates her tallness. 彼女の新しい服は背の高さをきわだたせている.
── 自 おおげさに言う[考える], 誇張する.

**ex·ag·ge·rat·ed** /igzǽdʒərèitid イグザチャレイティド/ 動 → exaggerate.
── 形 誇張された, 誇大な.

**ex·ag·ge·rat·ing** /igzǽdʒərèitiŋ イグザチャレイ

**ex·ag·ger·a·tion** /iɡzædʒəréiʃən イグザヂャレイション/ 名 1 Ⅽ おおげさに言う[考える]こと, 誇張. 2 Ⅽ 誇張した表現.

**ex·alt** /iɡzɔ́ːlt イグゾールト/ 動 他《正式》1 …を昇進させる. 2〈人・神〉を賛美する.

**ex·ált·ed** /-id/ 形 1 高貴な. 2 有頂天の.

**ex·al·ta·tion** /èɡzɔːltéiʃən エグゾールテイション/ 名 Ⅼ《正式》1 高めること, 高められること; 賞賛. 2 (感情の)高揚, 大得意, 有頂天.

**ex·am** /iɡzǽm イグザム, eɡz-/ 〖examination の短縮形〗 名 Ⅽ 試験.

\***ex·am·i·na·tion** /iɡzæ̀mənéiʃən イグザミネイション/ 〖→ examine〗
— 名 1 Ⅽ 試験, テスト, 考査; 試験問題, 試験答案(exam)∥
the entrance **examination** of [for, to] Oxford University オックスフォード大学の入学試験.
fail an **examination** 試験に落ちる
take an **examination** in [on, *of] mathematics 数学の試験を受ける《◆(英)では sit (for) an examination …》.
2 Ⅼ Ⅽ a 調査, 検査; 検討, 考察 ∥
on [upon] **examination** 調べてみると; 調査の上で, 検査した上で.
be under **examination** 調査[検討]中である.
make a close **examination** of accounts 勘定を念入りに調べる.
b 診察 ∥
carry out a medical **examination** 健康診断を実施する.
3 Ⅼ Ⅽ《正式》《法律》審問, 尋問; 審理; (記録などの)調査.

**examinátion pàper [shèet]**《正式》試験問題, 試験答案(test paper [sheet]).

\***ex·am·ine** /iɡzǽmin イグザミン/ 〖「天秤(てんびん)で重さを計って調べる」が原義〗 派 examination (名)
— 動 (三単現) ~s /-z/; (過去・過分) ~d /-d/; (現分) ~·in·ing)
— 他 1 a …を調査する, 検査[審査]する《◆より綿密な調査をするのは inspect, investigate》∥
**examine** the cause of the car accident 自動車事故の原因を調査する.
Her bags were **examined** for contraband goods. 禁制品が入っていないかと彼女のかばんは検査された.
対話 "I can't find this place on the map." "Okay, let's **examine** the book again and see if we can find it." 「この場所が地図のどこにあるのか見つからない」「よろしい. では本をもう一度調べて, 見つかるかどうか確かめてみましょう」.
b [**examine** wh 節] …かどうか吟味[考察]する ∥
**examine** how the car accident happened 自動車事故がどのようにして起こったか調査する.
2 …を**診察する** ∥
She was minutely **examined**. 彼女は綿密な診察を受けた.
3《正式》[**examine** A in [on] B] A〈学生など〉に B〈学科・知識など〉の**試験をする**(test); 〈人〉を試問する ∥
**examine** students in grammar 学生に文法の試験をする.
**examine** candidates for employment 就職志願者を試問する.
4《法律》〈証人など〉を審問する; 〈事実など〉を(正式に)調査する.

**ex·am·in·er** /iɡzǽminər イグザミナ/ 名 Ⅽ 試験官.

**ex·am·in·ing** /iɡzǽminiŋ イグザミニング/ 動 → examine.

\***ex·am·ple** /iɡzǽmpl イグザンプル | iɡzάːmpl イグザープル/ 〖(多数の中から)取り (ample)出された (ex)もの. cf. *sample*, *exempt*〗
— 名(複)~s/-z/) 1 Ⅽ [通例 an ~] **a 例, 実例**《◆instance, sample, specimen, case のうちで最も一般的な語》∥
Rome is **an example** of a historic city. ローマは歴史上有名な都市の一例だ.
to give [take] **an example** 一例をあげれば.
b (数学などの)例題.
2 Ⅽ **見本, 標本** ∥
This is **an example** of her handwriting. これは彼女の筆跡の見本だ.
3 Ⅽ Ⅼ **a 模範, 手本** ∥
**an example** for the class クラスの手本.
**Example** is better than precept. (ことわざ)実例は教訓にまさる;「論より証拠」.
b [通例 an ~ / one's ~] 手本, 見本 ∥
sèt a góod exámple for [to] him =set him a good example 彼によい手本を示す.
fóllow his exámple = tàke exámple by him 彼を見習う.
4 Ⅽ [通例 an ~] みせしめ, 戒(いまし)め ∥
make **an example** of him = make him **an example** 彼をみせしめに罰する.
Let this be **an example** to you. これを戒めにしなさい.

○ **for exámple** (例をあげて)**たとえば**(略 e.g.)《◆for instance は「具体的な論拠として」取り上げる場合》∥ 対話 "You say she is a very kindhearted person?" "Yes, **for example**, she always gives her seat to elderly people." 「あの子はやさしい心の持ち主だとおっしゃるのですか」「ええ, たとえば彼女はいつもお年寄に席をゆずります」.

**ex·as·pe·rate** /iɡzǽspərèit イグザスパレイト/ 動 (現分)·rat·ing) 他 …を怒らせる《◆annoy, irritate より堅い語》.

**ex·as·pe·ra·tion** /iɡzæ̀spəréiʃən イグザスパレイション/ 名 Ⅼ《正式》憤激.

**ex·ca·vate** /ékskəvèit エクスカヴェイト/ 動 (現分)·vat·ing) 《正式》他 …を掘る, 掘って作る. — 自 穴掘り[発掘]をする.

**ex·ca·va·tion** /èkskəvéiʃən エクスカヴェイション/ 名 1 Ⅼ Ⅽ 発掘. 2 Ⅽ (掘った)穴. 3 Ⅽ [通例 ~s]

(発掘した)遺跡.

**ex·ca·va·tor** /ékskəveitər エクスカヴェイタ/ 名C
(正式) **1** 穴掘り人；発掘者. **2** 掘削(ミン)機.

**ex·ceed** /iksíːd イクスィード/ 動 他 **1** …を超える，…にまさる；…を上回る ‖
Japan exceeds [ˣis exceeding] Britain in population. 日本は人口の点で英国を上回っている.
**2** (正式) …を越える ‖
exceed the speed limit 制限速度を越える.

**ex·ceed·ing·ly** /iksíːdiŋli イクスィーディングリ/ 副 (正式) 非常に，とても.

**ex·cel** /iksél イクセル, ek-/ (アクセント注意)《♦ ˣエクセル》(過去・過分) ex·celled/-d/；(現分) ··cel·ling)
他 …よりすぐれている，…にまさる ‖
She excels her class in music. 彼女は音楽ではクラスのだれよりもすぐれている.
── 自 ひいでている ‖
He excels in history. 彼は歴史にひいでている.

**ex·cel·lence** /éksələns エクセレンス/ 名U 優秀さ，卓越 ‖
her excellence in [at] cooking =the excellence of her cooking =her excellence as a cook 彼女のすばらしい料理の腕まえ.

**ex·cel·len·cy** /éksələnsi エクセレンスィ/ 名 (複 ··len·cies/-z/) [E~] C 閣下《♦ 大使・知事・司教など高官・高僧・その配偶者に対する敬称》‖
Your Excellency (直接に呼びかけて)閣下(夫人).

*__ex·cel·lent__ /éksələnt エクセレント/ 『→ excel』
── 形 すぐれた，優秀な；〈評点が〉秀の(→ grade 名 3 d 関連)) ‖
an excellent teacher 優秀な教師.
She is excellent in English. 彼女は英語がとてもよくできる.

**ex·cel·lent·ly** /éksələntli エクセレントリ/ 副 すばらしく，みごとに.

**__ex·cept__** /iksépt イクセプト/ (類音) accept /əksépt, æk-/ 『(例外として)取り(cept)出す(ex). cf. accept, concept』派 exception (名)
── 前 **1** …を除いて，…以外は，…のほかは(→ besides 前) ‖
Everyone except me knew it. 私以外のすべての人がそれを知っていた.
She did nothing except (to) complain all the time. 彼女はぐずぐず不平ばかり言っていた.
対話 "Who's coming to the party?" "Everyone in the class except George."「パーティーにはだれが来ますか」「ジョージを除いてクラス全員です」.
**2** [前置詞句・wh 節の前で] …の場所[時など]を除いて ‖
She gets never angry except when she is tired. 彼女は疲れた時以外は決して怒らない.
The weather was good, except in the south. 南部を除いて天気はよかった.
◇**excèpt for** A (1) …を除いてほかは，…という点以外では，…は別として(apart from) ‖ This is a good report, except for this mistake. = Except for this mistake, this is a good report. この間違いを別にすればこの報告書はよくできている. (2) [仮定法で] …がなければ，…がなかったならば((正式・古) but for) ‖ Except for you, I should be dead by now. もし君がいなかったら，ぼくは今ごろ死んでいるだろう.
── 接 **1** [except (that) 節] …ということを除いて(but) ‖
We had a pleasant time, except that the weather was cold. 寒かったことを除いて，我々は楽しい時を過ごした.
I would buy it, except that it costs too much. そんなに高くなければそれを買うんだが.
**2** (米略式) …でなければ(unless).
── 動 ((三単現) ~s /-sépts/；(過去・過分) ~ed /-id/；(現分) ~ing)
── 他 (正式) …を除く，除外する ‖
except his name from the list リストから彼の名前をはずす.

**ex·cept·ing** /ikséptiŋ イクセプティング/ 動 → except.
── 前 (正式) …を除いて(except for) ‖
Everyone was present, not excepting Tom. トムを含めて全員出席した.

*__ex·cep·tion__ /iksépʃən イクセプション/ 『→ except』派 exceptional (形)
── 名 (複 ~s/-z/) **1** C 例外, 特例 ‖
an exception to [ˣof] a rule 規則の例外.
I usually get up early in the morning, but Sunday is an exception. いつも朝早く起きるが日曜日は例外だ.
The exception proves the rule. (ことわざ) 例外は原則のある証拠.
**2** U C 例外(とする[される]こと), 除外.
**màke no excéption(s) (of** A) 〈A〈人・物〉を〉特別扱いしない.
**tàke excéption to** A (1) A〈言葉など〉に異議を唱える. (2) A〈言葉など〉に腹を立てる.
**withòut excéption** 例外なく.

**ex·cep·tion·al** /iksépʃənl イクセプショヌル/ 形 **1** 例外的な，特別な；異常な ‖
This weather is exceptional for June. こんな天候は6月にしては異常だ.
**2** 特別すぐれた，優秀な ‖
exceptional beauty 並はずれた美しさ.

**ex·cep·tion·al·ly** /iksépʃənəli イクセプショナリ/ 副 例外的に, 特別に, 非常に.

**ex·cerpt** /éksəːrpt エクサープト/ 名C (正式) 引用，抜粋；(学会誌などの) 抜き刷り.

**ex·cess** /iksés イクセス/ (類音) access /ǽkses/) 名 (複 ~·es/-iz/) (正式) **1** U [しばしば an ~] 超過, 過剰(surplus)；超過量 ‖
an excess of income over expenditure 支出に対する収入超過.
**2** [形容詞的に] 超過した，余分の(extra)《♦ /éksəs/ ともする》‖

an excéss fàre 乗り越し料金.
**3** ⓤ [an ~] 過多, 過剰, 多すぎること ‖
an excess of enthusiasm 熱意過剰.
**4** ⓤ [~es] 不節制; 暴飲, 暴食 ‖
He died young because of his excesses.
彼は暴飲暴食のため若死にした.
**5** ⓒ [~es] 乱暴, 乱行 《◆通例次の句で》‖
commit excesses 乱暴を働く.
*in excéss of* **A** 《正式》…より多く, …を超過して (more than).
*to excéss* 過度に ‖ drink to excess 飲みすぎる.

**ex·ces·sive** /iksésiv イクセスィヴ/ 形 度を越した, 過度の, 極端な (↔ moderate) ‖
at excessive speed むちゃなスピードで.

**ex·cés·sive·ness** 名 ⓤ 過度.

**ex·ces·sive·ly** /iksésivli イクセスィヴリ/ 副 過度に, はなはだしく; 《略式》非常に 《◆very より意味が強い》 (cf. extremely).

\***ex·change** /ikstʃéindʒ イクスチェインヂ/ 〘他のものと(ex)換える(change)〙

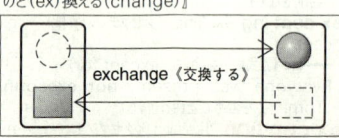

exchange〈交換する〉

──動 (三単現 --chang·es /-iz/; 過去・過分 ~d/-d/; 現分 --chang·ing)
──他 **1**〈人が〉…を**交換**する, 両替する ‖
exchange a £1 note **for** [×with] two 50 pence pieces 1ポンド紙幣を50ペンス硬貨2枚と両替する.
対話 "Can I return this coat? It's got a hole in it." "We are very sorry, sir. We can pay you back or exchange it to another one."「このコートを返品したいのですが, 穴があいているんです」「大変申しわけありません. お代をお返しするか, 別の物とお取り替えいたします」.
**2** 《正式》…を取りかわす (change); …を交易する ‖
exchange wórds with him 彼と言葉をかわす; 口論する.
Tom exchanged ideas with Jane. =Tom and Jane exchanged ideas. トムはジェーンと意見を交換した.

──名 (複 --chang·es/-iz/) **1** ⓤⓒ **交換**, 取り替え; やり取り; 《正式》会話, 口論, 論争 ‖
a frank exchange of views with him 彼との率直な意見の交換.
an exchange of tears **for** smiles 泣き笑い.
**2** ⓒ 交換物, 取り替え品.
**3** [しばしば E~] ⓒ 証券取引所 ‖
the grain [《英》corn] exchange 穀物取引所.
**4** [しばしば E~] ⓒ 電話交換局 (telephone exchange). **5** ⓤ 為替(ポェ); 両替; [通例 ~s] 小切手. **6** ⓒ 《英略式》公共職業安定所 (labor exchange).

*in exchánge for* [*of*] **A** …と交換に, …の代わりに.

**exchánge màrket** 為替市場.

**exchánge ràte** [the ~] (外国) 為替相場, 為替レート.

**exchánge stùdent** 交換学生.

**ex·chang·ing** /ikstʃéindʒiŋ イクスチェインヂング/ 動 → exchange.

**ex·cise** /éksaiz エクサイズ/ 名 ⓤⓒ =excise tax [duty].

**éxcise tàx** [**dùty**] 物品税, 消費税 (excise).

**ex·cit·a·ble** /iksáitəbl イクサイタブル/ 形 興奮しやすい.

**ex·cite** /iksáit イクサイト/ 動 (現分 --cit·ing) 他
**1 a** …を興奮させる ‖
The adventure novel greatly excited him.
その冒険小説は彼をとてもわくわくさせた.
**b** [be ~d / ~ oneself] 興奮する ‖
be excited **about** going to the movies 映画に行くというのでうきうきしている.
be excited **at** the thought of the party パーティーのことを考えるとわくわくする.
**2** 《正式》**a** [excite **A to B**] **A**〈人〉を刺激して **B**〈感情・反応など〉を起こさせる ‖
excite him **to** anger 彼を怒らせる.
**b** [excite **A to do**] …を刺激して…させる (cause, stimulate) ‖
excite him **to** get angry 彼を怒らせる.
**c** [excite **A in B**] **B**〈人〉の **A**〈好奇心・恐怖など〉をかきたてる ‖
Her story excited curiosity **in** the children.
彼女の話は子供たちの好奇心をそそった.

\***ex·cit·ed** /iksáitid イクサイティド/ 〘→ excite〙
──動 → excite.
──形 興奮した, のぼせた, うきうきした ‖
an excited [×exciting] audience エキサイトした観衆.

**ex·cit·ed·ly** /iksáitidli イクサイティドリ/ 副 やっきとなって; 興奮して.

\***ex·cite·ment** /iksáitmənt イクサイトメント/ 〘→ excite〙
──名 (複 ~s/-mənts/) **1** ⓤ 興奮(すること); (心の)動揺; 騒動, 暴動 ‖
**in** [**with**] excítement 興奮して.
childlike excitement **at** the snow 雪を見た時の子供のような興奮.
wait **for** the excitement to die down ほとぼりがさめるのを待つ.
**2** ⓒ 興奮させる物, 刺激(物) ‖
the excitements of one's holiday 休日のにぎわい.

\***ex·cit·ing** /iksáitiŋ イクサイティング/ 〘→ excite〙
──動 → excite.
──形 [他動詞的に] (人を)**興奮させる**(ような), 胸をわくわくさせる(ような), 刺激的な ‖
an exciting game わくわくさせる試合.
make exciting [×excited] progress めざましい発展をとげる.

The proposition is not overly **exciting** to me. その案にはあまり感心しない.

**ex·claim** /ikskléim イクスクレイム/ 動 〖正式〗自 **1** (興奮して突然)叫ぶ, (語気を強めて)言う《◆ cry のように必ずしも「大声を出す」とは限らない》‖
He **exclaimed** (in astonishment) *at* her beauty. 彼は彼女の美しさに(驚いて)感嘆の声をあげた.
**2** 強く反対する, 非難する.
——他 [exclaim that 節 / exclaim wh 節] …だと叫ぶ; 言う; 「…」と叫ぶ‖
He **exclaimed what** a beautiful girl she was. ="What a beautiful girl (↘) she is!" he **exclaimed**. なんと彼女は美しいのだろうと彼は叫んだ.

**ex·cla·ma·tion** /èkskləméiʃən エクスクラメイション/ 名 **1** 〖正式〗Ⓤ 叫ぶこと, 絶叫, 感嘆; Ⓒ 叫び声, 叫んだ言葉. **2** Ⓒ 〖文法〗感嘆文; 感嘆詞, 間投詞.
**exclamátion pòint** [〖英〗màrk] 感嘆符《！》.

**ex·clude** /iksklú:d イクスクルード/ 動 (現分) ··clud·ing) 他 〖正式〗**1** …を締め出す, 中へ入れない (↔ include)‖
They **excluded** Tom *from* the meeting. 彼らはトムをその会合から締め出した.
**2** …を除外する, 排除する.
**3** 〈可能性など〉を考慮に入れない‖
We can **exclude** the possibility of rain tomorrow. 明日雨が降る可能性は考えなくてもよい.

**ex·clud·ing** /iksklú:diŋ イクスクルーディング/ 動 → exclude . ——前 …を除いて.

**ex·clu·sion** /iksklú:ʒən イクスクルージョン/ 名 Ⓤ 除外, 排除, 追放 (↔ inclusion).
*to the exclúsion of* A 〖正式〗…を除外して, 除外するように(so as to exclude).
*with the exclúsion of* A …を除いて.

\***ex·clu·sive** /iksklú:siv イクスクルースィヴ/ 〖→ exclude〗派 exclusively (副)
——形 **1a** 排他的な, 特権階級に限られた (↔ open)‖
an **exclúsive** clúb 会員制の(高級)クラブ.
an **exclusive** school (金持ちなどしか入れない)排他的な学校.
**b** 気位の高い‖
He is **exclusive**. 彼はお高くとまっている.
**2** [名詞の前で] 独占的な, 専用の‖
an **exclusive** interview 単独会見.
the **exclusive** right to sell the book その本の独占販売権.
The car is for her **exclusive** use. その車は彼女の専用です.
**3** [補語として] 矛盾する, あいいれない‖
These two suppositions are mutually **exclusive**. この2つの仮説は互いに矛盾する.
**4** それだけに限られた, 専一の; 唯一の‖
He gave his **exclusive** attention to tennis. 彼はテニスに専念した.
**5** 〈ホテル・商店などが〉高級な; 高価な‖
an **exclusive** shop 高級品店.

——名 Ⓒ **1** 独占記事[商品]. **2** 独占(販売)権.
◇*exclúsive of* A …を除いて, 計算に入れないで‖
This book has 252 pages **exclusive of** illustrations. この本は挿絵を除いて252ページある.
**ex·clú·sive·ness** 名 Ⓤ **1** 除外; 排他. **2** 独占.
**ex·clu·sive·ly** /iksklú:sivli イクスクルースィヴリ/ 副 もっぱら, 全く…のみ; 排他的に; 独占的に‖
The car is **exclusively** for her use. その車は彼女の専用です (cf. exclusive 形 **2**).

**ex·com·mu·ni·cate** /èkskəmjú:nikèit エクスコミューニケイト/ 動 (現分) ··cat·ing) 他 〖宗教〗…を破門する, 除名する.

**ex·cre·ment** /ékskrəmənt エクスクリメント/ 名 Ⓤ 〖正式〗糞(ふん)便.

**ex·crete** /ikskrí:t イクスクリート/ 動 (現分) ··cret·ing) 他 …を排出する(discharge) (cf. secrete). ——自 排出される.

**ex·cre·tion** /ikskrí:ʃən イクスクリーション/ 名 Ⓤ 〖正式〗排出(作用); Ⓤ Ⓒ (通例 ~s) 排出物.

\***ex·cur·sion** /ikskə́:rʒən イクスカージョン/ |-ʃən -ション/ 〖外へ(ex)走り出る(cur)こと(sion). cf. current, concur〗
——名 (複 ~s/-z/) Ⓒ 〖正式〗**1** 小旅行, 遠足‖
a school **excursion** 学校の遠足, 修学旅行《◆ school trip より堅い言い方》.
We will go on [make] an **excursion** to the mountains next Sunday. 次の日曜日に山へ遠足に行きます.
**2** (割引料金の)周遊(観光)旅行‖
an **excúrsion** tìcket 割引遊覧切符, 周遊券.

**ex·cus·a·ble** /ikskjú:zəbl イクスキューザブル/ 形 許される, 申し訳の立つ, 無理もない.

\*\***ex·cuse** /動 ikskjú:z イクスキューズ; 名 -kjú:s -キュース, eks-/ (発音注意) 〖罪(cuse)から(ex)免れる〗
→ 動 **1** 許す **2** 言い訳をする
名 **1** 言い訳, おわび
——動 (三単現) ··cus·es/-iz/ ; 過去・過分) ~d/-d/ ; 現分) ··cus·ing)
——他 **1a** [excuse A for B] B〈行為など〉についてA〈人〉を許す, 容赦する; [excuse A's doing] A〈人〉が…するのを大目にみる《◆ forgive よりも軽い過失・違反を弁解により許す意. pardon は目上の者が許す意》‖
**excuse** the child *for* his absence = **excuse** the child's being absent その子の欠席をとがめない.
**b** [excuse A for doing] A〈人〉が…したことを大目にみる‖
We **excused** him *for* [〖正式〗his] being careless. 我々は彼の不注意を大目にみた《◆ 〖略式〗では for が省略されることもある》.
**2** [excuse oneself for A] 〈人が〉A〈誤りなど〉の言い訳をする; [excuse oneself for doing / excuse (one's) doing] …したことの弁明をする; [通例否定文で] 〈物・事が〉〈人・行為〉の弁解となる‖

He **excused** himself for his bad behavior. 彼は自分の不作法を弁解した.

I **excused** my late arrival. 私は遅れて来たことの言い訳をした.

**3 a** 〔通例 A is excused (from) B〕A〈人が〉〈義務など〉を免除される《◆(英) では from を省略》‖

She **was excused** (**from**) attendance at the meeting. 彼女は会への出席を免除してもらった.

**b** 〔excuse oneself from A〕…を辞退する; 〔excuse oneself from doing〕…することを辞退する‖

**excuse** oneself **from** going to the party パーティーへの出席を辞退する.

**4**〈人に〉退出を許す; 〔~ oneself〕中座する‖

**excuse** oneself to go to one's study 退出して自分の書斎に戻る.

**excuse** oneself **from** the party パーティーを中座する.

**May I be excused ?**(略式) 失礼してもいいですか《◆授業中に生徒がトイレに立つ時や食事・会話中に中座する時の遠回し表現》.

◇***Excuse me*** [*ùs*]. (↘) 〔しばしば 'Scuse me [us] /skúːz miː[əs]/〕(1) (米) ごめんなさい, すみません; 失礼しました(sorry)《◆相手に触れたり, 中座したり, 人の前を通るとき, またくしゃみが出たりなどした場合》‖ **Excuse me**, could I get past ? ちょっと失礼, 通していただけますか《◆(米) では Párdon me. (↘) は Excuse me. より上品だが堅い言い方. I bég your párdon. (↘) と完全な文でいう方がていねい》. (2) 〔but や if 節の前で〕〔主に英〕失礼ですが, …《◆見知らぬ人に話したり, 異議を唱えたりする場合》(Pardon me.) 対話

"**Excuse me**, (**but**) where is the post office?" "It's on the Union Street next to the movie theater." 「すみませんが, 郵便局はどちらでしょうか」「ユニオン通りの映画館のとなりです」.

語法 (1) 相手の言うことが聞き取れない場合に(米) で Excuse me?(↗) (もう一度おっしゃってください)と言うことがある. (英) では Sórry?(↗) がふつう.
(2) 感謝の意の「すみません」は thank you に当たる: *Thank you* [×Excuse me] *for seeing me off.* お見送りいただいてすみません.

Q&A **Q** : Excuse me. の応答にはどんなものがありますか.
**A** : That's all right., OK. (どういたしまして), また me を強調して Excuse mé. (こちらこそ)の他に Certainly., Of course., Sure(ly)., Yes. などがありますが, 何も言わないことも多いのです.

**Will you excuse me?** (1) ちょっと失礼します《◆中座するとき》. (2) そろそろ失礼します《◆退出するとき》.

——名 /ikskjúːs, eks-/ (複) ~·**cus·es**/-iz/《発音注意》《×**エクスキューズ**》**1** ◯◯ 言い訳, 弁解(行為); 口実《◆ justification, explanation より(略式)》; 理由; 〔通例 ~s〕おわび, 謝罪, 遺憾の意の表明《◆ apology より口語的》‖

**in excuse of** one's late arrival 遅刻の弁解として.

**make a poor excuse for** avoiding work 仕事をさぼるのにへたな言い訳をする.

I have **no excuse for** that. それには弁解のしようもありません.

Please make my **excuses for** absence **to** your mother. お母さんに欠席の件をどうぞよくおわびしてください.

That's just an **excuse** [×a reason]. それは口実にすぎない.

**Excuses, excuses!** (君は)いつも言い訳ばかりだね.

対話 "Why were you late for class again?" "This time I have a good **excuse**. There was a big train accident." 「どうしてまた授業に遅刻したのですか」「今度はちゃんとした理由があります. 大きな列車事故があったのです」.

**2** ◯◯ 容赦, 許し; 欠席届; (義務などの)免除‖

bring a written **excuse from** one's guardian 保護者の欠席届をもってくる.

May I have an **excuse from** Chinese class? 中国語の授業を休んでもよろしいですか.

**ex·cus·ing** /ikskjúːziŋ イクス**キュー**ズィング/ 動 → excuse.

**ex·e·cute** /éksəkjùːt **エ**クセキュート/《アクセント注意》動 (現分)~·cut·ing 他 **1** (正式) …を実行する, 遂行する, 果たす(carry out); …を執行する, 履行する‖

execute a will 遺言状(の指定)を執行する.

execute a difficult turn on one's skis スキーで難しい回転を行なう.

**2** …を処刑する‖

He will be **executed for** treason. 彼は反逆罪で処刑されるだろう.

**3** (正式) …を演奏する, 演ずる.

**ex·e·cu·tion** /èksəkjúːʃən エクセ**キュー**ション/ 名 **1** ◯ (正式) 実行, 遂行; 執行; (コンピュータ)(プログラムの)実行‖

put [carry] a scheme **into execution** 計画を実施する.

**2** ◯◯ 処刑. **3** ◯ (正式) 演奏; 演技.

**ex·e·cu·tion·er** /èksəkjúːʃənər エクセ**キュー**ショナ/ 名 ◯ 実行者; 死刑執行人.

**ex·ec·u·tive** /igzékjətiv イグ**ゼ**キュティヴ/《発音注意》《◆ グゼ とにごる》名 ◯ **1** (官庁などの)行政官, 高官, 高級官僚; 実行委員‖

the (Chief) Executive 最高行政官《大統領・州知事など》.

**2** 〔the ~〕(政府の)行政部; (団体などの)執行部, 実行委員会.

**3** (企業などの)重役, 取締役, 会社役員, 経営幹部, 管理職の人

an **executive** in [of] an insurance company 保険会社の経営陣.
——形 **1** 実行する(上での), 実施(上)の, 事務(上)の ‖

a secretary of great **executive** ability すぐれた管理能力を持つ秘書.
**2** 行政上の, 行政部の, (法律・公務の)執行権のある (cf. legislative, judicial) ‖
**executive** powers 行政権.
**executive** authority 行政当局.

**ex·em·pla·ry** /igzémpləri イグゼンプラリ/ 形 (正式) **1** 模範的な, りっぱな. **2** みせしめの.

**ex·em·pli·fy** /igzémplifài イグゼンプリファイ/ 動 (三単現) ‑‑pli·fies/‑z/; 過去・過分 ‑‑pli·fied/‑d/ 他 (正式) **1** …を例証する. **2** …のよい例[実例]となる.

**ex·empt** /igzémpt イグゼンプト/ (正式) 動 他 [exempt A from B] A〈人〉の B〈義務など〉を免除する ‖
The teacher **exempted** him **from** the test. 先生は彼の試験を免除した.
——形 免除された ‖
The goods are **exempt from** taxes. その商品は免税品です.

**ex·emp·tion** /igzémpʃən イグゼンプション/ 名 U C (正式) 免除.

**ex·er·cise** /éksərsàiz エクササイズ/
〖「(家畜を)外へ追い出して動かす」が原義〗
→ 名 **1** 運動 **2** 練習 **3** 練習問題
  動 **1** 訓練する 自 運動をする
——名 (複) ‑cis·es/‑iz/ **1** U C (主に身体を)動かすこと, 運動; (個々の)体操 ‖
gymnastic **exercises** ＝physical **exercise** 体操.
lack of **exercise** 運動不足.
outdoor **exercises** 野外運動.
get [(英ではしばしば) take, (英では時に) have, do] (some) **exercise** (適当な)運動をする.
Swimming is ((主に米)) a) good **exercise**. 水泳はよい運動だ.
[C と U] 運動 U C 練習問題 C
**2** C [通例〜s] 練習, (習得した技能をみがく)けいこ, 実習《◆技能習得のための練習は practice》; 訓練; 演習 ‖
spelling **exercises** スペリングの練習.
**exercises** for the piano ＝piano **exercises** ピアノのけいこ.
finger **exercises** for [on] the harp ハープの指の練習.
do voice [vocal] **exercises** 発声練習をする.
**3** C 練習問題, 課題; 練習曲 ‖
arithmetical **exercises** ＝**exercises** in arithmetic 算数の練習問題.
do [work at] one's **exercises** 課題を勉強し, 練習曲を弾く.
**4** U [通例 the 〜] 働かせること; 行使(こうし) ‖

the **exercise of** imagination 想像力を働かせること.
the **exercise of** one's power 権力の行使.
——動 (三単現) ‑‑cis·es /‑iz/; 過去・過分 〜d /‑d/; 現分 ‑‑cis·ing
——他 (三単現)〈人〉を訓練する,〈人・動物〉に運動させる, 練習させる ‖
**exercise** one's dog 犬を運動させる.
**exercise** oneself in swimming 水泳の練習をする.
**exercise** the children in mental arithmetic 子供たちに暗算の練習をさせる.
**2** (正式)〈精神力など〉を働かせる, 用いる;〈能力など〉を発揮する(use);〈権力など〉を行使する ‖
**exercise** one's imagination 想像力を発揮する.
**exercise** the right to vote 投票権を行使する.
——自 運動をする; 練習する ‖
I **exercise** a little every morning. 私は毎朝少し運動をする.
対話 "Do you ever **exercise**?" "I usually walk 5 miles a day."「運動をすることはありますか」「ふつう1日に5マイル歩くようにしています」.
**éxercise bòok** (主に英) 練習帳.

**ex·er·cis·ing** /éksərsàiziŋ エクササイジング/ 動 → exercise.

**ex·ert** /igzə́ːrt イグザート/ (発音注意) 他 (正式) **1** 〈力など〉を使う, 働かせる, 及ぼす(use) ‖
She **exerted** an [her] influence **on** me to change my plan. 私が計画を変更したのは彼女の影響だった.
**2** [**exert oneself** (to do)]〈人が〉(…するために)努力する ‖
She **exerted** herself to please her mother. 彼女は母親を喜ばせようと懸命だった.

**ex·er·tion** /igzə́ːrʃən イグザーション, egz‑, ‑ʒən/ 名 U C (正式) **1** 努力, 尽力(じんりょく), ほねおり《◆ effort より意味が強い》‖
use [make] **exertion** 努力する.
**2** 激しい活動.

**ex·ha·la·tion** /èkshəléiʃən エクスハレイション/ 名 U C **1** (息などを)吐き出すこと; 発散. **2** C 発散物.

**ex·hale** /ekshéil エクスヘイル, egzéil/ 動 現分 ‑‑hal·ing (正式) 他〈息など〉を吐き出す(↔ inhale) ‖
**exhale** clouds of smoke タバコの煙を吐き出す.
——自 息を吐く.

**ex·haust** /igzɔ́ːst イグゾースト, egz‑/ (発音注意)
《×エクスホースト》〖外へ(ex)水などをくみ出す (haust) → 空(から)にする〗
派 exhaustion (名), exhaustive (形)
——動 (三単現) 〜s /‑sts/; 過去・過分 〜ed /‑id/; 現分 〜ing
——他 **1a** (正式) …を疲れさせる ‖
She **exhausted** herself (by) skiing. 彼女はスキーで疲れ果てた.
He was **exhausted** from the marathon. 彼はマラソンでへとへとに疲れた.

対話 "He's really working too much, I'm afraid." "I agree. He's **exhausting** himself." 「彼はどうも働きすぎだね」「そうだね. くたくたになっているよ」.
b 《国》を疲弊(&#x3072;&#x3044;)させる.
2 《正式》…を使い果たす ‖
We **exhausted** our funds. 私たちは資金を使い果たした.
── 名 1 ⓤ 排出, 排気. 2 ⓤ =exhaust gas.
**exháust gàs** (自動車の)排気ガス(exhaust).
**exháust pipe** 排気管.

**ex·haust·ed** /igzɔ́ːstid イグゾースティド, egz-/ 動
→ exhaust.
── 形 1 疲れ切った, へとへとの(tired out).
2 使い尽くされた ‖
**exhausted** land やせた土地.

**ex·haust·ing** /igzɔ́ːstiŋ イグゾースティング, egz-/ 動
→ exhaust. ── 形 心身を疲れさせる, 骨の折れる.

**ex·haus·tion** /igzɔ́ːstʃən イグゾースチョン/ 名 ⓤ 1 極度の疲労. 2 《正式》使い尽くす[される]こと.

**ex·haus·tive** /igzɔ́ːstiv イグゾースティヴ/ 形 《正式》徹底的な, 余す所のない, 完全な.

**ex·hib·it** /動 igzíbit イグズィビト; 名《英+》égzibit;
(発音注意)《◆ ×エクスヒビト》動 他

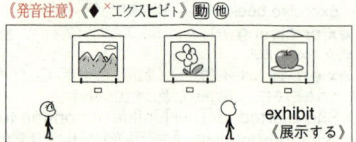

exhibit
《展示する》

1 …を展示する, 陳列する; …を公開する《◆ show, display より堅い語》‖
Her picture **is exhibited** in [at] the Boston Museum. 彼女の絵はボストン美術館に出品されている.
2 《正式》…を見せる, 表す ‖
**exhibit** signs of distress 苦悩の徴候を示す.
── 名 1 ⓒ 展示品.
2 ⓤⓒ 《主に米》提示, 陳列; (行儀の)あらわれ; 展覧会《◆ exhibition より口語的》‖
**on exhibit** 陳列されて, 出品されて.

\***ex·hi·bi·tion** /èksəbíʃən エクスィビション/ (発音注意)《◆ ×エクスヒビション》[→ exhibit]
── 名 (複 ~s/-z/) 1 ⓒ 大展覧会, 展示会《◆(略式)では show, exhibit. 大規模な場合は exposition》‖
an international **exhibition** 万国博覧会.
b 模範試合, 模範演技, 《米》学芸会 ‖
a judo **exhibition** 柔道の模範試合.
2 ⓤ [しばしば an ~] (技能などの)発揮; ⓤⓒ 展示(品), 公開; 見もの; 提示 ‖
**on exhibition** 展覧[出品, 公開]されて.
the **exhibition** of one's knowledge 知識の披露.
3 [形容詞的に] 展覧[陳列](用)の; 模範の.

**ex·hib·i·tor, --it·er** /igzíbitər イグズィビタ/ 名 ⓒ 1 出品者[団体]. 2 《米》映画館の支配人.

**ex·hil·a·rate** /igzíləreit イグズィラレイト/ 動《現分》--rat·ing)他《正式》[通例 be ~d] うきうきする, 陽気になる.

**ex·hil·a·rat·ing** /igzíləreitiŋ イグズィラレイティング/ 動 → exhilarate. ── 形 陽気[元気]にさせる.

**ex·hil·a·ra·tion** /igzìləréiʃən イグズィラレイション/ 名 ⓤ うきうきした気分, 陽気, 快活.

**ex·hort** /igzɔ́ːrt イグゾート/ 動《正式》…に熱心に勧める.

**ex·hor·ta·tion** /ègzɔːrtéiʃən エグゾーテイション, èks-/ 名 ⓤⓒ 《正式》奨励.

**ex·hume** /igzúːm イグズーム, iks-| ekshjúːm エクスヒューム/ 動《現分》--hum·ing)他《正式》《死体》を墓から掘り出す.

**ex·ile** /égzail エグザイル/ (アクセント注意)《◆ ×エグザイル》名 1 ⓤ [時に an ~] 追放, 国外追放; 亡命. 2 ⓒ 追放された人; 亡命者; (異国を)さすらう人.
**be sént into exíle** 追放される.
**gó into exíle** 追放の身になる.
**in exíle** 追放されて, 追放の身で.
── 動 他 [通例 be ~d] 追放される ‖
**exile** oneself 亡命する.

\***ex·ist** /igzíst イグズィスト/《外に出て(ex)立つ(sist). cf. consist, resist》既 existence 《名》
── 動 《三単現》~s /-ists/; 《過去・過分》~ed /-id/; 《現分》~·ing)
── 自 1 存在する, 実在する《◆進行形にしない》‖
Does God **exist**? 神は実在するか.
対話 "Do you think there are ghosts?" "No, but I think people from other planets **exist**." 「幽霊はいると思う?」「いや, でも宇宙人は存在すると思う」.
2 《正式》生存する; (どうにか)生きていく ‖
Nobody can **exist** without food. だれも食物なしでは生きられない.

\***ex·ist·ence** /igzístns イグズィステンス/ [→ exist]
── 名 (複 --tenc·es/-iz/) 1 ⓤ 存在(すること), 実在 ‖
He tried to prove the **existence** of God. 彼は神の存在を証明しようとした.
2 ⓤ 生存, 生きていること ‖
the struggle for **existence** 生存競争.
3 [an ~] 生活(状況)《◆ life と比較して, しばしば困難な状況下での生活を言う》‖
lead a happy **existence** 幸せな生活をする.
**bríng [cáll] A into exístence** A《物・事》を生じさせる, 成立させる.
◇**cóme into exístence** 生まれる, 出現する ‖
Malaysia came into **existence** in 1957. マレーシアは1957年に誕生した.
**gó óut of exístence** 滅びる, 消滅する.
◇**in exístence** 現存の ‖ the oldest temple in existence 現存する最古の寺.

**ex·ist·ing** /igzístiŋ イグズィスティング/ 動 → exist.
── 形 存在[現存]する, 既存の; 現在の.

**ex·it¹** /égzit エグズィト/ ékst エクスィト/ 名 ⓒ 1 (公共の建物などの)出口《◆「出口」の標示はふつう《米》は *Exit*, 《英》は Way Out》《↔ entrance》; 《米》

(高速道路の)出口 ‖
an emergency **exit** =a fire **exit** 非常口.
**2** 退去; (俳優の)退場 ‖
make an [one's] **éxit** 退出する.
— 動 圓 立ちさる, 退去する.

**ex·it²** /éɡzit イグズィト | éksit エクスィト/ 《ラテン》 動 圓 《脚本の卜書き》〈1人が〉退場する(↔ enter) ‖
**Exit** Caesar シーザー退場.

**ex·o·dus** /éksədəs エクソダス/ 名 **1** 《正式》[an ~ / the ~] (多数の人が)出て行くこと, 大移動; (移民団などの)出国, 移住. **2** 《旧約》[E~] 出エジプト記 (略 Exod.); [the E~] (古代イスラエル人の)エジプト脱出 [出国].

**ex·on·er·ate** /iɡzánərèit イグザナレイト | -5n- イグゾナレイト/ 動 (現分 ~at·ing) 他 《正式》〈人〉を(…から)免除する.

**ex·or·bi·tant** /iɡzɔ́ːrbətnt イグゾービタント/ 形 《正式》〈値段・要求などが〉途方もない, 法外な.

**ex·or·cism** /éksɔːrsizm エクソーシズム/ 名 U C 悪魔払い(の儀式).

**ex·ot·ic** /iɡzátik イグザティク | -5tik イグゾティク/ 形 **1** 《略式》めずらしい, 風変わりな; 魅惑的な. **2** 外来の, 外国(産)の. **3** 異国風の, エキゾチックな.

**ex·pand** /ikspǽnd イクスパンド/ 動 他 **1** …を広げる, 拡張する; …を膨張させる ‖
**expand** one's business **into** new areas 商売を新しい地域へ広げる.
**2** 〈話題など〉を発展させる ‖
**expand** one's experiences **into** a novel 経験を小説にする.
— 圓 広がる, 拡大する; 発展する, 発達する; ふくらむ; 膨張する ‖
**expand with** heat 熱でふくらむ.

**ex·panse** /ikspǽns イクスパンス/ 名 C 《正式》 [しばしば ~s] 広がり; 広々した場所 [空間].

*****ex·pan·sion** /ikspǽnʃən イクスパンション/
— 名 (複 ~s/-z/) U C **1** 拡張, 拡大(すること); 発展; 広げること ‖
a rapid **expansion** of population 人口の急速な増大.
the **expansion** of the factory 工場の拡張.
**2** (気体・通貨などの)膨張; 膨張度 [量].

**ex·pan·sive** /ikspǽnsiv イクスパンスィヴ/ 形 **1** 膨張力[性]のある; 発展的な. **2** 広々した, 豊かな.

**ex·pa·tri·ate** /ekspéitriéit エクスペイトリエイト | -pæ- -パトリエイト, -péi-/, -triéit/ 動 (現分 ~at·ing) 他 **1** …を国外に追放する. **2** [~ oneself] 故国を去る; 国籍を捨てる.
— 名 C 形 追放された(人); 国外在住の(人); 国籍を捨てた(人).

*****ex·pect** /ikspékt イクスペクト/ 《(何かを求めて)外を(ex)見る(spect). cf. re*spect*, su*spect*》 派 expectation (名)
— 動 (三単現 ~s /-pékts/ ; 過去·過分 ~ed /-id/, 現分 ~·ing)
— 他 **1a** …を予期する (cf. look forward to); 予想する; 〈悪いこと〉を覚悟する ‖

the **expected** question 予期された質問.
She's **as** well **as can be expected**. 思っていたとおり彼女は元気だ.
I'll **expect** you at exactly nine. 9時ちょうどに来られるのをお待ちしています.
I had **expected** him at the meeting. その会に彼が来ると思っていた(のだが来なかった).

> Q&A  Q : 「来るのを待っている」という意味では expect と wait for の両方が使えると思いますが, どう違いますか.
> A : wait for は時刻より遅れたときに I'm sorry I have kept you waiting for me so long. (長い間お待たせしてどうもすみません)のように用います. expect は I'll **expect** you at exactly nine. (9時ちょうどに来られるのをお待ちしています)のように, 約束の時間などを言うときに使われます.

**b** [**expect** A **to** do] A〈人·物·事〉が…するだろうと思う 《♦ よいことにも悪いことにも使う》 ‖
He **expects** the bus **to** be late. 彼はバスが遅れるだろうと思っている.
I **expect** my wife **to** treat him kindly. 私の妻が彼を温かくもてなすだろうと思う.

対話 "When do you **expect** them **to** come?" "They should be here soon." 「いつあの人たちが来るとお思いですか」「もうすぐ来るはずです」.

**c** [**expect** (**that** 節)] …だろうと思う ‖
He **expects** (**that**) the bus **will** be late. 彼はバスが遅れるだろうと思っている.
She **expects** (**that**) she **will** have finished this work by next Friday. 彼女は来週の金曜日までにこの仕事を終えてしまうつもりでいる.
It was **expected** there **would** be a rainstorm. 暴風雨が予想されていた.
It can hardly be **expected that** she **will** be punctual. 彼女が時間を守るなどとはほとんど考えられない.

**d** [**expect to** do] …するつもりである ‖
She **expects to** have finished this work by next Friday. 彼女は来週の金曜日までにこの仕事を終えてしまうつもりでいる.
I **expected to** have visited her. 彼女を訪問しようと思っていた(のだができなかった) (=I **expected** to visit her, but I couldn't. =I had **expected** to visit her.) (→ **1a**).

**2a** [**expect** A **of** [《略式》 **from**] B] A〈物·事〉を B〈人〉に期待する, 当てにする (cf. anticipate) ‖
They **expect** some cooperation **of** you. = They **expect** it **of** you that you cooperate. 彼らは君の協力を期待している.
Don't **expect** too much [a lot, a great deal] **of** her. 彼女にあまり期待をかけすぎるな.

**b** [**expect** A **to** do / **expect** (**that**) A **will** do] 〈人が〉A〈人〉に…してほしいと思う, …することを求める ‖
He **expects** her **to** work [(**that**) she **will**

work] on Sunday. 彼は彼女に日曜日も当然働くように要求する.

You **are expected to** come soon. 君はすぐに来るべきです[来てください]《◆おだやかな強制を表すを supposed より要求はきびしく確実的》.

**3** [expect (that) 節]《主に英略式》…だと思う, 想像[推定]する(suppose)《◆ふつう進行形にしない》∥

I **expect** she was there. 彼女はそこにいたと思う.

I rather **expect** (that) he's tired. きっと彼は疲れていると思う《◆ rather は自信のあることを表す》.

[対話] "Will he be coming?" "I **expect** so." 「彼は来るだろうか」「来ると思う」《◆「来ないと思う」なら "I *expect* not."》.

**4** 〈女が〉赤ん坊を産む予定である∥
She is **expecting** a baby [child]. 彼女にはもうすぐ赤ん坊が生まれる.

——自 (略式) [be ~ing]〈女が〉出産の予定である, おめでたである《◆ be pregnant の遠回し語》.

*as might have been expécted* 思った通り(よくなかった), やっぱり(だめだった).

**ex·pec·tan·cy** /ikspéktnsi イクスペクタンスィ/ 图 (榎 ··tan·cies/-z/) UC 《正式》予想[期待](されるもの)∥

a life **expectancy** of 60 years 60年の平均寿命.

**ex·pec·tant** /ikspéktnt イクスペクタント/ 形 **1** 《正式》期待を示す; 予期する∥
be **expectant** of praise 賞賛を待ちかねている.
**2** 妊娠中の《◆ pregnant の遠回し語》.

**ex·pec·tant·ly** /ikspéktntli イクスペクタントリ/ 副期待[予期]して, 心待ちに.

**ex·pec·ta·tion** /èkspektéiʃən エクスペクテイション/ 图 **1** UC 予期; [通例 ~s] 予期されるもの; 期待される状態∥
**in expectation of** a wage increase 昇給を期待して.
**beyònd** (**all**) **expectátion**(**s**) 予想以上に.
**agàinst** [**cóntrary to**] (**all**) **expectátion**(**s**) 予想に反して.
**còme** [**líve**, **méasure**] **úp to** her **expectátions** 彼女の期待に添う.
The party wasn't a failure, but it **fell** [**came**] **short of** our **expectations**. そのパーティーは失敗ではなかったが, 私たちの期待に反するものだった.
**2** UC 可能性∥
the **expectation** of life 平均寿命[余命](=life expectancy).
Do you have any **expectation**(s) of succeeding [that you will succeed]? 成功の公算はありますか(=Do you **expect** to succeed?).
**3** [しばしば ~s] 将来の見込み, 希望∥
a man with great **expectations** 将来性のある人.

**ex·pe·di·ence** /ikspí:diəns イクスピーディエンス/ 图 =expediency.

**ex·pe·di·en·cy** /ikspí:diənsi イクスピーディエンスィ/ 图 (榎 ··en·cies/-z/) 《正式》 **1** U 便宜(さ), 好都合. **2** U 利己主義. **3** C 便宜的なもの.

**ex·pe·di·ent** /ikspí:diənt イクスピーディエント/ 《正式》 形 **1** 役立つ, 都合のよい, 適切な; 当を得た. **2** ご都合主義の, 利己的な. ——图 C 急場しのぎの方法; 手段.

**ex·pe·dite** /ékspədàit エクスペダイト/ 動 (現分 ··dit·ing) 他 《正式》…を促進する, はかどらせる.

***ex·pe·di·tion** /èkspədíʃən エクスペディション/ 『「特別の目的を持った旅」が本義』
——图 (榎 ~s/-z/) **1** C 遠征, 探検, (ある目的のための集団での)長い旅行∥
make an **expedition** 遠征する, 探検に出る.
They went on an **expedition** to the North Pole. 彼らは北極探検に出た.
**2** C 遠征隊∥
They sent an **expedition** to Mount Everest. 彼らはエベレスト山へ遠征隊を送った.
**3** U 《正式》迅速さ, 機敏さ.

**ex·pel** /ikspél イクスペル/ 動 (過去・過分 ex·pelled/-d/; 現分 ··pel·ling) 他 《正式》 **1** …を排出する, 吐き出す. **2** [通例 be expelled] 追い出される, 除名される.

**ex·pend** /ikspénd イクスペンド/ 『「金を使う(spend)」が本義』動 他 《正式》…を費やす, 使い果たす.

**ex·pend·i·ture** /ikspénditʃər イクスペンディチャ/ 图 **1** U 《正式》[しばしば an ~] 支出, 消費∥
an **expenditure** of $5,000 on the new car その新車への5000ドルの支出.
**2** UC 経費, 費用; 支出額; (国・自治体の)歳出(↔ revenue).

**ex·pense** /ikspéns イクスペンス/ 图 **1** UC 《正式》費用; [比喩的に] 犠牲, 代価, 損失(cost)∥
at great **expense** 非常に費用をかけて; 多大の犠牲を払って.
at little [almost no] **expense** 費用をほとんどかけずに; ほとんど犠牲を払わずに.
at ány expénse いくら費用がかかっても; どんなに犠牲を払っても.
gò to ány expénse =spare no expense 金を惜しまない.
**2** [~s] 経費, 実費, 支出金; 《略式》(給料外の)所要経費, 手当∥
pay one's traveling **expenses** 旅費を払う.
◦*at the expénse of* A =*at A's expénse* (1) A〈人・団体〉の費用で, 負担で∥study abroad **at the expense of** the Government 国費で留学する. (2) A〈健康など〉を**犠牲にして**; A〈人〉に迷惑をかけて∥make some unpleasant remarks **at his expense** 彼を傷つけて不愉快な意見をいくつか述べる. (3) …という犠牲を払って(at the cost of).

***ex·pen·sive** /ikspénsiv イクスペンスィヴ/ 『→expend』
——形 《しばしば正式》高価な, 値段が高い, 費用のかか

る, ぜいたくな《◆「法外に高い」は dear. 「値打ちはあるが高い」は costly》(↔ inexpensive, cheap) ‖
The jewels are **expensive**. 宝石は高価だ.
It is **expensive** running this car. この車の維持は高くつく.

**ex・pén・sive・ly** 副 高い金をかけて, 高価で.

\***ex・pe・ri・ence** /ikspíəriəns イクスピアリエンス/ 〖「試みて得た知識」が本義〗

—名 (複 ~enc・es/-iz/) 1 ⓤ **経験**, 体験; 経験内容《経験で得た知識・能力・技術》(cf. skill) ‖
gain **experience** by practice 実践により経験を積む.
a job that requires **experience** 経験を要する仕事.
one's life **experience** = one's **experience** of life 人生経験.
learn by [from, through] **experience** 経験により学ぶ.
He **has** long **experience in** gardening. 彼は園芸の経験が豊富だ.
**Experience** is the best teacher. (ことわざ)経験は最良の教師である.
対話 "Did you get the teaching job?" "No. They said I didn't have enough teaching **experience** with children." 「教職にはつけましたか」「いいえ. 子供を教えた経験が十分でないと言われました」.

2 ⓒ (具体的に)**経験したこと**, 体験したこと; [~s] 体験談, 経験して得た知識 ‖
have some unusual **experiences** as a pilot 操縦士としていくつかの異常な体験をする.
one's **experiences** in the jungle ジャングルでの経験.

—動 (三単現 --enc・es /-iz/; 過去・過分 ~d /-t/; 現分 --enc・ing)
—他 (正式) …を**経験する**(cf. undergo) ‖
**experience** religion 回心する, 精神的な体験をする.

**ex・pe・ri・enced** /ikspíəriənst イクスピアリエンスト/ 動 → experience.
—形 経験を積んだ, 経験豊かな(↔ inexperienced) ‖
have an **experienced** eye 目が肥えている.
He is **experienced in** repairing cars. 彼は自動車修理のベテランだ.

**ex・pe・ri・enc・ing** /ikspíəriənsiŋ イクスピアリエンスィング/ 動 → experience.

\***ex・per・i・ment** /名 ikspérəmənt イクスペリメント; 動 -mènt -メント/ 〖「試してみること」が本義〗
派 experimental (形)

—名 (複 ~s/-mənts/) ⓤⓒ **実験**;(実地の)試み ‖
by **experiment(s)** 実験で.
do [carry out, perform, conduct] **experiments on** animals 動物実験をする.
James Watt made many **experiments** with steam. J. ワットは蒸気の実験を重ねた.

—動 /-mènt/ (三単現 ~s /-mènts/; 過去・過分 ~・ed/-id/; 現分 ~・ing)
—自 **実験をする**, 試みる ‖
**experiment in** physics 物理の実験をする.
**experiment on** rats ネズミを使って実験する.
**experiment with** a new drug 新薬の実験をする.

**ex・per・i・men・tal** /ikspèrəmént*l* イクスペリメントル/ 形 1 実験の, 実験に基づく; 実験用の[的な] ‖
an **experimental** satellite 実験衛星.
2 経験に基づく, 経験主義的な.

**ex・per・i・men・ta・tion** /ikspèrəmentéiʃən イクスペリメンテイション/ 名 ⓤ (正式) 試すこと, 実験(法).

**ex・per・i・ment・er** /ikspérəmentər イクスペリメンタ/ ⓒ 実験者.

\***ex・pert** /ékspəːrt エクスパート/; 形 補語として ikspə́ːrt イクスパート, 名詞の前で ékspəːrt エクスパート/〖「試みて得た知識を持った」が原義〗

—名 (複 ~s/-pəːrts/) ⓒ **熟練した人**, 専門家, 権威, 玄人(ξξ), プロ; 名人 ‖
an **expert in** [**at**] teaching small children 幼児教育のベテラン.
an **expert on** lies うそつきの名人.
対話 "He sure knows a lot about the history of the Middle East, doesn't he?" "He knows everything. He's an **expert**." 「彼は実によく中東の歴史を知っていますね」「何でも知っているんだ. 権威だね」.

—形 / 補語として ikspə́ːrt, 名詞の前で ékspəːrt/ **熟達した**; 専門的知識[技量]のある ‖
**expert** knowledge 専門知識.
an **expert** photographer 腕のよい写真家.
He is **expért at [in]** swimming. = He is an **éxpert** swimmer. 彼は水泳がうまい.

**éx・pert・ly** 副 うまく, 専門的に.

**ex・pi・ra・tion** /èkspəréiʃən エクスピレイション/ 名 ⓤ (正式) 終了, 満期, 満了.

**ex・pire** /ikspáiər イクスパイア/ 動 (現分 --pir・ing) 自 1 (正式) **終了する**, 満期になる; 期限が切れて無効となる. 2 (文) 息を引き取る《◆ die の遠回し語》.

**ex・pi・ry** /ikspáiəri イクスパイアリ/, (米+) ékspəri/ 名 ⓤ (正式) (契約などの)終了, 満了.

\***ex・plain** /iksplein イクスプレイン/ 〖「完全に(ex)平らにする(plain)」〗 派 explanation (名)

—動 (三単現 ~s /-z/; 過去・過分 ~ed/-d/; 現分 ~・ing)

—他 **1a** [explain **A** (to **B**)] **A**〈物・事〉を**B**〈人〉に)**説明する**; 明らかにする ‖
**explain** the difficult sentence 難解な文の解説をする.
I **explained** the process **to** him. その過程を彼に説明した《◆ ×I **explained** him the process. とはしない》.
**b** [explain (to **A**) that 節 / explain (to **A**) wh 節・wh 句] 〈**A**〈人〉に〉…と**説明する**;「…」と説明する ‖
He **explained** (to me) how to do the work. 彼は(私に)その仕事の方法を説明した.

**2** …(の理由)を弁明[釈明]する ‖
Can you explain why you were late? 遅刻の理由を言ってください.
**3** …の説明となる ‖
That explains her silence. それで彼女の沈黙の理由がわかる.
—自 説明する, 弁明する ‖
explain to him about the schedules スケジュールについて彼に説明する.
対話 "Why were you late?" "Let me explain about it." 「なぜ君は遅れたの」「そのことについて弁明させて下さい」.
***expláin** onesélf* 自分の考え・立場などをはっきりと説明[弁明]する.

**\*ex·pla·na·tion** /èksplənéiʃən エクスプラネイション/ 〖→ explain〗
—名 (複 ~s/-z/) **1** ⓤⓒ 説明; 弁明 ‖
by wày of explanátion 説明のつもりで.
without (any) explanation (何の)説明もなしに.
She gave a poor explanation for being late. 彼女は遅刻の理由をうまく説明できなかった.
**2** ⓒ 真相, 原因; 意味, 解釈.
***in explanátion of** A* …の説明[弁解]として.

**ex·plan·a·to·ry** /iksplǽnətɔ̀ːri エクスプラナトーリ|-təri -タリ/ 形 (正式) 説明的な.

**ex·ple·tive** /éksplətiv エクスプリティヴ | iksplíːtiv イクスプリーティヴ/ 形 (正式) **1** 補足的な, 虚辞的な.
**2** ののしり言葉を使う, 感情的な.
—名ⓒ 〖言語〗助辞, 虚辞《It's raining. の it など》; 間投詞《ugh, ouch など》, ののしり言葉《damn など》.

**ex·pli·ca·ble** /éksplikəbl エクスプリカブル, iksplík-/ 形 (正式) 〖しばしば否定文で〗説明可能な.

**ex·plic·it** /iksplísit イクスプリスィット/ 形 (正式) 明白な, 明確な.

**ex·plode** /iksplóud イクスプロウド/ 動 (現分 ~·plod·ing) 他 **1** …を爆発させる, 爆破する, 破裂させる ‖
explode firecrackers 爆竹を鳴らす.
**2** …を論破する, 覆(*くつがえ*)す ‖
explode a hypothesis 仮説を覆す.
—自 **1** 爆発する, 破裂する ‖
The gas main exploded. ガスの本管が破裂した.
**2** 〈感情などが〉爆発する; 〈人が〉突然…し出す ‖
explóde into [with] láughter どっと笑い出す(=burst [break] into laughter).
**3** 〈人口が〉爆発的に増加する, 急増する.

**ex·ploit**¹ /iksplɔ́it イクスプロイト/ 動 他 **1** (正式) …を利用する; …を開発する. **2** 〈人〉を私的目的で使う, 食い物にする.

**ex·ploit**² /éksplɔit エクスプロイト, (米+) iksplɔ́it/ 名 ⓒ 〖通例 ~s〗偉業; 功績, 手柄.

**ex·ploi·ta·tion** /èksplɔitéiʃən エクスプロイテイション/ 名ⓤ 開発, 利用; 搾取(*さくしゅ*).

**ex·plo·ra·tion** /èkspləréiʃən エクスプラレイション, -plɔː-/ 名 **1** ⓤ 探検, 実地踏査; ⓒ 探検旅行 ‖
the exploration of unknown parts of the Amazon アマゾン川未踏(*とう*)地域の探検.
**2** ⓤ 調査, 探求, 吟(*ぎん*)味.

**ex·plor·a·to·ry** /iksplɔ́ːrətɔ̀ːri イクスプローラトーリ | eksplɔ́rətəri エクスプロラタリ/, **--a·tive** /-ətiv -ətiv/ 形 (正式) 探検(のための); 予備の.

**ex·plore** /iksplɔ́ːr イクスプロー/ 動 (現分 ~·plor·ing) 他 **1** …を探検する, 探査する ‖
explore Mars and Venus 火星や金星を探検する.
**2** (正式) …を調査する, 探究する ‖
explore a problem 問題を検討する.

**ex·plor·er** /iksplɔ́ːrər イクスプローラ/ 名ⓒ 探検家; 調査者.

**ex·plo·sion** /iksplóuʒən イクスプロウジョン/ 名ⓒ **1** 爆発, 破裂; 爆発音 ‖
a loud explosion 大爆発.
**2** (感情の)爆発, 突発, 激発 ‖
an explosion of laughter 爆笑.
**3** 〖通例 an ~〗激増, 急増.

**ex·plo·sive** /iksplóusiv イクスプロウスィヴ/ 形 爆発性の, 爆発しやすい; 一触(*しょく*)即発の; 危険な ‖
an explosive gas 爆発性のガス.
—名 ⓤⓒ 爆薬物, 爆発性のもの.

**ex·pló·sive·ly** 副 爆発的に.

**ex·po** /ékspou エクスポウ/ 〖*exposition* の短縮語〗 名 (複 ~s/-z/) 〖しばしば E~〗 (略式) (万国)博覧会.

**ex·po·nent** /ikspóunənt エクスポウネント/ 名ⓒ (正式) 解説する人; 説明となるもの.

**\*ex·port** /動 ikspɔ́ːrt イクスポート, ékspɔːrt; 名 ékspɔːrt エクスポート/ (アクセント注意) 〖外へ(ex)運ぶ(port). cf. *portable*〗

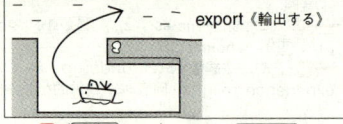

export《輸出する》

—動 (三単現 ~s /-pɔːrts/; 過去・過分 ~ed /-id/; 現分 ~·ing)
—他 …を輸出する(↔ import) ‖
Jamaica exports bananas to France. ジャマイカはフランスにバナナを輸出している.
—名 /ékspɔːrt/ (複 ~s/-pɔːrts/) ⓤ 輸出(↔ import); ⓒ 〖しばしば ~s〗輸出品; 輸出高[額]; 〖形容詞的に〗輸出の ‖
Wheat is one of Canada's most important exports. 小麦はカナダの最も重要な輸出品のひとつです.

**ex·por·ta·tion** /èkspɔːrtéiʃən エクスポーテイション/ 名 ⓤ 輸出; ⓒ (主に米) 輸出品 ‖
the exportation of corn to Asia アジアへのトウモロコシの輸出.

**ex·port·er** /ekspɔ́ːrtər エクスポータ/ 名ⓒ 輸出業者.

**ex·pose**¹ /ikspóuz イクスポウズ/ 動 (現分 ~·pos·ing) 他 **1** [expose A to B] A〈人・物〉を B〈風険・批評など〉にさらす; A〈人〉を B〈物・事〉に触れる

せる, 向ける ‖
get sunstroke from **exposing** one's head to the hot sun 照りつける太陽に頭をさらして日射病にかかる.
**2**〔正式〕…を暴露(ぼ)する, すっぱ抜く；…の正体をあばく ‖
**expose** the plan **to** the police 計画を警察に暴露する.
**3**〈品物〉を陳列する, 店頭に出す《◆ display より堅い語》. **4**〔写真〕…を露光する, 感光させる.

**ex·po·sé, ex·po·se**[2] /èkspouzéi エクスポウゼイ/ — /--/〔フランス〕名C〔正式〕(醜聞(しゅう)などの)暴露(記事), すっぱ抜き.

**ex·po·si·tion** /èkspəzíʃən エクスポズィション/ 名〔正式〕**1**C(万国)博覧会《◆ ふつう exhibition より規模が大きい.〔略式〕expo》. **2**U展示, 陳列. **3**UC説明.

**ex·po·sure** /ikspóuʒər イクスポウジャ/ 名UC **1**身をさらすこと；受けること, 受けさせること；接すること, 接しさせること ‖
die of **exposure** 野ざらしにされて死ぬ.
my first **exposure to** the language その言語を初めて習うこと.
**2**暴露, 発覚, あばくこと. **3**〔写真〕露光(時間)；露光部分；（フィルムの）1こま. **4**陳列, 自己顕示. **5**(家の)向き.

**ex·pound** /ikspáund イクスパウンド/ 動他〔正式〕…を解釈する. — 自 詳説する.

\***ex·press** /iksprés イクスプレス/ 《〔(中にある物を)外へ(ex)押し出す(press). cf. impress, oppress〕》 expression (名)
— 動 (三単現 ~·es/-iz/; 過去・過分 ~ed/-t/; 現分 ~·ing)
— 他 **1**〔正式〕**a** …を(言動などで)表現する；…を述べる ‖
have difficulty (in) **expressing** one's feelings 自分の感情をうまく表現できない.
**express** one's deep appreciation **to** the Society 協会に心からの感謝を表明する.
**b** [**express** (**to A**) wh 節]《A〈人〉に》…かを表現する ‖
I can't **express** (**to** you) how happy I am now. 言葉で言えないくらいうれしい.
**2** [~ oneself] 自分の考え[感情]を述べる；[~ itself] 〈感情〉が外に出る ‖
be cautious in **expressing** oneself めったなことで本音を吐かない.
Her grief **expressed** itself in tears. 彼女の深い悲しみは涙となって表れた.
**3** …を表す.
**4**〔英〕…を速達で送る.
— 名 (複 ~·es/-iz/) **1**C **a** 急行電車(express train)(↔ local)《◆「特急」は special [limited] express,「準急」は semi-express》‖
take the 9:30 a.m. **express** to Shinjuku 午前9時30分発新宿行急行に乗る.
**b** 直通バス(↔ local) (express bus).
**2**U〔英〕速達(便) (express delivery,〔米〕special delivery) ‖
send a letter **by express** 手紙を速達で出す.
**3**C(貨物の速達)運送便. **b** 急行運送会社(express company).
**4**C〔英〕特使, 急使.
— 形 [名詞の前で] **1**〔正式〕はっきりした, 明示された(clearly stated) ‖
his **express** wish 彼のはっきりした望み.
**2** 急行の, 直通の(↔ local);〔英〕速達便の;〔米〕(急配)運送便の ‖
an **express** letter 速達の手紙.
**3** 高速用の ‖
an **express** highway 高速道路((主に米) expressway).
**expréss bùs** =express 名 **1 b**.
**expréss còmpany** =express 名 **3 b**.
**expréss delívery** =express 名 **2**.
**expréss tràin** =express 名 **1 a**.

\***ex·pres·sion** /ikspréʃən イクスプレション/ 《→ express》
— 名 (複 ~s/-z/) **1**UC〔正式〕表現；(性質・感情の外への)現れ ‖
an **expression** of thanks 感謝のしるし.
**beyond** [**past**] **expression** なんとも言えないほどに.
**give expression to** one's thoughts 意見を述べる.
**find expression in** loud cursing 大声の悪態となって現れる.
**2**C 言い回し；語句 ‖
use rude **expressions** 乱暴な表現を用いる.
**3**UC 表情；調子；U 表現力 ‖
a bóred **expréssion** 退屈した表情.
**put expression into** his playing 彼の演奏[演技]に表情を持たせる.

**ex·pres·sion·less** /ikspréʃənləs イクスプレションレス/ 形 無表情の, 表情の乏しい.

**ex·pres·sive** /iksprésiv イクスプレスィヴ/ 形 **1**〔正式〕表現する ‖
a gesture **expressive of** weariness 疲労を表す身振り.
**2** 表現力豊かな, 表情に富む ‖
an **expressive** silence 意味ありげな沈黙.
**ex·prés·sive·ly** 副 表情たっぷりに.

**ex·press·ly** /iksprésli イクスプレスリ/ 副〔正式〕**1** はっきりと, 明確に. **2** わざわざ, 特別に.

\***ex·press·way** /iksprésweɪ イクスプレスウェイ/ — 名 (複 ~s/-z/) C (主に米) 高速道路((英) motorway)《◆〔略〕expwy. 掲示では Xpwy と略すことが多い》.

**ex·pul·sion** /ikspʌ́lʃən イクスパルション/ 名U 排除；追放.

**ex·qui·site** /ikskwízit イクスクウィズィト, ékskwizit/ 形 **1** この上なくすぐれた, 賞賛に値する, りっぱな, 申し分のない ‖
**exquisite** embroidery 精緻な刺繍(ししゅう).
**exquisite** manners 優雅なふるまい.
**2** 鋭敏な ‖

exquisite sense とぎすまされた感覚.
**éx·qui·site·ness** 名 U 絶妙, 優美さ.
**ex·qui·site·ly** /ikskwízitli イクスクウィズィトリ, ékskwizitli/ 副 優美に; こって; 非常に.
**ex·tend** /iksténd イクステンド/ 動 他 **1 a** …を延長する; 延ばす ‖
extend the railway to the next city 鉄道を隣の都市まで延長する.
**b** …を伸ばす ‖
extend one's arm 腕を伸ばす.
**c** …を広げる, 拡張する ‖
extend one's research in this new field この新しい分野での研究範囲を広げる.
**2** [正式] [extend **A** to **B** / extend **B A**] A〈親切などを〉B〈人〉に示す, 施す; A〈祝辞など〉を B〈人〉に述べる(give, offer) ‖
extend an invitation to her 彼女に招待状を送る.
— 自 **1** 伸びる, 広がる; 〈知識などが〉及ぶ, 届く ‖
The fence extends to the meadow. その柵は牧草地まで広がっている.
**2** 続く ‖
The meeting has extended late into the night. 会議は夜遅くまで継続した.
The cold weather extended into April. 4月になっても寒い天気が続いた.
**ex·tend·ed** /iksténdid イクステンディド/ 動 → extend.
— 形 伸ばされた; 広範囲の; 延長した.
**ex·ten·sion** /iksténʃən イクステンション/ 名 **1** U 広げる[られる]こと, 広がること; (道路などの)拡張, 延長 ‖
the extension of his powers 彼の権力の拡大.
by extension 延長として, 転じて.
**2** U (影響・知識などの)範囲, 限度.
**3** C 広げた部分; 増築 ‖
an extension of 10 miles to the highway 高速道路の10マイル延長箇所.
**4** C (電話の)内線. **5** C (コンピュータ) 拡張子.
**exténsion nùmber** 内線番号(略 ext.).
**ex·ten·sive** /iksténsiv イクステンスィヴ/ 形 **1** 広い, 広大な《◆「部屋など(囲いのある場所)が広い」は spacious》.
**2** 広範囲にわたる(↔ intensive) ‖
extensive inquiries 広範囲の質問.
**ex·ten·sive·ly** /iksténsivli イクステンスィヴリ/ 副 広範囲に, 広く; 大規模に.
*__ex·tent__ /iksténtイクステント/ 《→ extend》
— 名 (複 ~s/-ténts/) **1** U [しばしば an ~] 範囲, 程度, 限界(degree) ‖
to sóme [a cértain] exténtある程度まで.
to a gréat [lárge] exténtt 大いに.
to the fúll exténtof the láw 法律の及ぶ限り.
to the extent of two hundred dollars 200ドルの限度まで.
She was angry to such an extent that she could not speak. 口がきけないほど彼女は立腹していた.

To what extent can I trust him? (正式) どの程度まで彼は信頼できるか.
**2** U C 広さ, 広がり, 広い地域《◆長さに重点を置いた広がりをいう. 平面的な広がりを強調すれば expanse》‖
the great extent of his knowledge 彼の広い知識.
a vast extent of grassland =grassland of vast extent 広大な草原.
The extent of the wheat field was increased. 麦畑が拡張された.
**ex·ten·u·ate** /iksténjuèit イクステニュエイト/ (現分) --at·ing 他 (正式) 〈罪・罰〉を軽くする.
**ex·te·ri·or** /ikstíəriər イクスティアリア/ 形 **1** 外(側)の, 外面の; 屋外(用)の. **2** 外観上の; 外界の(↔ interior). — 名 C (正式) [通例単数形で] 外面, 外側; 外観, 外見.
**ex·ter·mi·nate** /ikstə́:rmənèit イクスターミネイト/ 動 (現分) --nat·ing (正式) …を絶滅させる.
**ex·ter·mi·na·tion** /ikstə̀:rmənéiʃən イクスターミネイション/ 名 U 根絶, 絶滅, 駆除(く.).
**ex·ter·nal** /ikstə́:rnl イクスターヌル/ 形 **1** (正式) 外部の, 外側の(↔ internal) ‖
external evidence 外的証拠.
**2** 表面上の, 形式的な ‖
an external display of politeness うわべの丁重(ちょう)さ.
**3** 外国の, 対外的な ‖
external affairs 対外問題.
**ex·tér·nal·ly** 副 外面的に; 外部から.
**ex·tinct** /ikstíŋkt イクスティンクト/ 《→ extinguish》 形 **1** 〈火・灯などが〉消えた; 死火山の(↔ active) (cf. dormant) ‖
an extinct volcano 死火山.
**2** 〈望みなどが〉消えた; 〈制度・習慣などが〉すたれた.
**3** 絶えた, 死滅した ‖
Dinosaurs are now extinct. 恐竜は現在では絶滅してしまった.
**ex·tinc·tion** /ikstíŋkʃən イクスティンクション/ 名 (正式) **1** U 消す[消される]こと, 消火, 消灯. **2** 根絶, 絶滅; 死滅.
**ex·tin·guish** /ikstíŋgwiʃ イクスティングウィシュ/ 動 (三単現) ~·es/-iz/) 他 (正式) **1** …を消す(put out) ‖
extinguish one's cigarettes タバコの火を消す.
**2** [比喩的に] …を消す, 失わせる, 消滅させる; …を絶滅させる ‖
extinguish his hope 彼の望みをくだく.
**ex·tin·guish·er** /ikstíŋgwiʃər イクスティングウィシャ/ 名 C **1** 消す物[人]. **2** 消火器; ろうそく消し.
**ex·tort** /ikstɔ́:rt イクストート/ 動 他 (正式) …をゆすり取る.
**ex·tor·tion** /ikstɔ́:rʃən イクストーション/ 名 (正式) U 強奪(ぎょう), ゆすり; C 強奪した物[金品]; [~s] 金をだまし取る行為.
**ex·tor·tion·ate** /ikstɔ́:rʃənət イクストーショナト/ 形 〈要求などが〉無理じいの, 過度な; 〈価格が〉法外な.

**ex·tra** /ékstrə エクストラ/ 〚ラテン〛
— 形 [通例名詞の前で] **必要以上の**, 余分な, 余分の; **特別の**, 割増しの; 臨時の, 増刊の ‖
extra pay for extra work 超過勤務に対する割増給.
a few extra pencils 数本の予備の鉛筆.
— 副 普通以上に; [名詞の後で] 割増して, 別に, 余計に, 余分に ‖
work extra hard 格別まじめに働く.
— 名 C **1** 余分の物; [~s] (自動車などの)付属物; (米)上等品.
**2** チップ; 割増料金.
**3** 号外, 臨時増刊 ‖
Late evening extra! (新聞の売り子の声)夕刊の最終版だよ！
**4** [映画]エキストラ; (略式)臨時雇い.

**ex·tract** /動 ikstrækt イクストラクト; 名 ékstrækt エクストラクト/ 動 他 (正式) **1** …を抜粋(ばっすい)する, 引用する《◆主に新聞用語》‖
The newspaper extracted several passages from the speech. 新聞はその演説の内容を数か所引用していた.
**2** …を引き出す, 引き抜く, 取り出す ‖
extract juice from lemons レモンのジュースを絞る.
**3** 〈情報など〉を引き出す ‖
extract the promise from her 彼女から無理に約束を取り付ける.
— 名 **1** UC 抽出した物, エキス. **2** C 抜粋, 引用句.

**ex·tráct·a·ble** 形 引き出せる.

**ex·trac·tion** /ikstrǽkʃən イクストラクション/ 名 (正式) **1** U 引き抜き, 抽出する[される]こと. **2** C 抽出(ちゅうしゅつ)されたもの; エキス; 抜粋.

**ex·tra·cur·ric·u·lar** /èkstrəkəríkjələr エクストラカリキュラ/, **--lum** /-ləm -ラム/ 形 課程外の, 教科外の ‖ extracurricular activities 課外活動, 部活動.

**ex·tra·dite** /ékstrədàit エクストラダイト/ 動 (現分 --dit·ing) 他 (正式)〈国外逃亡犯人〉を本国[州]所管警察に引き渡す; 〈犯人〉の引き渡しを受ける.

**ex·tra·ne·ous** /ikstréiniəs イクストレイニアス/ 形 (正式) **1** 外来種の; 異質の. **2** 無関係な; 非本質的な.

**ex·traor·di·nar·y** /ikstrɔ́ːrdənèri イクストローディネリ, èkstrəɔ́ːr- | ikstrɔ́ːdənəri イクストローディナリ/ (発音注意)《◆×イクストラオーディナリ》〚通常を(ordinary)超えた(extra)〛

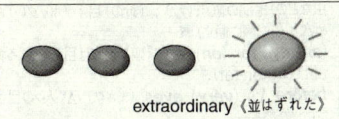

— 形 **1** 並はずれた, 驚くべき; 並々ならぬ; 異常な, 妙な; 途方もない ‖
a woman of extraordinary talents まれにみる非凡な才能の女性.

**extraordinary** 〈並はずれた〉

**2** (正式) [通例名詞のあとで] 特派の, 特命の.

**ex·tra·ter·res·tri·al** /èkstrətəréstriəl エクストラテレストリアル/ 形 地球(圏)外の; 宇宙(から)の.
— 名 C 地球外生物, 異星人(略 ET).

**ex·trav·a·gance** /ikstrǽvəgəns イクストラヴァガンス/ 名 **1** U (金の)浪費; UC ぜいたく品. **2** U (行動・言葉の)行きすぎ; C 突飛な言行.

**ex·trav·a·gant** /ikstrǽvəgənt イクストラヴァガント/ 形 **1** 金遣いの荒い, ぜいたくな, 浪費の ‖
extravagant with money 金遣いの荒い.
**2** 過度な; 法外な.

**ex·tráv·a·gant·ly** 副 ぜいたくに.

*****ex·treme** /ikstríːm イクストリーム/ 《◆名詞の前で用いるときはふつう /=/》〚「一番端の」が本義〛
派 **extremely** (副)
— 形 **1** [通例名詞の前で] **極端な**, 極度の; 極限の ‖
the extreme limit of endurance 辛抱の限度.
the extreme cold 非常な寒さ.
**2** 過激な, 急進的な(↔ moderate); 最先端の ‖
the extreme political right 政治上の極右派.
She is extreme in her views. 彼女の意見は行きすぎだ.
**3** [名詞の前で] (位置的に)**最先端の**, 末端の ‖
the extreme south of the country その国の最南端.
— 名 (複 ~s/-z/) **1** 極端, 極度, 過度; [通例 ~s] 極端な状態[行為, 手段] ‖
be happy in the extréme (正式) この上なく幸せである.
carry the practice to extremes [the extreme, an extreme] 慣行を極端にまで推し進める.
gò [be dríven] to extrémes =run to an extreme 極端に走る, 極端なことをする, 極端なことを言う.
**2** [the ~] 両極端の一方; [~s] 両極端 ‖
the extremes of sadness and joy 悲しみと喜びの両極端.
go to the other [opposite] extreme 正反対の行動をとる.

**ex·tréme·ness** 名 U 極端であること.

*****ex·treme·ly** /ikstríːmli イクストリームリ/ 〚→ extreme〛
— 副 **極度に**, 極端に; (略式)[形容詞・副詞を強調して] **とても, 大変**(very) 《◆ excessively と違って必ずしも悪い含みはない》‖
She is an extremely careful driver. =She drives extremely carefully. 彼女は非常に注意深く運転する.

**ex·trem·ist** /ikstríːmist イクストリーミスト/ 名 C 形 (政治での)過激論者(の).

**ex·trem·i·ty** /ikstréməti イクストレミティ, eks-/ 名 (複 --i·ties/-z/) (発音注意)《◆×イクストリーミティ》 (正式) **1** C (胴体から遠い)四肢(し)の1つ; [extremities] 手足. **2** [しばしば extremities] 難局. **3** [an ~ / the ~ / one's ~] 極端, 極度, 限度. **4** C [通例 extremities] 極端な手段[罰], 過激な

**ex·tri·cate** /ékstrikèit エクストリケイト/ 動 (現分) --cat·ing) 《正式》…を解放する.

**ex·tro·vert** /ékstrəvə̀ːrt エクストロヴァート/ 【心理】形 ⓒ 外向性の(人), 社交的な(人), 活動的な(人)(↔ introvert).

**ex·u·ber·ance** /igzjúːbərəns イグズーバランス (イグズューバランス)/ 名 Ⓤ 豊富, 豊かさ; 繁茂(ﾊﾝ).

**ex·u·ber·ant** /igzjúːbərənt イグズーバラント (イグズューバラント)/ 形 《正式》**1** 繁茂した. **2** 元気にあふれた.

**ex·ude** /igzjúːd イグズード (イグズュード)/ 動 (現分) --ud·ing) 《正式》 ⾃ しみ出る. ─ 他〈汗など〉を出す.

**ex·ult** /igzʌ́lt イグザルト/ 動 ⾃ 《正式》歓喜する.

**ex·ult·ant** /igzʌ́ltnt イグザルタント/ 形 《正式》歓喜の.

**ex·ul·ta·tion** /ègzʌltéiʃən エグザルテイション, èks-/ 名 Ⓤ 《正式》歓喜, 有頂天; [~s] 喜びの声, 歓声.

**\*eye** /ái アイ/ (同音 I, aye)
→ 名 **1** 目 **2** 視覚 **3** 目つき **4** 監視の目, 眼識
── 名 (働 ~s/-z/) **1** Ⓒ 目《◆ しばしば目のまわりを含む》; 眼球, 目もと ‖
blue **eyes** 青い目.
dark **eyes** 黒い目.
a compound **eye** (昆虫の)複眼.
big [large] **eyes** 大きな目, ぱっちりした目《◆ big の方がふつう》.
an éye dòctor 《略式》眼科医.
narrowed **eyes** 細めた目《◆ 相手の心を読みとる敵意・疑いの目》.
a girl with lovely **eyes** 目もとのかわいい少女.
goggle one's **eyes** (驚いて)目を丸くする.
roll one's **eyes** up 目をくるくるさせる, ぎょろつかせる《◆ うれしさ・驚き・当惑などを表す. 日本人の「目を白黒させる」に近い》.
screw one's **eyes** up (まぶしくて)目をぎゅっと閉じる.
squint one's **eyes** (まぶしさ・近視などで)目を細める.
hit him in the **eye** 彼の目のあたりをなぐる.
give him a black **eye** =black his **eye** 彼をなぐって目にあざをつける.
Her **eyes** popped out. (驚き・喜びで)彼女の目玉は飛び出さんばかりだった.
**Eyes** right! (号令)かしら右.
Where are your **eyes**? (注意を促して)どこに目がついているんだ.
Your **eyes** are bigger than your stomach [belly]. (食事中, 子供をたしなめて)欲ばっても食べれないよ.
対話 "Do you look like someone in the family?" "Yes, my sister. She has blue eyes and brown hair, too." 「家族の中でだれか似ている人がいますか」「ええ, 姉と似ています. 姉も目が青くて髪が茶色なのです」.

文化 英米では正直な人は相手の目を真っ直ぐに見つめるとされ, 相手の目を避けるのは不正直という印象を与えることがある. したがって, あいさつや話をするときは相手の目を見つめていることが大切.

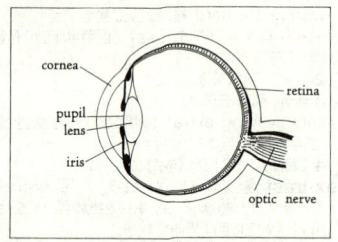

**2** Ⓒ [しばしば ~s] 視覚, 視力(eyesight) ‖
have sharp **eyes** 視力がよい《◆「視力が悪い」は have weak **eyes**》.
lose one's **eyes** 失明する.
with the naked [^bare] **eye** 裸眼で.
see things as they are with one's own **eyes** 自分の目で物をあるがままに見る.
I could hardly believe my **eyes**. (意外な光景に)自分の目が信じられなかった.
**3** Ⓒ [しばしば ~s] 目つき, まなざし, 視線 ‖
angry **eyes** 怒った目.
heavy **eyes** 眠そうな目.
sparkling **eyes** きらきらした目.
a green [jealous] **eyes** しっとの目.
fix one's **eyes** on a scene 光景を凝視する.
She was áll éyes. 彼女は目を皿のようにしていた.
**4** [an ~ / one's ~] 監視の目, 注意; 眼識, 見分ける力 ‖
cast [run] his **eye** through a paper 書類に目を通す.
catch [strike, take] her **eye** 《略式》〈人・物が〉彼女の目にとまる.
She has an **eye** for beauty. 彼女には審美眼がある.
**5** Ⓒ [~s] 観点, 見方, 判断 ‖
in mý **eyes** 私の見解では.
in the **eyes** of the láw 法律から見ると, 法律上.
**6** Ⓒ (物・事の)中心, 眼目(ｶﾞﾝ); (渦巻き・花・回転などの)中心; (台風の)目; (鳥・昆虫などの)尾羽の斑点(ﾊﾝ); (針の)目; (ホックの)留め穴; (穴・綱に通す)環.

(**an**) **éye** for (**an**) **éye** 《聖》目には目を(でする報復)(tit for tat).
**befóre** A's (**véry**) **éyes** (まさに) A〈人〉の目前で; 公然と.
**clóse** one's **éyes to** A …を見て見ぬふりをする.
**crý** one's **éyes óut** 《略式》目を泣きはらす, ひどく泣く.
**give an éye to** A …に注目する.

**hàve an** [*one's*] **éye on A** 《略式》…を注意深く監視する《◆ on の代わりに upon も可》‖ Please have an eye on my suitcase. 私のスーツケースから目を離さないでください.

**hàve an éye to A** (1) …に注意する. (2) …をめあてにする.

**in the** [*one's*] **mínd's éye** 心の中で, 想像で.

**in the públic éye** 世間で注目[注視]されている; 広く知られている.

**kéep an éye on** [*upon*] **A** 〈人・物〉を(安全であるように・取られないように)じっと見守る.

**lóok A stráight** [*ríght*] **in the éye(s) A**〈人〉を正視する.

**ópen A's éyes to B A**〈人〉に B〈真相・正体など〉を気づかせる[わからせる].

**sée éye to éye with A** (1) A〈人〉と面と向かって対面する. (2) [通例否定文で] A〈人〉と意見が一致する.

**shút** *one's* **éyes to A** =close one's EYES to.

**táke** *one's* **éyes off A** [通例否定文で] A〈人・物〉から目を離す.

**ùnder A's (véry) éyes** =before A's (very) EYES.

**ùp to the** [*one's*] **éyes** =up to the ears (→ ear¹).

**with an éye to A** …を目的として, …をしようとして.

**with drý éyes** 泣かないで; 平然と.

**with** *one's* **éyes ópen** (1) 目を開いて. (2) 《略式》事情を知りながら.

**with** *one's* **éyes shút** [*clósed*] (1) 目を閉じて. (2) 《略式》事情を知らないで.

**éye bànk** アイバンク, 角膜銀行.
**éye chàrt** 視力検査表.
**éye còntact** (話し相手の)目を見ること(→ eye¹ 文化).
**éye shàdow** アイシャドー.

**eye·ball** /áibɔ̀ːl/ アイボール/ 名 C 眼球, 目玉.

**eye·brow** /áibràu/ アイブラウ/ 《発音注意》《◆ ×アイブロウ》名 C まゆ, まゆ毛(brow) ‖

**knit** [**draw**] *one's* **eyebrows** (考えごとをして)まゆをよせる.

**raise** [**arch, lift**] **an eyebrow at** his bad manners 彼の不作法さに(驚き・軽蔑(<sub>けい</sub>)などで抗議するように)まゆを上げる, 「まゆをひそめる」《◆ an eyebrow の代わりに one's eyebrows ともする》.

**eye·glass** /áiglæs アイグラス/ |-glɑːs -グラース/ 名 (複 ~·es/-iz/) C **1** めがねの片レンズ; 片めがね; 接眼レンズ[鏡]. **2** (米) [~es] めがね.

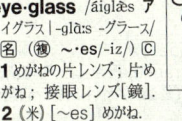

raise an eyebrow

**eye·lash** /áilæʃ アイラシュ/ 名 (複 ~·es/-iz/) C まつ毛; [集合名詞; ~es] まつ毛.

**eye·lid** /áilìd/ アイリド/ 名 C まぶた《◆ 単に lid ともいう》‖
a double-edged eyelid 二重まぶた.

**eye·o·pen·er** /áiòupnər アイオウプナr/ 名 C 目を見張らせる事[物], 驚くべき事[物].

**eye·sight** /áisàit/ アイサイト/ 名 U 視力; 視界, 視野 ‖
have good eyesight 視力がよい.

**eye·sore** /áisɔːr アイソー/ 名 《略式》[an ~; a real ~] いやな物, 目ざわりな物.

**eye·strain** /áistrèin/ アイストレイン/ 名 U 目の疲れ.

**eye·tooth** /áitùːθ/ アイトゥース/ 名 (複 --teeth) C 犬歯, 糸切り歯.

**eye·wit·ness** /áiwitnəs アイウィトネス/ 名 (複 ~·es/-iz/) C 形 目撃者(の).

# F

**f, F** /éf エフ/ 名 (複 f's, fs; F's, Fs /-s/) **1** ⓒⓤ 英語アルファベットの第6字. **2** = a, A **2**. **3** ⓒⓤ 第6番目(のもの). **4** ⓒ (米)【教育】不可, 落第点 (failing, failure) (→ **grade** 名 **3** 関連). **5** ⓤ 【音楽】ヘ音, ヘ調.

**f** /fɑ́ː/ (略) 【音楽】forte.

**F** (記号) Fahrenheit.

**f.** (略) female, feminine.

**F.** (略) Fahrenheit; France; French; Friday.

**fa** /fɑ́ː/ ファー/ 名 ⓒⓤ 【音楽】ファ《ドレミファ音階の第4音. → do²》.

**FA** (略) Football Association (英国)サッカー協会; free agent.

**fa·ble** /féibl フェイブル/ 名 ⓒ 寓(ｸﾞｳ)話, たとえ話 ‖

*Aesop's Fables* イソップ物語.

**2** ⓒⓤ 作り話, うそ. **3** ⓤ 〔集合名詞; 単数扱い〕伝説, 神話; ⓒ (個々の)伝説, 神話.

**fa·bled** /féibld フェイブルド/ 形 **1** 伝説上名高い. **2** 作りごとの.

**Fa·bre** /fɑ́ːbər ファーバ/ 名 ファーブル《Jean Henri/ʒɑ̃: ɑːŋriː/; ~ 1823-1915; フランスの昆虫学者》.

**fab·ric** /fǽbrik ファブリク/ 名 **1a** ⓒⓤ (織った・編んだ)布地, 織物《◆ cloth より堅い語》; 〔形容詞的に〕(leather に対する)織物の, 布製の ‖

woolen **fabrics** 毛織物.

**b** ⓤ 織り方.

**2** ⓤ (正式) 〔通例 the ~〕(建物・社会などの)構造, 骨組み.

**fab·ri·cate** /fǽbrikèit ファブリケイト/ 動 (現分) --cat·ing) 他 **1** (正式) …を捏造(ｶﾞｻﾞｳ)する.

**fab·ri·ca·tion** /fæ̀brikéiʃən ファブリケイション/ 名 ⓤ 偽造; ⓒ うそ.

**fab·u·lous** /fǽbjələs ファビュラス/ 形 **1** (正式) 伝説上の. **2** 信じがたい, 驚くべき. **3** (略式) すばらしい, わくわくする.

**fáb·u·lous·ly** 副 信じられないくらい.

**fa·cade, fa·çade** /fəsɑ́ːd ファサード, fæ-/《フランス》名 ⓒ (正式)【建築】(建物の)正面; 〔比喩的に〕外見, みせかけ.

**\*face** /féis フェイス/《「姿・形」が原義》
→名 **1** 顔 **2** 顔つき **4** 表面
動 自 **1** 面する 他 向いている

—名 (複 fac·es /-iz/) **1** ⓒ 顔, 顔面(図→ body) ‖

a boy **with** a sun-burnt **face** 日焼けした顔の少年.

I was unable to **look** her **in the face**. (恥ずかしさ・やましさなどで)彼女の顔をまともに見ることができなかった《◆ look at her face は単に「顔に目を向ける」の意味》.

a hatchet **face** やせてとがった顔.

Q&A **Q**:「窓から顔を出してはいけません」というとき face を用いてもいいですか.
**A**:いいえ. Don't put [stick] your head out of the window. のように head を用います. このように face と「顔」とは対応しないことがあります. たとえば「彼女は顔色が悪い」は She looks pale. といい, 「彼女は顔がきく」は She has influence. とか She is influential. などといいます.

**2 a** …の顔, 顔つき, 顔色 ‖

a sad **face** 悲しそうな顔つき.

kèep a stráight fáce (おかしさを押さえて)真顔(ｼﾝｶﾞｵ)でいる.

màke 〔pùll, wèar, pùt ón〕 a lóng fáce 浮かぬ顔をする, 失望の表情を浮かべる.

be blue in the **face** 顔色が変わるほど怒る.

**b** 〔しばしば ~s〕しかめつら ‖

màke 〔pùll〕 fáces at him 彼にしかめつらをする, (相手をバカにして舌を出したりして)顔をゆがめる《◆ faces の代わりに a face も可》.

**3** ⓤ **a** (略式)〔通例 the ~〕厚かましさ, ずうずうしさ (cf. cheek 名 **3**) ‖

hàve the fáce to ask for a pay increase 厚かましくも昇給を求める.

**b** 体面, メンツ ‖

lóse fáce メンツを失う.

sáve fáce メンツを保つ.

**4** ⓒ (物の)表面, 表(ｵﾓﾃ), 正面; (道具の)使用面 (→ hammer (図)).

**befóre** A**'s fáce** …の面前で; 公然と.

◇**fáce to fáce** 向かい合って, 相対して ‖ còme fáce to fáce with ruin 破滅に直面する.

**in** A**'s fáce** (1) まともに ‖ The rain was falling **in my face**. 雨がまともに私に降り注いでいた. (2) A〈人〉の面前で; 公然と.

**in (the) fáce of** A (1) …の面前で; …に直面して. (2) …をものともせず, …にもかかわらず.

**on** one**'s fáce** うつぶせに ‖ lie **on one's face** うつぶせに横たわる (↔ on one's BACK (1)).

**to** A**'s fáce** …に面と向かって, 公然と.

—動 (三単現) fac·es /-iz/; (過去・過分) ~d/-t/; (現分) fac·ing)

—他 **1** …に面する, …に向かう ‖

**Facing** me, she remained calm. 彼女は落ち着いて私の方を向いていた.

The hotel **faces** the sea. ホテルは海に面している.
**2 a** …に臆(ｵｸ)せず立ち向かう, 直面する ‖
**face** an invader 侵略者に立ち向かう.
**face** facts 事実に直面する.
対話 "I don't know if I can live by myself. I don't know how to cook." "You have to **face** it sometime."「ぼくにひとり暮らしができるかな. 料理の仕方も知らないんだ」「それはいずれはぶつかる問題だよ」.
**b** 〈危険などが〉…の身に迫る; [be 〜d] 〈人が〉直面している ‖
A difficult problem **faces** him. =He is **faced** with a difficult problem. 彼は難問に直面している.
─自 向いている; 面している ‖
The hotel **faces** on(to) a lake. そのホテルは湖に面している.
The house **faces** (to) the south. 家は南向きだ.
**fáce úp to** A …に大胆に立ち向かう; …を直視する.
**fáce càrd** (米) (トランプの) 絵札《キング・クイーン・ジャック》((英) court-card).
**fáce pòwder** おしろい.
**fáce válue** (1) (貨幣・証券などの) 額面価格. (2) [比喩的に] 額面, 文字通りの意味 ‖ táke [accépt] a thing at (its) fáce válue 物事を額面どおりに受けとる.
**-faced** /-féist -フェイスト/ 〔連結形〕…の顔[表情]をした. 例: baby-faced 童顔の.
**fac·et** /fǽsit ファスィト/ 名 C **1** (多面体・宝石の) 一面, 切り子面. **2** (正式) (心・問題などの) 面, 様相.
**fa·ce·tious** /fəsíːʃəs ファスィーシャス/ 発音注意 こっけいな; ふざけた, ひょうきんな, おどけた 《♦ funny より堅い語》.
**fa·cé·tious·ly** 副 こっけいに; ひょうきんに.
**fa·cial** /féiʃəl フェイシャル/ 形 **1** 顔の, 顔面の. **2** 顔に用いる, 顔用の.
**fac·ile** /fǽsl ファスル/ -ail ファサイル/ 形 **1** (正式) たやすい. **2** すらすら動く, 軽薄な; 器用な; 安易な.
**fa·cil·i·tate** /fəsílətèit ファスィリテイト/ 動 (現分 -tat·ing) 他 (正式) …を容易にする; …を促進する.
**fa·cil·i·ties** /fəsílətìz ファスィリティズ/ 名 → facility.
**fa·cil·i·ty** /fəsíləti ファスィリティ/ 〔容易な(facil) こと(ity). faculty と同語源. cf. *facile*〕

facility《容易さ》
facilities《設備》

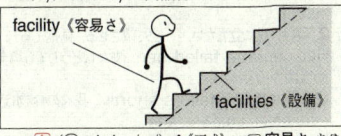

─名 (複 -i·ties/-z/) **1** (正式) **a** U 容易さ, たやすさ (ease) (↔ difficulty) ‖
with great **facility** 楽々と.
**b** U C 器用さ, 手際(ｷﾜ)のよさ; 流暢(ﾘｭｳ)さ; 才能, 能力 ‖
show great **facility** in learning languages 語学習得にすぐれた才能を示す.
**2** C 便, 便宜, 手段; [facilities; 複数扱い] 設備, 施設, 機関 ‖
**facilities** for travel 交通機関, 交通の便.
monetary **facilities** 金融機関.
the **facilities** of a library 図書館の設備.
**fac·ing** /féisiŋ フェイスィング/ 動 → face.
─名 U C 表面[化粧]仕上げ(面).
**fac·sim·i·le** /fæksíməli ファクスィミリ/ (アクセント注意) 《×ファクスィミリ》〖『似た(simil)ようなものを作る』が原義〗名 C U **1** 複写, 複製. **2** ファクシミリ, ファックス(fax).
*in facsímile* 複写で[の]; 原物どおりに[の].
***fact** /fǽkt ファクト/ 〖『なされたこと』が原義〗
─名 (複 〜s/-fǽkts/) **1 a** C [fact that 節] …という**事実**; 現実 ‖
an accepted **fact** 異論のない事実《♦ fact は"true" の意味を含んでいるので ×a true [false] fact とはふつういわない》.
That's a **fact**. (もと米略式) 本当だよ.
The **fact** (of the matter) is(、) ‖ (that) I can't get enough work to do. 実は私のやる仕事が十分にないのです.
She concealed the **fact that** she used to be a salesgirl. 彼女は売り子だったことを秘密にしていた.
対話 "The weather is really crazy these days." "I think it's due to the **fact that** the earth is getting warmer."「このごろの天候はほんとに狂っているな」「地球が温暖化しているせいだと思う」.
[C と U] fact C
　　　　　 truth U
**b** U (想像・理論などに対する) 実際, 現実 (↔ abstraction) ‖
distinguish between **fact** and fiction 真相と虚構(ｷｮ)を区別する.
**2** 〔法律〕 [the 〜] 犯行; U [しばしば 〜s] (犯罪などの) 事実(問題).
(*as a*) *mátter of fáct* → a MATTER of (1).
◇*in fáct* =(正式) *in póint of fáct* (1) [前言を補足して] (見かけとは違って) 実際は, 事実上は; その証拠に. (2) [前言を要約して; 文頭で] つまり, 要するに. (3) [通例否定文のあとで] いや実際は, その上 (さらに), はっきり言えば《♦ 前の文との間はコンマで区切り, 前言を強調したり詳しく述べたりする》‖ I didn't like him much, **in fact** I hated him. 私は彼があまり好きでなかった, それどころか憎んでさえいた.
*a fáct of lífe* (避けられぬ) 人生の現実《♦ 死など》.
*the fácts of lífe* (親が子に話す) 人生の現実《♦ 性の営み・出産など》.
**fac·tion** /fǽkʃən ファクション/ 名 **1** C 派閥; (少数で不満を持つ) 徒党. **2** U (正式) 内輪もめ, 派閥争い.
***fac·tor** /fǽktər ファクタ/ 名 C **1** 要因, 要素 ‖
the major **factor** in (causing) his downfall 彼の身の破滅の[を生じた]主要因.
**2** 〔数学〕 因数, 因子.

――**動** 他 …を計算に入れる(+*in*)

**fac·to·ries** /fæktəriz ファクタリズ/ 名 → factory.

**\*fac·to·ry** /fæktəri ファクタリ/ 〖「物が作られるところ」が原義. cf. manu*facture*〗
――**名** (**複** **~·to·ries**/-z/) C **工場**, (機械で大量に生産する)製造[製作]所, 関連「近代設備の整った工場・製造所」は plant, 「小規模な工場・町工場」は works 〛
He works in a car **factory**. 彼は自動車工場で働いている.
She runs a spinning **factory**. 彼女は紡績工場を経営している.

**fac·tu·al** /fæktʃuəl ファクチュアル/ 形 事実の; 事実に基づく.

**fac·ul·ty** /fækəlti ファカルティ/ 名 (**複** **~·ul·ties**/-z/) C **1** (正式) 才能, (ある分野の先天的・後天的な)能力, 力 《◆芸術的才能をいう talent, gift に対し, 知的才能・如才なさなどをさす》‖
She has a great **faculty** for mathematics.
彼女は数学にすぐれた才能がある.
**2** (正式) (身体器官の・精神の)機能, 能力 ‖
the **faculty** of sight 視覚.
**3** 〔教育〕 **a** [しばしば F~] (大学の)学部 ‖
the **faculty** of law 法学部.
**b** [時に F~] (主に米) [集合名詞; 単数・複数扱い] (大学の)学部教授陣; [形容詞的に] 全教員の.
**c** [集合名詞] (大学・学校の)(教員と職員からなる)全数職員.

**fad** /fæd ファド/ 名 C (略式) 気まぐれ, 物好き; 一時的流行.

**fade** /feid フェイド/ 動 (**現分** fad·ing) 自 **1** しぼむ, しおれる ‖
Flowers **fade** sooner or later. 花はいつかはしぼむ.
**2** 〈色が〉あせる; 〈光・音などが〉薄れる, 消えていく ‖
The low sounds of the plane **faded away** into darkness. 飛行機の低いうなりが暗やみに消えていった.
**3** 衰(ネミハ)える; 姿を消す ‖
When we arrived, the crowd had **faded away**. 着いてみると群衆はいなくなっていた.
――他〈花〉をしおれさす; …の色をあせさせる ‖
The sun **faded** the lettering on the sign.
日光で看板の文字があせた.

**fag** /fæg ファグ/ 類音 fog /fɔ(ː)g/) 動 (**過去・過分** fagged/-d/; **現分** fag·ging) (略式) 他 [be ~ged/ ~ oneself] へとへとに疲れる. ――自 へとへとになるまで働く; 熱心にやる.

**fag·ot**, (主に英) **fag·got** /fǽgət ファゴト/ 類音 forgot /fərgɑt/ -gɔt/) 名 C **1** (古) (燃料用の)まき束.
**2** (英) (通例 ~s) ファゴット《豚肉ミンチとパンくずのミートボールを焼いたもの》.

**Fah., Fahr.** (略) Fahrenheit (thermometer).

**\*Fahr·en·heit** /færənhàit ファレンハイト, fɑ́ːr-/ 〖ドイツの物理学者の名より〗
――**形** **華氏(温度計)の**(略 Fah., Fahr.; 記号 F) (cf. Celsius) ‖
Normal body temperature is 98.6°F. 平常体温は華氏98.6度である《◆ 98.6°F は ninety-eight point six degrees *Fahrenheit* と読む》.

事情 (1) 英米では日常生活にふつう華氏を用いるが摂氏も次第に使われつつある.
(2) 摂氏への換算式: C = (F−32) × 5÷9.

**Fáhrenheit scále** 華氏目盛り《氷点32度, 沸点212度》.
**Fáhrenheit thermómeter** 華氏温度計.

**\*fail** /féil フェイル/ 〖「(期待を)裏切る(deceive)」が原義〗 派 failure (名)

fail 《失敗する》
……《(…しようとして)できない》

――**動** (**三単現** ~s/-z/; **過去・過分** ~ed/-d/; **現分** ~·ing)
――自 **1a 失敗する**; 落ちる(↔ succeed) ‖
**fail in** [**at**] the lumber business 製材業に失敗する.
対話 "What do you think of the plan?." "It's bound to **fail**."「その計画をどう思いますか」「きっと失敗するよ」.
She **failed in** her university entrance examination. 彼女は大学入試に失敗した《◆今はふつう in を省略. → 他 **3**》.
**b** [**fail to** *do*] …しようとしてできない ‖
He **failed to** solve the problem. 彼は(やってみたが)問題は解けなかった.
**2** **不足する**, なくなる; (略式) 衰(ネミロ)える, 弱る; 〈家系などが〉絶える; 〈においが〉消える; 〈予言が〉はずれる.
**3** [**fail in** A] …に欠けている ‖
**fail in** one's duty 義務を怠る.
――他 **1** [**fail to** *do*] …するのを怠(ネホ)る, …しない, …しそびれる ‖
She **failed to** appear. 彼女は現れなかった.
Don't **fail to** keep your word. 必ず約束を守ってくれ.
**2**〈人〉の役に立たない, …を失望させる, 見捨てる ‖
Her courage **failed** her. 彼女はどうしても勇気が出なかった.
Our food will **fail** us shortly. 我々の食物はすぐに尽きてしまうだろう.
I won't **fail** him this time. 今度は彼をがっかりさせないつもりだ.
**3** …に落ちる, …の単位を落とす; …を落第させる ‖
She **failed** chemistry [her chemistry test].
彼女は化学のテストに落ちた.
The examiner has **failed** half the class. 試

験官はクラスの半分に落第点をつけた.
──**名**《◆次の成句で》
○**withòut fáil**《正式》[通例命令・約束などを強めて]必ず, 間違いなく, きっと‖ Come here tomorrow without fail. あしたここに必ず来なさい.
**fail·ing** /féiliŋ フェイリング/ **動** → fail.
──**名** C 1 欠点, 弱点, 短所；欠陥. 2 失敗.
──**前** …がない場合には；…がないので‖ failing that それがない場合は.

\***fail·ure** /féiljər フェイリャ/ 〖→ fail〗
──**名**（複 ~s/-z/）1 U C 不首尾(び)(↔ success)；C [通例 a ~] 失敗者；失敗した企て, 失敗作‖
fear failure 失敗を恐れる.
a failure in the examination 試験の失敗［落第者］.
end in failure 失敗に終わる.
**2** U C 怠慢(まん), 不履行；しない［できない］こと‖
failure in design 構想ができていないこと.
Her failure to reply is worrying. 彼女から返事のないのは心配だ.
**3** U C 不足；不作‖
crop failure =failure of crops 収穫不足.
**4** U C 機能停止, 故障‖
an electric power failure 停電.
heart failure 心臓麻痺(ひ).
**5** C 倒産, 破産. **6** C 落第(者)；落第点, 不可（略号 F）(→ grade **名** 3【関連】).

**faint** /féint フェイント/ （同音 feint) **形** 1 かすかな, ほのかな‖
a faint smell of burning 物の燃えるかすかなにおい.
**2** [しばしば ~est] ぼんやりした, おぼろな；わずかな‖
I haven't got the faintest idea (of) what you're talking about. 君が何を言っているのか全く見当もつかない.
**3** 弱々しい‖
My strength grew faint. 体力が衰えた.
**4** 気が遠くなりそうな, ふらふらして‖
be faint from [with] hunger and heat 空腹と暑さでへとへとだ.
**5** 心のこもらない, 気のない.
──**動** (自) 失神する, 卒倒(とう)する‖
Bob's wife fainted when the police phoned about his accident. ボブの奥さんは警察から夫の事故の電話を受けて気を失った.
──**名** [通例 a ~] 気絶, 卒倒‖
fall down in a faint 失神して倒れる.
**fáint·ness** 名 U かすかなこと, 弱さ, 失神.
**faint·heart·ed** /féinthá:rtəd フェイントハーテド/ **形** 《正式》臆(おく)病な, 意気地のない, 気の弱い.
**faint·ly** /féintli フェイントリ/ **副** かすかに, 少し；力なく；意気地なく.

\*\***fair**¹ /féər フェア/ （同音 fare) 〖「美しい」が原義〗派 fairly (副)
→ **形** 1 公正な　2 規則にかなった　3 かなりの　6 色白の；金髪の

──**形**（比較 ~·er /féərər/, 最上 ~·est /féərist/) **1** 公正な, 公平な (類 just, impartial) (↔ unfair) ‖
by fàir means or fóul 手段を選ばず.
a fair field and no favor 公平無私, 対等の立場.
be fair with [to, toward] him 彼に公平である.
a fair share 公平な分配.
All's fair in love and war. 《ことわざ》恋と戦争では手段を選ばない.
対話 "I'll let you stay out until 8:00, okay?" "Only 8:00?. Everyone else stays out until 9:00. That's not fair."「外出は8時までよいことにしてあげる. いいでしょ」「え－, 8時なの. ほかのみんなは9時までいいのにそんなの不公平だわ」.
**2 a** 規則にかなった, 論理にかなった.
**b**《価格などが》適正な, 正当な.
**3** [通例名詞の前で] **a**《略式》かなりの, 相当の‖
a fair distance たっぷりの距離.
It is a fair size. かなりの大きさだ.
**b** まあまあの, 普通の；《評点が》可の(→ grade **名** 3【関連】)‖
a fair understanding of the work 仕事に関するまずまずの理解.
**4** 有望な；見込みのある‖
She is in a fáir wáy to benefit. 彼女は利益を得る可能性が十分ある.
**5 a**《海事》風・潮流が》《航行に》好都合の, 順調な.
**b**《文》天気のよい《◆【気象】では clear (快晴), fair (晴), cloudy (曇り)を区別するが, 天気予報では clear も含めて fair という》‖
fáir or fóul 晴雨にかかわらず.
Fair to [later] rainy （天気予報で）晴れのち雨.
**6** 色白の；金髪の
**7**《名声などが》汚(けが)れのない, きれいな；《筆跡が》はっきりした. **8**《野球》フェアの (↔ foul). **9**《約束などが》うわべの, まことしやかな.
**Fáir enóugh!**《略式》[しばしば肩をすくめて] まあいいでしょう, そりゃ結構；これは見事.
──**副**（比較 ~·er, 最上 ~·est）**1** 公正に；規則に従って‖
The team played fair. チームは公正に勝った.
**2** まともに, まっすぐに‖
strike him fair in the face 彼の顔をまともになぐる.
**3** きれいに, はっきりと.
**fáir and squáre**《略式》公明正大に[な], 堂々と；まともに, ちょうど.
**fáir pláy** (1) 正々堂々と戦うこと, フェアプレー. (2) 公明正大な態度[行動]；公正な扱い.
**fáir séx** [the ~；集合名詞的に] 女性, 婦人.
\***fair**² /féər フェア/ 〖「祝日・休暇」が原義〗
──**名**（複 ~s/-z/）C **1**（農・畜産物などの）品評会《◆興行・屋台も出てお祭りの雰囲気がある》‖
a cattle fair 家畜[牛]品評会.
**2** 博覧会, 見本市.

3 バザー, 慈善市.

**fair・ground** /féərgràund フェアグラウンド/ 名［しばしば ~s; 時に単数扱い］市(%)・縁日・催し物などに使用する広場; 博覧会場.

**fair-haired** /féərhèərd フェアヘアド/ 形 金髪の(fair).

\***fair・ly** /féərli フェアリ/ 〖→ fair¹〗
—— 副（比較 more ~, 最上 most ~）1 [動詞を修飾して] 公正に, 公平に, 正直に; 正当に(↔ unfairly)∥
be fairly treated 公平に扱われる.

2 [形容詞・副詞の前で] かなり, 相当に; いくぶん∥
The test was fairly easy. テストはかなりやさしかった.
Tom is fairly clever, but Peter is rather stupid. トムはまあまあ賢いがピーターはかなりばかだ.

Q&A Q:「かなり」というとき fairly のほかに pretty, rather, quite などがありますが, 強さの順序はどうなりますか.
A: 人によって異なりますが, 大体 fairly, rather, pretty, quite の順に強くなるようです.

3 (英文) [動詞を修飾して] 全く, すっかり; 本当に∥
She fáirly jumped for joy. 彼女は喜びのあまり跳び上がらんばかりだった.

**fair・ness** /féərnəs フェアネス/ 名 U 公正, 正直; 金髪;（皮膚の）白さ.

**fair・y** /féəri フェアリ/ 名 (複 fair・ies/-z/) C 妖(ǎ)精, 精《超自然的な魔力を持ち, 翼のある架空の生き物. 女性の姿をしていることが多く, 利口で踊りやいたずらが好きでしばしば人間に好意的》.

Q&A Q: fairy はどんな文学作品に登場しますか.
A: Shakespeare の *A Midsummer Night's Dream*（『夏の夜の夢』）や Barrie の *Peter Pan*（『ピーター・パン』）に出てきます.

—— 形 1 妖精の. 2 妖精のような; 優美な; 小さくてかわいい.

**fáiry stòry [tàle]** (1) 妖精物語, おとぎ話. (2)（子供による）作り話; 信じられないような話(cf. fairy-tale).

**fáiry tàle** =fairy story.

**fair・y・land** /féərilænd フェアリランド/ 名 [しばしば F~] 妖(ǎ)精の国, おとぎの国; 不思議の国.

**fair・y-tale** /féəritèil フェアリテイル/ 形 おとぎ話の(ような); 信じられないほど美しい［優雅な］; 神秘的な; 幸運な(cf. fairy tale).

\***faith** /féiθ フェイス/（類音 face/féis/）〖「信頼して誠を尽くすこと」が本義〗覆 名（形）
—— 名（複 ~s/-s/）1 U 信頼, 信用《◆ trust は「親子・兄弟間などの（本能的な）信頼」》∥
lóse fáith in [×to] him 彼を信用しなくなる.
hàve fáith in her =pùt one's fáith in her 彼女を信用する.

2 U C 信仰, 信念; 確信, 自信∥
an unwavering faith 確固たる信仰.
Her faith in God is unshaken. 神に対する彼女の信仰はゆるぎない.
3 C 教義; 宗教.
4 U 約束, 誓約∥
kèep fáith with him 彼との約束を守る.
5 U 義務,（義務の）遵守; 信義, 誠意∥
in good [bad] faith 誠実に［裏切って］.
*in one's fáith* 誠意をもって(→ sincerity).

\***faith・ful** /féiθfl フェイスフル/ 〖→ faith〗覆 faithfulness
—— 形（比較 more ~, 最上 most ~）1 忠実な, 信義の厚い; 信心深い; [補語として] 貞節で∥
be faithful in word 言葉にうそがない.
His wife remained faithful to him. 彼の妻は夫に操(ǎ)をたてていた.
2 正確な, 信じられる; 真に迫った∥
a faithful translation（原本に）忠実な翻訳.

**faith・ful・ly** /féiθfəli フェイスフリ/ 副 1 忠実に, 誠実に; 正確に∥
copy the letter faithfully きちんと手紙を写す.
2 (略式) 堅く, 断固として.
*Yours fáithfully* =（米）*Fáithfully (yóurs)* 敬具《◆ Dear Sir [Madam] で始まるやや堅い事務的な手紙の結び. cf. yours 3 関連》.

**faith・ful・ness** /féiθflnəs フェイスフルネス/ 名 U 忠実; 貞節, 信義; 正確.

**fake** /féik フェイク/ (略式) 動（現分 fak・ing）他 1 …を（もっともらしく）見せかける, 偽造［模造］する(+ *up*).
2 …のふりをする∥
fake illness 仮病を使う.
—— 名 C 1 にせ物. 2 ぺてん師.
—— 形 にせの.

**fal・con** /fɔ́:lkən フォールコン/ 名 C (鳥) ハヤブサ《◆ 鷹(ǎ)狩りに用いる. hawk は falcon, kite などの総称》; ハヤブサ科の鳥.

\***fall** /fɔ́:l フォール/ 〖「落ちる」が本義で, 下への運動を表すことから「下がる」「倒れる」「落ちるように来る」「減じる, 弱まる」などの意味が生まれた〗

→ 動 1 落ちる 2 垂れ下がる 6 倒れる 7 陥落する 10 あたる 12 なる
名 1 秋 2 落下 3 滝 4 降雨(量) 5 転倒

—— 動（三単現 ~s/-z/; 過去 fell/fél/, 過分 fall・en/fɔ́:lən/; 現分 ~・ing）
—— 自 1 落ちる, 落下する;（雨などが）降る;（幕などが）降りる;（髪が抜ける）∥
The book fell off the shelf. 本が棚から落ちた.
Leaves were falling [ˣdropping] from the tree. 木の葉が舞い落ちていた.
The snow was falling fast. 雪がしんしんと降っていた.
She fell down the stairs. 彼女は階段から転げ落ちた.
対話 "You'd better watch out. The chair is very shaky." "Don't worry. I never fall off." 「気をつけて. そのいすぐらぐらしているよ」「心配

しないでいいよ. 落ちたりしないから」.
**2**〈髪などが〉**垂れ下がる**,〈土地が〉傾斜する;〈川が〉注ぐ
Her hair **fell** over her shoulders. 彼女の髪は肩にたれていた.
The land **falls** to the north. 土地は北へ傾斜している.
This river **falls into** the Pacific Ocean. この川は太平洋に注いでいる.
**3**〈視線などが〉向けられる;〈目・顔などが〉下を向く, がっかりした[悲しい, 恥ずかしい]表情になる
Her eyes **fell on** the baby. 彼女の視線は赤ん坊に注がれた.
His face **fell** at the news. その知らせを聞いて彼の顔はがっかりした表情になった.
**4**〈言葉が〉漏れる ‖
A word **fell from** her lips. 彼女は一言ささやいた.
**5**〈動物が〉生まれる.
**6**〈人が〉**転ぶ**; ひざまずく;〈物が〉**倒れる**, 倒壊する ‖
The big tree **fell over** in the typhoon. その大木は台風で倒れた.
**7 陥落**する; 勢力を失う, 滅びる ‖
The city **fell to** the enemy. その都市は敵の手に落ちた.
**8**《正式》〈夜などが〉来る, 訪れる; 襲ってくる ‖
Night **fell** and the lamps were lighted. 夜になりランプに灯がともった.
Fear **fell upon** her. 彼女は恐怖に襲われた.
A hush quickly **fell over** the audience. 観客はすぐに静まり返った.
**9**《正式》〈遺産・名誉などが〉たまたま手に入る, 与えられる,〈責任などが〉肩にかかってくる; [it falls **on** [**to**] A to do] …する責任が A〈人〉にふりかかる ‖
The estate **fell to** her. その屋敷は彼女のものとなった.
The expense will **fall on** him. 費用は彼の負担となるだろう.
It **fell to** [**on**] me to take care of the baby. その赤ん坊の面倒を私が見なければならなくなった.
**10**〈記念日などが〉(曜日に)**あたる**;〈アクセントなどが〉(音節などに)くる, ある ‖
The accent of "guitar" **falls on** the second syllable. "guitar" のアクセントは第2音節にある.
**11**〈温度・値段などが〉**下がる**, 減少する;〈声・水位などが〉低くなる;〈風などが〉静まる, 弱まる;〈潮が〉ひく;〈元気などが〉なくなる(↔ rise) ‖
Her voice **fell** to a whisper. 彼女の声はささやき声になった.
The temperature **fell** (by) seven degrees. 温度が7度下がった.
**12** [fall C] (急に) C (の状態に)**なる**, 陥る ‖
fall ill 病気になる.
fall asleep 寝入る.
fall apart 〈物がばらばらになる;〈事〉が失敗に終わる
fall in love with her 彼女に恋をする(→ love 成句).

**fáll abóut** [自] よろよろする.
**fáll abóut** (**láughing** [**with láughter**])《略式》笑いころげる.
**fáll awáy** [自]〈物が〉落ちる;〈群衆が〉散る;〈人が〉離れていく.
**fáll báck**〈軍隊・群衆などが〉後退する.
**fáll báck on** [**upòn**] A A〈人・金・計画など〉に頼る, …を最後のよりどころとする.
**fáll behínd** (1) [自] (仕事などで) 遅れる; (税金などを) 滞納する, 滞(とどこお)らせる. (2) [~ *behìnd* A] A〈人〉より遅れる, 遅れを取る.
**fáll dówn** [自] (1) 倒れる, 崩れる;《略式》〈人が〉失敗する, しくじる. (2) [~ *down* A] → 自 1.
**fáll for** A《略式》(1) A〈宣伝など〉にだまされる, ひっかけられる. (2) A〈人・テニスなど〉に夢中になる, ほれ込む, しびれる.
**fáll ín** [自] (川などに) 落ちる;〈建物・壁などが〉内側へくずれる.
**fáll ín for** A A〈同情・非難など〉を受ける.
**fáll into** A (1) → 自 **2**. (2) A〈会話などを始める ‖ She **fell into** conversation with her neighbors. 彼女は近所の人たちと会話を始めた. (3) A〈わななど〉に落ちる;〈悪い癖など〉がつく.
**fáll ín with** A (1) A〈人〉と偶然出会う[知り合いになる]. (2)《英》A〈人・意見・計画など〉に賛成する, 同意する(agree to); A〈物〉に似合う; A〈事実〉に符合する.
**fáll óff** [自] (離れて) 落ちる;〈数・量が〉減少する;〈質が〉低下する;〈健康などが〉衰える ‖ Theater attendance usually **fall off** in summer. 劇場の観客数は夏にはたいてい減少する.
**fáll on** [《正式》 **upón**] A (1) → 自 **3, 8, 9, 10**. (2) A〈敵など〉に襲いかかる; A〈食物〉をむさぼり食う. (3) A〈つらい時期など〉を経験する ‖ **fall on** hard times [evil days] 不幸な目にあう, 落ちぶれる.
**fáll óut** [自] (1) 外側へ落ちる. (2)《略式》けんかをする. (3)〈歯などが〉抜ける;〈放射性物質が〉流出する. (4)《正式》起こる; …の結果となる ‖ Everything **fell out** as I expected. すべて期待どおりになった / It **fell out** that he was hired. 彼が雇われることになった.
**fáll óver** onesélf [**báckward**] あわてていて転ぶ;《略式》躍起(やっき)になる.
**fáll thróugh** [自] 抜け落ちる;〈計画などが〉失敗に終わる, だめになる.
**fáll to** A (1) → 自 **2, 7, 9, 11**. (2) A〈地面など〉に落ちる. (3)《文》A〈仕事・議論などに取りかかる, …し始める(begin) ‖ They **fell to** quarreling again. 彼らはまたけんかを始めた.
**lét fáll** A [*let* A ~] (1) A〈物〉を落とす, 倒す. (2) A〈情報など〉をうっかり漏らす《◆しばしば let it *fall* that … の構文で用いる》.

─**名** (徴 ~s/-z/**1** ⓤ ⓒ《米》秋《◆葉が落ちる季節(fall of leaves)の意から》《英》autumn); [形容詞的に] 秋の, 秋向きの ‖
in (the) fall 秋に.
in the fall of 2003 2003年の秋に.

**fall** 〈1 秋〉 〈2 落下〉

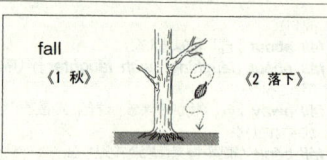

fall weather 秋の天気.
[対話] "What season do you like?" "I like (the) fall." 「季節はいつが好きですか」「秋が好きです」.
**2** Ⓒ 落下, 墜落；落下距離 ‖
the fall of leaves 落ち葉.
a fall of rock 落石.
The fall from the ledge shattered his leg. 岩棚から落ちて彼は脚(ぁ)の骨を砕いた.
**3** [～s; 単数・複数扱い] 滝 ‖
The falls attract(s) a great number of visitors. たいへん多くの観光客がその滝を訪れる《◆固有名詞と共に用いられるときには単数扱いが多い》.
**4** Ⓒ 降雪(量), 降雨(量) ‖
We had a heavy fall of rain yesterday. こちらはきのうたいへんひどい雨でした(=It rained heavily here yesterday.).
**5** Ⓒ 転倒；倒壊；(戦)死 ‖
She had a bad fall on the ice. 彼女は氷の上でひどい転びかたをした.
**6** Ⓒ 下落, 降下, 減少(↔ rise) ‖
There was a **fall** in temperature. 温度が下がった.
**7** Ⓤ [the ～] (都市などの)陥落；没落, 滅亡, 崩壊 ‖
the fall of the Roman Empire ローマ帝国の滅亡.
**8** Ⓤ [the ～ / a ～] 堕(ぉ)落；罪 ‖
Adam's fall アダムの罪.
the Fall (of Man) 人類の堕落；アダムとイブの原罪.

**fal·la·cious** /fəléiʃəs/ ファレイシャス/ 圏 [正式] **1** 誤った推論に基づく. **2** 人を惑わす；虚偽の.
**fal·la·cy** /fǽləsi/ ファラスィ/ 名 (複 -la·cies/-z/) [正式] **1** Ⓒ 誤った考え. **2** ⓊⒸ 誤った推論.
***fall·en** /fɔ́ːlən/ フォールン/
 ―― 動 → fall.
 ―― 形 **1** 落ちた；倒れた ‖
fallen leaves 落ち葉.
**2** 死んだ ‖
the fallen 戦死者《◆複数扱い》.
**3** 陥落した；滅亡した.
**4** 〈古〉堕落した；ふしだらな.
**fal·li·ble** /fǽləbl/ ファリブル/ 圏 [正式] 誤りに陥りがちな；誤りのありうる, 必ずしも正確でない.
**fall·ing** /fɔ́ːliŋ/ フォーリング/ 動 → fall.
 ―― 名 Ⓤ 落下；(物価などの)下降；転倒.
**fall·out** /fɔ́ːlaut/ フォーラウト/ 名 Ⓤ **1** (核爆発後の)放射性降下物, 死の灰；〈軍事〉フォールアウト ‖
a fallout shelter 核シェルター.
**2** 後遺症, 副産物；おこぼれ；好ましくない結果.
**3** (仕事などの)放棄者(数)；[形容詞的に] 脱落者の, 落後者の.
**fal·low** /fǽlou/ ファロウ/ 〈類語〉follow/fɑ́loui fɔ́l-/〉 名 Ⓤ [しばしば a ～] (耕地の)休閑；休閑地.
***false** /fɔ́ːls/ フォールス/ 〈発音注意〉《◆*ファルス》〖「欺く」が原義〗
 ―― 形 〈比較〉 fals·er, 〈最上〉 fals·est 1a 誤った, 間違った, 事実でない；不正確な；不法な《◆wrong と違って他人をだます意図があることを暗示》(↔ true) ‖
a false conclusion 誤った結論.
have a false impression of Japan 日本について誤った印象を持っている.
[対話] "Dolphins are fish. True or false?" "Of course, it's false. Dolphins are mammals." 「イルカは魚類である. ホントかウソか?」「ウソに決まってるだろ. イルカは哺乳類じゃないか」.
b 誤解に基づいた, いわれのない ‖
false pride 愚かな自尊心.
c 軽率な ‖
make a false move (重大局面で)軽率に動く.
**2** 〈人が〉虚偽(ぉ)を述べた；〈証言などが〉偽りの, うその ‖
give false witness 偽証する.
**3** (正式) 不誠実な, 裏切る ‖
a false friend 不実の友.
be false to one's word 約束を守らない.
**4** a 人造の, 人工の《◆artificial より口語的》‖
a false eye 義眼.
b 本物でない, 偽造の(↔ genuine) ‖
a false coin 偽造硬貨.
c 見せかけの, うわべだけの；不自然な, わざとらしい ‖
false modesty うわべだけの謙遜(ぇ).
**false·teeth** (略式) [複数扱い] 入れ歯, 義歯.
**false·ly** 副 誤って；偽って；不誠実にも.
**false·hood** /fɔ́ːlshud/ フォールスフド/ 名 (正式) **1** Ⓤ うそ《◆lie と違って人を欺(ぉ)く意図はない》(↔ fact, truth). **2** Ⓒ うそをつくこと.
**fal·si·fy** /fɔ́ːlsifài/ フォールスィファイ/ 動 (三単現 -si·fies/-z/; 過去・過分 -si·fied/-d/) 他 (正式) ...に不正に手を加える.
**Fal·staff** /fɔ́ːlstæf/ フォールスタフ/|-stɑːf/ -スターフ/ 名 フォルスタフ《Sir John ～. Shakespeare の劇に登場する陽気でほら吹きの肥満騎士》.
**fal·ter** /fɔ́ːltər/ フォールタ/ 動 圓 **1a** ためらう, しりごみする. **b** 〈勇気などが〉くじける, ゆらぐ. **2** 口ごもる〈声・言葉が〉つかえる. **3** ふらつく. ―― 他 ...を口ごもりながら言う.
**fame** /féim/ フェイム/ 名 Ⓤ 名声, 有名(なこと) ‖
his fame as an actor 俳優としての彼の声望.
come to fame 有名になる.
**famed** /féimd/ フェイムド/ 形 有名な.
***fa·mil·iar** /fəmíljər/ ファミリャ/|-míliə -ミリア/ 〖「家庭の」が原義. cf. family〗
 ―― 形 **1a** [A is familiar to B] A〈物・事〉が B〈人〉によく知られた(↔ unfamiliar) ‖
a voice (which is) familiar to me 聞き慣れた

声.

[対話] "See the lady over there?(↗) She's very **familiar**." "Who is she?" 「向こうのあの女性が見える？ 彼女はよく知っているんだ」「誰なの？」.
**b** ありふれた, なじみの ‖
the **familiar** excuse ありふれた弁解.
**2** (正式) [B is familiar with A] B〈人が〉A〈物・事〉に**精通している**(↔ unfamiliar) ‖
I am quite **famíliar** with this machine. 私はこの機械をよく知っている（＝This machine is quite **familiar** to me.）.
**3** 打ち解けた, 気楽な；くだけた；**親しい** ‖
We are **familiar** with each other. ＝(正式) We are on **famíliar** térms with each other. 我々は互いに親しい間柄だ.
**4** (正式) **なれなれしい**；無遠慮な ‖
He is getting far too **familiar** with my wife. 彼は私の妻になれなれしすぎる.

**fa·mil·iar·i·ty** /fəmìliǽrəti ファミリアリティ/ 名 (複 --i·ties/-z/) **1** Ⓤ 親しさ, 親交(関係) ‖
be on terms of **familiarity** with her 彼女と親しい間柄で.
**2** Ⓤ ずうずうしさ, 無遠慮；Ⓒ [しばしば familiarities] なれなれしい言動 ‖
with **familiarity** なれなれしく.
**3** Ⓤ 精通していること；よく知られていること ‖
his **familiarity** with the subject その話題に関して彼がよく知っていること.

**fa·mil·iar·ize**, (英ではしばしば) **--ise** /fəmíljəràɪz ファミリアライズ/-míljər- -ミリアライズ/ 動 (現分) --iz·ing) ⦿ **1** (正式) 〈人〉を慣れさせる, 習熟させる；[~ oneself] 精通する ‖
**familiarize** oneself with the social code 社交上の慣例を詳しく知る.

**2** …を普及させる, 広める ‖
a song (which was) **familiarized** by her 彼女が広めた歌.

**fa·mil·iar·ly** /fəmíljərli ファミリアリ/-iəli -ミリアリ/ 副 親しく；なれなれしく.

**fam·i·lies** /fǽməliz ファミリズ/ 名 → family.

**\*\*fam·i·ly** /fǽməli ファミリ/ 〖『召使いなどの使用人のグループ』が原義〗㊟ familiar (形)
➔ 名 **1a 家族　2 子供たち　3 一族**
　**4 家柄　6 語族**

── 名 (複 --i·lies/-z/) **1a** Ⓒ [集合名詞] **家族, 一家**《♦夫婦とその子供を含む》；(同居人・使用人, 時にペットを含む)家中の者, 所帯 ‖
A **family** of four live(s) in the house. 4人家族の世帯がその家に住んでいる.
four **families** 4世帯.
All my **family** is [(英) are] early risers. 私の家族は皆早起きです《♦ふつう my family の中に me は含まれない》.
All **families** with children get special rates. 子供のいる家族はみな特別料金です.

[語法] 単数扱いが原則だが, 1人1人をさす時は(英)では一般に複数扱い： "Where is [(英) are] your *family*?" "*They* are all in Sapporo" 「ご家族の方はどこにおられますか」「みんな札幌です」.

[対話] "How many people are (there) in your **family**?" "There are five (people)." 「ご家族は何人ですか」「5人です(＝We are a **family** of five.)」《♦「私」を含む》.
[対話] "Do you think we should ask our friends for help?" "No, let's keep this in

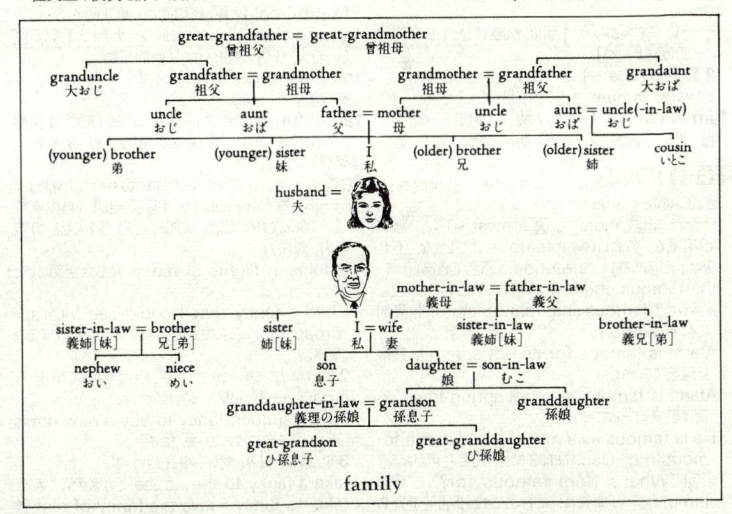

---

**family**

great-grandfather ＝ great-grandmother
曽祖父　　　　　　曽祖母

granduncle　grandfather ＝ grandmother　　grandmother ＝ grandfather　grandaunt
大おじ　　　祖父　　　　　祖母　　　　　　祖母　　　　　　祖父　　　大おば

　　　uncle　　aunt　　father ＝ mother　　uncle　　aunt ＝ uncle(-in-law)
　　　おじ　　　おば　　父　　　　母　　　おじ　　　おば　　おじ

(younger) brother　(younger) sister　I　(older) brother　(older) sister　cousin
弟　　　　　　　　妹　　　　　　　　私　　兄　　　　　　　姉　　　　　いとこ

husband ＝
夫

mother-in-law ＝ father-in-law
義母　　　　　　義父

sister-in-law ＝ brother　　sister　I ＝ wife　sister-in-law　　brother-in-law
義姉[妹]　　　兄[弟]　　姉[妹]　私　妻　　義姉[妹]　　　　義兄[弟]

nephew　niece　　　　son　　daughter ＝ son-in-law
おい　　めい　　　　息子　　娘　　　　　むこ

granddaughter-in-law ＝ grandson　granddaughter
義理の孫娘　　　　　　孫息子　　　　孫娘

great-grandson　great-granddaughter
ひ孫息子　　　　ひ孫娘

family

the family, and try to solve it." 「友だちに援助を求めた方がよいと思いますか」「いいや，これは家族の中だけのことにして，解決することにしよう」.
**b** [形容詞的に] **家族の,** 家庭の ‖
family trouble 離婚の危機.
a family affair 家族の問題.
in a family way 家族的に, くつろいで(→ 成句).
**2** Ⓤ [集合名詞; 単数・複数扱い] [しばしば a ~] (一家の)**子供たち** ‖
raise a large family たくさんの子供を育てる.
対話 "Have you (got) any **family**?" "Yes, we have two daughters." 「お子さんはおありですか」「ええ, 娘が2人おります」.
**3** Ⓒ [集合名詞; 単数・複数扱い] **一族,** 一門, 親族; Ⓤ 家(ぃ) ‖
the Kennedy family ケネディ一族.

Q&A *Q*: the Kennedy family と the Kennedy's family とはどう違いますか.
*A*: the Kennedy family は世帯主のケネディを含めた一家全部をさしますが, 後の方はケネディを除いた一家ということになります.

**4** Ⓤ (主に英) [通例 good ~] **家柄,** 名門 ‖
young daughters of good family 良家の若い娘たち.
**5** Ⓒ (同種の人・物の)集団, 一群.
**6** Ⓒ (言語)**語族**; (生物)(分類上の)科(→ classification).
***in the [a] fámily wày*** (1) (略式) 妊娠して(◆ pregnant の遠回し表現). (2) → **1b**.
**fámily náme** 姓, 名字(→ name).
**fámily plánning** 家族計画, 産児制限.

\***fam·ine** /fǽmin ファミン/ 〖「飢え(fam)の状態(ine)」〗
──名 (複 ~s/-z/) **1** ⒰Ⓒ **飢饉(ぇ);** [形容詞的に] 飢饉による[の] ‖
**2** Ⓤ [しばしば a ~] たいへんな不足, 欠乏 ‖
a water famine ひどい水不足.

**fam·ish** /fǽmiʃ ファミシュ/ 動 (三単現) ~·es/-iz/)
他 (略式) [通例 be ~ed] 飢えている.

\***fa·mous** /féiməs フェイマス/ 〖「世の中のうわさ」を原義とする fame より〗
──形 (比較 more ~, 最上 most ~) (よい意味で)**有名な,** 名高い(類 infamous よこしまな, 不名誉な; 悪名の高い; notorious 悪名で名高い) ‖
the famous chemist かの高名な化学者.
a world-**famous** ship manufacturer 世界的に有名な造船会社.
Atami **is famous for** its hot springs. 熱海は温泉で有名だ.
Atami **is famous as** a hot spring town. 熱海は温泉町として有名だ.
He **is famous as** a musician. =He is a famous musician. 彼は音楽家として名声がある.
対話 "What's Nara **famous for**?" "Old temples." 「奈良は何で有名ですか」「古寺で有名です」.

Q&A *Q*: famous と well-known はどう違うのですか.
*A*: Japan is famous [well-known] as an excellent semi-conductor chip producer. (日本は優秀な半導体チップ生産国として有名である[よく知られている])ではどちらも用いられますが, well-known は(悪い意味で)よく知られた]の意でも用いられます. また「〈事がら〉がよく知られた」の意味では well-known のみ: It is well-known [\*famous] that Japan produces excellent semi-conductor chips.

**fan**¹ /fǽn ファン/ (類音 fun/fʌn/) 名 Ⓒ **1a 扇;** うちわ ‖
a folding fan 扇子.
**b** 扇風機, 送風機; [形容詞的に] ‖
An eléctric fán was running. 扇風機が回っていた.
**2** 扇形のもの; 鳥の尾(翼); (風車の)扇形翼.
──動 (過去過分 fanned/-d/; 現分 fan·ning)
他 **1** …に風を送る; …をあおぐ. **2** 〈煙・ほこりなど〉をあおいで払う. **3** 〈感情など〉をあおり立てる.
──自 扇形に広がる.
**fán bèlt** ファン=ベルト《ラジエーターのファンを回すベルト》.

**fan**² /fǽn ファン/ (類音 fun/fʌn/) 名 Ⓒ (略式) ファン, (有名人・チームなどの)熱烈な支持者; [複合語で] …狂, …びいき ‖
a fóotball fàn フットボールファン.

**fa·nat·ic** /fənǽtik ファナティク/ 名 Ⓒ 狂信者.
**fa·nat·i·cal** /fənǽtikl ファナティカル/ 形 狂信的な, 熱狂的な.
**fa·nat·i·cal·ly** 副 狂信的に; 熱狂的に.
**fa·nat·i·cism** /fənǽtəsizm ファナティスィズム/ 名 (正式) Ⓤ 狂信, 熱狂; Ⓒ 狂信的言動.

**fan·cies** /fǽnsiz ファンスィズ/ 動 → fancy.
──名 → fancy.

**fan·ci·ful** /fǽnsifl ファンスィフル/ 形 (正式) **1** 空想にふける, 気まぐれな. **2** 架空の, 想像上の. **3** 奇抜な, 凝(ɔ)った.

\***fan·cy** /fǽnsi ファンスィ/ 〖fantasy の短縮形〗
──名 (複 fan·cies/-z/) **1** ⒰Ⓒ **空想,** (自由奔放(ほう)で気まぐれな)想像, 幻想; (文) (詩人などの)空想力, 想像力 ‖
indulge in flights of fancy 奔放な空想にひたる.
I had a fancy that I could see him approaching. 私は彼が近づいてくるのが見えたような気がした.
**2** Ⓒ (単なる)思いつき; (ちょっとした)気まぐれ ‖
a passing fancy 一時の気まぐれ.
have a sudden fancy to buy a new dress 新しい服を急に買いたい気になる.
**3** Ⓒ (略式) 好み, 愛好, 趣好(ら) ‖
take a fancy to the house その家が気に入る.
take his fancy =take the fancy of him 彼

の気に入る.
**to** [*after*] **A**'s *fáncy* **A**〈人〉の気に入った.
―――形 (比較) ‥ci·er, (最上) ‥ci·est) [通例名詞の前で] **1** (略式) 装飾的な ‖
a **fancy** hairdo 凝った髪形.
The pattern is too **fancy** for me. その模様は私には派手すぎる.
**2** (略式) 法外な, 途方もない; ぜいたくな.
**3** 空想に基づく; (略式) 気まぐれな, とっぴな.
**4** (米)〈果物・野菜などが〉極上の, 特選の.
――― (三単現) **fan·cies**/-z/; (過去・過分) **fan·cied**/-d/; (現分) ~·ing)
――― 他 **1 a** [しばしば疑問文・否定文で] …を心に描く; [fancy (A's) doing] (A〈人〉が)…することを心に描く ‖
I can't **fancy** your [(略式) you] doing it. 君がそんなことをやるなんて考えられない.
She **fancies** her chances with him. (略式) 彼女は彼との仲がうまくいくと信じている.
**b** [fancy **A** (to be) **C**] **A** を **C** だと想像する ‖
Can you **fancy** her (**to be**) a doctor? 君は彼女が医者だと考えられるか.
**2** (正式) [fancy (that) 節] (確信なく)…だと思う, …の気がする (think) ‖
I **fancied** (that) she was hungry. 彼女は空腹なのだと私は何となく思った.
**3** (英略式) [~ oneself] うぬぼれる ‖
She **fáncies** hersélf (as [to be]) an áctress. 彼女は女優だとうぬぼれている.
**4** (略式) [通例命令文で驚き・不信・ショックなどを表して] …を考えてごらん, 想像してごらん; [fancy doing] …だなんて ‖
**Fancy** (his [(略式) him]) believing that! (彼が)そんなことを信じるとは!.
Just **fancy**! 驚いたね.
**5** (略式) …を好む, …が気に入る (like) ‖
All the girls **fancied** Bill. 女の子は皆ビルにしびれてた.

**fáncy cáke** (デコレーション)ケーキ《客に出すためのちょっと凝ったケーキの総称》.

**fan·fare** /fǽnfeər ファンフェア/『フランス』图 C〔音楽〕ファンファーレ.

**fang** /fǽŋ ファング/ 图 C **1** (肉食動物の)きば(cf. tusk); 犬歯, 乳歯(あ); (ヘビの)毒牙(が).

**fan·light** /fǽnlàit ファンライト/ 图 C 〔建築〕 (戸・窓の上の)扇形明かり窓; (英) (戸・窓の上の長方形の)欄間(ゐ)窓(米 transom).

**Fan·nie**, ~·ny /fǽni ファニー/ 图 ファニー《Frances の愛称》.

**fan·tas·tic**, –**ti·cal** /fæntǽstik(l) ファンタスティック(ル)/ 形 **1 a** 空想的な, 奇想天外な.
**b** 気まぐれな, 突拍子もない.
**c** 風変わりな, 奇抜な, 怪奇な ‖
**fantastic** designs 風変わりな模様.
**2** 想像上の; 根拠のない; 現実離れした, ばかげた, 不合理な ‖
**fantastic** plans 非現実的な計画.
**3** (略式) すばらしい, すてきな; 法外な, とんでもない ‖

Look. What a **fantastic** view! 見てごらん. なんとすばらしい眺めでしょう.
**fàn·tás·ti·cal·ly** 副 異様的に; 空想的に; (略式) すばらしく.

**fan·ta·sy** /fǽntəsi ファンタシィ, -zi/ 图 (複 -ta·sies/-z/) **1** UC 空想, 夢想, ファンタジー; [形容詞的に] 空想の, 夢想的な. **2** C (非現実的な・異様な)心像, 幻想; 幻覚; 〔心理〕白日夢(はくじつ), 空想. **3** C 気まぐれ, 気まま. **4** C 〔文学〕 **a** 幻想的作品 (fantasy fiction). **b** 〔音楽〕 幻想曲, ファンタジー.
**fántasy fíction** =fantasy **4 a**.

**FAQ** /éfèikjú エフエイキュー/ [frequently asked questions] 图 C 〔コンピュータ〕エフエーキュー, よく出る質問とその回答集.

**★far** /fáːr ファー/ (類音 fur, fir/fə́ːr/)
→ 副 **1** 遠くに **3** はるかに 形 **1** 遠い
―――副 (比較) **far·ther** /fáːrðər/ または **fur·ther** /fə́ːrðər/, (最上) **far·thest** /fáːrðist/ または **fur·thest**/fə́ːrðist/) **1** [場所] 遠くに, 遠くへ, 遠くから, 遠くまで, はるかに(↔ near) ‖
go **far** away 遠方に行く.
**far** above in the sky 空のはるか上に.
I didn't go **far**. 遠くまで行かなかった.
Five miles is **too far** for little children to walk. 5マイルは小さい子供には遠すぎて歩けない.
対話 "Can you tell me where the post office is, please?(↗)" "It's only two blocks ahead. It's not so **far**." 「郵便局はどちらでしょうか」「この先2ブロック行ったところです. そんなに遠くありません」.

Q&A **Q** : 「遠くへ行く」は go far とは言わないと言われました. なぜですか.
**A** : far は肯定文では単独では使わないからです. a long way や far away を使います. 肯定文ではふつう very, away, too, so などの副詞を伴います (→ 第 1, 2, 4 例). 疑問・否定文では, 単独で用いてかまいません (→ 第 3 例).

**2** [時間] (現時点から)**遠く**, ずっと, はるかに ‖
work **far** into the night 夜ふけまで働く.
The scene is set **far** in the future. その場面ははるか未来に設定されている.
**3** [程度] [形容詞の比較級・最上級や副詞・動詞の前で] **はるかに**, 大いに, ずっと《◆ much よりロ語的》‖
He's a **fár** nícer companion than I expected. 彼は思っていたよりずっといい仲間だ.
It's **fár** tòo hót in this house. この家はすごく暑い.
That bridge is (**by**) **far** the longest. あの橋はずばぬけて長い.
◇**as** [**so**] **fàr as** =(米略式) **fàr as** (1) [前置詞的に] (場所的に)…まで《◆ 否定文に限り so far as も用いる》‖ I went as **fàr as** Kyóto by train. 列車で京都まで行った. (2) [接続詞的に] …と同じ(遠い)距離まで ‖ I didn't go so [as]

far as he did. 彼と同じほど遠くへは行かなかった.
(3) [接続詞的に] …の及ぶ限りでは; …に関する限りでは ‖ There was nothing but sand as far as the eye could see. 見渡す限り砂ばかりだった / as far as we can judge 我々の判断できる限りでは.

○**by fár** (1) たいへん, とても ‖ too hot by far あまりに暑すぎる. (2) [比較級・最上級を強めて] はるかに, ずっと ‖ This one is by far the better. (2つのうちで) こちらがはるかによい / This novel is by far more interesting than that one. この小説はあれよりずっとおもしろい《◆比較級は more … のときは far more interesting がふつう》/ She works by far the hardest of anyone in my office. 彼女は私の事務所では飛びぬけてよく働く.

○**cárry A tóo fár** → carry 動.

**fár and wíde** [(やまれ) néar] =néar and fár
遠く広く, あちこちと《◆ everywhere の意味を強めた形》.

○**fár from …** (1) [通例否定文・疑問文で] …から遠い《◆ には代(代)名詞がくる. 肯定文ではふつう a long way from). (2) 決して…でない; …にはほど遠い ‖ His novel is far from (being) satisfactory. 彼の小説には満足どころか全く不満だ. (3) [文頭で] …するどころか.

**gó fár** (式) (1) 《人がうまくやる, 成功[出世]する. (2) [通例否定文で] 〈お金が〉物をたくさん買える; 〈食物などが〉(なくならずに)長く続く ‖ A dollar does not go so far nowadays. 今日(近)では1ドルではそれほど物が買えない. (3) 大いに役立つ ‖ His contribution went far toward building the new hall. 彼の寄付は新しいホールの建設に大いに役立った.

**gó so [as] fár as to do** → go 動.

**gó tòo fár** (略) 〈冗談・不作法などが〉度を越す.

○**hòw fár** [距離・程度] どのくらい(まで) ‖ 対話 "How far is it from here?" "It's five minutes' walk." 「ここからどのくらいですか」「歩いて5分です」《◆必ずしも距離で答えない》.

**in so [as] fár as** → insofar.

○**só [thús] fár** (1) [現在完了形, 時に現在形・過去形と共に] 今までのところでは ‖ So far we have been quite successful. これまでは非常にうまくいっている. (2) この点[時, 場所]まで ‖ I can only go so far on 30 cents. 30セントではここまで(行ける)だけだ.

**so fàr as** → as FAR as.

——形 [比較] far·ther または fur·ther, [最上] far·thest または fur·thest [通例名詞の前で] **1** (文)
**a** [距離] 遠い, 遠くの(↔ near) ‖
a far country 遠い国.
**b** [時間] ずっとあとの[先の]; 先見の明がある ‖
the far past 遠い昔.
take a far view 遠大な計画を抱く.
**2** [通例 the ~] (2つのうち) 遠い方の ‖
the far side of the hill 丘の向こう側.
**Fár East** [the ~] 極東《日本・中国・朝鮮半島など》.
**Fár Éastern** 極東の.
**Fár Wést** [the ~] (米国の)極西部地方《◆今はふつう Great Plains 以西》.

*__far·a·way__ /fá:rəwèi ファーラウェイ/
——形 [名詞の前で] **1** (文) (場所的・時間的に)遠い, 遠方の; 昔の ‖
a faraway sound 遠くから響く音.
**2** 〈顔つき・目つきが〉うっとりした.

**farce** /fá:rs ファース/ ([類語] force/fɔ:rs/) 名 **1** ⓒ ⓤ 笑劇, 道化芝居, ファース. **2** ⓒ 茶番(の行為)

**far·ci·cal** /fá:rsikl ファーシィクル/ 形 **1** 笑劇の. **2** ばかげた.

*__fare__ /féər フェア/ ([同音] fair) [「行く」が原義. cf. farewell]
——名 (複) ~s/-z/) **1** ⓒ 運賃, (交通機関の)料金《(1) 「手数料・使用料」などサービスの対価は charge, 「入場料」は fee. (2) 遊園地などの乗物の料金には How much is one ride? といい fare は用いない》‖
a táxi fàre タクシー料金.
"Exact fares, please." (バスの車掌)「料金つり銭のいらないようお願いします」.
対話 "What is the air fare from Tokyo to Sapporo?" "It's about 28,000 yen." 「東京から札幌までの航空運賃はいくらですか」「約28000円です」
**2** ⓒ (正式) (バス・タクシー代などを払う)乗客.
**3** ⓤ (正式) (食卓に出された)食べ物.
——動 (現分) far·ing 自 (正式·まれ) **1** 暮らす, やっていく ‖
How did you fare in the examination? 試験はうまくいきましたか.
**2** [it fares] 事が運ぶ《◆ well, better, badly などを伴う》‖
It fares well with her. 彼女はうまくいっている.

**fare·well** /fèərwél フェアウェル/ 間 (文) さらば, さようなら, ご機嫌よう《◆ good-by より古風で長旅などの長い別れのあいさつに用いる》.
——名 (正式·文) **1** ⓒ ⓤ 別れ ‖
a farewéll pàrty 送別会《=(略式) a good-by party》.
say farewell to him 彼に別れを告げる.
**2** ⓒ 別れのあいさつ ‖
make one's farewells 別れのあいさつをする.

*__farm__ /fá:rm ファーム/ ([類語] firm/fɔ:rm/) [「地代・上納品《農作物》」から転じて本来借地であった農場の意が生じた] (派) farmer 名
——名 (複) ~s/-z/) ⓒ **1 a** 農場, 農園《ふつう田畑 (fields)と住居・納屋などを含み, 広大な広がりをもつ》‖
run [keep] a farm 農場を経営する.
対話 "What did you do this summer?" "I helped my uncle on his farm. I got up very early every morning." 「この夏は何をして過ごしましたか」「おじの農場で手伝いをしました. 毎朝とても早く起きていましたよ」.

**b** [通例複合語で] 養殖場, 飼育場((主に米) ranch) ‖
a fish farm 養魚場.
a pig farm 養豚場.
**2** (主に英) =farmhouse.
**3** (主に米) [野球] =farm team [club].
——[動] [他] …を耕作する; …を農場で栽培[飼育]する.
——[自] 耕作する; 農業(経営)をする.
*fárm óut* [他] 〈土地〉を賃貸する; (略式)〈仕事〉を下請に出す.
*fárm tèam* [**clùb**] ファーム, 二軍(farm).

**\*farm·er** /fɑ́ːrmər ファーマ/ 〖「地代を払う人」が原義. → farm〗
——[名] (複 ~s/-z/) [C] 農場経営者; 農民《社会的地位がかなり高く, 労働者(farm laborer)を雇う. 自ら労働することはまれ》.

**farm·house** /fɑ́ːrmhàus ファームハウス/ [名] [C] 農場内の家屋《農場主の家》.

**farm·ing** /fɑ́ːrmiŋ ファーミング/ [動] → farm.
——[名] [U] 農業, 農場経営《◆ agriculture より口語的》.

**farm·land** /fɑ́ːrmlænd ファームランド/ [名] [U] 農地, 農業用地.

**farm·yard** /fɑ́ːrmjɑ̀ːrd ファームヤード/ [名] [C] 農家の庭《農場の建物に囲まれた, または隣接した場所で barnyard ともいう》.

**far-reach·ing** /fɑ́ːrríːtʃiŋ ファーリーチング/ [形] 広範に[将来に]わたる; 〈計画などが〉遠大な, 広く応用できる.

**far·sight·ed** /fɑ́ːrsáitid ファーサイティド/ [形] **1** 遠目のきく; (主に米) 遠視の((英) longsighted). **2** 先見の明のある.

**far·ther** /fɑ́ːrðər ファーザ/ (同音 (英) father; 類語 further/fɑ́ːrðər/) 〖far の比較級〗[副] [距離] (主に米) もっと遠くに[先に]; さらに向こうへ(cf. further) ‖
go farther into the forest さらに深く森へ入る.
*fárther ón* もっと先に[あとに].
——[形] **1** もっと遠い, さらに向こう; (2つのうち)遠い方の ‖
the farther bank of the river 川の向こう側の土手.
The trip is farther than I expected. その旅は思ったより遠い.
**2** もっと進んだ; さらに後の.

**far·thest** /fɑ́ːrðist ファーゼスト/ 〖far の最上級〗[形] 最も遠くの; 最も長い ‖
the farthest house 最も遠い家.
——[副] 最も遠くに; 最も ‖
sit farthest from the hostess 女主人から最も離れて座る.
*at* (*the*) *fárthest* (いくら)遠く[遅く]とも; せいぜい.

**fas·ci·nate** /fǽsəneit ファスィネイト/ [動] (現分 -nat·ing) **1** …を魅惑する, とりこにする, …の興味をそそる; [be ~d] うっとりする, ひきつけられる. **2** (略式)〈ヘビなどが〉〈小動物〉をすくませる.

**fas·ci·nat·ing** /fǽsəneitiŋ ファスィネイティング/ [動]
→ fascinate.
——[形] [他動詞的に] 魅了する, うっとりさせる ‖
The story is fascinating to me. その話はたいへんおもしろい.

**fas·ci·na·tion** /fæ̀səneíʃən ファスィネイション/ [名] **1** [U] 魅惑; うっとりした状態. **2** [a ~] 魅力(のある物).

**fas·cism** /fǽʃizm ファシズム/ [名] 〖しばしば F~〗[U] ファシズム《1922-43年イタリアの国家主義的政治体制. また一般に極右的国家主義》.

**fas·cist** /fǽʃist ファシスト/ 〖しばしば F~〗[名] [C] ファシスト党員; (広義) ファシズム支持者《◆ 呼びかけにも用いる》.

**\*fash·ion** /fǽʃən ファション/ 〖「作られたもの」が原義. cf. fact, factory〗(派) fashionable (形)
——[名] (複 ~s/-z/) **1a** [C][U] 流行, 一時的な風習; [C] 流行のもの《特に服装》(→ trend) (類) style, mode, vogue) ‖
follow (the) fashion 流行を追う.
lead the fashion for miniskirts ミニスカートの流行の先駆けをする.
**b** [U] [通例 the ~; 単数・複数扱い] 流行を追う人たち, 上流社会, 社交界 ‖
all the fashion of the city 町の上流階級の人々すべて.
**2** (正式) **a** [U] [しばしば a ~] やり方, 流儀 ‖
after [in] one's own fashion 自己流に.
dance in (a) graceful fashion 優雅な身のこなしで踊る.
**b** [C][U] 作り, 様式, 型.
*àfter* [*in*] *a fáshion* 曲がりなりにも, いちおう(の) ‖ The hut kept the rain and dew out after a fashion. その小屋はどうにか雨露をしのげた.
*àfter* [*in*] *the fáshion of* A (正式) A〈人など〉をまねて, …にならって.
*còme into fáshion* 流行する, はやる ‖ Long hair has come into fashion again. 長髪がまた流行してきた.
*gò out of fáshion* はやらなくなる.
*in fáshion* 流行して, はやって.
——[動] [他] (文) …を創り出す.

**fash·ion·a·ble** /fǽʃənəbl ファショナブル/ [形] **1** 流行の, いきな; 流行を追う ‖
These clothes are currently fashionable among the young. こういう服がいま若い人の間ではやっています.
a fashionable hairdo 流行のヘアスタイル.
**2** 上流の人向きの, 高級な; 流行[社交]界の.

**fash·ion·a·bly** /fǽʃənəbli ファショナブリ/ [副] 流行を追って, いきに; 上流社会ふうに.

**\*fast**¹ /fǽst ファスト | fáːst ファースト/ (類音 first/fɑ́ːrst/fə́ːrst/) 〖「しっかり走る」が「速く走る」に通じるように, [形] 3 の原義が運動・動作に用いられて [形] 1 が生じた〗(派) fasten (動)
→ [形] **1** 速い **2** 進んでいる **3** 固定して動かない
[副] **1** 速く **2** しっかりと

## fast

——形 (比較) ~・er, (最上) ~・est) **1 a** 速い; 敏速な; 性急な《◆ rapid は「動作が速い」, early は「時間的に早い」》(↔ slow) (類) quick, swift, speedy ‖
a **fast** speaker 早口の人.
a **fast** thinker 頭の回転の速い人.
**fast** music テンポの速い音楽.
He is **fast** with his hand. 彼はすぐに手を出す[けんかっ早い].
**b** 短時間でなされる; 〈薬が〉即効の(謫)の ‖
a **fast** trip 駆け足旅行.
**2** 〔通例補語として〕〔数詞のあとで〕〈時計が〉進んでいる(↔ slow) ‖
My watch is two minutes **fast**. 私の時計は2分進んでいる(cf. gain 動 **2**, 自 **2**).
**3** 《正式》固定して動かない, 固着した(↔ loose) ‖
a ship **fast** on the rocks 暗礁に乗り上げて動きのとれない船.
a **fast** knot 固い結び.
a **fast** door ぴたりと締まった戸.
**4 a** 〈色・染料が〉あせない ‖
the dye **fast** to sunlight 日光で色あせしない染料.
**b** 〈友情・規則が〉不変の, ゆるがない.

——副 (比較) ~・er, (最上) ~・est) **1** 速く(↔ slow(ly)); 次から次へ, どんどん ‖
How **fast** the time passes! 時のたつのはなんて速いのだろう.
The deadline is **fast** approaching. 締め切りは刻々近づいている.
対話 "I finished all the work." "In only 30 minutes? That was **fast**, wasn't it?" 「仕事が全部終わりました」「たった30分でかい? それは速いじゃないか」.
**2** 《文》しっかりと(firmly), かたく ‖
a door shut **fast** ぴたりと閉ざされた戸.
stick [stand, hold] **fast** to one's cause 自分の主義にあくまで固執する.
They were **fast** at his heels. 彼らは彼のすぐあとに迫っていた.
**3** 〈時計が〉進んで(↔ slow) ‖
The clock is running **fast**. その時計は進んでいる.

◇***fást asléep*** 熟睡して ‖ fall fast asleep 熟睡する.

**fást fóod** 《米》ファーストフード《◆待たずに食べられる簡易食品(short order food)で, 持ち帰り(takeout, takeaway, carryout)もできる; 米国の hot dogs, (ham)burgers, fried chicken, 英国の fish and chips, 日本の立食いそばなどが代表格. pop food, road food, junk food ともいう》(cf. fast-food).

**fást wórker** 仕事の速い人.

**fast²** /fǽst ファスト | fáːst ファースト/ 〖「戒律をしっかり守る」が原義〗 動 自 (宗教〖健康〗的理由で, または抗議のため)断食する.

——名 © **1** 断食(期間) ‖
break one's **fast** 断食(期間)を終える; 朝食をとる.
**2** =fast day.

**fást dày** 断食の日(fast).

**fast·ball** /fǽstbɔːl ファストボール | fáːst- ファースト-/ 名 © 〖野球〗直球, 速球《◆今は straight ball はまれ》.

**fas·ten** /fǽsn ファスン | fáːsn ファースン/ (発音注意) 《◆ t は発音しない》動 他 **1** …をしっかり固定する ‖
**Fasten** your seat belts. 《機内アナウンス》座席ベルトを締めてください.
Can you **fasten** up (the buttons of) my dress? 服(のボタン)を留めてください.
**2** 《正式》〈視線などを〉注ぐ ‖
He **fástened** his éyes on me. 彼は私をじっと見つめた.
——自 **1** しっかり留まる, 締まる(↔ unfasten) ‖
The gate **fastens** with a latch. 門は掛け金で締まるようになっている.
**2** つかまる, しがみつく ‖
The dog **fastened** on my knee. 犬は私のひざに飛びついた.
**3** 目をつける; やり玉にあげる ‖
He **fastened** on the excuse. (万策(谁)尽きた)彼はその言いわけに飛びついた.
**4** 〈注意・視線などが〉集中する.

**fas·ten·er** /fǽsnər ファスナ | fáːsnə ファースナ/ 名 © 締め具, 留め具《lock, hook, zipper, clip など》.

**fast-food** /fǽstfúːd ファストフード | fáːst- ファースト-/ 形 《米》ファーストフード専門の(cf. fast food) ‖
**fást-fòod** réstaurants [pláces] ファーストフード=レストラン《◆米国の McDonald's, Colonel Sander's Kentucky Fried Chicken, Jack in the Box, Taco Bell, 英国の Wimpy Chain などが主なもの》.

**fas·tid·i·ous** /fæstídiəs ファスティディアス | fəs-, fæs-/ 形 気難しい, 口うるさい.
**fas·tíd·i·ous·ly** 副 気難しく.
**fas·tíd·i·ous·ness** 名 U 潔癖(謫).

*****fat*** /fǽt ファト/ 〖「詰め込まれた」が原義〗
(派) fatten (動)

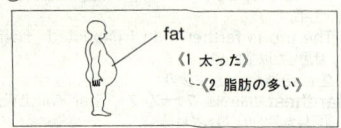

fat
〈1 太った〉
〈2 脂肪の多い〉

——形 (比較) fat·ter, (最上) fat·test) **1** 太った, ずんぐりした; でぶの(↔ lean, thin, slender) ‖
a **fát** báby まるまるとした赤ん坊.
Laugh and grow **fat**. 《ことわざ》笑って太れ; 「笑う門(笛)には福来たる」.
対話 "Can I have some more cake please, mom?" "Don't eat so much. Do you want to gèt **fát**?" 「もう少しケーキを食べてもいい, お母さん」「そんなに食べるのよしなさい. 太ってもいい

の」.
**2** 〈肉が〉**脂肪の多い**; 〈料理が〉脂っこい(fatty) ‖
fat meat 脂身の多い肉.
fat soup 脂っこいスープ.
**3** 太くて短い; 分厚い ‖
a fat book 分厚い本.
a fat wallet たんまり入った財布.
── 名 ① **1**《◆種類をいうときは C》**脂肪**;（食用の）**油脂**.
**2** 脂肪組織, 脂身; 肥満.

\***fa·tal** /féitl フェイトル/ [→ fate]
── 形 [比較] more ~, [最上] most ~
**1 命取りになる, 致命的な**（類 deadly, mortal）‖
a fatal dose 致死量.
a fatal accident 死亡事故.
**2 運命を決する, 一か八かの**（→ fateful）‖
make a fatal decision 重大な決断を下す.

fatal《致命的》

**fa·tal·ism** /féitəlìzm フェイタリズム/ 名 ① 運命論, 宿命論.
**fa·tal·is·tic** /fèitəlístik フェイタリスティク/ 形 宿命論の.
**fa·tal·i·ty** /feitǽləti フェイタリティ | fə- ファ-/ 名（複 -i·ties）《正式》**1** ⓒ [通例 fatalities] 不慮の死, 死亡者(数); 災難. **2** ① 致死性. **3** ⓒ [しばしば a ~] 必然, 因縁, 不可避性.
**fa·tal·ly** /féitəli フェイタリ/ 副 **1** 致命的に. **2**《文全体を修飾》不運[不幸]にも. **3** 宿命的に; 必然的に.

\***fate** /féit フェイト/ [同音 fete]〖「(神によって)語られたこと, 予言」が原義〗fatal (形), fatality (名).
── 名（複 ~s/féits/）**1** [しばしば F~] **運命の力**（◆ destiny, doom より口語的）‖
by the irony of fate 運命のいたずらで.
(as) súre as fáte 絶対確実に[な].
She hoped to be his wife, but fate had decided otherwise. 彼女は彼の妻になりたかったが, 運命はそうはさせなかった.
**2** ⓒ [通例 one's ~] **運命, 運** ‖
accept one's fate without bitterness 素直に自分の運命に従う.
**3** ⓒ [通例 a ~ / one's ~] 究極的な運命, 末路; 死, 破滅 ‖
go to [meet] one's fate 最期(<sup>ご</sup>)を遂げる, 破滅する.
**4** [the Fates]《ギリシア神話・ローマ神話》運命の三女神《生命の糸を紡ぐクロートー, 糸の長さを決めるラケシス, 糸を切るアトロポス》.
**fat·ed** /féitid フェイティド/ 形 運命づけられた ‖
He was fated to go into exile. ＝It was fated that he (should) go into exile. 彼は流刑の身となる運命にあった.

**fate·ful** /féitfl フェイトフル/ 形《正式》**1 運命を決する, 重大な**《◆ fatal と違って必ずしも不幸な結果を含まない》. **2 運命に支配された. 3 致命的な, 破滅的な.
**fáte·ful·ly** 副 決定的に, 宿命的に; 致命的に.

\***fa·ther** /fáːðər ファーザ/ [同音 farther (英)]
── 名（複 ~s/-z/）**1a** [しばしば F~] **父, 父親, お父さん**（↔ mother）《◆子が呼びかける場合は Dad, Daddy がふつうで Father は堅い言い方》.
[関連]《小児語》は dad, daddy,《やや略》papa, pa,《略》pop ‖
the father of two children 2児の父.
Will Father be back soon, Mother? お母さん, お父さんまだ帰る?《◆身内の間では one's father の代わりに固有名詞的に Father ということが多い》.
He is the [a] proud father. 彼は子供が生まれて鼻高々だ.
be one's father's son [daughter]（やること・性格が）父親そっくりだ.
**b** [the ~] 父性愛.
**2** ⓒ《略》**義父; 養父.
**3** ⓒ [通例 ~s]（男の）祖先, 父祖.
**4** ⓒ **父親同然の人; 父親の任務を果たす人** ‖
a father to the handicapped 障害者の慈父.
**5** [しばしば F~] ⓒ《呼びかけ》（老人に向かって）**おじさん**.
**6** [the ~] **創始者, 生みの親, 元祖; 発明者** ‖
the father of modern drama 近代演劇の父《Ibsen のこと》.
the Father of English poetry 英詩の父《Chaucer のこと》.
the father of his country 国父《米国では George Washington》.
the Father of History 歴史の父《Herodotus のこと》.
**7** ⓒ [しばしば無冠詞] **始まり, 起源**(source) ‖
the father of criticism 非難の材料.
The child is father of [to] the man.《ことわざ》「三つ子の魂百まで」.
The wish is father to the thought.《ことわざ》願っているとその願いどおりにいくと思うようになる.
**8** ⓒ《主に英》[通例 ~s] **長老, 最古参**.
**9** [F~] ⓒ **神父, 祖師, 僧侶, 師父** ◆主にカトリックの聖職者に対する尊称・呼びかけ》‖
Father Smith スミス神父.
**10** [the ~ / our F~]（父なる）神(God)《◆ our Heavenly Father ともいう》.
── 動 他《正式》**1** …の父親になる. **2** …を作る.
**Fáther's Dày**《米》父の日《6月の第3日曜日》.
**Fáther Tíme** 時の翁(<sup>おきな</sup>)《時の擬人化. 大鎌と砂時計を持つ. 図 → 次ページ》.
**fa·ther·hood** /fáːðərhùd ファーザフド/ 名 ①《正式》父であること, 父性.
**fa·ther-in-law** /fáːðərinlɔ̀ː ファーザインロー/ 名（複 fa·thers-）ⓒ 夫[妻]の父, 義父, しゅうと.
**fa·ther·ly** /fáːðərli ファーザリ/ 形 父親らしい.

**fath·om** /fǽðəm/ ファザム/『「両手を広げた長さ」が原義』名(複(米)~s, (英)fath·oms) C ファゾム《水深測定単位で 2 yards (約1.8m); 略 fm.; 日本語の「尋(ひろ)」に相当》.—— 動 他 (略式) [通例否定文で] …を理解する.

Father Time

**fath·om·less** 形 理解できない.

**fa·tigue** /fətíːɡ/ ファティーグ/(発音注意) 名 1 U (心身の)疲労; 骨折り.

2 C U (生理)(器官の一時的)機能麻痺(まひ).

3 U (機械)(材質の)疲労 ‖
metal fatigue 金属疲労.
—— 動 (現分) ··gu·ing) 他 (正式) …を疲れさせる.

**fat·ten** /fǽtn/ ファトン/ 動 他 …を太らせる.

**fat·ty** /fǽti/ ファティ/ 形 (比較) ··ti·er, (最上) ··ti·est) 脂肪質(状)の.

**fat·u·ous** /fǽtʃuəs/ ファチュアス|fǽtju- ファテュ-/ 形 (正式) (ひとりよがりで)愚かな; 無意味な.

**fau·cet** /fɔ́ːsət フォーセト/ 名 C (米)(水道・容器などの)蛇口(=(英)tap).

*__fault__* /fɔ́ːlt フォールト/ 『「完全さをそこねる本質的な欠落・不足」が本義』
—— 名 (複 ~s/fɔ́ːlts/) 1 C 欠陥, きず, 短所《◆必ずしも非難の意はない. defect は身体的または精神的な障害を意味する》‖
a fault in [ˣof] the machine 機械の欠陥.
Stubbornness is her fault. 強情なのが彼女の欠点だ.

2 C 誤り; 落度 ‖
commit faults in [of] grammar 文法上の誤りを犯す.

3 U (通例 one's ~) 責任, 罪 ‖
It's yóur fáult. =The fault lies with you. それは君の責任だ(→ blame 名).
[対話] "Whose fault is it (that) we're late?" "Mine, I'm afraid." 「私たちが遅れたのはだれのせいなんだ」「私のせいです」.

4 C (球技) フォールト, サーブ=ミス.

**at fáult** (1) 誤って; 故障して ‖ You are at fault in talking back to her. 彼女に口答えするなんて見当違いだ. (2) (正式) とがめられるべき ‖ Who is at fault for breaking the window? 窓を壊した張本人はだれか. (3) 途方に暮れて.

◦**find fáult with A** …に文句を言う, …を非難する《◦ criticize, complain of より堅い語》‖ No fault is found with his work. 彼の仕事にはけちのつけようがない.

**fault·less** /fɔ́ːltləs フォールトレス/ 形 誤りのない.
**fáult·less·ly** 副 申し分なく.

**fault·y** /fɔ́ːlti フォールティ/ 形 (比較) ··i·er, (最上) ··i·est) 欠陥のある; 誤った.

**fau·na** /fɔ́ːnə フォーナ/ 名 (複 ~s, ··nae/-niː/) C (ある地域・時代の)動物相, ファウナ (cf. flora).

**Faust** /fáust ファウスト/ 名 1 ファウスト《ドイツの伝説で若さ・知識・魔力と交換に魂を売った男》. 2 『ファウスト』《ゲーテの作品》.

*__fa·vor__*, (英) --vour/féivər フェイヴァ/『「友好的である」が原義』派 favorable (形), favorite (名)
→ 名 1 好意 2 親切な行為
動 1 賛成する 2 ひいきする
—— 名 (複 ~s/-z/) 1 U (正式) 好意, 親切心 ‖
fínd his fávor =fínd fávor with him 彼の支持を得る.
look on us with great favor 私たちをとても好意的に見る.

2 C 親切な行為; [通例 one's ~s] 尽力 ‖
Would you dó me a fávor? =May I aśk a fávor of you? お願いを聞いていただけますか.
[対話] "Could you dó me a fávor?" "Sure. Get me my bag over there." 「お願いがあるんだけど」「いいよ」「あそこにある私のかばんを取ってきてくれるかい」.

3 U 偏愛, えこひいき ‖
treat him with favor 彼をえこひいきする.

◦**in fávor of A** =**in A's fávor** (1) …に賛成の[で]; …の方を選んで; …に味方して ‖ I'm very much in favor of cutting taxes. 私は減税に大賛成です. (2) 《人》に有利になるような[に].
**in fávor** (正式) 気に入られて ‖ a pupil in favor with the teacher 先生に気に入られている生徒.
**óut of fávor** (正式) 嫌われて.
—— 動 (三単現) ~s/-z/; (過去・過分) ~ed/-d/; (現分) ~·ing/-vəriŋ/)
—— 他 1 …に賛成する, 好意を示す ‖
He favors eliminating the law. 彼はその法律の廃止に賛成している.

2 …をひいきする ‖
Her policy favors poor men over rich. 彼女の政策は富者よりも貧者に恩恵を与える.

3 (正式) (好意・親切心から)《人》に(して)あげる《◦ 主に give の敬語表現》.

4 …に好都合に働く ‖
The storm favored her escape. あらしが彼女の逃亡に幸いした.

**fa·vor·a·ble**, (英) --vour·- /féivərəbl フェイヴァラブル/ 形 (正式) 1 好意的な; 賛成の; 友好的な(↔ unfavorable) ‖
receive a favorable review 好評を博する.

2 好都合な, 有望な, 有利な ‖
favorable winds 順風.

3 好感を得るような.

**fa·vor·a·bly**, (英) --vour·- /féivərəbli フェイヴァラブリ/ 副 1 好意的に; 賛成して ‖
speak favorably of him 彼のことをよく言う.
2 都合よく; 優位に.

*__fa·vor·ite__*, (英) --vour·- /féivərət フェイヴァリト/『→ favor』
—— 名 (複 ~s/-its/) C お気に入りの人[物] ‖
Cheese is a special favorite of mine. チーズは私の大の好物です.
She was a favorite with her aunt. =She

was a **favorite** of her aunt's. =She was her aunt's **favorite**. 彼女はおばさんのお気に入りであった.

――形 [名詞の前で] (最も)気に入りの、ひいきの、いちばん好きな、最も得意な《♦「いちばん好きな」という意味なので more, most をつけない》‖
My very **favorite** subject is English. 私のいちばん好きな教科は英語です.
対話 "Do you have a **favorite** TV program?" "Yes, 'ER'." 「特に好きなテレビ番組はありますか」「ええ, ERです」.

**fa·vor·it·ism,** (英) **--vour·-** /féivəritizm フェイヴァリティズム/ 名 U 《正式》 情実, えこひいき.

\***fa·vour** /féivə フェイヴァ/ (英) 名 動 =favor.
**fa·vour·a·ble** /féivərəbl フェイヴァラブル/ 形 (英) =favorable.
**fa·vour·a·bly** /féivərəbli フェイヴァラブリ/ 副 (英) =favorably.
**fa·vour·ite** /féivərət フェイヴァリト/ (英) 名 形 =favorite.
**fa·vour·it·ism** /féivəritizm フェイヴァリティズム/ 名 (英) =favoritism.

**fawn**¹ /fɔ́:n フォーン/ (発音 phone/fóun/ と同音) 名 1 C 《動》 (1歳以下の)子ジカ. 2 C 子ヤギ(kid). 3 U [しばしば a ~] 淡黄褐色; [形容詞的に] 淡黄褐色の.

**fawn**² /fɔ́:n フォーン/ 動 自 1 《犬が》じゃれつく, 甘える. 2 へつらう, おもねる.

**fax** /fǽks ファクス/ 名 (複 ~·es/-iz/) U C ファックス, 電送写真.
――動 (三単現 ~·es/-iz/) 他 …をファックスで送る ‖
Please **fax** the reply to me. 返事はファックスでお願いします.

**FBI** (略) 《米》 [the ~] Federal Bureau of Investigation.

\***fear** /fíər フィア/ 《「(旅行中の)危険, 不意の災難」の原義より転じてそれに伴う感情を示す》
派 fearful (形), fearless (形)
――名 (複 ~s/-z/) 1 U [しばしば a ~] 恐怖感; おびえ《♦ dread, fright, terror, horror の方が強い恐怖》‖
turn white **with fear** 恐怖で真っ青になる.
run away **for fear** 恐怖のあまり逃げる.
I felt a sudden **fear**. 急に怖くなった.
対話 "What's the matter? Why can't you climb up anymore?" "I have **a fear** of heights." 「どうしたね。どうすれば上がれないの」「私は高所恐怖症なんです」.
2 U [しばしば ~s] 不安, 懸念(けねん); 心配, 気づかい ‖
hopes and **fears** 期待と不安.
I understand your **fear(s)** of discovery. 見つかりはしないかというあなたの心配はわかります.
3 U 恐れ ‖
(the) **fear of** bankruptcy 倒産の恐れ.
There's no **fear** of rain. 《略式》雨の心配はない.

◦**for féar of** A …を恐れて ‖ Insure your house **for fear of** fire. 火災に備えて家に保険をかけなさい(→ for fear (that)) / He crept out of the room **for fear of** waking her. 彼は彼女を起こさないようにそっと部屋を出た.

◦**for féar (that)** [接] …することを恐れて, しないように ‖ Insure your house **for fear (that)** there would [will, may] be a fire. 火災に備えて家に保険をかけなさい(→ for fear of A).

**in féar of** A …を恐れて;…の安全を気づかって ‖ live **in fear of** [for] one's life 殺されはしまいかとおびえて暮らす.
――動 (三単現 ~s/-z/; 過去・過分 ~ed/-d/; 現分 ~·ing/fíəriŋ/)
――他 1a …を恐れる, 怖がる《♦ be afraid of より堅い語》.
b [**fear to** do / **fear** doing] …することを恐れる, 怖がる ‖
He **feared** being [to be] left alone. 彼は一人になるのを恐れた.
**Fools rush in where angels fear to tread.** 《ことわざ》天使が恐れて進みかねている場所に愚者は突っ込むものだ.
2 …を危ぶむ; [**fear (that)** 節] …ではないかと危ぶむ, 心配する《♦ be afraid that 節より堅い表現》‖
**fear** the worst 最悪の事態を危ぶむ.
They **fear (that)** he may be dead. 彼は死んでいるのではないかと危ぶまれている.
――自 《正式》 恐れる; 気づかう, 心配する ‖
Néver féar! 心配無用.
**fear** for his health 彼の健康を心配する.

◦**I féar (that)** … 《遺憾(いかん)ながら》 …ではないかと思う《♦ (1) 望ましくないことを伝えるときに用いる. (2) I'm afraid より堅い表現》‖ I féar (that) she will not get well. 彼女はどうもよくなりそうにない / I féar sò. 残念ながらそうらしい / I féar nòt. 残念ながらそうではないらしい.

\***fear·ful** /fíərfl フィアフル/ 《→ fear》
――形 (比較 more ~, 最上 most ~) 1a 恐ろしい, ぞっとするような ‖
a very **fearful** crime とても恐ろしい犯罪.
an accident **fearful** to remember 思い出すのもおぞましい事故.
b 《略式》 ひどい, ものすごい ‖
What **fearful** manners! なんたる行儀だ.
2a [**be fearful of** A] …を恐れている《♦ afraid より堅い語》‖
He is **fearful** of danger. 彼は危険を恐れている.
b [**be fearful of** doing] …することを心配している ‖
She is **fearful** of waking the baby. 彼女はその赤ん坊の目をさまさせはしないかと心配している.
c [**be fearful that** [(文) lest]節] …ではないかと心配している ‖
The employees were **fearful that** [lest] they (should) be dismissed. 従業員たちは解雇されはしまいかと心配していた.

**d** [be fearful for A] …を気づかっている ‖
He is fearful for his wife. 彼は妻を気づかっている.
**3** 〈態度などが〉おびえた, 臆(ホミ)病な《◆frightened より堅い語》‖
fearful cries 悲鳴.
a fearful look おどおどした目つき.

**féar·ful·ness** 名 ① **1** 恐ろしさ, すさまじさ. **2** 怖がること, 臆病; 恐怖心.

**fear·ful·ly** /fíərfəli フィアフリ/ 副 **1** 怖がって, びくびくして. **2** 《略式》[意味を強めて] ひどく, とても.

**fear·less** /fíərləs フィアレス/ 形 《正式》恐れを知らない, 大胆な; [be fearless of A / be fearless of doing] …を[…することを]恐れない ‖
a fearless fighter 大胆不敵な闘士.
He was fearless of (running) the risk. 彼は危険(を冒すこと)を何とも思っていなかった.

**féar·less·ness** 名 ① 大胆さ.

**fear·less·ly** /fíərləsli フィアレスリ/ 副 恐れずに, 大胆に.

**fea·si·ble** /fíːzəbl フィーズィブル/ 形 **1** 実行できる, 可能な. **2** 《略式》もっともらしい, ありそうな.

**feast** /fíːst フィースト/ 名 © 祝宴, 大宴会; 大ごちそう, [通例 a 〜] 大いに楽しませるもの ‖
a wédding féast 結婚披露宴.
máke a féast to him 彼のために宴を張る.
These jewels are a feast for [to] the eyes. このような宝石は目の保養になる.
── 動 ⾃ ごちそうになる.
**féast** one's **éyes on** [**upón**] **A** …を見て目を楽しませる, …で目の保養をする.

**feat** /fíːt フィート/ [同音 feet] 名 © 《正式》偉業, 功績; 芸当, 妙技.

*__feath·er__ /féðər フェザ/ [[「翼」が原義]
── 名 (複 〜s/-z/) ①© **1** (1本の)羽, 羽毛 ‖
(as) light as a feather 羽のように軽い.
Fine feathers make fine birds. (ことわざ)《やや古》すてきな羽毛はすてきな鳥を作る;「馬子(ᜒ)にも衣装」.
Birds of a feather flock together. (ことわざ)→ **bird 1**.
**2** ⓤ [集合名詞] 鳥類 ‖
fúr and féather 鳥獣.
── 動 ⑪ 《正式》…に羽飾りをつける.

**feath·er·weight** /féðərwèit フェザウェイト/ 名 ©形 《ボクシング・レスリングなど》フェザー級の(選手)(→ boxing [関連]).

**feath·er·y** /féðəri フェザリ/ 形 **1** 羽のある. **2** 羽のような, やわらかい, 軽い.

*__fea·ture__ /fíːtʃər フィーチャ/ [[「作られたもの」が原義]

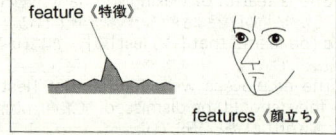

── 名 (複 〜s/-z/) © **1** 特徴, 特色 [類 characteristic, peculiarity] ‖
geographical features 地理的特徴.
Solitude is a feature of urban life. 孤独は都会生活の1つの特色である.
**2** 顔の造作(の1つ); [〜s] 顔立ち, 容貌(ポウ) ‖
a man of handsome features 目鼻立ちのよい男.
**3 a** 呼び物, 特集番組 (feature program).
**b** 特集記事[読み物] (feature article [story]) ‖
do a feature on Japan 日本の特集をする.
**c** 目玉商品 ‖
The feature of the exhibit is Rodin's works. その展覧会の呼び物はロダンの作品だ.
**d** 長編(劇)映画 (feature film).
── 動 (三単現) 〜s/-z/; 過去・過分 〜d/-d/; 現分 --tur·ing/-tʃəriŋ/)
── ⑪ **1** …を呼び物にする; …を特集する; …を主演させる ‖
It was featured on TV by BBC. それは BBC のテレビで大々的に取り上げられた.
**2** …を特徴づける.
── ⾃ 主演する, 主要な役割を果たす.

**féature àrticle [stòry]** = 名 **3 b**.
**féature fìlm** = 名 **3 d**.
**féature prògram** = 名 **3 a**.

**fea·tur·ing** /fíːtʃəriŋ フィーチャリング/ 動 → feature.

**Feb.** (略) February.

*__Feb·ru·ar·y__ /fébjuèri フェブジュエリ, fébu-| fébruəri フェブルアリ, fébju-/ [[「浄罪 (Februa)の月」が原義]
── 名 ① 2月; [形容詞的に] 2月の (略 Feb.) ‖
February has 29 days in a leap year. 閏(ジュン)年には2月は29日ある (語法) → January).

**fed** /féd フェド/ 動 → feed.

**fed·er·al** /fédərəl フェデラル/ 形 **1** 連邦(制)の; 連合の, 連盟の ‖
a federal state 連邦国家.
the Federal Republic of Germany ドイツ連邦共和国《1990年統一前の West Germany の公式名》.
**2** [しばしば F〜] 《米》連邦政府の, (州ごとでなく)合衆国(全体)の(↔ state) ‖
federal laws 連邦法.
the Federal Court 《米国》連邦裁判所.

[関連] [米国の主な連邦組織] Federal Bureau of Investigation 連邦捜査局 (略 FBI) / Federal Communications Commission 連邦通信委員会 (略 FCC) / Federal Reserve Bank 連邦準備銀行 (略 FRB) 《日本の日本銀行に相当し, 全米に12行ある》.

**fed·er·al·ist** /fédərəlist フェデラリスト/ 名 © **1** 連邦主義者. **2** [F〜] 《米史》連邦党の党員[支持者].

**fed·er·a·tion** /fèdəréiʃən フェデレイション/ 名 C U
連邦(にすること); C (組合の)連盟; 連邦政府 ‖
the Federation of Malaysia マレーシア連邦.
a federation of students 学生連盟.

**fee** /fí: フィー/ 名 **1** C **a** 謝礼, 報酬《医者·弁護士·家庭教師などの専門職に対する料金》(→ fare) ‖
a lawyer's fees 弁護料.
**b** [通例複合語で] (受験·入場·入会)料金(→ fare) ‖
an admíssion fèe 入場料, 入会金, 入学金.
**2** C (通例 ~s) 授業料.

**fee·ble** /fí:bl フィーブル/ 形 (通例 比較 ~r, 最上 ~st) **1** 弱い《◆ weak より意味が強い. 人に用いるときは, あわれみ·軽蔑(ボ)の意味を含む》‖
a feeble old man 弱々しい老人.
**2** ⟨性格·知能が⟩弱い ‖
a feeble mind 弱い心.
**3** かすかな, 微弱な ‖
in a feeble voice かすかな声で.
**4** ⟨力·勢い·効果などが⟩弱い, 不十分な.

**fée·ble·ness** 名 U 弱さ; 薄弱さ; 微弱さ; 微力.

**fee·bly** /fí:bli フィーブリ/ 副 弱々しく; 力なく; かすかに.

**feed** /fí:d フィード/ [food の動詞形]

Q&A **Q**: feed の名詞形は food ですが, ee → oo というように決まりがあるのでしょうか.
**A**: 似た例としては bleed (出血する), breed ((子を)生む)に対する blood (血), brood (ひとかえりのひな鳥)があります. しかし flood (洪水)は動詞も flood (水浸しになる)で, 規則があるわけではありません.

—動 (過去·過分 fed/féd/) 他 **1 a** ⟨動物⟩にえさを与える, …を飼う; ⟨子供·病人⟩に食べ物を与える, ⟨人など⟩を養う, 扶養する ‖
Did you feed the pigs? ブタにえさをやったかい.
Well fed, well bred. 《ことわざ》「衣食足りて礼節を知る」.
**b** [feed A B / feed B to A / 《英》feed A on [with] B] A⟨人·動物⟩に B⟨食べ物⟩を与える, B⟨食べ物⟩で A⟨動物⟩を飼う ‖
She fed peanuts to the monkey. 彼女はサルにピーナッツをやった.
You may feed them anything they like. それらにはほしがるものは何をやってもよい.
**2** (正式) (に)⟨燃料·原料などを⟩供給する; ⟨燃料·原料など⟩を(…に)供給する ‖
feed the fire with logs =feed logs to the fire 火に丸太をくべる.
—自 **1** 物を食う; 食べる ‖
The sheep are feeding in the meadow. ヒツジが牧草地で草をはんでいた.
**2** 常食とする ‖
Cattle feed chiefly on grass. 牛は主に草を食べて生きている.
**be féd úp with [abóut] A** (略式) …に飽き飽き

している ‖ I'm fed up with this wet weather. この雨天にはうんざりしている.
—名 (複 ~s/fí:dz/) **1 a** U 飼料, かいば, えさ. **b** C (1回分の)かいば. **2** C (動物·赤ん坊の)食事.

## **feel**

/fí:l フィール/ 〖触覚に訴える能動的な意志行為(…に触れる)から精神的知覚(…と感じる), 感性的判断(…と思う)までを表す〗

→ 動 他 1 さわってみる 2 知覚する
  3 影響を受ける 4 思う
自 1 手探りで捜す 2 a 感触をもつ
  b 感じを覚える 3 同情する

—動 (三単現) ~s/-z/; 過去·過分 felt/félt フェルト/; 現分 ~·ing)
—他 **1 a** [触覚] …を(指などで)さわってみる, 調べる; …を手探りで調べる ‖
feel his pulse 彼の脈をとる; 彼の気持ちを慎重に探る.
feel one's wáy 手探りで進む; 慎重に行動する.
対話 "Mom, can I stay away from school today?" "Let me feel your head first and see if you have a fever." 「お母さん, きょうは学校に行かないで家にいてもいい」「ちょっとおでこにさわらせて, 熱があるかみてあげるわ」
**b** [feel wh 節] …であるかをさわってみる ‖
Feel if I have a fever. 熱があるかさわってみてちょうだい.
**2** [物的·精神的知覚] **a** …を**知覚**する, 感じる, …に気づく ‖
feel hunger 空腹を覚える.
feel the approach of death 死が迫るのを感じる.
I (can) feel a stone in my shoe. 靴の中に石が入っているようだ《◆ can は「今まさに感じている」という意を表し, 進行形の代用となる(→ can¹ 助 2)》.
**b** [知覚動詞] [feel A do] A⟨人·物·事⟩が…するのを感じる; [feel A doing] A⟨人·物·事⟩が…しているのを感じる《◆do と doing の違いは see 動 Q&A を参照》‖
feel death approaching 死が迫るのを感じる.
I felt the earth tremble. 私は地面がゆれるのを感じた.
I felt leaves brush against my cheek. 私は木の葉がほおに触れるのを感じた.
**c** [feel oneself done] ⟨人が⟩…されるのを感じる ‖
She felt herself torn apart. 彼女は自分自身が引き裂かれるような気がした.
**d** [feel A to be C] ⟨人が⟩A⟨物⟩を C であると感じる《◆ C は形容詞》‖
I feel the plan to be unwise. その計画はばからしいと感じる.

Q&A **Q**: feel を進行形で用いることはできないのですか.
**A**: ふつうは用いません. しかし, I'm feeling pains in the back these days. (このところ

背中が痛い)のように一時的な感覚をいう場合には用います.

**3** 〈人・物が〉〈事・物〉(を知覚し何らかの)影響を受ける, …が身にしみる; …に感じ入る, 感動する; …の感じが〔しみじみと〕わかる ‖
**feel** the heat badly 暑さがひどくこたえる.
**feel** (the beauty of) the sunset その日没(の美しさ)に感動する.
The oil crisis is still being **felt** very severely by the motor industry. 石油危機は今にも自動車産業に深刻な影響を与えている.
She **felt** the role in the play. 彼女は劇のその役柄の感じをつかんだ.

**4** [受動的認知] [feel (that) 節 /《やや正式》feel A (to be) C] 〈人が〉(何となく今のところ) A〈人・物・事〉を C だと思う, …という感じを受ける《◆(1) think より根拠が弱い, または控え目な表現. (2) C は名詞・形容詞》‖
I **felt** (that) he was a good doctor. = I **felt** him (to be) a good doctor. 彼はよい医者のように思えた.
He **felt** it better to start at once. 彼はただちに出発する方がよいと思った《◆仮目的語 it のあとでは to be はふつう省略される》.

━━⑥ **1a** [**feel for** [《略式》**after**] A] 〈人・手などが〉手探りで A〈物〉を捜す, A〈事〉をあてもなく捜す[調べる] ‖
He was **feeling** (about) along the wall for the switch. 彼は壁を手探りしてスイッチを捜し(回っ)ていた.
**b**《米略式》ちょっと触ってみる.

**2a** [**feel** C]〈物・事が〉C な感触をもつ《◆C は形容詞》; [**feel like** A]〈物・事〉のような感触をもつ《◆A は名詞》‖
How does the paper **feel**? = What does the paper **feel like**? その紙はどんな手触りがしますか.
The cloth **feels** vélvety. = The cloth **feels like** velvet. この布はビロードのような手触りがする.
It **feels** good (to me) to be home. 家にいると気が休まる.
It **feels like** rain. 雨になりそうだ.
This room **feels** very cold. この部屋はとても寒い《◆重点が人でなく部屋にある言い方. I **feel** very cold in this room. (**2b**)がふつう》.
**b** [**feel** C]〈人が〉C の感じを覚える, 心地がする《◆C は形容詞, 前置詞＋名詞》‖
**feel** at a loss とまどう.
**feel** very surprised とても驚く.
I **feel** bad today. きょうは(からだの)調子が悪い《◆(1) I'm **feeling** bad. も意味はほとんど同じ. (2) bad の代わりに badly を用いるのは《略式》》.
[対話]"How are you **feeling** today?" "I'm **feeling** very well, thank you."「今日は具合はどうですか」「とてもいです. ありがとうございます」.
I **fell** good. 気分がいい, 楽しい.
**c** [**feel as if** [**as though**,《略式》**like**]…]〈人・

物・事が〉…であるかのような気がする《◆節内は仮定法が原則だが, 《略式》では仮定法でない場合もある》‖
I **feel as if** my heart were bursting. = My heart **feels as if** it were [《略式》was, is] bursting. 心臓がはり裂けそうな気がする.

**3**《正式》[**feel for** A]〈人・事〉に同情する ‖
**feel** deeply for [with] him in his distress 悲嘆にくれる彼に深く同情する.
**feel for** their plight 彼らの窮状に同情する.

**4** [副詞(句)を伴って] (主観的な)意見[感想]をもつ ‖
Try to **feel** more strongly about the issue. その問題にもっと関心を持ちなさい.
How do you **feel** toward [**about**] him? 彼のことをどう思いますか(= What do you think of him?).

**5** 〈人・手などが〉感覚がある.

**feel for** A → ⑥ **1a, 3**.

**féel frée to** do《略式》[しばしば命令文で] 遠慮なく…する ‖ [対話]"May I ask you another question?" "**Feel free**!" 「もう1つ質問していいですか」「どうぞ遠慮なく」《◆文脈から明らかな場合 to do は略される》.

◇**féel like** A《略式》(1) …を飲みたい[食べたい]気がする ‖ I really [sure] **feel like** a beer. ビールを1杯やりたい. (2) [しばしば ~ like dóing] …したい気がする ‖ I **feel like** (taking) a rest. ちょっと休憩したい. (3) …のような気がする (→ ⑥ **2c**). (4) …の手触りがある (→ ⑥ **2a**).

━━⑧ **1** [a ~ / the ~] 感触, 手触り; 感じ, 雰囲気 ‖
the satisfying **feel** of triumph 勝利の満足感.
a **feel** of home = a homely **feel** 家庭的な雰囲気.
It's silky to the **feel**. = It has a silky **feel**. それは絹のような手触りがする(= It **feels like** silk.).
This is silk by the **feel**. 手触りからしてこれは絹である.

**2** [a ~] 手で触る[探る]こと ‖
hàve a **féel** in one's pocket ポケットの中を探る.

**gèt the féel of** A《略式》…に慣れてコツを飲み込む, …の勘どころがわかる.

**feel·er** /fíːlər フィーラ/ 名 C [通例 ~s] 触角, 触手; 《略式》(意向・情勢などを知るための)探り ‖
put out (some) **feelers** [a **feeler**] 探りを入れる.

\***feel·ing** /fíːliŋ フィーリング/《→ feel》
━━動 → feel.
━━名 (稪 ~s/-z/) **1** U 感覚, 触覚 ‖
lose all **feeling** in the leg 足の感覚を全く失う.
**2** C [通例 a ~ / the ~] 感じ, 意識, 印象, 予感 ‖
a **feeling** of hunger 空腹感.
I know the **feeling**. その気持ちはよくわかる.
I hàve a [the] **féeling of** being a stranger here. = I hàve a [the] **féeling (that)** I am a stranger here. ここは初めてのような気がする《

the の方が強調的).

対話 "How do you think the Carp will do today?" "I **have** a **feeling** they will win."「きょうのカープはどうだろう」「勝てそうな気がする」.

**3** ⓒ [通例 one's ~] (主観的な)**考え, 感想** ‖
What is **your feeling** toward [about, on] the matter? その問題をどう思いますか(=How do you feel toward the matter?).

**4 a** [~s] (理性に対する)**感情, 気持ち**《◆emotion は「(態度に表れた)強い感情」》‖
hurt his **feelings** 彼の感情を害する.
No hard **feelings**! 悪く思わないでくれ《◆けんか・口論の相手に対する和解の言葉》.
**b** Ⓤ (悪)感情, 反感, 敵意; 興奮, 感動 ‖
good **feeling** 好感.
bad [ill] **feeling** 悪感情.
anti-British **feeling** 反英感情.
a man of strong **feeling** 感情の激しい人.
**Feeling over** the festival ran high. 祭りの気分が盛り上がった.

**5** Ⓤ [しばしば a ~] **思いやり, 同情** ‖
hàve a déep féeling for others 他人にたいへん思いやりがある.

**6** Ⓤ [しばしば a ~] **感受性, 適性;(芸術的)情感** ‖
hàve a féeling for music 音楽の素質がある[が好きである].
play with much **feeling** 大いに情感をこめて演奏する.

**féel·ing·ly** 副 感情をこめて, 感情をむきだしで.

\***feet** /fíːt フィート/ (同形 feat) 名 → foot.

**feign** /féin フェイン/ 動 (正式) …のふりをする.

**feint** /féint フェイント/ 名 ⓒ **1**【スポーツ】**フェイント攻撃**.

**2** (正式) **見せかけ** ‖
màke a féint of working 働くふりをする.
—— 動 ⾃ フェイントをかける.

**fe·line** /fíːlain フィーライン/ 形 **1** ネコ科の. **2** 猫のような. —— 名 ⓒ ネコ科の動物.

\***fell**[1] /fél フェル/ 動 → **fall**.

**fell**[2] /fél フェル/ 名 ⓒ (正式) (毛のついたままの)獣皮, 毛皮(pelt).

\***fel·low** /félou フェロウ/ [金(fe) + 友(llow) → 「共同事業に投資する人」. cf. *fee*]
—— 名 (複 ~s/-z/) ⓒ **1** (主に米略式) **男, 人, やつ** ‖
Help me, old **fellow**. おい君, 手伝ってくれ.
対話 "Have you met the new boy in class?" "Yes, I have. He's really a good **fellow**."「今度クラスに入ってきた男の子に会ったかい」「うん, とてもいいやつだ」.

**2** [通例 one's ~] **仲間, 同僚, 友(だち)** ‖
**fellows** at school 学校仲間.

**3** [形容詞的に] **同僚の, 仲間の;同行する** ‖
a **fellow** student 学友.
a **fellow** music-lover 音楽愛好家仲間.
**fellow** passengers 乗り合わせている乗客.

**4** (正式) (一対の物の)**片方, 相手** ‖
the **fellow** to this shoe この靴の片方(=one of this pair of shoes).

**5** (英) **a** フェロー《大学の教官・評議員[理事]》.
**b** フェロー《fellowship をもらっている大学院学生・研究員》.

**fel·low·ship** /félouʃip フェロウシプ/ 名 **1** Ⓤ 友情;親交, 親睦(ぼく). **2** Ⓤ 共同, 協力. **3** ⓒ [単数・複数扱い] 団体, 組合, 協会. **4** ⓒ **a** (英) フェロー(fellow **5 a**)の地位. **b** (大学院学生・研究生に与えられる)特別奨学金.

**fel·on** /félən フェロン/ 名 ⓒ【法律】重罪犯人.

**fel·o·ny** /féləni フェロニ/ 名 (複 ·o·nies/-z/) ⓒ Ⓤ【法律】(殺人・放火などの)重罪.

\***felt**[1] /félt フェルト/ 動 → **feel**.

**felt**[2] /félt フェルト/ 名 Ⓤ フェルト;ⓒ フェルト製品.

**fe·male** /fíːmeil フィーメイル/ 形 **1** 女の, 女性の(↔ male) ‖
**female** gentleness 女性のやさしさ.
This office has a lot of **female** employees. この会社にはたくさんの女性社員がいる.

**2** (動物の)雌の ‖
A doe is a **female** deer. doe は雌の鹿のことです.

**fem·i·nine** /fémənin フェミニン/ 形 (↔ masculine) **女性の, 女性らしい** ‖
a **feminine** voice 女性の(ような)声.
**feminine** staff 女性社員.
She is so **feminine**. 彼女はとても女らしい.

**fem·i·nism** /fémənizm フェミニズム/ 名 Ⓤ 女性解放論[主義];男女同権論[主義].

**fem·i·nist** /fémənist フェミニスト/ 名 ⓒ 女性解放論者, 男女同権主義者《◆日本語の「フェミニスト」は「女に優しい男」の意でも使われるが, 英語にはこの意味はない》.

**fe·mur** /fíːmər フィーマ/ 名 (複 ~s, fem·o·ra /féməra/) ⓒ【解剖】大腿(だい)骨(部);【昆虫】腿節.

\***fence** /féns フェンス/ 【「防御(defence)」の de が消えた形】
—— 名 (複 fenc·es/-iz/) ⓒ **囲い, 柵(さく), 垣(かき), 塀(へい)**《◆石垣や生け垣(hedge)も含む. 英米では日本のように家の周囲を取り巻いていることは少なく, 道路側にはないことが多い》;(馬術などの)障害物 ‖
**put a** stone **fence** around the garden 庭の周りに石垣をめぐらす.

**sìt** [**stánd**] **on the fénce** 日和(ひより)見的な態度をとる.

—— 動 (三単現 fenc·es /-iz/; 過去・過分 ~d /-t/; 現分 fenc·ing)
—— 他 …**に囲いをめぐらす**(+in, off) ‖
His farm **is fenced with** barbed wire. 彼の農場は有刺鉄線で囲まれている.
—— ⾃ フェンシングをする.

**fenc·ing** /fénsiŋ フェンスィング/ 動 → **fence**.
—— 名 Ⓤ フェンシング, 剣術《◆剣は foil, épée, saber の3種ある》.

**fend·er** /féndər フェンダ/ 名 ⓒ **1** (米) (自動車などの)**泥よけ, フェンダー**((英) wing, bumper)《(図) →

car, bicycle); (主に米)(電車の前の)バンパー. **2** (暖炉の前の)炉格子, ストーブの囲い.

**fen·nel** /fénl フェヌル/ 图 Ⓤ 〖植〗 ウイキョウ; ウイキョウの実《食用・医薬用・採油用》.

**fer·ment** 動 fərmént ファメント; 图 fə́:rment ファーメント / 動 他 **1** …を発酵させる. **2** 《正式》〈感情など〉をたかぶらせる. ── 自 **1** 発酵する; 〈感情などが〉沸き返る.
── 图 **1** Ⓒ 酵素.
**2** Ⓤ 発酵.
**3** Ⓤ [しばしば a ~] 興奮 ‖
in a ferment 大騒ぎで.

**fer·men·ta·tion** /fə̀:rmentéiʃən ファーメンテイション/ 图 Ⓤ 発酵(作用). **2** 興奮.

**fern** /fə́:rn ファーン/ 图 Ⓒ Ⓤ 〖植〗 [集合名詞] シダ(類) ‖
fern seed シダの胞子《◆昔これを持っている人は透明人間になれるといわれた》.
royal fern ゼンマイ.

**fe·ro·cious** /fəróuʃəs フェロウシャス/ 形 **1** 獰猛(どうもう)な, 残忍な. **2** すごい, ひどい.
**fe·ró·cious·ly** 副 獰猛に, 残忍に; ひどく.
**fe·ró·cious·ness** 图 Ⓤ 獰猛さ, 激しさ.

**fe·roc·i·ty** /fərɑ́səti フェラスィティ | -rɔ́s- フェロスィティ/ 图 (複 -i·ties/-z/) **1** Ⓤ 獰猛(どうもう)さ, 残忍さ.
**2** Ⓒ 残忍な行為.

**fer·ret** /férət フェレト/ 图 Ⓒ 動 フェレット《ケナガイタチの飼育種で白毛. ウサギやネズミを穴から追いだすために飼育する》. ── 動 他 **1** 〈ウサギなど〉を追い出す. **2** 《略式》…を捜し出す. ── 自 ウサギ狩りをする.

**fer·rous** /férəs フェラス/ 形 **1** 鉄の, 鉄を含む.
**2** 〖化学〗第一鉄の, 鉄(Ⅱ)の ‖
ferrous chloride 塩化第一鉄.

**fer·ry** /féri フェリ/ 图 (複 fer·ries/-z/) **1** 渡し船, フェリー(ボート) ‖
by ferry = on the ferry フェリーで.
**2** 渡し場, フェリー乗り場.
**3** 定期空輸.
── 動 (三単現 fer·ries/-z/ ; 過去・過分 fer·ried/-d/) 他 …を船で渡す.

**fer·tile** /fə́:rtl ファートル | fə́:tail ファータイル/ 形 **1** 〈土地が〉肥えた, 肥沃(ひよく)な《↔ barren, infertile》.
**2** 多産の, よく実を結ぶ ‖
a fertile dog 多産系の犬.
**3** 創造力に富む ‖
a mind fertile in new plans 新しい計画に創意豊かな心.

**fer·til·i·ty** /fə:rtíləti ファーティリティ | fə:- ファー-/ 图 Ⓤ **1** 土地が肥えていること. **2** 多産, 繁殖[受精]力のあること.

**fer·ti·li·za·tion** /fə̀:rtələzéiʃən ファーティリゼイション/ 图 Ⓤ 土地を肥やすこと.

**fer·ti·lize**, 《英ではしばしば》**-lise** /fə́:rtəlaiz ファーティライズ/ 動 (現分) **-liz·ing** 他 〈土地〉を肥沃(ひよく)にする.

**fer·ti·liz·er**, 《英》**-lis·er** /fə́:rtəlàizər ファーティライザ/ 图 Ⓤ Ⓒ 肥料, 化学肥料.

**fer·vent** /fə́:rvənt ファーヴェント/ 形 《正式》熱烈な.
**fér·vent·ly** 副 熱烈に.

**fer·vor**, 《英》**-vour** /fə́:rvər ファーヴァ/ 图 Ⓤ 《正式》熱情, 熱烈.

**fes·ter** /féstər フェスタ/ 動 自 〈傷などが〉うむ, ただれる.

**\*fes·ti·val** /féstəvl フェスティヴル/ 〖「宗教的・定期的な祝い祭りの日」が原義. cf. feast〗
── 图 (複 ~s/-z/) **1** Ⓒ 祭り, 祝祭; 祝日, 祭日 ‖
the New Year's festival 正月の祝い.
**2** [しばしば F~] Ⓒ (定期的な文化行事の)催し, 催し物シーズン, …祭 ‖
a film festival 映画祭.
**3** Ⓤ Ⓒ 浮かれ騒ぎ, 祝いの喜び; 饗宴(きょうえん).

**fes·tive** /féstiv フェスティヴ/ 形 《正式》祭りの, 祝いの; 陽気な ‖
a festive season 祭りの季節《クリスマスなど》.
**fés·tive·ly** 副 お祭り気分で.

**fes·tiv·i·ty** /festívəti フェスティヴィティ/ 图 (複 -i·ties/-z/) 《正式》**1** Ⓤ 祝いの喜び, 浮かれ騒ぎ.
**2** Ⓒ [festivities] 祝いの催し[行事] ‖
wedding festivities 結婚の祝宴.

**fes·toon** /festúːn フェストゥーン/ 《正式》图 Ⓒ 花綱(飾り)《花・葉・リボンなどをひも状にした飾り》.
── 動 他 …に花綱飾りをする.

**fetch** /fétʃ フェチ/ 動 (三単現 ~·es/-iz/) 他 **1** (主に英)…を(行って)連れて来る, 取って来る ‖
Fetch my watch from my study! 書斎から時計を取って来てくれ!
**2** [fetch A B / fetch B for A] A〈人〉に B〈物〉を(行って)取って来てやる ‖
Fetch me my shirt. = Fetch my shirt for me. ワイシャツを取って来てくれ.
**3** 《略式》〈商品が〉〈値段〉で売れる.
**4** 《正式》〈ため息など〉を漏らす; …を出す ‖
fetch a sigh ため息をつく,
fetch a laugh from the class クラスの者を笑わせる.
**5** [fetch A B] 《略式》A〈人〉に B〈一撃など〉を加える.
── 自 行って物を取って来る.

**fete, fête** /féit フェイト/ 〖同音 fate〗〖フランス〗图 Ⓒ 祭り, にぎやかな催し《ふつう戸外で催され, 時に寄付を集める》. ── 動 他 《正式》[通例 be ~d] 〈人が〉宴をはって祝いを受ける.

**fet·ish, --ich** /fétiʃ フェティシュ, fíːt-/ 图 Ⓒ 物神(ぶっしん), 呪物(じゅぶつ)《霊が宿り, 魔力があるるとして崇拝される木像・石片など》; 病的執着, 偏執.

**fet·ish·ism** /fétiʃizm フェティシズム/ 图 Ⓤ **1** 物神[呪物]崇拝. **2** 〖心理〗フェティシズム《異性の体の一部(毛髪など)や衣類などを性愛の対象とする心理》.

**fet·ter** /fétər フェタ/ 图 Ⓒ 《正式》[通例 ~s] 足かせ; 束縛. ── 動 他 …に足かせをする; 《正式》…を

束縛する.

**fe·tus** /fíːtəs フィータス/ 名 (複 ~·es/-iz/) C 胎児 (→ embryo).

**feud** /fjúːd フュード/ 名 CU 不和；争い.

**feu·dal** /fjúːdl フュードル/ 形 1 〖歴史〗封建制の ‖ the féudal sýstem 封建制度. 2 封建的な.

**feu·dal·ism** /fjúːdlìzm フュードリズム/ 名 U 封建制度.

**fe·ver** /fíːvər フィーヴァ/ 名 1 U [しばしば a ~] (病気による)熱, 発熱 ‖
I hàve a slíght féver. 私は微熱がある.

表現 「熱を(計って)みる」は check [take, ×see] one's temperature [×fever].

2 UC 熱病 《◆病名のときは U》 ‖
scarlet fever 猩(しょう)紅熱.
typhoid fever 腸チフス.
3 [a ~] 興奮状態, 熱狂 (frenzy) ‖
in a fever of anxiety ひどく不安になって.
**at** [**to**] **féver pítch** ひどく興奮して.
**in a féver** (1) 熱に浮かされて. (2) 熱狂[興奮]して.

**fe·vered** /fíːvərd フィーヴァド/ 形 =feverish 1, 3.

**fe·ver·ish** /fíːvəriʃ フィーヴァリシュ/ 形 1 (微)熱のある, 熱っぽい. 2 熱病の, 熱による. 3 ひどく興奮した.

**fé·ver·ish·ly** 副 熱狂的に.

***few** /fjúː フュー/ 形 「「(数が)少しだけある」「少ししかない」が本義.「量」の little に対応する〗

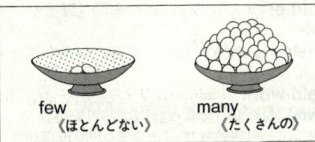

few 〈ほとんどない〉　many 〈たくさんの〉

→ 形 1 ほとんどない　2 いくらかの　代 1 ほとんど…しかないもの[人]　2 少数の人[物]

──形 (比較 ~·er, 最上 ~·est) 1 [無冠詞で；C 名詞複数形の前で]（「ない」ことに焦点を当てて）ほとんどない, わずかしかない (↔ many) ‖
He had féw fríends and little money. 彼は友だちも金もほとんどなかった.
There were féw spectators at the football match. フットボール試合の観客はわずかしかいなかった.

対話 "There were very féw people at the party." "I know. I expected a lot more people." 「パーティーにはほとんど人がいなかったね」「そうだね．もっと大勢来るはずだったんですが」.

2 [a ~; C 名詞複数形の前で]（「ある」ことに焦点を当てて）いくらかの, 少しの, 多少の ‖
There are **a féw** apples in the basket if you'd like one. もし召しあがるのでしたら, かごにリンゴが入っていますよ.
Christmas comes **a féw** days before New Year. クリスマスは新年の数日前にやってくる.

──代 [複数扱い] 1 [無冠詞]（「ない」ことに焦点を当てて）ほとんど…しかないもの[人] ‖

対話 "Betty must have a lot of friends." "You are wrong. She has véry féw." 「ベティには友だちがたくさんいるに違いない」「勘違いしていますよ．彼女には友だちはほとんどいません」.

2 [a ~]（「ある」ことに焦点を当てて）少数の人[物]《具体的に何をさすかは文脈による》 ‖
Only a féw came to help me. 私を助けに来てくれたのはほんの一握りの人々だった.
3 [the ~; 複数扱い] 少数派, エリート.
**nòt a féw** =quite a FEW.
**ónly** [**jùst**] **a féw** (…) =（文）**bùt a féw** (…) ほんのわずかの…．
**quite a féw** (…) =（英）**a góod féw** (…) =（正式）**nòt a féw** (…) かなり多数(の), 相当数(の)《◆控え目な表現》 ‖ We ate several, but a good few were left. いくつか食べたが, かなり残った.
**sòme féw** (…) (1) 少数(の), いくつか(の). (2)（米略式）相当数(の).

**few·er** /fjúːər フューア/ 形 〖few の比較級〗より少ない, 少数の (↔ more) ‖
I have féwer márbles than Jack has. ぼくはジャックよりもおはじきの数が少ない (→ less 形).
──代 [複数扱い]（予想より)少数の人[物]；（他と比較して）より少数の人[物] ‖
Fewer were there than we had hoped. 我々が望んだよりも人数は少なかった.
**nò féwer than …** [数詞を伴って] …もの多くの (as many as …) ‖ No fewer than thirty people were present. 30人もの人が出席した.

**fez** /féz フェズ/ 名 (複 ~·(z)es) C トルコ帽《イスラム教徒の男がかぶるバケツ型の赤いフェルト帽. 今のトルコでは着用しない》.

**fi·an·cé**, (女性形) **--cée** /fìːɑːnséi フィーアーンセイ | fiɔ́ːnsei フィオーンセイ/ 〖フランス〗 名 (複 ~s/-z/) C 婚約者.

**fi·as·co** /fiǽskou フィアスコウ/ 名 (複 ~s, (米) -es) C （計画・演劇などの）完全な失敗.

**fib** /fíb フィブ/ 名 C（略式）たわいないうそ《◆ lie の遠回し語》．──動（過去・過分）**fibbed**/-d/；（現分）**fib·bing**）自（略式）たわいないうそをつく.

**fi·ber**（英）**-bre** /fáibər ファイバ/ 名 1a [集合詞] 繊維；U（布の)生目(きめ) ‖
cotton fiber 綿繊維.
**b** C （動植物・鉱物の)繊維(の1本)；U 繊維組織.
2 U （人の)質性；精神力 ‖
a man of fine fiber 繊細な人.
**fíber glàss** =fiberglass.
**fíber óptics** （内視鏡などに用いる)光学繊維束；[単数扱い] 繊維光学.

**fi·ber·glass** /fáibərglæs ファイバグラース |-glɑːs -グラース/, **fíber glàss** 名 U ファイバーグラス, 繊維ガラス《◆〈商標〉Fiberglas より》.

**fi·bre** /fáibər ファイバ/ 名 （英）=fiber.

**fick·le** /fíkl フィクル/ 形 （正式）気まぐれの, 変わりや

**fic·tion** /fíkʃən フィクション/ 名 **1** Ⓤ〖集合名詞〗小説, フィクション, 創作 (cf. novel, nonfiction) ‖
Truth is stranger than fiction. (ことわざ)「事実は小説よりも奇なり」.

**2** ⒸⓊ 作りごと, 作り話 (↔ fact) ‖
That's a complete fiction. それは全くの作り話だ.

**fic·tion·al** /fíkʃənl フィクショヌル/ 形 作りごとの, 架空の, 小説的な, 虚構の (↔ factual).
**fíc·tion·al·ly** 副 虚構的に, 小説ふうに.

**fic·ti·tious** /fiktíʃəs フィクティシャス/ 〖→ fiction〗
形 (正式) **1** 架空の, 作り話の. **2** 偽りの, うその.
**fic·tí·tious·ly** 副 想像上; 偽って.
**fic·tí·tious·ness** 名 Ⓤ 作りごと, 虚構.

**fid·dle** /fídl フィドル/ 名 (略式) **1** バイオリン (violin); それに類した楽器《チェロ・ビオラなど》‖
the first fiddle 第1バイオリン.

**2** (英) ぺてん, 詐欺.
*(as) fít as a fíddle* (略式) 非常に健康で.
*háve a fáce as lóng as a fíddle* ひどく陰鬱(ﾂ)な顔をしている.
*pláy fírst [sécond] fíddle to A* (略式) A〈人〉に対し主役［端役］を務める, A〈人〉の上に立つ［下につく］.
──動 (現分 fid·dling) 自 (略式) **1** バイオリンを弾く.

**2** いじくる ‖
fiddle with a pencil 鉛筆をいじくりまわす.

**3**（あてもなく）ぶらぶら過ごす.

**fid·dler** /fídlər フィドラ/ 名 Ⓒ (略式) バイオリン弾き《♦呼びかけにも用いる》.

**fi·del·i·ty** /fidéləti フィデリティ, fai-/ 名 Ⓤ (正式) **1** 忠誠, 忠実.

**2** 原物そっくりなこと, 正確さ.

**3**〖電子工学〗（再生音の）忠実度 ‖
a high-fidelity tape recorder 高性能［ハイファイ］テープレコーダー.

**fidg·et** /fídʒət フィヂェト/ 動 自 もじもじする, そわそわする; 気をもむ. ──名 (略式) **1** [the ~s] 落着きのなさ. **2** Ⓒ 落着きのない人.

**Fi·do** /fáidou ファイドウ/ 名 ファイドー《犬によくある名前》.

**\*field** /fíːld フィールド/ 〖「ある特定の広がりを持つ場」が本義〗
→ 名 **1** 野原 **2** 一面の広がり **3** 畑 **6** 競技場 **8** 分野

──名 (複 ~s/fíːldz/) Ⓒ **1**（広々とした）野原, 原野 ‖
the flowers of the field 野の花.
hunt in [on] the field 野で狩りをする.

**2** [通例 a ~]（氷・雪などの）一面の広がり ‖
a field of clouds 雲海.
a field of ice ＝an ice field 氷原.
a field of snow ＝a snow field 雪原.

**3**（ふつう垣・溝などで仕切られた）畑, 田, 牧草地 (→ farm) ‖
a field of corn (米) トウモロコシ畑; (英) 麦畑.
work in the field(s) 野良仕事をする.
対話 "What are they growing in that field over there?" "I'm not sure, but I think it's corn." 「あそこの畑では何を栽培していますか」「はっきりしませんが, トウモロコシだと思います」.

**4** [複合語で]（天然資源の）産出地帯 ‖
a gold field 金鉱地.

**5** [複合語で]（ある目的のための）使用地, 地面, 広場 ‖
a flying field 飛行場.

**6** [複合語で] **a** 競技場 ‖
in [on] the playing field 運動場［競技場］で.
a football field フットボール競技場.
**b**〖競技〗フィールド《track の内側》.
**c**〖野球・クリケット〗球場, 内外野《♦正確には infield, outfield》.

**7** [the ~; 集合名詞] 全競技者, 全出走馬.

**8** (正式)（研究などの）分野, 領域 ‖
the field of art 芸術の分野.

**9** 実地の場, 現場.

**10** (文) 戦場 ‖
be killed on [in] the field 戦死する.

**11** (図案・模様などの) 地(ﾂ).

──動 自（野手として）守備につく; 球をさばく.

**fíeld dày** (米)（学校の）体育祭の日, スポーツ大会の日 ((英) sports day) (→ athletic **1**) 《♦日本のようなお祭り的な運動会ではない》; 野外の集会, 遠足.

**fíeld evènt** フィールド競技［種目］.
**fíeld wòrk** =fieldwork.

**field·er** /fíːldər フィールダ/ 名 Ⓒ〖野球・クリケット〗野手.

**fíelder's chóice**〖野球〗野選, フィルダーズ＝チョイス.

**field·work** /fíːldwəːrk フィールドワーク/, **fíeld wòrk** 名 ⒸⓊ（測量・地質学などの）野外作業,（生物学などの）野外採集,（社会学などの）現場訪問, 実地調査［研究］, フィールドワーク.

**fiend** /fíːnd フィーンド/ 名 Ⓒ **1** (文) 悪魔.

**2** 鬼のようなやつ, 残忍な人.

**3** (略式) …狂 ‖
a golf fiend ゴルフ狂.
a fiend for work 仕事の鬼.

**fiend·ish** /fíːndiʃ フィーンディシュ/ 形 悪魔のような.

**fierce** /fíərs フィアス/ 形 **1** 獰猛(ﾄﾞｳ)な, 荒々しい, 残忍な (ferocious) ‖
a fierce dog 猛犬.
a fierce look ものすごい顔つき.

**2** 激しい, すさまじい; 強烈な ‖
fierce winds すさまじい風.
fierce hatred 激しい憎しみ.
**fíerce·ness** 名 Ⓤ 獰猛さ, 激しさ.

**fierce·ly** /fíərsli フィアスリ/ 副 獰猛(ﾄﾞｳ)に, 猛烈に.

**fi·er·y** /fáiəri ファイアリ/《つづり注意》《♦ ×firery》形 (比較 more ~, ‑·i·er; 最上 most ~, ‑·i·est) **1** 火の, 燃えさかる, 火炎の ‖

a fiery furnace 燃えさかる炉.
**2** 火のような, 燃えたつような ‖
a fiery sunset 燃えるような夕焼け.
fiery eyes ぎらぎら光る目.
**3** 火のように激しい, 熱烈な, 激しやすい ‖
a fiery dispute 激しい言い合い.

**fíer·i·ness** ―名 U 火のような激しさ, 激烈さ.

**fi·es·ta** /fiéstə フィエスタ/ 〘スペイン〙 ―名 C **1** (南欧・南米のカトリック諸国の宗教上の)祝祭, 聖日. **2** (一般に)祝祭.

**FIFA** /fíːfə フィーファ/ (略) 〘フランス〙 Fédération Internationale de Football Association 国際サッカー連盟(=International Football Federation).

**fife** /fáif ファイフ/ ―名 C (主に軍楽隊の)横笛.

\*fif·teen /fiftíːn フィフティーン/ 〘→ five〙
―名 (複 ~s/-z/) **1** U C 15.
**2** U (複数扱い; 代名詞的に) 15個; 15人.
**3** U 15時〔午後3時〕, 15分, 15ドル[ポンド, セント, ペンスなど].
**4** U 15歳.
**5** C 15の記号[数字, 活字]《15, xv, XV など》.
**6** C 15個[人]1組のもの.
**7** C 〔ラグビー〕(15人の)チーム, フィフティーン ‖
a Rugby fifteen ラグビーチーム.
**8** U 〔テニス〕フィフティーン, (ゲームの)1点目(→ tennis 関連).
―形 **1** 〔通例名詞の前で〕15の, 15個[人]の.
**2** 〔補語として〕15歳の.
**15** (記号) 〔英〕(映画が)15歳未満入場禁止(の)(→ film rating).

**fif·teenth** /fiftíːnθ フィフティーンス/ 〘◆ 15th とも書く. 用例は 形 名 とも → fourth〙 ―形 **1** 〔通例 the ~〕第15の, 15番目の(→ first 形 **1**). **2** 〔a~〕15分の1の.
―名 **1** U 〔通例 the ~〕(順位・重要性で)第15番目[15位]の人[もの]. **2** U 〔通例 the ~〕(月の)第15日(→ first 名 **2**). **3** C 15分.

\*fifth /fífθ フィフス/ 〘→ five〙《◆ 5th とも書く. 用例は 形 名 とも → fourth》
―形 **1** 〔通例 the ~〕第5の, 5番目の(→ first 形 **1**).
**2** 〔a~〕5分の1の.
**3** 〔音楽〕第5度(音程)の.
―名 (複 ~s /-s/) **1** U 〔通例 the ~〕(順位・重要性で)第5番目の人[もの], 第5位の人[もの] ‖ Beethoven's Fifth (Symphony) ベートーベンの第5(の交響曲).
**2** U 〔通例 the ~〕(月の)第5日(→ first 名 **2**).
**3** C 5分の1(→ third 名 **5**).

**Fifth Améndment** 〔the ~〕米国憲法修正第5箇条.

**Fifth Ávenue** 5番街《New York 市 Manhattan の繁華街》.

**fifth·ly** /fífθli フィフスリ/ ―副 第5に, 5番目に.

**fif·ties** /fíftiz フィフティズ/ ―名 → fifty.

**fif·ti·eth** /fíftiəθ フィフティイス/ ―形 **1** 〔通例 the ~〕第50の, 50番目の(→ first 形 **1**). **2** 〔a~〕50分の1の. ―名 **1** U 〔通例 the ~〕第50番目[50位]の人[もの]. **2** C 50分の1.

\*fif·ty /fífti フィフティ/ 〘→ five〙
―名 (複 fif·ties/-z/) **1** U C 50《◆ローマ数字は L. しばしば不特定多数を表す》. **2** U 〔複数扱い; 代名詞的に〕50個; 50人.
**3** U 50ドル[ポンド, セント, ペンスなど].
**4** U 50歳.
**5** C 50の記号[数字, 活字]《50, L など》.
**6** C 50個[人]1組のもの.
**7** 〔one's fifties〕(年齢の)50代.
**8** 〔the fifties; 複数扱い〕(世紀の)50年代, (特に) 1950年代; (温度・点数などの)50台.
**9** C (略式) **a** (米)50ドル紙幣. **b** (英)50ポンド紙幣; 50ペンス硬貨.
―形 **1** 〔通例名詞の前で〕50個の; 50人の.
**2** 〔補語として〕50歳の.
**3** =twenty **3**.

**fif·ty-** /fífti- フィフティ-/ (連結形) 50. 例: *fifty*-five 55, *fifty*-third 53番目の.

**fif·ty-fif·ty** /fíftifífti フィフティフィフティ/ (略式) 形 副 五分五分の[に], 半々の[に](half and half) ‖ on a fifty-fifty basis 五分五分で.
divide the food fifty-fifty 食糧を半々に分ける.
go fifty-fifty with him 彼と分け前を半々にする.
**fifty-fifty chánce** 〔a~〕五分五分の見込み.

**fig** /fíg フィグ/ ―名 C **1** イチジク(の実); イチジク.
**2** (やや古・略式) 〔a~; 否定文で〕ごくわずか, 少し ‖ I don't care 〔give〕 a fig (for) what they say. 彼らの言うことなど私は全然気にしない.
**fíg lèaf** (1) イチジクの葉. (2) (男子像の局部を覆う)イチジクの葉形彫刻.

\***fight** /fáit ファイト/ 〘「肉体を使った格闘・戦い」が原義〙
―動 (三単現 ~s/fáits/; 過去・過分 fought /fɔ́ːt/; 現分 ~·ing)
―自 **1a** 戦う, 戦闘する ‖
Japan fought with 〔against〕 the US in World War II. 第二次世界大戦で日本は米国と戦った.
Britain fought with France against Germany. 英国はフランスに味方してドイツと戦った.
**b** 戦う ‖
fight for freedom 自由のために戦う.
fight against temptation 誘惑と戦う.
**2** 格闘する, 取っ組み合いのけんかをする ‖
Ken and Ted were fighting over Mary. ケンとテッドはメリーのことでけんかしていた《◆勉強・スポーツで「張り合う, 競い合う」は compete》.
**3** 口論する. **4** (プロ選手として)ボクシングをする.
―他 **1** …と戦う; …を克服[阻止]するために戦う; 〈賞など〉を得ようとして争う ‖
fight an enemy 敵と戦う.
fight a disease 病気と闘う.
fight a fire 消火に当たる.
fight a prize 賞を争う.
**2** 〈戦い〉をする ‖

fight a duel 決闘をする.
fight a fierce battle 激戦を交える.
**3** …を戦わせる ‖
fight dogs 犬を戦わせる.
***fight báck*** (1) [自] 抵抗する. (2) 〔文〕 [他] …に抵抗する. (3) [他] 〈感情など〉を抑える, 抑制する.
***fight dówn*** 〔略式〕 [他] 〈感情など〉を抑える.
°***fight it óut*** 最後まで戦う.
***fight óff*** [他] …を撃退する.
***fight one's wáy*** 戦いながら進む, 活路を見出す.
──名 (複 ~s/fáits/) **1** Ⓒ 戦い, 戦闘, 闘争 (類 battle, combat, contest, struggle, war) ‖
a fight against the enemy 敵との戦い.
put up a fight for freedom 自由を求めて闘う.
**2** Ⓤ 闘争心, ファイト; 戦闘力; 気概 ‖
show fight 戦意[闘志]を示す.
He had [There was] no fight left in him. 彼は戦意を喪失していた.
**3** Ⓒ なぐり合い; 激論 (◆「口げんか」は quarrel) ‖
have a fight against him 彼となぐり合いをする.
a fight over the issue その問題についての激論.
**4** Ⓒ ボクシングの試合.

**fight·er** /fáitər ファイタァ/ 名 Ⓒ **1** 戦う人, 戦士, 闘士. **2** =fighter plane. **3** プロボクサー.
**fíghter pláne** 〔軍事〕戦闘機 (fighter).

**fight·ing** /fáitiŋ ファイティング/ 動 → fight.
──名 Ⓤ **1** 戦い. **2** なぐり合い. **3** 〔形容詞的に〕交戦中の, 好戦的な.
**fíghting spírit** 闘争心, 闘志.

**fig·ment** /fígmənt フィグメント/ 名 Ⓒ 〔正式〕作り事, 作り話.

**fig·u·ra·tive** /fígjərətiv フィギュラティヴ | fígərə- フィガラ-/ 形 〔正式〕 **1** 比喩(ʰ)的な, 文字どおりでない (↔ literal) ‖
figurative language 比喩的な言葉.
**2** 修飾[比喩]の多い, 〈文体が〉華やかな ‖
a figurative style 美文体.
**fíg·u·ra·tive·ly** 副 比喩(ʰ)的に, 象徴的に.

\***fig·ure** /fígjər フィギャ, fígər | fígə フィガ/ 〔『形づくられたもの』が原義. cf. feign, fiction〕
→ 名 **1** 人[物]の姿 **2** 人物 **3 a** 数(字); 価格 **b** 計算 **4** 図形
──名 (複 ~s/-z/) Ⓒ **1 a** (輪郭でわかる)人の姿, 物の姿, 人影, 物影 ‖
I saw a figure in the dark. 暗やみの中に人の姿が見えた.
**b** 容姿, からだつき, プロポーション ‖
She has a good figure. 彼女はスタイルがよい (◆この意味で style は用いない).
**2** 〔通例形容詞を伴って〕 (…な)人; …タイプの人 ‖
a public figure 著名人.
**3 a** 数字, 数, (数字の)位, けた; 〔略式〕〔通例形容詞を伴って〕価格, 値段 ‖
add up figures 数を合計する.
double figures 2けたの数.
at a high figure 高価格で.
**b** [~s] 計算, 算数 ‖
do figures 計算する.

The girl is good at figures. その少女は計算がうまい.
**4** 〔幾何〕図形; 図; 図案, 模様 ‖
geometrical figures 幾何学模様.
**5 a** 形態, 形状. **b** 人物[動物]の像, 画像, 肖像. **c** 表象, 象徴, 典型. **6** 〔舞踊〕フィギュア, 一連の動作, 一旋回; 〔スケート〕フィギュア 《氷上に描く図形》.
──動 (現分 ··ur·ing) 他 **1** …を計算する, 合計する ‖
figure up a total 計算をして合計を出す.
**2** …を飾る.
**3** 〔米略式〕…と考える, 結論する, 決定する; [figure A (to be) C] A〈人・物・事〉を C だと思う; [figure (that) 節] …だと思う (◆ C は名詞・形容詞) ‖
What do you figure will happen? 何が起こると思うか.
They figured it (to be) the best plan. = They figured (that) it was the best plan. 彼らはそれが最善の計画だと結論した.
[対話] "Do you think they'll be here on time?" "Well, the roads are crowded, so I figure they'll be a little late."「彼らは, 予定通りに来ると思いますか?」「道路が混んでいるので少し遅れると思うよ」.
──自 異彩を放つ, 目立つ ‖
His name figures in local history. 彼の名は郷土史上有名だ.
***fígure óut*** 〔主に米略式〕 [他] …を計算する; …を理解する; …を解決する.
**fígure skáting** フィギュアスケート.

**fig·ure·head** /fígjərhèd フィギャヘド, fígər- | fígə-フィガ-/ 名 Ⓒ **1** 〔海事〕(昔の船の)船首像. **2** 名目上の指導者〔かしら, 長〕.

**fil·a·ment** /fíləmənt フィラメント/ 名 Ⓤ **1** (電球などの)フィラメント, (白熱)繊条. **2** 〔植〕(雄しべの)花糸 (図 → flower).

**filch** /fíltʃ フィルチ/ 動 (三単現 ~·es/-iz/) 他 〔略式〕…をくすねる.

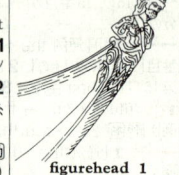

**file**¹ /fáil ファイル/ 名 Ⓒ **1** (書類などの)とじ込み帳, 書類差し, フォルダー, (書類の)整理だな[箱].
**2** (整理した書類・記録などの)とじ込んだもの, とじ込み, ファイル; 〔コンピュータ〕ファイル ‖
place the papers in a file その書類をとじ込みにしておく.
**3** (人・動物・物の)縦の列, 列, 〔軍事〕伍(ご)《並んだ1組》, 縦列 (↔ rank).
──動 (現分 fil·ing) 他 **1** 〈書類など〉をとじ込みにする, ファイルする, 整理保存する. **2** 〔正式に〕〈告訴・申請書など〉を提起[提出]する.
──自 **1** 列を作って行進する.
**2** 申し込みをする ‖
file for a job 仕事の申し込みをする.
**fíle náme** 〔コンピュータ〕ファイル名.

figurehead 1

**file²** /fáil ファイル/ 名 C **1** やすり. **2** [the ~] 磨き上げ. ── 動 (現分 fíl·ing) 他 …をやすりで磨く.

**fil·ing¹** /fáiliŋ ファイリング/ 動 → file¹. ── 名 U (書類の)とじ込み, 書類整理, ファイリング.

**fíling càbinet** 書類整理だな[キャビネット].

**fil·ing²** /fáiliŋ ファイリング/ 動 → file². ── 名 U C やすりかけ; [~s] やすりくず.

**Fil·i·pi·no** /filəpí:nou フィリピーノウ/《スペイン》名 (複 ~s; 《女性形》-na/-nə/) C フィリピン人. ── 形 =Philippine.

\***fill** /fíl フィル/ 〔「いっぱいにする・満たす」が本義. cf. full〕

── 動 (三単現) ~s/-z/; (過去·過分) ~ed/-d/; (現分) ~·ing

─── 他 と 自 の関係 ───
| 他 **1a** | fill A | A をいっぱいにする |
| 自 **1** | A fill | A がいっぱいになる |

── 他 **1a** …をいっぱいに占める, …にあふれる, …に充満する(↔ empty) ‖
The pupils **filled** the hall. 生徒が講堂にあふれた.
**b** 〈感情が〉〈心·表情〉にあふれる ‖
Joy **filled** her heart. 彼女の胸は喜びでいっぱいになった (cf. 自 **2**).
**2** [fill A with B] **a** A〈場所·容器·時間など〉を B で満たす ‖
the box (which is) **filled with** junk がらくたの詰まった箱.
He **filled** a glass. 彼はコップになみなみとついだ.
I **filled** the shelf **with** books. 本棚に本をいっぱい並べた.
**b** A〈人·心など〉を B〈感情〉でいっぱいにする ‖
The news **filled** him **with** sorrow. 知らせを聞いて彼の心は悲しみでいっぱいになった.
**3** 〈地位〉を占める; 〈役〉を務める.
**4** 《正式》〈要求など〉を満たす, …に応じる; 〈約束など〉を果たす.
── 自 **1** 満ちる, いっぱいになる, 充満する ‖
The auditorium **filled** rapidly (**with** people). 講堂はすぐに(人で)満員になった.
Her eyes **filled with** tears. 彼女の目は涙でいっぱいになった.
**2** 〈心など〉がいっぱいになる ‖
Her heart **filled with** joy. 彼女の胸は喜びでいっぱいになった.
◇*fill in* → fill in (見出し語).
*fill óut* (1) [自] 〈帆·タイヤなどが〉ふくれる. (2) [自] 〈人が〉太る; 〈顔·ほおなど〉が丸くなる. (3) [他] 《米》=fill in **2**. (4) [他] 〈帆·タイヤなど〉をふくらませる.
*fill úp* (1) [自] いっぱいになる. (2) [他] …をいっぱいにする, 満たす.
**-filled** /-fíld -フィルド/ 〈連結形〉[名詞に付けて] …を入れた, …でいっぱいの.

**fil·let** /fílit フィリト/《◆《米》では filet/filéi, ~/ともする》名 C U (肉·魚の)骨のない切り身; =fillet steak.

**fíllet stèak** ヒレ肉(fillet).

*\***fill in** /fíl in フィル イン/
── 動 (変化形 → fill) **1** 《略式》[自] 代理をする, 代行をする ‖
I'll find someone to **fill in** for you. 君の代理の人を見つけよう.
**2** [他] 〈書類〉を完成する, …に必要事項を記入する ‖
**Fill in** this form, please. この用紙に必要事項を記入してください.
**3** [他] 〈穴など〉を埋める; 〈氏名など〉を書き込む ‖
**Fill in** your name and address here. ここに名前と住所を書きなさい.

**fill·ing** /fíliŋ フィリング/ 動 → fill. ── 名 C 充填(じゅうてん)(物); (パイなどの)詰め物.

**fílling stàtion** 《米》(給油だけの)ガソリンスタンド(《米》gas [《英》petrol] station)《◆修埋もする所を service station といって区別することがある. 米英ではセルフサービスの無人スタンドが多い》.

**fil·ly** /fíli フィリ/ 名 (複 fil·lies/-z/) C **1** 雌の子ウマ[ロバ, ラバ]《ふつう 4 歳未満のもの》(↔ colt). **2** 《略式》おてんば娘.

**film** /fílm フィルム/ 名 **1** [a ~] 薄膜, 薄皮; 皮膜 ‖
a **film** of oil 油の薄い膜.
**2** C U フィルム, 感光膜 ‖
develop a **film** フィルムを現像する
a roll of color **film** カラーフィルム 1 本.

---
関連 fast **film** 高感度フィルム / 35mm **film** 35 ミリフィルム / X-ray **film** X線フィルム / black-and-white **film** 白黒フィルム.

---

**3 a** [the ~s; 集合名詞] 映画; [~s] 映画界, 映画産業.
**b** C 《主英》(1 本の)映画(《米や略式》movie)《◆《米》でも新聞·雑誌でよく用いる》; [形容詞的に] 映画の ‖
go to see a **film** 映画を見に行く.
shóot a **fílm** 映画を撮影する.
a foreign **film** 外国映画.
a **film** fan 映画ファン.
a **film** version (小説などの)映画化されたもの.
── 動 他 …を(映画に)撮影する; 〈小説など〉を映画化する ‖
**film** a play 劇を映画化する.
── 自 **1** 《正式》薄膜[もや]で覆われる, かすむ, ぼやける ‖
Her eyes **filmed** over with tears. 彼女の目は涙で曇った.
**2** [well などの副詞を伴って] 〈人など〉が映画向きである; 〈小説など〉が映画化される.
**3** 映画を製作[撮影]する.

**fílm fèstival** 映画祭 《◆ベネチア(Venice), カンヌ(Cannes)のものなどが有名》.

**fílm líbrary** 映画図書館, フィルム貸し出し所.

**fílm ràting(s)** 映画の入場者指定表示.

> Q&A Q: 映画の入場者指定表示にはどんなものがありますか.
>
> A: (米)では PG (parental guidance) 保護者の指導が望ましい; R (restricted) 保護者同伴で入場可; G (general) 一般向き; NC-17 成人映画(17歳未満入場禁止)((古) X), (英)では PG (parental guidance) 保護者の指導が望ましい; 15 15歳未満入場禁止, U (universal) 一般向き; 18 (x-rated) 成人映画(18歳未満入場禁止)があります.

**fílm stàr** 映画スター((米) movie star).
**fílm tèst** (映画俳優志望者の)カメラ・テスト.
**fil·ter** /fíltər フィルタ/ 名C 濾過(か)器, 濾(ろ)紙, フィルター; (写真)フィルター.
——動 他 …を濾過する, こす ‖
filter oil 油をこす.
filter out the dirt in the water 水を濾過してごみを除く.
——自 1 しみ出る, 通る, 浸透する, 漏れる ‖
The sun's rays come filtering through the clouds. 太陽の光が雲を通って射してくる.
2 〈うわさなどが〉行き渡る, 〈思想が〉しみ込む.
**fílter pàper** 濾紙, こし紙.
**fílter tìp** フィルター(付きのタバコ).
**filth** /fílθ フィルス/ 名 U 1 汚れ, 汚物. 2 下品な言葉[考え].
**filth·y** /fílθi フィルスィ/ 形 (比較 …·i·er, 最上 …·i·est) 1 汚れた, 不潔な. 2 下品な.
**fin** /fín フィン/ 名C 1 (魚の)ひれ((図) → fish), (アザラシなどの)ひれ状器官. 2 (通例 ~s) ひれ状のもの, (潜水具の)ひれ足.

\***fi·nal** /fáinl ファイヌル/ 【終わり(fin)の(al). cf. finish, finite】形 finally (副)
——形 1 (名詞の前で)(順序が)最後の, 最終の ‖
the final chapter of a book 本の最終章.
対話 "Has the play begun yet?" "You're late. This is the final scene."「劇はもう始まったのですか」「君遅いね. もう最後の場面だよ」.

> 関連 last が単に順序の終わりを示すのに対し, final はそれで完結することを強調する.「最終電車」は the last [×final] train.

2 決定的な, 変更できない ‖
a final decision 最終(的な)決定.
The judgment is final. その判決は最終的なものである.
——名 (複 ~s/-z/) C 1 [しばしば ~s] 決勝戦, (サッカーなどの)本大会 ‖
play in the finals 決勝戦で競技する.
2 [通例 ~s] 最終試験.
3 (略式) (新聞の)最終版.
**fi·na·le** /finǽli フィナーリ/ |-nǽli フィナーリ/ 【イタリア】 名C (音楽)終楽章, 終曲, フィナーレ; (演劇) 大詰め. 2 終局.
**fi·nal·i·ty** /fainǽləti ファイナリティ/ 名U (正式) 最終的なこと.
**fi·na·lize** /fáinəlàiz ファイナライズ/ 動 他 (正式) 〈計画・取り決めなどを〉完結させる, …に決着をつける (♦ complete などがふつう).

\***fi·nal·ly** /fáinəli ファイナリ/ 【→ final】
——副 1 [通例文頭で] 最後に ‖
I wish, finally, to thank you all. 終わりにあたり皆様に感謝いたします.
2 最終的に, 決定的に ‖
The matter was finally settled. その問題はきっちりとかたづいた.
3 [通例文頭, 動詞の前で] ついに, やっと, ようやく 《♦ at last は「努力の結果」,「待ち望んでいた」などの含みを持ち, finally よりも意味が強い》; 結局は (eventually) ‖
We waited for an hour and she finally arrived at 9:00. 私たちは1時間待って, ようやく彼女は9時に着いた.
**fi·nance** /fənǽns フィナンス, fáinæns /ニ-; 動 ニ-/-/ 名 1 U 財政; 財政学 ‖
the Ministry of Finance 大蔵省((英) the Exchequer).
2 [~s] (政府・会社などの)財源; 財政状態.
——動 (現分 …·nanc·ing) 他 (正式) …に資金を融資する.

\***fi·nan·cial** /fənǽnʃl フィナンシュル | fai- ファイ-/
——形 財政上の, 金融上の ‖
face a financial crisis 財政危機に直面する.
**finánciał institútion** 金融機関.
**finánciał státements** 財務諸表.
**finánciał yéar** (英) [the ~] 会計年度《4月6日から翌年4月5日まで. (米・カナダ) fiscal year》.
**fi·nan·cial·ly** /fənǽnʃəli フィナンシャリ | fai- ファイ-/ 副 財政[金銭]的に, 財政上.
**fi·nan·cier** /finənsíər フィナンスィア, fài-fainǽnsiə フィナンスィア/ 名C (正式) 財政家; 金融業者.
**finch** /fíntʃ フィンチ/ 名 (複 ~·es/-iz/) C (鳥) フィンチ《一般にアトリ科の小鳥の総称; bullfinch, goldfinch など》.

\***find** /fáind ファインド/ 【「見つける」が本義】
——動 (三単現 ~s/fáindz/; 過去・過分 found /fáund/; 現分 ~·ing)
——他 1a …を(捜して)見つける, 発見する; [授与動詞] [find A B / find B for A] A〈人〉に B〈物・事〉を見つけてやる ‖
I can't find my pen! 私のペンが見当たらない!
The missing boy has not been found yet. その行方不明の少年はまだ見つかっていない.
Tom found Meg a taxi. = Tom found a taxi for Meg. = Tom found for Meg by Tom. トムがメグにタクシーを見つけてやった.
対話 "Are you looking for something?" "Yes, I need to find the toy department."「何かお捜しですか」「ええ, おもちゃ売場をさがしているのです」.
b [find A C] A〈人〉が C であるところを見つける 《♦

《C は形容詞・分詞など》‖
She was **found** dead the next morning. 彼女は翌朝になって死んでいるのが見つかった.
John **found** the girl **studying** in the library. ジョンはその少女が図書館で勉強しているところを見つけた.
**2** 〈物〉を(偶然に)**見つける**; 〈人・事〉に出会う (類 come across [upon], hit upon) ‖
She **found** a ten-dollar bill on the sidewalk. 彼女は歩道で10ドル札を1枚見つけた.
対話 "How did you get the new job?" "I **found** it in the paper."「新しい職はどのようにして手に入れたのですか」「新聞で見つけたのです」.
**3** …を(捜せば)**見い出せる** ‖
You **find** koalas [Koalas are **found**] in Australia. コアラはオーストラリアにいる.
You won't **find** many students studying Latin now. 今どきラテン語を勉強している学生はあまりいないだろう.
**4** …を**見つける**, (捜して・経験あるいは努力の結果)手に入れる, 作り出す ‖
**find** a cure for a disease 病気の治療法を見つける.
I'll manage to **find** the money for the trip. なんとか旅費を工面しよう.
How do you **find** time to read? どうしたら読書の時間が作れるのですか.
**5 a** [find A (to be) C] 〈人〉が(偶然に, 経験・試みで) A〈人・物・事〉が C と**わかる**《◆C は名詞・形容詞・分詞など》; [find (that) 節] …だとわかる ‖
I **found** him (to be) a kind man. =I **found** (that) he was a kind man. (話してみると)彼は親切な人だとわかった.
He **found** himself (to be) in a dark forest. (気がつくと)彼は暗い森の中にいた.
I **found** the bed comfortable. (寝てみると)そのベッドは寝ごこちがよかった.
**b** [find it C to do] …するのは C だと思う[わかる]《◆it は仮定目的語》‖
I **find** it impossible to believe you. 君の言うことはとても信じられない.
**6** …を**探り出す**, 発見する(discover); [find wh 句・節] …かを調べる ‖
Let's try to **find** the answer to the question. その問題の解答を一緒に考えてみよう.
**Find** (out) **how** to [how you can] get there. そこへ行く方法を調べてくれ.
Newton **found out that** there was [is] a law of gravity. ニュートンは重力の法則が存在していることを発見した《◆is とすると, 発見の時と関係のない一般的真理であることを強調する》.
対話 "Why don't you play with our new dog?" "But he looks fierce. Does he bite?" "That's what I want to *find out*."「うちに来た新しい犬と遊ばないか」「でも恐そうな顔をしているね. かみつかないかな」「ぼくもそれが知りたいんだ」.
◇**find óut** [他] (1) → ● **6**. (2) …の正体を見破る, 〈なぞ〉を解く‖ The police **found** him **out**. 警察は彼の正体を見破った.

Q&A *Q* : find と find out とはどう違いますか.
*A* : find は偶然見つかる場合と努力して捜して見つける場合の2通りの意味がありますが, find out は努力して捜して見つける方の意味に限ります. そして隠されていた, または知られていなかった事実を見出す意味合いが強いところが異なります.

——名 ⓒ 発見; (財法などの)発見物; 掘り出し物.
**find·er** /fáindər ファインダ/ 名 ⓒ **1** 発見者; 拾得者. **2** 〔写真〕(カメラの)ファインダー.
**find·ing** /fáindiŋ ファインディング/ 動 → find.
——名 ⓤ 発見; ⓒ [しばしば 〜s] 発見[拾得]物.

**✳fine**¹ /fáin ファイン/ 〚「終わり(fin)」から「質において最後のもの」「申し分ない」が本義〛

→ 形 **1** りっぱな **2** 細かい; 細い **3** 晴れた
 **4** 元気な **5** 鋭敏な **6** 洗練された

——形 (比較 fin·er, 最上 fin·est) **1** [通例名詞の前で] **りっぱな**, すばらしい, 見事な, 結構な; きれいな, 美しい (類 elegant, exquisite, good, nice) ‖
She has grown up to be a **fine** girl. 彼女は成長して美しい娘になった.
a **fine** house すばらしい家.
That's a **fine** excuse. それは見事な言い訳だよ.
**2** [通例名詞の前で] 〈粒などが〉**細かい**; 〈糸などが〉細い; 〈織物・肌などが〉きめの細かい(↔ coarse) ‖
**fine** sugar 粒が細かい砂糖.
Sand is **finer** than ballast. 砂は砂利より粒が細かい.
**fine** rain 小ぬか雨.
**fine** snow 粉雪.
**fine** hair 細い髪.
a **fine** pen 先の細いペン.
**fine** skin もち肌.
**3** **晴れた**, 快晴の(→ weather Q&A) ‖
It turned out **fine** again in the afternoon. 午後にまた晴れた.
(on) a **fine** winter morning ある晴れ渡った冬の朝(に).
対話 "What a lovely day it is!" "After yesterday's storm I can't believe how **fine** it is."「すばらしいお天気ですね」「きのうのあらしのあとでこんないいお天気とは信じられない」.
**4** [通例補語として] **元気な**, 健康な; 〈場所などが〉健康によい, 快適な ‖
I'm **fine**. 元気です.; [↳] これで結構です.
This flat's **fine** for us. このアパートは私たちには快適です.
対話 "How's your wife?" "She's **fine**, thank you."「奥さんはお元気ですか」「おかげさまで, 元気です」.

Q&A *Q* : How áre you? に対してどう答えたらよいのですか.
*A* : (1) 元気なときには, I'm **fine** [vèry wéll indéed]( , thánk you)., Fíne( , thánks).,

Véry wéll [Áll ríght]( , thánk you). などと言います. (2) それほど元気でないときには Só-sò [ÒK, Nót tòo bád, Prétty fáir]( , thánks). などと言います.

**5** (正式) [通例名詞の前で] **鋭敏な**; 微妙な, 繊細な ‖
a **fine** eye for color 色彩に対する鋭い目.
a **fine** adjustment 微調整.
**6** [通例名詞の前で] **a 洗練された**, 完成された, 上品な; 上品ぶった ‖
**fine** manners 洗練された作法.
**b** 〈文体などが〉飾り立てた, はでな; 入念な.
*óne fíne dáy* [*mórning*] ある日〔朝〕《◆ **fine** は天候に無関係. 過去にも未来にも用いる》.

── 名 ① 晴天, 上天気; [～s] 細粒; 微粒子 ‖
in **fines** 細かく.

── 副 [比較] fin·er, [最上] fin·est] **1** =finely **2**.
**2** りっぱに, 見事に ‖
She's doing **fine** in school. 彼女は学校でよくやっている.
**3** [F～] (略式) うん, そうだね; いいよ; そりゃ結構 (OK) ‖
対話 "How about going to see *Spider-Man* tomorrow evening?" "**Fine**. I have something to do tomorrow afternoon. But the evening will be all right." 「あすの夜『スパイダーマン』を見に行かないか」「うん, いいよ. あすの午後用事があるけど, 夜は大丈夫だよ」.
*cút it fíne* → cut 動.
**fíne árt** [**árts**] 美術《主に絵画・彫刻・建築》.

**fine**² /fáin ファイン/ 名 ⓒ **罰金, 料金** ‖
pay a $10 **fine** =pay a **fine** of $10 10 ドルの罰金を払う.
── 動 [現分] fin·ing) 他 〈人〉に罰金を科する;
[**fine** A B] A〈人〉を B〈金額〉の料金に処する ‖
**fine** him heavily 彼に重い罰金を科す.
They **fined** her £5 for speeding. 彼女はスピード違反で5ポンドの罰金を科せられた《◆ They は police をさす》.

**fine**- /fáin- ファイン-/ 連結形 **1** [通例現在分詞を伴って] すばらしい…の, きれいな…の.
**2** [過去分詞を伴って] 細く[細かく, 見事に]…された.
**fine·ly** /fáinli ファインリ/ 副 **1** (正式) りっぱに.
**2** 細かく.
**fi·nesse** /finés フィネス/ [フランス] 名 ① **1** (正式) 手ぎわのよさ.
**2** 細やかさ, 精巧さ.

## **fin·ger** /fíŋgər フィンガ/ 〖「5つ」が原義〗
── 名 (複 ~s/-z/) ⓒ (手の)**指**《◆ふつう親指 (thumb) を除く. 「足の指」は toe》 ‖
the index [first] **finger** 人さし指 (forefinger).
the middle [second] **finger** 中指.
the ring [third] **finger** 薬指《◆指輪をはめる指. 結婚式のときには the fourth *finger* という》.
the little [fourth] **finger** 小指.

His **fíngers** are (áll) thúmbs. (略式) 彼はとても不器用だ《◆「指がすべて親指」という意味から》.
*cróss* one's **fíngers** =*kéep* [*háve*] one's **fíngers** cróssed (略式)《主に背中に回した手の中指を人さし指に重ねて》祈る《◆ 魔よけ・願いごとのしぐさ》.

*cross one's fingers*   *shake one's finger*

drum one's **fingers** on a desk 指で机をコツコツとたたく.
dig one's **finger** 指でつづく.
rún one's **fíngers** through one's háir 髪をかきむしる《◆ 緊張・当惑のしぐさ》.
form a circle with one's thumb and index **finger** 親指と人さし指で円を作る《◆「OK」「バッチリ」の意》.

*form a circle with one's thumb and index finger*    *rub one's thumb and index finger together*

rub one's thumb and index **finger** together 親指と人さし指をこすり合わす《◆ 金の請求のしぐさ》.
sháke [wág] one's **fínger** at him 彼に向かって人さし指を(前後または左右に)振る《◆ 非難・警告のしぐさ》.
póke a **fínger** at him 彼を指さす[あざける].
put a [one's] **finger** to one's lips =have [lay] a [one's] **finger** on one's lips シーッと口に指を当てる.

*put one's finger to one's lips*    *snap one's fingers*

*láy* one's **fínger** ón A (1)(略式) A〈原因など〉

を的確に指摘する. (2) A〈場所〉を突き止める.
**slíp through A's fíngers**〈チャンス・金などが〉A〈人〉から逃げる.
**snáp** one's **fíngers** (1) 指をパチンと鳴らす《◆人の注意を引いたり,「しめた!」というしぐさ》. (2) さげすむ, 軽蔑する.
── 動 他 …を指で触れる.
── 自 指で触れる.
**fínger típ** =fingertip.
**fin·ger·nail** /fíŋgərnèil フィンガネイル/ 名 C 指のつめ ‖
to the fingernails 指の先まで, 完全に, すっかり.
**fin·ger·print** /fíŋgərprìnt フィンガプリント/ 名 C [通例 ~s] 指紋. ── 動 他 …の指紋をとる.
**fin·ger·tip** /fíŋgərtìp フィンガティプ/, **finger tip** 名 C 指先.
**háve** A **at** one's **fíngertips** …に精通している, …をすぐ利用できる.
**fin·ing** /fáiniŋ フアイニング/ 動 → fine.
*****fin·ish** /fíniʃ フィニシュ/ (同音 Finnish)[[「最終段階に至る」が原義. cf. *final*]]
── 動 (三単現 ~**es** /-iz/; 過去・過分 ~**ed** /-t/; 現分 ~**ing**)

  ── 他 と 自 の 関 係
  | 他 1 | finish A | A を終える |
  | 自 1 | A finish | A が終わる |

── 他 **1** …を終える, すます; [finish doing] …し終わる(↔ begin) ‖
finish a task 仕事をすます.
finish a painting 絵を描き終える.
finish a work of art 芸術作品を完成する.
finish one's life 一生を終える.
Have you **finished** your homework? 宿題はすみましたか.
対話 "John, hurry up. We're ready to eat now." "Okay. I'll be there soon. I have to **finish** cleaning the room first."「ジョン, 早く. 食事の用意ができているのよ」「わかった. すぐ行くよ. その前に部屋の掃除を終えないといけないんだ」.
**2 a** …に仕上げ塗りをする, 磨きをかける ‖
finish a table **with** varnish テーブルにニスをかけて仕上げる.
**b** …を食べ[飲み]終える; …を使い切る ‖
Let's **finish** the beer. ビールを飲んでしまおう.
**3 a** (略式) [be ~ed]〈人がだめになる, 再起不能になる, 運が尽きる〉‖
He survived the accident but **was finished** as jockey. 彼は事故で一命をとりとめたが騎手としては再起不能となった.
**b** [be ~ed]〈人が終える, 仕上げる〉‖
Are you **finished**? もうおすみですか.
── 自 **1** 終わる, すむ(↔ begin) ‖
The concert **finished** at nine. コンサートは9時に終わった.
**2** してしまう, 片付ける ‖
finish **by** singing the national anthem 最後に国歌を歌って解散する.

Have you **finished with** the newspaper? もう新聞は読み終わりましたか.
── 名 (複 ~·**es** /-iz/) **1** [a ~ / the ~] 終わり, 終結; 最後の段階; ゴール ‖
a close **finish** in the race 競走で接戦のゴールイン.
a fight to **the finish** どちらかが倒れるまでの戦い, 決戦.
**2** U C 仕上げ, 磨き; 洗練.
**fin·ished** /fíniʃt フィニシュト/ 動 → finish.
── 形 **1** 完成した, 仕上がった(↔ unfinished). **2** 洗練された, 完全な.
**fi·nite** /fáinait フアイナイト/ 形 限定された ‖
at a **finite** speed 制限速度で.
**fínite vérb** 〖文法〗定(形)動詞《主語の人称・数・時制・法によって形が変わる動詞形》.
**Fin·land** /fínlənd フィンランド/ 名 フィンランド《北欧の共和国. 首都 Helsinki. 形容詞は Finnish》.
**Finn** /fín フィン/ (同音 fin) 名 C **1** フィンランド人. **2** フィン人《ロシア・米国などに住んでフィンランド語を話す人》; [the ~s] フィン族.
**Finn·ish** /fíniʃ フィニシュ/ 形 フィンランド(人, 語)の; フィン族の. ── 名 U フィンランド語.
**fir** /fə́ːr ファー/ (同音 fur; 類音 far/fáːr/) 名 C 〖植〗モミ(の木)《◆クリスマスツリーにする》; U モミ材.
**fír còne** モミの実《松かさ状》.

*****fire** /fáiər ファイア/ [[「たいまつ」が原義]]
派 fiery (形)
→ 名 **1** 火  **3** 火事
  動 他 **1** 発射する  **2** 火をつける  **3** 解雇する
  自 発射する
── 名 (複 ~**s**/-z/) **1** U 火, 火炎 ‖
The **fire** was burning brightly. 火はあかあかと燃えていた.
**2** C **a** (料理・暖房用の)火, たき火《◆タバコの「火」は light: Do you have a light? 火を貸してくれませんか》‖
There's a warm **fire** in the living room. 居間には暖かい火がある.
light a **fire** 火をたきつける.
対話 "It's getting very cold outside." "Let's **make** [build] a **fire**."「外がだいぶ寒くなってきたわね」「火を起こしましょう」.
**b** (英) (ガス・電気の)暖房器, ヒーター ‖
an electric **fire** 電気ヒーター.
**3** U C 火事, 火災 ‖
A **fire broke out** in the boiler house yesterday. =There was a **fire** in the boiler house yesterday. きのうボイラー室で火事が起こった.
**4** U (銃砲の)射撃, 砲火; [通例 a ~] (質問・抗議の)激しい集中攻撃 ‖
**open fire** on [at] the car その車への射撃を始める.
**cease fire** 射撃をやめる.
put **a fire** of questions to him 彼に矢継ぎ早

の質問をする.
**cátch (on) [gó on] fíre** (1) 火がつく, 燃え上がる ‖ Dry wood **catches (on) fire** easily. 乾いた木には簡単に火がつく. (2) 興奮する, 躍起になる.
**on fíre** (1) 燃えて(いる). (2) 興奮して(いる).
**ópen fíre** → 图4 ; (質問の)口火を切る.
**sét A on fíre** = **sèt fíre to A** (1) …に火をつける, 放火する ‖ **sèt fíre to** the house = **sèt the house on fíre** 家に放火する. (2) A〈人〉を興奮[熱中]させる.
**ùnder fíre** 砲火を浴びて ; 非難を浴びて.
──動 (三単現) ~s/-z/ ; (過去・過分) ~d/-d/ ; (現分) fir・ing/fáiəriŋ/
──他 1 …を発射する, 発砲する ‖
fire a rifle ライフル銃を発射する.
fire a bullet 弾丸を発射する.
fire a salute 礼砲を放つ.
fire one's gun at them 彼らを狙って発砲する.
2 (正式) **a** …に火をつける, …を燃やす ‖
fire a haystack 干草の山に火をつける.
fire a rocket engine ロケットエンジンに点火する.
**b** (正式)〈人・感情〉を燃えたたせる ‖
Her story **fired** my imagination. 彼女の話は私の想像力をかきたてた.
3 (略式)〈人〉を**解雇する**, くびにする ‖
fire him from the job 彼をその仕事から解雇する.
──自 発射する, 発砲する ;〈銃が〉発射される ‖
He **fired at** us. 彼は我々に発砲した.
fire into the crowd 群衆に向かって発砲する.
**fíre alàrm** 火災警報[報知器].
**fíre drìll** 消火演習[訓練] ; 火災避難訓練.
**fíre èngine** 消防車.
**fíre escàpe** 非常階段 ; 火災避難装置[用具]《はしご・シュート・ロープなど》.
**fíre extìnguisher** 消火器.
**fíre fìghter** 消防士[団員] (→ fireman).
**fíre hỳdrant** (英) = fireplug.
**fire・arm** /fáiəɹ̀ːrm ファイアアーム/ 图 ⓒ (正式) [通例 ~s] 小火器《pistol, rifle, shotgun, revolver, machine gun など》.
**fire・crack・er** /fáiəɹkræ̀kəɹ ファイアクラカ/ 图 ⓒ 爆竹, かんしゃく玉.
**-fired** /-fáiəɹd -ファイアド/ (連結形) …(燃料)で動く. 例: an oil**-fired** heater 石油ヒーター.
**fire・fly** /fáiəɹflài ファイアフライ/ 图 (複 fire・flies /-z/) ⓒ ホタル.
**fire・light** /fáiəɹlàit ファイアライト/ 图 Ⓤ (暖炉・かがり火の)火明かり.
**fire・man** /fáiəɹmən ファイアマン/ 图 (複 ..men) ⓒ 1 消防士[団員] ((PC) fire fighter). 2 (炉・機関車などの)かまたき((PC) stoker), 機関助士((PC) driver's assistant).
**fire・place** /fáiəɹplèis ファイアプレイス/ 图 ⓒ 1 (部屋の壁に取り付けた煙突付きの)暖炉. 2 野外炉.
**fire・plug** /fáiəɹplʌ̀g ファイアプラグ/ 图 ⓒ (米) 消火栓 ((英) fire hydrant).
**fire・proof** /fáiəɹprúːf ファイアプルーフ/ 形 耐火[防

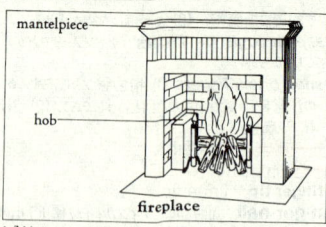

mantelpiece
hob
fireplace

火]性の.
**fire・side** /fáiəɹsàid ファイアサイド/ 图 ⓒ 1 [通例 the ~] 炉ばた, 炉辺《◆ 家庭生活の楽しさを表すと考えられている所》. 2 [しばしば the ~] 家庭(生活), 一家だんらん. 3 (米略式) [形容詞的に] 炉ばたの ; うちとけた, 家庭の.
**fíreside chàt** 炉辺(ろへん)談話《特に米国大統領 F. D. Roosevelt がラジオを通じて行なったニューディール政策の発表が有名》.
**fire・wood** /fáiəɹwùd ファイアウッド/ 图 Ⓤ まき, たきぎ ; (英) たきつけ《木のけずりくずなど》.
**fire・work** /fáiəɹwə̀ːrk ファイアワーク/ 图 ⓒ 1 花火 ‖
light **fireworks** 花火に火をつける.
2 花火大会 (firework(s) display).
**fírework(s) dìsplay** = firework 2.
**fir・ing** /fáiəriŋ ファイアリング/ 動 → fire.

***firm**¹ /fə́ːrm ファーム/ (顕音 farm/fáːrm/)《「堅固な」が原義. cf. confirm, affirm, farm》
派 firmly (副)
──形 (比較 ~・er, 最上 ~・est) 1 堅い, 堅固な, 引き締まった(↔ soft) (類 solid, hard, stiff) ‖
**firm** muscles 引き締まった筋肉.
a **firm** texture 詰んだ織り目.
2 しっかり固定された, ぐらつかない, 安定した ‖
a **firm** footing 堅固な足場.
a **firm** foundation 堅固な土台.
a tree **firm** in the earth 大地にしっかり立っている木.
**firm** teeth ぐらつかない歯.
a **firm** voice 力強い声.
be on **firm** ground しっかりした大地[基礎]に立つ.
3 堅い, 不変の ; 確固とした ‖
a **firm** belief 堅い信念.
a **firm** decision ゆるぎなき決定.
I was **firm about** traveling by air. 私は空の旅をすると堅く心に決めていた.
4 断固とした, 強硬な ; 断固とした態度の ‖
a **firm** command 厳しい命令.
be **firm with** the students 生徒に断固とした態度をとる.
──副 (比較 ~・er, 最上 ~・est) 堅く, しっかりと (firmly).
**hóld fírm** = **stánd fírm** (1)〈物価などが〉しっかりとしている. (2)〈人が〉(攻撃・説得にも)断固として譲らない.
**hóld fírm to A** (1) A〈物〉をしっかりとつかんでいる.

(2) **A**〈信念など〉に固執する.

**firm**² /fə́:rm ファーム/ 名 C (2人以上の合資の)商会, 商店, 商社, 会社(類) company, corporation) ‖
the Firm of Mason and Dixon メイソン=ディクソン商会.

\***firm·ly** /fə́:rmli ファームリ/ [→ firm¹]
—副 (比較 more ~, 最上 most ~) 堅く, 堅固に, しっかりと；断固として ‖
He told the boys **firmly** to listen carefully. 彼は少年たちに注意して聴くよう厳しい口調で言った.

**firm·ness** /fə́:rmnəs ファームネス/ 名 U 堅さ, 堅固なこと；断固としていること.

\*\***first** /fə́:rst ファースト/ ([類音] fa_st/fǽst | fá:st/) 『「最も前にある(foremost)」が原義』
—形 **1** [通例 the ~] (序数の)**第一の**, 1番目の 《◆ 1st とも書く》；最初の(⇔ last) ‖
the **first** snow of the year 初雪.
at the **first** opportunity 機会がありしだい.
the **first** man from the right いちばん右の人.
He won [got] (the) **first** prize. 彼は 1 等賞をとった.
She is in (the) **first** grade. 彼女は小学1年生です.
The **first** thing that I bought was this book. 私が最初に買ったものはこの本だった.
She was **the first** foreigner to climb [that climbed] the mountain. 彼女はその山に登った最初の外国人だった(→ 名 **1**a).
The **first** man to see is John. =The **first** man that we must see is John. 最初に会わなくてはならない人はジョンだ.
It was **the first** time she **had seen** snow. 彼女は雪を見たのはそれが初めてであった.
This is **the first** chance he **has had** to talk to her alone. これが, 彼女と 2 人きりで話をした最初の機会だ.
対話 "Excuse me. Which is Ms Turner's office, please?(↗)" "The **first** door to the left." 「すみません. ターナーさんの事務室[研究室]はどれですか」「左の最初のドアです」.
a **first** impression that I had 私の受けた第一印象(のうちのひとつ).

**2** 最も重要な, 主要な, 最高の, 一級品の ‖
a matter of (the) **first** importance 最も重要なこと.
the **first** men in the country その国の指導者[要人].
The **first** thing is our health. いちばん大切なのは我々の健康だ.
He is the **first** writer of his day. 彼はその時代の一流の作家だ.
The **first** question is, ⫶ what you can do. いちばんの問題は君に何ができるかということだ.
**at first hánd** =firsthand 副.
◦**for the first tíme** 初めて(→ 副 **3**) ‖ for the **first time** in one's life 生まれて初めて / I left Japan for the **first time** in ten years. 10 年ぶりに日本を離れた.
◦**(the) first thíng (in the mórning)** (略式) まず第一に；(特に朝)いの一番に ‖ Come to me **first thing** on Monday morning. 何はさておき月曜日の朝一番にいらっしゃい.
**the first time** (1) 初めは. (2) [接続詞的に] 初めて…する時は ‖ The **first time** I saw him, he was a boy. 初めて会った時は彼は子供だった.

—副 **1** [通例文頭・文尾で] (何よりも)まず第一に, まず最初に, まっさきに ‖
He came **first**. 彼が最初に来た.
Responsibility comes **first**. 責任が第一である.
**First (of all)**, apologize to her. (何よりも)まず彼女に謝りなさい.
**First** she looked at me, and then smiled. 彼女はまず私を見つめ, それから微笑した.
**First còme, first sèrved.** 先着順；(ことわざ) 早いが勝ち(cf. first-come-first-serve(d) basis).

**2** [通例文頭・文尾で] 1 番目に, 第 1 位に；**第一には** ‖
stand **first** トップに立つ.
She reached the goal **first**, and I came in sécond. 彼女が 1 位でゴールに入り私が 2 位だった.
I have two objection : **first**(↗), she is too old, and, sécond(↗), she is sick. 私には反対する理由が 2 つある. 第一に彼女が年をとりすぎていること, 第二に病身であることだ.

**3** [通例文中で] 初めて ‖
I shall never forget the day we **first** mét. 私たちが初めて会った日のことを決して忘れません.

**4** [文尾で] むしろ, いっそのこと ‖
Surrender? I will die **fírst**. 降伏だって? それよりいっそのこと死を選ぶよ.

**5** 1 等で.
**fírst and fóremost** (正式) =FIRST of all.
◦**first of áll** 何よりもまず, 第 1 に(→ 副 **1**).

—名 (複 ~s/fə́:rsts/) **1** U [通例 the ~] **a** 最初の人[物]；(順序・重要性が)第 1 位の人[物] ‖
He was **the first** to raise his hand. 彼は最初に手をあげた.
They were **the first** to arrive. 彼らが一番乗りだった.
This tape recording is **the first** of its kind. このテープ録音がこの種の物の最初である.
**b** 初め, 始まり ‖
That is **the first** I have heard of it. それがそのことについて聞いた初めである.

**2** U [通例 the ~] (月の)**第 1 日** ‖
the **first** of May = May (the) **first** 5 月 1 日 《◆(1) ふつう May 1[1st] と書き (the) first と読む. (2) (英)では 1(st) May と書く》.

**3** [the F~；人名のあとで] 1 世 ‖
Elizabeth the **First** エリザベス 1 世 《◆ふつう Elizabeth I と書く》.

**4** C **a** (競技などの)1 位. **b** (英) (大学の優等試験

(の)最優秀成績(者).

◇**at fírst** 最初は,初めは(↔ at last)《◆「しかしあとにはそうではなかった」を含み,but節, then, later, afterward などが続くのがふつう. for the first time は単に「初めて」の意》‖ At first I didn't want to go, **but then** I changed my mind. 最初は行きたくなかったが,やがて気が変わった / At first, I didn't like him, but in the end we became good friends. 最初は,彼が好きでなかったが,ついに仲良しになった.

*from first to lást* 初めから終わりまで,終始.

*from the (véry) fírst* (いちばん)最初から.

**fírst áid** 応急手当‖ give first aid 応急手当をする.

**fírst báse** 〔野球〕(1) 〔通例無冠詞〕1塁,ファースト. (2) = first baseman.

**fírst báseman** 〔野球〕1塁手《◆単に first ともいう》.

**fírst cláss** (乗り物の)1等(cf. first-class)‖ travel in the first class 1等で旅行する.

**fírst flóor** [the 〜] (1)《米》1階《英》ground floor). (2)《英》2階《米》second floor)(→ floor).

**fírst lády** [the 〜] (1) 〔しばしば F〜 L〜〕米大統領夫人,州知事夫人. (2) (ある芸術・知的職業の世界などでの)トップレディ.

**fírst náme** (姓に対する)名《◆(1) given [Christian, baptismal] name ともいうが,《米》では last name に対する語としてこの方がよく使われる. (2) first name にはたいてい愛称(nickname)がある(→ given name, name). 米国人は親しくなると愛称で呼び合うことが多い》.

**fírst pérson** 〔文法〕[the 〜] (第)一人称.

**Fírst Wórld Wár**《主に英》[the 〜] =World War I /wʌn/.

**first-born** /fə́ːrstbɔ̀ːrn ファーストボーン/《正式》形 最初に生まれた‖ one's firstborn son 長男.
——名 最初に生まれた子, 第1子, 長男, 長女.

**first-class** /fə́ːrstklǽs ファーストクラス | fə́ːstklɑ́ːs ファーストクラース/《◆(1) 名詞の前では /=/. (2) 副詞ではふつう first class. cf. first class》形 **1** 一流の, 最高級の, 最上の, すばらしい‖ a first-class hotel 一流のホテル. The weather was first-class. 天気はすばらしかった.
**2** 〈乗り物などが〉1等の‖ a first-class ticket to Bangkok バンコクまでの1等の切符.
——副 1等で‖ travel first-class [first class] 1等で旅行する.

**first-còme-fírst-sèrve(d) básis** /fə́ːrstkʌ̀mfə́ːrstsə̀ːrv(d)- ファーストカムファーストサーヴ(ド)-/ 先着順《◆通例次の句で》‖ on a first-come-first-serve(d) basis 先着順で, 早いもの勝ちで.

**first-de·gree** /fə́ːrstdigríː ファーストディグリー/ 形 〔法律〕〈犯罪が〉第1級の, 最も重い‖ be convicted of **first-degree** murder 第一級殺人の判決を受ける.

**first·hand** /fə́ːrsthǽnd ファーストハンド/ 形 副 直接の[に], じかの[に].

**fírst·ly** /fə́ːrstli ファーストリ/ 副〔文頭で〕まず第一に.

**first-rate** /fə́ːrstréit ファーストレイト/《◆名詞の前では /=/》形 **1** 一流の, 一級の. **2** すばらしい.
——副 すばらしく, 見事に.

**fis·cal** /fískl フィスカル/ 形《正式》**1** 国庫の, 国庫収入の. **2** 財政上の, 会計の.

**fís·cal·ly** 副 財政上.

:**fish** /fíʃ フィシュ/
㉒ fishing (名), fisher(man)(名)
——名 (複 fish,《まれ》個別的に,また「複数種類の魚」をいうとき 〜·es/-iz/ (→ Q&A (2)))
**1** Ⓒ 魚, 魚類《キリスト教徒の象徴》‖ saltwater fish 海水魚.
freshwater fish 淡水魚.
There are plenty of **fish** in this river. この川には魚が多い.
All's fish that comes to the [his] net. (ことわざ) 網にかかる物は皆魚だ;利用できるものは何でも利用する.
The best fish smell when they are three days old. (ことわざ) よい魚も3日たてば臭くなる;珍客も3日いれば鼻につく.

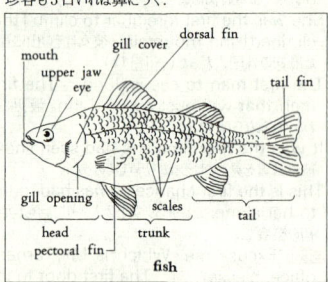

fish

**2** Ⓤ 魚肉, (食物としての)魚《◆米国では魚はふつう butcher('s) shop で売っている》‖ dried fish 干し魚.
raw fish 生魚.
Cats often **eat** fish **raw**. 猫はよく魚を生で食べる.

---
Q&A (1) Q: 日本の「魚」と fish は同じですか.
A: 英語の fish は貝・カニなど魚介類・甲殻類を含み, 日本の魚より範囲が広いです. 例えば starfish (ヒトデ), crawfish (ザリガニ) なども含まれます.
(2) Q: 複数形 fish と fishes の使い分けはどうしますか.
A:「彼は魚を3匹釣った」は He caught three fish [英] fishes]. と言います.「3種類の魚」というときは three kinds of fish がふつうですが, three fishes とも言います. fishes and crabs

(魚類とカニ類)のように各種の魚が含まれるときは fishes とします.

**3** ⓒ [複合語で] 水産物, 魚介 ‖
shellfish 貝, 甲殻類《カニ・エビなど》.
starfish ヒトデ.
***fish and chips*** → 見出し語.
***like a fish óut of wáter*** まるで陸(%)に上がった カッパのような[に]; 場違いな.

——**動** (三単現 ~・es/-iz/) 他 **1**〈魚〉をとる, 釣る;〈川など〉で釣りをする ‖
fish trout マスを釣る.
He *fished* the river all day. 彼は終日その川で釣りをした.
**2**〈物〉を引き上げる, 取り出す, 捜し出す ‖
*fish* a coin *out* (*of* one's pocket) (ポケットから)1枚の硬貨を取り出す.

——**自** 魚をとる, 釣りをする ‖
go *fishing* in a river 川へ釣りに行く.
***fish fór*** [他] …を捜す; …を得ようとする.
***fish óut*** [他] (1) …から魚をとり尽くす. (2) (略式) → 他 **2**. (3) (略式)〈情報など〉を探り出す.
**físh shòp** (米) 魚屋((英)fishmonger's); (英) フィッシュアンドチップスの店《◆ fried-fish shop よりふつう》.

**fish and chíps, fish-and-chíps** /fíʃəntʃíps フィシャンチプス/ **名** (主に英) [単数扱い] フィッシュアンドチップス《魚(主にタラ)のフライと棒型ポテトフライの組み合わせ. 英国の大衆的な fast food で, 紙に包んで売られ, 歩きながら食べることが多い》.

**fish・er・man** /fíʃərmən フィシャマン/ **名** (複 -men/-mən/) ⓒ 漁夫, 漁師((PC) fisher); (趣味の)釣り人((PC) angler) ‖
He is a good *fisherman*. 彼は釣りがうまい.

**fish・er・y** /fíʃəri フィシャリ/ **名** (複 -er・ies/-z/) **1** ⓤⓒ 漁業; 漁獲高. **2** ⓒ 漁場; (カキ・真珠などの)養殖場.

**fish・ing** /fíʃɪŋ フィシング/ **動** → fish.
——**名** ⓤ 魚釣り, 魚とり; 漁業 ‖
My hobby is *fishing*. 私の趣味は釣りです.
**físhing lìne** 釣糸《◆ (fish)line ともいう》.
**físhing ròd** 釣ざお.
**físhing tàckle** 釣道具(一式).

**fish・line** /fíʃlàin フィシュライン/ **名** ⓒ =fishing line.

**fish・mon・ger** /fíʃmʌ̀ŋɡər フィシュマンガ/ -mɔ̀ŋɡə-マンガ/ **名** ⓒ (英) 魚屋(の主人), 魚売り.

**fis・sure** /fíʃər フィシャ/ **名** ⓒ (正式) 深い裂け目.

***fist** /físt フィスト/ 〖『叩(%)くために握りしめた5本(five)の指』が原義〗
——**名** (複 ~s/fists/) ⓒ 握りこぶし, げんこつ ‖
clénch [dóuble] one's físt (怒り・苦悩で)こぶしをぎゅっと握る(図↗).
Bob shóok [ráised] his físt at me in anger. ボブは怒って私にこぶしをふり上げた(図↗).

clench [double] one's fist
shake [raise] one's fist

ふさわしい; 資格[能力]のある(類 suitable, proper, appropriate, apt) ‖
a *fit* place *for* whiling away [to while away] one's time 時間つぶしにかっこうの場所.
books *fit for* girls 少女向きの本.
the survival of the *fittest* 適者生存.
a man not *fit to* lick my shoe (私の靴をなめるにも値しない)虫けら同然の人.
You're not *fit to* be seen! その身なりでは人前に出られませんよ.
対話 "I don't know if I'm *fit for* this type of work." "Well, I'm sure you'll learn how to do it quickly." 「私こういう仕事に向いているかしら」「きっとすぐにやり方がわかりますよ」.

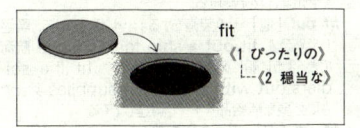

fit
⎰ 《1 ぴったりの》
⎱ 《2 穏当な》

**2** 当を得た, 穏当な ‖
It is not *fit* for a teacher to overly favor certain pupils over others. 教師たる者は一部の生徒を特にえこひいきするのはよくない.
**3** [通例補語として] からだの調子がよい; よいコンディションで ‖
keep *fit* by jogging ジョギングをして健康を維持する.
She's still *fit to* live alone. 彼女はまだ一人暮らしができるほど元気だ.
**4** [通例補語として] **a** いつでも用意ができている ‖
This melon will be *fit to* eat in two days. このメロンは2日たつと食べごろになる.
**b** (略式) [fit to do] 今にも…しそうな; [副詞的に] …するばかりに ‖
be *fit to* drop 今にも倒れそうである.
cry *fit to* burst (oneself) 胸も張り裂けんばかりに泣く.
***sée [thínk] fít (to do)*** (…するのが)適当と思う, 適当と思って…する.

——**動** (三単現 ~s/fíts/; 過去 fit・ted/-id/ または (米) fit, 過分 fit・ted; 現分 fit・ting)
——**他 1a**〈着物などが〉〈人・物〉に(大きさ・型が)合う《◆「色・柄が人に似合う」は become, suit; 「色・柄が他の部分の色・柄に合う」は match, go with. ふつう受身・進行形にしない》‖

This key doesn't **fit** the lock of the door. このかぎはそのドアの錠に合わない.
**b** …に合う, ふさわしい ‖
She **fits** this role well. 彼女はこの任務にぴったりだ.
**2 a** [fit A into B / fit B (up) with A] **A**〈物などを〉**B**〈物などに〉**合わせる**, A〈部品などを〉をはめ込む, 備え付ける ‖
fit a picture **into** a frame = fit a frame **with** a picture
The car is **fitted with** a radio. その車にはラジオが取り付けてある(= The car has a radio.).
**b** 〈人などを〉適する[耐える]ようにする ‖
The course **fits** you **for** teaching [to be a teacher]. そのコースは教職につくための訓練をする.
━━ 圁 合う, はまる; 向いている, うまくとけ込む ‖
fit perfectly **into** life in the country 田舎(ਪ੍)の生活にうまくとけ込む.
**fit ín** (1) [圁] うまく調和する; うまくやっていく; 一致する ‖ Your plan must **fit in with** mine. あなたの計画を私に合わせなさい. (2) [他] …をはめ込む, 割り込ませる ‖ **fit** the bookcase **in** under the stairs 階段の下に本箱をはめ込む / I'll manage to **fit** you **in** tomorrow. あしたならなんとか都合をつけてお目にかかりましょう. (3) [他]〈予定などを〉合わせる.
**fit óut** [他] …の装備をする; …に備えつける, 調達してやる ‖ **fit out** a ship for a voyage 航海できるように船に必要な準備をする / **fit** the soldiers **out with** all needed supplies 兵士たちに必要な補給品をすべて調達してやる.
**fit úp** [他] 〈場所などを〉整える, …に備えつける(→ 他 2 a) ‖ **fit up** an attic **as** a study 屋根裏を書斎に模様替えする.
━━ 图 1 ぴったり合うこと; [しばしば a ~] 〈衣服などの〉合い具合; [a + 形容詞 + ~] 合い具合は…な服 ‖
The **fit** of this coat is perfect. = This coat is a perfect **fit**. このコートは(体に)ぴったりだ.

**fit**² /fít/ 图 © **1** [通例 a ~] 発作(seizure); ひきつけ; 気絶 ‖
a **fit of** coughing = a cough **fit** せきの発作, せき込み.
a **fit of** epilepsy てんかんの発作.
**2** [通例 a ~] 一時的興奮; 気まぐれ ‖
He cursed at her **in a fit of** anger. 彼はかっとなって彼女をののしった.
**gíve** a **fit** A〈人〉を怒らせる; …をびっくりさせる.
**háve** [(主に米) **thrów**] **a fit** (略式) びっくりする, ぞっとする, かっとなる.

**fit·ful** /fítfl/ 形 (正式) 発作的な, 断続的な, 気まぐれな.
**fit·ful·ly** 副 (正式) 発作的に, 気まぐれに.
**fit·ness** /fítnəs/ 图 Ⓤ **1** 適当であること.
**2** 健康(状態); 元気(であること).
**fit·ting** /fítiŋ/ 形 **フィッティング** ‖ 動 → fit.
━━ 形 (正式) ふさわしい, 適切な, 似合いの(↔ unfitting) ‖

a proposal **fitting for** the plan その計画にふさわしい提案.
━━ 图 **1** © 調整, 取り付け.
**2** © [通例 a ~] 仮縫い; 試着.
**3** [~s] 家具類, 付属器具類 ‖
electrical **fittings** 電気器具.
**fítting ròom** 試着室.
**fít·ting·ly** 副 [文全体を修飾] ふさわしいことに, 適当なことに.

**Fitz·ger·ald** /fítsdʒérəld フィツ**チェ**ラルド/ 图 **1** フィッツジェラルド《男の名》. **2** フィッツジェラルド《Francis Scott ~ 1896-1940; 米国の小説家. 主著 *The Great Gatsby*》.

\***five** /fáiv ファイヴ/《◆图 形 とも用例は → two》
━━ 图 (稜 ~s/-z/) **1** Ⓤ © [通例無冠詞]《基数の》5《◆序数は fifth》‖
Read line **five** [the fifth line]. 5 行目を読みなさい.
**2** Ⓤ [複数扱い] [代名詞的に] 5つ, 5個; 5人 ‖
対話 "How many students are present today?" "Twenty-three. So **five** are absent today."「きょうは生徒は何人出席していますか」「23人です. ですから 5 人休んでいます」.
**3** Ⓤ 5時, 5分, 5ドル[ポンド, セント, ペンスなど]. **4** Ⓤ 5歳. **5** © 5の記号[数字, 活字]〈5, v, V など〉. **6** © 〔トランプ〕5の札, (さいころの)5の目. **7** © 5人[5人]1組のもの, (バスケットなどの)5人チーム. **8** © 5番[号]サイズの物; [~s] 同サイズの靴[手袋など].
**táke fíve** (略式)(仕事などを)5分間休む, 小休止する.
━━ 形 **1** [名詞の前で] 5つの, 5個の; 5人の.
**2** [補語として] 5歳の.
**fíve W's** [the ~; 複数扱い] 5つのW《情報に不可欠な who, what, when, where, why の要素》.

**five-and-ten** [**-dime**] /fáivəntén[-dáim]/ 图 © (米) (昔の安物の) 日用雑貨店《◆ **five-and-ten-cent store**, **one-and-dime store**, **ten-cent** [**dime**] **store** などともいう》.

**five·pen·ny** /fáivpèni ファイヴペニ | fáifpəni ファイフペニ/ 形 (英国の) 5 ペンス貨.━━ 图 5 ペンスの.

\***fix** /fíks フィクス/ 『「物を(定位置に)しっかり固定する」から, 比喩(ゅ)的意味で「調整する」「修理する」「調理する」など多くの意味が生まれた』

→ 動 **1** しっかり固定する  **4** じっと向ける
   **6** 整える  **7** 修理する  **8** 用意する
━━ 動 (三単現) ~**es** /-iz/; 過去・過分 ~**ed** /-t/; 現分 ~**ing**

| 他 と 自 の関係 | | |
|---|---|---|
| 他 1, 2 b | fix A | A を固定する |
| 自 1 | A fix | A が固定される |

━━ 他 **1** …をしっかり固定する, 留める; …を取り付ける《◆ affix, attach より口語的》‖
**fix** a stake firmly **in** the ground 杭(ॎ)をしっ

かり地面に固定する.
fix a mirror to the wall 鏡を壁に取り付ける.
**2 a** …を留める, とどめる ‖
Fix the fact in your mind. その事実をよく覚えておきなさい.
**b** 〈人・物が〉〈考え・習慣・制度などを〉**定着させる**, 確立する《◆establish より口語的》‖
a custom fixed by the tradition 伝統によって確立された習慣.
**3** …を定める, 決める《◆set, determine より口語的》‖
fix the date of departure for Monday 出発日を月曜日に決める.
I haven't fixed where to stay yet. どこに泊まるかまだ決定していない.
**4 a** 〈目・注意などを〉じっと向ける, 凝らす; …を引きつける ‖
I fixed my attention on the sight. =The sight fixed my attention. 私はその光景にくぎ付けになった.
**b** [fix A with B] A〈人〉を B〈目・視線〉でじっと見る, 見すえる ‖
She fixed me with an angry stare. 彼女は怒って私を見つめた.
**5** 〈責任などを〉負わせる.
**6**（主に米略式〉…を整える; …を整頓(%)する; …の手はずを整える ‖
fix the table 食卓の用意をする.
Fix yourself up. 身なりを正しなさい.
If you want to meet him, I'll fix it up. 彼に会いたいなら段取りしてあげよう.
**7**（略式〉…を**修理する**, 〈病人〉を治す ‖
fix a watch 時計を直す.
対話 "My bike's broken again." "I'll fix it later."「自転車がまた故障したんだ」「あとで修理してあげるよ」.
**8**〈主に米略式〉[fix A (for B) / fix (B) A] A〈食事などを〉(B のために)**用意する**, 作る(prepare) ‖
Let me fix a drink for you. =Let me fix you a drink. 飲み物を作ってあげよう.
**9**（略式〉…を買収する; 〈試合などを〉(不正に) 有利に運ぶ.
―自 **1** 固定される, 定着する; 定住する.
**2** 決める, 選ぶ ‖
fix on starting next Sunday 次の日曜日に出発することに決める.
fix on $10（価格を)10ドルに決める.
They've fixed on me to do the work. その仕事をするのは私になった.
**3** 手はずを整える ‖
We've fixed to go there. そこへ行くことになった.

**fíx úp** (1)〈米略式〉[自] 正装する. (2)〈略式〉[他] → 他 **6**; 〈人〉を宿泊させる; 〈人〉のために手配する ‖ I'll fíx you úp for the night. 一晩泊めてあげよう / fix him up with a job 彼に職をあてがう. (3) [他] 〈争いなどを〉解決する.

―名（複 ~・es/-iz/) © **1**（略式〉苦しい立場, 板ばさみ《◆通例次の句で》‖
be in a bad fix 窮地に立っている.
**2**（船・飛行機の）位置（の決定）.

**fix・a・tion** /fɪkséɪʃən フィクセイション/ 名 UC **1** 固定. **2** 執着, 強迫観念.

**fixed** /fíkst フィクスト/ 形 固定した; 定着した; 一定の, 不変の.

**fíxed stár** 恒星(cf. planet).

**fix・ed・ly** /fíksɪdli フィクスィドリ/ 副《発音注意》《◆×フィクストリ》副 しっかりと; 断固として; じっと ‖
stare fixedly at him 彼をじっと見つめる.

**fix・ture** /fíkstʃər フィクスチャ/ 名 © (場所に)固定された物; 作り付け備品, 設備 ‖
a kitchen fixture 台所設備.

**fizz** /fíz フィズ/ 動 (三単現)~・es/-iz/) 自 〈炭酸飲料などが〉シュシュと音を立てて泡立つ(+up).
―名（複 ~・es/-iz/) **1** U [しばしば a ~] シュシュという音. **2** UC 〈略式〉炭酸性飲料.

**fiz・zle** /fízl フィズル/ 動（現分 fiz・zling) 自 〈飲み物などが〉かすかにシュシュと音を立てる.

**flab・ber・gast** /flæbərgæst フラバギャスト| -gá:st -ガースト/ 動 他〈略式〉[通例 be ~ed] (口がきけないほど)びっくり仰天する.

**flab・by** /flæbi フラビ/ 比較 --bi・er, 最上 --bi・est)〈略式〉たるんだ, 気力のない.
**fláb・bi・ly** 副 たるんで, だらしなく.
**fláb・bi・ness** 名 U たるみ; 軟弱.

**flac・cid** /flæksɪd フラクスィド/ 形《形式》**1**〈筋肉・茎などが〉たるんだ. **2**〈意志などが〉軟弱な.

**\*\*flag** /flǽg フラグ/『パタパタはためくもの. cf. flap』
―名（複 ~s/-z/) © 旗《◆自己主張・愛国心・勝利などの象徴. 信号・合図として用いられる. 類 banner, colors, ensign, jack, pennant, pennon, standard, streamer》‖
the national flag of Japan 日本の国旗.
a signal flag 信号旗.
with flags flying 旗を翻(3)して, 威風堂々と.
fly [hóɪst, pùt úp] a flág 旗を掲げる.

関連 (1) [信号・合図の旗] a black flag 海賊旗, 死刑執行合図の黒旗 / a green flag 安全を示す緑旗 / a red flag 危険・警告の赤旗; 革命の赤旗 / a white flag 休戦・降伏の白旗 / a yellow flag 検疫旗.
(2) [国旗の呼称] 米国: the Star Spangled Banner, the Stars and Stripes (星条旗) / 英国: the Union Jack / 日本: the (Rising-)Sun flag (日の丸).

**lówer the** [one's] **flág** 艦旗を降ろす, 降伏する, 降参する.
**ùnder the flág of A** …の旗のもとに(仕えて), …の旗のもとに(守られて).
―動 （過去・過分）flagged/-d/; （現分）flag・ging)
他 **1** …に旗を掲げる; …を旗で飾る ‖
flag a street 街頭を旗で飾る.

**2** …を旗[手]などを振って伝達する.

**Flág Dáy** (米国の)国旗記念日《6月14日. 1777年のこの日国旗が制定された》.

**fla·grant** /fléigrənt フレイグラント/ (類音 fragrant /fréi-/) 形 《正式》目にあまる, 破廉恥(はれんち)な.
**flá·grant·ly** 副 破廉恥にも.

**flag·stone** /flǽgstòun フラグストウン/ 名 C 敷石; [~s] 敷石の道.

**flail** /fléil フレイル/ 名 C (麦などの脱穀に用いた)殻竿(からざお)ざお. ―動 他 自 1 (麦などを)殻竿で打つ. 2 (手足などを)激しく揺り動かす (+ about).

**flair** /fléər フレア/ 名 U [しばしば a ~] 天賦の才能, 直感力.

**flake** /fléik フレイク/ 名 C 1 (雪・雲・羽毛などやわらかい木の葉状の)一片, 薄片 ∥
flakes of snow 雪片.
flakes of fire 火の粉.
**2** 破片, (堅い物体が削げ落ちた)一片, 薄片; 薄い層 ∥
flakes of rock 岩の破片.
**3** フレーク《薄片状にした食品. cornflakes など》.
―動 (現分 flak·ing) 自 〈ペンキなどが〉はげ落ちる.
**fláke óut** (略式) 自 気絶する; (疲れ果てて)眠り込む.

**flame** /fléim フレイム/ (類音 frame/fréim/) 名 1 U C [しばしば ~s] 炎, 火炎 (cf. blaze) ∥
The factory was **in fláme**s. 工場は火の海だった.
The truck **búrst into fláme**(s). トラックはぱっと燃え上がった.
**2** C 炎のような輝き; 燃え立つような光彩 ∥
the **flames** of sunset 燃えるような夕映え.
**3** C 《文》情熱, 燃えるような思い ∥
the **flame** of love 炎のような愛.
**add fuel to the flame(s)** (→ fuel 成句)
―動 <co>flam-ing</co> 自 1 炎をあげて燃える ∥
The fire **flamed** (up) brightly. 火は赤々と燃え上がった.
**2** 照り映える, さっと赤らむ; かっとなる, 〈感情が〉燃え上がる ∥
Her eyes **flamed** with anger. 彼女の目は怒りに燃え上がった.
Her anger **flamed** out. 彼女の怒りは燃えたった.

**fla·men·co** /fləméŋkou フラメンコウ/ 《スペイン》 名 U C フラメンコ(の曲).
**flaménco dáncer** フラメンコの踊り子.

**flam·ing** /fléimiŋ フレイミング/ 動 → flame.
―形 1 燃えている; 燃えるように熱い. 2 燃え立つように赤い. 3 《略式》情熱に燃えている, 〈怒りなどが〉激しい.
**flám·ing·ly** 副 燃えるように.

**fla·min·go** /fləmíŋgou フラミンゴウ/ 名 (複 ~es, ~s) C 《鳥》 フラミンゴ, ベニヅル《南欧・アフリカ・アジア西部・中南米産の水鳥》.

**flam·ma·ble** /flǽməbl フラマブル/ 形 《米》可燃性の (→ inflammable).

**Flan·ders** /flǽndərz フランダズ | flǽn- フラーン-/ 名 フランドル, フランダース《現在のベルギー西部・フランス北部・オランダ南西部を含み, 北海に臨む地方. 第1次世界大戦の激戦地. 形容詞は Flemish》.

**flank** /flǽŋk フランク/ (頭音 flunk/flʌŋk/, frank/frǽŋk/) 名 C 1 横腹, わき腹 (図 → horse); (牛などの)わき腹肉 (図 → beef, pork) ∥
flánk stéak ステーキ用の牛わき腹肉.
**2** (建物・山などの)側面; (進軍中の部隊・艦隊の)側面, 翼(よく).
―動 他 …の側面に配置する.

**flan·nel** /flǽnl フラヌル/ 名 1 U フランネル, フラノ. 2 [~s] フランネル製品. 3 C 《英》小型浴用タオル (《米》 washcloth).

**flap** /flǽp フラプ/ 動 (過去・過分 flapped/-t/; 現分 flap·ping) 自 1 パタパタ揺れる; はためく; パタパタ動く ∥
The flags of all nations **flapped** in the wind. 万国旗が風にはためいていた.
**2** 翼をパタパタさせて飛ぶ ∥
The bats **flap** about. コウモリが羽ばたいて飛び回る.
**3** ピシャッと打つ, たたく ∥
She **flapped** at the fly with a newspaper. 彼女は新聞でハエをピシャッとたたいた.
―他 1 …をパタパタ揺らす, はためかす; …をパタパタ動かす, 羽ばたかせる ∥
The wind **flapped** the shutters. 風でよろい戸がパタパタ揺れた.
**2** …をピシャとたたく; 〈明かりを〉パッと消す.
―名 C 1 [the ~ / a ~] パタパタする動き[音] ∥
the **flap** of a bird's wings 鳥の羽ばたき(の音).
**2** 片方が固定されて垂れ下がった平たい物; (ポケット・封筒の)垂れぶた (図 → jacket); (帽子の)垂れ縁(えん); 《製本》折り返し (図 → book); 《航空》下げ翼, フラップ (図 → airplane).
**3** 《略式》 [a ~] 狼狽(ろうばい)状態, パニック ∥
**be in a fláp** はらはらしている.

**flare** /fléər フレア/ (同音 flair) 動 (現分 flar·ing) 自 1a 〈炎が〉ゆらめく, (炎のように)赤々と輝く ∥
The torch **flared** in the wind. たいまつの炎が風にゆらめいた.
**b** ぱっと燃え上がる; かっとなる, 語気が荒くなる, 〈感情・騒ぎ・病気などが〉再燃する, 突発する.
**2** 〈スカートが〉フレアのある, 〈ズボンが〉らっぱになっている.
―名 1 U [しばしば a ~] ゆらめく炎, 赤々と輝く光.
**2** C (やみに)ぱっと燃えあがる[光る]こと.
**3** C 照明装置; = flare bomb.
**4** U [しばしば a ~] (スカートなどの)朝顔形のすその広がり ∥
a skirt with (much) **flare** フレアの(たくさん)あるスカート.
**5** 《略式》 [~s] らっぱズボン.

**fláre bòmb** 照明弾; (海上などの)火炎信号 (flare).

**flash** /flǽʃ フラシュ/ (類音 flush/flʌʃ/) 名 C (複 ~·es/-iz/) 1 きらめき, 閃(せん)光 類 glance, glare, gleam,

《2 ひらめき》
《1 きらめき》
《3 瞬間》
flash

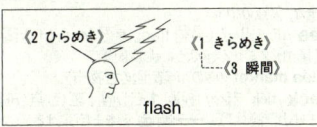

glimmer, glint, glisten, glitter, glow, shimmer, spark, sparkle, twinkle) ‖
**flashes** of lightning 電光のひらめき, 稲光.
a **flash** of light from the mirror きらっと輝く鏡の反射光.
(as) qúick as a fláds (略式) 即座に.
**2** (考え・感情などの)ひらめき, 突発 ‖
a **flash** of inspiration 霊感のひらめき.
**3** [a ~] 瞬間 ‖
in [like] a **flash** (略式) あっという間に.
**4** ニュース速報. **5** 見せびらかすこと, 誇示. **6** 〘映画〙フラッシュ, 瞬間的な場面. **7** ⒸⓊ =flashlight 1, 3.
――動 (三単現) ~・es/-iz/) ⓐ **1** ぴかっと光る, ぱっと燃える; ひらめく; 発火する; ぱっとつく; きらりと光る; 顔がさっと赤くなる ‖
**flashing** headlights of a car 明るく光る車のヘッドライト.
**2** ぱっと浮かぶ ‖
An idea **flashed** into [across, through] my mind. =An idea **flashed** on [across, through] me. ある考えがぱっとひらめいた.
**3** ぱっと現れる ‖
The sun **flashed** from behind the cloud. 太陽が雲陰から突然顔を出した.
**4** さっと過ぎる, 通過する ‖
Time **flashed** by. 時間があっという間に過ぎた.
――他 **1** …をぱっと発する; …をぱっとつける; …をきらりと光らせる ‖
Her eyes **flashed** fire. 彼女の目は火のようにかっと燃えた.
**2** 〈情報を〉速報する ‖
The news was **flashed** all over the world. ニュースはたちまち世界じゅうに伝わった.
**3** 〈視線などを〉投げかける; 〈人〉に〈微笑など〉をちらっと向ける ‖
**flash** a smile at him =**flash** him a smile 彼にほほえみかける.
**flásh flóod** (豪雨後の)鉄砲水.
**flash・back** /flǽʃbæk フラシュバク/ 图ⓊⒸ フラッシュバック《映画・小説・劇などの, 過去の回想場面への瞬間的な移行》(cf. cutback).
**flash・light** /flǽʃlait フラシュライト/ 图 **1** Ⓒ (主に米) 懐中電灯((英) electric torch). **2** Ⓤ (灯台・信号機などの)閃((ひらめき))光, 点滅光; Ⓒ 回転灯. **3** ⒸⓊ 〘写真〙 フラッシュ(装置).
**flash・y** /flǽʃi フラシ/ 形 (比較) --i・er, (最上) --i・est) 華美だが安っぽい, けばけばしい; 派手な.
**flask** /flǽsk フラスク| flɑ́ːsk フラースク/ 图 Ⓒ **1** フラスコ《フラスコ1杯の量. **2** びん; [a ~] そのびん1杯の量. **3** (ウイスキーなどを携帯する平らな)懐中びん. **4** (英) 魔法びん((米) thermos bottle).

**flat¹** /flǽt フラト/ 形 **1** 平らな, 平坦な, 起伏のない; 水平な ‖
The earth is round, not **flat**. 地球は丸く, 平らではない.
**2 a** 平らに伏せて; ばったり倒れて ‖
fall **flat** on one's face うつ伏せにばったり倒れる.
The earthquake laid the city **flat**. 地震でその都市は倒壊した.
**b** ぴったり接して ‖
a ladder **flat against** the wall 壁面にぴったり立てかけたはしご.
**c** 平らに広げられて ‖
spread the map out **flat** on the floor 地図を床に広げる.
**3** 平たい, 薄い ‖
a **flat** plate 浅い皿.
**4** 断固とした; 全くの ‖
a **flat** denial 断固とした否定.
**5** 〈価格・料金が〉均一の.
**6** 〈数が〉きっかりの ‖
in **flat** five minutes ちょうど5分で.
**7 a** (略式) 元気のない; 単調な, 退屈な; 不活発な ‖
feel **flat** 気が抜ける.
a **flat** tone of voice 一本調子の声.
**b** 味のない; 気の抜けた.
**c** 空気の抜けた, パンクした (cf. 图 **3**).
**8** 〘絵画・写真〙 平板な, 単調な; 光沢のない; 明暗のない.
**9** 〘音楽〙 **a** 低音の. **b** 半音低い, 変音の; 変音記号《♭》のついた(↔ sharp 形 **11**) ‖
B **flat** 変ロ音.
**fáll flát** (1) → 形 **2 a**. (2) 〈企て・意図が〉完全に失敗に終わる ‖ Her joke **fell flat**. 彼女の冗談はだれにも受けなかった.
――图 Ⓒ **1** [the ~] 平らな部分[面] ‖
the **flat** of the hand 手のひら.
**2** 平地, 低地; [しばしば ~s] 湿地. **3** (主に米略式) =flat tire. **4** 〘音楽〙 変音(記号), フラット《♭》(↔ sharp).
――副 **1** 平らに; ばったり.
**2** きっぱり, 断然.
**3** 完全に.
**4** ちょうど, きっかり ‖
He ran 100 yards in 10 seconds **flat**! (速さに驚いて)彼の100ヤード走は10秒フラットだった!
**5** 〘音楽〙 半音下げて.
**flát tíre** パンクしたタイヤ(flat).
**flát・ness** 图Ⓤ 平らなこと; 単調さ, 退屈さ; きっぱりした態度.

**flat²** /flǽt フラト/ 图 Ⓒ **1** (英) アパート, フラット ‖
We live in a **flat**. 私たちはアパートに住んでいます.

文化 同一階の居間・食堂・台所・寝室・浴室など数室からなる1世帯用住居. (米)ではふつう apartment を用いるが, これには階上・階下にまたがるものもある点が異なる. flat の集合形から1個の建物を flats ((米) apartment house) といい, a block [two blocks] of *flats* と数える. これは

日本の「マンション」に当たることも多い. → mansion, service flat.

**2** 《米》安アパート.

**flat・ly** /flǽtli フラトリ/ 副 **1** きっぱりと, はっきりと. **2** 元気なく, 気が抜けて. **3** 平らに, べったりと.

**flat・ten** /flǽtn フラトン/ 動 他 **1** …を平らにする, 伸ばす. **2**〖音楽〗…を(半音)下げて歌う[演奏する].
――自 **1** 平らになる; ばったり倒れる. **2**〖音楽〗〈音が〉(半音)下がる.

**flat・ter** /flǽtər フラタ/ (類音 flutter/flʌ́tər/) 動 他 **1** …にお世辞を言う, へつらう ∥
I flattered her **on** [**about**] her cooking. 料理をほめて彼女のご機嫌をとった.
You flátter me!(↘) お口がおじょうずね.
flatter him **into** singing 彼をおだてて歌わせる.
**2** …を得意がらせる, うれしく思わせる ∥
I am flattered at the invitation. =I am flattered to be invited. =I am flattered (that) you invited me. ご招待いただいて光栄です.
**3** 〈人〉を実物以上によく見せる ∥
The picture flatters me. その写真の私はよく撮れている.
――自 お世辞を言う.
*flátter* oneself (*that* 節) (…だと)都合よく思い込む, うぬぼれる ∥ He flatters himself (that) he will win. 彼は勝てると自信満々だ.

**flat・ter・er** /flǽtərər フラタラ/ 名 C お世辞のうまい人.

**flat・ter・ing** /flǽtəriŋ フラタリング/ 動 → flatter.
――形 **1** お世辞での; うれしがらせる. **2** 実物以上によく見せる. **flát・ter・ing・ly** 副 お世辞で.

**flat・ter・y** /flǽtəri フラタリ/ 名 (複 --ter・ies/-z/) U お世辞を言うこと, ご機嫌とり, ごますり; C ほめ言葉, 追従.

**flaunt** /flɔ́ːnt フローント, 《米+》flɑ́ːnt/ 動 自他 《正式》これ見よがしに誇示する.
――名 U C 見せびらかし, 誇示.

**fla・vor**, 《英》**--vour** /fléivər フレイヴァ/ 名 **1** U C (ある物に特有の)風味(→ taste 名 2); C 香味料 ∥
artificial flavors 人工香味料.
give flavor to food 食べ物に味をつける.
**2** U C 趣(&#12441;&#12441;き), 味わい; 気味, 感じ ∥
an autumn flavor 秋の気配.
a garden with a Victorian flavor ビクトリア朝風の庭園.
――動 他 …に風味を添(そ)える, 味付けする ∥
cake flavored with lemon レモンの風味をつけたケーキ.

**fla・vor・ing**, 《英》**--vour・--** /fléivəriŋ フレイヴァリング/ 動 → flavor. ――名 U C 香味料, 調味料; U 風味付け.

**fla・vour** /fléivə フレイヴァ/ 《英》名 動 =flavor.

**flaw** /flɔ́ː フロー/ (同音 floor 《英》; 類音 flow /flóu/) 名 C **1** 傷, ひび. **2** (性格などの)欠点, 弱点. **3** 不備, 欠陥. ――動 他 …を損なう.

**flaw・less** /flɔ́ːləs フローレス/ 形 傷のない; 《正式》完全な, 欠点のない.

**flea** /flíː フリー/ (同音 flee; 類音 free/fríː/) 名 C 〖昆虫〗ノミ; ノミのように跳ぶ小虫.
**fléa màrket** のみの市《街頭の古物市》.

**fleck** /flék フレク/ 名 C **1** (色が)点, 斑紋. **2** 小片, 滴(しずく). ――動 他 …をまだらにする.

**flecked** /flékt フレクト/ 動 → fleck.
――形 斑(はん)点のある, まだらの.

**fled** /fléd フレド/ 動 → flee; fly¹.

**fledge** /flédʒ フレヂ/ 動 (現分 fledg・ing) 他 **1** 〈ひな鳥〉を飛べるまで育てる. **2** …に羽を付ける.
――自 〈ひな鳥が〉羽毛が生えそろう; 一人前になる.

**fledg(e)・ling** /flédʒliŋ フレヂリング/ 名 C 羽の生えたての若鳥, 飛ぶことを習い始めた鳥.

**flee** /flíː フリー/ (同音 flea; 類音 free/fríː/) 動 (過去・過分 fled/fléd/) 《◆《英》では flee, fleeing は《文》なので, 代わりに fly, flying を用いる》
――自 逃げる, 避難する ∥
The enemy fled in disorder **from** the battlefield. 敵は戦場からちりぢりに逃げ去った.
――他 …から逃げる.

**fleece** /flíːs フリース/ 名 **1** U 羊毛; C (1頭一刈り分の)羊毛. **2** U フリース《コートなどの裏地に使用する柔らかい毛羽のついた織地》; C フリース地の衣服.
――動 (現分 fleec・ing) 他 〈ヒツジの〉毛を刈る; 〈人〉からだまし取る.

**fleec・y** /flíːsi フリースィ/ 形 (比較 --i・er, 最上 --i・est) 羊毛の(ような).

**fleet** /flíːt フリート/ 名 C 《集合名詞》 **1** 艦隊; [the ~] 全艦隊. **2** 船隊, 船団.

**fleet・ing** /flíːtiŋ フリーティング/ 形 《文》はかない, 束(つか)の間の.

**Fléet Strèet** /flíːt- フリート-/ フリート街《主要な新聞社が集まっているロンドンの街》; 英国の新聞業界(の影響力).

**Flem・ing**¹ /flémiŋ フレミング/ 名 C フランドル[フランダース]人; フラマン語を話すベルギー人.

**Flem・ing**² /flémiŋ フレミング/ 名 **1** フレミング《Sir Alexander ~ 1881-1955; 英国の細菌学者, ペニシリンを発見》. **2** フレミング《Ian /íːən/ ~ 1908-64; 英国の小説家. James Bond 物の作者》.

**Flem・ish** /flémiʃ フレミシュ/ 〖→ Flanders〗 形 フランドル[フランダース]の; フラマン人[語]の.
――名 **1** [the ~; 集合名詞] フランドル[フランダース]人. **2** U フラマン語《オランダ語のベルギー方言. フランス語と並びベルギーの公用語》.

***flesh** /fléʃ フレシュ/ (類音 fresh/fréʃ/)
――名 **1** U 肉, 身; (植物の)肉, 果肉, 葉肉, 身 ∥
flesh-eating animals =flesh eaters 肉食動物.
fish, flesh and fowl 魚獣鳥肉.
flesh and bones 骨身.

Q&A *Q*: flesh はどんな「肉」についても用いられますか.
*A*: ふつう人・動物・果物に用いますが, 牛やブタなどの獣肉には meat というのが一般的です.

**2** Ⓤ 肉づき ‖
lose flesh やせる.
**3** [the ~] **a** (文)肉体(↔ spirit, soul).
**b** 獣性; 肉欲.
**flésh and blóod** (1) (血の通う)肉体, (生身の)人間; 人間性, 人情. (2) [one's (own) ~] 肉親, 同族.
**in the flésh** まのあたりに見る, 実物で[の](in person), 生きている ‖ I have seen him on TV but not in the flesh. テレビで彼を見たことはあるが直接本人に会ったことはない.

**flesh・y** /fléʃi フレシィ/ 形 (比較) -i・er, (最上) -i・est
**1** 肉の. **2** よく太った. **3** 〈果実・葉が〉多肉質の.

***flew*** /flúː フルー/ ((同音 flu, flue)) 動 ⇒fly¹.

**flex** /fléks フレクス/ 動 (三単現) ~・es/-iz/) 他 (ふつう準備運動として)〈手足〉を曲げる.
―― 名 (複 ~・es/-iz/) [flexible の略] Ⓤ Ⓒ (英)(電気の)コード.

**flex・i・bil・i・ty** /flèksəbíləti フレクスィビリティ/ 名 Ⓤ
**1** 曲げやすいこと, 柔軟性. **2** 適応性, 融通性.

***flex・i・ble*** /fléksəbl フレクスィブル/ 〖曲げ(flex)られる(able)〗

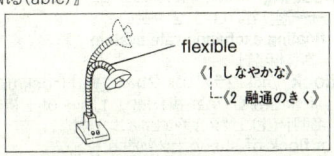

flexible
〈1 しなやかな〉
〈2 融通のきく〉

―― 形 **1** 曲げやすい, しなやかな(pliable)《◆ 曲げても折れず, 必ずしももとに戻らない. cf. elastic》‖
a flexible cord 自由に曲がるコード.
**2** 融通のきく.
**3** すなおな, 順応性のある; 言いなりになる.

**flex・i・bly** /-bli/ 副 柔軟に.

**flex・i・time** /fléksətàim フレクスィタイム/ 名 (英) = flextime.

**flex・time** /flékstàim フレクスタイム/ 名 Ⓤ フレックス=タイム制, 自由勤務時間制.

**flick** /flík フリク/ 名 Ⓒ [通例 a ~] **1** (むちで)軽くひと打ちすること; (指で)ピシッとはじくこと; (すばやい)一振り. **2** (鋭い)パチッ[ピシッ]という音.
―― 動 他 …をピシッと打つ, はじく; 〈むちなど〉を当てる ‖
flick the horse with a whip = flick a whip at the horse 馬にピシャリとむちを当てる.

**flick・er** /flíkər フリカ/ 動 🅰 **1** 点滅する, ちらちら揺れて消える; 〈希望などが〉ちらちら見える; 徐々に消える. **2** 揺れる, 震える. ―― 名 Ⓒ [通例 a ~] (消えかけた)点滅する光, (光の)ゆらめき; (希望の)ひらめき.

**flied** /fláid フライド/ 動 ⇒fly¹.

**fli・er** /fláiər フライア/ 名 Ⓒ **1** 空を飛ぶもの《鳥・飛行機など》; 飛行家. **2** 足の速い動物; 高速列車[船, バス, 車].

**flies** /fláiz フライズ/ 動 ⇒fly¹. ―― 名 fly².

***flight*** /fláit フライト/ ((類音 fright/fráit/) [→fly¹]〗
―― 名 (複 ~s/fláits/) **1** Ⓤ 飛ぶこと, 飛行; 移動 ‖
He shot down a bird in flight. 彼は飛んでいる鳥を撃ち落とした.
the art of flight 飛行術.
**2** Ⓒ (鳥・飛行機などの1回の)飛行距離 ‖
a straight flight toward home 巣までの直線飛行距離.
**3** [a ~] (飛ぶ鳥の)群れ; 飛行中の一群(→flock); 飛行中隊 ‖
a flight of swallows 飛んで行くツバメの群れ.
a flight of arrows 一斉に発射された矢.
**4** Ⓒ 定期航空便(の飛行機), フライト ‖
a non-stop flight 直行便.
Flight 019 019便(の飛行機).
take the 7 o'clock p.m. flight to Boston ボストン行き午後7時の便に乗る.
How long is the flight to New York? ニューヨークまで空路で(時間は)どのぐらいかかりますか.
対話 "I hear you're flying home for the holidays." "I can't wait. My flight's only one week away."「今度の休みに飛行機で帰省するんだってね」「待ち遠しいわ. 私の乗るのは1週間先なんだけど」.
**5** Ⓒ 飛行機旅行; (ロケットでの)宇宙旅行.
**6** [a ~ of +Ⓤ 名詞] (想像・空想の)高まり, 高揚; (才知の)ほとばしり ‖
a flight of fancy 飛翔(ᒪょぅ)する空想.
a flight of wit ほとばしる才知.
**7** Ⓒ (階段の)一続き; (階と階の間の一続きの)階段 ‖
go up a flight of stairs 一続きの階段を上る.
**8** Ⓤ (文) (時のすみやかな)経過 ‖
the flight of time (矢のように過ぎ去る)時の経過.

**flíght attèndant** 旅客機の客室乗務員《◆ 性別を明示する stewardess などの語を避けるための表現》.

**flíght tìme** 飛行所要時間.

**flight²** /fláit フライト/ 名 Ⓤ Ⓒ (正式)逃走, 逃亡, 敗走; 脱出(escape) 《◆通例次の成句で》.
**pút A to flíght** A〈人・軍隊など〉を敗走させる.
**táke (to) flíght** 逃走する.

**flim・sy** /flímzi フリムズィ/ 形 (比較) -si・er, (最上) -si・est) **1** 軽くて薄い, 壊れやすい. **2** 取るに足りない.
―― 名 (複 flim・sies/-z/) Ⓒ (複写用の)薄紙; Ⓤ 通信原稿.

**flím・si・ly** 副 薄弱に, かよわく.

**flím・si・ness** 名 Ⓤ 薄っぺらなこと, もろさ.

**flinch** /flíntʃ フリンチ/ 動 (三単現 ~・es/-iz/) 🅰 しりごみする; たじろぐ, ひるむ.

**fling** /flíŋ フリング/ 動 (過去・過分 flung/fláŋ/) 他 **1**
**a** …を投げつける, 投げ飛ばす, ほうり出す《◆ throw より激しく敵意をこめて投げること》‖
She flung a dish on the floor. 彼女は皿を床に投げつけた.
**b** …を急いで着る, 脱ぎ散らかす ‖
fling one's clothes on 急いで着物を着る.
**c** …をかなぐり捨てる.
**2** 〈からだ(の一部)〉を投げるように動かす, 急に伸ば

The girl **flung** her arms **around** him. 少女は彼に抱きついた.
He **flung** his head back. 彼は頭を後ろへそらした《◆笑い・怒りなどのしぐさ》.
**3**〈物を急に…(の状態)にする〉‖
**fling** the door **open** 戸を荒々しく開ける.
***fling*** one**sèlf into** A (1) …に精を出す. (2) …に飛び込む.
── 名 C [通例 a ~] **1** 投げること, 一投げ, 一振り.
**2** 一気にすること‖
**in** a **fling** 猛然として.
**3**(略式)したい放題のことをすること‖
have one's [a] **fling** したい放題にやる.

**flint** /flínt フリント/ 名 **1** U 火打石《石英の一種》; C 火打ちの道具. **2** C (ライターの)石.

**flip** /flíp フリプ/ [擬音語] 動 過去・過分 **flipped** /-t/; 現分 **flip·ping** 他 **1** …をピンとはじく; …をひょいと投げる. **2** …をパッとめくる, 裏返す.
── 自 はじく; すばやくめくる.
── 名 C [通例 a ~] 軽く打つ[はじく]こと.

**flip·pant** /flípənt フリパント/ 形 軽薄な, 軽率な, ふまじめな.

**flíp·pant·ly** 軽薄に, ふまじめに.

**flip·per** /flípər フリパ/ 名 C **1** (アザラシ・カメ・イルカなどの)ひれ足, 水かき, (ペンギンの)翼. **2** (足につける)潜水用のゴム製の水かき.

**flirt** /flə́ːrt フラート/ 動 自 **1** 浮気をする; いちゃつく. **2** (正式)もてあそぶ‖
I **flirted** with the idea of opening a bookstore. 書店でも開こうかと冗談半分に考えた.
── 名 C 浮気女[男].

**flir·ta·tion** /flə̀ːrtéiʃən フラーテイション/ 名 U いちゃつき; C 浮気.

**flir·ta·tious** /flə̀ːrtéiʃəs フラーテイシャス/ 形 (正式) **1** いちゃいちゃしている, 浮気な. **2** 軽薄な, うわついた.

**flit** /flít フリト/ 動 過去・過分 **flit·ted** /-id/; 現分 **flit·ting** 自 すばやく飛ぶ, ひらひら飛ぶ, 飛び回る.

\*__float__ /flóut フロウト/ 『「物体が沈まず, 流動体の表面あるいは中にとどまる」が本義』

float〈浮かぶ〉
〈漂う〉

── 動 三単現 ~s /flóuts/; 過去・過分 ~**ed** /-id/; 現分 ~**ing**
── 自 **1 a** 浮かぶ, 浮く (↔ sink)‖
Wood **floats**, but iron sinks. 木は浮くが鉄は沈む.
対話 "If you put that in the water, I'm afraid it will sink." "No, it won't. I tried it already and it **floats** okay."「それは水に入れたら沈んでしまうのではないですか」「いいや. 試しにやってみたんだけど, 間違いなく浮くよ」.
**b** 漂う, 浮泳する; 軽やかに動く; あてもなくさまよう‖
The boat **floated with** the tide. 船は潮流のままに漂った.
Balloons **floated across** the road. 風船が道路を横切って流れて行った.
**float from** job **to** job =**float round** 職を転々と変える.
**2 a**〈考えなどが〉浮かぶ. **b** [be ~ing]〈うわさなどが〉広まる, 流布(ふ)する.
**3**〈通貨が〉変動相場制になる.
── 他 **1** …を浮かべる, 浮かせる‖
**float** a boat **on** the pond ボートを池に浮かべる.
**b** …を浮漂させる, 流す‖
The current **floated** the logs **to** the shore. 潮に乗って丸太が岸に流された.
**2**〈通貨〉を変動相場制にする.
── 名 C **1** 浮かぶ物, 浮かばせる物《いかだ(raft)・浮標(buoy)・(釣糸の)浮き・救命袋・(魚の)浮き袋・(水上飛行機の)フロート・(水槽の水量調節用)浮球など》; =**paddle 1 a**. **2** (パレードなどの)山車(だし); (家畜・貨物運搬用)台車. **3** (米)フロート《アイスクリームを浮かべた飲料》.

**float·ing** /flóutiŋ フロウティング/ 動 → float.
── 形 **1** 浮いている. **2** 浮動的な, 変動する.

**flóating exchánge ráte sỳstem** 〔経済〕変動為替相場制.

**flock**¹ /flák フラク | flɔ́k フロク/ (類音 frock/frák | frɔ́k/) 名 [単数・複数扱い] **1** [a ~ of + 複数名詞] (主にヒツジ・ヤギ・アヒルなどの)群れ‖
a **flock of** sheep ヒツジの群れ.

関連 [群れを表す語] herd 牛・馬 / drove 移動中の牛・ヒツジ・豚など / flight 飛んでいるもの / pack 猟犬・オオカミ / swarm 昆虫 / covey ウズラ・シャコ / shoal, school 魚 / troop サル・アリ.

**2** (略式) **a** 人の群れ, 一団, 一群‖
a **flock of** girls 少女の群れ.
**b** [~s] 大勢, 多数‖
They came **in flocks**. 彼らは大勢でやって来た.
── 動 自 群がる, 集まる‖
People **flocked to** the football match. フットボールの試合にぞくぞくと人が集まった.
Birds of a feather **flock** together. (ことわざ) → bird **1**.

**flock**² /flák フラク | flɔ́k フロク/ 名 C **1** 房の羊毛[毛髪, 綿]; [通例 ~s] (クッションなどに詰める)毛くず, 綿くず.

**floe** /flóu フロウ/ (同音 flow) 名 C [しばしば ~s] (海上に浮いている)氷原; 浮氷 (ice floe) (cf. iceberg).

**flog** /flág フラグ, flɔ́ːg | flɔ́g フログ/ (類音 frog /fráɡ(|ɔ́ːg)/) 動 過去・過分 **flogged** /-d/; 現分 **flog·ging** 他 **1** …をむち打つ‖
be **flogged** for stealing the money 金を盗んだかどでむち打たれる.
**2** (英略式) …を売る.

\*__flood__ /flʌ́d フラド/ (発音注意) 『「流れ(flow)」が原

**floodlight**

義]
——名 (複) ~s/flʌdz/; © 1 [しばしば ~s] 洪水, 大水; [the F~] 〔聖書〕ノアの洪水(Noah's Flood) ‖
The bridge was washed away by the **flood**. 橋は洪水で押し流された.
These dams prevented **flood**. これらのダムのおかげで洪水は防がれた.
**2** [a ~ / ~s] (物・人の)洪水[殺到, 充満]; [a ~ of 複数] 多数, 多量 ⟨◆A は Ⓤ 名詞・複数名詞⟩ ‖
a **flood of** questions 質問の洪水.
**floods of** fire 火の海.
A **flood of** letters rushed to me. 手紙が私のもとに殺到した.
——動 (三単現) ~s/flʌdz/; (過去・過分) ~·ed /-id/; (現分) ~·ing
——他 **1** …を水浸しにする; …を氾濫(はんらん)させる, 水であふれさせる ‖
a **flooded** area 浸水地帯.
**flood** a burning house with water 燃えている家に多量に放水する.
The river **was flooded by [with]** the heavy rain. その川は大雨で氾濫した.
〔対話〕"After yesterday's rain, the roads **are** all **flooded**." "Yes, the water also destroyed the wooden bridge."「きのうの雨で, 道路がどこも水浸しだね」「そう. あの洪水で木の橋も壊れたんだよ」.
**2 a** …にどっと押しよせる, 殺到する; …にあふれる ‖
Light **flooded** the living room. = The living room **was flooded with** light. 居間いっぱいに光が差し込んだ[あふれた].
**b** …をあふれさせる ‖
The market **was flooded with** foreign goods. 市場は外国製品であふれた.
——(自) **1** どっと押し寄せる, 殺到する ‖
They **flooded into** the place. 彼らはその場所へ殺到した.
**2** ⟨河川が⟩あふれる; ⟨土地が⟩水浸しになる; ⟨潮が⟩満ちる.
**be flóoded óut** (洪水で)⟨人⟩が(強制的に)立ちのかされる, 追い出される.
**flóod tìde** [the ~] 満潮, 上げ潮 (↔ ebb (tide)). [比喩的に] 最高潮(peak).

**flood·light** /flʌdlàit/ フラドライト 〖名〗Ⓒ Ⓤ [しばしば ~s] フラドライト, 投光照明(の光線); 投光照明器〘建物の外部や競技場・飛行場など広域用の照明(灯). cf. spotlight〙.

**\*\*floor** /flɔ:r/ フロー/ (同音) (英) flaw; (類音) flour, flower/flàuər/〖〖「平面(flat)」が原義〗
——名 (複) ~s/-z/; © **1** 床(ゆか) (↔ ceiling), 床板 (flooring) ‖
sit on the **floor** 床に座る⟨◆欧米ではいすに座るのが習慣なので, この表現は特別な動作⟩.
〔対話〕"How tall is the picture?" "Well, from ceiling to **floor**, it measures about 8 feet." 「その絵は高さがどのくらいなの」「ええと, 床から

**floppy**

天井までだから, 約 8 フィートだね」.
**2** (建物の個々の)階, フロア ‖
Stockings are sold on the second **floor**. 靴下の売場は2階(英)3階です.

| 〔事情〕［建物の階の呼びかた］ | |
|---|---|
| (米) | (英) |
| 3階 the third floor | the second floor |
| 2階 the second floor | the first floor |
| 1階 the first floor | the ground floor |
| 地下1階 the first basement | |
| 地下2階 the second basement | |

このように米英では数え方が1階ずつずれる. ただし米国でもホテルなどでは英国式の場合がある.
stor(e)y にはふつう米英の違いはない.

〔Q&A〕 Q:「5階建てのビル」は a five-floor building ですか.
A: いいえ, a five-storied building, a five-story building か a building of five stories [(英) storeys] のようにいいます. floor は「床」の部分を示すだけですので特定の「階」を意味します. 建物全体を示す「…階建ての」の場合は, 「天井と床にはさまれた空間」を意味する story を使います.

**3** (海・谷などの)底, (トンネル・ほら穴などの)平らな底.
**4** [通例単数形で] (ある目的のために設けられた)平らな場所 ‖
a dance **floor** ダンスフロア.
a threshing **floor** 脱穀場.
**5** [the ~] 議員席, 参加者席; (議員などの)発言権 ‖
questions from **the floor** 議員席[参加者, フロア]からの質問.
have [get, hold, take] **the floor** 発言する.
give him **the floor** (議長が)彼に発言を許す.
**6** (賃金・価格の)最低額, 底値 (↔ ceiling).
——動 他 **1** …に床を張る ‖
**floor** a kitchen with tiles 台所の床をタイル張りにする.
**2** (略式) …をなぐり倒す.
**3** (略式) …を困惑させる ‖
He was **floored** by the question. 彼はその質問にお手上げだった.

**floor·ing** /flɔ:riŋ/ フローリング/ 〖動〗→ floor.
——名 **1** Ⓤ 床張り材, 床板. **2** Ⓒ 床; [集合名詞] 床, 床張り.

**flop** /flɑp/ フラプ/ flɔp/ フロプ/ (類音) flap/flæp/〗〖動〗(自) (過去・過分) flopped/-t/; (現分) flop·ping **1** のそのそと不格好に歩く, パタパタ動く. **2** ドスンと倒れる.
**3** (略式) ⟨計画などが⟩完全に失敗する.
——名 Ⓒ [a ~] **1** ドスンと倒れる音[こと]. **2** (略式) 完全な失敗.

**flop·py** /flɑpi/ フラピ/ flɔpi/ フロピ/ 〖形〗(比較) --pi·er, (最上) --pi·est) **1** ぱたぱたしやすい. **2** だらだらした.
——名 Ⓒ =floppy disk.

**flóppy dísk** 〔コンピュータ〕フロッピー(ディスク) (略 FD) (floppy).

**flo·ra** /flɔ́ːrə フローラ/ 名 (複 ~s, ·rae/-riː/) Ⓤ Ⓒ (ある地域・時代の)植物相, フローラ (cf. fauna); 植物区系.

**flo·ral** /flɔ́ːrəl フローラル/〖→flower〗形《正式》花のような, 花の.

**Flor·ence** /flɔ́ː(ə)rəns フロ(ー)レンス/ 名 **1** フィレンツェ, フローレンス《イタリア中部の都市. イタリア名 Firenze》. **2** フローレンス《女の名. 愛称 Flo, Florrie》.

**Flor·en·tine** /flɔ́ː(ə)rəntiːn フローレンティーン | flɔ́rəntàin フロレンタイン/ 形 **1** フィレンツェの;《美術》フィレンツェ派の. **2** (魚・卵料理で)ホウレン草を使った. ━名 **1** Ⓒ フィレンツェ人. **2** [f~] Ⓤ フロレンティーン《チョコレートをまぶしたクッキー》.

**flor·id** /flɔ́ː(ə)rid フロ(ー)リド/ 形 **1** 血色のよい. **2**《正式》けばけばしい, 華麗な;派手な.

**Flor·i·da** /flɔ́ː(ə)ridə フロ(ー)リダ/〖「花の国」が原義〗名 フロリダ《米国南東端の州. 州都 Tallahássee.《愛称》the Alligator State, the Peninsular State など.《略》Flor., Fla., 《郵便》FL》.

**flor·ist** /flɔ́ː(ə)rist フロ(ー)リスト/ 名 Ⓒ 花屋.

**flo·til·la** /floutílə フロウティラ/ 名 Ⓒ 小艦隊.

**floun·der**¹ /fláundər フラウンダ/ 動 **1** もがく. **2** まごつく, へまをする.

**floun·der**² /fláundər フラウンダ/ 名 (複 floun·der, 種類を表すときは ~s) Ⓒ 〔魚〕フラウンダー《ヨーロッパ産カレイの一種》.

*__flour__ /fláuər フラウア/ (同音 flower; 類音 floor /flɔ́ːr/)〖「(小麦)の最良の部分」が原義. もとは flower の異つづり〗
━名 Ⓤ 小麦粉, メリケン粉 ‖
a cup of sifted flour ふるいにかけた小麦粉カップ1杯.
━動 他 …を(小麦)粉にまぶす.

**flóur mill** 製粉機;製粉所.

**flour·ish** /flɔ́ː(ə)riʃ フラーリッシュ | flʌ́riʃ フラリッシュ/ (発音注意) 動 (三単現 ~·es/-iz/) **1** 繁茂(はんも)する, 繁盛(はんじょう)する, 栄える, 〈人が〉元気でいる ‖
These flowers flourish in tropical countries. これらの花は熱帯の国々でよく育つ.
**2** 活躍する;在世する ‖
Shakespeare flourished in the reign of Elizabeth I. シェイクスピアはエリザベス1世の治世に活躍した.
━他《正式》…を振り回す ‖
flourish the sword angrily 怒って刀を振り回す.
━名 (複 ~·es/-iz/) **1** Ⓒ 〔通例 a ~〕振り回すこと.
**2** Ⓒ 見せびらかし; Ⓤ 派手さ ‖
with a flourish 仰々しく, 華々しく.
**3** Ⓒ (彫刻などの)唐草ふうの装飾曲線, (署名などの)飾り書き. **4** Ⓒ 〔音楽〕装飾楽句;トランペットの華やかな吹奏, ファンファーレ.

**flout** /fláut フラウト/ 動 他 自《規則などを》破る, 〈慣習など〉に逆らう.

━名 Ⓤ あざけり, 軽蔑.

*__flow__ /flóu フロウ/ (原音 flaw/flɔ́ː/)〖cf. fly, float, flee, fling, flood〗
━動 (三単現 ~s/-z/; 過去・過分 ~ed/-d/; 現分 ~·ing)
━自 **1** 流れる, 注ぐ (類 stream, run) ‖
tears flowing down the cheeks ほおを流れる涙.
The river flows into [to] the sea. その川は海に注ぐ.
The river flowed over its banks. 川が氾濫(はんらん)して堤を越えた.
対話 "Hiroshima is well known for its rivers." "How many (rivers) flow through the city?" 「広島は川がいくつもあることで知られています」「何本の川が街の中を流れているのですか」.
**2**〈血・電気などが〉めぐる, 流れる.
**3 a** 流れるように動く ‖
Crowds flowed down the street. 人々は通りをぞろぞろ歩いた.
Goods flowed into the country. 商品がどんどん国内へ流れた.
His talk flowed on. 彼の話はよどみなく続いた.
**b**《正式》〈衣服・髪などが〉(優雅に)たれる ‖
Her long hair flows (down) over her shoulders. 彼女の長い髪は肩にふさふさと波打っている.
**4** わき出る;源を発する;生じる ‖
blood flowing from the wound 傷口から流れる血.
Wisdom flows from experience. 知恵は経験から生まれる.
━名 (複 ~s/-z/) **1a** [the ~ / a ~] 流れ;流動;流れるような動き ‖
the gentle flow of the river 静かな川の流れ.
a flow of population into Tokyo 東京への人口流入.
a rapid flow of speech 流暢(りゅうちょう)な弁舌.
**b** [a ~] 流出, 噴出;ほとばしり ‖
There was a sudden flow of tears from her eyes. 彼女の目から突然涙があふれ出た.
**2** [a ~ / the ~] 流出[流入]量, 供給量 ‖
a flow of ten gallons a second 毎秒10ガロンの流出量.
**3** [the ~] 満潮, 上げ潮 (↔ ebb) ‖
be on the flów 上げ潮である;隆盛期[上り坂]にある.

**flow·chart** /flóutʃɑːrt フロウチャート/ 名 Ⓒ フローチャート, 流れ(作業)図《コンピュータの処理の流れ・工場などの作業工程経路を図式化したもの. flow diagram, flow sheet ともいう》.

*__flow·er__ /fláuər フラウア/ (同音 flour; 類音 floor /flɔ́ːr/)〖「上等な部分」が原義〗
━名 (複 ~s/-z/) **1** Ⓒ 花;草花, 花の咲く植物《◆形容詞は floral》(類 blossom, bloom) ‖
wild flowers 野生の花.
artificial flowers 造花.

Flowers produce seeds. 花は種子を生じる.

[事情][国花] オランダ: tulip / スイス: edelweiss / イタリア: daisy / インド: poppy / メキシコ: cactus / 英国: (イングランド: rose / スコットランド: thistle / ウェールズ: leek, daffodil) / 米国: rose / ホンコン: shamrock.

**2** Ⓤ 開花, 花ざかり ‖
còme ìnto flówer 開花する.
Roses are in flówer. バラが満開だ.
**3** (文) [the ~] 精華, 手本.
**4** (文) [the ~] (元気の)盛り ‖
in the flower of youth 若い盛りに.

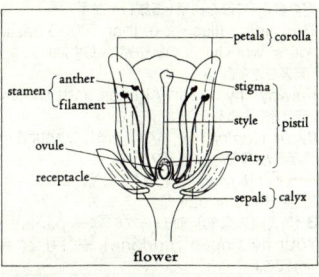

flower の図: petals corolla, stamen {anther, filament}, stigma, style, pistil, ovule, ovary, receptacle, sepals calyx

—— 動 ⾃ 咲く ‖
Some roses **flower** late in summer. 夏の終わりに咲くバラもある.
**flówer arràngement [arrànging]** 生け花.
**flówer bèd** 花壇.
**flówer bùd** 花芽, つぼみ.
**flówer gàrden** 花園, 花畑, 大きな花壇.
**flówer gìrl** (街頭の)花売り娘; (結婚式で花を運ぶ)付添いの少女.
**flow·er·pot** /fláuərpɑt フラウアパト|-pɔt -ポト/ 名 Ⓒ (草花の主に素焼きの)植木ばち.
**flow·er·y** /fláuəri フラウアリ/ 形 **1** 花の, 花で飾った. **2** 美辞麗句を連ねた.
*****flown** /flóun フロウン/ 動 → fly¹.
**flu** /flú: フルー/ ([同音] flew, flue) [influenza の略] 名 Ⓤ (略式) [しばしば the ~] インフルエンザ, 流感.
**fluc·tu·ate** /fláktʃuèit フラクチュエイト/ 動 ([現分] -at·ing) ⾃ (正式) 変動する; 動揺する.
**fluc·tu·a·tion** /flλktʃuéiʃən フラクチュエイション/ 名 Ⓤ Ⓒ (正式) 変動; 動揺.
**flue** /flú: フルー/ ([同音] flew, flu) 名 Ⓒ **1** (煙突の)煙道. **2** 熱気送管.
**flu·en·cy** /flú:ənsi フルーエンスィ/ 名 Ⓤ (言葉・文体の)流暢(りゅう)さ, なめらかさ ‖
speak English with fluency 英語を流暢に話す.
**flu·ent** /flú:ənt フルーエント/ 形 流暢(りゅう)な; すらすらと話せる [書ける, 弾ける] ‖
He speaks **fluent** English. = He is fluent in (speaking) English. = He is a **fluent** speaker of English. 彼は英語を流暢に話す.
**flú·ent·ly** 副 流暢に, すらすらと.
**fluff** /fláf フラフ/ 名 Ⓤ (木綿・羊毛などの)けば, 綿毛; Ⓒ (綿毛のように)軽くふわふわした物.
—— 動 他 **1** …をけば立てる, 〈まくらなど〉をふわりとふくらませる. **2** (略式) …を間違える.
**fluff·y** /fláfi フラフィ/ 形 ([比較] -i·er, [最上] -i·est) (正式) けばの(ような), 綿毛の; ふわふわした, やわらかい.
**flu·id** /flú:id フルーイド/ 名 Ⓤ Ⓒ 【化学】流体, 流動体 《液体(liquid)・気体(gas)の総称》(↔ solid).
—— 形 **1** 流動体の, 流動性の(↔ solid) ‖
a **fluid** diet for two weeks 2週間の流動食.
**2** 〈意見・状況など〉変わりやすい(changeable), 流動的な, 不安定な ‖
The political situation is **fluid**. 政情は不安定だ.
**fluke** /flú:k フルーク/ 名 (略式) [a ~] 幸運, まぐれ当たり.
**flung** /fláŋ フラング/ 動 → fling.
**flunk** /fláŋk フランク/ ([類音] flank/flǽŋk/) 動 他 (略式) 〈試験など〉をしくじる.
**flu·o·res·cent** /fluərésnt フルオレスント|flɔ:- フロー-/ 形 蛍光を発する, 蛍光性の.
**fluoréscent lámp** 蛍光灯.
**flur·ry** /flá:ri フラーリ|flári フラリ/ 名 (複 flur·ries /-z/) Ⓒ [a ~] 動揺, 混乱; 興奮 ‖
in a flurry あわてて.
—— 動 ([三単現] flur·ries/-z/; [過去・過分] flur·ried /-d/) (略式) …をあわてさせる, 混乱させる.
**flush¹** /fláʃ フラシュ/ ([類音] flash/flǽʃ/) 動 ([三単現] ~·es/-z/) ⾃ **1** 〈人が〉(怒り・興奮・運動などで)(さっと)赤く染まる(+up), 〈顔などが〉(ぱっと)赤くなる, 紅潮する(+up) ◆「(恥じて, 当惑して)赤面する」は主に blush; 〈血が〉上る; 〈光などが〉赤く輝く ‖
She [Her face] **flushed** (red) with anger. 彼女は怒って顔を真っ赤にした.
**2** 〈水が〉どっと流れる; 〈物が〉洗い流される.
—— 他 **1** [通例 be ~ed] 〈顔などが〉紅潮(こう)する; 〈人が〉興奮する ‖
His face **was flushed** with fever. 熱のために彼の顔は紅潮していた.
They **were flushed** with success. 彼らは成功して得意になっていた.
**2** 〈水〉をどっと流す; 〈便所など〉を水を流して洗う; 〈くず物など〉を水で洗い流す ‖
**flush** the sink **out** with warm water 湯で流しをきれいにする.
**3** 〈動物・犯人など〉を狩り出す, 追い立てる(+out).
—— 名 (複 ~·es/-iz/) **1** Ⓒ [通例 a ~] (顔の)紅潮, 赤面; 輝き.
**2** Ⓒ [a ~] (水が[を])さっと流れる[流す]こと; (英) (管・便所などの)排水, 洗浄.
**3** Ⓤ [通例 the ~] 感激, 興奮 ‖
in the **flush** of victory 勝利の感激に酔って.
**4** Ⓤ [通例 the first ~] 盛り; 若葉(のもえ出るこ

the first flush of grass 草の新芽.
in the first flush of youth 青春の盛りに.
**flush**² /flʌʃ フラシュ/ 形 **1** 同じ高さの, 同一平面の. **2** (略式)金持ちで, 気前がよい.
**flush**³ /flʌʃ フラシュ/ 名 (複 ~·es/-iz/) Ⓒ 〖トランプ〗フラッシュ《ポーカーなどで同種の札がそろうこと》.
**flus·ter** /flʌ́stər フラスタ/ 動 他 …を混乱させる.
　― 自 混乱する.
　― 名 Ⓤ [しばしば a ~] 動揺, あわてること.
**flute** /fluːt フルート/ 名 Ⓒ フルート, 横笛《◆「縦笛」は recorder》.
**flut·ter** /flʌ́tər フラタ/ (類音 flatter/flétər/) 動 自 **1**〈鳥・チョウなどが〉(飛ばずに)羽ばたきする; (わずかな距離を)パタパタ[ひらひら]飛ぶ; 〈木の葉・紙切れが〉舞う.
**2** 〈旗などが〉はためく, 翻(ひるがえ)る.
**3** 〈脈・心臓が〉激しく不規則に打つ, 震える, どきどきする ‖
My heart fluttered with excitement. 心臓が興奮でどきどきしていた.
**4** そわそわする, うろうろする.
　― 他 **1**〈羽〉をパタパタさせる. **2**〈旗・ハンカチなど〉を翻す, 振る, 〈まぶたなど〉をぴくぴくさせる. **3** …をそわそわさせる, あわてさせる.
　― 名 **1** Ⓤ [通例 a ~ / the ~] 羽ばたき; はためき; (心臓の)動悸(どうき) ‖
There was a flutter of wings in the bush. 茂みの中で羽ばたきがした.
**2** (略式) [a ~] (心)の動揺; 興奮 ‖
be in a flutter 動揺している.
pút him in [ìnto] a flútter 彼をはらはらさせる, どぎまぎさせる.
**3** (英略式) [a ~] (少額の)賭(か)け, 投機.
**flux** /flʌks フラクス/ 名 (正式) **1** [a ~] とうとうと流れ出ること. **2** Ⓤ 絶え間ない変化.

# **fly**¹ /flái フライ/ (類音 fry/frái/)〖「空中を行く」が本義〗 名 flight の.
　― 動 (三単現 flies/-z/; 過去 flew/fluː/, 過分 flown/flóun/; 現分 ~·ing)《◆ 自 6 では過去・過去分詞形は fled/fléd/, 自 7 では flied》
　― 自 **1** 飛ぶ, 飛行機で行く ‖
I flew from London to New York. 私は飛行機でロンドンからニューヨークへ行った.
fly over the fence 垣根を飛び越える.
〖対話〗"Where are we flying now?" "We're flying 500 feet over the Niagara Falls." 「今どこを飛んでいますか」「ナイアガラの滝の上空500フィートを飛んでいます」.
**2** 飛ぶように走る; 飛ぶように過ぎる; 飛ぶようになくなる ‖
He flew (out) to meet his mother. 彼は母親を迎えに駆けて行った.
máke the móney flý 金を湯水のように使う.
**3** 飛(ひ)る, なびく; 飛び散る, 舞い上がる ‖
The glass flew apart [to bits, into pieces]. グラスが粉々にくだけ散った.

**4** [fly C] 〈ドアなどが〉突然(動いて) Ⓒ の状態になる ‖
The door flew open. ドアがさっと開いた.
**5** [fly into A] 突然…になる ‖
fly into a rage 烈火のごとく怒る.
**6** (英略式)逃げる.
**7** 〖野球〗フライを打つ.
　― 他 **1** …を飛ばす, 放つ; …を揚げる, 掲げる ‖
fly the national flag 国旗を掲げる.
Let's fly this model plane in the park. 公園でこの模型飛行機を飛ばそう.
**2** …を(飛行機で)飛び越える ‖
We flew the Atlantic in a few hours. 私たちは大西洋を2, 3時間で飛んだ.
**3** 〈飛行機など〉を操縦する, …を飛行機で運ぶ; 〈特定の航空会社〉を利用して旅行する ‖
This airline flies more then 5,000 passengers weekly. この航空路は毎週5000人以上の乗客を運んでいる.
I always fly Japan Airlines. 私はいつも日本航空で旅行します.
***flý at [(úp)on] A** Ⓐ〈人〉を激しく攻撃する. ののしる; Ⓐ〈獲物など〉に飛びかかる.
　― 名 (複 flies) Ⓒ **1** 飛ぶこと, 飛行.
**2** 〖野球〗＝fly ball.
**3** (略式) (ズボンの) 前チャック (図 → pants) ‖
Your fly's open [undone]. 君, 「社会の窓」があいてるよ.
***on the flý** (1) 飛行中の[で] ‖ catch a ball on the fly フライのボールを捕る. (2)(略式)大急ぎの[で].
**flý báll** フライ, 飛球(fly).
**fly**² /flái フライ/ 名 (複 flies/-z/) Ⓒ **1** ハエ ‖
a fish covered in flies ハエが一面にたかっている魚.
**2** Ⓒ (釣り用の)蚊ばり, 毛ばり.
**fly·er** /fláiər フライア/ 名 ＝flier.
**fly·ing** /fláiiŋ フライイング/ 動 → fly¹. ― 形 **1** 飛んでいる, 飛ぶことのできる. **2** 飛ぶように動く; 速い.
**flýing bírd** 〖鳥〗ハチドリ(hummingbird).
**flýing físh** 〖魚〗トビウオ.
**flýing sáucer** 空飛ぶ円盤 → UFO.
**fly·leaf** /fláiliːf フライリーフ/ 名 (複 ··leaves) Ⓒ 〖製本〗見返しの遊び.
**fly·o·ver** /fláiòuvər フライオウヴァ/ 名 Ⓒ **1** (米空軍)空中分列式, 儀礼飛行隊, 低空飛行隊. **2** (英)高架道路(《米》overpass).
**fly·weight** /fláiwèit フライウェイト/ 〖ボクシング〗名 Ⓒ 形 フライ級の(選手)(→ boxing 関連).
**FM** (略) 〖通信〗frequency modulation.
**foal** /fóul フォウル/ 名 Ⓒ 馬[ロバ, ラバ]の子, 子馬 (→ horse) ‖
**in [with] fóal** (雌馬が)子をはらんで.
　― 動 自 他 (子馬を)産む.
**foam** /fóum フォウム/ (類音 form/fɔːrm/) 名 Ⓤ **1** 泡; (口からふく)泡つばき; (馬などの)泡汗(→ bubble, froth) ‖
gather foam 泡が立つ.

**foamy**

2 (略式) =foam rubber.
— 動 自 1 泡立つ ‖
**foam away [off]** 泡となって消える.
2 〈人・動物が〉(病気で)泡を吹く;(略式)〈人が〉激怒する ‖
**foam with anger** =**foam at the mouth** 口から泡を飛ばしてかんかんに怒る《◆あとの表現がより口語的》.
**fóam polýstyrene** 発泡スチロール.
**fóam rúbber** 気泡ゴム, フォーム=foam).
**foam·y** /fóumi フォウミ/ 形 (比較) -·i·er; (最上) -·i·est) 泡だらけの, 泡立つ, 泡のような.
**fob** /fáb ファブ/ fɔb フォブ/ 名 © 1 = fob chain.
2 (ズボン・チョッキの)時計入れポケット.
**fób cháin** 懐中時計の鎖[リボン];(その鎖の先につける)小物飾り.
**fób wátch** 懐中時計.
**fo·cal** /fóukl フォウクル/ 形 焦点の.
**fo·ci** /fóusai フォウサイ/, (英+) -ki:/ 名 (正式) → focus.
**fo·cus** /fóukəs フォウカス/ 名 (複 ~·es/-iz/, (正式) fo·ci·sai, (英+) -ki:/) Ⓤ Ⓒ

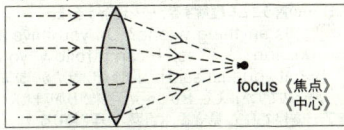

focus《焦点》《中心》

1 焦点(距離);焦点整合 ‖
**be in fócus** 焦点が合っている.
**be out of focus** 焦点が合っていない.
**bring a cámera ìnto fócus** カメラのピントを合わせる.
2 [通例 the ~] (興味・活動などの)中心, 的;震源地;台風の目 ‖
**She was the focus of our attention.** 彼女は我々の注目の的だった.
— 動 (三単現) ~·es/-iz/) 他 …の焦点を合わせる;…を集中させる ‖
**Focus your telescope on the star.** その星に望遠鏡のピントを合わせなさい.
— 自 焦点が合う;(略式)精神を集中させる;重点的に取り扱う.
**fod·der** /fádər ファダ/ fɔd- フォダ/ 名 Ⓤ 家畜の飼料, かいば.
**foe** /fóu フォウ/ 名 Ⓒ (正式・詩) 敵, かたき.
**foehn** /féin フェイン/ fɔ:n ファーン/ 〖ドイツ〗 名 Ⓤ Ⓒ 〔気象〕フェーン《山地を吹き下ろす暖かい乾燥した風》.
***fog** /fɔ(:)g フォ(ー)グ/
— 名 (複 ~s/-z/) Ⓤ Ⓒ 1 霧, もや, 濃霧《◆ mist より濃い霧》 ‖
**A heavy [thick, dense] fog stops planes from landing.** 濃霧で飛行機の着陸ができない (→ dense 1b).
2 (一面に立ちこめた)煙, ほこり, しぶき.
3 もやもやした状態, 当惑;あいまいさ ‖
**in a fog** (略式) 当惑して, 途方にくれて.

4 〔写真〕(ネガの)曇り, かぶり.
— 動 (過去・過分) fogged/-d/;(現分) fog·ging)
他 1 …を霧[もや]で覆う. 2 …を曇らせる. 3 (略式) …を混乱させる, 途方にくれさせる. — 自 1 霧[もや]がかかる. 2 曇る, ぼやける.
**fóg làmp** (自動車の)霧灯, フォグランプ.
**fóg sìgnal** 濃霧信号.
**fog·gy** /fɔ́(:)gi フォ(ー)ギ/ 形 (比較) -·gi·er; (最上) -·gi·est) 1 霧の多い, 霧の立ちこめた ‖
**a foggy night** 霧の深い夜.
**San Francisco is foggy.** =**It is foggy in San Francisco.** サンフランシスコは霧だ.
2 [しばしば foggiest で] 〈考えなどが〉ぼんやりした;混乱した ‖
**I don't have the foggiest idea (of) what she means.** (略式) 彼女が何のことを言っているのか全くわからない(→ idea 5).
3 〔写真〕〈陰画・陽画が〉曇った, かぶっている.
**foi·ble** /fɔ́ibl フォイブル/ 名 Ⓒ (正式) 弱点;うぬぼれている点.
**foil**¹ /fɔ́il フォイル/ 動 他 (正式) …を失敗させる;…の裏をかく ‖
**foil his attempt** =**foil him in his attempt** 彼の企てをくじく.
**foil**² /fɔ́il フォイル/ 名 1 Ⓤ 金属の薄片, 箔(はく), ホイル. 2 Ⓒ (正式) 引き立て役.
**foil**³ /fɔ́il フォイル/ 名 Ⓒ 〔フェンシング〕1 [しばしば ~s] フルーレ《フェンシング競技の一種》. 2 フルーレに用いる剣.

***fold** /fóuld フォウルド/ (類音 hold/hóuld/)
— 動 (三単現) ~s /fóuldz/;(過去・過分) ~·ed /-id/;(現分) ~·ing)

他 と 自 の関係
| 他 | 1 | fold A | A を折りたたむ |
| 自 | 1 | A fold | A が折りたためる |

— 他 1 …を折りたたむ, 折り重ねる, 折り曲げる, 折り返す(↔unfold) ‖
**Fold the letter and put it in the envelope.** 便せんを折りたたんで封筒に入れなさい《◆ bend は「固いものを折り曲げる」》.
**fold down [back]** a leaf of a book 本のページを折り曲げる.
**fold up** an umbrella かさをすぼめる.
**fold** one's **legs under oneself** 正座する.
対話 "How do I make this card?" "You have to **fold** the right edge **over** the left edge." 「このカードはどうやって作ればいいの」「右端を左端に折り重ねるのです」.
2 〈手・腕などを〉組む ‖
**fold** one's **arms** 腕組みをする, 腕を組む.
3 [fold A in [into] B / fold B around [about] A] A〈人・物・事〉を B に包む, 抱きかかえる, A に B を巻きつける(+up) ‖
**hills folded in mist** もやに包まれた丘.
**She folded a kilt around her.** 彼女はキルトを身にまとった.
**She folded her baby in her arms.** 彼女は赤

ん坊を両腕に抱きしめた.
**4** 〈卵などを〉ざっくり混ぜ込む ‖
fold nuts in the batter 木の実を練り粉に混ぜ込む.

— 圓 折り重なる; 折りたためる ‖
This bed folds flat. このベッドは平たくたためる.
He folded up into the rear seat. 彼はからだを2つに折り曲げて後部席に座った.

**fóld úp** (1) [自] → 圓. (2) (略式) [自] 〈劇などが〉上演中止になる;〈事業などが〉つぶれる;〈人びかが〉こたれる, 参ってしまう. (3) [他] → 他 **1**, **3**.

— 名 ⓒ **1** 折り目, 折りじわ; ひだ; 折りたたみの部分, 折り返しの部分 ‖
get the folds out of the dress 服の折りじわをとる.
**2** [地質] (地層の)褶(ホミュウ)曲;(主に英) (地形の)くぼみ;谷の屈曲部 ‖
a fold of hills 山あい.

**fold·er** /fóuldər フォウルダ/ (類音) holder /hóuldər/ 名 ⓒ **1** 折りたたむ人[器具]. **2** 折りたたみ印刷物 [パンフレット] 《時間表・地図など》. **3** 紙 [書類]ばさみ, フォルダー. **4** [コンピュータ] フォルダ.

**fo·li·age** /fóuliidʒ フォウリイチ/ 名 Ⓤ 《正式》 [集合名詞] (1本または多くの木全体の)葉, 群葉 (leaves); (絵画・建築の)葉・枝・花を集めた装飾.
**fóliage léaf** [植] 普通葉(ホミン).
**fóliage plánt** 観葉植物.

**fo·li·o** /fóuliòu フォウリオウ/ 名 (稷 ~s) **1** Ⓤ 2つ折り紙[判], フォリオ判 《4ページ分》. **2** ⓒ 2つ折り判の本 《最大の判》. **3** ⓒ (原稿・本の表にだけページ数を付けた)1葉.

\***folk** /fóuk フォウク/ (発音注意) 《◆ ×フォーク》 (類音) fork/fɔːrk/)

— 名 (稷 ~s/-s/) **1** [複数扱い] 人々 《(米略式)ではしばしば *folks*. people より古風で感傷的な語》‖
country folk 田舎(じゃか)の人たち.
**2** (略式) [one's ~s] 家族; (主に米) 両親; 親類; [親しい呼びかけで] みなさん.
**3** ⓒ 国民, 民族, 種族; [形容詞的に] 民族の.
**4** Ⓤ = folk music.
**fólk dánce** 民族舞踊(曲).
**fólk mùsic** 民族音楽, フォーク(ミュージック) (folk).
**fólk sìnger** フォークシンガー, 民謡歌手.
**fólk sòng** フォークソング, 民謡.
**fólk tàle** 民話.

**folk·lore** /fóuklɔːr フォウクロー/ 名 Ⓤ 民間伝承; 民俗学; [服飾] 民族調, フォークロア.

**fol·li·cle** /fálikl ファリクル/ f5l- フォリ-/ 名 ⓒ 毛穴.

\*\***fol·low** /fálou ファロウ/ |fɔ́lou フォロウ/
(類音) hollow/hálou/|hɔ́l-/) 【「(あとに)従う」が本義】 㴲 follower (名), following (名・形)
→ 動 他 **1** あとについて行く[来る]
　　**6** 言うことを理解する　**8** 従事する
　　自 **1** あとから行く　**2** 次に起こる
　　**3** …ということになる

— 動 (三単現) ~s/-z/; [過去・過分] ~ed/-d/; [現分] ~·ing)
— 他 **1** …のあとについて行く[来る]; …に付き添う ‖
follow him in 彼について入る.
I followed my girl friend home. ガールフレンドを家まで送った.
**2** …の次に来る, …の次に起こる, …に続く;〈人〉のあとを継ぐ ‖
Spring follows winter. 冬のあとには春がやってくる.
Bush followed Clinton as president. ブッシュがクリントン大統領のあとを継いだ.
**3** …に沿って行く;〈道などが〉〈鉄道など〉と平行して走る ‖
follow a path 小道をたどる.
**4** …を尾行する, 追跡する; …を得ようとする ‖
I thought I was being followed. つけられているなと私は思った.
**5**〈忠告など〉に従う;〈命令など〉を守る;〈例・慣習など〉に習う;〈流行など〉を追う, まねる ‖
This rule is followed in most households. この慣習はたいていの家庭で守られている.
**6** …の言うことを理解する; …を理解する ‖
[対話] "Is anything wrong? Do you have a question?" "Yes, I can't follow you [what you just said]." 「どうかしましたか. 質問があるのですか」「ええ, おっしゃっている意味がわかりません」.
**7** …を目で追う, 見守る;〈言葉〉に耳を傾ける ‖
I followed her with my eyes. 私は彼女の動きをじっと見守った.
**8** …を営む, …に従事する ‖
follow the law 弁護士を職業とする.

— 圓 **1** あとから行く[来る], ついて行く[来る] ‖
We followed close behind. 我々はすぐあとからついて行った.
**2** 次に起こる[来る], 続く ‖
If you drink too much, dizziness will follow. 飲みすぎると目まいを起こすよ.
[対話] "Who's the next person to be interviewed?" "I'm not sure, but there're three more to follow." 「次に面接を受ける人はどなたですか」「知らないんですが, あとまだ3人います」.
**3** [it follows that 節] …ということになる ‖
It follows from what she says that he is guilty. 彼女の言うことから判断すると彼は有罪ということになる.

**as fóllows** 次のとおりで[に] 《◆ 主語の数・時制とは関係なく, 常に follows の形で用いる》‖ The results are as follows. 結果は次のとおりである.
**fóllow thróugh** (1) [自] 努力してやり抜く;[ゴルフ・テニス・野球] クラブ[ラケット, バット]を振りきる. (2) [他] 〈議論・計画など〉を最後までやり抜く.
**fóllow úp** (1) [自] 徹底的に究明する. (2) [他] 〈提案など〉に従う;〈手がかりなど〉を求める;〈人・動物など〉を追跡する.

**fol·low·er** /fálouər ファロウア/ f5louə/ フォロウア/ 名 ⓒ (主義・学説などの)信奉者; 弟子, 門下 ‖
Gandhi had many followers throughout

the world. ガンジーには世界中に多くの支持者がいた.

**\*fol・low・ing** /fálouiŋ ファロウイング | f5louiŋ フォロウイング/ 〖→ follow〗
—[動] → follow.
—[形] [名詞の前で] [the ~] 次の, 次に来る; 下記の, 次に述べる (↔ previous) 《◆ next は時間や順序について用いる》‖
They met (on) the following [next] day. 彼らは次の日に会った.
The following people attended the meeting. 次の人々が会に出席した.
—[名] **1** [集合名詞; 通例 a ~] 従者たち; 門下; 信奉者, 支持者.
**2** [the ~; 単数・複数扱い] 下記のもの, 次に述べるもの 《◆ the は時に省略される》‖
The following were invited to the party. 次の方々がパーティーに招待された.
—[前] …に引き続いて, …のあとで 《◆ 主に新聞英語》(after) ‖
Following the fall of the dollar, prices rose sharply. ドルの下落に続いて物価が急騰(きゅうとう)した.

**fol・ly** /fáli ファリ | f5li フォリ/ [名] (複 fol・lies/-z/) [U] 《正式》愚かさ, 愚劣 (foolishness); [C] 愚行, 愚かな考え; ばかげたこと.

**fo・ment** /foumént フォウメント/ [動] 他 《正式》〈不和・反乱などを〉助長[扇動, 誘発]する.

**\*\*fond** /fánd ファンド | f5nd フォンド/ 〖〖「愚かな」が原義〗
—[形] (比較 more ~, ~・er; 最上 most ~, ~・est) 《◆ 名詞の前では ~・er, ~・est が好まれる》 **1** [補語として] [be fond of A] …が好きである 《◆ like よりくだけた語で意味が強い. 米国の男性はあまり用いない》‖
He is very fond of baseball. 彼は野球が大好きだ(=He likes baseball very much.).
grow fond of him 彼が好きになる.
対話 "I love pizza and all kinds of Italian food." "Me, too. I'm also fond of French food." 「私はピザやイタリア料理だったら何でも好きだわ」「私も. フランス料理も好きだわ」.
**2** 《略式》悪いくせがある ‖
He is extremely fond of finding fault with others. 彼は他人のあらさがしをしてひどく楽しむ悪いくせがある.
**3** [名詞の前で] 優しい, 情深い; 溺(でき)愛する, 甘やかす ‖
a fond mother 甘い母親 《◆「好きな母」ではない》.

**fon・dle** /fándl ファンドル | f5n- フォンドル/ [動] (現分 fon・dling) 他 …をかわいがる, 愛撫(あいぶ)する, 抱き締める.

**fond・ly** /fándli ファンドリ | f5nd- フォンドリ/ [副] **1** やさしく, 愛情をこめて. **2** たわいなく, あさはかにも.

**fond・ness** /fándnəs ファンドネス | f5nd- フォンドネス/ [名] **1** [U] 愛情, 愛着; 溺(でき)愛 ‖
Her fondness for him was strong. 彼女の

彼を思う気持ちは強かった.
**2** [a ~] 好み, 趣味 ‖
She has a fondness for argument. 彼女は議論好きだ.

**font** /fánt ファント | f5nt フォント/ [名] [C] **1** (教会の)洗礼盤, 聖水盤. **2** (ランプの)油つぼ.

font 1

**\*\*food** /fú:d フード/ 〖類語 ℎood/hʌ́d/〗〖「人・動物を養う物」が本義. cf. feed, foster〗(→ feed Q&A)
—[名] (複 ~s/fúːdz/) [U] **1** 《種類を表すときは [C]》(人間の)食物, 食糧; (飲み物に対する)食べ物, 料理 ‖
vegetable food 植物性食品.
animal food 動物性食品.
bad [coarse, plain, poor] food 粗食.
a staple food 主食.
fóod and drínk 飲食物 《◆ ふつうこの語順》.
nátural [《米》orgánic] fóods 自然食品.
French food フランス料理.
Liver is a rich [nourishing] food. レバーは栄養のある食品だ.
food, clothing and shelter 衣食住 《◆ ふつうこの語順》.
an article [a piece] of food 食品1点 《◆ 数えるときはこの言い方をする》.

Q&A *Q*: 上の例の「飲食物」や「衣食住」のように, いくつかの物を並べていうときに日本語と英語で順序の違っているものがあありますか.
*A*: come and go (往来する), north, south, east and west (東西南北), rain or shine (晴雨にかかわらず), sooner or later (遅かれ早かれ) などがあります.

**2** えさ, えじき; 肥料 ‖
rabbit food ウサギのえさ.
**3** 糧(かて) ‖
food for thought 心の糧.
**fóod chàin** 〖生物〗食物連鎖.
**fóod pòisoning** 食中毒 ‖ get food poisoning 食あたりする.
**fóod pròcessor** フードプロセッサー《肉や野菜を様々な大きさにきざむ電気器具》.

**food・stuff** /fú:dstʌ̀f フードスタフ/ [名] 《正式》 [しばしば ~s] (原料としての)食品; 食糧, 食料品.

**fool**[1] /fú:l フール/ [名] [C] **1** ばか者, 愚(ぐ)か者; ばかにされる人, かつがれる人 ‖
(There's) nò fool like an óld fool. (ことわざ) (女に夢中になった)年寄りのばかは手がつけられない.
A fòol and his mòney are sòon párted. (ことわざ) ばかとお金は縁がない.
**2** 〖歴史〗 (中世ヨーロッパで王侯・貴族にかかえられた)道化師 (図) → 次ページ.
*be fóol enòugh to do* 愚かにも…する.
*màke a fóol of* A A〈人〉をばかにする, かつぐ ‖

Don't **make fools of** the boys. その少年たちをばかにするな《◆**A** に複数名詞がくると fools となる》.
**màke a fóol of** *onesèlf* ばかなことをして物笑いになる.
**pláy the fóol** ばかなまねをする, ばかなことをする.
—動 圓 **1** ばかなまねをする; ふざける.
**2** ぶらつく, 無為に過ごす; (仕事をせずに)遊ぶ ‖
He was **fooling about** the whole day. 彼は1日じゅうぶらぶらしていた.
—他 **1** …をばかにする.
**2** …をだます ‖
Don't be **fooled** by substitutes.《広告》類似品にご注意.
He tried to **fool** me **out of** my money. 彼はぼくをだまして金を巻き上げようとした.
She **fooled** me **into** giving her the money. 彼女にだまされてその金を渡した.
**fóol's páradise** 幻想的幸福, ぬか喜び ‖ be [live] in a **fool's paradise** ぬか喜びにひたっている.

**fool²** /fú:l フール/ 图 ⓊⒸ《英》フール《煮つぶした果物に生クリームやカスタードを混ぜた冷菓》

**fool·har·dy** /fú:lhɑ:ｒdi フールハーディ/ 形《正式》向こう見ずな, 無謀な.

***fool·ish** /fú:liʃ フーリシュ/《→ fool¹》
—形 《比較》more ~, 時に ~·**er**; 《最上》most ~, 時に ~·**est**》 愚かな, ばかげた, 思慮 [分別, 良識] のない; [it is foolish **of A** to do / A is foolish **to do**] …するとは **A** 〈人〉はばかだ (↔ wise) (→ silly, stupid) ‖
対話 "Am I going to die?" "Don't be **fóol·ish!**(↘) It's just a scratch." 「おれは死んでしまうのか」「ばかなことを言うな. ほんのかすり傷だ」.
George was being rather **foolish**. ジョージはかなり愚かなことをしていた《◆ be 動詞が進行形の場合は行為を表す》 (=George was behaving rather foolishly.).
He is **foolish** to meet her again. =It is **foolish** of him to meet her again. 彼女にまた会うなんて彼はばかだ.
**Pènny wíse (and) pòund fóolish.**《ことわざ》1 ペニーをけちって1ポンドを失う; ささいなことにこだわって大事なことを見失う.

Q&A **Q**: (1) It is foolish of you to do that. と (2) It is foolish for you to do that. はどう違いますか.
**A**: まず (1) と (2) ではポーズを置く位置が異なります. (1) It is foolish of you ¦ to do that. (2) It is foolish ¦ for you to do that. つまり (1) は you の性質を話題にしていて, (1)' You are foolish to do that. ということになり,「そんなこと

をするなんてあんたはばかだよ」と訳せます. それに対し (2) は, 愚かなのは, for you to do that すなわち you の行為であり, (2)' That you do that is foolish. という意味です. つまり「あんたがそんなことをするのは愚かなことだよ」という訳になります.

**fóol·ish·ness** 图 愚かさ, 愚行.
**fool·ish·ly** /fú:liʃli フーリシュリ/ 副［文全体を修飾］愚かにも, ばからしくも ‖
He **foolishly** wrote to her. 彼は愚かにも彼女に手紙を出した.

***foot** /fút フト/《「足」の機能面から「歩行」, 形状面から「(器物の)あし」「(山の)ふもと」などの意が生じた》
—图《複》**feet**/fí:t/ **1** ⓒ 足《◆ くるぶし以下の部分. leg はふつう, ももからくるぶしまで. 図 → body》‖
**hàve a sóre fóot** 足が痛い.
**stánd on óne fóot** 片足で立つ.
**hàve líght féet** 足が軽い.
**stámp** one's **fóot** 足で床を踏み鳴らす《◆怒り・威嚇(?)などのしぐさ》.

stamp one's feet

関連 **ankle** くるぶし / **arch** 土踏まず / **heel** かかと / **instep** 足の甲 / **sole** 足の裏 / **ball of the foot** 足の親指の根元の隆起部分 / **paw** (犬猫などの)つめのある足.

**2** ⓊⒸ 歩行, 足どり ‖
**be fleet of fóot** 《文》足が速い.
**go at a fóot's pàce** 歩行の速度[なみ足]で行く.
**3** ⓒ [the ~ of A] **a** 足状の物; (寝台・テーブルなどの)足部 ‖
the **foot** of a boot 長靴のくるぶしから下の部分. **b** 物の基底部; (山の)ふもと; (はしご・階段などの)最下部 ‖
at the **foot of** the page ページの下の部分.
**c** (位置・地位などの)最下位, 末席, 最後 (↔ head) ‖
the **foot of** a class クラスの最後.
**4**［一歩の歩幅から］ⓒ (長さの単位の)フィート, フット《1/3 yard, 12 inches (約30.5センチ)《記号》′ (例: 5′). (略) ft.》‖
**foot by foot** 1フィートずつ, 次第に.
He is five **feet** [《略式》**foot**] tall. 彼の身長は5フィートだ.

語法 (1) あとにインチを示す数詞を伴う場合は foot がふつう: He is five **foot** two. 彼は身長が5フィート2インチだ. (2) 名詞の前では常に単数形: a five-**foot**-deep river 深さ5フィートの川.

**5** ⓒ〔韻律〕詩脚, 韻脚(いんきゃく).
**on fóot** 徒歩で ‖ go on foot (主に英)歩いて行く.
**on** one's **féet** (1) 立っている状態で[の]; 立ち上がって. (2) 健康で[の]; (病後)元気になって[た]. (3) 〈人・会社などが〉(財政的に)独立して; (不振company)立ち直って ‖ set [put] him on his feet 彼を一人立ちさせる.
**stánd on [upon]** one's **ówn (twó) féet [légs]** → leg 图.
◇**to** one's **féet** 立っている状態に ‖ gét [cóme] **to** one's **féet** 立ち上がる / hélp him to his féet 手を貸して彼を立ち上がらせる / júmp [spríng, léap, stárt] **to** one's **féet** ぱっと立ち上がる / ráise [bríng, gét, sét] him to his féet 彼を立ち上がらせる / táke **to** one's **féet** 歩いていく / stágger **to** one's **féet** よろよろと立ち上がる.
**únder** A's **féet** (1) A〈人〉の足元に. (2) A〈人〉に屈伏して. (3) A〈人〉のじゃまになって.
**fóot bràke** 足ブレーキ.
**fóot wàrmer** 足温器.

**foot·age** /fútidʒ フティヂ/ 图 ⓤ **1** (フィートで表した[測った])長さ, 距離. **2** (映画フィルムなどの)フィート数.

**＊foot·ball** /fútbɔ̀ːl フトボール/ 〖foot で ball を蹴る競技〗
—— 图 (複 ~s/-z/) **1** ⓒ **フットボール** 《◆(米)ではふつうアメリカンフットボール(American football), (英)ではサッカー(association football, soccer)またはラグビー(rugby (football))をいう》; [形容詞的に] フットボール(用)の ‖
football boots フットボールの靴.
a football fan フットボールのファン.
We enjoyed watching a football game on television. (米)私たちはフットボールの試合をテレビで見て楽しんだ.

> Q&A **Q**: 最後の例の a football game は(米)で「フットボールの試合」とありますが,(英)では「サッカーの試合」の意味になるのでしょうか.
> **A**: いいえ, なりません. 英国で「サッカーの試合」という時は, a game of football か a football match というのがふつうです. ちなみに米国で「サッカーの試合」という時は a soccer game とします.

**2** ⓒ フットボール用ボール. **3** ⓒ (フットボール用ボールのように)道具として(粗末に)取扱われる人[物, 問題].

**foot·bridge** /fútbrìdʒ フトブリヂ/ 图 ⓒ (川や谷間にかけられた)歩道橋《◆日本の道路に見られる「歩道橋」は pedestrian bridge》.

**foot·fall** /fútfɔ̀ːl フトフォール/ 图 ⓒ **1** 歩み, 足取り. **2** 足音.

**foot·hill** /fúthìl フトヒル/ 图 ⓒ [通例 ~s] (山すその)小さな丘.

**foot·hold** /fúthòuld フトホウルド/ 图 ⓤ [比喩的にも用いて]
549
足がかり, 足場.

**foot·ing** /fútiŋ フティング/ 图 ⓤ [しばしば a ~] **1** (確かな)足もと, 足どり ‖
lóse one's fóoting 足をすべらせる.
**2** 足場, 足がかり; (特に競走路などの)コンディション. **3** 地位, 身分, 資格; 間柄, (相互)関係 ‖
be on a friendly footing with him 彼と親しい関係にある.
**4** 基盤, 基礎.

**foot·lights** /fútlàits フトライツ/ 图〔演劇〕〔複数扱い〕フットライト, 脚光.

**foot·note** /fútnòut フトノウト/ 图 ⓒ 脚注(略 fn.).

**foot·path** /fútpæ̀θ フトパス/ -pà:θ -バース/ 图 (複 ~s) ⓒ **1** (野原の)小道, 人道.
**2** (英)(車道と区分され舗装された)歩道((米) sidewalk).

**foot·print** /fútprìnt フトプリント/ 图 ⓒ 足型, 足跡(あしあと); 足跡(そくせき).

**foot·step** /fútstèp フトステプ/ 图 ⓒ **1** 足音; 足跡 ‖
We heard footsteps on the stairs. 階段を歩く足音が聞こえた.
**2** 歩み, 足取り; step. **3** 段階, 踏み段.
**fóllow [tréad] in** A's **fóotsteps** A〈人〉の例にならう, A〈人〉の志を継ぐ.

**foot·stool** /fútstùːl フトストゥール/ 图 ⓒ (座っているときに用いる)足乗せ台.

**foot·work** /fútwə̀ːrk フトワーク/ 图 ⓤ 〔スポーツ〕フットワーク, 足さばき.

**＊for** /(弱) fər ファ; (強) fɔːr フォー, fɔːr/ 〔同音〕 ⁴fore, ²four; 〔類音〕 far/fɑːr/, fur/fəːr/ 〖「前に(fore)」という原義から目的・交換・理由・関連・範囲などの意味が生まれた〗

→ 前 **I** [目的] **1** …に向かって **2** …のために **3** …あての **5** …に賛成して **6** …を記念して
  **II** [交換] **7** …の代わりに **8** …と交換に **9** …として
  **III** [理由] **11** …にもかかわらず
  **IV** [関連] **12** …に関して **13** …に適した **14** …にとって(は)
  **V** [範囲・時] **16** …の間(ずっと)
接 というわけは…だから

—— 前
**I** [目的]
**1** [方向・対象] 〈ある場所〉に向かって,〈列車などが〉…方面行きの《◆for は方向, to は到着点を表す》; (感情・好みなどの対象として)…に対して, …に対する ‖
pity for the poor 貧者に対する同情.
dash for the door ドアに向かって突進する.
the train for London ロンドン方面行きの列車.
have a taste for music 音楽が好きだ.
They left London for New York. 彼らはロンドンを発ってニューヨークへ向かった.
**2** [目的・目標] …のために, …のための; …を求めて, …を得ようとして ‖

work for one's living 生活のために働く.

seek for fame 名声を追い求める(→ after 4).

a room for sleeping (in) 寝室(=a sléeping ròom).

have an operation for cancer がんの手術を受ける.

What is this used for? これは何のために使われるのですか.

I went there for the summer. 夏を過ごすためにそこへ行った(→ 16 [語法]).

**3** [受容者]〈手紙などが〉〈人〉あての, …への;〈人〉のために ‖

There's a phone call for you. 君に電話だよ.

This is just something small for you. これはつまらないものですが, どうぞ.

I bought a new dress for her. 彼女に新しい洋服を買ってやった(=I bought her a new dress).《◆ for は利益を受ける人を表す》.

**4** [準備] …に備えて, …のために ‖

prepare for an examination 試験の準備をする.

get ready for supper 夕食の準備をする《◆ against との比較については → against **3**》.

対話 "Good evening sir. For two?(↗)" "That's right."「いらっしゃいませ. お2人様ですか」「そうです」

**5** [支持・賛成] …に賛成して, 味方して, …を弁護して, …の側に(↔ against) ‖

vote for a measure 議案に賛成投票する.

stand up for women's rights 女性の権利を擁護する.

Are you for or against the proposal? その提案に賛成ですか, それとも反対ですか.

be all for her suggestion 彼女の提案に大賛成である.

**6** [敬意・記念] (米正式)…を記念して, …に敬意を表して(in honor of);(米)…にちなんで(after) ‖

give a party for a new ambassador 新任大使のためにパーティーを開く.

She was named for her aunt. 彼女はおばの名を取って命名された.

**II** [交換]

**7** [代理・代用・代表] …の代わりに[の]《◆ on behalf of は堅い言い方》; …を表す, …を代表する(→ **3**) ‖

speak for another 他人に代わって話す, 代弁する.

the member for Manchester マンチェスター選出の下院議員.

substitute margarine for butter マーガリンをバターの代用品に用いる.

What's the word for "ship" in Spanish? "ship" をスペイン語でどういいますか.

**8** [交換・代価・等価] …と交換に,〈ある金額〉で; …の償($\overset{あたい}{\phantom{0}}$)に[報($\overset{むく}{\phantom{0}}$)い, 報酬]として; …に対して(in contrast to); …につき(per) ‖

a check for £20 20ポンドの小切手.

give blow for blow なぐってはなぐり返す.

reward him for his services 彼の仕事に対して報酬を与える.

I paid five pounds for the book. =I bought the book for five pounds. その本に5ポンド支払った.

We sold our car for [at] $1,000. 自動車を1000ドルで売った《◆ for は「…と引き換えに」, at は「…の値段で」を表す》.

対話 "What a nice sweater you're on! How much did you pay for it?" "Only $15."「すてきなセーターを着ているね. いくらしたの?」「たったの15ドルだよ」

**9** [資格・特性] …として(as) ‖

use coal for fuel 石炭を燃料として使う.

I had eggs for breakfast. 朝食に卵を食べた.

Do you take me for a fool? 君はぼくをばかと思っているのか.

They chose him for their leader. 彼らは彼をリーダーに選んだ.

**III** [理由]

**10** [原因・理由・結果] …の原因[理由]で, …のために; …の結果として ‖

for this reason この理由のために.

shout for joy うれしさのあまり大声を上げる《◆ for は pity, grief, sorrow などの感情を表す名詞と共によく用いられる》.

a city known for its beauty 美しさで知られている町.

I could hardly see (anything) for the thick mist. 濃霧のためにほとんど(何も)見えなかった.

My stockings are the worse for wear. 私の靴下はよくはいためていたんでいる.

[語法] 上記以外の連語では for はふつう用いない.

**11** [通例 ~ all] …にもかかわらず(in spite of) ‖

For all his skill, he has achieved very little. 彼は腕が立つのにほとんど成果をあげていない(=Despite his skill, he has achieved very little. / Though he is skillful, he has achieved very little.).

**IV** [関連]

**12** [関連] …に関して, …について ‖

for my part 私としては(=as for me).

be good for one's health 健康によい.

be hard up for money お金に困っている.

**13** [適否] …に適した, …にふさわしい; …の目的[必要]にかなう ‖

books for children 子供向きの本.

a dress for the occasion その場にふさわしい服.

He is the right man for the (right) job. 彼はその仕事に適任だ.

**14** [観点・基準] [しばしば too, enough と共に] …にとって(は); …のわりには ‖

It's too early for supper. 夕食には早すぎる.

For a learner, she swims well. 初心者にしては彼女は泳ぎがうまい.

It's (very) hot for this time of year. 今ごろにしては(とても)暑い《◆ hotter のように比較級にしない》.

**15** [不定詞の意味上の主語を示して] …が[の](…す

る）‖
It is important ¦ **for** you **to** go at once. 君がすぐに行くことが重要だ(=It is important that you (should) go at once. / For you to go at once is important.)《♦ To go at once is important *for* you. (すぐに行くことが君にとって重要だ)とも解釈される》.
The idea is ¦ **for** us **to** meet tomorrow. その思いつきというのはあした会おうじゃないかということだ.
There's no need ¦ **for** us **to** hurry. 我々は急ぐ必要はない(=We need not hurry.).
They arranged ¦ **for** her **to** come here. 彼女は彼女がここへ来るように取り計らった.

**V**[範囲・時]
**16**[期間・距離] …の間(ずっと), …にわたって‖
walk (**for**) five miles 5マイル歩く.
I have been (**for**) six weeks. 私は6週間ここにいる《♦ 上の2つの例のように for は継続・状態を表す動詞のあとではしばしば省略. ただし文頭ではふつう省略しない》.

対話 "Can I see you **for** a minute?" "Sure. Come on in."「ちょっとの間お話しできますか」「いいよ. お入りなさい」.

語法 次の例のように the がついて特定の期間をさす場合 for は用いない: *during* [*for*] the six weeks (その6週間). ただし「(ある特定の)期間を過ごすために」の文脈では用いられる: We camped there *for* [*throughout, in, during*] the summer. 我々は夏の間そこでキャンプをした《♦ throughout は「始めから終わりまで」の意を強調. in では「夏のある時期に」の意味. during では文脈によっていずれの意味にもなる》.

**17**[時](ある決まった日時)に; (ある行事のとき)に‖
make an appointment **for** five o'clock 5時に約束をする.
wear black **for** funerals 葬式に喪服を着る.
hold special services **for** Christmas クリスマスに特別の礼拝を行なう.

*will* [*shall*] *be* (*áll*) *fór it* (主に英式)罰せられる[しかられる]ことになる‖ You'll be for it when your mother comes home! お母さんが帰って来たらしかられるよ.

◦*for éver* → forever.

——接《正式》[主節の内容を主張する根拠を述べて]というわけ[理由]は…だから‖
It was just twelve o'clock, **for** the church bell was ringing. ちょうど12時だった. (どうしてこのように言うかというと)教会の鐘が鳴っていたから.

語法 上の例文のように, for は主節のあとに置き, ふつうコンマで区切られ補足的に新しい情報を付け加える. それに対して because は主節の前またはあとに置き, ある事柄の直接の原因・理由を表す(→ because 接 **1**).

**for·age** /fɔ́(ː)ridʒ フォ(ー)リヂ/ 名 Ⓤ (牛馬の)飼料, かいば. ——自《現分》‐‐ag·ing〈動物などが〉食糧をあさる.

**for·ay** /fɔ́(ː)rei フォ(ー)レイ/《正式》名 ⒸⓊ自 敵陣急襲(をする).

**for·bade** /fərbǽd ファバド, fɔːr‐, ‐béid/, **for·bad** /fɔːrbǽd フォーバド/ 動 → forbid.

**for·bear** /fɔːrbéər フォーベア, fər‐/ 動 (過去) ‐‐bore/‐bɔ́ːr/, 過分 ‐‐borne/‐bɔ́ːrn/)《正式》他 …を自粛する, 自制する‖
forbear one's wrath 怒りを抑える.
——自 自制する‖
forbear from cursing her 彼女に悪態をつくのを慎む.

**for·bear·ance** /fɔːrbéərəns フォーベアランス/ 名 Ⓤ《正式》辛抱, 自制, 寛容.

**for·bid** /fərbíd ファビド, fɔːr‐/ 動 (過去) ‐‐bade /‐bǽd, ‐béid/ または ‐‐bad /‐bǽd/, 過分 ‐‐bid·den/‐bídn/; ‐‐bid·ding)
——他《正式》**1**〈人・事情が〉…を禁ずる, 許さない; [forbid doing] …することを禁ずる 類 ban, inhibit, prohibit (↔ permit, allow)‖
I forbid bills in this room. この部屋での張り紙を禁ずる.

**2**[forbid A B] 〈人〉に〈事・物〉を禁ずる, A〈人〉にB〈…〉の使用[出入り]を禁ずる‖
forbid him the room 彼にその部屋の出入りを許さない.

**3**[forbid A to do / forbid A doing / forbid A's doing] 〈人〉に…するのを禁ずる‖
The accident forbade us to carry out the plan. その事故で計画の遂行を断念した.

*Gód* [*Héaven*] *forbid* (*that* …)*!*〈⌒〉《略式》とんでもない(そんなことがあってたまるものか), 断じて(…でありませんように).

**for·bid·den** /fərbídn ファビドン, fɔːr‐/ 動 → forbid.
——形 (宗教で)禁じられた; (一般に)禁制の, 許されない; タブーの(taboo), ふれてはいけない.

**forbídden frúit**《聖書》[the ~]禁断の木の実《AdamとEveが食べることを神から厳禁されていたEdenの園の知恵の木の実》; 不義の快楽.

**for·bore** /fɔːrbɔ́ːr フォーボー/ 動 → forbear.

**for·borne** /fɔːrbɔ́ːrn フォーボーン/ 動 → forbear.

***force** /fɔ́ːrs フォース/《類音》*horse* /hɔ́ːrs/, for*th*/fɔ́ːrθ/)『「強い(strong)」が原義. cf. enforce, comfort』

→ 名 **1** 力 **3** 影響力 **4** 軍事力
動 **1** 強制する
——名 (複 forc·es/‐iz/) **1** Ⓤ (物理的な)力, 強さ, 勢い‖
the **force** of gravitation 重力.
electric **force** 電力.
with [in] great **force** たいへんな勢いで.

**2** Ⓤ (肉体的な)力, 体力, 腕力; 精神的な力, 気力; 暴力‖
by sheer **force** of will 気力だけで.
with áll one's fórce 全力をあげて.

by [with] **force** and **arms** 暴力によって.

use **force** to get into the house 力ずくで家に押し入る.

**3** ⓒⓊ 支配力, 影響力; (議論などの)説得力; (文章などの)迫力 ‖

(the) **force** of habit 習慣の力.

There is **force** in what she says. 彼女が言うことには説得力がある.

**4** ⓒ [通例 the ~] 軍事力, 兵力, 武力; 勢力; [the ~s; しばしば the Forces] 軍隊, 部隊, 艦隊 ‖

the Air **Force** 空軍《◆陸軍は the Army, 海軍は the Navy》.

the (armed) **forces** (一国の)陸海空軍.

**5** ⓒ 集団, 一隊 ‖

the police **force** 警官隊.

a **force** of doctors and nurses 医者と看護師の一団.

**6** Ⓤ 《正式》(法律などの)効力, 強制力, 施行, 実施 ‖

come into **force** 〈法律が〉効力を発する.

pùt a law ìnto **fórce** 法律を施行する.

**in fórce** (1) 大挙して(→ 名 1). (2) 《正式》有効で.

**jóin fórces** 力を合わせる.

——動 (三単現) forc·es /-iz/; 過去・過分 ~d /-t/; 現分 forc·ing)

——他 **1** [force A to do / force A into doing] A〈人・動物〉を強制して無理で…させる, A〈人・動物〉に…することを強制する[強いる](→ compel) ‖

We were **forced** to work hard. = We were **forced** into working hard. 我々は(仕方なく)ひどく働かなければならなかった.

Bad weather **forced** us **into** calling off the picnic. 悪天候のため我々はピクニックを中止せざるをえなかった.

対話 "I can't **force** you **to** come but we really hope that you do." "Okay, I'll think about it." 「無理じいはできないけれど, みんなあなたに来てほしいと思っています」「わかった. 考えておくよ」.

**2** …を押し進める;〈物〉を押し込む ‖

**fórce** one's **wáy** through a crowd 群衆を押し分けて進む.

Don't **force** my underwear **into** the suitcase. 私の下着をスーツケースに無理に押し込まないでくれ.

**3**〈仕事・考えなど〉を押しつける ‖

He **forced** his arguments **on** us. 彼は自分の議論を我々に押しつけた.

**4** …をこじあける; …を押しやる ‖

The window was **forced** open. 窓はこじあけられていた.

**5** …を奪い取る, 力ずくで奪う ‖

The policeman **forced** the gun from his hand. 警官は彼の手からピストルをもぎ取った.

**6**〈声・涙など〉を無理に出す;〈事実など〉を引き出す ‖

She **forced** the promise from me. 彼女はぼくに無理やり約束させた.

**forced** /fɔ́ːrst/ 動 → force. ——形 **1** 強制された. **2** こじあけられた. **3** 不自然な.

**force·ful** /fɔ́ːrsfl/ フォースフル 形 力強い; 説得力のある. **fórce·ful·ly** 力強く.

**for·ceps** /fɔ́ːrsəps/ フォーセプス |-seps -セプス/ 名 (圈 for·ceps, ~·ci·pes/-səpi:z/) [複数扱い] 物をはさむ器具の(通称)《ピンセット・鉗子(♠ん)など》.

**for·ci·ble** /fɔ́ːrsəbl/ フォースィブル 形 《正式》**1** 強制的な, 暴力的な. **2** 説得力のある, 有効な.

**for·ci·bly** /fɔ́ːrsəbli/ フォースィブリ 副 《正式》**1** 強制的に, 力ずくで《主に法律用語》. **2** 力強く, 強烈に.

**forc·ing** /fɔ́ːrsɪŋ/ フォースィング 動 → force.

**ford** /fɔ́ːrd/ フォード 名 ⓒ 浅瀬. ——動 〈川などの〉浅瀬を渡る.

**Ford** /fɔ́ːrd/ フォード 名 **1** フォード《Henry ~ 1863-1947; 米国の自動車王》. **2** フォード《Gerald Rudolph /rúːdəlf |-dɔlf/ ~ 1913- ; 米国第38代大統領(1974-77)》. **3** フォード《John ~ 1895-1973; 米国の映画監督》. **4** ⓒ フォード型自動車.

**fore** /fɔ́ːr/ フォー/ (同音 four, △for) 形 前の, 前方の(↔ back, hind).

——副 《海事》船首に, 船首の方へ.

——名 [the ~] **1** 前部. **2** 《海事》船首.

**fore·arm** /fɔ́ːrɑːrm/ フォーアーム 名 ⓒ 前腕《ひじから手首まで. 図 → body》.

**fore·bear, for·~** /fɔ́ːrbeər/ フォーベア 名 《正式》[通例 ~s] 先祖.

**fore·bod·ing** /fɔːrbóʊdɪŋ/ フォーボウディング 名 Ⓤⓒ 《正式》凶事の前兆, 不吉な予感, 虫の知らせ.

***fore·cast** /fɔ́ːrkæst/ フォーキャスト /fɔ́ːrkɑːst/ フォーカースト /《前もって(fore)投げる(cast). cf. foresee, broadcast》

——動 (三単現) **fore·casts** /-s/-kæsts |-kɑːsts/; 過去・過分 **fore·cast** または ~·ed /-ɪd/; 現分 ~·ing)

——他 …を予言する, 予報する; [forecast (that)節 / forecast wh 節] …だと予想する ‖

Can you **forecast** the winner [who will win]? 優勝者を占うことができますか.

She **forecast** (that) Jill would win. 彼女はジルが優勝すると予想した.

——名 ⓒ 予報, 予想 ‖

Today's weather **forecast** is for rain. 本日の天気予報では雨だ.

He gave me a **forecast that** she would be the winner. 彼女が優勝するとの予想を彼はした.

**fore·close** /fɔːrklóʊz/ フォークロウズ/ 動 (現分 ~·clos·ing) 圓 《法律》抵当流れ処分にする.

**fore·court** /fɔ́ːrkɔːrt/ フォーコート 名 ⓒ **1** (建物の)前庭. **2** 《テニス》フォアコート《図 → tennis》.

**fore·fa·ther** /fɔ́ːrfɑːðər/ フォーファーザ 名 ⓒ [通例 ~s] 祖先, 先祖《◆主に男性をさす. ancestor より堅い語》(↔ descendant).

**Fórefathers' Dày** 《米》父祖[清教徒]米大陸渡来の日《12月22日. 1620年に Pilgrim Fathers が上陸した日》.

**fore·fin·ger** /fɔ́ːrfɪŋɡər フォーフィンガ/ 名 C 人さし指(→ finger).

**fore·front** /fɔ́ːrfrʌ̀nt フォーフラント/ 名 (正式) [the ~] 最前部; 最前線《◆ 通例次の句で》‖ be in the **forefront** of the battle action 戦いの最前線にある.

**fore·go** /fɔːrɡóʊ フォーゴウ/ 動 =forgo.

**fore·gone** /動 fɔːrɡɔ́ːn フォーゴ(ー)ン/ 形 ニ/ 動 → forego. ──形 決着済みの; 前の.

**fore·ground** /fɔ́ːrɡràʊnd フォーグラウンド/ 名 [the ~] **1**(絵画・写真の)前景(↔ background). **2** 最前面.

**fore·hand** /fɔ́ːrhæ̀nd フォーハンド/ 名 C =forehand stroke.
──形 フォアハンドの, 前打ちの.
**fórehand strōke** (テニスなどで)フォアハンド, フォア, 前打ち(↔ backhand) (forehand).

\***fore·head** /fɔ́ːrhèd フォーヘド/
──名 (複 ~s/-ɪdz, -hèdz/) C 額(ひたい) (図 → body); (物の)前部, 前面 ‖
tap one's forefinger against one's forehead 人さし指で額をコツコツたたく《◆「頭がおかしい」の意. 軽蔑(べつ)のしぐさ》.

\***for·eign**
/fɔ́rən ファリン | fɔ́rən フォリン/ (発音注意)《◆ g は発音しない》『「戸外の(outside)」が原義. cf. *forum*』
派 foreigner (名)
──形 **1** 外国の; 外国産の; 外国行きの; 外国からの; 対外的な(↔ domestic, home) ‖
Have you ever been to a **foreign** country? 外国へ行ったことがありますか.
**foreign** money 外貨.
She speaks five **foreign** languages. 彼女は5つの外国語を話す.
the Ministry of **Foreign** Affairs (日本の)外務省.
**2**(正式) [名詞の前で] 異質の, 外から入ってきた, 有害な; [補語として] 無関係な, 合わない, 無縁の ‖
a **foreign** object [body] in the eye 目に入った異物.
Frankness **is foreign to** his nature. 彼には率直さが本来的に欠けている.

\***for·eign·er** /fɔ́rənər ファリナ | fɔ́rənə フォリナ/ 〖→ foreign〗
──名 (複 ~s/-z/) C 外国人, 外人 ‖
Many **foreigners** live in this city. この町にはたくさんの外国人が住んでいる.

[語法] しばしば「よそ者」といった感じを伴うので目の前で You're a *foreigner*. などというのは避けるべきとされる. 「アメリカ人」(an American)などと言

えばよいが, 国籍が不明のときは a person from another country (他の国から来た人)か a person from abroad (海外から来た人)を使うのがふつう. または形容詞を使って a foreign visitor (外国からの客)などと言う方がよい.

**fore·leg** /fɔ́ːrlèɡ フォーレグ/ 名 C (動物・昆虫の)前肢(し); (いすの)前脚.

**fore·lock** /fɔ́ːrlɑ̀k フォーラク | -lɔ̀k -ロク/ 名 C (動物の)前髪(図) → horse).

**fore·man** /fɔ́ːrmən フォーマン/ 名 (複 --men; (女性形) --wom·an) C **1** 親方, 監督, 班長 ((PC) supervisor). **2**(法律) 陪審長 ((PC) jury supervisor).

**fore·most** /fɔ́ːrmòʊst フォーモウスト/ 形 [the ~] 一番先[前]の; 第一位の, 主要な ‖
the **foremost** golfer in the '90s 1990年代随一のゴルファー.
──副 一番先に ‖
fírst and fóremost 何よりもまず, いの一番に.

**fo·ren·sic** /fərénsɪk フォレンスィク/ 形 (正式) **1** 犯罪科学の.
**2** 法廷の, 法廷における.
**3** 弁論に適した, 討論に適した ‖
a man of **forensic** 弁論の達人.

**fore·run·ner** /fɔ́ːrrʌ̀nər フォーラナ/ 名 C **1** 先駆者, 前兆. **2** 先駆者; 先祖.

**fore·see** /fɔːrsíː フォースィー/ 動 (過去 --saw /-sɔ́ː/, 過分 --seen /-síːn/) 他 …を予感する, 予見する, 見越す; [foresee (that) 節 / foresee wh 節] …だと予見する ‖
We can't **foresee** what she will do. 彼女が何をするかは予測できない.
Only she **foresaw** his success. =Only she **foresaw** (that) he would succeed. 彼女だけが彼の成功を予見していた.

**fore·see·a·ble** /fɔːrsíːəbl フォースィーアブル/ 形 (正式) 予見できる(↔ unforeseeable) ‖
in the **foreseeable** future 近い将来に; 今のところでは.

**fore·seen** /fɔːrsíːn フォースィーン/ 動 → foresee.

**fore·shad·ow** /fɔːrʃǽdoʊ フォーシャドウ/ 動 他 (文) …の前兆となる.

**fore·sight** /fɔ́ːrsàɪt フォーサイト/ 名 **1** U 先見(の明), 洞察力 ‖
a man of **foresight** 先見力のある人.
**2** U 将来への配慮, 慎重さ. **3** U 見通し, 展望.

\***for·est** /fɔ́rəst ファレスト | fɔ́rəst フォレスト/
〖「戸外(outside)」が原義. cf. *foreign*〗
──名 (複 ~s/-ɪsts/) **1** U C 森林, 山林, 森林地帯《◆ wood より大きく, 野生の動物がいる大森林または密林》; 森林の樹木 ‖
càn't sée the fórest [(主に英) wóod] for the trées 木を見て森を見ない; 部分に気を取られて全体が見えない.
They were lost in the **forest**. 彼らは森の中で道に迷った.

**2** [a forest of + 複数名詞] 林立する… ‖
a forest of new office towers 林立する新しいオフィスビル.
**fórest fire** 森林火災, 山火事《◆×mountain fire とはいわない》.

**fore·stall** /fɔːrstɔ́ːl フォーストール/ 動 他（正式）…に先んじる, …の機先を制する ‖
She forestalled me in the debate. 論戦で彼女は私の出鼻をくじいた.

**for·est·ry** /fɔ́ːrəstri ファレストリ | fɔ́r- フォレストリ/ 名 ⓤ 林業.

**fore·taste** /fɔ́ːrteist フォーテイスト/ 名 [a ~ of + 名詞]（…を）前もって味わってみること；（…の）予兆, 吉兆, 凶兆；前触れ.

**fore·tell** /fɔːrtél フォーテル/ 動（過去・過分 --told）他 …を予言する, 予告する ‖
foretell the future by the stars 星占いで将来を予言する.

**fore·thought** /fɔ́ːrθɔːt フォーソート/ 名 ⓤ（正式）深慮, 用心；見通し.

**fore·told** /fɔːrtóuld フォートウルド/ 動 → foretell.

***for·ev·er, for ever** /fərévər ファレヴァ/ (→ ever 成句) ── 副 **1** 永久に, 絶えることなく ‖
May peace last forever! 平和が永遠に続きますように.
**2** [進行形の文で] ひっきりなしに (always) ‖
She was forever scolding her children. 彼女はきたらいつも子供をしかってばかりいた.
**foréver and éver** [**a dáy**] とこしえに, 未来永劫 (に)《◆ forever の強調形》.
**nót … forèver** 永久に [いつまでも] …というわけではない《◆ 部分否定》.

**fore·word** /fɔ́ːrwəːrd フォーワード/ 名 ⓒ（主に著者以外の人による）序文.

**for·feit** /fɔ́ːrfət フォーフェト/ 名 ⓤ 剝奪, 没収；ⓒ 没収物, 罰金. ── 動 他（正式）…を剝奪される.

**for·gave** /fərgéiv ファゲイヴ/ 動 → forgive.

**forge¹** /fɔːrdʒ フォーヂ/ 動（現分 forg·ing）自 徐々に進む.

**forge²** /fɔːrdʒ フォーヂ/ 名 ⓒ 鍛冶(かじ)炉；鍛冶場. ── 動（現分 forg·ing）他 **1**〈鉄などを〉鍛(きた)えてつくる. **2**〈計画などを〉案出する. **3** …を偽造する. ── 自 **1** 偽造する. **2** 鍛冶屋をする.

**forg·er** /fɔ́ːrdʒər フォーチャ/ 名 ⓒ **1** 偽造者. **2** 鍛(か)鉄工.

**for·ger·y** /fɔ́ːrdʒəri フォーチャリ/ 名（複 --ger·ies /-z/) ⓤ 偽造；ⓒ 偽造物, 模造品.

***\*for·get** /fərgét ファゲト/〖離れて(for)得る(get). cf. *forgive*〗
── 動（三単現 ~s/-géts/；過去 --got/-gát | -gɔ́t/, 過分 --got·ten/-gátn | -gɔ́tn/ または（米では時に）--got；現分 --get·ting）
── 他 **1a** …を忘れる, 思い出せない, 失念する (↔ remember)；[forget (that) 節] …であることを忘れる ‖
I'll make you pay for this. And don't you forget it. この償いはしてもらうからな, 覚えておけ.
I clean forgot that she was coming today. 彼女がきょう来るということをすっかり忘れていた.
I'm forgetting names nowadays. 私は近ごろ人の名前をよく忘れる《◆ 習慣的・反復的なことを表す場合には進行形となる》.
He's forgetting his English. 彼は英語を忘れかけている《◆ 徐々に忘れることを意味する場合》.
対話 "I can never remember which bus to take to the city." "I'm just as bad. I always forget what time the bank closes." 「その町へはどのバスに乗って行けばいいのかなかなか覚えられなくてね」「私にも同じようなことがあるわ. 銀行の閉店時間をいつも忘れてしまうのよ」.
**b** [forget to do] …するのを忘れる ‖
Don't forget to meet me at the station. 忘れずに駅へ迎えに来てください.
**c**［通例否定文で；forget doing］…したことを忘れる ‖
I shall never forget visiting China last summer. 去年の夏中国へ行ったときのことは決して忘れないだろう.

Q&A **Q**: I forget. と I forgot. はどのように使い分けられますか？
**A**: 忘れて思い出せない時は I forget. を, 忘れていて思い出した時は I forgot. を用います. 次例を比較してください：対話 "What was the title of the movie you saw yesterday?" "I forget [have forgotten]."「きのう君の見た映画の題は何だった？」「忘れた」. "Did you shut the window?" "Oh, I forgot."「窓を閉めた？」「あっ, 忘れてた」.

**2** …を持って来る[行く]のを忘れる, 置き忘れて来る (cf. leave 動 他 **4**) ‖
I forgot my umbrella. かさを忘れてきた.
**3** …を無視する；…を水に流す ‖
We should not forget the Constitution when we discuss peace. 平和を論ずる場合には憲法を無視してはいけない.
── 自 忘れる ‖
He forgot about going to the bank. 彼は銀行へ行くのを忘れていた《◆ 文脈により「銀行に行ったことを忘れた」の意にもなる》.
対話 "Forget about her. You'll get a new girlfriend." "I know, but I'll always love her."「彼女のことは忘れろよ. そのうち新しいガールフレンドもできるよ」「わかってる. でもいつまでも彼女のことは好きだろうな」.
**Forgét (about) it!**（↘）（略式）放っておけ！, もう言うな！；あきらめなさい, だめです；気にするな, 先ほどの件は取り消します；どういたしまして！；あきらめなさい, だめです.

**for·get·ful** /fərgétfl ファゲトフル/ 形 **1** 忘れっぽい, 忘れやすい, 物覚えが悪い ‖
I'm so forgetful that I have to make a

note of everything. 私はすごく忘れっぽいのでなんでもメモを取っておかなければならない.
**2** 忘れて; 怠りがちな ‖
Don't be **forgetful of** your duty. 自分の本分を忘れてはいけない.

**for·get·ful·ness** /fərgétflnəs ファゲトフルネス/ 图 Ⓤ 健忘症; 怠慢.

**for·giv·a·ble** /fərgívəbl ファギヴァブル/ 形 〈事が〉許される, 大目に見られる.

***for·give** /fərgív ファギヴ/ 〖離れて(for)与える(give). cf. forget〗
—— 動 (三単現) ~s/-z/; (過去) ··gave/-géiv/, (過分) ··giv·en/-gívn/; (現分) ··giv·ing/ ◆ ふつう進行形にしない.
—— 他 **1**〈人を〉許す; [forgive A for B] A〈人の〉B〈罪など〉を許す (類) pardon, excuse) ‖
They **forgave** him **for** his crimes. 彼らは彼の罪を許した.
He **forgave** me **for** breaking [having broken] my promise. =(正式) He **forgave** breaking my promise. 彼は私が約束を破ったことを許してくれた.
**2** (正式)〈事を〉許す ‖
Please **forgive** my carelessness. どうか私の不注意をお許しください.

**for·giv·en** /fərgívn ファギヴン/ 動 → forgive.

**for·give·ness** /fərgívnəs ファギヴネス/ 图 Ⓤ 許す[許される]こと; 容赦, 勘弁; 寛大さ, 寛容さ.

**for·giv·ing** /fərgívɪŋ ファギヴィング/ 動 → forgive.
—— 形 〈視線などが〉許すような; 〈性質などが〉寛大な. **for·gív·ing·ly** 副 寛大に.

**for·go, fore-** /fɔːrgóu フォーゴウ/ 動 (過去) ··went/-wént/, (過分) ··gone/-gɔ́n/ 他 (正式) …なしですませる.

***for·got** /fərgɑ́t ファガト | fəgɔ́t ファゴト/ 動 → forget.

***for·got·ten** /fərgɑ́tn ファガトン | fəgɔ́tn ファゴトン/ 動 → forget 《◆「忘れ物」は lost [ˣforgotten] things》.

***fork** /fɔːrk フォーク/ (類音) fo/k/fóuk/) 〖「乾草用くま手」が原義〗
—— 图 (複 ~s/-s/) Ⓒ **1** (食卓用の)フォーク《フォークを食卓から落とすと女の訪問客があるという迷信がある》‖
eat with (a) knife and **fórk** ナイフとフォークで食べる(→ and **2** 語法).
a cárving **fórk** (肉を切り分ける)大型フォーク.

> Q&A Q: fork にはどんな種類がありますか.
> A: 魚用の fish fork, デザート用の dessert fork, 果物用の fruit fork, 大皿から取り分ける serving fork などがあります.

**2** (農業用の)くま手《◆ 女のほうきに対し, 男の典型的な仕事用具というイメージがある》.
**3** 分岐した物; (道・川の)分岐(ˢ)点, 分かれ道の1つ, 支流; (木・枝の)また; 〖音楽〗音叉(ˢ) (tuning fork); (自転車などの)前輪支柱(図 → bicycle) ‖
take the right **fork** of the road 分かれ道を右に行く.
—— 動 〈道・川・木などが〉分岐する; 〈人が〉分かれ道を曲がる ‖
**fork** right for London 分岐路を右にとってロンドンに向かう.

*fórk óut* [*óver, úp*] (略式) 〖自〗〖他〗〈金などを〉手渡す, 支払う.

**fork·ball** /fɔ́ːrkbɔ̀l フォークボール/ 图 Ⓒ 〖野球〗フォークボール.

**forked** /fɔːrkt フォークト/ 動 → fork. —— 形 ふたまたに分かれた.

**fork·lift** /fɔ́ːrklìft フォークリフト/ 图 Ⓒ =forklift truck.
**fórklift trùck** フォークリフト, フォークリフト車(forklift) 《◆ forktruck ともいう》.

**for·lorn** /fərlɔ́ːrn ファローン/ 形 (時に (比較) ~·er, (最上) ~·est) (文) あわれな, 見捨てられた.
**for·lórn·ly** 副 (文) わびしく.

***form** /fɔːrm フォーム/ (類音) foam/fóum/) 〖「形」が本義. cf. inform, reform〗 (派) formal (形), formation (名), formula (名)
→ 图 **1** 形 **2** 種類 **5** 型にはまったやり方 **8** 学級
動 **1** 形作る
—— 图 (複 ~s/-z/) **1a** Ⓒ Ⓤ 形, 形状; Ⓒ 外形, 外観 ‖
the dark **forms** of the mountains 山々の黒ずんだ形.
**b** 姿, からだ; (運動選手の)フォーム ‖
The dress fit her **form** [shape]. そのドレスは彼女のからだにぴったりだった.
(対話) "How's your wife doing in tennis these days?" "Her **form** is nice but I'm afraid she still plays awful." 「奥さんのテニスは最近どんな調子ですか」「フォームはよいが, プレーはまだひどいものです」
**c** 人影, 物影; マネキン人形 ‖
A **form** appeared in the darkness. 暗やみの中に人影が見えた.
**2** Ⓒ [しばしば a ~ of + 名詞] 形態, 様態; 種類 (◆ kind, sort より堅い語); 同種類の生物集団 ‖
Ice is **a form of** water. 氷は水の一形態である.
Whipping is **a form of** punishment. むち打つのは処罰の一形態である.
Many **forms** of life are disappearing. さまざまな種類の生物が絶滅しつつある.
**3** Ⓒ 型, 原形; 枠組み.
**4** Ⓤ Ⓒ 表現形式, スタイル ‖
He wrote a novel **in the form of** a diary. 彼は日記体の小説を書いた.
**5** Ⓤ Ⓒ (やや古) 型にはまったやり方, 礼儀作法 ‖
**in due form** 型どおりに, 正式に.
as a mátter of fórm [文頭・文尾で] 形式的に.
It's bad **form** to do that. そんなことをするのは不

作法だ.
**6** ©形式；申込用紙 ‖
fill in [up, out] an application fòrm 申込用紙に記入する.
**7** ⓤ [通例in ~] 健康状態, 体調；元気 ‖
be in bád fórm =be òff [òut of] fórm 調子が悪い.
be in góod fórm =be in [on] fórm 調子がよい.
**8** ⓒ 〔英〕**学級**, クラス, 学年 (〔米〕grade) 《◆sixth form まである》‖
the form room 教室.
They are in the 5th. form. 彼らは5年生である.
I am in form 6B. 私は6年B組です.
tàke fórm 〔正式〕形を成す, 具体化する.

──動 [三単現] ~s/-z/; [過去・過分] ~ed/-d/; [現分] ~·ing

──他 **1 a** …を形作る；〈手本・基礎など〉となる ‖
Water **forms** ice when it is frozen. 水は凍ると氷になる.
**b** [form A into B / form B out of A] A〈物〉で B〈物〉を作る ‖
She **formed** the clay into a cup. 彼女は粘土で茶わんを作った.
**2** …を結成する, 組織する；〈文など〉を構成する, 組み立てる ‖
**form** a correct sentence 正しい文を作る.
**form** a new political party 新しい政党を結成する.
**3** 〔正式〕…を形成する, 作り上げる ‖
We should **form** good habits when we are young. 我々は若いうちによい習慣を身につけなければならない.
**4** 〈計画など〉を練り上げる；〈考え・意見など〉をまとめる ‖
I **formed** the impression that they had just fighted. 彼らはたった今けんかをしたところだという印象を得た.
**5** 〔正式〕…を整列させる.

──自 **1** 形を成す, 発生する, 現れる；なる ‖
Clouds had **formed** in the sky. 空に雲が現れていた.
The water **formed** into icicles. その水はつららとなった.
**2** 〈計画・考えなど〉生じる, でき上がる ‖
The plan slowly **formed** in his mind. その計画は彼の心の中でゆっくりと形をなしてきた.
**3** 〔正式〕隊形を作る, 整列する.

\*for·mal /fɔ́ːrml フォームル/ 〔⇨ form〕
──形 ([比較] more ~, [最上] most ~) **1 a** 形式的な, 表面的な, うわべだけの ‖
They exchanged **formal** greetings. 彼らは形だけのあいさつを交わした.
**b** 形の, 外形の.
**2** 儀礼的な, 慣習に従った, **格式ばった** (⇔ informal)；堅苦しい, よそよそしい ‖
[対話] "I hate Japanese weddings." "Me, too. Everything is so **formal**." 「私は日本の結婚式は嫌いだな」「ぼくもだ. 何もかも堅苦しくってね」.
**3** 正式の, 正規の ‖
a **formal** dance (夜会服を着ての)正式舞踏会.
There has been an inquiry, but no **formal** offer. 問い合わせはあったが正式の申し出はまだない.
**4** 〈表現・言葉が〉**正式の**, 堅い, 形式ばった, フォーマルな 《◆本辞典では〔正式〕として表示してある》.

**for·mal·de·hyde** /fɔːrmǽldəhàɪd フォーマルデハイド/ 名 ⓤ 〔化学〕ホルムアルデヒド (methanal)《防腐剤・消毒剤》.

**for·ma·lin** /fɔ́ːrməlɪn フォーマリン/ 名 ⓤ ホルマリン《formaldehyde を37%以上含んだ溶液》.

**for·mal·i·ty** /fɔːrmǽləti フォーマリティ/ 名 (複 -i·ties/-z/) **1** ⓤ 形式にこだわること, 堅苦しさ (↔ informality) ‖
without formality 四角ばらずに, 気楽に.
**2** ⓒ 形式ばった行為, 儀礼的行為.

**for·mal·ly** /fɔ́ːrməli フォーマリ/ ([同音] formerly) 〔英〕 副 **1** 正式に. **2** 礼儀正しく, 堅苦しく. **3** 形式的に.

**for·mat** /fɔ́ːrmæt フォーマト/ 名 ⓒ **1** (書籍・雑誌などの)判, 型. **2** (テレビ・ラジオ番組などの)構成, 計画. **3** 〔コンピュータ〕フォーマット, ディスクの初期化, 書式；データの配列. ──動 [過去・過分] ··mat·ted/-ɪd/; [現分] ··mat·ting 他 **1**〈書籍・雑誌などの〉体裁を整える. **2** 〔コンピュータ〕…をフォーマット [初期化]する,〈データ〉を配列する.

**for·ma·tion** /fɔːrméɪʃən フォーメイション/ 名 **1** ⓤ 構成, 編成, 成立, 設立；ⓤⓒ 構造, 形態；ⓒ 構成物 ‖
the **formation** of labor unions 労働組合の結成.
the **formation** of character 人格の形成.
the **formation** of the heart 心臓の構造.
**2** ⓤⓒ 隊形, 編隊.
**3** ⓒ 〔地質〕岩層.

**for·ma·tive** /fɔ́ːrmətɪv フォーマティヴ/ 形 造形の；形成の, 発達の.

\***for·mer** /fɔ́ːrmər フォーマ/ 「「最初の (first)」が原義」
──形 〔正式〕[通例名詞の前で] **1**(時間的に)**前の, 先の**；昔の, 初期の ‖
the **former** mayor 元[前]市長.
in **former** times [days] 昔は.
**2** [the ~] (2つのうちの順序で)**前の**, 初めの；[代名詞的に] 前者 (↔ latter) ‖
I prefer the **former** plan to the latter. 前の計画の方があとのより好ましい.
We eat lots of fish and meat, but we prefer **for former**. 魚も肉もよく食べますが, 魚のほうが好きです.

**for·mer·ly** /fɔ́ːrmərli フォーマリ/ ([同音] 〔英〕formally) 副 以前は, 昔は, かつて (↔ latterly) ‖
I have seen him wearing a beard **formerly**. 昔彼があごひげをはやしているのを見たことがある.

**for·mi·da·ble** /fɔ́ːrmɪdəbl フォーミダブル/ 形 〔正式〕**1** 恐ろしい, ぞっとするような.

**2** 手におえない ‖
a formidable task 難しい仕事, 難事.
**fór·mi·da·bly** 副 恐ろしく; 手ごわく.

**form·less** /fɔ́ːrmləs フォームレス/ 形 形のない; 実体のない; 不格好な.

**for·mu·la** /fɔ́ːrmjələ フォーミュラ/ 名 (複 ~s/-z/, 《正式》 --lae/-liː/) **1** 式文, 祭文; (手紙・あいさつなどの) 決まり文句; 決まったやり方.
**2** 決まって引き起こすもの ‖
a formula for trouble 決まって問題を引き起こすもの.
**3** 〔数学・化学〕式, 公式.
**4** 製法, 処方せん; 解決策.
**fórmula cár** 《正式》 レーシングカー.

**for·mu·late** /fɔ́ːrmjəlèit フォーミュレイト/ 動 (現分) --lat·ing) 他 《正式》 …を公式化する; …を明確に述べる ‖
Don't formulate an opinion without due consideration. 軽率に意見を述べてはならない.

**for·mu·la·tion** /fɔ̀ːrmjəléiʃən フォーミュレイション/ 名 U 公式化, 組織立て; C 明確な記述.

**for·sake** /fərséik ファセイク, fɔːr-/ 動 (過去 --sook/-súk/, 過分 --sak·en/-séikn/; 現分 --sak·ing) 他 《文》 …と縁を断つ, 見捨てる.

**for·sak·en** /fərséikn ファセイクン, fɔːr-/ 動 → forsake. ── 形 見捨てられた.

**for·sook** /fərsúk ファスク, fɔːr-/ 動 → forsake.

**fort** /fɔːrt フォート/ 名 (同音 《英》 fought) 名 C 砦(とりで), 要塞(ようさい) (→ fortress).
**hóld the fórt** とりでを守る; 留守を守る.

**forte** /fɔːrt フォート, fɔːrtei フォーテイ/ 名 C 《正式》 得意なもの, 強み; [one's ~] 得手 (え)で.

***forth** /fɔːrθ フォース/ (同音 fourth; 類語 force /fɔːrs/) 『「前へ(fore)」が原義. cf. forward』
── 副 《文・古》 **1a** 外へ, 現れて ‖
put forth new leaves 新しい葉を出す.
bring a new plan forth 新しい計画を提案する.
**b** 前へ, 前方へ (↔ back) ‖
come forth to make a speech 演説をするために前に出る.
**2** [時間・順序] 先へ, …以後 ‖
from that day forth その日からずっと.
**and só fórth →** and.

**forth·com·ing** /fɔ̀ːrθkʌ́miŋ フォースカミング, -´-/ 形 《正式》 **1** やがて来る, やがて出現する ‖
a forthcoming book 近刊書.
**2** 《略式》 協力的な; 社交的な; 用意されている, 利用できる ‖
a forthcoming man 愛想のよい人.
Further assistance is not forthcoming. これ以上の援助は望めない.

**forth·right** /fɔ́ːrθràit フォースライト/ 形 率直な; 直進の. ── 副 = forthrightly.
**fórth·right·ly** 副 まっすぐに, 率直に; すぐに.

**for·ties** /fɔ́ːrtiz フォーティズ/ 名 → forty.

**for·ti·eth** /fɔ́ːrtiəθ フォーティイス/ 《◆ 40th とも書く. 用例は 形 名 とも → fourth》 形 [通例 the ~] 第40の, 40番目の (→ first 形) **1**. **2** [a ~] 40分の1の.
── 名 **1** U [通例 the ~] 第40番目の人[もの], 40位の人[もの]. **2** C 40分の1.

**for·ti·fi·ca·tion** /fɔ̀ːrtifəkéiʃən フォーティフィケイション/ 名 U 要塞(ようさい)化, 防備; C [通例 ~s] 防御施設.

**for·ti·fy** /fɔ́ːrtəfài フォーティファイ/ 動 (三単現 --ti·fies/-z/; 過去・過分 --ti·fied/-d/) 他 《正式》 **1** …を要塞(ようさい)化する, …の防備を強化する.
**2** …を強化する ‖
fortify oneself 元気づける, 強健にする.

**for·ti·tude** /fɔ́ːrtət(j)ùːd フォーティトゥード(フォーティテュード)/ 名 U 《正式》 不屈の精神, 意志の強さ, 辛抱強いこと ‖
with fortitude 泰然として.

**fort·night** /fɔ́ːrtnàit フォートナイト/ 名 C 《主に英》 [通例 a ~] 2週間 ‖
a fortnight's holiday 2週間の休暇 (《米》 a two(-)week vacation).
Derby Day is Wednesday fortnight. ダービー競馬の日は2週間後の水曜日だ.
He'll come todáy fórtnight. 彼は2週間後のきょう来る 《◆ He came … とすると「2週間前のきょう来た」の意》.

**fort·night·ly** /fɔ́ːrtnàitli フォートナイトリ/ 形 副 2週間ごとの[に].

**FORTRAN** /fɔ́ːrtræn フォートラン/ 《Formula Translation》 名 U 《コンピュータ》 フォートラン 《主に科学技術計算用語のプログラミング言語》.

**for·tress** /fɔ́ːrtrəs フォートレス/ 名 (複 ~·es/-iz/) C (fort より大規模な) 要塞(ようさい); 堅固な場所.

**for·tu·i·tous** /fɔːrt(j)úːətəs フォートゥーイタス(フォーテューイタス)/ 形 《正式》 偶発的な, 思いがけない.

**for·tu·nate** /fɔ́ːrtʃənət フォーチュナト/ 形 **1** 運のよい, 幸運な, 幸せな 《◆ ふつう lucky より永続的で, 重大なことについていう》 (↔ unfortunate); [it is fortunate (for A) that 節] (A 〈人〉にとって)よかったことに, 幸いなことに…である ‖
the fortunate 幸運な人たち.
He is fortunate to have such a good wife. =He is fortunate (in) having such a good wife. =It is fortunate that he has such a good wife. あんなすてきな奥さんがいるなんて彼は幸せ者だ 《◆ *It is fortune for him to have … とはいわない》.
対話 "Did you hear about the accident?" "Yes, and it was really fortunate that no one was hurt." 「あの事故のことは聞いたの」「うん, だれもけがをしなかったのは幸いだったね」.
**2** 幸運をもたらす, さい先のよい ‖
a fortunate day 縁起のよい日.

***for·tu·nate·ly** /fɔ́ːrtʃənətli フォーチュナトリ/ 副 幸運にも, 運よく; [文全体を修飾] 幸いなことには, ありがたいことには (↔ unfortunately) ‖
Fortunately(↘), she was not seriously injured. 幸いなことには彼女だけは命にかかわるものではなかった.

**for·tune** /fɔ́ːrtʃən フォーチュン | fɔ́ːtjuːn フォーチュ

ーン」 **名 1** ⓊⒸ 富;財産,資産;Ⓒ(略式)多額の金

a person of fortune 財産家.
make a fortune 一財産つくる.
**2** ⓊⒸ 運;運勢,運命;[通例 ~s] 人生[運命]の浮沈;[F~] 運命の女神 ‖
by góod fórtune 幸運にも.
by bád fórtune 不運にも.
hàve the góod fórtune to get a job 幸運にも職にありつく.
téll one's fórtune with cards トランプ占いをする.
Fortune favors the brave. (ことわざ) 運命の女神は勇者に味方する.
**3** Ⓤ 幸運(↔ misfortune), 果報;成功;繁栄 ‖
màke one's fórtune 立身出世する.
séek one's fórtune 立身出世を求める.
**fórtune hùnter** 金持ちになろうとする人, 財産目当てに結婚する人.
**for·tune-tell·er** /fɔ́ːrtʃəntèlər フォーチュンテラ|-tʃuːn- フォーチューン-/ 名Ⓒ 易者, 占い師.
**for·tune-tell·ing** /fɔ́ːrtʃəntèliŋ フォーチュンテリング|-tʃuːn- フォーチューン-/ 名Ⓤ 占い, 易断, 運勢判断.
**\*for·ty** /fɔ́ːrti フォーティ/ (つづり字注意) (◆ \*fourty)
——名 (複 for·ties/-z/) **1** ⓊⒸ 40 (◆ キリスト教では神聖な数とされる).
**2** Ⓤ [複数扱い;代名詞的に] 40個;40人.
**3** Ⓤ 40ドル[ポンド, セント, ペンスなど].
**4** Ⓤ 40歳.
**5** Ⓒ 40の記号[数字, 活字]《40, XL など》.
**6** Ⓒ 40個[人] 1組のもの.
**7** [one's forties] (年齢の) 40代.
**8** [the forties; 複数扱い] (世紀の) 40年代, (特に) 1940年代, (温度・点数などの) 40台.
**9** Ⓤ《テニス》フォーティ, (ゲームの) 3点目 (→ tennis 関連).
——形 **1** [通例名詞の前で] 40個の;40人の. **2** [補語として] 40歳の.
**for·ty-** /fɔ́ːrti- フォーティ-/ (連結形) 40. 例: forty-four 44, forty-third 43番目の.
**fo·rum** /fɔ́ːrəm フォーラム/ 名 (複 ~s, fo·ra /fɔ́ːrə/) Ⓒ 公開討論(の場);公共広場, [the F~] フォルム, フォーラム《古代ローマの公共広場》‖
in a néwspaper fórum 新聞の読者欄で.
**for·ward** /fɔ́ːrwərd フォーワド/ 形 (時に 比較 more ~, (時に) ~·er; 最上 most ~, (時に) ~·est)

forward
《1 前方の》
《2 (ふつうより) 早い》
《3 進んだ》
《4 あつかましい》

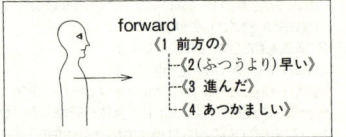

**1** 前方の, 前部の;前方への, 前進の(↔ backward) ‖
the forward path 前方の小道.
a forward look 先見.

the forward part of a ship 船の船首部.
**2** (ふつうより) 早い; 〈子供が〉早熟の, おとなびた;〈植物などが〉早なりの, 早咲きの;はかどっている ‖
a forward spring 例年より早い春.
a forward child 早熟の子供.
be well forward with one's work 仕事がかなりはかどっている.
**3** 進んだ, 前進的な, 急進的な ‖
forward ideas 進歩的な考え.
**4** あつかましい, 生意気な ‖
a forward young lady ずうずうしい若い女性.
——副 (時に 比較 ~·er, 最上 ~·est) **1** [しばしば forwards] [空間] 前へ, 前方へ, 先へ;船首(の方)へ[に] (↔ backward) ‖
look forward 前方を見る (cf. 副 **2**).
step forward 歩み出る, 前進する.
**2** [時] 先へ, …以後;将来に向かって; (日取りなどを) くり上げて ‖
put the clock forward ten minutes 時計を10分進ませる.
look forward 将来を考える.
from that day forward その日から(ずっと).
◦**lóok fórward to** A → look 動 成句.
——名ⓊⒸ《サッカー・ホッケー・バスケットボールなど》フォワード, 前衛(略 fwd.).
——動 他 **1** …を転送する;《コンピュータ》〈メール〉を転送する ‖
Please forward my mail to this address. 郵便物はこの住所に転送してください.
**2** (正式) …を送る ‖
We have today forwarded our price list to you [you our price list]. 本日価格表をお送り致しました.
**3** (正式) …を進める, 促進する ‖
forward the plan. その計画を推し進める.
**for·wards** /fɔ́ːrwərdz フォーワッ/ 副 =forward (◆「前方へ」の意味以外はふつう forward).
**for·went** /fɔːrwént フォウェント/ 動 → forgo.
**fos·sil** /fɑ́sl ファスル|fɔ́sl フォスル/ 名Ⓒ **1** 化石. **2** (略式) [通例 an old ~] 時代遅れの人[物, 制度].
——形 **1** 化石化した, 化石の. **2** 時代遅れの.
**fóssil fùels** 化石燃料《石油・石炭など》.
**fos·sil·ize** /fɑ́səlàiz ファシライズ|fɔ́s- フォシライズ/ 動 (現分) -iz·ing) 他 (正式) …を化石化する.
——自 化石化する.
**\*fos·ter** /fɔ́ːstər ファスタ|fɔ́stə フォスタ/《「食物を与える」が原義》
——動 (三単現) ~s/-z/; 過去・過分 ~ed/-d/; 現分 ··ter·iŋ/-təriŋ/)
——他 **1** (正式) 〈才能など〉を育成する, 助長する ‖
foster imports 輸入を促進する.
His musical ability was fostered in Vienna. 彼の音楽の才能はウィーンではぐくまれた.
**2** 〈他人の子供〉を養育する (→ adopt);〈小犬など〉を育てる;〈病人など〉を世話する.
**fóster chíld** 里子.
**fóster fáther** 男の里親, 養父.
**fóster hóme** 里子・病人などを預かる家庭, 養家.

**fóster móther** 女の里親, 養母.
**fóster párent** 里親, 養い親.
**Fos·ter** /fɔ́(ː)stər フォ(ー)スタ/ 名 フォスター《Stephen ~ 1826-64; 米国の作曲家》.
**fought** /fɔ́ːt フォート/ (同音 fort (英)) 動 → fight.
**foul** /fául ファウル/ (発音注意)《◆×フォウル (同音 fowl)》 形 1 不潔な, 汚い, 汚れた(↔ clean)《◆ dirty より意味が強い》‖
 foul air 汚れた空気.
 foul-smelling 悪臭のする.
 foul-tasting いやな味の.
**2** 不正な, 悪い, 邪悪な(↔ fair);〈言葉が〉汚い‖
 a foul deed 邪悪な行為.
**3**〈天候などが〉悪い, 荒れた, 暴風雨の‖
 foul weather 悪天候.
**4** [略式] ひどい, 不愉快な, いやな.
**5** [競技] 規則に反した, 反則の.
**6** [野球] 野球] ファウルの.
── 副 (通例 比較 ~·er, 最上 ~·est) 1 不正に, 違法に. 2 反則で;[野球] ファウルになるように.
**fáll [rún] fóul of A** (1)〈船が〉A〈船・岩など〉に衝突する.(2) [正式] …とごたごたを起こす.
── 名 1 [競技] 反則 = foul ball.
**through fáir and fóul** = **through fóul and fáir** よかれ悪しかれ, どんな場合にも.
── 動 他 1 …を汚す, 汚くする‖
 Smoke fouls the air. 煙は空気を汚す.
**2** [海事]〈綱などを〉もつれさせる.
**3** [スポーツ] …に反則行為をする.
**fóul báll** ファウル(foul).
**fóul pláy** (1) ファウル, 反則(↔ fair play).(2) [正式] 不正行為, 暴行, 殺人.

***found***[1] /fáund ファウンド/ 動 find の過去・過去分詞形‖
 a thing found 発見された物《◆×a found thing とは言わない》.

***found***[2] /fáund ファウンド/ 〚「底を作る」が原義. cf. fund〛派 foundation (名)
── 動 (三単現 ~s /fáundz/; 過去・過分 ~ed /-id/; 現分 ~·ing)
── 他 1 …を設立する, 創立する;…を基金で建てる‖
 対話 "I hear your school is very old." "Yes, it was founded in 1885." 「君の行っている学校はずいぶん古いそうだね」「うん, 1885年に創立されたんだよ」.
**2** …を建てる;[found A on B] A を B に基づいて作る‖
 found a house on solid rock 堅い岩盤の上に家を建てる.
 Her argument was founded on fact. 彼女は事実に基づいて議論を展開させた.

***foun·da·tion*** /faundéiʃən ファウンデイション/ 〚→ found[2]〛
── 名 (複 ~s /-z/) 1 U 建設, 創立, 設立‖
 the foundation of a new school 新しい学校の建設.
**2** [しばしば F~] C 基本金, 維持基金;(基金によって運営される)施設, 財団‖
 the Ford Foundation フォード財団.
**3** C [通例 ~s] 土台, 基礎;(物ごとの安定した)基礎, 基盤;U C 根拠‖
 the foundation(s) of a house 家の土台.
 lay the foundation(s) of one's success 成功の基礎を築く.
 The rumor had no foundation. =The rumor was without foundation. そのうわさには何の根拠もなかった.
**4** U C =foundation cream.
**foundátion créam** ファンデーション《化粧用クリーム・乳液》;絵の具の下塗り(foundation).
**foundátion stóne** (1) 礎石.(2) 基礎;基本原理.

**found·er** /fáundər ファウンダ/ 名 C 創設者, 創立[設立]者;基金寄付者.

**found·ry** /fáundri ファウンドリ/ 名 (複 found·ries /-z/) C 鋳造場, ガラス工場.

**fount** /fáunt ファウント/ 名 C 1 [詩] 泉;源‖
 a fount of wisdom 知恵の源泉.
**2** (ランプの)油つぼ;インクつぼ.

***foun·tain*** /fáuntn ファウントン/ -tin -ティン/
── 名 (複 ~s/-z/) C 1 泉, 湧き水, 水源;噴水(装置, 設備).
**2** [古] [比喩的に] 泉, 起源‖
 the fountain of beauty 美の源泉.
**3** [米] =soda fountain.
 **the Fóuntain of Yóuth** 不老の泉《青春をよみがえらせると考えられている伝説上の泉》.
**fóuntain pén** 万年筆.

***four*** /fɔ́ːr フォー/ (同音 fore, △for; 類音 foe /fóu/)
── 名 (複 ~s /-z/)《◆ 名 形 とも用例は → two》
**1** U C [通例無冠詞] (基数の) 4《◆序数は fourth》.
**2** U [複数扱い] [代名詞的に] 4つ, 4個;4人.
**3** U 4時, 4分;4ドル[ポンド, セント, ペンスなど].
**4** U 4歳.
**5** C 4の記号[数字, 活字]《4, iv, IV など》.
**6** C [トランプ] 4の札;(さいころの)4の目.
**7** C 4つ[4人]1組のもの;4人乗りのボート(の乗員), フォア.
**8** U 4頭の馬‖
 a coach [carriage] and four 4頭立ての馬車.
 **on áll fóurs** 四つんばいで;〈獣が〉四つ足で(cf. all fours).
── 形 1 [名詞の前で] 4つの, 4個の;4人の.
**2** [補語として] 4歳の.

**fóur-lèaf(ed) clóver** /fɔ́ːrliːf(t)-/ フォーリーフ(ト)-/ 四つ葉のクローバー《◆見つけた者に幸運が訪れるとされる. four-leaved clover ともいう》.

***four·teen*** /fɔ̀ːrtíːn フォーティーン/
── 名 (複 ~s /-z/) 1 U C 14.
**2** U [複数扱い;代名詞的に] 14個, 14人.
**3** U 14時《午後2時》, 14分, 14ドル[ポンド, セント, ペンスなど].
**4** U 14歳.

**5** ⓒ 14の記号[数字, 活字]《14, xiv, XIV など》.
**6** ⓒ 14個[人]1組のもの.
── 形 **1** [通例名詞の前で] 14の, 14個[人]の.
**2** [補語として] 14歳の.

**four·teenth** /fɔ́ːrtíːnθ フォーティーンス/《◆ 14th とも書く. 用例は 形 以下 → fourth》 形 **1** [通例 the ~] 第14の, 14番目の(→ first 形 1). **2** [a ~] 14分の1の. ── 名 **1** ⓤ [通例 the ~] (順位・重要性で)第14番目[14位]の人[もの]. **2** ⓤ [通例 the ~] (月の)第14日(→ first 名 2). **3** ⓒ 14分の1.

*****fourth** /fɔ́ːrθ フォース/(同音) forth/ 《→ four》《◆ 4th とも書く》.
── 形 **1** [通例 the ~] 第4の, 4番目の(→ first 形 1) ∥
the fourth lesson 第4課(= Lesson 4).
the fourth man from the left 左から4番目の人.
She is in (the) fourth grade. 彼女は小学4年生です.
**2** [a ~] 4分の1の ∥
a fourth part of the country 国の4分の1.
**3** 〔音楽〕第4度(音程)の.
── 副 第4に, 4番目に.
── 名 (複 ~s/-s/) **1** ⓤ [通例 the ~] 第4番目の人[もの], 第4位の人[もの]《◆ 単数形ではあるが省略された名詞によって複数扱いする場合もある》.
**2** ⓤ [通例 the ~] (月の)第4日 ∥
the fourth of May = May (the) fourth 5月4日(→ first 名 2).
**3** ⓒ 4分の1《◆ quarter より堅い語》(→ third 名 5) ∥
a [one] fourth 4分の1.
three fourths 4分の3.
**4** [the F~] =the Fourth of July (→ 成句).
**5** ⓤ (自動車のギアの)第4段, フォース.
**6** ⓒ 〔音楽〕第4度(音程).
*the Fóurth of Július* (米国)独立記念日《7月4日. Independence Day とも単に the Fourth ともいう》.

**fóur-whèel drive** /fɔ́ːrhwìːl- フォーウィール- / 4輪駆動(車)(略 FWD, 4WD).

**fowl** /fául ファウル/(発音注意)《◆×フォウル》(同音) foul) 名 (複 ~s/-z/, 集合名詞 fowl) **1** ⓒ 〔狭義〕鶏(にわとり), (特に)めんどり(hen); 〔広義〕家禽(かきん)《duck, goose, turkey, pheasant, partridge など》.
**2** ⓤ 鶏肉, 鳥肉.
**3** ⓤ [複合語で; 集合名詞] 鳥類 ∥
wíld fòwl 野鳥.
a flock of wáter fòwl 一群の水鳥.

*****fox** /fáks ファクス|fɔ́ks フォクス/
── 名 (複 ~·es/-iz/, 集合名詞 fox) **1** ⓒ キツネ, (特に)雄ギツネ(↔ vixen)《◆ 人に化けるという連想はないが, ずる賢いものとされる》∥
The fox is known by his brush. キツネは尾でわかる; 人にはめいめい特徴がある.
**2** ⓤ キツネの毛皮.

**3** ⓒ (略式) [しばしば old ~] ずる賢い人, 狡猾(こうかつ)な人; (米俗)すてきな(若い)女 ∥
That politician is an old fox. あの政治家は悪賢いやつだよ.

**fóx hùnting** キツネ狩り.
**fóx térrier** (動) フォックス=テリア《小形テリア犬》.
**fox·y** /fáksi ファクスィ|fɔ́ksi フォクスィ/ 形 (通例 比較 --i·er, 最上 --i·est) (略式)キツネのような; 狡猾(こうかつ)な; (米俗)《女性がセクシーな.

**foy·er** /fɔ́iər フォイア, fɔ́iei|fɔ́iei フォイエイ/ 〔フランス〕名 ⓒ (劇場・ホテル・マンションの)ロビー, ホワイエ, 休憩室.

**fra·cas** /fréikəs フレイカス, frǽ- | frǽkɑː フラカー/ 〔フランス〕名 (複 ~·es, (英) fra·cas /-z/) ⓒ (正式) 騒ぎ, けんか.

**frac·tion** /frǽkʃən フラクション/ 名 ⓒ **1** 一部, 小部分, 断片, 破片 ∥
a fraction of land わずかな土地.
crumble into fraction 崩れてこなごなになる.
**2** 〔数学〕分数; (数の)比.

**frac·tion·al** /frǽkʃənl フラクショヌル/ 形 **1** (正式)小部分の, 断片的な; わずかな. **2** 〔数学〕分数[小数]の.

**frac·ture** /frǽktʃər フラクチャ/ (正式) 名 ⓒⓤ 骨折. ── 動 (現分) -tur·ing) 他 〈骨〉を折る. 自 折れる.

**frag·ile** /frǽdʒəl フラヂル|-ail フラヂャイル/ 形 **1** 壊れ[割れ]やすい; 虚弱な. **2** はかない, つかの間の; 気分がよくない, 元気がない.

**fra·gil·i·ty** /frədʒíləti フラヂリティ/ 名 (複 --i·ties /-z/) (正式) ⓤ 壊れやすさ, もろさ; ⓒ 壊れやすい物.

**frag·ment** 名 frǽgmənt フラグメント; 動 frǽgment | frǽgment フラグメント/ 名 ⓒ **1** 破片, かけら ∥
be injured by a fragment of broken glass 割れたグラスのかけらでけがをする.
The vase burst [broke] into fragments. 花びんは粉々に砕けた.
overhear fragments of the conversation 会話をとぎれとぎれに偶然聞く.
**2** 未完成品.
── 動 (正式) 自 ばらばらになる.
── 他 …をばらばらにする.

**fra·grance** /fréigrəns フレイグランス/ 名 ⓤⓒ よいにおい, かんばしさ ∥
the fragrance of roses バラの香り.

**fra·grant** /fréigrənt フレイグラント/ (類音) flagrant /fléi-/ 形 よいにおいの, よい香りの ∥
a garden which is fragrant with flowers 花のよい香りがたちこめている庭.

**frail** /fréil フレイル/ 形 **1** 弱い, ひ弱な《◆ weak より堅い語》(↔ robust, strong) ∥
a girl of frail constitution 虚弱体質の女の子.
**2** 壊れやすい; はかない.

**frail·ty** /fréilti フレイルティ/ 名 (複 frail·ties/-z/) (正式) **1** ⓤ 弱さ; もろさ. **2** ⓒ 弱点, 短所.

**frame** /fréim フレイム/ 名 **1 a** ⓒ 骨組み ∥
the frame of a gymnasium 体育館の構造.

b Ⓒ (社会・政治などの)機構；(理論などの)構成；体制, 組織《♦ framework の方がふつう》‖
the frame of society 社会機構.
c ⒸⓊ 体格, 骨格(body) ‖
a man of strong frame がっしりとした体格の人《♦ with を使った場合は a man *with a* strong *frame*》.
2 Ⓒ 枠；額縁；枠組み；[~s] 眼鏡の縁.
3 Ⓒ《正式》[ふつう a ~ of mind] 気分, 気持ち.
——動 (現分 fram·ing) 他 1 …を枠にはめる, …に枠を付ける ‖
Let's have this picture **framed**. この絵を額縁(ぶち)に入れることにしよう.
2 …をわなにかける(+*up*) ‖
I've been **framed**. わなにはめられた.
3 …を組み立てる, 形作る；…を工夫する, 作る ‖
He is **framed for** hard work. 彼は重労働に向いている.
4《正式》…を言う, 書き表す(express) ‖
frame a question carefully 慎重にことばを選んで質問する.

*__frame·work__ /fréimwɚ̀ːrk フレイムワーク/
——名 (複 ~s/-s/) Ⓒ 1 骨組み, 枠組み, 構造物.
2 機構, 構造, 体制；構想(→ frame) ‖
judge him within the **framework** of his achievements 業績の枠内で彼を判断する.

**franc** /frǽŋk フランク/ (同音 frank) 名 Ⓒ フラン《フランス・ベルギーなどの旧通貨単位；スイスの通貨単位. 略 fr., f., Fr, Fr.》.

**France** /frǽns フランス | fráːns フラーンス/ 〖フランク民族(the Franks)が武器とした「槍(やり)(franka)」が原義〗 派 French (形・名)
——名 フランス《現在の正式名 the French Republic. 首都 Paris. (別称・愛称) the lands of the Franks, La (belle) France》.

**Fran·ces** /frǽnsis フランスィス | fráːn- フラーン-/ 名 フランシス《女の名. (愛称) Frankie, Frannie, Franny》.

**fran·chise** /frǽntʃaiz フランチャイズ/ 名 1《正式》[the ~] 公民権, 市民権；参政権, 選挙権. 2 Ⓒ《主に米》(官庁が与える)特権, 許可.

**Fran·cis** /frǽnsis フランスィス | fráːn- フラーン-/ 名 フランシス《男の名. (愛称) Frank, Frankie》.

**frank** /frǽŋk フランク/ (同音 franc) 形 率直な, 淡白な, ざっくばらんな, 腹を割った；明らかな, 疑う余地のない ‖
To be **fránk with** you, you are to blame. 遠慮なく言わせてもらえば君に責任がある.

**Frank·en·stein** /frǽŋkənstàin フランケンスタイン/ 名 1 フランケンシュタイン《Mary Shelley 作の小説・その主人公. 自分の造った怪物によって身を滅ぼした若い医学生》. 2 Ⓒ a 自分の造ったものに滅ぼされる人. b =Frankenstein('s) monster.
**Fránkenstein('s) mònster** その創造者を滅ぼすもの(Frankenstein).

**Frank·fort** /frǽŋkfɚrt フランクファト | -fɔːt -ファート/ 名 1 フランクフォート《米国 Kentucky 州の州都》. 2《まれ》= Frankfurt.

**Frank·furt** /frǽŋkfɚrt フランクファト/ 名 フランクフルト《ドイツの都市. 正式には Frankfurt am Mein》.

**frank·furt(·er), ─·fort(·er)** /frǽnkfɚrt(ər) フランクファト(フランクファタ) | -fəːt(ə) -ファート(-ファータ)/ 名 Ⓒ フランクフルト=ソーセージ.

**Frank·lin** /frǽŋklin フランクリン/ 名 1 フランクリン《男の名》. 2 フランクリン《Benjamin ~ 1706-90；米国の政治家・作家・発明家》.

*__frank·ly__ /frǽŋkli フランクリ/ 〖→ frank〗
——副 率直に, ありのままに, あからさまに；[文全体を修飾] (失礼になるかもしれませんが, ご存じでないようなので)率直に言うと, [疑問文を伴って] 率直に尋ねる[聞く]が ‖
She **frankly** admitted her guilt. 彼女は率直に罪を認めた.
対話 "What do you think of the new director?" "**Frankly** (speaking) (↘), he's a bore." 「今度の監督をどう思いますか」「率直に言って, 彼にはうんざりだ」.

**frank·ness** /frǽŋknəs フランクネス/ 名 Ⓤ 率直.

**fran·tic** /frǽntik フランティク/ 形 気も狂わんばかりの；熱狂した, 逆上した.

**fran·ti·cal·ly** /frǽntikəli フランティカリ/ 副 半狂乱で.

**fra·ter·nal** /frətɚ́ːrnl フラターヌル/ 形《正式》兄弟の(ような), 友愛の(friendly) ‖
fraternal affection 兄弟愛.
**fra·tér·nal·ly** 副 兄弟のように, 友愛的に.

**fra·ter·ni·ty** /frətɚ́ːrnəti フラターニティ/ 名 (複 -·ni·ties/-z/) 1 Ⓤ《正式》兄弟関係, 兄弟 [同胞] 愛.
2 Ⓒ《米》(男子大学生の)社交クラブ[友愛会](cf. sorority).
3 [the ~；集合名詞；単数・複数扱い] 協同団体；同業者仲間 ‖
the medical **fraternity** 医師会[仲間].

**frat·er·nize** /frǽtɚrnàiz フラタナイズ/ 動 (現分 -·niz·ing) 自 親しくなる.

**fraud** /frɔ́ːd フロード/ 名 1 Ⓤ 詐欺(さぎ), 欺瞞(ぎまん).
2 Ⓒ 詐欺行為, 不正手段. 3 Ⓒ《略式》詐欺師；[しばしば old ~] ぺてん師；[通例 a ~] 偽物, まやかし物.

**fraud·u·lent** /frɔ́ːdʒələnt フローヂュレント | frɔ́ːdju- フローデュ-/ 形《正式》詐欺(行為)の.
**fráud·u·lent·ly** 副 だまして.

**fraught** /frɔ́ːt フロート/ 形 1《略式》心配している(anxious), 緊張している(tense) ‖
wear a **fraught** expression 緊張した表情を浮かべる.
2《文》満ちた, はらんだ ‖
an expedition **fraught with** danger 危険をはらんだ遠征.

**fray** /fréi フレイ/ 動 他 1 〈衣服など〉をすり切れさせる, ほつれさせる ‖
frayed cuffs すり切れたそで口.
2 〈神経〉をすり減らす.

F

## freak

**freak** /fríːk フリーク/ 名 C **1** 奇形, 変種; 奇形の人 [動植物].

**2** 気まぐれ(な行動・考え).
òut of mére fréak ほんの気まぐれから.

**3** (略式) 変人.

**4** (略式) [複合語で] …狂 ∥
a jazz freak ジャズ狂.

— 形 異常な, 風変わりな.

**freck·le** /frékl フレクル/ 名 C [しばしば ~s] そばかす; しみ.

**freck·led** /frékld フレクルド/ 形 そばかす[しみ]のある.

**Fred** /fréd フレド/, **Fred·dy** /frédi フレディ/ 名 フレッド, フレディ《Alfred, Frederick の愛称》.

**Fred·er·ick** /frédərik フレデリク/ 名 **1** フレデリック《男の名. 愛称 Fred(dy)》. **2** ~ the Great フリードリヒ大王《1712–86; プロシア王(1740–86)》.

## *free
/fríː フリー/ (願源 f/ee, f/ea/fliː/) 『「拘束されていない」が本義』

派 freedom (名), freely (副)

→ 形 **1** 自由な; 自由主義の **2** 自主的な
**3** 無料の **4** ひまな; あいている
**5** くつろいだ **8** 物惜しみしない

動 他 自由にする

free《解放された》

— 形 (比較) fre·er, (最上) fre·est) **1** 自由な, 自由の身の; 監禁されていない; 解放された, 釈放された (↔ captive); 自由主義の, (政治的に)統制を受けない ∥
a free people 自由国民.
a free country [nation] 自由(主義)国家《◆ *a liberal country [nation] とはいわない》.
free citizens 自由市民.
feel (as) free as air [a bird, the wind] (略式) 全く自由な気分でいる.
gèt [gò] frée 自由になる.
sèt [màke] sláves frée 奴隷を自由にする.

**2** 自主的な, 自発的な; [be free to do] 〈人が〉自由に…することができる ∥
a free action 自発的な行動.
He is free to spend his money. 彼は自由に金を使うことができる.
Please feel free to use my bicycle. 遠慮なく私の自転車をお使いください.

**3 a** 無料の, ただの, 無税の ∥
free advice 無償の助言.
free delivery 無料配達.
gèt a frée ríde ただ乗りする.
対話 "Do I have to pay for this?" "No, it's free. Take one if you like." 「これはお金を払わないとだめですか」「いいえ, 無料です. よければ1つお取りください」.

**b** [be free from [of] A] …に束縛されていない; A〈心配など〉がない, …に悩まされていない ∥
a park free of litter ゴミのない公園.
a man free from prejudice 偏見のない人.
She is free of debt. 彼女には借金がない.

**4** ひまな, 仕事が解放された (↔ busy); あいている, 使用されていない ∥
have a free room 空室がある.
She is always free in the afternoon. 彼女は午後はいつも手があいている.
The line is free. (電話で) おつなぎできます.

**5** くつろいだ; 形式にとらわれない; のびのびした, 軽快な ∥
a free composition 自由作文.
a free translation 意訳.
be free in one's gait のびのびした足取りである.

**6** 固定していない, ゆるい ∥
get his arm free 彼の腕を振りほどく.

**7** (正式) だらしのない, 自制心のない; 率直な, くだけた, うちとけた ∥
be free in one's behavior ふるまいがふしだらである.
be free with her 彼女になれなれしい.

**8** [補語として] 物惜しみしない; 気前のよい; 〈物が〉惜しみなく [豊富に] 与えられた ∥
be free with [of] one's money 惜しげなく金を出す.

**for frée** (米略式) 無料で, 無償で.
**frée and éasy** → 見出し語.
**màke frée with A** (1) …を勝手に使う; …を自由に飲食する. (2) …になれなれしくする.

— 副 (比較) fre·er, (最上) fre·est) **1** 自由に (freely). **2** 無料で ∥
Children are admitted free. 子供は入場無料.

— 動 (三単現 ~s/-z/; 過去・過分 ~d/-d/; 現分 ~·ing)

— 他 …を自由にする, 解放する; …から取り除く ∥
free a clogged drain 詰まった排水管を直す.
free him from [of] oppression 彼を迫害から解放する.
free oneself from trouble 悩みがなくなる.
free a room of clutter 部屋を片付ける.

**frée ágent** (プロスポーツの)自由契約選手, フリーエージェント.

**frée hánd** [a ~] 自由裁量, 行動の自由 (cf. freehand).

**frée lánce** 自由契約の作家[寄稿家, 俳優], フリーランサー.

**frée spéech** 言論の自由.

**frée thrów** (バスケットボール) フリースロー.

**-free** /-fríː -フリー/ (連結形) [名詞に付けて] 「…がない」「無料の」の意の形容詞を作る. 例: sugar-free coffee 砂糖の入っていないコーヒー, tax-free 非課税の.

**frée and éasy** 副 (略式) 打ちとけた[て], のんきな[に].

**free·dom** /fríːdəm フリーダム/ 〚→ free〛
— 名 (複 ~s/-z/) **1** Ⓤ **自由**(の状態), 束縛のないこと; 自主, 独立(cf. liberty)
**academic freedom** 学問の自由.
**the freedom of the seas** 公海の自由航行権.
**fight for freedom of the press** 出版の自由のために戦う.
**give a slave his freedom** 奴隷を解放する.
**Anyone has freedom to do what he thinks right.** だれでも正しいと思っていることをする自由がある.
対話 "How's your friend Peggy doing?" "Now that she has a different job she has more freedom to travel."「友だちのペギーはどうしてますか」「今は転職したので, 前よりも旅行をする自由があるようです」.
**2** 解放, 免除; (…が)ないこと ‖
**freedom from charge** 無料.
**freedom from care** 心配のないこと.
**enjoy freedom from danger** 危険のない生活を楽しむ.
**3** ⓊⒸ 自由自在, 気安さ; 率直さ; 気まま; 無(ぶ)遠慮 ‖
**speak with freedom** 腹蔵なく言う.
**4** Ⓤ 特権; 名誉市民[会員]権; [the ~] 出入り[使用]の自由 ‖
**give him the freedom of the city** 彼を名誉市民にする.
**have the freedom of a theater** 自由に劇場に出入りできる.

**free-for-all** /fríːfərɔ́ːl フリーフォーオール/ 名 (略式) 参加[飛び入り]自由の競技[討論]; 乱闘.

**free·hand** /fríːhǽnd フリーハンド/ 形 副 手で書いた[て](cf. free hand).

**free·hold** /fríːhòuld フリーホウルド/ 名 Ⓤ (法律)(不動産の)自由保有権; Ⓒ 自由保有不動産.

\***free·ly** /fríːli フリーリ/ 〚→ free〛
— 副 (比較 more ~, 最上 most ~) **1** 自由に; 進んで(voluntarily); 喜んで, 率直に ‖
**criticize the proposal freely** 提案を自由に批判する.
**He freely praised her.** 彼は手放しで彼女をほめた.
**2** 気軽に, のんびりと.
**3** 気前よく, ふんだんに; 大まかに ‖
**give freely** 気前よくやる.

**Free·ma·son** /fríːmèisn フリーメイスン, (米+) =/ 名 Ⓒ フリーメーソン団《友愛と相互扶助が目的の秘密結社》の会員.

**free·way** /fríːwèi フリーウェイ/ 〚「無料の(free)」から〛名 Ⓒ (米)高速道路《(英) motorway》《◆ highway は「幹線道路」》.

**freeze** /fríːz フリーズ/ (同音 frieze) 動 (過去 froze/fróuz/, 過分 fro·zen/fróuzn/; 現分 freez·ing) 自 **1** 凍る; 凍りつく ‖
**The river has frozen over.** 川が一面に凍った.
**Water freezes (into ice) at 32°F [0°C].** 水は32°F [0°C]で凍る.
**2** [it を主語として] 氷が張る, 凍るほど寒い ‖
**It's freezing tonight, isn't it?** 今夜は底冷えしますね.
**3** (略式)凍るほど寒く感じる, 凍死する; 〈植物が〉霜枯れする; 〈部屋が〉とても寒い ‖
**freeze to death** 凍死する(ほど寒い).
**I'm freezing.** おお寒い.
**4** (略式)ぞっとする, 動けなくなる, しゃべれなくなる; こわばる ‖
**Freeze!** (相手に銃を向けて)動くな.
**5** 〖コンピュータ〗〈機械・システムが〉動かなくなる, フリーズする.
— 他 **1** …を凍らせる; …を凍りつかせる; …を冷凍する ‖
**The dishes were frozen up.** 料理はかちかちに凍っていた.
**2** (略式) [be frozen] 凍死する, 凍傷にかかる, 非常に寒く感じる; 〈植物が〉寒さで枯れる ‖
**She was nearly frozen to death in the snow.** 彼女は雪の中でほとんど凍死するところだった.
**3** …を麻痺(ひ)させる, ぞっとさせる; (略式)…を身動きできなくさせる; 〈表情など〉をこわばらせる ‖
**She froze me in her stare.** 彼女ににらみつけられてぞっとした.
**4** (略式)〈賃金など〉を凍結する.
**fréeze A's blóod** = **máke A's blóod fréeze** …をぞっとさせる.
**fréeze ín** [他] 〈場所・船など〉を氷で閉ざす ‖ **The boat was frozen in.** ボートは氷に閉じ込められた.
— 名 [a ~ / the ~] **1** 氷結(状態, 期); 寒波, 霜. **2** (賃金などの)凍結. **3** (略式)冷蔵庫. **4** 〖コンピュータ〗フリーズ《システムが動かなくなること》.

**freez·er** /fríːzər フリーザ/ 名 Ⓒ 急速冷凍庫; (冷蔵庫の)冷凍室; アイスクリーム製造機.

**freez·ing** /fríːziŋ フリーズィング/ 動 → freeze.
— 形 **1** 凍るような; 冷凍するための.
**2** 冷淡な, ぞっとするような.
**3** (略式) [副詞的に] 凍るように, 凍るほどに ‖
**It's freezing cold.** 凍るように寒い.
— 名 Ⓤ 氷結, (資産・物価などの)凍結; (略式)氷点 ‖
**below freezing** 氷点下で.
**fréezing pòint** [the ~] 氷点.
**fréez·ing·ly** 副 凍るように, 冷ややかに.

**freight** /fréit フレイト/ (発音注意) 名 **1** Ⓤ 貨物運送, 普通貨物便 《◆ (英) ではふつう陸上輸送には用いない.「急行便」は express》.
**2** Ⓤ (船・飛行機・列車・トラックなどで運ばれる)貨物, 積荷 《◆ 船・飛行機で運ばれる貨物は cargo ともいう》 ‖
**by air freight** 航空便で.
**by sea freight** 船便で.
**freight transport** 貨物輸送.
**3** Ⓤ = freight rates.
**4** Ⓒ = freight train.
— 動 他 **1** 〈主に船〉に積む. **2** (主に米)…を運送す

**fréight càr** 《米》貨車《(主に英) goods wagon》.
**fréight ràtes** 貨物運賃, 運送料《freight》《(英) carriage》.
**fréight tràin** 《米》コンテナ貨物列車《freight, (主に英) goods train》.
**freight·er** /fréɪṭɚ フレイタ/ 名 C **1** 貨物船[列車, 飛行機]; 《米》貨車. **2** 船積人; 《米》《貨物の》荷主《に》, 託《く》送人.

## **French** /fréntʃ フレンチ/ 〔→ France〕
——形 フランスの; フランス人[語]の; フランスふう[流]の ∥
French literature フランス文学.
French wines フランス産のブドウ酒.
a French lesson フランス語の授業.
My wife is French. 私の妻はフランス人です.
——名 **1** 〔the ~; 集合名詞; 複数扱い〕フランス人, フランス国民《→ Frenchman》《語法》→ Japanese》.
**2** U フランス語 ∥
He knows little French. 彼はほとんどフランス語を知らない.
**Frénch fríes** 《米》《フレンチ》フライドポテト《《英》 (potato) chips》《細長く切ったジャガイモを揚げたもの》.
**Frénch hórn** フレンチホルン《金管楽器. 単に horn ともいう》.
**Frénch wíndows** フランス窓《窓兼用の全面ガラスのドア. French doors ともいう》.
**French·man** /fréntʃmən フレンチマン/ 名 (複 -men, 《女性形》-wom·an) C 《特に男性の》フランス人, 《一般に》フランス人《(PC) French person》《語法 → Englishman》.
**French·wo·man** /fréntʃwùmən フレンチウマン/ 名 (複 -wom·en) → Frenchman.
**fren·zied** /frénzɪd フレンズィド/ 形 熱狂した, とり乱した.
**fren·zy** /frénzi フレンズィ/ 名 U 〔しばしば a ~〕熱狂, 逆上; 興奮 ∥
in a frenzy of hate 憎悪で狂ったように.
drive him to frenzy 彼を熱狂させる.
work oneself into a frenzy かっとなる.
**Fre·on** /fríːɑn フリーアン/ -on -オン/ 名 C 《商標》 フレオン《ガス》《フロンガス. 冷凍剤などにする》.
**fre·quen·cies** /fríːkwənsiz フリークウェンスィズ/ 名 → frequency.

## *fre·quen·cy /fríːkwənsi フリークウェンスィ/
——名 (複 -quen·cies/-z/) **1** U C しばしば起こること[状態]; 頻発, 頻繁《に》 ∥
The frequency of her visits bothered us. 彼女がたびたびやって来て私たちを困らせた.
with frequency 頻繁に.
**2** C 頻度《数》; 《脈拍・訪問・乗物の運搬などの》回数 ∥
the frequency of vocal cord vibration 声帯の振動数.
**3** C U 《物理》振動数, 周波数.

**fréquency modulátion** 《電子工学》(1) 周波数変調. (2) FM放送《略 FM》.
**fre·quent** /形 fríːkwənt フリークウェント; 動 frɪkwént フリクウェント, 《米+》fríːkɑnt/ 形 《時に 比較 ~·er, 最上 ~·est》**1** たびたびの; 頻繁《に》に起こる; 点在する ∥
make frequent trips to the library 図書館へたびたび行く.
He called home at frequent intervals. 彼はしばしば家に電話をかけた.
**2** 常習的な, いつもの ∥
a frequent customer 店の常連.
——動 他 《正式》…へしばしば行く; …と交際する, よく一緒にいる ∥
Kyoto is frequented by tourists all (the) year around. 京都は年がら年中観光客でにぎわっている.

***fre·quent·ly** /fríːkwəntli フリークウェントリ/ 副 しばしば, 頻繁に.
**fres·co** /fréskou フレスコウ/ 《イタリア》 名 (複 ~es, ~s) 《美術》 U フレスコ画法《塗りたてのしっくい壁面に水彩で描く画法》; C フレスコ壁画.

## *fresh /fréʃ フレシュ/ 《類音》f/esh/flé/)》「生き生きとした」が原義
——形 《比較 ~·er, 最上 ~·est》**1** 新しい, 新鮮な; 作りたての, 着いたばかりの ∥
a fresh hat 真新しい帽子.
fresh meat 新鮮な肉.
an egg fresh from the hen 産みたての卵.
Our teacher is fresh out of [from] college. 私たちの先生は大学を出たばかりです.
Fresh Paint. 《掲示》ペンキ塗り立て.
対話 "Which would you like to drink, fresh coffee(↗) or a Coke(↘)" "Fresh coffee, please." 「入れたてのコーヒーとコーラのどちらが飲みたいですか」「入れたてのコーヒーをお願いします」.
**2** 斬《ざん》新な; 〔名詞の前で〕新規の, 追加の ∥
a fresh idea 斬新な考え.
break fresh ground 新分野を開拓する, 新事実を発見する.
make a fresh start 再出発する.
**3** 生き生きとした, 元気な, 活発な ∥
a fresh complexion 若々しい顔色.
a fresh student 元気いっぱいの学生.
feel fresh every morning 毎朝さわやかな気分がする.
**4** 鮮やかな, なまなましい ∥
be fresh in my memory [mind] 記憶に新しい.
**5** 〔通例名詞の前で〕《水・バターなどが》無塩の ∥
fresh water 淡水, 真水; 新鮮な水.
**6** 《略式》《大気が》さわやかな; 《気象》《風が》かなり強い ∥
fresh air さわやかな空気.
in the fresh air 戸外で.
**7** 未熟な, うぶな, 新米の ∥
green and fresh 青二才の.

be fresh to a job 仕事に慣れていない.
**8** 《略式》《補語として》なれなれしい; 生意気な.
— 副 《主に複合語で》新たに, 新しく ‖
fresh-baked bread 焼きたてのパン.
**frésh blóod** → blood 成句.
**frésh brèeze** [**wínd**] 《気象》疾風《秒速8.0-10.7m. → wind scale》.
**frésh gále** 《気象》疾強風《秒速17.2-20.7m. → wind scale》.
**fresh·en** /fréʃn フレシュン/ 動 他 …を新鮮にする, 元気づける ‖
Sound sleep freshened him up. ぐっすり寝て彼は元気を回復した.
— 自 新鮮になる; 元気づく; 《略式》さっぱりする (+ up).
**fresh·er** /fréʃər フレシャ/ 名 C =freshman.
**fresh·ly** /fréʃli フレシュリ/ 副 新たに, 最近.
**fresh·man** /fréʃmən フレシュマン/ 名 (複 -men)
**1** (大学・高校の男女の)新入生, 1年生((PC) freshperson, fresher)《◆(英)ではふつう大学のみに用いる》‖
a high school freshman =a freshman in [at a] high school 高校1年生.

> 関連 (米)4年制大学・高校の1-4年は *freshman*, sophomore, junior, senior. 3年制高校の1-3年は freshman, junior [時にsophomore], senior.

**2** 初心者, 新人.
**fresh·ness** /fréʃnəs フレシュネス/ 名 U 新鮮さ, 鮮味, なまなましさ, はつらつとしていること; 鮮明.
**fresh·per·son** /fréʃpə̀ːrsn フレシュパースン/ 名 C =freshman.
**fresh·wa·ter** /fréʃwɔ̀ːtər フレシュウォータ, 《米+》-wɑ̀-/ 形 《名詞の前で》淡水(性)の, 真水の; 淡水産の ‖
freshwater fish 淡水魚.
**fret**¹ /frét フレト/ 動 (過去・過分 fret·ted/-id/; 現分 fret·ting) **1** やきもきする, いらいらする, 思い悩む ‖
You needn't fret over such trifles. そんなさいことにくよくよする必要はない.
**2** 《正式》腐食する.
— 他 …をいらいらさせる, やきもきさせる ‖
Don't fret yourself about the exam. 試験のことでいらいらするな.
— 名 《略式》[a ~ / the ~] いらだち, 焦燥(しょうそう); 不機嫌, 不安 ‖
in a fret =on the fret いらいらして.
**fret**² /frét フレト/ 名 C 《弦楽器の》フレット(図 → guitar).
**fret·ful** /frétfl フレトフル/ 形 いらだちやすい; 悩んでいる.
**fret·work** /frétwə̀ːrk フレトワーク/ 名 U (雷文(らいもん)などの)透かし彫り, 引き回し細工, (天井などの)雷文細工; C (通例 a ~) 雷文模様のもの.
**Fri.** (略) Friday.

**fri·ar** /fráiər フライア/ 名 C 《カトリック》托鉢(たくはつ)修道士 (cf. monk).
**fric·tion** /fríkʃən フリクション/ 名 **1** U 《正式》摩擦(まさつ) ‖
the coefficient of friction 摩擦係数.
**2** U C 不和, いさかい ‖
trade friction 貿易摩擦.
political friction between the two countries 2国家間の政治的あつれき.

*****Fri·day** /fráidi フライディ, -dei/ 《北欧神話フリッグ (Frigg's)日 (day)》
— 名 (複 ~s/-z/) U C 金曜日 《略 Fri.》; [形容詞的・《米式》副詞的に] 金曜日の[に] 《語法 → Sunday》《◆(1) キリストが十字架にかけられた日なのでキリスト教では不幸の日とされる(→ Good Friday). (2) 米国では週休2日制がふつうなので仕事から解放される日. TGIF (=*Thank God. It's Friday.* ありがたい, 金曜だ)という言葉もある》‖
Today is Friday the 13th. きょうは13日の金曜日です.

**fridge** /frídʒ フリヂ/ 《*refrigera*tor の短縮語》名 C 《略式》(主に家庭用の)冷蔵庫.
**fried** /fráid フライド/ 動 → fry.
— 形 油でいためた[揚げた] ‖
fried eggs 焼き卵《目玉焼・いり卵など》.
breaded fried fish =breaded fish fried whole 魚のフライ.
**fríed tomáto** 《主に英》トマトを(輪切りにして)油でいためたもの (cf. breakfast 事情).

*****friend** /frénd フレンド/ 《「愛する者」が原義》
(派) friendly (形), friendship (名)
— 名 (複 ~s/fréndz/) C **1** 友だち, (親しい)友人, 仲よし《◆(1) 愛犬などにも用いる. (2) acquaintance は単なる「知人」》‖
a friend of mine =one of my friends 私の友だち(の中の1人)《◆ my *friend* は Tom とか John とか特定の友だちを念頭に置いた表現》.
I am a friend of Susie('s). 私はスージーと仲よしです《◆ 's を略すのも《主に米》》.
Be my friend. 仲よしにして, 一緒に遊ぼうよ.
your friend Steve =Steve, your friend 君の友人スティーブ.
a writer friend of his 彼の友人である作家.
a friend of some years back 数年前からの友人.
Your (loving) friend 《手紙の結び文》敬具, あなたの親友より.
A frìend in néed is a friend indéed. 《ことわざ》「まさかの時の友こそ真の友」《◆ 単に A *friend* in need. ともいう. What are *friends* for? (友は何のためにあるのか)もほぼ同じ意味》.

> 関連 [いろいろな friend] good [bosom, close, great] friend 親友(→ intimate¹) / boy [girl] friend 男[女]友だち, 恋人《◆ boyfriend, girlfriend ともつづる》 / special friend 大の親友 / true friend 真の友 / life-

long friend 昔からの友だち / everybody's friend 八方美人 / sworn friend 誓い合った友.

[C と U] friend C
company U

**2** 支持者, 後援者; 味方(↔ enemy); 《正式》役に立つもの, 助けになるもの ‖
a friend of the poor 貧乏人の味方.
a friend to [of] peace 平和の支持者.
be a good friend to him 彼に親切にする.
You will always find a good friend in me. いつでもお力になります.

**3** 仲間, 同志, (女性の)恋人; 同国人.
**4** [呼びかけ・引き合いに用いて] 友, 連れ ‖
my (good) friend ねえ君.
○ *be* [*kèep*] *friends with* A = *be* [*kèep*] *a friend of* A …と親しい, 仲良しである, 親しくしている.
*màke friends with* A …と親しくなる, 友だちになる.
*màke friends with* A *agáin* = *màke friend agáin with* A …と仲直りする.

**friend·li·er** /fréndliər フレンドリア/ 形 → friendly.
**friend·li·est** /fréndliist フレンドリイスト/ 形 → friendly.
**friend·li·ness** /fréndlinəs フレンドリネス/ 名 U 友情(を持っていること), 好意, 親善.

*friend·ly /fréndli フレンドリ/ 〖→ friend〗
── 形 (比較) -li·er, (最上) -li·est) **1** 友人にふさわしい, 友情のある, 親しみのある, 人なつこい; やさしい, 好意的な;〈場所が〉居心地のよい ‖
friendly advice 友情のこもった忠告.
in a friendly way 好意的に.
Everyone is friendly to [toward] her. みんな彼女に親切です.
対話 "My dog is very friendly. She never barks at anyone." "Not mine. She barks at everyone." 「うちの犬はとても人なつこいよ. だれにもほえないんだ」「うちのは違うよ. だれにでもほえるんだ」.

**2** 賛成する;《略式》仲のよい, 友好的な; 味方の ‖
a friendly match [game, contest] 親善試合.
a friendly nation 友好国.
be friendly to her plan 彼女の計画に賛成する.
I am friendly with her. = I am on friendly terms with her. 私は彼女と仲がよい.

**3** 役に立つ, 好都合な.

**-friend·ly** 連結形 「…にとって都合のよい」意の形容詞を作る. 例: user-friendly 使用者に便利な.

Q&A **Q**: 上の例のような -friendly のついた語は他にもありますか.
**A**: learner-friendly (学習者向きの), woman-friendly (女性向きの), customer-friendly (お客様に便利な), environment-friendly (環境にやさしい)などがあります.

*friend·ship /fréndʃip フレンドシプ/ 〖→ friend〗
── 名 (複 ~s/-s/) U C 友人であること, **友情**, 友愛(関係), 親睦(ぼく) ‖
form a close friendship with him 彼と親しくつきあうようになる.
live (together) in friendship 仲よく暮らす.
maintain a friendship of five years 5年の交友を続ける.
We deepened [promoted] our friendship. 我々は親交を深めた.
対話 "People do not believe any friendship between a man and a woman." "Do yóu?" 「世間の人は男と女の友情なんて信じないよ」「あなたはどうなの」.

**fries** /fráiz フライズ/ 動 → fry.
**frieze** /fríːz フリーズ/ (同音 freeze) 名 C 《建築》**1** フリーズ《装飾のある横壁》. **2** 装飾帯.
**frig·ate** /frígət フリガト/ (発音注意) (×フリゲイト) 名 C **1** 《歴史》(3本マストの木造)快速帆船《1750-1860年代頃の軍艦》. **2** フリゲート艦《(英)小型駆逐艦, (米)中型駆逐艦》.

**fright** /fráit フライト/ (類音 f/ight /fláit/) 名 **1** U C 恐怖, (突然の激しい)驚き(fear) ‖
in a fright ぎょっとして.
hàve [gèt] a fríght びっくりする.
**2** C 《略式》[通例 a ~] おびえさせる[醜い, 異常な, おかしな]人[物・事] ‖
What a fright she looks in that dress! あの服を着ると彼女は見られたものじゃない.

*fright·en /fráitn フライトン/
── 動 (三単現 ~s/-z/; 過去・過分 ~ed/-d/; 現分 ~·ing)
── 他 **1a** …をぎょっとさせる, ぞっとさせる; [be ~ed] ひどく驚く ‖
be frightened out of one's wits [life] 驚いて肝をつぶす.
The sight frightened me. = I was frightened at [to see] the sight. その光景を見てぎょっとした.
I was frightened that he had failed. 彼が失敗したことを知ってひどく驚いた.
**b** 《略式》 [be ~ed] 怖がる ‖
I am frightened of dogs. 犬が怖い.
I am frightened of walking in the darkness. 私は怖くて暗やみを歩けない.
**2** …をおどして追い払う;〈人〉をおどす ‖
frighten away [off] a cat 猫をおどして追い払う.
frighten kids out of chattering 子供たちをおどしておしゃべりをやめさせる.
frighten him to death 彼をひどくぎょっとさせる.

**fright·ened** /fráitnd フライトンド/ 動 → frighten.
── 形 おびえた, ぎょっとした.

**fright·en·ing** /fráitniŋ フライトニング/ 動 → frighten.
── 形 (人を)ぎょっとさせるような, 恐ろしい.

**fright·en·ing·ly** びっくりするほど.
**fright·ful** /fráitfl フライトフル/ 形 **1** ぞっと[ぎょっと]するような, 恐ろしい; 驚くべき; 非常に醜い ‖
a frightful wave ものすごい波.
a frightful dress 不格好な服.
**2**《略式》全く不愉快な, いやな ‖
have a frightful time いやな目にあう.
**3**《略式》[意味を強めて] 非常な, すごい, たくさんの.
**fright·ful·ly** /fráitfli フライトフリ/ 副 **1** 恐ろしく, ぞっとするほど. **2**《英略式》すごく, 非常に.
**frig·id** /frídʒid フリヂド/ 形《正式》**1** 寒冷な, 極寒の. **2** 無感動な; 冷淡な.
**frig·id·ly** 冷たく; 冷淡に; 堅苦しく.
**frig·id·ness** 名 U 寒冷; 冷淡; 堅苦しさ.
**fri·gid·i·ty** /fridʒídəti フリヂディティ/ 名 = frigidness.
**frill** /fríl フリル/ 名 C **1**（服・カーテンなどの）へり飾り, フリル;（骨付き肉の骨の端につける）紙製ひだ飾り. **2**《略式》《通例 ~s》余分なもの; 気取り.
**fringe** /frínʤ フリンヂ/ 名 C **1a**（掛け布などの）ふさ飾り ‖
the fringe on a shawl 肩掛けの縁飾り.
**b**《主に英》（女性の）切り下げ前髪.
**2**（場所の）周辺部;（学問・運動などの）周辺, ほんの初歩.
—— 動 《現分》fring·ing 他《文》…にふさ飾りを付ける.
**Fris·bee** /frízbi: フリズビー/ 名 C《商標》フリスビー《ゲームとして投げ合う受け皿型プラスチック製円盤》.
**frisk** /frísk フリスク/ 動 《文》はね回る, じゃれる.
—— 他《略式》…のボディーチェックをする.
**frisk·y** /fríski フリスキ/ 形《比較》-i·er,《最上》-i·est）活発な, よくじゃれる.
**frit·ter** /frítər フリタ/ 名 C フリッター《果物・肉などの薄切りの天ぷら》‖
apple fritters リンゴのフリッター.
**fri·vol·i·ty** /frivάləti フリヴァリティ/|-vɔ́l- ヴォリティ/ 名《複 -i·ties/-z/》**1** U 軽率, 浅薄. **2** C《通例 frivolities》軽薄な言動.
**friv·o·lous** /frívələs フリヴォラス/ 形 **1** 軽薄な, ふまじめな. **2** くだらない.
**frizz** /fríz フリズ/ 動《三単現 ~·es/-iz/》《略式》自〈毛髪が〉ちぢれる. —— 他〈毛髪〉をちぢれさせる（+ out, up）. —— 名《複 ~·es/-iz/》[a ~] ちぢれ, ちぢれ髪. **fríz·zy** 形 ちぢれ毛の.
**friz·zle** /frízl フリズル/ 動《現分》friz·zling 自《略式》〈油・肉などが〉ジュージュー音を立てる.
**fro** /fróu フロウ/ 副《古》向こうへ (away), 逆もどりして.
**to and fro** → **to** 副.
**frock** /frάk フラク|frɔ́k フロク/ (《頭韻》f/og/flάg, fl5g|fl5g/) 名 C **1**（そでが広くすその長い）修道服. **2**（画家・農夫などの）仕事着. **3** =frock coat.
**fróck còat** フロック・コート (frock)《19世紀の男性の礼服で現在のモーニングに相当》.
\***frog** /frάg フラグ|frɔ́g フロッグ/(《頭韻》f/og, flάg, fl5g|fl5g/)《『跳ぶもの』が原義》
—— 名 《複 ~s/-z/》C カエル《◆(1) ふつうtoad (ヒキガエル) 以外のカエルをいう. (2) 鳴き声は croak》.
**frol·ic** /frάlik フラリク|frɔ́l- フロリク/ 動 （過去・過分 frol·icked;《現分》-ick·ing）自《正式》はしゃぐ, 遊び戯れる.

\***from** /（弱）frəm フラム;（強）frám フラム, frám|frɔ́m フロム/《『離れて(away)』が本義》
—— 前 **1** [起点] [しばしば到着点を示す句といっしょに用いて] **a** [場所] …から ‖
rise from a chair いすから立ち上がる.
go from shop to shop 店から店を見て歩く《◆from … to … で同一名詞と密接に関連した名詞が用いられる場合は以下の例のようにふつう無冠詞: from head to foot (→ head 成句) / from place to place あちこちに, ほうぼう》.

> Q&A *Q*: (1) It's five miles from here to London. は, (2) From here to London is five miles. と言えますか.
> *A*: 言えます. 英語は動詞の前が長くなるのを好まないのでふつうは it を仮主語にして (1) のように言いますが,「どこからどこまで」ということを強調したい場合は(2)を用います.

**b** [時] …から（ずっと）‖
a month from today 来月のきょう.
I'll be on holiday from August 1 (onward). 8月1日から休暇をとります《◆しばしば意味を強めるため次の例のようにon, upなどの副詞がつけ加えられる: from then on その時から / from the ground up 初めから（終わりまで）》.
The shop will be open from 9 o'clock. その店は9時開店だ《◆ start, begin, commence など「始まり」の意味の動詞では from は用いられない. 時刻は at, 日付は on, 月は in などを使う: School *begins at* [*from*] 9 o'clock *on* April 1. 学校は4月1日の9時に始まる》.
対話 "How long did you stay there?" "From May to July."「そこにはどれくらい滞在したのですか」「5月から7月までです」.
**c** [順序・階級・価格・数量] …から ‖
These shoes start from 8 pounds. この靴は8ポンドから各種ある.
There were from 50 to 60 present. 50人から60人ぐらいが出席していた.
**2** [出所・起源] …から(の); …出身(の) ‖
light from the sun 太陽の光線.
passages (quoted) from Shakespeare シェイクスピアからの引用句.
The word derives from Chinese. その語は中国語起源だ.
対話 "Where are you fròm?" "I'm from Nigeria."「出身地はどちらですか」「ナイジェリア出身です」.
**3** [変化・推移] [通例結果を示す to 句といっしょに用いて] …から (cf. **1a**) ‖
The weather was going from bad to worse. 天候はますます悪くなってきた.

He rose from office boy to manager of the company. 彼は給仕からその会社の支配人になった.

**4** [原料] …から, …で ‖
Wine is made from grapes. ワインはブドウからつくる《◆(1) 材料が原形をとどめていない場合は from, その形状をとどめる場合は of を用いるのが原則: The bridge is made of stone. その橋は石造りだ. ただし, この区別をしない英米人もいる. (2) 材料の一部は with で表す: You make a cake with eggs. 卵でケーキをつくる》.

**5** [原因・動機] …から, …で, …によって ‖
shiver from cold 寒さで震える.
die from starvation 餓死する(=starve to death)《◆ of との比較分 → die 動 自 **1**》.
from a sense of guilt 罪悪感から.
She is tired from overwork. 彼女は働きすぎて疲れている.
She became deaf from the explosion. 彼女はその爆発で耳が聞こえなくなった.

**6** [観点・根拠] …から, …に基づいて; …から判断して ‖
from the political point of view 政治的見地から見ると.
speak from experience 経験に基づいて話す.
a picture drawn from life 実物をモデルにして描かれた絵.
We can tell from the clouds that it is going to rain. 雲の様子からして確かに雨が降りそうだ (=Judging from the clouds, it is going to rain.).

**7** [隔たり・不在・休止・免除] [しばしば away ~] …から(離れて・差し控えて・除かれて) ‖
refrain from going out 外出を控える.
stay away from school (わざと)学校を休む.
He is away from home. 彼は家を留守にしている.
The town is two miles (away) from the coast. その町は海岸から2マイル離れたところにある.

**8** [分離・除去・防御・制止] [動詞＋目的語＋from … の文で] …から; …しないように ‖
expel an invader from a country 侵入者を国から追い払う.
save a child from drowning 子供がおぼれているところを助ける.
subtract 5 from 8 8から5を引く.
take the knife (away) from the boy 少年からナイフを取り上げる.
keep the matter from others そのことを他人に秘密にしておく.

**9** [相違・区別] [know, tell, different などと共に] …から, …と(違って) ‖
know [tell] right from wrong 正邪を区別する.
She is different from her sister in every way. 彼女は姉とは一から十まで性格が違う.

語法 (1) from＋副詞も可: from above [below] 上[下]から.
(2) from＋前置詞＋名詞も可: from behind the door ドアの後ろから / from inside the church 教会の中から / from under the table テーブルの下から / choose from among these books この本の中から選ぶ《choose from these books, choose among these books ともいう》 / from after the war until the present time 戦後から現在に至るまで / The birds came from over the sea. その鳥は海を渡って来た.

**frond** /fránd フランド | frɔ́nd フロンド/ 名 ⓒ [植] (海草・地衣類などの)葉状体; (シダ・ヤシなどの)葉.

\*\***front** /fránt フラント/ 《発音注意》《◆ ˣフロント》 [「頭の前の部分・額」が原義]
── 名 (複 ~s/fránts/) **1** ⓒ [通例 the ~] **a** 前部, 前方; 最前列; 前面; 表面 (↔ back, rear) ‖
the front of a shirt シャツの前面.
sit in [at] the frónt of the church 教会内の最前列に座る.
on the front of an envelope 封筒の表に.
read a book from front to back 本を始めから終わりまで読む.
**b** (建物などの)正面, 表 ‖
pass the front of the museum 博物館の前を通る.

**2** (道・川などに面した)土地; 《主に英》 [the ~] (海岸などの)遊歩道 ‖
a river front 河畔, 河沿いの歩道.
walk on the sea front 海岸通りを散歩する.

**3** ⓒ **a** [軍事] 最前列, 先頭; [通例 the ~] 最前線, 戦地 ‖
a cousin at the front 戦地にいるいとこ.
gó [be sént] to the frónt 戦地へ赴(おもむ)く, 出征する.
**b** (政治・社会的な)協力, 戦線, 活動 ‖
the peace front 平和運動.

**4** ⓒ [気象] 前線 ‖
a cold [warm] front 寒冷[温暖]前線.

**5** [形容詞的に] 前の, 正面の; 表の.

*at the frónt* (1) 正面の[で]. (2) → 名 **3 a**. (3) 〈関係などが〉表だった[て]. (4) 先頭[前部]の[に].

*cóme* [*be*] *to the frónt* 前面に出てくる, 顕著[有名]になる.

*in frónt* (1) 正面[前方, 前面]に; 最前列に ‖ Please go in front. お先にどうぞ. (2) ＝in the FRONT.

◇*in frónt of* A …の正面の[で, に]; …の前の[で, に] ‖ a boy in front of me 私の前の少年 / in front of [《米略式》 front of] the station 駅の表で / The cat ran right in front of the bus and was run over. ネコがバスの真正面に走ってきてひかれた / There's a bank in front of the hotel. そのホテルの前に銀行がある《◆道路をへだてて前にある場合は There is a bank opposite [《米》 across (the street) from] the hotel.》／対話 "See the map. You made a mistake." "Oh I see. The church is **in front of** the post office."「地図を見てごらん。君は間違ってたよ」「ああそうか。教会は郵便局の前なんだ」．

○**in the frónt (of** A**)** (1) (…の)前の部分の[で, に](→ 名**1a**) ‖ This skirt zips **in (the) front**. このスカートは前であけ閉めする／The driver sits **in the front of** the bus. 運転手は(バスの)前の席に座る／She was standing **in the front of** the classroom. 彼女は教室の前の方で立っていた．

語法 第1例のように of … を続けないときは the を省略することもある．

(2) (…の)最も重要な位置[地位]に．
──**動 他** …に面する, …の正面にある[なる]．
──**自** (正式) 面する, 立ち向かう(face) ‖
My house **fronts** on the street [toward the south]. 私の家は通り[南]に面している．

**frónt désk** (米) (ホテルの)フロント, 受付((主に英) reception (desk))《◆この意味で front とはいわない．「フロント係」は front desk clerk》．

Q&A Q：ホテルで「8時にフロントで待っています」はどういいますか．
A：I will wait at *the front desk* at eight. でいいでしょう. 必ず desk をつけること. 単に front だけでは, ホテルの建物の正面でということになってしまいます．

**frónt dóor** 玄関の入口．
**frónt línes** [the ~] (戦場・仕事などの)最前線 ‖ She's still active in **the front lines**. 彼女はいまも第一線で活躍している．
**frónt pàge** (本の)扉；(新聞の)第一面．

**front・age** /frʌ́ntidʒ フランティヂ/ 名 © (正式) **1** (建物の)正面；間口. **2** (川・道などに面した)土地, あき地．

**fron・tal** /frʌ́ntl フロントル/ 形 (正式) **1** 正面[前面]の. **2** 〖気象〗前線の．

**fron・tier** /frʌntíər フランティア, frʌn-|frʌ́ntiə フラ ンティア, frɔ́n-/ 名 © **1** (正式) 国境(地方)；(米・カナダ)[the ~] 辺境《開拓地と未開拓地の境界地帯》, フロンティア ‖
trouble on the **frontier** 国境紛争．
Music recognizes no **frontiers**. 音楽に国境なし．

**2** [形容詞的に] 国境の, 辺境の ‖
the **frontier** spírit 開拓者精神．
**3** (正式) [しばしば ~s] 限界(limit)；(学問などの)最先端, 未開拓の分野 ‖
the latest **frontiers** of medicine 医学の最新の研究分野．

**fron・tiers・man** /frʌntíərzmən フランティアズマン, frʌn-|frʌ́ntiəz- フランティアズ, frɔ́n-/ 名 (複) **--men** © 辺境の住民[開拓者]((PC) frontier settler, pioneer)．

**frost** /frɔ́(ː)st フロ(ー)スト/ 名 **1** Ⓤ 《◆種類を表すときは ©》；霜；霜が降りること ‖
**frost** on the ground 霜柱．
There was [We had] some **frost** this morning. けさ霜が降りた《◆ *Some frost fell. とはいわない》．

関連 a heavy [hard, sharp] **frost** ひどい霜／a late **frost** 遅霜／an early **frost** 早霜／a black **frost** 黒霜《組織を破壊して植物の葉を黒くするような霜》／hoarfrost, a white **frost** 白霜．

**2** Ⓤ [しばしば a ~] 結氷；霜の降りるほどの寒さ；(英) 氷点下 ‖
**frost** flowers 窓につく霜の花．
feel a **frost** in one's bones 寒さが骨身にしみる．

──**動 他** **1** [通例 be ~ed] 霜で覆われる[傷つく, 枯れる]．**2** 《ガラス・金属など》をつや消しにする．**3** (米)《ケーキ》に糖衣をかぶせる．──**自** 霜が降りる；凍る．
**fróst gláss** すり[つや消し]ガラス．

**Frost** /frɔ́(ː)st フロ(ー)スト/ 名 フロスト《Robert Lee ~ 1874-1963；米国の詩人》．

**frost・bite** /frɔ́(ː)stbàit フロ(ー)ストバイト/ 名 Ⓤ 霜やけ, 凍傷．

**frost・ing** /frɔ́(ː)stiŋ フロ(ー)スティング/ 動 → frost. ──名 Ⓤ© **1** (米) (菓子などの)糖衣(icing). **2** (ガラス・金属の)つや消し；(装飾細工用の)ガラス粉．

**frost・y** /frɔ́(ː)sti フロ(ー)スティ/ 形 (比較) **--i・er**, (最上) **--i・est**) **1** 霜の降りる(ほど寒い)；霜で覆われた．**2** 冷淡な；〈髪などが〉霜のような；老齢の．

**froth** /frɔ́(ː)θ フロ(ー)ス/ 名 〔発音注意〕《◆ *フロウス》((類義) f/ou ⁴m(flóun)) 動 ⭕ 〈ビールなどの消えやすい〉泡；(馬・狂犬などの)泡つば．
──動 自 泡を吹く；泡立つ．

**frown** /fráun フラウン/ 名 〔発音注意〕《◆ *フロウン》((類義) f/own/flóun) 動 自 〈人が〉しかめ面をする, まゆを寄せる；顔をしかめて見る《◆怒り・当惑の表情》(↔ smile) ‖
She **frowned** at the noisy boys. 彼女は顔をしかめて騒々しい少年たちを見た．

**2** [frown on [(正式) upon] A] A〈事〉にまゆをひそめる；A〈事〉を好まない, 認めない ‖
**frown on** her behavior 彼女のふるまいにまゆをひそめる．
**3** 〈山などが〉威圧的な姿を示す．
──他 **1** …を顔をしかめて示す ‖
**frown** disapproval 渋い顔で不賛成を示す．
**2** …をきびしい顔で退ける, (主に米) 怒った顔して〈人〉を黙らせる(+*down*)；〈人〉に怖い顔をして(…の状態に)する ‖
She **frowned** him **into** silence. 彼女は怖い顔をして彼を黙らせた．

──名 **1** しかめつら, 不快な顔, 真剣な顔つき；まゆを寄せること．**2** (まゆを寄せた時の)額のしわ《◆怒り・不満を表す》．

**froze** /fróuz フロウズ/ 動 → freeze.

**fro·zen** /fróuzn フロウズン/ 動 → freeze.
── 形 1 凍った, 氷結[冷凍]した; 極寒の, 凍傷[霜枯れ]にあった ‖
frozen fish 冷凍魚.
**2** 冷淡な, ひややかな ‖
a frozen heart 冷淡な心.
**3** (略式)〈物価などが〉凍結された.
**4** 身動きできない ‖
be frozen to the spot with horror 恐怖で身動きできない.
**frózen fóod** 冷凍食品.

**fru·gal** /frúːgl フルーグル/ 形 (正式) **1** つましい, 倹約する. **2** 金のかからない; 簡素な.
**frú·gal·ly** 副 倹約して; つましく.
**fru·gal·i·ty** /fruːgǽləti フルーギャリティ/ 名 (複 -ties/-z/) Ｕ Ｃ 倹約; 質素.

*__fruit__ /frúːt フルート/ (類音 f/ute/flúːt/) 〖「土壌の産物」が原義〗派 fruitful (形)

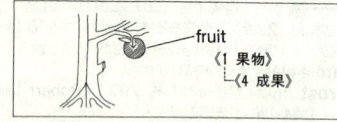

<1 果物>
<4 成果>
fruit

── 名 (複 ~s/frúːts/; 集合名詞 fruit) **1** Ｕ Ｃ 果物 ◆ (1) ふつう総称的な意味では集合的に Ｕ, 食品としては Ｕ, 特に種類を表すときは Ｃ. (2) 数えるときは a piece of fruit ‖
fresh fruit 新鮮な果物.
feed on fruit 果物を常食とする.
fruit and vegetables 果物と野菜.
Would you like some fruit? 果物を召し上がりませんか.
I like apples best of all fruits. 果物のうちでリンゴがいちばん好きだ.
The carrot is a vegetable, not a fruit. ニンジンは野菜であり, 果物ではない.
**2** Ｕ Ｃ 〖植〗〈種子をもつ〉**果実**, 実 ‖
a tree in fruit 実のなっている木.
A tree is known by its fruit. (ことわざ) → know 他 **7**.
**3** [~s] (野菜・果物・穀物などの)**農産物** ‖
the fruits of the earth 大地の所産.
**4** Ｃ **成果**; 報い ‖
the fruit(s) of industry 勤勉の成果.
○**beár** [**prodúce**] **frúit** 〈植物が〉実を結ぶ; 〈努力が〉**成果をあげる** ‖ Your effort will surely bear fruit. ご努力は必ず実を結ぶでしょう.
── 動 自 (正式) 〈植物が〉果物をつける; 〈努力が〉実を結ぶ ‖
This tree fruits early. この木は早く実をつける.
**frúit knife** 果物ナイフ.

**fruit·cake** /frúːtkèik フルートケイク/ 名 Ｕ Ｃ フルーツケーキ(干しブドウやナッツの入ったケーキ).

**fruit·ful** /frúːtfl フルートフル/ 形 (時に 比較 ~·ler, 最上 ~·lest) 実りの多い, 有益な(↔ fruitless) ‖
a fruitful discussion 実りある討論.
**frúit·ful·ly** 副 実り豊かに; 効果的に, 有利に.
**frúit·ful·ness** 名 Ｕ 実りの多いこと; 有効; 多産.

**fru·i·tion** /fruːíʃən フルイション/ 名 Ｕ (正式) 達成, 実現; 成果 ‖
come to fruition 成就する.
bring one's plans to fruition 計画を実現させる.

**fruit·less** /frúːtləs フルートレス/ 形 成果のあがらない, 無益な(↔ fruitful) ‖
It is fruitless to press him further. これ以上彼を責め立ててもむだだ.
**frúit·less·ly** 副 無益で, 非効果的に.

**fruit·y** /frúːti フルーティ/ 形 (比較 -i·er, 最上 -i·est) 果物のような; 果物の味[におい]のする.

*__frus·trate__ /frʌ́streit フラストレイト/|-́-́/, -́-́/ 〖「裏をかく」が本義〗派 frustration (名)
── 動 (三単現 ~s/-treits/; 過去・過分 ·trat·ed/-id/; 現分 ·trat·ing)
── 他 **1** …を**失望させる**, …に挫折(ざっ)感を与える 〈◆ disappoint, discourage より堅い語〉‖
Her constant complaint frustrated him deeply. 彼女が絶えず不満をもらすことに彼はがっかりした.
I'm so frustrated. 残念, がっかり.
**2** 〈計画など〉を**だめにする**, **挫折させる**; 〈人〉を失敗させる ‖
be frustrated in one's attempt 企てをはばまれる.

**frus·trat·ing** /frʌ́streitiŋ フラストレイティング|-́-́-/ 動 → frustrate.
── 形 失望させる.

*__frus·tra·tion__ /frʌstréiʃən フラストレイション/ 〖→ frustrate〗
── 名 (複 ~s/-z/) **1** Ｕ 〖心理〗フラストレーション; 要求阻止; 欲求不満[阻止].
**2** Ｕ Ｃ (計画・願望などの)挫折(ざっ); 失望, 落胆.

*__fry__ /frái フライ/ (類音 f/y/flái/)
── 動 (三単現 fries /-z/; 過去・過分 fried/-d/; 現分 ·ing)
── 他 と 自 の関係
| 他 | fry A | A をいためる |
| 自 **1** | A fry | A がいためられる |

── 他 …をいためる, 揚げる, フライパンで温める ‖
fry up cold rice 冷や飯をいためて温める, 焼き飯にする.
── 自 **1** いため[揚げ]られる, いためものになる ‖
The potatoes are frying. ジャガイモを揚げているところだ.
**2** (略式) ひどく日焼けする.
**frý pàn** (主に米) =frying pan.

**frý·ing** /fráiiŋ フライイング/ **frý·ing-pan**, (米でしばしば) **frý·ing pan** /fráiiŋpæn フライイングパン/ 名 Ｃ フライパン 〈◆ (米)では fry pan とも skillet ともいう〉.
**júmp** [**léap**] **óut of the frýing pàn into the fíre** 小難をのがれて大難に陥る.

**ft.** (略) foot (feet).

**FTP** (略) 〖コンピュータ〗file transfer protocol ファ

イル転送プロトコル.

**fudge** /fÁdʒ **ファヂ**/ 名 **1** ⓊⒸ ファッジ (柔らかくとても甘いキャンデー). **2** Ⓒ 作り話；たわごと.

——動 (現分 fudg·ing) 自他 (…を)でっち上げる (+*up*), ごまかす; いい加減に扱う, はぐらかす ‖
fudge (the count) on one's age by two years 2歳サバを読む.

\***fu·el** /fjúːəl **フューアル**/ 〖「炉(focus)」が原義〗
——名 (~s/-z/) ⓊⒸ 燃料 《◆種類を表すときはⒸ》‖
Cars use gasoline as **fuel**. 車はガソリンを燃料に使う.
Wood, coal and oil are **fuels**. 木材, 石炭, 石油は燃料だ.
対話 "Coal was the least used **fuel** in the US until the oil crisis." "Now is it used widely?"「石炭は石油危機のときまで米国ではいちばん使われない燃料でした」「今では広く使われているのですか」
**ádd fúel to the fláme(s)** [*fire*] 激情をあおり立てる, 「火に油を注ぐ」.
——動 (過去·過分) ~ed または (英) fu·elled/-d/; (現分) ~·ing または (英) -·el·ling) 他 …に燃料を補給する.

**fu·gi·tive** /fjúːdʒətiv **フューヂティヴ**/ 形 **1** 逃亡中の ‖
fugitive slaves 逃亡奴隷.
**2** (正式) 変わりやすい, はかない ‖
fugitive pleasures つかの間の快楽.
——名 Ⓒ 逃亡者；避難民, 亡命者 《◆ refugee より堅い語》‖
a fugitive from justice 逃亡犯人.

**ful·crum** /fÁlkrəm **ファルクラム**, fúl-/ 名 (複 ~s, ··cra/-krə/) Ⓒ **1** (てこの)支点；てこ台. **2** 支え, 支柱.

\***ful·fill,** (主に英) **-·fil** /fulfíl **フルフィル**/ 〖十分に (ful)満たす(fill). cf. full, fill〗
——動 (三単現 ~s/-z/; 過去·過分) ~·filled/-d/; 現分 ~-fil·ling) 他 (正式) **1** …を果たす, 実行する(carry out); …に従う(obey) ‖
fulfill a promise 約束を果たす.
fulfill his instructions 彼の指示に従う.
**2** 〈要求·目的など〉を満たす, …にかなう.

**ful·fill·ment,** (主に英) **ful·fil·**— /fulfílmənt **フルフィルメント**/ 名 ⓊⒸ 遂行, 実行；(仕事などの)終了；実現, 成就, 達成.

\*\***full** /fúl **フル**/ 〖「満ちた」が本義. cf. fill. → empty〗派 fully (副)
→ 形 **1** いっぱいの **3** 人[物]でいっぱいの
**4** 富んでいる **5** 十分の 名 十分
——形 (比較) ~·er, (最上) ~·est) **1a** いっぱいの, 満ちた(↔ empty) ‖
The pot's still **fúll**. ポットはまだいっぱいだ.
spéak with one's móuth fúll 口に物を入れたまましゃべる.
対話 "How **full** is the bottle?" "(It's) one third **full**." 「そのびんにはどれくらい入っていますか」「3分の1ほどです」.
**b** [be full of **A**] …でいっぱいである, …にあふれている(be filled with) ‖
a gláss ┊ **full of** water 水がいっぱいのグラス.
Her heart was **full of** joy. 彼女の胸は喜びにあふれていた.
**2** あふれるほどいっぱいの, ぎっしり詰まった ‖
The tub's **fúll úp**. ふろおけはみちている.
The drawer is **fúll úp** ┊ **with** odds and ends. 引き出しはがらくたでぎっしり詰まっている.
**3** 人[物]でいっぱいの, 満員の ‖
a **full** train 満員電車.
The hall is **full** (up). ホールは満員だ.
**4** [be full of **A**] …に富んでいる《◆ abundant より口語的》; …でいっぱいである ‖
The field's **full of** cattle. 野原は牛でいっぱいだ.
She's **full of** complaints. 彼女は不平だらけだ.
She's **full of** herself. 彼女は自分のことしか考え[話さ]ない.
**5** 十分の, 全部の；完全な, 詳細な ‖
a **full** six miles ＝six **full** miles まる6マイル.
in **full** bloom 満開の.
a **full** report 詳細な報告.
make **full** use of one's time 自分の時間を十分に利用する.
My life has been **full**. 私の人生は充実していた.
fall at **full** length バタッと倒れる.
**6** (略式) 満腹した, 満足した ‖
I'm **full up**. 満腹です.
**7** [名詞の前で] 最大[最高]限度の ‖
(at) **full** speed 全速力で.
**8** ゆったりとした, だぶだぶの；ぽっちゃりした ‖
The coat's **fúll** in front. その上衣は前がだぶついている.
**full** lips ふっくらした唇.
——名 Ⓤ (通例 the ~) 十分, 全部；完全；真っ盛り.
**in fúll** (正式) (1) 全部；省略せずに. (2) 全額.
◦**to the fúll** [**fúllest**] (正式) 十分に, 心ゆくまで ‖ We enjoyed ourselves **to the full**(est). 我々は心ゆくまで楽しんだ.

**fúll móon** 満月(時), 満月の相(cf. half-moon).
**fúll náme** (省略しない)氏名, フルネーム.
**fúll stóp** [**póint**] (英) 終止符, ピリオド((米) period, point).
**fúll tíme** 全時間(従事)；(フットボールなどの試合の)終了；[副詞的に] フル=タイムで, 常勤[専任]で (↔ part time) (cf. full-time).
**full-grown** /fúlgróun **フルグロウン**/ 形 十分成長した; 成熟した.
**full-length** /fúlléŋkθ **フルレンクス**/ 形 **1** 等身大の, 実物大の. **2** 原作のままの.
**full·ness, ful·**— /fúlnəs **フルネス**/ 名 Ⓤ (正式) いっぱい；十分, 完全；満足.
**full-time** /fúltáim **フルタイム**/ 形 全時間(従事)の, 常勤の, 専任の (↔ part-time) (cf. full time) ‖ a **full-time** job 全時間労働の仕事.

——副 フルタイムで, 常勤で, 専任で.

\***ful·ly** /fúli フリ/ 〖→ full〗
——副 〖比較〗more ~, 〖最上〗most ~) 十分に, 完全に; 〔数詞の前に置いて〕まるまる, 少なくとも ‖
I'm not fully satisfied with it. それに完全に満足しているわけではない《◆部分否定》.
fully six miles まる6マイル.
〖対話〗"Do you have any teaching experience?" "Yes, I'm a fully trained teacher with more than ten years' experience." 「教職の経験はありますか」「ええ, 10年以上の経験があり, 十分に研修を積んでおります」.

**fum·ble** /fʌ́mbl ファンブル/ 〖発音〗humble /hʌ́mbl/) 〖現分〗fum·bling) ——自 **1** 手さぐりする, 見つけようとする; うまく扱えない ‖
fumble about in one's handbag for a key ハンドバッグの中のかぎを手さぐりで捜す.
**2** しくじる. **3** 〖スポーツ〗球を取りそこない, ファンブルする.
——他 **1** …を不器用に扱う; 手さぐりで…をする. **2** 〖スポーツ〗…をファンブルする.
——名 C 〖スポーツ〗ファンブル.

**fume** /fjúːm フューム/ ——名 C 〔通例 ~s〕ガス, 煙, 蒸気《強いにおいを発し, しばしば有毒なもの》‖
exhaust fumes 排気ガス.
——動 〖現分〗〔略式〕ぷんぷん怒る.

**fu·mi·gate** /fjúːməɡèit フューミゲイト/ 〖現分〗--gat·ing) 他 …をいぶして消毒する.

**fu·mi·ga·tion** /fjùːməɡéiʃən フューミゲイション/ 名 U いぶしする消毒.

\***fun** /fʌ́n ファン/ 〖類音〗fan/fǽn/) 〖「人をからかうこと」が原義〗派 funny (形)
——名 U 〔略式〕楽しみ; ふざけ, 慰み; おもしろい事〔物, 人〕‖
have fun at the picnic ピクニックを楽しむ.
Did you do it just for fun? それをおもしろ半分で〔ふざけて〕やったのですか.
What do you do for fun? 趣味は何ですか (→ hobby).
〖対話〗"Have fun!" "Thanks. You too." 「(週末の行楽を)楽しんできてね」「ありがとう. あなたも」.
She is a lot of fun to talk with. 彼女と話しているととても楽しい.
It is fun walking [to walk] in the woods. 森を散歩することは楽しい.
My kitten is full of fun. 私の子猫はふざけてばかりいる.
What fun! なんと楽しいことか.
What's the fun? 何がそんなにおかしいの.
**in [for] fún** (1) 楽しんで. (2) ふざけて, 冗談に.
◇**máke fún of A** 〔正式〕=**póke fún at A** 〔略式〕…をからかう ‖ Don't make fun of him because he cannot write his name. 名前が書けないからといって, 彼をからかってはいけない.

\***func·tion** /fʌ́ŋkʃən ファンクション/ 〖「やりとげること」が原義〗
——名 〖複 ~s/-z/〗 C **1** 機能, 働き, 作用, 効用; 〔通例 ~s〕職務, 役目, 役割 ‖
digestive functions 消化機能.
the function of the brain 脳の機能.
fulfill [carry out] the functions of a statesman 政治家の職務を果たす.
**2** 儀式, 祭典; 〔略式〕(公式の)大会合.
**3** 〔数学〕関数; 〔文法〕機能.
——動 〖三単現〗~s/-z/; 〖過去·過分〗~ed/-d/; 〖現分〗~·ing)
——自 **1** 機能を果たす, 役目 [役割] を果たす ‖
function as a teacher 教師の職務を果たす.
**2** 作動する, 働く ‖
This radio is not functioning well. このラジオはよく聞こえない.

**fúnction kèy** 〖コンピュータ〗ファンクションキー.

**func·tion·al** /fʌ́ŋkʃənəl ファンクショナル/ 形 **1** 機能上の. **2** 機能を果たせる, 作動できる. **3** 機能本位の, 便利な.

\***fund** /fʌ́nd ファンド/ 〖類音〗fond/fánd | fɔ́nd/) 〖「底, 基盤」が原義〗派 fundamental (形)
——名 〖複 ~s/fʌ́ndz/〗 C **1** 〔しばしば ~s〕基金, 資金 ‖
a scholarship fund 奨学資金.
funds permitting 資金が許せば.
raise a relief fund 救済資金を募る.
**2** 〔通例 ~s〕所持金; 財源, 資源; 〔英〕〔the ~s〕公債, 国債 ‖
be out of funds 金を切らしている.
She has 500 pounds in the (public) funds. 彼女は国債で500ポンド持っている.
**3** 〔a ~ of A〕…の蓄(たくわ)え, 豊富な… ‖
a fund of learning 豊かな学識.
——動 他 …に基金を出す.

**fun·da·men·tal** /fʌ̀ndəméntl ファンダメントル/ 形 基本的な, 根本的な; 重要な (vital) ‖
fundamental principles 基本的原理.
Respect for law is fundamental to our society. 法の尊重が我々の社会の基本だ.
——名 C 〔正式〕〔通例 ~s〕基本, 原理, 原則 ‖
the fundamentals of economy 経済の基本.

**fun·da·men·tal·ly** /fʌ̀ndəméntəli ファンダメンタリ/ 副 基本 [根本] 的に, 全く, 本来.

\***fu·ner·al** /fjúːnərəl フューナラル/ 〖「死」が原義〗
——名 〖複 ~s/-z/〗 **1** C 葬式, 葬儀, 告別式, (米) 弔(とむら)いの礼拝; 〔通例 the ~ / a ~〕葬列《◆米英の葬式では特別な場合を除いて日本のように喪服を着用するとは限らない》‖
attend a funeral 会葬する.
**2** 〔形容詞的に〕葬式 [葬儀, 葬列] の ‖
a funeral ceremony [service] 葬儀.
a funeral march 葬送行進曲.
a funeral address 弔辞.
a funeral procession [train] 葬列.

**fúneral diréctor** 〔正式〕葬儀屋《◆ undertaker の遠回し表現》.

**fúneral hòme** 〔主に米〕葬儀場.

**fúneral pàrlor** = funeral home.

**fun·gi** /fʌ́ŋɡai ファンガイ, -dʒai, (英+) -ɡiː, -dʒiː/ 名

**fun·gus** /fʌ́ŋgəs/ ファンガス 名 (複 ~·gi/-gai, -dʒai, (米+) -dʒi/, ~·es) C U 菌類《カビ・キノコなど》.

**funk** /fʌ́ŋk/ ファンク 名 U =funky music.

**funk·y** /fʌ́ŋki/ ファンキー 形 (比較) --i·er, (最上) --i·est) (略式) 1〈ジャズがファンキーな,ブルースのような素朴さがある;もの悲しい. 2 すばらしい,いかした ‖ funky shoes かっこいい靴.

**fúnky mùsic** ファンキー=ミュージック《Art Blakey に代表される1950年代のジャズ.ポップ=ロックについてもいう》.

**fun·nel** /fʌ́nl/ ファヌル 名 C じょうご,漏斗(ろ̀うと)状のもの《通風筒・採光孔など》;(汽船などの)煙突.

**fun·ni·er** /fʌ́niər/ ファニア 形 → funny.
**fun·ni·est** /fʌ́niist/ ファニイスト 形 → funny.

**\*fun·ny** /fʌ́ni/ ファニー 〖→ fun〗
— 形 (比較) --ni·er, (最上) --ni·est) 1 おかしい,面白い(amusing), こっけいな(comical) ‖
a funny tale おかしな話.
What's funny? (開き直って)何が(そんなに)おかしいの.

2 (略式)奇妙な,不思議な ‖
It is funny for him to say so. =It is funny that he should say so. 彼がそう言うなんて変だ.
対話 "He's a funny guy." "You mean funny ha-ha(↗) or funny peculiar?(↘)" "Funny peculiar." 「あいつはおかしなやつだ」「こっけいなということか,変わったということかどっちなの」「変わっているという意味さ」《◆funny ha-ha は funny 1, funny peculiar は funny 2 の意》.

**\*fur** /fə́ːr/ ファー/ (同音) fir; (類音) far/fɑ́ːr/ 〖「さや,おおい」が原義〗
— 名 (~s/-z/) 1 U 毛皮; C 毛皮製品;[形容詞的に] 毛皮(製)の ‖
a fox fur キツネの毛皮(製品).
a lady in furs [a fur coat] 毛皮のコートを着た婦人.
2 U (毛皮獣の)柔らかい毛 (関連 → skin).
3 U [しばしば a ~] (湯わかしなどの)湯あか,水あか; (ブドウ酒の)酒かす;(略式)(病人の)舌ごけ.

**\*fu·ri·ous** /fjúəriəs/ フュアリアス
— 形 1 ひどく立腹した,怒り狂った ‖
be in a furious mood =be furious with rage 激怒している.
be furious at what she says 彼女の言うことに激怒している.
I got furious with [at] her about the debt. 借金のことで彼女にひどく立腹した.
2 (正式) 激しい; 荒れ狂う ‖
a furious wind 荒れ狂う風.
at a furious speed ものすごい勢いで.
have a furious temper 気性が激しい.
The feast grew fast and furious. 宴会がたけなわになった.

**fu·ri·ous·ly** /fjúəriəsli/ フュアリアスリ 副 もの狂おしく;猛烈に,猛烈な勢いで.

**furl** /fə́ːrl/ ファール 動 (古文) 他〈旗・帆など〉を巻き上げる. — 自〈旗・帆などが〉巻き上がる.

**fur·long** /fə́ːrlɔ(ː)ŋ/ ファーロ(ー)ング 名 C ファーロング,ハロン《長さの単位. =1/8 mile (約201m)》.

**fur·nace** /fə́ːrnəs/ ファーナス (発音注意) 名 C 炉,暖房炉《建物に暖房用スチームを送る》;溶鉱炉;陶器用かまど.

**fur·nish** /fə́ːrniʃ/ ファーニシュ 動 (三単現) ~·es /-iz/) 他 1 …に必要な物を備える; [furnish A with B] A〈家など〉に B〈(移動可能な)家具など〉を入れる ‖
The room is furnished with two beds. その部屋は寝台が2台備えられている.
2 (正式) を供給する; [furnish A with B / furnish B to A] A〈人・会社など〉に B〈必要な物·事〉を供給する ‖
I furnished them with fóod. =I furnished food to them. 彼らに食物を与えた(=(米) I furnished them food.).

**fur·nish·ing** /fə́ːrniʃiŋ/ ファーニシング 動 → furnish. — 名 [~s; 集合的名詞; 複数扱い] 備え付け家具,備品.

**\*fur·ni·ture** /fə́ːrnitʃər/ ファーニチャ 〖「家・部屋などに furnish された物」が本義. cf. furnishing〗
— 名 U [集合的名詞; 単数扱い] 家具,調度品,備品 ‖
a set of kitchen furniture 台所用家具ひとそろい.
There is a lot of [much] furniture in his room. 彼の部屋には家具が多い《◆"a lot of [many] furnitures とはならない》.

語法 数えるときは a piece [an article, an item] of furniture (家具1点)のようにする.

事情 日本語の「家具」より範囲が広く,次のようなものも含まれる: bookcase, carpet, clock, dishwasher, drapes, picture, refrigerator, rug, stove, tapestry, washing machine.

**fu·ror** /fjúərər/ フュアラ | fjúərɔː/ フュアロー/, (英) **-ro·re** /fjuərɔ́ːri/ フュアローリ/ 名 U [しばしば a ~] 熱狂; 熱狂的興奮 [賞賛, 大流行].

**fur·row** /fə́ːrou/ ファーロウ | fʌ́r-/ ファロウ 名 C 1 (すきでつけた)あぜ溝. 2 (顔の)深いしわ.
— 動 他 1 …を(すきで)耕す. 2〈顔に〉しわを寄せる.

**fur·ry** /fə́ːri/ ファーリ 形 (比較) --ri·er, (最上) --ri·est) 毛皮(製)の.

**fur·ther** /fə́ːrðər/ ファーザ (類音) father/fɑ́ː-/, farther/fɑ́ːr-/〖far の比較級. cf. farther〗 副 1 [距離] (主に英) さらに遠くに[へ], もっと先に ‖
You could go (a lot) further and fare (a lot) worse. (ことわざ) (略式) やりすぎるとかえって損をする.
対話 "What's the matter? Are you tired?"

"Yes. I can't walk any further. Let's take a rest."「どうしたんだ. 疲れたのか」「うん. これ以上歩けないよ, 一休みしようよ」.
**2** [程度・時間・範囲] **a** さらに進んで, さらに深く, それ以上に ‖
speak further on the subject その話題についてさらに続けて話す.
**b** 《正式》 [文頭で; 接続詞的に] さらに言えば, おまけに, その上に.
—— 形 **1** さらに遠い; (2つのうち)遠い方の(farther) ‖
the further side of the mountain その山の向こう側.
**2** さらに進んだ; それ以上の, さらにつけ加えた ‖
a further two possibilities さらに加わった2つの可能性.
For further information, see page 16. さらに詳しくは16ページ参照.

**fur·ther·more** /fə́ːrðərmɔ̀ːr ファーザモー｜fə̀ːðəmɔ́ː ファーザモー/ 副 《正式》 [しばしば and 〜] おまけに, その上に(besides) ‖
It was getting dark, **and furthermore** it had begun to rain. 暗くなってきた. その上, 雨も降り出していた.

**fur·thur·most** /fə́ːrðərmòust ファーザモウスト/ 形 最も遠い(furthest).

**fur·thest** /fə́ːrðist ファーズィスト/ 形副 =farthest.

**fur·tive** /fə́ːrtiv ファーティヴ/ 形 《正式》 人目を気にした, 秘密の.

**fur·tive·ly** /fə́ːrtivli ファーティヴリ/ 副 ひそかに, こっそりと.

**fu·ry** /fjúəri フュアリ/ 名 (複 fu·ries/-z/) ⓊⒸ [通例 a 〜] 激しい怒り, 憤激(◆ rage より強い) ‖
She came at me **in a fury**. 彼女は激怒して私にかかってきた.
**fly [gèt] ìnto a fúry** 烈火のごとく怒る.

**fuse**¹ /fjúːz フューズ/ 動 (現分 fus·ing) 他 〈金属などを〉高熱で融かす. —— 自 (高熱で)融ける.

**fuse**² /fjúːz フューズ/ 名 Ⓒ **1** [電気] ヒューズ ‖
The fuse has blown. ヒューズが飛んだ.
**2** 《略式》[a 〜] ヒューズが飛ぶこと.
**3** 導火線; 起爆装置.
—— 動 (現分 fus·ing) 他 **1** 〈電気器具〉のヒューズを飛ばす. **2** …に信管[導火線]をとりつける.
—— 自 ヒューズが飛ぶ.

**fu·se·lage** /fjúːsəlɑ̀ːʒ フューセラージ｜fjúːzə- フューゼ-/ 名 Ⓒ (飛行機などの)胴体, 機体.

**fu·sion** /fjúːʒən フュージョン/ 名 **1** Ⓤ 融解; 融合. **2** Ⓒ 溶解[融解]物. **3** ⓊⒸ 《正式》 (人種・言語などの)融合, 混合(物); (政党・党派などの)合同(体).

**fuss** /fʌ́s ファス/ 名 (複 〜·es/-iz/) **1** Ⓤ [しばしば a 〜] 大騒ぎ ‖
Don't **màke** so much **fúss about** trifles. つまらない事でそんなに騒ぐな.
**2** [a 〜] 気をもむこと; せかせかすること ‖
gét into a fúss about her sick child 彼女の病気の子供のことでやきもきする.
**3** [a 〜] 苦情; ひと騒動.
**màke a fúss of [óver]** A 《略式》 A〈人〉をちやほやする.
—— 動 (三単現 〜·es/-iz/) 自 騒ぎたてる; 心配しすぎる.

**fuss·y** /fʌ́si ファスィ/ 形 (比較 -i·er, 最上 -i·est) **1** うるさい, 気難しい. **2** 神経質な. **3** 凝った, ごてごてした.
**fúss·i·ly** 副 やきもきして.
**fúss·i·ness** 名 Ⓤ こうるさいこと.

**fu·tile** /fjúːtl フュートル｜-tail -タイル/ 形 《正式》 (望んだ結果が得られず)むだな ‖
make a futile attempt むだな試みをする.

**fu·til·i·ty** /fjuːtíləti フューティリティ/ 名 (複 -i·ties /-z/) **1** Ⓤ 無益, むだ; 無意味さ, くだらなさ. **2** Ⓒ 無益な[むだな, 無意味な]事物.

**\*fu·ture** /fjúːtʃər フューチャ/ [[「起ころうとすること」が原義]]
—— 名 (複 〜s/-z/) **1** ⓊⒸ [通例 the 〜] 未来, 将来; 将来起ころうとすること[存在する物] (cf. present¹, past) ‖
a train of the future 未来の電車.
In 《米》 the future, please remember that she helped you in no little degree. これから先[今後]どうか彼女が少なからずあなたを助けてくれたことを忘れずに.
**in the future** (遠い)将来に; 《主に米》 これから先(は) (in future).
in the néar fúture 近い将来.
be afraid of what the future may bring 取越し苦労をする.
foresee the future 将来を予見する.
**2** ⓊⒸ 《略式》 (有望な)将来性, 前途 ‖
a student with a future 前途有望な学生.
He has a big future in baseball. = There is a big future for him in baseball. 彼は野球で将来十分見込みがある.
**3** [形容詞的に] 未来[将来]の; 死後[来世]の ‖
future hopes 将来の希望.
one's future wife 未来の妻.
He is a future doctor. 彼は医者の卵だ.
some future day いつかある日.

**fuzz** /fʌ́z ファズ/ 名 Ⓤ 《略式》 軽くふわふわしたもの, 綿毛, 毛羽, 綿ぼこり. —— 動 (三単現 〜·es/-iz/) 他 …を綿毛のようにする, けば立たせる.

**fuzz·y** /fʌ́zi ファズィ/ 形 (比較 -i·er, 最上 -i·est) 《略式》 **1** 綿毛のような, 綿毛で覆われた, 毛羽立った, ほぐれた.
**2** ぼやけた, 不明瞭な ‖
fuzzy images ぼやけた心像[映像].
**3** 〈毛髪が〉縮れた; うぶ毛のはえた.

# G

**g, G** /dʒí: チー/ 名 (複 g's, gs; G's, Gs /-z/) **1** C U 英語アルファベットの第7字. **2** → a, A **2. 3.** U 第7番目(のもの). **4** U 〖音楽〗ト音, ト調. **5** U (ローマ数字の) 400.

**Ġ cléf** 〖音楽〗ト音記号.

**g** 〖略〗〖物理〗gravitational acceleration 重力加速度; 〖記号〗gram(s).

**G** 〖記号〗〖General より〗〖米〗(映画が) 一般向きの(の) (→ film rating); 〖略〗〖米〗〖教育〗good 良; guilder(s).

**g.** 〖略〗gauge; genitive; grain; gram(s); gulf.

**Ga** 〖記号〗〖化学〗gallium.

**GA** 〖略〗General Assembly; 〖郵便〗Georgia.

**gab** /ɡǽb/ ギャブ 〖略式〗名 U むだ口.
—動 (過去・過分) gabbed/-d/; (現分) gab·bing)
自 おしゃべりする, むだ話をする.

**ga·ble** /ɡéibl/ ゲイブル 〖建築〗名 C 切り妻, 破風(ふ). —動 (現分) ga·bling) 他 …を切り妻造りにする.

**gáble ròof** 切り妻屋根.
**gáble wíndow** 切り妻窓.

**gadg·et** /ɡǽdʒit/ ギャヂト 名 C 〖略式〗ちょっとした気のきいた小道具 《◆しばしば新奇な名前や用途のわからないものについて用いる》‖
kitchen **gadgets** 台所用小道具.

**Gael·ic** /ɡéilik/ ゲイリク 名 U 形 ゲール語(の); ゲール人の.

**gag** /ɡǽɡ/ ギャグ 〖息が詰まったときに出す音からの擬音語〗名 C **1** さるぐつわ.
**2** 〖略式〗ギャグ《俳優などの場当たりのこっけいなせりふや所作》; 冗談, 悪ふざけ ‖
pull a **gag** 悪ふざけをする.
—動 (過去・過分) gagged/-d/; (現分) gag·ging)
他 **1** …をさるぐつわでふさぐ. **2** 〈言論など〉を封じる《◆主に新聞用語》.
**gág strìp** ギャグ漫画.

**gage** /ɡéidʒ/ ゲイヂ 〖米〗名 動 (現分) gag·ing) = gauge.

**gai·e·ty** /ɡéiəti/ ゲイエティ 名 U 陽気さ, にぎやかさ; (服装などの)華やかさ.

**gai·ly, gay·-** /ɡéili/ ゲイリ 副 陽気に, にぎやかに; 華やかに.

*‡**gain** /ɡéin/ ゲイン 〖「耕す」が原義〗
—動 (三現) ~s/-z/; (過去・過分) ~ed/-d/; (現分) ~·ing)
—他 **1** 〖正式〗…を得る; …をかせぐ, もうける (↔ lose) ‖
**gain** a victory 勝利をかちとる.
**gáin** one's líving 生計を立てる.
**gain** fame **by** one's novel 小説で有名になる.
**gain** food **from** her 彼女から食物をもらう.
She **gained** $500 **by** the deal. 彼女は取引で500ドルもうけた.
There was something to be **gained** by talking to her. 彼女に話して得るところがあった.
He **gains** many friends **through** his honesty. 彼は正直なので多くの友人がいる.
**2** 〈価値・力などを〉増す, 加える; 〈時計が〉〈…秒[分, など]〉進む ‖
**gain** knowledge 知識を増やす.
My watch **gains** three seconds a day. 私の時計は1日に3秒進む.

〖対話〗"Have you put on weight?" "Yes, I have **gained** four pounds recently." 「太りましたか」「ええ最近4ポンド体重が増えました」.

—自 **1** 利益を得る, もうける; 進歩する; 増す ‖
**gain by** [**from**] losing 損をして得をとる.
**gain in** weight 体重が増える.
**2** 〈時計が〉進む (↔ lose) ‖
My watch **gains** by two minutes a week.
私の時計は1週間に2分進む《◆ My watch *gains* two minutes a week. の方がふつう》.
—名 (複 ~s/-z/) **1** U 得ること, 利益 (↔ loss); 〖しばしば ~s〗(ふつうあくどい方法で得た) 収益(金), 得点 ‖
ill-gotten **gains** 不正利得(金).
No **gains** without pains. 〖ことわざ〗骨折りなくして利得なし; 「苦は楽の種」.
**2** 増加, 進歩 ‖
a **gain in** health 健康の増進.
a **gain of** ¥10 **on** [**against**] the dollar 対ドル10円高.

**gait** /ɡéit/ ゲイト 〖同音〗gate〗名 C 〖通例 a ~〗**1** 足どり. **2** (馬の)足並み.

〖関連〗〖馬の足並みの種類〗walk (並足), amble (アンブル), trot (早足), pace (側対速歩), canter (駆け足), gallop (ギャロップ)の順に速くなる.

**gal** /ɡǽl/ ギャル 名 C 〖略式〗(若くて活発・陽気な)女の子, ギャル (girl).

〖Q&A〗**Q**: 日本では「ギャル」という言葉をよく使いますが, 英米人は gal をどう考えていますか.
**A**: しばしば「おどけて」使われますが, こう言われることを不快に思う女性もいることに注意する必要があります. 米国では知的職業に従事している男性が my *gal* と言うときは自分の秘書かアシスタントを指し, my *girl* というときは自分のガールフレンドか娘の意

味です.

**ga·la** /géilə ゲイラ, gælə/ ガー, géi-/ 图 C お祭り, 祝祭, にぎやかな催し物《◆形容詞としても使われる》.

**ga·lac·tic** /gəlǽktik ガラクティク/ 形 銀河(系)の, 天の川の.

**gal·ax·y** /gǽləksi ギャラクスィ/ 图 (複 -ax·ies /-z/) 1 C (銀河系列)星雲, 小宇宙. 2 [the G~] **a** 銀河系. **b** 銀河, 天の川 (the Milky Way). 3 [a ~] きら星(のような集まり), はなやかな人の集団.

**gale** /géil ゲイル/ 图 C 1 強風《◆breeze より強く storm より弱い. 気象学では秒速13.9-28.4mの風. → wind scale》‖
gale force 強風の強さ.
2 [しばしば ~s] (感情などの)突発‖
gales of laughter 爆笑.

**Gal·i·le·o** /gæləlí:ou ギャラレイオウ, -lí:-/ ガリレオ《~ Galilei /gæləléii:/ 1564-1642; イタリアの天文・物理学者》.

**gall**[1] /gó:l ゴール/ (類音 goal /góul/) 图 U 1 (古) 胆汁; [解剖] 胆のう. 2 (文) ひどく苦いもの; 苦々しさ. **b** (略式) (極端な)厚かましさ.

**gall**[2] /gó:l ゴール/ 图 C (皮膚の)すり傷.

**gall.** (略) gallon(s).

**gal·lant** /gǽlənt ギャラント/《◆**2** は (米) では /gəlǽnt/ ともする》形 1 (正式) 勇敢な, 勇ましい, 雄々しい‖
a gallant soldier 勇敢な兵士.
2 (文) (女性に)親切な.

**gal·lant·ly** /gǽləntli ギャラントリ, **2** は gəlǽntli, (米 +) -lá:nt-/ 副 1 勇敢に. 2 (女性に)やさしく.

**gal·lant·ry** /gǽləntri ギャラントリ/ 图 (複 --lant·ries /-z/) 1 U (正式) 勇ましさ; C 勇敢な行為. 2 U (文) (女性に対する)親切.

**gal·ler·y** /gǽləri ギャラリ/ 图 (複 -ler·ies /-z/) C 1 画廊; (主に英) 美術館((米) museum)‖
the National Gallery (ロンドンの)国立美術館.
2 柱廊, 回廊.
3 桟敷(さじき); 傍聴席.
4 (劇場の)天井桟敷; [the ~; 集合名詞] 天井桟敷の観客; 一般大衆.

**gal·ley** /gǽli ギャリ/ 图 (複 ~s) C 1 [歴史] ガレー船《中世, 地中海で軍船・商船として使われた大型帆船. 奴隷や囚人にこがせた》. 2 (艦船・飛行機の)調理室.

galley 1

**Gal·lic** /gǽlik ギャリク/ 形 1 ガリアの; ゴール人の《◆名詞は Gaul》. 2 フランス(人)の.

**gal·lon** /gǽlən ギャロン/ 图 C (略 gal., gall.) 1 ガロン《液量単位: 8 pints ((米) 約3.8 ℓ, (英) 約4.5 ℓ)》. 2 ガロン《乾量単位: 1/2 peck ((米) 約4.4 ℓ; (英) 4.5 ℓ)》.

**gal·lop** /gǽləp ギャロプ/ 图 [a ~] ギャロップ《馬などが1歩ごとに4脚とも地上から離れる最も速い走り方. → gait [関連]》; ギャロップでの乗馬‖
Let's go for a gallop. ギャロップに出かけよう.
**at a gállop** = **at fúll gállop** (1) ギャロップで‖
go at a gallop ギャロップで駆ける. (2) 全速力で.
— 動 自 1 〈馬などが〉ギャロップで駆ける, 〈人が〉ギャロップで馬を走らせる.
2 急いで行く; 大急ぎでする‖
gallop through a letter 大急ぎで手紙を読む.
— 他 〈馬〉をギャロップで駆けさせる.

**gal·lows** /gǽlouz ギャロウズ/ 图 (複 gal·lows) C 絞首台‖
be sent to the gallows 絞首刑になる.

**ga·lore** /gəlɔ́:r ガロー/ 形 (略式) [名詞のあとで] たくさんの, 豊富な.

**ga·losh** /gəláʃ ガラシュ/ -ló:ʃ ガローシュ/ 图 (複 ~·es /-iz/) C [通例 ~es] ガロッシュ《半長のゴム製オーバーシューズ》.

**gal·va·nize**, (英ではしばしば) **--nise** /gǽlvənàiz ギャルヴァナイズ/ 動 (現分 -niz·ing) 他 1 …に電気を通す. 2 〈鉄板などに〉亜鉛メッキする. 3 (正式) 〈人など〉に衝撃を与える.

**gam·ble** /gǽmbl ギャンブル/ (同音 gambol) 動 (現分 gam·bling) 自 1**a** 賭(か)け事をする‖
gamble at cards トランプ賭博(とばく)をする《◆ ✗do card gambling とはいわない》.
gamble on [at] horse races 競馬で賭ける.
**b** 投機をする; 一か八(ばち)かの冒険をする‖
gamble on the stock exchange 株に投機する.
gamble with one's life 命をはった冒険をする.
2 あてにして行動する‖
gamble on his honesty 彼の誠実さに賭ける.
— 他 〈金など〉を賭ける.
— 图 C 1 [a ~] 一か八かの冒険, 危険な企て‖
take a gamble on the new enterprise その新しい事業に一か八かの冒険をする.
2 賭け事, ばくち.

**gam·bler** /gǽmblər ギャンブラ/ 图 C 賭博(とばく)師, ばくち打ち; 投機家, 相場師, 賭け事好き.

**\*\*game** /géim ゲイム/ 《「遊戯・楽しみ・戯れ」が原義》
— 图 (複 ~s /-z/) C 1 (ルールのある)遊び, 娯楽, 遊戯, ゲーム《◆主に友だち同士などでする遊びをいう. tag (鬼ごっこ), hide-and-seek (かくれんぼ), cops-and-robbers (泥棒ごっこ) など. 一般的に「遊び」は play》; 楽しい[おもしろい]できごと‖
a ball game 球技.
It's not serious; it's just a **game**. 真剣でなく, ほんのお遊びなのだ.
2 C (チーム間で行なわれる重要な公式の)試合, 競技; (試合の一部の)勝負, ゲーム; [~s] (古代ギリシャ・ローマの)競技会, 運動会‖
play in a game 試合に出る.
play a good game of tennis テニスがうまい.

**gamekeeper**

win a game 試合に勝つ.
[対話]"How about a game of chess before dinner?" "Sorry, but I don't know how to play."「夕食の前にチェスをひと勝負しないか」「せっかくだけどやり方を知らないんだ」.

[関連][いろいろな game] a cálled gáme コールドゲーム / a clóse gáme 接戦 / a dráwn gàme 引き分け(試合) / a níght gàme 夜間試合, ナイター / a nó gàme〔野球〕無効試合 / a óne-síded gàme 一方的な試合 / a sée-saw gàme シーソーゲーム / the Olýmpic Gámes オリンピック競技大会.

[Q&A] Q: game と match はどのように違いますか.
A:〘米〙ではふつう -ball のつく球技は game を用い, boxing, wrestling などは match を用います.〘英〙では一般に match を使うことが多いです. テニスでは game の集まりが set, set の集まりが match です(→ tennis[関連]).

[C と U] 試合, ゲーム C
獲物 U

**3** UC 勝負の形勢; 中間得点 ‖
win five games at the half 前半で5点とる.
How goes the game? 勝負の形勢はどうだい.
**4** C (商売などの)競争, 駆引き;〘略式〙計画, 計略, 意図, うまい手 ‖
the game of wár 戦略.
give the game away〘略式〙自分の意図をもらす.
have a game with him 彼をだます.
None of your (little) games! その手には乗らないぞ.
The gáme is up.〘略式〙計画が失敗した, 万事休す; 年貢の納め時だ.
**5** UC 冗談, たわむれ(fun) ‖
speak in game 冗談に言う.
**6** U [集合名詞] 猟(ﾘｮｳ)の獲物(の肉); (追求・攻撃の)目標, 対象 ‖
fair game for criticism 批評の格好の対象.
forbidden game 禁猟鳥獣.
winged game 猟鳥類.
shoot five head [×heads] of game 獲物を5頭[5羽]仕止める.
He is easy game for cards. 彼はトランプのいいカモだ.

**gáme ánd (sét)**〔テニス〕ゲームセット(◆ ×game set は誤り).
**óff** one's **gáme** いつもの出来以下で; 不利な情勢で.
**òn** one's **gáme** いつもの出来以上で; 有利な情勢で.
**pláy gámes with A** …をおもちゃにする, …をからかう ‖ Stop playing games with me. もう冗談はよせよ.

**pláy the gáme**〘略式〙[通例命令文・否定文で] 正々堂々と行動(雅技, 試合)する.
**What's the gáme?**〘略式〙いったい何事だ, 何をしているのだ.

——形 〔比較〕gam·er,〔最上〕gam·est **1** 勇敢な, くじけない.
**2**〘略式〙[補語として] 勇気がある ‖
She's game for anything impossible. 彼女にはどんな不可能なことにでも立ち向かう勇気がある.

**game·keep·er** /géimkìːpər ゲイムキーパ/ 名 C 狩猟番人.

**gam·ma** /gǽmə ギャマ/ 名 **1** CU ガンマ《ギリシアアルファベットの第3字(γ, Γ). 英字の g, G に相当. → Greek alphabet》. **2** [G~]〔天文〕ガンマ星《星座の中で3番目の明るさの星》. **3** C〔物理〕= gamma ray.

**gámma rày**〔物理〕[通例 ~ rays] ガンマ線(gamma).

**gam·mon** /gǽmən ギャモン/ 名 U **1** ガモン《後脚部を含む腹下部のベーコン用の豚肉》. **2** 燻(ｸﾝ)製ハム.

**gam·ut** /gǽmət ギャマト/ 名 C [通例 the ~] (感情・物事などの)全領域, 全範囲.

**gan·der** /gǽndər ギャンダ/ 名 C〔鳥〕ガチョウ[ガン]の雄.

**Gan·dhi** /gάːndi ガーンディ | gǽndiː ギャンディー/ 名 ガンジー《Mohandas /mòuhəndάːs/ K. ~ 1869-1948; インド民族独立運動の指導者. Mahatma Gandhi (偉人ガンジー) とも呼ばれる》.

**gang** /gǽŋ ギャング/ 名 C [単数・複数扱い] **1** (囚人・奴隷・労働者などの)群れ, 仲間 ‖
a gang of workers (who are) repairing a road 道路を補修している労働者のグループ.
**2**〘略式〙(悪漢などの)一団, 一味; ギャング, 暴力団《◆1人の場合は a gangster》‖
get mixed up with a gang 暴力団の仲間になる.
——動 自 集団で行動する; 団結する ‖
gang up to strike 団結してストライキをする.
gang up on [against] him 彼を集団で襲う.

**Gán·ges (Ríver)** /gǽndʒiːz ギャンチーズ/ 名 [the ~] ガンガー川, ガンジス川.

**gan·gling** /gǽŋgliŋ ギャングリング/ 形〈特に若い男性が〉やせて背の高い, ひょろひょろした.

**gang·plank** /gǽŋplæŋk ギャングプランク/ 名 C〔海事〕タラップ(gangway) (→ ramp).

**gan·grene** /gǽŋgriːn ギャングリーン,〘米+〙 -/ 名 U〔医学〕壊疽(ｴｿ), 脱疽(ﾀﾞｯｿ); (道徳的)腐敗.

**gang·ster** /gǽŋstər ギャングスタ/ 名 C ギャング(の一員), やくざ, 暴力団員《◆ 集団・グループは gang》.

**gang·way** /gǽŋwèi ギャングウェイ/ 名 C **1** (建物・船・列車内の)通路 ‖
a central gangway (列車・船の)中央通路.
**2**〘英〙(劇場・講堂などの座席間の)通路(〘主に米〙aisle). **3**〔海事〕舷(ｹﾞﾝ)門《船の横にある出入口》; = gangplank.

**gan·try** /gǽntri ギャントリ/ 名 (複 gan·tries/-z/) C 移動起重機, ガントリークレーン; (移動起重機が走る)構台.

**gantry**

**gaol** /dʒéil チェイル/ (発音注意)《◆×ガオル》(英)(名)(動) =jail.
**gaol·er** /dʒéilə チェイラ/(名)(英) =jailer.

***gap*** /gǽp ギャプ/ 『「壁や生け垣のすき間」が原義』 cf. *gape*
— (名)(複 ~s/-s/)(C) **1 すき間, 破れ目, 割れ目** ‖
a gap in the fence 塀のすき間.
**2 a とぎれ, 切れ目;欠落** ‖
a gap in one's memory 記憶のとぎれている部分.
**b 隔たり** ‖
a gap of two miles 2マイルの隔たり.
**3 相違, 不一致** ‖
the generation gap 世代の断絶.

**gape** /géip ゲイプ/(動)(現分) gap·ing)(自) **1**(正式) 大きく口をあける.
**2** ぽかんとして見る ‖
make people gape 人を驚かせる.
**3**(正式)〔傷口などが〕大きく開いている.

***ga·rage*** /gərɑ́ːdʒ ガラーチ | gǽrɑːdʒ ギャラーチ, -ridʒ/(発音注意)《◆×ガレーチ》《◆英国では米音/ガラーチ/を好まない》『「避難所」が原義』
— (名)(複 -rag·es/-iz/)(C) **1 ガレージ, 車庫** ‖
a house with a garage ガレージ付きの家.
[対話] "Where's the car? I don't see it in front." "I put it in the garage because they said it would snow."「車はどこだ. 家の前にはないね」「雪になると言っていたのでガレージに入れたよ」.
**2**(自動車の)修理工場, 整備工場;(英)ガソリンスタンド.
— (動)(現分) -rag·ing)(他) …をガレージに入れる, 修理に出す.
**garáge sàle**(米) ガレージ=セール《不用品を自分のガレージ・庭などで販売する》.

**garb** /gɑ́ːrb ガーブ/(名)(U)(文) 身なり, 衣服;(職業・時代・民族などを表す)服装.

***gar·bage*** /gɑ́ːrbidʒ ガービヂ/ 『「動物の内臓」が原義』
— (名)(U) **1**(主に米)(台所・調理室から出る)**生ごみ**.
**2**(英)(ブタなどの飼料にする)あら, 生ごみ.
**3**(略式)[比喩的に] がらくた, つまらぬもの ‖
This report is just garbage. この報告書はくず同然だ.
**gárbage càn**(米) 生ごみ入れ((英) dustbin).
**gárbage colléctor [màn]**(米) ごみ収集人((英) dustman)《◆(米)では遠回しに sanitation engineer ともいう;(PC) garbageperson》.
**gárbage trùck [wàgon]**(米) ごみ収集車((英) dustcart).

**gar·ble** /gɑ́ːrbl ガーブル/(動)(現分) gar·bling)(他) **1**(うっかり)…を取り違える;誤って伝える. **2**…を(故意に)歪(ゆが)曲する. — (名)(U)(C) **1** 歪曲(されたもの). **2**〖コンピュータ〗文字化け.

**gar·bled** /gɑ́ːrbld ガーブルド/(動)→ garble.
— (形) **1** 誤って伝えられた, 歪曲した.
**2**〖コンピュータ〗文字化けした ‖
garbled e-mail 文字化けしたメール.

***gar·den*** /gɑ́ːrdn ガードン/ 『「囲い地」が原義』(派) gardener(名)
— (名)(複 ~s/-z/) **1**(C)(U) **庭, 庭園, 果樹園, 菜園**《ふつう植木・草花・野菜を植えてある庭. cf. yard²》‖
have a large garden 大きい庭がある.
make a garden 庭を作る.
[対話] "Do you like to grow vegetables?" "Yes, actually we have a nice garden in the backyard."「野菜の栽培は好きですか」「ええ, 実はうちの裏庭にはいい菜園があるのです」.

[関連] a flówer gàrden 花園 / a végetable gàrden 菜園 / a kítchen gàrden 家庭菜園 / a márket gàrden (英)(市場向け)野菜園 / a róof gàrden 屋上庭園 / the Gárden of Éden エデンの園 / the Gárden of Éngland イングランドの花園《Kent 州, 旧 Worcestershire 州, the Isle of Wight などの肥沃(ひよく)な地方》/ the Gárden of the Wést 西部の庭《米国 Kansas 州の俗称》.

**2**(C)[しばしば ~s] **公園, 遊園地;屋外の軽飲食店** ‖
botanical gardens 植物園.
Kensington Gardens (ロンドンの)ケンジントン公園.
a béer gàrden ビアガーデン.
**3**[Gardens][地名に続いて] **…街, …広場**(略 Gdns) ‖
Sússex Gárdens サセックス街.
**4**[形容詞的に] 庭の, 庭に植えてある ‖
garden apartments 庭に囲まれたアパート.
— (動)(自) 庭を作る, 園芸[庭いじり]をする.
**gárden pàrty** 園遊会.
**gárden plànt** 園芸植物.
**gárden tròwel** 移植ごて.

**gar·den·er** /gɑ́ːrdnər ガードナー/(名)(C) 植木屋, 庭師;園芸の好きな人.

**gar·den·ing** /gɑ́ːrdniŋ ガードニング/(動)→ garden. — (名)(U) 造園(術);庭師の仕事.

**gar·gle** /gɑ́ːrgl ガーグル/『擬音語』(動)(現分) gar·gling) うがいをする. — (名) **1**(C)(U) うがい薬. **2** [a ~] うがい.

**gar·goyle** /gɑ́ːrgoil ガーゴイル/(名)(C) **1** ガーゴイル, 樋嘴(ひはし)《ゴシック式教会の屋根などにある怪獣の形をした雨水の落とし口》.
**2** 奇怪な形の彫像.

**gar·ish** /géəriʃ ゲアリシュ/(形) **1** まぶしい. **2** けばけばしい.

**gar·land** /gɑ́ːrlənd ガーランド/(名)(C)(頭や首につける)花輪, 花冠(かかん)(wreath).

**gar·lic** /gɑ́ːrlik ガーリク/(名)(U)〔植〕ニンニク(の球根)《◆昔魔よけに用いら

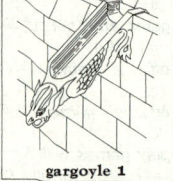

gargoyle 1

a clove of garlic ニンニクの1片.

**gar·ment** /gáːrmənt ガーメント/ 名 C 《正式》衣服の一品《ドレス・上着など. 特にメーカーの用語》; [~s] 衣服, 着物 ‖
a sports garment スポーツ着.
She wore a loose garment. 彼女はゆったりとした上着を身につけていた.

**gar·net** /gáːrnit ガーニト/ 名 1 C 《鉱物》ざくろ石, ガーネット《1月の誕生石》. 2 U ガーネット色, 深紅色(deep red).

**gar·nish** /gáːrniʃ ガーニシュ/ 《正式》動 (三単現 ~·es/-iz/) ① 1 …を装飾する, 飾る. 2 《料理》につまを添える. ── 名 (複 ~·es/-iz/) C 《料理》のつま, つけ合と材.

**gar·ret** /gǽrət ギャレト/ 名 C 《正式》屋根裏.

**gar·ri·son** /gǽrisn ギャリスン/ 名 C 1 《集合的名詞; 単数・複数扱い》守備隊. 2 駐屯地.

**gar·ru·lous** /gǽrələs ギャリュラス, -rə-/ 形 《正式》おしゃべりな.

**gar·ter** /gáːrtər ガータ/ 名 1 C 《主に米》《通例 ~s》ガーター, 靴下留め((英) suspenders).
2 [the G~] 《英》ガーター勲章《英国のナイトの最高勲章; ガーターは男子は左ひざ下, 女子は左腕に付ける. その首飾り・星章からなる》; ガーター勲位(the Order of the Garter); ガーター勲章受章者 ‖
a Knight of the Garter ガーター勲爵士.
**gárter bèlt** 《米》ガーターベルト((英) suspender belt)《ウエストで締める女性用靴下留め》.

***gas** /gǽs ギャス/ 〖chaos「大気」からの造語〗
── 名 (複 ~·es, 《米+》~·ses/-iz/) 1 U C 気体《◆種類をいうときは C》(→ fluid).
2 U C 気体, ガス; (灯用・燃料用の)ガス ‖
a mixture of gases ガスの混合物.
have gas ガス中毒にかかる.
light the gas ガスに火をつける.
put a pot on the gas ガスにポットをかける.
**tùrn ón the gás** (栓をひねって)ガスを出す
対話 "Honey, the water's boiling." "OK. I'll turn the gas off." 「あなた, お湯が沸騰してるわ」「わかった. ガスを止めておくよ」.

関連 nátural gás 天然ガス / póison gás 毒ガス / láughing gàs 笑気ガス.

3 U 《主に米略式》ガソリン《◆ gasoline の短縮語》((英) petrol) ‖
対話 "What's the matter? Why are we stopping?" "We've run out of gas. I'll have to go get some." 「どうしたんだ. なぜ止まるんだ」「ガス欠だ. 少し手に入れてこなくちゃ」.
── 動 (過去・過分 gassed/-t/; 現分 gas·sing) 他 [be ~sed] ガス中毒になる.
**gás òven** (料理の)ガスオーブン.
**gás rìng** ガスこんろ.
**gás stàtion** 《米》ガソリンスタンド《◆ *gasoline stand は誤り. → filling station》.
**gás stòve** [《米》 **rànge**] (料理用の)ガスレンジ, ガ

スこんろ《◆「ガスストーブ」に当たるのは《英》の gas fire》.

**gas·e·ous** /gǽsiəs ギャスィアス, géis-, gǽziəs/ 形 気体の, ガス状の ‖
gaseous matter 気体.

**gash** /gǽʃ ギャシュ/ 《類音》gush/gʌʃ/ 名 (複 ~·es/-iz/) C 長く深い切り傷. ── 動 (三単現 ~·es /-iz/) 他 …を深く傷つける, 深く裂く.

***gas·o·line,** 《英ではしばしば》**-lene** /gǽsəliːn ギャソリーン, ˌˈˌ/ 〖**gas**(gas) + **ol**(oline)〗
── 名 U 《主に米》ガソリン《主に米略式》gas; 《英》petrol). 関連 gas station 《米》ガソリンスタンド((英) petrol station) / regular レギュラーガソリン / unleaded/-léd-/ 無鉛ガソリン.

**gas·om·e·ter** /gæsámətər ギャサミタ|-ɔ́m- ギャソミタ/ 名 C 1 ガス計量器.
2 《英略式》ガスタンク.

**gasp** /gǽsp ギャスプ|gáːsp ガースプ/ 動 @ 1 はっと息をのむ, 息が止まる ‖
I gasped with surprise at the horrible picture of the starving people. 飢えた人たちの悲惨な写真にはっと息をのむ思いがした.
2 [gasp for A] A《空気などを求めてあえぐ, はあはあ息をする 』
gasp for breath 苦しそうに息をする.
── 他 …をあえぎながら言う, 「…」とあえいで言う ‖
"I can't walk any farther," he gasped. 「もう歩けない」と彼はあえいで言った.
── 名 (複 ~·s/-s/) C はっとすること, あえぎ ‖
give a gasp of surprise 驚いて息をのむ.
**at one's lást gásp** = **at the lást gásp** (1) 死にかかって. (2) 終わりかけて. (3) へとへとに疲れて.
**to the lást gásp** 息をひきとるまで.

***gate** /géit ゲイト/ 《同音》gait) 〖「開いている所・穴」が原義〗
── 名 (複 ~·s/géits/) C 1 門; とびら, 木戸; 出入口, 城門《◆両開きの場合は gates》; ゲート ‖
enter at the gate 門から入る.
go through the gate 門をくぐり抜ける.
a main gate 正門.
Please proceed to Gate 3 for Flight SQ5. SQ5便ご利用の方はゲート3にお進みください.
2 [比喩的に] 門戸(戸) ‖
a gate to success 成功への道.
open a gate [the gate(s)] for foreigners 外国人に門戸を開く, 便宜(ぎ)を図(はか)る.
3 (運河・ダムなどの)水門.
**at the gáte(s) of A** Aのすぐ近くに.
**gate·post** /géitpòust ゲイトポウスト/ 名 C 門柱.
**gate·way** /géitwèi ゲイトウェイ/ 名 C 1 (塀(へい)などの扉・木戸で開閉できる)出入口, 通路; 門構え.
2 [比喩的に] 入口, 通路; 道, 手段.

***gath·er** /gǽðər ギャザ/ 〖「一緒になる」が原義〗
── 動 (三単現 ~·s/-z/; 過去・過分 ~ed/-d/; 現分 ~·ing/-əriŋ/)

[他]と[自]の関係

| | | |
|---|---|---|
| [他] 1 | gather **A** | **A** を集める |
| [自] 1 | **A** gather | **A** が集まる |

—[他] **1** …**を集める**, …をあちこちからかき集める；…を蓄積する, [gather **A** **B** / gather **B** for **A**] **A**〈人〉に **B**〈人·物〉を集めてやる(↔ separate)《◆ collect は「収集の目的で集める」ことを強調》‖
gather hay into a heap 枯れ草を1か所に集める.
gather (together) material for a book 本を書くために資料を集める.
gather people around him 彼の周りに人を集める.
Please **gather** me some coins. どうぞコインを集めてください.
A rólling stóne gathers no móss. (ことわざ)「転石苔(こけ)むさず」《◆「職をよく変える人は成功しない」という趣旨で「忍耐」を尊重するのが本来の意味. ただし, (米) では「活動する人は常に新鮮である」の意味でも用いる》.
Naples **gathers** many tourists. ナポリには多くの観光客が押しかける.
**2** …**を取り入れる**, 収穫する；…を摘む ‖
gather vegetables **up** 野菜を取り入れる.
gather some flowers into a basket かごに花を摘む.
**Gather roses while you may.** (ことわざ) 若いうちに青春を楽しめ.
**3** (正式) …を(観察して)**知る**, わかる；[gather (that) 節] …だと**推測する**, 結論を下す ‖
What do you **gather from** her words? 彼女の言葉から何を推測するかい.
I **gathered from** his looks (that) he was angry with me. 彼の顔つきを見て私のことで怒っていると思った.
**4** …を巻く ‖
gather a muffler around one's neck マフラーを首に巻く.
**5**〈速度·勢い·経験など〉を増す, 加える；〈力·思考など〉を集中する, 回復する(+*up*) ‖
gather experiences 経験を積む.
gather breath (ひと休みして)息をつく.
gather oneself **up** [**together**] 緊張する.
gather one's senses [wits] 気を落ち着ける.
gather **speed** 速度を増す.
gather volume 大きくなる.
**6** …にしわを寄せる；…にひだ[ギャザー]をとる(+*in*, *up*) ‖
gather the brows まゆをひそめる.
a skirt (which is) **gathered** at the waist 腰のあたりにひだをつけたスカート.
—[自] **1 集まる**；たまる, かたまる ‖
gather **round** 集まる.
gather **around** a tree 木の周りに集まる.
Tears **gathered** in his eyes. 彼の目に涙がたまった.
[対話] "So New Year's Day is the big holiday in Japan?(↗)" "Yes. That's when all the family **gathers** together." 「そうすると元日は日本では大切な祝日なのですね」「そうです. その時には家族がみんな集まるのです」.
**2**〈速度などが〉増大する, 増加する, 次第に募(つの)る.
—[名] [C] [通例 ~s] (布などの)ひだ, ギャザー.

**gath·er·ing** /gǽðəriŋ ギャザリング/ [動] → gather.
—[名] [C] 集まること, 集めること；(正式) 集会 ‖
a large **gathering** of students 多くの学生の集まり.

**GATT** /gǽt ギャト/ 〚General Agreement on Tariffs and Trade〛 [名] [U] ガット, 関税と貿易に関する一般協定.

**gauche** /góuʃ ゴウシュ/ 〚フランス〛 [形] (正式) (社交的に)いたらない, 未熟な, 気がきかない, ぎこちない.

**gaud·y** /gɔ́:di ゴーディ/ [形] ([比較] --i·er, [最上] --i·est) はなやかな；けばけばしい.
**gáud·i·ly** [副] けばけばしく.
**gáud·i·ness** [名] [U] けばけばしさ.

**gauge,** (米ではしばしば) **gage** /géidʒ ゲイヂ/ (発音注意) 《◆ ×ゴーヂ》 ([類音] gaze/géiz/) [名] **1** [C] [U] 標準寸法, 規格《◆ 針金の太さ·金属板の厚さ·弾丸の直径などの規格》‖
38 **gauge** wire 38番ワイヤ.
**2** [C] (評価·判断の)尺度, 基準；手段, 方法 ‖
a **gauge** of her ability 彼女の能力を知る尺度.
**3** [C] [しばしば複合語で] 計器, ゲージ ‖
a ráin gàuge 雨量計.
**4** [U] 大きさ；容積[量]；範囲.
**5** [C] 銃の口径 ‖
a 12-**gauge** shotgun 12口径の散弾銃.
**6** [C] [U] 〔鉄道〕 (レールの)軌間 ‖
stándard **gáuge** 標準軌間《56.5インチ, 1435mm》.
***tàke the gáuge of* A** …の能力[価値, 寸法など]を計る, 判断する, 見積もる.
—[動] ([現分] gaug·ing) [他] **1** (正式) …を正確に計る ‖
gauge the speed of the wind 風速を計る.
**2** …を評価する, 見積もる.

**Gau·guin** /gougǽŋ ゴウギャン | ⌐‐/ [名] ゴーギャン《Paul ~ 1848-1903；フランスの画家》.

**Gaul** /gɔ́:l ゴール/ [名] **1** [U] 〔歴史〕 ガリア, ゴール《今のフランス·ベルギーなどを含むローマ帝国の一部. 形容詞は Gallic》. **2** [C] 古代ガリア人.

**gaunt** /gɔ́:nt ゴーント, (米+) gɑ́:nt/ [形] **1** やせこけた；やつれた. **2** (正式) 荒涼とした, 陰うつな；気味の悪い.

**gaunt·let** /gɔ́:ntlit ゴーントリト, (米+) gɑ́:nt-/ [名] [C] **1** (中世の騎士の)こて(籠手). **2** (乗馬·バイク用などの厚手の)長手袋.
***tàke* [*píck*] *úp the gáuntlet*** (1) 挑戦に応じる. (2) 弁護に立つ.
***thrów* [*flíng*] *dówn the gáuntlet*** 挑戦する.

**gauze** /gɔ́:z ゴーズ/ [名] [U] **1** (絹·綿などの)薄織, 紗(しゃ), 絽(ろ)；ガーゼ. **2** (正式) (細線の)金網.

***gave** /géiv ゲイヴ/ [動] → give.

**gav·el** /gǽvl ギャヴル/ [名] [C] (議長·裁判官·競売人などが静粛を促すときに卓上をたたく)小槌(こづち).

**gawk・y** /gɔ́ːki ゴーキ/ 形 (比較) -・i・er, (最上) -・i・est) 形 ぎこちない, 不器用な; 不格好な; はにかみやの.

**gawp** /gɔ́ːp ゴープ/ 動 自 (英略式) ぽかんと口をあけて見る(gape).

**gay** /géi ゲイ/ 形 **1** (略式) 同性愛の, ホモ[レズ]の《◆同性愛者および彼らを支持する人たちが用い, 軽蔑(ゔ)的な含みはない》.
**2** 陽気な, 快活な, 明るい, 楽しい(↔ sad) ‖
the gay voices of children 子供たちの楽しげな声,
in the gay nineties はなやかな1890年代に.
**3** 〈色・服装などが〉派手な, 鮮やかな ‖
gay colors 派手な色.
—— 名 (略式) 同性愛者, ホモ, レズ.
**gáy・ly** 副 =gaily.
**gáy・ness** 名 U 同性愛であること; 陽気, 楽しさ, 華やかさ.

**gaze** /géiz ゲイズ/ (類音 gauge /géidʒ/) 動 (現分 gaz・ing) 自 [into, (正式) on, upon] A] …をじっと見つめる, 凝視する ‖
The girl was gazing in wonder at the Christmas tree. 少女はクリスマスツリーを驚嘆して見つめていた.
—— 名 [a ~] 注視, 凝視 ‖
with a gaze of admiration 感心した目で.
*at gáze* (驚いて)じっと見つめて.

**gaz・er** /géizər ゲイザ/ 名 C (興味をもって)じっと見つめる人.

**ga・zelle** /gəzél ガゼル/ 名 (複 ~s, 集合名詞 gazelle) C 〔動〕 ガゼル《小形のアンテロープの総称》.

**ga・zette** /gəzét ガゼト/ 名 C **1** (新聞名に用いて) …新聞. **2** (主英) 官報《英国では the London [Edinburgh, Belfast] *Gazette* の3つがあり, 週2回発行で任命・破産などを公示する》.

**GB** (記号) (コンピュータ) gigabyte ギガバイト《$2^{30}$バイト》.

**GCSE** (略) General Certificate of Secondary Education《英国の》一般中等教育修了証 [試験].

\***gear** /gíər ギア/ (「装置・用具」が本義)
—— 名 (複 ~s/-z/) **1** C U (しばしば複合語で) 歯車, ギア; U (機械) 歯車装置, 伝動装置 ‖
low gear (米) ローギア((英) bottom gear).
a car with four gears 4段ギアの車.
go into second gear セカンドに入れる.
**2** C [複合語で] …装置 ‖
対話 "I heard the plane had some trouble landing." "Yes. The lánding gèar wasn't working properly."「飛行機の着陸のときトラブルがあったんだってね」「そう. 着陸装置がうまく作動しなかったんだ」.
**3** U (略式) [集合名詞; 複合語で] 道具, 用具一式; 家庭用品, (略式) (若者向きの)服装(品) ‖
fishing gear 釣具.
*in* [*into*] *géar* (1) ギアが入って ‖ put the car into gear 車のギアを入れる. (2) 調子よく.
*òut of géar* (1) ギアが入っていない[はずれて]. (2) 調子が狂って.

*shift* [(英) *chárge*] *géars* (1) 変速する. (2) やり方を変える.
—— 動 他 **1** [通例 be ~ed] ギアが入る.
**2** …を適合させる ‖
gear output to current demand 生産を今の需要に合わせる.

**gee**¹ /dʒíː チー/ 間 (馬に向かって) **1** 急げ, はいはい. **2** (馬に)右へ(行け).
**gée hó, gée úp** (馬に)急げ, はいはいし.

**gee**² /dʒíː チー/ 間 (主に米略式)〔軽い驚き・賞賛を表して〕おやまあ, へえ, うわー 《◆ Jesus の遠回し表現. 主に女性が使う言い方で, 男性は by God と言う》.

**geese** /gíːs ギース/ 名 → goose.

**gel** /dʒél ヂェル/ 名 **1** (化学) ゲル, 膠(ゔ)化体 (cf. sol). **2** ゼリー状物質. —— 動 (過去・過分 gelled/-d/; 現分 gel・ling) 自 **1** ゲル化する. **2** (英) 〈考えなどが〉固まる((米) jell); うまくいく.

**gel・a・tin** /dʒélətn ヂェラトン|・-tin -ティン/, **--tine** /dʒélətìːn ヂェラチーン|dʒélətìːn ヂェラティーン, -´-/ 名 U ゼラチン(状の物質); ゼリー製品.

**geld・ing** /géldiŋ ゲルディング/ 名 C 去勢馬.

**gem** /dʒém ヂェム/ 名 C **1** (正式) (特にカットして磨いた)宝石 ‖
an antique gem 古代の宝石.
**2** (略式) 美しくて貴重な物[人], 珠玉, 逸品.

**Gem・i・ni** /dʒéminài ヂェミナイ, -nìː/ 名 **1** 〔天文〕〔単数扱い〕ふたご座; C 〔占星〕〔単数扱い〕双子宮, 双子座(cf. zodiac); C 双子宮生まれの人《5月21日-6月21日生》. **3** (米) ジェミニ計画; ジェミニ宇宙船.

**gen・der** /dʒéndər ヂェンダ/ 名 U C **1** 〔文法〕 (名詞・代名詞などの)性(の区分) ‖
the masculine gender 男性.
the feminine gender 女性.
the neuter gender 中性.
**2** (社会的・文化的役割としての)性(→ sex).

**gene** /dʒíːn チーン/ 名 C 〔生物〕 遺伝子.

**ge・ne・al・o・gy** /dʒìːniǽlədʒi チーニアロヂ, dʒèni-/ 名 -o・gies/-z/) U 系統学; C 家系; 系統, 系統図.

\***gen・er・al** /dʒénərəl ヂェナラル/ (「種族(gen)を導く人」が原義. cf. *genus*)
(派) generally (副), generalize (動)
—— 形 [通例名詞の前で] **1** 全体的な, 全般的な, 全体が参加する, 世間一般の, 普通の; 大多数の人に共通する(↔ partial, particular) ‖
the general public 大衆.
general welfare 公共の福祉.
This word is still in general use. この単語はまだ広く使われている.
work for the general good 公益のために働く.
対話 "Do you think another war will break out?" "I don't know but the general opinion is that it will."「戦争がまた起こると思いますか」「わからないけど, 世論では起こるといってるね」.
**2** 一般的な, 雑多な(↔ special) ‖
general affairs 庶務.
**3** 概略の, 漠然とした, 大ざっぱな(↔ detailed) ‖

a general idea 概念.
general principles 原則.
general rules 総則.
**4** 将官級の, 高い地位の; [官職名のあとで] 総…, …長官 ‖
a governor general 総督.
a general manager 総支配人.
a general officer 将官.
**as a géneral rúle** =**in a géneral wáy** 一概に, 概して.

――[名] (複) ~s/-z/) C [軍事] 陸軍大将, 将軍《◆「海軍大将, 提督」は admiral》.

◇**in géneral** (1) 一般に(↔ in particular) ‖ In general, she is an early riser. 彼女は普段早起きだ《◆ generally より堅い表現》. (2) [名詞のあとで] 一般の, たいていの(↔ in particular) ‖ people in general 一般の人々.

**géneral cóntractor** 総合建設請負業者, ゼネコン.
**géneral eléction** (米)一般選挙; (英)総選挙.
**Géneral Eléction Dày** (米) 総選挙日; 4年目ごとの11月の第1月曜日の次の火曜日.
**géneral héadquárters** [米軍] [通例複数扱い] 総司令部(略) GHQ.
**géneral knówledge** 一般的な, 広い知識.
**géneral stríke** ゼネスト, 総罷(ひ)業.

**gen·er·al·i·ty** /dʒènərǽləti チェナラリティ/ [名] (複 --i·ties/-z/) **1** U (正式) 一般的であること, 普遍性. **2** C 一般法則, 概略 ‖
talk in generalities 大ざっぱに言う.

**gen·er·al·i·za·tion** /dʒènərəlɑzéiʃən チェナラリゼイション/ |-aizéi-/ [名] **1** U 一般化する; 総合, 概括. **2** C 一般概念, 通則.

**gen·er·al·ize**, (英ではしばしば) **--ise** /dʒènərəlàiz チェナラライズ/ [動] (正式) 他 …を一般化する.
――自 **1** 概括する. **2** 一般的に話す.

*gen·er·al·ly /dʒénərəli チェナラリ/ [→ general]
――[副] **1** 一般に, 概して, だいたい ‖
The theory is generally accepted. その理論は一般に認められている.
**2** 通例, たいてい ‖
He generally gets up at seven. 彼はふだん7時に起きる.
**3** [文全体を修飾] 一般的に言って(generally speaking (→ speak)).

**gen·er·ate** /dʒénərèit チェナレイト/ [動] (現分) --at·ing) 他 (正式) …を発生させる; 〈電気〉を起こす.

*gen·er·a·tion /dʒènəréiʃən チェナレイション/
『生み出す(generate)こと → 生み出されたもの』

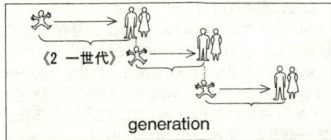

《2 一世代》
generation

――[名] (複) ~s/-z/) **1** [集合名詞; 単数・複数扱い] 同時代の人々 ‖
the present generation 現代の人々.
the rising generation 青年層.
**2** C 一世代《子供が親と代わるまでの約30年間》‖
for three generations (親・子・孫の)3代にわたって.
from generation to generation =generation after generation 代々.
**3** U (正式) 出産, 生殖; (電気・熱・ガスなどの)発生.
**génération gàp** 世代の断絶.

**gen·er·a·tor** /dʒénərèitər チェナレイタ/ [名] C 発電機; (ガス・蒸気などの)発生器.

**ge·ner·ic** /dʒənérik チェネリク/ [形] **1** [生物] 属の; 属に特有な. **2** 一般的な.

**ge·ner·i·cal·ly** /dʒənérikəli チェネリカリ/ [副] 属に関して, 一般的に; 総称的に.

**gen·er·os·i·ty** /dʒènərɑ́səti チェナラスィティ |dʒènərɔ́səti チェナロスィティ/ [名] (複 --i·ties/-z/) **1** U 物惜しみしないこと, 寛(かん)大, 寛容, 気前のよさ ‖
show generosity in dealing with defeated captives 捕虜(ふ)を寛大に扱う.
**2** C [通例 generosities] 寛大な行為, 気前のよい行為.

**gen·er·ous** /dʒénərəs チェナラス/ [形] **1a** 気前のよい, 物惜しみしない, 寛大な(↔ stingy) ‖
They are generous with their money. 彼らは金離れがよい.
**b** it is generous of A to do / A is generous to do》…するとは A〈人〉は気前がよい ‖
It is generous of you to donate so much money. そんなに多額の金を寄付するとは君が気がいいね.
**2** 〈物などが〉豊富な, たくさんの ‖
a generous harvest 豊作.

**gen·er·ous·ly** /dʒénərəsli チェナラスリ/ [副] **1** (物惜しみせず)気前よく. **2** 寛大に; [文全体を修飾] 寛大にも. **3** 豊富に.

**gen·e·sis** /dʒénəsis チェネスィス/ [名] (複) --ses/-si:z/) **1** [G~] [聖書] 創世記《旧約聖書冒頭の書, (略) Gen.》. **2** UC (正式) [通例 the ~] 起源, 発生, 創始.

**ge·net·ic, --i·cal** /dʒənétik(l) チェネティク(ル)/ [形] **1** 発生の, 起源の, 起源に関する. **2** 遺伝子の.
**genétic códe** [the ~] 遺伝暗号, 遺伝コード《DNA中の遺伝情報》.
**genétic enginéering** 遺伝子工学; 遺伝子操作.

**ge·net·i·cal·ly** /dʒənétikəli チェネティカリ/ [副] 遺伝(学)上, 遺伝(学)的に ‖
genetically modified [engineered] foods 遺伝子組み換え食品(略) GM(F).

**ge·net·ics** /dʒənétiks チェネティクス/ [名] **1** [単数扱い] 遺伝学. **2** [複数扱い] (生物体の)遺伝的特徴.

**Ge·ne·va** /dʒəní:və チェニーヴァ/ [名] ジュネーブ《スイス西南部の都市》.

**Gen·ghis Khan** /dʒéŋgis ká:n チェンギス カーン, gén-/ チンギス=ハン(成吉思汗)《1162?-1227; モンゴル大帝国の始祖》.

**gen·ial** /dʒí:njəl チーニャル | -iəl チーニアル/ [形] (正式)にこにこと愛想のよい, 気楽な ‖

a genial meeting 気のおけない集まり.

**ge·nie** /dʒíːni チーニー/ 名 (複 ~s, -ni·ni/-niai/) C (イスラム神話の)精霊, 妖(よう)精, 魔神.

**gen·i·tal** /dʒénitl チェニトル/ 形 《正式》生殖(器)の.

**gen·i·tive** /dʒénətiv チェニティヴ/ 《文法》形 属格の. ——名U 属格. C 属格の語 《構文》

**ge·nius** /dʒíːnjəs チーニャス | dʒíːniəs チーニアス/ 名 (複 ~·es/-iz/, 4 では ··ni·ni/-niai/) 1 U (生まれつきの創造的)才能, 天分(ぶん); [a ~] 非凡な才能 ‖
have a genius for [ˣin] music 音楽の才能がある.
show genius in painting 絵の才能を見せる.
**2** C 天才 ‖
She was **a genius in** [ˣfor] mathematics.
彼女は数学の天才だった.
**3** U [通例 the ~] (時代・国民・言語などの)特質, 風潮, 精神, 真髄(ずい).
**4** [しばしば the G~] C 守り神, 守護神.

**ge·nome** /dʒíːnoum チーノウム/, **--nom** /dʒíːnɑm チーナム | dʒíːnɔm チーノム/ 名 〖遺伝〗ゲノム《単体の配偶子または細胞核の中にある染色体の1組およびその全遺伝情報》‖
a human **genome** ヒトゲノム.
**génome pròject** ゲノム計画.

**gen·re** /ʒɑ́ːnrə ジャーンル/ 〖フランス〗名 C 《正式》(主に絵画・文学・音楽部門の)ジャンル, 様式.

**gent** /dʒént チェント/ [〖gentleman の短縮語〗名 C 《略式》紳士, えせ紳士.

**gen·teel** /dʒentíːl チェンティール/ 形 (時に 比較 ~·er, 最上 ~·est) 上品ぶった, 気取った《◆名詞は gentility》‖
genteel manners きざな作法.

**gen·tile** /dʒéntail チェンタイル/ [時に G~] 名 C 形 (ユダヤ人から見て)非ユダヤ人(の).

**gen·til·i·ty** /dʒentíləti チェンティリティ/ 名 U 《正式》良家の出; [the ~; 集合名詞]上流階級(の人々).

***gen·tle** /dʒéntl チェントル/ 〖「同じ家系[子孫] (gen)の」→「名門の, よい育ちの」が原義〗派 gentleman (名), gently (副), gentry (名)
——形 (比較 gen·tler, 最上 gen·tlest) **1** やさしい, 親切な; 寛大な, 礼儀正しい ‖
a **gentle** heart 寛大な心.
be **gentle in** manners 態度が寛大である.
The nurse was **gentle with** the sick. その看護師は病人にやさしかった.
対話 "Don't be so rough with that package. There are glasses inside." "Don't worry. I'll be **gentle** with it." 「その小包をそんなに乱暴に扱わないで. 中にコップが入っているの」「心配しないで. ていねいに扱うよ」.
**2** おだやかな, 静かな, ゆるやかな《◆ mild よりさらに温和さを強調》‖
a **gentle** slope ゆるやかな斜面.
a **gentle** voice 物静かな声.
**3** おとなしい ‖
a **gentle** dog おとなしい犬.
**géntle bréeze** そよ風;〖気象〗軟風《秒速3.4–5.4m. → wind scale》.

***gen·tle·man** /dʒéntlmən チェントルマン/ 〖→ gentle〗
——名 (複 ··men/-mən/) C **1** 紳士《教養・人格・礼儀・思いやりのある男性. cf. lady.《英》では昔は貴族の男性を指した》‖
play the **gentleman** 紳士ぶる.
対話 "So he holds the door open for you every time?(↗)" "Yes, and he's a **gentleman** in many other ways, too." 「すると彼はいつもドアを押さえてあなたが通れるようにしてくれるのですか」「そうなんです. ほかにもいろんな点であの人は紳士です」.
**2** [ていねいに] **男のかた**, 殿方 ‖
Please pass this **gentleman** the salt. こちらのおかたに塩を回してあげてください.
**3** [-men] [男性への呼びかけ] 諸君, 皆さん ‖
**Gentlemen**, please be quiet. 皆さん, お静かに《◆男女の聴衆には Ladies and *Gentlemen* と呼びかける》.
**4** 《英》[-men; 単数扱い] (掲示) 男子用トイレ《《米》men, 《英略式》Gents》(cf. Ladies).

**gen·tle·ness** /dʒéntlnəs チェントルネス/ 名 U 親切, やさしさ; おだやかさ.

**gent·ly** /dʒéntli チェントリ/ 《類音》gentry/dʒéntri/) 副 **1** 育ちがよく, 上品に ‖
be **gently** born 生まれがよい.
**2** おだやかに, 静かに; やさしく, 親切に ‖
speak **gently** おだやかに言う.
**3** 徐々に ‖
turn **gently** to the east ゆっくりと東へ向く.

**gen·try** /dʒéntri チェントリ/ 《類音》gent/y /dʒéntli/) 名 U 《英史》[通例 the ~; 複数扱い] 紳士階級, 準貴族; 貴族と平民の中間の階級.

**gen·u·ine** /dʒénjuin チェニュイン;《米+》dʒénjuain/ 形

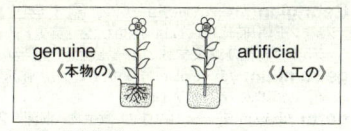

genuine 《本物の》 　　　artificial 《人工の》

**1** 本物の, 偽物でない; 真の ‖
a **genuine** signature 本人直筆(じきひつ)の署名.
**2** 心からの, 真の, 見せかけでない; 誠実な ‖
**genuine** affection 心からの愛情.
He was **genuine** in his desire to be a doctor. 彼は本当に医者になりたかった.
**3** 〈血統が〉純粋な;〈動物が〉純(血)種の.
**gén·u·ine·ness** 名 U 正真正銘, 本物.

**gen·u·ine·ly** /dʒénjuinli チェニュインリ/ 副 純粋に; [意味を強めて; 動詞の前で] 本当に, 心から.

**ge·nus** /dʒíːnəs チーナス/ 名 (複 gen·e·ra /dʒénərə/, ~·es) C 〖生物〗(分類上の)属(→ classification); (一般に) 部類, 類.

**ge·o-** /dʒíːou-/ 〖連結形〗土地(の), 地球(の), 地理(学)の. 例: geology.

**ge·og·ra·pher** /dʒiɑ́grəfər チアグラファ | -ɔ́g- チオ-

グラファ/ 名 C 地理学者.
**ge·o·graph·ic, ‑i·cal** /dʒìːəgrǽfik(l) チーオグラフィク(ル)/ 形 地理学(上)の,地理学的な.
**gè·o·gráph·i·cal·ly** 副 地理的に.
**ge·og·ra·phy** /dʒiɑ́grəfi ヂアグラフィ | dʒiɔ́grəfi ヂオグラフィ, dʒɔ́g‑/ 名 **1** ⓤ 地理学;地理 ‖ linguistic geography 言語地理学. **2** [the ~] 地形,地勢.
**ge·o·log·ic, ‑i·cal** /dʒìːəlɑ́dʒik(l) チーオラヂク(ル) | ‑lɔ́dʒ‑ ‑ロヂ(ク)(ル)/ 形 地質学(上)の.
**gè·o·lóg·i·cal·ly** 副 地質学的に.
**ge·ol·o·gist** /dʒiɑ́lədʒist ヂアロヂスト/ ‑ɔ́lə‑ ヂオロヂスト/ 名 C 地質学者.
**ge·ol·o·gy** /dʒiɑ́lədʒi ヂアロヂ | ‑ɔ́lə‑ ヂオロヂ/ 名 (複) ‑o·gies/-z/) **1** ⓤ 地質学. **2** ⓤ 地質(的特徴).
**ge·o·met·ric, ‑ri·cal** /dʒìːəmétrik(l) チーオメトリク(ル)/ 形 幾何学(上)の;幾何学的な.
**ge·om·e·try** /dʒiɑ́mətri ヂアメトリ | dʒiɔ́mətri ヂオミトリ/ 『土地(geo)を測定すること(metry)』名 (複) ‑e·tries/-z/) ⓤ 幾何学; C 幾何学書.

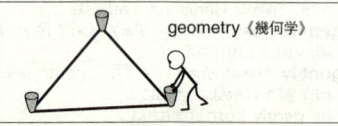

geometry《幾何学》

**George** /dʒɔ́ːrdʒ ヂョーヂ/ 名 ジョージ《男の名》.
**George·town** /dʒɔ́ːrdʒtàun ヂョーヂタウン/ **1** ジョージタウン《ガイアナの首都》. **2** ジョージタウン《米国 Washington, D.C. の居住区》.
**Geor·gia** /dʒɔ́ːrdʒə ヂョーヂャ/ 名 **1** ジョージア《女の名》. **2** ジョージア《米国南東部の州. 州都 Atlanta. 《愛称》the Cracker State; 略 Ga., 《郵便》GA》 **3** グルジア(共和国)《Caucasia 地方,黒海の東にある国》.
**Geor·gian** /dʒɔ́ːrdʒən ヂョーヂャン/ 形 **1** 〖英史〗ジョージ王朝(時代)の《1714‑1830》. **2** 〖英史〗ジョージ 5・6 世時代の;〈文学が〉ジョージ 5 世時代前半の.
**ge·ra·ni·um** /dʒəréiniəm ヂェレイニアム/ 名 C 〖植〗ゼラニウム,テンジクアオイ.
**germ** /dʒə́ːrm ヂャーム/ 名 **1** C 微生物,細菌. **2** 〖生物〗**a** C ⓤ (幼)胚(*ぱい*),胚種. **b** C = germ cell. **3** [the ~] (考えなどの)萌(*ぽう*)芽,(発達的)初期段階.
**gérm céll** 名 生殖細胞,胚細胞(germ).

**\*\*Ger·man** /dʒə́ːrmən ヂャーマン/ 『「隣人」が原義』派 Germany (名)
——形 **1** ドイツの;ドイツ人の.
**2** ドイツ語の;ドイツふうの,ドイツ式の.
——名 (複) ~s/-z/) **1** C ドイツ人(語法 → Japanese);[the ~s] ドイツ国民 ‖
The **Germans** drink more than ten million kiloliters of beer a year. ドイツ人は1年に1千万キロリットル以上のビールを飲む.
**2** ⓤ ドイツ語.
**Ger·man·ic** /dʒərmǽnik ヂャマニク | dʒəː‑ ヂャー

—/ 形 **1** ドイツ(人)の;ドイツ的な. **2** ゲルマン民族の,ゲルマン語の. —— 名 ⓤ ゲルマン語(派)《略 Gmc.》.

**\*\*Ger·ma·ny** /dʒə́ːrməni ヂャーマニ/ 〖→ German〗
——名 ドイツ《第二次世界大戦後西ドイツ(West Germany)と東ドイツ(East Germany)に分割されたが1990年10月に統一された. 現在の正式名 the Federal Republic of Germany. 首都 Berlin. ドイツ語名 Deutschland》.
**ger·mi·nate** /dʒə́ːrmənèit ヂャーミネイト/ 動 (現分) ‑‑nat·ing) 自〈種が〉芽を出す;成長する.
——他〈種〉を発芽させる.
**ger·mi·na·tion** /dʒə̀ːrmənéiʃən ヂャーミネイション/ 名 ⓤ 発芽;発生,発達.
**Ger·trude** /gə́ːrtruːd ガートルード/ 名 ガートルード《女の名. 愛称 Gert, Gertie, Gerty》.
**ger·und** /dʒérənd ヂェランド/ 名 C 〖文法〗動名詞.
**ges·tic·u·late** /dʒestíkjəlèit ヂェスティキュレイト/ 動 (現分) ‑‑lat·ing) 自 〖正式〗活発な身ぶりをする.

**\*ges·ture** /dʒéstʃər ヂェスチャ/ 〖「伝える,運ぶ(carry)」が原義〗
——名 (複) ~s/-z/) **1** C 身ぶり,手まね,(劇などの)しぐさ ‖
manage to express oneself by **gestures** 思っていることを何とか身ぶりで表す.
make a **gesture** of refusal 拒絶の合図をする.
**2** ⓤ 身ぶりをすること,手まねをすること ‖
Japanese people usually do not use as much **gesture** as Americans. 日本人は普通アメリカ人ほど身ぶりが派手でない.
**3** C (効果をねらった)意思表示(の行為・言葉),感情表現;そぶり,みせかけ,思わせぶり ‖
hold out one's hand in a **gesture** of welcome 歓迎の意を表して手を差し出す.
He said he'd help, but it was only a **gesture**. 彼は手伝おうと言ったが,それはジェスチャーにすぎなかった.
——動 (現分) ‑‑tur·ing) 自 身ぶりをする;手ぶりで示す ‖
**gesture** at a chair by the desk 机のそばのいすを手で示す.
対話 "What's he trying to say? I can't hear him." "Look at his arms! I think he's **gesturing** for us to come over." 「あの人は何を言おうとしているんだ. 聞こえないよ」「彼の手を見てごらん. こっちへ来いよと合図しているようだよ」.

**\*get** /gét ゲト/ 〖「ある状態に達する」が本義. これから 他 の「所有するようになる」「ある状態にする」と 自 の「ある状態になる」の意が生じた〗
→他 **1** 得る **2** 受け取る **3 a** 取ってくる **8** 連絡をつける **9** 感動させる **10** 聞き取る **11** 習得する **12** 動かす **13** する **14** させる **16 a** してもらう **b** される **c** してしまう
自 **1** 着く **2** なる **3** する
——動 (三単現) ~s/géts/; 過去・過分) got/gát/, gɔ́t/; 現分) get·ting) 《♦ 《米》では過去分詞に got‑

# get

《ten/gǽtn/ も用いられる》

― 他

**I** [具体的な物を所有するに至る → 得る, 取る → とらえる, やっつける → 心をとらえる]

**1 a** 〈物・事〉を**得る**, 手に入れる; 〈物〉を買う; 〈金など〉をもうける; (計算などで)〈答え〉を得る《◆受身にしない. earn, gain, obtain, acquire より口語的》∥

get a victory 勝利を得る.
get a living 生活費をかせぐ.
get a new car 新車を買う.
get a good grade on the test テストでよい点を取る.
If we divide 15 by 5, we **get** 3. 15を5で割れば3になる.

**b** [授与動詞] [get A B / get B for A] A〈人〉にB〈物〉を手に入れて[買って]やる∥

She got me a camera. = She got a camera for [ˣto] me. 彼女は私にカメラを買ってくれた《◆前者は「何を」, 後者は「だれに」買ったかに焦点を当てた表現. buy より口語的》.

**2 a** 〈人が〉〈贈物・手紙など〉を**受け取る**, もらう, 得る《◆受身・命令形にしない. receive より口語的》∥

get a letter 手紙を受け取る.
get information 情報を得る.
get [hit on] an idea ある考えが浮かぶ.
get [draw] a high salary 高給をもらう.
get permission to use it それの使用許可を得る.
get a good education りっぱな教育を受ける.
[対話] "What did you **get** for Christmas?" "A bike."「クリスマスに何をもらいましたか」「自転車です」.

**b** 〈ある行為・行動〉を行なう∥

get rest 休息する (=rest).
get possession of a house 家を所有する (=possess a house).
get a good look at his face 彼の顔をよく見る (=look him well in the face).

**3 a** 〈物〉を**取ってくる**, 〈食事〉を作る, 〈人〉を呼んでくる∥

Please gò (and) gét a doctor. 医者を呼んできてください (=Please fetch a doctor.).

**b** [授与動詞] [get A B / get B for A] A〈人〉にB〈物〉を取ってきてやる, A〈人〉にB〈食事〉を作ってやる, A〈人〉にB〈人〉を呼んで[連れて]きてやる∥

Get me a drink. = Get a drink for me. 私に飲み物を持って来てください.
"Do you want Mr. Wada? I'll **get** him for you."「和田さんにご用ですか. 呼んで来てさしあげましょう」.
[対話] "What can I **get** you?" "I'd like a Coke."「何を持ってきましょうか」「コーラがいいわ」.

**4 a** 〈人が〉〈人・動物など〉をつかむ, 捕える; 〈癖・習慣など〉が〈人〉につく; 〈病気が〉〈人〉を圧倒する; [通例 have got] (議論などで)〈相手〉を負かす《◆catch, defeat, arrest より口語的》; [ラグビー] 〈選手〉にタックルする∥

get him **by** the arm 彼の腕をつかむ.
Her illness finally **got** her. 彼女はついに病気にやられた.
The police finally **got** her. 警察はついに彼女を逮捕した.

**b** 〈人〉が〈列車など〉に間に合う (catch) (↔ miss)∥

get the last train 最終列車に間に合う.

**5** 〈人が〉〈損害・敗北など〉を受ける, こうむる; 〈病気〉にかかる; (略式) (罰として)〈懲役期間〉をくらう (receive)《◆受身にしない》∥

get a surprise びっくりする.
get a blow on the chin あごに一撃をくらう.
get three years in prison for stealing 窃盗で3年の刑に処せられる.
John **got** a cold from his wife. ジョンは妻にかぜをうつされた (=John's wife gave him a cold.).

**6** (略式) 〈弾丸・打撃などが〉〈人〉に当たる; 〈人〉(のからだの部分)に当たる; 〈人が〉〈人など〉(のからだの部分)に物を当てる《◆進行形にしない》∥

The bullet **got** him **in** the right arm. 彼は右腕に弾を受けた.
I **got** him **on** the head with a small stone. 彼の頭に小石を当てた.

**7** (略式) 〈人が〉〈動物など〉を殺す, やっつける (kill)《◆進行形にしない》; [野球] 〈ランナー・バッター〉をアウトにする; 〈人が〉〈人〉に復讐(ふく)する∥

The hunter **got** two birds. ハンターは鳥を2羽射止めた.
I'm going to **get** you sooner or later. そのうちにやっつけてやるからな.
I'll **get** you **for** this someday. いつかこのかたきはうってやるぞ.

**8** 〈人が〉(電話・無線などで)〈人・場所〉と**連絡をつける**; 〈放送など〉を受信[受像]する《◆受身・命令形にしない》∥

Can you **get** me 06 2626, please? (電話で)06の2626につないでください.
You can **get** me on the telephone. 電話で私に連絡してください.
We **got** Seoul on the radio. ラジオでソウルの放送がはいった.

**9** 〈人が〉〈人・物・事が〉〈人〉を**感動させる**, …の心をとらえる; [通例 have got] 〈人〉を戸惑わせる; 〈人〉をいらいらさせる《◆受身・進行形・命令形にしない》∥

This puzzle **has got** me. このパズルには閉口した.
That music really **got** me. あの音楽にはうっとりとした.
Her remarks often **get** me. 彼女の発言にはよく腹が立つ.

**II** [(理解して)得る → 聞き取る, 習得する]

**10** (略式) 〈人が〉〈言葉など〉を**聞き取る**, 聞く; 〈人・言葉など〉を理解する (understand); [通例命令文で] 〈表情・物など〉をじっと見る, 観察せよ∥

get the point 意味がわかる, 何のことかわかる.
I don't **get** you. 君の言おうとしていることがわから

ない.
I didn't quite **get** your name. 君の名前がよく聞き取れなかった.
**Get** the hat she's wearing. 彼女がかぶっている帽子をよくごらん.

**11**〈人が〉〈科目など〉を**習得する**, 学ぶ, 覚える ∥
**get** something **out of** the book その本から何かを学ぶ.
I **got** the grammar lesson without difficulty. 文法の授業が難なくわかった.

### III [ある状態にする[なる]]

**12**〈人が〉〈人・物などを…に**動かす**, 持って[連れて]行く《◆場所・方向の副詞(句)を伴い, 多くの成句を作る》;〈事が〉〈人〉を…に**導く**《◆somewhere, nowhere, very far などを伴う》∥
**get** him home 彼を連れて帰る.
**get** the piano upstairs ピアノを2階に上げる.
Deceit will **get** you **nowhere**. だましても何にもならない.
They tried to **get** the strikers back to work. 彼らはストをしている者を職場に復帰させようとした.

**13** [get **A** is **C**]〈人が〉**A**〈人・物〉を **C**（の状態）にする《◆**C** は形容詞》∥
**get** the children ready for school 子供に学校へ行く支度をさせる.
He **got** his hands warm. 彼は手を暖めた.

**14 a** [get **A** doing]〈人が〉**A**〈人・物〉を**…させる** ∥
I **got** the machine running. 機械を始動させた.
**b**（略式）[We get **A** doing で]**A**〈人・物〉が**…する**, …している《◆We の他に You も可》∥
These days **we get** a lot of women working as taxi drivers. 今日(話)多くの女性がタクシーの運転手をしている.

**15**（英略式）[get **A** to do]〈人が〉(説得などして)**A**〈人〉に**…させる**, してもらう;〈人が〉(何らかの方法で)**A**〈物〉を**…にする**《◆ **14 a** の型と比べて, 努力を伴うという含みがある》∥
I couldn't **get** him **to** stop smoking. 彼にタバコをやめさせられなかった.
I **got** the door **to** shut properly. ドアをきちんと閉めた.
He **got** his wife **to** mend his shirt. 彼は奥さんにシャツを繕(ぷ)ってもらった.

**16** [get **A** done] **a** [使役][get を通例強く発音して]〈人が〉**A**〈物〉を**…してもらう**, させる ∥
**Gét** the curtains wáshed. カーテンを洗ってもらいなさい.
I must **gét** my shirt mended. シャツを繕ってもらわなければならない.
**b** [被害][略式][done を通例強く発音して]〈人が〉**A**〈自分の物〉を**…される** ∥
We **got** our roof blówn off in the gale. 強風で屋根を吹き飛ばされた.
He **got** his arm bróken while playing rugby. 彼はラグビーをしている時に腕を折った《◆He broke his arm while playing rugby. の方

がふつう》.
**c** [完了]（略式）[done を通例強く発音して]〈人が〉**A**〈事〉を**してしまう** ∥
She worked hard to **get** the work dóne. 彼女はその仕事を終わらせようと一生懸命働いた.

— 自 『自動詞用法の本義は『ある状態に達する』』

**1**〈人・乗りものが〉**着く**, 行く《◆ arrive at より口語的》; 動く;〈人・事が〉(成功・不成功などに)行きつく ∥
**get** home 家に帰る《◆ get *to* home とはしない. この場合の home は副詞》.
Where has my book **got to**? 本はどこへ行ってしまったかなあ.
She won't **get** anywhere with her plan. （略式）彼女の計画は成功しないだろう.
対話 "How can we **get to** the island? Is there a bridge?" "No. The only way to **get** there is by ferry." 「あの島へはどうすれば行けるのですか. 橋はかかっていますか」「いいえ, あそこへ行くにはフェリーしかありません」.

**2** [get **C**]〈人・物・事が〉(自然に・自分の意志で)**C**（の状態）になる《◆ become より口語的. **C** は形容詞・形容詞化した過去分詞で, 名詞は用いない》∥
**get** old 年をとる.
**get** angry 怒る.
**get** tired 疲れる.
He **got** well again. 彼は健康を回復した.
Matters are **getting** worse and worse. 事態はますます悪化している.
対話 "How did you **get** acquainted with your girlfriend?" "I first met her on a blind date." 「ガールフレンドとはどうして知り合ったのですか」「ブラインド=デートで初めて会ったのです」.

> 語法 (1) 一時的な状態を表す場合にのみ用いられ, 永続的な状態を表す形容詞・過去分詞とは用いられない: She became tall. 彼女は背が高くなった《◆ She *got* tall. とはいわない》. ただし進行形では用いられる: She is *getting* tall. 彼女は背が伸びている.
> (2) **C** が名詞の場合は *get* to be **C**, become **C** の型を用いる(→ 自 **4 b**).

**3** [get done][受身の一種]〈人・物が〉**…される**《◆受身の be done が状態と動作のいずれも表すのに対し, *get* done は一時的な動作のみを表す》∥
**get** punished 罰せられる.
**get** arrested 逮捕される.
**get** divorced 離婚する(= **get** a divorce).
She **got** run over and killed. 彼女は車に引かれて死んだ.

**4 a** [get **to** do]〈人が〉**…するようになる**《◆(1) do は状態を表す know, feel, own, see, like, realize など. (2) come to do より口語的. ×become to do にしない》;（米略式）〈人が〉うまく…する, …できる, …してよい(be able to, can)《◆ do は動作動詞》∥
We **got to** know each other. 私たちは互いに知り合いになった.

He **got to** be more like his father. 彼は大きくなってますます父親に似てきた.
Did you **get to** see the President? 大統領に会えましたか.
**b** [get to be C] 〈人が〉C になる ‖
He soon **got to be** my best friend. 彼はすぐに私のいちばんの親友になった(=He soon *became* my best friend.).
**5** [get *doing*] …し始める《◆(1) do は go, move, talk, work, crack など一部の動詞. (2) begin to do, begin doing より口語的》‖
We **got** talking. 我々は話を始めた.
**Get** going on your homework. 早く宿題を始めなさい.
Let's **get going**! さあ, やろうじゃないか《◆Eisenhower が大統領になった時の言葉》.
**6** [got] → have got (have 動).

◇**gèt abóut** [自] (1) (あちこち)動き回る, 歩き回る;《略式》旅行する;〈人が〉(病後に)起きて歩く ‖ Do you **get about** much in your job? 仕事でよくあちこち回りますか. (2) 〈ニュースなどが〉(口伝えで)広まる.

◇**gèt acróss** → get across (見出し語).

**gèt áfter A** (1) A〈人・物〉のあとを追う. (2) 〈人〉を責める, しかる; A〈人〉に(…するよう)せがむ, A〈人〉をせきたてて…させる.

**gèt ahéad** [自] (1) 成功する, 出世[昇進]する ‖ get ahead in the business world 実業界で成功する. (2) (仕事などが)うまく進む;追い越す, しのぐ ‖ He finally **got ahead** of the rest of the class. 彼はついにクラスの他の者を抜いた.

**Gèt alóng** → get along (見出し語).

**Gèt alóng with you!**《略式》(1) あっちへお行き. (2) ご冗談でしょう, ばか言わないで《◆主に女性の表現》.

**gèt (a)róund** (1) [自] =GET about (1), (2). (2) [自] (障害物などを)避けて通る. (3) [~ (a)rôund A]《略式》A〈障害物・困難などを〉避ける, 克服する; A〈法律など〉をのがれる, くぐる《◆受身にできる》‖ **get around** paying one's taxes 脱税する. (4) [~ (a)rôund A] A〈人〉にうまく取り入る, …を言いくるめる. (5) [他] 〈人の意識を〉回復させる, 〈人〉を正気づける;《略式》〈人〉をうまく説き伏せる《◆受身にできる》.

**gèt (a)róund to A**《略式》A〈事〉をする(時間的)余裕を見つける, …に手が回る, …するに至る ‖ I don't know when I'll **get around to** visiting her. いつ彼女を訪問できるかわからない.

◇**gèt át A** (1) …に達する, 届く, A〈人・物など〉に近づく《◆受身にできる》‖ He is a hard man to **get at**. 彼は近づきにくい人だ / Put the medicine where children can't **get at** it. 薬は子供の手の届かない所に置きなさい. (2) A〈物・事〉を手に入れる;〈英〉〈真実などを〉つかむ, 知る, 理解する(come at) ‖ **get at** the information 情報を入手する. (3) [be ~ting] A〈事〉をほのめかす, 暗示する(mean) ‖ What are you **gétting at**? 君は何を言おうとしているのか. (4) [通例 be ~

ting] (くり返し) A〈人〉を批判する, …に文句を言う. (5) A〈事〉に取りかかる, 専念する.

**gèt awáy** → get away (見出し語).

**Gèt awáy!** → away.

**gèt awáy from it áll**《略式》(仕事などを忘れて)旅行に出る, 日々のわずらわしさからのがれる.

**gèt awáy with A** A〈物〉を(まんまと)持ち逃げする; A〈悪事などを〉(罰せられずに・見つけられずに)うまくやってのける; A〈軽い罰など〉でのがれる, すむ ‖ You'll never **get away with** it! そうは問屋がおろすものか.

**Gèt awáy with you!** =GET along with you!

**gèt báck** (1) [自] (以前の状態に)戻る, 帰る ‖ **get back** from the trip 旅行から帰る. (2) [主に英] [自] 〈政党が〉(政権の座に)返り咲く. (3) [自] (後方へ)下がる. (4) [他] 〈物を〉(もとの所へ)返す;〈人を〉復帰させる;〈失った物を〉取り返す, 取り戻す ‖ **get back** one's strength 体力を回復する.

**gèt báck at [on] A** A〈人〉に仕返しをする, 復讐(いき)する(類 get even with).

**gèt behínd** (1) [自] 後ろに隠れる. (2) [自] 遅れる ‖ **get behind** in one's work 仕事が遅れる / **get behind with** the payments 支払いが滞(と)る. (3) [~ *behind* A] A〈物などの〉後ろに隠れる. (4) [~ *behind* A] A〈人〉を支持する.

**gèt bý** (1) [自] (障害物などで)通る, 通り抜ける 《◆単に「通り抜ける」は go by》‖ Can I **get by**? 通してくれませんか. (2)《略式》[自] 〈仕事などが〉まあまあ容認できる;(検問などを)通る;どうにかうまく行く, なんとか通る ‖ I just **got by on** the test. テストに何とか合格した. (3) [~ *by* A] A〈物など〉のそばを通り過ぎる; A〈検問など〉を通る.

◇**gèt dówn** → get down (見出し語).

**gèt dówn to A** A〈仕事など〉に(真剣に)取りかかる, 本腰を入れて取り組む.

◇**gèt ín** → get in (見出し語).

◇**gèt ínto A** (1) A〈場所〉の中へ(苦労して)入る《◆A を略すと *get in* となる: *get into* the room 部屋に入る / *get in* [×into] 入る); A〈車など〉に乗り込む ‖ **get into** the car 車に乗り込む. (2) A〈目的地など〉に到着する ‖ The train **got into** London. 列車はロンドンに着いた. (3) A〈衣服などを〉身につける, 着る, はく. (4) A〈ある状態〉になる, 陥る, …を起こす ‖ **get into** a temper かんしゃくを起こす / **get into** bad habits 悪習がつく.

**gèt A ínto B** (1) A〈物〉を B〈物〉の中へ入れる. (2) A〈人など〉を B〈ある状態〉に陥らせる ‖ **get him into** trouble 彼を困らせる.

**Gèt it?** (↗)《略式》わかった?, いいかな?《◆Do you *get it*? の省略表現》.

**gèt néar (to)** …に近づく.

**gèt nówhere** (1)《略式》[自] 〈人・事が〉成功しない, 目的を達しない, 進歩がない. (2) [他] 〈事・物が〉〈人〉に効果[利益]をもたらさない.

◇**gèt óff** → get off (見出し語).

**gèt óff with A** (1) A〈物〉を持って逃げる. (2)《英式》A〈異性〉と親しくなる, …をひっかける《◆しばし

ば性関係をほのめかす〉．(3) → get off **3**.
○**gèt ón** → get on (見出し語).
　**gèt ón to** [**ónto**] **A A**〈不正・秘密・人の悪事など〉を見つける，見破る；(米) …がわかる，理解できる．
○**gèt óut** (1) [自] 出る，出て行く；逃げる，脱出する；乗物から降りる ‖ Get out! 出て行け(類略式 Get lost!) / The lion got out. ライオンが逃げた．(2) [自]〈秘密などが〉漏れる，知られる．(3) [他]〈物など〉を取り出す；〈栓・シミなど〉を抜き取る ‖ get the dog out 犬を外に出してやる．
○**gèt óut of A** (1) **A**〈場所〉から出る，逃げる；**A**〈車など〉から降りる ‖ get out of bed ベッドから出る，起床する / get out of the car 車から降りる / Get out of the way! そこをどけ．(2) …の外側へ行く，…の範囲を出る ‖ get out of sight 見えなくなる．(3) **A**〈責任・義務など〉をのがれる，避ける ‖ get out of paying taxes 税金をのがれる．(4) (略式)**A**〈悪習など〉をやめる，捨てる ‖ get out of the habit of biting one's nails つめをかむ癖をなおす．
　**gèt A òut of B** (1) **B**〈場所〉から **A**〈物など〉を取り出す，引き抜く；(略式)**B**〈人〉から **A**〈真相など〉を引き出す ‖ get a confession out of him 彼に白状させる．(2) (略式)**A**〈人〉に **B**〈責任など〉をのがれさせる；**A**〈人〉に **B**〈悪習など〉をやめさせる ‖ get him out of difficulty 彼を苦境から救う．(3) **B**〈取引など〉から **A**〈利益など〉を得る．
○**gèt óver** → get over (見出し語).
　**gèt róund** [自] ＝GET around.
　**gèt thére** [自] (1) そこへ着く．(2) (略式)成功する，目的を達する ‖ We have not finished yet, but we are getting there. まだ終わっていないが，もう少しだ．(3) わかる．
○**gèt thróugh** → get through (見出し語).
　**gèt A thròugh B A**〈人〉を **B**〈試験〉に合格させる；**A**〈法案〉を **B**〈議会〉を通過させる．
　**gèt thróugh with A** (1) **A**〈仕事など〉を終える，仕上げる《◆with を略していうこともできるが，何かとまったくことを困難を排してやり通すといったニュアンスを伴う》．(2) 〈言葉・暴力で〉**A**〈人〉をやっつける．
○**gèt to A** (1) **A**〈場所〉に**到着する** ‖ How can we get to the station? 駅にはどのように行けばいいでしょうか《◆**A** を明示しないときは get in》/ I wonder where she's got to. いったい彼女はどこへ行ってしまったんだ．(2) **A**〈人・場所など〉に連絡がつく．(3) **A**〈事〉を始める ‖ get to work 仕事にかかる / She got to thinking about it. 彼女はそのことを考え始めた．
　**gèt togéther** (1) [自]〈人〉が集まる，会う ‖ Let's get together soon. またお目にかかりましょう．(2) (略式)[自] 意見が一致する ‖ get together on the plan その計画で意見があわさる．(3) [他]〈人〉を集める；〈物・情報など〉を寄せ集める．(4) [get oneself together] (略式) 自己を抑制する，落ち着く．
　**gèt únder** (1) [~ únder **A**]**A**〈テーブルなど〉の下に入る[隠れる]．(2) [~ **A** únder] **A**〈暴動など〉を鎮圧する；**A**〈火〉を消す．

　**gèt A únder B A**〈物〉を **B**〈物〉の下に入れる．
○**gèt úp** → get up (見出し語).
　**gèt úp agàinst A** (1)〈人〉のすぐ近くに立つ[座る，群がる]．(2)〈地位の上の人〉を怒らせる；…と対立する，仲が悪くなる．
　**gèt úp to A** (1) **A**〈人・場所など〉に近づく，追いつく．(2) **A**〈ある所〉まで達する，進む ‖ get up to the last page 最後のページまで進む．(3) (略式)**A**〈いたずらなど〉をしでかす，する ‖ get up to mischief いたずらをする．
　**have gót** → have 動.
　**have gót to** dó → have 動.

\***get across** /gèt əkrɔ́(ː)s ゲトアクロ(ー)ス/
—— 動 (変化形 → get) **1** [自] (向こう側へ) 横断する，渡る．
**2** (略式) [自]〈話・意味など〉が理解される，通じる ‖ Her speech got across to the crowd. 彼女の演説は群衆によくわかった．
**3** [gèt acróss **A**]**A**〈川・道など〉を渡る ‖ get across the street 通りを向こう側へ渡る．
**4** [gèt acróss **A**] (主に英略式) **A**〈人〉を怒らせる，いらだたせる．
**5** [他]〈人・荷物など〉を (向こう側へ) 渡す，運ぶ ‖ get her across 彼女を向こう側へ渡らせる．
**6** (略式) [他]〈話・しゃれなど〉をわからせる，理解させる ‖ get one's meaning across to the audience 自分の言いたいことを観客にわからせる．

\***get along** /gèt əlɔ́(ː)ŋ ゲトアローング/
—— 動 (変化形 → get) (略式) [自] **1** なんとかやっていく，暮らす ‖
I can get along without your help. あなたに援助していただかなくてもなんとかやっていけます．
**2** うまくいく，はかどる (get on) ‖
How are you getting along in your new job? 新しい仕事はうまくいっていますか．
**3** 仲よくやっていく ‖
They are getting along very nicely [well] with each other. あの 2 人はとてもうまが合う．
**4** [be ~ting] 立ち去る，帰る (leave) ‖
I must be getting along now. そろそろおいとまあしなければ．

**get·a·way** /gétəwèi ゲタウェイ/ 图 (略式) [a ~ / one's ~] 逃走，脱走．

\***get away** /gèt əwéi ゲトアウェイ/
—— 動 (変化形 → get) **1** [自] 逃げる，逃走[脱走]する；[否定文で](事実などから)のがれる (escape) ‖
get away from the police 警察から脱走する．
**2** [自] (場所・仕事などから) 離れる，休暇を取る；出発する ‖
get away from work at 5 p.m. 午後 5 時に退社[帰宅]する．
**3** (略式) [他]〈物〉を取り上げる，取り去る；〈物〉を持ち去る，〈人〉を連れ去る；〈物〉をひったくる；〈人〉に〈仕事など〉をやらせる ‖
get that letter away from her 彼女からその手紙を取り上げる．

## *get down /gét dáun ゲトダウン/
——動 (変化形 → get) 1 [自] (高い所・はしご・馬などから)**降りる** ‖
The boy **got down from** the tree. 少年はその木から降りた.
2 [自] かがむ, ひざまずく ‖
**get down** on one's knees ひざまずく.
3 [gèt down A] A〈はしご・階段など〉から降りる.
4 [他] [get down A / get A down] A〈物〉を**降ろす**; 〈物価など〉を下げる ‖
get the book **down from** the shelf 棚から本を降ろす.
5 [他] A〈鳥・飛行機など〉を撃ち落とす.

## *get in /gét ín ゲトイン/
——動 (変化形 → get) 1 [自] (中へ)**入る**; (車などに)乗り込む ‖
The sun **got in through** the window. 日光が窓から差し込んだ.
2 [自] 駅[空港・港]に到着する《◆Aを伴うときは *get* at A, *get* to A》; (家に)帰る.
3 [自] (試験を受けて)学校に入る, 入社する; (議員などに)選ばれる, 当選する; 〈政党が〉政権を取る.
4 《略式》[自] 親しくなる, (人に)取り入る.
5 [他] [get in A / get A in] A〈物〉を中へ入れる; A〈作物など〉を取り入れる; A〈人〉を入学させる; A〈貸し金など〉を回収する; A〈税金〉を徴収する ‖
get the washing **in** 洗濯物を取り入れる.
6 [他] [get in A / get A in] A〈言葉〉を差しはさむ.
7 [他] [get in A / get A in] A〈医者など〉を(家に)呼ぶ ‖
get a doctor **in** 医者を呼ぶ.

## *get off /gét ɔ́(ː)f ゲトオ(ー)フ/
——動 (変化形 → get) 1 [自] (電車・バス・馬などから)**降りる** ‖
They **got off** at the next bus stop. 彼らは次のバス停で降りた.
2 《略式》[自] 出発する; 去る, 帰る ‖
**get off** on time 時間どおりに出発する.
3 [自] のがれる, すむ ‖
He **got off** with a warning. 彼は警告ですんだ.
4 〈郵便物が〉発送される.
5 [gèt off A] A〈電車・バスなど〉から**降りる**(↔ get on) ‖
**get off** the bus [train, plane, ship] バス[列車, 飛行機, 船]を降りる《◆car, taxi, boat の場合は out of》.
6 [gèt off A] A〈場所〉から離れる; A〈仕事・話題など〉をやめる; A〈事〉を避ける ‖
**get off** doing the dirty work いやな仕事をうまくのがれる.
7 [他] [get off A / get A off] A〈人〉を送り出す; A〈郵便物〉を発送する ‖
get the children **off** to school 子供を学校へ送り出す.
8 [他] [get off A / get A off] A〈物〉を取りはずす; A〈しみなど〉を取り除く; A〈服など〉を脱ぐ ‖ **get** the cover **off** そのふたを取りはずす.

## *get on /gét ɑ́n ゲトアン | -ɔ́n -オン/
——動 (変化形 → get) 1 [自] (バス・馬などに)**乗る**(↔ get off) ‖
When the bus stopped, we **got on**. バスが止まると私たちは乗った.
2 [自] 《通例 get *on* in life, get *on* in the world》**成功する**, 出世する(get ahead).
3 [自] 《通例 be ~ting》なんとかやっていく, 暮らす ‖
How are you **getting on**? いかがお過ごしですか.
4 [自] うまくいく, 進行する(get along) ‖
How are you **getting on with** your work? 仕事のはかどり具合はどうですか.
5 《略式》[自] (人と)**仲よくやっていく** ‖
They **get on** very well (together). 2人はたいへん仲がよい.
6 《略式》[自] 立ち去る, 帰る; 急ぐ.
7 [自] 《be ~ting》〈時が〉経つ; 《略式》〈人が〉年をとる ‖
Time is **getting on**. 時がどんどん経つ.
8 [自] 《be ~ting》《略式》(時間・年齢に)近づく(be close to) ‖
She is **getting on for** forty. 彼女は40歳になろうとしている.
9 [自] 続ける ‖
**Get on** with the work. 仕事を続けなさい.
10 [gèt on A] A〈バス・自転車・列車・船など〉に**乗る** ‖
She **got on** the 9:30 a.m. plane for New York. 彼女は午前9時30分発のニューヨーク行きの飛行機に乗った《◆ onto では乗り込む動作が強調される》.
11 [gèt on A] 《略式》A〈人〉をしかる, とがめる.
12 [他] [get A on] [他] A〈服など〉を身につける, 着る, はく《◆状態は have A on / wear A / be wearing A》‖
She **got** her coat and hat **on**. 彼女はコートを着て帽子をかぶった.

## *get over /gét óuvər ゲトオウヴァ/
——動 (変化形 → get) 1 [自] (塀などを)乗り越える; (川などを)渡る.
2 [自] (考えなどを)わからせる.
3 [get over A] A〈塀など〉を**乗り越える**; 〈川など〉を渡る; 〈障害物・困難など〉を乗り切る, 克服する(overcome) ‖
**get over** the wall 壁を乗り越える.
4 [get over A] 《通例否定文で》A〈ショック・不幸など〉から立ち直る, …を忘れる; A〈病気など〉から回復する(recover from) ‖
I can**not get over** the shock. 私はそのショックから立ち直れない.
5 [get over A] A〈距離〉を行く ‖
**get over** five kilometers 5キロ進む.
6 [他] [get over A / get A over] 〈人・物〉を向こう側へ渡らせる.
7 [他] [get over A / get A over] 〈面倒なことなど〉を済ませてしまう, 終わりにする ‖
Let's **get** it **over** (with). それを片付けてしまおう.

**\*get through** /gèt θrúː/ ゲト スルー/
── 動 (変化形 → get) **1** [自] 通り抜ける, 切り抜ける; 到達する; 〈仕事などを〉終える(finish) ‖
The water **got through**. 水がしみた.

**2** [自] (試験に)合格する; 〈法案が〉可決される.

**3** [自] 自分の言うことをわからせる, 話が通じる ‖
I can't **get through** to him at all. 彼と話が全く通じない.

**4** [自] 電話連絡をする ‖
I couldn't **get through** to London. ロンドンに電話が通じなかった.

**5** [get through A] A〈場所の中〉を通り抜ける ‖
We had difficulty **getting through** the crowd. 人混みの中を通り抜けるのに苦労した.

**6** [get through A] A〈仕事など〉を終える, 済ます(finish); A〈金など〉を全部使う; A〈飲食物〉を平らげる ‖
**get through** a great deal of work たくさんの仕事を仕上げてしまう.

**7** [get through A] 《略式》A〈試験〉に合格する(pass); 〈法案が〉〈議会など〉を通過する.

**8** [他] [get through A / get A through] A〈人〉を通す; A〈人〉に〈窮地など〉を切り抜けさせる; A〈人〉を試験に合格させる/〈法案〉を議会を通過させる ‖
**get** the thread **through** 糸を通す.

**9** 《略式》[他] [get through A / get A through] A〈話など〉をわからせる ‖
I can't **get** the message **through** to her. その伝言を彼女にわからせることができない.

**10** [他] [get through A / get A through] 〈交換手などが〉A〈人〉に電話をつなぐ.

**get–together** /géttəɡèðər ゲトゥゲザ/ 名 C 《略式》(非公式な)集まり; 懇親(会).

**Get·tys·burg** /ɡétizbə̀ːrɡ ゲティズバーグ/ 名 ゲティスバーグ《米国 Pennsylvania 州南部の町. 南北戦争の激戦地》.

**Géttysburg Addréss** [the ~] ゲティスバーグの演説《1863年 Lincoln 大統領の演説. "government of the people, bý the people, fór the people" (人民の, 人民による, 人民のための政治)の句で有名》.

**\*get up** /ɡèt ʌ́p ゲト アプ/
── 動 (変化形 → get) **1** [自] 起きる, 起床する《◆「目を覚ます」は wake (up)》 ‖
He **got up** early this morning. 彼はけさ早く起きた.
It is time to **get up**. =It is **getting-up** time. もう起きる時間だよ.
[対話] "When do you usually **get up**?" "I usually **get up** at 6." 「いつも何時に起きますか」「たいていは6時に起きます」.

**2** [自] 立ち上がる, 起き上がる; 登る ‖
She **got up** to protest. 彼女は抗議のために立ち上がった.

**3** [自] 〈風・火・波などが〉強くなる, 〈海が〉荒れる ‖
A sudden wind **got up**. 急に風が起こった.

**4** [自] 〈馬・自転車などに〉乗る.

**5** [自] [命令文で] 〈馬に呼びかけて〉進め.

**6** [get up A] A〈木・階段・坂など〉を登る ‖
Let's **get up** the hill. その丘に登りましょう.

**7** [他] [get up A / get A up] A〈人〉を起床させる, 立ち上がらせる; A〈人〉に〈病後〉床を離れさせる ‖
She **got** me **up** at 6 a.m. 彼女は私を朝の6時に起こした.

**8** [他] [get up A / get A up] A〈物〉を上に持って来る, 持ち上げる ‖
**get** the piano **up** to the room ピアノを部屋へ運び上げる.

**9** [他] [get up A / get A up] A〈人〉を自転車[馬]に乗せる.

**10** [他] [get up A / get A up] A〈速度〉を増す; A〈蒸気〉を起こす; 《略式》A〈感情・勇気など〉を起こさせる.

**11** 《略式》[他] [get oneself up / be got up] 着飾る, 化粧する; 扮(ぷん)装する ‖
She **got** herself **up** in a new dress. 彼女は新しいドレスを着てめかしこんだ《◆ 年齢とか顔に合わない意を含むことが多い》.

**gey·ser** /**1** ɡáizər ガイザ; **2** ɡíːzər ギーザ/ 名 C **1** 間欠泉. **2** 《英略式》(台所・ふろなどの)自動湯沸かし器((米)) water heater).

**Gha·na** /ɡɑ́ːnə ガーナ, (米+) ɡǽnə/ 名 ガーナ《アフリカ西部の英連邦内の共和国. 公式名 the Republic of Ghana. 旧名 the Gold Coast》.

**ghast·ly** /ɡǽstli ギャストリ/ ɡɑ́ːst- ガーストリ/ 形 (通例 比較 --li·er, 最上 --li·est) **1** 《正式》青ざめた, 死人のように血の気のない ‖
look **ghastly** 青ざめている.

**2** 身の毛のよだつほど恐ろしい, ぞっとする ‖
a **ghastly** experience ぞっとする経験.

**3** 《略式》不満な, いやな, 醜悪な.

**ghet·to** /ɡétou ゲトウ/ 《イタリア》名 (複 ~(e)s) C **1** [歴史] (ヨーロッパ各地にあった)ユダヤ人(強制)居住地区, ゲットー; (ある都市の)ユダヤ人街. **2** 少数民族のスラム街《米国では主に黒人・プエルトリコ人のスラム街. cf. Harlem》.

**ghost** /ɡóust ゴウスト/ 名 C **1** 幽霊, 亡霊, お化け; (幽霊のような)やせこけた[青ざめた]人 ‖
look like a **ghost** 幽霊のように見える.

**2** [the ~] 影, 幻; [a ~ of A / the ~ of A] わずかな… ‖
Her illness doesn't have **the ghost of a chance**. 《略式》彼女には病気の治る見込みが少しもない.

**ghóst stòry** 怪談.

**ghóst tòwn** ゴーストタウン.

**ghost·ly** /ɡóustli ゴウストリ/ 形 (比較 --li·er, 最上 --li·est) 幽霊の(ような); ぼんやりとした.

**ghost·writ·er** /ɡóustràitər ゴウストライタ/ 名 C 代作者, ゴーストライター.

**ghoul** /ɡúːl グール/ 名 C **1** グール《(イスラム教伝説の)墓をあばき死人を食う悪霊》. **2** 墓場荒らし; (死体愛好者など)残虐(ぎゃく)趣味の人.

**GI**[1] /dʒíːái ヂーアイ/ 名 (複 GI's, GIs) C 《略式》[米

陸軍》(特に第二次世界大戦時の)兵士.

**GI**[2] (略) government issue.

**\*gi·ant** /dʒáiənt チャイアント/ 『ギリシア神話の巨人 Gigas (ギガス)の複数形 Gigantes より』
── 名 (複 ~s/-ənts/) C **1** 巨人, 大男; 巨大な動物[植物, 等]; [しばしば G~]〖ギリシア神話〗ギガス《地から生まれた巨人》||
a corporate giant 大企業.
**2** 才能・知力などを備えた人, 巨匠, 偉人 ||
a surgical giant 名外科医.
**3** [形容詞的に] 巨大な(cf. gigantic) (↔ tiny); 偉大な, 非凡な.

**gib·ber·ish** /dʒíbəriʃ チバリシュ, gíb-/ 名 U 早口でわけのわからないしゃべり.

**gib·bon** /gíbən ギボン/ 名 C 〖動〗テナガザル《東南アジア産》.

**gibe, jibe** /dʒáib チャイブ/ 名 C あざけり, 嘲(ちょう)笑.
── 動 (現分 gib·ing/) 自 あざける, ばかにする.

**gib·lets** /dʒíbləts チブレッ/ 名 [複数扱い] (鶏・家禽(きん)の食用の)臓物, もつ.

**Gi·bral·tar** /dʒibrɔ́ːltər チブロールタ/ 名 **1** ジブラルタル(the City of Gibraltar)《スペイン南端の英国領の要塞都市》. **2** the Strait of ~ ジブラルタル海峡《Spain と Morocco の間》.

**gid·dy** /gídi ギディ/ 形 (比較 --di·er, 最上 --di·est) **1** 目まいがする. **2** 目まいを起こさせるような. **3** 《米略式・古》軽薄な, 浮わついた.
**gíd·di·ly** 副 目まいがして, 気まぐれに.
**gíd·di·ness** 名 U 目まい.

**\*\*gift** /gíft ギフト/ 『「与える(give)」が原義』

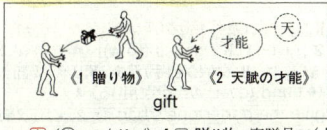

〈1 贈り物〉 〈2 天賦の才能〉
gift

── 名 (複 ~s/gífts/) **1** C 贈り物, 寄贈品;(人に買ってくる)みやげ物《◆ 堅い語で, しばしば「施(ほどこ)し物」という冷たさが感じられるので present が好まれることが多い》||
a Christmas gift to him 彼へのクリスマスの贈り物.
a gift for a birthday = a birthday gift 誕生日の贈り物.
a free gift おまけ, 景品.
対話 "Where did you buy that bag? It's really nice." "This? It was a gift from my father last year." 「そのバッグはどこで買ったの? とってもいいわね」「これ? これは去年父からもらったの」.
**2** C 天賦(てんぷ)の才能 ||
a man of many gifts 多才の人.
the gift of (the) gab 《略式》おしゃべりの才.
have a gift for music 音楽の才能がある.
**a gift from the Góds** 神からの恵み, 幸運.
**gift certificate** 《米》商品(引換)券《英》token).

**gift·ed** /gíftid ギフティド/ 形 天賦の才能のある ||
a man gifted with the art of persuasion 説得の才にたけた人.

**gig** /gíg ギグ/ 名 C **1** 〖歴史〗ギグ《1頭立て軽装無蓋(がい)2輪馬車. **2** 船に積んだ小型ボート《船長専用》.

**gig·a-** /gígə- ギガ-/ (連結形) 10億《(記号) G》. 例: gigabyte ギガバイト.

**gi·gan·tic** /dʒaigǽntik チャイギャンティク/ 形 **1** 巨人のような. **2** 巨大な, 激しい, 膨大な.

**gig·gle** /gígl ギグル/ 名 C 〖擬音語〗(しばしば ~s)(主に若い女性の)くすくす笑い, 忍び笑い《◆下品な笑いとされる》.
── 動 (現分 gig·gling) 自 くすくす笑う ||
giggle at [over] him 彼をくすくす笑う.
**gíggle awáy** (1) 自 くすくす笑い続ける. (2) 他 《時》をくすくす笑って過ごす.

**gild** /gíld ギルド/ (同音 guild) 動 (過去・過分 ~·ed または gilt/gílt/) 他 …に金をかぶせる, 金めっきをする; …を金色に塗る.

**gill** /gíl ギル/ 名 C (通例 ~s)(魚などの)えら.
**be rósy about the gílls** 元気そうに見える.

**gilt** /gílt ギルト/ (同音 guilt) 動 → gild.
── 形 金箔をかぶせた; 金色に塗った ||
a gilt edge 金縁.
a gilt top (本の)天金(てんきん).
── 名 U **1** 金箔, 金粉, 金泥(でい), 金色塗料. **2** うわべだけの飾り, 虚飾.

**gin** /dʒín ヂン/ 名 C U ジン《穀物・麦芽を原料とし杜松(ねず)(juniper)で香りをつけた無色透明の蒸留酒》.

**gin·ger** /dʒíndʒər ヂンヂャ/ 名 C **1** 〖植〗ショウガ; その根茎《香辛料・薬用》. **2** 《略式》元気, 活力, 刺激. **3** ショウガ色, 赤(黄)褐色;(頭髪の)赤毛色.

**gínger ále** [《略式》pòp] ジンジャーエール《ショウガで味つけをした甘味の清涼飲料》.

**gínger bèer** ジンジャービール《発酵させたショウガを用いた清涼飲料》.

**gin·ger·bread** /dʒíndʒərbrèd ヂンヂャブレド/ 名 U **1** ショウガ入りケーキ《ショウガ・糖蜜入りのパンなど》. **2** けばけばしく飾り立てたもの;[形容詞的に] けばけばしい, はでで俗っぽい.

**ging·ham** /gíŋəm ギンガム/ 名 U ギンガム《棒じままたは格子柄の平織りの綿布》.

**gink·go** /gíŋkou ギンコウ/ 名 (複 ~s) C 〖植〗イチョウ ||
a ginkgo nut 銀杏(ぎんなん).

**Gip·sy** /dʒípsi ヂプスィ/ 名 《米》=Gypsy.

**gi·raffe** /dʒərǽf チラーフ|-rάːf チラーフ/ 名 (複 ~s, gi·raffe) **1** C 〖動〗キリン. **2** [the G~] 〖天文〗きりん座.

**gird** /gə́ːrd ガード/ (類音 guard/gάːrd/) (過去・過分 ~·ed または girt/gə́ːrt/) 他 《文》〈帯などを〉締める; …を帯で締める.

**gird·er** /gə́ːrdər ガーダ/ 名 C 〖土木・建築〗ガーダー, 桁(けた), 大梁(おおはり).

**gir·dle** /gə́ːrdl ガードル/ 名 C **1** 腰帯, 帯《◆ 昔は武具》.
**2** ガードル《ウエスト・ヒップを補正する女性用下着の一

種).

**3** (正式) 帯状に取り巻くもの, 輪 ‖
a **girdle** of trees round the lake 湖を囲む木立ち.

## *girl /gə́ːrl/ ガール [『(男女の)子供』が原義]

──名 (複) ~s/-z/ ⓒ **1** (誕生から成人に達するまでの)女の子, 少女；未婚の女(↔ boy) (cf. gal) (→ **4** 注(2))；(略式) 娘(daughter) ‖
She goes to a **girls'** high school. 彼女は女子高に通っています.
a young **girl** (ふつう10代の)少女《◆9歳以下については ˣa young girl of five などとはいわない. cf. a *little girl* of five》.
[対話] "Kate's manners are very childish." "In many ways she's still a little **girl** even though she's 18." 「ケートのやることは子供じみている」「18歳だけど, いろんな点で彼女はまだまだ子供だね」.

**2** 女中, お手伝い, 女店員, 女事務員；女優.
**3** [one's ~] 恋人；(略式) 女友だち.
**4** (略式) (年齢・既婚・未婚を問わず)女性《(1) 目下の女性への呼びかけにも用いる. (2) 時に woman より精神的未熟さを暗示する. 大人の女性を girl と呼ぶのはふつう失礼になる》‖
my dear **girl** (たしなめて)おまえ.
"Hello, **girl**, what will you have?" (店員の言葉)「いらっしゃい, お客さん, 何にします？」《◆(米)では madam, ma'am, lady はていねいな呼びかけ. girl, honey は親しみをこめただけの呼びかけ. (英)では dearly も用いる》.

**gírl friend** =girlfriend.
**gírl guíde** (1) [the G~ Guides] ガールガイド《1910年英国で創設. 米国の Girl Scouts に相当》. (2) ガールガイドの一員.
**gírl scóut** (1) [the G~ Scouts] ガールスカウト《1912年米国で創設. cf. Girl Guides》. (2) ガールスカウトの一員.
**gírl·friend** /gə́ːrlfrènd/ ガールフレンド 名ⓒ (略式) (女性の)女友だち；[通例 one's ~] (男性にとっての)愛人, 恋人；ガールフレンド ‖
She is my **girlfriend**. 彼女は私の恋人だ.
**gírl·hood** /gə́ːrlhud/ ガールフド 名ⓤ (正式) 少女であること；少女時代；[集合名詞] 少女たち ‖
in my **girlhood** 私の少女時代に.
**gírl·ish** /gə́ːrliʃ/ ガーリシュ 形 **1** 少女の(ような)；少女らしい, 無邪気な. **2** <少年が>女の子のような.
**gírl·ish·ly** 副 少女らしく.
**girt** /gə́ːrt/ ガート 動 → gird.
**girth** /gə́ːrθ/ ガース 名 **1** ⓤⓒ (正式) (円筒形物体の)周囲の寸法；(人の)胴回り ‖
a tree 5 meters in **girth** 周囲が5メートルの木.
**2** ⓒ (馬などの)腹帯.
**gist** /dʒíst/ ヂスト 名 [the ~] 要点, 要旨.

## *give /gív/ ギヴ [『一方から他方へ』(物を)移動し(て人に)持たせる』が本義]

→ 他 **1** 与える **2** 渡す **7** 授ける **9** 述べる
**10** 伝える **13** 生じさせる **15** 加える
**17** 催す **18** 発する
自 **1** 物を与える **2** たわむ
──動 (三単現) ~s/-z/；(過去) gave/géiv/；(過分) giv·en/gívn/；(現分) giv·ing.

──他 Ⅰ [(無償で)与える(所有権が移動)]《「有償で与える, (金を)払って与える」は sell, pay》
**1** [授与動詞] [give (A) B / give B (to A)] <人が><A<人>に> B<物・金>を(無償で)**与える**, あげる, やる, 贈る, 寄付する《◆offer, present, contribute などより口語的》‖
**give** a present プレゼントをする.
**give** money generously **to** the poor 貧しい人々に気前よくお金を寄付する《◆money を省いて give generously to the poor ともいえる. → 自**1**》.
He **gave** a box of chocolates **to** Helen. 彼はヘレンにチョコレートを1箱与えた《◆「だれに」与えたかに焦点を置いた言い方》.
[対話] "What can I get for my girlfriend?" "What about **giving** her a brooch?"「ガールフレンドに何を買ってあげればよいかなあ」「ブローチなんかどう？」《◆答えの文は「何を」与えるかに焦点を置いた言い方》.

[語法] He gave me the book. の受身形.
(1)「私が何を与えられたか」を言うとき：I was giv·en the book.
(2)「本がだれに与えられたか」を言うとき：The book *was given to* me. 《◆The book *was given* me. は(ややまれ)》.

Ⅱ [(無償で)渡す, 預ける(所有権が移動しない)]
**2** [give (A) B / give B (to A)] (無償で)<人が><A<人>に> B<物などを手>渡す, 預ける, 委託する《◆hand (over) の代わりに用いる》‖
**give** the porter one's bag ポーターにバッグを預ける.
Please **give** this letter **to** your teacher. この手紙を先生に渡してください《◆文脈によっては「与える」の意にもなる. → **1**》.

Ⅲ [(有償で)渡す(所有権が移動)]《◆sell, pay と同義》
**3** [give (A) B / give B (to A)] <人が><A<人>に> B<物>を(売り)渡す《◆sell の代わりに用いる》, (A<人>に) B<金>を支払う《◆pay の代わりに用いる》‖
She **gave** $5,000 **for** that painting. 彼女はその絵に5千ドル払った.
I **gave** it to him **for** £7. それを彼に7ポンドで売った.
How much did you **give for** the car? その車はいくらしたの.

Ⅳ [「(無償で)渡す」の拡大用法]
**4** [give A B / give B to A] <人が> A<人>に B<手などを差し出す《(正式) extend》《受身にしない》；(米)<交換手が> A<人>に B<人・内線など>をつなぐ, 呼び出す ‖

Give me extension 20, please. 内線20につないでください.
Give me Mr. Smith. スミスさんに代わっていただけませんか.
She gave me her hand to shake. 彼女は握手をしようと手を差し出した.

**V** [「(無償で)与える」の拡大用法]

**5** [give (A) B] 〈生物・物・事が〉(A〈人〉に) B〈物・事〉を生み出す, 供給する《◆ supply, provide, produce より口語的》‖

The sun gives heat. 太陽は熱を与えてくれる.
Hens give us eggs. めんどりは我々に卵を産んでくれる.
Five into ten gives two. 10割る5は2.
The analysis gives the following results. その分析では次の結果が出ている.

**VI** [「与える, 渡す」の比喩的用法]

**6** [give (A) B / give B (to A)] 〈人が〉(A〈人〉に) B〈機会・許可など〉を与える; 〈人〈人〉に) B〈時間・仕事など〉を割り当てる《◆ issue, assign より口語的》‖

give permission 許可を与える.
give homework to the students 学生に宿題を出す.
Give me one more chance. もう一度だけ機会を与えてくれ.
We gave him five minutes to decide. 彼が決心するのに5分の猶予を与えた.
You'd better give yourself an hour to get there. そこへ行くのに1時間みといた方がいいよ.

**7** [give (A) B / give B (to A)] 〈人・事が〉(A〈人〉に) B〈名誉・地位など〉を授ける, 与える《◆ grant, offer より口語的》; 〈人〈人〉に) B〈信頼など〉を寄せる‖

give a title 称号を授ける.
give him the place of honor 彼に名誉ある地位を与える.
give first prize to the winner 勝者に1等賞を与える.
I give him my confidence. 彼を信用している.

**8** [give (A) B] 〈人が〉(A〈人〉に) B〈論点・試合など〉を譲る, 認める‖

I'll give you that. その点は認めよう; それはそのとおりだ(=I agree with you on that point.).
Don't give me that. (略式) そんなこと信じるものか.

**9** [give (A) B / give B (to A)] 〈人が〉(A〈人〉に) B〈意見・理由・助言・祝福など〉を述べる, 言う《◆ express より口語的》; (A〈人〉に) B〈物・事〉を提出する((正式) submit); 〈裁判官が〉(A〈人〉に) B〈判決など〉を言い渡す; 〈人が〉(A〈人〉に) B〈約束など〉を誓う‖

give thanks 感謝を述べる.
give an alibi アリバイを提出する.
give evidence in court 法廷で証言する.
Give me your name and address, please. 名前と住所をおっしゃってください.
Can you give me your opinion on this? これについての君の意見を聞かせてください.
Please give my best wishes to your family. (正式) ご家族の皆様によろしくお伝えください(=(略式) Say hello to your family (for me).).

**10** [give (A) B / give B (to A)] 〈人が〉(A〈人〉に) B〈情報・知識など〉を伝える, 告げる; 〈新聞などが〉(A〈人〉に) B〈記事など〉を載せる‖

give the signal to start スタートの合図をする.
give a true account of the accident その事故の真相を伝える.
Can you give me her telephone number? 彼女の電話番号を教えてくれませんか.
The dictionary doesn't give this word. その辞書にはこの語は載っていない.

**11** [give (A) B / give B (to A)] **a** 〈人が〉(A〈人〉に) B〈例など〉を示す, あげる; 〈事が〉 B〈兆候などを示す; 〈計器が〉 B〈度数〉を示す; 〈人が〉(A〈人〉に) B〈日時〉を指定する‖

The house gives no sign of life. その家には人の住んでいる気配がない.
They gave us the date of meeting. 彼らは会合の日を指定した.
You should give a good example to your children. 子供たちによい手本を示すべきだ.
The thermometer gives 25℃ in the room. 温度計は室内で25度を示している.

**b** 〈作者などが〉(A〈人〉に) B〈人間・風景・心情など〉を描く‖

Shakespeare gives us human nature in various forms. シェイクスピアは我々にさまざまな人間性を見せてくれる.

**12 a** 〈人が〉〈精力・時間など〉をそそぐ, 傾注する《◆ devote より口語的》; [~ oneself] 専念[没頭]する‖

give oneself to one's work 仕事に打ち込む.
She gave all her time to the study. 彼女は時間を全部その研究に注いだ.

**b** (正式) [be given] (読書・飲酒などに)ふける; (…をする)癖がある(+up, over)‖

She is given to boasting. 彼女には自慢する癖がある.

**c** 〈人が〉〈生命・人など〉を(国家・大義などのために)さ さげる, 犠牲にする(+up)《◆ sacrifice より口語的》‖

give one's life in war (正式) 戦争で命を捨てる.

**13 a** [give (A) B] 〈人・物・事が〉(A〈人など〉に) B〈心配・喜び・印象など〉を生じさせる, 起こす《◆ cause より口語的》‖

Music gives most people pleasure. 音楽はたいていの人に喜びを与える.
He gave us a lot of trouble. 彼は我々にたいへん面倒をかけた.
Does your back give you pain? 背中が痛みますか.

対話 "Did I scare you with this ghost costume?" "I'll say. You gave me quite a fright." 「このお化けの衣装怖かったかい」「とっても. 震え上がったわ」.

**b** [give A B / give B to A]〈人が〉A〈人〉に B〈責任など〉を帰する ‖
give him the blame その責任を彼にかぶせる.

**c** (正式)[give A to do]〈人が〉(情報などを与えて)A〈人〉に…させる《◆(1) しばしば受身で用いる. (2) do は believe, think, know, understand などで, 主に間違って信じ込まされたりするときに使う》‖
I was given to understand that she was ill. 私は彼女が病気だと思い込まされた.

**14** [give A B]〈人が〉A〈人〉に B〈病気〉をうつす ‖
You've given me your cold. 君にかぜをうつされたよ.

**15 a** [give (A) B]〈人が〉(A〈人・物〉に) B〈動作・行為〉を加える, する《◆ B は動詞から派生した名詞. give は時制・人称・数の文法的機能をになうだけで, 実質的意味は B にある》‖
give him a kiss 彼にキスする(=kiss him).
give him an answer 彼に返事をする(=answer him).
She gave the door a hard kick. 彼女はドアを強くけった(=She kicked (at) the door hard.).

[対話] "Can you give me some help?" "Maybe later. I'm a little busy now." 「ちょっと手伝ってくれますか」「あとでだったらね. 今は少し手がはなせないんだ」.

[Q&A] **Q**: give a kiss to him の語順は正しいですか.
**A**: いいえ. しかし He gave a kiss to the girl next to him on the train. (彼は列車で隣にいる女の子にキスをした)のように A(the girl) に修飾語(句)(next … train)がついて長い場合には to A をうしろに置くこともあります.

**b** [give A B]〈人が〉A〈人〉に(罰として) B〈労働など〉を課する ‖
give the boy a whipping その少年をむちで打つ.
We gave him six months' labor. 彼に6か月の重労働を課した.

**16 a** [give A B]〈司会者が〉A〈聴衆〉に B〈話し手など〉を紹介する;〈人が〉A〈聴衆など〉に B〈人・事〉のために乾杯するよう求める ‖
I give you the President. 大統領のために乾杯しましょう.

**b**〈乾杯〉をする ‖
give a toast 乾杯をする.

**VII** [「与える」より転じて「…する」]

**17** [give (A) B / give B (for A)]〈人が〉(A〈人〉のために) B〈パーティーなど〉を催す, 開く《◆ hold より口語的》; B〈劇など〉を上演する; B〈授業・演技など〉を行なう ‖
Give us a song. 1曲歌って聞かせてください.

[対話] "We are giving Tom a party on his birthday. Will you come?" "I'd be glad to." 「トムの誕生パーティーを開く予定なのだけど, 来ませんか」「喜んで行くよ」.

**18**〈人・物が〉〈声・音など〉を発する;〈身振り〉を示す;〈物が〉〈運動〉をする ‖
She gàve a súdden júmp. 彼女は突然飛び上がった(=She jumped suddenly.).
The car gàve a jólt. 車はがたがた揺れた(=The car jolted.).
She gàve a shrúg of the shoulders. 彼女は肩をすくめた(=She shrugged her shoulders.).

──**自 1** [give to B]〈人が〉B〈貧者など〉に物を与える, 寄付をする ‖
give generously to the needy 貧しい人々に物を気前よく寄付する《◆ B は charities (慈善団体), the poor, the needy など》.

**2**〈物が〉(圧力などを受けて)たわむ, しなう; へこむ, くずれ落ちる《◆ collapse より口語的》;〈関節などの〉力が抜ける ‖
The bamboo gàve but did not break. その竹はたわんだが折れなかった.

**3**(英)〈窓などが〉〈道路などに〉面している, 見晴らす ‖
The window gives on the park. その窓は公園に面している.

**gíve and táke** (1) 互いに譲歩[妥協]する. (2) 意見を交換する(cf. give-and-take).

**gíve as góod as** *one* **géts**(略式)(けんか・議論で)負けずにやり返す.

**◇give awáy** → give away (見出し語).

**give báck** (1) [自] 退く, 退却する. (2) [他]〈物〉を返す;〈侮辱など〉をやり返す ‖ give the book back to him 彼に本を返す(=give him back the book / give him the book back). (3) [他]〈音・光〉を反響[反射]させる.

**give fórth** (文) [他] (1)〈音・においなど〉を発する. (2)〈事〉を公にする, 公表する.

**◇give ín** (1) [自] 降参する, 屈服する ‖ give in to his views 彼の意見に折れる / The enemy finally gave in. 敵はついに降参した. (2) [他]〈書類など〉を提出する, 手渡す ‖ give the examination papers in to the teacher 先生に答案用紙を提出する.

**Gíve me A.** (1) A〈物・事〉の方がよい ‖ Give me the good old times. 懐かしい昔よもう一度. (2) → 他 **4**.

**give óff** [他]〈煙・におい・光・熱など〉を放つ, 発する ‖ The liquid gave off a strong smell. その液体は強いにおいを発した.

**give or táke A** A〈量・時間〉の多少の増減を伴って ‖ It will take an hour, give or take a few minutes. 数分の違いがあるかもしれないが, 1時間かかるだろう.

**give óut** (1)(略式) [自]〈供給・力・バッテリーなどが〉尽きる;〈人が〉疲れ果てる ‖ His strength gave out. 彼の力が尽きた. (2)(略式) [自]〈エンジンなどが〉故障で止まる(break down);〈物がつぶれる, だめになる ‖ The engine gave out (on him). エンジンが故障した. (3) [他]〈ニュースなど〉を発表する; [~ óut that 節] …と発表する ‖ The election date was given out. 選挙の

日が発表された. **(4)** [他] [~ *oneself* **out**] 言い立てる, 名乗る. **(5)** [他] 〈物〉を配る ∥ **give out** leaflets **to** those who enter the hall 会場に入る人にビラを配る.
◇*give óver* → give over (見出し語).
◇*give úp* → give up (見出し語).
  **give úp on A** 《略式》A〈人・事〉に見切りをつける.
  **give wáy** → way.
**give-and-take** /gívəntéik ギヴァンテイク/ [名] Ⓤ **1** お互いの譲歩, もちつもたれつ. **2** (なごやかな) 意見の交換 《◆ふつう無冠詞で用いる》.
**give·a·way** /gívəwèi ギヴァウェイ/ [名] Ⓒ 《略式》**1** [a ~] (秘密などを) うっかり漏らす《◆ **give** oneself **away** (本心を表す) より》. **2** たやすくできる事柄; 《米》景品, サービス品.

\***give away** /gìv əwéi ギヴ アウェイ/
— [動] (変化形 → give) [他] **1**〈物〉をただでやる; 〈物〉を安く売る; 〈賞品・贈り物など〉を配る, 渡す ∥
He **gave away** all his money **to** those people. 彼は運中にあり金を全部くれてやった.
**2** 〈結婚式で〉〈父親〉が〈新婦〉を新郎に引き渡す.
**3** 〈秘密など〉をもらす, ばらす;〈話し方などが〉〈人〉の正体を思わず表す;〈人〉を裏切る ∥
**give** oneself **away** 本心を表す.
Her accent **gave** her **away**. 言葉のなまりで彼女の国が知れた.

\***giv·en** /gívn ギヴン/
— [動] → give ∥
a **given** necklace 贈られたネックレス.
— [形] **1** [名詞の前で] 定められた, 一定の, 既知の, 特定の ∥
within the **given** time 定められた時間内に.
**2** 《正式》[しばしば前置詞・接続詞的に] (計算・推論の根拠として)…が与えられると, [**given** (**that**) 節]…と仮定すると(if); …(であること)を考慮に入れると(considering) ∥
**Given** her inexperience [**Given** (**that**) she's inexperienced], (then) she has done well. 未経験であることを考え合わせると, 彼女はよくやったほうだ.
対話 "She didn't do too badly on the test, did she?" "Not at all. **Given** the fact she only studied two days." 「彼女はあの試験でそんなにひどい成績じゃなかったんだね」「全く、2日しか勉強しなかったことを考えればね」.
**3** 《正式》〈公文書が〉作成された ∥
**Given** under my hand and seal on the 2nd (day) of May. 5月2日自署捺印(ﾅﾂｲﾝ)して作成.

**gíven náme** 《米》(姓に対して) 名 (→ first name, name).

Q&A **Q**: 代表的な given name にはどんなものがありますか.
**A**: (( )内は nickname)
(1) 女性: Barbara (Babs); Elizabeth (Beth, Liza, Eliza, Betty); Frances; Margaret (Maggie, Meg, Peggy, Peg); Rosemary; Shirley; Patricia (Pat).
(2) 男性: Brian; David (Dave, Davy); Edward (Ed, Eddie, Ned, Ted, Teddy); John (Johnny, Jack); Peter; Robert (Bob, Bobby, Robin, Bert); William (Will, Willie, Bill, Billy) などがあります.

\***give over** /gìv óuvər ギヴ オウヴァ/
— [動] (変化形 → give) **1** 《英略式》[自] [しばしば命令文で] やめる (stop), 静かにする; 〈雨などが〉やむ ∥
Do **give over**! いいかげんにやめろ.
**2** 《英略式》[**give over A**] A〈事〉をやめる ∥
**Give over** fighting. けんかはやめろ.
**3** [他] [**give over A** / **give A over**] A〈物・人など〉を引き渡す, 預ける, 委託する ∥
**give** him **over to** the police 彼を警察に引き渡す.
**give** the key **over to** the caretaker かぎを管理人に預ける.
**4** [他] [**give over A** / **give A over**] (特定の目的のために)A〈時間・場所など〉をあてる, わりあてる, 取っておく ∥
That evening was **given over to** discussion. その夜は討論にあてられていた.
**5** → [他] **12 b**.

**giv·er** /gívər ギヴァ/ [名] Ⓒ 与える人, 贈与者, 寄贈者.

\***give up** /gìv ʌ́p ギヴ アプ/
— [動] (変化形 → give) **1** [自] あきらめる, やめる; 降参する ∥
I **give up**. もうやめた; もうまいった《◆なぞなぞ・質問の答えがわからないときの言葉》.
**2** [他] [**give up A** / **give A up**] A〈悪習など〉をやめる, 放棄する ∥
She finally **gave up** smoking. 彼女はとうとうタバコをやめた.
**3** [他] [**give up A** / **give A up**] (だめだとして) A〈考え・希望・勉強など〉を捨てる, あきらめる; A〈患者〉を見放す; A〈人〉との関係を絶つ; A〈物〉を手放す ∥
**give up** the idea その考えを捨てる.
**give** him **up for** dead 彼が死んだものとしてあきらめる.
**give up** trying to help him 彼を助けようとするのをあきらめる.
**4** [他] [**give up A** / **give A up**] A〈人・物・場所・権限など〉を引き渡す, 渡す, 譲る; A〈地位など〉を去る, 手離す ∥
Please **give up** this seat if an elderly or handicapped person needs it. (掲示) お年寄りや身体の不自由な方に席を譲りましょう.
**5** [他] [**give oneself up**] 没頭する; 自首する ∥
**give** oneself **up to** the police 警察に自首する.

**giv·ing** /gívɪŋ ギヴィング/ [動] → give.
**giz·zard** /gízərd ギザド/ [名] Ⓒ (鳥の) 砂嚢 (ﾅｳ), 砂袋.

**gla·cé** /glæséi グラセイ/ =/ /『フランス』/ 形 **1** 〈菓子など が〉砂糖をかけた, 砂糖づけの. **2** 〈革・布などが〉なめらか でつやのある.

**gla·cial** /gléiʃl グレイシュル/ -siəl -スィアル/ 形 **1** 氷 の, 氷河の. **2** [しばしば G〜] 氷期の, 氷河時代の.

**glácial èpoch** [èra] [地質] [the 〜] 氷期, 氷 河時代.

**glá·cial·ly** 副 氷のように冷たく.

**gla·cier** /gléiʃər グレイシャ/ glǽsiə グラスィア/ 名 氷河 (図 → mountain).

## *glad /glæd グラド/ [「平らな・滑らかな」が原義]

glad 《うれしく思う》

—— 形 (通例 比較 glad·der, 最上 glad·dest) **1** うれしく思う (↔ sad) ‖

be **glad** for her help 彼女の援助がうれしい.

I'm **glad** (that) he got a new job. 彼が新し い仕事についたことがうれしい 《◆ I'm *glad about* his new job. のように言うこともできる》.

She **was glad to** hear the news. =She **was glad at** the news. 彼女はその知らせを聞 いて喜んでいた.

How do you do? I'm very **glad to** meet you. 初めてお目にかかります. どうかよろしく.

I'm **glad to** have met you. =(略式) **Glad to** have met you. お会いして楽しかったです 《◆ 別れ る際の言葉》.

I'm **glad** you could come. 来ていただいてうれ しいです.

I'd be **glad** if you would be quiet! 静かにし てもらえるとうれしいのですが 《◆ Be quiet! の遠回 し表現》.

対話 "Your apple pie is absolutely deli- cious." "Thank you. I'm **glad** you like it." 「あなたのアップルパイはほんとうにおいしいですね」「あり がとう. 気に入ってもらえてうれしいです」.

**2** [通例 will be glad to do] 喜んで…する ‖

I will be **glad to** help you. 喜んであなたのお手 伝いをしましょう 《◆ happy より glad の方がていね いな表現》.

**3** [名詞の前で] うれしそうな; 喜ばしい, 楽しい; 晴れ やかな ‖

a **glad** summer day 輝かしい夏の1日.

**glad** news うれしい知らせ.

---

Q&A **Q**: glad と happy はどのように違います か.

**A**: 〈人〉を表す名詞の前に glad を用いることがで きません: a *happy* girl 幸せな女の子 《◆ a ×*glad* girl とは言えない》.

---

**glad·den** /glǽdn グラドン/ 動 他 (正式) …を楽しま せる, 喜ばせる.

**glade** /gléid グレイド/ (類音 grade /gréid/) 名 C **1** (文) 林間のあき地. **2** (米) 湿地, 沼沢地.

**glad·i·a·tor** /glǽdièitər グラディエイタ/ 名 C (古 代ローマの)剣闘士.

**glad·ly** /glǽdli グラドリ/ 副 喜んで, うれしそうに (↔ sadly).

**glam·or·ous,** (英では時に) **-our-** /glǽmərəs グ ラマラス/ 形 魅力に満ちた, 魅惑的な 《◆ 男性にも用い る. 女性に用いた場合も必ずしも大柄で性的魅力のあ る女性を意味しない. 日本語の「グラマー(な女性)」に 当たるのは a voluptuous woman など》 ‖

a **glamourous** girl 魅力的な女性.

**glám·or·ous·ly** 副 魅力的に.

**glam·our,** (米では時に) **-or** /glǽmər グラマ/ (類音 grammar/grǽmər/) 名 U うっとりさせる魅 力[美しさ], 魅惑 《◆ しばしばうわべだけの魅力を含 意》; (女性の)性的魅力 ‖

the **glamour** of foreign countries 外国の魅 力.

**glance** /glǽns グランス| glɑ́:ns グラーンス/ 名 C [通 例 a 〜] (意図的に)ちらりと見ること, 一瞥(ろ) (→ glimpse) ‖

give [cast] a **glance** at the report 報告書 にざっと目を通す.

*at a **glánce** = at fírst **glánce** ひと目見ただけで, 一見して; すぐに (at once).

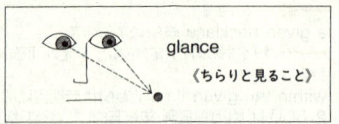

glance 《ちらりと見ること》

—— 動 (現分 glanc·ing) 自 **1** ちらっと見る; ざっと 見る ‖

**glance** at one's watch 時計をちらっと見る.

**2** きらりと光る.

**3** 〈弾丸などが〉斜めに当たってそれる[はね返る], かすめ る ‖

The arrow **glanced** off the tree. 矢は木をか すめた.

**glanc·ing** /glǽnsiŋ グランスィング| glɑ́:ns- グラーンス ィング/ → glance. —— 形 〈弾丸などが〉それる.

**glánc·ing·ly** 副 それて.

**gland** /glǽnd グランド/ (類音 grand /grǽnd/) 名 C [解剖・植] 腺(せん) ‖

the sweat **glands** 汗腺.

**glan·du·lar** /glǽndʒələr グランヂュラ| -dju- -デュ ラ/ 形 腺(せん) (gland) の; 腺状の; 腺異常から生じる.

**glare** /gléər グレア/ 名 **1** U [通例 the 〜] ぎらぎら する光, まぶしい光 ‖

in the **glare** of the spotlight スポットライトのぎ らぎらする光の中で.

**2** C [通例 a 〜] にらみつけること ‖

look at him with a **glare** 彼をにらみつける.

—— 動 (現分 glar·ing) 自 **1** ぎらぎら光る, (不愉 快なほど)まぶしく輝く ‖

The sun **glared** down on us. 太陽はぎらぎら

と我々に照りつけた.
**2**（怒って）にらみつける ‖
The bus driver glared at us for shouting.
騒いでいたのでバスの運転手は我々をにらみつけた.
**glar·ing** /gléəriŋ グレアリング/ 動 → glare.
―― 形 **1** ぎらぎら輝く, まぶしい. **2** けばけばしい, 派手な. **3** まぎれもない, 明らかな. **4** にらみつけるような.
**glár·ing·ly** 副 ぎらぎらと, まぶしく；にらみつけて.
**Glas·gow** /glǽskou グラスコウ, glǽsgou, glǽzgou | glɑ́:zgəu グラーズゴウ, glɑ́:s-/ 名 グラスゴー《スコットランド南西部の都市》.

**\*\*glass** /glǽs グラス | glɑ́:s グラース/ 《(類音) grass/grǽs | grɑ́:s/》 「『輝く』が原義」
―― 名（複 ~·es/-iz/）**1** □ ガラス《◆純粋・はかなさの象徴》‖
two panes of **glass** 2枚の窓ガラス.
**glass** of lead 鉛ガラス.

[関連] [いろいろな glass] colored glass 色ガラス / ground glass すりガラス / safety glass 安全ガラス / stained glass ステンドグラス.

[C と U] ガラス U
　　　　　グラス, コップ C
**2** C **グラス, コップ**《◆ cup と異なり, ふつう取っ手がなくて冷たい液体を入れて飲む》；**コップ1杯（の量）**；酒 ‖
sherry-**glasses** シェリーグラス.
He drinks two **glasses** of milk every morning. 彼は毎日2杯のミルクを飲む.
be fond of one's **glass** 一杯やるのが好きである.
OK, everyone raise your **glasses**. Let's make a toast. さあ, みなさんグラスをあげて乾杯しましょう.
**3** U [集合名詞] ガラス製品 (glassware) ‖
give **glass** as a wedding present 結婚式の贈り物にガラス器をあげる.
**4** C《主に英古式》鏡 ‖
look (at oneself) in the **glass** 鏡（の中の自分）を見る.
**5 a** [~es] めがね (specs, spectacles, eye-glasses)；（小型）双眼鏡 (binoculars, field glasses)；オペラグラス ‖
a pair of **glasses** めがね1つ《◆めがねの片側だけ指す場合は lens などを用いる》.
a girl in **glasses** めがねをかけた女の子.
These **glasses** are for writing. このめがねは書き物用です《◆「めがね2個以上」という解釈もできる. 1個の場合は This pair of glasses is for ... とも言える》.

[関連] [いろいろな glasses] goggles 大めがね, ゴーグル / lorgnette 柄つきめがね / monocle 片めがね / pince-nez 鼻めがね / sunglasses サングラス.

**b** C 望遠鏡；晴雨計.

**gláss cáse** ガラスケース, ガラス製陳列箱《◆ glass càse は C「ガラス製品を入れる容器」》.
**gláss cùtter** ガラス切り；ガラス細工人.
**gláss fiber** ガラス繊維.
**glass·ful** /glǽsfùl グラスフル | glɑ́:s- グラース-/ 名 C コップ[グラス]1杯（分）.
**glass·house** /glǽshàus グラスハウス | glɑ́:s- グラース-/ 名 C **1** ガラス工場.
**2**（主に英）温室；ガラス張りの家 ‖
People (who live) in glasshouses shouldn't throw stones.《ことわざ》ガラスの家に住む人は石を投げてはいけない；すねに傷持つ者は他人の批評などしない方がよい.
**glass·ware** /glǽswèər グラスウェア | glɑ́:s- グラース-/ 名 U [集合名詞] ガラス器[食器].
**glass·work** /glǽswə̀:rk グラスワーク | glɑ́:s- グラース-/ 名 U **1** ガラス（器）製造（業）；[集合名詞] ガラス製品[細工]. **2** ガラスの取り付け[裁断].
**glass·y** /glǽsi グラスィ | glɑ́:s- グラース-/ 形（比較）-i·er, （最上）-i·est）ガラス質の, ガラスのような.
**glaze** /gléiz グレイズ/《(類音) graze/gréiz/》動（現分）glaz·ing）他 **1** ガラス状になる；つやがでる. **2**〈目が〉かすむ.
―― 名 **1** U C 光沢のある表面；つや. **2** C うわ薬.
**glazed** /gléizd グレイズド/ 動 → glaze.
―― 形 **1**〈窓などが〉ガラスの；〈陶器などが〉うわ薬を塗った. **2**〈目が〉かすんだ, うつろな.

**\*gleam** /glí:m グリーム/ 「glimmer よりもはっきりした光」
―― 名（複 ~s/-z/）C **1** かすかな光 [輝き, きらめき]（→ glimmer）‖
the **gleam** of a car's headlights in the fog 霧の中の自動車のかすかなライト.
**2** [通例 a ~] ひらめき,（感情・機知・希望などの）かすかな表れ ‖
a **gleam** of hope かすかな希望.
a **gleam** of humor ユーモアのひらめき.
―― 動 自 **1**（かすかに・にぶく・白く）光る [輝く] ‖
the moon **gleaming** on the water 水面に光る月.
**2**〈希望・感情などが〉ひらめく.
**glean** /glí:n グリーン/《(類音) green/grí:n/》動 他《正式》**1**〈落ち穂などを〉拾う, 拾い集める. **2**〈事実・情報などを〉少しずつ収集する.
**glee** /glí: グリー/ 名 **1** U 喜び, 歓喜 ‖
shout with **glee** わっと歓声をあげて喜ぶ.
**2** C〔音楽〕グリー合唱曲《3部またはそれ以上の無伴奏合唱曲》.
**glée clùb** 男性合唱団, グリークラブ.
**glee·ful** /glí:fl グリーフル/ 形 大喜びの, 上機嫌の.
**glée·ful·ly** 副 大喜びで, 楽しそうに.
**glen** /glén グレン/ 名 C《主にスコット》峡谷, 谷間.
**Glenn** /glén グレン/ 名《男の名》**2** グレン《John ~ 1921- ；地球を周回飛行した米国の宇宙飛行士. 77歳で史上最高齢の宇宙飛行 (1998)》.
**glib** /glíb グリブ/ 形（比較 glib·ber, 最上 glib·best）**1** 口の達者な, ぺらぺらよくしゃべる. **2** うわべだけの.

**glíb·ly** 副 ぺらぺらと.
**glíb·ness** 名 U おしゃべり.

**\*glide** /gláid グライド/
—— 動 (三単現) ~s/gláidz/; 過去・過分 glid·ed /-id/; 現分 glid·ing) 自 **1** すべるように動く(→ slide) ‖
A bird can glide through the air without moving its wings. 鳥は翼を動かさずに空中を滑空できる.
**2** [航空] 滑空[滑降]する, グライダーで飛ぶ.
**3** 〈時が〉いつの間にか過ぎ去る.
—— 名 (複 ~s/gláidz/) C **1** すべること, すべり.
**2** [航空] 滑空, 滑走.

**glid·er** /gláidər グライダ/ 名 C グライダー.
**glid·ing** /gláidiŋ グライディング/ 動 → glide.
—— 名 U グライダー飛行[競技]

**glim·mer** /glímər グリマ/ 動 自 (文) ちらちら光る; かすかに光る(→ sparkle). —— 名 C **1** (文) かすかな光《◆ gleam よりかすかで揺れている光》. **2** (希望などの)わずかなしるし, おぼろげな感知.

**\*glimpse** /glímps グリンプス/ [「かすかな光 (gleam)」が原義. cf. glimmer]
—— 名 (複 glimps·es/-iz/) C **1** ちらりと見えること, ひと目, 一見 ‖
I caught [got] a glimpse of Mt. Fuji from the window of the train. 列車の窓から富士山がちらっと見えた《◆「富士山が視野に入って来た」意. 意図的にちらっと見ることは glance》.
対話 "Did you see what she looked like?" "Not really. I just caught a glimpse of her as she passed by." 「あの女の人どんな顔だったか見ましたか」「いいや. 通りすぎた時ちらっと見えただけでしたから」.
**2** ちらっと感づくこと; かすかに現れること ‖
There was a glimpse of truth in her words. 彼女の言ったことにはわずかに真実性があった.
—— 動 (三単現 glimps·es /-iz/; 過去・過分 ~d /-t/; 現分 glimps·ing)
—— 他 …をちらりと見る ‖
She glimpsed him running through the crowd. 彼が人込みをかき分けて走ってくるのがちらりと彼女に見えた.

**glimps·ing** /glímpsiŋ グリンプスィング/ 動 → glimpse.
**glint** /glínt グリント/ 動 自 きらきら光る. —— 名 C **1** きらめき, 閃(せん)光. **2** かすかな現れ; ほんのわずか.
**glis·ten** /glísn グリスン/ 動 自 (正式) 濡れてぴかぴか光る《◆ 乾いた輝きは glitter》; 白く輝く.
**glit·ter** /glítər グリタ/ 動 自 ぴかぴか光る, きらめく《◆ glare より弱い光, 反射していろいろな光を出すものに用いる. → glisten, sparkle》 ‖
All that glitters is not gold. =All is not gold that glitters. (ことわざ)光るものすべてが金とは限らない.
—— 名 U [通例 the ~] きらめき, 輝き ‖
the glitter of broken glass 壊れたガラスのきらめき.

**glit·ter·ing** /glítəriŋ グリタリング/ 動 → glitter.
—— 形 **1** きらきら輝く. **2** 輝かしい.
**gloat** /glóut グロウト/ 動 自 いい気味だと思ってながめる, ほくそえんでいる. —— 名 [a ~] (しめしめという)満悦, ニンマリすること.
**glob·al** /glóubl グロウブル/ 形 **1** 球状の. **2** 世界的な, 地球上の. **3** 包括的な, グローバルな.
**glóbal wárming** 地球温暖化.
**glób·al·ly** 副 全世界から見て; 全体的に, 包括的に.
**globe** /glóub グロウブ/ (類音 glove /gláv/, grove/gróuv/) 名 C **1** 球, 球体 ‖
The earth is not a true globe. 地球は完全な球体ではない.
**2** [the ~] (人の住む世界としての)地球《◆ 丸いことを強調. cf. earth》; 世界; 天体 ‖
travel to all parts of the globe 世界じゅうを旅行する.
**3** 地球儀, 天体儀.
**4** 球状の物; 球形のガラス器《ランプのかさ[ほや]・電球・金魚ばちなど》.

**glob·u·lar** /glábjələr グラビュラ|glɔ́b- グロビュラ/ 形 (正式) 球状の, 球形の《◆「(完全に)球形的には spherical》; 小球体からなる ‖
a globular cluster 球状星団.
**glob·ule** /glábju:l グラビュール|glɔ́b- グロビュール/ 名 C 小滴; 血球.
**gloom** /glú:m グルーム/ (類音 groom/grú:m/) 名 U **1** (正式) 薄暗がり, 薄暗やみ《◆ darkness よりや明るい状態》 ‖
the damp gloom of the cave ほら穴のじめじめした暗がり.
**2** [しばしば a ~] 陰気; 深い悲しみ ‖
a feeling of gloom 憂うつな気持ち.
**gloom·i·ly** /glú:mili グルーミリ/ 副 **1** 薄暗く. **2** 陰気に.
**gloom·y** /glú:mi グルーミ/ 形 (通例 比較 --i·er, 最上 --i·est)

**1** 薄暗い ‖
the gloomy rooms of a castle 城の薄暗い部屋.
**2** 憂うつな, 陰気な ‖
a gloomy mood 陰気な雰囲気.
**3** 悲観的な, 希望のない ‖
feel gloomy about the future 将来を悲観する.

**glo·ries** /glɔ́:riz グローリズ/ 名 → glory.
**glo·ri·fy** /glɔ́:rəfai グローリファイ/ 動 (三単現 --fies/-z/; 過去・過分 --ri·fied/-d/) 他 **1** (正式)〈神〉の栄光をたたえる. **2** (古) …に栄光を与える. **3** (略式)[通例 glorified] (実際以上に)…をよく見せる.
**glo·ri·ous** /glɔ́:riəs グローリアス/ 形 **1** 光栄ある, 栄

誉に満ちた(↔ inglorious) ‖
a glorious deed 輝かしい行為.
**2** 光り輝く; 壮麗な ‖
a glorious sunset 壮麗な日没.
**3**《略式》すばらしく愉快な, 楽しい; すてきな ‖
be glorious fun 実におもしろい.

**glo·ri·ous·ly** /glɔ́ːriəsli グローリアスリ/ 副 光り輝いて; はなばなしく; 荘厳に;《略式》すばらしく, りっぱに;《略式》愉快に, 上機嫌で.

\***glo·ry** /glɔ́ːri グローリ/【「栄光」が原義】
形 glorious (形)
―名 (複 glo·ries/-z/) **1** U 栄光, 誉れ ‖
the glory for the exploit その手柄に対する栄誉.
be covered in glory 栄光に輝く.
**2** UC [しばしば glories] 名誉となるもの[人] ‖
She is a glory to her profession. 彼女は同業者仲間にとって誉れとなる人物だ.
**3** U (神に対する)感謝; (神の)栄光; 天国 ‖
the saints in glory 天国にある聖人[人々].
give glory to God 神を賛美する.
**4** UC [通例 the ~] 壮観, 荘厳(ごん); はなばなしさ ‖
the glory of the woods in autumn 秋の森の美観.
**5** U 繁栄, 全盛, 栄華; 得意の絶頂 ‖
the country in its greatest glory 全盛時の国.
―動 (三単現 glo·ries/-z/; 過去・過分 glo·ried/-d/) 自 得意になって喜ぶ(revel), 誇りにする; 鼻にかける ‖
glory in having a good son 良い息子がいることを喜ぶ.

**gloss**¹ /glɑ́s グラス | glɔ́s グロス/ (類音) glass/glǽs | glɑ́ːs/ 名 (複 ~·es/-iz/) **1** U 光沢, つや; C 光沢面 ‖
silk with a good gloss つやのよい絹.
**2** [a ~ / the ~] 見せかけ, 虚飾.
―動 (三単現 ~·es/-iz/) 他 **1** …のつやを出す. **2** …をうまく言いのがれる.
**glóss páint** つや出し仕上げ用塗料.

**gloss**² /glɑ́s グラス | glɔ́s グロス/ 名 C 語句注釈.
―動 (三単現 ~·es/-iz/) 他 …に注釈をつける.

**glos·sa·ry** /glɑ́səri グラサリ | glɔ́- グロサリ/ 名 (複 -sa·ries/-z/) C (専門語・難語・特殊語などの)用語解説.

**gloss·y** /glɑ́si グラスィ | glɔ́si グロスィ/ (類音) glassy/glǽsi | glɑ́ːsi/ 形 (通例 比較 -i·er, 最上 -i·est) 光沢のある. ―名 (複 gloss·ies/-z/) C《英略式》= glossy magazine.
**glóssy mágazine** (ファッションなどの写真入りの)光沢紙の雑誌(glossy).

\*\***glove** /glʌ́v グラヴ/《発音注意》《◆ˣグローヴ》(類音) grove/gróuv/
―名 (複 ~s/-z/) C **1** (各指が分かれている)手袋 (cf. mitten)《◆力・保護の象徴》‖
a pair of gloves 1対の手袋.
with gloves on 手袋をはめたままで.
Excuse my gloves. 手袋のままで失礼します《◆女性が手袋を取らないで握手するときの言葉》.
対話 "It's freezing outside. My hands are turning white." "I'll go and get your gloves." 「外は凍りつくような寒さだよ. 両手の血の気がなくなってきた」「手袋を取ってきてあげる」.
**2**〔野球〕グローブ;〔ボクシング〕グラブ.
***hánd in glóve*** 非常に親しく; ぐるになって.
***thrów (dówn) the glóve*** 挑戦する.
**glóve compártment [bóx]** (車の計器板横の)小物入れ.

**glow** /glóu グロウ/ (類音) grow/gróu/) 名 [the ~ / a ~] **1** 白熱, 赤(せき)熱; 冷光; 燃えるような輝き ‖
the sun's evening glow《文》太陽の夕暮れ時の真っ赤な輝き.
**2** 燃えるような色; (色の)鮮やかさ, 明るさ ‖
a radiant glow of gold まばゆい金の色.
**3** (身体の)ほてり, (ほおの)赤らみ, 紅潮 ‖
in a glow after a bath ふろあがりにほてって.
**4** 満足感, 幸福感; 熱心, 熱情 ‖
the glow of anger 怒りのたかまり.
―動 自 **1** 白熱して輝く; (炎・煙を出さずに)真赤に燃える.
**2** 光を放つ; 輝く ‖
Her eyes glowed at the thought of a pleasure trip. 彼女の目は観光旅行のことを考えてぱっと輝いた.
**3 a**《正式》照り輝く ‖
The mountain glowed with the sunset tints. 山は夕焼け色で燃えるようだった.
**b** 火く人・顔が紅潮する, ほてる.

**glow·er** /gláuər グラウア/ 動 自 にらみつける.
**glow·er·ing** /gláuəriŋ グラウアリング/ 動 → glower. ―形 怒った.
**glow·er·ing·ly** 副 怒って.
**glow·worm** /glóuwə̀ːrm グロウワーム/ 名 C〔昆虫〕ホタル類の幼虫.
**glu·cose** /glúːkous グルーコウス | -kəuz -コウズ/ 名〔化学〕グルコース, ブドウ糖.

\***glue** /glúː グルー/ (類音) grew/grúː/)【「鳥もち」が原義】
―名 U **1** にかわ.
**2** 接着剤, のり ‖
fix the broken glass with glue 接着剤で割れたグラスをくっつけて直す.
―動 (三単現 ~s/-z/; 過去・過分 ~d/-d/; 現分 glu(e)·ing)
―他 **1** …を接着剤でつける ‖
fix the vase by gluing the pieces back together かけらを接着剤でくっつけて花びんを直す.
**2**《略式》[通例 be glued to A]〈目・耳などが〉…にくっついて離れない; [glue oneself to A] …に注意を集中する ‖
be glued to the TV テレビにくぎづけになる.
glue oneself to one's book 読書に熱中する.
**glu·ing** /glúːiŋ グルーイング/ 動 → glue.
**glum** /glʌ́m グラム/ 形 (比較 glum·mer, 最上

**glum·mest** つまらなそうな、憂うつな.
**glúm·ly** 副 つまらなそうに.

**glut** /glˈʌt グラト/ 動 (過去・過分 **glut·ted** /-id/; 現分 **glut·ting**) 他 **1** …を満腹させる，〈食欲など〉を満たす. **2** 〈市場〉に〈商品などを〉過剰に供給する. ── 名 C (通例 a ~) 十分な供給.

**glu·ten** /glúːtn グルートン/ 名 U 〖化学〗グルテン，麩(ふ)質．

**glúten brèad** グルテンパン《デンプンの大部分を除いた麦粉で作ったパンで糖尿病患者用》．

**glut·ton** /glˈʌtn グラトン/ 名 C **1** 大食家，暴食家. **2**《略式》熱中する人；じっと耐えられる人 ‖
She is a **glutton** for punishment. 彼女はどんな苦難にも耐えられる人だ．

**glut·ton·y** /glˈʌtni グラトニ/ 名 U 大食の習性．

**glyc·er·in** /glísərin グリセリン/, **-ine** /glísərin グリセリン, -iːn/ 名 U 〖化学〗グリセリン．

**GMF** (略) genetically modified foods.
**GMT** (略) Greenwich Mean Time.

**gnarled** /nάːrld ナールド/ 発音注意 ◆g は発音しない 形 《文》〈木・手などが〉ふしくれだった；〈性格が〉ねじれた；〈人・顔の外見が〉ごつごつした．

**gnash** /nǽʃ ナシュ/ ◆g は発音しない 動 (三単現 ~·es/-iz/) 自 歯ぎしりする. ── 他 〈苦痛・怒りなどのため〉〈歯〉をきしませる. ── 名 (複 ~·es/-iz/) C 歯ぎしり．

**gnat** /nǽt ナト/ 発音注意 ◆g は発音しない (類音 nut/nˈʌt/) 名 C 〖昆虫〗ハエ類《ヌカカ・ガガンボ・ユスリカなど．《英》では か (mosquito) も含む》．

Q&A **Q**: gnat にあるような **gn** の g を発音しない語はほかにありますか．
**A**: design, foreign, reign, sign などがあります．

**gnaw** /nɔː ノー/ 発音注意 ◆g は発音しない (類音 know, no/nóu/) 動 (過去 ~ed, 過分 ~ed または (まれ) **gnawn**/nɔːn/) 他 …をかじる；…をかみ切る. ── 自 **1** かじる，絶え間なくかむ. **2**《正式》苦しめる，悩ます．

**gnome** /nóum ノウム/ 発音注意 ◆g は発音しない 名 C 〖神話〗（地下に住み地中の宝を守る）地の神[精].

**GNP** (略) gross national product.

**\*go** /góu ゴウ/ 《話し手[聞き手]の所から他の場所に「行く」というのが本義．「行く」と「至る」の2つの意味に分けられる (↔ come). cf. take II》

→ 自 **1** 行く **3a** 動く **5a** 進行する **12a** 去る **13** なくなる **14** 過ぎる **16** 至る **20** なる

── 動 (三単現 ~**s**/-z/; 過去 **went**/wént/, 過分 **gone**/gɔ́(ː)n/; 現分 **go·ing**)
── 自 **I** [行く]

**1a** 〈人・車などが〉**行く**，進む，向かう ‖
**go** to school 学校へ行く，通っている．
**gò** for a wálk 散歩に行く．
**gó** on a jóurney 旅行に出かける．
**go** the shortest way いちばん近道を行く．
Which bus **goes** downtown? ダウンタウンへ行くバスはどれですか．

比較 **go** は必ずしも「行く」に対応しない：（招待者に向かって）I'll be glad to **come** [×go] to your party. パーティーに喜んで行かせていただきます (→ **come**) / 対話 "Come here!" "OK, I'm **cóming** [×going].(↘)" 「ここへ来なさい！」「うん，すぐ行くよ」.

**b** [go and do] …をしに行く；《略式》《愚かにも》…する《◆進行形にしない》‖
**Gò and** shút the door. 行ってドアを閉めてくれ《◆(1) **Go to** shut the door. より口語的. (2)《米略式》では **Go** shut the door. のように and はしばしば省略される》．
You've **gòne and** dóne it. 君はとんだへまをしたものだね．
対話 "Why don't we **go and** see a football game?" "No, football games are boring!" 「フットボールの試合を見に行こうよ」「いやだ．フットボールの試合なんてつまらないよ」.

**2** [go doing] a 〈人が〉…しに行く ‖
**gò** swímming in [×to] the river 川へ泳ぎに行く《◆**go** と swim in the river が結びついたもの．**go** to the river to swim はよい》．
Let's **go** skíing at Daisen. 大山にスキーに行こう．

語法 (1) 前置詞は，方向の前置詞 **to** でなく場所の前置詞 **in**, **on** を使う：**gò** skáting **on** [×to] the lake.
(2) 必ずしも「行く」と訳す必要はない：**gò** síghtseeing in Kyoto 京都見物をする / I wènt físhing yesterday. きのう，釣りをした．
(3) **go** doing の do には以下のようにスポーツ・レジャーに関する動詞がくる：**gò** sáiling 帆走に行く / **gò** cámping キャンプに行く / **gò** dáncing ダンスに行く / **gò** húnting 狩りに行く / **gò** shópping 買物に行く / **gò** ríding 乗馬に出かける / **gò** shóoting 銃猟に行く / **gò** bówling ボウリングに行く / **gò** wálking 散歩に行く / **gò** bláckberrying クロイチゴ摘みに行く．

**b** 《略式》《通例否定文・疑問文で》〈人が〉（好ましくないことをしきりに）する《◆非難の意を含む》‖
Dón't **gò** sáying that! そんなことを言うな．

**3a** 〈機械などが〉**動く**，作動する；〈心臓・脈が〉鼓動する ‖
The car won't **go**. 車が動かない．
This machine **goes** by wind. この機械は風で動く．

**b** 〈鐘・銃・時計などが〉鳴る，打つ；〈動物などが〉鳴く ‖
The gun **wènt** báng. 銃がズドンと鳴った．
Ducks **gò** 'quáck.' アヒルはガアガアと鳴く．

**4** 〈人が〉(身ぶりなどを)する, ふるまう ‖
When she shook hands, she **went** like this. 彼女は握手をするとき, こんなふうにした.
**5 a** 〈事が〉(…に)進行する, 運ぶ; …という結果になる ‖
How did the voting **go**? 選挙の結果はどうでしたか.
Everything is **going** well with our plan. 我々の計画は万事うまくいっている.
[対話] "How are things **going**?" "Pretty well." 「どんな具合ですか(=(略式) How is it **going**? / How **goes** it?)」「うまく行っています」.
**b** (略式)〈事が〉成功する, うまくいく ‖
make the party **go** パーティーを成功させる.
**6** [as A **goes**] 世間一般の A〈人・物・事〉としては ‖
as the world **goes** 世間並みには.
She is a good teacher, **as** teachers **go**. 彼女は一般の先生と比べればよい先生だ.
**7** 〈遺産・勝利などが〉与えられる ‖
The prize **went to** Mr. Davis. その賞はデイビス氏に与えられた.
The estate **went to** his daughter when he died. 彼が死ぬとその財産は娘のものになった.
**8 a** 〈金などが〉費やされる ‖
Most of the money **went for** food. お金の大半は食事に費やされた.
Her free time **goes in** playing golf. 彼女は暇さえあればゴルフだ.
**b** [**go to do**]〈事が〉…するのに役立つ, 資する ‖
That just **goes to** prove that you are a liar. それはただ君がうそつきだということを証明するだけだ.
**9** 〈物が〉売れる, 売られる;〈物が〉(…の値で)売れる ‖
My old camera **went for** $50. 古いカメラが50ドルで売れた.
The house **went** cheap. その家は安く売られた.
**Going! Going! Gone!** 売れるぞ, 売れるぞ, そら売れた ‖ (1) 競売でのかけ声. (2) [野球]「では入るか, 入るか, 入ったあー. ホームラン!」の意).
**10 a** 〈貨幣などが〉流通[通用]している;〈うわさなどが〉広まる, (…の名で)知られている ‖
The news **went** around like wildfire. そのニュースはまたたく間に広まった.
She **went by** the name of Bess. 彼女はベスという名で通っていた.
**b** 〈主張などが〉受け入れられる, 権威をもつ; 有効である ‖ (◆進行形にしない) ‖
Anything **goes** here. ここでは何をしてもよい.
Whatever she says **goes**. 彼女の言うことは何でも通る.
**11 a** 〈話・ことわざなどが〉…と言っている;〈文句・調子などが〉…となっている ‖
as the saying **goes** ことわざにもあるように.
How does that song **go**? その歌はどんな歌詞ですか.
The story **goes** that he was murdered. 彼は殺されたという話だ.

**b** 〈歌などが〉(曲に)合う.
**12 a** 〈人・車などが〉去る, 出かける, 出発する ‖
The train has just **gone**. 列車は今出たところだ.
One, two, three, **go**! 用意, ドン! (◆競技の出発合図. Ready, set, **go**! ともいう).
**Go** — now, pay — later. お出かけは今, お支払いはあとで《ツアーの広告》.
[対話] "I think I must be **going** now." "Must you **go** so soon?"「そろそろおいとましなければなりません」「もうお帰りになるのですか(まだいいじゃないですか)」.

---

[Q&A] **Q**: 「おいとましなければなりません」は I've got to **go**. といってもいいですか.
**A**: かまいませんが, 上の対話の表現がふつうです. というのも, これは「トイレはどこですか」(Excuse me, but where can I **go**? / I've got to **go** to the bathroom.)の遠回し表現にもなるからです.

---

**b** 〈人が〉〈事を〉始める, (…に)取りかかる ‖
get **going** on the work 仕事に取りかかる.
**13** [通例 be gone]〈物事が〉なくなる, 消える; [must, can, have to のあとで]〈人・物・事が〉取り除かれる, 廃止される ‖
All my money **is góne**. 有り金が全部なくなった《◆完了に重点をおけば have **gone**: Where **have** all the flówers **góne**? 花はどこへ消えてしまったのだ》.
Thís cár must gó. この車を処分しなければならない.
He **hàs to gó**. 彼はくびだ.
**14** 〈時が〉過ぎる, 経つ;〈文〉[be gone] 過ぎ去った(have gone)《◆結果に重点がある》‖
The hours **wènt** quíckly. 時間はどんどん過ぎていった.
Winter **is gone**. 冬は過ぎ去った.
**15** 〈…の機能・視力などが〉衰える, 弱る;〈物が〉崩れる, 壊れる, 折れる;〈人が〉死ぬ《◆die の遠回し語》‖
My hearing is **góing**. 耳が遠くなりつつある.
He's **góing**, Doc. 先生, 彼は死にかかっています.
The bridge **wènt** under the pressure. 橋が重みで落ちた.

**Ⅱ [至る]**
**16** 〈道路・物などが〉至る, 届く, 達する《◆進行形にしない》‖
The stairs **gó to** the básement. その階段は地下に通じている.
This belt won't **gó rònd** my waist. このベルトは短くて私の腰に回らない.
**17** 〈物事が〉(ある範囲に)及ぶ;〈人が〉(…に)至る;〈人などが〉持ちこたえる, 続く《◆進行形にしない》‖
The difference **wènt** déep. 相違が大きくなった.
My memory doesn't **gò** thát fár. 私はそんな昔のことまで覚えていない.
She **wènt to** gréat páins to please him. 彼女は彼を喜ばせようとたいへん骨を折った.

**18** 〈人などが〉訴える, 頼る ‖
gò to cóurt [láw] 訴訟を起こす.
gò to wár 武力に訴える, 戦争を始める.

**19** 〈物が〉置かれる, 納まる;〈数が含まれる, (…に)なる‖
The dictionary can go on the shelf. その辞書は棚に納まる.
Where does this desk go? この机はどこに置いたらよいのですか.
Six into twelve goes twice. = Six goes into twelve twice. 12を6で割れば2.

**20** [go C]〈人・物が〉C (の状態)に**なる**《◆ふつう悪い状態になることを表し, 好ましくない意味で用いる. C は形容詞・過去分詞・前置詞＋名詞》‖
gò mád 気違いになる.
gò astráy 道に迷う.
gò Consérvative 保守派に変わる.
gò òut of prínt 絶版になる.
The milk wènt sóur. 牛乳が腐った.
He is gòing blínd. 彼は目が見えなくなってきている.

> 語法 go と共に用いるその他の形容詞: bad, wrong, insane, dead, white, wild など. ill, old, tired などは用いない.

**21** [go C]〈人・物が〉C (の状態)である《主に習慣・恒常的な状態を表す. C は形容詞・過去分詞・前置詞＋名詞》‖
gò náked いつも裸でいる.
gò in rágs ぼろをまとっている.
Her complaints wènt unnóticed. 彼女の告訴は無視されたままだった.
When the crops fail, the people gò húngry. 不作だと人々は飢える.

◦**be gòing to** dó《◆(1) くだけた話し言葉では be gonna /ɡəˈtɪnə/ ゴーナ/ do となることがある. (2) 「行く」の原義が忘れられて, 単に未来時制を示すようになって be going to のみを用いることもいう》(1) [主語の意図・話し手の確信]〈人が〉…**するつもりである, しようと思っている** ‖ I'm going to buy a car. 車を買う予定だ / She is gòing to becòme a téacher when she grows up. 彼女は大きくなったら先生になるつもりだ《主語が I, we でない場合は, 主語の意図に対する話し手の確信をいう》. (2) [現在の原因から生じる未来の予言]〈人・物・事が〉(まさに)…**しようとしている, しそうである** ‖ Lòok! It's gòing to ráin. ごらん, 雨が降りそうだ / Don't sit on that rock. It's gòing to fáll. その石に座ってはいけません. (今にも)落ちそうですから / She's gòing to hàve a báby in Jùly. 彼女の出産予定は7月だ《確定的な予告なので ×She'll have a baby in July. にしない》. (3) [未来] …**するだろう**《この意味では will の方がふつう》‖ She is gòing to clímb that mountain some day. 彼女はいつか木の山に登るだろう《「登るつもりだ」のように (1) の意味にもとれる》. (4) [話し手の意志] …させるぞ《主語は二・三人称》‖ You are not going to cheat me. だまされはしないぞ / This room is going to be cleaned. この部屋はきれいにさせます.

◦**gò abóut** → go about (見出し語).
◦**gó àfter** A (1) A〈犯人など〉を追いかける, 追跡する; A〈女〉を追い回す ‖ go after the escaped prisoner 脱走犯を追跡する. (2) A〈名声・仕事など〉を求める.

**gó agàinst** A (1)〈人が〉…に反対する, 従わない. (2)〈事が〉A〈主義・良心など〉に反する, 合わない. (3)〈裁判・戦争などが〉A〈人など〉に不利に働く ‖ The case went against her. 彼女は敗訴した.

**gò ahéad** [自] → ahead.

**gò alóng** [自] (1) 進んで行く; やっていく[いる]; 一緒に行く ‖ go along to the party with him 彼と一緒にパーティーに行く. (2)〈家具などが〉(…に)付随する. (3) 賛成する.

**gò a lóng wáy** = GO far.

**Gò alóng (with you)!** (略式) (1) あっちへ行け. (2) 〔英〕(不信などを表して)冗談でしょう, まさか, ばかな.

◦**gò aróund** [自]〈船が〉(岩などに)乗り上げる, 座礁する.

**gò (a)róund** (1) (略式) [自] = go about 1, 2, 3. (2) [自]〈食物などが〉みんなに行き渡る《◆進行形・命令形にしない》‖ Are there enough oranges to go around? みんなに行き渡るだけのオレンジがありますか. (3) [自] 回って行く, 回り道をする; ちょっと訪れる. (4) [gó (a)rôund A] …の周りを回る ‖ The earth goes around the sun. 地球は太陽の周りを回る.

**gó as fàr as to** do = GO so far as to do.

**gó at** A (1) A〈人など〉に襲いかかる, …を攻撃する; A〈問題など〉を激しく議論する. (2) A〈仕事など〉に(真剣に)取りかかる.

◦**gò awáy** [自] (1) 立ち去る; 出かける《go out より留守をする期間が長い》‖ go away on business 仕事で出張する《出かけて留守になった状態は be away》. (2) = go off 2. (3)〈苦痛などが〉なくなる, とれる.

◦**gò báck** [自] (1) 帰る, (もとの所・状態に)戻る; 退却する ‖ He went back home. 彼は家に戻った. (2) さかのぼる ‖ I went back to my youth. 青春時代を思い起こした.

**gò báck on [upón]** A 〈人が〉A〈約束など〉を破る; A〈人〉を裏切る(betray) ‖ go back on one's word 約束を破る.

**gò befòre** (1) [自] 先に行く; [遠回しに] 死ぬ. (2) [gó befòre A] …に先行する ‖ Pride goes before a fall.《聖》(ことわざ)高慢のあとに没落が来る;「おごる者久しからず」《本来の形は Pride goeth before *destruction*.》. (3) [gó befòre A] …の前に出頭する.

**gò behìnd** A A〈言葉・証拠など〉の裏を調べる.

**gò beyònd** A …にまさる; …を越える ‖ go beyond a joke 冗談ではすまない.

◦**gò bý** → go by (見出し語).

◇**gò dówn** → go down (見出し語).
**gò fár** [自] (1) [否定文・疑問文で] 遠くへ行く. (2) 〖物・事が〗大いに役立つ. (3) [通例否定文・疑問文で] 〖金・食物などが〗十分である‖ £5 doesn't go far nowadays. 近ごろ5ポンドでは何も買えない.
◇**gó for A** 〘◆受身にしない〙 (1) …を攻撃する, 襲う; A〈人〉を批判する, ののしる‖ The dog went for the postman. その犬は郵便配達人に飛びかかった. (2) A〈賞・仕事など〉を得ようと努める; …になりたいと思う‖ go for (the) first prize 一等賞を取ろうと努力する. (3) A〈物〉を取りに行く, 買いに行く; A〈医者など〉を呼びに行く. (4) [しばしば否定文で] …が好きである; …を支持する‖ I don't go for men of his type. 彼のようなタイプの男性は嫌いだ. (5) 〘略式〙〈事が〉…に適用される, あてはまる〘◆ふつう現在時制で用いる〙; …と考えられている. (6) → 圉 **8 a, 9**.
**Gó for it!** 〘略式〙(相手を励まして)がんばれ; 行け, 一発ぶちかませ〘◆試合などでの応援〙.
**gó for nóthing** 〈努力・献身などが〉何の役にも立たない, むだである, 水泡に帰す.
**gò fórth** [自] (1) 出て行く, 出発する; 旅立つ. (2) 〘文〙〈命令などが〉出される, 発令[発布]される(send out).
**gò fórward** [自] 前へ進む; 〈事が〉進む; 〈計画などを〉進める.
◇**gò ín** (1) [自] 中へ入る; 〈太陽・月などが〉雲に隠れる(↔ go out)‖ She went in to get it. 彼女はそれを取りに中へ入って行った. (2) [自] 〈競技などに〉参加する‖ Go in and win! しっかり頑張ってこい〘◆受験・試合などの激励の言葉〙. (3) [gó in A] …の中へ入る; 〈物が〉…に合う大きさである‖ This key won't go in the lock. このかぎは錠に入らない. (4) → 圉 **8 a**.
**gò ín for A** (1) 〈競技などに〉参加する; A〈試験など〉を受ける‖ go in for the race レースに参加する. (2) (趣味などとして) A〈スポーツなど〉を始める, する; (職業として) …をやる, …にたずさわる‖ go in for stamp collecting 切手の収集を始める. (3) …を好む‖ I don't go in for that sort of thing. そんなことは嫌いだ.
◇**gò ínto A** (1) …に入る(↔ go out of)‖ go into a room 部屋に入る. (2) 〈木・壁などに〉ぶつかる, 衝突する‖ go into the lamppost 街灯にぶちあたる. (3) A〈職業など〉に入る, つく‖ go into business 実業界に入る. (4) 〈ある状態〉になる‖ go into hysterics ヒステリーを起こす. (5) …を(徹底的に)調べる〘◆受身にできる〙‖ The police began to go into the murder case. 警察はその殺人事件を徹底的に調べ始めた. (6) → 圉 **19**.
◇**gò óff** → go off (見出し語).
◇**gò ón** → go on (見出し語).
**Gò ón!** 〘略式〙 (1) さあ続けて! (2) 冗談はよせ!, まさか!, ばかな!
**gò ón for A** 〘英略式〙 [通例 be ~ing] A〈時間・年齢など〉に近い, 近づく‖ She is going on (for)

35. 彼女はそろそろ35歳だ.
**Gò ón with you!** 〘略式〙まさか, ばか言え.
◇**gò óut** → go out (見出し語).
◇**gò óut of A** (1) …(の中)から出て行く(↔ go into)‖ go out of the room 部屋から出て行く〘◆命令文ではふつう Get out (of the room)! のように get out〙. (2) …から消える, 消滅する‖ The fury went out of her speeches. 彼女の演説から怒りの調子が消えていった. (3) …からはずれる, …でなくなる‖ go out of fashion すたれる.
◇**gò óver** → go over (見出し語).
**gò róund** 〘英〙[自] =GO around.
◇**gò so [as] fár as to do** …しさえする‖ I won't go so far as to say that she is a fool. 彼女がばかだとまでは言わない.
◇**gò thróugh** → go through (見出し語).
**gò thróugh with A** (しばしば困難を伴って) A〈事〉をやり通す, 成しとげる(accomplish)‖ I'm going to go through with it in spite of her opposition. 彼女の反対はあるがそれをやり通すつもりだ.
◇**gò togéther** [自] (1) 〈色などが〉よく調和する; 〈人が〉気が合う‖ The carpet and curtains go well together. そのじゅうたんとカーテンはよく釣り合っている. (2) 〈人が〉(決まった異性と)付き合う, 交際する. (3) 〈事が〉相伴う, 同時に起こる.
**gò to it** 〘略式〙[通例命令文で] どんどんやれ, 勢いよく始めよ.
**gò tòo fár** 行きすぎる; やりすぎる, 言いすぎる.
**gò únder** 〘◆ *go under the waves* の省略表現〙 (1) [自] 〈船などが〉沈む; 〈事業・会社などが〉失敗する, 倒産する, 破産する; 〈人などが〉おちぶれる, 破滅する. (2) [自] 負ける, 屈服する. (3) [gó ùnder A] …の下を通る, 下に沈む.
◇**gó úp** → go up (見出し語).
**gó úp for A** =GO in for (1).
◇**gó with A** (1) …と一緒に行く, 同行する‖ I'll go with you. 君と一緒に行こう. (2) …に付属する, …を伴う; …付きで売られる‖ A large garden went with the home. その家には大きな庭がついていた. (3) 〘略式〙…に賛成する, 協力する, …を支持する‖ I can't go with you on that point. その点では君に賛成できない. (4) A〈物〉と調和する(match)(→ fit¹ 圉 **1**)‖ Red wine goes well with meat. 赤ワインは肉とよく合う / The tie doesn't go with my dress shirt. そのネクタイはワイシャツと合わない. (5) 〘略式〙A〈異性〉と付き合う, 交際する. (6) → 圉 **5 a**.
◇**gò withóut** (1) [自] 〈物・事を〉なしですます, やっていく(do without). (2) [gó withòut A] A〈物・事〉をなしですます, やっていく‖ He often goes without food for days. 彼は何日も何も食べないでいることがよくある.
**hàve gòne** 行ってしまって(ここに)いない; 〘米〙行ったことがある‖ Has he gone to China? 彼は中国へ行ってしまったのか, 〘米〙彼は中国へ行ったことがあるか(=Has he been to China?)〘◆

ever がつけば(英)(米)とも「行ったことがあるか」の意: Has he *ever* gone [been] to China?).
**lèt gó** → let¹ 動.
**to gó** [名詞のあとで] (1)〈時間・距離などが〉残りの, 残っている ‖ We have five days **to go** before the holidays. 休暇まであと5日ある. (2)(米略式)〈飲食物が〉持ち帰りの((米) to take out) ‖ Is this to eat here, or **to go**? ここで召し上がりますか, お持ち帰りですか.
—— 名 (複 ~es) 1 ⓤ 行くこと, 進行 ‖
the come and go of the tide 潮の満ち引き.
**2** ⓤ 元気, 精力(energy); 活気 ‖
He is full of go. = He has plenty of go. 彼は元気いっぱいだ.
**3** ⓒ (略式) 試み, ためし(attempt); 機会 ‖
at one go 1回で.
have a go at the high jump 走り高跳びをやってみる.
**4** (略式) [a ~] 成功(success) ‖
make a go of the business 事業を成功させる.
(**álways**) **on the gó** (常に)忙しく働いて, 活動して, 〈子供が〉じっとしていないで.
**Go Kart** → 見出し語.

\***go about** /góu əbáut/ ゴウ アバウト/
—— 動 (変化形 → go) **1** [自] 〈人が〉歩き回る, 動き回る ‖ **go about** together 一緒に行動する.
**2** [自] 〈うわさ・病気などが〉広まる.
**3** [自] (異性と)付き合う, 交際する.
**4** [自] 〈船が〉針路を変える.
**5** [go about A] A〈仕事など〉に取りかかる, …をする, …に精を出す(+*up*) ‖
go (up) about the job その仕事に取りかかる.
go about getting the information 情報を集めにかかる.

**goad** /góud/ ゴウド/ 名 ⓒ **1** (家畜を追うための)突き棒, 刺し棒. **2** (人を行動に)駆り立てるもの, 刺激 [激励](するもの). —— 動 他 **1**〈家畜などを〉突き棒で突く[追い立てる]. **2**(正式)〈人〉を駆り立てる.

**go-a·head** /góuəhèd/ ゴウアヘド/ 名 ⓤ (通例 the ~) 進行許可; 青信号.

\***goal** /góul/ ゴウル/ 『『境界線』が原義』
—— 名 (複 ~s/-z/) ⓒ **1** 【スポーツ】 ゴール, 決勝点 ‖
reach the goal ゴールインする, 決勝点に達する (♦ reach [cross] the finish line, breast the tape ともいう. ˟goal in は誤り).
**2** [サッカー・ホッケー] ゴール; 得点 ‖
We won the game by three **goals** to one. 我々のチームは3対1で試合に勝った.
**3** [one's ~] **目標**, 目的 ‖
obtain one's goal 目的を達する.
What is **your goal** in life? 君の人生の目標は何ですか.
**4** [one's ~] 目的地, 行き先 ‖
reach one's goal 目的地に着く.
**gèt** [**kíck, màke, scóre**] **a góal** ゴールに成功する, 1点を得る.
**góal difference** [サッカー] 得失点差.

**góal lìne** [サッカー・ラグビー] ゴールライン(図) → soccer, rugby) (cf. touchline).
**góal pòst** = goalpost.
**goal·keep·er** /góulkìːpər ゴウルキーパ/ 名 ⓒ [サッカーなど] ゴールキーパー.
**goal·post** /góulpòust ゴウルポウスト/, **góal pòst** 名 ⓒ [競技] (通例 ~s) ゴールポスト, 決勝柱.
**goat** /góut/ ゴウト/ 名 ⓒ ヤギ (♦ 悪魔が goat の姿をとるといわれる. cf. sheep); ⓤ ヤギ皮. 関連 a he-goat 雄ヤギ/ a she-goat 雌ヤギ (♦「子ヤギ」は kid. 鳴き声は baa, bleat).
**goat·ee** /góutíː/ ゴウティー/ 名 ⓒ (下あごの)ひげ, ヤギひげ.
**gob·ble¹** /gάbl ガブル | gɔ́bl ゴブル/ (類音 gabble /gǽbl/)〖擬音語〗動 (現分 gob·bling) 他 (略式) …をがつがつ食う.
**gob·ble²** /gάbl ガブル | gɔ́bl ゴブル/ 動 (現分 gob·bling) 自 〈七面鳥がゴロゴロのどを鳴らして鳴く; 七面鳥のような鳴き声を立てる. —— 名 ⓒⓤ 七面鳥の(ような)鳴き声.
**gob·bler** /gάblər ガブラ | gɔ́bl- ゴブラ/ 名 ⓒ (略式) 雄の七面鳥.
**gob·let** /gάblət ガブレト | gɔ́bl- ゴブ-/ 名 ⓒ ゴブレット 《金属またはガラス製の足付きグラス》.
**gob·lin** /gάblin ガブリン | gɔ́bl- ゴブ-/ 名 ⓒ [伝説] (人間に害をなす)小人.

\***go by** /góu bái/ ゴウ バイ/
—— 動 (変化形 → go) **1** [自] 〈人・車などが〉通り過ぎる; 〈時が〉経過する(pass) ‖
A car went by. 車が通り過ぎて行った.
**2** [自] [通例 let A go by] A〈過失など〉を見のがす.
**3** (米略式) [自] ちょっと立ち寄る.
**4** [gó by A] …のそばを通り過ぎる ‖
go by the window 窓のそばを通り過ぎて行く.
**5** [gó by A] (略式) …によって行動[判断]する, …に頼る ‖
Don't go by what I say. 私の言うことだけで判断しないでください.
**6** → 動 **10 a**.

\***god** /gάd ガド | gɔ́d ゴド/ 『「お祈りされる人」が原義』
—— 名 (複 ~s /gάdz | gɔ́dz/; 〈女性形〉 ~·dess) **1** [G~] ⓤ (特にキリスト教・ユダヤ教・イスラム教の)**神**, 創造主, 造物主 (♦ 代名詞は He, Him (大文字で始める)) ‖
Let's pray to **God**, and He will answer our prayers. 神に祈りましょう, そうすれば私たちの祈りをかなえてくださるでしょう.
the **God's** book 聖書 (the Bible).
**2** ⓒ (多神教で, 特定の属性を持つ) 神; (特にギリシア・ローマ神話の)男神 (♦ 女性形は goddess).

| 関連 [ギリシア神話・ローマ神話の主な神] | | |
| --- | --- | --- |
| | ギリシア神話 | ローマ神話 |
| 天の神 | Zeus | Jupiter |

| | | |
|---|---|---|
| 太陽神 | Apollo | Apollo |
| 農耕の神 | Cronus | Saturn |
| 恋愛の神 | Eros | Cupid |
| 戦争の神 | Ares | Mars |
| 酒の神 | Dionysus | Bacchus |
| 地獄の神 | Pluto | Dis |
| 火の神 | Hephaestus | Vulcan |
| 海の神 | Poseidon | Neptune |

**3** C 神像;神とあがめられた人[物];影響力のある人

**by [before] Gód**(↘) 神かけて, きっと, 本当に.

**for Gód's sàke**(↘) お願いだから; [嫌悪・迷惑を表して]いったいぜんたい, こりゃ困った.

**(Gód) bléss you!** → bless.

**Gód hélp him!** まあかわいそうに.

**Óh (Mỳ) Gód!**(↘) [驚き・苦痛・悲しみなどを表して] ああ困った, さあたいへん; おやおや; けしからん, なんてこった, 悲しいかな《◆(1) 主に男性がよく使う語. (2) 強い表現なので用いない方が無難とされる》.

**Thánk Gód!** (↘) [挿入的に] やれやれありがたい, しめた.

**Gód (only) knóws** → know 動.

**Gód Sáve the Kíng** 国王陛下万歳(→ God Save the Queen).

**Gód Sáve the Quéen** 女王陛下万歳《英国国歌の題名》.

**god·child** /ɡɑ́dtʃàild ガドチャイルド | ɡɔ́d- ゴドチャイルド/ 名 (複 ~·chil·dren) C [通例 one's ~] 名付け子.

**god·dess** /ɡɑ́dəs ガデス | ɡɔ́dəs ゴデス/ 名 (複 ~·es/-iz/) C **1** (特にギリシア・ローマ神話の)女神(cf. god)

the **goddess** of liberty 自由の女神《◆ New York の「自由の女神像」は the Statue of Liberty》.

**関連** [ギリシア神話・ローマ神話の主な女神]

| | ギリシア神話 | ローマ神話 |
|---|---|---|
| 天の女神 | Hera | Juno |
| 豊穣の女神 | Demeter | Ceres |
| かまどの女神 | Hestia | Vesta |
| 地獄の女神 | Persephone | Proserpine |
| 狩猟と月の女神 | Artemis | Diana |
| 愛と美の女神 | Aphrodite | Venus |
| 知恵と武勇の女神 | Athene | Minerva |

**2** 崇拝される女性;絶世の美人.

**god·fa·ther** /ɡɑ́dfɑ̀ːðər ガドファーザ | ɡɔ́d- ゴドファーザ/ 名 C (男の)名付け親;後見人;《米》黒幕, マフィアのボス.

**god-fear·ing** /ɡɑ́dfìəriŋ ガドフィアリング | ɡɔ́d- ゴドフィアリング/ 形 [しばしば G~] (正式) 神を恐れる;信心深い.

**god·less** /ɡɑ́dləs ガドレス | ɡɔ́d- ゴドレス/ 形 (正式) 不敬な.

**god·like** /ɡɑ́dlàik ガドライク | ɡɔ́d- ゴドライク/ 形 神のような, 威厳の(ある)のある.

**gód·like·ness** 名 神のようなもの.

**god·ly** /ɡɑ́dli ガドリ | ɡɔ́d- ゴドリ/ 形 (比較)--li·er, (最上)--li·est (正式) 信心深い.

**gód·li·ness** 名 U 信心深さ.

**god·moth·er** /ɡɑ́dmʌ̀ðər ガドマザ | ɡɔ́d- ゴドマザ/ 名 C (女の)名付け親;(女の)後見人.

***go down** /ɡóu dáun ゴウ ダウン/
── 動 (変化形 → go) 自 **1** 降りる, 下へ行く;〈道などが〉下りになる ‖
He **went down** and opened the door. 彼は下へ降りて行ってドアをあけた.

**2** 〈物価・温度などが〉下がる;〈物の質が〉低下する;〈風などが〉おさまる ‖
Prices are **going down**. 物価が下がっている.

**3** 〈月・太陽などが〉沈む;〈船などが〉沈没する;〈物が〉落ちる ‖
The moon has **gone down**. 月が没した.

**4** 〈人などが〉倒れる;ひざをつく, しゃがむ;敗れる, 屈服する ‖
The wall **went down** with a crash. 塀が大きな音を立てて倒れた.

**5** 〈タイヤなどの〉空気がぬける;〈潮・腫(は)れなどが〉ひく.

**6** (略式)〈食物が〉飲み込まれる, のどを通る;〈考え・人などが〉受け入れられる, 気に入られる, 納得される ‖
His speech **went down** well **with** the audience. 彼の演説は聴衆の好評を博した.

**7** (歴史などに)記録される;(後世に)伝えられる ‖
This event will **go down** in history. この事件は歴史に残るだろう.

**god·par·ent** /ɡɑ́dpèərənt ガドペアレント | ɡɔ́d- ゴドペアレント/ 名 C [通例 one's ~] 名付け親, 代父, 代母.

**Goe·the** /ɡéitə ゲイテ | ɡɑ́tə ガーテ/ 名 ゲーテ《Johann Wolfgang von ~ /jouhɑ́ːn vɑ́lfɡɑːŋ fɑn- | -vɔ́lfɡɑːŋ fɔn-/ 1749-1832;ドイツの詩人・劇作家》.

**gog·gle** /ɡɑ́ɡl ガグル | ɡɔ́ɡl ゴグル/ 動 (現分) gog·gling) 自 目を見張って見る. ── 名 [~s] (風より・光線よけ用の)ゴーグル.

**Gogh** /ɡóu ゴウ | ɡɔ́f ゴフ/ 名 → van Gogh.

**go·ing** /ɡóuiŋ ゴウイング/ 動 → go.
── 名 **1** U C [しばしば one's ~] 行くこと;去ること ‖

the comings and **goings** of people (略式) 人々の出入り, 人々の行き来.

**2** U 進みぐあい, 進行速度;(事の)進行ぶり, 状況 ‖
It was tough **going** during the exams. 試験中はなかなかたいへんだった.

**3** U 道路[走路など]の状態.
── 形 **1** 〈機械などが〉運転中の, 運行中の.

**2** 営業中の, もうかっている ‖
a **going** business もうかっている商売.

**3** 現在行なわれている, 現行の ‖
the **going** rate 現行利率[料金].

**Gó Kàrt, go-kart** /ɡóukɑ̀ːrt ゴウカート/ 名 C (商標) ゴーカート.

**gold** /góuld/ ゴウルド/ 〖「黄色, こがね色」が原義〗
派 golden (形)
―名 **1** 金(え); 黄金《◆不朽・純粋・高貴などの象徴》.
[C と U] 金 U
金メダル C

**2** [集合名詞] 金製品, 金貨; C 金メダル ‖
Gold will not buy everything. (ことわざ) 金(え)で何でも買えるというわけではない.
**3** =gold standard (system).
**4** (金のように)貴重なもの; 美しいもの, 純真なもの ‖
a voice of gold 美声.
a heart of gold 親切な心(の人).
**5** U|C 金色, こがね色 ‖
the browns and golds of leaves 茶色や黄金色の葉.
Leaves turn to gold. 葉が山吹色になる.
**6** [形容詞的に] 金の(ような); 金色の《◆髪・太陽などには golden を用いる》; 金製の; 金本位の ‖
a gold watch 金時計.
Our curtains are gold. うちのカーテンは金色だ.
**góld mìne** 金山, 金鉱; 宝庫, ドル箱, 富の源.
**góld rùsh** ゴールドラッシュ《◆1849年の米国 California 州が有名》.
**góld stàndard (sýstem)** [the ~] 金本位(制).

**gold·en** /góuldn/ ゴウルドン/ 〖→ gold〗
―形 **1** (文) 〈髪・太陽などが〉**金色の**, 山吹色の(→ gold 6) ‖
a golden corn 黄金色のトウモロコシ.
The girl has golden hair. その少女は金髪です.
**2** (文) 金(製)の《◆ gold がふつう》.
**3** [名詞の前で] **貴重な**, すばらしい ‖
golden opinions すぐれた意見.
対話 "What do you think? Should I take the job?" "You can't miss it. It's a golden opportunity." 「どう思う. その仕事につくべきだろうか」「のがしてはいけない. 絶好の機会だ」.
**4** [名詞の前で] 全盛の; とても楽しい ‖
golden years 全盛時代. [遠回しに] 老齢期.
golden hours またとなく楽しい時間《◆日本語の「ゴールデンタイム」はふつう prime (TV) time, peak viewing time など》.
**5** (略式) 将来有望な ‖
a golden boy [girl] 成功間違いなしの人; 人気者.
**Gólden Áge** (1) 〔ギリシア神話・ローマ神話〕 [the ~] 黄金時代. (2) [the g~ a-] (国・芸術などの)最[全]盛期.
**Gólden Gáte** [the ~] (San Francisco 湾の)金門(海)峡《◆ここにかかる橋は Gólden Gàte Brídge》.
**gold·finch** /góuldfìntʃ/ ゴウルドフィンチ/ 名 (複 ~・es/-iz/) C 〔鳥〕 オウゴンヒワ《ヨーロッパ・北米産》.
**gold·fish** /góuldfìʃ/ ゴウルドフィッシュ/ 名 (複 → fish Q&A) C 金魚.
**gold·smith** /góuldsmìθ/ ゴウルドスミス/ 名 C 金細工職人[商].

**golf** /gálf ガルフ | gɔ́lf ゴルフ/ 〖「球を打つ棒」が原義〗
―名 U ゴルフ ‖
She plays golf every weekend. 彼女は毎週ゴルフをする.
―動 自 ゴルフをする ‖
go gólfing ゴルフに行く.
**gólf còurse [lìnks]** ゴルフ場.
**golf·er** /gálfər ガルファ | gɔ́lf- ゴルファ/ 名 C ゴルフをする人, ゴルファー.
**Gol·go·tha** /gálgəθə ガルゴサ | gɔ́l- ゴル-/ 名 〔聖書〕 ゴルゴダ《◆ Jerusalem 付近の丘でキリストはりつけの地》.
**gon·do·la** /gándələ ガンドラ | gɔ́n- ゴン-/ (アクセント注意) 名 C **1** ゴンドラ《Venice などの長い平底船》. **2** (高い窓・壁での作業用の)つりかご. **3** (リフト・気球などの)つりかご, ゴンドラ.

**gone** /gɔ́:n/ ゴーン/
―動 → go.
―形 (比較 more ~, 最上 most ~) **1** 去った; 過ぎ去った, 過去の(→ go 自 13, 14); [遠回しに] 死んだ ‖
in days long gone とっくの昔(に).
**2** (お金などを)使い切った, [名詞の前で] 弱り切った, 衰弱した; (気分が)めいった ‖
a gone feeling めいった気分.
**3** [名詞の前で] 見込みのない, 絶望的な ‖
a gone case 絶望的な事態; 見込みのない人.
**4** (略式) [週・月を表す名詞のあとで] 妊娠して ‖
She is éight mònths góne (with child). 彼女は妊娠8か月だ.
**be fár góne** (略式) (1) 〈病気・中毒などが〉深く進んでいる; 〈人が〉酔っている, 気が狂っている; 疲れ切っている, 死にかけている. (2) 〈物が〉古くなっている, ポンコツである.
**gon·er** /gɔ́:nər/ ゴーナ/ 名 C (略式) 死者, 死にかけている人.
**gong** /gɔ́:ŋ/ ゴーング/ 〔擬音語〕 名 C **1** (食事の合図などの)どら, ゴング. **2** = góng bell.
**góng bèll** ゴング(ベル) (gong) 《皿形の鐘》.
**gon·na** /(弱) 子音の前 gənə ゴナ, 母音の前 gənu ゴヌ; (強) gɔ́:nə/ ゴーナ/ (米略式・英非標準) → be going to do (go 成句).

**good** /gúd/ グド/ 〖この語と比較級 better, 上級 best とは語源的に関係はない〗
派 goodness (名) 《◆副詞は well》
→ 形 **1** よい **2** 適した **3** りっぱな **4** 親切だ
**5** 行儀のよい **6** 楽しい **10** 熟達した
**14** 十分な
名 **1** 役に立つこと **2** よいところ **3** 善
―形 (比較 bet·ter/bétər/, 最上 best/bést/) (↔ bad) **1a** (質・量・程度などの点で)**よい**, 上等な, 申し分ない, すぐれた ‖
good soil 肥えた土.
a good example of Greek architecture ギリシア建築の好例.
This wine tastes good. このワインは味がよい.

**b** 〈評点が〉良の((略)) G)(→ grade 图**3 d**[関連])

**2 適した**, 望ましい, 役立つ；好都合の；ふさわしい(suitable) ‖

a **good** man for the job その仕事にもってこいの人.

This berry is not **good** to eat. このベリーは食べられない(=*It is not good to eat the berry.).

This knife is just **good** for slicing a loaf. このナイフはパンを薄切りにするのにちょうどよい.

It is not **good** for her to live alone. 彼女が1人で暮らすのはよくない.

[対話]"Can I try on this sweater?" "Yes, of course. It looks very **good** on you." 「このセーター試着してもいいですか」「ええどうぞ. とてもお似合いだと思いますよ」.

**3** [名詞の前で]〈人・行為が〉(道徳的に)りっぱな；公正な, 正しい(correct)；忠実な(loyal) ‖

**good** men and true りっぱで誠実な人たち；陪審員.

lead a **good** life 高潔な生活を送る.

do a **good** deed 公正にふるまう.

the **good** ((正式))[集合名詞的に]善良な人々.

**4** [it is good of A to do / A is good to do] …するとは A〈人〉は**親切だ**(kind)；心のやさしい, 寛大な ‖

I'm being **good** to you this morning. けさはみんなに思いやりを示しますよ《◆予定していたテストを中止する先生の言葉》.

It is very **góod** of you to vísit me. =You are very **góod** to vísit me. 訪ねてくださってどうもありがとう(=Thank you for visiting me.) (→ foolish [Q&A]).

Would you be **good** enóugh to cóme with me? どうぞ私とご一緒にくださいませんかうか《◆Please come with me. よりていねいな表現》.

**5**〈子供が〉**行儀のよい**, おとなしい(↔ naughty) ‖

Dress it for me, there's [that's] a **good** girl. いい子だから, その下ごしらえをしてね《◆おとなに対しても使われる》.

**6**〈物・事が〉**楽しい**, 愉快な(pleasant)；目を楽しませる, 魅力的な ‖

a **good** figure 美しい容姿.

be in a **good** mood =be in a **good** frame of mind 上機嫌である.

The air feels **good** to my face. そよ風が顔に心地よい.

[対話]"Have a góod tíme!" "Thank you, I will."「楽しんできてください」「ありがとう, じゃあね」.

**7** (健康に)よい；〈薬が〉効く ‖

drugs **good** for a fever 熱に効く薬.

Cheese is **good** for his health. チーズは彼の健康によい《◆単に Cheese is *good* for him. の方がふつう》.

**8**〈食物が〉**腐っていない**(↔ rotten), 新鮮な；味のよい ‖

This meat stàys [kèeps] góod in cold weather. 寒い天候でこの肉は悪くなっていない.

**9** ((略式))[補語として]〈人が〉元気な, 健康な, 丈夫な(well) ‖

**good** eyesight 健全な視力.

**good** brakes 故障のないブレーキ.

I fèel góod this morning. けさはからだの調子[気分]がよい.

**10 熟達した**, 巧みな；((略式))抜け目のない；〈人が〉有能な, 器用な；適任の《◆ ふつう at は技術, in, on は領域・分野, with は扱いを示す》‖

be góod with children 子供を扱うのがうまい.

be góod on the organ オルガンが上手だ.

She is góod at swimming. =She is a góod swímmer. 彼女は泳ぎが上手だ(=She swims well.)《◆類例は → cook 图, carpenter 图, doctor 图**1** など》.

She got [became] **good** at English. 彼女は英語が上達した.

He is nó góod as a lawyer. 彼は弁護士としては無能だ.

[対話]"I like Susan. She's very efficient in the office." "Yes, especially she's a real **good** translator, too."「スーザンはいいね. 会社での仕事がとてもてきぱきしている」「そう. 特に翻訳は実に上手だ」.

**11** 名声のある, 地位のある, りっぱな；教養のある ‖

a woman of a **good** family 良家の婦人.

a member in **good** standing 身分のある会員, 正会員.

**12**〈人・物が〉信頼できる；確かな, 安全な；本物の, 実際にある；[通例補語として](ある期間)有効な；((略式))応ずる能力[価値, 時間]のある ‖

a **good** debt 確実に返済できる負債.

a **good** investment 有利な投資.

**good** likelihood 十分ありうる可能性.

Are you **good** for a game of pingpong? 卓球を一勝負する時間があるか.

This novel is **good** for a laugh. この小説は笑いを誘う.

**13**〈理由・判断などが〉**もっとも**な(proper)；注意深い(careful) ‖

a **good** criticism of the book その本の妥当な批評.

**14** [名詞の前で] [a ~] (量的に)**十分な**, たっぷりな；相当な, かなりの(enough)；完全な(complete)《◆((略式))では形容詞や副詞を強調することもある》‖

a **good** income 相当な収入.

She has **a good many** friends here. 彼女はここにかなりたくさんの友だちがいる《◆many *good* friends は「多くの親友」の意》.

a **good** while かなりの間.

take **a good** five minutes たっぷり5分かかる.

I'll give the room **a good** clean(ing). その部屋をすみずみまできれいにしましょう.

**15**〈人が〉非常に親しい(very friendly) ‖

**good** friends 親友.

**16** [呼びかけ]親愛な《◆賞賛・親しみ, 時に皮肉・怒

り・横柄さを含意する》‖
my good friend 君, あなた.
one's [the] good man ご主人.
Good old Bill, he's ready to help her. ビルのやつ, 彼女を助けようとしているぞ.

***a góod (mány) ...*** → 14.

○***as góod as ...*** (1) [形容詞・副詞・動詞の前で] (ほとんど)…も同様‖ The car looked (as) good as new. その車は新品同様に見えた. (2) …と同じ(ほどよい[よく])‖ the bike that moves as good as it looks 外観も美しくよく走るオートバイ.

***(as) góod as one's wórd [prómise]*** 必ず約束を守って, 言葉どおり実行して.

***góod and*** /gúdn グドン/ ...《もと米式》[形容詞・副詞を強調して] 非常に, ひどく; すっかり《◆ very より意味が強い》‖ kick him gòod and hárd 彼を思い切りけとばす / He was gòod and mád by that time. 彼はその時までにすっかり頭にきていた.

***Góod for yóu!*** (英) = ***Góod mán!*** でかした; うまくいく《◆意外な気持ちを抱きながらも相手の健闘をたたえる》.

***Góod Gód!*** おや!, あっ驚いた!, あきれた!, まいった!(→ God 3).

***Góod óld dáys!*** 昔はよかったなあ《(1)また, 皮肉で「ほんとうにありがたい時代だったよ」. (2) ×Old good days. とはいわない》.

***Have a góod tíme!*** → 形 6.

***hóld góod*** あてはまる.

***lóok [lísten] góod*** (米略式) 有望そうだ.

***máke góod*** (1) 《もと米》[自] (目的・約束を)果たす; 《略式》成功する. (2) 《正式》[他]〈損害などを〉償う, 埋め合わせる‖ make good part of the debt 負債の一部を支払う. (3) [他]〈約束などを〉履行する, 果たす;〈逃亡・進歩などを〉成しとげる.

***tóo múch of a góod thíng*** ありがた迷惑.

――名 U **1** [しばしば some, any, no と共に] 役に立つこと, 価値(のあること), 利益, ため(になること)《◆ use より口語的》; 幸福‖
work for the good of the community 地域社会のために働く.
The behavior did his reputation no good. その行為は彼の評判を悪くした.
What good is a book if you don't read? 読まなければ本は何の足しになるのか.
This desk is no góod (to me) any more. この机はもはや(私には)役に立たない《◆ no good は何かの用途を念頭に置いてだめと断定する》.
It's nó góod árguing with her. 彼女と議論してもむだだ《It's [That's] no use arguing with her. の方がふつう》.
Will it do me any good to try to persuade him now? 今彼を説得して何か益があるだろうか.

**2** よいところ, 長所; 望ましい事[物]; 親切‖
dò a lót of góod for the town 町のために大いに尽くす.
sèe the góod in people 人々の美点を知る.
It is nó góod going too far with anything. 何事も行きすぎはよくない.

**3** 善, 美徳(↔ evil); 高潔; [時に G~] 徳を成しとげる力‖
good at work in the world 世の中で影響を及ぼす善の力.
a great power for good 善に誘う大きな力.

***cóme to nó góod*** 失敗に終わる, 不幸に終わる; 堕落する; 役立たなくなる.

***for góod (and áll)***《略式》これを最後に.

***góod déal***《略式》[a~] たくさん, 多量で(→ deal¹).

**Góod Fríday** (復活祭の前の)聖金曜日.

**Gòod Hópe** [the Cape of ~] (1) 喜望峰《アフリカ南端の岬》. (2) (南アフリカ共和国の)ケープ州.

**Góod Samáritan** [しばしば~ S-] [聖書] よきサマリア人(話); (困っている人に)情け深い人.

**góod sénse** 分別, 良識(common sense).

**Góod Shépherd**[聖書] [the ~] よき羊飼い《◆ キリストのこと》.

**góod wíll** = goodwill.

*****good afternoon*** /gùd æftərnú:n グド アフタヌーン/ 間《◆午後のあいさつ》こんにちは.

*****good-by, *****(主に英)-bye** /gùdbái グドバイ/ (米)(↘), (英)(↗) /[God be with you [ye]. の短縮形. godbye と good night などの混交形]/
――間 さようなら; (電話などで軽く)じゃまたね‖
[対話] "Well, good-by. (↘[↗]). See you soon!(↗)" "Bye(↘) now.(↗) Don't forget to keep in touch." 「それじゃさようなら, また近いうちに」「じゃあね, 忘れないで連絡してね」.

[関連] [「さようなら」の表現]《(米) "Bye now. (↘)" / "Bye Bye. (↗)" / "See you again." / "See you around." / "See you later." / "See you soon." / (米) "Take it easy. (↘)" / (米略式) "Have a nice day. (↘)" / (主に米式) "So long. (↘)" / "See you. (↘)" / "Bye. (↘)" / (英) "Cheers. (↘)" / (英略式) "Cheerio. (↗)"

――名 (複 ~s/-z/) UC 別れのあいさつ‖
a good-by kiss 別れのキス.
a good-by party《略式》お別れ会(=(正式・文) a farewell party).

**gòod dáy** 間《◆日中のあいさつ》こんにちは《Good morning., Good afternoon., Hello. などより改まったあいさつ》.

*****good evening*** /gùd í:vniŋ グド イーヴニング/
――間《◆夕方・晩のあいさつ》こんばんは《◆ Hello. より改まったあいさつ》.

**good-for-naught**[**-nothing**] /gúdfərnɔ́:t/

**good-humored**

[-nʌθiŋ] グドファノート [-ナスィング] /《(略式)》形 名 C 役立たずの(人, 物), ぐうたら, ろくでなし.

**good-hu·mored** /gúdhjúːmərd グドヒューマド/ 形 上機嫌の, 愛想のよい, 陽気な.

**good-look·ing** /gúdlúkiŋ グドルッキング/ 形〈人が〉顔立ちのよい, 美しい《◆ beautiful よりは劣る. 幼い子には用いない》; 〈着物などが〉よく似合う.

**\*good morning** /gúd mɔ́ːrniŋ グドモーニング/
——間《午前中のあいさつ》おはよう(ございます)《◆《略式》では単に Morning ともいう》.

**good-na·tured** /gúdnéitʃərd グドネイチャド/ 形 気立てのよい, 親切な, 温厚な; 〈すぐだまされるほど〉人のいい(⇔ ill-natured).
**góod-ná·tured·ly** 悪気なしに.

**good·ness** /gúdnəs グドネス/ 名 U 1 よい状態, 良好; (質の)よさ, 優秀.

2 (人柄の)善良さ; 優しさ, 親切(心), 寛大(さ) ‖
do it out of sheer goodness 全くの親切心からする.

3 [the ~] よいところ, 美点, 長所; 精髄(ず); (食品の)滋養分, 風味 ‖
Vegetables will lose their goodness unless they are stored properly. 野菜は保存が適切でないとその栄養分を失ってしまう.

4 神《◆ God の遠回し表現》‖
Goodness (me)! (=My goodness! / Goodness gracious! / Oh, (my) goodness!) えっ, おや(→ Good God).
Thánk góodness!(↘) ありがたい《◆ 後にthat 節が続くこともある》.
for goodness('') sake お願いだから; いったいぜんたい.

**\*\*good night** /gúd náit グドナイト/
——間《夜間のあいさつ》おやすみ(なさい)《◆ Bye-bye. や See you. よりていねい.《米》では(↘),《英》では(↗)となることが多い》‖
Good night, my son. (息子に向かって)おやすみ.
She kissed her mother good night. 彼女はお母さんにおやすみのキスをした《◆ ここでは名詞的に使われている》.

**\*goods** /gúdz グヅ/
——名《ふつう複数扱い. 数詞を前に置けない: ˣten goods》1 商品, 品物《◆ merchandise より口語的》‖
goods in stock 在庫品.
goods ordered 注文品《◆ ˣordered goods とはいわない》.
a large variety of excellent goods さまざまな種類のすぐれた商品《◆ good *goods* は聞こえがよくないので避けられる》‖
sporting goods 運動用品.
Half her goods were sold cheap. 彼女の商品の半分は安く売られた.

2 家財, 所有物, 財産, (特に)動産(movable); 〔経済〕 財(property) ‖

goods and chattels〔法律〕 全財産《◆ ふつう動産に限定される》.

free goods 自由財《空気・日光など》.

3 《米》服地, 織物, 反物(気) ‖
imported goods for women's dresses 婦人服用に輸入された布地.

4 《主に英》(トラック・列車などで運ばれる)**貨物** (freight).

*deliver the góods* 実績をあげる.

**góods tràin** 《英》=freight 名 4.
**góods vàn**《英》=delivery truck.
**góods wàgon**《英》=freight car.

**good·will** /gúdwíl グドウィル/, **góod will** 名 U 1 好意, 善意; 親善, 友好. 2 (店の)信用, お得意.

**good·y** /gúdi グディ/ 名《goodies》/-z/ C 《略式》〔しばしば goodies〕 1 菓子, キャンデー. 2 楽しいもの. 3 英雄. ——間《小児語》わあすごいや.

**good·y-good·y** /gúdigúdi グディグディ/ 《略式》形 名《-good·ies》/-z/ C 善良ぶった(人); めめしい(男).

**\*go off** /góu ɔ́(ː)f ゴウ オ(ー)フ/
——動《変化形 → go》 自 1 (誰にも言わずに)**立ち去る**; 〈俳優が〉退場する ‖
He went off without saying goodby. 彼はさようならも言わずに立ち去った.
Off we go!《略式》さあ出かけよう.

2 持ち逃げする; 駆け落ちする ‖
go off with all the money 有り金全部を持ち逃げする.

3 〈銃などが〉**発射される**; 〈爆弾などが〉爆発する; 〈警報などが〉鳴る ‖
The bomb went off. 爆弾が爆発した.

4 [well などを伴って]〈事が〉**進む**, 行なわれる; 〈事が〉起こる, 生じる ‖
The party went off well. パーティーはうまくいった.

**\*go on** /góu án ゴウ アン | -ɔ́n -オン/
——動《変化形 → go》 自 1 **進み続ける**;〈事が〉続く ‖
go on through the night 夜通し歩き続ける.
The party went on until midnight. パーティーは深夜まで続いた.

2 [go on with] 続ける(continue); [go on doing] …し続ける ‖
go on walking 歩き続ける.
Go on with your work. 仕事を続けなさい.

3 [go on to do] 続けて…する; [go on to A] A〈次の話題などに〉移る ‖
He went on to say that she was innocent. 彼は続けて彼女は無罪だと言った.

4 〈時が〉経過する, 経つ; 〈特定の季節・年・日などが〉過ぎていく ‖
Time went on. 時間は過ぎていった.

5 《略式》〈事が〉起こる, 行なわれる(happen) ‖
What's going on here? ここで何が起こっているのだ; どうしたのだ; 何事かね.

6 《略式》〈人が〉(ふつう悪く)ふるまう, 行動する ‖
Don't go on like that. そんなふるまいはよせ.

**goose**

7 話し続ける; ののしる, がみがみ言う ‖
She **went on** at me for coming home late. 彼女は私が遅く帰って来たことにとやかく言った.
8 〈電気・水道などが〉つく, 出る. 9 〈人が〉うまくやっていく, 暮らす; 〈略式〉〈事が〉進む; 〈英格式〉〈人がどうにかやっていく, やりくりする (manage).

**goose** /gúːs グース/ 名 (複 **1 geese**/gíːs/, **2 ~s**)
1 © (雌の)ガチョウ; ガン (wild goose) 《◆ 高貴な swan に対して, goose は従順で愛嬌(ｱｲｷｮｳ)があるがやや不器用とされ, 「とんま」の代名詞にもなる》; Ⓤ ガチョウの肉 ‖
All his geese are swáns. (ことわざ)自分のガチョウはみなハクチョウ; 「自分のものなら何でも最高」.
kìll the góose that láys [láid] the gólden égg(s) (ことわざ)金の卵を産むガチョウを殺す, 目先の利益のために将来の利益を犠牲にする《◆ *Aesop's Fables* から》.

---
関連 雄 gander / 雌 goose / ひな gosling / 鳴き声 gabble, gaggle, honk.
---

2 © (略式)ばか, まぬけ.

**goose·ber·ry** /gúːsbèri グースベリ, gúːz-│gúzbəri グズベリ/ 名 (複 **~ber·ries**/-z/) © [植] グズベリー, セイヨウスグリ.

**\*go out** /góu áut ゴウ アウト/
——動 (変化形 → go) [自] **1** 出て行く, 外出する《◆ go away より留守をする期間が短い》(↔ go in) ‖
I'm just **going out** for a walk. ちょっと散歩に行ってきます《◆ 出かけて留守になっている状態は be out》.
**2** (社交で)出歩く; 付き合う, 交際する ‖
I've been **going out with** her for months. 何か月も彼女と交際している.
**3** [自] 〈外国へ〉出て行く, 移住する; 〈女性が〉(女中などとして)働きに出る ‖
**go out to** Canada to find a job カナダへ出稼ぎに行く.
**4** 〈火・電灯などが〉消える ‖
The fire **went out**. 火が消えた.

**\*go over** /góu óuvər ゴウ オウヴァ/
——動 (変化形 → go) **1** [自] 渡る, 越える ‖
He **went over** to France. 彼はフランスへ渡った.
**2** [自] (近い所へ)行く ‖
**go over to** the window 窓の所へ行く.
**3** [自] (他の党派・思想・好みなどに)変わる, 転向する, 身を投じる ‖
She has **gone over to** the other side. 彼女は転向した.
**4** [自] 〈車などが〉ひっくり返る, 倒れる.
**5** [自] 〈演説などが〉受け入れられる; 〈事が〉成功する, うまくいく.
**6** [gó òver **A**] …を渡る, 越える ‖
**go over** a mountain 山を越える.
**7** [go over **A**] …を(綿密に)調べる, 捜索する; …を下見する, 視察する, 検分する ‖
**go over** the work he has done 彼がした仕事

を入念に調べる.
**8** [gó óver **A**] 〈くせりふ・説明などを〉くり返す[読み返す]; …をくり返して練習する, 復習する ‖
**go over** the notes before the exam 試験の前にノートを見直す.

**go·pher** /góufər ゴウファ/ 名 © [動] ホリネズミ《北米の草原に生息する》.

**Gor·ba·chev** /ɡɔ́ːrbətʃɔ̀f ゴーバチョ(ー)フ/ 名 ゴルバチョフ (Mikhail Sergeyevich/mi:hɑ́ːl seərɡéijivitʃ/ ~ 1931- ; ソ連共産党書記長(1985-91). ソ連大統領(1990-91)》.

**Gor·di·an** /ɡɔ́ːrdiən ゴーディアン/ 形 (古代 Phrygia 王) ゴルディオス(Gordius)の.
**Górdian knòt** [the ~] (1) ゴルディオス王の結んだ結び目《アジアを支配する者だけがこの結び目を解くといわれたが Alexander 大王は剣でこれを切断して難題を解決した》. (2) 複雑な問題, 不可解な問題.
*cút the Górdian knòt* (非常手段により)難問題を一挙に解決する, 快刀乱麻を断つ.

**gore**¹ /ɡɔ́ːr ゴー/ 名 Ⓤ (文)血のり, 血のかたまり.
**gore**² /ɡɔ́ːr ゴー/ 動 (現分 **gor·ing**) 他 **1** 〈牛などが〉…を角で突く. **2** …を突き刺す.

**gorge** /ɡɔ́ːrdʒ ゴージ/ 名 © **1** (両側が絶壁の)峡谷(ｷｮｳｺｸ), 山峡. **2** 胃, 胃の中身. ——動 (現分 **gorg·ing**) 他 [通例 ~ oneself] 腹いっぱいに詰め込む.

**gor·geous** /ɡɔ́ːrdʒəs ゴーヂャス/ 形 (略式) **1** 豪華な, 華麗な ‖
a **gorgeous** dress 豪華なドレス.
**2** 見事な, すてきな, すばらしい ‖
**gorgeous** weather すばらしい天気.
**gór·geous·ly** 副 豪華に, すばらしく.

**Gor·gon** /ɡɔ́ːrɡən ゴーゴン/ 名 《ギリシア神話》 ゴルゴン《頭髪はヘビで巨大な歯と真ちゅうの手をもつ三姉妹 Stheno, Euryale, Medusaをさす. 見る人は恐怖のため石になったという》.

**go·ril·la** /ɡərílə ガリラ/ 名 © 〔同音〕 guerrilla《(アクセント注意)》《◆ ×ゴリラ》名 © [動] ゴリラ.

**gor·y** /ɡɔ́ːri ゴーリ/ 形 (比較) **-i·er**, (最上) **-i·est**) (文)血だらけの, 血みどろの.

**gos·ling** /ɡázliŋ ガズリング│ɡɔ́z-/ 名 © ガチョウのひな.

**gos·pel** /ɡáspəl ガスプル│ɡɔ́spəl ゴスプル/ 名 **1** [the ~] 福音《キリストとその使徒たちの教え. 主に救世主の到来・贖(ｱｶﾞﾅ)い罪による救い, 神の国について》.
**2** © [G~] 福音書《新約聖書の最初の4書 Matthew, Mark, Luke, John の1書》; [the G~] 福音文《礼拝中に読まれる福音書の一部》.
**3** Ⓤ (略式)絶対的真理 (gospel truth) ‖
What he says is (taken as) **gospel**. 彼の言うことは絶対正しい(と受け取られる).
**4** © 信条, 主義. **5** Ⓤ ゴスペル《米国南部諸州の教会で始まった黒人の宗教音楽》.
**góspel óath** 福音書による宣誓.

**gos·sip** /ɡásəp ガスィプ│ɡɔ́səp ゴスィプ/ 《(アクセント注意)》 《◆ ×ガスィプ》 名 **1** Ⓤ (人の)うわさ話, 悪口, 陰口; (新聞・雑誌などの)ゴシップ ‖
a bit of **gossip** 1つのゴシップ.
He is fond of **gossip**. 彼はうわさ話が好きだ.

**2** C 打ち解けた話, むだ話, 世間話.
**3** C うわさ話の好きな人, (特に女性の)おしゃべり.
— 動 (自) うわさ話をする, むだ話をする, ゴシップふうに書く.
**góssip còlumn** (新聞・雑誌の)ゴシップ欄《◆この欄を担当するのは góssip còlumnist》.

*__got__ /gɑ́t | gɔ́t/ 動 → get.
__Goth__ /gɑ́θ | gɔ́θ/ 名 C ゴート人; [the ~s] ゴート族《3-5 世紀にローマ帝国を侵略したゲルマン民族》.
__Goth·ic__ /gɑ́θik | gɔ́θ-/ 形 **1** ゴート人[族](のような); ゴート語の. **2**《建築・絵画などが》ゴシック様式の. **3** [時に g~]《文学がゴシック派の》《怪奇・超自然などを特徴とする》. **4**《印刷》ゴシック体の.
__Góthic nóvel__ ゴシック小説.

*__go through__ /góu θrú/
— 動 (変化形 → go) **1** [自] 通り抜ける, 通過する;《法案などが》議会を通過する, 可決される;《申請などが》承認される;《交渉・取引などが》まとまる.
**2** [自]《衣服・靴などが》すり切れる.
**3** [gó through A] …を通り抜ける, 通過する;《法案などが》A《議会など》を通過する ‖
go through a tunnel トンネルを通過する.
The law has gone through Parliament. その法律は議会を通過した.
**4** [gó through A] A《苦しみなど》を受ける, 経験する.
**5** [gó through A] A《手続き・過程など》を終える, ふむ; A《儀式など》を行なう, …に参加する ‖
go through the marriage procedure 結婚手続きをとる.

*__got·ten__ /gɑ́tn | gɔ́tn/ 動 (米) → get.
__gouge__ /gáudʒ/ 名 C 丸のみ, 丸たがね.
— 動 (現分) goug·ing) 他 **1** …を(丸のみで)彫る.
**2** …をえぐり出す.

*__go up__ /góu ʌ́p/
— 動 (変化形 → go) **1** [自] 上がる; 登る;《舞台の》カーテンがあく;《歓声などがわき起こる》 ‖
go up in the world 出世する.
The plane went up. 飛行機が上昇した.
**2** [自] (…の方へ)行く, 近づく ‖
He went up to her and shook hands. 彼は彼女に近寄って握手した.
**3** [自]《物価・温度などが》上がる;《価値・質などが》よくなる ‖
Hamburger has gone up this week. 今週ハンバーガーが値上がりした.
**4** [自] 爆発する, (爆発で)炎上する ‖
The house went up in flames [smoke]. その家が炎上した.
**5** [自]《建物などが》建てられる, 建つ.
**6** [自] (米) 北方へ行く; (英) (首都・主要都市へ)行く《◆「上京する」には必ずしも当たらない》.
**7** [gó ùp A] …を登る ‖
go up a hill 丘を登る.

__gourd__ /gɔ́ːrd/ 名 C, gúərd | gúəd/ 類音 guard /gɑ́ːrd/) 名 C **1**【植】ヒョウタン. **2** ヒョウタンの実《酒・水などの容器にする》.
__gour·mand__ /gúərmənd | gúəmənd グァマンド/『フランス』名 C 食い道楽, 食通, グルメ《gourmet の方がていねいな語》.
__gour·met__ /gúərmei グァメイ/『フランス』名 C《正式》食通, 美食家, グルメ, ワイン通.
__gout__ /gáut/ 名 U【医学】痛風.
__gov·ern__ /gʌ́vərn | gʌ́vn/ 動 他 **1** …を治める, 統治する《◆ 専制的な力の行使を暗示する rule と異なり govern は中立的な意味》‖
India was governed by Great Britain for many years. インドは長年にわたって英国に支配されていた.
**2** …を管理する, 運営する, 取り締まる.
**3** …を左右する, 決定する, …に影響する ‖
Her plan is governed by two factors. 彼女の計画は2つの要素に支配されている.
**4**《欲望・怒りなど》を抑制する ‖
govern oneself 自制する.
— 自 治める; 支配する, 管理する, 運営する; 左右する.

__gov·ern·ess__ /gʌ́vərnəs | gʌ́vnəs/ 名 (複 ~·es/-iz/) C 女性家庭教師 (PC) tutor, private teacher).

*__gov·ern·ment__ /gʌ́vərmmənt | gʌ́vnmənt/
— 名 (複 ~s/-mənts/) **1** U 政治, 行政; 統治権, 支配権, 政体 ‖
tyrannical government 専制政治.
Government of a big city is full of difficulties. 大都市を治めることは難しい.
Representative democracy is one form of government. 代議民主制は1つの政治形態である.
government of the people, by the people, for the people (→ Gettysburg Address).
**2** [しばしば the G~] C [集合名詞; 通例単数扱い] 政府, 統治機関, (英国などの)内閣 (cabinet, (米) administration)《略 Govt., govt., gov't, gov., Gov.) ‖
form a Government (英) 組閣する.
a government agency 政府機関.
対話 "(There are) so many problems in the country and the government doesn't do anything." "Don't complain. We elected these people to govern." 「国内にさまざまの問題があるのに政府は何もしない」「文句は言えないよ. そういう人を我々は選出して統治させているんだ」.
**3** C 政府機関, 関係官庁.
**4** U (学校などの)管理, 運営; (一般に)支配, 統制 ‖
the government of one's conduct 人のふるまいを取り締まること.

__gov·ern·men·tal__ /gʌ̀vərnméntl | gʌ̀vn-/ 形 政府の; 政治(上)の; 国営の.

*__gov·er·nor__ /gʌ́vənər/
— 名 (複 ~s/-z/) C **1** [時に G~] (米) (州)知

事《◆呼びかけにも用いる》;(英)(昔の植民地の)総督.
**2** 支配者;(主に英)長(官),理事(長),頭取,総裁 ‖
the board of governors of the club クラブの理事会.

**góvernor géneral** (複 ～s general, ～ generals) [通例 G～ G-] (主に英)(英連邦の)総督;(補佐役の小大地域の)知事,長官.

**gov·er·nor·ship** /ɡʌ́vənərʃip ガヴァナシプ/ 图 Ⓤ Ⓒ 知事・長官などの地位[職],知事・長官などの任期.

**gown** /ɡáun ガウン/ 图 Ⓒ **1** ガウン《女性用の長い正装用ドレス》‖
an evening gown (女性の)夜会服.
**2** (男女の)室内着,化粧着;寝巻き.
**3** (職業・身分を示す)正服,ガウン;法服;文官服.

**GPA** (略) (米) Grade Point Average 学業平均値.

*__grab__ /ɡrǽb グラブ/ (類音 grub/ɡrʌ́b/)『「手でつかむ」が原義』

——動 (三単現 ～s/-z/; 過去・過分 grabbed /-d/; 現分 grab·bing)

——他 **1** …を不意につかむ,ひっつかむ,ひったくる;(略式)…をすばやく食べる,ぐいと飲む;…にすばやく乗る (→ snatch) ‖
He grabbed me by [in] the collar. ＝He grabbed my collar. (けんかで)彼は私の胸ぐらをつかんだ.
**2** 〈人を〉捕える,逮捕する《◆ arrest の新聞用語》
**3** (略式)…を横取りする;…を強引に手に入れる.

——自 ひっつかむ,ひったくる;ひっつかもうとする ‖
grab at the opportunity of displaying one's talent 自分の才能を見せる機会をつかむ.

——图 Ⓒ **1** [通例 a ～] ひっつかむこと,ひったくり;略奪,強奪,横領 ‖
màke a gráb at the money on the counter カウンターのお金をひったくる.
**2** 強奪品,横領品. **3** 物をつかむ機械,グラブ.

**grace** /ɡréis グレイス/ 图 **1** Ⓤ 優美さ,上品,気品,しとやかさ,優雅 ‖
She danced with grace. 彼女は優雅に踊った(＝She danced gracefully.).
**2** Ⓤ (文体などの)美しさ,洗練.
**3** Ⓤ 好意,善意;引き立て,愛顧.
**4** Ⓤ (法律)恩恵,猶予(期).
**5** Ⓤ Ⓒ 猶予;支払猶予(期間) ‖
a week's grace 1週間の猶予.
**6** Ⓤ (神学)恩寵(おんちょう),神の愛.
**7** Ⓤ Ⓒ (正式)品位;いさぎよい態度;思いやり.
**8** Ⓤ Ⓒ (食前・食後の)感謝の祈り ‖
say grace 食前[時に食後]のお祈りをする《◆ このお祈りは「いただきます」「ごちそうさまでした」に近い》.
**9** Ⓤ Ⓒ [通例 ～s] 長所,美点;魅力,愛嬌(あいきょう).
**10** Ⓤ [... G～] 閣下(夫人)《◆ 公爵(夫人)・大司[主]教の敬称》‖
Your Grace [呼びかけ] 閣下.
His Grace 閣下.
Her Grace 閣下夫人.

by (the) gráce of A …のおかげで,力によって.
háve the gráce to do いさぎよく…する,親切にも…する.
in the yéar of gráce … 西暦…年の.
with (a) bád gráce しぶしぶ.
with (a) góod gráce 進んで,快く.

——動 (現分 grac·ing) (正式) **1** …を優美にする,飾る. **2** …に名誉を与える.

**grace·ful** /ɡréisfl グレイスフル/ 形 **1** 優美な,上品な,優雅な,しとやかな;礼儀正しい (↔ graceless) ‖
a graceful dancer 優美なダンサー.
graceful behavior 気品のある物腰.
**2** 〈言葉などが〉率直な ‖
a graceful apology 率直な謝罪.

**gráce·ful·ness** 图 Ⓤ 優美,上品さ.

**grace·ful·ly** /ɡréisfəli グレイスフリ/ 副 優美に,上品に,しとやかに ‖
lose gracefully (勝負などで)いさぎよく負ける.

**grace·less** /ɡréisləs グレイスレス/ 形 **1** 優雅さのない,品のない. **2** 不作法な.

**gráce·less·ly** 副 下品に,見苦しく.

**gra·cious** /ɡréiʃəs グレイシャス/ 形 **1** やさしい;[it is gracious of A to do / A is gracious to do] …するとは A〈人〉は親切だ《◆ kind より堅い語》;礼儀正しい ‖
a gracious smile 慈愛にみちたほほえみ.
It was gracious of you to accept my invitation. ＝You were gracious to accept my invitation. 私の招待をお受けくださり幸甚に存じます.
**2** (正式)〈神が〉恵み深い;〈国王などが〉慈悲深い.

——間 おや,まあ,しまった《◆ 驚きを表す》‖
Good(ness) Gracious! ＝Grácious me! (↘) まあ,驚いた.

**grá·cious·ness** 图 Ⓤ 優しさ;優雅さ.

**gra·cious·ly** /ɡréiʃəsli グレイシャスリ/ 副 愛想よく,丁重に;慈悲深く.

**gra·da·tion** /ɡreidéiʃən グレイデイシャン | ɡrə-ラ-/ 图 (正式) **1** Ⓤ Ⓒ 色の推移.
**2** Ⓤ Ⓒ 徐々に変化すること ‖
express every gradation of feeling from joy to sorrow 喜びから悲しみへのあらゆる感情の推移を表現する.
**3** Ⓒ [通例 ～s] (変化・推移の)段階,過程;等級.

*__grade__ /ɡréid グレイド/ 『「段階(step)」が本義. cf. gradual』⑱ gradual (形)

——图 (複 ～s/ɡréidz/) Ⓒ **1** 等級;(進歩の)段階,程度;(主に米)階級,身分 ‖
the highest grade of meat 肉の最高級品.
対話 "I hear he's good at shogi." "Yes, he is a third grade holder (in shogi)." 「彼は将棋が強いんだってね」「そうです.(将棋)三段です」.
**2** 同一階級[品質,程度,等級]に属する物[人].
**3** (米) **a** [the ～ / one's ～] (小・中・高校まで通しての)年級,学年《◆ 6-3-3, 6-6, 8-4制などがあり 1年生から12年生まである》((英) form) ‖
He is in the seventh grade. ＝He is in grade 7. 彼は7年生だ《◆ 日本での中学1年生に

相当》.

語法 (1)《米》では, the の代わりに my, his, her などを用いることが多い. 飛び級や留年などがあり生徒が選び取っていくことが多いからと考えられる.
(2) 高校・大学の学年は year: My son is in the second *year* [*grade] in high school. 私の息子は高校2年だ.

**b** [the ~] ある学年の全生徒, ある学年の1年間の学業.
**c** [the ~s] 小学校.
**d** 《生徒の》成績, 評価, 評定《◆ふつうは総合評価をさし, 具体的な点数には mark を用いるが,《米》では grade を用いて点数を表すこともある》‖
award a high **grade** for English 英語でよい成績を与える.
get a **grade** of eighty-five on [in] the test テストで85点(の評価)をとる《◆ point は成績の点数にはあまり使われない》.
She is a **grade**-conscious mother. 彼女は教育ママだ.

関連 [成績評価の段階] (1) 米国: Excellent (A, 優); Good (B, 良); Fair, Satisfactory, Passing, Average (C, 可); Below Average (D, 可); Failing, Failure (F, 不可). ただし, 州によってかなり異なる. E (条件付き合格 conditionally passed)を設けるところもかなり多い.
(2) 英国: 1(Excellent), 2(Good), 3(Average), 4(Weak / Disappointing), 5(Cause for concern / No apparent effort)がふつう(日本の評価とは違って1が最もよい成績).

**4**《米》[通例 the ~](道路・鉄道などの)勾(こう)配, 傾斜度《英》gradient); 坂, 斜面 ‖
on the down **grade** 下り坂で; 下降して.
on the up **grade** 上り坂で; 向上して.
*màke the gráde*『機関車が急勾配を乗り切ることから』規定の水準に達する; (障害を克服して)成功[合格]する.
━━ 動 (三単現) ~s/gréidz/; 過去・過分 grad·ed /-id/; 現分 grad·ing)
━━ 他 **1** …を(品質などにより)等級に分ける, 段階別にする; …を格付けする ‖
She was **graded** up. 彼女は格上げされた.
**2**《米》〈生徒に〉成績をつける; 〈答案〉を採点する (mark).

**grad·er** /gréidər グレイダ/ 名 C《米》[first などの序数詞と共に] …学年生《英》former.

**gra·di·ent** /gréidiənt グレイディエント/ 名 C《英式》(道路・鉄道などの)勾(こう)配, 傾斜(度) (slope).

**grad·ing** /gréidiŋ グレイディング/ 動 → grade.

\***grad·u·al** /grǽdʒuəl グラデュアル/ [→ grade] 派 gradually (副)
━━ 形 **1** 徐々の, 漸進(ぜんしん)的な(↔ sudden) ‖
a **gradual** rise in temperature 温度のゆっくりとした上昇.

**2** なだらかな.

\***grad·u·al·ly** /grǽdʒuəli グラデュアリ/ [→ gradual] 副 だんだんと, 次第に, じわじわと.

\***grad·u·ate** 動 /grǽdʒuèit グラデュエイト | grǽdjuèit グラデュエイト/, 名 /grǽdʒuət グラデュエト | grǽdjuət グラデュエト/『「学位を取る」が原義. cf. grade』派 graduation (名)
━━ 動 (三単現) ~s/-éits/; 過去・過分 -at·ed /-id/; 現分 -at·ing)
━━ 自 卒業する《◆ (1)《英》では大学のみだが,《米》では大学以外の小・中・高校にも用いる. (2) 英国の中等学校では卒業式がないので単に leave (school) という》‖
She **graduated** in German at Cambridge.《主《英》彼女はケンブリッジ大学でドイツ語を専攻して卒業した.

対話 "What are you going to do after you **graduate** from high school?" "I'm hoping to enter college, so I'm studying very hard now."「高校を卒業したらどうするつもりなの?」「できたら大学へ行きたいんだよ. だから一生懸命勉強しているんだ」

━━ 他《正式》**1**《米》…を卒業させる, …に学位を与える. **2** …に段階を付ける. **3** …に目盛りを付ける.
━━ 名 /grǽdʒuət | grǽdjuət/ (複 ~s/-əts/) C **1** 卒業生, 学士 ‖
a Yale **graduate** =a **graduate** from Yale エール大学の出身者.
She is a college **graduate**. 彼女は大学を出ている.
She is a **graduate** from the same school. 彼女は同窓生だ《◆ 英米では年功序列をあまり問題にしないでふつう先輩・後輩を日本のように明示的に表現しない》.
**2**《米》=graduate student.

**gráduate núrse**《米》(看護師養成機関を卒業した) 学士看護師 (《英》trained nurse) (→ nurse 事情).

**gráduate stùdent** 大学院生 (graduate).

**grad·u·at·ing** /grǽdʒuèitiŋ グラデュエイティング | grǽdju- グラデュ-/ 動 → graduate.

\***grad·u·a·tion** /grǽdʒuéiʃən グラデュエイション | grǽdjuéiʃən グラデュエイション/ [→ graduate]
━━ 名 (複 ~s/-z/) U 卒業; C =graduation ceremony.

**graduátion céremony** 卒業式; 《英》学位取得 [授与] (式) (graduation).

**graf·fi·ti** /grəfíːti グラフィーティ/ 名 複《単数形》-fi·to/-fíːtou/) (壁・便所などの)落書き.

**graft** /grǽft グラフト | grá:ft グラーフト/ 動 **1**《園芸》…を接ぎ木する. **2**《医学》…を移植する.
━━ 自 **1** 接ぎ木する. **2**《医学》移植手術をする.
━━ 名 C **1** 接ぎ木(法). **2**《医学》(皮膚・骨などの)移植片.

**grain** /gréin グレイン/ 名 **1** C (小麦などの)粒, 穀粒 ‖
a **grain** of rice 米粒.
**2**《米》[集合名詞] 穀物, 穀類 (《英》corn); 穀草;

[形容詞的に] 穀物の ‖
grain imports 穀物の輸入.
a cargo of **grain** 穀物の船荷.
**3** [通例 a ~ of + ① 名詞;主に否定文で] 少量, ほんの少し ‖
There isn't **a grain of** truth in the story. その話には真実性のかけらもない.
**4** ⓒ 1粒 ‖
a **grain** of sand 砂の1粒.
**5** ⓒ グレイン《重量の単位: 0.0648グラム. (略) gr., g.》. **6** ⓤ 木目(もくめ), 石目.
*be agàinst the [one's] gráin*『木目に反して削りにくいことから』性分に合わない, 意に反する《♦ be の代わりに go も可》.

**gram** /grǽm グラム/ 名ⓒ グラム《質量の単位; (略) gr., (記号) g》.

*__gram·mar__ /grǽmər グラマ/ (類音) g/amour /glǽmər/『『書く』ことが原義』
派 grammatical (形)
——名 (複 ~s/-z/) **1** ⓤ 文法;(個人の)言葉づかい ‖
He teaches English **grammar** at a high school. 彼は高校で英文法を教えている.
Her **grammar** is bad. 彼女の言葉づかいには誤りが多い.
**2** ⓒ =grammar book.
**3** ⓒ (略式) =grammar school.

**grámmar bòok** 文法書, 文典;文法論[規則] (grammar).

**grámmar schòol** (1)《英》グラマースクール (grammar)《public school と並ぶ大学進学コースの公立中等学校》;古典文法学校(grammar)《グラマースクールの前身で16世紀に創立された. ラテン語・ギリシア語を主要教科とした》. (2)《米まれ》初等中学校《elementary school と high school の中間》.

**gram·mar·i·an** /grəmέəriən グラメアリアン/ 名ⓒ (正式) 文法者, 文法学者.

*__gram·mat·i·cal__ /grəmǽtikl グラマティクル/ [→ grammar]
——形 **1** [名詞の前で] 文法(上)の.
**2** 文法的に正しい.

**gram·mat·i·cal·ly** /grəmǽtikəli/ 副 文法的に, 文法上正確に.

**gram·o·phone** /grǽməfòun グラモフォウン/ 名ⓒ (英古) 蓄音機(record player;(米) phonograph).

**Gra·na·da** /grənɑ́ːdə グラナーダ/ 名 **1** グラナダ《スペイン南部の都市》. **2** グラナダ《ニカラグア南西部の都市》.

**gra·na·ry** /grǽnəri グラナリ, (米+) gréi-/ 名 (複 --na·ries/-z/) ⓒ **1** 穀倉. **2** 穀物を多量に産する地方.

**grand** /grǽnd グランド/ (類音) g/and/glǽnd/, ground/gráund/) 形 **1 a** 壮大な(imposing), 雄大な;豪勢な, 盛大な, 壮麗な;〔皮肉的に〕ごりっぱな, お見事な;[the ~;名詞的に] 壮大なもの ‖
go out in **grand** dress ご大層な服装をして出かける.
**b** (古・略式) すばらしい, 快適な ‖
have a **grand** day 楽しい1日を過ごす.
**2** 威厳(いげん)のある, 気品のある;偉大な ‖
a **grand** idea 崇高な考え.
**3** 重要な, 著名な ‖
a **grand** arena 大競技場.
**4** もったいぶった, うぬぼれた ‖
put on a **grand** manner 気取る.
——名ⓒ **1** (略式) =grand piano. **2** (複 grand)(米略式) 1000ドル;(英略式) 1000ポンド.

**Gránd Cányon** [the ~] グランドキャニオン《米国 Arizona 州北西部の Colorado 川流域の大峡谷》.

**gránd piáno** グランドピアノ (cf. upright piano).

**gránd slám** [野球] 満塁ホームラン.

**grand·child** /grǽntʃàild グランチャイルド/ 名 (複 --chil·dren) ⓒ 孫 (cf. grandson, granddaughter).

**grand·daugh·ter** /grǽndɔ̀ːtər グランドータ/ 名 ⓒ 女の孫, 孫娘 (cf. grandchild, grandson).

**gran·deur** /grǽndʒər グランチャ/ 名ⓤ (正式) **1** 壮大, 雄大. **2** 偉大, 重々しさ.

*__grand·fa·ther__ /grǽndfɑ̀ːðər グランドファーザ/
——名 (複 ~s/-z/) ⓒ **1** [しばしば G~] 祖父 (grand-pa)(↔ grandmother);[呼びかけ] おじいさん, おじいちゃん《♦一般の老人にもいう. 固有名詞扱いすることについては → father》 ‖
one's **grandfather** on one's mother's side 母方の祖父.
**2** [しばしば ~s] (男の)祖先.

**grándfather clóck** (人の背より高い振子式の)大型箱時計.

**gran·dil·o·quence** /grændíləkwəns グランディロクウェンス/ 名ⓤ (正式) 大言壮語, 大ぼら.

**gran·di·ose** /grǽndiòus グランディオウス/ 形 気取った, おおげさな.

**grand·ly** /grǽndli グランドリ/ 副 壮大に, 堂々と;崇高に;もったいぶって.

**grand·ma** /grǽnmɑ̀ː グランマー/, **--ma(m)·ma** /-mɑ̀ːmə- マーマ|-məmɑ́ː- ママー/ 名ⓒ (略式) おばあちゃん(grandmother)《♦ Grandma で呼びかけにも用いる》(cf. grandpa, granny).

*__grand·moth·er__ /grǽnmÀðər グランマザ/
——名 (複 ~s/-z/) ⓒ **1** [しばしば G~] 祖母(↔ grandfather);[呼びかけ] おばあさん, おばあちゃん (grandma)《♦一般の老人にもいう. 固有名詞扱いにすることについては → father》 ‖
one's **grandmother** on one's father's side 父方の祖母.
**2** [しばしば ~s] (女の)祖先.

**grand·pa** /grǽndpɑ̀ː グランドパー/, **grand·pa·pa** /-pɑ̀ːpə -パーパ|-pəpɑ́ː- -パパー/ 名ⓒ (略式) おじ

grandfather clock

いちゃん(grandfather)《♦呼びかけも可》(cf. grandma).

**grand·par·ent** /grǽndpèərənt/ グランドペアレント/ 名 C 祖父, 祖母.

**grand prix** /grɑ́ː prí: グラーン プリー/『フランス』名 (複 grands prix /~/) C 大賞, グランプリ; [G-P-] グランプリレース《国際自動車[競馬]レース》.

**grand·son** /grǽnsʌ̀n グランサン/ 名 C 男の孫, 孫息子(cf. grandchild, granddaughter).

**grand·stand** /grǽndstæ̀nd グランドスタンド/ 名 C (競馬場・競技場の)正面特別観覧席.

**gran·ite** /grǽnit グラニト/ 名 U 花崗(がんこう)岩, 御影(みかげ)石.

**gran·ny, –nie** /grǽni グラニ/ 名 (複 gran·nies /-z/) C (略式)=grandmother《♦ Granny で呼びかけにも用いる. (略) gran》.

**grant** /grǽnt グラント | grɑ́ːnt グラーント/ (類音) grunt)/ 動 (正式) **1** 他 **a**〈要求などを聞き入れる; [grant A B / grant B to A] A〈人〉に B〈願いなど〉をかなえてやる ∥
grant him permission 彼に許可を与える.
**b** [over [grant A B / grant B to A] A〈人〉に(請求に応じて) B〈金品・権利など〉を与える, 譲渡する ∥
The 19th Amendment granted women the right to vote. 米国憲法の第19修正条項は女性に投票権を与えた.
**2**〈人が〉〈人・物・事〉を(仮に)認める, 容認する; [grant (that) 節] …であると認める《♦進行形にしない》∥
I grant (you) that he is sincere. 彼が誠実なことは認める.
**3** [Granted(!)] なるほどそのとおりだが…《♦ but と共に用いる》.
**4**〈意見・議論など〉を認めるとして.
◦**gránted (*thàt*) …=gránting (*thàt*) …** 仮に…としても ∥ Granted that you are right, we still can't approve of you. あなたの言うとおりだとしても我々はまだあなたに賛成できない《♦ that 節内は仮定法にしない》.
◦**tàke A for gránted** (1) …を当然のことと思う《A (とそれと関連する語)が長い場合は take for granted A の語順をとる》∥ We take for granted the fact that having a citizen's right. 我々は公立図書館を持つことを市民の当然の権利と考えている(=We take (it) for granted that use of the public library is a citizen's right.). (2) A〈長期にわたる所有・権利など〉を当然のこととしておろそかにする, 軽視する, 気にかけない.
◦**tàke it for gránted that …** …だということを当然のこととみなす《♦(略式)では that を, 時に it も省略することがある》∥ I take it for granted (that) they'll marry. もちろん2人は結婚するものと思っている.
——名 C 授与された物《金品・特権・権利・土地など》; 奨学金, 補助金.

**grant·er** /grǽntər グランタ | grɑ́ːnt- グラーンタ/ 名 C 許容する人, 授与者, 譲渡者.

**Grant** /grǽnt グラント | grɑ́ːnt グラーント/ 名 グラント《Ulysses S(impson) ~ 1822-85 ; 米国第18代大統領(1869-77). 南北戦争の北軍総司令官》.

**gran·u·lar** /grǽnjələr グラニュラ/ 形 粒からなる.

**gran·u·late** /grǽnjəlèit グラニュレイト/ 動 (現分) **-lat·ing**) 他 …を粒(状)にする ∥
granulated sugar グラニュー糖.
——自 粒状になる.

**\*grape** /gréip グレイプ/
——名 (複 ~s/-s/) C **1** ブドウ《♦ 酔い・祭り・歓待・豊饒(ほうじょう)・快楽などを連想させる. 緑色のものは 'white', 暗紫色のものは 'black' と呼ばれる. cf. vine, raisin》 ∥
We make wine from **grapes**. ワインはブドウから作る.
**sour grapes** すっぱいブドウ;(略式)(欲しいが入手できないものの)悪口をいうこと.

[語法] grape はブドウの粒をいい, ふつう房になっているので複数形をとる. 数えるときは a bunch [a cluster] of *grapes* (1房のブドウ)という.

**2** ブドウの木.

**grápe sùgar** ブドウ糖.

**grape·fruit** /gréipfrùːt グレイプフルート/ 名 C U 〖植〗グレープフルーツ; C その木《♦ 実がブドウの房状になることからだという》∥
have **grapefruit** for breakfast 朝食にグレープフルーツを食べる《♦ 果肉をさす場合は何個食べても U》.

**grape·vine** /gréipvàin グレイプヴァイン/ 名 **1** C 〖植〗ブドウの木, ブドウのつる. **2** [the ~] (秘密)情報のルート; 秘密の情報源.

**\*graph** /grǽf グラフ | grɑ́ːf グラーフ/ (類音) gruff) /grʌ́f/ 〖graphic formula の短縮形〗
——名 (複 ~s/-s/) C 図式, 表, グラフ ∥
draw a line **graph** 線グラフを描く.
**gráph pàper** グラフ用紙, 方眼紙.

**-graph** /-grǽf -グラフ | -grɑ́ːf -グラーフ/ (連結形) 書く[描く, 記録する]装置; 書かれた[描かれた, 記録された]もの. 例: autograph.

**–graph·er** /-grəfər -グラファ/ (連結形) 書く人, 描く人, 記録する人.

**graph·ic, –i·cal** /grǽfik(l) グラフィク(ル)/ 形 **1** 図式による, グラフによる. **2**(正式)〈言葉・書き方が〉生き生きとした.

**gráphic árts** グラフィック＝アート.

**gráph·i·cal·ly** 副 絵を見るように, 生き生きと; グラフで.

**graph·ite** /grǽfait グラファイト, (英+) gréif-/ 名 U 石墨.

**-gra·phy** /-grəfi -グラフィ/ (連結形) 書法, 画法, 写法; 記述したもの.

**grap·ple** /grǽpl グラプル/ 動 (現分) **grap·pling**) **1** 自 つかみ合う. **2** 他 取り組む.

**\*grasp** /grǽsp グラスプ | grɑ́ːsp グラースプ/ 〖「手探りする(grope)」が原義〗

**grasp**
〈つかむ〉
〈把握する〉

— 動 (三単現) ~s/-s/; (過去・過分) ~ed/-t/;
(現分) ~ing
— 他 **1 a** …を(手でしっかりと)**つかむ**, 握る《◆ take より力を入れて握ること. → snatch》
I **grasped** the rope so as not to fall. 落ちないようにロープを握りしめた.
**b** 〈機会など〉をつかむ, とらえる ‖
**Grasp** the opportunity! 機会をのがすな.
**2** 〈意味など〉を**理解する**; [grasp that 節] …であることを**理解する** ‖
He **grasped** her meaning clearly. 彼は彼女の言う意味をはっきり理解した /
対話 "It's not such a difficult problem." "You don't seem to **grasp** the situation. We have to solve it by tomorrow." 「それほど難しい問題じゃないよ」「君は事態が把握できていないね. あすまでに解決しないとだめなんだ」.
— 自 **つかもうとする, 飛びつく**《◆ grasp at … は受身にできる》
The opportunity **was grasped** at immediately. 絶好の機会とばかりに飛びついた.
— 名 U [時に a ~] **1** 握ること, つかむこと; 届く距離 ‖
withìn one's **grásp** 手の届く範囲に.
gèt a **grásp** on the rópe ロープをつかむ.
**2** 理解(力) ‖
The situation is beyònd my **grásp**. その事態は私には理解できない.
have a **grasp** of the plan 計画を理解している.
**grasp·ing** /ɡrǽspiŋ グラスピング | ɡrάːsp- グラースピング/ 動 → grasp. — 形 **1** つかむ, 握る. **2** 貪欲(ない)な(greedy).

## \*\*grass
/ɡrǽs グラス | ɡrάːs グラース/ (類語 g/ass/ɡlǽs | ɡlάːs/)
— 名 (複 ~·es/-iz/) **1** U 草, 牧草; 芝《◆(1) 種類を表すときは C. (2) 謙虚・はかなさを象徴し, weedのような悪いイメージはない》‖
two blades of **grass** 草の葉2枚.
This **grass** needs cutting. この芝は刈らなければならない.
The **grass** is always greener (on the other side of the fence). 《ことわざ》隣の芝は青い; 人の物は何でもよく見える.
**2** U 草地, 牧草地; [通例 the ~] 芝生 ‖
sit on the **grass** 草原に座る《◆ sit in the grass では草の丈が高いことを暗示する》.
Keep off the **grass**. 《掲示》芝生に入るな《◆「おせっかい無用」の意にも用いる》.
**3** C [植] イネ科の植物《◆ ムギ・イネ・トウモロコシ・竹など. **1** と区別して true *grasses* ともいう》.
**grass·hop·per** /ɡrǽshɑ̀pər グラスハパ | ɡrάːshɔ̀p-

グラースホパ/ 名 C [昆虫] キリギリス; バッタ, イナゴ.
**grass·roots** /ɡrǽsrúːts グラスルーツ | ɡrάːs- グラース-/, **gráss-róots** 名 [単数・複数扱い] (略式) [the ~] 一般大衆, 庶民, 「草の根」.
**grass·y** /ɡrǽsi グラスィ | ɡrάːsi グラースィ/ 形 (比較) -·i·er, (最上) -·i·est) 草の多い, 草で覆われた, 草のような, 草色の.
**grate**¹ /ɡréit グレイト/ (同音 great) 名 C **1** (暖炉の)火床. **2** 暖炉.
**grate**² /ɡréit グレイト/ 動 (現分) grat·ing/ 自 きしむ, (キーキーという)音を立てる. — 他 …を(おろし金(がね)で)おろす.
**grate·ful** /ɡréitfl グレイトフル/ 形 **1 a** [be grateful to A for B] 〈人が〉 B〈行為など〉に対して A〈人〉に感謝している; [be grateful to A that 節] …であることを A〈人〉に感謝する ‖
I'm most **grateful** to you for your advice. =I'm most **grateful** to you that you advised me. ご忠告にとても感謝しています.
**b** [be grateful to do] …してありがたく思う, うれしく思う ‖
I feel **grateful** to hear that she has got well. 彼女が元気になったと聞いてうれしく思う.
**2** 謝意を表す ‖
a **grateful** look 感謝のまなざし.
**gráte·ful·ness** 名 U 感謝(の気持ち).
**grate·ful·ly** /ɡréitfəli グレイトフリ/ 副 感謝して, 喜んで.
**grat·er** /ɡréitər グレイタ/ 名 C おろし金, おろし器具.
**grat·i·fi·ca·tion** /ɡrǽtəfikéiʃən グラティフィケイション/ 名 (正式) U 満足感; C [通例 a ~] 満足を与えるもの.
**grat·i·fy** /ɡrǽtəfài グラティファイ/ 動 (三単現) -·i·fies /-z/; (過去・過分) -·i·fied) 他 (正式) **1** …を喜ばせる, 満足させる ‖

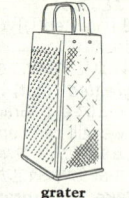

grater

The news **gratified** us. =We were **gratified** at the news. =We were **gratified** to hear the news. その知らせを聞いて私たちは喜んだ.
**2** 〈欲望など〉を満たす; 〈目・耳など〉を楽しませる ‖
**gratify** one's hunger with crusts パンのみみで飢えをいやす.
**grat·ing**¹ /ɡréitiŋ グレイティング/ 名 C (窓・排水口などの)格子.
**grat·ing**² /ɡréitiŋ グレイティング/ 動 → grate².
— 形 耳ざわりな, 気にさわる.
**grát·ing·ly** 副 きしんで, ギー(ギー)と.
**gra·tis** /ɡrǽtəs グラティス, ɡréi-, (英+) ɡrάː-/ (正式) 副形 無料で[の].
**grat·i·tude** /ɡrǽtətjùːd グラティテュード/ 名 U 感謝の気持ち; 恩返し(↔ ingratitude) ‖
in [out of] **gratitude** 感謝の気持ちから; 恩返

しに.
I would like to express to you my deepest **gratitude for** having been a guest at your party. パーティーにお招きいただき心から感謝申しあげます.

**gra·tu·i·ty** /grətjúːəti グラテューイティ/ 名 (複 ~·i·ties/-z/) ⓒⓊ **1** 〔正式〕心付け, チップ. **2** 〔主に英〕退職金, (除隊の際の)賜金(ﾀﾏﾓﾉ).

**grave**[1] /gréiv グレイヴ/ 名 **1** ⓒ 墓穴；墓所 《◆ tomb より一般的》；墓場, 死に場所 ‖
visit a **grave** 墓参する.
**2** 〔詩〕[the ~ / a ~] 死(death).
*from the crádle to the gráve* → cradle 名.
*hàve óne fóot in the gráve* 〔略式〕(老齢・病気で)片足を棺桶につっこんでいる, 死にかけている.

\***grave**[2] /gréiv グレイヴ/ 〖「重い(heavy)」が原義〗派 gravity (名)
── 形 (比較 **grav·er**, 最上 **grav·est**) **1** 厳粛(ｹﾞﾝｼｭｸ)な, 重々しい, 威厳のある ‖
a **grave** humorless man くそまじめな人.
a **grave** procession 厳粛な行進.
with a **grave** voice 重々しい口調で.
wear a **grave** expression 深刻な顔つきをする.
**2** [名詞の前で] 重大な；ゆゆしい, 危険をはらんだ ‖
a **grave** responsibility 重い責任.
a patient in a **grave** condition 重態の患者.

**grav·el** /grǽvl グラヴル/ 名 Ⓤ [集合名詞] 砂利, バラス；[形容詞的に] 砂利の ‖
a **gravel** path 砂利道.
── 動 (過去・過分 ~ed または〔英〕**grav·elled**/-d/；現分 ~ing または〔英〕**-el·ling**) 他 …に砂利を敷く.

**gráv·el·ly** 形 砂利の多い；砂利のような.

**grave·ly** /gréivli グレイヴリ/ 副 厳粛(ｹﾞﾝｼｭｸ)に；深刻に, 重大に ‖
The doctor looked **gravely** at the patient. 医者は威厳(ｲｹﾞﾝ)ある態度で患者を診察した.

**grave·stone** /gréivstòun グレイヴストウン/ 名 ⓒ 墓石, 墓碑(ﾎ) (tombstone).

**grave·yard** /gréivjɑ̀ːrd グレイヴヤード/ 名 ⓒ 墓地 《◆ ふつう教会に属さない cemetery をさす. 今は遠回しに memorial park という》.

**grav·i·tate** /grǽvətèit グラヴィテイト/ 動 (現分 **-tat·ing**) 自 〔正式〕**1** (引力で)引きつけられる. **2** 引き寄せられる.

**grav·i·ta·tion** /grævətéiʃən グラヴィテイション/ 名 Ⓤ 〔正式〕**1** 引き寄せられること.
**2** 〔物理〕重力, 引力, 引力作用 ‖
universal **gravitation** 万有引力.

**grav·i·ta·tion·al** /grævətéiʃənl グラヴィテイショナル/ 形 重力の, 引力の；重力作用の, 引力作用の.

\***grav·i·ty** /grǽvəti グラヴィティ/ (← **grave**[2])
── 名 Ⓤ **1** 〔正式〕(態度・性格の)厳粛(ｹﾞﾝｼｭｸ)さ, まじめさ, 沈着 ‖
behave with **gravity** at a funeral 葬式では厳粛にふるまう.
**2** 〔正式〕(事態の)重大さ, (病気・罪などの)重いこと ‖

realize the **gravity** of the disease 病気の重いことを知る.
**3** 〔物理〕重力, (一般に)引力 ‖
the cénter of grávity 重心；(物事の)核心.
specific **gravity** 比重.
zéro **gravity** 無重力状態.

**gra·vy** /gréivi グレイヴィ/ 名 (複 **gra·vies**/-z/) Ⓤ (肉を焼く際に出る)肉汁《◆種類を表すときは ⓒ》；(肉・ジャガイモなどにかける)肉汁ソース, グレイビー ‖
Would you like some more **gravy**? グレイビーをもう少しいかがですか.

**grávy bòat** (舟形の)(肉汁)ソース入れ.

\***gray**,〔主に英〕**grey** /gréi グレイ/
── 形 (比較 ~·**er**, 最上 ~·**est**) **1** 灰色の, 鉛色の, ネズミ色の, グレーの《◆ 灰・曇天の空の色を連想させる語. 日本語と同じくしばしばよくないイメージを暗示. 老年・陰気・病的な青白さを示す. black の遠回し表現としても用いられる》‖
a dark **gray** suit ダークグレーのスーツ.
The road was **gray** with dust. 道路はほこりで灰色になっていた.
**2** (老齢・心配などで)白髪(ﾏｼﾞ)りの ‖
My father is becoming **gray**. 父は白髪が混じってきた.
**3** 青ざめた.
**4** 活気のない, 憂うつな, どんより曇った ‖
have a **gray** life 灰色の人生を送る.
── 名 (複 ~s/-z/) **1** ⓊⓒⓒⒸ 灰色, 鉛色, グレー.
**2** Ⓤ 灰色の服[制服].
**3** Ⓤⓒ 灰色の絵具［染料］.
── 動 自 灰色になる.
── 他 …を灰色にする.

事情 米国では gray がふつうのつづりであるが, 犬のグレイハウンド(greyhound) とバス会社のグレイハウンド(Greyhound)だけは例外的に grey が用いられる.

**gray·ish**,〔主に英〕**grey·–** /gréiiʃ グレイイシュ/ 形 灰色がかった.

\***graze**[1] /gréiz グレイズ/ 〖「草(grass)を食べて育つ」が原義〗
── 動 (三単現 **graz·es**/-iz/；過去・過分 ~d/-d/；現分 **graz·ing**)
── 自 生草を食う ‖
The cattle are **grazing on** the clover. 牛はクローバーをはんでいる.
── 他 …に生草を食わせる；…を食う.

**graze**[2] /gréiz グレイズ/ 動 (現分 **graz·ing**) 他 **1** …をかすめる.
**2** …をすりむく ‖
**graze** one's knee ひざをすりむく.
── 名 [a ~] かすり傷.

**graz·ing** /gréiziŋ グレイズィング/ 動 → **graze**[1,2].
── 名 Ⓤ **1** 放牧. **2** 牧草地.

**grázing lànd** 放牧地.

**grease** /gríːs グリース/; 動 + gríːz グリーズ/ 同音

Greece) 名U 1 (やわらかい)獣脂, グリース. 2 油脂;油(潤滑・頭髪用).
put **grease** on one's hair 髪に油をつける.
── 動 (現分) **greas·ing** 他 …に油を塗る.

**greas·y** /gríːsi グリースィ, gríːzi/ 形 (比較) **-·i·er**, (最上) **-·i·est**) 1 油で汚れた, 油を塗った. 2〈食物が〉脂肪分の多い. 3 すべすべする.
**gréas·i·ly** 副 油っこく.

**\*great** /gréit グレイト/ (同音 grate) 〖「(価値・規模・数量・程度において)大きい」が本義〗
派 **greatly** (副), **greatness** (名)
→ 形 1 偉大な  2 大きな  3 多い
── 形 **1** [名詞の前で] 偉大な, 卓越した; 有名な, 著名な ‖
a **great** achievement 偉業.
**Great** hopes make **great** men. 大きな希望は偉大な人物を作る.

**2** [名詞の前で] 〈規模・形の〉 **大きな**, 巨大な《♦ big に対する堅い語で, 程度・重要度の大きさにも用い, 種々の感情的要素を含む. cf. big 語法》‖
Look at that **great** table! あのどでかいテーブルをごらん.

**3** [名詞の前で] 〈数量の〉 **多い**, 大なる;〈時間・距離の〉 **長い** ‖
a **great** crowd 大群衆.
the **great** part 大部分.
of **great** height たいへん高い.

**4** [通例名詞の前で] 〈程度の〉 **大きな**, 非常な《♦副詞の very に対応する》‖
**great** pain 強烈な痛み.
The news is of **great** importance. そのニュースはとても重要だ(=The news is **very** important.).
live to a **great** age 高齢まで生きる.

**5** 大の, 真にその名にふさわしい ‖
They were **great** friends ふたりは大の親友だった.
a **great** scoundrel 大悪党.
a **great** talker 大のおしゃべり;話し上手.

**6** (略式) すばらしい, とてもよい ‖
What a **gréat** vacátion! なんとすばらしい休暇だろう.
I hear you're getting married. That's **great**! 結婚するんだってね, よかったなあ!

**7** (略式) **a** [補語として] 上手で, 得意で(good);精通している.
**b** 熱烈な, 熱中している, 凝っている ‖
a **great** baseball fan 熱烈な野球ファン.
He's **great** at playing the guitar. 彼はギターに夢中だ.

**8** [名詞の前で] 重要な;[the ~] 主要な ‖
a **great** occasion 祝祭日, 重要な行事(のある日).
**Greatest** Show on Earth (米) 地上最大のショー《宣伝文句としてサーカスのこと》.
the **great** house (村でいちばんの) お屋敷;(農園) の母屋(おもや).

**9** 地位の高い ‖
a **great** family 名門.
the **great** world 上流社会.
**Gréat Béar** 〔天文〕 [the ~] おおぐま座.
**Great Britain** → 見出し語.
**Gréat Lákes** [the ~] 五大湖《Superior, Huron, Michigan, Erie, Ontario の5湖》.
**Gréat Wáll (of Chína)** [the ~] 万里の長城 (Chinese Wall).
**Gréat Wár** [the ~] =World War I.

**great-** /gréit- グレイト-/ (連結形) 1 親等を隔(へだ)てた《♦ uncle, aunt, nephew, niece および grand- のつく親族名と共に用いる》. 例: a **great**-aunt 大おば, **great**-grandchildren 曾孫.

**\*Great Britain** /gréit brítn グレイト ブリトゥン/ **1** 大ブリテン島《England, Scotland, Wales を含めた英国の主島. Northern Ireland は含まない》. **2** 英国(the United Kingdom)《1の意味では本来3地域しか含まないが広く英国の意で用いることが多い. 英国では単に Britain という. → England》.

**\*great·ly** /gréitli グレイトリ/ 〖→ great〗
── 副 **1** (程度で) **大いに**, 非常に《♦ふつうよい意味をもつ動詞・分詞・形容詞の比較級の前に用いる. cf. utterly》‖
**greatly** appreciate his favor 彼の好意がじんと身にしみる.
**greatly** superior to us 私たちよりはるかにすぐれている.
**2** [動詞のあとで] 偉大に;寛大に;高潔に.

**great·ness** /gréitnəs グレイトネス/ 名U **1** 偉大さ, 卓越;著名;高貴 ‖
his **greatness** as a statesman 政治家としての彼の偉大さ.
**2** (形・規模の) 大きいこと, 巨大, 広大;多大.
**3** 重大さ, 重要.

**Gre·cian** /gríːʃən グリーシャン/ 形 (古) ギリシアの(の), 古代ギリシアの(Greek).
**Grécian nóse** ギリシア鼻.

**Greco-Ro·man** /grèːkouróumən グレコウロウマン, (米+) gríːkou-/ 形 ギリシア=ローマの.

**Greece** /gríːs グリース/ (同音 grease) 名 ギリシア《現在の正式名 Hellenic Republic. 首都 Athens. 形容詞は Greek》.

**greed** /gríːd グリード/ 名U 貪欲(どんよく).

**greed·i·er** /gríːdiər グリーディア/ 形 → greedy.
**greed·i·est** /gríːdiist グリーディイスト/ 形 → greedy.

**greed·i·ly** /gríːdili グリーディリ/ 副 欲張って, 貪欲(どんよく)に.

**\*greed·y** /gríːdi グリーディ/ 〖「(欲求などの点で)がつがつした」が本義〗
── 形 (比較) **-·i·er**, (最上) **-·i·est**) **1** 食い意地のはった ‖
Don't be so **greedy**! (しばしば親が子をたしなめて) そんなにがつがつしないで!.
The **greedy** little child ate all the food. 食いしんぼうのその子は食べ物を全部たいらげた.

対話 "And he took three pieces while everyone else took only one each?" "Yes, real greedy of him, wasn't it?"「ほかの皆が1つずつ取ったのにあの子は3つも取ったのか」「そうなんだ. 意地汚いったらないよね」.
**2** 〔補語として〕**貪欲(ぎょく)である**, 欲深い; **切望する** ‖
She **was greedy for** love. 彼女は愛を切望していた.
The man is **greedy to** get information. その男はしきりに情報を得ようとしている.
**gréed·i·ness** 名 U 貪欲.

**Greek** /gríːk グリーク/ 形 ギリシアの, ギリシアに関する; ギリシア[語]の(略 Gk, Gr.) ‖
Greek civilization ギリシア文明.
Greek myths ギリシア神話.
── 名 **1** C ギリシア人.
**2** U (現代・古代)ギリシア語.
**3** U (略式)全くわけのわからない言葉, ちんぷんかんぷん ‖
It's (all) Greek to me. それは私にはさっぱりわからない.
**Gréek álphabet** [the ~] ギリシアアルファベット, ギリシア文字.

| [Greek alphabet] | | | | | |
|---|---|---|---|---|---|
| A α | alpha | I ι | iota | P ρ | rho |
| B β | beta | K κ | kappa | Σ σ | sigma |
| Γ γ | gamma | Λ λ | lambda | T τ | tau |
| Δ δ | delta | M μ | mu | Υ υ | upsilon |
| E ε | epsilon | N ν | nu | Φ φ | phi |
| Z ζ | zeta | Ξ ξ | xi | X χ | chi |
| H η | eta | O o | omicron | Ψ ψ | psi |
| Θ θ | theta | Π π | pi | Ω ω | omega |

*<big>**green**</big> /gríːn グリーン/ 〖grass (草)と同語源〗
── 形 (比較 ~·er, 最上 ~·est) **1** 緑の, 緑色の, 青色の;〔植物・草で〕覆われた, 青々とした; 青野菜の《◆活気ある若さ・未熟さなどを暗示する》‖
green paint 緑色のペンキ.
a green Christmas 雪のないクリスマス.
a green salad (主にレタスの)野菜サラダ.
The grass is always greener (on the other side of the fence). 《ことわざ》→ grass **1**.

比較 green は yellow と blue の間の色で, 時に blue も含む. 一方, 日本語の「青」は広義には「緑」も含むので, green ＝「青い」となることが多い: green fields 青々した野原 / The light went green. 信号が青になった.

**2** 〈果物などが〉**青い**, 未熟の(↔ ripe) ‖
green apples 青リンゴ.
**3** (略式)未経験の, 世間知らずの; 不慣れな ‖
a green crew on a ship 新米の船員.

表現 日本語での「青」と対応することがある: He is (as) **green as grass**. 彼は全くの青二才だ.
**4** 活気のある, 元気な;〔文〕生き生きした, 鮮明な ‖
live to a **green** òld áge 老いてなお元気に生きる.
kéep one's mémory **gréen** 記憶が衰えない.
**5** (略式)青ざめた; うらやんで ‖
green with envy (顔色が青くなるほど)ねたんで, しっとして.
── 名 (複 ~s/-z/) **1** U C 緑, 緑色, 青(→ 形 **1** 比較) ‖
The lights changed to **green**. 信号が青になった.
**2** U 緑色の服; U C 緑色の絵の具.
**3** C 草地, 公有地;〔ゴルフ〕パッティング＝グリーン; ゴルフコース ‖
a village green 村の共有草地.
**4** [~s] (クリスマスなど装飾用の)葉, 枝《モミの木・ヒイラギなど》; (略式)(食用になる)葉, 茎; 野菜, 青物《ホウレンソウ・レタス・カブなど》.
**in the green** 血気盛んで.
**gréen líght** 青信号; (略式)[the ~] 許可, ゴーのサイン ‖ give the green light to a plan 計画実施の認可を与える.
**gréen téa** 緑茶.
**gréen·ness** 名 U 緑(色); 新鮮, 未熟, 未経験.
**green·back** /gríːnbæk グリーンバク/ 名 C (米略式)ドル紙幣《◆裏が緑色をしていることから》.
**green·belt** /gríːnbèlt グリーンベルト/ 名 C U (都市周辺の)緑地帯.
**Greene** /gríːn グリーン/ 名 グリーン《Graham ~ 1904-91; 英国の作家》.
**green·er·y** /gríːnəri グリーナリ/ 名 U [集合名詞] (装飾用の)緑の木, 青葉.
**green·gage** /gríːngèidʒ グリーンゲイジ/ 名 C 〔植〕セイヨウスモモ《ジャムの材料》.
**green·gro·cer·y** /gríːngròusəri グリーングロウサリ/ 名 (複 ~·cer·ies/-z/) C (英)青物屋, 八百屋.
**green·horn** /gríːnhɔ̀ːrn グリーンホーン/ 名 C (略式) **1** 世間知らず, 青二才. **2** 初心者.
**green·house** /gríːnhàus グリーンハウス/ 名 C 温室 《◆ gréen hóuse は「緑色の家」》.
**gréenhouse èffect** 〔気象〕温室効果《大気中の炭酸ガス・水蒸気・フロンなどの増加による地表付近の温度上昇》.
**gréenhouse gàs** 温室効果ガス《特に二酸化炭素》.
**green·ish** /gríːniʃ グリーニシュ/ 形 緑がかった.
**Green·land** /gríːnlənd グリーンランド/ 名 グリーンランド《デンマーク領》.
**Green·wich** /grénitʃ グレニチ, gríːn-, -idʒ/ 《発音注意》名 グリニッジ《London 郊外の Thames 川沿いの町. もとグリニッジ天文台があり, そこが経度 0°となった》.
**Gréenwich (méan) tìme** [または ~ M- T-] グリニッジ標準時(略 GMT).

**Gréenwich Víllage** グリニッチビレジ《New York 市の Manhattan の芸術家が集まる地区》.

**greet** /gríːt グリート/ **動他 1** …にあいさつをする;…を迎える ‖
He greeted us with open arms. 彼は私たちを温かく迎えた.
**2**〈人・目・耳など〉に知覚される ‖
A smell of garlic greeted our noses. ニンニクのにおいが鼻をついた.

\***greet·ing** /gríːtiŋ グリーティング/
—**動** → greet.
—**名**（複 ~s/-z/）**1** ⓒⓊ **あいさつ**(の言葉・しぐさ) ‖
exchange greetings あいさつを交わす.
say [give] some greeting to the guests 客にあいさつをする.
**2** ⓒ [通例 ~s] **a**（クリスマス・誕生日などの）あいさつ；(手紙などの)よろしくとの伝言.
**b** あいさつ状 (greeting card) ‖
with the greetings of the season = with the season's greetings 時候のあいさつ[おめでとう]を申し添えて《♦ 贈り物に添えるカードの文句. 単に《Season's》Greetings だけのことも多い》.
Send my greetings to Helen! ヘレンによろしくお伝えください.
a greetings telegram （誕生日などの）お祝い電報.
**gréeting càrd** = greeting 2 b.

**gre·gar·i·ous** /ɡriɡέəriəs グリゲアリアス, gre-/ **形 1** 群居する;〔植〕群生する. **2** 社交的な.

**Gre·go·ri·an** /ɡriɡɔ́ːriən グリゴーリアン, gre-/ **形** ローマ教皇グレゴリウス(Gregory)の.
**Gregórian cálendar** [the ~] グレゴリオ暦《現行の太陽暦. Gregory XIII が制定》.
**Gregórian chánt** グレゴリオ聖歌.

**Greg·or·y** /ɡréɡəri グレガリ/ **名 1** グレゴリウス《ローマ教皇. Gregory I, Gregory VII, Gregory XIII など》. **2** グレゴリー《男の名》.

\***grew** /ɡrúː グルー/ **動** → grow.

\***grey** /ɡréi グレイ/（主に英)**形 名 動** = gray.
**grey·hound** /ɡréihàund グレイハウンド/ **名 1**〔動〕グレイハウンド《足の速い猟犬. ドッグレースにも用いる》. **2** [G~] グレイハウンドバス会社 (the Greyhound Corp.)《米国最大のバス会社》；ⓒ その長距離バス.
**grey·ish** /ɡréiiʃ グレイイシュ/ **形**（主に英）= grayish.

**grid** /ɡríd グリド/ **名** ⓒ **1** [しばしば複合語で] 格子(ゴウシ) ‖
a cattle grid 牛を入れる格子.
**2** 焼き網. **3**（自動車の屋根の）格子状荷台. **4** [しばしば G~]〔電気〕格子, グリッド. **5**（英）高圧線配電網. **6**（街路・地図などの）碁盤目.

**grid·dle** /ɡrídl グリドル/ **名** ⓒ 焼き板《ホットケーキなどを焼く円い厚い鉄板》.
**gríddle càke(s)** ホットケーキ, パンケーキ((米) pancake).

**grid·i·ron** /ɡrídàiərn グリダイアン/ **名** ⓒ **1**（肉・魚を焼く）焼き網. **2**（米）フットボール競技場.

**grief** /ɡríːf グリーフ/ **名**（正式）**1** Ⓤ 深い悲しみ, 悲嘆 (↔ joy) (→ sorrow Q&A) ‖
Time tames the strongest grief.（ことわざ）時はどんな悲しみをもいやす.
**2** [a ~] 嘆きの種, 心痛の種 ‖
Her reckless driving is a (source of) grief to her parents. 彼女の無謀運転は親の嘆きの種だ.
**cóme to gríef**（略式）失敗に終わる；ひどいめにあう.

**griev·ance** /ɡríːvns グリーヴンス/ **名** ⓒ 苦情;抗議の原因.

**grieve** /ɡríːv グリーヴ/ **動**（現分）griev·ing/ **自**（正式）深く悲しむ, 嘆きにくれる《♦ be sad, be sorry より文語的で意味が強い》 ‖
The mother was still grieving over [about, for] her child's death. その母親は子供の死をいまだに嘆き悲しんでいた.
grieve at [to hear] the sad news その悲報を聞いて悲嘆にくれる.
— **他** …を深く悲しませる ‖
I am much grieved at [to hear of] your misfortune. ご不幸を(聞いて) たいへんお気の毒に存じます.

**griev·ous** /ɡríːvəs グリーヴァス/ **形**（正式）**1** 悲しませる, 嘆かわしい. **2** 重大な；目にあまる. **3** 耐えがたい, 激しい.
**gríev·ous·ly 副** [動詞の前で] ひどく；悲しむべきほどに.

**grill** /ɡríl グリル/ **名** ⓒ **1** 焼き網；(英) グリル装置((米) broiler).
**2**（英）網焼き料理 ‖
a mixed grill 網焼き肉の取合わせ.
— **動**（主に英）〈肉などを網焼きにする《♦ (米) では broil の方が好まれる. 関連 → bake》；〈太陽などが〉〈人〉をじりじり焼く ‖
The desert sun grilled him. 砂漠の太陽は彼にじりじり照りつけた.

**grille** /ɡríl グリル/ **名** ⓒ **1**（門・窓の）格子(ゴウシ). **2**（銀行・切符売場の）格子窓口. **3**（自動車エンジンの）放熱格子（図 → car）.

**grim** /ɡrím グリム/ **形** (比較) grim·mer, (最上) grim·mest) **1** 厳格な, 断固とした；無慈悲な, 恐ろしい；〈表情・態度が〉険しい, 怖い ‖
a grim and ruthless egoist 残酷で情け容赦ない利己主義者.
**2**〈真理などが〉動かし難い；〈決心などが〉不屈の.
**3**（略式）気味の悪い, 不愉快な ‖
a grim smile ぞっとするような笑い.
**grím·ness 名** Ⓤ 残忍, 気味悪さ.

**gri·mace** /ɡríməs グリマス | ɡriméis グリメイス/ **名** ⓒ （心配・苦痛による）しかめつら.

grille 1

—動 (現分) ‥mac·ing) 他 しかめつらをする.

**grim·ly** /grímli グリムリ/ 副 厳格に；残忍に, 気味悪く.

**Grimm** /grím グリム/ 名 グリム《Jakob /ʤɑ́ːkəp| kɔp/, 1785-1863, Wilhelm/vílhelm/ ~, 1786-1859；ドイツの言語学者・童話編集者の兄弟》.

**grim·y** /gráimi グライミ/ 形 (比較 ‥i·er, 最上 ‥i·est) あかで汚れた, 汚い.

**grin** /grín グリン/ (類音 green/gríːn/) 動 (過去過分) grinned/-d/；grin·ning) 自 1 歯を見せて笑う. 2 (苦痛・怒り・嘲笑などで) 歯をむき出す.

> 語法 grin 自体の意味は中立的で, 日本語の「にやにや笑う」に伴うような悪い意味は特にない. どのような笑いかは文脈による: grin happily 楽しそうににこにこ笑う / grin cynically あざけるようににやっと笑う / grin obscenely 卑猥(ひわい)ににたにたっと笑う.

*grín from éar to éar* (→ ear 成句).

—名 C 歯を見せて笑うこと.

**grind** /gráind グラインド/ 動 (過去過分) ground /gráund/) 他

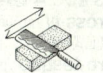

〈1 ひく, 砕く〉 〈3 歯ぎしりする〉 〈2 研ぐ〉
grind

1 〈穀物など〉をひく, 砕く ‖
grind corn into meal =grind meal from corn トウモロコシをひいてあら粉を作る.

2 …を研(と)ぐ, 磨く ‖
grind an ax on the grindstone 砥石(といし)でおのを研ぐ.
grind a lens レンズを磨く.

3 〈歯〉をギシギシこすり合わせる；…をこすりつける ‖
grind one's teeth (together) in one's sleep 睡眠中に歯ぎしりする.

4 …の柄(え)を持って回す ‖
grind a coffee mill コーヒーひきを回す.

5 …を苦しめる (+down).

—自 1 〈穀物などが〉ひける；砕ける；研げる, 磨ける.
2 ギシギシ鳴る, こすれる.
3 (主に米略式) こつこつ勉強する, 仕事する ‖
grind away for one's exam こつこつ試験勉強する.

—名 1 (略式) [a ~ / the ~] 骨の折れる退屈な仕事[勉強]. 2 C (米) ガリ勉家. 3 U ひくこと, こすること, 砕くこと.

**grind·er** /gráindər グラインダ/ 名 C 1 粉砕機, 研磨機. 2 [複合語で] 磨く人, 研ぐ人.

**grind·stone** /gráindstòun グラインドストウン/ 名 C 回転砥石(といし), 研磨(けんま)機.
*kéep [háve] one's nóse to the gríndstone* (略式) あくせく働く.

*kéep [háve] A's nóse to the gríndstone* (略式) A〈人〉をこき使う.

**grip** /gríp グリプ/ 動 (過去過分 gripped または gript/grípt/；現分 grip·ping) 他 1 …をしっかりつかむ, ぎゅっと握る, 締める《◆ grasp より意味が強い》‖
He gripped the tooth and pulled it out. 彼は歯を(ペンチで)しっかりはさんで引き抜いた.

2 …を引きつけてそらさない ‖
The lecture gripped (the attention of) the audience. その講演は聴衆の心をつかんだ.

—自 しっかりつかむ, 締めつける ‖
The car's tires failed to grip on the wet road. 車のタイヤはぬれた路面でスリップした.

—名 (複 ~s/-s/) 1 U [しばしば a ~] a しっかりつかむこと, 握ること ‖
have a good grip on a rope ロープをしっかりつかんでいる《◆ have を get, take にすると「つかむ」という動作を表す》.

b 握力；(刀・スポーツ用具の)握り方, グリップ ‖
have a strong grip 握力が強い.

2 U [しばしば a ~] a 支配(力), 制御(力) ‖
gèt [tàke] a gríp on oneself (略式) 自分(の感情)を抑える；気をひきしめる.

b 引きつける力, とらえる力 ‖
hàve a gríp on a woman 女性の気をそらさない.

3 U (略式) 理解力, 把握力；処理能力, 気力 ‖
hàve a góod grip on [of] English grammar 英文法をよく理解している.

4 C (機具・装置の)グリップ；(用具などの)取っ手, 握り.

5 C (主に米) (ふつう小型の)旅行かばん.

*be at gríps with A* A〈人〉と取っ組み合いのけんかをしている；A〈問題など〉と真剣に取り組んでいる；…を理解する.

*còme [gét] to gríps with A* A〈人〉とつかみ合いになる；A〈問題など〉と取り組む；…を理解する.

*lóse one's gríp* 手を放す；理解力を失う；気力をなくす.

**gripe** /gráip グライプ/ 動 (現分 grip·ing) 他 〈腹〉をきりきり痛ませる. —自 (略式) 不平を言う.
—名 (略式) 1 [the ~s] 激しい腹痛. 2 C 不平.

**gris·ly** /grízli グリズリ/ 形 (比較 ‥li·er, 最上 ‥li·est) (ぞっとするほど)恐ろしい.

**grist** /gríst グリスト/ 名 U (古) 製粉用の穀物；ひいた穀物 ‖
*All is gríst that comes to his mill.* (ことわざ) 彼の製粉所に来る物はすべて製粉用の穀物である；彼は何事でも必ず利用する.

**gris·tle** /grísl グリスル/ 名 U (食用肉中の)すじ.

**grit** /grít グリト/ 名 U 1 [集合名詞] 砂・小石. 2 砂岩. 3 (略式) 根性, 気骨.
—動 (過去過分) grit·ted/-id/；現分 grit·ting) 他 〈歯など〉をギシギシいわせる ‖
*grít one's téeth* (怒りや恐れなどを抑えて) 歯をくいしばる.

**griz·zly** /grízli グリズリ/ 形 (比較 ‥zli·er, 最上

**--zliest** 白髪まじりの, 灰色の.
——名 (複) **griz·zlies**/-z/) C =grizzly bear.
**grízzly bèar** [動] グリズリー, ハイイログマ(grizzly) 《北米 Rocky 山脈など西部高地にいるヒグマ》.

**groan** /gróun グロウン/ (同音) grown) 動 ⾃ 1 うめく, うなる ‖
groan (out) with pain 苦痛のためにうめき声をあげる.
**2** ブーブー言う.
**3** うなるような音を立てる, きしむ; [比喩的に] 重くうなるほどいっぱいある ‖
the shelf groaning with books 本がどっさりのっている本棚.
The roof of the hut groaned under the weight of the snow. 小屋の屋根は雪の重みでミシミシと音を立てた.
**4** あえぐ, 苦しむ ‖
groan under injustice 不当な仕打ちで苦しむ.
——名 C **1** うめき声, うなり声 (→ moan) ‖
give a groan of despair 絶望してうめく.
**2** [通例 ~s] 不平の声, あざけりの声.

**gro·cer** /gróusər グロウサ/ 名 C 食料雑貨店主《grocery (store) を経営》‖
Will you get me some salt at the grocer's (shop)? 塩を食料雑貨店で買ってきてくれませんか.

**gro·cer·ies** /gróusəriz グロウサリズ/ 名 → grocery.

***gro·cer·y** /gróusəri グロウサリ/ 《卸売りをする(groc)人(er)の店(y)》
——名 (複 **--cer·ies**/-z/) **1** C =grocery store.
**2** C [groceries] 食料雑貨類《flour, coffee, sugar, rice, match, soap など》‖
a bag of groceries 1袋の食料品.
**3** U 食料雑貨販売業.
**grócery stòre** 食料雑貨店 (grocery) (《英》grocer's (shop))《乾物・かん詰め・日用雑貨類などを売る》.

**grog·gy** /grági グラギ | grɔ́gi グロギ/ 形 (通例 比較 **--gi·er**, 最上 **--gi·est**)《略式》足元がふらふら, グロッキーで; 意識がもうろうとして.

**groom** /grú:m グルーム/ (類音) g/oom/glú:m/) 名 C **1** 新郎, 花婿 ‖
the bride and groom 新郎新婦《◆ふつうこの語順》.
**2** 馬丁(ﾃｲ).
——動 他 **1** 〈髪など〉をきれいに整える; 〈動物が〉…の毛づくろいをする ‖
a well-groomed young man 身だしなみのよい若者.
**2** 〈馬・庭など〉を手入れする.
**3** 《略式》〈人〉を準備させる, 仕込む.

**groove** /grú:v グルーヴ/ 名 C **1** (敷居などの)溝; (レコードの)溝; わだち, 車の跡. **2** 決まりきったやり方; 慣例, しきたり.
——動 (現分) groov·ing) 他 …に溝を彫る.

**grope** /gróup グロウプ/ (類音) grope/grúp/) 動 ⾃ (現分) grop·ing) **1a**《文》手探りで捜す. **b** 手探りで進む. **2** 模索する, 捜し求める.

**grópe** one's **wáy** (1) → way 名 **2** Q&A. (2) 暗中模索する.

**gross** /gróus グロウス/ (発音注意)《◆ ×グロス》(類音) grass/grǽs | grɑ́:s/, g/oss/glɔ́(:)s/) 形 **1** 総計の, 全部の, 風袋(ふうたい)込みの《◆「正味の」は net》‖
gross sales 総売上高.
the gross weight 総重量.
**2**《正式》[意味を強めて] ひどい, はなはだしい ‖
a gross mistake ひどい誤り.
The accident was caused by her gross carelessness. その事故は彼女の全くの不注意によるものだった.
**3** でぶの, 肥満体の.
**4** 粗野な, 下品な.
——名 (複 **1** で ~·es, **2** で gross) **1**《正式》[the ~] 総計, 合計.
**2** C グロス《12ダース, 144個》‖
two gross of pencils 鉛筆2グロス.
——動 (三単現) ~·es/-iz/) 他 …の総収益をあげる.
**gróss doméstic próduct** 国内総生産(略 GDP).
**gróss nátional próduct** 国民総生産(略 GNP).
**gróss·ness** 名 U **1** はなはだしさ. **2** 粗野, 下品. **3** 肥大. **4** 愚鈍.
**gross·ly** /gróusli グロウスリ/ 副 **1** たいへん, ひどく. **2**《正式》粗野に, 下品に.

**gro·tesque** /groutésk グロウテスク/ 形 (時に 比較 **--tesqu·er**, 最上 **--tesqu·est**)《正式》怪奇な, 異様な, 風変わりな ‖
a grotesque sight 異様な光景.
——名 **1** C 怪奇[異様]なもの, こっけいなもの.
**2** [the ~]《美術》グロテスク模様《人間・動植物などを異様にゆがめた模様》;《文学》グロテスクふう《悲劇と喜劇を複雑に織りまぜたもの》.
**gro·tésque·ly** 副 異様に; こっけいに.
**gro·tésque·ness** 名 U 怪奇; こっけい.

**grot·to** /grátou グラトウ | grɔ́- グロトウ/ 名 (複 ~(e)s)《正式》ほら穴.

**grouch** /gráutʃ グラウチ/ (略式) 名 (複 ~·es/-iz/) C **1** [通例 a ~ / the ~] 不平, 不機嫌. **2** 不平屋. ——動 (三単現) ~·es/-iz/) ⾃ 不平を言う; 不機嫌になる.
**gróuch·ly** 形 不平を言う, 不機嫌な.

***ground**[1] /gráund グラウンド/ (類音) grand/grǽnd/)《「土地」が本義》
→ 名 **1** 運動場; 用地 **2** 地面 **3** 根拠
動 **1** 置く
——名 (複 ~s/gráundz/) **1** C [しばしば ~s] 運動場, 場所; [複合語で] (特定の目的に用いられる)場所, 用地, 敷地 ‖
a pláy gròund 遊園地.
a pícnic gròund ピクニック場.
a báseball gròund 野球場.
húnting gròunds 狩猟場.
**2** U [しばしば the ~] 地面; 土地; 土壌 ‖
on the ground 地面に.

a small piece of **ground** =a bit [a patch] of **ground** 小さな土地《◆ ˟ a small ground は誤り》.

対話 "Houses are really expensive here in Japan, aren't they?" "Not just the house, but the **ground** under it." 「日本ではほんとうに家が高くつきますね」「家だけでなく土地もです」.

**3** Ⓤ Ⓒ [しばしば ~s] 根拠, 理由, 原因; 基礎, 基盤, 前提 ‖

on (the) **ground**(s) of her illness =on (the) **ground**(s) **that** she is ill 彼女は病気であるという理由で.

You have no **grounds** for accusing Jill of the theft of the stock certificates. 株券を盗んだと言ってジルを責める理由はあなたにはない.

**4** Ⓤ 立場, 見地, 意見 ‖

common **ground** 共通の立場.

shift one's **gróund** 立場[意見]を変える.

**5** Ⓤ 分野; 話題.

**6** [~s] (建物の周囲にある)庭, 庭園, 構内 ‖

the school **grounds** 学校の構内.

**7** Ⓒ (絵の下塗り, 下地; (織物の)地. **8** Ⓤ Ⓒ 海底, 浅瀬. **9** Ⓤ (米) 〔電気〕アース, 接地((英) earth). **10** [~s] (コーヒーなどの)かす.

**cóver (the) gróund** (1) ある距離を行く; 旅行する. (2) 〔野球〕〈選手が〉守備範囲が広い. (3) ある範囲に及ぶ〈わたる〉;〈仕事などが〉はかどる; 処理する ‖ We have a lot of **ground** to **cover**. 話し合わねばならないことがたくさんある.

**gáin gróund** (1) 前進する, 敵を後退させる. (2) 成功する; 進歩する;〈病人が〉元気になる. (3) 支持[人気, 力]を得る.

**gèt óff the gróund** (1) 〔自〕〈航空機が〉離陸する. (2) (略式)〔自〕〈計画などが〉うまくスタートする. (3) 〔他〕〈計画などを〉実行に移す.

**gíve gróund** 後退[退却]する; 議論に負ける.

**hóld [kéep] one's gróund** 自分の立場を固守する, 一歩も退かない.

**lóse gróund** (1) =give GROUND. (2) 健康状態が悪くなる. (3) 人気[力]がなくなる.

**stánd one's gróund** =hold [keep] one's GROUND.

——動 (三単現) ~s /gráundz/; (過去・過分) ~ed /-id/; (現分) ~ing

——他 **1** (正式) [ground **A** on **B**] **A**〈事〉の基礎[根拠]を **B**〈事〉に置く ‖

My argument is **grounded** on facts. 私の議論は事実に基づいている.

**2** …に基礎を教え込む ‖

She **grounded** her students thoroughly in English grammar. 彼女は学生に英文法の基礎を徹底的に教え込んだ.

**3** …を地面に置く;〈航空機を〉飛行中止させる, 着陸させる ‖

The plane was **grounded** because of the fog. 飛行機は霧のため離陸できなかった.

**4** 〈船〉を座礁させる.

**5** (米)〈線〉をアースする, 接地する((英) earth).

**gróund flóor** (1) (英) 1階 ((米) first floor). (2) (第1段階から参加しての)有利な立場 ‖ get in on the **ground floor** 最初から加わって有利な立場に立つ.

**gróund rùle dóuble** 〔野球〕エンタイトル=ツーベース《◆ ˟entitled two-base hit としない》.

**gróund zéro** (核爆弾の)爆心地.

**ground**² /gráund グラウンド/ 動 → grind.

——形 **1** ひいて粉にした ‖

ground rice ひいた米の粉.

**2** すった, 研いだ; すってざらざらにした.

**gróund gláss** すりガラス; (研磨材用の)ガラスの粉.

**ground·less** /gráundləs グラウンドレス/ 形 (正式) 根拠のない, 事実無根の ‖

Your fear is **groundless**. あなたの心配は取り越し苦労にすぎませんよ.

**ground·work** /gráundwə̀ːrk グラウンドワーク/ 名 Ⓤ [the ~; 主に比喩的に] 基礎, 土台, 第一段階.

\*\***group** /grúːp グループ/ (類音 grope /gróup/) 『「束」が原義』

——名 (~s/-s/) Ⓒ 集団, 集まり, 群れ, グループ; [a ~ of + 複数名詞; 単数・複数扱い] 一団の… ‖

in a **group** 群れをなして.

A **group** of boys were [was] playing in the park. =There was a **group** of boys playing in the park. 少年の一団が公園で遊んでいた《◆ there 構文ではふつう単数動詞で呼応する》.

They formed themselves in **groups** of five. 彼らは5人ずつのグループに分かれた.

——動 他 …を集団にする, 一箇所にまとめる; …を分類する ‖

We **grouped** ourselves round our teacher. 私たちは先生の周りに集まった.

——自 群がる; 一箇所にまとまる.

**grouse** /gráus グラウス/ 名 (複 grouse, 種類を表すときは ~s) Ⓒ 〔鳥〕ライチョウ《◆ (英) では猟鳥として北部の荒野にいる red grouse (カラフトライチョウ)をさす》; Ⓤ その肉.

\***grove** /gróuv グロウヴ/ (類音 g/ove /gláv/, g/obe/glóub/) 『「低木の茂み」が本義』

——名 (複 ~s/-z/) Ⓒ (文) 小さな森, 木立ち《◆ふつう下草を刈り取ってあり, 遊びなどに適したところで, 一般に wood(s) より小さい. 妖(ょう)精が住むとされた》‖

a picnic **grove** ピクニック向きの木立ち.

**grov·el** /grávl グラヴル, grǽvl | grɔ́vl グロヴル, grǽvl/ 動 (過去・過分) ~ed または (英) grov-elled /-d/; (現分) ~ing または (英) ··el·ling) 自 **1** ひれ伏す, 屈服する. **2** ぺこぺこする, 卑屈にふるまう.

\*\***grow** /gróu グロウ/ (類音 g/ow/glóu/) 『「植物が成長する」が原義. cf. grass』(名) growth (名)

——動 (三単現 ~s /-z/; 過去 grew /grúː/; 過分 grown; 現分 ~ing)

——自 **1** 〈人・動植物などが〉**成長する**, 生長する, 大き

**grow**
〈1 成長する〉
〈2 …になる〉

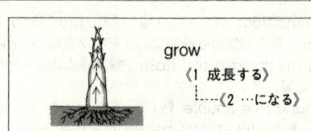

くなる, 育つ;〈草木が〉生い茂る, 生える;〈つめ・髪などが〉伸びる;〈種子が〉発芽する(+*out*)‖
The *hinoki* grows only in Japan. ヒノキは日本でのみ生育する.
Her hair grèw báck. 彼女の髪はもとの長さまで伸びた.
Money doesn't grow on trees. 金は木にはならない; 金は手に入れにくい.
対話 "Their son really became tall." "I noticed too. I think he's grown nearly 3 inches since last year." 「あの人たちの息子さんは, 大きくなったね」「私も気づきました. 去年から3インチ近く伸びていると思う」.

**2** [grow C]〈人・物・事が〉C (の状態)になる《◆C は主に cold, faint, dark, thin, calm, tall などの形容詞》; [grow to be C / grow to do] …するようになる‖
She is growing tall. 彼女は背が伸びてきている.
His daughter grew to be a beautiful woman. 彼の娘は美しい女になった(=… grew into a beautiful woman. → **3**).
You will grow to like her. あなたは彼女が好きになるだろう《◆ get to do より堅い言い方》.

Q&A *Q*: grow to be と grow up to be はどのように違うのですか.
*A*: grow to be は get to be と同じで, He *grew to be* a very unsociable man. (彼は人づき合いがとても悪くなった)のように単に「…になる」という意味で用います. grow up to be は He *grew up to be* a very unsociable man. (彼はおとなになると人づき合いが悪くなった)のように「おとなになって」の意を含みます.

**3** 増大する, 増加する; 発展する, 発達する;〈心配などが〉つのる, 強くなる‖
Tom has grown in strength. =Tom has grown stronger. トムは体力がついてきた.
The town grew into a city. その町は大きくなって市となった(→ **2**).
**4**〈習慣などが〉身についてくる; 心を引くようになる, 好きなものとなる‖
She'll grow on John. 彼女はジョンの心をとらえるだろう.
── 他 **1**〈農作物を〉栽培する, 育てる, 産出する;〈髪・ひげなどを〉伸ばす, 生やす;〈植物が〉〈根を〉張る;〈ヘビが〉〈新しい皮に〉抜け替わる‖
The farm grows potatoes. そこの農場はジャガイモを栽培している.
**2** [be grown]〈場所に〉生い茂る‖
The garden was grown over with weeds. 庭には雑草が生い茂っていた.

**gròw dównward** [自] (1) 下の方に伸びる. (2) 減少する.
**gròw ín** [自] 内側へ伸びる;〈髪などが〉もとの長さまで伸びる.
**gròw ínto** A → 自 **3**. (2)〈人が〉A〈服など〉に合うほどに大きくなる[成長する].
**gròw ón** [**upòn**] A (1)〈習慣などが〉A〈人〉にだんだん高じてくる, …を支配するようになる. (2) A〈人〉の気に入るようになる, 心を引くようになる‖ I didn't like boxing at first, but it has grown on me. 初めはボクシングは嫌いだったがだんだん好きになってきた. (3) → 自 **1**.
**gròw óut of** A〈人が〉大きくなって A〈服〉が着られなくなる;〈人が〉成長して A〈癖などが〉なくなる.
◇**gròw úp** [自] (1) 成長する, おとなになる; [grow up into A / grow up to be C] 大きくなって…になる(→ 自 **2** Q&A)《◆他動詞は bring up》‖ What do you want to be when you grow up? おとなになったら何になりたいかい / Grow up! 子供みたいなまねはよせ. (2)〈友情などが〉芽生える,〈習慣などが〉生じる. (3) 上へ伸びる.
**gròwing páins** [複数扱い] (1) 成長期の手足の痛み. (2) (新しい計画などの)初期の苦しみ[困難]. (3) 青春の悩み.

**grow·er** /gróuər グロウア/ 名 C [通例複合語で] **1** (市場に出す野菜・穀物の)栽培者, 農場主‖
an apple-grower リンゴ栽培者.
**2** …の育ち方をする植物‖
a fast grower 成長の早い植物.

**growl** /ɡrául グラウル/ 動 自〈動物が〉うなる,〈人が〉怒ってがみがみ言う;〈雷などが〉ゴロゴロ鳴る, とどろく.
── 他 …をがみがみ言う, どなる‖
growl (out) a command どなりつけて命令する.
── 名 C [通例 a ~] うなり声, ほえ声; どなり声, 不平の声‖
give an angry growl 怒った声を立てる.

*****grown** /ɡróun グロウン/ (同音 groan)
── 動 → grow.
── 形 おとなの, 成長した; 生い茂った; 栽培した‖
a grown man おとな.
a weed-grown garden 雑草の生い茂った庭.

*****grown–up** /ɡróunʌ̀p グロウナプ/
── 形 [名詞の前で] 成人した; 成人向きの; おとならしい‖
My grown-up son is studying abroad now. 私の成人した息子は今留学しています.
── 名 (複 ~s/-s/) C 成人, おとな《◆ adult よりくだけた語. 特に子供に向かって, または子供によって用いられる》.

*****growth** /ɡróuθ グロウス/〖grow の 自 から〗
── 名 (複 ~s/-s/) **1** Ⓤ 成長, 生長, 発育, 成熟‖
the growth of a child 子供の成長.
the growth of potatoes ジャガイモの成長.
reach full growth 十分に成長する.
**2** Ⓤ 発展, 発達; [a ~ / the ~] 増加, 増大; 拡張, 伸び‖
the growth of Japan's population 日本の

人口の増加.
**3** ⓤ 栽培, 産出 ‖
bananas of foreign growth 外国産のバナナ.
**4** ⓒ (通例 a ~) 茂み, 生えた[伸びた]もの《草木・髪・ひげ・つめなど》;《医学》腫瘍(ホッ), (病的)増殖 ‖
a week's growth of beard 1週間伸ばしたあごひげ.

**grub** /grʌ́b グラブ/ (類音) grab/græb/) 名 **1** ⓒ (コガネムシ・カブトムシなどの)幼虫, 地虫. **2** ⓤ《略式》食物. ── 動 (過去・過分) grubbed/-d/; (現分) grubbing) 他 …を掘り出す, 掘り返す. ── 自 土地を掘り返し, 根を掘り出す.

**grub·by** /grʌ́bi グラビ/ 形 (比較) --bi·er, (最上) --bi·est)《略式》汚い.

**grudge** /grʌ́dʒ グラヂ/ 動 (現分) grudg·ing) 他 **1 a** [grudge A B / grudge B to A]〈人〉に B〈物〉を与えるのを惜しむ, 出ししぶる. **b**〈物〉を惜しむ; [grudge doing] …することを惜しむ. **2** …をねたむ; [grudge A B] A〈人〉の B〈物・事〉をねたむ, ねたんで認めない.
── 名 ⓒ 恨み, 悪意.

**grudg·ing·ly** /grʌ́dʒiŋli グラヂングリ/ 副 いやいやながら, しぶしぶ.

**gru·el** /grúːəl グルーエル/ 名 ⓤ (湯または牛乳で料理した)薄いかゆ, (主に病人のための)オートミールがゆ.

**gru·el·(l)ing** /grúːəliŋ グルーエリング/ 形 へとへとに疲れさせる, きびしい.

**grue·some** /grúːsəm グルーサム/ 形 ぞっとするような, 恐ろしい.
**grúe·some·ly** 副 ぞっとさせて, 恐ろしく.

**gruff** /grʌ́f グラフ/ (類音) graph/græf/) 形 **1** しわがれた, どら声の. **2** 荒々しい, 粗野な.
**grúff·ly** 副 荒々しく; ぶっきらぼうに.

**grum·ble** /grʌ́mbl グランブル/ 動 (現分) grum·bling) 自 **1** 不平を言う, 不満をもらす, 苦情をもらす (cf. complain) ‖
Ann is always grumbling (about the food). アンはいつも(食べ物の)不平ばかり言っている.
**2** 雷などがゴロゴロ鳴る.
── 名 **1** ⓒ 不平, 不満, 苦情.
**2** [the ~ / a ~] ゴロゴロいう音.

**grum·bler** /grʌ́mblər グランブラ/ 名 ⓒ 不満を言う人, 不平屋.

**grump·y** /grʌ́mpi グランピ/ 形 (比較) --i·er, (最上) --i·est) 機嫌の悪い, 気難しい.
**grúmp·i·ly** 副 むっつりと, 不機嫌に.

**grunt** /grʌ́nt グラント/ (類音) grant/grænt | grɑ́ːnt/) 動 自 **1**〈ブタ・ラクダなどが〉ブウブウ鳴く;〈物が〉ブウブウ音を立てる. 関連 鳴き声: ウマは neigh・ウシは low・ヒツジは baa, bleat.
**2**〈人が〉ぶうぶう言う, 不平を言う.
── 他〈人が〉…をぶうぶう言う.

**guar·an·tee** /ɡærəntíː ギャランティー/ 《アクセント注意》《♦ ˟ギャランティー》 名 **1a** ⓒ 保証(となるもの); ⓒⓤ 保証契約 ‖
There is a one-year **guarantee on** this toaster. このトースターには1年間の保証が付いています.
**b** ⓒ 保証書; 担保(物件);《略式》保証するもの ‖
a written **guarantee** 保証書.
Fame is no **guarantee of** happiness. 名声は幸福を保証するものではない.
**2** ⓒ 保証人, 引受人; 被保証人 ‖
I will be your **guarantee**. 君の保証人になりましょう.
**be [stánd] guarantée for** A …の保証人である[になる].
── 動 他 **1** …を保証する;〈人〉に保証をする; [guarantee to do / guarantee(that)節] …すると約束する ‖
I **guarantee that** the train will arrive on time. 汽車は間違いなく定刻に到着いたします.
We **guarantee to refund** your money if you are not satisfied with your purchase. お買い上げ商品にご満足いただけない場合は, 代金をお返しいたします.
**2** [guarantee A to do] A〈商品〉が…すると保証する; [guarantee A B / guarantee B to A] A〈人〉に B〈事〉を約束する ‖
I **guarantee** this watch **to** keep perfect time. この時計は絶対に狂わないこと請け合いだ.
She was fully **guaranteed** her liberty. 彼女は自由を完全に保証された.

**guar·an·ty** /ɡǽrənti ギャランティ/ 名 (複 --an·ties/-z/) ⓒ 保証; 担保物件.

*****guard** /ɡɑ́ːrd ガード/ (類音) gird/ɡəːrd/) 〖「守る(人)」が本義〗派 guardian (名)
── 動 (三単現) ~s /ɡɑ́ːrdz/; (過去・過分) ~ed /-id/; (現分) ~ing)
── 他 **1** …を守る, 保護する; …を見張る, 監視する ‖
They **guarded** him **against [from]** attacks. 彼らは彼を襲撃から守ってやった.
**2**〈言葉〉を慎む, …に注意する;〈感情など〉を抑制する.
── 自《正式》用心する, 警戒する ‖
**guard against** mistakes 間違いをしないように用心する.
── 名 (複 ~s /ɡɑ́ːrdz/) **1** ⓒ 護衛者, 保護者; 番人, 守衛, 監視人, ガードマン《♦ ˟guard man とはいわない》; 看守;《軍事》歩哨(ホ゜ョヘ゜); [the ~; 単数・複数扱い] 護衛兵, 守備隊; [the Guards] 近衛隊 ‖
a **guard** of honor = an honor **guard** 儀仗(シ゛ョワ)兵.
**2** ⓤ 見張り, 監視; [時に a ~] 警戒, 用心 ‖
be **ùnder clóse guárd** 厳重に監視されている.
**kèep guárd on [òver]** the army camp 軍隊の野営地を見張る.
**3** ⓒ 保護物, 防護物, 安全装置《刀のつば・暖炉の格子・時計の鎖など》‖
the **guard** of a sword 刀のつば.
a catcher's shin **guard** 捕手のすね当て.

a mud **guard** (自転車などの)泥よけ.
**4** ⓒ (英)(列車の)車掌((米) conductor);(米)(列車の)制動手.
**5** ⓤⓒ《スポーツ》ガード;防衛(姿勢);【アメフト・バスケットボール】ガード(図) → American football.
**móunt [stánd] guárd** 見張りに立つ.
◇**òff** (one's) **guárd** 油断して.
◇**òn** (one's) **guárd** 用心して ‖ You'd better stay **on your guard**. 用心してとどまるほうがよい.
**guard·ed** /gɑ́ːrdid ガーディド/ 動 → guard.
—— 形 慎重な, 用心深い.
**guard·i·an** /gɑ́ːrdiən ガーディアン/ 名 ⓒ (正式) 保護者, 守護者;管理者;〖法律〗後見人.
**guárdian ángel** 守護天使;助けてくれる人.
**guard·i·an·ship** /gɑ́ːrdiənʃip ガーディアンシプ/ 名 ⓤ [しばしば a 〜 / the 〜] (未成年者などの) 後見人の職務;保護.
**guard·rail** /gɑ́ːrdrèil ガードレイル/ 名 ⓒ てすり;ガードレール.
**gua·va** /gwɑ́ːvə グワーヴァ/ 名 ⓒ 《植》グアバ, バンジロウ;その果実《生で食べたりジャム・ゼリー・ジュースなどにする》.
**gue(r)·ril·la** /gərílə ガリラ/ (同音 gorilla) 《♦ gorilla と区別するために /gerílə ゲリラ/ と発音することもある》名 ⓒ ゲリラ兵, 遊撃兵.
**gue(r)rílla wár(fàre)** ゲリラ戦.

\*\***guess** /gés ゲス/ 〖「得(get)ようとする」が原義〗

guess 《推測する》

—— 動 (三単現 〜·es/-iz/;過去・過分 〜ed/-t/;現分 〜·ing)
—— 他 **1** …を**推測する**(estimate);[guess (that) 節 / guess wh 節] …と推測する;[guess A to be C] (正式) A〈人〉が C であると推測する ‖
Can you **guess** her age? =Can you **guess what** her age is? =Can you **guess how** old she is? 彼女の年齢を推測できますか.
I **guess** her age at [as] 40. =(正式) I **guess** her **to be** 40. =I **guess** (that) she is 40. 彼女は40歳だと思います.
対話 "Can you **guess how** many people showed up?(↗)" "I have no idea. Around 100?(↗)" 「何人の人が来たか見当がつきますか」「わからないです. 100人くらいですか」.
**2** 〈人が〉〈なぞなどを〉解き当てる, 言い当てる;〈答えなど〉を思いつく, 考えつく ‖
Can you **guess** this riddle? このなぞの答えを考えつきますか.
**Guess** what I am. 私が何だか当ててごらん《♦なぞなどの決まり文句》.
**3** (米略式) [I guess (that) 節] …だと思う((英) I (should) think) 《♦ that はふつう省略. 進行形にしない》‖
I **guess** (that) it will rain tomorrow. あしたはたぶん雨でしょう《♦明確な推論でなく, 軽く[なんとなく]そう思うこと》.
I don't **guess** so. =I **guess** not. (前言を受けて) そうではないでしょう.
対話 "Will they win this time?" "I **guess** so." 「彼らは今度は勝つだろうか」「勝つと思うよ」.
—— 自 推測する;言い当てる ‖
You've **guéssed ríght**. あなたはずばり言い当てた.
**guess wrong** 推測がはずれる.
I **guéssed at** her age. 彼女の年齢を当ててみようとした.

**guéss whát** (略式) (1) [話の切り出しで用いて] あのねえ, ほら, あのことだけど ‖ 対話 "**Guess what!**" "What?" 「あのねえ」「うん?」「ジョンが病気なんだ」. (2) [挿入的に用いて] (びっくりするような話の前置きに使って) 想像してごらんよ, とんでもない事だけど, 驚くことにはね ‖ He remarried and **guess what**. He remarried his first wife. 彼はまた結婚したんだ. それもよりによって, 最初の奥さんとさ.
**kéep A guéssing** (情報を提供せずに) A〈人〉を不安にしておく, はらはらさせて[気をもませて]おく.
—— 名 (複 〜·es/-iz/) ⓒ 推測, 推量, 憶測 ‖
miss one's **guess** 推測がはずれる.
I **hàve** [**màke**] a **guéss at** his success. = I have [make] a **guess** that he will succeed. 彼が成功するだろうと推測する.
Your **guess** is almost right. 君の考えは当たらずとも遠からずだ.
My **guess** is that it will be fine tomorrow. あしたはよい天気だと思います.
**ánybody's** [**ányone's**] **guéss** (略式) 予測しがたいこと;(推測できても)断定できないこと ‖ What will actually happen is anyone's guess. 実際に何が起こるかだれにもわからない.
**by guéss** 推量で.
**guess·work** /gésw`əːrk ゲスワーク/ 名 ⓤ 当てずっぽう.

\***guest** /gést ゲスト/ 〖「よその人」が原義〗
—— 名 (複 〜s/gésts/) ⓒ **1** (招待された)**客**(→ customer);(式などの)賓(ʰ)客, 来賓;(テレビなどの)特別出演者, ゲスト;(クラブなどの)臨時会員;入場料, 食事代を(他人に)払ってもらう人 ‖
a **guest** singer ゲスト歌手.
**2** (ホテル・下宿などの)**泊まり客**, 宿泊人 ‖
a paying **guest** 宿泊人, 下宿人《♦ boarder の上品な語》.
**Be my guest!** (略式) (1) [人から頼みを受けて快諾(ˀ)する言葉] どうぞご自由に, いいですとも, ご遠慮なく(お使い[お召し上がり]ください) ‖ 対話 "Can I take another doughnut?" "**Be my guest!**" 「もうひとつドーナツをいただけませんか」「いいですとも, どうぞ」. (2) [レストランなどで人をもてなすときに] (勘定)を私持ちにさせてください, 私のおごりだ.
**guést of hónor** 主賓.

**guést ròom** 客室; 客用の寝室.

**guest·house** /ɡésthàus ゲストハウス/ 图 Ⓒ **1** (米)迎賓(げいひん)館; 客用の離れ. **2** (主に英)高級下宿屋, 小さなホテル《◆ boarding house の上品な言い方》.

**Gue·va·ra** /ɡəvɑ́ːrə ゲヴァーラ, gei-/ 图 ゲバラ《Ernesto/ernésto:/ ～ 1928-67; キューバの革命家. 通称 Ché /tʃéi/ Guevara》.

**guf·faw** /ɡʌfɔ́ː ガフォー/ 图 ばか笑い, ゲラゲラ, ゲタゲタ. ― 動 他 (…を)ばか笑いする.

**Gui·an·a** /ɡiǽnə ギアナ/ ɡiɑ́ːnə ギアーナ/ 图 ギアナ《南米北東部大西洋岸の地方》.

**guid·ance** /ɡáidns ガイダンス/ 图 **1** Ⓤ 案内, 指導, 手引き, 指図; 学生指導, 補導, ガイダンス ‖
give him several words of guidance 彼をいろいろ指導する《◆ ×several guidance は誤り》.
under the guidance of an instructor 教官の指導のもとに.
**2** [a ～] 案内するもの, 導くもの.
**3** Ⓤ (レーダーなどによる)ロケット[ミサイル]の誘導.

\***guide** /ɡáid ガイド/ 『「世話する人」が原義』
派 guidance (名)
― 動 (三単現) ～s/ɡáidz/; 過去·過分 guid·ed /-id/; 現分 guid·ing)
― 他 **1** …を(同行して)案内する, 道案内する《◆ lead は「人の先に立って案内する」こと》;〈人·動物·乗物など〉を導く ‖
guide him in 彼を中へ案内する.
She **guided** her business **to** success. 彼女は商売を成功へと導いた.
She took his arm and **guided** him **across** the street. 彼女は彼の手をとって通りを一緒に渡してやった.
**2** …の相談に乗る, 指導をする ‖
My teacher **guided** me **in** the choice of a career. 職業選択の際に先生が相談に乗ってくれた.
**3**〈国〉を治める;〈国務〉をうまく処理する.
― 图 (複 ～s/ɡáidz/) Ⓒ **1** 案内者, ガイド; 指導者 ‖
act as a guide 案内役を務める.
**2** 道しるべ, 案内標識; **案内書**, 手引書; 指針, 規準; (索引などの)見出し ‖
a guide to growing vegetables 野菜栽培の入門書.
Conscience is my guide. 良心が私のよりどころです.
**gúided míssile** 誘導ミサイル.
**gúide dòg** 盲導犬.

**guide·book** /ɡáidbùk ガイドブク/ 图 Ⓒ 旅行案内書, ガイドブック; 手引書.

**guid·ing** /ɡáidiŋ ガイディング/ 動 → guide.

**guild** /ɡíld ギルド/ (同音 gild) 图 Ⓒ **1** (中世の商工業者の)同業組合, ギルド. **2** (一般に)同業組合; 団体, 会.

**guile** /ɡáil ガイル/ 图 Ⓤ (正式) 狡猾(こうかつ); 策略, たくらみ.

**guil·lo·tine** /ɡílətìːn ギロティーン/ 『考案者のフランス人 J. J. Guillotin の名から』 图 Ⓒ **1** [通例 the ～] ギロチン, 断頭台. **2** (紙などの)裁断機. **3** (英)[通例 the ～] (議会での)討論打ち切り.

**guilt** /ɡílt ギルト/ (同音 gilt) 图 Ⓤ **1** 罪, 犯罪(行為), 非行; 有罪 (↔ innocence) ‖
admit one's **guilt** 罪を犯したことを認める.
establish the suspect's **guilt** 容疑者の有罪を確定する.
**2** 罪悪感, 自責, うしろめたさ ‖
a feeling of **guilt** 罪の意識.

**guilt·i·er** /ɡíltiər ギルティア/ 形 → guilty.
**guilt·i·est** /ɡíltiist ギルティイスト/ 形 → guilty.
**guilt·i·ly** /ɡíltili ギルティリ/ 副 罪を犯して; やましい気持ちで, ばつの悪い顔をして.

\***guilt·y** /ɡílti ギルティ/ 〖→ guilt〗
― 形 (比較 ··i·er, 最上 ··i·est) **1** 有罪の, 罪を犯した (↔ innocent) ‖
She **is guilty of** stealing. 彼女は窃盗の罪を犯している.
pléad **gúilty to** a crime ある犯罪に対して有罪を認める.
pléad nót **gúilty** 無罪を申し立てる.
She was found **guilty**. 彼女に有罪の判決が下った.
**Gúilty.** (陪審員の評決で)有罪.
**Nót gúilty.** 無罪.
対話 "I don't think she killed the man." "I do. She's **guilty**." 「彼女がその男を殺したとは思えないよ」「いやそうだよ, 彼女がやったんだよ」.
**2** 罪の意識がある, やましい ‖
a **guilty** look 身に覚えがあるような表情.
He felt (very) **guilty for** telling a lie. うそをついたことで彼は(たいへん)気がとがめた.
**3** 犯罪的な, 罪となるような; 非難すべき ‖
She sought forgiveness for her **guilty** acts. 彼女は非難されるようなことをしたのを許してほしいと言った.
**4** (過失などを)犯した ‖
She was **guilty of** a grave blunder. 彼女は重大な失策を犯した.
**gúilt·i·ness** 图 Ⓤ 有罪, やましさ.

**guin·ea** /ɡíni ギニ/ 图 Ⓒ [英史] ギニー《◆ 21 シリング(今の 1.05 ポンド)に当たる英国の通貨単位. 弁護士などの謝礼, 絵画などの値段に用いられた. 1971 年廃止. (略) gns》; ギニー金貨《Guinea 産の金で作られた》.

**Guin·ea** /ɡíni ギニ/ 图 **1** ギニア《西アフリカの海岸地方》. **2** ギニア《西アフリカの共和国. 首都 Conakry》.

**guínea pìg** (1) 〖動〗 テンジクネズミ, モルモット《◆ marmot とは別のもの》. (2) (略式)[比喩的に] モルモット, 実験台.

**Guin·e·an** /ɡíniən ギニアン/ 形 图 Ⓒ ギニア(人)の; ギニア人.

**Guin·ness** /ɡínəs ギネス/ 图 Ⓤ 〔商標〕ギネス《アイルランド産の黒ビール》; Ⓒ 1 杯のギネス.

**The Guínness Bóok of Récords**『ギネスの世界記録集』『ギネスブック』《◆ギネス醸造会社が発刊した》.

**guise** /gáiz ガイズ/ 名ⓒ《正式》[通例 a ～ / the ～] **1** 外観. **2** 見せかけ, ふり.
 **in the guíse of** A (1) A〈人〉に変装して. (2) A〈事〉を装って.
 **ùnder the guíse of** A A〈事〉を装って, …を口実に.

\*gui·tar /gitάːr ギター/ (アクセント注意)《◆×ギター》〖「琴(cithara)」が原義〗
 ——名 (複 ~s/-z/) ⓒ ギター ‖
 play the guitar ギターを弾く(→ piano **1**).

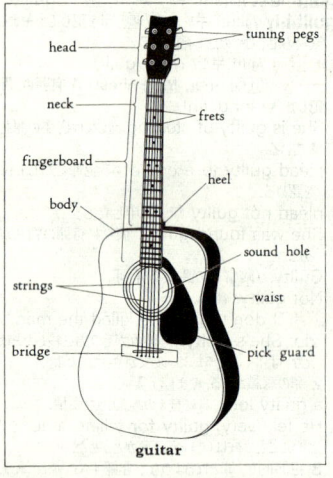

head / tuning pegs / neck / frets / fingerboard / heel / body / sound hole / strings / waist / bridge / pick guard
guitar

**gui·tar·ist** /gitάːrist ギタリスト/ 名ⓒ ギター奏者.
**gulch** /gΛltʃ ガルチ/ 名 (複 ~·es/-iz/) ⓒ《米》(深く切り立った)峡谷.
**gulf** /gΛlf ガルフ/ (類似 **golf**/gάlf|gɔ́lf/) 名ⓒ **1** 湾《◆ふつう bay より大きい》‖
 the Gulf of Mexico メキシコ湾.
 the Persian Gulf ペルシア湾《湾の名には the をつける》.
 **2** (地表などの)深い穴, 割れ目, 深淵(えん); 渦巻き.
 **3** 大きな隔たり, 越えがたい溝 ‖
 There is a gulf between our opinions. 私たちの意見は大きく食い違っている.
 **Gúlf Státes** [the ～; 複数扱い] (1) (メキシコ湾に臨む米国の)湾岸諸国. (2) (ペルシア湾沿いの)湾岸諸国.
 **Gúlf Wàr** [the ～] 湾岸戦争《1990-91. イラクのクウェート侵攻により発生》.
**gull** /gΛl ガル/ 名ⓒ (鳥) カモメ《カモメ科の鳥の総称》.
**gul·let** /gΛlət ガレト/ 名ⓒ《略式》食道; のど.
**gul·li·ble** /gΛləbl ガリブル/ 形 だまされやすい.
**Gúl·li·ver's Trávels** /gΛlivərz- ガリヴァズ-/『ガ

リバー旅行記』《英国の J. Swift 作の風刺小説. cf. Lilliput》.
**gul·ly** /gΛli ガリ/ 名 (複 gul·lies/-z/) ⓒ **1** (流水でできた)小峡谷. **2**《英》溝, 小排水路.
**gulp** /gΛlp ガルプ/ 動 他 **1** …をぐっと飲む, がぶがぶ飲む《◆のどで鳴る音は gurgle》; …をがつがつ食べる. **2** …を抑える, こらえる. —— 自 **1** ごくごく飲む, がぶがぶ飲む. **2** はっと息を飲む, 息づまる; あえぐ.
 ——名ⓒ **1** ぐっと飲むこと.
 **at [in] óne gúlp** 一気に, 1口で.
 **2** (涙などを)抑えること.
 **3** (飲み物の)1口の分量, 一気に飲む量.
**gum**¹ /gΛm ガム/ 名 **1** Ⓤⓒ (粘性)ゴム, 生ゴム; 樹脂; 弾性ゴム. **2** Ⓤ チューインガム. **3**《英》ガムドロップ(《米》gumdrop). **3** Ⓤ ゴムのり, アラビアのり. **4** ⓒ =gum tree.
 **ùp a gúm trée**《英略式》困りはてて, 進退きわまって.
 ——動 (過去・過分 gummed/-d/; 現分 gum·ming) 他 …にゴム(のり)を塗る; …をゴム(のり)でくっつける.
 **gúm úp**《略式》[他] …をだめにする, 台なしにする《◆通例次の句で》‖ gum up the works 仕事を台なしにする.
 **gúm bòots**《英》ゴム長靴.
 **gúm trèe** ゴムの木(gum)《ゴムを産する種々の木》.
**gum**² /gΛm ガム/ 名ⓒ [通例 ～s] 歯肉, 歯茎(ぐき).
**gum·bo** /gΛmbou ガンボウ/ 名 (複 ~s) ⓒ (植) オクラ; Ⓤ (米) オクラスープ.
**gum·my** /gΛmi ガミ/ 形 (比較 ··mi·er, 最上 ··mi·est) ゴム(性)の; 粘着性の; ゴムの付いた.
**gump·tion** /gΛmpʃən ガンプション/ 名 Ⓤ《略式》常識.

\*\***gun** /gΛn ガン/〖大砲の名に用いた女性名 Gunnhilder より〗
 ——名 (複 ~s/-z/) ⓒ **1** 銃, 鉄砲; 猟銃; ピストル, 拳(けん)銃; 大砲 ‖
 an air gun 空気銃.
 fire a gun at the target 的をめがけて発砲する.

 関連 [gunの種類] anti-aircraft gun 高射砲 / carbine gun カービン銃 / hunting [sporting] gun 猟銃 / machine gun 機関銃 / revolver 回転式連発拳(けん)銃 / shotgun 散弾銃.

 **2** (銃のような)注入[吹き付け]器具 ‖
 a spray gun (塗料などの)吹き付け器.
 a grease gun グリース注入器.
 **3** 礼砲, 祝砲, 弔砲, 号砲; (レースの)出発の合図(のピストル) ‖
 a salute of twenty-one guns 21発の礼砲(= a twenty-one salute).
 **stíck to [stánd by]** one's **gúns**《略式》(戦い・議論などで)一歩も譲らない, 退かない.
 ——動 (過去・過分 gunned/-d/; 現分 gun·ning) 自 **1** 銃を撃つ; 銃で猟をする ‖

go **gunning** for rabbits 銃を持ってウサギ狩りに行く. **2** [通例 be gunning for A] …を攻撃する, 非難する.
*gún for* A (1) → 圓 **1**, **2**. (2) 《俗式》 [be gunning] 〔殺すために〕〈人〉を探す.

**gun·boat** /gʌ́nbòut ガンボウト/ 图C 小型砲艦.

**gun·man** /gʌ́nmən ガンマン/ 图 (複 ~·men) C **1** 殺し屋, 無法者, ガンマン((PC) killer, gunfighter). **2** 銃の名人, 早撃ちの名手((PC) sharpshooter).

**gun·ner** /gʌ́nər ガナ/ 图 C **1** 〔英陸軍〕砲兵隊員; 〔陸軍·空軍〕砲手, 射撃手; 〔米陸軍〕砲兵伍長; 〔海軍〕掌砲長. **2** 銃猟者.

**gun·pow·der** /gʌ́npàudər ガンパウダ/ 图U 火薬.

**gun·shot** /gʌ́nʃɑ̀t ガンシャト|-ʃɔ̀t -ショト/ 图 **1** C 発砲; 銃声. **2** U 射程距離.

**gup·py** /gʌ́pi ガピ/ 图 (複 gup·py, gup·pies /-z/) C 〔魚〕《観賞用熱帯魚》.

**gur·gle** /gə́ːrgl ガーグル/ 〔擬音語〕動 (現分 gur·gling) 圓 **1** 〈水などが〉ゴボゴボ流れる, ドクドクと音を立てる. **2** 赤ん坊などがのどをくっくと鳴らす.
── 图 〔通例 a ~ / the ~〕ゴボゴボいう音; (人が)のどを鳴らす音〈ゴクゴクなど〉.

**gu·ru** /gúːru グールー/ 图 C **1** 〔ヒンドゥー教〕導師, 教師, グル. **2** 《俗式》(運動·思想などの)カリスマ的指導者, 権威者, 専門家.

**gush** /gʌ́ʃ ガシュ/ 〔類語 gash/gæʃ/〕動 (三単現 ~·es/-iz/) 圓 **1** ドクドク流れ出る, ほとばしる, 噴出する. **2** 《俗式》〈主に女性が〉感傷的にしゃべりたてる, うとうとしゃべる. ─ 他 …を噴出させる.
── 图 〔しばしば a ~〕(液体の)ほとばしり, 噴出.

**gush·ing** /gʌ́ʃiŋ ガシング/ 動 → gush.
── 形 **1** 〔正式〕ほとばしる. **2** 感情をおおげさに表す.
**gúsh·ing·ly** 圓 おおげさに(感情をこめて).

**gust** /gʌ́st ガスト/ 图 〔通例 a ~〕 **1** 一陣の風, 突風(◆ blast より短く弱い) ‖
a gust of wind 一陣の風.
**2** (雨·火·煙などの)突然の噴出, 突発.
**3** (感情などの)激発.
── 動 〈風が〉急に吹く.

**gust·y** /gʌ́sti ガスティ/ 形 (比較 -i·er, 最上 -i·est) **1** 突風がよく吹く, 風の強い. **2** 〈雨·風などが〉激しい.

**gut** /gʌ́t ガト/ 图 **1** U C 消化器官《主に腸·胃》‖ the blind gut 盲腸.
**2** 《俗式》[~s] 内臓, はらわた. **3** 《俗式》[~s] 根性, 勇気, 決断力, ガッツ; あつかましさ. **4** U 腸線, ガット《動物の腸で作った楽器の弦·釣糸·ラケットの糸·外科手術用の縫合糸など》. **5** 《俗式》[~s] 本質, 要点, 中身. **6** 《俗式》[~s] (機械などの)可動部分.
── 動 (三単現 ~s/-ts/; 過去·過分 gut·ted/-id/; 現分 gut·ting) 他 〈魚などの〉内臓を取る, はらわたを抜く.

**Gu·ten·berg** /gúːtnbə̀ːrg グートンバーグ/ 图 グーテンベルク《Johann/jouhɑ́ːn/ ~ 1398?-1468；ドイツの活版印刷術発明者》.

**gut·ter** /gʌ́tər ガタ/ 图 C **1** (道路の)溝, 排水路; 水路, (屋根の)とい(図→ house). **2** 〔ボウリング〕 (レーン両側の)溝, ガター. **3** [the ~] 貧民街; どん底の生活.

**guy** /gái ガイ/ 图 C **1** 《俗式》男, やつ(fellow) ‖
a great **guy** to be with 気のおけないいいやつ.
a regular **guy** 気さくなやつ.
**2** 《主に英俗式》変な服装の人.

**Guy Fawkes Day** /gái fɔ́ːks dèi ガイ フォークス デイ/《英》ガイ·フォークス祭《ジェームズ1世殺害などをねらった火薬陰謀事件を記念し, 主謀者とされる Guy Fawkes の人形を焼く. Guy Fawkes Night, Bonfire Night ともいう》.

**guz·zle** /gʌ́zl ガズル/ 動 (現分 guz·zling) 他自 《俗式》(…を)がぶがぶ飲む, がつがつ食う.

*****gym** /dʒím ヂム/ 〔gymnasium, gymnastics の短縮語〕
── 图 (複 ~s/-z/) 《俗式》 **1** C 体育館, 屋内体操場, ジム.
**2** U (学科としての)体操, 体育 ‖
a **gym** lesson 体操.
a **gym** teacher 体育教師.
**gým shòes** 〔複数扱い〕(ゴム底の)運動靴.
**gým sùit** 体操着.

**gym·na·si·um** /dʒimnéiziəm ヂムネイズィアム; **2** gimnɑ́ːziəm ギムナーズィアム/ 图 (複 ~s, -·si·a/-zia, -zjə/) C **1** 体育館, 屋内体操場, ジム(《俗式》gym). **2** ギムナジウム《ドイツの9年制高等学校. 大学進学のため古典教育を重視》.

**gym·nast** /dʒímnæst ヂムナスト/ 图 C 体操選手, 体操教師.

**gym·nas·tic** /dʒimnǽstik ヂムナスティク/ 形 体操の, 体育の ‖
**gymnastic** activity 体育活動.

**gym·nas·tics** /dʒimnǽstiks ヂムナスティクス/ 图 **1** 〔複数扱い〕体操; 器械体操. **2** 〔単数扱い〕(学科としての)体育, 体操.

**gy·n(a)e·co·log·i·cal** /gàinəkəlɑ́dʒikl ガイネコラヂカル | gàinikəlɔ́dʒ- ガイニコロヂクル/ 形 婦人科(医)学の.

**gy·n(a)e·col·o·gist** /gàinəkɑ́lədʒist ガイネコロヂスト, dʒi- | gàinikɔ́l- ガイニコロヂスト/ 图 C 婦人科医.

**gy·n(a)e·col·o·gy** /gàinəkɑ́lədʒi ガイネカロヂ, dʒi- | gàinikɔ́l- ガイニコロヂ/ 图 U 婦人科(医)学.

**gyp·sum** /dʒípsəm ヂプサム/ 图 U 石膏(こう); ギプス.

**Gyp·sy**, 〈主に英〉**Gip-** /dʒípsi ヂプスィ/〔Egyptian の変形; インドから来たのを Egypt から来たと誤解されたため〕图 (複 **Gyp·sies**/-z/) **1** C 〔しばしば g~〕ジプシー《◆ 彼らは Romany と自称する》; 〔しばしば g~; 形容詞的に〕ジプシーの. **2** U ジプシー語(Romany). **3** [g~] C (外観·生活が)ジプシーのような人; 《俗式》放浪癖の人.

**gy·rate** /dʒáiəreit ヂャイアレイト | dʒàiəréit ヂャイアレイト/ 動 (現分 ~·rat·ing) 圓 《正式》旋回する, 回転する.

**gy·ro-** /dʒáiərə- ヂャイアロ-, 〈英+〉-rəu-/ 〔連結形〕回転, 輪.

**gy·ro·scope** /dʒáiərouskòup ヂャイアロウスコウプ, 〈英+〉gáiərou-/ 图 C ジャイロスコープ, 回転儀((俗式) gyro).

# H

**h, H** /éitʃ エイチ/ 名 (複 h's, hs; H's Hs /-iz/) **1** ⓒⓊ 英語アルファベットの第8字. **2** → a, A **2**. **3** Ⓤ 第8番目(のもの).

**drόp** one's **h's [áitches]** (発音すべき語頭の h音を落として発音する《◆ cockney (ロンドンなまり)の特徴》.

**h** (記号) hour.

**H** (記号) 〔化学〕 hydrogen; (略) hard《◆ 鉛筆の硬度を表す》.

**h.** (略) hour.

**ha** /há: ハー/ 間 はあ, ほう, おや《◆ 音調の変化により驚き・喜び・疑い・ためらい・得意などを表す. くり返すと笑い声》. ──名 ⓒ はあ(という笑い声). ──動 自 はあ[ほう]と言う.

**ha** (略) hectare(s).

**hab·er·dash·er** /hǽbərdæ̀ʃər ハバダシャ/ 名 ⓒ (英) 服飾小間物商人;(米) 紳士用服飾品小売商人.

**hab·er·dash·er·y** /hǽbərdæ̀ʃəri ハバダシャリ/ 名 (複 -er·ies/-z/) ⓒ (英) 服飾小間物商店;(米) 紳士用服飾品店.

**✱hab·it** /hǽbit ハビト/ 〖「『持つ(have) ようになったもの』が原義〗 派 habitual (形)
──名 (複 ~s/-its/) **1** ⓒⓊ (個人の無意識的)習慣; 癖, 習癖 ‖

**by [όut of] hábit** =**from hábit** 習慣で.
**a creature of hábit** 習慣の奴隷.
**fàll [gèt] into a bád hábit** 悪い癖がつく.
**fàll [gèt] òut of a bád hábit** 悪い癖が抜ける.
**màke a hábit of doing** =**màke it a hábit to do** …することにしている.

break a bad **habit** of doing …する悪い癖を直す.
gét him ìnto the **hábit** of dóing 彼に…する習慣をつけさせる.
gét him òut of the **hábit** of dóing 彼に…する習慣をやめさせる.
**Habit is second nature.** (ことわざ) 習慣は第二の天性.
She **is in the hábit of** fídgeting in the presence of others. =She **hàs a [the] hábit of** fídgeting in the presence of others. 彼女は人前に出るともじもじする癖がある.
My son has fórmed the **habit** of rising early. うちの息子は早起きの習慣がついた.
It is a **habit** with [for, *of] her to be too talkative. =It is her **habit** to be too talkative. しゃべりすぎるのは彼女の癖だ.
対話 "You're not drinking coffee these days? Have you quit?" "Not yet, but I'm trying to kick the **habit**." 「このごろはコーヒーを飲んでいないのですか. やめたのですか」「まだですが, コーヒーを飲む習慣をやめようと努力しています」.

類 意識的な習慣・仕事上の慣例は practice, 社会・文化の慣習は custom. convention は社会一般に受け入れられている行動の基準.

**2** ⓊⓒⓊ (正式) 気質, 性質; 体質 ‖
a cheerful **habit** of mind 陽気な性質.
a woman of lean **habit** やせ型の女性.
**3** ⓊⓒⓊ〔動・植〕習性 ‖
a climbing **habit** はい上る習性.
**4** ⓒ (正式) 〖しばしば複合語で〗 (修道士・修道女の)衣服, 服装; 婦人乗馬服.

**hab·it·a·ble** /hǽbitəbl ハビタブル/ 形 (正式) 住むのに適した.

**hab·i·tat** /hǽbitæt ハビタト/ 名 ⓒ (動物の)生息地,(植物の)生育地, 自生地.

**hab·i·ta·tion** /hæ̀bitéiʃən ハビテイション/ 名 Ⓤ (正式) 居住.

**ha·bit·u·al** /həbítʃuəl ハビチュアル/ 《◆ (英) では /əbítʃuəl アビチュアル/ と発音されることがある. その場合は直前の不定冠詞は an habitual liar (うそつきの常習者)のように an となる》 形 (正式) **1** 習慣的な, 習慣の, いつもの ‖
The chairman took his **habitual** seat. 議長はいつもの席についた.
**2** 常習的な.

**ha·bit·u·al·ly** /həbítʃuəli ハビチュアリ | -bítju- ハビテュ-/ 副 習慣的に, いつも, きまって; 常習的に.

**hack**[1] /hǽk ハク/ 動 他 …をたたき切る;…を切り刻む; 〔コンピュータ〕…をハッキングする, (ネットワークに不法浸入して)(情報などを)改変する, 勝手に引き出す.
──自 めった打ちする, 切りつける; 〔コンピュータ〕ハッキングする, (ネットワークに)不法浸入する.
──名 ⓒ **1** [a 〜] ぶち切ること, 切り刻み. **2** 〔コンピュータ〕ハッキング, ハッカー行為《ネットワークに不法浸入すること》.

**hack**[2] /hǽk ハク/ 〖hackney の略〗 名 ⓒ **1** おいぼれ馬. **2** あくせく働く人; 三文文士.

**hack·er** /hǽkər ハカ/ 名 ⓒ 〔コンピュータ〕ハッカー《主にネットワークに不法侵入して情報を盗み取り, プログラムを破壊する人を指す. 「コンピュータの達人」が本来の意味》;(米俗) ずさんなコンピュータ=プログラマー.

**hack·ing** /hǽkiŋ ハキング/ 動 → hack[1].
──名 =hack[1] 名 **2**.

**hack·neyed** /hǽknid ハクニド/ 形 陳腐な, 紋切り型の.

**had** /(弱) həd ハド, əd, [母音のあとで] d ド; (強) hǽd ハド/
── 動 → have ‖
be **had** → have 動 20.
── 助 → have ◆ 過去完了・仮定法過去完了を作る. → have 助 2).
**had as góod** [**wéll**] dó …するのもよい; …した方がよい.
**had** (**júst**) **as sóon** … (**as** …) → soon.
**had bétter** [**bést**] dó → better, best.
**had ràther** [**sóoner**] … (**than**) → rather, soon.

**had·dock** /hǽdək ハドク/ 名 (複 had·dock, ~s) C〖魚〗ハドック《タラの一種. 北大西洋の食用魚で cod ほど大きくない》.

**Ha·des** /héidi:z ヘイディーズ/ 名〖ギリシア神話〗ハデス, 冥(めい)府の王 (Pluto);地下界, 死者の国, よみの国.

**had·n't** /hǽdnt ハドント/ had not の短縮形.

**hag·gard** /hǽɡərd ハガド/ 形 (心配・疲労などで)目のおちくぼんだ, やつれた.

**hag·gle** /hǽɡl ハグル/ 動 (現分 hag·gling) 自 値切る, 言い争う.

**Hague** /héiɡ ヘイグ/ 名 (The ~) ハーグ《オランダの行政の中心地. 国際司法裁判所がある》.

**hai·ku** /háiku: ハイクー/〖日本〗名 (複 hai·ku) C 俳句.

**hail**¹ /héil ヘイル/ (同音 hale) 動 他 1 (正式) …を歓呼して迎える, 歓迎する; …を受け入れる ‖
hail the winner 勝利者を歓迎する.
**2** [hail A (**as**) C] A〈人〉を C として迎える; A〈物・事〉を C〈良いもの〉として認める ‖
hail him (**as**) king 彼を王に迎える.
**3** …に声をかける; …を呼び止める ‖
hail a taxi タクシーを止める.
── 名 U C あいさつ; 呼び声, 呼びかけ.

**hail**² /héil ヘイル/ 名 1 U あられ, ひょう《◆ 1粒は a piece [a pellet] of hail》.
**2** [a ~ of + C] U C (…の)雨 ‖
a hail of bullets 銃弾の雨.
── 動 自 [it を主語にして] あられ[ひょう]が降る; あられのように降る.
── 他 …を雨あられと浴びせる, 投げつける ‖
hail down curses on him 彼に容赦なく毒舌を浴びせる.

**hair** /héər ヘア/ (同音 hare; 類音 hear, here/híər/)『「堅くごわごわと伸びたもの」が原義』
── 名 (複 ~s/-z/) **1a** U [集合名詞] (人・動物の)毛, 体毛; **髪の毛**, 頭髪 ‖
dò (úp) one's hair =dress one's háir 髪を結う, 調髪する, 髪の手入れをする.
dye one's hair 髪を染める.
wave one's hair 髪にウェーブをかける.
have a beautiful head of hair 美しい髪をしている.
She had her háir cut short. 彼女は髪を短く刈ってもらった.
part one's hair at the side 髪を横で分ける.

対話 "When I was younger I had more hair than I do now." "You still have a full head of hair. Don't worry."「もっと若い時には今よりもたくさん髪の毛があったのですが」「まだいっぱい毛がありますよ. 心配いりません」.

Q&A Q：日本人の「ちょんまげ」は何といいますか.
A：topknot です. 中国人の昔の「弁髪」は queue といいます.「おかっぱ」は bob,「おさげ」は braids といいます.

関連 (1) [hair の形状・色] disheveled hair 乱れた髪 / wild hair くしゃくしゃの髪 / kinky hair ちぢれ毛 / curly hair まき毛 / straight hair 直毛 / soft hair やわらかい髪 / bristly hair 堅い毛 / woolly hair もじゃもじゃの髪 / glossy hair つやつやした髪 / dark [black] hair 黒髪 / golden [fair, blond(e)] hair 金髪 / red [carroty] hair 赤毛 / thick hair 濃い髪 / thin hair 薄い髪《◆英米人の人相書などには必ず目の色・髪の色が入っている》.
(2) [いろいろな毛] bristle (豚などの)剛毛, down (鳥の)綿毛, (幼児の)うぶ毛 / feather 羽毛 / fur 獣の柔毛 / lock ひとふさ[全体]の髪 / tress (女性の)ひとふさの髪.

**b** C [~s / a ~] (1本の)毛 ‖
a hair in the soup スープの中の1本の毛.
She has not a few gray hairs. 彼女には白くなりかけの髪がかなりある.
**2** [a ~] 1本の毛ほど(の物), わずか(の差) ‖
be not worth a hair 一文の価値もない.
I was within a hair of being late. もう少しで遅れそうだった.

**by a háir** =**by a háir's brèadth** =**by the** [**a**] **túrn of a háir** わずかの差で, 間一髪で.
**màke** A**'s háir stánd** (**up**) **on énd**〈話・事件などが〉(恐怖で) A〈人〉をびっくりさせる.
**téar** (**óut**) one's **háir** =**téar** one's **háir** (**óut**) (略式)(悲しみ・怒り・いら立ちで)髪の毛をかきむしる.

**hair·cut** /héərkʌ̀t ヘアカト/ 名 C [通例 a ~] 散髪, (女性の髪の)カット; U (主に男性の)ヘアスタイル《◆女性のヘアスタイルは主に hair-do》‖
gèt [hàve] a háircut 散髪をする.

tear (out) one's hair

**hair·do** /héərdù: ヘアドゥー/ 名 (複 ~s, ~'s) C (略式)(主に女性の)ヘアスタイル, 髪のセット[カット, パーマ]; 髪型.

**hair·dress·er** /héərdrèsər ヘアドレサ/ 名 C **1** 美

容院；(英) 理容師(barber). **2** [通例 ～'s] 美容院.

**-haired** /-héərd -ヘアド/ (連結形) …の頭髪をした. 例: curly-**haired** 縮れ毛の.

**hair·less** /héərləs ヘアレス/ 形 はげの, 毛のない (bald).

**hair·pin** /héərpìn ヘアピン/ 名 C **1** ヘアピン. **2** U 字形(に曲がっているもの); =hairpin bend [curve, turn].

**háirpin bènd [cùrve, tùrn]** ヘアピンカーブ(hairpin).

**hair-raising** /héərrèiziŋ ヘアレイズィング/ 形 身の毛のよだつ, ぞっとする.

**hair·y** /héəri ヘアリ/ (比較 -i·er, 最上 -i·est) 形 毛深い.

**Hai·ti** /héiti ヘイティ/ 名 ハイチ《西インド諸島の共和国. 首都 Port-au-Prince》.

**\*\*half** /hǽf ハフ | hάːf ハーフ/ (発音注意) (→ Q&A) 『「分割した(物)」が原義』

——名 (複 halves/hǽvz | hάːvz/) **1** CU 半分, 2分の1《◆ しばしば「約半分」の意を含む》; 半分にしたもの ‖

A [One] month and a **half** has passed since we last met. 前に会ってから1か月半経った《◆ One and a **half** months [×month] *have* passed since we last met. よりふつう》.

the smaller **half** of a cake ケーキの小さい方の半分.

**Half** of 8 is 4. 8の2分の1は4である.

Two **halves** make a whole. 半分2つで1になる.

**Half** (of) this apple is [×are] rotten. このリンゴの半分は腐っている《◆ 動詞の数は of のあとの名詞に一致: *Half* (of) these apples *are* [×is] rotten. これらのリンゴの半数は腐っている》.

[対話] "How much milk do you need?" "Two and a **half** liters." 「ミルクはどれだけいりますか」「2.5リットルです」

**2** C (英略式) 半パイント; (米略式) 50セント(銀貨); (英略式) =halfpenny; U 半時間, 30分 ‖

He got up at **half** past six. 彼は6時半に起きた.

**3** C **a** (試合などの)前半, 後半; 〔野球〕(回の)表(top), 裏(bottom).

**b** (英) (1学年2学期制の)前期, 後期.

**4** C (英略式) (バス・汽車などの)(子供用)半額乗車券 ‖

Two (adults) and two **halves** to Euston, please! ユーストンまで大人2枚, 子供2枚.

**by hálves** (略式) [通例否定文で] 不完全に, 中途半端に; ふまじめに, しぶしぶ ‖ Don't do things **by halves**. 物事を中途半端にするな.

**in hálf =into hálves** 半分に, 2等分に《◆ 半分が2つできるから論理的には halves》.

——形 [通例名詞の前で] **1** 半分の, 2分の1の ‖
a **half** pound 半ポンド.

A **half** hour is thirty minutes. 半時間は30分です《◆ (米)では **half an hour** より堅い表現》.

a **half** dozen =**half a dozen** 半ダース, 6個《◆ 買物をするとき以外は, about, around がなくてもおよそ6個を表すのに用いられる》.

(every hour) on the **half** hour 毎時30分に.

**2** 不完全な, 十分な, 中途半端な ‖
a **half** answer 中途半端な答え.

**hálf the tíme** しょっちゅう《◆「持ち時間の半分も」という気持ちから》.

——副 **1** 半分だけ ‖
a **half**-empty bottle 半分からになったびん《◆ 名詞の前に置く場合はハイフンをつけることが多い. cf. The bottle is *half* empty.》.

**half** seven (英) 7時半; 7½.

She **half** dragged, **half** carried the log. 彼女はその丸太を半ば引きずるように, 半ばかかえるようにして運んだ.

**2** 不完全に, 十分に, 部分的に ‖
I must have been **half** asleep. 私はうつらうつらしていたに違いない.

**3** いくぶん; かなり, ほとんど ‖
I was **half** dead from hunger. 私は空腹で死にそうだった.

[Q&A] *Q*: half の l は発音しませんが, 同じようなものはほかにどんな語がありますか.
*A*: balm (香油), calf (小牛), calm (静かな), salmon (サケ)などがあります.

**hálf and hálf** 半々に, 五分五分で.

**hálf as mùch [mány] agáin as A** …の1倍半.

**hálf as mùch [mány] as A** …の半分.

**nòt hálf** (英略式) (1) (半分も)…の状態に達していない, 少しも…ない ‖ This is **not half** good (enough). これは良い状態の半分にも達していない, 全くよくない《◆ not half good は very bad と実質的に同じ》/ This is **nòt hálf bad**. (↘) これは悪い状態の半分にも達していない, それほど悪くない, かなり良い《◆ 実質的には fairly good と同じ》. (2) 半分どころではない, とても, ひどく ‖ We didn't **half** enjoy ourselves. とても楽しかった / [対話] "Did you enjoy yourself?" "**Nòt hálf**!"(↘)「楽しかった」「うん, とても」.

**hálf bròther** =half-brother.

**hálf dóllar** (米国・カナダの)50セント(銀貨)(→ coin [事情]).

**hálf hóliday** =half-holiday.

**hálf móon** =half-moon.

**hálf sister** =half-sister.

**hálf time** 半日勤務; (試合などの)中間の休み(cf. half-time).

**half-baked** /hǽfbéikt ハフベイクト | hάːf- ハーフ-/ 形 生焼けの.

**half-brother** /hǽfbrÀðər ハフブラザ | hάːf- ハーフ-/, **hálf bròther** 名 C 異父[異母]兄弟.

**half-heart·ed** /hǽfhάːrtid ハフハーティド | hάːf- ハーフ-/ 形 熱が入らない, 気乗りのしない.

**half-holiday** /hǽfhɑ̀lədei ハフハリデイ | hɑ́:fhɔ̀lədei ハーフホリデイ/, **hálf hóliday** 名C 半休日, 半ドン.

**half-mast** /hǽfmæst ハフマスト | hɑ́:fmɑ̀:st ハーフマースト/ 名U マストの中ほど；半旗の位置.
**(at) hálf-mást** 《旗が》半旗の位置に《◆弔(ﾁｮｳ)意を示す》.

**half-moon** /hǽfmúːn ハフムーン | hɑ́:f- ハーフ-/, **hálf móon** 名C 1 半月(の時)；半月形；つめ半月《つめのつけ根の白い半月形の部分》.

**half-pence** /héipəns ヘイペンス | -pns -プンス/ 名 → halfpenny.

**half·pen·ny** /héipəni ヘイペニ/ [発音注意] 名 (複 -pen·nies, 2 で -pence) C 1 (英国の)半ペニー青銅貨((英略式) half) (→ penny). 2 半ペニーの金額. [事情] 現在では1ペニーが最小単位. 3 [a ~] わずかばかりの金.
——形 半ペニーの.

**half-sister** /hǽfsìstər ハフスィスタ | hɑ́:f- ハーフ-/, **hálf sister** 名C 異父[異母]姉妹.

**half-time** /hǽftàim ハフタイム | hɑ́:f- ハーフ-/ 形 1 半日制の, 半日勤務の. 2 《試合などの》中間の(cf. half time).

**half-way** /hǽfwéi ハフウェイ | hɑ́:fwéi ハーフウェイ/ 形

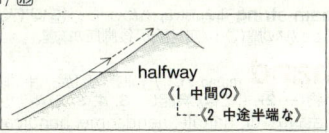

halfway
《1 中間の》
《2 中途半端な》

1 中間の, 中間にある ‖
the **halfway** point 中間地点.
2 中途半端な, 不完全な, 部分的な ‖
**halfway** measures 中途半端な方策.
——副 1 中間で, 途中で; 中途まで ‖
I am **halfway** through this detective story. この推理小説はまだ半分しか読んでいない.
2 半分だけ; 不十分に, 部分的に; ほとんど; 多少とも, いくぶん ‖
The job is **halfway** finished. 仕事の半分は片付いた.
**méet** A **halfwáy** =**gò halfwáy to méet** A …と妥協する《◆halfway のアクセントの移動に注意》.

**hal·i·but** /hǽləbət ハリバト/ 名 (複 hal·i·but, ~s) C 【魚】オヒョウ；U その肉.

**hall** /hɔ́ːl ホール/ [同音] haul; [類音] hole, whole/hóul/ 〖『屋根のある広い所』が本義〗
——名 (複 ~s/-z/) 1 C ホール, 集会所, 大広間；[時に H~] 会館, 公会堂；(略式) [しばしば ~s] = music hall ‖
a Cíty háll =a tówn háll 市役所.
a cóncert háll コンサートホール.
[対話]"Where was the meeting last week? In the gymnasium?" "No, it was held in the large **hall** on the second floor." 「先週の集会はどこであったの. 体育館ですか」「いいえ, 2階の大ホールで開かれたのです」.

[関連] [種類] béer hàll ビアホール / dánce hàll ダンスホール / wédding hàll 結婚式場 / públic hàll 公会堂 / gámbling hàll 賭博(ﾄﾊﾞｸ)場 / assémbly hàll 集会場 / lécture hàll 講堂.

2 C 玄関(の広間)；《米・カナダ》廊下 ‖
Please leave your umbrella in the **hall**. かさは玄関に置いてください.
3 C 《大学の》校舎, 寄宿舎；U 《英》《大学の》大食堂 ‖
a **hàll** of résidence 学寮((米) dormitory).
the Students' **Hall** 《米》学生会館.
**the Háll of Fáme (for Gréat Américans)** 栄誉殿堂《ニューヨークの Bronx Community College にあり偉人などの額や胸像が飾ってある》.

**Hal·ley** /hǽli ハリ/ 名 ハレー, ハリー《Edmund ~ 1656-1742; 英国の天文学者・数学者》.
**Hálley's Cómet [cómet]** 〖天文〗ハレー彗(ｽｲ)星.

**hall·mark** /hɔ́ːlmɑ̀ːrk ホールマーク/ 名C 《金・銀などの》純度検証極印；品質《優良》証明. ——動 他 …に純度検証の極印を押す；…の品質を保証する.

**hal·lo(a)** /həlóu ハロウ, hæl-/ 間 《主に英》= hello.
——名 (複 ~s) C hallo(a) の声.

**hal·lowed** /hǽloud ハロウド/ 形 《正式》神聖化された.

**Hal·low·een, --e'en** /hæ̀ləwíːn ハロウィーン/ 〖『All Hallow Even (全聖人の夕べ)」の短縮〗名 《主に米》ハロウィーン, 万聖節(All Hallows, Hallowmas, All Saints' Day)の前夜祭《10月31日の夜》.

[文化] 悪魔などの扮(ﾌﾝ)装をした子供が "Trick or treat!" (ごちそうくれなきゃ, いたずらするぞ!)と言って近所を回り, 近所の人は "I'm scared." (わあ恐い)と言って菓子・果物などを与える. 英国では Guy Fawkes Night (11月5日)の方が盛ん. → pumpkin [文化].

**hall·way** /hɔ́ːlwèi ホールウェイ/ 名C 《米》1 玄関(の広間). 2 廊下.

**ha·lo** /héilou ヘイロウ/ 名 (複 ~s, ~es) 1 C 光輪；後光, 光背(ｺｳﾊｲ). 2 U [比喩的に] 後光, 神聖. 3 C 《太陽・月の》かさ, ハロー.

**halt**¹ /hɔ́ːlt ホールト/ [類音] fault/fɔ́ːlt/ 名C [通例 a ~] 停止, 休止；中断《◆stop より堅い語》‖
**càll a hált to** the arguments 議論に終止符を打つ.
The train **càme to a hált**. 列車は停止した.
**bríng** A **to a hált** …を中

halo 1

止[中断]させる.
──動《◆stop より堅い語》自 立ち止まる, 停止する; [Halt!] 止まれ《◆警官が車をとめるときなどの言葉》. ──他 …を中止[中断, 停止]させる.
**hált sign** 一時停止標識.
**halt**² /hɔ́:lt ホールト/ 動自《文》ためらいながら歩く[話す].
**hal·ter** /hɔ́:ltər ホールタ/ 名C 端綱(はづな)《牛馬のおもがいに付けてある引き綱》.
**halve** /hǽv ハヴ/ [同音 ^have] 動 (現分 halv·ing) 他 1 …を2等分する. 2 …を半減する. ──自 2等分する.
**halves** /hǽvz ハヴズ | hɑ́:vz ハーヴズ/ 名 → half.
**ham** /hǽm ハム/ [類音 hum(ハム)] 名 **1a** UC ハム《◆1b を主に塩漬け・燻(いぶ)製にしたもの》‖

a slice of **ham** ハム1切れ.
buy two **hams** ハム2個[2本]を買う.
**b** U 豚のもも肉(図 → pork). **2** C〔しばしば ~s〕(動物の)裏の側面, ももと尻(しり)(の部分). **3** C ひざの裏側. **4** C《略式》大根役者. **5** C《略式》ハム, アマチュア無線家《◆*am*ateur (アマチュア)の /æm/ と発音が似ているところから》.
***hám and éggs*** ハムエッグ.
──動 自他《略式》(役を)おおぎょうに演じる.
**Ham·burg** /hǽmbə:rg ハンバーグ/ 名 ハンブルク《ドイツの都市. ヨーロッパ大陸最大の港市》.
**hámburg stèak**《米》=hamburger 1.
***ham·burg·er** /hǽmbə:rgər ハンバーガ/ ──名 (複 ~s/-z/) C **1** U ハンバーグステーキ, ハンバーグ;U 牛肉のひき肉[みじん切り]. **2** C ハンバーガー《◆米国人が好む代表的な fast food》.

**ham·let** /hǽmlət ハムレト/ 名 C 小村; 小部落.
**Ham·let** /hǽmlət ハムレト/ ハムレット《Shakespeare 作の悲劇. その主人公》.
***ham·mer** /hǽmər ハマ/ 『「石の器具」が原義』
──名 (複 ~s/-z/) C **1** つち(槌), 金づち, ハンマー. **2** ハンマーに似たもの;(議長・裁判官・競売人の)つち;(ピアノの)ハンマー;(ベル・時計・ゴングの)打ち子;(木琴の)打棒;(銃の)撃鉄(図 → revolver);(陸上競技用の)ハンマー‖

throw the **hammer** ハンマーを投げる.
**3**〔解剖〕(中耳の)槌骨(ついこつ).
***the hámmer and síckle*** つちと鎌(かま)《◆旧ソ連の国旗の図柄. つちは労働者, 鎌は農民を表す》.
──動 他 **1** …をつちで打つ; …を打ち込む‖
**hammer** the nail **into** the wood 木材にくぎを打ち込む.
**2** …をたたく, 打つ‖
He **hammered out** a home run. 彼はホームランをかっ飛ばした.
**3**《略式》…を激しく攻撃する, 一方的に負かす.
**4** …を教え込む.

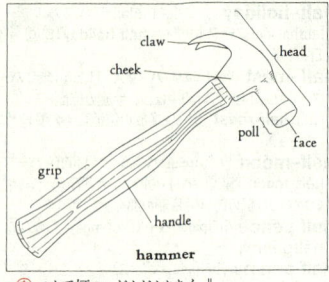

──自 つちで打つ; どんどんたたく‖
**hammer at** the keys ピアノをガンガン弾く.
***hámmer (awáy) at* A**《略式》(1) …を一生懸命やる, 勉強する. (2) …を激しく攻撃する. (3) …を打つ.
**ham·mock** /hǽmək ハモク/ 名 C ハンモック, つり床《◆水葬で死者をくるむのに使われることもある》.
**ham·per** /hǽmpər ハンパ/ 動 他《正式》…の身動きをとれなくする.
**Hamp·shire** /hǽmpʃər ハンプシャ/ 名 ハンプシャー《イングランド南岸の州. 州都 Winchester》.
**ham·ster** /hǽmstər ハムスタ/ 名 C〔動〕ハムスター.
**ham·string** /hǽmstrìŋ ハムストリング/ 名 C(人の)ひかがみの腱(けん);(四足獣の)後脚節の後腱.

***hand** /hǽnd ハンド/ 『原義「手」から, 手に似た物(→ 2), 手としての機能(→ 3, 4, 5, 6)などの意が生まれた』 cf. handle, handsome, handicap』
派 handful (名), handy (形)
➔ 名 **1**手 **2**針 **3**所有 **8**方向
動 他 **1** (手)渡す
──名 (複 ~s/hǽndz/) C**1**手《◆力・保護・勤労などの象徴.(図 → body》;(動物の)手, 前足;(カニ・エビの)はさみ《◆claw の方がふつう》‖

the right **hand** 右手.
The baby is cráwling **on** its **hánds** and knées. その赤ん坊ははいはいしている.
**táke** him **by** the **hánd** =**táke** his **hánd** 彼の手をとる.
**cláp** one's **hánds** 拍手する, (人を呼ぶため)手をたたく.

clap one's hands　　raise one's hands

**clénch** one's **hánds**(緊張して)手を握りしめる.
**láce** one's **hands behind** one's **head** 頭の後ろで手を組む.
**ráise** one's **hánds** 両手をあげる《◆降参・お手あ

hóld [pùt] one's hánd òut 《握手しようと・何かもらおうと》手を差し出す.

hold up one's hand 片手を上げる《◆「やめろ」「もういい」など制止のしぐさ》.

hold up one's hand / wave one's hand

wave one's hand 手を振る, 手を上下に動かす《◆「あっちへ行け」「さようなら」のしぐさ》.

**2** Ⓒ 手のような形の物; (時計の)針; (方向・参照を示す)手のしるし《☞》‖
the hour hand 時針.
the minute hand 分針.
the second hand 秒針.

**3** Ⓒ 〖通例 ~s〗(所有・管理の象徴としての)手, 所有; 管理, 支配, 保護; 権力 ‖
fall into the enemy's hands 敵の手中に落ちる.
keep one's hand on the land 土地の支配権を握っている.
leave a child in good hands 子供をよい保護者に託す.
対話 "What decision should we make?" "I'll leave it in your hand." 「どう決めればいいだろうか」「それはあなたにおまかせします」.

**4** (略式) [a ~] 援助の手(help); 参加, 関与, 役割 ‖
gíve her a hánd with her homework 彼女の宿題を手伝う.
give him a hand at cooking 彼の料理を手伝う.
bèar [hàve] a hánd in the business その仕事に参加する.
Lénd [Gíve] me a (helping) hánd. 手を貸してください.

**5** Ⓒ 〖通例 a ~ / the ~〗手練, 腕前, 能力; [形容詞を伴って] 技量を持った人 ‖
a free hand 自由に決断[行動]のできる能力.
a hand for cakes ケーキを作る腕前.
a man of his hands 手先の器用な人.
a green hand 未熟な人.
an old hand 老練な人.
be a good [poor] hand at cards トランプがうまい[へただ]《◆ be good [poor] at cards の方がふつう》.
have a good hand in riding 乗馬が上手だ.

**6** Ⓒ (物事を遂行する)手, 人手; 職人, 労働者; (船の)乗組員 ‖
a factory hand 工場労働者.

be short of hands 人手不足だ.
Many hands make light [quick] work. 《ことわざ》人手が多ければ仕事は楽[早い].

**7** [one's ~ / a ~ / the ~] (信義・約束のしるしの)手, (文・やや古)婚約, 誓約; (略式)(賛成・賞賛の)手, 拍手《◆主に次の連語で》‖
ask for a lady's hand = offer one's hand to a lady 女性に求婚する.
give him my hand on the bargain 彼と契約を固く取り決める.
gèt a góod [bíg] hánd 拍手かっさいを受ける.
give him a good [big] hand 彼に拍手かっさいする.

**8** Ⓒ (手で示す)方向, 方面, 側(side) ‖
on all hands 各方面に[から].
on his left hand 彼の左側に《◆場所に重点を置くときは at his left hand》.

**9** Ⓒ (手の)~ / a ~ / the ~] 筆跡(handwriting); (正式)署名(signature) ‖
in one's own hand 自筆で.
write a good hand 字がうまい(=write well).
set one's hand to a document 書類に署名する.

*at fírst hánd* 直接に, じかに(cf. at second HAND).

*at hánd* (正式) [しばしば near, close と共に] (時間・位置的に)近くに, 近くの, 近づいて ‖ Easter is near [close] at hand. 復活祭はもうすぐだ / have two dictionaries at hand 手もとに2冊の辞書を置いておく.

*at sécond hánd* 間接に, 人づてに(cf. at first HAND).

*at the hánd(s) of* A = *at A's hánd(s)* A〈人〉の(手)から, …の手によって, …の手にかかって, …のおかげで, …のせいで.

*bèar a hánd* (1) 手を貸す. (2) 参加する, 関係する.

*by hánd* (1) (機械でなく)手で; (印刷・タイプでなく)手書きで ‖ a letter by hand 自筆の手紙. (2) (郵便でなく)手渡しで ‖ send him a letter by hand 使いに持たせて彼に手紙を渡す.

*by the hánd(s) of* A A〈人〉の手を経て; A〈人〉の力で.

*chánge hánds* 〈家・財産などが〉持ち主が変わる.

*éat [féed] óut of A's hánd* A〈人〉の手からえさをもらう; A〈人〉の言いなりになる.

*from hánd to hánd* A〈人〉の手から手へ, 次々に.

*gíve a hánd* = bear a HAND.

*hánd in hánd* 手を取り合って; 協力して.

*hánd over hánd* [físt] (1) (ロープを)たぐって, 手を交互に動かして. (2) (略式)どんどん, ずんずん ‖ She's making [earning] money hand over hand. 彼女はどんどん金をもうけている.

*Hánds óff!* (1) (掲示・命令)手を触れるな(=Don't touch!). (2) (略式)干渉するな.

*Hánds úp!* (1) (略式)手をあげろ《◆降伏の命令. ふつう銃口を向けて言う》. (2) (賛成として)挙手を願います.

***hánd to hánd*** 《両者が》接近して ‖ fight hand to hand 接近戦をする, つかみ合いをする.

***hàve*** one's ***hánds frée*** 《略式》手があいている, 何でも自由にできる.

***hàve*** one's ***hánds fúll*** 《略式》手がふさがっている, 忙しい.

***in hánd*** [副][形] (1) 手元に[の], 手持ちの ‖ stock in hand 手持ちの在庫品. (2) 《正式》進行中[で]の, 考慮中で[の]. (3) 《動物・感情などを》支配下に[の], 管理[制御]して[した].

***láy*** (one's) ***hánd*** (**s**) ***on* A** (1) A《人・物》をつかむ, 捕える, 手に入れる. (2) A《人》に暴行する. (3) 《任命・堅信礼などで》A《頭など》に手を触れて祝福する.

***lénd a hánd*** =bear a HAND.

***lift a hánd*** [***fínger***] [通例否定文で] (…しようと) 努力する.

***live from hánd to móuth*** その日暮らしをする; 備え[節約]をせずに暮らす.

***òff hánd*** 即座に, 準備しないで.

***òff*** A's ***hánds*** 《略式》A《人》の責任[管理] から離れて[た].

***on hánd*** [副][形] (1) 手持ちの[で]; 《時間・品物など》を持て余して. (2) 《事が》間近に. (3) 《米》近くに居合わせて, 出席して.

***on*** [***upòn***] A's ***hánds*** [副][形] (1) A《人》の自由になる[なって]; 《略式》《時間など》をA《人》の手に余って; 《商品が》売れ残って ‖ a patient on her hands 彼女が世話せねばならない患者 / find time on one's hands 時間を持て余す.

○***on*** (**the**) **óne hánd** 一方では《◆ふつう on the other hand があとにくる》.

○***on the óther hànd*** [通例 on (the) one hand のうしろで] 他方では, これに反して ‖ On one hand I hate liver; on the other (hand), it might be good for me. 私はレバーが嫌いだが, 他方ではレバーは私のためによいかもしれない.

***òut of hánd*** [形][副] (1) 《正式》即座に (immediately). (2) 手に負えない[で], 手に余って[た]. (3) 支配を離れた[て], 片付いた[て].

***ráise a hánd*** [***fínger***] =lift a HAND.

○***sháke hánds*** → shake 動.

***tàke a hánd*** =bear a HAND.

***tàke*** **A** ***in hánd*** (1) A《仕事など》を引き受ける, 試みる. (2) A《物・事》を処理する. (3) A《人・物》を世話[管理, 抑制]する.

***to hánd*** 《正式》《位置的に》手近に, 手の届くところに; 所有[入手]して ‖ Your letter [Yours] is to hand. 《商業文》お手紙を拝受しました.

***trý*** one's ***hánd at* A** A《物・事》をやってみる.

***wàsh*** one's ***hánds*** (1) トイレに行く《◆文字通り「手を洗う」の意に解される場合もある》. (2) 〘聖〙 (人と) 手を切る; (仕事などから) 手を引く《◆「足を洗う」に近いが, 足を洗う対象は悪事とは限らない》.

***with a héavy hánd*** (1) 厳しく, 断固として. (2) 不器用で[に].

―― 動 (三単現) ~s/hǽndz/; 過去・過分 ~ed /-id/; 現分 ~ing)

―― 他 **1** [授与動詞] [hand **A B** / hand **B** to **A**] A《人》に B《物》を(手)渡す, 《食事中》《人》に…を回す, 《手紙》で…を送る; 《物》を手渡す (+*back, (a)round*) ‖

Hand [Reach, Take] me the wrench. そのスパナを取ってくれ.

I handed him a map. =I handed a map to him. 彼に地図を手渡した.

Hand him 10 pounds. 《報酬として》彼に10ポンドを与えてくれ.

She handed me the enclosed check. 彼女は小切手を同封して私に送ってくれた.

hand him the book back =hand the book back to him 本を彼に返す.

hand round the coffee and cakes コーヒーと菓子を配る.

**2** …に手を貸して導く ‖

He handed her up into the bus. 彼は彼女をバスに助け上げた.

hand her across the street 彼女に手を貸して通りを横断させる.

***hánd dówn*** [他] …を手を貸して降ろす; [通例 be ~ed] 《特性など》《子に》遺伝する, 《伝統・習慣など》《子孫に》伝わる, 《服・本・靴などが》お下がりになる.

○***hánd ín*** [他] …を提出する ‖ Hand in your homework by next Monday. 宿題を来週の月曜日までに提出しなさい.

***hánd it to* A** 《略式》[通例 have (got) to を伴って] …にかぶとを脱ぐ, …の才能を認める.

***hánd ón*** [他] …を回す; …を知らせる.

***hánd óut*** [他] …を配る, 《略式》…を与える ‖ hand out leaflets ちらしを配る.

***hánd óver*** [他] (1) …を手渡す, …を引き渡す; …を譲り渡す ‖ hand over the estate to him 彼に財産を譲る. (2) …を申し送る.

**hánd glàss** (1) 手鏡. (2) 《柄付きの》読書用拡大鏡.

**hánd lànguage** 手話.

**hand·bag** /hǽndbæɡ ハンドバッグ/ 名 © 《女性用》ハンドバッグ《《米》ではしばしば purse》; 旅行かばん.

**hand·book** /hǽndbùk ハンドブク/ 名 © 入門書, ハンドブック, ガイドブック, 便覧《◆ manual より《略式》》; 旅行[観光]案内.

**hand·cuff** /hǽndkʌf ハンドカフ/ 名 © [通例 ~s; a pair of ~s] 手錠, 手かせ《《略式》cuffs》‖ put handcuffs on him 彼に手錠をかける.
―― 動 他 …に手錠をかける.

**-hand·ed** /-hǽndid -ハンディド/ 連結形 …の手をした; …の人である; …の手を使う. 例: right-handed 右ききの, four-handed 4人でする.

**Han·del** /hǽndl ハンドル/ 名 ヘンデル《George Frederick ~ 1685-1759; ドイツ生まれで英国に帰化した作曲家》.

**-hand·er** /-hǽndər -ハンダ/ 連結形 …の手を使う人. 例: a left-hander 左ききの人.

**hand·ful** /hǽndfùl ハンドフル/ 名 (複 ~s/-z/;

**hands·ful** /hǽndz-/ ⓒ 1 [a ~ of+ⓊⒸ 名詞] ひと握りの量 ‖
Please give me **a handful of** nails. くぎをひとつかみ取ってください.

**2** 《略式》[a ~ of+Ⓒ 名詞複数形] 少数, わずか ‖
Only **a handful of** people came to the party. パーティーに来たのはほんの数える程だった.

**hand·i·cap** /hǽndikæp ハンディキャプ/ 图 Ⓒ **1** [スポーツ] ハンディキャップ, ハンディ; ハンディキャップ付きの競技.

**2** 不利な条件, ハンディキャップ ‖
Poor eyesight is a **handicap** to [for] a sportsman. スポーツマンにとって視力が弱いのは不利だ.

**3** ⓊⒸ 身体[精神]上の障害《◆ disability の方が好まれる》.
— 動 (過去・過分) --i·capped/-t/ ; (現分) --cap·ping) 他 …にハンディキャップをつける; [be ~ped] 不利な条件を負っている ‖
She is **handicapped** by poor hearing. 彼女は耳が遠いので不利な立場にある.

**hand·i·capped** /hǽndikæpt ハンディキャプト/ 動
→ handicap.
— 形 (身体[精神]の)障害のある《◆ disabled や with disability の方が好まれる》‖
**handicapped** children 障害児.
**handicapped** people 障害のある人たち.

**hand·i·craft** /hǽndikræft ハンディクラフト/|-krɑ̀ːft -クラーフト/ 图 Ⓤ 手先の熟練, 手先の器用さ; Ⓒ [通例 ~s] 手工芸品, 手細工品.

**hand·i·ness** /hǽndinəs ハンディネス/ 图 Ⓤ 器用さ; 便利さ.

**hand·i·work** /hǽndiwə̀ːrk ハンディワーク/ 图 **1** Ⓤ 手仕事, 手細工; Ⓒ 手作り品, 手工芸品. **2** Ⓤ しわざ, しでかした事.

**\*\*hand·ker·chief** /hǽŋkərtʃif ハンカチフ/ [hand + kerchief]
— 图 (復 ~s/-s/, ..chieves/-tʃiːvz/) Ⓒ ハンカチ《◆ 英米では鼻をかむときにハンカチを使う》‖
She blew her nose with a **handkerchief**. 彼女はハンカチで鼻をかんだ.

**han·dle** /hǽndl ハンドル/ 图 Ⓒ 取っ手, 柄(え), ハンドル《◆ 自動車の「ハンドル」は (steering) wheel, 自転車の場合は handlebar》‖
The **handle** of the cup is broken. カップの取っ手が壊れている.

> Q&A **Q**:「自転車や自動車のハンドルを切り損なう」は lose control of one's *handlebar* [one's (*steering*) *wheel*] でよいですか.
> **A**: ふつうはそう言いません. ハンドルは使わず次のように「車の自由を失う」のように言います: lose control of one's *bicycle* [one's *car*].

**fly óff the hándle** 《略式》かっとなる, 自制心を失う.

— 動 (現分) han·dling) 他 **1** …に手を触れる; …を手で持ち上げる ‖
Please do not **handle** the exhibits. 展示品に手を触れないでください.

**2** …を扱う, 論じる, 解決する, 処理する ‖
**handle** animals roughly 動物を手荒に扱う.

**3** …を統制する. **4** 《略式》〈商品〉を商う, 取り扱う.
— 自 操縦される; 扱える ‖
This car **handles** well. この自動車は運転しやすい.

**handle·bar** /hǽndlbɑ̀ːr ハンドルバー/ 图 Ⓒ [通例 ~s] (自転車などの)ハンドル(図)(→ bicycle)(→ handle 图).

**hand·made** /hæ̀ndméid ハンドメイド/ 形 手製の, 手作りの.

**hand·out** /hǽndàut ハンダウト/ 图 Ⓒ (講演などの)配布資料, ハンドアウト, プリント《◆ print とはいわない》; 広告, ちらし, (商品の)サンプル.

**hand·shake** /hǽndʃèik ハンドシェイク/ 图 Ⓒ 握手.
— 動 (現分) --shak·ing) 自 握手する.

**\*hand·some** /hǽnsəm ハンサム/ [手で(hand)扱いやすい(some)]
— 形 (通例 比較) --som·er, 最上 --som·est)
**1 a** 〈男性が〉ハンサムな, 美男子の《◆ 女性の美貌(ぼう)については beautiful, lovely, pretty などを使うのがふつう》‖
She only goes for **handsome** faces. 彼女は面食いだ.

**Hàndsome ís that [as] hàndsome dóes.**《ことわざ》りっぱな行ないの人は美しい;「見目(みめ)より心」.

**b** 〈女性が〉(態度・体格などの点で)威厳(いげん)のある, 風格のある, きりっとした《◆ 主に中年以上の女性についていう》.

**2** 見ばえのする, 見事な; 見た目にりっぱな ‖
a **handsome** room きちんと整った部屋.

**hánd·some·ly** 副 気前よく.
**hánd·some·ness** 图 Ⓤ 美しさ.

**hand-to-mouth** /hæ̀ndtumáuθ ハンドトゥマウス/ 形 その日暮らしの ‖
live [lead] a **hand-to-mouth** existence その日暮らしをする(= live from hand to mouth).

**hand·writ·ing** /hǽndràitiŋ ハンドライティング/ 图 Ⓤ 手書き(の文字), 筆跡, 自筆; [しばしば a ~] 書体, 字体 ‖
She has neat **handwriting**. 彼女は字がきれいだ.

**hand·y** /hǽndi ハンディ/ 形 (比較) --i·er, 最上 --i·est) **1** 《略式》上手な, 巧みな, 器用な ‖
She is very **handy** with a saw. 彼女はのこぎりを使うのがとてもうまい.

**2** 便利な, 手ごろな; 操作しやすい ‖
the **handy** tools 手ごろな道具.

**3** 《略式》手近にある, すぐ手に入る, すぐ利用できる; 近くにある ‖
The supermarket is quite **handy**. スーパーマーケットはすぐ近くにある.

**còme in hándy** (略式) 役に立つ.

**\*hang** /hǽŋ ハング/ 〖「上からたらす」が本義〗

hang
《2 絞首刑にする》
《1 つるす》

—動 (三単現) ~s/-z/; (過去・過分) hung/hʌ́ŋ/; (現分) ~ing) ◆他 2, 自 2 では (過去・過分) ~ed /-d/ または hung)

—他 **1** …をつるす, 下げる, 掛ける;〈頭〉をたれる ‖
They **hung** their head in shame. 彼らは恥ずかしくてうなだれた.
A woman was **hanging** the washing on the line. 女の人が洗濯物をロープに干しているところだった.

**2** …を絞首刑にする;…を首つりにする ‖
He was **hanged** for murder. 彼は殺人罪で絞首刑になった.
He committed suicide by **hanging** himsèlf. 彼は首つり自殺をした.

**3** …に掛けて飾る;…を壁に張る;…を取り付ける;〔通例 be hung〕〈絵などが〉展示される ‖
**hang** a door **on** its hinges ちょうつがいで戸を取り付ける
The wall **was hung with** a portrait. = A portrait **was hung on** the wall. 壁には肖像画が飾ってあった.

—自 **1** 掛かる, 空中に浮かぶ, ぶら下がる;しおれる;展示してある;〈スカート・ドレスなどが〉長すぎる ‖
A picture **hung on** the wall. 壁に絵が掛かっていた.
Her stockings were **hanging** loosely on her legs. 彼女のストッキングばかり下がっていた.
The hot sun made the flowers **hang down**. 暑さのために花はしおれた.
対話 "Where is my favorite T-shirt?" "Oh, I just washed it. It's **hanging on the line** outside." 「私のお気に入りのTシャツはどこ?」「あら, たった今洗濯したのよ. 外の物干しロープにぶら下がっているわ」.

**2** 絞首刑になる;首をつって死ぬ.
**3**〈戸が〉自由に開閉する;しっかり握る ‖
The child **hung on** his mother's arm. 子供は母の腕にしっかりしがみついていた.
**4**〈鳥が〉舞っている;〈煙などが〉漂っている;身を乗り出す. **5**〖コンピュータ〗フリーズする, ハングアップする(+ up).

**háng aróund** [(主に英) **abóut**] (1) (略式) [自] 近くにいる, うろつく, ぐずぐずする;人にきまとう;〈病気・悪天候などが〉長びく. (2) [~ around [about]] **A** …の付近にたむろする;**A**〈店などを〉ひやかして歩く;**A**〈人〉につきまとう.

**háng báck** [自] いやがる, しりごみする, ちゅうちょする.

**háng by a (síngle) háir**〈命・運命などが〉非常に危険な状態にある.

**háng ón** (略式) [自] (1) つかまる, しがみつく ‖
**Hang on** tight, please. (取っ手などに)しっかりつかまってください. (2) (立ち止まって)待つ;電話を切らずにおく;〈病気が〉長びく, 治らない;続ける, がんばり通す.

**háng óut** [他]〈旗などを〉掲げる;〈洗濯物を〉外に干す.

**háng togéther** [自] 手を握る, 団結する;首尾一貫している, つじつまが合う.

◇**háng úp** (1) [自] 電話を切る, 電話を(一方的に)ガチャンと切る((主に英) ring off); → 自 **5**. (2) (略式) [be hung] 夢中になる;心配する.

**háng glìder** ハンググライダー(で飛ぶ人).
**háng glìding** ハンググライディング.

**hang·ar** /hǽŋər ハンガ/ (類音) hunger /hʌ́ŋgər/ 图 C (飛行機の)格納庫.

**hang·er** /hǽŋər ハンガ/ 图 C (服などを)つるすもの, 掛けるもの, ハンガー.

**hang·er-on** /hǽŋərán ハンガアン|-ɔ́n -オン/ 图 (複 hangers-on) C ごますり, おべっか使い.

**hang·ing** /hǽŋiŋ ハンギング/ 動 → hang.
—图 **1** U つるす[される]こと. **2** UC 絞首刑. **3** (正式) [~s] 壁紙, 壁掛け, カーテン.

**hang·man** /hǽŋmən ハングマン/ 图 (複 ~men) C 絞首刑執行人((PC) executioner).

**hang·over** /hǽŋòuvər ハングオウヴァ/ 图 C **1** 二日酔い. **2** 後遺症, 遺物, 残存物.

**Ha·noi** /hǽnɔ́i ハノイ, hə-/ 图 ハノイ《ベトナムの首都》.

**Hans** /hǽns ハンス/ 图 ハンス《男の名. John のドイツ語形》.

**hap·haz·ard** /hæphǽzərd ハプハザド/ 形 副 無計画の[に], でたらめの[に];偶然の[に].

**at [by] haphazard** でたらめに;偶然に.

**hàp·ház·ard·ly** 副 行き当たりばったりに;偶然に.

**hàp·ház·ard·ness** 图 U でたらめ;偶然(性).

**\*hap·pen** /hǽpn ハプン/ 〖偶然(hap)起こる(en). cf. *happy*〗 ® happening (名)
—動 (三単現) ~s/-z/; (過去・過分) ~ed/-d/; (現分) ~ing)
—自 **1** 起こる, 生じる《◆(1) occur は happen より堅い語. (2) 計画された事柄についてはふつう take place を用いる》‖
The accident **happened on** Sunday at about 3:00. 事故は日曜日3時頃に起こった.
What's **happening**? いったいどうしたのだ, 何事だ?
Did something good **happen**? 何かいいことがあったの.
What **happened** then? それからどうなりました? 《◆相手の話の続きを促す表現》.
Accidents **will háppen**. (ことわざ) 事故はどうしても起こるものだ;(相手をなぐさめたり, 自己弁護として)(突然の)事故はどうしようもない(→ 助 **6**).
対話 "Could you stop making noise late at night?" "I'm sorry. It won't happen

again.” 「夜遅く騒ぐのはやめてもらえませんか」「ごめんなさい. もう2度といたしません」.

**2** [happen **to** A] …にふりかかる, 起こる ‖
Something has **happened to** the engine. エンジンがどうかなった(=Something is wrong with the engine.).
**What happened to** her? 彼女の身に何があったのか.
**If anything happens to him,** … 彼に万一のことがあれば….

**3** [happen **to** do] **偶然…する, たまたま…する**; [it (so) happen **that** 節] 偶然…(ということ)である《♦(1) 進行形にしない. (2) 好運・不運にかかわりなく用いる》‖
I **happened to** meet him. =**It happened that** I met him. 私は偶然彼に出会った.
There (just) (so) **happened to be** a meeting on that day. =**It** (just) (so) **happened that** there was a meeting on that day. その日はたまたま会合があった.
If he **happens to** phone me this afternoon, please tell him I'm busy. もしひょっとして彼から電話があったら, 忙しいと伝えてください.

***as it háppens*** [相手を牽制(けんせい)して] たまたま, あいにく.

**hap·pen·ing** /hǽpniŋ ハプニング/ [動] → happen.
——[名] [C] **1** [しばしば ~s] 出来事, 事件; (学校などの)行事 ‖
the **happenings** of the day その日の出来事.
**2** 《主に米》(集会などでの)ハプニング, (劇などの)即興的な演技.

**hap·pi·er** /hǽpiər ハピア/ [形] → happy.

**hap·pi·est** /hǽpiist ハピイスト/ [形] → happy.

***hap·pi·ly** /hǽpəli ハピリ|hǽpili ハピリ/ 〘→ happy〙
——[副] **1** [通例文中・文尾で] **幸福に**, 楽しく, 愉快に; 喜んで, 満足して(↔ unhappily) ‖
He was **happily** married. 彼は結婚して幸せに暮らしていた.
All fairy tales end with ‘and they lived **happily** ever after.’ おとぎ話はみな「いつまでも幸せに暮らしました」で終わる.
She **happily** granted my request. 彼女は快く私の願いを聞いてくれた.
**2** 《正式》[通例文頭・文尾で; 話者の判断を表して] **幸いにも**, 運よく(fortunately) ‖
**Happily,** I escaped injury. =I escaped injury, **happily**. (話し手にとって)幸いにもけがをせずにすんだ.
**3** 適切に, うまく.

***hap·pi·ness** /hǽpinəs ハピネス/ 〘→ happy〙
——[名] [U] **1 幸福**, 幸せ; 喜び, 満足 ‖
a feeling of **happiness** 満足感.
Her marriage brought **happiness** to her parents. 彼女が結婚して両親は幸せであった.
You cannot buy **happiness**. 幸福は金で買うことはできない.
**2** (表現などの)適切さ, 巧妙さ.

****hap·py** /hǽpi ハピ/ 〘**3** の「偶然(hap)の(y)(幸運による)」が原義で, それより **1**, **2** の意が生まれた → glad〙 [派] happily (副), happiness (名)
——[形] ([比較] --pi·er, [最上] --pi·est) **1** (…のことで)**うれしい**, 満足して; 満足している; [be happy to do / be happy (in) doing] …して[するのが]うれしい, 喜んで…する; [be happy (that) 節] 〈人は〉…ということがうれしい(↔ unhappy) ‖
Are you **happy with** your new secretary? 新しい秘書に満足していますか.
He **was happy at** [**happy to** hear] the news of her success. 彼女の成功の知らせを聞いて彼はうれしかった.
He was **happy** (《正式》 **in**) being a Japanese. 彼は自分が日本人であることを幸せに思った.
I'll [I'd] **be happy to** come. 喜んで参ります.
She was **happy to** pass the exam. =She **was happy that** she passed the exam. 彼女は試験に合格してうれしかった.
[対話] “You look like you're sick or something. Are you OK?” “I'm all right. My date is cancelled and I'm not **happy** about it.” 「病気か何かのようにみえるけど, 大丈夫かい」「大丈夫. デートがとりやめになったことが不満なだけよ」(→ glad [形] **3** [Q&A]).
**2 幸福な**, 幸せそうな, 楽しい ‖
a **happy** smile on her face 彼女の顔に浮かんだうれしそうなほほえみ.
He is **happiest** when he is with his grandchildren. 彼は孫と一緒の時が一番楽しい.
**3** 《正式》[名詞の前で] **幸運な**, めでたい ‖
It was a **happy** chance that I found the key. =By a **happy** chance I found the key. かぎが見つかったのは幸いであった(=**Happily** I found the key.).
The story has a **happy** ending. その話はハッピーエンドで終わる.
**4** 適切な, うまい, 巧みな ‖
a **happy** suggestion 的を射た提案.
**5** [複合語で] やたらに使いたがる; 夢中になった ‖
a trigger-**happy** guy すぐ発砲したがるやつ.

**happy-go-lucky** /hǽpigòulʌ́ki ハピゴウラキ/ [形] のんきな, 楽天的な.

**ha·rangue** /hərǽŋ ハラング/ 《正式》[名] [C] 大演説; お説教. ——[動] ([現分] --rangu·ing) [他] …に長々と演説をする.

**ha·rass** /hərǽs ハラス|hǽrəs ハラス/ [動] ([三単現] ~·es/-iz/) [他] **1** …を困らせる, 悩ます《♦ annoy より意味が強い. → tease》. **2** 《正式》…を攻撃する.

**ha·rass·ment** /hǽrəsmənt ハラスメント/ [名] [U] 《正式》悩ますこと, 悩まされること; 悩み(の種) ‖
sexual **harassment** 性的嫌がらせ, セクハラ.

***har·bor,** 《英》 **--bour** /hɑ́ːrbər ハーバ/ 〘「軍事用避難所」が原義 → port〙
——[名] ([複] ~s/-z/) **1** [C] [U] **港**《自然の地形を利用し, 人工の防波堤を備えた避難港. port は町を含む商業港》‖

Many ships are **in harbor**. 多くの船が入港している.

**2** ©U (正式) 避難所, 隠れ場所 ‖
a **harbor** for criminals 犯罪者の隠れ家.
**3** [H~; 地名として] 入江, 湾 ‖
Pearl **Harbor** (ハワイの)真珠湾.
—— 動 他 (正式) **1** …に隠れ場所を与える; …をかくまう. **2** …を心に抱く.

\***har‧bour** /há:bə ハーバ/ 《英》 名 動 =harbor.

\*\***hard** /há:rd ハード/ 《類音》 herd, heard /há:rd/ 〖「激しく, 猛烈に」が原義〗
派 harden (動), hardship (名), hardy (形)
→ 形 **1** かたい **2** 難しい **3** 熱心な **4** 強力な
　副 **1** 熱心に **2** 激しく **3** かたく
—— 形 《比較》 ~・er, 《最上》 ~・est **1** かたい, しっかりした (↔ soft) 《◆固くてかみ切れない物には tough を用いる: tough [\*hard] meat 固い肉》 ‖
boil an egg **hard** 卵を固くゆでる.
The ice is too **hard** to crack. その氷は硬くて割れない.
対話 "What's the matter?" "I'm trying to cut this piece of wood but it's too **hard**. Can you try?" 「どうしたの」「この木を切ろうとしてるんだけど堅すぎるんだ. やってみてくれないか」.

**2** 難しい, 困難な, 厄介な 《◆ difficult より口語的》; [it is **hard** to do A / A is **hard** to do] A〈人〉が…するのは難しい (→ easy 形 **1**, it 代 **4 a**) ‖
Don't ask me such a **hard** question. そんな難しい質問はよしてくれ.
**It** was **hard for** him **to** live on his small pension. 少額の年金で生活するのは彼には困難であった.
She's **hard** to teach. =**It's hard to** teach her. 彼女は教えにくい.

Q&A **Q**: it is hard to do A = A is hard to do の構文をとる形容詞にはほかにどんなものがありますか.
**A**: difficult, easy, important, possible, sad, suitable, tough, useful, useless (cf. kind Q&A (1)) などがあります.

**3** [通例名詞の前で] 熱心な, 勤勉な ‖
She is **a hard worker**. 彼女は努力家だ (=She works **hard**.).
**4** 〈運動などが〉強力な, 激しい; 力のいる ‖
a **hard** blow 強打.
I gave her a **hard** hug. 私は彼女をしっかり抱きしめた.
**5** つらい, 耐えがたい, 苦しい ‖
a **hard** life 苦しい生活.
He gave me a **hard** time. 彼にひどい目にあわされた.
**6** 〈罰などが〉厳しい, 無情な ‖
a **hard** teacher 厳格な教師.
**7** 〈天候・季節などが〉厳しい; 〈雨などが〉猛烈な ‖
a **hard** winter 厳冬.

a **hard** frost ひどい霜.
**8** 〈方針・取引などが〉(ほとんど)譲らない, 厳しい; 〈顔つきなどが〉鋭い ‖
a **hard** bargain 厳しい取引.
She shot me a **hard** look. 彼女は私に鋭い視線を投げかけた.
**9** [名詞の前で] 〈事実・証拠などが〉否定できない, 実際の ‖
**hard** facts 厳然とした事実.
**be hárd on** A 〈人・事が〉A〈人〉に厳しい, きつくこたえる; 〈人が〉A〈物〉を手荒に扱う.
**hárd of héaring** → hearing.
**hárd úp** (略式) [自] 金に困っている, 文(笑)無しの (badly off) (↔ well off); (時間・物などを)欠いている.

—— 副 《比較》 ~・er, 《最上》 ~・est **1** 熱心に, 懸命に ‖
work **hard** 懸命に働く, 熱心に勉強する.
He tried **harder** to get good marks than I. いい点を取ろうと彼は私より努力した.
**2** 激しく, ひどく, 強く, ぐっと ‖
laugh **hard** 大笑いする.
stare **hard** ぐっとにらみつける.
It rained **hard** yesterday. きのうは雨が激しく降った.
She hit the ball **hard**. 彼女はボールを強く打った.
**3** かたく, しっかりと ‖
She held my hand **hard**. 彼女は私の手をしっかりと握っていた.
**be hárd préssed** (1) ぴったりと追跡されている.
(2) (時間・金などが)ひどく足りなくて.
**be hárd pút (to ít) to** do …するのにひどく困っている.
**hárd on** [**upòn**] A …のすぐあとで; …の真近に.
**hárd còurt** ハードコート《アスファルトやコンクリートで固めたテニスコート》.
**hárd dísk** [コンピュータ] ハードディスク.
**hárd lúck** (略式) 不運 (tough luck); [H~ luck!; 間投詞的に] 運が悪かったですね.
**hárd tíme** 困難, 難儀, 難しい仕事 (→ 形 **5**).

**hard‧back** /há:rdbæk ハードバク/ 名 形 =hardcover.
**hard-boiled** /há:rdbɔ́ild ハードボイルド/ 形 **1** 〈卵が〉固ゆでの (↔ soft-boiled). **2** (略式) 〈人が〉感傷的でない, 無情な, ドライな; 〈文体などが〉非情な, ハードボイルドの; 現実的な; 皮肉な.
**hard‧cover** /há:rdkÀvər ハードカヴァ/ 名 ©形 堅い表紙の(本), ハードカバーの(本) (↔ paperback).
**hard‧en** /há:rdn ハードン/ 動 他 **1** …をかたくする, 固める (↔ soften) ‖
He **hardened** clay by putting it in a fire. 彼は粘土を火に入れて固めた.
**2** …を非情にする, 頑固にする; [通例 be ~ed] 無感覚になる ‖
He **hardened** his heart against her. 彼女に対して彼は冷たくした.
**3** 〈からだなど〉を強健にする, 鍛(た)える.
—— 自 **1** かたくなる ‖

**hardheaded**

The snow **hardened** during the night. 雪の夜のうちに固くなった.
**2** 頑固 [冷酷] になる. **3** 強くなる.
**hard·head·ed** /hɑ́ːrdhédid ハードヘディド/ 形 抜け目のない, 実際的な.
**hard·heart·ed** /hɑ́ːrdhɑ́ːrtəd ハードハーテド/ 形 無情な, 冷酷な.
**har·di·ness** /hɑ́ːrdinəs ハーディネス/ 名 U たくましさ, 頑健さ.

\***hard·ly** /hɑ́ːrdli ハードリ/
—— 副 《比較 more ~, 最上 most ~》 **1** [否定語; 程度副詞] [しばしば can [could] hardly] ほとんど…ない, 満足に…しない 《◆(1) scarcely は《正式》で hardly がふつう. (2) hardly ever は頻度を表す副詞 (→ 成句)》‖
I hárdly knew him. 私はほとんど彼を知らなかった.
She answered with hardly a smile. 彼女はろくにほほえみもせず答えた 《◆この構文では常に hardly + a + 名詞》.
対話 "Can you speak up a little more? I can hárdly hear you back here." "Sorry. I'll try to speak more loudly." 「もう少し大きい声で話してくれませんか. 後ろでは聞こえません」「すみません. もっと大きい声で話すようにします」.

語法 (1) 位置は否定文を作る not と同じ位置がふつう (often, seldom などと同様). 文頭にくる場合は, 疑問文の語順となる (→ 成句 hardly … when の用例).
(2) be 動詞・助動詞を強く発音する場合はその前に置く:対話 "Can you hear him?" "I hárd-ly cán." 「彼の言うことが聞こえますか」「いいえ, ほとんど聞こえません」.
(3) 付加疑問の場合は肯定文で表す: You can hardly walk, can you? ほとんど歩けないのですね.
(4) hardly any (ほとんど…ない) は few [little] よりも意味が強く, no, never よりは弱い. 《略式》ではそれぞれ almost no, almost never が好まれる: There was little, in fact hardly any time left. 残っている時間は少ししか, いや実はほとんどなかった.

**2** [遠回しに] とても…ない, どうみても…しない (not at all) ‖
I can hárdly wait any more. もうこれ以上とても待てません.
This is hardly the time to start a new enterprise. どう考えても今は新事業を起こすべき時ではない.

**hárdly ány** → 語法 (4).
**hárdly** [**scárcely**] **éver** [頻度を表して] めったに…しない ‖ It hardly ever rains there. そこはめったに雨が降らない 《◆雨の降る頻度を表す. ever がないと降雨量が少ないことを表す》 / John has hardly ever gone to bed before midnight. ジョンは夜の12時より前に床についたことはほとんどない / Hardly ever have we seen such a sight! そのような光景を目にするのは, まずまれだ 《◆文頭に用いるときはふつう疑問文の語順となる》.

◦**hárdly … when** [**befóre**] … …するとすぐ 《◆when がふつう》‖ I had hárdly started (✓) when it began to rain. =《文》Hárdly had I started (✓) when it began to rain. 出発するかしないかのうちに雨が降り出した (=《略式》As soon as I started, it began to rain.).

**hard·ness** /hɑ́ːrdnəs ハードネス/ 名 U **1** かたいこと, かたさ. **2** 困難さ.

\***hard·ship** /hɑ́ːrdʃip ハードシプ/ 〖→ hard〗
—— 名 (複 ~s/-z/) **1** U (耐えがたい) 苦難, 困窮 ‖
They had to endure great hardship during the war. 彼らは戦争中非常な苦難に耐えねばならなかった.
**2** C 辛(ɡ)苦, 苦痛 (を与える物 [事]) ‖
It was a hardship to work without breakfast. 朝食抜きで働くのは苦痛であった.

**hard·ware** /hɑ́ːrdwèər ハードウェア/ 名 U [集合名詞] **1** 金物類, 金属製品; [形容詞的に] 金物の.
**2** 〔コンピュータ〕ハードウェア 《コンピュータの機械装置・機器. cf. software》.

**hard·wood** /hɑ́ːrdwùd ハードウド/ 名 U 硬材 《カシ・ブナ・トネリコ・サクラ・カエデ・黒タン・チーク・マホガニーなど》.

**hard·working** /hɑ́ːrdwɔ́ːrkiŋ ハードワーキング/ 形 勤勉な, よく働く, よく勉強する.

**har·dy** /hɑ́ːrdi ハーディ/ 形 **1** がんじょうな; 我慢強い ‖
Hardy young people like mountaineering. 元気な若者は山登りが好きで.
**2** 大胆な; ずうずうしい. **3** 〈動植物が〉耐寒性の.

**Har·dy** /hɑ́ːrdi ハーディ/ 名 ハーディ 《Thomas ~ 1840-1928; 英国の小説家・詩人》.

**hare** /héər ヘア/ 〖同音 hair; 類音 here, hear /híər/〗 名 (複 ~s/-z/, 集合名詞 hare) C ノウサギ 《◆ rabbit よりも大きく, 耳も後脚(ﾁ)が長い. 野や畑に住み, 穴を掘って住むことはしない. 米英では伝統的に魔女の化け姿といわれ, 行く手を横切ると縁起(ｷﾞ)が悪いとされる》. 関連 buck hare 雄ノウサギ / doe hare 雌ノウサギ ‖
First catch your hare (then cook him). 《ことわざ》まず現物を手に入れよ《料理はそのあとで》;「取らぬ狸の皮算用」.
**(as) mád as a (Márch) háre** 《春の交尾期のウサギのように》狂気じみた, 気まぐれな.
**the háre and tórtoise** [単数扱い] ウサギとカメの競走 《地道な努力をした者の勝利で終わる仕事・ゲームなど》.
—— 動 (現分 har·ing) 自 《主に英略式》脱兎(ﾀﾞ)のごとく走り去る.

**har·em** /héərəm ヘアレム|hɑ́ːriːm ハーリーム/ 名 C **1** ハーレム 《イスラム教国の婦人部屋》. **2** [集合名詞] ハーレムの女たち.

**hark** /hɑ́ːrk ハーク/ 動 自 《文》 [主に命令文で] 耳を傾けよ.
**hárk báck** [自] 《話・思考などで》《過去の事柄に》

**Har·lem** /hάːrləm/ ハーレム 名 ハーレム《New York 市 Manhattan 区北部の黒人居住地区》.

\***harm** /hάːrm/ ハーム 〖「苦痛」が原義〗
派 harmful (形), harmless (形)

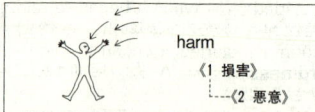

harm
〈1 損害〉
〈2 悪意〉

——名 ⓤ **1** 損害, 害, 危害 (cf. damage) ‖
There is no harm in trying. = You can't do any harm by trying. だめでもともとですよ, やってみたら.
対話 "You won't hurt me, will you?" "Not at all. I assure you there will be no harm." 「私にけがをさせることはないでしょうね」「もちろん, ひどい目にあうことはないと保証しますよ」.

**2** 悪意; 不都合 ‖
I mean no harm. 私に悪意はありません.
I see no harm in your going out alone this evening. 今晩あなたがひとりで外出してもかまいません.

**còme to nó hárm** ひどい目にあわない, 害を被(こうむ)らない.

◇**dò A hárm** = **dò hárm to A** …に危害を加える, 損害を与える ‖ It'll do you no harm to stay up a little late. 少々夜ふかしをしても害にはならないでしょう.

——動 (三単現) ~s/-z/; (過去・過分) ~ed/-d/; (現分) ~·ing)
——他 …を害する, 傷つける, 痛める ‖
The beaver rarely harms a human being. ビーバーは人に危害を加えることはめったにない.
It can harm your eyes to read in the sun's light. 直射日光の当たるところで読書をすると目を痛めることがある.

\***harm·ful** /hάːrmfl/ ハームフル 〖→ harm〗
——形 (比較) more ~, (最上) most ~) 有害な, 害を及ぼす(↔ harmless) ‖
A long spell of rainy weather is harmful to plants. 長雨は植物に害を及ぼす.

\***harm·less** /hάːrmləs/ ハームレス 〖→ harm〗
——形 **1** 害のない, 無害の; 損害を受けない(↔ harmful) ‖
Most snakes on this island are harmless. この島ではたいていのヘビは無害である.
**2** 罪のない, 悪意のない ‖
a harmless question 無邪気な質問.
**hárm·less·ness** 名 ⓤ 無害; 無邪気.
**harm·less·ly** /hάːrmləsli/ ハームレスリ 副 無害に; 無邪気に.

**har·mon·ic** /hɑːrmάnik/ ハーマニク |-mɔ́n- -モニク/ 形 **1** 調和した. **2** 〔音楽〕(メロディー・リズムに対して)和声の; 倍音の.

**har·mon·i·ca** /hɑːrmάnikə/ ハーマニカ |-mɔ́n- -モニカ/ 名 ⓒ (正式) ハーモニカ《◆ mouth organ とも

いう》‖
play the harmonica ハーモニカを吹く.
play a tune on the harmonica ハーモニカで曲を吹く.

**har·mo·nies** /hάːrməniz/ ハーモニズ 名 → harmony.

**har·mo·ni·ous** /hɑːrmóuniəs/ ハーモウニアス 形 **1** (正式) 調和のとれた, 釣り合った ‖
The color of the curtain is harmonious with the wall. カーテンの色は壁とよく調和している.
**2** (正式) 仲の良い ‖
a harmonious family 平和な家庭.
**3** 耳に快い, 調子のよい.
**har·mó·ni·ous·ness** 名 ⓤ 調和していること; 円満; 調子のよさ.

**har·mo·ni·za·tion** /hɑːrmənəzéiʃən/ ハーモニゼイション |-nai- -ナイゼイション/ 名 ⓤ 調和する[させる]こと, 和合, 一致.

**har·mo·nize,** (英 しばしば) **--nise** /hάːrmənàiz/ ハーマナイズ 動 (現分) --niz·ing) 他 **1** (正式) …を調和させる ‖
harmonize a curtain with the carpet カーテンをじゅうたんと調和させる.
**2** 〈歌・曲などに〉和声をつける.
——自 **1** (正式) 調和する ‖
The colors harmonize well with each other. 色は互いによく調和している.
**2** 調和して歌う[演奏する].

\***har·mo·ny** /hάːrməni/ ハーモニ 〖「結合」が原義〗 harmonious (形), harmonize (動)
——名 (複 -mo·nies/-z/) **1** ⓤ (正式) 調和, 一致, 和合; 平和 ‖
live in (perfect) harmony 仲良く暮らす.
Her opinion is in harmony with mine. 彼女の意見は私と一致している.
**be out of harmony** 一致していない.
**2** ⓒⓤ 〔音楽〕和声; 和声法.
**3** ⓒⓤ ハーモニー; バランス.

**har·ness** /hάːrnəs/ ハーネス 名 (複 ~·es/-iz/) ⓤ ⓒ **1** 〔集合名詞; 単数扱い〕(馬車につないだ馬の)馬具, 引き具. **2** (パラシュートの)背負い革; (子供を連れて歩く時の)皮帯; (犬の首輪の代わりにつける)皮帯 (かわおび).

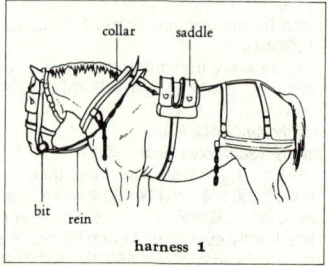

harness 1

**in hárness** (1) 〈馬が〉馬具をつけて. (2) 平常の仕

事に従事して; 協力して.
── 動 ~・es /-iz/ 他 1 〈馬〉に馬具をつける(+ *up*). 2 〈自然の力〉を利用する.

**Har・old** /hǽrəld ハロルド/ 名 ハロルド《男の名. (愛称) Hal》.

**harp** /hάːrp ハープ/ 名 C ハープ, 竪(たて)琴《◆「天国」「天使」を連想させる》.
── 動 自 《略式》くり返し言う.

**harp・ist** /hάːrpist ハーピスト/ 名 C ハープ奏者.

**har・poon** /hɑːrpúːn ハープーン/ 名 C 《捕鯨用の》銛(もり). ── 動 他 …を銛でしとめる.

**harp・si・chord** /hάːrpsikɔ̀ːrd ハープスィコード/ 名 C ハープシコード, チェンバロ《ピアノの前身の鍵盤(けんばん)楽器》.

**Har・ri・et** /hǽriət ハリーエト/, **--ot** /hǽriət ハリオト/ 名 ハリエット《女の名. (愛称) Hatty. 《異形》Harrietta /hǽriétə/》.

**Har・ris** /hǽris ハリス/ 名 1 ハリス《男の名》. 2 ハリス《Townsend /táunzend/ ~ 1804–78; 1856年日米通商条約を結んだ米国の外交官》.

**Hárris twéed** [しばしば ~ T-]《商標》ハリスツイード《スコットランド Harris 島産の毛織物》.

**har・row** /hǽrou ハロウ/ 名 C まぐわ. ── 動 他 《土》をまぐわでならす. 2 《正式》…を悩ます, 苦しめる.

**har・row・ing** /hǽrouiŋ ハロウイング/ 動 → harrow.
── 形 《正式》痛ましい, 悲惨な.

**Har・ry** /hǽri ハリ/ 名 ハリー《Henry の愛称》.

**harsh** /hάːrʃ ハーシュ/ 形 1 厳(きび)しい(↔ mild); 無情な, 残酷な ‖
a harsh judge 厳しい裁判官.
2 《舌・鼻に》不快な, どぎつい;《耳・目に》さわる ‖
a harsh flavor いやな味.
a harsh voice 耳ざわりな声.
3 ざらざらした, 粗い ‖
This towel is harsh to the touch. このタオルは手ざわりが悪い.

**hársh・ness** 名 U 粗さ, 厳しさ.

**harsh・ly** /hάːrʃli ハーシュリ/ 副 荒く; 耳ざわりに, 目ざわりに; 厳しく.

**Har・vard** /hάːrvərd ハーヴァド/ 名 =Harvard University.

**Hárvard Univérsity** ハーバード大学(Harvard)《Massachusetts 州 Cambridge 市にある米国最古の大学. 1636年創立》.

\***har・vest** /hάːrvist ハーヴィスト/ 【「刈り取る」が原義】
── 名 (複 ~s /-vists/) 1 C U 収穫, 取り入れ;《正式》収穫高; 収穫物《◆海などから採れるものについてもいう》‖
The wheat is ready for harvest. 小麦はもう収穫できる.
There was a large harvest of peaches last year. 昨年はモモがたくさん取れた.
2 C 収穫期, 取り入れ時《ふつう晩夏または初秋》‖
The apple harvest will soon come. もうじきリンゴの収穫期になる.
The weather was good at (the) harvest. 取り入れ時には天気がよかった.
3 《正式》[a ~ / the ~; 比喩的に] 収穫, 結果, 産物, 報(むく)い ‖
She reaped a rich harvest from her study abroad. 彼女は海外での研究から豊富な成果を得た.
reap the harvest of one's efforts 努力の産物を得る.
── 動 (三単現 ~s /-vists/; 過去・過分 ~・ed /-id/; 現分 ~・ing)
── 他 1 …を収穫する, 取り入れる. 2 …から作物を取り入れる. 3 …を得る.

**Hárvest féstival** 《英》《教会の》収穫感謝祭.

**Hárvest móon** 秋分の前後の月, 中秋の名月[満月].

\***has** /(弱) həz ハズ, əz, z, s; (強) hǽz ハズ/ 動 助 → have.

**has-been** /hǽzbìn ハズビン | -bìːn -ビーン/ 名 C 《略式》過去の人[物], 盛りを過ぎた人[物].

**hash** /hǽʃ ハシュ/ 《類音 hush /hʌ́ʃ/》名 (複 ~・es /-iz/) C U ハヤシ肉料理《調理した肉と野菜を細かく切っていためたり煮込んだもの》.
**máke a hásh of A** 《略式》…をめちゃめちゃにする, 台なしにする.

**hash・ish** /hǽʃiːʃ ハシーシュ/ 名 U ハシッシュ《大麻(cannabis)から作る麻薬》.

\***has・n't** /hǽznt ハズント/ has not の短縮形.

**haste** /héist ヘイスト/ 名 U

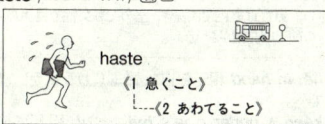

〈1 急ぐこと〉
〈2 あわてること〉

1 急ぐこと, 迅(じん)速《◆ hurry より堅い語で目的に向かって急ぐ意味》‖
All my haste was in vain. 急いだことが水の泡だった.
2 あわてること, 性急, 軽率 ‖
More háste, less spéed. 《ことわざ》「急がば回れ」.
Haste makes waste. 《ことわざ》「せいては事を仕損じる」.
◇ **in háste** 《正式》急いで;《古・文》あわてて(hastily) → marry 自 用例.
**máke háste** 《文・古》急ぐ.

**has・ten** /héisn ヘイスン/ 《発音注意》《◆ t は発音しない》動 自 急ぐ, 急いで行く《◆ hurry より堅い語》; [hasten to do] 急いで…する ‖
She hastened to deny the story. 彼女は急いでその話を否定した.
── 他 …を急がせる, せきたてる;《事》《の時期[速度]》を早める(↔ delay) ‖
hasten one's steps 歩調を早める.
hasten one's son (on) to school 息子を学校へせきたてる.

\***hast・i・ly** /héistili ヘイスティリ/ 副 急いで, あわてて, 軽率に ‖

dress hastily 急いで服を着る.
Do not answer hastily. 軽率に答えるな.
**hast·y** /héisti ヘイスティ/ 形 (比較 --i·er, 最上 --i·est) **1** 〈動作・変化などが〉急いだ, 迅速な, せわしい《◆ quick より堅い語》‖
make a **hasty** exit さっさと退出する.
**2** 軽率な, 早まった; せっかちな‖
regret a **hasty** decision 性急な決定を後悔する.
**3** 短気な‖
a **hasty** temper 短気.
**hást·i·ness** 名 U 急ぐこと; あわてること; 軽率.

\***hat** /hǽt ハト/ (類音 hút/hɔ́t/)〖「頭巾(ずきん)」が原義. cf. hood〗
——名 (複 ~s/hǽts/) C (縁(ふち)のある) 帽子《男性用・女性用を問わない. cf. cap, bonnet》‖
take off one's **hat** to him 帽子をとって彼にあいさつする.
pull one's **hat** over one's brows 帽子をまぶかにかぶる.
cock one's **hat** 気取って帽子を斜めにかぶる.
hitch one's **hat** back 帽子をあみだにかぶる.

関連 (1) [種類] felt hat フェルト帽 / Panama hat パナマ帽 / straw hat 麦わら帽 / derby hat 山高帽((英) bowler) / silk hat シルクハット.
(2) [帽子のマナー] 女性は室内でも着用したままでよい. 男性は室内では脱ぎ, 室外でも女性や目上の人の前では脱帽がふつう.

*hát in hánd* 帽子を手に; 謙遜(けんそん)して, かしこまって.
*kéep A under one's hát* …を内密[秘密]にしておく.
**hát trick** [サッカー・ホッケーなど] ハットトリック《1人の選手が1試合に3点ゴールすること》.
**hatch¹** /hǽtʃ ハチ/ 名 (複 ~·es/-iz/) C **1** [海事] (甲板の) 昇降口, ハッチ (hatchway); ハッチのふた.
**2** 床窓, 天井窓; 〈くぐり戸; [食堂と台所を仕切る] ハッチ. **3** (上下に分かれた戸の) 下扉, 半戸. **4** 水門.
**hatch²** /hǽtʃ ハチ/ 動 (三単現 ~·es/-iz/) 他 〈ひな・卵〉をかえす, 孵(か)化させる; 〈卵〉を抱く‖
The hen **hatched** five eggs. そのめんどりは5個の卵をかえした.
**2** (略式) …をたくらむ, もくろむ‖
**hatch** a wicked scheme while in prison 牢(ろう)にいる間に悪だくみを企てる.
——自 **1** 〈ひな・卵〉がかえる.
**2** (略式) うまく実行される.
——名 (複 ~·es/-iz/) C ひとかえり(のひな); U 孵(か)化.
**hatch·back** /hǽtʃbæk ハチバク/ 名 C 形 ハッチバック(の)《後部に上開きのドアが付いた車》.
**hatch·et** /hǽtʃit ハチト/ 名 C 手おの;(アメリカ先住民の)いくさおの.
*búry the hátchet* 戦いをやめる.
*díg [táke] úp the hátchet* 戦いを始める.

\***hate** /héit ヘイト/〖「怒り・悲しみ」が原義〗
派 hateful (形), hatred (名)
——動 (三単現 ~s /héits/; 過去・過分 hat·ed /-id/; 現分 hat·ing)
——他《◆ 一時的な状態をいう場合以外は進行形にしない》**1** (略式) …をひどく嫌う, 憎む (↔ love) ‖
She **hates** carrots. 彼女はニンジンが大嫌だ.
She **hated** a coward worse [more] than anything. 彼女は臆(おく)病者を何よりもいやがった.
**2 a** [hate to do / hate doing] …することを嫌う, いやだと思う‖
I **hate** going [**hate** to go] to the dentist's. 歯医者へ行くのはいやだ.

対話 "Would you like to hear some music?" "Yes, but I **hate** to hear noisy music." 「なにか音楽を聞きたいですか」「ええ, でも騒がしい音楽は聞きたくありません」.

**b** [hate A to do / hate A doing] A〈人〉が…することを嫌う, いやだと思う‖
She **hated** him to play the piano. =She **hated** him playing the piano. 彼女は彼がピアノを弾くのをいやがった.

**3** (略式) **a** [hate to do] …するのを残念に思う‖
I **hate** to mention it, but you owe me some money. 言いたくありませんが, 君は私に借金がありますよ.
**b** [hate A to do] A〈人〉が…するのを残念に思う‖
I **hate** you to be alone. あなたが独りでいるのは気の毒に思う.

——名 U C 憎悪, 憎しみ; 嫌悪 (↔ love) ‖
have a **hate** on [against] him 彼を憎む.
She **has** great **hate** for dogs. 彼女は大の犬嫌いだ.

**hate·ful** /héitfl ヘイトフル/ 形 **1** [他動詞的に] 憎い, 憎むべき; ひどく嫌な‖
The sight of him was **hateful** to her. 彼女は彼を見るだけでもいやであった.
It was **hateful** of him to do that. =He was **hateful** to do that. そんなことをするなんて彼はひどい.
**2** 憎しみに満ちた‖
a **hateful** look 憎らしそうなまなざし.
**háte·ful·ness** 名 U 憎しみ.
**hat·ing** /héitiŋ ヘイティング/ 動 → hate.
**ha·tred** /héitrid ヘイトリド/ 名 C U (正式) [しばしば a ~] 憎しみ, 憎悪, 嫌悪(けんお)(の情) ‖
control one's feeling of **hatred** 憎悪の感情を抑える.
She looked at him with **hatred**. 彼女は憎しみをこめて彼を見た.
**haugh·ty** /hɔ́ːti ホーティ/ 形 (比較 --ti·er, 最上 --ti·est) (正式) 傲慢(ごうまん)な, 高慢な.
**háugh·ti·ly** 副 高慢に, えらそうに.
**haul** /hɔ́ːl ホール/ (同音 hall; 類音 hole, whole /hóul/) 動 他 **1** …をぐいと引っ張る, 引きずる (+up) 《◆ pull, draw よりも意味が強い》‖
haul logs 丸太を引っ張る.

**2** …を車[貨車]で運ぶ ‖
be **hauled** by road and rail 自動車と鉄道で運搬される.
━━@ 引っ張る.
━━名 **1** [a ～] 引っ張ること. **2** [a ～] 運送距離. **3** C 一網の漁獲；(略式) (主に盗品の)稼ぎ, もうけ.

**haunch** /hɔ́ːntʃ ホーンチ, (米+) hɑ́ːntʃ/ 名 (複 ～・es/-iz/) C **1** [通例 ～es] (人・四足獣の)臀部(でんぶ), 尻(しり). **2** (食用の動物の)後脚, 脚とももの部分.

**haunt** /hɔ́ːnt ホーント, (米+) hɑ́ːnt/ 動 他《◆進行形にしない》**1** (略式) …へよく行く, 足しげく通う ‖
We **haunted** the café. 私たちはそのカフェーによく行った.
**2** 〈幽霊などが〉…に出没する ‖
The house is said to **be haunted**. その家には幽霊が出るらしい.
**3** [通例 be ～ed] とりつかれる, つきまとわれる ‖
I am **haunted by** her last words to me. 彼女が私に言った最後の言葉が頭から離れない.
━━名 C (略式) 人がよく行く場所, たまり場 ‖
It's one of my favorite **haunts**. そこは私が好んで行く場所の1つだ.

**haunt・ed** /hɔ́ːntid ホーンティド, (米+) hɑ́ːnt-/ 動 → haunt. ━━形 幽霊のよく出る.

**Ha・van・a** /həvǽnə ハヴァナ/ 名 **1** ハバナ《キューバの首都》. **2** C =Havana cigar.
**Havána cigàr** ハバナ葉巻 (Havana).

**＊have** /動 hæv ハヴ; 助 (弱) həv ハヴ, əv, v, (強) hæv ハヴ; 名 halve (米)/ (同音) halve (米)
【一般動詞と助動詞としての用法がある. 一般動詞の主な意味は: Ⅰ「所有している」Ⅱ「手に入れる, 受け取る」Ⅲ 使役動詞として「…させる」Ⅳ その他】
→ 動 他 **1** 持っている **5** かかる **6** …にも…する
**9** わかる **10** 産む **11** 受ける **12** 食べる
**13** 行なう **14** 動かす **15** する
**16** させておく **17** させる **18** してもらう
《短縮形》 've (← have), 's (← has), 'd (← had). 否定短縮形：haven't, hasn't, hadn't《動 の短縮形は(英)のみ》.

━━動 /hæv/; (三単現) has /hæz/; (過去・過分) had /hæd/; (現分) hav・ing ━━他

[語法][否定文と疑問文]
(1) have の否定文, 疑問文はふつう助動詞の do を使って次のようにいう.
[否定文] I **do not[don't] have** any money.
(お金を持っていません)
[疑問文] **Do** you **have** any money?
Yes, I do.
(お金を持っていますか. はい, 持っています)
(2) (英)では, **1 - 7** で次の型をとることがある.
(a) [否定文] I **have not got** any money.
[疑問文] **Have** you **got** any money?
Yes, I have.
(b) [否定文] I **have** not any money.
[疑問文] **Have** you any money?
Yes, I have.
(a) 型は《主に英式》で, have が助動詞であることに注意(→ HAVE got (動 成句)).
(b) 型は正式で, 今ではあまり使われない.
(3) (英)では, 「習慣的なこと」と「特定なこと」を次のように区別していうことがある.
Do you **have** headaches?
頭痛もちですか《常習的》.
**Have** you (**got**) a headache?
(今)頭痛がするのですか《特定的》.
(→ (a)型, (b)型)

**Ⅰ** [所有している]
**1 a** (物理的に)(手元に・身近に)〈物〉を持っている；〈財産など〉を所有する, …がある《◆ possess, own より口語的. 進行形・受身にしない》‖
[対話]"Do you **have** a digital camera?" "Nó(↘), │I dón't.(↘)" 「デジタルカメラをお持ちですか」「いいえ, 持っていません」(=(英) "**Have** you (**got**) a digital camera?" "Nó(↘), │I háven't.(↘)").
I **have** a big house and farm. 私は大きな家と農場を持っています.
He **had** a knife in his hand. 彼は手にナイフを持っていた.
She **has** a scarf around her neck. 彼女は首にスカーフを巻いている.
**Have** your driver's license with you at all times. いつも運転免許証はもっていなさい.
**b** …をつかまえておく ‖
Now I **háve** you. さあ, つかまえたぞ.
**2** (愛情・世話などが及んのとして)〈友人・親戚など〉を持っている, …がある；〈召使いなど〉を置いて[雇って]いる；〈犬など〉を(ペットとして)飼う《◆ 進行形・受身にしない》‖
He **has** a kind boss. 彼には親切な上司がいる.
I want to **háve** a dóg. 犬を飼いたい(→ keep 他 **8** [Q&A]).
The college **has** a faculty of ninety. その大学は90人の教授陣を有する.
[対話]"How many CDs do you **have**?" "About twenty." 「CDを何枚持っていますか」「20枚ほどです」.
**3** (性質・属性として)〈人が〉〈特徴・物など〉を持っている；(部分として)〈物・事が〉〈物・事〉を有する, 含む《◆ 進行形・受身にしない》‖
She dóesn't hàve a góod mémory. 彼女は記憶力がよくない.
This coat **has** no pockets. この上着にはポケットがない.
A [The] year **has** twelve months. 1年は12か月からなる(=There are twelve months in a [the] year.).
**4** 〈感情・慈悲・疑い・考えなど〉を持っている, 抱く《◆ 進行形・受身にしない》‖

**hàve píty on** him 彼に同情する(=pity him).
**hàve respéct for** the old 老人を尊敬する(= respect the old).
I **hàve** a líking for music. 音楽が好きだ(=I like music).
Do you **hàve** any dóubts about it? それについて何か疑問がありますか.
He **hàs** [bears] a grúdge **against** me. 彼は私に恨みを抱いている.
I have **nó idéa** (↘) what she méans. (↘) 彼女の言うことがわからない(=I don't know what she means.).

**5** 〈病気〉に**かかる**《◆ふつう進行形・受身にしない》‖
I've (got) a pain in the stomach. =I've (got) a stomachache. 胃が痛む.
I **had** flu last month. 先月インフルエンザにかかった.

**6** [have the **A to do**] 〈A〈親切・勇敢など〉にも…する《進行形・受身まれ. A は ⓤ 名詞》‖
Did she **have the** ímpudence **to** answer back? 彼女は生意気にも口答えしたのですか.
He **had** the kindness **to** tell me the way. 彼は親切にも道を教えてくれた(=He kindly told me the way. / He was kind enough [so kind as] to tell me the way.).

**7** [have **A to do**] 〈人が〉…する **A**〈人・物〉がある《◆進行形・受身にしない》‖
I **have** my work **to** do. しなければならない仕事がある.
He **has** a large family **to** support. 彼には大勢の扶(ふ)養家族がいる.

**8** 〈ショックなどを〉受ける, 〈事故に〉あう; 〈困難・楽しみなどを〉経験する《◆ふつう進行形にしない》‖
**have** a shock ショックを受ける.
**have** an adventure 冒険をする.
I **had** an accident. 事故にあった.
We didn't **have** much difficulty in locating his house. 彼の家を見つけるのにあまり苦労しなかった.
We are **háving** a góod tíme. 楽しく過ごしている《◆受身にできる: *A good time was had by all*. みんな愉快に過ごした》.

**9** 〈言語を〉**わかる**, …を知っている, …の知識がある《◆進行形・受身にしない》‖
I **have** it by heart. それを覚えている.
She **has** a little Arabic. 彼女はアラビア語が少しわかる.

**10** 〈子を〉**産む**, もうける《◆進行形は近い未来を表す》‖
She **had** a daughter by her first husband. 彼女は最初の夫との間に1人の娘をもうけた.
対話 "What did she **have** — a boy(↗) or a girl(↘)?" "A boy." 「どちらが生まれたか. 男の子それとも女の子?」「男の子です」.

**‖** [手に入れる]

**11** 〈物を〉**受ける**, 取る《◆進行形にしない》; 〈パーティーなどを〉催す; 〈物を〉置く, 使用する; [用例 can be had] 〈物が〉入手可能である‖

**have** [give, hold] a party パーティーを催す.
**have** a holiday 休暇を取る.
**Have** a seat, please. どうぞお座りください.
**have** English lessons 英語の授業を受ける.
**have** visual aids for English lessons 英語の授業に視覚教材を使う.
**have** the sofa in the room 部屋にソファーを置く.
She **had** a present from him. 彼女は彼からプレゼントをもらった.
I'll **have** that white dress. あの白いドレスに決めよう.
The used car **can be had** for $1,500. この中古車は1500ドルで手にはいる.

**12** 〈物を〉**食べる**, 飲む; 〈タバコ〉を吸う《◆進行形にできる. 受身まれ. eat, drink の遠回し語》‖
**have** coffee for breakfast 朝食にコーヒーを飲む.
I **have** 20 cigarettes a day. 私は1日に20本タバコを吸う.
He's just **having** dinner. 彼は夕食の最中です.
Will you **have** another cup of tea? お茶をもう1杯どうですか.

**13** 〈ある行為・行動を〉**行なう**, する《◆同形の動詞 rest, try …を用いるより口語的. 進行形にできる》‖
**hàve** a rést 休息する(=rest).
**hàve** a trý やってみる(=try).
**hàve** a báth (英) 入浴する(=bathe).
**hàve** a tálk 話をする(=talk).
Shall we **hàve** a swím? ひと泳ぎしましょうか(=Shall we swim?).
Did you **hàve** a góod sléep? よく眠れましたか(=Did you sleep well?).

**Ⅲ** [させる]《◆ふつう受身にしない》

**14** 〈人・物などを〉…に**動かす**, **持って行く**, **連れて行く**; 〈人を〉招く, もてなす‖
**hàve** a trée dówn 木を切り倒す.
**hàve** one's tóoth óut 歯を抜いてもらう.
He **hàd** the stúdents **out of** the róom. 彼は学生を部屋から退出させた.
We're **hàving** five gúests (óver) tonight. 今晩客を5人招く予定だ.

**15** [have **A** C] 〈A〈人・物など〉を **C** にする《◆C は形容詞・名詞》‖
I want you to **have** this room clean and tidy. この部屋をきれいに片付けてほしい.
I'll **have** him a good teacher before long. そのうち彼をりっぱな先生にしてみせます.

**16 a** [have **A** doing]《◆ふつう進行形にしない》A〈人・物など〉を…**させておく**, させる‖
He **hás** the water running in the bathtub. 彼は浴槽に水を出したままにしている.
I won't **háve** you saying such things about my sister. 姉さんのことを君なんぞにそんなふうに言わせてはおかないよ.

**b** [have **A** doing] 〈人・物〉が…する‖
I **have** a headache coming on. 頭痛がしてきた.

If you make such a noise, you'll **have** the neighbors complain**ing**. もしそんな音を立てると近所の人が苦情を言うだろう.

**17 a** [使役] 《主に米・英正式》[have A do] A〈人〉に…してもらう; A〈人〉に…**させる**《◆ make より弱い》‖

I **hád** a repairman **fix** the air-conditioner. 修理屋さんにエアコンを修理してもらった(=I had the air-conditioner fixed (by a repairman.) (→ **18** [語法])

I'll **have** my secretary **bring** the file to you. そのファイルは秘書に持って行かせます.

[語法] (1) A は頼んで当然の職業の人で, その人に料金を払ってしてもらう, あるいは目上の者が目下の者に「させる」という場合に用いる.
(2) 《英式》では get A to do.

**b** [経験] [have A dó] 〈人・物が〉A〈人・物事〉に…**される** ‖

Bill **had** a man **rób** him last night. ビルは昨夜男に金を奪われた《◆ Bill was robbed by a man last night. がふつう》.

I've never **had** such a thing **happen** to me before. 私には前にそんなことが起こったことはなかった.

[Q&A] *Q*:「人に…させる」「人に…してもらう」の意味を表す使役動詞には have, make, let がありますがどう違いますか
*A*: have は「A〈人〉に依頼してやってもらう」, make は「A〈人〉の意志にかかわりなく強制してやらせる」, let は「A〈人〉が望んでいるから許可してやらせてやる」, といった違いがあります

**18 a** [háve B done] 〈人が〉(お金を払って) B〈事〉をしてもらう ‖

I like your hairstyle. Where did you **have** that **done**? そのヘアースタイルいいね. どこでしてもらったの.

Can [Could] I **have** this **delivered**? これを配達してもらえますか《◆ 店頭などで依頼するとき. I'd like to *have* this *delivered*. のようにもいう》.

[語法] **17 a** と **18 a** は意味は同じ:
**17 a** [have A do (B)]
 A〈人〉に(B〈物〉を)…してもらう
**18 a** [have B done (by A)]
 (A〈人〉に) B〈物〉を…してもらう

**b** [被害] [have B dóne] 〈人・物が〉B〈自分の物〉を…**される**《◆ 主語に何らかの責任がある場合は get B done がふつう》‖

She **had** a book **stólen** from the library. 彼女は書斎から本を盗まれた《◆ had を強く発音すれば,「本を盗ませた」(**18 a**)「盗まれた本を持っていた」(**1**)の意になるのがふつう》.

The house **had** its roof **rípped óff** by the gale. その家は強風のために屋根をはぎ取られた.

**c** [完了] [have B dóne] 〈人が〉B〈物・事〉をしてしまう ‖

**Have** the job **dóne** by tomorrow. あしたまでにその仕事をしてしまいなさい《◆ Finish the job by tomorrow. のほうがふつう》.

**19** [通例 won't [can't] have; be not having] 〈人が〉〈好ましくない行為・人など〉を許す, 我慢する ‖

We **won't háve** any noise. どんな物音も許さないぞ.

I am not **háving** such conduct here. ここではそんなふるまいは許さないぞ.

I only **háve** good children in my room. よい子だけしか部屋に入れてやらない.

**IV** [その他]

**20** 《略式》(競技・議論などで) 〈相手〉に有利な立場に立ち, …を(打ち)負かす, やっつける; 〈試合〉に勝つ《◆ 進行形にしない》‖

I **had** him in that discussion. その議論で彼を論破した.

**21** 《略式》[通例 be had] 〈人が〉だまされる, 欺(あざむ)かれる; 失望する《◆ 進行形にしない》‖

I'm afraid you've **been had** by Jane. 君は恐らくジェーンにだまされたのだろう.

**háve báck** [他] 〈物〉を返してもらう, 取り戻す ‖ I want to **have** my book **back** earlier. もっと早く本を返してほしい.

**have hád it** 《略式》(1) もうだめだ《◆ 文脈により死ぬ・負ける・失敗する・疲れた・役に立たないなど悪い意味を表す》‖ This old coat **has had it**. この古い上着はもう着られない. (2) 〈人が〉(話し手にとって)もう我慢できない, うんざりする.

**háve ín** (1) [他] 〈人〉を家に招く; (仕事のために)〈大工・医者など〉を家に呼ぶ ‖ **have** some friends **in** for tea お茶に友だちを数人招く. (2) [~ B *in*] A〈物〉を家に貯蔵しておく《◆ 進行形にしない》‖ **have** enough coal **in** for winter 冬に備えて石炭を十分にため込んでおく.

**háve ít** (1) 言う《◆ will を伴うと「主張するの意」》‖ She **will have it** that the conditions are unfair. 彼女は条件が不公平だと言い張る / Gossip [Rumor] **has it that** she is getting married. うわさによれば彼女は結婚するそうだ. (2) 《略式》罰せられる, しかられる; 銃で撃たれる ‖ Let him **have it**. やつに(銃で)一発ぶち込んでやれ. (3) 聞く, 知る ‖ I **have it** from Tom. トムから聞いた. (4) [I を主語として] わかる, 思いつく ‖ I **have (got) it**! わかった.

**háve** *v*. **cóming** (**to** *one*) 《略式》[通例悪い意味で] 当然の報(むく)いを受ける《◆ it の他に具体的な名詞も用いる》‖ She **had** that defeat **coming to** her. 彼女が負けたのは天罰だった.

**háve it ín for** A 《略式》A〈人〉に悪意[恨(うら)み]を抱いている; A〈人〉を困らせる.

◇**háve ón** [他]《◆ 進行形にしない》(1)〈衣類など〉を身につけている, 着て[履(は)いて, かぶって]いる

(wear) ‖ She **had** a new coat **on**. 彼女は新しい上着を着ていた《◆「着る」動作は put on a new coat / put a new coat on》. (2) 〈会合・約束などの〉予定がある ‖ I **have** nothing **on** (**for**) tomorrow. あすは何の予定もない.

◇ **hàve ónly to** *dó* …しさえすればよい ‖ You **have only to** stay here. ここにいさえすればよいのだ《◆ have to を強める場合は You ónly *hàve* to stay here. の語順なため,「ほかに何もする必要はない. ただここにいるだけでいいのだ」の意味になる》.

**hàve óut** [他] (1) → **13**. (2) [通例 have it out] (話し合い・けんかで)問題にけりをつける ‖ I must **have it out with** her. その件について彼女と話のかたをつけなければならない.

◇ **háve to** *dó*

> 語法 発音は次のようになる.
>
> | | 子音の前 | 母音の前 |
> |---|---|---|
> | have to | /hǽftə ハフタ/ | /hǽftu ハフトゥ/ |
> | has to | /hǽstə ハスタ/ | /hǽstu ハストゥ/ |
> | had to | /hǽtə ハタ/ | /hǽttu ハトゥ/ |

(1) 〈人が〉…しなければならない; [not have to do] …する必要がない(do not need to do) ‖ She **has to** finish it today. 彼女はきょうそれをしてしまわねばならない《現在》/ When I was young, I **hád** to wórk hard. 若いころは一生懸命働かなければならなかった《過去》/ If there are no taxis, we'll **have to** walk. もしタクシーがなければ歩かなければならないだろう《未来》/ This watch **has to** be repaired. この時計は修理されなければならない / The boy is **having to** study harder this semester. その少年は今学期もっと熱心に勉強しなければならない.

> 語法 (1) must との比較は → must**1** 語法.
> (2) 否定文・疑問文は《米》《英》とも一般動詞扱い(→ 動 語法).
> (3) 《略式》では have got to do を用いる.

(2) [主に have to be] 〈人が〉…に違いない ‖ He **has to** be joking. 彼は冗談を言っているに違いない(=He must be joking).

**hàve to dò with A** A〈事〉と関係がある, …を扱う; A〈人〉と交渉がある ‖ This letter **has to do with** you. この手紙は君に関係がある.

◇ **hàve A to dò with B** B〈人・事〉とAの関係がある《◆ A は something, anything, much, little などで関係の度合を表す》‖ I **have** nothing **to do with** her. 彼女と何の関係もない / Your remarks **have** little **to do with** the subject. 君の発言はこの問題とはほとんど関係がない.

**hàve yét to** *do* → yet 副 **4 b**.

──動 /(弱) həv, əv, v; (強) hǽv/ [過去分詞を伴って完了形を作る] (三単現) **has** /(弱) həs, əz, z, s; (強) hǽz/; (過去) **had** /(弱) həd, əd, -d; (強) hǽd/; (現分) **hav·ing**

**1** [現在完了形を作る]《◆(1) 現在までの動作の「完了」「結果」「経験」「継続」を表す. (2) 時・条件を表す副詞節で未来完了形の代用として用いる》.

> 語法 (1) 現在完了形は過去時を表す語句 yesterday, ago, last night, when, when I was a child などと共に用いることはできない: ˟When **have** you arrived here? (cf. When did you arrive here? 君はいつここに着いたのか).
> (2) 《米》ではしばしば過去形 + already [yet, ever] で完了形の代用をする: I *saw* it already. すでにそれを見た / Did you eat yet? もう食べたのですか.

**a** [完了] ちょうど…したところだ《◆ふつう just を伴う》‖

The clock **has** just **struck** ten. 時計がたった今10時を打った(=The clock **struck** ten just now. → **1** 語法 (1)).

I **have** (just) **been** to the station. 駅へ(ちょうど)行って来たところだ.

**b** [結果] …した, してしまった《◆過去の出来事が現在に何らかの影響を残していることを含む》‖

The taxi **has arrived**. タクシーが到着した《◆(その結果) The taxi is here. の含み》.

She **has gone** to Paris. 彼女はパリに行ってしまった《◆(1) She is not here. の含み. (2)《米略式》では「彼女はパリに行ったことがある」の意味も表す. 詳しくは → have gone (go 成句)》.

対話 "**Have** you **finished** that novel yet?" "No, I **háven't**." 「あの小説はもう読みましたか」「いいえ, まだです」.

**c** [経験] …したことがある《◆ふつう ever, never, once (一度), before, often などを伴う》‖

I **have not had** a cold lately. 私は最近かぜをひいたことがない.

対話 "**Have**/həv/ you (**ever**) **been** to Canada?" "Yes, I **have**/hǽv/." 「カナダへ行ったことがありますか」「ええ, あります」.

> 語法 《主に米》では Have you ever …? の代わりに Did you ever …? も用いる: *Have* you ever met [Did you ever meet] the President? 大統領に会ったことがあるか《◆厳密には Did you ever …? はある特定の過去の期間(例えば when you were in New York)を念頭においた質問》.

**d** [継続] [しばしば have been doing] …してきた, している《◆ふつう for two years など期間を表す語を伴う》‖

I've **been** very busy lately. 私は最近たいへん忙しい.

He **has lived** in London for two years. 彼は2年間ロンドンに住んでいる《◆(1) 彼がロンドンを去るときや日本へ帰って来たときなどに「住んでいた」の意で用いることができる. (2)「2年間ロンドンに住んだことがある」(経験)の意にもとれる. He *has* been living in London for two years. とすればこの意

**have**

はない》.

**e** [未来完了の代用] [when [if] 節などで] ‖
When you **have written** your name, write the date. 名前を書き終わったら日付も書いておきなさい《◆ *will have written* とはしない》.

**2** [過去完了時制を作る] [had done] 《◆ (1) 過去の一定時までの「完了・結果」「経験」「継続」を表す. (2) 過去より以前に起こったことを表す. (3) 過去の事実と反対の仮定を表す(→ if)》.

**a** [完了・結果] …していた ‖
The parcel **had arrived** on May 1st. 荷物は5月1日には着いていた.
I ate my lunch after my wife **had come** [**came**] home. 妻が帰って来たあとで昼食を食べた《◆ 接続詞 when, after, before などと共に用いて時の前後関係が明白な場合, この例のようにしばしば過去完了(had come)が過去時制(came)で代用される》.

**b** [経験] …したことがあった ‖
**Had** they **been** to America before? 彼らはそれ以前にアメリカに行ったことがあったのですか.
I **hadn't seen** a lion before I was ten years old. 10歳になるまでライオンを見たことがなかった.

**c** [継続] …していた ‖
He **had stayed** in his father's firm till his father died. 彼は父親が亡くなるまで父親の会社にいた.
He **had preached** in that church for fifty years. 彼はその教会で50年も説教していた.

**d** [仮定法過去完了] (あの時) …した[であった]ら ‖
If she **had helped** me, I would **have** succeeded. もし彼女が助けていてくれたら私は成功しただろうに.

Q&A **Q**: hope, expect, mean, think, intend, suppose, want などの動詞を過去完了で用いるとどんな意味になりますか.
**A**: I *had hoped* that I would succeed. (成功するものと思っていたのに)のように「実現できなかった希望・意図」などを表します. またこの文は I hoped to have succeeded. や I hoped to succeed but failed. に書き換えられます.

**3** (正式) [未来完了形を作る] [will [shall] have done + 未来の基準時を示す副詞] 《◆ 未来の一定時までの「完了・結果」「経験」「継続」を表す》.

**a** [完了・結果] [通例 by 句を伴って] (ある時までに) …して(しまって)いるだろう ‖
By next Sunday, I'll **have moved** into the new house. 来週の日曜日までには新居に引っ越しているだろう.

**b** [経験] [頻度の副詞を伴って] …したことになるだろう ‖
I shall **have taken** the examination three times if I take it again. もう一度試験を受けると3回受けたことになるだろう.

**c** [継続] [期間を示す副詞を伴って] …していることになるだろう ‖
By the end of next month she **will have been** here **for** five years. 来月の終わりで彼女はここに5年いることになる.

語法 (1) can, may, must, need などの助動詞のあとで用いる完了形は「過去」「現在完了」を表す: She cannot *have done* such a thing. 彼女がそんなことをしたはずがない(= I'm sure that she *didn't* do [*hasn't done*] such a thing).
(2) 不定詞・分詞・動名詞の完了形は主節の動詞の示す時よりも前の時制を表す: He seems to *have been* ill. 彼は病気だったらしい(= It seems that he has been [was] ill.) / *Having* finish*ed* my work, I went out for a walk. 仕事をすましたあと散歩に出かけた(= After [When] I *had* finish*ed* my work, I went out for a walk.).
(3) 未来完了は堅い感じを与えるため, 次のように表現することもある: I'll *be through with* (= I'll have finished) the work by noon. 昼までに仕事をすましているだろう.

**have gòt, 've gót** (略式) =have 動 **1 - 5**.

語法 (1) 短縮形(have got → 've got, has got → 's got)を用いることが多い. 非常にくだけた言い方では 've, 's が脱落して got だけになることもある: She *got* an expensive watch. 彼女は高価な時計を持っている.
(2) 過去形の had got は (米) では用いない. (英) でもまれ.
(3) have got は助動詞のあとや命令文には用いられない: He may *have* (ˣgot) no money. 彼は金を持っていないかもしれない.
(4) 否定・疑問文については → have 動 語法 (1) (2).

**have gòt to** dó (略式) = HAVE to do (1), (2) (動 成句).

語法 (1) 短縮形(have got to → 've got to, has got to → 's got to)を用いることが多い. くだけた言い方では 've, 's が脱落して got to/ɡátə/ となり, gotta とつづられることもある: You *got to* be kind to her. 彼女にやさしくしなくちゃ.
(2) 過去形の had got to は (米) では用いない. (英) でもまれ.
(3) 不定詞形や動名詞形はない: We regret *having* (ˣgot) *to* refuse your kind offer. あなた方の親切な申し出を断らねばならないのを残念に思っています.
(4) 否定文・疑問文は have got と同じ(→ have 動 語法 (1)).

——名 /hǽv/ ⓒ [通例 the ~s] (資産を)持っている人; (資源・核兵器を)保有している国 ‖

the háves and the háve-nòts 持てる国と持たざる国；有産者と無産者．

**ha·ven** /héivn ヘイヴン/ 图Ⓒ **1** (文)(避難)港，停泊所《◆harbor より堅い語》．**2** (正式)避難所，安息地．

***have·n't** /hævnt ハヴント/ have not の短縮形．

**hav·ing** /hæviŋ ハヴィング/ 動 → have.

**hav·oc** /hævək ハヴォク/ 图Ⓤ (正式)(地震・台風などによる)大破壊；大損害 ‖
cause **havoc** over a wide area 広い地域に大損害を及ぼす．

**Ha·wai·i** /həwáii: ハワイイ，-wáii:/ 图 **1** ハワイ《◆1959年合衆国の50番目の州となる．州都 Honolulu；《愛称》the Aloha State．(略)〔郵便〕HI》；ハワイ諸島．
**2** ハワイ(島)《ハワイ諸島中最大の島》．

> Q&A **Q**: Hawaii の名の由来は？
> **A**: ポリネシアから移住してきた族長の名に由来するとも，伝説上の故郷の名によるともいわれています．

**Ha·wai·ian** /həwáiən ハワイアン/ 形 ハワイの，ハワイ人[島，語]の．
——图Ⓒ ハワイ人；Ⓤ ハワイ語．
**Hawáian Íslands** [the ~] ハワイ諸島(Hawaii)《(略) HI》．

**hawk** /hɔ́:k ホーク/ (同音 fork/fɔ́:rk/) 图Ⓒ **1** タカ《◆falcon, kite などをいう．英語では鋭い目つきよりも(遠くからでも獲物を見つける)眼力を連想させる．鳴き声は scream》．**2** タカ派の人，強硬論者，主戦論者(↔dove).

> 表現 「トンビがタカを生んだ」は A black hen laid a white egg. / It is a case of the child excelling the parents.

**Haw·king** /hɔ́:kiŋ ホーキング/ 图 ホーキング《Stephen William ~ 1942- ；英国の物理学者．宇宙論の第一人者》．

**Haw·thorne** /hɔ́:θɔ:rn ホーソーン/ 图 ホーソン《Nathaniel ~ 1804-64；米国の小説家》．

**hay** /héi ヘイ/ (同音 hey) 图Ⓤ 干し草《家畜の飼料》‖
Make **hay** while the sún shines. (ことわざ) 日の当たっているうちに干し草を作れ；好機をのがすな．
**háy fèver** 花粉症．

**Hay·dn** /háidn ハイドン/ 图 ハイドン《Franz Joseph/frǽnts jóuzəf/ ~ 1732-1809；オーストリアの作曲家》．

**hay·stack** /héistæk ヘイスタク/ 图Ⓒ (戸外の)干し草の大きな山《haycock を集めたもの》．

**hay·wire** /héiwàiər ヘイワイア/ 图Ⓤ 干し草を束ねる針金．
——形 (略式)混乱した ‖
go **haywire** 発狂する；故障する．

**haz·ard** /hæzərd ハザド/ 图 **1** Ⓒ 危険；冒険；危険要素 ‖
a **hazard** to health =a héalth hàzard 健康

上有害なもの．
**2** Ⓤ 偶然(の出来事)，運；賭け事《さいころゲームなど》．
——動 他 (正式) **1** …を危険にさらす，…を賭ける ‖
**hazard** life for a friend 友だちのために命を賭ける．
**2** …を思い切って言う；…を運任せにやってみる．

**haz·ard·ous** /hæzərdəs ハザダス/ 形 (正式)冒険的な，危険な ‖
a **hazardous** journey 危険な旅．

**haze** /héiz ヘイズ/ 图 **1** ⒸⓊ もや，かすみ(→mist)．**2** [a ~] (精神の)もうろうとした状態．

**ha·zel** /héizl ヘイズル/ 图 **1** Ⓒ 〔植〕ハシバミ；その実；Ⓤ その木材．
**2** Ⓤ ハシバミ色，薄茶色．

**ha·zy** /héizi ヘイズィ/ 形 (比較 -zi·er, 最上 -zi·est) **1** かすんだ，もやのかかった ‖
a **hazy** sky かすんだ空．
**2** (略式)ぼんやりした，不明確な ‖
a **hazy** idea ぼんやりした考え．

**H-bomb** /éitʃbàm エイチバム, -bɔ̀m -ボム/ 图Ⓒ 水爆(hydrogenbomb)《◆「原爆」は A-bomb》．

**HDD** (略)〔コンピュータ〕hard disk drive ハードディスクドライブ．

***he** /(弱) hi ヒ, i:, i; (強) hí: ヒー/《三人称単数主格の人称代名詞》
——代 ([単数] 所有格・所有代名詞 his, 目的格 him; [複数] 主格 they, 所有格 their, 所有代名詞 theirs, 目的格 them)．
**1** [先行する男性名詞，文脈からそれとわかる男性をさして] 彼は，彼が《◆発音が(弱)の場合「彼は」，(強)で「彼が」と訳せることが多い》‖
**Hé** is to blame. 彼が悪いのだ．
Jack married Betty, didn't **he**? ジャックはベティと結婚したのだったね？

> 対話 "Where's your brother?" "**He**'s /hi:z/ now in Lóndon." 「お兄さんはどこにいますか」「(彼は)今ロンドンにいます」

> Q&A **Q**: 代名詞 John → he のように前にある名詞を受けることしかできないのですか．
> **A**: いいえ．After *he* woke up, John went to town. (目が覚めてからジョンは町へ行った．= After *John* woke up, *he* went to town.) のような場合や，In his room *John* was napping. (自分の部屋でジョンがうとうとしていた)のような場合に，he → John で受けることができます．

**2** [擬人法] それは，それが《◆it の代用》‖
The Amazon River is long and **he** rumbles to the sea. アマゾン川は長くごうごうと音をたてて海に流れている《◆sun, mountain, death, war などもしばしば he で対応する》．

**3** [everybody, somebody, nobody などの不定代名詞，person, reader など性別不明の語を受けて](その)人《◆they [堅い書き言葉では he or

she] で受けることが多くなっている) ‖
Everybody thinks **he** has [(略式) they have] the answer. だれでも答えはわかっていると思っている.
対話 "There's someone at the door." "What does **he** want?"「玄関にだれかいる」「何の用かな」

**4** (文) [he who ...] (…する)人 (はだれでも) (anybody who ...) 《◆現代でもことわざ・引用句でしばしば用いられる》‖
He who would climb the ladder must begin at the bottom.(ことわざ) はしごを登ろうと思う者は1段目から始めねばならない.

——名 (複 hes, he's) **1** ⓒ 男, 雄 ‖
Is the baby a **he**? その赤ちゃんは男の子ですか《◆ Is the baby *a boy*? がふつう》.
**2** (略式) [he-; 形容詞的に] 雄の(male) (↔ she-) ‖
a **hé**-goat 雄ヤギ《◆人間の男性には boy, man などを用いる: *a boy* [*man*] student》.

## *head
/héd ヘド/
——名 (複 ~s/hédz/) ⓒ **1** 頭, 首《◆首(neck)から上の部分全体をさす. → 比較, 図 → body》‖
win **by a head** 〔競馬〕頭1つの差で勝つ.
set [put] a price **on** his **head** 彼の首に賞金をかける.
She beat me **on** the **head**. 彼女が私の頭をぶった.
**scratch** one's **head** 頭をかく《◆不満・困惑などのしぐさ》.

bow one's head    incline one's head

比較 head は日本語の「首」「顔」に当たることが多い: nod one's *head* 首を縦に振る《◆賛成・承諾の動作(→ yes 語法). 拒否は shake one's *head*. 否定疑問に対する答えの場合, 英米と日本では動作もずれるので注意: She asked, "Don't you know the fact?" He nodded his *head*.「あなたは事実を知らないのね」と彼女は尋ねた. 彼は, いや知っていると答えた》/ duck one's *head* 首をすくめる / raise a hand to the back of one's *head* 首の後ろに手をやる《◆いらだちを抑える動作》/ bow one's *head* (敗北で)首をうなだれる / incline one's *head* (疑い・不安で)首をかしげる / Don't put your *head* out of the window. 窓から顔を出すな.

**2** 頭脳, 理性, 分別; (実際的)才能 ‖
have a (**good**) **head for** chemistry 化学の才がある.
have **no head for** heights 高い場所が苦手である.
use one's **head** (略式) 頭を使う.
make a story up **out of** one's (own) **head** 自分の頭で話をでっちあげる.

Two **heads** are better than one. (ことわざ) 2人の頭脳は1人にまさる;「三人寄れば文殊(もんじゅ)の知恵」.

**3** [通例 the ~] (部局などの)長, 頭(かしら)《◆ be 動詞の補語になる場合はふつう the は用いない》; 指導的地位; (略式) 校長(headmaster); [形容詞的に] 長の, 首位[首席]の ‖
the **head** of a family [household] 家長.
the **head** of government 首相(the prime minister).
対話 "Can I speak to the manager? I have a problem." "I'm the **head** person around here. How can I help you?"「支配人と話がしたいんだが. 困ったことがあるんだ」「私がここの責任者です. いかがなさいましたか」.

**4** 頭状(とうじょう)の物; (くぎなどの)頭; 頭状花; 結球(けっきゅう) ‖
the **head** of a hill 丘の頂上.
the **head** of a boil おできの頭.

**5 a** 先端, 上部; (ページ・リストの)上部(↔ foot); (機械・道具などの)頭部; (谷・坂・がけ・はしごなどの)最上端; (川の注ぎこむ)湖頭, 湾頭 ‖
the **head** of a bed ベッドの頭部.
the **head** of a parade 行列の先頭.
Beachy **Head** ビーチー岬.
sit **at** the **head** of a table テーブルの上席に座る.
**b** (川などの)源.
**c** (略式) (液体の表面に浮く)泡; (英) 牛乳の表面上のクリーム.
**d** 船首.

**6** (通例 ~s; 単数扱い) (硬貨の)表《◆表に王・女王の肖像のあることから》(↔ tail) ‖
**Heads** I win, tails you lose. 表なら私の勝ち, 裏なら君の負け《◆「どっちみち私の勝ち」というジョーク》; 一方取的扱い.

**7** (地位・能力上の)人《◆「(労働から見る)人」は hand》; [集合名詞] (数の面から)1人, (家畜の)頭数, 群れ《◆この場合, 単複同形》‖
the price a **head** 1人当たりの価格.
ten **head** [ˣ**heads**] of cattle 10頭の牛.

**8** 項目, 題目; (新聞の)見出し(headline) ‖
treat a question **under** three **heads** 問題を3項目に分けて取り扱う.

**abóve A's héad** = **abóve the héad of A** (難しすぎて) A《人》に理解できない ‖ Her lecture is above my **head**. 彼女の講義は私には難しすぎる.

◇**at the héad of** A [副][形] (1) A〈クラスなど〉の首席で[の] ‖ She has always been at the head [top] of her class. 彼女は今までずっとクラスの首席です. (2) A〈行列などの〉先頭に[の]. (3) → **5**.

**be héad and shóulders abóve** A **in** B〈略式〉B〈能力など〉でA〈人〉よりもはるかに優れている.

**bóther** one's **héad** 頭を悩ませる, 心配する.

**bring** A **to a héad** (1) A〈事態〉を危機に陥(おとしい)れる. (2) A〈機〉を熟させる. (3) A〈不確実なことなど〉をはっきりさせる.

**cóme into** [**énter**] A's **héad** 〖通例否定文・疑問文で〗〈ある考えなどが〉A〈人〉の頭に浮かぶ《◆(1) ふつう肯定文では It comes into A's head that ... 構文で. (2) A が複数のときは heads》.

◇**from héad to fóot** [**héel, tóe**] 頭のてっぺんからつま先まで, 全身; 全く (from top to toe) ‖ She was covered with dust from head to foot. 彼女は全身ほこりまみれであった.

**gèt** A **into** B's **héad** A〈事〉をB〈人〉に十分理解させる.

**gèt it into** one's **héad** =take it into one's HEAD.

**héad dówn** 頭を下げて.

**héad fírst** [**fóremost**] まっさかさまに; 向こう見ずに.

**héad ón** 〈人が〉向かい合って; 〈船首・車の前部を〉前にして; 正面から (cf. head-on) ‖ The boats collided head on. 船が正面衝突した.

◇**héad over héels** =**héels over héad** (1) まっさかさまに ‖ She fell head over heels from the ladder. 彼女ははしごからまっさかさまに落ちた. (2) 深く, 完全に ‖ fall head over heels in love with her 彼女にぞっこんほれ込む. (3) 急いで, あわてて.

**héad**(**s**) **or táil**(**s**) 表か裏か《◆硬貨を投げて順番・勝負を決めるときの言葉. → **6**》.

**kéep** one's **héad** 落ち着いている.

**láy** our [**your, their**] **héads togéther** 〈2人以上の人が〉額を寄せて相談する.

**lóse** one's **héad** (1) 首を切られる, 殺される. (2) 落ち着きを失う, 夢中になる; ばかなふるまいをする (↔ keep one's head).

**máke héad** 〈困難などを克服して〉進む; 立ち向かう.

**nód** one's **héad** うなずく《◆肯定の返答 (→ **1** [比較])》.

**óff** one's **héad** 〈略式〉気がふれて, 無我夢中の, 有頂天(ちょうてん)の.

one's **héad óff** 〈略式〉〖動詞に続けて〗たいへん, ひどく《◆「頭が変になる」ことから》‖ laugh one's head off 大声で笑う / talk one's head off しゃべりまくる / play one's head off 遊びほうける.

**on** [**upòn**] one's **héad** 逆立ちして.

**on** [**upòn**] A's (**ówn**) **héad** 〈略式〉〈事・物が〉A〈人〉の責任で, 〈災い・恵みなどが〉A〈人〉の身にかかって ‖ Let misfortune be on my head. 不幸は私の責任だ / Let it be on your head! 君の責任だぞ.

**óut of** one's **héad** (1) = off one's HEAD. (2) → 图 **2**.

**òver** A's **héad** =**òver the héad of** A (1) = above A's HEAD. (2) A〈人〉に先んじて ‖ She was promoted over the heads of her seniors. 彼女は先輩を追い越して昇進した.

**pùt** A **into** B's **héad** A〈考え・計画など〉を B〈人〉に思い出させる.

**pùt our** [**your, their**] **héads togéther** =lay our [your, their] HEADS together.

**pùt** A **òut of** B's **héad** A〈考え・計画など〉を B〈人〉に忘れさせる.

◇**shàke** one's **héad** 首を横に振る《◆否定の返答 (→ **1** [比較]), 忠告・警告, 悲嘆・当惑・不服などを表す》‖ She asked, "Do you know Tom?" He shook his head. 「あなたはトムと知り合いなの?」と彼女は尋ねた. 彼は知らないと首を振った.

**stánd on** one's **héad** 逆立ちする.

**táke it into** one's **héad** ふと思いつく, 思いこむ, 決心する.

**túrn** A's **héad** 〈成功などが〉A〈人〉の頭を変にさせる; A〈人〉をのぼせあがらせる.

**wéak in the héad** 頭がおかしい.

──[動](他) **1** …の先頭に立つ, …を率(ひき)いる; …の頭(かしら)[長]である ‖
head a procession 行列の先頭に立つ.
a cabinet headed by Mr. A A氏首班の内閣.
**2** 〈乗物など〉を…の方へ向ける ‖
The captain managed to head the ship toward the cape. 船長は船をどうにか岬の方へ向けた.
**3** 〈ピン・くぎなど〉に頭をつける; 〈植物の〉頭を切る (+down).
**4** 〖サッカー〗〈ボール〉をヘディングする.
──(自)〈略式〉〈遠い道のりを〉まっすぐ進む (+off)《◆しばしば比喩的に用いる》‖
The plane headed north(ward). 飛行機は北の方へ向かった.
Our plan is heading for trouble. 私たちの計画は前途多難だ.

**héad báck** (1) [自] 後戻りする. (2) [他] = HEAD off.

**héad óff** (1) [自] → (自). (2) [他] 〈先回りして〉〈人・乗物〉の進路を阻む; 〈計画などの〉方針をそらす. (3) [他] 〈先回りして〉〈人〉が〈…するのを〉阻止する, 思いとどまらせる ‖ I headed her off (from) marrying money. 金持ちと結婚しようとするのを彼女に思いとどまらせた.

**héad còld** 鼻かぜ.

**héad stárt** 〈競技などの〉好調な滑り出し, 幸先のよいスタート.

**héad wind** 向かい風.

\***héad·ache** /héde ik ヘデイク/
──[名](複 ~s/-s/)© **1** 頭痛 ‖
a slight headache 軽い頭痛.
I'm suffering from [I have] a headache

today. きょうは頭痛がする.
I often get **headaches**. 私はよく頭痛がする.
**2**〖略式〗[a～]悩みの種 ‖
His son is a real **headache**. 彼の息子は本当に悩みの種だ《◆この意味では ˣa bad headache としない》.

**head·band** /hédbæ̀nd/ ヘドバンド/ 图 C ヘアバンド, はち巻き;〖製本〗花ぎれ(図 → book).

**head·dress** /héddrès ヘドドレス/ 图 (穣 ~·es /-iz/) 图 かぶり物, 頭飾り.

**head·gear** /hédgìər ヘドギア/ 图 U [しばしば a～] かぶり物(帽子・かぶとなど);(馬の)おもがい〖頭部馬具〗.

**head·ing** /hédiŋ ヘディング/ 動 → head.
—— 图 C (章・節などの)表題, 見出し, 項目.

**head·land** /hédlənd ヘドランド/ 图 C 岬, 突端.

**head·light** /hédlàit ヘドライト/ 图 C [しばしば ~s] (車などの)ヘッドライト(図 → car, motorcycle)(↔ taillight).

**head·line** /hédlàin ヘドライン/ 图 C **1** (新聞・雑誌などの)見出し, 表題. **2** 〖英〗[通例 ~s] (ニュース放送の)主な項目.

**head·long** 副 hédlɔ̀(:)ŋ ヘドロング;形 ニ/副形 **1** まっさかさまに[の]‖
fall **headlong** まっさかさまに落ちる.
**2** まっしぐらに[の], 向こう見ずに[な], 軽率に[な].

**head·mas·ter** /hédmæ̀stər ヘドマスタァ|-má:s- マスタ/ 图 C ((女性版)·**mistress**) C〖英〗校長;〖米〗(私立学校の)校長((PC) principal, head).

**head-on** /hédɔ́n ヘドン|-ɔ́n ヘドン/ 副 ニ/形 副 正面向の[に]‖
a **head-on** car crash 車の正面衝突.

**head·phone** /hédfòun ヘドフォウン/ 图 C [通例 ~s] ヘッドホン.

**head·quar·ters** /hédkwɔ̀:rtərz ヘドクウォータズ| ニ/ 图 [単数・複数扱い] **1** (軍警察などの)本部, 司令部, 本署. **2** 本拠, 本社.

**head·rest** /hédrèst ヘドレスト/ 图 C (歯科医院・理髪店・自動車などの)いすについた枕.

**head·room** /hédrù:m ヘドルーム/ 图 U [または a ～] 空き高(clearance)《戸口・トンネル・橋・自動車内部などの頭上のスペース》.

**head·set** /hédsèt ヘドセト/ 图 C〖主に米〗(マイク付き)ヘッドホン.

**head·stone** /hédstòun ヘドストウン/ 图 C 墓石;(建物の)礎石.

**head·strong** /hédstrɔ̀(:)ŋ ヘドストロ(ー)ング/ 形 強(ゴウ)情な;わがままな.

**head·way** /hédwèi ヘドウェイ/ 图 U 前進, 進行;(船の)速度;(事の)進展, 進歩 ‖
make (some) **headway** 前進する, 進歩する.

**head·y** /hédi ヘディ/ 形 (比較 -i·er, 最上 -i·est) **1** 向こう見ずな, 性急な. **2** 〖正式〗酔っぱらわせる;浮き浮きして.

**heal** /hí:l ヒール/ 〖同音〗heel, he'll 動 ⓗ **1 a** …を治す ‖
**heal** a wound 傷を治療する.
**b** …をいやす ‖

Time **healed** my sorrow. 時が私の悲しみをいやしてくれた.

Q&A **Q**: heal と cure はどう違うのですか.
**A**: heal はだいたい外傷について用いることが多いのですが, cure は幅広くけがでも病気でも何でも使えます.

**2**〖正式〗…を救う ‖
**heal** him of a disease 彼の病気を治す《◆今は cure がふつう》.
—— ⓘ **1** いえる, 治る ‖
The wound will soon **heal** (up). 傷はすぐ治るでしょう.
**2** おさまる, 解決する.

**heal·er** /hí:lər ヒーラァ/ 图 C **1** 治療する人[物];薬.
**2**(悩みなどを)治すもの[人, 事]‖
Time is a great **healer**. 時は(心の)傷の名医.

\*\***health** /hélθ ヘルス/〖「完全な(whole)こと」が原義〗派 healthful (形), healthy (形)
—— 图 U **1**(心身の)健康, 健全であること《◆good health の意》‖
keep one's **health** 健康でいる《◆stay healthy, keep fit の方がふつう》.
return to **health** 健康を回復する.
be out of **health** 健康がすぐれない.
**Health** is better than wealth. = **Health** comes before wealth. (ことわざ)健康は富にまさる.

対話 "Don't stay up too late." "I know. It's not good for my [the] **health**." 「夜ふかしするのはやめなさい」「わかってる, からだによくないことぐらい」《◆〖略式〗では for me》.

**2** [形容詞を伴って] (心身の)健康状態, 調子 ‖
be in good **health** = have good **health** 健康である《◆この2つの表現の good を bad や poor で置き換えると「健康ではない」という意味になる》.

**3**(国・社会・文化などの)健全な状態, 繁栄 ‖
the economic **health** of a nation 国の経済的繁栄.

**drink (to)** A's **héalth** …の健康を祝して乾杯する.
**Your (góod) héalth!** 健康を祝って乾杯!

**héalth fóod(s)** 健康食品, 自然食品.

**health·ful** /hélθfl ヘルスフル/ 形 健康によい, 健康を増進させる;健全な ‖
**healthful** exercise 健康のための運動.

**health·i·er** /hélθiər ヘルスィァ/ 形 → healthy.

**health·i·est** /hélθiist ヘルスィイスト/ 形 → healthy.

**health·i·ly** /hélθili ヘルスィリィ/ 副 健康で;健全に.

\***health·y** /hélθi ヘルスィ/ 〖→ health〗
—— 形 (比較 -i·er, 最上 -i·est) **1** 健康な(↔ unhealthy)‖
She's **healthy**. 彼女は健康だ《◆She's in good health. がふつう. ˣHer body is healthy. とはいわない》.

maintain **healthy** government 健全な政治を維持する.

> 類 How are you? に対しては I'm *fine* [*very well*], thank you. のように fine, very well を用いる.「(病気が回復して)元気な」のように,ある特定の時における元気な状態を言うときは well: Are you quite **well**? もうすっかりよくなりましたか.

**2** 健康によい,健康を増進させる ∥
a **healthy** climate 健康によい気候.
**3** 健康そうな,はつらつとした ∥
a **healthy** appetite 旺盛な食欲.
**héalth·i·ness** 名 ⓤ 健康であること;健全さ.
**heap** /híːp ヒープ/ 名 ⓒ

```
          heap
          《1 堆積》
          《2 たくさんの…》
```

**1** 山,塊,堆積(たいせき) ∥
a **heap** of sand 砂の山.
**2**《略式》[a ~ of + ⓒⓤ 名詞 / ~s of + ⓒⓤ 名詞] たくさんの…,多数の…,多量の… ∥
a **heap** of trouble 多くの困難.
*in a héap* 副 形 山積みに[の].
―― 動 他 **1** …を積み上げる,蓄積する ∥
**heap** (up) books 本を積み重ねる.
**heap** (up) wealth 財を築く.
**heap** trouble **up** ごたごたを起こす.
**2** [heap A on B / heap B with A] B〈人〉にA〈物〉を山積みする,B〈人〉に A〈物〉をたくさん与える ∥
**heap** praises on him = **heap** him with praises 彼をほめちぎる.

**\*\*hear** /híər ヒア/ (同音 here; 類音 hair, hare/héər/)
―― 動 (三単現 ~s /-z/; 過去・過分 heard /hə́ːrd/《発音注意》; 現分 ~ing /híərɪŋ/)
―― 他 **1** …が聞こえる;…を聞く《◆ (1) ふつう進行形・命令形にしない. (2)「意識的に耳を傾けて聞く」の意では listen (to)》∥
I **heard** the sound of a violin. バイオリンの音が聞こえた.
I can **hear** the neighbor's television. 隣のテレビの音が聞こえている《◆ 進行形にできないため can を付けることにより進行形の代用をしている》.
対話 "Can you **hear** me?" "I can't **hear** you." 《電話で》「聞こえますか」「聞こえません(遠いです)」(→ can¹ 2).
対話 "What's that noise? Can you **hear** it?" "I can't **hear** anything."「あの物音は何だ.聞こえるか」「何も聞こえないよ」.
**2** [知覚動詞] **a** [hear A do] 〈人に〉A〈人・物〉が…するのが聞こえる ∥
I **heard** him go out. 彼が出ていく音が聞こえた

《◆ 受身はまれだが,He *was heard to* go out. ただし,この場合,彼が出て行くのを聞いたのは不特定の誰か(たとえば近所の誰か)であり,I heard him go out. に対応する受身ではない》.
**b** [hear A doing] 〈人に〉A〈人・物〉が…しているのが聞こえる ∥
I **heard** our dog barking all night. 夜通しうちの犬がほえているのが聞こえた《◆ 受身は Our dog was *heard* barking all night.》.
**c** [hear A done] 〈人に〉A〈人・物〉が…されるのが聞こえる ∥
対話 "Didn't you **hear** your name called?" "No, I didn't."「あなたは名前を呼ばれたのが聞こえなかったのですか」「ええ聞こえませんでした」.

> Q&A *Q* : hear A do と hear A doing はどのような違いがあるのですか.
> *A* : hear A do は I *heard* the door *slam* about midnight. (真夜中ごろにドアの閉まる音が聞こえた)のように完了した動作・できごとを表します. hear A doing は I *heard* the door *slamming* all last night. (昨夜一晩中ドアがバタン,バタンと閉まる音が聞こえた)のように進行中の動作・できごとを表します.

**3** …を耳にする; [hear (that) 節 / hear wh 節] …ということを耳にする, 聞いて知る; [I hear (that) 節] …とうわさに聞いている,…だそうだ《◆ (1) that はふつう省略. (2) ふつう進行形・命令形にしない》∥
I **heard** the news from her. 彼女からその知らせを聞いた.
Nothing has been **heard** from him since. それ以後彼からは何の音沙汰(さた)もない.
We haven't **heard** whether they have arrived. 彼らが到着したかどうか聞いていない.
I **hear** you're going to Canada soon. 近々カナダに行かれるそうですね.
対話 "She passed her audition!" "So I've **heard**. Good for her!"「彼女がオーディションに受かったんだって」「そう聞いたよ.よくやったね」.
**4**〈言いわけなどを〉聞く; [hear wh 節] …かを聞く《◆ (1) この意味では listen to と交換できる. (2) 進行形・命令文にもできる》∥
I'd like to **hear** your idea. 君の考えを聞きたいね.
Let's **hear** what he has to say. 彼の言い分を聞かせてもらおう.
**Hear** what I have to say. 私の言い分を聞いてくれ.
**5**〈事件など〉を《公式に》聞く;〈被告など〉から証言を聞く ∥ The judge **heard** the case. 裁判官はその事件を審理した.
―― 自〈人・動物が〉耳が聞こえる ∥
I don't **hear** very well. わたしは耳が遠い.
Do you think fish can **hear**? 魚は音が聞こえると思いますか.
*héar abòut A* (1) …について詳しく聞く. (2) …を知るようになる ∥ Have you **heard** about Jim

going to bed with the shoes on? ジムが靴を履(は)いたまま寝るといううわさを聞いたことがありますか.

◇**héar from** A (1) …から手紙[伝言, 電話]をもらう ‖ 対話 "When did you hear from him?" "Two weeks ago." 「いつ彼から便りがありましたか」「2週間前です」. (2) (電話で)…の声を聞く ‖ Thank you for calling. It was good hearing from you. 電話ありがとう. 声が聞けてよかった.

*Héar! Héar!* (主に英)(会議などで)謹聴(きんちょう)!; 賛成!, そうだそうだ《◆反語的·嘲(ちょう)笑的に用いる場合もある》.

◇**héar of** A …のことを耳にする, うわさを聞く ‖ Do you mean to say you have never heard of Beethoven? ベートーベンのことを聞いたことがないとおっしゃるおつもりですか.

**hear óut** 〈人·話など〉を最後まで聞く《◆ふつう受身にしない》.

**hèar sáy [téll] of** A (略式·古) …をうわさに聞く.

**hèar sáy [téll] that** …(略式·古) …ということをうわさに聞く.

**Hey, have you héard?** (略式) ねえ, 聞いた《◆意外な話を切り出す時の前置きの言葉》.

> Q&A *Q*: hear say というように2つの動詞が1つの動詞として働くのはどうしてですか.
> *A*: もとは hear people say (人々が口にするのを耳にする)という言い方でしたが, people が省略されてそれが慣用化してしまったのです. 類似のものに make believe (←make *people* believe)があります(→ believe 成句).

*__heard__ /hə́ːrd ハード/ 動 → hear.

**héar·er** /híərər ヒアラ/ 名 C 聞く人, 傍聴者, 聴衆の1人.

**héar·ing** /híərɪŋ ヒアリング/ 動 → hear.
—— 名 **1** U 聴力, 聴覚 ‖
His hearing is bad [poor]. =**He is hard of hearing.** 彼は耳が遠い(→ 成句).

**2** U 聞こえる距離[範囲] ‖
She's **òut of héaring.** 彼女は聞こえる所にいない.
She's playing **within [in] our hearing.** 彼女は私たちの聞こえる所で遊んでいる.

**3** C U 聞くこと, 聴取 ‖
at first hearing 最初に聞いた時に.

**4** C (正式) 発言の機会 ‖
give him a fair hearing 彼の言い分を公平に聞いてやる.

**5** C 公聴会.

**6** C 〖法律〗審理, 審問; 聴聞(ちょうもん).

**hárd of héaring** 〈人が〉耳の遠い, 耳が不自由な《◆しばしば deaf の遠回し表現》(→ 1).

**héaring àid** 補聴器.

**héaring tèst** 聴力検査《◆「聞きとりテスト」はふつう listening comprehension test》.

**Hearn** /hə́ːrn ハーン/ 名 〈Lafcadio /læfkǽ-diòu/ ~ 1850-1904; アイルランド人を父, ギリシア人を母として生まれた作家. のち日本に帰化(日本名小泉八雲)》.

**hear·say** /híərsèɪ ヒアセイ/ 名 U うわさ, 風聞, 風評.

**hearse** /hə́ːrs ハース/ 名 C 霊柩(れいきゅう)車.

*__heart__ /hɑ́ːrt ハート/ (発音注意) (同音) hart; (類音) hurt /hə́ːrt/ 〖『中心部』が原義〗
派 hearty (形)

→ 名 **1** 心臓 **2 a** 心 **b** 愛情 **c** 勇気 **3** 中心

—— 名 (複 ~s/hɑ́ːrts/) **1** C 心臓; 胸部 ‖
a lady with her child pressed to her heart 子供を胸に抱きしめた婦人.
have a weak heart 心臓が弱い.
My heart stood still. (恐怖·驚きで)心臓が止まるような気がした.

**2 a** U C (喜怒哀楽などの感情の宿る)心《◆知性·理性の宿る心は mind, 魂が宿る心は soul》, 感情, 気持ち, 精神; 魂《◆形容詞は hearty, cordial》‖
a hard heart 冷酷な心.
from (the bóttom of) one's héart 心の底から.
with a light heart 心も軽く.
**be yóung at [in] héart** 気持ちは若い.
**harden one's héart** 心を鬼にする.

**b** U C 愛情, 人情 ‖
a man of heart 人情家.
have (plenty of) heart 人情(味)がある《◆逆は have no *heart* / be heartless (思いやりがない)》.
She is all heart. 彼女はとてもやさしい.

**c** U [時に a ~] 勇気, 元気; 熱意 ‖
be of good heart 元気でいる.
keep (a good) heart 勇気を失わずにいる.
lose heart がっかりする.
pluck up heart 元気を出す, 勇気を奮い起こす.
She has her heart in music. =**Her heart is in music.** 彼女は音楽に熱中している.
She put heart into [in] me. 彼女が私を元気づけた.
My heart failed me. =**My heart died within me.** 私は勇気がくじけた.
He put [threw] all his heart into his work. 彼は仕事に打ち込んだ.
How can you hàve the héart to say such a thing to her? よくもまああんなことが彼女に言えましたね.

**3** [the ~] 中心, 核心, 本質; (植物の)芯(しん) ‖
in the heart of the city 町の中心に.
gèt [gò] to the heart of a problem 問題の核心に触れる.

**4** C 心臓状[ハート形]の物; ハート形の宝石(飾り); 〖トランプ〗ハート(の札); [~s; 単数·複数扱い] ハートの組札.

**5** C [呼] 人; 元気者, 勇者; (親愛·嘆の情をこめて)愛する人, あなた ‖

a reliable heart 頼もしい勇士.
Dear heart! 親愛なる人, おまえ.

**after A's (own) heart** A〈人〉の気に入った(ように), 心にかなった(ように) ‖ a girl after my own heart 私のめがねにかなった少女.

◇**at héart** [しばしば deep down at ~] 心に, 心の底では;《正式》実際[本当]は ‖ He isn't a liar at heart. 彼は根っからのうそつきではない.

**Bléss my héart!** おやまあ, ややっ, しまった《◆ 驚き・喜び・困惑を表す》.

**bréak A's [one's] héart** A〈人〉をひどく悲しませる, A〈人〉がひどく悲しむ《◆ A, one が複数のときは hearts》.

◇**by héart** そらで(cf. by ROTE(rote 用例)) ‖ learn [know] it by heart それを(理解して)暗記している.

**crý one's héart óut**《略式》(悲しみのあまり)さめざめと泣く.

**éat out one's héart** = **éat one's héart óut**《略式》(人知れず)くよくよする, 悲嘆にくれる; 思いこがれる.

**gò to one's [the] héart**〈悲しみなどが〉胸にこたえる.

**háve one's héart in one's móuth**《略式》(心臓が口からとび出るほど)非常に心配している, 興奮している, おびえている.

**have the héart to** do → **2 c**.

**héart and sóul** [hánd] 全身全霊を打ち込んで, 熱心に; 全く.

**héart to héart** [副] 腹を割って, 腹蔵なく.

**in góod [póor] héart**〈人が〉元気よく[なく].

**láy A to héart** = take A to HEART.

**néar (to) A's héart**〈人が〉A〈人〉にとって懐かしい; 〈物が〉A〈人〉にとって大事な.

**néarest [néxt] (to) A's héart**〈人が〉A〈人〉にとって最も親愛な; 〈物が〉A〈人〉にとって最も大切な.

**one's héart léaps into one's móuth**(心臓がとび出るほど)びっくり仰天する, 寿命が縮む思いがする《◆「仰天している」という状態は one's heart is in one's mouth》.

**sèt one's héart on [upòn] A** …に望みをかける, …を欲しがる; …に熱中する; …したいと思う.

**táke héart**《正式》気を取り直す, 元気を出す.

**táke A to héart** (1) A〈不幸・不運など〉をひどく気にする. (2) …を肝に銘じる.

◇**to one's héart's contént** 心ゆくまで, 存分に ‖ We talked over the matter to our hearts' content. 我々はその問題を心ゆくまで論じた《◆ one が複数のときは hearts' となる》.

**wéar one's héart on [upòn] one's sléeve** 思うことを隠さずに言う, あけすけに言う; 〈人が〉率直に行動する; たちまち恋に落ちる.

**with áll one's héart** = **with one's whóle héart** 心から喜んで, 心をこめて.

héart attàck 心臓発作, 心臓麻痺.
héart disèase 心臓病.
héart dònor 心臓提供者.
héart fàilure 心不全, 心臓麻痺.
héart trànsplant [gràft] 心臓移植.

**heart·ache** /háːrtèik ハーテイク/ 名 U 心痛, 悲嘆.

**heart·beat** /háːrtbìːt ハートビート/ 名 **1** C 心拍. **2** C 心臓の鼓動.

**heart·break** /háːrtbrèik ハートブレイク/ 名 U [a ~] 悲嘆, 悲痛の(の種).

**heart·break·er** /háːrtbrèikər ハートブレイカ/ 名 C 人の心を痛ませる人《◆ ふつう女性》.

**heart·break·ing** /háːrtbrèikiŋ ハートブレイキング/ 形 悲痛な思いにさせる.

**heart·bro·ken** /háːrtbròukn ハートブロウクン/ 形 深く傷ついた, 悲嘆にくれた.

**heart·burn** /háːrtbàːrn ハートバーン/ 名 U **1** 胸やけ. **2** 不満; しっと.

**-heart·ed** /-háːrtəd -ハーテド/ 連結形 …の心を持った.

**heart·en** /háːrtn ハートン/ 動 他《正式》…を励ます, 元気づける.

**heart·felt** /háːrtfèlt ハートフェルト/ 形《正式》心からの.

**hearth** /háːrθ ハース/《発音注意》名 **1** C 暖炉の前, 炉辺《レンガ・石作りの床》. **2** U 《文》家庭(生活) ‖ hearth and home 家庭.

**heart·i·ly** /háːrtili ハーティリ/ 副 **1** 心から. **2** 熱烈に, 元気よく.
**3** たいへん(very), 完全に ‖ be heartily sick of this story この話には全くうんざりしている.

**heart·i·ness** /háːrtinəs ハーティネス/ 名 U **1** 誠心誠意. **2** 熱意.

**heart·less** /háːrtləs ハートレス/ 形 残酷な; 思いやりのない; 薄情な.

**heart·strings** /háːrtstrìŋz ハートストリングズ/ 名 [複数扱い] 深い愛情, 深い感情 ‖ tug at his heartstrings《略式》彼の心の琴線に触れる.

**heart-to-heart** /háːrttəháːrt ハートトゥハート/ 形 率直な; 誠意のある.

**heart·y** /háːrti ハーティ/ 形《比較》**-i·er**,《最上》**-i·est**》**1** 〈心の温かい; 心からの ‖
I gave him a hearty welcome. 私は彼を心から歓迎した.
**2** 頑健な, 元気な; 力強い, 激しい《◆ strong より堅い語》‖
still hale and hearty at ninety-five 95歳までまだかくしゃくとした.
**3** 〈笑い声などが〉腹の底からの.
**4** 〈人が〉食欲旺(ōu)盛な; 〈食欲などが〉旺盛な ‖
have a hearty appetite 食欲旺盛である.
**5** 栄養豊富な; たっぷりある ‖
a hearty soup 栄養たっぷりのスープ.
eat a hearty breakfast 朝食をたっぷり食べる.

**\*\*heat** /híːt ヒート/ 派 heater (名)
— 名 (複 ~**s** /híːts/)《◆ 形容詞は hot》**1** 熱,

熱さ(↔ cold)；温度 ‖
the heat from the fire 火の熱．
What is the heat of the ice? 氷の温度は何度ですか．
**2** Ⓤ [時に a ～] **暑さ**, 高温；[(the) ～] 暑い天気[気候, 季節]；(一日の)最も暑い時 ‖
I abhor the heat of summer. 夏の暑さは大嫌いだ．

**3** Ⓤ [(the) ～] **激しさ**, 興奮, 情熱；最高潮 ‖
in the heat of anger 腹立たしさのあまり
discuss with great heat 激論を交わす．

**4** Ⓤ 体温．

**5** Ⓤ (雌の動物の)さかり, 発情(期) ‖
be at heat =(米) be in heat =(英) be on heat さかりがついている．

**6** Ⓒ (競技の1回, 予選) ‖
a trial heat 予選．
win the first heat 第1次予選を通過する．

——動 [三単現] ～s /híːts/；[過去・過分] ～・ed /-id/；[現分] ～・ing

―他と自の関係―
| | | |
|---|---|---|
| 他 **1** | heat A | A を熱くする |
| 自 **1** | A heat | A が熱くなる |

——他 **1** …を**熱する**, 暖める ‖
Heat (up) the soup. スープを温めてくれ．
The room is heated by electricity. 部屋は電気暖房されている．

**2** [通例 be ～ed] **興奮する** ‖
be heated by the debate 議論で興奮する．

——自 **1** 熱くなる, 暖まる ‖
The room heats (up) easily. この部屋は暖まりやすい．

**2** 興奮する．

**héat ísland** ヒート=アイランド《大都市・工業地帯などの高温域》．

**héat wáve** 猛暑の期間；熱波．

**heat·ed** /híːtid ヒーティド/ 動 → heat.
——形 **1** 熱くなった, 熱した, 怒った．

**héat·ed·ly** 副 興奮して, 激して．

**heat·er** /híːtər ヒータ/ 名 Ⓒ **1** [通例複合語で] **暖房器具**, ストーブ《◆ stove は台所にある調理用の加熱装置をさす》 ‖
a gas-heater ガスストーブ．
a kerosine heater (米) 石油ストーブ．
a water-heater 湯沸し器．

**2** (車の)ヒーター．

**heath** /híːθ ヒース/ 名 **1** Ⓒ Ⓤ (植) ヒース《英国の荒野に自生するツツジ科の灌(かん)木の一群, 紫・淡紅・白色の小さな釣鐘形の花をつける》．**2** Ⓒ (英) ヒース荒原．[語法] **1**, **2** の意で heather ともいう．

**hea·then** /híːðən ヒーズン/ 名 (複 ～s, heathen) Ⓒ (やや古) **1** (キリスト教[ユダヤ教, イス

heath 1

ラム教]にとっての)**異教徒**(→ pagan)；(正式) [集合名詞；the ～；複数扱い] 異教徒たち《◆ heathens の方が口語的》．**2** 無宗教の人；教養のない人, (略式) 礼儀知らず．

**heath·er** /héðər ヘザ/ 名 Ⓤ (植) ヘザー《各種ヒースの総称》．

**heat·ing** /híːtiŋ ヒーティング/ 動 → heat.
——名 Ⓤ 暖房装置 ‖
gas heating ガス暖房．
a heating cabinet 温蔵庫．

**heave** /híːv ヒーヴ/ 動 [過去・過分] ～d または (海事) hove /hóuv/；[現分] heav·ing 他 **1** …を力を入れて持ち上げる ‖
heave heavy crate into the truck 重い木箱をトラックに積み込む．

**2** (略式) …を持ち上げて投げる．

**3** (文) 〈ため息・うなり声など〉を吐く, 重々しく発する (give) ‖
heave a groan うなり声をあげる．

**4** (海事) …を綱で引き寄せる．
——自 うねる, 上下動を繰り返す．
——名 Ⓒ **1** [しばしば a ～] 持ち上げること, たぐり寄せること．**2** [the ～] 隆起, 上下動．

\***heav·en** /hévn ヘヴン/ 《「空」が原義》
派 heavenly (形)
——名 (複 ～s/-z/) **1** [しばしば H～] Ⓒ Ⓤ **天国**, 極楽(↔ hell) ‖
go to heaven 天国へ行く, 死ぬ．
May his soul rest in Heaven. 彼のみたまが天国で安らかなることを．

**2** Ⓒ (主文) [the ～s] 天, 空 ‖
fly in the heavens 空を飛ぶ．

**3** Ⓒ Ⓤ (略式) **至上の幸福**；天国のような所, 楽園《◆ (a) heaven on earth ともいう》 ‖
Our holiday in the country was heaven. 田舎(いなか)での休日はこの上なくすばらしいものであった．

**4** [H～] Ⓤ **神**《◆ God の代用語として用いる》 ‖
It was the will of Heaven. =It was Heaven's will. それは神のおぼしめしであった．
Heaven helps those who help themselves. (ことわざ) 天は自ら助くるものを助く．
*Héaven (ónly) knóws* → know 動．

**heav·en·ly** /hévnli ヘヴンリ/ 形 **1** (略式) **すばらしい**, とても楽しい, 美しい ‖
Isn't that dress heavenly? あの服すてきじゃないですか．

**2** **天の, 空の；天国の**；神聖な, 神々(こうごう)しい ‖
in heavenly peace 天国のように安らかに．

**héavenly bódies** (正式) [(the) ～] 天体．
**Héavenly Cíty** [しばしば ～ c-] [the ～] 天国, 楽園．

**héav·en·li·ness** 名 Ⓤ 神々しさ．

**heav·i·er** /héviər ヘヴィア/ 形 → heavy.
**heav·i·est** /héviist ヘヴィイスト/ 形 → heavy.

\***heav·i·ly** /hévili ヘヴィリ/ 《→ heavy》
——副 **1** **重く**, どっしりと ‖
the truck heavily loaded with stones どっしりと重く石を積んだトラック．

**2** 重そうに, のろのろと; 重苦しく ‖
walk **heavily** 重い足どりで歩く.
sit down **heavily** どっかと座る.
Worries weighed **heavily** on her mind. 彼女の心に心痛が重くのしかかった.
**3** 激しく, 厳しく; 多量に ‖
It rained **heavily** yesterday. きのう大雨が降った.
**4** 濃密に ‖
a **heavily** populated urban center 人口の密な都市中心地.
**heavily** polluted areas 高汚染地域.

**heav·i·ness** /hévinəs/ ヘヴィネス/ 名 **1** 重いこと, 重さ. **2** 無気力. **3** 重苦しさ.

**\*\*heav·y** /hévi ヘヴィ/ 〖〖持ち上げる努力(heave)のいる(y)〗〗 派 heavily (副)
—— 形 (比較) -i·er, (最上) -i·est) **1** 重い; 比重の大きい(↔ light) ‖
[対話] "Can you help me move this table?" "Sure. Is it too **heavy** for you to move alone?"「このテーブルかすのを手伝ってくれますか」「いいですよ, 1人で動かせないほど重いのですか」.
**2** [補語として] 重さのある ‖
[対話] "How **heavy** is this parcel?" "It weighs five pounds."「この小包はどのくらいの重さですか」「5ポンドです」《◆人の体重をたずねる場合 ˣHow heavy are you? とはいわず, ふつう How much do you weigh? とか What's your weigh? という》.
**3** [通例名詞の前で] (量・程度・力などが) 大きい, すごい, たっぷりの;〈風・雨などが〉強い;〈交通が〉激しい;〈時・時間表などが〉仕事のぎっしり詰まった ‖
a **heavy** wound 重い傷《◆「重病」は a serious [ˣheavy] illness》.
She is a **heavy** drinker. 彼女は大酒飲みだ.
There was a **heavy** snowfall last night. 昨夜は雪がひどく降った.
Her heart gave a **heavy** beat. 彼女の心臓は強く打った.
The traffic is **heavy** on Sundays. 日曜日は交通が激しい《◆ 道路が主語では busy: The street is busy [ˣheavy] on Sundays.》.
**4** 耐えがたい, つらい, 困難な;《略式》[補語として]〈人が〉厳しい ‖
a **heavy** tax on farm products 農産物に対する重税.
Our music teacher is **heavy** on us. 音楽の先生は私たちに厳しい.
**5**〈物の〉重みのかかった; いっぱいの;《文》〈人が〉(子を)はらんだ;〈人が(…を)よく食べる[飲む];《略式》〈自動車などの〉(燃料などを) たくさん消費する ‖
The tree is **heavy** with oranges. 木にはオレンジがたわわになっている.
His eyes were **heavy** with sleep. 彼の目は睡魔で今にもふさがろうとしていた.
She was too **heavy** on the perfume. 彼女は香水のかぎすぎた.

**6**〈霧などが〉濃い;〈服などが〉厚手の;〈線・まゆなどが〉太い ‖
a **heavy** mist 濃霧.
a **heavy** growth of clover クローバーの群生.
a **heavy** overcoat 厚手のオーバー.
**7**〈心・ニュースなどが〉悲しい;〈目つきなどが〉悲しげな ‖
a **heavy** heart 沈んだ心.
**8**〈食べ物が〉こってりした, (胃に) もたれる;〈パンなどが〉ふくれていない ‖
a **heavy** lunch 腹もちする昼食《◆「量の多い昼食」の意にもなる》.
**9**〈人が愚鈍(ど ˉ)な;〈文体・芸術作品・ユーモアなどが〉退屈な, おもしろくない;〈本などが〉読みづらい, わかりにくい ‖
a **heavy** picture 肩のこる映画.
a **heavy** book on philosophy 哲学の難解な本.
**10**〈空が〉曇った, 暗い《◆ 雨が降りそうな場合に用いる》.
**11**〈音・響きなどが〉大きくて低い.
**12**〈人・動作などが〉重々しい, ぎこちない.
—— 副 =heavily.

**héavy índustry** 重工業.
**héavy métal** (1) 重金属. (2)《略式》ヘビーメタル, ヘビメタ《重いビートを持つロック音楽》.
**héavy óil** 重油.

**heavy-duty** /hévid(j)ùːti ヘヴィドゥーティ/ 形 **1**〈製品が〉じょうぶな, がんじょうな. **2**《略式》緊張をしいる.

**heavy-handed** /hévihǽndid ヘヴィハンディド/ 形 **1** ぞんざいな, 荒っぽい. **2** 手きびしい; 高圧的な.

**heavy·weight** /héviwèit ヘヴィウェイト/ 名 Ⓒ **1** (騎手・レスリングなどで) 平均体重以上の人. **2** ヘビー級のボクサー《82.1kg以上. → boxing》; ヘビー級の重量挙げ選手《82.1kg以上》.

**He·bra·ism** /híːbreiizm ヒーブレイズム,《米》 -bri-/ 名 Ⓤ ヘブライズム《ヘブライ人の文化・宗教・思想》.

**He·brew** /híːbruː ヒーブルー/ 名 **1** Ⓒ ヘブライ人, ユダヤ人; (古代) イスラエル人. **2** Ⓤ 古代ヘブライ語《旧約聖書の言語》; 現代ヘブライ語《アラビア語と共に現代イスラエルの公用語》.
—— 形 ユダヤ人の; ヘブライ語[人]の.

**heck·le** /hékl ヘクル/ 動 (現分) heck·ling) 他 …をやじる.

**hec·tare** /héktear ヘクテア | -taː ヘクター/ 名 Ⓒ ヘクタール《面積の単位. 10000m² = 100 ares.》(記号) ha》.

**hec·tic** /héktik ヘクティク/ 形 **1**《略式》たいへん忙しい, てんやわんやの. **2**《医学》(熱のため) 紅潮した; 消耗性の.

**\*he'd** /(弱) hid ヒド, (強) híːd ヒード/ he had, he would の短縮形.

**hedge** /hédʒ ヘヂ/ 名 Ⓒ **1** 生け垣, 垣根《庭・畑・家などの境として, 背の低い樹木をつめて植え枝葉を切りそろえたもの》‖
A yew **hedge** used to separate our house

from our neighbor's. かつては我が家の生け垣が我が家と隣の境界になっていた.
**2** (一般的に) 境界(線).
**3** 防御物, 保護策.
——[動] (現分) hedg・ing) [他] **1** …を生け垣で囲う; …を束縛する. **2** …を生け垣で分ける. **3** (略式) …を掛けつないで丸損を防ぐ.
——[自] **1** 生け垣を植える, 生け垣の手入れをする. **2** (正式) 言葉をにごす, はぐらかす. **3** (略式) 丸損を防ぐため両掛けする.
**hédge ín** [他] [比喩的に] …をがんじがらめにする.
**hedge・hog** /hédʒhɔ̀(ː)g/ ヘッジホー(ー)グ [名] [C] [動] ハリネズミ; (米) ヤマアラシ.
**hedge・row** /hédʒròu/ ヘッジロウ [名] [C] (田舎の) 生け垣.
**heed** /híːd/ ヒード (正式・やや古) [動] [他] …に注意を払う, …を心に留める ‖
She won't **heed** my warning. 彼女は私の警告を聞く気がない.
——[自] 注意を払う, 心に留める.
——[名] [U] 注意, 留意 (◆ 次の句で) ‖
Pay [Give] **heed** to her advice. =Take **heed** of her advice. 彼女の忠告を心に留めておきなさい.
**heed・less** /híːdləs/ ヒードレス [形] (正式) 不注意な, 無視して (careless).

*** **heel**[1] /híːl/ ヒール (同音 heal, he'll)
——[名] (複 ~s/-z/) [C] **1** (人の) **かかと** (↔ toe) ((図) → body); 手のひらの手首よりの部分; [通例 ~s] (馬などの) 後ろひづめ, (動物の) 後足; (靴・靴下の) かかと, (靴の) 高い靴 ((図) → shoe) ‖
sit on one's **heels** 正座する.
[対話] "She looks taller than usual." "That's because she's wearing high **heels**." 「彼女はいつもより背が高く見えるね」「それはハイヒールを履(は)いているからさ」.
**2** かかと状の物; [ゴルフ] クラブのヒール.
**bríng** A **to héel** [通例比喩的に] A〈人〉をひざまずかせる, 従わせる.
**còme to héel** [通例比喩的に] 〈人が〉ひざまずく, 服従する.
**kíck úp** one's **héels** (1) (略式) 〈人が〉はね回る; ふざけ回る; 楽しく時を過ごす. (2) (俗) 死ぬ.
**on** [**upòn**] A's **héels** =**on** [**upòn**] **the héels of** A …のすぐあとに(続いて).
**táke to** one's **héels** 逃げる.
**ùnder the héel of** A =**ùnder** A's **héel** A〈人〉などに踏みにじられて, 支配されて.
——[動] [他] **1** …のすぐあとに続く. **2** 〈靴などに〉かかとを付ける.
——[自] **1** [通例命令文で] 〈犬が〉すぐあとに続く; (踊りなどで) かかとで地面 [床] をける. **2** [ラグビー] (スクラムを組んで) 球をかかとでけり出す.
**heel**[2] /híːl/ ヒール [動] [海事] [自] 〈船が〉 (風や荷物の不均衡で) 傾く. ——[他] 〈船〉を傾ける.
**hef・ty** /héfti/ ヘフティ [形] (比較 ~・i・er, 最上 ~・i・est) (略式) **1** たくましい. **2** 強力な; 〈物が〉大きくて重い; たくさんの; 高額の.

**he・gem・o・ny** /hədʒéməni ヘヂェモニ, hédʒmòuni | higéməni ヒゲモニ/ [名] (複 ~o・nies/-z/) [U] [C] (正式) (同盟国に対する一国の政治的) 指導権, ヘゲモニー.
**heif・er** /héfər/ ヘファー (発音注意) (◆ *ヘイファ) [名] [C] (3歳未満でまだ子を産まない) 若い雌牛, 雌の子牛.

*** **height** /háit/ ハイト (発音注意) (◆ *ヘイト) [[→ high]]
——[名] (複 ~s/háits/) **1** [U] [C] **高さ**, 高いこと, 高度, 高所 (略 ht(.), hgt.) (◆ altitude よりくだけた語); 身長 ‖
at a **height** of 6,000 feet 6000フィートの高度で.
the **height** above (the) sea level 海抜.
What is the **height** of this mountain? この山の高さはどのくらいですか.
He is six feet **in height**. =His **height** is six feet. 彼の身長は6フィート.
[対話] "How big is Mt. Fuji?" "I'm not sure, but in terms of **height**, it's the highest mountain in Japan." 「富士山はどれくらい大きいのですか」「わかりませんが, 高さの点でいえば日本で一番高い山です」.
**2** [C] (正式) 高い所, 高地, 丘 ‖
look down from the **heights** at the town 町を高い所から見おろす.
**3** [the ~] **絶頂**, 極致, 最高潮, 最中 ‖
at the **height of** excitement 興奮の極みに.
a lady dressed in **the height of** fashion 最新流行の服を着た婦人.
in the **height of** (the) summer 夏の盛りに.
It's **the height of** madness to say so. そんなことを言うのは狂気のさただ.

**height・en** /háitn/ ハイトン [動] [他] **1** …を (並みより) 高くする, 高める (↔ lower). **2** …を増す, 強める ‖
**heighten** his anger 彼の怒りをつのらせる.
——[自] **1** 高くなる, 高まる. **2** 増す, 強まる.

**Hei・ne** /háinə/ ハイネ 《Heinrich /háinrik/ ~ 1797-1856; ドイツロマン派詩人・批評家》.

**hei・nous** /héinəs/ ヘイナス [形] (文) 極悪な, 恥ずべき, 憎むべき.

**heir** /éər/ エア (発音注意) (◆ *ヘア) (同音 air) [名] [C] **1** 相続人, 跡取り (◆ 女性形は heiress だが, heir ですますことも多い) ‖
a son and **heir**/sánənéər/ 跡取り.
She is (the) **heir** [heiress] **to** a fortune. 彼女は財産の相続人である.
**2** 継承者, 後継者 ‖
She was (the) **heir to** the throne. 彼女は王位継承者であった.
[語法] **2** の意味では男女とも heir.

**heir・ess** /éərəs エアレス, |éəres エアレス/ [名] (複 ~・es/-iz/) [C] (主に大財産を受ける) 女子相続人 ((PC) heir).

**heir・loom** /éərlùːm エアルーム/ [名] [C] **1** 先祖伝来の家財; 家の伝統. **2** 法定相続財産.

**held** /héld/ ヘルド [動] → hold.

**Hel·en** /hélən/ ヘレン, -lin/ 名 U **1** ヘレン《女の名. 《愛称》Nellie, Nelly》. **2** 【ギリシア神話】ヘレネ《スパルタ王メネラオスの妻. トロイアの王子パリス(Paris)にさらわれトロイア戦争の原因となった. Helen of Troy ともいう》.

***hel·i·cop·ter** /héləkɑ̀ptər ヘリカプタ | hélikɔ̀ptə ヘリコプタ/ 〖旋回する(helic)翼(pter)〗
—— 名 (複 ~s/-z/) C ヘリコプター(《略式》chopper)《◆*heli とはいわない》‖
She got on a **helicopter** and took pictures of the city from the sky. 彼女はヘリに乗り込んで, 空から町の写真をとった.

**He·li·os** /híːliɑs ヒーリアス | -ɔs -オス/ 名 〖ギリシア神話〗ヘリオス《太陽神. 毎日戦車で東から西へ空を走る. ローマ神話のソルに当たる》.

**hel·i·port** /hélipɔ̀rt ヘリポート/ 名 C (ビルの屋上などの)ヘリ発着所, ヘリポート.

**he·li·um** /híːliəm ヒーリアム/ 名 U 〖化学〗ヘリウム《記号》He).

***hell** /hél ヘル/ (〖類音〗h/l/hil/) 〖「隠されている所」が原義. cf. cell〗
—— 名 (複 ~s/-z/) **1** 〔しばしば H~〕 U 地獄(↔heaven)‖
He fell headlong down to the dark floor of **Hell**. 彼は地獄の暗い底へまっさかさまに落ちていった.
**2** C U (《略式》)生き地獄, 地獄のような場所[状態]‖
My headache gave me **hell**. 頭痛がしてまいった.
対話 "I can't stand this class. It's so boring." "Yes, it's real **hell**, isn't it?"「この授業は我慢できないね. つまらないったらないね」「そうだ. まるで地獄だね」.

◇**a [one] héll of a ...** (《略式》)〔意味を強めて〕《◆a helluva/héləvə/ ... ともいう》 (1) ひどい..., とても悪い... ‖ have a **hell of a** time ひどい目にあう. (2) 抜群に..., とても《◆形容詞＋名詞の直前に置く》 ‖ a **hell of a** good party すごくいいパーティー / a **hell of a** lot of money どえらい額のお金.

**Gó to héll!** (《俗》) うせろ, やめろ, ちくしょう.

◇**(in) the héll** (《俗》)〔意味を強めて〕 (1) いったいぜんたい《◆疑問詞の直後に置く》 ‖ Where (**in**) **the hell** are you going? いったいぜんたいどこへ行くつもりなんだい. (2) ひどく, まったく《◆動詞と副詞の間に置く》 ‖ She was hurrying **the hell** up. 彼女はひどく急いでいた.

**(júst) for the héll of it** (《略式》)おもしろ半分で[に], 一時的に興奮して, 魔がさして.

**like héll** (《略式》)〔直前の語句を修飾して〕 猛烈に, 死ぬほど ‖ He ran **like hell**. 彼は全力で走った.

**plày (mérry) héll with A** (1) (《略式》)...に大損害を与える. (2) 《主に英略式》A〈人〉にひどく腹を立てる.

***he'll** /(弱) hil ヒル; (強) híːl ヒール/ (〖同音〗heel) he will, he shall の短縮形.

**Hel·len·ic** /helénik ヘレニック | -líː- ヒー- / 形 ギリシアの; 古代ギリシア人[語, 文化]の. —— 名 U (古代)ギリシア語.

**Hel·len·ism** /hélənìzm ヘレニズム/ 名 U **1** ギリシア人特有の語法[習慣]. **2** ヘレニズム文明[文化].

**hell·ish** /héliʃ ヘリシュ/ 形 **1** 地獄の(ような). **2** 《略式》たいへん困難な, とても不快な.

***hel·lo** /helóu ヘロウ, hə-, (米+) hélou | həlóu ヘロウ/《◆hallow の変形.《主に英》hallo(a), 《英》hullo ともつづる》
—— 間 **1a** /-/; やあ, こんにちは 《◆(1) 一日中いつでも使える気軽なあいさつ(cf. hi). good morning [afternoon, evening] の方がていねい. (2)「いらっしゃい」「お帰りなさい」の意味にもなる》 ‖
**Hello** (↘), Bill. (↘) こんにちは, ビル.
対話 "**Hello**(↗), Mom! I'm home!" "Oh, **hello**(↘), Jim. (↗)"「ただいま, お母さん」「あら, お帰りなさい, ジム」.
**b** /-/ [電話で]もしもし ‖
**Hello**(↗), is this 〔《英》that〕 Kato's residence? もしもし, 加藤さんのお宅ですか.
対話 "**Hello**(↗), (**this is**) Mrs. Smith (spèaking)(↘)?" "May I speak to Mr. Smith, please? (↗)"「はい, スミスですが」「ご主人とお話しできますか」.
**2** [呼びかけ]あのう, ちょっと, おい.
**3** 《主に英》《◆驚きの声》 ‖
**Hello**(↘), this looks like the hat I want. まあ, これは私の欲しい帽子に似てる.
—— 名 (複 ~s) C U hello というあいさつ, 呼びかけ ‖
Sày **helló** to him (for me). 彼によろしく《◆親しい間柄で用いる. → regard 名 **3**》.
—— 動 他〈人〉に hello とあいさつする, 呼びかける.
—— 自 hello と言う.

**helm** /hélm ヘルム/ 名 **1** C 〖海事〗かじ, 舵柄(だ ʌ), 舵輪.
**2** (正式) 〔the ~〕 支配, 指揮(権) ‖
be at the **hélm** 実権を握っている, 指導者である.

**hel·met** /hélmət ヘルメット/ 名 C **1** ヘルメット; 日よけヘルメット帽; 〖フェンシング〗面. **2** 鉄かぶと; かぶと.

**Hel·ot** /hélət ヘロト/ 名 C 〖歴史〗古代スパルタの奴隷《◆国家の所有. slave より位が上》; [h~] 農奴, 奴隷.

***help** /hélp ヘルプ/ 〖→ assist〗
承 helpful (形), helpless (形)
→ 動 他 **1** 手伝う **3** 促進する, 役立つ
名 **1** 助け **2** 役立つもの[人] **3** 救済法 **4** 雇い人

—— 動 (三単現) ~s/-s/; 過去・過分 ~ed/-t/; 現分 ~ing)
— 他 **1** 〈人〉を手伝う, 手助けする; 〈店員などが〉〈客〉に用を聞く; [help (**to**) do] ...するのを**手伝う**, **助ける**; [help A (**to**) do] 〈人が〉 A〈人〉が...するのを**手伝う**, **助ける**《◆to を省くのは主に《米》だが, 《英》でも一般化してきた》‖
He **helped** (**to**) change a tire. 彼はタイヤの交

換を手伝った.

対話 "May [Can] I hélp you?(↗)" "No, thank you [thanks]. We're just looking." 「何かお捜しですか?」「いや結構です. 見ているだけですから」.

対話 "Will you help me to carry these chairs out?" "Sure, I will." 「このいすを運び出すのを手伝ってくれますか」「ええ、いいですよ」.

対話 "Peggy is a good friend, isn't she?" "Oh, I don't know. She's never helped me much." 「ペギーはよい友だちですね」「さあそれはどうかな. あまり助けてくれたことはないよ」.

Q&A  Q: 対話例に May [Can] I help you? という言い方が載っていますが、他の言い方はありますか. また店だけでなく他の場面でも使われますか.
A: What can I do for you? とか、米国では Do you want me to help you? などもよく聞かれます. 非常にていねいな言い方になりますが、Might [Could] I help you(, please, Sir [Madam])? もあります. 場面としては、道に迷ったとか、物をなくして捜しているとか、何かで困っているような場合にも使われるようです.

**2** [help A with [in] B] A〈人〉のB〈仕事など〉を**手伝う**(◆with はその時限りのあるいは日課のような仕事の場合に, in は困難で努力を要するような仕事や動名詞の場合に用いる); 〈人〉が A〈人〉を助けて…にさせる(◆方向を表す副詞(句)を伴う) ‖
help him **with** his homework =help him (to) do his homework 彼の宿題を手伝う(◆×help his homework とはしない).
help one's mother **in** preparing breakfast 母の朝食の準備を手伝う.
They **helped** him **in** his escape. 彼らは彼の逃亡を助けた.
He **helped** the old woman **across** the street **to** the store. 彼は老婆が通りを渡るのを助けてその店まで連れて行ってあげた.

**3** 〈物·事が〉〈物·事を〉促進する, 〈人に〉**役立つ**; [help (to) do] 〈物·事が〉…するのに**役立つ**; [help A (to) do] 〈物·事が〉 A〈人·物·事が〉…するのを**促進する** ‖
The railroad **helped** the development of the city. =The railroad **helped** the city (**to**) develop. 鉄道がその市の発展を促した.
My knowledge of Spanish **helped** me in Seville. スペイン語を知っていたことがセビリヤで役に立った.

**4** 〈人〉を救う, 助ける; 〈人〉を(経済的に)援助する; 〈お金が〉〈人〉を一時的に救う(+*over*) ‖
**Help** (me)! 助けてくれ.
The Red Cross **helped** the flood victims. 赤十字が洪水の被害者を救済した.

**5** 〈薬など〉〈病気など〉を**治す**; 〈苦痛など〉を**やわらげる**; …の単調さ[欠点]を救う ‖
This medicine will **help** your headache. この薬は頭痛にききます.

**6** 《正式》〈人〉に(料理などを) 取ってやる, よそう ‖
help him **to** some potatoes 彼にポテトを取ってやる.

**7** [can, cannot と共に] 〈物·事〉を**避ける**, 防ぐ; …をこらえる ‖
I **cán't help** it (that) he doesn't like me. 彼が私を嫌うのはどうしようもない.
It **cán't be hélped**. どうしようもないよ, 仕方がないよ(◆謝罪に対する寛容な態度, 慰めを示す表現).

——自 **1** 〈人が〉**手伝う**; (…して)助ける ‖
He **helped with** the dishes. 彼は皿洗いを手伝った.
He never **helps at** home. 彼は家で何の手伝いもしない.
He **helped by** adding his knowledge to mine. 彼の情報を私の情報に付け足して彼は援助してくれた.

**2** [通例否定文で] 〈物·事が〉助けになる, 役立つ ‖
It won't **help to** complain. 文句を言っても役に立たない.
She did everything the doctors said, but it didn't **help much**. 彼女は医者の言うことは全部したが、あまり役に立たなかった.

◦**cannòt hélp** *dóing* =《主に米略式》◦**cannòt hélp but** *dó* (1) …**せずにはいられない** ‖ I can't help laughing at her. 彼女を笑わずにはいられない. (2) …するのは仕方がない ‖ She couldn't help but be a little vague. 彼女が少しあいまいな態度だったのはやむをえなかった.

**cánnot hélp A [A's]** *dóing* 〈人〉が…するのは仕方がない ‖ I cannot help him [his] being lazy. 彼が怠け者なのは私にはどうしようもない.

**gíve [lénd] A a hélping hand** …を手伝う, 援助する(→ hand 名 **4**).

**hélp** *onesèlf* (**to A**) (…を)自分で取って食べる[飲む, 吸う](→ Be my guest! (guest 名 成句)) ‖ Please **hélp** yoursélf to the cáke. (ご遠慮なく)ケーキをお取りください(◆食物だけでなく次のような場合にも用いる: 対話 "May I use your car?" "*Help yourself*."「車をお借りしてもよろしいですか」「どうぞ」.

**hélp óut** 《略式》(1) [自] 手伝う. (2) [他] 〈人〉を援助する.

**móre than** *one can* **hélp** [副] [形] 〈人が〉しないですむ以上に[の], 必要以上に[の], 余計に[な] ‖ Don't waste **more** (money) **than** you can help. なるべくむだ使いはするな.

——名 (複 ~s/-s/) **1** ⓤ **助け**, 助力, 救済 ‖
Do you need any **help** with your work? 君の仕事に手伝いが必要ですか.
learn French with the **help** of the TV テレビを活用してフランス語を勉強する.
The dictionary **is** (**of**) much **help** to him. その辞書は彼に大いに役立っている.

対話 "Thank you for your **help**." "You're welcome." 「手伝ってくれてありがとう」「どういたしまして」.

**2** [a ~] 役立つもの[人], 助けになるもの[人] ‖

He's a great **help** to me. 彼はとても助けになります.
**3** [U] [否定文または否定的な意を含む文で] **救済法**, 逃げ道 ‖
There's no **help** for it but to wait. 待つよりほかはない.
Her condition is beyond **help**. 彼女の状態は手の打ちようがない.
**4** [C] **雇い人**; 家政婦, お手伝い; [C][U] 《米》**従業員**, 使用人 ‖
a home **help** 《英》家政婦《◆ ×home helper とはいわない》.
factory **help** 工場労働者.
**5** [C] 〔コンピュータ〕ヘルプ《ソフトの使用法を教える機能》.
**help·er** /hélpər ヘルパ/ [名][C] **1** 助ける人, 助力者, 助手; お手伝い; 後援者. **2** 助けになるもの, 役立つもの.
*__help·ful__ /hélpfl ヘルプフル/ 〘→ help〙
——[形] ([比較] more ～, [最上] most ～) 役立つ, 助けになる; 有益な ‖
Your advice **is** always **helpful to** me. あなたの助言はいつも私の役に立ちます.
It was very **helpful of** you ¦ to mow the lawn. =You **were** very **helpful to** mow the lawn. 君が芝生を刈ってくれてとても助かった.
**help·ful·ly** /hélpfəli ヘルプフリ/ [副] 助けになって, 役に立つように.
**help·ful·ness** /hélpflnəs ヘルプフルネス/ [名][U] 助けになること, 有用性.
**help·ing** /hélpiŋ ヘルピング/ [動] → help.
——[名] **1** [C] (食べ物の)1杯, ひと盛り ‖
[対話] "Could I have a second **helping** of pudding, please?" "You certainly can." 「プリンのお代わりをいただけるでしょうか」「ええどうぞ」.
**2** [U] 助力, 援助; 役立つこと.
**help·less** /hélpləs ヘルプレス/ [形]

helpless《2 お手あげの》

**1** 自分ではどうすることもできない, 自分で用の足せない ‖
I'm (as) **helpless** as a new-born baby. 私は生まれたばかりの赤ん坊同然何もできない.
**2** 無力の, お手あげの; むだな ‖
She was **helpless against** the thief. 彼女は泥棒にはなすすべがなかった.
**3** 助け[救い]のない, 保護のない.
**4** 困惑した ‖
give a **helpless** glance 困ったような目つきでちらっと見る.
**hélp·less·ness** [名][U] どうしようもないこと; 無力.
**help·less·ly** /hélpləsli ヘルプレスリ/ [副] どうしようもなく; 力なく; 困惑して.
**Hel·sin·ki** /hélsiŋki ヘルスィンキ, ⌐⌐/ [名] ヘルシンキ《フィンランドの首都》.
**hel·ter-skel·ter** /héltərskéltər ヘルタスケルタ/ [副][形] 《略式》あわてて[た]; 混乱して[た].
——[名][C] **1** 《主に英》(遊園地の)らせん形すべり台. **2** [a ～] 混乱.
**hem**[1] /hém ヘム/ [名][C] **1** (布の)へり; (折り返して縫い取りをした衣服の)へり, 縁(ふち) ([図] → jacket) ‖
take the **hem** up (スカートなどの)縫いあげをする.
**2** 《正式》(一般に)へり, 縁.
——[動] ([過去・過分] hemmed/-d/; [現分] hem·ming) [他] **1** (折り返して)…の縁取りをする, …をくける, …にへりをつける. **2** 《正式》…を囲む, 閉じ込める (+*in*, *around*, *about*).
**hem**[2] /[間] mm ムム, hm; [動] hém ヘム/ 〘擬音語〙[間] ふん, へん《◆ 注意喚起・口ごもり・疑いなどを表す軽いせき払い》. ——[動] ([過去・過分] hemmed/-d/; [現分] hem·ming) [自] 《主に米》hem とせき払いする; 口ごもる(《英》hum).
***hém and háw*** [***há***] 口ごもる; 確答を避ける.
**Hem·ing·way** /hémiŋwèi ヘミングウェイ/ [名] ヘミングウェイ《Ernest ～ 1899-1961; 米国の小説家》.
*__hem·i·sphere__ /hémisfìər ヘミスフィア/ [名][C] 半球(体); (地球・天球の)半球(の地図) ‖
the Northern **hemisphere** 北半球.
**hem·lock** /hémlɑk ヘムラク|-lɔk -ロク/ [名][C] 《主に英》〔植〕ドクニンジン; [U] それから採った毒薬.
**hémlock fír** [**sprúce**] [C] 〔植〕ツガ; [U] ツガ林.
**he·mo-,** 《英》**hae·mo-** /híːmə- ヒーモ-, -ou-, he-/ [連結形] 血《◆ 母音の前では hem-》.
**he·mo·glo·bin,** 《英》**hae·-** /híːməglòubən ヒーモグロウビン|⌐⌐⌐/ [名][U][C] 〔生化学〕ヘモグロビン([略] Hb).
**hem·or·rhage,** 《英》**haem·-** /hémərid3 ヘマリヂ/ [名][U][C] 〔医学〕(不意の)大出血; (資産・頭脳などの)流出, 損失. ——[動] ([現分] --rhag·ing) [自] 多量に出血する.
**hemp** /hémp ヘンプ/ [名][U] **1** 〔植〕アサ(麻), タイマ(大麻). **2** 麻繊維《なわ・織物用》. **3** 大麻《麻薬》.
**__hen__ /hén ヘン/
——[名] ([複] ～s/-z/) [C] **1** めんどり (↔ cock, 《米》rooster); 雌のひよこ; [～s] (雄・雌に関係なく)ニワトリ ‖
Hens lay eggs. ニワトリは卵を産む.
[関連] 「ニワトリが先か卵が先かの議論」は hen-versus-egg argument (cf. egg [名] **1** 用例).
**2** (一般に)雌の鳥; (エビ・カニ・サケなどの)雌.
**hén pàrty** 《略式》女性だけのパーティー(cf. stag party).
**hence** /héns ヘンス/ [副] 《正式》**1** それゆえに, したがって ‖
Hence, I shall have to stay here. それゆえここにとどまらざるを得ないだろう.
**2** 今から(先) ‖
Let's meet two days **hence**. 今から2日後に会いましょう.
**hence·forth** /hènsfɔ́ːrθ ヘンスフォース/ [副] 《正式》今後は, これからは.

**hen·na** /héna ヘナ/ 名U 〖植〗ヘンナ《ミソハギ科の熱帯植物》;ヘンナ染料《葉から採った赤褐色の染料.毛髪・つめを染める》.

**hen·pecked** /hénpèkt ヘンペクト/ 形 《略式》〈夫が〉尻に敷かれた.

**Hen·ry** /hénri ヘンリ/ 名 **1** ヘンリー《男の名.《愛称》Harry》. **2** 〖Henry VIII〗ヘンリー8世《1491-1547; イングランド王(1509-47). Anglican Church を興した》.

**hep·a·ti·tis** /hèpətáitəs ヘパタイテス/ 名U〖医学〗肝炎.

**Hep·burn** /hépbə̀:rn ヘプバーン/ 名 ヘボン《James Curtis/kə́:rtis/ ~ 1815-1911; 米国の宣教師・医師. 日本に長く滞在し、ヘボン式ローマ字を考案》.

***her** /(弱) hər ハ, ə:r, ər; (強) hə́:r ハー/ 〖sheの目的格・所有格代名詞〗

——代 **1** [動詞の目的語として] **a** [先行する女性名詞, 文脈からそれとわかる女性をさして] 彼女を(に), 彼女(に) ‖
I took **her** skating in Central Park. 彼女をセントラルパークへスケートへ連れて行った.
対話 "I met Jim's sister yesterday. Do you know **her**?" "No, I haven't met **her**."「きのうジムのお姉さんに会ったよ. 彼女を知っていますか」「いやまだ会ったことがないよ」.

**b** [擬人法] それを(に)《◆ *it* の代用》‖
Fill **her** up. (ガソリンスタンドで)満タンにして《◆ *her* は男性が使う語で the car をさす. 女性の前では *it* を用いる》.

語法 《略式》では be 動詞, 比較構文の than, as のあとで she の代わりに her を用いることが多い(→ him 語法).

**2** [前置詞の目的語として] 彼女を《◆ 訳に用いる助詞は前置詞によりいろいろである》‖
He ran toward **her**. 彼は彼女の方へ走っていった.
**3** [*she* の所有格] **a** [名詞の前で] 彼女の ‖
Jane introduced me to **her** mother. ジェーンは私を彼女のお母さんに紹介してくれた.
I had once read **her** novel. 私はかつて彼女の小説を読んだことがあった.

**b** [動名詞の前で] 彼女は[が]《◆ 動名詞の意味上の主語》‖
I could nòt understánd ┆ **hèr** behàving like thát. 彼女があんなふるまいをするのが理解できなかった《◆ *her* ┆ behàving like thát では目的格の *her*》.

**c** [擬人法] その《◆ *its* の代用》‖
France regained **her** leadership. フランスはリーダーシップを取り戻した(→ she).

**He·ra** /híərə ヒアラ/ 名《ギリシャ神話》ヘラ《Zeus の妻. 嫉妬(しっと)心の強さで有名. ローマ神話の Juno に当たる》.

**her·ald** /hérəld ヘラルド/ 名C **1** 〖歴史〗使者, 伝令官, お触れ役《国王の布告を民衆に伝えた人》; 軍使, 勅使(ちょく).

**2** 〔文〕先駆者, 先触れ, 前触れ. **3** [しばしば H~; 新聞名として] 布告者, 報道者 ‖ *the Edinburgh Herald*『エジンバラ=ヘラルド』《英国の新聞》.

——動他《正式》…の先触れをする, …を布告する.

**her·ald·ry** /hérəldri ヘラルドリ/ 名U 紋章学.

**herb** /ə́:rb アーブ, hə́:rb ハーブ| hə́:b/ 名C **1** 草, 草本. **2** 香味料[薬用]植物.

**her·ba·ceous** /həːrbéiʃəs ハーベイシャス/ 形 草の.

**herb·al** /ə́:rbl アーブル, hə́:rbl| hə́:bl ハーブル/ 形 草の, 草本の, 薬草の.

**Her·bert** /hə́:rbərt ハーバト/ 名 ハーバート《男の名.《愛称》Bert》.

**her·bi·cide** /hə́:rbəsàid ハービサイド/ 名C 除草剤.

**her·biv·o·rous** /həːrbívərəs ハービヴァラス/ 形 草食性の.

**her·cu·le·an** /hə̀:rkjəlí:ən ハーキュリーアン, hə:rkjú:liːən/ 形 《正式》きわめて困難な.

**Her·cu·les** /hə́:rkjəlì:z ハーキュリーズ/ 名 **1** 《ギリシャ神話・ローマ神話》ヘラクレス《Zeus の息子で怪力無双の英雄. ギリシャ語名 Heracles》. **2** [しばしば h~] C 怪力無双の人.

***herd** /hə́:rd ハード/ (同音 heard; 類音 hard /hə́:rd/) 〖「牧童が監視する同一種類の家畜(特にウシ)の群れ」が原義〗

——名 (複 ~s/hə́:rdz/) C [単数・複数扱い] **1** (動物の)群れ《◆ ふつうウシ・ブタ・ヒツジなどの群れ. → flock¹ 関連》‖
A **herd** of cattle [cows] was grazing in the field. 牛の群れが野原で草を食べていた.
**2** 人の群れ; 群衆; 大衆.

——動他 …を集める, 駆り立てる; …の番をする.

**herd·er** /hə́:rdər ハーダ/ 名C《米》牛飼い, 羊飼い; 家畜所有者《主に英》herdsman).

***here** /híər ヒア/ (同音 hear; 類音 hair, hare/héər/) 〖「話し手の縄張りの」が本義で, 指示代名詞 *this* に対応する副詞. cf. *there*〗

——副 **1** ここに, ここで, ここへ, こちらへ ‖
leave **here** ここを去る.
My cár is (right) **hère**. 私の車は(ちょうど)ここにある.
Isn't the dóctor **hère**? お医者さんはこちらにおられませんか.
He lives **hére** (↘), ┆ not thére. (↘) 彼はそこじゃなくここに住んでいます.
Be **hère** at fíve. 5時にここにいらっしゃい.
Why did you cáll me **here**?(↘) どうして私をここに呼んだのですか.
(It's) Smíth **hère**. 《電話》こちらはスミスです(= (This is) Smith (speaking).).
**Hère**, ┆ the students study in the líbrary. こちらでは, 学生は図書館で勉強する.
対話 "Darling, where are you?" "**Hère** I ám." 「あなた, どこにいるの」「ここだよ」.

語法 (1)《略式》では名詞のあとに置いて形容詞的に

使うことができる: My friend *here* wants to sée you. ここには私の友人がお会いしたいと申しています / Àsk thís màn *here*. この人に聞きなさい.

(2) 次のようにまず here で大まかな位置を示し, あとで正確な位置を示すことがある: I am líving *here* in Kóbe. 私はここ神戸に住んでいます《◆「神戸のここに」ではない》/ The bág is *hère*(,) on the táble. そのバッグはここのテーブルの上にある.

(3) しばしば場所を示す副詞を前に置く(→ 名): It's cóld *in hère*. (部屋などで)ここは寒いね / I am *òut hére*. (中にいる人に対して)ここにいるよ / It's ráining *òver hére*. (遠くにいる人を基準にして)こちらは雨が降っている《◆自分を基準にする場合は over は用いない》.

(4) 眼前のことについて相手の注意を引くために文頭に置く. 常に現在単純時制で用い, 主語と動詞の位置が入れ替わる. there に比べごく近くをさす: *Here* is your bóok. (ほら,)ここに君の本があるよ(cf. *there* 副 **2**)(→ 成句 HERE's your ...) / *Here's* for you. これをさしあげます / *Here's* the news. (アナウンサー)ニュースをお伝えします / *Hére* còmes our téacher.(↘) ほら, 先生が来たぞ. ただし主語が代名詞のときは語順は入れ替わらない: *Hère* she cómes.(↘) ほら, 彼女がやって来たぞ.

**2** [文頭・文尾で] ここで, この点で; 今(この時に), 現在 ‖
Hère ¦ she paused. ここで彼女は語るのをやめた.
Let's stop **here** and read the rest tomorrow. ここでやめて残りはあす読もうじゃないか.
Hère ¦ we agrée. この点で一致しますね.

**3** この世で, 現世で ‖
here below この世では.
He is **here** no more. 彼はもはやこの世の人でない《◆ He is dead. の遠回し表現》.

**4** [間投詞的に] **a** [点呼の返事] はい(yes) ‖
Here, sir [ma'am]! (↗) はい.
**b** [注意を引いたり警告するときに] さあ, ほら, おい ‖
Hére! What are you doing? おい, 何をしているんだ.
Hére, you take it. さあ君にやるよ.
Here, that's no way to fix a flat tire. ほら, そんなやり方ではパンクは直せないよ(ぼくがやってあげるよ)《◆動作の提供》.

be néither hére nor thére (略式)〈物事が〉見当はずれだ, 問題外だ; 取るに足りない, たいしたことではない ‖ What you say **is neither here nor there**. 君の言うことは問題にならない.

hére and nów 今この場で, 直ちに; 目下のところ.

◇hére and thére [しばしば単数名詞と共に] あちこちに[で], あちらこちらから《◆ ˟there and here とはいわない》‖ I found holes [a hole] here and there. あちこちに穴があいていた.

*Hére góes!* (↗)(略式) さあやるぞ, それ《◆特に何か困難なことを始めるときにいう》.

*Hére I ám.* ただ今(帰りました); さあ着いた.
*Hère it ís.* (↘, (米+)↘) (略式) ＝HERE you are (1).
*Hére's to* A **!** (略式) …のために乾杯 ‖ Here's to you 君のために乾杯! / Here's to your future. 君の前途を祝して乾杯!

◇*Hére's your* ... [人に物をすすめて] …をどうぞ ‖ Here's your coffee. コーヒーをどうぞ/ Here's your keys. かぎをお渡しします《◆主語が複数でも Here's であることに注意》.

*hére, thére and éverywhere* (略式) いたるところに, どこもかしこも; 絶えず動き回って.

◇*Hére we áre.*(↘, (米+)↘) (略式) (1) (我々の欲しかった物が)さあここにありますよ. (2) (目的地に)さあ着きました ‖ Here we are at the station! さあ, 駅に着いたぞ. (3) ＝HERE you are. (4) (腰をおろす時に)ほら, どっこいしょ.

*Hére we gó!* (略式) さあ, 行くぞ.
*Hére we gó agáin.* (略式) (予想通り)あーあ, またか.

◇*Hére you áre.* (↘, (米+)↘) (略式) (1) [人に物を渡すとき] **はいここにあります, さあどうぞ**《◆直接手渡すような場合に用いる. 単に Here. ということもある》‖ Here you are, sir. ご注文のお品でございます. (2) [挿入的に; 人の注意を引くために] いいかね.

*Lóok* [*Sée*] *hére!* [相手の注意を引くときに] おい, ねえ《◆文頭で用いる》.

── 名 Ⓤ [前置詞の目的語として] ここ(→ 副 **1** 語法 (3))‖
from here ここから.
up to **here** ここまで.
near **here** この近く[近所]に.
Get out of **here**! ここから出て行け.

対話 "A cheeseburger and french fries, please." "Is that for **here** or to go?"「チーズバーガーとフライドポテトください」「ここでお召し上がりですか, お持ち帰りですか」

Q&A *Q*: 道などを歩いていて「ここはどこですか」と尋ねるとき, Where is this place? と言うのは誤りだと言われました. どうしてですか. また正しい言い方を教えてください.

*A*: Where is this place? は地図などを指さして「ここはどこか」という場合にふつう使われます. また ˟Where is here? では here は副詞ですから誤りです. 単に, 場所を尋ねるときは Where am I?, あるいは尋ねる相手も含めて Where are we? と言います.

**here·a·bout** /híərəbàut ヒアラバウト|-́-́/, **-a·bouts** /híərəbàuts ヒアラバウツ|-́-́/ 副 (どこか)この辺で[に].

**here·af·ter** /hìəræftər ヒアラフタ|hìərάːftə ヒアラーフタ/ 副 (正式) 今後は, これから先(from now

The discussion **hereafter** will grow heated. 今後(の)議論は白熱化するだろう《◆このように名詞の後に置いて形容詞的にも用いられる》.
——图 **1** 将来, 未来. **2**《正式》《通例 a ～ / the ～》死後の世界, あの世.

**here·by** /híərbái ヒアバイ/ 副《正式》これによって, このようにして.

**he·red·i·tar·y** /hərédətèri ヘレディテリ/ -təri -タリ/ 图《正式》《世襲の; 相続権のある. **2** 遺伝(性)の. **3** 代々の, 親譲りの.

**he·red·i·ty** /hirédəti ヒレディティ/ 图 U 遺伝(形質); 遺伝傾向.

**here·in** /hìərín ヒアリン/ hìər- ヒアイン/ 副《正式》この中に, ここに.

**here·of** /hìəráv ヒアラヴ/ hìərɔ́v ヒアオヴ/ 副《正式》これに関して.

**here's** /híərz ヒアズ/《略式》here is の短縮形.

**her·e·sy** /hérəsi ヘレスィ/ 图《複》··e·sies/-z/) U (キリスト教・定説などに対する)異端[説], 反論; C 異端信仰[行動].

**her·e·tic** /hérətik ヘレティク/ 《アクセント注意》《◆ ×ヘレティク》图 C (特にローマ=カトリック教会から見て) 異教徒, 異端者; 反対論者.

**he·ret·i·cal** /hərétikl ヘレティクル/ 图《正式》異教(徒)の; 異端(者)の, 正統でない.

**here·with** /hìərwíð ヒアウィズ/ -wíθ -ウィス/ 副《正式》《商業》**1** (手紙などに)同封して, これと共に. **2** 直ちに.

**her·it·age** /hérətidʒ ヘリティヂ/ 图 C U《正式》《通例 a ～ / the ～》**1**《法律》相続財産. **2** (過去の)文化的遺産, 伝統.

**Her·mes** /hə́:rmi:z ハーミーズ/ 图《ギリシア神話》ヘルメス《旅行者・商売・発明・雄弁・窃盗の神. ローマ神話の Mercury に当たる》.

**her·mit** /hə́:rmit ハーミト/ 图 C 世捨人.

**her·ni·a** /hə́:rniə ハーニア/ 图《複》～s, ··ni·ae /-nii:/) U C《医学》ヘルニア; 脱腸.

*****he·ro** /híərou ヒーロウ/ hìərəu ヒアロウ/ 《『保護する人』が原義》
派 heroic (形)《◆女性形は heroine》
——图《複》～es/-z/) C **1** 英雄, 勇士 ‖
I'm no **hero**.《略式》私はそんなに肝が太くない.
**2** (事件・分野などでの業績・貢献のある)偉人, 敬慕(ﾎﾞ)の的となる人 ‖
That singer is the teenagers' **hero**. その歌手はティーンエージャーのあこがれの的だ.
**3** (小説・劇などの男の)主人公 (↔ heroine).

**he·ro·ic** /hiróuik ヒロウイク, he-/ 图 **1** 英雄的の, 英雄的な, 英雄にふさわしい; 大胆な, 勇敢な, 高潔な (↔ cowardly) ‖
make a **heroic** effort 英雄的な努力をする.
The man who saved her was **heroic**. 彼女を助けた人は勇敢であった.
**2** おおぎょうな, けばけばしい; 高尚(ﾅ)な. **3**《正式》英雄を扱った, 叙事詩の. **4**《美術》実物より大きい.

**her·o·in** /hérouən ヘロウイン/ 图 U ヘロイン《麻薬の1つ》.

**her·o·ine** /hérouən ヘロウイン/ 《同音 heroin》图 C **1 a** 英雄的女性, 女傑(ｹﾂ)《↔ hero》. **b** 敬慕(ﾎﾞ)の的となる女性. **2** ヒロイン, (女の)主人公.

**her·o·ism** /hérouìzm ヘロウイズム/ 图 U **1** 英雄的資質. **2** 英雄的行為, 勇気, 勇敢さ.

**her·on** /hérən ヘロン/ 图 C《鳥》サギ;《英》アオサギ《◆鳴きながら飛べば雨になるといわれる》.

**her·pes** /hə́:rpi:z ハーピーズ/ 图 U《医学》ヘルペス, 疱疹(ﾎﾞｳ).

**her·ring** /hériŋ ヘリング/ 图《複》**her·ring**, 種類を表すときは ~s) C《魚》ニシン; U その肉《◆幼魚は sardines として缶詰めにされる》‖
kippered **herring** 燻製(ｸﾝ)ニシン (cf. red herring).

**hérring ròe** 数の子.

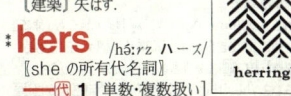

**herring·bone** /hériŋbòun ヘリングボウン/ 图 U 杉あや模様(の織り方); ヘリンボン; 《建築》矢はず.

herringbone

*****hers** /hə́:rz ハーズ/
[she の所有代名詞]
——代 **1** [単数・複数扱い]
彼女のもの《◆ her + 先行名詞の代用》‖
This book is **hers** [×**her** one]. この本は彼女の(もの)です《◆ただし形容詞を伴う場合は her ... one といえる: This book is more intersting than her new one. この本は彼女の新しい本よりおもしろい》.
My son is five years old and **hers** is six. 私の息子は5歳, 彼女の(息子)は6歳です.
**2** [a [this, that など] + 名詞 + of hers] 彼女の《◆名詞の前に her と a, this, no などを並べて使うことができないので, of hers として名詞のあとに置く. → my 代 **1**, mine 代 **1**》‖
I am **a friend of hers**. 私は彼女の友人(の1人)です《◆ ×the friend of hers は誤り. her friend という》.
Do you like that red dress of **hers**? 彼女のあの赤いドレスは好きですか.

*****her·self** /《強》hə:rsélf ハーセルフ;《弱》hər- ハセルフ, ə:r-, ər-/ [she の再帰代名詞]
——代《複》themselves) **1** [強調用法] [強く発音して] 彼女自身《◆女性単数の主語または目的語を強調》‖
She went to Paris **herself**. 彼女自らパリへ行った《◆ She *herself* went to Paris. も可能だが, 文尾におくのがふつう》.
I saw Mrs. Cárter **hersélf**. カーター夫人その人を見た.
**Hersélf** an órphan [An órphan **hersélf**] (ﾜ), she nevertheless avoided other orphans. 彼女自身孤児であったのに他の孤児を避けた.
**2** [再帰用法] 彼女自身(を, に)《◆女性を表す主語に対応して動詞・前置詞の目的語として用いる》‖
She húrt **hersèlf**. 彼女はけがをした (= She got

hurt.).
She sáw herself in the mirror. 彼女は鏡で自分を見た.
My mother often tálks to herself. 母はよくひとりごとを言う.

**3** 彼女(を, に)《◆ her の強調代用形》‖
I wanted to speak to her father and herself. 私は彼女のお父さんと彼女に話したかった.

語法 her と herself の意味の違いについては → himself Q&A.

**4**（略式）本来の彼女, いつもの彼女 ‖
She's nót (feeling) herself today. 彼女はきょうは気分がすぐれない《◆ 成句は → oneself》.

**hertz** /hə́ːrts ハーッ/ 图 (複 hertz) ⓒ ヘルツ《振動数の単位. 記号 Hz》.

**\*he's** /(弱) hiz ヒズ, iz, iz;（強）híːz ヒーズ/ he is, he has の短縮形.

**hes·i·tant** /hézitənt ヘズィタント/ 形 ちゅうちょする；ためらいがちの, 煮えきらない；気乗りしない；口ごもる.
**hés·i·tant·ly** 副 ちゅうちょして, ためらいながら.

**\*hes·i·tate** /hézitèit ヘズィテイト/《「口ごもる」が原義》 派 hesitation (名)
——動 (三単現) ~s/-tèits/;（過去・過分）--tat·ed /-id/;（現分）--tat·ing
——自 **1 a** ためらう, ちゅうちょする；選択に迷う ‖
She hesitated (about) what to do [what she should do]. 彼女はどうしようかと迷った《◆（略式）では しばしば前置詞を省く》.
He who hesitates is lost.《ことわざ》ちゅうちょする者は好機をのがす.

対話 "What are you going to do after college?(↘) Get a job?(↗)" "I don't know. I'm hesitating. I'd also like to go on to a graduate school."「大学を卒業したら何をする予定ですか. 就職ですか」「さあどうかなあ. 迷っているんだ. 大学院にも行きたいんだ」

**b** [hesitate to do] …するのをためらう ‖
I hésitate to sáy(↘), but ... 言いにくいことですが…《◆相手に好ましくないことを言う際の決まり文句》.

**2** 口ごもる ‖
hesitate before answering どもって答える.

**hes·i·tat·ing** /hézitèitiŋ ヘズィテイティング/ 動 → hesitate.
——形 ためらう, ちゅうちょする；口ごもる.
**hés·i·tat·ing·ly** 副 ためらいながら；口ごもって.

**hes·i·ta·tion** /hèzitéiʃən ヘズィテイション/ 图 ⓒⓤ
**1** ためらい, ちゅうちょ；優柔不断；いや気 ‖
after some hesitation 少しためらったあとに.
**2** 口ごもり.

**het·er(·o)-** /hétər(ou)- ヘタル- (ヘタロウ-), -ə-/ 〔連結形〕 他の, 異なった(↔ homo-).

**het·er·o·ge·ne·ous** /hètərədʒíːniəs ヘタロヂーニアス/ 形《正式》**1** 異種の, 異質の.
**2** 異成分からなる, 混成の, 雑多な(↔ homogeneous).

**het·er·o·sex·u·al** /hètərəsékʃuəl ヘタロセクシュアル/ 形 異性愛の；〔生物〕異性の；両性の(↔ homosexual). ——名 ⓒ 異性愛の人.

**het·er·o·sex·u·al·i·ty** /hètərəsekʃuǽləti ヘタロセクシュアリティ/ 图 ⓤ 異性愛.

**hew** /hjúː ヒュー/（同音 hue, whew）動（過去）~ed,（過分）hewn /hjúːn/ または ~ed) 他《文》**1** …をたたき切る, 切る；…を切り倒す ‖
hew down a tree 木を切り倒す.
**2** …を切って作る, 刻んで作る.
——自 切る.

**hewn** /hjúːn ヒューン/ 動 → hew.

**hex·a·gon** /héksəgàn ヘクサガン, -gən -ゴン/ 图 ⓒ 六角形(→ pentagon 関連).

**\*hey** /héi ヘイ/
——間 おい, ちょっと, おや, ええ《◆注意喚起・驚き・喜び・質問・当惑などを表す発声. 女性はふつう hi を用いる》‖
Héy (↗), what's the matter? おい, どうしたんだ.

**hey·day** /héidei ヘイデイ/ 图 ⓤ [the ~ / one's ~] 盛り, 絶頂, 最盛期.

**\*hi** /hái ハイ/（同音 high）
——間 **1**《主に米》やあ《◆ hello よりも口語的》‖
Hí, there!(↘) やあ, こんにちは!
Hí, Tom. (↘) トム, こんにちは!《◆\* Hi, Mr. (Thomas) Brown. のように正式スタイルの語(句)とは用いない》.
**2**《主に英略式》ねえ, ねえちょっと《◆ hey よりやわらかい》；《驚きを示して》へえ.

**HI**（略）〔郵便〕Hawaii.

**hi·ber·nate** /háibərnèit ハイバネイト/ 動（現分）--nat·ing）自 **1** 冬眠する. **2** 暖かい土地で冬を過ごす.

**hi·ber·na·tion** /hàibərnéiʃən ハイバネイション/ 图 ⓤ 冬眠；避寒(ひかん).

**hic·cough** /híkʌp ヒカプ/ 图 動 =hiccup.

**hic·cup** /híkʌp ヒカプ/ 图 ⓒ しゃっくり; [~s; 単数扱い] しゃっくりの発作 (cf. sneeze) ‖
gèt [háve] the híccups しゃっくりが出る.
——動（過去・過分）hic·cuped または hic·cupped /-t/;（現分）hic·cuping または --cup·ping）自 しゃっくりする.

Q&A Q: hiccup のほかの生理現象のいい方を教えてください.
A:「あくびをする」は yawn,「せきをする」は cough /kɔ́ːf/,「くしゃみをする」は sneeze です. くしゃみの「ハクション」の音は atchoo /ətʃúː/,《英》atishoo),  いびきの音の「グーグー」は zzz /z:/ などといいます.

**hick·o·ry** /híkəri ヒカリ/ 图 (複 --o·ries /-z/) **1** ⓒ 〔植〕ヒッコリー《主に北米産のクルミの類. 図 → 次頁》；=hickory nut.
**2** ⓤ ヒッコリー材；ⓒ ヒッコリーのつえ[むち].
**híckory nùt** ヒッコリーの実(hickory).

**\*hid** /híd ヒド/ 動 → hide.

**\*hid・den** /hídn ヒドン/ 動 → hide.
——形 隠れた, 隠された; 秘密の ‖
a hidden meaning 隠れた意味.
a hidden door 秘密の出入口.

hickory

**\*\*hide** /háid ハイド/
——動 (三単現) ~s/háidz/; (過去) hid/híd/, (過分) hid・den/hídn/ または hid; (現分) híd・ing)
——他 **1** …を隠す, 覆(お)い隠す, 見えなくする ‖
hide oneself 隠れる.
hide money in a cupboard お金を戸棚に隠す.
hide one's face in shame 恥ずかしくて顔をそむける.
The sun was hidden by clouds. 太陽が隠れた.
We have to hide sharp things from babies. 刃物は赤ん坊の手の届かない所に置かなければならない.
[対話] "Where shall I put this money?" "Hide it in the sugar bowl. Nobody will find it there." 「このお金をどこにおいておこうか」「砂糖入れに隠しておけよ. そこならだれにも見つかりっこないよ」.

**2** …を包み隠す, 秘密にする ‖
She tried to hide her mistake from us. 彼女は自分の間違いを我々に気づかれないようにしようとした.

*hide oneself from* A A〈人・物〉から身を隠す; …から目をそらす, …を見ないふりをする.
——自 隠れる ‖
All hid! (かくれんぼで) もういいよ《◆「まだだよ!」は All not *hid*!》.
——名 © (英) (野生動物狩り[観察]のための) 隠れ場所.

**hide-and-(**《米ではしばしば》**go-)seek** /háidən(góu) síːk ハイダン(ゴウ)スィーク/ 名 © **1** かくれんぼ《◆隠れた者は 'Hide and coop!' と叫ぶ. 1人が他の者を探す場合と, 1人または数人が隠れ, 他の者が探す場合がある》. **2** ごまかすこと, 避けること.

*play* (*at*) *hide-and-séek* かくれんぼをする; ごまかす, 避ける.

**hide・away** /háidəwèi ハイダウェイ/ 名 © (米略式) 隠れ場所; 人目につかない小さなレストラン[娯楽場].

**hide・bound** /háidbàund ハイドバウンド/ 形 狭量な.

**hid・e・ous** /hídiəs ヒディアス/ 形 恐ろしい, ぞっとする; ひどく醜(みにく)い.

**híd・e・ous・ly** 副 恐ろしく, ぞっとするほど.

**hid・ing** /háidiŋ ハイディング/ 動 → hide.
——名 **1** © 隠すこと, 隠れること ‖
be in híding 隠れている.
gó ìnto híding 隠れる.

**2** © =hiding place.
**híding plàce** 隠れ場所, 隠し場所, アジト(hiding).

**hi・er・ar・chy** /háiərɑ̀ːrki ハイアラーキ/ 名 (複 -ar・chies/-z/) ©⓾ 階層制度, 職階制, ヒエラルキー.

**hi・er・o・glyph・ic** /hàiərəglífik ハイアラグリフィク/ 形 (古代エジプトの) ヒエログリフの, 象形文字(風)の.
——名 ©⓾ **1** (古代エジプトの) ヒエログリフ, 象形文字. **2** [通例 ~s] 象形文字の書き物 [表記法].

**hi-fi** /háifái ハイファイ/ 名 (略式) **1** ⓾ =*high fi*delity. **2** © ハイファイ再生装置.

**\*high** /hái ハイ/ 名 (同音) hi) [『隆起した』『上方への距離が大きい』→『程度・重要性などが大きい』]
派 height (名), highly (副)
→ 形 **1** 高い **2** 高さが…の 副 **1** 高く
——形 (比較) ~・er, (最上) ~・est) **1** 高い(↔low); 高い所にある, 高地にある; 高い所への, 高い所からの ‖
a high building 高いビル.
a high plateau 高原.
a high dive 高飛び込み.
high flying =high flight 高空飛行.
a room with a high ceiling 天井の高い部屋.
The book is too high for me to reach. その本は高い所にあるので手が届かない.
Mt. Fuji is not as high as Mt. Everest. = (正式) Mt. Fuji is less high than Mt. Everest. 富士山はエベレスト山ほど高くない.

> [Q&A] **Q**: 高いビルを a *high* building とも a *tall* building とも言うようですが, どう違うのですか.
> **A**: 建物の上から見下ろして言う場合は high, 逆に下から建物を見上げる場合には tall が使われるのがふつうです. こうした視点による違いと考えたらいいでしょう.

**2** [数詞などと共に] 高さが…の ‖
How hígh are we now? 我々はどれくらいの高さの所にいますか.
This mountain is 2,300 méters hìgh. この山は2300メートルの高さです.
[対話] "Have they finished that new building yet?" "You mean the one that is thírty stóries hígh?" 「あの新しい建物はもう完成したのですか」「あの30階建ての建物のことですか」.

**3** [通例名詞の前で] 高貴な, 高位の ‖
a high position 高い地位.
a high official 高官.
a man of high birth 高貴の生まれの人.
the Most High 神.

**4** 崇高な, 高尚な; 高級な, 上等の; 高度に進んだ, 高等な ‖
high ideals 崇高な理想.
high quality 上質.
higher animals 高等動物.

**5** 〈価格などが〉高い;〈生活などが〉ぜいたくな. 語法 「〈物が〉高価な」は expensive: an *expensive* [×a high] car ‖
a high rent 高い家賃.
pay a high price for the new car 新車に大金を払う.
**6** 〈程度が〉ふつう以上の, 高度の;強い, 鋭い,〈声が〉甲(%)高い ‖
a high temperature 高熱.
a high wind 強風.
**7** 主な, 主要な;重要な, 重大な ‖
a high crime 大罪.
**8** たけなわの, 最盛期の ‖
high summer 盛夏.
**9** 意気盛んな;陽気な, 楽しい;興奮した;〈略式〉[補語として][麻薬・酒で]酔った, うっとりした ‖
have a high time 楽しいひとときを過ごす.
── 副 (比較) ~・er, (最上) ~・est **1** 高く, 高い所へ[に] ‖
Birds are flying high in the sky. 鳥が空高く飛んでいる.
**2** 高い地位へ[に] ‖
rise high in one's profession 昇格する.
**3** 高額に;ぜいたくに ‖
live high ぜいたくな暮らしをする.
Prices rose high. 物価が高くなった.
── 名 **1** Ⓤ 高い所;丘;空, 天 ‖
on high〈文〉高い所に[へ];天に[へ].
from on high 高い所から;天から.
**2** Ⓒ 最高水準[価格, 記録]‖
reach a new high 新記録を作る.
**hígh cóurt**〈英〉高等法院;〈豪〉最高裁判所.
**hígh fidélity** ハイファイであること(cf. high-fidelity).
**hígh jùmp** [the ~] 走り高跳び.
**hígh lífe** 上流社会(のぜいたくな生活).
**hígh nóon** 正午, 真昼 ‖ at high noon 正午に.
**hígh ríse** 高層建築(物).
**hígh róad** (1)〈英〉主要道路, 本街道. (2) 確実な道[方法].
**hígh schóol** (1)〈米〉ハイスクール《第7-12学年の学校. senior high school (第10-12学年)の意味で用いられることが多い》. (2)〈英〉(主に女子の)中等学校(grammar school).
**hígh socíety** 上流社会.
**hígh spót** 最も重要な部分.
**High Strèet** [しばしば h- s-]〈英〉[the ~](町の)本通り((米) Main Street).
**hígh téa**〈英〉(軽い夕食と共にとる)夕方早くのお茶.
**hígh téch** 高度先端(科学)技術, 先端(工業)技術, ハイテク(high technology) (cf. hightech).
**hígh technólogy** = high tech.
**hígh tíde** (1) 満潮, 満潮時(の水位)‖ set sail at high tide 満潮時に出帆(はっ)する. (2) 絶頂, 最高潮.

**hígh tíme** (1) 楽しいひととき(→ 形 **9**). (2) → time 名 **6**.
**hígh wáter** 満潮, 満潮時(の水位).
**-high** /-hai -ハイ/ 連結形 …の高さの. 例: waist-high 腰までの高さ.
**high·boy** /háibɔ̀i ハイボイ/ 名 Ⓒ〈米〉脚付きの高い洋だんす((英) tallboy).
**high·bred** /háibréd ハイブレド/ 形 **1** 高貴の生まれの;〈犬などが〉純血種の. **2** 行儀のよい, 上品な.
**high·brow** /háibràu ハイブラウ/ 名 Ⓒ 知識人, 教養人;インテリぶる人.
── 形 知的な, 教養のある;インテリ向きの.
**hígh-definítion télevision** /háidefəníʃən- ハイデフィニション-/ 高品位テレビ, ハイビジョンテレビ(略) HDTV.
**high·er** /háiər ハイア/ 形 副 **1** → high. **2** [絶対比較級として] 高等の.
**hígher críticism** 高等批評《文学作品, 特に聖書の科学的研究》.
**hígher educátion** 高等教育, 大学教育.
**high-fidelity** /háifidéləti ハイフィデリティ, -fai-/ 形〈音響機器が〉ハイファイの, 高忠実度の((略式) hi-fi) (cf. high fidelity).
**high-grade** /háigréid ハイグレイド/ 形 **1** 高級な. **2**〈鉱石などが〉純度の高い.
**high·jack** /háidʒæk ハイチャク/ 動 名 = hijack.
**high·land** /háilənd ハイランド/ 名 **1** Ⓤ Ⓒ [しばしば ~s] 高地, 高原, 台地. **2** [the H~] スコットランド高地地方.
**high-level** /háilévl ハイレヴル/ 形 **1**〈会議などが〉上層部の. **2** 高い所に達する[で起こる], 高い所からの. **3**〈言葉・話が〉形式ばった, 専門的な.
**high·light** /háilàit ハイライト/ 名 Ⓒ [通例 ~s] **1**【写真・絵画】最も明るい部分. **2** (事件・催し物などの)ハイライト, 呼び物, 目玉商品. ── 動 他 **1** …に明るい光を当てる. **2** …を目立たせる, 強調する.
***high·ly** /háili ハイリ/ [→ high]
── 副 (比較) more ~, (最上) most ~) 《◆ high 副 **1** と異なり比喩的に「高く」の意に用いる》 **1** [形容詞・過去分詞を修飾して] 非常に, 大いに;高度に ‖
highly indignant とても腹を立てた.
She is highly respected. 彼女はとても尊敬されている.
対話 "Is he okay for the job?" "He is very highly recommended, so don't worry." 「あの仕事は彼で大丈夫だろうか」「とても強い推薦を受けているから心配いらないさ」.
**2** [通例評価を表す動詞と共に] 大いにほめて, たいへん好意的に ‖
prize it highly それを高く評価する.
spèak híghly of the book その本を激賞する.
thìnk híghly of his artistic talent 彼の芸術的才能を大いに尊敬する.
**3** [過去分詞を修飾して] 高位に, 高貴に;高価に,

**highness**

高給に ‖
a **highly** placed government official 政府高官.
a **highly** paid worker 高給取り.

**high·ness** /háinəs ハイネス/ 名 ① 1 高いこと；高価；高度 ‖
the **highness** of the wall 壁が高いこと.
2 [H~] 殿下 ‖
His **Highness** 殿下《◆(1) 王族に対する敬称で，直接に呼びかける時は Your Highness となる. 2人以上の場合には Their Highnesses となる. (2)「妃殿下」は Her Highness》.

**high-octane** /háiákteɪn ハイアクテイン | -ɔ́k- -オクテイン/ 形 〈ガソリンが〉高オクタン価の, ハイオクの.

**high-pitched** /háipítʃt ハイピチト/ 形 1〈音·声が〉調子の高い, かん高い. 2〈屋根などが〉急傾斜の. 3〈議論などが〉激しい.

**high-power(ed)** /háipáuɚ(d) ハイパウア(ド)/ 形 1 高性能の；〔光学〕高倍率の；馬力の大きい, 強力な (powerful). 2〈人が〉有能な；精力的な；〈本の内容などが〉高度な.

**high-pressure** /háipréʃɚ ハイプレシャ/ 形 1 高圧の, 高気圧の(↔ low-pressure). 2〈人(の行為など)が〉高圧的な, しつこい, 強引な.

**high-priced** /háipráɪst ハイプライスト/ 形 高価な (expensive).

**high-rise** /háiráɪz ハイライズ/ 形 高層(建築)の.

**high-road** /háiroʊd ハイロウド/ 名 ⒞ [通例 the ~] 王道, 近道.

**high-speed** /háispíːd ハイスピード/ 形 高速(度)の.

**high-spirit·ed** /háispírətɪd ハイスピリティド/ 形 元気のいい, 活発な, 大胆な ‖
a **high-spirited** horse 元気のいい馬.

**high-strung** /háistrʌ́ŋ ハイストラング/ 形 緊張した, 神経質な, 興奮しやすい.

**high-tech** /háiték ハイテク/ 形 高度先端技術的の, ハイテクの(cf. high tech) ‖
a **high-tech** industry ハイテク産業.

*__high·way__ /háiweɪ ハイウェイ/ 〖公の(high)道路 (way)〗

—— 名 (複 ~s/-z/) ⒞ 1 (主に米)幹線道路, 主要道路, 公道, 街道(main road)《◆(1) (英)で堅い語. (2)「ハイウェイ(=高速自動車道)」は(米) expressway, (英) motorway など》.

> 関連 [米国の幹線道路] US highway 国道 / state highway 州道 / interstate highway 州にまたがる幹線道路 / provincial highway 地方道 / county trunk highway 郡主要道路(→ route 事情).

2 (水陸の)主要ルート[径路].
3 王道, 近道 ‖
the **highway** to promotion 昇進への階段.

**highway·man** /háiweɪmən ハイウェイマン/ 名 (複 -men) ⒞ (昔, 馬に乗って公道に出没した)おいはぎ ((PC) robber, bandit).

**H.I.H.** (略) His Imperial Highness 殿下；Her Imperial Highness 妃殿下.

**hi·jack, high-** /háidʒæk ハイチャク/ 動 他 1〈積荷など〉を強奪する；〈トラックなど〉から積荷を強奪する；〈人〉から持物を強奪する. 2〈飛行機などを〉乗っ取る, ハイジャックする.—— 名 ⒞ ハイジャック.

**hi·jack·er** /háidʒækɚ ハイヂャカ/ 名 ⒞ ハイジャック犯人.

**hi·jack·ing** /háidʒækɪŋ ハイヂャキング/ 動 → hijack.—— 名 ⒞⒰ ハイジャックすること, ハイジャック事件.

**hike** /háɪk ハイク/ (略式)動 (現分 hik·ing) 自 ハイキングをする, 田舎(ぶ)を歩き回る ‖
We wènt híking in the country yesterday. 私たちはきのう田舎にハイキングに行った.
—— 名 ⒞ [通例 a ~] ハイキング, 徒歩旅行 ‖
gó on [for] a híke to the dam ダムへハイキングに行く.

**hik·er** /háɪkɚ ハイカ/ 名 ⒞ ハイカー, 徒歩旅行者.

**hik·ing** /háɪkɪŋ ハイキング/ 動 → hike.
—— 名 ⒰ ハイキング, 徒歩旅行.

**hi·lar·i·ous** /hɪléəriəs ヒレアリアス, (米+) haɪ-/ 形 (正式) とてもおかしい, すごくおもしろい.

**hi·lár·i·ous·ly** 副 とてもおかしくて.

**hi·lar·i·ty** /hɪlǽrəti ヒラリティ, (米+) haɪ-/ 名 ⒰ (正式) 爆笑.

*__hill__ /híl ヒル/ (類音 hell /hél/)〖「隆起したもの」が原義〗
—— 名 (複 ~s/-z/) ⒞ 1 丘, 小山《◆(英)では標高600メートルぐらいまでのものをいう. 日本語の「山」は hill に相当することも多い》‖
The tower stands on a **hill**. その塔は丘の上に立っている.
2 [the H~] =Capitol 3.
3 坂, 坂道 ‖
**Hill** Ahead (掲示) 前方坂あり.
go up a steep **hill** 急な坂を上る.
Don't park on a **hill**. 坂道に駐車してはいけません.
4 (アリなどの)塚.

**hill·ock** /hílək ヒロク/ 名 ⒞ (正式) 小山；塚.

**hill·side** /hílsaɪd ヒルサイド/ 名 ⒞ 丘の中腹, 丘の斜面.

**hill·top** /híltɑp ヒルタプ | -tɔp -トプ/ 名 ⒞ 丘[小山]の頂上.

**hill·y** /híli ヒリ/ 形 (比較 -i·er, 最上 -i·est) 1 丘の多い. 2 小山のような, 小高い；〈道〉が険しい.

**hilt** /hílt ヒルト/ 名 ⒞ (文) (刀剣の)柄(つか), (道具·武器の)柄(え) (handle).

**__him__ /(弱) him ヒム, im; (強) hím ヒム/ (同音 hymn) 〖he の目的格〗
—— 代 1 [先行する男性名詞·文脈からそれとわかる男性をさして] 彼を, 彼に ‖
I met Jane's brother yesterday. Do you know **him**? きのうジェーンの兄さんに会いました. あなたは彼を知っていますか.

His father bought **him** a camera. 彼の父は彼にカメラを買ってやった.

[語法] [**he** の代用]《略》be 動詞, than, as のあとで用いることが多い: I'm taller than *him* [he]. 私は彼より背が高い《ただし I'm taller than he [ˣhim] is.》/ She doesn't work as hard as *him* [he]. 彼女は彼ほどく働かない《ただし She doesn't work as hard as he [ˣhim] does》 [対話] "Who struck me?" "It was hím (that struck you)." 「私をなぐったのはだれだ」「彼だ」《単に "Him." ともいう》.

[**his** の代用] (1)《略》動名詞の意味上の主語として: I don't like *him* being out so late. 彼がそんなに遅くまで外出するのは気に入らない.
(2) the + 名詞 + of him の形で《◆ her の場合も同じ》: from the look of *him* (彼の表情からすると) / I hate the very sight of *him*. 彼を見るのもいやだ.

**2** [前置詞の目的語として] 彼《◆ 訳に用いる助詞は前置詞によりいろいろである》‖
Let's play tennis with **him**. 彼とテニスをしよう.
**3** [擬人法] それを[に]《◆ it の代用. → her》.
**4** [everyone, anyone などの不定代名詞を受けて] 彼を[に]《◆ 日本語にはふつう訳さない》(→ his 3).

**Him·a·la·ya Mountains** /hìməléɪə-, 《米+》hìmάːləjə-/ [名] [the ~] ヒマラヤ山脈.

## **\*hìm·sélf** /(強) hìmsélf ヒムセルフ; (弱) ɪmsélf イムセルフ/ [**he** の再帰代名詞]
——代 (複 themselves) **1** [強調用法][強く発音して] **a** 彼自身《◆ he または男性単数名詞を強調》‖
He went to Paris himsélf. 彼は自らパリへ行った《◆ He *himsélf* went to Paris. も可能だが文尾におくのがふつう》.
I spoke to the mayor himsélf. 私はじかに市長に話した.
**b** 彼自身《◆ everyone など不定代名詞に対応》.
**2** [再帰用法] **a** 彼自身(を, に)《◆ 主語の he または単数男性名詞を受けて動詞・前置詞の目的語として用いる. → oneself [語法]》‖
He hùrt himsèlf. 彼はけがをした.
He sáw himsèlf in the mirror. 彼は鏡で自分を見た.
He often tálks to himsèlf. 彼はよくひとりごとを言う.
**b** 彼自身を[に]《◆ every one など不定代名詞を受ける》‖
Everyone should take good care of **himself** [《略》themselves]. 皆自分のからだを大切にしなければならない.
**3** 彼(に, を)《◆ **him** の強調代用形》‖
I wanted to speak to his mother and himsélf. 私は彼のお母さんと彼に話をしたかった.

[Q&A] **Q**: (1) He pulled the blanket over *him*. (2) He pulled the blanket over *himself*. の him と himself ではどう意味が違いますか.
**A**: (1) は「自分のからだの上に毛布を引っ張った」というふつうの意味ですが, 強調形を用いた (2) では「毛布にくるまって身を隠した」といったような意味になります.

**4**《略》本来[平素, いつも]の彼《◆ふつう補語または **he** は come to *himself* として用いる》‖
He's nót (feeling) himself today. 彼はきょうは気分がすぐれない《◆成句は → oneself》.

**hind** /háɪnd ハインド/ [形] 後ろの, 後部の, 後方の ‖
the **hind** legs of a dog 犬の後脚.
the **hind** wheels 後部車輪.

**hin·der**¹ /híndər ヒンダ/ [動] **他 1** …を妨げる, 遅らせる, …のじゃまをする ‖
The heavy rain hindered traffic. 大雨で交通が渋滞した.
Nothing hindered (him in) his study. 彼の勉強のじゃまをするものは何もなかった.
**2** [hinder A from doing] A〈人〉が …するのを妨げる[じゃまする], …できないようにする《◆ stop より堅い語》‖
Illness hindered me ⫶ from attending the party. =《略》Illness hindered me attending the party. 病気で私はそのパーティーに出席できなかった.

**hin·der**² /háɪndər ハインダ/ [形] 後部の, 後方の.

**hin·drance** /híndrəns ヒンドランス/ [名]《正式》[U] 妨害, じゃま; [C] じゃまになる物[人], 障害物 ‖
without **hindrance** 無事に.
a **hindrance** to development 発展の障害になる物.

**Hin·du** /híndu: ヒンドゥー/ [名] [C] **1** ヒンドゥー人《北部インドに住む》; ヒンドゥー教徒. **2** インド人.
——[形] ヒンドゥー人の, ヒンドゥー教の; インド人の ‖
the **Hindu** religion ヒンドゥー教.

**Hin·du·ism** /híndu:ɪzm ヒンドゥーイズム/ [名] [U] ヒンドゥー教, インド教.

**hinge** /hɪndʒ ヒンヂ/ [名] [C] **1** (開き戸などの)ちょうつがい; 関節. **2** 要点, かなめ. ——[動] (現分 hing·ing) 他 …にちょうつがいをつける. ——自 **1** ちょうつがいで動く. **2**《正式》次第である.

## **\*hint** /hínt ヒント/ [『つかむ』が原義. cf. hunt]
——[名] (~s/hínts/) [C] **1 a** ほのめかし, ヒント, 暗示; 手がかり; [hint that 節] …というヒント ‖
a delicate **hint** ほのかな暗示.
drop a **hint** ほのめかす.
tàke a [the] hínt《略》(ほのめかされて)それと感づく, ピンとくる.
gìve a **hínt** as to his identity 彼がだれなのかヒントを与える.
I gàve him a **hínt** ⫶ that I did not want to go out. 外出したくないということを彼にほのめかした.
**b** [しばしば ~s] 手引き, 心得, 指示 ‖

hints on cooking 料理の心得.
useful hints for new students 新入生に役立つ手引き.
**2** [a ～] かすかな徴候(きざ); 微(び)量, わずかな量 ‖
a hint of pepper 少量のコショウ.
—**動** (三単現) ～s /hínts/; (過去・過分) ～･ed /-id/; (現分) ～･ing)
—**他** …をほのめかす, 暗示する; [hint (that) 節] …とそれとなく言う(indicate) ‖
He hinted his disapproval to me. 彼はそれとなく不賛成の意を示した.
She hinted to me that my tie was not straight. 彼女は私のネクタイが曲がっているのをそれとなく教えてくれた.
—**自** ほのめかす, それとなく言う, あてこする; 暗示する ‖
hint at her impoliteness 彼女の不作法をそれとなく注意する.

**hin・ter・land** /híntərlænd ヒンタランド/ [ドイツ] **名** Ⓒ **1** (正式) [通例 the ～] (沿岸地帯の)後背地; 内陸地域. **2** [しばしば ～s] 奥地, 田舎(いなか), 地方.

**hip** /híp ヒプ/ **名** (複 ～s /híps/) Ⓒ **臀**(しり), **尻**(しり)だけでなく, 腰の左右に張り出した部分の片方の意. そのため, しばしば hips として両側を合わせていう. 日本語の「尻」に最も近いのは buttocks. (図) → back, body ‖
with one's hands on one's híps 両手を腰に当てて(→ akimbo).
fall on one's hips しりもちをつく.

**hip・pie, --py** /hípi ヒピ/ ((歴式やや古)) **名** (複 hip・pies/-z/) Ⓒ **形** ヒッピー(族)(の).

**hip・po** /hípou ヒポウ/ **名** (複 ～s) ((略式)) =hippopotamus.

**hip・po・pot・a・mus** /hìpəpátəməs ヒポパタマス | -pɔ́t- -ポタマス/ **名** (複 ～・es, ‑mi /-mài/) Ⓒ (動) カバ((略式) hippo).

\***hire** /háiər ハイア/ (同音) higher) 『「給料」が原義』
—**動** (三単現) ～s/-z/; (過去・過分) ～d/-d/; (現分) hir・ing /háiəriŋ/)
—**他** **1** …を雇(やと)う(→ rent 他 **3** (語法)) ‖
hire a workman by the day 日給で人夫を雇う.
hire men on ability rather than family connections 縁故でなく能力で人を雇う.
She hired a gardener to plant some trees. 彼女は庭師に木を植えさせた.
**2** (英) …を賃借りする ‖
a hired car ハイヤー.
hire a concert hall by the hour 音楽会場を時間決めで借りる.
hire a car (運転手付きで)車を借りる《♦車だけを借りるのは rent a car. 船・飛行機・バスなどをグループ・団体で借り切る場合は(英·米)とも charter》.
—**名** Ⓤ (主に英) **1** 借り賃, 使用料; 賃金. **2** (物の)賃借り, 賃貸し; 雇用.
for [on] híre 賃貸しで(の).

**hir・ing** /háiəriŋ ハイアリング/ **動** → hire.

\***his** /(弱) hiz ヒズ, iz; (強) híz ヒズ/ 【he の所有格代名詞】
—**代 1** [先行する男性名詞, he, 文脈からそれとわかる男性を受けて] **a** [名詞の前で] 彼の ‖
Joe introduced me to his father. ジョーは私をお父さんに紹介してくれた.
I had once read his novel. 私はかつて彼の書いた小説を読んだことがあった.
**b** [動名詞の前で] 彼が《♦動名詞の意味上の主語》‖
I could not understand his [((略式)) him] behaving like that. 彼があんなふるまいをするのが理解できなかった(=I could not understand why he behaved like that.).
**2** [擬人法] その, それの《♦ its の代用. → him, her》‖
The sun began to cast his light upon us. 太陽は我々に光をそそぎ始めた.
**3** [everyone, anyone などの不定代名詞を受けて] 彼の ‖
Everyone was in his [((略式)) their] place. みんな持ち場についていた.
A child must learn to do his own work. 子供は自分で自分のことができるようにならなくてはいけない.
**4** [単数・複数扱い] 彼のもの《♦ his ＋ 先行する名詞の代用》‖
The book is hís. その本は彼の(もの)です.
My son is five years old and hís is six. 私の息子は5歳で, 彼の(息子)は6歳です.
**5** [a [this, that など] ＋ 名詞 ＋ of ～] 彼の《♦名詞の前に his と a, this, no などを並べて使うことができないので, of his として名詞のあとに置く. → my **代 1**, mine **代 2**》‖
I am a fríend of hìs. 私は彼の友人(の1人)です.
Do you like that red sports car of his [*his that red sports car]? あの彼の赤いスポーツカーは好きですか(→ hers 2).

**hiss** /hís ヒス/ **動** (三単現 ～・es/-iz/) **自 1** シュー[シュッ]と音を出す; ジューと音を立てる ‖
The steam hissed. 蒸気がシューと音を立てた.
**2** (非難・不賛成などを表して)シーッと言う ‖
hiss at an actor シーッと言って俳優をやじる.
—**他** (正式) **1** 〈非難など〉をシーッと言って表す; …をシーッと言ってしかる.
**2** …をシッシッと言って追い払う ‖
hiss a speaker away 弁士をやじって去らせる.
—**名** (複 ～・es/-iz/) Ⓒ **1** シューという音. **2** (非難・不賛成・怒りなどの)シッという声.

**his・to・ri・an** /histɔ́:riən ヒストーリアン/ **名** Ⓒ **1** 歴史家, 歴史学者. **2** 年代記編者.

\***his・tor・ic** /histɔ́(:)rik ヒスト(ー)リク/《♦ **1** は(英)では /istɔ́rik イストリク/ と発音されることがある. その場合, 直前の不定冠詞は an historic place のように an となる》『→ history』
—**形 1** [通例名詞の前で] 歴史上重要な, 歴史上有名な ‖

a **historic** spot 名所旧跡.
a **historic** battlefield 古戦場.
**2** =historical **1**, **2**.
**históric présent** 〔文法〕[the ~] 歴史的現在《過去の出来事を生き生きと描写するために用いる現在時制》.

**\*his·tor·i·cal** /hɪstɔ́(ː)rɪk1 ヒスト(ー)リクル/ (→ Q&A) 〔→ history〕
—形 [通例名詞の前で] **1** 歴史の, 歴史に関する; 歴史的な; 〔言語〕通時的な ‖
historical research 歴史の研究.
a historical account 歴史的説明.
**2** 史実に基づく; 歴史上実在した ‖
a historical painting 歴史画《◆a historic painting は「画期的な絵画」》.
a *historical* person 歴史上の人物.
a *historical* event 歴史上の事件.
**3** =historic **1**.
**histórical présent** = historic present.

> Q&A *Q*: 英国の本を読んでいたら *an* historical book と不定冠詞が a でなく an となっているのが目にとまりました. どうしてですか.
> *A*:〈英〉ではこの語は /h/ を発音しないで /ɪstɔ́rɪkl/ と発音されることがあります. その場合には不定冠詞は an historical book のように an となるわけです(ちなみに the も /ðiː/ と発音されます). historic も, また名詞では hotel も同様です.

**his·tor·i·cal·ly** /hɪstɔ́(ː)rɪkəli ヒスト(ー)リカリ/ 副 歴史的に, 歴史の上, 史実として.
**his·to·ries** /hístəriz ヒスタリズ/ 名 → history.

**\*his·to·ry** /hístəri ヒスタリ/ 〔「過去を知ること」が原義〕 覇 historian (名), historic (形), historical (形)
—名 (複 ~·to·ries/-z/) **1** Ⓤ 歴史; (集)史学; Ⓒ (歴)史書 ‖
the **history** of England イングランド史; 英国史.
take several courses in **history** 歴史の講義をいくつか履修する.
I read a **history** of Japan. 日本史の本を1冊読んだ.
対話 "What's your major?" "British **history**." 「専攻は何ですか」「英国史です」《◆無冠詞に注意》.
**2** Ⓒ 履歴, 経歴; 〔医学〕病歴; 由来, 沿革 ‖
one's life **history** (人の)生涯, 生活史.
**3** Ⓤ 過去のこと; 波乱に富んだ過去.
**màke history** 歴史に残るような重大なことをする.
**his·tri·on·ic** /hìstriɑ́nɪk ヒストリアニク| -ɔ́nɪk -オニク/ 形 〔正式〕**1** 俳優の, 演技[演劇]の. **2** 芝居じみた.

**\*hit** /hít ヒト/ 〔「ぶつかる」が原義〕
—動 (三単現 ~s/hɪts/; 過去・過分 hit; 現分 hit·ting)
—他 **1** …を打つ, たたく, なぐる; …をぶつける; …に命中する, 命中させる(→ strike 他 **1** Q&A) ‖
**hit** the ball to right field ボールをライトへ打つ.
He fell and **hit** his head against the wall. 彼は倒れて壁で頭を打った.
She was **hit** on the head. 彼女は頭を打たれた《◆顔・腹の場合は *in* the face, *in* the stomach》.
She got **hit** by a car. 彼女は車にはねられた.
**2** 〔野球〕〈安打など〉を打つ; 〔クリケット〕〈得点〉を打って入れる ‖
**hit** three doubles 2塁打を3本放つ.
He **hit** a home run in the first inning. 彼は1回にホームランを放った.
**3** …に打撃を与える; …を襲う, 攻撃する; …を厳しく批判する ‖
We were hard [badly] **hit** by the depression. 我々は不況のために大打撃を受けた.
対話 "Have you heard the news?" "No. What happened?" "A big earthquake **hit** Kobe." 「ニュースを聞いたか」「いいえ. 何があったの」「大きな地震が神戸を襲ったんだ」.
**4** …に達する ‖
**hit** a new high 最高記録を更新する.
This car can **hit** 120 miles an hour. この自動車は時速120マイルを出すことができる.
**5** (略式) …に着く, 到着する(arrive at). **6** (略式) …に出くわす; …をうまく見つける; …の頭に浮かぶ.
—自 **1** 打つ, たたく, なぐろうとする. **2** ぶつかる.
**hít and rún** (1) ひき逃げをする. (2) 〔野球〕ヒットエンドランをする.
**hít it** (略式) うまく言い当てる.
**hít it óff (wéll)** (略式) 仲よくする, うまくやっていく.
◇**hít on** [(正式) **upón**] **A** …を思いつく, …に出くわす ‖ Ⅰ **hit on** a good idea. いい考えが浮かんだ.
—名 (複 ~s/híts/) Ⓒ **1** 打撃; 衝突; 命中 ‖
make a **hit** at him 彼をなぐる.
**2** 〔野球〕ヒット, 安打 ‖
get a **hit** ヒットを打つ《◆ ×**hit** a hit は誤り》.
give up a **hit** ヒットを打たれる.
scatter **hits** 〈投手が〉集中安打を浴びない.
spray **hits** 〈打者が〉安打を左右に打ち分ける.

> 関連 a one-base **hit** 単打 / a two-base **hit** 2塁打 / a three-base **hit** 3塁打 / an infield **hit** 内野安打 / a timely **hit** 適時打, タイムリーヒット / a clean **hit** クリーンヒット / bunched **hits** 集中打.

**3** (略式) (興行などの)ヒット, 大成功; 幸運; ヒット曲; 人気者 ‖
old **hits** 往年のヒット曲.
make a **hit** 大当たりする.
She is a **hit** with us. 彼女は我々の人気者です.
**4** 当てこすり, 酷評.
**hít and rún** ひき逃げ; 〔野球〕ヒットエンドラン.
**hit-and-miss** /hítnmɪs ヒタンミス/ 形 (略式) 運任せの.

**hit-and-run** /hítənrʌ́n ヒタンラン/ 形 1 〔野球〕ヒットエンドランの. 2 ひき逃げの;〈爆撃などが〉攻撃してすばやく引き上げる(→ hit 動 名 成句).
**hít-and-rún dríver** ひき逃げ運転手.
**hít-and-rún pláy** 〔野球〕ヒットエンドラン.

**hitch** /hítʃ ヒチ/ 動 (三単現 ~·es /-iz/) 他 1 …を引っ掛ける ‖
hitch a rope round a tree ロープを木に引っ掛ける.
2 …をつなぐ;〈牛・馬などを〉車につなぐ(+up) ‖
hitch the horse to a post 馬を杭(ぐい)につなぐ.
3 …をぐいと動かす[引く, 引き寄せる](+up) ‖
hitch up one's pants ズボン(のひざ)を引き上げる.
— 自 (略式) ヒッチハイクする.
— 名 (複 ~·es /-iz/) C 1 ぐいと引くこと.
2 (すぐほどけるように結んだ)引っ掛け結び; 延期, 障害 ‖
without a hitch (略式) とどこおりなく.

**hitch·hike** /hítʃhàik ヒチハイク/ 動 (現分 ·hik·ing) 自 ヒッチハイクする.
**hitch·hik·er** /hítʃhàikər ヒチハイカ/ 名 C ヒッチハイクする人.

Q&A Q: ヒッチハイクで車に乗せてもらうときにはどうすればいいですか.
A: 走行中の車の運転手によく見えるように行きたい方向に親指を立てて合図します. これを hitchhiker's thumb といいます. 「ヒッチハイクする」は thumb a ride [(英) lift] ともいいます.

**hith·er·to** /híðərtù: ヒザトゥー|ーニー/ 副 (正式) 今まで, 従来; 今のところ(まだ) ‖
a land hitherto unknown to the world 今まで世界に知られていなかった土地.
**Hit·ler** /hítlər ヒトラ/ 名 ヒトラー《Adolf /ǽdɑlf|ーɔlf/ ~ 1889-1945; ドイツの政治家. ナチスの指導者》.
**hit·ter** /hítər ヒタ/ 名 打つ人; 〔野球〕打者 ‖
a leadoff hitter 1番打者.
a contact hitter バットにボールを当てるのがうまい打者.
**HIV** 略 human immunodeficiency virus ヒト免疫不全ウイルス, エイズウイルス.
**hive** /háiv ハイヴ/ 名 C 1 ミツバチの巣箱. 2 (1つの巣の)ミツバチの群れ. 3 忙しい人が多くいる所, 人込み.
**hm, hmm** /həm ハム/ 間 (略式) 1 〔驚き・不同意・不信を表して〕ふん!
2 〔聞き返して〕えっ, なんだって? ‖
対話 "I've got a question for you." "Hm?"「ちょっと聞きたいことがあるんだけど」「えっ, 何だって」《◆聞きとれなかったことを表す. "Well?" ならば「聞きたいことは何?」の意》.
3 〔ためらい・確信のなさを表す〕うむ, ふーむ ‖
Hm, I guess you are right. うーん, 君が正しいと思うけど.
対話 "Let's go to see a movie." "Hm, I'm tired tonight."「映画に行こう」「ふーむ, 今夜は疲れてるんだ」.

**ho** /hóu ホウ/ (同音 hoe) 〔擬音語〕 間 (文) ほう《◆驚き・喜び・賞賛・冷笑などの発声》, おおい《◆注意を引く叫び声. 方向・行先を示す語のあとに置く》.

**hoard** /hɔ́:rd ホード/ (同音 horde) 名 C 貯蔵, 蓄え, 宝庫. — 動 他 …を蓄える(+up). — 自 (ひそかに)蓄える.
**hoard·er** /hɔ́:rdər ホーダ/ 名 C 貯蔵[秘蔵]者.
**hoarse** /hɔ́:rs ホース/ (同音 horse) 形 (通例 比較 hoars·er, 最上 hoars·est) 1 しわがれた, かすれた; しわがれ声の ‖
The girls were hoarse from cheering. 少女たちは声援で声をからした.
2 耳ざわりな, ざわめく.
**hóarse·ness** 名 U (声の)かれ; 耳ざわり.
**hoarse·ly** /hɔ́:rsli ホースリ/ 副 しわがれ声で; 耳ざわりに.
**hoar·y** /hɔ́:ri ホーリ/ 形 (通例 比較 ·i·er, 最上 ·i·est) (文) 白髪の.

**hob** /háb ハブ|hɔ́b ホブ/ 名 C 1 (英古) 壁炉の両側の棚(small shelf)《やかん・なべを載せる台. 図 → fireplace》. 2 (輪投げなどの)的棒.
**hob·bies** /hábiz ハビズ|hɔ́biz ホビズ/ 名 → hobby.
**hob·ble** /hábl ハブル|hɔ́bl ホブル/ 動 (現分 hob·bling) 自 びっこを引く. — 他 1 …にびっこを引かせる. 2 〈馬などの〉両脚をしばる.
*__hob·by__ /hábi ハビ|hɔ́bi ホビ/ 〖「小馬」が原義〗
— 名 (複 hob·bies/-z/) C 趣味, 道楽, 楽しみ ‖
He has the hobby of growing flowers. = His hobby is growing flowers. 彼は花作りが道楽だ.
対話 "Do you have any hobbies?" "Yes, my hobbies are collecting stamps and Web surfing."「何か趣味はありますか」「ええ, 切手収集とインターネット=サーフィンです」.

Q&A Q: pastime にも「趣味」という意味があるようですが, どう違うのでしょうか.
A: hobby は切手収集, 庭いじり, 模型飛行機を作るとか, とにかく積極的な活動をいいます. これに対してテレビを見たり, 音楽を聴いたり, 読書したりするのは pastime に入ります.

**Ho Chi Minh** /hóutʃí:mín ホウチーミン/ 名 1 ホーチミン《1890-1969; ベトナム民主共和国大統領(1945-69)》. 2 ホーチミン《ベトナム南部の都市. 旧称 Saigon》.
**hock** /há hɑ́k ハク|hɔ́k ホク/ 名 C 1 (馬・犬など四足動物の後脚の)ひざ関節(図 → horse). 2 (ブタの)足肉.

**hock·ey** /hάki ハキ/ h5ki ホキ/ 图 ① 1 《主に英》ホッケー. 2 《主に米》アイスホッケー(ice hockey).
**hóckey stìck** (ホッケーの)スティック《◆単に stick ともいう》.

**hoe** /hóu ホウ/ (同音 ho) 图 ⓒ くわ; (くわ形)除草器.

**hog** /hɔ́(ː)g ホ(ー)グ/ (類音 hug /hʌ́g/) 图 (複 ~s /-z/) ⓒ 1 《米》(成長した)ブタ《◆正式には120 pounds 以上のものをいう. pig は《米》では子ブタ》; 《英》(食肉用に去勢した)雄ブタ, 飼いブタ《《英》では主に比喩表現で用いる: eat like a *hog* ブタのようにがつがつ食う》(→ pig 類).
2 《略式》貪欲(どんよく)な人, 利己的な人.
―― 動 (過去・過分) hogged/-d/ ; 現分 hogging) 他 《略式》…をむさぼる, 独り占めする.

**hoist** /hɔ́ist ホイスト/ 動 他 …を高く揚げる, 持ち上げる. ―― 图 1 ⓤⓒ 掲揚(けいよう); 巻き上げ, つり上げ. 2 ⓒ (貨物の)昇降機.

**＊hold** /hóuld ホウルド/ (類音 fold /fóuld/) 〖「ある位置・状態を保つ」が本義〗

〈1 持っている〉〈4 収納できる, 入れている〉〈2 支える〉〈5 催す〉
hold

―― 動 (三単現 ~s /hóuldz/ ; 過去・過分 held /héld/ ; 現分 ~・ing)
―― 他 《◆1 以外ではふつう進行形にしない》 1 …を持っている, 握っている, つかんでいる ‖
**hold** a pipe between one's teeth パイプをくわえている.
She is **holding** a baby in her arms. 彼女は赤ん坊を腕に抱いている.
He **held** her sleeve. = He **held** her by the sleeve. 彼は彼女のそでをつかんでいた.
対話 "What do you have in your bag?" "I'm just **holding** some books for Alice while she's seeing the doctor." 「バッグの中に何を入れてるの」「アリスが診察を受けている間, 彼女の本を持ってあげているんです」.
2 〈屋根などを支える; 〈重さなど〉に耐える, 持ちこたえる ‖
The shelf won't **hold** these books. その棚はこれらの本を支えきれないでしょう.
3 〈物を所有する, 保管する; 〈物・部屋など〉を取っておく; 〈記録など〉を保持する; 〈役職・地位など〉に就く ‖
**hold** a mortgage 抵当権を持っている.
She **holds** the record for the breaststroke. 彼女は平泳ぎの記録保持者である.
He has **held** the office of governor for 16 years. 彼は16年間知事の職にある.
4 〈容器・場所が〉…を収納できる, 収容できる; 〈内容・情報〉を含んでいる, 入れている(contain) ‖
These boxes **hold** [ˣare holding] balls. これらの箱にはボールが入っている.
This car can **hold** six people. この自動車は6人乗りです.
対話 "How much oil does this bottle **hold**?" "Two liters." 「このビンには油がどれくらい入りますか」「2リットルです」.
5 〈会・式など〉を催す, 開く, 行なう, 開催する; 《正式》〈クリスマスなど〉を祝う ‖
Our club will **hold** its monthly meeting next Wednesday. 私たちのクラブは次の水曜日に月例会を開きます.
6 〈領土など〉を支配する, 守る; 〈人〉を拘束する, 留置する《◆ keep より積極的》; 〈人(の注意・関心など)〉を引きつける ‖
The thief was **held** by the police. そのどろぼうは警察に留置された.
7 《正式》〈人・物〉を(…の状態に)しておく(keep); 〈人〉を固定する ‖
**hold** a door closed ドアを閉めておく.
**hóld** onesèlf erèct からだをまっすぐに保つ.
**hold** one's head up 頭を上げておく.
**hold** oneself in readiness for an emergency 緊急事態の準備[覚悟]をしておく.
8 《正式》〈考え・感情など〉を心に抱く; [hold A (to be) C] A〈人など〉を C だと思う; 〈裁判官などが〉A〈人〉を C と判断する; [hold (that) 節] …だと考える(consider) ‖
He **holds** a good opinion of you. 彼は君を高く評価している.
She is **held** in honor. 彼女は尊敬されている.
They **hold** me (to be) responsible for it. = They **hold** that I am responsible for it. その責任は私にあると彼らは思っている.
9 〈人・植物〉を抑える, 制する; 〈音など〉を出さないようにする ‖
**hold** one's breath 息を殺す.
There is no **holding** her. 彼女は手に負えない.
―― 自 1 持ちこたえる, 耐える, もつ ‖
Will the rope **hold** for another ten minutes? あのロープはもう10分もつだろうか.
2 つかまる.
3 〈天候など〉続く, 持続する ‖
How long will this fine weather **hold**? この好天気はどれくらい続くだろうか.
4 [hold C] C(の状態)のままである ‖
The weather will **hold** clear. 引き続き晴れるだろう.
5 《正式》〈法律など〉有効である, 適用できる ‖
The same **holds** for you. あなたの場合も同じことが当てはまります.
It **holds** good in all cases. それはあらゆる場合に適用できる.
**hóld** A **agàinst** B A〈事〉のことで B〈人〉を責める, 非難する.
**hóld báck** (1) [自] 控える; ちゅうちょする, ためらう ‖ **hold back** from giving one's opinion 自分の意見を言うのを差し控える. (2) [他]

〈情報など〉を出ししぶる, 秘密にしておく；〈感情など〉を抑える.
***hòld dówn*** (略式) [他] …をがんばって続ける；…を抑える, 抑制する.
***hòld ín*** [他] 〈感情など〉を抑える.
***Hóld it*** [***everything***]***!*** (略式) 動くな!, 待て!, はい, そのままじっとして!
***hòld óff*** (1) [自] 〈雨などが〉来ない；離れている；延ばす. (2) [他] …を延期する.
***hòld ón*** (1) [自] 電話を切らないでおく ‖ 対話 "Is Mrs. Bush ín, please?" "Hold on, please." 「ブッシュさんはご在宅ですか」「そのままお待ちください」. (2) (略式) [自] [通例命令文で] 待て. (3) [他] …を固定しておく.
***hòld ón to*** [***ónto***] A …を離さない, …にしがみつく.
***hòld óut*** (1) [自] 長持ちする；持ちこたえる. (2) [自] 妥協しない. (3) [他] …を与える, 提供する.
***hòld óver*** [他] …を続ける, 延期する.
***hòld to*** (1) (正式) [~ *to* A] …に固執する. (2) [他] [~ A *to* B] A〈人〉に B〈約束など〉を守らせる.
***hòld togéther*** (1) [自] ばらばらにならない；団結する. (2) [他] …を一緒にしておく；…を団結させる.
***hòld úp*** (1) [自] 続く, 持ちこたえる. (2) [他] …を遅らせる, 停滞させる；…を支える, 持ち上げる（→ 他 7）.
—名 1 UC 握ること, つかむこと ‖
let go [lose] (one's) hold of the rope ロープから手を放す.
Take a firm hold on the rope. ロープにしっかりつかまりなさい.
2 C 持つ所；つかまる所；足場 ‖
There are few holds on this side of the cliff. がけのこちら側には足や手を掛ける所がほとんどない.
3 U [a ~ / one's ~] 支配［影響］力；理解力 ‖
His wife has a hold on [over] him. 彼は奥さんの尻(り)に敷かれている.
4 U (土地などの)保有. 5 C 〔レスリングなど〕ホールド.
***càtch*** [***séize***] ***hóld of*** A …をつかむ, 握る.
***gèt hóld of*** A (略式) (1) …を手に入れる. (2) 〈人〉と接触する, 連絡をとる. (3) =catch HOLD of.
***làv hóld of*** [***on***] A = ***tàke hóld of*** [***on***] A (1) …を手に入れる. (2) …を支配する. (3) = catch HOLD of.
**hold·er** /hóʊldɚ ホウルダ/ 名 C 1 所有者. 2 入れ物.
**hold·ing** /hóʊldɪŋ ホウルディング/ 動 → hold.
—名 1 U つかむこと. 2 C (農業用の)借地；小作地. 3 U 〔バレーボールなど〕ホールディング《反則》.
**hólding còmpany** 持ち株会社；親会社.
**hold·up** /hóʊldʌp ホウルダプ/ 名 C 1 強奪, 強盗 ‖ a bank holdup 銀行強盗. 2 停止；延期；妨害.
\*\***hole** /hóʊl ホウル/ (同音 whole；類音 hall, haul /hɔ́ːl/) 〖『うつろの(hollow)』が原義〗
—名 (複 ~s/-z/) C 1 穴；破れ目；くぼみ ‖
dig a hole in the ground 地面に穴を掘る.
I've got a hole in my sock. 靴下に穴があいてしまった.
2 (動物の)巣穴；(略式) むさ苦しい[汚い]場所.
3 窮地；欠点, 欠陥 ‖
put him in a nasty hole 彼を(経済的に)窮地に.
There is a hole in your argument. 君の論には1つ不備な点がある.
4 〔ゴルフ〕ホール(に入れた得点)；ティー(tee)からホールまでのコース ‖
a hole in one ホールインワン.
***in hóles*** 穴だらけになって.
—動 (現分 hol·ing) 他 1 …に穴をあける, 穴を掘る ‖
hole a tunnel through a mountain 山にトンネルを掘る.
2 〔ゴルフ〕〈球〉をホールに打ち込む.
—自 1 穴を掘る. 2 〔ゴルフ〕球をホールに打ち込む.

\*\***hol·i·day** /hɑ́lədèɪ ハリデイ, -di | hɔ́lədèɪ ホリデイ, -di/ 〖『神聖な(holy)日(day)』〗
—名 (複 ~s/-z/) C 1 休日, 休業日；公休日；祭日, 祝日 (↔ workday) 《◆ 祝日の名称ではしばしば Holiday》‖
national holidays 国民の祝日.
during a week studded with holidays 飛び石連休に.
We'd like to invite you to dinner for the holiday. 今度の休日にあなたを夕食に招待したいと思っています《◆すぐ次の休日には the をつける》.
The day after the outing was a holiday. 遠足の翌日は休みでした.

| 関連 [米国の祝日 (legal holidays)] |
|---|
| New Year's Day 元日(1月1日) |
| Martin Luther King Day キング牧師誕生日(1月の第3月曜日) |
| Lincoln's Birthday リンカーン誕生日(2月12日) |
| Presidents' Day 大統領の日(2月の第3月曜日) |
| Good Friday 聖金曜日(復活祭の前の金曜日) |
| Memorial [Decoration] Day 戦没将兵記念日(5月の最後の月曜日) |
| Independence Day 独立記念日(7月4日) |
| Labor Day 労働者の日(9月の第1月曜日) |
| Columbus Day コロンブス祭(10月の第2月曜日) |
| General Election Day 総選挙日(11月の第1月曜日の翌日の火曜日) |
| Veterans Day 休戦記念日(11月11日) |
| Thanksgiving Day 感謝祭(11月の第4木曜日) |
| Christmas Day キリスト降誕祭(12月25日) 《◆州により多少違う》 |
| [英国の祝日 (bank holidays)] |
| New Year's Day 元日(1月1日) |

# holidaymaker

Good Friday 聖金曜日(復活祭の前の金曜日)
Easter Monday 復活祭明けの月曜日(復活祭の翌日の月曜日)
May Day 労働祭(5月1日)
Spring Bank Holiday (5月の最後の月曜日)
August Bank Holiday (8月の最後の月曜日)
Christmas Day キリスト降誕祭(12月25日)
Boxing Day クリスマスの贈り物の日(ふつう12月26日)

北アイルランドではこのほかに Saint Patrick's Day 聖パトリックの祭日(3月17日と7月12日)がある. スコットランドでは New Year's Day, 1月2日, Good Friday, 5月と8月の第1月曜日, Christmas Day の6日がある.

[日本の祝日の英語名]
New Year's Day 元日(1月1日)
Coming of Age Day 成人の日(1月の第2月曜日)
National Foundation Day 建国記念の日(2月11日)
the Vernal Equinox 春分の日(3月21日ごろ)
Green Day みどりの日(4月29日)
Constitution Day 憲法記念日(5月3日)
Children's Day 子供の日(5月5日)
Marine Day 海の日(7月の第3月曜日)
Respect-for-the-Aged Day 敬老の日(9月の第3月曜日)
the Autumn Equinox 秋分の日(9月23日ごろ)
Physical Education Day 体育の日(10月の第2月曜日)
Culture Day 文化の日(11月3日)
Labor Thanksgiving Day 勤労感謝の日(11月23日)
the Emperor's Birthday 天皇誕生日(12月23日)

**2** (主に英) [しばしば ~s] (会社・工場などで個人が取る)休み, 休暇《◆ (米)では vacation を用いる. 軍隊などの休暇は (英・米)とも leave》‖
the Christmas **holidays** クリスマス休み.
take [have] a week's **holiday** 1週間の休暇を取る.
[対話] "What are you going to do during the summer **holidays** [(米) vacation]?" "We're going to stay in the Lake District." 「夏休みには何をするつもりですか」「湖水地方に滞在する予定です」《◆すぐ次の休暇には the をつける》.
*on* ((米) *a*) *hóliday* = *on* one's *hóliday* 休暇を取って.
——形 [名詞の前で] **1** 休日の, 祝日の, 祭日の, 休日らしい, 祝日にふさわしい‖
a **holiday** atmosphere のんびりした雰囲気.
**2** 華やかな, よそ行きの, あらたまった‖
**holiday** clothes よそ行きの服.

**hol·i·day·mak·er** /hǽlideimèikər ハリデイメイカ |hɔ́lidei- ホリデイ-/ 图 C 休暇中の人, 行楽客.

**ho·li·er** /hóuliər ホウリア/ 形 → holy.
**ho·li·est** /hóuliist ホウリイスト/ 形 → holy.
**ho·li·ness** /hóulinəs ホウリネス/ 图 **1** U 神聖. **2** [H~] 聖下《◆ローマ教皇の尊称. 直接に呼びかける時は Your Holiness を, 言及する時には His Holiness を用いる》.

**Hol·land** /hǽlənd ハランド |hɔ́l- ホランド/ 〖「木(holt)の国」が原義〗图 オランダ《正式名 Kingdom of the Netherlands. 首都は公式には Amsterdam, 事実上は The Hague》《◆形容詞は Dutch》.

**Hol·land·er** /hǽləndər ハランダ |hɔ́l- ホランダ/ 图 C オランダ人; オランダ船.

**hol·low** /hǽlou ハロウ |hɔ́lou ホロウ/ (発音) hallow/hǽl-/) 形 (時に 比較 ~·er, 最上 ~·est)

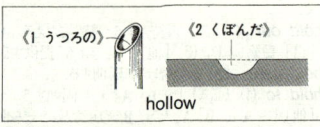

〈1 うつろの〉  〈2 くぼんだ〉
hollow

**1** 空(ʰ)の, うつろの, 空洞の(↔ solid)‖
a **hollow** tree 中がからんどうの木.
**2** くぼんだ, へこんだ, 落ち込んだ‖
a man with **hollow** eyes and cheeks 目がくぼみほおのこけた男.
a **hollow** road くぼんだ道路.
**3** うつろな; 空(ʰ)しい‖
a **hollow** voice 弱々しい声.
**4** うわべだけの, 実質のない, 誠実さのない.
——图 C **1** くぼみ, へこみ; 穴; (木の幹・岩などの)うつろ‖
a **hollow** in the ground 地面のくぼみ.
the **hollow** of a hand 手のひら.
**2** くぼ地; 谷間.
**3** (心・気持ちの)空しさ.
——動 他 …をへこます; …をえぐる‖
**hollow** a log 丸太をくり抜く.
**hollow** a boat *out of* a log 丸太をくりぬいてボートを作る.

**hol·ly** /hǽli ハリ |hɔ́li ホリ/ (発音) holy /hóuli/, wholly /hóuli/) 图 (複 hol·lies/-z/) C 〖植〗= holly tree [bush].

**hólly trèe [bùsh]** モチノキ(holly)《セイヨウヒイラギの類》; U その赤い実のついた枝葉《クリスマスの装飾用》.

**Hol·ly·wood** /hǽliwùd ハリウド |hɔ́l- ホリウド/ 图 **1** ハリウッド《米国 Los Angeles の北西部にある映画製作の中心地》. **2** U 米国の映画界[産業]; アメリカ映画.

Q&A  **Q**: なぜハリウッドに映画産業が起こったのですか.
**A**: 1年中あまり雨が降らないうえに, 近くに多くのロケ地があったからです.

**hol·o·caust** /hǽləkɔ̀ːst ハロコースト |hɔ́lə- ホロー/ 图 **1** [the H~] (ナチスの)ユダヤ大虐殺. **2** C (正

式) (特に火による)大虐殺.

**Hol·stein** /hóulstain ホウルスタイン, -stin | hɔ́l- ホル-/ 名 C《米》ホルスタイン《オランダ原産の乳牛》.

**hol·ster** /hóulstər ホウルスタ/ 名 C《腰に下げる》ピストルの皮ケース.

***ho·ly** /hóuli ホウリ/ (同音 ⁺wholly; 類音 folly /fáli | fɔ́li/)『「完全な」が原義』
—— 形 (比較 ‑li·er, 最上 ‑li·est) **1**〖通例名詞の前で〗神聖な ‖
a holy loaf 聖餐(さん)式用のパン.
We visited some **holy** places in our tour of Jerusalem. エルサレムの旅で我々はいくつかの聖なる地を訪れた.
**2** 信心深い; 聖人のような ‖
a holy man 心の清らかな人.
live a holy life 信仰生活を送る.
—— 名 (複 ho·lies/-z/) C 神聖な場所[物, 人].
**the hóly of hólies** (1) 最も神聖な場所[物]. (2) 〖契約の箱が置かれたユダヤ神殿の〗至聖所.
**Hóly Bíble** 〖the ~〗聖書.

**hom·age** /hámidʒ ハミヂ | hɔ́m- ホミヂ/ 名 U《正式》尊敬, 敬意 ‖
pày [dò] hómage to him 彼に敬意を表する.

****home** /hóum ホウム/ (類音 ƒoam /fóum/)『「住む所」が原義』
→ 名 **1** 家庭; 家  **2** 故郷
副 **1** わが家へ; 故郷へ
—— 名 (複 ~s/-z/) **1** C 家庭; U 家庭生活; C 家, 自宅; 生家 ‖
a happy home 幸せな家庭生活.
There's no place like home. わが家にまさる所はない.
This is the finest home in this city. 《米》これがこの市で最もすてきな家です.
Should moral education be given at school or in the home? 道徳教育は学校でなされるべきか, それとも家庭でなされるべきか? 《◆学校と対比して家庭という場合は the を付ける》.

〖文化〗 ことわざに Men make *houses*, women make *homes*. (夫は家を作り妻は家庭を作る) とあるように, home は家庭生活の中心となる場所で, house は建物のことをいう. しかし, 《米》では home をしばしば house の意味に用いる. → **1** の第3例.

**2** U 故郷, 郷里; 本国, 故国《◆生まれ育った所だけでなく現在住んでいる所も含まれる》‖
He left home when he was 18. 彼は18歳のときに郷里を離れた.
〖対話〗 "Where is your **home**?" "I was born and grew up in Texas, but I consider Kobe my **home** now."「お国はどこですか」「生まれ育ったのはテキサスですが, 今は神戸が自分の郷里だと思ってます」.
**3** C 〖しばしば複合語で〗療養所; 収容所;《略式》精神病院 ‖

a hóme for the áged = an óld fólks' hóme 養老院.
a núrsing hòme (医療を兼ねた) 老人ホーム (→ nursing 複合語).
a hóme for órphans = an orphan hòme 孤児院.
**4** C 〖通例 the ~〗(動物の)生息地;(植物の)自生地;(物の)原産地, 生産地; 発祥(はっしょう)地 ‖
the home of jazz ジャズの発祥地.
Australia is the home of the koala. オーストラリアはコアラの生息地である.
**5** C〖スポーツ〗決勝点; U〖野球〗本塁.

◇**at hóme** (1) 《主に英》在宅で (cf. 副 1). (2) 《やや古》在宅日で, 面会日で ‖ He is not at home to anybody today. 彼はきょうはどなたにもお会いいたしません. (3) 本国に[で] (↔ abroad) ‖ affairs at home and abroad 国内外の問題. (4) 家[本拠地]で(行なわれる), ホームで ‖ The game is at home. その試合はホームグラウンドで行なわれる. (5) 気楽に, くつろいで ‖ feel [be] at home くつろぐ / 〖対話〗 "Please make yourself at home." "Thank you. Is it all right to open the curtains?" 「どうぞお楽にしてください」「ありがとうございます. カーテンを開けてもよろしいですか」. (6) 慣れて, 精通して ‖ She is quite [very much] at home in English. 彼女は英語にとても堪能(かんのう)である.

**léave hóme** 家を出る《◆日常的な外出にも, 家出にも, 独立する意でも用いる》.
—— 形 〖名詞の前で〗**1** 家庭の; 自宅の; 故郷の; 本国の, 国内の ‖
home cooking 家庭料理.
home life 家庭生活.
home affairs 内務.
**2** 本部の; 本拠地の, ホームの ‖
a home game ホームグラウンドでの試合.
the home office of a company 会社の本社.
**3** 〖野球〗本塁の.
**4** 急所を突く, 効果的な, 痛烈な ‖
a home thrust 効果的な攻撃.
—— 副 **1a** わが家へ; 故郷へ; 自国へ ‖
come [go] home 家に帰る; 本国に帰る.
write home (to one's mother) わが家(の母)へ手紙を書く.
I'm on my way home from school. 私は学校から家に帰る途中です.
〖対話〗 "Hey! Could you give me a lift home?" "Sure."「ねえ家まで車に乗せていってくれる?」「いいよ」.
**b** 《主に米》在宅して(《主に英》at home) ‖
Is Jane home? ジェーンはいますか.
Father will be home before six. 父は6時前に帰ってくるでしょう.
**2** 〖野球〗本塁へ ‖
come [reach] home ホームインする《◆ ˣhome in は誤り》.
**3** ねらった所へ, まともに; 十分に; 痛烈に ‖
strike [drive] a nail home くぎを深く打ち込む.

Her story hit **home** with me. 彼女の話は私の胸にぐさりときた.

The spear struck **home** to the lion's heart. やりはライオンの心臓にまともに突き刺さった.

***bring** A **hóme** to B =**bring hóme to** B A* A 〈事〉を B〈人〉に正しく理解させる.

**hóme báse** =home plate.

**hóme hèlp** 〔英〕(病人・老人の世話をする)ホームヘルパー, 家政婦.

**Hóme Óffice** 〔英〕[the ~; 単数・複数扱い] 内務省《◆日本では第二次世界大戦後廃止》.

**hóme pàge** 〔コンピュータ〕ホームページ《ウェブサイトの最初のページ. 全体の案内などが表示される》.

**hóme pláte** 〔野球〕[the ~] 本塁.

**hóme ròom** (正規の授業の前に行なわれる)ホームルーム(の部屋[時間]).

**hóme rún** 〔野球〕ホームラン(による得点).

**home·com·ing** /hóumkÀmiŋ ホウムカミング/ 名 **1** Ⓤ 帰宅; 帰省(͡ͅ), 帰郷(͡ͅ); 帰国. **2** Ⓒ 〔米〕(年1回開かれる)大学の同窓会.

**home·land** /hóumlænd ホウムランド/ 名Ⓒ 〔文〕自国, 母国, 故国.

**home·less** /hóumləs ホウムレス/ 形 家のない; 飼い主のない; [集合名詞的に; the ~] 家のない人々.

**home·like** /hóumlaik ホウムライク/ 形 わが家のような, 打ち解けた.

**home·ly** /hóumli ホウムリ/ 形 (比較 --li·er, 最上 --li·est) **1** 〔米〕容貌(͡ͅ)が平凡な, きれいでない. **2** 家庭的な; 〔英〕〈人が〉素朴な.

**home·made** /hóummèid ホウムメイド/ 形 自家製の, 手作りの ‖

hómemade ícecream 自家製アイスクリーム.

**home·mak·er** /hóummèikər ホウムメイカ/ 名Ⓒ 〔米〕主婦(→ housewife); 主夫.

**home·mak·ing** /hóummèikiŋ ホウムメイキング/ 名 Ⓤ (快適な)家庭作り; 主婦の仕事.

**ho·me·op·a·thy** /hòumiápəθi ホウミアパスィ|-ɔ́p-‑オパスィ/ 名Ⓤ 〔医学〕ホメオパシー, 同毒療法, 同種療法. **hò·me·o·páth·ic** 形 ホメオパシーの.

**hom·er** /hóumər ホウマ/ 名Ⓒ 〔略式〕〔野球〕ホームラン.

**Ho·mer** /hóumər ホウマ/ 名 ホメロス《古代ギリシアの詩人. *Iliad*『イーリアス』と *Odyssey*『オデュッセイアー』の作者といわれる》‖

*Even Homer sometimes nods.* (ことわざ) ホメロスもしくじることがある;「弘法も筆の誤り」.

**home·sick** /hóumsìk ホウムスィック/ 形 ホームシックの, 恋しがる, 故郷を懐かしむ ‖

feel **homesick** ホームシックにかかる.

**home·spun** /hóumspÀn ホウムスパン/ 形 手織りの; 家で紡いだ, ホームスパンの.

**home·stay** /hóumstèi ホウムステイ/ 名Ⓒ (留学生の)家庭滞在, ホームステイ ‖

have a **homestay** ホームステイをする.

**home·stead** /hóumstèd ホウムステド/ 名Ⓒ 家屋敷.

**home·stretch** /hóumstrètʃ ホウムストレチ/ 名 (複 ~·es/-iz/) Ⓒ (競走の)最後の直線コース(↔ backstretch); (仕事の)最後の部分〔追い込み〕.

**home·town** /hóumtáun ホウムタウン/ 名Ⓒ 故郷《◆(1) 生まれたところとは限らず, 子供時代を過ごした所, 現在住んでいる所をさす. (2) 必ず town ということではなく, village, city でもよい》‖

My **hometown** is Otsu City. 私の故郷は大津市です.

**home·ward** /hóumwərd ホウムワド/ 形 家路へ向かう, 帰途(͡ͅ)の. ——副 自宅[本国]へ向かって.

## **home·work** /hóumwə̀ːrk ホウムワーク/

—— 名 Ⓤ **1** 宿題 ‖

I have a lot of **homework**. 宿題がたくさんある 《◆ ˣa lot of [ˣmany] homeworks は誤り. 数える時は a piece [two pieces] of *homework* のようにいう cf. housework》.

[対話] "Have you **done** your **homework** yet?" "No, not yet." 「もう宿題をすませましたか」「いいえ, まだです」.

[Ⓒ と Ⓤ] homework Ⓤ assignment Ⓒ

**2** (略式) (討論などの)下調べ, 準備.

**hom·i·cid·al** /hàməsáidl ハミサイドル|hɔ̀m‑ ホミ‑/ 形 (正式) 殺人(犯)の; 殺人を犯す傾向のある.

**hom·i·cide** /háməsàid ハミサイド|hɔ́m‑ ホミ‑/ 名 (正式) (法律) **1** ⓊⒸ 殺人行為(→ murder). **2** Ⓒ 殺人犯, 殺人者.

**hom·i·ly** /háməli ハミリ|hɔ́m‑ ホミリ/ 名 (複 --·lies/-z/) Ⓒ (正式) 説教; 訓戒, お説教.

**ho·mo‑** /hóumə‑ ホウモ‑, hɔ́‑|háumə‑ ハウモ‑, hɔ́‑/ (連形) 同一の(↔ hetero‑).

**ho·mo·ge·ne·ous** /hòumədʒíːniəs ホウモヂーニアス/ 形 (正式) 同質の, 同種の; 均質の.

**ho·mog·e·nize** /həmádʒənàiz ハマヂェナイズ, hou‑|‑mɔ́dʒ‑ ‑ニズ·ing/ 他 (現分 --niz·ing) …を同質[均質]にする.

**hom·o·nym** /hámənim ハモニム|hɔ́m‑ ホモ‑/ 名 Ⓒ (通例 ~s) **1** 同音異義語 〈tail (尾)と tale (話), shy (内気な)と shy (投げる)など〉. **2** (正式) 同名異人.

**hom·o·phone** /háməfòun ハモフォウン, hóum‑|hɔ́m‑ ホモ‑/ 名Ⓒ **1** 同音字〈c/k/ と k など〉. **2** 異形同音異義語〈air と heir, cue と queue など〉.

**ho·mo·sex·u·al** /hòuməsékʃuəl ホウモセクシュアル, ‑sékʃl|hàumə‑ ハウモ‑, hɔ̀‑, ‑séksjuəl/ 形名Ⓒ 同性愛の(人), ホモ(の) 〔(俗) homo, queer, fairy, pansy, gay〕《◆女性は lesbian ともいう》(↔ heterosexual) ‖

a **homosexual** act 同性愛の(行為).

**hò·mo·sèx·u·ál·i·ty** 名Ⓤ 同性愛, ホモ(略) homsex〉(↔ heterosexuality).

**Hon·du·ras** /handjúərəs ハンドゥアラス|hɔndjúː‑ ホンデュアラス/ 名 ホンジュラス《中米の共和国. 首都 Tegucigalpa》.

## **hon·est** /ánəst アネスト|ɔ́nəst オネスト/

『「名誉な」が原義. cf. *honor*』派 **honesty** (名)

—形 (比較) more ~, 時に ~-er; (最上) most ~, 時に ~-est) **1** 正直な, 誠実な, うそを言わない, 本当のことを言う (↔ dishonest); [it is honest of A to do / A is honest to do] …するとはA〈人は〉りっぱだ ‖
She is **honest** in all she does. 彼女は何事にも正直だ.
It is **honest** of [*for] you to admit your fault. =You are **honest** to admit your fault. 自分の過失を認めるとは君は尊敬に値するよ.
**2** 率直な; 偽りのない, ごまかしのない; 〈商品などが〉混ぜ物のない, 本物の ‖
If you want my **honest** opinion …. 率直に申し上げてもよろしければ….
**3** 正当な(手段で得た), 正直に働いて得た ‖
**honest** profits 正当な利益.
earn [make] an **honest** living まじめに働いて生活費を稼ぐ.
*to be* (*quite*) *hónest* (*about it*) (\\) [文全体を修飾] 正直言って, 正直のところ.

**hon·es·ties** /ánəstiz アネスティズ|ɔ́n- オネスティ-/ 名 → honesty.

**hon·est·ly** /ánəstli アネストリ|ɔ́n- オネストリ/ 副 **1** 正直に, 誠実に, 純粋に; 正当に, 公正に ‖
work **honestly** 正直に働く.
**2** [文全体を修飾] 正直言って; 実際に, 本当に ‖
**Honestly** (\\), he is diligent. 本当に彼は勤勉だ.
I **honestly** don't know. 本当に知りません.
[対話] "**Honestly**, do you like him?" "I'm not quite fond of him." 「正直に言って君は彼のことが好きなんですか」「それほど好きというわけではないです」.

*__**hon·es·ty**__ /ánəsti アネスティ|ɔ́nəsti オネスティ/ [→ **honest**]
—名 (複) --es·ties/-z/) Ⓤ 正直, 誠実 ‖
In all **honesty**, you did steal the money, didn't you? 正直なところ, 君は金を盗んだんだね.
**Honesty** is the best policy. (ことわざ) 正直は最良の策.

*__**hon·ey**__ /hʌ́ni ハニ/ [『「黄褐色」が原義』]
—名 (複) ~s または **hon·ey·ies**/-z/) **1** Ⓤ はちみつ, 花のみつ 《♦神の食物といわれる》; [形容詞的に] はちみつの(ような) ‖
a slice of bread with **honey** はちみつを塗ったパン1切れ.
Bees make **honey** from the nectar of flowers. ハチは花のみつからはちみつを作る.
**2** Ⓒ 《主に米・アイル略式》[呼びかけ] いとしい人, おまえ (darling) 《♦(1) 主に男性の用いる語で女性が用いる love, sweet に対する. (2) 夫婦間・恋人同士で, また親が子に対して用いる》.

**hon·ey·bee** /hʌ́nibì: ハニビー/ 名 Ⓒ [昆虫] ミツバチ.

**hon·ey·comb** /hʌ́nikòum ハニコウム/ 名 Ⓒ Ⓤ **1** ミツバチの巣, ハチの巣. **2** ハチの巣状[六角形]のもの.

**hon·ey·moon** /hʌ́nimù:n ハニムーン/ 名 Ⓒ **1** 新婚旅行 ‖
go on one's **honeymoon** 新婚旅行に行く.
**2** 蜜月(ぢっ), 幸福な期間.

**hon·ey·suck·le** /hʌ́nisʌ̀kl ハニサクル/ 名 Ⓤ Ⓒ [植] スイカズラ, (特に)ニオイニンドウ.

**Hong Kong** /háŋ káŋ ハンカンヅ|hɔ́ŋ kɔ́ŋ ホンコング/ 名 ホンコン (香港) 《中国南部の特別行政区, もと英国の直轄植民地》.

**hon·ies** /hʌ́niz ハニズ/ 名 → honey.

**honk** /háŋk ハンク|hɔ́ŋk ホンク/ 【擬音語】名 Ⓒ **1** ガンの鳴き声. **2** (自動車の)警笛の音. —動 圓 **1** ガンが鳴く. **2** 警笛を鳴らす. —他〈警笛〉を鳴らす.

**Hon·o·lu·lu** /hànəlú:lu: ハノルールー|hɔ̀n- ホノ-/ 名 ホノルルー 《米国 Hawaii 州の州都. Oahu 島にある》.

*__**hon·or**__, (英) --**our** /ánər アナ|ɔ́nə オナ/ [『「栄光」が原義』] 形 honorable (形)
—名 (複) ~s/-z/) **1** Ⓤ 名誉, 名声; 信用, 面目, 体面 ‖
a sense of **honor** 名誉を重んじる心.
win [gain] **honor** 名誉を得る.
lose one's **honor** 信用を失う.
fight for the **honor** of one's country 祖国の名誉のために戦う.
**2** Ⓤ Ⓒ 《正式》(地位の高い人から好意を受ける)光栄, 特権 ‖
It is a distinct **honor** to meet you. お目にかかれることをたいへん光栄に存じます.
I **hàd** the **hónor of** being [the honor to be] invited to his party. 光栄にも彼のパーティーに招待していただいた.

[Q&A] Q: アメリカ人からもらった招待状に We have the *honour* to invite you to the wedding … とありました. 米国でも英国式つづりを使うのですか.
A: このような結婚式の招待状や社交上の儀礼的な場合には, 米国でも honour を使うのがふつうです. この方が品格があると考えられているようです.

**3** [an ~] 名誉となるもの, 誉れ; [~s] 勲章; 叙勲; 儀礼, 礼遇 ‖
the last [funeral] **honors** 葬儀.
(full) military **honors** 軍葬の礼; (王族などに対する)軍の儀礼.
She is **an honor to** our school. 彼女は我々の学校の誉れである.
**4** Ⓤ 尊敬, 敬意 ‖
show him **honor** =show **honor** to him 彼に敬意を表する.
**5** Ⓤ (女性の)貞節(ぢっ), 純潔 ‖
defend one's **honor** 純潔を守る.
**6** [~s] (学校の)優等; 《米》(大学の)優等課程; 《英》(大学の)優等学位 ‖
graduate with **honors** 優等で卒業する.
**7** [H~] 閣下 《裁判官・市長などに対する尊称で, 言及するときは His [Her] Honor, 呼びかけるときは Your Honor となる》 ‖
Would you please come this way, Your

Honor? 閣下、こちらへおいでください.
**8** 〔トランプ〕[~s] オナーカード《切り札の ace, king, queen, jack, ten》.
**dò A a hónor** =**dò hónor to A** (1) A〈人〉に敬意を表する. (2) A〈人〉の名誉となる.
**dò A the hónor of** doing [to do] …して A〈人〉に面目を施させる ‖ He did me the honor of saying that I was right. 私は間違ってはいないと私の名誉のために彼は言ってくれた.
**gìve A one's wórd of hónor** 名誉にかけて A〈人〉に約束する.
**in hónor of A** =**in A's hónor** …に敬意を表して、…を祝[記念]して ‖ President Coolidge and the First Lady held a dinner in honor of Lindbergh. クーリッジ大統領夫妻はリンドバーグに敬意を表して晩餐(窑)会を催した.
**on** [〔正式〕**upòn**] **one's hónor** 誓って、本当に ‖ On my honor, I didn't do that. 本当にそんなことはしておりません.
—動 三単現 ~s/-z/; 過去・過分 ~ed/-d/; 現分 ~ing/ánəriŋ | ɔ́n-/)
—他 **1** 〔正式〕…に栄誉を授ける;[be ~ed] 光栄に思う ‖
honor him with a doctor's degree 彼に博士号を与える.
I am most honored to be invited. ご招待にあずかり光栄の至りです.
**2** …を尊敬する;…に敬意を表す.
**3** 〔正式〕〈手形など〉を受け取る,支払う;〈約束など〉を守る ‖
All credit cards are honored here. 当店ではどこのクレジットカードでもご利用になれます.

**hon·or·a·ble**, 〔英〕 **--our--**/ánərəbəl アナラブル | ɔ́nərəbl オナラブル/ 形 **1** 尊敬すべき、りっぱな、あっぱれな;名誉ある ‖
honorable deeds りっぱな行為.
an honorable achievement すばらしい業績.
He is an honorable man. 彼は高潔な人物だ.
**2** 名誉となる、名誉ある、高貴なる ‖
honorable wounds 名誉の負傷.
**3** [H~; 通例 the ~] 閣下.

**hon·or·a·bly**, 〔英〕 **--our--**/ánərəbəli | ɔ́nərə- オナラブリ/ 副 りっぱに、尊敬されるように.

**hon·or·ar·y** /ánərèri アナレリ | ɔ́nərəri オナラリ/ 形 [しばしば H~] 名誉として与えられる;肩書だけの.

\***hon·our** /ánə オナ/ 名 〔英〕=honor.

**hon·our·a·ble** /ɔ́nərəbəl オナラブル/ 形 〔英〕=honorable.

\***hood** /húd フド/ (類音 food/fúːd/) 〔「頭につける物」が原義〕
—名 (複 ~s/húdz/) C **1** ずきん,(外套(窑)などの)フード.
**2** ずきん[フード]状の物《電灯・煙突のかさ、炉のひさし、自動車・乳母車の幌(窑)、発動機の覆い、レンズのフードなど》; 〔米〕ボンネット《自動車前部のエンジンの覆い.図》→ **car**》; 〔英〕bonnet.

**hood·ed** /húdid フディド/ 形 フード付きの、フードをかぶった、フード状の ‖

a hooded jacket フード付きのジャケット.

**hoof** /húf フフ | húːf フーフ/ 名 (複 ~s/-s/, **hooves**/húːvz/) C **1** (馬などの)ひづめ(図 → **horse**) ‖
an injured hoof 傷ついたひづめ.
**2** (ひづめのある動物の)足.

**hook** /húk フク/ 名 C **1** (物を掛ける[引っ掛ける]ための)かぎ;留め金、ホック;(電話の)受話器掛け ‖
a coat hook 洋服掛け.
hooks and eyes (服の)かぎホック.
**2** 釣り針;わな. **3** かぎ形のかま. **4** かぎ状の物[記号];〔音楽〕(音符の)旗. **5** (河川・道路の)屈曲部.
**6** 〔ゴルフ・テニスなど〕フック《ボールが利き腕の反対方向に曲がること》;〔野球〕カーブボール;〔ボクシング〕フック.
—動 他 **1** …をかぎ形に曲げる;…を曲げてつなぐ.
**2** …をかぎで引っ掛ける[留める];…をホックで留める ‖
This dress is hooked at the front. この服は前で留めるようになっている.
**3** [be ~ed] ひっかかっている;〔略式〕夢中になっている ‖
be hooked on the longhaired girl あの長い髪の女の子に夢中になっている.
**4** …を釣り上げる.
—自 **1** かぎ形に曲がる.
**2** かぎでとまる ‖
The dress hooks at the front. その服は前をホックで留める.

**hooked** /húkt フクト/ 動 → **hook**.
—形 **1** かぎの形をした ‖
a hooked nose かぎ鼻.
**2** (かぎ)ホックのついた.

**hook·er** /húkər フカ/ 名 C **1** ひっかける人[物]; 〔ラグビー〕フッカー《スクラムの最前列中央でボールを後方へけり送る選手. 図 → **rugby**》. **2** 売春婦.

**hoo·li·gan** /húːligən フーリガン/ 名 C ちんぴら; (公共の場で)暴れる若者, (特にサッカーの試合観戦で暴れる)フーリガン.

**hoop** /húːp フープ/ (同音 whoop) 名 C **1** (主に筒状のものをたばねる)輪, (たるの)たが. **2** (一般に)輪状のもの《フラフープの輪など》.

**hoot** /húːt フート/ 〔擬音語〕 動 自 **1** 〈フクロウが〉ホーホーと鳴く. **2** 〈汽笛・サイレンなどが〉ブーブーと鳴る, 〈車・運転手が〉ブーブーと鳴らす. **3** 〔略式〕はやし立てる, ブーブーやじる.
—他 **1** 〔略式〕…をやじる. **2** 〈不満・不賛成〉をワーワー言い立てる. **3** 〈警笛〉をブーブーと鳴らす.
—名 C **1** (フクロウの)ホーホーと鳴く声.
**2** (車・船の)警笛.
**3** ワーワーやじる声, (不満・不賛成の)叫び, あざけり.
**4** [a ~ / two ~s] 〔略式〕ほんの少し;[否定文で] ちっとも(at all) ‖
He doesn't care a hoot whether I am happy or not. 彼は私が幸せかどうかちっとも気にしない.

\***hop**[1] /háp ハプ | hɔ́p ホプ/ (類音 hope/hóup/)
—動 三単現 ~s/-s/; 過去・過分 hopped/-t/;

**hop**

[現分] hop·ping)

— [自] **1 a** (片足)でぴょんぴょん跳ぶ, ひょいと跳ぶ ∥
hop along ぴょんぴょん跳んで行く.
hop over a ditch みぞを跳び越す.
**b** 足をそろえてぴょんぴょん跳ぶ ∥
The bird hops about [around] in the garden. 鳥が庭をはね回る.
**2** 《略式》ひょいと動く ∥
hop into [in, on] a train 《米》列車に跳び乗る.
hop out of bed ベッドから跳びおりる.
**3** 《略式》(飛行機で)飛び回る, 小旅行をする ∥
hop over to Canada カナダへちょっと旅行する.

— [他] **1** …をぴょん[ひょい]と跳び越す. **2** 《米略式》…にひょいと跳び乗る.

— [名] ⓒ **1** (人の)片足跳び, 跳躍, (鳥・動物などの)両足跳び, カエル跳び; (ボールの)バウンド. **2** 《略式》(長距離飛行の)一航程; 短距離飛行, 小旅行.
**the hóp, skip [stép], and júmp** 《競技》三段跳び.

**hop²** /hάp ハプ│hɔ́p ホプ/
[名] ⓒ 《植》ホップ; [〜s] (芳香苦味剤としての)ホップ.

**\*\*hope** /hóup ホウプ/
(類音) hop/hάp│hɔ́p/)
(派) hopeful (形), hopeless (形)

→ [名] **1** 希望 **2** 見込み, 期待
**3** 希望を与えるもの[人]
[動] [他][自] 望む

— [名] (複) 〜s/-s/) **1** ⓤⓒ 希望, 望み (↔ despair) ∥
have hope 希望を持つ.
give up hope 希望を捨てる.
my hope of winning the race レースに勝ちたいという私の望み.
While there is life, there is hope. 《ことわざ》生きている限り希望がある; 「命あっての物種」.
[対話] "I was really depressed but his words really encouraged me." "So he gave you new hope, didn't he?" 「かなり滅入っていたんだけど彼の言葉で元気が出ました」「彼が新しい希望を与えてくれたってわけですね」.

**2** ⓤⓒ 見込み, 期待, 可能性 ∥
set [fix, build] one's hopes on the new actor その新しい俳優に期待をかける.
be beyònd [pàst] hópe 見込みがない.
have some hope of success 成功の見込みが多少ある.
There is no hope of her success. =There is no hope │ that she may succeed. 彼女が成功する見込みはない.

**3** ⓒ 希望を与えるもの[人], 期待されるもの[人], 頼みの綱 ∥
He is the hope of our team. 彼は我がチームのホープだ.

**in hópe(s)** 希望を抱いて; 期待して.
**in the hópe of A** …を期待して.
**in the hópe that** 節 …であることを希望して.

— [動] (三単現) 〜s/-s/; (過去・過分) 〜d/-t/; (現分) hop·ing)

— [他] **1** [hope to do] …することを**望む, 希望する**, …したいと思う ∥
We hópe to sée you │ at our next annual meeting. 来年の例会でお会いしましょう.
I'd hoped to have [I hoped to have had] these walls repapered. この壁紙を張り替えたいと思ってはいました(が実現しなかった).
I hope to have read this book by next Tuesday. 次の火曜日までにはこの本を読み終えたいと思っている.
[対話] "Do you think it will rain tomorrow?" "I hópe sò." 「あす雨が降ると思いますか」「降ってほしいですね (="I hópe it wíll.").

[Q&A] **Q**: 上の対話で I'm afraid so. といえばどういう意味になりますか.
**A**: I hope so. が望ましい結果を期待するのに対して, いやな結果を心配して「降るのじゃないかと思います」の意味になり「降れば困る」という気持ちを含んでいます.

**2** [hope (that) 節] …であることを願う ∥
I hópe you like this. (プレゼントなどを渡す際に)気に入っていただければよいのですが.
I hope you give us some advice. 私たちに何か助言をいただければと考えております.
We hope [It is hoped] that you'll come a little earlier. 少しばかり早目においでいただければと思います.
I hope it won't [doesn't] rain tomorrow. あす雨が降らなければいいのですが.

[Q&A] **Q**: 「ご成功なさるように」というとき I hope you (will) succeed. と will のある場合とない場合があるようですが, どう違いますか.
**A**: that 節内は未来のことを表しているのですから, 本来は will が必要です. しかし話し手の現実感を強調するときは(未来を現実に引き寄せるような気持ちで)現在形を用いることがよくあります. 第1, 2 例およぴ最後の例もそうです.

— [自] 望む, 期待する ∥
I hope for John to come. 《米略式》ジョンが来ることを望んでいる.
**hópe against hópe** (見込みがないのに)希望し続ける.

**\*hope·ful** /hóupfl ホウプフル/ 「希望 (hope) にあふれた(ful)」

— [形] (比較) more 〜, (最上) most 〜) **1** 望みを**抱いている, 希望[期待]している; 希望に満ちた (↔ hopeless)** ∥
She is hopeful of winning the prize. 彼女は賞をとれるものと希望を抱いている.

I'm very **hopeful about** my future. 私は自分の将来については楽観しています.
[対話]"Your brother is in the hospital now, isn't he?" "Yes, he's very sick now but we're all **hopeful** that he will get better soon."「弟さんが入院しているんだってね」「そうです. とても具合が悪いんですが, みんなは弟がすぐによくなるだろうと思っています」.
**2** 有望な, 見込みがある ‖
There is a **hopeful** sign of his recovery. 彼が回復する見込みがありそうだ.
a **hopeful** scientist 有望な科学者.
──名C 前途有望な人; 希望を持っている人.

**hópe·ful·ness** 名U 希望に満ちていること; 見込みのあること, 有望.

**hope·ful·ly** /hóupfəli ホウプフリ/ 副 **1** 希望を持って, 希望して ‖
He was waiting **hopefully** for her to come. 彼は彼女が来るのを期待して待っていた.
**2**〔文全体を修飾〕うまくいけば.

***hope·less** /hóupləs ホウプレス/〖希望(hope)がない(less)〗
──形 (比較 more ~, 最上 most ~) **1** 絶望して, 望みをなくした(↔ hopeful) ‖
I feel **hopeless** about my prospects of passing the examination. 試験の合格についてはあきらめています.
I **am** not **hopeless of** my future. 自分の未来に絶望はしておりません.
**2** どうにもしようのない; 〈病気が〉治らない ‖
a **hopeless** illness 不治の病.
a **hopeless** liar どうしようもないうそつき.
**3**《略式》むだな, 無益な ‖
It is **hopeless** to try to build a fire with wet wood. ぬれた木で火を起こそうとするのはむだなことである.

**hópe·less·ness** 名U 絶望.

**hope·less·ly** /hóupləsli ホウプレスリ/ 副 絶望的に, どうしようもなく.

**hop·ing** /hóupiŋ ホウピング/ 動 → hope.

**hop·scotch** /hápskɑtʃ ハプスカチ | hɔ́pskɔtʃ ホプスコチ/ 名U 石けり遊び ‖
play hopscotch 石けりをする.

**horde** /hɔ́:rd ホード/ (同音 hoard) 名C 大群, 移動群; 群衆.

**ho·ri·zon** /həráizn ハライズン/ 《発音注意》《◆*ホリゾン》名C **1** [the ~] 地平線, 水平線 ‖
The sun is going down **below** the **horizon**. 太陽が地平線に沈もうとしている.
**2**《正式》[通例 ~s] (思考などの) 視野, 展望 ‖
The lecture opened up new **horizons** for us. その講義は我々に新しい展望を与えてくれた.
**on the horizon** 兆しが見えて, 起こりかかって.

**hor·i·zon·tal** /hɔ̀:rəzántl ホ(ー)リザントル | hɔ̀:rəzɔ́ntl ホ(ー)リゾントル/ 《発音注意》形 **1** 地平線(上)の, 水平線(上)の(↔ vertical).
**2** 水平の; 横の ‖
**horizontal** stripes 横縞(じま).

──名C [the ~] 水平線, 水平面.

**hor·i·zon·tal·ly** /hɔ̀:rəzántəli ホ(ー)リザンタリ | -z5n- -ゾンタリ/ 副 水平に, 水平方向に.

**hor·mone** /hɔ́:rmoun ホーモウン/ 名C《生理》ホルモン.

**horn** /hɔ́:rn ホーン/ 名 **1**C (牛などの)角(ろ) ‖
A bull has two **horns**. ウシには角が2本ある.
**2**U (細工ものの材質としての)角, 角材.
**3**C 角製の物[容器] ‖
a shoehorn 靴ベラ.
**4**C 角笛, 〔音楽〕(フレンチ)ホルン; 《俗》金管楽器.
**5**C 警笛, クラクション ‖
blow the **horn** クラクションを鳴らす.
Save your **horn**. 警笛禁止.
*blów* [*tóot*] *one's ówn hórn* 自画自賛する, 自慢する

**Horn** /hɔ́:rn ホーン/ 名 [the ~] =Cape ~ ホーン岬《南米大陸の最南端の岬. 悪天候で有名. ここを通る時に船員の使う仮病を Cape *Horn* fever という》.

**hor·net** /hɔ́:rnit ホーニト/ 名C《昆虫》スズメバチ.

**horn·y** /hɔ́:rni ホーニ/ 形 (比較 -i·er, 最上 -i·est) 角のような, かさかさの.

**hor·o·scope** /hɔ́:rəskoup ホ(ー)ロスコウプ/ 名C〔占星〕[one's ~] 天宮図(上の位置), 運勢.

**hor·ri·ble** /hɔ́:rəbl ホ(ー)リブル/ 形 **1** 恐ろしい, 身の毛のよだつような《◆ **terrible** よりも意味が強い》‖
I had a **horrible** dream last night. 私は昨夜恐ろしい夢を見た.
**2**《略式》ひどいいやな, とても不愉快な ‖
a **horrible** noise ひどく不快な音.

**hór·ri·ble·ness** 名U 恐ろしさ, ものすごさ.

**hor·ri·bly** /hɔ́:rəbli ホ(ー)リブリ/ 副 **1** 恐ろしく, ものすごく.
**2**《略式》ひどく ‖
**horribly** ominous とても不吉な.
I'm **horribly** tired. ひどく疲れている.

**hor·rid** /hɔ́:rəd ホ(ー)リド/ 形 **1**《正式》恐ろしい, ぞっとする. **2**《略式》たいへん不愉快な.

**hor·rif·ic** /hɔ:rífik ホ(ー)リフィク, hə-/ 形《略式》恐ろしい, ぞっとする.

**hor·ri·fy** /hɔ́:rəfai ホ(ー)リファイ/ 動 (三単現 -ri·fies/-z/; 過去・過分 -ri·fied/-d/) 他 …をぞっとさせる, こわがらせる; …にショックを与える ‖
She was **horrified** to hear the news of the accident. 彼女はその事故の知らせにショックを受けた.

**hor·ri·fy·ing** /hɔ́:rəfaiiŋ ホ(ー)リファイイング/ 動 → horrify. ──形〈光景などが〉恐ろしい, ぞっとするような.

**hor·ror** /hɔ́:rər ホ(ー)ラ/ 名 **1**U 恐怖, 恐ろしさ; C 恐ろしい人[物, 事]《◆ **terror** と違い嫌悪感を伴う恐怖》‖
**in horror** (**of the sight**) (その光景に)ぞっとして.
**to one's horror** ぞっとしたことには.
**2**UC 憎悪, 嫌悪; 《略式》[a ~] いやな人[物, 事] ‖
He has a **horror** of spiders. =Spiders are

his horror. 彼はクモが大嫌いだ.
***the Chámber of Hórrors*** (ロンドンのタッソー蠟(%)人形館の)恐怖の部屋.
**hórror còmic** ホラー漫画, 恐怖漫画.
**hórror fiction** ホラー小説, 恐怖小説.
**hórror film [mòvie]** ホラー映画, 恐怖映画.
**hors d'oeuvre** /ɔːrdə́ːrv オーダーヴ/〖フランス〗[名] ⒸⓊ オードブル, 前菜《食事の最初に食欲をそそるために出る味の強い少量の料理の盛合わせ》.

## ‡**horse** /hɔ́ːrs ホース/ (同音 hoarse)〖「走るもの」が原義〗

——[名] (複 **hors·es**/-iz/) **1** Ⓒ 馬《◆従順・高貴な動物として尊重される反面, 好色・愚かさの象徴でもある》∥
a wild **horse** 野生の馬.
on a **horse** 馬で, 馬に乗って.
with the **horse** and cart 荷馬車で《◆ˣcart and horse とはいわない》.
I like to ride (**horses**). 私は馬に乗るのが好きだ.
You may tàke a hòrse to (the) wáter, but you cànnot make him drínk. (ことわざ) 馬を水際へ連れて行くことはできるが, 水を飲ませることはできない; その気のない者には, はたからどうにもすることができない.

Q&A *Q*：馬の掛け声にはどんなものがありますか.
*A*：whoa /hwóu/ (止まれ), giddyap (はい, どう), gee /dʒíː/ (右へ), how /hʌ́ː/ (左へ) などのように命令して仕込みます.

関連 foal 特に0歳の子馬 / colt 4歳未満の雄の子馬 / filly 4歳未満の雌の子馬 / pony (体高が 4.8 feet (1.463 m) 以下の小形の馬 / gelding 去勢馬 / mare 雌馬 / stallion 種馬 / steed 乗用馬, 軍馬.
[馬の鳴き方] neigh ヒヒーン (と鳴く).

**2** Ⓤ (正式) [集合名詞] 騎兵, 騎兵隊.
**3** Ⓒ (体操用の) 鞍馬(ᵏ), 跳馬;(人が乗る)馬の形をした物 ∥
a rocking **horse** (子供の) 揺り木馬.
**4** Ⓒ [通常複合語で] 物を掛ける台, 脚立(ᵏ) ∥
a clothes**horse** 衣装掛け.

**báck the wróng hórse** (略式) (1) 負け馬に賭(ᵏ)ける. (2) (誤って) 負けている方を支持する; 判断を誤る.
**éat like a hórse** (↔ eat like a bird) (略式) 大食いする, もりもり食べる.
**hórse chèstnut** [植] トチノキ, マロニエ; その実《英国では実をひもに通しぶつけ合って遊ぶ》.
**Hórse Guàrds** (英) [the ~] 近衛(ᵏ)騎兵(隊); その本部《London の Whitehall にある》.
**hórse ràcing** 競馬.

関連 [有名な競馬] 米国：Kentucky Derby, Preakness Stakes. 英国：Derby, Oaks, Ascot, Grand National.

**hórse sènse** (略式)(日常的な)常識, 俗知識.
**horse·back** /hɔ́ːrsbæ̀k ホースバㇰ/ [名] Ⓤ 馬の背 ∥
on **horseback**. 馬に乗って.
——[副]《主に米》馬に乗って ∥
ride **horseback** 馬に乗って行く.

## *horse·man /hɔ́ːrsmən ホースマン/

——[名] (複 ··**men** /-mən/) Ⓒ **1** 騎手, 馬術家 ((PC) (horseback) rider) 《◆「職業としての (競馬) 騎手」は jockey》.
**2** [形容詞を伴って] 馬に乗るのが...な人 ∥
He is a good **horseman**. 彼は馬に乗るのが上手だ.
**horse·play** /hɔ́ːrsplèi ホースプレィ/ [名] Ⓤ ばか騒ぎ.
**horse·pow·er** /hɔ́ːrspàuər ホースパウア/ [名] (複 **horse·pow·er**) Ⓒ Ⓤ 馬力《仕事率の単位. 1馬力は約745.7 watts. (略) hp, (記号) HP》 ∥
a twenty-**horsepower** engine 20馬力のエンジ

horse

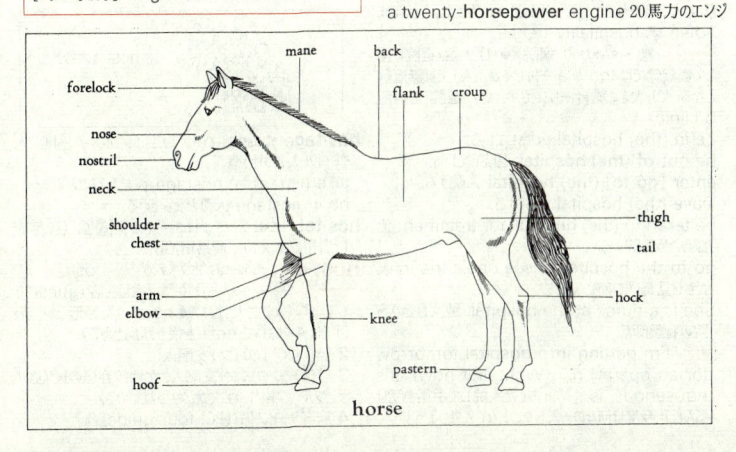

ン.

**horse·rad·ish** /hɔ́:rsrædiʃ ホースラディッシュ/ 名 U〔植〕ワサビダイコン, セイヨウワサビ; その根《おろしてローストビーフに添えたりする》.

**horse·shoe** /hɔ́:rsʃù: ホースシュー/ 名 C **1** 蹄(ひづめ)鉄《◆魔よけ・福運の力があるとの俗信がある》. **2** [~s; 単数扱い] 蹄鉄投げ遊び《輪投げの一種》. **3** 馬蹄[U字]形のもの.

**horse·whip** /hɔ́:rshwìp ホースウィプ/ 名 C (馬に用いる)むち.

**horse·wom·an** /hɔ́:rswùmən ホースウマン/ 名 (複 -wom·en) C horseman の女性形/(PC) (horseback) rider).

**hor·ti·cul·tur·al** /hɔ̀:rtəkʌ́ltʃərəl ホーティカルチャラル/ 形 園芸(学, 術)の.

**hor·ti·cul·ture** /hɔ́:rtəkʌ̀ltʃər ホーティカルチャ/ 名 U《正式》園芸(学・術).

**hose** /hóuz ホウズ/ 《発音注意》《×ホウス》名 **1** U《正式・古》[集合名詞; 複数扱い] 靴下類《ストッキング・ソックス類の総称》‖
a pair of silk hose 絹の靴下1足.
**2** 《主×》[複数扱い] (昔の男子用)タイツ; (主にひざまでの)ズボン.
**3** C U ホース ‖
a fíre hòse 消火用ホース.
a rúbber hóse ゴム管[ホース].
— 動 (現分 hos·ing) 他 …にホースで水をまく; …をホースの水で洗う.

**hos·pice** /háspis ハスピス | hɔ́s- ホス-/ 『「旅人の安息所」が原義』名 C (英) ホスピス《主に癌(がん)の末期患者に人間らしい生活を与える施設》.

**hos·pi·ta·ble** /háspətəbl ハスピタブル | hɔspítəbl ホスピタブル/ 形 **1** 親切にもてなす ‖
He is always hospitable to me. 彼はいつも私を歓待してくれる.
**2** 《米》寛容な, 快く受け入れる.
**hos·pít·a·bly** 副 手厚く.

***hos·pi·tal** /háspitl ハスピトル | hɔ́spitl ホスピトル/ 『「主人が客をもてなす所」が原義. cf. host, hostel, hotel』派 hospitality (名)
— 名 (複 ~s/-z/) C 病院《◆(1) 入院・退院に関しては《米》では the か a を付けるが, 《英》では無冠詞となる. (2) 大きな総合病院をさす. 専門医院・診療所は clinic》‖
be in (the) hóspital 入院している.
be òut of (the) hóspital 退院している.
énter [gó to] (the) hóspital 入院する.
lèave (the) hóspital 退院する.
be taken to (the) hospital for treatment 治療のため入院する.
gó to the hóspital to see one's friend 友だちを見舞いに病院へ行く.
She is a nurse at the hospital. 彼女はその病院の看護師だ.
対話 "I'm getting into hospital tomorrow for an operation." "What is it now? It's not serious, is it?"「あした入院して手術を受けるんだ」「今度は何なの. 大したことないでしょう」.

関連 general hospital 総合病院 / emergency hospital 救急病院 / maternity hospital 産院 / field hospital 野戦病院 / pet's hospital 犬猫病院 / animal hospital 動物病院.

**hos·pi·tal·i·ty** /hàspitǽləti ハスピタリティ | hɔ̀spitǽləti ホスピタラティ/ 名 U 親切なもてなし, 歓待, 手厚くもてなすこと ‖
a feeling of hospitality 温かい雰囲気.
Thank you for your hospitality. おもてなしありがとうございます.

**hos·pi·tal·i·za·tion** /hàspətələzéiʃən ハスピタリゼイション | hɔ̀spəitəlai- ホスピタライ-/ 名 U **1** 入院; 入院期間. **2** = hospitalization insurance.
**hòspitalizátion insùrance** 入院保険.

***host**[1] /hóust ホウスト/ 『「客」が原義. cf. hospital』
— 名 (複 ~s/hóusts/) C《◆女性形は hostess だが, 最近ではいずれの意味でも, 女性にも host を使う傾向がある》**1** [しばしば無冠詞で] (男の)主人(役), 主催者; [形容詞的に] 主催の ‖
act as host at a party パーティーで主人役を務める.
He played host to us. 彼が私たちを接待した.
a host country for the conference その会議の主催国.
**2** 《米》(ホテルの男の)支配人.
**3** (テレビ・ラジオ番組の男の)司会者.
**4** 〔生物〕寄生動物[植]物の宿主(↔ parasite).
— 動 他 《略式》…を主催する; …を司会する ‖
host a TV show テレビのショーの司会をする.
**hóst fàmily** ホストファミリー《ホームステイの外国人留学生を受け入れる家族》.

**host**[2] /hóust ホウスト/ 名 C (略式) [a ~ of + C 名詞 / ~s of + C 名詞] …の大勢, 多数の… ‖
a host of cars 車の大群.

host《大勢》

**hos·tage** /hástidʒ ハスティヂ | hɔ́s- ホス-/ 名 C 人質; U 人質の状態 ‖
táke him (as a) hóstage 彼を人質にとる.
be in hostage 人質となっている.

**hos·tel** /hástl ハストル | hɔ́s- ホス-/ 名 C (青年旅行者用の)ホステル, 簡易宿泊所.

***host·ess** /hóustəs ホウステス/ 『→ host[1]』
— 名 (複 ~·es/-iz/) C **1** (家庭で客(guest)をもてなす) (女)主人(役)《◆host の女性形だが, 最近では **4** を除いて host を使う傾向がある》.
**2** 《米》(ホテルの)(女)支配人.
**3** (レストランの)(女)支配人, 女性接客係の長《客のテーブルへの案内, 注文などの相談にのる》.
**4** 旅客サービス係(((PC) tour guide) ‖

an air **hostess** エアホステス((PC) flight attendant).

**5** (テレビ・ラジオ番組の) (女)司会者.

\***hos·tile** /hάstl | hɔ́stail ホスタイル/ 形 **1** (正式) 敵の, 敵国の, 敵軍の ‖
**hostile** troops 敵軍.

**2** 敵意のある, 反感をもった; 非友好的な, 冷淡な ; 反対である, 拒否している ‖
He was **hostile** to the plan. 彼はその計画に反対であった.

**hos·til·i·ty** /hɑstíləti ハスティリティ | hɔs- ホス-/ 名 (複 -·ties) **1** U (態度に表れた)敵意, 反感 ‖
have **hostility** to him 彼に敵意をいだく.

**2** C [hostilities] 戦闘(行為), 武力衝突 ‖
open **hostilities** 開戦する.

\*\***hot** /hάt ハト | hɔ́t ホト/ (類音 hut/hʌt/) [→heat]

→ 形 **1** 暑い, 熱い **2** 新しい **3** 激しい; 怒った

—形 (比較 **hot·ter**, 最上 **hot·test**) **1** 暑い, 熱い《♦一般に cold, cool, warm, hot の順に温度が上がる》; 熱帯(地方)の; からだがほてる, 熱のある ‖
a **hot** day 暑い日.
**hot** weather 暑い天気.
a **hot** country 熱帯地方の国.
This tea is too **hot** to drink. このお茶は熱くて飲めない.
The difficult climb has made me **hot**. 難しい登りだったのでからだがほてっている.
It is very **hot** today. =Today is very **hot**. きょうはとても暑い.

対話 "Will you have **hot**(↗) or iced coffee? (↘)" "**Hot** coffee, please." 「コーヒーはホットですか, アイスですか」「ホットをお願いします」.

Q&A **Q**: 暑いときに I am hot. とは言わない方がよいと言われましたがどうしてでしょうか.
**A**: hot には「(欲情を起こして)燃えている」といった意味もあるからでしょう. 親しい間柄, 特に同性の間柄ではよろしいですが, 異性間では避けた方がよいと思います. そのような場合には単に It's hot. とか I'm very warm. と言う方が無難です.

**2** 新しい, ホットな, 入手したばかりの; 出版[発行]されたばかりの ‖
Is there any **hot** news on the accident? 事故についての最新のニュースが入っていますか.
This book is **hot** off [from] the press. この本は出版されたばかりだ.

**3** 激しい, 激烈な; 怒った; 興奮した ‖
a **hot** contest 激しい競争.
have a **hot** argument about it そのことについて激論する.

**4** ひりひりする, 辛い(↔ mild) ‖
**hot** pepper 辛しにしょう.
**hot** curry 辛いカレー.

**5** 〈音楽が〉たいへんリズミカルで感情的な.
**go hot and cold** (恐怖などで)ほてったり寒けがしたりする.

**hót and hót** 〈料理が〉できたばかりの.

**hót air** (1) 熱気. (2)《略式》くだらぬ話, 自慢話.

**hót càke** ホットケーキ.

**hot dog** /=|=/ (1) ホットドッグ. (2) フランクフルトソーセージ.

**hót line** (略式) 緊急用直通電話線, ホットライン.

**hót plàte** 料理用鉄板; (主に米)(携帯用の)料理電気[ガス]こんろ.

**hót potáto** (略式) 難問題, 難局.

**hót spring** (通例 -s) 温泉.

**hót wáter** (1) 湯. (2)《略式》困難 ‖ be in [gèt ìnto] **hót wáter** 困っている / get into **hót wáter** 苦境に陥る.

**hot·bed** /hάtbèd ハトベド | hɔ́t- ホト-/ 名 C **1** (植物を育てる)温床(´る´).

**2** (悪の)温床 ‖
a **hotbed** of crime 犯罪の温床.

\***ho·tel** /houtél ホウテル/《◆(英)では /outél オウテル/ と発音されることがある. その場合, 直前の不定冠詞は an hotel のように an となる》[→ hospital]

—名 (複 ~s/-z/) C ホテル, 旅館 ‖
stáy [pùt úp] at (the) **Hotél** Prínceton [the Prínceton Hotél] プリンストンホテルに泊る.
Our **hotel** can accommodate 150 guests. 当ホテルは150名宿泊できます.

**hot·head·ed** /hάthédid ハトヘディド | hɔ́t- ホト-/ 形 せっかちな, 性急な; 怒りっぽい.

**hot·house** /hάthàus ハトハウス | hɔ́t- ホト-/ 名 C (植物を育てる)温室.

**hot·ly** /hάtli ハトリ | hɔ́t- ホトリ/ 副 **1** 激しく; 怒って. **2** (懸命に)迫って, 肉薄(ぼ)して.

**hot·ness** /hάtnəs ハトネス | hɔ́t- ホト-/ 名 U 熱さ, 暑さ; 熱心, 熱烈, 激烈.

**hot·pants** /hάtpæ̀nts ハトパンツ | hɔ́t- ホト-/ 名 [複数扱い] ホットパンツ《女性用のぴったりしたショートパンツ》.

**Hot·ten·tot** /hάtntὰt ハトントト | hɔ́tntɔ̀t ホトントト/ 〖『吃音(ぎつ)の人』が原義〗《侮蔑》名 (複 Hot·ten·tot, ~s) C 形 ホッテントット人(の)《◆自称は Khoikhoin (人間中の人間)》; U ホッテントット語(の).

**hot-water** /hάtwɔ́:tər ハトウォータ | hɔ́t- ホト-/ 形 湯の, 熱湯の.

**hót-wáter bòttle** [(米) bàg] 湯たんぽ《ふつうゴム製》.

**hound** /háund ハウンド/ 名 C [しばしば複合語で] 猟犬, (一般に)犬《◆(英)では, ふつうキツネ狩りの猟犬 foxhound をさす. 鳴き声は bay》.

—動 他 **1** …を猟犬で狩る. **2** …をしつこく悩ます.

\*\***hour** /áuər アウア/ (同音 our)

—名 (複 ~s/-z/) C **1** 1時間, 60分 (略)(記号) h; (略 h., hr)

**half an** [(米) **a half**] **hour** 半時間, 30分.
an **hour** and a half 1時間半.

**hour by hour** 1時間ごとに, 時々刻々.
**hour after hour** 毎時間.
wait for an **hour** or so 1時間かそこら待つ.
work for **hours** together 何時間も続けて働く.
She will be back in a quarter of an **hour**. 彼女は15分もすれば帰ってくるだろう.
It is (a) three **hours'** walk from here to the station. =It takes three **hours** to walk from here to the station. ここから駅まで歩いて3時間かかる.
a ten-**hour** trip 10時間の旅.
**2 a** 時刻; [通例 ~s] (ある一定の)時刻, 期間 ‖
tell him the **hour** 彼に時刻を知らせる.
at an early **hour** 早い時刻に.
at a late **hour** 遅い時刻に.
at all **hours** (略式)いつでも, 時を選ばず.
the rúsh hòur(s) (朝夕の)ラッシュアワー(→ rush hour).
**b** [the ~] 正時(ピピ)《分などの端数のつかない時刻》‖
on the **hour** (→ 成句).
The train leaves at half past the **hour**. 列車は毎時30分に出発します.
**3** (授業などの)時間, 時限; [~s] (勤務・生活などの)時間 ‖
school **hours** 授業時間.
after **hours** 営業時間後に.
out of **hours** 勤務[規定]時間外で.
The **hour** lasts 50 minutes. 1時限は50分です.
**4** (ある特別な)時, おり, ころ; [通例 the ~] 現在, 当代; [one's ~] (重要な)時, 死期 ‖
the happiest **hours** of one's life 人生の一番楽しい時.
**5** 1時間の距離[行程] ‖
The city is an **hour** away [distant] from here. 町はここから1時間の所にある.
**by the hóur** (1) 時間単位で ‖ hire a boat by the **hour** 1時間単位でボートを借りる. (2) 何時間も(続けて). (3) (米)1時間ごとに, 1時間1時間と.
(**évery hóur**) **on the hóur** (毎)正時に.
**kéep éarly** [**góod**] **hóurs** (1) 早寝をする, 早起きをする; (やや古) 早寝早起きをする(keep regular hours). (2) 早く仕事を始める; 早く帰宅する.
**kéep láte** [**bád**] **hóurs** (1) 夜ふかし[朝寝]をする. (2) 遅く仕事を始める[終える]; 遅く帰宅する.
**kéep régular hóurs** 規則正しい生活を送る; 早寝早起きをする.
**to an** [**the**] **hóur** (1時間と違わずに)きっかり.
**hóur hànd** (時計の)短針, 時針.

**hour・ly** /áuərli アウアリ/ 形 **1** 1時間ごとの, 1時間当たりの ‖
an **hourly** wage of $6 時間給6ドル.
**2** 頻発する, たび重なる.
── 副 **1** 1時間ごとに.
**2** たびたび, 絶えず ‖
expect him **hourly** 今か今かと彼を待つ.

**\*\*house** /名 形 háus ハウス; 動 háuz ハウズ/
── 名 (複 **hous・es**/háuziz/) Ⓒ **1** 家, 家屋, 住宅, 人家(ピヒ)《◆安全・歓待の象徴》(類 home, residence, mansion) ‖
a ready-built **house** 建て売り住宅.
a custom-built **house** (米) 注文住宅.
have a **house** of one's own マイホームを持つ.
This **house** has six rooms. この家は6部屋ある.
drop in at John's **house** ジョンの家にひょっこり立ち寄る.
Our **house** is built of brick(s). 我々の家はれんがが造りです.

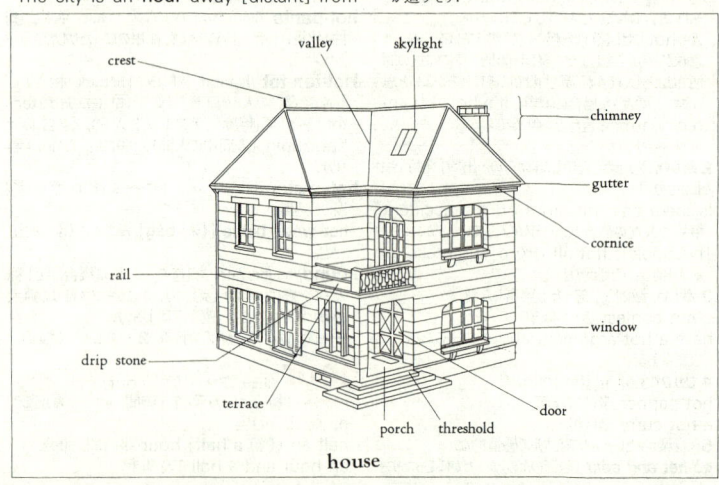

crest — valley — skylight — chimney — gutter — cornice — rail — window — drip stone — terrace — porch — threshold — door

house

sell (from) house to house 1軒1軒売りに歩く.
An Englishman's house [home] is his castle. (ことわざ) → Englishman 語法 (2).
**2** [the ~; 単数扱い] 家庭, 家族; [the H~] (貴族・王室などの)家系, 一族 ‖
the Imperial House 皇室.
**3** [the H~] 議院, 議事堂; 議会; [集合名詞] 議員 ‖
the Upper House 上院.
the Lower House 下院.
enter the House 議員になる.

> 関連 [米国] 下院 the House of Representatives / 上院 the Senate. [英国] 下院 the House of Cómmons / 上院 the House of Lórds 《◆上院議員は選挙によらずに選ばれる》. [日本] 衆議院 the House of Representatives / 参議院 the House of Councilors.

**4** [複合語で] (特定の目的のための)建物, …小屋, …置き場 ‖
a hén hòuse 鶏小屋.
**5** 劇場, 演芸場; 興行; [集合名詞] 観衆, 聴衆 ‖
a móvie [pícture] hòuse 映画館.
**6** [複合語で] …店, 商店; 商社, 会社 ‖
a públishing hòuse 出版社.
*kèep a góod hóuse* (1) ぜいたくな生活をする. (2) 客を歓待する.
*kèep hóuse* 家事を切り盛りする.
*pláy hóuse* ままごとをする.
*the Hòuses of Párliament* (英) 国会議事堂.
──動 /háuz/ (三単現 hóus·es/-iz/; 過去・過分 ~d/-d/; 現分 hóus·ing)
──他 (正式) …を収容する, 泊める, …に住居を与える ‖
I shall be happy to **house** you for a night. 喜んでお泊めいたします.

**hóuse àgent** (英) 家屋周旋(ばん)業者《◆(英) estate agent は「不動産業者」》.
**hóuse arrèst** 自宅監禁, 軟禁 ‖ be under house arrest 外出を禁じられている.
**house·boat** /háusbòut ハウスボウト/ 名 C (住居を兼ねた)平型屋形(がた)船;《米》(宿泊設備付きの)ヨット.
**house·bound** /háusbàund ハウスバウンド/ 形 (病気などのため)外出できない, 家に引きこもった.
**house·fly** /háusflài ハウスフライ/ 名 (複 house·flies/-z/) C [昆虫] イエバエ.
**house·hold** /háushòuld ハウスホウルド/ 名 C [単数・複数扱い] (雇い人を含めて)家中の者, 家族(全員・全体);世帯, 家庭 ‖
There are five people in our **household**. わが家は5人家族です.
──形 家族の, 家事の.
**house·holder** /háushòuldər ハウスホウルダ/ 名 C
**1** 家長, 戸主. **2** 家屋所有者.

**house·keep·er** /háuski:pər ハウスキーパ/ 名 C 家政婦, ハウスキーパー;[形容詞を伴って] 家事の切り盛りの…な人 ‖
Mother is a good **housekeeper**. 母はやりくりがうまい.
**house·keep·ing** /háuski:piŋ ハウスキーピング/ 名 U 家政, 家事.
**house·maid** /háusmèid ハウスメイド/ 名 C 女中, お手伝いさん ((PC) household helper).
**house·wares** /háuswèərz ハウスウェアズ/ 名 [複数扱い] 家庭[台所]用品 (英) household goods).
**house·warm·ing** /háuswɔːrmiŋ ハウスウォーミング/ 名 C 新築祝い, 新居移転祝い.
**\*house·wife** /háuswàif ハウスワイフ/
──名 (複 --wives/-wàivz/) C 《主に専業の》主婦《◆家事にしばられる女性というイメージがあるためこれを避けて (PC) homemaker などを用いる傾向がある》.
**house·work** /háuswəːrk ハウスワーク/ 名 U 家事 ‖
do a lot of **housework** たくさんの家事を片付ける.
**hous·ing** /háuziŋ ハウズィング/《◆s はにごって発音する》動 → house. ──名 **1** U 住宅;住宅供給; [集合名詞; 単数扱い] 家. **2** C 覆い, 保護する物;避難場所.
**hóusing devèlopment** (米) 住宅団地.
**hóusing estàte** (英) 住宅団地.
**hóusing pròblem** 住宅問題.
**hóusing pròject** (米) (低所得者のための)公営住宅団地.
**Hous·ton** /hjúːstn ヒューストン/ 名 ヒューストン《米国 Texas 州南東部の工業都市. NASA 宇宙センターの所在地》.
**hove** /hóuv ホウヴ/ 動 → heave.
**hov·el** /hʌ́vl ハヴル| hɔ́vl ホヴル/ 名 C あばらや, 掘っ立て小屋.
**hov·er** /hʌ́vər ハヴァ| hɔ́və ホヴァ, hʌ́və/ 動 ⓘ **1** 〈鳥・ヘリコプターなどが〉空中(の一点)に止まる ‖
Helicopters can **hover**. ヘリコプターは空中の一定のところに停止できる.
**2** うろつく, つきまとう ‖
She **hovered** over my shoulder as I wrote. 書いている私の後ろを彼女は離れようとしなかった.
**3** (正式) さまよう, 決めかねる ‖
**hover between** life and death 生死をさまよう.
**Hov·er·craft** /hʌ́vərkræft ハヴァクラフト| hɔ́vəkrɑːft ホヴァクラーフト/ 名 (複 Hov·er·craft) 《商標》ホバークラフト《水陸両用. cf. hydrofoil》;[h~] (一般に)ホバークラフト(型の乗物).
**hov·er·er** /hʌ́vərər ハヴァラ| hɔ́və- ホヴァラ, hʌ́və-/ 名 C 旋空するもの;うろつく人.

**\*\*how** /háu ハウ/
→ 副 **1** どのようにして **2** どれほど **3** どんな状態[具合]で **4** どうして **5** なんと

—副 **1** [方法・様態] どのようにして, どんな方法で, どんな具合に, どんなふうに ‖
**How** does that song go [begin]? あの歌の出だしはどうでしたか.
**Hòw éver** did she do her work?《英略式》彼女はいったいどんなふうに仕事をやったのか《◆ever は how を強調. → however **3**》.
**Hów** are you góing? どんな方法で[何に乗って]行くのですか.
I taught him **hów to** swím. 彼に泳ぎ方を教えた《◆how がない場合は「教えて泳げるようにした」の意》.
Tell me **hòw** you tamed your squirrel. どうやってリスを飼い慣らしたのか教えてください.

**2** [程度] どれほど, どれくらい ‖
**Hòw óld** is John? ジョンは何歳ですか(=What age is John?).
**Hów lóng** is that bridge? あの橋はどれくらいの長さですか.
**Hòw mány** stúdents are there in your school? あなたの学校の生徒数は何人ですか.
**Hòw múch** (móney) does this cost? これはいくらですか(=What does this cost?).
**Hòw fár** (away) is Paris? = **Hòw fár** is it to Paris? パリまでどのくらいの距離ですか.
**Hòw óften** have you been to London this year? 今年は何回ロンドンに行きましたか.
対話 "**How** late are you open today?" "Till eight o'clock." 「今日は何時まで開いていますか」「8時までです」.

**3** [状態] どんな状態で, どんな具合で《◆健康・天候・感覚などの一時的状態を尋ねる疑問副詞. 補語に用いる》 ‖
**Hów**'s the wéather today? きょうの天気はどうですか《◆*What*'s the weather *like* today? の方がふつう. → What is **A** LIKE?》.
**Hów** is your móther? お母さんはいかがですか.
**Hów**'s life? = **Hów** are [**How**'s] thíngs (with you)? 調子はどうですか《◆ life は things も健康・職業・生活など一切のものを指す》.
**How** are you doing? = **How**'s it going? 元気かい, 調子はどう.
**How** would you like (to have) your money? 《銀行などで》お金(紙幣と硬貨)をどのようにいたしますか.
対話 "**Hów** does this soup táste?" "It tastes too salty." 「このスープの味はどうですか」「塩辛すぎます」.

**4** [理由] どうして, どういうわけで ‖
I can't see **how** she sold her engagement ring. 彼女がどうして婚約指輪を売ったのか理解できない.

**5** [感嘆] なんと, いかに ‖
**How** hót it is today!(↘) きょうはなんて暑いんだろう.
**How** cléarly you speak!(↘) あなたはなんとはっきりお話になることか.
**How** prétty this flower is!(↘) この花はなんとかわいいのだろう(=What a pretty flower this is! =《正式》How prétty a flower this is!)《◆複数名詞の場合には What pretty flowers [×How pretty flowers] these are! という》.
**How** I háte him!(↘) 彼がどれほど憎いことか.

Q&A **Q**: how や what で始まる感嘆文は日常会話では使いすぎてはいけないと教わりましたが, なぜですか.
**A**: 話し言葉では堅苦しく気取った感じを相手に与えるので避けた方がよいでしょう. そこで Say, it's véry hót! とか, It's véry hót, isn't it? のようにいいます. なお how [what] 感嘆文は男性より女性に好まれる傾向があるようです.

**6** [意図] どういう意味で, どういうつもりで ‖
**Hów** do you méan that?(↘) どういうつもりなのですか(=What do you mean by that?).

**7** 《英略式》[動詞の目的語となる節を導いて] …(する)ということ(that)《◆(1) 接続詞ととることもできる. (2) 動詞は say, talk, tell, remember など》 ‖
He told us **how** she had arrived at the end of the party. 彼女はパーティーの終わる時に着いたと彼は私たちに話してくれた(=He said to us, "She arrived at the end of the party.").

**8** [関係副詞; 先行詞を含んで] (…する)方法, (…である)ということの次第[様子, ありさま]《◆名詞節を導く》 ‖
This is **how** he smiled at me. こういうふうに彼は私を見てにっこりしたのです.

語法 この how は the way (that) または the way in which で言い換えられる: *How* [*The way*] she spoke to us was suspicious. 彼女の私たちへの口の利き方は疑い深げであった.

◇**Hów abòut** **A**?(↘)《略式》《**A** は名詞・動名詞》(1) [提案・勧誘] …(をして)はどうですか ‖
対話 "**Hów abòut** (going for) a wálk?" "That's a good idea. Let's go." 「散歩に行きませんか(=《略式》"What about (going for) a walk?" =《略式》"What do you say to (going for) a walk?")「それはいい考えだ. 行きましょう」/ 対話 "**Hów abòut** anóther piece of cake?" "No, thank you." 「ケーキをもう1ついかがですか」「いいえ, 結構です」. (2) [相手の意見・説明を求めて] …についてどう思いますか, …はどうしますか ‖ **How about** your picnic? ピクニックはどうでしたか(=What about your picnic?).

◇**Hów áre you?**(↘)(1) こんにちは, お元気ですか(→ fine 形 **4** Q&A). (2)《略式》初めまして《◆くだけた状況で用いる. 正式には How do you do?》.

語法 (1) are を強く発音するが, today, this morning などを伴う場合は you を強く発音することが多い. (2) 答えは I'm fine, thank you.

Hòw are yóu?(↘) が決まり文句. 単なるあいさつの表現なので, 多少具合が悪くても I'm not feeling well. などと特に言うことはない.

**Q&A** *Q*: you を強く発音して Hów are yóu? と言うことがありますが, これはどういうことですか.
*A*: この場合単なるあいさつというより, 文字どおり「具合はどう」の意味で用いています. 答えは I'm feeling better. などとなり, 相手に Hòw are yóu? と聞き返したりします.

***Hòw cóme ...?*** (↘) 《略式》[驚きを示して] なぜ…, どうして… 《◆(1) Why ... ? より口語的. (2) why と異なり ... 部分は平叙文の語順でよい. (3) How come? と単独に用いることもある》∥
How come you aren't taking me? どうして私を連れてってくれないの(=Why aren't you taking me?) / 対話 "How come you don't have any cake?" "I'm not hungry." 「どうしてちっともケーキを食べないの」「おなかがすいていないんだ」.

**語法** Why don't you shut up? (黙ったらどうなんだ)のような「提案・勧誘」を表す用法は *How come ...?* にはない.

◇***Hòw do you dó?*** (1) 初めまして《◆初対面のあいさつで, 返答も同じ. 類 It's nice to know you. / I'm glad to meet you. / 《略式》Glad to meet you. / 《略式》How are you?》. (2) こんにちは.
***Hów is it*** (***that*** ...)? 《略式》どうして…なのだ (cf. 4)∥ How is it that you are always late for school? いつも学校に遅れるのはどういう訳だ.
***Hów's abóut A?*** =HOW about A?
***Hòw só?*** どうして(そうなの)か, なぜですか.
***Hòw's thát?*** (1) 《米式》それはどういうわけ[こと]ですか. (2) 《米式》それについてどう思うか. (3) 《略式》何と言われましたか, もう一度言ってください《◆最後に again をつけることもある》.
***Hów thèn?*** これはどうしたことか.
—名 C **1** [the ~] 方法, しかた. **2** 「どうして」という質問.

**How·ard** /háuərd ハウアド/ 名 ハワード《男の名》.

***how·ev·er** /hauévər ハウエヴァ/
—副 **1** 《正式》**a** どんなに…(しよう)とも, どれほど…で(あっても)《◆(1) 形容詞または副詞を次に置く. (2) 後に may をよく用いるが, 《略式》では省くことが多い. (3) 《略式》では no matter how がふつう》∥
Howéver láte you may be (↘), be sure to phone me. どんなに遅くても, 必ず電話しなさいよ《◆However late you are, ... のほうが《略式》》.
Howéver gréat a setback she suffered (↘), she never gave up. どんな不幸に会おうとも彼女は決してくじけなかった.
Every driver, however skillful (he is) (↘), must pass a test. 運転する人は, たとえどんなに腕がよくても, テストに通らねばならない《◆例のようにコンマを前後につけて文中に挿入されることもあるし, 主語と be 動詞が省略されることもある》.
**b** どんな方法で…しようとも, どんなふうに…であっても∥
Howéver we (may) gó (↘), we must get there by six. どんな方法で行くにしても, 6時までにそこに着かねばならない.
**2** [接続詞的に]《正式》しかしながら, けれども, それにもかかわらず《◆(1) but より弱い. (2) 文頭・文中・文尾いずれにも用いられるが, 書く場合はコンマで区切る》∥
He didn't want to go; howéver, he wént. (↘) =He didn't want to go; he wént, howèver. =He didn't want to go. Hé, however, went. 彼は行きたくなかったのに行った.
Air travel is fast; sea travel is, however, restful. 飛行機の旅は速いけれど船旅は落ち着く.
**3** 《略式》[疑問詞] いったいどのように《◆(1) how の強調形で how ever とつづることもある. (2) 驚き・不信・当惑の感じを表す》∥
Howéver did you fínd us? (↘) いったいどういうふうにして私たちを見つけたのですか.

**howl** /hául ハウル/ **発音注意** 《◇×ホウル》《類音》haul, hall/hɔ́ːl/) 動 @ **1** 遠ぼえする, ヒューヒューなる∥
The wind was **howling** all night. 風が一晩中ヒューヒューと鳴っていた.
**2** うめく, うなる, わーわー泣く; 響かせる∥
howl with [in] pain 痛くておいおい泣く.
howl with laughter わっはっはっと笑う.
—他 …を(わめいて, どなって)言う.
—名 C **1** 遠ぼえ, (風の)うなり.
**2** (苦痛・怒りなどの)わめき声.

**howl·ing** /háuliŋ ハウリング/ 動 → howl.
—形 **1** 遠ぼえする, ヒューヒューとうなる. **2** 《略式》どでかい, まったくの, すごい.

**how-to** /háutúː ハウトゥー/ 形 (実際的な)やり方を教える, 手引きの∥
a how-to book 実用的な手引書.

**HQ, h.q.** 《略》headquarters.
**hr** 《略》hour; home run.
**hrs** 《略》hours.
**HS** 《略》high school.
**ht**(.) 《略》height, heat.
**HTML** 《略》《コンピュータ》Hyper Text Markup Language ハイパーテキスト＝マークアップ言語.
**http** 《略》《インターネット》hypertext transfer protocol ハイパーテキスト伝送規約.

**hub** /hʌ́b ハブ/ 名 C **1** (車輪の)ハブ, こしき(図→ bicycle)∥
a front **hub** 前輪ハブ.
a **hub** brake (自転車の)ハブブレーキ.
**2** 中心, 中枢. **3** 《コンピュータ》ハブ《LAN の構築に使う接続用集線機器》.
**húb àirport** 拠点[ハブ]空港.
**hub·bub** /hʌ́bʌb ハバブ/ 名 [a ~ / the ~] **1** どよめき, ワイワイガヤガヤ. **2** 混乱, 騒動.
**hub·cap** /hʌ́bkæp ハブキャプ/ 名 C (タイヤの)ホイー

ルキャップ(図) → car.

**Huck·le·ber·ry Finn** /hʌ́klberi fín/ ハックルベリーフィン 名 ハックルベリーフィン《米国の作家マーク=トウェイン(Mark Twain)の小説『ハックルベリー=フィンの冒険』の主人公の少年の名前》.

**hud·dle** /hʌ́dl ハドル/ 動 [現分] hud·dling 自 1 密集する, 寄り合う. 2 からだを丸める. ― 他 1 …を寄せ集める. 2 [~ oneself / be ~d] からだを丸める(+up).
― 名 (略式) C 群衆, 寄せ集め; U [しばしば a ~] 混乱, 乱舞.

**Hud·son** /hʌ́dsn ハドスン/ 名 ハドソン《Henry ~ ?-1611; 英国の探検家》.
  **Húdson Báy** ハドソン湾《カナダ北東部の湾. Henry Hudson にちなむ》.
  **Húdson (Ríver)** [the ~] ハドソン川《米国 New York 州東部を流れ New York Bay に注ぐ. Henry Hudson にちなむ》.

**hue** /hjúː ヒュー/ (同音 hew, whew) 名 (文) C (種別としての)色《◆ color と違って主に中間色をさす》‖
the hues of a rainbow 虹の色.
**2** C (同系統の)色の濃淡, 色調; U 色相の度合い ‖
a warm hue 暖かい色合.
dark in hue 色調の暗い.

**huff** /hʌ́f ハフ/ 名 C [a ~] 憤慨 ‖
in a [the] huff ぷんぷん怒って.

**hug** /hʌ́ɡ ハグ/ 動 (過去・過分) hugged/-d/; (現分) hug·ging 他 1 …を(両腕で)しっかりと抱きしめる. 2 …をいちずに守る, …に固執する. 3 …に沿って進む; (正式) …のそばを離れない. ― 自 抱き合う; 寄り添う.
― 名 [a ~] 抱擁(ほうよう) ‖
give a hug 抱きしめる.

***huge** /hjúːdʒ ヒュージ/ 形 [『丘, 山』が原義 → vast]
(比較) hug·er, (最上) hug·est) 1 巨大な, 莫大(ばくだい)な《◆ ×very huge とはいわない》(↔ tiny) ‖
a huge tanker 巨大タンカー.
huge quantities of oil 莫大な量の石油.
**2** (略式) でっかい, たいした ‖
a huge success 大成功.
**húge·ness** 名 U 巨大さ.

**Hu·go** /hjúːɡou ヒューゴウ/ 名 ユーゴー《Victor ~ 1802-85; フランスの詩人・小説・劇作家》.

**Hu·gue·not** /hjúːɡənɑt ヒューガナト | -nəu ノウ/ 名 C 〔歴史〕ユグノー教徒《16-17世紀フランスのカルバン派の新教徒》.

**huh** /hʌ́ ハ/ 間 (略式) 1 [文尾で] (念をおすように)どうなんだい, そうだろう《◆くだけた言い方では付加疑問の代用として用いる》‖
"Great day, huh?" 「いい日だね」.
**2** (驚いて)へー, ほー; (聞き返して)えっ, なんっっったの. **3** ふーん(という声), ほほう.

**hulk** /hʌ́lk ハルク/ 名 C 1 廃船. 2 図体ばかりが大きい船[物, 人], ウドの大木.

**hull** /hʌ́l ハル/ 名 C 1 (穀物・果物・種子の)外皮, から, (豆の)さや. ― 動 他 …の外皮[から]を除く, さや[ヘタ]をとる.

**hul·la·ba·loo** /hʌ́ləbəlùː ハラバルー | ¦¦¦ ¦/ 名 (複 ~s, hul·la·ba·loos) C (略式) [通例 a ~] 大騒ぎ, ガヤガヤ.

**hum** /hʌ́m ハム/ (類音 ham/hæm/) 動 (過去・過分) hummed/-d/; (現分) hum·ming 自 1 ブンブン音をたてる, (ブーンと)うなる ‖
The bees were humming round the hive.
ハチが巣箱のまわりでブンブンうなっていた.
**2** 鼻歌を歌う, ハミングする; がやがや言う, ざわざわする; (英)(不満・ためらいなどで) ぶつぶつ言う《(米) hem》‖
hum to oneself ひとり鼻歌を歌う.
**3** (略式) [be ~ming] 景気がよい, 活気づく ‖
Things are humming at this office. この事務所では何もかも活気がある.
― 他 1 (英) …を(口の中で)もぐもぐ言う《(米) hem》‖
hum one's displeasure 不快感をぶつぶつやく.
**2** …をハミングする ‖
hum a tune to oneself メロディーをひとり鼻歌で口ずさむ.
**húm and háw** [há] (主に英式式) 口ごもる; ちゅうちょする.
**húm A to sléep** A《子供》に小声で歌を歌って寝つかせる.
― 名 UC [通例 a ~ / the ~] 1 ブンブン(という音), ブーン ‖
the hum of the machines 機械のブーンとなる音.
**2** ざわめき, がやがや, ざわざわ ‖
a hum of conversation がやがや言う人声.

***hu·man** /hjúːmən ヒューマン/ 派 humanity (名)
形 (比較) more ~, (最上) most ~) 1 人間の(↔ divine); 人間に関する; 人間が持っている ‖
human society 人間社会.
human nature 人間性.
the human body 人体.
It is beyond human powers. それは人間の力ではできない.
Talking is a human ability. 言葉を使うのは人間に特有の能力である.
**2** 人間らしい; 人間的な, 人間にありがちな(↔ inhuman)‖
a human disposition 人間味あふれる性質.
I can't do everything. I'm only human. 何でもかでもできるわけじゃない. 神ならぬ身なのだから.
対話 "I love our dog. He's so smart." "Yes, sometimes I think he's almost human the way he acts." 「うちの犬はとても好きだな. とても利口なんだもの」「そう. 時々しぐさがほとんど人間みたいだと思うときがあるよ」.
― 名 C (略式) [通例 ~s] 人, 人間.
**húman béing** 人, 人間《◆総称的にいう場合は human beings (→ mankind)》‖ I feel a little like a human being 人心地がつく.
**Húman Génome Pròject** [the ~] ヒトゲノム計

画《ヒトのすべての遺伝子の解明計画》.
**húman náture** (1) 人間性, 人間共通の特性. (2) 〔社会〕人間的自然, 人間性《人間が本質的にもつ諸特性を総称する語》.
**húman ráce** [the ~] 人類.
**húman relátions** [通例単数扱い] 人間関係, 対人関係.
**húman ríghts** [複数扱い] 人権.
**húman scíence** [複数扱い] 人間科学, 人文科学.
**hu·mane** /hju:méin ヒューメイン/ 形 (時に 比較 --man·er, 最上 --man·est) **1** 思いやりのある, 心のやさしい.
**2** 苦痛を与えない ‖
a humane killing 安楽死.
**hu·máne·ly** 副 慈悲深く.
**hu·man·ism** /hjú:mənìzm ヒューマニズム/ 名 U 人本主義, 人間主義《◆日本語の「ヒューマニズム」は人道・博愛に重きを置くので humanitarianism に近い》.
**hu·man·ist** /hjú:mənist ヒューマニスト/ 名 C **1** 人本[人間]主義者. **2** =humanitarian.
**hu·man·i·tar·i·an** /hju:mænitéəriən ヒューマニテアリアン/ 形 人道主義の, 博愛主義の. ── 名 C 人道主義者, 博愛主義者, ヒューマニスト.
**hu·man·i·tar·i·an·ism** /hju:mænitéəriənìzm ヒューマニタリアニズム/ 名 U 人道主義, 博愛主義, ヒューマニズム.
**hu·man·i·ties** /hju:mænətiz ヒューマニティズ/ 名 → humanity.
***hu·man·i·ty** /hju:mænəti ヒューマニティ/ 〖→ human〗
── 名 (複 --i·ties/-z/) **1** U 人間であること; [humanities] 人間らしさ ‖
crimes against humanity 非人道的犯罪.
They denied the humanity of slaves. 彼らは奴隷が人間であることを否定した.
**2** U 博愛, 人情, 親切《◆kindness より堅い語》‖
treat prisoners with humanity 捕虜を人道的に扱う.
**3** U [集合名詞; 単数・複数扱い] 人間, 人類 ‖
Advances in science can bring all humanity only death and destruction. 科学の進歩は人類全体に死と破壊しかもたらさないこともありうる.
**4** [the humanities] 人文学, 人文科学; ギリシア・ラテン語学, ギリシア・ラテン文学.
**hu·man·ize** /hjú:mənàiz ヒューマナイズ/ 動 (現分 --iz·ing) 《正式》他 …を人間らしくする. ── 自 人間らしくなる.
**human·kind** /hjú:mənkáind ヒューマンカインド/ 名 U 《正式》[集合名詞; 単数・複数扱い] 人間, 人類.
**hu·man·ly** /hjú:mənli ヒューマンリ/ 副 **1** 人間らしく, 人間的に. **2** 人間の力で(は); 人間的見地から; 人情から.
**hum·ble** /hámbl ハンブル/ (類音 fumble /fámbl/) 形 (比較 hum·bler, 最上 hum·blest)

**1** つつましやかな, 謙遜(けんそん)した, 謙虚な《◆modest と異なり, しばしば卑屈さを含む》(↔ proud) ‖
a humble attitude 謙虚な態度.
**2** 卑(いや)しい, 地位が低い, 身分が低い ‖
a man of humble birth 生まれの卑しい人.
**3** 質素な, 粗末な, みすぼらしい; つまらない, 重要でない ‖
a humble job つまらない仕事.
in my humble opinion 私見では.
── 動 (現分 hum·bling) 他 《正式》**1** 〈自分〉を卑下(ひげ)する; …を謙遜にする ‖
húmble onesèlf 謙遜する.
**2** 〈人〉を卑しめる; 〈プライド・地位など〉を落とす.
**húm·ble·ness** 名 U 謙遜, 卑下.
**hum·bly** /hámbli ハンブリ/ 副 **1** 謙遜(けんそん)して, へりくだって; 甘んじて. **2** 卑しく, みすぼらしく.
**hum·drum** /hámdràm ハムドラム/ 形 《正式》単調な, 退屈な.
**hu·mer·us** /hjú:mərəs ヒューマラス/ 名 (複 --mer·i /-mərài/) C 〔解剖〕上腕(骨), 上膊(じょうはく)骨《肘から肩までの骨》.
**hu·mid** /hjú:mid ヒューミド/ 形 (不快なほど)湿気の多い, (高温)多湿の, 湿っぽい (→ damp).
**hu·mid·i·fy** /hju:mídəfài ヒューミディファイ/ 動 (三単現 --i·fies/-z/; 過去・過分 --i·fied/-d/) 他 …を湿らせる.
**hu·mid·i·ty** /hju:mídəti ヒューミディティ/ 名 U 湿気, 湿度 ‖
"How high is today's humidity?" "It's 85 percent." 「きょうの湿度は?」「85パーセントだ」.
**hu·mil·i·ate** /hju:mílièit ヒューミリエイト/ 動 (現分 --at·ing) 他 《正式》…に恥をかかせる, 屈辱(くつじょく)を与える ‖
humíliate onesèlf 恥をかく.
fèel humíliated 恥ずかしい思いをする.
**hu·mil·i·at·ing** /hju:mílièitiŋ ヒュ(ー)ミリエイティング/ 動 → humiliate.
── 形 屈辱的な, 不面目な.
**hu·mil·i·a·tion** /hju:mìliéiʃən ヒューミリエイション/ 名 U C 恥をかかせること, 恥をかかされること, 屈辱, 不面目.
**hu·mil·i·ty** /hju:míləti ヒュ(ー)ミリティ/ 名 (複 --i·ties/-z/) U 謙虚(けんきょ)さ, 謙遜, 卑下(ひげ)(↔ arrogance); C [humilities] 謙遜した態度 ‖
a man of great humility たいへん謙虚な人.
With humility he spoke of his experience. 彼は謙遜して体験談を話した.
***hu·mor,** 《英》**--mour** /hjú:mər ヒューマ/ 〖「湿ったもの, 体液」が原義. cf. humid〗
派 humorous (形)
── 名 (複 ~s/-z/) **1** U ユーモア, こっけい, おかしみ; ユーモアのある話[文章, 行為]; ユーモアを解する力, ユーモアを表現する力《◆「健全な人がもっている人間味あふれたおかしさ」や「自分で自分を笑いの対象にできる健全な精神」をいう. 気味の悪い, または人を冷笑するのは black humor. wit は「知的なおかしさ」》‖
Our teacher has a good sense of humor. 私たちの先生はユーモアを解する心がある.

She saw no humor in his remark. 彼女は彼の言葉のおかしさがわからなかった.
He has no sense of humor at all. 彼はちっともユーモアを解さない.
**2** ⓤⓒ (やや古) [通例 a ～] (変わりやすい)気分, 機嫌(mood); 気むぐれ ‖
be in a good humor 上機嫌である.
I am in no humor to work [for work, for working]. 仕事をする気になれない.
**3** ⓤⓒ 気質, 気性 ‖
Every man has his humor. (ことわざ)「十人十色」.
—— 動 他 …の言いなりになる, 好きなようにさせる.

**hu·mor·ist** /hjúːmərist ヒューマリスト/ 图ⓒ ユーモアのある人; ひょうきん者; ユーモア作家[俳優].

**\*hu·mor·ous** /hjúːmərəs ヒューマラス/ 〖→ humor〗
—— 形 **1** こっけいな, おどけた, ユーモアのある(↔ humorless) ‖
She told us a humorous story and we all laughed. 彼女は私たちにこっけいな話をしたのでみんな笑った.
**2** ユーモアを解する; ユーモアに富んだ ‖
a humorous writer ユーモア作家.

**hú·mor·ous·ly** 副 こっけいに.

**\*hu·mour** /hjúːmə ヒューマ/ (英) 图動 =humor.

**hump** /hÁmp ハンプ/ 图ⓒ **1** (人の背中の)こぶ, (ラクダの)背こぶ. **2** 低い円丘; (道路の)盛り上がり.
—— 動 他 〈背を〉丸くする, 〈背を〉曲げる ‖
The cat humped its back in anger. 猫が怒って背を丸くした.

**Hum·phrey** /hÁmfri ハムフリ/ 图 ハンフリー《男の名》.

**Hump·ty-Dump·ty** /hÁmptidÁmpti ハンプティダンプティ/ 图 (複 -Dump·ties/-z/) [しばしば humpty-dumpty] ⓒ **1** ハンプティ=ダンプティ《nursery [Mother Goose] rhymes の1つに登場する卵を象徴する人物》. **2** (卵のように)一度壊れたら元通りにならない物. **3** (卵のように)ずんぐりむっくりの人.

**hu·mus** /hjúːməs ヒューマス/ 图ⓤ (正式)腐植(ふしょく)(土), 腐葉土.

**hunch** /hÁntʃ ハンチ/ 图 (複 ～·es/-iz/) ⓒ **1** (ラクダや人の背中の)こぶ, 肉の隆起.
**2** 直感, 予感, 勘, 虫の知らせ(◆ hunchback にさわると幸運があるといういい伝えから)‖
play one's hunch 勘で行動する.
I had a hunch (that) he might fail. (米式) 彼は失敗するのではないかという気が私はした.
—— 動 (三単現 ～·es/-iz/) **1** 〈背など〉を丸くする(+up). **2** (米略式) [hunch that 節] …という予感がする. —— 自 背を丸くする, 身をかがめる; 丸く盛り上がる.

**hunch·back** /hÁntʃbæk ハンチバク/ 图ⓒ せむしの人.

**húnch·bàcked** /-t/ 形 せむしの; ねこ背の; かまぼこ状の.

**\*\*hun·dred** /hÁndrəd ハンドレド/ 〖100 (hund)の数(red)〗
—— 图 (複 ～s/-drədz/)《◆图形 とも用例は → two》 **1** ⓒ (基数の)100, 百《◆序数は hundredth. 関連接頭辞 centi-, hecto-. しばしば不特定多数を表す》‖
a hundred = one hundred 100《◆ one は正確さを求めるときに好まれる》.
the hundred and first 第101番.
one in a hundred 100につき1つ, 100分の1.

語法 (1) hundred, thousand, million は数詞または数量を表す形容詞を伴うときは -s をつけない: two hundred 200 / several thousand 数千 / some [about a] hundred [thousand] 約100[1000].
(2) 100の次に10以下の数が続くときは and を入れる. 1000台では100とのあいだに and を入れないが, 100の位が0のときは and を入れる. ただし, いずれの場合も and は(米略式)ではしばしば省略する (cf. hundredth): three hundred (and) forty-one 341 / five thousand (and) sixty-one 5061.
(3) 年号や24時間制の時間をいうとき: seventeen hundred 1700年; (24時間制の)17時《◆ 1700と書くのがふつう. seventeen nothing とも読む》/ eighteen hundred and five 1805年; 18時5分《1805と書くのがふつう. eighteen O/ou/ five とも読む》.

**2** ⓤ [複数扱い; 代名詞的に] 100個; 100人 ‖
There were more than two hundred (of them) there. (彼らのうち)200名以上がそこにいた.
**3** ⓤ 100ドル[ポンド, セント, ペンスなど].
**4** ⓤ [しばしば a ～] 100歳 ‖
live to be a hundred 100歳まで生きる.
**5** ⓒ 100の記号[数字, 活字]《100, C など》.
**6** ⓒ 100個[人]1組のもの.
**7** ⓒ (略式) **a** (米) 100ドル紙幣.
**b** (英) 100ポンド紙幣.
**8** [～s; 数字と共に] …百年代 ‖
in the early nineteen hundreds 1900年代初頭に.
**9** (略式) [～s of + 複数名詞] 何百という…, 多数の…《◆ thousands of, tens of thousands of, hundreds of thousands of, millions of の順に多くなる》‖
hundreds of students 何百という学生.
hundreds of times 何百回となく.

**a húndred to óne** 九分九厘, ほとんど確実に《用例・説明は → ten to one (ten 图 成句)》.
**by húndreds** = **by the húndred(s)** 何百というほど, たくさん.
**by the húndred** 100単位で.
**húndreds and thóusands** 無数, 多数.

—— 形 **1** [名詞の前で] 100の; 100個[人]の ‖

There are at least seven **hundred** students here. 当地には少なくとも700人の学生がいる。 **2** [a ~] (不特定)多数の, たくさんの ‖
a hundred times 100回も, 何度も。
*a húndred and óne* 非常にたくさんの。
húndred percént [副] [形] [a ~ / one ~] 100パーセントの[に]; 完全に[に]。
**hun·dredth** /hʌ́ndrədθ ハンドレドス/ [形] **1** (通例 the ~) 第100の, 100番目の(→ first [形] **1**). **2** [a ~] 100分の1の。——[名] **1** Ⓤ [通例 the ~] 第100番目[100位]の人[もの]. **2** Ⓒ 100分の1.

> 語法 第101以上は the hundred and first (第101), the hundred and twenty-first (第121)のようにいうが, (米略式)では and を省略することがある.

**hundred·weight** /hʌ́ndrədwèit ハンドレドウェイト/ [名] (複 ~s) Ⓒ 数詞のあとでは ~s としない) Ⓒ ハンドレッドウエイト《重量の単位. (米)では100ポンド(約45.36kg), (英)では112ポンド(約50.8kg)》.
\***hung** /hʌ́ŋ ハング/ [動] → hang.
**Hun·gar·i·an** /hʌŋɡéəriən ハンゲアリアン/ [形] ハンガリーの; ハンガリー人[語]の。——[名] **1** Ⓒ ハンガリー人 (語法 → Japanese). **2** Ⓤ ハンガリー語.
**Hun·ga·ry** /hʌ́ŋɡəri ハンガリ/ [名] Ⓤ ハンガリー《ヨーロッパ中部の国. 現在の正式名 Hungarian Republic. 首都 Budapest. cf. Magyar》.
\***hun·ger** /hʌ́ŋɡər ハンガ/ [類音] hanger /hǽŋ-/ 【「空腹, のどの渇き」が原義】
 派 hungry (形)
——[名] (複 ~s/-z/) **1** Ⓤ 空腹, ひもじさ; 飢え, 飢餓(ぎが) ‖
die of **hunger** 餓死する.
satisfy one's **hunger** 空腹を満たす.
She was faint with [from] **hunger**. 彼女は空腹のためふらふらしていた.
Tom's **hunger** made him eat too fast. トムは腹がへっていたのでがつがつ食べた.
**Hunger** is the best sauce. (ことわざ) 空腹は最上のソース;「空腹にまずい物なし」.
**2** Ⓤ Ⓒ 飢饉(きん).
**3** [a ~] 飢え, 渇(かつ)望 ‖
a **hunger** for knowledge 知識欲.
——[動] [自] **1** (まれ)腹がへる, 空腹を感じる.
**2** (文)切望する, 渇望する ‖
A good student **hungers for** knowledge. よい学生は知識欲に燃えている.
**húnger strìke** ハンガーストライキ, ハンスト ‖ go on (a) **hunger strike** as a protest 抗議してハンストをする.
**hun·gri·er** /hʌ́ŋɡriər ハングリア/ [形] → hungry.
**hun·gri·est** /hʌ́ŋɡriist ハングリイスト/ [形] → hungry.
**hun·gri·ly** /hʌ́ŋɡrəli ハングリリ/ [副] **1** ひもじそうに, がつがつと.
**2** 熱心に, むさぼるように ‖
read **hungrily** むさぼるように本を読む.

\***hun·gry** /hʌ́ŋɡri ハングリ/ [→ hunger]
——[形] (比較) --gri·er, (最上) --gri·est **1** 空腹の, 飢えた; ひもじそうな; 腹のへる《◆「のどが渇いた」は thirsty》 ‖
I felt **hungry** after a long walk. 長く歩いてきたので空腹を感じた.
go **hungry** 食べないでいる.
(as) **hungry** as a bear 腹ぺこで《◆ bear の代わりに foxhound, hawk, horse, hunter, shark なども用いる》.
The girl had a **hungry** look. その少女はひもじそうな顔をしていた.
**2** [補語として] 渇望して ‖
be **hungry for** affection 愛情に飢えている.
The child is **hungry for** a playmate. その子は遊び友だちを欲しがっている.
**húngry wòrk** 腹のへる仕事.
**hunk** /hʌ́ŋk ハンク/ [名] (略式)(パン・チーズ・肉などの)厚切れ, 大きなかたまり.

\*\***hunt** /hʌ́nt ハント/ [→ hint] 派 hunter (名)
——[動] (三現) ~s/hʌ́nts/; (過去・過分) ~ed /-id/; (現分) ~ing
——[他] **1** …を狩る, 狩猟する ‖
**hunt** deer シカ狩りをする.
I want to **hunt** big game. 大物(ライオン・トラなど)狩りをしたい.
**2**〈場所〉を狩りしてまわる.
**3**〈馬・犬など〉を狩りに使う, 狩猟に使う.
**4** …を追う, 追跡する ‖
**hunt** the truth 真相を突き止める.
**hunt** a murderer 殺人犯を追う.
**5 a** …を捜す, 捜し求める ‖
We **hunted** the lost ball. なくしたボールを捜した.
**b** …を捜索する, くまなく捜す ‖
**hunt** the house **for** the gun 銃を見つけようとして家じゅうを捜す.
——[自] **1** 狩りをする, 狩猟する ‖
go (out) **hunting** 狩りに出かける.
**2** (略式)捜し求める, 捜す ‖
**hunt for** gold 金を捜し求める.
*húnt dówn* [他] …を追いつめる.
*húnt óut* [他] …を狩り出す; (略式) …を捜し出す.
——[名] (複 ~s/hʌ́nts/) Ⓒ **1** 狩り, 狩猟 ‖
go on a duck **hunt** カモ狩りに行く.
**2** (略式) [a ~ / the ~] 探求, 捜し求めること ‖
I must have [make] a **hunt for** the lost ring. なくした指輪を捜さねばならない.
**hunt·er** /hʌ́ntər ハンタ/ [名] Ⓒ **1** 狩りをする人; 猟師. **2** ハンター馬《キツネ狩り用猟馬》, ハンター犬. **3** 探求者, 利をあさる人.
**hunt·ing** /hʌ́ntiŋ ハンティング/ [動] → hunt.
——[名] Ⓤ **1** 狩猟, 狩り. **2** 捜索, 探求.
**hur·dle** /hə́ːrdl ハードル/ [名] Ⓒ **1 a** (競技用の)ハードル, 障害物. **b** [the ~s; 単数扱い] =hurdle race. **2** (一般に)障害物, 困難.

— 動 (現分) **hur·dling**) 他 …を飛び越す, 乗り越える. — 自 ハードル競走をする.

**húrdle ráce** ハードルレース, 障害物競走 (hurdle).

**hurl** /hə́ːrl ハール/『擬音語』動 他 **1** …を強くほうる, 投げつける ‖
hurl the disc 70 meters 円盤を70メートル投げる.
**2** [~ oneself] 体当たりする. **3** …をあびせる.
— 名 C 投げつけること.

**Hu·ron** /hjúərən ヒュアロン/ 名 **Lake ~** ヒューロン湖《五大湖の1つ》.

**hur·ray** /huréi フレイ/《◆ 今は古風》間 ばんざい, フレー《◆歓喜・賞賛・激励などの叫び》‖
Hurray for the King! 王様万歳.
Hurray! It's a hit! やったぞ, ヒットだ.
Hip, hip, hurray! ヒップ, ヒップ, フレー《かっさい》.
— 名 C 万歳, 歓声.

**hur·ri·cane** /hə́ːrəkèin ハーリケイン | hʌ́rikən ハリカン/ 名《気象》ハリケーン《主に西インド諸島付近で発生し米国を襲う暴風雨》; 颶(ぐ)風《秒速32.7m以上. → wind scale》.

**hur·ried** /hə́ːrid ハーリド | hʌ́r- ハリド/ 動 → hurry. — 形 **1** せきたてられた, 急いでいる. **2** 大急ぎの, あわただしい.

**hur·ried·ly** /hə́ːridli ハーリドリ | hʌ́r- ハリドリ/ 副 大急ぎで, あわただしく, せかせかと ‖
speak hurriedly 早口でしゃべる.

**hur·ries** /hə́ːriz ハーリズ | hʌ́riz ハリズ/ 名 → hurry.

\***hur·ry** /hə́ːri ハーリ | hʌ́ri ハリ/『『走る』が原義. cf. *hurl*』 派 hurried (形)
— 名 U **1** 急ぐこと, 大あわて (cf. haste) ‖
In his hurry to catch the train he forgot his overcoat. 彼は電車に乗ろうと急いでいたのでコートを忘れてきた.
**2** [疑問文・否定文で] 急ぐ必要 ‖
There is no hurry about [for] it. Take your time. それは急ぐ必要はありません. ゆっくりやってください.
Stop pushing! What's the hurry? 《略式》押すのをやめろ! なぜそんなに急ぐのだ.

◇**in a húrry** (1) 急いで, あわてて, あせって; 早まって ‖ Don't be in a hurry. あわてるばかりではいけない. (2) (…)したがって ‖ He was in a hurry to see his son. 彼は息子に会いたがっていた. (3) 《略式》[通例 won't, wouldn't を伴って; 皮肉的に] 簡単には; すぐには)) You will not beat him in a hurry. 君は彼を簡単には負かせないだろう. (4) 《略式》[通例 won't, wouldn't を伴って; 皮肉的に] 喜んで, 快く ‖ She will not ask me to a dance again in a hurry. 彼女はぼくをダンスパーティーに喜んで誘うことはなかろう.

*in nó húrry* = *not in any húrry* (1) 急がないで ‖ I'm in no hurry for it. =I'm in no hurry to do it. 別にそれを急いではいません. (2) (…)したがって ‖ She is in no hurry to return the book to me. 彼女はあの本をぼくになかなか返そうとしない.

— 動 (三単現) **hur·ries**/-z/; 過去・過分 **hur·ried** /-d/; 現分 **~·ing**)
— 自 急ぐ; 急いでする ‖
I hurried to the bus stop. ぼくはバス停へ急いだ.
You'd better **hurry** if you want to catch the 10:20 train. 10時20分の電車に乗りたければ急ぎなさい《◆ 急いでいる最中にさらにせかす場合には Hurry on! と言う》.
**Hurry up** and get dressed. さあ, 急いで服を着なさい.
**hurry away** [**off**] 急いで立ち去る.
Don't **hurry**. There's a lot of time. 急がなくてもよい. 時間がたっぷりあるから.
対話 "What't the rush?" "If we don't hurry and leave now, we'll be late." 「何を急いでいるの」「急いで今出発しないと遅れてしまうよ」.
— 他 …を急がせる, せきたてる; …を急いで運ぶ; …を急いでする ‖
hurry him into marriage 彼をせきたてて結婚させる.
hurry him to a hospital 彼を急いで病院へ運ぶ.
Don't **hurry** the cook, or she'll spoil the dinner. コックをせきたてるな, 夕食の味がまずくなるから.

**húrry alóng** [自] 急ぐ, 急いで行く.
**húrry ín** [自] 急いで中に入る.
**húrry úp** (1) [自] → 自. (2) [他] …を急がせる.

\***hurt** /hə́ːrt ハート/ (類音 heart/hɑ́ːrt/)『『武器で打つ』が原義』
— 動 (三単現) **~s**/hə́ːrts/; 過去・過分 **hurt**; 現分 **~·ing**)
— 他 **1** …を傷つける, …にけがをさせる《◆ ふつう戦いでの負傷には wound, 物の損傷には damage を用いる》; 〈靴などが〉〈人(の足など)〉に痛みを与える ‖
He fell down and **hurt** himself. 彼はころんでけがをした.
She was seriously **hurt** in a traffic accident. 彼女は交通事故で重傷を負った.
**2** 〈物・人〉に悪影響を与える ‖
The frost did not **hurt** the fruit. 果物は霜でやられなかった.
**3** …の感情を害する, 〈感情・評判など〉を害する ‖
She was very (much) **hurt** to hear him say so. 彼がそう言うのを聞いて彼女はとても気分を害した.
対話 "Stop crying. What did I do now?" "Your words really **hurt** me. Please think before you speak next time." 「もう泣くなよ. ぼくが何をしたというんだ」「あなたの言ったことで傷ついたの. 今度から言葉を口にする前によく考えてくださいね」.
**4** 《略式》[it won't [wouldn't] hurt **A** to do] …するのは **A**〈人など〉にとって問題とはならない, たいしたことではない ‖
It won't [wouldn't] **hurt** you to be more

friendly. もっと親しくしてくれても損はしないでしょうに.

— 自 **1** 痛む; 痛みを与える ‖
Where does it **hurt**? どこが痛いの.
My head **hurts** [is **hurting**]. 頭痛がする.
This injection won't **hurt** much. この注射はあまり痛くない.

対話 "What's wrong with you?" "My right foot **hurts** very badly." 「どこが具合悪いんですか」「右足がひどく痛むのです」.

**2** [it won't hurt **to do**] …してもかまわない, 問題ではない.

— 名 (複) ~s/hə́ːrts/ (正式) **1** C (通例 a ~)傷, けが ‖
receive a **hurt** on the head 頭に傷を受ける.
He suffered no **hurt** in the accident. 彼はその事故でけがはしなかった.

**2** U [しばしば a ~] (精神的な)苦痛; 打撃 ‖
It was a **hurt** to his pride. それで彼はプライドを傷つけられた.
It will do you no **hurt** to do so. そうしても君は痛くもかゆくもないだろう.

— 形 **1** 傷ついた, けがをした. **2** 感情を害した.

**hurt·ful** /hə́ːrtfl/ ハートフル/ 形 感情を傷つける; 有害な.

## ＊＊hus·band /hʌ́zbənd/ ハズバンド/ 《「一家の主人」が原義》

— 名 (複) ~s/-bəndz/ C 夫 (cf. wife) ‖
hùsband and wífe 夫婦《◆ふつうこの順》.
Her future **husband** is a lawyer. 彼女の未来の夫は弁護士です.

**hus·band·ry** /hʌ́zbəndri/ ハズバンドリ/ 名 U (正式) 農業; 畜産.

**hush** /hʌ́ʃ/ ハシュ/ 間 [H~ !] しっ, 静かに!
— 動 (三単現) ~·es/-iz/) **1** [しばしば命令文で] …を黙らせる, 静かにさせる ‖
Go and **hush** the noisy children. 行ってあのうるさい子供らを静かにさせなさい.

**2** …を落ち着かせる, なだめる ‖
**hush** one's conscience 良心の苛責(か̇く)を静める.
**hush** a baby to sleep 赤ん坊をあやして寝つかせる.

**3** …を口止めする, もみ消す.
— 自 [しばしば命令文で] 黙る, 静かになる.
— 名 U [しばしば a ~ / the ~] 静けさ; (略式) 沈黙 ‖
A **hush** fell over [on] the house. 家は静まりかえった.

**husk** /hʌ́sk/ ハスク/ 名 C [しばしば ~s] (穀類・クルミ・トウモロコシなどの乾いた)から, 皮 (図 → corn).

**husk·y**¹ /hʌ́ski/ ハスキ/ 形 (比較) ··i·er, (最上) ··i·est) **1** ハスキーな声の; しゃがれた. **2** からの(ような); からの多い.

**husk·y**² /hʌ́ski/ ハスキ/ 名 C エスキモー犬, カラフト犬.

**hus·sy** /hʌ́si/ ハスィ/ 名 (複) hus·sies/-z/) C あばずれ女.

**hus·tle** /hʌ́sl/ ハスル/ 動 (現分) hus·tling) 自 **1** 急ぐ; 押し進む ‖
**hustle against** him 彼に突き当たる.
**hustle through** a street 人を押し分けて通る.

**2** 《略式》精を出す, ハッスルする ‖
**hustle for** a living がむしゃらに生きる.
She **hustled about** making a birthday cake. 彼女は誕生祝いのケーキ作りにおおわらわだった.

**3** 《米略式》不正手段で金もうけする, 押し売りする.
— 他 **1** …を乱暴に押す ‖
I was **hustled into** the room. 無理に部屋に押し入れられた.

**2** 《人》をせきたてる ‖
**hustle** him **into** (making) a decision 彼に決断をせまる.

**3** 《主に米略式》…を精力的に迅(じ̇ん)速に運ぶ ‖
**Hústle** it úp. がんばって片付けてしまいなさい.

**4** 《米俗》…を押し売りする.
— 名 U [しばしば a ~] **1** 雑踏, 押し合い ‖
**hustle** and **bustle** 雑踏.

**2** 《略式》ハッスル ‖
Get a **hustle** on, you all. みんな, 張り切ってやれ!

**hus·tler** /hʌ́slər/ ハスラ/ 名 C 《主に米略式》やり手, モーレツ商売人.

**hut** /hʌ́t/ ハト/ (類音 hat/hǽt/) 名 C **1** (主に木造の)小屋. **2** 《軍系》仮兵舎.

**hutch** /hʌ́tʃ/ ハチ/ 名 (複) ~·es/-iz/) C (小動物を飼う)おり; ウサギ小屋.

**Hux·ley** /hʌ́ksli/ ハクスリ/ 名 **1** ハクスリー《Aldous /ɔ́ːldəs/ (Leonard) ~ 1894-1963; 英国の批評家・小説家》. **2** ハクスリー《(Sir) Julian (Sorell) ~ 1887-1975; 1の兄で生物学者》. **3** ハクスリー《Thomas (Henry) ~ 1825-95; 1, 2の祖父で生物学者, 進化論推進者》.

**hy·brid** /háibrid/ ハイブリド/ 名 C (動・植物の)交配種, 雑種. — 形 雑種の, 混血の; 混成の.

**Hyde** /háid/ ハイド/ 名 Mr. ~ ハイド氏 《二重人格者の悪の面. cf. Jekyll》.

**Hýde Párk** ハイドパーク 《London の大公園》.

**hy·drant** /háidrənt/ ハイドラント/ 名 C (公共用の)水道栓, 消火栓.

**hy·drau·lic** /haidrɔ́ːlik/ ハイドローリク/ 形 水力(式)の, 水圧[油圧](式)の ‖
**hydraulic brakes** 油圧式ブレーキ.

**hy·dro·e·lec·tric** /hàidrouiléktrik/ ハイドロウイレクトリク/ 形 水力発電の ‖
a **hydroelectric** power plant 水力発電所.

**hy·dro·foil** /háidroufɔ̀il/ ハイドロウフォイル/ 名 C 水

中翼船.

**hy·dro·gen** /háidrədʒən ハイドロチェン/ 名 U〔化学〕水素(記号 H).

**hýdrogen bòmb** 水素爆弾.

**hy·dro·plane** /háidrouplèin ハイドロウプレイン/ 名 C 1 (競艇用などの平底の)高速モーターボート. 2 水中翼船(hydrofoil). ──動 (現分) **-plan·ing** 自 1 水面滑走する. 2 (米)〈自動車・飛行機が〉ハイドロプレーン現象を起こす,ぬれた路面でスリップする((英)aquaplane).

**hy·e·na** /haiíːnə ハイイーナ/ 名 C〔動〕ハイエナ《◆ほえ声は悪魔の笑い声にたとえられる》‖
laugh like a **hyena** 気味悪い笑い方をする.

**hy·giene** /háidʒiːn ハイヂーン/ 名 U〔正式〕衛生学, 衛生.

**hy·gi·en·ic** /hàidʒiénik ハイヂエニク, -dʒén- -dʒíːnik ─チーニク/ 形 衛生的な,衛生(学)に関する.

**hymn** /hím ヒム/《発音注意》《◆n は発音しない》同音 him) 名 C 賛美歌,聖歌;賛歌 ‖
sing **hymns** in church 教会で賛美歌を歌う.
──動 他〔詩〕〈神〉を賛美歌でたたえる. ──自 賛美歌を歌う.

**hype** /háip ハイプ/ 名 C (俗) 1 (主に麻薬の)皮下注射(器,針)(cf. hypodermic). 2 麻薬常用者;麻薬の売人. 3 (略式)誇大宣伝(の対象);いんちき. ──動 (現分) hyp·ing) 他 (俗)〔通例 ~ up〕 1 …を(麻薬注射などで)興奮させる. 2 …を誇大にでっちあげる;…に一杯食わせる.

**hy·per·link** /háipərlìŋk ハイパリンク/ 名 U C〔コンピュータ〕ハイパーリンク《ネットワークのある箇所から他の参照個所へ即座に移動できるようにすること;その箇所》.

**hy·phen** /háifn ハイフン/ 名 C ハイフン《- 符号;句読(ど)符号(punctuation marks)の1つ,あるいは,つづり字上のくふうのための便宜(ぎ)符号. cf. dash》.

語法 [ハイフンのおもな用法]
(1) 2つ以上の単語,または接頭辞,self などのついた単語を1つの語として表す:
an up-to-date dictionary 最新の辞書
an around-the-world-in-less-than-six-days diplomatic grand slam 6日足らずで世界を駆けめぐる外交上の大成功
self-service セルフサービス
a pre-season game (開幕前の)オープン戦
(2) 21から99までの数字や分数を表すとき:
forty-five 45
three-fifths 3/5
(3) つづりを分割して構成要素や発音の手がかりを明らかにする:
re-cover 再びおおう(cf. recover 回復する)
re-elect 再選する
(4) 意味のあいまいさを避けるため:
three-hundred-year-old trees 樹齢300年の木々
three hundred-year-old trees 樹齢100年の木3本
(5) 行末で語のつづり字を分割する必要が生じたとき,音節の切れ目で分割し,前の部分に付して行末とする《◆本辞典の見出し語では,行末で分割可能な切れ目を「・」で表示している》.
(6) その他の用法
B-B-Bill me, please. つ,つ,つけにしておいてくれ《◆吃(きっ)音の表記》.
Hyphen is spelled h-y-p-h-e-n. ハイフンという語のつづりは h-y-p-h-e-n だ.

**hyp·not·ic** /hipnátik ヒプナティク/ |-nɔ́t- -ノティク/ 形 催眠(術)の.

**hyp·no·tize**, (英ではしばしば) **-tise** /hípnətàiz ヒプノタイズ/ 動 (現分) **-tiz·ing**) 他 …に催眠術をかける.

**hy·po·chon·dri·a** /hàipəkándriə ハイポカンドリア |-kɔ́n- -コンドリア/ 名 U〔医学〕心気症.

**hy·po·chon·dri·ac** /hàipəkándriæk ハイポカンドリアク |-kɔ́n- -コンドリアク/〔医学〕形 U C 心気症の(患者).

**hy·poc·ri·sy** /hipákrəsi ヒパクリスィ |-pɔ́k- ヒポクリスィ/ 名 U 1 偽善,見せかけ. 2 偽善的行為.

**hyp·o·crite** /hípəkrìt ヒポクリト/ 名 C 偽善者.

**hyp·o·crit·i·cal, --ic** /hìpəkrítik(l) ヒポクリティク(ル)/ 形 見せかけの,偽善(者)的な.

**hỳp·o·crít·i·cal·ly** 副 偽善的に.

**hy·po·der·mic** /hàipədə́ːrmik ハイポダーミク/ 形 1 皮下の;皮下注射の ‖
a **hypodermic** syringe 皮下注射器.
2 元気づける.
──名 C 皮下注射(器,針).

**hy·pot·e·nuse** /haipátənùːs ハイパタヌース |-pɔ́tənjùːz -ポテニューズ/ 名 C〔数学〕(直角三角形の)斜辺.

**hy·po·ther·mi·a** /hàipəθə́ːrmiə ハイポサーミア/ 名 U〔医学〕 1 低体温(症). 2 (心臓手術などで行なう)体温低下(法).

**hy·poth·e·sis** /haipáθəsis ハイパセスィス | haipɔ́θəsis ハイポセスィス/ 名 (複 **-ses**/-siːz/) C〔正式〕仮説,前提,仮定.

**hy·po·thet·i·cal, --ic** /hàipəθétik(l) ハイポセティク(ル)/ 形〔正式〕仮定[仮説](上)の,仮想の.

**hys·te·ri·a** /históriə ヒステァリア/《ギリシア語「子宮の影響で起こる」が原義》名 U 1〔医学・心理〕ヒステリー《神経症の一種》. 2 (一般に)病的興奮(状態).

**hys·ter·i·cal** /histérikl ヒステリクル/ 形 1 ヒステリー状態の,狂乱状態の. 2 ヒステリーを引き起こす.

**hys·ter·i·cal·ly** /histérikəli ヒステリカリ/ 副 狂乱状態で;(略式)非常に.

**hys·ter·ics** /histériks ヒステリクス/ 名 U〔単数・複数扱い〕ヒステリーの発作;(略式)突然の笑い[泣き]出し ‖
go [fall] into **hysterics** ヒステリー(状態)になる.
have [be in] **hysterics** ヒステリーを起こしている.

**i, I** /ái アイ/ 名 (複 i's, is; I's, Is /-z/) **1** ⓒⓊ 英語アルファベットの第9字. **2** → a, A **2**. **3** ⓒⓊ 第9番目(のもの). **4** Ⓤ (ローマ数字の)1(→ Roman numerals).

**I** /ai アイ; (米)では時に (弱) ə/ (同音 aye, eye) 〖一人称単数主格代名詞〗

——代 ([単数] 所有格 my, 所有代名詞 mine, 目的格 me, 再帰代名詞 myself; [複数] 主格 we, 所有格 our, 所有代名詞 ours, 目的格 us, 再帰代名詞 ourselves).

私は,私が,ぼくは,ぼくが ‖

I am [(略式) I'm] Roy Smith. 私はロイ=スミスです《電話での自己紹介では *This* is Roy Smith (speaking).》.

I have [(略式) I've] been to London once. ぼくは一度ロンドンへ行ったことがある.

I told the police. 私が警察に知らせたのです(=(略式) It was mé [(正式) I] that told the police.) ◆「私が」と他の人でなく自分であることを強調する場合は I を強く発音する).

> 語法 (1) [付加疑問]: *I am right, am I not?* (私は間違っていませんね)は堅く響くので, (略式)では *aren't I? がふつう. ain't I? は(非標準), amn't I? は(まれ).
> (2)他の代名詞や名詞と並べる場合, 二・三・一人称の順にし, ふつう I は最後に置く: You [He, She, Tom] and *I* are to blame. あなた[彼, 彼女, トム]と私が悪いのです《◆(略式)では You and *me* are to blame. のようにいうことが多い. cf. (4)》.
> (3)本来目的格の me を用いるところに I を用いるのは(非標準): between you and *I* / / He likes Nancy and *I*.
> (4) [I 以外の自称] 日本語で自分を示す言葉(私, ぼく, 俺, あたしなど)は相手との関係で様々に変化するが, 英語では原則として常に I. しかし I に代わるものもいくつかある:
> a) we: 「編集者の」we, 「君主の」we など.
> b) (論文などで) this writer, the present writer.
> c) (話し言葉で) one.
> d) その他: "Do not mock your grandpa." (幼い孫に向かって)おじいさんをからかってはいけません《◆話者が自分のことを your grandpa といっている》/ 対話 "I'd like to speak to Mr. Smith." "You have *him*." 「スミスさんとお話ししたいのですが」「私がスミスですよ」.

> Q&A Q: I は常に大文字で書かれますが, それはなぜですか.
> A: 小文字では, 文中で単独に用いるには小さすぎて見落されたり, 隣の語にくっついたりするので, 便宜上大文字で書く習慣が生じてそれが定着したのです.

——名 (複 I's) [the I]〖哲学〗自我.

**I** 〖記号〗〖化学〗iodin(e).

**I** (郵便), **Ia.** (略) Iowa.

**i-bid.** /íbid イビド/〖ラテン語 ibidem の略〗副 [しばしばイタリック体で] 同じ箇所に; 同書[同章, 同節, 同ページ]に.

**ice** /áis アイス/ 派 icy (形)

——名 (複 ic-es /-íz/) **1** Ⓤ 氷 ‖

a piece of ice 氷の1片.
a block of ice 氷のかたまり.
The wind today is like ice. =The wind today is (as) cold as ice. きょうの風は氷のように冷たい.

対話 "Would you care for a drink?" "A martini with ice and lemon, please.(↗)"「何か飲み物はいかがですか」「氷とレモン付きのマティーニをください」.

**2 a** ⓒ (米) 氷菓《果汁を凍らせて作ったシャーベットなど》; (英) アイスクリーム ‖
eat an ice アイスクリームを食べる.
**b** Ⓤ (菓子の)糖衣.
**3** Ⓤ [通例 the ~] (川・池などの表面に張った)氷 ‖

The ice is deep here. ここは氷が厚い.
Don't try to skate here. The ice is not thick enough yet. ここで滑ってはいけません. まだ氷は厚くありませんから.

——動 (現分 ic·ing) 他 **1** …を氷で冷やす. **2** …を凍らす, 氷で覆う. **3** (ケーキなどに)糖衣をかける.
——自 **1** 氷のように冷たくなる. **2** 凍る, 氷で覆われる.

**íce àge** [しばしば I- A-] [the ~] 氷河時代.
**íce càp** (1) [通例 the ~] (極地で見られる常に氷と雪で覆われた)氷原. (2) 氷嚢(ﾉｳ).
**ice cream** → 見出し語.
**íce cùbe** (冷蔵庫で作った)角氷.
**íce fìeld** (海に浮かぶ)氷原.
**íce hòckey** アイスホッケー《(主に米) hockey》.
**íce skàte** [通例 -s] アイススケート靴(のエッジ)(cf. ice-skate).
**íce skàting** アイススケート.
**íce trày** (電気冷蔵庫の)製氷皿.

**ice·berg** /áisbə̀ːrg アイスバーグ/ 名 ⓒ 氷山 ‖

**ice·boat** /áisbòut/ アイスボウト 名 C 1 (米) 氷上ヨット. 2 砕氷船.

**ice-bound** /áisbàund/ アイスバウンド 形 氷に閉ざされた.

**ice·box** /áisbɑ̀ks/ アイスバクス | -bɔ̀ks -ボクス 名 (複 ~·es/-iz/) C (氷で食品を冷やす)冷蔵庫; (英) (冷蔵庫の)冷凍室.

**ice-cold** /áiskóuld/ アイスコウルド 形 1 氷のように冷たい. 2 〈人が〉冷たい; 冷静な.

\***ice cream, ice·cream** /áis krí:m/ アイスクリーム 名 | ≒ |
— 名 (複 ~s/-z/) C U アイスクリーム ||
Two ice creams, please. アイスクリーム2つください.
対話 "What kind of ice cream will you have?" "Chocolate." 「アイスクリームは何にする?」「チョコレートがいい」.

Q&A Q: ice cream のように離して書く場合と, icecream のようにくっつけて書く場合があるのですか.
A: この語は ice cream と2語に書くことが多いですが, icecream と1語に書く場合, その中間段階のハイフンをつけて ice-cream と書く場合の3通りがあります. ただし下のように形容詞的に使う場合はハイフンをつけるのがふつうです.

**ice-cream** /áiskrí:m/ アイスクリーム 形 アイスクリームの.

**íce-cream cóne** (アイスクリーム)コーン.

**íce-cream sóda** (アイス)クリームソーダ《◆単に soda ともいう》.

**iced** /áist/ アイスト 動 → ice.
— 形 1 氷で冷やした ||
iced coffee アイスコーヒー《◆ ice coffee ともいう》.
2 氷で覆われた. 3〈ケーキなどが〉糖衣をかけた.

**Ice·land** /áislənd/ アイスランド, (米+) -lænd/ land/ 名 アイスランド《北大西洋の共和国. 首都 Reykjavik》.

**Ice·land·er** /áisləndər アイスランダ, (米+) -lændər/ 名 C アイスランド人.

**ice-rink** /áisrìŋk/ アイスリンク 名 C アイススケート場.

**ice-skate** /áisskèit/ アイススケイト 動 (現分 -skat·ing) 自 アイススケートをする(cf. ice skate).

**i·ci·cle** /áisikl/ アイスィクル 名 C つらら.

**i·ci·ly** /áisəli/ アイスィリ 副 よそよそしく, 冷淡に; 冷たく.

**ic·ing** /áisiŋ/ アイスィング 動 → ice.
— 名 U 1 (主に英) アイシング《(主に米) frosting》《砂糖・卵白に香料などを混ぜ合わせたもの, ケーキなどに塗る糖衣》. 2 [航空] (翼に付着する)薄い氷.

**i·con** /áikɑn/ アイカン | -kɔn アイコン/ 名 C 1 像, 肖像; 偶像; 〔東方教会〕 イコン, 聖画像, 聖像《◆ ikon とも書く》. 2〔コンピュータ〕アイコン.

**i·cy** /áisi/ アイスィ 形 ( 比較 ··ci·er, 最上 ··ci·est) 1 氷の, 氷で作った; 氷で覆われた ||
Drive carefully. The roads are icy. 運転には注意しなさい. 道路が凍結していますから.
2 氷のような, たいへん冷たい, とても滑りやすい ||
an icy day たいへん冷える日.
3〈態度などが〉冷淡な, よそよそしい ||
She gave him an icy look. 彼女は彼を冷淡な目で見た.

**ID** (略) 〔郵便〕 Idaho.

**ID card** =identification card; identity card.

\***I'd** /aid/ アイド / I had, I would, I should の短縮形.

**I·da** /áidə/ アイダ 名 アイダ《女の名》.

**I·da·ho** /áidəhòu/ アイダホウ 名 アイダホ《米国北西部の州. 州都 Boise. (略) Id(a)., 〔郵便〕 ID》.

\***i·de·a** /aidí:ə アイディーア | aidíə アイディア/
《「物の形」が原義. cf. ideal》
→ 名 1 考え 2 思いつき 3 観念
— 名 (複 ~s/-z/) 1 C 考え, 意見, 見解(類 concept, thought, notion) ||
Have you shaped your ideas about it yet? もうそれについての考えをまとめましたか.
Her idea of education is very different from mine. 彼女とぼくは教育についての考え方がまるっきり違う.
Don't get the wrong idea about me and Bill. We're just friends. 私とビルのことで気を回さないで, 単なる友だちよ.

2 C 思いつき, 着想, 創意工夫, アイディア; [the ~ / one's ~] 計画, もくろみ ||
Who gave you that idea? だれの入れ知恵だい.
His idea was for us to start immediately. 我々をただちに出発させようというのが彼の計画だった.
Give me some idea. 何かヒントになることを教えていただけませんか.
対話 "So what are we going to do? How can we finish on time?" "Don't panic. I've got an idea." 「さあ, どうしよう. どうすれば時間どおりに終えられるかしら」「あわてることはないよ. ぼくに考えがあるから」.

3 C 観念, 思想 ||
Western ideas 西洋思想.
a fixed idea 固定観念.
have no idea of time 時間の観念がない.

4 C 知識, 認識, 理解 ||
fórm an idéa of the children's ability 子供の能力を評価する.
I have a good idea about what it is. それが何であるか十分理解できます.

5 C [しばしば an ~] [主に否定文・疑問文で] 見当, 想像, 漠然とした感じ, 予感 ||
I have no idea. よくわかりません.
You have nó idéa (as to) how I felt. (略式)

ぼくがどう感じていたか，君にはわかりっこない．
I have an idéa (that) he is ill. 彼は病気ではないかしら．
gèt the idéa (1) 理解する．(2) (…と)思い込む．
pùt idéas into A's héad 〈人〉に実現できないものを期待させる．
Thát's an idéa. (略式)それは(よい)思いつきだ．
Thát's the idéa. (略式)それでよい，その調子だ．

\*i·de·al /aidíəl アイディーアル | aidíəl アイディアル/ 【考え(idea)の中にある】
— 名 (複 ~s/-z/) C 1 理想，究極的な目標；理想的な人[物，こと]，典型，手本 ‖
realize one's ideals 理想を実現する．
Florence Nightingale is her ideal. フローレンス＝ナイチンゲールが彼女の理想像だ．
対話 "What's your ideal of a good husband?" "One who helps with housework and doesn't kill himself at work."「君にとって理想の夫ってどんな人だい」「家事を手伝ってくれて，からだを壊すほど仕事をしない人よ」．
2 空想，観念的にのみ存在するもの．
— 形 1 理想的な，申し分のない ‖
This is an ideal day for a picnic. きょうはピクニック日和(びより)だ．
2 想像上の，非現実的な．

i·de·al·ism /aidíəlìzm アイディーアリズム | aidíəl- アイディアリズム/ 名U 理想主義，理想化癖．

i·de·al·ist /aidíəlist アイディーアリスト | aidíəl- アイディアリスト/ 名C 理想主義者．

i·de·al·is·tic /àidiəlístik アイディーアリスティク | aidìəl- アイディアリスティク/ 形 理想主義(者)の．

i·de·al·i·za·tion /àidiəlizéiʃən アイディーアリゼイション | aidìəl- アイディアリ-/ 名UC 理想化(されたもの)．

i·de·al·ize /aidíəlàiz アイディーアライズ，(英ではしばしば) --ise | aidíəlàiz アイディアライズ/ 動 (現分 --iz·ing) 他 (正式)…を理想化する，理想的なものと考える．

i·de·al·ly /aidíəli アイディーアリ/ 副 1 [文全体を修飾] 理想的に(は)，理想を言えば；申し分なく．2 観念的に，理論上．

i·den·ti·cal /aidéntikl アイデンティクル/ 形 1 [the ~] 同一の，全く同じ《◆same より堅い語》‖
This is the identical hotel where we stayed before. これは私たちが以前泊まったホテルです．
2 等しい，一致する(different) ‖
One kilometer is identical with 1,000 meters. 1キロメートルは1000メートルである．
idéntical twíns 一卵性双生児．

i·dén·ti·cal·ly 副 全く同じに．

i·den·ti·fi·ca·tion /aidèntəfikéiʃən アイデンティフィケイション/ 名 1 U 身元確認，同一であることの確認[証明]．
2 a UC 同一であることの証明となるもの．
b C 身分証明書(identification card) ‖
Do you have any identification (on you)? 何か本人であることを証明するものをお持ちですか．
3 U (心理)同一視，同一化；一体感，共鳴(して行動を共にすること)．
identificátion càrd =identification 2 b.

i·den·ti·fy /aidéntəfài アイデンティファイ/ 動 (三単現 --ti·fies/-z/；過去・過分 --ti·fied/-d/) 他

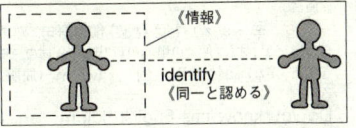

2人の人物の間で「情報」を「identify《同一と認める》」するイラスト

1a …がだれ[何]であるかがわかる，…が同一物であると認める ‖
The policeman told the man to identify himself. 警官はその男に名を名のれと言った．
Shall I identify myself? 身分証明書を見せましょうか《◆初めての相手に電話して自分がどこのどういう者かを言うときなどにも用いる》．
b [identify A as C] A を C だと確認する，認定する ‖
She identified the fountain pen as hers. 彼女はその万年筆が自分のものであることを確認した．
2 (正式) [identify A with B] A を B と同一視する，同一のものとみなす，結びつける ‖
He identfied himself with the middle class. 彼は自分は中流階級だと考えた．
I haven't got any intention of identifying my future with that of my company. 私は会社に骨をうずめるつもりはない．
— 自 自分を同一視する，共鳴する ‖
She identified with the heroine of the novel. 彼女はその小説の女主人公になりきった．
becòme [be] idéntified with A =IDENTIFY oneself with A.
idéntify oneself with A …に賛同する，…を支持する；…に共感する，…と行動を共にする ‖ Which one of Japan's historical characters do you identify yourself with? 日本の歴史上の人物であなたはだれが好きですか．

i·den·ti·ties /aidéntətiz アイデンティティズ/ 名 → identity.

\*i·den·ti·ty /aidéntəti アイデンティティ/ 【→ identify】
— 名 (複 --ti·ties/-z/) 1a U 本人であること，同一物であること；UC 身元，正体 ‖
conceal one's identity 身元を隠す．
Fingerprints established the murderer's identity. 指紋で人殺しの正体がわかった．
対話 "Do you have any idea who the murdered man is?" "Not a clue. His identity is a mystery."「殺された男がだれだかわかるかね」「手がかりひとつつかめません．身元はなぞです」．
b C (略式) = identity card [certificate].
2 U (正式) 同一であること，類似していること，一体感，同一；C 一致[類似]点．
idéntity càrd [certificate] 身分証明書(identity).

i·de·ol·o·gy /àidiɑ́lədʒi アイディアロヂ, i-|-ɔ́l- オ

ロチ/ 名 (複) ‑o‑gies/-z/) 1 C イデオロギー，観念形態. 2 U 空理，空論.

**id·i·o·cy** /ídiəsi イディオスィ/ 名 (複 ‑o‑cies/-z/) 1 U 非常に愚かな状態. 2 C 白痴的言行.

*__id·i·om__ /ídiəm イディオム/ 〖「その人独自の話し方」が原義〗
— 名 (複 ~s/-z/) 1 C (狭義) 慣用語句, 熟語, 成句, イディオム《個々の単語の意味から全体の意味を類推できない語句・表現. 例: give in（屈服する）》‖
Do you know this English **idiom**? あなたはこの英語のイディオムを知っていますか.
2 C U (広義)（一言語の特質的）語法, 慣用法；（一民族の）言語；（地域・階級の）なまり, 方言.

**id·i·o·mat·ic** /ìdiəmǽtik イディオマティク/ 形 慣用語法にかなった, 慣用的な.

**id·i·o·syn·cra·sy** /ìdiəsíŋkrəsi イディオスィンクラスィ/ 名 (複 ‑cra·sies/-z/) C (正式)（個人の好み・動作・意見などの）特異性, 性癖.

**id·i·ot** /ídiət イディオト/ 名 C 1 (略式) ばか, まぬけ. 2 (古)〔心理〕白痴.

**id·i·ot·ic** /ìdiátik イディアティク|-ɔ́t- ‑オティク/ 形 白痴の（ような）；ばかな, ばかげた.

**id·i·ot·i·cal·ly** /ìdiátikli イディアティクリ|-ɔ́t- ‑オティクリ/ 副 ばかげて；［文全体を修飾］愚かにも.

*__i·dle__ /áidl アイドル/ (同音 idol, idyll (米)) 〖「空（から）の」が原義〗 派 idleness（名）

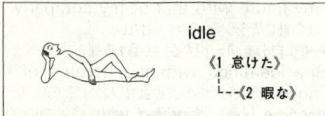

idle
〈1 怠けた〉
〈2 暇な〉

— 形 (比較 i·dler, 最上 i·dlest) 1 怠けた, 怠惰(たいだ)な, のらくらしている ‖
He is an **idle** pupil. 彼は怠惰な生徒だ.
You are **idle** to the bone. (略式) 君は非常にぐうたらだ.

Q&A　Q: idle と lazy はどう違いますか.
A: idle は「仕事がなくてぶらぶらしている」ことですが, lazy はけなした言い方で, 仕事があるのに怠けている不精(ぶしょう)な人についていいます.

2 仕事をしていない, ぶらぶらしている；暇な ‖
**idle** hours of a holiday 休日の暇な時間.
They are **idle** owing to the strike. 彼らはストのため仕事をしていない.
3 使用されていない ‖
**idle** capital 遊んでいる資本.
**idle** machines 動いていない機械.
4 価値のない, 役に立たない；根拠のない ‖
**idle** pleasures くだらぬ楽しみ.
**idle** fears 根拠のない恐怖.
an **idle** gossip 根も葉もない陰口.
It is **idle** to cry over what has already happened. すでに起こったことを嘆いてもむだなことだ.

— 動 (三単現 ~s /-z/；過去・過分 ~d /-d/；現分 i·dling)
— 他 1 …を怠けて過ごす ‖
She **idled away** many hours on the beach. 彼女は浜辺で何時間も遊んで過ごした.
2 〈人〉を遊ばせる, 暇にさせる.
3 〈エンジンなど〉を空転させる.
— 自 1 (正式) 怠けている, のらくらしている；ぶらつく.
2 〈エンジンなどが〉空転する.

*__i·dle·ness__ /áidlnəs アイドルネス/ 〖→ idle〗
— 名 U 怠惰(たいだ), 無為(むい)；遊んでいること, 仕事のないこと ‖
live in **idleness** ＝live a life of **idleness** のらくらして暮らす.
**Idleness** is the root of all evil. (ことわざ) 怠惰は諸悪の根源である.

**i·dling** /áidliŋ アイドリング/ 動 → idle.

**i·dly** /áidli アイドリ/ 副 怠けて, 何もしないで；ぼんやりと.

**i·dol** /áidl アイドル/ (同音 idle, idyll (米)) 名 C 1 偶像；偶像神, 邪神 ‖
They fell to their knees before the **idol**. 彼らは神像の前にひざまずいた.
2 崇拝される人〔物〕, アイドル ‖
The rock star is an **idol** of the teenagers. そのロックスターは10代の若者のアイドルだ.

**i·dol·a·ter** /aidálətər アイダラタ|-dɔ́l- アイドラタ/ (女性形) ‑tress/-trəs/) C 偶像崇拝者, 崇拝者, 心酔者.

**i·dol·a·trous** /aidálətrəs アイダラトラス|-dɔ́l- アイドラ-/ 形 偶像崇拝の；心酔した.

**i·dol·a·try** /aidálətri アイダラトリ|-dɔ́l- アイドラ-/ 名 (複 ‑a·tries/-z/) U C (正式) 偶像崇拝；崇拝, 心酔.

**i·dol·ize** /áidəlàiz アイドライズ/ 動 (現分 ‑iz·ing) 他 …を偶像化する；…を崇拝する, …に心酔する.

**i·dyl(l)ic** /aidílik アイディリク|idíl- イディリク/ 形 田園詩の, 牧歌的な, 素朴な.

**i.e.** /áií アイイー, ðètíz/ 〖ラテン語 id est の略〗すなわち, 言い換えれば《◆ 日常語は that is (to say)》.

*__if__ /if イフ, if/
→ 接 1 もし…ならば　3 a たとえ…でも　4 …かどうか
— 接 I ［副詞節を導いて］
1 ［仮定・条件］もし…ならば, …とすれば.
a《◆ 現在・未来についてありうることを条件とする》‖
**If** it rains [˚will rain] tomorrow (↗), I will stay at home. (↘) もしあした雨が降れば私は家にいます.
**If** this is the case (↗), then we must help him at once. (↘) もしこれが事実なら我々は彼をすぐに助けなければならない.
**If** you have written the letter (↗), I'll post it. (↘) 手紙を書いたならそれを出してやるよ.
**If** you don't know (↘), I won't be in town tomorrow. (↘) 君が知らないのなら教えておきますが, 私はあしたは町にいません.
I'll help you **if** you come. 来るならば助けてあげ

るよ.
会話 "Do you mind if I close the window?" "No, that's all right."「窓を閉めてもいいでしょうか」「ああ,いいですよ」.
**b** [仮定法過去] [if 節に過去形・be動詞の場合は were を用いて]《◆話し手の主観・客観的情勢により現在においてあり得ない(と思われる)こと, 未来において起こり得ないと思われることを仮定する》∥
If he **tried** hard (↘),¦ he **would** succeed (↘). 一生懸命やれば彼は成功するだろうに.
If we **caught** the 10 o'clock train tomorrow morning (↘),¦ we **could** get there by lunchtime. (↘) もしあした10時の列車に乗れば昼食時までにそこへ着けるでしょう.
会話 "What would you do (if you were) in my position?" "If I **were** [(略式) was] you (↘),¦ I **would** turn down the offer."「あなた(が私の立場)ならどうしますか」「私があなただったらその申し出は断りますよ」.

Q&A **Q**: 現在においてあり得ないことや未来において起こり得ないことを仮定するのにどうして過去形を用いるのですか.
**A**: 現実とかけ離れた事柄を表すにはそれにふさわしい表現が必要です. 現在形では現実がそのまま示されることになります. その点, 時間的に過ぎ去った事柄をさす過去形は現実からの距離感を表すのに適しているというわけです. 英語の If I were you, … は, 日本語でも「私(があなた)だったら」といいますから共通していますね.

**c** [仮定法過去完了] [if 節に had been, had done を用いて]《◆過去のことについて事実と反対の仮定を表す》∥
If she had **been** awake (↘),¦ she **would** have heard the noise. (↘) 目が覚めていたら彼女はその音を聞いていただろう.
If I had **had** enough money (↘),¦ I **could** have bought a car. (↘) もし十分お金があったら車を買えただろうに.
If I had **caught** that plane (↘),¦ I **would** be dead now. (↘) もしその飛行機に乗っていたら今ごろは死んでいるだろう.
**d** [if should, were to を用いて] もし万が一…ならば《◆ should では未来について実現可能なことを, were to では実現可能なことから実現不可能なことまでを表す》∥
What **would** you do ¦ if war **were** to break out? 仮に戦争が起こったとしたらどうしますか.
If anyone **should** call while I'm out (↘),¦ tell them I'll be back soon. (↘) 万一留守中にだれかが訪ねて来たらすぐにもどると伝えてください.
**2** [因果関係] …するときは(いつでも), …すると ∥
If you heat ice (↘),¦ it melts. (↘) 氷は温めると溶ける.
If it was too cold (↘),¦ we stayed indoors. (↘) あまり寒いときは家の中にいた.

**3** [譲歩] **a** [通例 even ~] たとえ…でも, …としても ∥
I'll go out **éven if** it rains. たとえ雨が降っても出かける.
We'll finish it (↗) ¦ if it takes us all day. (↘) 一日じゅうかかってもそれを仕上げてしまうつもりだ.
**b** [挿入的に用いて] …だけれども《◆ if 節の主語・動詞(be)は略される》∥
a very pleasant place if a little crowded 少し混雑しているがとても楽しい場所.

**II** [動詞の目的語となる名詞節を導いて]

**4** …かどうか《◆ whether よりも口語的》∥
He asked if I liked Chinese food. 彼は私に中華料理が好きかと尋ねた.
I don't care if your car breaks down **or not**. 君の車が故障しようがしまいがぼくの知ったことではない.

◦**if it had nót been for A**《正式》もし…がなかったら, もし A〈人〉がいなかったら《◆(文)では had it not been for A》∥ If it **hádn't been for** the stórm, we would have been on time. もしあらしでなかったら時間どおりに到着していただろうに / If it had not been for her help, I would not be alive now. 彼女の援助がなかったら, 私は今ごろ生きてはいないだろう.

◦**if it were nót for A**《正式》もし…がなければ, もし A〈人〉がいなければ《◆(文)では were it not for A》∥ If it **wéren't for** her hélp, I would not be able to succeed. 彼女の援助がなければ私の成功はないだろう(=But for [Without] her help, I would never succeed.).

◦**if (…) ónly …** …でありさえすれば ∥ If **only** he comes in time! (↘) 彼が間に合って来さえすればなあ / If I had **only** known! (↘) (あの時)知ってさえいたならなあ / If **only** it would stop raining! (↘) 雨がやみさえすればいいのになあ.

**if A will** do A〈人が〉…してくださるなら, …する気なら(→ will 助 2 a)∥ If he **will** listen to me (↘),¦ I will help him. (↘) もし彼にぼくの言うことを聞く気があるなら助けてやろう / I should be grateful ¦ if you **will** reply as soon as possible. すぐにご返事をいただければ幸いです.

**ónly if …** …する場合に限り.
——名 Ⓒ 条件, 仮定; 疑い, 不確実(なこと).

**ifs and [or] buts** [通例否定文で]「もしも」とか「しかし」といった弁解, 言い訳 ∥ I won't have any **ifs and buts** from you. ああだ, こうだといった言い訳は聞かないよ.

**ig·loo** /íglu: イグルー/ 名 (愛 ~s) Ⓒ イグルー《雪や氷で作るドーム型のイヌイットの家》.
**ig·ne·ous** /ígniəs イグニアス/ 形【地質】火成の.
**ig·nite** /ignáit イグナイト/ 動 (現分) **-nit·ing**)《正式》他 …に火をつける. ——自 火がつく.
**ig·ni·tion** /igníʃən イグニション/ 名 **1** Ⓤ《正式》発火, 点火; 燃焼. **2** Ⓒ (内燃機関の)点火装置, 始動スイッチ.
**ig·no·ble** /ignóubl イグノウブル/ 形《正式》卑劣な;

恥ずべき, 不名誉な.
**ig·no·min·i·ous** /ìgnəmíniəs イグノミニアス/ 形 (正式) 不名誉な, 恥ずべき.
**ig·no·mín·i·ous·ly** 副 卑劣にも.

\***ig·no·rance** /ígnərəns イグナランス/ [→ ignore]
—— 名 U **1** 無知, 無学 ‖
His mistake was due to **ignorance**. =He made a mistake out of **ignorance**. 彼は無知のために間違いを犯した.
**2** 知らないこと ‖
He was in complete **ignorance** of our visit. 彼は我々が訪問することを全然知らなかった.

\***ig·no·rant** /ígnərənt イグナラント/ [『 → ignore』]
—— 形 **1** 無知の, 無学の; 無知による, ばかげた ‖
Secretaries should not make such **ignorant** errors. 秘書はこのようなばかげた誤りを犯してはならない.
**2** [叙述として] 知らない ‖
I **was ígnorant** (**of** the fact) that it had snowed. 雪が降ったことを知らなかった.
I'm very **ignorant about** these things. こういうことについてはたいへん不案内でございます.
**íg·no·rant·ly** 副 無知で, 無学で; 知らないで.

\***ig·nore** /ignɔ́:r イグノー/ [『「知らない」が原義』]
派 ignorance (名), ignorant (形)
—— 動 (三単現 ~s /-z/; 過去・過分 ~d /-d/; 現分 ~nor·ing /-nɔ́:rɪŋ/)
—— 他 …を(意図的に)無視する, 怠(おこた)る, 知らないふりをする ‖
I spoke to her but she **ignored** me. 彼女に話しかけたが知らん顔をされた.
She **ignores** the fact that she is at fault. 彼女は自分が間違っているのにそしらぬふりをする.

**ig·nor·ing** /ignɔ́:rɪŋ イグノーリング/ 動 → ignore.
**i·kon** /áikən アイカン | -kɔn アイコン/ 名 =icon 1.
**IL** (略) (郵便) Illinois.

\***ill** /íl イル/ [『「よくない」が原義』] 派 illness (名)

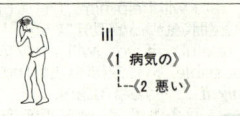

《1 病気の》
《2 悪い》

—— 形 (比較 **worse** /wə́:rs/, 最上 **worst** /wə́:rst/) **1** [叙述として] **a** (主に英) 病気の, (主に米) (体の)かげんが悪い(↔ well) ◆ (米) では主に sick. 名詞の前では (英)(米) とも sick がふつう ‖
**becòme** [**gèt**, (英) **fàll**] **íll** 病気になる.
**be taken íll** (正式) (思いがけない時に)病気になる.
He has been **ill** for three weeks. 彼はもう3週間も病気だ.
She **is ill with** pneumonia. 彼女は肺炎にかかっている.
**b** (米) 吐きそうな, 気分が悪い((英) sick); (英) けがをした, 傷ついた.
**2** [名詞の前で] 悪い, 邪悪な; 有害な; いやな ‖
ill health 不健康.
ill effects 悪影響.
ill weather いやな天気.
do ill deeds 悪いことをする.
She is in an **ill** temper [humor]. 彼女は今不機嫌だ.
**3** 不吉な, 不運な.
**4** 欠点のある, 不完全な; 下手な, まずい.
—— 名 (正式) **1** U 悪, 罪悪; 不正.
**2** C U [しばしば ~s] 不幸, 不運, 災難; 困難, 難儀 ‖
the **ills** of life 人生の苦難.
—— 副 (比較 **worse**, 最上 **worst**) (正式) 《◆ 文語的な成句で用いる》 **1** 悪く; 不正に(↔ well) ‖
**táke** it **íll** それを悪くとる; それに腹を立てる.
対話 "Did you hear what June said about you? I can't believe it." "No. Did she **speak ill of** me again?" 「ジューンがあなたのことなんて言ってたの聞いているの. ひどいものよ」「いいや, またぼくの悪口を言ったのかい」.
**2** 都合悪く, 運悪く(↔ well) ‖
be **ill óff** 暮らし向きが悪い; 都合が悪い.
**3** 不十分に, 不満足に; ほとんど…ない ‖
I can **ill** afford to búy a car. 自動車を買う余裕はない.
**4** 不親切に, 敵意をもって.
**íll blóod** 敵意, 憎悪, 恨み.
**íll will** 敵意, 恨み, 悪感情 ‖ I bear him no **ill will**. 私は彼を恨んではいない.

**ill–** /ɪl- イル-/ (連結形) [主に形容詞に付けて] ひどく, 不当に.

\***I'll** /áil アイル, ail/ I will, I shall の短縮形 ‖
I'll see you then. じゃその時にお会いしましょう.

**ill–ad·vised** /íladváizd イラドヴァイズド/ 形 愚かな, 無分別な.
**il·le·gal** /ilí:gl イリーグル/ 形 不法の, 違法の, 非合法の; 規則違反の.
illégal wòrker 不法滞在労働者.
**il·lé·gal·ly** 副 不法に.
**il·le·gal·i·ty** /ìli:gǽləti イリーギャリティ/ 名 (複 ~·i·ties /-z/) U 違法; C 不法行為.
**il·leg·i·ble** /ilédʒəbl イレヂブル/ 形 読みにくい, 判読しがたい. **il·lég·i·bly** 副 読みにくく.
**il·le·git·i·ma·cy** /ìlidʒítəməsi イリヂティマスィ/ U **1** 違法, 非合法; 不合理. **2** (法律) 非嫡出.
**il·le·git·i·mate** /ìlidʒítəmət イリヂティマト/ 形 **1** 嫡出でない. **2** (正式) 違法の, 非合法の.
—— 名 C 非嫡出子.
**ill–fat·ed** /ílféitid イルフェイティド/ 形 不運な; 不幸をもたらす.
**il·lic·it** /ilísit イリスィット/ 形 不法な, (社会一般に)認められていない.
**il·líc·it·ly** 副 不正に, 不法に.
**Il·li·nois** /ìlənɔ́i イリノイ, (米) -nɔ́iz/ 名 イリノイ 《米国中西部の州. 州都 Springfield. 略 Ill., [郵便] IL》; [the ~] イリノイ川.
**il·lit·er·a·cy** /ilítərəsi イリタラスィ/ 名 U 読み書きができないこと, 無学(↔ literacy).

**il·lit·er·ate** /ilítərət イリタラト/ 形 (狭義) 読み書きのできない; (広義) 無学の, 教養のない (↔ literate).
—名 C 読み書きのできない人, 無学な人.

**ill-man·nered** /ílmǽnərd イルマナド/ 形 不作法な, 無礼な (↔ well-mannered).

\*ill·ness /ílnəs イルネス/ [= ill, disease]
—名 (複 ~·es/-iz/) U 病気(の状態) (↔ health); C (特定の)病気 ‖
have a serious [×heavy] illness 重病である.
suffer from various illnesses いろいろな病気にかかる.
die of an illness 病死する.
She was absent from school because of illness. 彼女は病気のために学校を休んだ.
Mother's illness kept her at home yesterday. 母の病気のため彼女はきのう家にいなければならなかった.
対話 "What! Mary's sick again?(↗)" "Yes, I'm afraid her illness came back."「なんって! メリーがまた病気なのかい」「そうよ. 残念だけど病気がぶり返したようなの」.

> Q&A **Q**: illness, sickness, disease はどう違いますか.
> **A**: illness, sickness は漠然と体調のおもわしくないことをいい, 病名のはっきりしている場合はふつう disease を用います. 概して illness は英国で, sickness は米国で多く用いられます.

**il·log·i·cal** /iládʒikl イラヂクル|ilɔ́dʒ- イロヂクル/ 形 非論理的な, 不合理な.

**ill-treat** /íltríːt イルトリート/ 動 他 …を冷遇する, 虐待する.

**íll-tréat·ment** 名 U 虐待, 冷遇.

**il·lu·mi·nate** /ilúːmənèit イルーミネイト/ 動 (現分 --nat·ing) 他 1 (正式) …を照らす; …を明るくする ‖
a poorly illuminated street 照明の悪い通り.
The square was illuminated with bright light. 広場はライトであかあかと照らされていた.
2 (正式) …を明らかにする, 解明する.
3 …にイルミネーションを施す ‖
illuminate fountains at night 噴水を夜間照明する.

**il·lu·mi·na·tion** /ilùːmənéiʃən イルーミネイション/ 名 1 U 明るくすること, 明るくされること, 照明. 2 C (英) [~s] イルミネーション(で飾られた祝祭[祝賀]).

**il·lu·sion** /ilúːʒən イルージョン/ 名

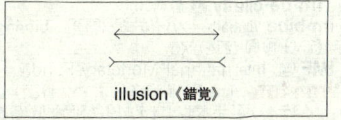

illusion《錯覚》

1 CU 錯覚, 幻想 (↔ disillusion) (→ delusion) ‖
give an illusion of being in one's own home 自分の家にいると錯覚させる.
be under the [an] illusion (that) … …と勘違いしている.
have no illusion about one's ability 自分の能力を正しく理解している.
2 CU 幻覚, 幻影, 幻 ‖
As we grow older, we regard many of the hopes of youth as mere illusions. 年をとるにつれて青春時代の希望の多くが幻にすぎなくなる.

**il·lu·so·ry** /ilúːsəri イルーサリ/ 形 (正式) 錯覚の; 人を誤らせる.

**il·lus·trate** /íləstrèit イラストレイト, (米+) ilʌ́streit/ 動 (現分 --trat·ing) 他 1 …を説明する; [illustrate wh 句·節] …かを例証する ‖
He illustrated his points with diagrams. 彼は図を用いて要点を説明した.
2 …に挿絵を入れる; …に入れる ‖
This book is illustrated on every page. この本はどのページにも挿絵が入っている.

\***il·lus·tra·tion** /ìləstréiʃən イラストレイション, (米+) ilʌ́s-/
—名 (複 ~·s/-z/) 1 C 例, 実例; U 説明, 例証 ‖
by way of illustration = as an illustration 実例として.
in illustration of one's theory 自分の理論の例証として.
She gave an illustration of how to pitch a tent. 彼女はテントの張り方を実演しながら教えた.
2 C 挿絵, 説明図, イラスト.

**il·lus·tra·tor** /íləstrèitər イラストレイタ, (米+) ilʌ́strèi-/ 名 C 挿絵画家, イラストレーター.

**il·lus·tri·ous** /ilʌ́striəs イラストリアス/ 形 (正式) 1 有名な, 著名な. 2 すばらしい, 輝かしい.

**ILO** (略) the International Labor Organization.

\***I'm** /aim アイム, áim | I am の短縮形
I'm very busy now. 今とても忙しい.

\***im·age** /ímidʒ イミヂ/ 《発音注意》 ◆イメージ》
『「まねたもの」が原義. cf. imitate, imagine』

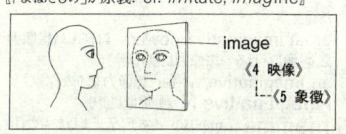

image
〈4 映像〉
〈5 象徴〉

—名 (複 --ag·es/-iz/) C 1 (古) 姿, 形, 外形 (form) ‖
God created man in his own image. 【聖】神は自分の形に似せて人を造った.
2 (略式) 生き写し, よく似た人[物] ‖
The baby was the very image of his father. その赤ん坊は父親にそっくりであった.
3 (正式) 像; 彫像, 画像; 偶像.
4 (正式) (鏡・テレビなどの)映像 ‖
a real image 実像.
look at one's image in the mirror 鏡に映った自分の姿を見る.
5 象徴, 化(°)身, 典型 ‖

She is the **image** of health. 彼女は健康そのものだ.
**6** イメージ, 印象；観念, 概念；〔心理〕心像 ‖
improve the **image** of the company 会社のイメージアップをする《◆ ˣimage up は誤り》.
That incident gave him a bad **image**. あの事件で彼はイメージダウンした《◆ ˣimage down は誤り》.
**7** 比喩(°)的表現；生き生きとした描写[表現] ‖
speak in **images** 比喩を使って話す.

**im·age·ry** /ímidʒəri イミチャリ/ 图 Ⓤ [集合名詞]
**1** 像；彫像；画像. **2** 〔心理〕心像. **3** 比喩(°)的表現.

**i·mag·in·a·ble** /imǽdʒənəbl イマチナブル/ 形 [最上級の形容詞, all, every などを強調して] 想像できる, 考えられる限りの(↔ unimaginable) ‖
the best thing **imaginable** この上もなくよいもの.
every **imaginable** method = every method **imaginable** ありとあらゆる方法.

*__i·mag·i·nar·y__ /imǽdʒənèri イマチネリ | imǽdʒənəri イマチナリ/ 〖→ imagine〗
—— 形 想像上の, 実在しない, 仮想の, 架空の ‖
The equator is an **imaginary** line round the earth. 赤道は地球を一周する仮想の線である.
**imáginary númber** 〔数学〕虚数.

*__i·mag·i·na·tion__ /imædʒənéiʃən イマチネイション/ 〖→ imagine〗
—— 名 (穫 ~s /-z/) Ⓤ Ⓒ **1** 想像；想像力；(文学的)創造力, 創作力(類 fancy, fantasy) ‖
have a good **imagination** 想像力が豊かである.
Use your **imagination**. 想像力を働かせなさい.
I'll leave it to your **imagination**. ご想像にお任せします《◆答えにくい質問に対する決まり文句》.
**2** (略)想像の産物, 幻像, 空想的な考え ‖
A ghost is an **imagination**. 幽霊は想像の産物だ.

**i·mag·i·na·tive** /imǽdʒənətiv イマチナティヴ, (米 +) -nèi-/ 形 **1** 想像の, 想像的な；想像から生まれた ‖
great **imaginative** powers すばらしい想像力.
**2** 想像にふける；想像力に富んだ ‖
an **imaginative** writer 想像力豊かな作家.
**i·mág·i·na·tive·ly** 副 想像力により.

*__i·mag·ine__ /imǽdʒin イマチン/ 〖まねたもの(image)にする(ine). cf. imítate〗
(派) **imaginary** (形), **imagination** (名)
—— 動 (三単現) ~s /-z/；(過去・過分) ~d /-d/；(現分) --in·ing
—— 他《◆進行形にしない》**1 a**〈人が〉〈物・事〉を想像する；[**imagine** doing] …することを想像する；[**imagine** A('s) doing] A が…することを想像する；[**imagine** wh 節] …かを想像する ‖
Can you **imagine** what life would be like on the moon? 月での生活はどうなるか想像できますか.
(対話) "Can you **imagine** his doing such a thing?" "No, I can't **imagine** it." 「彼がそん

なことをしている光景を想像できますか」「できませんね」(cf. **2**).
**b** [**imagine** (**that**) 節] …だと想像する；[**imagine** A (to be) C / **imagine** A as C] A が C であると想像する ‖
**Imagine** (**that**) you were [ˣare] in her place. = **Imagine** yourself to be in her place. 彼女の身になって考えてごらんなさい《◆ that 節の方がふつう》.
**imagine** him as an actor = **imagine** him (to be) an actor 彼を俳優と思う.
(対話) "So what do you think life will be like twenty years from now?" "Oh, I **imagine** machines will be doing almost everything for us then." 「それでは, 今から20年後の生活はどんなふうだと思われますか」「うーん, 私たちの代わりに機械がほとんどすべてのことをやってくれるだろうと想像します」.
**2** …を思い違いする；[**imagine** (**that**) 節] …と思い込む ‖
You're **imágining** things. (↘) 考えすぎ[気のせい]ですよ.
**3** [**imagine** (**that**) 節] …と思う；[**imagine** wh 節] …かを推測[推量]する ‖
I **imagine** (**that**) it will rain tomorrow. あしたは雨が降ると思っています.
I cannot **imagine** why he did it. なぜ彼がそんなことをしたのか見当がつかない.
I don't **imagine** he is alive. 彼は生きているとは思いません《◆ I *imagine* he isn't alive. よりです》.
(対話) "Did she buy a new car?" "Yes, I **imagine** so." 「彼女は新車を買ったの」「ええそうだと思います」《◆「いいえ, そうではないと思います」は No, I *imagine* not. = No, I don't *imagine* so.》.
—— 自 **1** 想像する；想像力を働かせる. **2** 思っている；推測する.
**Càn you imágine!** (↘) (略式) 信じられるかい, 本当だよ.
(**Jùst**) **imágine** (**it**)! (↘) ちょっと考えてもみたまえ, そんなばかなことがあるものか.

**i·mag·in·ing** /imǽdʒiniŋ イマチニング/ 動 → imagine.

**im·bal·ance** /imbǽləns インバランス/ 名 Ⓤ Ⓒ (正式) 不均衡, アンバランス.

**im·be·cile** /ímbəsil インベスィル | -sìːl -スィール, -sàil/ 名 Ⓒ (略式) ばか. 形 精神薄弱の；愚かな.
**ím·be·cile·ly** 副 愚かにも.

**im·bibe** /imbáib インバイブ/ 動 (現分) --bib·ing (正式) 他 自〈酒〉を飲む.

**IMF** (略) International Monetary Fund.

*__im·i·tate__ /ímətèit イミテイト/ (アクセント注意)《◆ ˣイミテイト》〖「手本またはモデルとして何かに倣(°)う」が本義〗
—— 動 (三単現) ~s /-tèits/；(過去・過分) --tat·ed /-id/；(現分) --tat·ing
—— 他 **1** …を見習う, 手本にする(類 copy) ‖

Children learn by **imitating** their parents. 子供は親を手本にして学ぶ.
**2** …をまねる, 模倣(ミォ)する, …の物まねをする ‖
**imitate** his voice 彼の声色(ミ☆)を使う.
対話 "Wow, he can **imitate** everything you say and do!" "That's because he spent so much time watching me."「うわー, 彼ったらあなたの言うことやることを何でもまねることができるわ」「そりゃあ, ぼくのことを長い間観察してたんだもの」.
**3** (略式)…を**模造**する, 模写する, 似せて作る ‖
floors painted to **imitate** marble 大理石に似せて彩色した床.

**im·i·tat·ing** /ímətèitiŋ イミテイティング/ 動 → imitate.

**im·i·ta·tion** /ìmətéiʃən イミテイション/ 名 ① 模倣(ミォ), 模倣すること, 模倣されること, まね ‖
in **imitation** of …　…をまねて, 見習って.
**2** © 人まね; 物まね ‖
give an **imitation** of movie actors' voices 映画俳優の物まねをしてみせる.
**3** © 模造品, にせ物, まがい物; [形容詞的に] 模造の, 人造の ‖
Beware of **imitations**. にせ物に注意 《◆ 広告などの文句》.
**imitation** pearls 模造真珠.

**im·i·ta·tive** /ímətèitiv イミテイティヴ | -tətiv -タティヴ/ 形 模倣の; まねをする; 模造の.

**im·i·ta·tor** /ímətèitər イミテイタ/ 名 © まねをする人; 偽造者.

**im·mac·u·late** /imækjələt イマキュラト/ 形 (正式) **1** 少しも汚れていない. **2** 欠点のない, 完全な. **3** 汚(ニョ)れのない, 純潔な.
**im·mac·u·late·ly** 副 全然汚れなく, 全然欠点がなく.

**im·ma·te·ri·al** /ìmətíəriəl イマティアリアル/ 形 (正式) **1** 重要でない, 取るに足りない. **2** 実体のない; 精神上の.

**im·ma·ture** /ìmət(j)úər イマトゥア (イマテュア)/ 形 **1** (正式) 未熟な, 未完成の. **2** おとなげない.

**im·ma·tu·ri·ty** /ìmət(j)úərəti イマトゥアリティ (イマテュアリティ)/ 名 (複 ~·ri·ties/-z/) ① 未熟, 未完成; 生硬; 子供っぽさ. **2** © 未熟なもの.

**im·meas·ur·a·ble** /imézərəbl イメジャラブル/ 形 (正式) **1** 果てしない, 広大な, 絶大な.
**2** 計測できない ‖
The loss is **immeasurable**. 損失は計り知れない.
**im·meas·ur·a·bly** 副 計測できないほど, 無限に; [比較級を修飾して] はるかに, ずっと.

**im·me·di·a·cy** /ìmíːdiəsi イミーディアスィ/ 名 (複 --a·cies/-z/) ① 直接(性); 即時(性). **2** © [immediacies] 緊急に必要なもの.

\***im·me·di·ate** /imíːdiət イミーディアト/ 《間に介在する(mediate)ものがない(im). cf. inter*mediate*》 派 **immediately** (副)
— 形 **1** 即座の, 即時の (instant) ‖
I received an **immediate** answer to my letter. すぐに手紙の返事をもらった.
**2** [名詞の前で] **直接の**, じかの; (順序が)すぐ前の, すぐ後の, 最も近い関係にある; すぐ隣の, (場所的・時間的に)近い ‖
her **immediate** neighbor 彼女のすぐ隣の人.
the **immédiate fúture** 近い将来.
her **immediate** successor 彼女のすぐ次の後継者.
**immediate** information 直接入手した情報.
the **immediate** cause of the accident 事故の直接的原因.
**3** 当面の, 目前の ‖
our **immediate** needs 当面必要とするもの.
My **immediate** concern is to stop the bleeding. 私の当面の関心は出血を止めることです.

\***im·me·di·ate·ly** /imíːdiətli イミーディアトリ/ 《→ immediate》
— 副 **1** ただちに, すぐに, さっそく ‖
She returned my call **immediately**. すぐに彼女は返事の電話をしてきた.
**2** 直接に, じかに; すぐ近くで ‖
I came home **immediately**. どこにも寄らずに家に帰ってきた.
— 接 (英略式) …するとすぐ ‖
He will telephone you **immediately** he comes back. 彼は帰ってきたらすぐあなたに電話するでしょう.

**im·me·mo·ri·al** /ìməmɔ́ːriəl イメモーリアル/ 形 (正式) 遠い昔の, 太古の ‖
from tíme immemórial (やや古) 大昔から(の).

**im·mense** /iméns イメンス/ 形 (時に 比較 --mens·er; 最上 --mens·est) 巨大な, 広大な, 多大の, 計り知れない ‖
She earns an **immense** salary. 彼女はすごい給料をもらっている.

**im·mense·ly** /iménsli イメンスリ/ 副 **1** (略式) とても, すごく, 非常に ‖
enjoy oneself **immensely** すごく楽しむ.
**2** 莫(ミン)大に, 広大に, 計り知れないほど.

**im·men·si·ty** /iménsəti イメンスィティ/ 名 (複 --si·ties/-z/) ① (正式) 広大(さ), 莫(ミン)大; 無限. **2** © [an ~ / the ~; (時に) immensities] 巨大なもの, 莫大な数量; 無限の空間.

**im·merse** /imə́ːrs イマース/ 動 (現分 --mers·ing) 他 (正式) …を沈める, 埋める.
**be immérsed in** A **= immérse** oneself **in** A …に没頭する, ふける; …で動きがとれない ‖ be **immersed** in politics and history 政治学と歴史学に没頭する.

**im·mer·sion** /imə́ːrʒən イマージョン | -ʃən -ション/ 名 ① ① **1** 浸す[浸された]こと. **2** 没頭.

\***im·mi·grant** /ímigrənt イミグラント/ 《中へ(im) 移住する(migrate)人》
— 名 (複 ~s/-grənts/) © (永住を目的とした外国からの)**移民**, 移住者, 入植者 《◆「外国への移民」は emigrant》; [形容詞的に] 移民の ‖
That country has a lot of **immigrants** from

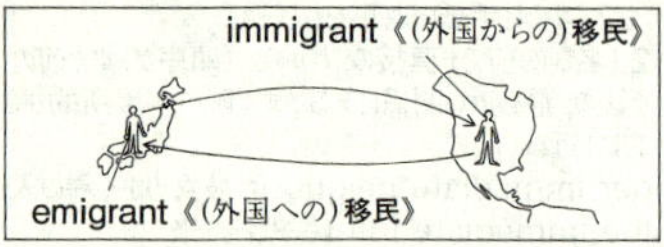


Europe. その国にはヨーロッパからの移民が多い.

**im·mi·grate** /ímigrèit イミグレイト/ [動] ([現分] --grat·ing) [自] 〈外国人が〉(自国へ) 移住する《◆「外国へ移住する」は emigrate》. **—**[他] 〈外国人〉を(自国へ)移住させる.

**im·mi·gra·tion** /ìmigréiʃən イミグレイション/ [名] **1** [U][C] (外国からの)移民, 入植(↔ emigration). **2** [U] [集合名詞] 移民団, 入植者.

**immigrátion contról** (空港などでの)出入国管理.

**im·mi·nent** /ímənənt イミネント/ ([類音] eminent /éminənt/) [形] 〈危険などが〉今にも起こりそうな, 差し迫った, 切迫した.

**ím·mi·nent·ly** [副] 今にも起こりそうに, 切迫して.

**im·mo·bile** /imóubl イモウブル, -biːl | -bail -バイル/ [形] 《正式》 **1** 動かせない; 動けない. **2** 静止した, 固定した.

**im·mo·bil·i·ty** /ìmoubíləti イモウビリティ/ [名][U] 不動, 静止.

**im·mo·bi·lize** /imóubəlàiz イモウビライズ/ [動] ([現分] --liz·ing) [他] 《正式》…を動けなくする; …を固定する.

**im·mo·ral** /imɔ́(ː)rəl イモ(ー)ラル/ [形] **1** 道徳に反する. **2** ふしだらな, みだらな; わいせつな.

**im·mó·ral·ly** [副] 道徳に反して.

**im·mo·ral·i·ty** /ìmərǽləti イマラリティ/ [名] ([複] --i·ties/-z/) **1** [U] 不道徳; ふしだら. **2** [C] [通例 immoralities] 不道徳行為.

**im·mor·tal** /imɔ́ːrtl イモートル/ [形] **1** 不死の, 死なない(↔ mortal) ‖
the immortal gods 不死の神々.
**2** 不滅の, 永遠の, 永久の ‖
immortal fame 不朽(ふきゅう)の名声.
**—**[名] **1** [C] 不死の人; 名声不朽の人 ‖
Shakespeare is a literary **immortal**. シェイクスピアは文学史上不滅の人である.
**2** [the Immortals] (ギリシア神話・ローマ神話の)神々.

**im·mor·tal·i·ty** /ìmɔːrtǽləti イモータリティ/ [名][U] 不死; 不滅, 不朽(ふきゅう); 不朽の名声.

**im·mor·tal·ize** /imɔ́ːrtəlàiz イモータライズ/ [動] ([現分] --iz·ing) [他] 《正式》…を不滅にする.

**im·mov·a·ble** /imúːvəbl イムーヴァブル/ [形] **1** 動か(せ)ない, 固定した, 静止した. **2** 確固たる, 不動の; 感情に動かされない.

**im·mune** /imjúːn イミューン/ [形] **1** 〔医学〕免疫のある. **2** 免れた, 受ける恐れのない; 影響を受けない, 感じない.

**im·mu·ni·ty** /imjúːnəti イミューニティ/ [名][U] **1** 〔医学〕免疫(性). **2** 免れていること; 〔法律〕免除, 免責.

**im·mu·ni·za·tion** /ìmju(ː)nəzéiʃən イミュ(ー)ニゼイション/ [名][U] 免疫性を与えること.

**im·mu·nize** /ímjənàiz イミュナイズ | -juː- イミュー-/ [動] ([現分] --niz·ing) [他] …に免疫性を与える.

**im·mu·ta·ble** /imjúːtəbl イミュータブル/ [形] 《正式》不変の, 不易の.

**imp** /ímp インプ/ [名][C] **1** 〔伝説〕小悪魔, 鬼の子. **2** 《略式》いたずら小僧.

***im·pact** /[名] ímpækt インパクト; [動] --/ 〖「押す」が原義〗

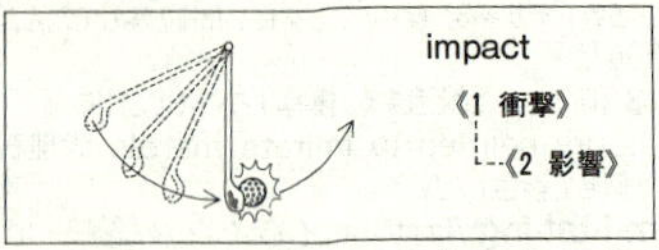


**—**[名] ([複] ~s/-pækts/) [C][U] **1** 衝撃, 衝突; 衝撃力, 反発力 ‖
on impact 衝突のはずみで.
the impact of a ball against the bat バットに対するボールの衝撃.
**2** 影響(力), 衝撃 ‖
The news **had** [**made**] an **impact on** him. そのニュースは彼に影響を与えた.
**—**[動] /impǽkt/ [自] **1** 衝突する, ぶつかる. **2** 影響を与える.

**im·pair** /impéər インペア/ [動][他] 《正式》…を減じる, 弱める, 悪くする; …を害する, 損なう ‖
Her hearing was **impaired** by an accident. 彼女は事故で耳が悪くなった.

**im·páir·ment** [名][U][C] 損傷, 悪化, 減損.

**im·pale** /impéil インペイル/ [動] ([現分] --pal·ing) [他] 《正式》…を突き刺す; …を固定する.

**im·part** /impáːrt インパート/ [動][他] 《正式》 **1** …を分け与える, 添える. **2** …を知らせる, 伝える.

**im·par·tial** /impáːrʃl インパーシュル/ [形] 偏見のない; 公平な, えこひいきのない.

**im·par·ti·al·i·ty** /ìmpɑːrʃiǽləti インパーシアリティ | ìmpɑ̀ːʃi- インパーシアリティ/ [名][U] 偏らないこと, 不偏; 公平.

**im·par·tial·ly** /impáːrʃli インパーシュリ/ [副] 偏らずに; 公平に.

**im·pass·a·ble** /impǽsəbl インパサブル | -páːs- -パーサブル/ [形] 通行不能の, 通れない.

**im·passe** /ímpæs インパス, -- | æmpáːs アンパース, im-/ 〖フランス〗[名][C] 《正式》[通例 an ~] 袋小路, 行き詰まり.

**im·pas·sioned** /impǽʃənd インパションド/ [形] 《正式》熱烈な; 感動的な.

**im·pas·sive** /impǽsiv インパスィヴ/ [形] 《正式》無感動の; 苦痛を感じない.

**im·pás·sive·ly** [副] 平然と.

**im·pa·tience** /impéiʃəns インペイシェンス/ [名][U] [しばしば an ~] **1** せっかち, いら立ち(↔ patience); じれったいこと ‖
with impatience いらいらして.
I have a keen **impatience** with tardiness. ぐずぐずすることにたまらないいら立ちを感じる.
**2** 切望. **3** 我慢できないこと, 我慢のなさ.

**im·pa·tient** /impéiʃənt インペイシェント/ [形] **1** 我慢

できない, いらいらしている(↔ patient); いらいらしている, もどかしい ‖
She was getting **impatient** at having to wait so long. 彼女はあまりに長く待たされていらいらしてきた.
Mother is never **impatient** with us. 母は私たちに向かって短気を起こすことはない.
**2 a** [be impatient for A] …を待ち遠しがる ‖
be **impatient** for dinner 夕食が待ち遠しい.
**b** [be impatient to do] しきりに…したがっている ‖
She was **impatient** to see her family. 彼女はしきりに家族のものに会いたがった.
**c** [be impatient for A to do] A〈人・物〉が…するのを切望する ‖
We were **impatient** for the concert to begin. 私たちはコンサートが始まるのを今か今かと待っていた.
**3** 性急な ‖
an **impatient** reply せっかちな返事.
**im·pa·tient·ly** /impéiʃəntli インペイシェントリ/ 副 我慢できずに, いらいらして.

**im·peach** /impíːtʃ インピーチ/ 動 (三単現 ~·es /-iz/) 他 **1a** 〔法律〕〈人〉を告発する, 弾劾(だんがい)する.
**b** 《正式》…を非難する, 叱責(しっせき)する ‖
**impeach** him of [with] a crime 彼の罪をとがめる.
**2** 《正式》…を疑う, 問題にする.
**im·peach·ment** /impíːtʃmənt インピーチメント/ 名 Ⓤ Ⓒ 〔法律〕告発, 告訴, 弾劾; 《正式》非難.
**im·pec·ca·ble** /impékəbl インペカブル/ 形 《正式》**1** 欠点のない, 申し分のない. **2** 罪を犯すことのない.
**im·péc·ca·bly** 副 完璧(かんぺき)に.
**im·pede** /impíːd インピード/ 動 (現分 -·ped·ing) 他 《正式》…をじゃまする.
**im·ped·i·ment** /impédəmənt インペディメント/ 名 Ⓒ 《正式》**1** 障害(物). **2** 言語障害.
**im·pel** /impél インペル/ 動 (過去・過分 im·pelled /-d/; 現分 -·pel·ling) 他 《正式》**1**〈人〉を駆り立てる ‖
Poverty **impelled** her to steal. 彼女は貧しさのあまりつい盗みを働いた.
**2** …を押し進める.
**im·pend·ing** /impéndiŋ インペンディング/ 形 《正式》〈危険などが〉今にも起こりそうな (approaching).
**im·pen·e·tra·ble** /impénətrəbl インペネトラブル/ 形 《正式》突き通すことのできない, 通り抜けられない; 通さない.
**im·per·a·tive** /impérətiv インペラティヴ/ 形 《正式》**1** 避けられない, 成されねばならない, 必須(ひっす)の; 緊急の ‖
It is **imperative** that you (should) finish it by Sunday. 日曜日までにそれを仕上げることが絶対に必要だ.
**2** 命令的な, 断固とした, 強制的な ‖
an **imperative** manner 厳然たる態度.
**3** 〔文法〕命令法の ‖

the **imperative** mood 命令法.
**im·per·cep·ti·ble** /impərséptəbl インパセプティブル/ 形 《正式》**1** 感知できない, 気づかないほどの ‖
be **imperceptible** to our senses 私たちの感覚ではわからない.
**2** 微細な, わずかな.
**im·per·cép·ti·bly** 副 気づかれないほどに, いつの間にか.
**im·per·fect** /impə́ːrfikt インパーフィクト/ 形 不完全な, 不十分な; 欠点のある; 未完成の ‖
an **imperfect** memory あやふやな記憶.
an **imperfect** diamond 傷のあるダイヤモンド.
**im·per·fec·tion** /impərfékʃən インパフェクション/ 名 **1** Ⓤ 不完全さ, 不十分, 不備.
**2** Ⓒ 欠陥, 欠点, 短所 ‖
an **imperfection** in the cloth 布のきず.
**im·per·fect·ly** /impə́ːrfiktli インパーフィクトリ/ 副 不完全に, 不十分に.
**im·pe·ri·al** /impíəriəl インピアリアル/ 形 **1** 帝国の; [しばしば I~] 大英帝国の; [I~] 神聖ローマ帝国の (→ empire) ‖
**2** 皇帝の, 皇后の, 皇室の(→ emperor, empress) ‖
His (**Imperial**) Majesty 天皇陛下.
Her (**Imperial**) Majesty 皇后陛下.
an **imperial** power 皇帝の権力.
**3 a** 《正式》威厳のある, 堂々とした.
**b** 最高権力を持つ.
**4** [しばしば I~]〈度量衡(どりょうこう)が〉英国法定標準による ‖
an **imperial** pint 英パイント.
──名 Ⓒ 皇帝ひげ《下唇の下に生やしたナポレオン3世をまねたとがりひげ》.

imperial

**im·pe·ri·al·ism** /impíəriəlizm インピアリアリズム/ 名 Ⓤ 帝政; 帝国主義.
**im·pe·ri·al·ist** /impíəriəlist インピアリアリスト/ 名 [時に I~] Ⓒ 帝国主義者.
──形 帝国主義(者)の.
**im·pe·ri·al·is·tic** /impìəriəlístik インピアリアリスティク/ 形 帝国主義(者)の, 帝国主義的な.
**im·per·il** /impérl インペリル/ 動 (過去・過分 ~ed または《英》-·per·illed/-d/; 現分 ~·ing または《英》-·il·ling) 他 《正式》…を危険にさらす, 危うくする.
**im·pér·il·ment** 名 Ⓤ 危険なこと.
**im·pe·ri·ous** /impíəriəs インピアリアス/ 形 《正式》**1** 傲慢(ごうまん)な, 命令的な. **2** 緊急の; 重大な.
**im·pé·ri·ous·ly** 副 横柄(おうへい)に.
**im·per·son·al** /impə́ːrsənl インパーソナル/ 形 **1** 個人に関係のない, 非個人的な, 個人の感情を含めない, 一般的な (↔ personal) ‖
a formal and **impersonal** letter 形式的で個人的感情を含まない手紙.
**2** 人格を持たない.
**3** 〔文法〕非人称の.

—名C〔文法〕非人称動詞, 非人称代名詞.

**impèrsonal fórces** 非人間的な力《自然力・運命など》.

**impérsonal pronóun** 〔文法〕非人称代名詞《It rains. の it など》.

**im·per·son·al·ly** 副 非個人的に, 非人間的に.

**im·per·son·ate** /impə́:rsəneit インパーソネイト/ 動 (現分) ~·at·ing) 他 1 …の役を演じる. 2 (正式) …を擬人化する.

**im·pér·son·à·tor** 名C 扮装する人, 役者; 声色使い.

**im·per·son·a·tion** /impə̀:rsənéiʃən インパーソネイション/ 名UC (他人の)まね, 声色(ﾆ;); 人格化; 具現.

**im·per·ti·nence** /impə́:rtənəns インパーティネンス/ 名 1UC 出しゃばること, 無礼, 生意気. 2UC 見当違い(の行為).

**im·per·ti·nent** /impə́:rtənənt インパーティネント/ 形 1 無礼な, 生意気な. 2 無関係な, 場違いの, 不適当な.

**im·pér·ti·nent·ly** 副 無礼にも.

**im·per·turb·a·ble** /ìmpərtə́:rbəbl インパターバブル/ 形 (正式) 容易に動揺しない, 冷静な.

**im·per·vi·ous** /impə́:rviəs インパーヴィアス/ 形 (正式) 1 不浸透性の. 2 無感覚な, 鈍感な.

**im·pet·u·ous** /impétʃuəs インペチュアス/ 形 1 (正式) 性急な, 衝動的な. 2 (詩) 《風などが》激しい.

**im·pét·u·ous·ly** 副 性急に, 猛烈に.

**im·pe·tus** /ímpətəs インペタス/ 名 (複 ~·es/-iz/) UC (正式) 起動力; はずみ; 刺激.

**im·pinge** /impíndʒ インピンヂ/ 動 (現分) ~·ping·ing) 自 (正式) 1 衝突する; 印象を与える, 影響を与える ‖
The sound **impinged upon** my ears. その音が耳に鳴り響いた.
2 侵害する, 犯す, 破る.

**im·pínge·ment** 名U 衝突; 侵犯.

**imp·ish** /ímpiʃ インピシュ/ 形 (正式) 小鬼のような, 腕白な, いたずらっぽい.

**im·plac·a·ble** /impl&aelig;kəbl インプラカブル, -pléikə-/ 形 (正式) なだめにくい, 執念深い; 容赦(␃)のない.

**im·plác·a·bly** 副 執念深く.

**im·plant** /impl&aelig;nt インプラント | -plá:nt -プラーント/ 動 他 (正式) …を教え込む.

**im·plau·si·ble** /implɔ́:zəbl インプローズィブル/ 形 信じがたい, 怪しい.

**im·ple·ment** /ímpləmənt インプリメント/ 動 -mènt -メント/ 名 C (しばしば ~s; 複合語で) (主に手で動かす)道具, 用具, 器具; 〔~s〕家具一式 ‖
a writing **implement** 筆記用具.
—動 他 (正式) …を実行する, 履行(ᵏᵒ)する ‖
**implement** an agreement 契約を履行する.

**im·ple·men·ta·tion** /ìmpləmentéiʃən インプリメンテイション/ 名 U 履行, 実行, 実施.

**im·pli·cate** /ímplikèit インプリケイト/ 動 (現分) ~·cat·ing) 他 (正式) …を巻き込む, 連座させる.

**im·pli·ca·tion** /ìmplikéiʃən インプリケイション/ 名 (正式) 1U 巻き込むこと, 巻き込まれること, かかわり合い, 連座; (通例 ~s) 密接な関係, 影響 ‖
Their **implication** of her in the crime was to be expected. 彼らが彼女を犯罪に巻き添えにすることは予期されていたことであった.
2 UC 含蓄(ᵍᵃ); ほのめかし, 暗示するもの ‖
by **implication** それとなく, 暗に ‖
the **implication**(s) of his offer 彼の申し出に潜む裏の意味.

**im·plic·it** /implísit インプリスィト/ 形 (正式) 1 暗黙の, それとなく; 暗に含まれた. 2 絶対的な, 信じて疑わない; 盲目的な.

**im·plíc·it·ly** 副 暗に, それとなく; 疑うことなしに.

**im·plied** /impláid インプライド/ 動 → imply.

**im·plies** /impláiz インプライズ/ 動 → imply.

**im·plore** /implɔ́:r インプローア/ 動 (現分) ~·plor·ing) 他 (正式) 1 [implore A to do] A〈人〉に…するように熱心に頼む, 懇願する; [implore (that) 節] …だと懇願する; 〔…〕と言って懇願する《♦ beg より意味が強く堅い表現》 ‖
He **implored** her not to go. どうか行かないでくれと彼女に頼んだ.
"Please don't talk that way," she **implored**. 「お願いだからそんな言い方はしないで」と彼女は哀願した.
2 …を懇願する, 嘆願する; [implore A for B] A〈人〉に B〈慈悲・許しなど〉を懇願する, 嘆願する ‖
**implore** (a judge for) mercy (裁判官に) 慈悲を請う.

**im·plor·ing·ly** /implɔ́:riŋli インプローリングリ/ 副 嘆願して, 哀願的に.

*__im·ply__ /implái インプライ/ 〖中に(im)保持する(ply). cf. apply〗 関 **implication** 2 (名)
—動 (三単現 im·plies/-z/; 過去・過分 im·plied/-d/; 現分 ~·ing)
—他 1a …を暗に意味する ‖
His expression **implied** agreement. 彼の表情は同意を示していた.
Movement **implies** energy. 運動にはエネルギーが必要である.
b [imply (that) 節] …ということを含意する ‖
His smile **implied** (that) he had forgiven me. 彼の微笑は彼が私を許したことを示していた.
2 …をほのめかす ‖
対話 "Where were you the night he was killed?" "Are you **implying** that I killed him?" 「彼が殺された晩あなたはどこにいましたか」「君はぼくが彼を殺したとでも言うのかね」

**im·po·lite** /ìmpəláit インポライト/ 形 (正式) 不作法な, 無礼な, 失礼な ‖
He is **impolite** to her. 彼は彼女に失礼な言動をとる.
It was **impolite** (of [ˣfor] you) to leave in the middle of the party. パーティの最中に抜け出るなんて不作法だよ.

**im·po·lite·ly** 副 不作法に.

*__im·port__ /動 impɔ́:rt インポート | 名 ́ー/ (アクセント注意) 〖中へ(im)運ぶ(port). cf. *port*able, trans-

*port*』
―[動]（三単現）~s/-ps/-p5:rts/；（過去・過分）~ed/-id/；（現分）~・ing
―[他] **1** …を輸入する；…を持ち込む，導入する（↔ export）∥
Japan **imports** a lot of wine from France. 日本はフランスからたくさんのワインを輸入している.
**2**（正式）…の意味を含む；…を意味する∥
What do her words **import** to me? 彼女の言葉は私にとってどんな意味があるのか.
―[名] /impɔ́:rt/（複）~s/-pɔ:rts/）**1** U 輸入；輸入業；C（通例 ~s）輸入品，輸入額（↔ export）；（略式）（プロスポーツの）外国人選手∥
the **import** of cotton from India インドからの綿の輸入.
food **imports** into Japan from abroad 外国から日本への輸入食品.
**2** U（正式）（通例 the ~）趣旨（と*），意味∥
the **import** of a remark 寸評の意味.
**3** U（正式）重要（性）∥
a matter of no **import** つまらぬ事柄.
**4** ［形容詞的に］輸入の，輸入に関する.

\*im・por・tance /impɔ́:rtəns インポータンス/ 〖→ important〗
―[名] U **1** ［時に an ~］重要性，重大さ∥
the **importance** of salt to industry 産業における塩の重要性.
a matter of small **importance** for the city's future その都市の将来にとっては取るに足らない事柄.
It is of no **importance** what he says. 彼が何を言っても問題ではない.
attach [give] an exaggerated **importance** to his role = set [put] an exaggerated **importance** on his role 彼の役割を過大視する.
**2** 重要な地位［立場］(にあること), 貫禄(%), 重々しさ∥
a man of **importance** 有力者.
**3** 尊大さ，もったいぶること∥
have an air of **importance** 偉そうな態度をとる.

\*im・por・tant /impɔ́:rtənt インポータント/ 〖中へ(im)運ぶ(port)ほどの(ant). cf. de*port*〗
（派）importance (名), importantly (副)
―[形] **1** 重要な，大切な；価値のある，評価の高い；重大な影響をもつ（↔ unimportant）∥
**important** decisions 重大な決定.
**important** books 注目に値する本.
His cooperation is very **important** to me. 彼の協力が私には非常に大事なことだ.
It is **important** for him to get the job. = For him to get the job is **important**. = It is **important** that he gets [(should) get] the job. 彼が職を得ることは重要なことだ.
**2** 有力な，地位の高い∥
cultivate the **important** people お偉(%)方に交際を求める.

**3** 尊大な，横柄(%)な∥
an **important** busybody 偉そうなおせっかいやき.
She has an **important** air about her. = There is something **important** about her. 彼女にはいばった様子がある.
*more important*（略式）より重要なことには∥
**More important**, he knows the secret. より重要なことには彼は秘密を知っているのだ◆*What is more important* is that he knows the secret. の短縮形.
*mòst impórtant* (*of àll*) (略式) 最も重要なことには.

**im・por・tant・ly** /impɔ́:rtəntli インポータントリ/ [副]
**1** 重大に；もったいぶって. **2** ［文全体を修飾］[more [most] ~] さらに［最も］重要なことには.

**im・por・ta・tion** /ìmpɔ:rtéiʃən インポーテイション/ [名] **1** U 輸入；輸入業. **2** C 輸入品.

**im・port・er** /impɔ́:rtər インポータ/ [名] C 輸入業者；輸入国.

**im・pose** /impóuz インポウズ/ [動]（現分）--pos・ing）（正式）[他] [impose A on [upon] B]

impose〈押しつける〉

**1** B〈人・物〉に A〈義務・仕事・罰金・税など〉を課す，負わす∥
The government has **imposed** a new tax on wine. 政府はワインに新しい税を課した.
**2** B〈人〉に A〈意見・権威など〉を押しつける∥
**impose** oneself (upon others) でしゃばる.
He **imposed** his idea on me. 彼は私に自分の考えを押しつけた.
**3** B〈人〉に A〈粗悪品など〉を（だまして）つかませる∥
**impose** bad perfume on the public 大衆に悪い香水を売りつける.
―[自] **1** つけこむ，無理じいする；だます∥
**impose** on his good nature 彼の善良さにつけこむ.
You have been **imposed** upon. 君はだまされているんだ.
**2** 威圧する.

**im・pos・ing** /impóuziŋ インポウズィング/ [動] → impose. ―[形]（正式）堂々とした，壮大な，印象的な.

**im・po・si・tion** /ìmpəzíʃən インポズィション/ [名]（正式）**1** U 課税，押しつけ. **2** C 税金，負担. **3** C つけこむこと. **4** C ぺてん，だますこと.

**im・pos・si・bil・i・ty** /impɑ̀səbíləti インパスィビリティ |-pɔ̀s- -ポスィビリティ/ [名]（複）--i・ties/-z/）U 不可能(性)；C 不可能な事柄，起こり[あり]得ない事柄.

\*im・pos・si・ble /impɑ́səbəl インパスィブル | impɔ́səbəl インポスィブル/ 〖可能で(possible)ない(im)〗（派）impossibility (名)
―[形] **1** 不可能な（↔ possible)；できない，無理な；[it is impossible to do A / A is impossible to do] A〈人・物・事〉は…しにくい∥

an **impossible** problem **to** solve =a problem (that is) **impossible to** solve 解けない問題.

Her handwriting is **impossible** (**for** me) **to read.** =It is **impossible** (**for** me) to read her handwriting. 彼女の字は(私には)読めない(=I'm unable to read her handwriting.).

対話 "So you don't think you can do it?" "Nobody can. It's **impossible to** do." 「じゃあ，君にはそれができない(と思うの)かい」「できる人なんていないわよ．そんなこと無理だわ」．

Q&A *Q*: 「君にはそんなことをすることは不可能だ」は *You are impossible to* do such a thing. と訳すことはできませんか.

*A*: できません. *impossible* は常に〈物・事〉が主語になりますから，この場合も上の例のように *It is impossible for you to* ... の形をとらないといけません.

**2** とてもあり得ない，問題にならない；信じがたい ‖

It is **impossible** that he is still alive. 彼がまだ生きていることなどあり得ないことだ．

That is an **impossible** accident. それはとてもあり得ない事故だ．

**3** (略式) 我慢のならない，不愉快な(unpleasant)；ひどく変わった ‖

an **impossible** suggestion どうしようもない提案．

His behavior is quite **impossible**. 彼の行動はひどうんざりする．

**4** [the ~] 不可能なこと，不可能に思えること ‖ demand the **impossible** 不可能なことを要求する．

**im·pos·si·bly** /ɪmpɑ́səbli インパスィブリ | -pɔ́sə- -ポスィブリ/ 副 ありそうもなく；途方もなく ‖ impossibly difficult 極端に困難な．

**im·pos·tor** /ɪmpɑ́stər インパスタ | -pɔ́s- -ポスタ/ 名 C 他人の名をかたる人，(氏名・身分の)詐称(ようしょう)者．

**im·po·tence, --ten·cy** /ɪ́mpətəns(i) インポテンス(ィ)/ 名 U **1** (正式) 無力，無能；無気力，虚弱． **2** (男の)性的不能，インポテンツ．

**im·po·tent** /ɪ́mpətənt インポテント/ 形 **1** (正式) 無気力な，無力な，できない，虚弱な． **2** 〈男が〉性的不能の，インポの．

**im·pound** /ɪmpáund インパウンド/ 動 他 (正式) …を押収する，没収する．

**im·pov·er·ish** /ɪmpɑ́vərɪʃ インパヴァリシュ | -pɔ́v- -ポヴァリシュ/ 動 (三単現 ~·es /-ɪz/) 他 (正式) **1** …を貧乏にする． **2** …を低下させる，貧弱にする．

**im·prac·ti·cal** /ɪmprǽktɪkl インプラクティクル/ 形 **1** 実際的でない，実用的に向かない，非現実的な，常識のない(↔ practical) ‖
an **impractical** person 実際的能力のない人．
**2** 実行できない．

**im·prác·ti·cal·ly** 副 実際的に．

**im·prac·ti·cal·i·ty** /ɪmpræ̀ktɪkǽləti インプラクティキャリティ/ 名 (複 --i·ties/-z/) U 非実用性；C

実行不可能なこと[物]．

**im·pre·cise** /ɪmprəsáɪs インプリサイス/ 形 (正式) 不正確な，あいまいな(↔ precise).

**im·preg·na·ble** /ɪmprégnəbl インプレグナブル/ 形 (正式) 難攻不落の，堅固な；動じない．

**im·preg·nate** /ɪmprégneɪt インプレグネイト, ニー/ 動 (現分 ~·nat·ing) 他 **1** (正式) …を妊娠させる；〔生物〕…に受精させる．

**2 a** …にしみ込ませる，充満させる ‖
impregnate a handkerchief **with** perfume ハンカチに香水をしみ込ませる．

**b** 〈人・心〉に吹き込む，植えつける．

\***im·press** /動 ɪmprés インプレス; 名 ニ-/ [上に(im)押す(press). cf. su**press**, de**press**] 派 impression (名), impressive (形)

— 動 (三単現 ~·es /-ɪz/; 過去・過分 ~ed/-t/; 現分 ~·ing)

— 他 **1** …に感銘を与える；[impress **A into** do-ing] A〈人〉を感動[感心]させて…させる ‖

He **was impressed by** her earnestness. 彼は彼女の熱心さに感銘を受けた．

His courage **impressed** me **into** trusting him. 彼の勇気に感心して私は彼を信頼した．

対話 "Why are you wearing such fancy clothes?" "I'm trying to **impress** that girl over there. She likes fashionable men." 「どうしてそんなおしゃれな服装をしているんだい」「あそこにいる彼女の気を引こうと思ってね．あの娘はおしゃれな男性が好みなんだよ」．

**2** (正式) **a** [impress **A as** C] A〈人〉に C (である)という(好ましい)印象を与える ‖

John **impressed** her **as** a very sensible person [(being) very sensible]. ジョンは非常に分別のある人のように彼女には思えた．

**b** [impress **A on** [**upon**, **in**] B] B〈人・記憶〉に A〈事〉を印象づける ‖

The scene **impréssed** itsélf **on** [**in**] my memory. その場面は私の記憶に焼き付いた．

He **impressed** (it) **on** her that she must get up early. 彼は彼女に朝早く起きねばならないことをわからせた．

**c** [impress **B with** A] B〈人〉に A〈事〉を認識させる ‖

**impress** him **with** the value of education 彼に教育の価値を痛感させる．

**3** (正式) [impress **A on** [**upon**] B / impress **B with** A] A〈印など〉を B〈物〉に押印する，押し付ける ‖

**impress** the mark **on** the cloth =**impress** the cloth **with** the mark 布にそのマークを押してつける．

— 名 /-/ (アクセント注意) (複 ~·es /-ɪz/) UC (正式) 刻印[押印](すること)．

\***im·pres·sion** /ɪmpréʃən インプレション/ [→ impress]

— 名 (複 ~s/-z/) **1** UC 印象；感動 ‖

my first **impression of** [\*about] this book =my first **impression on** reading this

book この本を読んだ私の第一印象.
Her lecture made a deep impression on the audience. 彼女の演説は聴衆に深い感銘を与えた.

対話 "So how did you like the play? Was it interesting?" "My first impression wasn't so good, but now that I think of it, I really enjoyed it." 「それでお芝居はどうだった. おもしろかったの」「第一印象はあまりよくなかったんだ. でも今思うと本当に楽しかったよ」.

**2** Ⓒ [しばしば the ~ / an ~] 感じ, 気持ち; 考え ‖
My impression is that he is a good man. 彼はよい人だという気がする.
I was ùnder the impréssion that they were brothers. 彼らは兄弟だという感じを私は受けた(◆実は兄弟でなかったという可能性を含む).

**3** Ⓤ 効果, 影響 ‖
leave [make] little impression on him 彼にほとんど影響を与えない.

**4** ⓊⒸ (正式) 押印[刻印](すること); 痕跡(記); 印 ‖
make [leave] impressions of our feet in the snow 雪に我々の足跡をつける.
the impression of a seal on wax ろうの上の押印.

**5** Ⓤ (主に英) [印刷] [しばしば the ~ / an ~] 印刷(物), (原版の)刷(?); 1回の印刷総部数.

**im·pres·sion·a·ble** /impréʃənəbl インプレショナブル/ 形 感じやすい.

\***im·pres·sive** /imprésiv インプレスィヴ/ 〖→ impress〗
— 形 [他動詞的に] (人に)強い印象を与える, 印象的な, 感銘を与える; 荘厳(絵)な, 堂々とした ‖
an impressive ceremony 感動的な儀式.
be impressive for the beauty 美しさで人を圧倒する.
That's impressive! そりゃすごい!

**im·prés·sive·ly** 副 印象的に.

**im·print** /名 ímprint 動 -´/ (正式) 名 Ⓒ **1** 印, 跡; 印影; 面影, 痕跡(記); 印象 ‖
the imprint of a foot 足跡.
the imprint of years of pain 長年の苦しみの跡.

**2** (書物の)インプリント《洋書の扉ページの下[裏]にある発行社名・印刷者名・発行場所など》; 奥付け.
— 動 他 **1** …を押す, つける, 刻印する ‖
imprint one's mark on the papers ＝imprint the papers with one's mark 書類に印を押す.

**2** …を強く印象づける, 感銘づける.

**im·pris·on** /imprízn インプリズン/ 動 他 **1** …を投獄(?)する ‖
be imprisoned for causing a disturbance 騒ぎを起こしたことで刑務所に入れられる.

**2** (広義) …を閉じ込める, 拘束(?)する.

**im·pris·on·ment** /impríznmənt インプリズンメント/ 名 Ⓤ 投獄, 留置; 禁固刑; 監禁 ‖
life imprisonment 終身刑.
imprisonment at hard labor 懲役.

**im·prob·a·bil·i·ty** /imprɑ̀bəbíləti インプラバビリティ |-prɔ̀b- -プロバビリティ/ 名 (複 --i·ties/-z/) ⓊⒸ (正式) 起こりそう[ありそう]にないこと.

**im·prob·a·ble** /imprɑ́bəbl インプラバブル |-prɔ́b- -プロバブル/ 形 起こりそう[ありそう]もない; (英) 本当らしくない(↔ probable) ‖
Her death is improbable. 彼女の死なんて考えられない.

**im·prob·a·bly** /imprɑ́bəbli インプラバブリ |-prɔ́b- -プロバブリ/ 副 ありそうもなく ‖
not improbably ことによると.

**im·promp·tu** /imprɑ́m(p)tjuː インプランプトゥー |-prɔ́mp- インプロンプ-/ 形 副 即座の[に], 即興(?)の[に], 用意なしの[に].
— 名 Ⓒ 即興詩[曲]; 即興演説[演奏].

**im·prop·er** /imprɑ́pər インプラパ |-prɔ́p- -プロパ/ 形 **1** ふさわしくない, 不作法な ‖
wear dress improper to the occasion その場にふさわしくない服装をする.

**2** 誤った, 妥当でない, 正しくない. **3** 不道徳な, みだらな.

**im·próp·er·ly** 副 不適当に, 誤って.

**im·pro·pri·e·ty** /imprəpráiəti インプロプライエティ/ 名 (複 --e·ties/-z/) (正式) **1** Ⓤ 不適当; 不正, 間違い; …にふさわしくない言葉[行為]. **2** Ⓒ みだらなこと.

\***im·prove** /imprúːv インプルーヴ/ 〖利益(prove)をもたらす(im)〗 派 improvement (名)
— 動 (三単現 ~s/-z/; 過去・過分 ~d/-d/; 現分 --prov·ing)
— 他 …を改良する, 改善する; …を進歩させる, 向上させる (◆ 動詞 better は「(欠陥のないものを)さらに良くする」こと) ‖
improve one's techniques 技術を磨く.
improve oneself in dressing 着付けが上達する.
improve the design of the car 車のデザインを一層よくする.

対話 "I wish I could improve my English speaking ability." "The best way is to speak more." 「英語を話すのがうまくなればいいのにな」「いちばんよい方法はもっとしゃべることですよ」.
— 自 よくなる, 好転する, 改善される; 上がる, 増大する, 増進する ‖
Her health is improving. ＝She is improving in health. 彼女の健康は回復してきている.
He has (very) much improved in speaking Korean. 彼は朝鮮語を話すのがとてもうまくなった.

*impróve on* [(正式) upón] A …を改良する, 改善する; …よりすぐれたものを作り出す.

\***im·prove·ment** /imprúːvmənt インプルーヴメント/ 〖→ improve〗
— 名 (複 ~s/-mənts/) **1** ⓊⒸ 改良, 改善; 進歩, 向上 ‖
an improvement in working conditions 労働条件の改善.

the improvement of [in] health 健康の増進. **2** ⓒ 改良点, 改善点;《米・ニュージーランド》改良工事; 改良された物[事, 人], 進歩[向上]したところ ‖
make several improvements on [in, to] the house 家に何か所か手を加える.
make an improvement over the previous sale 前回の売上げ以上の成績をあげる.

**im·prov·ing** /imprúːviŋ インプルーヴィング/ 動 → improve.

**im·prov·i·sa·tion** /ìmprəvəzéiʃən インプラヴィゼイション | ìmprəvai- インプロヴァイ-, -provi-/ 名《正式》Ⓤ 即興(\*\*);ⓒ 即席にやったもの, 即興詩[曲, 演奏].

**im·pro·vise** /ímprəvàiz インプロヴァイズ,《米+》-ˌ-ˌ/ 動 (現分) --vis·ing)ⓒ **1** …を即興で作る, …を即興演奏する. **2** …を即席に作る, 間に合わせに作る.

**im·pru·dence** /imprúːdns インプルーデンス/ 名《正式》Ⓤ 軽率, 無分別;ⓒ 軽率な行為 ‖
hàve the imprúdence to dó 軽率にも…する.

**im·pru·dent** /imprúːdnt インプルーデント/ 形《正式》軽率な, 無分別な;不謹慎な ‖
It was imprudent of you to tell him the secret. 秘密を彼にしゃべるなんて軽率だったね.
**im·prú·dent·ly** 副 軽率にも.

**im·pu·dence** /ímpjudns インピュデンス/ 名Ⓤ ずうずうしさ, 厚かましさ, 生意気;ⓒ 生意気な行為[言葉] ‖
None of your impudence! 生意気なことをするな[言うな]!
She hàd the ímpudence to ignore my proposal. 彼女は生意気にも私の提案を無視した.

**im·pu·dent** /ímpjudənt インピュデント/ 形 ずうずうしい, 厚かましい, 恥知らずの;生意気な ‖
an impudent suggestion ずうずうしい提案.
You are impudent to jest at him. =It is impudent of you to jest at him. 彼をからかうなんて君は生意気だよ.
**ím·pu·dent·ly** 副 ずうずうしく, 生意気にも.

**im·pulse** /ímpʌls インパルス/ 名 **1** Ⓤⓒ 衝動;(心の)はずみ, 出来心, 一時の感情;欲求 ‖
on (an) ímpulse =by ímpulse 衝動的に, 出来心で.
ùnder the ímpulse of terror 一時の恐怖にかられて.
He felt an irresistible impulse to run. 彼は走り出したいという抑えがたい衝動にかられた.
**2** ⓒ (波・ボールなどの)推進力;衝撃, 刺激 ‖
the impulse of falling water 落下する水の勢い.
**ímpulse bùy** 衝動買いの品物.
**ímpulse bùyer** 衝動買いをする人.
**ímpulse bùying** 衝動買い.

**im·pul·sive** /impʌ́lsiv インパルスィヴ/ 形 **1** 衝動的な, 一時の感情にかられた. **2** 推進的な, 推進力のある.
**im·púl·sive·ly** 副 衝動的に.

**im·pu·ni·ty** /impjúːnəti インピューニティ/ 名Ⓤ《正式》刑罰[損害]を受けないこと ‖
with impunity 罰を受けずに, 無事に.

**im·pure** /impjúər インピュア/ 形《正式》**1** 汚い, 不潔な. **2** 不純な. **3** みだらな.

**im·pu·ri·ty** /impjúərəti インピュリティ/ 名 (複 --ri·ties/-z/) **1** Ⓤ《正式》不潔, 不純;みだらな(↔ purity). **2** ⓒ《通例 impurities》不純物;みだらな行為.

\*\***in** /前 in イン, ən;副形名 ín イン/《同音》△inn)
〖「包囲・包含」が基本的意味〗

→ 前 **1** …の中に   **3** …に所属[従事]して
  **4** …を身につけて   **7** …のうちの
  **8 a** …のうちに   **9** …を使って   **11** …をなして
  副 **1** 中へ   **2** 在宅して

━前 **1** [場所] **a** [位置] …の中に, …の中で[の]; …に, …で ‖
in [《米》on] the street 通りで.
We arrived at a town in Spain. 私たちはスペインのある町に着いた《◆ at は in で示された場所より狭い小さい場所を表す》.
sit in a chair いすに座る《◆ in は「ソファーなどに深々と」という感じ》.
an island in the Pacific 太平洋上の島.
the characters in the novel 小説の中の登場人物.
read it in the newspaper それを新聞で読む.
the stars in the American flag 米国旗の星.
**b**《略式》[運動・方向] …の中に, …の中へ;…の方向へ ‖
in the east 東へ.
in that direction そちらの方向へ.
jump in the river 川に飛び込む.
get in a car 車に乗る.
put one's hand in one's pocket 手をポケットに入れる.
**2** [環境・状態・状況・条件] …の中で[に], …の状態で, …して;…(の場合)には ‖
in the sun 日なたで.
in ruins 廃墟(\*\*)となって.
in liquor 酔って.
in difficulties 苦境に陥って.
in debt 借金して.
in a rage 怒って.
in good health 健康で.
in that case その場合には.
in [under] the circumstances こういう事情だから《◆ in は《主に英》》.
**3** [所属・従事・活動] **a** …に所属して, …に従事して, …に参加して ‖
be in the navy 海軍に入っている.
be in business 商売をしている.
engage in trade 商売をしている.
spend much time in reading 読書に多くの時間を使う《◆《略式》では in を省くことが多い》.
I was in conversation with a friend. 私は友人と話をしていた.
He is in building. 彼は建設関係の仕事をしている.
**b** …しているときに, …して ‖

You should be careful in crossing the street. 道路を渡るときは注意しなさい.
**c** [教科・学科] …で ‖
be weak in math 数学に弱い.
speak in French フランス語で話す.
**4** [着用・包装] …を身につけて, 着て, 履いて, かぶって(wearing); …に包んで ‖
be dressed in red 赤い服をまとっている.
a girl in a fur coat 毛皮のコートを着た少女.
wrap this in paper これを紙で包む.
He was in brown shoes. 彼は茶色の靴を履いていた.
These clothes are éasy to wórk in. この服は働きやすい.
**5** [能力の範囲] …(の範囲)に, …には ‖
in one's sight 視界内に.
in my experience 私の経験では.
There is something in what you say. 君の言うことには一理ある.
**6** [名詞の前で] …について, …に関して, …の点では, …において ‖
in this respect この点に関して.
in mý opínion 私の考えでは.
ten feet in length [height, depth, width] 長さ[高さ, 深さ, 幅]が10フィート.
a change in weather 天候の変化.
He is lacking in courage. 彼は勇気に欠ける.
**7** [割合・部類] …のうちの, …につき; …の中で ‖
the longest river in [˟of] the world 世界で最も長い川.
pay a tax of 10 pence in the pound 1ポンドにつき10ペンスの税金を払う.
About one in every ten is homeless. 10人のうち1人は住む家もない.
**8** [時] **a** [期間] …のうちに, …の間に ‖
in 1948 1948年に.
in (the) spring 春に.
in one's youth 若いころ.
in one's twenties 20代に[の].
wake up in the night 夜中に目覚める.
I learned French in six weeks. 6週間でフランス語を身につけた.
The population has doubled in the last five years. 人口は過去5年間に2倍に増加した.
**b** [経過] (今から)…のあとに, …たって(↔ ago) ‖
I shall be back in a few days. 2, 3日したら帰って来ます.
対話 "Will you call me later?" "OK. I'll call you in two hours, after the meeting." 「あとで電話してくれますか」「わかった. 2時間したら, つまり会議のあとで電話するよ」.
**c** 《主に米》…の間のうちで ‖
the coldest day in 20 years 20年間で最も寒い日.
**d** …の過程で ‖
in the transition to democracy 民主制への移行の過程で.
**9** [手段・材料] …を使って, …で; …に乗って ‖
in an airplane 飛行機で.
write in ink インクで書く.
paint in oils 油絵の具で描く.
a statue in bronze 青銅で作った像, 銅像.
in a low voice 低い声で.
**10** [方法・様態] …(のふうに), …で ‖
in haste 急いで.
in secret ひそかに.
in F major ヘ長調で.
in this way こんなふうに.
in a careless manner 不注意に.
**11** [形状・配置・順序] …をなして, …になって ‖
in groups 一団となって.
cut it in two それを2つに切る.
Many people are waiting in a long line. たくさんの人が長い列を作って待っている.
a novel in three parts 3部からなる小説.
対話 "How did you arrange those names?" "In alphabetical order." 「どのようにその名前を並べたの」「アルファベット順です」.
**12** [数量・単位] …ほどに, …(単位)で ‖
in large quantities 多量に.
in twos and threes 2,3個ずつ; 三々五々.
The eggs were packed in dozens. 卵はダース単位で包装された.
**13** [同格関係] …という ‖
You have a good friend in me. 君にはぼくというよい友だちがある.
**14** [状態・原因・理由] …のために, …として ‖
in self-defense 自己防衛のために.
cry in pain 苦痛で叫ぶ.
say in conclusion 最後に一言する.
She said nothing in reply. 彼女は返事として何も言わなかった.
◦ *in that* … …という点で, …であるので(because) ‖ High income tax is not good in that it may discourage people from working harder. 高い所得税は人々の勤労意欲をそぐという点でよくない.

── 副 **1** [運動・方向] 中へ, 中に; 内へ[に] (↔ out) ‖
Gèt ín. (車に)乗りなさい《♦ gèt *in* the cár の目的語が省略された表現》.
Còme (òn) ín. お入り.
a cup of tea with sugar ìn 砂糖を入れた紅茶.
They wènt ín to see him. 彼らは彼に会うために中へ入って行った.

> **Q&A** **Q**: 目的語が省略されて in となる形にはどんなものがありますか.
> **A**: 次のように4とおりあります.
> (1) get *in* (the car).
> (2) break *in* [into a house] (家に)押し入る.
> (3) get to the station → get *in* (駅に)着く.
> (4) give *in* (to him) (彼に)降参する.

**2** [位置] 家に, 在宅して, 出勤して ‖

stay ín for a day 1日じゅう家にいる.
Is he ín? 彼はご在宅ですか.
**3** 〈乗物などが〉到着して; 〈季節が〉来て; 〈収穫が〉取り入れられて ‖
The train isn't ín yet. 汽車はまだ着いていない.
**4** 〈果物などが〉出盛りで; 〈服装などが〉流行して ‖
Short skirts cáme ín last year. 昨年はショートスカートが流行した.
**5** 〈政党が〉政権を握って; 〈政治家が〉選ばれて, 役職について ‖
The Labour Party is ín now. 労働党が今与党である.
**6** 〔クリケット・野球〕攻撃中で; 〔テニス〕ライン内で ‖
Which side is ín? どちらのチームが攻撃中ですか.
**be ín at A** …に加わっている, 出席している.
**be ín for A** (1) 〈困難・悪天候などに〉にあいそうである, …を受けることになる ‖ We are ín for ráin. 雨にあいそうだ. (2) …に参加することになっている ‖ I'm in for the 100 meters. 私は100メートル競走に出場することになっている.
**be ín for it** ひどいことになる, 罰を受けることになる.
**be [gét] ín on A** …に参加する; 〈秘密などを〉知っている ‖ I was in on her plan. 彼女の計画に加わった.
**be (wéll) ín with A** …と親しい ‖ He is in with the bosses. 彼は上司とうまくいっている.
**ín and óut** (1) 出たり入ったりして ‖ She is constantly in and out of hospital. 彼女は入退院をくり返している. (2) すっかり, 徹底的に.
──形 [名詞の前で] **1** 中の, 内部の, 中にいる ‖
an ín pátient 入院患者.
**2** 入ってくる ‖
the ín tráin 到着列車.
**3** 政権を握っている ‖
the ín párty 与党.
**4** 流行の, はやりの, 人気のある ‖
It is the ín thíng to do. それは今はやりだ.
**5** 〈冗談などが〉仲間だけにわかる.
──名 C [~s] 与党議員; [the ~s] 与党(↔ outs).
**the ins and (the) outs** (1) 〈道路などの〉曲折, うねり. (2) 〈略式〉詳細, 一部始終 ‖ know all the ins and outs of legal procedure 訴訟手続きの一部始終を知っている.

**IN** 〔略〕〔郵便〕 Indiana.
**in.** 〔略〕(複 ins.) inch(es).
**in·a·bil·i·ty** /ìnəbíləti イナビリティ/ 名 U [しばしば an ~] 無力, 無能, できないこと(↔ ability)(♦ disability は特に「身体障害などによる無力」をいう) ‖
I was surprised at her **inability** to do things promptly. 彼女が物事をてきぱきできないことに驚いた.
**in·ac·ces·si·bil·i·ty** /ìnəksèsəbíləti イナクセスィビリティ, -æk-/ 名 U 〈正式〉〈場所が〉近づきにくいこと, 〈物が〉得がたいこと.
**in·ac·ces·si·ble** /ìnəksésəbl イナクセスィブル, -æk-/ 形 〈正式〉〈場所などが〉近づきにくい, 〈物が〉得がたい. **2** 〈人が〉近づきにくい, よそよそしい.
**in·ac·cés·si·bly** 副 近づきがたいほどに.
**in·ac·cu·ra·cy** /inǽkjərəsi イナキュラスィ/ 名 (複 --ra·cies/-z/) U 〈正式〉不正確, ずさん; C [しばしば inaccuracies] 間違い.
**in·ac·cu·rate** /inǽkjərət イナキュラト/ 形 〈正式〉不正確な, ずさんな; 誤った.
**in·ác·cu·rate·ly** 副 不正確に.
**in·ac·tion** /inǽkʃən イナクション/ 名 U 何もしないこと; 怠惰.
**in·ac·tive** /inǽktiv イナクティヴ/ 形 〈正式〉活動的でない; 不活発な.
**in·ac·tiv·i·ty** /ìnæktívəti イナクティヴィティ/ 名 U 不活発, 無活動状態; 怠情; 静止, 不景気.
**in·ad·e·qua·cy** /inǽdəkwəsi イナデクワスィ/ 名 (複 --qua·cies/-z/) U 〈正式〉[しばしば an ~ / the ~] 不適当, 不十分; C 不適当な点.
**in·ad·e·quate** /inǽdəkwət イナデクワト/ 形 〈正式〉**1** 不適当な, 不十分な(↔ adequate). **2** 不適格な(→ incapable). ──名 C 社会的に不適格な人. **in·ád·e·quate·ly** 副 不十分に, 不適当で.
**in·ad·mis·si·ble** /ìnədmísəbl イナドミスィブル/ 形 〈正式〉許せない; 認められない.
**in·ad·vert·ent** /ìnədvə́ːrtənt イナドヴァーテント/ 形 **1** 不注意な; 怠慢な. **2** 〈正式〉うっかりした; 不慮の. **in·ad·vért·ent·ly** 副 不注意に.
**in·ad·vis·a·ble** /ìnədváizəbl イナドヴァイザブル/ 形 〈正式〉勧められない, 不得策な, 賢明でない.
**in·al·ien·a·ble** /inéiliənəbl イネイリアナブル/ 形 〈正式〉譲渡できない, 奪うことのできない ‖
**inalienable** rights 譲り渡すことのできない権利(♦米国独立宣言中の句で, 生命・自由・幸福の追求の権利をさす).
**in·ane** /inéin イネイン/ 形 (時に 比較)--an·er, 最上)--an·est) 〈正式〉意味のない, 馬鹿げた.
**in·áne·ly** 副 意味なく.
**in·an·i·mate** /inǽnəmət イナニマト/ 形 〈正式〉**1** 生命のない. **2** 活気のない, 退屈な.
**in·án·i·mate·ly** 副 不活発に.
**in·án·i·mate·ness** 名 U 生命のないこと, 無気力.
**in·ap·pro·pri·ate** /ìnəpróupriət イナプロウプリアト/ 形 不適当な.
**in·ar·tic·u·late** /ìnɑːrtíkjələt イナーティキュラト/ 形 〈正式〉**1** はっきりしない, 不明瞭な. **2** はっきりものが言えない, 口べたな. **3** 〔解剖・動〕関節のない.
**in·ar·tíc·u·late·ly** 副 不明瞭に.
**in·ar·tis·tic** /ìnɑːrtístik イナーティスティク/ 形 **1** 芸術のわからない, 無趣味な. **2** 非芸術的でない, 美的でない.
**in·as·much as** /ìnəzmʌ́tʃ æz イナズマチ アズ/ 〈文〉…のために, だから.
**in·at·ten·tion** /ìnəténʃən イナテンション/ 名 U 不注意, 無頓着(とんじゃく), 怠慢.
**in·at·ten·tive** /ìnəténtiv イナテンティヴ/ 形 **1** 不注意な, 無頓着(とんじゃく)な, 怠慢な. **2** 無愛想な.
**in·au·di·ble** /inɔ́ːdəbl イノーディブル/ 形 〈正式〉聞こえない, 聞き取れない.
**in·áu·di·bly** 副 聞こえないぐらいに.

**in·au·gu·ral** /inɔ́ːɡjərl イノーギュラル/ 形 就任(式)の, 開会の, 開始の. ── 名 C (米)(大統領の)就任演説.

**in·au·gu·rate** /inɔ́ːɡjərèit イノーギュレイト/ 動 (現分) -rat·ing) 他 (正式) 1 [通例 be ~d] …の就任式を行なう; 就任する. 2 …の開所式を行なう. 3 〈新時代〉を新しく開く.

**in·au·gu·ra·tion** /inɔ̀ːɡjəréiʃən イノーギュレイション/ 名 1 UC 就任(式). 2 C 開業, 落成. 3 U (新時代の)開始.

**Inauguration Day** (米) [the ~] 大統領就任式の日《選挙の翌年の1月20日. 1934年以前は3月4日》; [i~ d-] (一般に)大統領就任の日.

**in·aus·pi·cious** /ìnɔːspíʃəs イノースピシャス/ 形 (正式) 不吉な, 縁起の悪い; 不運な, 不幸な.

**in·born** /ínbɔ́ːrn インボーン/ 形 生まれつきの, 先天的な.

**in·bred** /ínbréd インブレド/ 形 生得の.

**in·breed·ing** /ínbríːdiŋ インブリーディング/ 名 U 1 近親[同系]交配. 2 同系[同族, 縁故](者)優先 《♦ 大学の教授陣の構成などについてよくいう》.

**Inc, Inc.** /íŋk インク/ 略 (米) incorporated.

**In·ca** /íŋkə インカ/ 名 1 C インカ人; [the ~s] インカ族. 2 [the ~] インカ国王《スペイン人が来る前のペルー国王の総称》.

**in·cal·cu·la·ble** /inkǽlkjələbl インキャルキュラブル/ 形 (正式) 1 数え切れない. 2 予想できない.

**in·can·des·cence** /ìnkəndésns インカンデスンス, -kæn-/ 名 U 白熱(光).

**in·can·des·cent** /ìnkəndésnt インカンデスント, -kæn-/ 形 1 白熱光を発する. 2 まばゆいほどの, 光り輝く.

**in·can·ta·tion** /ìnkæntéiʃən インキャンテイション/ 名 UC 1 (正式) 呪文(じゅもん). 2 魔法.

**in·ca·pa·ble** /inkéipəbl インケイパブル/ 形 1 [A is incapable of B [doing]] **a** …をする能力を欠いている, …することができない (↔ capable) 《♦ ある特定の状況で「…できない」は unable》 ‖
A baby is incapable of taking care of itself. 赤ん坊は自分の世話をすることができない.
**b** A〈物・事が〉B〈改善などを〉受け入れることができない, …される余地がない.
2 無能な, 無資格の.

**in·ca·pac·i·tate** /ìnkəpǽsiteit インカパスィテイト/ 動 (現分) -tat·ing) 他 (正式) …から能力[健康など]を奪う, …にできなくさせる.

**in·ca·pac·i·ty** /ìnkəpǽsəti インカパスィティ/ 名 U (正式) [時に an ~] 無能, 不適性. 2 無資格.

**in·car·cer·ate** /inkɑ́ːrsəreit インカーサレイト/ 動 (現分) -at·ing) 他 (正式) 〈人〉を投獄する; …を監禁する, 閉じ込める; …を取り囲む.

**in·car·nate** /inkɑ́ːrnət インカーナト, -neit; 動 ínkɑːrneit インカーネイト, -ニ-/ 形 (正式) [通例名詞の後で] 1 人間の姿をした. 2 具体化された.
── 動 (現分) -nat·ing) 他 1 [通例 be ~d] 化身となる ‖
the devil incarnated as a serpent ヘビの姿をした悪魔.
2 …を具体化する, 実現させる.

**in·car·na·tion** /ìnkɑːrnéiʃən インカーネイション/ 名 1 UC 人間化, 具体化. 2 C 前世. 3 [the I~] 〔神学〕(神のキリストにおける)顕現(けんげん), 托身(たくしん).

**in·cen·di·ar·y** /inséndièri インセンディエリ/ -əri -アリ/ 形 1 放火の, 焼夷(しょうい)性の. 2 扇動的な; 扇情的な.

**in·cense** /ínsens インセンス/ 名 U 1 (宗教的儀式で用いる)香(こう). 2 香のかおり, 香の煙.

**in·cen·tive** /inséntiv インセンティヴ/ 名 UC (正式) 刺激, 励みとなるもの[事], 動機 ‖
She had **no incentive to** work after she was refused a promotion. 昇任が見送られて彼女には働く励みがなかった.

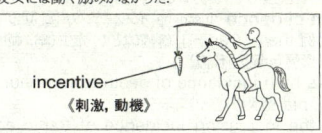

incentive
《刺激, 動機》

**in·cep·tion** /insépʃən インセプション/ 名 UC (正式) 初め, 発端.

**in·ces·sant** /insésnt インセスント/ 形 (正式) 絶え間のない, ひっきりなしの ‖
incessant noise 絶え間ない騒音.

**in·cés·sant·ly** 副 絶え間なく.

**in·cest** /ínsest インセスト/ 名 U 近親相姦(そうかん)(罪), 乱倫.

**in·ces·tu·ous** /inséstʃuəs インセスチュアス |-tju--テュアス/ 形 1 近親相姦の(罪を犯した). 2 〈関係〉が排他的な.

*****inch** /íntʃ インチ/ 〖「12分の1」が原義〗

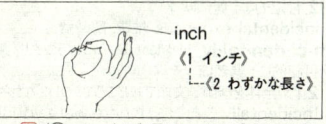

inch
〈1 インチ〉
〈2 わずかな長さ〉

── 名 (複 ~·es/-iz/) C 1a インチ《長さの単位で 1 foot の12分の1 (= 2.54 cm); 略 in., 《符号》″》 ‖
five and a half **inches** =5½″ 5インチ半.
Jane is five feet nine **inches** tall. ジェーンの身長は5フィート9インチだ.
**b** 〔気象〕インチ(inch of mercury)《気圧の単位. 水銀柱1インチの圧力. 記号 in Hg》.

**Q&A** **Q**: ヤードポンド法では inch は長さの最小の単位なのですか.
**A**: そうです. ですから **2** の意味のようにも使われます. ちなみに 1 mile = 1760 yards, 1 yard = 3 feet で, 1 foot = 12 inches です.

2 (略式) [an ~; 否定文・疑問文・条件文で] わずかな長さ[数量, 程度] ‖
I couldn't trust her **an inch**. 彼女にはこれっぽちも信用できないな.

**by ínches** (1) 少しずつ(inch by inch) ‖ The glacier moves but **by inches.** その氷河はゆっくりではあるが動いている. (2) [しばしば miss, escape などと共に] かろうじて, すんでのことで ‖ The bullet missed her heart **by inches.** 弾丸は危うく彼女の心臓に当たるところだった.

**évery ínch** どう見ても, あらゆる点で, 正真正銘の; すみずみまで.

**ínch by ínch** =by INCHes (1).

**to an ínch** 寸分たがわず.

—— 動 (三単現) ~・es/-iz/) 他 …を少しずつ動かす, 進む ‖

inch one's way 少しずつ苦労して進む.

—— 自 少しずつ苦労して動く[進む].

**in・ci・dence** /ínsədəns インスィデンス/ 名 UC (通例 the ~ / an ~) (病気などの)発生(率, 範囲); 影響(の範囲・仕方) ‖

a high **incidence** of death from pneumonia 肺炎の高死亡率.

the increasing **incidence** of traffic accidents ますます増大する交通事故の発生(率).

**in・ci・dent** /ínsədənt インスィデント/ 名 C 1 (正式) できごと, 付随した事件, 偶発的な事件, 小事件, 故障(→ event) (◆ disaster, accident, incident の順に小さなできごととなる) ‖

a strange **incident** in the supermarket スーパーマーケットでの奇妙なできごと.

withòut íncident 無事に.

2 紛争, 軍事衝突. 3 (詩・劇・小説などの中の)挿話.

**in・ci・den・tal** /ìnsədéntl インスィデントル/ 形 1 (正式) 付随して起こる, ありがちな ‖

the worries **incidental** to parenthood 親にはつきものの気苦労.

2 付随的な; 偶然の ‖

incidental expenses 雑費, 臨時費.

**in・ci・den・tal・ly** /ìnsədéntəli インスィデントリ/ 副 1 付随的に; 偶然に.

2 [文全体を修飾; 文頭で] ところで, ついでながら ‖ **Incidentally** (↘[↗]), where were you this morning? ときに, けさどこにいたのかね.

**in・cin・er・ate** /insínərèit インスィナレイト/ 動 (現分) -at・ing) 他 (正式) …を焼いて灰にする.

**in・cin・er・a・tor** /insínərèitər インスィナレイタ/ 名 C (ごみなどの)焼却炉; 火葬炉.

**in・cip・i・ent** /insípiənt インスィピエント/ 形 (正式) 初期の.

**in・ci・sion** /insíʒən インスィジョン/ 名 UC 切り込み, 切り口; (医学)切開.

**in・ci・sive** /insáisiv インサイスィヴ/ 形 (正式) 1 鋭利な; 鋭敏な. 2 的を射た, 辛辣(らつ)な.

**in・ci・sor** /insáizər インサイザ/ 名 C 切歯, 門歯 (図 → tooth).

**in・cite** /insáit インサイト/ 動 (現分) -cit・ing) 他 (正式) 1 …を励ます, 刺激する. 2 〈怒りなど〉を起こさせる.

**in・clem・en・cy** /inklémənsi インクレメンスィ/ 名 U (天候の)厳しさ, 荒天; 厳寒 (◆ 暑さには用いない).

**in・cli・na・tion** /ìnklənéiʃən インクリネイション/ 名 1 U C [しばしば ~s] 好み, 愛好; 気持ち, 意向; 好みのもの ‖

agàinst one's **inclinátion** 不本意ながら.

hàve a stróng **inclinátion** towàrd skating スケートにのめりこんでいる.

2 C (正式) [通例 an ~ / the ~] 傾向, 性向, 体質; 性癖 ‖

an **inclination** toward fatness =an inclination to grow fat 太るたち.

3 C (正式) [通例 an ~ / the ~] 傾き, 勾配(記); 傾けること, 傾くこと ‖

an **inclination** of the body からだを傾けること, お辞儀.

an **inclination** of 30 degrees 30度の傾斜.

**in・cline** /inkláin インクライン; 名 ニ, -/ 動 (現分) --clin・ing) 他 (正式) 1a [incline A to do] A〈人〉を…したい気持ちにさせる (◆ ふつう進行形にしない) ‖

I am **inclined** to agrée with her. 彼女に賛成したい.

b [incline A to [toward, for] B] A〈人〉の心を B〈物・事〉に向けさせる ‖

I am **inclined** for conversation. おしゃべりしたいと思う.

I am **inclined** toward taking a walk. 散歩したいと思う.

c [be inclined to do] …する傾向がある ‖

He is **inclined** to be irritable. 彼はカッとなる傾向がある.

2 …を傾ける; …をかがめる, 曲げる; 《文》〈心など〉を向ける ‖

incline one's ear to him 彼の言うことに耳を傾ける.

incline the ladder against the house はしごを家に立てかける.

—— 自 (正式) 1 心が傾く, 気が向く ‖

incline to (take) his advice 彼の忠告に従いたい.

incline toward becoming a doctor 医者になりたい気がする.

2 傾向がある ‖

incline toward [to] levity 軽はずみなたちである.

3 傾く, 傾斜する; からだを曲げる, 頭を下げる ‖

incline forward to hear the conversation その会話を聞こうと身を乗り出す.

—— 名 C 傾斜(面, 度), 勾配(記), 坂 ‖

an **incline** of 1 in 6  1/6の傾斜.

**in・clined** /inkláind インクラインド/ 動 → incline.

—— 形 1 傾いた, (数学)傾角を作る ‖

an **inclined** plane 斜面(板); ケーブル鉄道.

2 [通例 -ly 副詞と複合語を作って] (…の)才能がある; (…に)もともと関心がある ‖

a musically-**inclined** student 音楽的な才能のある学生.

*****in・clude** /inklú:d インクルード/ 【中へ(in)閉じる (clude). cf. conclúde】 他 関連語 (形 inclusive)

—— 動 (三単現) ~s/-klú:dz/; 過去・過分) --clud・ed/-id/; 現分) --clud・ing) (↔ exclude)

―他 **1** …を(全体の中の一部として)**含む**, 包括する 《進行形にしない》‖
Does the charge include breakfast? 料金は朝食込みですか.
He was included in the deal. その取引に彼は加えられた.
Her duties include making copies of letters. 手紙のコピーをとるのも彼女の仕事のうちである.
**2** …を算入する, 勘定に入れる; …を部類に入れる; …を同封する ‖
include him in the cast 配役に彼を入れる.
Included among the visitors were a number of famous actors. 訪問者たちの中に多くの有名俳優がいた.
A photograph was included with her letter. 彼女の手紙には1枚の写真が添付されていた.
対話 "Shall we let Mary come with us to the movies?" "I think so. If we don't include her, she'll get upset." 「メリーを一緒に映画に誘うことにしようか」「賛成よ. 入れてあげないと, あの子気を悪くするわ」.

\*in・clud・ing /inklú:diŋ インクルーディング/
―前 《を含めて》‖
all of us, including me 私を含めて全員.
―動 → include.

in・clu・sion /inklú:ʒən インクルージョン/ 名 U 包含(ほうがん); 算入 (↔ exclusion).

in・clu・sive /inklú:siv インクルーシヴ/ 形 **1** 含めて, 勘定に入れて; [数字・曜日などのあとで] 始めと終わりを含んで ‖
stay from 28 June to 3 July inclusive 6月28日から7月3日まで滞在する.
The meal cost £7, inclusive of sérvice. 食事はサービス料を含めて7ポンドかかった.
**2** 〈料金などが〉すべてを含んだ, 総括[包括]的な.
in・clú・sive・ly 副 ひっくるめて.

in・cog・ni・to /inkágni:tòu インカグニートウ/ |-k5ŋ--コグニートウ/ 《イタリア》形 副 〈著名な人が〉変名の[で], 匿(とく)名の[で], お忍びの[で].
―名 (複 ~s) C 変名(者), 匿名(者).

in・co・her・ence /ìnkouhíərəns インコウヒアレンス/ 名 U C つじつまの合わないこと[話, 考え], 矛盾.

in・co・her・ent /ìnkouhíərənt インコウヒアレント/ 形 《正式》首尾一貫しない, つじつまの合わない.

in・co・hér・ent・ly 副 首尾一貫しないで, とりとめもなく.

\*in・come /ínkʌm インカム | íŋkəm インコム/ 〖入って(in)くる(come)もの〗

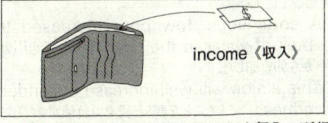

income 〈収入〉

―名 (複 ~s /-z/) U C 《定期的な》**収入**, 所得 (↔ outgo) ‖
gross income 総収入.
a low [×cheap] income 低収入.

live withín one's íncome 収入内の生活をする.
live beyond one's income 収入以上の生活をする.
He cannot support his family on his monthly income. 彼は月給では家族を養うことができない.

íncome tàx 所得税.

in・com・ing /ínkʌmiŋ インカミング/ 形 入って来る.

in・com・pa・ra・ble /inkámpərəbl インカンパラブル/ |-k5m- -コンパラブル/; **2** では inkəmpéərəbl インカンペアラブルとも言う/ 形 **1** 比類のない, たぐいまれなる. **2** 比較できない.

in・com・pa・ra・bly /inkámpərəbli インカンパラブリ/ |-k5m- -コンパラブリ/ 副 比較にならないほど.

in・com・pat・i・ble /ìnkəmpǽtəbl インコンパティブル/ 形 **1** 気が合わない, 一緒に仕事ができない. **2** 両立しない, 相いれない, 矛盾する.

in・com・pat・i・bil・i・ty /ìnkəmpætəbíləti インコンパティビリティ/ 名 (複 --i・ties/-z/) U C 相反, 不一致, 対立; [incompatibilities] 相いれないもの[性質].

in・com・pe・tence, -ten・cy /inkámpətəns(i) インカンピテンス(ィ)/ |-k5m- -コンピテンス(ィ)/ 名 U 無能力; 不適格.

in・com・pe・tent /inkámpətənt インカンピテント/ |-k5m- -コンピテント/ 形 能力のない, 無能な, 役立たない. in・cóm・pe・tent・ly 副 無力にも.

in・com・plete /ìnkəmplí:t インコンプリート/ 形 不完全な, 不十分な, 不備な, 未完成の.
in・com・pléte・ly 副 不完全に, 不十分に.

in・com・pre・hen・si・ble /ìnkàmprihénsəbl インカンプリヘンスィブル/ |-k5m- インコンプリ-/ 形 《正式》理解できない, 不可解な.

in・com・pre・hen・sion /ìnkàmprihénʃən インカンプリヘンション/ |-k5m- インコンプリ-/ 名 U 無理解, 理解力がないこと.

in・con・ceiv・a・ble /ìnkənsí:vəbl インコンスィーヴァブル/ 形 **1** 想像もつかない, 思いもよらない. **2** 《略式》信じられない, ありえない.
in・con・céiv・a・bly 副 思いもよらないほど.

in・con・clu・sive /ìnkənklú:siv インコンクルースィヴ/ 形 《正式》結論の出ない, 確定的でない, 決定的でない.

in・con・gru・i・ty /ìnkəngrú:əti インコングルーイティ/ 名 (複 --i・ties/-z/) U C 不調和, 不一致.

in・con・gru・ous /inkáŋgruəs インカングルアス/ |-k5ŋ- インコング-/ 形 **1** 不調和な, 釣り合わない. **2** 不適当な, ばかげた.
in・cón・gru・ous・ly 副 釣り合わないで, 不調和に.

in・con・se・quen・tial /ìnkànsəkwénʃl インカンスィクウェンシュル/ |-k5n- インコン-/ 形 《正式》重要でない, 取るに足らぬ.

in・con・sid・er・ate /ìnkənsídərət インコンスィダラト/ 形 思いやりのない; 分別のない.
in・con・síd・er・ate・ness 名 U 思いやりのないこと.

in・con・sist・en・cy /ìnkənsístənsi インコンスィステンスィ/ 名 (複 --en・cies/-z/) U C 不一致, 不調和, 矛盾.

**in·con·sist·ent** /ìnkənsístənt インコンスィステント/ 形 一貫性のない；一致しない，調和しない，矛盾する．

**in·con·sol·a·ble** /ìnkənsóuləbl インコンソウラブル/ 形 《正式》悲嘆にくれた．

**in·con·spic·u·ous** /ìnkənspíkjuəs インコンスピキュアス/ 形 《正式》目立たない，注目を引かない，地味な．
**in·con·spíc·u·ous·ly** 副 目立たずに．

**in·con·ti·nence** /ìnkɑ́ntənəns インカンティネンス│-kɔ́n- インコン-/ 名 U 自制心のなさ，抑制できないこと．

**in·con·ti·nent** /ìnkɑ́ntənənt インカンティネント│-kɔ́n- インコン-/ 形 抑え切れない．

**in·con·tro·vert·i·ble** /ìnkɑ̀ntrəvə́ːrtəbl インカントロヴァ̄ーティブル│-kɔ̀n- インコン-/ 《正式》議論の余地のない，明白な．
**in·còn·tro·vért·i·bly** 副 議論の余地なく，明白に．

**in·con·ven·ience** /ìnkənvíːniəns インコンヴィーニエンス/ 名 **1** U 不便，不自由；不快 ‖
cause great **inconvenience** to him = pùt him to gréat **inconvénience** 彼にひどい迷惑をかける．
**2** C 面倒なもの，面倒な事柄 ‖
the **inconveniences** of temporary lodgings 仮住まいの数々の不便．
**at gréat inconvénience** 大いに不便を忍んで．
── 動 (現分) --ienc·ing) 他 《正式》…に不便をかける ‖
Will it **inconvenience** you to mail this letter? この手紙を投函(ﾄｳｶﾝ)していただけませんでしょうか．

**in·con·ven·ient** /ìnkənvíːnjənt インコンヴィーニェント│-iənt -ヴィーニエント/ 形 不便な，不自由な，迷惑な；面倒な《人を主語にしない》‖
if it is **inconvenient** for [to] you もしご都合が悪ければ《◆ *if you are **inconvenient***》．
Evening clothes are **inconvenient** to work in. = It is **inconvenient** to work in evening clothes. 夜会服は仕事をするのに不便だ．
They came **at an incovenient** time. 彼らはまずい時にやって来た《◆ 食事の最中など》．
**in·con·vén·ient·ly** 副 不自由に，不便に．

**in·cor·po·rate** /ìnkɔ́ːrpərèit インコーパレイト/ 動 (現分) --rat·ing) 他 《正式》**1** …を合体させる，合併(ｶｯﾍﾟｲ)させる，組み入れる ‖
**incorporate** his suggestions into the report 彼の提案を報告書に組み入れる．
**2** …を法人組織にする，(米) …を有限会社にする ‖
Her business was **incorporated**. 彼女の事業は会社組織になった．
**3** …を含んでいる；[**incorporate A (as) B**] A《人》を B《組織の一員》として受け入れる，加入させる．
── 自 **1** 合併する，合体する，結合する ‖
The company **incorporated with** others. その会社は他の会社と合併した．
**2** 法人になる，(米) 会社になる．

**in·cor·po·rat·ed** /ìnkɔ́ːrpərèitəd インコーパレイテド/ 動 → **incorporate**.
── 形 (米) 有限責任の《◆ **Inc.** と略して会社名の終わりにつける》‖
The US Steel Co., **Inc.** ユーエススティール有限責任会社．

**in·cor·po·ra·tion** /ìnkɔ̀ːrpəréiʃən インコーパレイション/ 名 U 合体；C 法人団体，(米) 会社．

**in·cor·rect** /ìnkərékt インカレクト/ 形 **1** 不正確な，間違った ‖
**incorrect** translation 不正確な翻訳．
**2** 穏当でない，不適当な．
**in·cor·réct·ly** 副 間違って．

**in·cor·ri·gi·ble** /ìnkɔ́ː(ː)ridʒəbl インコ(ー)リヂブル/ 形 《正式》**1** 矯正できない，救い難い ‖
an **incorrigible** liar どうしようもないうそつき．
**2** 手に負えない，わがままな．

**in·cor·rupt·i·ble** /ìnkərʌ́ptəbl インカラプティブル/ 形 《正式》腐敗しない；買収されない，清廉な．

**\*in·crease** /動 inkríːs インクリース，＝；名 ＝，-/ 《上に(in)成長する(crease)》
── 動 (三単現) --creas·es/-iz/；過去・過分 ~d /-t/；現分 --creas·ing)

――自と他の関係――
| 自 | A **increase** | A が増える |
| 他 | **increase** A | A を増やす |

── 自 増える，増大する，増進する(↔ decrease) ‖
Traffic accidents have **increased** in number in recent years. = The number of traffic accidents has **increased** in recent years. ここ数年交通事故(の数)が増えた．
His weight **has increased** by two kilograms to 60 kilograms. 彼の体重は2キロ増えて60キロになった．
対話 "I can't believe it. The bus fare has gone up again." "Yeah, but it **increases** every two or three years usually. Don't complain."「全くなんてことだろう．バス運賃がまた上がったよ」「そうだね．でも2,3年おきに上がるのがふつうなんだから，ぶつぶつ言わないことだな」．

Q&A Q：なぜ第1例では the number が必要なのですか．
A：日本語に引かれて the number を落とすと「交通事故自体がかくれあがって大きくなる」というような意味になってしまうからです．

── 他 …を増やす，強める；…を拡大する ‖
**increase** his pay to £4,000 彼の給料を4000ポンドに上げる．
A continuous downpour **increased** the bulk of water in the river. 長雨でその川の水かさが増加した．
This action will well **increase** our indebtedness. こんなことをすると我々の負債がぐんと増えるだろう．
The service must be **increased** in the frequency of buses. バスを増発しなければならない．
── 名 /-, -/ (複 --creas·es/-iz/) U C 増加；増

進, 増強; 繁殖(特く); ⓒ 増加量[額] ‖
a gradual **increase** in the value of real property 不動産の価値の少しずつの増大.
a tax **increase** of five per cent 5%の増税.
an **increase** of ten dozen eggs a day 1日10ダースの卵の増量.

Q&A **Q**: increase のように名詞と動詞に用いられる語は, ふつう, 名詞は前の音節(ín-)に, 動詞はあとの音節(·créase)にアクセントがあるのですか.
**A**: conduct, contrast, present など, ほとんどの場合その規則に当てはまります. 例外もありますが,「名詞は前, 動詞はうしろ」と覚えておくのもよいでしょう.

**on the íncrease** 増加して, 増大して.

**in·creas·ing** /inkríːsiŋ インクリースィング, =-/ 動 → increase. ── 形 ますます増加する.

**in·creas·ing·ly** /inkríːsiŋli インクリースィングリ/ 副 1 ますます, だんだん (♦ more and more より堅い語) ‖
become **increasingly** difficult いよいよ困難になる.
**2** [文全体を修飾] いよいよさらに.

**in·cred·i·ble** /inkrédəbl インクレディブル/ 形 1 信じられない; 信用できない (↔ credible) ‖
It is **incredible** that she should have won first prize. 彼女が1等賞をとったなんて信じられない.
**2** (略式) 途方もない, 驚くべき, はなはだしい ‖
an **incredible** height とてつもない高さ.

**in·cred·i·bly** /inkrédəbli インクレディブリ/ 副 信じられないほど; (略式) 非常に, とても.

**in·cred·u·lous** /inkrédʒələs インクレヂュラス | -krédju- インクレデュ-/ 形 1 (正式) 容易に信じない, 疑う, 疑い深い ‖
be **incredulous** about flying-saucer stories 空飛ぶ円盤の話を信じない.
**2** 疑うような.

**in·cred·u·lous·ly** /inkrédʒələsli インクレヂュラスリ | -krédju- インクレデュ-/ 副 疑うように, 疑い深く.

**in·cre·ment** /ínkrəmənt インクレメント/ 名 (正式) 1 ⓤ 増加; ⓒ 増加量. 2 ⓤ 利益.

**in·crim·i·nate** /inkrímineit インクリミネイト/ 動 (現分) --nat·ing (他) …を有罪にする.

**in·cu·bate** /íŋkjəbeit インキュベイト, in-/ 動 (現分) --bat·ing (他) …を(人工)孵化(か)させる. ──(自) 卵が孵化する.

**in·cu·ba·tion** /ìŋkjəbéiʃən インキュベイション, in-/ 名 1 ⓤ 孵化(か), 抱卵; 培養. 2 ⓤ もくろみ, 案. 3 ⓤ [医学] 潜伏; ⓒ =incubation period.
**incubátion pèriod** 潜伏期(間).

**in·cu·ba·tor** /íŋkjəbeitər インキュベイタ, in-/ 名 ⓒ 人工孵化(か)器; (未熟児の)保育器; 培養器.

**in·cul·cate** /inkʌ́lkeit インカルケイト, --/ 動 (現分) --cat·ing (他) …を教え込む.

**in·cum·bent** /inkʌ́mbənt インカンベント/ 形 (正式)
**1** 義務としてかかってくる ‖
It is **incumbent** on us to support him. 彼を援助するのが我々の義務だ.
**2** 現職の, 在職の.
── 名 ⓒ (正式) 現職者, 在任者.

**in·cur** /inkə́ːr インカー/ 動 (過去·過分) in·curred /-d/, (現分) --cur·ring (他) (正式) …を負う, こうむる; 〈危険·怒りなど〉を招く.

**in·cur·a·ble** /inkjúərəbl インキュアラブル/ 形 不治の, 治療できない, 矯正不能の.

**in·cúr·a·bly** 副 治らないほどに.

**in·cur·sion** /inkə́ːrʒən インカージョン | -ʃən -ション/ 名 ⓒⓤ (正式) 侵入, 襲撃.

**in·debt·ed** /indétəd インデテド/ 形 (正式) 1 借金がある ‖
I'm **indebted** to him for $100. 私は彼に100ドルの借りがある.
**2** 恩義がある, 恩を受けている ‖
I'm **indebted** to you for my escape. 私が逃げられたのはあなたのおかげだ.

**in·débt·ed·ness** 名 ⓤ 負債; 恩義; ⓒ 負債額.

**in·de·cen·cy** /indíːsnsi インディースンスィ/ 名 (複) --cen·cies /-z/) ⓤⓒ みだら, 下品.

**in·de·cent** /indíːsnt インディースント/ 形 1 みだらな, 下品な, 不作法な. 2 (略式) 不適当な.

**in·dé·cent·ly** 副 不作法に, みだらに.

**in·de·ci·sion** /ìndisíʒən インディスィジョン/ 名 ⓤ 優柔不断.

**in·de·ci·sive** /ìndisáisiv インディサイスィヴ/ 形 1 漠然とした, 決定的でない. 2 決断力のない, 優柔不断の. **in·de·cí·sive·ly** 副 漠然と.

\***in·deed** /indíːd インディード/ 〖「実際に(in deed)」が本義〗
──副 1 (正式) 本当に, 確かに ‖
He is **indeed** a man of few words. 彼は本当に口数の少ない人です.
対話 "Do you remember her name?" "**Indeed** I do(↘)." 「彼女の名前を覚えていますか」「もちろんですとも」.
**2** 実に, 全く (♦ ふつう very + 形容詞·副詞 + indeed で) ‖
I am **very** happy **indeed**. 本当にとても幸せです.
**3** (正式) [しばしば文頭で] (外見上と違って)実は; [前言을 強調·補足して] 実際には, はっきり言うと ‖
I saw her recently, **indeed**(↗), last night. (↗) 私は最近, いやつい昨夜, 彼女に会った.
I don't mind. **Indeed**(↘), I am glad. (↗) 私は気にしていません, いやそれどころか喜んでいます.
**4** [通例後ろに but を伴って] なるほど(…だが), 確かに(…だが) ‖
**Indeed** he is old [He is old **indeed**](↘), but he is still healthy. おっしゃるとおり彼は年をとっていますが, 今もなお健康です (♦ It is true that he is old, but ... の方が口語的).
**5** [間投詞的に] [驚き·関心·皮肉·疑いなどを表して] まさか, まあ ‖
**Indeed**! You finished your work! 本当ですか, 仕事が終わったなんて!

対話 "He left without saying good-by." "Did he, **indeed**?"「彼はさようならも言わないで出発したよ」「へえ、彼がねえ、まさか」.

**in·de·fen·si·ble** /ìndifénsəbl インディ**フェン**スィブル/ 形 防ぎえない、守り切れない；弁護の余地のない.

**in·de·fin·a·ble** /ìndifáinəbl インディ**ファ**イナブル/ 形 《正式》定義[説明]できない；限定できない.

**in·de·fín·a·bly** 副 説明できずに，言葉にできないで.

**in·def·i·nite** /indéfənit イン**デ**フィニト/ 形 **1** 不明瞭な，不確定な，漠然とした (↔ definite) ‖
indefinite replies あいまいな返事.
**2** 不定の，決まっていない ‖
for an indefinite time 無期限に.
**3**〔文法〕不定の ‖
an indefinite pronoun 不定代名詞《some, someone など》.

**indéfinite árticle** 〔文法〕[the 〜] 不定冠詞《a と an のこと》.

**in·def·i·nite·ly** /indéfənitli イン**デ**フィニトリ/ 副 漠然と，不明確に；不定に，無期限に.

**in·del·i·ble** /indéləbl イン**デ**リブル/ 形 **1** 消えない ‖
an indelible pen（書いた跡が消えないペン.
**2**〔比喩的に〕ぬぐい去れない，いつまでも残る ‖
an indelible impression 薄れることのない印象.

**in·dél·i·bly** 副 消えないように，永久に.

**in·del·i·cate** /indélikət イン**デ**リカト/ 形 《正式》下品な，野卑な，不作法な；繊細でない，荒っぽい.

**in·dem·ni·fy** /indémnəfài イン**デ**ムニファイ/ 動 （三単現）〜ni·fies/-z/；（過去・過分）〜ni·fied/-d/ 他 〔法律〕**1** …に補償する．**2** …を保証する．

**in·dem·ni·ty** /indémnəti イン**デ**ムニティ/ 名 （複 〜ni·ties/-z/）〔法律〕Ⓤ 賠償の保証，損害賠償，補償；Ⓒ 賠償金．

**in·dent** /indént イン**デン**ト/ 動 他 **1** 《正式》…をぎざぎざにする．
**2**〈新しい段落の行〉を他行より引っ込めて書く，インデントする ‖
indent the first line 最初の行を少し引っ込める．

**in·den·ta·tion** /ìndentéiʃən インデン**テ**イション/ 名
**1** ⒸⓊ ぎざぎざ（を付けること），刻み目；（海岸線の）入り込み，湾入；くぼみ．**2**〔印刷〕Ⓤ 字下げ；Ⓒ 字下げした余白．

**in·de·pend·ence** /ìndipéndəns インディ**ペン**デンス/ 名 Ⓤ 独立，自立；自活 (↔ dependence) ‖
The United States declared (her) independence from Britain in 1776. 米国は1776年英国から独立した．

***the Declarátion of Indepéndence*** （米国の）独立宣言《1776年7月4日》．

**Indepéndence Dày** （米国の）独立記念日《◆ 7月4日 (the Fourth of July)》．

\***in·de·pend·ent** /ìndipéndənt インディ**ペン**デント/ 〖→ depend〗
——形 **1** 頼らない，依存しない，影響しない，自主的な (↔ dependent) ‖
an independent mind 自由な精神（の持ち主）．
lead an independent life 自活する．

independent《頼らない》 dependent《頼る》

do independent researches 独自の研究をする．
She is economically independent of her parents. 彼女は経済的に親から独立している．
対話 "You're not still living with your parents, are you?" "Not a chance. I'm completely independent." 「まさかまだご両親と一緒に暮らしておられるわけじゃないですよね」「とんでもない．完全に自活していますよ」．
**2** 独立した，自主の，自由の，支配を受けない ‖
an independent country 独立国．
Algeria became independent of France in 1962. アルジェリアは1962年にフランスから独立した．
**3** 関係がない，独自の，他の影響を受けない ‖
an independent grocery store （チェーン店でない）自営の食料品店．
These two factors are independent of each other. これら2つの要因はそれぞれ無関係である．
**4** 独立心の強い，独立独行の．

**in·de·pend·ent·ly** /ìndipéndəntli インディ**ペン**デントリ/ 副 独立して，自主的に；無関係に，自由に．

**in·de·scrib·a·ble** /ìndiskráibəbl インディス**クラ**イバブル/ 形 言葉で言い表せない；筆舌(ぜつ)に尽くしがたい，言語に絶する．

**in·de·struc·ti·ble** /ìndistrʌ́ktəbl インディス**トラ**クティブル/ 形 《正式》不滅の．

**in·de·ter·mi·nate** /ìnditə́rminət インディ**ター**ミナト/ 形 《正式》不確定の，漠然とした．

**in·dex** /índeks **イン**デクス/ 名 （複 〜es /-iz/，in·di·ces /índəsìːz /-dì-/） Ⓒ **1** （複 〜es）索引(さくいん)，見出し ‖
a library index 図書目録．
**2** 《正式》しるし；指標 ‖
Style is an index of the mind. 文体は心を写し出している．
**3** ＝index finger．
**4**〔印刷〕指印《☞》．
——動（三単現）〜es/-iz/）他 …に索引を付ける．

**índex finger** 人差し指 (index) (→ finger 用例)．

\***In·di·a** /índiə **イン**ディア/ 〖「インダス川」が原義〗
派 Indian (形·名)
——名 **1** インド《アジア南部の亜大陸．インド共和国・パキスタン・バングラデシュなどを含む》．
**2** インド《**1** にある国．正式名 the Republic of India (インド共和国)．首都 New Delhi》．

**Índia ink** 《米》墨 (《英》Indian ink)．

**Índia pàper** インディア紙《薄い上質の印刷用紙．辞書などに用いる》．

**Índia [índia] rúbber** (1) ＝rubber **1**．(2) 《英》

消しゴム.

**\*In·di·an** /índiən インディアン/ 〖→ India〗
── 形 **1** インドの; インド人の; インド製の ∥
Indian elephants インド象.
**2 a** (アメリカ)インディアンの ∥
an Indian path インディアンの作った道.
**b** (中南米の)インディオの.
── 名 (複 ~s/-z/) **1** Ⓒ インド人; 東インド人 (East Indian).
**2** Ⓒ **a** (アメリカ)インディアン(American Indian) 《◆今は Native American (アメリカ先住民)というのがふつう》. **b** (中南米の)インディオ.
**3** Ⓤ アメリカインディアンの言語《◆学術用語としては American Indian を用いる》.
**Índian súmmer** (1) インディアンサマー, 小春日和(びより)《米国北部などの晩秋に暖かく乾燥し霞(かすみ)のかかった気候》. (2) 回春期《万事が順調で若返ったと思われる晩年》.
**In·di·an·a** /ìndiǽnə インディアナ/ 名 インディアナ《米国中西部の州. 州都 Indianapolis. 略 Ind., 〔郵便〕IN》.

**\*in·di·cate** /índikèit インディケイト/ 〖中を(in)指し示す(dicate). cf. index〗 派 indication (名)
── 動 (三単現 ~s/-kèits/; 過去・過分 ~·cat·ed /-id/; 現分 ~·cat·ing)
── 他 (しばしば正式) **1** …を指し示す(point out); …を表示する(show); …に注意を向ける ∥
The speedometer indicates 60 miles per hour. 速度計は時速60マイルを示している.
She indicated on the map how to get to the post office. 彼女はその地図で郵便局への道筋を指示した.
**2 a** …の徴候(ちょうこう)である, しるし[きざし]である.
**b** [indicate (that) 節 / indicate wh 節] …であることをほのめかす ∥
Her smile indicates (that) she has forgiven me. 彼女の笑顔は私を許してくれたしるしだ.
**3** …を簡単に述べる; [indicate (that) 節 / indicate wh 節] …であることをはっきりさせる, 指摘する ∥
He indicated what he thought about the plan. 彼は計画について自分の考えを明らかにした.
She indicated her reasons to us. 彼女は理由を私たちに簡単に述べた.

**in·di·cat·ing** /índikèitiŋ インディケイティング/ 動 → indicate.

**in·di·ca·tion** /ìndikéiʃən インディケイション/ 名 **1**〔正式〕**a** Ⓤ 指示; 暗示; 指摘 ∥
give him some **indication** of what to do 彼にすべきことを指図する.
**b** Ⓤ Ⓒ [しばしば ~s] しるし, 徴候; 気配, 証拠 ∥
There are clear indications that the economy is in a recession. 経済が一時的に不景気に落ち込んでいる明らかな徴候がある.
**2** Ⓒ (計器の)示度(数).

**in·dic·a·tive** /indíkətiv インディカティヴ/ 形 **1**〔正式〕指示[暗示]する; 徴候[きざし]がある ∥
a look (which is) indicative of joy 喜びを漂わす顔つき.
Her expression was indicative that she was angry. 彼女の表情には怒っていることが表れていた.
**2**〔文法〕直説[叙実]法の.
── 名 Ⓤ Ⓒ〔文法〕[the ~] 直説[叙実]法(の動詞).

**in·di·ca·tor** /índikèitər インディケイタ/ 名 Ⓒ **1** 指示する人, 表示する物; 尺度 ∥
an indicator of health 健康のバロメーター.
**2** 表示計器; (目盛り盤の)指針; (道路の)標識; (車の)方向指示器[灯], ウインカー.

**in·di·ces** /índəsìːz インディスィーズ|-di- -ディスィーズ/ 名 → index.

**in·dict** /indáit インダイト/ 〖発音注意〗 《× インディクト》 動 他〔正式〕…を非難する; 〔主に米〕〔法律〕[通例 be ~ed]〈人が〉起訴される ∥
She was indicted for murder. 彼女は殺人の罪で起訴された.

**in·dict·ment** /indáitmənt インダイトメント/ 名 **1** Ⓤ〔主に米〕〔法律〕起訴(手続き). **2** Ⓒ 起訴(状).

**In·dies** /índiz インディズ/ 名 [the ~; 複数扱い] インド諸国《インド(India), インドシナ, 東インド諸島 (the East Indies)を含む》; → East Indies, West Indies.

**in·dif·fer·ence** /indífərəns インディフェランス|indífrəns インディフレンス/ 名 Ⓤ **1** 無関心, 冷淡さ, 無頓着(とんじゃく) ∥
with indifference 冷淡に, よそよそしく.
his indifference toward [to] future needs 将来必要となるものに対する彼の無関心.
show complete indifference to the cries of the child その子の泣き声に全く知らない顔をする.
**2** 重要でない事; 月並み ∥
a matter of indifference to me 私にとってどうでもよいこと.

**in·dif·fer·ent** /indífərənt インディファレント|indífrənt インディフレント/ 形 **1** 無関心な, 無頓着(とんじゃく)な; 冷淡な, 平気な ∥
He is quite indifferent to her suffering. 彼は彼女の苦しみに全く無頓着だ.
**2** 公平な, かたよらない.
**3** どうでもよい, 重要でない ∥
What presents are chosen is indifferent to me. どんな贈り物でも私にはどうでもよいことである.
**4** 良くも悪くもない, 並みの; 劣った, 取り柄のない ∥
an indifferent performance 平凡な演技.
an indifferent actor 大根役者.

**in·dif·fer·ent·ly** /indífərəntli インディファレントリ|-dífrənt- -ディフレントリ/ 副 無関心に, 冷淡に; 良くも悪くもなく.

**in·dig·e·nous** /indídʒənəs インディチナス/ 形〔正式〕**1** 固有の, 原産の(native) ∥
a plant indigenous to northern Europe 北欧特有の植物.

**2** 生まれつきの, 本来そなわった.

**in·di·gest·i·ble** /ìndidʒéstəbl インディヂェスティブル, 《米+》-dai-/ 形 **1** 不消化の. **2** すぐには理解できない.

**in·di·ges·tion** /ìndidʒéstʃən インディヂェスチョン, 《米》-dai-/ 名 **1** 消化不良(症), 胃弱. **2** (知的)不消化.

**in·dig·nant** /indígnənt インディグナント/ 形 憤慨(がい)した, 立腹した《◆angry より堅い語》‖
She was indignant at the way she had been treated. 彼女はひどい扱いを受けて憤慨していた.
be indignant with him for his arrogance 彼の尊大な態度に腹を立てる.

**in·díg·nant·ly** 副 憤然として, 立腹して.

**in·dig·na·tion** /ìndignéiʃən インディグネイション/ 名 U 憤慨; 憤(いきどお)り《◆anger より堅い語》‖
in [with] indignation 憤慨して.
an indignátion mèeting 抗議集会.

**in·dig·ni·ty** /indígnəti インディグニティ/ 名 (複 -ni·ties/-z/) U 《正式》侮蔑(ぶつ), 冷遇, 無礼; 恥辱; C 侮辱的な行為[言葉].

**in·di·go** /índigòu インディゴウ/ 〖『インドの染料』が原義〗名 (複 ~s, ~es) **1** U インジゴ, 藍(あい)《染料》. **2** C 〖植〗インドアイ《マメ科の多年草. 葉から染料を採る》. **3** U = indigo blue.
**índigo blúe** 藍色(indigo).

**in·di·rect** /ìndərékt インディレクト, -dai-/ 形

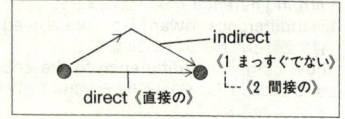

<!-- diagram: indirect (1 まっすぐでない) / direct 《直接の》 (2 間接の) -->

**1** まっすぐでない, 遠回りの ‖
an indirect path 遠回りの小道.
**2** 間接の, 二次的な, 受け売りの; 傍系の, 直系でない ‖
indirect lighting 間接照明.
an indirect influence on his decisions 彼の決断に及ぼす副次的影響.
**3** 遠回しの, 率直でない; 不正な ‖
indirect business dealings よこしまな商取引.
**indiréct narrátion** [**díscourse, orátion,** 《英》**spéech**] 〔文法〕間接話法(reported speech).
**indiréct óbject** 〔文法〕間接目的語(cf. direct object).
**indiréct quéstion** 〔文法〕間接疑問文.
**indiréct tàx** 間接税.

**in·di·rect·ly** /ìndəréktli インディレクトリ, -dai-/ 副 間接(的)に; 副次的に; 遠回しに.

**in·dis·creet** /ìndiskríːt インディスクリート/ 形 《正式》無分別な, 軽率な.

**in·dis·créet·ly** 副 《正式》無分別に.

**in·dis·cre·tion** /ìndiskréʃən インディスクレション/ 名 **1** U 無分別, 無思慮, 軽率. **2** C 軽率な言動.

**in·dis·crim·i·nate** /ìndiskrímənət インディスクリ

ミナト/ 形 《正式》無差別の, 見境のない; 乱雑な ‖
give indiscriminate praise 見境なくほめる.

**in·dis·crím·i·nate·ly** 副 無差別に, 見境なく.

**in·dis·pen·sa·ble** /ìndispénsəbl インディスペンサブル/ 形 《正式》**1** 欠くことのできない, 絶対必要な, 不可欠な(essential) ‖
Physical exercise is indispensable to young men. 身体の訓練は若者に絶対必要だ.
**2** 避けることのできない, 不可避的な.

**in·dis·pén·sa·bly** 副 必ず, ぜひとも.

**in·dis·put·a·ble** /ìndispjúːtəbl インディスピュータブル/ 形 《正式》議論の余地のない, 明白な ‖

**in·dis·pút·a·bly** 副 明白に.

**in·dis·tinct** /ìndistíŋkt インディスティンクト/ 形 はっきりしない, 判然としない, 識別のつかない(↔ distinct) ‖
an indistinct outline of a ship おぼろげな船の輪郭.
His speech is indistinct. 彼の言葉は不明瞭だ.

**in·dis·tínct·ly** 副 ぼんやりと.

**in·dis·tínct·ness** 名 U 不明瞭.

**in·dis·tin·guish·a·ble** /ìndistíŋgwiʃəbl インディスティングウィシャブル/ 形 《正式》**1** 見分けがつかない. **2** はっきり理解できない.

\***in·di·vid·u·al** /ìndəvídʒuəl インディヴィチュアル/ 〖『分けることの(dividual)できない(in)』〗

—— 形 **1** [名詞の前で] [通例 each ~] 個々の, 個別的な; 単一の, 単独の; 個物の, 個体の(↔ general); (模様などの)それぞれ異なった ‖
place [put] explanatory labels on each individual item それぞれの品目に説明札を張る.
**2** [名詞の前で] 個人の, 個人の; 1人用の ‖
an individual portion (of pudding) 1人前(のプディング).
This room is for individual use. この部屋は個人専用です.
**3** 独特の, 特有の, 個性的な ‖
an individual style of writing 特徴的な書き方.

—— 名 (複 ~s/-z/) C 個人; (独立した)個体 ‖
the rights of the [an] individual =the individual's rights 個人の権利.

**in·di·vid·u·al·ism** /ìndəvídʒuəlìzm インディヴィチュアリズム/ 名 U **1** 個人主義. **2** 利己主義.

**in·di·vid·u·al·ist** /ìndəvídʒuəlist インディヴィチュアリスト/ 名 C **1** 個人主義者; 個性的な人物, 一匹狼. **2** 利己主義者.

**in·di·vid·u·al·is·tic** /ìndəvìdʒuəlístik インディヴィチュアリスティク/ 形 **1** 個人[利己]主義(者)の《◆egotistic の遠回し語》. **2** 独特の; 独立独行の.

**in·di·vid·u·al·i·ty** /ìndəvìdʒuǽləti インディヴィチュアリティ/ 名 (複 --i·ties/-z/) **1** U [しばしば an ~] 個性, 人格; [通例 individualities] 個人的特徴, 個人的好み. **2** C 個体; 個人; 個性的な人[物]; U 個体としての存在.

**in·di·vid·u·al·ly** /ìndəvídʒuəli インディヴィチュアリ/ 副 **1** 個々に, それぞれ ‖
be sold individually 別々に売られている.

**2** 個人的に(は), 個体として(は).

**in·di·vis·i·ble** /ìndivízəbl インディヴィズィブル/ 形 《正式》分割できない, 不可分の.

**in·doc·tri·nate** /indάktrəneit インドクトリネイト/ -dɔ́k- -ドクトリネイト/ 動 《現分》 --nat·ing》 他 《正式》 …に教え込む.

**in·doc·tri·ná·tion** 名 Ü 《正式》 教化.

**In·do-Eu·ro·pe·an** /ìndoʊjuərəpíːən インドウヨアロピーアン/ 名 Ü インド=ヨーロッパ語族; 印欧祖語.
—— 形 インド=ヨーロッパ語族の.

**in·do·lence** /índələns インドレンス/ 名 Ü 《正式》怠惰, 無精.

**in·do·lent** /índələnt インドレント/ 形 《正式》怠惰な, なまけた, 仕事ぎらいの.

**ín·do·lent·ly** 副 怠惰に.

**in·dom·i·ta·ble** /indάmətəbl インダミタブル | -dɔ́m- -ドミタブル/ 形 《正式》不屈の, 負けん気の強い, 断固とした.

**In·do·ne·sia** /ìndəníːʒə インドニージャ, -ʃə, -zjə/ 名 **1** インドネシア《1949年旧オランダ領東インド諸島が独立してできた共和国. 正式名 the Republic of Indonesia. 首都 Jakarta》. **2** ＝East Indies.

**In·do·ne·sian** /ìndəníːʒən インドニージャン, -ʃən, -zjən/ 形 インドネシアの. —— 名 Ⓒ インドネシア人; Ü インドネシア語.

**in·door** /índɔ̀ːr インドー/ 形 屋内の, 室内の(↔ outdoor).

**in·doors** /ìndɔ́ːrz インドーズ, ´-/ 副 屋内で[に], 室内に(↔ outdoors) ‖
He stayed **indoors** all day. 彼は一日じゅう家に閉じこもっていた.

> **Q&A** *Q*: indoors, upstairs はなぜ s がついているのですか.
> *A*: always, sometimes と同じように, 昔所有格が副詞の働きをしていたなごりなのです.

**in·duce** /ind(j)úːs インドゥース(インデュース)/ 動 《現分》 --duc·ing》 他 《正式》**1** [induce A to do] A〈人〉を説いて…する気にさせる《◆ persuade はより積極的に「説き伏せて…させる」意》‖
An advertisement **induced** him **to** buy the book. 広告を見て彼はその本を買う気になった.

**2** …を引き起こす, 誘引する ‖
**induce** criminal behavior in young men 若者の犯罪行動を誘発する.

**3** 〘論理〙 …を帰納する.

**-in·duced** /-indjúːst -インデュースト(インデュースト)/ 連結形 …を引き起こす. 例: smoking-induced disease タバコが引き起こす病気.

**in·duce·ment** /indjúːsmənt インデュースメント(インデュースメント)/ 名 **1** Ü 誘導. **2** Ü Ⓒ 誘い込むもの; 報酬, 誘因.

**in·duct** /indʌ́kt インダクト/ 動 他 《正式》 …を任命する.

**in·duc·tion** /indʌ́kʃən インダクション/ 名 **1** Ü 誘導, 導入. **2** Ü 〘論理〙 帰納(法). **3** Ü Ⓒ 《正式》就任; 就任式.

**indúction còurse** (新入社員の)研修.

**in·duc·tive** /indʌ́ktiv インダクティヴ/ 形 帰納的な.

**in·dulge** /indʌ́ldʒ インダルヂ/ 動 《現分》 --dulg·ing》 他 《正式》**1** …を甘やかす, 思いどおりにさせる ‖
You shouldn't **indulge** a child. 子供は甘やかしてはいけない.

**2** …を満足させる ‖
She **indulged** a craving for chocolate. 彼女はチョコレートを心ゆくまで食べた.

**3** [indulge oneself in A] …にふける, …を欲しいままにする ‖
He sometimes **indulges** himself in idle speculation. 彼はときどきたわいもない空想にふける.

—— 自 **1** [indulge in A] …にふける ‖
**indulge** in a nap 昼寝を楽しむ.
She **indulges** in growing roses. 彼女はバラの栽培にこっている.

**2** 《略式》たっぷり食べる[飲む].

**in·dul·gence** /indʌ́ldʒəns インダルヂェンス/ 名 **1** Ü 甘やかすこと, 気まま. **2** Ü ふけること, 耽溺(たんでき); Ⓒ 道楽. **3** 〘カトリック〙 Ü 免罪; Ⓒ 免罪符.

**in·dul·gent** /indʌ́ldʒənt インダルヂェント/ 形 気ままにさせる, 寛大な《◆ tolerant よりも度が過ぎていることが多い》(↔ strict) ‖
parents **indulgent** to their children 子供に甘い親.
be **indulgent** of her failure 彼女の失敗を大目にみる.

**in·dúl·gent·ly** 副 寛大に.

**in·dus·tri·al** /indʌ́striəl インダストリアル/ 形 **1** 産業の, 工業(上)の; 工業用の《◆ industrious は「勤勉な」》‖
**industrial** products 工業製品.

**2** 産業の発達した ‖
**industrial** society 工業社会.

**3** 産業[工業]に従事する(者の); 産業労働者の ‖
the **industrial** classes 産業労働者階級.

**indústrial estáte** 《英》[《米略式》 **párk**] (ふつう町周辺の)工業団地.

**indústrial revolútion** [the ~] (1) 産業革命. (2) [I~ R~] 英国の産業革命.

**indústrial wáste** 産業廃棄物.

**in·dus·tri·al·ist** /indʌ́striəlist インダストリアリスト/ 名 Ⓒ 産業経営者[資本家], 実業家; 産業主義者.

**in·dus·tri·al·i·za·tion** /indʌ̀striəlizéiʃən インダストリアリゼイション/ 名 Ü 工業化, 産業化.

**in·dus·tri·al·ize** /indʌ́striəlàiz インダストリアライズ/ 動 《現分》 --iz·ing》 他 〈国・地域など〉を工業[産業]化する. —— 自 〈国・地域など〉が工業[産業]化する. **in·dús·tri·al·ized** /-d/ 形 工業化した.

**in·dus·tries** /índəstriz インダストリズ/ 名 → industry.

**in·dus·tri·ous** /indʌ́striəs インダストリアス/ 形 勤勉な; 熱心な《◆(1) hard-working より堅い語. (2) industrial は「産業の」》‖
be **industrious** in one's work 自分の仕事に精を出す.

> **Q&A** **Q**: industrious と diligent はどちらも「勤勉な」の意ですがどう違いますか.
>
> **A**: industrious は industry の派生語ですが, そこの語源欄に書かれているように人に「本来備わっている性質」→「勤勉な性質」ということから, その人の性格に根ざすものです. ですから「根っからの勉強(仕事)好き」な人をさします. それに対し diligent は特定の仕事について勤勉なことをいいます.

**in·dus·tri·ous·ly** /indʌ́striəsli インダストリアスリ/ 副 勤勉に, 熱心に, こつこつと.

\*in·dus·try /índəstri インダストリ/ 〖「(人に)本来備わっている性質)」「勤勉(性)」→「(それによって生み出される)産業」〗

派 industrial (形), industrious (形)

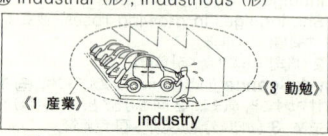

〈1 産業〉 〈3 勤勉〉
industry

―名 (複 ··dus·tries/-z/) **1** ©◎ 産業; (大規模な)工業, 製造業; [複合語で]···産業; 事業, 商売《◆形容詞は indústrial》‖

the center of much industry 多くの産業の中心地.

heavy industry 重工業.

a leisure industry レジャー産業.

**2** ◎ [集合名詞]産業界; 会社側.

**3** ◎ (正式)勤勉, 努力《◆形容詞は indústrious》‖

admire industry 勤勉を賞賛する.

**in·e·bri·ate** 動 iní:brièit イニーブリエイト, 形名 -briət -ブリアト/ (現分 ··at·ing) (略)《人》を酔わせる. ―形名 © 酔った(人).

**in·ed·i·ble** /inédəbl イネディブル/ 形 (正式)食べるのに適さない, 食べられない.

**in·ef·fec·tive** /inifektiv イニフェクティヴ/ 形 (正式) **1** 効果のない, むだな, 無益な. **2** 無能な, 役に立たない.

**in·ef·féc·tive·ly** 副 効果なく.

**in·ef·fec·tu·al** /inifektʃuəl イニフェクチュアル/ 形 (正式) **1** 効果のない, むだな.

**2** 無力な ‖

an ineffectual fellow 能力のないやつ.

**in·ef·féc·tu·al·ly** 副 無益にも.

**in·ef·fi·cien·cy** /inifíʃənsi イニフィシェンスィ/ 名 ◎ 非能率; 無能力.

**in·ef·fi·cient** /inifíʃənt イニフィシェント/ 形 **1** 能率の悪い. **2** 無能な, 役に立たない.

**in·ef·fí·cient·ly** 副 非能率的に.

**in·el·e·gant** /inéləgənt イネレガント/ 形 (正式)優雅でない, やぼな; 粗野な.

**in·él·e·gant·ly** 副 やぼに.

**in·el·i·gi·bil·i·ty** /inèlidʒəbíləti イネリチビリティ/ 名 ◎ 不適格(であること).

**in·el·i·gi·ble** /inélidʒəbl イネリチブル/ 形 (正式)資格のない, 不適当な.

**in·ept** /inépt イネプト/ 形 (正式)不適当な, ばかげた, 場違いの.

**in·e·qual·i·ty** /inikwɑ́ləti イニクワリティ│-kwɔ́l-/ 名 (複 ··ties/-z/) ◎ 不平等, 不均衡; © [しばしば inequalities] 不平等な事柄 ‖ social inequalities 社会的不平等.

inequality of opportunity 機会の不均等.

**in·ert** /inə́:rt イナート/ 形 (正式) **1** (本来)自力で運動できない, 惰性的な.

**2** (化学)不活性の.

**3** 鈍い, 不活発な ‖

inert people 怠惰な人々.

**in·er·tia** /inə́:rʃə イナーシャ/ 名 ◎ **1** (正式)不活発, のろいこと, ものぐさ. **2** (物理)慣性.

**in·es·cap·a·ble** /iniskéipəbl イニスケイパブル/ 形 (正式)逃げられない, 免れがたい; 避けられない, 不可避の.

**in·es·ti·ma·ble** /inéstəməbl イネスティマブル/ 形 (正式) **1** 計り知れない, 計算できないほど大きい. **2** 極めて貴重な.

**in·és·ti·ma·bly** 副 計り知れないほど(に).

**in·ev·i·ta·bil·i·ty** /inèvətəbíləti イネヴィタビリティ/ 名 ◎ 避けられないこと, 必然性, やむを得ないこと.

**in·ev·i·ta·ble** /inévətəbl イネヴィタブル/ 形

**1** 避けられない, 不可避の; 必然の, 当然の; 必ず起こる ‖

an inevitable conclusion 当然の結論.

〈不可避〉 inevitable

It is inevitable that some changes will take place. 必ずある変化が起こるだろう.

**2** 真に迫った, もっともな, 手堅い.

**3** (略式) [one's ~ / the ~] お決まりの, いつもの.

**in·ev·i·ta·bly** /inévətəbli イネヴィタブリ/ 副 [通例文全体を修飾]必然的に; 必ず ‖

There was an accident on the way. Inevitably, the bus was late. 途中で事故があった. (その結果)必然的にバスは遅れた.

**in·ex·act** /inigzǽkt イニグザクト/ 形 (正式)厳密でない, 不正確な.

**in·ex·cus·a·ble** /inikskjúːzəbl イニクスキューザブル/ 形 弁解のできない; 許しがたい.

**in·ex·haust·i·ble** /inigzɔ́ːstəbl イニグゾースティブル/ 形 **1** 使いきれない, 尽きることのない(endless)(↔ exhaustible). **2** 疲れを知らない, 根気のよい.

**in·ex·o·ra·ble** /inéksərəbl イネクサラブル/ 形 (正式) **1** 情け容赦(ぷ)のない, 冷酷な, 無情な. **2** (どうしても)変えられない, 防げない.

**in·éx·o·ra·bly** 副 (正式)容赦なく, どうしようもなく.

**in·ex·pen·sive** /inikspénsiv イニクスペンスィヴ/ 形 (正式)費用がかからない, 安い.

**in·ex·pén·sive·ly** 副 安く.

**in·ex·pe·ri·ence** /inikspíəriəns イニクスピアリエンス/ 名 ◎ 無経験, 未熟, 不慣れ; 世間知らず.

**in·ex·pe·ri·enced** /ìnikspíəriənst イニクスピアリエンスト/ 形 経験のない, 未熟な, 不慣れな；世間知らずの.

**in·ex·pli·ca·ble** /ìniksplíkəbl イニクスプリカブル, ìnéksplik-/ 形 《正式》説明のつかない, 解釈しがたい.
**in·ex·plíc·a·bly** 副 説明のつかないほど.

**in·ex·tri·ca·ble** /ìnikstríkəbl イニクストリカブル, ìnékstri-/ 形 《正式》脱出できない；解決できない.
**in·ex·trí·ca·bly** 副 切り離せないほど, 密接に.

**in·fal·li·bil·i·ty** /ìnfæləbíləti インファリビリティ/ 名 U 絶対確実；《カトリック》(教皇の)不可謬(びゅう)性.

**in·fal·li·ble** /ìnfæləbl インファリブル/ 形 1 絶対に正しい. 2 確実な, 絶対に効く.

**in·fa·mous** /ínfəməs インファマス/(発音注意)《×インフェイマス》形 1 《正式》不名誉な, いまわしい. 2 悪名の高い.

**in·fa·my** /ínfəmi インファミ/ 名 (複 -fa·mies /-z/)《正式》1 U 悪評(bad reputation), 醜聞(しゅうぶん), 汚名. 2 C [しばしば infamies] 非行, 破廉恥(はれんち)な行為(disgrace).

**in·fan·cy** /ínfənsi インファンスィ/ 名 U 1 [しばしば an 〜] 幼少(であること)；幼児時代；[集合名詞] 幼児 ‖
in (one's) infancy 幼い時に, 幼児期に.
2 [its 〜 / the 〜]（発達の）初期, 揺籃(ようらん)時代 ‖
the infancy of a nation 国家の未発達状態.
3 《法律》未成年《◆米・英では18歳未満. 古くは21歳未満》.

**in·fant** /ínfənt インファント/ 名 C 1 《正式》赤ん坊 (baby), 幼児, 小児《◆特に歩き始める前の赤ん坊》. 2 《主に英》(8歳以下の)児童, 学童(school child). 3 《法律》未成年(→ infancy 3).
—— 形 1 幼児(期)の；《法律》未成年の.
2 初期(段階)の, 未発達の.
**ínfant schòol**《英》(5-7[8]歳の児童の)幼児学校, 前期小学校.

**in·fan·ti·cide** /ìnfæntəsàid インファンタサイド/ 名 U C 幼児殺し, 間引き(の習慣).

**in·fan·tile** /ínfəntàil インファンタイル, 《米+》-təl/ 形 《正式》1 幼児(期)の, 子供っぽい, 幼稚な.

**in·fan·try** /ínfəntri インファントリ/ 名 U [集合名詞；単数・複数扱い] 歩兵, 歩兵隊.

**in·fat·u·ate** /ìnfǽtʃuèit インファチュエイト, |-fǽtjuèit インファテュ-/ 動 (現分 -at·ing) 他 《正式》[通例 be 〜d] 夢中になる, 迷う ‖
He is utterly **infatuated** with her, and doesn't see her faults. 彼はあの娘にすっかりのぼせあがって欠点など目につかない.

**in·fat·u·a·tion** /ìnfǽtʃuéiʃən インファチュエイション, |-fǽtju- インファテュ-/ 名 U のぼせあがり, 心酔(しんすい)；C 夢中にさせるもの.

**in·fect** /ìnfékt インフェクト/ 動 他 1 …に伝染する；[infect A with B]〈人〉に B〈病気など〉をうつす, 感染させる ‖
She must have **infected** me with her cold. 彼女が私にかぜをうつしたにちがいない.
2 …に影響を与える, 波及する.

**in·fec·tion** /ìnfékʃən インフェクション/ 名 1 U 伝染, 感染. 2 C 伝染病. 3 U 悪影響.

**in·fec·tious** /ìnfékʃəs インフェクシャス/ 形 1 伝染性の, 伝染病の.
2 人に伝わる ‖
Her happiness is **infectious**. 彼女の幸せな雰囲気は人にもうつる.

**in·fer** /ìnfə́ːr インファー/ 動 (過去・過分 in·ferred /-d/；現分 -fer·ring) 他 …を推察する, 推論する (→ occur Q&A) ‖
I **inferred** from her expression that she was angry. 彼女の表情から怒っているのだと察した.
—— 自 推測する.

**in·fer·ence** /ínfərəns インファレンス/ 名 《正式》1 U 推論, 推測, 推理 ‖
by **inference** 推論して, 推察の結果.
2 C 結論 ‖
draw an **inference** 推論する.

**in·fe·ri·or** /ìnfíəriər インフィアリア/ 形 1 《正式》下級の, 下位の ‖
A lieutenant is **inferior** to [×than] a captain. 中尉は大尉より下位の身分だ.
2 劣った, 劣等の(↔ superior)；平均以下の ‖
This cloth is far [much] **inferior** in quality to that. この布は質の点であれよりずいぶん劣っている.

> **Q&A** Q : inferior を強調するときには very は用いられないのですか.
> A : そうです. 語自体に比較級の意味を含んでいるからです.

—— 名 C [通例 one's 〜] 目下の者；後輩；劣った人.

**in·fe·ri·or·i·ty** /ìnfìəriɔ́(ː)rəti インフィアリオ(-)リティ/ 名 U 劣っていること；下位；劣等 ‖
a sénse of (one's) **inferiority** 劣等感.
**inferiórity còmplex**《精神医学》[通例 an 〜] 劣等複合；《略式》劣等感, ひがみ, コンプレックス.

**in·fer·no** /ìnfə́ːrnou インファーノウ/《イタリア》名 (複 〜s) C 《正式》地獄(のような所).

**in·fer·tile** /ìnfə́ːrtl インファートル, |-tail -タイル/ 形 不毛の；生殖能力のない.

**in·fer·til·i·ty** /ìnfə(ː)rtíləti インファ(ー)ティリティ/ 名 U 不毛.

**in·fest** /ìnfést インフェスト/ 動 他 《正式》…にはびこる, 横行する；[be 〜ed] うじゃうじゃいる ‖
The monkey was **infested** with fleas. = Fleas **infested** the monkey. そのサルはノミがいっぱいたかっていた.

**in·fes·tá·tion** 名 U 群をなして荒らすこと；出没, 横行；侵入.

**-in·fest·ed** /-ìnféstid -インフェスティド/ (連結形) …がはびこっている, 群れている.

**in·fi·del** /ínfidl インフィドル/ 名 C 《宗教》(キリスト教徒・イスラム教徒から見ての)未信者, 異教徒.

**in·fi·del·i·ty** /ìnfidéləti インフィデリティ/ 名 (複

**in·field** /ínfi:ld インフィールド/ 名 C〔野球・クリケット〕[the ~] 内野(cf. outfield); [集合名詞; 単数・複数扱い] 内野手.

**in·field·er** /ínfi:ldər インフィールダ/ 名 C〔野球・クリケット〕(個々の)内野手.

**in·fi·nite** /ínfənət インフィニト; 2 では ínfainait ともする/《発音注意》形 1 無限の, 無数の, 計り知れない; 果てしない(↔ finite) ‖
　infinite space 無限の空間.
　The typhoon caused infinite damage. 台風は計り知れないほどの損害をもたらした.
2〔文法〕不定の, 非限定の ‖
　an infinite verb 不定形動詞《不定詞・動名詞・分詞など》.

**in·fi·nite·ly** /ínfənətli インフィニトリ/ 副 (略式)無限に, 無数に; 大いに.

**in·fin·i·tes·i·mal** /ìnfənətésəml インフィニテスィムル/ 形〔正式〕非常に少ない, 非常に小さい.

**in·fin·i·tés·i·mal·ly** 副 ごく少なく, ごく小さく.

**in·fin·i·tive** /infínətiv インフィニティヴ/〔文法〕名 U C 不定詞(の).

**in·fin·i·ty** /infínəti インフィニティ/ 名 (複 --ties /-z/) 1 U 無限. 2 C U〔数学〕無限大(記号 ∞).

**in·firm** /infə́ːrm インファーム/ 形(比較 ~-er, 最上 ~-est)〔正式〕1 弱い; 虚弱な. 2 意志薄弱な, 優柔不断な. 3 根拠が弱い, 堅固でない.

**in·fir·ma·ry** /infə́ːrməri インファーマリ/ 名 (複 --mar·ies /-z/) C (やや古)(学校・工場・修道院などの)診療室, 保健室; 病院.

**in·fir·mi·ty** /infə́ːrməti インファーミティ/ 名 (複 --mi·ties /-z/) U C〔正式〕虚弱, 無気力.

**in·flame** /infléim インフレイム/ 動(現分 --flaming) 他〔正式〕1 …を怒らせる, 興奮させる ‖
　The Mayor's speech inflamed the crowd. 市長の演説は群衆を激怒させた.
　She was inflamed with rage. 彼女は憤激していた.
2 …に炎症を起こさせる; …を真っ赤にさせる, 熱っぽくする.
── 自 1 興奮する, 激怒する. 2 炎症を起こす, 真っ赤になる.

**in·flam·ma·ble** /inflǽməbl インフラマブル/ 形 1 燃えやすい, 可燃性の《◆「燃えない」の意味に誤解されやすいため, 工業用語では flammable が好まれる》. 2 激しやすい, 怒りっぽい.

**in·flam·ma·tion** /ìnfləméiʃən インフラメイション/ 名 C U〔医学〕炎症.

**in·flam·ma·to·ry** /inflǽmətɔ̀ːri インフラマトーリ| -təri -タリ/ 形 1 怒りをあおる, 扇動的な. 2〔医学〕炎症(性)の.

**in·flat·a·ble** /infléitəbl インフレイタブル/ 形 ふくらますことのできる, 膨張性の. ── 名 C 空気でふくらますもの《玩具など》.

**in·flate** /infléit インフレイト/ 動(現分 --flat·ing) 他 1 …をふくらませる. 2 …を得意がらせる ‖
　be inflated with pride 得意満面になる.
3〔経済〕〈通貨〉を膨張させる, 〈物価〉をつり上げる.
4〈言葉〉を誇張する.
── 自 ふくらむ;〔経済〕インフレになる.

**in·fla·tion** /infléiʃən インフレイション/ 名 C U 1〔正式〕膨張. 2 慢心, 得意;〈言葉などの〉誇張. 3〔経済〕インフレーション, 通貨膨張;〈物価の〉暴騰(髣).

**in·flect** /inflékt インフレクト/ 動 他 1〈声〉の調子を変える, …に抑揚をつける. 2〔文法〕…を語尾変化させる, 屈折させる. ── 自〔文法〕屈折する, 語尾変化する.

**in·fléct·ed** 形〔文法〕語尾屈折の(↔ uninflected).

**in·flec·tion,** 《英ではまれに》**--flex·ion** /inflékʃən インフレクション/ 名 1 C U〔文法〕屈曲(部). 2 U 音声の変化, 抑揚. 3〔文法〕語形変化(形).

**in·flex·i·ble** /infléksəbl インフレクスィブル/ 形 1〔正式〕曲がらない, 曲げられない, 堅い.
2 確固とした, 不屈の, 融通(髣)のきかない, がんこな ‖
　an inflexible will 不屈の意志.

**in·fléx·i·bly** 副 不屈に, ひるまずに; がんこに.

**in·flèx·i·bíl·i·ty** /-bíləti/ 名 U 不変性, 不屈, 頑固さ.

**in·flex·ion** /inflékʃən インフレクション/ 名〔英〕= inflection.

**in·flict** /inflíkt インフリクト/ 動 他〔正式〕1 …を与える, 加える, 負わせる, 押しつける ‖
　inflict injury on her 彼女に危害を加える.
　The storm inflicted serious damage on the town. あらしは町に大被害をもたらした.
2 …を苦しめる, 悩ませる ‖
　be inflicted with [by] much pain ひどい痛みに苦しめられている.

**in·flic·tion** /inflíkʃən インフリクション/ 名 U (打撃・罰などを)与えること; C 刑罰, 災難; 迷惑.

**in-flight** /ínflàit インフライト/ 形 飛行中の ‖
　an ín-flíght méal 機内食.

*__in·flu·ence__ /ínfluəns インフルエンス/〖中へ(in) 流れる(flu). cf. affluence〗
── 名 (複 --enc·es /-iz/)

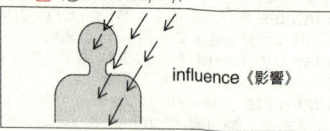

influence《影響》

1 U〔しばしば an ~〕影響, 作用; 感化(力) ‖
　liberating influence 解放感.
　the influence of the West upon Japan 日本に対する西欧の影響.
　Such magazines hàve [exercise] a gréat ínfluence on children. そのような雑誌は子供に大きな影響を与える.
2 U 勢力, 影響力, 信望, 威光 ‖
　a man of influence 有力者.
　use one's influence with the manager 支配人とのコネを利用する.
3 C 影響力を及ぼす人[物], 勢力家, 有力者 ‖
　an influence for good 善に誘うもの.

**háve A ùnder** one's **ínfluence** …を支配下に置く;…に対して影響力を持つ.

**ùnder the ínfluence** 影響を受けて;《略式》酔っ払って.

—**動** (三単現) ~enc･es /-iz/; (過去・過分) ~d /-t/; (現分) ~enc･ing)

—**他** (間接的に)…に影響を及ぼす,…を感化する;…を左右する,動かす《◆直接的な影響は affect》‖ The tides are **influenced** by the moon and the sun. 潮の干満は月と太陽の影響を受ける.

**in･flu･enc･ing** /ínfluənsiŋ インフルエンスィング/ **動** → **influence**.

**in･flu･en･tial** /ìnfluénʃl インフルエンシュル/ **形 1** 影響を及ぼす;勢力のある,有力な,コネの多い. **2** 重要な役割を果たす.

**in･flu･én･tial･ly** **副** 幅をきかして.

**in･flu･en･za** /ìnfluénzə インフルエンザ/《「星の「影響」(influence)によるという迷信から》**名** ⓤ〖医学〗インフルエンザ,流行性感冒,流感(《略式》flu).

**in･flux** /ínflʌks インフラクス/ **名** (複 ~･es /-iz/)《正式》**1** ⓤ (空気・光・水などの)流入,流れ込み. **2** ⓒ 〖通例 an ~〗(人・物の)到来,殺到,流入.

**in･fo** /ínfou インフォウ/《略式》**名** ⓤ =information.

*__**in･form**__ /inf5ːrm インフォーム/ 《「…に(in)形作る(form)」》 **派** information (名)

—**動** (三単現) ~s/-z/; (過去・過分) ~ed/-d/; (現分) ~･ing)《正式》

—**他** …に知らせる,通知する;[inform **A** of [about, on] **B**] **A**〈人〉に **B**〈ニュースなどを〉知らせる;[inform **A** (that) 節 / inform **A** wh 節・句] **A**〈人〉に…と告げる ‖ I **informed** him of her arrival. =I **informed** him (that) she had arrived. 彼女が到着したことを彼に知らせた.

> **Q&A** **Q**:「彼女が着いたことを知らせた」を I **informed** that she had arrived. と言えますか.
> **A**:言えません. inform は, tell と同じく,必ず[動詞+A+that 節]の型を取りますから A〈人〉に当たる言葉が必要です.ですから,この場合は I **said** that she had arrived. がよいでしょう.

I was **informed** that they had gone on strike. 彼らがストライキに入ったという知らせを受けた.

He didn't **inform** me (about) how to solve the problem. 彼はその問題の解き方を私に教えてくれなかった.

Please keep me **informed** of the matter. その件について私に報告を欠かさないでください.

I'm sorry, but I have to **inform** you of some bad news. 残念ですが,悪いニュースをお知らせしなければなりません.

—**自** **1** 知らせる,情報を提供する;知識を与える. **2** 密告する.

**inform** against one's friend to the police 友人のことを警察に密告する.

*__**in･for･mal**__ /inf5ːrml インフォーマル/ 《公式的 (formal)でない(in)》

—**形 1** 非公式の,変則の,略式の(↔ formal) ‖ I like **informal** parties. 彼女は非公式のパーティーが好きです.

**2** 打ち解けた,形式ばらない;ふだん着の ‖ **informal** clothes ふだん着

**3** くだけた,会話[口語]体の,話言葉の ‖ **informal** English くだけた文体の英語《◆本辞典ではこれを《略式》で表す》.

**in･fór･mal･ly** **副** 非公式に,略式に;形式ばらずに.

**in･for･mal･i･ty** /ìnfɔːrmǽləti インフォーマリティ/ **名** (複 ~･i･ties /-z/) ⓤⓒ 非公式,略式,形式ばらないこと.

**in･form･ant** /inf5ːrmənt インフォーマント/ **名** ⓒ 《正式》**1**[遠回しに] =informer. **2** 〖言語〗資料提供者,インフォーマント.

*__**in･for･ma･tion**__ /ìnfərméiʃən インフォメイション,(英+) -fɔː-/ **名** (複 ~s/-z/) **1** ⓤ 知らせること,知らされること;情報,資料,知識,密告,消息;[information that 節]…という報道,報告(《略》inf.) ‖
a man of wide [various] **information** 博識家.
a mine of **information** 知識[情報]の宝庫.
for your **informátion** ご参考までに.
ask for **information** as to where she lives 彼女の住所について問い合わせる.
get (a piece of) useful **information** 役に立つ情報を得る.
give him reliable sources of **information** about an accident 事故についての信頼できる情報源を彼に知らせる.
I have no **information** (that) she is coming. 彼女が来るという知らせは受けていない《◆that の省略がふつう》.

**2** ⓤ 案内;ⓒ (駅・ホテルなどの)案内所,受付(係). **3** ⓤ 〖コンピュータ〗情報,資料.

**informátion dèsk** 《米》案内所,受付(《英》inquiry office).

**informátion superhíghway** 情報スーパーハイウェイ.

**informátion technólogy** 情報工学,情報(通信)技術(《略》IT).

**in･form･a･tive** /inf5ːrmətiv インフォーマティヴ/ **形** 知識[情報]を提供する;有益な.

**in･formed** /inf5ːrmd インフォームド/ **動** → **inform**.

—**形**《正式》知識のある,明るい,詳しい ‖
a well-**informed** man on sports スポーツに明るい人.
kèep oneself infórmed as to what is happening everywhere 各地でのできごとに詳しい.

**infórmed sóurces** 消息筋.

**in･form･er** /inf5ːrmər インフォーマ/ **名** ⓒ 情報提供者,(報酬目当ての)密告者.

**in･fra･red** /ìnfrəréd インフラレド/〖物理〗**形** 赤外(線)の.
—**名** ⓤ =infrared rays.

**ínfrared ráys** (スペクトルの)赤外部;赤外線.

**in·fra·struc·ture** /ínfrəstrʌ̀ktʃər インフラストラクチャ/ 名 ⓊⒸ (社会の)基礎となる施設、下部構造、経済基盤、インフラ(ストラクチャー)《水道・電気・鉄道などの文明社会の基本設備》.

**in·fre·quent** /infríːkwənt インフリークウェント/ 形 めったに起こらない、まれな、たまの.

**in·fre·quent·ly** /infríːkwəntli インフリークウェントリ/ 副 まれに、たまに、めったにない ‖
not infrequently しばしば、往々にして.

**in·fringe** /infríndʒ インフリンヂ/ 動 (現分) --fring·ing) 他 (正式)〈法律・義務・契約などを〉破る、犯す；〈権利など〉を侵害する.

**in·fringe·ment** 名ⓊⒸ (正式)違反(行為)；(権利などの)侵害.

**in·fu·ri·ate** /infjúərièit インフュアリエイト/ 動 (現分) --at·ing) 他 (正式)…を激怒させる.

**in·fú·ri·àt·ing·ly** 副 激怒して；[文全体を修飾] 腹の立つことに.

**in·fuse** /infjúːz インフューズ/ 動 (現分) --fus·ing) 他 (正式) **1** …を注ぐ、注入する.
**2** 〈人など〉に吹きこむ；〈思想・信念・活力など〉を吹きこむ ‖
infuse him with courage =infuse courage into him 彼を元気づける.
**3** …に湯を注ぐ、を煎(セん)じる.
──自 〈茶・薬草などが〉煎じ出される.

**in·fu·sion** /infjúːʒən インフュージョン/ 名 **1** Ⓤ (思想などの)注入、鼓舞(ご)、吹きこみ. **2** Ⓒ 注入物. **3** Ⓤ 煎(セん)じ出し；Ⓒ 煎じ液.

**in·gen·ious** /indʒíːnjəs インヂーニャス；-ies -ニーアス/ 形 **1** 工夫に富む、巧妙な ‖
She is an ingenious liar. 彼女はうその天才だ.
**2** 利口な、発明の才に富む；独創的な、器用な ‖
an ingenious theory 独創的な理論.

**in·gén·ious·ly** 副 巧妙に；器用に.

**in·ge·nu·i·ty** /indʒənjúːəti インヂェヌーイティ(インヂェニューイティ)/ 名 (複 --i·ties/-z/) **1** Ⓤ 発明の才、創意、器用さ、巧妙さ. **2** Ⓒ [通例 ingenuities] 巧妙な発明(品)、精巧にできたもの.

**in·gen·u·ous** /indʒénjuəs インヂェニュアス/ 形 (正式)率直な、天真爛漫(らん)な、無邪気な.

**in·glo·ri·ous** /inɡlɔ́ːriəs イングローリアス/ 形 (文) **1** 不名誉な、恥ずべき、不面目な. **2** 名もない、無名の.

**in·got** /íŋɡət インゴト/ 名Ⓒ **1** 鋳塊(ちゅう)、インゴット. **2** 鋳型(がた).

**in·grained** /inɡréind イングレインド/ 形 深くしみ込んだ、根深い.

**in·gra·ti·ate** /inɡréiʃièit イングレイシエイト/ 動 (現分) --at·ing) 他 (正式) [~ oneself] 機嫌を取る.

**in·grat·i·tude** /inɡrǽtət(j)uːd イングラティトゥード(イングラティテュード)/ 名Ⓤ 恩知らず(↔ gratitude).

**in·gre·di·ent** /inɡríːdiənt イングリーディエント/ 名Ⓒ 成分、要素、原料、構成要素；(料理などの)材料.

**in·hab·it** /inhǽbət インハビト/ 動《◆ふつう進行形にしない》他 (正式) **1** …に住んでいる、居住する ‖
Two families inhabited the villa. その別荘に2家族が住んでいた.

inhabit 《居住する》

**Q&A** **Q**: live と inhabit はどう違いますか.
**A**: inhabit は人や動物の集団が住むことで、「彼はその家に住んでいる」を ×He inhabits the house. とは言えません. また live は自動詞、inhabit は他動詞です.

**2** …に宿る、存在する ‖
Many painful memories inhabited her mind. 多くのつらい思い出が彼女の心に残っていた.

**in·hab·it·a·ble** /inhǽbətəbl インハビタブル/ 形 住める、居住に適した.

**in·hab·it·ant** /inhǽbətənt インハビタント/ 名Ⓒ 住民、居住者、(長期間・永久的に)ある場所に住む人[動物].

**in·hale** /inhéil インヘイル/ 動 (現分) --hal·ing) (正式) **1** …を吸い込む、吸入する(↔ exhale). **2** …をがつがつ食べる、飲み込む. ──自 吸い込む.

**in·hal·er** /inhéilər インヘイラ/ 名Ⓒ [医学]吸入器；吸入マスク、空気清浄器.

**in·her·ent** /inhíərənt インヒアレント｜inhérənt インヘレント/ 形 (正式)本来備わっている、生まれつき存在する；固有の、持ち前の ‖
inherent rights 生得(せい)権.
efforts inherent in success 成功につきものの努力.

**in·hér·ent·ly** 副 本来備わって、生得的に、本質的に.

**in·her·it** /inhérət インヘリト/ 動 他 **1** …を相続する；…のあとを継ぐ ‖
She inherited her uncle's property. 彼女はおじの財産を相続した.
**2** …を遺伝的に受け継いでいる《◆ふつう進行形にしない》；…を引き継ぐ ‖
I inherit my shyness from my father. 私のはにかみは父譲りだ.
──自 財産[権利、地位]を相続する、あとを継ぐ；性質を引き継ぐ.

**in·her·it·ance** /inhérətəns インヘリタンス/ 名 **1** Ⓤ (正式)相続(すること)、継承、相続権；[形容詞的に]相続の ‖
an inhéritance tàx (米)相続税((英) a death duty).
get a fortune by inheritance 財産を相続する.
**2** Ⓒ [通例 an ~] 相続財産、遺産 ‖
a quarrel over an inheritance 遺産争い.
come into an inheritance 遺産を継ぐ.
**3** Ⓤ 遺伝；Ⓒ (文)親譲りの性質[体質]；遺伝質.

**in·hib·it** /inhíbət インヒビト/ 動 他 (正式)…を抑制する、抑える；…を妨げる、阻止する.

**in·hib·it·ed** /inhíbətid インヒビティド/ 形 抑制[抑圧]された(性格の)、妨げられた、自由に行動できない

(↔ uninhibited).

**in·hi·bi·tion** /ìnhibíʃən インヒビション/ 名CU《正式》抑制, 禁止, 妨害(するもの).

**in·hos·pit·a·ble** /ìnhɑ́spitəbl インハスピタブル, ìnhɑspít- | ìnhɔ́spit- インホスピタブル/ 形 もてなしの悪い, 不親切な.

**in·hu·man** /ìnhjúːmən インヒューマン, 《米+》ínjuː-/ 形 不人情な, 冷酷な, 無愛想な.

**in·hu·mane** /ìnhjuːméin インヒューメイン/ 形 非人道的な, 残酷な(↔ humane) ‖
inhumane treatment 非人道的な扱い.
**in·hu·máne·ly** 副

**in·hu·man·i·ty** /ìnhjuːmǽnəti, 《米+》ínjuː-/ 名 (複 -i·ties/-z/) U 不人情, 残酷, 無愛想; C [しばしば inhumanities] 不人情な行為, 残酷な行動.

**in·im·i·ta·ble** /inímətəbl イニミタブル/ 形《正式》まねのできない, 無比の, 独特な.

**i·ni·tial** /iníʃl イニシュル/ 形《正式》初めの, 最初の(↔ last) ‖
my initial experience 私の初体験.
the initial stage of enterprise 事業の初期の段階.
**2** 語頭にある, 頭文字による ‖
an initial consonant 語頭子音(字).
an initial letter 頭文字.
──名 C 頭文字, 章頭の飾り文字; [通例 ~s] (姓名・名称の)頭文字《大文字で書く》 ‖
My initials JS stand for John Smith. 私のイニシャルの JS は Jonh Smith を表しています.
──動 (過去・過分) ~ed または《英》-ni·tialled /-d/; (現分) ~ing または《英》-tial·ling (他) …に頭文字で署名する.

**i·ní·tial·ly** 副 初めに, 冒頭に; 最初は.

**i·ni·tial·ize** /iníʃəlàiz イニシャライズ/ 動 (現分) -iz·ing (他) 《コンピュータ》…を初期化する.

**i·ni·ti·ate** /iníʃièit イニシエイト/ 形 iníʃiət イニシアト, -ʃièit/ 動 (現分) -at·ing (他) 《正式》**1** …を始める, 起こす, …に着手する ‖
initiate a new plan 新計画を考え出す.
**2** …に教える, 授(ケ)ける; …を加入させる ‖
initiate him into business 彼に商売の手ほどきをする.
He was initiated into a secret society. 彼は秘密結社に入った.
──形 初期の; 手ほどきを受けた, 入会を許された.
──名 C 《正式》手ほどきを受けた人, 新入会者.

**i·ni·ti·a·tion** /iníʃiéiʃən イニシエイション/ 名 《正式》**1** U 加入, 入会. **2** U 開始, 創始; 手ほどき, 伝授.

**i·ni·ti·a·tive** /iníʃiətiv イニシャティヴ/ 名 U **1** [通例 the ~ / one's ~] 手始め, 開始, 先制; 主導権, イニシアチブ ‖
on the initiative of the governor 知事の首唱で.
áct [dó] on one's ówn initiative 自発的に行動する.
háve the initiative (戦場などで)主導権を握る.
He tòok the initiative in carrying [to carry] out the plan. 彼は率先して計画を実行した.
**2** 企業心, 独創力, 進取の精神 ‖
a man of initiative 進取の才に富む人.
──形 初めの, 手始めの, 手ほどきの; 創意に富む.

**in·ject** /indʒékt インヂェクト/ 動 (他) **1** …を注入[注射]する; …に注射する ‖
inject penicillin into the patient's arm ペニシリンを患者の腕に注射する.
**2** 〈意見など〉をさしはさむ; 〈活気などを〉添える.

**in·jec·tion** /indʒékʃən インヂェクション/ 名 **1** CU 注入; C 注射液[薬]. **2** C 充血.

**in·junc·tion** /indʒʌ́ŋkʃən インヂャンクション/ 名 C 《正式》命令, 指令, 指図.

\***in·jure** /índʒər インヂャ/ [正しく(just)ない(in)状態にする] 派 injury (名)
──動 (三単現) ~s/-z/; (過去・過分) ~d/-d/; (現分) --jur·ing/-dʒəriŋ/)
──他 **1** …を傷つける, 痛める(→ hurt); …に損害を与える ‖
He ínjured his héalth by drinking too much. 彼は飲みすぎて健康を害した.
injure oneself with a knife ナイフで1けがをする.
**2** 〈感情・名誉など〉を傷つける, 害する; …を立腹させる, 不当に扱う ‖
injure her pride 彼女の自尊心[感情]を傷つける.

**in·jured** /índʒərd インヂャド/ 動 → injure.
──形 **1** 傷ついた; [the ~; 集合名詞的に; 複数扱い] けが人 ‖
an injured eye 痛めた目.
the dead and (the) injured (事故などの)死傷者.
**2** 〈感情・名誉などが〉傷つけられた ‖
talk in an injured voice むっとした声で話す.

**in·jur·ing** /índʒəriŋ インヂャリング/ 動 → injure.

**in·ju·ri·ous** /indʒúəriəs インデュアリアス/ 形《正式》**1** 害を与える, 有害な ‖
Smoking is injurious to your health. タバコは健康に悪い.
**2** 無礼な, 不当な.
**in·jú·ri·ous·ly** 副 有害に; 不当に.

**in·ju·ry** /índʒəri インヂャリ/ 名 (複 --ju·ries/-z/) **1** UC 傷害, 負傷; 損害, 損傷 ‖
dò him an ínjury =do an ínjury to him (略式) 彼を傷つける; 彼に損害を与える.
suffer [get, receive] severe injuries to one's leg in an accident 事故で足をひどく負傷する.
**2** C 傷つけること, 無礼, 侮辱(的言動); U 不正, 不当な扱い ‖
Her manner was an injury to my pride. 彼女の態度に私の誇りが傷ついた.

**ínjury time** 《主に英》インジャリー・タイム《サッカー・ラグビー・ホッケーなどで負傷の手当てに要した分の延長試合時間》.

**in·jus·tice** /indʒʌ́stis インヂャスティス/ 名 **1** U 不当, 不法, 不公平; 権利の侵害 ‖
remedy injustice 不公平をただす.
without injustice to him 彼に不公平にならな

2 ⓒ 不正行為, 不当な処置; 非行 ‖
commit a great injustice ひどい不正を働く.
do A an injústice = do an injústice to A (正式) A〈人〉を不当に扱う; A〈人〉を誤解する.

\*ink /íŋk インク/ 〖「輝くもの」が原義〗
——名 Ⓤ 1 インク ‖
(as) black as ink 真っ暗な, 真っ黒な.
write in [with, ˣby] ink インクで書く.
I need a refill of ink for my pen. ペンのインクのスペアが必要だ.

関連 China [Chinese, India(n)] ink 墨(ぼく) / invisible [sympathetic, secret] ink あぶり出しインク / printing ink 印刷用インク / writing ink 書き物用インク.

Q&A *Q*: in ink と with ink は同じように使っていいのですか.
*A*: いいでしょう. しかし in ink は「(方法として)インクを使って」というように行為・動作の方法に重点を置いた言い方で, with ink は「(道具として)インクを使って」の意で道具に重点を置いた言い方です. ink の代わりに pencil を使えば in pencil, with a pencil となります.

2 (イカ・タコなどの出す)墨.
——動 他〈ペンなど〉にインクをつける; …をインクで書く[汚す] ‖
ink a fountain pen 万年筆にインクを入れる.
ink one's fingers 指をインクで汚す.
ínk bòttle インクびん.

ink·ling /íŋkliŋ インクリング/ 名 Ⓤ [しばしば an ~; 通例否定文で] うすうす感づくこと; 暗示, ほのめかし ‖
gèt [hàve] nó ínkling of his idea 彼の考えがさっぱりわからない.

ink·y /íŋki インキ/ 形 (比較 -i·er, 最上 -i·est)
1 (正式) 墨のような, 真っ暗な, 真っ黒な. 2 インクで書かれた; インクの.

in·laid /ínlèid インレイド/ 動 → inlay.

in·land /形 ínlənd インランド, -lænd; 名 ínlænd インランド | ínlənd インランド; 副 ínlænd インランド, -lənd | ínlænd インランド/ 形 1 内陸の, 奥地の ‖
an inland lake 内陸の湖.
2 (主に英) 国内の, 内地の ‖
inland trade 国内交易.
——名 Ⓒ 内陸, 奥地; 内地, 国内 ‖
the inland of Africa アフリカの奥地.
——副 内地[内陸, 地域]へ[に] ‖
go inland 奥地に向かって行く.
Ínland Séa [the ~] (日本の)瀬戸内海.

in·land·er /ínləndər インランダ/ 名 Ⓒ 内地人, 奥地人.

in-law /ínlɔ̀ː インロー/ 名 Ⓒ (略式) [通例 ~s] 姻戚(いんせき), 姻族《father-in-law, daughter-in-law など》.

in·lay /動 ìnléi インレイ; 名 ínlei インレイ/ 動 (過去・過分 --laid/-léid/) 他 …をはめ込む, …に象眼(ぞうがん)する. ——名 Ⓤ 象眼細工; Ⓒ 象眼模様.

in·let /ínlet インレト/ 名 Ⓒ 1 入江; (島と島の間の)瀬戸. 2 入口, 引き入れ口. 3 はめ込まれた物, 挿入物.

in·mate /ínmèit インメイト/ 名 Ⓒ 1 収容者, 入院者. 2 同居人.

\*inn /ín イン/ (同音 ᐃin) 〖「中に(in)」が原義〗
——名 (複 ~s/-z/) Ⓒ 1 宿屋, 小さな旅館《◆英国の inn は, 主に地方にある古い(造りの)ものをいい, ふつう2階は宿泊用, 1階は bar (酒場)で村や町の社交場. 最近は公式会合などに用いる部屋もある》‖
They pùt úp at an ínn. 彼らは宿屋に泊まった.
2 酒場, 居酒屋《食事もできるが宿泊はできない》.
3 ホテル《◆ Holiday *Inn* は全米いたるところにある比較的安いホテルチェーン》.

in·nate /inéit イネイト/ 形 (正式) 生まれつきの, 生得の, 生来の, 先天的な.
in·náte·ly 副 生得[本質]的に; 生まれつき.

in·ner /ínər イナ/ 形

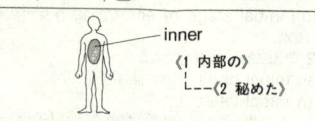

inner
〈1 内部の〉
└──〈2 秘めた〉

1 内側の, 内部の ‖
an inner room 奥の部屋.
an inner pocket 内ポケット.
2 (正式) 内密の, 内なる, 秘めた ‖
one's inner thoughts 心に深く秘めた思い.
3 心の, 精神的な; 主観的な ‖
the inner life of man 人間の精神生活.

ínner cíty 都心(部); 《米》大都市の(黒人)貧民街《◆ ghetto, slum の遠回し表現》; [the I~ C-] 北京の城内.

ínner túbe (タイヤの)チューブ.

in·ner·most /ínərmòust イナモウスト/ 形 [名詞の前で] いちばん奥の, 最も内部の.

in·ning /íniŋ イニング/ 名 Ⓒ 1 〖野球〗イニング, 回 ‖
the top of the sixth inning 6回の表《◆「…の裏」なら the bottom of …》.
go into extra innings 延長戦にはいる.
2 〖クリケット〗[~s] (個人・チームの)打ち番, 得点.

inn·keep·er /ínkìːpər インキーパ/ 名 Ⓒ (やや古) 宿屋の主人.

\*in·no·cence /ínəsəns イノセンス/ 〖→ innocent〗
——名 (複 --cenc·es/-iz/) 1 Ⓤ 無罪, 潔白(↔guilt); (道徳的)純潔 ‖
He proclaimed his innocence. 彼は身の潔白を主張した.
2 Ⓤ 無邪気, 天真爛漫(らんまん); 無垢, 無害; Ⓒ 無邪気な人, お人よし ‖
talk in all innocence 全く無邪気に言う.

\*in·no·cent /ínəsənt イノセント/ 〖「傷つけない」が

原義〕⑯ innocence (名)
——形 (比較 more ~, 時に ~-er; 最上 most ~, 時に ~-est) **1** 無邪気な, 天真爛漫(らんまん)な, 純潔な ‖
an innocent girl 無邪気な少女.
**2** 無罪の, 潔白な (↔ guilty); [be innocent of A] A 〈罪〉を犯していない; [正式] …を欠いている ‖
a man innocent of common sense 良識のない人.
He is innocent of the murder. 彼は殺人を犯していない.
**3** 無害な, 悪意のない, 悪心のない ‖
innocent mischief 悪気のないいたずら.
**4** お人よしの, おめでたい.
——名 C 無邪気な子供, 潔白な人.
**in·no·cent·ly** /ínəsntli イノセントリ/ 副 無邪気に, 何くわぬ顔で.
**in·noc·u·ous** /inákjuəs イナキュアス | inɔ́k- イノキュアス/ 形 [正式] 無毒の, 無害な, 害のない, 退屈な.
**in·nóc·u·ous·ly** 副 当たりさわりなく.
**in·no·vate** /ínəvèit イノヴェイト | ínəu- イノウ-/ 動 (現分) --vat·ing) 自 刷新[革新]する, 新生面を開く. ——他 …かを採り入れる, 導入する.
**in·no·va·tion** /ìnəvéiʃən イノヴェイション | ìnəu- イノウ-/ 名 **1** U C 革新, 刷新.
**2** C 新機軸, 新しい事[物] ‖
technical innovations 技術革新.
**in·no·va·tive** /ínəvèitiv イノヴェイティヴ | ínəu- イノウ-/ 形 革新的な.
**in·no·va·tor** /ínəvèitər イノヴェイタ | ínəu- イノウ-/ 名 C 刷新する人.
**in·nu·en·do** /ìnjuéndou イニュエンドウ/ 名 (複 ~s, ~es) C U [正式] 暗示, 当てつけ.
**in·nu·mer·a·ble** /in(j)ú:mərəbl イヌーマラブル (イニューマラブル)/ 形 [正式] 数えきれない, 無数の; 多くの ‖
innumerable examples 数えきれないほど多くの例.
innumerable stars 無数の星.
**in·nú·mer·a·bly** 副 数えきれないほど(に).
**in·oc·u·late** /inákjəlèit イナキュレイト | inɔ́k- イノキュ-/ 動 (現分) --lat·ing) 他 …に予防接種をする, …を接種する. ——自 予防接種を行なう.
**in·oc·u·la·tion** /inàkjəléiʃən イナキュレイション | inɔ̀k- イノキュ-/ 名 U C 予防注射[接種].
**in·of·fen·sive** /ìnəfénsiv イノフェンスィヴ/ 形 害にならない, 不快感を与えない, 悪気のない.
**in·op·por·tune** /inàpərt(j)ú:n イナパトゥーン | inɔ̀pətjú:n/ 形 [正式] 時機を失した.
**in·óp·por·túne·ly** 副 [正式] 時機を失して, 折悪く.
**in·or·di·nate** /inɔ́:rdənət イノーディナト/ 形 [正式] 過度の, 法外な.
**in·ór·di·nate·ly** 副 法外に, ひどく.
**in·or·gan·ic** /ìnɔ:rgǽnik イノーギャニク/ 形 **1** 無生物の, 鉱物の. **2** 非有機的な.
**in·put** /ínpùt インプト/ 名 U [しばしば an ~] (**1** エネルギー・データなどの)入力; 投入, 投入量; 供給電力,

入力エネルギー.
**2**〔コンピュータ〕入力(信号), 入力データ, インプット (↔ output) ‖
an input device 入力装置.
**3**〔経済〕投入[労働力, 材料].
——動 (過去·過分) --put·ted または in·put; (現分) --put·ting)〔コンピュータ〕他 自(…を)インプットする, 入力する.
**in·quest** /ínkwest インクウェスト/ 名 C〔法律〕(陪審による)審問; (主に検死陪審による)検死.
**in·quire, en-** /inkwáiər インクワイア/ 動 (現分) --quir·ing)〔正式〕他 [inquire A of [from] B] B〈人〉に A〈物·事〉を聞く, 尋ねる; [inquire wh 節·句] 「…」と問う ‖
inquire his address 彼の住所を尋ねる.
inquire the way of [from] him 彼に道を尋ねる.
I inquired where to go. どこへ行ったらよいか尋ねた.
I inquired (of her) what had made him angry. どうして彼が怒ったのかと(彼女に)聞いた《◆ of her を用いるのは〈文〉》.
——自 **1** 尋ねる, 問う ‖
He inquired of me about the way to the library. 彼は私に図書館へ行く道を尋ねた.
**2** 調査する, 取り調べる ‖
inquire into the accident 事故を調査する.
◇***inquire after*** A (正式) …の安否(あんぴ)を尋ねる, 健康を尋ねる, …を見舞う《◆ 日常語としては see 他 **2**, visit の方が普通》‖ I inquired after his health. 彼の健康を尋ねた.
***inquire for*** A (正式) (1) …に面会を求める ‖ Can I inquire for the boss in the afternoon? 午後社長に面会できますか. (2) A〈品物〉を問い合わせる ‖ Please inquire for this book at the library. この本が図書館にあるかどうか問い合わせてください. (3) =INQUIRE after.
**in·quir·er** /inkwáiərər インクワイアラ/ 名 C (正式) 尋ねる人, 調査する人; 探求者.
**in·quir·ing** /inkwáiəriŋ インクワイアリング/ 動 → inquire. ——形 **1** 聞き[知り]たがる, 好奇心の強い.
**2** 尋ねるような, 不審そうな.
**in·quír·ing·ly** 副 (正式) 不審そうに, 聞きたそうに.
**in·quir·y, en-** /inkwáiəri インクワイアリ, ínkwəri | -kwáiəri -クワイアリ/ 名 (複 --quir·ies/-z/) (正式)
**1** U C 質問, 問合わせ; 照会 ‖
a letter of inquiry 照会状.
on [upon] inquiry 問い合わせてみて.
màke inquiries about the matter 事件について尋ねる.
For inquiry please call us 001-0001. お問い合わせは001-0001へ.
**2** C 調査, 取り調べ; 研究, 探究 ‖
make [hold] an official inquiry into the cause その原因を公に調べる.
***inquiry óffice*** (英) (ホテル·駅などの)受付, 案内所 ((米) information desk).
**in·qui·si·tion** /ìnkwəzíʃən インクウィズィション/ 名

**inquisitive** / **inside**

（正式）**1** Ⓤ Ⓒ （念入りの）調査, 探究 ‖
an inquisition into a matter 事件の調査.
**2** Ⓒ （厳しい）尋問；（裁判上の）公式の取り調べ.

**in·quis·i·tive** /inkwízətəv インクウィズィティヴ/ 形
**1** 研究好きな, 知識欲のある.
**2** 好奇心の強い, 詮索(#4)好きな ‖
She is inquisitive (in asking) about my family. 彼女は私の家族のことを根掘り葉掘り聞きたがる.
**in·quís·i·tive·ly** 副 知りたがって, 詮索するように.

**in·road** /ínroud インロウド/ 名 Ⓒ （通例 ~s）侵入, 侵害, 侵略.
**màke ínroads into** [**on,** （正式）**upòn**] **A** …に食い込む, …を侵害する.

**in·sane** /inséin インセイン/ 形 （時に 比較 ··san·er, 最上 ··san·est）**1** 正気でない, 狂気の, 精神異常の（◆ mad より弱く凶暴さがない）(↔ sane)；[the ~；集合名詞的に, 複数扱い] 精神異常者 ‖
The man became insane. その男は頭がおかしくなった.
**2** （略式）ばかげた, 非常識な ‖
an insane attempt とっぴな試み.
**in·sáne·ly** 副 発狂して；とっぴょうしもなく.

**in·san·i·ty** /insǽnəti インサニティ/ 名 （複 ··i·ties /-z/）Ⓤ Ⓒ 狂気, 精神錯乱, 精神病；Ⓒ〔法律〕精神異常.

**in·sa·ti·a·ble** /inséiʃəbl インセイシャブル/ 形 （正式）飽くことを知らない, 貪欲(%;)な.
**in·sá·ti·a·bly** 副 飽くことなく, 貪欲に.

**in·scribe** /inskráib インスクライブ/ 〖中へ(in)書く(scribe). cf. describe, subscribe〗動（現分 ··scrib·ing）他（正式）…を記入する, 刻む, …に刻む.

**in·scrip·tion** /inskrípʃən インスクリプション/ 名 **1** Ⓤ（語句などを）刻むこと. **2** Ⓒ 銘(#);碑銘；（貨幣などの）銘刻[字].

**in·scru·ta·ble** /inskrú:təbl インスクルータブル/ 形 （正式）計り知れない, 不可解な, 不思議な.

*****in·sect** /ínsekt インセクト/ 〖からだをいくつかに(into)区切られた(sect)動物. cf. section〗
——名（複 ~s/-sekts/）Ⓒ 昆虫（◆（主に米）bug）；（略式）（広義）虫《クモ・ムカデなどを含む》（◆ミミズ・ヒル・うじ虫・カイチュウ・シャクトリムシなどは worm》 ‖
The Japanese enjoy the songs of birds and insects. 日本人は鳥や虫の声を楽しむ.
**ínsect pòwder** 粉状除虫剤[殺虫剤].

**in·sec·ti·cide** /inséktəsàid インセクティサイド/ 名 Ⓤ Ⓒ 殺虫（剤）.

**in·se·cure** /insikjúər インスィキュア/ 形 **1** （正式）安全でない, 不安定な. **2** 不安な, 落ち着かない.
**in·se·cúre·ly** 副 不安定に, 危なっかしく；自信なく.

**in·se·cur·i·ty** /insikjúərəti インスィキュアリティ/ 名 （複 ··i·ties/-z/）**1** Ⓤ 不安定, 危険. **2** Ⓒ [しばしば insecurities] 不安定[危険]なもの.

**in·sen·si·bil·i·ty** /insènsəbíləti インセンサビリティ, insen-/ 名 Ⓤ （正式）[しばしば an ~] 無感覚, 無知覚；人事不省(%);)；麻痺(#);)；無関心.

**in·sen·si·ble** /insénsəbl インセンサブル/ 形 （◆ **2** を除いてふつう sensible の反対の意味にはならない）（正式）**1** 意識のない, 人事不省(%;)の(unconscious).
**2** 意識しない；気づかない ‖
I am not insensible of the delicate position I'm in. 私は自分が立っている微妙な立場を知らないわけではない.
**3** 無感覚な；無神経な, 無頓着(%;)な；冷淡な.

**in·sen·si·tive** /insénsətiv インセンサティヴ/ 形 鈍感な；無感覚な.
**in·sén·si·tive·ly** 副 鈍感に；無感覚に.
**in·sèn·si·tív·i·ty** 名 Ⓤ 鈍感；無感覚.

**in·sep·a·ra·ble** /insépərəbl インセパラブル/ 形 分離できない, 不可分の；離れられない, 別れられない.

**in·sert** 動 insə́:rt インサート/ 名 -/ （正式）動 他 **1** [insert **A** in [into] **B**] **A**〈物〉を **B**〈物〉に差し込む, 挿入する ‖
insert a coin in a slot 硬貨を投入口に入れる.
insert a comma between two words 2つの単語の間にコンマを置く.
**2** …を書き足す, …を掲載する ‖
insert an ad in the paper 新聞に広告を載せる.
——名 Ⓒ 挿入物；差し込みページ；挿絵；折り込み広告；（映画・テレビ）挿入字幕.

**in·ser·tion** /insə́:rʃən インサーション/ 名 （正式）**1** Ⓤ 挿入, 差し込み. **2** Ⓒ 挿入物；書き込み；折り込み広告.

**in·set** 動 insét インセト/ 名 -/ 動 （過去・過分 inset または ··set·ted；現分 ··set·ting）他 …を差し込む；…にはめ込む. ——名 Ⓒ（正式）挿入物《書物の別刷りページや折り込み広告など》；（大きな図表などに入れた）差し込み図, 挿入図《写真》.

**in·shore** /ínʃɔ́:r インショー/ 形 海岸に近い[近く], 沿海の[に], 近海の[に], 海岸に向かって.

*****in·side** /名 insáid インサイド/ 形 -, -；副 -；前 -, -/ 〖中の(in)側(side). cf. beside〗
——名（複 ~s/-sáidz/）Ⓒ **1** [通例 the ~] 内側, 内部(↔ outside)；中味 ‖
the inside of a car 車の内部.
**2** [the ~]（歩道などの）内側, 家寄り.
**3**（略式）[しばしば ~s] おなか, 腹（◆ belly, stomach の遠回し語》 ‖
have a pain in one's inside(s) おなかが痛い.
**inside óut** (1) 裏返しに, ひっくり返して ‖ wear one's socks inside out 靴下を裏返しにはいている. (2)（略式）徹底的に, 完全に ‖ I know this town inside out. この町をすみからすみまで知っている.
——形 -, -/ [名詞の前で] **1** 内側の, 内部の(↔ outside). **2** 屋内（用）の；内勤の. **3** （略式）内々の, 秘密の, 内幕の；内情に通じた.
——副 **1** 内側に, 内部に(↔ outside) ‖
Let's go inside. 中へ入ろう.
The house is clean inside and out. その家は中も外もきれいにしてある.

**2** 屋内で ‖
play inside 屋内で遊ぶ.
**3** 内心で；本来 ‖
Inside, he is a good chap. 彼は根はいいやつだ.
***inside of*** **A** (1) 《主に米》[場所] …の中[内側]に ‖ inside of the box 箱の中に. (2) 《略式》[時間・距離] …以内に ‖ inside (of) an hour 1時間以内に / inside of a mile 1マイル以内に.
—前／-／**1** [場所] …の中に［へ, で］; …の内部[内側]に[へ, で] ‖
look inside [into, in] the house 家の中をのぞきこむ.
stand inside the gate 門の内側に立つ.
**2** 《略式》[時間] …以内に ‖
inside a week 1週間以内に.

**in·sid·er** /insáidər インサイダ/ 名C (組織内の)内部の人, 会員; 内情に明るい人.

**ínside-the-párk hóme rùn** /ínsaidðəpá:rk- インサイドザパーク-/ 《野球》ランニングホームラン 《◆*running home run* とはいわない》.

**in·sid·i·ous** /insídiəs インスィディアス/ 形《正式》こっそり企(たくら)む, 狡猾(こうかつ)な.
**in·síd·i·ous·ly** 副 こっそりと.

**in·sight** /ínsait インサイト/ 名CU 洞察(力), 眼識, 見識, 識見 ‖
a man of great insight 深い洞察力のある人.
have an insight into politics 政見にも識見をもっている.

**in·sig·ni·a** /insígniə インスィグニア/ 名 (複 in·sig·ni·a, ~s) C [通例複数扱い] 記章, 勲章.

**in·sig·nif·i·cance** /insignífikəns インスィグニフィカンス/ 名U ささい, 無意味.

**in·sig·nif·i·cant** /insignífikənt インスィグニフィカント/ 形 **1** 取るに足りない, つまらない, いやしむべき; ささいな; 無意味な ‖
an insignificant loss 取るに足りない損失.
an insignificant man くだらない人.
an insignificant phrase 無意味な字句.
**2** 小さい, わずかの.

**in·sig·nif·i·cant·ly** /insignífikəntli インスィグニフィカントリ/ 副 わずかに; 無意味に.

**in·sin·cere** /insinsíər インスィンスィア/ 形 誠意のない, 不誠実な.
**in·sin·cére·ly** 副 不誠実に; 不まじめに.

**in·sin·cer·i·ty** /insinsérəti インスィンセリティ/ 名 (複 -i·ties/-z/) U 不誠実; C 不誠実な言葉[行為].

**in·sin·u·ate** /insínjueit インスィニュエイト/ 動 (現分 -at·ing) 他 **1** 《正式》…だと遠回しに言う, あてこする. **2** 《正式》[~ oneself] 徐々に取り入る.

**in·sin·u·a·tion** /insinjuéiʃən インスィニュエイション/ 名 **1** UC 《正式》ほのめかし. **2** U うまく取り入ること.

**in·sip·id** /insípid インスィピド/ 形 **1** 味のない, 鮮度の落ちた. **2** おもしろ味のない, 生気のない.

***in·sist*** /insíst インスィスト/ 〖「中に(in)立つ(sist)」→「固執する」が原義. cf. per*sist*, con*sist*〗
派 *insistence* (名)
—動 (三単現 ~s /-sísts/; 過去・過分 ~ed /-id/; 現分 ~·ing)
—自 **1** [insist on [upon] **A**] …を(強く)要求する ‖
insist on payment 支払いを強いる.
He insists on leaving this town. 彼はこの町を出て行くと言ってきかない.
She insisted on my [me] seeing the doctor. 彼女は私に医者に診(み)てもらえと言ってきかなかった 《◆ She insisted that I (should) see the doctor. の方がふつう》 (→ 他 **1**).
**2** [insist on [upon] **A**] …を主張する, 強調する, 力説する ‖
His innocence has been insisted on. 彼の無実を主張してきた.
I insisted on her honesty. 私は彼女が正直だと力説した (→ 他 **2**).
**3** 言い張る, がんとして言うことを聞かない ‖
If you insist(↘), I'll lend you some money. どうしてもと言われるならお金を少々ご用立てしましょう.
—他 [insist (that) 節] **1** [話者・主語の要求・願望] …するように要求する ‖
I insist (that) he (《主に英》should) keep early hours. 彼にぜひ早寝[早起き]をしてもらいたい.
**2** [事実の主張] …だと主張する, 強く言い張る, 説を曲げない; 「…」だと主張する ‖
I insisted (to him) that she was right. 彼女が正しいと私は(彼に)言って譲らなかった.

**in·sist·ence** /insístəns インスィステンス/ 名UC 《正式》主張, 断言; 強調; 強要 ‖
with insistence 強硬に.

**in·sist·ent** /insístənt インスィステント/ 形 《正式》**1** 主張する, 強要する; ぜひしたい; 緊急の ‖
an insistent request for more food もっと食物をくれとのしつこい要求.
He is insistent on playing cards. =He is insistent (that) he will play cards. 彼はトランプをすると言ってきかない.
**2** 目立つ, 強烈な.

**in·sist·ent·ly** /insístəntli インスィステントリ/ 副 しつこく, あくまで, むきになって.

**in·so·far** /insəfá:r インソファー/|insəu- インソウ-/ 副《米文》[通例 ~ as] …する限りでは《◆《英》では in so far と離す》.

**in·so·lence** /ínsələns インソレンス/ 名U 《正式》横柄, 傲慢(ごうまん), 無礼; C 横柄(おうへい)な言動.

**in·so·lent** /ínsələnt インソレント/ 形 《正式》横柄な, 傲慢(ごうまん)な, 生意気な, 無礼な.
—名C 横柄な人.
**ín·so·lent·ly** 副 横柄に(も), 傲慢に, 無礼に.

**in·sol·u·ble** /insáljəbl インサリュブル/|-sɔ́l- -ソリュブル/ 形 **1** 不溶(解)性の. **2** 解けない.

**in·sol·ven·cy** /insálvənsi インサルヴンスィ/|-sɔ́l- -ソルヴンスィ/ 名U 《法律》支払い不能; 破産(状態).

**in·sol·vent** /insálvənt インサルヴェント/|-sɔ́l- -ソルヴェント/ 形 《法律》支払い不能の; 破産した.

**in·som·ni·a** /insámniə インサムニア/|-sɔ́m- -ソム二

ア/ 名U 眠れないこと, 不眠症.

**in·som·ni·ac** /insάmniæk インサムニアク | -sɔ́m- ソムニアク/ 名C 《正式》不眠症患者. ── 形 不眠症の.

**in·spect** /inspékt インスペクト/ 動他 1 …を詳しく調べる, 検査する《◆ examine より堅い語》‖
inspect the situation 状況を調査する.
The mechanic inspected the tires. 整備工はタイヤを調べた.
2 …を視察する.

**in·spec·tion** /inspékʃən インスペクション/ 名CU
1 調査, 点検, 検査, (書類の)閲(ｴﾂ)覧‖
Inspection declined. 《掲示》縦覧謝絶.
2 視察, 監査, 検閲‖
a tour of inspection =an inspection tour 視察旅行.

**in·spec·tor** /inspéktər インスペクタ/ 名C 1 調査する人, 検査官; 検閲官. 2 《米》警視; 《英》警部(補).

**in·spi·ra·tion** /ìnspəréiʃən インスピレイション/ ── 名 1 U 霊感, インスピレーション; 感動, 感激; C 《略式》(突然の)すばらしい思いつき(idea)‖
compose music on a sudden inspiration 突然の霊感で作曲する.
get [draw, derive] inspiration from nature 自然から霊感を受ける.
have an inspiration 名案が浮かぶ.
2 UC 激励, 刺激(する人)[物])‖
under the inspiration of Mozart's symphonies モーツァルトの交響曲に刺激されて.
3 U 《神学》霊感, 神慮, 神感.

**in·spire** /inspáiər インスパイア/ 動 《現分》 --spir·ing/他 1 …を鼓舞する; [inspire A to B] A《人》を奮起させてB《事》をさせる; [inspire A to do] A《人》を促して…させる‖
His advice inspired me to greater efforts. 彼の忠告に励まされて私は一層努力する気になった.
I was inspired to go out for a walk. 散歩に出かけたい気分になった.
2 …を感激させる, …に活気[希望]を与える; [inspire A with B / inspire B in [into] A] A《人》にB《感情・考え》を吹き込む, 抱かせる; [be inspired that 節] …ということで感動する‖
Her speech inspired me with courage. 彼女の話を聞いて勇気が湧いてきた.
I'm inspired that she has helped me. 彼女が私を助けてくれたので感激している.
3 《正式》《人》に霊感を与える; 《作品など》を霊感で作り出す.

**in·spired** /inspáiərd インスパイアド/ 動 → inspire.
── 形 非常によい; 《正式》霊感を受けた.

**in·spir·ing** /inspáiəriŋ インスパイアリング/ 動 → inspire. ── 形 [他動詞的に] (人)を鼓舞する, 感激させる(ような).

**in·sta·bil·i·ty** /ìnstəbíləti インスタビリティ/ 名U 不安定(な状態); [an ～] (心の)変わりやすさ, 移り気.

**in·stall,** 《米で時に》 **in·stal** /instɔ́ːl インストール/ 動他 1 [install A in B] A《設備・装置など》をB《場所》に取り付ける, 据え付ける; 《コンピュータ》《ソフト》をインストールする‖
She had an air conditioner installed in her house. 彼女は家にエアコンを付けてもらった.
2 (正式) …を任命する, 就任させる.
3 《正式》 [～ oneself; be ~ed] ゆったり落ち着く; 着席する, 座る‖
She installed herself in an easy chair. 彼女は安楽いすに腰をおろした.

**in·stal·la·tion** /ìnstəléiʃən インスタレイション, 《英＋》-stɔ́l-/ 名 1 U 取付け; 《コンピュータ》(ソフト)のインストール; C [しばしば ~s] 〔据え付けられた〕装置.
2 U 就任; 任命; C 就任式.

**in·stal·ment,** 《米でしばしば》 **in·stall·** /instɔ́ːlmənt インストールメント/ 名 C 1 分割払い込み金‖
by [in] monthly instal(l)ments 月賦で.
2 (全集・連載物の1)回分; 分冊.

***in·stance** /ínstəns インスタンス/ 『近くに(in)立つ(stance). cf. in*stant*』
── 名 (複 ~·stanc·es/-iz/) C 1 例, 実例, 例証 (→ example)‖
an exceptional instance 例外.
cite one or two more instances さらに1, 2の例をあげる.
2 場合, 事実; (過程の)段階‖
in most instances たいていの場合.
**for ínstance** [文中・文頭・文尾で] (論拠をいうと)たとえば (→ for EXAMPLE).
── 動 《現分》 --stanc·ing/他 《正式》 …を例として引く.

***in·stant** /ínstənt インスタント/ 『近くに(in)立つ(stand). cf. in*stance*』 派 instantly (副)
── 名 (複 ~s/-stənts/) C 1 瞬間, 即時‖
at the last instant あわやという時に; すんでのところで.
solve a problem in an instant たちまち問題を解く.
on the instant ただちに.
take a rest for an instant ちょっと休む.
at an instant 同時に(=at the same time) (→ a 14).
2 U [this, that を伴って副詞的に; 文中・文尾で] この[その]瞬間に, この[その]場で‖
Do it thís ínstant! 今すぐそれをせよ.
The question was decided thát ínstant. 問題はその場で即決された.
**(nót) for an instant** ちょっとの間も(…ない); 少しも(…しない) ‖ He does **not** take a rest for an instant. 彼はちょっとの間も休まない.
◇**the instant (that)** … [接続詞的に] …するとすぐ ‖ The instant (that) he saw me(\｡), he ran away. 彼は私を見るとすぐ走り去った.
── 形 1 [通例名詞の前で] 即時の, 即座の‖
instant death 即死.
màke an ínstant ánswer 即答する.
2 緊急の, 差し迫った‖
be in instant need of money すぐ金が必要で

ある.
**3** 〈食物などが〉すぐ準備できる, 即席の ‖
instant coffee インスタントコーヒー.

**in·stan·ta·ne·ous** /ìnstəntéiniəs インスタンテイニアス/ 形 《正式》即座の, 瞬間の.

**in·stan·ta·ne·ous·ly** /-li/ 副 即座に.

\***in·stant·ly** /ínstəntli インスタントリ/ 〖→ instant〗
── 副 **1** ただちに, すぐに ‖
Ten people were killed **instantly** in the crash. 衝突事故で10名が即死した.
**2** 〔接続詞的に〕 …するとすぐに ‖
**Instantly** he got home, it began to rain. 彼が帰宅するとすぐ雨が降り始めた.

\***in·stead** /instéd インステド/ 〖《中に》(in) 場所 (stead). cf. *steady*〗
── 副 その代わりに; そうではなくて ‖
I didn't let her go to the concert. I bought her a book **instead**. 彼女をコンサートへ行かせずに, その代わりに本を買ってやった.
She never studies. **Instead**, she watches television all day. 彼女は全然勉強しない, それどころか1日じゅうテレビばかり見ている.
対話 "I really don't care for Italian food." "Well, then why don't we go to a Chinese restaurant **instead**?" 「イタリア料理は本当に好きじゃないんだ」「それなら, 代わりに中華料理店に行きましょうよ」.
◇***instead of*** A …の代わりに; …しないで, …ではなくて 《◆A に動名詞(句)・前置詞＋名詞・副詞・形容詞も用いる. 不定詞(句)を用いるのは《非標準》》 ‖
I'll go **instead of** her. 彼女の代わりに行きます / go by car **instead of** by train 汽車ではなく車で行く / I stayed in bed all day **instead of** going to work. 仕事に行かず一日じゅう寝ていた.

**in·step** /ínstèp インステプ/ 名 C **1** 足の甲 (図→ body). **2** (靴・靴下などの)甲の部分 (図→ shoe).

**in·sti·gate** /ínstigèit インスティゲイト/ 動 (現分 -gat·ing) 他 《正式》…を扇動する.

**in·sti·ga·tion** /ìnstigéiʃən インスティゲイション/ 名 C U 《正式》扇動.

**in·sti·ga·tor** /ínstigèitər インスティゲイタ/ 名 C 扇動者.

**in·still, 《英》-stil** /instíl インスティル/ 動 (過去・過分 in·stilled/-d/; 現分 -stil·ling) 他 《正式》〈思想など〉を徐々に教え込む, しみ込ませる; 〈人〉に徐々に教え込む.

\***in·stinct** /ínstiŋkt インスティンクト/ (アクセント注意) 《◆インスティンクト》〖《上に》(in) 刺す(stinct). cf. dist*inguish*〗
── 名 (複 ~s/-stíŋkts/) **1** U 本能; (生得の)衝動 ‖
maternal **instinct** 母性本能.
homing **instinct** 帰巣本能.
**2** C 生まれながらの才能, 素質, 天性, 天分《にん》; 〔しばしば ~s〕 直観, 勘 ‖
She has an **instinct** for music. 彼女には音楽の才能がある.
対話 "So you really believe he is the one who sent the money?" "I'm not sure, but it's my **instinct**." 「じゃあ君はそのお金を送ってくれたのは彼だと本当に信じているんだね」「確かじゃないけど, 私の直観よ」.
***by*** [***from***] ***instinct*** 本能的に.
***on ínstinct*** 本能のままに ‖ act **on instinct** 本能のままに行動する.

**in·stinc·tive** /instíŋktiv インスティンクティヴ/ 形 本能の, 本能的な, 天性の; 直観的な ‖
an **instinctive** dread of fire 火に対する本能的な恐れ.

**in·stinc·tive·ly** /instíŋktivli インスティンクティヴリ/ 副 本能的に; 直観的に.

**in·sti·tute** /ínstət(j)ùːt インスティトゥート (インスティテュート)/ 動 (現分 -tut·ing) 他 《正式》**1** …を設ける, 制定する ‖
**institute** rules 規則を制定する.
**2** …を始める, 実施する. **3** …を任命する.
── 名 〔しばしば I~〕 C 学会, 研究所, 協会; 会館; 《米》講習会; (理工系)専門学校, (工科)大学 ‖
an art **institute** 美術会館.

**in·sti·tu·tion** /ìnstət(j)úːʃən インスティトゥーション (インスティテューション)/ 名 **1** U 《正式》設立, 創立, 制定 ‖
the **institution** of a bank 銀行の設立.
**2** C 《正式》(社会的)慣習, 慣行, 制度; 法令 ‖
political **institutions** 政治制度.
**3** C 機構, 組織; 学会, 協会, 施設; 公共機関(の建物); …団, 会 ‖
a public **institution** 公共機関.
**institutions** of higher education 高等教育機関 《◆college, university など》.

**in·sti·tu·tion·al** /ìnstət(j)úːʃənəl インスティトゥーショヌル (インスティテューショヌル)/ 形 制度上の; 協会[学会, 公共機関]の; 社会[慈善, 教育]事業の.

**in·sti·tu·tion·al·ize** /ìnstət(j)úːʃənəlàiz インスティトゥーショナライズ (インスティテューショナライズ)/ 動 (現分 -iz·ing) 他 …を制度化する, 協会[学会]にする; 〈人〉を施設に収容する.

**in·struct** /instrákt インストラクト/ 動 他 《正式》**1** …に(順序立てて)教える; 〔instruct A in B〕 A〈人〉に B〈学科などを〉教える ‖
She **instructed** me in the art of self-defense. 彼女は私に護身術を教えてくれた.
**2** …に指示する, 指図する; 〔instruct A to do〕 A〈人〉に…するように命令する(→ direct 他 **3**); 〔instruct A wh 節・句〕A〈人〉に…かを教える; 「…」と指示する ‖
**instruct** him **on** the use of books 本の利用法について彼に指示する.
I **instructed** her **to** go to bed early. 彼女に早く寝るように命じた.
**3** …に知らせる, 教える; 〔通例 be ~ed〕 …を知っている ‖
I'm **instructed** by him **that** you still owe

him $300. 君はまだ彼に300ドルの借りがあると彼から聞いている.

**in·struc·tion** /instrʌ́kʃən インストラクション/ 图 **1** Ⓤ (正式) 教えること, 教えられること; 教授, 教育; (教えられた) 知識, 教訓 ‖
under instruction 教育中.
receive instruction in Spanish スペイン語を教わる.
**2** Ⓒ [通例 ~s] 指図, 指示, 助言, 命令; 使用説明書 ‖
instructions for use 使用上の指示.
give him instructions to stop 彼に止まれと命令する.

**in·struc·tion·al** /instrʌ́kʃənl インストラクショヌル/ 形 教育上の.

\***in·struc·tive** /instrʌ́ktiv インストラクティヴ/ 〖→ instruct〗
——形 (正式) (人にとって)**教育的な**, 教訓的な, ためになる ‖
This is an **instructive** book for beginners. これは初心者のためになる本です.
**in·strúc·tive·ly** 副 教育的に.

**in·struc·tor** /instrʌ́ktər インストラクタ/ 图 Ⓒ **1** 教授[指導]者, 教師, 教官 ‖
an **instructor** in skiing =a ski-**instructor** スキー教師.
**2** (米) (大学の) 専任講師((英) lecturer) (→ professor 事典).

**in·stru·ment** /ínstrəmənt インストルメント/ 〖上に (in) 積む(struct)もの(ment). cf. in*struct*〗
——图 (複 ~s/-mənts/) Ⓒ **1 a** 道具, 器具, 器械; 計器 ‖
a dentist's **instrument** 歯科用器械.
surgical **instruments** 外科用器械.
**b** 〔航空〕計器; [形容詞的に] 計器による ‖
fly on **instruments** 計器飛行をする.
**2** 楽器 ‖
stringed **instruments** 弦楽器.
wind **instruments** 管楽器.
**3** 手段, 方法; 手先, ロボット.
**4** 〔法律〕証書, 法律文書.

**in·stru·men·tal** /ìnstrəméntl インストルメントル/ 形 **1** (正式) 手段となる; 助けになる, 役に立つ ‖
You have been most **instrumental** in my career. 私が成功したのはあなたのおかげです.
**2** 器械の, 計器の.
**3** 楽器[器楽]の, 楽器で演奏される(↔ vocal).

**in·sub·or·di·nate** /ìnsəbɔ́ːrdənət インサボーディナト/ 形 (正式) 服従しない, 反抗的な.

**in·sub·or·di·na·tion** /ìnsəbɔ̀ːrdənéiʃən インサボーディネイション/ 图 Ⓤ 不服従; 反抗.

**in·sub·stan·tial** /ìnsəbstǽnʃl インサブスタンシャル/ 形 実体のない, 弱い; 不十分な.

**in·suf·fer·a·ble** /insʌ́fərəbl インサファラブル/ 形 (正式) 耐えられない, 我慢できない.
**in·súf·fer·a·bly** 副 耐えられないほどに.

**in·suf·fi·cien·cy** /ìnsəfíʃənsi インサフィシェンスィ/ 图 (複 ··cien·cies /-z/) **1** Ⓤ [しばしば an ~] 不十分なこと. **2** Ⓒ [しばしば insufficiencies] 不十分な点.

**in·suf·fi·cient** /ìnsəfíʃənt インサフィシェント/ 形 (正式) 不十分な.
**in·suf·fí·cient·ly** 副 不十分に; 不適当に.

**in·su·lar** /ínsələr インサラ/ |ínsjulə インスュラ/ 形 **1** (正式) 島の(ような), 島国の. **2** 島国根性の, (一般に) 心の狭い.

**in·su·lar·i·ty** /ìnsələ́rəti インサラリティ | ìnsju- インスュ-/ 图 Ⓤ 島国根性, 心の狭さ.

**in·su·late** /ínsəleit インサレイト | ínsjuleit インスュレイト/ 動 (現分) ··lat·ing) 他 (正式) **1** …を隔離する; …を孤立させる. **2** …を絶縁体で覆う.

**in·su·la·tion** /ìnsəléiʃən インサレイション | ìnsju- インスュ-/ 图 Ⓤ 隔離, 孤立, 絶縁.

**in·su·la·tor** /ínsəleitər インサレイター | ìnsju- インスュ-/ 图 Ⓒ 〔電気〕絶縁体.

**in·su·lin** /ínsələn インサリン | ínsjulin インスュリン/ 图 Ⓤ 〔生化学〕インスリン《すい臓ホルモン》; 〔薬学〕インシュリン《糖尿病治療薬》.

\***in·sult** 動 insʌ́lt インサルト; 图 =/ 〖〖上へ(in)跳(と)ぶ(sult)〗→「(相手に)跳びかかる」〗

insult 《侮辱する》

——動 (三単現) ~s /-sʌ́lts/; 過去・過分 ~ed /-id/; 現分 ~ing)
——他 …を**侮辱する**, 辱(はずかし)める ‖
He **insulted** me by calling me a fool. 彼は私をばか者呼ばわりして侮辱した.
It is a gross **insult** to her. それは彼女に対してひどい侮辱だ.
——图 /=/ (複 ~s/-sʌ́lts/) Ⓒ Ⓤ 侮辱, 侮辱的言動, 無礼 ‖

**in·sult·ing** /insʌ́ltiŋ インサルティング/ 動 → insult.
——形 侮辱的な, 無礼な, 失敬な.

**in·su·per·a·ble** /ìns(j)úːpərəbl インスーパラブル[インスューパラブル]/ 形 (正式) 乗り越えられない, 克服できない.

**in·sur·ance** /inʃúərəns インシュアランス, (英) inʃɔ́ː-/ 图 **1** Ⓤ 保険; 保険料 ‖
She has **insurance** against fire. 彼女は火災保険に入っている.
pay out $1,000 in **insurance** 1000ドルの保険料を払う.
take out **insurance** on [upon] one's house 家に保険を掛ける.

関連 [保険の種類] accident insurance 傷害保険 / car insurance 自動車保険 / fire insurance 火災保険 / health insurance 健康保険 / life insurance 生命保険 / aviation insurance 航空保険 / group insurance 団体保険 / marine insurance 海上保険 / mutual insurance 相互保険 / unemploy-

ment insurance 失業保険 / social insurance 社会保険.
2 Ⓤ [しばしば an 〜] 保護手段 ‖
an insurance against fire 火災防止の手段.
**insúrance làw** (雇用)保険法.
**in·sure** /inʃúər インシュア, (英) inʃɔ́ː/ (同音 ensure) (動) (現分) --sur·ing) (他) 1 …に保険を掛ける ‖

insure oneself [one's life] with the postal life insurance system 簡易生命保険を掛ける.

insure one's house against fire for $100,000. 家に10万ドルの火災保険を掛ける.
2 (米・カナダ) …を保証する, 請け合う (◆この意味では ensure の方がふつう) ‖
── (自) 保険に入る.
**in·sur·gent** /insə́ːrdʒənt インサージェント/ (形) (正式) 暴動の, 反乱の.
── (名) Ⓒ [しばしば 〜s] 1 (正式) 暴徒, 反乱者 (rebel). 2 (米) (政党内の)反党分子.
**in·sur·mount·a·ble** /ìnsərmáuntəbl インサマウンタブル/ (形) (正式) (困難などが)克服できない.
**in·sur·rec·tion** /ìnsərékʃən インサレクション/ (名) Ⓒ Ⓤ (正式) 暴動, 反乱.
**in·sur·rec·tion·ist** /ìnsərékʃənist インサレクショニスト/ (名) Ⓒ 暴徒.
**in·tact** /intǽkt インタクト/ (形) (正式) 無傷の; 完全な, 影響を受けていない.
**in·take** /íntèik インテイク/ (名) [an 〜 / the 〜] 1 (ガスなどの)取り入れ口. 2 摂取量.
**in·tan·gi·ble** /intǽndʒəbl インタンヂブル/ (形) (正式) 1 実体のない, 無形の. 2 つかみどころのない, 不可解な.
**in·te·ger** /íntidʒər インティヂャ/ (名) Ⓒ 1 (数学) 整数. 2 完全体, 完全なもの.
**in·te·gral** /íntəgrəl インテグラル/ 1, 2 では intégral ともする/ (形) (正式) 1 不可欠な, 必須(ƒ\ˢ)の ‖
Television has long since become an integral part of Japanese life. テレビはずっと前から日本人の生活になくてはならないものになっている.
2 全体の, 完全な.
3 [数学] 整数の; 積分の.
**ín·te·gral·ly** (副) 完全に, 全体的に.
**in·te·grate** /íntəgrèit インテグレイト/ (動) (現分) --grat·ing) (他) (正式) …をまとめる, 統一する.
**in·te·gra·tion** /ìntəgréiʃən インテグレイション/ (名) Ⓤ 統合; 人種差別をやめること.
**in·teg·ri·ty** /intégrəti インテグリティ/ (名) Ⓤ (正式) 正直, 誠実.
**in·tel·lect** /íntəlèkt インテレクト/ (名) Ⓤ 1 知性, 知力, 理知 ‖
a man of intellect 理知的な人.
broaden the intellect 知性を磨く.
2 Ⓒ (略式) 知的な人; [the 〜(s); 集合名詞; 複数扱い] 識者, 知識人 ‖
the intellect(s) of the age 当代の知識階級.
\***in·tel·lec·tu·al** /ìntəlékʃuəl インテレクチュアル/ 〖「選び分ける能力のある」が原義〗

── 形 **1** 知性の, 知力の, 知性に関する; 理論的な, 理詰めの ‖
an intellectual occupation 知的職業.
the intellectual faculties 知能.
have an intellectual sympathy for him 彼に知的見地から同情を抱く.
**2** 知性のある, 理知的な ‖
an intellectual girl 理知的な少女.
── 名 Ⓒ 知識人, インテリ.
**in·tel·lec·tu·al·ly** /ìntəlékʃuəli インテレクチュアリ/ 副 知的に, 頭では; 知性に関しては.
**in·tel·li·gence** /intélidʒəns インテリヂェンス/ 名 1 Ⓤ 知能, 頭のよさ, 理解力, 思考力 ‖
artificial intelligence 人工知能.
human intelligence 人知.
be above average in intelligence 知能がふつう以上だ.
have the intelligence to save her 機転をきかせて彼女を救う.
2 Ⓤ (正式) 情報, 報道, 知識; [時に I〜] 諜(ƒ\ˢ)報機関 ‖
an intélligence òffice 情報局.
an intélligence àgent スパイ.
the intélligence bùreau (軍の)情報局.
Céntral Intélligence Ágency (米) 中央情報局 (略) CIA).
\***in·tel·li·gent** /intélidʒənt インテリヂェント/ 〖「(多くのものから)選び分ける力がある」が原義〗 (派) intelligence (名)
── 形 知能の高い, 理解力のある, 利口な; 頭のよさを示す, 気のきいた (類) intellectual, bright, clever) (↔ unintelligent) ‖
an intelligent criticism 気のきいた批評.
an intelligent person 頭のよい人.
**in·tel·li·gent·ly** /intélidʒəntli インテリヂェントリ/ 副 賢く, ものわかりよく.
**in·tel·li·gi·bil·i·ty** /intélidʒəbíləti インテリヂビリティ/ 名 (複) --ties/-z/) Ⓤ 理解できること, 明瞭さ; Ⓒ [intelligibilities] 明瞭な事柄.
**in·tel·li·gi·ble** /intélidʒəbl インテリヂブル/ 形 理解できる, わかりやすい.
**in·tél·li·gi·bly** 副 明瞭(ƒ\ˢ)に, わかりやすく.
**in·tend** /inténd インテンド/ 動 (他) (正式) **1** …を意図する; [intend to do / intend (that) 節] …するつもりである, …しようと思う ‖
I'm intending to go to Paris next year. 来年パリへ行こうと思っている.
I intended to be a doctor. 医者になるつもりだった (◆ 実際になれたかどうかは不明).
He intends his room to be cleaned. 彼は部屋を掃除するつもりだ.
It is not intended that she (should) go there. 彼女をそこへ行かせるつもりはない.
**2** [intend A to do] A〈人〉に…させるつもりである ‖
I intend him to help with my homework. 彼に宿題を手伝ってもらうつもりだ (= I intend (that) he (should) help me with my

homework.) 《◆I intend for him to help … は《米略式》》

**3** …を用いるつもりである;〈人〉を(職業に)つかせるつもりである;[intend A to be C] A〈人〉を C にするつもりである;[通例 be ~ed] 予定されている ‖
This book was **intended** for use in the public school. この本は公立学校の教材用に書かれた.

**intend** her **for** [**to be**] a doctor =**intend** her **for** the medical profession 彼女を医者にするつもりである.

It was **intended as** a joke. それは冗談のつもりだった.

Is this picture **intended to be** her? この絵は彼女を描いたつもりかい?

**4** 《文》…を意味する, 表す(mean) ‖
What do you **intend by** such a gesture? その身ぶりは何の意味だい.

**in·tense** /inténs インテンス/ 形 **1** 強烈な, 激しい, 猛烈な;濃い ‖
**intense** heat 酷暑, 高熱.
**intense** pain 激しい痛み.
**2** 激しい, 熱烈な, 真剣な;熱心な ‖
**intense** meetings 熱のこもった会議.
**intense** happiness すばらしい幸福.
**3** 感情的な, 熱情的な;感情的になりやすい ‖
an **intense** girl 情熱的な少女.

**in·tense·ly** /inténsli インテンスリ/ 副 激しく, 強烈に;熱心に.

**in·ten·si·fy** /inténsəfài インテンスィファイ/ 動 (三単現 --si·fies/-z/; 過去・過分 --si·fied/-d/) 他 (正式) …を強める, 激しくする;…の度を増す.

**in·ten·si·ty** /inténsəti インテンスィティ/ 名 (複 --si·ties/-z/)
**1** U 激しいこと;UC (行動・思想・気候などの) 強烈さ, 激しさ, 熱心さ;努力 ‖
study **with intensity** 熱心に勉強する.
the **intensity** of feeling 激しい感情.
**2** U 〔物理〕(熱・光・音・色・震度などの) 強度.

**in·ten·sive** /inténsiv インテンスィヴ/ 形

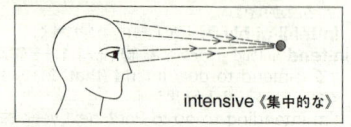

**intensive**《集中的な》

**1** 激しい, 強い;集中的な, 徹底的な ‖
**intensive** reading 精読.
an **intensive** course (会話などの) 集中訓練コース.
**2** 強化する, 強める.
**inténsive cáre ùnit** 集中治療室[病棟] (略 ICU).

**in·ten·sive·ly** /inténsivli インテンスィヴリ/ 副 激しく, 強く;集中的に.

**in·tent** /intént インテント/ 名 **1** U 〔法律〕意思, 意志, 決意, 故意(◆intention より堅い語) ‖
good **intent** 善意.
evil **intent** 悪意.
**by inténtion** 《略式》故意に, (非難を) 覚悟の上で.
They attacked him **with intent to** kill him. 彼らは殺す目的で彼を襲った.
**2** UC 意図されたもの;趣旨(と*), 意義 ‖
I wonder what the **intent** of her words is. 彼女の言葉の真意は何だろうか.
**to** [**for**] **áll inténts** (**and púrposes**) 《正式》あらゆる点で;事実上, 実際は.
—— 形 **1** しっかりと向けられた, 集中した ‖
My eyes **were intent on** the scene. 私の目はその光景に吸いつけられた.
**2** 没頭している, 熱中している ‖
with an **intent** expression on one's face 熱心な表情を浮かべて.
He **is intent on** gambling. 彼は賭博(ばく)に夢中だ.

**in·ten·tion** /inténʃən インテンション/ 名 **1** UC 意図, 意志, つもり(類 intent, purpose) ‖
**by inténtion** 故意に.
**with góod inténtions** 善意で.
**with the inténtion of** dòing one's dúty 義務を果たすつもりで.
**withòut inténtion** 何気なく.
Her **intention** is to study abroad. =It is her **intention to** study abroad. 彼女は留学するつもりだ.
I **have no intention of** obeying her. 彼女に従うつもりはない(= I don't intend to obey her.).
**2** C 意図されたもの, 目的, ねらい;[~s] 態度, 心構え;《略式》結婚の意志.

**in·ten·tion·al** /inténʃənl インテンショナル/ 形 意図的な, 計画的な, 故意の(↔ accidental) ‖
an **intentional** smile わざとらしい微笑.
I'm not **intentional** in flattering you. 君にへつらうつもりはない.
**inténtional wàlk** 〔野球〕敬遠の四球.

**in·ten·tion·al·ly** /inténʃənli インテンショナリ/ 副 故意に.

**in·tent·ly** /inténtli インテントリ/ 副 熱心に, 夢中で.

**in·ter** /intə́ːr インター/ 動 (過去・過分 in·terred/-d/; 現分 --ter·ring) 他 《文》…を埋める.

**in·ter·act** /ìntərǽkt インタラクト/ 動 自 相互に作用する.

**in·ter·ac·tion** /ìntərǽkʃən インタラクション/ 名 U 相互作用;言葉のやりとり.

**in·ter·cede** /ìntərsíːd インタスィード/ 動 (現分 --ced·ing) 自 《正式》仲介(な?)する.

**in·ter·cept** /ìntərsépt インタセプト/ 動 他 …を途中でつかまえる;…を横取りする.

**in·ter·cep·tion** /ìntərsépʃən インタセプション/ 名 CU 途中でつかまえること, 横取り.

**in·ter·ces·sion** /ìntərséʃən インタセション/ 名 U 仲裁, 調停.

**in·ter·change** /動 ìntərtʃéindʒ インタチェインヂ; 名 ´-·/ 動 (現分 --chang·ing) 他 **1** …を交換する (exchange);…をやりとりする ‖
**interchange** letters with him 彼と手紙をやり

とりする.
**2** …を入れ替える.
—⃞自 入れ替わる; 交替する; 交互に起こる.
—⃞名 **1** ⃞C⃞U (正式)交換, やりとり; 交替. **2** ⃞C (米)(高速道路の)インターチェンジ.

**in·ter·change·a·ble** /ˌɪntərtʃéɪndʒəbl インタチェインヂャブル/ ⃞形 互いに交換できる, 交替できる.

**in·ter·chánge·a·bly** 副 交換して, 取り替えて.

**in·ter·col·le·gi·ate** /ˌɪntərkəlíːdʒiət インタコリーヂアト/ ⃞形 大学間の, 大学対抗の.

**in·ter·com** /ˈɪntərkɑm インタカム/ -kɔm -コム/ 〖*intercom*munication system [unit] の略〗⃞名 (略式) [the ~] (社内・飛行機などの)内部相互通信装置, 構内電話.

**in·ter·con·ti·nen·tal** /ˌɪntərkɑntənéntl インタカンティネントル/ -kɔn- -コンティ-/ ⃞形 大陸間の.

**intercontinéntal ballístic míssile** 大陸間弾道弾(略)ICBM).

**in·ter·course** /ˈɪntərkɔːrs インタコース/ ⃞名 ⃞U (正式)交際, 交通; 交流, 親交; (国際間の)通商; 性交 ◆個人間の「交際」をいうときは contact, relation を用いる方が無難》‖
social intercourse 社交.

**in·ter·de·pend·ence** /ˌɪntərdɪpéndəns インタディペンデンス/ ⃞名 ⃞U 相互依存.

**in·ter·de·pend·ent** /ˌɪntərdɪpéndənt インタディペンデント/ ⃞形 相互依存の, 互いに頼り合う.

**in·ter·dict** /ˌɪntərdíkt インタディクト/ ⃞名 ⃞∸/ ⃞動 ⃞他 (正式)…を禁ずる.
—⃞名 ⃞C 禁止(命令).

*__**in·ter·est**__ /ˈɪntərəst インタレスト/ 〖「(お互いの)間に(inter)ある(est)」→「利害関係がある」〗
⃞派 interested (形), interesting (形)
→⃞名 **1** 関心 **2** 関心をそそること **4** 利害; 利益 **6** 利子
⃞動 ⃞他 興味を持たせる
—⃞名 (⃞名 ~s/-əsts/) **1** ⃞U⃞C 関心, 興味, 乗り気 ‖
arouse public interest 一般の関心を引き起こす.
fèel [tàke] (a) gréat ínterest in English 英語に大いに関心がある.
fèel [tàke] nó ínterest in English 英語に全く関心がない.
shów (an) ínterest in music 音楽に興味を示す.

**2** ⃞U⃞C 関心をそそること[もの], 好奇心をそそること[もの], おもしろみ; 趣味 ‖
a man of wide interests 多趣味の人.
a matter of interest 興味を引くもの.
places of interest 名所.
His two great interests in life are (in) politics and gardening. 彼の人生の二大関心事は政治と園芸だ.
The book is of nó ínterest to me. 私はその本に興味がない.

**3** ⃞U [修飾語を伴って] 重要性, 重大性 ‖
a matter of great interest 重要な事柄.

**4** ⃞U⃞C 利害(関係); [通例 ~s] 利益, 利; 私利, 私情 ‖
in the interest(s) of public safety (正式)公共の安全のために.
for the public interests 公益のために.
**5** ⃞C 所有権, 要求権; 利権, 株.
**6** ⃞U 利子, 利息; 利率; おまけ ‖
at [with] high interest 高利で.
return the blow with interest おまけをつけてなぐり返す.

**7** [~s; 集合個名詞; 複数扱い] 同業者, (利害)関係者, 大企業 ‖
the commercial [business] interests 財界側, 大企業側.
—⃞動 (三単現 ~s /-əsts/; 過去・過分 ~·ed /-ɪd/; 現分 ~·ing)
—⃞他 〈人〉に興味を持たせる, 関心を持たせる, 参加させる ‖
interest him in sports 彼にスポーツへの興味を持たせる.
interest oneself in his business 彼の事業に興味がある[関係する].
The news interested me. 私はそのニュースに興味を持った.

**ínterest ràte** 利(子)率.

*__**in·ter·est·ed**__ /ˈɪntərəstɪd インタレスティド/ 〖→interest〗
—⃞動 → interest.
—⃞形 **1a** 興味を持った; [be interested in **A**] **A**〈物・事〉に興味[関心]を持っている ‖
interested collectors 関心のある収集家.
an interested look 興味深げな顔つき.
I'm more interested in literature than (in) history. 歴史よりも文学の方がおもしろい(=Literature is more interesting to me than history.).
**b** [be interested to do] …することに興味を持っている; [be interested that 節] …ということに興味を持っている ‖
She's interested that I kept studying history. 彼女は私が歴史をずっと研究してきたことに関心を持っている.
対話 "I went to a yoga class this afternoon." "Did you? What did you learn? I'm really interested to know." 「きょうの午後ヨーガの講習に出たの」「ほんとうかい. 何を習ったの. ぜひとも知りたいね」.
**2** (利害)関係がある; [名詞の前で] 私利私欲のある.
**ín·ter·est·ed·ly** 副 興味を持って; 利害関係を考えて; 私利私欲のために.

*__**in·ter·est·ing**__ /ˈɪntərəstɪŋ インタレスティング/ 〖→interest〗
—⃞動 → interest.
—⃞形 [他動詞的に] 興味を引き起こす, 関心を引き起こす, おもしろい 《◆「こっけいでおもしろい」は amusing 》 ‖
an interesting story 興味をそそられる話.

The film is very interesting to me. その映画は私にはとてもおもしろい(=I am very interested in the film).

The demonstration of t'ai chi techniques was very interesting. 太極拳(%)の実演はとてもおもしろかった.

He was very interesting (to talk to). 彼は(話をすると)おもしろい人だった.

It is interesting that she doesn't notice her faults. おもしろいことに彼女は自分の欠点に気がついていない.

対話 "His latest novel deals with cloning." "That's interesting." 「彼の最新作はクローンがテーマなんだって」「それはおもしろいね」.

Q&A **Q**: interested と interesting はどのような関係にありますか. またこれと同じような関係にある語はほかに何がありますか.

**A**:「英語はおもしろい」は, I'm *interested* in English. / English is *interesting* (to me). のように表現されます. このように -ed は受身的に「〈人が〉ある感情を持っている」, -ing は他動詞的に「〈物・事人が〉(人に)ある感情を起こさせる」ことを示します. ほかには annoyed—annoying, bored—boring, confused—confusing, disappointed—disappointing, excited—exciting, frightened—frightening, pleased—pleasing, surprised—surprising などがあります.

**in·ter·est·ing·ly** 副 おもしろく;〔文全体を修飾〕おもしろいことに.

**in·ter·face** /íntərfèis インタフェイス/ 名 C 境界面;〔コンピュータ〕インターフェース.

**in·ter·fere** /ìntərfíər インタフィア/ 動 (現分 --fer·ing) 自 **1** じゃまをする; 妨げる ‖
Don't interfere with me. 僕のじゃまをしないでくれ.
**2** 干渉する, 口出しする ‖
Don't interfere in private concerns. 私事に口出しするな.
**3** 〈利害・主張などが〉衝突する.
**4** 〔スポーツ〕インターフェアをする, 妨害をする.

**in·ter·fer·ence** /ìntərfíərəns インタフィアレンス/ 名 CU **1** じゃま, 妨害; 干渉; 衝突. **2**〔スポーツ〕不法妨害, インターフェア. **3**〔物理〕(光波などの)干渉;〔通信〕混信.

**in·ter·gen·er·a·tion·al** /ìntərdʒènəréiʃənl インタヂェナレイショヌル/ 形 世代間の ‖
intergenerational equality 世代間の公平.

**in·ter·im** /íntərim インタリム/ 名 CU (正式)〔通例 the ~〕合間, しばらくの間(interim period) ‖
in the interim その間に.
—— 形 (正式) 中間の ‖
an ínterim repórt 中間報告.
**ínterim pèriod** = interim 名.

**in·te·ri·or** /intíəriər インティアリア/ 形 **1** 内の, 内部の, 内部にある, 内側の(↔ exterior) ‖

an interior surface 内面.
the interior parts of a house 家の内壁.
**2** 室内の, 屋内の. **3** 内陸[奥地]の, 海岸[国境]から離れた. **4** 国内の.
—— 名 (複 ~s/-z/) C **1** (正式)〔通例 the ~〕内部, 内側 ‖
the house interior 室内.
**2**〔建築〕インテリア, 室内(図);(映画・劇の)屋内の場面[背景].
**3**〔the ~〕内陸, 奥地.
**4**〔the ~〕内政 ‖
the Department of the Interior (米) 内務省((英) Home Office).

**intérior decorátion [desígn]** インテリアデザイン, 室内装飾.

**intérior décorator [desígner]** インテリアデザイナー, 室内装飾家.

**interj.** (略) interjection.

**in·ter·ject** /ìntərdʒékt インタヂェクト/ 動 (正式) 他 〈言葉など〉を不意にさしはさむ. —— 自 不意に言葉をさしはさむ.

**in·ter·jec·tion** /ìntərdʒékʃən インタヂェクション/ 名 **1** CU (正式) 不意の叫び; 感嘆. **2** C〔文法〕間投詞, 感嘆詞〈oh!, alas!, dear me! など. (略) interj.〕.

**in·ter·lock** /ìntərlák インタラク/-15k-ロク/ 名 —— 動 (正式) 自 組み合う. —— 他 …を組み合わせる.
—— 名 U 連結, 連動装置.
**in·ter·lóck·ing** 形 結びつける, つなぎ合わせる.

**in·ter·lop·er** /íntərlòupər インタロウパ/ 名 C 他人事でしゃばる人.

**in·ter·lude** /íntərlù:d インタールード/〔cf. prelude〕名 C **1** 合間; 合間のできごと. **2** (正式) 幕間(%); 幕間劇. **3**〔音楽〕間奏曲.

**in·ter·mar·riage** /ìntərmǽridʒ インタマリヂ/ 名 U (異なる人種・民族・宗教・階級間の)結婚.

**in·ter·mar·ry** /ìntərmǽri インタマリ/ 動 (三単現 --mar·ries/-z/;過去・過分 --mar·ried/-d/) 自 (異なる人種・宗教の間などで)結婚する.

**in·ter·me·di·ar·y** /ìntərmí:dièri|-diəri インタミーディアリ/ 名 (複 ~ar·ies/-z/) C **1** (正式) 仲介者[者], 媒介者[物]; 手段. **2** 中間段階. —— 形 仲介の, 媒介の, 中継の; 中間の, 中間にある.

**in·ter·me·di·ate** /ìntərmí:diət インタミーディアト/ 形 中間の, 中間にある; 中級の ‖
the intermediate examination (英国の大学の入学試験と卒業試験の間の)中間試験.
—— 名 C **1** 中間物; 仲介者. **2** (英大学の)中間試験.
**intermédiate schòol** (米) 中学校; 4-6年生を入れる小学校.

**in·ter·me·di·ate·ly** /ìntərmí:diətli インタミーディアトリ/ 副 中間にあって, 介在して.

**in·ter·mi·na·ble** /intə́:rmənəbl インターミナブル/ 形 (正式) 果てしない.
**in·tér·mi·na·bly** 副 果てしなく; 長々と.

**in·ter·mis·sion** /ìntərmíʃən インタミション/ 名 CU **1** (正式) 休止; 中断 ‖

without **intermíssion** 絶え間なく.
**2** 休憩(時間); 《米》(劇場などの)休憩時間, 幕間(まくあい).

**in·ter·mit·tent** /ìntərmítənt インタミテント/ 形 一時的にやむ[止まる], 断続的な.

**in·tern**¹ /intə́:rn インターン/ 動 他《正式》〈捕虜などを〉抑留する, 強制収容する.

**in·tern**², **–terne** /intə́:rn インターン/ 名 C《米》**1**(病院住込みの)医学研修生, インターン. **2**《教育》=student teacher.

**in·ter·nal** /intə́:rnl インターヌル/ 形 **1**《正式》内部の, 内部にある(↔ external); 体内の; 内服(用)の ‖
an **internal** angle 〖幾何〗内角.
**internal** organs 内臓.
medicines for **internal** use 内服用の薬.
suffer **internal** injuries in an accident 事故で内傷を受ける.
**2** 国内の, 内政の(domestic) (↔ foreign) ‖
**internal** trade 国内貿易.
meddle in the **internal** affairs of another country 他国の内政に干渉する.

**in·tér·nal·ly** 副 内部に; 内面的に.

*****in·ter·na·tion·al** /ìntərnǽʃənl インタナショヌル/ 〖国家(national)間(inter)の〗

〈国家間の, 国際的な〉
international

—形 国家間の, 国際的な, 国際上の ‖
an **international** conference 国際会議.
an **international** situation 国際情勢.
**international** law 国際法.
the Internátional Olýmpic Commìttee 国際オリンピック委員会 (略) IOC.
**international** trade 国際貿易.
Sport has **international** appeal. スポーツは国境を越えて(人の心に)訴える; スポーツに国境なし.
—名 **1**[the I~] インターナショナル《19-20世紀に結成された the First [Second, Third] *International* などの国際労働者同盟》. **2** C《主に英》国際競技; その出場者.

**internátional relátions** 国際関係; [単数扱い] 国際関係論.

**internátional wáters** 公海(↔ territorial waters).

**in·ter·na·tion·al·ly** /ìntərnǽʃənəli インタナショナリ/ 副 国際的に, 国際間で.

**In·ter·net** /íntərnèt インタネト/ 名 [the ~ / The ~] インターネット《世界的コンピュータネットワークの集合体. the Net ともいう》.

**in·tern·ist** /intə́:rnist インターニスト, –´– – /名 C《米》(主に成人を扱う)内科(専門)医.

**in·tern·ship** /intə́:rnʃip インターンシプ/ 名 C (大学生が在学中に実務経験を身に付けるための)研修計画, インターンシップ.

**in·ter·per·son·al** /ìntərpə́:rsənl インターパーソヌル/ 形 個人間の; 対人関係の.

**in·ter·pose** /ìntərpóuz インタポウズ/ 動 (現分) **–pos·ing**) 他《正式》**1** …を挿入する. **2**〈異議などを〉さしはさむ.

*****in·ter·pret** /intə́:rprət インタープリト/ 〖間に入って(inter)価をつける(pret). cf. price〗
派 **interpretation** (名), **interpreter** (名)
— 動 (三単現 ~s /-prəts/ ; 過去・過分 ~·ed /-id/ ; 現分 ~·ing)
—他 **1**《正式》…を解釈する, 説明する ‖
**interpret** a sentence 文を解釈する.
**interpret** a dream 夢判断をする.
I **interpreted** his smile **as** consent. 彼の微笑を同意とみなした.
〔対話〕 "I don't think I can **interpret** what he is trying to say." "I can't either."「どうも彼が言おうとしている意味がわからないんだ」「私もそうです」.
**2** …を通訳する; 〖コンピュータ〗〈プログラム〉を翻訳する ‖
She **interpreted** to the ambassador what the Russian was saying. 彼女はそのロシア人のいうことを大使に通訳した.
**3**《正式》(自己の感覚・解釈で)…を演ずる, 演奏する, 演出する.
—自 通訳する, 解説する ‖
**interpret for** a tourist 観光客に通訳する.

*****in·ter·pre·ta·tion** /intə̀:rprətéiʃən インタープリテイション/ 〖→ ionterpret〗
—名 (複 ~s /-z/) U C **1** 解釈, 説明; (夢などの)判断 ‖
put an **interpretation** on his silence 彼の沈黙の意味を理解する.
**2** 通訳(すること) ‖
simultaneous **interpretation** 同時通訳.
**3** (劇・音楽などの)解釈; (自己の解釈に基づく)役作り, 演出, 演奏.

*****in·ter·pret·er** /intə́:rprətər インタープリタ/ 〖→ interpret〗
—名 (複 ~s /-z/) C **1** 解釈者, 解説者; 通訳(者)(cf. translator).
**2** 演出者.
**3** 〖コンピュータ〗インタプリタ, 解釈プログラム.

**in·ter·ra·cial** /ìntəréiʃl インタレイシュル/ 形 異人種間の; 各人種の混合した.

**in·ter·re·late** /ìntərriléit インタリレイト/ 動 (現分) **–lat·ing**) 自 相互に関係する. — 他 …を相互に関係づける.

**in·ter·re·lat·ed** /ìntərriléitid インタリレイティド/ 動 → interrelate. —形 相互に関係のある, 相関的な.

**in·ter·ro·gate** /intérəgèit インテロゲイト/ 動 (現分) **–gat·ing**) 他 …を尋問する, 取り調べる.

**in·ter·ro·ga·tion** /intèrəgéiʃən インテロゲイション/ 名 U C 質問, 尋問, 審問; 疑問.

**in·ter·rog·a·tive** /ìntərɑ́gətiv インタラガティヴ | -rɔ́g- インタロガティヴ/ 形 **1** 疑問の, 疑問を表す; 不

審そうな. **2**〖文法〗疑問の. ──图 C〖文法〗疑問文；疑問(代名)詞.

**in·ter·ro·ga·tor** /intérəgèitər インテロゲイタ/ 图 C 尋問者, 審問者.

***in·ter·rupt** /ìntərʌ́pt インタラプト/ 〖間に入って (inter) 破壊する (rupt). cf. cor*rupt*, ab*rupt*〗
──動 (三単現) ~s/-ʌ́pts/ ; (過去・過分) ~·ed /-id/ ; (現分) ~·ing)
──他 **1** …の仕事のじゃまをする, 〈話など〉の腰を折る；「…」と言って話の腰を折る ‖
interrupt a speaker with frequent questions 何度も質問して講演者のじゃまをする.
Excuse me for interrupting you, but … お話し中失礼ですが….

**2** …を中断する, 分断する, 妨(さまた)げる；〈交通などを〉不通にする；(正式)〈眺めなどを〉さえぎる ‖
interrupt his sleep 彼の睡眠を妨げる.
Sometimes the verb phrase is interrupted by another part of speech. 動詞句は時として別の品詞に分断される.

──自 (人の話の)じゃまをする ‖
Please don't interrupt. じゃましないでください.

**in·ter·rup·tion** /ìntərʌ́pʃən インタラプション/ 图 CU じゃま, 妨害；中断, 休止 ‖
without interrúption 間断なく.
**2** C 中断する物, 妨害物.

**in·ter·sect** /ìntərsékt インタセクト/ 動 (正式) 他 〈道〉を〈野原などを〉横切る；〈道・線・平面が〉…と交わる.
──自 交わる ‖
If two lines intersect at a point, they form four angles. 2直線が1点で交われば4つの角ができる.

**in·ter·sec·tion** /ìntərsékʃən インタセクション/ 图 **1** U 横切ること, 交差(すること). **2** C (道路の)交差点.

**in·ter·sperse** /ìntərspə́:rs インタスパース/ 動 (現分) ··spers·ing) 他 (正式) …をまき散らす, 点在させる.

**in·ter·state** /ìntərstéit インタステイト/ 形 (米) 各州間の.
**ínterstate híghway** 州道路.

**in·ter·twine** /ìntərtwáin インタトワイン/ 動 (現分) ··twin·ing) 他 …をからみ合わせる. ──自 からみ合う.

**in·ter·val** /íntərvl インタヴル/ (アクセント注意) 图 C **1** (時間の)間隔, 隔たり；合間, 休止期間 ‖
buses leaving at regular intervals 一定の間隔で発車するバス.
I saw him after an interval of five years. = I saw him after a five years' interval. 5年ぶりに彼に会った.
(対話) "How will they start running?" "At every 3-minute interval." 「彼らはどんなふうに走り出すの?」「3分ごとの間隔をおいて出発します」.
**2** (空間の)隔たり, 距離；すきま ‖
in the interval その合間に.
at intervals of two feet 2フィートおきに.

**3** (英) (芝居・音楽会などの)休憩時間, 幕間(まくあい) (((米)intermission).
***at íntervals*** (1) ときどき, 折々. (2) あちこちに. (3) → 1, 2.

**in·ter·vene** /ìntərví:n インタヴィーン/ 動 (現分) ··ven·ing) **1** (文) (2者間に)起こる, 入る, 介在する, 現れる ‖
A week intervenes between Christmas and New Year's Day. クリスマスと正月の間は1週間ある.
**2** (正式) 干渉する；仲裁をする ‖
intervene in a dispute 紛争の調停をする.

**in·ter·ven·ing** /ìntərví:niŋ インタヴィーニング/ 動 → intervene. ──形 間の, 間に起こる.

**in·ter·ven·tion** /ìntərvénʃən インタヴェンション/ 图 CU (正式) **1** 介在；仲裁, 調停. **2** (内政)干渉, 介入.

***in·ter·view** /íntərvjù: インタヴュー/ 〖間に(inter) 見る(view). cf. re*view*〗

interview
〈1 面接〉
〈2 インタビュー〉

──图 (複 ~s/-z/) C **1** (公式の)会見, 会談；面接, 面談 ‖
The prime minister hàd an ínterview with the reporters. 総理大臣は記者団と会見した.
gìve an ínterview to the delegation 代表団に会見する.
an interview for a job = a job interview 入社試験面接.
**2** (記者などの)インタビュー, 取材訪問, 聞きこみ.
**3** 訪問〖会見〗記事.
──動 他 …と会見〔面談, 面接〕する；…をインタビューする, 聞きこみ捜査をする ‖
She was interviewed for the job but was not hired. 彼女は就職の面接を受けたが採用されなかった.

**in·ter·view·ee** /ìntərvjuí: インタヴューイー/ 图 C 面接を受ける者, インタビューされる人 《◆「面接する人」は interviewer》.

**in·ter·view·er** /íntərvjù:ər インタヴューア/ 图 C 会見者, インタビューする人；面接官.

**in·ter·weave** /ìntərwí:v インタウィーヴ/ 動 (過去) ··wove または ~d, (過分) ··wo·ven または ··wove または ~d) 他 〈糸・ひもなど〉を織り合わせる.

**in·ter·wo·ven** /ìntərwóuvn インタウォウヴン/ 動 → interweave. ──形 織り〔編み〕合わされた；混ぜ合わされた.

**in·tes·tate** /intésteit インテステイト, -tit/ 形 〈人が〉遺言を残さない.

**in·tes·tine** /intéstin インテスティン/ 图 C 〖解剖〗[通例 ~s; 単数扱い] 腸 ‖
the large intestine 大腸.

**in·tes·tin·al** /intéstənl インテスティヌル/ 形 腸の ‖
the intestinal canal 腸(管).

**in·ti·ma·cy** /íntəməsi インティマスィ/ 名 (複 --ma·cies/-z/) (正式) **1** ⓊⒸ 親しいこと; 詳しい知識 ‖
be on terms of **intimacy** with him 彼と親しい間柄だ.
cultivate **intimacy** with another culture (人・物・事と) 他の文化を通してなじみになる.
**2** ⓊⒸ [しばしば intimacies] 愛情行為, 愛情表現《キス, 性交など》.

**in·ti·mate**[1] /íntəmət インティマト/ 形 (正式) **1** 親密な, 親しい, 懇(ねんご)意な ‖
I am on **íntimate térms** with her. =She is my **intimate** friend. 彼女と親密な間柄である.

> Q&A **Q**: my intimate friend は性的関係を連想させる間柄と取られると聞きましたが.
> **A**: 異性間ではそういう傾向があります. それを避けるには, my close [old] friend などと言う方がいいでしょう.

**2** 個人的な, 私事の; 人目につかない, 内密の ‖
one's **intimate** affairs 私事.
**3** 詳細な, 深い ‖
have an **intimate** knowledge of baseball 野球に精通している.
**4** 内心の, 心の奥の, 本質的な, 根本的な ‖
one's **intimate** feelings 心の奥の感情.
the **intimate** analysis of the data 資料の本質的な分析.
— 名 Ⓒ (文) [しばしば one's ~] 親友, 腹心の友.

**in·ti·mate**[2] /íntəmèit インティメイト/ 動 (現分 --mat·ing) 他 (正式) …をほのめかす, 知らせる, 公表する.

**in·ti·mate·ly** /íntəmətli インティマトリ/ 副 親密に, 親しげに, 心の底から.

**in·ti·ma·tion** /ìntəméiʃən インティメイション/ 名 Ⓒ (正式) **1** ほのめかすこと, 暗示 ‖
give an **intimation** of starting 出発をほのめかす.
**2** 公示, 通告.

**in·tim·i·date** /intímidèit インティミデイト/ 動 (現分 --dat·ing) 他 (正式) …を脅迫(きょうはく)する.

**in·tim·i·da·tion** /intìmidéiʃən インティミデイション/ 名 Ⓤ 脅迫, おどし.

**＊in·to** /(弱) 子音の前 íntə イントゥ; 母音の前 íntu イントゥ; (強) íntu(ː) イントゥ(ー)/ 《in(中)へ(to). cf. **onto**》
— 前 **1** [内部への運動・方向] **a** [場所・空間・時間] …の中へ[に], …へ, …に ‖
gó **into** the hóuse 家の中へ入る《◆目的語が文脈上明らかで省略されるときは in となる: gò ín (中へ)入る. → in 副**1**》.
bite **into** an apple リンゴをかじる.
If you look **into** the sky tonight, you can see the evening star. 今夜, 空を見れば宵の明星が見つかります.
throw it **into** the river それを川に投げ込む.
work far [late] **into** the night 夜ふけまで勉強する.
**b** [比喩的に]〈ある状態〉の中へ;〈事業・活動など〉の中へ ‖
run **into** debt 借金をする.
I got **into** difficulties. 私は困難に陥った.
**c** [行為の対象] …を《◆「詳しく」「深く」というニュアンスをもつことが多い》‖
inquire **into** the matter その事件を調査する.
I didn't go **into** details. 詳細には論じなかった.
対話 "What do you want to do in your life?" "I want to go **into** the political world." 「将来何をしたいと思っているのですか」「政界に入りたいんだ」.
**2** [変化・推移・結果] …に(なって, 変わって) ‖
burst **into** laughter どっと笑う.
divide the cake **into** three pieces ケーキを3つに分ける.
translate [put] English **into** Japanese 英語を日本語に訳す.
He turned **into** a tyrant. 彼は独裁者に変身した.
The sleet changed **into** snow. みぞれは雪に変わった.
I tried to argue [talk] him **into** going. 私は彼を説得して行かせようとした《◆「説得して行かせない」out of going》.
**3** [衝突] …にぶつかって ‖
run **into** a wall 壁に突きあたる.
She bumped **into** me. 彼女は私にドスンとぶつかった.
**4** 〔数学〕…を割って ‖
Three **into** six is [goes] two. 6割る3は2.
**5** (略式) …に熱中[没頭]して, 関心を持って ‖
She's véry mùch **ínto** jázz. 彼女はジャズに夢中になっている.

**in·tol·er·a·ble** /intálərəbl インタララブル|-tɔ́l- -トララブル/ 形 (正式) 耐えられない, 我慢できない.

**in·tól·er·a·bly** /intálərəbli インタララブリ/ 副 耐えられないほどに.

**in·tol·er·ance** /intálərəns インタララランス|-tɔ́l- -トラランス/ 名 **1** Ⓤ 不寛容, 偏狭, 心の狭いこと. **2** 耐えられないこと.

**in·tol·er·ant** /intálərənt インタララント|-tɔ́l- -トラント/ 形 不寛容な, 心の狭い; 許せない, 我慢できない ‖
She is **intolerant** of any laziness. 彼女はどんな怠慢(たいまん)にも我慢ができない.

**in·tól·er·ant·ly** /intálərəntli インタララントリ/ 副 偏狭に; 我慢できないで.

**in·to·na·tion** /ìntənéiʃən イントネイション/ 名 ⒸⓊ 〔音声〕イントネーション, (声の) 抑揚, 音調, 語調.

**in·tox·i·cant** /intáksikənt インタクスィカント|-tɔ́ks- -トクスィカント/ 形 酔わせる. — 名 Ⓒ (正式) 酔わせるもの; (主に) 酒.

**in·tox·i·cate** /intáksikèit インタクスィケイト|-tɔ́ks- -トクスィケイト/ 動 (現分 --cat·ing) 他 **1** (正式) …を酔わせる.
**2** (正式) …を熱狂させる, 夢中にさせる ‖
be **intoxicated** with [by] the victory 勝利に

湧き返っている.

**in·tox·i·cat·ed** /intάksikèitid イントクスィケイティド | -tɔ́ks- -トクスィケイティ/ 動 → intoxicate.
——形 **1** (酒に)酔った. **2** 興奮した, 有頂天になった.

**in·tox·i·ca·tion** /intɑ̀ksikéiʃən インタクスィケイション | -tɔ̀ks- -トクスィケイション/ 名 U **1** 酩酊(%); 酔い. **2** 夢中, 興奮.

**in·trac·ta·ble** /intrǽktəbl イントラクタブル/ 形 **1** (正式) 手に負えない, 扱いにくい, 強情な. **2** 処理[治療]しにくい.

**in·tra·net** /íntrənèt イントラネト/ 名 C 〔コンピュータ〕 イントラネット《インターネット技術を使って企業内に構築する情報ネットワークシステム》.

**in·tran·si·tive** /intrǽnsətiv イントランスィティヴ, (英+) -trάːn-/ 形 〔文法〕自動(詞)の. ——名 C = intransitive verb.

**intránsitive vèrb** 自動詞(略) vi., v.i.) (intransitive).

**in·tra·ve·nous** /ìntrəvíːnəs イントラヴィーナス/ 形 静脈内の; 静脈注射の ‖
be on an **intravenous** bottle 点滴中である.
——名 C 静脈注射; 輸血; 点滴.

**in·tra·ve·nous·ly** /ìntrəvíːnəsli イントラヴィーナスリ/ 副 静脈を通じて, 静脈から ‖
be fed **intravenously** 点滴を受ける.

**in·trep·id** /intrépid イントレピド/ 形 (正式) 大胆(不敵)な, 恐れを知らない.

**in·tri·ca·cy** /íntrikəsi イントリカスィ/ 名 (複 --cies/-z/) (正式) **1** U 複雑(さ), 込み入っていること. **2** C 〔しばしば intricacies〕込み入った事柄[事情].

**in·tri·cate** /íntrikət イントリカト/ 形 (正式) 入り組んだ, 込み入った, 複雑な, はっきりしない.

**ín·tri·cate·ly** 副 複雑に, 入り組んで.

**in·trigue** /名 íntriːɡ イントリーグ; 動 -́-/ 名 U 陰謀(を), C 陰謀事件.
——動 (現分 --tri·gu·ing) (正式) 自 陰謀を企てる.
——他 **1** …の好奇心[興味]をそそる. **2** …を陰謀で達成する.

**in·trin·sic** /intrínsik イントリンスィク, -zik/ 形 (正式) 本来備わっている.

**in·trín·si·cal·ly** 副 本質的に, 本来.

*__**in·tro·duce**__ /ìntrəd(j)úːs イントロドゥース (イントロデュース)/ 《中に(intro)導く(duce)》. cf. produce, reduce](名 introduction (名)
——動 (三単現 --duc·es /-iz/, 過去・過分 ~d /-t/, 現分 --duc·ing)
——他 **1** [introduce A (to B)] A〈人〉を(B〈人〉に)紹介する; A〈若い女性など〉を(B〈社交界〉に)登場させる(♦present よりくだけた語)‖
Please let me **introdúce** myself. 自己紹介させて下さい.
Allow me to [Let me] **introduce** you to Mr. Shannon. シャノンさんをご紹介します.
The girl was **introduced** to society. その若い女性は社交界にデビューした.

Q&A **Q**: 人を紹介するときや紹介してもらいたいときはどう言えばいいでしょうか.

**A**: (1) 人を紹介するときは "This is John Brown." "I'd like you to meet John Brown." などが一般的です. 親しい間柄では "Meet my next-door neighbor." などでよいでしょう. "Ms. Tanaka, may I *introduce* Mr. Brown?" は堅苦しい表現です. 女性, 年上, 目上の人には先に紹介します. 女性に紹介されたときには男性は立ち上がるのが礼儀です.
(2) 紹介してもらいたいときは "Would you *introduce* me to her?" 「彼女に紹介していただけませんか」とか "I don't know anyone here. Would you do the honors?" 「ここには知り合いがいません. 紹介していただけませんか」などと言えばいいでしょう.

**2** …を導入する; [introduce A into [to] B] A〈物・事〉を B〈会社・人など〉に(新しく)導入する; 披露する, (初めて)伝える ‖
**introduce** a new custom 新しいしきたりを採り入れる.
New methods were **introduced into** the hospital. 新しい方式がその病院に導入された.
対話 "I don't know any good coffee shops in this area. I just moved in." "Well, in that case, let me **introduce** you **to** one of the best I know." 「この辺においしいコーヒー店があるのか知らないんだけど. 引越してきたばかりでね」「おや, それなら私の知っている最高の店を1軒紹介しましょう」.
**3** (正式) [introduce A to B] A〈人〉に B〈物・事〉を経験させる, …に手ほどきをする ‖
**introduce** him **to** soccer 彼にサッカーを教える.
**4** (正式) 〈話題〉を持ち出す; 〈議案など〉を提出する ‖
**introduce** a new plan **into** the discussion 新計画を討論に持ち出す.
**5** …を挿入する.

**in·tro·duc·ing** /ìntrəd(j)úːsiŋ イントロドゥースィング/ 動 → introduce.

*__**in·tro·duc·tion**__ /ìntrədʌ́kʃən イントロダクション/ [→ introduce]
——名 (複 ~s /-z/) **1** U C 〔しばしば ~s〕紹介, 披露(ひろう) ‖
a létter of **introdúction** 紹介状.
make **introductions** of guests to each other 客同士をひきあわせる.
Thank you (very much) for your kind **introduction**. (講演などで司会者に紹介されて)ご紹介ありがとうございました (♦「ただいまご紹介にあずかりました…でございます」のように改めて自分の名を名のることはしない).
**2** U C 導入, 輸入, 伝来; 採用される[する]物[事] ‖
the **introduction of** Buddhism **into** Japan 仏教の日本伝来.
**3** C 序論, 前置き; **入門(書)**, 概論 ‖
an **introduction to** English conversation 英会話入門.

4 ⓒ〔音楽〕序奏, 前奏.

**in·tro·duc·to·ry** /ìntrədʌ́ktəri イントロダクタリ/ 形 紹介の; 前置きの; 入門的な.

**in·tro·spec·tion** /ìntrəspékʃən イントロスペクション/ 名 Ⓤ 〔正式〕内省(哲).

**in·tro·vert** /íntrəvə̀ːrt イントロヴァート | íntrəu- イントロウ-/ 名形 ニ/ 動 他 …を内へ向ける.
——名 Ⓒ 〔心理〕内向性の人 (↔ extrovert); はにかみ屋.
——形 〔心理〕内向性の, 内向的な.

**in·tro·vert·ed** /íntrəvə̀ːrtid イントロヴァーティド | íntrəu- イントロウ-/ 動 → introvert. ——形 〔心理〕内向性の, 内向的な.

**in·trude** /intrúːd イントルード/ 動 (現分 --trud·ing) 他 〔正式〕[intrude A on [upon] B] A〈意見など〉を B〈人〉に無理に押しつける, 強いる; [~ oneself] 押しかけて行く, 介入する; 〈人・物・事が〉割り込む ‖
Don't intrude yourself on her privacy. 彼女のプライバシーに介入するな.
——自 〔正式〕じゃまをする; 侵入する, 押し入る, 立ち入る ‖
I hope I am not intruding (on you). おじゃまではないでしょうね.

**in·trud·er** /intrúːdər イントルーダ/ 名 Ⓒ 侵入者, 乱入者; じゃま者; 〔空軍〕(夜間の)襲撃機.

**in·tru·sion** /intrúːʒən イントルージョン/ 名 ⓒⓊ 〔正式〕押しつけ, 侵入; 侵入行為.

**in·tru·sive** /intrúːsiv イントルースィヴ/ 形 〔正式〕押し入る, 侵入的な; 押しつけがましい.

**in·tu·i·tion** /ìntjuíʃən インテュイション/ 名 1 Ⓤ 〔正式〕直観[直覚]力; 洞察(力) ‖
by intuition 勘で.
2 ⓒⓊ 〔哲学〕直観; 直観的知覚.

**in·tu·i·tive** /intjúːitiv インテューイティヴ/ 形 〔正式〕直観の; 直観力のある, 直観的な.

**in·tú·i·tive·ly** 副 直観的に.

**In·u·it** /ínuət イヌイット | ínjuət/ 名 イヌイット (→ Eskimo).

**in·un·date** /ínʌndèit イナンデイト, -ən-/ 動 (現分 --dat·ing) 他 〔正式〕1 …を水浸しにする. 2 …に殺到する.

**in·un·da·tion** /ìnʌndéiʃən イナンデイション, -ən-/ 名 ⓒⓊ 氾濫(はんらん), 浸水; Ⓤ 洪水; 殺到.

**in·vade** /invéid インヴェイド/ 動 (現分 --vad·ing) 他 1 …に侵入する, …を侵略する ‖
invade a country 国に侵入する.
2 …に押し寄せる, なだれこむ ‖
Many tourists invade our town every year. 毎年多くの観光客が私たちの町に押し寄せてくる.
3 〔正式〕…を侵害する(interfere with) ‖
invade his privacy 彼のプライバシーを侵害する.

**in·vad·er** /invéidər インヴェイダ/ 名 Ⓒ 〔通例 the ~〕侵略者.

**in·va·lid**[1] /ínvəlid インヴァリド | ínvəliːd インヴァリード/ 名 Ⓒ 病弱者, 病人.
——形 病弱な; 病弱者用の ‖
an invalid chair 病人用いす.
——動 他 …を病気にかからせる; 〔英〕[通例 be ~ed] 傷病兵として送還される.

**in·val·id**[2] /invǽlid インヴァリド/ 形 〔正式〕根拠の薄い, 説得力のない; 〔法律〕法的効力のない, 無効の.

**in·val·i·date** /invǽlidèit インヴァリデイト/ 動 他 …を無効にする.

**in·val·i·da·tion** /invæ̀lidéiʃən インヴァリデイション/ 名 ⓒⓊ 無効にすること[状態], 無効になること[状態].

**in·val·u·a·ble** /invǽljuəbl インヴァリュアブル/ 形 〔正式〕評価できないほど貴重な 《♦ valuable を強調した語》.

**in·var·i·a·ble** /invɛ́əriəbl インヴェアリアブル/ 形 一定不変の.

**in·var·i·a·bly** /invɛ́əriəbli インヴェアリアブリ/ 副 一定不変に, 変わることなく; いつも, 例外なく決まって.

**in·va·sion** /invéiʒən インヴェイジョン/ 名 ⓒⓊ 1 侵入, 侵略 ‖
protest the Soviet invasion of [ˣto, ˣinto] Afghanistan アフガニスタンへのソ連の侵攻に抗議する.
2 (病気・災害などの)侵入.
3 殺到.
4 侵害 ‖
invasion of privacy プライバシーの侵害.

## \*in·vent /invént インヴェント/ 〖〔上に(in)出てくる(vent). cf. venture, convention〗
㊗ invention (名), inventor (名)
——動 (三単現 ~s /-vénts/; 過去・過分 ~ed /-id/; 現分 ~ing)
——他 1 …を創り出す, 発明する, 考案する ‖
Who invented the radio? ラジオを発明したのはだれですか.
invent a new way 新方法を考え出す.
対話 "Life 100 years from now will probably be very different." "I suppose so. Someone will probably invent a car which causes no air pollution." 「今から100年後の生活はおそらくずいぶん違っていることだろうね」「そうでしょうね. たぶん大気をまったく汚さない車を誰かが発明するんじゃないかな」.
2 …をでっちあげる ‖
invent a lie うそをでっちあげる.

## \*in·ven·tion /invénʃən インヴェンション/ 〖→ invent〗
——名 (複 ~s/-z/) 1 Ⓤ 発明, 創案; 発明の才, 創造力 (creativity) ‖
the invention of the camera カメラの発明.
a man of much invention 発明の才に富む人.
Necessity is the mother of invention. 《ことわざ》必要は発明の母.
2 Ⓒ 発明品 ‖
his numerous inventions 彼の多くの発明品.
The calculator is a wonderful invention. 計算器はすばらしい発明品だ.
3 ⓒⓊ 作り事, 作り話, でっちあげ ‖
The story was just another of his inven-

**in·ven·tive** /invéntiv インヴェンティヴ/ 形 発明の(才のある) (creative), 創意に富む ‖
inventive ability 発明の才.

**in·ven·tor** /invéntər インヴェンタ/ 名 C 発明した人, 創案者; 発明家 ‖
Who is the **inventor** of the radio? ラジオを発明した人はだれですか.

**in·ven·to·ry** /ínvəntɔ̀ːri インヴェントーリ |-təri -タリ/ 名 (複 **-to·ries**/-z/) C 一覧表; 在庫品; U (米) 在庫調べ.

**in·verse** /invə́ːrs インヴァース, ←/ 形 〈位置・方向・傾向が〉逆の, 正反対の, あべこべの.
**in·vérse·ly** 副 逆に, 正反対に.

**in·ver·sion** /invə́ːrʒən インヴァージョン |-ʃən -ション/ 名 CU 1 逆, 反対; 転倒. 2 【文法】 倒置(法).

**in·vert** /invə́ːrt インヴァート/ 動 他 (正式)…を逆さまにする, ひっくり返す; …を裏返しにする.

**in·ver·te·brate** /invə́ːrtəbrət インヴァーテブラト, -brèit/ 形 [動] 脊椎(ついきつ)のない.

**in·vest** /invést インヴェスト/ 動 他 1 [invest A in B] A〈金〉を B〈物〉に投資する, (略式) A〈金・時間・精力など〉を B〈物・事〉に使う, 注ぐ ‖
**invest** one's money in real estate 金を不動産に投資する.
2 (正式)…に備わっている; …に与える ‖
**invest** him with full authority 彼に全権を与える.
──自 投資する; (略式) 買う ‖
**invest** in a new car 新車を買う.

**in·ves·ti·gate** /invéstəgèit インヴェスティゲイト/ 動 (現分) **··gat·ing**) 他 …を調べる, 調査する, 取り調べる ‖
The police are **investigating** the murder. 警察はその殺人事件を調査中だ.
──自 調査する, 研究する ‖
**investigate** into an affair 事件を調べる.

**in·ves·ti·ga·tion** /invèstəgéiʃən インヴェスティゲイション/ 名 CU 調査, 取り調べ, 研究 ‖
ùnder investigátion 調査中で.
màke investigátion(s) ìnto a mystery なぞを調べる.
On [Upòn] investigátion, the plan proved to be impractical. 調査してみると計画は非現実的なものであるとわかった.

**in·ves·ti·ga·tive** /invéstəgèitiv インヴェスティゲイティヴ/-gətiv -ガティヴ/ 形 調査する, 調査好きの; 研究する, 研究好きの ‖
**investigative** reporting [journalism] (汚職などに対するマスコミ独自の)調査報道.

**in·ves·ti·ga·tor** /invéstəgèitər インヴェスティゲイタ/ 名 C 調査者.

**in·vest·ment** /invéstmənt インヴェストメント/ 名 (複 ~s/-mənts/) 1 UC 投資, 投下資本; 投資の対象 ‖
a good **investment** 有利な投資物.
màke an **invéstment** of $1,000 in bonds 債券に 1000 ドルを投資する.
2 CU 授与, 任命.

**in·ves·tor** /invéstər インヴェスタ/ 名 C 投資者, 出資者.

**in·vet·er·ate** /invétərət インヴェタラト/ 形 (正式)〈病気・習慣・感情などが〉根深い; 慢性の.

**in·vig·o·rate** /invígərèit インヴィガレイト/ 動 (現分) **··rat·ing**) 他 (正式)…を元気づける.

**in·vin·ci·ble** /invínsəbl インヴィンシブル/ 形 (正式) 1 征服できない, 無敵の. 2 不屈の; 克服できない; 打ち負かせない.
**Invíncible Armáda** =armada 2.
**in·vín·ci·bly** 副 無敵に, 克服しがたく.

**in·vis·i·bil·i·ty** /invìzəbíləti インヴィズィビリティ/ 名 U 目に見えないこと, 不可視性.

**in·vis·i·ble** /invízəbl インヴィズィブル/ 形 1 見えない, 目につかない(ほど小さい) (↔ visible) ‖
The star is **invisible** to the naked eye. その星は肉眼では見えない.
2 顔[姿]を見せない, 隠れた ‖
She remains **invisible**. 彼女は人前に出ない.
**in·vís·i·bly** 副 目につかないほど, 目に見えないように.

**in·vi·ta·tion** /invitéiʃən インヴィテイション/ 名 1 U 招待, 招待する[される]こと; UC 勧誘; C 招待状, 案内状 (→ invite 1 表現) ‖
at the **invitation** of the press 報道機関の招きで.
accept an **invitation** to run the hotel ホテル経営の勧誘に応じる.
receive a letter of **invitation** 招待状を受け取る.
2 UC 誘惑, 挑発(する物) ‖
an **invitation** to fail [to failure] 失敗の誘因.

**\*in·vite** /inváit インヴァイト/ 『「尋ねる」→「求める」が原義』派 invitation (名)
──動 (三単現 ~s/-váits/; 過去・過分 **··vit·ed** /-id/; 現分 **··vit·ing**)
──他 1 …を招く; [invite A to B] A〈人〉を(正式に) B〈会・食事などに〉招待する ‖
be invited in for a meal 食事に招き入れられる.
**invite** him (along) to [into] my house 彼を私の家に招く.
I often get **invited** out [over, round]. 私はよく招かれて出かける.
You may **invite** whomever you like. だれでも好きな人を招いていいですよ.
対話 "I'd like to **invite** you to a musical." "That sounds great." 「ミュージカルに招待したいのですが」「すてきだわ」.

---

表現 [招待(状)の一例] (1) 書状では You are cordially *invited* to our 2003 summer session. 2003 年の夏の会議にご招待いたします. 終わりに RSVP (お返事ください)か Regrets only. (欠席の場合のみお知らせください)を書く.
(2) 口頭では I should like to *invite* you to have dinner at my house Friday at six.

金曜日6時に私の家での夕食にお招きしたい.

**2** (正式) …を求める, 請(う)う; …を引きつける, 魅了する; [invite **A** to do] **A**〈人〉に…するように勧める, 依頼する, 誘惑する; 「…」と言って勧める ‖ invite comments from him 彼に意見を求める. invite him to attend the party 彼にパーティーに出席するよう依頼する.
**3** …を引き起こす, もたらす ‖ invite laughter 笑いを引き起こす. Careless driving will invite accidents. 不注意な運転は事故を招く.

**in·vit·ing** /inváitiŋ インヴァイティング/ 動 → invite. ━━形 招く; 魅力的な.
**in·vít·ing·ly** 副 魅力的に.

**in·vo·ca·tion** /ìnvəkéiʃən インヴォケイション | ìnvəu- インヴォウ-/ 名CU (正式) (神への)祈り.

**in·voice** /ínvɔis インヴォイス/ 名C (商業) 送り状 (による送付).

**in·voke** /invóuk インヴォウク/ 動 (現分 -vok·ing) 他 (正式) **1** 〈神などの助け〉を祈(の)願する; 〈神など〉に呼びかける. **2** …を嘆(な)願する. **3** 〈霊など〉を呼び出す.

**in·vol·un·tar·i·ly** /inválənt(ə)rəli インヴァランテリリ, ᠆᠆᠆ | inv5lənt(ə)rəli インヴォランタリリ/ 副 思わず知らず; 不本意ながら, 心ならずも.

**in·vol·un·tar·y** /inválənteri インヴァランテリ | -v5lənt(ə)ri -ヴォランタリ/ 形 **1** 思わず知らずの, 無意識の.
**2** 不本意の, 気が進まない ‖ involuntary consent 心ならずの同意.

***in·volve** /inválv インヴァルヴ | inv5lv インヴォルヴ/ 〖中へ(in)巻く(volve). cf. *evolve*〗
━━動 (三単現 ~s/-z/; 過去・過分 ~d/-d/; 現分 -volv·ing)
━━他 **1** [involve **A** in **B**] **A**〈人〉を**B**〈議論・事件など〉に巻き込む, 巻き添えにする (◆進行形にしない); [通例 be ~d] 関係する; (よい意味で)参加する, 携(ʦが)わる(take part in) ‖
be [get] involved in a conspiracy 陰謀に巻き込まれる.
be involved with the police 警察とかかわりあいになる.
The topic involved her in the argument. その話題のために彼女は議論に巻き込まれた.
He's involved in our social activities. 彼は我々の社会活動に参加している.
対話 "Please let me help. You need someone to help you." "I can do it myself. I don't want to involve you in this. It might be dangerous." 「どうか手伝わせてちょうだい. あなたにはだれかの助けが必要よ」「自分ででき るから. こんなことで君を巻添えにしたくないんだ. 危険かもしれないからね」.

**2** …を必然的に含む; …を必要とする; …を意味する 《ふつう進行形にしない》 ‖
This assignment will involve your living abroad. この仕事につくと君は海外に住む必要が生

じるだろう.
**3** [通例 be ~d / ~ oneself] 没頭[熱中]する ‖
Congress **is involved in** trying to haul the nation out of its energy mess. 議会はエネルギー問題の泥沼から国を救おうとすることに没頭している.
He became **involved with** the girl. ＝He **involved himself with** the girl. 彼はその女の子に夢中になった.

**in·volved** /inválvd インヴァルヴド | -v5lvd -ヴォルヴド/ 動 → involve. ━━形 複雑な.

**in·volve·ment** /inválvmənt インヴァルヴメント | -v5lv- -ヴォルヴメント/ 名UC 巻き込まれること, かかわりあい; 参加; 困ったこと.

**in·volv·ing** /inválviŋ インヴァルヴィング | -v5lv- -ヴォルヴィング/ 動 → involve.

**in·ward** /ínwərd インワド/ 形 **1** 内側にある, 内部にある, 内部の; 体内の ‖
the **inward** parts of the body 内臓.
an **inward** room 奥の部屋.
**2** 内部への, 内側に向かう ‖
an **inward** curve 内側へのカーブ.
**3** 内陸の, 奥地の.
**4** 心の中の, 精神的な(mental) ‖
**inward** peace 心の平和.
━━副 **1** 内側に, 内部に ‖
bend **inward** 内側へ曲がる.
**2** 心の中へ, 内心へ ‖
He turned his thoughts **inward**. 彼は考えを心の中へ向けた[内省した].
━━名 **1**C 内側, 内側; 内心. **2** (英略式)[~s] 内臓, はらわた(◆ この意味ではふつう /ínərdz/).

**in·ward·ly** /ínwərdli インワドリ/ 副 **1** 内部へ[に], 内側に[で] (↔ outwardly) ‖
bleed **inwardly** 内出血する.
**2** 心の中で; こっそりと.

**in·wards** /ínwərdz インワヅ/ 副 (英) =inward.

**i·o·dine** /áiədàin アイオダイン | -dìːn -ディーン/ 名U (化学) ヨウ素 (記号 I ), ヨード.

**ion** /áiən アイオン, -ən | áiən アイオン, -ɔn/ 名C (物理・化学) イオン.

**I·o·ni·an** /aióuniən アイオウニアン/ 形 イオーニア(人)の. ━━名C イオーニア人.
**Iónian Séa** [the ~] イオニア海.

**IOU** (I owe you の音から) 名 (複 ~s, ~'s) C 借用証書 (◆ IOU £10, Robert Brown のように書く).

**I·o·wa** /áiəwə アイオワ | áiəuə アイオウア/ 名 **1** アイオワ《米国中部の州. 州都 Des Moines/di mɔ́in/. (略) la., (郵便) IA). **2** (複 ~s, l·o·wa) C アイオワ族(の人)《北米先住民》.

**IPA** (略) International Phonetic Alphabet.

**IQ** (略) (心理) intelligence quotient.

**I·ran** /irǽn イラン | iráː インラーン/ 名 イラン《現在の正式名 Islamic Republic of Iran (イラン・イスラム共和国). 旧称 Persia》.

**I·raq** /irǽk イラク | iráːk イラーク/ 名 イラク《アジア南西部の共和国. 首都 Baghdad. 形容詞は Iraqi》.

**i·rate** /airéit アイレイト/ 形 (文) 怒った(angry); 腹立ちまぎれの.

**ire** /áiər アイア/ 名 U (詩) 怒り, 立腹.

***Ire·land** /áiərlənd アイアランド/
—名 **1** 《大ブリテン島(Great Britain)の西にあり, アイルランド共和国と, 英国に属する北アイルランド(Northern Ireland)とに分かれる. 略 Ire.; (愛称) the Emerald Isle, (文) Hibernia. 形容詞は Irish》.
**2** アイルランド(共和国)《アイルランド島の南部を占める国. 正式名 the Republic of Ireland または the Irish Republic. 首都 Dublin. 略 Ire》.

**ir·i·des·cence** /irid́ésns イリデスンス/ 名 U 虹(にじ)色, 玉虫色.

**ir·i·des·cent** /irid́ésnt イリデスント/ 形 (正式) 虹(にじ)色の, 玉虫色の.

**i·ris** /áiəris アイアリス/ 〖「虹」が原義〗名 (複 ~·es, ir·i·des/írədìːz, áiərə/iri-/) C **1** [解剖] (眼球の)虹彩(こうさい) (図 → eye). **2** [植] アイリス(の花) 《◆アヤメ科の植物. アヤメ・カキツバタ・ハナショウブなど》.

***I·rish** /áiəriʃ アイアリッシュ/ [→ Ireland]
—形 **1** アイルランドの; アイルランド人[語]の.
**2** [補語として] (おかしいほど)不合理な.
—名 **1** [the ~; 集合名詞; 複数扱い] アイルランド人[国民] (cf. Irishman; 語法 → Japanese).
**2** U アイルランド語《ケルト語系のゲール語》; アイルランド英語(Irish English).

**Írish cóffee** アイリッシュ・コーヒー《熱いコーヒーにウイスキーを加え, 生クリームをのせる》.

**Írish potáto** ジャガイモ《◆サツマイモ(sweet potato)と区別していう》.

**I·rish·man** /áiəriʃmən アイリシュマン/ 名 (複 -men/-mən/) C アイルランド人《PC Irish person》.

**irk** /ə́ːrk アーク/ 動 他 (正式) …をうんざりさせる; …をいらいらさせる.

***i·ron** /áiərn アイアーン/ (発音注意) 《◆×iron》
—名 (複 ~·s/-z/) **1** U [化学] 鉄 (記号 Fe) 《◆「鋼」は steel. 日本語の「鉄」は iron と steel の両者を含むことが多い》‖
(as) hard as iron 鉄のように堅い.
Strike while the iron is hot. (ことわざ) 鉄は熱いうちに打て; 好機を逃すな.
[C と U] 鉄U アイロンU
**2** U (鉄のように)堅く強いもの; 不屈のもの, 冷酷なもの; 堅さ, 強さ‖
a man of iron 意志の強い人; 冷酷な人.
a will of iron 強い意志.
**3** C [複合語で] 鉄製の器具[道具, 用具]; 焼き印[金] ‖
fire irons 炉辺用鉄具《poker, tongs など》.
**4** C アイロン, こて, 火のし.
**5** C 〖ゴルフ〗アイアン.
**6** [~s] 手[足]かせ, 手錠.
—形 (比較 more ~, 最上 most ~) [通例名詞の前で] **1** 鉄(製)の, 鉄のような; 不屈の‖
iron determination 堅い決意.
an iron constitution 丈夫な体質.
**2** 厳しい, 冷酷な.
—動 (三単現 ~s/-z/; 過去・過分 ~ed/-d/; 現分 ~·ing)

―他 と自 の関係―
| 他 | iron A | A にアイロンをかける |
| 自 | A iron | A 〈布などが〉アイロンがかかる |

—他 …にアイロンをかける ‖
Mother ironed my shirt. お母さんは私のシャツにアイロンをかけてくれた.
—自 アイロンをかける; 〈布などが〉アイロンがかかる ‖
This skirt irons easily. このスカートはアイロンがかかりやすい(=It is easy to iron this skirt).
This print irons on quickly. このプリントはアイロンで簡単にくっつく.

**íron óut** [他] (1) 〈衣服〉にアイロンをかける;〈しわ〉をアイロンでとる. (2) (略式)〈困難・誤解など〉を取り除く; 〈事〉を円滑にする ‖ iron out mutual misunderstandings お互いの誤解を除く.

**Íron Áge** [the ~] 鉄器時代.

**íron lúng** 鉄の肺《鉄製の呼吸補助装置》.

**i·ron·ic, -·i·cal** /airánik(l) アイラニク(ル)|-rɔ́n- アイロニク(ル)/ 形 **1** 反語の, 皮肉の, 当てこすりの ‖
an ironic(al) smile 皮肉な微笑.
**2** 皮肉を言う, 皮肉好きな.

**i·rón·i·cal·ly** 副 反語的に, 皮肉に; [文全体を修飾] 皮肉にも, 皮肉な言えば.

**i·ron·ing** /áiərniŋ アイアニング/ 動 → iron. —名 U アイロンかけ; アイロンをかける[した]衣類.

**íroning bòard** アイロン台.

**i·ro·ny** /áiərəni アイアロニ/ 名 (複 -ro·nies/-z/) **1** U 反語(法), 皮肉 (な言葉) ‖
Socrátic írony ソクラテス的皮肉《無知を装って相手の誤りをつく》.
**2** C 皮肉な事態[結果], 予期に反する結末 ‖
a dramatic irony 劇的皮肉《観客にはわかっているが登場人物は知らないことになっている状況》.
by the irony of fate 運命の皮肉で.

**ir·ra·di·ate** /iréidièit イレイディエイト/ 動 (現分 -at·ing) 他 (正式) **1** …を照らす, …に光を与える. **2** …を輝かせる.

**ir·ra·tion·al** /irǽʃənl イラショヌル/ 形 (正式) **1** 理性を持たない. **2** 理性を失った; 分別のない; 不合理な, ばかげた.

**ir·rá·tion·al·ly** 副 不合理に.

**ir·rec·on·cil·a·ble** /irékənsàiləbl イレコンサイラブル, ---́--/ 形 (正式) 和解できない; 矛盾した.

**ir·réc·on·cìl·a·bly** 副 妥協せずに.

**ir·ref·u·ta·ble** /irifjúːtəbl イリフュータブル/ 形 (正式) 反駁(はんばく)することができない.

**ir·reg·u·lar** /irégjələr イレギュラ/ 形
**1** 不規則な, 変則的な, 異常な, 不定の(↔ regular) ‖
an irregular liner 不定期船.
at irregular intervals 不規則な間隔を置いて.

irregular《不規則な》

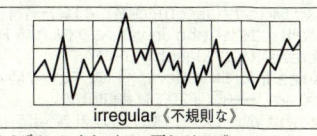

**2** ふぞろいの, むらのある; 平らでない ‖
His teeth are irregular. 彼は歯並びが悪い.
**3**〔正式〕不法な, 反則の; 〔法律上〕無効の ‖
an irregular marriage 正式でない結婚.
**4** だらしない, 乱れた; 不道徳な.

**ir·reg·u·lar·i·ty** /irègjəlǽrəti イレギュラリティ/ 名 (複) --i·ties/-z/)**1** ⓤ 不規則, 変則; ふぞろい. **2** ⓒ 不規則な事; 反則; [しばしば irregularities] 不品行.

**ir·reg·u·lar·ly** /irégjələrli イレギュラリ/ 副 不規則に; ふぞろいに; 不正規に.

**ir·rel·e·vant** /irélavant イレレヴァント/ 形〔正式〕不適切な, 見当違いの; 無関係の.
**ir·rél·e·vant·ly** 副 不適切に; 関係なく.

**ir·rep·ar·a·ble** /irépərəbl イレパラブル/ 形〔正式〕修復できない, 取り返しのつかない.

**ir·re·place·a·ble** /ìripléisəbl イリプレイサブル/ 形 取り替えられない; かけがえのない.

**ir·re·press·i·ble** /ìriprésəbl イリプレスィブル/ 形 抑えられない, 抑制できない, こらえられない.

**ir·re·proach·a·ble** /ìripróutʃəbl イリプロウチャブル/ 形〔正式〕非難の余地がない; 非の打ち所のない.

**ir·re·sist·i·ble** /ìrizístəbl イリズィスティブル/ 形 抵抗できない, 抑えられない.

**ir·re·sist·i·bly** /ìrizístəbli イリズィスティブリ/ 副 抵抗できないほど; いやおうなしに; 思わず.

**ir·re·spec·tive** /ìrispéktiv イリスペクティヴ/ 形 無関係の《◆ 通例次の成句で》.
***irrespéctive of A**〔正式〕…にかまわず, …に関係なく ‖ irrespective of the consequences 結果を考えずに / I'll go, irrespective of the weather. 晴雨にかかわらず行きます.
—— 副〔略式〕それにもかまわず, 考慮もせずに.

**ir·re·spon·si·bil·i·ty** /ìrispànsəbíləti イリスパンスィビリティ/ -spɔ̀n- イリスポン-/ 名 ⓤ 無責任.

**ir·re·spon·si·ble** /ìrispánsəbl イリスパンスィブル/ -spɔ́n- イリスポン-/ 形 責任を負わない; 無責任な.

**ir·rev·er·ence** /irévərəns イレヴァレンス/ 名 **1** ⓒ 不敬, 非礼, 不遜. **2** ⓤ 軽視; 不面目(めんぼく).

**ir·rev·er·ent** /irévərənt イレヴァレント/ 形 不敬な, 非礼な.
**ir·rév·er·ent·ly** 副 不敬[非礼]に(も).

**ir·re·vers·i·ble** /ìrivə́ːrsəbl イリヴァースィブル/ 形 **1** 逆に[裏返しに]できない. **2** 取り消しできない.

**ir·rev·o·ca·ble** /irévəkəbl イレヴォカブル/ 形〔正式〕取り返しのつかない; 取り消しできない.

**ir·ri·gate** /írigèit イリゲイト/ 動 (現分 --gat·ing) ⑪ …を灌漑(かんがい)する, …に水を引く.

**ir·ri·ga·tion** /ìrigéiʃən イリゲイション/ 名 ⓤ 水を引くこと, 灌漑(がい).

**ir·ri·ta·bil·i·ty** /ìrətəbíləti イリタビリティ/ 名 ⓤ 怒りっぽいこと, 短気.

**ir·ri·ta·ble** /írətəbl イリタブル/ 形 怒りっぽい, 短気な. **ír·ri·ta·bly** 副 怒って.

**ir·ri·tant** /írətənt イリタント/ 形〔正式〕いらいらさせる. —— 名 ⓒ いらいらさせるもの.

**ir·ri·tate** /írətèit イリテイト/ 動 (現分 --tat·ing)
**1** …をいらいらさせる, 怒らせる; …をじらす; [be ~ d] 怒っている ‖
Her selfishness often irritates me. =I am often irritated by her selfishness. 彼女のわがままにしばしばいらいらする.
be irritated at his manner 彼の態度に腹を立てる.
I was irritated with him for betraying me. 私を裏切ったことで彼に腹を立てていた.
**2**〔生理・生物〕〈身体の一部〉を刺激する, ひりひりさせる; …に炎症を起こさせる ‖
The sea water irritated my eyes. 海水で目がひりひりした[炎症を起こした].

**ir·ri·tat·ing** /írətèitiŋ イリテイティング/ 動 → irritate. —— 形 (人を)いらいらさせる, ひりひりする.

**ir·ri·ta·tion** /ìrətéiʃən イリテイション/ 名 ⓤⓒ **1** いらだたせること; 怒らせる物, いらだたせる物. **2**〔医学〕炎症.

**ir·rup·tion** /iráp∫ən イラプション/ 名 ⓤ 侵入, 乱入.

**Ir·ving** /ə́ːrviŋ アーヴィング/ 名 アービング《Washington ~ 1783-1859; 米国の作家・歴史家》.

**＊is** /(弱) z ズ, s; (強) iz イズ, íz/《◆発音はふつう弱形(→ [語法])》
—— 動 (過去 was, 過分 been; 現分 be·ing) 自
三人称単数を主語とする be の直説法現在形 (語法 → be) ‖
He is hungry. 彼は空腹だ.

[語法]（1）〔略式〕では代名詞のあとにくる場合, 短縮語 's がふつう. また He is … のように書いても, ふつう /hi:z/ のように読む. さらに〔略式〕では名詞・動詞のあとでも短縮語を用いることが多い: The book I want*'s* on sale. 私の欲しい本が売り出されている.
（2）強調のあるときや, 次のように文尾に is がくるときは〔略式〕でも短縮語にしない: I'm taller than he *is* [×he's].

**I·saac** /áizək アイザク/ 名 **1** アイザック《男の名.《愛称》Ike》. **2**〔聖書〕イサク《Abraham と Sarah の子, Jacob と Esau の父》.

**Is·a·bel** /ízəbèl イザベル/, **--bel·la** /ìzəbélə イザベラ/ 名 イザベル, イザベラ《女の名. Elizabeth の変形.《愛称》Bel(l)》.

**I·sai·ah** /aizéiə アイゼイア/ -záiə アイザイア/ 名 **1** イザヤ《男の名》. **2 a**〔聖書〕イザヤ《紀元前8世紀のヘブライの大予言者》. **b**〔聖書〕イザヤ書《旧約聖書中の1書》.

**ISBN** /áiesbìːen アイエスビーエン/ (略) International Standard Book Number 国際標準図書コード.

**Is·lam** /islάːm イスラーム | ízlɑːm イズラム/《「神への服従」が原義》名 U 1 イスラム教, 回教. 2 [集合名詞] 全イスラム教[回教]徒. 3 イスラム教文化; イスラム世界.

**Is·lam·ic** /islǽmik イスラミク | iz- イズ-/ 形 イスラム(教)の.

**\*is·land** /άiland アイランド/ (発音注意) ◆s は発音しない 《「水に囲まれた土地(iland)」が原義. s は isle の類推から》
 ── 名 (複 ~s/-ləndz/) C 1 島 (略 I., Is.) ‖
 Kyushu Island =the island of Kyushu 九州.
 live in the Bahama Islands バハマ諸島に住む.
 She was born in the island of Cuba. 彼女はキューバで生まれた.
 the Island of Saints 聖人島《アイルランドの異名》.
 2 島に似たもの, 孤立したもの; (道路の)安全地帯 (safety [《英》 traffic] island).
 **ísland cóuntry** 島国.

**is·land·er** /άiləndər アイランダ/ 名 C 島の住民, 島民.

**isle** /άil アイル/ (発音注意) ◆s は発音しない (同音 aisle, I'll) 名 C (文) 小島; 島 (略 I., Is.). ◆《文》以外では固有名詞の一部として用いる》‖
 the British Isles ブリテン諸島.
 the Isle of Wight ワイト島.

**\*is·n't** /íznt イズント/ is not の短縮形.

**ISO** /ài es óu アイエスオウ/ (略) International Organization for Standardization 国際標準化機構.

**i·so-** /άisə- アイソ-, άisou-/ (連結形) 等しい, 同一の; 〔化学〕異性体の.

**i·so·late** /άisəlèit アイソレイト/ 《米》 i-/ 動 (現分 --lat·ing) …を孤立させる, 離す, 分離する; 〔医学〕〈伝染病患者など〉を隔離する ‖
 isolate oneself from all trouble 一切(いっさい)の悩みから解脱(げだつ)する.
 The village was isolated by the flood. その村は洪水で孤立した.

**i·so·lat·ed** /άisəlèitid アイソレイティド/ 動 → isolate.
 ── 形 1 孤立した, 分離[隔離]した; 例外的な; 珍しい ‖
 an isolated example 特異な例.
 2 〔電気〕絶縁した.

**i·so·la·tion** /àisəléiʃən アイソレイション/ 名 U 孤立 (させること), 分離, 隔離 ‖
 an isolátion hòspital 隔離病院.
 swim in isolation 一人離れて泳ぐ.

**i·so·tope** /άisətòup アイソトウプ/ 名 C 〔物理〕アイソトープ, 同位体.

**Is·ra·el** /ízriəl イズリアル | ízreiəl イズレイアル/《ヤコブ(Jacob)の別名から》名 1 イスラエル(共和国)《1948年にユダヤ人によって建設された国. 正式名 the State of Israel. 首都 Jerusalem》. 2 イスラエル《Palestine 北部の古代王国》. 3 〔聖書〕イスラエル《ヤコブ(Jacob)の別名》. 4 [集合名詞; 複数扱い] ユダヤ人(the Jews), ヘブライ人(the Hebrews)《ヤコブ(Jacob)の子孫》.

**Is·rae·li** /izréili イズレイリ/ 名 (複 ~s, ~) C イスラエル人. ── 形 イスラエル(共和国)の.

**\*is·sue** /íʃuː イシュー, 《英+》 ísjuː/ 《「外へ出る[出された]もの」が原義》
 → 動 1 出す; 発行する 2 支給する 自 出る
 名 1 発行 3 問題(点)
 ── 動 (三単現 ~s/-z/; 過去・過分 ~d/-d/; 現分 ~·ing)

| 他と自の関係 | | |
| --- | --- | --- |
| 他1 | issue A | A を出す |
| 自1 | A issue | A が出る |

 ── 他 1 …を出す, 発する; …を発行する, 出版する; …を公布する; …を出す, 放出する ‖
 issue commands 命令を出す.
 The magazine is issued twice a month. その雑誌は月に2度発行されている.
 2 [issue A to B / issue B with A] 〈衣食住など〉を B〈人〉に支給する, 配給[配布]する ‖
 issue necessities to the troops =issue the troops with necessities 軍隊に必需品を支給する.
 ── 自 1 《正式》出る, 発する; 出てくる, 流れ出る ‖
 smoke issuing from an open window あいた窓から出る煙.
 issue out into a street 街へ出て行く.
 2 発行される; 出版される.
 3 起こる, 由来する; 結果が出る ‖
 Her attempt issued in failure. 彼女の企(くわだ)ては失敗に終わった.
 ── 名 (複 ~s/-z/) 1a U 発行; 発布; 配布 ‖
 the issue of bank notes 紙幣の発行.
 b C 出版物; (雑誌などの)…号[刷]; (1回の)発行部数; [集合名詞] 支給品 ‖
 the March issue of a magazine 雑誌の3月号.
 This publisher exceeds the others in the issue of magazines. この出版社は雑誌発行部数で他社を上回っている.
 2 U 流出, 放出; C 出口; [通例 an ~] 流出物, 吹出物; 〔医学〕排出物《血·膿(うみ)など》‖
 an issue of blood from the nose 鼻血.
 3 C 問題(点), 論争点; (問題の)核心 ‖
 make an issue of the highway construction 高速道路の建設を問題にする.
 raise an issue 論争を引き起こす.
 4 C (まれ) 結果, 結末, 所産.
 **at íssue** 《正式》論争中の[で]; 見解が不一致で ‖
 the point at issue 当面の問題.

**is·su·ing** /íʃuːiŋ イシューイング, 《英+》 ísjuːiŋ/ 動 → issue.

**Is·tan·bul** /ìstɑːnbúːl イスタンブール, -tæn-/ 名 イスタンブール《トルコの都市. 旧称 Constantinople》.

**isth·mus** /ísməs イスマス, 《英+》 ísθ-/ (発音注意) ◆

th は発音しない》图 (覆 ～・es, ‑・mi/‑mai/) ⓒ 地峡 ‖

the Isthmus of Panama パナマ地峡.

## **it** /it イト, ít/ 〖三人称単数中性主格・目的格の人称代名詞〗

—代 ([単数] 所有格 its; [複数] 主格 they, 所有格 their, 所有代名詞 theirs, 目的格 them)

**1** それは[が, を, に]《◆日本語に訳さないことが多い》
**a** [先行する名詞・代名詞, 文の内容を受けて] ‖

Have you seen **my key ring**? I've lost **it**. わたしのキーホルダーを見なかった? どこかへ置き忘れてしまったの.

**John and Judy are engaged**? I can't believe **it**. (↘) ジョンとジュディが婚約しているって? そんなこと信じられないよ.

対話 "What is **a lion**?" "**It's** like a very large cat." 「ライオンとはどんなものですか」「(それは)とても大きなネコのようなものです」.

対話 "Whò is thát?" "**It's** Jim." "Whó's Jìm?" "He's my brother." 「あれはだれなの」「ジムよ」「ジムってだれ」「私の弟よ」.

**b** [話し手の心中にあるか, その場の状況で相手にそれとわかる人・事・物などをさして] ‖

対話 "Listen. That's the bell." "**It's** the mailman." 「ほら, ベルよ」「郵便配達だわ」.

対話 "What was that noise?" "**It** was our cat." 「あの音何だった」「うちの猫よ」.

**2** [天候・寒暖・明暗・時間・距離などを表す文の主語として]《◆日本語には訳さない. ただし最終例のように, 「あたり」と訳出される場合もある》‖

**It** is very hot today. きょうはとても暑い.

**It's** been either raining or snowing all week. 今週はずっと雨か雪だった.

When we got there, we found **it** raining. そこへ着くと雨が降っていた《◆目的語の位置にあることに注意》.

**It** gets dark early in winter. 冬は早く日が暮れる.

**It** is just five o'clock. ちょうど5時です.

**It** was Sunday yesterday. きのうは日曜日でした.

**It's** eight miles from here to London. ここからロンドンまで8マイルだ.

**It** grew dark. あたりはだんだん暗くなった.

語法 日時などを表す語を主語にした文に言い換えられる: *It* is warmer today than (*it* was) yesterday. → *Today* is warmer than yesterday. / *It* was very cold last winter. → *Last winter* was very cold.

Q&A **Q**: 場所を示す語を主語にした文に言い換えることができますか.

**A**: できますが若干意味が異なります. It is hot in Chicago. では特定の日の天候か, 年間の平均的気候か, あいまいですが, Chicago is hot. にすれば後者の意味になります.

**3** [漠然と状況・事情を示して]《◆決まり文句に多く, 日本語に訳さない》‖

**It's** yóur turn. あなたの番です.

How is **it** going? ご機嫌[景気]はいかがですか.

**It's** all finished between us. 私たち2人の仲はすべて終わりだ.

If **it** weren't for the heat, I'd go shopping. この暑さでなければ買物に出かけるのだが.

**4** [あとにくる真の主語を受ける形式主語として]《◆日本語には訳さない》 **a** [it is + 名詞[形容詞] + to do [doing]] ‖

**It** is a great pleasure **to be here**. ここにいるのはとても楽しい.

**It** was a good idea **opening a bank account**. 銀行の口座を開くのはいい考えであった.

**It's** easy **to remember that rule**. その規則を覚えるのは簡単だ.

**It** is a breeze **to clean this house**. この家をきれいにするのは簡単だ.

**b** [it is + 形容詞 + for + (代) 名詞 + to do] ‖

**It** is necessary **for Tim to go right away**. ティムはただちに出かける必要がある(=**It** is necessary that Tim (should) go right away.).

**It** is easy **for me to climb the ladder**. そのはしごをのぼるのは私にとっては簡単だ《◆ easy, difficult の場合, that 節を用いた言い換えはできない》.

**c** [it is + 形容詞 + of + (代) 名詞 + to do] ‖

**It** was careless **of** [*for*] **her to do that**. そんなことをするなんて彼女は不注意だった(=She was careless to do that.).

語法 (1) **4 c** の構文で用いられる主な形容詞: brave, careless, clever, clumsy, considerate, cowardly, cruel, foolish, generous, good (=kind), (dis)honest, (un)kind, mean, nasty, nice (=kind), (im)polite, reasonable, right, rude, (un)selfish, sensible, silly, splendid, stupid, sweet, weak, wicked, wise, wonderful, wrong.
(2) foolish, wise などは of の代わりに for も可能: *It* is foolish *of* [*for*] you to do that.

**d** [it is + 名詞[形容詞] + that 節[wh 節]]《◆ that は省略されることがある》‖

**It's** a pity **(that) you can't come**. あなたが来られないのは残念です.

**It's** doubtful **whether he'll be able to attend the concert**. 彼がコンサートに顔を出せるかどうかは疑わしい.

**e** [it + 自動詞 + that 節[wh 節]] ‖

Does **it** matter **when we leave here**? 私たちがいつここを発つかが問題ですか.

**It** depends on **whether we go or not**. 私たちが行くか行かないかはあなた次第です.

**f** [it + 他動詞 + (代) 名詞 + to do [that

It surprised me to hear that Bill had won the race. ビルがレースに勝ったと聞いて私は驚いた.
**g** [it is + 過去分詞 + that 節 [wh 節]] ‖
It is said that he is the richest man in the city. 彼は町いちばんの金持ちだと言われている.
*Is it* known *where* she has gone? 彼女がどこへ行ったかわかっているのか.

**5 a** [主節に先行する句・従節中であとにくる語をさして] ‖
If you see **it** in the garden, bring me my sweater. 庭で見かけたら私のセーターを持って来てくれ《◆ it is my sweater をさす》.
**b** [あとにくる内容をさして] ‖
I did not know **it** at the time, but she saved my son's life. その時は知らなかったのだが,彼女が私の息子の生命を救ってくれたのだった.

**6** [あとにくる真の目的語を受ける形式目的語として]
**a** [主語 + 動詞 + it + 名詞[形容詞] + to do [doing, that 節, wh 節]] ‖
I thought **it** wrong **to** tell her. 彼女に話すのは間違っていると私は思った.
Let's keep **it** secret **that** they got married. 彼らが結婚したことは内密にしておこうよ.
Did you find **it** pleasant **lying** on the beach all day? 一日じゅう浜辺で横になっているのは楽しいでしたか.
I regard **it** as necessary **to** be strict with my children. 自分の子供には厳格であることが必要だと考えています.
**b** [主語 + 動詞 + it + 前置詞 + (代)名詞 + to do [that 節]] ‖
We owe **it** to you **that** no one was hurt in the accident. その事故でけが人が出なかったのはあなたのおかげだと思っている.
We must leave **it** to your conscience **to** decide what to do. 何をすべきかを決めるのはあなたの良心にお任せしなければなりません.
**c** [主語 + 動詞 + 前置詞 + it + that 節] ‖
You may depend on **it** **that** he will help you. 彼はきっと君を助けてくれるよ.
See to **it** **that** this letter is handed to her. この手紙が彼女の手に渡るよう取り計らいなさい.
**d** [主語 + 動詞 + it + that 節] ‖
I took **it** **that** this was my last chance. これが最後のチャンスだと思った.

**7** [it appears [follows, happens, occurs, seems] **that**] 《◆ it seems [appears] は文中・文尾にくることもある》‖
It seems (**that**) she is surprised at the news. 彼女はその知らせに驚いているようだ.
The plane, **it appears,** did not land in Honolulu. 飛行機はホノルルには着陸しなかったようだ.
It happens **that** he is limping. 彼はたまたびっこを引いているのだ.

**8** [強調構文] [it is A **that** 節 [wh 節]] [A を強めて]《◆ A は名詞・代名詞(不定代名詞は除く)・副詞(句・節)》‖
It was Mr. White **who** [**that**] gave Joe this ticket. この切符をジョーにやったのはホワイトさんでした.
It was Jóe (**that** [**whom**]) Mr. White gave this ticket. ホワイトさんがこの切符をあげたのはジョーにでした.
It was on May 5 **that** the meeting took place. その会合が催されたのは5月5日でした.
Where exactly was it **that** they met? 彼らが会ったのは正確にどこでだったのか.
It was because of her illness [because she was ill] (**that**) we decided to return. 私たちが帰ろうと決めたのは彼女が病気だったからです.
It was not until the meeting was over **that** she turned up. 会議が終わってやっと彼女は姿を見せた.

**9** (略式) [動詞・前置詞の意味のない目的語として] ‖
bus **it** バスで行く.
foot [leg] **it** 歩いて行く.
lord **it** (王様のように)いばる.
queen **it** 女王のようにふるまう.
run for **it** 逃げ出す(→ run 成句).
*It is nót for* A *to do* …するのは A《人》の役目[責任]ではない.
*That's it.* → that¹ 成句.

**IT** (略) information technology.

\*__I·tal·ian__ /itǽljən イタリャン/
── 形 イタリアの; イタリア人[語]の.
── 名 **1** C イタリア人 (語法 → Japanese). **2** U イタリア語.

**i·tal·ic** /itǽlik イタリク/ 形 [印刷] イタリック体の,斜字体の.
── 名 C [印刷] [通例 ~s; 時に単数扱い] イタリック体, 斜字体 (italic type)《◆ 外来語・新聞[雑誌]書籍・船]名などのほか, 強調する語句にも用いる. 原稿では1本の下線で指示する》‖
in italics イタリック体で.
itálic týpe =italic 名.

\*__It·a·ly__ /ítəli イタリ/〖「牛の国」が原義〗
── 名 イタリア《現在の正式名 the Italian Republic. 首都 Rome. イタリア語名 Italia. 《愛称》the country of the Latins. 形容詞は Italian》.

**itch** /ítʃ イチ/ 名 (複 ~·es/-iz/) C **1** [通例 an ~ / the ~] かゆみ, むずがゆさ.
**2** (略式) [通例 an ~ / one's ~] 欲望, 渇望; むずむずする気持ち ‖
She hàs **an ítch for** money. 彼女は金が欲しくてたまらない.
── 動 (三現) ~·es/-iz/) **1** かゆい ‖
My arms itch. =I itch on my arms. 腕がむずがゆい.
**2** (略式) [通例 be ~ing] (…したくて)むずむずする; 欲しくてたまらない ‖
She **itched for** a car. 彼女は車が欲しくてたまらなかった.
He **was itching for** his girlfriend **to** come.

彼は女友だちが来るのを待ちかねていた.

**it'd** /ítəd イタド/《略》it would, it had の短縮形《◆文尾では短縮形にならない → it's》.

**\*i·tem** /áitəm アイテム; 副 áitem アイテム/〖「同様に」が原義〗
── 名 (複 ~s/-z/) C **1** 項目, 箇条, 種目, 品目; 細目; 特徴; 出し物 ‖
each item on the program プログラムの各種目.
ítem by ítem 品目[1項目]ごとに.
number the items in a catalogue カタログの品目に番号を付ける.
**2**《新聞記事などの》1項目 ‖
an item of local news 1つの地方記事.
── 副 /áitem/《正式》(項目を数え上げるとき)同じく, さらにまた.

**i·tem·ize** /áitəmàiz アイテマイズ/ 動 (現分 -iz·ing) 他 …を項目に分ける, 箇条書きにする, …の明細を記す.

**i·tin·er·ant** /aitínərənt アイティナラント, itín-/ 形《正式》〈商人・判事などが〉巡回する.

**i·tin·er·ar·y** /aitínərèri アイティナレリ, itín- -nərəri アイティナラリ/ 名 (複 --ar·ies/-z/) C《正式》旅程(表); 旅行記.

**it'll** /ítl イトル/《略》it will または it shall の短縮形《◆文尾では短縮形にならない. → it's》.

**\*\*its** /íts イッ, its/《類音》it's〖it の所有格〗
── 代 [名詞の前で] それの, その ‖
She dropped the cup and broke its handle. 彼女はカップを落としてその取っ手を壊した.
The child put its thumb in its mouth. その子供は口に親指をくわえた.
The audience rose to its feet. 観衆は立ち上がった.

**\*it's** /íts イッ/《類音》its 《略》it is, it has の短縮形('tis) ‖
It's getting warmer day by day. 日ごとに暖かくなってきます.
It's stopped snowing, hasn't it? 雪が降りやみましたね.

**\*it·self** /itsélf イトセルフ/〖it の再帰代名詞〗
── 代 (複 them·selves) **1** [強調用法] [強く発音して] それ自身, それ自体, そのもの ‖
I won't paint the walls when the house itsélf is old. 家自体が古いのなら壁を塗らない.
I am háppiness itsélf. 私は幸せそのものです.
**2** [再帰用法] それ自身を[に]《◆ふつう日本語に訳さない》‖
The dog húrt itsèlf. その犬はけがをした《◆The dog got hurt. がふつう》.
History repéats itsèlf. 歴史はくり返す.
**3** [補語として] その本来[平素]の状態 ‖
Our cat dòesn't sèem itsélf today. うちのネコはきょうは具合が悪いようだ.
《◆成句は → oneself》.

**it·ty-bit·ty** /ítibíti イティビティ/, **it·sy-bit·sy** /ítsibítsi イツィビツィ/ 形 **1**《小児語》ちっぽけな, ちっちゃい. **2**《略》多くの細々した部分から成る, くだらない.

**IUD**《略》intrauterine device 子宮内避妊器具, 避妊リング.

**IV**《略》intravenous, intravenously.

**\*I've** /aiv アイヴ/《略》I have の短縮形 ‖
I've never been abroad. 海外へは行ったことがない.

> 語法 (1) 文尾では短縮形にならない: "Have you ever been abroad?" "Yes, I have [×I've]."
> (2) have を本動詞として〈物〉を目的語にした場合もふつう短縮形にならない: I have [×I've] a book in my hand.

**i·vor·y** /áivəri アイヴァリ/ 名 (複 --vor·ies/-iz/) **1** U 象牙(ぞうげ), 象牙質; C (ゾウ・カバ・セイウチなどの)きば ‖
This casket is made of ivory. この小箱は象牙でできている.
**2** U 象牙色.
**3** C《略》[しばしば ivories] 象牙製品; (特に)ピアノの鍵(けん), さいころ, 球突き用の球 ‖
a collection of Chinese ivories 中国製の象牙彫り収集品.
**4** [形容詞的に] 象牙(製)の, 象牙色の ‖
ivory skin 象牙色の肌.
ívory tówer 象牙の塔《現実社会から離れた所. 特に芸術・学問の世界》.

**i·vy** /áivi アイヴィ/ 名 U〖植〗**1** ツタ. **2**《一般に》つる植物.

**Ívy Léague**《米》[the ~] アイビー=リーグ《米国東部の名門大学グループ. Brown, Columbia, Cornell, Dartmouth, Harvard, (the University of) Pennsylvania, Princeton, Yale の8大学》.

**Ívy Léaguer** アイビー=リーグの学生[出身者].

# J

**j, J** /dʒéi チェイ/ 名 (複 j's, js; J's, Js /-z/) **1** ⓒ ⓤ 英語アルファベットの第10字. **2** → a, A **2**. **3** ⓒ ⓤ 第10番目(のもの).

**jab** /dʒǽb チャブ/ 動 (過去・過分 jabbed /-d/; 現分 jab·bing) 他 **1** …をぐいと突く, 突き刺す ‖ jab his face with a stick =jab a stick into his face 彼の顔を棒で突く.
**2** 〖ボクシング〗…にジャブを出す.
── 自 **1** 激しく突く; 突き刺さる. **2** 〖ボクシング〗ジャブを出す.
── 名 ⓒ **1** 突き; 〖ボクシング〗ジャブ. **2** (略式) 注意; 予防接種.

**jab·ber** /dʒǽbər チャバ/ (略式) 動 自他 (…を)早口にぺちゃくちゃしゃべる. ── 名 ⓤ [しばしば a ~] 早口のおしゃべり.

**jack** /dʒǽk チャク/ 名 **1** ⓒ (ふつう携帯用の)ジャッキ, 押し上げ万力.
**2** ⓒ 〖トランプ〗ジャック.
**3 a** [~s; 単数扱い] ジャックス《お手玉遊びの一種》. **b** ⓒ ジャックスに使用する石.
**4** ⓒ (国籍を示す)船首旗.
**5** [J~] ジャック《John, Jacob の愛称》.
**6** [しばしば J~] ⓒ 男, やつ ‖
**Jáck of áll tràdes ((and) máster of nóne).** 《ことわざ》「多芸は無芸」.
**7** ⓒ 〖電気〗ジャック, (プラグの)差込み口.
**Jáck Fróst** 〖擬人化して〗霜, 厳(%)寒.

**jack·al** /dʒǽkl チャクル|-ɔːl チャコール/ 名 ⓒ 〖動〗ジャッカル《イヌ科. 鳴き声は howl》.

**jack·ass** /dʒǽkæs チャキャス/ 名 (複 ~·es /-iz/) ⓒ まぬけ.

*****jack·et** /dʒǽkit チャキト/ 〖小さい(et)そでのない革製上着(jack)〗
── 名 (複 ~s /-its/) ⓒ **1** 上着, ジャケット, ジャンパー《◆ 男女両方に用い, いろいろな種類のそで付きの上着に用いる. → jumper² 名 **2**》‖
a sports jacket 運動着.
**2** (一般に)覆(ホォォ)い, 包むもの.
**3** (本の)カバー (図 → book); (米)(レコードの)ジャケット ((英) sleeve); (紙表紙本の)表紙.

**jack·ham·mer** /dʒǽkhæmər チャクハマ/ 名 ⓒ (主に米)(圧搾空気による)削岩機, 空気ドリル《(主に英) pneumatic drill》.

**jack-in-the-box** /dʒǽkinðəbàks チャキンザバクス|-bɔ̀ks -ボクス/ 名 (複 ~·es, jacks-) ⓒ びっくり箱.

**jack·knife** /dʒǽknàif チャクナイフ/ 名 (複 --knives) ⓒ ジャックナイフ《大型の携帯用折りたたみナイフ》. ── 動 (現分 --knif·ing) 自 (トレーラーが)(連結部で)エビ型に折れ曲がる.

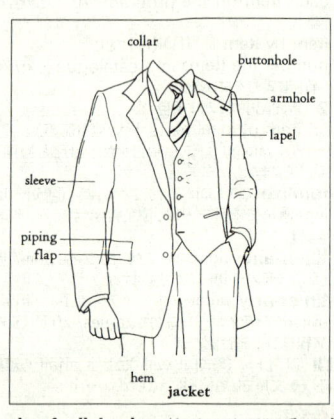

(collar, buttonhole, armhole, lapel, sleeve, piping, flap, hem — jacket)

**jack-of-all-trades** /dʒǽkəvɔ́ːltrèidz チャコヴォールトレイツ/ 名 (複 jacks-) [時に J~] ⓒ 何でも屋(→ jack 名 **6**).

**jack-o'-lan·tern** /dʒǽkəlæ̀ntərn チャコランタン/ 名 [時に J~] ⓒ (米) (Halloween に子供が作って窓辺に飾る)カボチャちょうちん.

**jack·pot** /dʒǽkpɑt チャクパト|-pɔt -ポト/ 名 ⓒ **1** 〖トランプ〗(ポーカーの)積立賭(²)金. **2** (クイズなどの)積立賞金; 最高[多額]の賞金. **3** (略式) (予期せぬ)大当たり, 大成功.
**hít the jáckpot** 積立賞金を得る; (略式) 〈人が〉突然の大成功「幸運]をつかむ, ひと山当てる, 〈物が〉大当たりをとる.

**Jack·son** /dʒǽksn チャクスン/ 名 **1** ジャクソン《Andrew ~ 1767-1845; 米国第7代大統領(1829-37)》. **2** ジャクソン《米国 Mississippi 州の州都》.

**Ja·cob** /dʒéikəb チェイコブ/ 名 **1** ジェイコブ《男の名. (愛称) jack》. **2** 〖聖書〗ヤコブ《Isaac の次男で Abraham の孫》.
**Jácob's ládder** 〖聖書〗ヤコブのはしご《ヤコブが夢に見た天まで届くはしご》.

**jade** /dʒéid チェイド/ 名 **1** ⓤⓒ ひすい; ⓤ ひすい細工. **2** ⓤ ひすい色, 緑色.

**jag** /dʒǽg チャグ/ 名 ⓒ (岩石などの)とがった角(².).

**jag·ged** /dʒǽgid チャギド/ 形 ぎざぎざの角.

**jag·u·ar** /dʒǽgwɑːr チャグワー|-gjuər チャギュア/ 名 ⓒ 〖動〗ジャガー, アメリカヒョウ《トラ》.

**jail,** (英古) **gaol** /dʒéil チェイル/ 名 ⓒ 刑務所(prison); (米) 拘(³)留所; ⓤ 拘置, 監禁 ‖
be sént to jáil for robbing the bank 銀行を襲って投獄される.

bréak jáil 脱獄する.
put him in jáil 彼を拘置する.
――動 (他) …を拘置する, 投獄する

**jail·er, -or** /dʒéilər チェイラ/ 名 © 看守(英 gaoler).

**Ja·kar·ta** /dʒəká:rtə チャカータ/ 名 ジャカルタ《インドネシアの首都》.

*__jam__¹ /dʒæm チャム/ 〖「押しつぶす」が原義〗
――名 (複 ~s/-z/) U © ◆「数種類のジャム」の意味では複数となる ジャム ‖
strawberry jam イチゴジャム.
a spoonful of jam スプーン1杯のジャム.
a jar of jam 1びんのジャム.

**jam**² /dʒæm チャム/

jam
《2 詰め込む》
《1 ふさぐ》

動 (過去・過分) jammed/-d/; (現分) jam·ming) 他
**1 a** …をふさぐ, …に詰まらせる; [be ~med] ぎっしりいっぱいである, ぎゅうぎゅう詰めである. **b** (通例 be ~med)《通信・文通などが》妨害される. **2 a** …を詰め込む, 押し込む. **b**〈指・手など〉をはさんで傷つける. **3**〈ブレーキなど〉をぐいと踏む.
――自 **1** 群がる, 押し合う. **2** 動かなくなる. **3** (略式) ジャズを即興的に演奏する.
――名 © **1** 詰まること; 雑踏, 込み合い ‖
a traffic jam 交通渋滞.
**2**《機械などが》動かなくなること.
**3** (略式) 苦境, 窮地 ‖
gét ínto a jám 窮地に陥る.
**jám sèssion** ジャム=セッション《即興ジャズ演奏会》.

**Ja·mai·ca** /dʒəméikə チャメイカ/ 名 ジャマイカ《西インド諸島中の英連邦に属する独立国》.

**jamb** /dʒæm チャム/ 名 © (建築) (ドア・窓の)わき柱.

**jam·bo·ree** /dʒæmbərí: チャンバリー/ 名 © ジャンボリー《Boy Scouts の全国[国際]大会》.

**James**¹ /dʒéimz チェイムズ/ 名 **1** ジェイムズ《男の名.《愛称》Jim, Jimmy, Jimmie》. **2** 〔聖書〕 **a** ヤコブ《キリスト12使徒の1人. James the Greater [Elder]》. **b** ヤコブ《キリスト12使徒の1人. a のヤコブと区別するため, James the Less [the Young] と呼ぶ》. **c** ヤコブ《キリストの弟》. **3** 〔聖書〕(新約聖書の)ヤコブ書. **4** (英史) ジェイムズ《England, Ireland, Scotland の王. **a** [James I] 1566-1625; 在位1603-25; Authorized Version を刊行した. **b** [James II] 1633-1701; 在位1685-88》.

**James**² /dʒéimz チェイムズ/ 名 **1** ジェイムズ《Henry ~ 1843-1916; 英国に帰化した米国の作家》. **2** ジェイムズ《William ~ 1842-1910; 米国の心理学者・哲学者. **1** の兄》.

**jammed** /dʒæmd チャムド/ 動 → jam².
――形 ぎっしり詰まった.

**Jan.** (略) January.

**Jane** /dʒéin チェイン/ 名 ジェーン《女の名.《愛称》Janet, Jenny》.

**Jan·et** /dʒǽnit チャニト, dʒənét/ 名 ジャネット《Jane の愛称》.

**jan·gle** /dʒǽŋgl チャングル/ (類音) jungle /dʒʌ́ŋgl /) 動 (現分) jan·gling) 自 ジャンジャン鳴る. ――他 **1** …をジャンジャン鳴らす. **2** (略式) …をいらいらさせる.
――名 ©《鐘などの》ジャンジャン鳴る音; 騒音.

**jan·i·tor** /dʒǽnətər チャニタ/ 名 © **1** (米・スコット) 管理人, 用務員, 雑役(さ)夫. **2** 門番.

*__Jan·u·ar·y__ /dʒǽnjuèri チャニュアリ | dʒǽnjuəri チャニュアリ, -njuri/ 〖ローマ神話で物事の終始をつかさどる神(Janus)の月〗
――名 U 1月 (略 Jan.). ‖
in January of 2003 =in January 2003 2003年の1月に.
on the 14th of January in 2003 =(米) on January 14, 2003 =(英) on 14 January, 2003 2003年の1月14日に《◆(米) では on January fourteen [(the) fourteenth] twenty o-three, (英) では on the fourteenth of January twenty o-three と続む》.

**Ja·nus** /dʒéinəs チェイナス/ 名 〔ローマ神話〕ヤヌス《頭の前と後ろに顔をもった門や戸口の神. January はこの名に由来》.

**ja·pan** /dʒəpǽn チャパン, (米+) dʒæ-/ 名 U © 形 漆(うるし)(の); 漆器(き)(の).

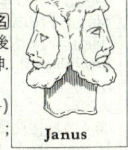

**japán wàre** 《◆「磁器」は china》漆器(類).

*__Ja·pan__ /dʒəpǽn チャパン, (米+) dʒæ-/ 〖中国語の「日本」(Jihpun) → 「ジパング」(Zipangu) から〗派 Japanese (形・名)
――名 日本《◆日本語名 Nippon, Nihon.《愛称》the Land of Cherry Blossoms [the Rising Sun]. (略) Jpn., Jap.》 → Japanese 形 ‖
the Sea of Japan 日本海《◆ the Japan Sea は新聞英語》.
**Japan-United States Security Treaty** 日米安全保障条約.
**Japán Cúrrent** [the ~] 日本海流(=the Black Stream (黒潮)).

*__Jap·a·nese__ /dʒæpəní:z チャパニーズ/ 〖→ Japan〗
――形 日本の, 日本製[国籍]の; 日本人の; 日本語の (略 Jpn., Jap.)《◆ Jap. は軽蔑(ごう)的な語 Jap を連想させるので避けられる》‖
Japanese ideas 日本の思想, 日本人の考え方.
Her father is Japanese. 彼女の父親は日本人だ(→ 名 〔語法〕 (3)).

Q&A Q : Jápanese のようにアクセントが前にある発音を聞いたことがあるのですが, これはどうしてでし

ょうか.
A: He is a Jàpanése bóy. の場合のように, 最初にアクセントのある名詞 boy の前に Japanese があると, アクセントが強強と続いて発音がしにくくなります. この場合にはアクセントが移動して, a Jápanèse bóy. と言いやすくなります.

—名 (複 ~) 1 ⓒ 日本人 ‖
The **Japanese** are a peace-loving people. 日本人は平和を愛好する国民である《◆ We Japanese … (我々日本人は)とするとしばしば排他(");')的に聞こえるので, それを避けるには we か the Japanese を単独で用いる》.

2 Ⓤ 日本語 ‖
Please write it in **Japanese**. それを日本語で書いてください.
Bess can speak some **Japanese**. ベスは少し日本語を話せます.
Osaka **Japanese** 大阪弁.

語法 [国民名の語法] (1) Japanese, Chinese など -ese で終わる国民名は単複同形: a [three] *Japanese* 1人[3人]の日本人.
(2) 国民全体をいう場合は the *Japanese* (people), 日本人一般は *Japanese* (people). いずれも複数扱い: *The Japanese are a diligent people*. 日本人は勤勉だ / *Many Japanese like baseball*. 日本人には野球の好きな人が多い.
(3) 「国籍」を強調するときは He is Japanese [American]. よりも He is a Japanese [an American]. のように名詞とするのがふつう.
(4) ジャーナリズムでは *Japan's* economy (= *Japanese* economy) のように Japan's を用いることが多い. また「日本史」は *Jápanèse hístory*, *Japan's history*, *the history of Japan* と表され, この順に, より堅い表現となる. 一般に「形容詞＋名詞」を修飾する場合は Japan's とすることが多い: *Japan's international contacts* 日本の対外接触 / *Japan's nearest neighbor* 日本に最も近い国. cf. the *Japanese* business community 日本の経済界.

**Jápanese ápricot** [植]ウメ(の木).
**Jápanese lántern** 提灯(ちょう).
**Jápanese prínt** 浮世絵版画.
**Jap·a·nese-A·mer·i·can** /dʒæpəníːzəmérikən チャパニーザメリカン/ 形 名 Ⓤ 日米(間)(の); ⓒ 日系米人(の).

*__jar__¹ /dʒɑːr チャー/ [『土器』が原義]
—名 (複 ~s/-z/) ⓒ 1 (広口の)かめ, びん, つぼ 《◆ 陶器・ガラス・石製で円筒形に近く, ふつう取手や注ぎ口はない. bottle は先が細く頸(ぶ)があるもの》‖
a jám jàr ジャムびん.
2 1びん[つぼ]の量.
**jar²** /dʒɑːr チャー/ [擬音語] 動 (過去・過分 jarred/-d/; 現分 jar·ring) 自 1 (ガタガタ)揺れる. 2 a ガタガタ[ギシギシ]いう. b 不快感を与える. c 一致しない. —他 1 〈家・窓などを〉震動させる. 2 〈人・神経・感情などに〉不快なショックを与える. —名 ⓒ 1 耳ざわりな音. 2 震動. 3 不快なショック(を与える物). 4 口論.

**jar·gon** /dʒɑːrɡən チャーゴン, (米) -ɡɑn/ 名 Ⓤ ⓒ (特定のグループの)特殊用語, 専門語.
**jar·ring** /dʒɑːrɪŋ チャーリング/ 動 → jar².
**jaun·dice** /dʒɔːndɪs チョーンディス, dʒɑːn-/ 名 Ⓤ 1 [医学] 黄疸(おうだん). 2 ひがみ, 偏見.
**jáun·diced** /-t/ 形 1 黄疸の. 2 ひがんだ, 偏見の.
**jaunt** /dʒɔːnt チョーント, dʒɑːnt/ (略式) 名 ⓒ 動 自 (短い)気晴らし旅行(をする).
**jaun·ty** /dʒɔːnti チョーンティ/ 形 (比較 -ti·er, 最上 -ti·est) 1 陽気な, のんきな; さっそうとした. 2 スマートな, いきな.
**Ja·va** /dʒɑːvə チャーヴァ, (米+) dʒǽ-/ 名 1 ジャワ《インドネシアの島》. 2 Ⓤ 〈ジャワ産の〉コーヒー. 3 (商標) [コンピュータ] ジャバ《主にネットワーク関係に用いられるプログラミング言語》.
**Jáva màn** ジャワ原人; ピテカントロプス.
**Ja·va·nese** /dʒɑːvəníːz チャヴァニーズ, dʒǽ-/ (複 **Ja·va·nese**) 名 Ⓒ Ⓤ 形 ジャワの; ジャワ人[語].
**jav·e·lin** /dʒǽvəlɪn チャヴェリン/ 名 [the ~] やり投げ; ⓒ (やり投げ用の)やり.
**jaw** /dʒɔː チョー/ 名

chin 《あご先》
jaw 《あご》

1 ⓒ あご《◆ 先端は chin》‖
the upper **jaw** 上あご.
the lower **jaw** 下あご.
drop one's **jaw** (下あごを落として)口をぽかんとあける《◆ 驚き・失望を示す》.
She broke her **jaw** when she fell down. 彼女は倒れた時あごの骨を折った.
2 [~s] 口部《◆ 両あごと歯を含む》.
3 [~s] あご状の物; (谷などの)狭い入口; (機械・道具の)あご, はさみ口 ‖
the **jaws** of a vise 万力のあご.

drop one's jaw

4 Ⓤ ⓒ (略式) (長い)おしゃべり, 悪口; 小言 ‖
Stóp [Hóld] your jáw! =None of your jaw! 黙れ.
**jaw·bone** /dʒɔːboʊn チョーボウン/ 名 ⓒ 顎骨(がっこつ), (特に)下あごの骨.
**JAWOK** /dʒǽwɑk ジャワク, dʒǽwɔk ジャウォク/ (略)

Japan Organizing Committee for the 2002 FIFA World Cup Korea/Japan ジャウォック《2002年の日本・韓国共同開催のワールドカップサッカー大会日本組織委員会》.

**jazz** /dʒǽz チャズ/ 图 U〖音楽〗ジャズ；ジャズ形式のダンス音楽．――動 (三単現) ~・es/-iz/ 他 …をジャズ風に演奏する．

*jázz úp* 《略式》[他] …をにぎやかにする，活気づける，…に色をそえる；…を熱狂[興奮]させる．

**jázz bánd** ジャズ・バンド．

*__jeal·ous__ /dʒéləs チェラス/ 《(人に)熱意(jeal)のある(ous). cf. *zealous*》派 jealousy (名)
――形 (比較) more ~, (最上) most ~) 1 [補語として] ねたんで，しっとして ‖
She was jealous of his success [that he succeeded]. 彼女は彼の成功をうらやんでいた．
対話 "You have everything, and I have nothing." "I don't understand why you are so jealous of me." 「あなたは何でも持っているのに私って何も持っていないわ」「どうしてそんなに私のことをねたむのか理解できないわ」．
**2** やきもち焼きの，しっと深い．
**3** 《正式》用心して，気を配って；油断のない，周到な ‖
kèep a jéalous éye on him 彼を注意深く見張る．
be jealous of hard-won liberties 得がたい自由を後生大事に守る．

**jeal·ous·ly** /dʒéləsli チェラスリ/ 副 しっと深く，ねたんで；油断なく．

**jeal·ous·y** /dʒéləsi チェラスィ/ 图 (複 ~・ous·ies /-z/) 1 U しっと，ねたみ，やきもち，怨恨(ぬん) (→ envy)；C ねたみの言動 ‖
in a fit of jealousy ねたみのあまり．
deep jealousy for her popularity 彼女の人気に対する深いしっと．
He couldn't conceal his jealousy from the boy who won. 彼は優勝した少年に対してねたみを隠しきれなかった．
**2** U 《正式》心配り，警戒心．

**jean** /dʒíːn チーン|dʒéin チェイン；2 では dʒíːn/《織物の原産地 Genoa から》图 1 U [時に ~s；単数扱い] ジーン布《あや織りの綿布，運動服・作業服用》．
**2** [~s，複数扱い] ジーンズ製衣類《ズボン・作業服など》；ジーンズ，ジーパン《米国のある年齢以上の人々の間では(商標)の Levi('s) の方がよく用いられる. ×G-pants とはいわない. cf. blue jeans》‖
She wears jeans when she goes to school. 彼女はジーンズをはいて学校へ行く．

**jeep** /dʒíːp チープ/ 图 [しばしば J~] C ジープ．

Q&A Q：jeep の語源は何ですか．
A：砂地でも坂道でもどこでも自由に走れる車かという意味 *g*eneral *p*urpose car (万能車)の 'g-p' と漫画『ポパイ』に出てくる怪獣の Jeep とを重ねてできたといわれています．

**jeer** /dʒíər チア/ 動 自 あざける，やじる．――他 …をひやかす，やじる．――图 C あざけり，ひやかしの言葉．

**Jef·fer·son** /dʒéfərsn チェファスン/ 图 ジェファーソン《Thomas ~ 1743-1826；米国の第3代大統領(1801-09)》．

**Jéfferson Cíty** ジェファーソンシティ《米国 Missouri 州の州都》．

**Je·ho·vah** /dʒihóuvə チホウヴァ/ 图〖聖書〗ヤハウェ，エホバ《旧約聖書の唯一神》．

**Jehóvah's Wítness(es)** エホバの証人；ものみの塔《キリスト教の一派》．

**Jek·yll** /dʒékl チェクル, dʒíːk-/ 图 Dr. Jekyll ジキル博士《R. L. Stevenson の小説 *Dr. Jekyll and Mr. Hyde*『ジキル博士とハイド氏』の主人公で，薬を飲むと極悪人ハイド氏に変わる》．

*Jékyll and Hýde* [a ~] 二重人格者(cf. Jekyll-and-Hyde)．

**Jek·yll-and-Hyde** /dʒéklənháid チェクランハイド, dʒíːk-/ 形 二重人格(者)の(cf. Jekyll and Hyde)．

**jel·ly** /dʒéli チェリ/ 图 (複 jel·lies/-z/) 1 U C ゼリー《ゼラチンを溶かして香料などを加えて固めた透明な半固形の食物》；(特に) U フルーツゼリー《果汁・砂糖を煮つめて固めたもの．パンなどに塗る》‖
Give me a spoonful of jelly. フルーツゼリーをスプーン1杯ください．
**2** U [しばしば a ~] ゼリー状のもの．

**jélly róll** 《米》ゼリーロール《ゼリーを塗って巻いたケーキ》．

**jel·ly·fish** /dʒélifiʃ チェリフィシュ/ 图 (複 jel·ly·fish, (まれ) 個別的に，また種類をいうとき ~·es /-iz/) C クラゲ．

**Jen·ner** /dʒénər チェナ/ 图 ジェンナー《Edward ~ 1749-1823；英国の医師．種痘(しゅとう)法の発明者》．

**Jen·ny** /dʒéni チェニ, (英+) dʒíni/ 图 ジェニー《Jane の愛称》．

**jeop·ar·dize**, 《英ではしばしば》 **--dise** /dʒépərdàiz チェパダイズ/ 動 (現分) --diz·ing) 他 《正式》…を危険にさらす．

**jeop·ar·dy** /dʒépərdi チェパディ/ 图 U 《正式》危険 ‖
double jeopardy 二重の危険．
pút one's whóle fúture in jéopardy 将来のすべてを危険にさらす．

**jerk** /dʒə́ːrk チャーク/ 图 C 1 急にぐいと引くこと．**2** (筋肉の)反射運動，けいれん．**3** (英様式)[~s；おどけて] 美容体操．**4**〖重量挙げ〗ジャーク《肩まで上げたバーベルを両脚(さま)を前後に開くと同時に頭上に差し上げる. cf. snatch》．
――動 他 …をぐいと動かす[引く，押す，突く，ひねる，投げる，ひったくる，脱ぐ]．
――自 急に[ガタンと]動く ‖
jerk to a stop ガタンと止まる．

**jer·kin** /dʒə́ːrkin チャーキン/ 图 C ジャーキン《皮製の短い男性用上着．16-17世紀に着用》．

**jerk·y** /dʒə́ːrki チャーキ/ 形 (比較) --i·er, (最上) --i·est) 1 急に動く，ぎくしゃく動く．**2** 断続的な，ぎくしゃくした．

**Jer·ry** /dʒéri チェリ/ 图 ジェリー《Jeremy, Gerald の愛称》.

**jer·sey** /dʒə́ːrzi チャーズィ/ [名] **1** [U] =jersey cloth. **2** [C] ジャージ《運動選手・水夫が着るメリヤスシャツ[セーター]》; 女性用メリヤス上着.

**jérsey clòth** ジャージ(jersey)《やわらかく伸縮性のある毛・綿などの服地》.

**jérsey nùmber** (スポーツ選手の)背番号.

**Jer·sey** /dʒə́ːrzi チャーズィ/ [名] **1** ジャージー島《イギリス海峡にある英国の島》. **2** [C] ジャージー種の乳牛.

**Je·ru·sa·lem** /dʒərúːsələm チェルーサレム/ [名] エルサレム《古代パレスチナの首都, 現在はイスラエルの首都》.

**Jes·sie** /dʒési チェスィ/ [名] ジェシー《女の名. 男の名》.

**jest** /dʒést チェスト/ 《正式》[名] **1** [C] 冗談, しゃれ, こっけい ‖

break a **jest** 冗談を言う.

**2** [U][C] ふざけ, 戯(たわ)れ; ひやかし ‖

speak **in jest** おどけて話す.

**make a jest of** her ignorance 彼女の無知をからかう.

**jest·er** /dʒéstər チェスタ/ [名][C] 冗談好きの人.

**Jes·u·it** /dʒéʒuət チェジュイト, dʒézju-/ [名][C] 〔カトリック〕イエズス会(修道)士《Society of Jesus 所属の修道士》.

**Je·sus** /dʒíːzəs チーザス/ [名] イエス(キリスト)《8-4 B.C.?-A.D. 29?; → Christ》 ‖

Jesus'(s) death イエスの死《◆所有格は2つあるが, 発音はいずれも /dʒíːzəs/. → 's》.

***the Society of Jésus*** イエズス会《カトリックの修道会の1つ. [略] SJ》(cf. Jesuit).

J

***jet**[1] /dʒét チェト/ 〘「投げる」が原義〙

—[名] ([複] ~s/dʒéts/) [C] **1** (液体・ガスの)**噴出**, 噴射; 噴出物 ‖

The **jets** of water **from** their hoses put out the fire. ホースから水が噴射されて火が消えた.

vivid **jets** of images 生き生きとしたイメージの噴流.

**2** 噴出口, 筒口. **3** (略式) =jet plane. **4** (略式) =jet engine.

—[動] ([過去・過分] jet·ted/-id/; [現分] jet·ting) [他] **1** …を噴出させる, 噴射させる, 吹き出す. **2** …をジェット機で輸送する. —[自] **1** 噴出する, ほとばしる. **2** 噴射推進で動く; 急速に進む; (略式) ジェット機で旅行する.

**jét áirliner** 定期ジェット旅客機.

**jét éngine** ジェットエンジン, 噴射推進機関.

**jét físhter** ジェット戦闘機.

**jét làg [sỳndrome]** ジェット機疲れ, 時差ぼけ.

**jét pláne** ジェット機.

**jét strèam** (1) 〔気象〕ジェット気流. (2) ジェットエンジンの排気流.

**jét tràvel** ジェット機による旅行.

**jet**[2] /dʒét チェト/ [名][U] **1** 黒玉(くろたま), 貝褐炭《磨いて飾り石にする》. **2** 黒玉色, 漆(しっ)黒.

**jet·lin·er** /dʒétlàinər チェトライナ/ [名][C] ジェット旅客機.

**JETRO** /dʒétrou チェトロウ/ [略] Japan External Trade Organization 日本貿易振興機構, ジェトロ.

**jet·sam** /dʒétsəm チェトサム, (英+) -sæm/ [名][U] 〔海事〕投げ荷《◆「浮き荷」は flotsam》; 漂流物.

**jet·ty** /dʒéti チェティ/ [名] ([複] jet·ties/-z/) [C] **1** (木・石の)突堤(とってい), 防波堤. **2** 桟橋(さんばし), 波止場.

**Jew** /dʒúː チュー/ [名][C] **1** ユダヤ人(cf. Hebrew); ユダヤ教徒. **2** [形容詞的に] ユダヤ人の(ような) (Jewish).

**jew·el** /dʒúːəl チューエル/ [名][C] **1** 宝石《◆gem より口語的》 ‖

pùt ón **jéwels** 宝石を身につける.

She wore a ring set with a **jewel**. 彼女は宝石のついた指輪をしていた.

[[C]と[U]] jewel [C]
jewelry [U]

**2** [通例 ~s] (宝石入りの)装身具.

**3** 貴重な人[物]; 宝石に似たもの ‖

He is a **jewel** of a boy. 彼は大切な男の子だ.

**4** (時計・機械の軸受けに使う)石 ‖

a watch of 25 **jewels** =a 25 **jewel** watch 25石の時計.

—[動] ([過去・過分] ~ed または(英) jew·elled /-d/; [現分] ~·ing または(英) -·el·ling) [他] [通例 be ~ed] 宝石で飾られている; ちりばめられている; 〈腕時計などが〉石をはめてある ‖

a sky **jeweled with** innumerable stars 無数の星をちりばめた空.

**jew·el·er,** (英ではしばしば) **-·el·ler** /dʒúːələr チューエラ/ [名][C] 宝石細工人, 宝石職人; 宝石商, 貴金属商.

**jew·el·ry,** (英では主に) **jew·el·lery** /dʒúːəlri チューエルリ/ [名][U] [集合名詞] 宝石類; (貴金属製の)装身具類《◆個々の宝石は jewel》 ‖

a beautiful piece of **jewelry** 美しい宝石.

**Jew·ish** /dʒúːiʃ チューイシュ/ [形] ユダヤ人の, ユダヤ人特有の; (略式) イディッシュ語の.

—[名][U] (略式) イディッシュ語(Yiddish).

**Jéwish cálendar** [the ~] ユダヤ暦《2002年9月7日からユダヤ暦5763年が始まる》.

**jib**[1] /dʒíb チブ/ [名][C] **1** 〔海事〕=jib sail. **2** 〔機械〕ジブ《起重機の回転臂(ぴ)》.

**jíb bòom** ジブブーム《第2船首斜檣(しょう) (bowsprit)の上に取り付けた斜檣》.

**jíb sàil** ジブ, 船首三角帆(jib).

**jib**[2] /dʒíb チブ/ [動] ([過去・過分] jibbed/-d/; [現分] jib·bing) [自] **1** 〈馬などが〉止まって進もうとしない. **2** ためらう, いやがる.

**jibe** /dʒáib チャイブ/ (米) [動] ([現分] jib·ing) [名] = gibe.

**jif·fy** /dʒífi チフィ/ [名] (略式) [a ~] ちょっとの間 ‖

I'll be back in **a jiffy**. すぐに戻ります.

**jig** /dʒíg チグ/ [名][C] ジグ《活発な 6/8 拍子の踊り》; その曲. —[動] ([過去・過分] jigged/-d/; [現分] jig·ging) [自] **1** ジグを踊る, ジグを演奏する. **2** (略式) はね回る.

**jig·gle** /dʒígl チグル/ [動] ([現分] jig·gling) [他][自] (略式) 右左[上下]に急速に動かす[動く]こと(→ jump

**jig·saw** /dʒígsɔː/ ヂグソー | 名 C 1 糸のこぎり. 2 = jigsaw puzzle.

**jigsaw pùzzle** ジグソーパズル (jigsaw).

**ji·had** /dʒiháːd ヂハード | dʒiháed ヂハド/ 名 C (イスラム教徒の)聖戦, ジハード.

**Jill** /dʒíl ヂル/ 名 ジル《女の名》.

**jilt** /dʒílt ヂルト/ 動 他 名 C (恋人を)捨てる(女).

**Jim** /dʒím ヂム/ 名 ジム《James の愛称》.

**Jím Cròw, jim crow** /-króu -クロウ/ (米) (1) 黒人差別. (2) (俗) 黒人, くろんぼ.

**Jim·mie, --my** /dʒími ヂミー/ 名 ジミー《James の愛称》.

**jin·gle** /dʒíŋgl ヂングル/《擬音語》名 C 1 チリンチリン[リンリン]と鳴る音. 2 同じ[似た]音のくり返し,(コマーシャルに使われる)調子のよい詩句.
— 動 (現分) jin·gling) 自 《鈴などが》チリンチリン鳴る;《詩句が》調子よく響く.— 他 《鈴など》をチリンチリン鳴らす.

**jinx** /dʒíŋks ヂンクス/ 名 (複 ~·es/-iz/) C (略式) 不運をもたらすもの[人];縁起の悪いもの[人].

**JIS** (略) Japanese Industrial Standards 日本工業規格, ジス.

**jit·ter** /dʒítər ヂタ/ 名 (略式) [the ~s; 複数扱い] 神経質, そわそわ.

**jit·ter·y** /dʒítəri ヂタリ/ 形 神経質な.

**jive** /dʒáiv ヂャイヴ/ 名 (俗) 名 U C 動 (現分 jiv·ing)
自 ジャイブ(に合わせて踊る[演奏する])《テンポの速いジャズ・ロックンロール》.

**Jo** /dʒóu ヂョウ/ 名 1 ジョー《Josephine の愛称》. 2 ジョー《Joseph の愛称》《◆ Joe ともつづる》.

**Joan** /dʒóun ヂョウン/ 名 1 ジョーン《John の女性形》. 2 (Saint) ~ of Arc/áːrk/ ジャンヌ=ダルク《1412-31;百年戦争のときフランスを救った聖女. フランス名は Jeanne d'Arc》.

**\*\*job** /dʒáb ヂャブ | dʒɔ́b ヂョブ/ 『「口 (mouth)」が原義』
— 名 (複 ~s/-z/) C 1a 仕事, 作業;賃仕事 ‖
let him have the **job** of painting the house
彼に家のペンキ塗りの仕事をさせる.
**off** the **job** 勤務外に.
**on** the **job** 勤務中に.
**b** (略) 職, 勤め口;(職業上の)役目, 職務 ‖
a **job** as a secretary 秘書の仕事.
get a **job** with a trading company 貿易会社に就職する.
find [get] a **job** writing leaflets 広告のチラシを書く仕事を見つける.
lose one's **job** 失業する《◆「失業している」は be *out of a job*》.
I've got many **jobs** to do. 果たすべき職務がたくさんある《◆「やるべき仕事の量が多い」は I've got a lot of work to do.》.
[対話] "How's the **job** hunting going?" "Well, I have three **job** offers." 「就職活動はどうですか」「ええ, 3件勤め口の申し出が来ています」.

[C と U] **job** C
work U
**2** (略式) [通例 a ~] 仕事の成果[産物].
**3** (略式) **a** (主に英) (公職利用の)不正行為, 汚職.
**b** 犯罪, 強盗 ‖
pull a bank **job** 銀行強盗をする.
do a **job** on his book 彼の本を台なしにする.
**4** [コンピュータ] ジョブ《実行させる仕事の単位》.
**hàve a (hárd) jób = hàve a (tóugh) jób** (略式) 骨を折る, 一苦労する;手こずる.
**òn the jób** (略式) (1) 油断なく, 警戒して. (2) 仕事中(に);忙しく働いて, 仕事に精を出して;仕事で (→ **1a**).

**jób opportùnity** 雇用機会.

**Job** /dʒóub ヂョウブ/ 名 [聖書] 1 ヨブ《苦難に耐え信仰を守ったヨブ記の主人公》. 2 ヨブ記《旧約聖書の1書》.

**job·less** /dʒáblas ヂャブレス | dʒɔ́b- ヂョブレス/ 形
失業中の;失業者の.— 名 [the ~;集合名詞;複数扱い] 失業者たち.

**jock·ey** /dʒáki ヂャキ | dʒɔ́ki ヂョキ/ 名 C (競馬の)騎手.— 動 他 …をだます.

**joc·u·lar** /dʒákjulər ヂャキュラ | dʒɔ́k- ヂョキュラ/ 形 (正式) こっけいな, おどけた.

**jodh·purs** /dʒádpərz ヂャドパズ | dʒɔ́d- ヂョド-/ 名 [複数扱い] 乗馬ズボン.

**Joe** /dʒóu ヂョウ/ 名 ジョー《Joseph の愛称》《◆ Jo ともつづる》.

**jog** /dʒág ヂャグ | dʒɔ́g ヂョグ/ (類語 jug/dʒág/) 動
(過去・過分 jogged/-d/;現分 jog·ging) 他 1 …を押す, 揺り動かす;《注意を促して》…をちょっと突く ‖
She **jogged** my elbow to get my attention. 彼女は注意を引くために私のひじをちょっと突いた.
**2** 《記憶・注意》を呼び起こす.
— 自 1 揺れながら進む. 2 とぼとぼ歩く, (米) ゆっくり走る, ジョギングする. 3 どうにかやっていく.
— 名 C 1 (通例 a ~) 揺れ, 軽い突き, ひと押し. 2 軽い刺激, 喚起. 3 とぼとぼ歩き;(馬の)一定足 (trot).

**jog·ger** /dʒágər ヂャガ | dʒɔ́gə ヂョガ/ 名 C (米) ジョギングをする人.

**jog·ging** /dʒágiŋ ヂャギング | dʒɔ́giŋ ヂョギング/ 動
→ jog.— 名 U (米) ジョギング.

**John** /dʒán ヂャン | dʒɔ́n ヂョン/ 名 1 ジョン《男の名. 愛称 Johnny, Johnnie, Jack》. 2 [聖書] ヨハネ《キリストの12使徒の1人》;ヨハネによる《第4福音書;ヨハネの手紙《第1から第3まで》. 3 [聖書] **Jóhn the Bàptist** バプテスマのヨハネ《キリストに洗礼を施した》.

**Jóhn Búll** ジョン=ブル《イングランド(人)または英国(人)を表すニックネーム》(cf. Uncle Sam).

**John·ny, John·nie** /dʒáni ヂャニ | dʒɔ́ni ヂョニ/ 名 ジョニー《John の愛称》.

**John·son** /dʒánsn ヂャンスン | dʒɔ́n- ヂョン-/ 名 ジョンソン《Samuel ~ 1709-84;英国の辞書編集者・批評家. (通称) Dr. Johnson (ジョンソン博士)》.

## join

**join** /dʒɔ́in チョイン/ 〖「2つ以上のものがじかに接合する」が本義〗派 joint (名・形)

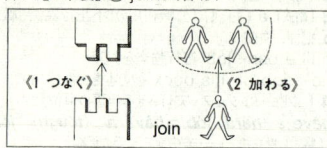

〈1 つなぐ〉　〈2 加わる〉
join

— 動 三単現 ~s/-z/; 過去・過分 ~ed/-d/; 現分 ~·ing

┌─他と自の関係─
│他 **1a**　join A　　A〈物〉をつなぐ
│自　　　　 join A　　A がつながる
└

— 他 **1a** [join A (on) to B] A〈物〉を B〈物〉につなぐ, 取り付ける ‖
**join** two planks **with** glue 2枚の厚板を接着剤で接合する.
**join** this pipe (**on**) **to** that pipe このパイプをあのパイプにつなぐ.
**join** the wires (**up**) wrongly 針金を間違って連結する.
The trailer was **joined** (**up**) **to** the truck. トレーラーがトラックに連結された.
**b** 〈2人の人〉を結びつける ‖
**join** two people **in** marriage カップルを結婚させる.

**2** …に加わる, 参加する; …の場所に戻る ‖
**Join** us **for** dinner, please. 一緒に食事をしましょう.
**join** one's ship 自分の船に帰任する.
**join** a club クラブに入る《◆ *join in* [*to*] *a club*》.
If you can't beat them, **join** them. 《ことわざ》勝てる相手なら手を結べ;「長いものには巻かれろ」.
This record **joined** the week's top hits. このレコードはその週のベストヒットに入った.
対話 "We are going to the movies. Do you want to **join** us?" "I'd like to come along but I can't." 「映画に行くところだけど, 君も一緒に行かないか」「行きたいけれどだめなんだ」.

**3** …と結合する ‖
This bone **joins** the other at the waist. この骨は別の骨と腰のところでつながっている.
The two gift shops **join** each other. 2軒のみやげ物店はとなり合わせになっている.

— 自 つながる, 結びつく; 合同する; **参加する**, 加わる ‖
**join in** the discussion 討議に加わる.
**join in** the birthday party 誕生パーティーに参加する.
**join on** at the rear of a procession 行列のあとについて行く.
対話 "How can we finish all this work by Monday?" "If we **join together** to do it,

## joke

it's no problem." 「これだけの仕事を月曜日までにどうしたら仕上げられるだろうか」「力を合わせてやれば, 問題じゃないさ」.
— 名 C 接合箇所, 継ぎ目; 結合(すること).

**join·er** /dʒɔ́inər チョイナ/ 名 C (主に英) 指物(さしもの)師, 建具屋.

**joint** /dʒɔ́int チョイント/ 名 C

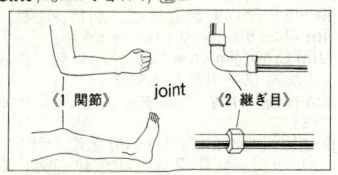

〈1 関節〉　joint　〈2 継ぎ目〉

**1** 関節, 節(ふし) ‖
the **joint** of my elbow 私のひじの関節.
set the arm **in joint** (again) (はずれた)腕の関節を直す.
**2** 接合(法), 継ぎ目; 接合するもの ‖
a **joint** in a water pipe 水道管の継ぎ手.
a universal **joint** 自在継ぎ手.
**3** (ふつう骨付きの)肉の大切り身.
**4** (俗)安レストラン[酒場]; 賭博(とばく)宿.
**òut of jóint** (文) (1) (骨が)関節がはずれて. (2) 調子が狂って; 不釣り合いで.
— 動 他 **1** …を継ぎ目で接合する. **2** (正式)〈肉など〉を関節で大切りにする.
— 形 共同の, 共通の ‖
**joint** property 共有財産.
**joint** responsibility 連帯責任.
by our **joint** effort 我々の協力によって.
**jóint commúniqué** 共同声明.

**joint·ly** /dʒɔ́intli チョイントリ/ 副 一緒に, 共同して, 合弁で; 共通して.

**jóint-stòck còmpany** /dʒɔ́intstɑ̀k- チョイントスタク-|-stɔ̀k- チョイントストク-/ (米) 合資会社; (米) 株式会社(→ company 関連).

**joist** /dʒɔ́ist チョイスト/ 名 C 〖建築〗梁(はり), 根太(ねだ).

**joke** /dʒóuk チョウク/ 〖「話す」が原義〗
— 名 (複 ~s/-s/) C **1** 冗談, しゃれ; 悪ふざけ, おどけ; からかい, いたずら ‖
a practical **joke** 悪ふざけ.
**for a joke** (略式) (自分としては)冗談のつもりで《◆ *as a joke* は「冗談として(受け取って)」の意》.
**in joke** 冗談半分に.
**pláy a jóke on** him 彼をからかう.
**hàve a jóke with** her 彼女と冗談をかわす.
**tell** [×**say**] **a jóke** 冗談を言う.
**be beyònd a jóke** (略式) 笑いごとではない.
Now, you're carrying the **joke** too far. 君, 冗談が過ぎるぞ.
**2** [a ~ / the ~; しばしば否定文で] 物笑いの種; 取るに足らない事; こっけいな人 ‖
It's **nó** joke. (略式) 重大な事だ.
His debut in letters was **a joke**. 文壇での彼の初仕事はお笑い草だった.

—[動] ([現分] jok·ing) [自] 冗談を言う；からかう ‖
(all) **jóking apárt** [**asíde**] =apart from joking 《略式》[文頭で] 冗談はさておき.
**joke with** him **about** the mistake その誤りのことで彼をひやかす.
[対話] "Have I told you I'm being transferred to London?" "**You must be joking.**(↘) You came back from New York only recently." 「ロンドンへ転勤になること言ったっけ?」「冗談言うなよ．つい最近ニューヨークから帰ったばかりじゃないか」.
—[他] [**joke that** 節] …だと冗談を言う；「…」と冗談を言う.

**jok·er** /dʒóukər チョウカ/ [名][C] **1** 冗談を言う人，いたずら好きの人. **2** 〔トランプ〕ジョーカー.

**jol·ly** /dʒáli チャリ｜dʒɔ́li チョリ/ [形] ([比較] -·li·er, [最上] -·li·est) 陽気な，上機嫌の；楽しい，愉快な ‖
They had **a jolly** time at the party. 彼らはパーティーを大いに楽しんだ.
—[副] 《英略式》非常に，とても.

**jolt** /dʒóult チョウルト/ [動][他] …を急激に揺する.
—[自] 揺れる；揺れながら進む.
—[名][C] [通例 a ～] 急激な動揺，ショック ‖
The truck started with a **jolt**. トラックは一揺れして動き出した.

**Jon·a·than** /dʒánəθən チャナサン｜dʒɔ́n- チョナサン/ [名] ジョナサン《男の名》.

**Jones** /dʒóunz チョウンズ/ [名] ジョーンズ《男の名》.

**Jor·dan** /dʒɔ́ːrdn チョードン/ [名] ヨルダン《西アジアの国．現在は正式名 Hashemite Kingdom of Jordan (ヨルダンハシミテ王国)．首都 Amman》.
**Jórdan Ríver** [the ～] ヨルダン川《◆John the Baptist がキリストに洗礼を授けた川》.

**Jo·seph** /dʒóuzəf チョウゼフ/ [名] ジョーゼフ《男の名．(愛称) Jo, Joe》.

**Jo·se·phine** /dʒóuzəfiːn チョウゼフィーン/ [名][C] ジョゼフィン《女の名．(愛称) Jo, Josie, Jozy》.

**jos·tle** /dʒásl チャスル｜dʒɔ́sl チョスル/ [動] ([現分] jos·tling) [他] …を押しのける ‖
**jostle** one's way 押し分けて進む.
—[自] 押し分けて進む；押し合う.

**jot** /dʒát チャト｜dʒɔ́t チョト/ [名] 《略式》[a ～；通例否定文で] 少し，わずか ‖
There's **not a jot** of truth in this report. この報告書はまったくのでたらめだ.
—[動] ([過去・過分] jot·ted/-id/；[現分] jot·ting) [他] …を書き留める，メモする.

**jot·ting** /dʒátiŋ チャティング｜dʒɔ́t- チョティング/ [動] → jot. —[名][C] [通例 ～s] メモ.

**jour·nal** /dʒɔ́ːrnl チャーヌル/ [名][C] **1** 日記，日誌《◆diary より多少公的な記録》；議事録.
**2** (日刊)新聞；雑誌；《正式》会報，定期刊行物 ‖
a medical **journal** 医学雑誌.

***jour·nal·ism** /dʒɔ́ːrnəlizm チャーナリズム/ 〚→journal〛
—[名][U] **1** ジャーナリズム，新聞雑誌放送業(界)；新聞雑誌編集；新聞雑誌の文筆(業)；[集合名詞] 新聞雑誌類；報道界.
**2** (大学の)新聞学科.

**jour·nal·ist** /dʒɔ́ːrnəlist チャーナリスト/ [名][C] **1** 新聞[雑誌]記者，編集者，新聞[雑誌]寄稿家，ジャーナリスト；報道関係者；新聞[雑誌]業者.
**2** 日記作成者.

**jour·nal·is·tic** /dʒɔ̀ːrnlístik チャーヌリスティク/ [形] 新聞[雑誌]の；新聞[雑誌]ふうの.

***jour·ney** /dʒɔ́ːrni チャーニ/ 〚「1日(jour)の行程」が原義. cf. *jour*nal〛
—[名] ([複] ～s/-z/) [C] **1** 旅行，(ふつう陸上の比較的長い)旅(→ trip) ‖
**gò** [**stárt**, **sèt óut**] **on a jóurney to** Kyushu 九州に旅に出かける.
**màke** [**tàke**] **a jóurney** through Europe ヨーロッパを旅行する.
**bréak** one's **jóurney** 旅を(買物・見学・休息などのため)中断する.
**2** 旅程，行程(に要する時間) ‖
(a) four days' **journey** =a **journey** of four days =a four-day **journey** 4日の旅程.
**3** 道程，旅路；進出，探求 ‖
one's **jóurney's énd** 《文》旅路の果て；人生の終わり.
a **jóurney to** success 成功への道.
—[動][自] 《詩》旅行する(travel) (+*along*, *up*).

**jour·ney·man** /dʒɔ́ːrnimən チャーニマン/ [名] ([複] -·men) [C] (年季を終えた)一人前の職人(《PC》skilled craftworker).

**joust** /dʒáust チャウスト/ ([類音] just/dʒʌ́st/) [動][自] 馬上槍(やり)試合をする.

**Jove** /dʒóuv チョウヴ/ [名] =Jupiter.

**jo·vi·al** /dʒóuviəl チョウヴィアル/ [形] 《正式》陽気な，気持ちのよい.

**jowl** /dʒául チャウル，(米+) dʒóul/ [名][C] **1** (太った人の)あごのたるみ. **2** (牛・ブタなどの)のど袋，(のどの)たれ肉(([図] → pork)；(七面鳥などの)肉垂(にくすい)).

****joy** /dʒɔ́i チョイ/ 〚「喜ぶ」が原義. cf. re*joi*ce〛
[派] joyful (形)
—[名] ([複] ～s/-z/) **1** [U] **喜び**，うれしさ，歓喜(の表現[表情]) ‖
(both) **in joy and** (in) **sorrow** 喜びにつけ悲しみにつけ.
**júmp for** [**with**] **jóy** (うれしくて)小躍りする.
be beside oneself with **joy** 有頂天になる.
I saw (the) **joy** in his face. 彼の顔に歓喜を見た.
**To the joy of** his friends, he got (the) first prize in a race. 友人たちが喜んだことには，彼は競走で1等をとった.
**2** [C] 喜びの種，満足の種，喜びを起こす人 ‖
It is **a joy** to see you so happy. あなたがとても幸せなのを見てうれしい.
Our daughter is **a** great **joy to** us. 娘は我々にとって大きな喜びのもとだ.

**Joyce** /dʒɔ́is チョイス/ [名] ジョイス《女の名．男の名》.

**joy·ful** /dʒɔ́ifl チョイフル/ [形] (時に [比較] ～·ler, [最上] ～·lest) 《正式》とてもうれしい，喜びに満ちた；楽

しそうな；[他動詞的に] 楽しい, (人を)喜ばせる ‖
a **joyful** sight 楽しい光景.
be **joyful** at hearing from him 彼から便りがあってうれしい.
The **joyful** girl jumped at his offer. 少女は喜んで彼の申し出を受け入れた.

**joy･ful･ly** /dʒɔ́ifəli **チョイフリ**/ 副 うれしそうに, 喜んで；幸せに.

**joy･less** /dʒɔ́iləs **チョイレス**/ 形 (正式) 喜びのない, わびしい；つまらない.
**jóy･less･ly** 副 わびしく.
**jóy･less･ness** 名 U さびしさ.

**joy･ous** /dʒɔ́iəs **チョイアス**/ 形 (文) =joyful.

**joy･ride** /dʒɔ́iràid **チョイライド**/ 名 C (略式) (盗んだ車での乱暴な)ドライブ；無謀な運転, 暴走；カーレース.

**joy･stick** /dʒɔ́istik **チョイスティク**/ 名 C (略式) (飛行機の)操縦桿(かん)；(制御装置・ゲーム機などの)操作レバー, ジョイスティック.

**Jpn.** 略 Japan; Japanese.

**JR** 略 Japanese Railways 日本鉄道《国鉄が分割民営化されてできた会社の総称》.

**Jr., jr., Jr, jr** 略 junior.

**ju･bi･lant** /dʒúːbələnt **チュービラント**/ 形 (正式) 歓喜に満ちた.

**ju･bi･la･tion** /dʒùːbəléiʃən **チュービレイション**/ 名 (正式) 1 U 歓喜. 2 C (通例 ~s) 祝賀.

**ju･bi･lee** /dʒúːbəliː **チュービリー**/ 名 C 記念祭；祝典 ‖
a silver [golden, diamond] **jubilee** 25[50, 60]周年記念(祭).

**Ju･da･ism** /dʒúːdiːizm **チューディイズム** -deiizm **-ディイズム**/ 名 U ユダヤ教(義)；ユダヤ教信仰.

**Ju･das** /dʒúːdəs **チューダス**/ 名 [聖書] (イスカリオテの)ユダ《~ Iscariot/ískəriət/；キリスト 12 使徒の 1 人で金のためキリストを裏切った》.

\***judge** /dʒʌdʒ **チャヂ**/ [「法(law)」が原義]
派 judg(e)ment (名)

── 名 (複 judg･es/-iz/) 1 [しばしば J~] C 裁判官, 判事；治安判事 ‖
(as) **sober** as a **judge** 非常にまじめな；少しも酔っていない.
2 C (競技などの)審判(員)；審査員 ‖
Can you be a **judge** at [for] our contest? コンテストの審査員になっていただけますか.
3 C 鑑定家, 評論家 ‖
a good **judge** of antiques 骨董(とう)品の目利き.
He's no **judge** of music. 彼は音楽の良し悪しがわからない.

── 動 (三単現 judg･es/-iz/；過去・過分 ~d/-d/；現分 judg･ing)
── 他 1 …を裁判する；…の判決を下す；[judge A C] A〈人・事件に〉C と判決を下す ‖
**judge** him guilty 彼を有罪と判決する.
The court **judged** the case. 法廷はその事件に判決を下した.

2 …を判断する, 評価する；(正式) …を批評する ‖
Don't **judge** a man by his appearance. 外見で人を評価するな.
対話 "What you did is awful." "How can you **judge** me when you sometimes do the same thing?" 「きみのしたことはひどいよ」「あなたも時々同じことをするのによくも私のことを批評できるわね」.

3 …の審査をする, 審判する ‖
**judge** the roses at the flower show フラワーショーでバラの鑑定をする.

4 …を見積もる；…だと思う, 判断する ‖
He **judged** her (to be) about 30. =He **judged** that she was about 30. 彼は彼女を 30 歳位だと判断した.

── 自 1 裁判官を務める；判決を下す.
2 審判をする, 審査をする ‖
**judge** between the three entries 3 人の参加者の審判員となる.
3 判断する, 評価する ‖
**Judging** [**To judge**] from the look of the sky, it's going to rain. 空模様から察すると雨になりそうだ.

\***judge･ment** /dʒʌ́dʒmənt **チャヂメント**/ 名 = judgment.

\***judg･ing** /dʒʌ́dʒiŋ **チャヂング**/ 動 → judge.

\***judg･ment**, **judge･ment** /dʒʌ́dʒmənt **チャヂメント**/ [→ judge]

── 名 (複 ~s/-mənts/) 1 U 裁判, 審判；U C 判決 (cf. sentence 名 2) ‖
**sít in júdgment** on [upòn, òver] the leader その指導者を裁く.
**páss júdgment on** [**upòn**] her abilities 彼女の能力を判断する.
2 U C 判断, 鑑定；(競技などの)審査；U 判断力(の発揮) ‖
show [use] good **judgment** in choosing a present 贈り物を選ぶのにすばらしい判断力を発揮する.
I can have no **judgment** of its size. その大きさが判定できない.
Where's your **judgment**? 頭がどうかしているね.
3 U C 意見, 見解；非難, 批判 ‖
**in** one's **júdgment** 自分の考えでは.
**form** one's **own júdgment of** his ability 彼の能力について自分の意見を述べる.
4 C 天罰, 災い ‖
Her traffic accident was a **judgment** against her **for** getting up late. 彼女の交通事故は遅く起きた罰だった.

**Júdgment Dày** 最後の審判の日；この世の終わり (the Làst Júdgment, the Dày of Júdgment).

**ju･di･cial** /dʒuːdíʃəl **チューディシャル**/ 形 (正式) 1 裁判の, 裁判官の(ような).

**ju･di･ci･ar･y** /dʒuːdíʃièri **チューディシエリ** -ʃəri **-シャリ**/ 名 (正式) [the ~] 司法部；司法権.

**ju･di･cious** /dʒuːdíʃəs **チューディシャス**/ 形 (正式) 判

断力の確かな, 賢明な.
**jù·dí·cious·ly** 副《正式》思慮深く.
**ju·do** /dʒúːdou チュードウ/〖日本〗图 U 柔道.
**Ju·dy** /dʒúːdi チューディ/ 图 ジューディ《女の名. Judithの愛称》.
**jug** /dʒʌɡ チャグ/〖類音〗jog/dʒɑɡ | dʒɔɡ/)图 C 1 《米》(細口でコルク栓と取っ手付きの)水入れ, つぼ, かめ; 《英》(広口で取っ手付きの)水差し《米》pitcher)(→ jar).

Q&A **Q**: 日本語の「ジョッキ」はjugからきているのですか.
**A**: そうです. でも日本語の「ジョッキ」は英語のmugに当たります.

**2** 水差し1杯の(量).
**jug·gle** /dʒʌ́ɡl チャグル/ 動 (現分 jug·gling)
(自) **1** (お手玉のような)曲芸をする, 奇術をする. **2** ごまかす.
— 他 **1** …を使って曲芸[奇術]をする. **2** …をごまかす.
**jug·gler** /dʒʌ́ɡlər チャグラ/ 图 C 奇術師.
**jug·u·lar** /dʒʌ́ɡjələr チャギュラ/ 形《解剖》頸(くび)部の, 咽喉(いんこう)部の; 頸静脈の. — 图 C = jugular vein.
**júgular véin** 頸静脈(jugular).

\***juice** /dʒúːs ジュース/ (発音注意)〖下のQ&A参照〗《類音》deuce /djúːs/)〖「スープ(broth)」が原義〗
— 图 (複 juic·es /-iz/) **1** U C ジュース《◆果物・野菜・肉などの汁. 日本語の「ジュース」はsoft drinkに相当することが多い. 「数種類のジュース」の意味ではjuicesとする》‖
a glass of apple **juice** 1杯のリンゴジュース.
We drink **juices** when we are tired. 疲れている時にはジュースを飲む.

Q&A **Q**: juiceのiのようにiを発音しない語はほかにもありますか.
**A**: nuisance, cruiseなどもiを発音しません.

**2** C U 体液, 分泌液 ‖
digestive **juice**(s) 消化液.
**3** U 《略式》エネルギー源; 電気, ガソリン.
**juic·y** /dʒúːsi ジューシィ/ 形 (比較 -i·er, 最上 -i·est) **1** 汁の多い. **2** 《略式》興味をそそる.
**júic·i·ness** 图 U 汁の多いこと.
**juke·box** /dʒúːkbɑks チュークボックス | -bɔks -ボックス/ 图 (複 ~·es /-iz/) C ジュークボックス.
**Jul.** (略) July.
**Jul·ian** /dʒúːljən チューリャン/ 图 **1** ジュリアン《男の名》. **2** ユリアヌス《ローマ皇帝331-363 ; Julian the Apostate (背教者ユリアヌス)と呼ばれる》.
**Júlian cálendar** [the ~] ユリウス暦《Julius Caesarが定めた暦. cf. Gregorian calendar》.
**Ju·liet** /dʒúːljət チューリェト | -liət -リエト/ 图 **1** ジュリエット《女の名》. **2** ジュリエット《Shakespeare作 Romeo and Juliet の主人公》.

**Jul·ius Cae·sar** /dʒúːljəs síːzər チューリャス スィーザ | -liəs- チューリアス-/ → Caesar.
\***Ju·ly** /dʒuːlái チュライ/〖「ユリウス=カエサル皇帝(Julius)の月」が原義〗
— 图 U 7月; [形容詞的に] 7月の(略 Jul., Jl.)
(語法) → January).
**jum·ble** /dʒʌ́mbl チャンブル/ 動 (現分 jum·bling)
他 **1** …をごた混ぜにする, 乱雑にする. **2** …を混乱させる.
— 图 [a ~] 寄せ集め, ごちゃ混ぜ.
**júmble sále** 《英》がらくた市《米》rummage sale).
**jum·bo** /dʒʌ́mbou チャンボウ/ 图 (複 ~s) C 形《略式》**1** ずば抜けて大きな(もの, 動物, 人). **2** ジャンボジェット機《特にBoeing 747》.

\***jump** /dʒʌmp チャンプ/
— 動 (三現 ~s /-s/; 過去・過分 ~ed /-t/; 現分 ~·ing)
— (自) **1** 跳ぶ, 跳躍する, 跳びはねる; 飛び出す ‖
**jump** to one's **feet** さっと立ち上がる.
**jump off [from]** the roof **into** the front entrance 屋根から正面玄関に飛び降りる.
**jump (up) over** a fence さくを跳び越える《◆平面を跳び越える場合は across: **jump across** a ditch みぞを跳び越える》.
**jump from on** the desk 机の上から跳び降りる.
**jump away [aside]** 飛びのく.
**jump into** one's **clothes** 急いで衣服を着る.

[対話] "I can't get down from here. It's too high." "You've no choice. You'll have to **jump**." 「ここからは降りられない. 高すぎるよ」「方法は1つだ. 跳ぶしかないよ」.

[関連] 一般的に frog は jump, bug は jiggle, rabbit は hop, horse は clop, puppy は bounce, deer は leap.

**2** はっとする, どきっとする ‖
**jump at** a loud noise 大きな物音にぎょっとする.
**jump to** a lively knock at the door はげしく戸をたたく音に跳び上がる.
**3**〈物価などが〉急騰(とう)する; 急増する.
**4** [比喩的に] すぐに飛びつく, 急ぐ, 飛躍する; 急にやり出す ‖
**jump into** the political discussion 突然政治論議を始める.
**jump to conclusions** = **jump to a conclusion** 軽々しく結論を出す.
**5**《略式》**a** 喜んで応じる《◆受身にもできる》‖
She **jumped at** the offer. 彼女はその申し出に飛びついた.
**b** すぐに服従する, 従ってすぐ行動する.
— 他 **1** …を跳び越える ‖
The needle **jumps** a groove. レコード針が溝を

跳び越す.
**2** …に跳び越えさせる;〈子供などを(ひざの上で)跳び上がらせる‖
jump a pony **across** the brook 小馬で小川を越えさせる.
**3** 〈段階など〉を飛ばす;〈章・節など〉を飛ばして読む;〈記事など〉を離れたページに続ける.
**júmp at** A (1) → 图 **2, 5 a**. (2) …に襲い[飛び]かかる.
**júmp on**[**upòn**] A …に飛びかかる, 飛び乗る.
——名 (複 ~s/-s/) C **1** 跳躍; ひと跳びの高さ[幅]; 跳躍競技‖
a jump of five feet 5フィートの跳躍距離.
**2** 急騰, 急上昇.
**3** びくっとすること; (略式)[the ~s] 神経的けいれん, 心配‖
all of a jump (略式)おどおどして.
**on the júmp** (略式)忙しく動き回って; 突然, すばやく; そわそわして.
**júmp ròpe** (米) 縄跳び遊び(の縄).
**júmp sùit** (もと米) (1) 落下傘降下服(に似た作業着). (2) ジャンプスーツ《ワンピースでパンツとブラウス[シャツ]が一緒になった服》.
**jump·er**[1] /dʒʌ́mpər **チャンパ**/ 图 跳ぶ人, 跳躍する人[動物, 虫, 物]; [スポーツ] 跳躍選手; 障害馬.
**jump·er**[2] /dʒʌ́mpər **チャンパ**/ 图 **1** (女性・子供用の)ジャンパードレス[スカート]((英) pinafore dress)《ブラウスなどの上に着るそでなしの上着》. **2** 作業用上着《◆「ジャンパー」は jacket, windbreaker の方がふつう》. **3** (英)プルオーバー(のセーター) (sweater).
**jump·y** /dʒʌ́mpi **チャンピ**/ 厖 (比較) -i·er, (最上) -i·est) **1** 跳びはねる. **2** 変化に富む. **3** (略式)神経質な.
**Jun.** (略) June; Junior.
**junc·tion** /dʒʌ́ŋkʃən **チャンクション**/ 图 **1** Ü (正式) 連結すること. **2** C 連結点; 交差点; 連絡駅. **3** C 〔電気〕= junction box.
**júnction bòx** (ケーブル保護用の)接続箱.
**junc·ture** /dʒʌ́ŋktʃər **チャンクチャ**/ 图 (正式) **1** Ü 接続, 連結; C 接合点[線].
**2** C (重大な)時点, 時期《◆通例次の句で》‖
at this juncture この重大な時に.
***June** /dʒúːn **チューン**/ 〔ローマ神話でユピテルの妻ユノ (Juno)の月. ユノは結婚の守護神. cf. June bride〕
——图 6月《◆英国では最も快適な月で社交界のにぎわう時期. → summer》; [形容詞的に] 6月の((略) Jun.). (語法) → January).
**Júne bríde** 6月の花嫁《◆6月に結婚すると幸せになるといわれる》.
***jun·gle** /dʒʌ́ŋɡl **チャングル**/ (類音) jangle /dʒǽŋɡl/) 〔「荒野, 大森林」が原義〕
——图 (複 ~s/-z/) ⓒⓤ [通例 the ~] ジャングル, (熱帯の)密林湿地帯.
**the láw of the júngle** ジャングルの掟(おきて)《弱肉強食》.
**júngle gým** (もと商標)ジャングルジム.

***jun·ior** /dʒúːnjər **チューニャ** | dʒúːniə **チューニア**/ 〔「より若い」が本義〕
——圈 **1** 後輩の; 下位の‖
a junior partner (会社の)後輩[部下].
**2** 年下の((略) Jr., jr., Jr, jr) (↔ senior)‖
She is five years junior to him. 彼女は彼より5歳年下だ.
William Jones, Jr. ウィリアム=ジョーンズ2世《◆ Jr. はふつう the Junior と読む. 同名の父の息子・2人兄弟の弟・同名生徒の年少者をさす言い方で, 女性には用いない》(↔ Sr.).
**3** (米) (大学の)3年生の; (短大の)1年生の, (3[4]年制高校の)2[3]年生の(→ freshman). **4** (ふつうより)小型の, 小規模の. **5** 〈娯楽などが〉年少者向きの; 〈服のサイズが〉ふつうより小さい, 若い女性向きの.
——图 (複 ~s/-z/) C **1** [通例 one's ~] 後輩, 新参者; 年少者; 下位の人‖
対話 "You two went to the same school?" (↗) "Yes, but she's my junior by five years." 「あなたたち2人は同じ学校に行ったんだって?」「そう. でも彼女は私より5歳後輩なんだ(= She's five years my junior.)」(→ 厖 **1, 2**).
**2** [時に J~] (米式) 息子《◆呼びかけにも用いる》‖
bring junior with me 息子を一緒に連れて行く.
**3** (米) (大学の)3年生, (短大の)1年生, (3[4]年制高校の)2[3]年生(→ freshman).
**4** (米) (若い女性向きの)ジュニアサイズ.
**júnior cóllege** (米) (ふつう2年制の)短期大学; (4年制大学の)教養課程.
**júnior hígh schòol** (米) 中学校(→ high school).
**júnior schóol** (英) 上級小学校《小学校の後期課程. 7-11歳の生徒が通う. cf. primary school》.
**junk**[1] /dʒʌ́ŋk **チャンク**/ 图 (略式)[集合的] くず, がらくた《再生可能なガラス・ぼろ・紙・金属など》‖
This TV set is just a piece of junk. このテレビはまさにポンコツだ.
**júnk fóod** (略式) ジャンクフード《カロリーが高くて栄養価の低いスナック菓子》.
**júnk máil** (米) (大量に送られてくずとして捨てられる)ダイレクトメール.
**junk**[2] /dʒʌ́ŋk **チャンク**/ 〔「船」が原義〕 C 〔歴史〕ジャンク《中国の平底帆船》.
**jun·ket** /dʒʌ́ŋkət **チャンケト**/ 图 ⓒⓤ 凝乳(料理)《牛乳を酸で固まらせた甘い食物》.
**junk·ie, -y** /dʒʌ́ŋki **チャンキ**/ 图 (複 junk·ies /-z/) C (俗) 麻薬常習者; …中毒の人‖
a sports junkie スポーツ中毒者.
**junk·yard** /dʒʌ́ŋkjɑ̀ːrd **チャンクヤード**/ 图 C (米) 古鉄[くず物, 廃車]置場.
**Ju·no** /dʒúːnou **チューノウ**/ 图 **1** 〔ローマ神話〕ユノ《Jupiter の妻. ギリシア神話の Hera に当たる. 女性と結婚の守護神》. **2** C 美しい堂々とした女性.
**jun·ta** /húntə **フンタ** | dʒʌ́ntə **チャンタ**/ 〔スペイン〕 图 C [単数・複数扱い] (クーデター後の)軍事政府[政権]. **2** (スペイン・南米などの)議会.
**Ju·pi·ter** /dʒúːpətər **チューピタ**/ 图 **1** 〔ローマ神話〕

ユピテル, ジュピター(Jove)《神々の王で天の支配者. ギリシャ神話の Zeus に当たる》. **2** 〖天文〗木星.

**ju·ris·dic·tion** /dʒùərisdíkʃən ヂュアリスディクショ ン/ 名 U 〖正式〗 **1** 司法権. **2** 権力の範囲.

**ju·ris·pru·dence** /dʒùərisprúːdns ヂュアリスプルーデンス/ 名 U 〖正式〗法学, 法理学.

**ju·rist** /dʒúərist ヂュアリスト/ 名 C 〖正式〗 **1** 法学者. **2** (米) 弁護士; 裁判官.

**ju·ror** /dʒúərər ヂュアラ/ 名 C 陪審員(◆jury の一員).

**ju·ry** /dʒúəri ヂュアリ/ 名 (複 ju·ries/-z/) C 〖集合名詞; 単数・複数扱い〗 **1** 陪審(ばん), 陪審団《◆英米では民間から選ばれた12名の陪審員(juror) からなり, 有罪か無罪かの評決を行なう》‖
a grand jury 大陪審.
sít [sérve] on a júry 陪審員を務める.
**2** 審査団, 審査委員会.
júry bòx (法廷の)陪審員席.

**ju·ry·man** /dʒúəriman ヂュアリマン/ 名 (複 -men) C (男の)陪審員((PC) juror).

**ju·ry·wom·an** /dʒúəriwùman ヂュアリウマン/ 名 (複 -wom·en) C 女性陪審員((PC) juror).

**\*\*just** / dʒʌ́st ヂャスト/ 形; 副 (強) dʒʌ́st ヂャスト, (弱) dʒəst ヂャスト/ 〖「法にかなった」が原義〗
㋳ justice (名), justify (動)
→ 形 **1** 公正な **3** 当然の
　　副 **1** ちょうど **3** ようやく **4** ただ…だけ

―― 形 (比較 more 〜; 最上 most 〜) **1** 公平な, 公平な(↔ unjust) ‖
be just in one's dealings 処置が正しい.
be just to [of] one's promise 約束を(正しく)守る.
**2** もっともな, 十分根拠のある; 基準にかなった ‖
a just appraisal 適切な評価.
just criticism 筋の通った批評.
**3** 〖正式〗〖名詞の前で〗〈賞罰などが〉**当然の**, 相応の ‖
the just title to the throne 王位につく正当な権利.

―― 副 /dʒʌ́st, (弱) dʒəst/ **1** 〖しばしば just as で〗**ちょうど, 正確に**《◆否定文では用いない》‖
júst at that spot まさにその場所で.
It's jùst 3 o'clock. かっきり3時だ.
This knife is júst what I needed. このナイフはまさに私が必要としていたものだ.
**2** 〖完了形・過去形と共に; be 動詞のあと, 一般動詞の前で〗**ちょうど今**(…したばかり), つい今しがた; 〖be doing と共に〗今にも, ちょうど, じきに ‖
She's júst going [off, about] to cook supper. 彼女は今夕食の仕度にかかろうとしている.
She (has) just left the office. 彼女は今しがた会社を出たところです.
**3** 〖しばしば only just〗**ようやく, かろうじて** ‖
júst in tìme あわやというところで, 危ないところで; やっと間に合って.
I (only) jùst cáught the bus. なんとかバスに間に合った.

**4** (略式) **a** ただ…だけ, 正に[全く] …にすぎない, ほんの…); 〖否定語のあとで〗ただ…しているだけで(ない)《◆部分否定》‖
I júst know it. (理由を聞かれても困るが)そのことは単に知っているだけだ.
He is júst a big baby. 彼はほんの大きな赤ん坊にすぎない.
I dòn't júst love her. ただ愛しているだけではない; 彼女に全く夢中だ.
**b** 〖命令文をやわらげたり注意・いらだちを表して〗**ちょっと, まあ** ‖
Just look how dirty you are. まあちょっとどんなに汚れているかごらんよ.
対話 "May I please speak to Ms Forrest?" "Just a minute, please." 「フォレストさんとお話ししたいのですが」「ちょっとお待ちください」《◆驚き・異議を差しはさむときにも用いる》.
**c** 〖疑問詞を強めて〗いったい ‖
Just why do you want it? 正確にはどうしてそれが欲しいのかね.
**5** (略式) 〖強調的に〗**全く, 本当に, 断然**(absolutely); 〖否定語の前で〗とても(…しない[できない])《◆全体否定》‖
I'm júst tíred. 全く疲れたよ.
I just can't wait. とても待ってなどいられません(→ **4 a**).
対話 "He works too much. Health is above wealth." "You are just right." 「彼は働きすぎだよ. お金より健康の方が大切だよ」「まったく君の言う通りだ」.

> **Q&A** Q: (1) I just don't love you. と (2) I don't just love you. の意味は違いますか.
> A: (1) は just が否定語の前にあって全面否定で「あなたなんか全く嫌いです」(→ **5**). 否定後の直後にきている(2)は「あなたをただ愛しているだけじゃないのよ(夢中よ)」(→ **4 a**)で(1)とは全く正反対の意味になります.

**6** (略式) 〖否定疑問文の反語で; 皮肉的に�〗とても, たいへん, いかにも, 実際 ‖
Isn't it just!(↘) (英略式) いかにもその通りだ.
対話 "How angry would he be?" "Wouldn't he just!(↘)" 「(そんなことになったら)彼はどんなに怒ることでしょう」「怒るの怒らないのって, たいへんだよ」《◆疑問符・感嘆符のつかないこともある》.

**It is júst as wéll (that)** … → well¹ 形.

**jùst abóut** (略式) (1) 〖数詞・形容詞・過去分詞の前で〗だいたい, ほぼ; まずどうやら(almost exactly). (2) 〖意味を強めて; 動詞・形容詞の前で〗全く, まさに《◆控え目に言って逆に意味を強める》‖ I've hád júst abòut [júst abòut hàd] enóugh of her. 全く彼女にはうんざりしたよ.

**jùst as** (1) → 副 **1**. (2) ちょうど…している[しようとしている]時に《◆節内はしばしば進行形》‖ Just as I was leaving home, the phone rang. ちょうど家を出ようとしている時に, 電話が鳴った /

The train left just as we arrived at the platform. 私たちがプラットホームに着くのと同時に電車が出てしまった.

***just not*** → **4 a, 5**.

***jùst nów*** (1) [現在形と共に] ちょうど今(this very moment) ‖ We're very busy **just now**. 今とても忙しい. (2) [過去形と共に] 少し前に, ついさっき(a short time ago)(→ **have 助 1**). (3) [未来形・命令文と共に] (今から)すぐに, やがて.

***jùst só*** (1) 《英式》まったくそのとおり, はい(yes) 《♦ quite so とも言う》. (2) 《略式》よく片付いた, 申し分のない.

***not just*** → **5**.

\*jus·tice /dʒʌ́stis チャスティス/ 〘→ just〙
——名 (複) --tic·es/-iz/) **1** Ⓤ 公正, 公平; 正義 (↔ injustice) ‖
**in justice to** him 彼を公正に評すれば.
**treat** all men **with justice** 万人を公平に扱う.
**appeal** to her **sense of justice** 彼女の正義感に訴える.
**2** Ⓤ 正当性, 合法性, 有効性; 道理 ‖
the **justice** of the general strike ゼネストの正当性.
There's much **justice** in her accusation. 彼女の告訴には無理からぬ点が多い.
He complained **with justice** of the noisy party next door. となりの騒がしいパーティーについて彼が不平を言うのはもっともだった.
**3** Ⓤ 報(ダ)い, 賞罰; 処罰.
**4** Ⓤ 裁判, 司法; 訴訟手続 ‖
a **cóurt of jústice** 法廷.
The criminal was finally brought to **justice**. 犯人はついに裁判にかけられた.
**5** [J~; 肩書きとして] Ⓒ 裁判官, 判事.

○***dò jústice to A*** =***dò A jústice*** (1) …を公平に扱う; …の長所を認める. (2) …をよく表している ‖ No picture can **do justice** to the scene. その景色(の美しさ)は絵にも表せない.

***do onesèlf jústice*** =***dó jústice to*** oneself 自分の本領を十分に発揮する; 自分を公平に見る.

**jus·ti·fi·a·ble** /dʒʌ́stəfàiəbl チャスティ**ファイ**アブル, ⸺⸺| 形 正当と認められる, 弁明[弁護]できる.

**jús·ti·fi·a·bly** 副 正当に; 当然に; [文全体を修飾] 当を得たことに(は).

**jus·ti·fi·ca·tion** /dʒʌ̀stəfikéiʃən チャスティフィ**ケイ**ション/ 名 ⓊⒸ 正当化; 正当とする証拠 ‖
**in justification of** [**for**] one's behavior 自分のふるまいを擁護(ユゴ)して.
There is no **justification in** [**for**] accusing her. 彼女を非難する正当な理由は何もない.

**jus·ti·fy** /dʒʌ́stəfài チャスティファイ/ 動 (三単現 --ti·fies/-z/; 過去・過分 --ti·fied/-id/) 他 **1** …を正しいとする, 証明する; [justify A in doing] 〈事が〉 A〈人〉の…(するの)を正当化する; [~ one·self] 自己弁護する, 自分の行為を正当化する ‖ She is **jústified in** protésting against it. 彼女がそれに抵抗するのももっともだ.
**2** …の根拠となる ‖
Nothing can **justify** her in her treatment of the people. どんな理由があっても彼女のみんなに対するふるまいは正当だとはいえない.

**just·ly** /dʒʌ́stli チャストリ/ 副 **1** 正しく, 公正に; 正当に; 妥当に; 正確に; まさに, ちょうど.
**2** [文全体を修飾] 当然のことながら ‖
He is **justly** regarded as a great poet. 彼が偉大な詩人といわれるのも当然である.

**jut** /dʒʌt チャト/ 動 (過去・過分 jut·ted/-id/; 現分 jut·ting) 自 突き出る, 張り出す.

**jute** /dʒuːt チュート/ 名 Ⓤ 《植》 ツナソ, ジュート, 黄麻(コウマ); その繊維《帆布・袋などの材料》.

**Jute** /dʒuːt チュート/ 名 Ⓒ ジュート人; [the ~s] ジュート族《5世紀 Angles, Saxons と共に英国に侵入し Kent に定住したゲルマン民族の一部族》.

**ju·ve·nile** /dʒúːvənàil チューヴィナイル, 《米+》-nəl/ 形 **1** 少年の, 少女の.
**2** 青少年特有の; 未熟な ‖
juvenile behavior 子供じみた行動.
**3** 少年[少女]向きの ‖
juvenile books 児童向きの本.
——名 Ⓒ 《正式》 少年, 少女, 青少年.
**júvenile delínquency** 少年犯罪[非行].
**júvenile delínquent** 非行少年[少女].

**jux·ta·pose** /dʒʌ̀kstəpóuz チャクスタポウズ|⸺⸺| 現分 --pos·ing) 他 《正式》 …を並列する, 並記する.

**jux·ta·po·si·tion** /dʒʌ̀kstəpəzíʃən チャクスタポ**ズィ**ション/ 名 ⓊⒸ 《正式》 並列, 並記.

# K

**k, K** /kéi ケイ/ 图 (複 k's, ks; K's, Ks /-z/) **1** ⓒ Ⓤ 英語アルファベット第11字. **2** → a, A **2. 3** ⓒ Ⓤ 第11番目(のもの).

**Ka·bul** /ká:bul カーブル | ká:bl カーブル/ 图 カブール《アフガニスタン共和国の首都》.

**ka·lei·do·scope** /kəláidəskòup カライドスコウプ/ 图 ⓒ **1** 万華('')鏡. **2**〔通例 a ~〕絶えず変化する形[もの, 場面, 出来事].

**kan·ga·roo** /kæ̀ŋgərú: キャンガルー/〔『オーストラリアのある地域の現地語の「大形の黒いカンガルー」という語より』〕图 (複 ~s, 集合名詞 kan·ga·roo) ⓒ〔動〕カンガルー《◆オーストラリアに生息》.

> Q&A **Q**:「カンガルー」という語の由来にはほかの説もあるようですが.
> **A**:「飛び跳ねる物」が原義だという説もあります. また一説によると, 探検家のクック(Cook)が先住民に尋ねたら kangaroo と答えたが, これは実は I don't know. という意味だった, というのですが, これはどうも作り話のようです.

**Kans.** 略 Kansas.

**Kan·sas** /kǽnzəs キャンザス/〔『南風の人』が原義〕图 カンザス《米国中部の州. 州都 Topeka. 愛称 the Sunflower State. 略 Kans., (郵便) KS》.

**Kant** /kænt キャント/ 图 カント《Immanuel ~ 1724-1804; ドイツの哲学者》.

**Kap·pa** /kǽpə キャパ/ 图 ⓒ Ⓤ カッパ《ギリシアアルファベットの第10字(κ, Κ). 英字のk, K に相当. → Greek alphabet》.

**ka·put** /kɑ:pút カープート, -pút | kəpút カプト/〔『ドイツ』〕形 (略式) **1** おしまいで; 打ちのめされて; もはや役に立たない, 壊れた. **2** 流行遅れの; 旧式の.

**Ka·ra·o·ke** /kǽrəòuki キャラオウキ/〔『日本』〕图 Ⓤ カラオケ ‖
*karaoke night* (パブなどで)カラオケのできる(特定の曜日の)夜.

**kar·at** /kǽrət キャラト/ 图 ⓒ《米》カラット(carat)《純金含有度の単位. 略 k., K., kt.》.

**ka·ra·te** /kərá:ti カラーティ/〔『日本』〕图 Ⓤ 空手(ホ͡).

**kar·ma** /ká:rmə カーマ/ 图 Ⓤ〔ヒンドゥー教・仏教〕行為, 業(ヺ), カルマ.

**Kate** /kéit ケイト/ 图 ケイト《Catherine, Katharine の愛称》.

**Kath·a·rine, Kath·e·rine** /kǽθərin キャサリン/, **Kath·a·ri·na** /kæ̀θərí:nə キャサリーナ/, **Kath·ryn** /kǽθərin キャサリン/〔『純潔』が原義〕图 キャサリン, キャサリーナ, キャスリン《女の名. 愛称 Kate, Kitty》.

**kay·ak** /káiæk カイアク/ 图 ⓒ カヤック《イヌイットが用いる皮張りのカヌー》; カヤックに似たスポーツ用小舟.

**KB**〔記号〕〔コンピュータ〕kilobyte.

**Keats** /kí:ts キーツ/ 图 キーツ《John ~ 1795-1821; 英国の詩人》.

**keel** /kí:l キール/ 图 ⓒ〔海事・航空〕竜骨 ‖
*lay down the keel* 竜骨をすえる, 船を起工する.
*on an éven kéel* 安定して; 落ち着いて.
――動 他〈船〉をひっくり返す;《略式》〈人〉を卒倒させる. ――自〈船〉がひっくり返る;《略式》〈人〉が卒倒する.

**keen** /kí:n キーン/ 形

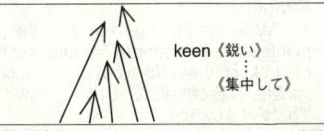

keen〈鋭い〉 ⋯ 〈集中して〉

**1**《正式》鋭い, よく切れる (sharp) (↔ dull, blunt) ‖
*The knife has a keen blade.* そのナイフはよく切れる.

**2** 頭の切れる, 機敏な; 鋭敏な; 敏感な ‖
*have a keen awareness of the problem* 明敏な問題意識を持つ.
*have a keen eye for truth* 真理を見抜く目を持つ.

**3**《正式》肌を刺すような, つんとくる; 強烈な; 辛辣(ポ)な; 激しい.

**4**《略式》熱心な; 熱望して, (…したく)思って;《略式》のぼせて, 熱中して ‖
*I'm keen that Jim should pass the examination.* = *I'm keen on Jim('s) passing the examination.* = *I'm keen for Jim to pass the examination.* ジムが試験に合格することを切望している.

**kéen·ness** 图 Ⓤ 熱心.

**keen·ly** /kí:nli キーンリ/ 副 鋭く; 鋭敏に; 強烈に; しみじみと; 熱心に; きびしく; 抜け目なく.

**keep** /kí:p キープ/〔『事物・状態が続く』という自動詞が本来の用法. 他動詞では『人・物・位置・状態を保つ』の意から, それを『守り続ける』の意を表す〕

獅 他 I [保つ] **1** 自分のものとする **2** しておく
**3** 続ける **4** させない **5** 留置する
**6** 常時置いている
II [保ち続ける] **8** 養う **9** つける
**10** 経営する **11** 守る
自 **1** ずっと…のままである **3** もつ **4** 差し控

# keep

える
—**動** (三単現) ~s/-s/; (過去・過分) kept/kept/; (現分) ~・ing

---
**⦅他⦆と⦅自⦆の関係**
⦅他⦆ 2　　keep A C　　A〈人・物・事〉を C のままにしておく
⦅自⦆ 1a　A keep C　A〈人・物・事〉が C のままである

---

— ⦅他⦆ ❙ [保つ]

**1** …を持ち続ける, 置いておく; …を自分のものとする; …を保存する; …を預けておく ‖

keep one's books **in** the desk 自分の本を机に入れている.

keep the wine **out for** her 彼女のためにそのワインをとっておく.

keep stamps **about** [**around**] 切手を切らさずに手もとに置いておく.

**Keep** your [the] change. おつりは結構です.

You can **kéep** the cake. (英略式) そんなケーキなんかいらないよ.

対話 "What am I going to do with the pot plants while I'm gone?" "Would you like me to keep them (**for** you) in my place?"「留守中, 鉢植えの草花はどうしようかな」「私のところでお預かりしましょうか」.

**2** [keep A C / keep A doing] A〈人・物・事〉を…のままにしておく, 保つ ‖

keep the room neat and tidy 部屋をきれいに整頓(ù)しておく.

keep the dog tied **to** the gate 犬を門につないでおく.

keep a car **in** good condition 車を整備しておく.

She kept them talking. 彼女は彼らに話を続けさせた.

対話 "What's this?" "It's some face cream. It'll keep your skin smooth."「これなあに」「顔につけるクリームよ. それをつけていると肌がすべすべなの」.

**3** 〈ある状態・動作〉を続ける, 維持する ‖

keep friends (略式) 友だち(の状態)でいる.

keep one's way all morning 午前中ずっと前進する.

keep a safe distance 安全距離を保つ.

**4a** [keep A **from** B] A〈人・物〉に B〈動作〉をさせない; A〈物・事〉を B〈人・物〉に隠す; A〈人・物〉を B〈害など〉から守る; [keep A **from** doing] A〈人・物〉に…させないようにする ‖

keep the wagon **from** overturning 配膳(ñ)台をひっくり返さないようにする.

Cold weather keeps many plants **from** blooming. 寒い気候のために多くの植物が開花できない.

The fact should **be kept from** her. その事実は彼女に知らせてはいけない.

(May) God keep you (**from** harm)! 神がお守りくださいますように; お大事に.

**b** 〈人・町・とりでなど〉を防衛する, 保護する.

**5** 〈人〉を留置する, 引き留める ‖

keep a patient **in** quarantine 病人を隔離する.

His son **was kept** prisoner. 彼の息子は留置された.

**6** …を常備置いている, 常時売っている ‖

We keep all kinds of cat food. 当店にはあらゆる種類のキャットフードを置いています.

**7** 〈部屋などに〉引きこもる; 〈ベッドなどに〉とどまる.

❙ [守り続ける]

**8** …を養う; 〈召使い・庭師など〉を雇う; 〈下宿人〉を置く; 〈ニワトリ・ヤギ・ブタなど〉を飼育する; (米)〈子供〉を一時的に預かる ‖

対話 "Do you have a family?" "Yes, I have a wife and four children to keep."「ご家族はありますか」「私には妻と子供4人の扶養家族がいます」.

⸺⸺⸺
Q&A　**Q**: 犬をペットとして飼っているのですが, I keep a dog at home. と言えますか.
**A**: keep pets (ペットを飼う) という表現もあり, 言うことは可能です. しかしペットの場合は, I *have* a dog at home. と *have* を使うのがふつうです. I *keep* chickens. はふつう「(卵・肉用に)ニワトリを飼う」という意味になりますが, 「ペットでニワトリを飼う」と言いたい時は, I keep chickens *as* pets. とすればよいでしょう.
⸺⸺⸺

**9** 〈日記・帳簿・記録など〉を(継続的に)つける ‖

keep a diary 日記をつける(◆ 1回分を「つける」場合は write in one's diary).

**10** …を経営する, 管理する; 〈家事・事業など〉を切りまわす (manage) ‖

Her mother keeps a flower shop. 彼女のお母さんは花屋をしています.

**11** 〈約束・秘密など〉を守る; 〈法律・条約・慣例など〉に従う; 〈祝日・誕生日など〉を祝う; 〈儀式・祭りなど〉を行なう; 〈集会・市など〉を開く, 催(ぜ)す ‖

He kept his promise. 彼は約束を守った.

Everyone must keep the law. だれでも皆法律に従わねばならない.

keep a schedule 計画を実行する.

—⦅自⦆ **1a** [keep C]〈人・物・事が〉ずっと C のままである(◆ 進行形にしない) ‖

The soup **kept** warm on the stove all day. コンロの上のスープは一日中温まっていた.(◆ **kept** の代りに stayed, remained と言う方がふつう)

**b** [keep (on) doing] …し続ける ‖

The phone kept (**on**) ringing. 電話のベルは鳴り続けた.

対話 "I can't finish this report. It's just too much work." "You have no other choice. You must keep trying."「この報告書はとても仕上がらないよ. 多すぎるんだもの」「ほかにしようがないよ. 努力を続けることだね」.

**2** 離れない; とどまる ‖

keep **to** [**in**] the house 家にとどまる.

keep (**to the**) left 左側を通行する.

**3**《略式》[keep (C)] (C (の状態)で)もつ；続く；保たれる；あとに延ばせる, 待てる ‖
Meat won't **keep** long in this heat. 肉はこの暑い天気では長くはもたないだろう.
**4** [keep **from** A / keep **from** doing] …を差し控える, 慎む, …しないでいる ‖
I could hardly **keep from** liking him. 彼を好きにならずにいられなかった.
***kéep at*** A　A〈仕事など〉を続けて[熱心に]やる.
***Kéep àt it!***《略式》がんばれ!, 根気よくやれ!
◇***kèep awáy*** → keep away (見出し語).
***kèep báck*** (1) [自] =keep away **1**. (2) [他] …を制止する；〈物〉を遠ざけておく, 近寄らせない ‖ **keep** him **back** from his work 彼を引き止めて仕事のじゃまをする. (3) [他] …をしまっておく；〈情報・事実など〉を隠す；〈涙・感情など〉を抑える.
***kèep dówn*** (1) [自] しゃがんでいる, ふせている. (2) [自]〈風などが〉弱まる. (3) [他] …を抑圧する, 弱める.
***kéep*** A ***góing***《略式》A〈人〉の命を持ちこたえさせる；A〈人〉に活動を続けさせる ‖ What **keeps** you **going**? あなたの生きがいは何ですか.
***kèep ín with*** A《略式》A〈人〉と仲よくやる.
***kèep óff*** (1) [自]〈雨・雪などが〉降らない. (2) [自] 近寄らない, 離れている. (3) [～ *off* A] …に立ち入らない ‖ **Keep off** the grass.《掲示》芝生立入禁止. (4) [～ *óff* A] A〈話題など〉に触れない ‖ **keep off** the religious issue 宗教問題を避ける. (5) [～ *óff* A] A〈酒・食物など〉を慎(つつし)む, 控える. (6) [他]〈敵・危険など〉を近づけない, 寄せつけない(keep away).
***keep*** A ***off*** B (1) A〈人・手など〉を B〈物・人など〉に触れさせない, 近づけないでおく ‖ **keep** a child **off** the rose bed 子供をバラの花壇に近づけない. (2) A〈人〉に B〈酒・食物など〉を口にさせない.
***kèep ón*** (1) [自] → [自] **1 b**. (2) [自] 前進を続ける；(困難でも)やり通す；そのまま続ける. (3) [他]〈服・靴下・帽子など〉を身につけたままでいる. (4) [他]〈人〉を続けて雇っておく；〈人〉に続けさせる. (5) [他]〈家・別荘など〉を(手放さないで)ずっと使う. (6) [他] …のスイッチを入れておく, …をつけっぱなしにしておく.
***kéep*** (*onesèlf*) ***to*** *oneséIf*《略式》人と交際しない, ひとりでいる.
***kèep óut*** (1) [自] 中に入らない. (2) [他] → [他] **1**. (3) [他] …を中に入れない；〈主義・製品など〉を排斥する, 締め出す ‖ This ski wear **keeps out** the cold wind. このスキーウェアは冷たい風を通しません.
***kéep òut of*** A …に近づかない, …とは無縁である；…に加わらない, 干渉しない；…を避ける.
***kéep*** A ***òut of*** B　A〈人・動物〉を B〈物・事〉に寄せつけない, 加わらせない, 関係させない；A〈名前など〉を B〈物・事〉に出ないようにする.
***kéep to*** A (1) → [自] **2**. (2) A〈計画・規則など〉に従う, …を固守する ‖ This timetable should be strictly **kept to**. この時刻表は厳密に守られねばならない. (3) A〈話題・要点など〉から脱線しない.
◇***kéep*** A ***to*** *oneséIf*　A〈考え・ニュースなど〉を人に話さないでおく, 秘密にする；A〈物〉を占有[独占]する ‖ I'll **keep** the secret **to** myself until death. 死ぬまでその秘密は口外しないぞ.
◇***kèep úp*** → keep up (見出し語).
***kéep*** (***úp***) ***with*** A (1) A〈人〉に付いて行く；…と交際する. (2) A〈研究など〉をやり続ける.
—— [名] [U]《略式》食物, 飼料；生計[飼育]費 ‖ earn one's **keep** 生活費をかせぐ.
***for kéeps***《略式》永久に, いつまでも.

*__keep away__ /kìːp əwéi キープ アウェイ/
—— [動] (変化形 → keep) **1** [自] 近づかない, 避ける ‖
Children should **keep away from** the pond. 子供は池に近づかないように.
**2** [他] [keep away A / keep A away] A〈人・物〉を遠ざけておく ‖
You should **keep** your child **away from** the medicine box. =You should **keep** the medicine box **away from** your child. 薬箱を子供の手の届かない所に置きなさい.

**keep·er** /kíːpər キーパ/ [名] [C] **1** 監視員；飼育係；保護者, 後見人；学芸員. **2** 経営者. **3 a**《略式》〔サッカー・ホッケー〕ゴールキーパー；〔クリケット〕ウィケットキーパー. **b** (タイムの)記録係.

**keep·ing** /kíːpiŋ キーピング/ [動] → keep.
—— [名] [U] **1** 保持, 維持；(将来のための)保存, 管理 ‖
documents in the **keeping** of my lawyer = documents in my lawyer's **keeping** 私の顧問弁護士の手もとにある書類.
**2** 扶養；飼育.
**3**《正式》調和 ‖
a style (that is) **in kéeping with** one's ideas 人の信念と一致した話しぶり.

**keep·sake** /kíːpsèik キープセイク/ [名] [C] (ふつう小さな)形見.

*__keep up__ /kìːp ʌ́p キープ アプ/
—— [動] (変化形 → keep) **1** [自] (遅れないで)ついていく ‖
[対話] "What's wrong?" "I have to **keep up** with those girls, but they walk too fast." 「どうなさったのですか」「あの女の子たちに遅れないようについていかないとだめなんですが, 足が速くって」.

**2** [他] [keep up A / keep A up] …を維持[保持]する, 続ける ‖ **keep up** appearances 外見をつくろう.
**3**《略式》[他] [keep up A / keep A up] A〈車・家など〉の手入れをする, …を整備[管理]する《◆服などの手入れには用いない》.
**4**《略式》[他] [keep up A / keep A up] A〈人〉を(夜遅くまで)起こしておく.

**keg** /kég ケグ/ [名] [C] **1** (ビールなどを入れる)小さいたる《容量 (米) 30[(英) 10]ガロン以下》. **2** ケグ《くぎの重量単位；=100ポンド》.

**Kel·ler** /kélər ケラー/ 图 ケラー《Helen (Adams) ~ 1880-1968; 米国の著述家・講演家. 三重苦(盲聾唖(あ))を克服して社会運動に尽くした》.

**Ken·ne·dy** /kénədi ケネディ/ 图 ケネディ《John F. [Fitzgerald] ~ 1917-63; 米国第35代大統領 (1961-63). Texas 州 Dallas で暗殺された》.
　**Kénnedy (Internátional) Áirport** ケネディ空港《New York 市にある》.

**ken·nel** /kénl ケヌル/ 图 ⓒ **1** 犬小屋(主に米) doghouse). **2** [しばしば ~s] (犬を飼育する)犬舎; (米)ペット預り所.

**Ken·sing·ton** /kénzɪŋtən ケンズィントン/ 图 ケンジントン《London 西部の旧自治区. 現在は Kensington and Chelsea の一部》.

**Kent** /ként ケント/ 图 ケント《イングランド南東部の州》.

**Ken·tuck·y** /kəntʌ́ki ケンタキ | ken- ケン-/ 『「牧草の土地」が原義』 ケンタッキー《米国中東部の州. 州都 Frankfort. (愛称) the Bluegrass [Corn-Cracker, Hemp] State. (略) Ky., Ken., 〔郵便〕 KY》.
　**Kentúcky Dérby** ケンタッキーダービー《Kentucky 州 Louisville で毎年開催される3歳馬の競馬. cf. Derby》.

**Ken·ya** /kénjə ケニャ, kíːn-/ 图 ケニア《アフリカ東部の共和国. 首都 Nairobi》.

**Kep·ler** /képlər ケプラー/ 图 ケプラー《Johannes /jouhǽnis/ ~ 1571-1630; ドイツの天文学者・物理学者・数学者》.

\***kept** /képt ケプト/ 動 → keep.

**kerb** /kə́ːrb カ―ブ/ (英) =curb.

**ker·chief** /kə́ːrtʃif カーチフ/ 图 (複 ~s, (米) --chieves/-tʃivz/) ⓒ **1** (古) スカーフ(特に女性が頭にかぶるもの); ネッカチーフ(neckerchief), えり巻き. **2** (まれ) ハンカチ(handkerchief).

**ker·nel** /kə́ːrnl カーヌル/ (同音 colonel) 图 ⓒ **1** 仁(じん)《果実の核の中の部分》. **2** (麦などの)穀粒(こくりゅう); (豆のさやの中の)実, 種子(図 → corn). **3** (正式) [通例 the ~] (問題の)核心, 要点.

**ker·o·sene, ‒·sine** /kérəsìːn ケロスィーン, ˌ--ˈ-/ 图 Ⓤ (米・豪) 灯油(〔英〕 paraffin).

**ketch** /kétʃ ケチ/ 图 (複 ~·es/-ɪz/) ⓒ (海事) ケッチ《2本マストの小型帆船》.

**ketch·up** /kétʃəp ケチャプ, (米+) kǽtʃ-/ 图 Ⓤ ケチャップ.

\***ket·tle** /kétl ケトル/ 『「つぼ」が原義』
　──图 (複 ~s/-z/) ⓒ **1** やかん, 湯沸かし ‖
put the kettle on やかんを火にかける.
**2** やかん1杯(分).

**ket·tle·drum** /kétldrʌ̀m ケトルドラム/ 图 ⓒ (音楽)ティンパニ(timpani).

**Kew** /kjúː キュー/ 图 キュー《London 西部の郊外住宅地区》.
　**Kéw Gárdens** キューガーデン《Kew にある王立植物園》.

\***key** /kíː キー/ (同音 quay) 『「錠を掛けたりあけたりする道具」が本義』

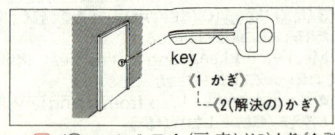

key
〈1 かぎ〉
〈2(解決の)かぎ〉

──图 (複 ~s/-z/) ⓒ **1** (戸・車などの)かぎ《◆ 謎(なぞ)・秘密・慎重などの象徴. 対応する「錠」は lock》; (形・機能の点で)かぎに似たもの ‖
a key for opening a can = a key to open a can (with) 缶詰めをあける缶切り.
ùnder lóck and kéy 厳重に錠をおろして, 保管されて, 監禁されて.
the key to [for] this door この戸のかぎ《◆ 簡単には this door key》.
put the key in [into] the lock かぎを錠に差し込む.
対話 "Oh no! The door's locked." "Don't worry. I have the key to open it." 「どうしよう. ドアにかぎが掛かっている」「心配いらない. そのかぎを持っているよ」
**2** (解決の)かぎ, 手がかり; 秘訣(ひけつ); 解答集, とらの巻; 手引き ‖
This is the key to the whole mystery. これが謎の全てを解くかぎだ.
**3** (柱時計用)ねじ巻き.
**4** (音楽) (ピアノ・管楽器などの)キー, 鍵(けん); (コンピュータ・タイプライターなどの)キー.
**5** (音楽) 主(調)音(keynote); (長短の)調; (声の)調子 ‖
The key of the symphony is G minor. その交響曲はト短調である.
**6** (正式) [形容詞的に] 〈人・地位・要素などが〉重要な, 必須の; 〈産業などが〉主要[基幹]の; 〈音調などが〉主な ‖
hold a key position in the government 政府の重要なポストを占める.
──動 ⓣ …にかぎをかける; …をしっかりと固定する.
**kéy úp** [他] …を鼓舞(こぶ)する.
**kéy ríng** キーホルダー, かぎ輪《◆ \*key holder とはいわない》.

**key·board** /kíːbɔ̀ːrd キーボード/ 图 ⓒ (ピアノなどの)鍵(けん)盤; (タイプライター・コンピュータなどの)キーボード; (略式) [~s] 鍵盤楽器, キーボード.

**key·hole** /kíːhòul キーホウル/ 图 ⓒ かぎ穴.

**key·note** /kíːnòut キーノウト/ 图 ⓒ **1** (音楽)主音. **2** [しばしば文] (演説などの)要旨(ようし); (政策などの)基調, 基本方針.

**key·word** /kíːwə̀ːrd キーワード/ 图 ⓒ (解釈上の)かぎとなる語, キーワード; (発音表示などの説明用)例語; (索引などの)主要語.

**kg** (略) kilogram(s).

**kha·ki** /kǽki キャキ | káːki カーキ/ 图 カーキ色の; カーキ色の布の; (略式) (肌が)黄色い(きいろい)の.
──图 Ⓤ カーキ色, カーキ色の服地[布]; [~s] カーキ色の制服[軍服].

**khan** /káːn カーン, (米+) kǽn/ 图 ⓒ **1** カーン, ハーン, 汗(かん)《イラン・アフガニスタン・インドの統治者・高官・重

要人物の尊称》. **2**〔歴史〕カーン, ハーン, 汗(ｶﾝ)《モンゴル・トルコの君主の称号》.

**kick** /kík キッ/ 〖「足で打撃を与える」が本義. cf. strike〗
—[動] ([三単現] ~s/-s/ ; [過去・過分] ~ed/-t/ ; [現分] ~·ing)
—[他] **1a** …を(故意に)**ける** ; …を(うっかり) ける ‖
**kick** one's way through the crowd 人込みをけ散らすようにして進む.
She **kicked** me **in the** shin with a boot. 彼女は私のすねをブーツでけった.
In the darkness he **kicked** chairs with his legs [his legs against chairs]. 暗やみの中で彼は(何度も)いすに足をぶつけた.
[対話] "Is something wrong with your foot?" "Oh, I **kicked** the car door because it wouldn't close."「足をどうかしたの?」「車のドアが閉まらないからけったんだ」.
**b** …をけって動かす ; [kick **A C**] **A**〈物〉をけって**C**にする《◆**C**は形容詞・副詞(句)》‖
**kick** the ball **out** (of the field) 球を(フィールドから)けり出す.
**kick** the door **open** [**down**] 戸をけりあける.
**2**〔ラグビー・アメフト〕〈ゴールキック・ドロップゴール〉を行なう ;〔サッカーなど〕けり込んで〈得点〉を得る.
—[自] **1** [kick (**at A**)] (**A**〈物など〉をめがけて)**ける** ; 足をけるように動かす ; ぶつかる ‖
**kick away at** the door 戸めがけてける.
He **kicked at** the door, but it did not open. 彼はドアをけったがあかなかった.
Fresh shrimps jump and **kick**. 新鮮なエビはピチピチと跳びはねる.
**2** (略式) (言ってもむだだが) 強く抗議する ; (米略式) 不平を言う ‖
**kick at** having so much homework 宿題が多すぎると抗議する.
**kick about** the poor meal 食事がまずいと文句を言う.
**3**〔ラグビー・アメフト〕ゴールキック[ドロップゴール]を行なう ;〔サッカーなど〕球をけって得点する.
***kíck óff*** [自]〔アメフト・サッカー〕試合を開始[再開]する.
—[名] ([複] ~s/-s/) **1** [C] **けること** ; (水泳での) 水のけり方, ける力 ‖
a flutter **kick** (クロール・背泳の) ばた足.
give the door **a hard kick** ドアを強くける.

> [Q&A] ***Q***: give the door a kick は give him a book (→ give a book to him) と同じように give a kick to the door と言えますか.
> ***A***: 言えません. book のような具体的な物でないと [kick **B** to **A**] 型の書き換えはできません.

**2** [U] (略式) [通例 a ~ / ~s] (強烈な) 興奮, スリル ; (一時的な) 熱中 ‖
(just) **for kicks** 面白半分に ; スリルを求めて.
She has learned to gét a **kíck** from driving fast. 彼女は車をぶっ飛ばす楽しみを覚えた.

**kick·off** /kíkɔ̀(ː)f キコ(ー)フ/ [名] [C] **1**〔アメフト・サッカー〕キックオフ. **2** フットボールの試合開始時間.

**kick·start** /kíkstɑ̀ːrt キクスタート/ [名] [C] (英) **1** (バイクなどの) 足けり式始動方法. **2** 足けり式始動ペダル. —[動] [他] …を足けりで始動させる.

**kid** /kíd キド/
—[名] ([複] ~s/kídz/) **1** [C] **子ヤギ**《◆「ヤギ」は goat》.
**2** [U] **a** 子ヤギの皮, キッド皮《手袋・ハンドバッグ・靴用》; [~s] キッド皮の手袋[靴]. **b** 子ヤギの肉.
**3** [C] (略式) [通例 ~s] **子供**《◆(米) の日常会話では child より一般的》; (10代の) 若者 ‖
make a **kid** of him 彼を子供扱いする.
—[動] ([過去・過分] kid·ded / -id / ; [現分] kid·ding) (略式) [自] からかう, かつぐ ‖
**You must be kidding!** = **No kidding!** 冗談でしょう, まさか, うそ!
—[他] …をからかう, かつぐ.
***Nó kídding!*** (略式) (1) (自分の言ったことに対して) 冗談じゃありません, 本当ですよ. (2) (相手の言ったことに対して) 冗談でしょう, まさか.
**kíd·ding·ly** [副] からかって.

**kid·dy, -·die** /kídi キディ/ [名] ([複] kid·dies /-z/) [C] 子ヤギ ; (俗) [呼びかけ] [通例 kiddies] 子供.

**kid·nap** /kídnæp キドナプ/ [動] ([過去・過分] ~ed, (米ではしばしば) kid·napped /-t/ ; [現分] ~·ing, (米ではしばしば) -·nap·ping [他] 〈子供〉をさらう, 誘拐(ﾕｳｶｲ)する.

**kid·nap·per,** (米ではしばしば) **-·er** /kídnæpər キドナパ/ [名] [C] 誘拐(ﾕｳｶｲ)者, 人さらい.

**kid·ney** /kídni キドニ/ [名] [C]〔解剖〕腎臓(ｼﾞﾝｿﾞｳ).
**kídney bèan**〔植〕インゲンマメ.

**Kil·i·man·ja·ro** /kìləməndʒɑ́ːrou キリマンチャーロウ/ [名] Mount ~ キリマンジャロ《タンザニアの北東部にあるアフリカの最高峰(5895m)》.

**kill** /kíl キル/ 〖「殺意をもって人を死なせる」より「(殺意がなくても) 結果的に生命を奪う」意に一般化した〗
—[動] ([三単現] ~s/-z/ ; [過去・過分] ~ed/-d/ ; [現分] ~·ing)
—[他] **1a** …**を殺す**, 殺してしまう (結果となる) ; …を死なせる) ‖
kill him in self-defense 正当防衛で彼を殺す.
the brutally **killed** man 惨殺された男.
**kíll onesèlf** 自殺する《◆commit suicide より口語的》.
kill a rat with poison ネズミを毒殺する.
She was [(略式) got] almost **killed** by a shark. 彼女はサメにすんでのことで殺されるところだった.

> [語法] [**kill** と **murder**] どちらも「殺す」意で, He killed [murdered] her with the pistol. (彼はピストルで彼女を殺した) では, 交換可能. しかし, murder の目的語は〈人〉に限られているので, He killed the dog. (彼は犬を殺した) では

murder に交換できない. また, murder の主語は〈人〉なので, 次の **b** の第1例 A shot through the chest killed him. でも murder には交換できない.

**b** …の命を奪う ‖
A shot through the chest **killed** him. 胸を貫通した一弾が彼の命を奪った.
Cancer is **killing** her. 彼女はがんで死にかけている.

**c** [be killed in A] A〈事故など〉で死ぬ ‖
Fifty persons **were killed in** a jet crash near Paris. パリ近郊のジェット機墜落事故で50人が死亡した.
対話 "Did you hear about John? He had an accident." "Yes. I heard he's okay, but two other people **were killed**."「ジョンのこときいたかい. 事故にあったんだって」「うん. 彼は大丈夫だけど, ほかの2人が死んだんだって」.

**2** …を台なしにする;〈味・痛み・音などを〉消す, 効果を損なう, 見劣りさせる ‖
**kill** his enthusiasm 彼のやる気に水をさす, 出鼻
This drug **kills** the pain to some extent. この薬で痛みがある程度やわらぐ.
対話 "I failed the test for the third time." "Does this **kill** your chances of getting into college?"「これで3度受験に失敗しました」「それで大学へ入学できる可能性がなくなるというのですか」.

**3** (略式)〈空いた〉時間をつぶす ‖
She **killed** an hour (by) looking around the stores. 彼女は店を見て回って1時間つぶした.

**4** (略式)…を参らせてしまう, 圧倒する ‖
**kill** oneself laughing 笑いころげる.
My legs are **killing** me! 足が痛くてたまらない.
—自 命を奪う; 枯れる ‖
**kill** for money 金のために人殺しをする.
**kill óff** [他] …を大量に殺す; …を絶滅させる, 皆殺しにする;〈計画などを〉完全につぶす.

**kill·er** /kílər キラ/ 名C **1** (略式)殺し屋;屠畜する人(slaughterer); 殺人者, 殺人犯人《◆主に新聞の見出しで使われる》. **2** (略式)〈人・動物を〉殺す動物[物].

**kill·ing** /kíliŋ キリング/ 動 → kill. —名UC 殺すこと. —形 **1** 致死的な. **2** (略式)骨の折れる;猛烈な.
**kíll·ing·ly** 副 (略式)ものすごく, 悩ましいほどに.

**kiln** /kíln キルン/ 名C [しばしば複合語で](陶器・れんがなどを焼く)かま, 炉.

**ki·lo** /kíːlou キーロウ/ 名[*kilo*gram, *kilo*meter の短縮語] (複 ~s) C (略式)キロ(グラム, メートル)(記号 k)).
four **kilos** of sugar 砂糖4キロ.

**ki·lo-** /kíːlə- キロ-, kíːlə- | kíːəu- キロウ-/ (連結形) 1000 の意. 例: kilowatt, kilobyte.

**ki·lo·byte** /kíːloubait キーロバイト/ 名[コンピュータ] キロバイト《1024bytes. 記号 KB》.

**ki·lo·gram,** (英まれ) **--gramme** /kíːlougræm キーログラム/ 名C キログラム《メートル法の基本単位. 記号 kg》.
20 **kilograms** =20 kg 20キログラム(=20 kilos).

**ki·lo·li·ter,** (英) **--li·tre** /kíːlouliːtər キーロウリータ/ 名C キロリットル(記号 kl).

**ki·lom·e·ter,** (英) **--tre** /kiláməːtər キラミタ, kilámiːtər | kíləmiːtə キロミータ, kílmiː-/ 名C キロメートル(記号 km)).
ten **kilometers** =10 km.
40 **kilometers** per hour =40 kmh 時速40キロ.

**ki·lo·watt** /kíːlouwɔt キーロウワット | -wɔt -ウォット/ 名C [電気] キロワット《電力の単位. 1000ワット. 記号 kW》.

**kilt** /kílt キルト/ 名C キルト《スコットランド高地のひだスカート. 伝統的に男性が着用するが女性も使用する》; [~s; 単数扱い] キルト風のスカート.

**ki·mo·no** /kimóunə キモウノ, -nou | -nəu -ノウ/ [日本語] 名(複 ~s) C **1** (日本の)着物. **2** (着物風の)化粧着.

**kin** /kín キン/ 名U/[正式・やや古][集合名詞;複数扱い] 血縁, 親族, 親戚.
*néxt of kín* [法律] 最近親者; 相続人.
—形 親族で, 親類で, 同質で, 同類で.

**\*\*kind**¹ /káind カインド/ [『生まれ[性質](を同じくするもの), 親族(kin, kindred)』が原義]
—名(複 ~s/káindz/) **1** C 種類(◆ a (…) kind of のあとの名詞はふつう無冠詞) [関 sort, variety] ‖
This is **a new kind of** melon. =This melon is **of a new kind**. これは新種のメロンだ.
**What kind of** craftsman is he? 彼はどんな職種の職人ですか.
対話 "What's this? Where's your old computer?" "I traded it in for this one. It's a new kind and works better."「これはどうしたの. 前から使っていたコンピュータはどこにあるの」「あれは下取りに出してこれを買ったんだ. 新型で, 機能がよくなっているよ」.

**2** U (外形・程度などに対する)性質, 本質, 質 ‖
I know him and his **kind**. 彼がどんなやつかよく知っている.

**3 a** [the ~] 特定の種類[性質]の人 ‖
She is not **the kind to** lie. 彼女はうそをつくような人ではない.
**b** [one's ~] (人の)性(しょう)にあった人, (人と)同類の人 ‖
She is **my kind** of girl. 彼女は私の好みのタイプだ.

◇*a kind of* A 一種の…のようなもの(で実は違うもの); いつもと違う…なもの; 不完全ながら, …のようなもの, いわば ‖ **a kind of** artist (不十分ながら)まあ一種の芸術家みたいな人 / He had **a kind of** feeling that something would happen today. 彼はなんとなくきょうは何か起こりそうな気が

**all kínds of A** [複数扱い] ありとあらゆる…; (略式) たくさんの…, 多量の… ‖ We have **all kinds of** time. 時間はたっぷりある。

**in kínd** [正式] (1) (金銭でなく)現物(払い)で ‖ payment **in kind** 現物支給. (2) (返報)に同種のもので(in the same way) ‖ repay her rudeness **in kind** 無礼な彼女に無礼に応酬する.

◇**kind of** [略式] [副詞的に] ある程度, いくぶん; なかなか, かなり; いわば, どちらかというと(sort of) (◆ふつう /káində/ と発音し, kinda ともつづる. 女性が多く用いる表現) ‖ He seemed **kind of** shocked. 彼ははあちょっと[かなり]ショックのようだった. / She's **kind of** a maniac. 彼女は少々[どちらかというと]マニアだ.

**of a kínd** (1) 同類の, 同じ種類の ‖ two **of a kind** (ある重要な点で)似ている2者, 似た者同士, 似合いのカップル / one **of a kind** 他に類のないもの / all **of a kind** みな一様に. (2) 名ばかりのひどい ‖ loyalty **of a kind** 名ばかりの忠誠心 / He's a doctor **of a kind.** 彼はあれでも一応は医者なんだ.

**of the kínd** そのような ‖ something **of the kind** まあそのようなもの / I won't do anything **of the kind.** (冗談じゃない)そんなことするものか.

**＊kind²** /káind カインド/ [「生まれのよい」が原義] 派 kindly (副), kindness (名)
── 形 [比較] ～・er, [最上] ～・est **1 a** 親切な (kind-hearted); 親切にする, やさしい, 思いやりのある (↔ unkind) ‖
a **kind** look やさしいまなざし.
He **is kind to** [ˣfor] his wife. 彼は奥さんにやさしい.
She is being very **kind** to me. 彼女は私にとても親切にしてくれています.
Will [Would] you **be kínd enòugh to** lift down that box?(↗) すみませんがあの箱をおろしていただけますか(◆ていねいな依頼).
He **was kind enòugh to** help me. ＝He was só **kind as to** hélp me. 彼は親切にも私に手を貸してくれた.
**b** [A is kind to do / it is kind of A to do] …するとは A〈人〉は親切だ ‖
You **are** very **kind to** come over. ＝It's very **kind of** [ˣfor] you **to** come over. ＝Hòw **kind of** you to come over!(↘) わざわざ(来ていただいて)どうもすみません.
[対話] "Shall I carry the heavy bag upstairs?" "That's very **kind of** you, but I can manage." 「その重い袋を2階へ運んでおきましょうか」「どうもありがとう. でも自分でできますから」(◆相手の申し出をていねいに断る文句).

Q&A (1) **Q** : it is … of A to do の構文をとる形容詞には他にどんなものがありますか.
**A** : bold, brave, careful, careless, childish, foolish, honest, nice, rude, sensible, stupid, wise などです (cf. difficult, hard Q&A).
(2) **Q** : kind と kindly とはどう違いますか.
**A** : kind は人の性質を強調するのに対して, kindly は行為に重点があります. したがって a **kind** heart (やさしい心) / be **kind** to animals (動物に対して思いやりのある)では kind が, **kindly** words of advice (親切な助言) / with **kindly** interest (心から興味を示して)では kindly が好まれます.

**c** [名詞の前で] (伝言・手紙などでの)心からの ‖
With **kind**(est) regards. 敬具.
**2** 快適な; [略式] よい, ためになる.
**kin·der·gar·ten** /kíndərgɑːrtn キンダガートン/ [ドイツ] 名 ⓒⓊ (米) 幼年学級; (英) 保育園, 幼稚園.
**kind·heart·ed** /káindhɑːrtid カインドハーティド/ 形 心やさしい, 親切心のある.
**kin·dle** /kíndl キンドル/ 動 (現分) kin·dling 他 **1** 〈火〉を燃やす; …に火をつける, 点火する ‖
**kindle** dry wood 乾いた木を燃やす.
**kindle** a fire 火を燃やす.
**2** …を燃え立たせる, かき立てる, あおる ‖
**kindle** enthusiasm 情熱を燃え立たせる.
── 自 **1** 火がつく, 燃え出す. **2** 興奮する, かっとなる.
**kind·li·er** /káindliər カインドリア/ 形 → kindly.
**kind·li·est** /káindliist カインドリイスト/ 形 → kindly.
**kin·dling** /kíndliŋ キンドリング/ 動 → kindle.
── 名 Ⓤ 燃やすこと; 興奮.
**＊kind·ly** /káindli カインドリ/ [→ kind²]
── 形 [比較] --li·er, [最上] --li·est) **1** [通例名詞の前で] [正式・古] (ふつう年下・弱い者に対して)思いやりのある, やさしい; 親切な ‖
a **kindly** smile やさしいほほえみ.
a **kindly** old lady 物腰のやさしい老婦人.
She gave me **kindly** advice. 彼女は私に心のこもった助言をしてくれた.
**2** 快適な, 温和な.
── 副 [比較] more ～, 時に ～・er; [最上] most ～, 時に ～・est) **1** 親切に(も), 親切心から ‖
He **kindly** showed me around the city. 彼は親切にも私に町を案内してくれた.
**2** (やや古・正式) どうぞ, すみませんが ‖
Could you **kindly** stop making noise? (いいかげんに)静かにしてもらえませんか.
[対話] "Can I help you?" "Yes, I'm looking for a place to eat. Would you **kindly** suggest a good one?" 「お困りのようですが」「ええ. 食事できる所を探しているのですが, どこかよい所を教えていただけませんか」.

Q&A **Q** : 「どうぞ」という意味では please もありますがどう違いますか.
**A** : kindly は副 **2** の第1例のように皮肉的な意味合いを含むことがよくありますから, 日本人としてはていねい語として please を用いる方が無難でしょう.

**tàke kíndly to** A [*doing*] [通例否定文・疑問文・条件文で] …をすんなりと受け入れる；…になじむ，(自然に)…を好きになる ‖ At first he didn't take kindly to his new house. 彼は初めは新居になじめなかった.

**\*kind·ness** /káindnəs カインドネス/ [→ kind²]
──名 (複 ~·es/-iz/) **1** U 親切心, やさしさ；思いやり (↔ unkindness) ‖
with kindness 親切に(も).
her kindness of heart 彼女のやさしい心.
He's killing his dog with kindness by feeding it too much. 彼はえさをやりすぎてかえって犬をだめにしている.
[対話] "Why did you help me? Because you wanted some money?" "No way. I did it òut of kíndness." 「どうして私に手を貸してくれたのですか. お金がほしかったからですか」「とんでもない. 親切心からしたんです」.
[C と U]　親切心, やさしさ U
　　　　　親切な行為 C
**2** C 親切な行為, やさしいふるまい ‖
I appreciate [Thank you for] your many kindnesses to me. いろいろとご親切にしていただいてありがとうございます.
**hàve the kíndness to** *do* (1) 親切にも…する. (2) [命令文で] どうか…してください(=《英》do me the kindness to do).

**kin·dred** /kíndrəd キンドレド/ [→ kin] 名 U 血縁[親類]関係.
──形 《正式》**1** 同類の, 同系統の ‖
kindred spirits 気の合った者同士.
**2** 血族の, 同族の；血縁関係にある.

**ki·net·ic** /kənétik キネティク｜kai- カイ-/ 形 《物理》運動の, 運動によって起こる.

**K** **\*\*king** /kíŋ キング/ [『種族の長』が原義]
⊛ kingdom (名)
──名 (複 ~s/-z/) **1** [しばしば K~] C 王, 国王, 君主 (↔ subject) 《◆「女王」は queen，「皇帝」は emperor. (敬称) → majesty》 ‖
King Lear リア王.
He was (the) king of England. 彼はイングランド国王であった.
**2** C **a** 《その道の》大立て者, 大御所, …王 ‖
a steel king 鉄鋼王.
the uncrowned king of baseball 野球界の無冠の帝王.
**b** [the ~] 王のような存在, 代表する物 ‖
the king of beasts 百獣の王《ライオン》.
the king of birds 鳥類の王《ワシ》.
the king of waters 百川の王《アマゾン川》.
the king of the forest 森の王《オーク(oak)の大木など》.
the king of terrors 死(神).
**3** [the K~ (of Kings)] 《キリスト教》(王の王たる)神；キリスト.
**4** C 《トランプ・チェス》キング；《チェッカー》キング.
**Kíng's Énglish** [the ~;] (国王治世中の)標準英国英語, (王が使うような)純正英語 (cf. Queen's English).

**King** /kíŋ キング/ 名 キング《Martin Luther ~, Jr. 1929-68；米国の牧師・黒人公民権運動の指導者》.

**\*king·dom** /kíŋdəm キングダム/ [『(王(king)の)領地](dom)』]
──名 (複 ~s/-z/) **1** C (王・女王の君臨する)王国《◆「帝国」は empire》；王の統治；王領 ‖
the kingdom of Scotland 《正式》スコットランド王国.
the United Kingdom 英国.
**2** C 分野, 領域；(人・物の)支配域, なわばり ‖
The kitchen is her kingdom. 台所は彼女の城である.
**3** C (自然を3つに分けた) …界 ‖
the animal kingdom 動物界《◆植物界は the plant kingdom, 鉱物界は the mineral kingdom》.
**4** [しばしば K~] U 神の統治[国] ‖
the Kingdom of God 神の治世.

**king·fish·er** /kíŋfiʃər キングフィシャ/ 名 C 《鳥》カワセミ.

**king·ly** /kíŋli キングリ/ 形 (比較 -li·er, 最上 -li·est) 《正式》王にふさわしい；王の(ような).

**king·ship** /kíŋʃip キングシプ/ 名 U 王位, 王政.

**king-size(d)** /kíŋsàiz(d) キングサイズ(ド)/ 形 《略式》特大の, 大型の.

**Kings·ton** /kíŋstən キングストン/ 名 **1** キングストン《ジャマイカの首都》. **2** キングストン《カナダ Ontario 州南東部の都市》.

**kink** /kíŋk キンク/ 名 C **1** (糸などの)よじれ, もつれ. **2** 《主に米》(筋肉の)痛み, こり；けいれん. **3** 《略式》ひねくれ；風変わり (unusual)；気まぐれ.
──動 他 《綱・髪など》をよじれさせる. ──自 よじれる, もつれる.

**kink·y** /kíŋki キンキ/ 形 (比較 -i·er, 最上 -i·est) **1** もつれた；ちぢれた. **2** 《主に英略式》ひねくれた；風変わりな；気まぐれな.

**kins·folk** /kínzfòuk キンズフォウク/ 名 《正式》[複数扱い] 親戚.

**kin·ship** /kínʃip キンシプ/ 名 U [しばしば a ~] **1** 親類関係, 血族関係. **2** (性質などの)類似, 近似.

**kins·man** /kínzmən キンズマン/ 名 (複 ··men；(女性形) ··wom·an) C 《古》(男の)親類.

**ki·osk, ki·osque** /kíːɑsk キーアスク, kiásk｜kíːɔsk キーオスク/ 名 C **1** キオスク《タバコ・新聞・軽食などの売店》. **2** 《英式》電話ボックス.

**kip** /kíp キプ/ 名 U キップ皮《子牛・子羊などの皮》.

**kirk** /kə́ːrk カーク/ 名 C 《スコット》教会.

**\*\*kiss** /kís キス/
──動 (三単現 ~·es /-iz/；過去・過分 ~ed/-t/；現分 ~·ing)
──他 …にキスする, 口づけする；[kiss A B] 《人》に B《別れなど》のキスをする ‖
kiss her cheek =kiss her on the cheek 彼女のほおにキスをする.
She kissed the child good-by. 彼女は子供に

さようならのキスをした.
Tom kissed his hand to Ann. トムはアンに投げキスをした.
— 自 キスする, 口づけする.

— 名 (複 ~・es /-ɪz/) C キス, 口づけ, 接吻(ﾋﾞ) ‖
throw him a kiss = throw a kiss to him 彼に投げキスをする.
He gave her an affectionate kiss. 彼は彼女に愛情をこめてキスした.
対話 "I'm not mad at you anymore. Let's forget it." "Well, give me a kiss and let's make up." 「きみのことをもう怒ってはいないよ. あのことは忘れよう」「そしたらキスをして, 仲直りしましょう」《♦ ˣgive a kiss to me》.

*the kíss of déath* (略式) 死の接吻, 身の破滅を確実にするもの.
*the kíss of lífe* (主に英) (口うつしの) 人工呼吸; 回復策.

**kit**¹ /kít キト/ 名 **1a** UC (略式) 道具一式; (教材などの) ひとそろい ‖
(a) gólfing kít ゴルフ用具.
a cárpenter's kít 大工道具一式.
**b** U (英) [集合名詞; 単数扱い] (兵士・水夫・旅行者の) 装具, 装備.
**2** C 道具箱[袋] ‖
a fírst-áid kít 救急箱.
— 動 (過去・過分 kit・ted /-ɪd/; 現分 kit・ting) 他 (略式) …に装備させる.

*kít bàg* 旅行用かばん, ナップザック; (主に英) (兵士の) 背嚢(ﾉｳ), 雑嚢.

**kit**² /kít キト/ [kitten の短縮語] 名 C 子猫; 小ギツネ.

**＊kitch・en** /kítʃən キチン/ [「料理に関する」が原義. cf. **cook**]
— 名 (複 ~s /-z/) C 台所, キッチン; [形容詞的に] 台所(用)の《♦ (英) では居間・食堂兼用の台所をさすことも多い》‖
an eat-in kitchen =a kítchen díning ròom ダイニング=キッチン《♦ ˣdining kitchen とはいわない》.
a kitchen table 台所(の片隅)の小テーブル.
She is out in the kitchen. 彼女は台所にいます; 料理中です《♦ 居間・寝室などは in, 台所は out の観念を伴う》.
対話 "How many rooms do you have in your place?" "Only one. And I have to eat out all the time because there's no kitchen." 「きみのところはいくつ部屋があるの」「ひとつだけだ. だから台所もないのでいつも外食しなきゃならないんだ」.

**kítchen sínk** 台所の流し(台).
**kítchen únit** (英) キッチン=ユニット《stove, sink, dishwasher, storage cabinet などユニット式台所セットを構成する1点》.
**kitch・en・et(te)** /kìtʃənét キチネト/ 名 C (部屋の一角または小室の) 簡易台所.
**kitch・en・maid** /kítʃənmèɪd キチンメイド/ 名 C 調理番の下働き.
**kite** /káɪt カイト/ 名 C **1** 凧(ﾀｺ) ‖
Let's fly a kite. 凧をあげよう.
**2** [鳥] トビ.
**kith** /kíθ キス/ 名 U 《♦ 次の成句で》.
**kíth and kín** (正式) 親類知己[縁者].
**kit・ten** /kítn キトン/ 名 C 子猫 ‖
(as) harmless as a kitten とても無邪気な.
**kit・ty** /kíti キティ/ 名 (複 kit・ties /-z/) C (小児語) ニャンコ, 子猫.
**Kit・ty** /kíti キティ/ 名 キティ《Catherine, Katharine の愛称》.
**ki・wi** /kíːwiː キーウィー/ 名 C **1** [鳥] キーウィ《ニュージーランドの飛べない鳥》. **2** =kiwi fruit.
**kíwi frùit** キーウィ=フルーツ(kiwi)《ニュージーランド産の果実》.
**KKK** 略 Ku Klux Klan.
**km** (記号) kilometer(s).
**knack** /næk ナク/ 名 C (略式) [通例 a ~ / the ~] 技巧, こつ, 特技.
**knap・sack** /næpsæk ナプサク/ 名 C (英やや古) リュックサック, ナップザック.
**knave** /néɪv ネイヴ/ [同音] nave) 名 C (古) 悪党, 悪漢.
**knead** /níːd ニード/ [同音] need) 動 他 **1** …をこね る, 練る. **2** 〈パンなどを〉こねて作る. **3** …をもむ, マッサージする.

**＊knee** /níː ニー/ (発音注意)《♦ k は発音しない. → Q&A》 kneel の同音.
— 名 (複 ~s /-z/) C **1** ひざ(がしら), ひざ関節(図 → **body**)《♦ lap はいすに座った姿勢で腰からひざ(がしら)までの部分》; (犬・馬などの前脚(ｱｼ)の) ひざ(図 → **horse**) ‖
up to one's knees in water ひざまで水につかって.
hold a child on one's knee 子供をひざに抱く.
rise on one's knees ひざで立つ.
**2** (衣類の) ひざ.

Q&A *Q*: knee のように kn と続く語では k は発音しないのですね.
*A*: そうです. kneel, knife, knight, knit, knock, know などたくさんあります.

*at one's mòther's knée* 母のひざもとで[の]; 子供の頃に[の].
*bénd [bów] the knée(s)* (正式) ひざまずいて礼拝[嘆願]する, (敬意を表して) 服従する.

**bring A to A's knées** …を屈服させる.
**fáll [gó (dówn)] on one's knées** =**drop the knée** ひざまずく, ひざまずいて礼拝[嘆願]する.
**knée to knée** ひざをつき合わせて.
**knée brèeches** [複数扱い] (ひざまでの)半ズボン.

**knee·cap** /níːkæp ニーキャプ/ 图Ⓒ **1** ひざのさら, 膝蓋(しつがい)骨 (kneepan; 解剖) patella). **2** (スポーツ用)ひざ当て (kneepad).

**knee-deep** /níːdíːp ニーディープ/ 形 ひざまでの深さの.

**kneel** /níːl ニール/ 動 (過去・過分 knelt/nélt/ または (主に米) ~ed/-d/) 歯 ひざまずく, ひざをつく; ひざまずいている ‖
kneel (down) to pray ひざまずいて祈る.

**knell** /nél ネル/ 图Ⓒ (正式) [通例 a ~ / the ~] 鐘の音; 弔(とむら)いの鐘.

**knelt** /nélt ネルト/ 動 → kneel.

***knew** /n(j)úː ヌー [ニュー]/ (同音 new) 動 → know.

**knick·ers** /níkərz ニカズ/ 图 [複数扱い] **1** (主に米)ニッカボッカ《ひざ下でしまるゆるい半ズボン, 狩り・ゴルフなどに用いる》. **2** (英) (女性用の)パンツ, パンティ《下着》.

**knick·knack** /níknæk ニクナク/ 图Ⓒ (略式) (ふつう安価な)装飾用小間物.

***knife** /náif ナイフ/ (発音注意) 《♦ k は発音しない》
—— 图 (複 knives/náivz/) Ⓒ **ナイフ**, 小刀; 短刀; 包丁 ‖
a knife and fork (1組の)ナイフとフォーク.
a sharp knife よく切れるナイフ.

> 関連 (1) [knife の部分] handle 柄 / blade 刀身 / back 刀身の峰 / (cutting) edge 刃.
> (2) [種類] cárving knífe =carver 食卓用大型肉切りナイフ / táble knífe 食卓用ナイフ《fish [fruit, butter, dessert] knife など》 / clásp knífe 折りたたみ式ナイフ《jackknife, penknife, pocketknife など》 / páper knífe ペーパーナイフ / pálette knife パレットナイフ / bútcher('s) knífe (肉屋の)大型肉切り包丁.

—— 動 (現分 knif·ing) 他 (略式) …をナイフで刺す[切る].

**knight** /náit ナイト/ (同音 night) 图Ⓒ **1** (中世の)騎士, ナイト, 騎馬武者《♦ 名門の子弟が page (小姓)から squire (騎士見習)を経る間に武道・礼儀などの武者修行をつんで knight となり, chivalry (騎士道)を生み出した》.
**2** (英) ナイト爵(しゃく)位(の人), 勲爵(くんしゃく)士(略 Kt.)《♦ 国家の功労者(男性)に与えられる1代限りの栄爵で, baronet の次に位する. Sir の称号を許され, Sir John Williams (略式には Sir John)のように呼ばれ, その夫人は Dame Mary Williams (略式には Lady Williams)と呼ばれる》.
**3** (チェス) ナイト.
—— 動 他 …にナイト爵位を与える.

**knight·hood** /náithud ナイトフド/ 图 **1** Ⓤ 騎士道. **2** ⓊⒸ ナイト爵位. **3** [the ~; 集合名詞] 騎士団.

***knit** /nít ニト/ (発音注意)《♦ k は発音しない》(同音 net/nét/) 『「結び目 (knot)を作る」が原義』
—— 動 (三単現 ~s/níts/; 過去・過分 knit·ted/-id/ または knit; 現分 knit·ting)
—— 他 **1 a** …を編む (+up) ‖
knit wool into a muffler =knit a muffler out of wool 毛糸でマフラーを編む.
a sweater knitted by hand 手編みのセーター.
**b** [knit A B / knit B for A] A〈人〉に knit B〈手袋など〉を編んでやる ‖
She knitted herself a cardigan. 彼女は自分用にカーディガンを編んだ.
**2** …をしっかり組み合わせる; …を結びつける ‖
Common hardship knitted the family together. 共に苦労したことがその家族のきずなを強めた.
—— 歯 **1** 編み物をする.
**2** 結びつく.
—— 图 ⓊⒸ ニット地(の衣類).

**knit·ter** /nítər ニタ/ 图Ⓒ 編む人.

**knit·ting** /nítin ニティング/ 動 → knit.
—— 图Ⓤ **1** 編むこと.
**2** 編んだ物 ‖
a piece of knitting 1つの編み物.
**knítting machìne** 編み機.
**knítting nèedle** 編み針.

**knit·wear** /nítweər ニトウェア/ 图Ⓤ ニットウェア《メリヤス・毛糸の衣料品》‖
a new style of knitwear 新スタイルのニットウェア.

***knives** /náivz ナイヴズ/ 图 → knife.

**knob** /náb ナブ | nɔ́b ノブ/ 图Ⓒ **1** (木の幹などの)ふし, こぶ. **2** 取っ手, 握り, ノブ; (ラジオ・テレビの)つまみ.

**knob·by** /nábi ナビ | nɔ́bi ノビ/ 形 (通例 比較 --bi·er, 最上 --bi·est) (米) ふし[こぶ]の多い; こぶ状の.

***knock** /nák ナク | nɔ́k ノク/ (発音注意)《♦ k は発音しない》『「こぶし[堅い物]で音をたててたたく」が本義』
—— 動 (三単現 ~s/-s/; 過去・過分 ~ed/-t/; 現分 ~·ing)
—— 歯 **1** トントンとたたく, ノックする《♦ ドアのノックは, 英米では握った指の第2関節で3回以上たたくことが多い》‖
He knocked at the front door but nobody answered. Again he knocked more loudly on it. 彼は玄関の戸をノックしたが返事がなかったので, もう一度いっそう力をこめてノックした《♦ knock the door とはふつう言わない》.
Fortune knocks at least once at every man's gate. (ことわざ) 幸運はだれにでも一度は訪れる.
対話 "Are you busy now?" "Not so much, but I wish you would knock before you

came into the room."「今いそがしいですか」「それほどでもないけど, 部屋に入ってくる前にノックをしてほしいな」.
**2** ぶつかる, 偶然に出くわす ‖
**knock into** the table in the dark 暗やみでテーブルにぶつかる.
**3** 〈車・エンジンが〉ノッキングを起こす.
— [他] **1 a** [knock **A** on [in] **B**] **A**〈人など〉の**B**〈からだの部分〉を(ゴツンと)**強打する**(→ strike) ‖
The falling rock **knocked** him **on the** head [**knocked** his head]. 落石が彼の頭にゴツンとあたった.
**b** …を(うっかり)**ぶつけてしまう**; …を(わざと)ぶつける ‖
**knock oneself against** [**on**] the wall 壁にぶつかる.
He **knocked** his knee **against** the chair. 彼はひざをいすにぶつけてしまった《◆He *knocked* the chair *with* his knee. では意図的にぶつけた意味になる》.
**2** [knock **A C**] **a A**〈人・物〉を(何度も)打って**C**(の状態)にする ‖
**knock** in a nail くぎを打ち込む.
**knock** his pipe out = **knock** the ashes out of his pipe パイプをたたいて灰を落とす.
**knock** him down 彼をぶちのめす.
**b** [比喩的に] **A**〈人〉を…の状態にする ‖
**knock** him flat 彼をアッと言わせる.
I **knock** him off his feet. 彼の足もとをすくう.
**3** (略式) …をけなす, こきおろす.
***knóck dówn*** [他] …を取り壊す; 〈車などが〉〈人〉をはねる; → [他] **2.**
***knóck óff*** (1) (略式) [自] 〈仕事が〉中断する. (2) (略式) [他] …を(手早く)し終える, 書き飛ばす. (3) [他] 〈金額〉だけ割り引く.
***knóck óut*** [他] (1) 〔ボクシング〕…をノックアウトする. (2) (英略式) …を仰天させる, …にショックを与える. (3) → [他] **2.**
— [名] ([複] ~s/-z/) [C] **1 打つこと, 打たれること**; ノック(の音) ‖
get a **knock** on the head 頭をなぐられる.
There was a **knock** on [at] the door. ドアをノックする音がした.
**2** (エンジンの)ノッキングの音.

**knock·down** /nákdàun ナクダウン | nɔ́k- ノク-/ [名] [C] 〔ボクシング〕ノック=ダウン.

**knock·er** /nákər ナカ | nɔ́kə ノカ/ [名] [C] **1** ノックする人.
**2** ノッカー ‖
bang a **knocker** ノッカーで戸をたたく.

**knock·on** /nákən ナカン | nɔ́kən ノカン/ [名] [C] 〔ラグビー〕ノック=オン《ボールを手・腕に当てて攻撃する方向に落とす反則》.

**knock·out** /nákàut ナカウト | nɔ́k- ノカウト/ [名] [C] **1** たたきのめすこと; 〔ボクシング〕ノックアウト([略] KO).
**2** (略式) とびきりいかした人, すごい美人; すてきな物.
**3** 勝ち抜き競技会.

**knoll** /nóul ノウル/ [名] [C] (丸い)小山; 塚.

**knot** /nát ナト | nɔ́t ノト/ ([同音] not) [名] [C] **1** 結び目 ‖
She tied a **knot** at the end of the rope. 彼女はロープの端に結び目を作った.
**2** (リボンなどの)飾り結び; ちょんまげ.
**3** 群れ, 集団 ‖
a **knot** of students 学生集団.
**4** (木の)ふし, こぶ; 板のふし; (枝・葉の)ふし, 付け根.
**5** こぶ, いぼ; 〔解剖〕結節. **6** ノット《速度の単位. 時速1カイリ(1852m)》.
— [動] ([過去・過分] **knot·ted**/-id/; [現分] **knot·ting**) [他] …を結ぶ, …に結び目を作る; …を結びつける ‖
**knot** two ropes **together** 2本のロープを結びつける.
**knot** one's hair with a ribbon リボンで髪を結ぶ.

**knot·ty** /náti ナティ | nɔ́ti- ノティ/ [形] (通例 [比較] -·ti·er, [最上] -·ti·est) **1** 節[こぶ]のある; 結び目の多い. **2** 解決しがたい; 複雑な.

**know /nóu ノウ/ (発音注意) 《◆k は発音しない》([同音] no) [派] knowledge (名)
— [動] ([三単現] ~s/-z/; [過去] knew/n(j)úː/, [過分] known/nóun/; [現分] ~·ing) 《◆進行形・命令形にしない》
— [他] **1** …**を知っている**; **理解している** ‖
I **know** this song very well. 私はこの歌をよく知っています.
He has become **known to** the villagers **for** his diligence. 彼は村の人々に勤勉で知られるようになった.
**2** [know (that) 節 / know wh 節] …という事実に**気づいている**, …ということを(はっきり)**自覚している** ‖
He **knows that** she was mistaken. 彼女が間違ったことを彼は知っている.
He doesn't **know** (**that**) he hurt her feelings, does he? 彼は彼女の感情を害したことに気づいていないのでしょう?
She **knew what** she was doing. 彼女はよく知って事をしていた.
How did you **know** she was still alive? 彼女がまだ生きているとどうしてわかったのですか.
[対話] "I don't **know if** I can give that speech. I'm terrified of people." "I **know** how you feel. I feel scared in front of people, too."「そのスピーチができるかどうかわかりません. 対人恐怖症なのです」「お気持ちはわかります. 私も人前に出るのが怖いのです」.
**3** [know **A** to be **C** / know (that) 節] **A**〈人・物・事〉を…だと**考える**, …だと**認めている**; 確信している《◆**C** は形容詞・名詞》‖
We all **know** (**that**) he was a great actor. = We all **know** him **to** have been a great actor. 彼が大スターであったことは我々のだれもが認めている.
I **know** him **to be** a brave man. 彼は勇気の

K

**4** …を(直接)知っている, 面識がある；…と交際がある《◆ be acquainted と違って「熟知している」の意》‖
He **knows** a lot of people. 彼は顔が広い.
I **know** him personally but not well. 彼とは面識はあるがとくに親しい仲というわけではない.

**5** …に精通している‖
You really **know** your coffee. なかなかコーヒー通ですね.

**6** …について実用的知識[技能]を身につけている, …ができる；…をしっかり覚えている‖
**know** how to drive a car 車が運転できる.
**know** English very well 英語が非常に堪能(かんのう)である.
**know** the multiplication table (by heart) 掛け算の九九を暗記している.

**7 a** …をそれと認める(ことができる)；〈二者〉を見分ける‖
**know** him by sight but not by name 彼の顔は知っているが名前は知らない.
A tree is **known** by its fruit. 〖聖〗《ことわざ》果実をみれば木のよしあしがわかる；子を見れば親がわかる, 人は仕事ぶりで判断できる.
I **knew** from her manner that she was a teacher. 彼女の態度から教師とわかった.
**b** [know **A** from **B**] 〘通例否定文・疑問文・条件文で〙 **A**〈人・物・事〉と **B**〈人・物・事〉との見分けがつく, 識別できる‖
never **know** black from white 物の良否[事の善悪]がわからない.

**8** 〘文〙 〘通例 knew / have known〙 …を経験している‖
have **known** better times 昔は繁栄した時代もあった(今は落ちぶれている).

──自 知る, 知っている；理解する[している]‖
I dòn't [wòuldn't] **know**! (↘) そんなこと知らないよ！；まさか；え！《◆ How should I **know**? (↘)(私が知っているはずがないでしょ)は強い否定・拒絶を表す. 質問の答えがわからない場合は I'm sorry but I don't *know*. などと言う》.
You *know* best. 君がいちばんよく知っている；私の口出しすべきことではない.
〖対話〗 "Nobody's home?" "I don't *know*. (↘) Let me knock on the door again." 「だれも家にいないのか」「さあどうかな. もう一度ドアをノックさせてみて」.

◇ **as fàr as Í know** 私の知る限りでは ‖ As far as I **know**(↘), she is still missing. 私の知る限りでは彼女は依然行方不明です.

**as you know** ご存知のように.

**before** one **knows it** いつの間にか, あっという間に.

**Héaven [Gód] (ónly) knóws** 《略式》神のみぞ知る, だれにもわからない.

◇ **knów abóut A** (1) …を見聞きして知っている；…に気づいている ‖ Do you **know** about him? 彼の一件[とかくのうわさ]について知っていますか / I didn't **know** about his death in battle. 彼が戦死したことは知らなかった / 〖対話〗 "I never heard that before. Is it true?" "Some people **know** about it, but not many." 「そんなこと聞いたことがない. 本当なのか」「そのことに気づいている人はいるけど, たくさんはいない」. (2) …に関して(詳しく)知っている, 理解している ‖ I never have a chance to operate the computer, but I **know** about how to do it. コンピュータを扱う機会は一度もありませんが, 扱い方は(知識として)知っています.

◇ **knów bétter than to** *do* …するほどばかではない ‖ You should have **known** better than to do such things. そんなばかなことをしてはだめじゃないか.

◇ **knów of A** …を間接的に知っている, …がある[いる]のを知っている, …のことを聞いている ‖ I **know** of her staying in Tokyo. 彼女は東京に滞在中ですね / Do you **know** of a good candidate? だれかいい候補者をご存じありませんか / 〖対話〗 "Do you **know** Mr. X?" "No, but I know óf him." 「X 氏をご存じですか」「面識はありませんが, うわさは聞いています」《◆ know との対比で用いる場合の of は強く発音》.

**máke knówn** 《正式》［他］…を表明する, 知らせる；〈人〉を紹介する ‖ He **máde** himsèlf **knówn** to me. 彼は私に名を名乗った.

**Nót that I know of.** (↘) 私の知る限りそうではない.

**so fàr as I know** = as far as I KNOW.

**Who knóws?** (だれにもわからない)ひょっとしたらね.

◇ **you knòw** 《略式》(1) 〘文頭で〙 (あの)ねえ, 何しろ…だものね, ほら…でしょう 《◆ くだけて /jəknou/ と発音し, y'know ともつづる》‖ You **know**(↗), you ought to go home. ねえ, あなたはおうちへ帰らなくちゃね. (2) 〘文尾で〙 a) …でしょ, …なのね ‖ So he came over to my place, you **know**. (↗) それで彼は私のうちへきたのね(そうでしょ). b) あなたも知ってのとおり ‖ I love her, you **know**. (↗) But the point is, she doesn't **know** (it) at all. ぼくは彼女が好きなんだよね, ここが問題は彼女の方はぜんぜんそのことに気がついていないってこと. そうじゃないよ, いいかい《◆ know は下降上昇調》. (3) 〘文中で〙 えー, ほらある ‖ I've lost my watch — you **knòw**(↘), the one you bought for me. 時計をなくしてしまった, ほらあのあなたが買ってくれた時計ですね.

**know-all** /nóuɔːl ノウオール/ 《米略式》形 名 = know-it-all.

**know-how** /nóuhàu ノウハウ/ 名 U 《略式》世渡りの方法；専門的知識[技能], 技術情報 ‖ a lot of know-how 多くのノウハウ.

**know·ing** /nóuiŋ ノウイング/ 動 → know.
── 形 **1** 知ったかぶりの ‖
give me a **knowing** look 私に知っているぞと言わんばかりの顔つきをする.
**2** 抜け目のない, ずるい. **3** 情報通の, 物知りの. **4** 故

意の.
──名 知ること.

**know·ing·ly** /副/ **1** 知ったかぶりで; 物知り顔に. **2** 《正式》知っていてわざと.

**know-it-all** /nóuitɔ̀ːl ノウイトール/《米略式》形名 C (他人の意見に耳を貸さないで)知ったかぶりをする(人).

*knowl·edge /nɑ́lidʒ ナリヂ | nɔ́lidʒ ノリヂ/ (発音注意) ◆k は発音しない 〖→ know〗
──名 U **1** 知識; 学識, 学問 ‖
a thirst for knowledge 知識欲.
common knowledge 万人に共通の知識, 常識.
a piece [an item, an element, a bit] of knowledge 1つの知識.
every branch of knowledge 学問のあらゆる分野.
a person of knowledge 学識豊かな人.
A little knowledge [learning] is a dangerous thing. 《ことわざ》少しばかりの学識は危険なものだ;「生兵(ひょう)法は大けがのもと」.
**2** 〖しばしば a ～〗 知っている[知る]こと; 知識, 精通, 熟知 ‖
He has a good knowledge of French. 彼はフランス語がよくできる.
**3** 認識, 理解, 識別 ‖
(the) knowledge of good and evil 善悪の認識.
intuitive knowledge 直観的理解.
◇*to (the best of)* A*'s knowledge* A〈人〉の知る限りでは; 確かに《◆ふつう A's は my》 ‖ To my knowledge she has not left yet. 私の知る限りでは彼女はまだ出発していない.
*without* A*'s knowledge* = *without the knowledge of* A A〈人〉に知らせずに, 無断で; A〈人〉の知らぬまに ‖ He crept out without his wife's knowledge. 彼は妻が気づかないうちにそっと出ていった(=He crept out before his wife knew it).

**knowl·edge·a·ble** /nɑ́lidʒəbl ナリヂャブル | nɔ́l- ノリヂャブル/ 形 《正式》精通している; 聡明な, 理解力のある.

*known /nóun ノウン/ (発音注意) ◆k は発音しない 動 → know.
──形 **1** 周知の, 有名な(well-known) (↔ unknown) ‖
the oldest known wooden architecture 世に知られている最古の木造建築.
**2** 《数学》既知の.
──名 C 知られているもの; 〔数学〕既知数[項].

**knuck·le** /nʌ́kl ナクル/ 名 **1** C (指のつけ根の)指関節; 〔通例 ～s〕(こぶしの)指関節部 ‖
give a child a rap on the knuckles (罰として定規などで)子供の指関節をぶつ, 子供をこっぴどくしかる.
**2** C (四足動物の)膝(ひざ)関節; ひざ肉.

**knúckle bàll** 〔野球〕ナックルボール.

**k.o., KO** /kéióu ケイオウ/〖knockout の略〗《略式》〔ボクシング〕名 (複 ～'s) C ノックアウト.
──動 (三単現 ～'s; 過去・過分 ～'d; 現分 ～'ing) 他 …をノックアウトする.

**ko·a·la** /kouɑ́ːlə コウアーラ/ 名 C 〔動〕 =koala bear.

**koála bèar** コアラ(koala) 《オーストラリア産》.

**Koch** /kɔ́ːk コーク, kɔ́ːx/ 名 コッホ 《Robert ～ 1843-1910; ドイツの細菌学者・物理学者》.

**Kol·ka·ta** /kɑlkətə カルカタ | kɔl- コルカタ/ 名 コルカタ 《インド東部の都市. 旧称 Calcutta》.

**Ko·ran** /kərɑ́ːn コラーン | kɔrɑ́ːn コラーン/ 名 〔the ～〕コーラン, クラーン, クルアーン《イスラム教の教典. the Holy Koran ともいう》.

**Ko·re·a** /kəríːə カリーア/ 朝鮮 《◆現在 North Korea と South Korea に分かれており, 文脈によってはこの一方をさす》.

**Koréa Stráit** 〔the ～〕対馬海峡 《九州と朝鮮半島との間》.

**Ko·re·an** /kəríːən カリーアン | kɔríːən コリーアン/ 形 朝鮮の《◆文脈によって「韓国の」「北朝鮮の」の意にもなる》; 朝鮮人の, 朝鮮語の.
──名 **1** C 朝鮮人(語法→ Japanese). **2** U 朝鮮語.

**Koréan Wár** 〔the ～〕朝鮮戦争《1950-53》.

**Krem·lin** /krémlin クレムリン/〖ロシア〗名 〔the ～〕クレムリン宮殿; (旧)ソ連政府.

**KS** (略) 〔郵便〕Kansas.

**Kua·la Lum·pur** /kwɑ́ːlə lumpúər クワーラ ルンプア | -lúmpuə -ルンプア/ 名 クアラルンプール《マレーシアの首都》.

**Ku·blai Khan** /kúːblai kɑ́ːn クブライ カーン/ 名 フビライカン(忽必烈汗)《1216?-94; 中国元朝の初代皇帝》.

**Ku Klux Klan** /kúː klʌ́ks klǽn クー クラックス クラン/ 名 〔the ～〕; 単数・複数扱い 《略》KKK) **1** クー=クラックス=クラン, 3 K 団《南北戦争後南部諸州に結成された白人の秘密結社. 黒人や北部人の威(い)圧と白人優越の維持を目的とした. 団員は Klaner, Klansman, Klan》. **2** クー=クラックス=クラン, 3 K 団《1915年米国に結成された黒人・ユダヤ人・カトリック教徒・外国人を排斥(はいせき)する秘密結社》.

**kung fu** /kʌ́ŋ fúː カング フー/ 名 U カンフー《中国の拳(けん)法》.

**Ku·wait** /kuwéit クウェイト/〖「小さな城塞(じょうさい)」が原義〗名 クウェート《アラビア東部ペルシア湾岸の国. 首都 Kuwait》.

**kW** (記号) 〔電気〕kilowatt(s).

**KY** (略) 〔郵便〕Kentucky.

**Ky.** (略) Kentucky.

# L

**I, L** /éI エル/ 名 (複 I's, Is; L's, Ls/-z/) **1** ⓒ 英語アルファベットの第12字. **2** = a, A **3** ⓒ 第12番目(のもの). **4** Ⓤ (ローマ数字の)50(→ Roman numerals).

**L.** (略) Latin;〖ラテン〗libra(e) (=pound(s)).

**£** (記号) =pound(s) sterling《◆ラテン語で古代ローマの重量単位リーブラ(libra(e))より》.

**L.** (略) Lake; Latin; Law; Left; Liberal.

**la** /láː/ ラー/ 名 ⓊⒸ〖音楽〗ラ《ドレミファ音階の第6音. → do²》; イ音.

**LA¹** (略)〖郵便〗**La.** (略) Louisiana.

**LA²** (略) Los Angeles.

**lab** /lǽb/ ラブ/ 名 (略式) =laboratory.

**la·bel** /léIbl レイブル/ (発音注意)《◆×ラベル》名 ⓒ **1** (持主・中身・送り先などを示す)札, 荷札, レッテル, ラベル ‖

put **labels** on one's luggage 荷物に荷札をはりつける.

**2** (人・団体・流派などに付ける)短い文句, 通り名, 標号;(辞書の見出し語などに付ける)レーベル《〖英〗・〖音楽〗など》. **3** (レコードなどの)レーベル; 商標.

── 動 (過去・過分) ~ed または〖英〗la·belled/-d/;(現分) ~·ing または〖英〗-·bel·ling 他 **1a** …にラベルをはる ‖

She **labeled** the box of books. 彼女は本を入れた箱にラベルをはった.

**b** [label A C] A《物》に C というラベルをはる ‖
He opened the can (which is) **labeled** "Bait." 彼は「餌(ã)」のラベルがはってあるかんをあけた.

**2** [label A (as) C] A を C として分類する; A《人》を C と呼ぶ, 名付ける ‖
She was **labeled** (as) a troublemaker. 彼女は厄介者のレッテルをはられていた.

*****la·bor**, 〖英〗--**bour** /léIbər レイバ/〖「苦しい仕事」が原義〗派 labo(u)rer (名), laborious (形)

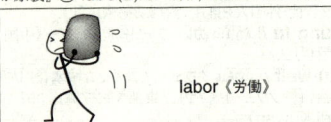

labor《労働》

── 名 (複 ~s/-z/) **1** Ⓤ (つらい)労働, 賃金労働 (→ work); 骨折り, 努力 ‖
manual **labor** 肉体労働, 力仕事.
hand **labor** 手仕事.
physical **labor** 肉体労働.

**2** [集合名詞; 単数・複数扱い] 労働者(階級)《◆個人は laborer》; [形容詞的に] 労働(者)の ‖
**labor** and capital 労働者と資本家, 労資.

skilled **labor** 熟練労働者.
**Labor** this year demands a big raise. 労働者側は今年は大幅なベアを要求している.

**3** ⓒ (骨の折れる)仕事, 労作 ‖
a **làbor** of lóve (報酬を期待しない)好きでする仕事.

**4** Ⓤ =labor pains; [a ~] 出産所要時間 ‖
be in **labor** お産の床にいる.

── 動 (三単現) ~s/-z/; (過去・過分) ~ed/-d/;(現分) ~·ing/-bəriŋ/
── 自 **1** 働く, 精を出す, 取り組む, 努力する; 肉体労働者として働く ‖

**labor at** one's Latin ラテン語の勉強に励む.
**labor for** world peace 世界平和に尽力する.
At the laboratory she **labored** to make herself better than all others. 研究所では彼女は他のだれよりもよい成績をあげようと努力した.

**2** (正式)《人・乗物などが》苦労して進む ‖
a ship **laboring through** the high waves 荒波にもまれて難航している船.

**3** (正式) 苦しむ, 悩む; 生みの苦しみを味わう ‖
**labor under** a misunderstanding 誤解にあって悩む.
**labor with** child 陣痛に苦しむ.

── 他 …を(必要以上に)詳細に論ずる ‖
**lábor** the point その点をくどくどと述べる.

**Lábor Dày** 労働者の日, 労働祭《米国・カナダでは9月の第1月曜日, 英国では5月の第1月曜日で, いずれも法定休日》.

**lábor pàins** 陣痛(labor).

**lábor relàtions** 労使関係, 労働関係.

**lábor ùnion**〖米〗労働組合《(主に英) trade(s) union》.

**Lábour Pàrty** [**party**] [the ~]《英国の》労働党《(略) Lab》.

**lab·o·ra·to·ries** /lǽbərətɔ̀ːriz ラバラトーリズ | ləbɔ́rətəriz ラボラタリズ/ 名 → laboratory.

*****lab·o·ra·to·ry** /lǽbərətɔ̀ːri ラバラトーリ | ləbɔ́rətəri ラボラタリ/〖働く(labor)所(atory)〗
── 名 (複) --**to·ries**/-z/ ⓒ 実験室, 研究所《(略式) lab》;[形容詞的に] 実験室(用)の, 演習の ‖
a hygienic **laboratory** 衛生試験所.
a lánguage **làboratory** 語学演習室, LL教室.
**láboratory ànimals** 実験用動物.

**la·bor·er**, 〖英〗--**bour·**- /léIbərər レイバラ/ 名 ⓒ (肉体)労働者, 人夫 ‖
day **laborers** 日雇い労務者.

**la·bo·ri·ous** /ləbɔ́ːriəs ラボーリアス/ (アクセント注意) 形 (正式) **1** 骨の折れる, 困難な, つらい. **2** よく働く, 勤勉な. **3** 苦心の跡のみえる; ぎこちない.

**la·bo·ri·ous·ly** /ləbɔ́ːriəsli ラボーリアスリ/ 副 骨折って, 難儀して; 勤勉に.

**la·bor–sav·ing** /léibərsèiviŋ レイバセイヴィング/ 形 労力節約の, 省力の.

\***la·bour** /léibə レイバ/ (英) 名動 =labor.

**la·bour·er** /léibərə レイバラ/ 名 (英) =laborer.

**lab·y·rinth** /lǽbərinθ ラビリンス/ 名C 1 (正式) 迷宮, 迷路 (maze) ‖
a labyrinth of corridors 迷路のような廊下.
**2** 複雑な[混み入った]事情.

**lace** /léis レイス/ (同音 race/réis/) 名 1 C (靴などの) (締め) ひも ‖
a leather lace for the bodice ベストの皮ひも.
Your shoe lace is undone. (片方の) 靴ひもがほどけていますよ.
**2** U レース; (形容詞的に) レースの ‖
a piece of lace レース1片.
a lace shawl レースの肩掛け.
━━動 (現分 lac·ing) **1** …をひもで締める. **2** 〈ひもなどを〉通す. **3** 〈飲料などに〉(強い酒を) 加える.
━━自 ひもで締まる ‖
This vest laces (up) at the front. このベストは前で結ぶようになっている.

**lac·er·ate** /lǽsərèit ラサレイト/ 動 (現分 --at·ing) 他 (正式) **1** …を荒々しく引き裂く. **2** 〈感情などを〉傷つける.

\***lack** /lǽk ラク/ (同音 luck/lʌ́k/)
━━名 (複 ~s/-s/) **1** U (しばしば a ~) 不足していること, 欠乏; 欠如 〈◆「十分にない」ことをいう. 「まったくない」場合は absence〉 (類 shortage, want) ‖
lack of friends 友だちが (ほとんど) ないこと.
We've had a poor crop for [from, through] lack of water. 水不足のために不作だった.
対話 "How come all the plants and trees are so bare?" "It's because of the lack of water this summer." 「どうして草や木が葉をつけていないんでしょう?」「この夏の水不足のためだよ」.
**2** C 不足[欠乏]しているもの ‖
Generosity is one of the lacks in his personality. 寛大さは彼の性格に欠けているものの1つだ.
━━動 (三単現 ~s/-s/; 過去・過分 ~ed/-t/; 現分 ~ing) (正式)
━━他 …を欠いている, (十分に) 持っていない; …だけ足りない 〈◆ (1) want, need の方が切迫感が強い. (2) 受身・進行形にしない〉 ‖
He lacks willpower. 彼は意志力に欠ける.
Her vote lacks two of (being) a majority. 彼女の得票数は過半数に2票足りない.
━━自 〔通例 be ~ing〕 ない, 不足している; 欠けている ‖
His attitude is lacking in warmth. = Warmth is lacking in his attitude. 彼の態度には温かみがない.
Space is lacking for a full explanation. 十分説明するには紙面が足りない.

**lack for** A (正式) 〔通例否定文で〕 …がなくて困っている ‖ We lack for nothing. 私たちは何ひとつ不自由していない.

**lack·lus·ter**, (英) **--tre** /lǽklʌstər ラクラスタ/ 形 〈目・人・性格・演技などが〉輝きのない, さえない, 活気のない.

**la·con·ic** /ləkɑ́nik ラコニク|-kɔ́n- ラコニク/ 形 (正式) **1** 〈話などが〉簡潔 (すぎてあいまい) な, 簡明な. **2** 〈人が〉(そっけないほど) 口数の少ない.
**la·cón·i·cal·ly** 副

**lac·quer** /lǽkər ラカ/ 名 **1** UC ラッカー; 漆 (うるし). **2** =lacquer ware.
**lácquer wàre** (集合名詞的に) 漆器 (しっき) (lacquer).

**la·crosse** /ləkrɔ́ːs ラクロ(ー)ス, (英+) lɑː-/ 名 U ラクロス 〈1チーム男子10人[女子12人] で行なうホッケーに似た球技. ネットつきの長柄のラケットを用いる〉.

**lac·tic** /lǽktik ラクティク/ 形 乳の, 乳から得られる.

**lac·y** /léisi レイスィ/ 形 (比較 --i·er, 最上 --i·est) レースの; レースに似た.

**lad** /lǽd ラド/ 名 C **1** (略式) 少年; 若者.
**2** (英略式) 〔親愛を表す呼びかけ〕 おい!, みんな!
**3** (英略式) やつ, 男 〈◆通例次の句で〉 ‖
quite a lad たいしたやつ.

\***lad·der** /lǽdər ラダ/ 〔『「立てかけるもの」が原義』〕
━━名 (複 ~s/-z/) C **1** はしご 〈◆「(はしごの) 横木」は rung〉 ‖
lean a ladder on [against] the wall はしごを壁に立てかける.

関連 (1) 米英にははしごの下を通りぬけると不吉だという俗信がある.
(2) 〔種類〕 accommodation ladder タラップ / emergency ladder 非常ばしご / rope ladder 縄ばしご / extension [aerial] ladder (消防用の) 繰り出しはしご.

**2** はしご状のもの; (英) (靴下などの) 伝線, ほつれ ((主に米) run).
**3** (正式) (出世への) はしご, 階段; 手段 ‖
the ladder of success 出世の階段.
━━動 (主に英) 自 〈靴下が〉伝線する ((米) run).
━━他 〈靴下〉を伝線させる.

**lad·die**, **--dy** /lǽdi ラディ/ 名 (複 lad·dies/-z/) C (主にスコット略式) 少年, 若者.

**lad·en** /léidn レイドン/ 形 **1** どっさり積み込んだ. **2** 苦しんでいる.

**la·dies** /léidiz レイディズ/ 名 → lady.

**lad·ing** /léidiŋ レイディング/ 名 U 貨物; 船荷.

**la·dle** /léidl レイドル/ 名 C 玉しゃくし, ひしゃく.
━━動 (現分 la·dling) 他 …を (玉しゃくしなどで) よそう, くむ.

\***la·dy** /léidi レイディ/ 〔『「パン (loaf) をこねる人」が原義. cf. lord』〕
━━名 (複 la·dies/-z/) **1** 〔ていねいに〕 a C ご婦人, 女の方 〈◆ woman, girl の上品な語. 特に年配の人はていねいな表現と考える傾向が強い〉 ‖

A glass of beer for this lady, please. こちらのご婦人にはビールを1杯さしあげて.

> 語法 次のような場合には, woman より好まれる.
> a) 当人を前にして「あの方」「この方」と間接的にさして言う場合.
> b) old のあとに続ける場合.
> c) 商業宣伝文: an óld *lády* 年輩の婦人 / a leading *lády* 主演女優 / *ládies'* shòes《広告・掲示など》婦人靴.

**b** [職名の前で性別を示す] 女性の, 婦人…《◆この用法では一般に軽蔑(ﾍﾞﾂ)的な含みがあるので, womanの方が好まれる》‖
lady novelists 女流作家.
**c** [ladies] [呼びかけ] 《女性の》皆さん《◆1人に対する呼びかけには ma'am, madam, miss などを用い, lady は《詩・主に米略式》》.
**2** Ⓒ 淑女；貴婦人 ‖
the first lady 《米国》大統領夫人.
**3** 《英》[L~] 《敬称》…卿(きょう)夫人, レイディー…；…令嬢.
**4** Ⓒ [(the) Ladies(');単数扱い]《英略式》= ladies(') room.

**ládies(') ròom**《米》(ホテル・レストランなどの) 女性用トイレ.
**Lády Dày**《聖母マリアの》受胎告知の祭《3月25日》.
**la·dy·bird** /léidibə̀ːrd レイディバード/ 图《英》〔昆虫〕= ladybug.
**la·dy·bug** /léidibʌ̀g レイディバグ/ 图Ⓒ《米》〔昆虫〕テントウムシ《手や服にとまると幸運が訪れるとされる》.
**la·dy·like** /léidilàik レイディライク/ 形 **1**〈女・言動が〉淑女にふさわしい, 育ちのよい；しとやかな. **2**〈男が〉めめしい.
**la·dy·ship** /léidiʃìp レイディシプ/ 图 [しばしば L~] Ⓒ [your ~ / her ~ / their ~s] 奥方様, お姫様.
**lag** /læg ラグ/ (類音) lug/lʌ́g/) 動 (過去・過分 lagged/-d/;現分 lag·ging) 自 **1** 遅れる；のろのろ歩く, ぐずぐずする；立ち遅れる；ついて行けない. **2**〈関心などが〉薄れる.
── 图ⓊⒸ **1** 遅れること, 遅延(えん). **2** (2つの事件間の) 時間の隔たり.
**lá·ger** (**bèer**) /láːgər ラーガー/ 图Ⓤ ラガービール《加熱殺菌したもの》；Ⓒ ラガービール1杯[1びん].
**la·goon** /ləgúːn ラグーン/ 图Ⓒ 潟(かた), 潟湖(きこ).
\***laid** /léid レイド/ 動 ⇒ lay¹.
**laid-back** /léidbǽk レイドバク/ 形《略式》〈人・態度・場所などが〉気楽な, くつろいだ.
\***lain** /léin レイン/ 動 ⇒ lie¹.
**lair** /léər レア/ (類音) layer/léiər/) 图Ⓒ (野獣の) ねぐら, 巣.

\***lake** /léik レイク/ (類音) rake/réik/)〔「水たまり」が原義〕
── 图 (複 ~s/-s/) Ⓒ **1** 湖, 湖水《◆日本語で「湖」とされるものも小さいのは lake とせず pond というこ

ともある》‖
Let's gò físhing in [on, at, ˣto] the lake. 湖へ釣りに行きましょう.
**2** [L~ … / the L~ of …]〜湖 ‖
Lake Victoria = the Lake of Victoria ビクトリア湖.
The Great Salt Lake is about seven times as large as Lake Biwa. グレイトソルトレイクは琵琶湖の約7倍の広さです.
**Láke District** [**Còuntry**] [the ~] 湖水地方《イングランド北西部の湖の多い風光明媚(ﾋﾞ)な地帯》.

\***lamb** /læm ラム/ (発音注意)《◆ b は発音しない》(類音) ram/rǽm/)
── 图 (複 ~s/-z/) **1** Ⓒ 子羊《特に1歳以下. → sheep 関連〕.
**2** Ⓤ 子羊の肉, ラム(cf. mutton)；子羊の革.
**3**《略式》〈おとなしい人, 愛すべき人〉；良い子.
*like* [*as*] *a lámb* 子羊のように従順に.
**Lamb** /læm ラム/ 图 ラム《Charles ~ 1775-1834；英国の随筆家・批評家. ペンネームは Elia》.
**lame** /léim レイム/ 形 **1** 足の不自由な《◆遠回し語は handicapped》‖
a lame horse 足の不自由な馬.
**2**〈背中・腕などが〉こって痛む.
**3**《略式》不十分な, 説得力のない, 貧弱な ‖
a lame excuse へたな言い訳.
**4**〈韻律などが〉不完全な.
**la·mé** /læméi ラーメイ, læ- | láːmei ラーメイ/ [フランス] 图Ⓤ ラメ《金・銀糸などを織り込んだ金らんの一種》.
**la·ment** /ləmént ラメント/ 動《正式》他 **1** …を悲しむ, 嘆く, 悼(いた)む ‖
lament the death of a friend 友人の死を悲しむ.
**2** …を後悔する, 残念に思う.
── 自 **1** 悲しむ, 嘆く ‖
lament over one's misfortunes 不運を嘆く.
**2** 泣きわめく.
── 图《正式》**1** 悲しみ, 悲嘆, 嘆き；後悔. **2** 哀歌.
**lam·en·ta·ble** /ləméntəbl ラメンタブル | lǽmən-ラメン-/ 形《正式》**1** 悲しむべき, 嘆かわしい. **2** 劣った, 非難されるべき.
**lam·i·nate** /lǽmənèit ラミネイト/ 動 -nèit -ネイト, -nət -ナト/ 動 (現分 ··nat·ing) 他 …を打ち伸ばして薄板にする. ── 自 薄片(ﾍﾟﾝ)になる.
── 图ⓊⒸ 積層プラスチック.

\*\***lamp** /lǽmp ランプ/ (類音) lump/lʌ́mp/)〔「たいまつ (torch)」が原義. cf. *lantern*〕
── 图 (複 ~s/-s/) Ⓒ **1** (石油・ガス・電気による) ランプ；電気スタンド；明かり, 灯火《◆天井や壁にある電灯は light という. 光・火・愛・美・自己犠牲などの象徴》‖
an óil làmp 石油ランプ.
a stréet làmp 街灯.
a sáfety làmp 安全灯.

**関連** [種類] árc làmp アーク灯 / gás lamp ガス灯 / néon làmp ネオン灯 / fluoréscent làmp 蛍光灯 / incandéscent làmp 白熱灯 / mércury(-vápor) làmp 水銀(蒸気)灯 / pílot làmp 表示灯 / flóor làmp フロアスタンド.

**2** [比喩的に] 光, 光明; (詩) 太陽, 月, 星.

**lamp·light** /lǽmplàit ランプライト/ 名 U 灯光, 灯火の明り.

**lamp·post** /lǽmppòust ランプポウスト/ 名 C (ふつう金属製の)街灯柱.

**lamp·shade** /lǽmpʃèid ランプシェイド/ 名 C (装飾用の)ランプのかさ.

**LAN** /læn ラン/ (略) [コンピュータ] local area network.

**Lan·ca·shire** /lǽŋkəʃiər ランカシア |-ʃər -シャ/ 名 ランカシャー《イングランド北西部の州. 英国有数の産業地帯》.

**Lan·cas·ter** /lǽŋkəstər ランカスタ/ 名 **1** [英史] ランカスター王家(the House of Lancaster)《1399-1461》; 紋章は赤ばら. cf. York》. **2** ランカスター《イングランドの都市》.

**lance** /lǽns ランス | lɑ́ːns ラーンス/ 名 C **1** (魚をつく)やす, もり. **2** 槍(やり). ——動 (現分) lanc·ing) 他 …を(槍・やす・もりで)突く.

**Lance·lot** /lǽnsələt ランセレト | lɑ́ːnsələt ラーンセロト/ 名 **1** ランスロット《Arthur 王の円卓騎士の1人》. **2** ランスロット《男の名》.

## **land** /lǽnd ランド/

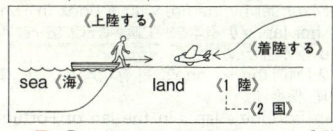

〈上陸する〉
sea〈海〉 land〈陸〉 〈着陸する〉
〈1陸〉
---〈2国〉

——名 (複 ~s/lǽndz/) **1** U [しばしば the ~] 陸(地) (↔ sea)《◆「空」に対する「陸」は earth》; (耕作地としての)土地, 地面; [しばしば(the) ~s] …土地 ‖
a piece of land 1区画の土地.
forest land 森林地帯.
About one-third of the earth's surface is land. 地球の表面のおよそ3分の1が陸地である.
[C と U] 陸, 土地 U
国 C
**2** C (主に文) 国, 国土《◆ country, nation の方が一般的》; [集合名詞; 単数・複数扱い] 国民.
**3** C 領域, 範囲, 世界 ‖
the land of dreams 夢の世界.
**4** U [しばしば ~s] 所有地, 地所.
**5** [the ~] 田舎(いなか), 田園.
**by lánd** 陸路で.
**màke lánd** 陸に着く, 上陸する.
**the Lánd of Prómise** = **the Prómised Lánd**《神がアブラハムとその子孫にした》約束の地《カナン》.

——動 (三単現) ~s/lǽndz/; (過去・過分) ~ed /-id/; (現分) ~·ing)

他 と 自 の関係
他 **1** land A A を上陸させる, 着陸させる
自 A land A が上陸する, 着陸する

——他 **1** …を上陸させる, 下船させる; …を着陸させる, 着水させる; 〈船〉を接岸させる ‖
The pilot landed the plane safely. パイロットは無事に飛行機を着陸させた.
The bus landed us in front of our school. バスは学校の前で私たちを降ろしてくれた.
**2**（略式）[land A in B] A〈人〉を B の状態に陥らせる ‖
land her in hospital 彼女を入院させる.
**3**（略式）…を獲得する.
**4**（略式）〈打撃など〉を与える, 〈人〉に〈打撃など〉を加える ‖
I landed a blow on his nose. = I landed him a blow on the nose. 彼の鼻に一撃を加えた.

——自 上陸する; 下船する; 着陸する (↔ take off), 着水する, 着く, 降りる ‖
land on one's head 頭から落ちる.
We landed in the city after dark. 日が暮れてからその町に着いた.
[対話] "This plane ride is really tiring." "Yes, I wonder when we are landing at the airport." 「この飛行機の旅ってほんとうに疲れるわ」「そうだね. いつ空港に着くんだろう」.

**land·fill** /lǽndfìl ランドフィル/ 名 U C [遠回しに] 埋立て(地), ごみ処理(場) (dump).

**land·ing** /lǽndiŋ ランディング/ 動 → land.
——名 **1** C U 上陸; 着陸 (↔ takeoff), 着水; 陸揚げ ‖
a landing on the moon 月着陸.
an emergency landing 緊急着陸.
a soft landing 軟着陸.
make a successful landing うまく着陸[着水]する.
**2** C =landing place. **3** C (階段の)踊り場.

**lánding fìeld** [**gròund**] 《ヘリコプターなどの》発着場.

**lánding gèar** 《米》〔航空〕着陸[着水]装置.

**lánding plàce** 上陸場; 陸揚げ場; 波止場 (landing).

**lánding strip** 滑走路.

**land·la·dy** /lǽndlèidi ランドレイディ/ 名 (複 -dies/-z/) C **1** 女家主. **2** (旅館などの)女主人.

**land·locked** /lǽndlàkt ランドラクト |-lɔ́kt -ロクト/ 形 **1**〈港・湾などが〉陸地に囲まれた; 〈国・地域などが〉海岸線がない. **2**〈魚が〉淡水にすむ.

**land·lord** /lǽndlɔ̀ːrd ランドロード/ 名 C **1** 家主, 地主. **2** (旅館・下宿屋・アパートなどの)主人, 亭主《◆**1**, **2** 共男女区別せずにいう場合は proprietor, owner などを用いる》.

**land·mark** /lǽndmὰːrk ランドマーク/ 名 C **1**《航海者・旅行者の目印となる》陸標; 目印(となるもの).

**2** (土地の)境界標. **3** 〔正式〕画期的な事件.
**land·mine** /lǽndmàin ランドマイン/ 图 C 地雷.
**land·own·er** /lǽndòunər ランドウナ/ 图 C 土地所有者, 地主.
*__land·scape__ /lǽndskèip ランドスケイプ/ 〖土地(land)の景色(scape)〗
——图 (複 ~s/-s/) C (ひと目で見渡せる陸地の)景色, 風景; 風景画; U 風景画法 ‖
He took a picture of the beautiful landscape. 彼はその美しい風景をカメラに収めた.
**lándscape àrchitecture** (公園・道路などの)景観設計, 造園術.
**lándscape gàrdening** 造園術.
**land·slide** /lǽndslàid ランドスライド/ 图 C **1** 地すべり, 山くずれ. **2** = landslide victory.
**lándslide víctory** 地すべり的[圧倒的]勝利 (landslide).
**lane** /léin レイン/ (同音 lain) 图 C **1** (建物・塀・田畑の)細道, 小道; 路地; [L~; 街路名で] 通り ‖
a winding lane 曲がりくねった小道.
Pènny Láne (英)ペニー通り.
It is a long lane that has [knows] no turning. (ことわざ)どんな長い道でも必ず曲がり角がある; 「待てば海路の日和(ひより)あり」.
**2** (人の列の間にできた)狭い通路.
**3** (競走・競泳の)コース《◆この意味で course とはいわない》; (ボーリングの)レーン; 車線; (船・飛行機の)航路.
**lang.** (略) language.

*__lan·guage__ /lǽŋgwidʒ ラングウィヂ/ 〖舌(lingua)の行為(age). cf. leakage〗
——图 (複 --guag·es/-iz/) **1 a** C (個々の)言語 ((略) lang.) ‖
the Jápanese lánguage 日本語《◆Japanese より堅い語》.
a foreign language 外国語.
They use Swahili in Kenya as a common language. ケニアでは共通語としてスワヒリ語を使っている.
対話 "What languages do you speak?" "I speak English, Japanese and a little Chinese." 「言語は何を話しますか」「英語と日本語と中国語を少し話します」.
[C と U] (個々の言語 C 言葉づかい U)
**b** U (一般に)**言語**, 言葉 ‖
(the) spoken language 話し言葉.
(the) written language 書き言葉.
**2** U 語学, 言語学.
**3** U 用語, 術語, 専門語 ‖
medical language 医学用語.
the language of the law 法律用語.
**4** U 言葉づかい, 言い方; 言い回し, 文体 ‖
Swift's language スウィフトの文体.
Watch your language. (略式)言葉づかいに注意しなさい.
**5** UC (音声・文字を用いない)言葉; 記号言語; 身ぶり言語; (動物の)鳴き声 ‖
sign language 手まね言語, 手話(法).
finger language 指話(法).
the language of flowers 花言葉.
**lánguage làb(oratory)** 語学練習室, LL教室《◆LL は和製略語》.
**lan·guid** /lǽŋgwid ラングウィド/ 形 〔正式〕けだるい, 無気力な. **lán·guid·ly** 副 元気なく.
**lan·guish** /lǽŋgwiʃ ラングウィシュ/ 動 (三単現 ~·es/-iz/) 自 **1** 〔正式〕しおれる; 元気がなくなる; 活気がなくなる. **2** 切望する. **3** つらい思いをする.
**lank·y** /lǽŋki ランキ/ 形 (比較 -i·er, 最上 -i·est) ひょろっとした.
**lan·tern** /lǽntərn ランタン/ 图 C ランタン, カンテラ, 手さげランプ; ちょうちん ‖
light a lantern ランタンに火をつける.
**La·os** /láːous ラーオウス | láus ラウス/ 图 ラオス《インドシナ半島の国. 正式名 Lao People's Democratic Republic ラオス人民民主共和国. 首都Vientiane》.

*__lap__¹ /lǽp ラプ/ (類音 rap, wrap/rǽp/) 〖「衣服のたれ下がり」が原義〗

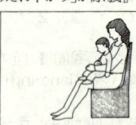

lap
〈1 ひざ〉
└--〈2 育てる場所〉

——图 (複 ~s/-s/) C **1 a** ひざ《◆座った姿勢で子供・手・ナプキンを置く部分, すなわち腰からひざがしらまでの部分. knee は身体の部分としての「ひざ(がしら)」》‖
Mary sat by the fire with a book in [on] her lap. メリーは本をひざに暖炉のそばに座っていた.
**b** (スカートなどの)ひざ.
**2** [通例 the ~ / one's ~] 育てる場所; 責任, 管理, 保護 ‖
in Fortune's lap =in the lap of Fortune 好運に恵まれて.
live in the láp of lúxury ぜいたくに暮らしている.
**3** 巻きつけること, 重ねること, 包むこと.
**4** (物の)重なり(の部分).
**5** 〔競技〕(走者の)1周, (水泳の)1往復, ラップ; (旅行などの)1行程 ‖
on the second lap 2周目で[に]; 2往復目で[に].
enter [reach] the last lap 最後の1周に入る; 最終段階に入る.
——動 (三単現 ~s/-s/; 過去・過分 lapped/-t/; 現分 lap·ping)
——他 **1** 〔文〕…を重ねる; …を包む, 折りたたむ ‖
lap a board over another 板をもう1枚上に重ねる.
**2** 〔競技〕…を1周抜く, …を1周する.
**láp tìme** 〔競技〕ラップタイム(→ 图 **5**).
**lap**² /lǽp ラプ/ 動 (過去・過分 lapped/-t/; 現分 lap·ping) 他 **1** …を舌でぺろぺろなめる, ぴちゃぴちゃ飲む ‖

The cats and dogs **lapped** the water thirstily. 犬と猫は水をぴちゃぴちゃと飲んだ.
**2**〔正式〕〈波などが〉〈岸などに〉打ち寄せる, 〈船べりなど〉をひたひたと打つ 

Water **lapped** the side of the boat. 波が船べりをひたひたと打っていた.
──自〈波などが〉ひたひたと打ち寄せる 
The sea was **lapping against** the rocks. 波が岩にひたひたと打ち寄せていた.
**láp úp**〔略式〕[他]〈お世辞などを〉真に受ける.
──名 **1** © [ぺろぺろと]なめること. **2** Ⓤ [通例 the ~] ひたひたという音.

**la·pel** /ləpél ラペル/ 名 © [通例 ~s] (上着の)えりの折り返し, ラペル(図 → jacket).

**lapse** /lǽps ラプス/ 名 © 〔正式〕**1** ちょっとした誤り, 過失, 失策(mistake, slip) 
a **lapse** of memory 失念.
a **lapse** of the tongue 失言.
**2** 堕(ｵ)落, 退廃 
a moral **lapse** 道徳の退廃.
**3** (時などの)経過, 推移, (過去の)一時期, 期間 
after a **lapse** of several years 数年後に.
**4** 〔法律〕(権利などの)時効による消滅, 失効; (保険の)失効.
──動 (現分 **laps·ing**) 自 〔正式〕**1** 堕落する; [**lapse into** A]…に陥る 
**lapse into** silence 黙りこくる.
**2**〈習慣などが〉消滅する, 〈権利などが〉失効する.
**3**〈時が〉経過する.

**lap·top** /lǽptɑp ラプタプ|-tɔp -トプ/ 形 〈コンピュータなどが〉ラップトップの, ひざのせ型の.
──名 © ラップトップコンピュータ, ノートパソコン(cf. desktop).

**larch** /lɑ́ːrtʃ ラーチ/(類音 *lurch* /lɑ́ːrtʃ/) 名 © (複 ~·es/-ɪz/) **1** カラマツ. **2** その木材.

**lard** /lɑ́ːrd ラード/ 名 Ⓤ ラード《料理用に精製した豚の脂》.──動 他 **1**…にベーコンなどで下ごしらえとして味付けをしておく, ラードを引く. **2**〔略式〕〈文章・演説などを〉飾りたてる.

**lar·der** /lɑ́ːrdər ラーダ/ 名 © (家庭内の)食料貯蔵室.

**\*\*large** /lɑ́ːrdʒ ラーヂ/〖「豊富な」が原義〗
──形 (比較 **larg·er**, 最上 **larg·est**) **1** 大きい, 広い(↔ small)(→ big 語法) 
a **large** house 大きな家.
He has **large** limbs. =〔正式〕He is **large** of limb. 彼は手足が大きい.
Canada is about twenty-six times as **large** as Japan. カナダは日本の約26倍の広さがある.
**2** 多い, 多数の, 多量の(↔ small)《◆ふつう集合名詞を修飾. → many 語法(2)》 
a **large** crowd 大群衆.
His family is **large**. =He has a **large** family. 彼には子供がたくさんいる.
There are a **large** number of mistakes in her spelling. 彼女のつづり字にはたくさんの誤りがある.

〔語法〕**large** は Ⓤ 名詞を修飾できない: \***large** baggage → a lot of baggage.

**3** 相当な, かなりの 
on a **large** scale 大規模に.
to a **large** extent 大いに.
a person of **large** experience 経験豊かな人.
**4** 寛大な, 思いやりのある; 偏見のない, 自由な 
a **large** heart 寛大な心.
──名 《◆次の成句で》.
○**at lárge** (1)〔正式〕監禁されないで, つかまらないで, 自由で ‖ The escaped robber is still **at large**. 脱走した強盗はまだつかまらない. (2) 詳しく, くどくどと. (3)〔正式〕一般の, 全体としての ‖ the people **at large** 一般国民.

**\*large·ly** /lɑ́ːrdʒli ラーヂリ/
──副 (比較 **more ~**, 最上 **most ~**)〔正式〕**1** 大いに; 主として, 大部分は 
His failure was **largely** due to bad luck. 彼の失敗は多分に不運によるものだった.
**2** 多量に; 大規模に; 気前よく, 寛大に 
drink **largely** 大酒を飲む.

**large-scale** /lɑ́ːrdʒskéɪl ラーチスケイル/ 形 **1** 大規模な. **2**〈地図が〉大縮尺の.

**lark**[1] /lɑ́ːrk ラーク/(類音 *lurk* /lɑ́ːrk/) 名 © **1**〔鳥〕ヒバリ(の類), ヒバリに似た鳥《◆ヨーロッパ・アジアでは skylark, アメリカではマキバドリを主にさす. 夜明けを告げる春の鳥. 鳴き声は teevo cheevo cheevio chee》
(as) happy [gay] as a **lark** とても楽しい.
If the sky fall(s), we shall catch **larks**. (ことわざ)空が落ちて来たらヒバリをつかまえられる;「取り越し苦労は無用」.
**2** 詩人, 歌い手.
*rise* [*gèt úp, be úp*] *with the* **lárk** 早起きする.

**lark**[2] /lɑ́ːrk ラーク/(類音 *rash* /rǽʃ/) 名〔略式〕[通例 a ~]陽気ないたずら, ばか騒ぎ.──自 浮かれ騒ぐ.

**lar·va** /lɑ́ːrvə ラーヴァ/ 名 (複 **··vae**/-viː/) © 〔昆虫〕幼虫.

**lar·yn·gi·tis** /lærəndʒáɪtəs ラリンヂャイティス/ 名 Ⓤ〔医学〕喉頭(ｺｳﾄｳ)炎.

**lar·ynx** /lǽrɪŋks ラリンクス/ 名 (複 **~·es**, **la·ryn·ges**/lərɪ́ndʒiːz/) © 〔解剖〕喉頭.

**la·ser** /léɪzər レイザ/(類音 *razor* /réɪzər/)《**l**ight **a**mplification by **s**timulated **e**mission of **r**adiation》名 © 〔電子工学〕レーザー(装置) 
a **laser** beam レーザー光線.

**lash** /lǽʃ ラシュ/(類音 *rash* /rǽʃ/) 名 (複 **~·es**/-ɪz/) © **1**(むちなどの)打つこと, むちのひと打ち; むちの先《◆「浄化」の剣(sword)に対し「罰」を連想する》. **2** [通例 ~es;集合名詞] まつげ.
──動 (三単現 **~·es**/-ɪz/) 他 **1**…を打つ, 打ちすえる 
The prisoner was **lashed** as punishment. 囚人はむち打ちの刑を受けた.

**2** …を激しく動かす ‖
The dog lashed his tail from side to side.
犬は激しく尾を左右に振った.
**3** 〈雨・風・波などが〉…に激しく打ちつける.
**4** (ひもなどで)…を強く結びつける.
──圓 **1** 激しく動く. **2** (略式)激しく打つ.
**lásh óut** [自] 非難[毒舌]をあびせる.

**lass** /lǽs ラス/ 图 (複 ~・es/-iz/) C (スコット) 小娘, 少女.

**las・si・tude** /lǽsitjùːd ラスィトゥード (ラスィテュード)/ 图 U (正式) だるさ;気乗りのなさ.

**las・so** /lǽsou ラソウ | lɑsúː ラスー/ 图 (複 ~s, ~es) C (主に米) (家畜などを捕えるための)投げなわ.
──動 (三単現 ~es) 他 〈家畜〉を(投げなわで)捕える.

**\*\*last¹** /lǽst ラスト | lɑ́ːst ラースト/ (発音 lust /lʌ́st ラスト/) 《late の最上級》
→ 形 **1** 最後の **2** この前の **3** 最も…しそうでない
副 **1** 最後に 图 **1** 最後の人[物, 事]

──形 **1a** [通例 the ~] (一続きのものの)**最後の**, 終わりの(↔ first) ‖
in the last three days of March 3月の最後の3日間に.
Saturday is the last day of the week. 週の最後の日は土曜日である(→ week).
He was the last man in the race. 競走で彼がビリだった.
**b** 最後に残った ‖
This is my last dollar. これが私の持っている最後の1ドルです.

**2** [名詞の前で] **この前の**, 昨…, 去る…, 先…(↔ next) 《◆「現在にいちばん近い」が本義》‖
Did you sleep well last night? 昨夜はよく眠れましたか 《◆ ˣat last night》.
last week 先週 《◆ the *last* week は「ここ7日」の意. → **6**》.
last year 去年.
in the last century 前世紀に; 過去100年間に.
last Wednesday = on Wednesday last この前の水曜日に.
last summer 昨年の夏.

> [Q&A] **Q**: last Wednesday は発話された曜日により「先週の」と「今週の」の2つにとれる場合があり, あいまいなことはありませんか.
>
> **A**: 確かに発話された日が土曜日だとするとあいまいになります. こんな場合, 明確にしたいときは on Wednesday *last* week (先週の水曜日), on Wednesday *this* week (今週の水曜日)などと言えばよいでしょう. なお, 週の終わりの方の *last* Friday などは「先週の金曜日」に限られます. 土曜日に発話したならば,「今週の金曜日」は yesterday と言いますから.

**3** [the last + 名詞 + to do] **最も…しそうでない人[物, 事]** ‖
He would be the last man to betray you.
彼はとてもあなたを裏切るような人ではないでしょう.
**4** [通例 the ~ / one's ~] 決定的な; 究極的な, 最終的な; 臨終(?????)の; 極端な ‖
the last rites 臨終の儀式.
the last word on the subject その話題に関する決定的な発言.
to the last degree 極度に.
**5** [the ~] この上ない, 最上の; 最低の, 最悪の ‖
a person of the last importance 最も重要な人物.
the last student in the grade 学年でビリの学生.
**6** [the ~] 最新の 《◆ latest がふつう》; 最近の, この ‖
the last thing in skirts 最新流行のスカート.
for the last two weeks この2週間.
The last month has been difficult. この1か月は苦しかった.

**(the) last ... but óne** = **(the) sécond lást ...** 最後から2番目の….

──副 **1** [動詞のあとで] **最後に**, 一番終わりに; (話の)終わりに当たって(↔ first) ‖
He arrived last. 彼が最後にやって来た.
**2** [動詞の直前・直後で] この前, 前回, 最近(↔ next) ‖
When did you last see her? 最近彼女に会ったのはいつでしたか.
**lást but nòt léast** (略式) 大事なことをひとつ言い残しましたが; (紹介のとき)最後になりましたが.
**lást of áll** 最後に.

──名 (複 last) **1** [the ~] **最後の人[物, 事]** ‖
He was the last to leave. = He was the last that left. 彼が最後に帰った.
**2** [the ~] 結末, 終わり; [the ~ / one's ~] 臨終; [the ~ / one's ~] 最後の日[言葉, 姿, 行為] ‖
the last of the story 話の結末.
see the last of that naughty boy あのいたずらっ子から解放される.
breathe one's last = look one's last = gasp one's last (文) 死ぬ.

**at lást** 〘at the last (最後の瞬間に)から〙(1) (いろいろ努力して望ましいことが)**ついに**, とうとう(起こる) 《◆ 否定文では用いない》‖ At last, he came. ついに彼はやってきた. (2) [At ~!] (ほっとして)やれやれ!, とうとう(来たね)! 《◆ finally, in the end はこのように感嘆文では用いられない》

**at lóng lást** やっとのことで, どうにかこうにか.

**... befòre lást** 一昨…, 先々… ‖ the week before last 先々週 / the year before last 一昨年.

**to [till] the lást** 最後(の瞬間)まで; (文) 死ぬまで.

**Lást Júdgment** [the ~] 最後の審判.

**lást nàme** 姓, 名字(??????).

**Lást Súpper** [the ~] 最後の晩餐(??????).

**\*last²** /lǽst ラスト | lɑ́ːst ラースト/ 〘「靴あと(last))について行く」が原義〙圓 lasting (形)

──[動] (三単現) ~s/læsts | lɑːsts/ ; (過去・過分) ~・ed/-id/ ; (現分) ~・ing
──[自] **1** 続く, 継続する ‖
The storm **lasted** (for) two days. あらしは2日間続いた.
**2** 持ちこたえる, 衰えない; 持続する; 生き続ける ‖
How long will he **last**? 彼はあとどれくらいもつだろう.
[対話] "That's a nice car. Is it a used one?" "Yes, and I hope it **lasts** longer than the last one I had."「あれはすてきな車だね. 中古車なのかい」「うん. 前の車より長持ちすればいいんだけど」.
**3** 長持ちする, 足りる, 間に合う ‖
How long will our food **last**? 我々の食料はどれくらいもつだろうか.
──[他] **1** …を持ちこたえさせる《◆受身にしない》‖
The food will **last** us (for) a week. 我々の食糧は1週間はもつだろう.
**2**〈ある期間〉を生き抜く, …の終わりまで命が持つ

**last·ing** /læstiŋ ラスティング | lɑːstiŋ ラースティング/ [動] → last².
──[形] 永続する, 永久的な; 長持ちする, 耐久力のある ‖
a **lasting** peace 恒久的平和.

**last·ly** /læstli ラストリ | lɑːst- ラーストリ/ [副]《通例文頭》first(ly), second(ly) … などと組み合わせて用いて》**1** 最後に. **2** 話の終わりに当たって.

**Las Ve·gas** /lɑːs véigəs ラース ヴェイガス | læs- ラス-/《沃(そ)野」が原義》[名] ラスベガス《米国 Nevada 州の町. カジノ(casino)で有名な歓楽地.《愛称》Gambling Town》.

**latch** /lætʃ ラチ/《「つかむ」が原義》[名] (複) ~·es /-iz/ [C]（ドア・門・窓などの）掛け金, かんぬき, ラッチ ‖
on the **latch**（錠はおろしていないが）掛け金だけかけて.
──[動] (三単現) ~·es /-iz/ [他] …に掛け金をかける.
──[自]〈ドアが〉掛け金で閉まる.
**látch ón to** [**ónto**] **A**《略式》(1) …を理解する. (2) …を手に入れる. (3) **A**〈人〉を行かせない; …をしっかりつかむ.

**＊＊late** /léit レイト/ 《類音》rate /réit/》〔「おそい(slow)」が原義〕[形] [副], later [形・副]
→ [形] **1** 遅れた **3** 終わりごろの **4** 最近の **6** 故…
[副] **1** 遅く
──[形]《比較》lat·er, lat·ter/lætər/ ;《最上》lat·est, last/læst | lɑːst/ 《◆later, latest は「時間」, latter, last は「順序」の場合》**1**《通例補語として》遅れた, 遅刻した(↔ punctual, in time) ‖
You'll be **late** for the meeting. 会合に遅れますよ.
I **was** twenty minutes **late for** school because I missed the bus by seconds. 数秒のところでバスに乗り遅れたので学校に20分遅刻した.
She was never **late for** work. 彼女は仕事で何事によらず遅れるようなことはなかった.
[対話] "You're **late**. What happened?" "I'm sorry. The train was **late**."「遅れましたね. 何があったのですか」「すみません. 電車が遅れたのです」《◆後者は **2** の意味》.
**2** 普通より遅い;〈時刻が〉遅い(↔ early); 遅咲きの, 季節はずれの ‖
in the **late** afternoon 午後遅く(→ [副] **2** 用例).
at a **late** hour 夜遅く.
Our bus was **late**. バスが予定より遅く着いた.
Tomorrow will be too **late**. あしたでは遅すぎるでしょう.
I am a **late** riser on Sundays. 日曜日は遅くまで寝ています.
We were **late with** lunch today. = We were **late** (**in**) having lunch today. =We had a **late** lunch today. きょうは昼食が遅くなった.
**3** 終わりごろの, 後期の, 後半の; 晩年の(↔ beginning) ‖
a **late** marriage 晩婚.
in the **late** autumn 晩秋に.
in the **late** 1970's 1970年代の後半に.
She married in her **late** teens. 彼女は10代の後半に結婚しました《◆high teen とはいわない》.
**4**［名詞の前で］**最近の**, 近ごろの, このごろの; 最新の ‖
the **late** storm この前のあらし.
of **late** years 近年.
**5**《正式》[the ~ ; 名詞の前で] 最近引退した, 先の, 前の(former) ‖
the **late** president 前大統領《◆**6** の意味にもとれる. former を用いる方が明確》.
**6**《正式》[the ~ / one's ~ ; 名詞の前で] **最近死んだ, 故…** ‖
her **late** (lamented) husband 彼女の亡夫.
the **late** Mr. Brown 故ブラウン氏.
──[副]《比較》lat·er,《最上》lat·est **1**（予定より）**遅く, 遅れて**(↔ early) ‖
go to bed **late** いつもより遅く寝る.
He never comes **late** for school. =He never comes to school **late**. 彼は学校に決して遅刻しない.
**Better late than never.**《ことわざ》遅くともしないよりはまし.
**2** 遅く; 終わり近くに;（夜）遅くまで(↔ early) ‖
**late** in one's life 晩年に.
**late** in the afternoon 午後遅く(→ [形] **2** 用例).
sit [stay] up **late** 夜遅くまで起きている.
**3**《通例 see と共に》最近, 近ごろ, このごろ ‖
I saw her **as late as** last week. 彼女にはつい先週会いました.
──[名]《次の成句で》
◇**of láte**《正式》最近, 近ごろ ‖ I haven't seen him **of late**. 私は最近彼に会っていない / Her health seems to have improved considerably **of late**. 彼女は最近ずいぶん健康をとり戻したようだ.

**late·com·er** /léitkʌmər レイトカマ/ [名][C] **1** 遅れ

者. **2** = newcomer.

**late・ly** /léitli レイトリ/ 〖「現在時を含む最近」「現在までずっと」が本義. → late 形 **4**〗
――副 最近, 近ごろ, このごろ《◆ふつう現在完了形と共に用いられる》∥
Have you seen him lately? 最近彼にお会いになられましたか(cf. When did you see him last? 最後に彼に会ったのはいつですか).
She has not been looking well lately. 彼女は近ごろ顔色がすぐれない.

> Q&A **Q**: lately と recently は2つとも「最近」と訳されますがどう違いますか.
> **A**: 同じように「最近」と訳されても, lately は「現在時を含む最近」で主に現在完了と共に用い, recently は「つい最近, ついこのあいだ」で完了形でも用いられるが, 過去形がふつうのようです. なお, 〈英〉では lately はふつう否定文・疑問文に, recently はふつう肯定文に用いられますが, 〈米〉ではそのような区別はありません.

**la・tent** /léitənt レイテント/ 形 《正式》潜在の(→ potential) ∥
latent ability 潜在能力.

＊**lat・er** /léitər レイタ/ 〖late の比較級〗
――形 もっと遅い(↔ earlier); 晩年の ∥
I saw him at a later hour. もっと遅い時間に彼を見かけた.
――副 あとで, 後ほど, 追って(↔ earlier) ∥
thrée yèars láter それから3年後.
See you láter. じゃ後ほど, さようなら.
◇**láter ón** (もっと)あとで(↔ earlier on).

**lat・er・al** /lǽtərəl ラタラル/ 形 《正式》横の; 左右の.

＊**lat・est** /léitist レイティスト/ 〖late の最上級. cf. last〗
――形 [the ~] **1** いちばん遅い, 最後の《◆last がふつう》∥
the latest train 最終列車.
**2** [名詞の前で] 最近の, 最新の(newest)(→ last¹ 形 **6**) ∥
She is always dressed in the latest fashion. 彼女はいつも最新流行の服を着ている.
This is the latest news from New York. これはニューヨークからの最新のニュースです.
**at the látest** 遅くとも(↔ at the earliest) ∥
Come here by ten at the latest. 遅くとも10時までには来なさい.
――名 [the ~] 最新のニュース[情報], 最新流行品 ∥
How's the latest? 《手紙の始めで》最近いかがですか.
――副 いちばん遅く ∥
He arrived latest (of them). 彼が(彼らのうちで)いちばん遅くやってきた.

**la・tex** /léiteks レイテクス/ 名 (複 ~・es, lat・i・ces /lǽtəsi:z, -ti-/) UC (ゴムの木などの)乳液.

**lathe** /léið レイズ/ 名 C 旋盤; (陶芸の)ろくろ.

**lath・er** /lǽðər ラザ | lɑ́:ð- ラーザ, lǽð-/ 名 U [しばしば a ~] 石けんの泡; (馬などの)泡汗(愛絵).
――動 他 …に石けんの泡を塗る.

＊**Lat・in** /lǽtn ラティン | lǽtin ラティン/
――名 (複 ~s/-z/) **1** U ラテン語(略 Lat.) ∥
Biblical Latin 聖書ラテン語.
thieves' Latin 泥棒の隠語.

> 関連 (1) 古代ローマ帝国の言語であり, 中世ヨーロッパでは(共通)学術語や教会の公用語として広く使われた. 今は死語. (2) Vulgar Latin (平俗ラテン語; ローマ帝国の民衆の言葉)を経て, イタリア語・フランス語・スペイン語などに分化した.

**2** C ラテン系民族.
――形 **1** ラテン語の ∥
a Latin lesson ラテン語の授業. **2** ラテン系民族の.
**Látin América** 中南米諸国, ラテンアメリカ.
**Látin Chúrch** [the ~] ローマカトリック教会.

**lat・i・tude** /lǽtət(j)ùːd ラティトゥード (ラティテュード)/ 名 **1** UC 〘地理〙緯度(略 lat.)《◆「経度」は longitude》 ∥
in [at] latitude 40°N 北緯40°に《◆*latitude* forty degrees north と読む》.
**2** [~s] (緯度から見た)地方, 地帯 ∥
the cold latitudes 寒冷地.
low latitudes 低緯度地帯.
high latitudes 高緯度地帯.
**3** U [しばしば a ~] (行動・思想の)選択の許容度.

**la・trine** /lətrí:n ラトリーン/ 名 C 《正式》(野営地・野戦病院での, 土を掘った)臨時の便所.

＊**lat・ter** /lǽtər ラタ/ 〖late の比較級〗
――形 《正式》[名詞の前で] **1** [the ~] (2つのうち)後者の, [代名詞的に] 後者(↔ the former) ∥
Of these two plans, I prefer the latter to the former. これら2つの計画のうち, 前者より後者の方が好きだ.
**2** [the ~ / this ~ / these ~] あとの, 後半の, 終わりの ∥
the latter half of the twentieth century 20世紀の後半.

**lat・tice** /lǽtəs ラティス/ 名 C 格子; = lattice window.
**láttice wíndow** 格子窓(lattice).

**Lat・vi・a** /lǽtviə ラトヴィア/ 名 ラトビア《バルト海沿岸の国. 首都 Riga》.

**laud・a・ble** /lɔ́:dəbl ローダブル/ 形 《正式》賞賛に値する, 見上げた, 感心な.

＊**laugh** /lǽf ラフ | lɑ́:f ラーフ/ 〖擬音語. → smile〗 派 laughter (名)
――動 (三単現 ~s/-s/; 過去・過分 ~ed/-t/; 現分 ~・ing)
――自 笑う《◆「楽しく笑う」ほかに嘲笑(ちょうしょう)の意でも用いる》
laugh out loud 大笑いする.
burst out laughing わっと笑い出す.
Don't make me laugh. 《略式》笑わせないでくれ.

ばかげたことだ.
He laughs best who laughs last. (ことわざ) 最後に笑う者が最も長く[よく]笑う; あまり気早(ぎみはや)に喜んではいけない.

関連 smile ほほえむ / grin にこっと笑う / chuckle くすくす笑う / sneer せせら笑う / guffaw げらげら笑う / giggle くっくっと笑う / simper にたにた笑う.

Q&A **Q**: -gh の gh は /f/ と発音する場合と発音しない場合があるのですか.
**A**: そうです. 発音する例は cough, enough, rough など, 発音しないものには eight, neighbor, sigh, weigh などがあります.

— 他 **1** [laugh a … laugh] …な笑い方をする; 〈同意・あざけりなど〉を笑って示す; 「…」と笑いながら言う ‖
laugh a reply 笑って答える.
He láughed a mérry láugh. 《文》彼は陽気に笑った《◆今は He had a merry laugh. または He laughed merrily. がふつう》.
**2** [laugh A C] 〈人〉を笑って C(の状態)にする ‖
laugh oneself hoarse 笑いすぎて声がかれる.
**3** [laugh A into B] 笑って A〈人〉に B させる; [laugh A from B / laugh A out of B] 〈人〉に B を捨てさせる ‖
They laughed the singer from the stage. 彼らはその歌手に冷笑を浴びせて舞台からおろした.
◇**láugh at A** (1) A〈冗談・光景など〉を聞いて[見て]笑う. (2) A〈人〉をあざ笑う, 嘲(ぁざけ)笑する ‖ I hate being laughed at. 人に笑われるのはいやだ. (3) …を一笑に付す, …を無視する.
**laugh in A's fáce** A〈人〉を面と向かって嘲笑する.
— 名 **1** [a 〜] 笑い; 笑い声; 笑い方 ‖
give a scornful laugh 軽蔑(ﾄ)した笑い方をする.
join in the laugh 一緒になって笑う.
burst [break] into a laugh わっと笑い出す.
**2** (略式) [a 〜] 笑わせるもの, お笑い草 ‖
What a laugh! それはおもしろい, 笑わせるじゃないか.
**gét [ráise] a láugh** 笑いを買う.
**háve [gét] the lást láugh** (負けたように見えるが)結局勝ち, 最後に笑う.

**laugh·a·ble** /læfəbl ラファブル | láːf- ラーファブル/ 形 ばかげた.

**laugh·ing** /læfiŋ ラフィング | láːf- ラーフィング/ 動 → laugh. — 形 笑っている; 楽しそうな. — 名 Ⓤ 笑うこと, 笑い.
**láughing gàs** 〔化学〕笑気《亜酸化窒素のこと. 麻酔薬にする》.

**laugh·ing·stock** /læfiŋstɑ̀k ラフィングスタク | láːfiŋstɔ̀k ラーフィングストク/ 名 Ⓒ (略式) 嘲笑の的, 笑いもの[草] ‖
make a laughingstock (out) of oneself = make oneself a laughingstock 物笑いの種

になる.

*****laugh·ter** /læftər ラフタ | láːftə ラーフタ/ 〖→ laugh〗
— 名 Ⓤ 笑い, 笑い声《◆laugh より連続的で大きな笑い(声)を強調》‖
an outburst of laughter 爆笑.
Hearing this, the girl burst into laughter. これを聞いて, その少女はわっと笑いだした.
Laughter is the best medicine. (ことわざ) 笑いが最良の薬.

*****launch**¹ /lɔːntʃ ローンチ, (米+) láːntʃ/ 〖類音 lunch/lʌntʃ/〗〖「槍(ﾔﾘ)を投げる」が原義〗

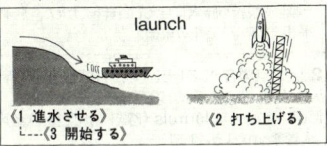

launch
〈1 進水させる〉
〈3 開始する〉
〈2 打ち上げる〉

— 動 (三単現) 〜·es/-iz/ (過去・過分) 〜ed/-t/; (現分) 〜·ing
— 他 **1** …を進水させる; 〈ボート〉を水面におろす, 浮かべる《◆進水式ではふつう女性がシャンパンのびんを船首にぶつける》‖
launch a new passenger liner 新定期旅客船を進水させる.
**2** 〈飛行機など〉を飛び立たせる; 〈ロケットなど〉を打ち上げる ‖
launch a missile ミサイルを発射する.
**3** …を始める, 開始する ‖
launch a new business 新事業を始める.
The enemy launched an attack on us. 敵は我々に攻撃を開始した.
**4** 〈人〉に始めさせる ‖
launch her in [into] business 彼女に商売を始めさせる.
— 自 **1** 乗り出す, 始める ‖
launch (forth) into a new business 新事業を始める.
**2** 進水する; 飛び立つ.
— 名 [the 〜] **1** (船の)進水. **2** (ミサイル・ロケットの)発射, (飛行機の)発進.
**láunch pàd** ロケット発射台.

**launch**² /lɔːntʃ ローンチ, (米+) láːntʃ/ 名 (複) 〜·es /-iz/ Ⓒ ランチ, 汽艇(ｷﾃｲ)《小型の遊覧用モーターボート》.

**launch·ing** /lɔːntʃiŋ ローンチング, láːntʃ-/ 動 → launch¹. — 名 Ⓤ Ⓒ 進水(式); (ロケットの)発射.

**laun·der** /lɔːndər ローンダ, láːndə/ 動 他 (正式)…を洗濯する; …を洗ってアイロンがけをする.
— 自 洗える, 洗ってアイロンがけできる.

**laun·dries** /lɔːndriz ローンドリズ, láː-/ 名 → laundry.

*****laun·dry** /lɔːndri ローンドリ, láː-/ 〖「洗う所」が原義〗
— 名 (複) laun·dries /-z/ **1** Ⓒ 洗濯屋, クリーニング屋 ‖

She took the tablecloths to **the laundry**.
彼女はテーブルクロスをクリーニング店へ持っていった.
**2** [the ~; 集合名詞] 洗濯もの ‖
**do the laundry** 洗濯をする.
a bundle of **laundry** ひとかかえの洗濯もの.
Mary helped her mother with the laundry. メリーはお母さんの洗濯を手伝った.
**Lau·ra** /lɔ́:rə/ ローラ 名 ローラ《女の名》.
**lau·rel** /lɔ́:rəl/ ロ(─)レル 名 C **1**〖植〗ゲッケイジュ(月桂樹).

> 事情 古代ギリシア・ローマではその枝を輪に編んだ冠を戦いや競技の勝者に与えて名誉をたたえた. 勝利・平和また文学・芸術の象徴.

**2** [~s] (栄誉のしるしとしての)月桂冠; 名誉 ‖
**wín láurels** (勝利の)栄冠を得る.
**lóok to one's láurels** (略式) (すでに得た)名声を人に奪われぬようにする.
**la·va** /lá:və/ ラーヴァ, (米+) lǽvə/ 名 U 溶岩; 火山岩; 溶岩層, 火山層.
**lav·a·to·ry** /lǽvətɔ̀:ri ラヴァタリー |-təri -タリ/ 名 (複 -ries/-z/) C 便所, トイレ; (米) 洗面台, 洗面所《◆(1) toilet より堅い語. (2) ふつう便器がある》.
**lav·en·der** /lǽvəndər ラヴェンダ/ 名 U **1**〖植〗ラベンダー《シソ科の芳香(ほうこう)性植物》. **2** 薄紫.
**lávender wàter** ラベンダー香水[化粧水].
**lav·ish** /lǽviʃ/ ラヴィシュ (正式) 形 **1** 気前のよい, 浪費癖のある; 惜しまない. **2** 豊富な, たっぷりの.
── 動 (三単現 ~·es/-iz/) 他 …を惜しみなく与え, むだづかいする.
**láv·ish·ly** 副 気前よく, 惜しげもなく.

## **law** /lɔ́: ロー/ 〖類音〗low/lóu/ 〖『定められたもの』が原義〗 **lawful** (形), **lawyer** (名)

── 名 (複 ~s/-z/) **1** (一般に)法, 法律; C (個々の)法律, 法令, 法規; [the ~; 集合名詞] 法, 国法; U (特殊な)法体系, …法《◆形容詞は legal》‖
**commercial law** 商法.
**international law = the law of nations** 国際法.
**the law of the land** 国法.
**by law** 法律によって.
**under the law** 法の下に.
**break the law** 法律を破る.
**keep [observe] the law** 法律を守る.
**pass a law** against slavery 奴隷所有を禁ずる法律を可決する.
Everybody is equal before **the law**. すべての人は法の前に平等である.
Necessity knows no **law**. 《ことわざ》必要には法律はない;「背に腹はかえられぬ」.
対話 "You can't do that." "Why not? Is it against **the law** or something?" 「そんなことしちゃいけないよ」「どうして. 法律違反だとでも言うの」.
**2** U 法学, 法律学; [the ~] 弁護士業, 法曹界 ‖
**read law = study (the) law** 法学を学ぶ.
**practice (the) law** 弁護士を開業する.
**go into law** 法曹界に入る.
**3** C [通例 the ~] 法則, 原理; 原則; 規則 ‖
**the law** of gravity 重力の法則.
**the laws** of grammar 文法の規則.
**the láws** of baseball 野球のルール.
**4** U 法的手段[手続き], 訴訟, 起訴 ‖
**gò to láw agàinst [with]** him = (略式) **hàve the law on** him 彼を告訴する《◆ 主におどし文句として用いる》.
**5** C 慣習, 慣例, ならわし ‖
**a law** of etiquette 礼儀作法.
**lày dówn the láw** (略式) 高圧的な態度で言う.
**láw and órder** [通例単数扱い] 法と秩序, 治安.
**láw còurt** 法廷.
**láw schòol** (米) ロースクール, 法科大学院.
**law-a·bid·ing** /lɔ́:əbàidiŋ ローアバイディング/ 形 (正式) 法律をよく守る(↔ lawbreaking).
**law·break·er** /lɔ́:brèikər ローブレイカ/ 名 C 法律違反者.
**law·break·ing** /lɔ́:brèikiŋ ローブレイキング/ 形 法律違反の, 違法の(↔ law-abiding).
**law·ful** /lɔ́:fl ローフル/ 形 (正式) 法律で認められた, 合法の ‖
**a lawful** act 合法的行為.
**a lawful** marriage 正式な結婚.
Parking on this street is not **lawful**. この通りは駐車禁止です.
**law·less** /lɔ́:ləs ローレス/ 形 (正式) 無法状態の; 不法な; 無法な, 手に負えない.
**law·mak·er** /lɔ́:mèikər ローメイカ/ 名 C 立法者, 立法府の議員.

## **lawn**[1] /lɔ́:n ローン/ 〖類音〗loan, lone/lóun/ 〖『空地』が原義〗

── 名 (複 ~s/-z/) C (家の周囲の)芝生(の生えている所), 芝地 ‖
My father is mowing the **lawn**. 父は芝を刈っています.
**láwn mòwer** 芝刈機.
**láwn ténnis** ローンテニス;(戸外での)庭球.
**lawn**[2] /lɔ́:n ローン/ 名 C ローン, 寒冷紗(しゃ)《ごく薄い上等のリネンまたは綿布》.
**Law·rence** /lɔ́:rəns ロ(─)レンス/ 名 **1** ロ(─)レンス《男の名. 愛称 Larry》. **2** ロレンス《D(avid) H(erbert) ~ 1885–1930; 英国の小説家》. **3** ロレンス《Thomas Edward ~ 1888–1935; アラブ独立運動を指導した英国人. Lawrence of Arabia (アラビアのロレンス)と呼ばれる》.
**law·suit** /lɔ́:sù:t ロースート/ 名 C 〖法律〗(民事で)訴訟.

## **law·yer** /lɔ́:jər ロイア, lɔ́:jər/ 〖→ law〗

── 名 (複 ~s/-z/) C 法律家, **弁護士**《(米) attorney》‖
consult a **lawyer** 弁護士に相談する.
**lax** /lǽks ラクス/ 形 (正式) **1** ゆるい, ゆるんだ, 締まりのない; たるんだ. **2** 怠慢(たいまん)な, ずぼらな; 厳格でない, 手ぬるい; だらしのない.

**lax·a·tive** /lǽksətiv ラクサティヴ/ 名CU形 下剤(の).

**\*lay**¹ /léi レイ/ [「横たわらせる」が本義. cf. lie]
派 layer (名)
→ 他 1 横たえる 3 産む 5 用意をする
— 動 (三単現) ~s/-z/; (過去・過分) laid/léid/; (現分) ~ing)
— 他 **1a** …を横たえる; …を置く, 敷く, 広げる; 〈子供〉を寝かしつける 《◆場所を表す副詞を伴う》‖
lay butter on bread パンにバターを塗る.
lay a baby in his crib 赤ん坊を寝台に寝かせる.
She laid her hand on my shoulder. 彼女は私の肩に手をかけた.
**b** 〈遺体〉を埋葬する《◆ bury の遠回し語》.
**2** …をたたきのめす, なぎ倒す.
**3** 〈卵〉を産む‖
The hen laid an egg. めんどりが卵を産んだ.
**4** …を並べる, 積む; 〈基礎など〉を築く; 〈鉄道など〉を敷設する; 〈わな〉をしかける‖
lay bricks れんがを積む.
**5** …の用意をする, したくをする‖
lay an escape plan 脱走計画を立てる.
[対話] "Do you want me to help, mom?" "Yes, could you lay the table for dinner, please?" 「お母さん, お手伝いしましょうか」「ええ. 夕食の食卓の用意をしてくれる?」.
**6** 〈強調・信頼など〉を置く; 〈税金・罰金など〉を課す; 〈打撃など〉を加える‖
lay emphasis on good manners よい作法を強調する.
lay a whip on his back 彼の背中にむちを加える.
**7** [lay A with B / lay B on A] A〈場所〉に〈物〉を塗る, 敷きつめる‖
lay paint on a wall 壁にペンキを塗る.
We laid the floor with a carpet. =We laid a carpet on the floor. 我々は床にじゅうたんを敷きつめた.
**8** (略式) 〈金・命など〉を賭(か)ける‖
lay $10 on the horse その馬に10ドル賭ける.
I'll lay (you) ten thousand yen (that) she won't come. 彼女が来ないことに1万円賭けてもいい.
**9** [lay A C] A〈人・物〉を C (の状態)にする‖
lay one's heart bare (正式) 胸の内を打ち明ける.
lay the land waste 国土を荒廃させる.
The flu laid me low. 流感で倒れた.
Some houses were laid flat by the cyclone. 竜巻で家が何軒かぺしゃんこになった.
**10** 〈雨などが〉〈ほこりなど〉を押える; 〈風・波など〉を静める‖
The rain laid the dust. 雨でほこりがおさまった.
**11** [通例 be laid] 〈物語(の場面)〉が設定される‖
The scene is laid in 19th century India. 19世紀のインドが舞台となっている.

◇**láy aside** [他] (1) …をわきに置く; 〈仕事〉を一時中断する; 〈計画・希望・習慣など〉を捨てる, あきら

める. (2) 〈金など〉を貯める; 〈商品〉を取っておく.

**láy dówn** [他] (1) …を捨てる, 断念する, あきらめる; 〈命〉を(…のために)捧げる, 犠牲にする. (2) 〈鉄道などを〉敷設(ふせつ)する; 〈船〉を建造する. (3) 〈ワインなど〉を貯えておく. (4) 〈金〉を賭ける; 支払う.

**láy ín** [他] …を取って[貯えて]おく, しまっておく, 買いだめする.

**láy óff** (1) [自] ひと休みする; [しばしば命令文で] (不愉快なこと)をやめる. (2) [~ off A] (略式) [しばしば命令文で] A〈人〉を悩ますのをやめる; A〈不愉快なこと〉をやめる. (3) [他] 〈人〉を一時解雇する (→ layoff). (4) [他] (略式) 〈人〉をそっとしておく.

**láy ón** (英略式) [他] (1) 〈ガス・電気・水道など〉を引く, 設ける. (2) 〈パーティーなど〉を催す, 計画する.

◇**láy óut** [他] (1) 〈服など〉を広げる. (2) (正式) 〈死体〉の埋葬準備をする; 〈食事を〉(食べられるように)並べる. (3) 〈建物・公園など〉の設計をする; 〈仕事〉の計画を立てる, 段取りを決める. (4) (略式) 〈金〉を費やす.

◇**láy úp** [他] (1) …を取っておく, 貯えておく. (2) (略式) [通例 be laid] 〈人が〉(病気で)寝込む. (3) [通例 be laid] 〈船〉がドックに入る; 〈車〉が車庫にしまわれる. (4) (略式) 〈面倒なことなど〉をしょい込む.

**\*lay**² /léi レイ/ 動 → lie¹.

**lay·er** /léiər レイア/ 名C

layer
《2層》

**1** [しばしば複合語で] 置く[積む, 敷く]人‖
a brick layer れんが工.
**2** 層, 重ね, (ペンキの)塗り; 地層; 階層; 〈玉ねぎの〉皮‖
a wedding cake with five layers 5段になったウェディングケーキ.
put on more layers of clothing さらに重ね着する.

**lay·man** /léimən レイマン/ 名 (複 --men) C‖ **1** (聖職者に対して)俗人((PC) layperson). **2** 専門家でない人, 素人(しろうと), 門外漢((PC) layperson, nonprofessional).

**lay·off** /léiò(:)f レイオ(ー)フ/ 名C 一時的解雇(期間), レイオフ.

**lay·out** /léiàut レイアウト/ 名UC (新聞などの)割り付け, レイアウト; (都市・公園・工場などの)配置, 設計, 計画.

**laze** /léiz レイズ/ 動 (現分 laz·ing) 自 何もしないで時間を過ごす, 怠ける; のんびりする, くつろぐ(+ about, around, away). — 他 〈時間など〉を怠けて過ごす; のんびりと過ごす(+away).
— 名 [a ~] 怠けて過ごすこと.

**la·zi·er** /léiziər レイズィア/ 形 → lazy.
**la·zi·est** /léiziist レイズィイスト/ 形 → lazy.
**la·zi·ly** /léizili レイズィリ/ 副 怠けて, のらくらして, 不精(ぶしょう)に.
**la·zi·ness** /léizinəs レイズィネス/ 名U 怠惰, 不精

(ぎょう) ‖
I have a feeling of laziness today. きょうは何もする気がしない(=I feel lazy today.).

**la·zy** /léizi レイズィ/ 〖「元気がない」が原義〗
── 形 (比較) -zi·er, (最上) -zi·est **1** 怠惰な(性格の), 不精な(ぎょう)な(→ idle [Q&A]) ‖
She is too lazy to clean her room. 彼女は怠け者で自分の部屋の掃除もしない.
**2** だるい, 倦怠(けんたい)感[眠気]を誘う ‖
a lazy summer day けだるい夏の日.

**lb, lb.** (複 lbs, lb) (略) 〖ラテン〗libra(e) 《◆重量の単位 pound(s) を表す記号. pound(s) と読む》.

**LCD** (略) liquid crystal display 液晶表示.

**leach** /líːtʃ/ リーチ/ 動 (三単現) ~·es/-iz/ 他 …を濾過(ろか)する. ── 自 濾過される.

**\*lead**¹ /líːd リード/ (類音) read, reed/ríːd/ 〖「先に立って行く」が本義〗
(派) leader (名), leading (形)
→ 動 他 1 導く  2 率いる  3 …な生活を送る
自 1 案内する  3 通じる
名 1 先導; 指導
── 動 (三単現) ~s/líːdz/; (過去・過分) led/léd/; (現分) ~·ing
── 他 **1** …を導く, 案内する 《◆ guide は「道順を知っている人がずっと同行して案内する」こと, direct は「道順を説明する」こと》‖
lead him in 彼を中へ連れて行く.
lead him aside 彼をわきに連れて行く.
lead a horse by the bridle 馬の手綱(たづな)を引いて行く.
She led an old man across the street. 彼女は老人の手を取って通りを渡った.
**2** …を率いる, 指揮する; 〈討論などを〉引っ張って行く; …で主役を演じる; 〈ダンスの相手を〉リードする; 《英》〈オーケストラの〉コンサートマスターを務める ‖
Reverend King led the boycott. キング牧師がボイコットの指揮をした.
**3** [lead a ... life] …な生活を送る ‖
He is leading a pleasant life in the country. 彼は田舎(いなか)で楽しい生活をしている.
lead a dog's life みじめな人生を送る.
**4 a** [lead A to B] 〈道路・燈火などが〉A〈人〉を B〈場所〉に連れて行く; 〈人・物・事が〉A〈人〉を B〈状態〉に至らしめる ‖
This street leads you to the station. この通りを行けば駅に行けます.
**b** [lead A C] 〈事・人が〉A〈人〉を C (の状態)にする ‖
lead him astray 彼を道に迷わせる; 堕落させる.
lead him into debt 彼に借金させる.
lead a firm to bankruptcy 会社を倒産させる.
(対話) "Don't follow him." "Why not? Are you afraid he'll lead me into a trap or something?" 「彼について行くのはやめろよ」「なぜなんだ. 彼が僕をわなにでもはめるというのかい」.
**5** 〈人〉を仕向ける ‖
What led you to do it? 君はなぜそうする気にな

ったのか.
**6** 〈相手〉をリードする, 〈グループ〉の第一人者である ‖
She leads the party in winning. 賞金獲得額では彼女は一行のトップだ.
── 自 **1** 案内する, 導く; (率先して) 始める.
**2** 先導する, 率いる, 指揮する.
**3** 〈道路などが〉通じる, 至る; 〈事が〉引き起こす, つながる, 結びつく 《◆場所などの副詞 (句) を伴う》‖
Paying attention in class may lead to high marks. 授業中によく聞いていれば成績は上がります.
**4** 〖スポーツ〗リードする, 一番である, 他にまさる ‖
lead by a score of five to two 5対2でリードする.

**léad úp to A** 〈階段などが〉…へ通じる; 〈事件などが〉…につながる; …に話を向ける.

── 名 (複) ~s/líːdz/ Ⓒ **1** [a ~ / the ~] 先頭, 先導; 指揮, 指導; 指導力 ‖
be in the lead 先頭である.
We followed his lead. 私たちは彼のあとに従った.
**2** 手本, 模範; 指図(さしず) ‖
follow his lead 彼の指図に従う; 彼の範にならう.
give him a lead 彼に指図する; 彼に模範を示す.
**3** [a ~ / the ~] 優勢, 優位; (野球の走者の) リード ‖
take a 3-1 lead 3対1とリードする.
be in the lead リードしている.
lose the lead in a race レースで首位を奪われる.
**4** (略式) 手がかり, 糸口, きっかけ ‖
helpful leads to finding the meaning その意味を知るための有益な手がかり.
**5** [時に the ~] 主役, 主演俳優.

**tàke the léad** 先頭に立つ; リードする; 模範を示す.

**lead**² /léd レド/ (発音注意) 《×リード》(同音) led; (類音) read, red/réd/ ── 名 **1** Ⓤ 〖化学〗鉛(なまり) (記号 Pb); [形容詞的に] 鉛製の ‖
a lead pipe 鉛管.
**2** Ⓒ (測深用の) 測鉛(そくえん).
**3** Ⓤ Ⓒ (鉛筆の) 黒鉛; しん.

**léad pòisoning** 鉛中毒.

**\*\*lead·er** /líːdər リーダ/ (類音) reader /ríːdər/ [→ lead¹] (派) leadership (名)
── 名 (複) ~s/-z/ Ⓒ **1** 先導者, 指揮者, 指導者 ‖
Martin Luther King was the leader of the black people in America. マーチン=ルーサー=キングは米国における黒人たちの指導者であった.
**2** 主要記事; 《英》社説.

**\*lead·er·ship** /líːdərʃip リーダシプ/ 〖→ leader〗
── 名 **1** Ⓤ 指導者の地位[任務], 指導(力), 指揮, 統率, リーダーシップ ‖
under the leadership of the president 社長の指揮のもとで.
She took over the leadership of the party. 彼女は一行の指揮を引き継いだ.
**2** [the ~; 集合名詞; 単数・複数扱い] 指導者た

ち, 指導部.

**lead·ing** /líːdiŋ リーディング/ (類音)reading /ríːdiŋ/ 動 → lead¹.
—名 U 先導; 指導, 指揮; 指導力.
—形 [名詞の前で] **1** 先頭に立つ, 先導する; 指導する, 指揮する ‖
the leading car 先導車.
**2** 第一流の, 卓越した; 主要な, 主な ‖
a leading painter 一流の画家.
What was his leading motive for writing the book? その本を彼が書いた主な動機は何であったか.
**3** 主役の, 主演の ‖
play the leading part 主役を演じる.
**léading áctor** 主演男優.
**léading áctress** 主演女優.
**léading árticle** 〈米〉主要記事; 〈英〉社説, 論説.
**léading lády** 主演女優.
**léading quéstion** 誘導尋問.

**＊＊leaf** /líːf リーフ/ (類音)reef/ríːf/ 『「葉の茂み」が原義』
—名 (複 leaves/líːvz/) **1** C 葉, 木の葉, 草の葉 (類)麦などの葉は blade, 松などの針状の葉は needle ‖
dead leaves 枯葉.
The trees are covered with green leaves. 木々は緑の葉で覆われている.

> Q&A *Q* : 複数形は leafs ではないのですか.
> *A* : -f, -fe で終わる語の複数形は knife → knives, wife → wives, shelf → shelves のようにふつう -ves になります. しかし roof, safe (金庫) などは -s を付けるだけです. なお, handkerchief, hoof はどちらの複数形もあります.

**2** [集合名詞] 群葉 ‖
còme into léaf 〈植物・木が〉葉を出す.
be in leaf 葉が茂っている.
**3** C (略式) 花びら(petal) ‖
rose leaves バラの花びら, 〈米〉バラの葉.
**4** C (本の紙の)1 枚, 2ページ ‖
Two leaves are missing from this diary. この日記から 2 枚[4ページ]なくなっている.
**5** C (ドア・テーブルなどの)蝶番(ちょうつがい)でとめた1 枚.
**6** U (金・銀などの)箔(はく) ‖
gold leaf 金箔.
tùrn (óver) a néw léaf [比喩的に] 新しいページをめくる, 改心して生活を一新する.
—動 (過去・過分) ~ed または〈米〉leaved/líːvd/)
他 ざっと目を通す, すばやくめくる ‖
leaf through a book 本にざっと目をとおす.
**leaf·let** /líːflət リーフレト/ 名 C (広告の)ちらし, リーフレット.
**leaf·y** /líːfi リーフィ/ 形 (比較) -i·er, (最上) -i·est)
(文) **1** 葉の多い, 葉の茂った.
**2** 葉からなる, 葉が作る ‖
a leafy shade 葉陰(はかげ).

**league** /líːg リーグ/ 名 C **1** [通例 L~] 同盟, 連盟; 盟約 ‖
the League (of Nations) 国際連盟《1920-46; the United Nations の前身》.
in league with the United States アメリカ合衆国と同盟して.
**2** 〖スポーツ〗競技連盟, リーグ ‖
National Football League 〈米〉全米プロフットボールリーグ.
**leak** /líːk リーク/ 名 C **1** 漏(も)れ口.
**2** 漏れている液体[気体]; [通例 a ~ / the ~] 漏(も)出量, 漏れ ‖
a gas leak ガス漏れ.
**3** 〖電気〗リーク, 漏電.
**4** (秘密などが)漏れること.
—動 他 **1** 〈秘密などを〉漏らす. **2** 〈水などを〉漏らす. —自 漏れる.
**leak·age** /líːkidʒ リーキヂ/ 名 U (正式)漏らすこと, 漏れ.
**leak·y** /líːki リーキ/ 形 (比較) -i·er, (最上) -i·est)
**1** 漏れる. **2** 漏れやすい, 〈人が〉秘密などを漏らしやすい.
**lean¹** /líːn リーン/ 動 (過去・過分) leaned/líːnd | lént, líːnd/ または〈英〉leant/lént/)
—自 **1** 寄りかかる, もたれる, すがる《♦場所を表す副詞(句)を伴う》‖
She leaned against his shoulder. 彼女は彼の肩にもたれかかった.
**2** 傾く, 曲がる ‖
lean forward [down, over] 前にかがむ.
lean back 上体を後ろにそらす.
lean out 身を乗り出す.
**3** 傾いて立っている, 傾斜している.
**4** 〈人が〉傾く, 偏する; 傾向がある ‖
lean toward communism 共産主義に傾く.
—他 **1** …をもたせかける, 傾かせる《♦場所を表す副詞(句)を伴う》‖
lean one's elbows on the table テーブルに両ひじをつく.
**2** …を傾かせる, 曲げる ‖
lean one's head forward 頭を前にかしげる.
◇**léan (úp) on A** (1) …にもたれる. (2) …に頼る.
**lean²** /líːn リーン/ 形 **1** やせている, 肉の落ちた《◆「(病気・栄養不足などで)やせた」は thin》(↔ fat), 〈顔の〉細長い; 身のしまった ‖
He is tall and lean. 彼は背が高くほっそりしている.
**2** 〈肉が〉脂肪のない, 赤身の.
**3** 貧弱な, つまらない; (栄養の)乏しい, 収穫の少ない, 〈土地が〉不毛の ‖
a lean meal 栄養の乏しい食事.
a lean year 凶作の年.
—名 U [時に the ~] 脂肪の少ない肉, 赤身の分.
**léan·ness** 名 U (人・動物が)やせていること; (肉が)脂肪のないこと.
**leant** /lént レント/ 動 → lean¹.
**lean-to** /líːntùː リーントゥー/ 名 (複 ~s) C 差し掛け小屋.
**leap** /líːp リープ/ (類音)reap/ríːp/) 動 (過去・過分)

leaped /líːpt | lépt, líːpt/ または《主に英》leapt /lépt, 《米+》líːpt/ ⓐ **1** 跳ぶ《♦ jump より堅い語》‖
**leap into the boat** ボートに跳び乗る.
**leap high [up]** 跳び上がる.
**Look before you leap.**《ことわざ》跳ぶ前に見よ;「ころばぬ先の杖」.
**2**〈心などが〉躍る; 胸が高鳴る‖
**leap for joy** 歓喜する.
**My heart leaps up.** 胸が高鳴る,どきどきする.
── ⓗ **1** …を跳び越える. **2** …に跳び越えさせる.
**léap at A** (1) …に飛びつく,飛びかかる. (2) **A**〈機会など〉に飛びつく.
── 图 ⓒ **1** 跳ぶこと; 跳躍(距離)‖
in two **leaps** 2跳びで.
a three-meter **leap** 3メートルの跳躍.
**2** 大躍進, 飛躍.
**léap dày** 閏(うるう)日《2月29日》.
**léap yéar** 閏(うるう)年《↔ common year》.
**leap・frog** /líːpfràɡ, 《米+》-frɔ̀ːɡ | -frɔ̀ɡ -フロッグ/ 图 ⓒ 馬跳び《子供のゲーム》.── 動 (過去・過分 **leap・frogged** /-d/ ; 現分 **-frog・ging**) ⓗ (…と)馬跳びをする(+*over*) ; 〈互いに〉抜きつ抜かれつする; 〈人・事業などに〉先んじる.
**leapt** /lépt レプト, 《米+》líːpt/ 動 → leap.
**Lear** /líər リア/ 图 リア《Shakespeare 作 *King Lear* の主人公》.

## ＊**learn** /láːrn ラーン/ 〖「(知識を)身につける」が本義. → study〗
派 **learned**(形), **learning**(名)
→ 動 ⓗ **1 a** 習得する **c** …するようになる **2** 耳にする
ⓐ **1** 習う

── 動 (三単現 ~**s** /-z/ ; 過去・過分 **learned** /láːrnd | láːrnt, láːrnd/ または **learnt** /láːrnt/ ; 現分 ~**ing**)《♦《米》では **learned** がふつう.《英》では特に過去分詞で **learnt** が用いられる》.

── ⓗ **1 a** …を習得する, 学ぶ;〈単語など〉を覚える, 記憶する;〈習慣・謙虚さなど〉を身につける《♦「…から」は *from, by* で表す》‖
What did you **learn** in school today? きょうは学校で何を習ったの?.
Where did you **learn** English? あなたは英語をどこで習い[身につけ]ましたか.
I **learn** a little English every day. 毎日少しずつ英語を学んで(身につけて)います《♦ *study* English とは「身につける」という含みはない. 単に勉強[研究]することをいう. cf. He *studied* Russian at school, but he never did *learn* it. 彼は学校でロシア語を勉強したが全く身につかなかった》.
**b** [**learn how to do**] …の仕方を習う‖
She is **learning how to** play the piano. 彼女はピアノ(のひき方)を習っています.
対話"Why are you studying so hard?" "I have a test tomorrow and I've got to **learn how to** use all these words."「どうしてそんなに一生懸命勉強しているの」「あしたテストがあってこの単語の使い方をみんな覚えなくちゃならないんだ」.
**c** [**learn to do**] …するようになる, …できるようになる;…することを学ぶ‖
He **learned to** swim. i) 彼は泳げるようになった; ii) 彼は泳ぎ方を学んだ.
**2**《正式》〈事〉を耳にする, 聞く, …に気がつく; [**learn (that)** 節 / **learn what** 節] …ということを耳にする, 理解する, 悟る‖
**learn** the details of the accident その事故を詳しく知る.
対話"What's new?" "I **learned (that)** we were getting a new chairman."「何か変わったことがあるかい」「議長が交代するらしいよ」.
── ⓐ **1** 習う, 学ぶ; 覚え方が…である‖
This boy **learns** slowly. この少年は物覚えが悪い.
You are never too old to **learn.** 年をとりすぎて学べないことはない.
**2**《正式》知る, 聞く‖
When did you **learn** of [about] his divorce? 彼が離婚したことをいつ知ったのですか.
◇**léarn A by héart** …を暗記する《→ by HEART》.
**learn・ed** /動 láːrnd ラーンド /-rnt ラーント, láːrnd; 形 láːrnid ラーニド (発音注意)/ 動 → learn.
── 形 (比較 **more** ~, 最上 **most** ~)《正式》**1** 学識のある, 博学な; 精通している‖
a **learned** person 学者.
the **learned** 学者たち.
be **learned** in jazz ジャズに明るい.
**2** 学術的な; 学問を必要とする‖
a **learned** book 学術書.
a **learned** society 学会.
a **learned** profession 知的職業.
**léarn・ed・ly** 副 学者らしく.
**learn・er** /láːrnər ラーナ/ 图 ⓒ 学習者; 初心者‖
He is a slow **learner**. 彼は物覚えが悪い.
**learn・ing** /láːrniŋ ラーニング/ 動 → learn.
── 图 Ⓤ《正式》学ぶこと, 習うこと, 覚えること, 学習; 学問, 学識‖
a person of great **learning** すぐれた学者.
wear one's **learning** lightly 知識をひけらかさない.
**A little learning is a dangerous thing.**《ことわざ》→ knowledge**1** 用例.
＊**learnt** /láːrnt ラーント/ 動 → learn.
**lease** /líːs リース/ 图 **1** Ⓤ《書類による》賃貸借(ちんたいしゃく)契約;《産業機械・事務機などの》リース, 賃貸制度.
**2** ⓤⓒ 賃貸借‖
**by [on] lease** 賃貸借で, リースして.
**3** ⓒ 賃借権; 賃借期間.
── 動 (現分 **leas・ing**) ⓗ〈家など〉を賃貸する;…を借りる.
**leash** /líːʃ リーシュ/ 图 (ⓗ ~・**es** /-iz/) ⓒ《正式》(動物をつなぐ)皮ひも‖

the dog on a leash 皮ひもでつながれた犬.
on a long leash 自由に.
on a tight leash ゆとりの少ない中で.

**least** /líːst/ リースト/ 同音 leased/『little の最上級』
── 形 [通例 the ～] 最も小さい, 最も少ない (↔ most) ||
the least sum 最少の額.
the least finger of his right hand 彼の右手の小指.
**not the least** [nót ... the léast ...] 少しも [ちっとも]…ない || I don't have the léast idea. ちっともわかりません(→ idea 5).
── 副 [時に the ～] **1** 最も少なく (↔ most) ||
Least said, soonest mended. (ことわざ) 言葉が少なければ早く償われる; 口慎めば禍(わざわい)少し; 「口は災いのもと」(→ less 副 1).
**2** [形容詞・副詞を修飾して] 最も…でなく ||
He's the least skillful carpenter here. 彼はここではいちばんへたな大工だ.
◇**léast of all** 最も…でない || I like English least of all. 英語がいちばん嫌いだ.
**nót the léast ...** 少しも…ない || I am not the least worried about his health. 私は彼の健康のことなんかちっとも心配していない.
── 名 [通例 the ～] 最小(のもの); 最少(量) ||
The least I can do is to go with you. 私にできるせめてものことは君と一緒に行くことだ.
**at (the) léast** (1) [通例修飾する語(句)の前・後で] 少なくとも, 最低に見積もっても || at least for ten days =for at least ten days =for ten days at least 少なくとも 10 日間 || It will cost at least $50. それは少なくとも50ドルするでしょう. (2) [文全体を修飾] いずれにせよ, ともかく || He was late, but at least he came. 彼は遅刻はしたが, ともかくやって来た.
**Nót in the léast!** (問いを否定して) いいえ全く, とんでもない.
◇**nót (...) in the léast** 全然…ない, 少しも…ない || I am not in the least afraid of dogs. 犬なんかちっとも恐くない.
**to sáy the léast (of it)** [文中・文尾で] ごく控えめに言っても.

**leath·er** /léðər レザ/
── 名 (複 ～s/-z/) **1** Ⓤ (動物の)なめし革, 皮革
《◆「(生の)皮」は hide. 関連 → skin》||
patent leather エナメル革.
Her coat is made of leather. 彼女のコートは革製だ.
a leather jacket 革のジャケット.
**2** Ⓒ 革製品; 革ひも; あぶみ革; 革の上着 ||
(There is) nothing like leather. (ことわざ) 革にまさるものはない; 自分のものに及ぶものはない, 「手前みそ」.

**leath·er·y** /léðəri レザリ/ 形 革のような.

**leave**¹ /líːv リーヴ/ 『「…をそのままにして離れる」が本義』

→ 他 **1** 去る **4** 置き忘れる **6** 残して死ぬ
**7 b** 任せる **8** …のままにしておく
自 **1** 出発する
── 動 (三単現 ～s/-z/; 過去・過分 left/léft/;
現分 leav·ing)
── 他 Ⅰ [去る]

**1** …を去る, 離れる, 出発する (↔ arrive) ||
Leave the room at once! すぐに部屋を出て行け.
The train left Fukuoka for Tokyo at 6:00. 列車は東京に向かって6時に福岡を後にした.
**2** …を退学する; …をやめる, 退く; 〈家庭・人など〉を見捨てる; (英) …を卒業する ||
He left school in the middle of the year. 彼はその年の中ごろに退学した.
We left her for dead. 我々は彼女を死んだものとあきらめた.
**3** …を通り過ぎる ||
Leave the school on your right. 学校を右手に見ながら通り過ぎて行きなさい.

Ⅱ [あとに残す]

**4** …を置き忘れる; 〈名刺など〉を置いて行く; 〈伝言など〉を残す; 〈人〉を置き去りにする ||
He left his wife **behind** when he went to America. 彼は渡米した時, 奥さんを連れて行かなかった.
A few pupils were left **behind**. 2, 3人の生徒が取り残された.
対話 "What's wrong?" "I've left my umbrella **in** [**on**] the bus."「どうしたの」「バスにかさを置き忘れたんだ」(→ forget 他 2).
**5 a** …を残す
4 from 10 leaves 6. 10引く4は6 (10－4＝6).
Her attitude leaves no doubt about her feelings toward me. 彼女のぼくに対する気持ちは態度からはっきりしている.
I have a week left until the vacation. 休暇まで1週間だ.
**b** [leave A B / leave B for A] A〈人〉に B〈物・仕事など〉を取って[残して]おく ||
We left him some cake. ＝We left some cake **for** him. 我々は彼にケーキを少し残しておいた.
**6** [leave (A) B / leave B (to A)] 〈A〈人など〉に〉B〈財産など〉を残して死ぬ; [leave A C] A〈人〉を C(の状態)にして死ぬ ||
Her uncle left her a great amount of money. ＝Her uncle left a great amount of money **to** her. 彼女のおじは巨額の金を彼女に残して死んだ.
He left his wife a young widow and his two daughters fatherless. 彼の死で妻は若くして未亡人となり2人の娘は父親のない子となった.
**7 a** [leave A with [in] B] A を B〈人・場所〉に預ける ||
I left my bag **in** the station. 旅行かばんを駅に預けた.

**b** [leave A B / leave B to A] A〈人・運など〉に B〈物・事〉を任せる, ゆだねる ‖
I **left** the matter to her. その事を彼女に任せた.
The president **left** the decision to him. 社長はその決定を彼にゆだねた.

**8** [leave A C] A〈人・物・事〉をCのままにしておく ‖
**leave** the light on 電灯をつけたままにしておく.
Let's **leave** the question open. 疑問は未解決のままにしておこう.
**leave** one's homework half-finished 宿題を途中までやって放っておく.
They were **left** standing in the street. 彼らは通りに立たされていた.
Don't **leave** the door open. ドアをあけっ放しにしておくな.

> Q&A Q: 第5例で keep を用いた場合, どんな違いがありますか.
> A: keep は意図的に「(暑いからとか, 風を入れておくためとか)あけたままにしておく」場合に用います. leave には「…のままに放置しておく」という気持ちが含まれます.

**9** [leave A (to) do] A〈人・物・事〉に…させる, しておく ‖
Please **leave** me go now. もう帰らせてください.
**Leave** him to take care of himself. 彼に自分のことは自分でさせなさい.

——自 **1 出発する**, 出る, 去る;〈駅・空港などから〉旅立つ ‖
His train **leaves** for Tokyo at five o'clock. 彼の乗る列車は5時東京行きです.
対話 "I hear you're going to the US." "That's right. I'm **leaving** the day after tomorrow."「アメリカへ行くそうだね」「そうよ, あさって出発する予定なの」.
**2 卒業する**; 退学する; 辞職する.
**be léft with A** (1)〈子供など〉を預けられる. (2) A〈感情・考え・責任など〉を持ち続ける.
◦**léave A alóne** → alone 形.
**léave A bé** …をそっとしておく, 放っておく.
**léave behínd** [他] (1) → 他 **4**. (2)〈名声など〉をあとに残して死ぬ.
**léave nóthing** [**líttle**] **to be desíred** → desire 動.
◦**léave óff** (1) (略式) [自] やめる, 終りとする;〈雨などが〉やむ ‖ The rain **left off**. =It **left off** raining. 雨がやんだ. (2) [他]〈服など〉を脱ぐ, 着ないでいる. (3) [他]〈酒など〉を断つ;(略式) …をやめる; …するのをやめる.
**léave A óff B** B〈リストなど〉から A〈名前など〉を削除する.
**léave óut** [他]〈文字などを〉省く, 落とす;〈人・名前など〉を除く, 無視する.
**léave óver** [他]〈仕事など〉を延期する.

\***leave**² /líːv リーヴ/〖「喜び」が原義〗
——名 (穢)〜s/-z/〉**1** Ⓤ(正式)**許し, 許可** ‖
without **leave** 無断で.

bý [with] your **léave** あなたの許しを得て; [皮肉で] 失礼ですが.
Our teacher gave us **leave** to play baseball. 先生は我々に野球をしてもよいと言った.
**2** Ⓤ **休暇**(の許可); Ⓒ 休暇期間 ‖
sick **leave** 病気休暇.
take (a) **leave** of absence 欠席[休暇]の許可を取る.
対話 "Where's Professor James?" "Don't you remember? He's on **leave** in Europe until next term."「ジェームズ教授はどこにいらっしゃるのですか」「お忘れですか. 先生は休暇で来学期までヨーロッパにいらっしゃいます」.
**3** Ⓤ(正式)**別れ, いとまごい** ‖
take (one's) **leave** of him 彼にいとまごいをする.

**leav·en** /lévn レヴン/ (発音注意) 《♦×リーヴン》名 Ⓤ 影響力;(古) 酵母(yeast).
\***leaves** /líːvz リーヴズ/ 名 → leaf.
**leave-tak·ing** /líːvtèikiŋ リーヴテイキング/ (正式) いとまごい, 告別.
**leav·ing** /líːviŋ リーヴィング/ 動 → leave¹. ——名 (略式) [〜s; 複数扱い] 残り物, 余り物;くず, かす.
**Leb·a·non** /lébənən レバノン/ レバノン《地中海東岸にある共和国. 首都 Beirut》.
\***lec·ture** /léktʃər レクチャ/〖「読むこと」が原義. cf. lesson, legend〗
——名 (穢)〜s/-z/)**1 講演, 講義** ‖
She gave a **lecture** to her students on Keats. 彼女は学生にキーツの講義をした.
**2 説教, 叱責**(ら⁀) ‖
His father gave him a **lecture** on his bad behavior. 父親は不作法のことで彼に説教した.
——動 (三単現)〜s/-z/; (過去・過分)〜d/-d/; (現分)·tur·ing/-tʃəriŋ/)
——自 **講演する, 講義をする; 説教する** ‖
He **lectured** on Dante. 彼はダンテの講義をした.
——他 …に説教する, 言いきかせる, …をしかる.

**lec·tur·er** /léktʃərər レクチャラ/ 名 Ⓒ **1 講演者, 講師. 2**(大学の)講師《♦(米)では非常勤,(英)では専任》.
**lec·tur·ing** /léktʃəriŋ レクチャリング/ 動 → lecture.
\***led** /léd レド/ 動 → lead¹.
**-led** /-lèd -レド/ 連結形)…に導かれた, …先導の, …がもたらす.
**LED** /èlìːdíː エリーディー/ (略)〖電子工学〗light-emitting diode 発光ダイオード.
**ledge** /lédʒ レヂ/ 名 Ⓒ **1**(壁面の細長い棚(た)状の)出っ張り, 棚; 岩棚 ‖
a window **ledge** 窓台.
**2**(海中で長く連なる)隆起した岩, 暗礁脈.
**ledg·er** /lédʒər レヂャ/ (原音)leisure/líːʒər/
lèʒər/ 名 Ⓒ **1**〖商業〗元帳. **2** Ⓒ(墓の)平石.
**lédger line**〖音楽〗加線(図) → music.
**lee** /líː リー/ (同音)lea) 名 Ⓤ [通例 the 〜](主に風からの)避難所; 風の当たらない所; [形容詞的に] 風下の, 風下に向かう.
**Lee** /líː リー/ 名 **1** リー《男の名, 女の名》. **2** リー

《Robert Edward ~ 1807-70；米国南北戦争時の南軍の最高指揮官》.

**leech** /líːtʃ/ リーチ/ 图 (穰) ~・es/-iz/) Ⓒ **1** 動 ヒル. **2** 他人の利益を吸い取る者.

**leek** /líːk/ リーク/ 图 (植) リーキ，ポロねぎ《◆日本のネギより太い．ウェールズの国花》.

**leer** /líər/ リア/ 图 横目で見る《◆好色・悪意・狡猾(ずる)・残忍などの表情》.
―― 图 Ⓒ 横目，流し目；含み笑い．

**lees** /líːz/ リーズ/ 图 (正式) [the ~；複数扱い] (ワインの樽(たる)やびんの底にたまる)おり，(挽(ひ)いたコーヒーなどがカップに残る)かす．

**lee・ward** /líːwərd/ リーワド；《海事》/lj úːərd/ 图 U 風下．――形 副 風下の[に]；順風の[に]．

\***left**[1] /léft/ レフト/ [『弱い(weak)；価値のない(useless)』が原義]
―― 形 (比較) more ~, 時に ~・er；(最上) most ~, 時に ~・est) (↔ right) **1** [通例 the ~] 左の，左側の；(靴・手袋などの)左足[手]用の ‖
the left dog 左(側)の犬(= the dog on the left)《◆「去った犬」の意味にはならない》.
write with the left hand 左手で書く．
drive on the left side of the road 道路の左側を運転する．

Q&A **Q**：語源欄の「弱い，価値のない」がなぜ「左」になったのですか．
**A**：どこの国にも「右きき」の人が多く，「左(手)」は右手ほど使われないという印象からなのでしょう．

**2** [しばしば L~] (政治上の)左派の，左翼の(→ 图 2).
―― 副 左へ，左方へ，左側へ(↔ right) ‖
Turn left at the corner. あのかどで左へ曲がりなさい．
Left turn! (号令) 左向け左．
―― 图 (穰) ~・s/léfts/) **1** [the ~ / one's ~] 左，左方，左側(↔ right) ‖
Turn to the left at the post office. 郵便局の所で左へ曲がりなさい．
He sat on her left. 彼は彼女の左側に座った．
**2** [しばしば the L~；集合名詞] (政治上の)左翼[左派]((の)議員)《◆急進派の議員は議会で議長席からみて左側に座ることから》．

**léft fíeld** 〔野球〕左翼，レフト．
**léft fíelder** 〔野球〕左翼手，レフト．
**léft hánd** 左手，左側(cf. left-hand).
**léft wíng** (1) 〔サッカーなど〕左翼の選手[位置]．(2) 〔軍事〕左翼．(3) (政治上の)左翼，左派(cf. left-wing).

\***left**[2] /léft/ レフト/ 動 → leave[1].

**left-hand** /léfthæ nd/ レフトハンド/ 形 左側の，左の；左手による；左ききの(cf. right hand).
**left-hand・ed** /léfthæ ndid/ レフトハンディド/ 形 左ききの，左手を用いた；左手による．
**left・o・ver** /léftòuvər/ レフトウヴァ/ 图 Ⓒ [通例 ~s] 食べ残り，料理の残りもの《◆「残飯」ではなく，再

び食卓に出す物をいう》．

**left-wing** /léftwíŋ/ レフトウィング/ 形 (政治上の)左翼の，左派の；革新の，急進の(↔ right-wing) (cf. left wing).

\***leg** /lég/ レグ/
―― 图 (穰) ~s /-z/) **1** Ⓒ (人・動物の)脚(あし)《◆太ももから足先または足首まで．(米) ではしばしば「ひざから足首まで」をいう． cf. limb》(図 → body)；Ⓤ Ⓒ (食用としての動物などの)脚 ‖
an artificial leg 義足．
bend one's legs 脚を曲げる．
stand on one leg 片足立ちする．
sit with one's legs crossed 脚を組んで座る(→ cross 他 2).

関連 paw (犬などの)つめのある脚 / flipper, paddle (カメなどの)ひれ状の脚 / tentacle (タコなどの)脚．

**2** Ⓒ **a** 脚状の物；(いすなどの)脚；(器具の)支え ‖
the leg of a chair いすの脚．
**b** (衣服の)脚部 ‖
the [ˣa] leg of a stocking 長靴下のすねの部分．

**púll** A's **lég**《◆ legs とはしない》(1) (倒そうとして) A〈人〉の足を引っ張る．(2)《略式》 A〈人〉をからかう《◆比喩的に「足を引っ張る」の意では用いない》‖ Don't pull my leg. からかわないでくれ．
**stánd on** [**upòn**] one's **òwn** (**twò**) **légs** [**féet**] 独立する，自立する．
**táke to** one's **légs** 逃げる．

**leg・a・cy** /légəsi/ レガスィ/ 图 (穰) -a・cies /-z/) Ⓒ **1** 遺産. **2**《正式》受けつがれたもの．

\***le・gal** /líːgl/ リーグル/ 《『← law』》
派 legislation (名)
―― 形 **1** [名詞の前で] 法律の，法律に関する．
**2** [名詞の前で] 法律家の，弁護士の．
**3** 法律で認められた，合法の(lawful) (↔ illegal)；法律に基づく，法定の ‖
a legal heir 法定相続人．
対話 "You can't fire me. It's not legal." "Who says it's against the law?" 「私をクビにしたりできません． そんなの法律違反ですから」「何が法律違反なものか」.

**légal áge** 法定年齢，成年．
**légal hóliday** 《米》法定休日 (《英》 bank holiday).
**légal ténder** 法定貨幣，法貨《◆米ドル紙幣には This note is *legal tender* for all debts, public and private. (この紙幣は公私のあらゆる支払いに使える法定通貨である)と印刷されている》．

**le・gal・i・ty** /liːɡǽ ləti/ リ(ー)ギャリティ/ 图 (穰) -i・ties/-z/) **1** Ⓤ 合法(性)；法律厳守． **2** Ⓒ [legalities] 法的義務．

**le・gal・ize** /líːɡəlàiz/ リーガライズ/ 動 (現分) -iz・ing) 他《正式》…を法律上正当と認める，公認する，合法化する．

**le·gal·ly** /líːɡəli リーガリ/ 副 法律的に, 合法的に.

**le·ga·tion** /liɡéiʃən リゲイション/ 名 C **1** (正式) [集合名詞; 単数・複数扱い] 公使一行. **2** 公使館.

**leg·end** /lédʒənd レヂェンド/ 名 C **1** 伝説, 言い伝え; U [集合名詞] (民族・国民の) 伝説, 伝説文学 ‖
many **legends** of Robin Hood ロビン=フッドについての数々の伝説.

**2** (現代の) 伝説化した話; 伝説的人物 ‖
He became a **legend** in his own lifetime. 彼は生存中に伝説的人物になった.

**leg·end·ar·y** /lédʒəndèri レヂェンデリ | -əri レヂェンダリ/ 形 **1** (正式) 伝説上の, 伝説のような. **2** 伝説に名高い.

**-leg·ged** /-léɡid -レギド, -ɡd -gd レグド, -ɡid/ (連結形) …足[脚]の. 例: bare-**legged** 素足の, a three-**legged** race 2人3脚.

**leg·ging** /léɡiŋ レギング/ 名 C **1** [通例 ~s] きゃはん, ゲートル. **2** [~s] レギンス《戸外では小児用保温ズボン》.

**leg·i·ble** /lédʒəbl レヂブル/ 形〈筆跡・印刷が〉判読できる, 読みやすい《♦ readable より堅い語》.

**lég·i·bly** 副

**le·gion** /líːdʒən リーヂョン/ 名 C [単数・複数扱い]
**1** 〖ローマ史〗軍団《数百の騎兵と 3000-6000 の歩兵からなる》.
**2** 大軍, 軍団 ‖
foreign **legion** 外人部隊.
**3** (正式) 多数, 大群.

**leg·is·late** /lédʒislèit レヂスレイト/ 動 (現分) -lat·ing) (正式) 法律を制定する.

**leg·is·la·tion** /lèdʒisléiʃən レヂスレイション/ 名 U (正式) 法律制定, 立法 ‖
the power of **legislation** 立法権.

**leg·is·la·tive** /lédʒislèitiv レヂスレイティヴ | -lə- -ラティヴ/ 形 立法の, 立法権のある, 立法府の.
—— 名 C =legislative body.
**législative bódy** 立法府 (legislative).

**leg·is·la·tor** /lédʒislèitər レヂスレイタ/ 名 C (正式) 立法者, 国会議員.

**leg·is·la·ture** /lédʒislèitʃər レヂスレイチャ/ 名 C U 立法府; (米) 州議会.

**le·git·i·ma·cy** /lidʒítəməsi リヂティマスィ/ 名 U 合法性, 正当性; (法律的な) 正系.

**le·git·i·mate** /lidʒítəmət リヂティマト/ 形 (正式) 適法の, 正当な; 嫡出の (↔ illegitimate).

**le·gít·i·mate·ly** 副 合法的に; 嫡出子として.

**lei** /léii レイイー, (米+) léi/ 名 C レイ《ハワイなどで首にかける花輪》.

*__lei·sure__ /líːʒər リージャ | léʒə レジャ/ (発音注意)
《×レイジャ》〖「(自由に使うこと)を許されている」が原義. cf. license〗
—— 名 **1** U 余暇, 暇, 自由時間《♦ 娯楽を意味する日本語の「レジャー」とは必ずしも一致しない》‖
have no **leisure** to go on a trip 旅行する暇がない.
lead a life of **leisure** 暇のある生活をする.
**2** [形容詞的に] 余暇の; 暇な; 暇の多い ‖
**leisure** (time) activities 余暇の活動, レジャー.

**at léisure** (1) 暇で, 手すきで. (2) ゆっくりと, 時間をかけて.
**at** one's **léisure** (1) 暇な時に, 都合のよい時に. (2) =at LEISURE (2).

**lei·sure·ly** /líːʒərli リージャリ | léʒə- レジャ-/ 形 ゆっくりした, 時間をかけた; ゆったりした ‖
have a **leisurely** bath ゆっくりふろに入る.

*__lem·on__ /lémən レモン/
—— 名 (複 ~s/-z/) **1** C U レモン (の実); C = lemon tree; U (プディングなどに入れる) レモンの風味; レモン飲料《♦ 英米では「さわやかさ」よりも「すっぱさ(sour, bitter)」を連想する》‖
a slice of **lemon** レモン1切れ.
tea with **lemon** レモンティー《♦ ×lemon tea とはいわない》.
**2** U =lemon yellow. **3** C (略式) 欠陥品.
—— 形 レモン色[味]の ‖
**lemon** dress レモン色のドレス.

**lémon cúrd** 卵・バター・砂糖・レモン汁を混ぜてジャム状に調理したもの《パンにつける》.

**lémon squásh** (英) レモンスカッシュ.

**lémon squéezer** レモン絞り機.

**lémon trée** レモンの木 (lemon).

**lémon yéllow** レモン色, 淡黄色 (lemon).

**lem·on·ade** /lèmənéid レモネイド/ 名 U C **1** (米) レモン水《レモン汁に砂糖・水を加えた冷たい飲み物》. **2** (英) レモンソーダ《レモン汁で味付けしたソーダ水. (米) lemon soda》. **3** (英) レモネード《甘苦い味の透明な炭酸飲料.「ラムネ」はこのなまり》.

**le·mur** /líːmər リーマ/ 名 C 〖動〗キツネザル.

*__lend__ /lénd レンド/ 〖「与える」が原義〗
—— 動 (三単現 ~s /léndz/; 過去・過分 lent /lént/; 現分 ~·ing)
—— 他 **1** [lend A B / lend B (to A)] 〈人に〉B〈物・金〉を貸す《米》loan》(↔ borrow) ‖
**lend** money on interest 利子を取って金を貸す.
Can you **lend** me 5,000 yen until payday? 給料日まで 5 千円貸してくれないか.
The car **was lent** (to) me for five hours. 自動車を 5 時間貸してもらった.
対話 "I really want that coat, but I don't have enough money." "Don't worry about it. I'll **lend** you the rest."「あのコート本当に欲しいけど, お金が足りないな」「心配いらないわ. 不足分は私が貸してあげるから」.
**2** (正式) [比喩的に] …を貸す, 提供する; …を加え る, 添える ‖
**lend** a (helping) hand with him 彼に手を貸す.
**lend** an ear to an opening speech 開会の辞に耳を傾ける.
**lend** one's name to a plan 計画に名前を貸す.
A fireplace **lends** coziness to a room. 暖炉があると部屋は居心地がよくなる.
**lénd** oneself **to A** …に加わる, 力を貸す.

**lend·er** /léndər レンダ/ 名 C 貸す人, 貸し主; 金貸

**length** /léŋkθ レンクス/ 〖→ long¹〗
派 lengthen (動)
— 名 (複 ~s/-s/) **1** ⓊⒸ **a** 長さ, 縦, 丈(たけ); [the ~] (端から端までの)全距離; Ⓒ 特定の長さ ‖
a length of cloth 1反(たん)の布.
a great length of rope 1本の長いロープ.
(all) along the length of a path 小道の端から端までずっと.
This river is 3,000 miles in length. = The length of this river is 3,000 miles. この川の長さは3000マイルだ.
対話 "Do you know (what is) the length of this river?" "I think it's about 250 kilometers long." 「この川の長さを知っていますか」「250キロメートルくらいかな」.
**b** (乳児の)身長(→ long¹ 形).

Q&A
Ｑ: 日本語で「縦」「横」というとき, ふつう縦は上下の長さ, 横は左右の長さを言いますが, 英語ではどうですか.
Ａ: 英語では長方形などの長い方を *length*, 短い方を breadth, width と言いますので, 日本語の縦横とは必ずしも一致しません. たとえば横5メートル, 縦3メートルの長方形は a rectangle 5 meters in *length* and 3 (meters) in width となります.

**2** ⓊⒸ (時間の)長さ, 期間 ‖
the length of a vacation 休暇期間.
**3** Ⓒ (競馬の)1馬身; (ボートレースの)1艇身(ていしん) ‖
The boat won by half a length. そのボートは半艇身の差で勝った.
**4** ⓊⒸ (行動などの)範囲, 程度 ‖
gò to the léngth of sáying that I am a liar 私がうそつきだとまで言う.
○*(at) fúll léngth* 手足を十分に伸ばして, 大の字になって ‖ lie at full length 大の字に横たわる.
○*at léngth* (1) [文頭で] ついに, ようやく ‖ At length the train arrived after a long time. 長い間かかってやっと列車が着いた. (2) [正式] 詳細に, 徹底的に; 長々と, 長時間にわたって ‖ tell at great length くどくどと話す.

**length·en** /léŋkθən レンクスン/ 動 他 …を長くする, 伸ばす; 〈時間などを〉延長する ‖

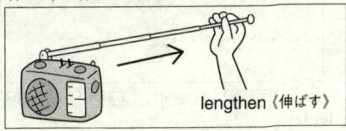

have one's trousers **lengthened** ズボンを長くしてもらう.
— 自 長くなる, 延びる ‖
The days are beginning to **lengthen**. 日が長くなりかけている.

**length·ways** /léŋkθwèiz レンクスウェイズ/ 形副 長い[く]; 縦の[に].

**length·y** /léŋkθi レンクスィ/ 形 (比較 --i·er, 最上 --i·est) たいへん長い; 長ったらしい.

**le·ni·en·cy, --ence** /lí:niənsi) リーニエンス(ィ)/ 名 Ⓤ 寛大さ, 慈悲, 寛容.

**le·ni·ent** /lí:niənt リーニエント/ 形 [正式] 寛大な, 情深い ‖
He is **lenient** with his pupils. 彼は生徒に寛大だ[甘い].

**Len·in** /lénin レニン/, (英+) léi-/ 名 レーニン《Nikolai/nikalái | nikɔ-/ ~ 1870-1924, 本名 Vladimir Ilyich Ulyanov. ロシアの革命指導者. ソ連首相 (1918-24)》.

**Len·in·grad** /léningræd レニングラード, -grá:d/ 名 レニングラード《ロシアの都市 Saint Petersburg の旧称》.

**lens** /lénz レンズ/ 名 (複 ~·es/-iz/) Ⓒ **1** レンズ ‖
a convex [concave] lens 凸[凹]レンズ.
a contact lens コンタクトレンズ.
a telephoto lens 望遠レンズ.
**2** (眼球の)水晶体(図) → eye).

**lent** /lént レント/ 動 → lend.

**Lent** /lént レント/ 名 《キリスト教》四旬節, 受難節《Ash Wednesday(聖灰の水曜日)から Easter の前日までの日曜日を除く40日間. 断食・ざんげを行なう》.

**len·til** /léntl レントル | -til -ティル/ 名 Ⓒ 《植》レンズマメ, ヒラマメ.

**Le·o** /lí:ou リーオウ/ 名 **1** 《天文》しし座. **2** 《占星》獅子(し)宮, しし座; Ⓒ 獅子宮生まれの人《7月23日-8月22日生》. **3** レオ《男の名》.

**Le·o·nar·do da Vin·ci** /lì:əná:rdou də vín(t)ʃi リーオナードウ ダ ヴィンチ/ 名 レオナルド=ダ=ビンチ《1452-1519; イタリアの芸術家・科学者》.

**leop·ard** /lépərd レパド/ 発音注意 名 《×レオパード》 名 Ⓒ 《動物》ヒョウ.

**le·o·tard** /lí:ətà:rd リーオタード/ 名 Ⓒ [(米) ではしばしば ~s] レオタード.

**lep·er** /lépər レパ/ 名 Ⓒ ハンセン病[癩(らい)病]患者.

**lep·ro·sy** /léprəsi レプロスィ/ 名 Ⓤ ハンセン病, 癩病《◆ Hansen's disease の方が好まれる》.

**les·bi·an** /lézbiən レズビアン/ 形名 Ⓒ **1** [L~] レスボス島(Lesbos)の(人). **2** 同性愛の(女)《◆ レスボス島に住んでいた女性詩人 Sappho が同性愛にふけっていたとの伝説から. 遠回しに female identified [oriented] ともいう》.

**less** /lés レス/ 《little の比較級》
派 lessen (動)
— 形 (比較 ~·er, 最上 least) Ⓤ [名詞と共に] (量・程度が)より少ない; (大きさが)より小さい; (略式) Ⓒ [名詞の複数形と共に] (数が)より少ない《◆書き言葉では fewer が好まれる》(↔ more) ‖
If you wish to lose weight, eat **less** meat. 体重を減らしたいのなら食べる肉の量を減らしなさい.
16 is **less** than 18. 16は18よりも小さい.
There were **less** mosquitoes around this year. (略式) 今年は蚊(か)が少なかった《◆書き言葉では fewer》.
— 副 **1** 〔文〕[動詞を修飾して] より少なく ‖

The less said the better. (ことわざ) 口数は少ないほどよい(→ least 副 **1**).
**2** [形容詞・副詞を修飾して] **a** [他のものと比較して] より…でなく ‖
This book is **less** large **than** that one. この本はあの本ほど大きくない.
**b** [同一人物の状態などを比較して] …でなくむしろ… ‖
He is **less** tired **than** sleepy. 彼は疲れているというよりむしろ眠いのだ.

**èven léss** ... =much [still] LESS ....
**léss than** ... (1) [数詞を伴って] …より少ない(↔ more than) ‖ **less than** ten dollars 10ドルに満たない(→ 形)《◆ ˣfewer than は不可》.
(2) [通例形容詞を修飾して] 決して…でない, ちっとも…でない ‖ I was **less than** satisfied with the results. 結果にちっとも満足しなかった.
**little léss than** ... とほとんど同様で.
◦**mùch [stíll] léss** ... [否定的語句のあとで] いわんや[まして, なおさら]…でない ‖ He can't even read English, **much less** write it. 彼は英語を読むことすらできない, まして書くなどできるものではない.
**nò léss** [形容詞を後に置いて] …は言うまでもない, もちろん…だ ‖ That is **no less** important. その重要性は言うまでもない.
◦**nò léss than** ... (1) [数詞を伴って] …ほども多くの《◆驚きを表す》‖ He has **no less than** twelve children! 彼には子供が12人もいる. (2) …と同様に.
◦**nò léss** ... **than** A (1) …そのもの, 本物の…《◆ A には有名な人や場所が入る》‖ He is **no less** a person **than** the President. 彼がほかならぬ大統領である. (2) **A に劣らず…, A と同様に…** ‖ She is **no less** beautiful **than** her sister. 彼女は姉に劣らず美しい《◆姉が美しいという前提がある》.
**nòne the léss** → none.
**nòthing léss than** A (1) 少なくとも…くらい. (2) まさに…にほかならない ‖ It is **nothing less than** murder. それはまさに殺人も同然だ.
◦**nòt léss than** ... [数詞を伴って] 少なくとも… ‖ She has **not less than** seven children. 彼女は子供が少なくとも7人はいる.
◦**nòt léss** ... **than** A **A にまさるとも劣らないほど**…, **A と同じくらい**… ‖ She is **not less** beautiful **than** her sister. 彼女は器量の点で姉に劣らない《◆姉が美しいという前提はない》.
**still léss** ... =much [still] LESS ....
**the léss ..., the léss** → the more ..., the more ... (more 副).

——名 Ⓤ [しばしば ~ of] より少ない数[量, 額]; より重要でない[人] ‖
in less than an hour 1時間足らずで.
I see **less of** John these days. このごろジョンにはあまり会いません.
Answer in fifty or **less**. 50語以内で答えなさい.

**less·en** /lésn レスン/ (同音 lesson) 動 他 …を少なくする, 減らす, 小さくする ‖
**lessen** the tension 緊張を緩和する.
He **lessened** the speed of his car. 彼は自動車の速度を落とした.
——自 少なくなる, 減る, 小さくなる.

**less·er** /lésər レサ/《little の二重比較級》形(正式)より劣った, より重要でない; [the ~] 劣った[重要でない]方.

‡**les·son** /lésn レスン/ (同音 lessen)《「読むこと」が原義》
——名 (複 ~s/-z/) Ⓒ **1 学課, 課業; 授業時間**; [~s] (連続的な) 授業, けいこ, レッスン ‖
I am taking piano **lessons**. ピアノを習っています.
He gíves me léssons **in** chemistry. 彼は私に化学を教えてくれる.
We have no **lesson(s)** this afternoon. きょうの午後は授業がありません.
**2** (教科書の)課 ‖
**Lesson** Three =the Third **Lesson** 第3課.
This textbook is divided into 15 **lessons**. この教科書は15課に分れている.
**3 教訓; 見せしめ; 訓戒** ‖
learn a **lesson** 教訓を学ぶ; 懲りる.
対話 "All his money was stolen." "That'll teach him a **lesson**. He should be more careful with money." 「彼ったらお金みんな盗まれちゃったのよ」「それで懲りることだろう. あいつはお金にもっと気をつけるべきなんだよ」.

\***lest** /lést レスト/ (類音 líst/líst/, rest/rést/)
——接 (文) **1 …しないように; …するといけないから** ‖
I took my umbrella **lest** it (should) rain. 雨が降るといけないと思ってかさを持って行った《◆今はあまり用いられず … in case it rained, … for fear (that) it might rain の方がふつう》.
Make a note of it **lest** you (should [may, might]) forget. 忘れないようメモをしておきなさい.
**2 …しますいかと, …ではないかと** ‖
We feared **lest** he (should) lose his way. 彼が道に迷うのではないかと心配した.

\*\***let**¹ /lét レト/《「…するのを許す」が本義》

let 〈…させてやる〉

——動 (三単現 ~s/léts/; 過去・過分 let; 現分 let·ting)
——他 **1** [使役動詞] [let A do] …に(望みどおり)…させてやる, してもらう, することを許す《◆ have, make との違いは → have **17 b** Q&A》‖
Father **let** me drive his car. 父は私が父の車を運転するのを許してくれた.
**Let** me take one more picture. もう1枚写真をとらせてください.

Let us not spend our time arguing about who is to blame. だれに責任があるかの言い争いに時間を使わせないでくれ.
Lét us sleep on it, will [won't] you? それについては一晩[しばらく]考えさせてください.
対話 "Why can't you use your parents' car?" "They don't let me borrow it until I'm 19." 「どうして両親の車が使えないの」「ぼくが19歳になるまで車を貸してくれないんだよ」.
**2** [let A do] …を…**させる** ‖
I'll let you know the results later. 結果はあとでお知らせいたします.
Let it be done at once. (ややまれ) すぐにやりなさい.
**3** [let's do / let us do] …**しよう** ‖
Let's be going. そろそろ行きましょうか.
Lèt's nót open the door(, shall we?). ドアをあけるのはよしましょう.
対話 "Lèt's take a wálk, shall we?" "Yes, let's [No, let's not]." 「散歩に行きましょうよ」「ええ行きましょう [いや, やめておこうよ]」.
**4** [let A do] [命令文で] …**すると仮定せよ** ‖
Let x equal 7. x=7と仮定せよ.
**5** [let A C] A を C (の状態)に**させる** ‖
Let me out. 外に出してください.
Let the blind down. ブラインドを降ろしてください.
He let the air out (of the tires). 彼は(タイヤの)空気を抜いた.
Don't let the dog loose. 犬を放してはいけません.
**6** (英)〈土地・家など〉を**貸す**, 賃貸(ガシ)する((米) rent) ‖
let a car by the hour 1時間単位で車を貸す.
let a room to a student 学生に間貸しする.
a house to let 貸家.
**7**〈仕事など〉を請け負わせる.
—— 自 (英) 貸される ‖
This house will let easily. この家はすぐに借り手が見つかるでしょう.
This room lets for 45,000 yen a month. この部屋代は月4万5千円です.
◇ **lèt alóne** … → alone 形.
**lèt A alóne** → alone 形.
**lèt dówn** (1) [自]〈気〉を抜く. (2) [他] → 他 **5**. (3) [他]〈髪など〉を長くする;〈服〉のすそをのばす. (4) [他]〈人〉を失望させる, 裏切る.
**lèt gó** [他]〈人〉を自由にする, 釈放する.
**lèt gó of** (A) (A から)手を放す.
**lèt ín** [他]〈光・空気など〉を入れる, 通す.
**lèt A ínto B** A〈人〉を B〈部屋など〉へ通す, 入れる.
**lèt óff** [他] (1)〈人〉を免除する;〈人〉を解放する, 放免する;〈人〉を乗物から降ろす. (2)〈銃・花火・怒りなど〉を破裂させる.
**lèt ón** (略式) [自] (1) ふりをする. (2) 白状する, 口外する.
**lèt óut** [他] (1)〈服〉を大きくする. (2)〈叫び声など〉を出す;〈秘密など〉を漏らす. (3) → 他 **5**.
**lèt A thróugh** (1) → 他 **5**. (2) A〈人〉を合格させる.

**lèt úp** [自]〈雨・あらしなどが〉弱まる, やむ.
—— 名 (英) U 貸すこと, 賃貸; C 貸家, 貸間; (略式) 借家人 ‖
find a let for the rooms 部屋の借り手を見つける.

**let**² /lét/ レト/ 名 C 〖テニス〗レット 《ネットに触れて入ったサーブ. やり直しが認められる》.

**let・down** /létdàun レトダウン/ 名 C (略式) 失望, 期待はずれ.

**le・thal** /líːθl リースル/ 形 (正式) 死をもたらす, 致死の.

**le・thar・gic** /ləθάːrdʒik リサージク, (英+) le-/ 形 **1** (異常なほど)眠い; けだるい; 無気力な. **2** 眠気を誘う.

**leth・ar・gy** /léθərdʒi レサヂ/ 名 U (正式) 倦(ケン)怠; 脱力感.

\*　**let's** /léts レッ/ let us の短縮形.

\*　**let・ter** /létər レタ/ 〖「文字」が原義〗
—— 名 (複 ~s /-z/) **1** C **文字**, 字 ‖
an initial letter 頭文字.
in capital letters 大文字で.
in small letters 小文字で.
There are 26 letters in the English alphabet. 英語のアルファベットは26文字である.
**2** C **手紙**, 書状, 書簡 《◆「はがき」は postcard, postal card, 「簡単な手紙・メモ」などは note》 ‖
a letter of recommendation 推薦状.
by letter 手紙で.
write a letter to him 彼に手紙を書く.
**3** [~s; 単数・複数扱い] **文学**; 学問, 学識; 文学的素養; 文筆業 ‖
a man of letters (正式) 文学者, 学者, 著述家.
**to the létter** (1) 文字どおりに. (2) 正確に, 言われたとおりに.

**létter bòx** (英) 郵便受け; (箱型の)ポスト((米) mailbox).

**létter càrrier** (米) 郵便集配人 (→ mail carrier).

**let・ter・head** /létərhèd レタヘド/ 名 C 〖印〗レターヘッド《会社名・所在地などを便せん上部に印刷したもの》; U レターヘッドのある便せん.

**let・tuce** /létəs レタス/ 名 C U 〖植〗チシャ, サラダ菜; [集合名詞] レタス ‖
two head(s) of lettuce(s) レタス2個.

**leu・k(a)e・mi・a** /luːkíːmiə ルーキーミア, (英+) ljuː-/ 名 U 〖医学〗白血病.

\*　**lev・el** /lévl レヴル/ 〖「水平」が本義〗

level
〈1 水平〉
〈2 (水平面の)高さ〉
〈3 水準〉

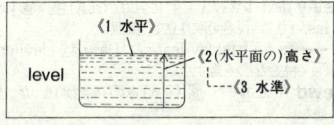

—— 名 (複 ~s /-z/) **1** C U **水平**; 水平面; 平地, 平原 ‖
bring the top of the table to a level テーブ

ルの表面を水平にする. **2** ©（水平面の）高さ；(ある高さの)平面；(建物などの)階 ‖
1,500 meters above sea level 海抜1500メートルの所で[に]).
Hold it at (your) eye level. 目の高さになるようにそれを持ちなさい.
**3** ©（知的・道徳的な)水準；(達した)程度, 段階, レベル, 量 ‖
It is well-known to the world that Japan has a high level of education. 日本が教育水準が高いことは世界によく知られている.
**4** Ⓤ（社会的な, 権限上の)地位；(特定の地位の)一群の人々.
***on a lével (with A)*** (…)と同じ高さで, 同等で, 対等で.
***on the lével*** (略式)［形］[副] 正直な[に]；真実の[に].
── [形] (比較) ~・er, (英) ~el・ler, (最上) ~・est, (英) ~el・lest) **1** 水平な.
**2** 平らな, 平坦(㌧)な《♦flat より堅い語》.
**3** 同じ高さの, 同じ水準の；**同等の**, 対等の ‖
The fence is level with my shoulders. その垣は私の肩と同じ高さだ.
a level race 互角の競走.
**4** 冷静な, 分別のある.
***dó one's lével bést*** (略式)最善[全力]を尽くす.
── [動]（三単現) ~s/-z/；(過去・過分) ~ed または (英) lev・elled /-d/；(現分) ~・ing または (英) ~・el・ling)
── [他] **1** …を水平にする, 平らにする ‖
level the ground with a bulldozer ブルドーザーで地ならしをする.
**2** …をなぎ倒す. **3** …を平等にする. **4** ⟨銃・非難など⟩を向ける.
── [自] **1** 平ら[水平]になる. **2** 平等になる.
***lével with A*** (略式) A⟨人⟩に率直[正直]に言う.
**lev·el(-)head·ed** /lévlhédid レヴルヘディド/ [形] 分別のある, 良識のある, 冷静な.
**lev·el·ly** /lévlli レヴルリ/ [副] 水平に[で]；平らに；平等に.
**lev·er** /lévər レヴァ, líːv- | líːvə リーヴァ/ (類音) lív・er/lívər/) [名] © **1** ⟨機械⟩レバー, てこ；バール, かなてこ. **2** (目的達成のための)手段.
── [動] **1** …を(てこで)動かす, あげる；…を解任する.
**lev·er·age** /lévəridʒ レヴァリヂ, líːv- | líːvə- リーヴァリヂ/ [名] Ⓤ **1** てこの作用. **2** 影響力, (有利な)手段.
**lev·i·ty** /lévəti レヴィティ/ [名] (複 -ties/-z/) (正式) Ⓤ 軽率；© 軽率な行為；気まぐれ.
**lev·y** /lévi レヴィ/ (同音) levee/) (正式) [名] (複 lev・ies/-z/) © 税金の取り立て, 徴収.
── [動]（三単現) ~・ies/-z/；(過去・過分) lev・ied/) [他] ⟨税金など⟩を課す.
**lewd** /lúːd ルード/ [形] (正式) みだらな, わいせつな；俗悪な.
**Lew·is** /lúːis ルーイス/ [名] **1** ルイス《男の名. Louis の異形. (愛称) Lew, Lewie》. **2** ルイス⟨(Harry) Sinclair /síŋkleər/ ~ 1885-1951；米国の小説家⟩.

**lex·i·cal** /léksikl レクスィクル/ [形] 語彙(")の；辞書(編集)の.
**lex·i·con** /léksikən レクスィカン, -kn | -kn -クン/ [名] © (正式) **1** (主に古典語の)辞書. **2** (特定の分野・作家などの)語彙(")(集).
**li·a·bil·i·ty** /làiəbíləti ライアビリティ/ [名] (複 -ties/-z/) **1** Ⓤ (正式) 責任, 責務, 義務.
**2** © (正式) [liabilities；複数扱い] 負債, 債務. **3** © (略式)不利となるもの, ハンディキャップ.
**li·a·ble** /láiəbl ライアブル/ [形] **1** (正式) [be liable to do] …しがちである, しやすい(apt) ⟨♦好ましくないことに用いる⟩；…しそうだ(likely) (→ subject [形] **2**) ‖
In winter I am liable to catch cold. 冬には私はかぜをひきやすい.
**2** かかりやすい；免れない ‖
We are all liable to illness. 我々はみな病気にかかりやすい.
**3** 法的責任がある；処せられるべき, 服すべき ‖
He is liable for his wife's debts. 彼は妻の借金を払う義務がある.
be liable to the death penalty 死刑に処せられるべきである.
**li·aise** /liéiz リエイズ/ [動]（現分) ~・ais・ing [自] (略式) (軍事・仕事などで)連絡をつける[保つ].
**li·ai·son** /liéizn リエイズン；⟨フランス⟩ [名] **1** Ⓤ© ⟨軍事⟩連絡, 連携. **2** (正式) 密通, 私通. **3** © ⟨音声⟩(フランス語などの)リエゾン, 連結発音.
**li·ar** /láiər ライア/ [名] (同音 lyre/) [名] © (主に常習的な)うそつき(→ lie²) ‖
He's a liar. 彼はうそつきだ.
**lib, Lib** /líb リブ/ [名] (略式) =liberation ⟨♦しばしば women's lib の句で用いる⟩.
**li·bel** /láibl ライブル/ [名] **1** ⟨法律⟩© 毀損(㌋)文書；Ⓤ 名誉毀損(㌋)(罪), 文書排毀(罪). **2** © (略式) 中傷発言[文], 侮辱で(㌋)するもの, 悪印象を与えるもの. (過去・過分) ~ed または (英) li・belled /-d/；(現分) ~・ing または (英) ~・bel・ling) [他] **1** ⟨法律⟩…についての毀損文書を公にする. **2** (略式) …を中傷する.
**lib·er·al** /líbərəl リバラル/ [形] **1** (正式) 気前のよい, 物惜しみしない(generous) ‖
be liberal with one's money 金離れがよい.
**2** 気前よく与えられた, 豊富な, たくさんある ‖
give her a liberal helping of ice cream 彼女にアイスクリームを(気前よく)山盛りにする.
**3** 寛大な, 心の広い；偏見のない ‖
be liberal in one's ideas 考え方に偏見がない.
**4** 自由主義の；進歩的な；[通例 L~] (主に英国・カナダなどの)自由党の ‖
a liberal policy 自由主義政策.
**5** ⟨教育などが⟩教養的な, 専門的でない.
── [名] © (政治・宗教上の)自由[改進]主義者；[L~] 自由党員.
**Líberal Democrátic Pàrty** [the ~] (日本の)自由民主党 (略) LDP).
**Líberal párty** [**Pàrty**] [the ~] (主に英国の)自由党.

**lib·er·al·ism** /líbərəlìzm リベラリズム/ 名 ⓤ 自由主義.

**lib·er·al·ize** /líbərəlàiz リベラライズ/ 動 (現分) -iz·ing/ 自 他 (…を)自由主義化する.

**lib·er·al·ly** /líbərəli リベラリ/ 副 **1** 気前よく, 惜しげなく. **2** ふんだんに, 多量に.

**lib·er·ate** /líbərèit リバレイト/ 動 (現分) -at·ing/ 他 (正式) …を解放する(set free) ‖ liberate women **from** housework 女性を家事から解放する.

**lib·er·a·tion** /lìbəréiʃən リベレイション/ 名 ⓤ **1** 解放すること, 解放されること.
**2** (社会的・経済的権利の)解放運動((略式) lib) ‖ women's **liberation** (movement) 女性解放運動, ウーマンリブ.

**Li·be·ri·a** /laibíəriə ライビアリア/ 名 リベリア《アフリカ西部の共和国》.

**lib·er·ties** /líbərtiz リバティズ/ 名 → liberty.

*__lib·er·ty__ /líbərti リバティ/ 〖→ liberal〗
——名 (複 -er·ties/-z/) **1** ⓤ (正式) 自由, (束縛・圧政などから)自由になること(cf. freedom); 解放 ‖
guard the **liberty** of people 国民の自由を守る.
Religious **liberty** spread. 宗教上の自由は広まった.
Give me **liberty**, or give me death. われに自由を与えよ, しからずんば死を与えよ《◆米国の愛国者 Patrick Henry の言葉》.
**2** ⓒ [通例 the ~] 使用の自由, 出入りの自由 ‖
give the guests the **liberty** of the entire house 客に家中のどの部屋にも自由に出入りしてもらう.
**3** ⓒ (正式) [しばしば liberties] 気まま, 勝手, 無礼な言動 ‖
I can't allow her to take so many **liberties**. 彼女にそんなに勝手をさせてはおけない.
**at líberty** (正式) (1) 自由で, 解放されて; 逮捕されていなくて ‖ The police set him **at liberty**. 警察は彼を釈放した. (2) 暇で; 自由にしてよい, 許されて ‖ I am sorry, but I am not **at liberty to** come to your birthday party. 残念ですが, 誕生パーティに出席できません.
**táke the líberty of** *doing* (正式) [通例 I, We を主語として] 失礼をも省(かえり)みず…する; 勝手に…する.
**Líberty Bèll** [the ~] (1776年米国の独立を告げた)自由の鐘.
**Líberty Ísland** リバティー島《New York 湾の「自由の女神」のある島. 1956年までは Bedloe('s) Island と呼ばれた》.
**Líberty wèekend** (米) 独立記念日の週末.

**Li·bra** /líːbrə リーブラ/ 名 **1** ⓤ 〖天文〗てんびん座. **2** 〖占星〗天秤宮[座]; ⓒ 天秤宮生まれの人《9月23日-10月23日生》.

*__li·brar·i·an__ /laibréəriən ライブレアリアン/ 〖→ library〗 名 (複 ~s/-z/) ⓒ 司書, 図書館員.

**li·brar·i·an·ship** /laibréəriənʃip ライブレアリアンシ/ 名 ⓤ (主に英) 司書職; 図書館学.

**li·brar·ies** /láibrèriz ライブレリズ/ -brariz -ブラリズ/ 名 → library.

*__li·brar·y__ /láibrèri ライブレリ, -beri/ láibrəri ライブラリ, -bəri/ 〖「本屋」が原義〗
働 librarian (名)
——名 (複 --brar·ies/-z/) ⓒ **1** 図書館; 図書室 ‖
I like using the **library**. 私は図書館を利用するのが好きだ.

[関連] [種類] lénding líbrary 貸本屋; (英) 貸出し図書館 / frée líbrary (英) (無料の)公共図書館 / públic líbrary 公共図書館 / réference líbrary 閲覧専用図書館 / réntal líbrary (米) (有料の)貸出し図書館 / tráveling [móbile] líbrary 巡回図書館 ((米) bookmobil).

**2** 蔵書; (フィルム・レコードなどの)コレクション ‖
build up a **library** 蔵書を増やす.
have a large **library** of books on birds 鳥についての本をたくさん持っている.
**3** 書斎; 書庫.
**4** (出版社が出す同じ体裁でそろえた)双書, 文庫.

**Lib·y·a** /líbiə リビア/ 名 リビア《アフリカ北部の共和国. 首都 Tripoli》.

**lice** /láis ライス/ 名 → louse.

**li·cence** /láisəns ライセンス/ 名 ⓤ (英) =license.

**li·cense, li·cence** /láisəns ライセンス/《◆(英) では名詞は licence, 動詞は license がふつう》名 **1** ⓤ ⓒ 許可, 認可, 免許 ‖
obtain [get] a **license** to hunt pheasant キジ猟の免許を取得する.
**2** ⓒ 免許証[状], 許可証, 鑑札 ‖
get a dríver's **lícense** (米) =(英) get a dríving **lícence** 自動車運転免許をとる.
**3** ⓤ (正式) (言動などの)自由; 放縦.
**4** ⓤ (芸術家の形式にこだわらない)自由, 破格.
——動 (現分) -cens·ing/ 他 …に許可[免許状]を与える ‖ He was **licensed** to sell tobacco. 彼はタバコ販売の許可(証)を与えられた.

**lícense plàte** (米) (車の)ナンバープレート((英) number-plate) (図 → car).

**li·chen** /láikən ライケン, (英+) lítʃin/ ((同音) liken) 名 ⓒ ⓤ 〖植〗 地衣(類).

**lick** /lík リク/ 動 **1** …をなめる, なめて食べる; [lick A C] A(物)をなめて C (の状態)にする《◆C は形容詞》‖
**lick** a stamp 切手をなめる.
**lick** an ice-cream cone コーンに入ったアイスクリームをなめる.
**lick** the plate clean 皿をなめてきれいにする.
**2** (正式) 〈波・炎などが〉…をかすめる, なめる.
**3** (略式) …を打ち負かす.
——自 〈波・炎などが〉さっと動く.
——名 ⓒ [通例 a ~] なめること, ひとなめ.

**lic·o·rice,**(英では主に) **liq·uor·-** /líkəriʃ リカリシュ, -is/ 名 1 ⓊⒸ 【植】カンゾウ(甘草). 2 Ⓤ カンゾウの干した根(のエキス); ⓊⒸ その風味をつけた菓子[キャンディー].

**lid** /líd リド/ (類音) rid/ríd/) 名 Ⓒ 1 (箱・なべなどの)ふた《◆びんの「ふた」は lid》‖
take the **lid** off ふたを取る.
**2** まぶた.

**\*lie¹** /lái ライ/ 【「水平面の上にべったり横になる, 横になっている」が本義. cf. lay】

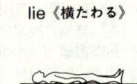

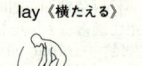

lie 〈横たわる〉  lay 〈横たえる〉

── 動 (三単現) ~s/-z/; (過去) lay/léi/, (過分) lain/léin/; (現分) ly·ing/láiiŋ/)
── 自 1 横たわる, 横になる; 横たわっている《◆一時的な状態をいう場合はふつう be lying》‖
**lie** in bed (病気・睡眠などで)床についている.
**lie** on one's back あおむけになる.
**lie** on one's side 横向きになる.
**lie** on one's face うつぶせになる.
対話 "Can you push my back for me?" "Okay, turn over and **lie on** your stomach."「背中を押してもらえないかなあ」「いいわよ, くるりとうつ伏せになってちょうだい」.

Q&A **Q**: アメリカの高校の友だちの手紙の中に The hen *laid* in the nest this morning and *lay* an egg. という文がありました. これは正しいのでしょうか.
**A**: 英米の子供たちは lie (lay, lain) と lay (laid, laid) の過去・過去分詞の活用形をよく間違えます. これもその例の1つかと思います. 正しくは The hen *lay* in the nest … and *laid* an egg. (めんどりが巣に座って卵を産みました)となります. このような間違いをしないようしっかり覚えておきましょう.

**2** 置かれている, ある《◆場所を表す副詞(句)を伴う. 一時的な状態をいう場合はふつう be lying》‖
get one's hair to **lie down** 髪を寝かす.
The vase is **lying** on the table. 花びんがテーブルの上にころがっている.
The toys were **lying** all over the floor. おもちゃが床一面にちらかっていた.

**3** [lie Ⓒ] C の状態にある, C のままである(remain) 《◆ C は形容詞(句)・分詞・前置詞 ＋ 名詞. ふつう be lying とはならない》‖
**lie** idle [unused] 使用されないでいる.
**lie** hidden 隠れている.
**lie** in prison 刑務所に入っている.
He **lay** dying. 彼は死にかかっていた.

**4** (正式)…に位置する, ある; 〈場所・景色などが広がっている, 展開している; 〈道などが通っている, 延びている《◆場所を表す副詞(句)を伴う. be lying とはし

ない》‖
Italy **lies** (to the) south of Switzerland. イタリアはスイスの南に位置する.
The town **lies** two miles from the sea. その町は海から2マイルのところにある.
The whole village **lay before** us. 村全体が眼前に展開していた.

**5** 埋葬されている. **6** 【法律】〈訴えなどが〉認められる.

**líe báck** [自] あお向けになる.
**líe dówn** [自] 横になる(→ 名 2).
**líe ín** (1) (英略式) [自] 朝寝坊する. (2) [~ *in* A] 〈事実などが〉…にある, 見出される ‖ The difficulty **lies in** our lack of knowledge. 私たちに知識のないことが困るのだ.
**líe on** [*upón*] [～] …次第である.

── 名 Ⓒ (通例 the ~) (物の)あり方, 位置.

**\*lie²** /lái ライ/ (派) liar (名)
── 名 (複 ~s/-z/) Ⓒ うそ, 偽り(⇔ truth)《◆日本語の「うそ(をつく)」よりはるかに露骨で相手の人格を否定する口調の強い語. 昔は lie, liar と言われた場合, 決闘を申し込むほどだったという. したがって, 遠回しに untruth (真実でないこと)などを使うことも多い》‖
a pack of **lies** うそ八百.
tell [ˣsay] a white **lie** to him 彼に罪のないうそを言う《◆「悪意のうそ」は black lie》.
That's a **lie**. うそつけ《◆相手のうそを非難する言葉. You're a liar. より控えめな表現》.
No, I tell a **lie**. (アナウンサーの言葉)いや, 言い間違えました.

表現 (1) blatant [complete, downright, glaring] **lie** 真っ赤なうそ / palpable [transparent] **lie** 見えすいたうそ / plausible [specious] **lie** もっともらしいうそ.
(2) 日本語の「うそでしょう」は You must be joking[kidding]. / I can't believe it. / Are you sure of that? などに近い.

── 動 (三単現) ~s/-z/; (過去・過分) ~d/-d/; (現分) ly·ing/láiiŋ/)
── 自 うそを言う ‖
He **lied** about getting good grades. 彼は良い成績をとったとうそを言った.
You're **lying**. うそをつけ《◆ Don't *lie*. より語調が強い》.
対話 "Why are you so angry with your son?" "Because he **lied** to me." 「どうして息子さんのことをそんなに怒っているのですか」「だって私にうそをついたんだから」.

**líe detèctor** うそ発見器.

**Liech·ten·stein** /líktənstàin リクテンスタイン/ 名 リヒテンシュタイン《オーストリアとスイスの間にある公国. 首都 Vaduz》.

**lieu** /lúː ルー/ 名 (正式) (次の句で) ‖
in **lieu** of … …の代わりに.

**lieu·ten·ant** /luːténənt ルーテナント | leftén- レフテ

ナント, ləf-/ 名 C (略) Lieut. **1** (上司の)代理, 副官. **2** 〔米陸軍〕中尉, 少尉；〔英陸軍〕中尉. **3** 〔海軍〕大尉. **4** (米) 副署長.

**lieuténant cólonel** (米) 陸[空]軍中佐, (英) 陸軍中佐(略) Lt. Col., LTC).

**lieuténant commánder** 海軍少佐.

**lieuténant géneral** (米) 陸[空]軍中将, (英) 陸軍中将.

**lieuténant góvernor** (米) 州副知事；(英) (植民地の)副総督；(カナダ) 州知事.

**\*\*life** /láif ライフ/ 〖「生命(のあるもの)」「生命の力」が本義, 動詞は live〗

→ 名 **1** 生命 **2** 生物 **3** 人生 **6** 生活 **8** 活気

── 名 (複 **lives**/láivz/) **1** UC 生命, 命；生きていること ‖
a màtter of life and déath 生死にかかわること, 重大問題.
How did life first begin? 生命はどのようにして始まったか.
Many lives were lost in the accident. その事故で多くの命が失われた.
**2** U 〔集合名詞〕生物, 生き物 ‖
specialize in animal life 動物を専門に研究する.
There is no life on the moon. 月に生物はいない.
**3** U 人生, この世に生きること；現世；世間 ‖
Life is but a dream. 人生は夢にすぎない.
You've seen nothing of life. おまえは全く世間を知らないのだ.
[対話] "What do you want to do in your life?" "I don't know." 「将来何をしたいと思っているんだい」「さあわからないよ」.
**4** C 一生, 生涯；(物の)寿命, 耐用期間 ‖
the life of a car engine 車のエンジンの寿命.
We've known each other all our lives. 私たちはずっと前々からの知り合いです.
**5** C 〔通例 lives〕(死者と対比して)人, 人命 ‖
Five lives were lost in the fire. 火事で5人が死んだ.
**6** CU 生活, 暮らし(方), 生き方 ‖
country life 田舎(\*\*\*)の生活.
lead a happy life 幸福な生活を送る.
lead a double life 二重生活を送る.
**7** C =life story.
**8** U 活気, 生気, 元気, 快活；(生物の)活動 ‖
a face bright and full of life 晴れやかで生気のみなぎった顔.
**9** U 活力源, 生気を与えるもの；[the ~] はなやかにする人[物], 中心人物, 原動力 ‖
Photography is his life. 写真は彼の生きがいだ.
She is always the life (and soul) of the party. (略式) 彼女はいつもパーティーの花だ.
**10** U (略式) =life imprisonment [sentence].
**11** U 〔美術〕実物.

(**as**) **lárge** [(米) **bíg**] **as lífe** 実物大の.
**bréathe** (**néw**) **lífe into** A …を一層生き生きとさせる.

**bring** A (**báck**) **to lífe** (1) A〈人〉を生き返らせる；…を元気にさせる. (2) A〈話など〉を生き生きとさせる.
○**còme** (**báck**) **to lífe** (1) 意識を取り戻す, 生き返る. (2) 活況を呈する；生き生きとしてくる.
**for déar lífe** =**for** one's **lífe** 必死で, 死にものぐるいで.
**for lífe** (1) 死ぬまで(の), 一生(の)；任期が切れるまで(の). (2) 命を救うために.
**for the lífe of** one (略式) [否定文で] どうしても ‖ I can't for the life of me remember her address. どうしても彼女の住所が思い出せない.

Q&A **Q**：この句はどうしてそのような意味になるのですか.
**A**：この for は交換を示すもので「(大切な)命と交換しても」から「命を投げ出しても, 命をとられても」→「なんとしてでも」の意になったものです.

**in lífe** (1) 生前, 存命中. (2) この世で.
**in** one's **lífe** (1) 一生を通じて, 死ぬまで. (2) 生まれて今までに ‖ for the first time in one's life 生まれて初めて.
**làv dówn** one's **lífe** (人・国などのために)命を捨てる.
**retúrn** A **to lífe** A〈人〉を生き返らせる.
**Thát** [**Súch**] **is lífe.** 人生とはそういうものだ；それが人生なんだから仕方がない.
**This is the lífe.** これこそ(本当の)人生だ《◆楽しい時などに言う》.
**to the lífe** 実物そっくりに.
**trúe to lífe** 〔劇・絵などが〕現実からそれない, 実生活を忠実に表している, 本物そっくりの.

**life assúrance** (英) =life insurance.
**life bèlt** 救命帯.
**life bùoy** 救命ブイ.
**life cỳcle** 〔生物〕生活環；ライフサイクル, 生活周期.
**life expéctancy** 平均寿命[余命].
**Lífe Guàrds** (英) [the ~] 近衛(ショウ)騎兵連隊.
**life hístory** 生活史.
**life imprísonment** 終身刑.
**life insúrance** 生命保険(金) ((英) life assurance).
**life jàcket** 救命胴衣.
**life ràft** 救命いかだ, 救命ゴムボート.
**life sciences** 生命科学《植物学・動物学・生化学・微生物学・医学など生命現象を扱う学問の総称》(bioscience).
**life séntence** 終身刑(の判決).
**life spàn** (生物・機械などの)寿命.
**life stòry** 伝記《◆単に life ともいう》.
**life's wòrk** =lifework.

**life·blood** /láifblʌd ライフブラド, -ˌ/ 名 U (生命に必要な)血.
**life·boat** /láifbòut ライフボウト/ 名 C 救命艇, 救命ボート；救助艇.
**life·guard** /láifgɑ̀ːrd ライフガード/ 名 C **1** (米) (水

**life·less** /láifləs ライフレス/ 形 **1** 生物の住まない. **2**(正式)生命のない,死んだ. **3** 元気のない.
**life·less·ly** 副 死んだように,活気なく.
**life·like** /láiflàik ライフライク/ 形 生きているような,生き写しの;真に迫った.
**life·line** /láiflàin ライフライン/ 名 ⓒ **1** 救命索. **2**(潜水夫などの)命綱. **3**(正式)(必要な物資の輸送・通信における)ライフライン《ガス・水道・電気・道路など》;(手相の)生命線. **4**(人生相談の)電話.
**life·long** /láiflɔ̀(ː)ŋ ライフロ(ー)ング/ 形 生涯続く,終生の.
**life-size(d)** /láifsáiz(d) ライフサイズ(ド)/ 形 《彫像などが》等身大の,実物大の.
**life·style** /láifstàil ライフスタイル/ 名 ⓒ (個人・集団の)生活様式,生き方.
**lifestyle disèase** 生活習慣病.
**life-sup·port sys·tem** /láifsəpɔ̀ːrt シ́ ライフサポート・ー/(宇宙船などの)生命維持装置.

*__life·time__ /láiftàim ライフタイム/ 《→ life》
── 名 (複 ~s/-z/) ⓒ **1** 一生,生涯,終生 ‖
It's the chance of a lifetime. 一生で最高のチャンスだ.
a lifetime job 一生の仕事.
**2** (物の)寿命,存続期間 ‖
the lifetime of a washing machine 洗濯機の寿命.
**lifetime emplòyment** 終身雇用.

**life·work** /láifwə́ːrk ライフワーク/ 名 Ⓤ 一生の仕事,ライフワーク《◆ life's work ともいう》.

**__lift__** /líft リフト/ 『「物をある場所から高い場所へ動かす」が本義』
── 動 (三単現 ~s/lifts/; 過去・過分 ~·ed/-id/; 現分 ~·ing)

| 他 と 自 の関係 | | |
|---|---|---|
| 他 **1a** | lift A | A を持ち上げる |
| 自 **1** | A lift | A が(持ち)上がる |

── 他 **1a** …を持ち上げる,引き上げる《◆ raise はふつう「軽い物を必要な位置に上げる」こと》‖
lift the receiver on the second ring 2回目のベルで受話器を取る.
対話 "What shall I do if the phone rings?" "Let it ring two times and then **lift up** the receiver." 「電話が鳴ったらどうすればいいんですか」「2回ベルが鳴るのを待って受話器を取ってください」.
**b** 〈顔・目など〉を上げる,上に向ける ‖
lift one's head 頭を上げる.
lift one's eyebrows まゆを上げる《◆ 疑い・非難・驚きなどを示す表情》.
**2** …を持ち上げて移動する;…を手に取って下ろす;…を持ち上げて取る ‖
lift the basket **up** to the shelf かごを持ち上げて棚に上げる.
lift the box **down** from the shelf 棚から箱を下ろす.
**3**〈正式〉…の地位を高める,向上させる;〈気分など〉を高揚させる ‖
The news **lifted** our spirits. その知らせを聞いて私たちの士気はあがった.
**4**(略式)…を解除する,やめる. **5**〈植物〉を(移植などのため)掘り出す. **6**(正式)〈声・叫び声など〉を張り上げる. **7**(略式)…を万引する;…を盗用する.
── 自 **1**〔通例否定文で〕(持ち)上がる ‖
The kitchen window would **not lift**. 台所の窓がどうしても上がらなかった.
**2**〈雲・霧などが〉晴れる.
**lift óff** (1)〔自〕〈ヘリコプター・ミサイルなどが〉垂直離陸する.(2)[~ *off* **A**]〈月面など〉から離昇する.

── 名 (複 ~s/lifts/) **1** ⓒ 〔通例 a ~〕持ち上げる[上がる]こと;(物の)持ち上がる距離,持ち上げられる重量 ‖
give her **a lift** into the hammock 彼女を抱き上げてハンモックに入れる.
**2** [a ~](自動車などに)乗せること《(米)ride》‖
ask her for **a lift** 彼女に乗せてくれと頼む.
He gave me **a lift** to town. 彼は町まで乗せてくれた.
対話 "Oh, damn. I missed the bus." "I'll give you **a lift** home if you like." 「ああ,しまった. バスに乗り遅れてしまった」「よろしければお宅まで車で送りましょう」.
**3** ⓒ (英) エレベーター《(米) elevator》.
**4** ⓒ〔複合語で〕(各種の)リフト,昇降機 ‖
a ski lift スキーリフト.
**lift bòy**(英)(ホテル・大商店などの)エレベーター運転係.
**lift trùck** リフトトラック《貨物駅などで用いる小型運搬車》.
**lift·man** /líftmæn リフトマン/ 名 (複 ·men) ⓒ (英)エレベーター運転係《(PC) lift operator, (米) elevator operator》.
**lift-off** /líftɔ̀(ː)f リフト(ー)フ/ 名 ⓒ (ミサイル・ロケットなどの)発射[時点].
**lig·a·ment** /lígəmənt リガメント/ 名 ⓒ **1**〔解剖〕靱帯(じんたい). **2**(物を結びつけている)ひも,帯;きずな.

*__light__¹ /láit ライト/ 〔類音 right, rite, write, /ráit/〕〔「明るい」が原義〕
派 lighten¹（動), lightning（名）
→ 名 **1** 光 **2** 明かり **3** 日光 **4** 火 **5** 考え方
形 **1** 明るい **2** 薄い
動 **1** 火をつける **2** 明るくする 自 火がつく
── 名 (複 ~s/láits/) **1** Ⓤ 光,光線(↔ darkness)‖
a ray of **light** 光線.
The sun gives us heat and **light**. 太陽は我々に熱と光を与える.
**2** ⓒ〔通例 the ~〕明かり;灯火,照明;信号灯《◆ electric [lamp, candle, traffic] light などの省略表現》‖
Turn on the **light**. 明かりをつけなさい.
Turn right at the next **light**. 次の信号で右に

曲がりなさい.
cross the street on the green light 青信号で通りを渡る.

**3** Ⓤ 日光(sunshine); 昼間; 夜明け ‖
I put up the shutters to keep out the light. 日が入らないようにシャッターを閉めた.

**4** Ⓒ (略式)〔通例 a ～〕(点火するための)火, 火花; 火をつけるもの《match, lighter など》‖
strike a light (マッチをすったりして)火をつける.
Can you give me a light for my cigar? 葉巻きの火を貸してくれませんか《◆この意味では fire は不可》.

**5** Ⓒ (物事の)考え方, 見方, 観点(view)‖
We tried to see the matter in various lights. いろいろな観点からその問題を見るように努めた.

**6** Ⓤ〔時に a ～〕(目の)輝き, きらめき《◆幸福感・興奮を表す》‖
He had a strange light in his eyes. 彼の目には好奇の輝きがあった.

**bríng** A **to líght** …を明るみに出す, 暴露する.
**còme to líght** 明るみに出る.
**in a bád light** (1) よく見えないように. (2) 悪い点を強調して. (3) 不利な立場に.
**in a góod light** (1) よく見えるように. (2) 良い点を強調して. (3) 有利な立場に.
**in**((英))**the light of** A 〔正式〕…を考慮して; …の観点から.
**sée the líght** (1)〔see the ～ (of day)〕〔文〕〈人が〉生まれる;〈物が〉日の目を見る. (2)〈人が〉前に反対していた考えなどを受け入れる.
**sét líght to** A …に火をつける.
**shéd**〔**thrów, cást**〕**líght on**〔**upòn**〕A …をより明確にさせる, 説明する.

—— 形 (通例 比較 ～·er, 最上 ～·est) **1** 明るい(↔ dark)‖
The room is not light enough for sewing. その部屋は針仕事ができるほど明るくはない.
It gets light before six at this time of (the) year. 一年の今頃は6時前に明るくなる.

**2**〔しばしば複合語で〕〈色が〉薄い, 淡い; 白っぽい.

—— 動 (三単現 ～s/láits/; 過去・過分 lit/lít/ または ～·ed/-id/, 現分 ～·ing)

Q&A **Q**: light の過去・過去分詞には2つありますが, どう使い分けますか.
**A**: 名詞の前で形容詞として用いる過去分詞では a *lighted* candle (ともされたろうそく)のように lighted がふつうですが, それ以外は区別しません.

—— 他 と 自 の関係
| 他 | **1** | light A | A に火をつける |
| 自 | **1** | A light | A が火がつく |

—— 他 **1** …に火をつける, 点火する;〈火〉をつける, 燃やす‖
light the gas ガスに火をつける.
light a fire in the fireplace 暖炉で火を燃やす.

**2** …を明るくする, 照らす; …に明かりをつける‖
The chandelier lit〔lighted〕up the room. シャンデリアが部屋を明るくした.
The moon lit〔lighted〕up the way. 月が道を照らした.

**3** …を輝かせる‖
The news lit〔lighted〕up her face. 知らせを聞いて彼女の顔は明るくなった.

—— 自 **1** 火がつく, 燃えつく. **2** 輝く. **3**(英) 明かりをつける.

**líght bùlb** 電球.
**líght pèn**〔コンピュータ〕ライトペン《画面に触れることで入力する》.
**líght pipe** 光ファイバー.
**líght yèar**〔天文〕光年.

*__light__²/láit/ ライト〔『軽くて分量・負担などが少ない』が本義〕派 lighten²(動), lightly(副)
→ 形 **1**軽い **2**少ない **4**軽快な

—— 形 (通例 比較 ～·er, 最上 ～·est) **1** 軽い(↔ heavy); 比重の小さい;〔補語として〕量目不足の‖
The suitcase is light enough for me to carry. スーツケースは私に持てるくらいの軽さだ.
Hydrogen is the lightest gas. 水素はいちばん軽い気体である.

**2**〔通例名詞の前で〕(量が)少ない;(程度・力などが)小さい‖
We had only a light fall of snow. 雪はほんのわずか降っただけであった.
Traffic was light. 交通量は少なかった.

**3**〈罰・仕事・病気・税などが〉軽い, 厳しくない; 容易な‖
light work 軽労働.

**4** 軽快な, 軽やかな; 熟練した‖
walk with light steps 軽い足取りで歩く.
light on one's feet 足が軽い.
She is a light dancer. 彼女は軽やかに踊る.

**5** 苦労のない, 悲しみのない; 陽気な, 快活な‖
in a light mood 楽しい気分で.

**6**〔通例名詞の前で〕娯楽の, 肩のこらない‖
light conversation 内容のない会話.
light reading 肩のこらない読み物.

**7** 軽率な, 気まぐれの.

**8**〈眠りが〉浅い;〈食物が〉消化しやすい, 胃にもたれない;〈酒が〉アルコール分の少ない‖
a light sleeper 眠りの浅い人.

**9**〈土が〉くだけやすい, 砂気(っ)の多い《◆受airにできる》.
**màke líght of** A …を軽視する《◆受airにできる》.

—— 副 (通例 比較 ～·er, 最上 ～·est) 軽く; 容易に《◆ lightly の方が一般的》‖
travel light 身軽に旅行する.
Light come, light go. →(ことわざ)**lightly** 5.

**líght áir**〔気象〕至軽風《秒速0.3-1.5m. → wind scale》.
**líght bréeze**〔気象〕軽風《秒速1.6-3.3m. → wind scale》.
**líght héavywèight**〔ボクシング〕ライトヘビー級の(選手)(→ boxing 関連).

**líght hórse** 軽騎兵隊.
**líght índustry** 軽工業.
**líght músic** 軽音楽.

**light·en**[1] /láitn/ ライトン /動/ **1** …を明るくする, 照らす. **2** 〈顔など〉を晴れやかにする. — /自/ 〈空・色などが〉明るくなる; 〈目などが〉輝く.

**light·en**[2] /láitn/ ライトン /動/ 《正式》/他/ **1** …を軽くする, 〈船などの〉荷を少なくする ‖
He **lightened** his bag by removing a dictionary. 彼は辞書を出してかばんを軽くした.
**2** …を元気づける, 安心させる.
— /自/ 軽くなる; 楽になる; 元気になる ‖
Her heart **lightened** when she saw her son home safe. 無事に帰った息子を見て彼女はほっとした.

**light·er** /láitər/ ライタ /名/C 火をつける人［物］; (タバコ用の)ライター.

**light-hand·ed** /láithǽndid/ ライトハンディド/ /形/ **1** 手先の器用な. **2** ほとんど手ぶらの.

**light-head·ed** /láithédid/ ライトヘディド/ /形/ **1** 軽薄な, 思慮のない; 愚かな. **2** 目まいのする.

**light-heart·ed** /láithɑ́ːrtid/ ライトハーティド/ /形/ **1** 快活な, 陽気な. **2** いやに楽天的な, のんきな.

**light·house** /láithàus/ ライトハウス/ /名/C 灯台 ‖
a **lighthouse** keeper 灯台守.

**light·ing** /láitiŋ/ ライティング/ /動/ → light[1].
— /名/C **1** 点火, 点灯. **2** 照明装置［方法］. **3** 照明, (絵・写真の)照明効果.

**light·ly** /láitli/ ライトリ/ /副/ **1** 軽く, そっと ‖
tap **lightly** on the door 軽く戸をたたく.
**2** [通例否定文で] 軽率に, 軽々しく, 軽んじて ‖
You should not think **lightly** of her. 彼女を軽視すべきではない.
**3** 少し, 軽く, ちょっと ‖
sleep **lightly** ちょっと眠る.
**4** 軽やかに, 軽快に ‖
skip **lightly** around 軽快に跳び回る.
**5** すばやく, 容易に ‖
**Lightly** come, **lightly** go. (ことわざ) 得やすいものは失いやすい; 「悪銭身につかず」.
**6** 陽気に, 快活に ‖
accept the refusal **lightly** 平気でことわりを受け止める.

**light·ness**[1] /láitnəs/ ライトネス/ /名/U **1** 明るいこと, 明るさ. **2** (色の)薄さ, 白さ; 薄い色. **3** 照明度.

**light·ness**[2] /láitnəs/ ライトネス/ /名/U **1** 軽いこと, 軽さ. **2** 軽快さ. **3** 優美さ. **4** 陽気, 快活. **5** 軽率.

**light·ning** /láitniŋ/ ライトニング/ (つづり注意)《◆ ×lightening》
— /名/U 稲妻, 稲光, 電光 ‖
be struck by (a bolt of) **lightning** 雷に打たれる.
**Lightning** never strikes twice in the same place. (ことわざ) 雷は同じ場所に二度落ちない;「同じ(悪い)ことは二度とない」.
— /形/ 電光石火の, すばやい ‖
with **lightning** speed 電光石火の速さで.

**líghtning condùctor** [《米》**ròd**] 避雷針.

**light·weight** /láitwèit/ ライトウェイト/ /名/C **1** 標準重量以下の人［動物］. **2** 《ボクシング》ライト級の選手 (→ boxing 関連). **3** とるに足らぬ人.
— /形/ **1** 軽量の. **2** つまらない. **3** 《ボクシング》ライト級の.

**lik·a·ble, like·–** /láikəbl/ ライカブル/ /形/ 好感の持てる, 魅力のある, 好ましい.

**＊like**[1] /láik/ ライク/ 『『(人を)気に入らせる』が原義』 /他/ 《名》
→ /動/他 **1** 好きである **3** ほしいと思う /自/ 好む
— /動/ (三単現) **~s**/-s/; (過去・過分) **~d**/-t/; (現分) **lik·ing**
— /他/ **1** …が好きである, …を好む; …が気に入っている《◆ふつう進行形にしない》(↔ dislike) ‖
I **like** comics. 私は漫画が好きです.
I **like** her very much. 私は彼女がとても好きです.
I don't much **like** modern art. 現代美術はあまり好きではない《◆ much は文尾でもよい》.
He **likes** cats better [《正式》more] than dogs. 彼は犬よりも猫の方が好きだ.
Which do you **like**, tea or coffee? お茶とコーヒーのどちらにしますか《◆ Which do you **like** better, tea or coffee? は「お茶とコーヒーのどちらが好きですか」》.
対話 "How do you **like** your new job?" "Very much." 「新しい仕事は気に入っていますか」「ええ, とても」.

Q&A　**Q**: 「私はリンゴが好きです」を I **like** an apple. と言ったらおかしいと言われました.
**A**: このような一般的な好みを言う場合は I **like** apples. のように複数形を使うのがふつうです.

**2** [**like** to do / **like** doing] …するのが好きである, …することを好む; [否定文で] …したい気がする ‖
Children **like** playing more than studying. 子供は勉強より遊ぶ方が好きだ.
She **likes** to sleep late at weekends. 彼女は週末には朝ねぼうがしたい.
I don't **like** to disturb her when she is busy. 彼女が忙しくしている時はじゃまはしたくない.
対話 "Do you **like** walking?" "Yes, I do. I **like** to walk in the mountains on Sundays."「歩くのは好きですか」「ええ, 日曜に山歩きをするのが好きなんです」.

**3** [**like** A to do / **like** A doing] A〈人・物〉に…してほしいと思う, A〈人〉が…するのを好む ‖
I **like** you to tell the truth. 私は君たちに真実を言ってもらいたい.
I don't **like** him to waken me. 私は彼に起こしてもらいたくない.
I don't **like** you [your] yelling at her all the time. 君には絶えず彼女にがみがみ言ってもらいたくない.

**4** [**like** A C] A〈物・事〉が C であるのを**好む**, 望む ‖
I **like** my lunch hot. (＼) 昼食は温かいのがよい; (＼) 温かければ昼食をいただきます.

## like

対話 "How would you **like** your steak?" "Medium, please." 「ステーキの焼き具合はいかがいたしましょうか」「ミディアムでお願いします」.

**5** …を望む, …がほしい ‖
What do you **like** for breakfast? 朝食には何がいいのですか.

**6** (略式)[否定文で]〈食べ物が〉〈人〉(のからだ)に合う, 適する ‖
I like eggs but they don't **like** me. 卵は好きなんだがからだに合わない.

—⃞自 好む, 望む ‖
Do as you **like**. 好きなようにしなさい.
Come whenever you **like**. いつでもお好きな時にお越しください.

◇**Hów do you líke A?** (1) (意見・判断を求めて) …はどうですか (→ 他 **1**) ‖ 対話 "How do you like your new dress?" "Not very much." 「新しいドレスはどうですか」「あまり気に入っていません」. (2) …はどうしましょう (→ 他 **4**).

**I'd like to sée [knów] A.** …にお目にかかりたい ものです, 見せて[知らせて]もらおうじゃないか《◆怒って, また不信を抱いて用いる》.

**if you like** よろしかったら ‖ I will come over tomorrow **if you like**. よろしかったら明日うかがいます.

**would [should] like A** (略式) **'d like A** …がほしい(のですが) ‖ I would [should] like this book. この本をいただきたいのですが.

◇**would [should] like to do** …したいのですが ‖ I'd like to sit in the garden. 庭で座りたいのですが / I would like to live on Mars. 火星で暮らしたいものだが.

**would like to have** done …したかったのだが ‖ I would like to have come to the party. パーティーに来たかったのだが.

**Would you líke A?** …はいかがですか《◆人に物をすすめるのに用いる. Do you want ...? のていねい表現》‖ 対話 "Would you like a drink?" "Yes, please. A Coke would be fine." 「お飲みものはいかがですか」「ええ, お願いします. コーラがいいです」.

> Q&A **Q**：応答にはそれ以外にどんなものがありますか.
>
> **A**：相手がすすめることを受けいれる場合, 最もていねいな表現では Thank you, I'd like to very much. がよいでしょう. 断る場合には No, thanks. とか I won't have [don't want] anything, thanks. などと言います. No, I wouldn't. と答えると, 相手に対してぶっきらぼうで失礼な応答となります.

◇**Would you líke to do?** …なさいますか ‖ 対話 "Would you like to come to the concert with me?" "I'd love to." 「私と一緒にコンサートにおでかけになりますか」「ええ, 喜んで」.

—⃞名〔〜s〕好み, 好きなこと ‖
**li**́kes and disli**́**kes 好き嫌い.

## like

**\*like**² /láik ラィク/〚『似ている』が本義〛廃 likely (形・副), likeness (名), likewise (副)

—⃞形 [比較] more 〜, (主に詩) lik·er; [最上] most 〜, (主に詩) lik·est》
**1** [名詞の前で] (ほぼ)同じ, 同じ形[種類, 量]の; 似ている, 類似の ‖
two skirts of **like** design 同じデザインの2枚のスカート.
**2** [補語として]《◆ふつう次の成句で》.
**(as) like as two péas** (略式) とてもよく似て.

—⃞前 **1a** …に似た, …のような; …と同じ特質のある ‖
Her house is (very much) **like** mine. 彼女の家は私の家と(たいへん)似ている《◆very だけでも可》.
He is **like** a father to me. 彼は私にとって父親みたいな人だ.

**b** …のような ‖
in cases **like** this このような場合に.
I have a dress **like** yours. あなたのドレスに似たようなのを持っているよ.

**2** …と同じように, 同じ方法で; …と同じ程に ‖
sing **like** a bird 鳥のように歌う.
sleep **like** a log 死んだようにぐっすり眠る.
I'm nòt táll(↘)│**like** yóu. (↗) 君と同じで私も背が高くない.
**Like mother, like daughter.** (ことわざ)(略式) この母にしてこの娘あり; 親が親なら子供も子供だ《◆よい意味でも悪い意味でも用いる. **Like father, like son.** も同じ》.

**3** (略式) …らしく, …の特徴を示して ‖
I'm not **like** myself today. きょうはいつもの自分ではないようだ.
It is just **like** him to forget his birthday. 自分の誕生日を忘れるなんていかにも彼らしい.

**jùst like thát** 簡単に, 無造作に.
**like só** (略式) こういうふうにして.
**like thát** 〔形〕〔副〕あのような[に].
**like thís** 〔形〕〔副〕このように[ような].
**sómething like ...** (1) いくぶん…のような ‖ This feels **something like** silk. これはちょっと絹のような肌ざわりです. (2) 〔数量的〕およそ…, 約…で ‖ The book runs to **something like** 250 pages. その本はざっと250ページある.

◇**Whát is A líke?** A〈人・物・事は〉どのようなものか, どういう様子か《◆おおよその概念・性格・外観などを尋ねる》‖ What's your new school like? 新しい学校はどんなですか / What is it **like** in town? 町はどんな具合ですか / 対話 "Do you know Sally?" "Yes." "What's she **like**?" "Why do you ask?" 「ええ」「どんな人ですか」「なぜそんなこと聞くんですか」.

—⃞接 (米略式) **1** …するように, …するのと同じように ‖
She swims **like** I do. 彼女は私と同じように泳ぐ.
She wears no makeup **like** other girls do.

彼女は他の女の子と違って化粧をしない.
**2** まるで…するかのように ‖
It looks **like** the exhaust pipe needs repairing. 排気管は修理が必要のようだ(→ look 自)Q&A).
――名 (穫 ~s/-s/) C [the ~ / one's ~; 通例疑問文・否定文で] 似た人, 似た物 ‖
We would **never** see Sam's like again. サムのような人には二度と会えないだろう.
Have you ever seen its like (of it)? そのようなものを見たことがありますか.
**and (all) the like** (略式)および同種[同類]のもの, など.
**or the like** または同様のもの.
**like·a·ble** /láikəbl ライカブル/ 形 =likable.
**like·li·er** /láikliər ライクリア/ 形 → likely.
**like·li·est** /láikliist ライクリイスト/ 形 → likely.
**like·li·hood** /láiklihùd ライクリフド/ 名U 可能性, 見込み, 公算; C (具体的なにかの) 見込み ‖
Is there any **likelihood** of his [him] coming on time? = Is there any **likelihood** that he will come on time? 彼が時間どおりに来る見込みはありますか.
There is a strong **likelihood** of snow tonight. 今夜はおそらく雪になるだろう.
\***like·ly** /láikli ライクリ/ 〖→ like²〗
派 likelihood (名)
――形 (比較 more ~, ··li·er; 最上 most ~, ··li·est) **1a** ありそうな, 起こりそうな ‖
A rise in the price of sugar seems **likely**. 砂糖の値上がりがありそうに思われる.
**b** [be likely to do / it is likely (that) 節] …しそうである, たぶん…するであろう(↔ unlikely)(→ apt, liable) ‖
He is **likely** to live to be ninety. =It is **likely** (that) he will live to be ninety. 彼は90歳まで生きられそうだ.
対話"Should I take an umbrella?" "It's **likely** to rain later. I think you should."「かさを持って行く方がいいだろうか」「あとで雨が降りそうだから, 持って行く方がいいと思うよ」.
**2** [名詞の前で] 本当らしい, もっともらしい ‖
make up a **likely** excuse for being absent 欠席のもっともらしい言い訳をでっち上げる.
**3** 適当な, 格好の; あつらえ向きの ‖
This is a **likely** place for a picnic. ここはピクニックにもってこいの場所だ.
June 5 is the **likeliest** [the most **likely**] date for our wedding. 6月5日が私たちの結婚式にはあつらえ向きの日です.
**4** 有望な, 見込みのある, 成功しそうな ‖
a **likely** young man 前途有望な青年.
――副 たぶん, おそらく ‖
He will **very likely** be in Paris tomorrow. 彼はたぶんあしたはパリにいるだろう.
**Most likely** she will refuse the offer. 彼女はおそらくその申し出を断るだろう.
**(as) likely as nót**(英正式)[通例文頭で] たぶん, おそらく.
**Nót likely!** (1) 多分そんなことはないでしょう. (2)(略式)とんでもない《◆強い否定の返答》.
**líke·li·ness** 名U 可能性, 見込み.
**lik·en** /láikn ライクン/ 動他 (正式) …をたとえる, なぞらえる ‖
Society **is likened** to a hive of bees. 社会はミツバチの巣にたとえられる.
**like·ness** /láiknəs ライクネス/ 名 (穫 ~·es/-iz/)
**1** U 似ていること, 類似; C 類似点(→ similarity) ‖
There's not much **likeness** between the twins. その双子はあまり似ていない.
**2** C (古) 肖像画, 写真.
**3** U 似せたもの[形].
**like·wise** /láikwàiz ライクワイズ/ 副 (正式) **1** 同じように, 同様に ‖
He hated her, and she hated him **likewise**. 彼は彼女を憎んだが, 彼女も同じように彼を憎んだ.
**2** さらに; また(also) ‖
I must go now, and he **likewise**. 私はもう行かなければならないし彼もそうだ.
**lik·ing** /láikiŋ ライキング/ 動 → like¹.
――名 (正式) **1** [a ~] 好み, 愛好 ‖
He **hàs** a **líking for** dogs. 彼は犬が好きだ.
I **tòok** an enormous **líking to** her. 彼女がとても好きになった.
**2** U [通例 one's ~] 趣味, 嗜好(ζ) ‖
It's not **my liking** to go out after dark. 暗くなってから外出するのは私の好みではない.
**to A's líking** A〈人〉の好みに合った ‖ The coffee was not much **to my liking**. そのコーヒーは私の口に合わなかった.
**li·lac** /láilək ライラク/ 名 **1** C〔植〕ライラック, リラ《米国 New Hampshire の州花》‖
a bunch of **lilacs** 1 房のライラック.
**2** U ライラック色, フジ色.
――形 ライラック色の ‖
**lilac** dress 薄紫色のドレス.
**lil·ies** /líliz リリズ/ 名 → lily.
**Lil·li·put** /lílipʌt リリパト, -pət/ 名 リリパット国《Swift の Gulliver's Travels に出てくる小人国》.
**lilt** /lílt リルト/ 名C 陽気で快活な調子の歌.

\*\***lil·y** /líli リリ/
――名 (穫 lil·ies/-z/) C **1**〔植〕ユリ, ユリの花.
**2** 純潔[純白]な人[物]; [形容詞的に] ユリのように白い, 清純な ‖
a **lily** hand ユリのように白い手.
a **lily** maid 清純な乙女.
**3** [the lilies] (フランス王家の) ユリの紋章.
**líly of the válley** 〔植〕スズラン.
**Li·ma** /líːmə リーマ/ 名 リマ《ペルーの首都》.
**limb** /lím リム/ (発音注意)《◆ b は発音しない》名C (正式) **1** (人・動物の)肢(˪), 手足(の1本)《腕 (arm), 脚(˪), 足, (鳥の)翼など》‖
the upper **limbs** 上肢.
**2** 手, 足状の物; 大枝.

**óut on a límb** 困難[不利]な立場で;《英略式》(支持がないため)孤立した ‖ I don't want to go out on a limb. 危ない橋は渡りたくない.

**lim·ber** /límbər リンバ/ 形《正式》しなやかな, 柔軟な; 軽快にする. —動 自 しなやかになる. —他 …をしなやかにする.

**lim·bo** /límbou リンボウ/ 名 [しばしば L~] ⓤⓒ《キリスト教》リンボ, 地獄の辺土《⚘》《地獄と天国の中間にあり, キリスト降誕以前の善人や洗礼を受けなかった幼児の霊魂が住む所とされる》.

**lime**¹ /láim ライム/ 名 ⓤ 〔化学〕石灰《⚘》.

**lime**² /láim ライム/ 名 1 ⓒ 〔植〕ライム(の木)《ミカン科》; ライムの実. 2 ⓤⓒ 1 の飲み物; ⓤ =lime green.
**líme gréen** (ライムの実の)緑色(lime).

**lime·light** /láimlàit ライムライト/ 名《正式》1 ⓤ 石灰光, ライムライト《昔の舞台照明用》; 《英》スポットライト.
2 [the ~] 注目の的 ‖
in the limelight 脚光を浴びて, 目立って.

**lim·er·ick** /límərik リマリク/ 名 ⓒ 〔韻律〕リメリック《弱弱強調で aabba と押韻するこっけいな内容の5行詩》.

**lime·stone** /láimstòun ライムストウン/ 名 ⓤ 〔鉱物〕石灰岩[石].

***lim·it** /límit リミト/ 〖「畑の境」が原義〗
派 limitation (名)
—名 (複 ~s/límits/) 1 ⓒ 限度, 限界 ‖
the **limits** of one's abilities 能力の限界.
What's the baggage **limit**? 手荷物は何キロまで持ち込めますか.
There is **a limit to** everything. すべてのものには限界がある.
I was **at the limit of** my patience. 我慢の限界だった.
2《正式》[通例 ~s; 単数扱い] 境界(線) ‖
Óff límits《主に米》立入禁止区域.
3《略式》[the ~]《我慢の》極限 ‖
That's **the limit**. もうたくさんだ!.
She really is **the limit**! 彼女にはとても我慢がならぬ.
**sèt a límit to** A = **pùt** [**sèt**] **a límit on** A …を制限する.
**within límits** 妥当な範囲内で, 適度に.
**withòut límit**《やや古》限りなく.
—動 (三単現 ~s/-its/; 過去・過分 ~ed/-id/; 現分 ~ing)
—他 …を制限する ‖
Parking **is limited to** 30 minutes. 駐車は30分間です.
対話 "The dentist says I have too many cavities." "Well, you'd better **limit** your sweets." 「歯医者の話だとぼくは虫歯が多すぎるんだって」「じゃあ, キャンディーは控えた方がいいね」.

Q&A **Q**: limit の過去形は limited ですが omit は omitted ですね.
**A**: そうです. omit のように短母音+tで終わる語でその短母音にアクセントがあるときは t を重ねて ed をつけます. そのほかに admít, commít, permít などが同様です.

***lim·i·ta·tion** /lìmitéiʃən リミテイション/ [→ limit]
—名 (複 ~s/-z/) 1 ⓒⓤ《正式》限度, 限界; 極限(状態).
2 ⓒ [通例 ~s] 限界 ‖
know one's **limitations** 自分の能力の限界を知っている.

**lim·it·ed** /límitid リミティド/ 動 → limit.
—形 限られた, 有限の(↔ unlimited); わずかの, 乏しい ‖
limited ideas 偏狭な考え.
He is **limited in** ability. 彼の能力は十分でない.
**límited edítion** 限定版.
**límited liabílity còmpany, límited cómpany**《主に英》有限責任会社(略 Ltd, ltd, Ltd.)(→ corporation).

**lim·it·less** /límitləs リミトレス/ 形 無限の, 無制限の.

**lim·ou·sine** /líməzì:n リマズィーン, ⸺⸻/ 名 ⓒ リムジン《運転席と客席の間が窓の隔壁で仕切られたふつう黒色の大型箱型自動車. 元首・高官用》; 《運転手付きの大型セダン》;《空港・バス発着所からの》送迎用大型セダン, リムジンバス《◆ ˣa limousine bus とはいわない》‖
an airport **limousine** 空港バス.

**limp**¹ /límp リンプ/ 動 自 1 片足を引きずって歩く, びっこを引く ‖
He is **limping** in the left leg. 彼は左足を引きずって歩いている.
2 のろのろ進む.
—名 ⓒ [通例 a ~] びっこを引くこと ‖
have **a limp** びっこを引いて歩く.

**limp**² /límp リンプ/ 形 1 ぐにゃぐにゃした, しおれた.
2 弱々しい, 疲れた; 柔弱な ‖
go **limp** 元気がなくなる.

**linch·pin** /líntʃpìn リンチピン/ 名 ⓒ 1 輪止めくさび.
2 [通例 the ~] 要《⚘》, 要となる人[物].

**Lin·coln** /líŋkn リンクン/ 名 1 リンカン《Abraham ~ 1809-65; 米国第16代大統領(1861-65)》. 2 リンカン《米国ネブラスカ州の州都》. 3 リンカン《イングランド東部の州(Lincolnshire); その州都》.
**Líncoln grèen** 明るい緑色(の布)《◆ Robin Hood がこの色の服を着たという》.
**Líncoln's Bírthday**《米》リンカン誕生日《2月12日. 多くの州で祝日としては President's Day となっている》.

**Lind·bergh** /líndbɑ:rg リンドバーグ/ 名 リンドバーグ《Charles A. ~ 1902-74; 米国の飛行家. 初めて大西洋単独無着陸横断をした(1927)》.

***line**¹ /láin ライン/ 〖「リンネルの糸」が原義〗
派 linear (形)
→名 **1** 線 **2** 綱 **3** 電話線 **4** 境界線
**5** 輪郭 **6** しわ **7** 列 **8** 行 **9** 短い手紙

# line

──名(優)~s/-z/) **1** ⓒ 線;〖数学〗線 ‖
draw [*write*] a line with a ruler 定規を使って線を引く.

> 関連 [いろいろな line] straight line 直線 / curved [crooked] line 曲線 / oblique line 斜線 / dotted line 点線 / wavy [wiggly] line 波線 / perpendicular line 垂(直)線 / horizontal line 水平線 / tangential line 接線 / diagonal line 対角線 / parallel lines 平行線.

**2** ⓒⓊ (強い・細い)綱, ひも, 糸, 針金《◆rope, cord, thread, wire などの総称》; 釣り糸; 物干し綱 ‖
hang the wet shirt on the line to dry ぬれたワイシャツを洗濯綱にかけて乾かす.

**3** ⓒ 電話線, 電線; 電話の接続 ‖
Hold the line, please. 電話を切らないでください.
On the line. 《電話交換手の言葉》(先方が)お出になりました.
対話 "Put me through to extension 264, please." "Sorry, the line is busy [〖英〗is engaged]." 「内線264につないでください」「あいにく話し中です」.

**4** ⓒ 境界線; 限界, 限度; 〖スポーツ〗(各種の)ライン ‖
cross the state line near the river 川の近くの州の境界を越える.
make the starting line スタートラインにつく.
finish [cross] the goal line ゴールインする.

**5** ⓒ 〖通例~s〗輪郭, 外形; 顔だち, 目鼻だち; (衣服の)外形線 ‖
the lines of his car 彼の車のスタイル.

**6** ⓒ (顔などにできた)しわ(wrinkle), 筋, みぞ ‖
My grandmother has a lot of lines on her face. = There are a lot of lines on my grandmother's face. 祖母の顔はしわだらけだ.
have one's fortune told from the lines on one's palm 手相を見てもらう.

**7** ⓒ (人・物の)列《◆横でも縦でもよい, 行列《英》queue》‖
a line of tall trees 高い木の並木.
a long line of people waiting to get tickets 切符を買う順番を待つ人の長い列.
cut in the line 列に割り込む.
Follow the line, please.《割り込みに対して》列の(後ろ)に並んでください.

**8** ⓒ (印刷・筆記された文字の)行; 詩行; [~s] 詩; (役者の)せりふ ‖
forget one's lines せりふを忘れる.
read between the lines 行間を読む.
Each page contains sixty lines. 各ページは60行ある.

**9** 〖略式〗[a~] 短い手紙, 短信 ‖
Drop me a line. 一筆お便りください.

**10** Ⓤ 《正式》(美術などの)線の使用, 描線 ‖
the beauty of line in his picture 彼の絵の線の美しさ.

**11** ⓒ 《文》家系, 血統.

**12** ⓒ 〖時に~s〗鉄道, 線路; 交通網; 運輸会社 ‖
the main line between Tokyo and Osaka 東京·大阪間の本線.

**13** ⓒ 〖軍事〗〖時に~s〗前線. **14** ⓒ [the~] **a**〖英軍〗歩兵正規軍. **b**〖米軍〗戦闘部隊. **15** ⓒ (軍隊·軍艦などの)戦列. **16** ⓒ 〖天球·地球の〗周り, 緯線, 経線. **17** ⓒ 〖しばしば the~〗進行方向, 進路; 〖しばしば~s〗(行動の)方向, 方針. **18** ⓒ 商売, 職業. **19** ⓒ 〖略式〗商品の型; (ある種の)在庫商品. **20** ⓒ 〖音楽〗五線の1つ《◆「五線」は staff》(図→music); (一連の)メロディー.

**còme [fàll, gèt] into líne** 一致する, 調和する.
**ín líne** (1) 一列に, 並んで. (2) 一致して, 調和して.
**òut of líne** 一致しないで, 調和しないで.
**réad betwèen the línes** → 名 8.

──動 (現分 lin·ing) 他 **1** …に線を引く; …を線で描く ‖
Line your paper with a red pencil. 赤鉛筆で紙に線を引け.

**2** 〈顔など〉にしわをつける ‖
His face was lined with pain. = Pain lined his face. 彼は苦痛で顔をしかめていた.

**3** …に沿って並ぶ, 並べる ‖
Many people lined the sidewalk. 大勢の人が歩道に並んでいた.
The streets were lined with shops. 通りには店が軒を連ねていた.

──自 一列に並ぶ.

**líne óut** (1) [自] まっしぐらに進む;〖野球〗ライナーを打ってアウトになる. (2) [自] 線を引いて輪郭を示す. (3) [他](取り除くものを示すのに) …に線で印をつける; …を線で表す〈苗木などを〉列に移植する. (4) [他]〈歌〉を大声で[力強く]歌う.

**líne úp** (1) [自] 一列に並ぶ;《米》列に加わる. (2) [他] …を一列に, 並べる.

**líne drìve** 〖野球〗ラインドライブ, ライナー(liner¹)

**line²** /láin/ 動 (現分 lin·ing) 他 **1** 〈服など〉に裏をつける, 裏打ちをする; …の裏地になる; …の内部を覆う ‖
The skirt is lined with silk. そのスカートには絹の裏がついている.
a fur-lined jacket 毛皮で裏打ちされた上着.

**2**〈ポケット·財布·胃など〉を満たす, …に詰める.

**-line** /-láin -ライン/〖連結形〗「…電話(相談)」の意の名詞を作る. 例: childline 子供電話(相談).

**lin·e·age** /líniidʒ リニイヂ/ ⓒⓊ《文》血統, 家系.
**lin·e·ar** /líniər リニア/ 形《正式》**1** (直)線の(ような). **2** 長さの; 一次元の.
**línear mótor** リニア=モーター ‖ a linear motor train リニア=モーター列車, 磁気浮上方式列車.
**line·back·er** /láinbækər ラインバカ/ 名 ⓒ〖アメフト〗ラインバッカー(図→American football).
**line·man** /láinmən ラインマン/ 名 (優 -·men)《主に米》**1** (電話線などの)架線[保線]作業員((英)

line installer [maintainer]. **2** (鉄道の) 線路係((PC) line repairer [maintainer]). **3** 〔アメフト〕ラインマン, 前衛.

**lin·en** /línin リニン/ 名 U **1** リネン, リンネル, 亜麻布《キャラコも含む. 日本語の「リンネル」はフランス語より》; 亜麻糸. **2**〔しばしば ~s〕リネン類;〔集合名詞〕リネン製品《シャツ・テーブルクロス・ナプキンなど》.

**wash** one's **dirty línen in públic**(略式)内輪の恥を外に出す.

**lin·er**¹ /láinər ライナ/ 名 C **1** 定期船,(飛行機の)定期便 ‖
a trans-Atlantic liner 大西洋航路定期船.

関連 jetliner ジェット旅客機 / freightliner(英)コンテナ貨物列車.

**2**〔野球〕ライナー(line drive).

**lin·er**² /láinər ライナ/ 名 C **1** 裏地,(コートの)ライナー. **2**(レコードの)ジャケット; =liner note.
**líner nòte**(米)ライナーノート((英) sleeve note) 《CD・レコードなどに付された解説文》.

**lines·man** /láinzmən ラインズマン/ 名 (複 ~·men) C〔スポーツ〕ラインズマン, 線審((PC) line umpire).

**line-up** /láinʌp ラインナプ/ 名〔通例 a ~, the ~〕**1** 人の列,(試合開始前の)整列. **2**(米)(警察での面通しのための)容疑者の列((英) identification parade). **3**(ある目的のために集まった)顔ぶれ;(球技チームの)ラインナップ, 出場メンバー.

**lin·ger** /líŋgər リンガ/ 動 **1**〔正式〕(立ち去りがたくて)ぐずぐずする, 居残る; ふらぐら, ふらふら歩く ‖
Somebody is still lingering about. まだこの辺をうろうろしている者がいる.

**2** 〈習慣・記憶などが〉なかなか消えない;〈病気が〉長引く;〈病人が〉細々と生きながらえる(+on) ‖
Slavery still lingers (on) in some countries. ある国では奴隷制度がまだ残っている.

**3** だらだら長びく, 手間どる ‖
linger over one's work だらだらと仕事をする.

**lin·ge·rie** /lɑ̀:nʒəréi ラーンジュレイ│lǽnʒəri ランジュリ/〔フランス〕名 U〔正式〕婦人用下着類, ランジェリー.

**lin·guist** /líŋgwist リングウィスト/ 名 C **1** いくつかの言語に通じた人;語学の才能のある人 ‖
a good linguist 語学の得意な人.

**2** 言語学者.

**lin·guis·tic, –·ti·cal** /liŋgwístik(l) リングウィスティク(ル)/ 形 言葉の, 言語の; 言語学(上)の.

**lin·guis·tics** /liŋgwístiks リングウィスティクス/ 名 U 〔単数扱い〕言語学.

**lin·ing** /láiniŋ ライニング/ 動 → line¹, ².
——名 C (衣服などの)裏張り, 裏.

*****link** /líŋk リンク/ 〔発音〕rink/ríŋk/《「鎖」が原義》
——名(複 ~s/-s/) C **1**(鎖の)輪, 環(  );(編み物の)目;(鎖状につながった腸詰めの)1節.

**2** 結合させる人[物]; きずな; 連結, つながり.

**3**〔通例 ~s〕カフスボタン. **4**〔コンピュータ〕リンク.
——動〔三単現〕~s /-s/; 〔過去・過分〕~ed /-t/; 〔現分〕~·ing

——他 …を連結する, つなぐ ‖
link a thing to another ある物を他の物につなぐ.
——自 連結する, つながる(+up).

**li·no·le·um** /linóuliəm リノウリアム/ 名 U リノリウム.
**linóleum blòck** リノリウム版.

**lint** /línt リント/ 名 U リント布《綿の片側をけば立てた柔らかい湿布・包帯用の布》.

***li·on** /láiən ライオン/ 名(複 ~s /-z/,(女性形) ~·ess) C **1** ライオン, 獅子( ) 《the king of beasts(百獣の王)と呼ばれ, 王家・名門の紋章に使われた. 子は cub, 鳴き声は roar》 ‖
(as) brave as a lion ライオンのように勇敢な.

**2** 勇猛な人;残忍な人.

**3** (社交界の)名物男, 名士.

**líon's sháre** [the ~] いちばん大きい分け前 ‖
take the lion's share うまい汁を吸う.

**li·on·ess** /láiənəs ライオネス│láiənes ライオネス/ 名(複 ~·es/-iz/) → lion.

*****lip** /líp リプ/《「ぶらりとたれているもの」が原義》
——名(複 ~s/-s/) C **1** 唇 ‖
pút [láy] one's fínger to one's líps 唇に指を当てる《◆沈黙の合図》.
a short upper lip 短い鼻の下.
bíte (one's) líp(s) 唇をかむ《◆立腹・笑い・苦痛などをこらえる動作》.
cúrl one's líp(s) 口をゆがめる《◆軽蔑(  )を示す》.

bite one's lips　　curl one's lip(s)

púrse one's líps 口をすぼめる《◆緊張・憂うつなどの表情》.

push one's lower lip out 下唇をつき出す《◆不平・不満の表情》.

purse one's lips　　push one's lower lips out

Q&A **Q**: hair on one's upper *lip* とはどういう意味ですか. まさか唇にひげが生えるわけではないと思いますが.

**A**: 英語の lip は日本語の唇よりしばしば幅が広く, 広義には「鼻の下」または口の周辺も含みます. この場合も「鼻の下に生えた口ひげ」のことです.

**2** [~s]〔発音器官としての〕口 ‖
from his own **lips** 彼の口から直接に.
open one's **lips** 話す〔ために口を開ける〕.
**3**〖俗〗[one's ~]〖生意気な・出すぎた〗**言葉**, おしゃべり ‖
watch one's **lip** おしゃべりに気をつける.
None of your **lip**! = Stop your **lip**! = Don't give me (any more of) your **lip**!(大人が子供に)(それ以上)生意気言うな.
That's enough of your **lip**! 君のおしゃべりはもうたくさんだ.
**4** Ⓒ〖正〗唇状の物;（水差しなどの）注ぎ口;（茶碗・穴などの）縁;〖音楽〗（管楽器の）マウスピース ‖
the **lip** of a wound 傷口.
**5** [形容詞的に] 唇の; 口先だけの ‖
**lip** rouge 口紅.

**kèep a stíff úpper líp**〖略〗〖困難にあたってじっと〗耐える, くじけない; 頑固である.
**líck [smáck] one's líps** 舌つづみを打つ; 舌なめずりをする.
**màke (úp) a líp** 口をとがらす《◆不平・侮辱のしぐさ》.
**Read my lips.**〖略〗いいか, よく聞いて《◆信じられないようなことを言うときなどに, 一言一句聞きもらさないようにという前置き. 米国の Bush 元大統領が広めた言葉》.
**líp rèading** 読唇（しん）術.
**líp sèrvice**〖聖〗口先だけの好意[信心] ‖ pay [give] **lip service** to the plan その計画に対して口先だけいいことを言う.

**lip-read** /líprìːd リプリード/ 動 〔過去・過分 lip-read /-rèd/〕 自 他 (…を)読唇（しん）術で理解する.
**lip·stick** /lípstìk リプスティク/ 名 Ⓒ Ⓤ (スティック状の) 口紅.

**liq·ue·fy** /líkwəfài リクウェファイ/ 動 〔三単現 ·ue·fies /-z/; 過去・過分 ··ue·fied /-d/〕〖正式〗自 溶ける, 液化する.
━ 他 …を溶かす, 消化する.

**li·queur** /likə́ːr リカー|-kjúə リキュア/〖フランス〗名 Ⓤ リキュール《甘味と香料入りの強い酒; 主として食後に少量飲む》; Ⓒ リキュール1杯.
**liquéur brándy**〖英〗食後酒として飲む良質のブランデー.

**liq·uid** /líkwid リクウィド/《発音注意》《◆×リッキド》形 **1** 液体の, 液状の, 流動体の(↔ solid) ‖
**liquid** diet [food] 流動食.
**2**〖文〗透明な, 澄んだ ‖
**liquid** eyes 澄んだ目.
**3**〈主義などが〉流動性の, 不安定な ‖
**liquid** principles ぐらぐらする主義.
**4** 現金化しやすい ‖
**liquid** assets 流動資産.
━ 名 Ⓒ Ⓤ 液体, 流動体.

**liq·ui·date** /líkwidèit リクウィデイト/ 動 〔現分 ··dat·ing〕他 **1** …を弁済する. **2**〈倒産会社などを〉整理する. **3**〖略〗…を一掃する.

**liq·ui·da·tion** /lìkwidéiʃən リクウィデイション/ 名 Ⓤ **1**（倒産会社などの）清算;（会社の）破産. **2** 弁済. **3**〖略〗一掃.

**liq·ui·diz·er** /líkwidàizər リクウィダイザ/ 名 Ⓒ《主に英》（ジュース用）ミキサー.

**liq·uor** /líkər リカ/ 名 **1** Ⓤ Ⓒ《米》強い酒（類）; (主に)蒸留酒《whiskey, brandy, gin, rum など》‖
a quart of **liquor** 1クォートの酒.
**2** Ⓤ Ⓒ《英正式》酒, アルコール飲料.
**3** Ⓤ (肉・野菜などの)煮汁, 出し汁;（漬物用汁,（食物の保存用）汁,（果実酒を作るための）リカー.
**líquor stóre** 酒屋.

**Lis·bon** /lízbən リズボン/ 名 リスボン《ポルトガルの首都》.

**lisp** /lísp リスプ/ 動 自 〖文〗舌足（た）らずで発音する.
━ 他 …を舌足らずで発音する《/s/ /z/ を /θ/ /ð/ のように発音する》. ━ 名 [a ~] 舌足らずの発音;（木の葉・波の）さらさらという音.

**\*list**[1] /líst リスト/〖『細長い紙切れ』が原義〗
━ 名〔複 ~s /lísts/〕Ⓒ 表, 一覧表, リスト; 名簿; 目録; 明細書 ‖
be on a **bóarding list**（旅客機の）乗客名簿に載っている.
a price **list** 価格表.
draw up [make] a **list** 表を作る.
lead the **list** 首位を占める.
put one's name on the **list** 名簿に名前を載せる.

【関連】[いろいろな list] **black list** ブラックリスト/ **check list** 照会リスト/ **máiling lìst** 郵送先リスト / **reading list** 読書リスト/ **shopping list** 買物リスト / **visiting list** 訪問先リスト / **waiting list** キャンセル待ちリスト.

━ 動〔三単現 ~s /lísts/; 過去・過分 ~ed /-id/; 現分 ~·ing〕
━ 他〖正式〗…を目録に載せる, リストに入れる, 記録する, 一覧表にする ‖
**List** all the jobs you have held. 今までの職業をリストアップしなさい《◆×list up とはいわない》.
**list**[2] /líst リスト/ 動 自 (船が)傾く. ━ 他〈船〉を傾ける. ━ 名 [a ~] (船が)傾くこと.

**\*lis·ten** /lísn リスン/《発音注意》《◆t は発音しない》〖『ある音の意味を理解するために注意を払う』が本義〗派 **listener**（名）

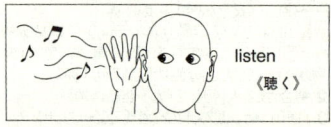

listen
《聴く》

━ 動〔三単現 ~s /-z/; 過去・過分 ~ed /-d/; 現分 ~·ing〕

— 自 **1a** 聴く, 聞こうと努力する, 耳を傾ける《◆ hear は「自然に耳に聞こえる」》‖
We **listened** in silence, but could not **hear** anything. だまって耳を傾けたが, 何も聞こえなかった.
I'm **listening**. 聴いていますよ; どうぞ, 話を続けてください.
**Listen** to me. 私の言うことをよく聞きなさい, いいかね.
Be quiet, please. I'm **listening to** the radio. 静かにしてください. ラジオを聴いています.
**b** [知覚動詞] [listen to A do] A〈人・物〉が…するのを聞く ‖
I **listened to** him lecture on modern art. 彼が現代芸術について講演するのに耳を傾けた.
**c** [知覚動詞] [listen to A doing] A〈人・物〉が…しているのを聞く ‖
I **listened to** the dog barking. 犬がほえているのを聞いた.
**2** [listen to A] A〈人〉の言うことを聞き入れる《◆結果まで含む》, A〈忠告など〉に従う; …に耳を貸す ‖
Don't **listen to** her. 彼女の言うことを信じるな.
He won't **listen to** my advice. 彼はどうしても私の忠告に耳を貸そうとしない.
[対話] "What's his problem?" "He doesn't **listen** to others. He's only interested in talking."「彼のどこが問題なんだい」「他人の言うことに耳を貸さないことだ. 自分がしゃべることだけに関心があるんだ」.
**3** [命令文で] (相手の注意をうながして) いいですか, ちょっと; おい.
**listen for A** (予期して) 聞こえないかと…に耳を澄ます.
**listen in (to A)** 自 (1) (…を) 放送で聞く. (2) 〈人〉他人の話など〉を電話で盗聴する《◆ to の他に on も可》.
**lis·ten·er** /lísnər リスナ/ 名 © **1** 聴く人, 聞いている人 ‖
a good **listener** 聞き上手.
**2** ラジオ聴取者.
**list·less** /lístləs リストレス/ 形 (疲れて)元気のない, ものうい. **líst·less·ly** 副 元気なく; ものうげに.
**Liszt** /list リスト/ 名 リスト《Franz /fræns/ ~ 1811-86》 ハンガリーの作曲家》.
*__lit__ /lít リト/ 動 → light¹.
**li·ter**, 《英》 **-tre**/lí:tər リータ/ 名 © リットル《略》l., lit.《記号》ℓ》.
**lit·er·a·cy** /lítərəsi リタラスィ/ 名 Ⓤ 読み書きの能力 (↔ illiteracy).
**lit·er·al** /lítərəl リタラル/ 形 **1a** 文字の《◆ literary は「文学の」》‖
a literal error 誤字.
**b** 文字どおりの, 逐(½)語的な (↔ figurative) ‖
a literal translation 直訳.
**2** 平凡な, 味気ない; 正確な, ありのままの.
*__lit·er·al·ly__ /lítərəli リタラリ/ 副 **1** 文字どおりに, 逐語的に ‖
interpret one's story **literally** 話を文字どおりに解釈する.
**2** 《略式》[意味を強めて] 本当に, 全く, 実際は ‖
The fortress was **literally** destroyed. その砦(½)は全く破壊された.
**lit·er·ar·y** /lítərèri リタレリ | lítərəri リタラリ/ 形 **1** 文学の, 文学的な, 文芸の《◆ literal は「文字の」》‖
literary works 文学作品, 著作物.
**2a** 文学に通じた, 文学を研究する.
**b** 堅苦しい, 学者ぶった.
**3** 文語の, 文語的な (↔ colloquial) ‖
literary language 文語.
**líterary próperty** 著作権[物].
**lit·er·ate** /lítərət リタラト/ 形 読み書きができる; (正式)学識のある, 教養のある; 文学に通じた.
— 名 © 読み書きのできる人; 学識経験者.
*__lit·er·a·ture__ /lítərətʃər リタラチャ, (米)- tʃùər/ 〖文字(litera)に詳しいこと(ture). cf. letter〗
— 名 Ⓤ **1** 文学(作品) ‖
I studied English **literature** at university. 大学で英文学を勉強しました.
polite **literature** 純文学.
**2** 著述業; 文学研究 ‖
follow **literature** 文筆を業とする.
**3** [時に a ~] (特定分野の) 文献, 論文 ‖
(the) **literature** on Japan 日本に関する文献.
**4** (略式) (広告・宣伝用などの) 印刷物 ‖
campaign **literature** 選挙運動用チラシ.
**lithe** /láið ライズ/ 形 (正式) しなやかな, 柔軟な, 敏捷(½)な.
**lith·o·graph** /líθəgræf リソグラフ | -əugrɑ:f リソウグラーフ/ 名 © リトグラフ, 石版(画).
**Lith·u·a·ni·a** /lìθ(j)uéiniə リスユエイニア/ 名 リトアニア《バルト海沿岸の国. 首都 Vilnius》.
**lit·i·gate** /lítəgèit リティゲイト/ 動 (現分) -gat·ing) 自 訴訟を起こす. — 他 …を法廷で争う, …を訴訟に持ち込む.
**lit·i·gá·tion** 名 Ⓤ 訴訟.
**lit·mus** /lítməs リトマス/ 名 Ⓤ 〖化学〗リトマス.
**lítmus pàper** リトマス試験紙.
**li·tre** /lí:tə リータ/ 名 (英) = liter.
**lit·ter** /lítər リタ/ (願音) líter/lí:tər/ 名 **1** Ⓤ 散らかったもの, くず, ごみ《紙くず・あきびん・あきかんも含む》; がらくた ‖
pick up **litter** in the street 通りでごみを拾う.
No **litter**. (掲示) ごみを捨てないでください.
**2** [a ~] 乱雑, 混乱(状態) ‖
The kitchen is in **a** (state of) **litter**. 台所は散らかっている.
**3** Ⓤ (動物の)寝わら; (作物の)敷きわら《霜よけ用》.
— 動 他 **1** …を散らかす; …を汚す; …に散らばる ‖
toys **littering** the floor 床に散らかっているおもちゃ.
**litter** (**up**) the garden **with** empty bottles and cans 庭園をあきびんやかんで汚す.
**2** …に寝わらを敷く ‖
**litter down** a pig ブタに寝わらを敷く.

**lit·ter-bin** /lítəbìn リタビン/ 名 C (英)(主に公共の場所の)ごみ箱.

**\*\*lit·tle** /lítl リトル/ 『「小さい」「少量」「少ししかない」が本義』
→ 形 1 小さい 2 短い 3 a 少量の
副 1 少しは 2 全く…ない 3 ほとんど…ない
名 少ししかないもの

── 形 (比較) less /lés/, (時に) les·ser /lésər/, (略式・幼児語) lit·tler /, (略式・幼児語) lit·tlest /, (最上) least /líːst/, (略式・幼児語) lit·tlest /《◆比較変化については各項参照》 **1** [通例名詞の前で] **小さい**, 大きくない《◆(1) small が客観的に小さいことをいうのに対し, しばしば小さくてかわいいという愛情・同情, 時に軽蔑(⑤)の気持ちを含む. (2) ふつう比較級は smaller, 最上級は smallest で代用するが, (略式) では時に littler, littlest も用いる》(↔ great) ‖

She was only a **little** girl when her mother died. 母親が死んだ時, 彼女はほんの小さい少女であった.

Do you know that prétty líttle bóy? あのかわいい少年を知っていますか. → small Q&A

語法 補語としては small がふつう: He is small for his age. 彼は年のわりには小さい.

**2** [名詞の前で] 〈時間・距離などが〉**短い**, わずかな ‖
We spent a **little** time in Rome. ローマでしばらく時間を費やした.

対話 "Won't you come a **little** way with us?" "I'd be delighted to."「私たちと一緒にちょっとおいでになりませんか」「喜んで」.

**3 a** [通例 a 〜＋Ⓤ名詞; 肯定的に] **少量の**, 少しの, わずかな(↔ much)《◆(1) 比較級は less, 最上級は least. (2) Ⓒ 名詞の場合は a few を用いる》‖

a **little** cake 少しのケーキ《◆ cake を Ⓒ にとれば「小さなケーキ」》.

There is a **little** milk in the bottle. びんにはミルクが少し入っている.

I have ònly a líttle móney ┆ left. 金は少ししか残っていない.

I had a **little** difficulty ┆ (in) getting a taxi. タクシーを拾うのに少々難儀した.

He speaks a **little** Russian. 彼は少しロシア語を話す.

**b** [通例 〜＋Ⓤ名詞; 否定的に] **ほとんどない** ‖
I have very **little** money left. お金はほとんど残っていない.

There is but **little** hope. 望みはほとんどない.

There is **little** danger of an earthquake. 地震の心配はほとんどない.

**c** [the 〜 / what 〜] **なけなしの**, 少ないけれども全部の ‖

What **little** money he has will hardly keep him in food. 彼の持っている金はほとんどなく, それではまず食べていけないだろう.

**4** 若い, 年下の ‖

a **little** child 子供《◆「(背の) 小さな子供」ではない》.

the **little** Kennedys ケネディ家の子供たち.

her **little** ones 彼女の子供たち; 彼女の飼っている動物たち.

He is too **little** to go to school. 彼は学校に行く年になっていない.

**5 a** 《◆比較変化は lesser, least; littler, littlest》**重要でない**, ささいな, 取るに足りない ‖

**little** trouble ささいな苦労.

Don't worry about such a **little** thing. そんなささいなことでくよくよするな.

**b** [the 〜; 集合名詞; 複数扱い] 取るに足りない人々.

◇ **nòt a líttle** ... [遠回しに] **少なからぬ**…, かなりの… ‖ He has earned **not a little** money. 彼はかなりの金をもうけた.

**quite a líttle** ... 《米略式》 たくさんの….

── 副 (比較) less, (最上) least 《しばしば正式》 **1** [通例 a 〜; 肯定的に] **少しは**, 多少は, やや ‖

leave a **little** earlier than usual いつもより少し早く出発する.

She can play the violin a **little**. 彼女はちょっとバイオリンが弾ける.

She reminds me a **little** of her mother. 彼女を見ると彼女の母親を多少思い出す.

対話 "Are you feeling any better?" "Yes, I feel a **little** better."「少しは気分がよくなりましたか」「ええ, 多少よくなりました」.

**2** [正式] [動詞の前で] **全く…ない**, 少しも…ない《◆ believe, imagine, suppose, think などと用いる》‖

He **little** knows the trouble he's caused. 彼は自分の引き起こした混乱に全く気づいていない.

**Little** did she dream that she would marry him. 彼と結婚しようなどと彼女は夢にも思わなかった《◆ 文頭に出すと疑問文の語順になる》.

**3** [通例 very 〜; 否定的に] **ほとんど…ない**; めったに…ない ‖

I slept very **little** last night. 昨夜はほとんど眠れなかった.

We come here very **little** now. 私たちは今はめったにここへ来ません.

対話 "You've saved a lot of money, haven't you?" "No, very **little**."「君は貯金がたくさんあるんだろう」「いや, ほとんどないんですよ」.

◇ **nòt a líttle** [遠回しに] **少なからず**, 大いに ‖ She was **not a little** frightened. 彼女は少なからずおびえていた.

── 名 **1** Ⓤ [否定的に] **少ししかないもの**, ほんのわずかしかないもの《◆ 本来は形容詞であるため, very, so, rather, too など副詞で修飾される場合もある》‖

They did **little** to help the children. 子供たちを助けるのに彼らはほとんど手を貸さなかった.

**Little** is known about what happened to them. 彼らにどんなことが起こったかはほとんど知られていない.

I've seen very **little** of her lately. 最近彼女

にはほとんど会っていない.

**2** [通例 a ～; 肯定的に] **少しのもの**, 少量 ‖
Only **a little** is enough for him. ほんの少しで彼には十分です.
Will you give me **a little** of that wine? そのワインを少しくれませんか.

**3** [a ～] **少しの距離[時間]** ‖
after **a little** しばらくして.
for **a little** しばらくの間.
Can't you move **a little** to the right? 少し右へ寄ってくれませんか.

*líttle by líttle* 少しずつ, 徐々に.
*líttle or nóthing* ほとんど何もない.
*máke líttle of* A → make **15**.
*thínk líttle of* A → think 動.

**Líttle Béar** [天文] [the ～] こぐま座.
**líttle bróther** 弟.
**Líttle Dípper** (米) [天文] [the ～] 小北斗七星.
**líttle fínger** 小指.

**lit·ur·gy** /lítərdʒi リタヂィ/ 名 (複 ～·ur·gies/-z/) C 礼拝式, 典礼文.

**liv·a·ble** /lívəbl リヴァブル/ 形 住むのに適する; 生きがいのある; 我慢できる.

## *live¹

/lív リッ/ 【「生きる」が本義. 名詞は life】
派 living (形・名)

→ 自 **1** 生存する **3** 住む **5** 人生を十分楽しむ
**6** 存続する 他 **1** …な生活をする

— 動 (三単現) ～s/-z/; (過去・過分) ～d/-d/; (現分) liv·ing

— 自 **1** (正式) **生存する, 生きる, 生きている** ‖
We must work to **live**. 生きるためには働かねばならない.
He **lived** in the 19th century. 彼は19世紀に生きていた.

**2 a** 生き長らえる, 生き延びる ‖
My father **lived** to the age of 90. 父は90歳まで生きた.
Long **live** our noble Queen! 女王陛下万歳!
**b** [live to do] 生きて(その結果) …する ‖
My father **lived** to be 90. 父は90歳まで生きた.

**3 住む**, 住んでいる, 居住する 《◆場所を表す副詞(句)を伴う》‖
I **live** in Tokyo. 私は東京に住んでいる.
I am **living** in Tokyo. 今は東京に住んでいる 《◆現在進行形は現在の一時的居住を表す》.
Where do you **live**? お住まいはどこですか.
We've **lived** [have been **living**] in London since last May. 昨年の5月からロンドンに住んでいる.

Q&A **Q**: live には「生きる」と「暮らす」の2つの語義がありますが, どう使い分けたらいいでしょうか.
**A**: 「生きる」の意では, それだけで用いることができるのに対して,「暮らす」の意味では必ず場所を表す語句・副詞(句)が必要です. I *live* in Tokyo. で in Tokyo を略すことはできません. 略せば「(私は)生き

る」という意味になってしまいます.

**4 暮らす**, 生活する 《◆様態を表す副詞(句)を伴う》; [live C] C の状態で暮らす ‖
**live** quietly in the country 田舎(いなか)で静かに暮らす.
**live** luxuriously [in luxury] ぜいたくに暮らす.
**live** in a small way つつましい生活をする.
**live** well [high] 裕福に暮らす, ぜいたくに暮らす.
**live** poor 貧しく暮らす.

**5 人生を十分楽しむ**, さまざまなおもしろい生活を送る ‖
He has really **lived**. 彼は本当に人生を楽しんできた.
She knows how to **live**. 彼女は人生の楽しみ方を知っている.

**6 存続する**, 残る; 壊れないでいる ‖
His name will **live** forever. 彼の名は永久に残るであろう.
The sorrow still **lives in** my memory. あの悲しみは私の記憶にまだ残っている.

— 他 **1** [live a … life] …な**生活をする[送る]**; [live one's life] 生活をする ‖
**live** a hǎppy life 幸福な生活を送る (=live happily) 《◆今は have [lead] a happy life がふつう》.
**live** a life of lúxury ぜいたくな生活を送る.
An honest man **lives his life** without regret. 正直者は後悔することなく生活する.

**2** 〈信念などを〉生活の中に示す, 生活で実行する ‖
**live** a lie 偽りの生活をする.
**live** one's religion 信仰生活を送る.

*líve dówn* [他] 〈過去・恥などを〉(これからの行ないで) 償う, (時とともに) 忘れる.
◇*líve ín* [自] 〈従業員が〉住み込みで働く; 〈学生が〉寄宿舎生活をする.
*líve it úp* 気ままに暮らす, 道楽する, 豪遊する.
◇*líve ón* (1) [自] 生き続ける, 存続する. (2) [～ on A] A〈食べ物〉を**常食**[主食]**とする** ‖ The Japanese (people) **live** largely **on** rice. 日本人は米を常食にしています. (3) [～ on A] A〈人〉の世話になって暮らす; A〈年金など〉をよりどころに暮らす.
*líve through* A A〈戦争・あらしなど〉を切り抜ける, 持ちこたえる.
*líve togéther* [自] 一緒に住む; 同棲(どうせい)する.
*líve úp to* A (1) A〈主義・信念など〉を実践する, …に従って生きる. (2) A〈約束・評判など〉に恥じない行動をする.

## *live²

/láiv ライヴ/ (発音注意) 《×リッ》 【alive から】派 lively (形)
— 形 **1** [名詞の前で] **生きている** 《◆人については living (be 動詞の後では alive) を用いる》(↔ dead) ‖
There are no **live** animals in the museum. 博物館には生きた動物はいない.
He experimented on **live** mice. 彼は生きたマウスで実験をした.

**2** [名詞の前で]《石炭・まきなどが》まだ燃えている,火のついている;《砲弾などが》まだ破裂していない;《マッチが》すっていない;《火山が》活動を停止していない ‖
a live coal 燃えている石炭.
**3** 元気な,活気ある ‖
a live person 元気な人.
**4** [名詞の前で]《問題・話題などが》当面の,現在関心のある;《人・考えなどが》現代的な ‖
Water pollution is a live issue. 水質汚染は今関心を持たれている問題である.
**5** 《放送・番組・演技などが》生(き)の,実況の ‖
a live broadcast from Las Vegas ラスベガスからの生放送.
Is the program live or recorded? その番組は生放送ですか,それとも録音[録画]ですか.
**6** 《電線・回路が》電流が通じている;《機械などが》作動中の.
**líve recórding** 生録音,ライブ録音.

**-lived** /-láivd -ライヴド, -lívd -リヴド/《◆ life からの派生なので本来の発音は/láivd/ だが, live¹ の過去・過去分詞形の影響で/lívd/ も増えてきた》〘連結形〙…の生命を持った. 例: short-lived 短命の,つかの間の.

**live·li·er** /láivliər ライヴリア/ [形][副] → lively.

**live·li·est** /láivliist ライヴリイスト/ [形][副] → lively.

**live·li·hood** /láivlihùd ライヴリフド/ [名] C [通例 a ~ / one's ~] 生計(の手段),暮らし ‖
éarn one's lívelihood (by) selling newspapers 新聞販売で生計を立てる.
earn an honest livelihood 正直にかせいで暮らす.

***live·ly** /láivli ライヴリ/ [→ live²]
派 livelihood (名)
── [形](通例 比較 -li·er,最上 -li·est) **1** 元気な,活発な;陽気な,快活な;[補語として] 活気に満ちた ‖
[対話] "She's over 60 but still plays tennis almost every day." "She is very lively for her age, isn't she?"「彼女は60歳を過ぎているけど,ほとんど毎日テニスをやっているんだ」「年のわりにはとても元気ね」.
**2** 生き生きとした,真に迫った ‖
He told me a lively story about his childhood in India. 彼はインドでの子供時代を生々しく話してくれた.
**3** 強烈な,鋭い;鮮やかな,鮮烈な ‖
a lively fear 強烈な恐怖心.
have a lively interest in Milton's poems ミルトンの詩に強い興味をおぼえる.
**4** 興奮させる;危険な,困難な ‖
have a lively time はらはらする.
**5** 《ボールがよくはずむ.
**líve·li·ness** [名] U 元気,快活;陽気,鮮やかさ.

**liv·en** /láivn ライヴン/ [動](略式) (自) 活発[陽気]になる. ── (他) …を活発[陽気]にさせる.

**li·ver** /lívər リヴァ/ [類音] lever/lévər/ [名] C [解剖] 肝臓;U C (食用としての)肝臓,レバー.

**Liv·er·pool** /lívərpù:l リヴァプール/ [名] リバプール《イングランド Merseyside 州の州都》.

**liv·er·y** /lívəri リヴァリ/ [名](複 -er·ies/-z/)《正式》 **1** U C そろいの制服. **2** U (特殊な)服装.

***lives** /láivz ライヴズ/ [名] → life.

**live·stock** /láivstàk ライブスタク /-stɔ̀k -ストク/ [名] [集合名詞;単数・複数扱い] **1** 家畜. **2** 《英略式》外部寄生虫《fleas, lice など》.

**liv·id** /lívid リヴィド/ [形] **1** 青黒い;青黒くなった;《正式》青ざめた,蒼(あお)白の ‖
livid with rage 怒りで青ざめて.
**2** (略式) 激怒した.

***liv·ing** /líviŋ リヴィング/
── [動] → live¹.
── [形] **1** 生きている,生命のある(↔ dead);[the ~;集合名詞;複数扱い] 生きている人たち ‖
be in the land of the living 生きている.
Living things are made up of cells. 生物は細胞からできている.
**2** 現在使われている(↔ dead);現存する ‖
English is a living language. 英語は現在使用されている言葉である.
He is the greatest living writer. =He is the greatest writer living. 彼は現在最高の作家です《◆ 後者がふつう》.
**3** [通例名詞の前で] 実物そっくりの,生き写しの ‖
Tom is the living image of his father. トムは父親にそっくりだ.
**4** [通例名詞の前で] 強烈な,強い ‖
a living hope 強い希望.
**5** 生活の;生活に十分な ‖
The living standard became worse. 生活水準は悪くなった.
── [名](複 ~s/-z/) **1** U 生きていること[状態],生活(様式) ‖
high living ぜいたくな暮らし.
**2** C [通例 a ~ / one's ~] 生計,生活の資 ‖
[対話] "How does he éarn [màke] a líving?" "He sells cars."「彼は何で生計をたてていますか」「車のセールスマンです」.
scrátch [(英) scrápe] a líving なんとか生計を立てる.

**líving ròom** 居間《(主に英) sitting room》《◆ 客をもてなすのにも用いる》.

**líving stàndards** 生活水準.

**líving wáge** [a ~] 最低生活賃金.

**liz·ard** /lízərd リザド/ [名] **1** C [動] トカゲ《◆ 恐ろしい,汚らわしいものたとえにも用いる》;トカゲに似た動物《ワニ・恐竜・サンショウウオなど》‖
a house lizard ヤモリ.
**2** U トカゲの皮.

***'ll** /-l -ル/《略式》**1** will, shall の短縮語. 例: I'll, he'll, that'll. **2** till の短縮語. 例: Wait'll he comes. 彼が来るまで待て.

**LNG** (略) liquefied natural gas.

***load** /lóud ロウド/ [類音] road/róud/, lord/lɔ́:rd/ [原義] 「旅」「道」が原義. lade (…に(荷を)積む)の影響で現在の意味になった》
── [名](複 ~s/lóudz/) C **1** [通例 a ~] 積み荷,

load 《詰め込む》

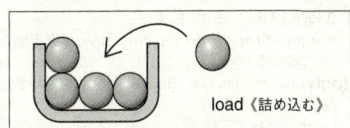

荷 ‖
a cart with a full load of hay 干し草が一杯に積まれた荷車.
**2** (建物などにかかる)荷重(か); 重さ, 重み ‖
branches bent low by their load of fruit 実の重さでたれ下がった枝.
**3** 〔通例複合語で〕積載量; 荷高 ‖
two lorry-loads of coal トラック2台分の石炭.
a plane-load of people 搭乗者全員.
**4** (主に精神的な)負担, 重荷 ‖
bear a load of debt 借金を負う.
tàke a lóad off one's mínd 安心する.
That's a load off my mind. そりゃ安心だ, ほっとした.
**5** 〔機械・電気〕荷重, 負荷.
**6** 〔人・機械などの〕(基準)仕事量, 割り当て.
**7** (火薬の)装塡(を).
**8** (略式)〔通例 ~s; 時に a ~ of A〕多量, 多数 ‖
loads of friends たくさんの友人.
talk a load of nonsense くだらないことばかり話す.
**9** 〔コンピュータ〕ロード, 読み込み.
―― 動 (三単現) ~s/lʌdz/; (過去・過分) ~ed/-id/; (現分) ~·ing)
―― 他 **1** [load A into [onto] B / load B with A] A〈車など〉に A〈荷など〉をいっぱいに詰め込む, 載せる ‖
load the luggage into the car 車に荷物を載せる.
The sink was loaded with unwashed pots and pans. 流しは汚れたなべか類が山のようになっていた.
**2** [load A in [into] B / load B with A] A〈フィルム[弾]など〉を B〈カメラ・銃など〉に入れる, 装塡する; 〔コンピュータ〕〈プログラム・データ〉をロードする《コンピュータ内のメモリエリアに移す》‖
load the film in [into] the camera = load the camera with the film カメラにフィルムを入れる.
**3** …を不純にする, ごまかす; …に加える.
―― 自 **1** 荷を積み込む; 乗り込む.
**2** 〈カメラ・銃が〉〈フィルム・弾が〉装塡される ‖
This camera loads easily. このカメラはフィルムを入れやすい.

*__loaf__¹ /lóuf ロウフ/ 〔「パン」が原義〕
―― 名 (複 loaves/lóuvz/) **1** Ⓒ パン1個《◆ 四角・丸・長細い形などに焼いたもの. これを切ったりしたものを slice, piece などで表す. 英米の食パンの loaf は2ポンドのものが多い. cf. roll 名**5**》‖
eat two loaves for lunch 昼食にパンを2つ食べる.
Half a loaf is better than no bread [none]. (ことわざ)パン半分でもないよりはまし《◆ 人を慰めるときに用いる》.
**2** Ⓒ 菓子パン, (比較的大きい)ケーキ.
**3** Ⓒ Ⓤ 〔通例複合語で〕長細い形をしたもの[食品] ‖
meat loaf ミートローフ.
a (sugar) loaf (円錐(ホミ)状の)棒砂糖.

**loaf**² /lóuf ロウフ/ 動 自 (略式)ぶらつく; のらくら暮らす.

**loaf·er** /lóufər ロウファ/ 名 Ⓒ **1** (略式)のらくら者, 怠け者. **2** 〔しばしば L~〕(商標)ローファー《モカシン風のつっかけ靴》.

**loam** /lóum ロウム/ 名 Ⓤ Ⓒ **1** 〔地質〕ローム《砂・粘土・有機物を含む肥沃(か)な土壌》; (一般に)肥沃な土壌; 肥沃な黒い土. **2** ローム《鋳型・れんが用》.

**loan** /lóun ロウン/ [同音 lone; 類音 lawn/lɔ́ːn/] 名 **1** Ⓤ 貸し付け, 貸し出し ‖
have two books out on loan from the library 図書館から本を2冊借り出す.
May I have the loan of this magazine? この雑誌を借りてもいいですか.
**2** Ⓒ 貸与物; 貸し付け金, ローン, 借金 ‖
government loans 国債.
raise a loan 公債を募集する.
―― 動 (略式) 他 [loan A B / loan B (to A)] A〈人〉に B〈物〉を貸す, (利子をとって) A〈人〉に B〈金〉を貸す ‖
I loaned him my suit. 彼にスーツを貸した.

**loan·word** /lóunwəːrd ロウンワード/ 名 Ⓒ 借用語, 借入語, 外来語.

**loath** /lóuθ ロウス/ 形 (正式)嫌いで, 気が進まない.

**loathe** /lóuð ロウズ/ 動 (現分 loath·ing) 他 (正式)…をひどく嫌う; (略式)…にむかつく《◆ hate の誇張表現. 進行形にしない》.

**loath·some** /lóuðsəm ロウズサム/ 形 (正式)ひどく嫌な, いまわしい, むっとするような.

**loaves** /lóuvz ロウヴズ/ 名 → loaf¹.

**lob** /láb ラブ|lɔ́b ロブ/ 〔テニス〕動 (過去・過分 lobbed/-d/; 現分 lob·bing) 他〈ボール〉をロブする, 高くゆるく打つ. ―― 自 ロブを上げる. ―― 名 Ⓒ ロブ, 高くゆるい打球.

**lob·by** /lábi ラビ|lɔ́bi ロビ/ 名 (複 lob·bies/-z/) Ⓒ **1** (ホテル・劇場などの)ロビー ‖
a hotel lobby ホテルのロビー.
**2** (主に英)(議事堂の院外者との)会見室, ロビー.
**3** 〔単数・複数扱い〕(議会のロビーで議員に陳情・嘆願をする)圧力団体.
―― 動 (三単現 lob·bies/-z/; 過去・過分 lob·bied/-d/) 自 議会のロビーに出入りする; 議員に働きかける ‖
lobby against a bill 議案に反対して議員に圧力をかける.
―― 他 **1** 〈議員〉に働きかける. **2** 〈議案〉の通過運動をする.

**lobe** /lóub ロウブ/ 名 Ⓒ **1** 耳たぶ. **2** (建物などの)丸い突出部, 丸屋根.

**lob·ster** /lábstər ラブスタ|lɔ́b-/ 名 **1** Ⓒ 〔動〕a ロブスター, ウミ

ザリガニ《はさみのある食用の大エビ. 特に米国北大西洋沿岸 Maine 州の American *lobster* が有名》. **b** イセエビ. **2** Ⓤ その肉.

\*__lo・cal__ /lóukl ロウクル/ 〖「場所(locus)」が原義. cf. /ocate〗
──形 〖通例名詞の前で〗**1** その土地の, ある特定の地域に限られた, 地元の, 現地の《◆ 都会に対する「田舎(%%)」の意は含まない》‖
the **local** doctor 地元の医者.
**local** news ローカルニュース.
対話 "Is this the world news?" "No, they're still talking about the **local** news." 「これは海外ニュースなのかい」「そうじゃないわ. まだ国内ニュースをやってるのよ」.
**2** 〖医学〗〈病気などが〉局部の, 局所の ‖
a **local** pain 局部の痛み.
**3** 各駅停車の, 普通列車の(↔ express) ‖
a **local** train 普通列車.
──名 Ⓒ **1** 各駅停車の列車 [バスなど]. **2** (略式) [通例 the ~s] 地元の人々. **3** 〖英話式〗[通例 the ~ / one's ~] (行きつけの)近所のパブ [居酒屋]. **4** (米)(新聞の)地方記事. **5** (米)(労働組合の)分会, 支部.

**lócal área nétwork** 〖コンピュータ〗LAN, ラン, 構内情報通信網《同一建物内などの狭い範囲のコンピューター=ネットワーク》.
**lócal cólo(u)r** 地方色, 郷土色.
**lócal góvernment** 地方政治 ; (米)地方自治体.
**lócal tíme** 地方時間, 現地時間.

**lo・cal・i・ty** /loukǽləti ロウキャリティ | lau- ロウ-/ 名 (複 -·ties/-z/) 〖正式〗**1** Ⓒ 付近 ; 場所, 土地, 地方.
**2** Ⓒ (ある出来事の)現場.
**3** Ⓤ 土地勘 ‖
a poor sense of **locality** 方向音痴.

**lo・cal・ize** /lóukəlàiz ロウクライズ/ 動 (現分) -iz·ing) 〖正式〗他 …を特定の場所に集中させる. ──自 特定の場所に集中する, 局限する.

**lo・cal・ly** /lóukəli ロウカリ/ 副 **1** ある地方で ; 現地的に ; 局部的に. **2** このあたりで, 近くで.

**lo・cate** /lóukeit ロウケイト, ∠ | ləukéit ロウケイト/ 動 (現分) -cat·ing) 〖正式〗他 **1** …を突き止める, 捜し出す ‖
I **located** the village on the map. 地図でその村の位置を突き止めた.
**2** …を置く, 設ける, 定める ; [be ~d] 位置する, ある ‖
**locate** one's new home in the suburbs 新居を郊外に定める.
──自 (米)住みつく, 居を定める ; 開業する.

**lo・ca・tion** /loukéiʃən ロウケイション | lau- ロウ-/ 名
**1** Ⓒ(やや正式)位置, 場所, 所在, 用地, 所在地 ‖
the **location** of the house その家の位置.
a good **location** for a snack bar 軽食堂に好適の場所.
**2** Ⓤ Ⓒ〖映画〗ロケ(ーション)(地), 野外撮影(の場所) ‖
go on **location** ロケに行く.

**3** Ⓤ 位置測定, 所在の探索 ‖
the **location** of the missing boy 行方不明の少年の捜索.

**loch** /lάk ラク, lάx | 15x ロホ, 15k/ 名 Ⓒ(スコット)湖 ; (細長い)入江[湾] ‖
**Loch** Ness ネス湖.

\***lock** /lάk ラク | 15k ロク/ (類音) *rock*/rάk | r5k/)
──名 (複 ~s/-s/) Ⓒ **1** 錠, 錠前《◆ lock を開けるのが key. 日本語の「かぎ」は lock を含むこともある》‖
fasten [set] a **lock** 錠をおろす, かぎを掛ける.
turn [open] a **lock** 錠をあける, かぎをあける.
**2** 銃の発射装置. **3** =lock gate. **4** 〖レスリング〗ロック, 固め. **5** 〖ラグビー〗ロック(の回) ⇒ rugby).
**ùnder lóck and kéy** (錠をおろして)閉じこめて, しまい込んで.
──動 (三単現) ~s/-s/; (過去・過分) ~ed/-t/; (現分) ~·ing)

〖[他]と[自]の関係〗

| | | |
|---|---|---|
| 他 **1** | lock A | A に錠をおろす |
| 自 **1** | A lock | A が錠がおりる |

──他 **1** 〈戸・箱・家など〉に錠をおろす, かぎを掛ける(↔ *unlock*) ‖
Is the drawer **locked**? 引き出しにかぎを掛けてありますか.
対話 "Anything else that I should remember?" "Don't forget to **lock** the door before you go out." 「他に忘れてはならないことがあるかな」「外出する前に忘れずにドアのかぎを掛けてちょうだい」.
**2** …を閉じ込める ; 〈腕などを〉組み合わせる, 〈人を〉抱きしめる ‖
She **locked** hersèlf ín. 彼女は自分の部屋に閉じこもった.
He **locked** his arms around her. =He **locked** her in his arms. 彼は両手で彼女を抱きしめた.
**3** 〈視線など〉を固定する.
──自 **1** 錠がおりる, かぎが掛かる ‖
This door **locks** by itself. この戸は自動的に錠がおりる.
**2** 組み合う, ドッキングする ; 動かなくなる ‖
The bumpers of the two cars **locked**. 2 台の車のバンパーがかみ合った.

**lóck awáy** [他] …を(かぎの掛かる箱・引き出しなどに)しまいこむ ; 〈人〉を隔離しておく ; …を秘密にしておく.

**lóck A óut** …を締め出す ; A〈労働者〉に対し工場閉鎖を行なう, ロックアウトをする.

**lóck úp** [他] (1) 〈家・店など〉のかぎを全部掛ける. (2) =LOCK away. (3) 〈人〉を閉じ込める ; …を刑務所に入れる.

**lóck gàte** 水門(lock).
**lóck kèeper** 水門管理人.

**lock・er** /lάkər ラカ | 15k- ロカ/ 名 Ⓒ ロッカー, かぎ[錠]の掛かる戸棚, コインロッカー.
**lócker ròom** (体育館・学校などの)ロッカールーム.

**lock·et** /lάkit ラキト｜15k- ロキト/ 图C 〈首飾りの〉ロケット.

**lock·smith** /lάksmiθ ラクスミス｜15k- ロク-/ 图C 錠前師.

**lo·co·mo·tion** /lòukəmóuʃən ロウコモウション/ 图 U〔正式〕移動, 移動(力).

**lo·co·mo·tive** /lòukəmóutiv ロウコモウティヴ｜⊥-⊥-/ 图C 機関車(locomotive engine)  ‖ a steam **locomotive** 蒸気機関車.
―― 形 運動する; 移動力のある; 機関車の ‖ **locomotive** power 運動能力.

**locomótive èngine** =locomotive 图.

**lo·cust** /lóukəst ロウカスト/ 图C **1**〔昆虫〕イナゴ, バッタ. **2**《米》〔昆虫〕セミ. **3**〔植〕ハリエンジュ, ニセアカシア(locust tree).

**lodge** /lάdʒ ラヂ｜15dʒ ロヂ/ 图C **1** 番小屋《大邸宅の入口にある門衛・園丁などの住居》. **2**（猟師・登山者などのための）山小屋. **3**《マンション・大学などの》守衛室. **4**（秘密結社などの）支部(集会所); [集合名詞] 支部会員.
―― 動 (現分) lodg·ing) 自 1 泊まる, 宿泊する, 下宿する ‖ **lodge** at Mr. Mason's =**lodge** with Mr. Mason メーソン氏宅に下宿する.
**2**〔正式〕〈弾丸などが〉留まる, ひっかかる.
―― 他 **1** …を泊める, 下宿させる ‖ The flood victims were **lodged** in the school. 洪水による被災者は学校に収容された.
**2**〔正式〕〈弾丸・矢などを〉打ち込む. **3**〔正式〕〈金などを〉保管させる. **4**〔正式〕〈抗議などを〉提出する, 正式に申し出る.

**lodg·ing** /lάdʒiŋ ラヂング｜15dʒiŋ ロヂング/ 動 → lodge.
―― 图 (複 ~s/-z/) **1** UC （一時的な）宿, 泊まる所 ‖ **lodgings** for the night 一夜の宿.
**2** U 下宿すること; 宿泊 ‖ board and **lodging** 食事付き下宿. **3** [~s] 貸間; 下宿 ‖ stay [live] in **lodgings** 間借りをする.

**lódging hòuse** (ふつう食事なしの)下宿屋.

**loft** /lɔ́ːft ロ(-)フト/ 图C **1** 屋根裏(部屋), （教会・講堂の）ギャラリー, さじき, （馬小屋・納屋の上階の）干し草置場, 《米》（倉庫・工場の）上階, ロフト《しばしば物置きを部屋・作業場として用いる》. ―― 動 他 **1**〔スポーツ〕〈球〉を高く打ち[蹴り]上げる. **2**〔ゴルフ〕（ロフトのあるクラブで）〈球〉を高く打ち上げる《◆「ロフト」はクラブヘッド面の傾斜》. ―― 自 球を高く打ち[蹴り]上げる.

**loft·y** /lɔ́ːfti ロ(-)フティ/ 形 (比較 -i·er, 最上 -i·est) **1**〔文〕高くそびえる; 〈地位などが〉高い. **2**〔正式〕高尚な(な)な.

*__log__ /lɔ́ːɡ ロ(-)ɡ/ [『「倒された木」が原義』]
―― 图 (複 ~s/-z/) C **1** 丸太, 丸木《◆これを製材したものが lumber [《英》timber]》; まき ‖ a raft of **logs** =a **log** raft 丸太のいかだ ‖ in the **log** 丸太のままで. The tired boy is sleeping like a **log**. その疲

れた少年はぐっすりと寝ています. **2**〔海事〕（船の速度を測る）測程器. **3** 航海［航空］記録(日誌), 運転記録. **4**〔コンピュータ〕ログ, （メールなどの）交信記録.
―― 動 (過去・過分) logged/-d/; (現分) log·ging)
他 …を航海［航空］日誌に記録する.

**log off** [**out**] [自]〔コンピュータ〕ログ=オフ［アウト］する, 端末の使用を終了する.

**log on** [**in**] [自]〔コンピュータ〕ログ=オン［イン］する, 端末の使用を開始する.

**lóg càbin** [**hòuse**] 丸太小屋, 掘っ立て小屋.

**log·ger·head** /lɔ́ːɡərhèd ロ(-)ガヘド/ 图C 《◆次の成句で》.
**at lóggerheads**〔正式〕（人と）仲たがいして, 言い争って.

**log·ic** /lάdʒik ラヂク｜15dʒik ロヂク/ 图 **1** U 論理学; C 論理学の本.
**2** U 論理, 論法; （略式）正しい論理; 道理 ‖ a leap in **logic** 論理の飛躍.
対話 "Do you think he's making sense?" "Well, I don't agree with him, but there's a lot of **logic** in what he says." 「彼の言ってることは道理にかなっていると思うかい」「そうね. 彼に賛成じゃないけど, 言ってることはなかなか筋が通っているわ」.
**3** U 必然性, 不可抗力.

*__log·i·cal__ /lάdʒikl ラヂクル｜15dʒikl ロヂクル/ 形 **1** 論理的な, 筋が通った（↔ illogical）; （論理上）必然の, 不可抗力の.
**2** [名詞の前で] 論理学の, 論理上の.

**log·jam** /lɔ́ːɡdʒæm ロ(-)グヂャム/ 图C （川の一箇所に流れついた）丸太の停滞; 行き詰まり, 停滞, 封鎖.

**lo·go** /lóuɡou ロウゴウ/ 图 (複 ~s) **1**〔略式〕ロゴ《商標・社名などのシンボルマークとなるデザイン文字》(logotype). **2** 合い言葉, モットー.

**loin** /lɔ́in ロイン/ 图 **1** U C〔古〕[通例 ~s] 腰（部）.
**2** U C （食用動物の）腰肉（図→ beef, pork）.

**loi·ter** /lɔ́itər ロイタ/ 動 自〔正式〕ぶらぶらする, ぶらぶら歩いて行く, 道草を食う ‖ Don't **loiter** over [on] your job. だらだらと仕事をするな.

**loll** /lάl ラル｜151 ロル/ 〔類音〕roll, role /róul/) 動 **1** だらりとたれる. **2** ぐったりとする.

**lol·li·pop, lol·ly-** /lάlipὰp ラリパプ｜15lipɔ̀p ロリポプ/ 图C **1** 棒付きキャンデー, ペろぺろキャンデー. **2**《主に英》棒付きアイスキャンデー.

**lóllipop màn** [**wòman, làdy**]《英略式》通学児童交通保護者《◆Stop! Children crossing. （止まれ！ 子供横断中）の丸い標識をつけた棒を持つことから》.

**lol·ly** /lάli ラリ｜151 ロリ/ 图 (複 **lol·lies**/-z/) C 《英略式》= lollipop.

**lol·ly·pop** /lάlipὰp ラリパプ｜15lipɔ̀p ロリポプ/ 图C = lollipop.

**\*\*Lon·don**[1] /lʌ́ndən ランドン/ 発音注意 《◆× ロンドン》

——图 ロンドン.

[事情] テムズ河口から 64km さかのぼった所にあり, 英国・イングランドの首都. the City が昔のロンドン市の部分で商業・金融の中心地(→ city 4, borough 4).

**Lóndon Brídge** (1) ロンドン=ブリッジ《the City (of London) と Thames 河両岸とを結ぶ橋》. (2) ロンドン=ブリッジ《マザー=グース(Mother Goose)の唄の1つで「かごめかごめ」に似た遊びで歌われる》.

**Lóndon bróil** (米) 牛の肩や脇腹肉の斜め切りステーキ.

**Lóndon smóke** くすんだ灰色《♦ 昔の London の煤(ばい)煙から》.

**Lon·don²** /lʌ́ndən ランドン/ 图 ロンドン《Jack ~ 1876-1916》; 米国の作家. 主著 *The Call of the Wild*》.

**Lon·don·er** /lʌ́ndənər ランドナ/ 图 © ロンドン人, ロンドン子.

**lone** /lóun ロウン/ (同音 loan; 類音 lawn/lɔ́ːn/) 《alone の語頭母音が消失したもの》形 1 ただ1人の, 連れのない.
**2** 孤立した; ただ1つの; 人跡(じんせき)まれな.
**3** 寂しい, 心細い.

**lóne wólf** (略式) 一匹狼(おおかみ).

**lone·li·er** /lóunliər ロウンリア/ 形 → lonely.

**lone·li·est** /lóunliist ロウンリイスト/ 形 → lonely.

**lone·li·ness** /lóunlinəs ロウンリネス/ 图 Ⓤ 孤独; 寂しさ.

*****lone·ly** /lóunli ロウンリ/ 《発音注意》《♦ × ロンリー》〖→ lone〗
——形 (通例 比較 -li·er, 最上 -li·est) 1 ひとりぼっちの, 孤独な《社交嫌いのため好んで1人で住むことも含む》. 孤独で寂しい; 恋しく思う ‖
a lonely heart いつまでも寂しがる人.
[対話] "What's the matter with your mother?" "Since my dad died, she's been terribly **lonely**." 「君のお母さんどうかしたのかい」「父が死んで以来ひどく孤独なのよ」.
**2** 寂しい気持ちにさせる.
**3** 人里離れた, 孤立した, 人気(ひとけ)のない.

**lónely héarts** 結婚相手[恋人]を求める人たち.

**lon·er** /lóunər ロウナ/ 图 © (略式) (他者と交わらず孤独を好む人[動物]; 一匹狼(lone wolf).

**lone·some** /lóunsəm ロウンサム/ 形 (略式) **1** (主に米) 寂しい, 孤独の. **2** 寂しく感じさせる. **3** 人里離れた, 人跡まれな.

**‡long¹** /lɔ́(ː)ŋ ロ(ー)ング/ (類音 wrong/rɔ́(ː)ŋ/)〖「時間・空間上, 端から端までが長い」が本義〗
派 length (名), lengthen (動)
——形 (比較 ~·er/-gər/, 最上 ~·est/-gist/)《♦ 比較変化の発音注意《/g/の音が入る》**1a** (物・距離が)長い, 細長い(↔ short) ‖
a long coat 丈の長いコート.
a long board 細長い板.

from a long distance 遠方から.
They had a long way to go. 彼らはさらに先へ長い道を行かねばならなかった; [比喩的に] するべきことがたくさんあった.
**b** (略式)〈人が〉背が高い, のっぽの.
**2 a** (時間が)長い, (期間が)長くかかる(↔ short, brief) ‖
a long custom 長い間の習慣.
a long talk 長いおしゃべり.
a long note 長期手形.
a long run 長期興行.
make a long stay 長期滞在する.
It takes a long time to read this book. この本は読むのに時間がかかる.
It was not long before she came. 彼女はまもなくやって来た(=She came before long.).
I haven't seen you for a long time. =(略式) It's been a long time since I saw you last. お久しぶりですね.
**b** [補語として][通例否定文・疑問文で] 時間がかかって ‖
Don't be long. ぐずぐずしないで.
He won't be long (in) coming. 彼はまもなく来るだろう.
**3** [通例数量を表す語を伴って] 長さ…の[で], …の長さの;〈乳児の〉身長が…である ‖
a book (which is) 500 pages long 500ページの本.
How long is this bridge? この橋の長さはどれくらいですか.
This pole is six feet long. この竿(さお)は長さ6フィートだ《♦ 6フィートを長いと感じれば This pole is *as long as* six feet. (6フィートもある)となる》.
The baby was 20 inches long. 赤ん坊の身長は20インチあった.
**4** 長ったらしい, 退屈な ‖
He made a long speech. 彼は長々としゃべった.
Only five minutes seems long when we are waiting. 待つ身にはほんの5分間が長く思える.
**5** (正式) (数量がふつうより)大きい, たっぷりの.
**6** (時間的・空間的に)遠くまで達する ‖
a long hit 〔野球〕長打.
a long memory いい記憶力.
*at the lóngest* 長くても, せいぜい.
*for a lóng tíme* 長い間, 久しく(→ long¹ 1) ‖ She didn't sing **for a long time**. 彼女は長い間歌わなかった(=It was a long time before she sang.).

——副 (比較 ~·er, 最上 ~·est) **1** [単独では通例否定文・疑問文で] 長く, 久しく, 長い間《♦ 肯定の平叙文ではふつう (for) a long time》‖
live long 長生きする.
He hasn't long been back. 彼は今帰って来たばかりだ.
He has long wanted to go abroad. 彼は海外へ行きたいと長い間思っている.
[対話] "How long have you been married?" "Exactly ten years." 「結婚して何年ですか」「ち

ょうど10年です」.

[対話] "Have you been here **long**?" "No, I've just arrived." 「長いこと待ったかい」「たった今来たところだ」.

**2** (ある時点より)ずっと(前に, 後に) ‖
long ago ずっと昔に.
The speech was made not long after dinner. 演説は晩餐(%)後すぐなされた.

**3** [通常 all … long で] …の間中 ‖
all winter long 冬の間中.
all one's life long 一生の間ずっと.

**4** 遠くへ, 遠くまで ‖
throw a stone long 遠くまで石を投げる.

*àny lónger* [疑問文で] もっと長い間, これ以上 ‖
Do you want to stay any longer? もうちょっといませんか.

*as lóng as* A [前] …の間, …もの長い間 ‖ as long as five years 5年もの間.

*as lóng as* … [接] (1) [時] …する間は, …する限りは ‖ As long as he's here I'll have more work to do. 彼がここにいる限り私の仕事が増えるだろう. (2) [条件] …さえすれば; (主に米) …であるからには ‖ I don't care as long as you are happy. あなたが幸せでありさえすれば私はかまわない.

[Q&A] *Q*: as far as も「…する限り」の意味ですが, どのように違うのですか.
*A*: as long as は as long as I live (生きている限り)のように「期間」に用い, as far as は as far as I know (私の知っている限りでは)のように「程度・範囲」などに用います.

○*nò lónger* もはや…ない ‖ He can no longer wait. =He can wait no longer. 彼はもう待てない.

○*not … àny lónger* もはや…ない《♦ no longer より口語的》‖ She does not live here any longer. 彼女はもうここ当地には住んでいない.

*Sò lóng!* (⌒)[\↘] (主に米略式) それじゃまた, さようなら《♦目上の人には用いない. → good-by(e)》.

*so lóng as* =as LONG as … (2).

──[名] **1** Ⓤ 長い間, 長時間 ‖
before long まもなく.
She won't take long to do it. 彼女はそれをするのに長くかからないだろう.
I don't have long to live. (病気などのため)私は先は長くはない.

**2** [英略式] [the ~] 長い休暇, 夏期休暇.
*For hòw lóng …?* どのくらいの間…か.

○*for (vèry) lóng* [通例否定文・疑問文で] 長時間 ‖ He did not swim for long. 彼は長くは泳がなかった.

**Lóng Bèach** ロングビーチ《米国 California 州 Los Angeles 近郊の都市. 有名な海水浴場・行楽地・海軍基地がある》.

**lóng dístance** (米) 長距離電話(cf. long-distance) ‖ make a long distance 長距離電

話をかける.

**lóng fáce** 不機嫌な顔, 浮かぬ顔.

**lóng fínger** 中指; [-s] 長い指《人差し指と中指と薬指》.

**Lóng Ísland** ロングアイランド《米国 New York 州の南東部の島》.

**lóng júmp** (英) 〖スポーツ〗 [the ~] 幅跳び(競技), 走り幅跳び ((米) broad jump).

**lóng shót** (1) [映画] ロングショット, 遠写し(↔ close shot). (2) (略式) 当て推量.

**lóng síght** 遠視.

**lóng vacátion**, (略式) **lóng vác** (主に英) (法廷・大学などの)夏期休暇《ふつう6-8月の3か月間》.

**lóng wáve** (通信) 長波 (略 LW).

*●**long**²* /lɔ́(ː)ŋ ロ(ー)ング/『「長く(long)思える」が原義』(派) longing (名)
──[動] (三単現) ~s/-z/; (過去・過分) ~ed/-d/; (現分) ~ing
──[自] [long for A] A〈物・事〉を思いこがれる, 切望する; [long for A to do] A〈人・事〉が…することを切望する ‖
She longs for your return. =She longs for you to come back. 彼女はあなたが帰ってくるのを待ちこがれている.
──[他] [long to do] …することを熱望する, …したがる ‖
I'm longing to hear from you. あなたからの便りをお待ちしております.

**long-dis·tance** /lɔ́(ː)ŋdístəns ロ(ー)ングディスタンス/ [形] 長距離の (cf. long distance) ‖
a long-distance (phone) call (米) 長距離電話(の呼び出し).
long-distance transport 長距離輸送.

**lon·gev·i·ty** /lɑndʒévəti ランチェヴィティ | lɔn-/ [名] Ⓤ [正式] 長寿, 長生き.

**Lóng·fel·low** /lɔ́(ː)ŋfèlou ロ(ー)ングフェロウ/ [名] ロングフェロー《Henry Wadsworth/wǽdzwərθ/ ~ 1807-82; 米国の詩人》.

**long·ing** /lɔ́(ː)ŋiŋ ロ(ー)ングイング/ [動] → long².
──[名] Ⓒ Ⓤ [通例 a ~] あこがれ, 思慕(%); 願望, 切望 ‖
In his speech, he indicated his longing for peace. 彼は平和への熱望を演説の中で表明した.

**lóng·ing·ly** [副] 切望して, あこがれて.

**lon·gi·tude** /lɑ́ndʒətjùːd ランヂトゥード (ランヂテュード) | lɔ́ŋgitjùːd ロンギテュード/ [名] Ⓤ Ⓒ [地理] 経度《「緯度」は latitude》‖
What is the longitude of the place? その場所の経度は何度ですか.
80°E longitude 東経80度《♦ 80°E は eighty degrees east と読む》.

**lon·gi·tu·di·nal** /lɑ̀ndʒətjúːdinl ランヂテューディヌル | lɔ̀ngi- ロンギ-/ [形] **1** 経度の, 経線の. **2** 長さの; 縦の.

**long-lived** /lɔ́(ː)ŋláivd ロ(ー)ングライヴド/ -lívd -リヴド/ [形] 長命の; 永続きする (↔ short-lived).

**long-range** /lɔ́(ː)ŋréindʒ ロ(ー)ングレインヂ/ [形] **1** 長

**long-run** /lɔ́(ː)ŋrʌ́n ロ(ー)ングラン/ 形 長期にわたる；長期興行の，ロングランの．

**long·sight·ed** /lɔ́(ː)ŋsáitid ロ(ー)ングサイティド/ 形 **1** (英) 遠目のきく，遠視の ((米) farsighted)．**2** 先見の明のある．

**lóng·sight·ed·ness** 名 U (英) 遠視；先見の明．

**long-stand·ing** /lɔ́(ː)ŋstǽndiŋ ロ(ー)ングスタンディング/ 形 長年続いている，積年の．

**long-suffer·ing** /lɔ́(ː)ŋsʌ́fəriŋ ロ(ー)ングサファリング/ 形 (侮辱・苦痛などに) 長い間我慢してきた，辛抱強い．——名 U 長い忍耐．

**long-term** /lɔ́(ː)ŋtə́ːrm ロ(ー)ングターム/ 形 長期の (↔ short-term)，長期満期の．

**long-wind·ed** /lɔ́(ː)ŋwíndid ロ(ー)ングウィンディド/ 形 **1** 息が長く続く，休まず走れる．**2** 長たらしい，冗漫な (wordy) (↔ concise)．

## *look /lúk ルク/ 〖「意識的にある方向に目を向ける」が本義〗

→ 動 ⾃ **1** 見る **2** 見える **3** 向く
他 目つきで示す
名 **1** 見ること **2** 目つき **3** 容貌；様子

——動 (三単現) ~s/-s/; (過去・過分) ~ed/-t/; (現分) ~·ing

——自 **1 a** 見る，注目する，見ようとする ‖
look up 上を見る 《◆下の 表現 参照》．
look away from a scene 光景から目をそらす．
I looked but saw nothing. 見ようとしたが何も見えなかった．
(I'm) just looking. (店員に何にいたしましょうかと尋ねられた場合などで) ただ見ているだけです (→ help 他 対話).

表現 look down 下を見る / look aside わきを見る / look inside 中を見る / look outside 外を見る / look behind 後ろを見る / look forth 前を見る

**b** [look at A] …を(じっと)見る ‖
look carefully at her from behind 彼女の後ろ姿をつくづく眺める．
look at oneself in a mirror 鏡で自分の姿を見る．
Her dress is not too much to look at. (略式) 彼女の服は一向に見栄えがしない．

**c** [look at A do] A〈人・物〉が…するのを見る ‖
look at the dog run 犬が走るのを見る．

**d** (略式) [look at A doing] A〈人・物〉が…しているのを見る ‖
I looked at him coming up the path. 彼が小道を通って来るのを見る．

**2 a** [look (to be) C] C に見える 《◆ C は形容詞・名詞．to be は C が主に前置詞＋名詞の場合に用いる》 ‖
He looks happy. 彼は幸せそうに見える．
She looked tired. 彼女は疲れているように見えた．
The cap looks well on you. その帽子は君によく似合う．
He looks to be in poor health. 彼は健康がすぐれないようだ．
Don't judge a person by how he looks. 人を外見で判断するな．

対話 "You look happy. What happened?" "Nothing. I just feel very good today." 「うれしそうだね．何があったんだい」「何でもないよ．ただきょうはとても気分がいいだけよ」．

**b** [look like A / look as if 節 / (米略式) look like 節] (外見上) 〈人・物・事〉のように見える，…に似ている，…しそうだ，…らしい ‖
What does your garden look like? お宅の庭はどんな形をしていますか．
She looks (like) an able woman. 彼女はやり手のようだ 《◆ like を省略するのは (英)》．
He looks like winning (the) first prize. 彼は1等賞をとりそうだ．
It looks like rain. =It looks as if it were going to rain. 雨が降りそうだ 《◆ were は (略式) では was か is になる》．
It looks to me like a toy house. それは私にはおもちゃの家に見える．
This picture looks like that one. =The two pictures look alike. この絵はあの絵と似ている．

対話 "Who do you look like in your family?" "I think I look like my mother." 「ご家族の中ではだれに似ていますか」「母親に似ていると思います」．

Q&A Q: Looks like rain. (雨が降りそうだ) といった言い方をよく耳にしますが．
A: これは上の b 第4例の主語の It が略された形で，(米式) では Looks like it's going to rain. (どうも雨になりそうだ) のように like が接続詞のようにも用いられます (→ like 接 **2**).

**3** 〈家などが〉向く，…に面している 《◆方向を表す副詞(句)を伴う》 ‖
Her room looks to the south. 彼女の家は南向きだ．

**4** [命令文で] ほら，いいかい，そら．

——他 **1** …を目つきで示す，態度 [顔つき] で表す ‖
look one's thanks 感謝の気持ちを目つき [態度] で表す．
He looks his hunger. 彼は空腹のようだ．

**2** [look wh 節] …かどうかを確かめる，調べる ‖
Look who it is. だれだか確かめてごらん．

**3** [look A in B] A〈人〉の B〈目・顔〉を直視する ‖
look her in the eye(s) 彼女の目をまともに見る．

**4** …にふさわしく見える，…のように見える ‖
look one's age 年齢相応に見える．
look oneself いつもと変わらず，元気そうだ．

**lóok abóut** (1) [自] 見回す；捜し回る ‖ look

**look after A** …の世話をする; …に気をつける, 注意する (take care of)《受身可》‖ look after one's health 健康に気をつける / Look after yourself! 自分のことは自分でしなさい;《略式》お元気で, さようなら.

**lóok ahéad** [自] 前を見る; 未来のことを考える.

**lóok (a)róund** [自] 見回す, 振り向く.

**lóok aside from A** …から注意をそらす.

**look as if** 節 → 圓 2 b.

**look at A** (1) → 圓 1 b. (2) …を考察する, 調べる, 検査する, 判断する ‖ look at the mechanism of a camera カメラのしくみを調べる. [通例 will, would を伴う否定文で] …をよく考える, 考慮する ‖ He won't look at my advice. 彼は私の忠告に取り合わない.

**lóok báck** [自] 振り返る; 回想する.

**lóok dówn** (1) [自] → 圓 1 a; 目を伏せる. (2) [~ down (at A)] (…を) 見おろす. (3) [~ dòwn A] …を見おろす, 見通す, のぞく.

**lóok dówn on [upòn]** (1)《略式》…を軽蔑(ぶつ)する (despise) (↔ look up to) ‖ He was looked down upon as a liar. 彼はうそつきだと軽蔑された. (2) [~ down on A] …を見おろす.

**lóok for A** (1) (を追って) 捜す, 求める ‖ look in the drawers for some money たんすの中の金を捜す / What is he looking for? 彼は何を捜しているのか / 対話 "May I help you?" "Yes, please. I'm looking for a gift for my mother." 「何かお捜しですか」「ああ, 母親に贈る物を捜しているのですが」.

**lóok fórward to A** …を楽しみに待つ, 期待 [予期, 覚悟] する ‖ I'm looking forward to hearing from you soon. お返事をお待ちしています《◆ A は名詞・動名詞. I'm なしで Looking forward … とも書く》.

**Lóok hére!**《略式》いいかい!, ほらちょっと!

**lóok ín** [自] (1) ちょっとのぞく; 見る. (2)《略式》ちょっと訪れる ‖ look in on her at her office 彼女を事務所に訪れる.

**lóok into A** (1) …の中をのぞく ‖ The dentist looked into his mouth. 歯医者さんは彼の口をのぞき込んだ. (2) …を研究する, 調査する ‖ The police are looking into the cause of the accident. 警察はその事故の原因を調査中です.

**look like A** → 圓 2 b.

**lóok ón** (1) [自] 傍観する, 見物する. (2) [~ on [upòn] A] → 圓 3; …を見る ‖ look on the bright side of life 人生を楽観する, 人生の明るい面を見る / look on her with favor 彼女を好意的に眺める.

**lóok on A as C**〈人・物〉を C とみなす, 考える ‖ She is looked on as a first-rate scientist. 彼女は一流の科学者として見られている.

**lóok óut** → look out (見出し語).

**lóok óver** (1) [自] 場所を見渡す. (2) [~ òver A] …を見渡す, …にざっと目を通す;《正式》を見のがす, 大目に見る. (3) [~ òver A] …越しに見る ‖ look over one's shoulder (振り返って) 肩越しに見る. (4) [他] …を調べる.

**lóok through** (1) [~ thròugh A] …を通して見る ‖ look through a keyhole かぎ穴からのぞく. (2) [他] …に目を通す; …を詳しく調べる ‖ She looks through the newspaper every morning. 彼女は毎朝新聞に目を通す.

**lóok to A** (1) …の方を見る; …に面する. (2)《正式》…に注意する, 気をつける; …の世話をする.

**lóok to A for B**〈人〉に B〈物・事〉を期待する, 当てにする ‖ He always looks to me for help. 彼はいつも私の援助を当てにしている.

**lóok towárd A** …に面している.

**lóok úp** → look up (見出し語).

**lóok A úp and dówn**〈人〉をじろじろ見る.

**lóok úp to A**〈人〉を尊敬する (respect) (↔ look down on) ‖ He is looked up to as a pioneer. 彼は草分けとして尊敬されている.

━━名 (複 ~s/-s/) **1** [a ~] 見ること, 一見, 一瞥; 注視 ‖

have a look at his face 彼の顔をちらりと見る 《◆ have の代わりに cast, get, give, shoot, steal, take, throw も可》.

take a good look at the paper 新聞に丹念に目を通す.

take a hard look at a plan 計画を見直す.

**2** © [通例 a ~] 目つき, 顔つき, 表情 ‖

a thankful look 感謝の表情.

give him a black look 彼を意地悪くじろりと見る.

A look of pain came to her face. 苦痛の表情が彼女の顔に浮かんだ.

**3** © 《略式》[~s] (特に魅力的な) 容貌(ぼう), 風采(さい), 美貌(ぼう); [the ~] (物・事の) 様子, 外観, 模様 ‖

have one's good looks 美貌に恵まれる.

From [By] the look of the sky, it will clear up in the afternoon. 空模様からすると午後には晴れるだろう.

He has a look of his mother. 彼は母親似だ.

**look·er-on** /lúkərɑ́n ルカアン|-ɔ́n -オン/ 名 (複 **look·ers-on**) © (通りすがりの) 傍(かた)観者, 見物人 (onlooker).

Lookers-on see most of the game.《ことわざ》見物人の方が試合がよくわかる;「傍目八目(おかめはちもく)」.

**-look·ing** /-lúkɪŋ -ルキング/ 連結形 …の顔つきの; …に見える; …の外観をした. 例: young-looking 若そうに見える.

**look·out** /lúkaʊt ルカウト/ 名 **1** [a ~ / the ~] 見張り, 用心; 見張り所 [人] ‖

be on the look out for floods 洪水を警戒している.

**2** Ⓤ《英略式》[しばしば a ~] 見晴らし; 見込み, 前途.

**3**《略式》[one's ~] 関心事, 仕事 ‖

That's **my** (own) **lookout**. それは私の問題[責任]だ, 君の知ったことではない.

**\*look out** /lúk áut ルク アウト/
――動 (変化形 → look) **1** [自] 外を見る, 顔を出す ‖
He **is looking out** ((英) of) the window. 彼は窓から外を見ています.
**2** (略式) [自] [通例命令文で] 気をつけろ ‖
**Look out!** あぶない!
**3** [自] 面する.
**4** (英) [他] [look out A / look A out] …を捜す.

**\*look up** /lúk ʌ́p ルク アプ/
――動 (変化形 → look) **1** [自] → 自1; (略式) [通例 be ~ing] 〈景気などが〉よくなる, 上向く ‖
Business **is looking up**. 商売が上向きになっている.
**2** [look up A] …を見上げる.
**3** (略式) [他] [look up A / look A up] A〈人〉を訪ねる.
**4** [他] [look up A / look A up] A〈単語など〉を調べる ‖ **Look up** the word in your dictionary. その単語を辞書で調べなさい.

**loom** /lúːm ルーム/ 動 自 ぼんやりと(大きく不気味に)現れる ‖
A figure **loomed** up through the mist. もやの向こうに人影がぼーっと現れた.
**lóom lárge** [自] 〈恐怖などが〉不気味に迫る, 大きく立ちはだかる.

**loon·y** /lúːni ルーニ/ 形 (比較 ·i·er, 最上 ·i·est) (俗) 狂気の; (政治的に)極端な, 過激な.
――名 (複 loon·ies/-z/) C 狂人.

**loop** /lúːp ループ/ [「輪」が本義] 名 C **1** (綱・ひもなどでつくる)輪, 環(ホン) ‖
make a **loop** 輪をつくる.
**2** 環状のもの; 輪状の留め金.
――動 他 …を輪にする; …を輪で囲む; …を宙返りさせる ‖
**loop** a rope around him 彼のからだにロープを巻きつける.
――自 輪になる; 輪を描いて進む[飛ぶ].
**lóop line** (英) =belt line.

**loop·hole** /lúːphòul ループホウル/ 名 C (城壁などの)銃眼; (通風・採光用などの)小穴; [比喩的に]逃げ道, 抜け穴.

**loose** /lúːs ルース/ (発音注意) (◆×ルーズ) (類音 lose/lúːz/) 形

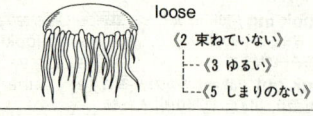

loose
〈2 束ねていない〉
〈3 ゆるい〉
〈5 しまりのない〉

**1** 解き放たれた, 自由になった, のがれた(free, unbound) ‖
The cows were **set loose** in the pen. 牛は囲いの中に放たれた.
**2** 結んでいない, 固定していない, 束ねていない, 包装していない ‖
leave the end of the rope hanging **loose** ロープの端をたらしたままにしておく.
**3** ゆるい, ゆるんだ; だぶだぶの(↔tight) ‖
She wore a long, **loose** coat. 彼女は長くゆったりしたコートを着ていた.
**4** ゆるんだ, がたがたした ‖
a **loose** tooth ぐらぐらの歯.
**5 a** しまりのない, たるんだ, がっしりしていない ‖
a **loose** frame. しまりのない体格.
**b** (古) だらしない, ふしだらな ‖
lead a **loose** life だらしない生活をする.
**c** 節度のない, 制御されていない ‖
have a **loose** tóngue おしゃべりである.

比較 日本語の「ルーズな」に相当するのは, unreliable, careless, unpunctual, negligent など.

**6** 不正確な, 散漫な, ずさんな, 忠実でない ‖
a **loose** argument だらだらした議論.
a **loose** translation ずさんな訳.
**cút** [**lét**] **lóose** (1) [自] 自由になる. (2) [他] …を解放する, 自由にする.
――副 ゆるく, ゆるんで ‖
work **loose** =come **loose** (ねじなどが)ゆるむ.

**loose-leaf** /lúːslìːf ルースリーフ/ 形 ルーズリーフ式の, ページの抜き差しが自由な.

**loose·ly** /lúːsli ルースリ/ 副 **1** ゆるく, だらりと, だぶだぶに. **2** 漠然と, おおざっぱに.

**loos·en** /lúːsn ルースン/ 動 他 **1** …をゆるめる, ほどく; 〈土〉をばらばらにする ‖
**loosen** one's necktie ネクタイをゆるめる.
**2** 〈規則など〉をゆるめる, 緩和する ‖
**loosen** the discipline 規律を緩和する.
**3** …を解き放つ, 自由にする.
――自 ゆるむ, たるむ; ばらばらになる ‖
The screw **loosened**. ネジがゆるんだ.

**loot** /lúːt ルート/ (同音) /rúːt/) 名 U 戦利品, 盗品. ――動 他 自 (…を)略奪する.

**lop** /láp ラプ|15p ロプ/ 動 (過去·過分 lopped/-t/; 現分 lop·ping) 他 …を切り落とす.

**lop·sid·ed** /lápsáidid ラプサイディド|15p- ロプ-/ 形 不均衡の, 偏(カタョ)った.

**lord** /lɔ́ːrd ロード/ (類音 load/lóud/) 名 **1** C **a** 〔歴史〕(封建時代の)君主; 領主. **b** 統治者; 首長; (家・土地などの)所有者. **2** C (英) 貴族; 上院議員. **3** [L~] (英) **a** …卿(ホンョウ); [高位の官職名の前で] …長. **c** …主教. **4** [the L~] 神; キリスト.
**my Lórd** /mil5ːrd ミロード/ (◆弁護士の発音ではしばしば/-lʌ́d/. 最近では /mailɔ́ːrd/ ともいう) 閣下!
**Lórd's Práyer** [the ~] 主(シュ)の祈り (◆ Our Father ともいう).

**lore** /lɔ́ːr ロー/ (同音) (英) law; (類音) low/lóu/) 名 U (正式) (民間の伝承・信仰・風習などによる)知識, 知恵.

**Lo·re·lei** /lɔ́ːrəlài ローレライ/ 名 ローレライ (◆ドイツ伝説の魔女. ライン川の岸の岩にいて美しさと歌声で

船乗りを誘惑し船を難破させたとされる).

**lor·ry** /lɔ́(ː)ri ロ(ー)リ/ 图 (複 **lor·ries**/-z/) C **1**《英》トラック(truck) ‖
carry freight **by lorry** トラックで貨物を運ぶ.
**2**(鉱山の)トロッコ.

**Los An·ge·les** /lɔ(ː)s ǽndʒələs ロ(ー)ス アンヂェレス | -ǽndʒəliːz -アンヂェリーズ/ 〖「天使(the angels)の女王である聖母マリアの村」が原義〗 图 ロサンゼルス《California 州南西部にある米国の大都市. (略) LA》.

## **lose** /lúːz ルーズ/ (発音) loose/lúːs/) 〖「必要なものをなくす, 失う, 失わせる」が本義〗
派 loss (名)
→ 他 **1** 失う **3** 見失う, 聞きのがす **5** 負ける
自 **1** 負ける **2** 損をする
── 動 (三単現) **los·es** /-iz/ ; 過去・過分 **lost** /lɔ́(ː)st/; 現分 **los·ing**.
── 他 **1 a** …を失う, なくす(↔ find) ‖
I have **lost** my ticket. 切符をなくしてしまった.
She is always **losing** her pocket handkerchief. 彼女はハンカチをなくしてばかりいる.
**b**〈人〉を失う, …と死別する ‖
She **lost** her mother last year. 彼女は去年母を亡くした.
**2**〈健康・能力・名誉など〉を失う, 維持できなくなる ‖
**lose** one's **temper** =**lose** control of one's temper かんしゃくを起こす.
**lose** one's **mind** 気が変になる.
**lose** one's health 健康を損なう.
**lose** interest in one's work 仕事に対する興味を失う.
**3** …を見失う, …を聞きのがす ‖
We found that we had **lost our** [the] **way**. 私たちは道に迷っていることに気づいた《◆ lose way は「失速する」の意》.
We **lost** (sight of) him in the forest. 私たちは森の中で彼を見失った.
[対話] "**Lost** something?" "Well, I'm **lost**." 「どうかしましたか」「実は, 私が迷子になったんです」.
**4** [be lost / lose oneself] **a** 姿が見えなくなる ‖
The ship was **lost** in the storm. その船はあらしにあって行方不明になった.
**b** …に夢中になる, 没頭する ‖
**be lost in** thought 考えにふける.
**c** 混乱する, 自分を見失う, 途方にくれる ‖
I'm **lost**. Could you explain that again? 話がわからなくなりました. もう一度説明してくれませんか.
**d** 道に迷う ‖
I don't know which way to go. I'm completely **lost**. どっちに行ったらいいのかわかりません. 完全に迷子になりました.
**5** …で**負ける**;〈賞〉をとり損なう ‖
We **lost** the game **to** them **by** a score of 2 to 1. 試合で私たちは彼らに2対1で負けた.
**lose** a prize 賞をとり損なう.
**6**〈時間・努力〉を浪費する ‖

I didn't **lose** anytime (**in**) answering. 私はすかさず答えた.
**7**〈時計が〉〈ある時間〉遅れる (↔ gain) ‖
His watch **loses** three minutes a day. 彼の時計は日に3分遅れる.
**8** [lose A B]〈A〈人〉に〉B〈物〉を失わせる ‖
His carelessness **lost** him his job. 彼は自分の不注意から仕事を失った.
── 自 **1** 負ける, 敗れる;失敗する ‖
I **lost to** him at cards. トランプで彼に負けました.
[対話] "If you don't start playing better, we're going to **lose**." "I think we still have a chance to win." 「そろそろ盛り返さないと負けちゃうよ」「まだ勝ち目はあると思うわ」.
**2** 損をする ‖
They **lost** heavily **on** the job. 彼らはその仕事で大損をした.
**3** 弱る, 衰える;価値が減じる ‖
The novel **loses** a great deal **in** translation. この小説は翻訳されると多くのものが失われる.
**4**〈時計が〉遅れる ‖
His watch **loses by** three minutes a day. 彼の時計は日に3分遅れる.
**be lóst** (1) → 他 **4**. (2) もはや存在していない.
**be lóst in** A …に夢中になる, 没頭する ‖ be lost in thought 考えにふける.
**be lóst to** A《正式》(1) …から取り残される, のけ者にされる;…から消え去る ‖ He **was** lost **to** the world. 彼は世間から注目されなくなった. (2) …に無感覚になる, 意識しない ‖ He **is** lost **to** shame. 彼は恥を知らない.
**gèt lóst** (1) 道に迷う;途方に暮れる. (2)《略式》[命令文で](さっさと)消え失せろ!
**lóse** oneself (**in** A) (1) → 他 **4**. (2) =be lost in A.

**los·er** /lúːzər ルーザ/ 图 C **1** (競技の)敗者(↔ winner) ‖
a good **loser** 負けて悪びれない人《◆ a bad loser なら「負けてぐずぐず言う人」》.
**Losers** are always **in the wrong**.《ことわざ》負けた者が常に悪い;「勝てば官軍」.
**2**《略式》失敗者, 損をする[した]人.

**los·ing** /lúːziŋ ルーズィング/ 動 ⇒ lose.

## **loss** /lɔ́(ː)s ロ(ー)ス/ [→ lose]
── 图 (複 ~·es /-iz/) **1** U 失うこと, 喪失, 紛失, 遺失 ‖
**loss** of sight 失明.
**loss** of memory 記憶喪失.
[対話] "Someone took my bag in the train." "Did you report the **loss** to the police?" 「電車の中でだれかにバッグを盗まれたのよ」「紛失したことを警察に届け出たかい」.
**2** C 損失(物), 損害(damage) ; 損失額[量] ‖
have a **loss of** £500 500ポンドの損をする.
suffer heavy **losses in** the business 商売で大損害をこうむる.
**3** U C 敗北, 失敗, 取り損(ねう)ない ‖
the **loss of** a battle 敗戦.

the loss of a prize 賞の取り損ない.
**4** Ⓤ (時間・労力の)浪費, むだ遣い ‖
loss of time 時間の浪費.
without loss of time すぐさま, 時を移さず.
**5** Ⓤ (量・程度の)減少, 低下, 減り (↔ gain) ‖
loss in weight 目方の減少.
**6** Ⓤ [しばしば a ~] 損失, 不利 ‖
His death was a great loss to our firm. 彼の死は我々の会社にとって大きな痛手である.
◦**(be) at a lóss** 困って(いる), 途方に暮れて(いる) ‖ I was at a loss for words when I heard the news. そのニュースを聞いたとき言葉に詰まった[何と言っていいかわからなかった] / He was at a loss when to start. 彼はいつ発ってよいか途方に暮れた.

*lost /lɔ́(ː)st ロ(ー)スト/
— 動 → lose.
— 形 **1** 失われた, 紛失した, 消え去った; 行方不明の ‖
a lost article 遺失物.
a lost dog 行方不明の犬.
my lost youth 私の失われた青春.
**2** 道に迷った; 当惑した, 放心したような, 途方に暮れた ‖
The lost child cried loudly. 迷子は大声で泣いた.
lost sheep → sheep 名 **1**.
a lost look 放心したようなまなざし.
**3** 負けた, 取り損なった ‖
a lost battle 負け戦(ˈぃˇ).
a lost opportunity のがした機会.
**4** 浪費された, むだに過ごした ‖
make up for lost time 遅れを取り戻す.
lost labor むだな骨折り.
**5** 死滅した, 今はない ‖
a lost ship 難破船.
a lost city 滅びた都市.
**the lóst and fóund** (米) 遺失物取扱所.
**lóst generátion** [the ~] 失われた世代《第一次世界大戦中に育ち, 戦争体験や混乱期を経て人生の方向を見失った人たち》.
**lóst próperty** [集合名詞的に] 遺失物《◆ a lost-property office は (英) 「遺失物取扱所」》.

*lot /lɑ́t ラト | lɔ́t ロト/ 〖「割り当てられた部分」が原義〗
— 名 (複 ~s/láts | lɔ́ts/) **1** Ⓒ くじ; Ⓤ くじ引き, 抽選, [the ~] 抽選法 ‖
by lot くじで.
draw [cast] lots for turns くじで順番を決める.
**2** [正式] [a ~ / one's ~] (偶然の) 運命, 宿命, めぐり合わせ; (今おかれた) 状態 ‖
He is in a hard lot. 彼はつらい定めにおかれている.
It is my lot to take care of poor folks. 貧しい人たちの面倒をみるのが私の運命だ.
**3** Ⓒ (主に米) (土地の)一区画, (ある目的のための)敷地 ‖
an empty lot 空き地.

a párking lót 駐車場.
**4** Ⓒ 分け前.
**5** Ⓒ (商品・競売品の)ひと組; ひと山.
**6** Ⓒ (略式) [形容詞を伴って] …なやつ, 人 ‖
a bad lot 悪いやつ.
**7** (主に英略式) [the ~; 単数・複数扱い] (人・物など)全部, なにもかも ‖
That's the [your] lot. それで全部だ.
**a lót =lóts** (副式) ずいぶん, たいそう ‖ They play a lot. 彼らはよく遊ぶ / He is a lot wiser than he was. 彼は(今は)以前よりずっと賢い.
◦**a lót of A =lóts of A** (略式) たくさんの… (→ many [語法], much [語法]) ‖ There were lots of people. 大勢の人たちがいた / It was lots of fun. いろいろとおもしろかった / What a lot of whisky he drank! 彼はウイスキーを飲んだわ, 飲んだわ.

Q&A **Q**: a lot of と lots of はどう違いますか.
**A**: lots of の方がくだけた言い方で, (略式) に限られますが, a lot of は (正式) でも用いられます.

**lo·tion** /lóʊʃən ロウション/ 名 Ⓒ Ⓤ **1** (皮膚・眼病治療用の) 外用水薬 ‖
eye lotion 目薬.
**2** 化粧水, ローション.

**lot·ter·y** /lɑ́təri ラタリ | lɔ́t- ロタリ/ 名 (複 -ter·ies/-z/) Ⓒ **1** 宝くじ, くじ引き. **2** [a ~] 宝くじのようなもの, 運.

*loud /láʊd ラウド/ 〖「高く響く」→「(不快で)うるさい」〗派 loudly (副)
— 形 [比較] ~·er, [最上] ~·est **1** 〈声・音が〉大きい, よく聞こえる, 声[音]が大きい (↔ low) ‖
a loud bell 大きく鳴り響く鐘.
a loud laugh 高笑い.
**2** 耳障りな, うるさい ‖
loud music 騒々しい音楽.
対話 "Who's making all that noise?" "The people across the street. They're really loud, aren't they?" 「あんなにうるさくしているのはだれなの」「通りの向こう側の人たちだ. 本当に騒々しいね」
**3** 熱烈な, 熱心な, 盛んな ‖
loud applause 大喝采(ˈˊˋ).
**4** (略式) けばけばしい, 派手な; 厚かましい.
— 副 [比較] ~·er, [最上] ~·est 大きな声[音]で (↔ low) (cf. aloud) ‖
Speak loud(er). (もっと) 大きな声で言いなさい.
**lóud·ness** 名 Ⓤ **1** 音の強さ. **2** 大声, 騒々しさ. **3** (服・色の) 派手さ, あくどさ.
**loud·li·er** /láʊdliər ラウドリア/ 形 → loudly.
**loud·li·est** /láʊdliɪst ラウドリイスト/ 形 → loudly.

*loud·ly /láʊdli ラウドリ/ 〖→ loud〗
— 副 [比較] more ~, 時に --li·er; [最上] most ~, 時に --li·est] 大声で (↔ softly); 騒々しく ‖
Bill should not speak so loudly. ビルはあんな大きな声で話すべきでない.

**loud·speak·er** /láudspìːkər ラウドスピーカ|ニー/ 名C **1** 拡声器. **2** (ラジオ・ステレオの)スピーカー《◆単に speaker ともいう》.

**Lou·is** /lúi ルイ|lúːi ルーイ/《フランス人名では /lúːi/ 》 名 ルイ《男の名. (愛称) Lou》.

**Lou·i·si·an·a** /luːìːziǽnə ルーイーズィアナ/ 《フランス王 Louis XIV にちなむ》 名 ルイジアナ《◆米国南部の州. 州都 Baton Rouge. 《愛称》the Pelican [Creole, Bayou] State. 《略》《郵便》LA》.

**lounge** /láundʒ ラウンヂ/ 動 (現分) loung·ing 自 **1** ぶらつく, ぶらぶら歩く《◆場所を表す副詞(句)を伴う》‖
lounge about the house 家の中をうろつく.
**2** もたれかかる, ゆったりと横になる[座る]‖
lounge over a table テーブルにもたれかかる.
**3** 怠けて時を過ごす.
— 名 **1** C (ホテル・空港などの)待合室, 休憩室, ロビー; (英) (家庭の)居間《◆ sitting room より堅い語》. **2** C 寝いす, 長いす. **3** [a ~] ぶらぶらすること.

**lóunge sùit** (英) 背広((主に米) business suit).

**louse** /láus ラウス/ 名 (複 lice /láis/) C 〖昆虫〗シラミ.

**lous·y** /láuzi ラウズィ/ 形 (比較) -i·er, (最上) -i·est) (略式) **1** シラミのたかった; ひどい. **2**〈人が〉たんまり持っている.

**Lou·vre** /lúːvrə ルーヴル, -vər/ 名 [the ~] ルーブル美術館《パリにある. もとフランス王宮》.

**lov·a·ble** /lʌ́vəbl ラヴァブル/ 形 愛すべき, かわいい; 魅力的な(↔ unlovable).

★★**love**¹ /lʌ́v ラヴ/ (類音) rub/rʌ́b/《 love の対象は異性のみならず, 肉親・友人・動物・物に及ぶ. この点で日本語の「愛(する)」より意味が広い》
派 lovely (形), loving (形).
— 名 (複 ~s/-z/) **1a** U [しばしば a ~] 愛, 恋愛 (cf. affection)(↔ hatred)‖
a rival in love 恋がたき.
She married for **love**, not for money. 彼女は金目当てでなくて好きで結婚した.
**b** C 恋人, 愛人(sweetheart)《◆ふつう女性. one's girlfriend などの方が一般的》; [L~] 愛の神《Amor, Cupid, Eros など》‖
She was one of his **loves**. 彼女は彼の愛人の1人だった.
**2a** U [しばしば a ~] 愛情, いつくしみ‖
He felt a great **love** for his country. 彼は祖国への愛を強く感じた.
**b** C 大事な人《主に肉親・友人など》; [親しみの呼びかけ] あなた《◆呼びかけの対象は主に女性・子供》‖
Good morning, **love**! あら, おはよう.
**3** U [しばしば a ~] 愛着, 愛好; C 愛着のある物[事]‖
He has a **love** of [for] Japanese food. 彼は日本料理が好きだ.

**be in lóve (with** A) (A〈人〉に)恋をしている, ほれている‖ They are in love (with each other). 2人は互いに思い合う仲だ.

**fáll in lóve (with** A) (1) (A〈人〉に)恋をする, ほれる; (A〈事・物〉に)大好きになる.

**for lóve** (1) 好きで, 損得なしで(→ **1a**). (2) 好意で, 無料で ‖ Don't mind the expense. He'll do it for love. 費用のことは心配ない, 彼ならただでやってくれるよ.

**for lóve or [nor] móney** [通例否定文で] 絶対に, どう手を尽くしても, どうしても‖ I can't sell it for love or money. 絶対にこれは売らないよ.

**for the lóve of** A …を愛するが故に.

**Gíve [Sénd] my lóve (to** A). = **Gíve [Sénd]** A **my lóve.** …によろしくお伝えください.

**máke lóve (to** A)《略式》(1) (…と)セックスする. (2) (…を)愛撫(ぶ)する.

**There is nó love lóst betwèen the two [them].** = **Nó love is lóst betwèen the two [them].** 2人の間には失うべき愛情さえない, 冷たい関係になっている《◆もとは「愛は全く失われていない, 十分に愛しあっていた」を意味していた》.

— 動 (三単現) ~s/-z/; (過去・過分) ~d/-d/; (現分) lov·ing
— 他 **1** …を愛している《◆進行形にしない》‖
He **loves** Mary. 彼はメリーを愛している.
(対話) "I love you." "I love you, too."「愛してるよ」「私もよ」.
**2** …を大切にする, 敬愛している(↔ hate)‖
He was **loved** by all the students he taught. 彼は教え子みんなから敬愛されていた.
**3**〈事・物〉が大好きである; [love doing / love to do] …することが大好きである‖
I love music. 音楽が好きだ.
He **loves** collecting [**loves to** collect] stamps. 彼は切手の収集が大好きだ.
(対話) "I like going to places. It's so much fun." "I love travelling too. You meet so many interesting people."「ぼくはいろんな所へ行くのが好きなんだ. とても楽しいもの」「私も旅行が大好きよ. たくさんおもしろい人たちに出会えるんだから」.
**4** [I [we] (would [(英) should]) love to do] …したい; [love A to do] A〈人〉に…してほしい‖
I'd love to see you play Hamlet. あなたがハムレットを演じるのをみたいの.
(対話) "Join us, won't you?" "We'd love to."「ご一緒にいかが」「ええ, ぜひとも」.
— 自 **1** 恋をする; 人を愛する.
**2**《略式》[I [we]'d love for A to do] A〈人〉に…してほしい‖
I'd love for you to come with me. ぜひ一緒に来てほしいの.

**lóve affàir** 恋愛関係, 情事, 浮気; 熱中.
**lóve lètter** ラブレター.
**lóve màtch** 恋愛結婚.
**lóve sèat** 二人掛けのソファー((図) → 次ページ).
**lóve sòng** 恋歌.
**lóve stòry** 恋愛物語[小説].
**lóve tòken** 愛のしるしの贈り物.

**love**² /lʌ́v ラヴ/ 名 U 《主にテニス》零点, 無得点(→

tennis 〖関連〗, zero 〖語法〗(2)》∥
**love all** ラブオール《0対0》, 《ゲーム》開始!
**lóve gàme** 〔テニス〕ラブゲーム《一方が1ポイントも取れなかったセット》.

**love seat**

**lóve sèt** 〔テニス〕ラブセット《一方が1ゲームも取れなかったセット》.

**-loved** /-lʌvd -ラヴド/〖連結形〗(…だけ)好かれている, 愛されている《◆好かれている[愛されている]程度を表す》. 例: much-loved とても愛されている.

**love·li·er** /lʌvliər ラヴリア/ 〖形〗→ lovely.
**love·li·est** /lʌvliist ラヴリイスト/ 〖形〗→ lovely.
*__love·ly__ /lʌvli ラヴリ/〖『愛らしい(lovable)』の意味では今は用いない. → love¹〗
—— 〖形〗(通例〖比較〗-li·er, 〖最上〗-li·est) **1** (主に女性について)(気高く)美しい, 心ひかれる; 高潔な《◆男性の容姿(!)には handsome, good-looking を用いる》∥
a **lovely** girl きれいな女の子.
a **lovely** smile 美しい笑顔.
a **lovely** person 人柄のよい人.
**2** すばらしい, 美しい∥
a **lovely** dress すばらしいドレス.
a **lovely** landscape 絶景.
〖対話〗 "Oh, you look **lovely**." "Thanks, Dad."「ああ, きれいだよ」「ありがとう, お父さん」.
**3** (略式)すてきな, 楽しい∥
a **lovely** dinner 楽しい食事.
**Lovely** day, isn't it? いいお天気ですわね.
It's lovely to see you. お会いできてうれしいわ.
**4** (略式)[~ and +形容詞] とっても, 心地よく∥
It's **lovely and** warm here. ここはとても暖かいわ.

〖Q&A〗 **Q**: ふつう -ly で終わる語は副詞ですが, lovely は形容詞なのですね.
**A**: そうです. 原則として, 形容詞 + ly = 副詞で, 名詞 + ly = 形容詞 なのです. ほかに friendly, likely, lonely なども形容詞です. 副詞ではないので ˣShe dances lovely. のような誤りに注意してください《◆正しくは She dances in a lovely way. など》. また, -ly の形で形容詞と副詞の両方の働きをもつものには daily, deadly, early, weekly などがあります.

**lóve·li·ness** 〖名〗Ⓤ **1** 愛らしさ, 美しさ. **2** (略式)すばらしさ.

**lov·er** /lʌvər ラヴァ/ 〖名〗Ⓒ **1** [通例 one's ~] 愛人《◆男性》; 恋人《◆男性. one's boy(friend) などの方がふつう. 女の恋人は love》; [~s] (深い仲の)恋人同士∥
He is **her lover**. 彼は彼女の不倫の相手だ.
They are **lovers** now. あの2人は深い仲だ.
**2** [a ~ of ...] …の愛好者∥

She's **a lover of** music. 彼女は音楽好きだ.
**lóver's làne** 恋人たちの散歩道.
*__lov·ing__ /lʌviŋ ラヴィング/
—— 〖動〗→ love¹.
—— 〖形〗(〖比較〗more ~, 〖最上〗most ~) **1** 愛情に満ちた∥
a **loving** look 慈愛のこもったまなざし.
**2** [複合語で] …を愛する, …好きの∥
peace-**loving** people 平和を愛する人々.
**3** [one's ~] (人)を大事に思う, …に忠実な∥
Your **loving** mother. おまえを愛する母より《◆手紙の結び》.

**lov·ing·ly** /lʌviŋli ラヴィングリ/ 〖副〗 [Yours ~] 愛情をこめて《◆子供から親への手紙などの結び》.

\*\***low** /lóu ロウ/ 〖類音〗law /lɔ́ː/, row/róu/)
〖「(物理的に)低い」→「(価値が)低い」〗
㊞ lower (動)

→ 〖形〗**1** 低い **3 a** 卑しい **4** 少ない **5** 弱った
—— 〖形〗(〖比較〗~·er, 〖最上〗~·est) **1** 低い(↔ high, tall); 低い所にある, 低地にある, 低い所への[からの]∥
a **low** tree 低木.
a **low** ceiling 低い天井.
Put it in the **lowest** drawer. それをいちばん下のひき出しに入れなさい.
The moon was still **low** in the sky. 月がまだ高く昇ってはいなかった.

〖語法〗人の身長には用いない: a short [ˣlow] man (背が低い人); 「鼻が低い」は flat (→ nose **1**).

**2** 〈温度・水位・緯度などが〉低い(↔ high)∥
The lake is getting **low**. 湖の水位が下がっている.
**3 a** 〈地位・身分が〉低い, 卑しい《◆ mean よりマイナスイメージが強い》∥
of **low** birth 卑しい生まれの.
**b** 〈能力・価値・等級が〉低い, 下の∥
a **low** [ˣcheap] price 安い価格.
**low** grade wine 安物のワイン.
a man of **low** intelligence 頭の悪い人.
**c** (道徳的に)低い, 下品な; わいせつな∥
**low** tastes 下品な趣味.
a **low** show 低俗なショー.
**d** 未開の, 下等な.
**4** 少ない, 低量の; 乏しい∥
a **low** number 小さい数.
**low**-fat milk 低脂肪牛乳.
a diet **low** in salt 減塩食餌療法.
The oil is getting **low**. =We are getting **low** on oil. 油が少なくなってきた.
**5** [補語として][通例 ~ in spirits](健康・気力が)弱った, 元気のない.
**6 a** 〈音・声が〉小さい, 柔らかい(↔ loud).
**b** 〈音程・声が〉低い(↔ high)∥
He has a **low** singing voice. 彼は低音で歌う.

——[副] ([比較] ~·er, [最上] ~·est) **1** (高さが)低く; 低い所に[へ] ‖
bow **low** 腰を低くおじぎをする.
**2** (評価が)低く, 安く; 卑劣に ‖
I bought it **low**. 安く買ったよ.
**3** (数量・程度が) 低く, 乏しく; 質素に.
**4** 小声で(↔ loud(ly)); 低音で ‖
talk **low** 小声で話す.
I can't sing so **low**. そんな低音では歌えない.
——[名] **1** [C] (略式) [しばしば a new ~] (記録・水準などの)最低値; 底値(そこね). **2** [U] (自動車などの)低速ギア.
**lów tíde[wáter]** 干潮(時).

**low·brow** /lóubràu ロウブラウ/ [名][C][形] 無教養な(人), 低俗趣味の(人) (↔ highbrow).

***low·er** /lóuər ロウア/ 〖低く(low)する〗
——[動] ([三単現] ~s/-z/; [過去・過分] ~ed/-d/; [現分] ~·ing/-əriŋ/)

[他]と[自]の関係

| | | |
|---|---|---|
| [他] 1 | lower **A** | **A** を下げる |
| [自] | **A** lower | **A** が下がる |

——[他] **1** …をおろす, 下げる, 沈める(↔ lift) ‖
lower a flag 旗をおろす.
The trade barriers must be **lowered**. 通商障壁は低くすべきだ.
**2** 〈数量〉を減らす; 〈速度・温度・程度〉を下げる; 〈勢い・力〉を弱める ‖
**lower** the expenses 経費を減らす.
**lower** (the volume of) the radio ラジオの音量を下げる.
[対話] "I can't hear myself think!" "Sorry, I'll **lower** the radio." 「うるさくて考えごともできないわ」「ごめん. ラジオの音を小さくするよ」.
**3** 〈評価・地位〉を下げる, 落とす; [lower oneself to do] 恥を忍んで…する ‖
**lower** one's reputation 評判を落とす.
Don't **lower yourself to** take the money. そんな金を受け取ったらおまえの面子(めんつ)にかかわるぞ.
——[自] 下がる, 低くなる, 落ちる, 沈む; 弱まる.
——[形] 〖low¹ の比較級〗 [名詞の前で] **1** [相対比較] (…より)低い(↔ higher).
**2** [絶対比較] (標準より)低い, 下等[下級]の(↔ higher) ‖
a **lower** animal 下等動物.
**3** [絶対比較] 下部の, 下方の(↔ upper); 低緯度の, 南部の ‖
the **lower** lip 下唇.
the **lower** Mississippi ミシシッピ川の下流.
**lówer cáse** 〔印刷〕 小文字(で書くこと); 小文字活字の容器(cf. lowercase, upper case).
**lówer hóuse[chámber]** [しばしば L~ H-[C-]] [the ~] 下院.

**low·down** /lóudàun ロウダウン/ [名][U] (略式) [通例 the ~] (内輪の)真相, 内幕, 秘密情報.

**low·er·case** /lóuərkéis ロウアケイス/ 〔印刷〕 [形] 小文字の(cf. lower case, uppercase) ‖
a **lowercase** letter 小文字.
——[動] ([現分] --cas·ing) [他] …を小文字で印刷する.

**low·est** /lóuist ロウイスト/ 〖low¹ の最上級〗 [形] 最も下の, 最低の ‖
at (the) **lowest** 少なくとも, 最低でも.

**low-key(d)** /lóukí:(d) ロウキー(ド)/ [形] **1** 穏やかな, 控え目な, 低姿勢の. **2** 〔写真〕 コントラストが弱い. **3** (略式) 低調な, 重要でない.

**low·land** /lóulənd ロウランド/ [名] **1** [U] [しばしば ~s] 低地, 平野部(↔ highland). **2** [the Lowlands] スコットランド低地地方.
——[形] **1** 低地の ‖
lowland areas 低地地域.
**2** [L~] スコットランド低地地方の.

**low·ly** /lóuli ロウリ/ [形] ([比較] --li·er, [最上] --li·est) 〈身分・地位などが〉低い, 卑しい; 平凡な, 控え目な.
**lów·li·ness** [名][U] (身分などの)低いこと; みすぼらしさ; 平凡; 未発達.

**low-lying** /lóuláiiŋ ロウライイング/ [形] 〈土地が〉低い(ところにある), 低地の.

**low-priced** /lóupráist ロウプライスト/ [形] 安価な, 安い.

**loy·al** /lɔ́iəl ロイアル/ ([類音] royal/rɔ́iəl/) [形] (時に [比較] ~·er, [最上] ~·est) **1** 忠誠な, 忠義な; 忠実な, 誠実な ‖
the **loyal** toast 乾杯《◆国王などへの忠誠のあかし》.
be **loyal** to one's principles 自己の主義を固く守る.
**2** 誠意ある, 忠誠を示す.

**loy·al·ist** /lɔ́iəlist ロイアリスト/ [名][C] 忠臣, (反乱時の)体制擁護者 ‖
the **loyalist** army 官軍.

**loy·al·ly** /lɔ́iəlli ロイアルリ/ [副] 忠義に, 忠実に.

**loy·al·ty** /lɔ́iəlti ロイアルティ/ ([類音] royalty /rɔ́iəlti/) [名] ([複] --al·ties) **1** [U] 忠誠, 忠義, 忠実, 誠実(さ). **2** [C] [通例 loyalties] 忠義[誠実]な行為.

**loz·enge** /lɑ́zindʒ ラズィンヂ | lɔ́z- ロズィンヂ/ [名][C] **1** ひし形. **2** ひし形のもの; (ひし形)キャンデー, 薬用ドロップ《せき止め用》; (宝石の)ひし形面; ひし形窓ガラス.

**LPG, LP-gas** [略] liquefied petroleum gas 液化石油ガス.

**Ltd, ltd., Ltd.** [略] (英) *Limited* 有限責任の《◆会社名で John Walker & Sons, Ltd. のように用いる》.

**lu·bri·cant** /lú:brikənt ルーブリカント/ [名][U][C] (正式) [比喩的にも用いて] 潤滑(じゅんかつ)油, 潤滑.

**lu·bri·cate** /lú:brikèit ルーブリケイト/ [動] ([現分] --cat·ing) [他] (正式) **1** 〈機械など〉に油をさす. **2** 〈皮膚など〉を滑らかにする. **3** …を円滑にする.

**lu·cid** /lú:sid ルースィド/ [形] **1** わかりやすい, 明快な. **2** (頭脳)明晰(せき)な; 正気の.
**lú·cid·ly** [副] 明快に; 透明に.

**lu·cid·i·ty** /lu:sídəti ルースィディティ/ [名][U] **1** (思考・文体などの)明快さ, わかりやすさ. **2** 洞察力, (頭

の)さえ, 明晰(%)さ.

**Lu·ci·fer** /lúːsifər ルーシファ/ 名 **1** 《詩》明けの明星《金星》.

**2** 〔神学〕魔王, サタン(Satan) ‖
(as) proud as Lucifer 魔王のように傲慢(ぶ)な.

***luck** /lʌk ラク/ 《類音 lack/læk/》《「縁起のよいもの」が原義》派 lucky (形)

——名 (複 ~s/-s/) **1** U 運, めぐり合わせ ‖
Good luck doesn't repeat itself. 《ことわざ》幸運はくり返されない;「柳の下にいつもドジョウはいない」.
Even he could lose the match if he should run into bad luck. へたをすると彼だって負けることもあるよ.
Hard [Tough] luck. You came too late. おあいにくさま. 来るのが遅すぎたよ.

**2** U 幸運, つき, まぐれ当たり ‖
Luck is coming my way. =My luck turns. 運が向いてきたぞ《◆I feel I'm in *luck* now. のようにもいえる》.
It was a stroke [a piece] of luck that she wasn't there then. 彼女が(その時)その場にいなかったのはもっけの幸いだった《◆×a luck とはいわない》.
対話 "You did a great job on that exam." "Thanks, but it wasn't all skill. Part of it was luck." 「あの試験はとてもよくできていたね」「ありがとう. でも全部実力だったわけじゃなくて, 一部はまぐれ当たりだったんだ」.

**3** C 縁起物, 幸運のお守り.
*Bád [Hárd] lúck!* ついていませんね, それはお気の毒 ‖ 対話 "I failed the exam." "Bad luck!" 「試験に落ちました」「それは残念でしたね」.
*by bád lúck* 運悪く.
*by góod lúck* 運よく.
*for lúck* 縁起をかついで, 幸運を祈って.
*Góod lúck (to you)!* 成功を祈ります, 万事うまく行きますように《◆日本語の「がんばって」の意味にもなる》‖ Good luck on the entrance exam tomorrow! あしたの入試がんばってください《◆さらに意味を強めた形は Bést of lúck!》.
*háve the lúck to do* =*háve the lúck of doing*《略式》幸運にも…する ‖ He had the luck to catch the train. 彼は運よく列車に間に合った.
*in lúck('s wáy)* 運が向いている, ついている.
*trý one's lúck* 運だめしをする, いちかばちかやってみる.
*with (a little bit of) lúck* あわよくば, 運がよければ.
*wórse lúck*《略式》[文中・文尾で] 運悪く, あいにく.

——動 自《米略式》運が向く, ついてくる;(望ましい人・物に)出会う ‖
He lucked out with the divorce. 彼は離婚を機に運が向いてきた.

**luck·i·er** /lʌ́kiər ラキア/ 形 → lucky.
**luck·i·est** /lʌ́kiist ラキイスト/ 形 → lucky.

***luck·i·ly** /lʌ́kili ラキリ/《→ lucky》
——副 [通例文全体を修飾] 幸運にも, 好都合にも ‖
Luckily (\\), the deadline was postponed. (話し手にとって)幸いにも締切日が延期された.
Luckily (for him), he drew the prize. 彼は幸運にも当たりくじを引いた.

****luck·y** /lʌ́ki ラキ/《luck + y》
派 luckily (副)
——形 (比較 ··i·er, 最上 ··i·est) **1 a** 幸運である;[A is lucky to do / A is lucky (in) doing] A〈人〉が…は運がいい(↔ unlucky) 類 fortunate) ‖
She was lucky in everything yesterday. 彼女は昨日なにかにつけてついていた.
I was lucky to see her there. =I was lucky (in) seeing her there. =It was lucky for me to see her there. =It was lucky that I could see her there. そこで彼女に会えたのは幸運だった.
You should be so lucky! 《略式》おめでたいやつだ;本当に調子がいいんだから.
対話 "I've been accepted by Harvard." "You're really lucky!" 「ハーバードに入学を許可されたんだ」「ついてるね」.
**b** [it is lucky for A that 節 / A is lucky that 節] A〈人〉が…とは運がいい ‖
It was lucky for me to see her there. =I was lucky that I could see her there. そこで彼女に会えたのはラッキーだった(=Luckily, I saw her there.).

**2** 成功の, まぐれ当たりの ‖
a lucky guess 勘の的中.
a lucky hit 幸運な安打.
a lucky punch [hit]《ボクシング》ラッキーパンチ.
a lucky shot (銃弾・弓矢の)まぐれ当たり.

**3** 幸運をもたらす, 縁起のよい ‖
by a lucky chance 幸運にも(=by luck).
a lucky penny 幸運のペニー《◆6ペンス硬貨などに穴をあけ鎖をつけてお守りにする》.

*(a case of) third time lucky* 三度目の正直.
**lúcky díp**《英》(催しなどでの)つかみ取り, 福袋, 福引き(用容器);雑ものよせ集め(《米》grab bag).

**lu·cra·tive** /lúːkrətiv ルークラティヴ/ 形 《正式》利益のあがる, もうかる, 得な(profitable).
**lú·cra·tive·ly** 副 もうけて.
**Lu·cy** /lúːsi ルースィ/ 名 ルーシィ《女の名》.
**lu·di·crous** /lúːdikrəs ルーディクラス/ 形 《正式》嘲(あざけ)笑を誘う, こっけいな.
**lú·di·crous·ly** 副 ばかげて.

**lug** /lʌg ラグ/《類音 lag/læg/, rug/rʌg/》《略式》動 (過去・過分 lugged/-d/;現分 lug·ging) 他 …を力任せに引く, 引きずる, やっとのことで運ぶ. ——自 ぐいと引く. ——名 U [通例 a ~] ぐいと引くこと.
**lug·gage** /lʌ́gidʒ ラギッヂ/ 名 U 《主に英》[集合名詞](旅行者の)手荷物《suitcase, trunk, bag など》(《主に米》baggage);(商品名として)トランク類 ‖

ten pieces of **luggage** 10個の手荷物《◆ ×ten luggages は誤り》.
carry one's **luggage** to the train 自分の荷物を列車のところまで運ぶ.
**lúggage ràck** (英) (列車・バスなどの)網棚.
**lúggage vàn** (英) (列車の)荷物用車両((米) baggage car).
**Luke** /lúːk ルーク/ [名] **1** ルーク《男の名》. **2** 〔聖書〕 **a** St. ～ 聖ルカ《キリストの弟子で福音書の著者》. **b** ルカによる福音書(the Gospel according to St. Luke)《新約聖書4福音書の1つ》.
**luke·warm** /lúːkwɔ́ːrm ルークウォーム/ [形] **1** なまぬるい, 微温の. **2** いい加減な, 気のない, 不熱心な.
**lull** /lʌ́l ラル/ [動] [他] **1** …を寝かしつける, あやす ‖
She **lulled** her child **to** [**into**] **sleep**. 彼女は子供を寝かしつけた.
**2** …を静める.
――[名] [a ～ / the ～] 小やみ, なぎ; 小康; 途絶えること, 途切れ ‖
a **lull** in trade 商売の途切れ.
the **lull** [calm] before the storm あらしの前の静けさ.
**lul·la·by** /lʌ́ləbài ララバイ/ [名] ([複] --la·bies/-z/) [C] 子守歌. ――[動] ([三単現] --la·bies/-z/; [過去・過分] --la·bied/-d/) [他] (子守歌を歌って)〈子供〉を寝かしつける, 落ち着かせる.
**lum·ber** /lʌ́mbər ランバ/ [名] **1** [U] (主に米・カナダ) (建築用)材木, 木材((英) timber)《丸太(log)を角材・板材にしたもの》.

[Q&A] ***Q***: lumber, tree, wood などの違いは何ですか.
***A***: 土に生えているのは tree, 木材として切り倒したものは wood, 製材した材木が(英)では timber, (米・カナダ)では lumber というのです.

**2** [U] (主に英) がらくた物, (不用家具など, 場所を取る)不用品.
――[動] [他] **1** (主に米・カナダ) **a** 木を切って材木にする. **b** 〈ある地域〉の木を切り出す ‖
**lumber** a forest 森林の木を切り出す.
**2** …をいっぱいにする, ふさぐ ‖
The room was **lumbered** (**up**) **with** useless articles. その部屋は役に立たない物でいっぱいになっていた.
**3** (英略式) 〈人〉に押しつける ‖
I **was lumbered with** his child for the weekend. 私は週末彼の子供の世話を押しつけられた.
――[自] (米) 木を切って材木にする.
**lúmber jàcket** (米) ランバー=ジャケット《木こりが着るような上着》.
**lum·ber·jack** /lʌ́mbərdʒæ̀k ランバヂャク/ [名] [C] (主に米・カナダ) **1** 木こり, 木材・切り出し人夫(lumber worker). **2** =lumber jacket.
**lu·mi·nous** /lúːmənəs ルーミナス/ [形] **1a** 光を発する, 輝く ‖
a **luminous** body 発光体.
**b** 夜光(性)の ‖
**luminous** paint 夜光塗料.
**2** 明るい, 照明された.
**3** (正式) わかりやすい, 明快な ‖
a **luminous** explanation 明快な説明.
**lump** /lʌ́mp ランプ/ ([類音] lamp/lǽmp/) [名] **1** [C] (固くて小さな)かたまり《◆「大きなかたまり」は mass》; 角砂糖(1個) ‖
two **lumps** of sugar 角砂糖2個.
**2** [C] 〔医学〕 こぶ, はれ, しこり ‖
a **lump** on the head 頭のこぶ.
**3** [C] (略式) まぬけ, でくのぼう.
***a lúmp in the*** [*one's*] ***thróat*** (悲しみなどの強い感情で)のどが締めつけられるような感じ, 胸が一杯の感じ.
***in a*** [***one***] ***lúmp*** 〈支払いなどが〉一括して.
***in*** [***by***] ***the lúmp*** ひっくるめて.
――[動] [他] **1** (略式) …をひとかたまり[ひとまとめ]にする. **2** …を固める, 盛り上げる, ふくらませる. ――[自] かたまりになる, 盛り上がる, ふくらむ.
**lúmp sùgar** 角砂糖, 固形砂糖.
**lúmp súm** 合計金額; 一括払いの金額.
**lump·y** /lʌ́mpi ランピ/ [形] ([比較] --i·er, [最上] --i·est) **1** かたまりだらけの; でこぼこの. **2** (広い水面が風で)波立った.
**Lu·na** /lúːnə ルーナ/ [名] 〔ローマ神話〕 ルナ《月の女神. ギリシア神話のセレーネ(Selene)に当たる》.
**lu·na·cy** /lúːnəsi ルーナスィ/ [名] [U] (正式) 精神異常, 気違いざた, 愚かさ.
**lu·nar** /lúːnər ルーナ/ [形] (正式) 月の, 月面の.
**lúnar cálendar** [the ～] 太陰暦.
**lúnar eclípse** 〔天文〕 月食.
**lúnar** (**excúrsion**) **mòdule** 月着陸船.
**lu·na·tic** /lúːnətik ルーナティク/ (アクセント注意) 《◆ ×ルナティク》 [形] **1** 精神異常の. **2** 実にばかげた, 気違いじみた《◆ 昔, 狂気は月の満ち欠けによってもたらされると考えられていた》.
****lunch** /lʌ́ntʃ ランチ/ ([類音] launch/lɔ́ːntʃ/) 〖luncheon の短縮語〗
――[名] ([複] ～·es/-iz/) **1** [U][C] 昼食((正式) luncheon)《◆ 夕食を dinner とする場合》; (朝食後の)間食《◆ 昼食を dinner とする場合》; (広義)(米) 軽食 ‖
have [eat] **lunch** 昼食を食べる.
I had a hot dog **for lunch**. ランチにホットドッグを食べた.
He is **at lunch** now. =He is eating [having] **lunch** now. 彼は今昼食中だ.
**2** [C][U] 弁当, 軽食[昼食]用料理 ‖
a picnic **lunch** ピクニックの弁当.
I bought a (box) **lunch** at the station. 駅で弁当を買った.
They serve good **lunches** here. ここはうまい昼めしを食わせるよ.
――[動] ([三単現] ～·es/-iz/) [自] (正式) 昼食を食べる ‖
**lunch** in 中で昼食をとる.

L

**lunch** off ham ハムで昼食をすます.
You can **lunch** on the train. 列車で昼食がとれるよ.

**lun·cheon** /lʌ́ntʃən ランチョン/ 名 《正式》**1** UC 昼食; 軽食, 弁当《◆ lunch より堅い語》.
**2** C 昼食会, 午餐(さん)会 ‖
a stand-up **luncheon** 立食(りっしょく)午餐会
We shall hold [give] a **luncheon** in honor of Mr. Ford. フォード氏のために午餐会を催します.

**lunch·time** /lʌ́ntʃtàim ランチタイム/ 名 U 昼食時(間).

**lung** /lʌ́ŋ ラング/ 名 C 肺 ‖
the right **lung** 右肺.
**lung** capacity 肺活量
an iron **lung** (→ iron).
have good **lungs** 声が大きい.

**lunge** /lʌ́ndʒ ランヂ/ 名 C 〖フェンシング〗突き.
—— 動 《現分》**lung·ing** 自 突く.

**lurch** /lə́ːrtʃ ラーチ/ 名 《単複》～**es**/-iz/) C (船・車が)急に傾くこと ‖
give [make] a **lurch** 傾く, 片方に揺れる.
—— 動 《単複》～**es**/-iz/) 自 急に傾く.

**lure** /ljúər ルア (リュア)/ 名 C **1** 《正式》魅力; [a ～] 魅力あるもの ‖
the **lure** of adventure 冒険の魅力.
**2** おとり; (魚釣りの)擬似餌(ぎじえ), ルアー.
—— 動 《現分》**lur·ing** 他 …を誘惑する; …をおびき出す; …を誘い込む《◆ 副詞(句)を伴う》‖
be **lured** on to bankruptcy 誘惑に乗ってついに破産する ‖
**lure** the fox **into** a trap キツネをわなにおびき寄せる.
He was **lured away** from his duties. 彼は誘惑に負けて義務を怠った.

**lurk** /lə́ːrk ラーク/ 〖類音〗lark/lɑ́ːrk/) 動 自 **1** 潜む, 待ち伏せする, 隠れる ‖
A tiger was **lurking** in the underbrush. やぶにトラが潜んでいた.
**2** 〈疑念・感情などが〉潜んでいる, 潜在する.

**lus·cious** /lʌ́ʃəs ラシャス/ 形 《正式》**1** 甘い, おいしい. **2** 〈目・耳・心に〉快い, 美しい, 甘美な. **3** あでやかな, 官能的な.

**lush** /lʌ́ʃ ラシュ/ 形 **1** 《文》〈植物が〉青々と茂った, みずみずしい. **2** 《略式》豪勢な, ぜいたくな; 凝りすぎた.

**lust** /lʌ́st ラスト/ 〖類音〗last/læst|lɑ́ːst/, rust/rʌ́st/) 名 UC **1** 強い欲望 ‖
a **lust** for power 権力欲.
**2** 性欲, 肉欲.
—— 動 自 《正式》渇望する, 切望する ‖
**lust for** [**after**] gold 金を渇望する.

**lus·ter** /lʌ́stər ラスタ/ 名 《正式》**1** U [しばしば a ～] 光沢, つや; 光り, 輝き ‖
the **luster** of pearls 真珠の光沢.
**2** U 光彩, 栄光, 名声.

**lust·i·ly** /lʌ́stili ラスティリ/ 副 元気一杯に, 力強く.

**lus·trous** /lʌ́strəs ラストラス/ 形 《主に文》**1** 光沢(こうたく)のある; 輝く. **2** 輝かしい, すばらしい.
**lús·trous·ly** 副 輝いて, ぴかぴかと.

**lust·y** /lʌ́sti ラスティ/ 形 《比較》--i·**er**, 《最上》--i·**est**) **1** 力強い, 頑健(がんけん)な, 元気な **2** 好色な.

**Lu·ther** /lúːθər ルーサ/ 名 **1** ルーサー《男の名》. **2** ルター, ルーテル《Martin ～ 1483-1546; ドイツの宗教改革者》.

**Lux·em·b(o)urg** /lʌ́ksəmbòːrg ラクセンバーグ/ 名 ルクセンブルク《西ヨーロッパの公国. その首都》.

**lux·u·ri·ant** /lʌɡʒúəriənt ラグジュアリアント, lʌkʃú- | lʌɡzjúəri- ラグズュア-/ 形 《正式》**1** 繁茂(はんも)している. **2** 肥沃(ひよく)な; 増殖力旺盛な. **3** 〈想像力などが〉豊かな. **4** 〈文体などが〉華麗な, 凝(こ)った.

**lux·u·ri·ous** /lʌɡʒúəriəs ラグジュアリアス, lʌk-/|lʌɡzjúəriəs ラグズュアリアス, lʌk-/ (アクセント注意) 形 **1** 豪華な, 高価で満足感を与える ‖
a **luxurious** hotel デラックスなホテル.
**2** 一流好みの, ぜいたく好みの; 快楽趣味の ‖
She is **luxurious** in clothing. 彼女は着道楽だ.
**lux·ú·ri·ous·ness** 名 U 豪華さ.
**lux·ú·ri·ous·ly** /lʌɡʒúəriəsli ラグジュアリアスリ, lʌkʃú-|lʌɡzjú-/ 副

**lux·u·ry** /lʌ́ɡʒəri ラグジャリ, lʌ́kʃəri | lʌ́kʃəri ラクシャリ/ 名 **1** U 豪華さ, 快適な状態; ぜいたくさ ‖
live in **luxury** ぜいたくに暮らす.
**2** C [通例 a ～] 豪華なこと[もの]; ぜいたく品 ‖
A TV set was **a luxury** in those days. 当時テレビはぜいたく品だった.
**3** [形容詞的に] 豪華[高級]さを誇る《◆広告では luxurious よりも多用される》‖
a **luxury** liner 豪華船.

***ly·ing**[1] /láiiŋ ライイング/
—— 動 → lie[1].
—— 名 U 横たわること; C 横になる場所.
—— 形 横たわっている.

***ly·ing**[2] /láiiŋ ライイング/
—— 動 → lie[2].
—— 名 U うそをつくこと; 偽り.
—— 形 偽りの.

**lymph** /límf リムフ/ 名 U 〖生理〗(白血球を含む)リンパ(液); 〖医学〗痘苗(とうびょう).

**lym·phat·ic** /limfǽtik リムファティク/ 形 リンパ(液)の; リンパ液を分泌する.

**lynch** /líntʃ リンチ/ 名 〖米国の治安判事 W. Lynch から〗動 《単複》～**es**/-iz/) 他 …を私刑[リンチ]によって殺す.

**lyr·ic** /lírik リリク/ 形 **1** 叙情的な, 叙情詩風の; 感情を強く出した ‖
**lyric** prose 叙情的散文.
**2** 竪(たて)琴(lyre)の伴奏で歌うための.
—— 名 **1** C 叙情詩(cf. epic). **2** [the ～s] (歌の)歌詞.

**lyr·i·cal** /lírikl リリクル/ 形 **1** 《正式》=lyric 形 **1**. **2** 熱情的な, 熱烈な.

# M

**\*m, M** /ém エム/ 名 (複 m's, ms; M's, Ms /-z/)
**1** C U 英語アルファベットの第13字. 語法 語頭のmn- を除き, 常に発音される. **2** → a, A **2. 3** C U 第13番目(のもの). **4** U (ローマ数字の)1000 (→ Roman numerals).

**m** (記号) meter(s).

**m.** (略) male; mile(s); million(s); minute(s); medium.

**M.** (略) Monday.

**\*'m** /-m -ム/ (略式) am の短縮形. 例: I'm hungry. (◆ 文末では用いない: She's taller than I *am*.)

**ma** /má: マー/ 名 C (略式・小児語) ma(m)ma の短縮語 (◆ 呼びかけでは Ma).

**MA** (略) [郵便] Massachusetts.

**MA** (略) Master of Arts (→ master 名 **4 a**).

**\*ma'am** /(弱) məm マム, (強) mǽm マム, má:m/
《文末に軽く添える場合は(弱). 呼びかけは(強). 主語・目的語などには用いない》〖→ madam〗
— 名 (複 ~s/-z/) C **1** (呼びかけで女主人に) 奥様, お嬢様; (生徒が女の先生に) 先生(英) Miss); (一般に女性に) 奥様, お嬢さん (◆ ふつう25歳くらい以上の女性に用いる. madam よりくだけた語) ‖
Yes, **ma'am** /jém/, I will. はい奥様 [お嬢様, 先生], 承知しました.
Excuse me, **ma'am**/mǽm/. Could you tell me where the post office is? すみません, 郵便局はどちらでしょうか.
**2** (英正式) (王族の女性に) 女王[王女]様 (◆ ふつう /mǽm, má:m/).

**ma·ca·bre** /məká:brə マカーブル, -bər/ 〖フランス〗形 (正式) 気味の悪い, 死を思わせる.

**mac·ad·am** /məkǽdəm マカダム/ 名 **1** U 道路舗装用の砕石. **2** C =macadam road.
**macádam ròad** マカダム道路(macadam) 《砕石・コールタールなどで舗装した道路》.

**Ma·cao** /məkáu マカウ/ 名 マカオ, 澳門《中国南部沿岸にある都市. ポルトガル領だったが1999年中国に返還され, 現在は特別行政区》.

**mac·a·ro·ni** /mæ̀kəróuni マカロウニ/ 〖イタリア〗名 U マカロニ.

**mac·a·roon** /mæ̀kərú:n マカルーン/ 名 C マコロン《卵白・砂糖と挽(ひ)いたアーモンドかココナツなどで作るクッキー》.

**Mac·Ar·thur** /məká:rθər マカーサ/ 名 マッカーサー《Douglas ~ 1880-1964; 米国陸軍元帥. 日本占領連合国軍最高司令官(1945-51)》.

**ma·caw** /məkɔ́: マコー/ 名 **1** [鳥] コンゴウインコ. **2** [植] マコーヤシ.

**Mac·beth** /məkbéθ マクベス, mæk-/ 名 マクベス《Shakespeare の四大悲劇の1つ; その主人公》.

**mace¹** /méis メイス/ 名 C **1** 〖歴史〗鎚矛(ついほこ)《中世の棍(こん)棒状の武器. 敵かちを打ち砕くのに用いた》. **2** 職杖(しょくじょう)《市長などの公職に就く者が職権の象徴として式典などで用いる》.

**mace²** /méis メイス/ 名 U メース《ナツメグ(nutmeg)の皮を乾燥させて作る香辛料》.

**Mac·e·do·ni·a** /mæ̀sədóuniə マセドウニア/ 名 **1** マケドニア《古代ギリシア北方の王国》. **2** マケドニア《バルカン半島中部の国》.

**Mac·e·do·ni·an** /mæ̀sədóuniən マセドウニアン/ 形 C マケドニア人(の); U マケドニア語(の)《スラブ系》; U 古代マケドニア語(の).

**Mach** /má:k マーク, mǽk/ 〖オーストリアの物理学者 Ernst Mach の名より〗名 [時に m~] C 〖航空〗=Mach number.

**Mách nùmber** マッハ数(Mach)《飛行機などの速さの単位. 音速と同じ速さが Mach 1》.

**ma·chet·e** /məʃéti マシェティ/, **ma·chet** /məʃét マシェト/ 名 C なた, 刀《中南米で砂糖きび伐採などに使う》.

**Mach·i·a·vel·li** /mæ̀kiəvéli マキャヴェリ/ 名 マキャベリ《Niccolò /ni:kouli:/; ~ 1469-1527; フィレンツェの政治学者・歴史家. 『君主論』の著者》.

**Mach·i·a·vel·(l)i·an** /mæ̀kiəvéliən マキャヴェリアン/ 形 [時に m~] マキャベリ流[主義](の); 権謀術数主義の.

**\*ma·chine** /məʃí:n マシーン/ (発音注意)
《×マチァイン》〖「仕掛け」「からくり」が原義. cf. mechanical〗 同族 machinery (名)
— 名 (複 ~s/-z/) C **1** [しばしば複合語で] 機械, 機械装置 (◆ computer, typewriter などは machine だが, television, radio は machine とはいわない) ‖
a séwing **machine** ミシン (◆「ミシン」は machine の発音を日本語表記にしたもの).
a wáshing **machine** 洗濯機.
a vénding **machine** 自動販売機.
Tell me how to run this **machine**. この機械の動かし方を教えてください.
[対話] "This vacuum cleaner isn't working well." "Looks like we need a new **machine**." 「この掃除機はあまりよく吸わないなあ」「新しいのがそろそろ必要のようだね」.
**2** (略式) (自転車を含め, 機械で動く)乗物《自動車・オートバイ・飛行機など》.
**by machíne** 機械で.
**machíne gùn** 機関銃 (cf. machine-gun).
**machíne lànguage** 〖コンピュータ〗機械語.

**machine tránslátion** 機械翻訳(略 MT).
**ma·chine-gun** /məʃíːngʌn マシーンガン/ (過去・過分) -gunned/-d/; (現分) -gun·ning) 他 …を機関銃で撃つ(cf. machine gun).
**ma·chine-read·a·ble** /məʃíːnríːdəbl マシーンリーダブル/ 形 コンピュータで可読の.
**ma·chin·er·y** /məʃíːnəri マシーナリ/ 名 U 1 [集合名詞; 単数扱い] 機械装置, 機械設備;(設備・装置などの)機械部分 ‖
a piece of **machinery** 1台の機械.
They sell office **machinery**. 彼らは事務機械を売っている.
The ship's **machinery** needs repairs. その船の機関部は修理が必要だ.

> Q&A **Q**: machine は可算名詞なので a machine, two machines といいますが, machinery はそういえないのですか.
> **A**: そうです. machinery は機械類全体を意味する不可算名詞ので, 上例にあるように a piece of をつけなければなりません. そのほかに scene と scenery, poem と poetry などが同じく可算・不可算の関係です.

2 (社会などの)仕組み, 組織 ‖
the **machinery** of law 司法機構.
**ma·chin·ist** /məʃíːnist マシーニスト/ 名 C 1 機械工作者. 2 機械運転者;操作の上手な人.
**ma·cho** /mɑ́ːtʃou マーチョウ|mæ- マチョウ/《スペイン》《略式》形 (筋肉・体型などで)男らしい, たくましい.
——名 1 U (おおげさな)男らしさ, 男振り. 2 C 男らしさを誇示する人, マッチョ(macho man).
**mack·er·el** /mǽkərəl マカレル/ 名 (複 mack·er·el, ~s) C 〔魚〕サバ; U その肉.
**mack·i·naw** /mǽkənɔː マキノー/ 名 C 《米》 1 = Mackinaw coat. 2 = Mackinaw blanket.
**Máckinaw blànket** マキノー毛布(Mackinaw)《北米先住民や材木伐採人などが使った色格子じまの厚手の毛布》.
**Máckinaw còat** マキノー=コート(Mackinaw)《格子じまの厚手ウールの半コート》.
**mack·in·tosh** /mǽkintɑʃ マキンタシュ|-tɔʃ -トシュ/ 名 (複 ~·es/-iz/) C 《英》(もとはゴム引きの)レインコート.
**mac·ro·cosm** /mǽkrəkɑzm マクロカズム|-rəukɔzm -ロウコズム/ 名 [the ~] 大宇宙.
***mad** /mǽd マド/ (類音 mud/mʌd/) 『「愚かな」が原義』形 (名) madness のこと.
——形 (比較 mad·der, 最上 mad·dest) 1 発狂している, 気が狂った, 狂気の(crazy) (↔ sane) 《重症でしばしば狂暴性を含む. 今は遠回しに mentally ill などというのがふつう》‖
a **mad** man 狂人.
a **mad** dog 狂犬.
She went **mad** because her son died. 彼女は息子が亡くなったため頭がおかしくなった.
対話 "I'm going to get another job." "Are you **mad**? You're already working too

much now." 「もうひとつ仕事を見つけようと思っているんだ」「気でもおかしくなったんじゃないの. もう今でも仕事のしすぎだよ」.
2 狂わんばかりの, 興奮した, 荒れ狂った; 激しい ‖
a **mad** torrent 激流.
The horse became **mad** with fear. 馬は恐怖のあまり狂ったように暴れた.
3 《主に米略式》[補語として] 頭にきて, 怒った, いらだって ‖
drive [send] him **mad** 彼を怒らせる.
I got **mad** at her for spoiling my new dress. 彼女に新調のドレスにしみをつけられて頭にきた.
4 《略式》[補語として] 熱狂して, 夢中になって;ほしくてたまらない, したがっている ‖
go [run] **mad** about cricket = go cricket-**mad** クリケット狂になる.
He's **mad** for the blonde. 彼はあの金髪の娘に夢中になっている.
5 気違いじみた, 無謀な, 理性を欠いている ‖
a **mad** scramble for seats 気違いじみた座席の取り合い.
You **are mad to** go out in the storm. = **It is mad of** [*for] you **to** go out in the storm. あらしの中を出かけるなんてどうかしているよ.
6 〈犬が〉狂犬病の.
*like mád* 《略式》(狂ったように)猛烈に, がむしゃらに, 懸命に,〈音などが〉われんばかりに ‖ sell like **mad** 飛ぶように売れる.
**mádców disèase** 狂牛病(→ BSE).
**Mad·a·gas·car** /mǽdəgǽskər マダギャスカ/ マダガスカル《アフリカ南東部の島国》.
***mad·am** /mǽdəm マダム/ 『《私の》(ma)貴婦人(dam). cf. Madonna, Notre Dame』
——名 (複 mes·dames/meidɑ́ːm|meidǽm/) C 1 [しばしば M~]《正式》(ていねいな呼びかけ)奥様, お嬢様(ma'am) 《◆未婚・既婚を問わず, ふつう35歳ぐらい以上で, 個人的に知らない女性に対して用いる. 特に店員が客に対して使う》‖
**Madam**, may I help you? (店員が女性客に)何にいたしましょうか.
2 (商業文)[未知の女性あて] 拝啓 ‖
(Dear) **Madam** 拝啓.
**Ma·dame** /mǽdəm マダム, mədǽm マダム, mədɑ́ːm/《フランス》名 (複 Mes·dames/meidɑ́ːm|meidǽm, meidɑ́ːm/) C 《敬称》…夫人; 奥様《◆単独または姓(名), 官職名につけて呼びかけも可. 既婚女性,《英》では外国人, 特にフランス人既婚女性に適用. Mrs. より堅い語.(略) Mme.(複) Mmes.)》.
**mad·cap** /mǽdkæp マドキャプ/ 形 名 C 無鉄砲な(人, 娘).
**mad·den** /mǽdn マドン/ 動 他 …を逆上させる.
**mad·den·ing** /mǽdniŋ マドニング/ 動 → mad·den. ——形 1《略式》腹立たしい, 頭にくる. 2〈痛みなど〉気も狂うばかりにひどい.
**mad·der** /mǽdər マダ/ 名 1 C 〔植〕アカネ(の根). 2 U あかね色, 深紅色.

**made**

\***made** /méid メイド/ (同音 maid)
── 動 → make.
── 形 **1** (米略式) 成功疑いなしの; 成功した ‖
a made man 成功まちがいなしの人, 成功者.
**2** [複合語で] …で作られた, …製の; 〈人が〉…のからだつきの ‖
foreign-made goods 外国製品.
ready-made clothes 既成服.
a well-made man 体格のよい人.
**3** ぴったりの, 適した(→ make 他**1c**).

**Ma·de·moi·selle** /mǽdəmwəzél マドゥモワゼル/ 〖フランス〗 名 (複 **mes·de·moi·selles** /méidəmwəzél/) C [姓(名)の前に付けて] …嬢, 令嬢《英語の Miss に相当する敬称》; [呼びかけ] お嬢さん.

**made-to-or·der** /méidtuɔ́ːrdər メイドトゥオーダ/ 形 〈服などが〉注文で作られた, あつらえの, オーダーメイドの(↔ ready-made)《◆ ×order-made とはいわない》.

**made-up** /méidʌ́p メイダプ/ 形 **1** 作りあげた, 完成した; でっちあげた ‖
a made-up story 作り話.
**2** 化粧した, メーキャップした. **3** 舗(\*)装した.

**mad·house** /mǽdhàus マドハウス/ 名 (複 **-hous·es**/-hàuziz/) C (略式) [通例 a ~] (ハチの巣をつついたような)騒々しい場所.

**Mád·i·son Ávenue** /mǽdisn- マディスン-/ マディソン街《ニューヨーク市の大通り. 米国の宣伝広告業の中心》; (米国の)広告業界.

**mad·ly** /mǽdli マドリ/ 副 **1** 狂ったかのように, 取り乱して.
**2** (略式) 猛烈に ‖
be madly in love 熱烈な恋をしている.

**mad·man** /mǽdmæn マドマン/ 名 (複 **-men**; (女性形) **-wom·an**) C 狂人((PC) mental patient).

**mad·ness** /mǽdnəs マドネス/ 名 U **1** 狂気, 狂乱状態 ‖
an act of sheer madness 気違い沙汰(<sup>\*</sup>).
**2** 気違いじみた行動; 愚の骨頂(ちょう). **3** 激怒; 熱狂.

**Ma·don·na** /mədɑ́nə マダナ | -dɔ́nə マドナ/ 〖イタリア〗 名 **1** [通例 the ~] 聖母マリア(Virgin Mary)《イエス=キリストの母》. **2** C 聖母マリアの画像[影像].

**Ma·dras** /1 mədrǽs マドラス | -drɑ́ːs マドラース; 2 mǽdrəs マドラス | mɑ́drɑːs マドラース/ 名 **1** マドラス《インド東部の都市 Chennai (チェンナイ)の旧称》. **2** [m~] UC マドラス木綿.

**Ma·drid** /mədrɪ́d マドリド/ 名 マドリード《スペインの首都》.

**mad·ri·gal** /mǽdrɪɡl マドリグル/ 名 C **1** 叙情詩, 短い恋愛歌. **2** 〖音楽〗 マドリガル《無伴奏の合唱曲の一種》.

**mael·strom** /méilstrəm メイルストラム | -strɔ̀m -ストロム/ 名 C **1** 〖文〗 大渦巻. **2** [通例 a ~ / the ~] 大混乱.

**mae·stro** /máistrou マイストロウ/ 〖イタリア〗 名 (複

**magic**

~s, **··stri**-/-stri:/; (女性形) **··stra**-/-strə/) C (正式)マエストロ, 大音楽家《◆敬称として *Maestro Toscanini* (巨匠トスカニーニ)のようにも用いる》.

**Ma·fi·a, Maf·fi·a** /mɑ́ːfiə マーフィア | mǽ- マフィア/ 〖イタリア〗 名 C [通例 the ~; 時に複数扱い] マフィア《米国などの犯罪秘密結社》.

\***mag·a·zine** /mǽɡəzìːn マガズィーン | mæ̀ɡəzíːn マガズィーン/ 〖「(知識の)貯蔵庫」が原義〗
── 名 (複 ~s/-z/) C **1** 雑誌, 定期刊行物; [形容詞的に] 雑誌の ‖
women's magazines = magazines for women 婦人雑誌.
take in a literary magazine 文芸雑誌を定期購読する.
a magazine article 雑誌の記事.
対話 "Do you have anything to read?" "Just a couple of magazines about sports." 「何か読み物はありますか」「スポーツの雑誌が2, 3あるだけです」.
**2** 弾薬庫. **3** (連発銃の)弾倉. **4** 〖写真〗マガジン, フィルム缶; スライド自動送り装置.

**Ma·gel·lan** /mədʒélən マヂェラン | -ɡél- マゲラン/ マゼラン《Ferdinand ~ 1480?-1521; ポルトガルの航海者》.

**ma·gen·ta** /mədʒéntə マヂェンタ/ 名 U マゼンタ染料; 深紅色.

**Mag·gie** /mǽɡi マギ/ マギー《Margaret の愛称》.

**mag·got** /mǽɡət マゴト/ 名 C ウジ(虫).

**Ma·gi** /méidʒai メイチャイ/ 名 複 〖聖書〗 [the ~] (キリスト降誕を祝いにきた)東方の三博士.

\***mag·ic** /mǽdʒik マヂク/ 〖「技術」が原義〗
派 magician (名)
── 名 U **1** 魔法, 魔術 ‖
practice magic 魔法をかける.
**2** 奇術, 手品《◆個々の芸は feats of magic, tricks》‖
produce a dove by magic = use magic to produce a dove 奇術でハトを出す.
**3** 魔力, まか不思議な力; 不思議な魅力 ‖
the magic of his paintings 彼の絵の怪しい魅力.

**like mágic = as (if) by mágic** たちどころに ‖
The drug works like magic. その薬はてきめんに効く.

── 形 (比較 more ~, 最上 most ~) [通例名詞の前で] **1** 魔法の, 不思議な力をもつ ‖
a magic marker (米商標)マジックペン《◆ ×magic pen とはいわない》.
a magic circle 魔法の円《魔法使いがつえ(magic wand)で地面に描く魔法のかかる範囲》.
a magic mirror [glass] (未来や遠隔(ホミ)の場面を映す)魔法の鏡.
a magic spell = magic words 呪文(ミェ).
**2** 奇術の ‖
do magic tricks 奇術をする.
**3** (略式) 不思議な魅力のある, 魅惑的な.

**mag·i·cal** /mǽdʒɪkl マヂクル/ 形 〔正式〕 **1** 魔法の力による, 不思議な, 神秘的な ‖
Its effect was magical. その効果はてきめんであった.
**2** 蠱惑的な.
**mág·i·cal·ly** 副 (魔法にかかったかのように)不思議に, てきめんに.

**\*ma·gi·cian** /mədʒíʃən マヂシャン/ 〔→ magic〕
—— 名 (複 ~s/-z/) C **1** 奇術師, 魔法使い ‖
act the magician 手品[魔法]を使う.
**2** [比喩的に] 魔術師 ‖
a magician with words = a word magician 言葉の魔術師.

**mag·is·trate** /mǽdʒəstreɪt マヂストレイト, -trɪt/ C **1** 行政官, 執政官. **2** 《主に英》治安(ˢ˻ɴ)判事, 軽罪判事.

**mag·ma** /mǽgmə マグマ/ 名 (複 ~s, ~·ta/-tə/) 〔地質〕 マグマ, 岩漿(ˢʸᴼ).

**Mag·na C(h)ar·ta** /mǽgnə káːrtə マグナ カータ/ 名 **1** [the ~] マグナカルタ, 大憲章《1215年英国王 John が人民の権利と自由を保証した勅許(ʰʸᴼᵏˢʸᴼ)状. 英国憲法の基礎》. **2** C (一般に)人民の権利を保証する基本法.

**mag·nan·i·mous** /mægnǽnəməs マグナニマス/ 形 〔正式〕(倒した相手・敵などに対して)寛大な, 度量の大きい.

**mag·nate** /mǽgneɪt マグネイト/ 名 C (企業・業界などの)大事業家.

**mag·ne·si·um** /mægníːziəm マグニースィアム/ 名 U 〔化学〕マグネシウム《記号 Mg》.
**magnésium líght** マグネシウム光《写真撮影用》.

**mag·net** /mǽgnɪt マグニト/ 名 C

magnet
〈1 磁石〉
〈2 引きつけるもの〉

**1** 磁石 ‖
bar magnets 棒磁石.
horseshoe magnets 馬蹄(ʰⁱᴾⁱ)形磁石.
**2** [通例 a ~] 人を引きつける物[人] ‖
This scenery is a magnet to [for] tourists. この景色が旅行者を引きつける.

**mag·net·ic** /mægnétɪk マグネティク/ 形 **1** 磁石の; 磁気を帯びた.
**2** 地磁気の.
**3** 磁化されうる.
**4** 人を引きつける, 魅力的な ‖
a magnetic personality 人好きのする人柄.
**magnétic fíeld** 〔電気〕磁場, 磁界.
**magnétic néedle** (羅針盤・磁石の)磁針.
**magnétic nórth** [the ~] 磁北.
**magnétic póle** (磁石の)磁極; [M~ P-] (地表上の)磁極.
**magnétic stórm** 〔地球物理〕磁気嵐(ˢʲᴰˢʲ).
**magnétic tápe** 磁気テープ.

**mag·net·ism** /mǽgnətɪzm マグネティズム/ 名 U **1** 磁気(作用). **2** 磁気学. **3** 人を引きつける力, 魅力.

**mag·net·ize** /mǽgnətaɪz マグネタイズ/ 動 〔現分〕 -iz·ing 他 **1** …を磁化する, 磁石にする. **2** 〈人〉を魅了する.

**mag·ni·fi·ca·tion** /mǽgnəfɪkéɪʃən マグニフィケイション/ 名 **1** U C 拡大. **2** C 拡大図; U C 〔光学〕倍率《◆「倍率20倍」は magnification×20のように表し, … by twenty と読む》.

**mag·nif·i·cence** /mægnífəsns マグニフィスンス/ 名 U **1** 壮大, 豪華, 荘厳(ˢʸᴼᴺ)の雰囲気. **2** 壮麗な美しさ.

**mag·nif·i·cent** /mægnífəsnt マグニフィスント/ 形 (アクセント注意) **1** すばらしい, とびきり上等な ‖
a magnificent party すばらしいパーティー.
**2** 壮大な, 堂々とした, 壮麗な, 荘厳な ‖
The prince was dressed in a magnificent costume. 王子はりっぱな衣装をつけていた.
**3** 崇(ˢᵁᴺ)高な, 気高い ‖
magnificent words 格調高い言葉.
**mag·nif·i·cent·ly** /mægnífəsntli マグニフィスントリ/ 副 壮大に, 堂々と, すばらしく.

**mag·ni·fy** /mǽgnəfaɪ マグニファイ/ 動 (三単現 -i·fies/-z/; 過去・過分 -i·fied/-d/; 現分 ~·ing)
—— 他 **1** …を拡大する ‖
This lens magnifies objects 1,000 times. このレンズは対象物を1000倍に拡大して見せる.
**2** …を誇張(ˢʲᴼ)して言う ‖
magnify small problems into large ones 小さな問題をおおげさに話す.
**mágnifying gláss** 拡大鏡, 虫めがね.

**mag·ni·tude** /mǽgnətuːd マグニトゥード (マグニテュード)/ 名 **1** U C 大きいこと; 大きさ ‖
the magnitude of the universe 宇宙の壮大さ.
**2** U 〔正式〕重要性 ‖
a decision of great magnitude とても重要な決定.
**3** U C 〔天文〕(星の)光度, 等級.
**4** C 〔地震〕マグニチュード.
**of the fírst mágnitude** 最も重要な; 〔天文〕1等星の.

**mag·no·lia** /mægnóʊliə マグノウリア/ 名 C 〔植〕モクレン, タイサンボク《◆米国 Louisiana 州と Mississippi 州の州花》.

**mag·pie** /mǽgpaɪ マグパイ/ 名 C **1** 〔鳥〕カササギ《カラス科の鳥. 小さい光るものを巣に運ぶ習性がある》. **2** 《略式》おしゃべりな人. **3** 《英略式》収集魔; こそ泥.

**Mag·yar** /mǽgjɑːr マギャー/ 名 **1** C マジャール人《ハンガリー人のこと》. **2** U マジャール[ハンガリー]語.
—— 形 マジャール人の, マジャール語の.
**mágyar sléeve** マジャールそで.

**ma·hog·a·ny** /məhɑ́gəni マハガニ/ -hɔ́g- マホガニ/ 名 (複 -a·nies/-z/) **1** C 〔植〕マホガニー(の木)《熱帯アメリカ原産》; U マホガニー材《堅く美しく高

magnolia

**Ma・hom・et** /məhámit マハミト | -hɔ́m- マホミト/ 名
=Muhammad.

**\*maid** /méid メイド/ (同音) made
—— 名 (複 ~s/méidz/) C 1 [しばしば複合語で] お手伝い, メイド, 女中 ((ホテルの)メイド((PC) room attendant)) ‖
a day maid 通いのお手伝い.
**2** 《文・古》少女, おとめ.

**maid・en** /méidn メイドン/ 形 **1a** 〈年輩の女性が〉未婚の ‖
one's maiden aunt 独身のおば.
**b** 娘らしい ‖
a maiden blush おとめらしい恥じらい.
**2** 初めての, 処女… ‖
maiden land 処女地.
a maiden flight 処女飛行.
a maiden voyage 処女航海.
a maiden speech 《主に英》(新人議員の国会での)処女演説.

**máiden nàme** (既婚女性の)旧姓.

**\*\*mail** /méil メイル/ (発音注意) 《◆×メール》(同音) male) 『「皮の袋」「旅行かばん」が原義』
—— 名 (複 ~s/-z/) **1** U 《(米)ではしばしば the ~s》郵便, 郵便制度《◆(英)では sea mail, air-mail などの複合語や外国向け郵便以外は一般に post だが, 次第に mail も用いられつつある》; Eメール(e-mail) ‖
send a letter by air mail 手紙を航空便で出す.
domestic mail 国内郵便.
The parcel came by mail [through the mail, in the mail]. 《米》その小包は郵便で届いた.
**2** U 《(米)では時に the ~s; 単数・複数扱い》(1回の便の)郵便物(全体); (特定の個人・団体あての)郵便物(全体) ‖
Is there any mail for me? 私あての郵便物が(何か)ありますか.

関連 general delivery 《米》局留め/《主に英》poste restante / special delivery 《米》速達/《英》express (delivery), first class) / registered mail [《英》post] 書留 / parcel post 小包便 / aerogram(me) 航空書簡 / dead letter 配達・返送とも不可能な郵便物 / first-[third-]class mail 《米》一種[三種]郵便物 / junk mail 《米略式》ダイレクトメール(direct mail) / metered mail 料金別納郵便(《米》bulk mail).

**3** C **a** 郵便列車 (mail train).
**b** 郵便船 (mail boat); 郵便飛行機; 郵便配達人 ‖
a night mail 夜行郵便列車[機].
—— 動 (三単現 ~s/-z/; 過去・過分 ~ed/-d/; 現分 ~ing)
—— 他 《主に米》[mail (A) B / mail B (to A)] B(物)を(A〈人〉に)郵送する, …を投函する(《主に英》post); …を(電子)メールで送る ‖
mail him a parcel = mail a parcel to him 彼に小包を郵送する.
対話 "Where are you going?" "To the post office. I have to mail some letters." 「どこへ行くの」「郵便局だよ. 手紙を出さなきゃいけないんだ」.

**máil bòat** =mail 名 **3 b**.
**máil càrrier** 《米》=mailman 《◆letter carrier ともいう》.
**máil dròp** 郵便受け.
**máiling lìst** (1) (ダイレクトメールなどの)郵送先名簿. (2) 〔コンピュータ〕メーリングリスト《特定のメンバーに電子メールを配信して情報や意見を交わすシステム》.
**máil òrder** 通信販売, 注文商品(cf. mail-order).
**máil tràin** =mail 名 **3 a**.
**mail・bag** /méilbæg メイルバグ/ 名 C (輸送用)郵袋(のう); 《米》郵便配達かばん(《英》postbag).
**mail・box** /méilbɑ̀ks メイルバクス -bɔ̀ks ボクス/ 名 (複 ~・es/-iz/) C **1** 《米》郵便ポスト《米国では箱形で一般に青色. 英国の pillar-box, postbox は円柱で赤色. 最近箱型のポストが増えつつある》. **2** = mail drop. **3** 〔コンピュータ〕メールボックス.
**mail・man** /méilmæn メイルマン/ 名 (複 -men /-mèn/) C 《主に米》郵便集配人(《主に英》post-man) ((PC) mailperson, mail carrier).
**mail-or・der** /méilɔ̀ːrdər メイローダ/ 形 通信販売制の(cf. mail order).
**mail・person** /méilpə̀ːrsn メイルパースン/ 名 C = mailman.
**maim** /méim メイム/ 動 他 《正式》[通例 be ~ed] 〈人・からだの一部が〉〈けが〉で不自由になる.

**\*main** /méin メイン/ (発音注意) 《◆×メーン》(同音) mane) 『「力(might)」』が原義』

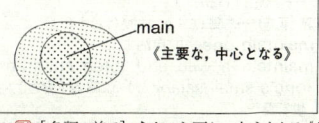

main
《主要な, 中心となる》

—— 形 [名詞の前で] **主な**, 主要な, 中心となる《◆副詞に修飾されない》‖
main events 主要試合, 重要な催し.
the main office 本社.
the main body of an army 軍隊の本隊.
the main points of the lecture 講義の要旨.
対話 "So what's the problem?" "There are many, but the main one is time." 「ところで何が問題なんですか」「たくさんありますが, 主に時間のことが問題です」.
—— 名 **1** C (水道・ガスの)本管, (電気を引き込む)幹線, 下水本管 ‖
the gas main ガス供給本管.
**2** (詩) [the ~] 大海原.
***in the máin*** 《正式》概(がい)して, 大部分は.

**Maine** /méin メイン/ 图 メイン《米国北東部大西洋岸の州。(愛称) the Pine Tree State. (略) Me., 〔郵便〕ME》.

**main·frame** /méinfrèim メインフレイム/ 图 C 〔コンピュータ〕=mainframe computer.
**máinframe compúter** 汎用[大型]コンピュータ.

**main·land** /méinlənd メインランド | méinlæ̀nd メインランド/ 图 [the ~]（島・半島に対する）本土《◆日本の「本州」にもこの語をあてる》; [the M~] 米国本土《◆ハワイ在住の米国人という呼ぶ》‖
The Orkney Islands are off the Scottish mainland. オークニー諸島はスコットランド沖にある.

**main·ly** /méinli メインリ/ 副 主に; 大部分は ‖
He went abroad **mainly** to study. 彼は主として勉強が目的で外国へ行った.

**main·mast** /méinmæst メインマスト | -mà:st -マースト/ 图 C〔海事〕メーンマスト, 大檣(ょぅ).

**main·stay** /méinstèi メインステイ/ 图 〔正式〕〔通例 a ~ / the ~〕頼みの綱(っな), 支え.

**main·stream** /méinstrì:m メインストリーム/ 图〔正式〕[the ~]（論調・情勢などの）主流, 主潮.
⊛ 主流の.

\***main·tain** /meintéin メインテイン, mən-/〖手に(main)保つ(tain). cf. ob*tain*〗
派 maintenance（名）
→ 他 1 維持する　2 養う　3 主張している　4 支持する
—— 動 (三単現) ~s/-z/; (過去・過分) ~ed/-d/; (現分) ~ing.
—— 他 1 〔正式〕…を**維持する**, 続ける, 保つ ‖
**maintain** friendly relations with the United States アメリカ合衆国と友好関係を保つ.
**maintain** a speed of 60 miles an hour 時速60マイルを維持する.
〔対話〕 "You're driving too slowly." "No, I'm not. I'm **maintaining** the right speed." 「のろのろ運転だね」「そんなことないよ. ちょうどよいスピードを保っているんだ」.
2 〔正式〕…を**養**(ゃしな)**う**, 扶養(ふょう)する ‖
**maintain** oneself 自活する.
**maintain** a wife and three children on one's small salary わずかな給料で妻と3人の子供を養う.
3 …を**主張している**, 断言する; [maintain (that) 節] …だと主張している ‖
He **maintains** her innocence. = He **maintains** that she is innocent. 彼は彼女の無罪を主張している.
4 〔正式〕…を**支持する**, 擁護(ようご)する, 守る ‖
**maintain** an opinion 意見を支持する.
**maintain** one's rights 権利を守る.

**main·te·nance** /méintənəns メインテナンス/ 图 U
1 維持(された状態), 保持; 持続 ‖
**maintenance** of quiet 静けさの持続.
2 整備, 保存, 管理 ‖
the **maintenance** of the roads 道路の整備.
3 〔正式〕支持, 擁護; 主張.
4 扶養, 生計;《主に英》扶助(ふじょ)料, 生活費.

**maize** /méiz メイズ/ (同音) maze) 图 U 〔英〕トウモロコシ; その実(《米》corn).

**ma·jes·tic, --ti·cal** /mədʒéstik(l) マヂェスティク(ル)/ 形 威厳のある, 堂々とした; 壮厳な.

**ma·jes·ti·cal·ly** /mədʒéstikli マヂェスティクリ/ 副 威風堂々と.

**maj·es·ty** /mædʒəsti マヂェスティ/ 图 (複 **-es·ties**/-z/) 1 U 〔正式〕威厳(いげん); 壮麗(そうれい)さ, 雄大さ ‖
She was there in all her **majesty**. そこには威厳に満ちた彼女の姿があった.
2 [M~] C 〔敬称〕陛下《◆国王, その配偶(はいぐう)者に用いる》‖
His **Majesty** the King [Emperor] 国王[天皇]陛下.
Her **Majesty** the Queen [Empress] 女王[皇后]陛下.
Your **Majesties** [呼びかけ] 両陛下《◆呼びかけでない場合は Their Majesties》.
Her [His] **Majesty**'s Ship 英国軍艦(略) HMS.
How did Your **Majesty** enjoy your visit to Japan? 陛下の日本訪問のご感想はいかがでございましたか.

\***ma·jor** /méidʒər メイヂャ/ (類音) measure /méʒər/ (発音注意)《×メヂャ》〖『より偉大な(greater)』が原義. cf. ma*jesty*〗
派 majority（名）

major 〈大きい方の〉

—— 形 〔通例名詞の前で〕1 (2者のうち) **大きい方の**, 多い方の,（程度において）大…; 過半数の, 多数の（↔ minor）《◆ great, greater より堅い語》‖
the **major** part of a year 1年の大半.
〔対話〕 "Your car was really damaged, wasn't it?" "Yes, it needs **major** repairs." 「車はひどい傷み方だったんですね」「ええ, 大修理が必要です」.
2 **主要な**, 一流の; 重大な;〔医学〕生命にかかわる（↔ minor）‖
**major** newspapers 主要新聞.
**major** poets 大詩人.
a **major** role in a play 劇の主役.
3 《米》〔学科・分野が〕専攻の.
—— 图 C 1 〔英陸軍・米軍〕少佐《◆ captain の上で lieutenant-colonel の下》.
2 〔法律〕成人(《◆18歳以上).
3《米》（大学学部の）専攻科目[課程]; 専攻学生 ‖
a psychology **major** 心理学専攻学生.
4 〔音楽〕=major key.
—— 動 (三単現) ~s/-z/; (過去・過分) ~ed/-d/; (現分) ~ing.
—— 自《米》[major in A] …を**専攻する**（→ specialize Q&A）

I am (a student) **majoring** in economics. 私は経済学を専攻している(=I am an economics **major**.)《◆ *I am a student of economic major. は不可》.

**májor géneral** 〖英陸軍・米空軍〗少将.

**májor kéy** 長調(major).

**Májor Léagues** [the ～]《米国プロ野球の》大リーグ, メジャーリーグ《the American League, the National Leagueの2大リーグがある》;《他のスポーツ》の.

**ma·jor·i·ty** /mədʒɔ́(ː)rəti マヂョ(ー)リティ/ 图 @ --i·ties/-z/) **1** [the ～ / a ～; 単数・複数扱い] 大多数, 大部分(↔ minority) ‖

The (great) **majority** favor(s) his view. 大多数が彼の見解をよしとしている.

The **majority of** the houses on this block were destroyed by a bomb. この地区の家屋の大部分が爆撃で破壊された.

**2** [a ～ / the ～; 単数扱い] 過半数, (米) 絶対多数; 得票差; [形容詞的に] 過半数の ‖

the comfortable **majority** 安定多数.

be in the [a] **majority** 過半数を占めている.

He won **by** [**with**] a **majority** of 100 votes. =His **majority** was 100 votes. 彼は100票差で勝った.

**3** Ⓒ [通例 the ～; 単数・複数扱い] 多数党[派].

**4** Ⓤ〖法律〗[通例 one's ～] 成年 ‖

**majórity vérdict** 過半数評決.

**⋆⋆make** /méik メイク/〖「あるものを別の形・状態にする」が本義。「作る」「引き起こす」「行なう」「思う」「達する」が主な意義〗 圏 maker (名)

→ 動 ⊕ **1** 作る **3** 整える **4** 得る **5** 構成する
**6** 引き起こす **8** …させる **9** …にする
**12** 行なう

名 **1** …製

—— 動 (三単現) ～s /-s/; [過去・過分] made /méid/; 現分 mák·ing

—— ⊕ ▌ [作る]

**1a** 〈…を作る, 製作する; 〈…を創作する ‖

**make** a road in concrete コンクリートで道路を建設する.

**make** a poem 詩を作る.

**make** plans 計画をたてる.

**make** a will 遺言(ゆいごん)書を作成する.

**make** laws 法律を制定する.

**make** a hole in the ground 地面に穴を掘る.

**make** his character 彼の人格を作り上げる.

**b** [授与動詞] [**make A B** / **make B for A**] A〈人〉に B〈物〉を作ってやる ‖

She **made** him a new suit. =She **made** a new suit **for** [*to] him. 彼女は彼に背広を新調してやった.

---

Q&A *Q*: 受身は He was made … になりますか.
*A*: それだと「彼が作られた」となって奇妙な文になります. そこで A new suit was made for him (by her). となります.(ただし,《英》では He was made a new suit. とも言います.)

---

**c** [be made **to** do]〈人が〉…するようにできている; [be made **for A**]〈人が〉…のためにできている ‖

He **is made to** be a writer. 彼は作家になるために生まれてきたようなものだ.

They **were made for** each other. 2人は似合いのカップルだった.

**2** [**make B of A**] A〈人・物〉を B〈ある状態・種類〉にする ‖

**make** an example **of** him 彼を見せしめにする.

She **made** a mess **of** the party. 彼女はパーティーの雰囲気を壊した.

Her parents **made** a doctor (out) **of** her. 両親は彼女を医者にした.

**3 a** 〈ベッド・食事など〉を整える, 準備する ‖

**make** breakfast 朝食の準備をする.

She **made** (up) the beds. 彼女はベッドをきちんと整えておいた.

**b** [**make A B** / **make B for A**] A〈人〉に B〈物〉を用意する ‖

Will you please **make** room **for** me? 私に場所をあけてくださいませんか.

She **made** me a meal. =She **made** a meal **for** me. 彼女は私に食事を用意してくれた.

**4** …を得る, もうける(earn);〈敵など〉をつくる ‖

**make** money お金をもうける.

**make** a fortune 財を成す.

**make** 100 dollars a week 1週間で100ドルかせぐ.

**make** a high score 高得点をあげる.

**make** a loss of £5 5ポンド損する.

**make** a large profit on that deal その取引で大もうけする.

**make** one's name as a scholar 学者として名をあげる.

He **makes** a living by teaching English to children. 彼は子供に英語を教えて生計を立てている.

Such words will **make** enemies. そんな言い方をすると敵を作りますよ.

I **made** good grades at school. 学校ではよい成績をとった.

**5**〈構成要素が〉〈物〉を**構成する**;〈事・数字が〉…になる ‖

Two and two **make(s)** four. 2たす2は4.

This **makes** his fifth novel. これは彼の5作目の小説だ.

Hydrogen and oxygen **make** water. 水素と酸素で水になる.

▌ [引き起こす]

**6** …を引き起こす, 生じさせる, もたらす ‖

**make** a fire 火を起こす.

**make** a fuss 騒ぎたてる.

**make** a noise 物音をたてる.

What **made** this sudden change? どうしてこんなに急に変わったのだ.

It **makes** no difference to me. それは私にはどうでもよいことだ.

I don't want to **make** trouble for you. 君には面倒をかけたくない.

**7** …を成功させる, 完成させる ‖

Wine can **make** the meal. ワイン次第で食事がきまる.

Charm **makes** a salesman. 人間的魅力はセールスマンには欠かせない.

His last novel **made** him. 彼は最後の小説で成功した.

### III [させる]

**8** [使役動詞] [make A do]〈人など〉に…させる ‖

He **made** me go [×to go]. 彼は私を行かせた.

**What made** him stay home? なぜ彼は家にいたのか.

In the movie the director **makes** the criminal commit suicide. その映画で監督は犯罪者を自殺させている.

[語法] 受身では to が必要: I *was made to* go (by him). 私は(彼によって) 行かされた.

[Q&A] *Q*: make と let はどう違うのですか.
*A*: make は「強制的に…させる」, let は「(望みどおりに)…させてやる」の違いがあります. 次のように使い分けます: Though she wanted to go, her father made her stay home. 彼女は行きたかったのに父親が無理に家に留らせた / As she wanted to go, her father let her (go). 彼女が行きたがったので父親は彼女が行くのを許した.

**9** [make A C] **a** A〈人・物・事〉を C にする《♦C は名詞・形容詞・過去分詞》‖

The news **made** them happy. 知らせを聞いて彼らは喜んだ.

He **made** her his wife. 彼は彼女を妻にした.

The beard **made** him quite distinguished. あごひげで彼はすっかり風采(ふうさい)があった.

I couldn't **make** myself understood to them in English. 彼らに私の英語は通じなかった.

He couldn't **make** himself heard above the cheers. 歓声にかき消されて彼の声は聞こえなかった.

[対話] "What **made** you so angry?" "He didn't tell the truth."「どうしてそんなに怒ったのですか」「彼が本当のことを言わなかったからです」.

**b** A〈人〉を C〈役職〉に任命する ‖

They **made** him captain. 彼らは彼を(選んで)キャプテンにした「♦They made him become captain. は「強制的に…」の意. → **8**」.

He was **made** a delegate. 彼は代議員に選ばれた.

**c** A〈事〉を C と決める ‖

Shall we **make it** Sunday, then? それじゃ, 日曜日にしましょうか.

**10** [make A C] A を C のように見せる, 描く ‖

This picture **makes** him an older man. この写真では彼は(実際より)年をとって見える.

You've **made** my face too round. ぼくの顔を丸く描きすぎだよ.

**11** [make (oneself) C] C になる《♦C はふつうよい意味の形容詞を伴う名詞》‖

She will **make** a good bride to him. 彼女は彼のよいお嫁さんになるだろう(=She will make him a good bride.).

### IV [行なう]

**12 a** …を行なう, する ‖

**make** war 戦争をする.

**make** a bargain 取引をする.

**make** an effort 努力をする.

**b** [make A B / make B to A] A〈人〉に B〈提案・贈り物など〉をする ‖

**make** him a proposal =**make** a proposal to him 彼に1つ申し入れをする.

**c** [make + a + 動詞からできた名詞] …する, …をする ‖

**màke** an attémpt 試みる(=attempt).

**màke** a replý 返事をする(=reply).

**màke** a decísion 決定する(=decide).

**màke** a páuse 休止する(=pause).

**màke** a stárt 出発する(=start).

**màke** an excúse for one's delay 遅れたことの言い訳をする(=excuse one's delay) (→ do 動 他 **1** [語法]).

**13** …を結ぶ ‖

**make** an ally 同盟する.

**make** a treaty 条約を締(むす)結する.

### V [思う]

**14** [make A (to be [as]) C] C A〈物・事〉を C と考える, 見積もる, 計算する ‖

I **make** that wall nine feet. 壁の高さは9フィートあると思う.

What time do you **make** it? 何時ですか.

What fish do you **make** that to be? それは何という魚だと思いますか.

**15** [make A of B] B〈言葉・行為など〉を A のように思う, 理解する《♦A is what, anything, nothing, little, much など》‖

**make** much of … …を重視[尊重]する(respect); …をもてはやす; [否定文で] …を理解する (→ much 副 成句).

**make** light of … …を軽視する.

**make** little of … …をけなす; …を少ししか理解できない.

What do you **make** of the poem? その詩をどう解しますか.

I could **make** nothing of it. そのことについては何もわからなかった(=I couldn't understand it at all.) 《♦「それを何とも思わなかった」の意もある》.

### VI [達する]

**16** (略式) …に着く, 立ち寄る; …に間に合う ‖

The ship **made** [arrived in] port. 船が入港した.

I **made** the train with five minutes to spare. (発車の)5分前に電車に乗れた.
make New York on the return trip 帰路ニューヨークに立ち寄る.
We won't **make** our destination on time. 時間内には目的地に着けないだろう.
**17** ⟨地位⟩を占める；…の一員になる；⟨新聞・リストなど⟩に載る ∥
He **made** the football team. 彼はフットボールチームの一員になった.
His name **made** the front page of the newspaper. 彼の名が(よいことで)新聞の第一面に出た.
**18** ⟨距離⟩を行く；⟨速度⟩で進む ∥
His car was **making** 90 miles an hour. 彼の車は時速90マイルで走っていた.
She **made** a few meters before she fell to the ground. 彼女は数メートル歩いて地面に倒れた.
──自 **1** (正式)すばやく行く，進む；⟨道路などが⟩(…の方へ)伸びる，通じる《◆場所を表す副詞(句)を伴う》∥
The ship **made** for the shore. 船は沿岸に向かって急いで進んだ.
**2** [make C] C のようにふるまう；C の状態になる《◆C は形容詞》；C になる ∥
make bold 浮かれる，はしゃぐ.
Wood **makes** a good fire. まきをくべるとよく燃える.
He will **make** a fine teacher. 彼はりっぱな先生になるだろう.
*máke as if to* do (正式)…するかのようにふるまう ∥ Tom **made** as if to throw a stone at me. トムは私に石を投げんばかりであった.
*máke at* A ⟨人など⟩に襲いかかる.
*máke awáy* [自] 急いで逃げる，急いで立ち去る.
*máke awáy with* A (1) (略式)…を持ち逃げする，盗む；…を誘拐する. (2) …を取り除く，追い払う；(略式・やや古)…を殺す. (3) A⟨金など⟩を使い果す；A⟨食物⟩を平らげる.
*máke* A *dó* =*máke dó with* A → do 動.
◇*máke for* A (1) → 自 1. (2) …に向かっていく，襲いかかる. (3) (正式)…に寄与する，役立つ，…を生みだす ∥ This **makes** for good human relations. このことがよい人間関係を生みだした.
◇*máke* A *from* B A⟨物⟩を B⟨原料⟩から作る《◆ふつう材料がもとの形状をとどめない場合に用いる》∥ Paper is **made** from wood. 紙は木材から作られる《◆書き換え例 → MAKE B into A》.
*máke góod* → good 形.
◇*máke* B *into* A B⟨原料⟩を A⟨製品⟩にする；B ⟨人⟩を A⟨英雄など⟩にする ∥ She **made** the strawberries into jam. 彼女はイチゴでジャムを作った(= She **made** jam from the strawberries.) (cf. MAKE A from B).
*máke it* 《◆ it は漠然と目標をさす》(1) (略式)成功する，うまくやる ∥ He couldn't **make** it in business. 彼は商売で成功しなかった. (2) たどり着

く，到達する；間に合う ∥ I **made** it on time. 時間通りにそこに着いた.
*máke it úp* (1) 仲直りする. (2) (損害・迷惑などの)償いをする，埋め合わせをする.
*máke óff* [自] (正式) =MAKE away.
*máke óff with* A (正式) =MAKE away with (1), (3).
◇*máke óut* → make out (見出し語).
◇*máke* A (*óut*) *of* B A⟨物⟩を B⟨材料⟩で作る《◆ふつう材料が本質的に変化しない場合に用いる》∥ The chair is **made** of wood. そのいすは木製です / Flour is **made** out of wheat. メリケン粉は小麦から作られる.
*máke* A *óut (to be)* C A を C のように言う[見せかける]，…として描き出す ∥ The play **made** her out to be naive. 劇では彼女は純真な女性として描かれている.
*máke óver* [他] (1) (正式)…を譲る，渡す ∥ make one's property over to one's wife 妻に財産を譲渡する. (2) (主に米)…を作り直す，やり直す.
◇*máke úp* → make up (見出し語).
*máke úp for* A …を補う，…の埋め合わせをする，償いをする，…を取りもどす ∥ Try to **make** up for the week's loss of study. 1週間勉強しなかった分を取りもどすように努力しなさい.
──名 (~s/-s/) ⓊⒸ **1** [修飾語を伴って] …製，製作；製造元，メーカー ∥
a car of Japanese make 日本製の車.
What make is this camera? =What make of camera is this? このカメラはどこの製品ですか.
**2** (物の)作り，型，構造；(人の)体格，性格 ∥
a man of his make 彼のような性格の人.
a new make of car 新型の車.
Do you like the make of this suit? このスーツの作りはお気に召しますか.

**make-be·lieve** /méikbilìːv メイクビリーヴ/ 名 Ⓤ 見せかけ，偽り，(たわいない)作りごと，ごっこ(遊び) ∥
a world of make-believe 空想の世界.
──形 見せかけの，偽りの，架空の ∥
a make-believe story 架空の物語.

\***make out** /méik áut メイク アウト/
──動 (変化形 → make) (略式) **1** [自] うまくいく，やっていく，暮らす ∥
How are you **making out** these days? このごろいかがですか.
His wife managed to **make out** on his salary. 妻は夫の給料でなんとかやりくりした.
**2** [自] …となる ∥
How did he **make out** in the examination? 彼の試験の結果はどうでしたか.
**3** [自] わかる ∥
as far as I can **make out** 私にわかる限りは.
**4** [他] [make out A / make A out] A⟨書類・リストなど⟩を作成する，書く ∥
make out a bill 請求書を作る.
**5** [他] [make out A / make A out] [通例 can を伴って] …をなんとか認める，見分ける，聞き分

ける‖
I couldn't make the people out in the dark. 暗やみで人の顔を見分けられなかった.
**6** [他] [make out A / make A out] [通例 can を伴い否定文・疑問文で] …を**理解する**; [make out that 節 / make out wh 節] …だと**わかる**; A〈文字など〉を判読する‖
I can't make him out. 彼という人がわからない.

\*mak·er /méikər メイカ/
——名 (複 ~s/-z/) **1** ⓒ [しばしば複合語で] **作る人**, 製作者; [しばしば ~s] **製造業者**, メーカー.

関連 a dressmaker ドレスメーカー / a watchmaker 時計屋.
表現 「メーカー品」は a name product [brand]. 「一流メーカー」は an established company, a big manufacturer [maker].

**2** [the ~ / our M~] 創造主, 神‖
meet one's Maker [遠回しに] 死ぬ.

**make·shift** /méikʃìft メイクシフト/ 名ⓒ形 間に合わせの, その場の一時しのぎの〈物, 方法〉(の).

**make·up, make-up** /méikʌp メイカプ/ 名Ⓤⓒ
**1** [正式] [通例 a ~ / ~s] 〈物の〉組み立て; 〈人の〉性質, 体格‖
the makeup of the atom 原子の構造.
He has a cheerful makeup. 彼は陽気な性格だ.
**2** [通例 one's ~ / a ~] 化粧; メーキャップ.

\*make up /mèik ʌ́p メイク アプ/
——(変化形 → make) **1** [自] **化粧する**; 扮装(する)する‖
The actors were making up. 俳優たちは化粧をしていた.
**2** [自] 仲直りする; 〈生地(き)〉が仕立てられる.
**3** [他] [make up A / make A up] …を組み立てる; A〈薬〉を調合する; A〈服〉を仕立てる; …を作る, 編集する.
**4** [他] [make up A / make A up] 〈部分が〉**A を構成する**; [be made up of B] **B から成り立っている** 《◆ B は複数名詞》‖
A car is made up of many different parts. 自動車はたくさんの様々な部品でできている.
**5** [他] [make up A / make A up] **…を補う**‖
make up the deficit 不足分を補う.
I must make up the sleep I lost yesterday. きのうの睡眠不足を取りもどさなければならない.
**6** [他] [make up A / make A up] …を**でっちあげる**, 作り上げる‖
He made up a good excuse. 彼はうまく言い訳をでっちあげた.
**7** [他] [make up A / make A up] …に**化粧する**‖
She made up her face. =She made herself up. 彼女は化粧した.
**8** [他] [make up A / make A up] A〈ベッドなど〉をきちんと整える, 用意する; A〈部屋など〉を片付ける.

**mak·ing** /méikiŋ メイキング/ 動 → make.
——名 **1** Ⓤ 作ること, 製造, 製作; 構造, 構成‖
This trouble is of his own making. このトラブルは彼の自業自得だ.
**2** Ⓤ 発達過程, 形成‖
the making of English 英語の成りたち.
**3** [the ~ of + ⓒ 名詞] …を成功[成長]させる原因‖
Hardships are the making of a man. 苦労してこそ人は成長する.

**in the máking** [正式] 製造中の, 発達[進行]中の, 修業中の‖ a doctor in the making 医者の卵.

**-mak·ing** /-mèikiŋ -メイキング/ 連結形 [略式] 「…を引き起こす」の意味の形容詞を作る. 例: sick-making 吐き気を催させる.

**mal·ad·just·ment** /mælədʒʌ́stmənt マラヂャストメント/ 名 Ⓤ 〈機械などの〉調整不良.

**mal·a·dy** /mǽlədi マラディ/ 名 (複 --a·dies/-z/) ⓒ **1** [主古] 病気. **2** [正式] 病弊, 弊害. **3** 〈社会的〉不均衡.

**ma·lar·i·a** /məléəriə マレアリア/ 名 Ⓤ [医学] マラリア.

**ma·lar·i·al** /məléəriəl マレアリアル/ 形 マラリアの(ような); マラリアの多い.

**Ma·lay** /méilei メイレイ| məléi マレイ/ 名 **1** ⓒ マレー人. **2** Ⓤ マレー語. ——形 マレー人[語]の; マレー半島の.
**Maláy Archipélago** [the ~] マレー諸島.
**Maláy Península** [the ~] マレー半島.

**Ma·lay·si·a** /məléiʒə マレイジャ, -ʃə| -ziə -ズィア/ 名 **1** マレーシア《アジア南東部にある英連邦内の国》. **2** マレー諸島.

**mal·con·tent** /mǽlkəntènt マルコンテント| ,--'-| 名 ⓒ [正式] 不平分子, 反抗者.

\*male /méil メイル/ (同音 mail)
——形 **1** 〈性別が〉**男の**, 雄(キ)の; 〔植〕雄(キ)性の; おしべだけを持つ (↔ female)‖
male students 男子学生.
**2** 男にふさわしい, 男性的な‖
have a male voice 男性的な声をしている.
——名 (複 ~s/-z/) ⓒ **男, 男子, 雄** 《◆ 人については主に性別を言うときに用いられる》(略 m.); [植] 雄性植物, 雄株, 雄花(%).

**mal·e·fac·tor** /mǽləfæktər マレファクタ/ 名 ((女性形) --tress) ⓒ [正式] 悪人; 犯人.

**ma·lev·o·lence** /məlévələns マレヴォレンス/ 名 Ⓤ 悪意, 敵意.

**ma·lev·o·lent** /məlévələnt マレヴォレント/ 形 [正式] 他人の不幸を喜ぶ; 悪意のある.

**mal·ice** /mǽlis マリス/ 名 Ⓤ [正式] 悪意, 敵意, 恨み‖
bear him no malice =bear no malice against [to, toward] him 彼に何の恨みもない.

**ma·li·cious** /məlíʃəs マリシャス/ 形 [正式] 悪意のある, 意地の悪い.

**ma·li·cious·ly** /məlíʃəsli マリシャスリ/ 副 悪意をも

**ma·lign** /məláin マライン/ 形 《正式》有害な, 悪意のある《◆ malignant の方がふつう》.

**ma·lig·nance** /məlígnəns マリグナンス/ 名 =malignancy.

**ma·lig·nan·cy** /məlígnənsi マリグナンスィ/ 名 (複 -nan·cies/-z/) 1 Ｕ 強い悪意, 敵意 ; 有害, 悪影響. 2 〔医学〕Ｕ 悪性 ; Ｃ 悪性腫瘍(は゛ぅ).

**ma·lig·nant** /məlígnənt マリグナント/ 形 《正式》悪意のある《◆ malicious, malevolent より意味が強い》. 〔医学〕悪性の.

**mall** /mɔ́ːl モール | mǽl マル/ 同音《(米) maul ; 類音 mole/móul/》名 Ｃ 1 木陰(か゛ゖ)のある散歩道 ; 遊歩道《the Mall /mɔ́ːl/ は London の St. James 公園の木陰の多い散歩道》. 2 《米》(プロムナード風)ショッピングセンター, 歩行者天国《◆ 十分な駐車地域がありしばしば木が植えられた歩行者用の商店街》.

**mal·lard** /mǽlərd マラド/ 名 (複 ~s, 集合名詞 mal·lard) Ｃ 〔鳥〕マガモ《wild duck の一種》; Ｕ マガモの肉.

**mal·le·a·bil·i·ty** /mæliəbíləti マリアビリティ/ 名 Ｕ 順応性.

**mal·le·a·ble** /mǽliəbl マリアブル/ 形 《正式》 1 〔冶金〕可鍛(た゛ん)性の. 2 順応性のある.

**mal·let** /mǽlit マリト/ 名 Ｃ 1 木づち. 2 打球づち《クローケーやポロ球を打つ柄の長い木づち》.

**mal·nu·tri·tion** /mæ̀ln(j)utríʃən マルヌートリション (マルニュートリション)/ 名 Ｕ 栄養失調[不良].

**mal·prac·tice** /mælprǽktis マルプラクティス, ニ/ 名 Ｕ Ｃ 1 《医師の》医療過誤《medical malpractice》. 2 《法律》(医療などの)過誤.

**malt** /mɔ́ːlt モールト/ 名 1 Ｕ (醸造・蒸留用) 麦芽(ゖ゛), モルト. 2 Ｕ Ｃ 《略式》=malt liquor; =malt whiskey.

**mált liquor** 麦芽酒, ビール(malt).

**mált whiskey**《各種の》モルトウイスキー(malt).

**Mal·ta** /mɔ́ːltə モールタ/ 名 1 マルタ島《地中海 Sicily 島南方にある》. 2 マルタ(共和国)《英連邦内の国》.

**Mal·tese** /mɔːltíːz モールティーズ, ニ/ 名 (複 Mal·tese) 1 Ｃ マルタ人. 2 Ｕ マルタ語. ── 形 マルタ(島)の, マルタ人[語]の.

**Maltése cróss** マルタ十字架《(図) → cross》.

**Maltése dóg** [**térrier**] 〔動〕マルチーズ《毛の長い小形の愛玩(が゛ん)犬》.

**mal·treat** /mæltríːt マルトリート/ 動 他 《正式》…を虐待(ぎゃく)する.

**mal·treat·ment** 名 Ｕ 虐待.

**ma·ma** /máːmə マーマ | məmáː ママ-/ 名 = mamma.

**mam·bo** /máːmbou マーンボウ | mǽm- マンボ-/ 名 (複 ~s) Ｕ Ｃ マンボ《ルンバに似たダンス》; その音楽.

**mam·ma, ma·ma** /máːmə マーマ | məmáː ママ-/ 名 Ｃ 《米略式・英古小児語》(お)かあちゃん, ママ(ma, mammy)(↔ papa)《◆ 呼びかけにも用いる. 《米略式》mom(ma), 《主に英略式》mum(my) の方が多く用いられる》‖

Papa and **Mamma** are well. お父さんとお母さんは元気です《◆ 自分の母親を指すとき, また呼びかけのときは, しばしば固有名詞的に Mamma / Mama とする》‖

Can I play outside, **Mamma**? ママ, 外で遊びたいゎ.

**mam·mal** /mǽml マムル/ 名 Ｃ 哺乳(ほにゅう)動物.

**mam·mon** /mǽmən マモン/ 名 Ｕ 1 (悪の根源としての)富. 2 強欲, 貪欲(どん).

**mam·moth** /mǽməθ マモス/ 名 Ｃ 〔古生物〕マンモス《洪( )積世の巨象》; 《略式》[形容詞的に] 巨大な.

**mam·my** /mǽmi マミ/ 名 (複 mam·mies/-z/) Ｃ《英略式・小児語》=mamma.

**\*\*man** /mǽn マン/ 〔「考えるもの」が原義. cf. *mind*, comm**en**t〕

派 **manly** (形), **manhood** (名)

→ 名 1 男  2 a 人  b 人類  3 部下

── 名 (複 **men**/mén/) 1 a Ｃ (成年の)男; [形容詞的に] 男性の(↔ woman) ‖

the men's department of the store 店の男物売場.

grow up and become a **man** おとなになる.

a **man** cook 男性の料理人《◆ 複 は *men* cooks》.

b Ｕ [無冠詞] (女性に対する)**男性**(全体), 男(というもの) ‖

**man** and woman 男女《◆ ふつうこの語順で無冠詞》.

**Man** differs from woman in several respects. いくつかの点で男は女と違っている.

2 a Ｃ (男女を問わず不特定の)人《◆ 複数形の時は people の方がふつう》‖

No **man** can live forever. =A **man** cannot live forever. 人はだれも永久に生きることはできない.

All **men** are created equal. 人はみな平等である《◆ 米国独立宣言の言葉》.

b [しばしば M~] Ｕ 《正式》[無冠詞] 人類, 人間(というもの)《◆ 人間の普遍的性質を強調》; (動物学上の)ヒト(→ mankind 事情) ‖

Peking **man** 北京原人.

**Man** lives not by bread alone. 〔聖〕人はパンのみで生きるものではない.

**Man** proposes, God disposes. 〔ことわざ〕事を計るは人, 事をなすは神.

c [通例 a ~ of + 名] (特定の業務・性格の)男, 人, …家《◆ この型は今は「男」の意味に用い,「人」のときは a person of … を用いるのがふつう》‖

a **man** of God 〔文〕聖職者.

a **man** of letters 〔正式〕文筆家, 文学者.

a **man** of his word 約束を守る人.

a **man** of moods 気分屋.

a **man** of decision 決断力のある人.

語法 man, men は建前は「(男女を問わず)人, 人間」の意味であっても, 現実には 1 の「男」「男性」

の意味が背後にあり,女性が男性のかげに隠れて見えなくなってセクシズムに通じるため,最近では,a person / a human being / people / human beings / we などを用いて man, men を避けるのがふつうになってきている.

**3** Ⓒ [通例 men] (男の)**部下**《従業員・兵士・水兵など》;(チームの)男子メンバー,選手 ‖
officers and **men** 士官と兵卒.
He has several **men** under him. 彼のもとに数人の従業員がいる.
**4** Ⓒ 男らしい男,一人前の男;[形容詞的に] 男らしい(cf. manly);[the ~] 男らしさ,男性的要素 ‖
take one's punishment like a **man** 男らしく(いさぎよく)罰を受ける.
Be a **man**! 男らしくしろ,しっかりしろ.
**5** Ⓒ (略式) [one's ~] 彼氏《男友だち・婚約者・時に夫を指して》‖
**man** and wife (やや古) 夫婦.
**6** [one's ~ / the/ðiː/ ~] 最適任者,もってこいの男 ‖
the **man** for the job その仕事にうってつけの男.
If you want a good cook, he's your **man**. 腕のたつ料理人がほしいのなら彼はもってこいの人だ.
**7** Ⓤ (略式) [呼びかけで] おい,君.
**8** Ⓒ (チェスなどの)こま.
**mán to** [**for**] **mán** 1対1で(は);率直に(言って) ‖ talk **man** to **man** about the problem その問題を腹を割って話し合う.
**to a mán** = **to the lást mán** 1人残らず.
── 動 (過去・過分) **manned**/-d/ ; (現分) **man**ning) 他 …に要員を配置する.

**man·a·cle** /mǽnəkl/ マナクル 名 Ⓒ (通例 ~s) **1** 手錠,手かせ;足かせ. **2** [比喩的に] 足かせ.

\*__man·age__ /mǽnɪdʒ/ マニッチ (発音注意)《◆×マネージ》[「(馬を)手で御する」が原義. cf. *manual*》
派 management (名), manager (名)
── 動 (三単現) **~es**/-ɪz/ ; (過去・過分) **~d**/-d/ ; (現分) **~·ing**)
── 他 **1** …を経営する,管理する;〈チームなどの〉監督をする ‖
**manage** a hotel ホテルの支配人をする.
**manage** a house(hold) 家を切り盛りする.
**2** …をうまく取り扱う,巧みに操縦する ‖
**Manage** your money well. 金を上手にやりくりしなさい.
He couldn't **manage** his horse. 彼は馬を乗りこなすことができなかった.
She knew how to **manage** her short-tempered husband. 彼女は短気な夫の操縦法を心得ていた.
**3** [**manage** to do] …をなんとかやり遂げる,…をうまくやる《◆can, could と使わないのがふつう. succeed よりもくだけた語;[皮肉的に] まんまと…する》‖
I **managed** to solve the problem. なんとかその問題を解決した.
Did you **manage** to get to your feet? なんとか立てましたか.
Can you **manage** to come to the party tomorrow? できたら明日パーティーにいらっしゃいませんか《◆can は依頼を表す》.
[対話] "How did you do on the test?" "Well, I **managed** to do pretty good." 「試験はどうだった」「まあ,なんとかうまくやれました」.

[Q&A] **Q: 3** では,manage はなぜ can, could を一緒に用いることができないのですか.
**A**: この意味の manage to do の中に「可能」の意味が含まれていて「なんとかやり遂げることができる」ことを示すからです.

**4** (略式) [can, could, be able to を伴って] …をうまく扱う,うまく対処する;〈食物を〉(がんばって)たいらげる《◆ふつう manage to do A の to do を略した形で用いる》‖
Can you **manage** (to take) another day off from work? もう1日仕事を休めますか.
── 自 **1** うまくやっていく,なんとかやっていく ‖
**manage** on his salary 彼の給料でなんとかやっていく.
**manage** for money 金をやりくりする.
**manage** about household chores (略式) 家事をこなす.
**manage** with a rent-a-car レンタカーで間に合わせる.
**manage** without help 援助なしでなんとかやっていく.
[対話] "Can I help you?" "That's all right. I can **manage**." 「手をお貸ししましょうか」「大丈夫です.なんとかできますから」.
**2** 管理する,運営する;監督をつとめる.

**man·age·a·ble** /mǽnɪdʒəbl/ マニチャブル 形 扱いやすい.

\*__man·age·ment__ /mǽnɪdʒmənt/ マニチメント 【→ **manage**】
── 名 (複 ~s/-mənts/) **1** Ⓤ **管理,経営**;取り扱い,操縦 ‖
personnel **management** 人事管理.
a **management** consultant 経営コンサルタント.
the **management** of children 子供の扱い.
**2** Ⓤ 管理手腕;処理能力;術策(じゅつ) ‖
more by luck than **management** 腕前というよりは幸運で.
adroit **management** 巧みな駆け引き.
**3** Ⓒ Ⓤ (特定の会社・施設の)経営[管理]者(たち);[通例 the ~;集合名詞;単数・複数扱い] (労働者に対して)経営陣,資本家側.

\*__man·ag·er__ /mǽnɪdʒər/ マニチャ (発音注意)《×マネージャ》【→ **manage**】
── 名 (複 ~s/-z/) Ⓒ **1** [時に M~] **経営者**,管理[支配]人,マスター;[複合語で] …長,…主任 ‖
General **Manager** John Smith 総支配人ジョン・スミス.
a business **manager** 営業部長.
a sales **manager** 販売部長.

the **manager** of the restaurant レストランのマスター《◆この意味で master を用いない》.
対話 "Who's in charge here? I have a complaint to make." "Can you wait a minute please? I'll get the **manager**." 「ここの責任者はだれだ．ちょっと言いたいことがある．」「少しお待ちいただけますか．支配人を呼んでまいります」．

**2** [形容詞を伴って]（家計を）やりくりする人；（事業の）腕利き，やり手 ‖
My wife is a good **manager**. 私の妻はやりくりが上手だ．

**3** （スポーツチームなどの）監督《◆映画の「監督」は director》‖
a stáge mànager 舞台監督.
a báseball mànager 野球の監督《◆野球では pilot ともいう．「マネージャー」は the team's caretaker に当たる》．

**man·a·ge·ri·al** /mænədʒíəriəl マナヂアリアル/ 形 経営[管理]（者）の ‖
managerial posts 管理職．

**man·ag·ing** /mǽnidʒiŋ マニヂング/ 動 → man-age.

**Man·ches·ter** /mǽntʃistər マンチスタ, -tʃes-/ 名 マンチェスター《イングランド北西部の商工業都市》．

**Man·chu** /mæntʃú: マンチュー/ 名（複 Man·chu, ~s）1 ⓒ 満州人．2 Ⓤ 満州語．
—— 形 満州（人）の，満州語の．

**Man·chu·ri·a** /mæntʃúəriə マンチュアリア/ 名 満州《中国東北部の旧称》．

**man·da·rin** /mǽndərin マンダリン/ 名 1 ⓒ〔歴史〕（中国清朝時代の）官吏（ん），役人．2 [M~] Ⓤ 北京官話《標準中国語》．3 ⓒ ＝mandarin orange.

mándarin cóllar 〔服飾〕マンダリン＝カラー《中国のドレスのような幅の狭いまっすぐな立襟（え）》．

mándarin órange マンダリンオレンジ《日本の「温州（う）ミカン」に近い》．

**man·date** /mǽndeit マンデイト, -dit/ 名 ⓒ（正式）（公式の）命令，指令．

**man·da·to·ry** /mǽndətɔ̀:ri マンダトーリ | -təri -タリ/ 形（正式）命令の；強制的な．

**man·di·ble** /mǽndəbl マンディブル/ 名 ⓒ 1 下あご（の骨）．2（鳥の）下[上]くちばし．3（昆虫・カニなどの）大顎（ぉ）．

**man·do·lin** /mǽndəlin マンドリン, （米+）≠, --**line** /mǽndəlí:n マンドリーン, ≠/ 名 ⓒ 〔音楽〕マンドリン．

**mane** /méin メイン/（同音 main）名 ⓒ 1（馬・ライオンなどの）たてがみ《図→horse》．2 ふさふさした髪（の毛）．

**Ma·net** /mænéi マネイ | ≠/ 名 マネ《Édouard /eidwɑ́:r/ ~ 1832-83；フランスの画家》．

**ma·neu·ver**, （英）**-noeu·vre** /mənú:vər マヌーヴァ/（正式）名 1 [~s]（軍隊・艦隊などの）機動作戦；大演習 ‖
on maneuvers 大演習中で．
**2** ⓒ 巧妙な手段；策略．
—— 動 他 1 …に作戦行動をとらせる，大演習をさせる．2 …を巧みに動かす．

**man·ful** /mǽnfl マンフル/ 形 男らしい；勇敢（ん）な，断固とした．**mán·ful·ly** 副 男らしく，勇敢に．

**man·ga·nese** /mǽŋgəní:z マンガニーズ, ≠/ 名 Ⓤ 〔化学〕マンガン《記号 Mn》．

**man·gle** /mǽŋgl マングル/ 動（現分 man·gling）他 …をずたずたに切る；…を台なしにする．

**man·go** /mǽŋgou マンゴウ/ 名（複 ~(e)s）ⓒ 〔植〕マンゴー《熱帯産》；その実《食用》．

**man·grove** /mǽŋgrouv マングロウヴ/ 名 ⓒ 〔植〕マングローブ《熱帯の海辺・河口の泥地に生える樹木およびその構成種》．

**Man·hat·tan** /mænhǽtn マンハトン/ 名 マンハッタン《New York 市内の島．同市の行政区》．

**man·hole** /mǽnhòul マンホウル/ 名 ⓒ（道路などの）マンホール《◆（PC）として utility [sewer] hole, maintenance hatch を使うこともある》．

**man·hood** /mǽnhùd マンフド/ 名 Ⓤ 成人（男子）であること；壮年期（↔ womanhood）‖
Boys are anxious to reach **manhood**. 男の子は早くおとなになりたがる．

**man·hunt** /mǽnhʌnt マンハント/ 名 ⓒ（組織的な）犯人[行方不明者]捜査．

**ma·ni·a** /méiniə メイニア/（発音注意）《◆×マニア》名 1 Ⓤ 〔医学〕躁（そ）病．
**2** ⓒⓊ（略式）異常な熱中，熱狂《◆「人」の意はない》‖
have a **mania** for collecting butterflies チョウの収集狂である．

**-ma·ni·a** /-méiniə -メイニア/（連結形）…狂，…症．例：monomania, bibliomania.

**ma·ni·ac** /méiniæk メイニアク/ 名 ⓒ 狂人；熱狂家，マニア，[複合語で] …狂 ‖
a car **maniac** カーマニア．

**man·ic** /mǽnik マニク/ 形 躁（そ）病の；[俗用的に]熱狂的な；不自然な，変わった．—— 名 躁病の患者．

**man·i·cure** /mǽnikjuər マニキュア/ 名 Ⓤⓒ（手のつめや手の手入れ，マニキュアをすること《◆「足のつめの手入れ」は pedicure》．—— 動（現分 --cur·ing）他 …にマニキュアを施す．

**man·i·fest** /mǽnəfèst マニフェスト/ 形（正式）明らかな；はっきりした，わかりきった ‖
a **manifest** mistake 明らかな誤り．
—— 動 他 1 …を明らかにする，証明する ‖
**manifest** the truth of one's loyalty 忠誠が真実であることを証明する．
**2** [~ oneself] 現れる．

**man·i·fes·ta·tion** /mæ̀nəfestéiʃən マニフェステイション/ 名 Ⓤⓒ（正式）1 明示，現（ぁらわ）れ．2 政策表明．

**man·i·fest·ly** /mǽnəfèstli マニフェストリ/ 副 明白に，はっきりと．

**man·i·fes·to** /mæ̀nəféstou マニフェストウ/ 〔イタリア〕名（複 ~es, （英）~s）ⓒ 政策，宣言(書)，声明(書)．

**man·i·fold** /mǽnəfòuld マニフォウルド/《多くの(many) 折り目(fold)》形（正式）多種の；多方面

**Ma·ni·la** /mənílə マニラ/ 名 マニラ《フィリピン共和国の首都》.

**ma·nip·u·late** /mənípjəlèit マニピュレイト/ 動 (現分) -lat·ing) 他《正式》**1**…を巧みに扱う, うまく処理する. **2**…を操(あやつ)る.

**ma·nip·u·la·tion** /mənìpjəléiʃən マニピュレイション/ 名 ⓤⓒ 上手な扱い, 巧みな操作.

**man·kind** /mǽnkáind マンカインド/ 名 ⓤ《集合名詞; 通例単数扱い》人類, 人間 ‖
Mankind is now in danger of total destruction. 人類は今全滅の危機に直面している《◆代名詞は it で, he ではない》.

事情 この意に用いるのは女性差別的だとして humanity, the human race, human beings, humans, people などを用いるのがふつうになってきている.

**man·li·er** /mǽnliər マンリア/ 形 → manly.
**man·li·est** /mǽnliist マンリイスト/ 形 → manly.
**man·ly** /mǽnli マンリ/ 形 (比較 -li·er, 最上 -li·est) **1** 男らしい, 雄々しい; 勇敢な(↔ unmanly)《◆「〈女が〉男みたいな」は mannish》‖
a manly bearing 男らしい態度.
**2** 男性向きの; 男性(用)の ‖
manly clothes 紳士服.
**mán·li·ness** 名 ⓤ 男らしさ.

**man·made** /mǽnméid マンメイド/ 形 人造の, 人工の((PC) artificial, machine-made).

**Mann** /mǽn マーン/ 名 ⓤ マン《Thomas ~ 1875-1955 ; ドイツの小説家》.

**man·na** /mǽnə マナ/ 名 ⓤ《聖書》マナ《イスラエル人がエジプト脱出後荒野で神から与えられた食物》.

**man·ne·quin** /mǽnikin マニキン/ 名 ⓒ マネキン人形; (古) ファッションモデル.

\*__man·ner__ /mǽnər マナ/ (同音 manor) 《「手(mani)で扱う方法」が原義. cf. manifest》
→ 名 **1** 方法 **2** 態度 **3** 行儀 **4** 風習
— 名 (複 ~s/-z/) **1** ⓒ《正式》方法; やり方 ‖
have a common manner of living ありきたりの生き方をする.
treat him in a poor manner ひどいやり方で彼を扱う.
Is this the manner (in which [*how]) you did it? こんなふうにそれをしたのですか.
**2** ⓒ《通例 one's ~ / a ~》態度, 物腰; 扱い方 ‖
in a polite manner ていねいな物腰で.
I don't like her cold manner toward old people. 年寄りに対する彼女の冷たい態度が気に入らない.
Ⓒとⓤ manner Ⓒ
conduct ⓤ
**3** [~s] 行儀, 作法, 身だしなみ ‖
táble mànners 食事の作法.
have good manners 行儀がよい.
mind one's manners 行儀に気をつける.

It is bad manners to eat from a knife. ナイフで食べるのは不作法だ.

Q&A _Q_ : manner と manners のように単数形と複数形とで意味が違ってくる語はほかにありますか.
_A_ : air—airs (気取り) / arm—arms (武器) / glass—glasses (めがね) / force—forces (軍隊) / color—colors (軍旗) / pain—pains (骨折り) / custom—customs (関税) などたくさんあります.

**4**《正式》[~s] (ある国民・時代の)風習, 習慣, 風俗 ‖
manners and customs of the Japanese 日本人の風俗習慣.
**5** ⓤ《正式》(人・物の)種類 ‖
all manner of books あらゆる種類の本.
**6** ⓒ [通例 a ~ / the ~] **a** (芸術・文学などの)流儀, 様式, 作風; …風, …流; マンネリズム ‖
a painting in the manner of Picasso ピカソ風の絵.
**b** (個人の)癖, やり方 ‖
It is his manner to find fault with others. 人のあげ足をとるのが彼の流儀だ.

*in a mánner* 《略式》ある意味では, ある程度; いわば.

**man·nered** /mǽnərd マナド/ 形《正式》気取った; マンネリズムの.

**man·ner·ism** /mǽnərìzm マナリズム/ 名 **1** ⓤⓒ (言動などの)特徴, 癖; わざとらしさ. **2** ⓤ (芸術・文学などの)型にはまった手法, マンネリズム.

**man·nish** /mǽniʃ マニシュ/ 形《女が》男みたいな;《服装などが》男っぽい.

**ma·noeu·vre** /mənúːvə マヌーヴァ/ 動 《英》 = maneuver.

**man·or** /mǽnər マナ/ 名 (同音 manner) 名 ⓒ《英》(封建制度下の)荘園; =manor house.

**mánor hòuse** 荘園領主の邸宅《◆単に manor ともいう》.

**man·pow·er** /mǽnpàuər マンパウア/ 名 **1** ⓤ (産業・軍隊などで)動員可能な人手(兵力), 有効総人員((PC) labor force, work force). **2** ⓤ (機械力に対する)人的労働力((PC) human resources). **3** 〔機械〕人力《工率の単位; 1/10馬力》((PC) human power [energy]).

**-man·ship** /-mənʃip -マンシプ/ 連結形 …の技能, …の態度, 腕前 ‖ craftmanship, gentlemanship.

\*__man·sion__ /mǽnʃən マンション/ 《類音 mention /ménʃən/》《「すみか」が原義》
— 名 (複 ~s/-z/) ⓒ **1** 大邸宅, (豪華な)館 ‖
対話 "So how big is their new place?" "Véry big. In fact, it looks like a mansion." 「であの人たちの新しい住まいはどんな大きさなの」「とっても大きいの. 実際大邸宅のようです」.
**2** [固有名詞 + Mansions] 《英》…アパート, …マンション ‖
the Kent Mansions ケントマンション.

[事情] I live in a mansion. は「大邸宅に住んでいる」の意. 一般に日本語の「マンション」は apartment house, (米) condominium, (英) flat に相当する.

**man·slaugh·ter** /mǽnslɔ̀ːtər マンスロータ/ 名U 殺人;〖法律〗故殺(ミス)罪《計画性のない事故殺人. → murder》.

**man·tel** /mǽntl マントル/ 名 (やや古) =mantelpiece.

**man·tel·piece** /mǽntlpìːs マントルピース/ 名C マントルピース《煖炉の前面・側面の飾り. 一家団欒(ダン)の場所》(= fireplace).

**man·tle** /mǽntl マントル/ 名C 1 (英古)(袖なしの)マント, 外套(ガイ). (文)(権威の象徴としての)マント. 2 包むもの, 覆い. 3 マントル《ランプなどの炎覆い》.

**man·u·al** /mǽnjuəl マニュアル/

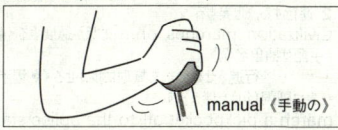

manual《手動の》

形 手の; 手製の; 手動の; 人力のいる ‖
manual control 手制御.
manual labor [work] 力仕事, 肉体労働.
——名C 1 小冊子; マニュアル, 手引書; 便覧(ビン); 案内書 ‖
a teacher's manual 教師用指導書.
a guitar manual ギター教則本.
2 〖音楽〗(オルガンの)手鍵盤(ケン).

**mán·u·al·ly** 副 手(先)で, 手細工で.

***man·u·fac·ture** /mǽnjəfǽktʃər マニュファクチャ/《『手(manu)作ること(facture). cf. manual, factory》 派 manufacturer (名)
——名 (複 ~s/-z/) 1 UC (機械による大規模な)製造, 生産; 製造業 ‖
glass manufacture ガラス製造業.
steel manufacture 製鋼業.
2 C (通例 ~s) 製品, 製作品 ‖
silk manufactures 絹製品.
——動 (三単現/-z/; 過去・過分 ~d/-d/; 現分 ~·ring/-tʃəriŋ/)
——他 (正式) 1 …を(機械で大規模に)作る, 製造する, 生産する ‖
manufacture wool into cloth 羊毛を布に仕上げる.
[対話] "What do they make in that factory?" "I think they manufacture home goods." 「あの工場では何を作っているんですか」「家庭用品を製造していると思います」.
2 …をこしらえる, でっちあげる.

**man·u·fac·tur·er** /mǽnjəfǽktʃərər マニュファクチャラ/ 名C 製造業者, 製造会社, メーカー.

**man·u·fac·tur·ing** /mǽnjəfǽktʃəriŋ マニュファクチャリング/ 動 ← manufacture.
——名U形 製造(の), 工業の(略 mfg.) ‖
the manufacturing industry 製造業.

**ma·nure** /mənjúər マヌア(マニュア)/ 名U 肥料, 肥やし《特に牛・馬のふんなど》(◆「化学肥料」は fertilizer).
——動 (現分) ~·nur·ing) 他 (正式)〈土地〉に肥料をやる.

**man·u·script** /mǽnjəskript マニュスクリプト/ 名 1 C (手書き・タイプの)原稿, 草稿; (手書きの)写本, 本((略) ms, MS, ms., Ms.; (複) mss, MSS, mss., MSS.) ‖
a pen-written manuscript ペン書きの原稿.
2 U 手書き ‖
His work is in manuscript. 彼の作品は原稿のまま[未発表]だ.

***man·y** /méni メニ/ [→ few]
——形 (比較 more /mɔ́ːr/, 最上 most /móust/) [通例名詞の前で] 1 多くの, たくさんの, 多数の(↔ few)《◆U 名詞には much》‖
He does not have many friends. 彼には友だちはあまりいない.
There are many such birds in the park. 公園にはそのような小鳥がたくさんいます.
His many friends came to see him off at the airport. 彼のたくさんの友人たちが空港に見送りに来た.
Not many people came. 来た人は多くなかった.
Many people did not come. 多くの人が来なかった.

[語法] [many と a lot (of) との比較]

| (正式) | 肯定 | 否定・疑問 | |
|---|---|---|---|
| many | ○ | ○ | |
| a lot (of) | (ややまれ) | (まれ) | |

| (略式) | 肯定 | 否定・疑問 | 一語文 |
|---|---|---|---|
| many | (ややまれ) | ○ | × |
| a lot (of) | ○ | (ややまれ) | ○ |

2 [many a + C 名詞単数形; 全体で単数扱い] 多数の…, 幾多の… ‖
**màny a tíme** =many times いくたびも.
**(for) many a long day** 何日も, 長期間.
——名 [複数扱い] 1 [通例 there are ~] (漠然と)多くの人々 ‖
There are many who dislike ginger. しょうがの嫌いな人は多い.
2 (漠然と)多くのもの[こと]; [先行する語句を受けて] 多くのもの[人]《◆ many ones の省略表現》; [~ of + the, my, thoseなど + 複数名詞] (…のうちの)多くのもの[人] ‖
Do you have many to finish? 仕上げねばならないことがたくさんありますか.
**many of the** books I've read 私がこれまで読んだ本の多く(◆(1) ×many of books I've read とはいえない.(2) Many of the books I've read は「これまで私が読んだ多くの本(全部)」の意).
○**a gòod [gréat] mány** … [通例肯定文で] 多

くの…, 多数の…《◆ great の方が意味が強い》‖
A great many people were killed in the war. その戦争で非常にたくさんの人々が亡くなった.
- **as mány** … [先行する数詞を受けて](それと)同数の… ‖ make ten mistakes in as many pages 10ページの間に10個のミスを犯す《◆ as many の代わりに数詞(ten)を繰り返すことも多い》/ I have five here and as many again. ここに5個ともう5個持っています.
- **as mány as A** (1) …と同数の(もの, 人). (2) …もの多くの《◆ A は数詞を含む表現》‖ as many as ten books 10冊もの本.
- **óne tòo many** (略)1つだけ余分の; むだの, 不要の ‖ have one too many 度を過ごして飲酒する(=have one too many drinks ともいえる).
- **óne tòo many for A** …にとって手に余る, 一枚上手の.
- **só mány** … そんなに多くの…; それだけの数の…, 同数の… ‖ in so many words 露骨に, あからさまに.

**Mao·ri** /máuri マウリ/ 图 C マオリ人《ニュージーランドの先住民》; U マオリ語.

**Mao Ze·dong [Tse-tung]** /máu dzədúŋ [tsətúŋ] マウ ヅェドゥング [ツェトゥング]/ 图 毛沢東(もうたくとう)《1893-1976; 中国共産党主席, 中華人民共和国主席》.

\*\***map** /mǽp マプ/ 類音 mop/máp | mɔ́p/ 『「地図を描いた布・ナプキン」が原義』
—— 图 《複 ~s/-s/》 C (1枚の)地図《◆「地図帳」は atlas, 「海図」は chart》‖
consult [read] a map 地図を調べる.
対話 "I'm still not sure how to get there." "Okay. I'll draw a map for you."「あそこへはどう行けばいいのかまだはっきりしないのです」「わかった. 地図を描いてあげるよ」.
—— 動 《過去・過分》 mapped/-t/; 《現分》 mapping/ 他 《正式》 …の地図を作る.
**máp óut** 他 (1) …を精密に地図に示す. (2) …を計画する.

**ma·ple** /méipl メイプル/ 图 1 C 〔植〕 = maple tree. 2 U カエデ糖(とう)《略(まる)》の風味.
**máple lèaf** カエデの葉《カナダ国旗の標章》; メイプルリーフ金貨.
**máple sùgar** カエデ糖.
**máple sýrup** カエデ糖蜜, メープルシロップ.
**máple trèe** 〔植〕 カエデ, モミジ(maple).

**mar** /má:r マー/ 動 《過去・過分》 marred/-d/; 《現分》 mar·ring/ 他 《正式》 …を損なう, 台なしにする; …を傷つける.

**Mar.** 《略》 March.

**mar·a·thon** /mǽrəθɑn マラサン/ |-θn -スン/ 『紀元前490年 Marathon (マラトン)でペルシア軍を破ったアテネの兵士がアテネまで約25マイル走って勝利を知らせたことから』 图 C 1 マラソン(競走)(marathon race) ‖
run a marathon マラソン(競走)をする.
2 長距離競走; 耐久競争[競技] ‖
a dance marathon ダンスマラソン.
**márathon ràce** =marathon 1.

**mar·ble** /má:rbl マーブル/ 图 1 U 大理石 ‖
a statue in marble 大理石の彫像.
2 C 大理石の彫刻; そのコレクション.
3 C おはじき; [~s; 単数扱い] おはじき遊び.

\***march** /má:rtʃ マーチ/ 『「ドシンドシンと踏みつけて歩く」が原義』
—— 動 《三単現》 ~·es /-iz/; 《過去・過分》 ~ed/-t/; 《現分》 ~·ing
—— 自 1 行進する, 進軍する; (堂々と)歩く, さっさと行く ‖
The soldiers marched along Victoria Street. 兵士たちはビクトリア通りを行進した.
march into a town 行進して町に入る.
march on a fortress とりでに向かって進撃する.
march three miles 3マイル行進する.
2 進行する, 進展する ‖
Civilization marches on. 文明が進展する《◆主語は抽象名詞》.
—— 他 …を行進させる; …を無理に歩かせる《◆場所を表す副詞(句)を伴う》‖
march a pickpocket off to the police station すりを警察署へ連行する.
—— 图 《複 ~·es/-iz/》 1 U C 行進, 進軍; 行進の行程[距離, 歩調] ‖
a forced march 強行軍.
a day's march 1日の行進距離.
a double march 駆け足.
2 C 行進曲, マーチ ‖
play a funeral march 葬送行進曲を演奏する.
3 [the ~] 進行, 進展 ‖
the march of time 時の流れ.
4 C デモ行進.
**on the márch** 行軍中で.

\***March** /má:rtʃ マーチ/ 『ローマ神話の軍神 Mars の月』
—— 图 U 3月; [形容詞的に] 3月の《略(まる) Mar.》
《語法》 → January).
**March wínd** 3月の風.

**march·er** /má:rtʃər マーチャ/ 图 C 徒歩行進者, デモ参加者.

**Mar·co Po·lo** /má:rkou póulou マーコウ ポウロウ/ 图 → Polo.

**mare** /méər メア/ 图 C 雌(めす)馬, 雌ロバ《◆「雄馬」は horse, 「雄ロバ」は donkey》‖
Móney màkes the máre (to) gó. (ことわざ) お金は(しぶとい)雌馬をも歩かせる; 「地獄の沙汰(さた)も金次第」《◆ to が入るのはリズムのよさのため》.

**Mar·ga·ret** /má:rgərət マーガレト/ 图 マーガレット《女の名. 愛称》 Maggie, Meg, Peg, Peggy》.

**mar·ga·rine** /má:rdʒərən マーチャリン | mà:dʒərí:n マーチャリーン, -gə-/ 图 U マーガリン.

**mar·gin** /má:rdʒin マーヂン/ 图 C
1 《正式》 縁(edge), 端; 岸 ‖
on the margin of a leaf 葉の端に.
2 (ページの)余白, 欄外 ‖

```
                        margin
                        《1 端, 2 余白》
                        ―《3 限界》
```

leave a **margin** 余白をあける.
**3** (可能性の)限界, ぎりぎりの状態 ‖
defeat him **by a narrow margin** of popular votes 一般投票で彼をかろうじて破る.
**4** (時間・金などの)余裕, 余地; 許容範囲, 誤差 ‖
a **margin** for time 時間のゆとり.
**5** 〔商業〕利ざや, マージン.

**mar·gin·al** /mɑ́ːrdʒinl/ マーヂヌル/ 形 **1** 縁の. **2** (正式)欄外の. **3** (正式)最低限の; 不十分な, 重要でない. **már·gin·al·ly** 副 わずかに, 少々.

**mar·gue·rite** /mɑ̀ːrgəríːt/ マーガリート/ 名 C 〔植〕マーガレット; フランスギク.

**Ma·ri·a** /məríːə マリーア, -ráiə/ 名 マリア《女の名. → Mary》.

**Ma·rie An·toi·nette** /məríː æntwənét マリーアントワネット | mɑːri- マーリ-/ 名 マリー・アントワネット《1755–93; フランス王妃. フランス革命のとき処刑》.

**mar·i·jua·na, --hua·na** /mæ̀rəwɑ́ːnə マリワーナ/ 名 U 〔植〕インド大麻; マリファナ.

**ma·ri·na** /məríːnə マリーナ/ 名 C 〔海事〕マリーナ《モーターボート・ヨットなどの停泊港》.

**mar·i·nade** /mæ̀rənéid マリネイド/ 名 U C **1** マリネード《ワイン・酢に油・香辛料を混ぜ合わせたもの. 肉・魚を漬けて下味をつける》. **2** マリネード漬けの肉[魚].

**mar·i·nate** /mǽrəneit マリネイト/ 動 (現分 -nating) 他 …をマリネードに漬ける, マリネにする.

**ma·rine** /məríːn マリーン/《アクセント注意》《◆ \*マリン》形 **1** 海の; 海に住む; 海産の ‖
**marine** plants 海藻, 海洋植物.
**2** 船舶の; 航海上の ‖
**marine** insurance 海上保険.
**3** 海軍の.
— 名 **1** 〔集合名詞〕(一国の)全船舶; 海洋支配力. **2** C 海兵隊員.

**mar·i·ner** /mǽrənər マリナ/ 名 C (文)水夫, 船員.

**mar·i·o·nette** /mæ̀riənét マリオネト/ 名 C (正式)マリオネット, (糸・ひもで操る)操り人形.

**mar·i·tal** /mǽrətl マリトル/ 形 (正式)夫の; 夫婦(間)の; 結婚の.
**márital státus** 結婚状況《未婚・既婚など》.

**mar·i·time** /mǽrətàim マリタイム/ 〔sea の外来形容詞形〕形 (正式) **1** 海の, 海事の. **2** 沿岸近くに住む, 近海(特有)の.

**\*\*mark**¹ /mɑ́ːrk マーク/ 〔「境界の印」が原義〕
→ 名 **1** 印, 跡  **2** 記号  **3** 現れ  **4** 点  **5** 的
— 動 **1** 印をつける  **2** …をつける  **3** 採点する
— 名 (複 ~s/-s/) **1** C (外観を損なうような)印, 跡; はれ, しみ, あざ, ほくろ ‖

Don't make stray **marks** on your test paper. うっかりペンをすべらせて答案用紙を汚さないように.
**2** C (印刷・筆記の)記号, 符号; 目印; (位置の)指標; (品質・所有・型などの)焼き印, 荷印, 商標; 〔軍事〕測標; X印, 十字記号; 署名(略 mk.) ‖
a **mark** of honor 名誉章.
punctuation **marks** 句読点.
the one mile **mark** 1マイルの標示.
make one's **mark** (署名代わりに)X印を書く.
**3** C (正式)(性質・感情などの)現(あらわ)れ(sign), 印, 特徴 ‖
a **mark** of misfortune 不幸のきざし.
as a **mark** of scorn 軽蔑(けいべつ)の印として.
**4** C (成績・行状などの)点, 評点, 点数 ‖
a black **mark** 罰点.
high **marks** よい点.
deserve full **marks** for kindness 親切の点で満点である.
get a failing **mark** in the exam 試験で落第点をとる.
have good **marks** in history 歴史の点がよい.
対話 "My **mark** on the test was terrible." "I got a better **mark** than I thought." 「テストの点はひどかったよ」「ぼくは思っていたよりもいい点だった」.

語法 (米)では点数に mark, 総合評価に grade を用いることが多いが, grade はまた具体的な「点」の意味でも用いる: good *grades* いい点 / a *grade* of 95 95点.

**5** C [the ~] 的, 標的; 目標; (略式)[通例 a ~] (軽蔑(けいべつ)などの)対象 ‖
an easy **mark** だまされやすい人, いいカモ.
His comments are **on the mark**. 彼の批評は当を得ている.
**6** U [通例 the ~] 水準, 標準 ‖
**above the mark** 標準以上で.
**7** [通例 M~; 数詞を伴って] (武器・装具の)型, 式 ‖
a new **Mark** II bomb 新II型爆弾.
**8** C 〔競技〕[the ~ / one's ~] 出発点, スタート点 ‖
get off the **mark** スタートを切る, (物事に)着手する.
On your **márk(s)!** Get sét! Gó! 位置について. 用意, どん!
**belów the márk** 標準に達しない; 気分がすぐれない(↔ up to the mark).
**beside the márk** ＝**óff the márk** ＝**wíde of the márk** (正式・やや米)要点をはずれた, 見当違いの.
**hít [míss] the márk** [比喩的に] 的を当てる[はずす].
**néar [clóse to] the márk** (1) ほぼ正確な[正しい]. (2) 〈冗談など〉あくどい, きつい, やややぼすぎる.
— 動 (三単現 ~s/-s/; 過去・過分 ~ed/-t/; 現分 ~·ing)

## mark

—他 **1a** …に印をつける ‖
mark the cattle 牛に(所有)印をつける.
mark one's clothes with one's initials 衣服に頭文字を入れる.
mark (up) a tree with a knife 木にナイフで印をつける.
**b** [mark A C] A〈物・人〉に C と印をつける ‖
mark a pupil absent (出席簿上で)生徒に欠席の印をつける.
**2** 〈値段など〉をつける, …の印をつける; …を示す ‖
mark a post office on the map 地図に郵便局の印をつける.
mark the accent on a word 語にアクセント記号をつける.
mark shoes for size 靴にサイズを表示する.
**3** …を特徴づける; [be ~ed] 目立つ ‖
mark her birthday by having a party パーティーを開いて彼女の誕生日を祝う.
mark one's grief in tears 泣いて悲しみを表す.
He is marked by diligence. 彼は勤勉なことできわ立っている.
**4** (英)〈得点〉をつける; …を採点する ‖
mark math tests 数学のテストを採点する.
—自 **1** 印をつける, 跡がつく.
**2** 得点を記録する; 答案などを採点する ‖
mark off for spelling and punctuation つづりと句読点に誤りがあると減点する.
**3** 注意する, 気をつける.
*márk dówn* [他] (1) …を書きとめる, 記録する. (2) …を値下げする.
*márk óff* (1) [自] → **自2**. (2) [他] …を予定する; …を区別する, 区画する. (3) [他] (表などで)…の完了を記す.
*márk óut* [他] (1) …に線を引く; …を区画する. (2) …を予定する; …を選抜する, …の運命を定める. (3) …を線で消す.
*márk úp* [他] (1) …に(記号・符号で)印をつける; …の点をあげる, …を書き加える. (2) …を値上げする, 高い正札に付け替える.

**mark²** /máːrk マーク/ 名 © マルク貨; マルク《ドイツの旧通貨単位. 略 M., 記号 DM》.

**Mark** /máːrk マーク/ 名 **1** マーク《男の名》. **2** 〔聖書〕**a** マルコ《1世紀の福音伝道者》. **b** マルコによる福音書《新約聖書の一書》.

**mark·down** /máːrkdàun マークダウン/ 名 © 値下げ(額) (↔ markup).

**marked** /máːrkt マークト/ 動 → mark¹. —形 **1** 印のついた. **2** 著しい, きわ立った; 明白な.

**mark·ed·ly** /máːrkidli マーキドリ/ 副 著しく, きわ立って; 明らかに.

**mark·er** /máːrkər マーカ/ 名 © **1** 印[符号]をつける[物]; (競技の)採点記録係[装置], (試験の)採点者.
**2** 目印; 記念碑, 墓石, (本の)しおり ‖
use a red marker 赤のマーカーを使う.

**＊mar·ket** /máːrkit マーキト/ 〖「物品を売り手が持ち寄って売る場所」が原義〗

—名 (複 ~s /-kits/) **1** © **a 市場**(ᵢᵇ), 市(ᵢᵇ) ‖
a cattle market 牛の市.
a flea market 蚤(ᵢ)の市.
She is now at the market. 彼女は今市場に買物に行っている.
[対話] "We need some vegetables for tonight's dinner." "I'll go to (the) market."
「夕食の野菜が必要なんだけど」「市場へ行ってくるよ」.
**b** 市日(ᵢᶜʰ), 市の立つ日(market day).
**2** © **食料品店**, マーケット ‖
a meat market 肉屋.
**3** Ⓤ© [通例 the ~ / a ~] **a 市場**(ᵢᵇ); 取引, 売買 ‖
the wheat market 小麦市場.
**b** 相場, 市価, 市況; 金融 ‖
the stock market 株式市況.
The market rises. 相場が上がる.
*bring A to márket* …を市場に出す.
*in the márket* (1) 買おうとして. (2) =on the MARKET.
*on [into, ònto] the márket* (略式)売りに出されて ‖ put [place] a villa on the market 別荘を売りに出す.
—動 他 …を市場に出す.

**márket dày** =market **1b**.
**márket príce** 市価.
**márket reséarch** (需要予測のための)市場調査.
**márket tòwn** (英) 市(ᵢᵇ)の立つ町.
**márket vàlue** 市場価値[価格].

**mar·ket·a·ble** /máːrkitəbl マーケタブル/ 形 (正式) 市場向きの, よく売れる.

**mar·ket·ing** /máːrkitiŋ マーケティング/ 名 Ⓤ 市場での売買.

**mar·ket·place** /máːrkitplèis マーキトプレイス/, **mar·ket·square** /máːrkitskwèər マーキトスクウェア/ 名 © 市の開かれる広場.

**mark·ing** /máːrkiŋ マーキング/ 動 → mark¹.
—名 **1** Ⓤ 印をつけること; 採点. **2** © 印, 点; [通例 ~s] (羽毛・獣皮などの)斑点(ᵢᵇ), 模様.

**márking ìnk** (布などに書く)不変色インク, マーカー.

**marks·man** /máːrksmən マークスマン/ 名 (複 -men) © 射手, 射撃の名手 ((PC) sharpshooter).

**Mark Twain** /máːrk twéin マーク=トウェイン/ 名 マーク=トウェイン《1835-1910; 米国の小説家. 本名 Samuel L. Clemens》.

**mark·up** /máːrkʌp マーカプ/ 名 © **1** 値上げ(額) (↔ markdown). **2** 〔商業〕利幅.

**mar·ma·lade** /máːrməlèid マーマレイド/ 名 Ⓤ マーマレード.

**ma·roon¹** /mərúːn マルーン/ 名 Ⓤ 形 くり色(の), えび茶色(の).

**ma·roon²** /mərúːn マルーン/ 動 他 …を孤島に置き去りにする; …を孤立状態にさせる.

**ma·rooned** /mərúːnd マルーンド/ 動 → maroon². —形 孤立した.

**mar·quee** /maːrkíː マーキー/ 名 © **1** (主に英) (品

評会・園遊会の)大天幕. **2** (米)マーキー《劇場・ホテルなどの入口上に張り出したひさし》.

\***mar·riage** /mǽridʒ マリッヂ/ 〖→ marry〗
―名 (穫 --riag·es/-iz/) ⓒⓤ 結婚;婚礼,結婚式;結婚生活(cf. wedding) ‖
Her **marriage** ceremony was held in a shrine. 彼女の結婚式は神社で行なわれた.
one's uncle **by marriage** 妻[夫]のおじ.
His **marriage to** Mary didn't last very long. 彼のメリーとの結婚は長続きしなかった.
celebrate a **marriage** 結婚式を行なう.
an arranged **marriage** 見合い結婚.
a love **marriage** 恋愛結婚.
propose **marriage to** her 彼女に結婚を申し込む.
take him [her] **in marriage** 彼を婿に[彼女を嫁に]もらう.
対話 "Don and Judy are breaking up?" "Amazing, isn't it?(↘) Their **marriage** only lasted three months." 「ドンとジュディーが別れるんだって?」「びっくり仰天だな. 結婚して3か月しかもたなかったんだ」.

文化 (1) 子供が仲のよい男の子と女の子をからかうとき, "Mike and Jennifer, sitting in the tree, k-i-s-s-i-n-g; first comes love, then comes *marriage*, then comes a baby in a baby carriage." (「マイクとジェニファー, 木陰に座ってチュー, 好きになって結婚したら, ほらもう乳母車に赤ちゃんだ」)などのようにいう.
(2) 結婚式後, 新夫妻に米粒を投げかけるのは多産を祈るインドに由来する風習. 新婦が髪に飾ったり手に持つオレンジの白い花も多産の象徴.
(3) 花嫁を抱いて敷居(しきい)をまたぐと花婿に幸福が訪れるといわれる.

**mar·riage·a·ble** /mǽridʒəbl マリチャブル/ 形 (正式) 結婚できる, 婚期に達した.
**mar·ried** /mǽrid マリド/ 動 → marry.
―形 結婚した, 既婚の; 結婚の, 夫婦の ‖
a married couple 夫婦.
married life 結婚生活.
**mar·ries** /mǽriz マリズ/ 動 → marry.
**mar·row** /mǽrou マロウ/ 名 **1** ⓤ 髄(ずい), 骨髄 ‖ spinal marrow 脊(せき)髄. **2** ⓤ 核心, 精髄. **3** ⓒ (英) (植) セイヨウカボチャ《食用・飼料》((米) squash).
**to the márrow** (**of** one's **bónes**) 骨の髄まで; 徹底的に.

\***mar·ry** /mǽri メリ, mǽri | mǽri マリ/ (同音 (米) merry) 〖『夫になる[する]』が原義〗 派 marriage (名)
―動 (三単現 mar·ries/-z/; 過去・過分 mar·ried/-d/; 現分 ～·ing)
―他 **1** …と**結婚**する; [be married] 結婚している ‖
marry him [ˣto him, ˣwith him] 彼と結婚する.

Bob and Mary **got married** last month. ボブとメリーは先月結婚した.
She **has been married to** [ˣwith] him for six years now. 彼女は彼と結婚して6年になる.
He **is married** ┆ **with** three kids. 彼には妻と3人の子がある.
対話 "Will you **marry** me?" "Of course, but please wait until I graduate." 「僕と結婚してくれる?」「もちろん. でも, 私が卒業するまで待ってね」.
**2** 〈牧師が〉…の結婚式を行なう; (正式) …を結婚させる ‖
He **married** his daughter (**off**) **to** Tom. 彼は娘をトムと結婚させた.
The priest **married** Dick and Betty. 牧師はディックとベティの結婚式を行なった.
―自 結婚する(◆**get married** の方がふつう) ‖
**marry for** money 金を目当てに結婚をする.
**marry into** money 結婚して金持ちになる.
**marry into** a good family 名門の家に嫁ぐ.
She **married** young. 彼女は早婚だった.
**Màrry in háste and repént at léisure.** (ことわざ) あわてて結婚, ゆっくり後悔.
**márry móney** → money 成句.

**Mars** /máːrz マーズ/ 名 **1** 〖ローマ神話〗マルス《戦(いくさ)の神》. **2** 〖天文〗火星.
**Mar·seil·laise** /mὰːrseiléiz マーセイエイズ, -seijéiz/ 名 La/lə/ ～ ラ=マルセイエーズ《フランス国歌》.
**Mar·seilles** /mɑːrséi マーセイ, -séilz/ 名 マルセーユ《フランス地中海岸の商業港》.
**marsh** /máːrʃ マーシュ/ 名 (穫 ～·es/-iz/) ⓒⓤ 湿地, 沼地.
**mar·shal** /máːrʃl マーシャル/ 名 ⓒ **1** (正式) 司令官. **2** (米) **a** 連邦裁判所の裁判官. **b** 市警察署長, 消防署長. **3** (英) **a** 判事付き事務官. **b** 王室の高官, 儀式係.
―動 (過去・過分 ～ed または (英) mar·shalled/-d/; ～·ing または (英) --shal·ling) 他 (正式) **1** …を整列させる, 整理する ‖
marshal papers 書類を整理する.
**2** …を案内する, 先導する.
**Márshall Íslands** /máːrʃl- マーシュル-/ [the ～] マーシャル諸島《北太平洋の環礁》.
**marsh·mal·low** /máːrʃmèlou, mάːrʃmǽlou マーシュメロウ | mὰːʃmǽlou マーシュマロウ/ 名 ⓒⓤ **1** 〖植〗ビロードアオイ. **2** マシュマロ《昔ビロードアオイの根から作った》.
**mar·su·pi·al** /mɑːrs(j)úːpiəl マースーピアル (マースュピアル)/ 形 〖動〗有袋(類)の, (類)の. ―名 ⓒ 有袋動物《カンガルー・コアラなど》.
**mart** /máːrt マート/ 名 ⓒ **1** (文) 市場; 取引所 ‖
a used-car mart 中古自動車市場.
**2** =supermarket.
**Mar·tha** /máːrθə マーサ/ 名 マーサ《女の名. (愛称) Marty, Mat, Matty》.
**mar·tial** /máːrʃl マーシュル/ (同音 marshal) 形 (正式) **1** 戦争の; 軍隊の ‖
martial music 軍楽.

**2** 軍人らしい, 勇敢な. **3** 好戦的な.
**mártial árts** 格闘技《空手・柔道・カンフーなど》.
**mártial láw** (正式) 戒厳令 ‖ under martial law 戒厳令下で(の).
**mar·tin** /mάːrtn マートン/ |-tin -ティン/ 名 C (鳥) マーチン《ニシイワツバメ・ショウドウツバメなど》.
**Mar·tin** /mάːrtn マートン/ |-tin -ティン/ 名 マーティン《男の名》.
**mar·ti·net** /mὰːrtinét マーティネト/ 名 C (正式)(規則・命令に絶対服従の)厳格な人.
**mar·tyr** /mάːrtər マータ/ 名 C **1** 殉(ɪ̌ʊん)教者; 殉ずる人 ‖
a martyr to duty 殉職者.
**2** 絶えず苦しむ人 ‖
a martyr to one's inferiority complex 劣等感に絶えず悩んでいる人.
*màke a mártyr of* A …を犠牲にする, 苦しめる ‖ make a martyr of oneself 殉教者ぶる, 殉教者となる.
**mar·tyr·dom** /mάːrtərdəm マータダム/ 名 U C 殉教, 苦難, 苦痛.
**mar·vel** /mάːrvl マーヴル/ 名 C U (略式) 驚くべきこと[人, 物], 不思議なこと[人, 物]; 驚異, 不思議《◆ wonder より意味が強い》‖
the marvels of nature 自然の驚異.
— 動 (過去・過分) ~ed または (英) mar·velled /-d/; (現分) ~·ing または (英) ~·vel·ling (正式) 他 [marvel that 節] …であることに驚く; [marvel wh 節] …かを不思議に思う ‖
I marvel why he ever married her. なぜ彼が彼女と結婚したのか不思議だ.
— 自 驚く ‖
marvel at his endeavor 彼の努力に驚く.
**mar·vel·ous,** (主に英) **-vel·lous** /mάːrvələs マーヴェラス/ 形 **1** 驚くべき, 不思議な; ありそうもない《◆ wonderful より意味が強い》‖
God's marvelous work 神の不思議なみわざ.
**2** (略式) 優秀な, すばらしい ‖
It's simply marvelous. それはとってもすばらしい.
**mar·vel·ous·ly,** (主に英) **-vel·lous·ly** /mάːrvələsli マーヴェラスリ/ 副 驚くばかりに, 不思議なほど, すばらしく.
**Marx** /mάːrks マークス/ 名 マルクス《Karl /kάːrl/ ~ 1818-83; ドイツの経済学者. 科学的社会主義の創始者》.
**Marx·ism** /mάːrksizm マークスィズム/ 名 U マルキシズム, マルクス主義《Marx の科学的社会主義の政治・経済理論》.
**Marx·ist** /mάːrksist マークスィスト/ 名 C 形 マルクス主義者.
**Mar·y** /méəri メアリ/ 《もと Maria から》名 **1** メリー, メアリー《女の名. (愛称) Moll(y), Polly》. **2** (聖書)聖母マリア(Virgin Mary).
**Mar·y·land** /mérələnd メリランド | méəri- メアリー/ 《「Charles I の王妃 Maria にささげた土地」から》名 メリーランド《米国東部の州. (愛称) the Old Line State, the Free [Cockade] State. (略) Md., (郵便) MD》.

**masc.** (略) masculine.
**mas·car·a** /mæskǽrə マスキャラ |-kάːrə -カーラ/ 名 U マスカラ《まつ毛につける化粧品》.
**mas·cot** /mǽskət マスカト |-kɔt -コト, -kət/ 名 C **1** (チームなどの)マスコット. **2** 幸運のお守り; 縁起のいい物[人, 動物].
**mas·cu·line** /mǽskjələn マスキュリン, (英) mɑːs- (↔ feminine) 形 **1** 男の; 男らしい; 精悍(ʊ̌ん)な, 勇敢な.
**2** 《女性が》男っぽい, 男のような; 男まさりの ‖
a masculine woman 男性的な女性.
**mas·cu·lin·i·ty** /mæ̀skjəlínəti マスキュリニティ/ 名 U 男らしさ.
**mash** /mǽʃ マシュ/ (同音 mush/mʌʃ/) 名 (複 ~·es/-iz/) **1** C U 《家畜の》飼料《穀粒・ふすまなどを水でどろどろにといたもの》‖
mash for pigs 豚のえさ.
**2** U 麦芽(ば̌ʊ)汁《ビールの原料》. **3** U 《英略式》マッシュポテト. **4** C U (すりつぶして)どろどろの状態(になったもの).
— 動 (三単現) ~·es/-iz/) 他 …をすりつぶす, どろどろにする.

*__mask__ /mǽsk マスク | mάːsk マースク/ (同音 masque) 〖「道化者」が原義〗

mask
〈**1** 仮面, マスク〉
〈**2** 見せかけ〉

— 名 (複 ~s/-s/) C **1** 仮面, 覆(ɔ̌ʊ)面《◆ 保護・偽りの象徴》; (防毒・手術・防護用の)マスク; (古典劇の)面 ‖
wear a mask 仮面をかぶっている; 正体を隠す.
throw off one's mask 仮面をぬぐ; 正体を現す.
対話 "Did you see the criminal's face?" "No, he or she was wearing a mask." 「犯人の顔は見ましたか」「いいえ, 覆面をつけていたんです」

[関連] carnival mask カーニバル用仮面 / comic [tragic] mask 喜劇[悲劇]の面 / death mask デスマスク / fencer's [fencing] mask フェンシング用マスク / gas mask ガスマスク.

**2** (正式) 覆(ɔ̌ʊ)い隠すもの; ごまかすもの; 見せかけ ‖
under the mask of kindness 親切にかこつけて.
— 動 他 (正式) **1** …を仮面で覆う, …に面をつける ‖
mask one's face 面をかぶる.
**2** 《感情などを》隠す, 偽る.
**mask·ing** /mǽskiŋ マスキング | mάːsk- マースキング/ 名 U 仮面をつけること, 仮装; 覆い隠すこと, 遮(しゃ)断; (印刷) マスキング. — 形 仮面の, 隠す.
**másking tàpe** 保護テープ, マスキングテープ.
**mas·och·ism** /mǽsəkizm マソキズム, mǽz-/ 名 U マゾヒズム, 被虐(ぎゃく)性愛(↔ sadism).

**mas·och·ist** /mǽsəkist マゾキスト, mǽzə-/ ⓒ マゾヒスト, 被虐性愛者(↔ sadist); 自己虐待者.

**ma·son** /méisn メイスン/ 名 ⓒ **1** 石工(いしく), 石屋; (米)れんが職人, コンクリート(ブロック)建設業者. **2** [M~] =Freemason.

**Ma·son·ic** /məsánik マサニク/ -sɔ́n- マソニク/ [しばしば m~] 形 フリーメーソン(Freemason)(主義)の.

**ma·son·ry** /méisnri メイスンリ/ 名 U **1** 石工術, れんが職. **2** 石造建築(の一部); れんが工事.

**masque** /mǽsk マスク/ |mɑ́ːsk マースク/ (同音 mask) 名 ⓒ **1** [英史] 宮廷仮面劇《16-17世紀の宮廷で演じられたパントマイム・ダンス・歌などからなる演劇》; その脚本. **2** =masquerade 1.

**mas·quer·ade** /mæskəréid マスカレイド, (英+) mɑ̀ːs-/ 名 ⓒ **1** (古) 仮面舞踏会; 仮装(衣装). **2** U 見せかけ, 虚構. ── 動 (現分) ··ad·ing 自 (正式) **1** 仮面舞踏会に参加する; 仮装する. **2** ふりをする, 変装する.

***mass** /mǽs マス/ 「練り合わせた大麦の菓子」→「大きなかたまり」が原義 派 massive（形）

mass
〈1 かたまり〉
〈2 多数, 多量〉

── 名 (複 ~·es/-iz/) **1** ⓒ かたまり, 集まり, 集団; [the ~] 全体, 集合体 ‖
a mass of snow 雪のかたまり.
in a mass ひとかたまりになって, ひとまとめにして.
in the máss だいたいにおいて, 全体として.
**2** (略式) [a mass of A / masses of A] 多数の…, 多量の…(lot); [the mass of A] 大部分の…, 大半の… ‖
a mass of books 多くの本.
masses of work to do しなければならない多くの仕事.
masses of people 大群衆.
The mass of children go to church on Sundays. 大部分の子供が日曜日に教会へ行く《◆動詞は of のあとの名詞の数に一致》.
**3** [the ~es] 一般大衆, 庶民, 労働者階級 ‖
the first premier of the masses 庶民出の最初の首相.
**4** U かさ, 大きさ, 量; 〔物理〕質量.
**5** [形容詞的に] 大衆の, 多数[多量]の, 大規模な ‖
a mass society 大衆社会.
a mass game マスゲーム.
**be a máss of A** (略式) Aく欠点・悪いこと〉だらけである ‖ He is a mass of faults. 彼は欠点だらけだ.
── 動 他 (正式) …をひとかたまりにする, 集める ‖
mass troops 軍隊を集結する.
── 自 ひとかたまりになる, 集まる.
**máss communicátion** マスコミ, (新聞・ラジオなどによる)大衆伝達, 大量伝達.
**máss média** [the ~; 単数・複数扱い] マスメディア, マスコミ.
**máss prodúction** マスプロ, 大量生産.

**Mass** /mǽs マス, (英+) mɑ́ːs/ 名 **1** [しばしば m~] Uⓒ [時に the ~] ミサ《カトリック教会の聖体拝領(Eucharist)の式》; ミサ聖祭. **2** (通例 m~) ⓒ ミサ曲.

**Mass.** (略) Massachusetts.

**Mas·sa·chu·setts** /mǽsətʃúːsəts マサチューセッ, (米+) -zits/ 〖「大きな丘のほとりの」のインディアン語から〗 名 マサチューセッツ《米国東北部の州. 州都 Boston. (愛称) Puritan [Bay] State. (略) Mass., (郵便) MA》.

**mas·sa·cre** /mǽsəkər マサカ/ 名 Uⓒ 大(量)虐殺. ── 動 (現分) ··sa·cring 他 …を大虐殺する.

**mas·sage** /məsɑ́ːʒ マサージュ, -sɑ́ːdʒ マサージュ/ 名 Uⓒ マッサージ, あんま(術), もみ療治 ‖
Give me a massage. マッサージをしてください.
── 動 (現分) ··sag·ing 他 …をマッサージする.

**mas·sive** /mǽsiv マスィヴ/ 形 **1** 大きなかたまりになった, 大きくて重い; 巨大な, 大量の, 大規模の ‖
a massive monument どっしりとした記念碑.
massive layoffs 大量の一時解雇.
**2** 〈頭・体格などが〉大きく見える, がっしりした; 〈心・性格などが〉しっかりとした ‖
massive set shoulders がっしりとした肩.
**más·sive·ly** 副 どっしりと, がっしりと.
**más·sive·ness** 名 U どっしりしていること.

**mass-pro·duce** /mǽsprədj(j)úːs マスプロデュース/ (マスプロデュース)/ 動 (現分) ··duc·ing 他 …を大量生産する.

***mast** /mǽst マスト/ mɑ́ːst マースト/ (同音 must /məst, mʌ́st/)
── 名 (複 ~s/mǽsts/ mɑ́ːsts/) ⓒ **1** 〔海事〕マスト, 帆柱, (船)檣(しょう).

関連 [帆船の主なマスト] foremast 前檣 / mainmast 大檣 / mizzenmast 後檣 / jiggermast 最後檣.

**2** (マスト状の高い)柱《旗ざお・(アンテナの)鉄塔》 ‖
the mast of a derrick 起重機の骨組み.

***mas·ter** /mǽstər マスタ/ mɑ́ːstə マースタ/ (同音 muster /mʌ́stər/) 〖「より偉い人」が原義〗
── 名 (複 ~s/-z/) ⓒ **1** (男の)主人, 雇主((PC) head, chief, boss), (職人の)親方((PC) supervisor, boss); [the ~] 世帯主; (動物の)飼主((PC) owner)《◆(1) 女性形は mistress. (2) 日本語の「マスター」は manager, owner に相当することが多い. (3) 呼びかけにも用いる》 ‖
a house master (寄宿舎の)舎監.
master and man 主人と召使い, 雇主と雇人.
the master of [in] the house 家長.
Like master, like man. (ことわざ)この主人にしてこの召使いあり(→ like² 副 **2**).

Q&A *Q*: master に対する女性形は mistress ですが, ほかに男女を対照にした語にはどんなものがありますか.

**A**: emperor (皇帝) — empress (女帝, 皇后), god (神) — goddess (女神), nephew (甥(ﾎ)) — niece (姪(ﾒｲ)), actor (俳優) — actress (女優), bridegroom (花婿) — bride (花嫁) などがあります.

**2** 自由に使う能力のある人; 精通した人; [**A** is (a) master of **B**] **A**〈人か〉…を自由にできる, 所有している, …に精通している; (正式) 達人, 名人 (⇔(PC) expert, specialist) ‖
a master at carving animals 動物彫りの名人.
be master of the situation 事態を切り抜けることができる.
be one's own master 思いどおりにする, (雇われないで)独立している.
She is (a) master of spoken English. 彼女は口語英語に精通している.
be master of a great fortune 大金を自由にできる, 大金持ちである.
**3** [our ~ / the M~] イエス=キリスト.
**4 a** 修士 ‖
Master of Laws 法学修士《◆「学士」は bachelor, 「博士」は doctor》.
**b** 修士の学位 (master's degree) 《(主に米略式) master's》.
**5** [形容詞的に] 主人の, 支配者の, 支配的な, 親方の; 主要な, 最上の; すぐれた, 名人芸の; [複合語で] (機械などの)親…, 原…《◆「男主人」を意味する master を避けるため, 人については expert, skillful など, 物については main, control などを (PC) として用いることが多くなっている》‖
a master carpenter 棟梁(ﾄｳﾘｮｳ).
a master shot 名射手.
the máster bédroom 最上の寝室.
a máster cópy 複写用の元原稿, 原本.
a máster swítch 電源の元スイッチ.
── **動** (三単現) ~s/-z/; (過去・過分) ~ed/-d/; (現分) ~ing/-tərɪŋ/.
── **他 1** …を征服する, 支配する;〈感情など〉を抑える ‖
master one's difficulties 困難を克服する.
**2** …を身につける, 習得する; …に精通する《◆今はふつう learn を用いる》‖
master the piano ピアノに熟達する.
máster càrd 親カード, 切り札; 決め手.
máster chèf コック長.
máster kéy 親かぎ, 合かぎ, マスター=キー; 問題解決のかぎ.
máster plán 基本計画, マスター=プラン.
máster's degrèe = master **名 4 b**.

**mas·ter·ful** /mǽstərfl マスタフル | mɑ́ːs- マースタ-/ **形 1** 横柄な, 主人ぶる. **2** = masterly.

**mas·ter·ly** /mǽstərli マスタリ | mɑ́ːs- マースタリ/ **形 副** 名人[大家]にふさわしい[く], みごとな[に], 熟練した[して] ‖
a masterly skill みごとな腕前.

**mas·ter·mind** /mǽstərmaɪnd マスタマインド | mɑ́ːs- マースタ-/ **名 C** 立案者, 指導者; 黒幕.

**mas·ter·piece** /mǽstərpiːs マスタピース | mɑ́ːs- マースタピース/ **名 1** 傑作, 代表作. **2** 名人芸.

**mas·ter·y** /mǽstəri マスタリ | mɑ́ːs- マースタリ/ **U 1** 支配, 統御力.
**2** [a ~] 熟達; 精通した知識[技能] ‖
have a mastery of English 英語に熟達している.

**mas·tur·bate** /mǽstərbeɪt マスタベイト/ **動** (現分) ~·bat·ing (自)(他) (…に)自慰を行なう.

**mas·tur·ba·tion** /mæ̀stərbéɪʃən マスタベイション/ **名 U** 自慰, マスターベーション.

*__mat__ /mǽt マト/ (同音 Matt)
── **名** (複 ~s/mǽts/) **C 1** マット, むしろ, ござ; たたみ.
**2** (玄関前の)ドアマット; バスマット ‖
wipe one's shoes on the mat (靴をはいたまま)ドアマットで靴の汚れを落とす.
**3** (花びん・皿などの)敷物, 下敷き.
**4** (体操・レスリング用の)マット.

関連 [いろいろなマット] floor mat フロアーマット / bath mat バスマット / doormat ドアマット / table mat テーブルマット.

**on the mát** (略式) 困って; (叱責(ｼｯｾｷ)のため)召喚されて[して].

**Mat** /mǽt マト/ **名** マット《Matthew; Martha の愛称》.

**mat·a·dor** /mǽtədɔːr マタドー/ 《スペイン》**名 C 1** マタドール《牛にとどめをさす主役の闘牛士》. **2** 〔トランプ〕切り札の1枚.

*__match__[1] /mǽtʃ マチ/ (類音 much/mʌ́tʃ/) 《「対の1つ」が原義》
── **名** (複 ~·es/-ɪz/) **C 1** 試合, 競技 (→ game **名 2**); tennis 試合 ‖
a fóotball màtch フットボールの試合.
I played a match of badminton with Tom. トムとバドミントンの試合をした.
対話 "Are we playing chess today?" "Yes. Our match is starting in about an hour." 「きょうはチェスをやりますか」「はい, 1時間ほどしたら開始します」.
**2** 競争相手, 好敵手; 対等の人[物] ‖
I am no match for her in mathematics. 私は数学では彼女にかなわない.
find [meet] one's match 好敵手に出会う, 困難にぶつかる.
She is more than a match for him in tennis. 彼女はテニスにかけては彼よりも上手だ.
**3** よく釣り合う人[物]; 一対の片方, 生き写しの人[物] ‖
a piece of furniture which is an ideal match for the room 部屋にぴったりマッチする家具.
She is her mother's match in character. 彼女の性格は母親譲りだ.
The tie and suit are a good match. ネクタ

イと服はよく釣り合っている.
**4**《正式》結婚, 縁(ﾞ)組み;［通例 a ～］結婚相手, 配偶者 ∥
make a rich **match** 金持ちと結婚する.
Ann is a good **match**. アンは理想的な結婚相手だ.
They have made a **match** of it. 彼らは結婚した.
── 動 （三単現）～・es /-iz/;（過去・過分）～ed /-t/;（現分）～・ing
── 他 **1**［match A with B / match B against A］A〈人・力・機knoxなど〉に B〈人・力・機械など〉を対抗させる; A と B を競争させる ∥
Father **matched** me with John in the lessons. 父は勉強で私をジョンと競わせた.
I **matched** his strength with my speech. 彼の力に私は弁舌で対抗した.
**2** …に匹敵する, …と対等である ∥
I can't **match** her skill. 彼女の腕前にはかなわない.
No one can **match** him in baseball. 野球ではだれも彼に歯がたたない.
They are well **matched**. 彼らは実力が互角だ.
This store can't be **matched for** good service. サービスの点で当店に匹敵する店はない.
**3 a**〈物〉と調和する, 似合う《◆受身にしない》
The shoes **match** this red skirt. その靴はこの赤いスカートにぴったりだ《◆The shoes match her. のように目的語に人はこない》.
**b**［match (A) B］〈人〉の〉B〈物〉に似合うものを見つける ∥
Can you **match** (me) this coat?《店で》この上着に合うものを見つけてくれませんか.
**c**［match A with B］A〈物〉を B〈物〉と調和させる, A と B を組み合わせる ∥
**match** wallpaper with the carpet じゅうたんに壁紙を合わせる.
── 自 対等である;調和する, 釣り合う, 似合う ∥
The color **matches** well with his suit. = The color and his suit **match** well. その色は彼の服にうってつけだ.
**mátch póint** /(英) ニ/ 〔テニスなど〕マッチポイント《勝負を決める最後の1点》.

*__match__² /mǽtʃ/ マチ/『「ろうそくのしん」が原義』
── 名 （複）～・es/-iz/）C マッチ（棒） ∥
a box of **matches** マッチ1箱.
strike [light] a **match** マッチをする《◆1本のマッチで3人にタバコの火をつけると不運にあうという迷信がある》.

**match·book** /mǽtʃbùk マチブク/ 名 C ブックマッチ, 紙マッチ.
**match·box** /mǽtʃbɑ̀ks マチバクス | -bɔ̀ks -ボクス/ 名（複）～・es/-iz/）C マッチ箱.
**match·less** /mǽtʃləs マチレス/ 形《文》無類の, 無比の. **mátch·less·ly** 副 比類なく, ずばぬけて.
**match·mak·er** /mǽtʃmèikər マチメイカ/ 名 C 結婚仲介人, 仲人(ﾅ).
**match·stick** /mǽtʃstìk マチスチック/ 名 C マッチ棒（の燃えさし）.

*__mate__ /méit/ メイト/『「食事を共にする者」が原義』
── 名（複）～s/méits/）C **1 a**［しばしば複合語で］仲間, 連れ;仕事仲間, （熟練工の）助手 ∥
lose one's **mate** 仲間にはぐれる.
a working **mate** 仕事仲間.
go **mates** with him 彼と仲間になる.

[関連] **mate** の複合語の例: classmate 級友 / playmate 遊び仲間 / roommate 同室者 / schoolmate 学友 / teammate チームメイト

**b**《英略式・豪》[男から男への呼びかけ] 兄貴;相棒! ∥
Give me a hand, **mate**. きみ, ちょっと手を貸してくれないか.
**2**《略式》連れ合い《夫, 妻》∥
Betty is my **mate** of 25 years. ベティは25年連れ添った妻だ.
**3**［通例 the ～］（対をなす物の）片方;つがいの片方 ∥
the **mate** to this shoe この靴の片方.
── 動（現分）mat·ing）他〈動物〉をつがわせる.
── 自〈動物が〉つがう.

*__ma·te·ri·al__ /mətí(ə)riəl マティアリアル/『「物質に属する（もの）」が原義. cf. *matter*』
── 名（複）～s/-z/）**1** U C 材料, 素材;原料;（服などの）生地(ﾞ);織物 ∥
building **matèrials** 建材.
ráw matérial(s) 原料.
dress **material** 服地.
[対話]"I need to make a dress for the party." "What kind of **material** will you use?"「パーティー用のドレスを作らなければいけないわ」「どんな生地を使うつもりなの」.
**2** U C 資料, 題材, データ ∥
teaching **material(s)** 教材.
collect **material for** a report レポートの題材を集める.
**3**［～s］用具, 道具 ∥
wríting matèrials 筆記用具.
**4** U 人材, 人物.
── 形 **1**《正式》物質（上）の, 物質的な（↔ spiritual, immaterial）;有形の, 具体的な ∥
a **material** object 有形物.
**material** needs 物質的欲求《食糧・住居など》.
**material** prosperity 物質的繁栄.
the **material** world 物質界.
**2** 肉体的な;感覚的な;《正式》世俗的な ∥
**material** pleasures 肉体的快楽.
matérial nóun〔文法〕物質名詞《butter, tea など》.

**ma·te·ri·al·ism** /mətí(ə)riəlìzm マティアリアリズム/ 名 U **1**〔哲学〕唯物(ﾕ)論, 唯物主義（↔ idealism）. **2**《正式》物質主義.
**ma·te·ri·al·ist** /mətí(ə)riəlist マティアリアリスト/ 名 C 唯物主義者（の）, 実利主義者（の）.
**ma·te·ri·al·is·tic** /mətì(ə)riəlístik マティアリアリスティク/ 形 唯物論（者）の, 実利主義（者）の.

**ma·te·ri·al·ize** /mətíəriəlàiz/ マティアリアライズ/ 動 (現分) ‑iz·ing 《正式》他 …を具体化する；…を実現する．——自《願望・計画などが》実現する．

**ma·te·ri·al·ly** /mətíəriəli マティアリアリ/ 副 《正式》大いに, かなり；実質的に．

**ma·ter·nal** /mətə́ːrnl/ マターヌル/ 形 《正式》 1 母の, 母としての, 母らしい ‖
maternal love 母性愛.
2 母方の.

**ma·tér·nal·ly** 副 母として, 母らしく；母方に.

**ma·ter·ni·ty** /mətə́ːrnəti マターニティ/ 名 U 《正式》母であること, 母性；母らしさ.
matérnity drèss [ròbe, clòthes] マタニティードレス.
matérnity hòme [hòspital] 産院.
matérnity léave 産休.

**math** /mǽθ マス/ 名《米》= mathematics.

**math·e·mat·i·cal, ‑ic** /mæ̀θəmǽtikəl/ 形 数学(上)の, 数理的な, 数学用の.

**màth·e·mát·i·cal·ly** 副 数学的に；正確に.

**math·e·ma·ti·cian** /mæ̀θəmətíʃən マセマティシャン/ 名 C 数学者.

## **math·e·mat·ics** /mæ̀θəmǽtiks マセマティクス/ 『「学ぶこと」が原義』
——名 U 〔単数扱い〕 **数学**《米》math, 《英略式》maths)《◆学科としての数学には math(s) を用いる》. 関連 algebra 代数 / geometry 幾何(学) ‖
applied mathematics 応用数学.
Mathematics is my weakest subject. 数学は私のもっとも不得意な科目です.

**maths** /mǽθs マス/ 名 《英》= mathematics.

**Ma·til·da** /mətíldə マティルダ/ 名 マチルダ《女の名. 愛称》Matty, Maud(e), Tilda》.

**mat·i·née, ‑nee** /mæ̀tənéi マティネイ | mǽtinèi マティネイ/ 『フランス』 名 C (演劇・音楽などの)昼興行, マチネ.

**mat·ing** /méitiŋ メイティング/ 動 → mate.
——名 U 交尾, 交配；交尾期.

**ma·tri‑** /méitri‑ メイトリ‑, mǽtri‑/ 連結形 母.

**ma·tri·arch** /méitriɑ̀ːrk メイトリアーク/ 名 C 〔社会〕家母長, 女家長, 女族長(↔ patriarch).

**mat·ri·mo·ni·al** /mæ̀trəmóuniəl マトリモウニアル/ 形 結婚(式)の, 婚姻(沈)の；夫婦間の.

**mat·ri·mo·ny** /mǽtrəmòuni マトリモウニ | ‑məni ‑モニ/ 名 U 《正式》結婚生活, 結婚, 夫婦生活.

**ma·trix** /méitriks メイトリクス, mǽ‑/ 名 (複 ‑tri·ces /‑trisìːz/, ~·es /‑iz/) C **1** (発生・成長の)母体, 基盤. **2** 鋳型；(レコードの)原盤；(印刷) 活字の母型, 印刷の紙型. **3** (鉱) 母岩. **4** (数学) 行列；(コンピュータ) 配列.

**ma·tron** /méitrən メイトロン/ 名 C (公共施設などの)女性監督者；家政婦長《◆呼びかけも可》.

**má·tron·ly** 形 《女性が》太った, 中年太りの《◆fat の遠回し語》.

**Matt** /mǽt マト/ 名 マット《Matthew の愛称》.

**mat·ted** /mǽtid マティド/ 形 **1** マットを敷いた. **2** 〈髪などが〉もつれた. **3** 〈雑草などが〉密生した.

## **mat·ter** /mǽtər マタ/ (発音) mutter /mʌ́tər/ と 『原義「材木」→「(建築)材料」→「物体」』

→ 名 **1** 物質 **2** 事柄；事態 **3** 困難 **6** 内容
動 自 重要である

——名 (複 ~s/‑z/) **1** U (精神に対して)**物質**, 材料, 物〔類 material, stuff, substance〕 ‖
organic matter 有機物.
solid matter 固体.

**2** C 事柄, 事件, 事, 問題；〔~s〕 (漠然と)**事態**, 事情, 情勢 ‖
a matter in hand 当面の問題.
a matter of life and death 死活問題.
a matter under consideration 検討中の問題.
take matters easy 物事を甘く考える.
as matters stand 現状で.
He got fired, and to make matters worse, he lost his wife. 彼は首になった, さらに悪いことには, 彼は妻を失った.
It is a matter for a doctor. それは医者が扱う問題だ.
Matters are different in Europe. ヨーロッパでは事情が違う.

**3** U 〔通例 the ~〕問題になる事柄, **困難**, 故障, 難儀, 事故, 心配 ‖
Something is the matter with my camera. カメラの調子が悪い.
Whàt's the mátter (with you)? (↘) 〔相手の顔色・様子などからその身を心配して〕どうしたの.
What's the matter with you? 〔とがめて〕君どうかしているんじゃないか；〔気遣って〕どうしたのですか.
I explained to her what was the matter. 何が起ったのか彼女に説明した《◆ (1) what 以下は what が主語なので語順を変えない. (2) what the matter was となると, 「その物質は何か」》.
対話 "What's wrong?" "Something's the matter with my back. I can't stand up straight." 「どうしたのか」「腰のあたりがどうもおかしい. まっすぐに立てないんだ」.

**4** U 問題とすべきこと, 重要, 重大さ, 大事 ‖
It makes no matter that he failed. 《正式》彼が失敗したのはたいしたことではない.

**5** (原因となる)事柄, 根拠 ‖
It is a matter for [of] regret that he did not keep his promise. 《正式》彼が約束を破ったのは残念なことだ.

**6** U 〔通例 the ~〕 (演説・書物・思想などの)**内容**, 題材《◆form, style に対する》 ‖
the subject matter of a speech 演説の主題.

**7** U 〔形容詞を伴って〕(印刷 [出版]) された・書かれた)物 ‖
prínted màtter 印刷物.
públished màtter 出版物.
póstal mátter 郵便物.
réading màtter 読み物.

◇**a mátter of A** (1) …の問題(→ 2) ‖ (as) a mátter of cóurse 当然のこととして / as a mátter of fáct [既述事項を具体的に] 実際は，実は《◆as a を省くのは《略式》》. (2) ほんの… ‖ a matter of 10 weeks わずか10週.

**nò láughing màtter with A** A〈人〉にとって重大なこと.

◇**no matter** → 4.

◇**nò mátter** (1) [wh 節と共に] たとえ…でも ‖ No matter how [what, when, where, which] he does, I will support him. たとえ彼がどのように[何を, いつ, どこで, どれを]しようとも私は彼を支持しよう / No matter what the excuse (is), he is to blame. どう弁解しても彼が悪いのだ《◆however, whatever, whenever … などより口語的》. (2) [no matter A] [前] たとえ…があっても.

―**動** 三単現 ~s/-s/ ; 過去・過分 ~ed/-d/ ; 現分 ~ing/-ərɪŋ/)

―**自** [通例 it を主語；主に疑問文・否定文で] 重要である, 重大である, 重大な関係がある《◆進行形・命令形にはできない》‖

It matters little if he succeeds or not. 彼が成功するかしまいとたいした問題ではない.

It doesn't matter to me whether she comes here or not. 彼女がここへ来ても来なくても私には関係がない.

What does it matter? そんなことはどうだっていいじゃないか.

**Mat·ter·horn** /mǽtərhɔ̀ːrn マタホーン/ 名 [the ~] マッターホルン《アルプス山脈の高峰；4478m》.

**mat·ter-of-fact** /mǽtərəvfǽkt マタオヴファクト/ 形 事実に即した，実務的な；割りきった，ドライな.

**mát·ter-of-fáct·ly** 副 事実に即して.

**Mat·thew** /mǽθjuː マシュー/ 名 1 マシュー《男の名. 《愛称》Mat(t), Matty》. 2 《聖書》**a** マタイ《キリスト12使徒の1人. 福音書の著者》. **b** マタイによる福音書《新約聖書の一書》.

**mat·ting** /mǽtɪŋ マティング/ 名 U 1 マット材料. 2 [集合名詞] マット, ござ, 畳.

**mat·tress** /mǽtrəs マトレス/ 名 (複 ~·es/-ɪz/) C 〈寝台の〉敷き布団(%), マットレス ‖

a spring mattress スプリング付きマットレス.

*****ma·ture** /mətúər マトゥア, -tʃúər | mətjúə マチュア/ 『『時宜を得た』が本義』

―形 比較 --tur·er/-tʃ(ú)ərər/, 最上 --tur·est/-tʃ(ú)ərɪst/) 1 熟した(ripe)(↔ immature) ‖

mature fruit 熟した果物.

mature cheese 熟成したチーズ.

The peaches are mature in our orchard. うちの果樹園でモモが熟している.

2 十分に成長した, 発達した ‖
a mature writer 円熟した作家.
the mature age [years] 熟年, 分別盛り(の年齢).

3 熟慮した；慎重な, 分別のある ‖
a mature plan 十分に練った計画.
after mature consideration 熟考した上で.

4〈手形などが〉支払い期日になった.

―**動** 三単現 ~s/-z/ ; 過去・過分 ~d/-d/ ; 現分 --tur·ing/-tʃúərɪŋ/)

―他《正式》〈性格などを〉成熟させる；〈事を〉〈慎重に〉仕上げる ‖

mature his character 彼の人格を円熟させる.

He matured the plan over a long span of time. 長い間かかって彼はその計画を練った.

―**自**《正式》1 熟す, 成熟する；十分に発達する ‖ 対話 "He still acts like a little kid sometimes." "After he goes to junior high school, he'll mature."「あいつは今だに時々幼児みたいなことをするんだ」「中学校に行くようになったらもっとおとなになるさ」.

2 満期になる.

**ma·tur·ing** /mətúərɪŋ マトゥアリング | -tʃúər- マチュアリング/ 動 → mature.

**ma·tu·ri·ty** /mətúərəti マトゥアリティ | -tʃúər- マチュアリティ/ 名 (複 --i·ties/-z/) U C 成熟(期), 十分な成長(期) ‖

maturity of judgment 分別盛り.

come to [reach] maturity 成熟する.

bring a plan to maturity 計画を練る, 熟させる.

**maud·lin** /mɔ́ːdlɪn モードリン/ 形《正式》感傷的な, 泣きじょうごの.

**Maugham** /mɔ́ːm モーム/ 名 モーム《W(illiam) Somerset /sʌ́mərsət/ ~ 1874-1965；英国の作家》.

**maul** /mɔ́ːl モール/ 名 C 1 大木(蠶)づち, 掛け矢. 2 〔ラグビー〕モール. ―**動** 他 …を打って傷つける, 切り裂く.

**Mau·pas·sant** /móupəsὰːnt モウパサーント/ 名 モーパッサン《Guy de/gíː də/ ~ 1850-93；フランスの作家》.

**mau·so·le·um** /mɔ̀ːsəlíːəm モーソリーアム/ 名 (複 ~s, --le·a/-líːə/) C 壮大な墓, 霊廟(鳧)‖

**mauve** /móuv モウヴ/ 名 U 藤色. ―形 藤色の.

**mav·er·ick** /mǽvərɪk マヴァリク/ 名 C 《米》所有者の焼印のない子牛，(特に)母牛から離れた牛；《略式》異端(鈺)者, 一匹狼(鈺)

**maw** /mɔ́ː モー/ 名 C (動物の)胃, (反芻(鈺)動物の)第4胃, (鳥の)えぶくろ.

**mawk·ish** /mɔ́ːkɪʃ モーキシュ/ 形 1 変に感傷的な. 2 吐き気を起こさせるような.

**max** /mǽks マクス/ 名 U =maximum ‖
to the max 目いっぱい, 心ゆくまで.

**max·i-** /mǽksi- マクスィ-/ 連結形 特大の, 特別に長い. 例：maxicoat, maxi-shorts, maxiorder 大量注文.

**max·im** /mǽksɪm マクスィム/ 名 C 金言, 格言；処世訓 ‖
a golden maxim 金言.

**max·i·mize** /mǽksəmàɪz マクスィマイズ/ 動 (現分 --miz·ing)《正式》他 …を最大[極大]にする(↔ minimize)；…を最大限に評価する.

**max·i·mum** /mǽksəməm マクスィマム/《正式》名 (複 ~s, --ma /-mə/) 1 C 最大限, 最大数, 最大量；〔数学〕最大, 極大(↔ minimum)‖
The wind speed was at its maximum. 風

速は最大となっていた.
――形 最大限の, 最高の ‖
the maximum fatigue 極度の疲労.

## **may** /méi メイ/〖本来の「できる」の意から「許可」「可能性」の意を表すようになった〗

→ 助 **I** [許可] **1** …してよい
  **II** [可能性・推量] **2** …かもしれない
―― 助 (過去) might/mάit/)

**I** [許可]〈◆ふつう強く発音しない〉

**1a** [may do] …てよい, …しなさい ‖
Subscribers to the library **may** take out four books each. (掲示) 図書館登録者は1回4冊まで借り出しできます.
You **may** go now. もう行ってもよろしい〈◆目上の者が目下の者に許可を与える言い方. 尊大・横柄(おうへい)の印象を避けるためにしばしば You *can* go now. のように can で代用する〉.

**b** [may nót do] …してはいけない; [may not be done] 〈事が〉…されてはいけない〈◆(1) 通例掲示文などにのみ用いる. (2) must not より軽い禁止・不許可. (3) not を強く発音する〉‖
You **may not** stay here. ここにとどまってはいけません.
Periodicals **may not** be removed from the reading room. (掲示) 定期雑誌類は閲覧(えつらん)室より帯出禁止.

**c** [May I do …?] …してよろしいですか〈◆相手の権限を尊重する質問. Can I do …? よりていねい〉‖
**May** I leave the room?(↗) 部屋を出てもよいでしょうか.

[Q&A] **Q**: May I …? の応答は Yes, you *may*. ですか.
**A**: それだけでは失礼な場合があるので(**1a**), 目上の人が目下の人に許可を与える場合は別として, Of course you can. / Yes, certainly. / Why not? などを用いるのが普通です.「いけません」も No, you *may* not. の代わりに I'm sorry you can't. などを用いることが多いようです.

[対話]"May I see your passport, please.(↘)" "Here you are."「パスポートを拝見いたします」「はい, どうぞ」〈◆形は疑問文でもこのように命令文に近い場合はしばしばピリオドを用いる. 返答も*Yes, you may. は不可〉.

[対話]"May I help you?" "Yes, I'm looking for a present for this lady."「何にいたしましょうか」「ああ, このご婦人に贈るものを捜しているんだ」.

**II** [可能性・推量]

**2** [may do]〈人・事が〉…かもしれない, (たぶん)…するだろう, …することがある〈◆(1) 約5割の確率で起こると考えていること. 話し手の確信度は could, can, might, may, should, ought to, would, will, must の順に強くなる. (2) 否定形は (米)(英) be máy not. (3) can との比較については → can¹〉‖
It **may** be that our team will win this time. 今度はわがチームは勝つかもしれない.
He **máy** be swimming in the pool. 彼はプールで泳いでいるかもしれません〈◆進行形が続く場合は「許可」の意はない〉.
I **máy** be late coming home this evening. 今夜は帰宅が遅くなるかもしれません.
She **máy not** be at home now. 彼女は今家にいないかもしれない.
Mother is afraid that I **may** catch a cold. 僕がかぜをひくのではないかと母は心配している.
No matter how hard he **may** work, he will not be able to pass the exams. 彼はどれだけ一生懸命やっても試験に受からないでしょう.

**3** [may have done]〈人が〉…したかもしれない, …してしまったかもしれない〈◆発話時からみた過去の推量〉‖
Bill **máy** have left yesterday. ビルは昨日出発したのでしょう.
You **máy** have read this book already. 君はたぶんこの本を読んでしまったことでしょう.
John **may not** have left yet. ジョンはたぶんまだ出発していないでしょう(=Maybe John **has not** left yet.).

[語法] 疑問文では通例 can, might を用いる: Can [Might, *May] Bill have left yesterday? ビルはきのう出発したのでしょうか.

**III** [その他]

**4** [祈願・願望](正式) [May S do!]〈人・事が〉…せんことを! ‖
**May** you be very happy! ご多幸を祈ります.
**May** the new year bring you happiness! 新年も良い年でありますように(=I wish you a happy new year.).

◇**cóme what máy** (正式) どんなことがあろうとも (whatever happens) ‖ **Come what may**, you should go your own way. どんなことがあろうとも, 君は自分の思いどおりにやるべきだ.

◇**if I máy** [文尾で] もしよろしければ ‖ I'll have another piece of cake, **if I may**. もしよろしければ, ケーキをもう1ついただきます.

**máy as wéll** do → **well**¹ 圓.

◇**máy … but** なるほど…だが, たとえ…であるとしても ‖ He **may** be clever, **but** he's not very helpful. 確かに彼は頭はいいが, あまり役にはたたない.

## *May /méi メイ/〖ローマ神話の成長の女神マーイア (Maia)の月〗

――名 **1** Ⓤ 5月; [形容詞的に] 5月の (語法 → January). **2** [m~] Ⓒ (英)(植) サンザシ (hawthorn); Ⓤ サンザシの花[枝]〈◆英国では5月に花が咲くため. Mayflower ともいう〉.

**Máy Dày** (1) メーデー, 労働祭《5月1日. 英国では公休日(→ Labor Day)》. (2) 5月祭《5月1日に, 英国では5月の女王 (May queen) を選んで花輪の冠をかぶせ, メイポール (maypole) の周囲で踊る》.

**Máy quèen [Quèen]** 5月の女王(Queen of the May)(→ May Day (2)).

**Ma·ya** /máiə マイア, máːjə/ 图 (複 ~s, Ma·ya) **1** [the ~(s)] マヤ族《中米先住民》. **2** マヤ人; Ⓤ マヤ語.

*__may·be__ /méibi(ː) メイビ(ー)/ 〖it may be that ... の略；話し手の意識としては起こる確率が5割程度〗
——副 [略式] [文全体を修飾; 通例文ір] **1** ことによると, ひょっとしたら; たぶん, おそらく《◆ (米)では perhaps より多く用いられる. (英)では perhaps が普通で, maybe は[略式]. 話し手の確信度は probably, *maybe*, perhaps, possibly の順に弱くなる》∥
**Maybe** they will come and **maybe** they won't. 彼らはひょっとすると来るかもしれないし, 来ないかもしれない.
[対話] "I wonder if it'll be cold tomorrow." "Should be, but **maybe** it'll be a little warmer than today."「あしたは寒いだろうか」「たぶんね. でもひょっとしたらきょうよりは少し暖かいかもしれない」.
**2** [質問を受けて] おそらくそうでしょう∥
[対話] "Will he come?" "**Maybe**."「彼は来ますか」「おそらく来るでしょう」《◆「来ないでしょう」は *Maybe* nòt.》.
**3** [遠回しに] …のようだ《◆ 表現をやわらげるのに用いる》; [ていねいな依頼] できましたら (perhaps)∥
**Maybe** you are wrong. どうやら君が間違っているようだ.
**Maybe** you could let me know when she will arrive. 彼女がいつ着くか教えていただけないでしょうか.

[語法] yes か no かをはっきり答えにくいときの返答にも用いる: [対話] "Are you going with me?" "*Maybe*."「いっしょに行くかい」「さあ, どうしようかしら」.

**may·flow·er** /méiflàuər メイフラウア/ 图 **1** [しばしば M~] Ⓒ [植] 5月に花が咲く草木；(主に英)サンザシ;(米)イワナシ. **2** [the M~] メイフラワー号《Pilgrim Fathers を乗せて1620年英国からアメリカ大陸へ渡った船の名》.

**may·on·naise** /méiəneìz メイオネイズ|-ˈ-/《フランス》图 **1** Ⓤ マヨネーズ. **2** Ⓒ Ⓤ [複合語で]…のマヨネーズあえ.

**may·or** /méiər メイア,(時に名詞の前で)mèər|méə メア/ 图 [しばしば M~] Ⓒ 市長, 町長, 村長,(地方自治体の)長∥
the Lord **Mayor** of London ロンドン市長.
elect him **mayor** 彼を市長に選ぶ《◆ 官職が補語になっているので冠詞をつけない》.

[事情] 米国では市長は地方自治体の行政長官であり多くの職権を持つ. 市民の投票で選出され任期は1-4年. 英国では市長には行政権はなく, 名誉職の性格が強い. 任期は1年.

**may·or·al** /méiərəl メイアラル/ 圏 市長[町長, 村長]の.

**may·pole** /méipòul メイポウル/ 图 [しばしば M~] Ⓒ (花とリボンで飾った)メイポール, 5月柱(→ May Day (2)).

**maze** /méiz メイズ/
[同音] maize 图
Ⓒ **1** 迷路, 迷宮; 迷路のように入り混じること, 錯綜(ポ); a **maze** of railway lines 迷路のような鉄道網.
**2** [a ~] 当惑∥
be in a **maze** 当惑する.

**MBA** [略] Master of Business Administration 経営学修士.

**Mc·Kin·ley** /məkínli マキンリ/ 图 **1** マッキンリー《William ~ 1843-1901; 米国第25代大統領(1897-1901)》. **2** Mount ~ マッキンリー山《Alaska 州中央部にある北米大陸の最高峰. 6914m. Mount Denali (デナリ山)ともいう》.

**MD** [略] [郵便] Maryland; Doctor of Medicine 医学博士.

*__me__ /(弱) mi ミ;(強) míː ミー/ 〖I の目的格〗
——代 **1** [動詞の直接目的語として] 私(を), 私(に)∥
Please take **me** to the zoo. 私を動物園へ連れて行ってください.
Does your father know **me**? お父さんは私をご存じですか.
My son closely resembles **me**. 息子は私によく似ている.
**2** [授与動詞＋ A ＋ B の A として] 私(に), 私(のために)∥
My father bought **me** a camera. 父は私にカメラを買ってくれた(=My father bought a camera for **me**.).
Bring **me** the book. その本を私に持って来てくれ(=Bring the book to **me**.).
**3** [前置詞の目的語として] 私(に[を,と など])《◆ 訳語の助詞は前置詞によりさまざま》∥
Won't you play tennis with **me**? ぼくとテニスをしないかい.
**4** [be 動詞の補語として] 私(だ)∥
It's **me** who is at fault. 悪いのはぼくだ《◆ (正式)では It is I who am at fault.》.
**5** [間投詞的に]《◆ 驚き・悲しみの気持ちを表す》∥
Dear **me**. ああ; あらまあ.
Goodness **me**. おやまあ.

**Mè(,) tóo.** [略式] (相手の言ったことに対し同調して)私も∥ [対話] "I'm tired." "**Me, too**."「疲れたよ」「私も(= So am I.)」/ "It sounds strange to me." "**Me, too**."「なんだか変なような気がするよ」「私もだ(=It sounds strange to me, too.)」.

**Nót mé.** [略式] (質問・依頼に対して)私はやりません

‖ 対話 "Who is going to do it?" "Not me." 「だれがそれをしますか」「私はしません」《◆《正式》では I am not.》.

**ME** (略) 〔郵便〕 Maine; Master of Education; Master of Engineering; Middle English.

**mead・ow** /médou メドウ/ 名 ⓒⓊ〔しばしば ~s〕 (主に干草を作るための)牧草地, 草地《◆「放牧場」は pasture》 ‖
a fertile meadow 肥沃な牧草地.

**mea・ger,**《英》**--gre** /míːgər ミーガ/ 形 《正式》
**1** やせた. **2 a** 〈食事などが〉貧弱な, 不十分な. **b** 〈作品・考えなどが〉無味乾燥な, 精彩のない.

‡**meal**[1] /míːl ミール/〖「一定の時間」が原義〗
—名 (複 ~s/-z/) ⓒ **1** (定時の1回の)**食事**, 食事の時間 (cf. dinner) ‖
at meals 食事の時に.
Stop eating (in) between meals. 間食はやめなさい.
対話 "Aren't you going to eat lunch?" "I only need two meals a day. So I usually don't eat lunch." 「昼ごはんを食べに行かないの」「ぼくは1日2食だけでいいんだ. だからたいてい昼は食べないよ」.

関連 [1日の食事] breakfast 朝食 / lunch 昼食 / supper 夕食 / dinner ディナー《(1日のうちで主要な)食事》/ snack おやつ.

**2** 1食分, (1回の食事にとる)食事の量 ‖
have [eat, 《米》take] a good meal 十分な食事をとる.
feel like a meal 食事をしたい.
That restaurant serves two thousand meals every day. あのレストランは毎日2千食用意している.

**meal**[2] /míːl ミール/ 名 Ⓤ **1** (穀類の)挽(ひ)き割り, あらびき粉. **2**《米》挽き割りトウモロコシ. **3**《スコット》= oatmeal 1.

**meal・time** /míːltaim ミールタイム/ 名 ⓊⒸ〔通例 ~s〕いつもの食事時間.

‡**mean**[1] /míːn ミーン/ (同音 mien)〖「意味する」「意図する」「重大な意味をもつ」が本義〗
派 meaning (名)
→ 他 **1** 意味する **3** つもりである **7** 重要性を持つ
—動 (三単現 ~s /-z/ ; 過去・過分 meant /mént/ ; 現分 ~・ing)《◆通例進行形・命令形にしない》
—他 **1a** …を意味する《◆受身にしない》‖
What does this word mean? この語はどういう意味ですか.
"Keep out. That means you." 「入るな. 君のことを言っているのだ」.
**b** [mean doing] …することを意味する; [mean that 節]
That means running a risk. =That means that we'll run a risk. そんなことをすれば危険を冒すことになる.
**2 a** 〈言葉などを〉…のつもりで言う; …を指して言う ‖
The remark was meant as [for] a joke. これはほんの冗談のつもりだった.
I mean what I say. 本気で言っているのです(=I mean it.)《◆I mean は/əmíːn/と発音する》.
What do you mean by that? どんなつもりでそんなことを言うのか《◆「文句があるのか」といったニュアンスを含むことが多い》.
I see what you mean. なるほど, そういうことですか.
対話 "She told me she never wants to see me again." "Don't worry. She doesn't really mean it." 「彼女はもう二度とぼくと会いたくないと言うんだ」「心配するな. 本気でそう言っているんじゃないよ」.
**b** [mean that 節] …のことを言おうとする ‖
She means that she wants your help. 彼女は助けて欲しいと言っているのです.

**3** [mean to do] …するつもりである; [mean A to do] A〈人・事〉に…させる[してもらう]つもりである《◆intend より意味が弱くくだけた語》‖
I meant to call on you. あなたをお訪ねするつもりでした(ができませんでした).
The criticism was meant to hurt him. その批評は彼を傷つけるのが目的だった.
I didn't mean (for) her to go out alone. =I didn't mean that she should go out alone. 彼女を1人で行かせるつもりではなかった《◆for の使用は《米略式》》.

語法 辞典や語の定義などでは mean "to do" が「「…する」の意である」の意味で用いられることがある: The phrase "petennikakeru" *means* "to cheat or play a trick." (日本語の)「ペテンにかける」という句は「だます, ごまかす」の意である.

**4** [mean A for B] A〈物〉を B〈人〉に与えるつもりである; A〈言葉などを〉…に向けて言う; A〈物〉を…のために充てるつもりである ‖
a new building meant for wheat storage 小麦貯蔵用の新しい建物.
This earring is meant for you. このイヤリングはあなたに差し上げたいのです.

**5** 〔通例 be meant to be A / be meant for A〕…になる運命である; 意図されている ‖
Is this drawing meant for him? この絵は彼を描いたつもりですか.
He was obviously meant to be a priest. 彼は明らかに牧師になるように育てられた; 彼は生まれついての牧師だ.

**6** [mean (A) B / mean B (to A)] (A〈人〉に)B〈害・利益〉を加えるつもりである ‖
She means (him) no harm. =She means no harm to him. 彼女は(彼に)悪意はない.

**7** [mean A to B] B〈人〉にとって A〈程度〉の重要性を持つ《◆受身にしない》‖

The honor **means** a lot [a great deal, much] to him. 彼にとって名声は非常に大事だ.
Money **means** everything to her. 彼女にとってはお金がすべてだ.

—⃞自 [副詞を伴って] 心は…である.
*I mèan* /əmíːn/ ⦅to sáy⦆ (1) [挿入句で] つまりその, いやその ⦅◆自分の主張を明確にするために補足説明をしたり, 主に意味的な誤りを訂正する⦆‖ Can I talk to Jim … **I mean**, Mr. Brown? ジムーいや, ブラウンさんはいらっしゃいますか. (2) [I mèan to sáy] [通例話し手の不賛成を表して] とんでもない, 何だって!, こりゃあ驚いた!

\***mean**² /míːn/ [「普通の」が原義. 転じてマイナスイメージの意味が生まれた. cf. mean³]
—⃞形 ⦅比較⦆ ~·er, ⦅最上⦆ ~·est 1 [名詞の前で] 劣った; [否定語と共に] 平凡な, 並の ‖
a man of the **meanest** intelligence 最も知能の劣る男.
no **mean** actor ⦅正式⦆たいした俳優.
2 ⦅文⦆ みすぼらしい, 粗末な.
3 卑劣 (ﾚﾂ)な, さもしい ‖
a **mean** trick 恥ずべき策略.
It is **mean** of you to tell a lie about it. = You are **mean** to tell a lie about it. そのことでうそをつくなんて君は卑劣だ.
4 ⦅主に英⦆けちな, 欲深い, しみったれた; 利己的な ‖
She is **mean** over pay. 彼女は支払いに汚い.
5 ⦅主に米略式⦆意地の悪い, 不愉快な ‖
a really **mean** fellow 本当にいやなやつ.
6 ⦅略式⦆恥ずかしい, 気がひける ‖
I feel **mean** for not helping you. 君を助けられなくて肩身が狭いよ.
**méan·ness** 名 Ⓤ いやしさ; 卑劣さ; けち; 粗悪.

**mean**³ /míːn/ ミーン/ 形 平均の, 中間の, 中位の; 普通の, 並みの ⦅◆average よりも特定的⦆.
*in the méan time* [*while*] =in the meantime (→ meantime).
—⃞名 Ⓒ 1 [~s] → means. 2 ⦅正式⦆中間(点), 中央; 中庸 (ﾖｳ); [数学] 中数, [the ~] 平均(値).

**me·an·der** /miǽndər ミアンダ/ 動 自 ⦅正式⦆ 1 〈川が〉曲がりくねって流れる. 2 あてもなくさまよう. 3 とりとめのない話をする.

\***mean·ing** /míːnɪŋ/ ミーニング/ [→ mean¹]
—⃞動 → mean¹.
—⃞名 ⦅複⦆ ~s/-z/ Ⓒ Ⓤ 1 意味, わけ, 趣旨 (ｼｼ*) (→ significance Q&A) ‖
a word with many different **meanings** 多義語.
the **meaning** of the remark その所見の意味.
glance at him with **meaning** 意味ありげに彼をちらりと見る (=give him a meaningful glance).
2 意義, 重要性, 価値 ‖
the **meaning** of youth 青春の意義.
3 真意, 伝達したいこと ‖
the **meaning** of a dream 夢の真意.
Her naughty **meaning** was apparent. 彼女がいたずらをしようとしたのは明らかだった.

—⃞形 [通例名詞の前で] 意味深長な ‖
a **meaning** look 意味ありげな顔つき.
**mean·ing·ful** /míːnɪŋfl/ ミーニングフル/ 形 意味のある; 意義のある; 意味深長な.
**méan·ing·ful·ly** 副 意味ありげに, 意味深長に; 有意義に.
**mean·ing·less** /míːnɪŋləs/ ミーニングレス/ 形 無意味な; 目的のない; 無益な (↔ meaningful).

**means** /míːnz/ ミーンズ/ 名 ⦅複⦆ means) 1 [単数・複数扱い] 方法, 手段 ‖
a **means** to an end 目的のための手段.
by fáir **méans** or fóul 是が非でも, 手段を選ばずに.
by sóme **méans** or óther 何とかして.
There is [are] no **means** of finding his house. 彼の家を見つけ出す手だてがない.
2 ⦅正式⦆ [複数扱い] (生活の手段としての) 財産, 資力, 収入 ‖
a man of (considerable) **means** (かなりの)資産家.
live beyond one's **means** 収入以上の生活をする.

◦*by áll mèans* ⦅正式⦆ [承諾の返事として] ぜひどうぞ, もちろん, よろしいですとも ‖ [対話] "May I use the telephone?" "**By all means**!" 「電話をお借りしてもいいですか」「どうぞ」.

◦*by ány mèans* (1) [疑問文で] どうにかして ‖ Could you **by any means** lend me your car? お車をなんとかお貸し願えないでしょうか. (2) [否定文で] → by no MEANS ….

◦*by méans of A* 〈 the ~ 〉(の手段)によって ‖ escape **by means of** a secret tunnel 秘密のトンネルを使って逃げる.

◦*by nó mèans …* =*not … by ány mèans* ⦅正式⦆ (1) 決して…しない, 全く…でない ‖ She is **by no means** stupid. 彼女は決してばか者ではない (=She is far from stupid.). (2) [返事として] とんでもない.

\***meant** /mént/ メント/ ⦅発音注意⦆ ⦅◆×ミーント⦆ 動 → mean¹.

**mean·time** /míːntàɪm/ ミーンタイム/ 名 [the ~] 合い間, その間(の時間).
*in the méantime* その間に, とかくするうちに (meanwhile); (さて)話変わって, 一方では; ところで.

**mean·while** /míːnwàɪl/ ミーンワイル/ 副 その間に, そうこうするうちに; 一方では ‖
My sister went shopping. **Meanwhile**, I cleaned the room. 姉は買物に出かけた. その間に私は部屋を掃除した.

**mea·sles** /míːzlz/ ミーズルズ/ 名 Ⓤ [医学] [通例単数扱い] (狭義に) はしか, 麻疹 (ﾏｼﾝ); ⦅広義⦆ 発疹性疾病 (ｼｯ) ‖
false [French, German] **measles** 風疹.

**mea·sly** /míːzli/ ミーズリ/ 形 ⦅比較⦆ --sli·er, ⦅最上⦆ --sli·est) 1 はしかの. 2 ⦅略式⦆取るに足りない, 貧弱な; わずかな.

**mea·sur·a·ble** /méʒərəbl/ メジャラブル/ 形 1 測定

M

できる；予測できる. **2** 適度の；ある程度の. **3** 〈人などが〉かなり重要な.

\***mea·sure** /méʒɚr メジャ/ (発音注意)《×「ミージャ」》(類語) major/méidʒɚr/) 『「測定する」が本義』
㊩ measurement (名)
──動 (三単現) ~s/-z/; (過去・過分) ~d/-d/; (現分) --sur·ing/-ʒəriŋ/)
──他 **1** …を測る，…の寸法を取る ‖
The dressmaker measured her (up) for a dress. 仕立て屋が彼女のドレスの寸法を取った.
(対話) "I'd like to buy a pair of pants." "Well, I'll have to **measure** you first."「ズボンを1着ほしいんですが」「それではまず寸法をとらせていただきます」.
**2** …を計り分ける；…をあてがう ‖
**measure off** a 5-foot length from a piece of lumber 1本の板材から5フィートの長さを計って切る.
**3** …を評価する；…を比較する，…の優劣を試す ‖
**measure** her at a glance 一目で彼女の人柄がわかる.
**4** …の尺度となる；…を示す；〈計器が〉…を測定する ‖
Yards and inches **measure** length. ヤードやインチは長さの単位である.
──自 **1** [measure C] C の**寸法がある**，C の長さ[幅，広さ，高さな]がある《◆ C は寸法を表す名詞. 進行形にしない》‖
The room **measures** five meters by eight. その部屋は間口5m，奥行8m ある.
**2** 測定する，寸法を取る ‖
**measure** accurately 正確に測る.
**méasure úp to A** A〈標準など〉に達する；A〈期待など〉にかなう.

──(複) ~s/-z/) **1** ⓊⒸ [しばしば a ~] 寸法, 大きさ，広さ；分量，ます目；重さ ‖
tàke a méasure 寸法などを測る.
a jacket máde to méasure《主に英や略式》寸法に合わせて作ったジャケット《◆ a made-to-measure jacket ともいう》.
**2** Ⓤ 測定，計量法 ‖
liquid **measure** 液量.
**3** Ⓒ 測定器具《巻尺・ますなど》，度量器 ‖
Use this cup as a **measure** for the flour. このカップを升代わりにして粉を量りなさい.
**4** Ⓒ 単位《inch, bushel など》；(測定の)基準；(正式) [比喩的に] 尺度, 基準 ‖
a **measure** of time 時間の単位.
**5** Ⓤ [しばしば a ~] 程度，度合い；限度，限界；適度 ‖
beyond méasure 極度に，法外に，非常に.
joy without measure この上ない喜び.
in some measure《正式》ある程度，多少.
in large measure 大部分，大いに.
feel a **measure** of sympathy for him 彼にある程度の同情をよせる.
**6** Ⓒ [しばしば ~s] 手段，対策，処置 ‖
take stern **measures to** stop tax evasion 脱税阻止の厳しい対策を講じる.
take strong **measures against** habitual criminals 常習犯に強硬な(排除)処置を取る.
**for góod méasure** 余分に，おまけとして；余計な用心に.
**gèt [tàke] A's méasure = gèt [tàke] the méasure of A** A〈人〉の力量[性格]を正しく判断する.
**méasure for méasure** しっぺ返し《◆ Shakespeare にこの題の喜劇がある》.

\***mea·sure·ment** /méʒɚrmənt メジャメント/ 〖→ measure〗
──名 (複) ~s/-mənts/) **1** Ⓤ 測定, 測量.
**2** Ⓒ [通例 ~s] 寸法，量，大きさ，広さ，長さ，深さ，厚さ ‖
take the **measurements of** the room 部屋の広さを測る.

**mea·sur·ing** /méʒɚriŋ メジャリング/ 動 → measure.

\*\***meat** /mí:t ミート/ (同音) meet) 『「食物」が原義』
──名 **1** (食用の)肉《ふつう哺乳(ほにゅう)類の肉. 食用にしないものは flesh, 魚肉は fish, 鶏の肉は poultry または fowl》‖
a piece of meat 肉1切れ.
ground meat 挽(ひ)き肉.
red meat 赤肉《◆牛·羊など. 一般には meat》.
white meat 白身の肉《◆家禽(きん)·子牛など》.
frozen meat 冷凍肉.
My favorite **meats** are lamb and chicken. 子羊の肉と鶏肉が私は好きです《◆いくつかの異種の肉に言及するときは Ⓒ 扱い》.
cold [cooked] **meats** (サラミ・ハムのような)加工肉《そのまま食べられる》.
green meat 野菜.

> **Q&A** **Q**：なぜ牛肉は beef というのですか.
> **A**：beef は本来，フランス語で「牛」という意味でした. 1066年の Norman Conquest (ノルマン人の征服)以降，フランス語がイギリスに入ってきて，動物は元来のアングロサクソン語，肉は外来のフランス語と使い分けるようになったのです.

**2 a** (動物の骨の部分に対して)食べられる部分《◆鳥・エビ・貝などには用いるが魚には用いない》‖
much **meat** on the bone 骨についているたくさんの肉.
**meat** of a crab =crab **meat** カニの身.
**b** (米)(卵・果物・木の実などの)身，肉，食べられる部分 ‖
the **meat** of a nut ナッツの果肉.
**3** [the ~] 要点，中身，内容 ‖
the **meat** of the argument 議論の肝心な点.
**4** 食物(food)《◆次の句で》‖
before meat 食前に[の].
One man's **meat** is another man's poison.《ことわざ》「甲の薬は乙の毒」.

**be méat and drínk to A** (略式) A〈人〉にとってとても楽しい[喜び, 生きがい]である.
**méat píe** ミートパイ.
**meat·ball** /míːtbɔːl/ ミートボール: 名 C ミートボール; (米俗) 退屈な人; まぬけ.
**meat·y** /míːti/ ミーティ/ 形 --i·er, 最上 --i·est) **1** 肉の(ような). **2** 肉の風味のある. **3** 〈スープなどが〉肉のたくさん入った.
**Mec·ca** /mékə/ メカ/ 名 **1** メッカ《サウジアラビア西部の都市. ムハンマド誕生の地でイスラム教の聖地》. **2** [しばしば m~] C 聖地, (信仰・活動などの)中心地, あこがれの地.
**me·chan·ic** /məkǽnik/ メキャニク/ 名 C 機械工, 修理工; 熟練工 ‖
a mótor-mechànic 自動車工.
**me·chan·i·cal** /məkǽnikl/ メキャニクル/ 形 **1** 機械の, 道具の; 機械で動く ‖
a **mechanical** doll 機械仕掛けの人形.
There are some **mechanical** difficulties in the work. その仕事には機械のことでいくつか難点がある.
**2** 機械的な, 自動的な; 無意識の ‖
speak in a **mechanical** way 無表情な様子で話す.
**mechánical péncil** (米) シャープペンシル((英) propelling pencil)《◆ sharp pencil は「とがった鉛筆」の意》.
**me·chan·i·cal·ly** /məkǽnikəli/ メキャニカリ/ 副 機械で; 無意識的に.
**me·chan·ics** /məkǽniks/ メキャニクス/ 名 複 **1** ⓤ [単数扱い] 力学; 機械学. **2 a** [単数・複数扱い] 仕組み, 構造, メカ. **b** [単数扱い] (機械の)操作, (芸術家などの)製作技術, 技巧.
**mech·a·nism** /mékənìzm/ メカニズム/ 名 (正式) **1** ⓤ C 機械(装置); 仕組み, からくり; ⓤ 機械作用 ‖
a watch **mechanism** 腕時計の構造.
the **mechanism** of government 政治機構.
**2** ⓤ C (芸術) 手法, 技巧 ‖
the **mechanism** of creative writing 創作のテクニック.
**mech·a·ni·za·tion** /mèkənizéiʃən/ メカニゼイション, -nai-/ 名 ⓤ 機械化.
**mech·a·nize** /mékənàiz/ メカナイズ/ 動 (現分 -niz·ing) 他 (正式) …を機械化する.
*__med·al__ /médl/ メドル/ 同音 meddle; 類音 metal/métl/) 〖metal と同系の語で「金属」が原義〗
——名 (複 ~s/-z/) C メダル, 勲章, 記章, 賞牌(しょうはい) ‖
a gold **medal** 金メダル.
Every **medal** has its reverse. (ことわざ) 何事にも裏がある.
**med·al·ist**, (英) **-al·list** /médəlist/ メダリスト/ 名 C メダリスト, メダル受領者.
**med·al·lion** /mədǽljən/ メダリョン | -iən -リョン/ 名 C **1** 大メダル. **2** (肖像画などの)円形浮掘り; (じゅうたん・織物・カーテンなどの)円形模様; (建築などの)円形装飾. **3** (米) タクシー免許証《メダルの形をしている》.
**med·dle** /médl/ メドル/ 動 (現分 med·dling) 自 [しばしば Don't meddle] **1** 干渉する, おせっかいを焼く ‖
Don't **meddle** in other people's affairs [business]. 他人の事にちょっかいを出すな.
**2** 勝手にいじくる ‖
Don't **meddle** with these papers. この書類に手を触れるな.
**med·dle·some** /médlsəm/ メドルサム/ 形 (正式) おせっかいな, 干渉好きな, よけいな世話をやく.
**med·dling** /médliŋ/ メドリング/ 動 → meddle.
**me·di·a** /míːdiə/ ミーディア/ 名 **1** → medium. **2** [the ~; 集合名詞; 単数・複数扱い] マスメディア (mass media).
**me·di·an** /míːdiən/ ミーディアン/ 形 **1** 中央の, 中間の, 正中の. **2** 2等分する面の, 左右対称に分ける面の.
——名 C (数学) メジアン, 中央値.
**médian stríp** (高速道路の)中央分離帯 ‖
Keep off (the) **median strip**. (掲示) 中央分離帯に入らぬこと.
**me·di·ate** /míːdièit/ ミーディエイト/ 動 (現分 --at·ing) 自 (正式) 調停をする. ——他 …を調停する; …を調停して成立させる.
**me·di·a·tion** /mìːdiéiʃən/ ミーディエイション/ 名 ⓤ (正式) 調停.
**Med·i·caid** /médikèid/ メディケイド/ 〖medical aid の短縮語〗 名 [時に m~] ⓤ (米)(低所得者への)医療扶助制度.
*__med·i·cal__ /médikl/ メディクル/ 〖→ medicine〗
——形 [名詞の前で] **1** 医学の, 医療の ‖
a **médical** schóol 医学部, 医科大学.
**medical** science 医学.
a **medical** man (略式) 医師, 医学者《◆「女医」は ˣa medical woman ではなく a woman doctor》.
**2** 内科の, 内科治療(用)の.
——名 C (略式) 診察.
**médical advíser** 医者.
**médical hístory** 病歴.
**médical practítioner** 開業医 (medical).
**Med·i·care** /médikèər/ メディケア/ 〖medical care の短縮語〗 名 [時に m~] ⓤ (米・カナダ) (65歳以上の老人に対する)高齢者医療保険制度.
**med·i·cate** /médikèit/ メディケイト/ 動 (現分 --cat·ing) 他 …を医薬で治療する; …に薬を加える[しみ込ませる].
**med·i·cat·ed** /médikèitid/ メディケイティド/ 動 → medicate. ——形 医薬用の.
**med·i·ca·tion** /mèdikéiʃən/ メディケイション/ 名 ⓤ C 薬剤, 薬物 ‖
be on **medication** for … …に対して薬物治療を受けている.
**Med·i·ci** /médìtʃi/ メディチー/ 名 [the ~] メディチ家《15-16世紀にイタリア Florence で栄えた名家》.
**me·dic·i·nal** /mədísənl/ メディスィヌル, me-/ 形 の; 薬効のある.

## medicine

**\*med·i·cine** /médəsn メディスン | médsn メドスン/ 〖「治療の(medi)技術」が原義〗
派 medical (形)
——名 (複 ~s/-z/) **1** Ⓤ 医学, 医術《◆外科 (surgery)に対し内科をいう》; 医療 ‖
the field of **medicine** 医学の分野.
practice **medicine** 医院を開業する.
a school of **medicine** 医学部《◆公式名称としては medical school よりこの方がふつう》.

**2** Ⓤ 医薬, 薬剤, (内服)薬《◆「数種類の薬」をいうときは medicines; (↔ poison) ‖
She must take **a dose of medicine** before each meal. 彼女は食前に必ず薬を一服飲まなければなりません.
対話 "I'm not feeling so well. I think I have a cold." "Have you taken any **medicine** for it?"「あまり調子がよくないんです. どうかぜらしいんです」「何か薬を飲みましたか」.

関連 [薬の種類] pills 丸薬(%) / tablets 錠剤 / powders 粉薬 / capsules カプセル / liquor 水薬.

**tàke** one's **médicine** (**like a mán**) (自業自得の)罰を受ける, (罰として)いやなことを我慢する.

**me·di·e·val** /mìːdíːvl ミーディイーヴル, mì- | mè- メディ-/ 形 中世の《西洋史では通例西ローマ帝国の滅亡(476年)からルネサンスまで》, 中世風の ‖
in **medieval** times 中世に.
**medieval** plays 中世の劇.

**me·di·o·cre** /mìːdióukər ミーディオウカ, ニ-ニ/ 形 良くも悪くもない, 並の; 二流の, 劣った.

**me·di·oc·ri·ty** /mìːdiákrəti ミーディアクリティ | -5k- ニオクリティ/ 名 (複 ··ri·ties/-z/) **1** Ⓤ 平凡, 月並み. **2** Ⓒ 平凡な人.

**Medit.** Mediterranean (Sea).

**med·i·tate** /médətèit メディテイト/ 動 (現分 ··tat·ing) (正式) 他 …をもくろむ, 企てる ‖
**meditate** a just revenge 合法的な復讐(%°)をたくらむ.
——自 深く考える, 瞑想(%°)する ‖
He was **meditating on** his misfortunes. 彼は自分の不運について深く考えていた.

**med·i·ta·tion** /mèdətéiʃən メディテイション/ 名 **1** ⓊⒸ 瞑想(%°), 熟慮, 沈思(黙考); (宗教的な)黙想 ‖
be deep **in meditation** 深く物思いに沈んでいる.
**2** Ⓒ [しばしば ~s] 瞑想録.

**med·i·ta·tive** /médətèitiv メディテイティヴ | -tətiv -タティヴ/ 形 (正式) 瞑想にふけった; 思索好きな.

**Med·i·ter·ra·ne·an** /mèdətəréiniən メディタレイニアン/ 形 **1** 地中海の, 地中海沿岸の.
**2** [m~] 陸地で(ほとんど)囲まれた.
——名 [the ~] =Mediterranean Sea.
**Mediterránean Séa** [the ~] 地中海(略 Medit., Med).

**me·di·um** /míːdiəm ミーディアム/ 名 (複 ~s/-z/, ··di·a/-diə, -djə/) Ⓒ (複 ~s) 中間, 中位; 中庸 (average) ‖
strike a happy **medium** 中庸を守る, 妥協点を見出す.
**2** (正式) 媒介(%)物, 媒体; 手段, 媒介 ‖
**by [through] the medium of** telephone 電話で.
the **medium of** circulation 通貨.
**3** [media で] マスコミ機関 (mass media)《新聞・ラジオ・テレビなど》.
**4** (複 ~s) 巫女(%), 霊媒(%).
——形 **1** 中ぐらいの, 中間の並みの ‖
a **medium** price ふつうの値段.
対話 "May I help you?" "Yes, I'll have a cheeseburger and a **medium** coke."「ご注文どうぞ」「チーズバーガーとコーラのMを1つずつお願いします」.
**2** 〈ステーキが〉ミディアムの, 並み焼きの (→ beef-steak).
**3** 〈ワインなどが〉甘口でも辛口でもない, ミディアムの.

**med·ley** /médli メドリ/ 名 Ⓒ **1** (正式) [a ~ of A] (…の)寄せ集め, ごたまぜ (mixture) ‖
a **medley of** different ideas さまざまな考えの寄せ集め.
**2** 〔音楽〕接続曲, メドレー; 〔水泳〕メドレー.
**médley rèlay** 〔水泳〕メドレーリレー.

**Me·du·sa** /mədúːsə メドゥーサ | -djúːzə メデューザ/ 名 〔ギリシャ神話〕メドゥサ《3人姉妹の怪物 Gorgons の1人》.

**meek** /míːk ミーク/ 形 **1** おとなしい, 従順な ‖
He's (as) **meek** as a lamb. 彼はとても従順だ.
**2** いくじのない, 屈従的な.

**meek·ly** /míːkli ミークリ/ 副 おとなしく, 従順に.

**meek·ness** /míːknəs ミークネス/ 名 おとなしさ, 従順.

## \*meet

**\*meet** /míːt ミート/ (同音 meat) 〖「人・物が会う」が本義〗 派 meeting (名)
→ 動 他 **1** 会う **2** 知り合いになる **3** 出迎える **4** 交わる
——自 **1** 出会う; 知り合いになる **2** 会合する
——動 (三単現 ~s /míːts/ ; 過去・過分 met /mét/ ; 現分 ~·ing)
——他 **1** …に会う, (偶然)出会う, …とすれちがう; …に出くわす《◆「偶然出会う」の意味では受身にしない》‖
Our bus **met** another bus on a dangerous curve. 私たちのバスは危険なカーブで別のバスとすれちがった.
I unexpectedly **met** her on the train. 列車で思いがけず彼女に会った.
**2** …と面会する, 会合する, …と約束して会う; …と(会って)知り合いになる, …に紹介される ‖
an appointment to **meet** him for lunch 昼食に彼と面談する約束.
(It's) nice to **meet** you. = I'm glad to **meet** you. 初めまして, よろしく《◆ meet はふつう紹介されて会った場合 (→ see 動 他 2); 〔英〕 では How do you do? の方がふつう》.

(It's) nice meeting you. お会いできてよかったです《別れのあいさつ》.
Come to the party and meet my wife. パーティーにお越しください，妻を紹介します.
対話 "Mike, come here. I want you to meet someone." "Hello, Ed. Nice to meet you." 「マイクこっちへ来て，紹介したい人がいるの．この方はエド＝パーカーさんよ」「こんにちはエド，よろしく」.
**3** …を出迎える，…の到着を待つ；〈乗物が〉…に接続する《◆受身にできない》‖
We were met at the station by his aunt. 彼のおばさんが駅で迎えてくれた．
The hotel bus meets (you off) the train. ホテルのバスが列車（から降りるあなた）の到着をお待ちしています．
**4** …と交わる，合流する《◆受身にできない》‖
This stream meets the river in three miles. この小川は3マイルいくと大きな川と合流する．
**5** …に接触する，ぶつかる；〈目・耳などに〉入る ‖
The ball met the racket. ボールがラケットに当たった．
A gruesome scene met his eyes. ぞっとする光景が彼の目にふれた．
**6** 〈要求・期待などを〉満たす，かなえる，…に応ずる；(意見の点で)…と一致する．
──自 **1** 出会う；すれちがう；ぶつかる；知り合いになる；《略》落ち合う（+up） ‖
We met up after the concert. 音楽会のあとで私たちは落ち合った．
The two trains met at the station. 2つの列車はその駅で接続した［すれちがった］．
Until [Till] we meet again!（やや正式）ではまたお会いしましょう《◆Until [Till] the next time! の方が口語的》．
対話 "You two know each other?(↗)" "Yes. We met a few years ago in college." 「2人は知り合いなのですか」「そうです．2, 3年前に大学で知り合ったのです」．
**2** 会合する，集まる；〈会が〉開かれる ‖
The committee is meeting to reframe the plan on Tuesday. 委員会はその計画を練り直すために火曜日に開催される予定だ．
**3** 合する，交わる，触れる；ぶつかる ‖
Her dress won't meet round her middle. 彼女のドレスはウエストが合わない．
**4** 〈チーム・競技者などが〉対戦する，争う．
*méet* A's [*the*] *éye* 見える．
*méet up with* A〈人に〉偶然出会う．
◇*méet with* A (1)（正式）…を経験する；…に遭遇する；…を受ける ‖ Our suggestions met with his opposition. 私たちの提案は彼の反対にあった．(2)（主に米）…と約束して会談する，会う《◆受身にできる》．
──名 （複） ~s /míːts/) C **1** (主に米)(運動・競技の)会，大会（(英) meeting）‖
a track meet 陸上競技会．
**2** （会の）集合者；集合会場，集合所．

**meet·ing** /míːtiŋ ミーティング/ 【→ meet】
──動 → meet.
──名 （複） ~s /-z/) **1** U C 会うこと，集まること；［通例 a ~］出会い，面会 ‖
a meeting of minds 人の集まり；意見の一致，同意．
avoid a meeting with him 彼との会見を避ける．
**2** C 会，会議，ミーティング；大会，集会；(主に英)競技会（（米）meet）‖
対話 "Where are your parents?" "They're at school for a PTA meeting tonight." 「ご両親はどちらですか」「今晩は PTA の集まりで学校に行っています」．
**méeting plàce** 会場，集合(場)所；合流点．
**Meg** /még メグ/ 名 メグ《Margaret の愛称》.
**meg·a–** /mégə- メガ-/ 〔連結形〕 **1** 大きい．例：megahit 超ヒット作．**2** 100万（記号 M）．
**meg·a·byte** /mégəbàit メガバイト/ 名 C 【コンピュータ】メガバイト《1024 KB．（記号）MB》．
**meg·a·hertz** /mégəhə̀ːrts メガハーツ/ 名 （複） meg·a·hertz, ~·es) C 【電気】メガヘルツ《毎秒100万サイクル；（略）MHz》．
**meg·a·merg·er** /mégəmə̀ːrdʒər メガマーチャ/ 名 C 巨大合併．
**meg·a·phone** /mégəfòun メガフォウン/ 名 C メガホン，拡声器．
**meg·a·ton** /mégətʌ̀n メガタン/ 名 C **1** 100万トン．**2** メガトン《核爆発力の単位．TNT 火薬100万トンに相当する》．
**mel·an·chol·y** /méləŋkɑ̀li メランカリ | méləŋkəli メランコリ/ （アクセント注意）《◆「メランコリ」《正式／文》》 名 U **1** 憂うつ．**2** もの悲しさ，哀愁（ʃuː）．**3** うつ病．
──形 **1** 憂うつな，ふさぎ込んだ．**2** 人を憂うつにする，嘆かわしい．**3** もの悲しい，哀愁を帯びた．
**Mel·a·ne·sia** /mèləníːʒə メラニージャ, -ʃə | -ziə -ズィア/ 名 メラネシア《オーストラリア北東に連なる太平洋上の諸島》．
**Mel·bourne** /mélbərn メルバン, (英+) -bɔːn/ 名 メルボルン《オーストラリア南東部の港市》．
**me·lee, me·lée** /méilei メイレイ, -́ | méilei メレイ, -́ /〔フランス〕 名 C （正式）［通例 a ~ / the ~］ **1** 乱闘，混戦；騒々しいけんか．**2** 混乱状態．

**mel·low** /mélou メロウ/
──形 （正式）**1** 熟している(ripe)，(多汁で)甘い，やわらかな ‖
a mellow peach 水分の多い甘いモモ．
**2** 円熟した ‖
Her personality has become mellow. 彼女は人間ができてきた．
**3** 〈音・光・色などが〉柔らかい，豊かで美しい ‖
the mellow sound of a flute フルートのやわらかで美しい音色．
**4** 〈酒・チーズが〉芳醇(ほうじゅん)な，まろやかな．
──動 他 …を(円)熟させる．
──自 熟する；〈人が〉円熟する，円(えん)くなる．

**me·lod·ic** /məládik メラディク|-lɔ́d- メロディク/ 形 〔正式〕 **1** 旋律の. **2** =melodious **2**.

**mel·o·dies** /méladiz メロディズ/ 名 → melody.

**me·lo·di·ous** /məlóudiəs メロウディアス/ 形 〔正式〕 **1** 旋律的な, 音楽的な; 〈音などが〉調子のよい, 美しい. **2** =melodic **1**.

**mel·o·dra·ma** /méladrù:mə メロドラーマ, 《米+》-dræmə/ 名 **1** UC メロドラマ. **2** C メロドラマ的事件[行為, 言葉].

**mel·o·dra·mat·ic** /mèladrəmǽtik メロドラマティク/ 形 メロドラマの, メロドラマじみた.

*__mel·o·dy__ /méladi メロディ/ 〖『歌(melo)を歌う(ody). cf. *ode*〗
── 名 (複 -o·dies/-z/) **1** UC 〖音楽〗メロディー, (主)**旋律**; 節(ぶ), (歌)曲.
**2** U 快い調べ, 美しい音楽.
**3** U (詩・声などの)音調, 抑揚 ‖
a verse full of melody 音楽性豊かな詩.

**mel·on** /mélən メロン/ 名 **1** C ウリ科植物の総称 〈muskmelon, watermelon, cantaloup(e) など〉.
**2** U メロンの果肉 ‖
a slice of melon 1切れのメロン.

*__melt__ /mélt メルト/ 〖『やわらかい』が原義〗
── 動 (三単現 ~s /mélts/ ; 過去・過分 ~ed /-id/ ; 現分 ~ing)
── 自 **1** 融ける, 融解する《◆「液体中で溶ける」は dissolve》‖
The snow didn't melt until next morning. 雪は翌朝まで融けなかった.
This cheese really melts in the [your] mouth. このチーズは本当に口当たりがやわらかい; 本当に味がよい.
[対話] "Mom, can we go out now before the snow melts?" "Okay, but only for a little while." 「お母さん, 雪がとけないうちに外に出てもいい?」「いいわよ. でもちょっとの間だけよ」.
**2** 次第になくなる; 〈色などが〉次第に変わる ‖
the blue sky melting into the sea at the horizon 水平線上に溶け込んでいく青空.
**3** 〈人・心などが〉次第にやわらぐ; 〈人が〉哀れみの気持ちを起こす; 〈勇気などが〉くじける ‖
── 他 **1** …を融かす, 溶融させる; 〈液体に〉溶かす ‖
melt honey in hot tea 熱い紅茶にはちみつを溶かす.
**2** …を次第に散らす; 〈色・輪郭(%)など〉を徐々に変える.
**3** 〈人・感情など〉をやわらげる ‖
His heart **was melted** at the sight of the child's tears. その子の涙を見て彼の心はやわらいだ.

**melt·ing** /méltiŋ メルティング/ 動 → melt. ── 形 **1** 融ける. **2** ほろりとした; 哀れをさそう, 心を打つ.

**mélting pòint** (固体の)融解点 (cf. boiling [freezing] point).

**mélting pòt** (1) (金属を融かす)るつぼ. (2) [比喩的に] るつぼ《人種・文化の混じり合った地域[状況]. 主に米国》.

**Mel·ville** /mélvil メルヴィル/ 名 メルビル 《Herman /hə́:rmən/ ~ 1819-91; 米国の小説家》.

*__**mem·ber**__ /mémbər メンバ/ 〖『「体の部分」が原義』〗派 membership (名)
── 名 (複 ~s/-z/) C **1 一員**; 会員; [形容詞的に] 加盟した ‖
a member of the golf club ゴルフクラブの会員.
Three members of the English staff came to the committee meeting. 英語教師のうち3人が委員会にやって来た.
[対話] "So who's coming to the party?" "All the team members except Olivia. She can't make it."「それでだれがパーティーに来るのですか」「オリビア以外のチームのメンバー全員よ. 彼女は参加できないんだって」.
**2** 議員; [M~] (特に英米の)下院議員《(英) Member of Parliament (略 MP), (米) Member of Congress》‖
parliamentary members (英)国会議員.

**mem·ber·ship** /mémbərʃip メンバシプ/ 名 **1** U [しばしば a ~] 一員であること; 会員の身分[資格] ‖
He has membership in the club. 彼はそのクラブの会員である (=He is a member of the club.).
**2** [a ~ / the ~] 会員数; [集合名詞; 単数・複数扱い] 会員 ‖
the membership in a music class 音楽クラスの受講者数.
a club with a small membership 会員の少ないクラブ.

**mem·brane** /mémbrein メンブレイン/ 名 C 〔生物〕(動植物の)薄膜, 皮膜, 細胞膜; 〔化学〕膜.

**me·men·to** /məméntou メメントウ/ 名 (複 ~s, ~es) C 〔正式〕(小さな)記念物, かたみ; 警告となるもの.

**mem·o** /mémou メモウ/ 名 (複 ~s) 〔略式〕 *memo*randum.

**mem·oir** /mémwɑ:r メムワー/ 〖フランス〗名 C 〔正式〕 **1** (友人などによる)伝記, 追想録. **2** [通例 ~s] **a** 回顧[回想]録. **b** 自叙伝.

**mem·o·ra·bil·i·a** /mèmərəbíliə メマラビリア/ 名 (複) (単数形) --rab·i·le/-rǽbəli/) 注目すべき事件[事柄, 人] (の記録); 遺品.

**mem·o·ra·ble** /mémərəbl メマラブル/ 形 **1** 記憶すべき, 重大な. **2** 覚えやすい, 記憶しやすい.

**mém·o·ra·bly** 副 印象深く.

**mem·o·ran·dum** /mèmərǽndəm メマランダム/ 名 (複 ~s, --da/-də/) C 〔正式〕覚え書き, 備忘(ぼう)録, メモ《略式》memo》.

*__me·mo·ri·al__ /məmɔ́:riəl メモーリアル/ 〖→ memory〗
── 名 (複 ~s/-z/) C **1** 記念物, 記念品[碑, 館]; 記念日[祭, 式典] ‖
Lincoln Memorial リンカーン記念碑.
**2** [通例 ~s] 年代記, (歴史上の)記録, 回想録.
── 形 [名詞の前で] 記念の; 追悼の ‖

a **memorial** park《米》[遠回しに]墓地 (graveyard).

> Q&A **Q**: graveyard を memorial park と遠回しに言うようなことはほかにもありますか．
> **A**: どこの国でも排泄物・性・死など，またはそれに関連することについては多かれ少なかれそのものずばりの表現は避けるのが普通です．英語でも同様です．例をあげますと，die → pass away (逝(ﾕ)く)，depart from this life (この世を去る) / public toilet (公便所) → amenity center (アメニティセンター) / old person (老人) → senior citizen (高齢者)，elderly person (年配の人) / undertaker (葬儀屋) → funeral director (葬儀管理者)などたくさんあります．

**Memórial Dày**《米》戦没者追悼(ﾂｲﾄｳ)記念日 (Decoration Day)《◆多くの州で5月最後の月曜日》．
**mem·o·ries** /mémɚriz メモリズ/ 名 → memory.
**mem·o·rise** /mémɚràiz メモライズ/ 動《英》= memorize.
**mem·o·ris·ing** /mémɚràiziŋ メモライズィング/《英》=memorizing.
*****mem·o·rize**, 《英ではしばしば》 **-rise**
/mémɚràiz メモライズ/ 〖→ memory〗
── 動 [三単現] -riz·es/-iz/; [過去・過分] ~d/-d/; [現分] -·riz·ing
── 他 …を暗記する，記憶する《◆ remember は「覚えている」》‖
memorize a lot of English idioms 英語のイディオムをたくさん暗記する．
**mem·o·riz·ing** /mémɚràiziŋ メモライズィング/ 動 → memorize.
*****mem·o·ry** /mémɚri メモリ/〖「思い出すこと」が原義〗派 memorial (名・形)，memorize (動)
── 名 (複 -o·ries/-z/) **1** UC 記憶，物覚え；思い出すこと，回想‖
draw the map from memory 記憶を頼りにその地図を書く．
the greatest fire in [within] living memory 今なお記憶に残る大火．
beyond the memory of men [man] 有史以前の．
The public memory is a short one.《ことわざ》大衆はすぐに忘れる；「人のうわさも75日」．
Your phone number slipped my memory. あなたの電話番号を忘れてしまった．
**b** C 記憶力‖
have a góod mémory for dates 日付に関して記憶が良い．
**2** C 思い出；記憶に残っているもの[人，経験]‖
He said she is now only a memory. 彼女はすでに思い出の人にすぎないと彼は言った．
対話 "I really enjoyed my trip to Europe." "I'll bet you have some good memories of it." 「ヨーロッパ旅行は本当に楽しかったわ」「きっといくつもよい思い出ができたでしょうね」．

**3** C 記念，形見；U (死後の)名声，評判‖
the late queen of blessed memory《文》誉れ高き亡き女王．
**4** 〔コンピュータ〕 **a** UC 記憶；記憶容量．**b** C = memory bank.
**commit** A **to mémory**《正式》…を記憶する．
**in mémory of** A …を記念して，〈人〉をしのんで．
**mémory bànk** 記憶装置，メモリー (memory).
**mémory drùm** 〔コンピュータ〕記憶ドラム．
*****men** /mén メン/ 名 → man.
**mén's ròom**《米》(公便所の)男子用トイレ．
**men·ace** /ménəs メナス/ 名 **1** CU《文》脅威(ｷｮｳｲ)，危険，危険な物[人] ‖
In dry weather forest fires are a menace. 乾燥した天候では，森林の火事は危険である．
**2** C [通例 a ~] やっかい者，迷惑をかける人[物] ‖
That child is a menace! あの子は世話が焼ける子だ．
── 動 (現分) -·ac·ing 他《文》**1** …に脅威を与える，危うくする‖
Floods menaced the valley with destruction. 洪水が低地を壊滅の脅威にさらした．
**2** …をおどす，脅(ｵﾋﾞﾔ)かす．
**men·ac·ing** /ménəsiŋ メナスィング/ 動 → menace. ── 形 おどすような．
**me·nag·er·ie** /mənǽdʒɚri メナチャリ/ 名 C (見せ物用の)動物の群れ).
*****mend** /ménd メンド/〖amend の a- の脱落〗
── 動 [三単現] ~s /méndz/; [過去・過分] ~·ed /-id/; [現分] ~·ing
── 他 **1** …を直す，修理する‖
mend shoes《主に英》靴の修繕をする．
get [have] my watch mended《英》腕時計を修理してもらう．
対話 "There's a tear in my coat." "Give it to me. I'll mend it for you." 「上着にほころびができたんだ」「こちらにかしてごらん．繕(ﾂｸﾛ)ってあげる」．

> Q&A **Q**: mend と repair はどう使い分けますか．
> **A**: 一般的に複雑で大規模な修繕には repair，簡単で小規模なものには mend を使います．《米》では普通 mend は布製品の修理に限られ，その他(時計・家具など)の場合には repair が用いられます．また《米略式》ではどちらの場合にも fix が用いられます．

**2**〈行儀など〉を直す，改める；改善する；…をいやす‖
mend one's manners《正式》行儀を改める．
**Least said, soonest mended.**《ことわざ》→ least 副．
── 名 U 修繕；改良；C (衣服などの)修繕箇所．
**Men·del** /méndl メンドル/ 名 メンデル《Gregor Johann /grégɚr jouhɑ́ːn/ ~ 1822-84》オーストリアの植物学者).

**Méndel's láw**〔生物〕メンデル(の遺伝)の法則.
**Men·dels·sohn** /méndəlsn メンデルスン, -sòun/ 图 メンデルスゾーン《Felix /féiliks/ ~ 1809-47; ドイツの作曲家》.

**men·folk(s)** /ménfouk(s) メンフォウク(ス)/ 图 [the ~; 複数扱い] **1**(略式)男性. **2**(一家・一社会の)男連中.

**me·ni·al** /mí:niəl ミーニアル/ 形〔正式〕つまらない, 熟練のいらない.

**men·in·gi·tis** /mènindʒáitəs メニンヂャイティス/ 图 U 髄〖脳〗膜炎.

**men·o·pause** /ménəpɔ̀:z メノポーズ/ | ménəu- メノウ-/ 图〔生理〕[しばしば the ~] 月経閉止期, 更年期.

**men·stru·al** /ménstruəl メンストルアル/ 形〔医学〕
**1** 月経の ‖
a menstrual cycle 月経周期.
**2** 月1度の.

**men·stru·ate** /ménstruèit メンストルエイト/ 動 (現分) ··at·ing) 国〔医学〕(月経により)出血する, 生理中である.

**men·stru·a·tion** /mènstruéiʃən メンストルエイション/ 图 U C 月経(期間).

\***men·tal** /méntl メントル/〖心(ment)の(al). cf. com*ment*, *mention*〗
――形 **1** 精神の, 心的な(↔ *physical*, *bodily*) ‖
mental illness [disease] 精神病.
**2**[名詞の前で] **知力の**, 知的な; 知能の ‖
a mental test 知能テスト.
mental powers 知能.
mental deficiency 知的障害.
mental labor 頭脳労働.
**3**[名詞の前で] 頭の中で行なう, そらでする; 観念的な ‖
a mental image 心象.
mental arithmetic 暗算.
対話 "Don't call me on Fridays. I'm never in the office then." "I'll make a mental note of that." 「金曜日には電話をしないでください. 会社にはいませんので」「そのことは覚えておきます」.
**4**(略式) 精神病(治療)の; 精神病者のための ‖
a mental patient 精神病患者.
mental treatment 精神病の治療.
**5**(略式) 頭がおかしい.

**men·tal·i·ty** /mentǽləti メンタリティ/ 图 (複 ··i·ties/-z/)〔正式〕**1** U 知力; 知性 ‖
a man of high mentality 知能の高い人.
**2** U C [形容詞を前に置いて] 心的傾向, 心理, 思考方法 ‖
a provincial mentality 狭い物の見方.

**men·tal·ly** /méntli メントリ/ 副 心(の中)で; 精神的に; 知的に.

**men·thol** /ménθɔ(:)l メンソ(ー)ル, -θoul/ 图 U〔化学〕メントール, はっか脳.

\***men·tion** /ménʃən メンション/〖類音 mansion /mǽn-/〗〖心(ment)に呼びかける(ion). cf. *mental*〗
――動 (三単現 ~s/-z/; 過去・過分 ~ed/-d/; 現分 ~·ing)
――他 **1** …を話に出す, …のことを書く, …に言及する (refer to) ‖
mention the ache **to** my mother 痛みを母に訴える(◆ˣmention my mother the ache とはいわない).
mention all the flowers in the garden 庭にある花すべての名を挙げる.
as has been mentioned 既に述べたように.
He mentioned the theory in his book. 彼は自著でその学説に触れた.
**2** [mention *doing* / mention (**that**) 節] …であると述べる; [mention **wh** 節] …かを述べる; 「…」と述べる ‖
I mentioned having seen her in the park. 公園で彼女に会ったことを私は口にした.
He mentioned (**to** me) (**that**) he would go fishing. 彼は魚釣りに出かけると(私に)言った.
***Dón't méntion it.***(英やや古)(感謝・おわびに対して) どういたしまして((もと米) You're welcome.).
***nót to méntion*** ... = ***withóut méntioning*** ... は言うまでもなく(さらに重要なことは), …はさておき; [前の文を受けて] それに(加えて), それにまたさらに.
――图 (複 ~s/-z/) U 言及; 名を挙げること; C [通例 a ~ / the ~] 寸評(ピュ) ‖
at the mention of this matter この話が出ると.
an act worthy of special mention 特筆すべき行為.
Yesterday's concert hardly gets a mention in the paper. きのうの音楽会のことは新聞にはほとんど触れられていない.
対話 "There's a meeting today after 5." "Really? I didn't hear any mention of it." 「きょう5時以降に会議があるよ」「本当? そんなこと全然聞いてないよ」.
***máke méntion of*** A〔正式〕…のことに言及する ‖
He made no mention of her request. 彼は彼女の要望については一言も触れなかった.

**men·tor** /méntɔ:r メントー/ 图 C〔正式〕(賢明で信頼のおける)助言者; (大学の)指導教官. ――動 自他(…の)助言者となる, (…に)助言する.

**men·u** /ménju: メニュー, (米+) méin-/ 图 C **1**(レストランの)メニュー ‖
choose the most expensive dish on the menu メニューで最も高い料理を選ぶ.
**2**(パーティーなどで出される料理の)献立表《カードになっている》. **3**(出される)料理, 食事.

**me·ow** /miáu ミアウ/(米) 動自 图 C〈猫が〉ニャーと鳴く; その鳴き声((英) miaow) (→ *mew*).

**Meph·i·stoph·e·les** /mèfəstɑ́fəli:z メフィスタフェリーズ/ -stɔ́f- メフィストフェリーズ/ 图 メフィストフェレス《中世ヨーロッパの悪魔, 特に Goethe 作の *Faust* の中の悪魔》.

**mer·ce·nar·y** /má:rsənèri マーセネリ/ |-nəri -ナリ/ 形 金銭ずくの; 貪(½)欲な. ――图 (複 ··nar·ies /-z/) C (外人部隊の)兵士, 傭兵(ξ̈).

**mer·chan·dise** /má:rtʃəndàiz マーチャンダイズ/

名 U《正式》[集合名詞] 商品(→ goods).
five pieces of **merchandise** 商品5点《◆ ×five merchandises》.
sell much **merchandise** 多くの商品を売る.

## **mer·chant** /mə́ːrtʃənt マーチャント/
〖「取引」が原義〗
— 名 (複 ~s/-tʃənts/) C 1《主に英》商人；卸売商；貿易商《特に外国との大がかりな商取引をする人》
wine **merchants** ワイン商人.
2《主に米・スコット》小売商人, (商)店主.

> 関連「(商)店主」は通例《米》storekeeper, 《英》shopkeeper であり, 具体的には baker, butcher, bookseller, grocer などという.

**mérchant of déath** 死の商人《武器の製造・販売でもうける商人》.
**mer·cies** /mə́ːrsiz マースィズ/ 名 → mercy.
**mer·ci·ful** /mə́ːrsifl マースィフル/ 形 慈悲深い；安堵(ど)を与える.
**mer·ci·ful·ly** /mə́ːrsifəli マースィフリ/ 副 情け深く；[文全体を修飾] 幸いにも.
**mer·ci·less** /mə́ːrsiləs マースィレス/ 形 無慈悲な.
**mer·ci·less·ly** /mə́ːrsiləsli マースィレスリ/ 副 情け容赦(ゃ)なく.
**mer·cu·ry** /mə́ːrkjəri マーキュリ/ 名 1〔化学〕水銀(記号 Hg). 2 [the ~]（温度計・気圧計などの）水銀柱；温度.
**Mer·cu·ry** /mə́ːrkjəri マーキュリ/ 名 1〔ローマ神話〕メルクリウス, マーキュリー《神々の使者で商業・雄弁・技術・旅行・盗賊などの守護神. ギリシャ神話の Hermes に当たる》. 2〔天文〕水星.
**mércury-và·por làmp** /mə́ːrkjərivèipər- マーキュリヴェイパ-/ 水銀灯.

## *mer·cy /mə́ːrsi マースィ/ 〖「賃金・報酬」が原義. cf. *mercury*〗
— 名 (複 **mer·cies**/-z/) 1 U《時に mercies；単数扱い》慈悲(ひ), 寛容；哀れみ, 情け；寛大な行為 ‖
a king without **mercy** 情け容赦のない王.
have **mercy** on her =show **mercy** to her 彼女を哀れに思う.
2 C《略式》[通例 a ~] 幸運, 恵み, ありがたいこと；救済, 安堵(ど) ‖
That's **a mercy**! それはありがたいね.
It's **a mercy** that nobody was injured. だれもひどいけがをしなかったのは幸いだ.
○ **at the mércy of** A =**at** A's **mércy** …のなすがままに(なって) ‖ The champion had the challengers **at his mercy**. =The challengers were **at the champion's mercy**. チャンピオンは挑戦者たちを思うままにあしらった.
**mércy killing**《略式》安楽死.
**mere** /míər ミア/《発音注意》《◆×メア》形《◆強調形として **mer·est**/míərist/ を用いることがある》[通例 a ~] ほんの, 単なる, たかが《…にすぎない》‖
She is **a mere** child. 彼女はほんの子供にすぎない.
**a mere** trifle 取るに足りぬこと.

## *mere·ly /míərli ミアリ/
— 副《正式》1 [~ + a + 名詞] たかが(…でない), ただ（…だけの）‖
She **merely** did her duty. 彼女は自分の義務を果たしたにすぎない.
2 [動詞などの前で] 単に, ただ ‖
**merely** because … ただ…という理由で；
She will **merely** [**merely** will] have been fooled by him. 彼女は単に彼にうまく利用されただけだろう.
対話 "Why did you say such a thing?" "Don't get mad. I said it **merely** as a joke." 「なぜそんなことを言ったのよ?」「まあ怒るなよ. ほんの冗談のつもりで言ったんだから」.
**nòt mérely** A **but** (**also**) B → not.

**merge** /mə́ːrdʒ マーヂ/ 動《現分 **merg·ing**》他 …を溶け込ませる；…を合併(ぺい)する；[be ~d] 次第に変わっていく.
— 自 1 合併する；〈道路などが〉合流する ‖
**Merging** traffic.《掲示》合流注意.
2 次第に変わる.
**merg·er** /mə́ːrdʒər マーヂャ/ 名 U C（会社などの）（吸収）合併(ぺい) ‖
**mergers** and acquisitions（企業の）合併吸収（略 M&A）.
**me·rid·i·an** /mərídiən メリディアン/ 名 C 1〔地理・天文〕子午(ご)線, 経線(図) → earth). 2 [時にthe ~]（天空での太陽や星の）最も高く昇った点.
**me·ringue** /məræŋ メラング/〔フランス〕名 1 メレンゲケーキ《2を軽く焼いた丸い菓子》. 2 U メレンゲ《泡立てた卵白に砂糖を加えて固めたもの. パイ・プディングなどの上飾り用》.

## *mer·it /mérit メリト/〖「受けるに値する(deserve)もの」が原義〗
— 名 (複 ~s/-its/) 1 U C 長所, 取り柄(ぇ)（↔ demerit）《◆「メリット」は advantage に当たることが多い》‖
What are the **merits** of your plan? 君の計画の長所は何ですか.
2 C [通例 ~s] 手柄, 功績, 功労 ‖
judge him on his **merits** 功績によって彼を判断する.
3 U（優れた）価値, 真価；（賞賛に値する）優秀さ.
4 C（学校などで罰点に対し）賞点.
**màke a mérit of** A …を自慢する, 手柄にする.
**on** A's **mérits** (1) → 名 2. (2) …の真価によって.
— 動 他《正式》…に値する《◆ 進行形にできない》.
**mer·i·to·ri·ous** /mèritɔ́ːriəs メリトーリアス/ 形（正式）賞賛に値する, 価値のある.
**mer·maid** /mə́ːrmeid マーメイド/ 名 C（女の）人魚《半人半魚の空想上の生きもの》.
**mer·ri·er** /mériər メリア/ 形 → merry.
**mer·ri·est** /mériist メリイスト/ 形 → merry.
**mer·ri·ly** /mérili メリリ/ 副 1（大変なことに気がつかないで）楽しげに, のんびりと, 気楽に. 2《古》陽気に,

愉快に, 楽しく.

**mer・ry** /méri メリ/ [同音] marry（米）[『時を短くする』が原義. cf. *mirth*]
㊿ merrily（副）
── 形 [比較] mer・ri・er, [最上] mer・ri・est **1** 陽気な, 愉快な(↔ sad); お祭り気分の, 浮かれた ∥
a merry pace 軽やかな歩調.
I wish you a merry Christmas. =（略式）(A) merry Christmas (to you)! (⌒) クリスマスおめでとう(◆ クリスマス前に「よいクリスマスをお迎えください」という意味にも用いる).
a merry joke 笑いを呼ぶ冗談.
Merry England 楽しき英国 (昔からの呼称).
The more, the merrier. (ことわざ) 多ければ多いほど楽しい.
**2**（英略式）[通例補語として] ほろ酔いの (◆ drunk の遠回し語).
máke mérry 浮かれる, はしゃぐ, おもしろく遊ぶ.

**mer・ry-go-round** /mérigouràund メリゴウラウンド/ 名 C 回転木馬, メリーゴーランド.

**mesh** /méʃ メシュ/ 名 (複 ~・es/-iz/) **1** C 網の目, (ふるいなどの)目. **2** [通例 ~es] 網条; U C 網細工. **3** U C 網目状の織物[編物], メッシュ. **4** C [通例 ~es] わな; 複雑な機構.
in mésh 〈歯車が〉かみ合って.
── 動 (三単現 ~・es/-iz/) 自 **1** わなにかける. **2** 〔機械〕〈歯車などが〉かみ合う. **3** 〈考えなどが〉ぴったり合う.

**mes・mer・ize** /mézməràiz メズマライズ, （米+）més-/ 動 (現分 -iz・ing) 他 **1**（主に古）…に催眠術をかける. **2** …を魅惑する(fascinate).

**Mes・o・po・ta・mi・a** /mèsəpətéimiə メソポテイミア/ [『2つの川の間』が原義] 名 メソポタミア《アジア南西部 Tigris, Euphrates 両河の下流の地域. 古代〔シュメール人〕の文明の発祥地.

**mess** /més メス/ 名 (複 ~・es/-iz/) **1** U [しばしば a ~] 乱雑, 散乱; めちゃくちゃ(な状態); どさくさ (◆ chaos, confusion よりくだけた語); へま, 失敗; (略式) 窮 ( ﾟ ) 地, 困難 ∥
get him into a mess 彼をごたごたに巻き込む.
He kept the room in a mess. 彼は部屋を散らかしたままにしていた.
Her household affairs are in a mess. 彼女の家事はめちゃくちゃだ.
a mess of newspapers 散乱した新聞の山.
**2** U [しばしば a ~] 取り散らかしたもの, 汚いもの;（略式）（特に家畜などの）ふん; だらしないやつ ∥
a mess of newspapers 散乱した新聞の山.
○máke a méss of A （略式）…を台なしにする; し損なう ∥ The heavy rain made a mess of the potted plant. 大雨で盆栽がめちゃくちゃになった.
máke a méss of it （略式）へまをやる.
── 動 他（略式）**1** …を散らかす, 汚くする ∥
mess his clothes 彼の服を汚す.
**2** …を台なしにする ∥
This strike is messing up my business. このストで私の商売はあがったりだ.

── 自 **1**（略式）へまをする, ばかなことをする. **2** 取り散らかす.
**méss aróund** [(英) **abóut**]（略式）**(1)** [自] うろうろする; ふざけ回る, ばかなことをする. **(2)** [~ aróund **A**] **A**〈家・台所など〉でぶらぶらする. **(3)** [他] …を取り散らかす; …をひどい目にあわす, …に不便をかける.
**méss aróund** [(英) **abóut**] **with A**（米）…をいじくり回す; …におせっかいをする.

**\*mes・sage** /mésidʒ メスィヂ/ [『送られた(mess)もの(age). cf. *mission*]
── 名 (複 --sag・es/-iz/) **1** C 伝言, 伝達事項; 通信(文) ∥
Shall I take a message? （電話で）伝言をうかがいましょうか.
leave a message 伝言を残す.
We got the message (that) he was coming. 彼が来るという知らせを受けた.
His appearance sent me a quick message about his honesty. 彼の様子で彼が正直であることがすぐにわかった.
[対話] "Your mother called a little while ago." "Did she leave a message?"「お母さんがちょっと前に電話をかけてこられたよ」「何かことづけがありましたか」.
**2** C （公式の）通達, 声明書;（米）（大統領の）教書.
**3** [the ~ / a ~] （物語・映画などの）教訓, ねらい.
**4** [正式] [the ~] （宗教家などの）お告げ, 神託; 教え, 福音.

**mes・sen・ger** /mésəndʒər メセンヂャ/ （アクセント注意）《×メセンヂャ》名 C **1** 使者; 郵便[電報]配達人. **2**（会社などの）使い走り; 伝令.

**Mes・si・ah** /məsáiə ミサイア/ 名 **1**（ユダヤ教）[the ~] 救世主, メシア. **2**（キリスト教）[the ~] イエス=キリスト. **3** [しばしば m~] C （略式）救世主, 救済者.

**Messrs.** /mésərz メサズ/ [『フランス語 Messieurs の短縮語』] 名（米）Mr. の複数形 (◆ 主に人名で始まる姓の前や, 商業通信のあて名で用いる).

**mess・y** /mési メスィ/ 形 [比較] --i・er, [最上] --i・est) 散らかった, 汚い; 手の汚れる; 面倒な.

**\*met** /mét メト/ 動 → meet.

**met・a・bol・ic** /mètəbɑ́lik メタボリク, -bɔ́l- -ボリク/ 形（生物）新陳代謝(性)の, 物質交代の.

**me・tab・o・lism** /metǽbəlìzm メタボリズム/ 名 U 〔生物〕新陳代謝, 物質交代.

**\*met・al** /métl メトル/ [同音] mettle; [類音] med・al/médl/] [『鉱坑』が原義. cf. *medal*]
── 名 (複 ~s/-z/) **1** U C 金属; 合金; 〔化学〕金属元素《◆ 種類を表すときは C》; [形容詞的に] 金属性の ∥
a worker in metal(s) 金属細工師.
a metal window frame 金属製の窓枠.
**2** U 金属製品.

**me・tal・lic** /metǽlik メタリク/ 形 金属(製)の; 金属特有の.

**met・al・lur・gist** /mètəláːrdʒist メタラーヂスト/ 名 C 冶金 ( ﾟ ) 学者.

**met·al·lur·gy** /métlə̀ːrdʒi メタラーヂ | metǽlə- メタラヂ/ 图 U 冶金(きん)(学, 術).

**met·a·mor·pho·sis** /mètəmɔ́ːrfəsis メタモーフォスィス/ 图 (複 -ses/-siːz/) C U 〖正式〗 1 (魔力などによる)変形(作用). 2 著しい変化, 大変貌(ぼう). 3 〖生物〗 変態.

**met·a·phor** /métəfɔːr メタフォー, -fər | -fə -フォ/ 图 C U 〖修辞〗隠喩(いんゆ), 暗喩(あんゆ), メタファー 《例: He is a lion in battle. 彼は戦場の獅子(しし)である》 (cf. simile).

**met·a·phys·i·cal** /mètəfízikl メタフィズィクル/ 形 1 形而上学の. 2 推論に基づく. 3 きわめて抽象的な, 理解しにくい.

**mèt·a·phýs·i·cal·ly** 副 形而上学的に; 推論で; 理解しにくく.

**met·a·phys·ics** /mètəfíziks メタフィズィクス/ 图 U [単数扱い] 1 形而上(じじょう)学, 純正哲学. 2 抽象的議論, 空論.

**mete** /míːt ミート/ 動 (現分 met·ing) 他 〖文〗〈賞/罰などを〉割り当てる, 配分する; 〈罰・報酬などを〉与える (allot). — 图 C 計画, 計量.

**me·te·or** /míːtiər ミーティア/ 图 C 〖天文〗流星 (shooting star, falling star) 《天との交信・天の賜物(たまもの)とみなされた》; 隕(いん)石; 流星体.

**me·te·or·ic** /mìːtiɔ́(ː)rik ミーティオ(ー)リク/ 形 1 流星の. 2 流星のような; 一時的にはなばなしい. 3 大気の, 気象上の.

**me·te·or·ite** /míːtiəràit ミーティアライト/ 图 C 隕(いん)石.

**me·te·or·o·log·i·cal**, 《主に英》 **me·teor·o·log·ic** /mìːtiərəládʒik(l) ミーティアロラヂク(ル) | -ládʒ- -ロヂク(ル)/ 形 気象 (学上)の.

**meteorological obsérvatory** 気象台.
**meteorológical rócket** 気象観測ロケット.
**meteorológical sátellite** 気象衛星.

**me·te·or·ol·o·gist** /mìːtiərálədʒist ミーティアラロヂスト | -ɔ́l- -アロロヂスト/ 图 C 気象学者.

**me·te·or·ol·o·gy** /mìːtiərálədʒi ミーティアラロヂ | -ɔ́lədʒi -アロロヂ/ 图 U 1 気象学. 2 (一地方の)気象, 天候状態.

*__me·ter__¹, 《英》 __me·tre__ /míːtər ミータ/ 〖「計測」が原義〗 图 (複 ~s/-z/) C メートル 《長さの基本単位. (記号) m》. 関連 millimeter ミリメートル / centimeter センチメートル / kilometer キロメートル ‖

5 meters 5メートル.
Taro is 1 meter 75 centimeters tall. 太郎は身長1メートル75センチです.

**me·ter**² /míːtər ミータ/ 图 C 計量器, メーター. — 動 他 〖正式〗…をメーターで計る.

**me·ter**³, 《英》 **-tre** /míːtər ミータ/ 图 1 U 〖韻律〗韻律, 格調; C 歩格〖韻律の単位〗. 2 C 〖音楽〗拍子.

**-me·ter**¹, 《英》 **-tre** /1 -miːtər -ミータ; 2 -mətər -ミタ/ (連結形) 1 …メートル. 例: millimeter. 2 (詩で)…歩格(の). 例: tetrameter.

**-me·ter**² /-miːtər -ミータ, -mətər/ (連結形) …計.

例: barometer.

**meth·ane** /méθein メθエイン | míːθ- ミーセイン/ 图 U 〖化学〗メタン.

*__meth·od__ /méθəd メソド/ 〖後を(met)追う(hod)〗 — 图 (複 ~s/-ədz/) 1 C 方法, 方式 (類 manner, way) ‖

new methods for studying [*to study] finance 財政学の新研究法.
the inductive method of reasoning 推論の帰納(きのう)方法.
〖対話〗 "How did you read such a difficult book in only a few hours?" "Well, I learned a special method of fast reading." 「君はどうやってそんなに難しい本をほんの数時間で読んだの?」「実は, 特別な速読の方法を習ったんだよ」.

2 U (物事の)筋道, 順序; 秩序 ‖
think without method でたらめに考える.
His work lacks method. 彼は仕事を順序立ててしない.

3 U (行動などの)規則正しさ, きちょうめんさ ‖
a man of method きちんとした人.
There's (a) method in his madness. 《シェイクスピアの作品からの誤引用》 気が違っているにしては彼の言動は筋が通っている.

**me·thod·i·cal** /məθádikl メサディクル | -θɔ́d- メソディ-/ 形 1 順序だった, 整然とした.
2 きちょうめんな ‖
be methodical in one's ordinary routine 毎日の仕事をきちょうめんにする.
**me·thód·i·cal·ly** 副 整然と, きちょうめんに.

**Meth·od·ism** /méθədizm メソディズム/ 图 U メソジスト教会の教義.

**Meth·od·ist** /méθədist メソディスト/ 图 C メソジスト教徒.

**meth·od·ol·o·gy** /mèθədálədʒi メソダロヂ | -ɔ́lə- メソドロヂ/ 图 (複 -o·gies/-z/) U C 方法論.
**mèth·od·o·ló·gi·cal** 形 方法論の, 方法論的な.

**me·tic·u·lous** /mətíkjələs メティキュラス/ 形 1 細かいことに気を配りすぎる, 細心な. 2 《略式》非常に注意深い, 正確な.

**me·tre**¹,² /míːtər ミータ/ 图 《英》 =meter¹,³.

**met·ric** /métrik メトリク/ 形 1 メートル(法)の. 2 測量の, 測定の.
**métric sỳstem** [the ~] メートル法《◆米国ではヤード法が日常的》.

**met·ro·nome** /métrənòum メトロノウム/ 图 C 〖音楽〗メトロノーム.

**me·trop·o·lis** /mitrápəlis ミトラポリス | mitrɔ́pəlis メトロポリス/ 〖アクセント注意〗 图 (複 ~·es/-iz/) C 〖正式〗(国・州・地域の)(最も)主要な都市; 大都市《◆ capital と一致するとは限らない》.

**met·ro·pol·i·tan** /mètrəpálətən メトロパリタン | -pɔ́l- -ポリタン/ 形 主要都市の, 大都市の, 都会(人)の ‖
a metropolitan area 首都圏, 大都市地域.

**met・tle** /métl メトル/ 名 U《正式》**1** 気性(ﾎﾟ), 気質. **2** 勇気, 気力, 根性.

**mew** /mjúː ミュー/《擬音語》名 C ニャー《猫やカモメ類の小さな鳴き声. (米) meow, (英) miaow, miaou ともする》. ── 動 自《猫などが》ニャーニャー鳴く.

**Mex.** (略) Mexican; Mexico.

**Mex・i・can** /méksikən メキスィクン/ 形 メキシコの; メキシコ人の; メキシコなまりの. ── 名 **1** C メキシコ人 (語法) → Japanese). **2** U メキシコ語.
**Méxican Spánish** メキシコのスペイン語.

**Mex・i・co** /méksikòu メクスィコウ/《「神の国」の意の先住民語から》名 メキシコ《北米南部の共和国. 正式名 United Mexican States. (略) Mex.》.
**México Cíty** メキシコシティー《メキシコの首都》.

**mez・za・nine** /mézənin メザニーン | métsə- メツァ-/ 名 C **1**《建築》中2階. **2**《劇場》(英)舞台下; (米)特等席.

**mez・zo-so・pra・no** /métsousəprǽnou メツォウソプラノウ, médzou- | -prάːnəu -ソプラーノウ/《イタリア》名 (複 ~s)《音楽》**1** U メゾソプラノ《soprano と contralto の中間の声域》. **2** C メゾソプラノ歌手.

**mg** (略) milligram(s).

**mi** /míː ミー/ 名 U C《音楽》ミ《ドレミファ音階の第3音. → do²》.

**mi.** (略) mile(s).

**Mi・am・i** /maiǽmi マイアミ/ 名 マイアミ《米国 Florida 州南東部海岸の観光都市》.

**mi・ca** /máikə マイカ/ 名 U《鉱物》雲母(ｳﾝﾎﾞ), きらら.

**mice** /máis マイス/ 名 → mouse.

**Mich.** (略) Michaelmas; Michigan.

**Mi・chael** /máikl マイクル/ 名 **1** マイケル《男の名. 《愛称》Mickey, Mike》. **2**《聖書》天使長ミカエル (St. Michael).

**Mich・ael・mas** /míklməs ミクルマス/ 名 聖ミカエル祭《9月29日》.

**Mi・chel・an・ge・lo** /màikəlǽndʒəlou マイケランチェロウ/ 名 ミケランジェロ《1475-1564; イタリアの彫刻家・建築家・画家》.

**Mich・i・gan** /míʃigən ミシガン/《「大きな湖」の意のインディアン語から》名 **1** ミシガン《米国中北部の州. 《愛称》the Wolverine [Lake, Auto] State. 州都 Lansing. (略)Mich., (郵便)MI》. **2** Lake ~ ミシガン湖《五大湖の1つで3番目に大きい》.

**Mick・ey** /míki ミキ/ 名 ミッキー《Michael の愛称》.
**Míckey Móuse** (1) ミッキーマウス《Disney の漫画映画の主人公》. (2) (米俗) くだらないもの, がらくた.

**mi・cro-** /máikrou- マイクロウ-/《連結形》**1** 小, 微小; 微量. **2** 100万分の1(《記号》μ). 例: **microsec-ond** マイクロ秒《100万分の1秒》.

**mi・crobe** /máikroub マイクロウブ/ 名 C 微生物; 病原菌.

**mi・cro・bi・o・lo・gist** /màikroubaiάlədʒist マイクロウバイアロヂスト | -bai5- -バイオロヂスト/ 名 C 微生物学者, 細菌学者.

**mi・cro・bi・o・lo・gy** /màikroubaiάlədʒi マイクロウバイアロヂ | -bai5- -バイオロヂ/ 名 U 微生物学, 細菌学.

**mi・cro・chip** /máikroutʃìp マイクロウチプ/ 名 C 《電子工学》マイクロチップ(chip).

**mi・cro・cop・y** /máikroukὰpi マイクロウカピ | -kɔ̀pi -コピ/ 名 (複 --cop・ies/-z/) C 縮小複写, マイクロコピー.

**mi・cro・com・pu・ter** /máikroukəmpjùːtər マイクロウコンピュータ/ 名 C 超小型コンピュータ, マイコン.

**mi・cro・cosm** /máikroukὰzm マイクロウカズム | -kɔ̀zm -コズム/ 名 C 小宇宙, 小世界.

**mi・cro・film** /máikroufìlm マイクロウフィルム/ 名 U 動 他 (…を)マイクロフィルム(にとる).

**mi・cro・fiche** /máikroufìːʃ マイクロウフィーシュ/ 名 (複 mi・cro・fiche, ~s) C U **1**《図書館》マイクロフィッシュ. **2** マイクロフィッシュ読み取り機.
**mícrofiche rèader** = microfiche **2**.

**mi・cron** /máikrɑn マイクラン | -krɔn -クロン/ 名 (複 ~s, ··cra/-krə/) C ミクロン《100万分の1メートル. (記号)μ》.

**Mi・cro・ne・sia** /màikrəníːʒə マイクロニージャ | -krəuníːziə -クロウニースィア/ 名 ミクロネシア《Mariana, Caroline, Marshall を含む太平洋北西部の群島. cf. Melanesia, Polynesia》.

**mi・cro・or・gan・ism** /màikrouɔ́ːrgənizm マイクロウオーガニズム/ 名 C 微生物.

**mi・cro・phone** /máikrəfòun マイクロフォウン/ 名 C マイクロフォン(《略》mike) ‖
speak **at** [**into**] a **microphone** マイクに向かって話す.

**mi・cro・proc・es・sor** /máikrouprὰsesər マイクロウプラセサ | -prὰusesə -プロウセサ/ 名 C《コンピュータ》マイクロ=プロセッサー[処理装置].

**mi・cro・scope** /máikrəskòup マイクロスコウプ/ 名 C 顕微鏡(ｹﾝﾋﾞｷｮｳ) ‖
look through the **microscope** 顕微鏡で見る.

---

関連 binocular microscope 双眼顕微鏡 / electron microscope 電子顕微鏡 / X-ray microscope X線顕微鏡.

---

pùt A **under the mícroscope** A《人・物》を詳細に調べる.

**mi・cro・scop・ic, --i・cal** /màikrəskάpik(l) マイクロスカピク(ル) | -skɔ́p- -スコピク(ル)/ 形 **1** 顕微鏡の. **2** 微視的な. **3**《略式》非常に小さい, 微細な.

**mi・cro・wave** /máikrəwèiv マイクロウェイヴ/ 名 C **1**《物理》マイクロ波《波長1m 以下の電波》. **2** 《略式》= microwave oven. ── 動 他 (…を)電子レンジにかける, 電子レンジで調理する.
**mícrowave óven** 電子レンジ(microwave)《◆ microwave range とはいわない》.

**mid** /míd ミド/ 形《通例複合語で》《◆ 最上級は midmost》**1** 中間の, 中央の, 中部の; 中頃の. **2**《音声》中位母音の.
**Míd Éast** [the ~]中東.

**mid・day** /míddèi ミドデイ/ 名 U 正午, 真昼.

## mid・dle /mídl ミドル/ 【「中央, 真ん中」が本義】

——形 [名詞の前で] **1** (2点・2面間の)真ん中の, (期間の)中間の ‖

the middle point of [on] a line 線の中点.
She died in her **middle** forties. 彼女は40代半ばで亡くなった.
take a **middle** view 中庸の見解をとる.

**2** 中程度の, 中流の, 平均的な; [M～] 中期の, 中世の(medieval) ‖

be of **middle** height 中背である.

——名 **1** [the ～] 真ん中, 中心部, 中央部; (行為の)最中; (期間の)中頃《◆ center と違って, 中心点とその周辺をも含み, また細長い物の真ん中の意でも用いる》‖

the middle [center] of a circle 円の中心.
walk down the **middle** [×center] of the street 道の真ん中を歩いて行く.
leave **in the middle** of his speech = leave his speech **in the middle** 彼の演説の最中に中座する.
in the middle of July 7月の半ばに.
She was **in the middle of** washing up. 彼女は食事のあと片付けの最中だった.

[対話] "Which side of the room are they sitting on? Left or right?" "Neither. I think they are (sitting) somewhere in the **middle**."「彼らは部屋のどちら側に座っているの？ 右側, 左側？」「どちら側でもありません, 確か真ん中あたりに座っています」.

**2** (略式) [the ～ / one's ～](人体の)腰部, 胴 ‖

His father is getting fat around the **middle**. 彼の父は腹が出てきている.

**in the middle** → **1**. (2)(対立する2者の)板ばさみになって, ジレンマに陥って.

**míddle áge** 中高年《40-60歳程度》(cf. middle-age(d)).

**Míddle Áges** [the ～; 単数・複数扱い] 中世《西洋史では通例西ローマ帝国の崩壊(476年)からルネサンス(15世紀)まで》.

**Míddle América** 中米, 中部アメリカ.

**míddle cláss** [the ～(es); 集合名詞的に; 単数・複数扱い] 中産階級《upper class と lower class との間. 知的専門職の人・銀行家・実業家・店主などを含む》(cf. middle-class).

**míddle còurse** [the ～ / a ～] (両極の意見・行動の)中間, 折衷(${}^{えっ}$)案.

**Míddle Éast** [the ～] 中東《リビアからアフガニスタンに及ぶ諸国》(cf. Near East, Far East).

**Míddle Éastern** 中東の.

**Míddle Énglish** 中英語《1100-1500年ごろ. (略) ME》.

**míddle fínger** 中指.

**míddle náme** (名と姓の間につく)中間名《◆既(${}^{き}$)婚女性では旧姓を用いることもある. → name 名 **1** [語法] (1)》.

**míddle schòol** 中等学校《米国では小学校(elementary school)の高学年と中学校(junior high)を含む5-8学年. 英国では primary school と secondary school の両方にまたがる通例8-12歳, 9-13歳の子供のための公立学校. cf. school》.

**Míddle Wést** [the ～] 米国中西部《Allegheny 山脈から Rocky 山脈に至る地域で南は Ohio 川と Missouri, Kansas 両州の南端に及ぶ》.

**mid・dle-age(d)** /mídléidʒ(d) ミドレイヂ(ド)/ 《◆名詞の前ではふつう /=/》形 中高年の(cf. middle age).

**mid・dle-class** /mídlklǽs ミドルクラス|-klάːs -クラース/ 《◆名詞の前ではふつう /=/》形 中産階級の; 俗物的な(cf. middle class).

**mid・dle・man** /mídlmæ̀n ミドルマン/ 名 © **1** 仲買人, 中間業者《◆「汗を流さずに甘い汁を吸う者」という悪い含みがある》((PC) middleperson, agent, broker). **2** 仲介(${}^{ちゅうかい}$)者, 仲人(${}^{なこうど}$)((PC) go-between, negotiator).

**mid・dle-of-the-road** /mídləvðəróud ミドロヴザロウド/ 形 (宗教的・政治的に)穏健な, 中道の((略) MOR); 無難な, ふつうの.

**Míd・dle・sex** /mídlsèks ミドルセクス/ 名 ミドルセックス《ロンドンを含むイングランド南東の旧州》.

**míd・dle・weight** /mídlwèit ミドルウェイト/ 形 名 © 《ボクシングなど》ミドル級の(選手)(→ boxing 関連).

**midge** /mídʒ ミヂ/ 名 © **1** 小昆虫《蚊・ブヨなど》. **2** ちび.

**midg・et** /mídʒit ミヂト/ 名 © **1** (略式)背の低い人. **2** (船・車などの)超小型のもの.

**mid・i** /mídi ミディ/ 形 名 © ミディの(スカート, コート)(→ skirt).

**mid・land** /mídlənd ミドランド/ 名 © [通例 the ～] 中部地方, 内陸部; [the Midlands] 英国イングランド中部地方; [the M～] 米国中部地方.
——形 中部地方の, 内陸部の.

## *mid・night /mídnàit ミドナイト/ 【(夜(night))のまっただ中(mid)】

——名 **1** Ⓤ (漠然と)夜の12時; 真夜中, 夜半《◆魔女・幽霊の出現の時刻とされる》‖

He came home drunk **at midnight**. 彼は酔っ払って真夜中に帰宅した.
after midnight 夜半過ぎ.
(as) **dark as midnight** 真っ暗な.
12 midnight 午後12時(↔ 12 noon).

**2** [形容詞的に] 真夜中の; まっ暗な ‖

a **midnight** call 真夜中の電話.

**mid・riff** /mídrif ミドリフ/ 名 © **1** 【解剖】[通例単数形で] 横隔膜(diaphragm). **2** (略式)胴の中央部《胸と腰の間》; [遠回しに] 腹(belly).

**midst** /mídst ミドスト/ 名 © (文) [通例 the ～ / one's ～] (異質のものに囲まれた)真ん中; (行為・期間の)まっただ中 ‖

the enemy **in our midst** = the enemy **in the midst of** us 私たちの中にいる敵《◆ the enemy among us の方がふつう》.

**mid・sum・mer** /mídsʌ̀mər ミドサマ/ 名 Ⓤ **1** 真

夏, 盛夏《◆英国では日本と違って快適な時期》. **2** 夏至のころ ‖
*A Midsummer Night's Dream*『夏の夜の夢』《Shakespeare の喜劇》.

**Mídsummer('s) Dáy** ヨハネ祭《6月24日で洗礼者ヨハネの祝日. St. John's Day ともいう》.

**mid·way** /mídwèi ミドウェイ/ 副形 中途に[の], 中ほどに[の].

**Mídway Íslands** /mídwèi- ミドウェイ-/ [the ~] ミッドウェー諸島《Hawaii 北西にある米領の小群島. 太平洋戦争で日米海空軍の決戦場となった》.

**mid·week** /mídwìːk ミドウィーク/ 形 ニ/ 名 U **1** 週の中頃《火曜から木曜. 特に水曜》. **2** [M~] (クエーカー教徒の間で)水曜日. ── 副 週の中頃の.

**mid·wife** /mídwàif ミドワイフ/ 名 (複 --wives) C 助産師, 産婆.

**mid·win·ter** /mídwìntər ミドウィンタ/ 名 U 真冬;冬至のころ.

\***might**[1] /máit マイト/《may の過去形》
→ 助 **1** …かもしれない **3** …してもよい
 **4** …だったろうに

── 助

**I** [独立用法:可能性・推量]

**1** [might do]〈人・物が〉(ひょっとして)…かもしれない《◆(1) 形は過去形でも意味は現在の推量. (2) 話し手の確信度は might より may が強いとされてきたが, 最近では強弱の差はなく用いることも多い. また, may は許可などに用い,《主に米》では可能性・推量にはもっぱら might を用いる傾向がある》‖
My son **might** become a scholar when he grows up. 私の息子は大きくなったら学者になるかもしれない.
I wonder where Bill is now. He **might** be in London by now. ビルは今どこだろう. もうロンドンにいるかもしれない.
What beautiful scenery! We **might** be in Alaska. なんと美しい景色だ! まるでアラスカにいるみたいだ.
**Might** [×May] he still be at the station? 彼はひょっとしてまだ駅にいるでしょうか《◆推量の意の may は疑問文に使えない. → may 語法》.
Don't lock the door. They **might** not have the key. ドアに鍵をかけないで. 彼らはキーを持っていないかもしれませんから.
対話 "Is she afraid of my dog?" "She thinks he **might** bite her." 「あの子うちの犬がこわいのかい」「かみつくかもしれないと思っているんだ」.

**2** [might have done] (ひょっとして)…してしまったかもしれない, …だったかもしれない《◆過去の推量. may have done と交換可能》‖
He **might** have got a train already. 彼はもう電車に乗ってしまったかもしれない.
**Might** she have missed her train? 彼女はもしかしたら電車に乗り遅れたのでしょうか.

**II** [may の仮定法過去]

**3** [might do]〈人が〉(もしその気なら)…してもよい(のに);[might have done] (もしその気の人は)…してもよかった(のに)《◆「どうしてしな

い[しなかった]のか」といういらだちや非難をしばしば含む》‖
You **might** ask before you use my typewriter. 私のタイプライターを使うのなら, 一言ことわりゃいいのに.
You knew the answer. You **might** have told me. あなたは答えを知っていたんだ. 私に教えてくれてもよかったのに.

**b** [Might I do …?] …してもよろしいですか, かまいませんか《◆ May I do … より控え目》‖
対話 "**Might** I (possibly) leave the room now?" "Yes, you may." 「部屋を出ていってもよろしいでしょうか」「はい, いいです」《◆相手に許可を与える用法は次の: You may [×might] go now. もう行ってもよい》(→ may **1 c**).

**4** [可能性・推量] [might do] (もし…ならば)〈人・物・事は〉…であろうに《◆仮定法過去》;[might have done] (もし…であったら)〈人・物・事は〉…だったろうに《◆仮定法過去完了》‖
It **might** be better if we **told** him the whole story. 彼には洗いざらいしゃべった方がいいのかもしれません.
The firm **might** have lost all its money if it had taken his advice. もし彼のすすめに従っていたら, 会社には一銭もなくなっていたかもしれません.

**III** [may の直説法過去]

**5** [許可] (まれ) …してもよかった, …することができた ‖
Years ago, students **might** not use their cars. 何年も前は学生は車を利用することは許可されていなかった.
He said that I **might** take a rest. 彼は私に休憩してもよろしいと言った.

**6** [可能性・推量] **a** [might do] (まれ)〈人・物・事が〉…の可能性があった, …かもしれなかった ‖
In my youth, wild ponies **might** still be found there. 私の若いころ, そこにはまだ野生のポニーの姿もあった.

**b** [might have done]〈人・物・事が〉(ひょっとして)…であったかもしれなかった ‖
Do you think he **might have** purposely **disappeared**? 彼は自分の意志で姿をくらましたのでしょうか.
You were lucky. You **might have been** killed. 幸運でしたね. 命にかかわるところでした.

**might**[2] /máit マイト/ 名 U 《文》(肉体的・精神的な大きな)力, 腕力;権力, 実力, 勢力(power) ‖
by **might** 腕ずくで.
**Might** is [makes] ríght. 《ことわざ》力は正義;「勝てば官軍」.

◦**with áll** one's **míght** = 《文》 **(with) míght and máin** 力をふりしぼって;全力を尽くして.

**might·i·ly** /máitəli マイティリ/ 副 《文》力をこめて;激しく ‖
swear **mightily** 力強く誓う, 激しくののしる.

**might·n't** /máitnt マイトント/ 《略式》might not の短縮形.

**might·y** /máiti マイティ/ 形 (比較 --i·er, 最上 --i·est) **1** 《文》強力な;強大な, 権勢のある

the **mighty** works of God 神の偉大な業(ホッ), 奇跡.
**2**《文》巨大な, 広大な, 壮大な ‖
the **mighty** ocean 大海原.
**3**《略式》(程度が)並はずれた ‖
a **mighty** famine 大飢饉(ホ̆ん).
──副《略式》非常に ‖
be **mighty** easy ばかにやさしい.

**mi・graine** /míigrein マイグレイン | míː- ミー-, mái-/ 名 C U 偏頭痛.

**mi・grant** /máigrənt マイグラント/ 名 C **1** 渡り鳥. **2** 出かせぎ労働者, 季節労働者.

**mi・grate** /máigreit マイグレイト | -́-/ 動 (現分 **~grat・ing**) 自 **1** 移住する ‖
**migrate** from Japan to Brazil 日本からブラジルに移住する.
**2** 〈鳥・魚などが〉移動する, 渡る.

**mi・gra・tion** /maigréiʃən マイグレイション/ 名 **1** C U 移住, 転住;(鳥・魚の)移動, 渡り ‖
the **migration** of fish 魚の回遊状態.
**2** C [集合名詞] 移住者の群れ, 移動群.

**mi・gra・to・ry** /máigrətɔ̀ːri マイグラトーリ | -təri -タリ, maigréitəri/ 形《正式》**1** 〈動物などが〉移住性の, 定期的に移動する ‖
a **migratory** bird 渡り鳥.
**2** 〈人・部族が〉放浪性の, 遊牧の;出かせぎの.

**mike** /máik マイク/ 名《略式》マイクロホン.

**Mike** /máik マイク/ 名 マイク《Michael の愛称》.

**Mi・lan** /milǽn ミラン/ 名 ミラノ《イタリア北部の都市》.

＊**mild** /máild マイルド/ 『「激しさがないこと」が本義』
──形 (比較 **~er**, 最上 **~est**) **1** やさしい, 温和な;おとなしい《◆生来の温和さをいう. 意識的なやさしさを強調する場合は gentle》‖
**mild** in disposition 気立てがやさしい.
**mild** of manner 態度がおだやかな.
**2** 〈規則・罰・病気などが〉軽い;〈気候が〉温暖な, おだやかな ‖
[対話] "I like the weather here. No extreme cold or heat." "Yes, the climate here is very **mild** all year round."「この土地の気候は気に入ってます. 極端に寒いとか暑いことがないので」「そう, ここの気候は一年中おだやかですね」.
**3** まろやかな味の, 〈タバコなど〉軽い;〈薬などが〉おだやかに作用する ‖
**mild** soap 刺激性の少ない石けん.
**4** (程度が)軽い, きつくない ‖
a **mild** joke 軽い冗談.
**míld・ness** 名 U 温和;温暖;まろやかさ.

**mil・dew** /míldju: ミルデュー (ミルデュー)/ 名 U **1** 白かび. **2** 〘植〙うどん粉病, べと病.

**mild・ly** /máildli マイルドリ/ 副 **1** おだやかに, やさしく. **2** 少し ‖
be **mildly** interested 少々興味がある.
**to pùt it míldly** できるだけおだやかに言えば.

＊**mile** /máil マイル/ 『「(左右へ一歩として)千歩の距離」が原義』
──名 (複 **~s**/-z/) **1** C マイル《米英の陸上距離常用単位. =1760 yards (約1609m). 略 m., mi.》‖
at 40 **miles** per hour 時速40マイルで(=at 40 mph).
That town is 500 **miles** away from here. その町はここから500マイル離れている.
**2** C 海里《国際海里はもと1853.2m, 現在は1852 m》.
**3**《略式》[a ~;~s] かなりの距離[程度]; [副詞的に] かなり, はるかに ‖
a **mile** off かなり離れた所で.
He couldn't reach within **miles** of you as a singer. 彼は歌手としては君に遠く及ばないだろうよ.

**mile・age** /máilidʒ マイリヂ/ 名 U **1** [しばしば a ~] 総マイル数, 里程; 燃費《1ガロン[リッター]の燃料で走れるマイル数》.
**2** (一定時間内の)マイル表示距離.
**3** [しばしば a ~] (レンタカーなどの)マイル当たり料金.
**míleage sèrvice** マイレージ=サービス《利用した飛行距離に応じて航空会社が提供するサービス》.

**mile・stone** /máilstòun マイルストウン/ 名 C **1** マイル標石. **2** 画期的事件, (進行・発展の)重要な段階.

[事情] 英国の新聞 *The Times* の 'Milestones' は名士の死亡記事欄.

**mil・i・tan・cy** /mílitənsi ミリタンスィ/ 名 U 好戦性, 闘志;交戦状態.

**mil・i・tant** /mílitənt ミリタント/ 形 好戦的な, すぐ武力に訴える;闘志にあふれた ‖
**militant** tribes 好戦的な部族.
──名 C 好戦的な人;(政治運動などの)闘士.

**mil・i・ta・rism** /mílitərìzm ミリタリズム/ 名 U 軍国主義.

**mil・i・tar・y** /mílitèri ミリテリ | mílitəri ミリタリ/ 形 **1** 軍隊の, 軍用の;陸軍の《◆「海軍の」は naval》‖
**military** power 軍事力.
**military** forces 軍隊.
**2** 軍人の;軍人らしい;(文に対して)武の ‖
**military** uniform(s) 軍服.
**military** draft 徴兵制.
──名《正式》[the ~;集合名詞;単数・複数扱い] 軍人, 軍隊.
**mílitary acàdemy** [the ~] 陸軍士官学校;《米》軍隊式の男子私立中・高等学校.
**mílitary bánd** 陸軍軍楽隊;《英》吹奏楽団《brass band に対して, 木管楽器を含む通常の編成のもの》.
**mílitary políce** [しばしば M~ P-]《米》[the ~] 憲兵隊(略 MP).
**mílitary políceman** [しばしば M~ P-] 憲兵(略 MP).

**mil・i・tate** /mílitèit ミリテイト/ 動 (現分 **~tat・ing**) 自《正式》作用する.

**mi・li・tia** /məlíʃə ミリシャ/ 名 C [通例 the ~;集合名詞;単数・複数扱い] 市民軍;《米》国民軍.

## milk

**milk** /mílk ミルク/
—图 ⓤ **1** 乳；牛乳, ミルク ‖
a bottle of milk 牛乳1びん《◆ふつう1 pint 入り》.
a glass of milk 牛乳1杯《◆暖い場合でもふつう cup は用いない》.
dry [dried, powdered] milk 粉ミルク.
tea with milk ミルクティー《◆ ×milk tea とはいわない》.
milk fresh from the cow しぼりたての牛乳.
He was fed on his mother's milk. 彼は母乳で育った.
**2** 樹液；乳剤 ‖
coconut milk ヤシの乳液.
(*as*) *whíte as mílk* 真っ白で.
*crý òver spílt* [《米》*spílled*] *mílk* すんでしまった事を悔む (→ it is (of) no USE doing).
—動 (三単現) ~s/-s/; (過去・過分) ~ed/-t/; (現分) ~・ing
—他 **1 a** …の乳を絞る ‖
He milks his cows every day. 彼は毎日牛の乳を絞る.
**b** 〈乳・毒・樹液〉を絞る.
**2**《略式》〈人など〉から絞り取る；〈金・情報など〉をまんまと引き出す ‖
milk him of all his money = milk all his money from him 彼の有り金を全部まきあげる.
—自〈動物が〉乳を出す；〈人が〉乳を絞る ‖
This cow isn't **milking** very well. この牛はあまり乳が出ない.

**mílk bàr** ミルクバー, ミルクスタンド《牛乳・アイスクリーム・サンドイッチなどを出すスタンド式の店》.
**mílk càrt** [《英》**flòat**] 牛乳配達車《小型電気自動車》.
**mílk chócolate** ミルクチョコレート.
**mílk lòaf** 白い菓子パン.
**mílk púdding** ミルクプディング.
**mílk ròund** 牛乳配達区域.
**mílk shàke** ミルクセーキ.
**mílk tòast**《米》ミルクトースト《熱い牛乳に浸したバター付きトースト. 病人食・小児食》；腰抜け, 小心者《特に男》.
**mílk tòoth** 乳歯.
**milk・man** /mílkmæn ミルクマン | mílkmən ミルクマン/ 图 (⑱ ~・men) ⓒ 牛乳配達人, 牛乳屋《(PC) milk deliverer》.
**milk-white** /mílkʰwáit ミルクワイト/ 形 乳白色の.
**milk・y** /mílki ミルキ/ 形 (比較) -i・er, (最上) -i・est) **1** 乳のような；(文) 白い；乳白色の. **2** 乳をよく出す；樹液のよく出る；乳からなる, 乳をたっぷり入れた.
**Mílky Wáy**〔天文〕[the ~]《the ~》天の川, 銀河.
**mill** /míl ミル/ 图 ⓒ **1** 製粉場, 水車場.
**2** 工場, 製造所 ‖
a cotton mill 紡績工場.
**3** 製粉機；粉ひき器, 臼 ‖
a coffee mill コーヒーひき器.
—動 他 …をひいて粉にする, 製粉する.

—自《略式》うろうろ動き回る, ひしめく (+*about*).
**mil・len・ni・um** /miléniəm ミレニアム | -ni・a/-niə/) **1** ⓒ《正式》1000年間. **2** ⓒ 千年祭. **3**〔キリスト教〕[the ~] 至福千年《キリストが再臨してこの世を統治するという千年間》. **4** [the ~]《遠い未来の》黄金時代, 平和で幸福な時代.
**mil・let** /mílit ミリト/ 图 **1** ⓒ〔植〕キビ《東洋・南欧で食料, 米国で家畜の飼料として栽培する》；キビに似たイネ科の雑穀. **2** ⓤ 雑穀《キビ・アワ・ヒエなど. 食料・飼料》.
**mil・li-** /míli- ミリ-/〔連結形〕1000 分の1《記号》 m).
**mil・li・bar** /míləbɑːr ミリバー/ 图 ⓒ〔気象〕ミリバール《気圧の単位. 1000分の1バール.《記号》mb》.
**mil・li・gram**, 《英まれ》**--gramme** /míligræm ミリグラム/ 图 ⓒ ミリグラム《記号》mg).
**mil・li・li・ter**, 《英》**--tre** /mílilìːtər ミリリータ/ 图 ⓒ ミリリットル《記号》ml).
**mil・li・me・ter**, 《英》**--tre** /míləmìːtər ミリメータ/ 图 ⓒ ミリメートル《記号》mm) ‖
20 millimeters 20ミリメートル (= 20 mm).
**mil・li・ner・y** /mílənèri ミリネリ | -nəri -ナリ/ 图 ⓤ 婦人帽子類；婦人帽子販売（製造）業.

**million** /míljən ミリョン/〔《大きな数 (multi (mílli) の状態 (on)》《◆图形 とも用例は → two》《略》m)
—图 (⑱ **mil・lion**, ~s/-z/) **1** ⓒ (基数の)100万, 10⁶ ‖
a [one] million 100万.
one [a] chance in a million《略式》またとないチャンス.
The population of Canada is about 30 million. カナダの人口は約3000万です.

> [語法] (1) 数詞・数量詞 (several など) がつく場合も -s をつけない (→ hundred 語法 (1))：two *million* 200万 / several *million* 数百万. (2) 端数のあるときおよび名詞を修飾するときも -s をつける：*six million*, three hundred and five thousand 630万5千 / 5 *million* dollars 500万ドル (=$5m).

> [Q&A] **Q**：大きな数はどのように読むのですか.
> **A**：1兆2345億6789万1234 は, 1,234,567,891,234 という表記になります. この区切りのコンマのところを上から順に ① trillion（兆）, ② billion（10億）, ③ million（100万）, ④ thousand（千）と読みます. これにその間の3ケタの数字を入れますから, 全体として "one trillion, two hundred and thirty-four billion, five hundred and sixty-seven million, eight hundred and ninety-one thousand, two hundred and thirty-four" と読みます.

**2** ⓒ [複数扱い；代名詞的に] 100万個；100万人.
**3** ⓒ 100万ドル［ポンド, など］ ‖
make five million(s) 500万《ドル・ポンドなど》もうける.
**4** ⓒ 100万の記号［数字, 活字］.

**5** [~s of C 名詞の複数形] 何百万という…, (略式) 非常に多数の… (→ hundred **9**) ‖
**millions of** people 何百万という(多数の)人々.
**óne in a míllion** 百万人にひとりの人[ひとつの物], めったに現れない人[物] (cf. **1**).
── 形 **1** 100万の, 100万個[人] の. **2** [a~] 無数の, 多数の.

**mil·lion·aire** /miljənéər ミリオネア/ 名 C (100万ドル[ポンド]以上の財産を持っている)金持ち.

**mil·lionth** /míljənθ ミリョンス/ 形 **1** [通例 the ~] 第100万の, 100万番目の(→ **first** 形 **1**). **2** [a~] 100万分の1. ── 名 **1** C [通例 the ~] 第100万番目[100万位]の人[もの]. **2** C 100万分の1.

**mill·stone** /mílstòun ミルストウン/ 名 C **1** 石うす. **2** (責任などの)重荷; 厄介(%ない)者.
**a míllstone (a)round [about]** A**'s néck** [比喩的に] A〈人〉にとっての重荷.

**Mil·ton** /míltən ミルトン/ 名 **1** ミルトン《男の名》. **2** ミルトン《John ~ 1608-74; 英国の詩人. 主著 Paradise Lost》.

**Mil·wau·kee** /milwɔ́:ki ミルウォーキ/ 名 ミルウォーキー《米国 Wisconsin 州南東部, ミシガン湖畔の都市》.

**mime** /máim マイム/ 名 **1** C 物まね師. **2** C (古代ギリシア・ローマの)身振り狂言. **3** U パントマイム; C その役者. ── 動 (現分 mim·ing) 他 …をパントマイムで演じる. 自 パントマイムで演じる.

**mim·ic** /mímik ミミク/ 動 (過去·過分 -icked; 現分 -ick·ing) 他 **1** …をまねる, まねてばかにする ‖
A parrot can mimic a person's voice. オウムは人の声をまねることができる.
**2** …によく似る.
── 名 C 模倣(%)者, 物まね師.
── 形 にせの, 模造の; 模擬の.

**mim·ic·ry** /mímikri ミミクリ/ 名 U (正式) 模倣.

**mi·mo·sa** /mimóusə ミモウサ/ |-zə ミモウザ/ 名 **1** C U 〖植〗 ミモザ, オジギソウ. **2** C (英) 〖植〗 ミモザ, カシア (acacia). **3** U ミモザの花.

**min.** (略) minute(s).

**mince** /míns ミンス/ 動 (現分 minc·ing) 他 …を細かく(切り)刻む ‖ ◆ chopよりも細かい》‖
minced meat ミンチ肉, ひき肉.
mince an onion 玉ネギをみじん切りにする.
── 自 気取って話す; 気取って小またで歩く.
── 名 U 細かく刻んだ肉; (英) ミンチ肉.

**mince·meat** /mínsmì:t ミンスミート/ 名 U ミンスミート《ミンスパイの詰め物. レーズンなど種々の乾燥果物のみじん切りに香辛料・砂糖・ラム酒などを加えたもの》.

**✱mind** /máind マインド/ 〖『記憶(している)』が原義. cf. **man**, re**mind**〗 派生 **mental** (形)
→ 名 **1** 心 **2** 知力 **3** a 意見 **4** 記憶(力)
動 **1** a 注意を払う **2** いやだと思っている
自 **1** a いやだと思う

── 名 (複 ~s/máindz/) **1** U C **a** 心, 精神(↔ body) (類) heart, spirit, soul ‖
peace of mind 心の平安.
win the hearts and minds of the people 国民の心をつかむ.
**b** ものの考え方, 感じ方; 気質 ‖
a frame [state] of mind 気分.
a turn of mind 気質, 気立て.
He has a logical mind. 彼は論理的にものを考えることができる.
So many men, so many minds. 《ことわざ》「十人十色」.
**2** U 知力, 知性; C U 思考力 ‖
a man of good mind 知性のある人.
be beyond one's mind 理解できない.
They have sharp minds. 彼らは頭がきれる.
Use your fine mind properly. あなたのいい頭を(道徳的に)正しく使いなさい.
**3** a C [通例 a ~ / one's ~] 意見, 意向; 本心, 願望; 好み ‖
speak one's mind 率直な気持ちを話す.
read his mind 彼の心を読み取る.
You have a bright mind. それはよい考えだ.
対話 "Are you sure you don't want to come with us next week?" "I might change my mind, but I doubt it."「本当に来週私たちと一緒に出かけたくないのですか」「気が変わるかもしれませんが, まずそれはないでしょう」.
**b** U 注意, 関心 ‖
open one's mind to it それを前向きに考える.
His mind is on baseball. 彼の関心は野球にある.
**4** U 記憶(力); 回想 ‖
from time out of mind (人の記憶にないほど)大昔から.
with his words in mind 彼の言葉を記憶にとどめて.
cast one's mind back 回想する.
**5** U 正気; 平静, 理性 ‖
absence of mind 放心.
awake to a person's full mind 目覚めて気分がはっきりする; 正気にかえる.
Have you lost your mind? (略式) 血迷うな 《◆ ×Don't lose your mind. とはいわない》.
**6** C (知性面から見た)人 ‖
the popular mind (集合的に)一般の人々.
No two minds think alike. 人それぞれに考えが違う.
**béar** A **in mínd** =**béar in mínd** A =**keep** A **in MIND**.
**bénd** one's **mínd** 専心する, 夢中になる.
**be of** [**in**] **óne** [**a**] **mínd with** A =**be of** A's **mínd** A〈人〉と同じ意見である.
**be of the sáme mind** (1) (前と)意見が変わらないでいる. (2) 〈複数の人が〉同じ意見である.
**be of** [《主に英》**in**] **twó mínds** 決めかねている.

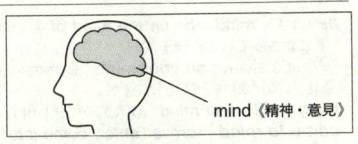

**be on** A's **mind** =**be on the mind of** A …の気にかかっている; 《米》A〈人〉が考えている ‖ What's always on your mind? いつも何を心配している[《米》考えている]のですか.

**bring [cáll]** A **to mind** A〈人〉を思い出す.

**cóme to mind** =**cróss [énter, cóme into]** A's **mínd** …の心に浮かぶ ‖ Another good idea crossed my mind. よい考えがもうひとつ私の心に浮かんだ《◆ˣAnother good idea came to my mind. とはいわない》.

**gó out of** A's **mínd** (1) A〈人〉に忘れられる. (2) 血迷う.

**hàve hálf a mind to** do (略式)ちょっと…してみようかと思う,しようか迷っている.

◇**hàve** A **in mínd** (1) …を計画中である, 考慮中である ‖ 対話 "I'm looking for a birthday present for my wife." "Is there something special you have in mind?" 「家内の誕生日祝いの品を捜しているんですが」「何かこれといったご希望の品はお考えでしょうか」. (2) =keep A in MIND.

**in** one's **mínd** =to one's MIND.

**in** one's **ríght mínd** [通例否定文・疑問文・条件文で] 正気で.

◇**kéep** A **in mínd** =**kéep in mínd** A …を心に留めておく, 覚えている《◆A に重点を置くときは keep in mind that 節の語順のみ可》‖ Keep in mind that half your life is lived after forty. 40にして人生はまだ半分残っているということを心に留めておきなさい.

**keep your mind off** A =take one's MIND off A.

**kéep** one's **mind on** A …に専心する;…に夢中である.

**know** one's **ówn mínd** [通例否定文で] 固く決意している, 考えがぐらつかない.

◇**màke úp** one's **mínd** (1) 決心する ‖ He made up his mind to do it. 彼はそれをしようと決心した《◆to do の他に that 節や wh 節・句を続けることができる: Have you made up your mind where you'll go for your holidays? 休暇はどこへ行くか決心しましたか》. (2) 結論を下す.

**pút [sét]** one's **mínd to** A …に専念する.

**pút** A **out of** one's **mínd** …を(意図的に)忘れる.

**sèt** one's **mínd on** A (1) …を固く決意する ‖ Her mind was set on marrying him. 彼女は彼との結婚を心に決めていた. (2) …を熱望する.

**tàke** one's **mind óff** A A〈つらい事〉を忘れる; A〈事〉から注意をそらす.

**to** one's **mínd** 自分の考えでは《◆one's はふつう my》.

—**動** (三単現) ~s /máindz/, (過去・過分) ~-ed /-id/; (現分) ~-ing《◆他 3 以外では進行形にしない》

—**他 1 a** [主に《英》] …に**注意を払う**, 用心する; [mind (that) 節 / mind wh 節] …するように注意を払う《ふつう命令文で用いる》‖ Mind [《米》Watch] your step! 足元に気をつけて! 《◆ Mind [《米》Watch] the step [ˣsteps] ! 階段があるので注意!》.

Mind (out) (that) you (ˣwill) read questions twice. いいかい, 問いは必ず2度読むんだよ.

Mind (out) how you drive. よく注意して運転しなさい.

**b** …を(注意して)聞く ; …に従う ‖ Mind your parents' words. =Mind what your parents tell you. ご両親の言うことをよく聞きなさい.

**2** [通例否定文・疑問文] …をいやだと思っている, 気にする ; [mind A doing] A〈人〉が…するのをいやだと思う《◆進行形にできない》‖ I don't mind him [his] using this room. 彼がこの部屋を使ってもいっこうにかまいません《◆ his より him の方が口語的》.

対話 "How do you like college life?" "I don't mind it, but I do mind the expense." 「大学生活はどうだい」「まあ気に入っているんだが, 費用がとても気になるよ」《◆肯定文はふつう次のような対比で用いる》.

対話 "What do you want to do next?" "I wouldn't mind getting something to eat." 「次は何をしたい」「何か食べたいところだな」.

**3** 〈人・店などの世話を(一時的に)〉する ‖ Who's minding the store? だれが店番をしているのですか ; だれが事をとり仕切っているのですか.

—**自 1** [通例否定文・疑問文] **a** いやだと思う, 気にする ‖ I shouldn't [wouldn't] mind if I have a cup of tea. お茶を一杯いただくのも悪くないですね《◆ I'd like a cup of tea. の遠回し表現. if I have は省略できる》.

対話 "Shall we go bowling or go to the movies?" "I don't mind." 「ボウリングに行こうか, それとも映画にしようか」「どっちでもいいよ」.

**b** 心配する, 気にする ‖ Don't mind about the rumor. うわさを気にするな.

**2** 注意する, 用心する ; 《主に米》言うことを聞く ‖ Mind! 気をつけろ! あぶない.

**Do you mínd!** = If you don't MIND!

**Do you mínd?** = If you don't MIND?

**Do you mínd doing?** = Would you MIND doing?

**Do you mínd if …?** = Would you MIND if …?

**Dòn't mind mé!**《略式》(1) [me を下降上昇調(↘↗)で] 私のことはご心配なく. (2) [me を下降調(↘). 下降上昇調(↘↗)で] 私のことはほっといてくれ.

**If you don't mínd!** どうかやめてください.

**If you dòn't [won't] mínd?** (↗)《略式》よろしければ ; [皮肉的に] こう言ってはなんですがね ; それはやめていただけませんか《◆(1) この意では if に強勢を置く. (2) 単に Do you mind?(↗)ともいう》‖

対話 "Can I see you for a few minutes now?" "Come again in ten minutes, if you don't mind." 「今2,3分会ってお話できますか」「よかったら10分してからもう1度来てくれますか」(→ 自1a 他語).

**Mínd and** *dó* /màɪndn-/ (略式) 気をつけて…しなさい ‖ Mind and drive slowly. 気をつけてゆっくり運転するんですよ.

**Mínd óut!** (英略式) [自] 気をつけろ(→ 他1a).

**mínd** (**you**) (略式) (1) → 自2. (2) [挿入句的に] いいかい(よく聞け, 忘れるな) ‖ Mind (you) (⌢), this is just between you and me. いいね, ここだけの話だよ.

◇**Mínd your ówn búsiness [affáirs]!** (英略式) 大きなお世話だ.

◇**néver mínd** (略式) (1) [自] [Never ~.] (1) **気にするな, かまわないよ**《(1) Oh, never mind. と Oh をつけると感じがよくなる. (2) ˣDon't mind. とはふつういわない》‖ 対話 "I'm sorry I'm late." "Never mind." 「遅れてごめんなさい」「かまわないですよ」. (2) [自] [Never ~ ~] (質問に答えないで)大きなお世話だ. (3) [Never mind **A**] …を気にするな; …たいした事ではない ‖ Never mind her. 彼女のことなんかどうでもいいじゃないか. (4) [never mind **A**] [否定文のあとで] …はもちろん, まして.

◇**Wòuld** [**Do**] **you mínd** *dóing*? **…していただけませんか**《◆ Do you … の方がくだけた言い方. ˣWill you mind … とはいわない》‖ Would you mind coming over here? こちらまで来ていただけませんか / 対話 "Would you mind calling him to the phone?" "No, I wouldn't mind. [Sure, just a moment.]" 「彼を電話口にお呼びいただけませんか」「ええ, いいですとも[はい, ちょっとお待ちください]」.

Q&A **Q**: 上の対話で「いいえ, だめです」はどういえばいいのですか.

**A**: Yes, I dó mind [I mind it very much]. などといいます. ただし Would you mind doing? は「…したらご迷惑ではありませんか」が原意ですが, 実質的には Would you please do? と同じくていねいな依頼を示しているので, 応じる場合に Yes, certainly. や Sure(ly). とし, 応じられない場合は I'm sorry I can't, because … などということも多いのです.

◇**Wòuld you mínd if …?** どうか…していただけませんか ‖ 対話 "Would you mind if I used [(略式) use] your car tonight?" "I'd rather you didn't tonight, if you don't mind." 「今夜車をお借りしていいですか」「すみませんが今夜はご遠慮願えませんか」《◆くだけた会話では Would [Do] you よく省略される》.

**Wòuld** [**Do**] **you mínd my** [**me**] *dóing*? (私が)…してもよろしいですか.

**mínd réading** 読心術.

**mínd's éye** [one's ~ / the ~] 心の眼, 想像力; 記憶力.

**mind-bog·gling** /máɪndbɑ̀glɪŋ マインドバグリング | -bɔ̀g- -ボグリング/ 形 (略式) 驚くべき, 圧倒されるような, 想像を超えた(incredible).

**mind·ed** /máɪndɪd マインディド/ 動 → mind.
──形 気がある ‖
He has enough money to buy a car, if he were so **minded** [if he were **minded** to do so]. 彼は, その気になれば車を買うくらいの金は持っている.

**-mind·ed** /-máɪndɪd -マインディド/ (連結形) **1** [形容詞・副詞に付けて] …心[気質]をもった. 例: ópen-mìnded men 偏見のない人. **2** [名詞に付けて] …に関心のある. 例: fóod-mìnded 食い道楽の.

**mind·ful** /máɪndfl マインドフル/ 形 (正式) 心を配って, 注意して; 心に留めて忘れない ‖
Be more **mindful** of your health. からだをもっと大切にしなさい.

**mínd·ful·ly** 副 注意して, 心して.

**mínd·ful·ness** 名 U 注意深さ; 留意.

**mind·less** /máɪndləs マインドレス/ 形 **1** 思慮のない, 愚かな; 知性を必要としない. **2** 意に介さない, 配慮のない.

\***mine**¹ /máɪn マイン/ [I の所有代名詞]
──代 **1** [単数・複数扱い] **a 私のもの**《♦ my + 前出の名詞の代用》‖
That's his book and this is **mine**. あれは彼の本で, これは僕のです《♦ mine =my book》.
His son is five years old and **mine** is six. 彼の息子は5歳, 私の息子は6歳です《♦ mine = my son》.
If you can't find your shoes, put **mine** on. あなたの靴が見つからないのなら私のをはきなさい《♦ mine =my shoes》.
**b 私の家族**; (略式) 私の飲み物 ‖
Come and see me and **mine** some day. いつか私や家族に会いに来なさい.
Make **mine** gin. 私の飲み物はジンにしてください.
**2** [a [this, that, no など] + of ~] **私の**《♦ 名詞の前に my と a, this, no などを続けて並べられないので of mine として名詞のあとに置く》‖
He is **an old friend of mine**. 彼は私の古い友人です.
Do you like **that dog of mine**? あの私の犬は好きですか《♦ ˣthat my dog, ˣmy that dog とはいわない》.
If you don't have a pen, you can use one of **mine**. ペンを持っていないのなら, 私のを1本使っていいよ.

**mine**² /máɪn マイン/ 名 C **1** 鉱山; 鉱坑; 鉱床 ‖
work a **mine** 鉱山を採掘(ᄻつ)する.
develop a cópper mìne 銅山を開く.
**2** [a ~ of + U 名詞] (知識などの)宝庫 ‖
This book is **a mine of information** about fishing. この本は釣りに関する情報の宝庫である.
**3** [軍事] 地雷.
──動 (現分) min·ing 他 **1** …を採掘する; …を掘る. **2** [軍事] …に地雷を仕掛ける; [通例 be

~d) 地雷で爆破される. ━(自) 1 採鉱をする, 坑道を切り開く. 2 〔軍事〕 地雷などを仕掛ける.
**míne detèctor** 電磁式地雷探知機.
**mine·field** /máinfi:ld マインフィールド/ 图C 〔軍事〕地雷[機雷]敷設域; 目に見えない危険をはらむ区域, 難関.
**min·er** /máinər マイナ/ (同音 minor) 图C 鉱夫, 坑夫.

\***min·er·al** /mínərəl ミネラル/ 〖「鉱山」が原義〗
━图 (複 ~s/-z/) C 1 鉱物, 鉱石; 無機物 ‖
対話 "Dad, what's a **mineral**?" "Things like salt, coal and oil. Anything that comes from the earth." 「お父さん, 鉱物って何なの」「塩や石炭や石油みたいに, 地中からとれるものだよ」.
2 (英) 〔通例 ~s〕 =mineral water.
━形 〔名詞の前で〕鉱物(性)の, 鉱物を含んだ; 無機(物)の ‖
**mineral** ores 鉱石.
**míneral wàter** (1) 〔しばしば -s〕天然鉱水《薬用》; 人工鉱水, ミネラル=ウォーター. (2) (英正式) 炭酸水, 清涼飲料.
**Mi·ner·va** /mináːrvə ミナーヴァ/ 图 〔ローマ神話〕 ミネルバ《知恵・発明・芸術・武勇の女神. ギリシア神話の Athene に当たる》.
**min·gle** /míŋɡl ミングル/ 動 (現分 min·gling) 他 (文) …を混ぜる, …を混ぜ合わせる《◆ふつう混ぜられた各要素がまだ識別できるような場合に用いる》(cf. mix) ‖
an expression that **mingles** grief and shame 悲しみと恥ずかしさの入り混じった表情.
with **mingled** fright and surprise 恐ろしさ半分驚き半分で.
━(自) 混ざる ‖
**mingle** with the crowd in the market 市場で群集に混じる.
**min·i** /míni ミニ/ 图 (複 ~s) C (略式) 1 =miniskirt. 2 (英) 小型乗用車. 3 小型の物, ミニチュア.
━形 1 〔スカートなどが〕ミニの. 2 小型の.
**min·i·a·ture** /míniətʃər ミニアチャ/ 图C 1 小模型, ミニチュア. 2 C 細密肖像画; U 細密画法. 3 C (印刷機発明前の写本に描かれた) 彩飾画[文字].
**in miniature** [名詞のあとで] 小規模の, 縮小した.
━形 小型の, 縮小した ‖
**miniature** furniture for a dollhouse 人形の家用のミニ家具.
**min·i·bus** /mínibʌs ミニバス/ 图 (複 ~·es/-iz/) C マイクロバス, 小型バス.
**min·i·ma** /mínimə ミニマ/ 图 → minimum.
**min·i·mal** /míniməl ミニマル/ 形 (正式) 最小(限度)の, 極小の《◆ maximal》.
**min·i·mize** /mínimàiz ミニマイズ/ (英しばしば) **-mise** 動 (現分 --miz·ing) 他 (正式) 1 …を最小限にする. 2 …を最小限に評価する; …を軽視する.
**min·i·mum** /míniməm ミニマム/ 图 (複 --ma /-mə/, ~s/-z/) C 1 〔通例 a ~ / the ~〕 最低[最小]限; 〔数学〕 最小, 極小 (↔ maximum) ‖
get good results with a **minimum** of effort 最小の努力でよい結果を出す.
at a **minimum** of expense 最小限の費用で.
2 最低量, 最低数, 最低点 ‖
The temperature dropped to a **minimum** of 14°. 気温は最低14度まで下がった.
━形 (正式) 最小限の, 最低限の.
**mínimum wáge** 〔通例 a ~〕 (1) 最低賃金. (2) 生活賃金.
**min·ing** /máiniŋ マイニング/ 動 → mine².
━图 U 〔しばしば複合語で〕採鉱, 採掘 ‖
cóal mìning 炭鉱業.
**mini·skirt** /míniskə̀ːrt ミニスカート/ 图C ミニスカート ((略式) mini) (→ skirt).

\***min·is·ter** /mínistər ミニスタ/ 〖「より小さい (minor)者」→「召使い (servant)」. cf. ad-minister〗 派 ministry 〈名〉
━图 (複 ~s/-z/) C 1 〔しばしば M~〕 (英国・ヨーロッパ・日本などの) 大臣《◆米国の「長官」は secretary》‖
the Prime **Minister** 総理大臣.
the **Minister** for [of] Justice 法務大臣.
2 公使; 外交使節 ‖
the United States **Minister** to Switzerland スイス駐在米国公使.
3 (特にプロテスタント教会の) 聖職者, 牧師.
━動(自) (正式) 仕える, 世話をする.
**min·is·te·ri·al** /mìnəstíəriəl ミニスティアリアル/ 形 1 (正式) 大臣の; 内閣の, 政府の. 2 牧師の. 3 行政(上)の.
**min·is·try** /mínistri ミニストリ/ 图 (複 --is·tries /-z/) C 1 〔しばしば the M~〕 C (英国・ヨーロッパの) 内閣; 〔集合名詞〕 閣僚 ‖
The **Ministry** has resigned. 内閣は総辞職した.
2 〔通例 M~〕C (英国・日本政府の) 省 (→ department) ‖
the **Ministry** of Finance 財務省.
3 〔the ~〕 大臣の職務[任期]. 4 〔the ~〕 牧師の職務[任期]; 〔集合名詞〕 聖職者, 牧師者.
**mink** /míŋk ミンク/ 图 1 C 〔動〕 ミンク《北米原産のイタチ科の動物》. 2 U (略式) ミンクの毛皮《婦人コート用として最高級》; C その衣服.
**Minn.** Minnesota.
**Min·ne·so·ta** /mìnəsóutə ミネソウタ/ 〖「空色の水」の意のインディアン語から〗 图 ミネソタ《米国中北部の州. 《愛称》 the Gopher State, the North Star State. 州都 St. Paul. (略) Minn., 〔郵便〕 MN》.
**mi·nor** /máinər マイナ/ 形 1 (2者のうち) 小さい方の, 少ない方の, (程度において) ささいな; 過半数に達しない, 少数の 《◆ lesser より堅い語》 (↔ major) ‖
His younger son received a **minor** share of his wealth. 彼の下の息子は彼の財産の少ない方の分け前を受け取った.
2 比較的重要でない, 重大でない 《◆ unimportant より堅い語》; 二流の; 〔医学〕 生命にかかわらない ‖
a **minor** part in a play 劇のわき役.
**minor** injuries 軽傷.
3 (米) 〈学科・分野が〉副専攻の.

**4** 《英》(姓のあとで)(昔のパブリック=スクールで, 同姓の者のうち)年少の, 弟の.
**5** 〖音楽〗短音階の; 〖音程記号のあとで〗短調の.
**6** 〖法律〗未成年の.
—— 名 C **1** 〖法律〗未成年者《◆18歳未満》‖
No minors (allowed). 未成年者お断り.
**2** 《米》副専攻科目[課程]; 副専攻学生.
**3** 〖音楽〗= minor key.

**mínor kéy** 短調 (minor).
**mínor léague** 《米》(プロ野球などの)マイナーリーグ《Major League より下位のプロスポーツ連盟》.

**mi·nor·i·ty** /mənɔ́ːrəti ミノ(ー)リティ | mai- マイ- / 名 (複 -·i·ties/-z/)

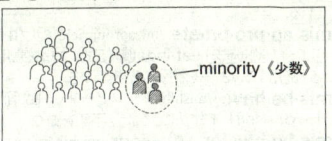

—minority《少数》

**1** U [通例 a 〜; 単数・複数扱い] 少数(の者), (2分した)小さい方の部分; [単数扱い] (得票などの)半分以下の数, 少数 (↔ majority) ‖
be in a minority of óne だれからも支持されていない, 孤立無援である.
**2 a** C 少数派 (↔ majority); = minority group ‖
laws to protect religious minorities 宗教上の少数集団を保護する法律.
**b** [形容詞的に] 少数派の, 少数の人々の ‖
a minority opinion 少数意見.
**3** U 〖法律〗[通例 one's 〜] 未成年 ‖
He is still in his minority. 彼はまだ未成年だ.
*be in the minórity* 少数(派, 党)である.
**minórity góvernment** 少数党政府.
**minórity gróup** (一国内の)少数民族《◆ふつう白人以外の有色人種を指す. この語はその人たちにとっては《侮蔑》を表すこともある》, (議会の)少数党[派].

**Mi·nos** /máinɔs マイノス | -nɔs -ノス/ 名 《ギリシア神話》ミノス《クレタ島 (Crete) の王. Zeus と Europa の息子》.

**Min·o·taur** /mínətɔ̀ːr ミノトー | máinə- マイノトー/ 名 《ギリシア神話》[the 〜] ミノタウロス《人身牛頭の怪物》.

**min·strel** /mínstrəl ミンストレル/ 名 C **1** (中世の)吟遊(ぎんゆう)詩人《竪琴 (harp)を手に, 即興詩や英雄物語などを歌った》. **2** minstrel show の演技者.
**mínstrel shòw** 《米》ミンストレル=ショー《黒人に扮(ふん)した白人の歌・ダンス・笑い話などによるバラエティショー》.

**mint**[1] /mínt ミント/ 名 C **1** 造幣局.
**2** 《略式》[a 〜 of 〜 U 名詞] 多額, 多大 ‖
make [earn] a mint (of money) 多額の金をもうける.
—— 動 他 《正式》〈貨幣〉を鋳造する.

**mint**[2] /mínt ミント/ 名 **1** C U 〖植〗ハッカ, ミント《spearmint, peppermint など》. **2** U ハッカ(油)《葉・茎から採る》. **3** C 《略式》ハッカ入りキャンデー (peppermint).
**mínt sàuce** ミントソース《主に子羊の焼肉にかける》.
**mínt tèa** ハッカ茶.

**min·u·et** /mìnjuét ミニュエト/ 名 C メヌエット《17世紀フランスで始まった3拍子のゆるやかで優雅なダンス》; その舞曲.

**mi·nus** /máinəs マイナス/ 前 **1** 〖数学〗…を引いた (↔ plus) ‖
17 minus 5 leaves 12. 17引く5は12《◆leaves の代わりに is や equals も可》.
**2** 《略式》…のない (without); …が欠けた ‖
a book minus its cover 表紙のない本.
—— 形 **1** マイナスの; 負の (negative) ‖
minus five degrees マイナス5度.
a minus quantity 負量, 負数.
**2** (ある成績より)以下の ‖
a mark of B minus Bより少し下の成績《B⁻と書く》.
**3** 《略式》欠けている ‖
the minus side マイナスの面.
—— 名 (複 〜·es/-iz/) C **1** マイナス, 負号; 負量, 負数 (↔ plus). **2** 不足, 欠損.
**mínus sìgn** 負号《−》(↔ plus sign).

**mi·nus·cule** /mínəskjùːl ミナスキュール/ 形 **1** 小文字の, 小文字で書かれた. **2** 《略式》非常に小さい, ちっぽけな (tiny). —— 名 C **1** (中世の写本の)小文字(体). **2** 〖印刷〗小文字活字.

** \*\*min·ute**[1] /mínət ミニト/ 《発音注意》《◆ minute[2] とは別語》『「より小さいもの」が原義』
—— 名 (複 〜s/-its/) C **1** (時間の)分《略 m., min., (符号)'》 ‖
leave five minutes early 5分早く出発する.
at ten minutes after eight 8時10分に《◆《米》8:10 / 《英》8.10 とも書く》.
It is ten minutes before seven. 7時10分前です.
He will be back in a few minutes. 2, 3分で[すぐに]彼は帰ってくる.
It is (a) ten minutes' walk [a ten-minute walk] from here to the station. = It takes ten minutes to walk from here to the station. ここから駅まで歩いて10分です.
**2** 《略式》[通例 a 〜] 瞬間, ちょっとの間 ‖
in a minute すぐに.
stare at each other minute after minute 何分もにらみ合いを続ける.
Go to bed this minute. 今すぐ寝なさい《◆this minute は文頭にこない》.
It is getting colder minute by minute. 刻々と寒くなってくる.
I'm expecting him any [every] minute now. 彼を今か今かと待っているところです.
対話 "Hello. Could I please speak to Ms Turner?" "Wait a minute, please." 「もしもし. ターナーさんとお話したいのですが」「ちょっとお待ちください」.
**3** (角度の)分《1度 (degree) の60分の1. 《符

号)'〉‖
The longitude of the mountaintop is 25°10′ east. その山頂の経度は東経25度10分だ《◆25°10′ は twenty-five degrees (and) ten minutes と読む》.

○(at) ány mínute 今すぐにも, いつ何時《◆特に危険・好ましくないことについて用いる》‖ It may rain any minute. 今にも雨が降りそうだ.

at the lást mínute どたん場になって.

nòt for a [óne] mínute 少しも…ない.

○the mínute (that) … [接]…するとすぐに‖ I knew him the minute I met him. 会うとすぐ彼だとわかった.

to the mínute (1分も違わず)きっかり‖ He finished in one hour to the minute. 彼はちょうど1時間で終えた.

úp to the mínute 最新の[で].

mínute bòok 議事録(minute).

mínute hànd (時計の)分針, 長針.

**mi·nute²** /mainjúːt マイヌート (マイニュート)/《発音注意》《◆ minute¹ と別音》[形]《比較》--nut·er, 《最上》--nut·est》《正式》1 微(ヴ)小な, 微細な‖

a minute grains of sugar 砂糖の細かい砂糖. a minute improvement ごくわずかな進歩.

2 綿密な, 詳細な; 細心な‖

a minute health examination 身体の精密検査.

3 取るに足りない, ささいな.

mi·núte·ness [名]U 微小, 微細; 綿密, 詳細.

\***mir·a·cle** /mírəkl ミラクル/〚不思議に思う(mira)もの(cle). cf. admire, mirror〛

——[名]《複 ~s/-z/》C 1 奇跡‖

do [work, perform, accomplish] miracles 奇跡を行なう.

2 奇跡的な出来事; 驚異的な実例‖

by miracle 奇跡的に.

a miracle of surgical skill 驚異的な外科技術.

[対話] "And you say they won the game in the last five seconds?" "Yes. It was a miracle." 「彼らは最後の5秒で勝利をものにしたというんですか」「そうです. まさに奇跡でした」.

mi·rac·u·lous /mərækjələs ミラキュラス/ [形] 1 奇跡的な, 驚くべき. 2 不思議な.

mi·rac·u·lous·ly /mərækjələsli ミラキュラスリ/ [副] 奇跡的に(も), 不思議に.

mi·rage /mərάːʒ ミラージュ | mírɑːʒ ミラージュ/ [名] C 1《正式》蜃気楼(セネ゚). 2 妄想(セネ゚), 幻覚.

mire /máiər マイア/ [名]U 《正式》1 ぬかるみ, 泥沼; 泥. 2 [the ~] 窮(ネ゚)地; 不名誉.

\***mir·ror** /mírər ミラ/ 《類音》mil/er/mílər/》〚「見る(mir)もの」が原義. cf. miracle〛

——[名]《複 ~s/-z/》C 1 鏡; 反射鏡‖

see oneself in a mirror 自分の姿を鏡に映して見る.

a rearview mirror バックミラー《◆*a back mirror とは言わない》.

2 [比喩的に] 鏡‖

The press ought to be a mirror of public opinion. 新聞は世論の鏡であるべきだ.

——[動] 他 《文》(鏡のように)…を映す, 反射させる; …を忠実に描写する‖

The moon was mirrored in the lake. 月が湖に映し出されていた.

mírror ímage 《正式》(左右が逆に見える)鏡像.

mirth /mə́ːrθ マース/ [名] U 《主に文》陽気, 歓笑; 浮かれ騒ぎ.

mis·ad·ven·ture /mìsədvéntʃər ミサドヴェンチャ/ [名] C U 《主に文》不運な出来事; 不運, 災難.

mis·ap·pre·hen·sion /mìsæprihénʃən ミサプリヘンション/ [名] U C 《正式》誤解, 思い違い‖

be under a misapprehension 思い違いをしている.

mis·ap·pro·pri·ate /mìsəpróuprieit ミサプロウプリエイト/ [動]《現分》--at·ing》他《正式》1 …を悪用する, 乱用する. 2 …を着服する, 横領する.

mis·be·have /mìsbihéiv ミスビヘイヴ/ [動] 自他 [~ oneself] 不作法にふるまう, 不正を働く.

mis·be·hav·ior, 《英》--iour /mìsbihéivjər ミスビヘイヴャ/ [名] U 不作法; 不品行; 不正行為.

mis·cal·cu·late /mìskǽlkjəleit ミスキャルキュレイト | -kju- キャルキュレイト/ [動]《現分》--lat·ing》(正式) 他 (…を)計算違いする, 見込み違いする.

mis·cal·cu·la·tion [名] C U 見込み違い, 計算違い.

mis·car·riage /mìskǽridʒ ミスキャリヂ/ [名] U C 《正式》失敗; 失策; 《主に英》(郵便などの)誤配, 不着‖

a miscarriage of justice〔法律〕誤審.

mis·car·ry /mìskǽri ミスキャリ/ [動]《三単現》--car·ries/-z/; 《過去・過分》--car·ried/-d/》[自]《正式》1〈計画などが〉失敗する. 2〈手紙などが〉誤配される. 3〈女性が〉流産する.

mis·cel·la·ne·ous /mìsəléiniəs ミセレイニアス/ [形]《正式》種々雑多なものからなる; 多方面の.

mis·chief /místʃif ミスチフ/《発音注意》《◆×ミスチーフ》[名] 1 U C 《正式》害, 損害; 災害, 危害; 悪影響; 困る点‖

do a lot of mischief to the community 社会に大損害を与える.

One mischief comes on the neck of another. (ことわざ) 一つの災害は他の災害のすぐあとにやってくる;「泣き面に蜂」.

2 U いたずら, 悪さ《◆数える時には a piece of mischief, two pieces of mischief … となる》;茶目っ気; C《略式》いたずらっ子‖

get into mischief いたずらをする.

dó A a míschief 《主に英略式》A〈人〉に危害を加える.

màke míschief 《正式》不和にする.

mis·chie·vous /místʃivəs ミスチヴァス/《発音注意》[形] 1《正式》害を与える, 有害な‖

mischievous gossip 人を傷つける陰口.

2 いたずら好きな; いたずらっぽい, 茶目っ気のある.

mís·chie·vous·ly [副] 有害に; いたずらに.

mis·con·cep·tion /mìskənsépʃən ミスコンセプション/ [名] U C 《正式》誤解, 思い違い; 誤った考え.

**mis·con·duct** /mìskʌ́ndʌkt ミスカンダクト | -kɔ́n--コンダクト/ 名 U (正式) [しばしば a ~] 1 非行, 不品行, (特に) 不義, 不倫. 2 まずい経営.

**mis·con·struc·tion** /mìskənstrʌ́kʃən ミスコンストラクション/ 名 U C (正式) 誤った解釈, 誤解; 曲解.

**mis·con·strue** /mìskənstrúː ミスコンストルー/ 動 (現分) --stru·ing /-/ ⑪ …の解釈を誤る; …を曲解する, 悪い意味にとる.

**mis·count** /動 mìskáunt ミスカウント/ 名 ⌐ / (正式) 動 ⑪ ⑪ (…を)数え間違える, 誤算する. ── 名 C 数え間違い, 誤算.

**mis·deed** /mìsdíːd ミスディード/ 名 C (文) 悪行 (ぎょう), 悪事, 犯罪.

**mis·de·mean·or,** (英) **-our** /mìsdimíːnər ミスディミーナ/ 名 C 1 (法律) 軽罪 (cf. felony). 2 (正式) 非行, 不品行.

**mis·di·rect** /mìsdərékt ミスディレクト | -dai- --ダイレクト/ 動 ⑪ (正式) 1 〈人〉に誤った指導をする; 〈道〉などを間違って教える. 2 〈手紙など〉に誤ったあて名を書く. 3 〈精力・能力など〉を間違った方向に向ける.

**mis·di·rec·tion** /mìsdirékʃən ミスディレクション | -dai- --ダイレクション/ 名 U 教え間違い.

**mi·ser** /máizər マイザ/ 名 C けちん坊, 欲ばり.

\***mis·er·a·ble** /mízərəbl ミザラブル/ (アクセント注意) 《「みじめ」が原義. cf. miser》
── 形 1 みじめな, 不幸な, 哀 (あわ) れな; みじめで ‖
対話 "Though he is very rich, he looks miserable." "You are right. The rich are not always happy."「彼はとてもお金持ちだけど, みじめな感じがするね」「君の言う通りだ. 金持ちが幸せだとは限らないからね」.

2 (正式) [通例名詞の前で] 粗末な, みすぼらしい; 不十分な, わずかな ‖
a miserable house みすぼらしい家.

3 不愉快な, いやな, ひどい; 悲惨な, 痛ましい ‖
What míserable wéather! なんていやな天気なんだろう.

4 (正式) [名詞の前で] 恥ずべき; [補語として] 卑劣 (ひれつ) な, 軽蔑 (けいべつ) に価する ‖
It is miserable of him to make fun of her. = He is miserable to make fun of her. 彼女を笑いものにするとは彼は卑劣なやつだ.

**mis·er·a·bly** /mízərəbli ミザラブリ/ 副 みじめに, 悲惨に; 貧弱に, みすぼらしく; (みじめなほどに) ひどく ‖ He is miserably paid. 彼の給料はひどく低い.

**mi·ser·ly** /máizərli マイザリ/ 形 けちな, 欲深い, しみったれの.

**mis·er·y** /mízəri ミザリ/ 名 (複 -er·ies /-z/) 1 U [しばしば a ~] みじめさ, 悲惨さ, 不幸; 貧困; (精神的) 苦痛, 苦悩 ‖
live in misery みじめな生活をする.

2 C [通例 miseries] 不幸のもと, 苦難 ‖
be exposed to unthinkable miseries 想像もできないような苦難にさらされる.

3 U C (文) (肉体的な) 苦痛, 痛み ‖
be in misery with a toothache 歯痛で苦しんでいる.

**mis·fit** /1 mìsfít ミスフィット; 2 ⌐ / 名 C 1 不釣り合い; 合わない服[靴]. 2 不適任者.
── 動 (過去・過分) --fit·ted/-id/; (現分) --fit·ting
⑪ ⑪ (…に)うまく合わない.

**mis·for·tune** /misfɔ́ːrtʃən ミスフォーチュン | misfɔ́ːtʃuːn ミスフォーチューン/ 名 1 U 不運, 不幸, 逆境 (↔ fortune) ‖
by misfortune 不運にも.
a person in misfortune 逆境にある人.
I had the misfortune to break my arm. 不幸にも腕の骨を折った.

2 C 不幸な出来事, 災難 ‖
Misfortunes never come singly [alone]. (ことわざ) 不幸は続くもの.

**mis·giv·ing** /mìsgívíŋ ミスギヴィング/ 名 U (正式) [しばしば ~s] 疑い, 不安, 恐れ.

**mis·guid·ed** /mìsgáidid ミスガイディド/ 形 (正式) 誤り導かれた, 心得違いの.

**mis·han·dle** /mìshǽndl ミスハンドル/ 動 (現分) --han·dling) ⑪ (正式) …を誤って取り扱う; …を手荒く扱う, 虐待する.

**mis·hap** /míshæp ミスハプ, ⌐ / 名 1 C 不運な事故, 災難.

2 U 不運, 不幸 ‖
without mishap 無事に.

**mis·in·form** /mìsinfɔ́ːrm ミスィンフォーム/ 動 ⑪ (正式) …に誤った情報を伝える.

**mis·in·ter·pret** /mìsintə́ːrprət ミスィンタープリト/ 動 ⑪ …を誤って解釈する, 誤解する.

**mis·in·ter·pre·ta·tion** /mìsintə̀ːrprətéiʃən ミスィンタープリテイション/ 名 C U 誤解.

**mis·judge** /mìsdʒʌ́dʒ ミスヂャヂ/ 動 (現分) --judg·ing) ⑪ ⑪ (…を)誤って判断する.

**mìs·júdg·ment** 名 C U 誤った判断; 誤審.

**mis·lay** /mìsléi ミスレイ/ 動 (過去・過分) mis·laid) ⑪ …を置き違える, 置き忘れる.

**mis·lead** /mìslíːd ミスリード/ 動 (過去・過分) --led) ⑪ …を誤った方向に導く; …を欺く, 誤解させる.

**mis·lead·ing** /mìslíːdiŋ ミスリーディング/ 動 → mislead. ── 形 人を誤らせる, 誤解を招きやすい; 惑わせる, 紛らわしい.

**mis·man·age** /mìsmǽnidʒ ミスマニヂ/ 動 (現分) --ag·ing) ⑪ (正式) …の管理[経営]を誤る, …の処置を誤る. **mis·mán·age·ment** 名 U 誤った経営, 管理[処理]の誤り.

**mis·match** /動 mìsmǽtʃ ミスマチ; 名 ⌐ / 動 (三単現) ~·es/-iz/) ⑪ …を不適当に組み合わせる, …に不釣り合いな縁組みをさせる. ── 名 (複 ~·es /-iz/) C 不適当な組み合わせ, 不釣り合い, ミスマッチ; くいちがい.

**mis·no·mer** /misnóumər ミスノウマ/ 名 C (正式) 誤称; 誤記.

**mi·sog·y·nist** /misɑ́dʒənist ミサヂニスト, mai- | -sɔ́dʒə- --ソヂニスト/ 名 C 女嫌いの人.

**mis·place** /mìspléis ミスプレイス/ 動 (現分) --plac·ing) ⑪ (正式) 1 …を置き間違える; …を置き忘れる. 2 〈信用・愛情など〉を間違って与える.

**mis·pláced** 形 見当違いの.

**mis·print** /mísprint ミスプリント/ 名 C ミスプリント,

誤植 ‖
do a misprint 誤植する.

**mis･pro･nounce** /mìsprənáuns ミスプロナ**ウ**ンス/ 動 (現分) ‥nounc･ing) 他 自 〈…の〉発音を誤る.

**mis･pro･nun･ci･a･tion** /mìsprənʌnsiéiʃən/ ミスプロナンシエイション/ 名 ⓊⒸ 誤った発音, 発音の誤り.

**mis･quote** /mìskwóut/ ミスク**ウォ**ウト/ 動 (現分) ‥quot･ing) 他 …を間違って引用する.

**mis･read** /mìsríːd/ ミス**リ**ード/ 動 (過去・過分) mis･read/-réd/) 他 (正式) **1** …を読み違える. **2** …を誤解する.

**mis･rep･re･sent** /mìsreprizént/ ミスレプリ**ゼ**ント/ 動 他 **1** (正式) …を(故意に)誤り伝える, 不正確に述べる, …の説明を誤る. **2** …の代表としての(十分な)働きをしない.

**mis･rule** /mìsrúːl/ ミス**ルー**ル/ 名 Ⓤ **1** 失政, 悪政. **2** (文) 無秩序, 混乱; 無政府状態.

＊**miss**¹ /mís ミス/ 『「意に反して…しそこなう」が本義』派 missing (形)
→ 動 自 **1** 打ちそこなう **2** 乗り遅れる
**4** いないのを寂しく思う **5** 免れる
**6** 抜かす
自 的に当てそこなう

── 動 (三単現) ~･es /-iz/; (過去・過分) ~ed/-t/; (現分) ~･ing)
── 他 **1** …を打ちそこなう, 捕えそこなう, …に達しそこなう ‖
miss one's aim ねらいがはずれる.
miss one's only chance 唯一の機会を逸する.
miss the ball ボールを捕りそこなう.

**2** …に乗り遅れる(↔ catch), …に間に合わない ‖
miss the boat 船に乗り遅れる; (略式) 機会を逸する.

**3** 〈映画などを〉見そこなう, 見のがす, 〈話などを〉聞きそこなう; 〈物に〉気がつかない, 見落とす, 〈人に〉会いそこなう; 〈意味・問題などを〉理解しそこなう; [miss doing] …しそこなう ‖
Hurry up; you're miss**ing** the opening ceremony. 急いで, 開会式を見のがしてしまうよ.
I went to meet my friend at the airport, but I miss**ed** him. 空港まで友だちを迎えに行ったが (すれ違いで)会えなかった.
We miss**ed** winning the game. 試合に勝ちそこなった.

Q&A Ｑ：「今回は君の過ちを見のがしてやるよ」を I'll miss your mistake this time. としたら間違いだといわれました. なぜですか.
Ａ：miss は「意に反して見のがしてしまう」意なので, 上のように意識的に「とがめずに見のがす, 大目に見る」では overlook を用いるのが正しいのです.

**4** …の不在に気づく; …がいないのを寂しく思う; …がないので困る ‖
I'll miss you badly. 君がいないととても寂しくなるよ.

When did you miss the fountain pen? いつ万年筆がないのに気がつきましたか.
I('ve) miss**ed** you. (長く会わなかった人に) 久しぶりですね, さびしかった.
The old man wouldn't be miss**ed** if he died. あの老人が死んでもだれも寂しく思うことはあるまい.

対話 "So how do you like your new job?" "It's fine, but I do miss my school days sometimes."「それで仕事のほうはいかがですか」「全く申し分ありません. ただ時々学校時代のことがなつかしくなることがあります」

**5** 〈事故などを〉免れる, 避ける; [miss doing] …することを免れる ‖
I just miss**ed** (having) an accident. もうちょっとで事故にあうところだった.
The blind boy miss**ed** the wall. その盲目の少年は(あやうく)壁にぶつかるのを免れた.

**6** (略式) [しばしば be ~ing] …を抜かす, 欠く; …を省略する; …に出席しない ‖
miss school for a week = miss a week of school 学校を1週間休む.
Our team **is missing** a catcher. ぼくたちのチームには捕手がいない.
This book **is missing** four pages. この本は4ページ欠けている.

── 自 的に当てそこなう.

**míss óut** (1) (略式) [自] 楽しめない; 逸する. (2) [他] …を見落とす, 省く, 除く; [通例 be ~ed] 〈人が〉無視されている.

── 名 (~･es/-iz/) Ⓒ 失敗, やりそこない, ミス ‖
A miss is as gòod as a míle. 《ことわざ》小さな失敗でも, 失敗は失敗.

＊**miss**² /mís ミス/ 『mistress の短縮語』
── 名 (~･es/-iz/) **1** [M~; 独身女性の姓・姓名の前で] …さん, …嬢 ‖
Miss Smith スミスさん.

事情 (1) 正式には長女の場合は姓に, 次女以下は姓名に付ける; 姉妹を一緒にいう時には the *Miss* Smiths, (やや古) the *Misses* Smith という.
(2) 既婚者でも芸名・ペンネームなどに用いることがある.

**2** [しばしば M~; ウェイトレス・スチュワーデス・女店員・女教師などへの呼びかけで] お嬢さん, 娘さん, 先生 《◆ma'am よりかなりくだけた言い方》 ‖
I beg your pardon, miss. (↗) 先生, すみませんがもう一度おっしゃってください.

**Miss.** (略) Mississippi.

**mis･sile** /mísl ミスル | mísail ミサイル/ (アクセント注意) 名 Ⓒ **1** ミサイル, 誘導弾 ‖
a guided missile 誘導ミサイル.
**2** (正式) 飛び道具 《石・矢・投げやり・弾丸など》.

**miss･ing** /mísiŋ ミスィング/ 動 → miss¹.
── 形 あるべき所にない, いるべき所にない; 欠けている, 紛失した, 行方不明の; [the ~; 複数扱い] 行

missing《行方不明の》

方不明者 ‖
There are two buttons missing on my jacket. ジャケットのボタンが2個とれている.

**míssing línk** (1) 〔系列完成上〕欠けている部分. (2) 〔生物〕〔the ~〕ミッシングリンク, 失われた環(常)《人間と類人猿との中間に存在したと仮想された動物》.

**mis·sion** /míʃən ミション/ 图 **1** 使節, 代表団; 大〔公〕使館 ‖
dispatch a trade mission 貿易使節団を派遣する.
**2** 伝道; 伝道団; 伝道者の派遣(常); 伝道所; [~s] 布教活動.
**3** ⓊⒸ〔正式〕使命, 任務, 天職 ‖
a sense of mission in life 人生における使命感.
be sent on a mission to Germany ドイツへ使命を帯びて派遣される.
**míssion státement** 会社の綱領, 組織の綱領.

**mis·sion·ar·y** /míʃənèri ミショネリ | míʃənəri ミショナリ/ 图 (複) --ar·ies/-z/) ⓒ 伝道師, 宣教師.

**Mis·sis·sip·pi** /mìsəsípi ミスィスィピ/ 图 **1** ミシシッピ《米国中南部の州. 州都 Jackson. (略) Miss., (郵便) MS). **2** 〔the ~〕ミシシッピ川((異名) the Father of Waters).

**Mis·sou·ri** /mizúəri ミズアリ/ 图 **1** ミズーリ《米国中部の州. 州都 Jefferson City. (略) Mo., (郵便) MO). **2** 〔the ~〕ミズーリ川《Mississippi 川の支流》.

**mis·spell** /mìsspél ミススペル/ 動 (過去・過分 --spelt または ~ed) 他 …のつづりを誤る.

**mis·spell·ing** /mìsspéliŋ ミススペリング/ 图 ⓊⒸ つづり間違い.

***mist** /míst ミスト/ [同音] missed) 〖「暗黒」が原義〗派 misty (形)
— 图 (~s/míts/) **1** ⓊⒸ 霧, かすみ, もや 《◆ haze より濃く fog より薄い》‖
a thick mist 濃霧 (→ dense).
**2** Ⓤ 〔しばしば a ~ / the ~〕(涙などによる目の)かすみ; 曇り. **3** [a ~ / the ~] 意味をぼんやりさせるもの, 理解を困難にするもの.
— 動 自 霧〔かすみ, もや〕がかかる; 曇る; ぼんやりする; [it を主語として] 霧雨〔こぬか雨〕が降る ‖
Her eyes misted (over) with tears. 彼女の目は涙でかすんだ.
It began to mist in the afternoon. 午後になって霧雨が降りだした.

****mis·take** /mistéik ミステイク/ 〖「間違って (mis) 取る (take)」cf. *mis*understand〗
— 图 (複 ~s/-s/) ⓒ 誤り, 間違い; 思い違い, 勘違い; 手違い, 誤解 ‖
a fatal mistake 致命的な失敗, 命取り.

make two mistakes in arithmetic 算数で2つ間違える.
This is simply the best learner's dictionary—there's no mistake about it. これは何といっても最良の学習辞典だ. それは間違いない.
He makes no mistakes in whatever he does. 彼は万事にそつがない.
He is a detective, **and no mistake**. やつはデカだ. 絶対にそうだ.
(対話)"How did you do in the interview?" "Everything was fine until the end when I made a bad mistake."「面接はどんな具合にいきましたか」「すべて順調でしたが, 最後のところでひどい失敗をしました」
◇**by mistáke** 誤って, 間違って, うっかりして ‖ I entered someone else's room by mistake. 間違えて人の部屋に入った.
— 動 (三単現 ~s/-s/; 過去 --took/-túk/, 過分 --tak·en/-téikn/; 現分 --tak·ing)
— 他 **1** …を間違える; …を誤る; [mistake wh 節] …かを誤解する ‖
I mistook the road and found myself in St. Louis. 道を間違えて気がついた時はセントルイスに来ていた.
Don't mistake me. ぼくを誤解しないでくれ.
I mistook the meaning of the question. 私は質問の意味を誤解した.
**2** [mistake A for B] A〈人・物〉を B〈別の人・物〉と**間違える** ‖
She mistook the sugar for salt. 彼女は砂糖を塩と間違えた.
I am often mistaken for my brother. ぼくはよく弟と間違えられる.

***mis·tak·en** /mistéikn ミステイクン/ 動 → mistake.
— 形 **1**〔正式〕誤った, 誤解した《◆「誤解される」は be misunderstood》‖
if I'm not mistaken 私の間違いでなければ.
He was mistaken about the name of the hotel. 彼はホテル名を勘違いしていた.
You are mistaken in thinking that money is everything. 金がすべてだと考えるなんて君は間違っている《◆*You are mistaken that … とはいわない》.
**2** 判断を誤った ‖
a mistaken opinion 間違った意見.

**mis·tak·ing** /mistéikiŋ ミステイキング/ 動 → mistake.

**mis·ter** /místər ミスタ/ 图 **1** [M~] =Mr. **2**〔米略式・非標準〕〔呼びかけ〕だんな, あなた, もし《◆ふつうこの代わりに sir を用いる》.

**mis·tle·toe** /mísltòu ミスルトウ, (英+) mízl-/ 图 Ⓤ〔植〕ヤドリギ.
**kissing ùnder the místletoe** ヤドリギの下でのキス《◆クリスマスの飾りのヤドリギの下にいる女性には男性はキスをしてもよいということになっている》.

***mis·took** /mistúk ミストゥク/ 動 → mistake.

**mis·treat** /mìstríːt ミストリート/ 動 他 …を虐待する

**mis·treat·ment** 名 ⓤ 虐待, 酷使.

**mis·tress** /místrəs ミストレス/ 〖master の女性形〗名 (複 ~·es/-iz/) ⓒ **1**《やや古》女主人; 女性の所有者; 女性雇い主 ‖
Is the **mistress** of the house out? その家の奥さんは外出していますか.
She is **mistress** of a large fortune. 彼女はたいへんな財産家である《◆ふつう冠詞を省略する. 男性には master を用いる》.
**2**（女性の）大家, 名人 ((PC) expert, specialist) ‖
a **mistress** of cooking 料理の大家.
**3** 女性支配者, 女王 ‖
the **mistress** of the night 夜の女王《月のこと》.
the **Mistress** of the Seas 海の支配者《かつての英国のこと》.
the **Mistress** of the Adriatic アドリア海の女王《ベネチアのこと》.
the **Mistress** of the World 世界の女王《ローマ帝国のこと》.

**mis·trust** /mìstrʌ́st ミストラスト/ 動 他《正式》…を疑う ‖ ──名 ⓤ [時に a ~] 不信, 疑惑.

**mis·trust·ful** /mìstrʌ́stfl ミストラストフル/ 形 信用しない, 疑っている.

**mist·y** /místi ミスティ/ 〖→ mist〗形 （通例 比較 ~·i·er, ~·i·est）霧の（深い）.

**\*mis·un·der·stand** /mìsʌ̀ndərstǽnd ミサンダスタンド/ 〖間違って(mis)理解する(understand). cf. misuse〗
──動 （三単現 ~s /-stǽndz/ ; 過去・過分 ~·stood /-stúd/ ; 現分 ~·ing）
──他 …を誤解する, 取り違える (↔ understand) ‖
He **misunderstood** me. 彼はぼくの（言った）ことを誤解した.

**mis·un·der·stand·ing** /mìsʌ̀ndərstǽndiŋ ミサンダスタンディング/ 動 → misunderstand.
──名 ⓤⓒ **1** 誤解, 考え違い, 解釈違い ‖
He has a **misunderstanding** of my question. 彼は私の質問を誤解している.
**2**（遠回しに）意見の相違, 不和, けんか.

**mis·use** 名 mìsjúːs ミスユース; 動 mìsjúːz ミスユーズ/名 ⓤⓒ 誤用, 悪用 ‖
the **misuse** of company money 会社の金の悪用.
──動 （現分 ~·us·ing）他 **1** …を誤用する, 悪用する. **2**《正式》…を虐待する, 酷使する.

**Mitch·ell** /mítʃəl ミチェル/ 名 **1** ミッチェル《男の名》. **2** ミッチェル（Margaret ~ 1900-49 ; 米国の女性作家. 著書 *Gone with the Wind*》.

**mite** /máit マイト/ 名 ⓒ **1** 小銭.
**2**《文》[通例 a ~]（少額ながら）精一杯の寄付 ‖ a widow's **mite**《聖》貧者の一灯.
**3** ごく小さい物[動物]. **4**《略式》[a ~ ; 副詞的に] いくぶん; [否定文で] 少しも（…でない）.

**mit·i·gate** /mítəgèit ミティゲイト/ 動 （現分 -·gat·ing）他《正式》…をやわらげる, 軽くする, 静める.

**mítigating círcumstances [fáctors]**《正式》

〖法律〗（刑の）酌量（しゃくりょう）すべき情状, 軽減事由.

**mitt** /mít ミト/ 名 ⓒ **1** 女性用長手袋《指先が露出し, ひじまでを覆う》. **2** = mitten **1**. **3**〖野球〗（捕手・一塁手用）ミット. **4**《略式》[通例 ~s]（人の）手, こぶし.

**mit·ten** /mítn ミトン/ 名 ⓒ **1** ミトン《親指だけ離れたふたまた手袋》. **2** = mitt **1**.

**\*mix** /míks ミクス/ 〖「混ぜられた(mixed)」から〗
派 mixture（名）
──動 （三単現 ~·es /-iz/ ; 過去・過分 ~ed または **mixt**/míkst/ ; 現分 ~·ing）
──他 と 自 の関係──
| 他 | **1** | mix A | A を混ぜる |
| 自 | **1** | A mix | A が混ざる |

──他 **1** …を混ぜる, 混合する (類 blend, mingle) ‖
**mix** a little sugar **into** the flour 小麦粉の中に砂糖を少々入れる.
**mix** business (up) **with** pleasure 仕事と遊びを混同する.
We cannot **mix** oil (in) **with** water. 油と水を混ぜ合わせることはできない.
**Mix** the butter **and** sugar thoroughly before adding water. 水を加える前にバターと砂糖を完全に混ぜ合わせなさい.
**2 a** …を混ぜて作る; …を調合する ‖
**mix** a cake ケーキを作る.
**b** [授与動詞] [mix A B / mix B for A] A〈人〉に B〈物〉を混ぜて作ってやる ‖
The doctor **mixed** her some medicine. 医者は彼女に薬を調合してくれた.
対話 "Aren't you drinking anything?" "I'm waiting for a drink now. Bob's **mixing** me a cocktail."「何も飲んでないの?」「今待っているんです. ボブがカクテルを作ってくれているから」.
**3**〈人〉を交際させる.
──自 **1** 混ざる, 混合する ‖
Oil does not **mix** with water. =Oil and water do not **mix**. 油は水と混ざらない.
**2** つき合う, 交際する ‖
She does not **mix** well at parties. 彼女はパーティーでうまくとけ込めない.
**be míxed úp** 巻き込まれる; かかわり合いになる; 頭が混乱する.
*míx úp* [他]（1）〈物〉をよく混ぜる.（2）〈人・物〉を混同する (confuse).（3）〈人〉を混乱させる.
──名 ⓤⓒ 混合, 混合物; （酒に混ぜる）非アルコール性飲料; [通例複合語で]（すぐ料理できるよう混合した）即席食品 ‖
custard **mix** カスタードの素（もと）.

**mixed** /míkst ミクスト/ 動 → mix.
──形 **1** 混合した, 混じり合った; 雑多の ‖
a **mixed** society 種々雑多な人種からなる社会.
**2** 男女混合の, 共学の ‖
a **mixed** chorus 混声合唱.
a **mixed** school 男女共学の学校.

**míxed márriage**（異なった宗教・人種間の）雑婚.

**mixed-up** /míkstʌp/ ミクスタプ/ 形 《略式》頭の混乱した,(言動が)ばらばらの,(…に)巻き込まれる,つき合う.

**mix·er** /míksər/ ミクサ/ 名 © **1** 混合する人;［通例複合語で］混合機,ミキサー《◆果実・野菜のミキサーは《主に米》blender,《英》liquidizer がふつう》‖ a concrete **mixer** コンクリートミキサー.
**2** (テレビ・ラジオの)音量調整者［装置］;(テレビの)画面調整者［装置］.
**3** 《略式》社交家;社交の場《ダンスパーティーなど》‖ He is a good **mixer**. 彼は人づき合いが良い.

***mix·ture** /míkstʃər/ ミクスチャ/ [→ mix]
——名 ~s/-z/) **1** Ⓤ 《正式》［しばしば a ~］混合,混和,調合 ‖
speak in a **mixture** of English and [ˣwith] Japanese 英語と日本語をちゃんぽんで話す.
**2** Ⓒ Ⓤ 混合物;合成品;調合薬;混紡糸［織物］;(内燃機関の)混合ガス.
**3** [a ~] (感情などの)入り混じったもの,交錯 ‖
with a **mixture** of joy and sorrow 喜びと悲しみの入り混じった気持ちで.

**mix-up** /míksʌp/ ミクサプ/ 名 © 《略式》混乱;混戦,乱闘,けんか;失敗,間違い.

**ml** (記号) milliliter(s).
**ml, ml.** (略) mile(s).
**mm** (記号) millimeter(s).
**Mlle.** (略) Mademoiselle.
**Mme.** (略) Mmes.) Madame.

**mo·a** /móuə/ モウア/ 名 © 〔鳥〕モア《絶滅したニュージーランド産のダチョウに似た巨大な鳥》.

**moan** /móun/ モウン/ 名 © **1** うめき声;[the ~] (風・海などの)うめき声《though強度が弱い》,悲しげな音. **2** 《略式》不平,不満;嘆き.
——動 自 **1** うめき声を出す;〈風などが〉悲しげな音をたてる. **2** 《略式》不平［不満］を言う;嘆く.
——他 **1** …をうめくように言う;[moan that 節]…とうめくように言う.

**moat** /móut/ モウト/ 名 © (都市・城壁の周囲の)堀,濠(ごう).

**mob** /máb/ マブ|mɔ́b モブ/ 名 © **1** [集合名詞]暴徒,やじ馬,《破壊的行動をしかねない》群衆《◆単なる「群衆」は crowd》‖
an angry **mob** 怒った暴徒.
**2** © 《略式》ギャング団;暴力団.
——動 (過去分) mobbed/-d/; 現分 mobbing) 他 **1** (群れをなして)…を襲う. **2** (興味・怒りなどをもって)〈人〉のまわりに群がる.

**mo·bile** /形 móubl/ モウブル, -bi(ː)l|-bail -バイル, -bi(ː)l; 名 -biːl -ビール|-bail -バイル; 形 動 **1** 動きやすい,可動性の ‖
**mobile** weapons 移動兵器.
**2** (心・表情などが)変わりやすい,気まぐれ;〈顔が〉表情の豊かな.
**3** 〔社会〕流動性のある.
**4** 〔軍事〕機動的な,機動力のある ‖
**mobile** troops 機動隊.
——名 © **1** 〔美術〕動く彫刻,モビール. **2** = mobile library.

**móbile hóme** 《米》(トレーラー式の)移動住宅,モービルホーム《◆ trailer の遠回し語》.
**móbile líbrary** 《英》移動図書館(mobile).
**móbile phóne** 携帯電話((米) cellular phone).

**mo·bil·i·ty** /moubíləti モウビリティ|məu- モウ-/ 名 Ⓤ **1** 《正式》動きやすさ,移動性,可動性. **2** 移り気,気まぐれ. **3** 〔社会〕(階級・職業などの)流動性. **4** 〔軍事〕機動力.

**mo·bi·li·za·tion**,《英ではしばしば》**--sa·tion** /mòubələzéiʃən |-lai- モウビライ-/ 名 Ⓤ Ⓒ 動員.

**mo·bi·lize** /móubəlàiz モウビライズ/ 動 (現分 -liz·ing) 他 《正式》〈軍隊などを〉動員する.

**moc·ca·sin** /mákəsin マカスィン|mɔ́k- モカ-/ 名 © [通例 ~s] モカシン《アメリカ先住民のやわらかい革のかかとのない靴》;その形に似た靴.

**mock** /mák マク, mɔ́ːk|mɔ́k モク/ 動 他 **1** …をあざける,ばかにする(make fun of) ‖
**mock** him for showing fear びくついているといって彼をばかにする.
**2** …を(からかって)まねる ‖
They **mocked** her way of walking. 彼らは歩き方をまねて彼女をからかった.
——形 にせの,見せかけの,まねごとの(↔ real) ‖
a **mock** battle 模擬戦.
with **mock** modesty 上品ぶって.
——名 Ⓒ Ⓤ あざけり,からかい ‖
make a **mock** of his dreams 彼の夢をあざ笑う.

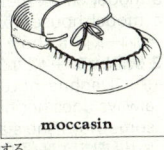

**mock·er** /mákər マカ, mɔ́ːk-|mɔ́k- モカ/ 名 © あざける人;まねる人.

**mock·er·y** /mákəri マカリ, mɔ́ːk-|mɔ́k- モカリ/ 名 (複 -er·ies/-z/) **1** Ⓤ あざけり;Ⓒ あざけりの言葉［行為］;［通例 a ~ 〕 **2** [a ~] にせもの,模造品.嘲笑(ちょうしょう)の的;笑いもの,

**màke a móckery of** A《正式》…をあざ笑う.

**mock·ing·bird** /mákiŋbə̀rd マキングバード, mɔ́ːk-|mɔ́k- モキング-/ 名 © 〔鳥〕マネシツグミ.

**mo·dal** /móudl モウドル/ 形 **1** 様式の,形態(けい)上の. **2** 〔文法〕法性の,叙法の.
**módal auxíliary** 〔文法〕法助動詞《may, can, must など》.

**mode** /móud モウド/ 名 © **1** 方法,様式,流儀 ‖
a **mode** of life 生活様式 ‖
This **mode** of doing business is offensive to me. このような商売のやり方には我慢できない.
**2** 〔音楽〕旋法;音階.

***mod·el** /mádl マドル|mɔ́dl モドル/ (発音注意)《◆ ˣモデル》(類音) modal/móudl/) 『「小さな尺度 (mode)」が原義』
→ 名 **1** 模型　**2** 模範
形 **1** 模型の　**2** 模範となる
動 他 **1** 型どる

**modeling**

—名 (複) ~s/-z/) C **1 模型**, 原型, 見本 ‖
a **model** for a statue 彫刻の原型.
a plastic **model** of a car 自動車のプラモデル.
**2 模範, 手本** ‖
**on the model of** his manners 彼の行儀を手本として.
**make a model of** … …を手本にする.
**3** (文学作品の)モデル; (写真家・画家・彫刻家の)モデル; ファッションモデル, マネキン.
**4**《英略式》[通例 a perfect ~] よく似た人[物], 生き写し ‖
He is **a perfect model** of his father. 彼は父親にそっくりだ.
**5** (服・自動車などの)型 ‖
a 1900 **model** Ford 1900年型フォード.
the latest **model** 最新式.
—形 [名詞の前で] **1 模型の; モデルとなる** ‖
a **model** car 模型自動車.
a **model** house モデル住宅《◆「(マンションの)モデルルーム」は a show room》.
**2 模範となる, 手本となる, 完璧(${}^{\zeta}_{{\tiny き}}$)な** ‖

対話 "Daphne never misses a class and always does her homework." "I guess in some ways she's a **model** student."「ダフネは授業には欠席しないし宿題も欠かさずやってくる」「ある意味であの子は模範的な学生だと思う」.
—動 (三単現) ~s/-z/; (過去・過分) ~ed または (英) mod·elled/-d/; (現分) ~ing または (英) ··el·ling)
—他 **1 …の模型を作る, …を型どる; …を作る** ‖
**model** a car in clay = **model** clay into a car 粘土で自動車を作る.
the constitution **modeled on** that of Germany ドイツ憲法を基にして作られた憲法.
**2 …の模範とする** ‖
**model** oneself **on** one's teacher 先生を手本とする.
**Model** your manners **on** hers. 彼女の行儀を見習いなさい.
**3** 〈服など〉を(モデルとして)着てみせる.
—自 **1** 模型を作る. **2** モデルになる; 服を着てみせる.

**mod·el·ing,** (主に英) **--el·ling** /mάdəliŋ マデリング | mɔ́dəl-/ 動 → **model**. —名 U **1** 模型製作. **2** (ファッション)モデルの仕事.

**mo·dem** /móudem モウデム/《**modulator-demodulator** の短縮語》名 C《コンピュータ》モデム, 変復調装置《電話回線を通じてインターネットに接続する装置》.

**mod·er·ate** [形 名 mάdərət マダラト | mɔ́dərət モダラト; 動 mάdəreit マダレイト | mɔ́dəreit モダレイト/
形 **1 節度のある, 穏健($\substack{ぜん}$)な, 極端に走らない(↔ excessive); おだやかな, 温和な** ‖
a **moderate** winter 寒さの厳しくない冬.
a **moderate** demand 控えめな要求.
**2 適度の, ふつうの, 並みの; まあまあの, そこそこの** ‖
a **moderate** income まあまあの収入.
—名 C 穏健な人; [通例 M~] (政治的に)穏健派の人.

—動 (現分) --at·ing) 他《正式》**1** …をやわらげる; …を下げる; …を抑(お)える. **2** …の司会をする.
—自 **1** やわらぐ, おだやかになる; 穏健になる. **2** 司会をする.

**móderate bréeze** 〔気象〕和風《秒速5.5-7.9m. → wind scale》.

**móderate gále** 〔気象〕強風《秒速13.9-17.1m. → wind scale》.

**mod·er·ate·ly** /mάdərətli マダラトリ | mɔ́d- モダラトリ/ 副 控えめに; おだやかに; 適度に, ほどほどに.

**mod·er·a·tion** /mάdəréiʃən マダレイション | mɔ́d- モダレイション/ 名 U C 節度; 穏健; 節制 ‖
eat in **moderation** 控えめに食べる.
**Moderation** in all things.《ことわざ》何事もほどほどに.

**mod·er·a·tor** /mάdəreitər マダレイタ | mɔ́d- モダレイタ/ 名 C 司会者, 議長; (長老派教会の)教会総会議長.

*****mod·ern** /mάdərn マダン | mɔ́dən モダン/〖『尺度(mode)とする時の』→「時代の」. cf. *modest*〗
—形 (比較) more ~, ~·er; 最上) most ~, ~·est) **1 現代の, 近ごろの; 近代の, 近世の**(cf. ancient, medieval) ‖
**modern** literature 現代[近代]文学.
**modern** times 現代, 近代.
**modern** languages 〔単数・複数扱い〕(ラテン語など古典語に対する)現代語.
**2 最新式の**(up-to-date), **現代的な, 近代的な;** [名詞の前で]〈芸術・ファッションなどが〉(従来の物ではなく)現代風の ‖
We are staying at [in] a **modern** hotel. 私たちはモダンなホテルに泊まっている.

対話 "I like the Beatles very much. How about you?." "The beatles is OK, but I like more **modern** music."「僕はビートルズが大好きなんだ. 君はどうだい?」「ビートルズも悪くないけど, 僕はもっと最近の音楽の方が好きだな」.

**Módern Énglish** 〔言語〕近代英語《1475年以降》.

**módern hístory** 近代史《西洋史ではふつうルネサンス以降》.

**módern pentáthlon** 近代5種競技《フェンシング・射撃・4000mクロスカントリー・300m自由型水泳・5000m馬術の総得点を競う》.

**mod·ern·ism** /mάdərnizm マダニズム | mɔ́d- モダニズム/ 名 U (芸術上の)現代主義, モダニズム.

**mod·ern·ist** /mάdərnist マダニスト | mɔ́d- モダニスト/ 名 C 現代主義者, 現代賛美者, モダニスト.

**mod·ern·is·tic** /mάdərnístik マダニスティク | mɔ́d- モダニスティク/ 形 現代[近代]的な; 現代[近代]主義者(者)の.

**mo·der·ni·ty** /mɔdə́ːrnəti マダーニティ | mɔ- モダーニティ/ 名 U 現代性, 近代性.

**mod·ern·ize,** (英ではしばしば) **--ise** /mάdərnaiz マダナイズ | mɔ́d- モダナイズ/ 動 (現分) --iz·ing) 他 …を現代的にする, 近代化する, 最新式にする.

**mod·ern·ly** /mάdərnli マダンリ | mɔ́d- モダンリ/ 副

現代(的)に, 近代(的)に.

*mod·est /mάdəst マデスト|mɔ́dəst モデスト/ 〘「尺度(mode)に合った」が原義. cf. moderate〙 [派] modesty (名)

━[形] ([比較] more ~, 時に ~·er; [最上] most ~, 時に ~·est) 1 控えめな, 謙遜(けんそん)した, 慎(つつし)み深い; 内気な; 《やや古》上品な, しとやかな(↔ showy) ‖

be modest about one's success 成功を鼻にかけない.

She is too modest to be seen in a bathing suit. あの方はとても慎み深い方なので水着姿は見せない.

2 適度の, 穏当な; 質素な, まあまあの ‖

My father left me a modest sum of money. 父はわずかばかりの金を残してくれた.

mod·es·ties /mάdəstiz マデスティズ|mɔ́d- モデスティズ/ [名] → modesty.

mod·est·ly /mάdəstli マデストリ|mɔ́d- モデストリ/ [副] 控えめに, 謙遜(けんそん)して; 上品に.

*mod·es·ty /mάdəsti マデスティ|mɔ́dəsti モデスティ/ 〘→ modest〙

━[名] ([複] --es·ties/-z/) 1 [U] 控えめ, 謙遜(けんそん) (↔ vanity); しとやかさ, 上品さ; 内気, はにかみ ‖

in áll módesty 自慢ではないが, 控えめに言っても.

2 [U] 適度, 節度.

mod·i·fi·ca·tion /mὰdəfikéiʃən マディフィケイション|mɔ̀d- モディ-/ [名] 《正式》 1 [U][C] (部分的な)修正, 変更 ‖

make a few modifications on the law 法律を2, 3 箇所修正する.

2 [U] 加減, 軽減. 3 [U][C] 〔文法〕修飾.

mod·i·fi·er /mάdəfàiər マディファイア|mɔ́d- モディ-/ [名][C] 〔文法〕修飾語[句, 節].

mod·i·fy /mάdəfài マディファイ|mɔ́dəfài モディファイ/ [動] ([三単現] --i·fies /-z/; [過去・過分] --i·fied /-d/; [現分] ~·ing) [他] 1 《正式》…を(目的に合わせて一部)修正する, 変更する ‖

modify the height of the table テーブルの高さを変える.

2 …を緩和する, やわらげる, 加減する ‖

modify one's demands 要求に手心を加える.

3 〔文法〕…を修飾する, 限定する.

mod·u·lar /mάdʒələr マヂュラ|mɔ́dʒu- モヂュラ/ [形] モジュールの(→ module).

mod·u·late /mάdʒulèit マヂュレイト|mɔ́dju- モデュ-/ [動] ([現分] --lat·ing) [他] 1 …を調節する. 2 《正式》〈声など〉の調子を変える. 3 〔電子工学〕〈電波〉を変調する, …の周波数を変える.

mod·u·la·tion /mὰdʒəléiʃən マヂュレイション|mɔ̀djə- モデュ-/ [名][U][C] 1 調節. 2 調節された状態. 3 〔音楽〕転調. 4 (音声・リズムの)抑揚(法). 5 〔電子工学〕変調.

mod·ule /mάdʒuːl マヂュール|mɔ́djuːl モデュール/ [名][C] 1 モジュール《設計の基準寸法》. 2 〔コンピュータ〕モジュール; 〔宇宙〕モジュール《宇宙船の一部をなし, 母船から独立して行動できるもの》.

mo·hair /móuhèər モウヘア/ [名][U] モヘア《アンゴラヤギの毛》; [U] モヘア織り; [C] モヘア織りの衣服.

Mo·ham·med /mouhǽmid モウハミド|məu- モウ-/ [名] =Muhammad.

Mo·ham·med·an /mouhǽmidn モウハミドン/ [形][名] =Muhammadan.

Mo·ham·med·ism /mouhǽmidizm モウハミディズム/ [名][U] マホメット教, イスラム教.

moist /mɔ́ist モイスト/ [形] 1 湿った, 湿っぽい《◆ほどよく湿っている状態をいう》(→ damp); 雨の多い ‖

a moist wind from the sea 海からの湿った風.

2 涙ぐんだ, 涙もろい; ぬれた; 膿(うみ)が出る, 分泌物の多い. 3 ぱさぱさしていない.

mois·ten /mɔ́isn モイスン/ (発音注意) 《◆t は発音しない》[動][他] 《正式》…を湿らせる, ぬらす(wet), 潤(うるお)す ‖

moisten the lips (なめて)唇を湿らす.

━[自] 湿る, ぬれる.

mois·ture /mɔ́istʃər モイスチャ/ [名][U] 湿気, 水分; (空気中の)水蒸気 ‖

She squeezed all the moisture out of the sponge. 彼女はスポンジの水分をすっかりしぼり取った.

mois·tur·ize /mɔ́istʃəràiz モイスチャライズ/ [動] ([現分] --iz·ing) [他] 〈皮膚など〉に湿気を与える, …を湿らせる.

móis·tur·iz·er [名][C][U] モイスチャークリーム, 保湿用クリーム.

mo·lar /móulər モウラ/ [形] ひきつぶす, かみ砕く.

━[名][C] 大臼歯(きゅうし); 奥歯([図] → tooth).

mo·las·ses /məlǽsiz モラスィズ|məu- モウ-/ [名][U] 1 糖液《刈ったばかりの砂糖キビからとれる黒く濃い汁》. 2 《米》糖みつ(《英》treacle).

mold, 《英》mould /móuld モウルド/ [名][C] 1 鋳型(いがた); (菓子・料理などの)流し型. 2 型に流し込んで作った物, 鋳物. 3 〔建築〕繰(く)り形, モールディング([図] → stairs).

━[動][他] 1 …を型に入れて作る, …を作る ‖

mold a head in [out of] clay 頭を粘土で作る.

mold the soft clay into a figure やわらかい粘土を型に入れて人物を作る.

2 《正式》〈人格など〉を形成する.

mold·ing /móuldiŋ モウルディング/ [動] → mold.

━[名] 1 [U] 型で作ること, 鋳型(法); [C] 型で作られた物, 鋳造物. 2 〔建築〕[しばしば ~s] 繰(く)り形.

mold·y /móuldi モウルディ/ [形] ([比較] --i·er, [最上] --i·est) 1 かびの生えた. 2 《略式》古臭い, 陳腐な.

mole[1] /móul モウル/ ([類音] mall, maul/mɔ́ːl/) [名][C] 〔動〕モグラ.

mole[2] /móul モウル/ [名] 〔化学〕モル《物質量の基本単位. [記号] mol》.

mo·lec·u·lar /məlékjələr モレキュラ/ [形] 分子の.

mol·e·cule /mάləkjùːl マレキュール|mɔ́ləkjùːl モレキュール/ [名][C] 1 〔物理・化学〕分子, グラム分子. 2 《一般に》微分子, 微量.

mole·hill /móulhil モウルヒル/ [名][C] モグラ塚.

mo·lest /məlést モレスト/ [動][他] 《正式》…を苦しめる, 悩ます, …のじゃまをする.

M

**mol·li·fy** /mɔ́ləfài マリファイ/ |m5l- モリ-/ (三単現 -li·fies/-z/; 過去過分 -li·fied/-d/) 他 《正式》…をなだめる, 静める, やわらげる.

**mol·lusk**, 《主に英》 **-lusc** /mɑ́ləsk マラスク| m5- モラスク/ 名 C 《動》軟体動物.

**molt**, 《英》 **moult** /móult モウルト/ 動 自 〈鳥が〉羽毛が生え変わる, 〈動物が〉毛が抜け変わる, 脱皮する ‖ My dog **molts** in the summer. 私の犬は夏になると毛が抜ける.

**mol·ten** /móultn モウルトン/ 形 《正式》 **1** 熱で融けた, 溶融した ‖
molten steel 溶鋼.
**2** (溶融して)鋳造した ‖
a molten image 鋳像.

*__mom__ /mɑ́m マム/ m5m モム/
— 名 (複 ~s/-z/) C 《主に米略式・小児語》(お)かあちゃん, ママ 《◆ momma の短縮形. 呼びかけにも用いられる. 成長するに従ってふつう mamma → mommy → mom の順に使用》 ‖
Mom, may I have another piece of cake? ママ, ケーキをもうひとつ食べてもいい.

*__mo·ment__ /móumənt モウメント/ 〖「時の動き(動く(move))こと(ment))の早い」ことが原義〗
派 momentary (形)
— 名 (複 ~s/-mənts/) **1** C 瞬間; [a ~; 副詞的に] ちょっと ‖
at (odd) **moments** 時々, ひまをみて.
Wait (for) a **moment**. = Just a **moment**. ちょっと待ってください.
I'll be back **in a moment**. すぐに戻ってきます.
He had a **moment** of confusion. 彼は一瞬うろたえた.
対話 "One **moment**, sir?" "Who? Me?" "Yes. May I see your passport." 「ちょっと待って, そこの人」「だれ? 私ですか?」「そうです. パスポートを拝見できますか」.
**2** C [通例 a ~ / the ~] (特定の)時, 時期; 場合 ‖
the man **of the moment** 目下注目の的となっている人, 時の人.
**at the critical moment** 決定的瞬間に.
**at the moment** of his death 彼の死んだ時に.
**the moment to decide** = the moment for decision 決断の時.
**At this moment** I can't answer your questions. 今はあなたの質問に答えられません 《◆ Right now … よりも堅い言い方》.
Both of them arrived **at the same moment**. 2人とも同時に着いた.
**3** U 《正式》重要(性) ‖
Your opinion is **of no moment** to me. あなたの意見は私には少しも重要でない.
◇**(at) ány mòment** 今にも, いつなんどき; (ある一定期間の)いつか, いつなんどきでも ‖ The volcano may erupt (at) any **moment**. その火山はいつなんどき噴火するかわからない.
**(at) évery mòment** 絶えず, 間断なく ‖ We were expecting him every **moment**. 我々は彼が来るのを今か今かと待っていた.
**at the lást mòment** ちょうど間に合って, 始まる寸前に.
**at the (véry) móment** [現在時制で] 今のところ; ちょうど今; [過去時制で] ちょうどその時.
**for the móment** さしあたり, 当座は ‖ I can't say anything more **for the moment**. 今のところこれ以上のことは申し上げられません.
**nòt for a [óne] (síngle) mòment** 全然…ない ‖ I don't **for a moment** think I'm right. 私の方が正しいとはちっとも思っていません.
◇**the móment (that)** … [接] …するとすぐに ‖ I knew you **the (very [first]) moment** I saw you. 見た瞬間にあなたとわかりました 《◆ at the moment when … の省略表現. as soon as よりくだけた言い方》.
**the néxt mòment** [副] 次の瞬間には ‖ **The next moment** everything was gone. 次の瞬間にはなにもかもなくなっていた.
**this (véry) móment** たった今; ただちに ‖ Let's go **this moment**. 今すぐ行きましょう.
**to the (véry) móment** 時間どおりに, 寸分たがわずに.

**mo·men·tar·i·ly** /mòuməntérəli モウメンテリリ| móuməntərəli モウメンタリリ/ 副 **1** ちょっとの間, ほんのしばらく ‖
He hesitated **momentarily**. 彼はちょっとちゅうちょした.
**2** 《主に米》すぐに, ただちに.
**3** 時々刻々, 絶えず, 今か今かと.

**mo·men·tar·y** /móumənteri モウメンテリ | móuməntəri モウメンタリ/ 形 《正式》瞬間的な, つかの間の ‖
The pain will only be **momentary**. ほんのちょっと痛いだけです.

**mo·men·tous** /mouméntəs モウメンタス|məu- モウ-/ 形 《正式》重大な, 重要な, ゆゆしい.

**mo·men·tum** /mouméntəm モウメンタム|məu- モウ-/ 名 (複 -ta/-tə/, ~s) **1** U 《正式》はずみ, 勢い ‖
gather [gain] **momentum** はずみがついてくる.
lose **momentum** 勢いがなくなる.
**2** UC 《物理》運動量.

**mom·ma** /mɑ́mə ママ/ 名 C 《米略式・小児語》ママ, おかあちゃん.

**mom·my** /mɑ́mi マミ/ 名 (複 **mom·mies**/-z/) 《米略式》= mummy².

**Mon.** 略 Monday.

**Mon·a·co** /mɑ́nəkòu マナコウ|m5n- モナコウ/ 名 モナコ 《地中海沿岸にある公国. その首都》.

**Mo·na Lí·sa** /móunə líːsə モウナ リーサ, -zə/ 名 [the ~] モナリザ 《Leonardo da Vinci 作の肖像画. 別名 La Gioconda》.

**mon·arch** /mɑ́nərk マナク|mɔ́nək モナク/ 名 C 《文》**1** 君主, 専制君主, 皇帝.
**2** [比喩的に] 王者, 帝王; 大立者 ‖
the **monarch** of the forest 森林の王《oakのこと》.

**mon·ar·chy** /mάnərki マナキ｜mɔ́nəki モナキ/ 名
(複) ~·ar·chies/-z/) 1 ⓤ 君主政治, 君主政体, 君主制.
2 ⓒ 君主国 ‖
a constitutional **monarchy** 立憲君主国.

**mon·as·ter·y** /mǽnəstèri マナステリ｜mɔ́nəstəri モナスタリ/ 名 (複) ~·ter·ies/-z/) ⓒ (ふつう男の)修道院, 僧院《◆「女子修道院」は convent》.

**mo·nas·tic, --ti·cal** /mənǽstik(l) モナスティク(ル)/ 形《正式》修道士の, (ふつう男の)修道院の; 禁欲的な ‖
monastic(al) orders [vows] 修道誓願《poverty (清貧), chastity (貞潔), obedience (従順)の3箇条》.

*****Mon·day** /mʌ́ndi マンディ, mʌ́ndei/ 〖《月の(moon)日(day). cf. month》〗
——名 (複) ~s/-z/) ⓤⓒ 月曜日 (略 Mon.); [形容詞的に; 《米略式》副詞的に] 月曜日の[に] ‖
Monday morning blues 月曜の朝の憂うつ《◆月曜日は blue *Monday* と呼ばれ, 労働者にとって1週間のうちで最も憂うつな日というイメージがある》
(語法 → Sunday).

**mon·e·tar·y** /mάnətèri マネテリ｜mʌ́nitəri マニタリ/ 形《正式》1 貨幣の, 通貨の ‖
a **monetary** unit 通貨[貨幣]単位.
the **monetary** system 貨幣制度.
2 金銭上の; 財政(上)の ‖
a **monetary** problem 財政上の問題.

*****mon·ey** /mʌ́ni マニ/ 〖女神 Juno の異名 Moneta の名より《その神殿で造幣された》〗
——名 ⓤ 1 金(ゕ), 金銭; 貨幣, 通貨 ‖
paper [soft] **money** 紙幣.
hard **money** 硬貨.
ready **money** 現金.
good **money** 大金, まじめに稼いだ金.
easy **money** 苦労せずに得られる金, あぶく銭(ぜ).
plastic **money** クレジットカード.
make much [a lot of] **money** 大金を稼ぐ.
spend **money** like water 金を湯水のように使う.
have no **money** for a car 車を買う金がない.
Father gave me $10 in spénding mòney.
父は私に小遣いを10ドルくれた.
**Money** is a great traveler in the world. =
**Money** comes and goes.《ことわざ》「金は天下の回りもの」.
**Money** talks.《略式》《ことわざ》金がものをいう.
**Money** is the root of all evil.《ことわざ》金は諸悪の根源である.
**Money** doesn't grow on trees, you know.
金のなる木はないからね《◆むだ使いをいましめることば》.
2 富, 財産, 資産 ‖
lose one's **money** 財産を失う.
a man of **money** 資産家.
*lóse móney* 損をする.
*márry móney*《略式》金持ちと結婚する.
*ráise (the) móney* 募金をする.

**móney bòx**《主に英》献金箱; 貯金箱.
**móney màrket** 金融市場.
**móney òrder**《主に米》(郵便)為替(略 MO)
(《英》postal order).
**móney supplỳ** 通貨供給；供給通貨量.
**mon·ey·mak·er** /mʌ́nimèikər マニメイカ/ 名ⓒ
金もうけに通じた人；金もうけになるもの,「ドル箱」.

**Mon·gol** /mɑ́ŋgl マングル, -goul｜mɔ́ŋgl モングル, -gol/ 〖『勇敢な人』が原義〗名 1 ⓒ《特に遊牧の》モンゴル人, 蒙古(ほご)人. 2 ⓤ モンゴル語.
——形 モンゴルの(Mongolian); モンゴル人[語]の.

**Mon·go·lia** /mɑŋgóuliə マンゴウリア｜mɔŋ-/ モンゴウ-/ 名 1 ⓤ《内モンゴル・モンゴル国などからなるアジア中部の地域》‖
Inner **Mongolia** 内モンゴル, 内蒙《中華人民共和国の自治区》.
Outer **Mongolia** 外モンゴル, 外蒙《モンゴル国の旧称》.
2 モンゴル国《首都 Ulan Bator》.

**Mon·go·li·an** /mɑŋgóuliən マンゴウリアン｜mɔŋ-モンゴウ-/ 形 モンゴルの; モンゴル人[語]の.
——名 1 ⓒ モンゴル人, 蒙古人. 2 ⓤ モンゴル語, 蒙古語.

**Mon·gol·oid** /mάŋgəlɔ̀id マンゴロイド｜mɔ́ŋ-/ モンゴロイド/ 形 モンゴル人に似た; モンゴル人種の.
——名ⓒ モンゴル人種.

**mon·goose** /mάŋguːs マングース, mɔ́ŋ-｜mɔ́ŋ-/ モン グース, mʌ́ŋ-/ 名 (複 ~s) ⓒ《動》マングース《肉食動物で毒ヘビの天敵》.

**mon·grel** /mʌ́ŋgrəl マングレル (米+) mάŋ-/ 名ⓒ
(動・植物の)雑種, 雑種犬. ——形 雑種の.

**mon·i·tor** /mάnətər マニタ｜mɔ́nitə モニタ/ 名ⓒ
1 学級委員, 風紀委員; 《英》(public school の)
級長, 上級生の監督生徒 ‖
a blackboard **monitor**《クラスの》黒板係.
2 a モニター《外国放送の報告者, (主に外国)放送傍受者; 公電傍受者》. b《ラジオ・テレビ》モニター
《送信状態をチェックする装置; = monitor screen》. c モニター《原子力発電所などの放射能汚染探知[監視]装置》.
——動他 …をチェックする, モニターする;《外国放送》を傍受する.
**mónitor scrèen** 監視テレビ; 受信装置(monitor).

**monk** /mʌ́ŋk マンク/ 名ⓒ 修道士, 僧《◆「尼僧」は nun》.

*****mon·key** /mʌ́ŋki マンキ/ [発音注意]《◆「モンキ」》
〖中世の動物寓(ぐ)話に出て来る Martin the Ape の息子の名 Moneke より〗
——名 (複 ~s/-z/) ⓒ 1 サル《◆一般に小形で尾のあるサル. 尾がない大形サル, 類人猿 (gorilla, chimpanzee, orangutan など)は ape. 鳴き声は chatter, gibber》‖
**Monkey** see, **monkey** do. サルは見たらそのまねをする, サルのものまね.
2《略式》[しばしば a cheeky little ~] いたずら小僧.

*máke a mónkey (òut) of* A《略式》…を笑い物にする.

**mónkey wrènch** 自在スパナ, モンキーレンチ.

**monk·ish** /mʌ́ŋkiʃ マンキッシュ/ 形 修道士の(ような).

**mon·o** /mɑ́nou マノウ|mɔ́n- モノウ/ 名 (複 ~s) Ⓤ モノラル; Ⓒ《略式》モノラルレコード. ── 形《略式》モノラルの(《正式》monaural).

**mon·o-** /mɑ́nə- マノ-|mɔ́nəu- モノウ-/《連結形》◆ 母音の前ではしばしば mon-》**1** ひとつの, 唯一の(↔ poly-). 例: monopoly. **2**《化学》モノ…, 一… 《原子(団)などが1個あることを表す》

**mon·o·chrome** /mɑ́nəukròum マノクロウム|mɔ́nəu-/ 名形 単彩の; 白黒の.

**mon·o·cle** /mɑ́nəkl マノクル|mɔ́n- モノ-/ 名Ⓒ 単眼鏡, 片めがね.

**mo·nog·a·mous** /mənɑ́gəməs モナガマス|mɔnɔ́g- モノガ-/ 形 一夫一婦(婚)制の, 一夫一婦(婚)主義の, 単婚制の.

**mo·nog·a·my** /mənɑ́gəmi モナガミ|mɔnɔ́g- モノガミ/ 名Ⓤ《正式》一夫一婦婚制, 単婚制(↔ polygamy).

**mon·o·gram** /mɑ́nəgræm マノグラム|mɔ́nəu- モノウ-/ 名Ⓒ《正式》モノグラム《頭文字などを組み合わせて図案化したもの. ハンカチに刺繍(しゅう)したりする》.

**mon·o·lith** /mɑ́nəliθ マノリス|mɔ́nə- モノリス/ 名Ⓒ **1** モノリス《建築・彫刻用の一枚岩》, 石柱, オベリスク; 記念碑[像]. **2** コンクリートパネル[ブロック]. **3** [比喩的に] 一枚岩, 一枚岩的社会[組織].

**mon·o·lith·ic** /mɑ̀nəlíθik マノリスィク|mɔ̀nə- モノ-/ 形 **1** モノリスの. **2** 巨大な, どっしりした, 一枚岩の. **3** ばかでかい, 融通のきかない; 完全に統制された, [比喩的に] 一枚岩の.

**mon·o·logue,**《米ではまれに》**-log** /mɑ́nəlɔ̀(ː)g マノロー(ー)グ|mɔ́nəu- モノウ-/ 名Ⓒ **1** 独白(げき); 独白劇(cf. dialogue). **2**《略式》(会議などでの)一人じめの長話.

**mon·o·mer** /mɑ́nəmər マノマ|mɔ́n- モノ-/ 名Ⓒ《化》モノマー, 単量体(cf. polymer).

**mo·nop·o·lize,**《英ではしばしば》**-lise** /mənɑ́pəlàiz モナポライズ|-nɔ́p- モノポ-/ 動 (現分) -·liz·ing (他) …を独占する; …の専売権を持つ.

**mo·nop·o·ly** /mənɑ́pəli モナポリ|mənɔ́pəli モノポリ/ 名 (複 -lies/-z/) **1** [a ~ / the ~] 独占(権), 専売(権); ひとり占め 》 make a monopoly of salt 塩を専売する. **2** Ⓒ 専売品; 専売会社, 独占企業.

**mon·o·rail** /mɑ́nərèil マノレイル|mɔ́nəu- モノウ-/ 名Ⓒ モノレール.

**mon·o·tone** /mɑ́nətòun マノトウン|mɔ́nəu- モノウ-/《アクセント注意》名Ⓤ《正式》[しばしば a ~] **1** 単調; 一本調子の話し[書き]方 》 in a monotone 一本調子に. **2**《音楽》単調音, モノトーン.

**mo·not·o·nous** /mənɑ́tənəs マナタナス|mənɔ́tənəs モノタナス/《アクセント注意》形 単調な, 一本調子の, 変化のない; つまらない, 退屈な 》 She spoke in a monotonous tone. 彼女は抑揚のない声で話をした.

monotonous《単調な》

**mo·nót·o·nous·ly** 副 単調に, 一本調子で.

**mo·not·o·ny** /mənɑ́təni モナトニ|-nɔ́t- モノトニ/ 名Ⓤ **1** 単調 》 the monotony of his voice 一本調子な彼の声. **2** 退屈.

**Mon·roe** /mənróu モンロウ, (英+) mʌ́nrou/ 名 **1** モンロー《男の名》 **2** モンロー《James ~ 1758-1831; 米国の第5代大統領(1817-25)》. **3** モンロー《Marilyn /mǽrilin/ ~ 1926-62; 米国の映画女優》.

**Monróe Dóctrine** [the ~] モンロー主義《Monroe 大統領の米欧相互不干渉主義政策(1823)》.

**mon·soon** /mɑnsúːn マンスーン|mɔn- モン-/ 名 **1** [the ~] **a** (インド洋・南アジアの)季節風, モンスーン. **b** =monsoon season. **2** Ⓒ (一般に)季節風;《略式》豪雨.

**monsóon sèason** 雨季(monsoon).

*__mon·ster__ /mɑ́nstər マンスタ|mɔ́nstə モンスタ/『警告する(mon)こと(ster) → 何か奇怪なもの[こと]』形 monstrous 形』
── 名 (複 ~s/-z/) Ⓒ 怪物, 化け物; 巨大なもの[人]; 極悪非道な人; [形容詞的に] 怪物のような 》 That bull is a real monster. あの雄牛はまさに怪物だ.

You're a monster of cruelty! この極悪人め!
a monster of a tomato =a monster tomato ばかでかいトマト.

**mon·stros·i·ty** /mɑnstrɑ́səti マンストラスィティ|mɔnstrɔ́s- モンストロスィティ/ 名 (複 -·i·ties/-z/) **1** Ⓤ 奇怪, 怪奇, 奇形. **2** Ⓒ 巨大な奇形物, 怪物.

**mon·strous** /mɑ́nstrəs マンストラス|mɔ́nstrəs モンストラス/ 形 **1** 怪物のような, 巨大な. **2** 異常な形をした, 奇形の. **3**《略式》ばかげた, 途方もない, 不条理な; ひどい 》 monstrous crimes 極悪非道の犯罪.

**Mont.**《略》Montana.

**mon·tage** /mɑntɑ́ːʒ マンタージュ|mɔn- モン-/《フランス》名ⓊⒸ **1**《映画・テレビ》フィルム編集(法). **2** 合成; モンタージュ写真, 合成写真.

**Mon·taigne** /mɑntéin マンテイン|mɔn- モン-/ 名 モンテーニュ《Michel Eyquem de/miːʃél ekem də/ ~ 1533-92; フランスの思想家》.

**Mon·tan·a** /mɑntǽnə マンタナ|mɔn- モン-/《『山』の意のスペイン語から》名 モンタナ《米国北西部の州. (愛称)the Treasure [Bonanza] State, Big Sky Country. 州都 Helena.《略》Mont.,〔郵便〕MT》.

**Mont Blanc** /mɔːn blɑ́ːŋ モーン ブラーング|mɔ́n blɔ́ŋ モン ブロング/ 名 モン-ブラン《フランス・イタリア国境の山. 4807m》.

**Mon·te Car·lo** /mɑ̀nti kɑ́ːrlou マンティ カーロウ|

mən- モンティ-/ 图 モンテ=カルロ《モナコの保養・行楽地. カジノで有名》.
**Mon·te·vi·de·o** /mæntəvədéiou マンテヴィデイオウ | mɔ̀n- モン-/ 图 モンテビデオ《ウルグアイの首都》.
**Mont·gom·er·y** /mantgʌ́məri マントガマリ | məntgʌ́m- モントガマリ/ 图 **1** モン(ト)ゴメリー《男の名》. **2** モン(ト)ゴメリー《米国 Alabama 州の州都》.

## \*month /mʌ́nθ マンス/ 〖moon と同語源〗
派 monthly (形)
── 图 (複 ~s/-s, mʌ́nts/) ⓒ **1** (暦の)月 ‖
this month 今月.
the month after next さ来月.
the month before last 先々月.
in the month of June 6月に.
Twelve months make a year. ＝There are twelve months in a year. 1年は12か月である.
**2** ひと月, 約30日 ‖
a baby of two months ＝a two-month-old baby 生後2か月の赤ん坊.
a two-month vacation 2か月の休暇《♦ a two month's vacation でもよい》.
I haven't seen him for a whole month. まる1か月彼に会っていない.
[対話] "What day of the month is (it) today?" "It is (the) fifth."「きょうは何日ですか」「5日です」.
***a mónth of Súndays*** (略式) [通例否定文で] たいへん長い間.
***mónth áfter mónth*** 毎月毎月(同じことをくり返して).
***mónth ín, mónth óut*** 来る月も来る月も.
***tóday mónth*** ＝***this dáy mónth*** (1) 来月のきょう. (2) 先月のきょう.

## \*month·ly /mʌ́nθli マンスリ/ 〖month〗
── 形 月1回の, 毎月の; 1か月間の, 1か月間有効の ‖
a monthly meeting 月1回行なわれる会合.
average monthly rainfall 1か月間の平均降雨量.
a monthly salary 月給.

**Mon·tre·al** /mantriɔ́ːl マントリオール | mɔ̀n- モン-/ 图 モントリオール《カナダ南東部ケベック州にある都市》.

## \*mon·u·ment /mánjəmənt マニュメント | mɔ́njəmənt モニュメント/ 〖「心に残るもの」が原義〗
── 图 (複 ~s/-mənts/) ⓒ **1** 記念碑, 記念像, 記念建造物(→ memorial); [the M~] (1666年の)ロンドン大火記念塔 ‖
Washington Monument ワシントン記念塔.
**2** 遺跡, 遺物, 記念物 ‖
ancient monuments 史的記念物.
**3** 不朽の業績, 金字塔.

**mon·u·men·tal** /mànjəméntl マニュメントル | mɔ̀n- モニュメントル/ 形 **1** 記念碑(のよう)の; 堂々とした ‖
a monumental chapel 堂々たる礼拝堂.
**2** 不朽の, 不滅の; 注目すべき, 重要な ‖
a monumental work 不朽の作品.
**3** (略式) 途方もない, ひどい ‖
a monumental lie とてつもないうそ.

**moo** /múː ムー/ 图 (複 ~s) ⓒ **1** モー《牛の鳴き声》. **2** (小児語) ウシ, モーモー. ── 動 ⓘ《牛がモーと鳴く》.

## \*mood /múːd ムード/ 〖「心」「精神」が原義〗
── 图 (複 ~s/múːdz/) ⓒ **1 a** 心的状態, (一時的な)気分 ‖
be **in a merry mood** 楽しい気分である.
be **in a bad mood** 機嫌が悪い.
**b** [通例 the ~] 気持ち, 心構え ‖
I'm not **in the mood for** joking [**to** joke].
冗談をいう気になれない.
[対話] "Are you **in the mood for** a little snack?" "No, thank you."「軽く何か食べたくありませんか」「いいや, 結構だ」.

[比較] mood は個人や集団の心的状態をいう. 店・場所の雰囲気・ムードをいう場合は atmosphere: a place with (a good) atmosphere (ムードのある場所).

**2** (略式) [通例 ~s] 憂うつ, 不機嫌, むら気 ‖
a man of moods 気難しい男.
She is **in a mood**. 彼女はご機嫌斜めだ.
**3** (作品などの)雰囲気.
**móod mùsic** (ドラマなどの)効果音楽; ムード音楽.
**mood·y** /múːdi ムーディ/ 形 (比較 **-i·er**, 最上 **-i·est**) **1** 憂うつな, ふさぎこんだ. **2** 気分の変わりやすい, 気分屋の, むら気の.

## \*moon /múːn ムーン/ 〖→ month〗
── 图 (複 ~s/-z/) ⓒ **1** [the ~] 月《♦(1) ギリシア神話の女神 Diana, ローマ神話の女神 Luna が連想される. 女性・純潔・無節操などの象徴. (2) 代名詞は she, it で呼応する》; [a ~] (特定の時期・形の)月; ⓤ 月光 ‖
a full moon 満月.
a crescent moon 三日月.
There is no moon tonight. 今夜は月が出ていない.
**The moon** goes round the earth. 月は地球のまわりを回る.

[文化] (1) 日本では月は黄色で表すが, 西洋では silver とされる. (2) 月面の模様は, 日本では「ウサギのもちつき」とされるが, 英米では the man [face] in the moon (月の人[の顔])とされる.

**2** ⓒ (地球以外の惑星の)衛星 ‖
Jupiter has twelve moons. 木星には衛星が12ある.
**3** ⓒ 太陰月; (詩) [通例 ~s] 1か月 ‖
a few moons ago 数か月前に.
***bárk at the móon*** 月に向かってほえる; いたずらに騒ぐ.

**cry for the móon** =**aim at the móon** 不可能なことを望む、ないものをねだる、途方もない野心を抱く。

**moon·beam** /múːnbìːm ムーンビーム/ 名C 月の光線、月光。

**moon·less** /múːnləs ムーンレス/ 形 1 月のない。2 衛星を持たない。

\*__moon·light__ /múːnlàit ムーンライト/
— 名U 月光
by moonlight 月明りで; 月夜に。
in the moonlight 月光を浴びて。
a ray of moonlight 月の光。
— 形 1 月光の、月光に照らされた ‖
a moonlight night 月夜。
2 月が出ている間の、夜間になされる ‖
a moonlight raid 夜襲。
a moonlight stroll 夜の散歩。
— 動 自 (略式) (昼間働いたあと)アルバイトをする。
**Móonlight Sonáta** [the ~] 月光ソナタ 《Beethoven のピアノソナタ第14番》。

**moon·lit** /múːnlìt ムーンリト/ 形 月に照らされた。

**moon·shine** /múːnʃàin ムーンシャイン/ 名U 1 月光、月明り。2 (略式) ばかげた考え [話、計画]。

**moor**[1] /múər ムア|mɔ́ː モー/ 名 UC 1 (主に英) [しばしば ~s; 複数扱い] (ふつうヒース(heather)で覆われたイングランド北部、スコットランドの)原野《土壌が悪いため農地に不適。ライチョウ(grouse)の猟場として保護されている》。2 (米) 沼地、湿原地。

**moor**[2] /múər ムア|mɔ́ː モー/ 動 他 1 (船)を停泊させる。2 [比喩的に]…をしっかりつなぐ。— 自 船をつなぐ、錨(いかり)をおろす。

**Moor** /múər ムア/ 名C ムーア人《北西アフリカに住むイスラム教徒。ベルベル族とアラブ人との混血》。

**moor·ing** /múəriŋ ムアリング、(英+) mɔ́ːr-/ 動 → moor[2]. — 名 1 U 係船、停泊; [しばしば ~s] 係船停泊所。2 [~s] 係船用具[装置] 《ropes, cables, anchors など》; つなぎ止めるもの。3 [~s] 精神的よりどころ。

**Moor·ish** /múəriʃ ムアリシュ/ 形 ムーア人の; ムーア風[式]の ‖
a Moorish arch 馬蹄(ばてい)形アーチ。

**moose** /múːs ムース/ (同音 mousse) 名 (複 moose) C 【動】(北米の)ヘラジカ(cf. elk).

**mop** /máp マプ|mɔ́p モプ/ (原音 map /mǽp/, mope/móup/) 名 1 モップ、柄(え)付きぞうきん。2 短い柄付きたわし。3 (略式) [a ~ / the ~] (髪の毛がモップのようになった)かしまり ‖
a mop of hair もじゃもじゃ[ぼさぼさ]の髪の毛。
— 動 (過去・過分 mopped/-t/ ; 現分 mopping) 他 1 モップで…をふく。2 …をぬぐう、ふく、ふき取る。
**móp úp** [他] (モップで)…をすっかりふき取る。

**mope** /móup モウプ/ (類音 mop/máp|mɔ́p/) 動 (現分 mop·ing) 自 ふさぎこむ、暗い気持ちでぶらつく。

**mo·ped** /móuped モウペド/ 名C モペット、原動機つき自転車《♦ 英国では主に50cc 未満のものをいう》。

**mo·raine** /məréin マレイン|mɔ- モレイン/ 名C 【地質】 氷堆(たい)石、モレーン《図 → mountain》.

\*__mor·al__ /mɔ́(ː)rəl モ(ー)ラル|4 は mǽrəl マラル、mɔ́rəl マラル/ 《「風俗習慣」が原義》
派 morality (名)
— 形 (比較 more ~, 最上 most ~) 1 [名詞の前で] 道徳(上)の、倫理上の; 善悪の判断に関する ‖
moral standards 道徳の基準。
the moral sense 道徳観念。
a moral responsibility 道徳的責任。
moral philosophy 道徳哲学、倫理学。
2 道徳的な、道義をわきまえた; 品行方正な、貞節な (↔ immoral) ‖
a moral man 品行方正な人。
lead a moral life 道徳的にりっぱな生活をおくる。
3 [名詞の前で] 善悪の区別ができる、道徳の判断ができる ‖
A baby is not a moral being. 赤ん坊は善悪の区別がつかない。
4 [通例名詞の前で] 教訓的な ‖
a moral story 教訓的な物語。
5 [名詞の前で] 精神的な、心の ‖
[対話] "I didn't do anything for you. We just talked." "Yes, but your moral support really helped a lot." 「お役に立つようなことは何もしておりません。話をしただけですが」「それはそうですが、精神的に支えていただいて大いに助かりました」。
— 名 (複 ~s/-z/) 1 C (物語などの)教訓、寓意(ぐうい)、訓言 ‖
The moral of the fable is "haste makes waste." その寓話の教訓は「せいては事を仕損じる」だ。
2 [~s] 品行、素行; 道徳 ‖
public morals 風紀。
a woman of high morals 品行方正な女性。
**móral házard** モラルハザード、倫理欠如。
**móral suppórt** 精神的支援。

**mo·rale** /məræl マラル|mɔráːl モラール/ 名 U (軍隊・集団などの)士気、意気込み。

**mor·al·ist** /mɔ́(ː)rəlist モ(ー)ラリスト/ 名C 道徳主義者; 道徳家; 道学者。

**mor·al·is·tic** /mɔ̀(ː)rəlístik モ(ー)ラリスティク/ 形 教訓的な、説教的な、道徳主義の。

**mo·ral·i·ty** /məræləti マラリティ、mɔː(ː)-/ 名 (複 -i·ties/-z/) 1 U 道徳[倫理]性; 道徳学; 道義 ‖
commercial morality 商業道徳。
2 U 徳行、道徳性; 品行方正。
3 C 教訓、寓意(ぐうい)。

**mor·al·ize** /mɔ́(ː)rəlàiz モ(ー)ララィズ/ 動 (現分 -iz·ing) 他 1 …を道徳的に説明する、…から教訓をくみとる。2 〈人〉を教化する。— 自 道徳的に説明する。

**mor·al·ly** /mɔ́(ː)rəli モ(ー)ラリ/ 副 1 道徳上、道徳的見地から; 品行方正に ‖
behave morally 道徳的に行動する。
2 精神的に ‖
She helped me morally. 彼女は私を精神的に

**mo·rass** /mərǽs モラス/ 图 (徽 ~·es/-ɪz/) © 1 低湿地帯, 沼地. 2 [a ~ / the ~; 比喩的に] 泥沼, 窮(ႜ゙)地.

助けてくれた.
3 (正式) 事実上, 実際に.

**mor·a·to·ri·um** /mɔ̀ːrətɔ́ːriəm モーラトーリアム/ 图 (徽 ~·s, --ri·a/-riə/) © 1a (政府などによる)一時停止[延期](宣言), b (非常事態などでの)支払い猶予(令), モラトリアム. 2 一時停止期間; 支払い猶予期間.

**mor·bid** /mɔ́ːrbɪd モービド/ 形 1 病的な, 不健全な ‖
He has a **morbid** fear of knives. 彼は病的なほど刃物を恐れる.
2 (略式) 憂うつな.
3 〔医学〕病気の, 病気による ‖
a **morbid** growth 病的増殖物《癌(ॢ)など》.

## \*\***more** /mɔ́ːr モー/ ([同音] moor (英); [類音] moor (米) /múər/) 〔**many**, **much** の比較級〕

——形 1 [**many** の比較級; © 名詞を修飾して](数の点で)より**多い**; より多くの(↔ fewer); [**much** の比較級; Ⓤ 名詞を修飾して](量・程度の点で)より多くの; より大きい(↔ less) ‖
I need **more** money. もっとお金が必要だ.
He did **more** work than that of three men put together. 彼は3人分以上の仕事をした.
**More and more** Japanese are visiting Australia. オーストラリアを訪れる日本人が増えている.

> Q&A Q: 形容詞の比較級で -er 型か more 型のどちらをとるかは, どのように見分けられますか.
> A: 1音節の語はすべて -er をつけ, 3音節以上の語はすべて more をつけます. 2音節の語の場合には語尾によって異なります.
>
> | | -er | more |
> |---|---|---|
> | a) -y, -ple, -ble, -tle, -dle | ○ | × |
> | b) -ly, -ow, -er, -some | ○ | ○ |
> | c) -ous, -ish, -ful, -ing, -ed, -ct, -nt, -st | × | ○ |
> | d) その他 | ○ | ○ |
>
> 例 : a) happier, simpler, humbler, subtler, idler / \*more happy, etc.
> b) friendlier, more friendly / mellower, more mellow / cleverer, more clever / handsomer, more handsome, etc.
> c) more famous, more childish, more useful, more exact, more urgent, more honest / \*famouser, etc.
> d) pleasanter, more pleasant / commoner, more common / stupider, more stupid, etc.
> 両型可能な場合は一般的に -er 型の方が口語的です. 最上級 (-est か most か)もこれ以上があてはまります.

2 [数詞, any, no などのあとで] より**以上の**, さらに多くの ‖
six **more** days あと6日.
"Go! One **more** goal!" 「行け! あと1点取れ!」.
**Any more** (fares,)(please)! 《車掌の言葉》ほかに乗車券をお求めの方はいらっしゃいますか.
We think that there should be **no more** wars [*war]. もう戦争はごめんこうむりたい.
Won't you have **some more** cake? ケーキをもう少しいかがです.
I have **many** [*much] **more** books than she (does). 私は彼女より何冊も多く本を持っている.
I have **much** [*many] **more** money than he (does). 私は彼よりずっとたくさんお金を持っている.

——图 Ⓤ [集合名詞] 1 [単数扱い] それ以上の事[物, 人]《事・物の具体的な内容は文脈による》; もっと多くの事[物] ‖
Won't you have some **more**? もっといかがですか《◆勧めている物が自明の場合》.
I'll tell you **more** about Japan in my next letter. 次のお便りで日本のことをもっと詳しくお話しします.
There is **more to** her success **than** diligence. 彼女の成功は勤勉だけでもたらされたのではない.
I hope to see **more of** you. 今後ともよろしくお付き合いください.
I won't have any **more** of this stupid nonsense! もうこんなばかげたことはこれでたくさんだ!
2 [**more of** + the, these, my など + 複数名詞; 複数扱い](…のうちの)より多くのもの[人] ‖
I do not think any **more of the** students want to come. 学生たちの中で来たいと思う者はもうこれ以上はいないと思う.

——副 1 [動詞を修飾] **もっと**, 多くの(↔ less); [**more and more**] ますます, いっそう ‖
You need to sleep **more**. もっと睡眠をとるべきです.
Bill enjoys movies **more than** I enjoy the theater. 私は芝居が好きだがビルはそれ以上に映画が好きだ.
They became **more and more** involved in the plot. 彼らはその計画にますます深入りしていった.
2 [形容詞・副詞を修飾; 比較級を作る] **もっと**(↔ less); [**more and more**] ますます ‖
Television is **more** interesting **than** radio. テレビはラジオよりおもしろい.
Food is getting **more and more** expensive every week. 食料品は毎週値上がりを続けている.
Bill is **the more** studious (boy) **of the two**. ビルは2人のうちでよく勉強する方だ.
Read **a little more** slowly. もう少しゆっくり読みなさい.

**3** [数詞, any などのあとで] それ以上, これ以上, さらに 》

once more もう一度.

I can't walk any more. もうこれ以上歩けません《◆ anymore と1語にもつづる. → anymore 語法》.

There is only one thing more to say. 言っておくことがもう1つだけあります.

three months more もう3か月の間に(=for three more months).

**4** =moreover.

○**àll the móre** (...) [副] それだけいっそう(…) ‖ She is shy but I love her all the more. 彼女ははにかみやだが, それだけいっそう私は彼女が好きだ《◆ all が省略されることがある》.

○**àll the móre** (...) **for A** [*because* 節 / *in that* 節] **A** だからいっそう(…) ‖ I will help him all the more for his industry. =I will help him all the more because he is industrious. 彼は勤勉だからいっそう援助してやろう.

**líttle móre than A** …にすぎない.

**màke móre of A** → make MUCH of.

**móre of** … むしろ… (→ MORE **A** than **B**).

○**móre or léss** /mɔ́ːrəles モーラレス/ (1) [形容詞・名詞を修飾] (人・状況によって) **多かれ少なかれ**, 程度の差はあれ, 多少とも. (2) [動詞・名詞・形容詞・副詞を修飾] **およそ, 約, だいたい**.

○**móre than** … (1) [数詞の前で] **…より多い** ‖ The book weighs more than two kilos. その本は2キロより重い《◆2キロは含まない》. (2)《正式》[名詞・形容詞・副詞・動詞の前で] **十二分に**; …どころではなく, …以上で ‖ more than likely きっと, まず間違いなく / more than once 一度ならず / You'd be more than welcome. (いらしていただければ)大歓迎いたします / I'm more than ready to help you. 喜んでお手伝いします / That noise is more than I can bear. あの音にはたまらない.

**móre A than B B** よりむしろ **A**《◆ (1) 同一の人・物については異なる性質間の比較》《 (2) **A, B** は形容詞・名詞・副詞・前置詞句・不定詞句など》 ‖ He is more lucky than clever. 彼は抜け目がないというよりついているのだ《◆他人との比較では luckier: He is luckier than you. 彼は君よりついている》《 ✕ more lucky than you. となることもある》.

**móre than éver** (*befòre*) [文頭・文中・文尾で] いよいよ, さらに, ますます.

**móre than óne** … [単数扱い] 1つより多く, 1人より多く ‖ More than one person is involved in this. これに関係しているのは1人にとどまらない《◆意味的に2人以上で複数であるが, 単数扱いがふつう. *More* persons *than one* are involved in this. では複数扱い》.

○**nó móre** (1) [量・程度について] **もはや…しない** ‖ He was smiling no more. 彼はもはや笑っていなかった. (2)《文》[be no ~]〈事・物が〉もはや存在しない ‖ He is no more in the show business world. 彼はもはや芸能界にはいない.

○**nó móre than** … (1) …にすぎない (only) ‖ He did no more than smile at her. 彼は彼女にただほほえんだだけだった. (2) [数詞の前で] **わずか**… (only) ‖ It is no more than 3 miles to the village. 村までわずか3マイルだ.

○**nó móre A than B** =**nót A àny móre than B** [**A** でないことを強調するため **B** の例を示して] **B**(がそうでない)と同様 **A** でない ‖ He is no more young than I am (young). =He is not young any more than I am (young). 私と同様彼も若くない《◆2人とも年寄り》 / I can no more sing than I can fly. 私が歌えないのは空を飛べないのと同じだ《◆不可能なことを引き合いに出して, 歌えないことを強調している》.

**nóthing móre (or léss) than** … (1) [通例名詞の前で] …にすぎない, ほんの…だ ‖ He is nothing more than a coward. 彼はただの臆(ৣ)病者だ. (2) [他動詞＋nothing more to do] ただ, 単に ‖ He wanted nothing more than to take a rest. 彼はただただ休憩したかった.

○**nót móre than** … [数詞の前で] **せいぜい(多くて)** (at most) ‖ It is not more than two miles to the village. 村までせいぜい2マイルだ《◆2マイルちょうどの場合を含む》.

○**the móre …, the móre** … **すればするほど…する** ‖ The more you earn, the more you spend. 稼ぎが増えれば増えるだけ, 出費も増える.

Q&A **Q**: more ではなく副詞・形容詞の比較級のときはどうなるのですか.
**A**: -er 型か more＋原級のいずれかを用いて *The longer* we waited, *the more* impatient we become. (待たされれば待たされるほど, いらいらしてきた)のようにします. ✕*the more we became impatient* のように離して用いるのは誤り. また The more, the better. (多ければ多いほどよい)のように主語・動詞を略す場合があります.

**whàt is móre** (*impórtant*) → what 代 成句; 代 2 c.

**More** /mɔ́ːr モー/ 图 モア《Sir Thomas ~ 1478-1535; 英国の政治家・人文学者. *Utopia* の著者》.

\***more·o·ver** /mɔːróuvər モーロウヴァ/ ―副《正式》**その上, さらに** ‖
I like him, and moreover, I believe in him. 私は彼が気に入っている, その上彼を信頼している.

**morgue** /mɔ́ːrɡ モーグ/ 图 C **1**《主に米》死体保管所; (病院などの)遺体安置所《主に英》mortuary). **2**《略式》(新聞社などの)参考資料(file); 資料室.

**mo·ri·bund** /mɔ́ːrəbʌnd モーリバンド, -bənd/ 形《正式》**死にかけている**; 消滅しかかった.

**Mor·mon** /mɔ́ːrmən モーモン/ 图 C **モルモン教徒**. ―形 モルモン教(徒)の.

**Mor·mon·ism** /mɔ́ːrmənìzm モーモニズム/ 图 U モルモン教《1830年 Joseph Smith が米国で創設し

たプロテスタントの一派. 正式名称 The Church of Jesus Christ of Latter-Day Saints《末日聖徒イエス=キリスト教会》).

**morn** /mɔ́ːrn モーン/ (同音 mourn; 類音 moan /móun/) 名 C (詩) 朝, 暁.

## **morn·ing** /mɔ́ːrniŋ モーニング/ (同音 mourning)〖even*ing* にならって morn (朝) からできた語〗
——名 (複 ~s/-z/) U C 朝, 午前;[形容詞的に] 朝の ‖
a morning walk 朝の散歩.
a morning person 朝型の人.
one morning ある朝.
every morning 毎朝.
tomorrow morning あすの朝《◆副詞として用いても前置詞不要》.
early [late] in the morning =(正式) in the early [late] morning 朝早く[遅く].
in [during] the morning 午前中に《◆ in the morning は「あすの朝」という意味もある: Will you call me *in the morning*? あすの朝電話をいただけませんか》.
from morning till night 朝から晩まで.
on Sunday morning 日曜日の朝に.
We did a lot of work this morning. けさはずいぶん仕事をした.

**mórning còat** モーニング=コート《礼装(morning dress)の上着》.

**mórning drèss** モーニング《男性の昼間の正装で, モーニングコート, しまのズボン, シルクハットからなる》.

**morning glory** /-ˈ-ˈ-/〖植〗アサガオ.

**mórning pàper** 朝刊.

**Mórning Práyer**〖アングリカン〗朝の祈り.

**mórning stár** [the ~] 明けの明星《夜明け前に東の空に見える Venus (金星)》.

**Mo·roc·co** /mərákou マラコウ/, -rɔ́k- マロコウ/ 名 1 モロッコ《アフリカ北西部のイスラム教王国. 首都 Rabat》. 2 [m~] U =Morocco leather.

**Morócco léather** モロッコ革 (Morocco)《ヤギのなめし革. 本の表紙・手袋などに用いる》.

**mo·rose** /mərɔ́us マロウス, mɔː-/ 形 むっつりした, 気難しい.

**Mor·phe·us** /mɔ́ːrfjuːs モーフュース, -fiəs/ 名〖ギリシア神話〗モルペウス《夢の神》.

**mor·phine** /mɔ́ːrfiːn モーフィーン/ 名 U モルヒネ《麻酔薬》.

**mor·phol·o·gy** /mɔːrfálədʒi モーファロヂ/, -fɔ́l- モーフォロヂ/ 名 U 1〖言語〗形態論, 語形論. 2〖生物〗形態学. 3〖地質〗地形学.

**mor·row** /mɔ́ːrou モーロウ/ 名 [the ~] 1 翌日, 明日.
2《(事件の)直後》‖
on the morrow of ... ...の直後に.

**Morse** /mɔ́ːrs モース/ 名 1 モース, モールス《Samuel Finley Breese/fínli bríːz/ ~ 1791-1872; 米国の発明家・画家》. 2 U (略式) =Morse code [alphabet].

**Mórse códe** [**álphabet**] モールス符号 (Morse)《点と短い線の組み合わせによる電信用の符号》.

**mor·sel** /mɔ́ːrsl モースル/ 名 C 1 (正式) (食物などの)ひと口分, 1片, ひとかみ. 2 (料理の)特においしいもの. 3 [a ~ (of ...)、通例否定文・疑問文・条件文で]《...の)少量, ほんのわずか.

**mor·tal** /mɔ́ːrtl モートル/ 形 1 死ぬ運命にある, 死を免(ま)れない (↔ immortal) ‖
Man is **mortal**. 人間は死ぬものだ.
2 (文) 命にかかわる, 致命的な (fatal); 死の, 臨終の; 魂を滅ぼす ‖
a **mortal** disease 不治の病.
the **mortal** hour 臨終の時.
3 (文) 人間の; 現世の ‖
this **mortal** life この世.
beyond **mortal** knowledge 人知を超えて.
No **mortal** power can manage it. それは人間の力ではできない.
4 生かしておけない; 死ぬまで続く ‖
a **mortal** combat 死闘.
5 (古・略式) 非常な, ひどい; 長くて退屈な ‖
cry in **mortal** fear ひどく恐れて泣く.
——名 C (文) [通例 ~s] 人間.

**mor·tal·i·ty** /mɔːrtǽləti モータリティ/ 名 U 1 死ぬ運命, 死を免れないこと (↔ immortality).
2 [しばしば a ~] **a** 大量[多数]の死; 死亡数 ‖
a heavy **mortality** 大量の死者.
**b** =mortality rate.
**mortálity ràte** 死亡率 (mortality).

**mor·tal·ly** /mɔ́ːrtəli モータリ/ 副 1 死ぬほどに, 致命的に ‖
be **mortally** injured 致命傷を負う.
2 [意味を強めて] ひどく, 非常に.

**mor·tar¹** /mɔ́ːrtər モータ/ (類音 motor /móutər/) 名 U モルタル《れんが・石などの接合に用いる. 壁塗りに使う「モルタル」は stucco》. ——動 他 ...をモルタルで接合する, ...にモルタルを塗る.

**mor·tar²** /mɔ́ːrtər モータ/ 名 C すり鉢, 乳鉢, 臼(うす).

**mort·gage** /mɔ́ːrgidʒ モーギヂ/ (発音注意)《◆ t を発音しない》名 1 C U 抵当. 2 U 抵当で借りた金. 3 C 抵当証書.
——動 (現分 --gag·ing) 他 ...を抵当に入れる ‖
I **mortgaged** my farm to him for ten million yen. 私は農場を抵当に彼から1千万円借りた.

**mor·ti·cian** /mɔːrtíʃən モーティシャン/ 名 C (米) 葬儀屋《◆ (英) undertaker の遠回し語. funeral service practitioner ともいう》.

**mor·ti·fi·ca·tion** /mɔ̀ːrtəfikéiʃən モーティフィケイション/ 名 1 U (正式) 悔しさ, 屈辱; C 無念の種. 2 U〖宗教〗苦行, 禁欲. 3〖医学〗壊疽(えそ).

**mor·ti·fy** /mɔ́ːrtəfài モーティファイ/ 動 (三単現 --ti·fies/-z/; 過去・過分 --ti·fied/-d/) 他 (正式) 1 ...を悔しがらせる, ...に恥をかかせる ‖
He **was mortified at** his failure in business. 彼は事業の失敗を悔しがった.
2 ...を(禁欲や苦行によって)抑える, 克服する ‖

**mortify** the flesh 肉欲を制する.
**mór·ti·fy·ing** 形 屈辱的な.
**mor·tise** /mɔ́ːrtəs モーティス/ 名 C 【建築】(木材などにあけられた)ほぞ穴.
**mor·tu·ar·y** /mɔ́ːrtʃuèri モーチュエリ | -tjuəri -テュアリ/ 名 (複 -**ar·ies**/-z/) C (主に英) = morgue 1; (米) 葬儀場. ── 形 《正式》死の, 埋葬の.
**mo·sa·ic** /mouzéiik モウゼイイク | məu- モウ-/ 名 C モザイク(画, 模様); U モザイク(の手法). 2 C [通例 a ~] モザイク風の物, 寄せ集め. ── 形 モザイク(模様)の. ── 他 (過去・過分) -**icked**; (現分) -**ick·ing**) 他 …をモザイク(模様)で飾る.
**Mo·sa·ic** /mouzéiik モウゼイイク | məu- モウ-/ 形 モーセ(Moses)の(律法)の.
**Mosáic Láw** [the ~] モーセの律法.
**Mos·cow** /máskou マスコウ, -kau | mɔ́s- モス-/ 名 モスクワ《ロシアの首都. ロシア語名 Moskva》.
**Mo·ses** /móuziz モウズィズ/ 《♦ *Moses*'(s) の発音については → 's 語法》 名 1 モージズ《男の名》. 2 【聖書】モーセ, モーゼ《ヘブライの預言者, 律法家》.
**Mos·lem** /mázləm マズレム | mɔ́s- モズ-/ 名 (複 ~s, **Mos·lem**) C イスラム教徒. ── 形 イスラム教(徒)の.
**mosque** /másk マスク | mɔ́sk モスク/ 名 C モスク, イスラム教寺院.
**mos·qui·to** /məskíːtou モスキートウ, (英+) mɔs-/ ── 名 (複 ~(e)s/-z/) C 【昆虫】カ(蚊) ‖ be bitten by **mosquitos** 蚊にさされる.
 **mosquíto nèt** かや.
**moss** /mɔ́ːs モース | mɔ́s モス/ 名 (複 ~·es/-iz/) U C 【植】コケ; コケの茂み.
 **móss stìtch** かのこ編み《表編みと裏編みを交互に繰り返す》.
**moss·y** /mɔ́ːsi モースィ | mɔ́si モスィ/ 形 (比較 -**i·er**, 最上 -**i·est**) コケで覆われた.

‡**most** /móust モウスト/ 《many, much の最上級》
 ── 形 [名詞の前で] 1 [many の最上級; C 名詞を修飾して; しばしば the ~ ...] 最も多くの(↔ fewest) ‖
Which of you has read (**the**) **most** books? 君たちのうちでいちばんたくさん本を読んだ人はだれですか《the を省略するのは《英略式》》.
 2 [much の最上級; U 名詞を修飾して; しばしば the ~ ...] (量・程度の点で)最も大きい, 最高の(↔ least) ‖
Reading is one of the things that give us (**the**) **most** enjoyment. 読書は我々に最大の楽しみを与えてくれるものの1つだ《♦ the を省略するのは《英略式》》.
 3 [C 名詞の複数形・U 名詞を修飾して; 通例無冠詞] (漠然と)大多数の, 大部分の, たいていの(↔ few, least) ‖
**Most** people like watching TV. 大半の人はテレビを見るのが好きだ.
**Most** success is gained through constant efforts. 成功の大部分は不断の努力によって得られる.
 ── 名 U 1 [通例 the ~] 最も多くのもの[数, 量] ‖
Bill ate three cakes, but Jack ate more, and John ate (**the**) **most**. ビルはケーキを3個食べ, ジャックはそれ以上, ジョンがいちばんたくさん食べた.
 2 [most of + the, my, those など + 複数名詞] (…の)大部分, 大多数, ほとんど《♦ 主語に用いた場合, 動詞は of のあとの名詞に一致》‖
**Most** of the letters **are** written in English. その手紙の多くは英語で書かれている.
Only a part of an iceberg shows above water; **most** of it **is** under water. 氷山で水面に出ている部分はごくわずかで, 大部分が水面下にある.
 3 [無冠詞; 複数扱い] 多くの人々, 大多数 ‖
**Most have** not yet decided to go. 多くの人はまだ行くべきか態度を決めていない.
 ── 副 《much の最上級》 1 [動詞を修飾してしばしば the ~] 最も(↔ least) ‖
This is the pot he treasures (**the**) **most** of all. これは彼が最も大切にしているつぼだ.
 2 [2音節以上の形容詞・副詞を修飾して; 最上級を作る; 通例 the ~] 最も(↔ least)《♦ *more*, *most* をとる形容詞については → more 形 1 Q&A》‖
This picture is **the most** beautiful of all. この絵は全部の絵の中で最もきれいだ.
Science is **the most** difficult for her. 彼女は理科が最も苦手だ.
Of the three boys, Bill behaves (**the**) **most** politely. 3人のうちで, ビルが最も行儀がよい.

> **Q&A**  *Q*: 補語として用いる形容詞の最上級に the をつけないこともあるようですが, どんな場合か.
> *A*: 他のものとの比較でなく, 同一のもののなかでの比較が対象になるときには通例 the をつけません. 例えば This lake is deep*est* here. 《この湖はここが一番深い》の文では, この湖をほかの湖と比べないで, この湖の中で比べているのです.

 3 [a most + 形容詞 + 単数名詞; most + 形容詞(+複数名詞); most + 副詞; 主に2音節以上の語を修飾; 強く発音しない] 《正式》とても, たいそう ‖
Susie's mother is **a most** beautiful woman. = Susie's mother is **most** beautiful. スージーのお母さんはすごくきれいな人です《♦ Susie's mother is *the most* beautiful woman. だと他の女性と比べて「いちばんきれい」の意. She is *most* beautiful in black. は「黒い服を着ていてとてもきれいだ」のほか「黒い服を着ている時がいちばんきれいだ」(同一人物の比較; → 2 Q&A)の意にもとれる》.

◇ **at (the) móst** [通例数詞を含む語句の前後で] せいぜい, 多くて ‖ She will pay 50 dollars at most. 彼女はせいぜい50ドルしか払わないだろう / She's **at most** 20 years old. 彼女は多くみても20歳というところだ.

◇***máke the móst of*** A (1) …を最大限に活(い)かす ‖ Try to **make the most of** your time. 時間を最大限に活用するようにしなさい. (2) …をこの上なく大切にする, 重要視する(cf. make [他] **15**).

*****most·ly** /móustli モウストリ/

——[副] **1** [しばしば文頭で] **たいていは**, ほとんどの場合《◆sometimes (時々)に対立. most often に近い》‖

He enjoys wine sometimes, but **mostly** he drinks whiskey. 彼は時々ワインをたしなむが, たいていはウイスキーを飲む.

**2** [名詞などの前で] 主に, 主として, 概して言えば(for the most part) ‖

Those present were **mostly** ¦ students. 出席していたのは大部分学生だった.

[対話] "What classes are you taking?" "Education courses, **mostly**." 「どんな授業を受けているんですか」「主として教育関係の科目です」《◆(略式) では名詞の後に置くこともある》.

**mote** /móut モウト/ [名][C] ほこり; 微片.

***the móte in*** A***'s éye*** 〔聖〕 A〈他人〉の目のほこり《自分の大きな欠点には気付かないのに他人に見出す取るに足らぬ欠点》.

**mo·tel** /moutél モウテル/ 〖*mo*tor + ho*tel*〗 [名][C] モーテル《街道沿いの自動車旅行者用ホテル. 風俗営業的ではない》.

> [Q&A] ***Q***: 2つの単語のそれぞれの一部を省いて混成語にするような例はほかにありますか.
> ***A***: brunch (*br*eakfast+l*unch*), smog (*sm*oke+f*og*), flush (*fl*ash+br*ush*) などがあります. カツレツとドンブリがカツドンになったのと少し似ていますね.

**moth** /mɔ́(ː)θ モ(ー)ス/ [名] ([複] ~s/mɔ́ːðz, mɔ́ːθs | mɔ́θs/) [C] **1** 〔昆虫〕 ガ(蛾) ‖

like a **moth** approaching and retreating from a bright light 明るい灯の周りを飛びかう蛾のように《1つの考えに集中できない様子》.

**2** 〔昆虫〕 ヒロズコガ; (主に英) [the ~] (衣服の) 虫食い ‖

get the **moth** 〈衣服が〉虫に食われている.

**moth·ball** /mɔ́(ː)θbɔ̀ːl モ(ー)スボール/ [名][C] [通例 ~s] (衣類の) 防虫剤.

******moth·er** /mʌ́ðər マザ/

——[名] ([複] ~s/-z/) [C] [しばしば M~] **1 母, 母親,** お母さん《◆身内の間や呼びかけの時は固有名詞的に *Mother* とすることが多い. 父親が用いる場合, 自分の妻をさすこともある. これは日本語でも同じ》. [関連] (小児語) ma, mam(m)a, mammy, mom, mommy, mum, mummy ‖

become a **mother** 母になる, 子を産む.

When will **Mother** be back, Father? お父さん, お母さんはいつ帰るのですか.

Like mother, like daughter. (ことわざ) → like² [前] **2**.

**2** 母親同然の人; 母親的任務を果たす人《寮母など》; (略式) 義母, 養母 ‖

a **mother** to me 私にとって母のような人.

**3** (正式) [the ~] 源, 起源 ‖

the **mother** of crime 犯罪の始まり.

**4** [しばしば M~] =Mother Superior.

**5** [形容詞的に] 母の, 母としての; 母国の; 本源の ‖

a **mother** sheep 母ヒツジ.

**mother** love 母性愛.

**mother** earth (母なる) 大地.

***Gód's Móther*** =***the Móther of Gód*** 聖母マリア.

——[動] [他] 〈女性·動物の雌が〉…を産む; …の母になる.

**móther cóuntry** (正式) 母国, 故国; (植民地に対する) 本国.

**Móther Góose** マザーグース, グースおばさん《英国古来の童謡集の作者とされる架空の人物》.

**Móther Góose rhỳme** (米) マザーグースの唄, 伝承童謡 (nursery rhyme)《◆代表的なものは Jack and Jill; London Bridge; Lady Bird, Goosey, Goosey, Gander; Humpty Dumpty; Ten Little Indians など》.

**Móther's Dày** 母の日《米国では5月の第2日曜日, 英国では四旬節(Lent)の第4日曜日 (→ carnation [文化])》.

**móther shìp** (1) (英) 母船, 母艦. (2) (米) (ロケットなどを発射する) 母体航空機.

**Móther Supérior** ([複] Mothers S~, M~ Superiors) (称号) [呼びかけ] 女子修道院長.

**móther tóngue** (正式) 母語《幼い時に母親などから自然に習い覚える言語. 最近では native tongue [language] が多く用いられる》; 〔言語〕 祖語.

**moth·er·hood** /mʌ́ðərhùd マザフド/ [名][U] **1** 母であること. **2** 母性, 母性愛. **3** [集合名詞; 単数扱い] 母親たち.

**moth·er-in-law** /mʌ́ðərinlɔ̀ː マザインロー/ [名] ([複] moth·ers-) [C] **1** 夫[妻]の母, 義母, しゅうとめ. **2** (英略式) 継母(まま はは).

**moth·er·land** /mʌ́ðərlæ̀nd マザランド/ [名][C] (正式) 《◆最近では homeland, native country, home が多く用いられる》 **1** 母国, 故国. **2** 先祖の国, 祖国. **3** 発祥の国.

**moth·er·ly** /mʌ́ðərli マザリ/ [形] 母(として)の; 母のような, やさしい, 心の温かい ‖

a **motherly** lady やさしい婦人.

**mo·tif** /moutíːf モウティーフ/ 〖フランス〗 [名] ([複] ~s) [C] (正式) **1** (文芸作品の) 主題, モチーフ, テーマ. **2** (デザイン·建築などの) 主な模様[色], 基調. **3** 〔音楽〕 動機, モティーフ.

*****mo·tion** /móuʃən モウション/ 〖「動く(mote) こと」が原義. cf. e*motion*, *mo*ve, pro*mote*〗

[派] motionless (形)

——[名] ([複] ~s/-z/) **1** [U] (正式) **運動, 移動, 運**

行‖
the laws of **motion** 運動の法則.
the **motion** of the earth 地球の運動.
The scene was shown in slow **motion**. その場面はスローモーションで再生された.
対話 "You'd better sit down. The train's **in motion** now." "It's okay. We're hardly moving yet."「座ったほうがいいよ.電車が動き出したよ」「大丈夫.こんなのまだ動いているうちに入らないよ」.
**2** C 動作, しぐさ, 合図‖
her graceful **motions** 彼女のしとやかな物腰.
I made **motions** at him to come here with my hand. こちらに来るように彼に手で合図した.
**3** C 動議, 提案‖
second an urgent **motion** 緊急動議を支持する.
**4** C (英正式)便通.
**gó through the mótions of** A …をするふりをする, お義理に…をする.
**pùt [sèt] A in (the) mótion** A〈機械など〉を動かし始める; …を始める, …の口火を切る.
――動 他 …に身ぶりで合図する‖
**motion** him out 彼に出て行くように身ぶりで示す.
I **motioned** her to a seat. =I **motioned** her to take a seat. =I **motioned** that she (should) take a seat. 彼女に座るように合図した.
――自 身ぶりで合図する‖
I **motioned** to [for] her not to stop. 彼女に立ち止まらないように合図した.
**mótion pìcture** (米正式)映画(→ movie).
**mo·tion·less** /móuʃənləs モウションレス/ 形 (正式)動かない, 静止した‖
stand **motionless** じっと立つ.
**mó·tion·less·ly** 副 動かずに.
**mo·ti·vate** /móutəvèit モウタヴェイト/ 動 (現分) -vat·ing) 他 (正式)…に動機[刺激]を与える, 意欲を起こさせる; [通例 be ~d] やる気を起こす.
**mó·ti·vat·ed** 形 やる気のある, 刺激された, 動機づけられた.

**mo·ti·va·tion** /mòutəvéiʃən モウティヴェイション/ 名 ⓤⒸ 動機づけ, 刺激; 意欲.
\***mo·tive** /móutiv モウティヴ/ (類音) mot*if* /moutíːf/ 『⇨ move』
――名 (複 ~s/-z/) Ⓒ **1** 動機, 誘因; 目的‖
his **motive** for collecting stamps 切手を集める彼の動機.
propose from **motives** of curiosity 好奇心から提案する.
study **of [from]** one's own **motive**(s) 自ら進んで勉強する.
**2** (芸術作品の)主題, モチーフ.
\***mo·tor** /móutər モウタ/ 〖「動かされる[かす]もの」が原義. cf. motion, move〗
――名 (複 ~s/-z/) Ⓒ **1** 原動機; 発動機(engine), モーター‖
start an electric **motor** 電動機を動かす.
対話 "I wish this boat went faster." "Without a **motor**, it's impossible."「この船もっと速く進めばいいのに」「モーターがなくては無理だよ」.
**2** モーターボート, オートバイ.
――形 動力を起こす, 発動機の; 運動筋肉[神経]の‖
**motor** nerves 運動神経.
**mótor bìcycle** (米)原動機付き自転車; (英まれ)モーターバイク.
**mótor càr** =motorcar.
**mótor scòoter** スクーター.
**mótor vèhicle** (集合名詞的に)自動車(の類).
**mot·or·bike** /móutərbàik モウタバイク/ 名 (英略式)=motorcycle; (米)(小型の)モーターバイク.
**mot·or·boat** /móutərbòut モウタボウト/ 名 Ⓒ モーターボート.
**mo·tor·car** /móutərkàːr モウタカー/, **mótor càr** 名 Ⓒ (英正式・やや古)自動車(car, (主に米) automobile).
**mo·tor·cy·cle** /móutərsàikl モウタサイクル/ 名 Ⓒ オートバイ, 単車‖
ride a **motorcycle** オートバイに乗る.

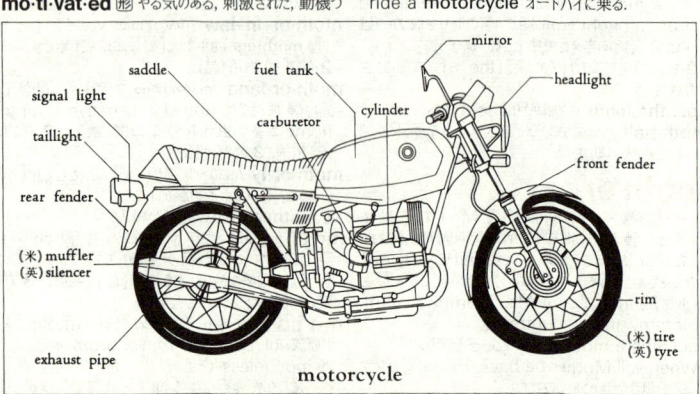

motorcycle

(labels: saddle, fuel tank, mirror, headlight, signal light, cylinder, taillight, carburetor, front fender, rear fender, (米) muffler / (英) silencer, rim, (米) tire / (英) tyre, exhaust pipe)

**mo·tor·cy·clist** /móutərsàiklist モウタサイクリスト/ 名C オートバイに乗る人,「ライダー」.

**mo·tor·ist** /móutərist モウタリスト/ 名C 自動車を乗り回す人;(自家用車の)運転手,ドライバー.

**mo·tor·ize** /móutəràiz モウタライズ/ 動 (現分 -iz·ing) 他 (正式)〈車〉にエンジンをつける;〈軍隊〉に自動車を装備する;〈農業〉を動力化する.
　**mó·tor·ized** 形 エンジンつきの.

**mo·tor·way** /móutərwèi モウタウェイ/ 名C (英) 高速道路((米) expressway)《◆M1, M2のように番号がついている》.

**mot·tle** /mátl マトル | mɔ́tl モトル/ 名C まだら,ぶち,斑(はん)点. **mót·tled** /-d/ 形 まだらの.

**mot·to** /mátou マトウ | mɔ́tou モトウ/ 名 (複 ~(e)s /-z/) C 1 座右の銘,モットー,標語《◆政治的·宣伝的標語は slogan》‖
　a school motto 校訓.
　2 〔紋章などに記した〕銘,言葉.

**mould** /móuld モウルド/ 名 (英) =mold.

**moult** /móult モウルト/ 動 (英) =molt.

**mound** /máund マウンド/ 名C 1 塚,(墓の上の)盛り土;小山,丘;(防御用の)土塁;[比喩的に;a ~ of +UC 名詞] …の山‖
　a mound of rubbish がらくたの山.
　2 〔野球〕マウンド(圏 → baseball).

*****mount**[1] /máunt マウント/ 〖「高く盛り上がった場所」が原義〗
　──名 (複 ~s /máunts/) C (文)山(mountain),丘(hill); [固有名詞の前で;M~]…山(略 Mt.)‖
　Mount [Mt.] Everest エベレスト山.

**mount**[2] /máunt マウント/ 〖mount[1] と同語源〗動 他 1(正式)…に登る,〈はしごなど〉を上る;〈馬·自転車など〉に乗る,〈演壇など〉に上がる;〈人〉を乗せる(↔ dismount)‖
　mount a hill 丘に登る.
　mount a horse 馬に乗る.
　mount him on a horse 彼を馬に乗せる.
　2 〈写真などを台紙に〉張る;…を載せる;…にすえ付ける;〈宝石など〉を取り付ける‖
　mount a map 地図の裏打ちする.
　mount a picture 写真を台紙に張る,絵を額にはめ込む.
　mount a jewel in gold 宝石を金にはめ込む.
　3 …を剥(はく)製にする,標本にする.
　──自 (正式) 1 乗る‖
　mount on a bicycle 自転車に乗る.
　2 (正式) 上がる,登る;増す‖
　mount to a hill 丘に登る.
　Prices are mounting. 物価はうなぎ登りだ.
　Her blood mounted to her face. 彼女の顔が赤くなった.

*****moun·tain** /máuntn マウンテン | -tin -ティン/ 〖→ mount[1]〗派 mountainous (形)
　──名 (複 ~s /-z/) 1 C 山《◆ふつう hill より高いものをいう》; [~s] 山脈;連山 (略 Mt., mt.)‖

climb [go up] a mountain 山に登る.
descend [go down] a mountain 山を降りる.
cross the Rocky Mountains ロッキー山脈を横切る.
spend the summer in the mountains 山で夏を過ごす.

事情 (米)では,(英)で hill と呼ぶ高さの山を mountain ということがある.

　2 (正式)[a ~ of +CU 名詞 / ~s of +CU 名詞](山のように)大きな…,多量の…,多数の…‖
　a mountain of treasure 山のような財宝.
　a mountain of difficulties 山ほどの困難.
　3 [形容詞的に] 山の,山に住む,山に生える;山のような.
　**móuntain bíke** マウンテンバイク(略 MTB).
　**móuntain cháin [ránge]** 山脈,連山.
　**móuntain líon** =cougar.

**moun·tain·eer** /màuntəníər マウンテニア | -tin- -ティニア/（アクセント注意）名C 1 山の住人. 2 登山家[者].

**moun·tain·eer·ing** /màuntəníəriŋ マウンテニアリング | -tin- -ティニアリング/ 名U 登山.

**moun·tain·ous** /máuntnəs マウンテナス | máuntinəs マウンティナス/ 形 1 山の多い,山地の‖
　a mountainous country 山の多い国.
　2 山のような,巨大な‖
　mountainous clouds 山のような雲.

**moun·tain·side** /máuntnsàid マウンテンサイド | -tin- マウンティン-/ 名C 山腹(ふく),山の斜面.

**moun·tain·top** /máuntntàp マウンテンタプ | -tintɔ́p -ティントプ/ 名C 山頂.

**mount·ing** /máuntiŋ マウンティング/ 動 → mount[2]. ──名 1 U a 登る[乗る]こと. b 〔動〕マウンティング《群の中の順位を確認するための,ふつう雄の(疑似)交尾行動》. 2 U 備えつけ,装備. 3 C 〈写真·絵などの〉台紙,〈宝石の〉台;(機械部品の)取り付け金具[器具]. ──形 ますます増える.

**mourn** /mɔ́ːrn モーン/ 動 (正式) 自 1 悲しむ,嘆く‖
　mourn over his death 彼の死を悲しむ.
　2 悼(いた)む,喪に服する‖
　mourn for the dead 死者を哀悼(あいとう)する.
　──他 …を悲しむ,嘆く;…の喪に服する‖
　mourn one's mother's death 母の死を悲しむ.

**mourn·er** /mɔ́ːrnər モーナ/ 名C 悲しむ人,嘆く人;会葬者‖
　the chief mourner 喪主.

**mourn·ful** /mɔ́ːrnfl モーンフル/ 形 (時に 比較 -ful·ler, 最上 -ful·lest) 1 悲しみに沈んだ,哀れをそそる;死者を悼(いた)む‖
　mournful news 悲報.
　speak in a mournful voice 沈痛な声で話す.
　2 陰気な.

**mourn·ful·ly** /mɔ́ːrnfəli モーンフリ/ 副 悲しみに満ちて;死者を悼(いた)んで.

**mourn·ing** /mɔ́ːrniŋ モーニング/ (同音) morning) 動 → mourn.
― 名 Ⓤ **1** (正式) 悲しみ, 悲嘆 (sorrow).
**2** 哀悼(ぁぃとう), 喪; 喪服
go into mourning 喪に服する, 喪服を着る.
go out of mourning 喪が明ける, 喪服を脱ぐ.
***in móurning*** 喪に服して, 喪服を着て; 悲しみに沈んで.
**móurning bànd** 喪章.
**móurning còach** 葬儀用馬車, 霊柩(れいきゅう)車.

## **mouse** /máus マウス/ (類音) mouth /máuθ/)
― 名 (複 mice/máis/) Ⓒ **1** ハツカネズミ, 小ネズミ, マウス《◆(1) rat より小形のものをいう. 欧米の家ネズミは mouse であるが日本の家ネズミは rat. (2) 鳴き声は squeak》‖
a house mouse 家ネズミ.
a field mouse 野ネズミ.
The mountains have brought forth a mouse. (ことわざ)「大山鳴動してねずみ一匹」.
When the cat is away, the mice will play. (ことわざ)「猫のいぬ間に洗濯」.
**2** 臆(おく)病者, 内気な女の子.
**3** (複 ～s, mice) (コンピュータ) マウス.
**(as) *póor as a chúrch móuse*** ひどく貧しい.

**mousse** /múːs ムース/ 《フランス》 名 **1** ⒸⓊ ムース《泡立てた生クリームに卵・ゼラチン・香料などを混ぜて固めたデザート用冷菓》. **2** Ⓤ ムース《泡状整髪用品》.

**mous·tache** /mʌ́stæʃ, məstǽʃ マスタシュ/ mʌstɑ́ːʃ マスターシュ/ 名 (主に英) =mustache.

## **mouth**
名 máuθ マウス; 動 máuð マウズ/ (類音) mouse/máus/) 動 máuðz マウズ/ (発音注意)《◆所有格は mouth's/máuθs/》Ⓒ **1** 口; 口もと, 口のあたり, 唇 ‖
a small mouth 小さな口, おちょぼ口.
with a pipe in one's mouth パイプを口にくわえて.
Don't speak with your mouth full. 口に食べ物をいっぱい入れてしゃべるな.
My mouth dropped open when I heard the news. そのニュースを聞いた時, あいた口がふさがらなかった.
I kissed her on the mouth. 彼女の口にキスをした.
open one's mouth 口をあける.
**2** [a ～ / the ～] 口のような物; 物の口; 河口; 出入口 ‖
at the mouth of the Thames テムズ川の河口で.
the mouth of a jar つぼの口.
**3** (言葉を発する器官としての) 口; 言葉, 発言; 人の口, うわさ; (略式) 大ぼら, 厚かましさ ‖
in everyone's mouth みんなにうわさされて.
have [get] a big mouth (略式) 大声で話す, 生意気な口をきく.
have a foul mouth 口が悪い.
He is all mouth. (略式) 彼はおしゃべりだ.
keep one's mouth shut 黙っている; 秘密をもらさない.
open one's big mouth (略式) うっかりしゃべる.
Shut your mouth!(↘) (略式) 黙れ.
***from móuth to móuth*** 〈うわさなどが〉口から口へ, 人から人へ.
***màke A's móuth wàter*** 〈食べ物が〉A〈人〉によだれを垂れさせる.
***stóp [shút] A's móuth*** (略式) A〈人〉を黙らせる (→ 3); A〈人〉を殺す.
― 動 /máuð/ 他 …を気取って言う; 「…」と演説口調で言う.

**móuth òrgan** (主に英) ハーモニカ (harmonica).

**-mouthed** /-mauðd -マウズド, -mauθt -マウスト/ (連結形) **1** 口が…の. **2** 声[話し方]が…の. 例: loud-mouthed 大声の.

**mouth·ful** /máuθfùl マウスフル/ 名 **1** Ⓒ 口一杯, 1口(分); [通例 a ～ of A] 少量(の食べ物) ‖
in two mouthfuls 2口で.
have only a mouthful of dessert デザートをほんの少し食べる.
**2** (略式) [a ～] (発音しにくい)長たらしい語[句].

**mouth·piece** /máuθpìːs マウスピース/ 名 **1** Ⓒ (楽器などの) 口にくわえる[当てる]部分, マウスピース; (パイプの) 吸口; (電話の) 送話口 ‖
on [over] the mouthpiece 送話口に手を置いて.
**2** (容器・管の) 口, 口金. **3** (正式) [通例 a ～] 代弁者, 代弁機関《新聞など》.

**mouth·wash** /máuθwɒ̀ʃ マウスワッシュ/ -wɔ̀ʃ -ウォッシュ/ 名 **1** ⒸⓊ 口腔洗浄液, うがい薬. **2** Ⓤ (略式) ばかげたこと[もの].

**mouth-watering** /máuθwɔ̀ːtəriŋ マウスウォータリング/ 形 よだれの出そうな, おいしそうな.

**mov·a·ble, move·a·ble** /múːvəbl ムーヴァブル/ 形 **1** 動かせる, 移動できる; 動く. **2** 〈祭日などが〉年によって日の変わる ‖
a movable feast 移動祝祭日《Easter など》.

## **move** /múːv ムーヴ/ 《「物の位置・場所を移す」が本義. cf. re*move*》派 motion (名), motive (名), movement (名)
→ 動 他 **1** 移動させる **2** 感動させる
自 **1** 動く **2** 引っ越す
名 **1** 動き
― 動 (三単現) ～s/-z/; (過去・過分) ～d/-d/; (現分) mov·ing)
― 他 **1 a** …を移動させる, 動かす; 〈機械〉を運転する ‖
move a hat (会釈(えしゃく)のため) 帽子を動かす.
move house (英) 引っ越す.
move troops forward 軍隊を前進させる.
move the chairs into a circle いすを円形に移動する.
I moved the furniture up in pieces. 家具を

分解して2階へ運んだ.
**b** 〈人が〉手足などを動かす, 揺り動かす.
**2** …を感動させる, 興奮させる; (正式) [move **A** to do] 〈人に〉…する気にさせる(cause); [move **A** to **B**] 〈人に〉**B**〈怒り・笑いなど〉を起こさせる ∥
move him to anger 彼を怒らす.
feel **moved** to study 勉強したい気になる.
be **moved** with sympathy 同情をかきたてられる.
Her speech **moved** me to tears. =I was **moved** to tears by her speech. 彼女の話を聞いて感動して泣いた.
**3** (正式)〈改正・採択など〉を動議として提出する; …ということを動議で提出する ∥
I **move** that we ((主に英)) should) adjourn. 休会を提案します.

──自 **1** 動く, 移動する; 揺れる; (略式)〈車・船などが〉進む ∥
**move** about [around] 動き回る.
**Move** along now! (警官の号令) 立ち止まるな.
**Move** right down (the bus). (乗客への呼びかけ)(バス)の中へお詰め願います(=Pass along the bus, please.).
**2** 引っ越す, 移転する ∥
**move** out 引っ越して行く.
**move** (away) to [in, into] a new house 新居に引っ越す.
I'd like to **move** into [to] the country. 田舎(いなか)へ引っ越したい.
**3** 〈事・劇などが〉進展する;〈機械などが〉動く ∥
The hours **move** on. 時は刻々と過ぎていく.
**móve óff** [自] 立ち去る; 動き始める.
**móve óver** [自] 席を詰める, 席を譲る.
**móve úp** [自] (1) =MOVE over. (2) 昇進する;〈株などが〉上がる.

──名 (複 ~s/-z/) ⒞ **1** 動き, 運動, 移動; 転居, 引っ越し ∥
make the **move** to Brooklyn ブルックリンへ引っ越す.
**2** (チェス) こまを動かすこと, 手(て)番. **3** 手段, 処置.
**gèt a móve òn** (略式) [しばしば命令文で] 急ぐ, 急いで始める.
**màke a móve** (略式) (1) 移動する, 出発する. (2) 手段をとる.
**on the móve** (略式) (1) 忙しい. (2) 〈人がたえず〉移動[活動]して. (3)〈物事が〉進行中の.

**move·a·ble** /mú:vəbl ムーヴァブル/ 形 =movable.

\***move·ment** /mú:vmənt ムーヴメント/ 〖→ move〗

──名 (複 ~s/-mənts/) **1** Ⓤ 動くこと, 動き, 運動, 移動;〈動物・民族・軍隊などの〉移動, 引っ越し;〈人口の〉動き ∥
the **movement** of the eyes 目の動き.
He lay without **movement**. 彼はじっと横になっていた.
**2** ⒞ (正式) 動作, 身ぶり; [~s] 物腰, 態度(manner), (集団などの) 行動, 活動 ∥

a girl with graceful **movements** しとやかな物腰の少女.
対話 "She's a very good dancer, isn't she?" "I like her **movement** very much." 「あの人はダンスが上手だね」「あの身のこなしがいいね」.
**3** ⒞ (政治・社会的) 運動; [通例 the M~] ウーマンリブ運動 ∥
a political **movement** 政治運動.
establish the **movement** for world peace 世界平和運動を確立する.
**4** Ⓤ (事態の)成り行き, 動向;(物語などの)進展 ∥
the **movement** of the age 時代の動向.
**5** ⓊⒸ (価格の) 変動;(市況の) 活気.
**6** ⒞ (音楽) 楽章; 拍子.

**mov·er** /mú:vər ムーヴァ/ 名 ⒞ 発起人, 動議提出者.

\***mov·ie** /mú:vi ムーヴィ/ 〖「動く絵(moving picture)」が原義〗
──名 (複 ~s/-z/) ⒞ (主に米) **1** 映画((米正式) motion picture, cinema, (主に英) film, (英略式) picture); [the ~s; 集合名詞] 映画(の上映) ∥
go to (see) a **movie** =go to the **movies** (一般的に)映画を見に行く《◆「特定の映画を見に行く」は go to the movie》.
make a novel into a **movie** 小説を映画化する.
watch an old **movie** on television テレビで昔の映画を見る《◆単に ×watch a movie とはいわない》.
The book became a **movie**. その本は映画化された.

> 関連 [種類] (1) war movies 戦争映画 / gangster movies ギャング映画 / spy movies スパイ映画 / adventure movies 冒険映画 / documentary movies 記録映画 / silent movies 無声映画 / the B movie B級映画《限られた予算で作られた映画》. (2) 内容による入場者指定については → film rating.

**2** [the ~] 映画館((英) the cinema, the pictures).
**3** [the ~s] 映画産業, 映画界 ∥
work in the **movies** 映画界で働く.
**4** [形容詞的に] 映画の ∥
a **movie** ticket 映画の切符.
**móvie hòuse** [((米)) **thèater**] 映画館.
**móvie stàr** ((米)) 映画スター.

**mov·ing** /mú:viŋ ムーヴィング/ 動 → move.
──形 **1** 動く, 動かす; 移動する, 動機となる.
**2** (人を)感動させる, 哀れを感じさせる ∥
a **moving** book 感動的な本.
**móving pícture** ((米正式)) =movie 1.
**móving sídewalk** ((米)) (ベルト式の)動く歩道.
**móving stáircase** [**stáirway**] ((英)) エスカレーター.

**mow**¹ /móu マウ/ 動 (過去) ~ed, (過分) ~ed または mown/móun/ 《過去分詞 mowed は形容詞としては使わない．mown を主に複合語で用いる》他 **1** …を刈る, 刈り取る ‖
mow grass (牧)草を刈る．
**2** …の穀物[草]を刈る ‖
mow the lawn 芝生を刈る．

**mow**² /máu マウ/ 名 © (米・方言) **1** (通例納屋の中の)干し草[穀物]の山． **2** (納屋の中の)干し草[穀物]置き場．

**mow・er** /móuər モウア/ 名 © 刈り取り機; 芝刈り機．

**mown** /móun モウン/ 動 → mow¹.

**Mo・zam・bique** /mòuzæmbíːk モウザンビーク/ 名 © モザンビーク《南東アフリカの共和国. 首都 Maputo》

**Mo・zart** /móutsɑːrt モウツァート/ 名 モーツァルト《Wolfgang Amadeus/vɔ́(ː)lfgɑːŋ ǽmədiːəs/ ~ 1756–91; オーストリアの作曲家》．

**MP** 略 Member of Parliament; military police(man).

**mag, m.p.g.** 略 miles per gallon 1ガロン当たり走行マイル．

**mph, m.p.h.** 略 miles per hour 時速…マイル．

*****Mr., Mr** /místər ミスタ/ 《mister の略》
—— 名 (複 Messrs.) /mésərz/) **1** [男性の姓・姓名の前で] …さん, 様, 殿, 氏, 君, 先生 ‖
Mr. Smith スミスさん《◆「2人のスミスさん」は the two *Mr.* Smith(s)》．

語法 (1) 日本語の「さん」「君」より改まった敬称．
(2) 自分の子供を説教する場合など, *Mr.* Roy Smith! のようにわざと改まってフルネームで呼ぶこともある．
(3)「スミス先生」は *Teacher Smith* でなく Mr. [Ms, Miss, Mrs., Doctor] Smith.
(4) ピリオドを省くのは (主に英)．

**2** [呼びかけ] [官職名の前で] …殿 ‖
Mr. Chairman 議長殿《◆ BA, MA, Ph.D. などの前には付けない》．
**3** [ある土地・スポーツ・年などにおける代表的男性を表して] ミスター… ‖
Mr. America ミスターアメリカ．

*****Mrs., Mrs** /mísiz ミスィズ/ 《mistress の略》
—— 名 (複 Mmes /meidǽm | meidǽm/) **1** [結婚している女性の姓・夫の姓名の前で] 夫人, さん ‖
Mrs. (John) Smith (ジョン=)スミス夫人．

語法 (1) (略式) として *Mrs.* John のように夫の名につけて用いることもある．(米) では *Mrs.* Mary Smith のように女性の姓名につけて用いることもあるが, (英) では法律文書や小切手の署名または時に未亡人などの場合に限られる．
(2) ピリオドを省くのは (主に英)．
(3) 複数形は the two Mrs. Smith(s) など．

**2** (略式) [ある土地・スポーツ・年などにおける代表的女性を表して] ミセス… ‖
Mrs. Volleyball ミセス=バレーボール．
**3** (略式) [the ~] 妻 (my wife)《◆さらにくだけた言い方では missus, missis とつづることもある》‖
pick up the Mrs. at the station 妻を駅まで車で迎えに行く．

**MS** 略 〔郵便〕 Mississippi.

*****Ms., Ms** (主に英) **Ms** /míz ミズ/ 《Mrs と Miss の合成》
—— 名 (複 Mses, Ms's/mízìz/) [女性の姓・姓名の前で] …さん, 様《◆既婚・未婚を区別しないで用いる》‖
Ms. Ann Higgins アン=ヒギンズさん．

*****Mt., Mt** /máunt マウント/ 略 Mount …山《◆山の名の前に置く》‖
Mt. Everest エベレスト山．

**MT** machine translation; 〔郵便〕 Montana.

*****much** /mʌ́tʃ マチ/ 《類音 match/mǽtʃ/》
—— 形 (比較 more/mɔ́ːr/, 最上 most/móust/)
(略式) [否定・疑問文で; much + U 名詞] 多くの, たくさんの, 多量の(↔ little) ‖
They do not have **much** company. 彼らには仲間があまりいない《◆ many companies では「多くの会社」》．
Do you take **much** sugar in your coffee? コーヒーに砂糖をたくさん入れますか．
It's **nothing much**. (けがをして)たいしたことないよ．

語法 [**much** と **a lot (of)** の比較]

| (正式) | 肯定 | 否定・疑問 |
|---|---|---|
| much | ○ | ○ |
| a lot (of) | (ややまれ) | (まれ) |

| (略式) | 肯定 | 否定・疑問 | 一語文 |
|---|---|---|---|
| much | × | ○ | × |
| a lot (of) | ○ | (ややまれ) | ○ |

—— 名 U (略式) [単数扱い; 通例否定文・疑問文で] **1** 多量, たくさん, 多額 ‖
Do you know **much** about linguistics? 言語学に詳しいですか．
Do you have **much** to finish? やってしまわなければならないことがたくさんありますか．
Do you **see much of** him? 彼によく会いますか．
**2** たいしたもの[こと]《◆形容詞ともとれる》‖
His dog isn't **much** to praise. 彼の犬ははめるほどのものではない．

—— 副 (比較 more, 最上 most) **1** [動詞を修飾; 通例疑問文・否定文で] 非常に, とても; よく, しばしば (often) ‖
I don't like the picture much. = I don't

much like the picture. その絵はあまり好きでない《◆肯定文では I like the picture very *much*. のように very が必要》.
Do you see him **much**? よく彼に会いますか.
**2** [好ましくない意味の過去分詞を修飾して] とても, ひどく ‖
He is **much** addicted to sleeping pills. 彼はもうすっかり睡眠薬中毒だ.
**3** [形容詞・副詞の比較級・最上級を修飾して] ずっと, はるかに(→ far) ‖
It is **much** better than the others. それは他のものよりずっと良い.
It is **much** the best I have seen. 私が見たうちでそれが最高だ.
**4** [形容詞の原級を修飾して] とても, 非常に《◆修飾される形容詞は (1) 比較の意味を含む superior, preferable, different など. (2) a- で始まる afraid, alike, ashamed, alert など》‖
This is **much** different from [than] that. これはあれとたいへん違っている.
I am **much** afraid of dogs. 犬がとても恐い.

> [語法] (1)《略式》では very, very much がふつう. (2) 一般の形容詞の原級は very のみ用いられる: He is *very* [×much] tall.

**5** [前置詞句を修飾して] とても, すっかり ‖
We are **much** [×very] in need of new ideas. 新しいアイデアを大いに必要としている.
much to one's annoyance とても困ったことには.
**6** だいたい, およそ《◆次の句で》‖
**much** the same ほぼ同じ《◆the same より意味が弱い》.
be **much** of a size ほとんど同じ大きさである.
Her opinion is **much** like mine. 彼女の意見は私のとほぼ同じだ.
***as múch*** (1) [先行する数詞を受けて] (…と)**同量だけ, 同額だけ** ‖ Here is 100 dollars, and I have **as much** at home. ここに100ドルあり, 家にももう100ドルあります. (2) [先行する文の内容を受けて] **それくらい** ‖ [対話] "I couldn't sleep well last night." "I thought **as much**." 「昨夜はよく眠れませんでした」「そんなことだろうと思ったよ」.
◇***as múch as*** **…** (1) …**と同量の, 同額の** ‖ Take **as múch as** you want. 欲しいだけ取りなさい《◆much のあとに名詞が来ることもある: She has three times *as much money as* I do. 彼女は私の3倍もお金を持っている》. (2) [多さを強調して] …ほども多く《◆… は数詞を含む語句》‖ pay **as much as** 100 dollars for the shirt そのシャツに100ドルも払う. (3) …だけれども《◆(1) 最初の as はしばしば省略. (2) much though … ともいう》‖ **Much as** he wanted it, he couldn't bring himself to ask for it. 彼は欲しかったけれど, 欲しいと言いだせなかった《◆Though he wanted it very much, … より譲歩の気持ちが強い》.
***as múch as to sáy*** … …と言わんばかりに.
***be tóo*** [***a bit***] ***múch for*** **A** 《略式》**A**〈人・事が〉〈人〉の手に負えない, **A**〈人〉に理解[処理]できない.
◇***Hów múch …?*** 《値段を尋ねて》いくら? ‖ How much (is it) for the taxi from here to the station? ここから駅までタクシーはいくら / [対話] "How much is this book?" "It's $6.25." 「この本はいくらですか」「6ドル25セントです」.
◇***màke múch of*** **A** 《略式》(1) [通例疑問文・否定文で] …**を理解する**(→ make [他] **15**). (2) [通例 make too much of **A**] …**を重視しすぎる, 重んじすぎる**. (3) **A**〈人〉に親切にする, 気をくばる《◆しばしば度を過ぎた親切を暗示》.
***múch léss*** … → less [副] 成句.
◇***múch of a*** ＋名詞 [否定文・疑問文で]ひどい…, すごい… ‖ Was it **much of a** surprise? ひどくびっくりすることでしたか / It's too **much of** a nuisance. 手に負えないほどやっかいなことです.
***not múch of a*** ＋名詞 **たいした…** ‖ That wouldn't be **much of a** problem. たいした問題ではないでしょう.
◇***nòt so múch as*** *do* **…さえしない** ‖ He couldn't **so much as** write his own name. 彼は自分の名前すら書けなかった.
***nòt so múch as*** … **…ほどでない**《◆as much as … の否定形》‖ I don't like beef **so much as** you. 私は牛肉を君ほど好きでない.
◇***nòt so múch*** **B** ***as*** **A** (1) **B というよりむしろ A** ‖ He has succeeded **not so much** by talent **as** by energy. 彼の成功は才能によるというよりむしろ馬力によるものだ. (2) **A** ほど **B** ではない ‖ I do **not** have **so much** money **as** you. 私は君ほどお金を持っていない.
***so múch for*** **A** 《略式》…はこれで打ち切りとしよう ‖ **So much for** today! (もううんざりなので)今日はこれまで / **So much for** listening to music: something is wrong with the player. 音楽を聴くのは(残念ながら)これまでだ, プレーヤーが壊れている.
***think múch of*** **A** → think [動].
◇***withòut so múch as*** *doing* …さえしないで ‖ She drove my car **without so much as** asking. 彼女は何の断りもなしに私の車を運転した.

**much-** /mʌ́tʃ- マチ-/ [連結形] [過去分詞の前に付けて] たいへん…な, 例: much-surprised audience とても驚いている観衆.

**muck** /mʌ́k マク/ [名]《略式》**1** [U] 汚物; ごみ; 泥. **2** [U] (動物の)ふん, こやし.
***màke a múck of*** **A** 《略式》…を汚す; …をだめにする.
——[動] [他]《略式》**1** …にこやしをやる. **2** …を汚す.
***múck abóut*** 《英略式》[自] (1) のらくらする; あてもなくぶらつく. (2) ふざける, いじくり回す.
***múck úp*** 《英略式》[他] (1) …を汚す, 取り散らかす. (2) …を台なしにする, …にしくじる.

**mu·cus** /mjúːkəs ミューカス/ [名] [U]《正式》(動植物の)粘液 ‖

M

nasal mucus 鼻汁.

**\*mud** /mʌ́d マド/ (類似 mad/mǽd/) 『「沼地」が原義』派 muddy (形)
—名 Ⓤ 泥, ぬかるみ; [形容詞的に] 泥でできた ‖ My shoes are covered with mud. 私の靴は泥だらけだ.

**flíng [slíng, thrów] múd at A** (1) A⟨人など⟩に泥を投げつける. (2) (略式) A⟨人⟩をけなす.
**múd bàth** (健康・美容用の)泥浴(ﾖｸ); 泥まみれ.
**múd flàt** [しばしば ～s] 干潟(ｶﾞﾀ).
**múd pie** (子供水が作って遊ぶ)泥まんじゅう.

**mud·dle** /mʌ́dl マドル/ 名 Ⓒ 1 [通例 a ~] 混乱(状態); (頭の)混乱, 当惑.
**in a múddle** 雑然としている; 頭が混乱している.
**màke a múddle of A** …をやり損なう, 台なしにする.
—動 (現分 múd·dling) 他 1 …をごちゃごちゃにする, …をやりそこなう, 台なしにする. 3 (略式)⟨人⟩を混乱させる.
—自 もたもたする, ぼんやり考える.
**múddle alóng [ón]** (略式) 自 行き当たりばったりでやっていく, もたもたする.

**mud·dler** /mʌ́dlər マドラ/ 名 Ⓒ 1 もたもたする人; 何とか切り抜ける人. 2 (飲み物の)かくはん棒.

**mud·dy** /mʌ́di マディ/ 形 (比較 --di·er, 最上 --di·est) 1 泥の, ぬかるみの; 泥だらけの ‖ a muddy road ぬかるみ道.
2 ⟨光・音・液体などが⟩濁った ‖ a muddy color 濁った色.
3 ⟨顔色・頭などが⟩さえない; ⟨考えなどが⟩あいまいな ‖ muddy brains 混乱した頭.
—動 (三単現 múd·dies/-z/) (過去・過分 múd·died/-d/) 他 1 (略式) …を泥だらけにする, 濁らせる.
2 ⟨頭・考えなどを⟩あいまいにする. 3 ⟨名声⟩を傷つける.

**mud·guard** /mʌ́dgɑ̀:rd マドガード/ 名 Ⓒ (自動車などの)泥よけ((米) fender, (英) wing).

**muff**¹ /mʌ́f マフ/ 名 (~s) Ⓒ マフ(円筒状の毛皮で, 女性が手を入れて温める. cf. earmuff).

**muff**² /mʌ́f マフ/ 動 (球技) 他 落球する; (…を)しくじる, とちる ‖ muff a catch 球を受けそこなう. muff it (up) へまをする.

**muf·fin** /mʌ́fin マフィン/ 名 Ⓒ マフィン《(米・カナダ) では小型のロールパンまたは甘いカップケーキ型. (英) では平円形で2枚に切ってトースターで焼くイースト菌入りの小さなパンで, 米国では English muffin と呼ぶ》.

**muf·fle** /mʌ́fl マフル/ 動 (現分 muf·fling) 他 (正式) 1 …を包む, (保温・保護のため毛布・スカーフなどに)くるむ ‖ He muffled himself up well in a blanket. 彼は毛布にくるまった.
2 (声・音を小さくするために) …を包む ‖ muffle a drum (当て布をして)太鼓の音を小さくする.
3 ⟨音などを⟩消す, 弱める.

**muf·fler** /mʌ́flər マフラ/ 名 Ⓒ 消音器[装置]; (米)(銃・エンジンなどの)消音器((英) silencer)(図 → motorcycle).

**mug** /mʌ́g マグ/ 名 Ⓒ 1 マグ, ジョッキ《陶器または金属製で取っ手のついた円筒形の大型コップ》. 2 マグ1杯(分). 3 (英略式)まぬけ, だまされやすいやつ, カモ.
—動 (過去・過分 mugged/-d/; 現分 mug·ging) 他 …を襲って金品を奪う.

**mug·gy** /mʌ́gi マギ/ 形 (比較 -gi·er, 最上 --gi·est) (略式)蒸し暑い, うっとうしい.

**Mu·ham·mad** /məhǽməd マハマド, -hɑ́:məd/ 名 ムハンマド, マホメット(570?-632; イスラム教の教祖. Mahomet, Mohammed ともいう).

**Mu·ham·mad·an** /məhǽmədn マハマドン/ 形 1 ムハンマドの, マホメットの. 2 イスラム教の. —名 Ⓒ ムハンマドの信奉者, イスラム教徒《◆イスラム教徒には軽蔑(ﾍﾞﾂ)的に感じられる; Muslim の方がふつう》.

**mul·ber·ry** /mʌ́lbèri マルベリー, -bəri -バリ/ 名 (複 --ber·ries/-z/) 1 Ⓒ (植) =mulberry tree. 2 Ⓒ クワの実. 3 Ⓤ 暗紫色.
**múlberry trèe** (植) クワの木(mulberry).

**mule** /mjú:l ミュール/ 名 Ⓒ 1 (動) ラバ(雄ロバと雌馬の雑種. 荷運び用). 2 (略式)頑固者, 愚かな人, 意地っぱり.

**mull** /mʌ́l マル/ 動 他 ⟨ワイン・ビール・リンゴ酒などに⟩砂糖と香料を加えて温める.

**mul·ti-** /mʌ́lti-, (米+) -tai/ 連結形 多い, 多数の.

**mul·ti·col·ored** /mʌ́ltikʌ̀lərd マルティカラド/ 形 多色の.

**mul·ti·cul·tur·al** /mʌ̀ltikʌ́ltʃərəl マルティカルチャラル/ 形 多種(族)文化の.

**mul·ti·lat·er·al** /mʌ̀ltilǽtərəl マルティラタラル/ 形 1 多辺の. 2 (政治)多数国参加の ‖ a multilateral treaty 多国間条約.

**mul·ti·lin·gual** /mʌ̀ltilíŋgwl マルティリングウル/ 形 多言語(使用)の.

**mul·ti·me·di·a** /mʌ̀ltimí:diə マルティミーディア/ [単数扱い] 1 マルチメディア《テレビ・スライド・テープなどの併用》. 2 マルチメディア《通信・放送・新聞などの産業の融合》.

**mul·ti·mil·lion·aire** /mʌ̀ltimíljənèər マルティミリョネア/ 名 Ⓒ 億万長者, 大富豪《◆millionaire の上》.

**mul·ti·na·tion·al** /mʌ̀ltinǽʃənl マルティナショヌル/ 形 多国籍(企業)の; 多国籍からなる. —名 Ⓒ 多国籍企業.
**múltinàtional fórce** 多国籍軍.

**mul·ti·ple** /mʌ́ltəpl マルティプル/ 形 1 複合的な, 多様な《◆many, various より堅い語》; 多くの部分[要素]からなる ‖ his multiple hobbies 彼の多くの趣味.
対話 "How can we get there?" "Multiple ways. You can go by train(↗), by car(↗), by bus (↗) or by plane(↘)" 「そこへはどうやったら行けますか」「いろんな方法があるよ. 電車か, 自動車か, バスか飛行機だ」.

**2**〔数学〕倍数の ‖
a multiple number 倍数.
— 名 C **1**〔数学〕倍数, 倍量 ‖
the least [the lowest] common **multiple** 最小公倍数.
**2**〔英略式〕=multiple shop [store].

**múltiple shóp [stóre]** 《英》チェーン=ストア (multiple).

**mul·ti·ple-choice** /mʌ́ltəpltʃɔ́is/ マルティプルチョイス/ 多肢選択(式)の

**mul·ti·pli·ca·tion** /mʌ̀ltəpləkéiʃən マルティプリケイション/ 名 **1** U〔正式〕増加;繁殖. **2** U〔数学〕掛け算, 乗法(↔ division); C [a ~] 掛け算の演算

**multiplicátion sìgn** 乗法記号《×》.
**multiplicátion tàble(s)** 九九(表), 掛け算表《◆英米の表は12×12まである》.

**mul·ti·plic·i·ty** /mʌ̀ltəplísəti マルティプリスィティ/ 名 U〔正式〕[通例 a ~ / the ~] 多数;多様性 ‖
a multiplicity of books 多くの本.
a multiplicity of civilizations 文明の多様性.

**mul·ti·ply** /mʌ́ltəplài マルティプライ/ 動 (三単現 -ti·plies/-z/; 過去・過分 -ti·plied/-d/) **1**〔正式〕…を(どんどん)増やす(increase);…を繁殖させる ‖
multiply wealth 富を増やす.
**2**〔数学〕[multiply A by B / multiplay A and B (together)] A〈数〉に B〈数〉を掛ける(→ calculation) ‖
multiply 2 by 3 =multiply 2 and 3 (together) 2に3を掛ける.
2 multiplied by 3 is 6. 2掛ける3は6 (2×3 = 6).

[関連][掛け算の読み方]
(1) 2×3 = 6 は通例 Twice three is [are, make(s)] six. =Two times three is [are, make(s) six.] (3の2倍は6)と読む. 日本人の「2の3倍は6」という理解と逆であることに注意.
(2) 1×3 =3, 2×3 =6, 3×3 =9を簡単に One three is three., Two threes are six., Three threes are nine. と読むこともある.

— 自 **1**〔正式〕(どんどん)増える;繁殖する;〈うわさが〉広がる ‖
Cockroaches multiply rapidly. ゴキブリはどんどん繁殖する.
**2**〔数学〕掛け算をする.

**mul·ti·pur·pose** /mʌ̀ltipə́:rpəs マルティパーパス/ 形 多目的の.

**mul·ti·tude** /mʌ́ltətjù:d マルティトゥード(マルティテュード)/ 名 **1** C U〔正式〕多数;[a ~ / ~s of …] 多くの… ‖
a multitude of houses =houses in multitude 多くの家.
a noun of multitude〔文法〕衆多名詞.
**2** C〔文〕[しばしば a ~] 群衆, 大勢;[the ~(s);単数・複数扱い] 大衆, 庶民 ‖
A great multitude gathered in the park. 大勢の人が公園に集まった.

**mum** /mʌ́m マム/ (同音 mom/mám | mɔ́m/)《略式・古》形 黙っている ‖
Keep mum about the plan. その計画のことは黙っていなさい.
— 名 U 沈黙.
**Mum's the word!**《略式》他言(ご)無用だよ.

**Mum·bai** /mumbái ムンバイ/ 名 ムンバイ《インド西部の都市. 旧称 Bombay》.

**mum·ble** /mʌ́mbl マンブル/ 動 (現分 mum·bling) 自 他 (…を)ぶつぶつ言う, つぶやく《◆声が小さいだけでなく聞き取りにくい意を含む》‖
mumble away to oneself ぶつぶつひとりごとを言う.

**mum·my**[1] /mʌ́mi マミ/ 名 (複 mum·mies/-z/) C ミイラ;(広義)ひからびた死体.

**mum·my**[2] /mʌ́mi マミ/ 名 (複 mum·mies/-z/) C《主に英略式・小児語》(お)かあちゃん(→ mom).

**mumps** /mʌ́mps マンプス/ 名 U〔医学〕[時に the ~;単数扱い] 流行性耳下腺(セ)炎, おたふくかぜ.

**munch** /mʌ́ntʃ マンチ/ 動 (三単現 ~·es/-iz/) 他 自 (…を)むしゃむしゃ食べる, もぐもぐ食べる ‖
munch (away at) a sandwich サンドイッチをむしゃむしゃ食べる.

**mun·dane** /mʌndéin マンデイン, ᐟ-/ 形〔文〕**1** 日常の, ありふれた, つまらない(boring). **2** 世界の, 宇宙の.

**Mu·nich** /mjú:nik ミューニク/ 名 ミュンヘン《ドイツ南部の都市》.

**mu·nic·i·pal** /mju:nísəpl ミューニスィプル/ 形 地方自治の, 都市の, 町の;市営の, 市有の.
**munícipal corporátion** 地方自治体.
**munícipal góvernment** 市政.
**munícipal óffice** 市役所.

**mu·nic·i·pal·i·ty** /mju:nìsipǽləti ミューニスィパリティ/ 名 (複 -i·ties/-z/) C **1** 地方自治体. **2** [時に複数扱い] 市[町]当局.

**mu·ni·tion** /mju:níʃən ミューニション/ 名 C [形容詞的に用いる以外は ~s] **1** 軍需品, 軍用品 ‖
a munition factory 軍需工場.
**2** 必要品;資金.
**munítion's índustry** 軍需産業.

**mu·ral** /mjúərəl ミュアラル/ 形〔正式〕壁の, 壁面の.
— 名 C =mural decoration.
**múral decorátion** 壁画, 壁飾り(mural).

**mur·der** /mə́:rdər マーダー/ 名 **1** U (計画的な故意の)殺人;〔法律〕謀(ぼ)殺《◆ homicide は過失による殺人も含む. manslaughter は激情などにかられた非計画的殺人》;(戦争などでの)虐殺; C 殺人事件;[形容詞的に] 殺人の ‖
a case of murder =a murder case 殺人事件.
an attempted murder 殺人未遂.
arrest him for murder 殺人容疑で彼を逮捕する.
commit a murder 人殺しをする.
Murder will out.(ことわざ)悪事はばれるものだ.
**2** U《略式》非常に困難[危険, 不快]なこと ‖

The bus was **murder**! バスはすし詰めだった.
　—**動 他 1** …を(意図的に)殺す；〔法律〕謀殺する《♦ kill は「死に至らしめる」の意で意図的か偶然であるかを問わない. → kill 語法》‖
**murder** him **with** a pistol ピストルで彼を殺害する.
**2**(略式)…を台なしにする, ぶち壊す.
　—**自** 殺人を犯す.

**mur·der·er** /mə́ːrdərər マーダラ/ 名 C 殺人者, 人殺し, 殺人犯《♦自らの手で人を殺した人をさす. killer はまだ殺していない場合も含む》.

**mur·der·ous** /mə́ːrdərəs マーダラス/ 形 **1** 殺人の, 殺意のある；残忍な‖
a **murderous** weapon 凶器.
a **murderous** plot 殺人計画.
**2**(略式)非常に困難な, とても耐えがたい‖
a **murderous** crowd 殺人的な混雑.

**murk·y** /mə́ːrki マーキ/ 形 (比較 -i·er, 最上 -i·est)[比喩的にも用いて]暗い, 陰気な；恥ずかしい.

**mur·mur** /mə́ːrmər マーマ/ 名 C **1** かすかな音《風・川・木の葉などのざわめき》‖
the **murmur** of the waves 波のざわめき.
**2** [a ~] つぶやき, (聞きとれない)ささやき‖
a **murmur** of voices from the next room 隣室からもれる低い話し声.
**3** [a ~] ぶつぶつ言う声‖
work without a **múrmur** 不平を言わずに働く.
I made no **murmur** at her suggestion. 彼女の提案に不平を言わなかった.
　—**動 自 1** 低い声で言う, ささやく；ぶつぶつ不平を言う‖
**murmur** at the conclusion その結論に不平をこぼす.
**2**〈木の葉などが〉ざわめく；〈川が〉さらさら流れる‖
The leaves **murmured** in the breeze. 葉がそよ風にさわさわと鳴った.
　—**他** …を小声で言う, つぶやく‖
**murmur** a polite "Thank you" 小声でていねいに礼を言う.

**mur·mur·ing** /mə́ːrməriŋ マーマリング/ 動 → murmur. —形 名 C ざわめく(音), ささやく(声), つぶやく(声).

**mus·cle** /mʌ́sl マスル/ 発音注意《♦c は発音しない》(同音 mussel)〖「小さなネズミ」が原義. 筋肉が盛り上がる様子がネズミの動作に似ているところから〗

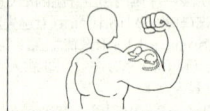

muscle《筋肉》

　—名 (複 ~s /-z/) **1** U C 筋肉《♦1つ1つの筋肉は C》‖
a voluntary **muscle** 随意筋.
develop **muscle** 筋肉を発達させる.
The cat didn't move a **muscle**. ネコは身動きひとつしなかった.
**2** U 能力, 腕力, 体力‖
a man of **muscle** 腕力のある人.
　—**動**(現分 mus·cling) 自(略式)強引に押し進む, 強引に割り込む‖
**muscle through** a crowd 群衆を押し分けて進む.
**muscle into** a conversation 話に割り込む.

**mus·cu·lar** /mʌ́skjələr マスキュラ/ 形 **1** 筋肉の.
**2** 筋骨たくましい, 強い《♦しばしば女性にも用いる》.
**3** 力強い, 力感豊かな.

**múscular dýs·tro·phy** /-dístrəfi -ディストロフィ/ 〔医学〕筋ジストロフィー.

**muse** /mjúːz ミューズ/ 動 (現分 mus·ing) 自 (正式)物思いにふける, 静かに思いを巡らす‖
**muse over** past memories 過去の思い出にふける.

**Muse** /mjúːz ミューズ/ 名 **1**〔ギリシア神話〕ムーサ, ミューズ；[the ~s] ミューズ9女神《Zeus の娘で芸術・学問をつかさどる9女神》. **2** C [時に the ~/ one's m~] (詩人に霊感を与える)詩神；詩的霊感.

\*\***mu·se·um** /mjuːzíəm ミューズィアム/ (つづり字注意)〖「ミューズ(Muse)の神殿」が原義〗
　—名 (複 ~s /-z/) C 博物館；記念館, 陳列館；標本室；(米)美術館(略 mus.)‖
the British **Museum** 大英博物館.

> 関連 science museum 科学博物館 / historical museum 歴史博物館 / marine museum 海洋博物館 / memorial museum 記念博物館 / art museum 美術館.

**muséum attèndant** 博物[美術]館の案内係, 学芸員.

**muséum piece** [a ~] (1) 博物館の陳列品；珍品. (2) 時代遅れの人[物].

**mush** /mʌ́ʃ マシュ/ (類音 mash/mǽʃ/) 名 U **1** (米)トウモロコシがゆ. **2**(略式)かゆ状の食物；どろどろした物.

\***mush·room** /mʌ́ʃruːm マシュルーム | mʌ́ʃrum マシュルム/
　—名 (複 ~s /-z/) C **1** キノコ；マッシュルーム(の類), (特に)ハラタケ, シャンピニオン《♦主に食用で軸とかさのあるもの. 成長が早い. 広義には菌類(fungus)もさす》‖
many new books springing up like **mushrooms** 雨後のタケノコのようにつぎつぎ出る新刊書.
**2**[形が]キノコ状のもの‖
a **mushroom** cloud (原爆の)キノコ雲.
**3**(キノコのように)成長の早いもの.
**4**[形容詞的に]キノコ(のような)；急成長する‖
a **mushroom** town 新興都市.
　—**動 自 1** キノコ狩りをする. **2** キノコの形に広がる；キノコのようにどんどんできる；急速に発展する.

\*\***mu·sic** /mjúːzik ミューズィク/〖「ミューズ(Muse)の神々の技」が原義〗
派 musical (形), musician (名)

―名 ⓊⅠ **音楽**；楽音，楽曲 ‖
listen to **a piece of music** 1曲聴く．
instrumental **music** 器楽．
compose [write] **music** 作曲する．
He likes to **dance to** rock'n'roll **music**. 彼はロックンロールに合わせて踊るのが好きです．
play [perform] **music** 演奏する．

関連 módern músic 現代音楽 / clássical músic 古典音楽 / chámber mùsic 室内楽 / electrónic músic 電子音楽 / prógram mùsic 標題音楽 / báckground mùsic 背景音楽 / cóuntry mùsic カントリーミュージック / sóul mùsic ソウルミュージック / swíng músic スイングミュージック．

**2** 楽譜；[集合名詞] 楽譜集 ‖
play without **music** 暗譜(あんぷ)で演奏する．
read **music** 楽譜を読む．
**3** 美しい調べ，快い響き《鳥の鳴き声・川のせせらぎなど》‖
The song of a canary is **music** to my ears. (略式)カナリアのさえずりは耳に快い．
**4** [形容詞的に] 音楽の ‖
a **music** lesson 音楽のレッスン．
a **music** room 音楽室．
**sèt** [**pút**] **A to músic** A《詩など》に曲をつける．
**músic bòx** 《主に米》オルゴール(《主に英》 musical box).
**músic hàll** 《米》音楽堂；《英》演芸場，寄席(《米》 vaudeville theater).
**músic pàper** 五線紙．
**músic stànd** 譜面台．
**músic stòol** (高さ調節可能な)ピアノ用腰掛け．

\***mu·si·cal** /mjúːzikl ミューズィクル/ 〖→ music〗
―形 **1** [名詞の前で] **音楽の**, 音楽用の, 音楽向きの ‖
a **musical** instrument 楽器．
a **musical** score 総譜, スコア．
a **musical** performance 演奏．
**musical** scales 音階．
a **musical** composer 作曲家．
**2** 音楽的な，耳に快い ‖
a **musical** voice 調子のよい声．
**3** 音楽的才能のある，音楽好きの ‖
a **musical** teacher 音楽的センスのある先生《◆「音楽の先生」は a músic tèacher》．
She has a **musical** ear. 彼女は音楽を聞く耳がある．
―名 Ⓒ ミュージカル ‖
a **musical** film ミュージカル映画．
**músical bòx**《主に英》＝music box．

**mu·si·cal·ly** /mjúːzikli ミューズィクリ/ 副 音楽上, 音楽的に；調子よく．

\***mu·si·cian** /mjuːzíʃən ミューズィシャン/
(アクセント注意)《◆ ˣミューズィシャン》
〖→ music〗
―名 (複 ~s/-z/) Ⓒ **1 音楽家**《演奏家・作曲家・指揮者など》．**2** 音楽にすぐれた人．

**musk** /mʌ́sk マスク/ 名 (類音) mask/mǽsk | máːsk/) **1** Ⓤ ジャコウ(の香り)．**2** Ⓒ 〖植〗ジャコウのにおいのする植物．
**músk càt** 〖動〗ジャコウネコ．
**músk ròse** 〖植〗ローザ＝モスカータ《香りの強い白花のバラ》．

**mus·ket** /mʌ́skit マスキト/ 名 Ⓒ マスケット銃《旧式歩兵銃》．

**musk·y** /mʌ́ski マスキ/ 形 (比較) -i·er, (最上) -i·est) ジャコウ(質)の．

**Mus·lim** /mʌ́zləm マズリム / múzlim ムズリム/ 名 Ⓒ イスラム教徒．―形 イスラム教(徒)の, イスラム文明の(Moslem)．

**mus·quash** /mʌ́skwɑʃ マスクワシュ | -wɔʃ -クウォシュ/ 名 (複 ~·es/-iz/) Ⓒ 〖動〗ジャコウネズミ；Ⓤ その毛皮；Ⓒ 毛皮コート．

**mus·sel** /mʌ́sl マスル/ (同音) muscle) 名 Ⓒ 〖貝類〗(ムラサキ)イガイ, イシガイ．

**Mus·so·li·ni** /mùːsəlíːni(ː) ムソリーニ(ー)/ 名 ムッソリーニ《Benito/beníːtou/ ~ 1883–1945；イタリアの独裁政治家, 首相》．

\*\***must**¹ /(弱) məst マスト, mst；(強) mʌ́st マスト/ (同音) mast/mǽst | máːst/)
→ 助 Ⅰ[義務・命令] **1** …しなければならない
Ⅱ[禁止] **2** …してはいけない
Ⅲ[必然性・推量] **3** …に違いない
―助

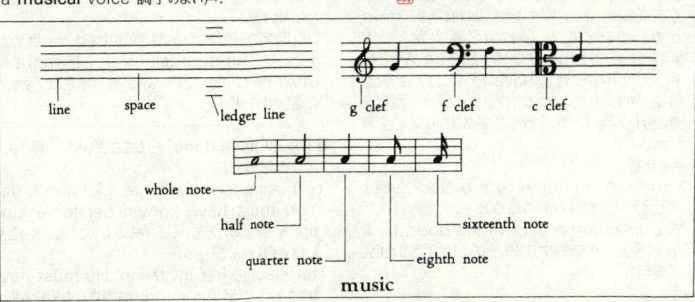

# must

## I [義務・命令]

**1a** [must do] …しなければならない, すべきである; [must be done]〈人・物・事が〉…されなければならない《◆「…する必要はない」は do not have to do, need not do. → HAVE to do 語法》‖

John **must** shave every morning. ジョンは毎朝ひげをそらねばならない《◆話し手の命令を示す; John *has* to shave every morning. だと「ジョンは(ひげが濃いなどの理由で)毎日そる必要がある」》.

I'm afraid I **must**/məs(t)/ be going now. I really **múst**. もうそろそろおいとましなくては, ほんとうにもうおいとまします《◆話し手が自らに課した命令》.

Mary says that we **must** let her know where we are. 我々は居場所を知らせねばならないとメリーは言っている《◆命令する人は Mary》.

**Must** I come by five o'clock? 5時までに来なければいけませんか《◆相手の意図を尋ねる》.

You **múst** come and see me anytime you like. いつでもぜひ遊びに来てください《◆命令も内容によってはていねいな勧誘になる》.

**Múst** you go so soon? もうお帰りにならなくてはなりませんか《◆ Múst you … ? はいらだちを込めた疑問文としても用いられる. → **4** 語法》.

---

語法 [must と have to]
(1) 他の助動詞と共に用いるときは have to で代用する: He will *have to* meet her tomorrow. 彼はあす彼女に会わなければならないだろう.
(2) must は過去形がないので, 過去時制の文脈では had to で代用する: She *had to* [×must] repeat the message twice before he understood it. 彼にわかってもらうには, 彼女は伝言を2度繰り返さなければならなかった.
(3) [時制の一致と must, have to] 従節中では must は must のままでよい: I said to him, "You *must* go." → I told him that he *must* go. / I said to him, "You *have to* go." → I *told* him (that) he *had to* go.

---

Q&A **Q**: You must [have to] leave now. で, must と have to では違いはありますか.
**A**: 《米》では区別しないで使う傾向があり, have to のほうがふつうですが, 《英》では区別して使うことが多く, その場合 must では「今, 出発しなさい」と相手に命じているのに対し, have to では「今, 出発しないとだめですよ」のようにもう夜が更けたとか, 電車に間に合わなくなるとか, 「行く必要がある」ことを強調します.
次を比較してください:
You *must* be home by 9 o'clock. 9時までには帰宅しなさい《親の命令》.
You *have to* be back in the dorm by 9 o'clock. 9時までには寮に帰らなければなりません《規則》.

---

**b** [must have done]《ややまれ》〈人は〉すでに…してしまっていなければならない‖

If you want to study linguistics, you **must** first **have** graduated in a foreign language. 言語学を研究するには外国学科を卒業していなければならない.

They **must** have moved to another house by the time I return. 私が帰るまでに彼らは別の家へ移ってしまっていなければならない.

## II [禁止]

**2** [must not do / (略)mustn't do]〈人は〉…してはいけない, …すべきでない; [must not be done]〈人・事が〉…されるべきでない《◆(1) may not より語調の強い禁止. (2) 過去形がないので過去時制は was [were] not allowed to などで表す》‖

You **must not** speak like that to your mother. お母さんにあんな口をきいてはいけないよ.

Passengers **must not** lean out of the window. 乗客の皆さんは窓から身を乗り出さないでください.

## III [必然性・推量]

**3a** [múst do] …に違いない, どうみても…と考えられる, きっと…だ《◆話し手の強い確信を表す》(↔ cannot) ‖

You **must** be Dr. Johnson. ジョンソン先生ですね.

Jane looks very pale. She **múst** be sick. ジェーンはとても顔色が悪い. 病気に違いない.

You **múst** know where he is. He is a friend of yours. 君は彼の居所を知っているはずだ. 友だちなんだから.

She left home twenty minutes ago. She **múst** be at the office by now. 彼女は20分前に家を出た. (だから)もう会社にいるに違いない.

対話 "Whose soda is this?" "It **must** be yours. I finished mine." 「これだれのソーダ?」「きみのソーダのはずだ. ぼくのは飲んでしまったもの」.

---

語法 (1) これから先のことについて「…に違いない」はふつう be bound to: There *is bound to be* trouble. きっとめんどうな事が起こるに違いない.
(2) 否定文では cannot, can't を, 疑問文では can を用いる: He can't be there. 彼はそこにいないはずだ.
(3) [時制の一致と must] 従節中では must のままでよい: The doorbell rang. I thought it *must* be Dick. 玄関のベルが鳴った. 私はディックに違いないと思った.

---

**b** [must have done] …したに違いない; (もう)…したに相違ない‖

You seem to know quite a lot about her. You **múst have known** her for a long time. 彼女のことをよくご存知のようですね. きっと長い付き合いなんでしょう.

He rejected her invitation. He **múst have been** out of his mind. 彼は彼女の招待を断っ

た. 頭がどうかしてたに違いない.
He left home twenty minutes ago. He múst have arrived at the office by now. 彼は20分前に家を出たので, もう会社に着いているに違いない.
You look very tired. You múst have been working too hard. お疲れのようですね, きっと働きすぎですよ.

**IV** [必然・主張]
**4** [must do]〈人は〉どうしても…する, …しないではおかない ‖
Man must die. 人間は死ぬ運命にある.
He must always have his own way. 彼はいつも自分の思いどおりでないと気がすまない.

[語法] 疑問文ではしばしば話し手のいらだちを表す: *Múst* you make that dreadful noise? そのひどい音はどうしても立てないといけないのですか.

──[名] /mʌ́st/ [a ~] 不可欠のもの, 必読[必見]のもの, 必修のもの;[形容詞的に] 必読[必見]の, 必修の.

**must**² /mʌ́st/ [名] Ⓤ (発酵中[前]の)ブドウ汁;発酵前の果汁.

**must-** /mʌ́st-/ マスト- [連結形] [主に米略式] [動詞の前に付けて] …すべき. 例: a must-win game どうしても勝たなければいけない試合.

**mus·tache**, (英) **mous·tache** /mʌ́stæ(ː)ʃ, məstǽʃ|məstɑ́ːʃ/ [名] Ⓒ 口ひげ (図→ beard) 《♦ 長いものまたは左右に分けてあるものには複数形を使うことがある》‖
He has [wears] a long mustache. 彼は口ひげを長く生やしています.

**mus·tard** /mʌ́stərd/ マスタド/《アクセント注意》《♦ ×マスタード》《同音》mustered》[名] **1** Ⓒ Ⓤ 〔植〕 マスタード, カラシ ‖
black mustard クロガラシ.
mustard and cress シロガラシとオランダガラシの葉のサラダ.
**2** Ⓤ マスタード, からし(粉) 《香辛料》‖
English mustard 水入りカラシ 《♦ French *mustard* は酢入りカラシ》.
**3** Ⓤ カラシ色, 濃黄色.
(as) kéen as *mústard* 非常に熱心な.

**mus·ter** /mʌ́stər/ マスタ/《類似》máster/mǽstər|mɑ́ːs-/ [動] (他) 《正式》**1** …を招集する. **2** 〈勇気など〉を奮い起こす.
múster ín (米) [他] …を入隊させる.
múster óut (米) [他] …を除隊させる.

***must·n't** /mʌ́snt/ マスント/《発音注意》《♦ t は発音しない》《略式》must not の短縮形.

**mus·ty** /mʌ́sti/ [形] 《比較》**-ti·er**, 《最上》**-ti·est**) **1** かび臭い. **2** 陳腐(ﾁﾝﾌﾟ)な, 古臭い.

**mu·ta·ble** /mjúːtəbl/ ミュータブル/ [形] 《正式》変わりやすい.

**mu·tant** /mjúːtənt/ ミュータント/ [形] 突然変異の.
──[名] Ⓒ 《略式》=mutation **2**.

**mu·tate** /mjúːteit/ ミューテイト/ /-/ [動] 《現分》**-tat·ing**) (自) 変化する;〔生物〕 突然変異する. ──(他) …を変化させる;〔生物〕 …を突然変異させる.

**mu·ta·tion** /mjuːtéiʃən/ ミューテイション/ [名] **1** Ⓒ Ⓤ 《正式》変化, 変形. **2** Ⓒ 〔遺伝〕突然変異(種).

***mute** /mjúːt/ ミュート/
──[形] 《比較》**mut·er**, 《最上》**mut·est**) **1** 無言の, 沈黙した.
**2** (古) = dumb **1**.
**3** 〔音声〕 黙音の ‖
a mute letter 黙字 《know の k など》.
──[名] Ⓒ **1** (やや古) (障害のため)ものが言えない人, 啞者(ｱｼｬ). **2** ものを言わない人. **3** 黙字; 〔音声〕 黙音. **4** 〔音楽〕 (楽器につける)弱音[消音]器, ミュート.

**mut·ed** /mjúːtid/ ミューティド/ [形] 《正式》〈音が〉弱められた, 消音された, 弱音器をつけた;〈色が〉ぼかされた;〈感情・批判などが〉弱い(subdued).

**mu·ti·late** /mjúːtəleit/ ミューティレイト/ [動] 《現分》**-lat·ing**) 《正式》**1** 〈手足など〉を切断する;〈身体〉を不自由にする. **2** …を台なしにする.

**mu·ti·la·tion** /mjùːtəléiʃən/ ミューティレイション/ [名] Ⓒ Ⓤ (手足の)切断;切除;(身体の)障害.

**mu·ti·nous** /mjúːtənəs/ ミューティナス/ [形] **1** 《正式》反乱罪を犯した. **2** 反抗的な.

**mu·ti·ny** /mjúːtəni/ ミューティニ/ [名] (複) **-ti·nies** /-z/) Ⓒ Ⓤ 暴動, 反乱.
──[動] (三単現) **-ti·nies** /-z/; 《過去・過分》**-ti·nied** /-d/) (自) 暴動を起こす.

**mut·ter** /mʌ́tər/ マタ/ [動] (自) **1** つぶやく, ぶつぶつ不平を言う ‖
mutter against him 彼に対して不平を言う.
**2** 〈雷などが〉低くゴロゴロ鳴る.
──(他) …をつぶやく; …をぶつぶつ言う.
──[名] Ⓒ [通例 a ~ / the ~] ささやき, つぶやき;不平;(雷などの)低くゴロゴロと鳴る音 ‖
the mutter of distant thunder 遠雷の音.

***mut·ton** /mʌ́tn/ マトン/ 〖「羊」が原義〗
──[名] (複) ~s/-z/) **1** Ⓤ マトン, 羊肉《成長したヒツジの肉. cf. lamb》.
**2** Ⓒ ヒツジ.

***mu·tu·al** /mjúːtʃuəl/ ミューチュアル/ 〖「互いに交換する(exchange)」が原義〗
──[形] **1 a** 〈感情・行為などが〉**相互の**, 相互的な 《♦「互恵的な」の意では特に reciprocal という》‖
mutual distrust 相互不信.
We gave mutual help to each other. 我々は互いに助け合った.
**b** [名詞の前で] 相互に同じ関係にある ‖
They were mutual enemies. 彼らは敵同士だった.
**2** [略式] [名詞の前で] 共通の, 共同の ‖
mutual efforts 共同の努力.
We met each other through a mutual friend (of ours). 私たちは共通の友だちを通じて知り合った.

**mútual insúrance còmpany** 相互保険会社.
**mu·tu·al·ly** /mjúːtʃuəli/ ミューチュアリ/ [副] 《正式》相互に, 互いに, 双方で ‖

The contract is to be **mutually** agreed to. 契約は双方の承認を得なくてはならない.

**muz·zle** /mʌ́zl/ マズル 〔名〕 ⓒ **1** (動物の)鼻口部, 鼻づら. **2** (動物の)口輪. **3** 鼻口部のような物; 銃[砲]口(② → revolver). ── 動 〔現分〕 **muz·zling** 他 〈犬など〉に口輪をはめる.

**MVP** 〔略〕 most valuable player 最優秀[最高殊勲]選手.

\***my** /(弱) mai マイ; (強) mái マイ/ 〔I の所有格〕
── 代 **1a** [名詞の前で] 私の, ぼくの ‖
This is **my** mother. これは私の母です.
Use **my** pen. 私のペンを使いなさい.

〔語法〕 (1) ˣmy one は誤り: That is his book and this is mine (ˣmy one). あれは彼の本でこれは私のです.
(2) 冠詞・指示代名詞と共に用いない: ˣa my book / ˣthis my house / ˣmy that friend / a book [this house, that friend] *of mine* とする.

**b** [動名詞の前で] 私が 《◆ 動名詞の意味上の主語. (略式)では me》 ‖
Would you mind **my** [(略式)me]smoking? タバコを吸ってもかまいませんか(=Would you mínd if I smoked?).

**2** [呼びかけの名詞の前で] 《◆ 親しみ・同情・謙遜(ﾋﾞ)などの気持ちを表す.「私の」などとは訳さない》 ‖
**my** boy おい君; 坊や.
**my** dear ていねいに] ねえ君, あなた.
**my** good man おい《◆ 目下の人に対して》.

〔比較〕 日本語の「マイ…」は必ずしも my でないことに注意: I want to buy a [ˣmy] car. マイカーを買いたい / They bought their own [ˣmy] home. 彼らはマイホームを買った.

── 間 (略式) まあ, おや, あれ; いやよ ‖
**My, my!** おやまあ 《◆ 驚き・喜びを表す》.
Oh, **mý!** あらまあ 《◆ 驚き・不信・困惑を表す》.
**My,** isn't he a fine-looking student? まあ, 彼はハンサムな学生じゃないの.

**Myan·mar** /mjɑ́:nmɑ̀:r ミャーンマー/ 〔名〕 ミャンマー 《東南アジアの国. 旧称 Burma. 首都 Nay Pyi Taw》.

**my·o·pi·a** /maióupiə マイオウピア/ 〔名〕 Ⓤ 〔正式〕〔医学〕近視. **my·óp·ic** 〔形〕〔医学〕近視の.

**myr·i·ad** /míriəd ミリアド/ 〔文〕〔名〕 ⓒ 〔形〕 無数(の).

\***my·self** /maisélf マイセルフ, mi-, mə-/ 〔I の再帰代名詞〕
── 代 (複) **our·selves** (→ oneself 語法) **1** [強く発音して強調用法として] 私自身 《◆ I または me と同格に用いる. 省略しても文として成立する》 ‖
I went to Paris **myself**. 私自身パリへ行ったのです《◆ I **myself** went to Paris. ともいえる》.
She spoke to me **myself**. 彼女は他ならぬ私に話しかけた.

〔対話〕 "Did anybody help you build this model airplane?" "No. I did it **myself**."「この模型飛行機を作るのをだれかに手伝ってもらったの?」「いいえ. 自分ひとりでしました」.

**2** [再帰用法として] 私自身を[に] 《◆ 主語の I に合わせて他動詞・前置詞の目的語となる. me は使わない. 前置詞は主に方向を表す. → oneself 〔語法〕 (2)》 ‖
I hurt **mysèlf**. 私はけがをした.
I have to find **myself** a new house. 私は自分が住む新しい家を見つけなければならない.
I saw [looked at] **mysèlf** in the mirror. 私は鏡で自分を見た.
I talked to **myself**. 私はひとりごとを言った.

**3** (略式) 本来の私, いつもの私 《◆ 通例主格補語として, また come to **myself** の形で用いる》 ‖
I'm not (feeling) **mysélf** today. きょうはからだの具合が悪い.

《◆ 成句は oneself も参照》.

◇**for mysélf** (1) → for oneself (oneself 成句). (2) [文頭で] 自分としては ‖ **For myself,** I have wanted to live in the country. 私としては, 田舎(ﾍﾞ)に住みたいと思ってきました.

**mys·ter·ies** /místəriz ミスタリズ/ 〔名〕 → mystery.

\***mys·ter·i·ous** /mistíəriəs ミスティアリアス/ 《アクセント注意》 〔→ mystery〕
── 形 **1** 不可解な, 不思議な, 謎(ﾅｿﾞ)の(ような), 謎に包まれた ‖
a **mysterious** murder 謎の殺人事件.
I had a **mysterious** phone call late last night. 昨夜遅く奇妙な電話があった.

**2** 神秘的な, 神秘に包まれた ‖
the **mysterious** universe 神秘の宇宙.
There was a **mysterious** smile on her face. 彼女は不可解な笑みを浮かべていた.

**3** 秘密の, 内密の ‖
He is being very **mysterious** about his plan. 彼は計画を内緒にしている.

**mys·ter·i·ous·ly** /mistíəriəsli ミスティアリアスリ/ 副 神秘的に, 不思議に; 意味ありげに.

\***mys·ter·y** /místəri ミスタリ/ 〔『(秘密 myst)なこと』が原義. cf. *mystic*〕〔派〕 mysterious (形)
── 名 (複) **-ter·ies** /-z/) **1** ⓒ 謎(ﾅｿﾞ), 理解できない事[物], 未知の事[物]; 不可解な事[物]; [形容詞的に] 神秘的な ‖
the **mysteries** of the universe 宇宙の秘密.
a **mystery** woman 謎の女(=a **mysterious** woman).
It's a complete **mystery** to me why he went there. 彼がなぜそこに行ったのか私には皆目わからない.

**2** Ⓤ 神秘(性), 不可解性, 神秘(状態), あいまいさ ‖
Her death is wrapped in **mystery**. 彼女の死は謎に包まれている.

**3** ⓒ (小説・劇・映画などの)推理もの, 怪奇もの, ミステリー.

**mýstery tòur** [**trip**] 行き先を伏せた遊覧旅行.
**mys·tic** /místik ミスティク/ 形 **1** 神秘的な, 超自然的な. **2** 秘教の, 魔術的な. **3** =mystical 1, 2 《◆mystic の方が堅い語》. ── 名 C 神秘論者, 神秘主義者.
**mys·ti·cal** /místikl ミスティクル/ 形 **1** 神秘主義(者)の, 神秘(主義)的な. **2** 隠された霊的力を持つ. **3** =mystic 2.
**mys·ti·cism** /místəsìzm ミスティスィズム/ 名 U 神秘主義《瞑(めい)想と直観的洞察によって神との合一および絶対的真理が得られるとする説》; 神秘主義的信仰[体験, 思考].
**mys·ti·fy** /místəfài ミスティファイ/ 動 (三単現 --ti·fies/-z/; 過去・過分 --ti·fied/-d/) 他 《正式》…を煙に巻く, 当惑させる.
**mys·tique** /mistíːk ミスティーク/ 《フランス》 名 《正式》 [通例 the ~ / a ~] **1** 神秘感, 神秘的雰囲気. **2** (職業上・活動上の)特殊技術, 秘技, 秘法.

\***myth** /míθ ミス/ 《「言葉, 物語」が原義》
── 名 (複 ~s/-s/) **1** C 神話 ‖ ancient Greek myths 古代ギリシア神話. **2** U [集合名詞] 神話(全体). **3** C 神話的人物[事物]. **4** C (広く信じられているが)根拠のない説, 作り話[事].
**myth·i·cal, --ic** /míθik(l) ミスィク(ル)/ 形 神話の; 架空の, 想像上の.
**myth·o·log·i·cal** /mìθəládʒikl ミソラヂクル | -lɔ́dʒi- -ロヂクル/ 形 神話(的)の; 神話学(上)の; 想像上の.
**my·thol·o·gy** /miθálədʒi ミサロヂ | -θɔ́l- ミソロヂ/ 名 (複 --o·gies/-z/) **1** U [集合名詞] 神話 ‖ Greek mythology ギリシア神話. **2** U 神話学. **3** C 神話集.

# N

**‡n, N** /én エン/ 名 (複 n's, ns; N's, Ns /-z/) 1 C U 英語アルファベットの第14字. 2 → a, A 2. 3 C U 第14番目(のもの).
**N** 略 north, northern; nuclear.

**nab** /nǽb ナブ/ 動 (過去・過分 nabbed/-d/ ; 現分 nab・bing) 他 (略式) 1 …をひっつかむ, ひったくる. 2 …を逮捕する, ひっつかまえる.

**na・dir** /néidiər ネイディア/ 名 1 〖天文〗 (the ~) 天底(↔ zenith). 2 C 〖正式〗 (通例 the ~ / one's ~) どん底.

**nag** /nǽg ナグ/ 動 (過去・過分 nagged/-d/ ; 現分 nag・ging) 他 1 …にうるさく小言を言って悩ます, …を絶えず悩ます(→ tease). 2 …にうるさくせがむ.
— 自 うるさく小言を言う, がみがみ言う.
— 名 口うるさい人.

**‡nail** /néil ネイル/ 〖「先がとがっているもの」が本義〗

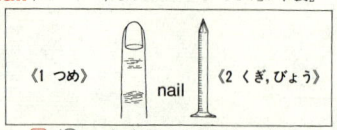

〈1 つめ〉  nail  〈2 くぎ, びょう〉

— 名 (複 ~s/-z/) C 1 (手足の)つめ《◆「手のつめ」は fingernail,「足のつめ」は toenail》‖
dye one's **nails** つめを染める.
bite one's **nails** (悔やんで・いらいらして)つめをかむ.
Don't cut your **nails** on Friday. 金曜日につめを切るな《◆縁起が悪いとされる》.
**2** くぎ, びょう《◆「留め[掛け]くぎ」は peg》‖
drive a **nail** into a board 板にくぎを打ち込む.
pull out a **nail** くぎを抜く.
(**as**) **hárd** [**tóugh**] **as náils** 強健な, 冷淡な, きびしい.
— 動 他 1 …にくぎを打つ ‖
**nail** up [down] a window (あかないように)窓をくぎで留める.
**nail** a box together くぎを打って箱を作る.
**2** …をくぎで打ちつける ‖
**nail** a notice on the wall 壁にはり札を打ちつける.
**3** (略式)〈人・注意・目〉を引き留める, 釘づけにする ‖
**nail** one's eyes on the scene 場面をじっと見つめる.
**náil dówn** [他] → 動 1; …に見解を言わせる.
**náil brùsh** =nailbrush.
**náil clìppers** つめ切り.
**náil fìle** つめやすり.
**náil pòlish** [《英》**vàrnish**] マニキュア液.

**nail-brush** /néilbrʌ̀ʃ ネイルブラシ/, **náil brùsh** 名 (複 ~・es/-iz/) C つめブラシ.

**na・ïve, na・ive** /nɑːíːv ナーイーヴ | naiíːv ナイイーヴ/ 〖フランス〗 形 (時に 比較 --ïv・er [--ïv・er], 最上 --ïv・est [--ïv・est]) 1 単純な, 世間知らずの, だまされやすい ‖
It's **naive** of you to believe that. = You are **naive** to believe that. そんなことを信じるなんて君は単純だね《◆日本語の「ナイーブ」とは異なる》.
**2** 無邪気な, 純真な.
**na・ïve・ly** 副 単純に; 無邪気に, 素朴に.
**na・ïve・té, na・ïve・te** /nɑːìːvətéi ナーイーヴテイ, naiíːv-, -–/ 〖フランス〗 名 1 U 純真さ, 素朴さ. 2 C [通例 ~s] 無邪気な言動.
**na・ïve・ty, na・ïve・ty** /nɑːíːvəti ナーイーヴティ | naiíːvəti ナイイーヴティ/ 名 =naiveté.

**‡na・ked** /néikid ネイキド/ 《◆×ネイクト》 〖発音注意〗 〖「はぎとられた」が原義〗
— 形 (比較 more ~, 最上 most ~) 1 裸の, 全裸の, 裸体の (類 nude, bare, stripped); (からだの一部から)むきだしの ‖
be completely **naked** 素っ裸である.
strip him **naked** 彼を裸にする.
go **naked** all the year round 年中裸でいる.
(as) **naked** as my mother bore me 生まれたままの姿で.
her **naked** breasts 彼女のあらわな胸.
**naked** to the waist 上半身裸で.
**2** [名詞の前で] 覆(ãã)のない; 草木の生えていない, 不毛の; 葉のない, 〈岩などが〉露出した; 〈部屋・壁や家具調度品〉〈装飾物〉のない ‖
a **naked** sword 抜き身の刀.
a **naked** light 裸電灯.
a **naked** hillside 草木の生えていない山腹.
a **naked** tree 葉の落ちた木.
a **naked** room がらんとした部屋.
**3** ありのままの, 飾りのない; 露骨な, 全くの ‖
a **naked** confession 赤裸々(ãã)の告白.
**4** 〈目が〉めがねなどの助けを借りない ‖
see **with** the **naked** eye 肉眼[裸眼]で見る.

**‡name** /néim ネイム/
— 名 (複 ~s/-z/) 1 C 名(前), 姓名; 名称 ‖
one's full **name** (略さない)正式の氏名.
one's maiden **name** (女性の)結婚前の姓.
one's pet **name** 愛称.
assume a false **name** 偽(ãã)名を使う.
give a **name** to a dog 犬に名前をつける.
What is the **name** of this street? この通りは何というのですか《◆ What do you call this street? / What is this street called? の方が

**name**

How do you spell your **name**? お名前のつづりを教えてください.
There's no one by [of] that **name** here. そういう名の人はここにはいない.
In this city there are lots of people whose **names** are Brown. この市にはブラウンという名の人はたくさんいる.
I don't have your **name**. (受付カウンターなどで)お名前が(リストに)ありませんが.
[対話] "What is her **name**?" "Her **name** is Ann." 「彼女の名前は何というのですか」「アンです」.
[対話] "May I have [ask] your **name**(, please)?(↗)" "My **name** is Thomas (Baker), but just call me Tom." 「お名前は何とおっしゃるのですか」「私の名前はトマス(=ベーカー)ですが, トムと呼んでください」《(1) Thomas は正式名. Tom は愛称. (2) What's your *name*?(↘) はぶしつけな言い方なので避ける. What's your *name*?(↗) とすることがある. Who are you? は失礼な言い方. What name, please? =What name shall I say? は来客などを取り次ぐ時の事務的表現》.
[対話] "Congratulations on your new baby!" "Thanks, but we haven't given her a **name** yet."「赤ちゃんのお誕生おめでとう」「ありがとう. でもまだ名前をつけてないんです」.

[語法] (1) 人名の場合英米では個人名=姓の順で言う. 例えば Abraham Lincoln では Abraham が個人名(fírst nàme; (米) gíven nàme; Christian name; báptismal name) で Lincoln が姓(lást nàme; fámily náme; surname). John Fitzgerald Kennedy の場合, 個人名と姓の間にある名前は míddle name といい, しばしば頭文字だけで表される. 時に2つ以上つけられる.
(2) 日本人の名前は英米人とは順序が逆なので 個人名は given name, 姓は family name という言う方が英米人などには誤解を招かない.
(3) 人を話題にする時, 個人名を用いるのは親しい間柄や子供に限り, くだけた言い方.
(4) a) 政治・芸術・スポーツ・映画界などの有名人や, 男性社員・男生徒などの集団の成員を話題にする時, 姓だけが使われる. b) 女性を姓でさす場合 Miss [Mrs., Ms] + 姓とする.
(5) 呼びかけの場合, 親しい人であれば個人名だけでよいが, 正式の場合や敬意を表す場合は Mr. [Mrs., Miss, Ms] + 姓で表す(→ miss²¹ [事情]).

[Q&A] **Q**: なぜ middle name をつけるのですか.
**A**: 同姓同名を避けたり, 祖先の名をいただいて残したり, また女性は結婚後も生家の名を残したりするためです.

**2** Ⓒ **a** [通例 ~s] 蔑称(べっしょう), 悪口 ‖
call him **names** → 成句 call A names.

**b** [a ~ / the ~] 呼称, 通称, 別称, あだ名《◆ nickname の方がふつう》‖
"The Golden State" is a **name** for California. ゴールデン=ステートとはカリフォルニア州の別名である.

**3** Ⓒ Ⓤ 名ばかりのもの, 名目; 名義 ‖
lend one's **name** to an enterprise 事業に名義を貸す.
He failed in fact if not **in name**. 名目上は失敗でなかったにせよ実際は失敗だった.
Liberty has become only a **name** in that country. その国では自由は名ばかりのものになった.

**4** Ⓒ [通例 a ~] 評判, 世評; 名声, 高名 ‖
have a **name** for honesty 正直だと評判である.
leave a **name** 後世に名を残す.
get a bad **name** 悪評を得る.

**5** Ⓒ (略式) 有名[著名]人, 名士; 芸能界のスター ‖
Sir Isaac Newton is one of the most **famous names** in science. アイザック=ニュートン卿(きょう)は科学史上最も有名な人の一人だ.

◇ **by náme** (1) 名前を; 名前を言って, 名指しで ‖ He called me **by name**. 彼は私を名指しした / I know her by sight but not **by name**. 彼女の顔には見覚えがあるが名前は知らない. (2) 名前は[を], …という名前の ‖ a friend of mine, Jeff **by name** ジェフという名の私の友だち.

**by the náme of** A 通称…という ‖ go by [ˣof] (the) **name of** Block ブロックという名前でとおっている《◆本名と違う場合もある》.

**cáll** A **námes** =**cáll names at** A 〈ふつう子供が〉A〈相手〉を(ばか・うそつきなどと)ののしる, 罵倒(ばとう)する, …の悪口を言う《◆ names に形容詞をつける場合もある》.

◇ **in náme** (**ónly**) 名ばかりの, 名目だけは ‖ a doctor **in name only** 名ばかりの医者 / They're married **in name only**. 彼らは結婚しているとはいえ名ばかりだ.

**in the náme of** A =**in** A's **náme** (1) (正式) [しばしば命令文で] …の名において, …の権威において; 後生だから ‖ **In the name of** mércy, stop crying. 後生だから泣くのはやめてくれ. (2) …の美名のもとに, …の名目で. (3) (略式) [God, Christ, heaven, common sense, goodness などを用いて, 疑問詞を強調して] いったいぜんたい ‖ **In the name of** Gód, where did you get that stuff? (正直なところ)いったいぜんたいどこでそんなものを手に入れたのだ. (4) …の名義で.

◇ **máke a náme** (**for** onesélf) =**máke** one's **náme** 有名になる, 名をあげる ‖ He made his **name** as a DJ. 彼はディスクジョッキーとして有名になった.

**ùnder the náme** (**of**) A …という(本名とは異なる)名で.

—動 (三単現 ~s/-z/; 過去・過分 ~d/-d/; 現分 nam·ing)
—他 **1** [name A Ⓒ] A に(Ⓒ と)名前をつける, A に(Ⓒ と)命名する ‖

an island **named** by Columbus San Salvador コロンブスによってサン=サルバドルと名づけられた島.

They **named** the child (Alexander). 子供に(アレキサンダーという)名前をつけた《◆ C の前に as をつけない》.

**2** …の(正しい)名前を言う ‖
Can you *name* all the trees in the garden? 庭の木の名前をみんな正しく言えますか.

対話 "It was a good movie but not the best I've seen." "Oh, yeah?(↗) *Name* me two other movies that are better." 「あれはいい映画だったが, 見た映画の中でいちばんよいものではなかったよ」「ああそう. もっとよい映画の題名を2つあげてみてよ」.

**3 a** (正式) [name A C] A〈人〉を C〈役職・地位・仕事など〉に指名[任命]する, 選ぶ《◆(1) C は名詞(句)でふつう冠詞はつけない. (2) call より堅い語. (3) A と C の間に as, to, for, to be を入れることもある》‖
The President **named** him (as [to be]) Secretary of Defense. 大統領は彼を国防長官に指名した.

She has been **named for** the position. 彼女はその地位に任命された.

**b** [name A to do] A〈人〉を…するように指名する ‖
She has been **named** to represent her company. 彼女は会社を代表するよう指名された.

○**náme** A (C) **àfter** [(米) **for**] B B〈人〉の名をとって[にちなんで] A〈人・物〉に(C と)名をつける ‖
He was **named** Henry **after** his father. 彼は父親の名をとってヘンリーと名づけられた《◆米国などでは, 日本と違い, 親子が同名の名のることができる. cf. Junior, Senior》.

**to náme (but) a féw** (ほんの)2, 3例をあげると.

**name-call-ing** /néimkɔːliŋ ネイムコーリング/ (議論などで)相手を罵倒すること, 悪口 (ポ) (雑言) (→ call A NAMES).

**name-drop** /néimdrɑp ネイムドラプ|-drɔp -ドロプ/ 動 [過去・過分] name-dropped/-t/; [現分] --dropping) 国 (略式) 親しげに有名人の名前を言いふらす.

**name-less** /néimləs ネイムレス/ 形 **1** 世に名が知られていない, 無名の ‖
a nameless writer 名もない作家.

**2** [shall be ~] 名を明かさない; [must be ~] 名を明かせない ‖
These words were spoken by someone who **shall** be nameless. この言葉は, 名前は伏せておくがある人が言ったものだ.

**3** 名のない, 名づけられていない.

**4** 名前がしるされていない, 匿名 (ぶ) の ‖
a nameless grave 無名の墓.

**5** 〈恐怖などが〉名状しがたい.

**6** 言語 (ば) 道断な ‖
nameless crimes 言うもはばかられる犯罪.

**name-ly** /néimli ネイムリ/ 副 [前述のことを説明して]すなわち, つまり《◆(1) 挿入的に用い, 文頭では用

いない. (2) ふつう前に述べたものより具体的な名詞があとに来る》‖
One of his relatives, **namely** his aunt Mary, died of cancer. 彼の親類の1人, すなわちメリーおばさんがガンで亡くなった.

**name-sake** /néimseik ネイムセイク/ 名 © 同名の人.

**name-tag** /néimtæg ネイムタグ/ 名 © 名札.

**nam-ing** /néimiŋ ネイミング/ 動 → name.

**Nan-cy** /nǽnsi ナンスィ/ 名 ナンシー《Ann(e) の愛称》.

**Nan-jing** /nændʒíŋ ナンヂング/ 名 ナンキン(南京)《中国江蘇 (ﾞ) 省の省都. Nanking(g) ともする》.

**Nan-king** /nænkíŋ ナンキング/, **--kin** /-kín -キン/ 名 =Nanjing.

**nan-ny** /nǽni ナニ/ 名 (腹 nan-nies/-z/) © **1** うば, ばあや, 子守女. **2** (略式) おばあちゃん(granny). **3** (略式) =nanny goat.

**nánny gòat** 雌ヤギ(↔ billy goat).

*****nap** /nǽp ナプ/ 名 (腹 ~s/-s/) © (特に決まった時刻の)昼寝, 仮眠 ‖
take [have] a nap 昼寝をする.
—— 動 (過去・過分) napped/-d/; 現分 nap-ping) 国 昼寝をする.

*cátch A nápping* (略式) A〈人〉の不意をつく.

**na-palm** /néipɑːm ネイパーム, (英+) nǽ-, (米+) -pɑːlm/ 名 **1** ⓤ (化学) ナパーム. **2** © =napalm bomb.

**nápalm bòmb** ナパーム弾(napalm).

**nape** /néip ネイプ, (米+) nǽp/ 名 © [通例 the ~ of one's neck] 首の後ろ, うなじ, 首筋.

**nap-kin** /nǽpkin ナプキン/ 名 **1** © (略式) テーブルナプキン《食事の際衣服を汚さないよう胸にかけ, また手や口をふくために用いる吸水性の布や紙》. **2** (主に英正式) むつ, おしめ((米) diaper). **3** (米) 生理用ナプキン.

**Na-ples** /néiplz ネイプルズ/ 名 ナポリ《イタリア南部の都市. 形容詞は Neapolitan》‖
*See Naples and die.* (ことわざ) ナポリを見てから死ね.

**Na-po-le-on** /nəpóuliən ナポウリオン/ 名 **1** ナポレオン(1世)《~ I, ~ Bonaparte/-bóunəpɑːrt/ 1769-1821; フランス皇帝(1804-15)》. **2** ナポレオン3世《~ III, Louis ~ Bonaparte 1808-73; ナポレオン1世の甥 (ぉぃ). フランス皇帝(1852-70)》.

**Na-po-le-on-ic** /nəpòuliánik ナポウリアニク|-ɔ́nik -オニク/ 形 ナポレオン1世(時代)の; ナポレオンのような.

**Napoleónic Wàrs** [the ~] ナポレオン戦争《1796-1815; ナポレオン1世による一連の戦争》.

**narc** /nɑːrk ナーク/ 名 © (米略式) (連邦)麻薬捜査官.

**nar-cis-sism** /nɑ́ːrsisizm ナースィスィズム, (英+) -ˈ--/ 名 ⓤ 自己愛; (精神医学) ナルシシズム, 自己陶酔(症).

**nar-cis-sist** /nɑ́ːrsəsist ナースィスィスト/ 名 © ナルシスト, 自己陶酔者.

**nar·cis·sis·tic** /nɑ̀ːrsəsístik ナースィスィスティク/ 形 自己陶酔する.

**nar·cis·sus** /nɑːrsísəs ナースィサス/ 名 (複 ~·es, -·cis·si/-sísai/, nar·cis·sus) C 〔植〕スイセン.

**Nar·cis·sus** /nɑːrsísəs ナースィサス/ 名 〔ギリシャ神話〕ナルキッソス《泉に映った自分の姿に恋いこがれて死に、スイセンの花と化した美少年》.

**nar·cot·ic** /nɑːrkɑ́tik ナーカティク/|-kɔ́t- ナーコティク/ 名 C **1** [しばしば ~s] 麻薬剤; 催眠剤. **2** (米) 麻薬中毒者. ── 形 **1** 麻酔の; 催眠性の; 麻薬(使用)の. **2** 麻薬中毒者の.

**nar·rate** /næreit, ニ ナレイト|nəréit ナレイト/ 動 (現分 -·rat·ing) 他 《正式》…を語る, 述べる. ── 自 (劇・映画などで) 語り手を務める; 語る, 述べる.

**nar·ra·tion** /næréiʃən ナレイション|nə- ナレイ-/ 名 **1** U 《正式》語ること, 語り, 叙述 ‖
Who is going to do the **narration** of the trip? だれがその旅行についての話をしてくれるのですか.
**2** CU 物語, 話《◆narrative を語る動作に重点がある》.
**3** U 〔文法〕話法 ‖
direct **narration** 直接話法.
indirect **narration** 間接話法.

**nar·ra·tive** /nǽrətiv ナラティヴ/ 名 **1** CU 《正式》(事実に基づく)物語, 話《◆語りの行為より物語の内容に重点がある》‖
a historical **narrative** 歴史物語.
**2** U 語ること, 話術 ‖
have great skill in **narrative** すぐれた語りの技術を持つ.
── 形 《正式》**1** 物語を語る; 物語形式の ‖
a **narrative** poem 物語詩.
**narrative** style 物語体.
**2** 物語の, 物語に関する ‖
great **narrative** power 語り口のよさ.

**nar·ra·tor** /(米ではしばしば) ·-rat·er /nǽreitər ナレイタ, ニ| nəréi- ナレイタ, nær-/ 名 C (映画・劇・放送などの)語り手, ナレーター; 物語る人.

***nar·row** /nǽrou ナロウ/ 〖「狭い」→「余裕がない」〗
── 形 (比較 ~·er, 最上 ~·est) **1** (幅が)狭い, 細い(↔ broad, wide) ‖
a **narrow** river 細い川.
a **narrow** aisle 狭い通路.
Chile is a long, **narrow** country. チリは細長い国だ.《◆small は体積・面積をいう. 次の例では narrow は使わない: Holland is a small country. オランダは小さい国です》.
対話 "Can you set your hand inside the box?" "No, I'm afraid the opening is too **narrow**." 「その箱の中に手を入れられるかい」「いいや、すき間が狭すぎます」.
**2** (広さ・範囲が)限られた, 狭い ‖
a **narrow** circle of friends 限られた友人仲間.
take the word in the **narrowest** sense その語を最も狭義に解釈する.
**3** [名詞の前で] かろうじての, やっとの ‖
a **narrow** victory 辛勝.
win by a **narrow** majority ぎりぎりの過半数で勝つ.
It was a **narrow** escape! 危機一髪だった.
**4** 〈心などが〉狭い, 狭量な, 思いやりのない ‖
a **narrow** mind 偏狭な心.
── 動 他 **1** 《正式》…を狭くする, せばめる; …を狭量にする ‖
"You are late again!" said the boss, **narrowing** his eyes. 「また遅刻したな」と社長は険しい目つきで言った.《◆*narrow* one's eyes はふつう疑惑・怒りなどの表情を示す》.
**2** …を限定する, しぼる, せばめる ‖
**narrow** the possibilities (**down**) to one answer 可能性を1つの答えにしぼる.
── 自 狭くなる; 細くなる.

**nárrow gáuge** 〔鉄道〕狭軌(³ぎ)鉄道, 狭軌車両《軌間が1.435 m未満のもの》.

**nar·row·ly** /nǽrouli ナロウリ/ 副 **1** かろうじて, 危うく(barely) ‖
**narrowly** escape death 危うく死をまぬがれる.
**2** 《正式》念入りに, 綿密に, 根ほり葉ほり ‖
search the area **narrowly** その地域をつぶさに捜索する.

**nar·row-mind·ed** /nǽroumáindid ナロウマインディド/ 形 度量の狭い, 不寛容な; 偏見を持った.

**nár·row·ness** /nǽrounəs ナロウネス/ 名 U 狭さ, 狭いこと; 狭量, 偏狭.

**NASA** /nǽsə ナサ, néisə/ 〖the National Aeronautics and Space Administration〗名 米国航空宇宙局.

**na·sal** /néizl ネイズル/ 形 **1** 《正式》鼻の, 鼻に関する ‖
the **nasal** cavity 鼻腔(³ぅ).
**2** 〔音声〕鼻音の ‖
**nasal** sounds 鼻音《/m, n, ŋ/ など》.
**3** 鼻声の, 鼻にかかった ‖
a **nasal** voice 鼻声.

**ná·sal·ly** 副 鼻音で, 鼻にかけて.

**NASDAQ** /nǽsdæk ナスダク, nǽz-/ 〔略〕〔証券〕National Association of Securities Dealers Automated Quotations ナスダック《全米証券業協会が開発した店頭銘柄気配自動通報システム》.

**Nash·ville** /nǽʃvil ナシュヴィル/ 名 ナッシュビル《米国 Tennessee 州の州都》.

**nas·ty** /nǽsti ナスティ|nɑ́ːs- ナースティ/ 形 (比較 -·ti·er, 最上 -·ti·est) **1** 不快な, いやな; 不潔な; 不愉快な; [it is nasty **of** A **to** do / A is nasty **to** do] …するとは A〈人〉はひどい ‖
**nasty** food むかつくような食べ物.
It is **nasty** of [˟for] him to speak badly of her. 彼女のことを悪く言うなんて彼はいやな奴だね.

This medicine tastes **nasty**. この薬はいやな味がする.
**2** みだらな, わいせつな ‖
a **nasty** story 猥(ホシ)談.
**3** 険悪な, 危険な ‖
**nasty** weather 荒れ模様の天気.
a **nasty** look 険悪な目つき.
**4** 意地の悪い, 悪意のある, 卑劣(ホラ)な ‖
a **nasty** trick 卑劣なたくらみ.
**5** 〈傷などが〉ひどい.
**nás‧ti‧ness** 名 U 不快さ; 不潔さ; 卑しさ.

**na‧tal** /néɪtl ネイトル/ 形 〈まれ〉出生(地)の, 誕生の; 出産の.

\***na‧tion** /néɪʃən ネイション/ [「生まれる(be born)こと」が原義. cf. *native*] 派 national (形)
——名 (複 ~s/-z/) C **1** [集合名詞; 単数・複数扱い] 国民《♦ people は文化的・社会的統一体を, nation は政治的統一体を強調する》‖
the British **nation** 英国民.
the voice of the **nation** 国民の声, 世論.
The whole **nation** was [were] anxious for peace. 全国民が平和を切望していた.
**2** (民族または政治的結合体としての)国, 国家 (cf. country **2**) ‖
the **nations** of the world 世界の諸国家.
an advanced **nation** 先進国.
the **nation's** rapid economic growth その国の急速な経済成長.
対話 "Wars are terrible." "Yes, I wish **nations** could live peacefully with each other." 「戦争というものはひどいもんだな」「うん. 国どうしがお互いに平和共存できればいいのにね」.
**3** 民族《共通の言語・歴史・宗教・文化を持つ人々の共同体》‖
the Jewish **nation** ユダヤ民族.
**4** (北米先住民の)部族(連合); その居住領域 ‖
the Sioux **nation** スー族.

\***na‧tion‧al** /nǽʃənl ナショヌル/ 【→ nation】 派 nationality (名), nationally (副)
——形 [通例名詞の前で] **1 a** 国家の, 国家的な ‖
the (British) **national** flag (英国)国旗.
**national** affairs 国事, 国政.
We are faced with a **national** crisis. 私たちは国家的危機に直面している.
serve the **national** interest 国益にかなう.
**b** 全国的な, 国全体の; 中央の (↔ local) ‖
a **national** election 全国選挙.
a **national** holiday 国の祝祭日.
a **national** government (地方[州]政府に対し)中央政府.
a **national** capital (州都に対し)首都, 首府.
対話 "Have you ever heard of the newspaper *USA Today*? What city is it from?" "It's a **national** paper. You can get it anywhere in the US." 「USA Today という名の新聞を聞いたことがありますか. どの都市で出ているものですか」「それは全国紙です. アメリカのどこにいても手に入りますよ」(→ newspaper 事情).
**c** 国内的な (↔ international) ‖
deal with **national** and international problems 国内的・国際的問題を扱う.
**2** 国民の, 国民的な, 国民全体の; 国民に特有の, 民族の ‖
**national** life 国民生活.
a **national** heritage 国民的遺産.
the **national** character [traits] 国民性.
(a) **national** costume 国民特有の服装, 民族衣装.
Sumo is our **national** sport. 相撲(ホシ)はわが国の国技です.
**3** 国立の, 国有の, 国定の ‖
a **national** university (日本などの)国立大学.
——名 C [通例 ~s; 修飾語句を伴って] (主に外国に居住する特定国の)国民, 市民; (正式)…国籍の人 ‖
American **nationals** in France フランス居住のアメリカ人.

**nátional ánthem** 国歌.
**nátional bánk** (1) 〈米〉国法銀行《連邦政府認可の商業銀行》. (2) 国立銀行.
**Nátional Léague** [the ~] ナショナルリーグ《American League とともに米国の2大プロ野球連盟をなす. cf. Major Leagues》.
**nátional mónument** (主に米)固定記念物《政府が管理する天然記念物・史的建造物・史跡など》.
**nátional párk** 国立公園.
**nátional secúrity** 国家安全保障.
**nátional sérvice** [しばしば N~ S-] 〈英〉義務兵役(制度) (〈米〉selective service).
**Nátional Trúst** 〈英〉[the ~] ナショナルトラスト《史的建造物・史跡・自然美を保護するための協会》.

**na‧tion‧al‧ism** /nǽʃənəlìzəm ナショナリズム/ 名 U
**1** 国家主義, 国粋(ネス)主義; 愛国心; 愛国主義運動. **2** 民族(独立)主義.

**na‧tion‧al‧ist** /nǽʃənəlist ナショナリスト/ 名 C 民族(独立)主義者; 国家主義者.
——形 民族(独立)主義者の, 国家主義者の.

**na‧tion‧al‧is‧tic** /nǽʃənəlístik ナショナリスティク/ 形 愛国[国粋, 国家, 民族]主義(者)の.

**na‧tion‧al‧i‧ties** /nǽʃənǽlətiz ナショナリティズ/ 名 → nationality.

\***na‧tion‧al‧i‧ty** /nǽʃənǽləti ナショナリティ/ 【→ national】
——名 (複 -i‧ties/-z/) **1** U C 国籍 ‖
men of all **nationalities** あらゆる国籍の人々.
the **nationality** of a ship 船籍.
対話 "What **nationality** are you? = What is your **nationality**?" "I'm Japanese." 「国籍はどこですか」「日本です」.
**2** C 国民, 国家; (一国家内の)民族(集団) ‖
the various **nationalities** of Russia ロシアの様々な民族.
**3** U 国家的独立 ‖
achieve [attain, obtain] **nationality** 国家と

**na·tion·al·i·za·tion** /næʃənələzéiʃən ナショナリゼイション/ 图 Ⓤ 国有(化), 国営; 全国化, 国民的統一.

**na·tion·al·ize** /næʃənəlàiz ナショナライズ/ 動 (現分 ~iz·ing) 他 **1** …を国有化する(↔ privatize). **2** …を全国的にする, 国民的なものにする. **3** …を1つの国家にする.

**na·tion·al·ly** /næʃənəli ナショナリ/ 副 **1** 国家的に; 国家として, 国家的見地から(見ると). **2** 全国(規模)で, 全国的に(見て).

**na·tion(-)wide** /néiʃənwáid ネイションワイド/ 形 副 全国的な[に], 全国的規模の[に].

**\*na·tive** /néitiv ネイティヴ/ 〖「生まれた(born)」が原義. cf. *nation*, *nature*〗
—形 **1** [名詞の前で] 〈国・言語などが〉**出生地の**, 母国の; 生まれた時からの ‖
one's **native** language 母語《◆(正式) one's mother tongue》.
The immigrants wept for their **native** country. 移民たちは故国を想(お)って泣いた《◆「故郷」の意味で one's *native* town [place] はまれ, 市町村を問わず one's hometown》.
**2** (正式) [名詞の前で] 〈人が〉**ある土地に生まれ(育)った**; 本来その土地の, 生え抜きの ‖
a **nátive** spéaker of Énglish 英語を母語として話す人.
a **native** speaking teacher of Basque バスク語を母語とするバスク語の先生.
対話 "He sounds as if he's from New York." "He's a **native** New Yorker." 「彼は話し方からいってニューヨークから来た人のようだね」「生粋(きっすい)のニューヨーク子なんですよ」《◆a *native* American はアメリカ先住民》.
**3** (正式) 〈動植物・産物などが〉**特有の**, 原産の, 産出する ‖
the **native** flowers of China 中国原産の花.
**native** farm products ある土地特有の農産物.
architecture **native** to Japan 日本独特の建築.
**4** 〈好ましい性質などが〉**生まれつきの**, 先天的な ‖
her **native** modesty 彼女の生来(しょうらい)の謙虚さ.
musical ability **native** to the family その家族の生まれながらの音楽的才能.
**5** (主に白人から見て)〈未開の〉**先住民[土着民]の** ‖
**native** customs in Java ジャワ島先住民の風習.
a **native** guide その土地の案内人.
**gò nátive** (略式) ふつう移住者・旅行者などがその国の人のようにする[なろうと努める].
—图 Ⓒ **1** (ある土地に)**生まれた人, 先住民, 出身者** ‖
a **native** of New York City 生粋のニューヨークっ子.
speak English like a **native** ネイティブスピーカーのように英語を話す.
**2** [しばしば ~s] (訪問者・外国人などと区別して) 土地の人.
**3** (ある土地に) 固有[原産]の動物・植物 ‖
The koala is a **native** of Australia. コアラはオーストラリア原産の動物である.

**Nátive Américan** (イヌイットを除く)アメリカ先住民(American Indian, Amerindian); [形容詞的に] アメリカ先住民の.

**NATO, Na·to** /néitou ネイトウ/ (発音注意)《◆ ×ナトウ》图 =North Atlantic Treaty Organization.

**\*nat·ur·al** /nætʃərəl ナチュラル/ 〖→ nature〗派 naturally (副)
→形 **1** 自然の **3** 当然の **5** 生まれつきの
—形 **1** [通例名詞の前で] **自然の**, 天然の, 自然界の ‖
a **natural** disaster 天災.
**natural** products 天然の産物.
the **natural** world 自然界.
the **natural** beauty of the Alps アルプスの自然美.
**2** [名詞の前で] **自然のままの**, 人の手を加えない (↔ artificial); 自然の法則に従った ‖
**Nátural** fóods are good for your health. 自然食品は健康によい.
die a **natural** death =die of **natural** causes 自然死する.
animals in their **natural** surroundings 自然のままの環境にいる動物.
**3** **無理のない**; **当然の**, もっともな (↔ unnatural, abnormal) ‖
the **natural** course of events 出来事の自然な過程.
**natural** justice (人として)当然の道義.
It is quite **natural** for him to think so. = It is quite **natural** (that) he should [(米) would] think so. 彼がそう思うのは全く当然だ.
対話 "I couldn't stand her attitude." "It was **natural** for you to get mad at her." 「彼女の態度にはがまんできなかったんだ」「怒って当然だと思うよ」.
**4** ふだんのままの, 気取らない, 飾り気のない ‖
assume a **natural** pose 自然なポーズをとる.
be **natural** with other people 他人に対して気取らない.
**5** [通例名詞の前で] **生まれつきの**, 生来(しょうらい)の; ふさわしい; 天性の (→ native 形 **4**) ‖
overcome one's **natural** shyness 生まれつきの内気を克服する.
He is a **natural** athlete. 彼は生まれながらの運動選手です.
**6** 生き写しの, 実物そっくりの, 真に迫った ‖
a **natural** likeness 生き写し(の人).
The portrait looks very **natural**. その肖像画は実物そっくりに見える.
**7** 〔音楽〕本位の; 〈音の高さが〉本位記号《♮》により元に戻った ‖
C **natural** 本位ハ音.
**còme nátural to** A → come naturally to

(naturally 成句).
― 名 C **1** 〔略式〕〔通例 a ～〕うってつけの人, 適任者; 天性の素質がある人 ∥
She's **a natural** for [on, with] that sort of job. そういう仕事には彼女はぴったりだ.
**2** 〔音楽〕**a** =natural sign. **b** 本位音. **c** (ピアノ・オルガンなどの) 白鍵 (ﾋﾞｬｸ).
**nátural fórces** (あらし・雷などの) 自然力.
**nátural gás** 天然ガス.
**nátural históran** 博物学研究家, 博物誌の著者.
**nátural hístory** 博物学《動物学・植物学・鉱物学などの昔の総称》.
**nátural lánguage** 〔コンピュータ〕自然言語《人工言語に対していう》.
**nátural phenómena** (あらし・雷などの) 自然現象.
**nátural resóurces** [複数扱い] 天然資源.
**nátural scíence** [通例 -s] 自然科学.
**nátural seléction** 〔生物〕自然淘汰 (ﾄｳﾀ), 自然選択.
**nátural sign** 本位記号, ナチュラル(natural)《♮》.

**nat·u·ral·ist** /nǽtʃərəlist ナチュラリスト/ 名 C **1** 動物[植物]学者. **2** (文芸・哲学上の) 自然主義者.

**nat·u·ral·i·za·tion**, 〈英ではしばしば〉**-i·sa-** /nǽtʃərələzéiʃən ナチュラリゼイション | -əlai- ナチュラライ/ 名 U **1** (外国人の) 帰化; (動植物の) 帰化, 移植. **2** (外国の言語・習慣などの) 移入.

**nat·u·ral·ize**, 〈英ではしばしば〉**-ise** /nǽtʃərəlàiz ナチュラライズ/ 動 (**現分** -**iz·ing**) ⦿ **1** 〈外国人〉を帰化させる, …に市民権を与える ∥
be naturalized in Japan 日本に帰化する.
a naturalized American 帰化してアメリカ人になった人.
**2** 〈動植物〉を帰化させる;〈外国の言葉・習慣など〉を取り入れる, 移入する.

*****nat·u·ral·ly** /nǽtʃərəli ナチュラリ, (米+) nǽtʃərli / [→ natural]
― 副 **1** 生まれつき, 生来(by nature) ∥
naturally curly hair 天然パーマの髪.
I am naturally all thumbs. 私は生まれつき不器用です.
**2** [動詞のあとで] **自然に**, 気取らずに, ふだんどおりに ∥
Try to speak naturally into the microphone. マイクに向かって気楽に話すようにしなさい.
対話 "Don't do anything stupid." "Don't worry. I'll behave naturally." 「ばかなことはしないでね」「心配いらないよ. ふだんと変わらない行動をするよ」.
**3** (人手によらず) **自然に**, 天然に, ひとりでに; 自然の過程によって ∥
grow naturally 自生する.
die naturally (変死でなく) 自然死する.
**4** [文全体を修飾] **もちろん**, 予想されていたように, 思っていたとおり ∥
Naturally(,) he behaved well. もちろん彼は行儀よくふるまった.
対話 "You were at the party last night, weren't you?" "Naturally!(↷)"「昨夜のパーティーには出席なさったでしょうね」「もちろんですとも」.
**còme náturally** [〔略式〕**nátural**] **to A**〈事が〉**A**〈人など〉にとって生まれつきできることである, たやすい, 楽にできる ∥ Singing comes as naturally to her as flying does to birds. 彼女にとって歌うのは鳥が空を飛ぶのと同じくらい楽なことだ / 対話 "Your cooking is very good." "It just comes natural to me."「きみの手料理はとてもおいしいね」「料理は私の性に合っているんです」.

**nat·ur·al·ness** /nǽtʃərəlnəs ナチュラルネス/ 名 U 自然らしさ, 気取りがないこと.

***na·ture** /néitʃər ネイチャ/ 〖「生まれる」(be born) が原義. cf. *nation*, *native*〗
形 natural (形)
― 名 (複 ~s/-z/) **1** U **a 自然**(↔ art), 自然界, 物質界《♦ 太陽・空・星・海・山・川・動植物など, 人工物を除くすべてを含む外的世界. **1**, **2** の意味では無冠詞》∥
wonders of nature 自然の驚異.
learn a lesson from nature 自然から教訓を学ぶ.
In spring all nature looks full of joy. 春は万物が喜びにあふれて見える.
対話 "It's really nice here, isn't it?" "I love nature like this. So quiet and peaceful." 「このあたりはとてもすてきですね」「こういう自然が好きだわ. 静かでのどかですから」.
**b** 自然力[作用], 自然現象;[しばしば N~] 自然の女神《♦ しばしば she, her で受ける. Mother *Nature* ということがある》∥
the laws of nature 自然の法則.
leave a cure to nature 治癒 (ﾁﾕ) を自然にまかす.
Nature is the best physician. (ことわざ) 自然は最良の医者.
**2** U (文明と無縁の) 原始的状態, 自然の生活 ∥
return [go back] to nature (文明世界を離れ) 自然に戻る.
**3** U C 〔正式〕[しばしば the ~] **性質**, 天性; 性向; 本質; C [修飾語を伴って] …の性質の人 ∥
a (person of) good nature 気立てのやさしい人.
human nature 人間性.
It is not in her nature to do such a thing. 彼女はそんなことができないたちだ.
He has a cheerful nature. 彼は陽気なたちだ.
**4** [通例 of a + 形容詞 + ~] (性質から見た) **種類** ∥
Things of a political nature do not interest me. 私は政治的な事には興味がない.
**5** U (人・物・場所の) ありのままの[自然な]姿, 実物 ∥
a portrait very true to nature 実物そっくりの肖像画.
paint from nature 写生する.
◇**by náture** [be 動詞と共に] **生まれつき**, 生来 (ｾｲﾗｲ); 本来, もともと ∥ He is by nature a generous person. 彼は生来寛大な人だ.

*in the course of nature* 自然の成り行きで, ふつうに行けば.

**A of that nature** その種の…(→ 4).

**náture stùdy** 自然研究観察《初等教育で行なう初歩的な動植物の観察・研究》.

**náture tràil [wàlk]** 自然観察歩道.

**náture wòrship** 自然崇拝.

**-na·tured** /-néitʃərd ネイチァド/ 〖連結形〗…の性質を持つ. 例: ill-natured 意地悪な, a good-natured man 人のいい[善良な]人.

**naught** /nɔ́ːt ノート/ 〖同音〗nought; 〖類音〗note /nóut/) 图 1 ⓒⓊ 〖数学〗零, ゼロ(zero)(→ number) ‖

naught point six 0.6.
point naught six 0.06.
**2** Ⓤ 〖文〗 無《◆次の句で》‖
áll for náught むだに, むなしく.
bring … to naught …を無に帰する.
come to [go for] naught 〈計画・仕事などが〉失敗に終わる.

**naugh·ty** /nɔ́ːti ノーティ/ 形 〖比較〗--ti·er, 〖最上〗--ti·est) **1** いたずらな, わんぱくな, 言うことを聞かない; [it is naughty of A to do / A is naughty to do] …するとは A〈人〉は行儀が悪い ‖
a naughty boy いたずらっ子.
Naughty, naughty! 〈略式〉こらこら, だめだぞ.
It was naughty of Jane to pull the kitten's tail. =Jane was naughty to pull the kitten's tail. 子猫のしっぽをひっぱったなんてジェーンは悪い子だ.
**2** 〖英略式〗〖遠回しに〗わいせつな, 下品な ‖
a naughty wink みだらなウインク.

**nau·se·a** /nɔ́ːziə ノーズィア, -ʒə -sia ノースィア/ 图 Ⓤ 〖正式〗**1** 吐き気, むかつき. **2** 船酔い. **3** 嫌悪(けんお).

**nau·se·ate** /nɔ́ːzièit ノーズィエイト, -ʒièit -sièit -シエイト/ 動 〖現分〗-at·ing) 〖正式〗**1** …に吐き気を催させる. **2** …に嫌悪を感じさせる.

**nau·seous** /nɔ́ːʃəs ノーシャス, -ziəs -siəs ノースィアス, -ʃiəs/ 形 **1** 〖正式〗吐き気を催させる, むかつかせる. **2** 不快な.

**nau·ti·cal** /nɔ́ːtikl ノーティクル/ 形 航海(術)の; 船員の; 船舶の ‖
a nautical mile 海里《1852 m》.

**Nav·a·ho, --jo** /nǽvəhòu ナヴァホウ/ 图 〖複〗~s, ~es, 集合名詞 Nav·a·ho, Nav·a·jo) ⓒⓊ形 ナバホ族[語]の《北米先住民の最大の部族》.

**na·val** /néivl ネイヴル/ 〖同音〗navel) 形 海軍の(cf. military); 軍艦の; 海軍力を有する ‖
a naval base 海軍基地.
naval power 海軍力.

**na·vel** /néivl ネイヴル/ 图 ⓒ **1** へそ(@ → body).
**2** =navel orange.
**nável òrange** 〖植〗ネーブル(navel).
**nável strìng** へその緒.

**na·vies** /néiviz ネイヴィズ/ 图 → navy.

**nav·i·ga·ble** /nǽvigəbl ナヴィガブル/ 形 〖正式〗**1** 〈川・海が〉航行可能な ‖ 〈道路が〉通行可能な ‖
a navigable river 可航川.
**2** 〈船・飛行機が〉操縦可能な, 航行可能な.

**nav·i·gate** /nǽvigèit ナヴィゲイト/ 動 〖現分〗-gat·ing) 他 **1** 〈船・飛行機を〉操縦する; [比喩的に] …のかじをとる. **2** 〈海・川・空〉を航海[航行, 飛行]する. **3** …を海上輸送する. **4** 〖略式〗[比喩的に] …を通過させる. ― 自 **1** 航海[航行, 飛行]する. **2** 操縦する; 誘導する.

**nav·i·ga·tion** /nævigéiʃən ナヴィゲイション/ 图 Ⓤ **1** 航海, 航行, 飛行. **2** 航海[飛行]学, 航海[飛行]術.

**nav·i·ga·tor** /nǽvigèitər ナヴィゲイタ/ 图 ⓒ **1** 航海士, 飛行[航空]士. **2** 海軍[航海]者.

**\*na·vy** /néivi ネイヴィ/ 〖〖船〗が原義. cf. nave, navigate〗 形 naval (形)
― 图 〖複〗 na·vies/-z/) ⓒ **1** [しばしば N~] 〖通例 the ~; 単数・複数扱い〗海軍 (cf. army, air force, (armed) forces) ‖
the United States [the US] Navy 米国海軍.
the British [Royal] Navy 英国海軍.
the Navy Department =the Department of the Navy 〈米〉海軍省《〈英古〉the Admiralty》.
join the navy 海軍に入る.
The Navy was [were] asked to cooperate. 海軍は協力を求められた.
**2** ⓒ 〖集合名詞; 単数・複数扱い〗(一国の)海軍の全艦船; 海軍軍人. **3** Ⓤ =navy blue.
**návy blúe** 濃紺色(の), ネービー=ブルー(の)(navy)《◆英海軍の制服の色から》.

**nay** /néi ネイ/ 〖同音〗neigh) 副 否(ひ), いや(no) (↔ yea, aye)《◆反対投票の時以外は〈古〉》.
― 图 **1** ⓒⓊ 〖文〗否(という語) (↔ yea, aye).
**2** ⓒ 反対投票(者).

**Naz·a·reth** /nǽzərəθ ナザレス/ 图 ナザレ(ト)《キリストが少年時代を過ごした今のイスラエル北部の町》.

**Na·zi** /ná:tsi ナーツィ/ 图 〖複〗~s) **1** ⓒ ナチ党員. **2** [the ~s] ナチ党, ナチス《Hitler の指導した国家社会主義ドイツ労働者党》. **3** [しばしば n~] ⓒ ドイツ国家社会主義者, ナチズム信奉者.

**Na·zi(·i)sm** /ná:tsizm ナーツィズム/ 图 Ⓤ ナチズム, ドイツ国家社会主義.

**n.b., NB** /én bíː エン ビー; nóutə bíːni ノウタ ビーニ, -béni/ 〖略〗〖ラテン〗〖正式〗nota bene (=note well) 注意せよ.

**NBC** 〖略〗National Broadcasting Company NBC 放送(会社)《ABC, CBS と並ぶ米国の3大放送網のひとつ》.

**NC** 〖郵便〗North Carolina.

**NCAA** 〖略〗National Collegiate Athletic Association 米国大学体育協会.

**NCO** 〖略〗〖軍事〗noncommissioned officer.

**ND** 〖郵便〗North Dakota.

**ND, N.Dak.** 〖略〗North Dakota.

**NE** 〖略〗〖郵便〗Nebraska; New England.

**NE, n.e.** 〖略〗northeast; northeastern.

**Ne·an·der·thal** /niǽndərθɔ:l ニアンダソール|-tá:l -タール/ 图 ⓒⓊ =Neanderthal man.

**Neánderthal màn** ネアンデルタール人(Neanderthal man)《旧石器時代にヨーロッパに居住した原人》.

**Ne·a·pol·i·tan** /ni:əpɑ́lətn ニーアパリトン| niəpɔ́l-ニアポリトン/ 形 ナポリの; ナポリ風の(→ Naples).
—名 ❶ ナポリ人, ナポリっ子. ❷ =Neapolitan ice cream.

**Neapólitan íce crèam** ナポリタンアイスクリーム(Neapolitan)《色と味の違うアイスクリームを重ね合わせたもの》.

\***near** /níər ニア/《元来は形容詞・副詞であるので, 前置詞として用いられても比較変化をする》
—副 (比較) ~·er/níərər/; (最上) ~·est /níərist/) **1** [場所・時間] 近く, 近くに, 接近して(↔ far) ‖

She came **nearer** to me. 彼女はさらに近寄って来た.

Christmas is drawing **near**. =It is getting **near to** Christmas. クリスマスが近づいてきた.
**2** [関係] 近く, 密接に ‖

two **near**-related ideas 密接に関連した2つの考え.

as **near** as one can guess 推察する限りでは.
**3** [程度] **a** ほとんど ‖

for **near** a year 約1年.

I am **near** hysterical with worry. 私は心配で気が狂いそうだ.
**b** (略式) [否定語と共に] とても(…ではない) ‖

What he said is nowhere **near** the truth. 彼が言ったことは真っ赤なうそだ.

The actor is not **near** so popular as before. その俳優は今ではとても以前ほど人気がない.

**còme** [**gó**] **néar to dóing** =come [go] near doing (→ near 前).

**néar and fár** =far and wide (→ far 副).

○**néar at hánd** → at hand (hand 名 成句).

**néar bý** 近くに, [名詞の後で] 近くの ‖ a house **near by** 近くの家 / They live **near by**. 彼らは近くに住んでいる.

**néar to** A (1) → **1**. (2) …に近い; (略式) すんでのところで… ‖ **near to** perfection 完璧(ぺき)に近い / I'm **near to** (being) mad. 私は気が狂いそうだ.

—形 ((比較) ~·er, (最上) ~·est) **1** (場所的・時間的に) **近い**, 近くの(↔ far) ‖

in the **near** future 近い将来.

I like the picture that's **nearest** to the door. 最もドア寄りにある絵が好きだ.

The bank is very **near to** [*from*] the station. 銀行は駅からごく近い.

[語法] 「位置的に近い」という意味では, (英) ではふつう原級は名詞の前では使えない: She went to a nearby [*near*] restaurant. 彼女は近くのレストランへ行った. cf. She went to the *nearest* restaurant.

**2** 〈関係〉近い, 密接な, 深い; 親しい ‖
a **near** relative 近い親戚(せき)(↔ distant relative).

my **near** friend 私の親しい友人《◆ close の方がふつう》.

His thoughts were **near** to mine. 彼の考えは私に近いものであった.

[対話] "You two often get together, don't you?" "Naturally. We're very **near to** each other." 「きみたち2人はよく会っているんだね」「もちろんさ. ぼくたちとても気が合うんだもの」.

**3** よく似た, 原物に近い ‖
a **near** resemblance 酷似(じ).
a **near** translation 原文に忠実な訳.
**4** かろうじての, きわどい ‖
a **near** guess ほぼ当たっている推量.
a **near** escape from death かろうじて死をまぬがれること.

—前《◆ near のほか nearer, nearest も前置詞として用いるが, to を伴って形容詞・副詞として用いる方がふつう(→ 形 **1**, 副 **1**)》
**1** [場所・時間・関係] …に近く, …の近くに ‖
**near** the sea 海の近くに(↔ far from the sea).

Come and sit **nearer** me. 私のもっと近くに来て座りなさい.

It was **near** midnight when he arrived. 彼が到着したのは真夜中近くであった.

Her opinion is very **near** my own. 彼女の意見は私のとよく似ている《◆ 本来形容詞・副詞であるため, very, so, too などの副詞で修飾することができる》.

**2** (もう少しで) …するところで ‖
**near** tears 泣き出しそうで.

The building is **near** completion. その建物は完成間近だ.

**còme** [**gó**] **néar dóing** 今にも…しそうになる ‖ I càme **néar** fáinting. 今にも気を失いそうになった.

—動 (正式) 他 自 (…に)近づく ‖
The examinations are **nearing**. 試験が近づいている.

**Néar Éast** [the ~] 近東《地中海東部沿岸の国. トルコなど》.

**Néar Éastern** 近東の.

**néar míss** [a ~] (1) 至近弾; もう少しで命中すること. (2) もう一歩のところ(での失敗). (3) (航空機の)異常接近, ニアミス.

\***near·by** /níərbái ニアバイ/ 形 [名詞の前で] (場所的に)**近くの**[に, で] 副 ‖
a **nearby** town =a town **nearby** 近くの町.

**near·li·er** /níərliər ニアリア/ 副 → nearly.
**near·li·est** /níərliist ニアリイスト/ 副 → nearly.

\***near·ly** /níərli ニアリ/《『到達点に近づいてそれに達しそうな』が本義. cf. almost》
—副 (比較) more ~, 時に --li·er; (最上) most ~, 時に --li·est) **1** ほとんど, ほぼ; もう少しで, …と言ってもよい; すんでのことで…するところ(類 [語法]

almost)  ǁ
**nearly** empty ほぼ空っぽ.
**nearly always** ほとんどいつも, たいてい《◆almost always よりふつう》.
He (very) **nearly** fell into the pond. 彼はすんでのところで池に落ちるところだった.
対話 "I heard the train was late this morning." "Yes. I **nearly** missed the meeting at school." 「けさは電車が遅れたそうだね」「うん. もう少しで学校の会合に出られないところだった」.
**2**《正式》(血縁・利害などが)密接に;近接[接近]して;念入りに ǁ
**nearly** connected 密接に関係して.

○**nót néarly** [副] 決して…でない ǁ I don't have **nearly** enough money to buy a new TV. 新しいテレビを買うには金はまだまだ足りない.

**near·sight·ed** /níərsáitid ニアサイティド/ 形 《主に米》近視(近眼)の(《主に英》 shortsighted).

**near·sight·ed·ness** /níərsáitidnəs ニアサイティドネス/ 名 U 《主に米》近視, 近眼.

**neat** /ní:t ニート/ 形 **1** きちんとした, こぎれいな;きれい好きな;小ざっぱりした;上品な ǁ
a **neat** dress きちんとした服装.
**2**《略式》適切な, 手際のいい, 巧みな ǁ
a **neat** answer 適切な答え.
a **neat** job 手際のいい仕事.
**3**《略式》(液体, 特に酒が)水や氷で割らない, 生(き)の(《主に米》 straight) ǁ
I'd like my whiskey **neat**. ウイスキーはストレートにしてください.
**4**《米略式》すてきな, すばらしい, すごい(excellent) ǁ
Oh, that's **neat**, isn't it? おぉ, それはすばらしいね.

**neat·ly** /ní:tli ニートリ/ 副 きちんと, 小ぎれいに;適切に;手際よく.

**neat·ness** /ní:tnəs ニートネス/ 名 U きちんとしていること, 整然;清潔;適切さ;巧妙さ.

**Neb(r).** 略 Nebraska.

**Ne·bras·ka** /nəbræskə ナブラスカ/ 〔「平らな水」が原義〕 名 ネブラスカ《米国中部の州. 州都 Lincoln. (愛称) the Cornhusker [Beef] State. 略 Neb(r)., 〔郵便〕 NE〕.

**neb·u·la** /nébjələ ネビュラ/ 名 ⓒ (複 --lae/-li:/, ~s) ⓒ 〔天文〕 星雲.

**nec·es·sar·ies** /nésəsəriz ネセサリズ/ |-sər- ネセサリズ/ 名 → necessary.

*****nec·es·sar·i·ly** /nèsəsérəli ネセセリリ, 《英+》 nésəsərəli/ 〔→ necessary〕
——副 **1** 必ず, 必然的に;やむを得ず, どうしても ǁ
War **necessarily** causes waste. 戦争は必ず荒廃を引き起こす.
We must **necessarily** report this to the authorities. 我々はこの件を当局に報告しなければならない.
**2** [否定文で] 必ずしも(…でない)《◆部分否定》 ǁ
The rich are not **necessarily** happy. 金持ちは必ずしも幸福とは限らない.
対話 "Do girls like dolls?" "Not **necessarily**." 「女の子というものは人形が好きなのですか」「そうとは限りませんよ」.

*****nec·es·sar·y** /nésəsèri ネセセリ | nésəsəri ネセサリ/ 〔「譲ること(cessary)ができない(ne)」〕 派 **necessarily** (副), **necessity** (名)
——形 **1**〈物・事が〉必要な, なくてはならない(essential)(↔unnecessary) ǁ
Sleep is **necessary** for [to] good health. 睡眠は健康に欠かせない.
Education is **necessary** to develop our own abilities. 教育は自分の能力を伸ばすために必要である.
I don't feel it **necessary** to answer such personal questions. そのような個人的な質問に答える必要はないと思います.
It is **necessary** for him to prepare for the worst. = It is **necessary** that he (should) prepare for the worst. 彼は最悪の事態に備えておく必要がある《◆should を用いるのは《主に英》.《略式》では has to を用いるのがふつう》.
if **necessary** 必要ならば ǁ
対話 "Is it really **necessary** for me to go?" "Yes, you have to." 「私は本当に行く必要があるんですか」「そうよ. 行くべきよ」.

Q&A **Q**:「彼はこの会社に必要な人だ」というのを (1) He is *necessary for* this company. と訳したら, これは間違いだと言われました. どう言ったらいいのですか. (2) He is a *necessary* person for this company. ではどうですか.
**A**: necessary は〈物・事〉について用いられ, 〈人〉について用いられません. したがって (1), (2) は誤りで, He is *needed for* this company. とするか, He is *indispensable to* this company. としたらよいと思います.

**2**《正式》[名詞の前で] 必然の, 避けがたい, 当然の ǁ
a **necessary** conclusion 必然的な結論.
——名 (複 --sar·ies/-z/) ⓒ [necessaries] 必要品, 生活必需品 ǁ
daily **necessaries** 日用品.
Food is one of the **necessaries** of life. 食物は生きるために欠かせないものの1つである.

**nécessary évil** 必要悪.

**ne·ces·si·tate** /nəsésətèit ネセスィテイト/ 動 (現分 --tat·ing) 他 《正式》 **1** …を必要とする;[necessitate doing] …することを必要とする;…をもたらす, 伴う ǁ
The rain **necessitated** a postponement of the picnic. 雨で遠足は延期しなければならなくなった.
**2** [be necessitated to do] 余儀なく…する, …せざるを得ない ǁ
Why were you **necessitated** to do that? あなたはなぜそうしなければならなかったのですか.

**ne·ces·si·ties** /nəsésətiz ネセスィティズ/ 名 → necessity.

**ne·ces·si·ty** /nəsésəti ネセスィティ/ 《アクセント注意》〖→ necessary〗
—名 (複 -si·ties/-z/) **1** U 必要, 必要性; [a ~] 必要なこと ‖
**out of [by] necessity** 必要に迫られて, やむを得ず.
**be under the necessity of** paying him 10 dollars 彼に10ドル払う必要に迫られている.
With population increasing everywhere, improvements in agriculture are **an absolute necessity**. 各地で人口が増加しているので, 農業の改善が絶対に必要である.
**There is no necessity for** waiting any longer. =**There is no necessity (for you) to** wait any longer. これ以上待つ必要はない.
**2** C [しばしば necessities] 必要品, 必需品, 不可欠なもの《◆ necessaries よりも必要の度合いが高い》‖
Water and air are the **necessities** of life. 水と空気は生存に欠かせないものだ.
**3** U [しばしば a ~] 必然(性), 不可避(性) ‖
Spring follows winter as **a necessity**. 冬のあとには必ず春がやってくる.

**neck** /nék ネク/ 〖頭と胴の間の「曲げるところ」が原義〗
—名 (複 ~s/-s/) **1** C 首《◆ 頭と胴の間の部分をいう(図 → body). 日本語の「首」は英語の head に相当することも多い(→ head 比較)》‖
a long **neck** 長い首.
a thick **neck** 太い首.
**crane** one's **neck** =**make a long neck** 首を伸ばす.
She flung her arms around her son's **neck**. 彼女は息子の首に抱きついた.
**2** C 首の骨; C U (牛・羊の)首の肉.
**3** C (衣服の)えり.
**4** C 首状の物; (びん・弦楽器の)くび(図 → bottle, guitar).
**be úp to** one's **néck in** A (略式) A〈仕事など〉に深入りしている, 忙しい; A〈困難などに〉陥っている《◆ これに伴うしぐさは右手を平ら(手の平を下)にしてのどに当てる》.
**bréak** one's **néck** (略式) (1) (危険なことをして)首の骨を折る, 首の骨を折って死ぬ. (2) 力いっぱい努力する.
**by a néck** (略式) わずかの差で, かろうじて.
**néck and néck** (競争で)肩を並べて, 互角で.
**rísk** one's **néck** 命がけでやる.
—動 自 (略式) (首などを抱き合って)いちゃつく, キスする.
**-necked** /-nékt -ネクト/ 連結形 …首の, 首の…の; …えりの.
**neck·lace** /nékləs ネクラス/ 名 C ネックレス, 首飾り.
**neck·line** /néklàin ネクライン/ 名 C えりぐり(の線), ネックライン ‖

a low [plunging] **neckline** 低いネックライン.
**neck·tie** /néktài ネクタイ/ 名 C 《主に米》ネクタイ《◆ 今は tie がふつう》.
**nec·tar** /néktər ネクタ, 《英+》-tɑː/ 名 U **1** 《ギリシア神話・ローマ神話》ネクタ《神々の飲む不老長寿の酒》. **2** (絞ったままの)果汁; おいしい飲み物; [比喩的に] 甘露(かんろ).
**nec·ta·rine** /néktəri:n ネクタリーン, ニニ | ニニ, néktərin/ 名 C 《植》ネクタリン, ズバイモモ; その実.
**Ned** /néd ネド/ 名 ネッド《Edward, Edmund, Edgar, Edwin の愛称》.

**need** /ní:d ニード/ 同音 knead)
→ 助 **1** 必要がある
  動 **1a** 必要がある **b** 必要がなかった
  名 **1** 必要性 **2** 必要なもの **3** 困った事態
—助 [否定文・疑問文で] **1** 《主に英正式》…する必要がある
You **need** not [《略式》**needn't**] do that. 君はそのことをする必要はない.
**Need** you work so hard? そんなに一生懸命働く必要がありますか.

|語法| (1) 肯定文では have to, (略式) have got to を用いる.
(2) (英) では You **need not** go. (話し手の命令で)「行く必要がない」, You **don't need to** go. (周囲の状況からして)「行く必要がない」のように区別されることもある.
(3) 否定文でなくても, 意味に否定の含みがあれば need は助動詞として用いることができる: You **need only** ask him to pay the debt. 君は彼に借金を払ってくれるよう頼みさえすればよい / All you **need** do is to tell me the truth. 本当のことを言ってくれればそれでよいのだ(それ以上のことをする必要はない) / We **need** think only of the main facts. 主要な事実以外は考える必要はない.

**2** [need not have done] …する必要はなかったのに《◆「実際は…した」の意味を含む》‖
You **needn't** have come at 4 o'clock; we don't start till about 5. 4時に来る必要はなかったのに, 5時頃開始ですから《◆ You didn't **need** to come at 4 o'clock. は実際に(4時に)「来た」のか「来なかった」のか不明. → 他 **1b**》.
—動 (三単現 ~s/ní:dz/; 過去・過分 ~·ed /-id/; 現分 ~·ing)《◆ ふつう進行形にしない》
—他 **1a** [need to do] …する必要がある《◆ must と ought to の中間的意味》‖
You **need to** go. 行く必要がある.
You **only need to** write down your name here. ただここに名前を書くだけでよろしい.
対話 "This room is a mess." "I know. I **need to** clean it up one of these days." 「この部屋はひどいありさまだね」「わかってる. そのうちきれいに掃除しなければ」.
**b** [did not need to do] …する必要がなかった

**needful**

《◆「した」か「しなかった」かは文脈による》‖
The weather forecast was very good, so I didn't need to take an umbrella. 天気は上々の予報だったので、かさを持っていく必要はなかった.
**2** [need doing /《主に米》need to be done] …される必要がある《◆ doing は受動的意味をもつ》‖
He will need looking after. 彼の面倒をみてやる必要がある.
The house needs repairing [to be repaired]. その家は修繕が必要だ.
**3** …を必要とする ‖
I'll soon need a new brush. そのうちブラシを買い替えなきゃ.
This lock needs a drop of oil. この錠には油を少しささなければいけない.
**4** [need A C] A〈物・人・事〉が C される必要がある《◆ C は過去分詞》‖
We need our room decorated. 部屋を飾る必要がある.
── 名 (複 ~s/níːdz/) **1** U [しばしば a ~ / the ~] 必要性, 入用, 理由 ‖
This book will **meet the needs of** students. この本は学生の要求に応えるだろう.
We **have no need of** your money.《正式》君の金など必要としていない(=We do not need your money.).
What is **the need for** all this hurry? こんなにあわてふためく必要があるのか.
**There is no need for** you to hurry. =You **have no need to** hurry. 急ぐ必要はない.
[対話]"Don't you need a stamp on that letter?" "There's no **need** for one. The postage is already paid."「その手紙に切手はいりませんか」「必要ありません. 郵便料金はもう支払ってあります」.
**2** C《正式》[通例 ~s] 必要なもの, 入用なもの ‖
our basic needs 必需品.
**3** U《正式》[遠回しに] 困**った事態**, 窮地(difficulty); 貧困, 窮乏(発音) (poverty) ‖
help **in time of need** まさかの時の救いの手.
people **in need** 困っている人々.
**be in néed of** A …を必要とする ‖ My socks are in need of mending. 私の靴下は繕いが必要だ.
**have néed to** do …する必要がある.

**need·ful** /níːdfl/ 名《略式》[the ~] 必要な物[こと]; お金 ‖
**do the needful** 必要な手段をとる.
**be short of the needful** お金が足りない.

**nee·dle** /níːdl/ 名 C **1** 針, 縫い針, 編物針; (注射器などの)針; (磁石・羅針(発音)盤・計測器などの)針《◆ 時計の針は hand》‖
a séwing nèedle 縫い針.
thread a needle 針に糸を通す.
a needle and/ən/ thread 糸を通した針《◆(1)単数扱い. (2)/ənd/では「糸と針」の意》.
the **needle** on a speedometer 速度計の針.
**2** 針のようにとがったもの; とがった山頂;〔植〕(マツなどの)針状葉.
**lóok** [**séarch**] **for a néedle in a háystack**《略式》見つかる望みのないものを捜す, むだ骨を折る.
── 動 (現分) **nee·dling**/-dliŋ/ 他 **1** …を針で縫う. **2** [needle one's way] 道を縫うようにして進む. **3**《略式》…をいじめる, 憤慨させる. ── 自 針仕事をする.

\*need·less /níːdləs ニードレス/
── 形 [通例名詞の前で] 必要としない, 不要の.
◇**néedless to sáy** 言うまでもないことだが《◆特定の事実について用いるのがふつう》‖ Needless to say, the train was late. 言うまでもなく列車は遅れた.
**need·less·ly** /níːdləsli ニードレスリ/ 副《正式》必要もないのに; むだに.
**nee·dle·work** /níːdlwə:rk ニードルワーク/ 名 U 針仕事, 裁縫; 刺繍(ぬ).
**need·n't** /níːdnt ニードント/《略式》need not の短縮形.
**need·y** /níːdi ニーディ/ 形 (比較) -i·er, (最上) -i·est)《正式》貧乏な, 貧窮の; [the ~; 集合名詞的に; 複数扱い] 貧しい人々《◆ the poor の遠回し表現》.
**ne·gate** /nigéit ニゲイト/ 動 (現分) -gat·ing 他《正式》**1** …を無効にする, 取り消す. **2** …(の存在・正当性)を否定する.
**ne·ga·tion** /nigéiʃən ニゲイション/ 名 **1** U C 否定, 否認, 打ち消し; 否定的陳述, 反論; U〔文法〕否定. **2** U C (実在するものの)欠如, 存在しないこと.

\*neg·a·tive /négətiv ネガティヴ/
── 形《正式》**1a** 否定の, 打ち消しの;〔文法〕否定の(↔ affirmative)‖
a **negative** sentence 否定文.
**b** 不賛成の, 拒否的な; 禁止の ‖
a **negative** vote 反対投票.
a **negative** order 禁止令.
make a **negative** reply to the request 要求を断る返事をする.
[対話]"Did he agree to loan you the money?" "His answer was **negative**."「彼は君に金を貸そうと言ってくれましたか」「彼の答えはノーでした」.
**2** 消極的な, 後ろ向きの; 期待に反する, 成果の上がらない ‖
a **negative** personality 引っ込み思案な性格.
**negative** advice (…するなと言うだけの)非建設的な忠告.
**negative** virtue (悪い事をしないだけの)消極的美徳.
**3**〔数学・物理〕負の, マイナスの;〔電気〕陰の, 負の;〔写真〕ネガ[陰画]の;〔医学〕陰性の(↔ positive)の ‖
a **negative** quantity 負数[量].
**negative** electricity 陰電気.
── 名 C **1a** 否定;〔文法〕否定語(句)〈not, no, never など〉, 否定文. **b** 否定の言葉; 拒否; [the ~] (討論における)反対者側. **2** (物事の)消極

的性質, 否定的側面. **3**〔数学〕負数, 負号;〔電気〕陰電気;(電池の)陰極板;〔写真〕陰画, ネガ.
**in the négative**《正式》否定の[して];拒否の[して](↔ in the affirmative) ‖ He answered my question **in the negative**. 彼は私の質問に「ノー」と答えた.

**négative gr**ó**wth**〔経済〕マイナス成長.

**neg·a·tive·ly** /néɡətivli ネガティヴリ/ 副 **1** 否定的に, 否定して(⇔略 neg.);消極的に, 悲観的に. **2**〔電気〕陰電気を帯びて.

\*__ne·glect__ /niɡlékt ニグレクト/〔拾い上げ(lect)ない(neg). cf. col*lect*〕
—— 動 〔三現単〕 ~s/-ɡlékts/; 〔過去・過分〕 ~·ed /-id/; 〔現分〕 ~·ing
—— 他 **1 a** …を**無視する**, 軽視する《◆意図的に無視するのは ignore》 ‖
**neglect** a law 法律を無視する.
a **neglected** genius 世に顧みられない天才.
**b** …に十分な注意をしない, **かまわないでおく** ‖
**neglect** one's family 家族の面倒をろくにみない.
**neglect** one's appearance 身なりをかまわない.
**c** …を**怠る**, おろそかにする ‖
tend to **neglect** one's studies 学業をおろそかにする傾向がある.
[対話] "Where's Matt? He should be here." "He's always **neglecting** his work."「マットのやつどこへ行ったんだ. ここにいなけりゃならないのに」「あいつはいつも仕事をほったらかしにするんだ」.
**2**《正式》[neglect to do] …しないでおく, …し忘れる《◆受身にしない》 ‖
Don't **neglect** to answer the letter. 忘れずに手紙の返事を書きなさい.
—— 名 Ⓤ **1** 無視;ほうっておくこと;怠慢(まん);不注意;無関心;〔精神医学〕養育放棄, ネグレクト ‖
**neglect** of traffic signals 信号無視.
**neglect** of duty 義務を怠ること.
treat with **neglect** いいかげんに扱う.
**2** ほうっておかれること, 世話されないこと ‖
The garden is suffering from **neglect**. その庭はろくに手入れされていない.

**ne·glect·ed** /niɡléktid ニグレクティド/ 動 → neglect. —— 形 無視された, 顧みられない, 忘れ去られた.

**ne·glect·ful** /niɡléktfl ニグレクトフル/ 形《正式》怠りがちな, 怠慢な;不注意な, 無関心な ‖
be **neglectful** of one's duties 職務怠慢である.
**ne·gléct·ful·ly** 副 怠って, 不注意に.

**neg·li·gee, né·gli·gé** /nèɡləʒéi ネグリジェイ| ニー/〔フランス〕名 ⒸⓊ (寝巻などの上に着る女性用)部屋着, ガウン《◆日本でいう「ネグリジェ」とは異なる》.

**neg·li·gence** /néɡlidʒəns ネグリジェンス/ 名Ⓤ《正式》怠慢;不注意;無頓着(ちゃく), なげやりな態度.

**neg·li·gent** /néɡlidʒənt ネグリジェント/ 形《正式》怠慢な, ずぼらな;不注意な;怠る, 無関心な ‖
be **negligent** in dress 服装がだらしない.
He is **negligent** of his duties. 彼は職務を怠りがちだ.

**nég·li·gent·ly** 副《正式》怠慢に, 不注意に;無頓着(ちゃく)に.

**neg·li·gi·ble** /néɡlidʒəbl ネグリヂブル/ 形《正式》無視できるほどの, 取るに足らない.

**ne·go·ti·a·ble** /niɡóuʃiəbl ニゴウシアブル/ 形 **1**《正式》〈価格・賃金などが〉交渉の余地がある, 話し合いで解決できる. **2**《略》〈道路・川などが〉通行可能な (passable);〈困難などが〉切り抜けられる. **3**〔商業〕〈手形・小切手などが〉譲渡[換金]できる.

**ne·go·ti·ate** /niɡóuʃièit ニゴウシエイト/ 動〔現分〕-at·ing〔現分〕 ~·ing
—— 自《正式》交渉する, 協議する; (合意に達するために)話し合う ‖
The trade union tried to **negotiate** with the employers about wages. 労働組合は賃金のことで会社側と話をつけようと努力した.
—— 他 **1 a** …を取り決める, 協定する;…を処理する ‖
**negotiate** a loan from the bank 銀行からの貸し付けを取り決める.
**b** [negotiate to do / negotiate doing] 交渉して…することを決める ‖
We **negotiated** going [to go] to Egypt. われわれは協議してエジプト行きを決めた.
**2**〔商業〕…を譲渡する, 換金する.
**3** …を乗り越える, 克服する.

**ne·go·ti·a·tion** /niɡòuʃiéiʃən ニゴウシエイション/ 名 **1** ⓊⒸ 交渉, (条約・商談などの)話し合い, 折衝(じゅう), 談判(ばん) ‖
**under negotiation** 交渉中で.
They opened [began, entered into] **negotiations** with the enemy for a treaty of peace. 彼らは敵国と和平条約の交渉を開始した.
**2** Ⓤ (難所・困難を)うまく切り抜けること.

**Ne·gro** /níːɡrou ニーグロウ/ 名〔複〕~es/-z/ Ⓒ **1** (アフリカの)黒人, ニグロ (→ negroid)《◆歴史的文脈以外では《侮蔑》). **2** (しばしば《侮蔑》) アフリカ黒人の血をひく人;(特に米国の)黒人, ニグロ《◆米国の黒人の呼称については → black 形 **2** [語法]. colored person はもと遠回しに言う言葉であったが現在では侮蔑(べつ)的. nigger は強い侮蔑を含む》.
—— 形 黒人の, 黒人に関する《◆特定の連語を除いて《侮蔑》》.

**Ne·groid** /níːɡrɔid ニーグロイド/ 形〔時に n~〕黒色人種の. —— 名 Ⓒ 黒色人種系の人, ネグロイド.

**Neh·ru** /néiru ネイルー, néəru:| néəru: ネアルー/ 名 ネルー《Jawaharlal /dʒəwɑːhərlɑ́ːl/ ~ 1889-1964;インドの政治家, 初代首相(1947-64)》.

**neigh** /néi ネイ/〔擬音語〕同義 nay) 名 ⒸⓊ 馬のいななき, ヒヒーン. —— 動 自 いななく.

\*__neigh·bor__, 《英》 ~·bour /néibər ネイバ/〔近くの(neigh)百姓(bor). cf. boor〕
派 neighborhood (名), neighboring (形)
—— 名〔複〕~s/-z/ Ⓒ **1** 近所の人, 隣人;隣国(の人);[形容詞的に] 近隣の ‖
a néxt-dòor **néighbor** 隣家の人.
a good **neighbor** 近所づきあいのよい人.

our **neighbor** countries 近隣諸国（=our neighboring countries）.

You shall love your **neighbor** as yourself. 『聖』おのれを愛するごとくなんじの隣人を愛せよ.

対話 "Do you know that person? He just smiled at you." "Him? He's one of our new **neighbors**." 「あの人知っているの？」「あの人？ 最近越してきた近所の人よ」.

**2** 同胞, 仲間 ‖

one's duty to one's **neighbor** 博愛の義務.

\***neigh·bor·hood,**（英） **--bour·--** /néibərhùd ネイバフド/《→ neighbor》
—— 名（複 ~s/-hùdz/）**1** ⓤ 近所, 付近, 近辺；ⓒ [a ~ / the ~]（ある特定の）場所, 地域 ‖

The houses in this **neighborhood** are cheap. この付近の家は安い.

What kind of **neighborhood** do you live in? どちらのほうにお住まいですか《◆Where do you live?の遠回し表現》.

対話 "How do you like your new house?" "We're still not settled yet, but I like the **neighborhood**. It's so quiet." 「新しい家の住み心地はどう？」「まだ落ち着いていませんが, 家のあたりの感じは気に入っています. とても静かなんです」.

**2** [集合名詞；単数・複数扱い] 近所の人々；（ある特定の）地域の人々 ‖

The whole **neighborhood** like(s) his family. 近所の人はみんな彼の家族が好きです.

***in the néighborhood of*** A （1）…の近所に ‖ We live **in the neighborhood of** the school. 私たちは学校の近くに住んでいる. （2）《正式》約…, およそ… ‖ My debts are **in the neighborhood of** a hundred dollars. 私は100ドルほど借金している.

**neigh·bor·ing,**（英） **--bour·--**/néibəriŋ ネイバリング/ 形 近所の, 隣りの；隣接した ‖

the neighboring house 隣家.

a neighboring village 隣り村.

**neigh·bor·ly,**（英） **--bour·--** /néibərli ネイバリ/ 形 隣人らしい, 親切な, 人づきあいのよい.

**néigh·bor·li·ness** 名 ⓤ （隣人としての）親切さ, 思いやり, やさしさ.

# \***neigh·bour** /néibə ネイバ/ 名 《英》=

neighbor.

\***neigh·bour·hood** /néibəhùd ネイバフド/ 名
《英》=neighborhood.

**neigh·bour·ing** /néibəriŋ ネイバリング/ 形 《英》= neighboring.

# \***nei·ther** /níːðər ニーザ/ náiðə ナイザ, níː-/
《◆今では《英》でも /níː-/ と発音する人が増えてきている》《[いずれも（either）でない(n)]》
→ 副 **1** AもBも（…し）ない
形 どちらの…も…でない
代 どちらも…ない

—— 副 **1** [neither A nor B] AもBも（…し）な

い, AでもBでもない ‖

**Neither** he **nor** his wife has [《略式》have] arrived. 彼も奥さんも到着していない（=He hasn't arrived, nor has his wife.）.

I **nèither** knéw **nòr** sáw the boys. 私はその少年たちを知らなかったし, 見たこともなかった.

**Neither** spéak to them(↗) **nór** wríte to them(↘). 彼らに話すことも, 手紙を書くこともするな.

She's **neither** rich **nor** famous. 彼女は裕福でもないし有名でもない.

He's **néither** fór **nòr** agáinst it. 彼はそれには賛成でも反対でもない.

**Néither** Jím **nòr** Jóe **nòr** I went home. ジムもジョーも私も家に帰らなかった.

**Neither** mother **nor** daughter knows much of the other. 母と娘はお互いをよく知らない.

語法 （1）'neither A nor B' が主語の場合, 述語動詞はふつう B に合わせるが, 《略式》では B が単数でも常に複数で受けるのがふつう. （2）A, B には原則として同じ品詞・同じ形の語句がくる. （3）neither A, B, nor C あるいは neither A nor B nor C の型もある.

**2** 《正式》[否定文または否定の節のあとで] …もまた…（し）ない《◆neither+疑問文の語順になる》‖

I don't smoke, and **neither** do I drink. 私はタバコも吸いません, 酒も飲みません（=《略式》I don't smoke, and I don't drink(,) either. / I **neither** smoke nor drink.）.

Just as I'm not tall, so **neither** are my sons. 私が背が高くないのと同様, 息子たちも背が高くない.

対話 "I don't like cats." "**Neither** do I." 「私はネコが好きではない」「私もだ」.

—— 形 [単数名詞の前で] どちらの…も…でない ‖

**Néither** ánswer is correct. Correct **them**. どちらの答えも正しくない. 2つとも訂正しなさい《◆ˣEither answer is not correct. とはいえない》.

I like **neither** boy. 私はどちらの少年も好きではない（=《略式》I don't like either boy.）.

**Neither** one wanted to see the other again. どちらもお互いにもう一度会いたいとは思わなかった.

We **neither** one trust him. =**Neither (one) of** us trusts him. 私たちは2人とも彼を信頼していない.

—— 代 どちらも…ない ‖

**Néither (of** my friends) has [《略式》have] come yet. （友人の）どちらもまだ来ていない.

Q&A **Q**：3者以上の場合はどうなりますか.

**A**：**None** of my three friends has [《略式》have] come yet. のように none を用います.

**Nell** /nél ネル/ 图 ネル《Ellen, Eleanor の愛称》.

**Nel·lie, --ly** /néli ネリ/ 图 ネリー《Ellen, Eleanor, Helen の愛称》.

**Nel·son** /nélsn ネルスン/ 图 ネルソン《Horatio /hərǽiʃou/ ~ 1758-1805; 英国の海軍提督. フランス・スペイン連合艦隊を撃破した国民的英雄. → Trafalgar》.

**Nem·e·sis** /néməsis ネメスィス/ 图 (徽 -ses /-sìːz/)〔ギリシア神話〕ネメシス《悪者に天罰を与える女神》.

**ne·on** /níːɑn ニーアン/ ní(ː)ən ニ(ー)オン/ 图 1 ⓊⓊ〔化学〕ネオン (記号 Ne).
**2** ⓒ =neon lamp [light].
**3** ⓒ =neon sign.
**néon lámp [líght]** ネオン灯 (neon).
**néon sígn** ネオンサイン (neon).

**Ne·pal** /nəpɔ́ːl ネポール, -pɑ́ːl/ 图 ネパール (王国)《インド・チベット間の国. 首都 Katmandu》.

*__neph·ew__* /néfjuː ネフュー/ névju ネヴュ, nef-/〔「孫・子孫」が原義〕
—— 图 (徽 ~s/-z/) ⓒ 甥(*)《◆ 兄弟 [姉妹] の息子. 夫や妻の兄弟 [姉妹] の息子を指すこともある》(↔ niece).
John is one of Mr. Smith's **nephews**. ジョンはスミス氏の甥の1人です.

**nep·o·tism** /népətìzm ネポティズム/ 图 Ⓤ〔正式〕身内 [縁者] びいき, 縁故主義.

**Nep·tune** /népt(j)uːn ネプテューン (ネプチューン), -tjuːn/ 图 **1**〔ローマ神話〕ネプトゥヌス, ネプチューン《海洋の神. ギリシア神話の Poseidon に相当》‖
a son of Neptune 船乗り.
**2**〔天文〕海王星.

**nerd** /nə́ːrd ナード/ 图 ⓒ **1**〔略式〕粗野な〔気のきかない〕人; ばか, まぬけ.
**2**（社会性がなく何かにのめり込んでいる）専門ばか ‖ computer **nerds** コンピュータおたく.

**Ner·e·id** /níəriid ニアリイド/ 图 ⓒ **1**〔ギリシア神話〕ネレイス《海の精》. **2**〔天文〕ネレイド《海王星の衛星の1つ》.

**Ner·o** /níərou ニロウ/ níərəu ニアロウ/ 图 ネロ《A.D. 37-68; ローマ皇帝 (54-68). キリスト教徒を迫害した》.

*__nerve__* /nə́ːrv ナーヴ/〔「筋」が原義〕
∇ nervous (形).
—— 图 (徽 ~s/-z/) **1** ⓒ 神経, 神経繊維; [形容詞的に] 神経の ‖
**nerve** strain 神経過労.
the spinal **nerve** 脊髄(*)神経.
a war of **nerves** =a **nerve** war〔略式〕神経戦.
The boy has good motor **nerves**. その少年は運動神経が発達している《◆ 単に運動が上手であることをいう場合は, The boy is a good athlete. のようにいう》.
[対話] "What's the matter? You look in pain." "I think I pinched a **nerve**. I can't move my neck well."「どうしたんだい. ひどく痛いね」「（どうも）神経を痛めたらしい. 首が思うように動かないんだ」.
**2** Ⓤ (略式)[しばしば ~s] 精力, 気力; 沈着, 度胸, 勇気; [a ~ / the ~] ずぶとさ, 生意気 ‖
a man of **nerve** 大胆な男.
have a **nerve** ものおじしない, ずぶとい, あつかましい.
lose one's **nerve** 気おくれする.
His **nerve** failed him. 彼は勇気がなくなった.
"What a **nerve**! Did you see that? He ignored me."「生意気なやつだなあ. 今の見たか. こいつぼくを無視したんだよ」.
**3**（略式）[~s] 神経過敏, 神経症, 臆(*)病, いらだち ‖
suffer from **nerves** びくびくする, ノイローゼである.
have a fit of **nerves** ヒステリーの発作を起こす.
be a bundle of **nerves** すっかりあがっている.
She is all **nerves**. 彼女は全く神経過敏だ.
He has no **nerves**.（危険などにひるまず）彼は平気でいる.
My **nerves** will crack.（いらいらして）もう我慢できない.

◇**gèt ón** A's **nérves** =**gíve** A **the nérves**（略式）…の神経にさわる, かんかんさわる, …をいらいらさせる ‖ Rock music **gets on** my **nerves**. 私はロックを聞くといらいらする.

◇**hàve the nérve to** do (1) [通例否定文で] …する勇気がある ‖ He doesn't **have the nerve to** tell the truth. 彼には真実を話す勇気がない.
(2)〔略式〕あつかましくも…する ‖ He had the **nerve to** tell a lie to me. 彼はずうずうしくも私にうそをついた.

**stráin èvery nérve to** do …しようと全力を尽くす.

**nérve cèll**〔解剖・動〕神経細胞.
**nérve cènter**〔解剖・動〕神経中枢.
**nérve gàs**〔化学〕神経ガス《毒ガスの一種》.
**-nerved** /-nə́ːrvd -ナーヴド/〔連結形〕**1** 神経が…な. 例: strong-**nerved** 神経の太い. **2**〔植・動〕…の脈 [翅] (*) 脈のある.
**nerve·less** /nə́ːrvləs ナーヴレス/ 形 **1** 元気のない, 弱々しい; 勇気のない.
**2**（略式）冷静な, 落ち着いた.
**nerve-rack·ing** /nə́ːrvrækiŋ ナーヴラキング/, **-wrack·ing** /-rækiŋ -ラキング/ 形〔略式〕神経を悩ます.

*__nerv·ous__* /nə́ːrvəs ナーヴァス/ 〖→ nerve〗
—— 形 (比較 more ~, 最上 most ~) **1** [名詞の前で] 神経の, 神経に作用する ‖
the **nérvous** sỳstem 神経系(統).
a **nervous** disease 神経病.
a **nérvous** bréakdown 神経衰弱.
a person full of **nervous** energy〔略式〕元気いっぱいの人.
**2** 神経質な, 神経過敏な; 臆(*)病な, 不安な; 興奮しやすい, いらいらする ‖
Don't be **nervous**. 神経質になるな.
be **nervous** of traffic 交通 (量) に神経をとがらせている.
Bill is **nervous** about the exam. ビルは試験

のことでよくよしている.
I always get [feel] **nervous** in her presence. 彼女の前に出るときまっておどおどする.
I got **nervous that** I might die tomorrow. 私は明日死ぬのではないかと不安になった.
対話 "Is this your first TOEFL test?" "Yes, and I'm very **nervous**. Aren't you?"「トーフルのテストはこれが初めてですか」「そうです. とても不安です. あなたはどうですか」.

**nerv·ous·ly** /nə́ːrvəsli ナーヴァスリ/ 副 神経質に, いらいらして, あがって.

**nerv·ous·ness** /nə́ːrvəsnəs ナーヴァスネス/ 名 ⓤ 神経質, 臆(おく)病, いらいら;力強さ.

**Ness** /nés ネス/ 名 **Loch** ~ ネス湖《スコットランド北西部の湖. 怪物 Nessie/nési/が住むと伝えられる》.

\***nest** /nést ネスト/《「鳥が卵を抱く所」が原義. cf. nestle》
—— 名 (複 ~s/nésts/) ⓒ **1**〔鳥·小動物·昆虫の〕巣, 巣穴 ‖
an ant's **nest** アリの巣.
leave a **nest** 巣立つ.
sit on a **nest** 巣につく, 卵を抱く.
build [make] a **nest** 巣を作る.

関連 「蜜蜂の巣」は (bee)hive,「獣のねぐら」は lair,「クモの巣」は cobweb.

**2**(居心地のよい)避難所, 休息所, 寝ぐら.
**3**(悪党の)隠れ家, 巣窟(そうくつ);(悪の)温床 ‖
a **nest** of crime 犯罪の温床.
**4**[集合名詞]同じ巣の中のもの, ひとかえりのひな;[a ~ of A]A《鳥·虫などの》群れ;A《悪党の》一味, 同じものの群れ ‖
a **nest** of fools 愚者の群れ.
a **nest** of mountains 一連の山.
**5** 入れ子式の1組 ‖
a **nest** of tables 重ねテーブル.
—— 動 ⓘ〈鳥が〉巣を作る, 巣ごもる.

**nést ègg**(不時に備えた)貯金;(貯金の土台となる)種銭(たねせん).

**nes·tle** /nésl ネスル/ 動 (現分 nes·tling) ⓘ **1**(巣の中の鳥のように)心地よく身を落ち着ける, からだをうずめる ‖
**nestle down** into a big sofa 大きなソファーに深々と腰をおろす.
**2** からだをすり寄せる, 寄り添う ‖
**nestle up to** one's mother 母親に甘えて寄り添う.
—— 他 **1** …をすり寄せる;…を抱き寄せる ‖
**nestle** a baby in one's arms 赤ん坊を腕に抱く.
**2** …を心地よく落ち着かせる.

**Nes·tor** /néstər ネスタ | -tɔː -トー/ 名《ギリシア神話》ネストル《トロイ戦争の時のギリシア軍の賢明な老将》.

\***net**[1] /nét ネト/
—— 名 (複 ~s/néts/) **1** ⓒ 網, ネット ‖
a fishing **net** 漁網.

catch fish in one's **nets** 網で魚をとる.
put a **net** on one's hair 髪にネットをかぶせる.

関連 [いろいろな net] ténnis nèt テニスのネット / cást nèt 投網(とあみ)/ ínsect nèt 捕虫[防虫]網 / tráwl nèt トロール網 / cárgo nèt 積荷用網 / háir nèt (女性用)ヘアネット / mosquíto nèt 蚊帳.

**2** ⓤⓒ 網状のもの, クモの巣, 網状の織物;網細工.
**3** ⓒ (テレビ·ラジオの)放送網.
**4** ⓒ わな, 落とし穴, 計略 ‖
be caught in the **net** わなにかかる.
**5** ⓒ 〔テニスなど〕=net ball.
**6** [the N~] 【コンピュータ】インターネット.
—— 動 (過去·過分 net·ted /-id/;現分 net·ting)
他 **1**〈川〉に網を張る;〈果樹〉を(鳥から守るために)網で覆う. **2**〈動物〉を網で捕える. **3**〔テニスなど〕〈球〉をネットに打ち当てる;〔ホッケー·サッカー〕〈ボール〉をゴールの中に入れる.

**nét bàll** ネットに当たった打球(net).
**nét sùrfer**【インターネット】ネットサーフィンをする人.
**nét sùrfing**【インターネット】ネットサーフィン《ウェブサイトを次々に見て回ること》.

**net**[2] /nét ネト/ 形 正味の(↔ gross);掛け値のない ‖
a **net** price 正価.
a **net** profit 純益.
**net** weight =(略式)net wt 正味重量.
—— 動 (過去·過分 net·ted /-id/;現分 net·ting)
他 …の純益をあげる ‖
The sale **netted** us a million dollars. =The sale **netted** a million dollars **for** us. その販売で100万ドルの純益があがった.

**neth·er** /néðər ネザ/ 形《文》下の(lower).
**néther règions** [**wòrld**] [the ~] 冥(めい)土;地獄.

**Neth·er·lands** /néðərləndz ネザランヅ/ 名 [the ~;通例単数扱い] オランダ, ネーデルラント《◆Holland の公式名》.

Q&A **Q**: 国名で the + 複数形のものがほかにありますか.
**A**: *the* United States of America (州の集まった国), *the* Philippines (島の集まった国) があります.

**net·ting** /nétiŋ ネティング/ 動 → net[1].
—— 名 ⓒ **1** 網(あみ)を作る[使用する]こと. **2** [集合名詞] 網細工, 網製品.

**net·tle** /nétl ネトル/ 名 ⓒ 【植】イラクサ《食用·薬用》. —— 動 (現分 net·tling) 他 …をいら立たせる.

**net·work** /nétwəːrk ネトワーク/ 名 **1** ⓒ 網状のもの, 網状組織 ‖
a **network** of railroads 鉄道網.
a **network** of hotels ホテルチェーン.
**2** ⓤⓒ 網細工 ‖
the **network** of spider web クモの巣.

**neuralgia**

**3** © (ラジオ・テレビの)ネットワーク, 放送網 ‖
a world communications **network** 世界通信網.
the 3 big American **networks** 米国3大放送網《ABC, CBS, NBC》.
**4** © 〖コンピュータ〗ネットワーク, データ通信網.

**neu·ral·gia** /n(j)ʊərǽldʒə ヌアラルヂャ (ニュアラルヂャ)/ 名 Ⓤ 神経痛.

**neu·ro-** /n(j)ʊ̀ərou- ヌアロウ-(ニュアロウ-)/ 連結形 神経(の)《◆母音の前では neur-》. 例: **neuro**surgery, **neuro**algia.

**neu·rol·o·gist** /n(j)ʊərɑ́lədʒist ヌアラロヂスト(ニュアラロヂスト) | -rɔ́l- -ロヂスト/ 名 © 神経学者; 神経科医.

**neu·rol·o·gy** /n(j)ʊərɑ́lədʒi ヌアラロヂ(ニュアラロヂ) | -rɔ́l- -ロヂ/ 名 Ⓤ 〖医学〗神経(病)学.

**neu·ro·sis** /n(j)ʊəróusis ヌアロウスィス(ニュアロウスィス)/ 複 **-ses**/-si:z/ 名 ⓤⒸ 〖医学〗神経症, ノイローゼ.

**neu·rot·ic** /n(j)ʊərɑ́tik ヌアラティク | njʊərɔ́t- ニュアロティク/ 形 神経(症)の, ノイローゼの; 神経過敏な.

**neu·ter** /n(j)úːtər ヌータ(ニュータ)/ 形 **1**〖文法〗中性の(→ **gender**). **2** 〖動〗中性の; 〖植〗中性の, 無性の. ─ 名 © **1** 〖文法〗中性; 中性形[語]. **2** 去勢動物; 無性植物.

***neu·tral** /n(j)úːtrəl ヌートルル(ニュートルル)/ 〖(2者のうち)いずれでも(utral)ない(ne)〗

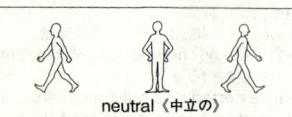

neutral《中立の》

─ 形 (比較 more ~, 最上 most ~) **1** 中立の, 中立country 中立国.
remain **neutral** 中立のままでいる.
**2** はっきりしない; 〈色が〉くすんだ, 中間色の. **3**〖化学・電気〗中性の. **4**〈自動車のギアが〉ニュートラルの.
─ 名 **1** © 〖正式〗中立者, 中立国(民). **2** Ⓤ 〖機械〗(ギアの)ニュートラル.

**neu·tral·i·ty** /n(j)uːtrǽləti ヌートラリティ (ニュートラリティ)/ 名 Ⓤ 中立.

**neu·tral·i·za·tion** /nùːtrəlzéiʃən ヌートラリゼイション | njuːtrəlai- ニュートラライ-/ 名 Ⓤ 中立化(する[される]こと), 中立状態.

**neu·tral·ize**, 《英ではしばしば》 **-ise** /n(j)úːtrəlàiz ヌートラライズ(ニュートラライズ)/ 動 (現分 **-iz·ing**) 他 〖正式〗 **1** 〈国・地域など〉を中立にする. **2** …を無効にする; 〈敵〉を殺す(kill). **3** 〖化学〗〈溶液〉を中和する.

**neu·tron** /n(j)úːtrɑn ヌートラン | njúːtrɔn ニュートロン/ 名 © 〖物理〗中性子, ニュートロン.
**néutron bòmb** 中性子爆弾.

**Ne·va·da** /nəvǽdə ネヴァダ, -váːdə | nɪváːdə ネヴァーダ/ 〖「雪で覆われた土地」が原義〗 名 ネバダ《米国西部の州. 州都 Carson City. (愛称) the Silver [Sagebrush] State. 略 Nev., (郵便) NV》.

**never**

***nev·er** /névər ネヴァ/ 〖not + ever〗
─ 副 〖頻度副詞〗 **1** [have never done] これまで一度も…したことがない ‖
I've **never** been to Paris. まだパリへ行ったことがない.
Bill had **never** met his American cousins before they visited him last winter. 去年の冬米国にいるいとこがやってくるまでは, ビルは一度も彼らに会ったことがなかった.

対話 "Have you ever been overseas?"
"No, **never**. But I'd like to go some day."
「海外に行ったことはあるの」「いや一度もないよ. でもいつか行ってみたいと思っている」.

語法 **never** を文頭に置くと *Never have I been to ...* のように疑問文の語順に変わる. これは(正式).

**2** [never do] (現在の習慣として)決して…しない(↔ **always**)《◆頻度については → **always**》; [never did] (過去の習慣として)一度も…しなかった; [will never do] (将来において)…することは決してしないだろう ‖
We **never** work (on) Sundays. 我々は日曜には働きません《◆きょうたまたま働かない場合は We don't work today.》.
She is **never** at home. 彼女はいつ行っても家にいません《◆単に「今いない」は She is not at home.》.
They will **never** know. 彼らにはわかるものか.

語法 **never** は単に not の強調表現ではない. 否定の状態が不特定の期間に及ぶことをいう(→ **3**).

**3** [命令文の文頭で] 決して…するな, 生きているうちは…するな ‖
**Never** give up! 決してあきらめるな, 最後までがんばれ.
**Never** break your promise! 決して約束を破るな.

語法 現在だけでなく将来も「破るな」というニュアンスがある. 現在にのみ焦点を当てた命令では, Never mind. (気にするな) などの慣用句の場合を除き, never は不適: *Don't* make any noise. The baby is sleeping. 音を立てないで. 赤ん坊が寝ているから.

**4** 〖略式〗 [しばしば I never did ...] 絶対に…しない《◆not の意味を強めた表現》‖
It's a lie. I **never** said such a thing! うそだ, そんなこと言いっこないよ, 絶対に《◆I did not say such a thing. より強調的》.

**Wéll, I néver (díd)!** (↘) 〖略式〗まさか!, 本当ですか! 〖類〗Don't tell me! / You don't say!) ‖ 対話 "Hey, lady, can I buy you a diamond ring?" "Well, I never!"「おい, おまえ,

ダイヤの指輪を買ってやろうか」「冗談はやめてよ!」.
**néver ... but** ... …することなしに…しない;…すれば必ず…する《◆ 現在では〔ことわざ〕以外ではまれ》‖ It never rains but it pours. → but 慣 8.

○**néver to** do [前にコンマを置いて] (そして)二度と…しない《◆ 結果の不定詞》‖ He went out of this door, never to return. 彼はこのドアから出て行き、二度と戻ってこなかった.

○**néver ... without** doing → without 成句.

\*nev・er・the・less /nèvərðəlés ネヴァザレス/ (アクセント注意)《◆\*ネヴァザレス》『ない(never)それだけ(the)ない(less)』
——副《正式》**それにもかかわらず**(nonetheless), それでも,やはり(however)《◆文頭・文中・文尾のいずれにも用いる》‖
I was very tired, **but** I was **nevertheless** unable to sleep. 私は疲れきっていたが、それにもかかわらず眠れなかった.
We thought it would rain; **nevertheless** (↘), ¦ we started on our trip. 雨が降るだろうと思ったが、それでも旅行に出かけた.
対話 "You're not angry with me, are you?" "Not really. **Nevertheless**, I think you owe me an apology."「ぼくのこと怒っていないですね」「別に. しかし君にはあやまってもらわないといけないことがあるよ」.

\***new** /n(j)úː ヌー (ニュー)/ (同音 knew)
——形 (比較 ~・er, 最上 ~・est) **1** [通例名詞の前で] **新しい**, 新たに出現した (↔ old); 初めて発見された [知った, 聞いた]; 新たに生産された, できたての, 取れたての ‖
a new book 新刊書.
a new star 新星.
new potatoes 新ジャガ.
That's a **new** story to me. それは初めて聞く話です.
**2** [名詞の前で] **今度の**, 新任の; 次の; 出てきたばかりの, 卒業したばかりの ‖
a new government 新政府.
a new president 新大統領.
a new boy [girl] 《主に英》こんど来た子, 転校生, 新入生; 新参者.
I am new from the country. 私は田舎(いなか)から出てきたばかりです.
**3** [名詞の前で] **新品の** (↔ old), 未使用の (↔ used) ‖
a new house 新築の家.
a new car 新車.
**4** 不慣れの, 不案内の; よく知られていない ‖
I am new to [on, at] the work. =The work is new to me. 私はその仕事には慣れていません.
**5** [名詞の前で] (肉体的・精神的に) 一新した, 更生した ‖
lead a new life 新生活を送る.
**6** 追加の, 新たな ‖

two **new** inches of snow 新たに2インチ積もった雪.
《◆ New のつく地名は独立の見出し語参照》.
**What's new?**《略式》元気かい, 変わりはないかい.
**Néw Áge** (**Móvement**) 新時代運動《西洋的価値観を排し, 自然を信じ, 宗教・医学・環境などの分野を全体論的視野に立って見直そうとする運動》.
**néw blóod** → fresh blood (blood 名) 成句.
**Néw Déal** [the ~] ニューディール政策《1930年代に F. D. Roosevelt 大統領が米国の経済復興と社会保障を増進するために行なった政策》.
**néw móon** 新月.
**Néw Téstament** [the ~] 新約聖書 (略) NT.
**néw tówn** ニュータウン《住宅地・商店街・工場地帯などを計画的に作った町》.
**néw wáve**『フランス語 nouvelle vague の訳』[しばしば the N~ W-] (芸術・政治などの) 新傾向.
**Néw Wórld** [the ~] 新世界《南北米大陸とその付近の島々》(↔ Old World) (cf. new-world).
**new year** → 見出し語.
**New York** → 見出し語.
**new・born** /n(j)úːbɔ́ːrn ヌーボーン (ニューボーン)/ 形 生まれたばかりの; 生まれ変わった; 最近創設された.
**New・cas・tle** /núːkæsl ヌーキャスル | njúːkɑ̀ːsl ニューカースル/ 名 ニューカッスル《イングランド北東部の都市. 石炭と造船で知られる》.
**cárry** [**bríng**] **cóals to Néwcastle** → coal 名.
**new・com・er** /n(j)úːkʌ̀mər ヌーカマ (ニューカマ)/ 名 C **1** 新しく来た人, 新顔. **2** 初心者, 新人.
**Nèw Dél・hi** /-déli -デリ/ ニューデリー《インドの首都》.
**new・el** /n(j)úːəl ヌーエル (ニューエル)/ 名 C 〘建築〙 **1** (らせん階段の) 軸柱, 親柱. **2** =newel post.
**néwel póst** (階段の上下両端にある) 手すりを支える柱, 親柱 (newel) (図) → stairs).
**Nèw Éngland** ニューイングランド《米国北東部にある Maine, New Hampshire, Vermont, Massachusetts, Rhode Island, Connecticut の6州からなる地域》.
**New・found・land** /n(j)úːfəndlənd ヌーファンドランド (ニューファンドランド), n(j)ùːfəndlǽnd; **3** n(j)úːfáundlənd ヌーファウンドランド (ニューファウンドランド)/ 名 **1** ニューファウンドランド島《カナダ東部》. **2** ニューファウンドランド《1 の島と Labrador からなる州. 州都 St. John's》. **3** C =Newfoundland dog.
**Néwfoundland dóg** ニューファウンランド犬 (Newfoundland).
**Nèw Guín・ea** ニューギニア《愛称》Papua. (略) NG).
**Nèw Hámp・shire** /-hǽmpʃər -ハンプシャ/『植民者の J. Mason の出身地名から』ニューハンプシャー《米国北東部の州. 州都 Concord. 《愛称》the Granite State. (略) NH, 《郵便》NH》.
**Nèw Jér・sey** /-dʒə́ːrzi -ヂャーズィ/『英国の Jersey 島の名から』ニュージャージー《米国東部の州. 州都 Trenton. 《愛称》the Garden State. (略) NJ,

## newly

**new·ly** /n(j)úːli ヌーリ (ニューリ)/
— 副 (比較 more ~, 最上 most ~) [過去分詞の前で] **1** 新たに; 最近, 近ごろ ‖
a newly married couple 新婚夫婦.
The dress is newly designed. その服は新たにデザインされたものだ.

**2** 再び, また.

**new·ly·wed** /n(j)úːliwèd ヌーリウェド (ニューリウェド)/
形 名 C (通例 ~s) 新婚ほやほやの(人).

**Nèw México** 《もと Mexico 領であったことから》ニューメキシコ《米国南西部の州. 州都 Santa Fe. (愛称) the Land of Enchantment, the Sunshine State. (略) N. Mex., NM, 〔郵便〕NM》.

**new·ness** /n(j)úːnəs ヌーネス (ニューネス)/ 名 U 新しさ; 珍しさ.

**Nèw Ór·le·ans** /-5ːrliːənz -オーリーアンズ / ニューオーリンズ《米国 Louisiana 州にある都市》.

## **news**

**news** /n(j)úːz ヌーズ (ニューズ)/ (発音注意)《×ニュース》[「新しいもの」が原義]
— 名 U [単数扱い] **1** ニュース, 報道 ‖
watch the news on television テレビのニュースを見る.
be in the news ニュースに発表されている.
listen to the 9 o'clock news on the radio ラジオの9時のニュースを聞く.
What do you think were the year's ten biggest items of news? ここ1年の10大ニュースにはどんなものがあったと思いますか.

対話 "Did you hear about the fire last night? It was on the news." "No, I didn't watch TV last night."「きのうの晩の火事のことを聞いたかい. ニュースに出ていたよ」「いいや, 昨夜はテレビを見なかったんだ」.

語法 (1) ラジオ・テレビの定期的な報道には the を付ける. 数える時は *an item* [*a piece, a bit*] *of news*. (2) しばしば新聞名として用いられる: *The Evening News*『イブニングニュース』紙.

**2** 便り, 消息, うわさ; 情報, 知らせ; 変わったこと ‖
break the news to him (略式) 彼に知らせる, 打ちあける 《◆ ふつう好ましくないまたは興奮するような知らせに用いる》.
That is no news. それはすでに知られていることだ.
We have no news of where she is. 彼女が今どこにいるのか何の消息もない.
The news that he would not recover worried me. 彼の回復の見込みがないとの知らせに私は心が痛んだ.
No news is good news. → no¹ 形 3.
Bad news travels quickly [fast]. = Ill news runs fast. (ことわざ)「悪事千里を走る」.

対話 "Did you hear that Linda is getting married?" "Really? That's news to me. I had no idea."「リンダが結婚するということを聞きましたか」「ほんとう? そいつは初耳だ. 知らなかったなあ」

《◆ That's ×a news to me. は誤り》.

Q&A **Q**: news の語源は news が north, east, west, south から集まってくることに由来するのですか.
**A**: その頭文字をとって news となったという説はなかなかおもしろいですが, それはこじつけです.

**3** ニュースになる人[物, こと] ‖
make news ニュース(の種)になる.
He is no longer news. 彼はもうニュースに取りあげられるようなことはない.

**néws àgency** 通信社.
**néws bùlletin** ニュース放送.
**néws flàsh** (新聞社・放送局に電送される)ニュース速報.
**néws mèdia** 報道機関《新聞・ラジオ・テレビなど》.

**news·boy** /n(j)úːzbɔ̀i ヌーズボイ (ニューズボイ)/ 名 C 新聞売り[配達](少年)((PC) newspaper vender [carrier]).

**news·cast** /nú:zkæ̀st ヌーズキャスト | njúːzkɑ̀ːst ニュースカースト/ 名 C (正式) ニュース放送[番組].

**news·cast·er** /nú:zkæ̀stər ヌーズキャスタ | njúːzkɑ̀ːst- ニュースカースタ/ 名 C ニュースを読む[解説する]人《◆ 日本の「ニュースキャスター」は anchor, anchorman, anchorwoman に当たる》.

**news·let·ter** /n(j)úːzlètər ヌーズレタ (ニューズレタ)/ 名 C (関係者へ定期的に発行する)会報, 社報, 官報.

## **news·pa·per**

**news·pa·per** /nú:zpèipər ヌーズペイパ | njúːspèipə ニュースペイパ/
— 名 (複 ~s/-z/) **1** C 新聞(paper) ‖
a daily newspaper 日刊新聞.
a weekly newspaper 週刊新聞.
a morning newspaper 朝刊.
an evening newspaper 夕刊.
read the news in the newspaper 新聞のニュースを読む.
What newspaper do you take? 何新聞をとっていますか.

事情 (1) 米国には, *USA Today* を除き日本のような一般的な「全国紙(national papers)」はほとんどない. 英国には全国紙が多い. (2) 英米ともに高級紙(quality papers)と大衆紙(popular papers)とにはっきりと分かれている. また朝刊・夕刊を発行する新聞社は別の場合が多い. (3) 配達もするが, 街頭や販売店で買う場合が多い.

**2** C 新聞社 ‖
work for a newspaper 新聞社に勤める.
**3** U 新聞紙; 新聞印刷用紙《◆ 種類をいうときは C》‖
a piece of newspaper 新聞紙1枚.
wrap a thing in newspaper 物を新聞紙にくるむ.

**news·pa·per·man** /n(j)úːzpèipərmæ̀n ヌーズペイ

パマン (ニューズペイパマン), n(j)úːs-/ 名 (複) -men) C 新聞記者[編集者, 経営者]《◆(PC) newsperson. 女性には newswoman ということも多い》.

**news·print** /n(j)úːzprìnt ヌーズプリント (ニューズプリント), n(j)úːs-/ 名 U 新聞印刷用紙.

**news·reel** /n(j)úːzrìːl ヌーズリール (ニューズリール), n(j)úːs-/ 名 C ニュース映画.

**news·stand** /n(j)úːzstænd ヌーズスタンド (ニューズスタンド), n(j)úːs-/ 名 C (街頭などの)新聞雑誌売り場.

**News·week** /n(j)úːzwìːk ヌーズウィーク (ニューズウィーク), n(j)úːs-/ 名『ニューズウィーク』《Time, U.S. News & World Report と並ぶ米国の週刊誌》.

**news·wor·thy** /n(j)úːzwɜ̀ːrði ヌーズワーズィ (ニューズワーズィ), n(j)úːs-/ 形 報道価値のある.

**news·y** /n(j)úːzi ヌーズィ/ 形 (比較) --i·er, (最上) --i·est) 話題がいっぱいの, ニュースに満ちた;〈人が〉おしゃべりな.

**newt** /n(j)úːt ヌート (ニュート)/ 名 C 〔動〕イモリ.

**New Test.** (略) the New Testament.

**New·ton** /n(j)úːtn ヌートン (ニュートン)/ 名 1 ニュートン《Sir Isaac ~ 1642-1727; 英国の物理学者・数学者》. 2 [n~] C 〔物理〕ニュートン《力の単位. (記号) N》.

**new-world, New-World** /n(j)úːwɜ́ːrld ヌーワールド (ニューワールド)/ 形 新世界の, 米大陸の(cf. New World).

**New-Year** /nú:jíər ヌーイア | njúːjɪə ニューヤー, -jíə/ 形 元旦の, 新年の《◆(米)ではふつう New Year's》.

*****new year** /nú:jíər ヌーイア | njú:jɪə ニューヤ, -jíə/ 1 [通例 the ~] 新年, 新年の初め. 2 [N~ Y~] 元旦(とそれに続く数日間) ‖
Néw Yèar's Dáy =(米) New Year's 元旦, 1月1日《◆米国では Rose Bowl が行なわれる》.
Néw Yèar's Éve 大みそか, 12月31日.
(A) Happy New Year! (↷) =I wish you a Happy New Year! (↷) 新年おめでとう《◆新年のあいさつとして用いるほか, 年の瀬の1週間ぐらいの期間には「よいお年をお迎えください」の意で別れのあいさつに用いられる. → Christmas》.
What is your New Year's resolution? 新年の抱負は何ですか.

*****New York** /n(j)ùːjɔ́ːrk ヌーヨーク (ニューヨーク)/ 〖Duke of York から〗
——名 1 ニューヨーク(市) (Néw Yòrk Cíty)《米国 New York 州の南東部にある都市. Manhattan, the Bronx, Queens, Brooklyn, Staten Island の5つの borough (自治区)よりなる. (愛称) the (Big) Apple, Fun City, Empire City》.
2 ニューヨーク(州) (Néw Yòrk Státe)《米国北東部にある. 州都 Albany. (愛称) the Empire State. (略) NY, (郵便) NY》.
**Nèw Yórk Stóck Exchànge** ニューヨーク株式取引所(略) NYSE《◆ Big Board ともいう》.
**Nèw Yórk Tímes** (米) [the ~] 『ニューヨークタイムズ』《米国の代表的日刊紙》.
**Nèw Yórk·er** /-jɔ́ːrkər -ヨーカ/ 名 C ニューヨークの人, ニューヨークっ子.

**Nèw Zéa·land** /-zíːlənd -ズィーランド/ ニュージーランド《オセアニアの国. 首都 Wellington. (略) NZ》.
**Nèw Zéa·land·er** /-zíːləndər -ズィーランダ/ 名 C ニュージーランド人.

*****next** /nékst ネクスト/〖nigh の最上級で「最も近い」が原義〗
——形 1 (時間・順序が)次の, 来…, 翌…《◆ next + 名詞は前置詞と冠詞なしで副詞句にもなる》‖
next week 来週.
next month 来月.
next year 来年.
the next week その翌週.
the next month その翌月.
the next year その翌年《◆上の例のように, 未来および過去の一時点を基準にしていう場合には the をつける. ただし day の場合は省略可能》.
next summer 来年の夏《◆季節では原則として「来年の」の意》.
next Monday =(英) on Monday next 次の月曜日に(=(米) a week from Monday (→ week 関連)).
His next two books were novels. 彼が次に出した2冊の本は小説だった.
I had to wait twenty minutes for the next bus. 次のバスまで20分待たねばならなかった.
He said (that) he would go there (the) next day. 彼は次の日にそこへ行くつもりだと言った (cf. He said, "I will go there tomorrow.").
対話 "Can you see me on Thursday?" "This Thursday or next Thursday?"「木曜日に私と会ってくれますか」「今週の木曜日なの, それとも来週の木曜日なの」.

> Q&A **Q**: next Thursday というと, 発話された曜日により「来週の木曜日」か「今週の木曜日」かのあいまいなことがありませんか.
> **A**: 確かに月曜日に言ったとするとあいまいになりますね. こんな場合は Thursday next week とか Thursday this week とすればはっきりします. なお水曜日に言う場合は「今週の木曜日」は tomorrow と言いますから, next Thursday は「来週の木曜日」に限ることになり, あいまいさはなくなります (→ last Q&A).

2 隣の ‖
the next house 隣家.
the next restaurant to the theater 劇場の隣のレストラン.
°**nèxt dóor** 隣に[の] ‖ Her house is next door to mine. =She líves nèxt dóor to me [˟my house]. 彼女は私の隣に住んでいる.
**nèxt dóor to** … (1) [名詞の前で] …に近い ‖ He is next door to death. 彼は死にかかっている. (2) [形容詞の前で] ほとんど…《◆通例次の句で》‖ It's next door to impossible. それはほとんど不可能である.

**néxt time** この次, 今度;［しばしば (the) ~ time; 接続詞的に］今度…する時に ‖ I'll bring along my children **next time**. =**Next time** I come (↗), I'll bring along my children. 今度来る時には子供を連れてきます / I'm busy, maybe **next time**. (招待を断って)忙しいので, また今度.

◇**néxt to ...** (1) …の隣の[に], …に最も近い[く] ‖ She lives **next to** me. 彼女は私の隣に住んでいる. (2) (順序・程度が) …の次の[に] ‖ What is the most popular sport **next to** baseball? 野球の次に[は別として最も]人気のあるスポーツは何ですか. (3) 〔主に米略式〕…と親しい, 仲がよい. (4) [通例否定語の前で] ほとんど ‖ Finishing it by 10 o'clock is **next to** impossible. 10時までにそれを仕上げることはほとんど不可能だ.

**the néxt A but óne** 1つおいて次の…《◆「2つおいて」は ... but two》.

—— 副 **1** 次に, 今度は (next time) ‖ What shall we do **next**? 次に何をしましょうか. John will speak **next**. 今度はジョンが話をします. **2** 2番目に ‖ What do you think is the **next** best way? 2番目によい方法は何だと思いますか. **the next best thing** その次によいもの, 次善の策.

—— 代 次の人[物] ‖ the year after **next** 再来年. I'll tell you about it in my **next**. そのことについては次の便りでお知らせします《◆next letter の省略表現》.

[対話] "**Next**(, please)!" "I'll have a cheeseburger and a coke."「次の方どうぞ」「チーズバーガーとコーラをください」.

**néxt time** =next 副**1**.

**néxt wórld** 来世.

**next-door** /nékstdɔ́ːr ネクストドーア/ 形 隣家の ‖ my **next-door** neighbor 隣の人.

**NFL** 〔略〕 National Football League 《米・カナダ》全米フットボール連盟.

**NGO** 〔略〕 Non-Government Organization 非政府組織.

**NH** 〔略〕〔郵便〕 New Hampshire.

**NHL** 〔略〕 National Hockey League.

**Ni·ag·a·ra** /naiǽɡərə ナイアガラ/ 图 **1** =Niagara Falls. **2** [the ~] ナイアガラ川《米国とカナダの国境にある川. Erie 湖から Ontario 湖に流れる》.

**Niágara Fálls** 〔英〕 ナイアガラの滝 (Niagara)《米国・カナダ国境にある大きな滝》.

**nib** /níb ニブ/ 图 ⓒ **1** 羽ペンの先端，(ペン軸にさす) ペン先. **2** (物の) とがった先端;（鳥の）くちばし.

**nib·ble** /níbl ニブル/ 動 (現分 nib·bling) 圓 **1** 少しずつ食べる, かじって食べる, そっとつつく. **2** 気のなさそうなそぶりを見せる, 思わせぶりをする. —— 他 …を少しずつかじる, かじって食べる; …を少しずつかみ取る, かみちぎる; 〈財産などを〉少しずつなくす [減らす].

—— 图 ⓒ [通例 a ~] ひとかじり, ひとかみの量, 少量(の食物) ‖ Have a **nibble** of this cake. このケーキをひと口食べてごらん.

**Nic·a·ra·gua** /nìkərɑ́:gwə ニカラーグワ/ |-rǽɡjuə ニカラギュア/ 图 ニカラグア《中米の共和国》.

**\*\*nice** /náis ナイス/ 〔［「ばかな (foolish)」の原義から「気難しい」の意味を経て「よい」の意が生まれた〕

—— 形 (比較 **nic·er**, 最上 **nic·est**) **1 a** よい, りっぱな; 楽しい, 愉快な; 結構な, 満足できる;〔米〕〈日・天候が〉晴れた, 天気のよい〔英〕 fine) 《◆意味があいまいなこともあり書き言葉では用いない方がよいとされる》‖

a **nice** warm day 天気のよい暖かい日《◆ ˣa warm nice day とはいわない》.

a **nice** profit 満足のいく利益.

a **nice** party すてきなパーティー.

We had a **nice** time. 私たちは楽しいひとときを過ごした.

**Nice to meet you.** (↘) 初めまして.

**Nice talking with you.** (↘) お話しできてよかったです.

**Nice meeting you.** お会いできてよかったです《◆初対面の相手と別れる時に使う》.

Have a **nice** day. (↘)〔米略式〕さようなら《◆最近 Good-by. の代わりに用いられる》.

If the weather is **nice**, I'll come with you. 天気がよければお伴します.

[対話] "How was your date? Do you like her?" "Yes, I think she's really **nice**."「デートはどうだった. 彼女のこと気に入ったかい」「うん, 彼女は本当にいい人だと思う」.

**b** [it is nice to do A / A is nice to do] A は…するのが楽しい ‖ He is **nice** to play with. =It is **nice** to play with him. 彼は遊ぶには楽しい人だ.

**2 a** (略式) [it is nice of A to do / A is nice to do] …するとは A〈人〉は親切だ ‖

It was **nice** of [ˣfor] her to go there for me. =She was **nice** to go there for me. 彼女は親切にも私の代わりにそこへ行ってくれた.

How **nice** (it is that) you think so! そう思ってくださってありがとうございます.

Be **nice and** make room for me. すみませんが席を詰めてくれませんか《◆ Be nice to make ... とはいわない》.

[対話] "Did you get the flowers I sent you?" "Yes I did. That was very **nice** of you. Thanks very much."「お贈りした花は受け取ってくれましたか」「ええ. ご親切に, どうもありがとう」.

**b** [be nice to A] …に親切にする, 思いやりがある ‖

He was **nice** to me. 彼は私に親切にしてくれた.

**3** 〔正式〕 微妙な, 細かい; 精密な, 正確な; 敏感な ‖

a **nice** distinction 微妙な相違点.

a **nice** eye for color 鋭い色感.

◇**nice and** /náisən(d) ナイサン(ド)/ …よい具合に, 十分に (fairly) ‖ たいへん, すっかり ‖ She looks **nice and** healthy. 彼女はとても健康そうだ.

**níce·ness** 图 Ⓤ よさ, りっぱさ; 楽しさ.

**nice-look·ing** /náislúkiŋ ナイスルキング/ 形 = good-looking.

**nice·ly** /náisli ナイスリ/ 副 **1** うまく, よく ‖
This hat suits me **nicely**. この帽子は私によく似合う.
**2** りっぱに; 楽しく; 親切に.
**3** 微妙に; 精密に.

**ni·ce·ty** /náisəti ナイサティ/ 名 (複 ··ce·ties/-z/)
**1** U 微妙さ, 細かな相違; C [しばしば niceties] 微妙な点. **2** U (正式) 精密さ, 正確さ.
**to a nícety** [文尾で] 正確に; ぴったりと, 申し分なく.

**niche** /nítʃ ニチ| níːʃ ニーシュ/ 名 C **1** ニッチ, 壁龕(へきがん)《像・飾り物などを置く壁面のくぼみ》. **2** 最適の地位[場所, 仕事].

**Nich·o·las** /níkələs ニコラス/ 名 ニコラス《男の名. 《愛称》Nick》.

**nick** /ník ニク/ 名 **1**(目印となる)刻み目, V 型の切り込み; (略式)小さい切り傷, 欠け跡.
**in the nick of tíme** きわどい時に, おりよく.
──動 他 **1** (略式)…に刻み目[切り傷]をつける; (米) …を書留める. **2** (米略式)〈人〉をだます; 〈人〉に〈法外な金〉を請求する. **3** (英略式) …を盗む.

**Nick** /ník ニク/ 名 **1** ニック《Nicholas の愛称》. **2** [Old ~] 悪魔.

**nick·el** /níkl ニクル/ 名 **1** U 【化学】ニッケル《記号 Ni》.
**2** C (米国・カナダの)5セント白銅貨(→ coin 事情); [a ~] 少額の金 ‖
I wouldn't give you **a nickel** for it. びた1文もそれには払えない《◆文脈によって「けちらずにどんと払ってやろう」という意味にもなる》.
I'd like a **nickel** for every time you come late. 君が遅刻するたびに5セントもらいたいよ; そう遅刻ばかりしないでくれ.
**níckel pláte** ニッケルめっき.
**níckel sílver** 洋銀《食器類に用いる》.

\***nick·name** /níknèim ニクネイム/ 【an ickname(付け加えられた名前)の an の n が付いたもの】
──名 (複 ~s/-z/) C 愛称《Nick (Nicholas より), Tom (Thomas より)のように given name を変形したもので, 親しみをこめた呼び名として用いられる. cf. pet name, given name》; あだ名, ニックネーム《◆人だけでなく国・動物・物・場所にも用いる (John Bull, Uncle Sam など)》‖
give a **nickname** to him 彼にあだ名をつける.
Beth is a **nickname** for Elizabeth. ベスはエリザベスの愛称である.
対話 "Nice to meet you, Tadashi." "Just call me Tad. That's my **nickname**."「初めまして, タダシさん」「タッドと呼んでください. それが僕のニックネームですから」.

Q&A *Q*: 英語では名前とその愛称が決まっているそうですが, 例をあげてください.
*A*: Robert の愛称は Bob です. 他には William → Bill, Billy; Dorothy → Dot, Dotty などがあります. 一般には, 親しみを示して相手に Please call me Bill [Sally, etc]. (ビル[サリー]などと呼んでください)などと申し出るのでそれに従うといいのです. わからないときは How can I call you? (どう呼びかければいいですか)と尋ねるとよいでしょう.

──動 (現分 ··nam·ing) 他 [nickname A C]〈人が〉A〈人・物など〉に C とあだ名をつける; 〈人〉を C と愛称で呼ぶ ‖
We **nicknamed** our teacher "Potato." 先生に「ジャガイモ」というあだ名をつけた.

**nic·o·tine** /níkətiːn ニコティーン, -ニ/ 【タバコをフランスに輸入した J. Nicot の名から】名 U 【化学】ニコチン.

**niece** /níːs ニース/ 名 C 姪(めい)《◆兄弟姉妹の娘. 夫や妻の兄弟姉妹の娘をさすこともある》‖
a **niece** of Mr. Brown ブラウン氏の姪.

**Nie·tzsche** /níːtʃə ニーチェ/ 名 ニーチェ《Friedrich /fríːdrik/ Wilhelm ~ 1844-1900; ドイツの哲学者》.

**nif·ty** /nífti ニフティ/ 形 (略式) **1** いきな, 気のきいた; 素早い. **2** いやなにおいのする.
──名 (複 nif·ties/-z/) C 気のきいたもの[言葉].

**Ni·ger·i·a** /naidʒíəriə ナイヂアリア/ 名 ナイジェリア《アフリカ西部の共和国》.

**Ni·ger·i·an** /naidʒíəriən ナイヂアリアン/ 名 C 形 ナイジェリア人(の); ナイジェリアの.

**nig·ger** /nígər ニガ/ 名 C (俗) [時に呼びかけ] 黒人《◆ Negro よりひどく軽蔑(けいべつ)的》.

**nig·gle** /nígl ニグル/ 動 **1** (ささいなことに)こだわる, くどくど文句をいう. **2** (ささいなことで人を)しつこくとがめる. ──他〈人〉をいらいらさせる; 〈人〉に文句をいう.

**nig·gling** /níglíŋ ニグリング/ 名 U ささいな[取るに足りない]仕事. ──形 **1** ささいな(ことにこだわる). **2** やっかいな, 手の込んだ.

\***night** /náit ナイト/ (同音 knight)
──名 (複 ~s/náits/) **1** U C 夜, 晩, 夕べ, 夜間 (↔ day); [形容詞的に] 夜の《◆日没(sunset)から日の出(sunrise)までの間. evening は日没から就寝までの間. ある時を evening と night のどちらとらえるかはその人の主観による》‖
a **night** nurse 夜勤看護師.
a **night** breeze 夜風.
one **night** ある夜《◆前置詞を使わず副詞的にも用いる》.
the opening **night** of a play 演劇の初日(の夜).
**all night (long) =all the night through = throughout [through] the night** 一晩中.
the **night** before last 一昨晩.
from morning to **night** 朝から晩まで.
**far [late, deep] into the night** 夜遅くまで.
He left for Honolulu two **nights** ago. 彼は2晩前にホノルルへ出発した.
Good **night**. (↗) さようなら; おやすみなさい.

対話 "How much is a room at the Grand Hotel?" "$100 a night."「グランドホテルでは一部屋いくらしますか」「一晩100ドルです」.

Q&A  *Q* :「夜に」は at night ですが,「6月6日の夜に」はどうなりますか.
*A* : at night は不特定の夜に用いますが, 特定の夜には on を用いて on the night of June 6th とします. (on) Sunday night (日曜日の夜に) や She got sick (on) the night (that) she went to London. (彼女はロンドンへ行った晩に病気になった)のように, on を略すこともあります.

**2** ⓤ 夜のやみ, 夜陰 ||
Night falls. 夜になる《♦「夜が明ける」は The day breaks. =The dawn breaks.》.
Night comes early in the winter. 冬は早く暗くなる.
**3** ⓤ (文) 知的暗やみ; 暗黒状態; 死.
*a níght óff* 勤務のない夜, 休みを取った夜 || have [get, take] a night off 夜勤を休む.
○*at níght* (1) 夜に(は), 夜分に, 夜間に《◆暗い間の一般的・習慣的なことについて用いる》|| I work at night. 私は夜働いています. (2) 夕方に;夜(…時)に《◆暗くなってから12時までに用いる》|| at seven o'clock at night 午後7時に.
*by níght* (1) (文) 夜分は, 夜間に. (2) [by day, during the day に対比して] 夜を利用して, 夜陰に乗じて || travel by night (昼間の暑さ・交通渋滞などを避けて)夜旅をする. (3) 夜までに.
*for the níght* 眠るために; その夜は, 一晩《◆ふつう stay, sleep などと共に用いる》.
*hàve a bád níght* よく眠れない.
*hàve a góod níght* ぐっすり眠る.
*hàve a níght óut* 外で夜を楽しむ.
○*in the níght* (1) 夜間(のある時)に || awake three times in the night 夜に3回目がさめる《♦ in the middle of the night, within the night の方が意味が強い》. (2) 夜のやみの中で.
*night after night*《略式》(同じ状態が)毎晩, 来る夜も来る夜も.
*night and dáy* =day and night (→ day).
*night by night* (変化が)一晩一晩と, 夜ごとに.
*night ín, night óut* 来る夜も来る夜も.
*páss a bád níght* =have a bad NIGHT.
*páss a góod níght* =have a good NIGHT.
**níght gàme** ナイター, 夜間試合《◆ nighter とはふつういわない》.
**níght light** 常夜灯《廊下・寝室などに夜間つけておく》.
**níght ówl** (1) [鳥] アメリカヨタカ. (2) 《略式》夜ふかしする人, 夜働く人.
**níght schóol** 夜間学校, 夜学.
**níght wátchman** 夜警, 警備員.
**night・cap** /náitkæp ナイトキャプ/ 图ⓒ **1** ナイトキャップ, 寝る時にかぶる帽子. **2**《略式》寝酒.
**night・club** /náitklʌb ナイトクラブ/ 图ⓒ ナイトクラブ.

**night・dress** /náitdrès ナイトドレス/ 图 (複 ~・es /-iz/) ⓒ **1**《英》=nightgown **1**. **2**(一般に)寝巻《パジャマなど》.
**night・fall** /náitfɔːl ナイトフォール/ 图ⓤ《文》夕方, 夕暮れ, 日暮れ.
**night・gown** /náitgàun ナイトガウン/ 图ⓒ **1**《主に米》ネグリジェ. **2**(男性用)シャツ型寝巻.
**night・in・gale** /náitəngèil ナイティンゲイル | náitiŋ- ナイティン-/ 图ⓒ [鳥] ナイチンゲール, サヨナキドリ《ユーラシア・アフリカ産のツグミ科の鳥. 春に雄が美しい声で鳴く》; 夜鳴く鳥.
**Night・in・gale** /náitəngèil ナイティンゲイル | náitiŋ- ナイティン-/ 图 ナイチンゲール《Florence ~ 1820-1910; 近代看護法の創始者》.

nightingale

**night・life** /náitlàif ナイトライフ/ 图ⓤ (ナイトクラブなどでの)夜の娯楽.
**night・ly** /náitli ナイトリ/ 形 夜の, 夜特有の; 夜ごとの, 毎夜起こる, 毎夜行なわれる ||
a nightly performance 夜の公演.
—— 副 夜に; 毎夜.
**night・mare** /náitmèər ナイトメア/ 图 **1** ⓒⓤ 悪夢, うなされること ||
have [ˣsee, ˣdream] a nightmare 恐ろしい夢を見る.
**2** ⓒ 恐ろしい出来事, 恐ろしい経験; 恐怖感.
**nights** /náits ナイツ/ 副《略式》夜に(はいつも), 毎夜《♦ˣin the nights とはいわない》.
**night・shift** /náitʃìft ナイトシフト/ 图 **1** [the ~; 集合名詞; 単数・複数扱い] 夜間勤務者.
**2** 夜間勤務時間《ふつう夜10時から朝8時まで》|| work (on) the nightshift 夜勤をする.
**night・time** /náittàim ナイトタイム/ 图ⓤ 夜, 夜間 ||
in the night-time =at night-time 夜間に.
**night・watch** /náitwɔ̀tʃ ナイトワチ, -wɔ̀tʃ- -wɔtʃ-ウォチ/ 图ⓒ 夜警; 夜警時間; [the ~; 集合名詞; 単数・複数扱い] 夜警人, 夜間警備員.
**nil** /níl ニル/ 图ⓤ **1** 無, 零.
**2**《英》《主にスポーツ》ゼロ《(米) zip》|| (by) two goals to nil 2対0(で)《◆ 2-0 は two *nil* と読む》.
**Nile** /náil ナイル/ 图 [the ~] ナイル川《アフリカ東部を流れる世界最長の川》||
the Blue Nile 青ナイル.
the White Nile 白ナイル.
**nim・ble** /nímbl ニンブル/ 形 (比較 nim・bler, 最上 nim・blest) **1** すばやい, 軽快な. **2** 理解が早い, 鋭敏な; 機転がきく.
**nim・bly** /nímbli ニンブリ/ 副 すばやく, 機敏に, 敏捷(びんしょう)に.

**\*nine** /náin ナイン/
《图形 とも用例は → two》

## nine-one-one

──名 (複 ~s/-z/) **1** Ⓤ〖通例無冠詞〗(基数の)9.
**2** Ⓤ〖複数扱い; 代名詞的に〗9つ, 9個; 9人.
**3** Ⓤ 9時, 9分; 9ドル[ポンド, セント, ペンスなど].
**4** Ⓤ 9歳.
**5** Ⓒ 9の記号[数字, 活字]《9, ix, IXなど》.
**6** Ⓒ 〖トランプ〗9の札.
**7** Ⓒ **a** 9つ[9人]1組のもの;《米》(野球の)チーム, ナイン ‖
our nine わがチーム.
I am in the nine. 私は野球選手の(1人)だ.
**b** 〖ゴルフ〗[通例 the ~](18ホールコースの)9つのホール ‖
the front [back] nine 行き[帰り]の9ホール.
**8** Ⓒ 9番[号]サイズの物;[~s] そのサイズの靴[手袋など].

*dial 911* (米) [(英) *999*] → nine-one-one.
*níne to fíve* (ふつうのサラリーマンの)朝9時から夕方5時までの勤務時間(cf. nine-to-five).

──形 **1** 〖通例名詞の前で〗9つの, 9個の; 9人の.
**2** 〖補語として〗9歳の.

*níne tímes òut of tén* ほとんどいつも, たいてい.
*níne dáys' wónder* [a ~] (うわさになっても)すぐ忘れられてしまう人[事件].

**nine-one-one, 911** /náinwʌnwʌn ナインワンワン/ 名 Ⓤ《米》(警察・消防署・救急車を呼び出すための)緊急電話番号《◆日本の「110番, 119番」, 英国の「999番」に当たる》‖
dial nine-one-one 911番する.

**\*nine·teen** /náintíːn ナインティーン/
──名 (複 ~s/-z/) **1** Ⓤ Ⓒ 19.
**2** Ⓤ 〖複数扱い; 代名詞的に〗19個; 19人.
**3** Ⓤ 19時《午後7時》, 19分, 19ドル[ポンド, セント, ペンスなど].
**4** Ⓤ 19歳.
**5** Ⓒ 19の記号[数字, 活字]《19, xix, XIX など》.
**6** Ⓒ 19個[人]1組のもの.
──形 **1** 〖通例名詞の前で〗19の, 19個[人]の.
**2** 〖補語として〗19歳の.

**nine·teenth** /náintíːnθ ナインティーンス/《◆ 19th とも書く. 用例は 形 名 とも → fourth》形 **1** [通例 the ~] 第19の, 19番目の(→ first 形 **1**). **2** [a ~] 19分の1の.
──名 **1** Ⓤ [通例 the ~] (順位・重要性で)第19番目[19位]の人[もの]. **2** Ⓤ [通例 the ~] (月の)第19日(→ first 名 **2**). **3** Ⓒ 19分の1.

**nine·ties** /náintiz ナインティズ/ 名 → ninety.

**nine·ti·eth** /náintiəθ ナインティイス/ 形 **1** [通例 the ~] 第90の, 90番目の(→ first 形 **1**). **2** [a ~] 90分の1の.
──名 **1** Ⓤ [通例 the ~] 第90番目[90位]の人[もの]. **2** Ⓒ 90分の1.

**nine-to-five, 9-to-5** /náintəfáiv ナイントゥファイヴ/ 形 朝9時から夕方5時までの, サラリーマンの(cf. NINE to five) ‖
a nine-to-five job サラリーマンの仕事.

**\*nine·ty** /náinti ナインティ/
──名 (複 nine·ties/-z/) **1** Ⓤ Ⓒ 90.

**2** Ⓤ 〖複数扱い; 代名詞的に〗90個; 90人.
**3** Ⓤ 90ドル[ポンド, セント, ペンスなど].
**4** Ⓤ 90分.
**5** Ⓤ 90歳.
**6** Ⓒ 90の記号[数字, 活字]《90, IC など》.
**7** [one's nineties] (年齢の)90代.
**8** [the nineties; 複数扱い] (世紀の)90年代, (特に)1990年代;(温度・点数などの)90台.
──形 **1** 〖通例名詞前で〗90個の; 90人の.
**2** 〖補語として〗90歳の.

**nine·ty-** /náinti- ナインティ-/ 連結形 90. 例:
ninety-five 95, ninety-third 93番目の.

**ninth** /náinθ ナインス/ 〖つづり注意〗《◆ \*nineth 〖→ nine〗》《9th とも書く. 用例は 形 名 とも → fourth》[通例 the ~] 形 **1** 第9の, 9番目の(→ first **1**). **2** [a ~] 9分の1の.
──名 (複 ~s) **1** Ⓤ [通例 the ~] (順位・重要性で)第9番目[9位]の人[もの]. **2** Ⓤ [通例 the ~] (月の)第9日(→ first 名 **2**). **3** Ⓒ 9分の1.

**nip** /níp ニプ/ 動 (過去・過分 nipped/-t/; 現分 nip·ping) 他

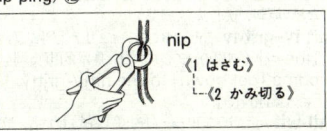

nip
《1 はさむ》
《2 かみ切る》

**1** …をつねる, はさむ;…をかむ ‖
nip one's finger in the door ドアに指をはさむ.
The dog nipped him on the leg. 犬が彼の足をかんだ.
**2** …を摘み取る, 切り取る, かみ切る;…をむしる ‖
nip a piece of wire 針金を切る.
**3** 《正式》…を妨げる, くじく. **4** 《正式》〈霜・風などが〉…を痛めつける, 枯らす, こごえさせる.
─ ⓐ **1** はさむ, つねる; かむ ‖
The dog nipped (away) at her ankle. 犬が彼女の足首をかんだ.
**2** 〈寒さ・風などが〉身にしみる, 〈薬などが〉しみる ‖
The wind nips hard. 風がひどく身にしみる.

*níp A in the búd* [比喩的に] …をつぼみのうちに摘み取る.

──名 [a ~] **1** つねる[はさむ]こと, かむこと ‖
give him a nip on the arm 彼の腕をつねる.
**2** 《略式》身にしみる寒さ;霜[冷]害 ‖
There's a nip in the air this evening. 今夜は肌を刺すような寒さだ.

*níp and túck* 《米略式》(競走で)互角の[に].

**nip·per** /nípər ニパ/ 名 Ⓒ **1** [~s] はさむ道具; ペンチ, ニッパー, くぎぬき, ピンセット, 鉗子(かんし) ‖
a pair of nippers やっとこ一丁.
**2** [~s] 《カニなどの》はさみ.

**nip·ple** /nípl ニプル/ 名 Ⓒ (人間の)乳首(図 → body), 《米》哺(ほ)乳びんの乳首.

**Nip·pon** /nipɑ́n ニパン | nipɔ́n ニポン/ 名 日本《◆ Japan がふつう》.

**Nip·po·nese** /nipəníːz ニポニーズ/ 名 形 =Japanese.

**nip·py** /nípi ニピ/ 形 (比較 -pi·er, 最上 -pi·est) 《主に英略式》〈風などが〉身を切るような; 〈言葉などが〉痛烈な; 《米》〈味の〉強い.

**Ni·sei** /ní:seɪ ニーセイ, -/ 〖日本〗 名 (複 Ni·sei, ~s) [しばしば n~] C 《米》二世《市民権をもつ Issei (一世) の子》.

**nit** /nít ニト/ 名 C 1 [通例 ~s] シラミの卵; 幼虫. 2 《英略式》ばか者, まぬけ.
*pick nits* あらさがしをする.

**nit·pick·ing** /nítpìkɪŋ ニトピキング/ 名 U 《略式》細かいあらさがし.

**ni·trate** /náɪtreɪt ナイトレイト, -trɪt/ 名 UC 《化学》 1 硝酸塩. 2 硝酸カリウム, 硝酸ナトリウム《化学肥料》.

**ni·tric** /náɪtrɪk ナイトリク/ 形 《化学》窒素の.
*nítric ácid* 《化学》硝酸.

**ni·tro·gen** /náɪtrədʒən ナイトロヂェン/ 名 U 《化学》窒素 (記号 N).
*nítrogen dióxide* 二酸化窒素 (記号 $NO_2$).

**nitro·glyc·er·in(e)** /nàɪtrəglísərɪn ナイトログリサリン/ 名 U 《化学・薬学》ニトログリセリン《ダイナマイトなどの原料, 狭心症治療薬》.

**nit·ty-grit·ty** /nítigríti ニティグリティ/ 名 《略式》 [the ~] (物事の) 核心, 本質, 基本的事実 ‖ *come [get down] to* **the nitty-gritty**. 核心に入る [触れる].

**nit·wit** /nítwɪt ニトウィト/ 名 C 《略式》ばか者, まぬけ.

**NJ** (略) 〔郵便〕 New Jersey.

**NM** (略) 〔郵便〕 New Mexico.

**\*\*no** /nóʊ ノウ/ (同音 know)
→ 形 1 少しもない 2 決して…でない 3 …のない
副 1 いいえ; はい 2 少しも…ない

—— 形 [名詞の前で]
**I** [文全体を否定]

**1 少しもない**; ひとつもない, 1 人もいない《◆ not a より強い言い方. ただし文頭では not a の方が強い言い方》 ‖
Harold has **no** car [friends]. ハロルドは車 [友人] がない (=Harold does **not** have **a** car [**any** friends].) (→ [Q&A]).
**No** boy can answer it. それに答えられる少年はいない.
[対話] "Why aren't you having lunch?" "Because I have **no** money for it."「どうして昼ごはんを食べないの」「だってそのお金がないんだもの」.

[Q&A] (1) *Q* : I have *no* children. と I do *not* have *any* children. はどう違いますか.
*A* : 同じ意味ですが, no の方が not any よりも強い意味になります.
(2) *Q* : I have no children. と複数形で言うのがふつうのようですが, I have *no* mother. (私には母はいません) となります. どうしてですか.
*A* : 子供はしばしば複数人いますが, 母はたいてい 1 人しかいません. このように 1 人しかないものについては単数形を用います. 物についても同様で, 第 1 例の no car などは微妙な文で, 人によっては no cars

も使うでしょう. なお, → like [Q&A].

**2** 《正式》[be no …] 決して…でない ‖
He is **no** fool. 彼は決してばかではない (=He is **not** a fool **at all**.)《◆程度を表す語の場合は「の意味を表すので「なかなかどうしてとても利口なやつだよ」という含みがある. He isn't a fool. は単に「彼はばかではない」》.
He is **no** businessman. 彼はとても実業家とはいえない.

[Q&A] *Q* : (1) He is *no* businessman. と (2) He is *not a* businessman. はどう違いますか.
*A* : (1) は「彼は (実業家ではあるが, 商売・信用などの点で) とても実業家とはいえない」. (2) は単に「彼は (職業は) 実業家でない」.

**II** [語を否定]

**3** 《否定の働きが修飾している語句内にとどまる》**…のない** ‖
**No** news is good news. 《ことわざ》便りのないのは良い便り《◆「知らせなかったのは, それがたいしたことではなかったからだ」という言い訳にもなる》.
The mole can see with **no** light. モグラは光がなくても見える (=The mole can see **without** light.).
**No** homework, **no** TV. 宿題をしなければ, テレビは見せませんよ.

**III** [標語・掲示]

**4** 《◆禁止・反対・断りを表す》**…してはいけない, …があってはいけない** ‖
**No** parking. 駐車禁止.
**No** entry. 立入禁止.
**No** objection. 異議なし.
**No** talking in the library. 館内私語禁止.
◦**There is nó** *doing* → there 副.

—— 副 **1** [肯定の問いに対して] **いいえ, いや**; [否定の問いに対して] **はい, ええ**《◆(1) 問いが肯定か否定かに関係なく, 答えが否定ならば no を用いる. (2) 日英動作の違いは → head [比較]》(↔ yes) ‖
[対話] "Can you speak Chinese?" "**No**, I can't."「中国語を話せますか」「いいえ, 話せません」.
[対話] "Do you want me to help?" "**No**, that won't be necessary."「私に手伝ってほしいですか」「いいえ, その必要はありません」.
[対話] "Haven't you ever visited Kyoto?" "**No**, I haven't."「京都へ行ったことはありませんか」「ええ, ありません」.
[対話] "You didn't call him up, did you?" "**No**, I didn't."「彼に電話しなかったのですね」「はい, しませんでした」.

**2** [形容詞・比較級の前で] **少しも…ない** ‖
The sick man is **no** better. 病人は相変わらずよくない.
Their way of life is **no** [×not] different from ours. 彼らの生活様式は我々のものと少しも異なるところがない.
There were **no more than** two books on

the desk. 机の上には本が2冊しかなかった《♦ ... not more than では「せいぜい多くて」の意》.

> 語法 [no + 比較級(+than)]は「as + 反意語の原級(+as)」に直して考えるとわかりやすい: He is *no better (than* yesterday). =He is *as bad (as* yesterday). 彼の具合はきのうと同じくらいよくない / *no less than* 50 books =*as many as* 50 books 50冊もの本 / Thís book is *no less interesting than* thát. = Thís book is *as interesting as* thát. この本はあれに劣らずおもしろい.

―名 (複 no(e)s) **1** CU [通例 a ~] no と言うこと, 否定, 否認, 拒否(↔ yes)‖
answer with a definite **no** きっぱりと断る.
Two **noes** make a yes. 否定が2つ重なって肯定となる.
I was unable to say **no** to her. 彼女にいやとは言えなかった.
**2** CU [通例 ~(e)s] 反対投票; 反対投票者(↔ aye)‖
They are going to vote **no**. 彼らは反対票を投ずるだろう.
*The nóes háve it!* 反対投票多数で決定.
**nó dáte** (本の出版年の) 日付不明.
**no one** → 見出し語.

*no., No. /námbər ナンバ/ 『ラテン語 *numero* の略』
―名 (複 nos., Nos. /-z/) C [数字の前で; 無冠詞で] ...番, 第...号, ...番地《♦ 記号は#. 米国で は house number は No. をつけない》.
*Nò. 10 (Dówning Strèet)* ダウニング街10番地
《♦ 英国首相官邸をさす》.

**No·ah** /nóuə ノウア/ 名 **1** ノア《男の名》. **2** [聖書]
ノア《大洪水から家族と動物1つがいずつを救った信仰深いヘブライの族長. ユダヤ人の父祖》.
*Nóah's árk* [聖書] ノアの箱舟.

**No·bel** /noubél ノウベル/ 《♦ 名詞の前で使うときにはしばしば /二'/》 名 ノーベル《**Alfred Bernhard** /béərnhɑːrt/ ~ 1833-96; スウェーデンの化学者. ダイナマイトの発明者. Nobel Prize の基金遺贈者》.
**Nobél láureate** ノーベル賞受賞者.
**Nobél Príze** [しばしば ~ p-] ノーベル賞《物理学・化学・生理学医学・文学・経済学・平和の6部門の業績に毎年与えられる》‖ a Nobel prize for [in] physics ノーベル物理学賞 / He is a Nobel Prize winner. 彼はノーベル賞受賞者だ.
**No·bel·ist** /noubélist ノウベリスト/ 名 C =Nobel laureate.

**no·bil·i·ty** /noubíləti ノウビリティ | nou- ノウ-/ 名 U **1** [正式] 心の気高さ, 高潔; 崇高, 威厳(けん)‖
a person of great **nobility** たいへん高潔な人.
**2** 高貴の生まれ[身分]; [the ~; 集合名詞; 単数・複数扱い] 貴族(階級).

*no·ble /nóubl ノウブル/ 《♦ 知る(no)に足る(ble). cf. ig*nore*)》 (略 nobility (名)
―形 (比較 ~·r, 最上 ~·st) [正式] [通例名詞の

前で] **1** 気高い, 高潔な(↔ ignoble); 崇高な; 威厳のある, 雄大な; すばらしい, 見事な‖
**noble** character 高潔な人格.
a **noble** aim 崇高な目的.
a **noble** sight 雄大な眺め.
**2** 高貴な, 貴族の‖
the **noble** class 貴族階級.
a person of **noble** birth 高貴な生まれの人.
―名 C [通例 ~s] 貴族.
**nóble métal** [化学] 貴金属(↔ base metal).
**no·ble·man** /nóublmən ノウブルマン/ 名 C 高貴な生まれ[身分]の人; 貴族((PC) member of the nobility).
**no·bly** /nóubli ノウブリ/ 副 [正式] 気高く; 堂々と; りっぱに; 高貴に; 貴族として‖
The soldier served **nobly**. その軍人はりっぱに任務を果たした.
be **nobly** born 高貴な生まれである.

**\*\*no·bod·y** /nóubədi ノウボディ, -bɑːdi | nóubədi ノウボディ, -bɔdi/
―代 [単数扱い] だれも...ない‖
**Nobody** knows ['know] where Bill has gone. ビルがどこへ行ってしまったのかだれも知らない《♦ ×Anybody does not know ... とはいえない》.
There was **nobody** very interesting at the party. パーティーにはあまりおもしろい人はいなかった(=There was **not anybody** very interesting at the party.).
対話 "Who came?" "**Nobody**." 「だれが来た?」「だれも」.
対話 "What's the matter?" "I'm looking for Bill. **Nobody**'s seen him since yesterday." 「どうしたんだい」「ビルを捜しているんだ. きのうからだれも彼を見かけた人がいないんだ」.
―名 (複 -**bod·ies**/-z/) C [通例 a ~] 名もない人, 取るに足りない人, かす.

**no-brainer** /nóubréinər ノウブレイナ/ 名《米略式》(考える必要がないほど) 明白な[わかりやすい]もの, 簡単にできるもの.

**noc·tur·nal** /nɑktə́ːrnl ナクターヌル | nɔk- ノク-/ 形 [正式] **1** 夜の‖
a **nocturnal** visit 夜の訪問.
**2** [動] 夜行性の; [植] 夜咲きの.
**noc·túr·nal·ly** 副 夜に, 毎夜.

*nod /nɑ́d ナド | nɔ́d ノド/ 『「揺する(nod)」が原義』
―動 (三単現 ~s/nɑ́dz | nɔ́dz/; 過去・過分 **nod·ded/**-id/; 現分 **nod·ding**)
―自 **1** うなずく, 会釈する; うなずいて同意[命令]する《♦ 'yes' を表す身ぶり. → head》 (比較)‖
She **nodded** to me from across the street. 彼女は通りの向こう側から私に会釈した.
He **nodded** to me to open the envelope. 彼は私にその封筒をあけるようにあごで(指し)示した.
**2** いねむりする‖
He sat **nodding off** by the fire. 彼は火のそばで座ってこっくりこっくりやっていた.

**Even Homer sometimes nods.**《ことわざ》→ Homer.
——他 **1**〈頭〉を縦に振る; [nod **A B** / nod **B** to **A**] **A**〈人に〉**B**〈同意・命令・あいさつなど〉をうなずいて示す; [nod (that) 節]…だとうなずいて示す ‖
She **nodded** her consent. 彼女はうなずいて同意した.
He **nodded** his head. 彼はうなずいた.
She **nodded** (that) she was pleased with it. 彼女はうなずいてそれが気に入ったことを示した.
**2** …にうなずいて招く, うなずいて去らせる《◆方向を表す副詞(句)を伴う》‖
**nod** him into the room うなずいて彼を部屋に入れる.
She **nodded** me to her. 彼女はうなずいて私を自分のところへ呼び寄せた.
——名 ⓒ [通例 a ~] **1** 会釈(えしゃく); (命令・合図などの)うなずき; 同意, 承諾(しょうだく) ‖
answer with a **nod** うなずいて答える.
give him a **nod** 彼にうなずく.
対話 "What was her answer? Did she say yes?" "I'm not sure, but she gave me a **nod** that looked like yes."「彼女の答えはどうだった. 同意してくれましたか」「はっきりしないんだが, 首をたてに振って同意と思われるようなしぐさをしてくれました」.
**2** いねむり, うたた寝.
**on the nód**《英略式》信用で, 顔で; 暗黙の了解で, 正規の手続は抜きにして.

**Nod** /nád ナド | nɔ́d ノド/ 名《聖書》ノドの国(the land of Cain)《Cain が Abel を殺害後移住したといわれる Eden の東にある地》.

**node** /nóud ノウド/ 名 ⓒ **1** 結び目, こぶ. **2**《植》(茎の)節, 結節.

**nod·ule** /nádʒuːl ナヂュール | nɔ́djuːl ノデュール/ 名 ⓒ 小さな節.

**No·el, No·ël** /nouél ノウエル/《フランス》名 ⓒ Ⓤ《文》クリスマス(の季節).

**no-fault** /nóufɔ́ːlt ノウフォールト/ 形《米》**1**〈自動車損害賠償保険が〉無過失であっても[無条件で] 一定の損害額を支払う. **2**《法律》無過失の, 責任がない.

**no-frills** /nóufrílz ノウフリルズ/ 形〈住宅などが〉余分なものを付けていない; 〈航空便などが〉余分なサービスはしない.

**no-hit·ter** /nóuhítər ノウヒタ/ 名 ⓒ《米》《野球》無安打試合.

## *noise /nɔ́iz ノイズ/《「船酔い」が原義》
派 noiseless (形), noisy (形)
——名(複 nois·es /-iz/) **1** ⓒ Ⓤ 騒音, 音; 物音《◆ふつう「大きくて不愉快な者」だが小さな物音にも用いる. sound は耳に聞こえるもの(すべて)をさす語》‖
the **noise** of the wind 風の音.
Don't **make noise** when you eat soup. スープを飲むとき音をたてるな.
**2** Ⓤ ⓒ 叫び声; 騒々しさ ‖
Don't make so much **noise**. そんなに騒ぐな.
対話 "Do you hear that **noise**?" "Yes. I think it's a couple of cats fighting with each other."「あの騒々しい鳴き声が聞こえますか」「ええ, あれはネコが2匹けんかをしているんでしょう」.
**3** Ⓤ (ラジオ・テレビなどの)雑音, ノイズ.
**máke a [sóme] nóise** (1) 音をたてる; 大騒ぎする. (2)《略式》世評を言う.
**nóise pollùtion** 騒音公害.

**noise·less** /nɔ́izləs ノイズレス/ 形《正式》音をたてない, 静かな; 普通より音の低い.
**nóise·less·ly** 副 静かに.

**nois·i·er** /nɔ́iziər ノイズィア/ 形 → noisy.
**nois·i·est** /nɔ́iziist ノイズィイスト/ 形 → noisy.
**nois·i·ly** /nɔ́izili ノイズィリ/ 副 大きな音をたてて, 騒々しく.

## *nois·y /nɔ́izi ノイズィ/ [→ noise]
——形(比較 …·i·er, 最上 …·i·est) **1** 騒がしい, やかましい, 騒々しい, 大きな音をたてる(↔ quiet) ‖
the **noisy** street 騒々しい通り.
**noisy** children うるさい子供たち.
a **noisy** car 大きな音をたてる自動車.
Don't be **noisy**. 騒ぐな(= Be quiet.).
対話 "Did you hear that dog last night?" "Yes. He was really **noisy**, wasn't he?"「きのうの晩あの犬の鳴き声を聞きましたか」「うん. とてもうるさかったね」.
**2** はでな, けばけばしい, 人目をひく《◆ loud の方がふつう》.

Q&A **Q**：名詞に y をつけると形容詞ができるのですね.
**A**：そうです. 名詞に y をつけて形容詞になるパターンには3つあります.
(1) そのまま y をつける：rain—rain**y**, cloud—cloud**y**.
(2) 語尾の子音字を重ねて y をつける：sun—sunn**y**, mud—mudd**y**.
(3) 語尾の e を除いて y をつける：noise—nois**y**, stone—ston**y**.

**nóis·i·ness** 名 Ⓤ 騒々しさ.

**no·mad** /nóumæd ノウマド/ 名 ⓒ **1** [しばしば ~s] 遊牧の民. **2** 放浪者, 流浪(るろう)者.

**no·mad·ic** /noumǽdik ノウマディク/ 形 **1** 遊牧民の. **2** 放浪者の.

**no-man's-land** /nóumænzlǽnd ノウマンズランド/ 名 ⓒ 所有者のない土地;《軍事》(相対する両軍の間の)中間地帯; 無人地帯;《文》はっきりしない状態[立ち場](gray area).

**no·men·cla·ture** /nóuməŋkléitʃər ノウメンクレイチャ | nouménklətʃə ノウメンクラチャ/ 名《正式》Ⓤ ⓒ (学問・芸術の諸分野で用いる)用語体系.

**nom·i·nal** /náminl ナミヌル | nɔ́m- ノミヌル/ 形 **1** 名ばかりの, 有名無実の(↔ real); ごくわずかな, しるしばかりの ‖
a **nominal** leader 名ばかりの指導者.
a **nominal** amount of money ごくわずかな金.
**2**《正式》名の; 名を連ねた;〈株券などが〉記名の. **3**

〖文法〗名詞の, 名詞用法の.

**nom·i·nal·ly** /nάmɪnəli ナミナリ | nɔ́m- ノミナリ/ 副 名目上は, 名義上は; 名前で.

**nom·i·nate** /nάmənèit ナミネイト | nɔ́mənèit ノミネイト/ 動 (現分) -nat·ing) 他 **1** …を指名する, 推薦する ‖
She was **nominated** for President [for the Presidency]. 彼女は大統領候補に指名された.
**2** [nominate A (as [to, to be]) C] A〈人〉を C〈役職〉に任命する ‖
The Queen **nominated** him (as [to be]) Master of the Household. 女王は彼を宮内次官に任命した.
**3** 〈日時・場所など〉を指定する, 定める.

**nom·i·na·tion** /nὰmənéiʃən ナミネイション | nɔ̀m- ノミ-/ 名 ⓊⒸ 指名, 推薦, 任命; Ⓤ 指名権, 推薦権, 任命権.

**nom·i·na·tive** /nάmənətɪv ナミナティヴ | nɔ́m- ノミ-/〖文法〗形 主格の ‖
the **nominative** case 主格.
——名 Ⓒ [通例 the ~] 主格.

**nom·i·nee** /nὰmɪníː ナミニー | nɔ̀m- ノミニー/ 名 Ⓒ 指名された人, 推薦された人, 任命された人.

**non·ag·gres·sion** /nὰnəgréʃən ナナグレション | nɔ̀n- ノナグレション/ 名 Ⓤ 不侵略.——形 不侵略の.

**non-al·co·hol·ic** /nὰnælkəhɔ́ːlɪk ナナルコホーリク | nɔ̀nælkəhɔ́lɪk ノナルコホリク/ 形 アルコールの入っていない, ノンアルコールの.

**non·cha·lance** /nὰnʃəlάːns ナンシャラーンス | nɔ́nʃələns ノンシャランス/ 名 Ⓤ [しばしば a ~] 無関心, 無頓着(むとんちゃく) ‖
with **nonchalance** 冷淡に.

**non·cha·lant** /nὰnʃəlάːnt ナンシャラーント | nɔ́nʃələnt ノンシャラント/ 形 〖正式〗無関心な, 無頓着(むとんちゃく)な (indifferent); 冷淡な, 平然とした.
**nòn·cha·lánt·ly** 副 無関心に.

**non·com·bat·ant** /nὰnkɑmbǽtənt ナンカンバタント, -kʌm- | nɔ̀nkɔ́mbətənt ノンコンバタント, -kʌm-/ 名 Ⓒ 非戦闘員.

**non·com·mit·tal** /nὰnkəmítəl ナンコミタル | nɔ̀n- ノン-/ 形 〖正式〗どっちつかずの, あいまいな; (目立った)特徴のない ‖
a **noncommittal** reply あたりさわりのない返答.

**non·con·form·ist** /nὰnkənfɔ́ːrmɪst ナンコンフォーミスト | nɔ̀n- ノン-/ 名 Ⓒ **1** (慣習などに)従わない人, 非協力者. **2** [時に N~] (英) 非国教徒.

**non-dair·y** /nὰndéəri ナンデアリ | nɔ̀n- ノン-/ 名 Ⓤ 非酪農業; 非乳製品製造業.——形 乳製品を含まない, 乳成分を含まない.

**non-de·nom·i·na·tion·al** /nὰndɪnὰmənéiʃənl ナンディナミネイショヌル | nɔ̀ndɪnɔ̀mə- ノンディノミ-/ 形 特定の宗教に属さない.

**non·de·script** /nὰndɪskrípt ナンディスクリプト | nɔ́ndɪskrɪpt ノンディスクリプト/〖正式〗形 名 Ⓒ さえたい知れない, 特徴のない.

*****none** /nʌ́n ナン/ 〖同音〗nun)〖ひとつもない(not one)〗
——代《◆no + 名詞に相当》 **1** [~ of + the, my, those など + 複数名詞; 単数·複数扱い] 何ひとつ…ない, だれひとり…ない《◆複数名詞は3つ以上. 2つを否定するには neither を用いる》‖
**None** of the boxes is [are] empty. 箱はどれも空ではない.
I like **none** of these pictures. この写真のどれも気に入らない(=I don't like **any** of these pictures.).
**None** have finished the work. だれも仕事を終えていません.
対話 "Did you find a new secretary?" "Five people applied but **none** of them looked very good." 「新しい秘書は見つかりましたか」「5人応募者がありましたが, どの人も満足できる人ではありませんでした」.
**2** [~ of + the, my, this など + Ⓤ 名詞; 単数扱い] どれも…ない ‖
**None** of the food has gone bad. 食物はどれも腐っていなかった.
**3** [先行の Ⓒ 名詞(句)を受けて; 単数·複数扱い] 何も…ない, だれも…ない《◆**1**の of + the, my, those など + 複数名詞が文脈からはっきりしているので略されたもの》‖
The committee made four suggestions but **none** was [were] acceptable. 委員会は4つの提案をしたがどれも受け入れられなかった.
**4** [先行の Ⓤ 名詞(句)を受けて; 単数扱い] 何も…ない, 少しも…ない ‖
Mary looked for some cake, but there was **none** left. メリーはケーキを探したがひとつも残っていなかった.
*nóne but* A 〖正式〗[通例複数扱い] A〈人·物〉以外は決して…でない; A〈人·物〉のみ…だ ‖ **None** but the brave deserve our respect. 勇者のみが尊敬に値する.
*Nóne of your* A 〖略式〗[時に it is のあとで] …はごめんだ ‖ **Nóne of your** búsiness!(↘) 君の知ったことか / **None of your** impudence! 生意気言うな.
*nóne óther than* A ほかならぬ…で, だれかと思えば…で《◆驚きの表現》.
*nòne the léss* [文頭·文尾で] それでもやはり; にもかかわらず ‖ He has faults, but I love him **none the less**. 欠点はあるけれどやはり彼が好きです.
*nòne the bétter for* A …だからといっていっこうによくなくて《◆**better** の代わりに **worse** を用いると「いっこうに悪くなくて」となる》.

**non·en·ti·ty** /nɑnéntəti ナネンティティ | nɔn- ノネン-/ 名 (複 -ti·ties/-z/) Ⓒ **1** 〖正式〗取るに足りない人[物]. **2** 実在しないもの, 架空の物.

**none·the·less** /nὰnðəlés ナンゾレス/ 副 〖正式〗それにもかかわらず.

**non·e·vent** /nὰnɪvént ナニヴェント | nɔ̀n- ノニヴェント/ 名 Ⓒ 〖略式〗期待はずれの出来事.

**non·ex·ist·ent** /nὰnɪgzístnt ナニグズィステント | nɔ̀n- ノニグズィステント/ 形 実在しない.

**non·fat** /nánfæt ナン**ファ**ト｜nɔ̀n- ノン-/ 形 無脂肪の(fat-free). ──名 U 脂肪を(ほとんど)含有しない食品.

**non·fic·tion** /nɑ̀nfíkʃən ナンフィクション｜nɔ̀n- ノン-/ 名 U ノンフィクション(作品)《伝記・歴史・随筆など》.

**non·flam·ma·ble** /nɑ̀nflǽməbl ナンフラマブル｜nɔ̀n- ノン-/ 形 不燃性の, 難燃性の(↔ inflammable).

**non·in·ter·ven·tion** /nɑ̀nintərvénʃən ナニンタヴ**ェ**ンション｜nɔ̀n- ノニンタ-/ 名 U 《正式》内政不干渉, 不介入, 放任.

**no-no** /nóunòu ノウノウ/ 名 (複 ~s, ~'s) C 《略式》禁じられた事, 使ってはいけない物.

**non·pay·ment** /nɑ̀npéimənt ナンペイメント｜nɔ̀n- ノン-/ 名 U 《正式》不払い, 未払い.

**no-non·sense** /nóunάnsens ノウナンセンス｜nóunɔ̀nsens ノウノンセンス/ 形 《略式》1 本気の, まじめな(serious), 手際のよい, てきぱきした. 2〈服が〉(安っぽい)飾りのついていない.

**non·plus(s)·ed** /nɑ̀nplʌ́st ナンプラスト｜nɔ̀n- ノン-/ 形 当惑した.

**non·prof·it** /nɑ̀nprάfət ナンプ**ラ**フィト｜nɔ̀nprɔ́fət ノンプ**ロ**フィト/ 形 《米》非営利的な.

**non-prof·it-mak·ing** /nɑ̀nprάfətmèikiŋ ナンプ**ラ**フィトメイキング｜nɔ̀nprɔ́fət- ノンプ**ロ**フィト-/ 形 赤字の；《英》非営利的な((《米》nonprofit)).

**non·re·fund·a·ble** /nɑ̀nrifʌ́ndəbl ナンリ**ファ**ンダブル｜nɔ̀n- ノン-/ 形 払い戻しがきかない.

**non·re·new·a·ble** /nɑ̀nrinúːəbl ナンリ**ニュ**ーアブル｜nɔ̀nrinjúː- ノンリニュー-/ 形 継続[更新]できない.

***non·sense** /nɑ́nsens **ナ**ンセンス｜nɔ́nsəns **ノ**ンセンス/ 《non + sense》

──名 U 1 [《英》しばしば a ~] 無意味；ばかげたこと[考え, 行為, 話], ナンセンス《◆ 不定冠詞は用いるが複数形にはしない》‖

Stop talking **nonsense**. ばかを言うのはよせ.

Now! No **nonsense**! さあ, ばかなことはそれくらいにして.

[対話] "Are you sure you don't mind helping me?" "**Nonsense**! It's my pleasure." 「手伝ってもらってほんとうにいいのかなあ」「水くさいと言うな. 喜んでしているんだ」.

2 がらくた, つまらない物.

──間 ばかな, 信じられぬ, そんなことがあるものか.

**non·sen·si·cal** /nɑnsénsikl ナンセンスィクル｜nɔn- ノン-/ 形 無意味な, ばかげた, 途方もない.

**non·smok·er** /nɑ̀nsmóukər ナンス**モ**ウカ｜nɔ̀n- ノン-/ 名 C タバコを吸わない人；《英》(鉄道の)禁煙車；(客車の)禁煙席.

**non·smok·ing** /nɑ̀nsmóukiŋ ナンス**モ**ウキング｜nɔ̀n- ノン-/ 形 禁煙の.

**non·stick** /nɑ̀nstík ナンス**ティ**ク｜nɔ̀n- ノン-/ 形〈フライパンなどが〉こげつかない, テフロン加工の.

**non·stop** /nɑ̀nstάp ナンス**タ**プ｜nɔ̀nstɔ́p ノンス**ト**プ/ 形 副 直通の[で], 直行の[で]；休みなしの[に] ‖

a **nonstop** train 直通列車.

a **nonstop** flight 無着陸飛行.

fly **nonstop** from Los Angels to Paris ロサンゼルス・パリ間をノンストップで飛ぶ.

It's been raining **nonstop** for days. 何日も雨ばかりですね.

**non·ver·bal** /nɑ̀nvə́ːrbl ナン**ヴァ**ーブル｜nɔ̀n- ノン-/ 形 言葉を用いない, 言葉を必要としない.

**non·vi·o·lence** /nɑ̀nváiələns ナン**ヴァ**イオレンス｜nɔ̀n- ノン-/ 名 U 非暴力(主義, 政策).

**non·vi·o·lent** /nɑ̀nváiələnt ナン**ヴァ**イオレント｜nɔ̀n- ノン-/ 形 非暴力主義の, 非暴力政策の ‖

**nonviolent** resistance 非暴力による抵抗.

**noo·dle** /núːdl **ヌ**ードル/ 名 U C [通例 ~s] ヌードル, 麺類；《米》パスタ.

**nook** /núk **ヌ**ク/ 名 C (部屋などの)隅, 人目につかない所 ‖

look in every nòok and cránny くまなく捜す.

***noon** /núːn **ヌ**ーン/ 《nine (日の出より9時間)が原義》

──名 1 U 正午, 真昼(midday)；[形容詞的に] 真昼の, 昼の ‖

at (high) **noon** (かっきり)正午に.

before **noon** 正午前に.

until **noon** 正午まで.

around **noon** 正午ごろ.

the **noon** sun 真昼の太陽.

the **noon** meal 昼食.

2 [the ~] 最盛期, 絶頂 ‖

at the **noon** of one's life 壮年期に.

***no one, no-one** /nóu wʌn **ノ**ウ**ワ**ン/

──代 [単数扱い] だれも…ない ‖

**No one** [**No-one**] knows where Bill lives. ビルがどこに住んでいるかだれも知らない.

She has **no one** [**no-one**] to love her. = **No one** [**No-one**] loves her. 彼女を愛する人はだれもいない.

**noose** /núːs **ヌ**ース/ 名 1 C (引くと締まる)輪なわ, 投げなわ, 引き結び. 2 [the ~] 絞(こう)首刑用の首つりなわ.

**no·place** /nóupleis **ノ**ウプレイス/ 副 《米略式》= nowhere.

***nor** /nɔːr **ノ**ー；《弱》nər ナ/《「いずれでもない」が原義. cf. neither》

──接 1 [neither A **nor** B (**nor** C)] A も B も (C も)(…し)ない ‖

I speak neither French **nor** German. 私はフランス語もドイツ語も話しません(→ neither).

2 [not, never, no などのあとで] …もまた(…し)ない《◆ or で代用されることもある》‖

The work ca**nnot** be done by you **nor** (by) me **nor** (by) anyone else. その仕事はあなたにも私にもまた他のだれにもできない.

I have **no** father **nor** [or] mother. 私には父も母もいない.

3 《正式》そしてまた…(し)ない《◆ **nor** のあとは疑問文の語順となる》‖

I don't know her, **nor do I** want to. 私は彼女を知らないし、また知りたいとも思わない(= I don't know her, and I don't want to either.).
[対話] "I'm not very fond of cabbage." "**Nor am I**." 「私はキャベツはあまり好きではない」「私もそうです」.

**No·ra** /nɔ́:rə ノーラ/ 图 ノラ《Eleanor の愛称》.

**Nor·dic** /nɔ́:rdik ノーディク/ 图《人類》Ⓒ 北方人種, 北欧人《長身・金髪・碧(あお)眼・長頭が特徴》.
— 形 北方人種の, 北欧人の.

**Nor·folk** /nɔ́:rfək ノーフォク/ 图 **1** ノーフォーク《米国 Virginia 州南東部の都市. 空・海軍の基地がある》. **2** ノーフォーク《イングランド東部の州》.

**norm** /nɔ́:rm ノーム/ 图 **1** [the ~] 標準, 基準; 平均(水準, 成績); [しばしば ~s] 規範.
**2** [a ~ / the ~] 標準労働量, ノルマ.

\***nor·mal** /nɔ́:rml ノームル/『大工の物差し(norm)どおりの(al)』 派 normally (副)

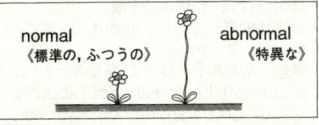

— 形 (比較 more ~, 最上 most ~) 標準の; 正常な; 平均の; 正規の; ふつうの, 通常の(↔ abnormal) ‖
a **normal** day ふつうの日.
**normal** growth 正常な発育.
a **normal** child 正常に育っている子供.
It is **normal** (for you) to get angry with your son sometimes. 時に息子に腹を立てるのは(世間では)ごく普通のことだ.
— 图 Ⓤ 標準, 規準; 平均; 正常, 常態 ‖
four degrees above **normal** 平均を4度越えて.

**nor·mal·cy** /nɔ́:rmlsi ノームルスィ/ 图 Ⓤ《主に米式》正常, 常態.

**nor·mal·i·ty** /nɔ:rmǽləti ノーマリティ/ 图 Ⓤ **1** = normalcy. **2**〖化学〗規定度.

**nor·mal·ize** /nɔ́:rməlàiz ノーマライズ/ 動 (現分 -iz·ing) 他 …を標準的にする;〈国際関係など〉を正常化する.

**nor·mal·ly** /nɔ́:rməli ノーマリ/ 副 **1** 標準的に; 正常に; 正規に.
**2** ふつうは, いつもは(usually) 《◆ almost always と often の中間》‖
Father **normally** comes home at 7 o'clock. 父はふつう7時に帰ります.

**Nor·man** /nɔ́:rmən ノーマン/ 图 (複 ~s) **1** Ⓒ ノルマン人《10世紀に Normandy を征服し, そこに住み着いた北欧人(Northman)》. **2** Ⓒ ノルマン人《1066年イングランドを征服した, 北欧人とフランス人との混血民族》. **3** Ⓒ ノルマンディー人. **4** ノーマン《男の名》. — 形 **1** ノルマン(人)の, ノルマンディー(人)の. **2**〖建築〗ノルマン式の.

**Nórman Cónquest** [the ~] ノルマン征服《1066年; William the Conqueror の率いる the Normans によるイングランド征服》.

**Nor·man·dy** /nɔ́:rməndi ノーマンディ/ 图 ノルマンディー《英仏海峡に面したフランス北西部の地方. 第二次大戦末期に連合軍が対独上陸作戦を行なった》.

**Norse** /nɔ́:rs ノース/ 图 **1** [the ~; 複数扱い] ノルウェー人; 古代ノルウェー人, スカンジナビア人. **2** Ⓤ ノルウェー語; 古代ノルウェー語.

\***north** /nɔ́:rθ ノース/ 派 northern (形)
— 图 **1** [しばしば N~] [the ~] 北, 北方, 北部(略 N) (cf. east, south, west)《◆用例・語法その他は → east 图 **1**》.
**2** [the N~] **a**《米》北部地方《首都ワシントン以北の東部の諸州》;〔米史〕(南北戦争時の)北部諸州 (the Union). **b**《英》イングランドの北部地方《Manchester, Hull とそれ以北の地域を含む》.
— 形 [しばしば N~] [名詞の前で] **1** 北の, 北にある; 北部の(northern) (→ eastern [語法]).
**2** 北に向いた, 北へ行く《風が》北から吹く.
— 副 [しばしば N~] 北へ, 北に, 北方へ[に]; (風が)北へ[(古)から] 《◆用例は → east》.

**Nórth América** 北アメリカ, 北米.
**Nórth Américan** 北アメリカの; 北アメリカ人(の).
**Nórth Atlántic Tréaty Organizàtion** [the ~] 北大西洋条約機構, ナトー(略 NATO, Nato).
**Nórth Carolína** ノースカロライナ《米国東部の州. 略 NC, 〖郵便〗NC》.
**Nórth Dakóta** ノースダコタ《米国北部の州. 略 N. Dak., ND, 〖郵便〗ND》.
**Nórth Koréa** 北朝鮮《◆正式名 the Democratic People's Republic of Korea《朝鮮民主主義人民共和国》. 首都 Pyongyang》.
**Nórth Póle** (1) [the ~] 北極(点)(図 → earth). (2) [the n~ p~] (磁石の)北極, N極.
**Nórth Séa** [the ~] 北海《英国とヨーロッパ本土との間の海》.
**Nórth Stár** [the ~] 北極星(polestar, Polaris).

**north·bound** /nɔ́:rθbàund ノースバウンド/ 形《船などが》北へ向かう.

**north·east** /nɔ̀:rθí:st ノースィースト;〖海事〗nɔ̀:rí:st/ 图 [しばしば N~] [the ~] **1** 北東(略 NE). **2** 北東部(地方); [the N~] (米)《米国》北東部地方《ニューヨーク市を含むニューイングランド地方》. — 形 [しばしば N~] **1** 北東の. **2**《風が》北東から来る. — 副 [しばしば N~] **1** 北東へ[に]. **2**《風が》北東から.

**north·east·ern** /nɔ̀:rθí:stərn ノースィースタン/ 形 (→ eastern [語法]) **1** 北東の; 北東への; 北東部の. **2**《風が》北東からの.

**north·er·ly** /nɔ́:rθərli ノーサリ|nɔ́:ðəli ノーザリ/ 形 **1** 北の; 北への, 北方への ‖
in the **northerly** direction 北の方へ.
**2**《風が》北からの ‖
a **northerly** wind 北風.

\***north·ern** /nɔ́:rðərn ノーザン|nɔ́:ðən ノーズン/ (発音注意)《◆×ノーサン》〖→ north〗

—形 (→ eastern 語法) [しばしば N~] **1** 北の, 北方の, 北にある ‖
Hokkaido is in the **northern** part of Japan. 北海道は日本の北部にある(→ east 名**1** 語法).
**2** 北へ行く, 北へ向かう; 北向きの.
**3** 〈風が〉北からの.
**4** 北部の; [N~] 〖米〗北部地方の ‖
Northern Europe 北ヨーロッパ.
the Northern States 〖米国〗北部諸州.
**Nórthern Hémisphere** [the ~] 北半球.
**Nórthern Íreland** 北アイルランド《英国の一部. 首都 Belfast. 略 NI》.
**nórthern líghts** [the ~; 複数扱い] 北極光, オーロラ.
**Nórthern Stár** [the ~] =North Star.
**north·ern·er** /nɔ́ːrðərnər ノーザナ/ 名 ⓒ **1** 北部地方(生まれ)の人, 北国の人. **2** [N~] 〖米〗北部(生まれ)の人, 北部人; 〖米史〗(南北戦争で)北部側の人.
**north·ern·most** /nɔ́ːrðərnmòust ノーザンモウスト/ 形 〖正式〗最も北方の, 最北端の.
**north·land** /nɔ́ːrθlənd ノースランド/ 名 **1** ⓒ 〖詩〗北部地方, 北の国. **2** [N~] スカンジナビア半島.
**North·man** /nɔ́ːrθmən ノースマン/ 名 (複 ··men) ⓒ 古代北欧人, スカンジナビア人《◆8-10世紀ごろヨーロッパの北部および西部海岸を荒らした Viking で有名. Norseman ともいう》.
**north·ward** /nɔ́ːrθwərd ノースワド/ 副 北へ[に], 北方へ[に]; 北方に向かって. ——形 北(へ)の; 北向きの. ——名 [the ~] 北方.
**north·wards** /nɔ́ːrθwərdz ノースワッ/ 副 〖主に英〗=northward.
**north·west** /nɔ̀ːrθwést ノースウェスト; 〖海事〗nɔ̀ːrθwést ノースウェスト/ 名 **1** [しばしば N~] [the ~] 北西(略 NW). **2** 北西部(地方); [the N~] 〖米〗北西部地方《Washington, Oregon, Idaho の3州》. ——形 [しばしば N~] **1** 北西の. **2** 〈風が〉北西から来る. ——副 [しばしば N~] **1** 北西へ[に]. **2** 〈風が〉北西から.
**north·west·ern** /nɔ̀ːrθwéstərn ノースウェスタン/ 形 (→ eastern 語法) **1** 北西の, 北西への; 北西部の. **2** 〈風が〉北西からの.
**Nor·way** /nɔ́ːrwei ノーウェイ/ 名 ノルウェー《スカンジナビア半島の王国. 首都 Oslo》.
**Nor·we·gian** /nɔːrwíːdʒən ノーウィーヂャン/ 形 **1** ノルウェーの. **2** ノルウェー人[語]の. ——名 **1** ⓒ ノルウェー人. **2** Ⓤ ノルウェー語.

**\*\*nose** /nóuz ノウズ/ (同音 knows, no(e)s, no's) 〖cf. *nostril, nozzle*〗 派 nasal (形)
——名 (複 **nos·es** /-iz/) **1** ⓒ 鼻《◆「せん

rub [scratch] one's nose

さく好き」「おせっかい」などを連想する. cf. nosy》‖
the bridge of the **nose** 鼻柱, 鼻筋.
bleed at the **nose** 鼻血を出す.
**blów** one's **nóse** 鼻をかむ.
Your **nose** is running. 鼻水が出ていますよ.
hold [pinch] one's **nose** (悪臭のため)鼻をつまむ.
pick one's **nose** 鼻をほじる.
punch him on the **nose** げんこつで彼の鼻をなぐる.
rub [scratch] one's **nose** 鼻のわきをこする《◆自信のなさ・当惑を示す動作》.

---
関連 (1) 形: a flat nose ぺちゃんこの鼻 / a large [long] nose 大きい[高い]鼻《◆ほめ言葉にはならない》/ a small [short] nose 小さい[低い]鼻《◆英米では鼻の「高」「低」をあまり問題にしない. あえて a high [low] nose といえば鼻の位置が高い[低い]ことを指す》.
(2) 動物の鼻: 豚などは snout, 犬・猫・馬などは muzzle, 象は trunk.
表現 「鼻が高い」「(…を)鼻にかける」は be proud (of), be boastful (of [about]), 「鼻の下が長い」は be spoony on a woman.
---

**2** ⓒ 嗅(きゅう)覚, (においをかぎつける)鼻; 〖略式〗[比喩的に] かぎつける能力 ‖
The reporter has a good **nose** for news. その記者にはニュースをかぎつける鋭い勘がある.
He has no **nose** for direction. 彼は方向音痴だ.
**3** ⓒ 〖略式〗[one's ~] (口出し・おせっかい・干渉の象徴としての)鼻 ‖
put [poke, push, shove, stick, thrust] one's **nose** into his affair 彼のことに口出しする.
Keep your (big) **nose** out of the matter. その問題におせっかいはよせ.
**4** ⓒ 鼻状の物; (管・筒・銃などの)口; 船首, 機首, 水雷の先端 ‖
She pointed the **nose** of the car toward home. 彼女は車を家に向けて運転した.
**befòre [at]** A's **(véry) nóse(s)** =**befòre [at] the (véry) nóse(s) of** A 《略式》A〈人〉の鼻先で, 目の前で, 目と鼻の先に; A〈人〉に対して公然と.
**by a nóse** (競技などで)鼻の差で; 《俗》わずかな差で, やっと(barely).
**lóok dówn** one's **nóse at** A …を見くだす, 軽視する.
**nóse to nóse** 向かいあって[た].
**thúmb** one's **nóse at** A 〖略式〗…に向かって親指を鼻先につけ他の指を左右に振ってみせる《◆軽蔑(ベツ)を表す. 特に子供のしぐさ》; 〈人・物〉をばかにする.
**tùrn** one's **nóse úp at** A =**tùrn úp** one's **nóse at** A 〖略式〗…をばかにする, 鼻先であしらう.
——動 (現分 **nos·ing**) 他 **1** …のにおいをかぐ; 〖略式〗…をかぎ出す ‖
**nose** out a job in everything 何でも自分の利

益になることをかぎ出す.
**nose out** a criminal 犯人をかぎつける.
**2** …に鼻(先)をこすりつける;〈物に鼻(先)をこすりつけて…の状態にする‖
**nose** the ground 地面に鼻をこすりつける.
**nose** a window open 鼻でこすってあける.
──⦿ **1** においをかぐ;《米略式》かぎ回る, 捜し回る;ひそかに捜す‖
**nose about [around] for** the food 食物をかぎ回る, 捜し回る.
**2**《略式》おせっかいをやく, せんさくする‖
**nose into** others' business 他人の仕事に干渉する.
**nóse óut**《略式》[他] → ⦿ **1**;《米》〈相手〉にわずかの差で勝つ.
**nóse dive** (1)〔航空〕急降下. (2) (価格・利益などの)旧低下, 暴落(cf. nose-dive).
**nóse géar** [**whèel**] (飛行機の)前輪(⦿ → airplane).
**nose·bleed** /nóuzblìːd ノウズブリード/ 图 ⓒ 鼻血(が出ること)‖
have [get] a severe **nosebleed** ひどい鼻血が出る.
**-nosed** /-nóuzd -ノウズド/ (連結形) …鼻の, …鼻をした. 例: long-nosed 高い鼻の.
**nose-dive** /nóuzdàiv ノウズダイヴ/ 動 (現分 --div·ing) (1) 〈飛行機が〉急降下する;〈物価・利益などが〉暴落する;〈人気が〉急降下する;〈状況が〉急に悪化する《◆主に新聞用語》(cf. nose dive).
**no-side** /nóusáid ノウサイド/ 图 Ⓤ〔ラグビー〕ノーサイド, 試合終了.
**nos·tal·gi·a** /nəstǽldʒə ナスタルヂャ | nɔstǽldʒə ナスタルヂャ/ 图 Ⓤ **1** (正式) 昔をなつかしく思い出すこと, 追憶. **2** 郷愁(きょうしゅう), ノスタルジア.
**nos·tal·gic** /nəstǽldʒik ナスタルヂク | nɔs- ノス-/ 形 追憶の, 郷愁の.
**nos·tril** /nástrl ナストルル | nɔ́s- ノス-/ 〖→ nose〗 图 ⓒ **1** 鼻孔. **2** 小鼻.
**nos·y** /nóuzi ノウズィ/ 形 (比較 --i·er, 最上 --i·est)《略式》せんさく好きな, 好奇心の強い, おせっかいたがって.
**✱not** //nát ナト | nɔ́t ノト;(弱) 助動詞/, be/ 動詞, / have 動詞のあとで nt ント/ (同音 knot;(頻出) nʌt /nʌt/)〖nought の短縮形〗
──副 (…で)ない.《◆短縮形は n't》
**1 a** [文全体を否定] 否定が文全体に及んで, 主語＋述語の結びつきを否定‖
He **didn't** go anywhere that day. その日, 彼はどこへも出かけなかった.
I'm **not** hungry. 今, 腹がへっていない.
She **can't** swim **at all**. 彼女は全く泳げない.
**b** [語を否定] **not** が特定の語・句・節のみを否定‖
He went to America **not** long ago. 彼は先ごろ米国へ行った.
**Not** (even) a sound was heard. 物音一つ聞こえなかった《◆ No sound … よりも強い意味》.
He comes from Brazil, (and) **not** from Mexico. 彼はブラジル出身であってメキシコの出ではない.
It's working, but **not** properly. 動いているが, 正常ではない. → 成句 not **A** but **B**〖語法〗(1).

〖語法〗(1) [**not** が否定する範囲] a) Jane has**n't** been in Osaka for two months. は次の2つの解釈ができる.
i) **not** が Jane has been in Osaka for two months 全体を否定すると考えた場合:「大阪に来てから2か月たっていない」.
ii) **not** が in Osaka だけを否定すると考えた場合:「2か月間大阪を離れている」の意味となる《◆ not … because, not … until なども同様の2つの解釈ができる》.
b) **not** がそれより前の語句を否定することはない:
She did *not* greet me in her usual way. (彼女は私にいつものようなあいさつをしてくれなかった). に対して In her usual way she did not greet me. (いつものように, 彼女は私にあいさつしなかった)では, in her usual way は not による否定を受けない.
(2) [**not** の位置] a) be動詞の場合は is not, are not のように動詞のあと, ただし命令文では Don't be noisy. となる.
b) 一般動詞は do [does, did] not know.
c) 不定詞・動名詞・分詞の否定はその直前:
I decided *not* to go [*to not go]. 行くまいと決心した / *Not* knowing what to do, he remained silent. どうしていいかわからなかったので, 彼は黙っていた / The student, *not having* finish*ed* typing his paper, couldn't hand it in on time. その学生はレポートのタイプがすんでいなかったので, 時間どおりに提出できなかった.

**2** [**not** の繰り上げ] 従節にある not を主節に繰り上げても意味の違いが生じない場合, 主節を否定するのがふつう‖
I **think** (that) she will **not** come. → I do **not think** she will come. 彼女は来ないと思う.
He did **not** anticipate that anyone would be against him. 彼はだれも自分には反対しないだろうと思った《◆(1) believe, expect, suppose, be likely などについても同じことがいえる. (2) hope, know などで not が繰り上げられないのは次のように意味の違いが生じるため: He *knows* (that) his son will *not* come tomorrow. 彼は息子があした来ないのを知っている. ≠ He *does not know* that his son will come tomorrow. 彼は息子があした来るのを知らない》.

**3** [**not** による節・文の代用] that 節の反復を避けるため, expect, think, hope, believe, imagine, guess, suppose, be afraid などのあとで‖
Why **not**? (→ why 副 **4**).
〖対話〗"Is he coming?" "No, I suppose nót. (＼)" 「彼は来るの？」「いいや, こないと思うよ」《◆ so を用いて動詞を否定する "No, I do*n't* suppose

so."の方がふつう》．

対話 "Does he have anything to do with the affair?" "Perhaps **nót**." [彼はその事件に関係してるのだろうか」「たぶんしてないよ」．

**4** [not の焦点と前提] **a** [文全体を否定] 文末の語を強く発音する通常の場合は文全体を否定 ‖
I didn't see Jane in the óffice. (↘) 事務所でジェーンを見かけなかった．

**b** [語(句)否定] 対比を強調するために文のある要素を強く発音すると，その部分が焦点となり，他の部分が肯定的意味の前提となる ‖
I didn't see Jane in the office. 私はジェーンを事務所で見かけなかった《◆だれか他の人がジェーンを見かけた》．
I didn't see Jáne in the office. 事務所でジェーンは見かけなかった《◆他の人を見かけた》．
I didn't see Jane in the óffice. (↘) 事務所ではジェーンを見かけなかった《◆別のところで見かけた》(cf. it 代 **8**).

**5** [部分否定] not を all, both, each, every, entire, whole; always, altogether, absolutely, completely, entirely, necessarily, quite, wholly などと共に用いると，「必ずしも…というわけではない，すべてが…というわけではない」の意 ‖
All cats don't like fish. = Not all cats like fish. すべてのネコが魚を好むというわけではない(→ all 形 **4** 語法).

○**nòt** A **but** B =B, (**and**) **not** A  A でなくて B《◆ A, B は名詞・形容詞・前置詞＋名詞など》‖ It was **not** Tom **but** Bill that broke the window. 窓を割ったのはトムでなくてビルです / He comes **not** from Mexico **but** from Brazil. 彼はメキシコでなくブラジルの出です．

語法 (1) A と B は同じ種類の語句が原則であるが，これがくずれて He does *not* come from *Mexico*, but from *Brazil*. のようにいうことが多い．
(2) A, B が意味的に対立している場合は「A ではないが B」の意: She is *not* rich but *happy*. 彼女は金持ちではないが幸せだ(=She is happy, *but not* rich.).

○**nòt ónly** A **but** (**álso**) B =**not merely** A **but** (**also**) B =**not simply** A **but** (**also**) B =《文》 **not alone** A **but** (**also**) B =**nòt ónly** A **but** B **as wéll** A ばかりでなく B も《◆ A, B は原則として同じ種類の語句．通例 B に重点がある》‖ He called out **not only** to me **but** (**also**) to my wife. 彼は私ばかりでなく妻にも大声で呼びかけた(=He called out to my wife **as well as** me.) / He **not only** does not work but will not find a job. 彼は働かないだけでなく, 仕事を探そうともしない．

語法 (1) A, B のバランスが崩れることが多い．たとえば第 1 例は次のようにも言う: He *not only* called out to me *but also* to my wife.

(2) not only が文頭にくると疑問文の語順になる: *Not only* did they ignore the protest, (*but*) they *also* lied to the press. 彼らは抗議を無視したばかりか，報道関係者にうそをついた．

Q&A *Q*: Not only A but (also) B で動詞の人称・数はどれに一致しますか．
*A*: B に一致します: Not only you but (also) I *am* guilty. 君だけでなく私にも罪がある．

**no·ta·ble** /nóutəbl ノウタブル/ 形 《正式》注目すべき，著しい；卓越した，有名な，重要な ‖
a **notable** event 注目すべき事件．
a **notable** scholar 著名な学者．

**no·ta·bly** /nóutəbli ノウタブリ/ 副 著しく，明白に；目立って，特に．

**no·ta·tion** /noutéiʃən ノウテイション | nou- ノウ-/ 名 Ｕ Ｃ《正式》**1** [通例 a ~ / the ~] (特殊な文字・符号による)表記，表示；表記法，記数法，記譜法 ‖
decimal **notation** 十進法．
**2** メモをとること；《米》覚え書，記録，注釈．

**notch** /nátʃ ナチ | nɔ́tʃ ノチ/ 名 《俗》~**es**/-iz/ Ｃ **1** Ｖ字型刻み目，切り込み．**2** 半月型切り込み；(えり の)Vカット；矢筈(ﾊｽﾞ)． ── 動 (三単現) ~**es** /-iz/ 他 …に(V字型の)刻み目[切り込み]をつける．

**note** /nóut ノウト/ 動 (童話) naught, nought, nought/nɔ́:t/)
**1** Ｃ 覚え書，メモ；[通例 ~s；単数扱い] (演説・講義などの)記録，要旨，草案，草稿；印象記《◆「ノート」は notebook》‖
make [take] **notes** of a lecture = make [take] a **note** of a lecture 講義を書き留める．
speak without **notes** [a **note**] 草稿なしで話す．
**2** Ｃ 注(釈)，注解 ‖
foot **notes** on [to] a text テキストの脚注．
the translator's **notes** 訳者注．
**3** Ｃ (形式ばらない)短い手紙；《正式》(外交上の)文書，通達 ‖
get a **note** of thanks from him 彼から簡単な礼状をもらう．
drop [give] him a **note** to say thank you 彼にお礼を一筆書き送る．
**4** Ｃ (約束)手形, 預り証；《英》紙幣(《米》bill) (→ bill¹ 事情) ‖
a bank **note** 紙幣．
a **note** of hand 約束手形．
$100 in **notes** 紙幣で100ドル．
**5** Ｃ [通例 a ~ / the ~] (人の声の)調子，語気，感じ，雰囲気；(鳥の鳴き声)；(楽器の音)；〔音楽〕音符，楽譜；《古・詩》詩，調べ，旋律，歌；(ピアノの)鍵(ｹﾝ) ‖
a low **note** from the guitar ギターの低い音．
a whole **note** 全音符《◆ a half note なら「二分音符」》．
strike the **note** 鍵をたたく．
end on a friendly **note** 友好的な雰囲気で終わる．

There was **a note** of dismay in his voice. 彼の声には落胆の響きがあった.

**6** ⓊⅠ(正式)注目;注意;著名(であること),有名(であること);重要性 ‖

a man **of note** 名士.

Some of his inventions are worthy of **note**. 彼の発明のいくつかは注目に値する.

take no **note** of the time 時のたつのを忘れる.

**7** Ⓤ 特徴,特色;要素,しるし ‖

Her book has the **note** of genius. 彼女の本からは天才のきざしがうかがわれる.

*strike a fálse nóte* ⟨言動が⟩見当はずれである;見当はずれなことをする[言う].

*strike a néw nóte* 新機軸を出す.

*strike the ríght nóte* ⟨言動が⟩適切である,適切なことをする[言う].

——動 (現分) not·ing) 他 **1** …を書き留める,…のメモをとる ‖

**note down** one's plan 計画を書き留める.

**2** (正式)…に注意する,気づく;[note wh 節・句/note (that) 節]…ということに注目する,気づく《♦ notice, watch よりも堅い語》‖

**note** his words 彼の言葉に注意する.

I **noted** (that) her answer was incorrect. 彼女の答えが間違っていることに気がついた.

**Note how** to type. =**Note how** I type. どのようにタイプを打つかよく見ていなさい.

## \*note·book /nóutbùk ノウトブク/

——名 (複 ~s/-s/) Ⓒ ノート,帳面,手帳,筆記帳,備忘録;メモ用紙つづり ‖

write it down in a **notebook** ノートにそれを書き留める.

**not·ed** /nóutid ノウティド/ 動 → note.

——形 (正式)著名な,有名な《♦ famous より意味が弱い》‖

a **noted** artist 有名な画家.

a man **noted for** his diligence 勤勉で知られる男.

a person **noted as** a scholar 学者として名の通った人.

**nót·ed·ly** 副 目立って,特に.

**note·pa·per** /nóutpèipər ノウトペイパ/ 名 Ⓤ (私信用の)便せん;メモ用紙.

**note·wor·thy** /nóutwə̀ːrði ノウトワーズィ/ 形 注目すべき,著名な.

## \*\*noth·ing /nʌ́θiŋ ナスィング/ [no + thing]

——代 [単数扱い] 何も…ない,少しも…ない ‖

I have **nothing** to eat. 食べ物が何もない(=I do not have **anything** to eat.).

It's **nothing** to laugh at. それは笑い事ではない.

対話 "What happened?" "**Nothing**." 「何があったんだ」「何も」.

対話 "Let's watch some television." "There's **nothing** interesting on. Forget it." 「少しテレビでもみようよ」「何もおもしろいものはや

っていないよ.やめとこうよ」.

> Q&A Q:「映画ほどおもしろいものはない」はどのように言えばよいですか.
> A:次のように言えるでしょう.《原級》*Nothing* is *as* [*so*] interesting *as* movies. =There is *nothing as* [*so*] interesting *as* movies. /《比較級》*Nothing* is *more* interesting *than* movies. =There is *nothing* more interesting than movies. /《最上級》Movies are *the most* interesting (entertainment) of all.

——名 **1** ⒸⓊ つまらない事[人],どうでもいい事,卑賤(ひせん)(なこと)‖

waste time talking about **nothing** くだらぬおしゃべりで時間を浪費する.

**2** Ⓤ 空(くう),無;ゼロ,零.

◇*be nóthing to* A …にとって何でもない;…とは比べものにならない ‖ She **is nothing to** me any more. 今ではもう彼女なんか愛してはいない / My knowledge **is nothing to** his. 私の知識など彼のとは比較にならないほどおそまつなものだ.

*còme to nóthing* 失敗に終わる,何の役にも立たない.

◇*dò nóthing but* do …してばかりいる,ただ…するだけである ‖ He **does nothing but** grumble. 彼はぶつぶつ不平ばかり言う / There was **nothing** that I could **do but** wait for him. 彼を待つほかに手はなかった.

◇*for nóthing* (1) 無料で,無償で,ただで ‖ You can have this watch **for nothing**. この時計をただであげるよ. (2) これといった理由なく,むだに ‖ worry **for nothing** 取り越し苦労をする.

*góod for nóthing* 役に立たない《♦ 名詞は good-for-nothing》.

◇*hàve nóthing to dò with* A …と何の関係もない(cf. have A to do with B)(→ have 動).

*màke nóthing of* A (1)(正式)[can make ~ …]→ make 動 他 **15**. (2) …を苦にしない,ものともしない.

◇*nóthing but* A …だけ,…にすぎない ‖ She wanted **nothing but** love out of him. 彼女は彼の愛だけが欲しかった.

*nóthing léss than* A まさに[ちょうど]…だけ.

*nóthing líke* [néar] A =*not ánything like* [*néar*] A (略式)…にほど遠い,…どころではない.

*nóthing of* A (正式)少しも…ない ‖ I know **nothing of** poverty 貧困がどんなものか少しも知らない / He is **nothing of** a sportsman. 彼にはスポーツマンらしいところは少しもない.

*nóthing of the kínd* [*sórt*] (1)(想定されたものとは)かけはなれた事,全然別のもの[人]. (2) [N~ …!] (相手の発言を否定して)とんでもない!

◇*There is nóthing* (*else*) *for it* (*but to* dó). …するより仕方がない ‖ There is **nothing for it but to** apologize to him. 彼にあやまるしかありません.

## notice

◦ **There is nóthing like A.** A〈事・物〉ほどよいものはない ‖ There is nothing like a walk at dusk. 夕暮れの散歩ほどよいものはない.

**think nóthing of A** =think little of (→ think 動).

**nóth·ing·ness** 名 Ⓤ (正式) ないこと, 無, 非実在; 死; 無意識.

*__no·tice__ /nóutəs ノウティス/ [[「(五感で)存在に気づく(こと); 事柄が事実であるとわかる(こと)」が原義]]
派 notify (動)

→ 名 1 注目  2 通知  3 掲示
   動 他 1a 注意する  b 気づく  自 気づく

notice〈気づく〉

—— 名 (複) --tic·es/-iz/) **1** Ⓤ 注目, 注意; 観察 ‖
a theory beneath (one's) notice (正式) 注目に値しない理論.
the matter under notice 当面の問題.
attract [deserve, draw] his notice 彼の注意をひく.
Take notice that you don't fail again. 気をつけて再び失敗しないようにしなさい《◆ *Take notice that you won't fail again. とはふつういわない》.
The news has come to [into, under] her notice. (正式) 彼女にそのニュースが知れた.

**2** ⓊⒸ (正式) 通知, 通達, 警告, 予告; 解約通知; 解雇通告 ‖
give an employee a month's notice 従業員に1か月前に解雇予告をする.
receive notice of a change of residence 転居の通知を受ける.
get a notice to report the accident 事故の報告をせよという通知を受けとる.
serve notice to him 彼に通知する.
give notice that she will arrive 彼女の到着を知らせる.
The meeting was put off till further notice. 追って通知があるまで会合は延期された.
対話 "Why is he so upset?" "He was dismissed at short notice." 「どうして彼はあんなにいらいらしているの」「急に解雇されたんだ」.

**3** Ⓒ 掲示(板), 告示, 公示, びら, 看板, はり札; (新聞などの)公示記事 ‖
a death notice in a newspaper 新聞紙上の死亡記事 (cf. obituary).
put up a notice on a wall 壁に掲示する.

**4** Ⓒ [しばしば ~s] (本・劇などの)短評, 論評 ‖
get a favorable notice 好評を博す.

◦ **tàke nótice of A** [通例否定文で] …に注意する, 気づく, 関心を持つ ‖ They took little notice of her advice. 彼らは彼女の忠告にほとんど耳を貸さなかった.

—— 動 ([三単現] --tic·es/-iz/; [過去・過分] ~d/-t/; [現分] --tic·ing)
—— 他 **1a** …に気がつく, 注目する; [notice (that) 節 / notice wh 節・句] …だと気づく, わかる ‖
Nobody noticed that I was wearing my socks inside out. 私が靴下を裏返しにはいているのに誰も気がつかなかった.
I didn't notice how glad she was. 彼女がどんなに喜んでいるのかわからなかった.
I didn't notice what time it was. 何時なのかわからなかった.

**b** [知覚動詞] [notice A do] A〈人・物〉が…するのに気づく; [notice A doing] A〈人・物〉が…しているのに気づく《◆ 進行形にしない》‖
I noticed her enter [entering] the room. 彼女が部屋に入る[入っていく]のに気がついた《◆ 受身は She was noticed entering ... はいえるが, *She was noticed to enter ... とはふつういわない》.

**2** (主に米) 〈人〉に通知する ‖
I noticed him to do the work by tomorrow. 彼にあすまでにその仕事をするように通告した.

**3** …に言及する, …を指摘する; 〈本・劇など〉を批評する.

—— 自 注目する, 気づく ‖
She wasn't noticing. 彼女はうっかりしていた.
対話 "Have you seen Janet lately? She has a new hairstyle." "Really? I guess I didn't notice." 「ジャネットとは最近会ってる? 新しい髪型にしているよ」「ほんと? どうも気がつかなかったなあ」.

**nótice bòard** (英) 掲示板, 告知板((米) bulletin) board).

**no·tice·a·ble** /nóutəsəbl ノウティサブル/ 形 (正式) 人目をひく, 目立つ; 著(しるし)しい, 重要な ‖
noticeable progress 著しい進歩.
**nó·tice·a·bly** 副 目立って, 著しく.

**no·tic·ing** /nóutəsiŋ ノウティスィング/ 動 → notice.

**no·ti·fi·ca·tion** /nòutəfikéiʃən ノウティフィケイション/ 名 (正式) **1** Ⓤ [しばしば a ~] 通知, 届け, (正式の)通知. **2** Ⓒ [通例 a ~] 通知書, 届け書, 公告文.

**no·ti·fy** /nóutəfài ノウティファイ/ 動 ([三単現] --ti·fies/-z/; [過去・過分] --ti·fied/-d/) 他 **1** (正式) …に通知する, 通告する; (英) …を発表する《◆ inform, tell より堅い語で商業・官庁語として多く用いる》‖
notify the police 警察に知らせる.
notify a birth 出生を届け出る.
**2** [notify A of B / (英) notify B to A] A〈人〉に B〈物・事〉を知らせる, 届け出る ‖
notify him of an accident =notify an accident to him 彼に事故を通報する.
**3** [notify A to do] A〈人〉に…するよう知らせる; [notify A that 節] A〈人〉に…だと知らせる; [notify A wh 節・句] A〈人〉に…かを知らせる ‖
notify him to come here ここへ来るよう彼に通告する.

**notify** her **when to** do it いつそれをしたらよいかを彼女に知らせる.

\***no‧tion** /nóuʃən ノウション/ 〖「知られたもの」→「考え」が原義〗
—名 (複 ~s/-z/) **1** [a ~ / the ~] 観念, 考え, 概念; ⓊⒸ 理解(力) ‖
under the **notion** of art 芸術の概念の下に.
He **has** a **notion that** life is a voyage. 彼は人生は航海だという考えを抱いている.
対話 "Where did you put the electronic dictionary that was on the table?" "I've **no notion (of)** what you are talking about." 「テーブルの上にあった電子辞書はどこに置いてくれたの」「いったい何のことを言っているの」.
**2** Ⓒ 意見, 見解, 意向, 意図; 気持ち ‖
have a **notion to** marry =have a **notion of** marrying 結婚しようと思っている.
I have a **notion for** fame. 有名になりたい.
What a **notion!** 何とばかげた考えだ.

**no‧tion‧al** /nóuʃənl ノウショヌル/ 形 観念的な; 想像上の.

**no‧to‧ri‧e‧ty** /nòutəráiəti ノウタライエティ/ 名 Ⓤ 悪名, 悪評.

**no‧to‧ri‧ous** /noutɔ́ːriəs ノウトーリアス | nou- ノウ-/ 形 («正式») よく知られた, 悪名高い (infamous) ‖
a **notorious** gambler 名うての賭博(とばく)師.
The city is **notorious for** its polluted air. その都市は大気汚染がひどいので有名だ.

**no‧to‧ri‧ous‧ly** /noutɔ́ːriəsli ノウトーリアスリ | nou- ノウ-/ 副 («正式») 悪名高く; 周知のこととして ‖
a **notoriously** faithless man 不誠実で評判のやつ.

**No‧tre Dame** /nòutər déim ノウタ デイム | nòutrə dáːm ノウトル ダーム/ 〖«フランス»〗 名 **1** 聖母マリア (Our Lady, the Virgin Mary). **2** ノートルダム寺院 (パリにある初期ゴシック風寺院).

\***not‧with‧stand‧ing** /nàtwiθstǽndiŋ ナトウィススタンディング, -wið-/ nɔ̀twiθstǽndiŋ ノトウィススタンディング/ 〖…にかまわ (withstanding) ないで (not)〗 («正式»)
—前 …にもかかわらず ‖
He is very active **notwithstanding** his age. 彼は年にもかかわらず非常に活動的だ.
—副 にもかかわらず, それでも.

**nou‧gat** /núːgət ヌーガト | -ga: ヌーガー, nʌ́gət/ 名 Ⓒ ヌガー 《アーモンドなどをミックスした砂糖菓子》.

**nought** /nɔ́ːt ノート/ 名 =naught.

\***noun** /náun ナウン/ 〖「名前」が原義〗 cf. *nominal*.
—名 (複 ~s/-z/) 〘文法〙 **1** Ⓒ 名詞 (略 n.).
**2** [形容詞的に] 名詞の, 名詞用法の ‖
a **noun** clause 名詞節.

**nour‧ish** /nə́ːriʃ ナーリシュ | nʌ́riʃ ナリシュ/ 動 (三単現 ~es /-iz/) 他 («正式») **1** …を養う, 育てる; …を肥やす; …を育成する ‖
A kitten is **nourished on** [**with**] milk. = Milk **nourishes** a kitten. 子猫はミルクで育つ.
**2** «感情・希望»を抱く ‖
**nourish** a feeling of hatred 憎しみをつのらせる.

**nour‧ish‧ing** /nə́ːriʃiŋ ナーリシング | nʌ́r- ナリシング/ 動 ▷ nourish. —形 栄養のある, 滋(じ)養のある.

**nour‧ish‧ment** /nə́ːriʃmənt ナーリシュメント | nʌ́r- ナリシュメント/ 名 Ⓤ **1** (栄養のある) 食物, 滋(じ)養(物). **2** 栄養を与える [与えられる] こと; 育成, 助長.

**Nov.** November.

**no‧va** /nóuvə ノウヴァ/ 名 (複 ~s, no‧vae /-vi/) Ⓒ 〘天文〙 新星 《急激に光度を増す変光星》.

\***nov‧el**¹ /nɑ́vl ナヴル | nɔ́vl ノヴル/ 〖「新しい (事)」が原義〗
—名 (複 ~s/-z/) Ⓒ (長編) 小説 (◆短編小説は short story. romance は非現実的な恋・冒険などの物語) ‖
a detective **novel** 推理小説.
[Ⓒ と Ⓤ] **novel** Ⓒ
　　　　　　 fiction Ⓤ

**nov‧el**² /nɑ́vl ナヴル | nɔ́vl ノヴル/ 形 (今までにない) 新しい, 奇抜な, 新しい種類の ‖
a **novel** technique 今までにない手法.

**nov‧el‧ette** /nɑ̀vəlét ナヴェレト | nɔ̀v- ノヴェレト/ 名 Ⓒ 短編小説.

\***nov‧el‧ist** /nɑ́vəlist ナヴェリスト | nɔ́vəlist ノヴェリスト/ 名 (複 ~s/-ists/) Ⓒ (長編) 小説家.

> **Q&A** **Q**: -ist を付けて「人」を示す語を作るのですね.
> **A**: そうです. science—scientist, piano—pianist, violin—violinist などです. このように名詞につけていうほかに, 形容詞につけて, liberal—liberalist, natural—naturalist, romantic—romanticist などがあります.

**nov‧el‧ty** /nɑ́vəlti ナヴェルティ | nɔ́vəlti ノヴェルティ/ 名 (複 ‑el‧ties/-z/) **1** Ⓤ 珍しさ, 斬新(ざんしん)さ.
**2** [a ~ / the ~] 目新しい物 [事, 経験], 珍しい物 [事] ‖
Speaking English with an American is a **novelty** to [for] me. アメリカ人と英語で話すことは私にとって新しい経験です.
**3** Ⓒ [novelties] (安い・珍しい) 商品, 新案の商品.

\***No‧vem‧ber** /nouvémbər ノウヴェンバ | nəuvémbə ノウヴェンバ/ 〖「9番目 (Novem) の月, ローマ暦では9月に当たる」〗
—名 Ⓤ 11月; [形容詞的に] 11月の (略 Nov., N.) (語法 → January).

**nov‧ice** /nɑ́vəs ナヴィス | nɔ́v- ノヴィス/ 名 Ⓒ **1** 初心者, かけ出し (beginner); [形容詞的に] 初心者の ‖
a **novice at** [**in**] swimming =a **novice** swimmer 水泳の初心者.
**2** 〘カトリック〙 見習い僧 [尼]; 修練者; 新改宗者; 新信者.

\***now** /náu ナウ/
→ 副 **1** 今 **2** 今すぐ **4** さて **5** 今や
接 いまや…だから 名 今
—副 **1** 今 (では), 現在 (では), 目下 (のところ) 《♦

日本語の「今」は now より対象となる時間が短く, むしろ at the moment に当たることも多い》
She is running **now**. 彼女は今走っている.
I am busy **just now**. ちょうど今忙しい.
He will be home **now** tomorrow. 彼はあすの今ごろ家にいるだろう《◆ this time tomorrow よりくだけた表現》.
**2** [しばしば just 〜] **今すぐ**, ただちに, さっそと》
She will turn up (**just**) **now**. 彼女はすぐに現れるだろう.
I'm coming **just now**. 今すぐ参ります.
I must do my homework **just** [(米) **right**] **now**. 今すぐ宿題をしなくっちゃ.
**3** [通例 just 〜] **たった今**, 今しがた《◆この意味の just now は現在完了形にいっしょに用いない》》
He left **just now**. 彼はたった今出発したところだ.
**4** [文頭で; 間投詞的に; 話の切り出し・切り換えに] **さて**, ところで, それならば; [たしなめ・驚き・命令などを表して] これ, こら, まあ, へえ 》
**Nów**(↘) this is my plan for the vacation. さて, これが私の休暇の計画だ.
**Nów**, listen to me! まあ, お聞き.
**Now** for some music. さてちょっと音楽(を聞くこと)にしようか.
**5** [会話・物語で] **今や, その時, こうなると, それから, 次に**(then) 》
She now made another plan. 彼女はそれからもう一つ別の計画をたてた.

**cóme nòw** (1) [相手の行動をうながして] さあさあ.
(2) [非難・なだめを表して] これこれ, まあまあ.

◦(**èvery**) **nòw and thén** =(**èvery**) **nòw and agáin** [通例文尾・文頭に置いて] (正式) (不規則な間隔をおいて)**ときどき**《◆ seldom と sometimes の間》|| He glanced at his wristwatch **now and then**. 彼は時折腕時計をちらりと見た / **Now and then**, we go to London on business. 時々, 私たちは商用でロンドンへ行く / 対話 "Do you ever listen to rock'n'roll?" "Yes, I listen to it **now and then**." 「ロックを聴くことはありますか」「ええ, ときどき聴きます」.

**nów for A** さて次は…だ.

**nów**(,) **nów** =**nów thén** =**thère nów** (略式) [文頭で; 叱責・なだめ・注意を表して] ねえ, これ, まあまあ || **Now, now**, don't cry so loud. これこれ, そんなに大声で泣かないで.

**nów … nów … =nów … thén … =nów … and agáin …** (正式) ある時は…またある時は… || He was now rich, **now** poor. 彼は金回りのいい時もあれば悪い時もあった.

**Nów or néver!** 今こそ(絶好の時だ).

──腰 [しばしば 〜 that] いまや…だから, …である以上 ||

**Nów** (**that**) you are a high school student (↘), you must study hard. 君はもう高校生なんだから一生懸命勉強しなければいけません.
**Nów that** his father was dead(↘), he owned the store. 父親が死んで彼がその店を所有した.

──图 U [通例前置詞のあとで] **今**, 目下, 現在 ‖ before **now** これまでに.
That's all **for now**. (略式) 今のところそれだけだ, それではこの辺で《◆ 会議・番組などの終わりのことば》.
**as of nów** 今, この時点.
**from nów ón** =(正式) from **now** forward = from **now** forth = from **now** onward 今後は.
Till [Until, Up to] **now**, everything has been right. 今までずっと万事うまくやってきた.
**By now**, she will have reached Kyoto. 今ごろ彼女は京都に着いているだろう.

*__**now・a・days**__ /náuədèiz ナウアデイズ/ 《now + on + days》
──副 [過去と対比して] **近ごろ**, 今日(法)では, 最近は(↔ formerly)《◆ these days の方がくだけた言い方. しばしば現在(進行)時制で用いるが, 現在完了形の文で用いない》》
**Nowadays**(↘) many people travel abroad. この頃外国へ旅行する人が多い.
Everybody has a television **nowadays**. 今日ではだれもがテレビを持っている.

──图 U 現今, 現代 ||
the ideas of **nowadays** 当節の考え.

*__**no・where**__ /nóuwèər ノウウェア/
──副 **どこにも…ない**; どこへも…ない((米略式) no-place)》
対話 "I called you several times yesterday, but you didn't answer. Where did you go?" "**Nowhere**. I was at home." 「昨日何回か電話したのにお出なかったね. どこへ出かけてたの?」「どこにも. 家にいたよ」.

語法 (1) 名詞的にも用いる: **Nowhere** is quite like home. 家庭ほどよいところはまずない(=There is no place like home./ There is *not anywhere* quite like home.) / There is **nowhere** for you to sleep. 君の寝る所がありません.
(2) 命令文では not anywhere がふつう: Don't go *anywhere* while I'm out. 留守中どこへも行くな.

**from** [**óut of**] **nówhere** (突然)どこからともなく, 降ってわいたように.
**nówhere néar …** (略式) …にほど遠い, …どころでない.

**nox・ious** /nάkʃəs ナクシャス | nɔ́kʃ- ノクシャス/ 厖 (正式) 有害な, 健康に悪い.

**noz・zle** /nάzl ナズル | nɔ́zl ノズル/ 图 C (ホース・パイプなどの)発射口, 噴射口, 吹き出し口; 筒先, ノズル.

**NPO** nonprofit organization 非営利団体.

**nu・ance** /njúːɑːns ヌーアーンス (ニューアーンス), —|『フランス』图 C U (正式) (表現・感情・意見・色・音・味などの)微妙な差異, ニュアンス ‖
rich in **nuance** 含蓄ある.

*__**nu・cle・ar**__ /njúːkliər ヌークリア (ニュークリア), 《米

+) /n(j)úːkjulər/ [「果実の核の」が原義]
——形 [通例名詞の前で] **1 核の**；原子核の；**原子力の**，核兵器の ‖
**nuclear** reaction 核反応.
**nuclear** fuel 核燃料.
**nuclear** medicine 核医学.
a **nuclear** weapon 核兵器.
a **nuclear** bomb 核爆弾.
a **nuclear** test 核実験.
a **nuclear** base 核基地.
**2** 〈国が〉核を保有する ‖
go **nuclear** 核武装する.
**núclear disármament** 核軍縮.
**núclear énergy** 核エネルギー, 原子力.
**núclear fámily** 核家族《夫婦と子どもだけの家族》(↔ extended family).
**núclear físsion** 核分裂.
**núclear pówer** 原子力.
**núclear reáctor** 原子炉.
**núclear umbrélla** 核のかさ《他国の核兵器による保護》.
**núclear wár** 核戦争.
**núclear wáste** 核廃棄物.
**nu·cle·us** /n(j)úːkliəs ヌークリアス (**ニュークリアス**)/ 名 (複 ‑cle·i /‑kliaɪ/, ~·es) C [正式] **1** [通例 the ~] (集合体の)中心(部分), 核心 ‖
become the **nucleus** of a group グループの中心となる.
**2** 〔生物〕細胞核；〔物理〕原子核.
**nude** /n(j)úːd ヌード (**ニュード**)/ 形 裸の, 裸体[ヌード]の；ヌーディストの[による]；覆いのない, むき出しの ‖
a **nude** picture 裸体画.
a **nude** party ヌード=パーティー.
the **nude** trees of winter 冬枯れの木々.
**nude** facts ありのままの事実.
——名 **1** C (女性の)裸体画, ヌード写真.
**2** C 裸の人, 裸婦.
**3** [the ~] 裸体 ‖
swim in the **nude** 裸で泳ぐ.
**nud·ist** /n(j)úːdɪst ヌーディスト (**ニューディスト**)/ 名 C 裸体主義者.
**nu·di·ty** /n(j)úːdɪti ヌーディティ (**ニューディティ**)/ 名 U 裸の状態, むき出しの状態.
**nudge** /nʌdʒ ナヂ/ 動 (現分 **nudg·ing**) 他 (注意を引くめ)…をひじで軽くつつく；…を(ひじで)押しのける ‖
**nudge** one's way ひじで押して進む.
**nudge** him (in the ribs) 彼(のわき腹)をひじでつつく.
——自 軽くつつく.
——名 C [通例 a ~] (ひじで)軽く突くこと, ぐいと押すこと.
**nug·get** /nʌ́gɪt ナギト/ 名 C **1** かたまり；天然の金塊 ‖
a **nugget** of gold = a gold **nugget** 金塊.
**2** 〈正式〉貴重なもの ‖
**nuggets** of wisdom 知恵のかたまり.
**nui·sance** /n(j)úːsəns ヌーサンス (**ニューサンス**)/ (発音注意)◆ ×ヌイサンス〉名 C **1** 迷惑になること, 迷惑行為；〔法律〕(不法)生活妨害 ‖
a public **nuisance** 公的不法妨害；(略式)はた迷惑な人.
**2** [a ~] いやな人[物], はた迷惑な人[物]；神経をいらいらさせる人[物] ‖
She's always making a **nuisance** of herself. 彼女はいつも迷惑をかけてけむたがられている.
What a **nuisance**! いやだな!, うるさいな!.
**Commít nó núisance!** 〈英略式〉小便無用；ごみ捨て無用《◆ No nuisance here! ともいう》.
**nuke** /n(j)úːk ヌーク (**ニューク**)/ (略式) 名 C 動 (現分 **nuk·ing**) 他 (…を) 核兵器で攻撃する) ‖
No **Nukes**! (スローガン)核廃絶!
**null** /nʌl ナル/ 形 **1** 〔法律〕無効の ‖
**núll and vóid** (法律上)無効な.
**2** 価値のない.
**nul·li·fy** /nʌ́ləfaɪ ナリファイ/ 動 (三単現 ‑li·fies /‑z/；過去・過分 ‑li·fied/‑d/) 他 〔正式〕〔法律〕…を無効にする.
**numb** /nʌm ナム/ (発音注意)◆ b は発音しない〉形 かじかんだ；無感覚になった；しびれた；硬直した, 麻痺(ひ)した ‖
toes **numb** with (the) cold 寒さでかじかんだ足の指.
**numb** with shock ショックでぼうっとした.
——動 **1** [しばしば be ~ed] …を無感覚にさせる, 麻痺(ひ)させる ‖
Her fingers **were numbed** with (the) cold. 寒さで彼女の指がかじかんだ.
I **was numbed** by her sudden death. 〈正式〉彼女の急死で私は一時何も考えられなくなった.
**2** 〈痛みなど〉を鈍くする, やわらげる.
**númb·ness** 名 U 硬直, 麻痺(ひ).

## **num·ber**

**num·ber** /nʌ́mbər ナンバ/ [「総計」が原義] 派 numeral (名), numerous (形)
——名 (複 ~s /‑z/) **1** C U 数, 数字, 数詞；[the ~] 人数；個数, 総数, 合計 ‖
in round **numbers** 概数で.
count the **number** of books 本の数を数える.
The **number** of cars has [×have] been increasing. =Cars have been increasing in **number**. 自動車の数が増えている《◆ 前の文の動詞は number に一致して has になっている》.
The audience was large in **number**. 聴衆は多かった.
What [×How much, ×How many] is the **number** of people in Tokyo? 東京の人口はどのくらいか.
対話 "How many people are coming to the meeting?" "I don't know the exact **number**, but probably more than fifty."「その集会には何人の人が来ることになっていますか」「正確な数は知らないけど, おそらく50人を超える数でしょう」.
関連 (1) 基数は one, two, three … ten …, 序

数は first, second, third ... tenth ....
(2) ローマ数字については → Roman numerals.
(3) [数字の読み方]
8:15 a.m. [p.m.] =eight fifteen a.m. [p.m.]
1989 (年) =nineteen eighty-nine; (正式) nineteen hundred and eighty-nine
2004 (年) =two thousand and four
0697 (電話) =o [oh] /ou/ six nine seven
15.08 (小数) =fifteen point nought eight
.237 (野球) =two thirty-seven
.300 =three hundred
1/2 =a half
1/4 =a quarter
2/3 =two thirds
38℃[F] =thirty-eight degrees Celsius [Fahrenheit]
July 1 =July (the) first
Henry IV =Henry the Fourth
Lesson II =Lesson Two; the Second Lesson
World War II =World War Two; the Second World War
(4) 西洋では不吉な数は13, 神聖[幸運]な数は7.
(5) [いろいろな number] even number 偶数 / odd number 奇数 / cardinal number 基数 / ordinal number 序数 / high number 大きい数 / low number 小さい数 / rational number 有理数 / irrational number 無理数 / real number 実数 / imaginary number 虚数.

**2** Ⓒ (電話・住所などの)番号, …番(略) n., no., No., num.; (記号) (米) # ‖
a telephone **number** 電話番号.
a licence **number** 登録番号.
a locker **number** ロッカー番号.
a house **number** 家屋番号 《◆(1) 西欧では日本の「番地」と違って通りに沿ってビルや家に番号を順につける. 通りの片側のブロックに101, 103, 105…, もう一方は100, 102, 104…のような場合が多い. 住所は「house number + 通りの名 + 都市名」で示す. (米) では house number に No. をつけない(例: 5 Maple Street, Denver)》.
Room **No.**15 15号室.
know the room by **number** その部屋の番号を知っている.
**Number('s) engaged.** (英) (電話が)話し中です ((米) Line's busy.).
**Number, please.** (電話で)何番ですか.
What **number** president of the United States was Kennedy? ケネディは合衆国の何代目の大統領ですか.
対話 "Hello, is this Mr. Brown?" "I'm sorry, **you have the wrong number.**" (電話で)「もしもしブラウンですか」「番号違いですよ」.

対話 "I may need to contact you later this week." "I'll give you my phone **number** just in case." 「今週もっと先で君に連絡をとる必要があるかもしれないよ」「念のためにぼくの電話番号を言っておくよ」.

**3** [a ~ of + 複数名詞; 複数扱い] (漠然とした)多数の…, 若干数の…; [~s of + 複数名詞] 多数の…; [~s] 多数の人[物]; 数の優勢 ‖
**numbers of** people [books] 多くの人々[本].
quite **a number of** boxes 非常に多くの箱.
in small **numbers** 少(人)数で.
travel **in great numbers** 大勢で旅行する.
win by (force of) **numbers** 数の力で勝つ.
**A number of** passengers were injured in the accident. 多く[いくらか]の乗客がその事故で負傷した(→ 語法(1)).

語法 [a number of] (1)「多数の」,「若干(ヒュッ)の」のいずれの意味かは前後の文脈によるが, 現在では「いくらか」の意では a certain *number* of, some (of) を用い, a *number* of を「多くの」の意に用いるのがふつう. また「多くの」の意味をはっきりさせるために, しばしば a large [great, good] *number*, large *numbers* of を用いる.
(2) 数を強調する時には a large [great, good] *number* of boys「多くの少年」, a small *number* of mistakes「わずかな誤り」のようにする.

**4** Ⓒ (本の)巻, …巻; (雑誌の)号, …号 ‖
the April **number** 4月号.
back **numbers** of *Time*『タイム』誌のバックナンバー.
**5** (略式) (詩・歌などの)1編, 1曲, 番組; 演目, 曲(目); 出し物, 見せ物.
**6** [~s; 単数・複数扱い] 算数 ‖
be good at **numbers** 算数が得意だ.
**7** Ⓤ Ⓒ [文法] 数(ホ) ‖
the singular **number** 単数.
◦**a númber of** → **3**.
**ány númber of** A (略式) (かなり)多くの….
**in númber** (正式) (1) → **1**. (2) 全部で, 総数で.
◦**the númber of** A → **1**.
**to the númbers of** A (正式) …に達するほど, …までも ‖ accidents to **the numbers of** 50 50件もの事故.

── 動 [三単現] ~s/-z/; [過去・過分] ~ed/-d/; [現分] ~ing/-bəriŋ/
── 他 **1** …に番号をつける, にページづけをする ‖
**number** the plates (from) 1 to 50 板に1から50まで番号をつける.
**2** (詩) …を(1つずつ)**数える**, 勘定する(count); (正式) …を数の中に入れる ‖
**number** the books on the shelf 棚の本を数える.
She **numbers** poets and artists among her friends. 彼女の友人には詩人や芸術家がいる.
**3** (略式) [be ~ed] 数[期間]が定められる, 制限さ

れる ‖
Her years are numbered. 彼女は余命いくばくもない.

**4** …の数に達する, 総計…になる, …の年齢まで生きる ‖
The party numbers 15 men in all. 一行はみんなで男15人になる.

— 自 **1** 数える, 計算する; 数えられる, 含まれる.
**2** 総計(…の)数になる ‖
Tourists number in millions. 観光客は数百万に達する.

**númber óff** (1) (英)[自]〈兵士が〉(整列して)番号を言う((米) count off). (2) [他]〈物に〉番号をつける;〈兵士に〉点呼の数を言わせる.
**númber crúncher** (略式)コンピュータ; 計算屋《会計などで大きな数字を扱う人》.
**númbering machíne** 番号印字機, ナンバリング.
**númber líne** [数学]数直線.
**númber óne** (略式) (1) 自分自身(の利益). (2) [形容詞的に] 最上の, 一流の. (3) (小児語)[遠回しに]おしっこ(する)《◆No.1 とも書く》.
**númber twó** (略式) (1) [形容詞的に] 第2(位)の; 二流の. (2) (小児語)[遠回しに]うんち(する)《◆No.2 とも書く》.

**num·ber–plate** /nʌ́mbərpleit ナンバプレイト/ 名 C (英)(自動車の)ナンバープレート((図) → car) ((米) license plate).

**nu·mer·al** /n(j)úːmərəl ヌーマラル (ニューマラル)/ 名 C
**1** 数字; [文法]数詞 ‖
Arabic numerals アラビア数字《◆「ローマ数字」は Roman numerals》.
**2** (米) [~s] 年次章《布製の数字で大学の卒業年の西暦の下2けたを示したもの. 在学中優秀な運動選手であった者に与えられる》.

**nu·mer·a·tor** /n(j)úːməreitər ヌーマレイタ (ニューマレイタ)/ 名 C [数学]分子, 被除数(↔ denominator).

**nu·mer·ic, –i·cal** /n(j)uːmérik(l) ヌーメリク(ル) (ニューメリク(ル))/ 形 **1** 数の, 数に関する; 計算の ‖
in numeric order 番号順で.
**2** 絶対値の.
**nu·mér·i·cal·ly** 副 数字の上で, 計算上.

*****nu·mer·ous** /n(j)úːmərəs ヌーマラス (ニューマラス)/ [→ number]
— 形 **1** たくさんの, 多くの《◆many より堅い語》‖
numerous friends 多くの友人.
Examples are too numerous to mention. 実例は多すぎていちいち挙げることはできない.
**2** [集合名詞と共に] 多数からなる《◆large より堅い語》‖
a numerous family 大家族.
a numerous collection of books おびただしい蔵書.

**nun** /nʌ́n ナン/ (同音 none) 名 C 修道女, シスター; 尼, 尼僧.

**nup·tial** /nʌ́pʃl ナプトル/ 形 (正式)結婚(式)の.

**Nu·rem·berg** /n(j)úːrəmbə̀ːrg ヌーレンバーグ (ニューレンバーグ)/ 名 ニュルンベルク《ドイツ南部の都市. ドイツ語名 Nürnberg》.

*****nurse** /nə́ːrs ナース/ 『『養う, 食物を与えるもの』が原義』 (派) nurs·es/-iz/) C
— 名 (派) nurs·es/-iz/) C **1** 看護師, 看護婦, 看護兵《◆(1) かつては女性を意味したが, 現在は男女を問わない職名. (2) 呼びかけにも用いる. (3) an angel in white (白衣の天使), a ministering angel (救いの天使)などと呼ばれる》‖
a hospital nurse 病院の看護師.
a male nurse 男性看護師《◆特に男性であることを示したい場合の言い方》.
Nurse Smith is off today. スミス看護師はきょうは非番です.
対話 "What does she do at the hospital? Is she a nurse?" "No, she's a doctor." 「病院では彼女は何をしていますか. 看護師ですか」「いいえ, 医師です」.

事情 [(米国における) nurse の種類] a registered [(licensed) practical] nurse 正[准]看護師 / a graduate nurse (看護師養成機関を卒業した)学士看護師 / a nurse practitioner ナースプラクティショナー《診察・診断・処方をする資格をもつ上級専門看護師》/ a head nurse 看護師長.

**2** 乳母(ば); 保母, 子守(女); U 育児; 授乳 ‖
The baby is (out) at nurse. その赤ん坊は乳母に預けられている[里に出されている].
**3** はぐくむもの[人, 力, 所] ‖
Sports are the nurse of friendship. スポーツは友情をはぐくむものだ.
**pút A (óut) to núrse** …を里子に出す, 乳母に預ける.

— 動 (三単現 nurs·es/-iz/; 過去過分 ~d/-t/; 現分 nurs·ing)
— 他 **1** …を看護する, 看病する, お守する;〈病気・傷などの〉治療に努める, 手当をする《◆受身にしない》‖
nurse tuberculosis by keeping regular hours 規則正しい生活で結核を治そうと養生(ようじょう)する.
nurse a patient with great care 患者を手厚く看護する.
**2** 〈赤ん坊〉に乳をやる.
**3** 〈計画・恨み・思想など〉を心に抱く《◆受身にしない》‖
nurse art 芸術をはぐくむ.
nurse a grudge 人に悪意を抱く.
**4** …を愛情をこめて抱く, 抱きしめる, かわいがる,〈グラスなど〉を手で温める.
**5** (略式) …に細心の注意を払う, …を注意して扱う, 管理する, 育てる.
— 自 **1** 看護師として働く. **2** 看護する, 看病する; 授乳する.

**núrse's áide** (米) 看護助手.

**nurs·er·ies** /nə́ːrsəriz ナーサリズ/ 名 → nursery.

**nurs·er·y** /nə́ːrsəri ナーサリ/ 名 (複 ~·er·ies/-z/) C **1** 育児室, 託児所 ; (古) 子供部屋 ‖
a day nursery 保育園.
**2** 苗床 ; 養成所, 養殖（養魚, 養樹）場 ; (犯罪などの)温床 ; 育つ環境[条件].

**núrsery rhỳme [sòng]** (伝承)童謡((米) Mother Goose rhyme).

**núrsery schòol** (5歳以下の幼児の)保育所[園].

**nurs·er·y·man** /nə́ːrsəriman ナーサリマン/ 名 C 養樹園主, 苗木屋[職人]((PC) nursery owner [operator]).

**nurs·ing** /nə́ːrsiŋ ナースィング/ 動 → nurse.
──名 U 看護, 保育 ; 看護師の仕事.
──形 養育する, 養育される.
**núrsing bòttle** 哺(ほ)乳びん.
**núrsing càre** 介護.
**núrsing fàther** 養父, 乳母の夫.
**núrsing hòme** (老人などの)私設療養所, 老人ホーム ; (英)(小規模な)私立病院.
**núrsing mòther** 養母, 乳母(うば).
**núrsing schòol** 看護学校.

**nur·ture** /nə́ːrtʃər ナーチャ/ (文) 動 (現分 ~·tur·ing) 他 …を育てる, 教育する. ──名 U 養育 ; しつけ.

*****nut** /nʌ́t ナト/ (類音 not, knot/nát | nɔ́t/)
──名 (複 ~s/nʌts ナッ/) C **1 a** (かたい)木の実, 堅果(けんか), ナッツ. **b** 実の仁(じん).

> 関連 [種類] almond アーモンド / cashew カシューナッツ / chestnut クリ / coconut (ココ)ヤシの実 / hazelnut ハシバミの実 / walnut クルミ.

**2** 木の実図案.
**3**【機械】ナット, 親ねじ, 留めねじ《◆nut をはめるのが bolt》.
**4** (略式) 頭(head) ‖
off one's nut 気が狂って.
**5** (俗) **a** ばか者 ; 変わり者(→ nuts).
**b** [しばしば複合語で] ファン, (…)狂 ‖
a Tom Hanks nut トム=ハンクスのファン.

**nut–but·ter** /nʌ́tbʌ̀tər ナトバタ/ 名 U 木の実[ナッツ]バター.

**nut·crack·er** /nʌ́tkrækər ナトクラカ/ 名 C [しばしば ~s] クルミ割り器 ‖
a pair of nutcrackers = a nutcracker クルミ割り器1丁.

**nut·meg** /nʌ́tmeg ナトメグ/ 名 C 【植】= nutmeg tree. **2** U C = nutmeg seed.

**nútmeg àpple** ニクズクの木の実.

**nútmeg sèed** ナツメグ(nutmeg)《ニクズクの種子の胚乳(はいにゅう)を乾燥させたもの. 香辛料・薬用》.

**nútmeg trèe** ニクズク(の木)(nutmeg).

**nu·tri·ent** /n(j)úːtriənt ヌートリエント [ニュートリエント]/ (正式) 【生化学】形 C 栄養になる(薬, 食物).

**nu·tri·tion** /n(j)uːtríʃən ヌートリション [ニュートリション]/ 名 U (正式) **1** 栄養物を与えること, 栄養物を摂取すること ; 栄養作用 ‖
in nutrition 栄養上.
**2** 滋養物, 栄養物.
**3** 栄養学 ‖
an expert in nutrition 栄養士.

**nu·tri·tious** /n(j)uːtríʃəs ヌートリシャス [ニュートリシャス]/ 形 (正式) 栄養のある.

**nu·trí·tious·ly** 副 栄養たっぷりに, 栄養となって.

**nu·tri·tive** /n(j)úːtrətiv ヌートリティヴ [ニュートリティヴ]/ 形 (文) **1** = nutritious. **2** 栄養(作用)の.

**nuts** /nʌ́ts ナッ/ 形 (略式) 夢中になっている, 熱をあげている.

**gó núts** (略式) 気が変になる, 頭にくる.

**nut·shell** /nʌ́tʃèl ナチェル/ 名 C **1** かたい木の実の果皮[殻]. **2** 小粒のもの.

**nut·ty** /nʌ́ti ナティ/ 形 (比較 ~·ti·er, 最上 ~·ti·est) ナッツの味のする, 風味豊かな ; (略式) 気の変な.

**nuz·zle** /nʌ́zl ナズル/ 動 (現分 nuz·zling) 自《犬・馬などが》鼻をすりつけてくる. ──他 **1** …に鼻をこすりつける. **2** 〈鼻などを〉こすりつける.

**NV** 〔略〕〔郵便〕 Nevada.

**NW** 〔略〕 North Wales; northwest, northwestern.

**NY** 〔略〕〔郵便〕 New York (州).

**NYC** 〔略〕 New York City.

**ny·lon** /náilɑn ナイラン | náilɔn ナイロン/ 名 **1** U ナイロン. **2 a** C ナイロン製品. **b** (略式) [~s] = nylon stockings. **3** [形容詞的に] ナイロン(製)の.

**nýlon stóckings** (女性用)ナイロンの靴下(nylon).

**nymph** /nímf ニムフ/ 名 C **1**【ギリシア神話・ローマ神話】ニンフ《海・川・山・森などに住むといわれる半神半人の美少女の妖精(ようせい)》.
**2** (詩) おとめ, 美少女.

**NZ** 〔略〕 New Zealand.

# O

**\*o, O** /óu **オウ**/ 名 (複 o's, os; O's, Os /-z/) 1 ⓒⓊ 英語アルファベットの第15字. 2 → a, A 2. 3 ⓒⓊ 第15番目(のもの).
**Ó lèvel** =ordinary level.

**\*O¹** /óu **オウ**/ 同音 oh, owe 〖擬音語〗
──間 1 〖文〗[名前・称号の前で] ああ, おお ‖
O Lord, help us! おお主よ, お助けを!
**2** おお, まあ《◆驚き・願望・恐れなどの感情を表す. 現在は oh がふつう》‖
O dear (me)! おやおや!
O what I'd give **for** a chair! ああいすがほしい!
O **that** he were here! ああ彼がここにいたらなあ! (=I wish he were here.).

> 語法 (1) 常に大文字で書く. (2) oh は独立的で感嘆符《!》や句読点が付くが, O はふつうあとに感嘆符やコンマ《,》を付けない(cf. oh¹). (3) しばしば肯定・否定を強めて成句的に用いる: O yes. そうだとも / O no. とんでもない.

**O²** /óu **オウ**/ 名ⓒ (アラビア数字の)零(zero).
**o'** /ə **ア**/ 前 =of ‖
5 o'clock p.m. 午後5時.
a cup o' tea オール2本.

**oak** /óuk **オウク**/ 名 (複 ~s/-s/, oak) 1 ⓒ オーク(の木) (oak tree) 《ナラ・カシワ・カシ・クヌギなどの総称で, 典型的には落葉樹のナラの類をいう. 実(%)は acorn》.

> 文化 (1) 木の王者といわれる. 安定性の象徴. 花言葉は「勇気」「愛国心」「独立」.
> (2) 軍神 Mars の神樹といわれ, 妖(a)精が住み, 幹に触れると病気が治るともいわれる. 雷よけにする (→ thunder 名1).
> (3) その堅牢(%%), 強靱(%)さは英国人の精神を代表する木として, 米国人の hickory に対比される.

**2** Ⓤ オーク材《家具・船などに用いる. 樹皮は獣皮をなめすのに用いられた》.
**3** [形容詞的に] オークの; オーク材[製]の ‖
an oak door オーク材のドア.
**óak trèe** =oak 1.

**oar** /ɔ́:r **オー**/ 同音 ore 名ⓒ 1 オール《◆rowboat 用のものをいう. canoe 用は paddle》‖
a pair of **oars** オール2本.
pull a good **oar** こぎ方がうまい.
pull on [\*row] the **oars** オールをこぐ.
**2** こぎ手 ‖
a good **oar** 上手なこぎ手.
**líe** [**rést**, (米) **láy**] **on** one's **óars** 〖オールを水

平にあげて休むことから〗(略式) (大仕事のあと)ひと休みする.
**pùt** [**shóve, stíck**] one's **óar in** (略式) 干渉する, 口出しする.

**OAS** (略) Organization of American States.
**o·a·sis** /ouéisis **オウエイスィス**/ (米+) óuə-/ 発音注意 《◆×オアシス》〖「住む」が原義〗 名 (複 o·a·ses /-siːz/) ⓒ **1** オアシス《砂漠の中の緑地》. **2** 《正式》くつろぎの場, 慰安となるもの.
**an oásis in the désert** 退屈を慰めてくれるもの; 事態を好転させるもの.

> Q&A Q: -sis で終わる語の複数形は -ses となるのですか.
> A: そうです. analysis, basis, crisis, hypothesis, paralysis などの -sis は /-sis/ と発音し, 複数形の -ses は /-si:z/ と発音します. axis (軸)はつづり上は -sis ではありませんが /æksis/ と発音することから複数形は axes となっています.

**oat** /óut **オウト**/ 類音 auto/ɔ́ːtou/) 名ⓒ **1** [通例 ~s; 単数・複数扱い] オートムギ, カラスムギ(の粒)《寒冷地で栽培される. ふつう馬の飼料》‖
much [\*many] **oats** 多量のオートムギ.
**2** [~s; 単数扱い] =oatmeal.

**oath** /óuθ **オウス**/ 名ⓒ **1**《神にかけての》誓い(類 pledge); (宣誓後の)誓約; 〖法律〗宣誓 ‖
take [swear] an **oath of allegiance** 忠誠の誓いを立てる.
an **oath of office** 就任の宣誓.
put him on [under] **oath** 彼に誓わせる.
**under** [**on**] (one's) **óath** 誓って, 宣誓して.
a written **oath** 誓約書; 宣誓文.
She gave her **oath** not **to** drink. = She gave her oath **that** she would not drink. 彼女は酒をやめると誓った.
take the **oath** (法廷で)宣誓する.

宣誓の動作

> 事情 [宣誓文の見本] I swear by Almighty God that the evidence I shall give to the court and jury shall be the truth, the whole truth, and nothing but truth. 法廷および陪審に対して行なう証言は, すべて真実であり, 真実以外の何ものでもないことを, 神にかけて誓います.

**2** 《神聖を汚(が)す》神名濫用; 畜生呼ばわり《By God!, God damn you! など》; [通例 ~s] ののしり言葉.

**oat·meal** /óutmìːl オウトミール/ 名 **1** U ひき割りオート麦《ケーキやオートミールの材料》. **2** 《主に米》[~s; 単数扱い] オートミール《ひき割りオート麦に牛乳と砂糖を加えて作ったかゆ. 朝食用》.

**OB** 〔略〕《英》Old Boy.

〔比較〕日本語の「OB」「OG」は英語ではふつう次のようにいう: a graduate of Keio University 慶応大学のOB [OG] / a former member of the club クラブのOB [OG] / a class reunion OB [OG] の集まり, 同窓会.

**o·be·di·ence** /oubíːdiəns オウビーディエンス | əbíːdiəns オビーディエンス/ 名 U 従順, 従うこと, 服従 (↔ disobedience); 《法の》順守 ‖
act in obedience to an order 命令どおりにする.

**o·be·di·ent** /oubíːdiənt オウビーディエント | əbíːdiənt オビーディエント/ 形 従順な, 素直な, 言うことを聞く; 忠実な; 《法を》順守する(↔ disobedient) ‖
an obedient dog 忠犬.
He is obedient to his teacher. 彼は先生の言うことをよく聞く.

obedient 《従順な》

**o·be·di·ent·ly** 副 従順に, 素直に.
**o·bese** /oubíːs オウビース | əu- オウ-/ 形 《正式》肥満の.
**o·be·si·ty** /oubíːsəti オウビースィティ / əu- オウ-/ 名 U 《病的な》肥満.

*__**o·bey**__ /oubéi オウペイ | əbéi オベイ/ 〔「…に耳を傾ける」が原義〕
派 obedience (名), obedient (形)
—動 (三単現) ~s/-z/; (過去・過分) ~ed/-d/; (現分) ~·ing
—他 **1** …に従う, 《規則など》を守る(↔ disobey) ‖
obey one's parents 親の言うとおりにする.
Obey the law. 法律を守りなさい.
〔対話〕"If I'm in a hurry, I often drive very fast." "Driving fast is very dangerous! You should always **obey** the speed limit." 「急いでいると, よく車のスピードを出しすぎてしまうんだ」「スピードの出しすぎはとても危険だよ. 制限スピードはいつも守らないとね」.
**2** …に従って行動する; …に従って作用する.
—自 服従する.

**o·bit·u·ar·y** /əbítʃuèri オビチュエリ | -əri -アリ/ 名 (複) --ar·ies/-z/) C 《新聞・雑誌の》死亡記事; 故人略伝 ‖

obituary notices 《新聞などの》死亡記事.

*__**ob·ject**__ /名 ábdʒikt アブヂクト | ɔ́bdʒikt オブヂクト; 動 əbdʒékt オブヂェクト/〔「…に向かって(ob)投げられた(ject)《もの》/注意を喚起させるもの」が原義〕
派 objection (名), objective (名・形)
→ 名 **1** 物 **2** 対象 **3** 目的 **4** 目的語
動 自 反対する
—名 (複 ~s/-dʒikts/) C **1** 物, 物体 ‖
Look at that shining **object** in the sky. あの空で輝いている物体を見なさい.
an unidentified flying **object** 未確認飛行物体(=a UFO).
**2** 《正式》[an ~ / the ~] 対象《となる人, 物》‖
an **object of** admiration for girls 少女たちのあこがれの的.
take Keats as an **object of** study キーツを研究の対象として取りあげる.
**3** [通例 an ~ / the ~ / one's ~] 目的, 目標, 目当て《◆ objective よりくだけた語》‖
for that **object** それを目当てに.
I see no **object** in revising this document. この書類に手を入れてもむだだと思う.
His **object** in traveling to Paris was to meet with the President. 彼のパリ行きの目的は大統領と会見することであった.
attain one's **object** in life 人生の目的を達する.
She went to Italy with the **object** of studying music. 音楽を研究する目的で彼女はイタリアに行った.
**4**〔文法〕目的語(cf. subject)‖
the direct **object** 直接目的語.
the indirect **object** 間接目的語.
—動 /əbdʒékt/ (三単現) ~s/-dʒékts/; (過去・過分) ~ed/-id/; (現分) ~·ing
—自 [object (to A)] (…に)反対する, 抗議する, 異議を唱える, 不服を唱える(↔ agree); (…を)いやがる, 嫌う《◆受身にできる. 「…に反対している」という状態は be against》‖
**object to** him 彼に反対する.
**object to** going out in the rain 雨の中を出かけることをいやがる《◆ to 不定詞を使って object to go ... とするのは《略式》》.
She **objects** when her husband comes home late. 夫が遅く帰ると彼女は文句を言う.
Our plan was **objected to** by the majority. 私たちの計画は大多数に反対された.
〔対話〕"So, does everyone agree with the plan?" "Sorry, but I have to **object** a little." 「それではみんなこの計画に賛成なんですね」「悪いけど, ぼくは少し反対しなきゃならないな」.
—他 [object (that) 節] …だと反対する《◆ oppose, object, disagree の順に意味が弱くなる》‖
They **objected** the proposal was impossible. 彼らはその提案を不可能だと反対した.

**óbject còde**〔コンピュータ〕オブジェクトコード《コンパイラの生成した機械語コード》.
**óbject lèsson** 実物《実地》教育.

気さくに応じる ‖
an obliging person 世話好きな人《♦「お人好し」の意を含む》.
be obliging to others 人に親切にする.
**ob·lig·ing·ly** 副 親切に.
**o·blique** /əblí:k オブリーク/ 形《正式》**1** 斜めの, 傾いた ‖
take an oblique direction 斜め方向に進む.
**2** 遠回しの, 間接的な ‖
an oblique glance 盗み見.
**oblíque ángle** 斜角《直角以外の角度》.
**o·blit·er·ate** /əblítərèit オブリタレイト/ 動《現分》--at·ing)他《正式》**1** …を(完全に)消す. **2** …を完全に破壊する, 取り除く.
**o·bliv·i·on** /əblíviən オブリヴィオン/ 名 U《正式》(完全に)忘れ去ること, 忘却 ‖
The mayor's name sank into oblivion. 市長の名は忘れ去られた.
**o·bliv·i·ous** /əblíviəs オブリヴィアス/ 形《正式》忘れて; 気にとめない ‖
be oblivious of [to] one's surroundings 周りのことを気にとめない, 気づいていない.
**ob·long** /ábloː(ː)ŋ アブロ(ー)ング| ɔ́b- オブ-/〔幾何〕名 C 形 長方形(の), 横長(の).
**ob·nox·ious** /əbnákʃəs アブナクシャス, əb-|əbnɔ́kʃəs オブノクシャス, ɔb-/ 形《正式》不快な, いやな(→ unpleasant); 気にさわる.
**ob·nóx·ious·ly** 副 不快に.
**o·boe** /óubou オウボウ/ 名 C〔音楽〕オーボエ《木管楽器》.
**ob·scene** /əbsí:n アブスィーン, əb-/ 形《比較》--scen·er, 《最上》--scen·est) わいせつな, いやらしい (↔ decent); 低俗な ‖
an obscene joke わい談.
**ob·scéne·ly** 副 いやらしく, みだらに.
**ob·scen·i·ty** /əbsénəti オブセニティ, -sí:n-/ 名《複》--i·ties/-z/) **1** U(言行などの)卑わいさ, わいせつ. **2** C 卑わいな言葉[行為].
**ob·scure** /əbskjúər オブスキュア, 《米+》əb-/ 形《比較》--scur·er/-skjúərər/, 《最上》--scur·est /-skjúərist/)

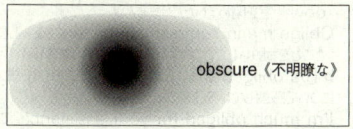

obscure《不明瞭な》

**1** 不明瞭(ﾒｲ)な, 不鮮明な, ぼやけた (↔ clear); あいまいな; (複雑で)わかりにくい ‖
an obscure explanation わかりにくい説明.
for some obscure reason 理由ははっきりしないが, どういうわけか.
**2** 人目につかない, 奥まった; 容易に見つからない, 隠れた ‖
an obscure path 秘密の道.
**3** 世に知られていない; 素性(ｼﾞｮｳ)の卑しい ‖
an obscure writer 無名作家.
——動《現分》--scur·ing)他 **1** …を覆い隠す, 見えなくする, かすませる (↔ reveal) ‖
The sun obscured by clouds 雲に隠れた太陽.
Smog obscured our view. スモッグで視界がさえぎられた.
**2** …をわかりにくくする, 不明瞭にする.
**ob·scure·ly** 副 不鮮明に; それとなく; 名もなく.
**ob·scu·ri·ty** /əbskjúərəti オブスキュアリティ/ 名《複》--ri·ties/-z/)《正式》**1** C 不明な箇所, わかりにくいところ.
**2** U 無名; 低い身分 ‖
live in obscurity ひっそりと暮らす, 無名のまま過ごす.
rise from obscurity to renown 無名から身を起こして有名になる.
**ob·se·qui·ous** /əbsí:kwiəs オブスィークウィアス/ 形《正式》**1** こびる, 卑屈な. **2** 忠実な.
**ob·serv·a·ble** /əbzə́:rvəbl オブザーヴァブル/ 形 **1** 観察できる, 目につく; 識別できる. **2** 注目すべき, 注目に値する. **ob·sérv·a·bly** 副 目立って, 著しく.
**ob·ser·vance** /əbzə́:rvəns オブザーヴァンス/〖→ observe〗名《正式》**1** U 従うこと; 順守 ‖
the observance of traffic regulations 交通規則の順守.
**2** C〔しばしば ~s〕式典, 儀式 ‖
for the observance of his birthday 彼の誕生日を祝って.
**ob·ser·vant** /əbzə́:rvənt オブザーヴァント/ 形 観察の鋭い, 注意する; よく気がつく, 油断のない ‖
an observant reader 注意深い読者.
***ob·ser·va·tion** /àbzərvéiʃən アブザヴェイション |ɔ̀bzəvéiʃən オブザヴェイション/〖→ observe〗
——名《複》~s/-z/)《正式》**1** UC 観察, (科学上の)観測;〔海事〕天測; 観察力[眼] ‖
He is a man of keen observation. 彼は観察力の鋭い人です.
the observation of nature 自然の観察.
keep a record of one's observations 観察記録をつける.
make a meteorological observation 気象観測をする.
take an observation 天測する.
**2** U 注意深く見ること, 注意深く見られること, 注視; 監視; 看護 ‖
come [fall] under his observation 彼の注意を引く, 目にとまる.
The very sick baby was under careful observation by the doctors. 重体の赤ちゃんは医者に注意深く見守られていた.
escape observation 人目をのがれる.
We kept observation on his behavior. われわれは彼のふるまいを注視していた.
対話 "How is he after the accident?" "Okay, but we're kéeping him ùnder obsérvátion for a day or two."「事故のあと彼の具合はいかがですか」「大丈夫ですよ, しかしここ一両日の間は注意深く見守っています」
**3**〔~s〕情報, 記録, 資料, 報告 ‖
the observations on butterflies 蝶(ﾁｮｳ)に関

## objection

**\*ob·jec·tion** /əbdʒékʃən オブ**チェ**クション/ 〖→ object〗
——名 (複) ~s/-z/) **1** ⓊⒸ 反対, 異議, 不服; いや気(↔ agreement) ‖
by objection 異議を唱えて.
ráise an objéction to his plan 彼の計画に反対する.
I have no objection to what you say. 君の言うことに異議はない.
**2** ⓒ さしさわり, 故障; 反対の理由, 難点 ‖
One of my objections to the marriage is that she is too young. その結婚に反対する理由の一つは彼女が若すぎるということだ.

**ob·jec·tion·a·ble** /əbdʒékʃənəbl オブ**チェ**クショナブル/ 形 **1** 反対すべき, 異議のある; 気にさわる, 不快な. **2** いかがわしい.
**ob·jéc·tion·a·bly** 副 反対するように, 不愉快に.

**\*ob·jec·tive** /əbdʒéktiv オブ**チェ**クティヴ/ 〖→ object〗
——名 (複) ~s/-z/) ⓒ **1** (正式) 目標, 目的, 的.
**2** 〔文法〕目的格.
——形 **1** 目的の, 目標の ‖
an objective point (軍隊の)目的地.
**2** 客観的な, 事実に基づく(↔ subjective) 《◆ subjective と対照させる時はしばしば/ábjektiv/ と発音する》 ‖
an objective test 客観テスト.
**3** 物体の, 実在の.
**4** 〔文法〕目的格の ‖
the objective case 目的格.

**ob·jec·tiv·i·ty** /ˌɒbdʒektívəti アブヂェクティヴィティ | ˌɔb- オブ-/ 名 Ⓤ 客観性, 客観主義, 客観的実在.

**ob·jec·tor** /əbdʒéktər アブ**チェ**クタ/ 名 ⓒ 反対者, 異議を唱える人.

**ob·li·gate** /ɒbligèit アブリゲイト | ˌɔb- オブ-/ 形 /ɒbligət アブリガト, -gèit | ˌɔb- オブ-/ 動 (現分) -gating) 他 (正式) **1** …を(約束・契約などで)束縛(𒎦)する; [be ~d / ~ oneself] (道徳的・法律的に)義務がある(→ compel) ‖
I was obligated to pay (my) taxes. 税金を払わねばならなかった.
**2** [通例 be ~d] ありがたく思う.
——形 義務を負わされた, 必須の.

**ob·li·ga·tion** /ˌɒbligéiʃən アブリ**ゲ**イション | ˌɔbligéi-/ 名 **1** ⓒⓊ 義務, 責務, 拘束(𒎧)(→ duty **1**) ‖
I am under (an) obligation to raise some money. 私にはお金を調達する義務がある《◆(米)では無冠詞が多い》‖
**2** ⓒ 恩義, 感謝 ‖
I feel an obligation to her for the kindness she showed me. 彼女に親切にしてもらった恩義を感じる.
*pút A ùnder an obligátion* …に恩を施(𒎨)す, 義務を負わせる.

**ob·lig·a·to·ry** /əbligətɔ̀ːri アブリガトーリ, ˌɒbligə- | əblígətəri オブリガタリ, ˌɔblig-/ 形 (正式) 義務的な, 強制的な(↔ voluntary); 必須の ‖
an obligatory subject 必修科目.
It is obligatory for me to support him. 彼を扶養するのが私の義務だ.

**\*o·blige** /əbláidʒ オブライヂ/ 〖「縛りつける」が原義〗
派 obligation (名)
——動 (三単現) o·blig·es /-iz/; (過去・過分) ~d /-d/; (現分) o·blig·ing)
——他 (正式) **1a** …を義務づける; [oblige A to B] A〈人〉に余儀なく B〈事〉をさせる(→ compel) 《◆進行形にしない》‖
Poverty obliged him to this crime. 貧乏のあまり彼はこの罪を犯した.
**b** [oblige A to do] A〈人〉に強制的に…させる ‖
We are obliged by law to pay taxes. 法律で税金を払うよう義務づけられている.
**c** [be obliged to do] (義務的に)…せざるを得ない ‖
I am obliged to advise her. どうしても彼女に忠告せねばならない.
対話 "You don't have to go." "I know, but I feel obliged." 「君が行かなくてもよいのに」「わかっている. でもそうしないと気がすまないんだ」.

[Q&A] **Q**: 「台風のため家でじっとしていなければならなかった」を Because of the typhoon, I *was obliged to* stay at home. と訳しましたら, be obliged to は適当でないと言われました. どうしてでしょうか.
**A**: be obliged to は「…することを義務づけられる」からたまたま日本語訳が「…せざるを得ない」となっただけです. したがって, このような自然現象が理由となっている場合は適当でありません. Because of the typhoon, I *had to* stay at home. ぐらいにすべきでしょう.

**2a** …に親切にする, 恩恵を施す; …を喜ばす ‖
oblige others 人にやさしくする.
sing to oblige him 彼を喜ばすために歌う.
Can you oblige me with some [ˣany] money? お金を用立ててくれませんか.
Will you oblige me by shutting the window? 窓を閉めていただけませんか.
Oblige me in some small matter. ちょっとしたことをお願いしたいのですが《◆ていねいな依頼》.
**b** [be obliged to A for B] A〈人〉に B〈物・事〉について感謝している ‖
I'm much obliged for your assistance. ご支援くださりどうもありがとうございます.
I'm much obliged to you. どうもありがとうございます《◆ Thank you very much (for your assistance). より堅いていねいな表現. 単に Much obliged (to you). とも》.
——自 (略式) 喜ばせる, 要望に応える ‖
I'm glad to oblige, if there's anything you need. 何かお入り用のものがあるようでしたら喜んでお役に立ちます.

**ob·lig·ing** /əbláidʒiŋ オブ**ラ**イヂング/ 動 → oblige.
——形 すすんで人の世話をする; 親切な, ていねいな;

物.

**ob・struc・tive** /əbstrʌ́ktiv オブストラクティヴ/ 形 (正式) 障害になる, 妨げる.

\***ob・tain** /əbtéin オブテイン/ 〚そばに(ob)保つ(tain). cf. attain, contain〛
— 動 (三単現) 〜s/-z/ ; (過去・過分) 〜ed/-d/ ; (現分) 〜ing
— 他 **1** …を得る, 手に入れる《◆ get より堅い語》(↔ lose) ‖

obtain support from abroad 海外援助を受ける.

obtain knowledge through experience 経験によって知識を得る.

Can you obtain this rare book for me? この珍本を入手してもらえないか.

対話 "He likes music, doesn't he?" "Yes. I understand he's already obtained more than 1,000 CDs." 「彼は音楽が好きなんですね」「そうなんです. すでに CD を1000枚以上も手に入れているんですよ」.

**2** [obtain A B / obtain B for A] A〈人〉に B〈物・事〉を得させる ‖

His new novel obtained him a reputation. この新作で彼は一躍有名になった.

— 自 (正式) 通用する, 行なわれている《◆ 進行形にしない》‖

The same rules obtain for everyone. 同じ規則がだれにも当てはまる.

**ob・tain・a・ble** /əbtéinəbl オブテイナブル/ 形 入手可能な.

**ob・tru・sive** /əbtrúːsiv オブトルースィヴ/ 形 (正式) 押しつけがましい, 出しゃばる ; 出すぎた.

**ob・tuse** /əbt(j)úːs オブトゥース (オブテュース)/ 形 (正式) 鈍感な ; 〈痛みが〉鈍い ; 〈音が〉かすかな ; 〔幾何〕〈角度が〉鈍角の.

**obtúse ángle** 〔幾何〕鈍角.

**ob・verse** /ábvəːrs アブヴァース | ɔ́b- オブ-/ 名 [the 〜] (貨幣などの)表 ; 表面 (↔ reverse) ; (正式) (一般に)表, 表面.

\***ob・vi・ous** /ábviəs アブヴィアス | ɔ́bviəs オブヴィアス/ 〚「道の(vious)じゃまをしている(ob)」→「明らかに見える」〛 派 obviously (副)

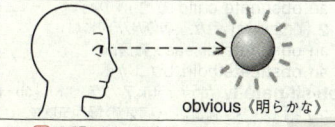

obvious 〈明らかな〉

— 形 **1** 明らかな, 明白な ; 見てすぐわかる (↔ obscure) 《◆ plain より堅い語》‖

make an obvious error in addition 足し算ですぐわかるミスをする.

Some reasons are quite obvious. いくつかの理由はきわめてはっきりしている.

It is obvious (that) you are right. あなたが正しいのは明白だ(=Obviously, you are right.).

**2** (正式) 理解しやすい ; 見えすいた ‖

state the obvious 言うまでもないことを言う.

**ob・vi・ous・ly** /ábviəsli アブヴィアスリ | ɔ́bviəsli オブヴィアスリ/ 副 明らかに, 目に見えて ; [文全体を修飾 ; 文頭で] 言うまでもなく, 確かに ‖

obviously wrong どう見ても誤っている (→ obvious 1).

\***oc・ca・sion** /əkéiʒən オケイジョン/ 〚「(人に)ふりかかること」が原義〛
派 occasional (形), occasionally (副)
→ 名 **1** 時 **2** 出来事, 行事 **3** 機会 **4** 理由
動 他 **1** 起こさせる
— 名 (複) 〜s/-z/ ; (正式) **1** © (特定の)時, 場合 ; 度 ‖

on [ˣat] rare occasions たまに.

on the occasion of one's graduation 卒業の折に.

She left the meeting on two occasions. 彼女は2度も会合の席を立った.

The first occasion she met him was two years ago. 彼女が彼に初めて会ったのは2年前ったった.

**2** © (特別な)出来事, 行事 (event) ; 儀式 (ceremony) ‖

on great occasions 大行事の日に.

His welcome party was a great occasion. 彼の歓迎会は盛大だった.

対話 "I hear your brother is taking a trip." "It's a rare occasion that he ever leaves Fukuoka." 「お兄さんが旅行に出かけるそうね」「彼が福岡を離れるなんてめったにないことだよ」.

**3** ⓊC (正式) 機会, 好機 ‖

take (this) occasion to go abroad (この)機会を利用して海外へ行く.

He never missed any occasion to visit the museum. 彼は機会を見つけては必ず博物館をたずねた.

**4** Ⓤ (正式) 理由, 根拠 (reason) ; 必要 ; 誘因, きっかけ ‖

Jim have no occasion for crying. =There is no occasion for Jim to cry. ジムには泣く理由がない.

**on [upón] occásion(s)** (正式) 時々, 時たま.

— 動 (三単現) 〜s/-z/ ; (過去・過分) 〜ed/-d/ ; (現分) 〜ing
— 他 (正式) **1** [occasion (A) B / occasion B (to A)] 〈A〈人〉に〉B〈心配など〉を起こさせる, 生じさせる 《◆ 官庁用語で, ふつうには用いない》‖

His rough behavior occasioned (us) much worry. 彼の粗暴な行動をとても心配した.

**2** [occasion A to do] A〈人〉に …させる (force) ‖

Her manner occasioned me to get angry. 彼女の態度に私はかっとなった.

**oc・ca・sion・al** /əkéiʒənl オケイジョヌル/ 形 **1** 時折の, 時々の (↔ frequent) ‖

I take an occasional rest from work. 時々仕事をやめて一休みする.

**2** (正式) 〈詩・文などが〉特別な場合[目的]のための ; 予備の, 臨時の, 特別に任命された ‖

する観察記録.

**4** ⓒ (観察に基づく)**意見**, 批評, 評論, 言葉 ‖
ignore her **observation** that the rumor is true そのうわさは本当だという彼女の言葉を無視する.
make an **observation** on space travel 宇宙旅行について意見を述べる.

**observátion càr** (列車の)展望車.

**ob·ser·va·to·ry** /əbzə́ːrvətɔ̀ːri オブザーヴァトーリ | -təri -タリ/ 图 (~·to·ries/-z/) ⓒ **1** 観測所, 気象台, 測候(ごう)所, 天文台. **2** 展望台; 監視所.

\*ob·serve /əbzə́ːrv オブザーヴ/ 〖「…に(ob)注意[敬意]を払う(serve)」〗

派 observation (1, 2, 3 の名詞),
observance (4, 5 の名詞),
observer (名)

→ 他 **1** 観察する **2** 気づく **3** 述べる

—— 動 (三単現) ~s/-z/; (過去・過分) ~d/-d/; (現分) ~·serv·ing/) (正式)

—— 他 **1** …を**観察する**, 観測する, (注意して)見守る 《◆ watch より堅い語》‖
**observe** the stars 星を観測する.
**Observe** how I prepare this dish. これをどのように料理するか見ていなさい.

**2 a** [observe that 節] (観察などで)…ということに**気づく**《◆ that は省略しない》‖
**observe** something unusual in one's behavior 態度の変わったことに気づく.
I **observed that** it had already got dark. あたりがもう暗くなっていることに気づいた.
**b** [知覚動詞] [observe A do] A〈人〉が…するのに気づく; [observe A doing] A〈人〉が…しているのに気づく (→ see Q&A) ‖
I **observed** him **enter** the house. 彼が家に入るのに気づいた《◆受身形は He was observed to enter the house. のように to 不定詞になる》.
I **observed** her **crying**. 彼女が泣いているのを見かけた.
**c** [observe A to be C] A〈人・物〉が C であることを認める《◆ C は名詞・形容詞. notice より堅い語》‖
I **observe** him **to be** honest. 彼が正直だと認める.

**3** …を**述べる**; …と言う《◆ remark より堅い語》‖
**observe** one's idea on a subject 問題について意見を述べる.
She **observed** (to me) that she would be coming back shortly. 彼女はすぐ戻ってくると(私に)言った.

**4** 〈法律など〉を**守る**(follow) (↔ violate); 〈行動・状況など〉を保つ ‖
**observe** orders 命令に従う.
**observe** silence 黙っている.

**5** 〈祝祭日・誕生日など〉を祝う《◆ celebrate より堅い語》; 〈儀式など〉を行う ‖
**observe** Easter 復活祭を祝う.

**ob·serv·er** /əbzə́ːrvər オブザーヴァ/ 图 ⓒ **1** 観察する人, 観測者. **2** (会議の)オブザーバー, 立会人; 評論家. **3** (法律・慣習などを)守る人, 順守する人, (祭礼を)祝う人.

**ob·serv·ing** /əbzə́ːrviŋ オブザーヴィング/ 動 → observe. ——形 観察力の鋭い.

**ob·sérv·ing·ly** 副 注意深く.

**ob·sess** /əbsés オブセス/ 動 (三単現 ~·es/-iz/) 他 [通例 be ~ed] 取りつかれる ‖
be **obsessed** by [with] the idea of death 死ぬのではないかという思いに取りつかれる.

**ob·ses·sion** /əbséʃən オブセション/ 图 **1** Ⓤ ⓒ 取りつかれること; 妄想, 執念 ‖
an **obsession** about [with] motorbikes オートバイへの執着.
**2** ⓒ 〔心理〕 強迫観念.

**ob·ses·sive** /əbsésiv オブセスィヴ, ab-/ 形 **1** 度を越した. **2** 取りつかれる; (病的に)執拗(ニュー)な, 強迫的な.

**ob·so·les·cent** /àbsəlésnt アブソレスント/ 形 (正式) すたれかけている.

**ob·so·lete** /àbsəlíːt アブソリート, ᷂ ˈɑ́bsəlìːt オブソリート/ 形 (正式) **1** (完全に)すたれた ‖
an **obsolete** word 廃語.
**2** 古臭い, 時代遅れの ‖
**obsolete** ideas 旧式な考え.

**ob·sta·cle** /ɑ́bstəkl アブスタクル | ɔ́bstəkl オブスタクル/ 图 ⓒ **障害(物)**, 妨害(物); 支障 ‖
an **obstacle** to success 成功の妨げとなるもの.
overcome **obstacles** 障害を克服する.

**óbstacle còurse** 〔英軍〕障害物のある訓練(場); 障害(物)の多い場所.

**óbstacle ràce** 障害物競走; (競馬の)障害(飛越)競走.

**ob·ste·tri·cian** /àbstətríʃən アブステトリシャン | ɔ̀b- オブ-/ 图 ⓒ 産科医.

**ob·stet·rics** /əbstétriks オブステトリクス | ɔb- オブ-/ 图 Ⓤ [単数扱い] 産科学 ‖
the **obstetrics** department 産科.

**ob·sti·na·cy** /ɑ́bstənəsi アブスティナスィ | ɔ́b- オブ-/ 图 Ⓤ 頑固さ.

**ob·sti·nate** /ɑ́bstənət アブスティナト, ˈɔ́bstənət オブスティナト/ 形 **1** **頑固な**, 強情な(stubborn) ‖
an **obstinate** child 意地っぱりな子.
**2** (正式) 執拗(ごう)な; 〈病気が〉治りにくい ‖
an **obstinate** disease 難病.
an **obstinate** cold しつこいかぜ.

**ob·sti·nate·ly** /ɑ́bstənətli アブスティナトリ | ɔ́b- オブ-/ 副 しつこく, 強情に, 頑固に.

**ob·struct** /əbstrʌ́kt オブストラクト/ 動 他 (正式) **1** …を**ふさぐ**, 通れなくする ‖
A fallen stone **obstructed** our path. 落石で道がふさがれた.
**2** …を**妨害する**, 妨げる; …をさえぎる ‖
**obstruct** the view 視界をさえぎる.

**ob·struc·tion** /əbstrʌ́kʃən オブストラクション/ 图 Ⓤ ⓒ (正式) 障害(物); 妨げ, 妨害物 ‖
an **obstruction** to progress 進行の妨げ.
**obstructions** on [in] the road 路上の障害

**occasional** chairs 補助いす.
an **occasional** table 予備のテーブル.

**oc·ca·sion·al·ly** /əkéiʒənəli オケイジョナリ/ 副 [文頭・文中・文尾で] 時折, 時たま《◆否定文では用いない. sometimes より低い頻度を示す》∥
**Occasionally**(◡), these things happen. 時折こういうことが起こる.
He **occasionally** comes to see me. 彼は時折私のところへ遊びに来る.
She writes me only **occasionally**. =(正式)
Only **occasionally** does she write me. 彼女はたまにしか手紙をよこさない.

**oc·cult** /əkʌ́lt オカルト | ɔkʌ́lt オカルト, -/ 『「隠された」が原義』形 **1** 秘密の. **2** 魔術的な, 神秘的な. **3** [名詞的に; the ~; 単数扱い] 超自然的なもの, オカルト.

**oc·cu·pan·cy** /ákjəpənsi アキュパンスィ | ɔ́kj- オキュ-/ 名 (複) **-pan·cies**/-z/ ⓤⓒ (正式) (土地・家などの)占有, 居住; 占有期間.

**oc·cu·pant** /ákjəpənt アキュパント | ɔ́kj- オキュ-/ 名 ⓒ (正式) (土地・家などの)占有者, 居住者; 専任者.

*__oc·cu·pa·tion__ /àkjəpéiʃən アキュペイション | ɔ̀kjəpéiʃən オキュペイション/ 『→ occupy』
—— 名 (複) ~s/-z/ **1** ⓤ [通例 the ~] 占有, 居住; 保有; **占領**, 占拠; [形容詞的に]専用の∥
an army of **occupation** =an **occupation** army 占領軍.
an **occupation** road (私設の)専用道路.
during her **occupation** of the land その土地を彼女が占有している間に.
He is still in **occupation** of the house. その家に彼はまだ住んでいる.

**2** ⓤⓒ **職業**, 仕事, 職, 業(種); 従事すること, 暇つぶし《◆日本語の「職業」に最も近い語》∥
a service **occupation** サービス業.
men out of **occupation** 失業者.
a good **occupation** for leisure 余暇の上手な過ごし方.
seek **occupation** 職を求める.
What's your **occupation**? ご職業はなんですか.
I'm a teacher by **occupation**. =My **occupation** is teaching. 私の職業は教師だ.

**oc·cu·pa·tion·al** /àkjəpéiʃənl アキュペイショヌル | ɔ̀kjə- オキュ-/ 形 **1** 占領の. **2** 職業の, 職業に関係のある.

**oc·cu·py** /ákjəpai アキュパイ | ɔ́kjəpai オキュパイ/ 動 (三単現) **·cu·pies**/-z/ ; (過去・過分) **·cu·pied**/-d/) 他

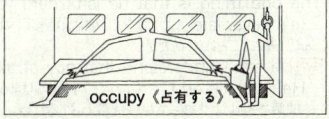

occupy 《占有する》

**1** …を占有する, 借用する; …に(賃借りして)住む《◆live in の方がふつう》∥

The house is not **occupied** now. その家は今空きだ.

**2** …を占める, ふさぐ; 〈時間〉をとる∥
**occupy** an important position in the company 会社で重要な地位を占める.

**3** …を占領する, 占拠する∥
**occupy** a town 町を占領する.

**4** 〈心・注意など〉を引きつける∥
Domestic worries **occupied** her mind. 家庭の心配事で彼女の頭はいっぱいだった.

**5** [be occupied / ~ oneself] 従事する, 忙しい∥
**óccupy** onesèlf with cóoking 料理に専念する.
He is **occupied** in solving the problem. 彼はその問題を解くことで忙しい.

*__oc·cur__ /əkə́ːr オカ—/ (アクセント注意) 《♦ ×オカ—》『「…の方へ走ってくる」が原義』
⓭ occurrence (名)
—— 動 (三単現) ~s/-z/ ; (過去・過分) oc·curred/-d/ ; (現分) ··cur·ring/-ə́ːriŋ/)

Q&A  Q : 同じ r で終わる語でも offer の過去・過去分詞は offered ですね.
A : そうですね. díffer, óffer, súffer のように前の音節にアクセントがある場合には ed のみをつけます. occúr, confér, refér, prefér のようにあとの音節にアクセントがある場合には r を重ねて ed をつけます.

—— 自 **1** (やや正式)(偶然に)**起こる**, 生じる, 行なわれる《あらかじめ計画されていることが「行なわれる」のは take place》∥
It **occurred** that the prince purchased a large diamond. 王子が大きなダイヤを購入するというハプニングがあった《◆that は省略しない》.
When did the accident **occur** to her? その事故はいつ彼女の身に起こったのか.
There **occurred** a catastrophe last year. 昨年大災害が発生した.

**2** [occur to A] 〜(の心)に(ふと)**浮かぶ**, 思い出される《◆進行形にしない》∥
A good idea **occurred** to me. 名案が浮かんだ.
Didn't it **occur** to you to call me up? 私に電話をかけることを思いつかなかったのか.
It never **occurred** to me (that) my words would hurt her feelings. 私の言ったことが彼女を傷つけるとは考えもつかなかった.
対話 "And then it suddenly **occurred** to me that I might not need to go." "Why didn't you think of that before?" 「そこで, ふと自分が行く必要はないんじゃないかと思った」「なぜもっと早くそう思わなかったの」.

**3** (正式) 存在する, 見出される, 現れる《♦ be found よりも堅い語》∥
The expression **occurs** many times in his book. その表現は彼の本に何度も出てくる.

**oc·cur·rence** /əkə́ːrəns オカーレンス | əkʌ́rəns オカーレンス/ 名 ① © 出来事, 事件 ‖
an unexpected occurrence 思いがけない出来事.
That's a common occurrence. それはよくあることだ.
2 Ⓤ (正式) 起きること, 発生, 出現 ‖
accidents of frequent occurrence しばしば起こる事件.

**o·cean** /óuʃən オウシャン/ 〘「(地中海に対する)外洋」が原義〙
——名 (複 ~s/-z/) 1 © [通例 the ~] 大洋, 海洋, 海; [the ... O~] …洋《◆ふつう sea より大きな海の意だが, (米) ではしばしば sea の代用語》‖
go swimming in [×to] the ocean 海水浴に行く.

Q&A Q: 世界の五大洋は英語で何と言いますか.
A: the Pacific (Ocean) (太平洋), the Atlantic (Ocean) (大西洋), the Indian (Ocean) (インド洋), the Arctic (Ocean) (北極海), the Antarctic (Ocean) (南極海)です.

2 [an ~] (大きな)広がり; (略式) [~s [an ~] of + ©Ⓤ 名詞] 多くの… ‖
an ocean of money 多くのお金.
oceans of problems 多くの問題.
3 [形容詞的に] 大洋の, 海洋の ‖
an ocean chart 海洋図.
an ocean voyage 遠洋航海.

**O·ce·a·ni·a** /òuʃiǽniə オウシアニア | òusiáːniə オウシアーニア/ 名 オセアニア, 大洋州.

**o·ce·an·ic** /òuʃiǽnik オウシアニク/ 形 (正式) 大洋の, 大洋に生じる; 大洋に住む.

**o'clock** /əklɑ́k オクラク | əklɔ́k オクロク/ 〘of the clock の短縮形〙
——副 1 時(ʤ), 時計では ‖
at three (o'clock) 3時に《◆ 3 o'clock はよいが, ×3:00 o'clock とは書かない》.
till five (o'clock) 5時まで.
the eight o'clock train 8時の列車.

[語法] (1) o'clock は It's five o'clock. のように「…時(ちょうど)」だけに用いる. (2) 発車・開始などの時刻は 8:10 a.m. (数字の部分は eight ten または (やや正式) ten past eight と読む)などとする. (3) It's 6:05 p.m. では síx ó/óu オウ/ fíve と読むのがふつう. six five や five past six ははや堅い言い方.

2 (目標の位置・方向を示す) …時の位置 ‖
There was a fighter at 9 o'clock. 9時の方向に戦闘機があった.

**OCR** (略) optical character reader.
**Oct.** (略) October.
**oc·ta·gon** /ɑ́ktəgàn オクタガン | ɔ́ktəgən オクタゴン/ 名 © 1 八角形. 2 八角形の物 (→ pentagon 関連).

**oc·tag·o·nal** /ɑktǽgənl アクタゴヌル | ɔk- オク-/ 形 八角形の.

**oc·tane** /ɑ́ktein アクテイン | ɔ́k- オク-/ 名 Ⓤ 〔化学〕オクタン.
óctane nùmber [ráting, válue] オクタン価.

**oc·tave** /ɑ́ktiv アクティヴ, -teiv | ɔ́k- オク-/ 名 © 〔音楽〕オクターブ, 8度音程; 第8音.

**Oc·to·ber** /ɑktóubər アクトウバ | ɔktóubə オクトウバ/ 〘[8番目の (Octo)の月. ローマ暦では8月に当たる〙
——名 Ⓤ 10月《◆ 英国では hop の収穫時期》; [形容詞的に] 10月の《(略) Oct., O.》 [語法] → January).

Q&A Q: ローマ暦の8月がなぜ10月になったのですか.
A: ローマ暦では3月が新年で1年は10か月でしたが, 16世紀に the Gregorian calendar (グレゴリオ暦) が制定され, 3月の前に January, February が加えられたために「8月」であった October が10月になったのです.

**oc·to·pus** /ɑ́ktəpəs アクトパス | ɔ́k- オク-/ 〘[8本 (octo)の足 (pus)]〙名 (複 ~·es, (まれ) --pi /-pai/) © 〔動〕タコ《英米では人の血をしぼる悪魔を連想させ, ほとんど食用にしない. devilfish ともいう》.

**oc·u·list** /ɑ́kjəlist アキュリスト | ɔ́k- オキュ-/ 名 © (正式) 眼科医《◆広告文・看板では eye doctor より好まれる》.

**ODA** (略) Official Development Assistance 政府開発援助.

**odd** /ɑ́d アド | ɔ́d オド/ 〘「三角形の頂点」→「3番目の数」が原義〙派 oddly (副)

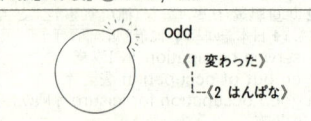

odd
〈1 変わった〉
〈2 はんぱな〉

——形 (通例 比較 ~·er, 最上 ~·est) 1 変わった, 異常な, 奇妙な《◆ strange より突飛さを強調》; 途方もない ‖
an odd noise 変な物音.
odd taste in food 一風変わった食物の好み.
It is odd (that) he behaves that way. = (英) It is odd (that) he should behave that way. 彼がそんなふうにふるまうとは変だ.
It is odd for [of] her to make mistakes. 彼女がしくじるなんておかしい.
The odd thing is that he isn't here yet. He's never late. おかしなことに彼はまだ来ていないんだ. 遅れたことはないんだが.
対話 "I can't understand that guy at all." "He is a little odd, isn't he?"「あいつはまったく理解できないよ」「彼ってちょっと変わってるわよね」.

2 [名詞の前で] (対・組の)片方の, はんぱな ‖
an odd lot はんぱ物.

**oddity** — **of**

the odd money （残りの）はんぱな金.
some odd volumes of an encyclopedia 百科事典のうちのはんぱな数巻.

**3**〔名詞の前で〕臨時の, 時たまの ‖
an odd player 控え選手.
at odd moments [times] 余暇に, 折々に.
do odd jobs 臨時[片手間]の仕事をする.

**4**《略式》〔通例数詞の直後で〕…余りの, 端数の, いくらかの, 余分の, 残りの ‖
50 odd years 50何年《51年-59年まで》.
50 years odd 50年余り.
a lady of thirty-odd 30歳余りの婦人《◆数詞の後にハイフンを入れる》.

**5** 奇数の（↔ even）‖
odd numbers 奇数.
an odd month （31日の）大の月.

──名 ⓒ **1** はんぱな物, 余分な物, 残りの物. **2** → odds.

**ódd mán** [the ~]（賛否同数の時の）決裁権を持つ人（(PC) odd person, odd one）.

**ódd mán** [**òne**] **óut** (1) 残り鬼《コイン投げなどで1人を選ぶ方法[ゲーム]》, 勝ち鬼, 勝ち鬼で選ばれた人. (2)《略式》仲間ははずれの人, のけ者, 一匹狼(おおかみ).

**odd·i·ty** /ádəti アディティ | 5d- オディティ/ 名 (複 -i·ties/-z/) **1** Ⓤ《正式》風変わり（であること）, 奇妙; 奇癖, 偏屈. **2** Ⓒ《略式》異常な物[行為, 事件]; 変人, 奇人.

**odd·ly** /ádli アドリ | 5dli オドリ/ 副 **1**〔通例文全体を修飾〕奇妙なことに, 異常に, 妙に ‖
oddly enough 妙な話だが, 不思議なことに.
**2** はんぱに, 余分に; 奇数で.

**odd·ness** /ádnəs アドネス | 5dnəs オドネス/ 名 Ⓤ 奇妙, 風変わり.

**odds** /ádz アッヅ | 5dz オッヅ/ 名〔通例複数扱い〕 **1**（優劣・良し悪しの）差, 違い, 勝ち目; （競技で弱者に与える）有利な条件, ハンディキャップ ‖
It makes no odds whether he will succeed or not.《英略式》彼が成功してもしなくても大差はない.
The odds are in favor of us. 私たちは勝ちそうだ.
The odds are fifty-fifty (against the horse). （その馬の）勝ち目は五分五分だ.
What're [What's] the odds?《略式》どうでもいいではないか.
**2** 見込み, 公算, 可能性 ‖
even odds 五分五分の確率.
The odds are (that) she will get well soon. たぶん彼女は間もなく全快するだろう.
The odds are 7 to 3 that he will win. 彼が勝つ見込みは七分三分ろう.
**3**（賭〔か〕事の）歩(ぶ)ぎ ‖
I offered her odds of 3 to 1. 私は彼女に3対1の有利な歩を与えようと申し出た「『私』が勝てば1を得, 負ければ3を払う」.

**at ódds** 争って, 不和で.

**ódds and énds** はんぱ物, がらくた.

**ode** /óud オウド/ 名 Ⓒ オード, 頌(しょう)歌《特定の人・物に呼びかける形式の叙情詩》.

**O·din** /óudin オウディン/ 名【北欧神話】オーディン《主神. 知識・文化・戦争・死者の神》.

**o·di·ous** /óudiəs オウディアス/ 形《正式》憎むべき, 非常に不愉快な.

**o·dom·e·ter** /oudámətər オウダミタ | -d5m- — ドミタ/ 名 Ⓒ《米》（車の）走行距離計（《英》mileometer）.

**o·dor,**《英》**o·dour** /óudər オウダ/（類音）order /5:rdər/）名 Ⓒ **1** におい, 香り(smell)《◆香(こう)気にも用いるが, 主に臭(しゅう)気》 ‖
an odor of stale cigar smoke かび臭いタバコの煙のにおい.
**2** Ⓤ 評判 ‖
She is in bad ódor with her friends. 彼女は友だちに人気がない.

**ó·dor·less** 形《正式》無臭の.

**o·dor·if·er·ous** /òudərífərəs オウダリファラス/ 形《正式》香りのよい; においのする.

**o·dor·if·er·ous·ly** 副 よい香りで.

**o·dor·ous** /óudərəs オウダラス/ 形《詩》香りのよい.

**o·dour** /óudə オウダ/ 名《英》=odor.

**O·dys·se·us** /oudísiəs オウディシアス | ədísjuːs オディスュース/ 名【ギリシア神話】オデュッセウス《Odyssey の主人公. ラテン名 Ulysses》.

**Od·ys·sey** /ádisi アディスィ | 5d- オディスィ/ 名 **1** [the ~] オデュッセイアー《ホメロス(Homer)の叙事詩》. **2** [o~] Ⓒ《文》長期の放浪冒険旅行.

**Oe·di·pus** /édəpəs エディパス | íːdi- イーディ-/ 名【ギリシア神話】オイディプス《知らずに父を殺し母と結婚した英雄》.

**Óedipus còmplex**〔精神医学〕エディプス=コンプレックス《男の子が無意識のうちに母親を慕い父親に反発する傾向》.

**o'er** /5:r オー | óuə オウア/《詩》副 前 =over.

***of** /(弱) əv オヴ, v,;（強）ʌ́v アヴ, áv | 5v オヴ/〖「…から離れて」が原義. そこから根源・所属の意が生じ, さらに分離・所属から部分の意を, 原因・理由から関連の意を表すようになった. 現在では特定の連語関係を除いては分離・根源は from, 関連は about を用いるようになって, of はもっぱら所属・部分の用法に限られる傾向がある〗

→ 前 **I**[所属] **1** …に属する
**II**[分離] **5** …から
**III**[根源] **8** …のため **9 a** …で作った
 **b** …の量の; …の入った
**V**[関連] **12** …について **13** …が **14** …を

──前 **I**[所属]

**1 a**[所属] [A of B] B の A, B に属する A ‖
the còurage of the héro 英雄の勇気（=the hèro's cóurage）.
the leg of the table そのテーブルの脚(あし)《◆the table leg ともいえるが, 's を使って *the table's leg とは原則としていわない. → 語法》.
**b** 所有[a A of B's] B の A, B の所有している A《◆A は名詞. B は定冠詞・指示代名詞・所有代名詞などに修飾された「人」を表す名詞》‖

a friend of the doctor's その医者の友人の1人 (=one of the doctor's friends → **10**)《◆(1) a friend *of* the doctor よりも一般的. (2) the doctor's friend は特定の人をさす》.

a [×the] friend of my parents' 私の両親の友人の(ある)1人《◆関係詞節で限定されたり，すでに話題にのぼっていた場合，A は the, this, that, my, their などに修飾された名詞でも可: *the* friend *of* my parents' who runs a hotel 私の両親の，ホテルを経営している友人 / *The* sons *of* the banker's (that I referred to) have left for New York. その銀行家の(前に述べた)息子たちはニューヨークへ行った》.

a painting of my father's 父が所有している絵(の1枚)《◆(1)「父が描いた絵(の1枚)」(=one of my father's paintings)の意味もある(→ **10**; -'s). (2) a painting *of* my father は「父を描いた絵」(→ **14**)》.

**2** [記述] …の性質を持つ，…の《◆年齢・色彩・形状・寸法・価格・職業・役割などを表す名詞と用いる》∥

a person of courage 勇気のある人(=a courageous person).

This matter is of no importance. この事柄は少しも重要ではない.

a boy of ten (years) =a boy (of) ten years old 10歳の少年(=a ten-year-old boy)《◆(米)では of が省かれる》.

a friend of old days 昔からの友人.

a husband and wife of 20 years 結婚して20年になる夫婦.

potatoes of my own growing 私が栽培したジャガイモ.

We are (of) the same age. 我々は同じ年ごろだ.

**3** [同格] **a** [the A of B] B という A ∥

the name of John ジョンという名前《◆次例では of は不要: the verb *be* be という動詞 / the boy (×of) *Tom*. トムという少年》.

**b** [a A of B] A のような B, A な B《◆A の不定冠詞の代わりに this, that, some なども用いられる》∥

that fool of a man あのばかなやつ.

**4** [A of B] B の A, B についての A ∥

the University of Tokyo〔正式〕東京大学《◆通称は Tokyo University》.

a way of living abroad 海外で暮らす方法.

art of painting 絵をかく技術.

## II [分離]

**5** [分離・剝(¹)奪・除去] …から, …を《◆成句・固定した連語関係でのみ》∥

free of customs duty 免税の.

wide of the mark 的をはずれて.

be cured of a disease 病気が治る.

a room bare of furniture 家具のない部屋.

(to the) north of London ロンドンの北方に.

within a mile of the town 町から1マイル以内に.

He robbed me of my money. 彼は私のお金を奪った.

**6** [時刻]《米略式》(分)前(to) ∥

It is five (minutes) of six. 6時5分前です.

## III [根源]

**7** [根源・出所] …から, …の, …出の;〈人〉に《◆特定の連語を除いて現在では from がふつう》∥

a man of [from] Oregon オレゴン州出身の人.

come of [from] a good family 名門の出である.

You expect too much of [from] her. 君は彼女に期待をかけすぎる.

**8** [原因・理由・動機] …のため, …で《◆次のような句以外では from がふつう》∥

die of cancer 癌(がん)で死ぬ《◆ふつう直接的・近因的であれば of, 外部的・遠因的であれば from を用いるが, 次第にその区別なく用いられるようになりつつある: die *from* a wound 傷がもとで死ぬ》.

of one's own accord 自発的に.

**9 a** [材料・構成要素] …で作った, …からなる ∥

a table of wood 木製のテーブル.

a ring of diamonds ダイヤモンドの指輪.

a house (built) of brick(s) レンガ造りの家.

a drink made of orange juice, sugar and water オレンジ果汁と砂糖と水からできている飲み物《◆ of はもとの形状をとどめている場合と, このように構成物の成分を表す場合がある. → from **4**》.

**b** [分量・内容] …の量の, …の入った, …を含んだ ∥

a basket of strawberries 1かごのイチゴ; イチゴの入ったかご.

## IV [部分]

**10** [部分] [A of B] B (の中)の A《◆B は the, my, those など + 複数名詞》∥

many of the students その学生たちの多く《◆ ×many of students とはいわない. cf. many students》.

members of the team チームのメンバー.

a third of the town 町の3分の1.

three of the boys 少年たちのうちの3人.

the King of Kings 王の中の王《キリストのこと》.

She is the prettiest of them all [all of them]. 彼女はみんなの中で一番美しい.

**11** [度量・単位・種類を示して] [A of Ⓤ 名詞] A 量[数]の… ∥

a pint of beer 1パイントのビール.

a pound of butter 1ポンドのバター.

a yard of cloth 1ヤールの布.

a cup of tea 1杯のお茶.

a piece of paper 1枚の紙.

two pounds' worth of stamps 2ポンド分の切手.

three acres of land 3エーカーの土地.

a delicious kind of bread おいしい種類のパン.

## V [関連]

**12** [関連] **a** …について(の), …に関して(の) ∥

stories of adventure 冒険の話.

speak of it そのことを話す.

I think highly of him. 私は彼を尊敬している.

**b** …の点で《◆次の句で》‖
be slow **of** speech 話が遅い.
be guilty **of** murder 殺人を犯している.

**VI** [文法的意味]

**13** [主格関係] **a** [行為者] …が, …の‖
the rise **of** the sun 日の出《◆The sun rises. の名詞化表現》.
the love **of** a mother for her child 子に対する母親の愛情(=a mother's love for her child)《◆A mother loves her child. の名詞化表現》.
the intervention **of** America 米国の干渉(=America's intervention)《◆America intervenes. の名詞化表現》.
**b** [作者] …の著した《◆**7** に近い》‖
the works **of** Shakespeare シェイクスピアの(書いた全部の)作品.
**c** [it is A **of** B to do] B〈人〉が…するのは A である《◆(1) A は careless, foolish, good, kind, nice, polite, rude などの人の性質を表す形容詞. B は意味上の主語の働きをする. (2) 音声上の休止は B のあとに置く》‖
It's very kind **of** [×for] you to come. 来てくださってどうもありがとう《◆(1) You are very kind to come. より頻度が高い. (2) 文脈から明らかな場合, to 以下を略して It's [That's] very kind *of* you. ということが多い》.

Q&A *Q*: of の代わりに for を用いてはいけないのですか.
*A*: この場合はいけません. ふつう of をはさんで A と B が B =A(B は A である) という形になれば of を用い, B ≈ A のときは for を用いればよいのです (→ kind² Q&A).

**14** [目的格関係]《正式》…を, …への‖
a statement **of** the facts 事実の陳述《◆Somebody states the facts. の名詞化表現》.
the writing **of** a letter 手紙を書くこと《◆write a letter の名詞化表現》.
his love **of** music 彼の音楽愛好.
the discovery **of** oil by the farmers 農夫たちによる石油の発見.

語法 [**of** と **'s** の使い分け] 原則として of は無生物, 's は生物について用いる. ただし次の場合は無生物でもしばしば 's が用いられる. 特に新聞英語では多用される.
(1) 時: today's menu きょうのメニュー / a ten hours' delay 10時間の遅れ(=a ten-hour delay).
(2) 人間の集団: the government's policy 政府の政策 / the committee's report 委員会の報告.
(3) 場所や制度: Japan's climate 日本の気候 / the school's history 学校の歴史.
(4) 人間の活動: the plan's importance その計画の重要性 / the game's history 試合の歴史 / the report's conclusions その報告の結論.
(5) 乗物: the yacht's mast ヨットのマスト
《◆the doctor's house は a house of the doctor's と言い換えられるが, (1) - (5) は後者の形にはできない》.

\***off** /ɔ(ː)f オ(ー)フ/〖of から分化したもの;「離れて」が原義〗
→ **副 1** 離れて **2** 向こうへ **4** はずれて **7** 切れて **8** すっかり
**前 1** …から

—**副 1** [位置] (時間的・空間的に)**離れて**, 隔たって, 先に; 沖に‖
Stand **off**! 離れていろ, 近寄るな.
a long way **off** ずっと遠くに.
a town (which is) five miles **off** 5マイル離れたところにある町.
The holidays are a week **off**. あと1週間で休暇だ.
対話 "Where are the kids?" "They are **off** by the lake."「子供たちはどこにいるんだ」「湖のそばまで遊びに出かけているわ」.
**2** [運動・方向・出発] (ある場所から)**向こうへ**; 出発して, 立ち去って‖
run **off** 走り去る.
start **off** on a trip 旅行に出かける.
'**Off**!' he shouted. 「失せろ!」と彼は叫んだ.
Well, I'm **off**. さあ, 出かけるぞ.
Where are you **off** to? どちらへお出かけですか.
We must be **off** now. もうおいとましなければなりません.
**3** [解放] (仕事・職務などを)**休んで**, 休暇で‖
**on** one's day **off** 非番の日に.
give the staff a week **off** 職員に1週間の休暇を与える.
She tòok a dáy óff. 彼女は1日休暇をとった《◆×She took an off day. とはいわない》.
対話 "Isn't John coming to the office today?" "No, I think he's **off** today."「ジョンはきょうは会社に来ないのですか」「ええ, きょうは休みだと思います」.
**4** [分離・離脱] **はずれて**, とれて, 落ちて, 脱(ぬ)げて; それて; 去らせて‖
break **off** a branch 小枝を折り取る.
take **off** one's hat 帽子を脱ぐ.
bite **off** the meat 肉を食いちぎる.
lay **off** workers 労働者を一時解雇する.
He turned **off** into the lane. 彼はわきの小道へ入った.
These stains will còme óff. このしみは取れるだろう.
The lid is completely **off**. ふたが完全にとれている.
**5** [分割] 分けて, 分離して‖
block **off** all side streets わき道を全部(柵で)閉鎖する.

mark off this area for athletic [practice こ の区域をスポーツ練習場として仕切る.
**6** [低下・減少] **a** 減って, 衰えて, (質が)低下した; 切れて, なくなって; 差し引いて ‖
take ten percent **off** 10%割引をする.
Sales dropped **off** badly. 売上げはひどく減った.
The population is dying **off**. 死亡により人口は減少しつつある.
That pie is **off**. そのパイは品切れです.
**b** (人が)意識がかすんで; 平常ではなく; (略式)(食物などが)古くなって ‖
doze **off** まどろむ.
I feel a bit **off**. からだの調子がちょっとよくない.
The milk is rather **off**. その牛乳は少しいたんで[腐って]いる.
**7** [休止・停止] (作用・機能・関係が)切れて, 止まって; (略式)(計画などを)中止して, やめて(↔ on) ‖
turn **off** the radio ラジオを消す.
call **off** the strike ストライキを中止する.
put **off** the match 試合を延期する.
Our water supply was cut **off**. 水道が止まった, 断水した.
**8** [強調] すっかり, 完全に, (…して)しまう; 一気に, たちどころに ‖
finish **off** the work 仕事を仕上げる.
pay **off** the debts 借金を全部支払う.
clear **off** the table 食卓をきれいに片付ける.
write **off** a report 報告書を一気に書き上げる.
○**óff and ón** (米)=(英)**ón and óff** (略式)ときどき; 断続的に ‖ It rained on and off all day. 終日雨が降ったりやんだりしていた.
**Óff with …!** [Take … off から][命令文で] …をとれ; …を追い払え ‖ **Óff** [Be off] with him!(↘) 彼を追い払え / **Off** with your hat! 帽子を取れ.
──前 **1** [分離・離脱] **a** …から(離れて, はずれて)《◆ on している状態からの分離を示す》‖
get **off** the bus バスから降りる.
fall **off** one's horse 馬から落ちる.
a narrow lane **off** the main road 本道から分かれている小道.
Keep **off** the grass. (掲示) 芝生に入るべからず.
The stamp came **off** the envelope. 切手が封筒からはがれた.
**b** 〈基準的なもの〉からそれて; …の調子が悪くて ‖
**off** course コースをそれて.
go **off** the subject 主題からそれる.
He was **off** his game. 彼は試合で調子が悪かった.
Your remarks are **off** the point. 君の発言は要点がそれている.
**2** [位置] 〈街路など〉からはずれた所にある, 横町に入った所に[で]; (海事)〈海岸など〉の沖に[で] ‖
a bank **off** the main street 本通りから横町にはいった所にある銀行.
The ship sank two miles **off** Cape Horn. その船はホーン岬の2マイル沖合で沈んだ.

**3** [解放]〈仕事・職務など〉を休んで, 怠って ‖
**off** duty 非番で.
**off work** (そのとき)仕事を休んで《◆ out of work は「失業して」》.
**off** (one's) **guard** 油断して.
**4** [減少] …から割り引いて ‖
take twenty per cent **off** the usual price 平常価格から20%割り引く.
**5** [根源] (略式) …から ‖
borrow a dollar **off** a friend 友だちから1ドル借りる.
She bought the book **off** me. 彼女は私からその本を買った.
**6** [中断・休止] …をやめて, 差し控えて; …に夢中でない ‖
**off** one's food 食事を控えて; 食欲がない.
I am **off** liquor. 酒をやめている.
**7** [依存] …に頼って, 寄食して; …を食べて《◆ **on** がほうつう》‖
live **off** bread and water パンと水だけで生活する.
He lives **off** his pension. 彼は年金で暮らしている.
──形 **1** (英)[the ~; 名詞の前で] 遠い方の, 向こう側の(馬・車の)右側の(↔ near) ‖
the **off** front wheel 右側の前輪.
on the **off** side of the wall 壁の向こう側に.
**2** 本道から分かれた; (中心から)離れた; 間違った ‖
an **off** issue 枝葉の問題.
My guess was **off**. 私の推測は間違っていた.
**3** 季節はずれの, 閑散な; 不作の, 不況の ‖
the **off** season 閑散期, シーズンオフ.
**4** 非番の, 休みの, 暇な; 調子が悪い, 不満足な ‖
an **off** day 休みの日; 調子の悪い日, ついてない日.
**5** [well, ill, badly などの副詞を伴って] 暮らし向きが…で.
──名 ⓤ **1** 離れていること, 断絶. **2** (クリケット) 打者の右前方(↔ on). **3** (略式) (競馬の)出走(の合図).

**óff Bróadway** =off-Broadway.
**óff yèar** (米) 不景気の年, 不作の年; 大統領選挙のない年.

**off·beat** /ɔ́(ː)fbìːt オ(ー)フビート/ 形 (略式) 風変わりな, ふつうでない.

**off-Broad·way, off Broadway** /ɔ́(ː)fbrɔ̀ːdwei オ(ー)フブロードウェイ/ (米) 名 ⓤ [集合名詞的に] オフブロードウェイ演劇《Broadway 街より離れた小劇場で上演される前衛演劇. これより前衛的なものは off-off-Broadway》. ──形 オフブロードウェイの. ──副 オフブロードウェイの劇場で.

**off-color** /ɔ́(ː)fkʌ́lər オ(ー)フカラ/ 形 **1** 色が悪い. **2** (略式) 顔色がよくない; 気分が悪い. **3** (米) きわどい, いかがわしい, 下品な.

**of·fence** /əféns オフェンス/ 名 (英) =offense.

\***of·fend** /əfénd オフェンド/ 『「…を打つ, 傷つける」が原義』 ⓡ offense (名)
──動 (三単現 ~s/-ndz/; 過去・過分 ~ed /-id/; 現分 ~·ing) (正式)

—名 (複) ~·fic·es/-iz/ **1a** © 事務所[室]; 営業所, 会社; 職場, 勤め先《◆(英) ではしばしば ~s》; (米) 診療室, 医院; (米) (大学教員の) 研究室 ‖
an insurance **office** 保険会社.
a lawyer's **office** 法律事務所.
the principal's **office** 校長室.
a lost property **office** 遺失物取扱所.
the main **office** 本社.
work in [at] an **office** 会社に勤めている《◆in は場所に, at は勤務を暗示する》.
go to the **office** 出勤する.
Call me at my **office**, will you? 社の方に電話してもらえますか.
Jane works in an **office**. ジェーンは OL です (→ b Q&A).
**b** [形容詞的に] 会社の, 事務所の ‖
**office** furniture 事務所の備品.
an **office** worker サラリーマン, 会社員, 勤め人.

> Q&A Q: 日本で女性の会社員を OL と言っていますが.
> A: OL は office lady を略したものですが, これらはいずれも間違いです. 英語では (female) office worker というべきです. さらに英語では具体的に secretary などと職種をいうのがふつうです.

**2** ⓤ© (正式) 地位, 職; (特に) **官職**, 公職 ‖
hold public **office** 公職についている.
take **office** 就任する.
leave **office** 辞任する.
be in **office** 在職している; 政権を握っている.
be out of **office** 在職していない; 政権を離れている.
**3** (正式) [the ~] 役目, 任務; (物の) 機能 ‖
the **office** of the arteries 動脈の働き.
do the **office** of host ホストの役割を果たす.
**4** © 役所, 官庁; [O~] (米) (省より下の) 局, 部; (英) 省, 庁 ‖
the Foreign **Office** (英) 外務省.
the Patent **Office** 特許局[庁].
the (Government) Printing **Office** (米) 印刷局.
a post **office** 郵便局.
**óffice bòy** (古) (会社・官庁などの) 使い走り (の少年) ((PC) office assistant [helper]).
**óffice hòurs** 執務時間, 勤務時間; 営業時間; (米) 診療時間; (大学で) 教員に面談できる時間.
**óffice wòrker** → 1b.

\*of·fi·cer /ɑ́fəsər アフィサ, (米+) ɔ́:f-│ɔ́fəsə オフィサ/ [→ office]
—名 (複) ~s/-z/ © **1** (高い地位にある) 役人, 公務員; (団体・クラブなどの) 役員, 幹部, 幹事 ‖
executive **officers** 行政官.
customs **officers** 税関吏.
**2** (陸·海·空軍の) **将校**, 士官, 武官 ‖
**officers** and men 将兵.
**3** 警官, 巡査《◆police **officer** ともいう. cop や policeman の丁寧語. 呼びかけも可》‖

**Officer**! おまわりさん.

of·fi·cial /əfíʃəl オフィシャル/ 形 **1** 公 (認公)の, 公務の, 職務(上)の(↔ unofficial) ‖
**official** duties 公務.
**official** power 職権.
**2** 公式の, 正式の; 公認の; 表向きの; 官選の, 官職にある; 職権のある ‖
the **official** result of the race レースの公認結果.
**official** language 公用語.
**3** お役所風の, 形式ばった ‖
**official** style もったいぶった文体.
with **official** solemnity しかつめらしく.
—名 **1** 公務員, 役人《◆ふつう officer より下の地位》; (団体・会社などの) 職員, 役員 ‖
city **officials** 市職員.
**offícial áutopsy** 司法解剖.

of·fi·cial·dom /əfíʃəldəm オフィシャルダム/ 名 ⓤ **1** [集合名詞] 公務員. **2** 役人の地位; 官界. **3** お役所式.

of·fi·cial·ly /əfíʃəli オフィシャリ/ 副 **1** (正式) 職務上, 公務上, 公務員として. **2** 公式に, 正式に. **3** [文全体を修飾] 正式には, 表向きは.

of·fi·ci·ate /əfíʃièit オフィシエイト/ 動 (現分) -at·ing) ⓘ (正式) **1** 役を務める, 職務を行なう ‖
**officiate** as chairman at a regular meeting 例会で議長を務める.
**2** 〈牧師などが〉儀式を行なう, 司祭する.
**3** 〈スポーツ〉審判員を務める.

of·fi·cious /əfíʃəs オフィシャス/ 形 **1** (正式) おせっかいな; 差し出がましい. **2** (外交で) 非公式の. **3** 横柄な.

off·ing /ɔ́:fiŋ オ(ー)フィング/ 名《◆通例次の成句で》.
*in the offing* (1) 沖合いに. (2) 近い将来に.

off-lim·its /ɔ́:flímits オ(ー)フリミッ/ 形 (主に米·豪) 立入禁止の.

off-sea·son /ɔ́:fsì:zn オ(ー)フスィーズン/ 名 © 形 副 閑散期(の, で), シーズンオフ(の, で)《◆× season-off とはいわない》.

off·set /名 ɔ́:fsèt オ(ー)フセッ/ 動 ニ/名 © **1** 相殺(そうさい)するもの, 差し引き勘定. **2** [印刷] オフセット印刷(法); 裏移り.
—動 (過去·過分) off·set; (現分) -set·ting) 他 **1** …を相殺する, 埋め合わせる. **2** …をオフセット印刷にする.

off·shoot /ɔ́:fʃù:t オ(ー)フシュート/ 名 © [植] 側枝(し), 横枝.

off·shore /ɔ́:fʃɔ́:r オ(ー)フショー/ 形 副 沖(合)に[で], 沖(合)に (向かって) ‖
an **óffshòre** wínd 沖へ吹く風.

off·side /ɔ́:fsáid オ(ー)フサイド/ 〔ラグビー·サッカーなど〕名 ⓤ 形 副 オフサイド(の, に).

off·spring /ɔ́:fspriŋ オ(ー)フスプリング/ 名 (複 off·spring, (米まれ) ~s) © **1** (正式) [集合名詞; 単数·複数扱い] (人·動物の) 子, 子孫《◆ˣ an offspring とはしない》‖
Mothers are usually devoted to their **offspring**. 母親はたいてい子供のために我が身を顧みな

**offender**

━━他 **1** …の感情を害する; [be ~ed] 立腹する ‖
I'm sorry if you **are offended**. お気にさわったらお許しください.
I **was offended at** [**by**] her bad manners. 彼女の不作法には腹が立った.
His words **offended** me. =He **offended** me **with** his words. 彼の言ったことで私は気分を害した.
He seemed **offended with** [**by**] her. 彼は彼女に腹を立てていたようだ.
**2** 〈目・耳・感覚など〉に**不快感を与える**;〈心など〉を傷つける ‖
**offend** the ear 耳ざわりである.
━━自《正式》罪を犯す;違反する ‖
**offend against** morality 道徳に違反する.

**of·fend·er** /əféndər オフェンダ/ 图 C《正式》**1**(法律上の)違反者, 犯罪者. **2** 不快な物[人], 無礼な人.

**of·fense,**《英》**of·fence** /əféns オフェンス; **3**は《米》では通例 5fens/ 图 **1** C [通例 an ~] 罪, 違反, 反則《◆重い罪も軽い罪も含む》‖
a civil **offense** 民事犯.
a minor **offense** 軽犯罪.
commit an **offense against** the law 法律に違反する.
**2** C 気持ちを害する事[物]; 無礼, 侮辱(ぶ̈), いやがらせ; 立腹 ‖
an **offense to** the eye 目ざわりな物.
give [cause] **offense to** him 彼を怒らせる.
She easily takes **offense at** trifles. 彼女はつまらない事にすぐに立腹する.
**No offense was meant.** (略式) 悪気はなかったのです.
**3** U《主に米》攻撃(↔ defense); C 攻撃側〔軍〕.

**of·fen·sive** /əfénsiv オフェンスィヴ/ 厖 **2**は通例 5(ː)fensiv/ 厖 **1** いやな, 不快な, いらいらさせる; しゃくにさわる, 無礼な ‖
a noise **offensive to** the ear 耳ざわりな音.
an **offensive** manner 無礼な態度.
**2**《正式》攻撃(用)の(↔ defensive); 積極的な ‖
an **offensive** missile 攻撃用ミサイル.
━━图 C《正式》[しばしば the ~] 攻撃(態度), 攻勢; 攻撃側 ‖
**be on the offensive** 攻撃中である.
**take the offensive against** the enemy 敵に対し攻勢に出る.

**of·fén·sive·ly** 副 不快に, しゃくにさわるように; 攻撃的に.

**of·fén·sive·ness** 图 U 不快, しゃくにさわること; 攻撃的なこと.

\***of·fer** /5(ː)fər オ(ー)ファ/ 《そばへ(ob)持って来る(fer)》 cf. confer, refer 》
━━動 〔三単現〕 ~s/-z/; 〔過去・過分〕 ~ed/-d/; 〔現分〕 ~·ing/-əriŋ/》 → occur Q&A
━━他 **1 a** [offer (A) B / offer B (to A)] 〈A〈人〉にB〈物・事〉を〉**提供する**, 差し出す ‖
He **offered** her a ride to school. 彼は彼女に学校まで車でお送りしましょうと声をかけた(cf. **b**).
We **offered** him a nice job. 私たちは彼によい仕事を紹介した.
**b** [offer to do] …しようと**申し出る**, 誘いをかける, すすめる ‖
He **offered** to drive her to school. 彼は彼女に学校まで車で送りましょうと声をかけた《◆×He **offered** her to drive to school. とはいわない. cf. **a**).
**2**〈意見・お礼など〉を述べる, 提案する ‖
I must **offer** you my apology. =I must **offer** my apology **to** you. あなたにおわびしなければなりません.
**3**《正式》…を企てる ‖
**offer** battle 戦いをいどむ.
He **offered** no resistance to his captors. 彼は無抵抗で捕らえられた.
**4** [offer A for [at] B] A〈物〉をB〈価格〉で**売り出す**; [offer A for B] B〈物〉をA〈金額〉で買うと申し出る ‖
I **offered** (her) $10 **for** the picture. その絵を10ドルで買うと(彼女に)申し出た.
We **offered** (him) the car **at** reduced prices. 私たちはその車を割引き値で売ると(彼に)申し出た.
**5**《正式》〈祈りなど〉をささげる.
━━自 **1** 現れる, 生じる; ころがり込む ‖
as soon as occasion **offers** 機会があり次第に.
**2** 申し出る, 提案を行なう.
**óffer itsélf** [**themsélves**] 現れる;〈機会などが〉到来する.
**óffer onesélf for** A …に志願する.
━━图 《複》 ~s/-z/; C **1** 申し出; 提案; 求婚 ‖
He refused my **offer of** help. 彼はお手伝いしましょうという私の申し出をことわった.
leap [《略式》jump] **at the offer** 誘いに飛びつく.
**màke him an óffer** =**màke an óffer to him** 彼に申し入れをする《◆An offer is made to him. という受身は可能》.
**2** つけ値; (売品としての)提供, 売り込み, オファー(↔ order); 売り物 ‖
chairs **on offer at** $5 each《英》一脚(値引きして[特価で])5ドルで売り出されています.
**be open to an offer** 売り値に応ずる.
make (me) **an offer of** £5,000 **for** the house その家に5000ポンド出すと(私に)言う.
**únder óffer** 申し込みを受けて.

**of·fer·ing** /5(ː)fəriŋ オ(ー)ファリング/ 動 → offer.
━━图 **1** C 提供される物; 供物(こ̈), いけにえ; (教会への)献金. **2** U (賄賂(わ̈)などの)提供, 申し出; 奉献.

**off·hand** /5(ː)fhǽnd オ(ー)フハンド/ 副 厖 即座に[の], 用意なしに[の].

\***of·fice** /ɑ́fəs アフィス,《米+》5:f- ¦ 5fəs オフィス/《「仕事をすること」が原義》
派 officer (名), official (形・名)

**óil slíck** (水面に)流出した油, 油の帯, 油膜.
**óil tànker** タンカー, 油輸送船; 油輸送車.
**óil wèll** 油井(ﾊﾟ).◆ 単に well ともいう.
**oil-can** /ɔ́ilkæn オイルキャン/ 图 C (差し口のある)注油器, 油さし.
**oil-cloth** /ɔ́ilklɔ(ː)θ オイルクロ(ー)ス/ 图 U 1 油布《油で処理した厚手の防水布. テーブル・棚などのカバー用》. 2 (一般に)防水布.
**oiled** /ɔ́ild オイルド/ 動 → oil. ──形〈紙などが〉油を塗った;〈イワシなどが〉油につけた.
**oil-skin** /ɔ́ilskìn オイルスキン/ 图 1 U 油布, オイルスキン《防水布》. 2 C [通例 ~s]油布製防水服;(油布製)レインコート.
**oil·y** /ɔ́ili オイリィ/ 形 (比較 -i·er, 最上 -i·est) 1 油の(ような); 油っこい ║
an **oily** complexion 脂気のある顔のつや.
**oily** fried potatoes 油っこいポテトフライ《◆ 食物が「脂肪が多くて油っこい」のは greasy》.
2 お世辞のうまい ║
an **oily** smile 愛想笑い.
**oink** /ɔ́iŋk オインク/ 《略式》動 图 C (豚が)ブーブー鳴く(声).
**oint·ment** /ɔ́intmənt オイントメント/ 图 U C 《薬学》軟膏(ﾅﾝｺｳ).
***OK¹** /òukéi オウケイ, ≠/ 《一説では all correct を誤って書いた Oll Korect の略とされる》《◆ okay ともつづる》《略式》
──副 1 [同意を求めたり納得・承知などを示して]よろしい, はい ║
We'll play tennis in the afternoon, **OK**? 午後テニスをするのですがよろしいですか.
対話 "Can I use your car?" "**OK**(↘)." 「君の車を使っていいかい」「いいよ」.
2 うまく, ちゃんと ║
That car goes **OK** now. その車はもう調子がよい.
──形 《通例補語として》[許可・同意・満足などを示して]よろしい, 正しい, 結構な ║
She seems **OK** now. 彼女はもう元気らしい.
Are you **OK**? 大丈夫ですか.
Is that **OK** with you? これでいいですか.
対話 "What time shall I come? At seven?" "That's **OK** by me." 「何時にお宅に行けばいいですか. 7時?」「それでいいです」.
──動 (三単現 **OK**'s; 過去・過分 **OK**'d または OKed; 現分 **OK**'ing または OKing) 他 …をオーケー〔承認〕する ║
**OK** a proposal 提案にオーケーを下す.
──图 (複 **OK**'s, OKs) C 承認, 許可 ║
Have they given you their **OK**? 彼らの許可をもらったのか.
**OK²** (略) (郵便) Oklahoma.
**o·kay** /òukéi オウケイ/ 副形動图 =**OK¹**.
**Okla.** (略) Oklahoma.
**O·kla·ho·ma** /òukləhóumə オウクラホウマ/ 《「赤い人々=先住民」が原義》图 オクラホマ《米国中部の州. 州都 Oklahoma City. 愛称 the Sooner State, Boomer's Paradise. 略 Okla., (郵便) OK》.
**o·kra** /óukrə オウクラ/ 图 1 C 《植》オクラ. 2 U = okra pods.
**ókra pòds** オクラのさや(okra)《スープ・シチューなどに入れる》.

***old** /óuld オウルド/ 《「成長した, 栄養を与えられた」が原義》

→ 形 1 年とった  2 …歳の  3 古い
       4 昔なじみの

──形 (比較 ~·er, eld·er/éldər/; 最上 ~·est, eld·est/éldəst/) **1 a**〈人・動植物が〉年とった, 年老いた(↔ young); ふけた, 年寄りにみえる; ませた ║
an **old** pine tree 松の老木.
The night grew **old**. 夜がふけた.
"Fifteen's quite **old** these days." 「今じゃ15歳といえばおとなだよ」.
**older** people 年とった人々.
[語法]「年とった人」というのに, 公の場, 特に本人の前では an **old** man [woman] は避け, **old** の代りに **older, elderly** を用いる.
**b** [the ~; 集合名詞的に; 複数扱い] 老人たち《◆ 遠回しに older people, senior citizens ともいう》║
hospitals for **the old** 老人専用病院.
**2** [通例数詞のあとで] **a**〈人・動植物が〉…歳の,〈物が〉…の年月がたった ║
a six-year-**old** child =a child of six years **old** = a child of six 6歳の子供.
Her car is two years **old**. 彼女の車は買ってから2年たっている.
He is **old** enough to drive. 彼はもう運転できる年齢だ.
When I got **old** enough, I'd like to work for an NGO. 大きくなったら NGO で働きたい.
対話 "How **old** is the building?" "It's more than thirty years **old**." 「そのビルは建ってからどのくらい経ちますか」「30年以上になります」.
**b** [~er, ~est で] 年上の, 年長の ║
the **older** of the two boys 2人のうち年上の少年.
my **oldest** [**eldest**] son 長男《◆ 息子が3人以上いることを暗示》.
He has an **older** brother. 彼には兄がいる.
He is four years **older** than I am [《略式》me]. =He is **older** than I am by four years. 彼は私より4歳年上だ.
**c** 《略式》[数詞の前で] …(歳)にしてはふけた ║
She's an **old** sixty. 彼女は60歳にしてはふけて見える.
**3** [名詞の前で]〈物が〉古い, 年月を経た(↔ new); 使い古した(cf. used **2 a**) ; 使われなくなった; 色のくすんだ;〔地質〕〈川・谷などが〉老年期の;〈月が〉満月以降の; [the ~; 単数扱い] 古い物 ║
**old** mauve さえない薄紫.
**old** wine 年代もののワイン.
**old** fashions 旧式な型.
a large **old** white wooden house 大きな古

いものだ.
**2** 成果, 結果; 所産.

**off·stage** /ɔ́(ː)fstéidʒ オ(ー)フステイヂ/ 形副 **1**〔演劇〕舞台裏の[で](↔ on stage). **2** 私生活の[で].

**off-the-rec·ord** /ɔ́(ː)fðərékərd オ(ー)フザレカド/ -kɔ́ːd -レコード/ 形 オフレコの, 記録に留めない.

*\***of·ten** /ɔ́fn アフン, ɔ́ftn, 5ːf- | ɔ́fn オフン, 5ːftn/《◆ 歌詩では韻律上から /5ːfən/ をよく使う》〖『起こる確率が6割ぐらい』が本義〗
  ── 副《比較》more ~, (まれ) ~·er, 最上 most ~, (まれ) ~·est しばしば, たびたび; よく, 多くは《◆ 頻度は frequently とほぼ同じで, sometimes より高く, always, usually, regularly より低い》(↔ seldom) ‖
  I **often** went there. 私はよくそこへ出かけた.
  It's **often** cold here. ここでは寒いのはたびたびのことだ.
  He has **often** found it to be wrong. 彼はこれが悪いことだとしばしば感じていた.
  Unstable boys are **often** very angry. 情緒不安定な子はよくかんかんに怒る.
  対話 "Are you in the habit of drinking at night?" "Very **often**, yes." 「よく晩酌されるのですか」「ええ, よくします」.
  対話 "You travel abroad every month?(↗)" "No, not that **often**." 「毎月外国へ旅行するのですか」「いいえ, そんなにたびたびは行きません」.
  *as **óften** as* ... (1) [数詞の前で] …回も ‖ as often as nine times 9回も. (2) [接] …するたび(ごと)に ‖ **As often as** she tried, she failed. 彼女はやるたびに失敗した.
  ○*(as) **óften** as nót* (少なくとも)2回に1回は《◆「少なくとも50%は」という感じ》‖ **As often as not**, his son is late for school. 彼の息子はたびたび学校に遅刻する.
  *évery sò óften* [通例文尾で] ときどき.
  ○*Hòw óften* ...? (1) 何回…?, どのぐらいの頻度で ‖ 対話 "**How often** do you go to the movies?" "Once or twice a week." 「映画へはよく行きますか」「週に1, 2度です」《◆ "Often." とか "Sometimes." のように単に頻度を表す語で答えるのは投げやりな感じを与えるので, はっきり回数をいうのがふつう》. (2) [完了時制で] これまでに…したことが何度ありますか ‖ 対話 "**How often** have you been to Hokkaido?" "Three times." 「北海道へこれまで何度行きましたか」「3回です」《◆ 回数で答えるのがふつう》.
  *mòre óften than nót* 通常, たいてい(usually)《◆「そうならない場合よりそうすることが多い」ということで (as) often as not (50%)より頻度が高い》.
  *nót óften* めったに…ない(seldom).

**o·gle** /óugl オウグル, ɑ́gl/ 名 C 動 (現分 o·gling) 自他 (女への)色目(を使う).

**o·gre** /óugər オウガ/ 名 (《女性形》o·gress/-gris/) C **1** (童話・民話の)人食い鬼. **2** 鬼のような(恐ろしい).

**o·gre·ish** /óugəriʃ オウガリシュ/ 形 鬼のような.

*\***oh**[1] /óu オウ/ ( 同音 O, owe) 〖擬音語〗
  ── 間 おお, ああ, おや《◆ 音調の変化により驚き・喜び・悲しみなど種々の感情を表す. cf. O[1] 語法》‖
  **Oh**, dear (me)!(↘) =**Óh**, my!(↘) まあ驚いた[困った, がっかり]!.
  **Óh**, that's gréat! わあ, すごい!
  **Óh**, òh. あーあ《◆ 軽い失望》.
  **Óh**, yes! そうだとも《◆ 強調. *Oh*, yés(↗)? は「そうですか」(疑い)》.
  **Óh**, nó! とんでもない《◆ *Oh*, nó! (↘) は「まさか[ひどい, どうしよう]」》.
  **Oh**, Bill! [呼びかけ] ちょっとビル.
  **Oh**?(↗) 本当に, と言うと《◆ 言い直して》?
  I saw ... **oh** ... twelve people at the party. パーティーで見かけたのは…えーっと…12人でした.
  対話 "What subjects are you taking?" "**Oh**, English, history ..." 「どんな科目を取っているの」「うーん, 英語に, 歴史…」《◆ 反射的・無意識的反応や, 間を置くときに用いる》.

**oh**[2] /óu オウ/ 名 ゼロ(0)《◆ 電話・建物番号などを言うときに用いる. → zero 語法 (1)》.

**OH** (郵便) Ohio.

**O. Hen·ry** /óu hénri オウ ヘンリ/ 名 オー=ヘンリー《1862-1910; 米国の作家. 本名 William Sydney Porter》.

**O·hi·o** /ouháiou オウハイオウ | əu- オウ-/ 〖『美しいところ』が原義〗名 **1** オハイオ《米国北東部の州. 州都 Columbus. 愛称 the Buckeye [Yankee] State. 略 O., 郵便 OH》. **2** [the ~] オハイオ川《米国中東部の川, Mississippi 川の支流》.

**ohm** /óum オウム/ 名 C 〔電気〕オーム《電気抵抗の単位. 記号 Ω》.

*\***oil** /ɔ́il オイル/ 〖『オリーブ(の木)』が原義〗
  ── 名 (複 ~s/-z/) **1 a** U 油, 液状の物《◆ 種類を表す時は C》; 《米》石油;《英》灯油《◆ 常温で固体のものは grease》‖
  whale **oil** 鯨油.
  salad **oil** サラダ油.
  hair **oil** 髪油.
  **b** [形容詞的に] 油の, 石油の; 油状の; 油を使う.

  Q&A *Q*: 比喩的に「彼は油を売っている」はどういうのですか.
  *A*: He is lingering over his work. とか He is idling away his time. といいます.

  **2** C [~s] =oil colors; [~s / a ~] 油絵 ‖ paint in **oils** 油絵を描く.
  *búrn the mídnight óil* 夜遅くまで勉強[仕事]する.
  ── 動 他 **1** …に油を差す[塗る]; …を油に浸す, 油で磨く. **2** …を円滑にする.

**óil còlor(s)** 油絵の具.
**óil field** 油田.
**óil pàinting** 油絵; 油絵画法.
**óil pàints** =oil color(s).

い白い木造の家.

**4** [名詞の前で] **昔なじみの**; 古来の; 月並みな, いつもの ‖
my old friend 私の古い友人.
an old story よくある話.
old families 旧家.
old customs 昔からの慣行.

**5 a** 過ぎ去った, 元の(↔ recent); 古代の, 初期段階の(↔ modern) ‖
the good old days 古きよき時代.
play the Old Year out 旧年を祝って送り出す.
**b**《場所・友人などが》以前の, (この)前の ‖
my old boyfriend 前のボーイフレンド.
We had a larger garage at our old house. 前の家ではこれより大きな車庫があった.

**6** 老練な, 経験の深い; 分別のある ‖
an old offender 常習犯.
be old in crime 犯罪にたけている.

**7**《略式》[通例呼びかけで; 親愛を表して] 親しい; なつかしい《◆軽蔑(⊙)の意を含むこともある》‖
good old Harry ハリーのやつ.
old chap [fellow, son]《俗》おい君.

**8**《略式》[通例形容詞のあとで, 意味を強めて] すばらしい, たいした, とても《◆ふつう強く発音しない》‖
have a good [high, fine, grand] old time とてもすてきな時を過ごす.

óld and yóung = yóung and óld (alíke) → young 名.

——名 Ⓒ [複合語で] …歳の人[物, 動物] ‖
a flock of three-year-olds 3歳の羊の群れ.
a sturdy twelve-year-old たくましい12歳の子.

**óld áge** 老年, 老齢《◆ふつう65歳以上》(cf. old-age) ‖ a happy old age 幸せな老後.

**old boy**《英》(1) /=/ a)《略式》[the ~ / one's ~](年とった)おやじ. b)《略式》[an ~] 元気な老人. c) 《略式》ご親方, かしら. (2) /=/《時にO-B-》(public school の)男子卒業[同窓]生(《米》alumnus). (3) /=/《略式》[親しみをこめた呼びかけで] ねえ, 君, おい.

**Óld Énglish** 古(期)英語《700-1500年頃.《略》OE》(→ Anglo-Saxon).

**old girl**《英》(1) /=/《時にO~ G-》(女子の)卒業[同窓]生《◆ *OG という略称は用いない》(《米》alumna). (2) /=/《略式》[親しみをこめた呼びかけで] ねえ, 君. (3) /=/ [the ~ / one's ~] 妻; 母親.

**Óld Glóry**《米》《愛称》星条旗(the Stars and Stripes).

**óld hánd** 老練家, ベテラン.

**óld máid** (1) a) オールドミス《◆ *old miss とはいわない》. b) (男女とも)口やかましい人, 堅苦しい人. (2)《トランプ》ばばぬき.

**òld mán** (1) /=/ 老人(→ 形 1 a 語法). (2)《略式》a) [one's ~ / the ~] 夫, 主人; 父親, おやじ. b) [時に O~ M-] [the ~] 雇い主, 親方, 社長, ボス; 校長, 隊長, 船長. c) 男友だち; 《米》パトロン. (3)《略式》[親しみをこめた呼びかけで] おい, なあ, ねえ君.

**Óld Téstament** [the ~] 旧約聖書; 旧約《神とイスラエル人との間の契約.《略》OT》.

**óld wíves' tàle [stòry]** でたらめな話; 迷信.

**òld wóman** (1) /=/ 老婆(→ 形 1 a 語法). (2)《略式》[one's ~ / the ~] 妻, 家内; おふくろ. (3)《略式》[the ~] 女主人; 小心な男.

**Óld Wórld** [the ~] 旧世界《ヨーロッパ・アジア・アフリカ》(↔ New World); 《米》ヨーロッパ大陸.

**old-age** /óuldèidʒ オウルデイヂ/ 形 老年(期)の(cf. old age) ‖
the old-age pension 老齢年金.
an old-age pensioner 老齢年金受給者.

**old·en** /óuldn オウルドン/ 形《古・詩》昔の, 古い ‖
in olden days [times] 昔は.

***old-fash·ioned** /óuldfǽʃənd オウルドファションド/
——形《◆名詞の前で使うときは /=/》旧式な; 時代遅れの(↔ modern); 昔かたぎの.
対話"I'm afraid you are a bit old-fashioned." "Why? Because I think women should stay at home?"「あなたはちょっと時代遅れのようですね」「どうしてだい. 女の人は家にいるべきだと考えているからかい」.

**old·ie** /óuldi オウルディ/ 名 Ⓒ《略式》昔はやった映画[歌], なつメロ(golden oldie); 古風な人 ‖
an oldie but goodie《略式》古風でも好ましい物[人].

**old-timer** /óuldtáimər オウルドタイマ/ 名 Ⓒ《略式》古顔; 古株;《主米》老人.

**o·le·an·der** /óuliændər オウリアンダ | ─ ─́─ / 名 Ⓒ《植》セイヨウキョウチクトウ《有毒》.

**ol·fac·to·ry** /ɑlfǽktəri オルファクタリ | ɔl-オル-/ 形《医学》嗅(ᵏ⁽)覚の.

**ol·ive** /ɑ́liv アリヴ | ɔ́liv オリヴ/ 名 **1** Ⓒ a = olive tree. b = olive branch.
**2** Ⓒ = olive berry.
**3** Ⓤ a (未熟の)オリーブ(の実)の色, 黄緑色(olive green).
b (肌の)オリーブ色, 黄色がかった褐色 ‖
an olive complexion (若い乙女の)オリーブ色の肌.

**ólive bèrry** オリーブの実(olive)《初めは緑色で熟すと黒紫色. 熟さないうちに収穫してピクルスなどにし, 熟したものからは olive oil を採る》.

**ólive brànch**《文》[the ~ / an ~] オリーブの枝《◆平和の象徴(Noah の放ったハトが洪水のひいた印としてくちばしにオリーブの若葉をくわえて箱舟に帰ったことから). 国連の旗・米国の国章にも描かれている》.

**ólive óil** オリーブ油《最高級サラダ油. 医薬・化粧品にも用いる》.

**ólive trèe** オリーブ(の木)(olive)《南欧の常緑樹. ギリシアの国花》.

**Ol·i·ver** /ɑ́ləvər アリヴァ | ɔ́l-オリヴァ/ 名 **1** オリバー《男の名》. **2** オリバー《シャルルマーニュ大帝の12勇士の1人》.

**O·liv·i·a** /əlíviə オリヴィア, ou-/ 名 オリビア《女の名》.

**O·lym·pi·a** /əlímpiə オリンピア, ou-/ 名 **1** オリンピア《女の名》. **2** オリンピア《ギリシア Peloponnesus 半島西部の平原. 古代オリンピア競技の発祥地》.

**O·lym·pi·ad** /əlímpiæd オリンピアド, ou-/ 名 C《正式》**1** =Olympic Games (2). **2** オリンピア紀《古代ギリシアで1つのオリンピア競技会から次の競技会までの4年間》.

**O·lym·pi·an** /əlímpiən オリンピアン, ou-/ 形 **1** オリンポス山の. **2**《人がオリンポスの神々のような, 堂々とした. **3** オリンピア競技の. ── 名 C **1** オリンポス山の12神の1人. **2**《主に米》オリンピック競技出場選手.

\*O·lym·pic** /əlímpik オリンピク, ou-/《'Olympus の形容詞》

── 形 [名詞の前で] **1** 国際オリンピック競技の ‖ an Olympic record オリンピック記録.
**2**《古代ギリシアの》オリンピア競技の.
**3** オリンピア《平原[山]》の.
── 名 [the ~s; ふつう複数扱い] =Olympic Games (2) ‖ the 2008 Beijing Olympics 2008年の北京オリンピック（大会).

**Olýmpic Gámes** [the ~; 単数・複数扱い] (1)《古代ギリシアの》オリンピア競技. (2)《現代の》国際オリンピック大会《◆ the Olympics, the Olympiad ともいう》.

**O·lym·pus** /əlímpəs オリンパス, ou-/ 名 オリュンポス山《ギリシア北部の山. 山頂にギリシアの神々が住んだとされる》.

**om·buds·man** /ámbudzmən アンブズマン, -bǽdz- | 5mbudz- オンブズ-/《スウェーデン》 名（複 ~men | 5mbudz- オンブズ-/ [the O~] C オンブズマン, 苦情調査官[処理官]《一般市民の公共機関に対する苦情を処理する》.

**o·me·ga** /ouméɡə オウメガ | 5umiɡə オウミガ/ 名 C オメガ《ギリシアアルファベットの最終字（Ω, ω）. 英字の長音の o に相当. → Greek alphabet》.

**om·e·let(te)** /ámələt アメレト | 5m- オメ-/ 〚「薄い金属板」が原義〛 名 C オムレツ《◆ 卵だけで具のないものは plain omelet(te)》 ‖
You can't make an **omelet**(te) without breaking eggs.《ことわざ》卵を割らずにオムレツは作れない／何らかの犠牲なしには目的は達成できない.

**o·men** /óumən オウメン | -men オウメン/ 名 U C 前兆, きざし, 縁起（〳〵）; 予感, 虫の知らせ ‖
an **omen** of success 成功のきざし.
an event of good **omen** 縁起の良い出来事.

**om·i·nous** /ámənəs アミナス | 5m- オミ-/ 形 **1** 不吉な, 縁起の悪い; 険悪な ‖
an **ominous** silence 不気味な沈黙.
**2** 前ぶれの, 前兆となる.
**óm·i·nous·ly** 副 不吉に, 険悪に.

**o·mis·sion** /oumíʃən オウミション | əu- オウ-/ 名 U《正式》**1** 省略; 脱落; C 省略されたもの. **2** 怠慢（〵〵）, 手抜かり.

\*o·mit** /oumít オウミト, ə-| əu- オウ-/《「逆に（ob）送る（mit）. cf. com**mit**, sub**mit**》
派 omission (名).
── 動 (三単現) ~s/-míts/; (過去・過分) ··mit·ted /-id/; (現分) ··mit·ting) 他《正式》**1** [omit A (from B)] A を（B から）除外する（exclude）, 書き落とす ‖
**omit** a name from a roll 名簿に名前を入れないでおく[入れ忘れる]《◆「作成済みの名簿から削除する」は delete, eliminate, erase》.
対話 "I don't think we have enough money for everything." "Okay. Then let's **omit** these from the shopping list." 「みんな買うだけのお金はないと思うよ」「いいわ. じゃあ買い物リストからこれらをはずしておきましょう」.
**2** [omit to do] …するのを忘れる ‖
Please don't **omit** to lock the door when you leave. 出かけるときドアにかぎをかけ忘れないでください.

Q&A **Q**: この語には「わざと」省いたり, 「うっかり」忘れるなどの意味があるのですか.
**A**: そうです. 上の第1例は「わざと」入れないでおく, 「うっかり」入れ忘れるの2つの意味がありえます. 前後の文脈から, また文の内容から判断して使い分けるようにしなければなりません.

**om·ni·bus** /ámnibʌs アムニバス, -bəs | 5mnibəs オムニバス/〚「みんなの乗物」が原義〛 名（複 ~·es /-iz/) C **1**《まれ》乗合馬車[自動車]; バス《◆(1) bus はこの省略形. (2)今は会社名にも用いられる: The Midland *Omnibus* Co. など》.
**2**《正式》=omnibus book [volume] ‖
a Dickens **omnibus** ディケンズ作品選.
**ómnibus bòok** [**vòlume**]《ふつう一作家の種々の作品を含む》大選集（omnibus）《1冊の大型廉価版が一般的. cf. anthology》.

**om·nip·o·tent** /amnípətənt アムニポテント | ɔm- オム-/ 形《正式》**1** 全能の. **2** 絶大な力［影響力］をもつ.

**om·nis·cient** /amníʃənt アムニシャント | ɔmníʃiənt オムニスィアント/ 形 全知の.

**om·niv·o·rous** /amnívərəs アムニヴァラス | ɔm- オム-/ 形《正式》**1** 何でも食べる, 《特に動物が》雑食性の. **2** 何にでも興味をもつ; むさぼり読む.

\*on** /前 an アン, ɔːn | ɔn オン| 副形 an アン, 《米+》 ɔːn まれに《弱》ən | ɔn オン/〚「接触・近接」が原義. そこから接触面に働く関係, 動く方向や時間関係を示すようになった. cf. above, upon〛
→ 前 I [接触]
1 …の上に[の] 2 …に（くっついて）
5 …に従事して 6 …の状態で
II [近接]
8 …の近くに
III [支持]
9 …を支点[軸]にして 11 …によって
IV [方向・対象]
12 …に向かって 13 …に関して
V [時]
16 …に 17 …と同時に
副 1 上に 2 離れず 3 身につけて
4 通じて 5 向かって

**on**

形 **1** 進行中である

―― 前 I [接触]

**1** [(上に)接触] (表面に接して) …の上に[の], …に; …に乗って (↔ off) ‖
a book **on** the desk 机の上の本.
sit **on** a chair いすに座る.
play **on** the street 通りで遊ぶ.
go **on** a bicycle 自転車で行く.
Ice floats **on** water. 氷は水に浮かぶ.

**2** [付着] …に(くっついて)《◆上面だけではなく, 下または側面との接触をも表す》‖
a picture **on** the wall 壁に掛かっている絵.
the apples **on** the tree 木になっているリンゴ.
a bruise **on** one's arm 腕にある打撲傷.
put butter **on** both sides of the bread パンの両面にバターを塗る.
The coat is **on** the peg. コートが洋服掛けに掛かっている.
The dog is **on the chain**. 犬が鎖につながれている.

**3** [所持・着用] …につけて, …の身につけて (↔ off) ‖
put a ring **on** [×in] one's finger 指輪をつける《◆ one's finger を省略すると **on** は副詞. → 副 **3**》.
The dress looks good **on** you. そのドレスは君によく似合う.
Heroin was found **on** her. 彼女はヘロインを隠し持っていた.

**4** [所属]〈委員会・職員など〉の一員で; …で働いて ‖
He is **on** the staff. 彼は職員の一員だ.
She is **on** the Asahi Newspaper staff. 彼女は朝日新聞社で働いている.

**5** [従事] **a** …に従事して (↔ off), 〈目的・用件〉で ‖
**on** duty 勤務中で.
go **on** an errand 使いに行く.
They are **on** the job. 彼らは仕事中だ.
He is away **on** business. 彼は出張中だ.
**b** 〈薬など〉を飲んで, 常用して;〈麻薬など〉に中毒になって ‖
He's **on** heroin. 彼は麻薬中毒だ.

**6** [状態] **a** …の状態で, …して, …中 ‖
These bags are no longer **on** sale. このバッグはもう販売されていない.
**on** strike ストライキ中.
**on** the way to school 学校へ行く途中で.
The house is **on** fire. 家が火事だ.
She is **on** the run from the police. 彼女は警察から逃走中だ.
They are **on** a tour of Europe. 彼らはヨーロッパを旅行中だ.
**b** [on the + 形容詞; 副詞的に] 《◆ ふつう非難や好ましくない意味を含む》‖
**on** the sly (略式) こっそりと.
**on** the quiet ひそかに.
I bought the watch **on the** cheap. (略式)

安く時計を買った.

**7** [累加] (文) [同じ名詞をくり返して] …に加えて ‖
suffer defeat **on** defeat あいついで敗北する.

II [近接]

**8 a** [場所的に] …の近くに, …に接して, 面して, 沿って;…の側に ‖
sit **on** my left 私の左隣に座る《◆ to my left は「左方に」の意味》.
a village **on** the river 川沿いにある村《◆「川上(かわかみ)」や「川の上」でないことに注意》.
an inn **on** the lake 湖畔の宿.
He has a store **on** the main road. 彼は本通りに店を持っている.
**b** 〈時間・重量・価格など〉に近い, ほぼ ‖
It's just **on** five o'clock. ほぼ5時だ.

III [支持]

**9** [支点] …を支点[軸]にして ‖
stand **on** tiptoe つま先で立つ.
fall **on** one's knees ひざまずく.
lie **on** one's back あおむけになる.
The earth turns **on** its axis. 地球は自転する.

**10** [根拠・理由・条件・依存・動力源] …に基づいて, …の理由[条件]で, …によって;…をもらって;…を担保[保証]にして;〈言葉など〉にかけて ‖
**on** principle 主義として.
**on** (one's) oath 誓って.
A car runs **on** gasoline. 車はガソリンで走る.
**on** the grounds of youth 若いという理由で.
act **on** her advice 彼女の忠告に従って行動する.
retire **on** a pension 年金がついて退職する.
He borrowed money **on** his house. 彼は家を担保に金を借りた.

**11** [手段・器具] …によって, …で ‖
go **on** foot 歩いて行く.
speak **on** the telephone 電話で話す.
watch a game **on** television テレビで試合を見る.
play the tune **on** a violin バイオリンで曲を弾く.
I cut my hand **on** a piece of glass. ガラスの破片で(誤って)手を切った《◆「故意に」の場合は with a piece of glass》.

IV [方向・対象]

**12** [運動の方向・動作の対象] …に向かって, …に対して, …の方へ;…を目がけて, …に迫って ‖
creep up **on** the fort とりでに忍び寄る.
take pity **on** the poor 貧者をあわれむ.
put a tax **on** tobacco タバコに税をかける.
spend money **on** books 本にたくさんのお金を使う.
Fortune smiled **on** us. 運が向いてきた.
The storm is **on** us. あらしが迫っている.
I am keen **on** swimming. 私は水泳に熱中している.
She drew her knife **on** me. 彼女はナイフを抜いて私に向かって来た.
The army advanced **on** the town. 軍隊は町に向かって進軍した.

**13** [関連] …に関して, …について(concerning) ‖
a book on [about] birds 鳥についての本《◆ on は専門的な内容, about は一般的な内容を暗示する》.
speak on international affairs 国際情勢について語る.
I congratulate you on your success. ご成功おめでとう.

**14** [不利益] (主に略式) …が不利益なことには, …に損害をかけて, …を捨てて；…に対して ‖
hang up on him (一方的に)ガチャンと彼の電話を切る.
walk out on one's family 家族を見捨てる.
He died on us. 《主に米略式》彼に死なれた.
The joke is on me. その冗談は私への当てつけだ.
She shut the door on me. 彼女は私の鼻先でバタンとドアを閉めた.
They have some evidence on me. 彼らは私に不利な証拠を握っている.

**15** [負担] (略式) …のおごりで, …持ちで ‖
Have a drink on me! おれのおごりで一杯やろう.

**V** [時]

**16** [時・日・機会] …に, …の時に ‖
on Christmas Eve クリスマスイブに.
on various occasions いろいろな機会[時]に.
(on) the following day その次の日に《◆ that, the following, the next, the previous を伴う場合は, on はしばしば省略される》.
on and after March 1 3月1日以降(→ after 前 **1**).
on the evening of the fifth of May 5月5日の夕方に《◆ 特定の日の朝・午後・夜をいう場合に用いられる. 不特定・一般的な場合は *in* the evening など》.
It happened (on) August 20th. それは8月20日に起こった《◆(略式)では曜日・日付の前で on が落ちることがある》.
The chimes ring every hour on the hour. チャイムは正時ごとに鳴る.

**17** [動名詞または動作を示す名詞と共に] …と同時に, …するとすぐ, …のすぐあとで ‖
on request 請求があり次第.
a doctor on call 呼び出せばすぐ来てくれる医者.
on receipt of the money 金を受け取るとすぐ.
pay the bill on leaving 帰る時に勘定を払う.
On her death, her house was sold. 彼女の死後すぐに彼女の家は売られた.
On arriving at the door, he opened it soundlessly. ドアのところへ着くと, 彼は静かにドアをあけた.

─**副** /ɑ́n, ɔ́ːn | ɔ́n/ **1** [接触] (…の)**上に**, 乗って (↔ off) ‖
get on 乗る.
put the table cloth on テーブルクロスを掛ける.
He jumped ón to [(米) onto] the stage. 彼は舞台に飛び上がった(=He jumped on the stage.)《◆ jumped ¦ on the stage は, 「舞台

で飛び上がった」》.
**2** [付着] **離れず**, しっかり ‖
Hold on! しっかりつかまっていろ.
If you don't hang on, you'll fall. しがみついてないと落ちるぞ.

**3** [所持・着用] **身につけて**(↔ off) ‖
put one's shoes on 靴をはく.
with one's coat on コートを着て.
She had nothing on. 彼女は何も着ていなかった.

**4** (電気・ガス・水道・ラジオなどが) **通じて**, 出て, ついて；(機械・ブレーキなどが) 作動して(↔ off) ‖
turn the light ón 明かりをつける.
The radio is on. ラジオがついている.

**5** [前進方向・継続] **a** (場所的・時間的にある方向に)**向かって**, 先へ, 進んで, 前方へ；(ある動作を)続けて, ずっと, どんどん；(手紙などを)転送して ‖
later on あとで.
from that day on その日から.
The army marched on against the enemy. 軍隊は敵に向かって進撃した.
He is well on in years. 彼はかなりの年だ.
They don't get on well. 彼らの仲はうまくいっていない.
**b** [意味を強めて] ‖
Còme òn ín!(↘) さあお入り《◆ come in よりも強調的な表現》.

**ón and óff** (英) =(米) **óff and ón** → off 副.
**ón and ón** (略式) 引き続き, どんどん(cf. 副 **5**).
**on to** → onto.

─**形** /ɑ́n, ɔ́ːn | ɔ́n/ **1** [補語として]〈事が〉**進行中**である, 始まっている；〈映画・演劇などが〉上映[上演]中；〈俳優が〉舞台に出る ‖
Whát's ón? 何が起こっているのか；何を上映[上演]しているのか.
The strike is still on. ストライキは続行中だ.

**2** [補語として]〈事が予定[計画]されている ‖
There is a party on tonight. 今晩パーティーが予定されている.

*be ón to* **A**《略式》(1) …を知っている, 気付いている；…の気持ちをよく知っている. (2) …と連絡をとる, 接触する. (3) …に不平[小言]を言う.

**\*\*once** /wʌ́ns ワンス/ 《**1** (on) ＋副詞語尾(ce)》
─**副** **1** [文強勢を置いて] **一度**, 1回《◆ 進行形の文では用いない. 強めて one time を用いるのは(主に米)》‖
I cried ónce, twice, three times, four times. 私は1度, 2度, 3度, 4度叫んだ.
I have visited London ónce. 一度ロンドンを訪れたことがある.
You're òny young ónce. =You're young only once. 若い時は一度しかない(大いに楽しめ).
I have **not** seen him ónce. =I have **not** once seen him. まだ彼に一度も会ったことがない.

> Q&A *Q*: not once には音調によって「一度もない」と「一度だけでなく何回も」の意味もあるということ

ですがどんな場合ですか.
*A*: 次の対話例を参照してください.
[対話] "Did you *once* go swimming in the new pool?" "Not *ónce*.(↘)"「新しいプールに泳ぎに行ったことがありますか」「一度どころじゃないよ」(◆ (↗) では「一度もないよ」).

**2** [強く発音しないで] かつて, (過去の)ある時期に ‖ I once lived in Tokyo. 前に東京に住んでいたことがある.

**3** [強く発音して] [if, when, as soon as 節で] いったん, 一度でも, かりにも (→接).
If ónce you break the seal, you can't return the tape. いったん封を切るとそのテープは返品できません.

**móre than ónce** 一度だけでなく, 何回も.

**nót [néver] ónce** → 圖 **1**.

°**once agáin** (1) /≠/ もう一度 (◆ 相手の言葉が聞きとれなかった場合など, 単に "Once again." というとぶしつけに響くので, I beg your pardon?, Would you say it again? などを用いる. (2) (主に米) では one more time も用いる) ‖ He said that once again. 彼はもう一度そう言った. (2) /≒/ 元通りに.

**ónce and agáin** = ONCE or twice.

°**ónce (and) for áll** この1回限りで(二度と言わない)(これを最後に)きっぱりと(やめる) (◆ and のある方が意味が強い) ‖ He gave up his attempt once for all. 彼はきっぱりとその企てをあきらめた.

°**ónce in a whíle** [(主に英) wáy] ときどき ‖ I heard from him once in a while. ときどき彼から手紙が来た.

**ónce móre** = ONCE again (1).

**ónce or twíce** 二, 三度; 何回か.

°**ónce upon a tíme** 昔々, ある時 (◆ おとぎ話の初めの決まり文句. 時には比較的最近のことにも用いられる) ‖ Once upon a time, there lived an old man. 昔々一人のおじいさんがいました.

——接 [強く発音して] いったん…すると, 一度…するや, …するやいなや (◆圖 **3** の省略形. (略式) ではこの方が好まれる) ‖
Ónce you begin, you must continue. いったん始めたらやめてはいけません.
You'll like the place ónce you get settled. 住みついたらすぐその土地が好きになりますよ.
Ónce bítten, twíce shý. 《ことわざ》 → bite 圏 **1** 用例.

——名 U 一度, 1回 ‖
Once would be enough. 一度で十分だろう.

°**áll at ónce** (1) 突然; だしぬけに ‖ All at once I heard a cry. 突然叫び声を聞いた. (2) みんな同時に, いっせいに.

°**at ónce** (1) ただちに, すぐに (◆ right away [now] より堅い表現) ‖ Start at once! すぐに出発しなさい. (2) 同時に, いっせいに ‖ Don't everybody talk at once! みんな一度に話すな.

°**at ónce ... and ...** …でもあり…でもある (◆ both ... and ... より堅い表現) ‖ The essay was at once interesting and instructive. その評論はおもしろくもあり, またためにもなった.

°**(júst) for ónce** = jùst thís ónce この場合に限り(例外として), 今度だけは ‖ Please forgive me for once. 今度だけは見のがしてください.

**once-over** /wʌ́nsòuvər ワンソウヴァ/ 名 (略式) **1** [the ~] ざっと目を通すこと ‖
I gave the letter the once-over. 私は手紙にちょっと目を通した.
**2** [a ~] 手早く整頓(とん)[掃除など]をすること ‖ He gave the room a once-over. 彼は部屋をざっと整頓した.

**on·com·ing** /ánkʌ̀miŋ, 5n- アンカミング|5n- オン-/ 形 近づいて来る, 迫り来る; 来たるべき.
——名 接近; 到来.

**ón-dèck círcle** /ándèk- アンデク-|5n- オン-/ 〔野球〕[the ~] 次打者席, ウエイティングサークル (圏 → baseball).

**✱one** /wʌ́n ワン/ 代 ではまた (弱) wən/ [同音] won) 〖もと a, an と同一語. cf. once, only, alone〗

——名 (稜 ~s/-z/) 《用例は → two》 **1** UC (基数の)1 (◆序数は first. 関連接頭辞 mono-, uni-).

**2** UC [単数扱い]; 代名詞的に] 1つ, 1個; 1人 (→代 **5**).
one in every five men 5人につき1人(の割で).

**3** U 1時, 1分; 1ドル[ポンド, ペンス, セントなど].

**4** U 1歳.

**5** C 1の記号[数字, 活字] 《1, i, I など》.

**6** C (さいころの)1の目.

**7** [O~] U [通例修飾語を伴って] 神, 絶対的存在 ‖
the Holy One = (the) One above 神.
the Evil One 悪魔.

**8** U (略式) 一撃(blow); 酒の1杯.

**9** [the ~] ジョーク, 冗談(joke).

**(áll) in óne** (1) 1つ[1人]で(全部を)兼ねて ‖ She was nurse and mother, (all) in one to me. 彼女は私にとって乳母(ぢ)でもあり母でもあった. (2) みんな一致して. (3) (略式) (たった)一度で.

**as óne** (みんな)いっせいに (◆ as one man ともいう).

**at óne** 〖正式〗一致して; 一体になって ‖ I'm at one with you on the matter. そのことでは君と同じ意見だ.

°**for óne** (1) [しばしば挿入的に] (ほかのことはともかくとして)一例として, 1つには(for one thing). (2) [I のあとで] 私としては ‖ I, for one, think you're right. 私としては君の言うとおりだと思う (◆ for one think ... のように前後のコンマを除くことも可能).

**in óne** → (all) in ONE.

°**óne and áll** [大勢の人に話しかけるときに用いて] (だれもかれも)みんな ‖ I'd like to thank you, one and all. みなさんどうもありがとう.

**óne and ónly** (略式) [one's ~] (だれよりも)愛

する人. 本当にいとしい人(→ 形3; only 形1).

○**óne by óne** 1つ[1人]ずつ(one at a time → time 名 成句) ‖ He took the eggs out one by one. 彼は卵を1つずつ取り出した.

—形 **1 a** 1つの, 1個の；1人の(a, an) ‖
one child 1人の子供.
for one year 1年間.
one dollar and a half 1ドル50セント.
One man one vote. 1人1票.
**b** [数詞などを修飾して] 1…《◆特に正確に述べようとするとき以外は a の方がふつう》‖
one half 2分の1.
one third 3分の1.
one hundred 100.
**c** [補語として] 1歳で.
**2** [時を表す名詞を修飾した副詞句で] (未来または過去の)ある ‖
I saw him one afternoon. ある(日の)午後彼に会った.
one fine Sunday ある晴れた日曜日；(晴れていなくても)ある日曜日.
one spring evening ある春の夕方.
**3** [the ~ / one's ~] 唯一の, ただ1つ[1人]の《◆ one を強く発音する. 強調形は one and only》‖
The óne thing I can do is to tell the truth. 私にできることは真実を話すことだけだ.
That is my óne and only hope. それが私のたった1つの希望です(→ 成句).
**4** [another, (the) other と呼応して] 一方の, 片方の ‖
from one side to the other 一方の側から他の側へ.
choose one way or the other どちらかの方法を選ぶ.
To call oneself a revolutionist is one thing; to be one is another. 革命家を自称することと革命家であることは別である.
One man's loss is another man's gain. (ことわざ)「甲の損は乙の得」.
**5** (正式) 同一の, 同じ ‖
one and the same person 全く同一の人物《◆ one and the same は one の強調形》.
We are one with you. 我々は君と同じく意見です.
with [in] one voice 異口同音で, 口をそろえて.
***as óne mán*** =as ONE (→ 名 成句).
***for óne thing*** … → thing.
**óne and ónly** (1) [one's ~ / the ~] → 形3. (2) [the ~] 本当の, 正真正銘の《◆ 有名人を聴衆などに紹介するとき, その人物の名前の前につけて用いる. → only 形2》.
**óne and the sáme** → 形5.
**óne dáy** (未来または過去の)ある日《◆ some day は未来に限られる》.
○**óne or twó** 1または2の；(略式) 2, 3の《◆ふつう or を /ər/ と発音すれば「1または2の」, /ər/ では「2, 3の」の意》‖ one or two people 1, 2[2, 3]人, 数人.
**óne thing and anóther** (略式)あれやこれやで, な

んやかやで.

**one too many** → many 名.

—代 **1** [前出の C 名詞の代わりとして] (…な)もの, 1つ ‖
I lost my umbrella, so I need to buy one. かさをなくしたので, 1本買う必要がある《◆ one = an umbrella》.
Are these your books? I'd like to borrow an interesting one. これはあなたの本ですか. おもしろいのを1冊お借りしたいのですが《◆ one = book. a + 形容詞を前に置くこともできる. 「何冊か」の場合は some interesting ones という》.
My old car looks just as good as Bill's new one. 私の古い車もビルの新車と同じぐらい良さそうに見える《◆ one =car》.
These are our best shirts. **Which one(s)** would you like to try on? これは当店でも最高級のシャツでございます. どれかお召しになってみますか.
**2** [前出の語句の代わりとして] 1つ, 1人 ‖
Do you have any books on gardening? I'd like to borrow one. 園芸の本をお持ちですか. 1冊お借りしたいのですが《◆ one =a book on gardening》.
If you want true friends, you should find one in your high school days. 本当の友だちが欲しければ高校時代に見つけるべきだ《◆ one = a true friend》.

---

Q&A **Q**: one の代わりに第1例では it, 第2例では him や her にしてはいけないのですか.
**A**: one は同種のもののどれでもよい1つをさすので, 特定のものを示す it, him, her は用いることはできません. 第1例の one は a book on gardening の代用なのです. 第2例は特定の本当の友だちを頭に浮かべているのではなく不特定の本当の友だちをさしている one です.

---

**3 a** [the ~(s)] 人, もの《(1) 前出の C 名詞の代わりに用いる. (2) ふつうあとに関係代名詞節や to 不定詞を伴う. (3) 「もの」を表すのは(略式)》‖
This book is easier than the one we have been reading. この本は私たちが今読んでいるのよりやさしい.
We aren't the ones to tell him. 私たちは彼に明かす立場にある者ではない.
**b** (文) [後に修飾語句を置いて] 人《◆ one =a person に相当》‖
She lay on the bed like one dead. 彼女は死人同然にベッドに横になっていた.
He is not one to complain. 彼は不平を言うような人ではない.
He was one who never told lies. 彼は決してうそをつかない人であった.
**4** (正式) 人, 人はだれでも, 我々《◆(1) ふつう主語に用いる. (2) 話者を含む. (3) (略式) では一般に you, we, they, people などを用いる》‖
One should always be careful in talking

about one's finances. 自分のふところ具合を語るにはいつも注意を払うべきである《◆ one を受ける代名詞は (英) では one, one's, oneself, (米) では he, his, himself [内容によっては she, her, herself] も可》.

[語法] one's, oneself は one が前になくても用いることができる: It is easy to lose *one's* way in Venice. ベネチアでは道に迷いやすい / It is not always easy to amuse *oneself* on holiday. 休日を楽しむのは必ずしも簡単なことではない.

**5** [one of + the, my, those など + 複数名詞] …の1つ[1人] ‖
Óne of the girls was late in coming. 女子の1人が遅れてやって来た.
I'd like to have óne of those apples. あのりんごを1ついただきたい.

**6** Ⓤ [any, some, no, every のあとで] 人, もの ‖
No óne but her lover saw her. 彼女の恋人のほかはだれ1人として彼女を見なかった《◆ Nobody but her … の方が口語的》.
Every óne of my English courses dealt with grammar. 私の英語の講座はどれも文法を扱った.

**7** Ⓒ [形容詞のあとで] (…な)人《◆特定の人を表す》‖
the little [young] ones 子供たち《◆場合によっては動物の子を指す》.
my sweet one 親愛なる人.

**8** Ⓤ [another, the other(s) と対照して] 一方(のもの), 1つ, 1人 ‖
The twin girls are so much alike that I can't tell one from the other. そのふたごの女の子はとてもよく似ていて私には区別がつかない.

**9** Ⓤ [辞書などで人称代名詞の代表形として] ‖
as … as one can できるだけ…《◆主語に応じて one が I, you, he などになることがある》.

◇**óne àfter anóther** [副] 次々に, 1つ[1人]ずつ, あいついで《◆3つ以上のものについて用いる》‖ One after another the stars in the west were covered by the cloud. 次から次へと西空の星は雲に覆われていった.

**óne A àfter anóther** [代] ひとつまたひとつの… ‖ One star after another was covered by the cloud. 星がひとつひとつと雲に覆われていった.

◇**óne àfter the óther** [副] (1) 交互に《◆ふつう2つのものについて用いる》‖ He raised his hands one after the other. 彼は左右交互に手を上げた. (2) 順々に《◆3つ以上の特定数のものについて用いる》‖ He swallowed three cups of the water, one after the other. 彼はその水を3杯次々に飲んだ.

◇**one anòther** [代] お互い(→ EACH other) ‖ All three hated one another [each oth-er]. 3人はお互いに憎み合っていた.

**one-** /wʌ́n-/ [連結形] 1 …. 例: one-armed 片腕の.

**one-man** /wʌ́nmǽn ワンマン/ [形] 1人だけの; 1人だけからなる; 1人だけで行なう《◆「独裁者的な」の意はない》((PC) one-person) ‖
a one-man show (絵画などの)個展;(歌手などの)ワンマンショー((PC) one-person [solo, individual] show).

**óne-man [óne-wòman] bánd** (1) 1人楽団《何種類もの楽器を演奏する芸人》. (2) (他人の力を借りない)単独行動人.

**one-on-one** /wʌ́nɑnwʌ́n ワンオンワン | wʌ́nɔn- ワンノン-/ [形] 1対1の.

**one-piece** /wʌ́npiːs ワンピース/ [形]《服,特に水着が》ワンピースの《◆日本語の「ワンピース」は dress》.

**on·er·ous** /ɑ́nərəs アナラス | ʌ́n- オウナラス/ [形] 《正式》わずらわしい, やっかいな, 面倒(を)な.

\***one·self** /wʌnsélf ワンセルフ/ [[one の再帰代名詞]]

——[代]《正式》**1** [強く発音して強調用法として] 自分自身, みずから《◆前出の one を強める. 文法上はなくてもよい》‖
One must do the work onesélf. その仕事は自分がやらねばならない.

**2** [再帰用法として] 自分自身(を, に)((米) himself)《◆主語の one に合わせて, 他動詞の目的語または前置詞の目的語となる. 文法上必要》‖
One must not take oneself too seriously. 自分をあまり深刻に考えすぎてはいけない.
One tells oneself these things, doesn't one? これらのことを自分に言ってきかせるのですね.

[語法] 再帰代名詞の代表形として辞書の成句の欄などで用いられる. したがって実際の文においては, 主語の人称・性・数に応じて形を変える. 例えば, 辞書に say to oneself とあれば, 主語が I のときは, I said to myself., Jim のときは Jim said to himself. となる.

◇**besíde onesélf** 我を忘れて, 逆上して, 気が狂って, 気が転倒して ‖ be beside oneself with joy うれしさで有頂天になっている.

**be** [**féel**] (**líke**) **onesélf** 〈人が〉からだの調子がよい.

**be onesélf** (1) 〈人が〉精神的[肉体的]に正常である. (2) 〈人が〉自然にふるまう. (3) 〈人が〉まじめである.

**be óut of onesélf** 我を忘れる.

◇**by onesélf** (1) ひとりぼっちで ‖ The old man lives (all) by himself. その老人は(全くの)ひとり暮らしで. (2) 独力で, ひとりで ‖ I did the whole job by myself. 私は仕事を全部自分でやった. (3) [主に by itself で] ひとりでに ‖ The clock stopped by itself. 時計は自然に止まった.

**for onesélf** (1) 独力で《◆「自分のためになるように」という意を含む》‖ Look into it for yourself. 自分でそれを調べなさい. (2) **自分(自身)のために** ‖ She kept the apple for herself. 彼女は自分で食べるためにそのリンゴをとっておいた.

◇**in** oneself それ自体では, 元来, 実際は《◆ふつう事・物について用いられるので, itself, themselves の形で用いる》‖ The engine in itself is very good. エンジンそれ自体は非常にいいのです.

léave A to onesélf A〈人〉を自分の好きにさせる, 自分の才覚にまかせる.

◇**to** onesélf (1) 自分だけが使うのに, 自分だけで ‖ He has a car to himself. 彼は自分専用の自動車を持っている. (2) (自分の)心の中に[で] ‖ Keep the idea to yourself. その考えは胸にしまっておきなさい.

**one-sid·ed** /wʌ́nsáidid ワンサイディド/ 形 **1** 片側だけの.
**2** 不公平な, 片寄った.
**3** (勝負などが)一方的な ‖
a one-sided game ワンサイドゲーム《◆ ˣa one-side game とはいわない》.

**one·time** /wʌ́ntàim ワンタイム/ 形 **1** かつての, 以前の. **2** 1回限りの.

**one-to-one** /wʌ́ntuwʌ́n ワントゥワン/ 《主に米》形 副 (対応などが) 1対1の[で]; 2人だけの[で].

**one-way** /wʌ́nwéi ワンウェイ/ 形 **1** 一方向(だけ)の, 一方通行の; (米)《切符が》片道の. **2** 一方的な.
óne-wáy stréet 一方通行路.
óne-wáy tícket (主に米)片道切符.

**on·go·ing** /άŋgouiŋ アンゴウイング | ɔ́n- オン-/ 形 (正式)継続[進行]している; 前進[発達]中の.

**＊on·ion** /ʌ́njən アニョン/ 《発音注意》 ※オニオン 《『大きな真珠(large pearl)』が原義》
—— 名 (複 ~s/-z/) Ⓒ Ⓤ **タマネギ**《◆昔から魔よけのお守りとされてきた》‖
too much onion in the salad サラダに入れすぎたタマネギ.
ónion búlb タマネギの鱗茎(リンケイ) (onion).

**on-line** /άnláin アンライン | ɔ́n- オン-/ 〔コンピュータ〕形 副 オンライン(式)の[で].
óne-line sýstem オンライン＝システム.

**on·look·er** /άnlùkər アンルカ | ɔ́n- オン-/ 名 Ⓒ (通りすがりの)見物人, 傍(ハタ)観者《◆スポーツなどの「観客」は spectator, 映画・演劇の「観客」は audience》‖
The onlooker sees most of the game. (ことわざ)ゲームは横で見ている人の方がよくわかる;「岡目八目(オカメハチモク)」.

**＊＊on·ly** /óunli オウンリ/ 《one + ly》
—— 形 [名詞の前で] **1** [the ~ / one's ~] [単数名詞に付けて] **唯一の, たった1つ[人]の**; [複数名詞に付けて] **ただ…だけの** ‖
an only son 1人息子.
our one and only reason for going there そこへ私たちが行くたった1つの理由.
They were the only people to thank me. 私にお礼を言ってくれたのは彼らだけだった; 彼らしか私に礼を言わなかった.

He is the only one of my friends that is talented. 彼は私の友人の中で才能のある唯一の人です.

**2** 《略式》[通例 the ~] 最適の, 最良の; 無比の ‖
the only writer for my taste 私の好みにぴったりの作家.
And now, ladies and gentlemen, the one and only Michael Jordan! (人名を強調して)さてみなさん, マイケル＝ジョーダン, 他に並ぶもののないその人を紹介しましょう.

—— 副 **1** ただ…だけ; (数量が)ほんの…にすぎない, たかが; 単に, もっぱら ‖
only a child ほんの子供《◆ an only child はひとりっ子》.
only 5 dollars わずか5ドル.
Ònly áfter an operation will he be able to walk again. 《やや文》手術を受けてからでないと彼は再び歩けないだろう《◆ only … を文頭に出すと疑問文の語順になる》.
We're ònly sáying this for your own sake. 君自身のためを思えばこそこう言っているのです.
I have only a little money. ほんの少ししかお金がない.
Staff only (掲示)関係者以外立入禁止.
対話 "Did many people attend the meeting?" "No, only a few (people did)." 「集会にはたくさんの人が参加しましたか」「いいえ, ほんの数人でした」.

**2** [時の副詞(句・節)を強調して] つい, たった…, ほんの…; …してようやく ‖
only yesterday つい昨日.
only recently 最近になってやっと.
Only afterwards did he explain why he did it. あとになって初めて, それをやった理由を彼は説明した《◆ only … を文頭に出すと疑問文の語順になる》.

**3** 結局は; 残念ながら…, あいにく… ‖
It will ónly màke family matters wórse. それはかえって家庭問題をさらに悪化させるだけだろう.

◇**have only to** do → have 動.
◇**if only** → if 接.

**not only** A **but** (**also**) B = **not only** A **but** B **as well** = not.

◇**ònly júst** (1) かろうじて, やっと ‖ I was only just able to work. ほとんど働けなかった. (2) たった今…したばかり ‖ She has only just arrived. 彼女はたった今着いたばかり.

◇**ónly to** dó (1) その結果は…するだけだ《◆ to 不定詞の副詞的用法で結果を表す》‖ He worked hard to carry out his plan, only to fail. 彼は自分の計画を実行しようと懸命に働いたが, 結局失敗に終わったけれどだった. (2) ただ…するために《◆ to 不定詞の副詞的用法で目的を表す》.

**only too** … → too.

—— 接 《略式》 **1** ただし, …だがしかし ‖
He'd like to go, only he has another engagement. 彼は行きたいのだが, 別の約束がある.
**2** …ということさえなければ《◆(英)では only that

節. 主節には仮定法, only 節には直説法》‖
He would do well in the test, only (that) he gets nervous. 彼はあがりさえしなければ試験でよい成績をとるだろう.

**on·o·mat·o·poe·ia** /ὰnəmǽtəpí:ə アノマトピーア | ɔ̀nəu- ɔ̀nɔu-/ 名 U 擬声, 擬音 ; C 擬音語, 擬声語, オノマトペ.

Q&A Q：英語にはどんなオノマトペがありますか.
A：clash, clang, ding dong, thump などたくさんあります. しかし日本語にはコトコト, ガチャガチャ, ポトポトなどさらにたくさんあります.

**on·set** /ɑ́nsèt アンセト | ɔ́n- オンセト/ 名 [the ~] 1 開始, 始まり ; 着手‖
the onset of the disease 病気の発症.
2 突撃, 攻撃.

**on·slaught** /ɑ́nslɔ̀:t アンスロート | ɔ́n- オン-/ 名 C 《正式》 猛攻撃.

**On·tar·i·o** /ɑntéəriòu アンテアリオウ | ɔn- オン-/ 名
1 オンタリオ《カナダ南部の州. 州都 Toronto》. 2 Lake ~ オンタリオ湖《五大湖中最小の湖》.

**on·to** /ɑ́ntə 子音の前 オンタ | ɔ́ntə, 母音の前 -tu オントゥ, -tə/ 前 1 (米) …の上へ《♦(英)ではふつう on to とする》‖
jump onto [on] the table テーブルの上に跳び上がる《♦on ではテーブルの「上で」跳び上がる意にもとれるが, onto ではこのあいまいさはない. → on 副 1》.
get onto [on] the bus バスに乗り込む.
2 (略式) a〈計略など〉に感づいて,〈人〉のたくらみに気づいて‖
I'm onto your trick. 君の計略は知っているよ.
b〈よい仕事〉にありついて.

**o·nus** /óunəs オウナス/ 名 《正式》 [the ~] 1 重荷 ; 負担, 責任, 義務. 2 恥辱, 非難.

**on·ward** /ɑ́nwərd アンワド, ɔ́n- | ɔ́n- オン-/ 副《主に米正式》前方へ, 先へ, 進んで‖
move onward 前進する.
from now onward これから先, 今後.
Lunch from 12:00 onward （予定など）12時から昼食.
——形《正式》前方への ; 前進する.

**on·wards** /ɑ́nwərdz アンワヅ, ɔ́n- | ɔ́nwədz オンワヅ/ 副《主に英》=onward.

**oo·long** /ú:lɔ̀(:)ŋ ウーロー(ン)グ/ 名 U ウーロン茶.

**oops** /úps ウプス/ 間 《略式》 しまった！, おっと！, あらら！《♦間違えたときなど驚きを表す》.

**ooze** /ú:z ウーズ/ 動 (現分) ··ooz·ing) 自 1 にじみ出る, 流れ出る‖
Blood was oozing from the wound. =The wound was oozing with blood. 傷口から血がにじみ出ていた.
2 《正式》〈勇気などが〉だんだんなくなる ;〈秘密などが〉漏れる.
——他 …をにじみ[流れ]出させる.
——名 U《正式》にじみ出ること, 浸出[分泌]物.

**o·pal** /óupl オウプル/ 名 C U 《鉱物》オパール, 蛋白

(誕) 石.

**o·paque** /oupéik オウペイク | əu- オウ-/ 形 (時に 比較 o·paqu·er, 最上 o·paqu·est) 《正式》不透明な, 光沢のない.

**OPEC** /óupek オウペク/ 略 Organization of Petroleum Exporting Countries 石油輸出国機構.

**＊o·pen** /óupn オウプン, (時に) -pm/〖「下から上へ」が原義〗副 openly (副), opening (名)
→ 形 1 開いた 2 覆いのない 3 b 公開の
6 a 広々とした 8 率直な
動 他 1 開く 5 始める ; 公開する
動 自 1 開く 4 始まる
——形 (比較 most ~, (時に) ~·er, 最上 more ~, (時に) ~·est) 1 a 開いた ; 開いている(↔ shut, closed)‖
an open drawer 開いた引き出し.
leave the window open 窓をあけたままにしておく.
keep one's eyes open 注意深く見守る.
Was the gate wide open or just ajar? 門は大きくあいていたか, それともほんの少しあいていたか.
b〈本・傘・包みなどが〉広げられた ;〈花が〉咲いた.

Q&A Q：push the door open と push open the door は同じように用いてもよいですか.
A：前者は押して開いた状態に, 後者は押してあける動作に重点があります. このような働きをする動詞はほかに cut, break, burst, blow, fling, kick, pull, swing, throw などがあります.

2 [名詞の前で] 覆いのない, 屋根のない, むき出しの ;〈傷などが〉口の開いた‖
an open car オープンカー, 無蓋(<sup>がい</sup>)車.
an open manhole ふたのないマンホール.
an open boat 甲板のない小舟.
an open drain ふたのない下水溝.
3 a 〔通例補語として〕あいている, 営業中の ; 作動中の, すぐ使える ; 開催中の‖
The shop is not open today. その店はきょうは休みだ.

対話 "Are the banks open today?" "No, they're closed. It's Saturday." 「銀行はきょうあいてますか」「いいえ, 閉まっています. 土曜日ですから」.
b 公開の, 制限のない ; 出入り自由の, 自由に使用できる, 入手できる‖
an open market 一般[公開]市場.
This area is open to licensed hunters. この地域は免許を持っている狩猟家なら自由に出入りできます.

対話 "Is the race open to everybody?" "No, it's only open to those under 15." 「そのレースにはだれでも参加できますか」「いいえ, 15歳未満の人だけです」.
4 [通例補語として]〈職・地位などが〉空席のある ; 暇な, 予定のない‖

O

The job still was **open**. その仕事にはまだ欠員があった.
I'll have an hour **open for** you to call. あなたがいらっしゃるので1時間あけておきます.
**5** 未解決の；未決算の ‖
leave a matter **open** 問題を棚上げにする.
keep one's account **open** at a bank 銀行勘定を開いて[清算しないで]おく.
**6 a** [通例名詞の前で] **広々とした**, さえぎる物のない；航行自由な ‖
**open** country ずっと開けた土地.
an **open** battle 野戦.
**b** 氷結しない；温暖な, 霜[雪, 霧]のない ‖
an **open** winter 温暖な冬.
the **open** water in arctic regions 北極地方の開氷域.
**7** 《略式》法的拘束力のない, 道徳的規制のない；解禁の；差別のない.
**8 率直な**, 打ち解けた；**公然の**, 周知の；あからさまな；偏見のない；寛大な ‖
an **open** mind 広い心(cf. open-minded).
**open** disregard of the law 公然たる法律無視.
He is very **open with** her. 彼は彼女に対し非常に率直だ.
**9** [補語として] 受けやすい；すぐに受け入れる, 服する, 動かされやすい；(…に)面して ‖
**open** to doubt 疑惑を受けやすい.
This gadget is **open** to utilization in various ways. この装置はあらゆる用途に向いている.
**10** 〔軍事〕〈都市が〉無防備の, 非武装の.
━[動] ([三単現] ~s/-z/；[過去・過分] ~ed/-d/；[現分] ~·ing)

[他] と [自] の関係

| | | |
|---|---|---|
| [他] 1 | open **A** | **A** を開く |
| [自] 1 | **A** open | **A** が開く |
| [他] 5 | open **A** | **A** を始める |
| [自] 4 | **A** open | **A** が始まる |

━[他] **1** …**を開く**, あける；…のふたをとる；〔コンピュータ〕〈ファイル〉を開く ‖
**open** the bottle **for** him ＝《米》**open** him the bottle 彼にびんの栓を抜いてやる.
**open** the door **to** a stranger 知らない人に戸をあけてやる.
**2** 〈手・新聞など〉を広げる ‖
**open** (out) a folding map 折りたたみ式の地図を広げる.
**Open** your book **to** [《英》**at**] **page** 20. 本の20ページをあけなさい.
**3** …**を切り開く**；…を開拓する；〈企業など〉を発展させる(+*out*, *up*) ‖
**open out** other possibilities 他の可能性を広げる.
**open up** a mine 鉱山を開発する.
**4** …の流れをよくする.
**5** …**を始める**；…**を公開する**, 開放する ‖
**open** a port **for** trade 貿易のために開港する.
**open** (up) a bank account 銀行口座を開く.
At what time do you **open** your store? お店は何時に開店するのですか.
Japan was finally **opened to** the West in 1854. 日本は1854年になってついに西洋諸国に対して開国した.
**6** …を暴露する；…を打ち明ける ‖
**open up** the fallacy 誤りを明らかにする.
**open** (**up**) one's mind [heart] **to** him 彼に心中をあかす.
**7** 〈心・世界など〉を開く；…を啓発する ‖
**open** one**self to** others 他人に対して心を開く.
The story **opened up** a new world **to** her. その物語のおかげで彼女は新しい世界に目を開かれた.
━[自] **1 開く** ‖
The can **opened** quickly. その缶はすぐにあいた.
**2 a** (本・新聞などを)あける ‖
He **opened to** page 12. 彼は12ページをあけた.
**b** 咲く；〈雲などが〉広がる；〈傷口・割れ目などが〉開く；〈旗などが〉翻(ひるがえ)る ‖
The seam **opened**. 縫い目がほころびた.
**3** 〈景色・展望などが〉**開けてくる**, 広がる；わかってくる；〈心が〉共鳴する(+*up*) ‖
minds that **opened** (**up**) **to** new ideas 新しい思想に共鳴した心.
**4 始まる**；開演する；〈店などが〉開く；〈劇団などが〉活動を始める；〈番組などが〉始まる；話し始める, 書き始める ‖
The essay **opens with** a quotation. その評論は引用文で始まっている.
The game **opened up** after half time. 中休みのあと, 試合は再開した.
**5** 通じている, 面している ‖
The dining room **opens on** the courtyard. 食堂は中庭に向いている.
***ópen óut*** (1) [自] 打ち解ける ‖ **open out to** him 彼に心を開く. (2) [自] 始める ‖ **open out** in the glass trade ガラス店を開く. (3) [他] → [他] **2**, **3**.
***ópen úp*** (1) [自] → [自] **3**, **4**；店をあける；[しばしば命令文で] 《略式》戸をあけろ；《略式》砲撃を開始する；《略式》打ち解ける, 遠慮なく話し出す；口を割る. (2) [他] → [他] **3**, **5**, **6**, **7**.
━[名] **1** [the ~] 戸外；広場；空き地, (樹木のない)開けた場所；広々とした水面；大海原(うなばら) ‖
play in **the open** 野外で遊ぶ.
**2** [the ~] 公表；周知 ‖
act in **the open** 公然とふるまう.
bring her secrets (out) into **the open** 彼女の秘密を公(おおやけ)にする.
come (out) in [into] **the open** 考えを公表する；〈情報などが〉明るみに出る.
**3** [しばしば O~] (プロ・アマの区別がない)公開選手権試合 ‖
the golf **open** オープンのゴルフ試合.
**4** [the O~] 《英略式》＝Open University.
**ópen hóuse** (1) 自宅開放(パーティー). (2) 見学日, 無料公開日, 開放日；《米》授業参観日(《英》open day) ‖ keep **open house** いつでも来

客をもてなす.
**ópen létter** 公開[質問]状.
**ópen sándwich** オープンサンド.
**ópen séason** [the ~] 解禁期;(略式)表現[行動]自由の状況.
**ópen sécret** 公然の秘密.
**ópen sésame** [時にO~ S-]「開けゴマ」の呪文《◆『アラビアンナイト』の Ali Baba and the Forty Thieves の話から》;難関を突破するかぎ.
**Ópen Univérsity** (英) [the ~] 放送[公開]大学《1969年発足したテレビ・ラジオによる(主に学位を取るための)通信制大学.(略式)では the Open とか the University of the Air ともいう》.
**o‧pen‧air** /óupnέər オウプネア, óupm-/ 形 戸(こ)外の, 野外の; 野外生活の好きな ‖
an open-air concert 野外音楽会.
**open-end‧ed** /óupnéndid オウプネンディド/ 形 **1** 無制限の, 無期限の;(店が)閉店時間のない; 両端の開いた ‖
an open-ended walkout 無期限スト.
**2**〈契約などが〉変更可能な; 幅広い解釈のできる.
**3**〈質問が〉自由形式の.
**o‧pen‧er** /óupnər オウプナ/ 名 C 開ける道具《かん切り・栓抜きなど》;開幕試合, 第1試合.
**o‧pen-eyed** /óupnáid オウプナイド, óupm-/ 形 副 **1** 目を開いた[て]; 目を丸くした[て], 驚いた[て]. **2** 油断のない[なく], 注意深い[く].
**o‧pen-hand‧ed** /óupnhǽndid オウプンハンディド, óupm-/ 形 気前のよい; 手を広げた.
**o‧pen-heart‧ed** /óupnhάːrtid オウプンハーティド, óupm-/ 形 率直な, 隠しだてしない; 親切な, 寛大な, 気前のよい.
**o‧pen-heart‧ed‧ly** /óupnhάːrtidli オウプンハーティドリ, óupm-/ 副 率直に, 気前よく.
**o‧pen‧ing** /óupniŋ オウプニング/ 動 → open.
— 名 **1** U C 開けること, 開放; 開通 ‖
the opening of a flower 開花.
Grand opening soon! 近日大開店.
**2** U C (演説などの) 冒頭;(事の) 発端,第一歩;(物語などの) 初め, 導入部;(演劇の) 初演 ‖
the opening of a meeting 開会.
**3** C 広場, 空き地; 入江;(米)(森林の)木のまばらな空地.
**4** C 穴, すき間; 通路;【建築】窓, 明かり取り ‖
an opening in the hedge 生け垣の裂け目.
**5** C (正式) 空き, 就職口, 欠員; 機会 ‖
There is an opening in this firm for a business manager. この会社に営業部長の空席がある.
— 形 開始の, 初めの ‖
an opening statement 冒頭陳述.
an opening address 開会の辞《(略式) では the opening speech [remarks], a welcoming speech》.
**ópening níght** (劇・映画の) 初日の夜.
**ópening tíme** 始業[開館]時刻.
**o‧pen‧ly** /óupnli オウプンリ/ [→ open]
— 副 **1** 率直に, 隠さずに.

**2** 公然と, 公に ‖
talk openly about it それについて公の場で話す.
**o‧pen-mind‧ed** /óupnmáindid オウプンマインディド, óupm-/ 形 心の広い; 偏見のない.
**o‧pen-mind‧ed‧ly** /óupnmáindidli オウプンマインディドリ, óupm-/ 副 偏見なく.
**o‧pen-mouthed** /óupnmáuθt オウプンマウスト, -máuð/ 形 副 口を開いた[て];(驚いて)ぽかんとした[て].
**o‧pen‧work** /óupnwèːrk オウプンワーク, óupm-/ 名 U 透かし細工[模様, 織り].
**op‧er‧a** /άpərə アパラ | ɔ́pərə オパラ/ 名 **1** U C (演劇・音楽の部門としての) 歌劇, オペラ; オペラの総譜 [歌詞, 公演] ‖
a comic opera 喜歌劇.
Are you fond of opera? オペラが好きですか.
She is an opera singer. 彼女はオペラ歌手です.
perform an opera オペラを上演する.
**2** C オペラ劇場.
**ópera glàss** [通例 -es] オペラグラス.
**ópera hòuse** オペラ劇場.
**op‧er‧a‧ble** /άpərəbl アパラブル | ɔ́p- オパラ-/ 形 実行[使用]可能な; 手術可能な(↔ inoperable).

\***op‧er‧ate** /άpərèit アパレイト | ɔ́pərèit オパレイト/ 《仕事》をする(ate). cf. regulate, evaporate》 operation (名), operator (名)
— 動 ; [三単現] ~s/-eits/; [過去・過分] --at·ed /-id/; [現分] --at·ing.

— 自他 の関係 —
| 自 **1** | A operate | A〈機械などが〉動く |
| 他 **1** | operate A | A〈機械など〉を動かす |

— 自 **1** (正式)〈機械・器官などが〉動く, 働く, 作動する ‖
operate on electricity 電気で動く.
**2** (正式) 処置[処理, 仕事]をする.
**3** (正式) 経営されている ‖
This business has operated in many countries. この商売は多くの国々で行なわれてきた.
**4** (正式) 作用する, 影響を与える ‖
operate powerfully upon the soul 精神に強く影響を及ぼす.
The decision operates to our advantage. その判決は我々に有利に働く.
**5** [operate on A (for B)] A〈患者・患部〉に(B〈病気〉の)手術をする ‖
The child was operated on for appendicitis. その子は盲腸炎の手術を受けた《◆(米式)では on が省略されることもある》.
— 他 **1** (正式)〈機械など〉を動かす, 操作する, 運転する ‖
Can you operate an airplane? あなたは飛行機を操縦できますか.
[対話] "I can't work this very well." "Let me operate it for you."「これどうもうまく動かせない」「代わりにわたしに操作させてよ」.
**2** (正式, もと米) …を経営する, 管理する.
**op‧er‧at‧ic** /άpərǽtik アパラティク | ɔ́p- オパラティ-

**op·er·at·ing** /ɑ́pərèitiŋ|ɔ́p- オパレイティング/ 動 → operate. ――形 手術(用)の.

**óperating sỳstem** 〖コンピュータ〗オペレーティングシステム (略 OS).

*__op·er·a·tion__ /ɑ̀pəréiʃən アパレイション|ɔ̀p- オパレイション/ 〖→ operate〗
→ 名 **1** 作用;運転 **2** 実施;影響 **3** 作業 **5** 手術 **6** 軍事行動

――名 (複 ~s/-z/) **1** ⓤ (器官·心臓などの)作用, 働き;(機械などの)運転, 操作 ‖
the operation of the valves 弁の働き.
a machine no longer in operation もはや動いていない機械.
**2** (正式) ⓤ 実施, 施行;影響, 効果, 効能;ⓒ 有効期間, 有効範囲 ‖
the operation of alcohol on the body アルコールがからだに及ぼす影響.
put [bring] the rules into operation 規則を施行する.
**3** [しばしば ~s] 作業, 仕事, 活動;生産過程 ‖
many operations in automobile manufacture 自動車製造の多くの作業工程.
**4** ⓤⓒ 事業;操業;(株式の)操作, 思惑, 取引 ‖
The new branch will be out of operation soon. 新しい支店がまもなく営業を停止するだろう.
**5** ⓒ 手術 ‖
I had an operation for stomach cancer. 私は胃がんの手術を受けた.
**6** ⓒ 〖軍事〗 [通例 ~s] 軍事行動, 作戦.

**op·er·a·tive** /ɑ́pərətiv アパラティヴ, 特に 名 で -èitiv|ɔ́pərətiv オパラティヴ, -èitiv/ 形 **1** (正式) 〈法律·薬などが〉効力のある;実施された;最も適切な. **2** 手術の. ――名 ⓒ **1** (正式) [しばしば遠回しに] 働く人;熟練工, 工員 **2** (米) 探偵, スパイ.

**op·er·a·tor** /ɑ́pərèitər アパレイタ|ɔ́pərèitə オパレイタ/ 名 ⓒ **1** 扱手, 操作者;(米) (バスの)運転手《◆(bus) driver の上品語》‖
a computer operator コンピュータ技師.
**2** (電話の)交換手. **3** 〖もと米〗経営者.

**O·phe·lia** /oufíːljə オウフィーリャ|ə- オフィーリャ/ 名 オフィーリア《Shakespeare 作 *Hamlet* 中の Hamlet の恋人》.

**oph·thal·mol·o·gist** /ɑ̀fθælmɑ́lədʒist アフサルマロヂスト|ɔ̀fθælmɔ́lə- オフサルモロ-/ 名 ⓒ 眼科医.

*__o·pin·ion__ /əpínjən オピニョン/ 〖「考える(think)」が原義〗
――名 (複 ~s/-z/) **1** ⓒⓤ **a** [しばしば one's ~] 意見, 見解, 考え; [通例 ~s] 所信, 持論, 自説 ‖
in my opinion 私の考えでは《◆ 文頭のほか挿入的に文中・文尾にも用いる. I think より堅い言い方》.
I am not altogether of your opinion on this matter. この件に関してあなたの意見に賛成というわけではない.
対話 "It's my opinion we should wait." "I don't agree. There's no time to lose." 「我々は待つべきだと私は考えます」「ぼくは反対だな. 一刻の猶予もできないよ」.
**b** (人々の)考え方, 態度;世評, 世論 ‖
Opinion is changing in my favor. 世論が私に有利な方に変わってきた.
**2** [通例 have a + 形容詞 + opinion] 評価, (善悪の)判断, (世間の)評判 ‖
have [get, form] a good [high, favorable] opinion of her 彼女のことをよく思う.
have a bad [poor] opinion of his novel 彼の小説を低くみる.
have no opinion of the new plan その新しい計画を全くつまらないと考える.
What opinion do you have of his new book? あなたは彼の新しい本をどう思いますか.
**3** ⓒ [通例複合語で] (医者·弁護士などの)専門的意見, 鑑定, (別の医師の)診断 ‖
a medical opinion 医者の意見.
**4** ⓤ [通例 public ~] (主に道徳的問題に関する)一般的な意見, 世論, 世論.

**opínion pòll** 世論調査.

**o·pin·ion·at·ed** /əpínjənèitid オピニョネイティド/ 形 (正式) 自説を曲げない, 頑固な;独断的な.

**o·pi·um** /óupiəm オウピアム/ 名 ⓤ アヘン.

**o·pos·sum** /əpɑ́səm アパサム|əpɔ́səm オポサム/ 名 ⓒ 〖動〗オポッサム《アメリカ大陸産の有袋類》.

*__op·po·nent__ /əpóunənt オポウネント/ 〖→ oppose〗
――名 (複 ~s/-nənts/) ⓒ (試合·競技·討論·争いなどの)対抗者, 敵;反対者 ‖
a political opponent 政敵.
an opponent of the government 政府に反対する者.
an opponent of capital punishment 死刑反対論者.
beat one's opponent in the game 試合で相手を破る.

**op·por·tune** /ɑ̀pərtúːn アパトゥーン|ɔ́pətjùːn オパテューン/ 形 (正式) **1** 適切な;好都合の. **2** タイムリーな.

**op·por·tun·ism** /ɑ̀pərtúːnizm アパトゥーニズム|ɔ́pətjùːn- オパテューニズム/ 名 ⓤ 日和(ぎ)見主義, ご都合主義.

**op·por·tun·ist** /ɑ̀pərtúːnist アパトゥーニスト|ɔ́pətjùːn- オパテューニスト/ 名 ⓒ 日和見主義者.

**op·por·tu·ni·ties** /ɑ̀pərtúːnətiz アパトゥーニティズ|ɔ́pətjùː- オパテュー-/ 名 → opportunity.

*__op·por·tu·ni·ty__ /ɑ̀pərtúːnəti アパトゥーニティ|ɔ́pətjùː- オパテュー-/ 〖「港に近いこと」が原義〗
――名 (複 ~·ties/-z/) ⓤⓒ **1** 機会, 好機 (類 chance, occasion) ‖
Opportunity knocks (at the door) only once. 好機は二度とこない.
take the opportunity of studying abroad 好機を捕えて留学する.
I have no opportunity for visiting my uncle. おじを訪問する機会が全くない《◆ for doing を伴うのは主に good, excellent のような形容詞で修飾される時》.
I don't have much opportunity to go

shopping these days. =There are not many **opportunities** for me to go shopping these days. 近ごろ買物に行く機会があまりない.

対話 "Maybe I won't go." "You've got to go! You won't have this **opportunity** again."「多分ぼくは行かないよ」「行くべきだわ! こんない機会はもう二度と来ないわよ」.

**2** 目標達成の機会 ‖
a job with many **opportunities** 出世の見込みが大いにある仕事.

\***op·pose** /əpóuz オポウズ/ 〖反対に(op)置く(pose). cf. sup*pose*, pro*pose*〗
派 opposite (形・名・前), opposition (名), opponent (名)
——動 (三単現) ~·pos·es /-iz/; 過去・過分 ~d /-d/; 現分 ~·pos·ing)

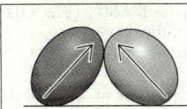

oppose 〈対立する〉

——他 〈提案・計画など〉に**反対する**(→ object), 対抗する; …を妨害する; [oppose doing] …することに反対する ‖
**oppose** the construction of a new airport 新空港建設のじゃまをする.
**oppose** the enemy force 敵の勢力に対抗する.
——自 **反対する**, 対立する ‖
**opposing** teams 対抗するチーム.
*as oppósed to* A …とは対照的に, …に対立するものとして(の).
*be oppósed to* A (正式) …に反対している ‖ He is **opposed** to (carrying out) the new plan. 彼はその新しい計画(の実行)に反対している.

**op·pos·ing** /əpóuziŋ オポウズィング/ 動 → oppose.

\***op·po·site** /ápəzit アポズィト, -sit | ɔ́p- オポ- (アクセント注意)《◆アポズィト》〖逆らって(op)置く(posite). cf. *oppose*〗
——形 **1** 向かい側の, 反対側の ‖
the house **opposite** to [from] mine 私の家の真向かいの家.
I live **on the opposite side of** the street. 通りの向かい側に住んでいる.
**2** [名詞の前では通例 the ~] 正反対の, 逆の ‖
the **opposite** sex 異性.
the **opposite** effect 逆効果.
the **opposite** kind of thing **to** this one これとは反対の種類のもの.
go **in the opposite** direction 反対方向へ行く.
Their views were completely **opposite**. 彼らの見解は全く逆だった.
——名 (複 ~s /-zits, -sits/) C [通例 the ~] 正反対の人[物, 事]; 反意語 ‖
Love is **the opposite** of hatred. =Love and hatred are **opposites**. 愛は憎しみの反対だ.
——前 …の向かいに, …に向かい合って(across from) ‖
The bank is **opposite** the station. 銀行は駅の向かいにある.
I sat down **opposite** Tom. 私はトムの向かいに座った.
——副 向かいに, 反対の位置に ‖
There was an explosion **opposite**. (通りの)向こうで爆発があった.

\***op·po·si·tion** /ɑ̀pəzíʃən アポズィション | ɔ̀pəzíʃən オポズィション/ 〖→ oppose〗
——名 (複 ~s /-z/) ①C **1** **反対**, 対立; 抵抗, 妨害; 反感, 敵意 ‖
speak in natural **opposition** to his proposal 彼の提案にもっともな反対意見を述べる.
meet with strong **opposition** 強い抵抗にあう.
condemn the **opposition** of force with force 力に対して力で対抗することを非難する.
**2** [単数・複数扱い] 反対者, ライバル; [しばしば (the) O~] (英) 野党, 野党党 ‖
His [Her] Majesty's **Opposition** (英) 野党.
**Opposition's** demand 野党の要求.
**3** (正式) 向かい合うこと; 対比, 対照 ‖
shops **in opposition to** each other 互いに向かい合う店.

**op·press** /əprés オプレス/ 動 (三単現 ~·es /-iz/) 他

oppress 〈圧迫する〉

**1** (正式) …を圧迫する, 服従させる ‖
**oppress** one's people 国民をしいたげる.
**2** (文) …に重圧感を与える; …を悩ます ‖
feel **oppressed** by [with] anxiety 心配で憂うつになる.

**op·pres·sion** /əpréʃən オプレション/ 名 **1** ①C 圧迫, 圧制; 辛苦 ‖
a feeling **oppression** 圧迫感.
**2** U 憂うつ; 圧迫感, 重荷.

**op·pres·sive** /əprésiv オプレスィヴ/ 形 **1** 非道な, 圧制的な; 過酷な, 圧迫する ‖
**oppressive** taxes 重税.
**2** 重苦しい, 耐えがたい, むしむしする.
**op·prés·sive·ly** 副 圧制的に; 重苦しく.

**op·pres·sor** /əprésər オプレサ/ 名 C (正式) 圧制的な人, 迫害者; 暴君.

**opt** /ɑ́pt アプト | ɔ́pt オプト/ 動 (やや正式) 選ぶ, 決める《◆新聞の見出し語として好まれる》.
*ópt óut of* A (略式) …から身を引く, 脱退する.

**op·tic** /ɑ́ptik アプティク | ɔ́p- オプティク/ 形 (正式) **1** 〔解剖〕目の, 視力の, 視覚の. **2** 光学(上)の.
——名 C (略式) [通例 ~s] 目.
**óptic nèrve** 視神経(図 → eye).

**op·ti·cal** /ɑ́ptikl アプティクル | 5p- オプ-/ 形《正式》
1 〔解剖〕視力の, 視覚の；視覚を助ける. 2 光学(上)の.

**óptical cháracter réader** 〔コンピュータ〕光学式文字読み取り装置《略 OCR》.

**óptical dísk** 〔コンピュータ〕光ディスク《CD-ROM, DVD などを含む》.

**óptical fíber** 光ファイバー.

**óptical illúsion** 〔目の〕錯覚.

**óptical márk réader** 光学式マーク読み取り装置.

**óptical scánner** 〔コンピュータ〕光学式スキャナ.

**op·ti·cian** /ɑptíʃən アプティシャン | ɔp- オプ-/ 名 C 眼鏡商, めがね屋.

**op·ti·mism** /ɑ́ptəmìzm アプティミズム | 5p- オプ-/ 名 U 1 楽天主義, 楽観主義. 2 楽観；最善観.

**op·ti·mist** /ɑ́ptəmist アプティミスト | 5p- オプ-/ 名 C 楽天家；楽観主義者.

**op·ti·mis·tic** /ɑ̀ptəmístik アプティミスティク | 5p- オプ-/ 形 楽天主義の(↔ pessimistic)；楽天的な, 楽観的な ∥
I'm optimistic that he will pass. 彼は合格すると私は楽観している.

**op·ti·mis·ti·cal·ly** /ɑ̀ptəmístikəli アプティミスティカリ/ 副 楽観的に, 楽天的に.

**op·ti·mum** /ɑ́ptəməm アプティマム | 5p- オプ-/《正式》(複 ~·ti·ma /-mə/, ~s)〔生物〕(成長の)最適条件；[量]最適の度合[量]. —— 形 最適の；最善の, 最高の.

**op·tion** /ɑ́pʃən アプション | 5p- オプ-/ 名 1 U C 選択《◆ choice より堅い語》；選択権, 選択の自由 ∥
have no option but to go 行くよりほかに手はない, 行かなければならない.
have the option of taking Spanish, French, or German スペイン語, フランス語, ドイツ語のいずれかを選択できる.
2 C 選択できるもの, 選択肢.
3 C 〔商業〕選択売買権, オプション.

**op·tion·al** /ɑ́pʃənl アプショヌル | 5p- オプ-/ 形 自分で選べる, オプションの；(主に英)〈学科か〉選択の.

**op·tom·e·trist** /ɑptɑ́mətrist アプタメトリスト | ɔptɔ́m- オプトミトリスト/ 名 C 《米·豪》検眼士《英》ophtalmic optician》.

**op·u·lent** /ɑ́pjələnt アピュレント | 5p- オピュ-/ 形《正式》富裕な, ぜいたくな, 豊富な.

‡**or** /(強) ɔːr オー, (弱) ər ア | ɔː オー, (時に) ə/
(同音 ²oar, ²ore, ²awe)《other の短縮形》
➡接 1 …または… 2 …でも…でも(ない)
3 すなわち 4 そうでなければ

—— 接 1 [選択] [A or B] A または B, A あるいは B, A か B 《◆(1) A, B は文法的に対等の語·句·節. (2) 音調はふつう A (↗) or B (↘)》∥
Is he coming or not? 彼は来るのですか, それとも来ないのですか.
Will you have fruit or ice cream?《◆音調によって意味の違いが生じる. fruit(↗) or/ər/ ice cream (↘)では「フルーツかアイスクリームにしますか」の意だが, fruit(↗) or/ər/ ice cream (↗)では「フルーツかアイスクリーム(それとも他のもの)でも食べますか」の意となって, 選択の意味が弱くなり, しばしばよりていねいな表現となる》.
You may have tea or coffee or cocoa. = You may have tea, coffee(,) or cocoa. 紅茶かコーヒーかココアを飲んでよろしい.
He or I am wrong. =Either he or I am wrong. 彼と私のどちらかが間違っている《◆「A or B」が主語のときは動詞の数·人称は B に一致》.

[対話]"Which would you like, tea(↗) or coffee(↘)?" "I'd like some tea(↘), please. (↗)「お茶とコーヒーのどちらになさいますか」「お茶をいただきたいのですが」.

2 [not A or B] A でも B でも(ない) ∥
She is not witty or brilliant. 彼女は機知に富んでいるのでもなければ頭がよいというのでもない.

3 [言い換え] すなわち, 言い換えれば；[前言を訂正·補足して；しばしば or rather] いや ∥
botany, or the study of plants 植物学, つまり植物の研究.
He is enjoying himself, or at least he appears to be enjoying himself. 彼は楽しんでいる. いや少なくとも楽しんでいるように見える.

4 [肯定命令文などのあとで] そうでなければ(cf. and 8)] ∥
Put your coat on, or (else) you'll catch cold. 上着を着なさい, さもないとかぜをひくよ《◆or のあとに else を用いて意味を強めることがある》.
They liked this house or they wouldn't have stayed so long. 彼らはこの家が好きだった, そうでなければこんなに長く滞在しなかっただろう.

> [Q&A] *Q*：否定命令文の後ではどんな意味になりますか.
> *A*：否定命令文のあとではその反対の「そうするなら」の意味になります: Don't move, *or* I'll shoot you. 動くな, 動くと撃つぞ.

5 [A or B の形で] A でも B でも《◆A, B は対等の名詞·形容詞·動詞·句など》∥
Rain or shine, I'll go. 降っても晴れても行きます.

**or élse** (1) → 4. (2)《略式》[警告·おどしなどを表して] そうしないとひどい目にあうぞ.
**or ráther** [前言をより正確に表して] もっと正確に言えば；と言うよりむしろ(→ 3).

○**A or sò**《略式》A かそこら, およそ A《◆(1) A は数量を表す名詞. (2) or の発音はふつう /ər/》∥ The water will come to a boil in 5 minutes or so. その水は5分かそのぐらいで沸騰します.

○**A or sòmebody [sómething, sòmewhere]** A かだれか[何か, どこか]《◆(1) A は名詞·形容詞·副詞·句など. (2) or の発音はふつう /ər/》∥ He went to Narita or somewhere. 彼は成田かどこかへ行った.

**OR**《略》Oregon.

**or·a·cle** /ɔ́ːrəkl オーラクル/ 名 C 〔古代ギリシア·ローマで〕神託, 神託所；神託僧, 神官, 巫女(ᏢᏁ).

**o·rac·u·lar** /ɔːrǽkjələr オ(ー)ラキュラ, (英+) ərǽ-/ 形 **1** 神託の(ような). **2** 神秘的な, あいまいな. **3** 賢明な.

**＊o·ral** /5ːrəl オーラル/ 《同音 aural》〖口(or)の(al)〗
——形 **1** 〖正式〗口頭の, 口述の(↔ written) ‖
I passed the **oral** examination in English.
私は英語の口頭[口述]試験にパスしました.
**2** 〖正式〗〖名詞の前で〗〖解剖〗口の, 口部の, 口腔(こうくう)の ‖
対話 "I don't like being near my uncle. His breath smells very bad." "That's disgusting! He must have terrible **oral** hygiene." 「おじの近くに行くのはいやだね. だって息がとてもくさいんだから」「それってむかつくね. きっと口の中が不潔なんだよ」.
**3** 〈薬が〉口から飲む; 口を使う ‖
an **oral** vaccine 口から飲むワクチン.
——名 C (略式) [しばしば ~s] 口頭[口述]試験.

**＊＊or·ange** /5(ː)rindʒ オ(ー)リンヂ/ 《発音注意》 〖× オレンヂ〗
——名 (複 ~·es/-iz/) **1** C オレンジ ; オレンジの木(orange tree) ‖
a bitter **orange** ダイダイ.
a mandarin **orange** (一般的な日本産の)ミカン, 温州(うんしゅう)ミカン《◆ a mandarin ともいう》.
a navel **orange** ネーブル.
peel an **orange** オレンジの皮をむく.
squeeze an **orange** オレンジを絞る ; [比喩的に] 甘い汁を絞り取る《◆ a squeezed **orange** は「役に立たない人[物]」》.
The **orange** that is too hard squeezed yields a bitter juice. 〖ことわざ〗オレンジをあまり強く絞ると苦いジュースができる ;「過ぎたるはなお及ばざるがごとし」.
**2** U **a** オレンジ色, だいだい色《黄と赤の中間色. 茶・チョコレートに近い色まで含む》.
**b** オレンジ染料, オレンジ色の服.
**3** C U = orange juice.
**4** [形容詞的に] オレンジ(色)の.
**órange blòssom** オレンジの花《◆ (1) 結婚式での花嫁はオレンジの白い花を髪にさしたり, 花束として持つ. 最近では lilac, rose もこれに代用. (2) 米国 Florida 州の州花》.
**órange jùice** オレンジジュース(1杯)(orange).
**órange pèel** オレンジの皮《橙(とう)皮油・ジャム・マーマレードの原料》.
**órange trèe** オレンジの木(orange).

**or·ange·ade** /5(ː)rindʒéid オ(ー)リンヂェイド/ 名 U オレンジエイド《オレンジ果汁に砂糖・水を加えた飲料》.

**o·rang·u·tan** /ərǽŋətæn オランガタン | ɔːræŋətæn オーランガタン, **-ou·tan** /-tǽn/ 〖「森の住民」が原義〗 名 C 〖動〗オランウータン.

**or·a·tor** /5(ː)rətər オ(ー)ラタ/ 名 ((女性形) (まれ) **-tress**)〖正式〗**1** 演説者, 講演者. **2** 雄弁家.

**or·a·to·ri·o** /5(ː)rətɔ́ːriòu オ(ー)ラトーリオウ/ 名 (複 ~s) U C 〖音楽〗オラトリオ, 聖譚(せいたん)曲《宗教的題材を扱い, 独唱・合唱・管弦楽からなる曲》.

**or·a·to·ry** /5(ː)rətɔ̀ːri オ(ー)ラトーリ | -təri -タリ/ 名 U 〖正式〗雄弁(術).

**or·bit** /5ːrbət オービト/ 名 C **1** 〖天文〗軌道 ; 軌道の1周 ‖
The spaceship has been put in **orbit** round the earth. 宇宙船は地球を回る軌道に乗った.
**2** (人生の)行路 ; (経験・知識・活動などの)範囲.
——動 他 **1** (軌道に沿って)…の周りを回る ‖
**orbit** the earth 地球の周りを回る.
**2** 〈人工衛星など〉を軌道に乗せる.
——自 軌道を回る, 軌道に乗る.

**or·bit·al** /5ːrbətl オービトル/ 形 軌道の.

**or·chard** /5ːrtʃərd オーチャド/ 名 C (主に非柑橘(かんきつ)類の果物の)果樹園《◆ 柑橘類の果樹園は fruit garden》‖
apple-**orchards** リンゴ園.

**＊or·ches·tra** /5ːrkəstrə オーケストラ/ 《アクセント注意》《× オーケストラ》〖「楽団席」が原義〗
——名 (複 ~s/-z/) C **1** [単数・複数扱い] オーケストラ, 管弦楽団 ‖
play the violin in an **orchestra** オーケストラでバイオリンを演奏する.
All the **orchestra** were pleased with the large audience. オーケストラの楽団員はみな大入りを喜んだ《◆ 個々の団員を問題にするときは複数扱い. → audience 名 **1a**》.
**2** = orchestra pit.
**órchestra pìt** オーケストラピット(orchestra)《舞台手前の楽団席》.

**or·ches·tral** /ɔːrkéstrl オーケストルル/ 形 オーケストラの.

**or·ches·trate** /5ːrkəstrèit オーケストレイト/ 動 (現分 **-trat·ing**) 他 **1** 〖音楽〗…をオーケストラ用に作品[編曲]する. **2** 〖正式〗(望ましい結果を得るため)…を組み合わせる, 結集[編成]する ;…を周到に用意する.

**or·ches·tra·tion** /ɔ̀ːrkəstréiʃən オーケストレイション/ 名 U C **1** 〖音楽〗管弦楽法, 管弦楽編曲法 (scoring). **2** (調和のとれた)編成, 組織化.

**or·chid** /5ːrkəd オーキド/ 名 **1** C 〖植〗ラン(の花). **2** U 淡紫色.

**or·dain** /ɔːrdéin オーデイン/ 動 他 **1** 〖正式〗〈法律・神・運命・王などが〉…を定める, 規定する, (法律などで)…を命ずる ‖
God has **ordained** that all men (shall) die.
神は人間はみな死ぬものと定めた.
**2** 〖教会〗〈人〉を聖職者[牧師]に任命する.

**or·deal** /ɔːrdíːl オーディール, -/ 名 C 厳しい試練, 苦しい体験.

**＊or·der** /5ːrdər オーダ/ 《頭音》odor/óudər/》〖「順序」が原義. cf. *ordi*nal, *ordi*nary〗
▷ **orderly** (形)
→ 名 **1** 順序 **2** 整頓 **5 a** 規律 **6** 命令 **7** 注文
動 他 **1** 命じる **2** 注文する 自 **1** 命令する

**order**

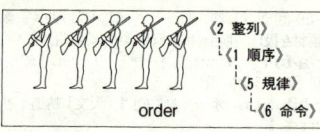

《2 整列》
《1 順序》
《5 規律》
《6 命令》
order

── 名 (複 ~s/-z/) **1** Ⓤ [時に an ~] **順序**, 順番(sequence) ‖
**in** alphabetical **order** アルファベット順に.
**in order of** merit 成績の順に.
the batting **order** 打順.
follow the **order** of events 出来事の順を追う.
We rearranged the desks in a different **order**. 私たちは机を異なった順番に並べかえた.

**2** Ⓤ **整頓**(とん), 整理(↔ disorder); 整列; 〔軍事〕隊形 ‖
draw them up **in order** 彼らを整列させる.
**put [set, leave]** one's affairs **in order** 身辺を整理する.
The house was **in order**. 家は整然としていた.
**in** close **order** 密集隊形で.

**3** Ⓤ **正常な状態**, 順調(↔ disorder); (一般に)状態, 調子 ‖
**in** good running **order** 調子よく働いて.
The public telephone is **out of order**. この公衆電話は故障している.

**4** Ⓤ (自然・宇宙の)**道理**, 理法, 条理 ‖
the **order** of things 物事の条理.

**5** Ⓤ **a** (正式)(社会の)**規律**, 秩序, 治安; 社会体制[組織](↔ disorder) ‖
law and **order** 法と秩序.
keep **order** in one's class ＝keep one's class **in order** クラスの秩序を維持する.
**Order** was restored by the police. 警察の手で治安が回復された.
**b** (社会構造の)局面, 様相; (正式)一般的傾向, 流行 ‖
the **order** of the day 風潮, 動向.
the present economic **order** 現在の経済情勢.
**c** 議事(進行)規則; (会議などの)慣行, 慣例 ‖
**Order!**（ ）(**Order!**) 違法だ, 静粛(せいしゅく)に.
A discussion of the proposal seems to be **in order**. その提案に関する討論は合法であるようだ.

**6** Ⓒ [しばしば ~s] **命令**; 指図(さしず), 指示 ‖
take **orders** from him ＝take his **orders** 彼の指図を受ける.
**at [on]** the queen's **order(s)** ＝**under [on]** the **order(s)** of the queen 女王の命令に従って.
When I give you an **order**, you must follow it without question. 私が命令したら, 君は必ずそれに従わなくてはならないんだ.
**Orders** are **orders**. (略式)命令は命令だ; 命令には従わねばならない.

**7** Ⓤ Ⓒ **注文**; Ⓒ 注文書; [集合名詞] 注文品; (略式)(レストランなどの)注文料理(一品) ‖

an **order** of fruit salad フルーツサラダ一人前.
call for **orders** 注文を聞く.
**put in [make]** an **order for** two pizzas ピザを2枚注文する.
**place** an **order for** goods **with** a firm ＝**give** an **order for** goods **to** a firm 品物を会社に注文する.
My **order** hasn't arrived yet. 注文の品がまだ届いていません.

**8** Ⓒ 為替(かわせ)(手形); 指図(書).

**9** Ⓒ **a** 社会的階級, 地位 ‖
the social **order** 社会的身分.
**b** 〔生物〕(分類上の)目(もく)(→ classification).

**10** 〔建築〕[the ~] (ふつう古代ギリシア・ローマの)柱式, 様式 ‖
the Ionic **order** イオニア様式.

**11** Ⓒ [しばしば the O~] (英)勲位; 勲章 ‖
the **Order** of the Garter ガーター勲位.

**12** Ⓒ [しばしば the O~] 聖職の位階, 品級; [~s] 聖職 ‖
take holy **orders** (正式)聖職につく.

◇**in órder** (1) 順序正しく, 順番に (→ **1**). (2) 整然と, きちんと (→ **2**, **5**). (3) 調子よく, 順調で; 健康で (→ **3**).

◇**in órder that ...** (正式) …する目的で, …しようとして (→ IN ORDER to do) ‖ She will come early **in order that** you may check her manuscript of her speech. 彼女は演説の原稿をあなたにチェックしてもらうためにきっと早くやって来るでしょう.

◇**in órder to dó** …するために; …する手段として ‖ He left early **in order** not to be late. 彼は遅れないように早く出発した.

> Q&A **Q**: to 不定詞だけでも目的を表すことができるのに, どうして in order to do というのですか.
> **A**: それは, to 不定詞にはいろいろな意味があってあいまいなこともあるので, 目的の意味をはっきりさせるために in order がつけられたものです.
> さらに, 目的の意味を強調するためには文頭にもってきます. 上の例では *In order not to be late*, he left early. となります.

◇**máde to órder** あつらえの, オーダーメイドの(made-to-order) (↔ ready-made) 《◆ ×order made は誤り》‖ curtains **made to order** 注文で作ったカーテン / I have all my suits **made to order**. 私は服はすべて注文で作らせる.

◇**on órder** 発注ずみで, 注文して.

Doric   Ionic   Corinthian
order 10

**out of order** (1) 順序が狂って. (2) 乱雑になって. (3) 《公の施設・機械などが》調子が悪く, 故障して (→ 3) 《◆個人の持ち物の故障には broken を用いる. → broken 形 2》; 病気で ‖ 対話 "This phone is not working right." "Let me try. Yeah, it's **out of order**." 「この電話, どうもおかしいね」「ちょっと貸して. 本当だ, 故障してるね」. (4) 《正式》(議事手順で)規則違反で. (5) 《略式》ふさわしくない, 不適当な(inappropriate).

**to órder** 注文に従って ‖ build the machine **to order** 注文どおりに機械を組み立てる.

——動 (三単現) ~s/-z/; (過去・過分) ~ed/-d/; (現分) ~·ing/-dərɪŋ/)

——他 **1 a** …を命令する; [order A to do] A〈人〉に…するように**命じる**; [order (that)節] …するよう命じる ‖
order silence 静粛(뿳ピ)を求める.
order a retreat 退却を命じる.
I **ordered** the chauffeur **to** fetch the car. 運転手に車をとってくるように命じた.
He **ordered** the offenders (**to** be) taken away. ＝He **ordered that** the offenders (**should**) be taken away. 違反者は退去するように彼は命令した.
**b** [order A B / order B for A] 〈医者が〉A〈患者〉に B〈食事・物〉を指示する;〈薬〉を処方する ‖
order him a complete rest ＝order a complete rest **for** him 絶対安静を彼に命じる.
The doctor **ordered** her (**to** go on) a strict diet. 医者は彼女に厳しい規定食を勧めた.
**c** 〈人〉に来る[行く]ように命じる ‖
order him **out of** the room 部屋から出ていくように彼に言いつける《◆order him to go out of the room の省略表現》.
**2** [order A from B] A〈品物〉を B〈店・場所〉に**注文する**; [order A B / order B for A] A〈人〉に B〈物〉を注文してやる ‖
order some new clothes **for** her ＝order her some new clothes 彼女に新しい服を何着か注文する.
He **ordered** the book directly **from** the publisher. 彼は出版社に直接その本を注文した.
対話 "What are you going to have?" "I've already **ordered** the chicken." 「君は何にしますか」「もうチキンを注文しました」.
**3** 《正式》…をきちんと配列する;…を整理する ‖
order one's thoughts better 考えをよりよく整理する.
order one's life according to rigid rules 厳重な規則で生活を律する.

——自 **1** 命令する.
**2** 注文する.

**or·dered** /ɔ́ːrdərd/ オーダド/ 動 → order.
——形 **1** 整然とした. **2** 命令[規定]された.

**or·der·ing** /ɔ́ːrdərɪŋ/ オーダリング/ 動 → order.
——名 整理, 整頓;(語などの)配列.

**or·der·ly** /ɔ́ːrdərli/ オーダリ/ 形 **1** 《正式》整然とした, 整頓(ミ)された(↔ disorderly) ‖

an **orderly** mind 整然とした頭.
march in an **orderly** line きちんと並んで行進する.
**2** 秩序を守る, 規律正しい; 従順な, おとなしい ‖
in an **orderly** manner もの静かな態度で.
——名 C 《軍事》当番兵; 看護兵.

**or·di·nal** /ɔ́ːrdənl/ オーディヌル/ 形 順序を示す; 序数の. ——名 C ＝ordinal number.

**órdinal númber** [**númeral**] 序数(詞), 序数 (ordinal).

**or·di·nance** /ɔ́ːrdənəns/ オーディナンス/ 名 C 《正式》法令, 条例.

**or·di·nar·i·ly** /ɔ̀ːrdənérəli オーディネリリ| ɔ́ːrdənərəli オーディナリリ/ 副 **1** [文全体を修飾] 通例, ふつうは, たいてい. **2** [語だけを修飾; 動詞のあとで] ふつう程度に, ほどほどに; いつものように.

*__or·di·nar·y__* /ɔ́ːrdənèri オーディネリ| ɔ́ːrdənri オーディンリ/ [順序(order)だった(inary) → 並みの]
——形 **1** [通例名詞の前で] ふつうの, 通常の (common); 正規の, 常勤の ‖
the **ordinary** price 平常の値段.
in an **ordinary** manner いつものやり方で.
in **ordinary** way いつもの場合(なら).
**2** ありふれた, 平凡な(↔ extraordinary); 並み以下の, やや劣った ‖
a man of **ordinary** ability 人並みの能力の持ち主.
He is a very **ordinary** student. 彼はごく平凡な学生です.
——名 (複 ·nar·ies/-z/) C ふつうの人[物]; [the ~] ふつうの状態[程度] ‖
**out of the ordinary** 異常な, 例外的な.
**above the ordinary** 並みはずれた.

**órdinary lével** 《英》《教育》普通レベル(の中等教育修了試験) (略 O level) 《1988年に一般中等教育試験(GCSE)に統合された. cf. advanced level》.

**or·di·na·tion** /ɔ̀ːrdənéɪʃən オーディネイション/ 名 U C **1** [キリスト教] 聖職授任(式), 叙階(式). **2** 配置, 配列; 分類. **3** (法令の)規定, 制定.

**ore** /ɔːr/ オー/ (同音 oar, △or, 《英》 awe) 名 U C 鉱石, 原鉱 ‖
iron **ore** 鉄鉱石.

**Or·e·gon** /ɔ́ːrɪɡən オーリゴン, -ɡɑn|-ɡən -ゴン, -ɡən/ 『「肥えた土地」が原義』 名 オレゴン《米国西部の州. 州都 Salem. (愛称) the Beaver State.》 (略 Ore(g), 《郵便》 OR).

*__or·gan__* /ɔ́ːrɡn/ オーグン/ 『「器具, 道具」が原義』
派 organic (形), organize (動)
——名 (複 ~s/-z/) C **1** (パイプ)オルガン(pipe organ); オルガン(に似た楽器) ‖
a reed **organ** リードオルガン.
an electronic **organ** 電子オルガン.
**2** 《正式》(動植物の)**器官** ‖
the **organs** of speech 発声器官.
**3** (政府などの)**機関**, 組織;《正式》[しばしば ~s] 情報伝達機関, 機関誌, 機関紙 ‖
**organs** of public opinion 世論の機関《新聞・

**or·gan·dy**, 《主に英》 **--die** /ɔ́ːrɡəndi オーガンディ, 《米+》ɔːɡǽn-/ 图 Ⓤ オーガンディー《薄地の綿布. カーテン・ブラウス用》.

**or·gan·ic** /ɔːrɡǽnik オーギャニック/ 形 **1** 有機体の, 生物の, 生物から生じた; 〔化学〕有機の, 炭素を含む ‖
an organic compound 有機化合物.
organic vegetables 有機栽培の野菜.
organic fertilizers 有機肥料.
**2** 《正式》 (動植物)の器官の.
**3** 有機的な, 組織的な ‖
the organic structure of society 相互連関的な社会構造.
orgánic chémistry 有機化学.
orgánic fàrming 有機農業.
orgánic fòod 自然食品.
**or·gán·i·cal·ly** 副 有機的に; 組織的に; 有機栽培で.

*****or·ga·ni·sa·tion** /ɔ̀ːrɡənaizéiʃən オーガナイゼイション/ 图 《英》=organization.
**or·ga·ni·sa·tion·al** /ɔ̀ːrɡənaizéiʃənl オーガナイゼイショヌル/ 形 《英》=organizational.
**or·ga·nise** /ɔ́ːrɡənàiz オーガナイズ/ 動 (現分) **-nis·ing**) 《英》=organize.
**or·gan·ism** /ɔ́ːrɡənìzm オーガニズム/ 图 Ⓒ **1** 有機体; 生物, 個々の小さな動物[植物], 人間 ‖
a microscopic organism 微生物.
**2** 有機的組織体《社会など》‖
the social organism 社会機構.
**or·gan·ist** /ɔ́ːrɡənist オーガニスト/ 图 Ⓒ (パイプ)オルガン奏者.

*****or·ga·ni·za·tion**, 《英ではしばしば》 **--sa·tion** /ɔ̀ːrɡənaizéiʃən オーガニゼイション | ɔ̀ːɡənaizéiʃən オーガナイゼイション/
——图 (複 ~s/-z/) **1** ⓊⒸ (団体・会合などの)組織化, 編成; 組織, 構成, 機構 ‖
the organization of books by title タイトルによる本の整理.
**2** Ⓒ (目的を持つ)**組織体**; 団体, 協会, 組合 ‖
Organization for Economic Cooperation and Development 経済協力開発機構 (略 OECD).
**or·gan·i·za·tion·al**, 《英ではしばしば》 **-sa-** /ɔ̀ːrɡənəzéiʃənl オーガニゼイショヌル | ɔ̀ːɡənaizéiʃənl オーガナイゼイショヌル/ 形 **1** 組織の, 組織に関する. **2** 組織化する, 系統だてる.
**or·gan·ize**, 《英ではしばしば》 **-ise** /ɔ́ːrɡənàiz オーガナイズ/ 動 (現分) **-iz·ing**) 他 **1** …を組織する, 編成する; …を創立する ‖
organize a club クラブを結成する.
organize steel workers into a trade union 鉄鋼労働者を組織して組合を作る.
**2** …を体系づける; …をまとめる ‖
organize an essay 評論を集大成する.
organize books in a library 図書館の本を整理する.
**3** …を計画する, 準備する; 《略式》〈人〉に心の準備をさせる ‖
get oneself organized 気持ちを静める.
**or·gan·ized** /ɔ́ːrɡənàizd オーガナイズド/ 動 → organize.
——形 組織(化)された; 労働組合に加入した ‖
the organized labor [集合名詞的に] 組織労働者.
an organized crime 組織犯罪.
**or·gan·iz·er**, 《英ではしばしば》 **-is·er** /ɔ́ːrɡənàizər オーガナイザ/ 图 Ⓒ 組織者; 創立者; 世話役; (組合の)加入勧誘員, オルグ.

**or·gasm** /ɔ́ːrɡæzm オーガズム/ 图 ⓊⒸ **1** オルガスム, 性的絶頂感. **2** 《まれ》極度の興奮, 激情.
**or·gy, or·gie** /ɔ́ːrdʒi オーヂー/ 图 (複 **or·gies**/-z/) Ⓒ **1** 《正式》[時に ~s] どんちゃん騒ぎ.
**2** 《米》乱交パーティー.
**3** 《略式》やり過ぎ ‖
an orgy of eating 食べ過ぎ.

**o·ri·ent** 图 ɔ́ːriənt オーリエント, 《米+》 -ent/; 動 ɔ́ːriènt オーリエント/ 图 [the O~] 《文》東洋; アジア諸国, (特に)極東 ‖
the mysteries of the Orient 東洋の神秘.
——動 他 《主に米》**1** 〈建物などを〉東向きにする; 〈教会〉を東向きに建てる.
**2** 〈建物など〉の向きを方位に合わせる; …を正しい方向に置く.
**3** …を適応させる, 方向づける ‖
orient oneself to the community 社会に適応する.
**o·ri·en·tal** /ɔ̀ːriéntl オーリエントル/ 形 [通例 O~] 《正式》東洋の, 東洋風の; 東洋の民族[言語, 文明]の ‖
oriental art 東洋芸術.
——图 [時に O~] Ⓒ 《文》東洋人.
**o·ri·en·ta·tion** /ɔ̀ːriəntéiʃən オーリエンテイション, -riən-/ 图 ⓊⒸ **1** 《新しい環境・習慣・思想などへの)適応; 《教育》オリエンテーション; 入門指導. **2** 方角決定.
**o·ri·ent·ed** /ɔ́ːriəntid オーリエンティド/ 形 [通例複合語で] 〈知的・情緒的に〉方向づけられた, …志向の, …を重視する ‖
youth-oriented TV programs 若者本位のテレビ番組.
**o·ri·en·teer·ing** /ɔ̀ːriəntíəriŋ オーリエンティアリング, -riən-/ 图 Ⓤ オリエンテーリング《地図と磁石を頼りに指示された箇所を通り, 短時間でゴールするのを競うスポーツ》.
**or·i·fice** /ɔ́ː(ː)rəfis オ(ー)リフィス/ 图 Ⓒ 《正式》開口部, 穴.
**o·ri·ga·mi** /ɔ̀ːrəɡáːmi オーリガーミ/ 〖日本語〗图 ⓊⒸ 折紙(細工).

*****or·i·gin** /ɔ́ː(ː)ridʒin オ(ー)リヂン/ 〖「始まる(ori)こと」が原義〗派 original (形・名), originate (動)
——图 (複 ~s/-z/) **1** ⓊⒸ 起源, 源泉; 由来, 発端; 始まり, 初め; 原因 ‖
the origin of a fire 出火の原因.
This name is German in origin. この名前の起源はドイツ語だ.

origin《起源》

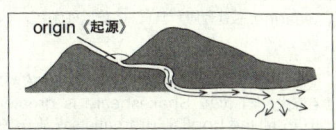

This principle **has its origin** in Russia. この原理はロシアに由来している.
**2** [しばしば ~s] 生まれ, 素姓(ﾋょう), 血統 ‖
people **of** Irish **origin** アイルランド系の国民.
**by órigin** 生まれは, 起源は.

\*o·rig·i·nal /ərídʒənl アリヂヌル/ 《→origin》
㊙ originality (名), originally (副)
—形 **1** [名詞の前で] **最初の**, 原始の; 初期の; 本来の ‖
the **original** owner 最初の所有者.
an **original** house 本家.
**2** 独創的な, 創意に富む, 独自の; 新奇な ‖
She is an **original** writer. 彼女は独創的な作家です.
**original** research 斬新(ざん)な研究.
対話 "I like his ideas. They're very different." "He's one of our most **original** thinkers here."「私, 彼のアイデアって好きだわ. とても変わっているもの」「彼はここでは最も独創的にもの を考える人の1人だね」.
**3** [通例名詞の前で] **原文の**, 原型の, 原作の, 原画の; 元の ‖
a book in the **original** German ドイツ語原文の本.
Is this an **original** Picasso? これはピカソ肉筆の作品ですか.
—名 **1** [the ~] (複製などに対して) もとの物, 原物, 原型; 原作, 原本, 原語, 原書 ‖
the **original** of the horse 馬の原型.
read Homer in the **original** 原文でホメロスを読む.
**2** Ⓒ (写真などの) 本人, 実物, 本物.
**oríginal sín** [the ~]【神学】原罪;【カトリック】聖寵(ｾぃ)の喪失.

o·rig·i·nal·i·ty /ərìdʒənǽləti アリヂナリティ/ 名 (覆 --i·ties/-z/) Ⓤ 独創性; 斬新(ざん)さ; 独創力; Ⓒ 創意に富んだもの ‖
display striking **originality** in one's art 芸術にきわだった斬新さを表す.

\*o·rig·i·nal·ly /ərídʒənəli オリヂナリ/《→original》
—副 **1 もとは**; 元来; 生まれは ‖
a plant which is **originally** African アフリカ原産の植物.
**2** [動詞のあとで] 独創的に ‖
decorate a hall **originally** 広間を奇抜に飾る.

o·rig·i·nate /ərídʒinèit アリヂネイト/ 動 (現分 --nat·ing) 《正式》㊀ **1** 起こる, 生じる《◆進行形にしない. 場所を表す副詞(句)を伴う》‖
This style of costume **originated** in Paris. この服装様式はパリに始まった.
From what country did the architecture **originate**? その建築様式はどこの国から起こったか.
**2** 始まる; 考案される ‖
The theory of relativity **originated with** Einstein. 相対性理論の創案者はアインシュタインであった.
—他 …を始める, もたらす; …を創造する ‖
Who **originated** the theory of evolution? 進化論を最初に唱えたのはだれですか.

O·ri·on /əráiən アライオン, ɔː-/ 名 **1**【ギリシア神話】オリオン《巨人の猟師で死後星座になった》. **2**〔天文〕オリオン座.
**Oríon's Bélt**〔天文〕オリオン座の3つの星.
**Oríon's Hóund**〔天文〕シリウス星(Sirius).

Or·le·ans /ɔːrliənz オーリエンズ | ɔːliɑnz オーリアンズ/ 名 オルレアン《フランス中部の都市》‖
the Maid of **Orleans** オルレアンの少女《Joan of Arc のこと》.

or·na·ment /ɔːrnəmənt オーナメント; 動 -mènt -メント/ 名 **1** Ⓤ 装飾, 飾り ‖
by way of **ornament** 装飾として.
an altar rich in **ornament** 装飾豊かな祭壇.
**2** Ⓒ 装飾品, 装身具 ‖
Christmas tree **ornaments** クリスマスツリーの装飾品.
**3** Ⓒ 光彩を添える人[物], 誇りとなる人.
—動 他 …を飾る.

or·na·men·tal /ɔːrnəméntl オーナメントル/ 形 装飾用の, 装飾的な; 飾りたてた ‖
an **ornamental** plant 観賞用植物.
òr·na·mén·tal·ly 副 装飾的に, 装飾用に.

or·nate /ɔːrnéit オーネイト, 《英》-/ 形 **1** 飾りたてた.
**2** 〈文体が〉華麗な, 修辞的な.
or·náte·ly 副 華美に.

or·ni·thol·o·gy /ɔːrnəθɑ́lədʒi | -θɔ́lə- オーニサロヂ | -ソロヂ/ 名 Ⓤ 鳥(類)学.
or·ni·thol·o·gist /ɔːrniθɑ́lədʒist オーニサロヂスト | -θɔ́lə- -ソロヂ/ 名 Ⓒ 鳥(類)学者.

\*or·phan /ɔːrfən オーフン/《「死なれた(bereaved)」が原義》
—名 (覆 ~s/-z/) Ⓒ **孤児**, 両親のない子《◆片親がいない場合にもまれに用いる. この点日本語の「孤児」とは異なる》‖
The child is a war **orphan**. その子は戦災孤児です.
—形 [名詞の前で] **1** 孤児(のための) ‖
an **orphan** home 孤児院 (→home 名 **3** 用例).
**2** 両親のない, 片親のない.
—動 他 [通例 be ~ed] 孤児になる.

or·phan·age /ɔːrfənidʒ オーファニヂ/ 名 **1** Ⓒ 孤児院. **2** Ⓤ 孤児の身.

Or·phe·us /ɔːrfjuːs オーフュース, 《米+》-fiəs/ 名【ギリシア神話】オルペウス, オルフェウス《動物・木・岩でさえも魅了した竪琴(たて)の名手》.

or·tho·don·tist /ɔːrθədɑ́ntist オーソダンティスト | ɔːθəudɔ́ntist オーソウドンティスト/ 名 Ⓒ 歯列矯正医.

or·tho·dox /ɔːrθədɑ́ks オーソダクス | ɔːθədɔ́ks オー

ソドクス/ 形 1 【正式】正統の, 公認された ‖
Her ideas are far from orthodox. 彼女の考えは決して正統的ではない.

**2** 【正式】【宗教上】正統派の, 正説の.

**Órthodox Chúrch** [the ～] ギリシア正教会.

**or·tho·graph·ic, -i·cal** /ɔːrθəgrǽfik(l)/ オーソグラフィク(ル)/ 形 正書法の; つづりの正しい.

**or·thog·ra·phy** /ɔːrθɑ́grəfi オーサグラフィ| -θɔ́g- オーソグラフィ/ 名 U 正書【正字】法; 正しいつづり.

**or·tho·pe·dics, -pae--** /ɔ̀ːrθəpíːdiks オーソピーディクス/ 名 U 【単数扱い】整形外科(学).

**Or·well** /ɔ́ːrwel オーウェル, -wəl/ 名 オーウェル 《George ～ 1903-50；英国の小説家・随筆家》.

**OS** 【略】【コンピュータ】operating system.

**Os·car** /ɑ́skər アスカ| ɔ́skə オスカ/ 名 **1** オスカー《男の名》. **2** C 【映画】オスカー《米国映画芸術アカデミー賞受賞者に毎年与えられる小型の黄金立像》.

**os·cil·la·tion** /ɑ̀səléiʃən アスィレイション| ɔ̀s- オスィレイ-/ 名 U C **1** 【正式】振動. **2** 【物理】振幅. **3** 【正式】(心などの)動揺, ぐらつき.

**Os·lo** /ɑ́zlou アズロウ, ɑ́s-| ɔ́z- オズロウ, ɔ́s-/ 名 オスロ《ノルウェーの首都；旧称 Christiania》.

**os·si·fy** /ɑ́səfài アスィファイ| ɔ́- オスィファイ/ 動 (【三単現】～si·fies/-z/; 【過去・過分】～si·fied/-d/) 他 国 **1** 【医学】(…を)骨化する. **2** (考え・感情を)硬化する.

**os·ten·si·ble** /ɑstέnsəbl アステンスィブル| ɔs- オス-/ 形 【正式】見せかけの, 表向きの.

**os·ten·ta·tious** /ɑ̀stentéiʃəs アステンテイシャス| ɔ̀s- オス-/ 形 【正式】人目を引く, これ見よがしの, 見せびらかしの.

**òs·ten·tá·tious·ly** 副 見えを張って, これ見よがしに.

**os·tra·cize** /ɑ́strəsàiz アストラサイズ| ɔ́s- オス-/ 動 (【現分】…ciz·ing) 他 【正式】…を(社会的に)追放する, 排斥(おう)する, のけものにする(exclude).

**os·trich** /ɑ́stritʃ アストリチ| ɔ́s- オス-/ 名 (~es, 集合名詞 os·trich) C 【鳥】ダチョウ ‖
an ostrich-stomach 何でも消化する丈夫な胃袋.

**O·thel·lo** /əθélou オセロウ, ou-| ɑ- au- オウ-/ 名 オセロ《Shakespeare 作の4大悲劇の1つ；その主人公》.

**\*oth·er** /ʌ́ðər アザ/
―― 形 [名詞の前で] **1** [通例 the ～](2つのうちで)もう一方の, 他方の; (3つ以上のうちで)残り全部の, その他すべての ‖
Close the other eye. もう一方の目を閉じなさい.
The other three passengers were men. 残りの3人の乗客は男だった.

**2** [～＋複数名詞] 別の, ほかの, 他の, 違った; [other **A** than **B**] **B** と別の **A** ‖
There are other ways of doing this exercise. この練習をするには他の方法がある.
Do you have any other questions? 他に質問がありますか.
He has no other shoes than what he's wearing. 彼は今履(は)いている靴以外は持っていない.

> [Q&A] **Q**：「シェイクスピアは英国のどの劇作家よりも偉大だ」というのを Shakespeare is greater than all the English dramatists. と訳したら誤りと言われましたが.
>
> **A**：Shakespeare is greater than all the *other* English dramatists. と other をつけてください. そうでないと, シェイクスピアは英国人でないことになってしまいます. 日本語では必ずしも other にあたる言葉は表現されないためによく間違えますので気をつけてください.

**3** [the ～＋単数名詞]〈側・端などが〉向こうの, 反対の(opposite); (紙などの)裏の(back) ‖
You see a white house on the other side of the street. 道の向こう側に白い家が見えるでしょう.
The voice at the other end of the telephone was insistent. 電話の相手の声は有無を言わせぬところがあった.
Don't write anything on the other side of the answer sheet. 答案用紙の裏側には何も書くな.

**4**〈時・世代などが〉前の, 以前の ‖
customs of other days 昔の習慣.

**amóng óther things** ＝among others (→ other 代).

◇**óther than ...** (1) [名詞の後で] …以外の ‖
Did anybody other than Jim see her? ジム以外にだれか彼女を見たか. (2) …とは別の, 違った ‖ The result was quite other than we had expected. 結果は予想したものとは全く異なっていた.

◇**the óther dày** [afternòon, night, wèek] (略式)[副詞的に] 先日[先日の午後, 先日の夜, 2, 3週間前] ‖ I saw her just the other day. ほんの2,3日前に彼女に会った.

―― 代 (複 ～s/-z/) **1** [the ～] (2つのうちで)もう一方の人[物]; [the ～s] (3つ以上のうちで)それ以外の人たち[物], 残りの人[物](→ another 代 【語法】) ‖
This book is mine and the other is my brother's. この本は私ので, もう1冊は弟のです.
Each of them hates the other. 彼らは互いに憎み合っている.
We remained in the room, but the others went out. 私たちは部屋に残ったが, 他の人たちは出ていった.

**2** 別の人[物], 違った人[物]; [～s; some と呼応して](…する)人々(もいる)《◆ 単数で用いる場合はふつう any, one, some, no などを伴う》 ‖
Please show me one other《◆ one other の代わりに another も可》. 別のを1つ見せてください.
Some like coffee, others prefer tea. コーヒーの好きな人もいれば, 紅茶の方が好きな人もいる.

How many others came after me? 私のあとから他の人は何人来たか.

This book is **better than any other** on that subject. その問題に関してはこの本は他のどれよりもすぐれている.

**3** [~s] 他人, ほかの人たち ‖

Do good to **others**. 他人には親切にしなさい.

**amóng óthers** (1) 他の人[物]と共に, 中に加わって; とりわけ. (2) とりわけ, (数ある中で)たとえば.

**of áll óthers** ...

**... or óther** …か何か《◆ ... は「some + 名詞」か some の複合語で, or other は不確実さを表すために付加したもの》‖ **some day or other** いつか / **some hotel or other** ホテルかどこか[何]か / **somewhere or other** どこかへ[で].

—副 [other than ...] (…と)別の方法で, 以外に ‖

I can't walk **other than** slowly. ゆっくりでなければ歩けない.

He could not **do other than** speak out. 彼は本音をもらさずに仕方がなかった.

**óther wòrld** [the ~] 来世, あの世; 想像の世界.

*__oth・er・wise__ /ʌ́ðərwàiz/ アザワイズ/《他の(other)方法で(wise)》

—副 **1**《正式》別のやり方で, 違ったふうに《◆ ふつう文副詞には用いない》‖

Judas, **otherwise** Iscariot ユダ, 別名イスカリオテ.

I think **otherwise**. そうは思わない.

It cannot be opened **otherwise than** with a key. それはかぎを使わなければあけられない.

You can arrive much earlier by taxi than **otherwise**. タクシーで行けば他の方法よりもずっと早く着けます.

**2** [接続詞的に] そうでなければ, もしそうしないと ‖

Leave home by 6:15, **otherwise** you will miss the train. 6時15分までに家を出なさい. そうしないと電車に遅れますよ.

I left home five minutes earlier; **otherwise** I would have missed the train. 私は5分早めに家を出た. そうしなかったならばその電車に遅れていただろう.

対話 "Do we still have some more time?" "No, we have to leave soon, **otherwise** we'll miss the train." 「もう少し時間がありますか」「いや, もう出なきゃだめだ. でないと, 列車に遅れてしまうよ」.

**3** その他の点では ‖

Your essay is a little long, but **otherwise** it is good. 君のエッセイは少し長いがそれ以外は申し分ない.

**... or ótherwise** (1) ないしはその反対 ‖ success **or otherwise** 成功か失敗. (2) ないしは他の方法で ‖ go by train **or otherwise** 列車かその他の方法で行く. (3) そうでないにせよ.

**Ot・ta・wa** /ɑ́təwə/ アタワ|5t- オタワ/ 名 オタワ《カナダの首都》.

**ot・ter** /ɑ́tər アタ|5t- オタ/《同音 *utter*/ʌ́tər/》名 (複 ~s, 集合名詞 ot・ter) C [動] カワウソ; U その毛皮.

**ouch** /áutʃ/ アウチ/《擬音語》間 あっう, 痛いっ, 熱いっ, いやだっ《◆ 突然の鋭い痛み・不快に対する反射的な叫び》‖

**Ouch**, my foot! あいた, 足が!

*__ought__ /5:t/ オート/《同音 aught》【元来は owe (…を負う)の過去形】

—助

語法 [否定形と疑問形] 否定形:《標準》ought not to do /《略式》oughtn't do /《米式》ought not do. 疑問形:《標準》Ought you to do? /《米式》Ought you do?

**I [義務・忠告]**《◆ 道徳・社会通念・健康上の理由などに基づく義務・忠告・助言. must よりも意味が弱く, should より強い》.

**1** [ought to do] …すべきである, …するのが当然である ‖

Jane **ought to** be more respectful to her parents. ジェーンは両親をもっと敬(うやま)うべきだ.

George is losing weight. He **ought to** see a doctor. ジョージは体重が減っている. 医者にみてもらうべきだ.

I **ought to** help my wife wash those dishes, but I'm not going to. 妻の皿洗いを手伝うべきなのだが, そのつもりはない.

We **ought to** go, **oughtn't we?** 我々は行くべきですね《◆ oughtn't の代わりに shouldn't を用いることも多い》.

You **ought to** enjoy the party with us! 君が私たちとパーティーを楽しめればいいのだけれど(=I wish you could enjoy ...).

対話 "**Ought** you to go now?" "Yes, I think I **ought** (to)." 「もう出かけた方がいいのではありませんか」「ええ, そのようです」.

**2** [ought to have done] …すべきであったのに《◆ 実際はしなかった意を含む》‖

You **ought to have** listened to him more carefully. 君は彼の話をもっと注意して聞くべきだった.

Q&A **Q**: 「君は昨日会に出席すべきだった」を You *ought to attend* the meeting yesterday. としては誤りですか.
**A**: 誤りです. 正しくは完了不定詞を使って You *ought to have attended* the meeting yesterday. とします.

**II [可能性・推量]**

**3** [ought to be] …のはずである《◆ 話し手の確信度については → **may 2**》‖

This is where the treasure **ought to** be. ここが宝のありかのはずだ.

She left an hour ago. She **óught to** be at the office by now. 1時間前に出たのだから彼女

**oughtn't**

**4** [ought to have done] …だったはずである、…したはずである《◆発話時よりみた推量》‖
They **óught to have** arrived in London by now. 彼らはもうロンドンに着いているはずだ。

**óught·n't** /ɔ́:tnt/ オートント/《主に英略式》ought not の短縮形。

**ounce** /áuns アウンス/ 《発音注意》《◆*オウンス》 名 ⓒ
**1** オンス《a 常用オンス：重量最小単位で16分の1ポンド(28g). 略 OZ, oz. (複 ozs). **b** 液量オンス：ウイスキーなどの計量・グラスの容量などの単位で《米》約30mℓ, 《英》約28mℓ. 略 fl. oz.》.
**2** 《略式》[an 〜; 通例否定・条件文で] 少量, わずか》‖
He doesn't have **an ounce** of sense. 彼は分別のかけらもない。

**our** /áuər アウア, ɑ́:r/ 《同音》hour) 《we の所有格》
——代 **1** [包括的 we・除外の we の所有格] **a** [名詞の前で] 私たちの, 我々の ‖
We are in **our** classroom. 私たちは自分たちの教室にいる。
**Our** parents are both fine. 私たちの両親は共に元気です。
**b** [動名詞の前で] 我々の《◆動名詞の意味上の主語. 《略式》では us》‖
He doesn't like **our** behaving badly. 彼は我々の行儀の悪いのが気に入らない。
**2** [総称の we の所有格] **我々の**; 万人の ‖
Venus is one of **our** planets. 金星は惑星の1つです。
**3** [会社・乗物の we の所有格] 我々の(働いている, 乗っている, など)‖
**Our** train arrived late. 我々の列車は到着が遅れた。
**4** [編集者の we の所有格] 我々の《◆新聞社説・論説・書物などで執筆者が my の代わりに用いる》‖
in **our** opinion 我々の意見では。
**5** [君主の we の所有格] わが, 朕(ちん)の《◆君主が公式に述べる時, my の代わりに用いる》.
**6** [親心の we の所有格] 《略式》あなたの《◆しばしば皮肉的に子供・病人に対して用いる. your の代用》‖
It's time for **our** medicine. 薬の時間ですよ。
**7** 例の, 問題の《◆話題となっているものを指す》‖
**Our** man didn't turn up. 例の人物は現れなかった。

**ours** /áuərz アウアズ, ɑ́:rz/ 《同音》hours) 《we の所有代名詞》
——代 **1** [単数・複数扱い] 私たちのもの《◆our +先行詞の代用》‖
That house is bigger than **ours**. あの家は私たちの家より大きい。
Her son is five years old and **ours** is six. 彼女の息子は5歳で, 私たちの息子は6歳です。
Their children go to bed early, but **ours** sit up late watching TV. 私たちの子供は早く床

につくのにうちの子らは遅くまで起きていてテレビを見る。
**2** [a [this, that など] +名詞+ of 〜] 私たちの《◆名詞の前に our と a, this, no などを並べて置くことができないので, of ours として名詞のあとに置く. → my 代 1, mine¹ 代 2》‖
Do you like **that dog of ours**? うちのあの犬は好きですか。

**our·self** /àuərsélf アウアセルフ, ɑ:r-/ 〘君主・編集者の we の再帰代名詞〙 代 (文) **1** [強調用法] 朕(ちん)自ら, 私自身. **2** [再帰用法] 朕(ちん)自身(を, に), 私自身(を, に).

**our·selves** /àuərsélvz アウアセルヴズ, ɑ:r-/ 《we の再帰代名詞》
——代 **1** [強調用法; 強く発音して] 我々自身《◆we または us と同格に用いる》‖
We went to Paris **ourselves**. 私たち自身パリへ行ったのです。
Having experienced a similar tragedy **ourselves**, we understand his pain. 私たち自身同様の悲劇を経験しているので, 彼の苦痛はわかる。
**2** [再帰用法] 私たち自身(を, に)《◆主語の we を受けて動詞または前置詞の目的語として用いる》‖
We shouted **ourselves** hoarse. 大声を出しすぎてのどをからした。
We bought a new car for **ourselves**. 私たちは自家用に新車を買った。
**3** 《略式》本来[いつも]の私たち《◆ふつう主格補語または come to *ourselves* として用いる》‖
We are not (feeling) **ourselves** today. 私たちはきょうは調子がよくない。
(*strictly*) **betwèen oursélves** → between 成句。

**oust** /áust アウスト/ 動 他 《正式》…を追い出す ‖
**oust** a rival **from** office 役職から競争相手を追い出す。

**out** /áut アウト/ 〘「内から外へ」が原義。そこから出現・離脱・停止・完了の意を表すようになった. forth より口語的で, 日常用いる動詞と結びついていろいろな句動詞を作る〙
→ 副 **1** 外へ[に]　**8** 現れて　**9** 公になって
**10** 大声で　**11** はずれて
**14** 機能しなくなって　**15** なくなって
**18** 最後まで
——副 《◆ be out の形は形容詞とみることもできる》
Ⅰ [内から外への方向・位置]
**1** 外へ, 外に(↔ in); 離れて, 外出して; 外国に[へ]‖
throw the rubbish **out** ごみを捨てる。
go **out** to Africa アフリカへ行く。
go **out** for a walk 散歩に出かける。
help him **out** 彼を救い出す。
Get **out** (of here)! 出て行け。
My father is **out**. 父は外出中です, 不在です(→ absent 形)。
The tide is **out**. 潮が引いている。

The fishing boats are 5 km **out**. 漁船は5キロ沖合に出ている.
What is she doing **òut thére**? 彼女はそこで何をしているのですか.
**2**（外へ）突き出て, 延びて; 広げて ‖
stretch **out** one's hand 片手を差し出す.
spread **out** the cloth 布を広げる.
His chin jutted **out**. 彼のあごは突き出ていた.
**3 a** 選び出して, 取り出して ‖
pour **out** the water（容器の）水をあける.
pick **out** the best of the peaches 極上のモモを選び取る.
**b** 取り除いて, 除外して ‖
leave a word **out** 語を省く.
**4** 貸し出して, 賃貸して; 分配して ‖
rent **out** rooms 部屋を賃貸しする.
give **out** the books 本を配る.
The book I wanted was **out**. 私が借りたいと思っていた本は貸し出されていた.
**5** 追い出して; 政権を失って, 職を失って ‖
vote him **out** 彼を選挙で追い出す.
drive **out** evil thoughts 邪念を追い払う.
The Labour Party are **out**. 労働党は野党になった.
**6**（略式）仕事［学校］を休んで, ストライキをして ‖
walk **out** ストライキをする.
The miners are **out** again. 坑夫たちは再びストライキをやっている.
**7**【テニスなど】〈ボールが〉アウトになって（↔ in）.

**II**［出現・発生］
**8 a** 現れて, 出て;〈事が〉起こって ‖
Riots broke **out**. 暴動が勃(ぼっ)発した.
Stars are **out**. 星が出ている.
The rash is **out** all over him. 発疹(はっしん)が彼のからだ全体に出ている.
**b**〈花が〉咲いて,〈葉が〉出て;〈ひなが〉かえって ‖
Flowers came **out**. 花が咲いた.
**9** 公になって, 発表されて;〈書物が〉出版されて;〈秘密などが〉露見して ‖
The secret was **out**. その秘密は漏れた.
Her book has just come **out**. 彼女の本が出版されたところだ.
**10** 大声で; はっきりと, 隠しだてしないで ‖
shout **out** 大声で叫ぶ.
They bawled me **out**. 彼らは私をしかりとばした.
tell him right **out** 思っていることを彼にはっきり言ってやる.

**III**［常態からの離脱］
**11** はずれて;（調子が）狂って;（からだの）具合が悪くて; 間違って, 損をして ‖
My shoulder is **out** [×off]. 肩関節がはずれた.
I was **out** ten dollars. 10ドル損をした.
I was **out** in my calculations. 計算が間違っていた.
The clock is five minutes **out**. その時計は5分狂っている.
The plug was **out**, so the radio did not work. プラグがはずれていたのでラジオは音が出なかった.

**12 a**（常態を）失って; 混乱して; 意識を失って;〔ボクシング〕ノックアウトになって ‖
feel put **out** まごつく.
She passed **out** at the sight of blood. 彼女は血を見て失神した.
**b** 不和で ‖
They fell **out**. 彼らは仲が悪くなった.
**13**（略式）〈考え・案などが〉問題外で, 実行不可能で; 禁止されて, だめで ‖
That plan is **out**. その計画は受け入れられない.
Smoking on duty is **out**. 勤務中の喫煙は禁止されている.

**IV**［機能の停止］
**14**〈機械などが〉機能しなくなって ‖
Her backhand is **out**.（練習不足で）彼女のバックハンドはだめになっている.
That road is **out** because of the flood. 洪水のため道路は（破損して）通れない.
**15** なくなって, 終わって, 尽(つ)きて, 消えて; 品切れで;〈期限などが〉切れて ‖
put **out** the light 明かりを消す.
The copyright is **out**. 版権が切れた.
The supplies have run **out**. 物資が尽きた.
They washed all the stains **out**. しみを全部洗い落とした.
He'll be back before the month is **out**. 彼は月末までには帰ってくるだろう.
**16**（略式）流行遅れで, すたれて（↔ in）‖
That style has gone **out**. そのスタイルは流行遅れになった.
**17**（野球・クリケットなど）アウトになって.

**V**［完了］
**18** 最後まで, すっかり; 完全に, 徹底的に ‖
clean **out** the room 部屋をすっかり掃除する.
work **out** a problem 問題を解く.
be talked **out** 話して疲れる.
We've talked ourselves **out**. 我々はとことんまで話し合った.
I'm tired **out**. 疲れきっている.

**áll óut**（略式）(1) 全力をあげて; 全速力で. (2) 全く.
**be óut and abóut**〈人が〉（病後）外出できる［働ける］ようになっている.
**be óut for A**（略式）…を得ようとやっきになっている ‖ He **is out for** promotion. 彼は昇進をねらっている.
**be óut to** dó（略式）…しようとやっきになっている ‖ She **is out to** win their support. 彼女は支持を得ようとやっきになっている.

◇**out of**／ áutəv アウトヴ, áutəv／ **A** (1)［運動・位置］…の中から外へ（↔ into）; …の外に, …から離れて〖◆**A** が文脈上明らかで省略されるときは out となる: gò óut 外へ出る〗‖ come **out of** the room 部屋から出る / a few miles **out of** Paris パリから数マイル離れて / He's **out of** his office on business. 彼は仕事で事務所にいない. (2) **A**〈ある数〉の中から ‖ (in) nine (cases) **out of** ten

10のうち9つ(で), 十中八九(は) / two out of every five days 5日に2日の割合で. (3) [動機・原因] …から ‖ do it out of pity 哀れみからそれをする. (4) A〈…の範囲〉を越えて, …の届かないところに(↔ within) ‖ out of reach 手の届かないところに / He is out of hearing. 彼は(私たちの)声の届かない所にいる / The plane was out of sight. 飛行機は見えなくなった. (5) A〈ある状態〉を離れて, 脱して(↔ in) ‖ out of order 故障して / out of danger 危機を脱して. (6) (一時的に)…がなくなって, 不足して ‖ out of stock 在庫なくて / She's out of food. 彼女は食料を切らしている. (7) [材料] …から, …で, …を使って ‖ a house made out of stone 石造りの家 / wine made out of grapes ブドウ酒《◆上の2例は of, from の代用》. (8) [源] …から ‖ copy it out of a book それを本からコピーする. (9) [結果] (…して)…のない状態に(↔ into) ‖ He cheated us out of our money. 彼は私たちをだまして金をまきあげた. (10) A〈試合など〉に負けて.

*out of it* [*things*] (1) (略式) 仲間はずれで, ひとりぼっちで(さびしく). (2) (計画・事件などに)無関係で, かかわらないで.

──[形] [名詞の前で] **1** 外の, 外部の ‖ the out edge 外のへり.
**2** 遠く離れた ‖ an out island 離島.
**3** 外に向かって動く ‖ an out door 外側に開くドア.
**4** 〈サイズなどが〉並はずれた, 特大の ‖ an out size 特大型.

──[前] **1** 〈主に米〉…から外へ, …を通り抜けて《◆the door, the gate, the window などの通過地点や出口を示す名詞と共に用いる》‖ look out the window 窓の外を見る.
He walked out the door. 彼はドアから出て行った.
**2** 〈道路など〉を通って外へ ‖ drive out Fifth Avenue (市外に向かって)5番街を車で走る.
**3** …の外側に ‖ The garage is out this door. ガレージはこのドアの外側にある.

**out-and-out** /áutəndáut アウタンダウト/ [形] 全くの, 徹底した, 完全な.

**out·bid** /àutbíd アウトビド/ [動] (過去) out·bid または out·bade, (過分) out·bid または out·bid·den; (現分) ·bid·ding) [他]《正式》(競売で)〈人〉より高い値をつける.

**out·board** /áutbɔ:rd アウトボード/ [形] [副] **1** 船外の[へ], 機外の[へ]. **2** (船・飛行機の)外側寄りの[へ].
**óutboard éngine** 船外エンジン.
**óutboard mótor** 船外モーター.

**out·break** /áutbrèik アウトブレイク/ [名] ⓒ 突発, 発生；爆発 ‖ at [on] the outbreak of the war 戦争の勃(ぼっ)発した時に.

**out·burst** /áutbə:rst アウトバースト/ [名] ⓒ 爆発, 噴出 ‖ a sudden outburst of rage 突然の怒りの爆発.

**out·cast** /áutkæst アウトキャスト | -kà:st -カースト/ [名] ⓒ 追放された人[動物], 仲間はずれにされた人[動物]. ──[形] 追放された, 仲間はずれの.

**out·class** /àutklǽs アウトクラス | -klɑ́:s -クラース/ [動] (三単現) ~·es/-iz/) [他] **1** …よりも高級である, 優れている. **2** …に大差で勝つ.

**out·come** /áutkʌm アウトカム/ [名] ⓒ [通例 the ~ / an ~] 結果(として生じた事態)；成果 ‖ What will be the outcome of an atomic war? 核戦争の結果はどんな事態になるのだろうか.

**out·crop(·ping)** /áutkràp(iŋ) アウトクラプ (アウトクラピング) | -krɔ̀p(-) -クロプ (-クロピング)/ [名] ⓒ (岩層・地層などの)露出；露出部分.

**out·cry** /áutkrài アウトクライ/ [名] (複 out·cries /-z/) **1** ⓒⓤ (強い)抗議 ‖ raise an outcry against the noise caused by jet planes ジェット機による騒音に抗議する.
**2** ⓒ 大きな叫び, どよめき；怒号, 悲鳴.

**out·dat·ed** /àutdéitid アウトデイティド/ [形] 時代遅れの.

**out·dis·tance** /àutdístəns アウトディスタンス/ [動] (現分) ··tanc·ing) [他]《正式》(競争などで)〈相手〉をはるかに引き離す, …に勝つ.

**out·do** /àutdú: アウトドゥー/ [動] (三単現) ··does; (過去) ··did, (過分) ··done) [他]《正式》…にまさる；…を出し抜く ‖ I don't want to be outdone by anyone in math. 数学ではだれにも負けたくない.

**out·door** /áutdɔ:r アウトドー/ [形] 戸外の；戸外活動を好む(↔ indoor) ‖
outdoor sports 屋外スポーツ.
outdoor clothes 外出着.
I'm not the outdoor type. 戸外活動が好きなたちではない.

**out·doors** /àutdɔ́:rz アウトドーズ/ [副] 戸外で[へ] (↔ indoors) ‖ sleep outdoors 野宿する.
go outdoors for fresh air 新鮮な空気を求めて戸外へ出かける.
──[名] [the ~；単数扱い] 戸外；人里離れた地域, 片田舎(かたいなか)《◆ out-of-doors の方がふつう》.

**out·er** /áutər アウタ/ [形] 外側の；中心から離れている, (はるか)外方の(↔ inner) ‖
the outer walls 外壁.
an outer city (米) 都市の郊外(↔ inner city).
the outer world 世間；外界.
outer islands 離島.
**óuter éar** 外耳(↔ inner ear).
**óuter spáce** (大気圏外の)宇宙空間.

**out·er·most** /áutərmòust アウタモウスト/ [形] 最も外側の；中心から最も離れた, 一番はずれの.

**out·field** /áutfi:ld アウトフィールド/ [名] ⓒ [野球・クリケット] [the ~] 外野 (cf. infield)；[集合名詞；単数・複数扱い] 外野手.

**out·field·er** /áutfìːldər アウトフィールダ/ 图 C 〖野球・クリケット〗(個々の)外野手.

**out·fit** /áutfìt アウトフィト/ 图 1 C 装備一式, 用具一式; 衣装一式 ‖
an outfit for camping = a camping outfit キャンプ用品一式.
a carpenter's outfit 大工道具.
2 (略式)〖集合名詞; 単数・複数扱い〗一行, 団体《主に探検隊・旅団・部隊など》.
── 動 (過去・過分) -·fit·ted/-id/; (現分) -·fit·ting)
他 …に供給する; …に装備させる; …の身支度を整える ‖
be outfitted with shoes 靴が支給される.
He was outfitted for camp. 彼はキャンプのいでたちをしていた.

**out·fit·ter** /áutfìtər アウトフィタ/ 图 C 旅行用品商, 運動用品商; (古) (主に紳士用)洋装店[商].

**out·go** /áutgóu アウトゴウ/ 图 (複 ~es) C 支出, 出費 (↔ income).

**out·go·ing** /áutgóuiŋ アウトゴウイング/ 形 1 出て行く, 去って行く (↔ incoming) ‖
an outgoing ship 出船(ふね).
2 (正式) 退職する.
── 图 U C (主に英) 〖通例 ~s〗費用, 出費.

**out·grow** /àutgróu アウトグロウ/ 動 (過去 -·grew, 過分 -·grown) 他 1 …に合わなくなるほど大きくなる; (成長して)〈考え・習慣など〉を脱する, 失う ‖
outgrow one's shoes 足が大きくなって靴が履(は)けなくなる.
outgrow prejudices about foods 成長して偏食がなくなる.
2 …よりも(からだ・背が)大きくなる; …よりも早く成長する ‖
outgrow one's older brother by two inches 兄よりも2インチ背が高くなる.
outgrow one's strength 背ばかり伸びて体力が伴わない.

**out·growth** /áutgròuθ アウトグロウス/ 图 1 C 当然の結果, 自然の成り行き; 副産物 ‖
2 C (本体から)伸び出たもの ‖
an outgrowth of hair 枝毛.

**out·house** /áuthàus アウトハウス/ 图 (複 ~s /-hàuziz/) C 1 (米) 屋外便所. 2 (英) 離れ家, 付属の建物《納屋・馬小屋など》.

**out·ing** /áutiŋ アウティング/ 图 C 遠出, 遠足《♦ picnic, hiking, excursion より一般的な語》‖
go for [on] an outing 遠足に行く.

**out·land·ish** /àutlǽndiʃ アウトランディシュ/ 形 (略式) 異国風の, 奇妙な, へんぴな ‖
oustlandish costumes 風変わりな服装.

**out·last** /àutlǽst アウトラスト, -lɑ́ːst -ラースト/ 動 他 (正式) …より長持ちする; …より長生きする.

**out·law** /áutlɔ̀ː アウトロー/ 图 C 1 常習的犯罪者, 無法者. 2 〖歴史〗法の保護を奪われた人; (社会からの)追放者. ── 動 他 …から法の保護を奪う; …を社会から追放する.

**out·lay** /áutlèi アウトレイ/ 图 áutlèi 動 ニ/ 图 C U 〖通例 an ~ / the ~〗支出, 経費. ── 動 (過去・過分) -·laid) 他 (主に米) 〈金(かね)〉を費やす.

**out·let** /áutlèt アウトレト/ 图 C 1 出口 ‖
The chimney is an outlet for smoke from the fireplace. 煙突は暖炉の煙の排気口である.
2 (感情・精力などの)はけ口 ‖
Children in towns don't have enough outlets for their energy. 町の子供はエネルギーのはけ口が十分にない.

***out·line** /áutlàin アウトライン/ 〖外側の(out)線(line)〗
── 图 (複 ~s/-z/) 1 C U 〖通例 the ~(s)〗外形, 輪郭(かく); 線画, 略図; 〖形容詞的に〗線描きの ‖
draw the ship in outline = draw the outline of the ship 船の輪郭を描く.
the outline(s) of the mountains in the fog 霧の中に浮かぶ山々の輪郭.
an outline map of the city その町の略図.
2 C (箇条書きに整理された)概略, 概説; 〖~s〗主な特徴, 骨子(こっし), 原則 ‖
give an outline of a lecture 講義の概要を述べる.
describe the brief outlines of the project = describe the project in brief outlines その計画の要点をかいつまんで示す.
── 動 (三単現) ~s/-z/; (過去・過分) ~d/-d/; (現分) -·lin·ing)
── 他 1 …の輪郭を描く; …の略図を描く; …を引き立たせる ‖
skyscrapers outlined against the evening sky 夕空を背に浮かび上がった摩天楼.
2 …の要点を述べる, 概説する ‖
outline the plan to the staff 職員に計画の概要を説明する.

**out·lin·ing** /áutlàiniŋ アウトライニング/ 動 → outline.

**out·live** /àutlív アウトリヴ/ 動 (現分 -·liv·ing) 他 (正式) …より長生きする, …にくいさがって生き残る《◆耐え抜く持久力を強調》‖
Mr. Jones outlived his wife by ten years. ジョーンズ氏は夫人より10年長生きをした.
2 長生きして…を薄れさせる, 長続きして…を失う.
3 …を切り抜ける, 乗り越える.

**out·look** /áutlùk アウトルク/ 图 C 〖通例 an ~ / the ~〗1 見晴らし, 眺望 ‖
a room with a southern outlook 南向きの部屋.
2 見通し, 展望 ‖
the weather outlook for tomorrow あすの天気予報.
3 見解, 態度 ‖
a cheerful outlook (on life) 楽天的な人生観.

**out·ly·ing** /áutlàiiŋ アウトライイング/ 形 外にある, 中心から離れた.

**out·ma·neu·ver**, (英) **-ma·noeu·vre** /àutmənúːvər アウトマヌーヴァ/ 動 (現分) (英) -·noeu·vring) 他 …に策略で勝つ, …の裏をかく.

**out·mod·ed** /àutmóudid アウトモウディド/ 形 流行遅れの.

**out·num·ber** /àutnʌ́mbər アウトナンバ/ 動 他 …より数が多い, …に数でまさる.

**out-of-date** /áutəvdéit アウトヴデイト/ 形 時代遅れの(↔ up-to-date).

**out-of-bounds** /áutəvbáundz アウトヴバウンズ/ 形副 =out of BOUNDs (→ bound³).
——名 〖バスケットボール〗 アウトオブバウンズ《ボールがコート外に出ること》.

**out·pa·tient** /áutpèiʃənt アウトペイシェント/ 名 C 外来患者.

**out·place·ment** /áutplèismənt アウトプレイスメント/ 名 U (他社への)再就職の斡旋(あっせん)《◆ discharge などの遠回し表現》.

**out-of-the-way** /áutəvðəwéi アウトヴザウェイ/ 形 1 へんぴな, 人里離れた. 2 風変わりな, 珍しい.

**out·post** /áutpòust アウトポウスト/ 名 1 前哨(しょう)部隊[地]; (米)(条約などにより設けられる)在外基地. 2 〖正式〗辺地の植民[居留]地.

**out·pour·ing** /áutpɔ̀:riŋ アウトポーリング/ 名 C 1 流出(物).
2 〖通例 ~s〗 ほとばしり ‖
outpourings of the heart 真情のほとばしり ‖

**out·put** /áutpùt アウトプト/ 名 U 〖しばしば an ~〗
1 生産高, 採掘量; 知的生産物[作品](の総数) ‖
the factory's monthly **output** of refrigerators その工場の冷蔵庫の月間生産高.
an **output** of 10,000 bottles a day 1日1万本のびんの生産高.
2 生産[芸術]活動; (力などを)出すこと ‖
a reasonable **output** of energy ほどよく力を出すこと.
3 〖電気・コンピュータ〗 出力, アウトプット.
——動 〖過去・過分〗 out·put または --put·ted/-id/; 〖現分〗 --put·ting 他 …を産出する; 〖電気・コンピュータ〗 …を出力する.

**out·rage** /áutreidʒ アウトレイヂ/ 名 1 CU a 暴力, 暴行.
b 踏みにじること, 不法行為, 侵害; 侮辱(ぶじょく), 非礼 ‖
an **outrage** on decency 風俗を乱す行為.
2 U 激怒 ‖
feel **outrage** at [over] the test of H-bombs 水爆実験に対して憤慨する.
——動 〖現分〗 --rag·ing 他 1 …を憤慨させる ‖
I was **outraged** by [at] the "no kids" provision. 私は「子供がいると入居できない」という規定に憤慨した.
2 〈秩序・おきてなど〉を破る. 3 …に暴力をふるう.

**out·ra·geous** /àutréidʒəs アウトレイヂャス/ 形 1 (略式)著(いちじる)しく常軌を逸脱した, あきれるほどの ‖
**outrageous** jokes ひどい冗談.
an **outrageous** price 法外な値段.
2 無礼な, 恥知らずの; 極悪の, 非道な.
**òut·rá·geous·ly** 副 無法に(も); 乱暴に(も); 法外に.

**out·rid·er** /áutràidər アウトライダ/ 名 C (車の前後・左右を警護する)オートバイ[馬]に乗った警官.

**out·right** /形 áutràit アウトライト; 副 ニ/ 形 1 完全な, 徹底的な.
2 あからさまな, 率直な ‖
an **outright** refusal あからさまな拒絶.
3 全くの.
——副 1 完全に, 徹底的に ‖
Now she owns the house **outright**. 今や彼女はその家を完全に所有している.
2 遠慮せず, 公然と ‖
Tell me **outright**. 遠慮せずに話しなさい.
3 即座に.

**out·run** /àutrʌ́n アウトラン/ 動 〖過去〗 --ran, 〖過分〗 out·run; 〖現分〗 --run·ning 他 1 〖正式〗〈人〉より速く[遠くまで]走る. 2 …の範囲を越える. 3 …から逃げる.

**out·set** /áutsèt アウトセト/ 名 〖the ~〗 初め, 発端 ‖
at the outset 最初は.

**out·shine** /àutʃáin アウトシャイン/ 動 〖過去・過分〗 --shone; 〖現分〗 --shin·ing 他 〖正式〗 1 …より光る, 強く輝く. 2 …より優れている.

**\*\*out·side** /名 áutsàid アウトサイド; ニ/ 形 ニ/ 副 ニ/ 前 ニ/ 〖外の(out)側の(side). cf. in*side*〗
——名 (複 ~s/-saidz/) C 〖通例 the ~〗 1 外側, 外部, 外面(↔ inside) ‖
paint **the outside** of the building 建物の外側にペンキを塗る.
2 外観, 見かけ; 外, 外界 ‖
judge a thing from **the outside** 物を外観で判断する.
3 部外, 局外, 門外 ‖
those on **the outside** 門外漢.
*at the (véry) óutside* 多く見積もっても, せいぜい.
**óutside ín** 裏返しに(→ INSIDE out (1)).
——形 〖名詞の前で〗 1 外側の, 外部の, 外の; 外に通じる(↔ inside) ‖
**outside** noises 外部の騒音.
the **outside** door 外側のドア.
an **outside** broadcast スタジオ外放送.
2 部外の, 局外の, 門外の; よそからの ‖
**outside** help 外部からの援助.
an **outside** opinion 部外の意見.
3 (略式)最高の, 最大の, 極限の ‖
an **outside** estimate ぎりぎりの見積もり.
4 (略式)〈可能性などが〉ごくわずかな ‖
an **outside** chance ごくわずかな見込み.
5 〖野球〗〈投球が〉外角の.
——副 外に[へ, で], 外側に, 外部に(↔ inside) ‖
play **outside** 戸外で遊ぶ.
come **outside** (室内・屋内から)外に出る; [命令文で] 表へ出ろ《◆ 挑戦の言葉》.
go **outside** for some fresh air 新鮮な空気を吸いに外に出る《◆ go out の方が遠くへ出かけるという意味が強い》.
It's cold **óutside** but warm ínside. 外は寒いが中は暖かい.

***outside of*** A《主に米式》(1) …の外に[へ] ‖ tourists from outside of Europe ヨーロッパ以外の国からの観光客. (2) …の範囲[限界]を越えて. (3)《通例否定文・疑問文で》…のほかに, …以外には.

―― 前 /=/ **1** [場所] …の外に[へ, で](↔ inside) ‖ wait outside the cinema 映画館の外で待つ. **2**《正式》…の範囲[限界]を越えて ‖ It's outside my authority. それは私の権限外だ. **3**《略式》《通例否定文・疑問文で》…のほかに, …以外には ‖ He has few interests outside his job. 彼は仕事以外に興味はほとんど関心がない.

**òutside wórld** [the ~] 外の世界《接触・交信のない外の人や土地》.

**out·sid·er** /àutsáidər アウトサイダ/ 名 C **1** よそ者, 部外者; 第三者; (社会の)のけ者, 異端者. **2** 勝ち目のない馬.

**out·size** /áutsàiz アウトサイズ/ 名 C 形 特大(の), 特大品(の).

**out·skirts** /áutskə̀:rts アウトスカーツ/ 名 [複数扱い] 中心から離れた地域, (町はずれまたは場末(ずえ)的な)郊外(→ suburb Q&A)‖ I live on the outskirts of Nagoya. 私は名古屋の郊外に住んでいる.

**out·smart** /àutsmá:rt アウトスマート/ 動 他《主に米略式》**1** …より知恵を使って勝つ. **2** [~ oneself; 比喩的に] 自分で自分の首を絞める.

**out·sourc·ing** /áutsò:rsiŋ アウトソーシィング/ 名 U《経済》(組立部品の)外部調達;《業務の》外部委託.

**out·spo·ken** /àutspóukən アウトスポウクン/ 形 率直な, (控え目に言うべき時に)遠慮なく言う.

**óut·spò·ken·ly** 副 遠慮なく, ずけずけと.

**out·spread** /àutspréd アウトスプレド/ (過去・過分 out·spread)《文》他 …を広げる, 延ばす. ―― 自 広がる, 延ばす. ―― 形 広がった, 伸びた.

*****out·stand·ing** /àutstǽndiŋ アウトスタンディング/ **2** ⌁ /→ stand out/

―― 形 **1** 目立った, 顕著な, 傑出している ‖ She was outstanding in scholarship. 彼女は傑出した学者であった.

対話 "So how was the movie?" "Outstanding! One of the best I've ever seen." 「それで映画はどうだったの」「抜群だね!これまで見たうちで最高のひとつだったよ」.

**2** /=/ …に突き出ている.

**3**《正式》未解決の, 未決定の; 未払いの ‖ a long outstanding problem 長い間懸案の問題.

leave some debts outstanding 負債を一部払わないでおく.

**out·stretched** /àutstrétʃt アウトストレチト/ 形《文》広げた, 差し伸ばした ‖ with outstretched arms = with arms outstretched 両腕を広げて.

**out·strip** /àutstríp アウトストリプ/ 動 (過去・過分 out·stripped/-t/; 現分 ··strip·ping) 他 **1**(競争で)…を追い越す. **2** …にまさる, …を凌駕(ɡ̊ょɔ)する.

**out·ward** /áutwərd アウトワド/ 形 **1** 外へ向かう; 国外への ‖ take an outward look from inside the car 車外へ目を転じる.

an outward flow of gold 金の海外流出.

an outward voyage 往航, 外国航路.

**2** 外に現れた; 表面上の, 見せかけの(↔ inward)‖ to all outward appearances = to outward seeming (実際はともかく)見かけ上は.

―― 副《(主に英)··wards》**1** 外へ(向かって), 中心から遠ざかる方向へ;(船などが)港の外へ, 国外へ(↔ homeward)‖ a ship bound outward 出船; 外国行きの船. Front doors in Japan often open outward. 日本では玄関の戸は外開きのことが多い.

**2**(自分の内にこもらずに)外の世界へ;(感情などを)表面に表して, あからさまに.

**out·ward·ly** /áutwərdli アウトワドリ/ 副 **1** 外見上は ‖ look outwardly happy うわべは幸せそうに見える. **2** 外の方に[へ].

**out·wards** /áutwədz アウトワッ/ 副《主に英》= outward.

**out·weigh** /àutwéi アウトウェイ/ 動 他《正式》**1** …にまさる ‖ Practice outweighs theory in language learning. 言語習得においては理屈より練習の方が重要である.

**2** …より重い, 目方がある.

**out·wit** /àutwít アウトウィット/ 動 (過去・過分 ··wit·ted/-id/; 現分 ··wit·ting) 他 …を出し抜く, 裏をかく.

**o·va** /óuvə オウヴァ/ 名 → ovum.

**o·val** /óuvl オウヴル/ 形 **1** 卵形の.

**2** 長円形の.

―― 名 **1** C《正式》卵形(の物), 長円形.

**2**(主に英)長円形の競技場; [the O~] オーバル《ロンドンのクリケット場》.

**Óval Óffice** [**Róom**]《米略式》[the ~] (1) 大統領執務室. (2) 大統領, 米国政府.

**o·va·ry** /óuvəri オウヴァリ/ 名 (複 ··va·ries/-zi/)《解剖・動》卵巣;《植》子房(← flower).

**o·va·tion** /ouvéiʃən オウヴェイション | əu- オウ-/ 名 C《正式》熱烈な歓迎, 大かっさい ‖ The ice-skater was given a standing ovation. アイススケーターはスタンディング=オベイションで迎えられた.

*****ov·en** /ʌ́vn アヴン/《発音注意》◆×オーヴン 『「(調理用の)つぼ」が原義』

―― 名 (複 ~s/-z/) C オーブン, 天火; かまど ‖ a gás òven ガスオーブン.

a mícrowave óven 電子レンジ.

bread hot from the oven 焼きたてのパン.

Our attic is like an oven. わが家の屋根裏部屋は蒸しぶろのようだ.

preheat an oven オーブンを前もって熱する.

## *o・ver /ˈoʊvər/ オウヴァ/

〖「あるものが他のものの真上に広がりをもって位置する(above+covering)」が本義〗

over《…の上方に》
over《…を越えて》

→ 前 I [位置]
　1 …の上に　2 …を覆って　3 …を越えて
II [超過]
　4 …より多く　5 …より上で
　6 …を支配して
III [期間・従事・関連]
　8 …の間　9 …しながら
副 1a 上方に　2 倒れて　3 一面に　4 越えて
　5 移って　8 始めから終わりまで　9 終わって

―― 前 I [位置]

**1** [空間位置] **a** …の上に, …の上方に(↔ under); (覆うように)…に突き出て, 張り出して《◆ over は「離れて真上に」という垂直の関係を表し, しばしば覆いかぶさる感じを伴う. above は真上を含めて広く上方の位置を示す. on は「接触して上に」の意味. → above(図)》‖

the bridge over the river 川にかかっている橋.
A lamp was hanging over [above] the table. ランプがテーブルの上にかかっていた.
The plane flew over our house. 飛行機が家の上空を飛んで行った.
The water was soon over my knees. 水はやがてひざの上まで来た.
The balcony juts out over the street. そのバルコニーは通りに突き出ている.

**b** 〈変化などが〉〈人〉に迫って, …を襲って‖
A sudden change came over him. 突然の変化が彼を襲った.

**2** [接触位置] **a** …を覆って, …一面に; …の方々に, …じゅうを《◆ しばしば all を前に置いて「一面に」の意を強める》‖

spread a cloth over the table テーブルクロスを(テーブルに)掛ける.
travel (all) over Asia アジアをくまなく旅行する.
look over a house 家をすみずみまで検分する.
He is well-known all over the world. 彼の名は世界中に知れわたっている.
She wore a coat over her sweater. 彼女はセーターの上にコートを着ていた.

**b** …の上を‖
strike her over the head 彼女の頭をなぐる.

**c** …につまずいて‖
fall over a stone 石につまずいて転ぶ.

**3** [動作を表す動詞と共に]〈ある限界〉を越えて, 渡って; [状態を表す動詞と共に]…の向こう側に; [比喩的に]…を通り過ぎて(past)‖
climb over the wall 壁をよじ登って乗り越える.
jump over a brook 小川を跳び越す.
fall over the cliff がけから落ちる.
He spoke to me over my shoulder. 彼は肩越しに私に話しかけた.
We live over the road. 私たちはその道路の向こう側に住んでいる.
I am over the worst difficulties. 私は最難関を突破した.

II [超過]

**4** [超過] **a** (数量・程度が)…より多く, より上で(↔ under)‖

stay in Paris (for) over a month 1か月以上パリに滞在する.
He is over 60 kilos. 彼は60キロを超えている《◆ふつう60キロちょうどは含まれない》.

**b** 〈音など〉よりひときわ大きく‖
We could hear their voices over the rain. 雨の音の中でも彼らの声が聞こえた.
I can't hear you over the roar of the engine. エンジンのうなる音にかき消されてあなたの言うことが聞こえません.

**5** [優越] (地位などの)…より上で; (能力などの)…より優れて(↔ under)‖
She is over me in the office. 彼女は会社では私の上役だ《◆ above との違いについては → above 前1》.

**6** [支配] …を支配して‖
rule over a country 一国を支配する.
man's control over nature 自然に対する人間の支配.
My son has no command over himself. 息子には自制心がない.

**7** [優先] …に優先して‖
He was chosen over all other candidates. 彼は他のすべての候補者に優先して選ばれた.

III [期間・従事・関連]

**8** [期間] …の間(ずっと), …にわたって; …が終わるまで‖

stay in London over Christmas クリスマスの間ロンドンに滞在する.
We stayed there over Sunday. 日曜までそこに滞在した《◆月曜の朝までいたことを含意する》.
Over the years she has become more and more rational. 何年かたつうちに彼女はますます理性的になっていった.

**9** [従事] …しながら, …に従事して《◆ 上にかがむ姿勢を示すことからこの意を表す. ふつう話す・眠るの意の動詞と共に用いられる》‖
go to sleep over one's work 仕事の最中にうとうとする.
We discussed the matter over (our) dinner. 私たちは食事をしながらその問題を論じた.

**10** [関連] …について, …をめぐって《◆ about と比べて長期間の紛争・いさかいを暗示する》‖
quarrel over money お金のことについて言い争う.
argue over politics 政治について論じる.
The two nations had a fight over economic issues. その2国は経済問題で争った.

**overact** / **overawed**

**IV** [その他]
**11** 〈道に沿って〉(端から端まで) ‖
drive **over** [on] the new expressway 新しい高速道路を車で走る.
**12** [手段] …によって, …で《♦電話・ラジオ・拡声器について用いる》‖
speak **over** the phone 電話で話す.
I heard the news **over** the radio. ラジオでそのニュースを聞いた.

**óver and abóve** A (正式) …に加えて, …のほかに.
――副 **1 a** 上方に, 真上に, 高く; 突き出て; 上方から下に向かって ‖
a window that projects **over** 突き出ている窓.
A plane flew **over**. 飛行機が頭上を飛んで行った.
She leaned **over** and picked up a coin. 彼女は身を乗り出して硬貨を拾い上げた.
**b** あふれて, こぼれて ‖
be boiling **over** with rage 怒りで煮えくり返っている.
The coffee spilled **over**. コーヒーがこぼれ出た.
**2** 倒れて; ひっくり返して, 逆さに; 折って, 折り返して ‖
fall **over** 倒れる.
fold it **over** それを折り返す.
turn **over** the page ページをめくる.
turn him **over** on his face 彼をうつぶせにする.
**Over** (米)裏面へ続く《♦または Please turn over. (略) PTO とすることもある》.
**3** 一面に, 覆って; 至る所, ほうぼう《♦しばしば all を前に置いて意味を強める》(cf. 前 **2 a**) ‖
paint the door **all over** ドア一面にペンキを塗る.
travel **all over** くまなく旅行して回る.
She was dirty **all over**. 彼女は全身どろだらけだった.
The lake froze **over**. 湖は一面凍った.
**4 a** 越えて, 渡って; (越えて)向こう側へ ‖
jump **over** 跳び越える.
He is **over** in France. 彼は(海の向こうの)フランスにいる.
She walked **over** to the door. 彼女はドアの所へ歩いて行った《♦ over は少し距離が離れていたことを暗示する》.
**b** こちらへ, (話し手の)家に ‖
have friends **over** 友だちを家に呼ぶ.
I asked them **over** for dinner. 彼らを夕食に招待した.
**Come over** and enjoy the video game. うちへ来てテレビゲームをやらないか.
**5 a** 〈所有権などが〉移って, 渡して, 譲って ‖
go **over** to the enemy 敵側に回る.
hand **over** the letter to her mother その手紙を彼女のお母さんに渡す.
Her persuasion won him **over** to our side. 彼女の説得が功を奏して彼は我々の側についた.
**b** (無線電信で)どうぞ ‖
**Over** (to you)! (そちら)どうぞ.
**6 a** 〈数量を〉超えて, 超過して; 余って, 残って ‖
children of twelve and **over** 12歳以上の子供《♦12歳を含む》.
It costs £10 and **over**. それは10ポンド以上する.
There are two cakes (left) **over**. ケーキが2つ残っている.
**b** [形容詞・副詞の前で] あまり(too)《♦しばしば複合語の中に入る否定文で》‖
He is **not over** anxious. 彼はたいして心配していない.
**7** (ある期間)中; (米)(ある期間を)越えて ‖
all the year **over** 1年中.
stay **over** till Monday 月曜までずっと滞在する.
**8** 始めから終わりまで, すっかり, 完全に ‖
read a document **over** 書類にひととおり目を通す.
Think it **over** before you decide. 決める前によく考えなさい.
**9** 終わって, すんで《♦形容詞とも考えられる》‖
The good old days are **over**. 古きよき時代は終わった.
Is the game **over** yet? もう試合は終わったのですか.
**10** くり返して; (主に米)もう一度 ‖
do the work **over** もう一度その仕事をやる.
He read the book four times **over**. 彼は4回もその本を読んだ.
**11** (目玉焼が)両面焼いて.
◇**all over** A → **all** 副.
◇(**all**) **óver agáin** もう一度, 繰り返して ‖ Do it over again. もう一度やりなさい.
**óver and agáin** = **óver and óver** (**agáin**) 何度もくり返して, 再三再四.
**óver hére** こちらに.
◇**óver thére** あそこに, 向こうに; あちらでは; (米)ヨーロッパでは ‖ The bus stop is **over there**. バス停はあそこです.
**óver with** (米略式) 終わって ‖ get the work **over with** その仕事をしてしまう.

**o・ver・act** /òʊvərǽkt オウヴァアクト/ 動 自他 (…)をおおげさに演じる.

**o・ver・all** /名形 óʊvərɔ̀ːl オウヴァオール; 副 ﹉﹉/ 形
**1** 端から端までの; 全体の, 全部の ‖
the **overall** length of the bridge 橋の全長.
**2** 全般的な, すべてを考慮に入れた.
――副 /﹉﹉/ **1** [しばしば文頭で] 全体として(は), 概して ‖
**Overall** the company's not doing so badly. 概して会社の状態はさほど悪くないね.
**2** 全長で; 全部で.
――名 **1** [～s; 複数扱い] (男性用)作業用胸当てズボン; (小児用)オーバーオール(coveralls); (英)騎兵ズボン《♦数える場合は a pair of *overalls*》.
**2** ⓒ (主に英) ふつう上っ張り, スモック.

**o・ver・ate** /òʊvəréit オウヴァエイト|-ét -エト, -éit/ 動 → overeat.

**o・ver・awe** /òʊvərɔ́ː オウヴァオー/ 動 (現分) -aw・ing) 他 (正式) …を恐れさせる, 威圧する.

**o・ver・awed** /òʊvərɔ́ːd オウヴァオード/ 動 → overawe. ――形 威圧された, 恐れた.

**o·ver·bal·ance** /òuvərbǽləns オウヴァバランス/ 動 (現分) -anc·ing) 他 **1** …より重要性[価値]がある. **2** …の平衡を失わせる. ――自 (主英) 平衡を失う.

**o·ver·bear·ing** /òuvərbéəriŋ オウヴァベアリング/ 形 (正式) 横柄な.

**o·ver·board** /óuvərbɔ̀:rd オウヴァボード/ 副 船外に, 船から水中に ‖
fall **overboard** 水中に落ちる.
**gò [fáll] óverboard** (略式) 夢中になりすぎる; 深入りする, 度が過ぎる.

**o·ver·book** /òuvərbúk オウヴァブク/ 動 自 他 (…に) 定員以上の予約をとる[受け付ける].

**o·ver·book·ing** /òuvərbúkiŋ オウヴァブキング/ 名 → overbook. ――名 U (定員以上の) 予約の取りすぎ 《◆ double-booking ともいう》.

**o·ver·bridge** /òuvərbríʤ オウヴァブリヂ/ 名 C = overpass.

**o·ver·bur·den** /òuvərbə́:rdn オウヴァバードン/ 動 他 [通例 be ~ed] 悩む, 心配する.

**o·ver·came** /òuvərkéim オウヴァケイム/ 動 → overcome.

**o·ver·cast** /óuvərkæ̀st オウヴァキャスト | -kɑ́:st -カースト/ 形 雲で覆われた, どんよりした 《◆ cloudy より曇天が多い》 ‖
an **overcast** day 曇った日.

**o·ver·charge** /òuvərtʃɑ́:rʤ オウヴァチャーヂ/ 動 (現分 -charg·ing) 他 …に法外な値を要求する ‖
"What! You're **overcharging** me."「まさか, 高すぎますよ」.

\***o·ver·coat** /óuvərkòut オウヴァコウト/ 名 (複 ~s/-kòuts/) C (主に男性用の防寒用) オーバー ‖
He took off his **overcoat**. 彼はオーバーを脱いだ.

\***o·ver·come** /òuvərkʌ́m オウヴァカム/ 〖上に (over) 来る (come)〗
――動 (三単現 ~s /-z/ ; 過去 o·ver·came /-kéim/, 過分 o·ver·come; 現分 o·ver·com·ing)
――他 **1** (正式) …に打ち勝つ, …を制圧(ﾊﾟ)する; …を**克服する** ‖
He finally **overcame** his smoking habit. 彼はついに喫煙の習慣から抜け出た.
Perseverance **overcomes** resistance eventually. ついには忍耐が抵抗に打ち勝つ.
**2** [通例 be overcome] 打ちのめされる ‖
be **overcome** by [with] the heat 暑さにまいる.
――自 勝つ ‖
We shall **overcome**. 我々は勝つ 《黒人解放歌の冒頭の一節》.

**o·ver·com·ing** /òuvərkʌ́miŋ オウヴァカミング/ 動 → overcome.

**o·ver·crowd·ed** /òuvərkráudid オウヴァクラウディド/ 形 《部屋などが》込み合った, 混雑した.

**o·ver·do** /òuvərdú: オウヴァドゥー/ 動 (三単現 -does; 過去 -did, 過分 -done) 他 **1** 《演技などを》やりすぎる; …を誇張して言う ‖
Several scenes in the film were **overdone**. 映画中のいくつかのシーンは度を越していた.
**2** …を使いすぎる ‖
**overdo** oneself へとへとに疲れる.
**3** [be overdone] 《料理が》煮[焼き]すぎである.
**overdó it [thíngs]** やりすぎる, 誇張する; 体を酷使する 《◆ 仕事・勉強・運動について》.

**o·ver·done** /òuvərdʌ́n オウヴァダン/ 動 → overdo. ――形 焼き[煮]すぎた.

**o·ver·dose** /名 óuvərdòus オウヴァドウス; 動 ニ/ 名 C (薬の) 盛り[飲み]すぎ. ――動 (現分 -dos·ing) 他 …に薬を飲ませすぎる.

**o·ver·draw** /òuvərdrɔ́: オウヴァドロー/ 動 (過去 -drew, 過分 -drawn) 自 他 **1** 《商業》(預金を) 引き出しすぎる, 借り越す; (手形を) 過振する. **2** (描写などを) 誇張する.

**o·ver·due** /òuvərdjú: オウヴァドゥー (オウヴァデュー) / 形 [しばしば long ~ で] 《支払いが》期限が過ぎた; 《乗物などが》定刻を過ぎた, 延着の.

**o·ver·eat** /òuvəríːt オウヴァイート/ 動 (過去 -ate, 過分 -eat·en) 食べすぎる.

**o·ver·es·ti·mate** /òuvəréstəmèit オウヴァエスティメイト/ 動 (現分 -mat·ing) 自 他 (…を) 過大評価する, 買いかぶる. ――名 C 過大評価.

**o·ver·flow** /òuvərflóu オウヴァフロウ/ 名 ニ/ 動 自 **1** 氾濫(はん)する, あふれる ‖
The pond **overflowed** after the heavy rains. 先の大雨で池の水があふれた.
**2** いっぱいになる; 満ちあふれている ‖
She was **overflowing** with joy. 彼女はうれしくてたまらなかった.
――他 **1** …を越えてあふれ出る; …を水浸しにする ‖
The river **overflowed** the neighboring fields. 川が氾濫して近辺の田畑が水浸しになった.
**2** …からあふれ出る ‖
The crowd **overflowed** the stands onto the playing field. 群衆はスタンドから競技場内へなだれ込んだ.
――名 C **1** 氾濫, 流出; (商品・人口などの) 過剰. **2** あふれ出た水[群衆など]. **3** (余分な液体の) 排水口, 放水路.

**o·ver·grown** /òuvərgróun オウヴァグロウン/ 形 **1** 生い茂った ‖
a garden **overgrown** with weeds 草が生い茂った庭. **2** 成長しすぎた.

**o·ver·hand** /óuvərhæ̀nd オウヴァハンド/ 形 副 **1** (主に米) (球技) 上手投げの[で], 打ちおろしの[で] (↔ underhand) ‖
an **overhand** throw 上手投げ.
**2** (水泳) 抜き手の[で] ‖
an **overhand** stroke 抜き手.
**3** (服飾) かがり縫いの[で].

**o·ver·hang** /òuvərhǽŋ オウヴァハング/ 動 (過去・過分 -hung または -hanged) (正式) 他 …の上にかかる, …の上に突き出る ‖
**overhanging** cliffs 張り出したがけ.
――自 張り出す, 突き出す.

**o·ver·haul** /òuvərhɔ́:l オウヴァホール/ 名 ニ/ 動 他 …を分解点検する; …を詳しく調べる ‖
I had my car **overhauled** at the garage.

修理工場で車の整備をしてもらった.
——名 ⓒ 分解点検[修理], 整備, オーバーホール.

\*o·ver·head /形名 ðuvərhèd オウヴァヘッド; 副 ⌐⌐/

——形 [名詞の前で] 頭上の, 高架の.

——副 [名詞の後で] 頭上にある, 空高く, 階上に(ある) ‖
a light burning overhead 頭上にともる灯火.
the room overhead 階上の部屋.
Helicopters are flying overhead. ヘリコプターが頭上を飛んでいます.

——名 1 ⓒ 〔商業〕〔英〕では通例 ~s〕[集合名詞] =overhead costs; [形容詞的に] 総費用込みの. 2 ⓒ 〔テニスなど〕オーバーヘッド《頭上から打ちおろす強打》.

**óverhead cósts** (原材料と労働費を除く)間接費, 共通費(overhead).
**óverhead projécter** オーバーヘッド=プロジェクター.
**óverhead ráilway** 〔英〕高架鉄道(〔米〕elevated railroad [railway]).

**o·ver·hear** /ðuvərhíər オウヴァヒア/ 動 (過去·過分 ··heard) 他 …をふと耳にする.

**o·ver·heat** /ðuvərhíːt オウヴァヒート/ 動 他 〈エンジンなどを〉オーバーヒートさせる. ——自 〈エンジンなどが〉オーバーヒートする.

**o·ver·joyed** /ðuvərdʒɔ́id オウヴァヂョイド/ 形 大いに喜ぶ.

**o·ver·kill** /名 ðuvərkìl オウヴァキル; 動 ⌐⌐/ 名 Ⓤ 過剰殺傷; 大量破壊力; 過剰. ——動 他 …を過剰殺傷する.

**o·ver·land** /ðuvərlænd オウヴァランド/ 副形 陸上で[の].

**o·ver·lap** /ðuvərlǽp オウヴァラプ/ 名 ⌐⌐/ 動 (過去·過分 ··lapped/-t/; 現分 ··lap·ping) 他 …を一部重なり合わせる; …より一部外にはみ出る.
——自 一部重なり合う; 重複[共通]する ‖
His visit overlapped with mine. 彼と私の訪問がかち合った.
——名 1 Ⓤ 重複; ⓒ 重複部分; 張り出し部分. 2 Ⓤⓒ 〔映画〕オーバーラップ.

**o·ver·leaf** /ðuvərlíːf オウヴァリーフ/ 副形 1 葉の裏に[の]. 2 裏ページに[の].

**o·ver·load** /ðuvərlóud オウヴァロウド/ 名 ⌐⌐/ 動 他 …に荷物を積みすぎる. 2 …に電流を流しすぎる. ——名 [通例 an ~ / the ~] 荷の積みすぎ; 〔電気〕過負荷.

\*o·ver·look /動 ðuvərlúk オウヴァルㇰ; 名 ⌐⌐/ 〖look over (見渡す)から〗
——動 (三単現 ~s/-s/; 過去·過分 ~ed/-t/; 現分 ~ing)
——他 1 …を見渡せる; 見下ろす, 見渡す 《◆command より口語的だが look over より堅い言い方. 受身·進行形にしない》‖
The house on the hill overlooks the harbor. 丘の上の家から港が見渡せる.
2 …を監督する, 監視する; …を観察する, 調査する.
3 …を許す, 大目に見る, 見のがす; 〔正式〕…を見落とす ‖
Please overlook my mistake this time. 今回の失敗はお目こぼし願います.
対話 "Let's not overlook the expenses." "Okay, I'll check them once more."「経費のことは見落としのないようにしましょう」「わかった. もう一度調べることにするよ」.
——名 ⓒ 〔米〕(景色が見渡せる)高台; (高台からの)見晴らし.

**o·ver·ly** /ðuvərli オウヴァリ/ 副 〔主に米·スコット正式〕〔通例否定文で〕あまりにも, 過度に; とても.

\*o·ver·night /副 ðuvərnáit オウヴァナイト; 形 ⌐⌐/
——副 1 一晩中, 夜通し ‖
stay overnight at his house 彼の家に一泊する.
2 前の晩に ‖
make preparations overnight 前の晩に準備しておく.
3 一夜のうちに, 急に, 突然 ‖
become famous overnight 急に有名になる.
——形 [名詞の前で] 1 夜通しの, 一晩中の.
2 前夜の.
3 一泊の; 一泊用の ‖
an overnight bag 一泊旅行用のかばん.
4 一夜のうちの, 突然の.

**o·ver·pass** /ðuvərpǽs オウヴァパス |-pàːs -パース/ 名 ⓒ〔米〕(道路·鉄道·運河などの上にかかる)高架橋, 陸橋(overbridge).

**o·ver·pay** /ðuvərpéi オウヴァペイ/ 動 (過去·過分 ··paid) 他 …を支払いすぎる.

**o·ver·pop·u·lat·ed** /ðuvərpɑ́pjəleitid オウヴァピュレイティド |-pɔ́p- -ポピュレイティド/ 形 過密の.

**o·ver·pop·u·la·tion** /ðuvərpɑ̀pjəléiʃən オウヴァパピュレイション |-pɔ̀p- -ポピュレイション/ 名 Ⓤ 人口過剰[過密(化)].

**o·ver·pow·er** /ðuvərpáuər オウヴァパウア/ 動 他 …を征服する; [be ~ed] 圧倒されている.

**o·ver·pow·er·ing** /ðuvərpáuəriŋ オウヴァパウアリング/ 動 → overpower. ——形 強力な, 抗しがたい.

**o·ver·priced** /ðuvərpráist オウヴァプライスト/ 形 〈物の〉値段が高すぎる.

**o·ver·pro·duc·tion** /ðuvərprədʌ́kʃən オウヴァプロダクション/ 名 Ⓤ 過剰生産.

**o·ver·rate** /ðuvərréit オウヴァレイト/ 動 (現分 ··rat·ing) 他 …を過大評価[重視]する, 買いかぶる.

**o·ver·rat·ed** /ðuvərréitid オウヴァレイティド/ 動 → overrate. ——形 過大評価された, 買いかぶられた.

**o·ver·reach** /ðuvərríːtʃ オウヴァリーチ/ 動 (三単現 ~es/-iz/) 他 1 〔正式〕…を出し抜く; [~ oneself] 無理をしすぎて失敗する. 2 …を越える.

**o·ver·re·act** /ðuvərriækt オウヴァリ(ー)アクト/ 自 激しく反発[反抗]する, 過激な反応を示す.

**o·ver·re·ac·tion** /ðuvərriǽkʃən オウヴァリ(ー)アクション/ 名 Ⓤⓒ 過剰反応.

**o·ver·ride** /ðuvərráid オウヴァライド/ 動 (過去·過分 ··rode/-róud/, ··ridden/-rídn/; 現分 ··rid·ing) 他 1 〈提案·考え·方法などを〉踏みつぶす.

2 …をじゅうりんする; …を台なしにする. 3 …をくつがえす, 破棄する; …に応じない. 4 …に優先する, …より重要である(overweigh). ―自(交通機関で)乗り越す.

**o·ver·rid·ing** /òuvəráidiŋ オウヴァライディング/ 形 → override. ―形 最も重要な. 最優先の.

**o·ver·rule** /òuvərrú:l オウヴァルール/ 動 (現分) --rul·ing) 他 (正式) …に反対する; …をくつがえす.

**o·ver·run** /òuvərrʌ́n オウヴァラン/ 動 (過去 --ran, 過分 --ver·run; 現分 --run·ning) 他 1 …を侵略する. 2 [通例 be overrun] 覆われる; はびこる. 3 …を越える.

***o·ver·seas** /òuvərsí:z オウヴァスィーズ; 副 ニ/ (同音 oversees)
―形 [名詞の前で] **海外の**, 外国への, 海外向けの ‖
óverseas stúdents (海外からの)留学生(→ foreign).
students overseas (海外への)留学生.
―副 海外へ, 海外で ‖
go (*to) overseas 外国に行く.

**o·ver·see** /òuvərsí: オウヴァスィー/ 動 (過去 --saw, 過分 --seen) 他 (正式) …を監督する, 監視する.

**o·ver·shad·ow** /òuvərʃǽdou オウヴァシャドウ/ 他 (正式) 1 …に影を投げかける. 2 [比喩的に] …の影を薄くする, …を見劣りさせる.

**o·ver·shoot** /òuvərʃú:t オウヴァシュート/ 動 (過去・過分 --shot) 他 (略式) 1 …を射はずす, …を越える. 2 [～ oneself] やりすぎて失敗する.

**o·ver·sight** /óuvərsàit オウヴァサイト/ 名 1 U (正式) [しばしば an ～] 監督. 2 CU ミス, 見落とし.

**o·ver·sim·pli·fy** /òuvərsímpləfai オウヴァスィンプリファイ/ 動 (三単現 --pli·fies/-z/; 過去・過分 --pli·fied/-d/) 他 (誤解を招くほど)…を簡略化しすぎる.

**o·ver·sleep** /òuvərslí:p オウヴァスリープ/ 動 (過去・過分 --slept) 自 寝過ごす, 朝寝坊をする.

**o·ver·state** /òuvərstéit オウヴァステイト/ 動 (現分 --stat·ing) 他 (正式) …を強調しすぎる, おおげさに言う; …を実際よりよく[悪く]見せる.
**ò·ver·státe·ment** 名 UC 誇張(表現).

**o·ver·stay** /òuvərstéi オウヴァステイ/ 動 他《◆通例次の句で》
overstay one's leave [welcome] 長居しすぎる.
overstay one's visa (ビザの期限が切れて)不法滞在する.

**o·ver·step** /òuvərstép オウヴァステップ/ 動 (過去・過分 --ver·stepped/-t/; 現分 --step·ping) 他 …を越える, …の限度を越す.

**o·vert** /ouvə́:rt オウヴァート, ˈ | ouvə́:t オウヴァート/ 形 (正式) 明白な, 隠しだてのない(↔ covert).
**o·vért·ly** 副 明白に, 公然と.

**o·ver·take** /òuvərtéik オウヴァテイク/ 動 (過去 --took/-túk/, 過分 --tak·en/-téikn/; 現分 --tak·ing) 他 1 …を追い越す, 抜く; …に追いつく《◆ catch up with より堅い語》 ‖

That firm **overtook** ours in sales last year. 昨年わが会社は売上高でわが社を追い越した.
2 …の身に突然ふりかかる; …を不意に襲う ‖
I was **overtaken** by [with] terror. 突然私は恐怖に襲われた.

**o·ver·tak·en** /òuvərtéikn オウヴァテイクン/ 動 → overtake.

**o·ver·throw** /òuvərθróu オウヴァスロウ; 名 ˈ/ 動 (過去 --threw/-θrú:/, 過分 --thrown /-θróun/) 他 1 〈政府などを〉転覆(な)させる; …を廃止する ‖
They attempted to **overthrow** the government. 彼らは政府を倒そうとした.
2 …をひっくり返す, 倒す ‖
A lot of trees were **overthrown** by the storm. 暴風でたくさんの木が倒れた.
3 〔野球〕〈ボールを〉悪送球する; 〈一塁などへ〉悪送球する.
―名 C 1 [通例 the ～] 転覆, 打倒, 廃止. 2 〔野球〕(一塁などへの送球の時の)悪送球《◆投手が打者へ投げるときの暴投は wild pitch》.

**o·ver·time** /óuvərtàim オウヴァタイム/ 名 U 形 時間外(の), 超過時間, 超勤[残業]手当(の).
―副 時間外に ‖
work overtime (略式) 残業する.

**o·ver·tone** /óuvərtòun オウヴァトウン/ 名 C 1 〔音楽〕上音, 倍音. 2 (正式) [通例 ～s] 付帯的な意味 [含み, 響き], 含蓄.

**o·ver·took** /òuvərtúk オウヴァトゥク/ 動 → overtake.

**o·ver·ture** /óuvərtʃùər オウヴァチュア, -tʃər | -tjùə -テュア, -tjə/ 名 C 1 (正式) [通例 ～s] 予備交渉, 打診, 申し入れ ‖
make overtures of peace = make peace overtures 和平の予備交渉をする.
2 〔音楽〕序曲; (詩の)序章.

**o·ver·turn** /òuvərtə́:rn オウヴァターン/ 動 他 1 …をひっくり返す; …を横転させる ‖
The collision **overturned** both cars. 衝突で2台の車が横転した.
2 〈政府などを〉くつがえす, 倒す ‖
**overturn** the enemy attack 敵の攻撃をはね返す.
―自 ひっくり返る; 横転[転覆]する.

**o·ver·view** /óuvərvjù: オウヴァヴュー/ 名 C (正式) 概観, 通覧 ‖
summarize the overview 概略を述べる.
―動 …を概観する.

**o·ver·weigh** /òuvərwéi オウヴァウェイ/ 動 他 …より重い; …より重大である; …を圧迫する.

**o·ver·weight** /名 óuvərwèit オウヴァウェイト; 形 ニ/ 名 U 過重; 余分(の目方); 肥満, 太りすぎ.
―形 重量超過の, 太りすぎの ‖
You're **overweight**. 君は太りすぎだよ; (レスリングなどで)オーバーウェイト(で失格)だ.
**ó·ver·wèight·ed** 形 太りすぎた.

**o·ver·whelm** /òuvərhwélm オウヴァウェルム/ 動 他 1 …を力で圧倒する, 制圧する, やっつける ‖

**overwhelming**

The Tigers **overwhelmed** the Giants. 阪神が巨人に大勝した.
**2** …を苦しめる, 困惑させる, 閉口させる ‖
She **was overwhelmed with** questions. 彼女は質問攻めにあった.
**3** …を覆う, 埋没させる;〈船〉を転覆[沈没]させる ‖
The field **was** completely **overwhelmed** by an accumulation of volcanic ashes. 田畑は一面火山灰に埋まった.

**o·ver·whelm·ing** /ðuvərhwélmiŋ オウヴァウェルミング/ 動 → overwhelm.
——形 不可抗力の; 圧倒的な, たいへんな ‖
an **overwhelming** disaster 不可抗力の災害.
an **overwhelming** victory 圧倒的勝利.
**ò·ver·whélm·ing·ly** 副 圧倒的に.

**o·ver·work** /ðuvərwə́ːrk オウヴァワーク/ 名 ニ/ 動 (過去・過分 ~ed または --wrought) (正式) 他 **1** …を働かせすぎる, こき使う; …を働かせてくたくたにさせる ‖
**overwork** oneself 働きすぎる《◆この意では 自 または work too hard の方がふつう》.
**2** 〈言葉などを〉過度に用いる ‖
**overwork** ambiguous phrases あいまいな言い方を使いすぎる.
——自 働きすぎる.
——名 ∪ **1** 働きすぎ(ること), 過労 ‖
get ill through **overwork** 過労で病気になる.
**2** 超過勤務《◆「超過勤務をする」は work overtime》.

**o·ver·worked** /ðuvərwə́ːrkt オウヴァワークト/ 動 → overwork. ——形 働きすぎた; 過度に用いた.

**o·ver·wrought** /ðuvərɔ́ːt オウヴァロート/ 動 → overwork. ——形 《正式》興奮しすぎた.

**o·vule** /óuvjuːl アヴュール, ou- | ɔ́- オヴュール/ 名 ⓒ 〖植〗胚珠 (ﾊｲｼｭ) (図 → flower); 〖生物〗受精していない卵.

**o·vum** /óuvəm オウヴァム/ 名 (複 **o·va**/-və/) ⓒ 〖生物〗卵, 卵子.

**ow** /áu アウ, úː/ 間 うう, 痛いっ(cf. ouch).

*****owe** /óu オウ/《同音》O, oh)〖「所有する(own)」が原義〗
——動 (三単現 ~s/-z/; 過去・過分 ~d/-d/; 現分 ow·ing)
——他《◆進行形にしない》**1** [owe **A B** (for …) / owe **B to A** (for …)] **A**〈人·店など〉に〈物の〉**B**〈金·代金〉を借りている《◆このほか[owe **A** for …] [owe **B** for …] も用いられる》‖
I **owe** $5 **to** my brother. ＝I **owe** my brother $5. 兄に5ドル借りている.
How much do I **owe** you **for** this ticket? このチケット代はいくらですか.
I still **owe** three hundred thousand yen **for** [on] my car. まだ自動車の支払いが30万円残っている.
[対話]"What's this money fòr?(↗)" "I

**owe** you two thousand yen **for** last month's dinner." 「このお金はなんだい」「先月の夕食代に2千円借りてたじゃないか」.
**2** [owe **B to A**] **B**〈事〉に関して **A**〈人·事〉のおかげをこうむる ‖
I **owe** my success **to** you. 私が成功したのはあなたのおかげです《◆*I **owe** you my success. とはいわない》.
I **owe** what I am **to** you. 今日(ｺﾝﾆﾁ)の私があるのはあなたのおかげです.
You **owe** it **to** your friends **that** you have been able to redeem your honor. 君が名誉を回復できたのは友人たちのおかげです.
**3** [owe **B to A** / owe **A B**]《正式》〈義務など〉を **A**〈人〉に対して負っている; [owe **A B**] **A**〈人〉に **B**〈ある感情〉を抱いている ‖
I **owe** him gratitude. 彼に感謝している.
We **owe** allegiance **to** the king. 我々は王に忠誠を尽くさなければならない.
——自 借金がある ‖
I still **owe for** my car. まだ自動車の代金が残っている.

*****ow·ing** /óuiŋ オウイング/〖負う(owe)ている(ing)〗
——動 → owe.
——形《正式》[叙述的として]〈金が〉借りとなっている, 未払いの ‖
How much is **owing to** you? 君にいくら借りがあるのか.
There is £3 **owing (to** me). 未払いが3ポンドある.
◇**ówing to A**[副詞的に] …のために ‖ They arrived late **owing to** the rain. 彼らは雨のために遅れて着いた《◆補語としては用いられない: Their late arrival was due to [×**owing to**] the rain. 彼らの到着が遅れたのは雨のせいだ》.

[Q&A] **Q**: 上の They arrived late *owing to* the rain. で, owing to の代わりに on account of, because of, due to を使ってもいいですか.
**A**: 意味はだいたい同じですが, 使われ方が異なります. owing to は一般的ですが, on account of はやや文語的, because of は口語的, due to はアメリカ口語的ということになります. 日常語としては because of が最もふつうでしょう.

**owl** /ául アウル/《発音注意》《◆×オウル》名 ⓒ フクロウ《鳴き声は hoot, 子は owlet. 不気味な情景·死の世界·英知などを連想させる》‖
**(as) thoughtful as an owl** フクロウのように思慮に富んで.
**like an owl in an ivybush** (酔ったように)目がとろんとして.
**take owl** 立腹する.

******own** /óun オウン/〖「所有された」が原義〗
⊕ owner (名)
——形 **1** [名詞の前で] [所有格(代)名詞のあとで]

**a** [所有] 自分自身の, それ自身の ‖
The boy has his own car. その少年は自分の車を持っています(=The boy has a car of his own.).
He is his own man [master]. 彼は独立している.

**b** [自主性] 独自の, 自分自身でする ‖
She lives in an apartment of her own choice. 彼女は自分の好みに合ったアパートに住んでいる.
She makes all her own clothes. 彼女は自分の服は全部自分で縫う.
Do your own thing. (他人のことをかまっていないで)自分自身のことをせよ《1960年代のヒッピー文化から生まれた言葉》.

**c** [特異性] 独特な, 特有の ‖
It was his own idea. それは彼独特の考えだった.
in one's own way 独特のやり方で.

**2** [名詞的に] 自分自身のもの ‖
This house is my own [mine]. この家は私のものです.

**áll** one's **ówn** 独特の ‖ It has a value **all its own**. それはそれなりの価値がある.
(**áll**) **on** one's **ówn** (略式) (1) ひとりで, 単独で ‖ She lives (all) on her own. 彼女はひとりで暮らしている. (2) 自力で, 独力で ‖ Can you finish the work on your own? その仕事をあなただけで仕上げられますか. (3) りっぱな, すぐれた, 顕著な.

**cóme into** one's **ówn** (1) 〈財産などが〉手に入る, 自分のものとなる. (2) 〈人・物が〉名声[地位]を得る; 真価を認められる; 実力を発揮する.

**for** one's (**véry**) **ówn** ひとり占めして.

**gèt** [**háve**] one's **ówn báck** (略式) 仕返しをする, 復讐(ふく)する.

**hòld** one's **ówn** (1) 屈しない, 負けない. (2)〈病人が〉力を保つ, 頑張る.

○**of** one's **ówn** 自分自身の ‖ He has no car of his own. 彼は自分の車を持っていない.

——[動] [三単現] ~s/-z/; [過去・過分] ~ed/-d/; [現分] ~·ing
——[他] **1** …を所有する, …の所有権を持つ《◆have より堅い語. cf. possess. 進行形にしない》‖
Who owns [˟is owing] this house? この家はだれのものですか.
**2** …を自分のものと認める; …を我が子と認める.
**3** 《正式》…を認める; [own A (to be [as]) C / own (that) 節/ own if 節] A〈人・物〉が C だと認める[告白する]‖
own one's guilt 罪を認める.
I must own myself (as [to be]) wrong. = I must own (that) I am wrong. 自分が間違っていることを認めなければならない.

——[自] 《正式》白状する, 認める ‖
He owned (up) to having stolen the money from the safe. 彼は金庫から金を盗んだことをいさぎよく白状した.

**ówn góal** [サッカー] オウンゴール.

**–owned** /-óund -オウンド/ [運結形] …が所有している.
例: a state-**owned** company 国有会社.

\***own·er** /óunər オウナ/ [→ own]
——[名] (複) ~s/-z/) ⒸⒶ 所有者, 持ち主; 発注者 ‖
She is the **owner** of this house. 彼女がこの家の持ち主です.

**own·er·ship** /óunərʃip オウナシプ/ [名] Ⓤ 所有者であること; 所有; 所有権 ‖
claim **ownership** of the painting その絵の所有権を主張する.

\***ox** /áks アクス | 5ks オクス/ 『「動物の雄」が原義』
——[名] (複) ox·en/áksən | 5ksn/) 雄牛, (特に食用・荷役用の)去勢雄牛; ウシ《◆動物学的な総称. 水牛・野牛などを含む. 鳴き声は bellow, low, 子は calf. → cow》.

Q&A Q: なぜ oxen のように複数形に -en をつけるのですか.
A: 昔, -en をつけて複数形を作った名残りなのです. ほかに child**ren** などがあります.

**Ox·ford** /áksfərd アクスファド | 5ks- オクス-/ [名] オックスフォード《イングランド南部, ロンドン北西部の都市. Oxford University がある》.
**Óxford blúe** 暗青色.
**Óxford Univèrsity** オックスフォード大学《12世紀創立の英国最古の大学》.

**ox·ide** /áksaid アクサイド | 5ks- オクサイド/ [名] ⒶⒸ 〔化学〕酸化物.

**ox·i·dize** /áksidàiz アクスィダイズ | 5ksi- オクスィ-/ [動] [現分] ~·diz·ing) [他] …を酸化させる, さびさせる.
——[自] 酸化する, さびる.

\***ox·y·gen** /áksidʒən アクスィチェン | 5ksidʒən オクスィチェン/ 『酸(oxy)を作り出すもの(gen)』
——[名] Ⓤ 〔化学〕酸素《記号 O》.
**oxygen-deficient air** 酸欠空気《酸素含有量18%以下》.
**óxygen màsk** 酸素マスク.
**óxygen tènt** 酸素テント, 酸素吸入装置.

**oys·ter** /óistər オイスタ/ [名] Ⓒ 〔貝類〕カキ《◆月の名に 'r' のつく月(September から April まで)が最も美味なシーズンとされる》‖
(as) close as an **oyster** カキのように口が固い, 秘密を漏らさない.
**óyster bàr** カキ料理店.
**óyster bèd [bànk, fàrm]** カキ養殖場.
**óyster cùlture [fàrming]** カキ養殖.

**oz, oz.** /áuns アウンス/ =ounce.

**o·zone** /óuzoun オウゾウン, -/ [名] Ⓤ **1** 〔化学〕オゾン; (略式) (海岸での)新鮮でさわやかな空気(fresh air). **2** 気分を引き立てるもの.
**ózone hóle** オゾンホール《南極大陸の上空でオゾン濃度が極端に減少する現象》.
**ózone láyer** [the ~] オゾン層.

**o·zone-friend·ly** /óuzounfrèndli オウゾウンフレンドリ/ [形] オゾン層にやさしい, オゾン層を破壊しない.

**o·zo·no·sphere** /ouzóunəsfiər オウゾウナスフィア/ [名] [the ~] オゾン層.

# P

**\*p, P** /píː ピー/ 名 (複 p's, ps; P's, Ps /-z/) **1** © Ⓤ 英語アルファベットの第16字. **2** → a, A **2**. **3** © Ⓤ 第16番目(のもの).

**pa** /páː パー/ (同音 par; 類音 per/pər/) 《papa の短縮語》名 © 《略式・やや古》とうさん, とうちゃん(cf. ma) 《◆ 呼びかけにも用いる》.

**Pa** (記号) Pascal.

**Pa.** (略) Pennsylvania.

**PA** (略) (郵便) Pennsylvania.

**\*pace** /péis ペイス/ 〖「歩幅」が原義〗

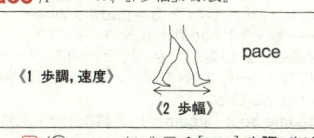

《1 步調, 速度》 pace 《2 步幅》

——名 (複 pac·es/-iz/) © **1** [a ~] 步調, 歩速, 速度, ペース ‖
at a slow **pace** ゆっくりした速度で.
at a **pace** of four miles an hour 時速4マイルの速さで.
at one's own **pace** 自分自身の速さで; マイペースで.
対話 "Slow down! I can't keep up with you." "But this is my normal walking **pace**." 「ゆっくり歩いてよ. ついてゆけないよ」「でもこれがぼくのふつうに歩く速さなんだ」.
**2** 《正式》1歩; 歩幅(stride) ‖
take a **pace** forward 1歩前進する.
A man's **pace** is about 2.5 feet. 成人男性の歩幅は約 2.5 フィートである.
**3** [通例 a ~ / the ~] (人の)歩き方; (馬の)歩態; 側対歩《馬が同じ側の足を同時に上げ下ろして進む歩法》. → gait 名 **2**.
**kèep páce with** A (1) A〈進歩など〉に遅れないでついて行く. (2) A〈人・車など〉と同じ速度で行く.

——動 (現分 pac·ing) ⑥ **1** …をゆっくり歩く; …を行ったり来たりする 《◆ いらだち・不安などを表す》.
**2** …を歩測する ‖
**pace** out the distance between the trees 木の間の距離を歩測する.
**3** 〈走者など〉に(前を走って)歩調を示す; 〈こぎ手〉を整調する.
——自 《正式》歩調正しく歩く, 歩き回る; 行ったり来たりする.

**pace·mak·er** /péismèikər ペイスメイカ/ 名 © **1** (先頭に立って)速度を決める走者[馬, 自動車]. **2** 〖医学〗ペースメーカー; 〖解剖〗心臓の収縮を調整する組織.

**pa·cif·ic** /pəsífik パスィフィク/ 形 **1** 《正式》平和を好む, 好戦的でない; 平和な, 泰平(なに)な. **2** おだやかな; 静かな; 温和な, おとなしい.

**\*Pa·cif·ic** /pəsífik パスィフィク/ 《アクセント注意》〖「平穏な」が原義〗
——形 太平洋の, 太平洋沿岸の ‖
the **Pacific** countries 太平洋沿岸諸国.
——名 [the ~] Pacific Ocean.

**Pacífic Ócean** [the ~] 太平洋.

**Pacífic (Stándard) Tíme** 太平洋標準時(略 P(S)T).

**pa·cif·i·cal·ly** /pəsífikəli パスィフィカリ/ 副 平和的に; おだやかに.

**pac·i·fi·er** /pǽsəfàiər パスィファイア/ 名 © **1** なだめる人[物, 事], 調停者. **2** 《米》(赤ん坊の)おしゃぶり.

**pac·i·fism** /pǽsəfizm パスィフィズム/ 名 Ⓤ 平和論, 平和主義; 戦争反対; 参戦拒否.

**pac·i·fist** /pǽsəfist パスィフィスト/ 名 © 平和主義者.

**pac·i·fy** /pǽsəfài パスィファイ/ 動 (三単現 ‑i·fies /-z/; 過去・過分 ‑i·fied/-d/) 他 《正式》**1** …を平和な状態に; 平定する. **2** 〈興奮・怒りなど〉を静める, なだめる.

**\*pack** /pǽk パク/ 〖「詰める」が原義. cf. package, packet〗

——名 (複 ~s/-s/) © **1** (背中に負う)包み, 荷物, 束 《◆ 牛乳容器などの紙パックは carton》; 《豪》リュックサック; 荷造り, 包装法 ‖
with a **pack** on one's back 荷物を背負って.
**2** 《主に米》(標準量の)1箱, 1包み《《英》packet》; トランプの1組 ‖
a new **pack** of cards 新しいトランプ1組.
**3** (悪人たちの)一味; (一般に)グループ; (猟犬・オオカミの)一群(→ flock).
**4** [a ~ of A] 多数の…, 多量の… ‖
a **pack** of lies 全くのうそ八百.
a man with **packs** of courage たいへん勇気のある男.
**5** パック《量目の単位. 羊毛は240ポンド, 亜麻糸は6万ヤード, 金箔(きんぱく)は500枚》.

——動 (三単現 ~s/-s/; 過去・過分 ~ed/-t/; 現分 ~·ing)
——他 **1** …を荷造りする, 梱包(こんぽう)する; [**pack** A in [into] B / **pack** B with A] A〈物・人〉を B〈容器など〉に詰め込む(+up)(↔ unpack); [**pack** A B / **pack** B for A] A〈人〉のために B〈物〉を詰めてやる; [be ~ed] 満員になる ‖
**pack** fish in cans 魚を缶詰めにする.
The stadium was **packed** with excited spectators. 野球場は興奮した観客でいっぱいだっ

た.
I'll **pack** you a few sandwiches **for** lunch. ランチ用にサンドイッチを詰めてあげるよ.

対話 "Are you all ready for your trip yet?" "We still have to **pack** everything except some clothes." 「もう旅行の準備はすっかり整いましたか」「一部の衣類を除いてまだ全部荷造りをしなければなりません」.

**2** 〈継ぎ目〉に詰め物[パッキング]を当てる.
——圓 **1** 荷造りする; 収納できる ‖
Have you finished **packing**? 荷造りは終わりましたか.
These things **pack** easily. これらの物は簡単に梱包できる.
**2** 群がる.

***páck ín*** (1) [自] 群がる, 押し寄せる. (2) 〔略式〕 [他] …を押し込む.
***páck óff*** 〔略式〕[他] …を追い立てる.
***sénd*** A ***pácking*** 〔略式〕…をさっさと追い払う, …をさっさと解雇する.

\*pack·age /pǽkidʒ パキヂ/ 〚→ pack〛
——名 (複 ~·ag·es/-iz/) ⓒ **1** 〔米〕包み, 小包, 束, 荷物((主に英) parcel); 包装した商品((英) packet) ‖
a **package** of cigarettes タバコ1箱.
**2** 包装紙; 包装用容器.
——動 (現分 ~·ag·ing) 他 **1** …を包装する; …を詰める. **2** 〔米〕…をひとまとめにする.

**páckage déal** [**òffer**] 〔略式〕一括取引(商品).
**páckage tóur** 〔略式〕(旅行会社の)パック旅行.
**páckage vacátion** [**hóliday**] (旅行会社が企画する)費用一切込みの休日旅行.

**packed** /pǽkt パクト/ 動 → pack. ——形 すし詰めの.
**pack·er** /pǽkər パカ/ 名 ⓒ **1** 荷造りする人, 荷造り業者; 荷造り機. **2** 〔米〕[通例 ~s] 食料品包装出荷業者.

**pack·et** /pǽkət パケト/ 名 ⓒ **1a** 小包((主に米)pack); 小荷物, 小さな束 ‖
a **packet** of envelopes 1束の封筒.
**b** 〔英〕包装した商品(package).
**2** 〔米〕(説明用などの)書類一式 ‖
a training **packet** 訓練用マニュアル.
**3** 〔略式〕[a ~] 大金, 多額のお金; 給料袋 ‖
make a **packet** 相当な金をもうける.
**4** =packet boat.

**pácket bòat** 定期船; 郵便船(packet).
**pack·ing** /pǽkiŋ パキング/ 動 → pack.
——名 Ⓤ **1** 荷造り, 包装; 荷造り材料《紙・ひもなど》‖
do one's **packing** 荷造りする.
**2** (品物を傷つけないための) 包装用詰め物; 〔機械〕(気体・液体の漏れを防ぐ)パッキング.

**pácking cáse** 荷造り用木枠(㍻).
**pact** /pǽkt パクト/ 名 ⓒ 約束; 協定, 条約《新聞・雑誌の見出しでは treaty, agreement より好んで用いられる》.
**pad**[1] /pǽd パド/ 名 ⓒ **1** 詰め物, 当て物; ひざ当て(knee pad), すね当て, 肩あて. **2** スタンプ台; インクの吸い取りスポンジ. **3** はぎ取り式ノート.
——動 (過去・過分 pad·ded/-id/; 現分 pad·ding) 他 …に詰め物をする, 当て物をする ‖
**pad** a chair いすのクッションをよくする.
**pad** a suit for football フットボール用に服に当て物をする.

**pad**[2] /pǽd パド/ 動 (過去・過分 pad·ded/-id/; 現分 pad·ding) 自 とぼとぼと歩く.

**pad·ding** /pǽdiŋ パディング/ 動 → pad[1,2].
——名 Ⓤ **1** 詰めること; 当て物, パッド. **2** 余計な言葉, つけ足し.

**pad·dle**[1] /pǽdl パドル/ 〚類語 puddle/pʌ́dl/〛 名 ⓒ **1a** (カヌー(canoe)用の短い幅広の)かい(櫂) 《◆こぎ船(rowboat)用は oar》‖
a double **paddle** 両端に扁平部のあるかい.
**b** [通例 a ~] かいでこぐこと; ひとこぎ.
**2** かい形のもの 《外輪船の水かき板・カメのひれ足・卓球のラケット・信号腕など》. **3** =paddle wheel.
——動 (現分 pad·dling) 他 **1** …をかいでこぐ, こいで進める. **2** 〔米式〕…を(平手などで体罰として)たたく, 打つ. ——自 **1** かいでこぐ, こいで進む. **2** (平手などで体罰として)たたく, 打つ.

**páddle bòat** [**stèamer**] (外輪の付いた)蒸気船.
**páddle bòx** 外輪の上部おおい.
**páddle whèel** (汽船の)外輪(paddle).
**páddle whèeler** 外輪船.
**pad·dle**[2] /pǽdl パドル/ 動 (現分 pad·dling) 自 **1** (主に英)(浅瀬で手・足を)ばしゃばしゃする, (浅瀬を)ばしゃばしゃ歩く. **2** よちよち歩きをする.
**páddling pòol** (英) (公園などの子供用の)浅いプール.

**pad·dock** /pǽdək パドク/ 名 ⓒ **1** (馬小屋近くの)小放牧地; 〔豪〕牧草地. **2** (競馬・カーレースの)パドック.
**pad·dy** /pǽdi パディ/ 名 (複 pad·dies/-z/) **1** Ⓤ 籾(㍻)つきの米; 精米前の米. **2** ⓒ =paddy field.
**páddy fíeld** 水田 《◆ rice field ともいう》.
**pad·lock** /pǽdlɑ̀k パドラク/-lɔ̀k -ロク/ 名 ⓒ 南京(㍻)錠. ——動 他 (…に)南京錠をかける.
**pa·gan** /péigən ペイガン/ 名 ⓒ 異端者, 異教徒.
——形 異教徒の; 不信者の.

\***page**[1] /péidʒ ペイヂ/ 〚「パピルスの葉を縛る」が原義〛
——名 (複 pag·es/-iz/) ⓒ **1** (本の)ページ; (新聞の)欄 ‖
the sports **page(s)** スポーツ欄.
**páge by páge** 1ページずつ.
**down to** [**as far as,** \***until**] **page 5** 5ページまで《◆ \*the page 5 とはいわない》.
Open your books **to** [(英) **at**] **page** 30. 本の(第)30ページを開きなさい《◆Turn to [See] *page* 30. ともいう》.
There is a picture of the flower **on** [(英) **at**] **page** 10. その花の写真が10ページに出ている.

Q&A **Q**:「30ページから31ページまで」は pp.30-

31 と書きますがどう読むのですか.
*A*: pages thirty to thirty-one と読めます. また p.30f. とも書きますが, これは page thirty following と読めます.

**2** (人生の) 挿話 ; 〖文〗 (記録に価する歴史的な) 事件, 時期 ‖
It is a bright **page** of her life. それは彼女の生涯の輝かしい出来事である.
**3** 〖コンピュータ〗 メモリーの1区画.
*take a páge from the bóok* 真似をする.

**page**[2] /péidʒ ペイヂ/ 名 © (ホテル・クラブなどの)ボーイ, 給仕 ; (結婚式で) 花嫁に付き添う男の子 ((米) bellboy) ; 《米》 国会議員付添人 《中世に名門の子弟が修業のため貴人に仕えたことから》.
—— 動 〖現分〗 pag·ing/他 …の名前を(拡声器で)呼んで捜す ‖
Paging Mr. Smith. Please come to the front desk. 《呼び出し放送》 スミス様にお呼び出し申し上げます. フロントまでお越しくださいませ 《◆I am *paging* Mr. Smith. の略》.

**pag·eant** /pǽdʒənt パチェント/ (発音注意) 《◆ × ページェント》 名 © (歴史的事件が扱われる)野外劇, ページェント ; (歴史的場面を見せる)行列, 山車(だし).

**pag·eant·ry** /pǽdʒəntri パチャントリ/ 名 Ⓤ 〖正式〗 [集合名詞] 野外劇.

**page-boy** /péidʒbɔ̀i ペイヂボイ/ 名 © (ホテル・クラブなどの)給仕, ボーイ ((PC) page).

**pag·er** /péidʒər ペイヂャ/ 名 © **1** 〖コンピュータ〗 ページャー 《大きなデータを1画面ずつ表示させるプログラム》.
**2** ポケッ(ッ)トベル (beeper) 《◆ × pocket bell とはいわない》.

**pa·go·da** /pəɡóudə パゴウダ/ 名 © パゴダ, (東洋風の)塔.

**paid** /péid ペイド/ 動 → pay.
—— 形 **1** 有給の ; 雇われた ‖
a **paid** worker 賃金労働者.
**2** 支払い済みの (( 略 ) pd.).
**3** 現金化された.

**pail** /péil ペイル/ (同音 pale) 名 © 《主に米》 バケツ, 手おけ ‖
a **pail** of water バケツ1杯の水.

*****pain** /péin ペイン/ (同音 pane) 〖「刑罰, 罰金」が原義. cf. *pen*alty〗 painful (形)
—— 名 (複 ~s/-z/) **1** Ⓤ (肉体的な) 苦痛, 苦しみ ; © (体の特定の箇所の)痛み 《◆ache は長い鈍(にぶ)痛》 ‖
cry with [in] **pain** 苦痛の叫び声をあげる.
I have [feel] a **pain** in my stomach. 胃が痛む.

> [Q&A] *Q*: 「頭が痛い」「腹が痛い」は I have a pain in my head. / ... in my stomach. のほかにどのように言えますか.
> *A*: I have a headache [stomachache]. / My head [stomach] hurts (me). / My head [stomach] aches. と言えばいいでしょう.
> 「痛い!」は Ouch! あるいは How it hurts (me)! と言います.

**2** Ⓤ (精神的な)苦痛, 苦悩, 心痛, 悲嘆 ; [a ~] 苦痛の種, 悩みの種 《◆*a pain in the neck* ともいう》 ‖
the **pain** of war 戦争の苦しみ.
[対話] "Is he making trouble again?" "I'm afraid so. He's a real **pain in the neck**." 「あいつまたやっかいなことを引き起こしたのか」「どうやらそのようです. あの人は本当に困った人です」.
**3** (正式) [~s ; 複数扱い] (入念な) 骨折り, 努力, 苦労 ‖
with great [much] **pains** たいへん骨折って.
be at **pains** to decorate the room well 部屋をうまく飾ろうと骨を折る.
She takes **pains** with her appearance. 彼女は服装にずいぶん気を使う.
**4** [~s] 産みの苦しみ, 陣痛.
*for one's páins* (正式) 骨折り賃として 《◆しばしば受身形の後で》.
*gò to páins* = *tàke páins* 努力する ; 精を出す.
—— 動他 **1** …に痛みを与える ‖
My knee **pains** me. ひざが痛い 《◆My knee is giving me a pain. / My knee is aching. ほぼ同》.
**2** (文) [通例 it pains A to do] (…することが)A〈人〉を苦しめる, 悩ます, 悲しませる.

**páin clìnic** ペインクリニック, 苦痛緩和専門病院.

**pained** /péind ペインド/ 形 **1** 〈表情が〉痛そうな, 苦しそうな. **2** 〈人が〉悲しい ; 不愉快な, 感情を傷つけられた, 立腹した.

***pain·ful** /péinfl ペインフル/ 〖→ pain〗
—— 形 (比較 more ~, 最上 most ~) [他動詞的に] **1** 〈傷・からだの部位が〉痛い ; 痛みを伴う (↔ painless) 《◆ sore よりも堅い語》 ; 骨の折れる, 困難な ‖
a **painful** injury 痛む傷.
**2** 〈物・事が〉苦しい, 苦しみを与える ; 痛ましい, 悲惨な ; 退屈な ‖
a **painful** experience 苦しい経験.

**pain·ful·ly** /péinfli ペインフリ/ 副 痛そうに ; 苦しげに ; 痛ましく ; (略式) (残念ながら)たいへん, ひどく.

**pain·kill·er** /péinkìlər ペインキラ/ 名 © (略式) 鎮痛剤, 痛み止め ; 苦痛を除いてくれるもの.

**pain·less** /péinləs ペインレス/ 形 **1** 痛みのない, 苦痛のない. **2** (略式) 簡単にできる, 努力を要しない.

**pains·tak·ing** /péinztèikiŋ ペインズテイキング/ 形 念入りな, 丹精込めた, 勤勉な.

******paint** /péint ペイント/ 〖「塗る」が本義〗
派 painter (名), painting (名)
—— 名 (複 ~s/péints/) Ⓤ ペンキ 《◆「ペンキ」はオランダ語から》, 塗料 ; [~s ; 複数扱い] 絵の具 ‖
a box of **paints** 1箱の絵の具.
give the wall a coat of **paint** 壁にペンキを1回塗る.
Wet [(英) Fresh] **Paint**! (掲示) ペンキ塗りたて.

**paintbox**

― 動 (三単現) ~s /péints/ ; (過去・過分) ~ed /-id/ ; (現分) ~ing)

― 他 **1** …にペンキを塗る; [paint A C] A〈壁など〉を C〈ある色〉に塗る ‖
paint the house white 家を白色に塗る.

**2** …を絵の具で描く ‖
paint a picture in watercolors 水彩画を描く.
She painted (a picture of) her father. 彼女は父の絵を描いた.

**3** …を(言葉で)いきいきと表現する ‖
paint one's experiences 体験を生々しく描写する.

― 自 ペンキを塗る; 絵を描く.

**paint・box** /péintbɑ̀ks ペイントバクス|-bɔ̀ks -ボクス/ 名 (複 ~・es/-iz/) C 絵の具箱.

**paint・brush** /péintbrʌ̀ʃ ペイントブラシュ/ 名 (複 ~・es/-iz/) C ペンキ用のはけ; 絵筆.

\***paint・er** /péintər ペインタ/ 【→ paint】
― 名 (複 ~s/-z/) C **1** 画家《♦ふつう「油絵画家」を表す.「水彩画家」は watercolor *painter*》.
**2** ペンキ屋, 塗装工. **3** 絵を描く人, ペンキを塗る人.

\***paint・ing** /péintiŋ ペインティング/ 【→ paint】
― 動 → paint.
― 名 (複 ~s/-z/) **1** U (絵の具で)絵を描くこと, 画法; ペンキを塗ること, 塗装, 彩色.
**2** C 絵 ‖
a painting in oils 油絵.

関連 drawing (鉛筆・ペンなどによる線画・デッサンなどの)絵 / sketch 写生図, 略図 / engraving 版画.

\***pair** /péər ペア/ (同音 pare, pear)【「等しい」が原義】
― 名 (複 ~s/-z/, (方言) pair) C **1**〈靴・手袋など2つからなるもの〉1対; 1組, 〈ズボン・はさみなど2つの部分からなるもの〉1着, 1丁, 1個(→ couple 名 **1**)‖
a pair of trousers ズボン1着.
a nice pair of shoes すてきな靴1足.
two pairs of scissors はさみ2丁.

対話 "What did you get at the store?" "Just a pair of gloves." 「あの店で何を買ったのですか」「手袋を1つ買っただけです」.

Q&A **Q**: a *pair* of trousers は単数・複数のどちらの動詞で受けるのですか.
**A**: pair はズボンのように2つの部分からなるものを1つの単位として扱うので a pair に一致させて常に単数の動詞で受けます. **2** の意では複数扱いの方がふつうです.

**2** (略式) [集合名詞; 単数・複数扱い] 1組の男女, 夫婦, 婚約者同士; (動物の)1つがい; (組になった)2人, 2頭, 2匹 ‖
a pair of robbers 2人組強盗.
The happy pair are [is] going to Hawaii for their honeymoon. 新婚夫婦はハワイへ新婚旅行する予定です.

**3**【トランプ】同じ札2枚 ‖
a pair of queens クイーン2枚.

**4**(対になった物の)片方 ‖
I can't find a pair to this shoe. この靴の片方が見つからない.

*in pairs* 2つ[2人]1組になって.

― 他 〈靴など〉を1組[1対]にする; …を組み合わせる ‖
I was paired with him in the badminton match. バドミントンの試合で彼とペアを組んだ.

― 自 1組[1対]になる.

**pais・ley** /péizli ペイズリ/ 【スコットランドの原産地名から】[しばしば P~] 名 U ペイズリー模様《曲玉(まがたま)形の模様》, ペイズリー模様 [織]. ― 形 ペイズリー模様 [織].

**pa・ja・ma**, (英) py・-/pədʒɑ́:mə パチャーマ, (米+) -dʒǽ-/ 【「ズボン」が原義】 名 [~s; 複数扱い] **1** パジャマ ‖
a pair of pajamas パジャマ1着《♦この場合は単数扱い》.
pajama pants パジャマのズボン.

**2**(インド・パキスタンなどの男女がはく)ゆるいズボン.

**Pa・ki・stan** /pǽkistæ̀n パキスタン|pɑ̀:kistɑ́:n パーキスターン/ 名 パキスタン《公式名 the Islamic Republic of Pakistan》.

**Pa・ki・stan・i** /pæ̀kistǽni パキスタニ, pɑ̀:kistɑ́:ni/ 名 C 形 パキスタンの; パキスタン人(の).

**pal** /pǽl パル/ (類音 pearl/pə́:rl/) 名 C (略式) **1**(ふつう男同士の)友だち, 仲間 ‖
a pen pal 《主に米》ペンフレンド《♦この場合は男女を問わない.《英》a penfriend》.

**2** (主に米) [(ふつう見知らぬ人への)呼びかけで] おい, 君.

\***pal・ace** /pǽləs パラス/ 【「パラティヌスの丘(the Palatine)(初代ローマ皇帝の宮殿があった)」が原義】
― 名 (複 ~ac・es/-iz/) C **1** [しばしば P~; 固有名詞の一部として] 宮殿, (英) (主教・高官などの)公邸, 官邸 ‖
Buckingham Palace バッキンガム宮殿.

**2** 大邸宅; (娯楽などのための)豪華な建物 ‖
a movie palace 大映画館.
**pálace guàrd** 近衛; 親衛隊.

**pal・at・a・ble** /pǽlətəbl パラタブル/ 形 (正式) 味のよい, 口に合う; 快い, 楽しい.

**pal・ate** /pǽlət パラト/ 名 **1** C 〖解剖〗口蓋(こうがい)《口の中の天井部分》. **2** U C [通例 a ~ / the ~] 味覚.

**pa・la・tial** /pəléiʃl パレイシュル/ 形 (正式) 宮殿のような.

\***pale** /péil ペイル/ (同音 pail) 【「青白い」が原義. cf. *pallid*】
― 形 (比較 pal・er, 最上 pal・est) **1** 青白い, 青

paisley

ざめた ‖
She turned [went, \*got, \*became] pale with fear. 彼女は怖くて真っ青になった.
You look pale. 顔色が悪いですよ.

> Q&A Q: 第1例の「真っ青になった」を turned blue としてはいけないのですか.
> A: turned white とはいいますが turned blue とはいえません. blue は「ゆううつな, 陰気な」の意味で feel blue (気がふさいでいる) のように用いたり, His face was blue with cold. (彼は寒さで青くなった) のようにいいます. また green もだめです. She was green with envy. (彼女はしっとで青がっている) のように用います.

**2** 薄い, 淡い(↔ deep); 薄暗い, おぼろな(↔ bright) ‖
a pale blue 淡青色.
a pale moon おぼろ月.

**pa·le·on·tol·o·gy** /pèliɑntáləʤi | pæliɔntɔ́lə-/ パリオンŀロチ | パリオンŀロチ/ 图 ⓤ 古生物学.
**pà·le·on·tól·o·gist** /-ʤist/ 图 古生物学者.

**Pal·es·tine** /pǽləstàin/ パレスタイン/ 图 パレスチナ《地中海東沿岸の地域. ユダヤ教・キリスト教・イスラム教の聖地エルサレムがある. 1948年のユダヤ人国家イスラエルの建国以来紛争が絶えない》.

**Pal·es·tin·i·an** /pæləstíniən/ パレスティニアン/ 形 图 ⓒ パレスチナ(人)の; パレスチナ人.

**pal·ette** /pǽlət/ パレット/ 图 ⓒ **1**(絵画用の)パレット. **2** ひとそろいの絵の具.
**pálette knife** 絵の具をまぜるナイフ, 調理用ナイフ.

**pal·ing** /péiliŋ/ ペイリング/ 图 ⓤ くいをめぐらすこと; [集合名詞]くい; [~s] (くいをめぐらした)柵(さく).

**pal·i·sade** /pæləséid/ パリセイド/ 图 ⓒ《正式》**1**とがりくいの垣[柵]; 鉄製の手すり[欄干(らんかん)](fence). **2**〔歴史〕矢来(やらい), 柵. **3**《米》[~s](川岸, 海岸の)絶壁.

**pall** /pɔ́:l/ ポール/ 〔類音〕pole/póul/ 图 ⓒ《正式》**1** 棺衣(かんい);《米》(死体の入った)ひつぎ, 棺.
**2** [a ~; 比喩的に] 幕(まく), とばり ‖
a pall of darkness 暗い夜のとばり.
cast a pall on [over] the event 事件に暗いかげを落とす.

**pal·let** /pǽlət/ パレット/ 图 ⓒ **1** (フォークリフト用)パレット, 荷運び台. **2** (そまつな仮の)ベッド.

**pal·lid** /pǽlid/ パリド/ 形《正式》(病弱・疲労などで)青白い; 《色が》淡い.

**pal·lor** /pǽlər/ パラ/ 〔類音〕parlo(u)r /pɑ́:rlər/ 图 ⓤ [しばしば a ~] 青白さ, 蒼白(そうはく).

\***palm**[1] /pɑ́:m/ パーム,《米+》pɑ́:lm/《発音注意》《◆ lは発音しない》(→ should Q&A)
— 图 (複) ~s/-z/) ⓒ **1 手のひら**, たなごころ;(手袋の)手のひら ‖
run one's palm over one's eyes 目の前で手のひらを動かす《◆ 見たくない[信じたくない]気持ちの表現》.
read one's palm 手相を見る.
place one's palm across one's throat 下

run one's palm over one's eyes
place one's palm across one's throat

に向けた手のひらをのどに当てる《◆ 満腹のしぐさ. このしぐさでぐいと横に引くと「もうだめだ, 殺される, やられる」という恐怖, あるいは「殺すぞ」という脅迫のしぐさになる》.

対話 "How do you know he was lying?" "Didn't you see the palms of his hands? They were all sweaty."「彼がうそをついていたってどうしてわかるの」「彼女の手のひらを見なかったのかい. 汗が一面ににじんでいたよ」.

**pálm réader** 手相見.

**palm**[2] /pɑ́:m/ パーム/ 图 ⓒ **1** =palm tree. **2** = palm branch.

**Pálm Béach** パームビーチ《米国 Florida 州南東部の観光地》.

**pálm bránch** ヤシの枝葉(palm); ヤシの葉(palm leaf)《帽子・かご・扇用》.

**Pálm Súnday**〔聖書〕シュロの聖日[主日]《Easter 直前の日曜日》.

**pálm trée** ヤシ, シュロ(の木)(palm)《◆(亜)熱帯に自生する多年生植物. 《英》では willow をも palm と呼ぶ》.

**palm·top** /pɑ́:mtɑp | pɑ́:mtɔp/ パームタプ | パームトプ/ 图 ⓒ〔コンピュータ〕パームトップ《手のひらサイズの小型コンピュータ》.

**pal·pa·ble** /pǽlpəbl/ パルパブル/ 形《正式》明白な, 簡単にわかる.

**pal·pi·ta·tion** /pæ̀lpitéiʃən/ パルピテイション/ 图 [しばしば ~s] 動悸(どうき), 震え.

**pal·try** /pɔ́:ltri/ ポールトリ/ 形〔比較〕--tri·er, 〔最上〕--tri·est〕**1** つまらない.
**2** 卑劣な, 軽蔑(けいべつ)すべき.

**pam·pas** /pǽmpəs/ パンパス,《米》-pəz/ 图 [the ~; 単数扱い] パンパス《南米, 特にアルゼンチンの大草原》.

**pam·per** /pǽmpər/ パンパ/ 動 他 …を甘やかす.

\***pam·phlet** /pǽmflət/ パムフレト/《中世のラテン詩の愛称》
— 图 (複 ~s/-flits/) ⓒ **1** パンフレット, (仮とじの)小冊子(booklet)《◆写真やイラスト入りの宣伝用のものは brochure, 1枚刷りのものは leaflet》.
**2** (時事問題の)小論文, 論説.

**pam·phlet·eer** /pæ̀mflətíər/ パムフレティア/ 图 ⓒ (論争の)パンフレットを書く人.

\***pan**[1] /pǽn/ パン/〔類音〕pun/pʌ́n/〕〖「皿」が原義〗
— 图 (複) ~s/-z/) ⓒ **1** [しばしば複合語で] 平な

べ, パン《◆ふつう片手で長い柄(²)がついたものをいう. 深めの両手なべは pot》‖

a frýing pàn (英) フライパン((米) skillet, fry-pan).

a sáuce pàn (小さい)シチューなべ.

**2** 平なべ [浅い皿] 状のもの. **3** 天秤(⁵⁶)の皿. **4** 選鉱なべ《砂金などを水中でより分けるふるい》.

**léap [júmp] out of the frýing pán into the fíre** ～ frying pan 成句.

**pan²** /pǽn/ パン/〖写真・映画・テレビ〗 图 C カメラの左右[上下]への移動, パン. ―動 (過去・過分) panned/-d/ ; (現分) pan·ning/ 他〈カメラを〉パンする, 〈被写体〉をパンで写す. ―自〈カメラが〉パンする; パンで写す.

**Pan** /pǽn/ パン/ 图〖ギリシャ神話〗パン, 牧羊神《森・野原・牧羊の神で, 頭に角があり, 耳と脚はヤギに似ている》.

**pan-** /pæn-, pən-/ パン-/ 〖連結形〗全…; 総…の. 例: Pan-American.

**Pan·a·ma** /pǽnəmɑ̀ː/ パナマー, ニー/ 图 **1** パナマ《中米の共和国》‖

the Isthmus of Panama パナマ地峡.

**2** =Panama City.

**Pánama Canál** [the ~] パナマ運河.

**Pánama Canál Zòne** [the ~] パナマ運河地帯(→ Canal Zone).

**Pánama Cíty** パナマ市(Panama)《パナマ共和国の首都》.

**Pánama hát** パナマ帽.

**Pan-A·mer·i·can** /pæ̀nəmérikən/ パナメリカン/ 形 全米[汎(⁶ʰ)米]の《北米・中米・南米諸国を含む》‖

the Pan-American Congress 全米会議.

**Pan-A·mer·i·can·ism** /pæ̀nəmérikənìzm/ パナメリカニズム/ 图 U 全米主義.

**pan·cake** /pǽnkèik/ パンケイク/ 〖pan + cake〗 图 **1** C パンケーキ《牛乳・小麦粉・卵を練ったものを薄く焼いたケーキ》. **2** C (米) =griddle cake. **3** C 〖空〗 =pancake landing.

**páncake lànding** 〖航空〗(機関のトラブルによる)平落ち着陸, 失速着陸(pancake).

**pan·cre·as** /pǽŋkriəs/ パンクリアス/ 图 (復 ~·es /-iz/) C〖解剖・動〗膵臓(ぞう).

**pan·da** /pǽndə/ パンダ/ 图 C〖動〗**1** パンダ, ジャイアントパンダ. **2** レッサーパンダ.

**pánda càr** [しばしば P~] (英) (都市部の)パトカー.

**pánda cròssing** (英) 押しボタン式信号のついた横断歩道〖事情〗.

**pan·de·mo·ni·um** /pæ̀ndəmóuniəm/ パンデモウニアム/ 图 U C〖正式〗大混乱(の場所); 修羅場(ば ょう), 無法地帯.

**pan·der** /pǽndər/ パンダ/ 動 自 迎合する; (人の欲望・弱みに)つけこむ.

**Pan·do·ra** /pændɔ́ːrə/ パンドーラ/ 图〖ギリシャ神話〗

パンドラ《Zeus が地上に送った最初の女性》.

**Pandóra's bóx** (1) パンドラの箱《Zeus から Pandora に贈られた箱. 禁を破り開くと, 中からあらゆる悪災が出て世に広がり, 「希望」だけが残った》. (2) 思いがけない災いの根源.

**pane** /péin/ ペイン/ 〖同音〗 pain) 图 C (1枚の)窓ガラス; (ガラス1枚分の)窓枠 ‖

a pane of glass 1枚の窓ガラス.

***pan·el** /pǽnl/ パヌル/《小さい(el)1片の布(pan)》―名 (復 ~s/-z/) C **1** 鏡板, 羽目板, パネル.

**2** 〖絵画〗画板; パネル画; 〖写真〗パネル版.

**3** (スカートなどの飾り用の)細長い布.

**4** 計器盤; 電話交換盤; 配電盤.

**5** [主に米]〖法律〗[集合名詞; 単数・複数扱い] 陪審団, 陪審員《名簿》‖

serve on a panel 陪審員を務める.

**6** (英) 健康保険医 [患者] 名簿 ‖

be on the panel 健康保険医 [患者] になっている.

**7** [集合名詞; 単数・複数扱い] 委員会, (コンテストなどの)審査員団; (クイズなどの)解答者団.

**8** 公開討論会.

**pánel discùssion** 公開討論会, パネルディスカッション.

**pánel gàme [shòw]** (テレビ・ラジオなどでレギュラーメンバーが解答する)クイズ番組.

**pánel héating** (床・壁などに熱を通す)パネルヒーティング, 放射暖房.

**pan·el·ing**, (英) --ling /pǽnlìŋ/ パヌリング/ 图 U 鏡板用の木材; [集合名詞] 鏡板, 羽目板.

**pan·el·ist**, (英) --list /pǽnlist/ パヌリスト/ 图 C (公開討論会の)討論者, パネラー《◆この意味で ˣpanel(l)er は誤り》; (クイズ番組の)解答者団.

**pang** /pǽŋ/ パング/ 图 C [しばしば ~s] **1** 激痛, 苦痛 ‖

the pangs of conscience 良心の呵責(か·く).

**2** (急な)心の痛み, 苦しみ, 苦悶(もん) ‖

a pang of conscience 良心の呵責(か·く).

**pan·ic** /pǽnik/ パニク/ 图 **1** U C [通例単数形で] 恐慌(きょう)(状態); 恐慌, ろうばい ‖

There was (a) panic in the shop when the fire started. 火事が起こった時, 店の中は大混乱になった.

in (a) panic あわてふためいて.

**2** C〖経済〗恐慌(cf. depression 2).

―動 (過去・過分) ~ked; (現分) --ick·ing) 他 …をうろたえさせる.

―自 うろたえる, あわてふためく ‖

Don't panic. あわてるな.

**pánic attàck**〖精神医学〗パニック発作《恐怖による呼吸困難など》.

**pan·ick·y** /pǽniki/ パニキ/ 形 (時に比較 --i·er, 最上 --i·est)〖略式〗恐慌の, びくびくした.

**pan·ic-strick·en** /pǽnikstrìkn/ パニクストリクン/, **pan·ic-struck** /-strʌ̀k/ -ストラク/ 形 恐慌をきたした, あわてふためいた.

**pan·o·ra·ma** /pæ̀nərǽmə/ パナラマ/ -rɑ́ːmə/ -ラーマ/ (アクセント注意) 图 C **1** (正式) 全景 ‖

a vast panorama of the canyon 峡谷の全景.

**panoramic**

**2** 概観, 大観 ‖
a **panorama** of history 歴史の概観.
**3** パノラマ, 回転画.
**4** 連続して移り変わる光景 ‖
the **panorama** of urban life 都会生活の移り変わる光景.

**pan·o·ram·ic** /pæ̀nəræmik パナラミク|-ráːm- -ラーミク/ 形 パノラマ(式)の, 全景の見える; 概観的な.

**Pan-Pa·cif·ic** /pænpəsífik パンパスィフィク/ 形 全太平洋の, 汎(½)太平洋の.

**pan·sy** /pænzi パンズィ/ 名 (複 **pan·sies**/-z/) **1** © 〖植〗サンシキスミレ, パンジー(の花)《◆(古)heart's ease, love-in-idleness などの異名がある》. **2** © スミレ色, 濃紫色.

**pant** /pænt パント/ 動 ⓘ **1** あえぐ, 息を切らす, ハアハアいう ‖
He is **panting** from playing tennis. 彼はテニスをしたので息を切らしている.
**2** [be ~ing] 熱望する, 〈文〉あこがれる ‖
I am just **panting** for my turn. 私は自分の番が待ち切れない.
— 他 …をあえぎながら言う ‖
**pant** out one's words あえぎながら言葉を述べる.
— 名 © あえぎ, 息切れ; 動悸(ぎ); (エンジンの)鼓動.

**pan·the·ism** /pænθiìzm パンスィーイズム/ 名 Ⓤ 汎(½)神論《万物は神であるとする信仰》; (俗用的に)多神教.

**pan·the·on** /pænθiàn パンスィアン|-θiən -スィオン, -θiən, pænθí:ən パンスィーアン/ 名 **1** [the P~] パンテオン《27 B.C. 建立のローマの万神殿》. **2** Ⓤ 万神殿 **2** [the P~] (一国の偉人を祭る)殿堂, パンテオン.

**pan·ther** /pǽnθər パンサ/ 名 (複 ~s, pan·ther; 〈女性形〉~ess) © **1** 動 ヒョウ《◆ leopard の別名. 特にクロヒョウ》. **2** (米)ピューマ, ジャガー.

**pan·to·graph** /pæntəgræf パントグラフ|-taugràːf- パントウグラーフ/ 名 © **1** 写図機, 縮図器. **2** (電車の)パンタグラフ, 集電器.

**pan·to·mime** /pæntəmàim パントマイム/ 名 **1** ©Ⓤ **a** パントマイム, 無言劇. **b** (古代ローマの)無言劇俳優. **2** Ⓤ 身ぶり, 手まね《(英略式) panto》. **3** ©Ⓤ (英) おとぎ芝居《クリスマスに演じられる歌・踊り・道化の芝居》.
— 動 (現分 ~mim·ing) 他 ⓘ (…を)身ぶりで表現する.

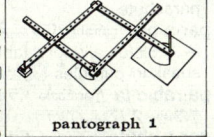

**pan·to·mim·ist** /pæntəmàimist パントマイミスト/ 名 © パントマイム役者, 無言劇役者.

**pan·try** /pæntri パントリ/ 名 (複 **pan·tries**/-z/) © 食料品室, 食器室.

\***pants** /pænts パンツ/ 名 〖*pantaloons* の短縮語〗
— 名 (略式) [複数扱い] **1** (主に米) ズボン(trousers); スラックス.

**2** (主に英)(女性・子供用の)パンツ, パンティ.
**3** (主に英)(男性用の)ズボン下, パンツ((米) briefs, shorts, 時に underpants) ‖
a pair of **pants** パンツ1枚.
wet one's **pants** おもらしする.
**4** [形容詞的に] ズボンの, パンツの ‖
one's **pants** knees ズボンのひざの部分.

**pant·y** /pǽnti パンティ/ 形 [形容詞的に] パンツの(ような).

**pánty hòse** (米) [複数扱い] パンティストッキング《(英) tights》《◆ panty stockings とはあまりいわない》.

**pap** /pæp パプ/ 名 **1** Ⓤ (幼児・病人用の)かゆ. **2** Ⓤ 流動食. **3** Ⓤ (主に米)内容のない本[考え].

**pa·pa** /pá:pə パーパ/ 名 (略式)《◆(英)では(古)》おとうちゃん, パパ(↔ mama)《◆ 主に父親が子供に言う場合に自称として用いる. 子供が言う場合は dad, daddy の方が多く用いられる》.

**pa·pa·cy** /péipəsi ペイパスィ/ 名 (複 ~·cies/-z/) **1** [the ~] ローマ教皇の職[位, 権威]. **2** © 教皇の任期.

**pa·pal** /péipl ペイプル/ 形 ローマ教皇の, 教皇制度の(→ pope); ローマカトリック教会の.

**pa·pa·ya** /pəpáiə パパイア, (米+) -pá:jə/ 名 © 〖植〗パパイヤ; Ⓤ その実.

\*\***pa·per** /péipər ペイパ/ 〖「パピルス(papyrus)」が原義〗
→ 名 **1** 紙 **2** 新聞 **3** 研究論文 **4** 書類
— 名 (複 ~s/-z/) **1** Ⓤ 紙 ‖
three sheets of **paper** 3枚の紙《◆ ふつう一定の形・大きさをもった紙》.
wrap a thing in **paper** 物を紙で包む.

[関連] [種類] carbon paper カーボン紙 / wax paper ろう紙 / tracing paper 透写紙 / sensitive paper 感光紙 / drawing paper 画用紙, 製図用紙 / graph paper グラフ用紙 / lined paper 罫(½)紙 / letter paper 便箋(½) / music paper 五線紙 / blank paper 白紙 / Japan(ese) paper 和紙.

[Ⓒとして] 紙 Ⓤ
新聞, レポート ©

**2** © 新聞(newspaper) ‖
a morning **paper** 朝刊.
an evening **paper** 夕刊.
Have you read today's **paper**? きょうの新聞

は読みましたか.

関連 [種類] a general paper 一般紙 / a trade paper 業界紙 / a local paper 地方新聞 / a school paper 学校新聞 / an English-language paper 英字新聞 / a daily paper 日刊紙 / a weekly paper 週刊紙 / a monthly paper 月刊紙.

**3** © 研究論文, 学術論文;(学生の)レポート《◆この意で report とはいわない》;試験問題;答案 ‖
mark **papers** 答案の採点をする.
present [give] a **paper** on wild animals 野生動物についての論文を発表する.
Today's **paper** was very difficult. きょうの試験問題はたいへん難しかった.
do a **paper** レポートを書く.
**4** [~s] 書類, 文書(document);(個人に関する)書類, 資料;(身分・出生・船籍などの)証明書 ‖
identification **papers** 身分証明書
ship's **paper** 船舶書類.
**5** Ⓤ 紙幣;手形.
**6** © 紙袋, 紙包み ‖
a **paper** of pins ピン1包み.
**7** Ⓤ© 壁紙(wallpaper).

Q&A **Q**:「ペーパーテスト」は a paper test というのですか.
**A**:いいえ, a written test といいます. a páper tèst は「紙質の検査」という意味です.

***on páper*** 書類上は;理論上は.
──形 [名詞の前で] **1** 紙の, 紙でできた;紙のような, 薄い, もろい ‖
a **paper** bag 紙袋.
This house has **paper** walls. この家の壁は紙みたいに薄い.
**2**〈仕事が〉書類事務に関する;〈利益などが〉名目上の, 帳面づらだけの, 机上の.
──動 他 …を紙で包む;…に壁紙を張る ‖
**paper** a room (in) gray =**paper** a room with gray **paper** 部屋に灰色の壁紙を張る.
***páper óver*** **A** (1) …の上に紙を張る. (2) …をとりつくろう ‖ **paper over** the bribery scandals 収賄事件を覆い隠す.
**páper clip** 紙ばさみ, クリップ.
**páper cùtter** 紙切りナイフ;紙裁断機, カッター.
**páper dòll** 紙人形.
**páper knife** 紙切りナイフ.
**páper mill** 製紙工場.
**páper mòney** 紙幣, 小切手, 手形.
**páper tíger** 張り子の虎, こけおどし.
**pa·per·back** /péipərbæk ペイパバク/ 名© 形 紙表紙本(の), ペーパーバック(の)(↔ hardcover).
**pa·per·backed** /péipərbækt ペイパバクト/ 形 = paperback.
**pa·per·boy** /péipərbɔ̀i ペイパボイ/ 名© 新聞(配達)少年((PC) (news)paper carrier).
**pa·per·girl** /péipərgə̀:rl ペイパガール/ 名© 新聞(配達)少女(↔ paperboy).
**pa·per·weight** /péipərwèit ペイパウェイト/ 名©
文鎮(ちん), 紙押え.
**pa·per·work** /péipərwə̀:rk ペイパワーク/ 名Ⓤ 文書業務, 事務処理;事務書類.
**pa·pri·ka** /pəprí:kə パプリーカ, pæ- | pǽprikə パプリカ/ 名 **1** ©〔植〕パプリカ, アマトウガラシ《ハンガリー・スペインなどで産するトウガラシ》. **2** Ⓤ パプリカ《1から作る赤色香辛料》.
**Pa·pu·a** /pǽpjuə パピュア | pǽpuə パプア/ 名 パプア《New Guinea の愛称》.
**Pápua Néw Guínea** パプア=ニューギニア.
**pa·py·rus** /pəpáiərəs パパイアラス/ 名 (複 ~·es, -·ri/-ri:, -rai/) **1** Ⓤ〔植〕パピルス, カミガヤツリ《ナイル川原産の水生植物. 古代エジプトなどで紙の原料とした》. **2** Ⓤ パピルス紙;© パピルス写本[古文書].
**par** /pɑːr パー/ (同音 △pa; 騒音 per/pər/) 名 **1** Ⓤ [時に a ~] 同等, 同位, 同価 ‖
Jim is quite **on** [**to**] a **par with** his brother in intelligence. ジムは兄に劣らず頭がいい.
**2** Ⓤ 標準, 基準, 平均;(略式)(健康の)常態 ‖
**above par** 標準以上で.
**below** [**under**] **pár** 標準以下で;(体調が)ふだんより悪くて.
**3** ©〔ゴルフ〕パー, 基準打数(→ bogey) ‖
**under par** アンダーパー《打数が規定より少ないこと》.

関連 birdie (バーディ), eagle (イーグル), albatross (アルバトロス) 《par よりそれぞれ1打, 2打, 3打少なくあがること》;bogey (ボギー), double bogey (ダブルボギー) 《par よりそれぞれ1打, 2打多くあがること》.

**par·a-** /pǽrə パラ-/ 連結形 《◆ 母音, h の前では par-》**1** 近辺;側;超;以上;不規則, 不正. 例:paragraph, parapsychology. **2**〔医学〕病的異常;擬似;副…. 例:paranoia. **3** 防護. 例:parachute.
**par·a·ble** /pǽrəbl パラブル/ 名© たとえ話, 寓(う)話;たとえ(cf. allegory, fable) ‖
**speak in parables**(文) たとえ話をする.
**pa·rab·o·la** /pərǽbələ パラボラ/ 名© **1**〔数学〕放物線. **2** パラボラアンテナ.
**par·a·chute** /pǽrəʃùːt パラシュート/ 名© **1** 落下傘, パラシュート. **2**〔動〕(コウモリなどの)飛膜.
──動 (現分) ·chut·ing /·/ 自 パラシュートで降下する. ── 他 …をパラシュートで降下させる.
***pa·rade** /pəréid パレイド/ 名 (複 ~s/-réidz/) **1** ©Ⓤ 行列, パレード, (示威(い))行進 ‖
the Independence Day **parade** 独立記念日のパレード.
**2** © 見せびらかし, 誇示;壮観 ‖
**make a parade of** one's learning 学識をひけらかす.
**3** ©Ⓤ 閲兵[観兵]式;© =parade ground. ‖

hold a parade 観兵式を行なう.
***on paráde*** パレードで;〈軍隊が〉観兵式の隊列で;〈俳優などが〉総出演で,オンパレードで;これみよがしに.
── 動 (三単現) ~s /-réidz/; (過去・過分) ‑‑rad‧ed/-id/; (現分) ‑‑rad‧ing
── 他 **1** …を行進する, ねり歩く ‖
The troops paraded the streets. 軍隊が町を行進した.
**2**（略式）…をみせびらかす;〈何かをみせびらかすために〉…を歩き回る ‖
She parades her wealth. 彼女は自分が金持ちであることをみせびらかす.
**3**〈軍隊〉を（閲兵のために）整列させる, 分列行進をさせる.
── 自 **1** 行進する, パレードする. **2**〈軍隊が〉閲兵のために整列する, 分列行進をする. **3**（何かをみせびらかすために）歩き回る.
**paráde gròund**（米）観兵式場 (parade).
**pa‧rad‧ing** /pəréidiŋ/ パレイディング/ 動 → parade.

\***par‧a‧dise** /pǽrədàis/ パラダイス/ 〖「公園 (park)」が原義〗
── 名 (複 ~·dis·es/-iz/) **1**〔通例 P~; 無冠詞で〕 U 天国, 極楽（↔ Hell）.
**2**〔P~; 無冠詞で〕エデンの園 (the Garden of Eden).
**3**（略式）[a ~] 地上の楽園, 絶好の場所, 絶景の地 ‖
a paradise for smugglers 密輸入者に絶好の場所.
**Páradise Lóst**『失楽園』『楽園の喪失』《英国の詩人 John Milton の叙事詩》.

**par‧a‧dox** /pǽrədɑ̀ks/ パラダクス/ pǽrədɔ̀ks/ パラドックス/ 名（正式）**1** UC 逆説, パラドックス. **2** UC 矛盾（した言葉・行為）; C 矛盾しているようにみえる人［もの］.

**par‧a‧dox‧i‧cal** /pærədɑ́ksikl/ パラダクスィクル | -dɔ́ks- ‑ドクスィクル/ 形 **1** 逆説の, 逆説的な. **2** 矛盾した. **pàr‧a‧dóx‧i‧cal‧ly** 副 逆説的に（言えば, なるが）.

**par‧af‧fin** /pǽrəfin/ パラフィン/, ‑‑fine /-fin ‑フィン | -fiːn ‑フィーン/ 名 U **1** =paraffin wax. **2**（化学）パラフィン. **3**（英）=paraffin oil.
**páraffin òil** 灯油(paraffin)《(米・豪) kerosene》.
**páraffin wàx** パラフィン, 石ろう（(英) paraffin）《ろうそく・ろう紙を作るのに用いる》.

**par‧a‧gon** /pǽrəgɑ̀n/ パラガン, -gən | -gən ‑ゴン/ 名 C（正式）模範, 典型, 手本.

\***par‧a‧graph** /pǽrəgrǽf/ パラグラフ | pǽrəgrɑ̀ːf パラグラーフ/ 〖「そばに (para) 書く (graph)」. cf. photo*graph*〗
── 名 (複 ~·s/-s/) C **1**（文章の）段落, パラグラフ.
**2**（新聞・雑誌などの）小記事, 短い文章, 寸評《見出しがないことが多い》.

**Par‧a‧guay** /pǽrəgwài/ パラグワイ, -gwèi/ 名 パラグアイ《南米の共和国. 首都 Asunción》.

**par‧a‧keet** /pǽrəkiːt/ パラキート/ 名 C（鳥）（小形）インコ.

\***par‧al‧lel** /pǽrəlèl/ パラレル/ 〖お互いの (llel) そばに (para)〗

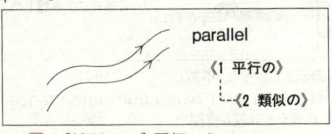

parallel
〈1 平行の〉
〈2 類似の〉

── 形 **1**〔限定として〕平行の ‖
The railroad is parallel to [with] the road. 鉄道線路と道路は並行している.
**2**（正式）〔比喩的に〕同方向の; 類似した, 同様な ‖
parallel hobbies 似たような趣味.
in a parallel direction with [to] … …と同じ方向へ.
── 名（複 ~s/-z/）**1** C 平行線［面］; U 平行 ‖
on a parallel with the river その川と平行して.
**2** C（正式）類似点; 対応するもの, 匹敵するもの (equivalent); 比較, 対比; U 類似 ‖
draw a parallel between A and B A と B を比較する.
There is no parallel to him. =He has no parallel. =He is without (a) parallel. 彼には匹敵するものがない.
── 動 (三単現) ~s /-z/; (過去・過分) ~ed または（英）‑‑al‧lelled/-d/; (現分) ~ing または（英）‑‑lel‧ling
── 他 **1** …と平行する ‖
The road parallels the river for a few miles. 道路は数マイルにわたって川に並行して走っている.
**2** …に似ている; …に対応［相当］する, 匹敵する ‖
Her character parallels yours. 彼女の性格は君に似ている.
**3** …を比較する.

**Par‧a‧lym‧pics** /pærəlímpiks/ パラリンピクス/〖*para* (with の意味のラテン語) + O*lympics*〗[the ~] パラリンピック《身障者の国際スポーツ大会》.

**par‧a‧lyse** /pǽrəlàiz/ パララーイズ/ 動 (現分) ‑‑lys‧ing)（英）=paralyze.

**pa‧ral‧y‧sis** /pərǽləsis/ パラリスィス/ 名 (複 ‑‑ses /-siːz/) UC **1**（医学）麻痺(ま). **2**〔比喩的に〕麻痺（状態）.

**par‧a‧lyze,**（英ではまた）**par‧a‧lyse** /pǽrəlàiz/ パラライズ/ (現分) ‑‑lyz‧ing) 他〈からだの一部〉を麻痺(ま)にさせる, しびれさせる ‖
My hands are paralyzed with cold. 私の手は寒さでかじかんでいる.
**2**〔通例 be ~d; 比喩的に〕…が麻痺する ‖
He was paralyzed by [with] fear. 彼は恐怖のあまり立ちすくんだ.

**par‧a‧med‧ic** /pærəmédik/ パラメディク/ 名 C（主に米）上級救急救命士, パラメディック《高度な救急医療を行なう資格を与えられた最上級レベルの救急隊員》.

**par·a·mount** /pǽrəmàunt パラマウント/ 《正式》

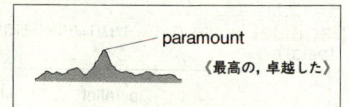

paramount
《最高の, 卓越した》

最高の, 主要な, 卓越した;(…に)まさる ‖
The idea is of **paramount** importance. その考え方は最も重要だ.

**par·a·noi·a** /pærənɔ́iə パラノイア/ 名U **1**〖医学〗偏執(ﾍﾝｼｭｳ)病, パラノイア, 妄想症. **2**《略式》被害妄想.

**par·a·noid** /pǽrənɔ̀id パラノイド/ 形名C 偏執狂の(患者);偏執病的な.

**par·a·pet** /pǽrəpit パラピット, -pèt/ 名C **1**(バルコニー・屋上・橋の)手すり(壁);欄干(ﾗﾝｶﾝ). **2**(城・塁壁(ﾙｲﾍﾞｷ)の)胸壁, 胸墻(ｷｮｳｼｮｳ).

**par·a·pher·na·lia** /pæ̀rəfərnéiliə パラファネイリア/ 名U [しばしば複数扱い]《数えるときは a piece of *paraphernalia*》**1**《正式》道具類一式, 装備. **2**(個人の)手回り品, 私物.

**par·a·phrase** /pǽrəfrèiz パラフレイズ/ (やさしい)言いかえ, パラフレーズ.

postpone ――→ put off
延期する ／ ＼ のばす
paraphrase 《言い換える》

――動 (現分) ··phras·ing) 他自 (…を)(やさしく)言いかえる, パラフレーズする ‖
**Paraphrase** what she said. 彼女の言ったことを(やさしく)言いかえなさい.

**par·a·site** /pǽrəsàit パラサイト/ 名C **1**〖生物〗寄生動物, 寄生虫;寄生植物;パラサイト. **2** 居候(ｲｿｳﾛｳ).

**par·a·sit·ic, –·i·cal** /pæ̀rəsítik(l) パラスィティク(ル)/ 形《正式》**1** 寄生する. **2** 居候(ｲｿｳﾛｳ)する.

**par·a·sol** /pǽrəsɔ̀(ː)l パラソ(ー)ル, (英+) -ːl/ 《太陽(sol)を防ぐ(para)》名C (女性用)日傘, パラソル(sunshade) (cf. beach *umbrella*).

**par·a·troop·er** /pǽrətrùːpər パラトルーパ/ 名C [通例 ~s] 落下傘(ﾗｯｶｻﾝ)兵, 落下傘部隊員.

**par·a·troops** /pǽrətrùːps パラトルーブス/ 名 [複数扱い] 落下傘(ﾗｯｶｻﾝ)部隊.

**par a·vion** /pàːr ævjɔ́ːn パー アヴョーン/ 《フランス》航空便で.

**par·boil** /páːrbɔ̀il パーボイル/ 動他 …を半ゆでにする, (下ごしらえに)湯通ししておく.

**par·cel** /páːrsl パースル/ 名C **1**(主に英)包み, 小包, 小荷物((米) package) ‖
do up a **parcel** 小包を作る.
undo a **parcel** 小包をほどく.
**2**〖米法律〗(土地などの)1区画, 1片 ‖
a **parcel** of land 1区画の土地.
**3** 一群 ‖
a **parcel** of rascals 一団のごろつきども.

a **parcel** of odds and ends がらくた一式.
**párcel pòst** 小包郵便(係), 郵便小包.

**parch** /páːrtʃ パーチ/ (類似 *perch* /páːrtʃ/) 動 (三単現 ~·es/-iz/) 他《正式》…をからからに乾かす.

**párched** /-t/ 形《土地などが》干上がった;《略式》のどからからで.

**parch·ment** /páːrtʃmənt パーチメント/ 名 **1**U 羊皮紙. **2**C 羊皮紙文書[写本]. **3**U 模造羊皮紙. **4**C 卒業証書.

\***par·don** /páːrdn パードン/ 《十分に(par)与える(don). cf. *donate*》
――名 (複 ~s/-z/) UC **1** 許し, 容赦, 寛容 ‖
ask for her **pardon** 彼女の許しを請う.
I asked **pardon** for making a mistake. 私は間違ってすみませんと謝った.
**2**〖法律〗恩赦, 赦免 ‖
grant special **pardon** 特赦を行なう.
**3**〖カトリック〗免罪符, 贖宥(ｼｮｸﾕｳ).

○*I bég your párdon.* **(1)** [↘, ↘] ごめんなさい《◆小さな過失・無礼をわびるときの言い方. I'm sorry. よりていねい. くだけた表現では Beg your *pardon*. (↘) / *Pardon*. (↘) と略すこともある》. **(2)** [?を付けて] [↗] もう一度おっしゃってください《◆相手の言葉を聞きもらしたときの言い方. くだけた表現では Beg your *pardon*?(↗) / *Pardon*?(↗) と略すこともある.《米》では *Pardon* me? とも言う》‖ 対話 "Pass me the butter, Mom." "*Pardon*?(↗)" "Please.(↗)" "That's better." 「ママ, バター取って」「なんて言ったの」「取ってちょうだい」「そのほうがずっといいわよ」《◆母親が pass 他 **4** の例文のように please を忘れた子供の言葉づかいをたしなめている場面》.

Q&A *Q*: 反復を求める言い方にはほかにどんなものがありますか.
*A*: 丁寧な方から I bég your párdon?(↗) / (略式) Pardon? / (米) Pardon me? / (米) Excúse me? / What did you say?(↗) / (英) Sorry?(↗) / What? / Eh? などです.

**(3)** [?を付けて] [↘] 失礼ですが《◆見知らぬ人に話しかけたり, 相手に異議を唱えるときの言い方. Excuse me. よりもていねいな表現であるが, 口調によっては「言わせてもらうが」といった開き直った言い方になる. *Pardon* me. とも言う》‖ I beg your **pardon**, (but) you are wrong. 失礼ですが[はばかりながら]あなたが悪いのです.

――動 (三単現 ~s/-z/; 過去・過分 ~ed/-d/; 現分 ~·ing)
――他 **1** (しばしば正式)《事を》許す, 大目に見る;[pardon A's doing / pardon A for doing] A《人が…したことを許す;[pardon A B]《人が》A《人》のB《失敗などを》許す ‖
I **pardoned** (him) his fault. 彼の過失を許した.
**Pardon** my being late. = **Pardon** me for being late. 遅れてすみません.
There is nothing to **pardon**. どういたしまして.
**2** …を赦免する;[pardon A B] A《人》のB《罪な

**Párdon me.**（正式）(1)［↘, ↗］ごめんなさい《◆（米）Excuse me.,（英）I'm sorry. の方がふつう》‖ 対話 "Aren't you Mr. Johnson who works at the university?" "No, I think you have the wrong person." "Párdon me." 「大学にお勤めのジョンソン先生ではないでしょうか」「人違いだと思いますが」「ごめんなさい」. (2)［↗］もう一度おっしゃってください《◆I beg your *pardon*. の方がふつう》. (3)［↘］失礼ですが《◆Excuse me. の方がふつう》.

**par·don·a·ble** /pάːrdnəbl パードナブル/ 形 容赦できる, 無理もない.

**pare** /péər ペア/（同音 pair, pear）動（現分 par·ing）他（正式）**1** …の皮をむく(→ peel 他 1) ‖
pare an apple リンゴの皮をむく.
**2**〈つめ〉を切る；〈縁・角など〉を削り取る.
**3** …を少しずつ減らす, 削減する.

**\*par·ent** /péərənt ペアレント/『「生む人」が原義』
── 名（複 ~s/-ənts/）C **1** 親《父または母》(↔ child)；[one's ~s] 両親 ‖
My **parents** are both dead. 私の両親は2人とも亡くなりました.
become a **parent** 親になる, 子をもうける.
**2** 親同様の人.
**3**（文・まれ）[通例 ~s] 先祖, 祖先 ‖
our first **parents** 人類の始祖《Adam と Eve》.
**4**（文）始まり, 起源；原型 ‖
the **parent** of vices 諸悪の根源.
**5** [形容詞的に] 親の；元祖の；もとの ‖
a **parent** bird 親鳥.
a **parent** company 親会社《◆「子会社」は a subsidiary company》.

**par·ent·age** /péərəntidʒ ペアレンティヂ/ 名 U（正式）**1** 生まれ, 家柄 ‖
a man of noble **parentage** 高貴な家柄の人.
**2** 親であること.

**pa·ren·tal** /pəréntl パレントル/ 形（正式）親(として)の；親にふさわしい.

**pa·ren·the·sis** /pərénθəsis パレンセスィス/ 名（複 --ses/-siːz/）C **1**〖文法〗挿入語句《◆英文中では前後をコンマやダッシュで区切るか, かっこでくくる. 話し言葉では音調で区別する》. **2** [通例 -ses]（英正式）丸かっこ（（英）round bracket,（略式）bracket）.
*in parentheses*（正式）かっこに入れて；ついでに言えば.

**par·ent·hood** /péərənthùd ペアレントフド/ 名 U 親であること.

**parent–teacher association** 父母・教師協議会, PTA.（略 PTA）.

**par·fait** /pɑːrféi パーフェイ/『フランス』名 UC **1** パフェ《卵・砂糖・あわだてた生クリームなどで作る凍ったデザート》. **2** パフェ《数種のアイスクリームに果物・シロップ・あわだてた生クリームをかけたデザート》.

**Par·is**[1] /péris パリス/ 名 パリ《フランスの首都. cf. Parisian》.

**Par·is**[2] /péris パリス/ 名〖ギリシア神話〗パリス《Troy の王子. Sparta 王妃 Helen を奪い Troy 戦争の原因を作った》.

**par·ish** /périʃ パリシュ/ 名（複 ~·es/-iz/）C **1** 教区《教会と牧師を持つ宗教上の小区域》. **2** [集合名詞] 教区民；（米）1つの教会の全信者. **3**（英）行政教区《教会の教区をもとにした行政上の最小単位.（米）の town に相当する》.

**párish chùrch**（英）教区教会.

**párish còuncil**（英）教区会《行政教区の行政機関》.

**párish règister**（洗礼・結婚・埋葬などの）教区記録簿.

**pa·rish·ion·er** /pəriʃənər パリショナ/ 名 C 教区民.

**Pa·ris·i·an** /pəriʒən パリジャン|-rizjən パリズジャン/ 形 パリの, パリっ子の, パリ風の. ── 名 C パリ市民, パリっ子, パリジャン.

**par·i·ty** /pærəti パリティ/ 名（正式）《◆次の成句で》.
*on a párity with* A …と同等に, 対等に.

**\*\*park** /pɑːrk パーク/（類音 perk/pάːrk/）『「(狩猟用)囲い地」が原義』
── 名（複 ~s/-s/）C **1**（ふつう大きな）公園《◆小さな(四角形の)公園は square》‖
a national **park** 国立公園.
in the **park** 公園で.
Hyde **Park**（英）ハイドパーク(the Park)《◆固有名詞の時はふつう無冠詞》.
**2**（主に米）遊園地；（米）[the ~]（野球の）運動場；（略式）[the ~]（サッカーの）競技場；…場 ‖
a baseball **park** 野球場(ballpark).
**3**（大邸宅を囲む）大庭園, 私園.
── 動（三単現 ~s/-s/；過去・過分 ~ed/-t/；現分 ~·ing）
── 他 **1** …を駐車する, 駐輪する；…を駐車場に入れる ‖
We can **park** the bicycle on that street. あの通りに駐輪できます.
My car is **parked** [*parking*] here. 私の車はここに駐車してあります(=I'm parked here.).
**2** …を預ける；…を置く.
── 自 駐車する.

**Párk Ávenue** パーク=アベニュー《New York 市 Manhattan の高級住宅・専門店・一流企業のある大通り》.

**párk kèeper**（英）公立公園管理人.

**Párk Róad** パーク=ロード《London の Regent's Park 西側の大通り》.

**par·ka** /pάːrkə パーカ/ 名 C **1** パーカ《イヌイットなどの着るフード付きの毛皮ジャケット》. **2**（米）パーカ, アノラック《登山・スキー用のフード付き防寒服》（（英）anorak）.

**park·ing** /pάːrkiŋ パーキング/ 動 → park.
── 名 U 駐車, 駐輪, 駐車場所 ‖
No **parking** (here).《掲示》駐車禁止.

**párking lòt** (米)[the ~] (有料)駐車場((英) car park) ‖ a bicycle parking lot (学校などの)駐輪場, 自転車置き場.
**párking mèter** 駐車メーター.
**párking spàce** 駐車スペース.
**párking tìcket** 駐車違反カード.
**Pár·kin·son's disèase** /pάːrkinsnz-/ [医学]パーキンソン病.
**park·way** /pάːrkwèi/ 名C(米)(通例 ~s)パークウェイ, 公園道路《道路の両側や中央分離帯に樹木を植えた大通り》.
**par·lia·ment** /pάːrləmənt パーラメント/ (発音注意)《♦ ×パーリアメント》名 1 C [単数・複数扱い] 議会, 国会 ‖
dissolve [convene, summon] a parliament 議会を解散[招集]する.
**2** [P~; 無冠詞で] (英国の)議会《the House of Lords と the House of Commons からなる》(→ congress) ‖
a Mèmber of Párliament 下院議員.
be elected to Parliament 議会に選出される.
**par·lia·men·ta·ry** /pὰːrləméntəri パーラメンタリ/ 形 議会の; 議会で制定した.
**Parliaméntary Commíssioner (for Administrátion)** (英)国会行政管理官.
**parliaméntary procédure** 議院法, 議会運営手続.
***par·lor**, (英) **—lour** /pάːrlər パーラ/ [『話し合う(parl)所(or). cf. parliament』]
—名 (複 ~s/-z/) C (主に米)(複合語で)《客間風の》…店, 営業所.

[関連] [いろいろな parlor] béauty pàrlor 美容院 / háir drésser's pàrlor 理髪店 / sún pàrlor 日光浴室 / fúneral pàrlor (死体処理をして略式の葬儀のできる)葬儀場 / déntal pàrlor 歯科医院 / shóeshine pàrlor 靴みがき所 / bílliard pàrlor 玉突き場 / refréshment pàrlor 軽食堂 / téa pàrlor 喫茶店.

**párlor càr** (米)パーラーカー((英) saloon car)《1人ずつの座席のあるゆったりした客車》.
**Par·nas·sus** /pɑːrnǽsəs パーナサス/ 名 **1** Mount ~ パルナッソス山《ギリシア中部の山. Apollo と Muses の聖地》. **2** C 詩壇; 文芸の中心. **3** C 詩集.
**pa·ro·chi·al** /pəróukiəl パロウキアル/ 形 **1** (正式)教区の. **2** 〈意見などが〉偏狭な.
**par·o·dy** /pǽrədi パロディ/ 名 (複 ~·o·dies/-z/) **1** C U パロディ, もじり詩文. **2** C へたな模倣, 猿まね.
**pa·role** /pəróul パロウル/ 名 U **1** 誓言, 《釈放後も逃亡しないという》捕虜宣誓. **2** (米)仮出所.
*on paróle* 仮出所して.
**par·quet** /pɑːrkéi パーケイ, -két|pάːkei パーケイ/ [『フランス』] 名 C **1** 寄せ木細工の床. **2** (米)(劇場の前部の)1階席.
**par·rot** /pǽrət パロト/ 名 C **1** オウム《♦ オウムにはPoll(y)と呼びかける》‖

repeat like a parrot おうむ返しにくり返す.
**2** 意味もわからず他人の言葉をくり返す人, 人の受け売りをする人.
**par·ry** /pǽri パリ/ 動 (三単現 par·ries/-z/) (過去・過分) par·ried/-d/ (正式) **1** 〈打撃を〉かわす, 受け流す. **2** 〈質問を〉はぐらかす.
—名 (複 par·ries/-iz/) C **1** [フェンシング]受け流し, かわし, パラート; [ボクシング]相手のパンチを腕でブロックすること. **2** 言いのがれ.
**pars·ley** /pάːrsli パースリ/ 名 U [植]パセリ(の葉)《調味・香辛用》.
**pars·nip** /pάːrsnip パースニプ/ 名 [植] C パースニップ, アメリカボウフウ; U C その葉, 根《ニンジンに似た野菜. 根は白色で食用》‖
Fine [Fair, Soft] words butter no parsnips. 《ことわざ》口先でうまいことを言っても役に立たない.
**par·son** /pάːrsn パースン/ (類音)*person* /pάːrsn/ 名 C **1** [イングランド教区]牧師. **2** (略式)(プロテスタントの)牧師; (一般に)聖職者.

***part** /pάːrt パート/ [『「部分」,「それに割り当てられた役割」が原義』] 派 *partial* 形, *partly* (副)
→ 名 **1** 部分 **2** 役目 **4** 側, 味方
動 **1** 分ける 自 **1** 分かれる
—名 (複 ~s/pάːrts/) **1** C 部分; [(a) part of + the, my, this など + 名詞] …の一部(分) (↔ whole); 一片, 断片 ‖
(a) part of the cake ケーキの一部《♦ それ自体1個とみなされるのは piece: a piece of cake ケーキ1個》.
the former part of the game 試合の前半.
the better part of the work 仕事の大半.
go part of the way with you 途中まで君に同行する.
Part of her story is interesting. 彼女の話は一部分おもしろい.
(対話) "What do you do with your extra money?" "A large **part** goes for buying CDs, but I manage to save some."「余分のお金はどうされますか」「大部分は CD を買うのに使いますが, 一部はなんとか貯金します」.

[Q&A] **Q**: 第2例で (a) part of the cake がありますが, a のありなしでどう違いますか.
**A**: 具体的に特に全体と一部を対立させるときはaをつけますが, 一般には part of を用いるのがふつうです. また第1例でわかるように part の前に形容詞がつくときは必ず a … part of です.

**2** U C 役目, 本分; 参加; 関係; 分け前, 分担《俳優の》役, せりふ; 《みせかけの》ふるまい ‖
do [play] one's part (正式)役目を果たす.
play the part of Hamlet in the play その劇でハムレットの役を演じる.
It is the part of a student to study. 勉強するのが学生の本分だ.
**3** C (機械などの)部分(品); (人・動物の体の)器官; (略式) [the ~s] (体の)局部 ‖

spare **parts** of a car 車の予備部品.
**4** ⓤ (争い・利害などの)側, 味方 ‖
I took the student's **part** [**part** with the student, the **part** of the student] in the discussion. 討論でその学生の肩をもった.
**5** ⓒ [〜s; 複数扱い] 地方, 地域 ‖
live in foreign **parts** 外地に住む.
**6** ⓒ (本の)部, 編, 巻, 分冊 ; 〔音楽〕パート, 声部 ; 〔文法〕品詞 ‖
a book in three **parts** 3部からなる本.
**Part** II of this book is dull. この本の第2部はつまらない《♦ **part** two と読み, しばしば Pt. 2 と略す》.

*for* **one's** (*ówn*) **pàrt** (正式) 自分としては, 自分に関する限り.
*for the* **móst pàrt** (正式) 大部分は, たいてい ; ほとんど.
*in* **pàrt** (正式) ある程度, いくぶん ‖ **in large part** 大部分は / **in good part** かなり(の程度)に.
*in* **pàrts** 部分に分かれて, ところどころ.
**pàrt and párcel** (略式) 不可分の一部, 本質部分, 要点.
◇*on the* **pàrt of** A =*on* A*'s* **pàrt** (1) [a や the もつけず, あるいは a, some, any, no などのつく名詞のあとで] A〈人〉の側の[で] ‖ There is no objection **on my part**. 私としては異存はありません. (2) A〈人〉がした, 責任のある ‖ I must apologize for rudeness **on the part of** my son. 息子の無礼を陳謝しなければならない.
◇*tàke* **pàrt in** A 〈催し物・大会などに〉参加する, 加担する ‖ Would you **take part in** the project? 事業に加わってくれませんか.

━━働 (三単現) 〜s /pɑːrts/ ; 過去・過分 〜ed /-id/ ; 現分 〜ing)

| 他 | と 自 の関係 | |
|---|---|---|
| 他 | **1** | **part** A A を分ける |
| 自 | **1** | A **part** A が分かれる |

━━他 **1** (正式) …を分ける《♦ share, divide の方がふつう》; …をばらばらにする;〈頭髪〉を分ける ‖
**part** an apple in two リンゴを2つに分ける.
**part** one's hair in the middle 髪をまん中で分ける.
**2** (略式) …を引き離す ; …を区別する《♦ distinguish よりくだけた語》;〈人に手放させる〉‖
**part** a fight けんかを分ける.
**part** good from evil 善悪を区別する.
The earthquake **parted** them. 地震で彼らは離ればなれになった.

━━自 **1** (正式) 分かれる, 割れる, 切れる ; 裂ける ; ばらばらになる ‖
The river **parts** here. 川はここで分かれている.
**2** 〈人が〉別れる ‖
**part** from one's friend 友人と別れる.
The couple **parted** (as) friends. その恋人同士は友人として別れた.
◇**pàrt with** A (1) …を手放す, 売り払う ; …を解雇する. (2) (略式) A〈金〉を使う.

━━副 いくぶん, ある程度 ‖
be **part** French フランス人の血がいくぶん混じっている.

**párt tíme** パートタイム, 短時間勤務で ;[副詞的に]パートタイムで, 非常勤で(↔ full time)(cf. part-time).

**Par·the·non** /pάːrθənɑn パーセナン, -nən ǀ -nən -ノン, -nɒn/ 名 [the 〜]パルテノン《ギリシア Athens にある Athena 神の神殿》.

**Par·thi·an** /pάːrθiən パースィアン/ 名 ⓒ 形 パルティア人(の).

**Párthian shót** [**sháft**] 最後の一矢 ; 捨てぜりふ.

*par·tial /pάːrʃl パーシャル/ 〚→ part〛
━━形 〖比較〗more 〜, 最上 most 〜)

partial《部分的》
《《片寄った》好み》

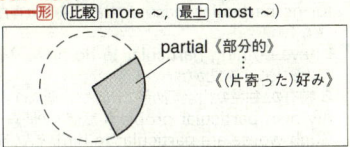

**1** (正式) 一部(分)の, 部分的な(↔ total) ; 不完全な ‖
a **partial** knowledge of cricket クリケットのなまかじりの知識.
**partial** payment 内金払い.
He is making a **partial** recovery. 彼は少し快方に向かっている.
**2** えこひいきをする, 不公平な ‖
a **partial** judge 不公平な裁判官[審判, 審査員].
She isn't **partial** to anyone. 彼女はだれにもえこひいきをしない.
**3** [補語として] とても好きな ‖
be **partial** to sweets 甘い物に目がない.

**Pártial Tést Bàn Tréaty** 部分的核実験禁止条約.

**par·ti·al·i·ty** /pὰːrʃiǽləti パーシアリティ/ 名 (正式)
**1** ⓤ 部分的であること, 局部性 ; 不完全さ. **2** ⓤ えこひいき, 不公平. **3** [通例 a 〜] 偏愛, 好み.

**par·tial·ly** /pάːrʃəli パーシャリ/ 副 **1** 部分的に, 不十分に. **2** 不公平に.

**par·tic·i·pant** /pɑːrtísəpənt パーティスィパント, 《米+》pəːr-/ 名 ⓒ (正式) 参加者, 関係者, 当事者 ‖
**participants** in the contest コンテストの参加者.

**par·tic·i·pate** /pɑːrtísəpèit パーティスィペイト, 《米+》pər-/ 動 (現分) ··pat·ing) 自 [やや正式] [**participate in** A] A〈活動など〉に加わる, 参加する, 関与する ;〈苦労・利益などに〉あずかる ‖
**participate in** a plot 陰謀に加担する.
**participate in** profits 利益にあずかる.

**par·tic·i·pa·tion** /pɑːrtìsəpéiʃən パーティスィペイション/ 名 ⓤ 参加, 加入.

**par·ti·ci·ple** /pάːrtəsìpl パーティスィプル/ 名 ⓒ 〔文法〕分詞(略) p., part.) ‖
the present **participle** 現在分詞.
the past **participle** 過去分詞.

**par·ti·cle** /pάːrtikl パーティクル/ 名 ⓒ **1** (正式) 小さな粒 ; 微量, 少量 ; [a 〜 of A] 少しの… ‖

## particular

a particle of dust 細かいちり.
There's not a particle of grace about her. 彼女には気品が少しもない.
2 〖文法〗不変化詞《副詞・前置詞・接続詞など》; 小辞. 〖類〗[接尾]辞.

**par·tic·u·lar** /pərtíkjələr パティキュラ, 《米+》pɑːr- | pətíkjələ パティキュラ/ 〖→ particle〗
——形 1 [名詞の前で] **特定の**; [this ~ / that ~] 特にこの[その](↔ general) ‖
this particular book ほかならぬこの本.
I left my wallet at home **on that particular day.** その日に限って財布を家に忘れた.
2 [名詞の前で] **格別の,** 著しい, 異常な, 特別の ‖
for no particular reason これという特別な理由もなく.
I have nothing particular to do now. 今はこれといってすることがない.
3 **特有の,** 独特の; [名詞の前で] 個々の, 個人の ‖
my own particular problem 私個人の問題.
Such words are particular to him. そんな発言はいかにも彼らしい.
対話 "That's a strange way to study with loud music on." "Let me study in my own particular way."「うるさい音楽をかけて勉強するなんて変わったやり方だなあ」「勉強くらい自己流でやらせてよ」.
4 [通例名詞の前で] **詳しい,** こまやかな ‖
give a particular account of the matter その問題について詳しく説明する.
5 [通例補語として] **好みがうるさい,** 気難しい; 綿密な, 入念な ‖
She is very particular about [over] her dress. 彼女は服装にあれこれうるさく言う.
I'm not particular. 《略式》《決められる事について》別にどちらでもいいよ.
——名 1 ⓒ (個々の)項目, 事項 ‖
be right in every particular あらゆる点で正しい.
2 [~s] 詳細, 明細 ‖
give all the particulars of the case 事件を詳しく述べる.
go into particulars 詳細にわたる.
◦**in particular** [通例名詞のあとで] **特に,** とりわけ ‖ 対話 "Do you have anything to do?" "Nothing in particular."「何かすることあるの」「いや別に」.

**par·tic·u·lar·ly** /pərtíkjələrli パティキュラリ, 《米+》pɑːr- | pətíkjələli パティキュラリ/ 〖→ particular〗
——副 [通例形容詞・動詞・副詞の前で] **特に,** とりわけ; 著しく, 大いに ‖
The girls particularly enjoyed the visit to the Disneyland. 女の子たちは(他の場所にも行ったが)とりわけディズニーランド見物を楽しんだ.
He's kind to everyone, particularly to young girls. 彼はだれにでも, それも特に若い女性にはやさしい.
It was a particularly cold day. その日は特別に寒い日だった.
I don't particularly want to see the game. その試合を(見てもよいが)特に見たいとも思わない.
The meeting was not particularly well attended. その会は特に出席者が多いというわけではなかった.
対話 "Do you want to see the game?" "No, not particularly."「その試合を見たいですか」「いや, 特に見たいこともないよ」.

**par·ties** /pɑːrtiz パーティズ/ 名 → party.

**part·ing** /pɑːrtiŋ パーティング/ 動 → part.
——名 1 Ⓤ Ⓒ 別れ, 告別; 出発; 死去 ‖
cry at a [the] parting 別れに際して泣く.
2 Ⓤ Ⓒ 分離, 分割.
3 Ⓒ 分かれ目[道], 分岐点 ‖
a [the] párting of the wáys 道路[行動, 人生]の分かれ目.
——形 1 別れの, 最後の, 臨終の ‖
a párting kíss 別れのキス.
drink a parting cup 別れの杯をくむ.
2 去っていく, 暮れていく. 3 分離する.

**par·ti·san, --·zan** /pɑːrtəzən パーティザン | pɑːtizǽn パーティザン/ 名 Ⓒ 1 (主義・党派・人の)熱心な支持者. 2 〖軍事〗パルチザン, ゲリラ隊員.
——形 1 党派心の強い. 2 パルチザンの.

**par·ti·tion** /pɑːrtíʃən パーティション, pər-/ 名 《正式》Ⓤ 分離; Ⓒ 分割された部分; 仕切り.

**part·ly** /pɑːrtli パートリ/ 〖→ part〗
——副 (全体からみて) **一部分は,** 部分的に(↔ wholly); ある程度は, 少しは, いくぶん 《◆全体に対して部分を強調》 ‖
The city was partly burned down. 市の一部が焼失した.
I can follow you partly. 少しは君の言うことがわかります.
His death was partly my fault. 彼が亡くなった責任の一端は私にあります.

**part·ner** /pɑːrtnər パートナ/ 〖部分(part)を(共に)とる人〗派 partnership (名)
——名 (複 ~s/-z/) Ⓒ **1a** 仲間; 共同出資者, 共同経営者 ‖
a partner in crime 共犯者.
a partner in joy 喜びを分かち合う人.
対話 "You own this store yourself?" "No. I have a partner."「この店はあなたが持っているのですか」「いいえ. 共同経営者が1人います」.
**b**《米略式》男友だち, 相棒.
**2** (ダンス・テニス・トランプなどで) **パートナー,** 相手 ‖
I happened to be partners with her in dancing. たまたま彼女と組んで踊った.
**3 a**《米》同棲の相手, ホモ・レズの相手.
**b**《英》つれあい, 配偶者《夫または妻》; セックスパートナー ‖
one's partner in life 生涯の伴侶(はんりょ).
——動 他 …と組む, 提携する; …を組ませる ‖
I was partnered (up) with him in tennis. 私はテニスで彼とペアを組んだ.

**part·ner·ship** /pɑːrtnərʃip パートナシプ/ 名 Ⓤ

提携, 共同, 協力, 協調 ‖
go into partnership with him 彼と協力する.
I am in partnership with him. 彼と協同している.
**2** Ⓤ Ⓒ 共同事業；合名会社.

**par·tridge** /pɑ́ːrtridʒ/ 图 (礆~s, 集合名詞 par·tridge) Ⓒ〔鳥〕ヤマウズラ；Ⓤ その肉.

**part-time** /pɑ́ːrttáim パートタイム/ 圏 パートタイムの, 非常勤の,《学校かで定時制の》(↔ full-time) (cf. part time) ‖
a part-time teacher 非常勤講師.
I have a part-time job tonight. 今晩アルバイトがある《◆ ×have arbeit》.
——副 work part-time パートタイムで働く,《短時間の》アルバイトをする《◆「アルバイト」はドイツ語から》.

**part-tim·er** /pɑ́ːrttáimər パートタイマ/ 图 Ⓒ パートタイマー, 非常勤者.

**\*\*par·ty** /pɑ́ːrti パーティ/ 《「部分(part)に分け合う人の集い」が原義》
→ 图 **1** パーティー **2** 党 **3** 一団 **4** 相手
——图 (礆 par·ties/-z/) Ⓒ **1** パーティー, 社交的な会, 集まり ‖
give [hold, have,《略式》throw] a party for him at my house 私の家で彼のためにパーティーを開く.
a báchelor pàrty 独身さよならパーティー.
a no-host party 割り勘パーティー《◆「ダンスパーティー」は → dance 图 **2**》.
The party is over. パーティーは終わった；《略式》楽しいことはもうおしまい.

関連 [種類] birthday party 誕生日パーティー / floating party 船上パーティー / garden party 園遊会 / breakfast party 朝食会 / lunch(eon) party 昼食会 / dinner party 晩さん会 / post-party party 二次会 / welcome party 歓迎会 / farewell party 送別会 / social party 社交会 / tea party お茶会 / bottle party 酒持ち込みのパーティー / drinking party 宴会 / reading party 読書会 / surprise party 不意打ちパーティー.

文化 (1) 英米の家庭での party では飲食より会話が中心で, 夫婦を1単位として招くのがふつう. 招かれた時は何か小さな物(wine, pie など)を持参するのがエチケット.
(2) 学生の「コンパ」も日本でふつうに行なわれる「宴会」も party に相当する.

**2** [単数・複数扱い; しばしば集合名詞] 党, 政党, 派；Ⓤ 党派心 ‖
a political party 政党.
the ruling party 与党.
the opposition party 野党.
enter a party 入党する.

事情 [政党の名] 米国：the Democratic Party 民主党, the Republican Party 共和党 / 英国：the Labour Party 労働党, the Conservative Party 保守党 / 日本：the Liberal Democratic Party 自由民主党, The Democratic Party of Japan 民主党.

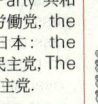

**3** [集合名詞；単数・複数扱い；しばしば複合語で] (行動を共にする)一行, 一団, 連中, 仲間；一味, 味方；〔軍事〕小部隊 ‖
a fishing party 釣り仲間.
an inspection party 視察団.
The party was [were] all rescued. 一行は全員救助された.

Q&A **Q**：動詞は単数扱い・複数扱いのどちらでもいいのですか.
**A**：単数扱いが原則ですが, 一人一人に重きを置くときには複数扱いになることがあります. これは audience, committee, crew, class などにも当てはまりますが, police は常に複数扱いです.

**4**《正式》相手, 当事者, 関係者 ‖
a third party to a case 事件の第三者.
the parties concerned = the concerned parties 当事者たち.
be (a) party to the matter 事件に関係する.
Here's your party. = Your party's on the line.《電話の交換手の言葉》先方がお出になりました.

**5** [形容詞的に] 政党の；党派[派閥]的な；パーティー(用)の.

**párty pìece**《略式》[one's ~] (パーティーでの)十八番(おはこ)；ばかの1つおぼえ.

**Pas·cal** /1 pæskǽl パスキャル/ **2** pæskl パスクル/ 图 **1** パスカル《Blaise/bléiz/ ~ (1623-62)；フランスの哲学者・数学者・物理学者》. **2** [p~] パスカル《圧力の単位. 記号 Pa》.

**PASCAL** /pǽskæl パスキャル/《Philips Automatic Sequence Calculator》图【コンピュータ】パスカル《プログラミング言語の1つ》.

**\*\*pass** /pǽs パス/ pɑ́ːs パース/《頭音》páth/pæθ |pɑ́ːθ/, pɜ́ːrse/pɜ́ːrs/》《「ある地点を通り過ぎる」が本義. cf. passage, surpass》

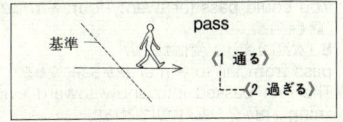

→ 動 直 **1** 通る **2** 過ぎる **3** 消える **4** 合格する **5** 渡る
他 **1** ～を通り過ぎる **2** 過ごす **3** 合格する **4** 渡す **5** 述べる **6** 動かす
图 **1** 通行(許可)証

―[動] (三単現 ~・es /-ɪz/; 過去・過分 ~ed /-t/; 現分 ~・ing)

―[自] **1** 通り過ぎる, 通る; 追い越す; 進む, 行く ‖
pass along a river 川に沿って進む.
pass behind him 彼の後ろを通る.
pass from door to door 1軒ずつ訪問する.
pass through the garden 庭の中を通る.
No passing. 《掲示》(米) 追い越し禁止(=(英) No overtaking.).
A car **passed** by in the dark. やみの中を自動車が通り過ぎた.
I was **passing**, so I dropped in. ちょうど通りかかったので, 寄らせてもらいました.
対話 "How about some coffee?" "I'll **pass**."「コーヒーはいかが」「今は結構です」.
**2** 〈時が〉過ぎる, たつ ‖
Five years have **passed** since she died [her death]. 彼女が死んでから5年が過ぎた(=It is [has been] five years since she died [her death]. =She has been dead for five years. =She died five years ago.).
**3** 消える, 消え去る, 終わる; 死ぬ, 他界する ‖
The island **passed** out of sight. 島が見えなくなった.
He **passed** away peacefully. 彼は安らかに息を引き取った.
Some old institutions are **passing**. 古い慣習で廃(ﾊﾟ)れかけているものもある.
The pain **passed** away. 痛みが消えた.
The concert **passed** off well. コンサートは成功裡(ﾘ)に終わった.
**4** 合格する, 受かる(↔ fail); 可決される ‖
pass in the examination 試験に受かる.
The bill **passed**. 法案が通過した.
**5** 渡る, 譲られる;〈言葉・手紙などが〉交わされる ‖
The land **passed** to her son. その土地は彼女の息子に譲られた.
Letters **passed** between them. 彼らの間で手紙が交わされた.
**6** 起こる; うまく運ぶ ‖
What **passed** during the vacation? 休暇中に何が起こったのか.
**7** (…として) 通る, 認められる ‖
pass under the name of Tom トムという名で通る.
She **passes** for [as] a scholar. 彼女は(学者でもないのに)学者として通っている.
You could **pass** for twenty-four. あなたは24歳でも通る.
**8** (次第に) 変わる, 変化する ‖
pass from fall to winter 秋から冬に変わる.
The rain **passed** into snow toward evening. 雨が夕方近くに雪に変わった.
**9** 見のがされる, 大目に見られる ‖
I am not going to let it **pass**. それは聞き捨てならないね.
**10** 判決[判断]する;〈判決・判断が〉下される; 意見を述べる ‖

pass against him 彼に不利な判決が下される.
pass on the case 事件について判決を下す.

―[他] **1** …のそばを通り過ぎる, …を通り越す;〈人・車など〉を追い越す ‖
pass her on [(主英) in] the street 通りで彼女とすれ違う; 通りで彼女を追い越す《◆ pass by her on [(主英) in] the street では「すれ違う」意のみ》.
I **passed** the gate. 門のそばを通り過ぎた; 門を通り抜けた.
**2** 《正式》〈時〉を(退屈しないように)過ごす, 送る《◆ 何となく時を過ごす気持ち》; …を経験する ‖
pass (the) time ひまをつぶす.
pass a day 1日をゆったりと過ごす.
I **passed** the time (in) reading. 読書をして時間をつぶした.
**3** …に合格する(↔ fail);〈人〉を合格させる;〈議案などが〉〈議会〉を通過する;〈議会が〉〈議案など〉を通過させる, 可決する ‖
Did he **pass** the examination? 彼は試験に合格しましたか.
pass a bill as acceptable 法案を可決する.
pass him on the achievement test 彼を学力検査で合格させる.
pass the Commons 下院を通過する.
**4** [pass A B / pass B to A] B〈物〉をA〈人〉に (手)渡す ‖
pass the card (on) to her = pass her the card 彼女にカードを手渡す.
pass one's report in by the end of the hour 時間の終わりまでに報告書を提出する.
Shall I **pass** the papers **over to** the students? 答案用紙を生徒に配りましょうか.
対話 "Could you **pass** (me) the butter, please?" "Yes, of course. Here you are."「バターを取ってくださいませんか」「ええいいですよ. はいどうぞ」《◆ 食事中, 人の前に手を伸ばすのは失礼とされる》.
**5** 《正式》…を述べる; [pass A on B] B〈人・物〉にA〈判決・判断〉を下す ‖
pass a comment on the results その結果について意見を述べる.
pass (a) sentence on him 彼に判決を言い渡す.
**6** …を動かす; …を伝える;《法律》…を譲渡する ‖
pass one's hand over one's face 手で顔をなでる.
pass the tradition **down** from generation **to** generation 伝統を世代から世代へと伝える.
He **passed** the property **to** his son. 彼は財産を息子に譲った.
**7** 〈にせ物など〉を通用させる, つかます;〈うわさなど〉を広める.
**8** 《正式》〈能力など〉を越える, しのぐ ‖
This problem **passes** my understanding. この問題は私の手に負えない.
**9** …を無視する, 見のがす, 見て見ぬふりをする ‖
pass off the insult as a joke 侮辱(ﾌﾞ)を冗

談として見のがす.
pass over a few pages 2, 3ページを飛ばす.
**10**〖球技〗〈ボール〉をパスする.
***páss awáy*** (1) [自] → 圎**3**. (2) [他] 〈時〉を〈楽しく〉過ごす.
***páss ón*** (1) [~ *on* **A**] → 圎**10**. (2) [他] …譲る, 伝える;〈衣類など〉をお下がりにする.
***páss óut*** [自] 出ていく; → 圎**3**;〖略式〗意識を失う.
***páss óver*** [他] (1) → 圎**4**, **9**. (2) …を手短に述べる, …にざっと目を通す, …をざっと検討する.
◇***páss thróugh*** [他]〈困難など〉を経験する.
***páss úp*** [他] …を(あえて)見送る.
──名 (穰) ~·es/-iz/) C **1** 通行(許可)証, 無料入場券, 無料乗車券; 通行, 通過 ‖
a security **pass** (建物·敷地内への)入場許可証.
a free **pass** on [over] a railroad 鉄道のパス.
**2** 峠越えの道, 山道; 水路 ‖
a **pass** over the mountain 山越えの道.
cross a **pass** 峠を越す.
**3**〖略式〗[a ~](やっかいな, 困った)形勢, 状態 ‖
come to a pretty **pass** 困ったことになる.
**4**〖英〗(大学の)普通及第;(試験·検査などの)合格.
**5**〖スポーツ〗パス, 送球;〖フェンシング〗パス《攻撃の準備動作の一種》;〖野球〗四球による出塁;〖トランプ〗パス.
***còme to páss***〖正式〗起こる, 実現する.
***màke a páss at A***〖略式〗**A**〈女性〉に言い寄る, **A**〈人〉にしつこくつきまとう.
**páss kèy** 親かぎ(master key); 合かぎ.
**páss màrk**〖英〗合格点((米) passing mark).
**pass·a·ble** /pǽsəbl パサブル | páːs- パーサブル/ 形 **1** 通行できる. **2**(よくはないが)なんとか認められる, まずまずの.

\***pas·sage** /pǽsidʒ パスィヂ/ [→ pass]
──名 (穰) --sag·es/-iz/) **1** UC 通行(権), 通過 ‖
force a **passage** through a crowd 群衆を押し分けて進む.
No **passage** this way.《掲示》これより先通行禁止.
**2** C 通路, 水路;〖英〗廊下((米·カナダ) hall);ホール, ロビー; 出入口.
**3** U [通例 a ~ / the ~ / one's ~] 旅行; 船賃, 航空運賃; 座席 ‖
a ship in **passage** 航行中の船.
**4** C(文·楽曲の)**一節**, 引用された部分 ‖
a **passage** from [of] Milton ミルトンの一節.
**5** U〖正式〗(時の)経過;(出来事の)進行; 移動 ‖
a bird of **passage** 渡り鳥.
with the **passage** of time 時がたつにつれて.
**6** U(議案などの)可決, 通過.
**pas·sage·way** /pǽsidʒwèi パスィヂウェイ/ 名 C 廊下; 通路.
**pas·sé** /pæséi パセイ | pǽːsei パーセイ, pǽːs-/〖フランス〗〖正式〗古めかしい, 時代遅れの; 往年の, 〈女性が〉盛りを過ぎた.

\***pas·sen·ger** /pǽsəndʒɚr パセンヂャ/ ⦅アクセント注意⦆《♦ ×パセンヂャ》[→ pass]
──名 (穰) ~·s/-z/) C (乗物の)**乗客**; 旅客 ‖
a transit **passenger** 乗り継ぎ客.
a **passenger** plane 旅客機.
"All the **passengers** should be on board."《空港のアナウンス》「乗客の皆様ご搭乗ください」.
**pássenger bòat** 客船.
**pássenger sèat** 乗客席,(車の)助手席《運転手の隣. 最良の席とされる》.
**pass·er** /pǽsɚr パサ | páːs- パーサ/ 名 C **1** 通行人. **2** 試験合格者, 検査合格証.
**pass·er·by, pass·er-by** /pǽsɚrbái パサバイ | páːs- パーサバイ/ 名 (穰) **pass·ers(-)by**) C 通行人, 通りがかりの人.
**pass·ing** /pǽsiŋ パスィング | páːs- パースィング/ 動 → **pass**.
──形 **1** 通過する; 通行用の; 過ぎ去る.
**2** つかの間の, 一時の; 偶然の ‖
**passing** love はかない愛.
**3** 合格の ‖
get a **passing** mark [grade]〖米〗合格点をとる.
──名 U 通過;(時の)経過; 死 ‖
in **passing** ついでに.
**pássing làne**〖米〗追越し車線(〖英〗overtaking lane).

**pas·sion** /pǽʃən パション/ 名 **1** UC(激しい)感情, 熱情, 情熱 ‖
a man of **passion** 情熱家.
choke with **passion** 激情のあまり息を詰まらせる.
He is full of **passion**. 彼は熱情にあふれている.
**2**〖略式〗[a ~] 熱, 熱中, 愛着; 夢中になるもの ‖
She has a **passion** for golf. =Golf is her **passion**. 彼女はゴルフに夢中だ.
**3** [a ~](怒り·憎しみなどの)激情, かんしゃく ‖
bríng him ìnto a pássion 彼をかっとさせる.
fly into a **passion** かんしゃくを起こす.
be in a **passion**. 激怒している.
**4** [the P~] キリストの受難.
**pássion plày**〖しばしば P~〗キリスト受難劇.
**Pássion Súnday** 受難の主日《四旬節の第5日曜日》.
**Pássion Wèek** [the ~] 受難週.
**pas·sion·ate** /pǽʃənət パショナト/ 形 **1** 熱情的な, 熱烈な ‖
**passionate** love 情熱的な愛.
**2** 怒りっぽい, 短気な ‖
He has a **passionate** nature. 彼は短気な性格だ.
**pas·sion·ate·ly** /pǽʃənətli パショナトリ/ 副 熱烈に, 激しく; 激怒して.
**pas·sive** /pǽsiv パスィヴ/ 形 **1** 受動的な, 受身の, 消極的な, 活動的でない(↔ active) ‖
a **passive** nature 消極的な性質.
**2** 無抵抗の, 言いなりになる; おとなしい, 危険のない ‖
**passive** obedience 黙従.
**3**〖文法〗受身の, 受動態の(↔ active).
──名 U [the ~] =passive voice.

**pássive smóker** 他人のタバコの煙を吸わされる人；受動喫煙者.

**pássive smóking** 他人のタバコの煙を吸わされること；受動喫煙被害.

**pássive vóice** 〔文法〕[the ~] 受動態, 受身(↔ the active voice).

**pas·sive·ly** /pǽsivli パスィヴリ/ 副 受身で；消極的に.

**Pass·o·ver** /pǽsòuvər パソウヴァ/ 名 [the ~] 過越しの祭り《出エジプトを記念するユダヤ人の祝い》.

**pass·port** /pǽspɔ̀ːrt パスポート | pɑ́ːs- パース-/ 名 C **1** 旅券, パスポート；許可証 ‖
get a passport 旅券をとる.
**2** 《正式》手段, 保障.

**pass·word** /pǽswə̀ːrd パスワード | pɑ́ːs- パース-/ 名 C 合い言葉.

**＊past** / pǽst パスト | pɑ́ːst パースト/ (同音 passed)《pass の過去分詞形(passed)より》
─ 形 **1** [通例名詞の前で] 過去の, 過ぎ去った；[補語として] 終わった《◆しばしば名詞の直後にも置く》‖
past events 過去の出来事.
the past century 前世紀；この百年.
in past days = in days past 以前に.
Winter is [ˣwas] past and spring has come. 冬が去って春が来た.
**2** [通例名詞の前で] [完了時制と共に] 過ぎたばかりの, 最近の《◆しばしば名詞の直後にも置く》‖
for some time past このところしばらく.
during the past week (今までの)1週間.
I've been ill in bed for the past two days. ここ2日間病気で寝ている.
**3** 前任の, 元の ‖
a past mayor 前市長.
**4** 〔文法〕過去の ‖
the past participle 過去分詞.
the past perfect 過去完了.
the past tense 過去時制.

─ 名 **1** [the ~] 過去, 昔(↔ future)；過去の出来事 ‖
a thing of the past 過去の遺物, 時代遅れの物[人] ‖
**We cannot change the past.** 過ぎ去ったことは取り戻せない《◆失敗した人を慰める言葉》.
**In the past,** houses were built of stone. 昔は家は石造りであった.
**2** [a ~ / one's ~] (国などの)過去の歴史；[a ~] (人の)経歴 ‖
a woman with a past いわくつきの女.
Rome has a glorious past. ローマには輝かしい歴史がある.
**3** 〔文法〕[通例 the ~] 過去(時制), 過去形 (past tense).
**in the pást** → 1；[現在完了時制で] 従来, これまで.

─ 前 **1** [時] …を過ぎて；〈年齢〉を越えて ‖
a man past middle age 中年過ぎの男性.
He is past forty. 彼は40歳を越えている.
It's five (minutes) past [《米》after] six. 6時5分過ぎだ.
対話 "What time do you leave for the office every morning?" "At a quarter past seven." 「毎朝何時に会社へ出かけますか」「7時15分です」.

---

**Q&A** **Q**: 上の第3例で It's five (minutes) past six. とありますが, minutes はいつでも省略できるのですか.
**A**: いや必ずしもそうではありません. 省略できるのは five, ten, twenty, twenty-five など5の倍数のときだけです. 15分と30分のときはそれぞれ a quarter, a half. それ以外の分でたとえば It's eight minutes past six. (6時8分)では minutes は省略できないことになります.

---

**2** [場所] …のそばを通り過ぎて；…を通り過ぎた先に ‖
the house past the church 教会の先にある家.
the church (which) we went past 我々が通り過ぎた教会.
**3** 〈範囲・程度・能力など〉を越えて, …の及ばない ‖
past comprehension 理解できない.
He is past hope of recovery. 彼は回復の見込みがない.

─ 副 [時・場所] 過ぎて, 通り過ぎて ‖
The car drove past. 車が走り過ぎて行った.
The years flew past. 数年が飛ぶように過ぎていった.

**pas·ta** /pɑ́ːstə パースタ/ 《イタリア》 名 **1** U パスタ《スパゲッティ・マカロニなどの総称》. **2** C パスタ料理.

**paste** /péist ペイスト/ 名 U C **1** (接着用)のり, のり状のもの.
**2** (製菓用の)練り粉, 生地 ‖
mix the ingredients into a smooth paste 材料を混ぜてむらなく練り上げる.
**3** (食品の)ペースト ‖
liver paste レバーペースト.
**4** ペースト状のもの《軟膏(なん)・練り歯磨きなど》.

─ 動 (現分 past·ing) 他 **1** 〈物をのりではる；〈場所〉にのりではる ‖
paste the broken pieces of the plate together 割れた皿をくっつける.
I pasted the paper on the wall. 壁に紙をはった.
**2** 〔コンピュータ〕…をペーストする, はり付ける.

**pas·tel** /pæstél パステル, 《英+》 ~, pǽstl/ 名 **1** U C パステル《クレヨンの一種》. **2** C =pastel drawing; U パステル画法. **3** C やわらかな淡(あわ)い色調.
─ 形〈色あいが〉パステル調の, 淡い.

**pastél dràwing** パステル画 (pastel).

**pastél shàdes** パステル調(の色あい).

**pas·tern** /pǽstərn パスタン/ 名 C つなぎ, 繋(けい)《有蹄(ゆうてい)類のひづめとくるぶしの間. 図 → horse》.

**Pas·teur** /pæstə́ːr パスター/ 名 パスツール《Louis

/lái/ 〜 1822-95；フランスの化学者・細菌学者).
**Pastéur tréatment** 狂犬病の予防接種[治療].
**pas·teur·ize** /pǽstʃəràiz パスタライズ (パスタチャライズ/) 動 (現分) --iz·ing) 他 〈牛乳、ビールなどを〉低温殺菌する. **pás·teur·ized** 形 低温殺菌された.

\***pas·time** /pǽstàim パスタイム | pɑ́ːstàim パースタイム/【時(time)を過ごす(pass)】
── 名 (複 〜s/-z/) C 気晴らし, 娯楽, 趣味 ‖
Fishing is her favorite pastime. 魚釣りは彼女の大好きな気晴らしだ.

**pas·to·ral** /pǽstərl パスタラル | pɑ́ːs- パース-/ 形 **1** 羊飼いの, 牧畜の. **2** (文) 田園生活の. **3** 牧師の, 霊的指導の. ── 名 C 牧歌劇；田園詩；田園画.

**pas·try** /péistri ペイストリ/ 名 (複 pas·tries/-iz/)
**1** C ペストリー《pie, tart などのケーキ・菓子》. **2** U ペストリー用練り粉. **3** [集合名詞] ペストリー類[菓子].

\***pas·ture** /pǽstʃər パスチャ | pɑ́ːstʃə パースチャ/【『草を食う』が本義】
── 名 (複 〜s/-z/) U 牧草地, 放牧場 ‖
horses grazing in the pasture 牧草地で草を食べている馬.
**gréener pásture** 今より魅力的な場所《仕事, 生き方など》.

**past·y** /péisti ペイスティ/ 形 (通例 比較 --i·er, 最上 --i·est) **1** のりのような. **2** 〈顔色が〉青白い.

\***pat** /pǽt パト/ 類音 putt/pʌt/ 擬音語
── 動 (三単現) 〜s /pǽts/; 過去・過分 pat·ted /-id/; 現分 pat·ting)
── 他 **1** …を軽くたたく, なでる《◆ 愛情をこめたしぐさ. cf. slap》‖
She patted his cheek affectionately. = She patted him on the cheek affectionately. 彼女は彼のほおをやさしくなでた.
**2** …をたたいて作る ‖
pat the clay into the shape of fish 粘土をたたいて魚を作る.
── 名 (複 〜s/pǽts/) C **1** 軽くたたく[なでる]こと ‖
give him a light pat on the head ＝give his head a light pat 彼の頭を軽くひとなでする.
**2** [a 〜] (パタパタと) 軽くたたく音；軽い足音.
**3** (バターなどの) 小さなかたまり ‖
a pat of butter バターのひとかたまり.
**a pát on the báck** (略式) ほめ言葉, 激励.

**Pat** /pǽt パト/ 名 パット《Patrick, Patricia の愛称》.

**patch** /pǽtʃ パチ/ 名 (複 〜·es/-iz/) C **1** 継ぎ, 当て布《補修用の当て》‖
a patch on the tube チューブの継ぎはぎ.
対話 "These pants have a hole in them." "No problem. I'll sew a patch on them." 「このズボンは穴があいているんだ」「大丈夫. 継ぎを当ててあげるよ」.
**2 a** 傷あて.
**b** 眼帯 ‖
an eye patch 眼帯.
**3** (略式) (色彩などが他と異なって見える) 部分, 斑点(はん)‖
a dog with a white patch on its neck 首の所に白いぶちのある犬.
a patch of blue sky 雲の間に見える青空.
*in pátches* ところどころに, 部分的に.
── 動 (三単現) 〜·es/-iz/) 他 **1** …に継ぎを当てる；…を修理する；〈傷口を〉手当てをする ‖
patch (up) an old coat 古い上着に継ぎを当てる.
patch up the leaky roof 雨漏りのする屋根を修繕する.
**2** …を継ぎ合わせて作る.
**pátch pòcket** 張り付けポケット.

**patch·work** /pǽtʃwə̀ːrk パチワーク/ 名 **1** C U 継ぎはぎ細工；パッチワーク；C [a 〜] 寄せ集め. **2** C 間に合わせの仕事.

**patch·y** /pǽtʃi パチィ/ 形 (比較 --i·er, 最上 --i·est) **1** 継ぎはぎの, 寄せ集めの；まだらの. **2** 不統一な, 不完全な；よかったり悪かったりの.

**pa·té, pâ·té** /pɑːtéi パーテイ | ˈ-ˌ-, pǽ-/【フランス】名【料理】**1** U C パテ《肉・魚肉などを詰めた小型パイ》.
**2** C パテ《ペースト状にした肉(特にレバー)の料理》.

**pat·ent** /pǽtnt パテント | péitnt ペイテント, pǽt-/ 名 C **1** 特許(権), 専売特許(品), パテント ‖
He took out a patent for the new medicine. 彼は新薬の特許をとった.
**2** 免許, 特権；特長.
── 形 **1** (専売)特許の, 特許権を持つ；
a patent desk 専売特許の机.
**2** (正式) (悪いことに関して) 明白な ‖
his patent lie 彼の明らかな虚言(きょ).
**pátent léather** (黒の)エナメル革, エナメル靴.

**pa·ter·nal** /pətə́ːrnl パターヌル/ 形 (正式) **1** 父の, 父らしい；父のような(↔ maternal) ‖
paternal love 父性愛.
**2** 父方の ‖
one's paternal grandfather 父方の祖父.
**pa·tér·nal·ly** 副 父らしく, 父として.

**pa·ter·nal·ism** /pətə́ːrnəlìzm パターナリズム/ 名 U (国民や従業員に対する)父親的温情主義；家父長的態度, 干渉主義.

**pa·ter·ni·ty** /pətə́ːrnəti パターニティ/ 名 U (正式)
**1** 父であること, 父権. **2** 父系. **3** (考え・計画などの)出所.

\***path** /pǽθ パス | pɑ́ːθ パース/ 類音 pass/pǽs | pɑ́ːs/)
── 名 (複 〜s/pǽðz, pǽθs | pɑ́ːðz/) C **1** 小道, 細道《人や動物が歩いてできた道；cf. lane》(pathway) ‖
a path by the river 川沿いの小路.
**2** (庭・公園などの)散歩道, 通り道《◆ 街路の歩道は《米》sidewalk, 《英》pavement》‖
shovel a path through the snow 雪かきをして道をつける.
stand in his path 彼のじゃまをする.
**3** 進路, 軌道(route) ‖
the path of a hurricane ハリケーンの進路.
**4** [時に the 〜] (行動の)方針；生き方 ‖

paths of ease 安易な生き方.
5 【コンピュータ】パス《階層ディレクトリの中の目的のファイルに至る経路》∥
a path name パス名.

**pa·thet·ic** /pəθétik パセティク/ 形 **1** 哀れな, 痛ましい; 感傷的な(pitiful) ∥
a pathetic story 哀れな物語.
**2** (略式) 全く不十分な, 取るに足りない ∥
a pathetic excuse おそまつな言い訳.
She took three weeks to answer my letter. Isn't it pathetic? 彼女は3週間もしてから返事をよこした. だらしがないと思わないか.

**pa·thet·i·cal·ly** /pəθétikəli パセティカリ/ 副 哀れに, 感傷的に; 不十分に.

**path·o·log·i·cal**, **-ic** /pæ̀θəládʒik(l) パソラヂク(ル) | -lɔ́dʒ- -ロヂク(ル)/ 形 **1** 病理学(上)の. **2** 病気の, 病気による. **3** (略式) 病的な, 不健全な, 異状な.

**pa·thol·o·gy** /pəθálədʒi パサロヂ | -θɔ́l- パソロヂ/ 名 U 病理学.

**pa·thos** /péiθas ペイサス | -θɔs -ソス/ 名 U (正式) ペーソス, (人生・文学・芸術の持つ)哀感, 哀愁.

**path·way** /pǽθwèi パスウェイ | pɑ́ːθ- パース-/ 名 C 小道; 通路.

\***pa·tience** /péiʃəns ペイシェンス/ [『苦しむ(pati)こと』が原義. cf. passions] 派 patient (形)
——名 **1** U (冷静な)忍耐(力); しんぼう強さ; がんばり, 根気(→ impatience)《◆長期にわたり耐え抜くのは endurance》∥
lóse (one's) pátience with him 彼に我慢できなくなる.
work with patience 根気強く働く.
wait in patience 我慢して待つ.
I have no patience with such a man. そのような人には我慢がならない.
対話 "I can't wait any longer. Let's go." "You're always in a rush. Have some more patience, please."「もうこれ以上は待てない. さあ出かけるぞ」「いつもせっかちな人だね. もう少ししんぼうしなさいよ」.
**2** U (英) 【トランプ】1人トランプ((米) solitaire).
**3** [P~] ペイシェンス《女の名. 愛称) Patty》.

\***pa·tient** /péiʃənt ペイシェント/ [→ patience]

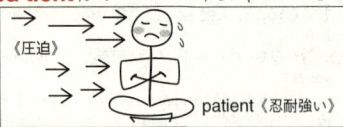

《圧迫》 → → → → → patient《忍耐強い》

——形 (比較 more ~, 時に ~·er; 最上 most ~, 時に ~·est) **1** 忍耐強い, しんぼう強い(↔ impatient); [補語として] (じっと)我慢する ∥
a patient child 我慢強い子供.
be (as) patient as Job (ヨブのように) 非常に忍耐強い.
You're very patient with her. 彼女のことをよく我慢しているね.
**2** 根気よく働く, 勤勉な ∥
a patient worker 根気強く働く[勉強する]人.

——名 (複 ~s/-ʃənts/) C 患者, (医者にかかっている)病人 ∥ a cancer patient がん患者.

**pa·tient·ly** /péiʃəntli ペイシェントリ/ 副 根気よく, しんぼう強く.

**pa·ti·o** /pǽtiòu パティオウ, pɑ́ː-/ 《スペイン》名 (複 ~s) C **1** 中庭. **2** (食事・憩い用の)テラス.

**pat·ri-** /pǽtri- パトリ-, péitri-/ 連結形 父の; 男性の.

**pa·tri·arch** /péitriɑ̀ːrk ペイトリアーク/ 名 C **1** (社会) 家父長, 男の族長. **2** [聖書] [~s] イスラエル民族の祖先《Abraham, Issac, Jacob とその父祖. Jacob の息子たち》. **3** 長老, 古老. **4 a** (初期キリスト教会の)監督. **b** [通例 P~]【カトリック】総大司教, (東方教会) 総主教.

**pa·tri·ar·chal** /pèitriɑ́ːrkl ペイトリアークル/ 形 (社会) 家父長の, 族長の; 家父長制度の.

**Pa·tri·ci·a** /pətríʃə パトリシャ/ 名 パトリシア《女の名. 愛称 Pat, Patty》.

**pat·ri·cide** /pǽtrəsàid パトリサイド/ 名 (正式) **1** U 父親殺し(の犯罪[行為]). **2** C 父親殺しの犯人.

**Pat·rick** /pǽtrik パトリク/ 名 **1** パトリック《男の名. 愛称 Pat》. **2** Saint ~ 聖パトリック《キリスト教の伝道者, アイルランドの守護聖人. cf. Saint Patrick's Day》.

**pat·ri·mo·ny** /pǽtrəmòuni パトリモウニ | -mə- -モニ/ 名 U [しばしば a ~] **1** (父から受け継ぐ)世襲財産, 家督; 遺産. **2** 教会基本財産.

**pa·tri·ot** /péitriət ペイトリオト | pǽtriət パトリオト/ (アクセント注意) 《◆ ✕ペイトリオト》名 C 愛国者, 憂国の士.

**pa·tri·ot·ic** /pèitriátik ペイトリアティク | pæ̀tri ɔ́tik パトリオティク/ 形 愛国的な, 愛国心の強い ∥
a patriotic man 愛国者.

**pa·tri·ot·ism** /péitriətìzm ペイトリオティズム | pǽ-trī-/ 名 U 愛国心.

\***pa·trol** /pətróul パトロウル/ [『泥の中を歩き回る』が原義]
——名 (複 ~s/-z/) **1** U 巡回, パトロール ∥
The soldiers are on patrol. 兵士たちは見回り中である.
**2** C 巡回者; [集合名詞] パトロール隊; 偵察機, 巡視船.
——動 (過去・過分 pa·trolled/-d/; 現分 --trol·ling) 他 …を巡回する, パトロールする, 見回る ∥
A guard patrols the gate at night. 番兵は夜に門をパトロールする.
——自 巡回する, 巡視する.

**patról càr** (高速道路の)パトカー((米) squad car, (英) panda car) (cf. police car).

**pa·trol·man** /pətróulmən パトロウルマン/ 名 (複 --men) C (米) パトロール警官, 巡査((PC) patrol officer, (英) police constable).

**pa·tron** /péitrən ペイトロン, (英+) pǽ-/ (発音注意) 《◆ ✕パトロン》名 (女性形 ~·ess) C **1** (正式) [しばしば ~s] (店・ホテルなどの)ひいき客, 顧客 ∥
the patrons of the department store デパートの常連.

**2** 後援者, 保護者, パトロン ‖
a patron of a sculptor 彫刻家の後援者.

**pa·tron·age** /pǽtrənidʒ パトロニッヂ/(米+) péi-/ Ⓤ **1** [正式] (店などへの) ひいき, 愛顧; [a～] 集合名詞] 常連; (芸術・事業などへの) 後援, 保護 ‖
with [under] the patronage of …の保護の下に.
have a large patronage 常連が多い.
We appreciate your patronage. 毎度お引き立てありがとうございます.
**2** 官職任命権; (英) 聖職任命権.

**pa·tron·ize**, (英ではしばしば) **–ise** /péitrənaiz ペイトロナイズ, pǽ-| pǽ- パトロナイズ/ 動 (現分) -iz·ing) 他 **1** [正式] 〈店・劇場など〉をひいきにする; …と取引する ‖
patronize the grocer's その食料品店をひいきにする.
**2** …を後援[奨励]する ‖
patronize a young singer 若い歌手を後援する.
**3** …にいばった[恩着せがましい]態度をとる.

**pat·ter** /pǽtər パタ/ [類音] potter/pátər | pɔ́t-/) 動 ⓐ **1** 〈雨など〉がパラパラと降る, パタパタと音を立てる. **2** パタパタと走る[歩く].
—— 名 [a ～ / the ～] パタパタ[パラパラ]という音 ‖
the patter of raindrops on the roof パラパラと屋根を打つ雨の音.

\*__pat·tern__ /pǽtərn パタン | pǽtn パトン/ (アクセント注意) 《×パターン》『「父のように (pater) まねされるべきもの」が原義. cf. pa̱tron》
—— 名 (複 ～s/-z/) Ⓒ **1** [通例 a ～ / the ～] 模範, 手本, かがみ; [形容詞的に] 模範的な 《◆model の方がふつう》‖
set a pattern 模範を垂れる.
She is the pattern of virtue. 彼女は貞節のかがみだ.
a pattern nurse 模範的な看護師.
**2** 原型, 模型; 型紙, 鋳型 ‖
a pattern for a skirt =a skirt pattern スカートの型紙.
**3** (敷物などの) **模様**, 柄(ᵍᵃʳᵃ) ‖
a striped pattern しま柄.
patterns on wall paper 壁紙の図柄.
**4** (行動などの) 傾向; (製品などの) 型, 様式 ‖
behavior patterns 行動様式.
a bicycle of a new pattern 新しい型の自転車.
**5** (布地などの) 見本, ひな形.
**6** (米) 1 着分の服地.
—— 動 他 **1** [正式] [pattern A on B / pattern A after B] A を B を手本として作る ‖
pattern oneself on one's father 父親を手本とする.
Her dress is patterned after a new French style. 彼女のドレスは新しいフランス風のスタイルに作られている.
**2** …に模様をつける.

**pat·terned** /pǽtərnd パタンド | pǽtnd パトンド/ 形 模様のついた.

**pat·ty** /pǽti パティ/ [類音] party/pɑ́ːrti/) 名 (複 pat·ties/-z/) Ⓒ **1** パティー《小型の pie》. **2** (米) パティ (ひき肉・魚・カキなどを平たく丸く焼いたもの).

**Pat·ty** /pǽti パティ/ 名 (愛称) パティ《Patricia, Patience の愛称》.

**Paul** /pɔ́ːl ポール/ 名 **1** ポール《男の名》. **2** Saint ～ 聖パウロ《キリストの使徒・大伝道者》.

**paunch** /pɔ́ːntʃ ポーンチ/ 名 (複 ～·es/-iz/) Ⓒ 腹, 胃; 太鼓腹, ぽてい腹.

\*__pause__ /pɔ́ːz ポーズ/ ([類音] pose/póuz/) 『「動作の一時的な休止」が本義』

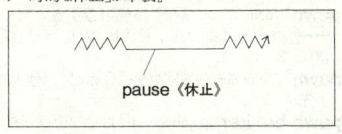

pause《休止》

—— 名 (複 paus·es/-iz/) Ⓒ **1** [通例 a ～] 休止, 中断, 途切れ; [医学] (脈の) 結滞 ‖
make [take] a pause for rest 休息をとる.
a pause to get one's breath 息つぎのための休み.
There was a pause in the conversation. 会話がとぎれた.
**2** ちゅうちょ, ためらい. **3** 句切り, 句読 (ᵏᵘᵗᵒᵘ), ポーズ. **4** [音楽] フェルマータ《延長記号⌒,⌒》.
give A pause =give pause to A A 《人》にちゅうちょさせる.
—— 動 (三単現 paus·es/-iz/; 過去·過分 ～d /-d/; 現分 paus·ing) ⓐ **1** 休止する, ちょっと止まる ‖
She paused to catch her breath. 彼女は立ち止まって息をついた.
対話 "I'm getting tired from all this work." "Me too. Let's pause for a cup of coffee."「この仕事ばかりなのでだいぶ疲れてきたよ」「ぼくもだ. ちょっと手を休めてコーヒーでも飲もう」.
**2** ためらう, 思案する.

**paus·ing** /pɔ́ːziŋ ポーズィング/ 動 → pause.

**pave** /péiv ペイヴ/ 動 (現分 pav·ing) 他 (通例 be ～d] 舗装されている, 覆われている ‖
a road paved with concrete コンクリートで舗装された道.
*páve the wáy for [to] A* …を容易にする, …への道を整える.

\*__pave·ment__ /péivmənt ペイヴメント/ [→ pave]
—— 名 (複 ～s/-mənts/) **1** Ⓤ 舗装.
**2** Ⓒ 舗装道路, (米) 車道; (主に英) (舗装した) 歩道 ((米) sidewalk). **3** (主に米) 舗装材料, 敷石.
**pávement àrtist** 大道画家 ((米) sidewalk artist)《歩道にチョークで絵を描く》.

**pa·vil·ion** /pəvíljən パヴィリョン| -iən パヴィリオン/ 名 Ⓒ **1** (運動会などで用いる) 大型テント. **2** (博覧会などの) 展示館, パビリオン. **3** (主に英) (クリケット競技場などの) 観覧席, 選手席. **4** (主に米) (病院の) 分館, 別棟.

**pav·ing** /péiviŋ ペイヴィング/ 動 → pave.

―名 1 ⃝U 舗装(工事). 2 ⃝U 舗道, 舗床. 3 ⃝C [通例 ~s] =paving stone.
**páving stòne** (英)(舗装用)敷石(paving).
**paw** /pɔ́ː ポー/ (同音)(主に英) pore, pour) 名 ⃝C
1 (イヌ・ネコのようなつめのある哺(ﾎ)乳動物の)足, 手《◆ひづめのある動物の足は hoof, 人の足は foot》.
2 《略式》(人の大きな, 不器用な)手 ||
Wash your dirty **paws**! その汚い手を洗っておいで.
―動 他 …を前足でたたく[ひっかく, さわる], …をひづめでける ||
**paw** the ground ひづめで地面をひっかく.

**pawn**[1] /pɔ́ːn ポーン/ 動 他 …を質に入れる.
―名《正式》1 ⃝U 入質, 質入れ. 2 ⃝C 質草(ｸﾞｻ), 担保. 3 ⃝U 人質.
**pawn**[2] /pɔ́ːn ポーン/ 名 ⃝C 《チェス》ポーン；(他人の)手先.
**pawn·bro·ker** /pɔ́ːnbròukər ポーンブロウカ/ 名 ⃝C 質屋, 質屋の主人.

\***pay** /péi ペイ/ 〖「借りを返す」が本義〗
派 payment(名)
→ 動 他 1 支払う　3 報いる
　　 自 1 代金を払う　2 利益になる
　　 名 2 給料
―動 (三単現) ~s/-z/; (過去・過分) paid/péid/; (現分) ~ing
―他 1 …を支払う；〈人〉に代金を払う；[pay A B] A〈人〉に B〈金〉を払い, 弁済する；[pay A to do] A〈人〉に金を払って…させる ||
**pay** a debt 借金を払う.
**pay** the tailor 洋服屋に支払う.
**pay** rent for the room 部屋代を払う.
He is highly **paid**. 彼の給料は高い.
I **paid** her 50 dollars for the shoes. 彼女に靴の代金として50ドル払った《◆受身形は 50 dollars were *paid* (to) her for the shoes. / She was *paid* 50 dollars for the shoes.》.
I **paid** him to trim the hedge. 彼を雇って生垣の手入れをさせた.
**Paid** with thanks. 《領収証などで》代金領収しました.

2 [pay A B / pay B to A] A〈人・物〉に B〈注意・敬意〉を払う, 与える；A〈人〉を B〈訪問〉する ||
**pay** one's respects 敬意を払う.
**pay** her a compliment on her cooking 彼女に料理が上手だとお世辞を言う.
We **paid** no attention to his words. =No attention was **paid** to his words. 彼の言葉を注意して聞かなかった《◆*We paid his words no attention. は不可》.
I **pay** her a visit once a week. 私は週に1回彼女を訪問する.

3 〈人など〉に報いる；[pay (A) B] (A〈人〉に) B〈利益など〉を与える, …で報いる ||
Honesty **pays** you well. 正直にして損はない.
The work **pays** (me) 30 dollars a day. その仕事は1日30ドルになる.

4 《略式》〈人〉に報いる, お返しをする；〈人〉をこらしめる；〈罰・報い〉などを受ける ||
**pay** the penalty for a mistake 過ちの罰を受ける.
**pay** him back for his contempt by causing him trouble 彼を困らせて侮辱(ｼﾞｮｸ)の仕返しをする.
I **paid** her with a present for her kindness. 親切にしてくれたお礼に彼女に贈り物をした.

―自 1 代金を払う；支払う ||
**pay** for him 彼の分の勘定を払う《◆「彼に代わって支払う」にも「彼を賃金で雇う」にも解釈できる》.
**pay** in cash 現金で払う.
Go ― now, **pay** ― later. ご出発は今, お支払いはあとで《旅行会社のローンをすすめる決まり文句》.
(対話) "**Pay** first, then I'll give this to you." "No, give it to me first, then I'll **pay** to you." 「まず, お金を払いなさい. そうしたら, これを渡すよ」「いや, まずそれを私に渡しなさい. そうしたら, お金を払うよ」.

2 利益になる, 引き合う, 割に合う ||
Kindness sometimes does not **pay**. =It sometimes does not **pay** to be kind. 親切は時に割りに合わないことがある.
The business has been **paying**. その事業はもうかっている.

3 償いをする, 罰を受ける ||
She **paid** for her laziness. 彼女は怠けたことで罰を受けた.
Money cannot **pay** for lost time. むだに過ごした時間は金では償えない.

**páy báck** [他] (1) → 他 4. (2) 〈人〉に借りたものを返す《◆pay off の方が口語的》.
**páy ín** [他] …を銀行に払い込む.
**páy (A) ínto** B (A〈金・小切手など〉を) B〈銀行・口座など〉に払い込む[預金する].
◊**páy óff** (1) 《略式》[自] うまくいく. (2) [他] 〈借金〉を全部払う；〈過去〉を清算する；〈人〉に給料を払う, …を(賃金を払って)解雇する.
**páy óut** [他] 〈人〉に積立金を払い戻す；〈大金〉を出す, 払う.
**páy úp** 《略式》[自] 借金を全部払う.

―名 ⃝U 1 支払い, 支出；支払い能力.
2 給料, 賃金, 報酬, 手当《◆salary, wages よりくだけた語》||
He draws a big **pay**. 彼は高給取りだ.
a holiday with **pay** 有給休暇.
a rise in **pay** 賃上げ.
starting **pay** 初任給.
work at low **pay** 薄給で働く.
(対話) "My new job is really interesting." "Is it? How's the **pay**?" 「新しい仕事はとてもおもしろいね」「そうかい. 給料はどうなのですか」.

3 [形容詞的に]〈設備・装置などが〉有料の, 料金払いの；自費の ||
a **pay** toilet 有料トイレ.
a **pay** student 自費学生.
**páy phòne** 公衆電話.

**páy ràise** [(英) **rise**] 昇給.
**páy shèet** (英) =payroll.
**pay·a·ble** /péiəbl ペイアブル/ 形 支払うべき; 支払うことのできる; 支払い満期の.
**pay·day** /péidèi ペイデイ/ 名 U C 給料日; (英)(株式市場の)清算日.
**pay·ee** /peìː ペイイー/ 名 C (正式) (手形・証券などの)受取人.
**pay·er** /péiər ペイア/ 名 C (手形・証券などの)支払い人, 払い渡し人.
**pay·ment** /péimənt ペイメント/ 名 1 U 支払い, 返済, 支出; C 支払い金[物] ‖
the balance of payments [*payment] position 支払い状態の収支.
payment by installments [on account] 分割払い.
payment in advance 前払い.
2 U C 報酬, 償(な)い; 仕返し ‖
in payment for a sin 罪の償いに.
**pay·off** /péiɔ̀(ː)f ペイオ(ー)フ/ 名 (略式) 1 **a** U (給料・借金などの)支払い(payment) 《◆ 日本語の「ペイオフ」は payout limit (system) にあたる(→ pay-out). この意味で payoff とはいわない》.
**b** C 支払い日, 給料日.
2 U C 報酬; 仕返し.
3 U C 贈賄行為(bribery); わいろ.
**pay·out** /péiàut ペイアウト/ 名 U (大金の)支払い ‖
a payout limit of 10 million yen 1000万円の支払い限度額.
**pay·roll** /péiròul ペイロウル/ 名 C 給料支払い簿[総額]; 従業員名簿[総数].
**PC** 名 (複 ~s, ~'s) パソコン(personal computer).
**PC** (略) political correctness; politically correct.
**PDA** (略) 〔コンピュータ〕 personal digital [data] assistant ピーディーエー《個人用携帯情報端末》.
**PE** (略) physical education.

*****pea** /píː ピー/ 〔(英古) pease からできた語〕
—— 名 (複 ~s, 《まれ》 pease/píːz/) C 1 (植) (サヤ)エンドウ; その実《◆ ソラマメ, インゲンマメなどは bean》 ‖
green peas 青エンドウ, グリーンピース.
split peas 皮をむいて干したエンドウ《スープ用》.
2 エンドウに似た植物《chickpea など》.
(as) líke as twó péas (in a pód) (略式) うりふたつの.
**péa gréen** (若豆の)薄緑色.
**péa sòup** ピースープ《◆ 北欧の国々では木曜の晩餐(ばん)に食べる》.

******peace** /píːs ピース/ (同音 piece) 〔「同意する」が原義〕派 peaceful (形)
—— 名 U [しばしば a ~] 1 平和(↔ war); 平和な期間 ‖
a long peace 長い平和(期間).
in peace and war 平時にも戦時にも.
We all have hoped for world peace [the peace of the world]. みんな世界平和を望んできた.
2 和解; [しばしば (a) P~] 講和(条約) ‖
make one's peace with him 彼と仲直りする.
make peace between them 彼らを和解させる.
sign peace [a Peace] 講和条約に調印する.
3 平穏, 安心, 無事; [the ~] 治安, 秩序 ‖
peace of mind 心の平静.
a breach of the peace 治安妨害.
a justice of the peace 治安判事.
break [disturb] the peace 治安を乱す.
leave her in peace (正式) 彼女をそっとしておく.
live a life of peace 平穏な生活を送る.
Peace to his soul! =May his soul rest in peace! 彼の霊よ安らかなれ.
4 静けさ, 沈黙 ‖
the peace of the woods 森の静けさ.
hòld [kèep] one's péace 黙っている.
peace and quiet (騒ぎ・けんかなどのあとの)静けさ, 静穏.
◊**at péace** (1) 平和に[な], 安らかに[な](↔ at war) ‖ Her mind is at peace. 彼女の心は安らかだ. (2) 仲よくして[た] ‖ He lives at peace with his wife. 彼は妻と仲よく暮らしている. (3) [遠回しに] 死んで[だ].
**péace cònference** 平和会議.
**Péace Còrps** /-kɔː -コー/ [the ~] 平和部隊《発展途上国を援助する米国政府派遣の民間団体》.
**péace sìgn** ピースサイン《平和の願いを示す. cf. V-sign》.
**péace tàlks** [複数扱い] 和平会談.
**péace trèaty** 平和条約.
**peace·a·ble** /píːsəbl ピーサブル/ 形 1 平和を好む, おとなしい. 2 平和な, 平穏な.
*****peace·ful** /píːsfl ピースフル/ 〔→ peace〕
—— 形 1 平和な, おだやかな; 安らかな ‖
a peaceful sea おだやかな海.
die a peaceful death 安らかに死ぬ.
2 平和を好む, おとなしい; 平和的な ‖
peaceful uses of atomic energy 原子力の平和利用.
**péaceful coexístence** 平和共存.
**péace·ful·ness** 名 U おだやかさ.
**peace·ful·ly** /píːsfəli ピースフリ/ 副 平和に, おだやかに ‖
It worked out peacefully. 円満に解決した.
**peace·keep·ing** /píːskìːpiŋ ピースキーピング/ 名 U 平和維持 ‖
the peacekeeping force [troops] 平和維持軍.
**peace·mak·er** /píːsmèikər ピースメイカ/ 名 C 調停者, 仲裁人.
**peace·time** /píːstàim ピースタイム/ 名 U 形 平時(の)(↔ wartime) ‖
in peacetime 平時に.
*****peach** /píːtʃ ピーチ/ 〔「ペルシアのリンゴ」が原義〕
—— 名 (複 ~·es /-iz/) 1 C モモ(の実)《♦ 英米の

ものは日本の桃より小さく, 黄桃が多い》; =peach tree.
**2** Ⓒ =peach blossom.
**3** Ⓤ =peach color.
**4** 〘略式〙 [a ~] すてきな人[物]; かわいい娘 ∥
a **peach** of a new hat 新しいすてきな帽子.
**5** [形容詞的に] モモの, ピンク色の ∥
a **peach** dress ピンク色の服.
**péach blòssom** モモの花(peach)《◆米国 Delaware 州の州花》.
**péach còlor** (黄色気味の)モモ色(peach)《実の色》.
**péach trèe** モモの木(peach).
**pea・cock** /píːkɑk ピーカク | píːkɔk ピーコク/ 〘鳥〙 クジャク; (特に)雄のクジャク ∥
a **peacock** in his pride 羽根を広げたクジャク; 見えを張ったクジャク.
**péacock blúe** 光沢のある青色.
**pea・hen** /píːhèn ピーヘン/ 图Ⓒ 〘鳥〙 クジャクの雌.
***peak** /píːk ピーク/ (同音 peek, pique) 〘「とがった先端部分」が本義〙
――图 (圈 ~s/-s/) Ⓒ **1** (山の連なりの中でもきわだった)峰, ピーク; 孤峰 ∥
snowy **peaks** 雪に覆われた峰々.
**2** [the ~] (変動する量・割合の)**最高点**, 頂点, 絶頂, ピーク; [形容詞的に] 最高の ∥
at the **peak** of one's career 生涯の絶頂に.
**peak** hours of traffic 交通ラッシュのピーク時.
**3** (ひさし・屋根などの)とがった先, 先端.
**peaked**¹ /píːkt ピークト/ 圈 先のとがった; ひさしのある ∥
a **peaked** cap ひさし付きの帽子.
**peak・ed**² /píːkid ピーキド/ 圈 〘正式〙 やつれた, 青ざめた(pale).
**peal** /píːl ピール/ (同音 peel) Ⓒ (鐘の)響き; (雷・笑い声などの)とどろき ∥
a **peal** of thunder 雷鳴.
They heard a sudden **peal** of laughter. 彼らは突然わき起こる笑い声を聞いた.
――働 〘正式〙 他〈鐘などを〉鳴り響かせる.
――自〈鐘が〉鳴り響く;〈雷・笑い声などが〉とどろく.
***pea・nut** /píːnʌt ピーナト/ 〘pea + nut〙
――图 (圈 ~s/-s/-nʌts/) **1** Ⓒ ピーナッツ, 落花生, ナンキンマメ.
**2** Ⓒ 〘主に米略式〙 [~s] はした金; つまらない物.
**péanut bútter** ピーナッツバター《◆peanut butter sandwich は米国の子供の大好物》.
**pear** /péər ペア/ (発音注意)《×ピア》(同音 pair, pare) 图Ⓒ **1** セイヨウナシ(の実); 〘植〙 =pear tree. **2** セイヨウナシに似た木[果実]《avocado など》.
**péar trèe** 〘植〙 セイヨウナシの木(pear).
***pearl** /pə́ːrl パール/
――图 (圈 ~s/-z/) **1** Ⓒ 真珠; [~s] 真珠の首飾り; Ⓤ 真珠層[母]《貝の内側の光沢部》∥
an artificial **pearl** 模造真珠.
a culture [a false, an imitation] **pearl** 養殖真珠.

cast [throw] **pearls** before the swine 〘聖〙 〘ことわざ〙 豚に真珠を投げ与える;「猫に小判」.
**2** Ⓒ 〘正式〙 真珠に似たもの《露・涙・歯など》∥
**pearls** of dew 露の玉.
**3** Ⓒ 〘正式〙 貴重なもの, 美しい人. **4** Ⓤ =pearl gray.
――圈 真珠をちりばめた; 真珠(製)の.
**péarl gráy** 真珠色(pearl).
**Péarl Hárbor** 真珠湾, パールハーバー《米国 Hawaii 州の軍港. 1941年12月7日(日本時間8日), 日本海軍が奇襲攻撃した》.
**péarl òyster** 真珠貝《アコヤガイなど》.
**peas・ant** /pézənt ペズント/ (発音注意)《◆×ピーズント》图Ⓒ **1** (昔ヨーロッパの)小作農, 小百姓, 農場労働者《◆現在では特に発展途上国の小作農について用いられる語》. **2** 〘略式〙 田舎(いなか)者.
**peat** /píːt ピート/ 图Ⓤ 泥炭(でいたん), ピート; Ⓒ (燃料用の)泥炭塊.
**peb・ble** /pébl ペブル/ 图Ⓒ (水に洗われて丸くなった)小石 (→ stone 图 2) ∥
small **pebbles** on the beach 海岸の小石.
**2** Ⓤ (皮革の)石目; 石目皮. **3** Ⓤ めのう.
**peb・bly** /pébli ペブリ/ 圈 (時に 比較 --bli・er, 最上 --bli・est) 小石の多い, 小石だらけの.
**pe・can** /piːkǽn ピーカーン | píːkæn ピキャン/ 图Ⓒ **1** 〘植〙 ペカン(の木) (pecan tree) 《クルミの一種. Texas 州の州木》. **2** =pecan nut.
**pecán nùt** ペカンの実 (pecan) 《食用》.
**peck**¹ /pék ペク/ 働 自 **1** (くちばしで)(コツコツ)つつく, ついばむ ∥
**peck** at the corn 穀物をついばむ.
**2**〈人が〉つつくように食べる《食欲のないさま》.
**3** あらを捜す, ガミガミいう.
――他 **1** (くちばしで) …をつつく, ついばむ ∥
The sparrows are **pecking** the corn. スズメが穀物をついばんでいる《◆この意味では自動詞の peck at が用いられるのがふつう》.
**2** くちばしでつついて〈穴を〉あける; …を砕く.
**3** 〘略式〙 …に軽く急いで[儀礼的に]キスをする ∥
**peck** his cheek =**peck** him on the cheek 彼のほおに軽くキスする.
――图Ⓒ コツコツつつく[たたく]音[事]; 〘略式〙 軽いキス; 食物.
**péck(ing) òrder** 〘鳥〙 つつき順位; 〘略式〙(人間社会の)序列, 階級の順位.
**peck**² /pék ペク/ 图Ⓒ ペック《乾量の単位. =8 quarts, 1/4 bushel (約9リットル)》.
**pec・to・ral** /péktərəl ペクタラル/ 圈 〘正式〙 胸の, 胸部の. ――图Ⓒ 胸当て.
***pe・cu・liar** /pikjúːljər ピキューリャ | pikjúːliə ピキューリア/ 〘「個人財産」が原義〙
――peculiarly (副)
――圈 **1** 〘正式〙[補語として]**独特の**, 特有の, 固有の (proper) ∥
customs **peculiar** to Japan 日本独特の慣習.
This word is **peculiar** to Scottish dialect. これはスコットランド方言に特有の語である.
**2** 変な, 妙な, 一風変わった (odd); 異常な ∥

a **peculiar** smell 変なにおい.
**peculiar** behavior 一風変わったふるまい.
It was **peculiar** that he should have left so suddenly. 彼がそんなに急に出発したとは妙だった.

**3** [通例名詞の前で] 特別の, 特殊な ‖
This book has a **peculiar** value for our purposes. この本は我々の目的に特別な価値がある.

**pe·cu·li·ar·i·ty** /pikjùːliǽrəti ピキューリアリティ/ 名 (複 -·ties/-iz/) **1** U 特性, 特質, 特色.
**2** C 変わった点, 異様さ, 奇抜; 癖 ‖
the **peculiarity** of his pronunciation 彼の発音の癖.
**3** C 特有[独特]な物 ‖
These products are a **peculiarity** of the region. これらの産物はこの地方の特産だ.

**pe·cu·liar·ly** /pikjúːljərli ピキューリャリ | -liəli -リアリ/ 副 **1** 特に, 特別に ‖
a **peculiarly** interesting book 特におもしろい本.
**2** 奇妙に, 変に.

**ped·a·gog·ic, -·i·cal** /pèdəgɑ́dʒik(l) ペダガヂク(ル) | -gɔ́dʒ- -ゴヂク(ル), -gɔ́g- -ゴグ/ 形 《正式》**1** 教育学の, 教授法の. **2** 教育者的な; 学者ぶる.

**ped·a·go·gy** /pédəgòudʒi ペダゴウヂ | -gɔ̀dʒi -ゴヂ, -gɔ̀gi/ 名 U 《正式》教育学, 教授法(法); 教育.

**ped·al** /pédl ペドル/ (同音 peddle) 名 C **1**（自転車・ピアノ・ミシンなどの）ペダル, 踏み板. **2**〔音楽〕= pedal point.
──動 (過去・過分) ～ed または《英》ped·alled /-d/; (現分) ～·ing または《英》··al·ling) 他〈自転車〉のペダルを踏む. ──自 **1** 自転車のペダルを踏む. **2** (ペダルを踏んで)オルガン演奏をする.
**pédal póint**（最低音の）持続音(pedal).

**pe·dan·tic** /pidǽntik ピダンティク/ 形 学者ぶる, 知ったかぶりの, 衒(げん)学的な.

**ped·ant·ry** /pédntri ペダントリ/ 名 (複 ··ant·ries /-iz/) U C 学者ぶること, 衒(げん)学(趣味); 細部にこだわること.

**ped·dle** /pédl ペドル/ (同音 pedal) 動 (現分 ped·dling) 自 行商する, 売り歩く.

**ped·dler** /pédlər ペドラ/ 名 C **1** 行商人. **2** (思想などを)切り売りする人; (うわさなどを)受け売りする人.

**ped·es·tal** /pédistl ペディストル/ 名 C (円柱・彫像の)台座, 柱脚.

*****pe·des·tri·an** /pidéstriən ピデストリアン/ 〖『足の(pedester)人(ian). cf. centi*pede, ped*al』
──名 (複 ～s/-z/) C (車に乗っている人に対して)歩行者; 徒歩旅行者 ‖
This path is for **pedestrians** only. ここは歩行者専用道路です.
Right of Way for **Pedestrians** 《掲示》歩行者優先.
──形 **1** [名詞の前で] **a** 歩行の, 徒歩の ‖
a **pedestrian** journey 徒歩旅行.
**b** 歩行者専用の ‖
a **pedestrian** bridge (横断)歩道橋《◆英米ではふつうみられない》.
a **pedestrian** crossing《英》横断歩道《《米》crosswalk》《◆《米掲示》では Ped Xing.《英》では zebra [pelican] crossing ともいう》.
a **pedestrian** precinct [《主に英》street] 歩行者専用区域《◆「歩行者天国」は vehicle-free promenade》.
**2**《正式》散文調の; 平凡な ‖
a **pedestrian** style of writing 単調な書き方.

**pe·di·a·tri·cian,**《英》**pae·di·--** /pìːdiətríʃən ピーディアトリシャン,《米+》pèdi-/ 名 C 小児科医.

**ped·i·cure** /pédikjùər ペディキュア/ 名 **1** U 足の(たこ・まめなどの)治療. **2** U C 足の指やつめの手入れ, ペディキュア《◆「手の指やつめの手入れ」は manicure》.

**ped·i·gree** /pédigri ペディグリー/ 名 《正式》**1** C 系図. **2** C (純血種の家畜の)血統書;《略式》純粋種の動物. **3** U C 家系; 由緒ある家柄.

**pee** /píː ピー/《略式》動 自 おしっこする ‖
Do you need to **pee**? (親が子に)おしっこしたいの?
──名 U [または a ～] おしっこ(をすること) ‖
go for [have, take] a **pee** おしっこしに行く.

**peek** /píːk ピーク/ (同音 peak, pique)《略式》動 自 そっと[ちらっと]のぞく.
──名 C [a ～] のぞき見, かいま見 ‖
take a **peek** at the answers 答えを盗み見する.

**peel** /píːl ピール/ (同音 peal) 動 他

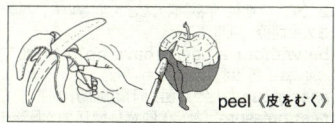

*peel 〈皮をむく〉*

**1** …の皮を(手で)むく, 外皮をはがす; [peel **A B** / peel **B** for **A**]〈人〉に〈果物などの〉皮をむいてやる《◆主に手でむくのが peel. ナイフなどでむく場合は pare も用いる》‖
**peel** him an orange 彼にオレンジをむいてあげる.
**2** …をはがす ‖
**peel** the label off [from] the bottle びんからラベルをはがす.
──自 **1** むける ‖
Bananas **peel** easily. バナナの皮はむきやすい.
**2** (パラパラと)はがれる.
──名 U C (果物などの)皮, むいた皮(→ skin 名 1)《◆ふつう食べる前に皮をむく野菜・果物に用いる: tomato skin [×peel]》‖
lemon **peel** (砂糖漬けの)レモンの皮.

**peep**[1] /píːp ピープ/ 動 自

*peep 〈のぞき見する〉*

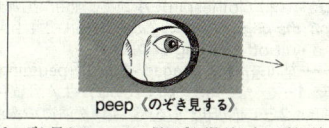

**1** のぞき見する; こっそり見る《◆場所を表す副詞(句)を伴う》‖

**peep** through the curtains カーテンの間からのぞき見する.
**peep at** the answers **at** the back of the book 本の後ろの解答をちらっと見る.
**2** 出て来る, 現れる ‖
Stars **peeped** through the clouds. 星が雲間からのぞいた.
──图 **1** 〔通例 a ~〕のぞき見, 盗み見;ちらっと見ること ‖
take [have] a **peep at** the picture その絵をちらっと見る.
take a **peep** into the room 部屋をのぞきこむ.
**2**〔正式〕〔the ~〕出始め, 出現 ‖
at the **peep** of dawn 夜明けに.
**péeping Tóm** 〔しばしば P~〕のぞき見する人, のぞき魔.

**peep²** /píːp ピープ/〔擬音語〕图C **1**〈小鳥・ネズミ・警笛などのかん高い〉ピーピー[チューチュー]という声[音]. **2**〔略式〕小言, 泣き言, 不平. ──動⑨ **1**〔略式〕ピーピー[チューチュー]鳴く. **2** 小声で話す.

**peer¹** /píər ピア/〔同音〕pier,〔類音〕pear, pair /péər/〕動(自) じっと見る, 見つめる《◆場所・方向を表す副詞(句)を伴う》‖
**peer** (out) into the darkness 暗やみに目をこらす.
**peer at** the small writing 小さい字を(読もうと)じっと見つめる.

**peer²** /píər ピア/ 图 C **1** 貴族.
**2**〔正式〕(地位・年齢・能力などが)同等の人, 匹敵する人;同僚, 仲間 ‖
be without a **peer** =have no **peer** 並ぶ者がいない, 断然すぐれている.
**péer gròup**〔社会・言語〕同輩[仲間]集団.
**péer préssure**〔社会〕同輩集団圧力《服装・行動など同輩仲間から受ける心理的プレッシャー》.
**peer·age** /píərɪdʒ ピアリッジ/ 图 **1** U〔集合名詞;単数・複数扱い〕貴族, 貴族階級. **2** U 貴族の地位. **3** C 貴族名鑑.
**peer·ess** /píərəs ピアレス | píərés ピアレス/ 图(複 ~·es /-ɪz/) C 貴族の夫人;有爵(\*)婦人(→ peer²).
**peer·less** /píərləs ピアレス/ 形〔文〕無比の, 比類のない, 無類の.
**pee·vish** /píːvɪʃ ピーヴィシュ/ 形 気難しい, 怒りっぽい;不平を言う.
**pée·vish·ly** 副 怒って, いらだって.
**peg** /péɡ ペグ/ 图 C **1** くぎ, 掛けくぎ(→ nail 图 **2**);(テントの)くい ‖
a coat **peg** コート掛け.
**2**〈弦楽器の〉ねじ, 糸巻き. **3**(たるの)栓;〔英〕洗濯ばさみ(〔米〕clothespin). **4** 口実;理由, きっかけ.
**off the pég**〔主に英略式〕〈服から〉出来合いで ‖ buy a suit **off the peg** 既製服を買う.
──動(過去・過分 **pegged**/-d/;現分 **peg·ging**) 他 **1** …をくぎでとめる, 杭(\*)でとめる;…にくぎ[杭]を打つ. **2**…に杭で印をつける. **3**〔英〕〈洗濯物〉を洗濯ばさみでとめて干す. **4**〈価格など〉をくぎづけにする.
**Peg·a·sus** /péɡəsəs ペガサス/ 图 **1**〔ギリシャ神話〕

ペガソス, 天馬《Perseus が Medusa を殺したときその血から生まれたといわれる翼のある馬》. **2**〔天文〕ペガスス座.

**Peg·gy** /péɡi ペギ/ 图 ペギー《Margaret の愛称》.

**Pe·king** /píːkíŋ ピーキング|⁓⁼/ 图 =Beijing.
**Péking mán**〔人類〕北京(ぺ)原人.
**Pe·king·ese** /pìːkɪŋíːz ピーキニーズ/ 图(複 **Pe·king·ese**) **1** C ペキン(生まれ)の人. **2** U ペキン官話[方言]. **3** C〔動〕=Pekingese dog.
**Pekingése dòg**〔動〕ペキニーズ(Pekingese)《小形の愛玩(\*)犬》.

**pel·i·can** /pélɪkən ペリカン/ 图 C **1**〔鳥〕ペリカン. **2** =pelican crossing.
**pélican cróssing** 〔pedestrian light controlled crossing の変形〕〔英〕押しボタン式横断歩道(pelican)《◆ crossing〔事情〕》.

**pel·let** /pélɪt ペリト/ 图 C **1**(紙・パンなどを丸めた)小球;(主に英)小丸薬. **2** 小弾丸;散弾.

**pel·met** /pélmɪt ペルミト/ 图 C〔英〕(カーテンの)金具隠しの飾り布((主に米) valance).

**Pel·o·pon·ne·sus, --sos** /pèləpəníːsəs ペロポニーサス/ 图〔the ~〕ペロポネソス半島《ギリシア南部の半島》.

**pelt¹** /pélt ペルト/ 動 他 …に投げつける, …を投げつける;…に浴びせる ‖
**pelt** gravel **at** a window =**pelt** a window **with** gravel 窓に砂利を投げつける.
**pelt** her **with** questions 彼女に質問を浴びせる.
──⑨ **1** 投げつける.
**2**〈雨・あられなどが〉激しく降る[主に英][it is pelting] 激しく降る ‖
It's **pelting with** rain. =The rain is **pelting down**. 雨が降りつづく.
──图 **1** U 投げつけること;強打. **2** C どしゃ降り.
(at) fúll pélt〔略式〕全速力で.

**pelt²** /pélt ペルト/ 图 C(ヒツジなどの毛のついたままの)生皮;なめしていない皮;毛皮の衣服《◆その毛は fur, なめし皮は leather》.

**pel·vis** /pélvɪs ペルヴィス/ 图(複 ~·es, ~·ves /-viːz/) C〔解剖・動〕骨盤.

## **pen¹** /pén ペン/〔「羽」が原義〕
──图(複 ~s/-z/) C **1** ペン《◆万年筆・ボールペン・羽根ペンもさす.「ペン先」は pen point, nib》‖
write **with** a **pen** =write **in pen** ペンで書く《◆ **write with [in]** pen and ink ともいう》.

> 〔関連〕 ball-point pen ボールペン / felt-tip [felt-tipped] pen サインペン((米) felt pen)《◆「シャープペン(シル)」は → pencil 图 **1**》 / fountain pen 万年筆.

Pegasus 1

**pen**

2 [通例 the ~ / one's ~;比喩的に]ペン, 文筆(業)
She lives by her pen. 彼女は文筆で暮らしている.
The pén is míghtier than the swórd. (ことわざ)ペンは剣よりも強し;「文は武よりも強し」.
take úp one's pén ペンを執る.
——動 (過去・過分) penned/-d/; (現分) pen·ning) 他 (正式)〈手紙など〉を書く.
pén náme ペンネーム, 筆名, 雅名.
pén pàl (主に米)ペンフレンド(= pen-friend).

**pen²** /pén ペン/ 名 C [しばしば複合語で] 1 (家畜などを入れる小さな)おり, 囲い. 2 小さな囲い, 貯蔵.
——動 (過去・過分) penned または pent/pént/; (現分) pen·ning) 他 (正式)…をおり[囲い]に入れる, 閉じ込める.

**pe·nal** /pí:nl ピーヌル/ 形 (法律) 刑の, 刑罰の; 刑法の; 罰を受けるべき, 罰として支払うべき.

**pe·nal·ize** /pí:nəlàiz ピーナライズ/ 動 (現分 ··iz·ing) 他 (正式) 1〈事が〉〈人〉を不利な立場にやる.
2〈人・行為〉を罰する(punish);(試験で)〈人〉を減点する.
3 (スポーツ)〈人・行為〉にペナルティを課する.

**pen·al·ty** /pénəlti ペナルティ/ (アクセント注意)◆×ペナルティ 名 (複 ··al·ties/-iz/) C U 1 刑罰, 処罰 ||
the death penalty 死刑.
2 罰金, 料金, 違約金 ||
a penalty of $50 for speeding スピード違反に対する50ドルの反則金.
3 (正式)罰, 報い;不利, 損失 ||
one of the penalties of old age 老いの不利な点の1つ.
4 (スポーツ)(反則に対する)罰, ペナルティ;(前回の勝者への)ハンディキャップ.
**pénalty àrea** (サッカー)ペナルティエリア(図 → soccer).
**pénalty bòx** (ホッケー)反則者席, ペナルティボックス.
**pénalty kìck** (サッカー・ラグビー)ペナルティキック.
**pénalty shòot-out** (英)(サッカー)PK戦.

**pen·ance** /pénəns ペナンス/ 名 1 U (宗教)ざんげ;(罪滅ぼしの)苦行. 2 U (カトリック)告解.

**pence** /péns ペンス/ 名 ペンス《penny¹の複数形》.

**✱pen·cil** /pénsl ペンスル/ [「小さい尾」が原義]
——名 (複 ~s/-z/) C 1 鉛筆 ||
Please write your name in pencil [with a pencil]. 名前を鉛筆で書いてください.
sharpen a pencil 鉛筆を削る◆ a sharp pencil は「とがった鉛筆」の意.「シャープペン(シル)」は a mechanical pencil という).
2 鉛筆形のもの;まゆ墨, 口紅.
——動 (過去・過分) ~ed または (英) pen·cilled/-d/; (現分) ~·ing または (英) ··cil·ling) 他 1 …を鉛筆で書く, 描く ||
pencil (in) an outline for a painting 絵の輪郭を描く.
2〈まゆ〉を(まゆ墨で)引く.
**péncil bòx** [cáse] 筆箱, 鉛筆入れ.
**péncil shàrpener** 鉛筆削り.

**pen·dant** /péndənt ペンダント/ (同音 pendent) 名 C ペンダント, 下げ飾り《首飾り・耳飾りなど》.

**pend·ing** /péndiŋ ペンディング/

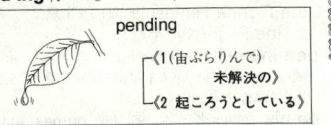

pending
《1(宙ぶらりんで)未解決の》
《2 起ころうとしている》

——形 (正式) 1 未解決の, 未定の.
2 起ころうとしている ||
pending dangers 差し迫った危険.
——前 (正式)…まで ||
pending the judge's decision 裁判官の判決まで.

**pen·du·lum** /péndʒələm ペンチュラム | -dju- -デュラム/ 名 C (時計などの)振り子.
**the swing of the péndulum** 振り子の動き;(世論・人心などの)変化, 大揺れ.

**Pe·nel·o·pe** /pinéləpi ピネロピ/ 名〔ギリシャ神話〕ペネロペ《Odysseus の貞節な妻》.

**pen·e·trate** /pénətrèit ペネトレイト/ (アクセント注意) 動 (現分 ··trat·ing) 他 1〈場所〉を貫通する, 貫く, 通る《♦ go through より堅い語》||
penetrate the enemy's defenses 敵の防備を突破する.
2 …にしみ込む, 広がる;〈人の心など〉に浸透する ||
The rain penetrated my clothes. 雨が服にしみ通った.
3〈目が〉〈やみなど〉を見通す;(略式)…を見抜く, 見破る, 理解する ||
I finally penetrated the meaning of the riddle. ついにそのなぞの意味が解けた.
——自 1 貫(つらぬ)く;入る, しみ込む, 浸透する ||
a wound that penetrated to the bone 骨まで達した傷.
The sunshine penetrated through the trees. 日光が木々の間からさし込んだ.
2 (略式)ぴんとくる, 理解できる, 意味が通じる.

**pen·e·trat·ing** /pénətrèitiŋ ペネトレイティング/ 動
→ penetrate.
——形 1 貫通する;〈声などが〉よく通る ||
a penetrating voice (かん高くて)よく通る声.
2 鋭い ||
give her a penetrating look [gaze] 鋭い目付きで彼女を見る.
3 洞察力のある, 理解が早い ||
a penetrating intellect 見識ある識者.
4 (寒さなどが)身にしみる.
**pén·e·tràt·ing·ly** 副 洞察深く.

**pen·e·tra·tion** /pènətréiʃən ペネトレイション/ 名 U 1 貫通;浸透力. 2 (正式)頭の鋭さ, 洞察力.

**pen-friend** /pénfrènd ペンフレンド/ 名 C (英)ペンフレンド, 文通友だち((主に米) pen pal).

**pen·guin** /péŋgwin ペングウィン/ 图C〖鳥〗ペンギン.

**pen·i·cil·lin** /pènəsílin ペニスィリン/ 图U〖薬学〗ペニシリン.

**pen·in·su·la** /pənínsələ ペニンサラ, -ʃulə | pənínsjulə ペニンスュラ, -ʃulə/ 图C **1** 半島(略 pen., Pen.) ‖
the Florida Peninsula フロリダ半島.
**2** [the P~] イベリア半島.

**pen·in·su·lar** /pənínsələr ペニンサラ, -ʃulər | -sjulə -スュラ, -ʃu-/ 形 **1** 半島(状)の. **2** [P~] イベリア半島の.

**pe·nis** /píːnis ピーニス/ 图 (複 **pe·nes** /-niːz/, ~·es) C〖解剖〗ペニス, 陰茎.

**pen·i·tence** /pénitəns ペニテンス/ 图U《正式》悔い改め, 後悔, ざんげ.

**pen·i·tent** /pénitənt ペニテント/ 形《正式》悔い改めた, 後悔している.

**pen·i·ten·tia·ry** /pèniténʃəri ペニテンシャリ/ 图 (複 --tia·ries/-z/) C《米》州刑務所, 連邦刑務所.

**pen·knife** /pénnaif ペナイフ/ 图 (複 --knives /-náivz/) C 懐中ナイフ.

**pen·light** /pénlait ペンライト/ 图C (万年筆形の)懐中電灯.

**pen·man·ship** /pénmənʃip ペンマンシプ/ 图U 書法, 習字; 筆跡.

**Penn** /pén ペン/ 图 ペン《William ~ 1644-1718; 英国のクエーカー教徒. Pennsylvania の創建者》.

**Penn., Penna.** (略) Pennsylvania.

**pen·nant** /pénənt ペナント/ 图C **1**〖海事〗(細長い)三角旗. **2** 校旗. **3**《米》優勝旗, ペナント.

**pen·ni·less** /péniləs ペニレス/ 形 ひどく貧乏な; 全く金がない《◆ poor よりも意味が強い》.

**Penn·syl·va·nia** /pènsəlvéinjə ペンスィルヴェイニア/《[開拓者] Penn の森(|原)義》图 ペンシルベニア《米国東部の州. 州都 Harrisburg. (愛称) the Keystone [Coal] State. (略) Pa., Penn(a)., (郵便) PA》.

**Pennsylvánia Ávenue** ペンシルベニア通り《大統領官邸などのある Washington の官庁街. 1600 Pennsylvania Avenue は米国大統領官邸をさす. cf. Downing Street》.

**pen·ny** /péni ペニ/ 图 (複 **1** は pence/péns ペンス/, **2, 3** は pennies/-z/) C **1** ペニー, ペンス ‖
This pen costs 50 pence [ˣpennies]. このペンは50ペンスする.
A penny saved is a penny earned [gained].《ことわざ》節約した1ペニーはもうけた1ペニーと同じ.
Ín for a pénny, ín for a póund.《ことわざ》やりかけたことはどんなことがあってもやり通せ;「毒を食わば皿まで」.

[事情] [英国の通貨単位] (1) 100ペンスが1ポンド(pound) (→ coin); (略) p 《◆ 半ペニーは現在使用されていない》. 12p/píː/ =twelve pence 12ペンス. (2) 1971年以前は12ペンスが1シリング (shilling), 20シリングが1ポンドだった.

[語法] ふつう twopence (2ペンス)から elevenpence (11ペンス)までと twentypence (20ペンス)は1語でつづり, /-pəns/ と発音する. その他は2語またはハイフン(-)でつなぎ, /-péns/ と発音する.

**2** ペニー(銅)貨 ‖
change a pound note into pennies 1ポンド札を1ペニー貨にくずす.
**3** (米国・カナダの)1セント貨, ペニー硬貨(→ coin [事情]).
**4** [a ~] 小銭; わずかな額 ‖
turn an honest penny まじめに働いていくらかの金をかせぐ.
I don't have a penny (to my name). 一文なしだ, ひどい貧乏だ.

**pen·sion**¹ /pénʃən ペンション/ 图C 年金, 恩給, 扶(ᵃ)助料 ‖
an old-age pension 老齢年金.
draw one's pension 年金を受け取る.
retire on (a) pension 年金がついて退職する.
── 動 ⊕ …に年金[恩給]を与える.

**pen·sion**² /pɑ̃ːnsjóun パーンスョウン | pɑ̃ːnsjon パーンスョーング/ 图C〖フランス〗(ヨーロッパ大陸のまかないつきの)下宿屋《◆ 日本語の「ペンション」とは異なる》.

**pen·sion·er** /pénʃənər ペンショナ/ 图C 年金[恩給]受給者.

**pen·sive** /pénsiv ペンスィヴ/ 形《正式》物思いに沈んだ, 悲しげな.

**pén·sive·ly** 副 物思わしげに; 悲しげに.

**pen·ta-** /pentə- ペンタ-/ (連結形) 5, 5番目《◆ 母音の前ではしばしば pent-》;〖化学〗ペンタ…, 五…《原子(団)などが5個あることを示す》.

**pen·ta·gon** /péntəgɑ̀n ペンタガン | -gən -グン/ 图 **1** C 五角形.

[関連] […角形] hexagon 六角形 / heptagon 七角形 / octagon 八角形 / nonagon 九角形 / decagon 十角形 / dodecagon 十二角形 / polygon 多角形.

**2** [the P~] ペンタゴン《Virginia 州 Arlington にある米国国防総省の五角形の建物》; 米国国防総省.

**pen·tag·o·nal** /pentǽgənl ペンタゴヌル/ 形 五角形の.

**pen·tath·lon** /pentǽθlən ペンタスロン, -lɑn | -lɔn -ロン, -lən/ 图U [the ~] 5種競技 (cf. decathlon) ‖
the modern pentathlon 近代5種競技《フェンシング・馬術・射撃・陸上・水泳を1日1種目ずつ行ない総合得点を競う》.

Pentagon

**Pen·te·cost** /péntəkɔ̀ːst ペンテコースト/ 图U **1**《主に米》〖キリスト教〗五旬節, 聖霊降臨の祝日《Easter 後の第7日曜日》. **2**《ユダヤ教》ペンテコステ《過ぎ越しの祭り後50日目の収穫祭》.

**pent·house** /pénthàus ペントハウス/ 名 (複 ~·hous·es) C 屋上住宅[アパート]《ビルなどの屋上のテラス付き高級住宅》; (ビルの)最上階(の室); 塔屋.

**Pen·ti·um** /péntiəm ペンティアム/ 名 《商標》〖コンピュータ〗《Intel 社製のマイクロプロセッサー》.

**pent-up** /péntʌp ペンタプ/ 形 閉じ込められた, うっ積した.

**pen·u·ry** /pénjəri ペニュリ/ 名 U 《正式》貧乏, 貧窮(きゅう); 欠乏.

**pe·o·ny** /píːəni ピーオニ/ 名 (複 ~·o·nies/~z/) C 〖植〗シャクヤク, ボタン《多年草または低木》; = peony flower.

**péony flòwer** シャクヤク[ボタン]の花 (peony).

\***peo·ple** /píːpl ピープル/ 〖『民衆, 大衆, 平民』が原義. cf. *popular*, *population*〗
— 名 1 [複数扱い] 人々 ((◆(1) persons よりくだけた語. 日常語では two *persons* より two *people* というのがふつう. (2) 《米》では呼びかけで「皆さん, 諸君」の意でも用いる)) ‖
Some people are officious. 世の中にはおせっかいな人がいる.
This hall can hold 500 people [×peoples]. このホールは500人収容できる.
対話 "The room was so crowded with people." "So you didn't get a chance to talk to him? (↗)"「その部屋はとても混雑していました」「それで彼と話をする機会がなかったのですか」.
2 [複数扱い] **a** 世間の人々, 世人 ‖
People often say such things. 世間の人はよくそんなことを言う.
She's afraid of what people say. 彼女は世間のうわさを恐れている.
**b** (動物と区別して) 人間 ‖
a disease affecting people 人間を冒す病気.
3 (複 ~s/-z/) C 〖文〗[単数・複数扱い] 国民(→ nation); 民族 ‖
primitive peoples 原始人.
the peoples of Europe ヨーロッパの諸国民.
The Japanese are a hardworking people. 日本人は勤勉な国民だ.
4 [the または修飾語を伴って; 複数扱い] (ある集団・階級・職業に属する)人々; (一地方の)住民 ‖
rich people 金持ち.
academic people 学究たち.
the people of Oregon オレゴン州の住民.
5 [the ~; 複数扱い] 一般民衆, 人民; 選挙民 ‖
government of the people, by the people, for the people 人民の, 人民による, 人民のための政治《◆リンカンの Gettysburg Address より》.
6 [the ~; 複数扱い] 平民, 庶民 ‖
He rose from the people to be a prime minister. 彼は平民から身を起こして首相になった.
7 〖文〗[one's ~; 複数扱い] 部下, 従者, 家来; 信者; 《略式》家族《両親など》‖
the king and his people 国王とその臣民.

***of áll péople** (1) [通例挿入的に] 人もあろうに. (2) [(代)名詞のあとで] だれよりもまず….

**pep** /pép ペプ/ 〖*pepper* の短縮語〗《略式》名 U 元気, 活力, 気力 ‖
full of pep 元気いっぱいの.
— 動 (過去・過分) pepped/-t/; (現分) pep·ping)
他 …を元気づける, 活気づかせる (+up).
**pép tàlk** 《略式》激励演説.

\***pep·per** /pépər ペパ/
— 名 (複 ~s/-z/) 1 U コショウ; C 〖植〗コショウ ‖
put pepper on the stew シチューにコショウをかける.
2 C 〖植〗トウガラシ属の植物の総称; その実.

〖関連〗〖種類〗 コショウ科(コショウ), ナス科(トウガラシ, ピーマン), ミカン科(サンショウ)の異なる3科にわたる幅広い名称で, black pepper 黒コショウ, white pepper 白コショウ, green [sweet] pepper ピーマン, red [cayenne] pepper (粉)トウガラシ, Chinese [Japanese] pepper サンショウなどがある.

**pépper mìll** コショウひき.
**pep·per·corn** /pépərkɔ̀ːrn ペパコーン/ 名 C 干した(黒)コショウの実.
**pep·per·mint** /pépərmìnt ペパミント/ 名 1 U 〖植〗ペパーミント, セイヨウハッカ(peppermint tree)《強い芳香を有するシソ科の多年草》. 2 U = peppermint oil. 3 C ハッカ入りキャンディー.
**péppermint òil** ハッカ油 (peppermint).
**pep·per·y** /pépəri ペパリ/ 形 1 コショウの(きいた); ぴりっとする. 2 短気な, 怒りっぽい. 3 辛辣(しんらつ)な.

\***per** /(弱) pər パ; (強) pə́ːr パー/ (同音 △purr; 類音 pár/páːr/) 〖…によって(per)〗
— 前 1 [無冠詞の単数名詞の前で] …につき, …ごとに《◆主に商業英語で用い, 日常英語では a が好まれる》‖
60 miles per hour 時速60マイル((略) 60 m.p.h.).
cost 3 dollars per use 1回使うたびに3ドルかかる.
He earns $30 per week. 彼は週30ドルかせぐ.
2 …によって ‖
per rail 列車で.
3 《略式》= as PER.
**às per A** …に従って ‖ (as) per instructions 指示により.
**per cáp·i·ta** /-kǽpətə -キャピタ/ 《正式》1人当たり(の), 頭割りで[の].
**per cent** = percent.
**per·am·bu·la·tor** /pərǽmbjəlèitər ペランビュレイタ/ 名 C 《英正式》(4輪の)乳母車《《米》baby carriage》.
**per·ceive** /pərsíːv パスィーヴ/ 動 (現分) --ceiv·ing) 他 《◆進行形にしない》1 (特に目による)…を知覚する, 知る, …に気づく; [perceive A do / 《今は古》perceive A doing] A〈人・物〉が…

しているのに気づく ‖
I perceived you enter my room. 君が部屋に入って来るのがわかった.

**2** …を理解する, さとる; [perceive (that) 節] …であると理解する; [perceive A (to be [as]) C] A〈人・物・事〉が C であることがわかる ‖
On seeing her, I perceived her (to be) a good woman. =On seeing her, I perceived (that) she was a good woman. 彼女に会ってみてすぐに善良な人だとわかった.

\***per·cent**, 《主英》**per cent** /pərsént パセント/
《アクセント注意》《×パーセント》〖100 (cent) につき (per). cf. *cen-tury*〗 ㊅ percentage (名)

——名 ⓒ per·cent [per cent]) **1** ⓒ パーセント (《記号》%);〖形容詞的に〗…パーセントの ‖
fifteen percent value added tax 15%の付加価値税.
Twenty percent of the pupils were [×was] absent. 生徒の2割が欠席した《◆ ×twenty per-cents としない》.

Q&A  *Q*: 上例でなぜ was はだめなのですか.
*A*: of のあとに名詞の複数形がくれば動詞は複数扱いとなります. もちろんあとに単数形がくれば動詞は単数扱いとなります(→ **3** 用例) (cf. *percent-age* **2**).
集合的な名詞のときはふつう単数扱い. ただし《英》では複数扱いも可能です: What percent of the audience was [《英》were] women? 聴衆の何パーセントが女性でしたか.

**2** ⓤⓒ《略式》百分率 (percentage).
**3** ⓒ《略式》割合, 部分 ‖
A large percent of the wheat crop was [×were] damaged. 小麦の収穫の大部分は被害を受けた.

——副〖数字のあとで〗…パーセントだけ[ほども] ‖
We are 100 percent in agreement with you. 私たちは全面的に君に賛成だ.

\***per cent** /pərsént パセント/《主英》=percent.
\***per·cent·age** /pərséntɪdʒ パセンティチ/〖→ percent〗

——名 (複 ~ag·es/-ɪz/) **1** ⓤⓒ〖通例単数〗百分率, パーセンテージ ‖
What [×How much] percentage of people die of cancer every year? 毎年何%の人が癌(がん)で死亡するのですか.
**2**〖通例 a ~〗割合, 部分 ‖
Only a small percentage of the students were absent. 欠席したのはほんの少数の学生だった《◆of のあとに名詞の複数形がくれば動詞は複数扱い》.
*There is no percéntage in (doing) A*.  …しても得るところは何もない.

**percéntage pòint** 1パーセント.
**per·cep·ti·ble** /pərséptəbl パセプティブル/ 形《正式》**1** 知覚[感知]できる, 認知できる. **2** 知覚できるほどの, かなりの.

**per·cep·ti·bly** /pərséptəbli パセプティブリ/ 副 知覚[感知]できるほどに, かなり.
**per·cep·tion** /pərsépʃən パセプション/ 名 ⓒⓤ《正式》**1** 知覚, 認知; 知覚力 ‖
a keen perception 鋭い直観力.
his perception of the danger 彼がその危険に気づいたこと.
**2** 理解(力) ‖
She had a clear perception of the problem. 彼女はその問題をはっきり理解した.

**per·cep·tive** /pərséptɪv パセプティヴ/ 形《正式》**1** 知覚の; 知覚力のある. **2** 理解の鋭い; よくわかっている. **per·cép·tive·ly** 副 鋭敏に.

**perch**[1] /pə́ːrtʃ パーチ/ 名 (複 ~·es/-ɪz/) ⓒ **1** とまり木(の枝) ‖
take one's perch とまり木にとまる.
**2**《略式》高い地位 ‖
Come off your perch. 《略式》お高くとまるのはやめろ.

——動 (三単現 ~·es/-ɪz/) 自 **1**〈鳥が〉とまる《◆場所を表す副詞(句)を伴う》. **2** 腰をかける, ひょいと座る. —他〈鳥・人など〉をとまらせる.

**perch**[2] /pə́ːrtʃ パーチ/ 名 (複 perch, ~·es) ⓒ《魚》パーチ《ペルカ科の淡水魚》.

**per·co·late** /pə́ːrkəlèɪt パーコレイト/ 動 (現分 -lat·ing) 他 **1**《正式》…を濾過(ろか)する. **2**〈コーヒー〉をパーコレーターでいれる. —自 **1**《正式》しみ出る, 濾過される. **2**〈コーヒー〉が出る.

**per·co·la·tor** /pə́ːrkəlèɪtər パーコレイタ/ 名 ⓒ **1** パーコレーター《濾過(ろか)式コーヒーわかし》. **2** 濾過器.

**per·cus·sion** /pərkʌ́ʃən パカション/ 名 **1** ⓤ《正式》(ふつう固い物の)衝突, 衝撃; ⓤⓒ (衝撃による)震動; 音響. **2**〔音楽〕**a** ⓤ 打楽器の演奏. **b**〖集合名詞; 単数・複数扱い〗打楽器; [the ~]=percussion section.

**percússion ínstrument** 打楽器《ドラム・シンバルなど》.
**percússion sèction** (オーケストラの)打楽器部(percussion).
**per·cus·sion·ist** /pərkʌ́ʃənɪst パカショニスト/ 名 ⓒ《音楽》(オーケストラの)打楽器奏者.

**per·emp·to·ry** /pərémptəri パレンプタリ,《米+》pérəmptɔːri/ 形《正式》**1** 有無を言わさぬ. **2** 横柄(おうへい)な; 命令的な.

**per·en·ni·al** /pəréniəl パレニアル/ 形〔植〕多年生の ‖
a perennial plant 多年生植物.

\***per·fect** 形 /pə́ːrfɪkt パーフィクト/; 動 pərfékt パフェクト/〖完全に(per)作る(fect). cf. *defect*〗㊅ perfection (名), perfectly (副)

perfect 《完全な》    defective 《欠陥のある》

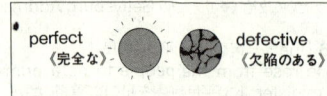

——形 **1** 完全な, 申し分のない; 完全無欠な, すばらしい (↔ imperfect) 《◆ very, more などを前につ

けるのはくだけた口語の場合だけ》‖
the **perfect** crime 完全犯罪.
No one is **perfect**. 完全無欠な人はいない《◆失敗した人をなぐさめる表現》.
The spaceship made a **perfect** landing. 宇宙船は見事に着陸した.
**2** 全部そろっている, 欠けていない‖
a **perfect** set of china ひとそろいの磁器.
**3** 最適の‖
a house that is **perfect** for a large family 大家族にはうってつけの家.
**4**〔通例名詞の前で〕正確な, 寸分たがわぬ‖
a **perfect** copy 原物どおりの写し.
draw a **perfect** circle 真円を描く.
**5**(略式)〔名詞の前で〕全くの‖
**perfect** nonsense 全くのたわごと.
a **perfect** fool 大ばか.
We were **perfect** strangers to each other. 我々は互いに赤の他人だった.
**6**〔文法〕〔しばしば the ~〕完了の‖
the **perfect** tense 完了時制.
——名〔文法〕**1**〔the ~〕完了形[時制]‖
the past **perfect** 過去完了.
**2** 完了時制の動詞形.
——動 /pərfékt/〔三単現〕~s/-fékts/;〔過去・過分〕~･ed/-id/;〔現分〕~･ing
——他 **1**(正式) …を**完成する**, 仕上げる; …を完全にする‖
**perfect** a plan 計画を完了する.
She's in Paris to **perfect** her French. 彼女はフランス語に最後の磨きをかけるためにパリにいる.
**2**〔~ oneself〕熟達する‖
He **perfected** himself in his job. 彼はすっかり仕事が身についた.
**pérfect gáme**〔野球〕完全試合;〔ボウリング〕パーフェクト.
**pérfect párticiple**〔文法〕完了分詞《過去分詞のこと》.

\***per･fec･tion** /pərfékʃən/ パフェクション/〔→ perfect〕
——名(複)~s/-z/; ⓤ **1** 完全(なこと), 完璧(かん); 完備‖
an idealist who strives for **perfection** 完全無欠を目ざす理想主義者.
**2**(正式)完成, 仕上げ, 成就, 成熟; 熟達, 卓越‖
Bring your studies to **perfection**. 君の研究を完成させなさい.
**3**(正式)完成の域に達した人[物];〔通例 the ~〕極致, 典型‖
the **perfection** of beauty 美の極致.
As an actor, he is **perfection**. 俳優としては彼は完成している.
**to perféction**(正式)完全に, 申し分なく.

**per･fec･tion･ist** /pərfékʃənist/ パフェクショニスト/ 名 ⓒ **1** 完全論者. **2**(略式)完全主義者, 完璧(かん)主義者.

**per･fect･ly** /pə́ːrfiktli/ パーフィクトリ/ 副 **1** 完全に, 申し分なく‖

perform the part of Hamlet **perfectly** 見事にハムレットの役を演じる.
**2**(略式)全く, すっかり‖
He is **perfectly** a fool. 彼はどうしようもないばかだ.

**per･fo･rate** /pə́ːrfəreit/ パーフォレイト/ 動〔現分〕~･rat･ing〕**1** …に穴をあける. **2**〈紙に〉ミシン目をいれる.

**per･fo･ra･tion** /pə̀ːrfəréiʃən/ パーフォレイション/ 名 **1** ⓤ 穴をあけること. **2** ⓒ〔しばしば ~s〕ミシン目, 打ち抜き穴.

\***per･form** /pərfɔ́ːrm/ パフォーム | pəfɔ́ːm/ パフォーム/〔完全に(per)供給する(form). cf. in**form**〕
派 **performance**(名)

perform
《1 行なう, 2 演じる》

——動〔三単現〕~s/-z/;〔過去・過分〕~ed/-d/;〔現分〕~･ing
——他 **1** …を**行なう**, する; …を**果たす**, 成し遂げる《◆do, carry out より堅い語》‖
The doctor **performed** a difficult operation on him. その医者は彼にむずかしい手術を行なった.
**perform** a ceremony 儀式を挙行する.
**perform** a scientific experiment 科学実験をする.
**perform** a duty 義務を果たす.
**perform** one's promise 約束を果たす.
**2** …を**演じる**, …を上演する; …を演奏する, …を歌う‖
**perform** Hamlet in a play 劇でハムレットを演じる.
a magician **performing** tricks 奇術師.
——自 **1** 演奏する, 演じる, 上演する‖
**perform** before a large audience 大勢の聴衆の前で演奏する.
**perform** skillfully on the horn ホルンを見事に演奏する.
**2**〈動物が〉芸をする‖
a **performing** bear 芸をするクマ.
**3**(略式)〈事をうまく〉成しとげる, 行なう‖
The rugby team **performed** very well in the match. あのラグビーチームの試合は見事だった.

**performing árts** 舞台芸術《演劇・オペラ・バレエなど》.

\***per･for･mance** /pərfɔ́ːrməns/ パフォーマンス | pəfɔ́ːməns/ パフォーマンス/〔→ perform〕
——名(複)~･manc･es/-iz/; ⓤ **1**(正式)(義務などの)**遂行**, 実行, 履(り)行‖
the **performance** of one's duty 職務の遂行.
**2** ⓒ **上演**, 演奏, 興行; 演技, パフォーマンス; 芸当; できばえ;(試験などの)成績‖
His **performance** of [as] Romeo was perfect. ロミオ役の彼の演技は申し分なかった.

There are two **performances** on Saturday. 土曜日には2回興行がある.
Her **performance** on the test was very good. 彼女のテストの成績は優秀だった.
**3** [U] (機械などの)性能；(人の)遂行能力.
**4** 《略式》[a ~] 面倒なこと[行動]; 愚行《◆主に次の句で》‖
What a **performance**! なんというばかなことを.
**5** [U] 〔言語〕言語運用.

P

**per·form·er** /pərfɔ́ːrmər パフォーマ | pəfɔ́ːmə パフォーマ/ [名] [C] **1** する[行なう]人, 実行者, 遂行者.
**2** 演奏者；役者, 俳優, 芸人；歌手；曲芸師.
**3** 名人, 名手 ‖
a star **performer** (チームの)スター選手.

*__per·fume__ /[名] pə́ːrfjuːm パーフューム, (米+) pərfjúːm; [動] pərfjúːm パフューム | pə́ːfjuːm パーフューム/ 〖十分な(per)煙(fume)〗
——[名] ([複] ~s/-z/) [U] [C] **1** (快い)かおり, におい, 芳香(fragrance)《◆scent より堅い語》‖
the **perfume** of a flower 花のかおり.
**2** 香水, 香料.
——[動] ([現分] --fum·ing) [他] …に香水をつける.

**per·func·to·ry** /pərfʌ́ŋktəri パファンクタリ/ [形] 《正式》**1** おざなりの；うわべだけの. **2** 熱意のない.

**__per·haps__ /pərhǽps パハプス, 《英略式》prǽps/ 〖偶然(haps)によって(per). 起こる確率が5割以下と考えられる場合に用いる〗
——[副] [通例文全体を修飾] **1 ことによると**, ひょっとしたら, あるいは《◆《米》ではmaybe がふつう.》‖
**Perhaps** they will come soon. =They will come soon, **perhaps**. 彼らはもしかするとまもなくやって来るかもしれない.
**Perhaps** that's true. あるいはそれは本当かもしれない.
[対話] "Where on earth is Suzy?" "**Perhaps** she's already gone home." 「スージーはいったいどこにいるんだ」「ひょっとしたらもううちへ帰ったのかもしれないよ」.
**2** [質問を受けて] おそらくそうでしょう ‖
[対話] "Will he come?" "**Perhaps.**" 「彼は来ますか」「おそらくね」《◆「おそらく来ないでしょうね」は *Perháps nòt.*》.

**per·il** /pérəl ペリル/ [名]

peril《差し迫った危険》

**1** [U] 《正式》(大きな, 差し迫った)危険, 危難 ‖
She was **in peril of** her life. =Her life was **in peril**. 彼女は生命の危険にさらされた.
**2** [C] [通例 ~s] 危険を招くもの, 危険(物) ‖
the **perils** of the sea 海の危険《あらし・難破など》.
***at** one's **péril*** 危険を覚悟で；自分の責任で《◆相手に忠告する場合などに用いる》.

**per·il·ous** /pérələs ペリラス/ [形] 《正式》危険な, 危険に満ちた ‖
a **perilous** journey 危険な旅.
**pér·il·ous·ly** [副] 《正式》危険なほどに.

**pe·rim·e·ter** /pərímətər ペリミタ/ [名] [C] 《正式》(平面図形・区画された土地などの)周囲(の長さ).

*__pe·ri·od__ /píəriəd ピアリオド/ 〖ひと回り(peri)の道(od)〗
——[名] ([複] ~s/-ədz/) [C] **1 期間**, 時期 ‖
for a short **period** しばらくの間.
for a **period** of two months =for a two-month **period** 2か月間.
**2** [the ~; しばしば複合語で] (歴史上特色のある)時代([類] age, era) ‖
the colonial **period** 植民地時代.
the Elizabethan **period** エリザベス女王時代.
[対話] "Which history are you most interested in?" "The Edo **period**." 「どの時代の歴史に最も興味がありますか」「江戸時代です」.
**3** (授業の)**時間**, 時限；(試合の)一区切り；〔音楽〕楽節 ‖
the first **period** 第1時限.
We have a **period** of English today. きょうは英語の授業が1時間ある.
In our school, a **period** is fifty minutes long. 私たちの学校では1時限は50分です.
The lunch **period** is from twelve to one. 昼食時間は12時から1時までです.
**4** 《米》〔文法〕**終止符**, ピリオド(《英》full stop)；省略点；小数点.
**5** 〔数学・物理・化学・天文〕周期.
**6** [しばしば one's ~s] 月経(期間).
**7** 《正式》終わり, 結末, 最終段階(end) ‖
come to a **period** 終わる.
put a **period** to an argument 議論を終わらせる.
**8** 〔地質〕紀.

**pe·ri·od·ic** /pìəriɑ́dik ピアリアディク | -ɔ́d- -オディク/ [形] 周期的な；断続的な.
**periódic táble** 〔化学〕周期表.

**pe·ri·od·i·cal** /pìəriɑ́dikl ピアリアディクル | -ɔ́d- -オディクル/ [形] **1** 定期刊行(物)の. **2** 〈雑誌・出版物が〉定期的な. ——[名] [C] (日刊以外の)定期刊行物, 雑誌.

[関連] [種類] weekly 週刊 / biweekly 隔週刊 / monthly 月刊 / semi-monthly 月2回刊行 / quarterly 季刊 / annual 年刊.

**pe·ri·od·i·cal·ly** /pìəriɑ́dikəli ピアリアディカリ | -ɔ́d- -オディカリ/ [副] 周期的に；定期的に.

**pe·riph·er·al** /pərífərəl ペリファラル/ [形] 《正式》**1** 〈地域などが〉周辺部にある(↔ central). **2** 核心から離れた；皮相的な.

**pe·riph·er·y** /pərífəri ペリファリ/ [名] ([複] --er·ies /-z/) [C] 《正式》**1** [通例 the ~] (物の)周囲, 周辺(border)；内縁部, 外縁部(boundary)；[the

~] (政治団体などの)非主流派 ‖
on the **periphery** of Tokyo 東京周辺に.
**2** (円などの)外周, 円周; 球面.

**per·i·scope** /pérɪskòup ペリスコウプ/ 名 C **1** 潜望鏡, ペリスコープ. **2** 潜望鏡レンズ.

**per·ish** /périʃ ペリシュ/

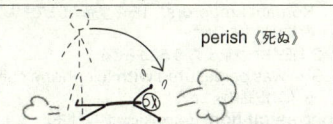

perish 〈死ぬ〉

動 (三単現) ~·es/-ɪz/ 自 **1** (文) (不慮の事故・災害・戦争などで)死ぬ《◆ die, be killed の遠回し語》, 非業の死を遂げる ‖
**perish** in battle 戦場に散る.
be **perishing** with hunger 飢えで死にかかっている.
**2** (主に英)〈物の質〉が悪くなる, 落ちる ‖
The elastic band has **perished**. ゴムひもがのびてしまった.

**per·ish·a·ble** /périʃəbl ペリシャブル/ 形 腐りやすい; 滅びやすい.

**per·ish·ing** /périʃɪŋ ペリシング/ 動 → perish.
——形 (主に英略式) **1**〈気候が〉とても寒い;〈人が〉ひどく寒くて. **2** (やや古) ひどい, いまいましい《◆ 不快や困惑を表す. damn の遠回し語》.

**per·i·to·ni·tis** /pèrɪtənáɪtɪs ペリトナイティス | pèrɪtəʊnáɪtɪs ペリトゥナイティス/ 名 U [医学] 腹膜炎.

**per·jure** /pə́ːrdʒər パーチャ/ 動 (現分) --jur·ing) 他 (正式) [~ oneself] (特に法廷で)偽証する.

**per·ju·ry** /pə́ːrdʒəri パーチャリ/ 名 (複 --jur·ies /-z/) **1** [法律] U (宣誓後の)偽証; 偽証罪; C 偽証の陳述. **2** U C (正式) 誓約を破ること, 約束を破ること, 破約.

**perk** /pə́ːrk パーク/ 動 自 **1**〈耳・尾などが〉ぴんと立つ. **2** (略式) 元気[活力]を取り戻す. ——他〈頭・耳・尾などを〉元気よく[ぴんと]上げる. **2** (略式) …を元気[活気]づける.

**perk·y** /pə́ːrki パーキ/ 形 (比較 -i·er, 最上 -i·est) (略式) **1** きびきびした. **2** 生意気な.

**perm** /pə́ːrm パーム/ 名 (主に英略式) [a ~] パーマ((正式) permanent wave, (米略式) permanent).
——動 他 (英略式)〈髪に〉パーマをかける ‖
have one's hair **permed** 髪にパーマをかける.

**per·ma·nence** /pə́ːrmənəns パーマネンス/ 名 U 永久不変.

\***per·ma·nent** /pə́ːrmənənt パーマネント/ 【完全に(per)残る(manent). cf. re**main**】
——形 **1** 永続する, (半)永久的な, 耐久の(↔ temporary) ‖
a **permanent** building 耐久建築物.
**permanent** teeth 永久歯.
establish **permanent** peace in the world 世界に恒久平和を確立する.
make a **permanent** home in London ロンドンに永住する.

**2** 常設の; 終身の ‖
a **permanent** committee 常任委員会.
**permanent** employment 終身雇用.
——名 C (米略式) パーマ(ネント) (permanent wave, (主に英略式) perm) ‖
go to the beauty parlor for a **permanent** パーマをかけに美容院へ行く.

**pérmanent wáve** (正式) =permanent 名.

**per·ma·nent·ly** /pə́ːrmənəntli パーマネントリ/ 副 永久に, 不変に.

**per·me·ate** /pə́ːrmièit パーミエイト/ 動 (現分) --at·ing) 他 **1** …にしみ込む ‖
Water **permeated** the sand. =The sand was **permeated** with water. 水が砂にしみ込んだ.
**2**〈におい・考え方などが〉…の全体に行き渡る ‖
History **permeates** Kyoto. 京都は歴史にみちちている.
——自 しみ透る, しみ渡る; 行き渡る.

**per·me·a·tion** /pə̀ːrmiéiʃən パーミエイション/ 名 U (正式) 浸透; 普及.

**per·mis·si·ble** /pərmísəbl パミスィブル/ 形 (正式) (法や規則上)許される, さしつかえない ‖
Is smoking **permissible** in the room? 部屋でタバコを吸ってもいいでしょうか.

**per·mis·sion** /pərmíʃən パミション/ 名 U 許可, 認可, 承認, 同意(consent) ‖
without **permission** 許可なく, 無断で.
with your (kind) **permission** お許しを得て.
ask for **permission** 許可を求める.
The teacher gave me **permission** to leave. 先生は私に帰ってもよいと言ってくださった.

**per·mis·sive** /pərmísɪv パミスィヴ/ 形 許される, 寛大な; (悪い意味で)自由放任の, 甘い ‖
**permissive** parents 子供に甘い親たち.

**per·mit** /動 pərmít パミト; 名 pə́ːrmɪt パーミト/ 動 (過去・過分) --mit·ted /-ɪd/; 現分) --mit·ting) (→ limit Q&A) (正式) 他 **1** [permit (A) B / permit B (to A)] (A〈人〉に) B〈事〉を許す, 許可する(→ allow) ‖
**permit** him in (the garden) 彼に(庭に)入ることを許す.
The doctor **permitted** her up. 医者は彼女にベッドから起きることを許可した.
Will you **permit** me a few words? 少し発言させていただけませんか(=(略式) Let me say a few words.).

**2** [permit A to do / permit A's doing] A〈人〉が…することを許す ‖
**Permit** me to ask [*my asking] one question. 1つ質問させてください《◆ 命令文では動名詞は伴わない》.
——自 許す, 可能にする ‖
**weather permitting** (正式) =if the weather **permits** もし天気がよければ.
This sentence **permits of** two interpretations. この文は2通りに解釈できる.
——名 C 許可書, 免許証.

**per·mu·ta·tion** /pə̀ːrmjutéiʃən パーミュテイション/ 名UC 1 〔数学〕順列；置換. 2 《正式》並べ替え；交換.

**per·ni·cious** /pərníʃəs パニシャス/ 形 《正式》ひどく有害な；致命的な.

**per·ox·ide** /pəráksaid パラクサイド|-ɔks- パロキサイド/ 名U 過酸化物.

**per·pen·dic·u·lar** /pə̀ːrpəndíkjələr パーペンディキュラ/ 形 1 垂直の，直角をなす ‖
The lines are perpendicular to each other. 線は互いに直角に交わっている.
2 直立した；垂直な.
—— 名C 垂線，垂直面.

**per·pe·trate** /pə́ːrpətrèit パーペトレイト/ 動 (現分 --trat·ing) 他 《正式》〈犯罪・過失など〉を犯す.

**per·pet·u·al** /pərpétʃuəl パペチュアル|-pétjuəl -ペテュアル/ 形 1 永久の，永続する(permanent) ‖
The top of the mountain is enveloped in perpetual snow. その山頂は万年雪に包まれている.
2 絶え間のない，ひっきりなしの；《略式》頻繁(敳)な，たびたびの《◆continual より堅い語》‖
a perpetual stream of visitors ひっきりなしにやってくる訪問者.
I am tired of her perpetual requests for money. 彼女のたび重なる金の無心にうんざりしている.

**per·pet·u·al·ly** /pərpétʃuəli パペチュアリ|-pétjuəli -ペテュアリ/ 副 1 永久に，永続的に. 2 絶え間なく，ひっきりなしに.

**per·pet·u·ate** /pərpétʃuèit パペチュエイト|-pétju- -ペテュエイト/ 動 (現分 --at·ing) 他 《正式》…を永続させる；〈名声などを〉不朽[不滅]にする.

**per·pet·u·a·tion** /pərpètʃuéiʃən パペチュエイション|-pètju- -ペテュエイション/ 名U 永続させること；不朽[不滅]にすること.

**per·plex** /pərpléks パプレクス/ 動 (三単現 ~·es /-iz/) 他 《正式》…を当惑させる，まごつかせる(puzzle) ‖
be [feel] perplexed at the result 結果を聞いて途方に暮れる.
The student perplexed the teacher with many questions. その学生は先生を質問攻めで困らせた.

**per·plexed** /pərplékst パプレクスト/ 動 → perplex. —— 形 当惑した，途方に暮れた.

**per·plex·ing** /pərpléksiŋ パプレクスィング/ 動 → perplex. —— 形 当惑させる；理解しにくい.

**per·plex·i·ty** /pərpléksəti パプレクスィティ/ (復 --i·ties/-z/) 名 《正式》1U 当惑，困惑(puzzle) ‖
in perplexity 当惑して.
to one's perplexity 困ったことには.
2 C 当惑させるもの，困ったこと.

**per·qui·site** /pə́ːrkwizit パークウィズィト/ 名C 《しばしば ~s》《正式》1(給料外の)臨時収入，余得；心付け，チップ(tip). 2 (地位・職務に伴う)特典，役得.

**Per·ry** /péri ペリ/ 名 ~ 《Matthew Calbraith /kǽlbreiθ/ ~ 1794-1858；1853年黒船で浦賀に来航し，日本に開国を求めた米国の提督．通称 Commodore Perry》.

**per·se·cute** /pə́ːrsəkjùːt パーセキュート/ 動 (現分 --cut·ing) 他 1 …を迫害する，しいたげる；…をいじめる ‖
Christians were persecuted under the Roman Emperors. ローマ皇帝のもとでキリスト教徒は迫害を受けた.
2 《正式》…を悩ます，うるさがらせる ‖
She was persecuted with telephone calls. 彼女は電話に悩まされた.

**per·se·cu·tion** /pə̀ːrsəkjúːʃən パーセキューション/ 名UC 1 迫害. 2 《正式》悩ます[悩まされる]こと.

**per·se·cu·tor** /pə́ːrsəkjùːtər パーセキュータ/ 名C 迫害者，虐待者.

**Per·seph·o·ne** /pərséfəni パーセフォニ/ 名 《ギリシア神話》ペルセポネ《Hades の妻で冥界の女王．ローマ神話のプロセルピナに当たる》.

**Per·se·us** /pə́ːrsiəs パーシアス|pə́ːrsjuːs パースュース/ 名 1 《ギリシア神話》ペルセウス《Medusa を退治し，Andromeda を海の怪物から救った英雄》．2 〔天文〕ペルセウス座.

**per·se·ver·ance** /pə̀ːrsəvíərəns パーセヴィアランス/ 名U 忍耐強さ，根気強さ ‖
with perseverance しんぼう強く.

**per·se·vere** /pə̀ːrsəvíər パーセヴィア/ (アクセント注意)「『着実に継続する』が原義」動 (現分 --ver·ing) 自 (辛抱に耐えて)やりぬく ‖
We must persevere in our efforts. 我々はたゆまず努力しなければならない.

**Per·sia** /pə́ːrʒə パージャ, -ʃə|-ʃə -シャ/ 名 ペルシア《Iran の旧名》.

**Per·sian** /pə́ːrʒən パージャン, -ʃən|-ʃən -シャン/ 形 ペルシアの；ペルシア人[語]の. —— 名 1 C ペルシア人. 2 U ペルシア語.
**Pérsian Gúlf** [the ~] ペルシア湾《◆単に the Gulf ともいう》.

**per·sim·mon** /pərsímən パスィモン/ 名C カキ(の木) (persimmon tree)；その実.

**per·sist** /pərsíst パスィスト/ 動 (現分) 自 1 [persist in A] …を固執する，貫く；辛抱(敳)強く続ける《◆Aに doing も可》‖
She persists in saying that she is right. 彼女は自分は正しいと言い張っている.
2 持続する；存続する，残存する ‖
The rain persisted throughout the night. 雨は夜通し降った.
3 主張する，くり返して言う；「…」と主張する ‖
"I never did it," she persisted. 「私はそんなことしていません」と彼女は言い張った.

**per·sist·ence, --en·cy** /pərsístəns(i) パスィステンス(ィ)/ 名U 1 固執，しつこさ；粘り強さ(perseverance) ‖
with persistence しつこく.
2 永続，持続性.

**per·sist·ent** /pərsístənt パスィステント/ 形 1 しつこい；固執する；粘り強い ‖
a persistent salesman しつこいセールスマン.

**2** 持続する, 永続的な ‖
a persistent headache なかなか治らない頭痛.

**per·sist·ent·ly** /pərsístəntli パスィステントリ/ 副
**1** しつこく, がんこに. **2** 永続的に.

# \*\*per·son /pə́ːrsn パーソン/ 〈類音 parson /pάːrsn/〉〖俳優がつける面 → 面をつける人 → 人〗
派 personal (形), personnel (名)

―名 (複 ~s/-z/) **1** ⓒ 人, 人間〈◆複数は(略式)ではふつう people を用い,(正式), 法律用語などでは persons を用いる〉; [this ~ / that ~] やつ〈◆目の前にいる人を指して用いる〉‖
Who is that person? あいつは何者だ.
She was the only person I knew in the room. その部屋の中で私が知っている人は彼女だけだった.
All persons who have not yet registered should do so without delay. 《掲示》未登録の方は至急登録してください.

> Q&A **Q**: He is a *dog person*. ということを耳にしましたが, こんな言い方があるのですか.
> **A**: person の前にこのように名詞を置いて使われることがあります.「彼はイヌの好きな人」という意味です. a cat *person*（ネコ好きな人）もあり, また a morning *person*（朝型の人）, a night *person*（夜型の人）, a coffee *person*（コーヒー党）もよく使われます. この場合 man や woman は使いません.

**2** (正式)〖通例 a ~ / the ~ / one's ~〗身体; 容姿, 外見 ‖
I have no money on [(主に英) about] my person. お金を全然持ちあわせていません.
**3** Ⓤⓒ〖文法〗〖通例 the ~〗人称 ‖
(in) the first [second, third] person 第一[二, 三]人称(で).

◇*in pérson* (正式) (1) 容姿は. (2) **自分で**, 自ら ‖
You had better go and thank her in person. 行ってじきじきに彼女に礼を言いなさい. (3) [(代)名詞のあとで] 実物[本物]の…, …本人が, …その物 ‖ I saw the president in person. 私は大統領にじかに会った.

**per·son-** /pə́ːrsn- パーソン-/ 《連結形》人〈◆セクシズムを含蓄する man- を避けるために用いる〉. 例: personkind.

**-per·son** /-pə̀ːrsn -パーソン/ 《連結形》 **1** …に従事する人〈◆-man, -woman を避けるために用いる〉. 例: chairperson. **2** …人用の, …人の. 例: a four-person table 4 人用のテーブル.

**per·son·a·ble** /pə́ːrsənəbl パーソナブル/ 形 (正式) 容姿の整った, 魅力的な.

# \*per·son·al /pə́ːrsnəl パーソヌル/ 〈類音 personnel/pə̀ːrsənél/〉〖→ person〗
派 personality (名), personally (副)

―形 **1** [名詞の前で] **一個人の, 個人的な; 私的な, 一身上の**; 主観的な(↔ impersonal) ‖
personal reasons 一身上の都合.

This is a personal matter between you and me. これは君と私の個人的な問題だ.
My personal opinion differs from theirs. 私の個人的意見は彼らのとは違う.

**2** 個人攻撃の; 私事に触れた, 個人に宛(ぁ)てた ‖
a personal letter 親展書, 私信.
Let's not become personal in this argument. この議論で個人攻撃をするのはやめておこう.
Nothing personal! 別に悪気はありません.
[対話]"Can I ask you a personal question?" "Sure, if it's not too embarrassing." 「個人的なことをきいてもいいでしょうか」「いいですよ. 答えに困るようなものでなければ」.

**3** **直接に自分でやった, じきじきの** ‖
He made a personal appearance at court. 彼がじきじきに出廷した.
She made a personal request to the teacher. 彼女自身が直接先生にお願いした.

**4** (正式) 容姿(ょぅ)の, 身体の ‖
Her personal appearance was attractive. 彼女の容姿は魅力的だった.

**pérsonal ád** (米式) 個人消息(欄), 「尋ね人」.
**pérsonal cólumn** 人事消息欄, 個人広告欄.
**pérsonal compúter** 〔コンピュータ〕パソコン(略 PC).
**pérsonal identificátion nùmber** （キャッシュカードなどの）暗証番号(略 PIN).
**pérsonal prónoun** 〔文法〕人称代名詞.

**per·son·al·i·ties** /pə̀ːrsənǽlətiz パーソナリティズ/ 名 → personality.

# \*per·son·al·i·ty /pə̀ːrsənǽləti パーソナリティ/ 〖→ personal〗

―名 (複 -i·ties/-z/) **1** Ⓤⓒ **個性, 性格**(character); 人格; 人間的魅力 ‖
a man with little personality 個性の乏しい人.
She has an attractive personality and is liked by all. 彼女は魅力的個性の持ち主でみんなに好かれる.
a clash of personalities （個性の衝突にある）不和, 確執(ぉ?).

**2** ⓒ（芸能界などの）**名士, 有名人, タレント** ‖
a TV personality テレビタレント〈◆ \*a TV talent とはいわない〉.
a movie personality 映画スター.
Noted literary personalities gathered together last evening. 知名の文士たちの集まりが昨夜あった.

**per·son·al·ize** /pə́ːrsənəlàiz パーソナライズ/ 動
(現分) -iz·ing) 他 (正式) **1** 〈物〉を（住所・氏名などを記入して）個人の物とする; 〈物に氏名［住所, 頭文字など］を記入する. **2** 〈発言など〉を特定の個人に向けられたものとする. **3** 〈無生物〉を擬人化する.

# \*per·son·al·ly /pə́ːrsənəli パーソナリ/ 〖→ personal〗

―副 **1** [動詞のあとで] **a** [主語を受けて] **自分自身で, じきじきに**; …本人が ‖
His father showed me personally all over the farm. 彼の父みずから私を連れて農場をくまなく

案内してくれた.
b [目的語を受けて] 直接に, 個人的に; …個人を ‖
I know her **personally**. 私は彼女を個人的に知っています.

**2** [文全体を修飾; 文頭または文尾で; 主語を受けて] 自分としては; [強調的に] 私自身は, 私的には ‖
**Personally**(＼), I like it. 私個人としてはそれが気に入っています.

**3** [動詞のあとで; 主語を受けて] 自分に向けられたものとして(♦ personal **2** の意味に対応) ‖
対話 "Please **don't** take it **personally**. I said it as a general opinion." "I know." 「君のことを言ったんじゃないから気にしないで. 一般論として言っただけなんですよ」「わかってますよ」.

**4** 一個の人間としては, 人柄としては ‖
He is **personally** gentle, but not very reliable. 彼は温和な人柄だがたいして頼りにはならない.

**per·son·i·fi·ca·tion** /pərsὰnəfikéiʃən パサニフィケイション/ |-sɔ̀n- パソニ-/ 名 **1** ⓒ [通例 the ~] 権化(ごん), 化身(けしん), 典型 ‖
She is the **personification** of kindness. 彼女は親切そのものだ.

**2** Ⓤ 擬人化; (修辞学で)擬人法.

**3** Ⓤⓒ 具現, 体現.

**per·son·i·fy** /pərsánəfài パーソニファイ/ |-sɔ́n- パソニ-/ 動 (三単現) -·i·fies/-z/; (過去·過分) -·i·fied ‖ 他 《正式》**1** …の権化(けん)となる; …を具現する ‖
She **personifies** kindness. =She is kindness **personified**. 彼女は親切そのものだ.

**2** …を擬人化する.

**per·son·nel** /pə̀:rsənél パーソネル/《アクセント注意》《×パーソネル》(類音) personal /pə́:rsənl/ 名 (正式) **1** [集合名詞; 通例複数扱い] (官庁·会社·軍隊などの)全職員, 総人員; [形容詞的に] 職員の ‖
Our **personnel** are very highly educated. わが社の社員はたいへん高度な教育を受けている.

**2** Ⓤ 人事課[部] (human resources); [形容詞的に] 人事の ‖
a **personnel** department 人事課.

**per·son-to-per·son** /pə́:rsntəpə̀:rsn パーソントゥパースン/ 形 (長距離電話で)指名の.
**pérson-to-pérson cáll** 指名通話《指名した相手が電話に出た場合のみ料金を支払う》.

**per·spec·tive** /pərspéktiv パスペクティヴ/ 名 **1** [美術] Ⓤ 遠近(画)法, 透視図法; ⓒ 遠近画, 透視図 ‖
draw a picture in **perspective** 遠近法で絵を描く.

**2** 《正式》Ⓤ 釣り合いのとれた見方; 総体的な見方, 大局観; ⓒ 観点 ‖
see things in their (right) **perspective** 物事の軽重を正しく判断する, 物事を正しく見る.
think about the problem from a different **perspective** その問題を違う観点から考える.

**per·spi·ra·tion** /pə̀:rspəréiʃən パースピレイション/ 名 Ⓤ 発汗(作用); Ⓤⓒ 汗 ‖
a drop of **perspiration** 1滴の汗.

**per·spire** /pərspáiər パスパイア/ 動 (現分) --spir·ing 《正式》 ⾃ 発汗する, 汗をかく. ━ ⾃ …を汗にして出す;《植物などが》…を分泌する.

＊**per·suade** /pərswéid パスウェイド/《完全に》(per)説き伏せる(suade). cf. dissuade》
━ 動 (三単現) ~s /-swéidz/; (過去·過分) --suad·ed /-id/; (現分) --suad·ing
━ ⾃ **1 a** …を説得する(convince); [persuade **A** into **B**] **A**〈人〉を説得して **B**〈事〉をさせる; [persuade **A** out of **B**] **A**〈人〉を説得して **B**〈事〉をやめさせる ‖
**persuade** him over 彼を説得して向こうへ行かせる.
**persuade** him **into** his resignation 彼を説得して辞職させる.

**b** [persuade **A** to do / persuade **A** (that) 節] **A**〈人〉を説得して…させる ‖
**persuade** her **not to** do it 彼女を説得してそうするのをやめさせる.
We **persuaded** her **to** go on a picnic with us. =We **persuaded** her (that) she (should) go on a picnic with us. 我々は彼女を説得して一緒にピクニックに行かせた.
対話 "That's final. I'm going to Europe next month." "I wish I could **persuade** you to stay home." 「それは変更できないんだ. 来月にはヨーロッパへ行くよ」「できれば君を説得して国内にとどまらせたいんだが」.

**2** 《正式》[persuade **A** of **B**] **A**〈人〉に **B**〈事〉を確信させる; [persuade **A** wh 節 / persuade **A** that 節] **A**〈人〉に…だと確信させる ‖
I **persuaded** her **of** his honesty. =I **persuaded** her that he was honest. 私は彼が正直者であることを彼女に信じさせた.
We **persuaded** him **of** how angry she was. 彼女がどんなに怒っているかを彼に納得させた.
I am firmly **persuaded of** his innocence. 彼は無罪だとかたく信じています.

**per·suad·ing** /pərswéidiŋ パスウェイディング/ 動 → persuade.

**per·sua·sion** /pərswéiʒən パスウェイジョン/ 名 **1** Ⓤ 説得(する[される]こと); 説得力 ‖
art of **persuasion** 説得の技術.
speak with great power of **persuasion** たいへん説得力のある話し方をする.

**2** Ⓤ 《正式》[しばしば a ~] 確信, 信念.

**3** ⓒ 宗派, 教派.

**per·sua·sive** /pərswéisiv パスウェイスィヴ/ 形 説得力のある; 口のうまい ‖
a **persuasive** speaker 説得力のある話ができる人.

**pert** /pə́:rt パート/ (類音) part/pá:rt/) 形 《やや古》生意気な, こましゃくれた.

**per·tain** /pərtéin パテイン/ 動 ⾃ 《正式》**1** 付属する, つきものである; ふさわしい ‖
the farm and the lands **pertaining to** it 農場とそれに付属する土地.

**2** 関係がある ‖

**pertinent**

books that pertain to birds 鳥に関する本.
**per·ti·nent** /pə́:rtənənt パーティネント/ 形《正式》核心に関連する(↔ impertinent); 適切な, 要を得た.
**per·turb** /pərtə́:rb パターブ/ 動 他《正式》…の心をひどくかき乱す, …をうろたえさせる, 不安にする.
**per·turbed** /pərtə́:rbd パターブド/ 動 → perturb.
——形 心配した, 不安な.
**Pe·ru** /pərú: パルー/ 名 ペルー《南米西部の共和国. 首都 Lima. 形容詞は Peruvian》.
**pe·ruse** /pərú:z パルーズ/ 動《現分》··rus·ing)他《正式》…を丹念に読み通す.
**Pe·ru·vi·an** /pərú:vian パルーヴィアン/ 名 C 形 ペルー人(の), ペルーの.
**per·vade** /pərvéid パヴェイド/ 動《現分》··vad·ing)他《正式》…に一面に広がる; …全体に普及する.
**per·va·sive** /pərvéisiv パヴェイスィヴ/ 形《正式》(やたらに)広がる; 浸透性の; 普及力のある.
**per·verse** /pərvə́:rs パヴァース/ 形《正式》1 人の意に逆らう, ひねくれた; 正道を踏みはずした; 思いどおりにならない. 2 非を認めない, 強情な.
**per·ver·sion** /pərvə́:rʒən|-ʃən パヴァージョン|-ション/ 名 Ｕ C《正式》逸脱; 悪用.
**per·ver·si·ty** /pərvə́:rsati パヴァースィティ/ 名 (複 ··si·ties/-z/)名 Ｕ つむじ曲がり; 邪悪; C ひねくれた行為; 倒錯行為.
**per·vert** /動 pərvə́:rt; 名 pə́:rvə:rt パヴァート/ 動 他《正式》1 …を誤った道に陥らせる, …を堕落させる ‖
pervert (the mind of) a child 子供(の心)を悪の道に導く.
2 …を悪用する ‖
pervert one's talents 才能を悪いことに使う.
3 …を曲解する.
——名 C 変質者, 性的倒錯者.
**pe·so** /péisou ペイソウ/ 名 (複 ~s) C 1 ペソ《メキシコ・キューバ・フィリピンおよび中南米諸国の通貨単位. 《記号》$, P》. 2 1 ペソ硬貨[紙幣].
**pes·si·mism** /pésəmìzm ペスィミズム/ 名 Ｕ 悲観 (しがちな性癖), 厭世《；》; 悲観主義[論].
**pes·si·mist** /pésəmist ペスィミスト/ 名 C 悲観しがちな人; 悲観論者, 厭世家.
**pes·si·mis·tic** /pèsəmístik ペスィミスティック/ 形 悲観[厭世《；》]主義の; 悲観的な, 厭世的な(↔ optimistic) ‖
take a **pessimistic** view of the situation 事態を悲観的に見る.
I'm not **pessimistic** about the future at all. 私は将来のことは少しも悲観していない.
**pest** /pést ペスト/ 名 C 1 有害な(小)動物[虫] ‖
insect pests 害虫《ハエ・蚊など》.
2 (略式)〔通例 a ~〕やっかいな人[物]; 迷惑な存在.
**pes·ter** /péstər ペスタ/ 動 他《略式》…をしつこく悩ます(→ tease); …にうるさくせがむ.
**pes·ti·cide** /péstəsàid ペスティサイド/ 名 Ｃ Ｕ 殺虫剤.
**pes·ti·lence** /péstiləns ペスティレンス/ 名《古》C

**petrify**

Ｕ (致命的な)伝染病, 悪疫《；》; Ｕ ペスト.
**pes·tle** /pésl ペスル/ 名 C 乳棒; すりこぎ.
***pet** /pét ペト/「『小さい』が原義. cf. petty]
——名 (複 ~s/péts/) C 1 愛玩《》動物, ペット《♦動物愛護家はこの語を避けて companion animal または animal companion を用いる》‖
make a pét of a puppy 子犬をかわいがる.
She has [keeps] a cat as a pet. 彼女はペットとして猫を飼っている.
2 a お気に入り, 寵《》児 ‖
Beth is the téacher's pét. ベスは先生のお気に入りだ.
b 《主に英略式・女性語》[a ~ / the ~] すばらしい物, [呼びかけ] かわいい子.
——形 1 ペットの ‖
a pet dog ペットとして飼っている犬.
2 お気に入りの; 得意の, おはこの ‖
one's pet subject 得意の話題.
——動 (過去・過分) pet·ted/-id/; 《現分》pet·ting)他 …をペットにする; …をかわいがる.
**pét hòspital** 犬猫病院.
**pét lòss (gríef)** ペットの死(による悲しみ).
**pét nàme** 愛称.
**pét shòp** =petshop.
**pet·al** /pétl ペトル/ 名 C〔植〕花弁, 花びら《図》→ flower). **pét·al(l)ed** /-d/ 形 花弁のある.
**Pete** /pí:t ピート/ 名 ピート《Peter の愛称》.
**Pe·ter** /pí:tər ピータ/ 名 1 ピーター《男の名. 《愛称》Pete). 2〔聖書〕St. ~ 聖ペテロ《キリストの12使徒の1人》. 3〔聖書〕ペテロの手紙《新約聖書の一書. 第1・第2の2つがある. 《略》Pet.》.
**Péter Pán** (1) ピーターパン《J. M. Barrie 作の劇(1904)》. (2) ピーターパン《(1)の主人公》. (3) Ｃ 永遠の少年; そのようなおとな.
**pet·it** /péti ペティ, pətí:/ 〖『フランス』〗 形 小さな, ささいな.
**pe·tite** /pətí:t パティート/ 〖『フランス』〗 形〈女性・その姿が〉小柄できれいな.
**pe·ti·tion** /pətíʃən パティション/ 名 C 請願(書), 陳情(書) (request); 祈願 ‖
a petition for aid 援助を請う陳情.
make a petition to the mayor 市長へ請願をする.
sign a petition against a change in the law 法律変更に反対の嘆願書に署名する.
——動《正式》他 …を請求する; …に要請する ‖
They petitioned the government for the release of the prisoners. =They petitioned the government to release the prisoners. =They petitioned that the prisoners (should) be released. 彼らは囚人を釈放するよう政府に嘆願した.
——自 請願する.
**pe·ti·tion·er** /pətíʃənər パティショナ/ 名 C《正式》請願者.
**pet·rel** /pétrəl ペトレル/ 名 C〔鳥〕1 ミズナギドリ《類》. 2 《特に》ヒメウミツバメ《図》→ 次ページ).
**pet·ri·fy** /pétrəfài ペトリファイ/ 動 (三単現) ··ri-

fies/-z/; [過去・過分] --ri·fied/-d/) 《正式》[他] **1** 〈動植物など〉を石(質)化する. **2** …を硬直させる; 〈感覚など〉を鈍くする; 〈人〉をすくませる. ━[自] 石化する; 硬直する; 感覚を失う; すくむ.

petrel 2

**pet·ro-** /pétrə- ペトロ-| -rəu- ペトロウ-/ [連結形] 岩石; 石油.

**pet·ro·che·m·i·cal** /pètrəkémikl ペトロケミクル, -rou-/ [名][C][形] 石油化学(製品)(の).

**pet·rol** /pétrəl ペトロル, 《英+》-rɔl/ [名][U] 《英》ガソリン(《米》gas, gasoline).
 **pétrol èngine** ガソリン機関.
 **pétrol stàtion** 《英》ガソリンスタンド, 給油所(→ filling station).

**pe·tro·le·um** /pìtróuliəm ピトロウリアム/ [名][U] 石油 ‖
 crude [raw] **petroleum** 原油.

**pet·shop, pet shop**/pétʃɔ̀p ペトショプ/ [名][C] ペットショップ.

**pet·ty** /péti ペティ/ [形] ([比較] --ti·er, [最上] --ti·est) **1** ささいな, つまらない, 取るに足りない ‖
 Don't listen to **petty** gossip. つまらないうわさ話なんかには耳を貸すな.
 **2** けちな, 狭量な ‖
 It is **petty** of him not to accept the apology. わびを受け入れないとは彼は心の狭いやつだ.
 **3** 下級の, 劣った; 小規模の.

**pet·u·lant** /pétʃələnt ペチュラント | pétju- ペテュ-/ [形] 《正式》いらいらした, すねた; 短気な, 怒りっぽい.

**pe·tu·nia** /pət(j)ú:njə ペトゥーニャ (ペテューニャ)| -niə -ニア/ [名] **1** [C] 〔植〕ペチュニア《南米原産. 漏斗(ろうと)状の花をつける観賞用植物》. **2** [U] 暗赤紫色.

**pew** /pjú: ピュー/ [名][C] (教会のベンチの形の)座席.

**pew·ter** /pjú:tər ピュータ/ [名] **1** [U] ピューター, シロメ《錫と鉛などとの合金》; [集合名詞] =pewter ware. **2** [C] (シロメの)賞杯.
 **péwter wàre** シロメ製器物(類)《台所用品など》.

**PG** [記号] 〚Parental Guidance〛《英》(映画が)保護者の指導[許可]指定の(→ film rating).

**PG 13** [記号] 〚PG は Parental Guidance より〛《米》(映画が)13歳未満は保護者同伴指定(の)(→ film rating).

**pH** /pí:éitʃ ピーエイチ/ 〚potential of hydrogen〛 [名][C] 〔化学〕ペーハー《水素イオン指数》.

**Pha·ë·thon** /féiəθn フェイアスン, 《米+》-tn/ [名] 〔ギリシア神話〕パエトン《太陽神 Helios の子》.

**pha·lanx** /féilæŋks フェイランクス | fæ- ファランクス/ [名] ([複] ~·es, --lan·ges/fəlændʒi:z/) [C] **1** 〔歴史〕(古代ギリシア・ローマの)密集方陣《重歩兵の戦闘隊形》. **2** (人・動物・物の)密集, 集結; 同志の集まり, 結社.

**phan·tom** /fæntəm ファンタム/ [名][C] **1** 《文》幻; 幽霊, お化け(ghost); 幻覚. **2** 幻影; 幻想. **3** (外見だけで)実体のない物[人]. **4** [P~] 《米》ファントムジェット戦闘機.
 ━[形] 幽霊の(ような); 幻覚の; 幻影の; 見せかけの ‖
 a **phantom** ship 幽霊船.
 a **phantom** leader 名ばかりの指導者.

**Pha·raoh** /féərou フェアロウ/ [名][C] ファラオ, パロ《古代エジプト王の称号》; [しばしば p~] 《広義》暴君(tyrant).

**Phar·i·see** /færəsi: ファリスィー/ [名][C] パリサイ人《儀式や律法を厳守した古代ユダヤ教の一派の人》; [p~] (特に宗教上の)形式主義者; 独善家; 偽善家.

**phar·ma·ceu·tic, --ti·cal** /fɑ̀:rməs(j)ú:tik(l) ファーマスーティク(ル) (ファーマスューティク(ル))/ [形] 《正式》調剤の, 製薬の; 薬学の; 薬剤(師)の; 薬物を用いる.

**phar·ma·cist** /fɑ́:rməsist ファーマスィスト/ [名][C] 薬剤師.

**phar·ma·col·o·gy** /fɑ̀:rməkɑ́lədʒi ファーマカロヂ | -kɔ́l- -コロヂ/ [名][U] 薬(物)学, 薬理学(《略》pharmacol.).

**phar·ma·cy** /fɑ́:rməsi ファーマスィ/ [名] ([複] --ma·cies/-z/) **1** [U] 調剤(術); 薬学. **2** [C] 薬屋(《米》drugstore, 《英》chemist's (shop)); (病院などの)薬局; [U] 調剤[製薬]業.

**phase** /féiz フェイズ/ [名][C] **1a** (変化する物・状態の)1つの姿[相].
 **b** (発達・変化の)段階, 時期(period) ‖
 enter (on) a new **phase** 新しい局面に入る.
 **c** (問題などの)面, 相 ‖
 study various **phases** of the problem その問題のさまざまな面を検討する.
 **2** 〔天文〕(月・惑星などの)相, 位相; 〔物理〕(波の)位相 ‖
 the **phases** of the moon 月相《新月・半月・満月など》.
 ━[動] ([現分] phas·ing) [他] …を段階的に計画[実行, 調整]する.

**PhD, Ph.D.** /pí:eitʃdí: ピーエイチディー/ ([複] ~s, ~'s) [略] Doctor of Philosophy 学術博士, 哲学博士; 《米》博士号(所有者)(cf. MA)《◆ philosophy は分野によらず「高等な学問」の意》 ‖
 a **PhD** dissertation 学位論文.
 get a **PhD** 博士号を取る.

**pheas·ant** /féznt フェズント/ [名] ([複] ~s, 集合名詞 pheas·ant) **1** [C] 〔鳥〕キジ. **2** [U] キジの肉.

**phe·nix** /fí:niks フィーニクス/ [名] 《米》=phoenix.

**phe·nom·e·na** /fənɑ́mənə フェナメナ | -nɔ́m- -ノメナ/ [名] → phenomenon.

**phe·nom·e·nal** /fənɑ́mənl フェナメヌル | -nɔ́m- -ノメヌル/ [形] **1** 《正式》自然現象の; 知覚できる ‖
 the **phenomenal** world 現象界.
 **2** 驚くべき, 並はずれた.

***phe·nom·e·non** /fənɑ́mənɑ̀n フェナメナン | fənɔ́minən フェノミノン/ 〚現れた(phenome)もの(non). cf. *pha*ntom〛
 ━[名] ([複] --na/-mənə/) [C] **1** 《正式》**現象**, 事象, 事件 ‖
 a natural **phenomenon** 自然現象.
 a social **phenomenon** 社会的事象.

**2** (複 ~s) 驚くべき物[事]、並はずれた物[事]; 非凡な人、天才 ‖
a **phenomenon** among musicians 音楽の天才.

**phew** /pfjúː/ **プフュー**, **whew**【擬音語】《◆短い口笛に似た息の音》間 ふう《◆安堵(ஐ)感・疲れ・息切れを示す》; うわあ、ひゃあ《◆不快・驚きを示す》.

**phi·al** /fáiəl/ **ファイアル** 名 C《正式》薬びん、ガラスの小びん.

**Phil** /fíl/ **フィル** 名 フィル《Philip の愛称》.

**Phil(a).** 略 Philadelphia.

**Phil·a·del·phi·a** /fìlədélfiə/ **フィラデルフィア** [「兄弟愛」が原義] 名 フィラデルフィア《米国 Pennsylvania 州の大都市. 独立宣言の地. (愛称) the City of Brotherly Love. (愛称) Phil(a).

**phil·an·throp·ic, ‒i·cal** /fìlənθrάpik(l)|-θrɔ́p-, -ɔ́-ス(ル)ピク(ル)/ 形 博愛(主義)の、慈善(事業)の; 情け深い.

**phi·lan·thro·pist** /filǽnθrəpist/ **フィランスロピスト** 名 C (貧しい人への寄付などをする)慈善家; 博愛主義者.

**phi·lan·thro·py** /filǽnθrəpi/ **フィランスロピ** 名 U《正式》(貧しい人への)博愛、援助などで示す)人類愛, 博愛, 慈善; C 博愛行為, 慈善事業, 慈善団体.

**-phile** /-fáil/ **-ファイル**(連結形)…を好む(人)《◆-phil ともつづる》(↔ -phobe) (cf. -philia). 例: bibliophile.

**phil·har·mon·ic** /fìlərmάnik/ **フィラマニク**, -hɑːr- | fìlɑːmɔ́n-フィラーモニク, -hɑː-/ 形 音楽(愛好)の.
—— 名 [しばしば P~] =philharmonic orchestra.

**philharmónic órchestra** (音楽協会の)管弦楽団(philharmonic).

**-phil·i·a** /-fíliə/ **-フィリア**(連結形)…の傾向; …の病的愛好(↔ -phobia) (→ -phile).

**Phil·ip** /fílip/ **フィリプ** 名 **1** フィリップ《男の名. 愛称 Phil》. **2**《聖書》フィリポ, ピリポ, フィリピ《キリストの12使徒の1人》.

**Phil·ip·pine** /fíləpìːn/ **フィリピーン** 形 フィリピン(群島)の; フィリピン人の(= Filipino).
—— 名 [the ~s; 単数扱い] **1** フィリピン共和国《正式名 the Republic of the Philippines. 首都 Manila》. **2** =Philippine Islands.

**Philippine Íslands** [the ~] フィリピン諸島.

**Phil·is·tine** /fíləstìn/ **フィリスティーン**, fílistìn | fílistàin **フィリスタイン**/ 名 C **1**《聖書》ペリシテ人《古代パレスチナの住人, イスラエル人の敵》. **2** [時に p~] (考え・趣味が)凡俗な人, 俗物; 《正式》(芸術などに)無関心な人.

**phi·los·o·pher** /filάsəfər フィロサファ | filɔ́səfə フィロソファ/ 名 C **1** 哲学者 ‖
Socrates was a famous Greek philosopher. ソクラテスはギリシアの有名な哲学者だった. **2** 哲人, 賢人; 達観した人; 理性的な人; 《略式》思慮深い人.

**philósopher's [philósophers'] stóne** [the ~] 賢者の石《他の卑金属(鉄・銅などを貴金属(金・銀)に変える力を持つと考えられていた想像上の石》.

**phil·o·soph·ic, ‒i·cal** /fìləsάfik(l) フィロサフィク(ル)|-sɔ́f-ソフィク(ル)/ 形 **1** 哲学の; 哲学に通じた. **2** 賢明な; 冷静な; 理性的な; 思慮深い.

**phil·o·soph·i·cal·ly** /fìləsάfikli フィロサフィクリ|-sɔ́f-ソフィクリ/ 副 **1** 哲学的に(は); 理屈では. **2** 達観して; 冷静かつ理性的に.

**phi·los·o·phies** /filάsəfiz フィロサフィズ | -lɔ́s-フィロソ-/ 名 → philosophy.

**phi·los·o·phize** /filάsəfàiz フィロサファイズ | -lɔ́s-フィロソ-/ 動 (現分 ‒phiz·ing)《正式》自 哲学的に思索する; 理論を立てる. 他 …を哲学的に考察する.

\*__phi·los·o·phy__ /filάsəfi **フィロサフィ** | filɔ́səfi **フィロソフィ**/ 名【知(sophia)を愛すること(philo). cf. *philology*】派 philosopher (名)
—— 名 (複 ‒o·phies /-z/) **1** U 哲学 ‖
empirical **philosophy** 経験哲学.
moral **philosophy** 道徳哲学, 倫理学.
**2** C 哲学体系; 哲理; 原理 ‖
the **philosophy** of Zeno ゼノンの哲学体系.
the **philosophy** of cooking 料理の原理.
**3** C 人生観, 処世術; 考え方 ‖
my **philosophy** about women 私の女性観.
What's your **philosophy** of life? 君の人生観はどんなものですか《◆「人生哲学」のようなおおげさな意味ではない》.
**4** U 達観, あきらめ ‖
face the situation with **philosophy** 冷静か つ理性的に事態に対処する.

**phlegm** /flém **フレム**/ (発音注意)《◆g は発音しない》名 U **1**《生理》痰(ம்). **2**《正式》冷静, 沈着; 無感動.

**phleg·mat·ic, ‒i·cal** /flegmǽtik(l) **フレグマティク(ル)**/ 形《正式》(危急の時に)冷静な, 平然とした.

**-phobe** /-fóub/ **-フォウブ**(連結形)…を恐れる[嫌う](者)(↔ -phile) (cf. -phobia).

**pho·bi·a** /fóubiə **フォウビア**/ 名 U C 恐怖症, 病的恐怖, 病的嫌悪《◆fear より堅い語》.

**-pho·bi·a** /-fóubiə **-フォウビア**/(連結形)…恐怖症; …恐怖病; …嫌い(↔ -philia) (→ -phobe). 例: hydrophobia 恐水病, 狂犬病.

**Phoe·bus** /fíːbəs **フィーバス**/ 名【ギリシャ神話】ポイボス《太陽神としての Apollo. Phoebus Apollo ともいう》.

**Phoe·ni·ci·a** /fəníːʃiə **フェニ(ー)シア**/ 名 フェニキア《地中海東部沿岸の古代国家》.

**Phoe·ni·ci·an** /fəníːʃiən **フェニ(ー)シアン**/ 形 フェニキア(人, 語)の. —— 名 C フェニキア人; U フェニキア語.

**phoe·nix,**《米ではしばしば》**phe·nix** /fíːniks **フィーニクス**/ 名 (複 ‒es/-iz/) C【エジプト神話】フェニックス, 不死鳥《アラビア砂漠に住み, 500-600年ごとに自ら焼死し, その灰の中から生き返るという霊鳥. 不滅・復活の象徴》.

\*__phone__[1] /fóun **フォウン**/《略》
—— 名 (複 ~s/-z/) C **1** 電話(機), 受話器《telephone の短縮語》‖

**phone**

speak to him on [over] the phone =... by phone 彼と電話で話す.
be on the phóne 電話を引いている; 電話に出ている.
get the phone (かかってきた)電話をとる.
hang up the phone 電話を切る.
対話 "What's your phone number at work?" "271-5088." 「職場の電話番号は何番ですか」「271の5088です」《◆ two-seven-one-five-oh-double eight と読む》.

"Mrs. Jones, you are wanted on the phone. =There's a phone call for you, (↘) Mrs. Jones. (↗)" "Thank you." 「ジョーンズさん, あなたに電話ですよ」「ありがとう」.
2 イヤホーン, ヘッドホン.

──動 (三単現) ~s /-z/; (過去・過分) ~d /-d/; (現分) phon·ing

──他 a …に電話をかける ‖
Please phone me (up). 私に電話してください.
b [phone A B / phone B to A]〈人〉に B〈情報などを〉電話で知らせる; phone (A) that 節 (A〈人〉に)…だと電話で知らせる.
She phoned me the accident. 彼女は事故を電話で知らせてきた.

Q&A Q: phone は telephone の短縮語ですね. このような例にはほかにどんなものがありますか.
A: exam (← examination), gym (← gymnasium), flu (← influenza), math (← mathematics), petrol (← petroleum), photo (← photograph)などです.

**phóne bòok** (略式)電話帳.
**phóne bòoth** =phonebooth.
**phóne nùmber** 電話番号.
**phone**² /fóun フォウン/ 名C 〖音声〗音, 単音.
**phone·booth** /fóunbù:θ フォウンブース, -bùð -bùð -ブズ/, **phòne bòoth** 名C 公衆電話ボックス.
**phone·call** /fóunkɔ́:l フォウンコール/ 名C 電話をかけること[もらうこと], 電話の呼び出し ‖
make a phonecall to him 彼に電話をかける.
I got [had] a phonecall from my sister this morning. けさ妹から電話があった.
**phone-in** /fóunìn フォウニン/ 名C形 (テレビ・ラジオの)視聴者電話参加番組(の) ((米) call-in).
**pho·net·ic, --i·cal** /fənétik(l) フォネティク(ル)/ 形 音声(学)の; 音声を表す, 発音に即した ‖
phonetic signs [symbols] 発音記号.
**pho·net·i·cal·ly** /fənétikəli フォネティカリ/ 副 音声学上; 発音どおりに.
**pho·net·ics** /fənétiks フォネティクス/ 名U 〖単数扱い〗音声学.
**phon·ing** /fóuniŋ フォウニング/ 動 → phone.
**pho·no-** /fóunə- フォウノ- | fóunə- フォウノウ-/ (連結形) 音; 声《◆母音の前では phon-》.
**pho·no·graph** /fóunəgræf フォウノグラフ | -grà:f -グラーフ/ 名C (米) 蓄音機((英古) gramo-phone).

**pho·ny** /fóuni フォウニ/ (略式) 形 (比較) --ni·er, (最上) --ni·est) にせの, いんちきの (↔ genuine).
──名 (複 pho·nies/-z/) C にせ物; 詐欺師, にせ者.
**phos·phate** /fásfeit ファスフェイト | fɔs- フォス-/ 名CU 1 〖化学〗リン酸塩[エステル]; [化合物名で]リン酸…. 2 [通例 ~s]リン酸肥料.
**phos·pho·res·cence** /fàsfərésns ファスフォレスンス | fɔ̀s- フォス-/ 名U 1 リン光性. 2 リン光; 青光り.
**phos·pho·res·cent** /fàsfərésnt ファスフォレスント | fɔ̀s- フォス-/ 形 リン光を発する, 青光りする.
**phos·pho·rus** /fásfərəs ファスファラス | fɔ́s- フォス-/ 名U 〖化学〗リン(記号 P).
*__pho·to__ /fóutou フォウトウ/ 〖photograph の短縮語〗(略式)
──名 (複 ~s/-z/) C 写真《◆ picture の方がふつう》‖
a passport photo パスポート用写真.
──動 他自 (…を)写真に撮る.
**phóto fínish** (競馬などの)写真判定によるゴールイン; 大接戦.
**pho·to-** /fóutou- フォウトウ-/ (連結形) 光(化学)の; 写真の.
**-pho·to** /-fóutou -フォウトウ/ (連結形) 写真; 光.
**pho·to·chem·i·cal** /fòutoukémikl フォウトウケミクル/ 形 光化学の.
**photochémical smóg** 光化学スモッグ.
**pho·to·cop·i·er** /fóutoukàpiər フォウトウカピア | -kɔ̀piə -コピア/ 名C コピー機.
**pho·to·cop·y** /fóutoukàpi フォウトウカピ | -kɔ̀pi -コピ/ 名 (複 --cop·ies/-z/) C 写真複写物, コピー.
──動 (三単現) --cop·ies/-z/; (過去・過分) --cop·ied/-d/) 他自 (…を)写真複写する.
*__pho·to·graph__ /fóutəgræf フォウトグラフ | fóutəgrà:f フォウトグラーフ/ 〖光(photo)の記録(graph). cf. telegraph〗
──名 (複 ~s/-s/) C 写真 ‖
He took a photograph of me. =He took my photograph. 彼は私の写真を撮ってくれた.
I took a photograph of him yesterday. 私はきのう彼の写真を撮りました.
have [get] one's photograph taken 写真を撮ってもらう.
develop [print, enlarge] photographs 写真を現像する[焼き付ける, 引き伸ばす]《◆「現像・焼き付け・引き伸ばし」の意味で「DPE」(Developing, Printing, Enlargement より)とはいわない》.
──動 他 1 …を写真に撮る. 2 …の印象を焼き付ける
──自 1 写真を撮る.
2 写真に写る ‖
対話 "That's a great picture. Who is that lovely young woman?" "That's my niece. She really photographs well, doesn't she?" 「それとてもすてきな写真だわ. そのきれいな若

い人はどなたなの」「私の姪(%)です. 写真写りがとても いいでしょう」

**pho·tog·ra·pher** /fətágrəfər フォタグラファ/ -tɔ́g- フォトグラファ/ 《アクセント注意》 名 © 写真をとる人; (職業としての)写真家, カメラマン.

**pho·to·graph·ic** /fòutəgrǽfik フォウトグラフィク/ 《アクセント注意》 形 写真の, 写真用の ‖
photographic paper 印画紙.
a photographic record 写真による記録.

**pho·tog·ra·phy** /fətágrəfi フォタグラフィ|-tɔ́g- フォトグラフィ/ 《アクセント注意》 名 U 写真撮影(業), 写真を撮ること ‖
No photography. 《掲示》(美術館などで)「写真撮影禁止」.

**pho·to·syn·the·sis** /fòutousínθəsis フォウトウスィンセスィス/ 名 U 〖生化学〗 光合成.

*__phrase__ /fréiz フレイズ/ 〖『話す』原義〗
— 名 (複 phras·es/-iz/) 1 © 〖文法〗 句 (略 phr.) (cf. clause) ‖
a noun phrase 名詞句.
an infinitive phrase 不定詞句.
2 U© 言葉遣い, 言い回し, 表現, 語法 ‖
in a simple phrase 簡潔な言い方で.
to coin a phrase 新しい言い方をすれば.
3 © 成句, 熟語, 慣用句, フレーズ ‖
a sét phráse 成句.
4 © 名言, 警句, 寸言; [~s] 空言(ぇ) ‖
turn a phrase 警句を言う.
5 © 〖音楽〗楽句.
— 動 (現分 phras·ing) 他 《正式》…を言葉で表す; …を表現する ‖
[対話] "I don't quite understand what you said." "Let me phrase it differently then." 「おっしゃったことがよく理解できません」「それじゃ別の言い方をいたしましょう」.

**phrase book** (海外旅行者用の外国語の) 熟語[成句]集, 慣用表現集.

**phra·se·ol·o·gy** /frèiziálədʒi フレイズィアロヂ|-ɔ́l- -オロヂ/ 名 U 《正式》語法, 言葉づかい.

**PHS** 《略》 personal handyphone system (日本の)簡易型携帯電話.

*__phys·i·cal__ /fízikl フィズィクル/
派 physically (副)
— 形 《通例名詞の前で》 1 身体の, 肉体の (↔ mental) 《♦肉体の機能的側面を強調する》 ‖
physical beauty 肉体美.
physical labor 肉体労働.
physical exercise 体操.
I had a physical checkup yesterday. 私はきのう健康診断を受けた.
a physical fitness test 体力測定.
[対話] "You should have run much faster." "Yes, but I'm not in very good physical condition today." 「君はもっと速く走れたはずだよ」「うん, でも今日は体調があまり良くないんだ」.
2 物理学の; 物理的な; 自然科学の; 自然法則の ‖
physical meteorology 物理気象学.

a physical phenomenon 物理現象.
physical property 物理的性質.
3 《正式》物質の, 自然の (↔ spiritual, moral) ‖
the physical world 物質界.
— 名 © 《米略式》 =physical examination.

**phýsical cóntact** スキンシップ.
**phýsical educátion** 体育(科) (略) PE 《♦略形で用いることが多い》.
**phýsical examinátion** 健康診断 (medical examination).
**phýsical scíence** (生物学以外の)自然科学; (主に)物理学.

**phys·i·cal·ly** /fízikəli フィズィカリ/ 副 1 物理的に, 物理(学)的に, 自然法則上.
2 身体的に, 肉体的に ‖
physically challenged 身体障害のある 《♦disabled の (PC) 語》.
3 物質的に.
physically impossible とうてい無理な[だ].

**phy·si·cian** /fizíʃən フィズィシャン/ 名 © 《米正式・英古》 医者, 医師 (doctor); (特に)内科医 《♦「外科医」は surgeon》.

**phys·i·cist** /fízisist フィズィスィスト/ 名 © 物理学者.

*__phys·ics__ /fíziks フィズィクス/ 〖『自然科学(physic)の学問(ics)』〗 名 U [単数扱い] 物理学.

**phys·i·ol·o·gy** /fìziálədʒi フィズィアロヂ|-ɔ́l- -オロヂ/ 名 U 1 生理学. 2 生理(機能).

**phys·i·o·ther·a·py** /fìziouθérəpi フィズィオウセラピ|-əu- フィズィオウ-/ 名 U 理学療法《物理療法と運動療法を組み合わせた治療. cf. rehabilitation》.

**phy·sique** /fizíːk フィズィーク/ 名 U© 《正式》(特に男の)体格, からだつき, 体形.

**pi·an·ist** /piǽnəst ピアニスト, píːən-|píːən- ピーアニスト, pjǽn-/ 名 © ピアニスト; ピアノを弾く人, ピアノを弾ける人.

**★★pi·an·o** /piǽnou ピアノウ, 《英+》 pjǽn-, pjǽn-/ 〖『pianoforte の短縮形』〗
— 名 (複 ~s/-z/) 1 © (楽器の)ピアノ ‖
an upright piano 竪形(%)ピアノ.
sing at the piano ピアノを弾きながら歌う.
Play the tune on the piano. その曲をピアノで演奏しなさい.
He plays (the) piano well. 彼はピアノの演奏が上手だ 《♦楽器にはふつう the をつけるが, 《米》ではしばしば省略される》(=He is a good pianist.).
2 U ピアノを弾くこと; (教科の)ピアノ(演奏) ‖
She teaches piano. =She is a piano teacher. 彼女はピアノの先生だ.

**piáno pláyer** (1) =pianist. (2) 自動ピアノ.

**Pi·cas·so** /pikáːsou ピカーソウ|-kǽs- ピキャソウ/ 名 ピカソ 《Pablo/páːblou/ ~ 1881-1973; スペインの画家・彫刻家》.

**Pic·ca·dil·ly** /pìkədíli ピカディリ/ 名 ピカデリー 《London の Piccadilly Circus から Hyde Park Corner を結ぶ大通りの１つ》.

**Piccadilly Circus** ピカデリー=サーカス《Piccadilly 街の東端にある円形の小広場。繁華街の中心地》.

**pic·co·lo** /píkəlòu ピコロウ/ 名 (複 ~s) C 〖音楽〗ピッコロ.

## \*\*pick¹ /pík ピク/ 類音 peck/pék/, peak /píːk/〖「(先のとがったもので)つついて取る」が本義〗

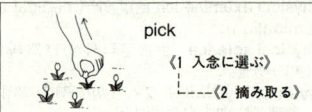

```
           pick
      〈1 入念に選ぶ〉
      〈2 摘み取る〉
```

― 動 (三単現 ~s/-s/; 過去・過分 ~ed/-t/; 現分 ~·ing)

― 他 **1** …を入念に選ぶ, 精選する(choose) ‖
pick one's words 言葉を選ぶ, 言葉遣いに気をつける.
Pick the dress you like best. あなたの一番気に入ったドレスを選びなさい.
対話 "My number is 23. Which one did you choose?" "I picked number 31. I hope it's a winner."「ぼくは23だ. きみは何番を選んだの?」「ぼくの選んだのは31だ. これが当たったらいいのになあ」.
対話 "I don't know which one to get. They're both nice." "Well then, let me pick it out for you."「どちらを買ったらいいのかわからない. どちらもいいんだもの」「それじゃ代わりにぼくに選ばせてよ」.

**2** [pick (A) B] (A〈人〉のために) B〈花・果実など〉を**摘み取る**, もぐ, 採取する, (指で)つまみとる ‖
pick strawberries イチゴを摘む.
He picked the girl daisies. 彼は少女にヒナギクを摘んでやった.

**3** …をつつく, つついて穴を掘る; …をほじる ‖
pick the ground with a pickax つるはしで地面をこつこつ掘る.

**4** …をむしり取る ‖
pick meat from bones 骨についた肉をしゃぶる.
pick a goose (料理のために)ガチョウの毛をむしり取る.

**5** 〈鳥が〈えさ〉をつつく, ついばむ; 〈人が〉〈食べ物〉をつつく《◆食欲のないさま》.

**6** 《米》〈ギターなど〉をつまびく, かき鳴らす.

― 自 **1** 〈鳥が〉えさをつつく, ついばむ; つまむ; つつくように食べる.

**2** 選ぶ, 精選する ‖
pick and choose 上等のものばかり選ぶ.

**3** つつく, 突いて掘る.

**4** 花[果実]を摘む; 〈果実などが〉摘める, もげる《◆easily のような副詞を伴う》‖
Strawberries pick easily. イチゴはもぎやすい.

*píck at* A …の文句をいう.

*píck óff* [他] …をもぎ[むしり]取る; 〖野球〗〈ランナー〉を牽(ﾋﾟ)制球で刺す.

*píck ón* A 《略式》(1) …を選ぶ. (2) …をいじめる, いびる ‖ Why pick on me? どうしてぼくにばかり当たるんだ?

◦*píck óut* [他] (1) …を選び出す ‖ Pick out the dress you like best. あなたが一番好きなドレスを選びなさい. (2) …を見分ける, 見出す, ピックアップする《◆この意味で pick up とはしない》‖ I can never pick him out among them. 彼らの中からとても彼を見分けられない.

◦*píck úp* → pick up (見出し語).

― 名 (複 ~s/-s/) **1** U 選択(権); [one's ~] 自分の選んだもの ‖
Take [Have] your pick of [from] these books. これらの本から自由に選びなさい.

**2** C (摘み取った)収穫量, 収穫物.

**3** [the ~] えり抜き, 最上の物[人].

**pick²** /pík ピク/ 名 C **1** 《略式》つるはし.

**2** [しばしば複合語] 先のとがった小道具 ‖
a toothpick つまようじ.

**3** 《略式》(楽器の)ばち, つめ.

**pick·ax(e)** /píkæks ピカクス/ 名 (複 --ax·es /-iz/) C つるはし.

**pick·er** /píkər ピカ/ 名 C [通例複合語で] **1** つつく[摘む, 拾う, 集める]人. **2** つつく道具; つまようじ.

**pick·et** /píkit ピキト/ 名 **1** [通例 ~s] (先のとがった)杭(ﾋ). **2** 《軍事》見張り(兵); [集合名詞; 単数・複数扱い] 警戒隊. **3** (労働争議中, 組合員のスト破り防止のための)ピケ(隊), 監視員.

― 動 他 **1** …にさくをめぐらす. **2** 〈馬など〉を杭(ﾋ)につなぐ. **3** …に見張りを置く. **4** 〈工場など〉にピケを張る, 〈労働者など〉を監視する. ― 自 ピケを張る.

**pick·ing** /píkiŋ ピキング/ 動 → pick¹. ― 名 **1** U (つるはしなど)で掘ること. **2** 《略式》[~s] 摘み残り, [~s] 盗品; (特に不当な)もうけ.

**pick·le** /píkl ピクル/ 名 **1** C U [通例 ~s] ピクルス《野菜を酢や塩で漬けたもの》.

**2** U (ピクルス用)漬け汁.

**3** C 《略式》[通例 a ~] 困った立場 ‖
be in a sad píckle 苦境にある.
― 動 (現分 pick·ling) 他 …をピクルスにする.

**píck·led** /-d/ 形 ピクルスにした.

**pick-off** /píkɔ̀f ピコ(ﾛ)ﾌ/ 名 C 〖野球〗(牽(ﾋﾟ)制による)刺殺.

**pick·pock·et** /píkpàkət ピクパケト | -pɔ̀kət -ポケト/ 名 C すり.

**pick·up** /píkʌ̀p ピカプ/ 名 **1 a** U C (郵便物・荷物などを)集めること; 集配.
**b** C (無蓋(ｶﾞｲ)の集配用)小型トラック(pickup truck) ‖
the last pickup time 最終集配便時刻.
make a daily pickup of mail 毎日郵便集めをする.

**2** U 《米》(車の)加速能力 ‖
a sport car with good pickup 加速のいいスポーツカー.

**3** C (レコードプレーヤーの)ピックアップ.

**píckup trùck** =pickup 1b.

\***pick up** /pík ʌp ピク アプ/
― 動 (変化形 → pick) **1** 《略式》[自] 〈病人・

## picky

気が)回復する.
**2** [他] [pick up A / pick A up] …を**拾い上げる**, 持ち上げる; かき集める ‖
pick up stones 石ころを拾い上げる.
pick up the receiver 受話器を取る.
**3** [他] [pick up A / pick A up] …を**手に入れる**, …を**身につける**, 得る ‖
pick up the smoking habit タバコを吸う癖がつく.
Children pick up a new language easily. 子どもは新しい言葉を簡単に聞き覚える.
**4** [他] [pick up A / pick A up] (途中で)…を**車に乗せる**[乗せて行く]; A⟨車⟩に乗って行く ‖
対話 "I'll pick you up at the hotel around 7." "OK. I'll see you then." 「7時ごろホテルで車で迎えに行ってあげるよ」「いいわ. じゃまたその時にね」.
**5** [他] [pick up A / pick A up] ⟨車が⟩ A⟨スピード⟩を上げる; A⟨会話など⟩を再び始める; A⟨健康・元気⟩を回復する.
**6** [他] [pick up A / pick A up] [~ oneself] (失敗などから)立ち直る, 起き上がる.

**pick・y** /píki ピキィ/ 形 (比較 --i・er, 最上 --i・est) (主に米略式) 神経質な, きちょうめんすぎる.

**＊pic・nic** /píknik ピクニク/ 〖『互いに出し合って』が原義〗
── 名 (複 ~s/-s/) ① C **1** [通例 a ~] (行楽で)**戸外での食事, 行楽の弁当** (を食べること) 《◆ (米) では自宅の庭などでのパーティーも picnic という》; (戸外での食事を目的とした)**行楽, 遠足** 《◆徒歩・車など交通の手段は問わない. 遊び・運動を目的とするのは hiking》 ‖
Let's have a picnic in the park. その公園で弁当を食べよう.
They wént on [for] a pícnic at the seaside. 海辺に遠足に出かけた.
at [on] a picnic ピクニックで.
**2** (略式) [通例 a ~ / the ~; 通例否定文で] **楽な仕事**[経験] ‖
It was no picnic translating that book. あの本の翻訳には骨が折れたよ.
Putting it into practice won't be a picnic. 実際にやるのは楽なものじゃないよ.
── 動 (三現 ~s; 過去・過分 --nicked; 現分 --nick・ing) (→ traffic Q&A) 自 ピクニックをする, 戸外で食事を楽しむ ‖
We picnicked at the lake. 湖畔でピクニックをした.
pícnic lúnch ピクニックの弁当.

**pic・to・ri・al** /piktɔ́:riəl ピクトーリアル/ 形 絵画の; 絵で表した; 生き生きした. ── 名 C 絵入り雑誌[新聞], 画報.

**＊＊pic・ture** /píktʃər ピクチャ/ 〖『描かれたもの』が原義. cf. depict〗 派 picturesque (形)
→ 名 **1** 絵  **2** 写真  **3** 映画
動 他 **2** 心に描く

── 名 (複 ~s/-z/) **1** C **絵, 絵画, 図画** 《◆版画も含めていう》 ‖
make [draw, paint, print] a picture of her 彼女の絵を描く 《◆ draw は主にペン・鉛筆・クレヨンで描く. paint は絵の具で描く. print は版に刷る》.
That's a picture of my father. あれが父の肖像です 《◆ my father's *picture* では「父が所持する絵」または「父が描いた絵」ともとれる》.
**2** C **写真** (photograph) ‖
take a picture of her 彼女の写真を撮る.
a picture of him playing the piano 彼がピアノをひいている写真.
develop pictures 写真を現像する.
Who is the man in the picture? 写真の男はだれですか.
**3** C (英式) **映画**, [the ~s] 映画 (movies) ‖
shoot a picture 映画を撮影する.
The picture is on now. その映画は上映中だ.
He projects pictures at the theater. 彼はその劇場で映写係をしている.
**4** C (鏡・水面に写った)**像**; (レンズを通して結ばれた)**映像** ‖
the picture reflected in the pond 池に映った影.
**5** [the ~ / a ~] (テレビ・映画の)**画面; 画質** ‖
You'll get a clear picture with this antenna on the roof. このアンテナを屋根につけると画面がはっきりする.
**6** C [通例 a ~] **心に映る**[**描く**]**もの, イメージ, 理解, 合点**(ガ) ‖
paint a picture of the incident 事件を生き生きと描写する.
I gained a clear picture of how it works. それがどのように作動するかがよくわかった.
**7** [the ~] **状況, 事態, 全体像** ‖
Computers have changed the industrial picture considerably. コンピュータが産業の様相を大きく変えた.
**8** [a ~ / the ~] **具現したもの; 模範; 生き写し**; 〖演劇〗**活人画** ‖
the picture of health 健康そのもの.
a perfect picture of the knight 騎士の鑑(かがみ).
He is the (very) picture of his grandfather. 彼は祖父に生き写しだ.
**9** [a ~] (絵のように)**美しい人**[**物**] ‖
The aurora was a picture. そのオーロラは実に見事だった.
*in the picture* (1) 事情を知る立場で, かかわっている ‖ put him in the picture 事態を彼にのみこませる. (2) 目立って, 圏内で.

── 動 (三現 ~s/-z/; 過去・過分 ~d/-d/; 現分 --tur・ing/-tʃəriŋ/) 他 **1** …を**絵**[**写真など**]**で表す, 描く** ‖
picture the mechanism その仕組みを図解する.
She was pictured as a woman playing the cello. 彼女はチェロを弾く女性として絵にかかれて

た.

**2 a** 〈人・物・事〉を心に描く; [picture (that) 節 / picture wh 節] …だと心に描く《◆imagine よりも「ありありと目に浮かべる」》‖
Can't you just picture Ed in woman's disguise? 女装しているエドを想像してごらん.
**b** [picture A doing] A〈人〉が…しているのを想像する.
**3** …をありありと描写する‖
She pictured the brutality of war. 彼女は戦争の惨状を生々しく描いた.

**pícture bòok** (主に子供用)絵本; 図鑑.
**pícture càrd** (1) (トランプの)絵札. (2) =picture postcard.
**pícture póstcàrd** (正式) 絵はがき.
**pic·tur·esque** /pìktʃərésk ピクチャレスク/《アクセント注意》形 **1** 絵のように美しい‖
picturesque costumes 目にもあざやかな衣裳.
**2** 人目を引く, 珍奇な.
**3** 表現力に富んだ; まことしやかな《◆非現実性を暗示》.
**pic·tur·ing** /píktʃəriŋ ピクチャリング/ 動 → picture.
**pidg·in** /pídʒən ピヂン/ 《business の訛り》名 **1** UC ピジン語《2つまたはそれ以上の言語の混成語》(cf. creole). **2** U =pidgin English.
**pídgin Énglish** [しばしば P~ E-] ピジン英語 (pidgin) 《アフリカ西部・オーストラリア・メラネシア・中国などで使われている現地語の影響を大きく受けた英語》.
**pie** /pái パイ/ 名 **1** CU [しばしば複合語で] パイ《肉・果物などを練り粉で包み焼いた料理・菓子》‖
a pork pie ポークパイ.
an apple pie アップルパイ《◆(英)では中身の見える菓子パイは tart という》.
**2** C クリーム・ゼリーなどをはさんだケーキ.
(as) éasy [símple] as píe (略式) とても簡単な.
**pie·bald** /páibɔ̀:ld パイボールド/ 形〈馬などが〉白黒まだらの, ぶち; 雑色の.

**\*\*piece** /pí:s ピース/《同音》peace) 《「一片の土地」が原義》
→ 名 **1** 1つ **2 a** 部品 **b** 構成員 **3** 作品; 記事
── 名 (複 piec·es/-iz/) C **1** [通例 a ~ of + U 名詞] **a** [物質名詞をあとに置いて] 1つ《◆part と違い「1個の独立したもの」をいう》‖
Will you get me a piece of chalk? チョークを1本取っていただけませんか《◆a bit of chalk は「小片のチョーク」》.
costly pieces of antique furniture 高価な骨董(こっとう)家具数点.
a few pieces of land いくつかの土地.
cut the cake in [into] six pieces ケーキを6つに切る.
Her car is a piece of junk. 彼女の車はポンコツだ.
**b** [抽象名詞をあとに置いて] 1件, 1つ‖
Will you give me a piece of frank advice?
率直な忠告をしてくださいませんか.
several interesting pieces of news いくつかの興味あるニュース.
a piece of luck 幸運.
a piece of work. (困難な)仕事, 作品.
**2 a** (機械・セットなどの)部品, 部分, 要素‖
a set of glasses of six pieces 6個1組のコップ.
This machine can be separated into ten pieces. この機械は10の部分に解体できる.
対話 "Have you finished doing the jigsaw puzzle?" "No way! There are too many pieces." 「ジグソーパズルはもう出来上がりましたか」「とんでもない. 数が多すぎるんだもの」.
**b** [通例複合語で] 構成員, 構成要素‖
a forty-piece orchestra 40人編成のオーケストラ.
**3** (主に文学・芸術分野の) 作品; (略式)(新聞などの) 記事; 作品[記事]の一部‖
play a few pieces by Chopin ショパンの小品を2, 3弾く.
do a piece on the local economy 当地の経済について一文書く.
**4** (商品などの)1単位‖
at 75 cents per piece 単価75セントで.
100 pieces of crepe クレープ100反(たん).
**5** (盤上ゲームなどの)コマ.
**bréak to [in, into] píeces** こなごなに壊れる, ばらばらに壊れる.
**cóme to píeces** 機械などが分解できる.
**cút** A **to [in, into] píeces** → to PIECES.
**fáll to [in, into] píeces** こなごなになる, ばらばらになる.
**gò (áll) to píeces** (略式) (1)〈物が〉ばらばらになる, めちゃめちゃになる. (2)〈人が〉(精神的・肉体的に)だめになる.
**in píeces** ばらばらになって.
**píece by píece** ひとつひとつ; 少しずつ.
**to píeces** (1) ばらばらに, 粉々に《◆break, come, cut, go, fall, take, tear などと用いる》‖ tear a letter to pieces 手紙をずたずたに引き裂く. (2) ひどく, 徹底的に, すっかり《◆cut, tear などと用いる》‖ cut him to pieces 彼をぼろくそに言う.

── 動 (現分) piec·ing) 他 **1**〈衣服などに〉継ぎを当てる;〈布を継いで〉…をつくる. **2**〈破片・部分など〉をつなぎ合わせる; …を完成する.
**piece·meal** /pí:smì:l ピースミール/ 副形 **1** 少しずつ(の). **2** ばらばらに[の].
── 名 U 少量‖
by piecemeal 少しずつ.
**piece·work** /pí:swə̀:rk ピースワーク/ 名 U 出来高払いの仕事.
**pier** /píər ピア/《同音》peer) 名 C **1** 桟橋(さんばし), 埠頭(ふとう); 遊歩桟橋《しばしばレストラン・遊技場などの

ある》; 防波堤, 突堤. **2** 橋を支える柱, 橋台.

**pierce** /píərs ピアス/ 動 (現分 pierc·ing) 他 **1** …を刺す, 貫(ﾂﾗﾇ)く ‖
She pierced the rubber ball with a knife. 彼女はナイフでゴムまりを突き刺した.

**2** (正式) …の身にしみる; …を深く感動させる ‖
a heart pierced with grief 悲しみに打ち沈んだ心.

**3** …に穴をあける, 〈穴など〉をあける ‖
pierce a hole in the ice 氷に穴をあける.

**4** 〈音・叫び声などが〉〈静けさ・大気などを〉つんざく, 突き破る ‖
A shout pierced the stillness of the room. 叫び声が部屋の静けさをつんざいた.
— 自 突き進む; 突き抜ける, 貫通する.
**píerced éarring** → earring.

**pierc·ing** /píərsiŋ ピアスィング/ 動 → pierce.
— 形 **1** 大声の, かん高い ‖
a piercing scream かん高い叫び声.
**2** 骨身にこたえる, 突き刺すような.

**pi·e·ty** /páiəti パイエティ/ 名 (複 ~·e·ties/-z/) **1** Ⓤ 敬虔(ｹｲｹﾝ), 信心. **2** Ⓤ (親などに対する)敬愛, 孝行. **3** Ⓒ 敬虔な行為.

\***pig** /píg ピグ/ (類音 peg /pég/)
名 (複 ~s/-z/) **1** Ⓒ ブタ(豚), (米) 子豚 《◆不浄・大食漢などを連想させる》.

関連 鳴き声は oink, squeal, grunt.
類 hog 去勢された食肉用の大きい雄豚; (米) ではふつうの成長した豚 / boar 去勢しない雄豚 / sow 成熟した pig より大きい雌豚 / swine (文・古) ふつう集合名詞として用いる.

**2** Ⓤ 豚肉 ‖
roast pig 焼き豚《丸焼きまたはそれに近いものをいう. roast pork は肉の一部を焼いたもの》.
pig between sheets (米) ハムサンドイッチ.
**3** Ⓒ (略式) 豚のようなやつ, 不潔な人, 食いしんぼう; 不作法で貪欲(ﾄﾞﾝﾖｸ)な人.
**màke a píg of** onesèlf (略式) 大食いする, 欲張る.
— 動 《◆ 通例次の成句で》.
**píg óut** (米略式) 自 大食いする.

**pi·geon** /pídʒən ピジョン, -dʒin/ (同音 ▵pidgin)
名 (複 pi·geons, ~s/-z/) Ⓒ ハト, 飼いバト(→ dove¹) ‖
a carrier pigeon 伝書バト.
**pigeon-hearted** 気の弱い.
**pígeon brèast** (医学) 鳩胸(ﾊﾄﾑﾈ).

**pi·geon·hole** /pídʒənhòul ピジョンホウル, -dʒin-/
名 (複 pig·gies/-z/) Ⓒ **1** ハトの巣の出入りの穴, 巣箱の分室. **2** 仕分け棚.

**pig·gy** /pígi ピギ/ (略式) 名 Ⓒ 子豚, (小児語) 豚ちゃん. — 形 〈子供が〉がつがつ欲しがる.
**píggy bànk** (略式) (豚の形をした小型) 貯金箱.

**pig·gy·back** /pígibæk ピギバク/ (米) 形 副 Ⓒ 〖おんぶ(の[して]), 肩車(の[して]). — 動 自 (米略式) もたれかかる, おんぶする; 便乗する.

**pig·head·ed** /píghédid ピグヘディド/ 形 (略式) 強情な, 頑固な, しつこい.

**pig·let** /píglət ピグレット/ 名 Ⓒ 子ブタ.

**pig·ment** /pígmənt ピグメント/ 名 **1** Ⓤ Ⓒ 顔料, 絵の具. **2** Ⓤ 〖生物〗 色素.

**pig·my** /pígmi ピグミ/ 名 (複 pig·mies/-z/) Ⓒ = pygmy.

**pig·skin** /pígskin ピグスキン/ 名 **1** Ⓤ 豚の皮, 豚のなめし革. **2** Ⓒ (略式) 鞍(ｸﾗ). **3** Ⓒ (米式) フットボールの球.

**pig·tail** /pígteil ピグテイル/ 名 Ⓒ **1** 弁髪; お下げ髪 《◆ plait よりくだけた語》. **2** ねじりタバコ.

**pike**¹ /páik パイク/ 名 (複 pike, ~s) Ⓒ 〖魚〗 カワカマス.

**pike**² /páik パイク/ 名 (米) =turnpike.

**Pi·late** /páilət パイラト/ 名 ピラト, ピラトゥス 《Pontius /pánties | pón-/ ~ ユダヤに派遣されたローマの総督, キリストの処刑を許可した》.

\***pile**¹ /páil パイル/ 〖「貨幣を作るための石の台」が原義〗

pile 《1 積み重ね》
《2 多量》

— 名 (複 ~s/-z/) Ⓒ **1** 〔通例 a ~ of +Ⓒ名詞複数形〕 (物のふつうきちんとした) 積み重ね, 堆積(ﾀｲｾｷ) 《雑然と積み上げたものは heap》 ‖
neat piles of books きちんと積み上げられた本の山.
Put the plates in a pile in the cupboard. 皿を食器棚に積み重ねておきなさい.
**2** (略式) 〔通例 a ~ of A / ~s of A〕《◆ A はⒸ名詞の複数形またはⓊ名詞》 多量の…, たくさんの… 《◆この意味では heap と同じ》 ‖
a pile of rubbish ごみの山.
I had to deal with piles of troubles. 山ほどのもめごとを処理しなければならなかった.
**3** (略式) 〔通例 a ~ / ~s〕 大金 ‖
make a [one's] pile in the stock market 株でひと財産つくる.
**4** (火葬用などの) 積み薪(ﾏｷ) ‖
a funeral pile 火葬用積み薪.
— 動 (三単現 ~s/-z/; 過去・過分 ~d/-d/; 現分 pil·ing)
— 他 **1** …を積み上げる ‖
Snow was piled high here and there. あちこちに雪が積み上げてあった.
pile blocks one on top of another 積木を1つずつ積み重ねる.
**2** 〔pile A with B / pile B on A〕 A 〈物〉に B 〈物〉を積む ‖
The ship was piled (up) with containers. 船にはコンテナが積まれていた.
— 自 積み重なる; 殺到する ‖
His debts kept piling up. 彼の借金はかさみ続

けた.
**pile úp** (1) [自] → 圏; 〈何台もの自動車が〉衝突する. (2) [他] 〈富・金〉を蓄積する; 〈苦労・仕事などを〉うんとかかえこむ. (3) [他] → 他 **2**.

**pile²** /páil パイル/ 图 C (建造物の)基礎杭(^); 橋杭.

**pile³** /páil パイル/ 图 U [しばしば a ~] やわらかい細い毛; (タオル・ビロードなどの)けば.

**pile-up** /páilʌp パイラプ/ 图 C **1** (略式) (何台もの自動車の)衝突. **2** 仕事・書類の山積み.

**pil·fer** /pílfər ピルファ/ 動 他 自 (略式) 〈…を〉こそどろする, くすねる.

**pil·grim** /pílgrim ピルグリム/ 图 C **1** 巡礼者 ‖
the Canterbury **pilgrims** カンタベリーへの巡礼者.
**2** (主に詩) 旅人, 放浪者. **3** [P~] Pilgrim Fathers の1人.

**Pílgrim Fáthers** [the ~; 複数扱い] ピルグリムファーザーズ《英国から信仰の自由を求めて1620年 Mayflower 号で渡米した102名の清教徒》.

**pil·grim·age** /pílgrəmidʒ ピルグリミヂ/ 图 C U 巡礼(の旅), 聖地巡り.

**pil·ing** /páiliŋ パイリング/ 動 → pile¹.

**Pi·li·pi·no** /pìːlipíːnou ピーリピーノウ/ 图 ピリピノ語《Tagalog 語の公式名. フィリピンの公用語》.

**pill** /píl ピル/ 图 C **1** 丸薬, 錠剤 ‖
She took ["drank] the sléeping píll**s**. 彼女は睡眠薬を飲んだ.
**2** [しばしば P~] (略式) [the ~] ピル, 経口避妊薬 ‖
She's on **the pill**. =She's taking **the pill**. 彼女はピルを服用している.

**pil·lar** /pílər ピラ/ 图 C **1** 支柱, 脚柱; (柱状の)記念碑[塔] ‖
The roof is supported by six stone **pillars**. 屋根は6本の石柱で支えられている.
**2** (正式) [通例 a ~] 柱状のもの ‖
a **pillar** of fire 火柱.
**3** (正式) [通例 a ~] 中心的存在; 要所 ‖
the **pillar** of the team チームの要(^).

**pil·lar-box** /pílərbàks ピラバクス | -bɔ̀ks -ボクス/ 图 (複 ~**es**/-iz/) C (英) (円柱形の赤い)郵便ポスト《◆ postbox ともいう. (米) mailbox は箱形. 最近英国でも箱形のポスト (letterbox) が増えつつある》.

**pil·lion** /píliən ピリオン/ 图 C =pillion seat.

**píllion sèat** (オートバイなどの)後部座席; (馬の)添え鞍(^) ‖ ride **pillion seat** 相乗りする.

**pil·low** /pílou ピロウ/ 图 C まくら; 頭のせ《まくらの代用》.
— 動 他 **1** (文) 〈頭〉をのせる ‖
**pillow** one's head **on** one's arm 腕[手]をまくらをする.
**2** …のまくら[支え台]となる.

**pil·low·case** /píloukèis ピロウケイス/ 图 C まくらカバー.

*****pi·lot** /páilət パイロト/ 图 [「かじをとる人」が原義]
— 图 (複 ~**s**/-ləts/) C **1** 水先案内人.
**2** (飛行機の)パイロット, 操縦士. 関連 「機長」は chief pilot または captain ‖
a private **pilot** 自家用飛行機のパイロット.
The **pilot** was killed in the plane crash. そのパイロットは飛行機の墜落事故で亡くなった.
**3** 指導者, 案内人.
**4** =pilot lamp.
**5** [形容詞的に] **a** 案内役をする ‖
a **pilot** star 目じるし星.
**b** 予備の, 試験的な ‖
a **pilot** farm 試験農場.
a **pilot** survey 予備調査.
— 動 他 **1** 〈船〉の水先案内をする; 〈船・飛行機〉を操縦する ‖
対話 "Boy, this plane ride is really bumpy." "I wonder who's **piloting** it. Must be a beginner." 「この飛行機はよく揺れるなあ」「だれが操縦してるんだろう. きっと新米のパイロットなんだ」.
**2** …を導く, 案内する.

**pílot làmp** (モーターの)パイロットランプ, 表示灯 (pilot).

**pim·ple** /pímpl ピンプル/ 图 C 吹き出物, にきび.

**pim·pled** /pímpld ピンプルド/ 形 吹き出物だらけの.

*****pin** /pín ピン/ 発音 pen/pén/ と「くぎ」が原義
— 图 (複 ~**s**/-z/) C **1** ピン, 留め針; 飾りピン ((英) brooch)《記章・ブローチ・ネクタイピンなど装飾物に留め針が付いたもの》 ‖
a sáfety pìn 安全ピン.
**You could have heard á pin dróp.** =A pin might have been heard to drop. ピン1本落ちる音も聞こえるほど静かだった.

> 関連 [いろいろなピン] drawing pin 画鋲(^) / hairpin ヘアピン / tie pin タイピン / scarf pin スカーフピン / hatpin (帽子を髪にとめる)ピン.

**2** (木製・金属製の)細い留め具; かんぬき; (車輪の)輪留め. **3** (かぎの穴に入る)かぎの先端の部分. **4** 〔音楽〕(弦楽器の)糸巻. **5** 〔ゴルフ〕(ホールの位置を示す)旗ざお; 〔ボウリング〕ピン.
— 動 (三単現 ~**s**/-z/; 過去・過分 **pinned**/-d/; 現分 **pin·ning**)
— 他 **1** …をピンで留める (↔ unpin); …を(ピンなどで)刺し通す ‖
**pin** a butterfly チョウを虫ピンで留める.
**pin up** a dress 服をピンで留める.
She **pinned up** his picture **on** the wall. 彼女は彼の写真を壁にピンで留めた.
**2** …を押しつけておく, 〈ぎゅうにする〉; (レスリングで)…にフォール勝ちする《◆ 場所を表す副詞(句)を伴う》 ‖
He was **pinned** against the wall. 彼は壁に押しつけられ動けなかった.
**3** 〈人〉にせまる, 強要する ‖
**pin** her **(down)** to a promise 彼女に約束を守らせる.
**4** 〈希望・信頼など〉をかける; 〈罪・責任など〉を負わせる ‖
She **pinned** her hopes **on** her son. 彼女は

望みを息子にかけていた.

**pín dówn** [他] (1) → 3. (2) 〈事実など〉をはっきりさせる; …に明確な定義を与える. (3) 〈人〉に態度を明確にさせる.

**pín cùrl** ピンカール《ヘアピンなどで留めて作ったカール》.

**PIN** /pín ピン/ [略] personal identification number (◆ PIN number ともいう).

**pin·a·fore** /pínəfɔːr ピナフォー/ [名] [C] 1 (女性・子供などの)エプロン, 前掛け. 2 (英) =pinafore dress.

**pínafore drèss** (女性用の)そでなしの上っ張り (pinafore).

**pin·ball** /pínbɔːl ピンボール/ [名] [U] ピンボール, コリントゲーム, パチンコ.

**pin·cers** /pínsərz ピンサズ/ [名] (通例複数扱い) 1 [a pair of ~] やっとこ, くぎ抜き. 2 (カニ・エビなどの)はさみ.

**pinch** /pínt∫ ピンチ/ [動] (三単現 ~·es/-iz/) [他] 1 …をはさんで締めつける; …を摘みとる, もぎとる ‖ He pinched his finger in the door. 彼はドアに指をはさんだ[はさまれた] (◆ He had his finger pinched ... よりよい).
He pinched my hand. 彼は私の手をつねった.
2 [通例 be ~ed] 痛められる, 衰弱する; 困る; やつれる ‖
be pinched for money お金に困る.
3 (略式) …を盗む, 無断で持って行く.
4 (略式) 逮捕される.
—[自] 1 (靴などが)窮屈である ‖
The cap pinches. その帽子はきつい.
2 [pinch and scrape] 切り詰めた生活をする.
3 苦痛である.
—[名] (複 ~·es/-iz/) 1 [C] はさむこと, つねること ‖
Give him a pinch on the bottom. 彼のしりでもつねってやれ.
2 [a ~ of + [U] 名詞] (塩などの)1つまみ; 少量 ‖
Add a pinch of salt. 塩を少し加えなさい.
3 (略式) [the ~] 難儀, 試練; 激痛 (◆ しばしば次の句で) ‖
when [if] it comes to the pinch まさかの時には.
feel the pinch 金に困る.
**in [(英) at] a pínch** (略式) せっぱつまって, いざという時に.

**pínch hítter** 〔野球〕 ピンチヒッター, 代打; 代役.

**pínch rúnner** 〔野球〕 ピンチランナー, 代走.

**pin·cush·ion** /pínkùʃən ピンクション/ [名] [C] (裁縫師が使う)針刺し.

**pine**[1] /páin パイン/ [名] 1 [C] 〔植〕 =pine tree. 2 [U] 松材. 3 (略式) =pineapple.

**píne còne** 松かさ.

**píne nèedle** (通例 -s) 松葉.

**píne trèe** マツ(の木) (pine).

**pine**[2] /páin パイン/ [動] (現分 pin·ing) [自] 1 思いこがれる, 恋慕う; 切望する ‖
be pining for home しきりに故郷を恋しがる.
She was pining to return to Japan. 彼女は

日本へ帰ることを切望していた.
2 やつれる, やせ衰える.

**pine·ap·ple** /páinæpl パイナプル/ [名] 1 [C] [U] パイナップル(の実)《松かさに似ているところから》. 2 パイナップル, アナナス (pineapple tree). 3 =pine cone.

**ping** /píŋ ピング/ [擬音語] (略式) [名] [a ~] ピーン, ピシッ《◆ 銃弾が飛んだり金属にあたる音》.—[動] [自] ピューン[ピシッ]と音がする.

**ping-pong** /píŋpɒŋ ピングポ(ー)ング/ [擬音語] [名] [U] (略式) ピンポン, 卓球《◆ (正式) table tennis》‖ play ping-pong ピンポンをする.

**pin·hole** /pínhòul ピンホウル/ [名] [C] 針の穴, 小さい穴.

**pínhole càmera** ピンホールカメラ《暗箱にレンズの代わりに小穴をあけたカメラ》.

**pin·ion** /pínjən ピニョン/ [名] [C] 1 鳥の翼の先端部. 2 [集合名詞] 風切り羽; 羽.
—[動] [他] 1 (飛べないように)〈鳥〉の翼の先を切りつめる. 2 (正式)〈手足〉を縛る, 〈人〉の両腕を縛る.

**\*pink** /píŋk ピンク/ 〖『ナデシコ』が原義〗
—[名] (複 ~s/-s/) 1 [C] [U] ピンク(色), もも色.

> [比較] 日本語の「ピンク」は性的な連想が強いが, 英語の pink は赤ん坊の肌の色を連想させ, 健康・若さ・活力・純真・新鮮さを象徴する. cf. blue.

2 [the ~] 極致, きわみ ‖
She was in the pink of health. (略式) 彼女は健康そのものだった.
3 [C] ナデシコの花.
—[形] ピンクの, もも色の ‖
Her face went very pink. 彼女の顔はたいへん赤くなった.
Her cheeks were pink with health. 彼女のほほは健康的で桜色だった.

**pin·na·cle** /pínəkl ピナクル/ [名] [C] 1 〔建築〕 (教会などの)小尖塔(しょうせんとう).
2 (正式) 尖峰.
3 (正式) [通例 the ~] 頂点, 絶頂 ‖
the pinnacle of success 成功の絶頂.

**pin·point** /pínpɔint ピンポイント/ [名] 1 ピンの先.
2 ごく小さな物; [a ~ of + [U] 名詞] 少量(の…).
—[形] (発音注意) 正確な.

**pint** /páint パイント/ [名] 1 [C] 1 パイント(略 pt.)《a =liquid pint 液量パイント; = 1/8 gallon (米) 約0.473 ℓ, (英) 約0.568 ℓ》. b =dry pint 乾量パイント; 穀物計量単位で, (米) 約0.550 ℓ, (英) 約0.568 ℓ》.
2 1パイント容器.
3 (英略式) (1パイントの)ビール ‖
Shall we have a pint? ビールを一杯やりませんか.

**pin·up** /pínʌp ピナプ/ [名] [C] (略式) ピンナップ《ピンで壁に留める美女の写真》.

**pi·o·neer** /pàiəníər パイオニア/ (アクセント注意) [名] [C] 開拓者; 先駆者, 草分け, パイオニア ‖
That doctor is a pioneer in the field of heart surgery. あの医者は心臓手術の先駆者です.

**Q&A** **Q**: pioneer のように語の終わりの方に ee がある場合にはそこにアクセントがくるのですか.
**A**: いくつかの例外 (cóffee, commíttee など) はありますが,たいていそうなると思っていいでしょう. engineér, employée, succeéd などがあります.

――動 他 **1**〈未開拓地などを〉開拓する. **2** …の開発の先駆となる,先駆けとなる.

**pi·ous** /páiəs パイアス/ 形 信心深い,敬虔(けい)な ‖
a pious woman 信心深い女性.
a pious attitude 敬虔な態度.
**píous hópe** 達成されそうにない願い.

**pi·ous·ly** /páiəsli パイアスリ/ 副 信心深く,敬虔(けい)に.

**pip** /píp ピプ/ 名 C (リンゴ・ナシ・オレンジなどの)種《◆モモなどの堅い種は stone》.

***pipe** /páip パイプ/ 【「穴のあいた棒状のもの」が本義】
――名 (複 ~s/-s/) **1** C 導管,パイプ (cf. tube) ‖
a gás pipe ガス管.
relay steel pipes 鋼管を継ぐ.
**2 a** C (タバコの)パイプ,きせる; パイプ喫煙 ‖
with a pipe between one's lips パイプをくわえて.
**b** [a ~]1服分 ‖
smoke [have] a pipe (of tobacco) (刻み)タバコを1服吸う.
**c** U パイプタバコ ‖
light one's pipe タバコに火をつける.
**3** C **a** [音楽]管楽器《フルートなど.羊飼いの楽器とされる》;(パイプオルガンの)音管;〔英略式〕[the ~s] =bagpipe. **b** [海事] 合図に使う笛; 笛の合図. **c** 管状の物.
**smóke the pípe of péace** [**páss the péace pípe**] (略式) 仲直りする《北米先住民の風習から》.
――動 (三単現 ~s/-s/; 過去・過分 ~d/-t/; 現分 pip·ing)
――他 **1**〈液体・気体が〉(導管で)導かれる,輸送される ‖
Gas will be piped into the town soon. まもなくその町へガスが引かれる.
**2**〈管楽器〉を演奏する;〔正式〕〈曲〉を(管楽器で)演奏する.
**3**〔文〕〈人が〉…とかん高い声で言う[歌う].
**4**〈服・ケーキなど〉に飾りをつける.
――自 〔正式〕笛[管楽器]を演奏する;〔海事〕合図の笛を吹く,合図する.
**pípe dówn** (略式) (1)〔自〕[通例命令文で] 黙れ,静かにしろ. (2) 〔他〕 …を黙らせる.
**pípe òrgan** パイプオルガン.

**pipe·line** /páiplàin パイプライン/ 名 C パイプライン《石油・ガスなどの輸送管》;(商品などの)流通ルート;〔米〕情報ルート.
**in the pípelíne**〈商品などが〉輸送中で;〈計画などが〉準備中で.

**pip·er** /páipər パイパ/ 名 C 管楽器奏者《◆特に bagpiper》.

**pi·pet(te)** /paipét パイペト| pi- ピペト/ 名 C 【化学】ピペット《少量液体計量用の細いガラス管》.

**pip·ing** /páipiŋ パイピング/ 動 → pipe.
――名 U **1** 導管設備,配管;〔集合名詞;単数扱い〕導管 ‖
lead piping 鉛の管.
**2** 管楽(器の演奏).
**3** [通例 the ~] (小鳥の)さえずり; かん高い声.
**4** パイピング《衣服などのひも飾り(図 → jacket); ケーキの装飾》.
――形 かん高い,鋭い.

**pip·pin** /pípin ピピン/ 名 C **1** ピピン種のリンゴ. **2** = pip.

**pi·quant** /pí:kənt ピーカント/ 形 〔正式〕ぴりっとする,辛い; 食欲をそそる.

**pique** /pí:k ピーク/ (同音 peak; 類音 píck/pík/) 名 U C 〔正式〕(誇り・虚栄心などを傷つけられての) 立腹,憤り (anger) ‖
**in a (fit of) pique** = **out of pique** むっとして,腹を立てて.
――動 (現分 piqu·ing) 他 〔正式〕…を怒らせる; …の感情を害する,自尊心を傷つける.

**pi·ra·cy** /páiərəsi パイアラスィ/ 名 (複 ·ra·cies /-z/) U C **1** 海賊行為. **2** 著作権[特許権]侵害.

**pi·ra·nha** /pirɑ́:njə ピラーニャ,-nhɑ-/ 【「歯の魚」が原義】名 C (複 pi·ra·nha, ~s) 【魚】 ピラニア.

**pi·rate** /páiərət パイアラト/ 名 C **1** 海賊. **2** 海賊船. **3** 著作権[特許権]侵害者.
――動 (現分 ·rat·ing) 他 **1** …に海賊行為を働く. **2** …の著作権を侵害する.

**Pi·sa** /pí:zə ピーザ/ 名 ピサ《イタリア北西部の都市. 斜塔 (the Leaning Tower of Pisa) で有名》.

**pis·til** /pístl ピストル| -tíl -ティル/ 名 C 【植】雌蕊(めしべ),雌しべ《ovary, style, stigma からなる》(図 → flower).

**pis·tol** /pístl ピストル/ 名 C ピストル,拳(けん)銃(→ revolver).

**pis·ton** /pístən ピストン/ 名 C **1**【機械】ピストン. **2** 〔音楽〕(金管楽器・オルガンの)ピストン.

**pit**¹ /pít ピト/ 名 C **1** (地面の)穴,くぼみ ‖
dig a pit for a swimming pool プールを造るために地面を掘る.
**2 a** [通例複合語で] 立坑(たてこう),採掘場 ‖
a grável pìt 砂利採取場.
**b** [しばしば the ~] 炭坑; [しばしば ~s] (坑夫も含めての)採鉱資材.
**3 a** (野獣を捕える)落とし穴.
**b** [比喩的に] 落とし穴,わな.
**4** (身体などの)くぼみ,へこみ ‖
the pit of one's stomach みぞおち《◆恐怖を感じる所と考えられた》.
**5** あばた. **6** [通例複合語で] (動物の)囲い;(動物を闘わせる)囲い,闘鶏場. **7** 〔英〕 [しばしば the ~] (劇場の)平土間(の観客). **8** 〔主に米〕オーケストラピット. **9** 〔米〕 [the ~; 通例複合語で] (取引所内の)

仕切り売場. **10** [~s] ピット《自動車修理所などにある車の下部修理用のくぼみ》; [the ~s] (カーレースの)ピット《給油や整備をする所》.
— 動 (過去・過分) pit·ted /-id/; (現分) pit·ting) 他 (正式) …に穴を作る ‖
a face pitted with [by] smallpox 天然痘であばたになった顔.

**pit**² /pít ピト/ (米) 名 © (モモ・サクランボなどの)核《◆ stone より堅い語》. — 動 (過去・過分) pit·ted /-id/; (現分) pit·ting) 他 …の核[種]を取り除く.

**pit-a-pat** /pítəpæt ピタパト/ [擬音語] (略式) 副 [the ~ / a ~] どきどき(して); パタパタ(と).
— 動 (過去・過分) -pat·ted /-id/; (現分) -pat·ting) 自 **1** 〈心臓などが〉どきどきする. **2** パタパタ音を立てる.

**pitch**¹ /pítʃ ピチ/ 動 (三単現 ~·es /-iz/) 他 **1** …を投げる, ほうる ‖
pitch the hay in (into the loft) 干草を(納屋の2階へ)投げ入れる
pitch a letter into the fire 手紙を火中に投じる.
**2** 〈テント・キャンプ〉を張る, 〈杭(<sup>く</sup>)などを打つ ‖
pitch (a) camp キャンプを張る.
**3** 〈音の調子・楽器など〉を(ある高さに)整える, 調律する; 〈話などを〉(あるレベルに)調節する.
**4** 〔野球〕〈試合〉の投手を務める, 〈球〉を投げる ‖
pitch a fast ball 速球を投げる.
— 自 **1** 投げる; 投球する, 投手を務める.
**2** (正式) まっさかさまに倒れる[落ちる].
**3** 〈船・飛行機が〉縦に揺れる(↔ roll).
**4** 〔ゴルフ〕ピッチショットをする.

***pítch ín*** (略式) [自] 勢いよくとりかかる.
— 名 (複 ~·es /-iz/) **1** UC 投げること, 投球(距離).
**2** U (音の)調子, ピッチ, 高さ ‖
the pitch of a voice 声の高さ.
**3** UC (正式) 程度; 点, 頂点 ‖
the lowest pitch of poverty 貧乏のどん底.
**4** [a ~ / the ~] (船・飛行機の)縦揺れ, 上下動 (↔ roll).
**5** © (英) (クリケット・サッカーの)競技場((米) field).

**pitch**² /pítʃ ピチ/ 名 U **1** ピッチ, 瀝青(<sup>れき</sup>)物質《木材塗料・道路舗装用》. **2** 松やに, 樹脂.
*(as) bláck [dárk] as pítch* 真っ黒な, 真っ暗な.

**pitch-black** /pítʃblǽk ピチブラク/ 形 真っ黒な; 真っ暗な ‖
The room was **pitch-black**. 部屋は真っ暗だった.

**pitch·er**¹ /pítʃər ピチャ/ 名 © **1** 投げる人.
**2** 〔野球〕投手, ピッチャー ‖
a fastball **pitcher** 速球投手.
a left-handed **pitcher** 左腕投手《◆ southpaw ともいう》.
an underhand **pitcher** 下手投げ投手.
a winning **pitcher** 勝利投手.
a relief **pitcher** 救援投手.

**pítcher's dúel** 〔野球〕投手戦.

**pítcher's móund** 〔野球〕ピッチャーズ=マウンド.

**pítcher's pláte** 〔野球〕ピッチャーズ=プレート((図) → baseball).

**pitch·er**² /pítʃər ピチャ/ 名 © (米) 水差し((英) jug)《◆ 耳形の取っ手・注ぎ口が付いている》‖
Little **pitchers** have long ears. 小さい水差しに長い耳[取っ手]がある; (ことわざ)「子供は早耳」.
**Pitchers** have ears. (ことわざ)「壁に耳あり」.

**pitch·fork** /pítʃfɔːrk ピチフォーク/ 名 © (干し草用の)くまで, 三つ又. — 動 他 〈干し草などを〉持ち上げる, 投げる.

**pit·e·ous** /pítiəs ピティアス/ 形 (文) 哀れみを誘う, 悲しそうな.

**pít·e·ous·ly** 副 哀れに, 悲しそうに.

**pit·fall** /pítfɔːl ピトフォール/ 名 **1** 隠れた危険, 不測の困難, わな. **2** (動物などの)落とし穴.

**pith** /píθ ピス/ 名 U **1** 〔植〕髄(<sup>ずい</sup>). **2** 〔解剖〕髄, 脊髄(<sup>せきずい</sup>). **3** (正式) [the ~] 要点, 核心, 真髄 ‖
the **pith** of a lecture 演説の要点.

**píth hát** [**hélmet**] (日よけ用の軽い)ヘルメット帽.

**pith·e·can·thro·pus** /pìθikænθrəpəs ピスィキャンスロパス, -kænθróu-/ 名 (複 -pi /-pai/) © 〔人類〕ピテカントロプス, 猿人.

**pith·y** /píθi ピスィ/ 形 (比較) -i·er, (最上) -i·est)
**1** (文) 髄の(ような), 多い). **2** 〈文体が〉力強い; 含蓄のある; 簡潔にして要を得た.

**pit·ied** /pítid ピティド/ 動 → pity.

**pit·ies** /pítiz ピティズ/ 動 → pity. — 名 → pity.

**pit·i·ful** /pítifl ピティフル/ 形 (時に (比較) --ful·ler, (最上) --ful·lest) **1** 哀れみを誘う, 痛ましい ‖
a **pitiful** sight 痛ましい光景.
**2** 軽蔑(<sup>けいべつ</sup>)に値する, くだらない; 貧弱な, 乏しい ‖
a **pitiful** excuse みじめな言い訳.

**pit·i·ful·ly** /pítifəli ピティフリ/ 副 **1** 痛ましく, 哀れなほど.
**2** くだらないほど ‖
a **pitifully** small contribution お涙程度の寄付.

**pit·i·less** /pítiləs ピティレス/ 形 (正式) **1** 無慈悲な, 哀れみのない. **2** 情け容赦のない, 過酷な.

**pit·tance** /pítns ピタンス/ 名 © [通例 a ~] スズメの涙ほどの手当[収入]; 少量, 少額, 少数.

**pit·ter-pat·ter** /pítərpætər ピタパタ/ 名 [the ~ / a ~] パラパラ[パタパタ]いう音. — 副 パラパラ[パタパタ]と. — 動 自 パラパラ[パタパタ]と音を立てる.

**Pitts·burgh** /pítsbəːrɡ ピッツバーグ/ 名 ピッツバーグ《米国 Pennsylvania 州南西部の都市. 鉄鋼産業の中心地》.

***pit·y** /píti ピティ/ 〖「信心深いこと」が原義. cf. *piety*〗
— 名 (複 pit·ies /-z/) **1** U 哀れみ, 同情《◆しばしば人を見下した気持ちを含む. sympathy は対等の立場での同情》‖
out of **pity** 哀れに思って, 同情心から.
She felt no **pity** for him. = She had no **pity** on him. 彼女は彼をかわいそうだと思わなかった《◆ ×She didn't feel pitiful for him. とはいわない》.

The news aroused everyone's **pity**. その知らせはみんなの同情を誘った.
I do not want any of your **pity**. お情けなどまっぴらごめんだ.
**2** ⓒ [通例 a ～] **残念な事**, 惜しい事, 同情[遺憾(いかん)]の原因 ‖
That's a **pity**!(↘) それは残念.
It is a **pity** (that) you must go so soon. もうお帰りにならなくてはいけないとは残念です.
The **pity** (of it) was that she missed the picnic. 残念なことに彼女はピクニックに行きそこねたのだった.
対話 "I can't come to the party with you. I have to study." "**What a pity**! This one's going to be the best ever." 「パーティーへ一緒に行けないよ. 勉強しなけりゃならないんだ」「残念だな. いままでにないいいパーティーなのに」.
**tàke píty on A** …を哀れむ, ふびんに思う, …に同情する.
**móre's the píty** (略式) 運の悪いことに; それだけに一層残念である.
──(三現) pit·ies /-z/; (過去・過分) pit·ied /-d/; (現分) ～·ing (正式)
──他 …をかわいそうに思う, 気の毒に思う《◆ふつう進行形にしない》‖
She **pitied** him in his misfortune. 彼女は彼の不運に同情した.
I **pity** him if he can't do something like that. もし彼がそのような事ができないのなら哀れなやつだと思う.

**piv·ot** /pívət ピヴォト/ 名 ⓒ **1** (機械) ピボット, 枢(すう)軸, 旋回軸. **2** (正式) (議論などの)中心(点), 要点, かなめ; 中心となる人[物]. ──自 **1** 回転する. **2** (正式) 依存する.

**pix·el** /píksl ピクスル/ 名 ⓒ (コンピュータ) ピクセル, 画素《画像の最小構成単位》.

**pix·ie, ~·y** /píksi ピクスィ/ 名 (複 pix·ies /-z/) ⓒ (いたずら好きな)小妖(しょうよう)精.

**píz·za** /pí:tsə ピーツァ/ (イタリア) 名 ⓒ U (料理) ピザ, ピッツァ.
**pízza pàrlor** ピザパーラー.

**PKO** (略) United Nations Peacekeeping Operations 国連平和維持活動.

**plac·ard** /plækə:rd プラカード/ 名 ⓒ はり紙, ポスター《◆「プラカード」は signboard》.

**pla·cate** /pléikeit プレイケイト, plæ-| pləkéit プラケイト, plei-/ 動 (現分) ~·cat·ing) 他 …をなだめる; …を手なずけて従わせる; …をやわらげる, 静める.

**\*\*place** /pléis プレイス/ (同音 plaice) 『「広い通り」が原義. cf. plain, plaza』
(類) replace (動)
→ 名 1 場所 2 地域 3 土地 4 家 5 箇所 6 席
動 他 1 置く
──名 (複 plac·es /-iz/) **1 a** ⓒ 場所, 所《◆人・物が占めている所にも何もない所にも用いる》‖
His house is in a nice, quiet **place** in the country. 彼の家は田舎(いなか)のすてきで静かな所にある.
Have you found a **place** in your room for this vase? あなたの部屋にこの花瓶を置く所が見つかりましたか.
There is no **place** to sleep. 寝る所がない.
**b** U (抽象概念としての)場所, 空間 ‖
time and **place** 時間と空間.
**2** ⓒ (特定の)地域, 都市, 町, 村 ‖
Do you know the name of this **place**? この地名を知っていますか.
Concord is a quiet **place**. コンコードはもの静かな所です.
**3** ⓒ (特別の目的のための)土地, 所, 場所, 建物; 飲食店 ‖
Our city has a lot of **places** of amusement. 私たちのまちには娯楽場がたくさんある.
Is this your **place** of business? ここがあなたの仕事場ですか.
**4** (略式) [a ～ / one's ～] 家, 住居, 家屋敷, (アパートなどの)部屋《◆ house は「一戸建て」, apartment は「賃貸しのアパート」, place はどんな形でもよい》‖
stay at **hís pláce** for a week 彼の所に1週間滞在する.
She has a charming **place** in the country. 彼女は田舎にすてきな家を持っている.
**5** ⓒ **a** (表面の特定の)箇所, (身体の)局部 ‖
I have a sore **place** on my back. 背中に痛い所がある.
There are several rough **places** on the top of my desk. 私の机の表面にはところどころざらざらした所がある.
**b** (本・話などの)箇所, 部分, 節, ページ ‖
I've lost my **place** in the book. 本をどこまで読んだかわからない.
Have you found the **place** in the story where he was killed? 物語の中で彼の殺された所が見つかったか.
**6** ⓒ **a** (劇場・列車・テーブルなどでの)席, 座席《◆ seat の方がふつう》‖
Are there any **places** left on Flight JL37 to Moscow? モスクワ行き JL37 便に空席がありますか.
対話 "Excuse me, **is this place taken?**" "No, not at all. Go ahead." 「すみません. この席はふさがっていますか」「いいえ, どうぞおかけください」.
**b** [one's ～] (順番を待つ列の)番, 場所 ‖
Will you keep **my place**? 番を取っておいてくれませんか.
**c** (食卓での)食器ひとそろい, 席.
**7** ⓒ [通例 a ～] (社会的な)地位, 身分, 資格; 職, 仕事 ‖
get a **place** in a bank 銀行に就職する.
He's worth a **place** in the baseball team. 彼は野球チームのメンバーにふさわしい.
**8** ⓒ U **a** ある[いる]べき場所, ふさわしい場所 ‖
A crowded train is not the **place** for loud

talking. 混雑した電車は大声で話す所ではない.
The parts fitted **into place** easily. 部品は簡単にぴったりはまった.
**b** 適当な時, ふさわしい機会 ‖
A public dinner isn't the **place for** a private conversation. 公的な晩餐(ばん)は私的な話をする場ではない.
**9** ⓒⓊ (競争などでの)順位, 地位 ‖
She took [got] (the) second **place** in the hundred-meter free-style. 彼女は100メートル自由型で2位になった.
**10** ⓒ [one's ~] 立場, 境遇, 環境 ‖
Put yourself in my pláce. 私の身にもなってください.
**11** ⓒ [通例 a ~ / one's ~] 役目, 義務, 本分, 役割 ‖
It's **your place** to lock the door. ドアの錠をかけるのは君の役目だ.
*áll óver the pláce* (略式) (1) 至る所に[で]. (2) 非常に乱雑な; ごったがえした; 取り乱した.
*chánge pláces* 席を変える, 場所を変える.
*from pláce to pláce* あちこちに.
*give pláce to* A (正式) …に席を譲る, 取って代わられる.
*in pláce* (1) 適当な所に, いつもの所に, きちんとして ‖ keep one's hair **in place** 髪にくしを入れておく. (2) 適した.
*in pláce of* A =*in* A's *pláce* (正式) …の代わりに.
*in the fírst pláce* (正式) まず第一に.
*in the néxt [sécond] pláce* 次に, 第二に.
*óut of pláce* (1) 本来の場所からはずれて[た]. (2) 不適当な, 場違いの (↔ in place).
◇*tàke pláce* (正式) 起こる, 生ずる, 行なわれる, 開催される (◆ふつう予定された事が決まった場所・時に起こる場合に用いる) ‖ The blast-off took **place** on schedule. ロケットの発射は予定通り行なわれた.

> Q&A **Q**:「交通事故が起こった」というとき take place は用いられますか.
> **A**: 用いられません. A traffic accident happened [(略式) came about, (正式) occurred]. とするのがふつうです. 予定されていることが行なわれる場合には take place を使うので偶発的な事故に使えばおかしいことになります.

◇*tàke the pláce of* A =*tàke* A's *pláce* …の代わりをする, …に取って代わる ‖ Who could take his place? だれが彼の代わりができるだろうか.
── 動 (三単現) plac·es /-iz/ ; (過去・過分) ~d /-t/ ; (現分) plac·ing
── 他 **1** …を置く, 設置する, 並べる ‖
Place your book back. もとの所に本を置きなさい.
**2** …が何[だれ]であるかを見きわめる, …を思い出す ‖ I've heard the voice before, but can't **place** it. 以前の声を聞いたことがあるが, だれの声

だか思い出せない.
**3** 〈信用・希望など〉を置く, かける ‖
**place** one's trust **in** him 彼を信頼する.
**4** …を任命する, 採用する ‖
**place** her **with** a firm 彼女を会社に就職させる.
**place** her **as** a programmer 彼女をプログラマーに採用する.
**5** …に順位[等級]をつける, …を(…の)順位にする ‖
**place** him second best 彼を2位に順位づける.
**6** [be ~d] (米) (競馬で) 2着になる; (英) (競技などで) 3位以内に入賞する.
**7** 〈品物〉を注文する, 〈注文〉を出す ‖
**place** an order for shoes **with** the shoemaker 靴屋に靴を注文する.
pláce nàme 地名.
pláce sètting (食卓に置かれる)1人分の食器・ナイフ・フォークなどのひとそろい(の配置), プレースセッティング.

**place·ment** /pléismənt プレイスメント/ 图 **1** [the ~ / a ~] 置くこと, 置かれること, 配置. **2** ⓒ 職業紹介, 就職あっせん.

**pla·cen·ta** /pləséntə プラセンタ/ 图 (複 ~s, ··cen·tae/-ti:/) ⓒ [解剖·動] 胎盤; [植] 胎座.

**plac·id** /plǽsid プラスィド/ 形 (正式) おとなしい; 落ち着いた, 静かな.

**plac·id·ly** /plǽsidli プラスィドリ/ 副 おだやかに, 落ち着いて.

**plac·ing** /pléisiŋ プレイスィング/ 動 → place.

**pla·gia·rism** /pléidʒərizm プレイチャリズム/ 图 **1** Ⓤ 盗用, 剽窃(ひょうせつ). **2** ⓒ 盗用した物.

**pla·gia·rize** /pléidʒəràiz プレイチャライズ/ 動 (現分) ··riz·ing) 他 …を盗用[剽窃(ひょうせつ)]する.

**plague** /pléig プレイグ/ 图 **1** ⓒⓊ (大規模な)疫病, 伝染病(epidemic); [the ~] (特に)ペスト; 汚染地域 ‖
the London **plague** =the Great **Plague** ロンドンの大疫病《1664-65年》.
**2** Ⓤⓒ (正式) (特に天罰としての)災い, 災難, 天災. **3** ⓒ (害虫などの)異常発生 ‖
a **plague** of harmful insects 害虫の異常発生.
── 動 (現分) plagu·ing) 他 **1** …を疫病にかからせる; …を苦しめる (→ tease). **2** (略式) …を悩ます, うるさがらせる.

**plaice** /pléis プレイス/ (同音 place) 图 (複 plaice, ~s) ⓒ [魚] プレイス《ヨーロッパ産のカレイの一種》; カレイ(類); Ⓤ その肉.

**plaid** /plǽd プラド/ (発音注意) (◆*プレイド) 图 **1** ⓒ (スコットランド高地人の)格子じまの肩掛け. **2** Ⓤ 格子じま(の織物).

*__plain__ /pléin プレイン/ (同音 plane) 〘「平らな」が原義. cf. explain, place, plan〙
(副) plainly (副)
── 形 (比較 ~·er, 最上 ~·est) **1** [通例補語として] はっきりした, 明白な, 明らかな ‖
Her house was in **plain** sight [view]. 彼女の家がはっきり見えた.
It was **plain** (that) he didn't like the job.

彼がその仕事を好いていないことは明らかであった.

[対話] "I can't believe she stole that coat." "Yes, and she took it in plain view of everyone in the store."「彼女があのコートを盗んだなんて信じられない」「それが店にいるみんなが見えるところで盗ったのさ」.

**2 a** わかりやすい, 平易な, やさしい ‖
His meaning is quite plain. 彼の言おうとしていることは全くわかりやすい.
explain the directions in plain English 注意書きをわかりやすい英語[言葉]で説明する.
**b** 〈電報などが〉符号[暗号]で記していない, 平文の.
**3** 質素な; 簡素な; 複雑でない; 飾りのない, 地味な, 平服の; 彩色していない; あっさりした, 味の薄い; 何も入れていない ‖
plain yoghurt プレーンヨーグルト.
plain chocolate 何も入っていないチョコレート.
in plain clothes (制服でなく) 私服で.
I like plain dresses. 飾りのないドレスが好きです.
I can do plain cooking. 簡単な料理ならできます.
Don't worry, I have a plain. 心配するな, 考えがある.
**4** 率直な, あからさまな, 包み隠しのない ‖
She was offended at [by] his plain remark. 彼のあからさまな言い方に彼女は腹を立てた.
**5**《主に女性・顔が美しくない, 器量が並の《♦(米)では ugly, homely の遠回し表現》.
(as) **pláin as dáy**《略式》きわめて目立った, 非常に明白な.
○**to be pláin with you** 率直に言うと ‖ To be plain with you(↙) I don't mind what you say. 率直に言って, あなたが何を言っても私はかまいません.

―[副]《略式》まったく.

―[名] (複 ~s/-z/) **1** ⓒ [しばしば ~s] 平原, 平野 ‖
on the plain 平原で.
**2** Ⓤ =plain stitch.
**pláin sáiling**《略式》〈物事の〉順調な進行.
**Pláins Índian** 平原インディアン《もと合衆国・カナダの大平原地帯に住んでいた》.
**pláin stítch** 表編み (plain).
**plain-clothes** /pléinklóuz プレインクロウズ, -klóuðz/ [形] 平服の, 私服の.
**plain·ly** /pléinli プレインリ/ [副] **1 a** はっきりと, わかりやすく ‖
The stars were plainly visible. 星ははっきり見えた.
Explain your scheme plainly. あなたの計画をよくわかるように説明しなさい.
**b** [文全体を修飾] 明らかに, …は明らかだ ‖
Plainly she is tired. 彼女は明らかに疲れている.
**2** 率直に, あからさまに ‖
He stated plainly that he did not like the idea. その案は気に入らないと彼は率直に述べた.
**3** 質素に, 地味に ‖
dress plainly 質素な服装をする.
**plain·tiff** /pléintif プレインティフ/ [名] ⓒ《法律》原告, 申立人.

**plain·tive** /pléintiv プレインティヴ/ [形]《正式》悲しげな, 憂うつな.
**plait** /pléit プレイト | plǽt プラト/《同音》(米) plate》
―[名] ⓒ **1**《主に英》[しばしば ~s]〈髪・麦わらなどの〉編んだもの《(米) braid》‖
wear one's hair in a plait [in plaits] 髪をお下げに編む.
**2**〈布の〉ひだ, プリーツ.
―[動][他] **1**〈髪・麦わら・むしろなど〉を編む. **2** …にひだをとる.

**\*\*plan** /plǽn プラン/ 〖「平面(図)」が原義. cf. plank, plain〗
―[名] (複 ~s/-z/) ⓒ **1 a** [しばしば ~s] 計画, 案, プラン ‖
draw up a plan 計画を練る.
a plan (for Paul) to visit Paris =a plan that Paul will visit Paris (ポールが) パリに行く計画.
Our plans fell through. 計画がだめになった.
Don't worry, I have a plan. 心配するな, 考えがある.
[対話] "Do you have any plans for the weekend?" "No, I haven't made any yet."「週末に何か予定[計画]がありますか」「いいえ, まだ何の予定も立てていません」.
**b**〈話などの〉概要, 大要, 概略.
**2** 図面, 図, 配線図; 設計図; 平面図; 見取り図;〈小区域の〉地図《♦ map は大きな地域のもの》; [通例 ~s]〈機械などの〉図解 ‖
a plan for [of] a model plane 模型飛行機の設計図.
a plan of Chicago シカゴの市街地図.
a seating plan for the guests at the wedding reception 結婚披露宴での客の座席図.
**gó accórding to plán** 計画[予定]どおりに運ぶ.
―[動] (三単現 ~s/-z/; 過去・過分 planned /-d/; 現分 plan·ning)
―[他] **1** …の計画を立てる, …を計画する; [plan wh 節・句] …かを計画する(+out)《♦ out は「十分に」の意を表す場合に用いる》‖
plan out an escape 脱走の計画を練る.
go on as planned 計画通りやっていく.
We are planning a picnic in the park. 公園へのピクニックを計画中です.
I planned where I'd have my next drink. 今度はどこで飲もうかと計画を立てた.
She was planning what to do with her life. 彼女は人生をどう送ろうかを計画していた.
**2** [plan to do] …するつもりである ‖
He plans to be an animal trainer when he grows up. 彼はおとなになったら調教師になるつもりである.
I'm planning for Jim to go there tomorrow.《米》あすジムにそこへ行ってもらうつもりです.
[対話] "What are you planning to do this evening?" "I'm going to the movies."「きょうの夜は何をする予定ですか」「映画を見に行くつもりです」.

**plane**

3 …の設計図を書く, …を設計する ‖
plan a house 家の設計図を書く.
——[自] 1 計画を立てる ‖
plan for the future 将来の計画を立てる.
2 つもりである ‖
I am planning on going to Hawaii this summer. この夏ハワイへ行くつもりです.
*plán ahéad* [自] 前もって計画する.

**plane**¹ /pléin プレイン/ (同音) plain) 〖「平らな面」が原義. cf. plain〗
——[名] (複 ~s/-z/) C 1 (略式) a 飛行機(airplane, (英) aeroplane) ‖
the twice-weekly plane 週2便の飛行機.
Have you traveled by plane [in a plane]? 空の旅をしたことがありますか.
b [形容詞的に] 飛行機の ‖
a plane ticket 航空券.
a plane crash 航空機事故.
2 面, 平面, 水平面 ‖
a vertical plane 垂直面.
3 程度, 水準, 次元, レベル ‖
on the same plane as the savage 野蛮人なみの.
——[形] 1 平らな, なめらかな ‖
the plane lens 平面レンズ.
2 平面(図形)の ‖
a plane figure 平面図.

**plane**² /pléin プレイン/ [名] C 1 かんな 《◆欧米では saw (のこぎり)と同じように押して使う》. 2 (粘土(ねん)・しっくいの)ならしごて.
——[動] (現分 plan·ing) [他] …をかんなで滑らかにする, 平らにする.

**plan·et** /plǽnit プラニト/ [名] C 惑星, 遊星 ‖
major planets 大惑星《Mercury (水星), Venus (金星), Earth (地球), Mars (火星), Jupiter (木星), Saturn (土星), Uranus (天王星), Neptune (海王星), Pluto (冥(めい)王星)》.
minor planets 小惑星(asteroids).
on this [our] planet この地球上で[に].
Mercury is the planet closest to the sun. 水星は太陽に一番近い惑星です.
be (líving) on anóther plánet (略式) 考えが現実離れしている.

**plan·e·tar·i·um** /plæ̀nətéəriəm プラネテアリアム/ [名] (複 ~s, ·i·a/-iə/) C プラネタリウム(館), 星座投影機, 天象儀.

**plan·e·tar·y** /plǽnətèri プラネテリ |-təri -タリ/ [形] 惑星の(に関する), (に似た) ‖
planetary movements 惑星運動.

**plank** /plǽŋk プランク/ [名] C 1 厚板《ふつう厚さ5-15センチ, 幅20センチ以上. board より厚い》; [集合名詞] 板材. 2 頼み[支え]となる物. 3 (主に米) (政党の)綱領の項目.

**plank·ton** /plǽŋktən プランクトン, (英+) -tɒn/ [名] U 〘動〙 [集合名詞; 時に複数扱い] プランクトン, 浮遊生物.

**plan·ner** /plǽnər プラナ/ [名] C 1 計画[立案]者; a town planner 都市計画者, 都市計画家.
2 (米) スケジュール帳, 手帳.

**plan·ning** /plǽniŋ プラニング/ [動] → plan.
——[名] U 計画の立案; (主に土地開発などの)計画, 都市計画.

**plánning permíssion** 《主に英》建設許可, 開発認可.

**plant** /plǽnt プラント | plɑ́:nt プラーント/ 〖「種をまく」→「まかれて根をおろしたもの(植物・工場など)」となった〗派 plantation (名)
——[名] (複 ~s/plǽnts | plɑ́:nts/) 1 C a (動物に対して)植物, 草木; (広い意味で)野菜《◆ animal, mineral と並べて「植物」という場合はふつう vegetable》‖
garden plants 園芸植物.
All plants need water and light. 植物はみな水と光が必要です.
b (樹木に対して)草; 苗(木).
2 [集合名詞] 作物; (植物の)成長.
3 U [しばしば a ~ / ~s; 通例複合語で] a 装置, 機械一式[類] ‖
a heating plant 暖房装置.
b (米) 施設, 設備, プラント《敷地・建物・機械類を含む》‖
the power plant 発電施設[所].
4 C [通例複合語で] (製造)工場.
——[動] [三単現] ~s/plǽnts | plɑ́:nts/; [過去・過分] ~·ed/-id/; [現分] ~·ing
——[他] 1 …を植える, 蒔(ま)く; …に植える ‖
plant cabbages in the garden = plant the garden with cabbages 庭にキャベツを植える.
He planted a row of sweet potatoes for us. 彼は私たちにサツマイモを1うね植えてくれた.
〖対話〗 "What are you going to do with that tree?" "I'm going to plant it in the front of the house. It looks better there." 「あの木をどうするつもりだ」「家の前に植えるんだ. そこにある方がもっと見栄えするから」.
2 …をしっかりと置く, 立てる ‖
plant one's foot on the ladder はしごにしっかり足をかける.
I planted myself in front of him. 私は彼の前に立ちはだかった.
3 …を見張りに立たせる, 配置する.
4 [比喩的に] …の種を植え付ける, 吹き込む ‖
plant doubts in her mind 彼女に疑心を抱かせる.

**plan·tain**¹ /plǽntn プランテン |-tin -ティン, plɑ́:n-/ [名] C 〘植〙 オオバコ.

**plan·tain**² /plǽntn プランテン |-tin -ティン, plɑ́:n-/ [名] C 〘植〙 プランテーノ; その実《バナナに似ている. 料理用》.

**plan·ta·tion** /plæntéiʃən プランテイション | plɑ:n- プラーン-/ [名] C 1 大農園, 栽培場《◆綿花・タバコ・サトウキビ・ゴムの木などを栽培する》‖
a rubber plantation ゴム農園.

**plantation** songs (米)農園で働いていた黒人奴隷が歌った歌.
**2** 植林地. ‖
**plantations** of fir and pine モミとマツの木の造林地.

**plant·er** /plǽntər プランタ | plάːnt- プラーンタ/ 图 © **1** [しばしば複合語で] (大)農園主, プランテーション経営者. **2** [通例複合語で] 播種(はしゅ)機;種まき機. **3** (米)プランター《屋内用栽培容器》.

**plaque** /plǽk プラック | plάːk プラーク/ 图 © (金属・焼き物などの)飾り額; 記念牌.

**plas·ma** /plǽzmə プラズマ/ 图 ⓤ 〔解剖〕血漿(しょう), リンパ漿.

**plas·ter** /plǽstər プラスタ | plάːstə プラースタ/ 图 **1** ⓤ しっくい, 壁土, プラスター.
**2** ⓤ (粉末)石膏(こう); 焼き石膏 ‖
a **plaster** figure 石膏像[模型].
**3** ©ⓤ 硬膏(こう);(英)絆創膏(ばんそうこう) ‖
a mustard **plaster** カラシ硬膏.
a sticking **plaster** 絆創膏.
——動 ⑯ **1** …にしっくいを塗る;しっくいを塗って…を修理する. **2** …に膏薬をはる. **3** (略式) …をべたべた塗る, …にべたべた塗る.

**pláster cást** (1) 石膏模型[像]. (2) ギプス包帯.

**plas·ter·ing** /plǽstəriŋ プラスタリング | plǽs- プラース-/ 動 → plaster. ——图 © しっくい塗り[工事].

\***plas·tic** /plǽstik プラスティク, (英+) plάːs-/ ‖『「自由に形作れる」が原義』
——形 (比較 more ~, 最上 most ~) **1** プラスチック製の, ビニール(製)の ‖
a **plastic** comb プラスチックのくし.
a **plastic** bag ビニール袋, レジ袋 ⟨◆ ×a vinyl bag とはいわない⟩.
**2** (正式)(物理)[通例名詞の前で](可)塑(そ)性の;(思いどおりに)形作られる;塑造の, 塑造された ‖
**plastic** clay 塑性粘土.
**3** (正式)創造的な ‖
**plastic** forces in nature 自然の創造力.
——图 ⓤ [しばしば ~s; 単数扱い]プラスチック; © プラスチック製品《◆日本語の「プラスチック」は主に堅い合成樹脂に用いるが, 英語ではナイロン・ビニロン・セルロイド製品も指す》; ⓤ (略式) =plastic money.

**plástic árt(s)** 造形芸術《彫刻・製陶など》.
**plástic bómb** [(英) explósive] プラスチック爆弾.
**plástic búllet** プラスチック弾.
**plástic móney** (略式)クレジットカード(credit card) 《◆単に plastic ともいう》.
**plástic súrgeon** 形成外科医.
**plástic súrgery** 形成外科.

**plas·tic·i·ty** /plæstísəti プラスティスィティ/ 图 ⓤ 可塑(そ)性, 塑性;適応[柔軟]性.

\***plate** /pléit プレイト/ (同音 plait (米)) ‖『「平らなもの」が原義』
——图 (複 ~s/pléits/) **1** © **a** [しばしば複合語で] 皿, 平皿《◆ふつう陶器製の浅く丸い皿. 料理が盛られている dish, platter から取って1人1人がこれで食べる》 ‖
a sóup pláte スープ皿.

**b** (米) 1皿分の料理, 料理1人前 ‖
two **plates** of stew シチュー2皿.
**c** (米) 1コースの料理 ‖
at a set price a **plate** 1コース定食料理の[で].

関連 [いろいろな皿] fish plate 魚皿 / bread-and-butter plate パン皿 / dessert plate デザート皿 / meat plate 肉皿.

**2** ⓤ (英) **a** [集合名詞;単数扱い]金属製の食器類 ‖
a piece of **plate** 金・銀(めっき)の食器1点.
**b** (金・銀の)めっき.
**3** © [しばしば複合語で] (金属・ガラスなどの)板 ‖
a steel **plate** =a plate of steel 鋼板.
**4** © (金属製の)表札, 看板;(自動車の)ナンバープレート. **5** © 〔写真〕感光板. **6** 〔野球〕[the ~] 本塁;投手板.
——動 (現分 plat·ing) ⑯ **1** …をめっきする. **2** 〈船などに〉板金を張る.

**pla·teau** /plætóu プラトウ|-́-/ 图 (複 ~s, ~x /-z/) © [しばしば ~s] 高原, 台地.

**plate·ful** /pléitful プレイトフル/ 图 © 皿1杯分;ひと皿分.

\***plat·form** /plǽtfɔːrm プラトフォーム/ ‖『平らな(plat)形(form). cf. plate』
——图 (複 ~s/-z/) **1** © (駅の)プラットホーム ‖
対話 "Which **platform** does the London train leave from?" "It leaves from **platform** six." 「ロンドン行きの列車は何番線から出ますか」「6番線から出ます」
**2** © 壇;演壇;教壇 ‖
be on the **platform** 演説する.
**3** [the ~] (米)(客車後部の)乗降口, デッキ;(英) (バスの)乗降口《運行中車掌がふつうここに立つ》. **4** [a ~ / the ~ / its ~] (政党の)綱領, (候補者の)公約. **5** [~s] (女性用の)厚底の靴《◆platform shoes ともいう》.

**plátform shóes** =platform 5.

**plat·i·num** /plǽtinəm プラティナム/ 图 ⓤ **1** 〔化学〕白金(記号 Pt), プラチナ. **2** 白金[プラチナ]色.

**plat·i·tude** /plǽtətjùːd プラティトゥード(プラティテュード)/ 图 (正式) **1** © 決まり文句. **2** ⓤ 単調, 平凡, 陳腐(ちんぷ).

**Pla·to** /pléitou プレイトウ/ 图 プラトン, プラトーン《427?–347?B.C.;ギリシアの哲学者. Socrates の弟子》.

**Pla·ton·ic** /plətάnik プラタニク, plei- | plətɔ́nik プラトニク, plei-/ 形 **1** プラトン(Plato)(哲学)の. **2** [しばしば p~] (男女間の関係が)純精神的な恋愛の, プラトニックな.

**Platónic lóve [fríendship]** 精神的恋愛, プラトニックラブ.

**pla·toon** /plətúːn プラトゥーン/, (米+) plæ-/ 图 © 〔軍事〕小隊 ⟨◆約40–50人⟩.

**plat·ter** /plǽtər プラタ/ 图 © (米)大皿《主に肉・魚を盛る浅い長円形の皿. これからめいめいの plate に取る》;大皿に盛った料理.

**plau·dit** /plɔ́ːdit プローディト/ 名C (正式) [通例 ~s] 拍手, かっさい.

**plau·si·ble** /plɔ́ːzəbl プローズィブル/ 形 もっともらしい, まことしやかな.

## **play** /pléi プレイ/ (類音) pray, prey/préi/
[『運動する』『従事する』が原義] 派 player (名)

→ 動 自 1 遊ぶ  2 競技する  3 演奏する
     4 芝居をする
  他 1 する  2 演奏する  3 演じる  4 しかける
  名 1 劇  2 遊び

— 動 (三単現) ~s/-z/; (過去・過分) ~ed/-d/; (現分) ~ing

— 自 1 〈子供・動物が〉遊ぶ《♦ おとなの場合は enjoy oneself など》, 戯れる；いじる, もてあそぶ ‖
play in the garden 庭で遊ぶ.
play with dolls 人形で遊ぶ.
She wanted to play with her sister. 彼女は姉と遊びたかった.

> 比較 「遊びに来てください」は ✗Come and play with me. ではなく Come and see me.

**2** 競技する, 試合に参加する；試合する；ポジションにつく ‖
The Tigers will play in Tokyo next week. タイガースは来週東京で試合をします.
play for two innings 試合に2イニング出る.
play in goal = play as goalkeeper ゴールキーパーをする.
Stanford played against Berkeley. スタンフォードはバークレーと対戦した.

**3** 演奏する, 弾く；演奏される；〈楽器・ラジオなどが〉鳴る ‖
play in an orchestra オーケストラで演奏する.
The band will play next. 楽団が次に演奏します.
This tape recorder won't play. このテープレコーダーは音が出ない.

**4** (正式) 芝居をする；上演[上映, 放映]される ‖
play in a melodrama メロドラマに出る.
play to a large audience 大入りの観客を前に芝居をする.

対話 "You want to see a movie tonight?" "Sure. What's playing at the mall cinema?" 「きょうの晩映画をみたいかい」「ええ. モールの映画館ではいま何をやっているの」.

**5 a** 行動する, ふるまう《♦ 形容詞・副詞を伴う》‖
play false 人を裏切る行動をとる.
play fair 正々堂々と勝負する, 公正な行動をする《♦ play fairly よりふつう》.

**b** [play C] C であるふりをする ‖
play sick 仮病を使う《♦ pretend illness, pretend to be ill より口語的》.
play dumb とぼける.

**6** (正式)〈動物などが〉飛び回る, はね回る；〈光・影・風などが〉揺らぐ, ちらつく；〈微笑・空想などが〉浮かぶ ‖
The sunlight played on the pond. 日の光が池の水面にちらついた.
A smile still played about her lips. 彼女の唇の周囲にはまだ微笑が漂っていた.

**7** (正式)〈噴水・光などが〉ふき出す；〈ホース・銃などが〉向けられる, 発射される ‖
The hoses played on the burning house. 燃えさかる家にホースが向けられた.

— 他 **1 a**〈遊戯・球技・勝負事などを〉する；[play A B] A〈人〉と B〈競技・遊戯〉をする ‖
play tennis [golf, ping-pong, baseball, football] テニス[ゴルフ, 卓球, 野球, フットボール]をする《♦ 武道などはふつう practice, engage in: practice boxing / engage in judo. また do judo [kendo] ともする》.
play cards トランプをする.
play hide-and-seek かくれんぼをする.
Will you play a game of chess with me? チェスをしませんか《♦ このように招待している場合は with をつけ, against は用いない》.
The Giants played [✗fought with] the Dodgers. ジャイアンツはドジャースと対戦した.

対話 "Who's playing the Mariners today?" "I'm not sure. I think it's the Blue Jays." 「きょうマリナーズと試合するのはどのチーム?」「よくわからないけど, ブルージェイズだと思う」.

**b**〈子供が〉…ごっこをする；…のまねをして遊ぶ ‖
play doctor お医者ごっこをする.
play house ままごと遊びをする.
Let's play (that we are) cowboys. カウボーイごっこをしようよ.

> Q&A  Q:「スキーをする」は play skiing ですか.
> A：いいえ. ski, climb, fish, swim, dance, bowl などは ✗play -ing は使わず, 単に ski, climb, fish, swim, dance, box, bowl を用います.「…しに行く」は go skíing [clímbing, físhing, swímming, dáncing, bówling] と言います.

**2 a**〈楽器を〉演奏する,〈ラジオ・レコードなどを〉かける；〈曲・音楽を〉演奏する, …の作品を演奏する ‖
Can [Do] you play (the) piano? ピアノが弾けますか《♦ 楽器にはふつう the をつけるが, (米) ではしばしば省略される》.
play Chopin on the piano ピアノでショパン(の曲)を弾く.

**b**〈曲・楽器などを〉演奏してやる,〈ラジオ・レコードなどを〉かけてやる ‖
I'll play a sonata for you. = I'll play you a sonata. ソナタを1曲弾いてあげよう.

**3 a**〈劇・役などを〉演じる, …の役を演じる；…のようにふるまう ‖
play (the part of) Romeo ロミオの役を演じる.
He played the host perfectly. 彼は主人役を見事にこなした.

**b**〈物・事が〉〈役割を〉演じる ‖
Recreation plays an important part in our daily life. 娯楽は我々の日常生活で重要な役割を

果たす.
**4 a**〖ゲームで〗〈ポジション〉を守る, …につく ‖
play catcher キャッチャーをやる.
**b**〈選手〉を起用する ‖
play him at third base 彼を3塁に使う.
**c**〖チェス〗〈こま〉を動かす.
**5**〈冗談・ごまかしなど〉を**しかける**, する ‖
Fate played a dirty trick on us. =Fate played us a dirty trick. 運命のいたずらで私たちはひどいめにあった.

**pláy at A** …を遊び半分にする; いやいや…する.
**pláy báck** 〖他〗〈録音したテープ・音楽などを〉再生する.
**pláy dówn** 〖他〗…を軽視する, 見くびる.
**pláy it cóol [ríght, sáfe, stráight]** 〘略式〙沈着な[適切な, 無理のない, 真摯(しんし)な]行動をとる.
**pláy óff** 〖他〗〈同点のチーム〉を再試合させる.
○**pláy ón** (1) 〖自〗競技を続ける; 演奏を続ける. (2) [~ on A]〈楽器〉を演奏する ‖ play on the piano ピアノを弾く(◆on を用いない方がふつう). (3) [~ on [〘正式〙upón] A]〈人の態度・感情など〉をかき立てる, 利用する, つけこむ(◆受身にできる); → **6**, **7**.
**pláy úp** (1) 〘英略式〙〖自〗〈子供などが〉いたずらをする. (2) 〘略式〙〖他〗…を重視する, 強調する.
**pláy with A** → 〖動〗**1**; …を軽くあしらう, 軽視する.

—— 〖名〗(極~s/-z/) **1**〖C〗劇, 演劇, 芝居; 戯曲, 脚本 ‖
read Shakespeare's plays シェイクスピアの戯曲を読む(◆単に read Shakespeare ともいう).
go to a play 芝居(を見)に行く.
**2**〖U〗遊び, 遊戯(↔ work)(◆気晴らし・娯楽のための遊び一般をさす)‖
They are at play in the field. 彼らは野原で遊んでいる.
**3**〖U〗競技[試合]すること; 競技のやり方, プレー.
**4** [a ~ / the ~ / one's ~] (競技の)順番(◆ふつうの場合の順番は turn)‖
It's your play now. 今度は君のやる番だ.

**cóme into pláy** 〘正式〙〈力・知識などが〉働き始める.
**in pláy** (1) 働いて, 活動して. (2) 冗談で. (3) (球技で)〈ボールが〉生きて, ライン内で.

**play·back** /pléibæk プレイバック/ 〖名〗〖C〗録音[録画]の再生, プレーバック; 再生装置[ボタン].
**play·boy** /pléibɔi プレイボイ/ 〖名〗〖C〗遊び人(◆金持ちで多趣味・多才の男. play の対象は女性とは限らない).

*\***play·er** /pléiər プレイア/ 〖類音〗prayer² /préiər/〖→ play〗
—— 〖名〗(極~s/-z/) 〖C〗**1** 競技者; [スポーツ・ゲーム名と共に](…の)選手; [通例 good, poor などと共に]ゲーム[運動]が…な人; 〘英〙(クリケット・ゴルフなどの)プロ ‖
a baseball player 野球の選手(◆*a player of baseball とはふつういわない).
a chess player チェスをする人.
She is a good tennis player. 彼女はテニスが

上手だ(=She plays tennis well. / She is good at tennis.).
**2**〖楽器名と共に〗(…の)演奏者 ‖
a flute player フルート奏者(◆プロの演奏家は flutist, pianist などがふつう).
**3**〘古・米〙俳優, 役者《◆〘英〙では actor [actress]がふつう》.
**4** =player piano.
**5** レコードプレーヤー.
**pláyer piáno** 自動ピアノ, ピアノ自動演奏装置.
**play·ful** /pléifl プレイフル/ 〖形〗**1** ふざけた, 陽気な ‖
a playful kitten じゃれている子猫.
**2** 冗談の, 本気でない.
**play·ground** /pléigraund プレイグラウンド/ 〖名〗〖C〗**1** (戸外の)遊び場(◆ふつう遊び道具が設置されている); (学校の)運動場 ‖
play in the playground 遊び場で遊ぶ.
**2** 行楽地.
**play·house** /pléihaus プレイハウス/ 〖名〗(極 --hous·es/-hàuziz/) 〖C〗 [しばしば P~; 劇場名として] 劇場.
**play·ing** /pléiiŋ プレイイング/ 〖動〗→ play.
—— 〖名〗〖U〗遊ぶこと, 演奏[競技]すること.
**pláying cárd** 〘正式〙トランプ札(→ card 4).
**pláying caréer** 〘スポーツ〙現役生活.
**play·mate** /pléimèit プレイメイト/ 〖名〗〖C〗 〘正式〙(子供の)遊び友だち[相手].
**play·off** /pléiɔ(:)f プレイオ(ー)フ/ 〖名〗〖C〗**1** [~s] 王座[1位]決定戦, プレーオフ. **2** プレーオフの試合. **3** (引き分け後の)延長戦, 再試合.
**play·thing** /pléiθiŋ プレイスィング/ 〖名〗〖C〗**1** 〘正式〙おもちゃ(toy). **2** (主に文)おもちゃにされる人; 慰みもの.
**play·time** /pléitaim プレイタイム/ 〖名〗〖U〗〖C〗 (主に学校の)遊び時間.
**play·wright** /pléirait プレイライト/ 〖名〗〖C〗〘正式〙劇作家, 脚本家.
**pla·za** /pláːzə プラザ, plǽzə/〘スペイン〙〖名〗〖C〗**1** (スペインの都市などの)広場, 市場. **2** ショッピングセンター. **3** 〘米〙(高速道路の)サービスエリア.
**plea** /plí: プリー/ 〖名〗**1**〖C〗〘正式〙嘆願, 請願 ‖
a plea for blood donors 献血者を求める嘆願.
**2** 〘正式〙[the ~ / one's ~] 弁解, 口実, 言い訳(excuse) ‖
on the plea of [that] … …を[…ということを]口実に.
**3**〖C〗〘法律〙[通例 a ~] (被告側の)答弁, 抗弁.
**máke a pléa for A** …を懇願する.
**plead** /plíːd プリード/ 〖動〗(過去・過分) ~·ed/-id/ または plead /pléd/ または〘主に米・スコット〙pled /pléd/) 〖自〗**1** 〘正式〙[plead (with A) for B](A〈人〉に)B〈物・事など〉を嘆願する ‖
plead with him for mercy どうぞお情けをと彼に訴える.
He pleaded with the boy to treat his mother more kindly. お母さんにもっとやさしくするようにとその子に頼んだ.
**2**〖法律〗弁護する; 抗弁する, 申し立てをする; [plead C] C であると認める ‖

plead for the accused 被告を弁護する.
plead against wrong 不正に対して抗弁する.
plead guilty 有罪[責任]を認める.
plead not guilty 有罪[責任]を認めない.
—[他] **1**《正式》〈事件など〉を弁護する, 弁論する; …を抗弁する《◆新聞見出し語で好まれる》‖
plead the rights of the unemployed 失業者の権利を弁護する.
**2**〔法律〕…を申し立てる, 主張する《◆受身にしない》.
**3**《正式》…を弁解する, 言い訳に言う《◆受身にしない》‖
The thief **pleaded** poverty =The thief **pleaded** (that) he was poor. 泥棒は貧乏なためだと弁解した.

**plead·ing** /plíːdiŋ プリーディング/ [動] → plead.
—[名][U]《正式》申し開き; 嘆(たん)願. —[形] 嘆願する(ような), 訴える(ような).

****pleas·ant** /pléznt プレズント/ (発音注意) 《◆×プリーズント》([類音] present/préznt/) 〖→please〗
—[形] ([比較] more ~, 《まれ》~·er; [最上] most ~, 《まれ》~·est) **1**〈物・事が〉(人を)**楽しませる**; **楽しい, 愉快な**, 心地よい; [it is pleasant **to** do A / A is pleasant **to** do] A をするのは気持ちがいい《◆×I am [feel] pleasant. とはいわない》(↔ unpleasant) ‖
have a **pleasant** time 楽しい時を過ごす.
have a **pleasant** taste =be **pleasant to** the taste おいしい.
go for a **pleasant** drive 楽しいドライブに出かける.
This room is **pleasant to** work in. =It's **pleasant** to work in this room. この部屋は気持ちよく働ける.

> [Q&A] *Q*: 最後の例文で We are pleasant to work in this room. といえますか.
> *A*: いいえ. この場合の pleasant は「人を楽しませる」という意味なので, 物・事などが主語にならなければなりません.

**2** 好ましい, 感じのよい; 愛想のよい ‖
He seems very **pleasant**. 彼はとても感じのよい人みたいだ.
She is **pleasant** to talk with. 彼女は話していて好感が持てる.
He gave me a **pleasant** smile. 彼は私を見て愛想よく笑った.
**3** 晴れて心地よい ‖
a **pleasant** climate 気持ちのよい気候.

**pléas·ant·ness** [名][U] 楽しさ, 心地よさ.

**pleas·ant·ly** /plézntli プレズントリ/ [副] 楽しく, 愉快に; 心地よく; 愛想よく ‖
pleasantly warm 気持ちよく暖かい.

**pleas·ant·ry** /plézntri プレズントリ/ [名] ([複] --ant·ries/-z/)《正式》**1**[U](悪意のない)からかい, ひやかし.
**2**[C] 冗談, おどけた言葉[行為].

****please** /plíːz プリーズ/ 〖「(人を)楽しませる」が本義〗[派] pleasant (形), pleasure (名)
—[動] ([三単現] pleas·es/-iz/; [過去・過分] ~d /-d/; [現分] pleas·ing)
—[他] **1a** …を**喜ばせる**, 満足させる, 楽しませる; …の気に入る(↔ displease) ‖
He bought a necklace to **please** his wife. 彼は妻を喜ばせるためネックレスを買った.
She is **hard to please**. =It is hard to **please** her. 彼女は気難しい.
It **pleases** me to write poems. 詩を書くことは私にとって楽しい.
Flowers **please** the eye. 花は目を楽しませてくれる.
It will **please** her if I am obedient to her parents. 私が彼女の親の言うことをよく聞けば彼女は気に入るだろう.
**b** [be ~d] **喜んでいる**, 喜ぶ, 満足している, 満足する, 気に入っている, 気に入る ‖
I'm very **pleased about** [**with**] my new job. 新しい仕事がとても気に入っています.
She **was** very (much) **pleased at** having such a good friend. 彼女はそのようないい友人ができてとても喜んでいた.
She was **pleased that** he felt she had been helpful. 彼女は自分が役に立ったと彼が思ってくれているのがうれしかった.
She didn't look at all **pleased**. 彼女は全く喜んでいないように見えた.

> [Q&A] *Q*: pleased を修飾するのは very ですか, much ですか.
> *A*: 過去分詞を強めるのは much がふつうですが, pleased, interested, surprised などのように感情を示す動詞の過去分詞は形容詞化しているので very を用いることが多いのです.

**2** [副詞的に] **どうぞ**, どうか, ぜひ ‖
**Please** come in. =Come in, **please**. どうぞお入りください.
**Tea, please.** お茶をください《◆「お茶をどうぞ」の意ではない》.
Can you come with me, **please**?(↗) どうか私とご一緒していただけませんか.
**Please!**(↘) お願いですから!; よして!, やめなさいよ!
[対話] "Would you like some more tea?" "(Yes(↘),) **please**(↗) [No(↘), thank you (↗)]." 「お茶をもう少しいかがですか」「ええ, お願いします[いいえ, 結構です]」《◆「答え」の対比に注意》.

> [語法] please は一般にていねいさを示すために添える語だが, 相手に利益になると思われる場合や単なる指示表現では付けないことが多い: Have another cup of coffee. コーヒーをもう一杯どうぞ / Sign here. ここに署名してください.

P

> **Q&A** **Q**: please は命令文でなく平叙文で Please, it's cold in here. のように使われるようですが, これはどう理解したらよいでしょうか.
>
> **A**: この文は「ここは寒いから窓を閉めて[ガスをつけて]いただけませんか」といったような意味ですから, please はやはり「命令」や「依頼」を表していると思われます. この場合たとえば, Please close the window. という意味を話し手が相手に伝えたい気持ちを呑み込んで, あとはその理由などを言わずに (It's cold in here.) だけを発話したと考えればわかりやすいのではないでしょうか. したがって, この場合 please はいつも文頭に用いられます.

── 自 **1** 好む, したいと思う ∥
Do **as** you **please**. 好きなようにしなさい.
You may come **whenever** you **please**. いつでも好きな時に来てください.
**2** 人を喜ばせる, 人を満足させる, 人の気に入る ∥
A good TV show **pleases**. テレビのよいショーは人に喜ばれる.

◦**be pléased to** do (1) [ていねいに] …してうれしい ∥ 対話 "I'm so pleased to see you again." "The pleasure is mine." 「またお目にかかれてとてもうれしいです」「私のほうこそ」. (2) [未来時制で] 喜んで…する ∥ I'll be pleased to help you. 喜んでお手伝いいたします. (3) 《正式》〈高貴な人などが〉…してくださる, なさる ∥ The Queen **was pleased to** appoint our shop as personal dressmakers. 女王様は私共の洋装店を御用達としてご指定になった.

◦**if you pléase** (1) 《正式》どうぞ, よろしければ (please) ∥ I would like some coffee, if you please (⤴[↗]). 恐縮ですがコーヒーをお願いします. (2) (略式) 信じられるかい, 事もあろうに, 驚いたことに ∥ He was, if you please, a cheat. 事もあろうに彼はぺてん師だった.

**pléase onesélf** (略式) [通例命令文で] 自分の好きなように[勝手に]しなさい.

**pleas·ing** /plíːzɪŋ プリーズィング/ 動 → please.
── 形 《正式》喜びを与える, 楽しい, 満足な; 魅力的な(→ interesting Q&A) ∥
The show was **pleasing** to the audience. そのショーは観衆には楽しいものであった.

**pleas·ur·a·ble** /pléʒərəbl プレジャラブル/ 形 《正式》楽しい, 愉快な.

\***pleas·ure** /pléʒər プレジャ/ 〖→ please〗
── 名 (複 ~s/-z/) **1** Ⓤ 喜び, 楽しさ, 愉快, 満足 (↔ displeasure); [the ~] 喜び, 光栄 ∥
This book will give you great **pleasure**. = You will get great **pleasure** from this book. この本は非常に楽しく読めますよ.
I hope we may have the **pleasure** of seeing you again. またお目にかかれればと思っています《◆I hope to see you again. の改まった言い方》.
対話 "Would you care to join me for dinner?" "That would give us the greatest pleasure." 「ご一緒にディナーはいかがですか」「光栄です」.
対話 "You don't mind staying a little longer?" "Not at all. It's my **pleasure**."「もうすこしてくださいませんか」「いいですよ. 喜んで」.
**2** Ⓒ 楽しい事, 喜びを与えるもの ∥
Reading is her only **pleasure**. 読書は彼女の唯一の楽しみである.
It's a **pleasure** to watch TV. テレビを見ることは楽しいことである.
Talking to him was one of my many **pleasures**. 彼と話すのは私の数ある楽しみの1つだった.
(It's) a **pleasure** to meet you. 《正式》お目にかかれて光栄です.

[Ⓒ と Ⓤ] pleasure Ⓒ
　　　　　 fun, enjoyment Ⓤ

**3** Ⓤ Ⓒ [遠回しに] (官能的・世俗的)快楽 ∥
a life of pleasure 遊びにふける生活.
**4** Ⓤ 《正式》[通例 one's ~] (人の)意志, 好み ∥
What is **your pleasure**? お好みは何ですか.
You may come at **your pleasure**. 好きな時にお越しいただいてよろしい.

**for pléasure** 楽しみに, 娯楽として (↔ on business) ∥ go to Tokyo **for pleasure** 遊びで上京する.

◦**take pléasure in A** (しばしば正式) …を楽しむ, 楽しんで…する《◆A は名詞・動名詞》∥ She took no **pleasure in** eating or drinking. 彼女は飲食には何の楽しみもなかった.

**The pléasure is míne.** = (**Thát is**) **mý pléasure.** = (**It's**) **a pléasure.** どういたしまして, こちらこそ ∥ 対話 "Thank you for appearing on this program." "**My pleasure.**" 「この番組に出てくださってありがとうございます」「こちらこそ」.

◦**with pléasure** (1) 喜んで, 快く ∥ I'll help you **with pleasure**. 喜んでお手伝いいたします. (2) [快諾の返答として] 喜んで, かしこまりました ∥ 対話 "Will you come to tea next Saturday?" "**With pleasure.**" (⤴) 「土曜日にティーパーティーにいらっしゃいませんか」「ええ, 喜んで」.

**pléasure bòat** 遊覧船.
**pléasure gròund** 遊園地.

**pleat** /plíːt プリート/ 名 Ⓒ (スカートなどの)ひだ, プリーツ. ── 動 他 …にひだを取る[つける].
**pleat·ed** /-ɪd/ 形 ひだのある[ついた].

**pleb·i·scite** /plébɪsàɪt プレビサイト, -sɪt/ 名 Ⓒ 《正式》(憲法改正など国家的に重要なことに関して行なう)国民投票.

**plec·trum** /pléktrəm プレクトラム/ 名 (複 ~s, -tra/-trə/) Ⓒ (楽器の)つめ, ばち 《略式》pick).

**pledge** /pléd ʒ プレヂ/ 《正式》名 **1** Ⓒ Ⓤ 堅い約束, 誓約 (promise); 〖政治〗 公約 ∥
**under (the) pledge of** secrecy 秘密を守るという約束で.
give a **pledge** 誓約する.
the French **pledge to** support solidarity 結束を支持するというフランスの誓約.

**plenary**

2 Ⓤ 抵当, 担保, 質入れ; Ⓒ 抵当物, 質草.
put a ring in pledge 指輪を質[担保]に入れる.
take a ring out of pledge 指輪を質受けする.
3 Ⓒ (友情・忠誠などの)証(ぁ), 印.
──動 (現分) pledg・ing) 他 1 …を堅く約束する, 誓う; [pledge to do / pledge that 節] …することを[…ということを]誓う‖
pledge allegiance to the flag 国旗に忠誠を誓う.
They pledged me their full support. 彼らは私に全面的な支持を約束した.
2 …に誓約させる; …を誓う‖
be pledged to secrecy 秘密を守ると誓っている.

**ple・na・ry** /plíːnəri プリーナリ/ (米) plé- /plé-/ 形 (正式) 1〈権力などが〉絶対的な. 2〈会議などが〉全員出席のもとに開かれる.

**plen・ti・ful** /pléntifl プレンティフル/ 形 豊富な, 多くの(↔ scarce); 豊富に生じる[作る], 実り多い‖
a plentiful harvest [crop] 豊作.
a plentiful supply of food 食物の豊富な供給.
be plentiful in common sense 良識豊かである.

**plén・ti・ful・ly** 副 豊富に, たくさん.

**＊plen・ty** /plénti プレンティ/ [「十分」が原義]
派 plentiful (形)
──名 Ⓤ 1 [通例肯定文で] たくさん, 多数, 多量(↔ lack); [~ of A] (♦ A は Ⓒ 名詞の複数形または Ⓤ 名詞)十分な…(lots of)‖
plenty of books on the shelf 書棚の多くの本.
I've got plenty of time to go there. そこへ行くのにたっぷり時間がある.
対話 "Won't you have some more coffee?" "No(↘), thank you.(↗) I've had plenty." 「もう少しコーヒーをいかが?」「いや結構です. もう十分にいただきました」.
対話 "Is there enough dessert for everyone?" "There's plenty. I made some extra just in case." 「デザートはみんなの分がありますか」「たくさんあります. 足りないこともあるかと思って余分に作ってあります」.
対話 "We'd better leave now or we'll be late." "Relax. We have plenty of time till the train leaves." 「もう出かけたほうがいい. 遅れちゃうよ」「まあ落ち着いて. 電車が出るまで時間はたっぷりあるよ」.
2 (物の)豊富さ, 豊かさ‖
in times of plenty 物の豊かな時代に.
*in plénty* たっぷりの[に], ぜいたくに‖ water in plenty 多くの水 / get there in plenty of time 十分早めにそこに着く / live in plenty of ぜいたくに暮らす.
──形 (主に米略式) 多くの, 豊富な, 十分な‖
Half an apple is plenty for me. 私には半分のリンゴで十分だ.
──副 (米略式) 十分に, たっぷり‖
eat plenty たっぷり食べる.

**pleth・o・ra** /pléθərə プレサラ/ 名 (正式) [a ~] 過多, 過度.

**pli・a・ble** /pláiəbl プライアブル/ 形 (正式) 1 曲げやすい, しなやかな. 2 柔順な, 言いなりになる.

**pli・ant** /pláiənt プライアント/ 形 1 =pliable. 2 順応性のある, 適応できる.

**pli・ers** /pláiərz プライアズ/ 名 Ⓤ [時に単数扱い] ペンチ; (広義) やっとこ(♦ 数える時は a pair [two pairs] of pliers).

**plight** /pláit プライト/ 名 Ⓒ [通例 the ~ / a ~] 苦境, 窮地‖
be in a terrible plight ひどい状態である.
What a plight to be in! とんだ羽目になったもんだ.

**plim・soll** /plímsl プリムスル, -səl/ -スル, -sɔl/ 名 Ⓤ (英) [通例 ~s] (安い)ゴム底ズック運動靴((米) sneakers).

**PLO** (略) Palestine Liberation Organization パレスチナ解放機構.

**plod** /plád プラド | plɔ́d プロド/ 〖馬の足音の擬音語〗(過去・過分) plod・ded/-id/; (現分) plod・ding) 自 1 とぼとぼ歩く; ゆっくり進む. 2 (略式) こつこつ取り組む.
*plód one's wáy* とぼとぼ歩く.

**plop** /pláp プラプ | plɔ́p プロプ/ 〖擬音語〗 (略式) 動 (過去・過分) plopped/-t/; (現分) plop・ping) 自 ポチャンと落ちる. ──名 Ⓒ [a ~] ポチャン[ポトン, ポン]という音; ポチャンと落ちること.

**plot** /plát プラト | plɔ́t プロト/ 名 Ⓒ 1 (裏切りの)陰謀, たくらみ‖
watch for any plots against the regime 反体制側の陰謀が企てられていないかと警戒する.
2 (小説・劇などの)筋, 構想, プロット‖
The plot thickens. (略式) 話の筋がこみ入ってくる[おもしろくなる].
3 (建物・栽培などのための)小地所, 小区画地‖
a burial plot 墓地.
──動 (過去・過分) plot・ted/-id/; (現分) plot・ting) 他 1 …をたくらむ, ひそかに企てる‖
plot the death of the king =plot (how) to kill the king 王の暗殺を企てる.
2〈小説などの〉筋を組み立てる; …の構想を練る. 3〈土地を〉区画する; 〈土地・建物などの〉図面を作る.
4〈飛行機・船の〉航路を記す.

**plough** /pláu プラウ/ 名 Ⓒ 動 =plow.

**plow**, (英) **plough** /pláu プラウ/ (発音注意) (♦ *プロウ) 名 Ⓒ 1 (牛・馬・トラクターで引く)耕作用のすき; すきに似た物[道具]‖〈雪かき・除雪機・溝かんなど〉‖
be under the plow 耕作されている.
be at the plow 農業に従事する.
go to one's plow 自分の仕事をする.
pull the plow over a field 畑をすきで耕す.
2 Ⓤ (英) 耕作地. 3 [the P~] 〖天文〗 おおぐま座; (英) 北斗七星((米) the Big Dipper).
──動 (過去・過分) 他 1 …をすきで耕す, すきで掘り起こす; …をすき込む‖
plow a field for wheat 小麦をまくために畑を耕す.
plow up roots 根をすき返す.

plow weeds down 雑草をすき倒す.
**2** 〈あぜ・うねなど〉をすきで作る; …に筋をつける ‖
a face **plowed** with worries 心配でしわの刻まれた顔.
**3** …を骨折って進む ‖
**plow** one's way through the crowd 群衆を押し分けて進む.
──自 **1** すきで耕す ‖
**plow into** furrows 耕してうねを作る.
**2** 骨折って進む; (略式) こつこつする ‖
**plow ahead** [**on**] **with** the work 仕事を進める.
**plow through** a book 本を苦労して読む.

**plow·man,** (英) **plough·-** /pláumən プラウマン/ 名 (複 -·men) C 農夫, 田舎(%cs)者((PC) plower).

**plow·share,** (英) **plough·-** /pláuʃeər プラウシェア/ 名 C すきの刃[先].

**ploy** /plɔ́i プロイ/ 名 C (略式)(人をだます)策略.

**pluck** /plʌ́k プラク/ 動他 **1** …を引き抜く; …の羽毛[髪]をむしり取る; …を摘む ‖
**pluck** flowers in the fields 野の草花を摘む.
**pluck up** [**out**] the weeds 雑草を引き抜く.
The cook **plucked** the turkey. (料理をするために)コックさんは七面鳥の羽毛をむしり取った.
**pluck off** fruit 果実をもぎ取る.
**2** (正式) …をぐいと引っ張る; …を引き降ろす ‖
**pluck** her **by** the arm =**pluck** her arm 彼女の腕を引っ張る.
**pluck** him **down from** the platform 彼を壇から引き降ろす.
**3** 〈楽器の弦〉をかき鳴らす.
──自 ぐいと引っ張る, つかみかかる; 楽器の弦を弾く, かき鳴らす ‖
**pluck at** his sleeve 彼のそでを引っ張る.
**plúck úp** =**plúck úp** (one's) **cóurage** 元気[勇気]を奮い起こす.
──名 **1** C (通例 a ~)ぐいと引き抜く[引っ張る]こと ‖
give **a pluck at** her hand 彼女の手をぐいっと引っ張る.
**2** U (略式) 勇気, 決心.

**pluck·y** /plʌ́ki プラキ/ 形 (比較 -·i·er, 最上 -·i·est) (略式) 勇気のある, 元気な; 断固たる.

**plug** /plʌ́g プラグ/ 名 C **1** 栓, 詰め物; 消火栓; (英略式) (水洗便所の)放水栓. **2** (電気)プラグ, 差し込み; (略式) ソケット. **3** (略式) 点火栓.
──動 (過去・過分 **plugged**/-d/ ; 現分 **plug·ging**) 他 **1a** 〈穴など〉をふさぐ ‖
**plug** one's ears 耳をふさぐ.
**b** …を差し込む, 差し込んで栓をする.
**2** (略式) …を(ラジオ・テレビなどで)くり返し宣伝する.
──自 (略式) こつこつ取り組む ‖
She is **plugging away** (at her studies) every evening. 彼女は毎晩こつこつ(研究に)取り組んでいる.
**plúg ín** (1) [自] (プラグをコンセントにつないで)電気が通じる. (2) [他]〈電気器具〉のプラグをコンセント

につなぐ ‖ **plug in** a coffeepot コーヒーポットの電源を入れる.

\***plum** /plʌ́m プラム/ (同音 plumb)
──名 (複 ~s/-z/) **1** C セイヨウスモモ, プラム; の実; [俗用的に] ウメ(◆ 正しくは ume, Japanese apricot).
**2** C =plum tree.
**plúm trèe** スモモの木(plum).

**plum·age** /plúːmidʒ プルーミヂ/ 名 U [しばしば a ~; 集合名詞] (鳥の)羽, 羽毛(◆個々の羽は plume).

**plumb·er** /plʌ́mər プラマ/ 名 C 配管工; 水道屋さん.

**plumb·ing** /plʌ́miŋ プラミング/ 名 U **1** 配管工事; 配管業.
**2** [集合名詞] 配管設備.

**plume** /plúːm プルーム/ 名 C **1** [通例 ~s](大きくて派手な)羽(◆ 小さな羽は feather) ‖
the **plumes** of a cock 雄鶏(%cs)の羽.
**2** [しばしば ~s] (帽子などの)羽飾り ‖
She wore a **plume** in her hat. 彼女は帽子に羽飾りをつけていた.
**3** やわらかでふわふわした羽毛.
**4** (文) 羽毛状に空中に上がるもの《煙・雪煙・水柱など》 ‖
a **plume** of smoke もくもく立ち上がる煙.
──動 (現分 **plum·ing**) 他〈鳥が〉羽毛を整える.

**plum·met** /plʌ́mət プラメト/ 動 自 まっすぐに落ちる; 〈物価などが〉急落する.

**plump**¹ /plʌ́mp プランプ/ 形 丸々と太った, ぽっちゃりした. **plúmp·ly** 副 丸々と(太って).

**plump**² /plʌ́mp プランプ/ (擬音語) 動 (略式) 自 **1** ドスンと落ちる[座る, 倒れる]; ぶつかる. **2** (米) いきなりザブンと飛び込む[落ちる]. ──他 **1** …をドスンと落とす[投げ出す]. **2** 〈意見などを〉ぶっきらぼうに[出し抜けに]言う.

**plun·der** /plʌ́ndər プランダ/ (文) 動 他 **1** …を略奪して荒らす; …から略奪する. **2** …を略奪する.
──名 U 略奪; [集合名詞] 略奪品.

**plunge** /plʌ́ndʒ プランヂ/ 動 (現分 **plung·ing**) 他 **1** …を突っ込む, 押し込む; …を投げ込む ‖
**plunge** one's burnt finger **into** the cold water やけどした指を冷水に突っ込む.
**2** …を陥れる, 追い込む ‖
She **was plunged into** the depths of despair. 彼女は失望のどん底に追いやられた.
**3** …を前のめりにする.
──自 **1a** 突っ込む, 飛び込む; 前のめりになる.
**b** 突進する; 飛びつく ‖
**plunge into** the crowd 群衆の中へ飛び込む.
**c** (…に)陥(%cs)る; (略式) ‖
**plunge into** debt 借金をこしらえる.
**2** 〈船が〉激しく縦揺れする.
──名 C [通例 a ~] 飛び込み ‖
take **a plunge into** the pool プールに飛び込む.

**plung·er** /plʌ́ndʒər プランヂャ/ 名 C **1** 飛び込む人[物]. **2** (機械) ピストン.

**plunk** /plʌ́ŋk プランク/〖擬音語〗〘略式〙動 他〈弦楽器〉をボロンとかき鳴らす; …をポンと投げ出す. ― 自 ボロンと音がする;〈弦楽器〉をボロンボロン弾く. ―名 [a ~ / the ~] ボロンと鳴る音, ポロンと鳴らす音; ドスンという音. ―副 ボロンと; ドスンと; 正確に.

**plu·per·fect** /pluːpə́ːrfikt プループーフィクト/〖文法〗名 UC [the ~] 形 過去完了(の), 大過去(の)《◆past perfect がふつう》.

**plur·al** /plúərəl プルラル/ 形〖文法〗複数の(↔singular) ‖
the plural number 複数.
Do you know the plural (form) of 'child'? child の複数形を知っていますか.
―名〖文法〗① 複数(形)(略) pl.);② 複数形の語.

**plu·ral·i·ty** /pluərǽlati プルラリティ/ 名(複 ~·ties/-z/) 1 ① 複数(であること). 2 ② [~ of ...] 多数の…. 3 ② (米)〖通例 a ~ / the ~〗(過半数に達しない)最高得票数; 得票差.

**plus** /plʌ́s プラス/ 前 1 [接続詞的に] …を加えて, プラスして(↔minus) ‖
Two plus five is seven. 2足す5は7(2+5=7).
This bill, plus all the others, amounts to 400 dollars. その他の勘定に加えてこれで400ドルになります.
2 (略式) …に加えて, …の上に, そしてまた ‖
The job needs intelligence plus charm. その仕事は人柄に加えて知性が必要だ.
―形 1 プラスの, 加の, 正の(↔minus) ‖
a plus quantity 正量, 正数.
2 (評点で)上の ‖
a mark of B plus Bの上の評点《◆B⁺と書く》.
―名(複 ~·es/-iz/) ② =plus sign.

**plús sign** プラス記号, 加号《"+"》《◆日本語で(この計画・方法の)「プラス」「マイナス」などというときは advantage, disadvantage で表すことが多い. → minus》.

**plush** /plʌ́ʃ プラシュ/ 形 (略式) 派手で豪華な, 安ぴかの.

**Plu·tarch** /plúːtɑːrk プルターク/ 名 プルタルコス, プルターク《46?-120?; ギリシアの伝記作家.『英雄伝』の作者》.

**Plu·to** /plúːtou プルートウ/ 名 1〖ギリシャ神話〗プルトン(Hades)《冥(めい)界の神》. 2〖天〗冥王星《準惑星の1つ; 2006年, 惑星から除外》.

**plu·to·ni·um** /pluːtóuniəm プルートウニアム/ 名 ① 〖化学〗プルトニウム(記号 Pu).

**ply** /plái プライ/ 動 (三単現 plies /-z/; 過去・過分 plied /-d/)〖正式・やや文〗他 1 …をせっせと使う, 巧みに使う ‖
ply a needle 針をせっせと動かす, 縫う.
2 …に精を出す ‖
ply one's tráde 商売を営む.
3 [ply A with B] A〈人〉に B〈飲食物など〉を(しつこく)すすめる; A〈人〉に B〈質問など〉をしつこくする ‖
ply one's guests with food and drink お客に飲食物をむりじいする.

ply him with questions 彼を質問ぜめにする.
4 …を定期運航する, 往復する; …を進んで行く ‖
the ships plying the Thames テムズ川定期航船.
―自 1 定期的に往復する ‖
the shuttle bus plying between the airport and the hotel 空港とホテルの間を往復するバス.
2 せっせと動かす; 精を出す.

**Plym·outh** /plíməθ プリマス/ 名 1 プリマス《英国南西岸の港市. 1620年 Mayflower 号の出航地》. 2 プリマス《米国 Massachusetts 州南東部の都市. 1620年 Mayflower 号の到着地》.
**Plýmouth Còlony** [the ~] プリマス植民地《1620年清教徒本建設》.
**Plýmouth Róck** プリマスの岩《清教徒の上陸地》; プリマスロック《米国産の卵肉用ニワトリ》.

**ply·wood** /pláiwùd プライウド/ 名 ① 合板, ベニヤ板(→veneer).

**\*\*p.m., P.M.** 〖ラテン語 post meridiem(= afternoon) の略〗
―副 午後《◆用法は → a.m., A.M.》.

**pneu·mat·ic** /n(j)uːmǽtik ヌ(ー)マティク(ニュ(ー)マティク)/《発音注意》《◆p は発音しない》形 空気の;(圧縮)空気で動く[が詰まった].

**pneu·mo·nia** /n(j)uːmóunjə ヌーモウニャ(ニューモウニャ)/《発音注意》《◆p は発音しない》名 ①〖医学〗肺炎 ‖
acute pneumonia 急性肺炎.

**poach**¹ /póutʃ ポウチ/《類音》porch/pɔ́ːrtʃ/) 動(三単現 ~·es/-iz/) 他 (主に英)侵入する, 密猟[密漁]する. ―自 1 …を密猟[漁]する. 2 …に侵入する. 3 (略式) …を侵害する; …を盗む, 引き抜く.

**poach**² /póutʃ ポウチ/ 動(三単現 ~·es/-iz/) 他〈卵・魚・果物など〉を(崩さないように短時間で)ゆでる(関連→boil) ‖
poached eggs 落とし卵.

**poach·er** /póutʃər ポウチャ/ 名 ② 不法侵入者; 密猟者, 密漁者.

**POB, PO Box** (略) Post Office Box 私書箱.

**\*\*pock·et** /pákət パケト|pɔ́kət ポケト/〖「小さな袋」が原義〗

pocket
〈1 ポケット〉
〈2 資力〉

―名(複 ~·s/-its/) ② 1 ポケット ‖
an inside pocket 内ポケット.
He put his hand in his trouser pocket. 彼はズボンのポケットに手を入れた.
2〖通例 a ~ / one's ~〗(金銭を入れる所としての)ポケット; 資力 ‖
a deep pocket 十分な資力, 富.
an empty pocket 無一文(の人).

pay out of (one's) pocket 自腹を切って払う.
**3** ポケットに似たもの；(物を入れる)穴；仕切り；《米》山あい, 谷間.
**4**《式》**a** (周囲と異なる孤立した)小地域[集団]. **b**《軍》孤立地帯《軍》.
**5** エアポケット (air pocket).
**6**[形容詞的に] ポケット型の, 携帯用の；小型の ‖
a pocket calculator 小型電卓.

*be in pócket*《英》手元にある；(取引などで)もうけている.

*be óut of pócket*《英》手元にない；(取引などで)損している.

*pick a* [A's] *pócket* すりを働く.

——動 ⑲ **1** をポケットに入れる, 隠す. **2**〈金など〉を自分のものにする, 着服する.

**pócket bòok** =pocketbook.
**pócket mòney** 小遣い銭；《英》(子供の)小遣い(《米》allowance).
**pócket wàtch** 懐中時計.
**pock·et·book** /pɑ́kətbùk パケトブク | pɔ́kət- ポケト-/ 图 ⓒ **1**《英》手帳. **2** 資本, 財力.
**pock·et·ful** /pɑ́kətfùl パケトフル | pɔ́kət- ポケト-/ 图 ⓒ [a ~ of A] ポケット1杯(分)の…；《略式》たくさんの….
**pock·et·knife** /pɑ́kətnàif パケトナイフ | pɔ́kət- ポケト-/ 图 ( ﾌ -knives) ⓒ (折りたたみ式の)小型ナイフ.
**pock·et-size(d)** /pɑ́kətsàiz(d) パケトサイズ(ﾄ) | pɔ́kət- ポケト-/ 形 ポケット型の；《略式》小型の.
**pod** /pɑ́d パド | pɔ́d ポド/ 图 ⓒ (エンドウ豆などの)さや, さや状のもの.
**po·di·a·trist** /pədɑ́iətrìst ポウダイアトリスト/ 图 ⓒ《主に米》足治療医(《英》chiropodist).
**po·di·um** /póudiəm ポウディアム/ 图 ( ~s, -di·a/-diə/) ⓒ **1**《正式》(通例単数形で) 指揮台；演壇；(航空券などの)受付台. **2**《生物》**a**(脊椎動物の)四肢の末端. **b**(棘皮(きょくひ)動物の)足.
**Poe** /póu ポウ/ 图 ポー《Edgar Allan /ǽlən/ ~ 1809-49；米国の詩人・批評家・短編小説家》.

***po·em** /póuəm ポウエム/『「作られたもの」が原義』
——图 ( ﾌ ~s/-z/) ⓒ (1編の)詩, 韻文 ‖
a lyric poem 叙情詩.
write a poem 詩を書く.
[ⓒ と ⓤ] poem ⓒ
poetry ⓤ

***po·et** /póuət ポウエト/『「作る人」が原義』
——图 ( ﾌ ~s/-its/) ⓒ 詩人, 歌人；空想家；詩人肌の人, 詩才のある人 ‖
She is a famous poet. 彼女は有名な詩人です.
**póet láureate** 当代随一の詩人；[しばしば the P~L-] 桂冠詩人.
**Póets' Córner** [the ~] ポエッツコーナー《文人の記念碑のあるWestminster寺院の一画》.
**po·et·ic, po·et·i·cal** /pouétik(l) ポウエティク(ル)/ 形 **1** 詩の, 詩的な, 詩のような.
**2** 詩人(肌)の, 詩才のある.
poetic(al) talent [genius] 詩才.
**po·ét·i·cal·ly** 副 詩的に.

***po·et·ry** /póuətri ポウエトリ/
——图 ⓤ **1**[集合名詞] 詩, 詩歌《◆ 1編の詩は a piece of *poetry*, あるいは a poem. ˣa poetry は誤り》；作詩(法) ‖
write poetry 詩を書く.
**2** 詩趣, 詩的感興(かんきょう), 詩情, 詩心.
**poign·an·cy** /pɔ́injənsi ポイニャンスィ/ 图 ⓤ 痛切さ；鋭さ；辛辣(しんらつ)さ；感動.
**poign·ant** /pɔ́injənt ポイニャント/ 形《正式》**1** 痛切な, 強烈な.
**2** 感動的な ‖
poignant memories 心に焼きついた思い出.
**3** 辛辣(しんらつ)な, 鋭い.
**poin·set·ti·a** /pɔinsétiə ポインセティア/ 图 ⓒ《植》ポインセチア.

***point** /pɔ́int ポイント/『「貫く」→「とがった先[点](にする)」が原義』

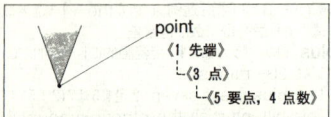

point
〈1 先端〉
〈3 点〉
〈5 要点, 4 点数〉

→ 图 **1** 先端 **3** 点 **4** 点数 **5** 要点 **6** 程度
動 ⑲ **1** さし示す **2** 向ける **3** とがらせる
自 指さす

——图 ( ﾌ ~s/pɔ́ints/) **1** ⓒ (物の)先端《ペン先, 〔ボクシング〕あごの先, 鹿の角, [~s](馬・犬の)足先, 〔バレエ〕つま先など》；先のとがった道具《接種針・レース編み針など》‖
the point of a finger 指の先.
stand on the point of one's toes つま先で立つ.
**2**[しばしば P~；地名で] ⓒ 岬 ‖
Lizard Point リザード岬.
**3** ⓒ **a** 点, しるし, しみ, 句読(くとう)点, 小数点 ‖
a full point 終止符.
three point [ˣpoints] one four 3.14.
**b**(位置上の)点, 地点；(時間上の)点, 瞬間；(計器の)目盛り, 度 ‖
at this point ちょうどこの時に[場所で]《◆「この点で」は on this point》.
a point of contact 接点.
the boiling point 沸点.
if [when] it comes to the point いざという時になって.
**4** ⓒ (成績・競技などの)点数；《米》履修単位 ‖
beat him on points 〔ボクシング〕彼に判定で勝つ.
win by 3 points 3点差で勝つ.
gain [score] a point 1点とる, 優勢になる.
credit her with good points 彼女によい点で単位を与える.
**5** ⓒ [the ~] 要点, 重点；項目；重要な事柄[考え]；(問題・話の)核心, やま ‖
a disputed point 論点.
a three-point plan 3項目から成る計画(案).
the point of the matter 問題の核心.

beside [off, away from] the point 要点を はずれて, 無関係の.
get [see, take] her point 彼女の話の核心をつかむ.
reach [come to, get to] the point 要点に触れる[入る].
miss the point 要点をはずす.
stick [keep] to the point 要点をはずさない.
It's a point of honor with me to tell the truth. 真実を述べるのは私の名誉にかかわる問題だ.
The point is, [The point is that] you get up late in the morning. 要するに君は朝寝坊だ《◆前者の方が略式》.
**6** ⓒ 程度, 段階, 限度 ‖
up to a (certain) point ある程度まで.
**7** Ⓤⓒ 目的; 効用, 利益, 意味; 効果, 適切さ ‖
carry [gain, make] one's point 目的を達する, 主張を通す.
There is no point (in) persuading him. = I don't see any point in persuading him. 彼を説得してもむだだ.
I don't see your point. おっしゃることの意味がよくわかりません.
**8** ⓒ (全体の中の)細目, (個々の)部分.
**9** ⓒ 特徴, 特質 ‖
a good [strong] point 長所.
a bad [weak] point 短所.
**10** ⓒ 〔電気〕接点; 〔英〕コンセント《〔米〕outlet》.
**11** 〔英〕[〜s] 〔鉄道の転轍(そく)〕機, ポイント《〔主に米〕switch》.
*at the póint of* A =on the POINT of.
◇*máke a póint of* A …を重視する, 主張する, 強調する; 〔重要[必要]と思うので〕必ず…する, きまって…するように努力する ‖ I make a point of doing my teeth before I go to bed. 寝る前にいつも歯を磨くように努力している / He made a great point of being on time. 彼は時間厳守をモットーにしていた.
*máke it a póint to do* =make a POINT of.
◇*on* [*at*] *the póint of* A …のまぎわに, まさに…しようとして ‖ at the point of death 死に瀕(ひん)して / The train was on the point of starting. 列車は発車しようとしていた.
*póint of víew* 観点, 見地; 考え方, 意見, 態度 ‖
from this point of view この観点から見れば.
◇*to the póint* 《正式》適切な[に], 要を得た[て] ‖
Her explanation was (very much) to the point. 彼女の説明は(とても)要領を得ていた.
*What's the póint of dóing that?* (↘) そんなことをしてどうするんだ(むだだよ).
—— 働 〔三単現〕 〜s /pɔ́ints/; 〔過去・過分〕 〜ed /-id/; 〔現分〕 〜ing〕
—— 他 **1** …をさし示す, 指摘する, …に注目させる(→ 成句 point out) ‖
point the way to the post office 郵便局へ行く道を教える.
point out the errors to her 彼女に誤りを指摘してやる.

as was pointed out すでに指摘されたように.
**2** …を向ける; 〈人〉を向かせる ‖
point a gun at a bird 鳥に銃を向ける.
point the [a] finger at his mistake 彼の過失を指摘する.
Point your finger at your choice. 好きな物を指でさしなさい.
**3** …をとがらせる, 鋭くする ‖
point a pencil with a knife ナイフで鉛筆を削る.
**4** …に点を付ける; …に句読(くとう)点を打つ.
—— 自 **1** 指さす, さし示す; ねらう; 方向に向く《◆場所・方向を表す副詞(句)を伴う》‖
point back [off, out, in, up, down] 後ろ[遠く, 外, 中, 上, 下]の方を指さす.
point at him 彼を指さす《◆英米でも他人を指さすのは無礼な行為とされる》.
point to the factory 工場の方を指さす.
My house points south. 私の家は南向きだ.
**2** 注意を引く, 教える; 〈証拠・調査などが〉傾向を示す, 暗示する ‖
The alibi points to her innocence. アリバイが彼女の無罪を証拠立てている.
*póint óut* (1) [他] → 他**1**; [〜 out (that) 節] …ということを注意[指摘]する ‖ I pointed out (that) she should do her best. 彼女に最善を尽くすように注意した. (2) [〜 out A B / 〜 out B to A / 〜 out to A B] A〈人〉に B〈人・物〉をさし示す, 指示する ‖ I pointed out the museum [the museum out] (to him). =I pointed out (to him) the museum. (彼に)博物館をさし示してやった.
**póint làce** 手編み[針編み]レース.

**point-blank** /pɔ́intblǽŋk ポイントブランク/ 圏 副 **1** まっすぐにねらいを定めた[て]; 直接の[に]. **2** 率直な[に], あからさまの[に].

**póint·ed** /pɔ́intid ポインティド/ 働 → point. —— 圏 **1** 先のとがった, 鋭い. **2** 辛辣(しんらつ)な; 的を射た; 集中した. **3** 〈銃が〉突きつけられた; 当てつけた.
**póint·ed·ly** 副 鋭く, 明白に.

**póint·er** /pɔ́intər ポインタ/ 图 ⓒ **1** さし示す人[物]. **2** (計器・時計などの)針. **3** 〔動〕ポインター《猟犬の一種》. **4** 《略式》助言, ヒント ‖
a pointer to success 成功への助言.

**point·less** /pɔ́intləs ポイントレス/ 圏 **1** 先のない, 鈍い. **2** 無意味な, 不適当な. **3** 無得点の.

**poise** /pɔ́iz ポイズ/ 图 **1** Ⓤ 平衡(へいこう), 釣り合い. **2** Ⓤ《文》落ち着き, 平静(へいせい). **3** ⓒ 身のこなし, 姿勢, 態度. —— 働 〔現分〕 pois·ing 他 …の平衡を保つ; [〜 oneself] からだの釣り合いをとる. —— 自 平衡を保っている; 〈鳥などが〉(空中を)舞う.

**poised** /pɔ́izd ポイズド/ 働 → poise.
—— 圏 〈人が〉落ち着きのある; 構えた, 準備のできた.

\*_**poi·son**_ /pɔ́izn ポイズン/ 〔「一呑(ひとのみ)み」が原義〕
—— 图 《複》 〜s /-z/) Ⓤⓒ **1** 毒, 毒薬, 毒物《◆「動物の毒(液)」は venom》 (↔ medicine) ‖
a deadly poison 猛毒.

a dose of poison 1服の毒.
kill oneself by taking poison 服毒自殺をする.
**2** (正式) 害[悪影響]を与える物[人]; 弊(☆)害.
——**動** 他 **1** …に毒を盛る; …を毒殺する ‖
対話 "It was just an accident. He drank the wrong thing." "It was no accident. Someone poisoned him." 「あれは単なる事故だ. 彼が間違って飲んでしまったのだ」「事故なんかじゃない. だれかが毒を飲ませたんだ」.
**2** (正式) …を毒する, 害す.
**póison gás** 毒ガス.
**poi・son・er** /pɔ́izənər ポイズナ/ 名 C 毒殺者.
**poi・son・ous** /pɔ́iznəs ポイズナス/ 形 **1** 有毒な, 有害な ‖
a poisonous snake 毒ヘビ.
**2** (正式) (道徳的に) 有害な, 悪意のある ‖
a man with poisonous words 口の悪い人.
**poke** /póuk ポウク/ (頭音 pork/pɔ́ːrk/) (現分 pok・ing) 他 **1** …を突く, つつく ‖
He poked me in the ribs with his elbow. =He poked my ribs with his elbow. 彼は(注意を促すために)ひじで私のわき腹をつついた.
**2 a** …を突っ込む. **b** …を突き出す.
——自 **1** つつく; こぶしでなぐる. **2** 突き出る. **3** (略式) 捜し回る. **4** (略式) ぶらぶらする.
**póke** (one's **nóse**) **into** A (略式) …に干渉する, おせっかいをやく.
——名 C 突く[つつく]こと.
**pok・er**¹ /póukər ポウカ/ 名 C 火かき棒.
**pok・er**² /póukər ポウカ/ 名 U (トランプ) ポーカー.
**póker fàce** (略式) ポーカーフェースの人.
**pok・er-faced** /póukərfèist ポウカフェイスト/ 形 ポーカーフェースの.
**pok・(e)y** /póuki ポウキ/ 形 (通例 比較 -i・er, 最上 -i・est) (略式) **1** (主に米) だらだらした. **2** 狭苦しい.
**Po・land** /póulənd ポウランド/ 〖「平らな大地」が原義〗 名 ポーランド 《中東部ヨーロッパの共和国. 首都 Warsaw. ⇒ Pole, Polish》.
**Po・land・er** /póuləndər ポウランダ/ 名 C ポーランド人(Pole).
**po・lar** /póulər ポウラ/ 形 **1** (通例 the ~) 極の, 極地の《北極の(arctic), 南極の(antarctic)》 ‖
a polar exploration 極地探検.
the polar lights 極光.
the polar star 北極星.
**2** (正式) 正反対の.
**pólar béar** シロクマ, ホッキョクグマ(white bear).
**Po・lar・is** /pəlǽris ポラーリス | pəulɑ́ːr- ポウラーリス/ 〖天文〗 北極星.
**po・lar・i・ty** /pouléːrəti ポウラリティ | pəu- ポウ-/ 名 (複 -ti・es/-z/) U C **1** 〖物理〗(電気・磁気の) 極性. **2** (性格・言動などの) 正反対, 矛盾, 両極端.
**po・lar・ize** /póuləràiz ポウラライズ/ 動 (現分 -iz・ing) 他 **1** 〖物理〗…に極性を与える. **2** (正式) …を分裂[対立]させる. ——自 陽極化[陰極化]する; 対立[分裂]する.
**Po・lar・oid** /póulərɔ̀id ポウラロイド/ 名 (商標) (正式) =Polaroid (Land) camera.
**Pólaroid (Lánd) càmera** ポラロイドカメラ.
***pole**¹ /póul ポウル/ (同音 poll) 〖「杭(☆)」が原義〗
——名 (複 ~s/-z/) C **1** 棒, さお, 柱 ‖
a fishing pole 釣りざお.
a flag pole 旗ざお.
a telegraph [telephone] pole 電柱.
**2** 棒状のもの; (棒高跳び・測量の)ポール; (牛馬車の)長柄(ながえ); マスト; (電車の)ポール; (理髪店の)看板棒.
**póle vàult** [the ~] 棒高跳び.
***pole**² /póul ポウル/ 〖「軸・中心」が原義〗
派 polar (形)
——名 (複 ~s/-z/) C **1** [通例 P~] (天体・地球の) 極 ‖
the North Pole 北極.
from pole to pole 世界中至る所で[に].
**2** 正反対, 対極端 ‖
Their ideas are poles apart in this respect. (略式) 彼らの考えはこの点で正反対だ.
**3** [物理・生物・解剖・数学] 極 ‖
the positive pole 陽極.
the negative pole 陰極.
**Pole** /póul ポウル/ 名 C ポーランド人; [the ~s] ポーランド国民.
**po・lem・ic** /pəlémik ポレミク, (英+) pol-/ 名 **1** 論争, 論戦. **2** [~s; 単数扱い] 論争術.
——形 論争の, 論争を巻き起こす.
**pole・star** /póulstɑ̀r ポウルスター/ 名 [しばしば P~] 〖天文〗 [the ~] 北極星(the North Star, Polaris).
***po・lice** /pəlíːs ポリース/ (アクセント注意) ◆ ×ポリス 〖「都市」→「市政・政治」が原義. cf. policy, politics〗 派 policeman (名), policy (名)
——名 **1** U [(the) ~; 複数扱い] (警官の集合体としての)警察, 警官隊, 保安隊 ◆ 1人の警官は police officer, policeman, policewoman; 電話番号は米国911, 英国999》 ‖
the border police 国境警備隊.
the military police (米) 憲兵隊.
sénd for the políce 警察を呼びにやる.
Several police are patrolling the city. 数名の警官が町をパトロールしている.
The police are [×is] looking into the matter. 警察はその事件を調査中だ.
**2** [形容詞的に] 警察の ‖
a police officer (正式) 警察官.
the Metropolitan Police Department 警視庁.
**políce bòx** 交番, 派出所.
**políce càr** パト(ロール)カー(→ patrol car).
**políce cónstable** (英正式) (ひらの)警官.
**políce dòg** 警察犬.
**políce fòrce** [集合名詞的に] 警察隊》(国・市などの)警察.
**políce office [stàtion]** (英) (市・町の)警察署 《(米) station (house)》.
**políce stàte** 警察国家.

**po·lice·man** /pəlíːsmən ポリースマン/ 〖→ police〗
——名 (複 ~·men/-mən/; 《女性形》 ~·woman) C 警官, 巡査((PC) police officer; (英) constable, (英略式) bobby, cop(per); [呼びかけ] はふつう officer) ‖
a military **policeman** 憲兵.
I was stopped by a **policeman**. 私は警官に呼び止められた.

[事情] [階級] (1) 米国では, 州により異なるが, 下位から police officer 巡査 / sergeant 巡査部長 / lieutenant 警部補 / captain 警部 / deputy inspector 警視 / inspector 警視正 / chief of police 警察本部長.
(2) 英国では constable 巡査 / (acting) sergeant (代理)巡査部長 / station sergeant, sub divisional inspector 警部補 / chief inspector 警部 / (chief) superintendant 警視(正). ロンドン警視庁では assistant [chief] commissioner 警視監 / Commissioner of Police of the Metropolis 警視総監.

[Q&A] **Q**: policemen は/-men/ と発音しないのですか.
**A**: man /mæn/ → men /men/ ですが複合語の場合には複数形であっても /-mən/ と発音するのです. gentleman, patrolman, salesman などの man の付く複合語についてもあてはまります.

**po·lice·wom·an** /pəlíːʃwùmən ポリースウマン/ 名 (複 ~·wom·en) C → policeman.
**pol·i·cies** /pɑ́ləsiz パリスィズ | pɔ́l- ポリスィズ/ 名 → policy.
\***pol·i·cy** /pɑ́ləsi パリスィ | pɔ́ləsi ポリスィ/ 〖→ police〗
——名 (複 ~·i·cies/-z/) CU (政府・政党などの)政策, (会社などの)方針; 手段, 処理 ‖
a business **policy** 営業方針.
(a) foreign **policy** 外交政策.
national **policy** 国策.
adopt a **policy** to his bad manners 彼の無作法に対し方策を立てる.
Honesty is the best **policy**. 《ことわざ》 → honesty.
**pólicy spèech** 施政方針演説.
**po·li·o** /póuliòu ポウリオウ/ 名 U (略式)ポリオ, 小児麻痺(ひ).
\***pol·ish** /pɑ́liʃ パリシュ | pɔ́liʃ ポリシュ/ 〖「滑らかにする」が原義〗
——動 (三単現) ~·es /-iz/; 過去・過分 ~ed/-t/; 現分 ~·ing)
——他 1 a …を磨(みが)く, …のつやを出す; [polish A C] A〈物〉を磨いて C にする ‖
**polish** one's shoes clean 靴を磨いてきれいにする.
**b** 〈米など〉を脱穀精米する.
**2** (正式) …に磨きをかける, 上品にする ‖
Her performance needs **polishing**. 彼女の演技は磨きをかけなければいけない.
——自 (磨いて)つやが出る, 磨きがかかる.
**pólish óff** [略式] [他] …を(しばしば他の事をするために)さっと終えてしまう.
**pólish úp** (1) [自] 勉強し直す. (2) [他] …を勉強し直す.
——名 (複 ~·es/-iz/) 1 CU (液・粉・ペースト状の)つや出し, 磨き粉, 光沢(ざ)剤 ‖
shóe pòlish 靴墨.
2 U [a ~; 形容詞(句)と共に] (磨かれた)光沢, つや ‖
Her car has a nice **polish**. 彼女の車はぴかぴかに磨いてある.
3 [a ~] 磨く[磨かれる]こと ‖
give one's shoes a quick **polish** 靴を急いで磨く.
4 U (正式) 洗練, 上品さ.
**Pol·ish** /póuliʃ ポウリシュ/ 形 1 ポーランドの. 2 ポーランド人[語]の. ——名 U ポーランド語.
**pol·ished** /pɑ́liʃt パリシュト | pɔ́l- ポリシュト/ 動 → polish. ——形 1 磨き上げた. 2 洗練された, 上品な. 3 完全な, すぐれた.
\***po·lite** /pəláit ポライト/ 〖「磨かれた」が原義〗
派 politely (副)
——形 (比較 more ~, ~·lit·er; 最上 most ~, ~·lit·est) 1 ていねいな, 礼儀正しい; [it is polite of A to do / A is polite to do] 〈人が〉…するとは行儀がよい (↔ impolite, rude)《◆「失礼にならないように心掛ける」意》‖
a **polite** letter ていねいな手紙.
be **polite** to others 他人に対して礼儀正しい.
make oneself **polite** 礼儀正しくする.
It is not very **polite** of [*for] him to behave like that. あのようにふるまうとは彼は失礼だ.
She was too **polite** to say what she was thinking. 彼女は行儀がよくて思うことも言えなかった.
You're very **polite**. とても礼儀正しいですね; [皮肉に](親しい間柄で)水くさいじゃないの, 冷たいのね.
[対話] "When he said she was beautiful, did he mean it?" "No, he was just being **polite**." 「彼が彼女にお美しいですねと言ったのは本気でそう言ったのですか」「いいや, 単なる社交辞令だ」.
2 〈文章が〉洗練された, 高尚(しょう)な.
**po·lite·ly** /pəláitli ポライトリ/ 副 ていねいに, 社交辞令的に; 上品に, 礼儀正しく ‖
She asked me **politely**. 彼女はていねいに私にたずねた.
**po·lite·ness** /pəláitnəs ポライトネス/ 名 U 礼儀正しさ, 丁重(ちょう)さ; (他人への)思いやり, ていねいさ ‖
**politeness** aside ぶしつけに申すが.
**pol·i·tic** /pɑ́lətik パリティク | pɔ́l- ポリ-/ (アクセント注意)《◆ *パリティク》形 (正式) 1 思慮深い, 分別のあ

a **politic** answer 思慮深い答え.
It is more **politic** for us to support her. 彼女を支持する方が得策だ.
**2** 政治上の《◆次の句》‖
the body politic 国家.

*\***po·lit·i·cal** /pəlítikl ポリティクル/ [→ politics]
——形 [通例名詞の前で] **1** 政治の, 政治学の, 政治に関する, 政治上の‖
a political action 政治的行為.
a political column 政治欄.
a political party 政党.
**2** 政党(活動)の‖
a political campaign 選挙運動.
**3** 国家の, 国政上の, 行政に関する‖
a political crime 国事犯罪.
a political office 行政官庁.
polítical asýlum 政治亡命; 亡命国政府の保護.
polítical ecónomy 政治経済学.
polítical prísoner 政治犯.
polítical scíence 政治学.

**po·lit·i·cal·ly** /pəlítikəli ポリティカリ/ 副 政治上で; 賢明に, 巧妙に.
polítically corréct 《言葉・表現・行動などが》公正さを期した; 差別的でない《◆たとえば「人間, 人類」の意味で man の代わりに human beings を用いるなど. 略 PC》.

**pol·i·ti·cian** /pàlətíʃən パリティシャン | pɔ̀lətíʃən ポリティシャン/ 名 C 政治家; 政治屋; 政治に関心のある人《◆ statesman は《国家の》指導的役割を果たす政治家》. politician は《米》ではよく「政治屋」といった悪い意味で用いる.《英》ではしばしば下院議員の意で用いる》‖
a party politician 党利を図る政治屋.

**pol·i·tics** /pálətiks パリティクス | pɔ́lətiks ポリティクス/ 名 U **1** [単数扱い] 政治, 政治学, 政治活動; 政治的手段‖
enter [go into] politics 政界に入る.
talk [discuss] politics 政治を論ずる.
**2** [単数・複数扱い] 政治問題. **3** [複数扱い] 政見, 政綱(ス); [単数・複数扱い] 政策, 方針.

**pol·ka** /póulkə ポウルカ | pɔ́l- ポルカ/ 名 C ポルカ《Bohemia 起源の2人組2拍子舞踏. その曲》.
pólka dòt [通例 ~s] (模様の)水玉; 水玉模様の布地.

**poll** /póul ポウル/ (同音 pole) 名 **1** [the ~ / a ~] 投票(行為)‖
The poll was taken yesterday. 投票はきのう行なわれた.
**2** U [通例 a ~] 投票数; [the ~] 投票結果, 得票数‖
a heavy poll 高い投票率.
declare the poll 投票結果を発表する.
**3** C 選挙人名簿.
**4** [the ~s] 投票所‖
go to the polls 投票所に行く.
**5** C 世論調査(の結果).
——動 他 **1a** 〈一定数の票〉を得る‖
poll fifty percent of the vote 50%の票を得る.
**b** …の票を得る; [通例 be ~ed] 投票する.
**c** 〈票〉を投じる.
**2** 〈人々〉の世論調査をする.
——自 投票する‖
poll for a Conservative candidate 保守党候補に投票する.

**pólling bòoth** 《英》仕切られた投票用紙記入所((米) voting booth).
**pólling dày** 投票日.
**pólling plàce [stàtion]** 投票所.

**Poll** /pál パル | pɔ́l ポル/ 名《愛称》ポル《オウムによく用いる》.

**pol·len** /pálən パレン | pɔ́l- ポレン/ 名 U 〔植〕花粉‖
have a pollen allergy 花粉症である.
——動 = pollinate.
póllen cònut (空気中の)花粉数《花粉アレルギー予報に用いられる》.

**pol·li·nate** /pálənèit パリネイト | pɔ́l- ポリ-/ 動 (現分 --nat·ing) 他〔植〕〈花・植物など〉に授粉する.

**pol·li·na·tion** /pàlənéiʃən パリネイション | pɔ̀l- ポリ-/ 名 U〔植〕授粉.

**pol·lu·tant** /pəlú:tənt ポルータント/ 名 C 汚染物質, 汚染源.

**pol·lute** /pəlú:t ポルート/ 動 (現分 --lut·ing) 他…を汚す, 汚染する‖
pollute the atmosphere 大気を汚染する.

**pol·lut·ed** /pəlú:tid ポルーティド/ 動 → pollute.
——形 汚れた, 汚染された.

*\***pol·lu·tion** /pəlú:ʃən ポルーション/ [→ pollute]
——名 (複 ~s/-z/) U C **1** 汚染, 汚すこと; 汚れ, 不潔; (汚染による)公害‖
Atmospheric [air] pollution is getting worse in large cities. 大都会では大気汚染が進んでいる.

関連 environmental pollution 環境汚染 / industrial pollution 産業公害 / noise pollution 騒音公害 / water pollution 水質汚染 / linguistic [language] pollution 言語の乱れ.

**2** (心の)堕落; 冒瀆(ミ). **3** 汚染地域[物質].
pollútion disèase 公害病.

**Pol·ly** /páli パリ | pɔ́li ポリ/ 名 ポリー《Mary の愛称》.

**po·lo** /póulou ポウロウ/ 名 U **1** ポロ《馬上球戯. 打球づちで木製のボールをゴールに入れる》. **2** = water polo.
pólo còat ポロコート《ゆったりとしたオーバーコート》.
pólo nèck (主に英)〔服飾〕ポロネック(turtleneck).

polo 1

**pólo shirt** ポロシャツ.

**Po·lo** /póulou ポウロウ/ 名 マルコ=ポーロ《Marco /má:rkou/ ~ 1254-1324; イタリアの旅行家》.

**pol·ter·geist** /póultərgaist ポウルタガイスト | pɔ́l-ポルタ-/ 名 C 家の中で音の出る精. 不思議な音をたてたり, 家具をひっくり返したりする》.

**pol·y·es·ter** /páliestər パリエスタ | pɔ́l- ポリ-/ 名 U 〔化学〕ポリエステル.

**pol·y·eth·yl·ene** /pàlié[θ]əli:n パリエスィリーン | pɔ̀l- ポリ-/ 名 U《米》〔化学〕ポリエチレン.

**po·lyg·a·my** /pəlígəmi ポリガミ/ 名 U 複婚制《一夫多妻, ときに一妻多夫》.

**pol·y·glot** /páliglàt パリグラト | pɔ́liglɔ̀t ポリグロト/ 形《正式》多言語に通じた[で書かれた]. ——名 C 多言語に通じた人.

**pol·y·gon** /páligàn パリガン | pɔ́lign ポリグン/ 名 C 〔数学〕多角形, 多辺形(→ pentagon 関連).

**po·lyg·o·nal** /pəlígənl ポリゴヌル | pɔ- ポリゴナル/ 形 多角形の.

**pol·y·mer** /páləmər パリマ | pɔ́ləmər ポリマ/ 名 C 〔化学〕ポリマー, 重合体(cf. monomer).

**Pol·y·ne·sia** /pàlaní:ʒə パリニージャ | -sjə | pɔ̀ləní:zjə ポリニーズィヤ, -sjə/ 名 ポリネシア《Oceania 東部の小群島の総称. cf. Melanesia, Micronesia》.

**Pol·y·ne·sian** /pàlaní:ʒən パリニージャン, -ʃən | pɔ̀ləní:zjən ポリニーズィヤン, -sjən/ 形 ポリネシアの. 2 ポリネシア人[語]の. ——名 1 C ポリネシア人. 2 U ポリネシア語.

**pol·yp** /pálip パリプ | pɔ́l- ポリ-/ 名 C 1〔動〕ポリープ《イソギンチャク・ヒドラなど》. 2〔医学〕ポリープ, 茸.

**pom·e·gran·ate** /páməgrænət パメグラナト, pʌ́m- | pɔ́m- ポメ-/ 名 C〔植〕ザクロ(の実・花); ザクロの木(pomegranate tree)《スペインの国花》.

**Pom·e·ra·ni·an** /pàməréiniən パマレイニアン, pɔ̀mə- ポメ-/ [しばしば p~] 形《ドイツの》ポメラニアの. ——名 C〔動〕ポメラニアン犬(pom).

**pomp** /pámp パンプ | pɔ́mp ポンプ/ 名《正式》1 U 壮観, 華麗, 華やかさ. 2 [~s]《威厳などの》誇示, 見せびらかし, 虚飾.

**Pom·pei·i** /pampéii(:) パンペイイ(-), pámpiai | pɔmpéii(:) ポンペイイ(-), pɔ́mpiai/ 名 ポンペイ《Vesuvius 火山の噴火で埋没したイタリアの古都》.

**pom·pon** /pámpan パンパン | pɔ́mpɔn ポンポン/ 名 C《帽子・服・靴などに付ける飾りの》玉房;《チアリーダーなどが持つ応援用の》ポンポン.

**pom·pos·i·ty** /pampásəti パンパスィティ | pɔmpɔ́s-ポンポスィティ/ 名《複 ··ties/-z/》 1 U 尊大さ, もったいぶり. 2 C 尊大な態度.

**pomp·ous** /pámpəs パンパス | pɔ́mp- ポンパス/ 形 1 もったいぶった, 尊大な ‖
a pompous manner 横柄な態度.
2 おおげさな, 気取った, ぎょうぎょうしい.

**pon·cho** /pántʃou パンチョウ | pɔ́n- ポン-/ 名《複 ~s》1 C ポンチョ《南米の毛布状の外套(がいとう)》. 2 ポンチョ《ハイキングなどに用いるレインコート》.

**pond** /pánd パンド | pɔ́nd ポンド/ 名《「水を囲む所」が原義》
——名《複 ~s/pándz パンヅ/》 C 池, 沼, 泉水《◆ふつう lake より小さく pool より大きい.《英》では人工池, 家畜の水飲み場,《米》では小さい自然の池を主にいう》‖
go fishing in [at] the pond 池に魚釣りに行く (→ go 自 2).

**pónd lily** 〔植〕スイレン.

**pon·der** /pándər パンダ | pɔ́n- ポン-/ 動 他《正式》…を熟考する, あれこれ考える.
——自 熟考する, 沈思する ‖
ponder over a question 問題を熟考する.

**pon·der·ous** /pándərəs パンダラス | pɔ́n- ポン-/ 形《正式》1 きわめて重い, のっそりした; 重くて取り扱いにくい. 2 重苦しい, 退屈な; 冗長な.
**pón·der·ous·ly** 副 1 どっしりと. 2 重苦しく.

**pon·tif·i·cate** 名 pantífəkət パンティフィカト | pɔn- ポン-; 動 pantífəkeit パンティフィケイト | pɔn- ポン-/ 名 U ローマ教皇の職[位, 任期]. ——動《現分 ~cat·ing》 自 横柄に言う[ふるまう]; 勿体(もったい)ぶった[独断的な]言い方をする.

**pon·toon** /pantú:n パントゥーン | pɔn- ポン-/ 名 C 1 平底ボート,《浮橋用》箱船. 2《水上飛行機の》フロート, 浮船. 3《沈没船引き上げ用》浮箱, ケーソン.

**pontóon bridge**《一時的な》浮き橋.

**po·ny** /póuni ポウニ/ 名《複 po·nies/-z/》C 1 ポニー《背丈がふつう 4.8 フィート (146cm) 以下の小型種の馬. → horse 関連》. 2《一般に》小馬. 3 小型自動車.

**po·ny·tail** /póunitèil ポウニテイル/ 名 C ポニーテール《後ろで結んで垂らす髪型》.

**poo·dle** /pú:dl プードル/ 名 C〔動〕プードル.

**pooh** /pú: プー, phú:/〔擬音語〕間 ふん, ばかな《◆意見・案などに対して》; あ, 臭い《◆屁(へ)に対して》.

**＊pool**[1] /pú:l プール/《「穴」が原義》
——名《複 ~s/-z/》 1 C 水たまり, 小さな池, ため池《◆ puddle より堅い語》‖
The rain left pools in the road. 雨のあと道に水たまりができた.
2 C《一般に液体の》たまり;《川などの》ふちよどみ; 日だまり; U〔医学〕うっ血 ‖
a pool of blood 血の海.
3 C《意識・静けさなどの》深み, たまり.
4 C プール.

**pool**[2] /pú:l プール/ 名 1 C《相互利益のための》企業連合, カルテル.
2 C 共同基金; 共同組合.
3 C 共同利用の施設;《労働力の》要員 ‖
a motor pool 配車用の自動車置き場.
a programmer pool プログラマーの要員.
4 C《賭(か)けごとの》総賭金, 共同賭金;《英》[the ~s] サッカー賭博(とばく)(《正式》 football pools). 5 U《米》ポケット《賭玉突きの一種》;《英》賭玉突き.
——動 他 …を共同出資する, 共同で負担する; …をプールする ‖
pool resources 資源をプールする.
We pooled our money to buy a hotel. 我々はホテル購入に金を出し合った.

pool a car《同方向に行く》車に相乗りする.

## **poor** /púər プア, pɔ́:r | pɔ́: ポー, puə/ (類音) pore, pour/pɔ́:r/)
派 poorly (副), poverty (名)
→ 形 1 貧しい 2 貧乏な人々 3 みすぼらしい
4 へたな 5 哀れな

—— 形 《比較》 ~･er/púərər/, 《最上》 ~･est/púərist/ 1 貧しい, 貧乏な(↔ rich) ‖
(as) poor as a church mouse → mouse
名 成句.
She was born poor. 彼女は貧しい家に生まれた.
2 [the ~; 集合名詞的に; 複数扱い] 貧乏な人々 《*poor* people, 強めて poverty people ともいい, 遠回しには the needy, the underprivileged (people), the culturally deprived (people) などを用いたが, 今は differently advantaged people が《PC》語とされている》‖
(the) rich and (the) poor 金持ちも貧乏人も 《rich と対比して用いる場合は, ふつう the を省く》.
3 みすぼらしい; 粗末な, 簡素な ‖
poor clothes 粗末な衣服.
4 へた, 不得意な(↔ good); 貧弱な, 不十分な; 乏しい, わずかな ‖
My wife is a poor cook. 妻は料理がへたです.
a poor crop 不作.
a nation poor in natural resources 天然資源の乏しい国.
in my poor opinion つまらない意見ですが.
be poor at [in] physics 物理に弱い.
have a poor memory 物覚えが悪い.
have a poor chance of recovery 全快の見込みが少ない.
take a poor view of him 彼をあまり高く買わない.
5 [名詞の前で] 哀れな, かわいそうな, 気の毒[不運, 不幸]な; 死んだ, 故人の ‖
my poor father 亡父; 私の哀れな父.
My poor mother was a kind woman. 亡くなった母はやさしかった.
The poor boy was killed in the accident. かわいそうに[惜しいことに]その少年は事故死した《◆話し手の感情を表す. 副詞的に訳す方がよい場合が多い》.
[対話] "I hear Martha failed in the test." "Poor thing [girl]!(↘)" 「マーサはテストに落ちたそうだ」「かわいそうに」.
6 〈健康などが〉すぐれない; 〈国・土地などが〉…に乏しい, やせた, 不毛の ‖
poor soil やせた土地.
be in poor health 健康がすぐれない.
7 〈人・言動が〉気力[知力]のない; あさましい, 臆(ﾞ)病な ‖
show (a) poor spirit いくじなさを示す.
**póor･ness** 名 [U] 1 欠乏, 不十分; 不毛. 2 病弱. 3 貧弱, まずさ; 劣等.
**poor･ly** /púərli プアリ, pɔ́:r- | pɔ́: ポー, puəli/ 《正式》 1 a 貧しく, みすぼらしく, 惨めに ‖

be poorly off 暮らし向きが悪い.
He is always poorly dressed. 彼はいつもみすぼらしい服装をしている《◆ 2 の意味にもなる》.
b 乏しく, 不十分に.
2 まずく, へたに, 不完全に, 悪く ‖
a poorly written book 文章のへたな本.
think poorly of him 彼を軽んじる.

## **pop**¹ /páp パプ | pɔ́p ポプ/ 動 《過去・過分》 popped /-t/; 《現分》 pop･ping》 自 《略式》 1 ポンと鳴る, ポンとはじける, ポンと破裂する ‖
The cork popped (away). コルク栓がポンと音を立てた.
2 ひょいと動く; ひょっこり現れる; (驚き・恐怖などで)〈目玉が〉飛び出る ‖
pop in and out 出たり入ったりする.
pop up into the limelight 急に脚光を浴び始める.
A bright idea popped into my mind. 名案がふと浮かんだ.
3 ポンと発砲する ‖
pop off at a bird 鳥にポンと発砲する.
—— 他《略式》1 …にポンと音を出させる; …をポンとはじけさせる; 〈栓〉をポンと抜く ‖
pop a shutter (カメラの)シャッターをカシャッと押す.
pop corns 《米》トウモロコシをいってはじけさせる.
2 〈銃などを〉発砲する ‖
pop a gun at an enemy 敵に発砲する.
3 …をひょいと動かす《◆運動・方向の副詞(句)を伴う》‖
pop one's coat on さっと上着を着る.
pop the cap back on the bottle びんにさっとふたをする.
pop a letter into [in] the post 手紙をポンと投函(ﾂ)する.
*póp ín* [自] → 自 2; ちょっと立ち寄る.
*póp óff* 《略式》[自] 急死する; 急に立ち去る; → 自 3.
—— 名《略式》1 [C] ポン[パン]という音; ポン[パン]とはじける[破裂する]こと; (銃などの)発砲. 2 [U] 炭酸水, ポップ《ふたをとるとポンと音を立てる飲料》.

## **pop**² /páp パプ | pɔ́p ポプ/ 名 [しばしば P~] [C] 《米略式》とうちゃん; おじさん《◆呼びかけにも用いる》.

## **pop**³ /páp パプ | pɔ́p ポプ/ 《*popular* の短縮語》 《略式》 形 ポピュラーな, 通俗的な ‖
a pop singer 流行歌手.
—— 名 1 [U] 流行歌, ポピュラー音楽(popular music); [C] その曲. 2 [U] =pop art.
**póp árt** ポップ—アート(pop)《前衛美術の一傾向. 漫画・広告などをそのまま取り入れる》.
**póp ártist** ポップ—アート作家.
**póp còncert** ポップコンサート.
**póp cùlture** ポップ文化, (若者の)大衆文化《◆ pop cult ともいう》.
**póp fèstival** ポピュラー音楽祭典.
**póp músic** 《略式》=popular music.
**pop･corn** /pápkɔ̀:rn パプコーン | pɔ́p- ポプ-/ 名 [U] ポップコーン.
**pópcorn báll** ポップコーンボール《シロップでポップコ

ーンを固めた菓子》.

**pope** /póup ポウプ/ 图C **1** [しばしば the P~] ローマ教皇(法王). **2** 教祖;教皇的存在.

**Pope** /póup ポウプ/ 图 ポープ《Alexander ~ 1688-1744;英国の詩人》.

**pop·lar** /páplər パプラ | pɔ́p- ポプラ/ 图 **1** C〘植〙ポプラ,ハクヨウ;U ポプラ材《パルプ用》. **2** C〘植〙=tulip tree.

**pop·py** /pápi パピ | pɔ́pi ポピ/ 图 (@ pop·pies/-z/) **1** C〘植〙ケシ,ポピー《欧州のいたる所に自生する》;その花. **2** ケシ色,明るい赤色. **3** C (米) 造花のケシ.

**Póppy Dày** (英) 英霊記念日(Remembrance Sunday)《11月11日か,その前後の最も近い日曜日に赤いケシ(red poppy)の造花をつけて無名戦士をしのぶ》;(米) 傷病(*)軍人救済デー.

**póppy sèed** ケシの実《パン・菓子・ケーキなどに用いる》.

**pop·si·cle** /pápsikl パプスィクル | pɔ́p- ポプ-/ 图 [また P~] C (米) ポプシクル《(英) ice lolly》《アイスキャンデーの商標名》.

**pop·u·lace** /pápjələs パピュラス | pɔ́p- ポピュ-/ 图 U〔通例 the ~;集合名詞;単数・複数扱い〕**1**〘正式〙大衆,民衆. **2** (ある地域の)全住民.

**\*\*pop·u·lar** /pápjələr パピュラ | pɔ́pjələ ポピュラ/〖「人(populi)に属する」が原義. cf. *popu-/ation, people, public*〗 ⑲ popularity (名)

──形 **1 人気のある**,評判のよい(↔ unpopular) ǁ

a popular player 人気選手.
a popular song 流行している歌.
be one of the most popular (TV) stars (テレビの)人気者である.
She is very popular with her friends [teenagers]. 彼女は友だち[十代の人たち]に非常に人気がある.
[対話] "Is she a good teacher?" "Yes, she is very popular with her pupils."「彼女はいい先生ですか」「ええ,生徒にとても人気があります」.

**2** [名詞の前で] **大衆的な**,通俗的な,大衆向きの《(略式) pop》 ǁ

popular literature 通俗文学.

**3**〘正式〙[名詞の前で] **一般大衆の**;国民に信じられている ǁ

popular opinion 世論.
popular superstitions 民間の迷信.
a popular belief 世間一般に信じられている説.

**4** [名詞の前で] 平易な;安い ǁ

a popular bargain 安い買物.
at a popular price 安値で.

**pópular frónt** [the ~] 人民戦線 ǁ Popular Front for the Liberation of Palestine パレスチナ解放人民戦線《略》PFLP》.

**pópular músic** 歌謡曲,流行歌《略》pop music》.

**pópular préss** [the ~] 大衆新聞(tabloid newspaper)《◆英国で代表的なものは The Daily Express, The Daily Mail, The Daily Mirror, The Sun など》;通俗雑誌.

**pop·u·lar·i·ty** /pàpjəlǽrəti パピュラリティ | pɔ̀pjəlǽrəti ポピュラリティ/ 图 (@ ·i·ties/-z/) UC 人気,評判;大衆性,通俗性,流行 ǁ

enjoy popularity 人気がある.
have a high popularity among young people 若者の間にすごい人気がある.
win popularity 人気を得る.
lose popularity 人気を失う.

**pop·u·lar·ize** /pápjələràiz パピュラライズ | pɔ́p- ポピュ-/ 動 (現分 --iz·ing) 他 〘正式〙…を大衆化する,社会に広める.

**pop·u·lar·ly** /pápjələrli パピュラリ | pɔ́p- ポピュ-/ 圓 一般に,広く;通俗的に;[遠回しに] 安く.

**pop·u·late** /pápjəlèit パピュレイト | pɔ́p- ポピュ-/ 動 (現分 --lat·ing) 他 〘正式〙…に住む;…に人を住まわす,植民する ǁ

a densely populated region 人口密度の高い地方《◆「人口過密[過疎(*)]地帯」は an overpopulated [underpopulated] area》.

**\*pop·u·la·tion** /pàpjəléiʃən パピュレイション | pɔ̀pjəléiʃən ポピュレイション/〖→ populate〗

──图 (@ ~s/-z/) UC 人口,住民数;(動物の)個体数 ǁ

a farm population 農村人口.
a large [(略式) big] population 多い人口《◆ ×many populations, ×much population は誤り》.
a small population 少ない人口.
the lion population of Kenya ケニアのライオンの数.
The city has a population of 80,000. = The city has 80,000 population. =The population of the city is 80,000. その都市は8万の人口である《◆「人口8万の市」は a city of 80,000 people [*population*] / a city with a *population* of 80,000》.
Japan's car population 日本の自動車所有人口.
What [How large] is the population of China? 中国の人口はどのくらいか.

**populátion explòsion** 人口の爆発的増加,人口爆発.

**pop·u·lous** /pápjələs パピュラス | pɔ́p- ポピュ-/ 形 〘正式〙人口の多い.

**porce·lain** /pɔ́ːrsəlin ポーセリン/ 图U **1** 磁器. **2** [集合名詞] 磁器製品.

**\*porch** /pɔ́ːrtʃ ポーチ/《類音 poach/póutʃ/》〖「門」が原義. cf. *port, portico*〗

──图 (@ ~·es/-iz/) C **1a** ポーチ,(張り出し屋根のある)玄関(図)《= house》 ǁ

wait on [(主に英) in] the porch ポーチで待つ.
**b** 車寄せ.

**2** (米) ベランダ《(主に英) veranda》《◆「縁側」に porch をあてることもある》.

**por·cu·pine** /pɔ́ːrkjupàin ポーキュパイン/ 图C 〘動〙ヤマアラシ.

**pore**¹ /pɔ́:r ポー/ (同音 pour) 動 (現分 por·ing) 自 熟読する; うち込む; じっくり考える ‖
pore over a problem 問題をよく考える.

**pore**² /pɔ́:r ポー/ 名 C (正式) 毛穴; (植) (葉の)気孔.

***pork** /pɔ́:rk ポーク/ 『「豚」が原義. cf. beef』
— 名 (複 ~s/-s/) U 豚肉, ポーク《時に塩漬け肉》; [形容詞的に] ポークの, 豚肉の ‖
a slice of pork 豚肉1切れ.
a pork sausage 豚肉のソーセージ.

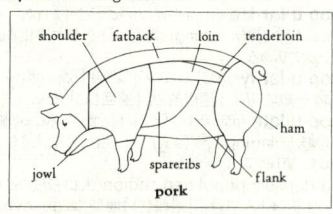

[関連] [動物と肉] pig—pork / sheep—mutton / bull—beef《◆chicken, duck, fish, lamb などは両方に用いる》.

**pork·er** /pɔ́:rkər ポーカ/ 名 C (食用に太らせた)子ブタ.

**por·no·graph·ic** /pɔ̀:rnougrǽfik ポーノグラフィク/ 形 ポルノの.

**por·nog·ra·phy** /pɔ:rnɑ́grəfi ポーナグラフィ/ -nɔ́g- /名 U ポルノグラフィー, 好色文学.

**po·rous** /pɔ́:rəs ポーラス/ 形 1 多孔性の; [比喩的に] 穴だらけの. 2 通気[通水]性の, 透過性の.

**por·poise** /pɔ́:rpəs ポーパス/ 名 (複 ~s, 集合名詞 por·poise) C (動) ネズミイルカ《◆鼻先が丸いもの. sea hog, sea pig はその俗称.「イルカ」の総称は dolphin》.

**por·ridge** /pɔ́:(ː)ridʒ ポー(ー)リヂ/ 名 U (主に英) ポリッジ《オートミールやシリアルなどを水や牛乳で煮たかゆ. 朝食によく食べる》.

***port**¹ /pɔ́:rt ポート/

port《人工の》港
harbor《自然の》港

— 名 (複 ~s/pɔ́:rts/) C 1 [通例無冠詞で] (客船・商船などの寄港する)港, 商港《◆harbor は波風を避けるのに適した自然の港》 ‖
Kobe Port = the Port of Kobe 神戸港《◆固有名詞の一部として大文字》.
sail into port 入港する.
leave port 出港する.
call at a port 寄港する.
a ship in port 入港中の船.
2 (税関のある)港町; 通関港 ‖
a free port 自由港; 無関税港.

any port in a storm 窮余の策.

**port**² /pɔ́:rt ポート/ 名 C 1 (海事) 荷役口. 2 (コンピュータ) ポート《パソコン本体と周辺機器とのデータ受け渡しのための接続端子》.

**port**³ /pɔ́:rt ポート/ 名 U 形 (船・飛行機の)左舷(の)《◆荷の上げ下ろしを左舷でするところから》.

**port**⁴ /pɔ́:rt ポート/ 名 U C ポートワイン《ポルトガル産のワインでふつう食後に飲む》.

**Port.** (略) Portugal; Portuguese.

**por·ta·ble** /pɔ́:rtəbl ポータブル/ 形 (やや正式) 1 持ち運びできる, 持ち運びに便利な, 携帯用の ‖
This telephone is portable. この電話は持ち運びができます.
a portable radio ポータブルラジオ.
2 移動可能な ‖
a portable classroom プレハブ教室.
— 名 C 携帯用機器, ポータブル《携帯用テレビ・ラジオ・タイプライターなど》.

**por·tal** /pɔ́:rtl ポートル/ 名 C (文) 1 (宮殿などの)門. 2 橋門. 3 [~s] (会社・官庁などの)正門, 表玄関.

**por·tend** /pɔ:rténd ポーテンド/ 動 他 (文) …の前兆になる, …を予示[予告]する.

**por·ter**¹ /pɔ́:rtər ポータ/ 名 C 1 荷物運搬人; (駅・空港などの)ポーター, 赤帽《(米) redcap》, (ホテルの)ボーイ《(米) doorman》《cf. janitor》《◆米英のポーター・ボーイにはチップが必要. ふつう胸に番号札のある制服・制帽を着用している》.
2 (米) (寝台車などの)ボーイ.

**por·ter**² /pɔ́:rtər ポータ/ 名 C (学校・ホテルなど公共建築物の)門番, 玄関番, 守衛 (doorman).

**pórter's lódge** (主に英) 門衛所.

**port·fo·li·o** /pɔ:rtfóuliòu ポートフォウリオウ/ 名 (複 ~s) 1 C 書類ばさみ, 折りかばん; (官庁の携帯用)書類入れ. 2 C 画集, 写真集(代表作品の)選集; 業績一覧. 3 U 大臣の地位. 4 C (銀行・個人などの所有する)有価証券一覧表.

**port·hole** /pɔ́:rthòul ポートホウル/ 名 C 1 (海事) 舷(げん)窓《もと砲門》. 2 (米) (飛行機の)丸窓.

**por·ti·co** /pɔ́:rtikòu ポーティコウ/ 名 (複 ~s, ~es) C (建築) 柱廊(ちゅうろう)(式)玄関, ポルチコ《大きな柱で支えられた屋根付き玄関. porch はふつうこの様式の簡略なもの》.

**por·tion** /pɔ́:rʃən ポーション/ 名 (正式) 1 C 一部 ‖
a portion of the population 住民の一部.
the passengers in the front portion of the bus バスの前部にいる乗客.
2 C (2人以上での)分け前, 割り当て(share) ‖
a portion of the blame for a traffic accident 交通事故を起こした責任の一部.
3 C (食べ物の)1人前, ひと盛り ‖

eat two **portions** [a double **portion**] of vegetables 野菜を2人前平らげる.
**4** [U] [a ～] 運命 ‖
one's **portion** in life 運命.

**por·trait** /pɔ́ːrtrət ポートレト, -treit/ [名][C] **1** (特に顔の)肖像(画, 彫刻); 肖像写真, 人物写真, ポートレート; 似顔 ‖
a **portrait** of my mother 母の肖像画.
**2** 《正式》(書き言葉による人物·風物の)描写.

**por·trai·ture** /pɔ́ːrtrətʃuər ポートレチュア | -tʃə -チャ, -tjuə/ [名]《正式》[U] 肖像画法; [C] 肖像画; [U] (言葉による)描写.

**por·tray** /pɔːrtréi ポートレイ/ [動][他]《正式》**1** …を表現する, 描く, …の肖像画を描く. **2** …を言葉で描く; …を生き生きと描写する. **3** (舞台などで)…の役を演じる.

**por·tray·al** /pɔːrtréiəl ポートレイアル/ [名] **1** [C][U] (絵·言葉による)描写; 記述. **2** [C] 肖像(画), 描写されたもの.

**Por·tu·gal** /pɔ́ːrtʃəgl ポーチュグル | -tʃu- ポーチュ-/ [名] ポルトガル《現在の正式名 Portuguese Republic. 首都 Lisbon》.

**Por·tu·guese** /pɔ̀ːrtʃəgíːz ポーチュギーズ | -tʃu- ポーチュ-/ [形] **1** ポルトガルの. **2** ポルトガル人[語]の.
——[名] ([複] Por·tu·guess) **1** [C] ポルトガル人 ([語法] → Japanese). **2** [U] ポルトガル語.

*__pose__ /póuz ポウズ/ ([類音] pause/pɔ́ːz/)
——[名] ([複] pos·es/-iz/) [C] **1** (絵·写真のためにとる)ポーズ, 姿勢. **2** 気構え, 精神的態度. **3** 気取った態度, 見せかけ.
——[動] ([三単現] pos·es /-iz/; [過去·過分] ～d /-d/; [現分] pos·ing)
——[自] **1** (モデルとして)ポーズをとる ‖
**Pose** for the camera and say, "Cheese." カメラに向かってポーズをとり「チーズ」って言ってごらん.
**2** 気取る, ポーズをとる.
**3** ふりをする ‖
He **posed as** my close friend. 彼はいかにも私の親友らしく見せかけた.

**Po·sei·don** /pəsáidn ポサイドン | pɔ- ポサイ-, pə-/ [名] 〔ギリシア神話〕ポセイドン《海の神. ローマ神話の Neptune に当たる》.

**pos·er** /póuzər ポウザ/ [名][C]《略式》難問, 難題.

**posh** /pɑ́ʃ パシュ | pɔ́ʃ ポシュ/ [形]《略式》しゃれた, 豪華な; 〈人·話し方などが〉お上品な.

**pos·ing** /póuziŋ ポウズィング/ [動] → pose.

*__po·si·tion__ /pəzíʃən ポズィション/ 〘「(身を)置く(posit)場所」が原義. cf. com*posi*tion, pro*pose*〙 [派] positive (形)
→ [名] **1** 位置 **2** 情勢 **3** 地位 **4** 姿勢 **5** 職
——[名] ([複] ～s/-z/) **1** [C] 位置, 場所; [U] 適所; 〔スポーツ〕(守備)位置, ポジション; [C] 〔軍事〕要地, 陣地 ‖
**in position** 適所に.
**out of position** 間違った位置に.
show him the **position** of the farm on the map 地図で農場の位置を彼に示す.
**take up** one's **position** 位置につく, 陣取る.
My house is in a good **position** for going shopping. 私の家は買物に行くのにうってつけの場所にある.
**2** [C] [通例 a ～ / one's ～] 情勢, 形勢, 局面; 立場, 境遇; [U] 有利な地位 ‖
be in **an** awkward **position** 困った立場にある.
be **in a position to** have one's own way 自分の好きなことができる立場にある.
Put yourself in **my position**. 私の身にもなってください.
**3** [C] 地位, 身分; [U] 高い身分, 重要な地位 ‖
a high **position in** society 社会的に高い地位.
a person of **position** 地位の高い人.
**4** [C] 姿勢, 様子, 態度 ‖
sit in a comfortable **position** くつろいだ姿勢で座る.
**5** [C] (専門的な·ホワイトカラーの)職, 勤め口《◆job より堅い語》‖
get a **position** as a programmer プログラマーとして就職する.
have a **position** in a firm 商社に勤めている.
**6** [C] 見解; 心的態度 ‖
I took the **position that** the plan should be carried out. その計画を実行に移すべきだという立場をとった.
[対話] "We think it's time for change. What's your **position** on this?" "I haven't decided yet. I'll let you know tomorrow." 「そろそろ変更の時期だと思う. これについて君の意見はどうですか」「まだ決めていません. あしたお知らせします」.
——[動][他]《正式》…を(適当な場所に)置く(put), …の位置を定める ‖
**position** oneself to challenge him 彼に挑戦する地歩を固める.

*__pos·i·tive__ /pɑ́zətiv パズィティヴ | pɔ́zətiv ポズィティヴ/ 〘「場所(position)の固定[確立]した」が原義〙
——[形] **1** 《正式》[名詞の前で] **明確な**, 明白な, はっきりした; 〈規則などが〉明確に定められた ‖
a **positive** answer 明白な答え.
**positive** proof =proof **positive** 確証.
**2** [通例補語として] **自信のある**, 独断的な; 確信している ‖
a **positive** sort of person 独断的な人.
I **am positive about** [of] my success. 成功に自信がある.
He **is positive** (that) everything will come right. 万事がうまくいくと彼は確信している.
[対話] "I saw the book on the table." "Are you **positive**?" "Maybe it was someone else." 「その本はテーブルの上で見かけましたよ」「それは確かですか?」「いや, 別の所だったかもしれません」.
**3** 《略式》[名詞の前で] **全くの**, 完全な; 絶対的な ‖
a **positive** idiot 大ばか者.
**positive** damage 大損害.
**4** 《正式》**積極的な**, 建設的な(↔ negative); 楽観的な ‖
**positive** cooperation 積極的な協力.

take a **positive** attitude 積極的な態度に出る.
**5** 《正式》 肯定的な(↔ negative) ‖
I made a **positive** answer to his invitation. 彼の招待をお受けすると答えた.
[対話] "Do you think they'll agree?" "I'm sure their answer will be **positive**. Just give them some more time." 「あの人たち同意してくれるだろうか」「きっと答えはイエスです. まあもう少し時間を与えることです」.
**6** 〔電気〕 陽…, 正の; 〔写真〕 陽画の; 〔数学〕 正の; 〔医学〕 〈反応が〉陽性の ‖
a **positive** number 正の数.
a **positive** charge 陽電荷(か).
── [名] [C] 《正式》 〔写真〕 陽画, ポジ.
**pósitive discriminátion** 《英》 積極的差別是正措置(《米》 affirmative action).
**pósitive grówth** 〔経済〕 プラス成長.

**pos·i·tive·ly** /pázətivli パズィティヴリ | pɔ́z- ポズィ-/ [副] **1** きっぱりと, 明確に. **2** 《略式》 確かに; 全く, 絶対に.
── [間] 《米》 [強い肯定で] もちろん, そうだとも 《◆しばしば強めて /pazətívli/ と発音する. cf. absolutely》 ‖
[対話] "Do you believe him?" "**Positively**. (↘)" 「彼(の言うこと)を信じるかい」「もちろんだよ」.

**pos·sess** /pəzés ポゼス/ [動] ([三単現] ~·es/-iz/)
[他] **1** …を持つ, 持っている, 所有する ‖
He **possesses** [×is possessing] all kinds of books. 彼はあらゆる種類の本を持っている.
He **possesses** intelligence. 彼は知性がある.
**2** 《文》 〈悪霊・考えなどが〉〈人〉にとりつく ‖
What **possessed** you **to** say such a foolish thing? 君はどうしてそんなばかげたことを言う気になったのか.
He **is possessed** by [with] an evil spirit. 彼は悪霊にとりつかれている.
***be posséssed of*** **A** 《文》 …を所有している ‖ He **is possessed of** a great fortune. 彼は莫(ばく)大な財産を所有している.

*__pos·ses·sion__ /pəzéʃən ポゼション/
── [名] **1** [U] **所有**, 占有, 入手 ‖
**get** [**take**, **gain**] **possession of** the land その土地を手に入れる, 占有する.
**have** a rare book **in possession** 珍書を所有している.
He is **in possession of** a large estate. =A large estate is **in** his **possession**. 彼は広い土地を所有している.
I came **into possession of** the treasure. =The treasure came **into** my **possession**. 宝物を手に入れた.
**2** [C] **所有物**; [~s] 財産 ‖
a person of great **possessions** 大きな財産のある人.

**pos·ses·sive** /pəzésiv ポゼスィヴ/ [形] 所有の, 占有の; 所有[独占]欲の強い ‖
possessive rights 占有権.
── [名] 〔文法〕 [U] [通例 the ~] =possessive case; [C] 所有格の語(句).
**posséssive ádjective** [the ~] 所有形容詞.
**posséssive cáse** 所有格(possessive).
**posséssive prónoun** [the ~] 所有代名詞.

**pos·ses·sor** /pəzésər ポゼサ/ [名] [C] 《正式》 [通例 the ~] 所有主, 占有者.

**pos·si·bil·i·ties** /pɑ̀səbílətiz パスィビリティズ | pɔ̀- ポスィ-/ [名] → possibility.

*__pos·si·bil·i·ty__ /pɑ̀səbíləti パスィビリティ | pɔ̀səbíləti ポスィビリティ/ 〖→ possible〗
── [名] ([複] ··i·ties/-z/) **1** [U] [しばしば a ~] **ありうること**, 起こりうること; **可能性**, 実現性, 見込み ‖
a bare **possibility** ごくわずかな可能性.
a strong [×high] **possibility** 高い可能性.
It is **beyond possibility**. それは不可能だ.
It is **within possibility**. それは可能だ.
**There is no possibility that** he will succeed. =**There is no possibility of** his success. 彼が成功する見込みはない.
**2** [possibilities] 将来性, 発展性 ‖
a person of great **possibilities** 大いに将来性のある人.
I see great **possibilities** in her plan. 私は彼女の計画に大いに将来性があると思う.

*__pos·si·ble__ /pásəbl パスィブル | pɔ́səbl ポスィブル/ 〖力があり(poss)うる(ible). cf. *possess*〗
[派] possibility (名), possibly (副)
── [形] **1** 〈物・事が〉**可能な**, できる; [it is possible (**for A**) **to** do] (**A**〈人〉は)…することが**可能である**, (**A**〈人〉には)…する能力がある(↔ impossible) ‖
a **possible** but difficult job 可能だが難しい仕事.
**It is possible for** me **to** read the book in a day. 私はその本を1日で読むことができる.
a result (which was) not **possible** to foresee 予測できなかった結末.
I found it **possible** to succeed in the business. その事業はうまく行く可能性があるとわかった.
whenever **possible** 可能ならいつでも.
[対話] "He's finished the book already." "That's not **possible**. I only gave it to him an hour ago." 「彼はもうその本を読んでしまったよ」「そんなことは無理だ. 1時間前にその本を渡したばかりなんだもの」.

> [Q&A] ***Q***: 第2例を I am possible to read ... で表現できますか.
> ***A***: いいえ, できません. possible は語義の指示にあるように〈人〉を主語にすることができないのです. ですから用例のようにするか, I am able to read ... とするかです (cf. impossible).

**2** 〈物・事が〉**起こりうる**, ありうる, 可能性のある; [it is possible that 節] …ということが起こりうる 《◆起こる公算が50%より小さいと話し手が考えている場合》 ‖
a **possible** accident 起こりうる事故.

It is **possible** (**that**) he made such a mistake. 彼でもそんな失敗をしたかもしれない.
Snow is **possible** tomorrow. あすは雪かもしれない《◆ 天気予報では Possible snow tomorrow.》.
What **possible** ideas can you have? どんな考えがあるっていうんだい《◆ この possible は訳文には現れない》.
対話 "I have no idea where that letter is." "Isn't it **possible** you already mailed it?"「あの手紙がどこにあるのか全然わからない」「ひょっとしてもう投函(とうかん)したのではないですか」.
**3** [最上級・**all**・**every** などを強めて]できるかぎりの《◆ 名詞の後に置く方が意味が強まる》
This is the best **possible** method of learning English. これが英語を学ぶ最良の方法です.
at the first [earliest] **possible** moment できるだけ早い機会に.
with all **possible** kindness 精いっぱいの親切で.
do everything **possible** できるかぎりのことをする.
**as** ... **as póssible** できるだけ…の[に]《◆ ... は副詞,形容詞,または形容詞を伴う名詞》‖ Get up as early as **possible**. =Get up as early as you can. できるだけ早く起きなさい / I need as much money as **possible** to the plan. その計画にはできるだけ多くの金が必要だ.
**if** (**it is** [**at all**]) **póssible** できるなら ‖ Do it by tomorrow, if **possible**. できればあしたまでにそれをしなさい.
—名[the ~]可能性; C [通例 ~s] 可能な事[物,人].

**pos·si·bly** /pásəbli パスィブリ | pɔ́sibli ポスィブリ/
副 **1** [主に文全体を修飾]ことによると,ひょっとしたら(→ **perhaps**) ‖
**Possibly** he will come here. =He will **possibly** come here. ひょっとしたら彼はここへ来るだろう.
対話 "Did the president do it himself?" "**Possibly**."「社長が自分でそれをやったの?」「そうかもね」.
**2** [**can** を伴って] **a** [肯定文]何とかして,できるかぎり ‖
I'll do my homework as soon as I **possibly** can. できるだけ早く宿題をしよう.
**b** [否定文]どうしても,とても ‖
He can't **possibly** believe her. 彼はどうしても彼女の言うことを信じることはできない.
**c** [疑問文]何とか ‖
Could you **possibly** lend me your pen? ペンを貸していただけませんか.

**pos·sum** /pásəm パサム | pɔ́s- ポサム/ 《*opossum* の o の消音》名 C〖動〗(米略式) =opossum; (豪略式) クスクス.

\***post**[1] /póust ポウスト/ (発音注意)《◆ ×ポスト》『「固定された物」が原義』
—名 (複 ~s/póusts/) C **1** 柱, 杭(くい), 支柱; さお; (採鉱の)炭柱(たんばしら) ‖
fence **posts** 塀の支柱.
be fírst pàst the pόst 競争に勝つ.

関連[いろいろな post] bedpost 寝台柱 / doorpost, gatepost 門柱 / goalpost (サッカーなどの)ゴールポスト / lamppost 街灯柱 / signpost 道標 / telephone post 電柱 / finger post 道標, 指導標 / the starting [finishing, winning] post 〖競馬〗出発[決勝]点の柱.

**2** (略式) =goalpost.
—動 他 (正式) **1** (ビラなどを)はる; [post **A** on **B** / post **B** with **A**] **A**〈掲示・広告などを〉**B**〈壁・柱など〉にはる ‖
**post** (**up**) a notice on the wall =**post** (**up**) the wall **with** a notice 掲示物を壁にはる.
**Post no bills.** (掲示) はり紙を禁ず.
**2** …を公示する; …を公表する.

\***post**[2] /póust ポウスト/『「置かれた(場所)」が原義. cf. *posi*tion』
—名 (複 ~s/póusts/) C **1** (責任ある)地位, (官)職 ‖
the **post** of (ˣthe) director 重役の地位.
take a **post** in the company その会社に就職する.
**2** (軍隊・番兵などの)部署,持ち場,駐屯地[部隊] ‖
at one's **post** 自分の持ち場で.

\***post**[3] /póust ポウスト/『「宿場」から「飛脚」「郵便」の意となった』 派 postage (名), postal (形)
—名 (複 ~s/póusts/) **1** U C [通例 the ~] (主に英)郵便, 郵便制度; 集配; [通例 the ~ / a ~] 郵便物((米) mail)《◆ 英国でも外国郵便(物)には mail も用いる》‖
catch the morning **post** 朝の集配に間に合う.
reply **by return of post** 折り返し返事を出す.
send a parcel **by post** 小包を郵送する.
The **post** is heavy. 郵便物が多い.
**2** (英) [the ~] 郵便ポスト((米) mailbox); 郵便局 ‖
take a letter to the **post** 手紙を投函(とうかん)する.
cross in the **post**〈手紙が〉行き違いになる.
**3** [P~] [新聞紙名として]…紙 ‖
*the Morning Post*『モーニングポスト』紙.
—動 (三単現 ~s /póusts/; 過去・過分 ~·ed /-id/; 現分 ~·ing)
—他 **1** (主に英) …をポストに入れる, 郵便局に出す((米) mail); [授与動詞] [post **A** B / post **B** to **A**] **A**〈人〉に **B**〈手紙など〉を送る ‖
Don't forget to **post** this letter. 忘れずにこの手紙を投函してよ.
I **posted** him a Christmas card. 私は彼にクリスマスカードを送った.
**2** (略式) 〈人〉に新情報を知らせる; [通例 be ~ed] 知っている ‖
(We'll) keep you **posted**. また手紙を書きますよ, たえず出来事[消息]を知らせます.
**póst cárd** =postcard.

**póst òffice** → 見出し語.

**post·age** /póustidʒ ポウスティヂ/ 名 U 郵便料金(金), 郵税 ‖
postage due 郵便料金不足.
postage free 送料無料.
**póstage stàmp** (正式) 郵便切手(stamp).

**post·al** /póustl ポウストル/ 形 郵便(の), 郵便(局)の, 郵便業務の ‖
a postal clerk 郵便局員.
a postal package 小包.
postal delivery 郵便配達.
**póstal càrd** はがき.
**póstal càrrier** (英) =(米) mail carrier.
**póstal còde, Póstal Códe Nùmber** =postcode.
**póstal tíme depósite** 定額貯金.

**post·box** /póustbɑ̀ks ポウストバクス|-bɔ̀ks -ボクス/ 名 (複 ~·es/-iz/) C (投函(ゔう)用の)郵便ポスト((米) mailbox); (英) (各戸の)郵便受け((英) letter box).

## **post·card** /póustkɑ̀:rd ポウストカード/,
**póst càrd**
—— 名 (複 ~s/-kɑ̀:rdz/) C はがき, (特に)絵はがき((正式) picture postcard) 《◆米国では官製と私製があるが, 英国では私製に限られ, ふつう絵はがきをさす. 単に card ともいう》.

**post·code** /póustkòud ポウストコウド/ 名 (英) [the ~] 郵便番号《あて名の最後につける. 米国の zip code と違って文字と数字の組み合わせ. 例えば PE9 2BJ》.

**post·date** /pòustdéit ポウストデイト/ 動 (現分 --dat·ing) 他 1 〈小切手・手紙などの〉日付を遅らせる. 2 (時間的に)…のあとに来る.

**post·er** /póustər ポウスタ/ 名 C 1 ポスター, 広告びら, はり札. 2 ビラをはる人.
**póster pàint [còlor]** ポスターカラー.

**pos·ter·i·ty** /pɑstérəti パステリティ|pɔstérəti ポステリティ/ 名 U [集合名詞的に] 後世, 後代(の人々); (文) [one's ~] 子孫(↔ ancestry).

**post·grad·u·ate** /pòustgrǽdʒuət ポウストグラヂュアト, -eit |-grǽdju- -グラヂュアト/ 形 大学卒業後の, 大学院(学生)の((米) graduate).
—— 名 C 大学院学生, 研究科生.

**post·hu·mous** /pɑ́stʃəməs パスチュマス|pɔ́stju- ポスチュマス/ 形 1 死後の. 2 父の死後生まれた.

**Post-it** /póustit ポウスティト/ 名 (商標) ポストイット《メモなどに用いられる付箋(ふせん)紙》.

**post·man** /póus(t)mən ポウス(ト)マン/ 名 (複 ··men /-mən/) C (主に英) 郵便集配人((米) mailman, (PC) postal carrier).

**post·mark** /póustmɑ̀:rk ポウストマーク/ 名 C (郵便の)消印, スタンプ.

**post·mas·ter** /póustmæ̀stər ポウストマスタ|-mɑ̀:s- -マースタ/ 名 C 郵便局長((PC) post office supervisor).

**post·mor·tem** /pòustmɔ́:rtəm ポウストモーテム/, **póst mórtem** 〖ラテン〗 名 C (正式) 検死.

**post·na·tal** /pòustnéitl ポウストネイトル/ 形 (正式) 出生後の.

**post-of·fice** /póustɑ̀fəs ポウスタフィス|-ɔ̀fəs ポウストフィス/ 形 郵便局の; 郵政省の.
**póst-office bòx** (正式) 私書箱(略 PO Box).

## **post office** /póust ɑ̀fəs ポウスト アフィス|-ɔ̀fəs -オフィス/
—— 名 C 郵便局(略 p.o., PO). 事情 英国の本局以外の郵便局は, 都市の郊外や田舎(ゐ)などでは雑貨店などが兼ねていることがある.
**póst office bòx** (正式) =post-office box.

**post·pone** /pous(t)póun ポウス(ト)ポウン/ 動 (現分 --pon·ing) 他 (正式) …を延期する, 延ばす《◆ put off はくだけた言い方》‖
postpone one's departure for a week 出発を1週間延期する.
postpone writing [ˣto write] a letter 手紙を書くことを延ばす.
The athletic meeting was postponed till the first fine day. 運動会はすぐ次の晴天まで延ばされた.
Postponed in case of rain. (掲示)雨天延期.
**post·póne·ment** 名 UC 延期, あと回し.

**post·script** /póus(t)skript ポウス(ト)スクリプト/ 名 C (略式)(手紙の)追伸, 二伸(略 p.s., PS)《◆「追々伸」は post postscript》.

**pos·tu·late** /動 pɑ́stʃəlèit パスチャレイト|pɔ́stju- ポステュー; /名 -lət -ラト, -lèit/ 動 (現分 --lat·ing) 他 (正式) …を前提とする. —— 名 C 仮定; 基本原理.

**pos·ture** /pɑ́stʃər パスチャ|pɔ́s- ポス-/ 名 1 UC (からだの)姿勢; (モデルなどの)ポーズ, 気取った態度. 2 C [比喩的に; 通例 a ~ / the ~] 姿勢, (精神的)態度, 心構え. —— 動 (現分 --tur·ing) 自 (正式)[進行形で] 姿勢をとる, ポーズをとる; 気取る.

**post·war** /póustwɔ́:r ポウストウォー/ 形 戦後の(↔ prewar).

## **pot** /pɑ́t パト|pɔ́t ポト/
—— 名 (複 ~s/pɑ́ts/) 1 C [しばしば複合語で] つぼ, 鉢, かめ, (深い)なべ, きゅうす, ポット《陶器・金属・ガラス製の丸くて比較的深いもの. 主に料理用. 「魔法びん」の意味では vacuum [thermos] bottle を用いる》‖
a plant pot 植木鉢.
pots and pans [集合名詞的に] なべかま類, 台所用具.
the pót calling the kéttle black 自分のことを棚にあげて人を批判する人.
A watched pot never boils. (ことわざ) なべを見つめているとなかなか沸かない;「待つ身は長い」《あせてもむだだ》.

関連 [いろいろな pot] inkpot インクつぼ / jam

pot ジャム入れ / watering pot じょうろ.

**2** [C] ポット1杯(分) ‖
a whole **pot of** jam ジャムまるまる1びん分.
**3** [C] 《略式》すごい額 ‖
pots of money [gold] 大金.
***gò to pót*** 《略式》おしゃかになる, 堕落する.
——[動] ([過去・過分] pot·ted/-id/ ; [現分] pot·ting)
[他] **1** …を鉢に植える. **2** 〈食物〉をびんで保存する.
**pót hòlder** なべつかみ.
**pót plànt** 鉢植え(の草花).
**pót ròast** なべ焼き牛肉《野菜といため肉を煮込んだ料理》.

**po·tage** /pɔ(:)tɑ́:ʒ ポ(ー)タージュ, ⌐⌐/ 〚フランス〛 [名] [U] ポタージュ《クリーム状のスープ. cf. consommé》.

**po·tas·si·um** /pətǽsiəm ポタスィアム/ [名] [U] 〔化学〕 カリウム([記号] K).

****po·ta·to** /pətéitou ポテイトウ, 《米+》 -tə/ 〚スペイン〛
——[名] ([複] ~es/-z/) **1** [C] [U] **ジャガイモ**《◆南米チリの原産で, 《米》では sweet *potato* (サツマイモ)と区別して white [Irish] *potato* ともいう》 ‖
mashed **potatoes** マッシュポテト.
baked **potatoes** 《米》焼きジャガイモ(《英》 hot potatoes).
**2** [C] [U] 《米》 =sweet potato.
**potáto chip** 《米》[通例 -s] ポテトチップ(《英》(potato) crisps) ; 《英》フライドポテト(《米》French fried potatoes).
**potáto crísp** 《英》 =potato chip.

**pot·bel·lied** /pɑ́tbèlid パトベリド | pɔ́t- ポト-/ [形] 太鼓腹の.

**po·ten·cy** /póutənsi ポウテンスィ/ [名] ([複] --ten·cies/-z/) [C] [U] 《正式》力, (薬などの)効能, 有効性.

**po·tent** /póutənt ポウテント/ [形] **1** 《正式》力強い ; 影響力のある. **2** ききめがある ; 〈酒などが〉きつい.

***po·ten·tial** /pəténʃəl ポテンシャル/ 〚「可能性を秘めた」が本義〛
——[形] [名詞の前で] **可能な**, 発達の可能性がある, **潜在的な**(↔ actual) ‖
The child is a **potential** actor. その子は俳優の素質がある.
——[名] [U] [しばしば a ~] 可能性, 潜在(能)力 ‖
[対話] "That kid's really good." "I agree. He has great **potential**." 「あの子はとてもいいね」「同感. 大した可能性を秘めているね」.

**po·ten·ti·al·i·ty** /pətènʃiǽləti ポテンシアリティ/ [名] ([複] --i·ties/-z/) [U] 《正式》可能性, 潜在力 ; [C] [通例 potentialities] 可能性を有する[潜在的な]もの.

**pot·hole** /pɑ́thòul パトホウル | pɔ́t- ポト-/ [名] [C] **1** 〔地質〕 甌穴(おうけつ). **2** (上部に開口する)洞窟(くつ). **3** 路面のくぼみ.

**Po·to·mac** /pətóumək ポトウマク | -mæk -マク/ [名] [the ~] ポトマック川《米国の首都ワシントン市を流れる》.

**pot·tage** /pɑ́tidʒ パティヂ | pɔ́t- ポティヂ/ [名] [U] [C] 《米・英古》濃い(野菜・肉入り)スープ.

**pot·ter**[1] /pɑ́tər パタ | pɔ́t- ポタ/ [名] [C] 陶工.
**pótter's whéel** 製陶用ろくろ.

**pot·ter**[2] /pɑ́tər パタ | pɔ́tə ポタ/ [動] 《主に英略式》 = putter[1].

**pot·ter·y** /pɑ́təri パタリ | pɔ́təri ポタリ/ [名] [U] **1** 陶器, 陶磁器類. **2** 製陶業[術].

**pouch** /páutʃ パウチ/ [名] ([複] ~·es/-iz/) [C] **1** [複合語で] 小物入れ, ポーチ. **2** 〔動・植〕 嚢(のう), 袋 ; (カンガルーなどの)腹袋, (サル・リスなどの)ほお袋.

**poul·ter·er** /póultərər ポウルタラ/ [名] [C] 《英》家禽(きん)商 ; 鳥肉店《野ウサギなどの肉も売る》.

**poul·tice** /póultəs ポウルティス/ [名] [C] [動] 湿布(しっぷ)(薬)(を当てる).

**poul·try** /póultri ポウルトリ/ [名] **1** [集合名詞 ; 複数扱い] 家禽(きん)《ニワトリ・アヒル・シチメンチョウ・ガチョウなど. 肉や卵をとる》 ‖
The **poultry are** [^×is] kept in the garden. 家禽を庭で飼っている.
**2** [U] 家禽の肉 ‖
**Poultry is** fairly cheap now. 鳥肉は今かなり安い.

**pounce** /páuns パウンス/ [動] ([現分] pounc·ing) [自] **1** 襲いかかる. **2** すばやく捕える.

****pound**[1] /páund パウンド/ 〚「おもり」が原義〛
——[名] ([複] ~s/páundz/) [C] **1 ポンド**《重量の単位. 常衡(じょう)16オンス(約454g). 金衡(きん)12オンス(約373g). [記号] lb., lb》 ‖
sell butter **by the** [^×a] **pound** バターを1ポンドいくらで売る.
**2 ポンド**《英国・英連邦の通貨単位. 英国のものは特に pound sterling といい, 1 pound =100 pence. 1971年以前の旧制度では 1 pound = 20 shillings =240 pence. [記号] £(数字のあとでは l.)》 ‖
£10.05 =10 **pounds** 5 pence 10ポンド5ペンス.
**3** [the ~] 英国の貨幣制度 ; ポンド相場.
**póund càke** 《米》パウンドケーキ《◆もとバター・砂糖・小麦粉各1ポンドで作った》.

**pound**[2] /páund パウンド/ [動] [他] **1** 〈物〉をすりつぶす, 粉々にする ‖
**pound** a stone **to** pieces 石を粉々に砕く.
**2** …を何度も強く打つ ; 〈ピアノなど〉をガンガンたたく ; 〈曲など〉をたたき出す ; …を猛攻撃[爆撃]する.
——[自] ドンドンたたく ; ドスンドスンと歩く[走る].

***pour** /pɔ́:r ポー/ (発音注意) 《◆^×パウア》([同音] pore) 〚「注いで清める」が原義. cf. pure〛
——[動] ([三単現] ~s/-z/ ; [過去・過分] ~ed/-d/ ; [現分] ~·ing/pɔ́:riŋ/)
——[他] **1a** [pour (out) **A** for **B** / pour **B** (out) **A**] **B**〈人〉に **A**〈飲み物など〉**をついでやる** ‖
pour oneself a glass of lemonade 自分でレモン水をコップ1杯注ぐ.
He **poured** (out) a cup of tea **for** me. = He **poured** me (out) a cup of tea. 彼は私にお茶を入れてくれた.
**b** …を注ぐ, 移す, かける ‖

pour the milk **out of** the bottle **into** [《米略式》**in**] a bowl ミルクをびんからわんに移す.
pour water **over** [**on**] flowers 花に水をやる.
**2** …に注ぐ ‖
pour out the glasses コップの数だけつぎ分ける《◆液体を容器で代用して表すいい方》.
**3** …を浴びせかける; …をどっと出す, 放射する ‖
pour scorn **on** him 彼をあざける.
pour **out** smoke 煙をもくもく吐き出す.
pour money **into** the firm 会社に金(ｶﾈ)をたくさんつぎ込む.
pour **out** money like water 湯水のように金を遣う.
―自 **1** 流れ出る; 流れ込む;〈雨が激しく降る〉《◆場所を表す副詞(句)を伴う》‖
The stream **poured over** its bank. 小川はその土手を越えてあふれた.
Light **poured out from** every window. 明かりがどの窓からも漏れていた.
The sweat was **pouring off** the runner. ランナーのからだから汗が吹き出ていた.
**2** 押し寄せる, 殺到する; 続々と来る《◆場所を表す副詞(句)を伴う》‖
Refugees **poured in from** all over the country. 難民が国中からなだれ込んだ.
Cars **poured across** the street. 車が次々と横切って行った.
**3**〈言葉などが〉どっと出る.
**4** [it を主語にして] 雨が激しく降る ‖
It **is pouring** ((英))**with** rain) outside. 外は雨がひどく降っていた(=It was raining very hard outside.).
It néver ráins but it póurs.(ことわざ) → but接 **8**.
**pout** /páut パウト/ **動自**(ふくれて, すねて)唇を突き出す, 口をとがらせる.
**póut·ing·ly** /páutiŋli パウティングリ/ **副** ふくれっつらをして.

**\*pov·er·ty** /pávərti パヴァティ | pɔ́vəti ポヴァティ/ 《→ poor》
―**名** Ⓤ **1** 貧乏, 貧困 ‖
A lot of people still live **in poverty**. いまだに貧しい生活をしている人がたくさんいます.
対話 "I wish we could go back to the good old days." "I disagree. In the 19th century, many people lived **in poverty**." 「できることなら古き良き時代にもどりたいものだね」「ぼくはいやだね. だってたとえば19世紀なんか多くの人が貧困にあえいでいたんだから」.
**2**《正式》[しばしば a ～] 欠乏, 貧弱, 不足 ‖
**poverty in** vitamins ビタミンの欠乏.
**poverty of** common sense 良識の不足.
**pov·er·ty-strick·en** /pávərtistrìkən パヴァティストリクン | pɔ́v- ポヴ-/ **形** 非常に貧乏な.
**POW, p.o.w.** /pí:òudʌ́bəlju: ピーオウダブリュー/《略》prisoner of war.
**pow·der** /páudər パウダ/ **名 1** ⒰Ⓒ 粉, 粉末 ‖
crush it **to powder** それを粉末にする.

break marble up into a white **powder** 大理石を粉砕して白い粉末にする.
**2** ⒰ [しばしば複合語で] (各種の)粉末剤, …粉 ‖
sóap pòwder 粉石けん.
wásh [láundry] pòwder 洗剤.
bléaching pòwder 漂白粉.
mílk-pòwder 粉ミルク.

関連 小麦粉は flour, パン粉は bread crumbs, カタクリ粉・でん粉は starch, プディング用の粉は tapioca, ふくらし粉は baking powder.

―**動 他 1** …を粉にする ‖
**powdered** sugar (精製)粉末砂糖.
**2** …に振りかける; …に粉おしろいをつける ‖
cookies **powdered with** sugar 砂糖のかかったクッキー.
**powder** one's nose 粉おしろいをたたく;[遠回しに] お手洗いに行く.
**pówder pùff** 化粧用パフ.
**pówder ròom** [the ～] (ホテルなどの)女性用化粧室《◆ lavatory の遠回し表現》.
**pówder snòw** 粉雪.
**pow·dered** /páudərd パウダド/ **動** → powder.
―**形** 粉状の; 粉をかけた.
**pow·der·y** /páudəri パウダリ/ **形 1** 粉の, 粉末状の. **2** 粉になりやすい, もろい. **3** 粉にまみれた.

**\*pow·er** /páuər パウア/《「[できる[力のある]]こと]」が原義. cf. *potent*, *possible*》
**派** powerful (形)
→ **名 1** 力 **2** 体力, 知力 **4** 権力
―**名**(複 ～s/-z/) **1** ⒰Ⓒ (潜在的・実行)力, 能力《◆内に秘めた力(strength), 外に出た力(force)などを含む》‖
beyond one's **power**(s) 力の及ばない.
do everything **in** one's **power** できる限りのことをする.
have the power to see [of seeing] in the dark 暗がりで物を見る力がある.
**2** ⒰ [しばしば ～s] [通例修飾語を伴って] 体力《◆修飾語を伴わずに単独で「体力」をいう場合は strength, energy》, 知力, 精神力;(薬などの)効力;作用力 ‖
one's **power**(s) of concentration 集中力.
a man of varied **power**s 多彩な才能の持ち主.
**3** ⒰ 力強さ, 活力 ‖
a story of great **power** 迫力のある話.
対話 "I can't continue anymore. I'm really tired." "You never have any staying **power** these days." 「これ以上続かないよ. とても疲れた」「このごろすっかりスタミナがなくなったわね」.
**4** ⒰ 権力, (法的)権限, 支配力; 政権; [しばしば ～s] (委任された)権限; Ⓒ 委任(状) ‖
the party **in power** 政権を握った党.
**come into power** 政権の座につく.
I have him **in my power**. =She is **in my power**. =I have power **over** her. 彼女は私の思いのままだ.

**5** ⓒ **a** 強国；[~s] 列強 ‖
a world [the world's] economic **power** 世界の経済大国.
the Western **powers** 西側の列強.
**b** (略式) 権力者, 有力な物 ‖
the **power** behind the throne 陰の実力者.
**6** 《主に米略式・英方言》[a ~ / the ~ of] 多数, 多量(の…) ‖
do me a **power** of good 私にとても役立つ.
**7** Ⓤ〔しばしば複合語で〕(手動に対する)機械力, 動力；電力, エネルギー；(物理的な)力, 運動量；[形容詞的に] 動力[電力]で動く ‖
electric **power** 電力.
a **power** failure 電力停止, 停電.
**8** Ⓤ 〔光学〕(レンズの)倍率, 度 ‖
a 200-**power** microscope 倍率200倍の顕微鏡.
a telescope of high **power** 高倍率の望遠鏡.
**pówer line** 送電線.
**pówer plànt** 発電[動力]装置；(米)発電所.
**pówer pòint** (英)(電気の)コンセント((主に米)outlet).
**pówer stàtion** (英)発電所.
**pówer stéering** パワーステアリング《車の動力操縦(だ)装置》.
**pow·ered** /páuərd パウアド/ 形 [しばしば複合語で]
**1** …の動力を備えた；馬力のある ‖
a high-**powered** man 精力的な人.
**2** 〈レンズなどの〉…倍率の, 高倍率の.

\***pow·er·ful** /páuərfl パウアフル/ 〖→ power〗
—— 形 **1** 強力な, 力強い(↔ powerless) (→ strong Q&A)；〈レンズなどが〉倍率の高い ‖
a **powerful** engine 強いエンジン.
a **powerful** blow 強い打撃.
**2** 説得力のある, 人を動かす；効能[効力]のある ‖
対話 "How was the play? Did you enjoy it?" "Yes, very much. The story was **powerful**." 「劇はどうだった？ 楽しかった？」「うん、とても. 話の筋がしっかりしてました」.
**3** 勢力のある ‖
Do you think that the US is a **powerful** nation? アメリカ合衆国は強国と思いますか.
**pow·er·ful·ly** /páuərfəli パウアフリ/ 副 強力に；有力に；有効に.
**pow·er·less** /páuərləs パウアレス/ 形 (正式) **1** 力のない；頼りない；弱い(↔ powerful). **2** 権力[勢力]のない；効力のない.
**PP, pp.** (略) pages (→ page¹)；past participle.
**PR** (略) public relations; Puerto Rico.
**prac·ti·ca·ble** /prǽktikəbl プラクティカブル/ 形 (正式) **1** 実行可能な, 実施されうる(◆ practical が使われることもある》‖
a **practicable** experiment 実施可能な実験.
**2** 使用できる, 実用的な；通行できる.
**prac·ti·cal** /prǽktikl プラクティクル/ 形 **1** 現実的な, 実際的な(↔ theoretical, academic) ‖
for (all) **práctical** purposes 実際には.

a proposal with little **practical** value ほとんど実践的価値のない提案.
**2** 実用的な, 実際の役に立つ, 効果的な ‖
**practical** low-heeled shoes 動き回りやすいかかとの低い靴.
**3** 実質上の, 事実上の ‖
a **practical** head 実質上の長[ボス].
a **practical** defeat 事実上の敗北.
**4** 実地経験のある, 老練な；実務に適した ‖
a **practical** mind 実務家.
a good **practical** mechanic 経験豊かで腕の立つ機械工.
—— 名 ⓒ (略式) 実技試験；実習.
**práctical jóke** (実際に行なった) 悪ふざけ.
**práctical núrse** (米) 准看護師(→ nurse (事情)).
**prac·ti·cal·i·ty** /prӕktikǽləti プラクティキャリティ/ 名 (複 --ties/-z/) (正式) Ⓤ 実際的なこと, 実用性；ⓒ 実際的[実用的]なもの.
**prac·ti·cal·ly** /prǽktikəli プラクティカリ/ 副 **1** (正式) [動詞よりあとで] 実際的に, 実用的に, 実地に ‖
Try to view your situation **practically**. 実際的観点から君の立場を見るようにしなさい.
**2** [文全体を修飾] 事実上, 実際には, 実質上 ‖
**Practically**(‿), the task is more difficult than you think. 実際問題として, その仕事は君の考える以上に困難だ.
**3** (略式) [修飾する語の前で] ほとんど；やや誇張して言うと ‖
Our town has **practically** no parks. わが町にはほとんど公園がない.
**practically** full ほぼ満員[満杯]の.

\***prac·tice** /prǽktis プラクティス/ 《(名) は (米ではしばしば) --tise, (動) は (英) では --tise とつづる》《「行なう」が原義》
(派) practical (形), practitioner (名)
➔ 名 **1** 実行 **2** 慣例 **3** 練習
動 (米) **1** 実行する **2** 練習する
(英) **2** 練習する
—— 名 (複 --tic·es/-iz/) **1** Ⓤ 実行, 実施；実地, 実際(↔ theory) ‖
in **practice** 実際上は, 実際には.
the **practice** of a new theory 新理論の実施.
put [bring] her ideas into **practice** 彼女の考えを実行する.
carry out in **practice** what he has learned 彼が学んだことを実践する.
**2** ⓒⓊ (正式) [通例 a ~ / the ~] 常習行為；慣例, 習慣, やり方；[通例 ~s] 風習 ‖
It is our (usual) **practice** to get up at 6:00 a.m. =We make it a **practice** to get up at 6:00 a.m. =We make a **practice** of getting up at 6:00 a.m. 午前6時に起きるのが我々の習慣です《◆ 単に We usually get up at 6:00 a.m. で言う事が多い》.
**3** Ⓤⓒ (反復的規則的な) **練習**, けいこ, 実習；練習期間 ‖

football practice =practice in football フットボールの練習(期間).
keep in practice 練習を続ける.
be in practice 練習を積んでいる.
Pràctice makes pérfect. (ことわざ)練習を続ければ完璧になる;「習うより慣れよ」.

対話 "How was the game?" "I played terrible. I really need more practice." 「試合はどうだった?」「ひどいプレーをしてしまった. もっと練習をしないといけないな」.

**4 a** ⓊⒸ 実務; (医者・弁護士の)業務, 営業; Ⓒ 開業場所 ‖

set up a practice =go into practice 開業する.
He is no longer in general practice here. 彼はもうここで一般開業医をしていない.
Where is your practice? あなたはどこで営業しているのですか.

**b** [集合名詞的に] 患者《◆患者個人は patient》; (事件)依頼人《◆依頼人個人は client》‖
a doctor with a large practice 患者の多い医者.

——動 (三単現) -tic·es /-iz/; (過去・過分) ~d/-t/; (現分) -tic·ing

——他 **1** (正式)…を**実行する**, 実践する, 実施する;(習慣的に)…を行なう ‖

practice doing good よいことを実行する.
practice moderation 節制を実践する.
Practice what you preach. (ことわざ)己の説くところを励行せよ.

**2** …を**練習する**, けいこをする ‖
practice judo 柔道をする.
practice the piano ピアノを練習する.

**3** 〔医学・法律など〕に従事する, …を開業する ‖
practice (the) law 弁護士を開業している《◆ ×practice a lawyer とはいわない》.

——自 **1** いつも[習慣的に]行なう, 実行する.

**2** 練習する ‖
practice (up) on the guitar ギターの練習をする.
practice away at typing タイプのけいこに励む.

対話 "How am I ever going to learn this?" "Just keep practicing. That's all." 「どうしたらこれが覚えられるのかなあ」「続けて練習するんだな. それしかない」.

**3** 開業する ‖
practice as a solicitor 事務弁護士を開業する.
a practicing doctor 開業医.

**prac·ticed** /præktɪst/ プラクティスト/ 動 → practice.

——形 熟達した; 練習で得た ‖
be practiced in surgery 外科のベテランである.

**prac·tic·ing** /præktɪsɪŋ/ プラクティスィング/ 動 → practice.

:**prac·tise** /præktɪs/ プラクティス/ 名 (米) 動 (英) =practice.

**prac·tised** /præktɪst/ プラクティスト/ 形 (英) =practiced.

**prac·tis·ing** /præktɪsɪŋ/ プラクティスィング/ 動 (英) =practicing.

**prac·ti·tion·er** /præktɪ́ʃənər/ プラクティショナ/ 名 Ⓒ (専門的職業)に従事している人, 専門家; (特に)開業医, 弁護士 ‖
a general practitioner (英) 一般開業医 (略 GP)《特別な専門は持たず何でも診る(主に)内科医. 英国では National Health Service の下で医師は general practitioner への登録が義務づけられていて, 患者は病気になるとまずこの医師の診療を受け, それから専門医に回される》.

**prag·mat·ic, -i·cal** /prægmǽtɪk(l)/ プラグマティク(ル)/ 形 実用的な.

**prag·ma·tism** /prǽgmətɪzm/ プラグマティズム/ 名 Ⓤ **1** (正式)実用的な考え. **2** 〔哲学〕プラグマティズム, 実用主義.

**Prague** /prɑ́ːɡ/ プラーグ/ 名 プラハ《チェコの首都》.

**prai·rie** /pré(ə)ri/ プレアリ/ 名 Ⓒ (米国中西部の)大草原, プレーリー《Mississippi川流域の木のない草原》.

**práirie dòg** 〔動〕プレーリードッグ《犬のような声で鳴く穴居性のげっ歯類》.

**práirie schòoner** 大型幌(ほろ)馬車《開拓者がプレーリー横断に用いた》.

:**praise** /préɪz/ プレイズ/ 『〖価値〗が原義. cf. price, precious』
——名 (複 prais·es/-ɪz/) ⓊⒸ **1** ほめること, ほめられること, 賞賛; [~s] ほめ言葉(↔ blame) ‖
a poem in praise of his courage 彼の勇気をたたえた詩.
I received [won] his high praise for my work. 私は仕事ぶりを彼に大いにほめられた.
Guests are full of praise for good service. 客はサービスのよさを手放しでほめている.
be beyond (all) praise いくらほめてもほめたりない.

**2** (正式)たたえること, 賛美, 崇拝; [~s] 神をたたえる歌[言葉].

——動 (三単現) prais·es /-ɪz/; (過去・過分) ~d/-d/; (現分) prais·ing
——他 **1** …を**ほめる**, 賞賛する(↔ blame) ‖
praise the child up to please her 彼女を喜ばせるためにその子をほめちぎる.
How he was praised for the diligence! 彼は勤勉さをいかにほめられたことか.
He was highly praised for saving her life. 彼は彼女の命を救ったことでとてもほめられた.

対話 "She must be the best student in the school." "Everyone praises her for studying so hard." 「彼女はきっと学校中で一番の生徒でしょう」「みんなが彼女の勤勉ぶりをほめています」.

**2** (正式)〈神などを〉(言葉・歌で)賛美する, たたえる.

**praise·wor·thy** /préɪzwə̀ːrði/ プレイズワーズィ/ 形 (正式)賞賛に値する, 感心な.

**prais·ing** /préɪzɪŋ/ プレイズィング/ 動 → praise.

**prance** /prǽns/ プランス | prɑ́ːns/ プラーンス/ 動 (現分) pranc·ing 自 (正式) **1** 〈馬が〉前足をあげて

跳びはねる, はねながら進む. **2** 陽気に[誇らしげに]歩く, はね回る.

**prank** /prǽŋk プランク/ 名C (悪意のない)いたずら; 悪ふざけ ‖
play **pranks** on him 彼をからかう.

**prat·tle** /prǽtl プラトル/ (略式) 動 (現分 prat·tling) 自 〈おとなが〉子供のようにしゃべる, むだ話をする; 〈子供が〉片言を言う. ——名U 取るに足りない話; 片言.

**prawn** /prɔ́ːn プローン/ 名CU (主に英) 〖動〗エビ《クルマエビなど中形のエビの総称. cf. shrimp, lobster》.

\***pray** /préi プレイ/ (同音 prey; 類音 p/ay/pléi/)
『「神に祈って救い・慈悲を求める」が原義』
派 prayer (名)
——動 (三単現) ~s/-z/; (過去・過分) ~ed/-d/; (現分) ~·ing)
——自 祈る; (略式)強く願い求める ‖
**pray over** me 私のことを祈る.
**pray for** the sick child 病気の子供のために祈る.
I **pray to** God **for** forgiveness. 神に許しを請う《◆人に願う場合は beg がふつう》.
——他〈神・人〉に祈る, 懇願する ‖
I **prayed** to be allowed to leave. 私は出発するのを許されますようにと祈った.
I **prayed** God for mercy. 慈悲を神に願った.
[対話] "There's no hope for him now." "I'm still going to **pray** he gets better."「もう彼には望みがない」「それでも私は彼がよくなってくれるのを祈るわ」.
*I práy you* どうか ‖ Let me go to help him, I **pray you**. どうか彼を助けに行かせてください.

**prayer**¹ /préər プレア/ (発音注意)《◆ ×プレイア》名
**1** UC 祈り; [~s] (集団での)祈祷(きとう)(式) ‖
Morning **Prayer** 朝の礼拝.
clasp one's hands in **prayer** 両手を組み合わせて祈る.
say a **prayer** (to God) for a safe voyage 安全な航海を(神に)祈願する.
**2** C [しばしば ~s] 祈りの言葉 ‖
the Lord's **Prayer** 主の祈り.
His family says its [their] **prayers** before each meal. 彼の家族は食事前にお祈りをする.
**práyer bòok** 祈祷書.

**pray·er**² /préiər プレイア/ 名C お祈りする人.

**preach** /príːtʃ プリーチ/ 動 (三単現 ~·es/-iz/) 自
**1** 〈牧師などが〉説教する, 伝道する ‖
**preach on** grace to large crowds 大勢の人に神の恩寵(おんちょう)を説く.
**2** 説諭する ‖
**preach against** immorality 不道徳な行為を戒める.
——他 **1 a** 〈神の教えなど〉を説く ‖
**preach** a sermon **about** forgiveness 赦(ゆる)しについて説教する.
**preach** the word of God to the people in the church 教会に集まった人たちに神の言葉について説教する.

**b** …であると説教する ‖
The minister **preached that** God would soon help them. 牧師は神がまもなく彼らを助け給(たま)うだろうと説いた.
**2** …を説き勧める, 唱道する.

**preach·er** /príːtʃər プリーチャ/ 名C **1** (プロテスタントの)牧師. **2** お説教する人; 伝道者. **3** 主張[唱道]者.

**pre·am·ble** /príːæmbl プリーアンブル, -|-ー/ 名C (正式) (演説などの)前置き, 序言; (法律の)前文.

**pre·ar·range** /priːəréindʒ プリーアレインヂ/ 動 (現分 ··rang·ing) 他 前もって…の手はずを整える.

**pre·car·i·ous** /prikέəriəs プリケアリアス/ 形 (正式)
**1** 運次第の, 不安定な. **2** 危険な. **3** 根拠のあやふやな.

**pre·cau·tion** /prikɔ́ːʃən プリコーション/ 名UC 用心, 警戒, 慎重さ; 予防策 ‖
take **precautions against** burning oneself やけどをしないように用心をする.
take every **precaution** to ensure success 成功を確実にするためあらゆる予防措置をとる.

**pre·cau·tion·ar·y** /prikɔ́ːʃəneri プリコーショネリ | -nəri -ナリ/ 形 用心の, 警戒の; 予防の ‖
take **precautionary** measures 予防手段を講じる.

**pre·cede** /prisíːd プリスィード/ 動 (現分 ··ced·ing) 他

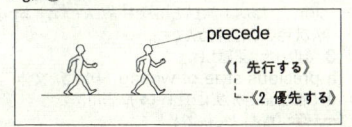

precede
〈1 先行する〉
〈2 優先する〉

**1** …に(時間的に)先立つ, より先に起こる; (場所的に)…の前にある, …に先行する ‖
**precede** him into the room 彼を部屋へ先導する.
**2** …に優先する, …の上位にある ‖
He **precedes** Mr. Brown in the party. 彼は党内でブラウン氏より重要な地位にある.

**prec·e·dence** /présidəns プレスィデンス, príːsíː-/ 名U (正式) **1** (時間・場所的に)先立つこと, 先行.
**2** 上位[優位]であること; (儀式などの)席次; 上席; 優先権 ‖
This meeting takes [has] **precedence over** all our work. この会議はどんな仕事より重要である.

**prec·e·dent**¹ /présidənt プレスィデント/ 名UC (正式) 前例, 慣例; 〖法律〗判例法; 先例法理 ‖
**without precedent** 先例のない[なしで].
**in accordance with precedent** 前例に基づいて.
**make a precedent of** limiting expenditures 費用制限の先例とする.

**pre·ce·dent**² /prisíːdənt プリスィーデント/ 形 前の; 先行する ‖
a statement **precedent to** mine 私の声明に先立つ声明.

**pre·ced·ing** /prisíːdiŋ プリスィーディング/ 動 → precede.
——形 〔通例 the ~〕すぐ前の, 先立つ; 前述の(↔ following) ‖
the preceding page 前ページ.

**pre·cept** /príːsept プリーセプト/ 名 1 C (行動・考え方の)指針, 規範; 格言. 2 U〘正式〙道徳的な教え, 教訓.

**pre·cinct** /príːsiŋkt プリースィンクト/ 名 1 C〘正式〙〔通例 ~s〕(教会・公共物などの)構内.
2〔~s〕付近, 郊外.
3 C〘米〙投票区; 警察管区, 所轄署.
4 C〘英〙(都市の)専用区域 ‖
a pedestrian precinct 歩行者専用区域.
5 C〔通例 ~s〕境界(線).

***pre·cious** /préʃəs プレシャス/ 〘「価値」が原義. cf. price〙
——形 (比較 more ~, 最上 most ~) 1 高価な, 貴重な; 評価の高い ‖
precious possessions 高価な財産.
precious stones 宝石.
2 大切な; かわいい ‖
precious memories 大事な思い出.
Her husband's health is very precious to her. 夫の健康は彼女にとって非常に大事だ.
対話 "You really like that book, don't you?" "It's my most precious possession." 「あの本がほんとうにお好きなんですね」「あれは私のいちばんの宝物なんです」.
3 気取った; 気難しい ‖
a precious style of writing 凝りすぎた文体.
4〘略式〙全くの, 実にひどい(◆反語用法).
——副〘略式〙とても, ひどく ‖
have precious little to say ほとんど言うことがない.
take precious good care of that それについてひどく気をつかう.

**précious métal** 貴金属(noble metal).

**prec·i·pice** /présəpis プレスィピス/ 名 C 絶壁, (垂直の・張り出した)がけ(◆ cliff より堅い語).

**pre·cip·i·tate** 〔動 prisípitèit プリスィピテイト; 名 -tət -タト, -tèit; 形 -tət -タト〕 〔動 (現分) --tat·ing〕 他〘正式〙 1 …を突然引き起こす; …を早める. 2〘化学〙…を沈殿(%)させる.
——自〘化学〙沈殿する.
——名 C U 1〘化学〙沈殿物. 2〔気象〕凝(%)結した水分(雨・雪・露など).

**pre·cip·i·tate·ly** 副 あわてて.

**pre·cip·i·ta·tion** /prisìpitéiʃən プリスィピテイション/ 名 1 U 急落下; 急に起こること. 2 U〘正式〙大あわて. 3 U〘化学〙沈殿. 4 U C〔気象〕雨・雪・あられなど(が降ること); 降水量.

**pre·cip·i·tous** /prisípitəs プリスィピタス/ 形〘正式〙絶壁の.

**pré·cis** /preisíː プレイスィー, -́ -/ 〘フランス〙名 (複 pré·cis/-z/) C 要約.

**pre·cise** /prisáis プリサイス/ 形 (時に 比較 --cis·er, 最上 --cis·est) 1 正確な, 精密な; 正味の ‖
Tell me the precise time of her arrival. 彼女が到着する正確な時間を教えてください.
2〘正式〙はっきりした, 明確な ‖
a precise mind 明晰(%)な頭.
a precise explanation 明解(%)な説明.
3〔通例 the ~〕(他と区別して)まさにその ‖
at the precise moment ちょうどその時.
this precise location まさしくこの場所.
4〘正式〙細かいことにきちょうめんな; 堅苦しい ‖
He is precise in his manners. 彼は作法に厳格な人だ.
*to be precise*〔文頭・文尾で〕正確に言うと.

**pre·císe·ness** 名 U 正確さ; きちょうめん.

**pre·cise·ly** /prisáisli プリサイスリ/ 副 1 正確に, ちょうどく(◆ just, exactly よりも堅い語); きちんと ‖
at 3 o'clock precisely =at precisely 3 o'clock 3時きっかりに.
2〔P~〕; 返事として〕全くその通り.
3〔文全体を修飾; 文頭で〕はっきり言うが; そもそも ‖
Precisely, I order you to get out of here. はっきり言うが, ここから出て行ってくれ.

**pre·ci·sion** /prisíʒən プリスィジョン/ 名 U 1〔しばしば a ~〕正確さ, 精密; 明確; きちょうめん ‖
with precision 正確に, きちょうめんに.
2〔コンピュータ〕精度.

**pre·clude** /priklúːd プリクルード/ 動 (現分) --clud·ing) 他〘正式〙 1 (前もって)…を不可能にする, 排除する. 2 …を妨げる.

**pre·co·cious** /prikóuʃəs プリコウシャス/ 形 発達の早い, 早熟の; ませた.

**pre·con·ceive** /prìːkənsíːv プリーコンスィーヴ/ 動 (現分) --ceiv·ing) 他〘正式〙…を予想する.

**pre·con·ceived** /prìːkənsíːvd プリーコンスィーヴド/ 動 → preconceive. ——形〔考えなどが〕前からもっていた.

**pre·con·cep·tion** /prìːkənsépʃən プリーコンセプション/ 名 C〘正式〙先入観; 偏見.

**pre·con·di·tion** /prìːkəndíʃən プリーコンディション/ 名 C〘正式〙必要条件, 前提条件. ——動 他 前もって…を調整する.

**pre·cur·sor** /prikə́ːrsər プリカーサ/ 名 C〘正式〙 1 先駆者; 前任者. 2 前兆; 前身.

**pre·da·tor** /prédətər プレダタ/ 名 C〘正式〙 1 捕食動物. 2 略奪者; (経済的・性的に)他人を食い物にする人.

**pred·a·to·ry** /prédətɔ̀ːri プレダトーリ | -təri -タリ/ 形 1 肉食性の. 2 略奪の, 略奪をねらう.

**pred·e·ces·sor** /prédəsèsər プレデセサ, -́--́ | prìːdəsésə プリーデセサ/ 名 C〘正式〙 1 前任者(↔ successor) ‖
Mr. Smith is my predecessor as manager. スミス氏は私の前(任)の支配人です.
2 以前あった〔使われた〕物, 前身 ‖
The new plan is better than its predecessor. 新計画は前の計画よりすぐれている.

**pre·des·tine** /priːdéstin プリーデスティン/ 動 (現分) --tin·ing) 他〘正式〙 1 前もって…を運命づけ

る. **2**〖神学〗〈神が〉…の運命を予定する.

**pre·de·ter·mine** /prì:ditə́:rmin プリーディターミン/ 動 (現分) ‑‑min·ing) 他《正式》[通例 be 〜d] 前もって決定される,方向づけられる.

**pre·dic·a·ment** /pridíkəmənt プリディカメント/ 名C 不愉快な状況,苦境 ‖
be in a predicament 困った立場にいる.

**pred·i·cate** 名 prédikət プレディカット; 動 prédikèit プレディケイト/ 名C《文法》述語,述部.
——動《現分》‑‑cat·ing) 他《正式》**1** …を断定する;…だと断言する. **2**《主に米》…の根拠を置く.

**pred·i·ca·tive** /prédəkèitiv プレディケイティヴ, -kə-/ pridíkə- プリディカ-/《文法》形 叙述的な(略 pred.)(⇔ attributive).
**prédicative ádjective** 叙述形容詞.

***pre·dict** /pridíkt プリディクト/《前もって(pre)言う(dict). cf. ver*dict*, *dict*ation》
——動《三単現》〜s /-díkts/;《過去·過分》〜ed /-id/;《現分》〜ing)
——他《正式》…を**予言する**;[predict that 節]…だと予測する ‖
The radio report **predicts that** snow is coming. ラジオのニュースは雪になると予報している.

**pre·dict·a·ble** /pridíktəbl プリディクタブル/ 形 予言[予想]できる.

**pre·dict·a·bly** /pridíktəbli プリディクタブリ/ 副 **1** 予想されるように. **2**[文全体を修飾] 予想通りに,予想されていたことだが.

**pre·dic·tion** /pridíkʃən プリディクション/ 名UC《正式》予言,予報.

**pre·di·lec·tion** /prèdəlékʃən プレディレクション | prì:dilékʃən プリーディレクション/ 名C《正式》特別の好み,偏愛.

**pre·dis·pose** /prì:dispóuz プリーディスポウズ/ 動《現分》‑‑pos·ing) 他《正式》〈人を事がら〉を傾かせる;前もって気にさせる;〈人〉をかかりやすくさせる.

**pre·dom·i·nance** /pridάmənəns プリーダミナンス | -dɔ́mə- -ドミナンス/ 名U [通例 a 〜] 勝っていること,優勢;支配.

**pre·dom·i·nant** /pridάmənənt プリーダミナント | -dɔ́mə- -ドミナント/ 形《正式》卓越した,有力な;支配的な;広く行なわれる;顕著な ‖
Blue is the **predominant** color in his paintings. 青が彼の絵の主な色調だ.

**pre·dom·i·nate** /pridάmənèit プリーダミネイト | -dɔ́mə- -ドミネイト/ 動《現分》‑‑nat·ing) 自《正式》**1** 優位を占める;圧倒的に多い. **2** 支配する.

**pre·em·i·nence** /priémənəns プリーエミネンス/ 名U 優秀;抜群,傑出.

**pre·em·i·nent** /priémənənt プリーエミネント/ 形《正式》きわめて優秀な;抜群の,卓越した;目立つ.

**pre·empt** /priémpt プリエンプト/ 動 他《正式》…を先買権によって取得する,先に占有する.

**preen** /prí:n プリーン/ 動 他 **1**〈鳥が〉〈羽〉をくちばしで整える. **2**[〜 oneself]〈人が〉身づくろいをする.

**pre·fab** /prí:fǽb プリーファブ/《prefabricated house の短縮形》名C《略式·英口》プレハブ住宅.

**pref·ace** /préfəs プレファス/《発音注意》《◆*プリフェ*イス》名C **1**(著者自身の)序文,はしがき《◆ foreword はふつう著者以外の人の序文, introduction は本文の予備的な説明》‖
write a **preface** to a book 本の序文を書く.
**2**《略式》[比喩的に] 前置き,きっかけ,発端 ‖
The invasion of the German army into Poland was the **preface to** World War II. ドイツ軍のポーランド侵入が第二次世界大戦の発端となった.
——動《現分》‑‑fac·ing) 他《正式》〈本〉に序文をつける;〈話など〉を始める ‖
He **prefaced** his speech **with** a humorous story. 彼はユーモアに富む話でスピーチを始めた.

**pre·fect** /prí:fekt プリーフェクト/ 名C《英》(学寮の)風紀委員,監督生《規律面で権限と責任を与えられた上級生》.

**pre·fec·tur·al** /prì:fékt∫ərl プリフェクチャルル | -tjurl -テュルル, -t∫url/ 形 (日本などの)県(立)の.

*****pre·fec·ture** /prí:fektʃər プリーフェクチャ | prì:fektjùə プリーフェクチュア, -tʃə/《アクセント注意》《◆*プリフェ*クチャ》《「長官(prefect)の事務所」が原義》
——名(複 〜s/-z/)C (日本などの)**県,府**(cf. county, state, province)《◆(東京)都, (北海)道も含める》‖
Kanagawa **Prefecture** 神奈川県.
Kyoto **Prefecture** 京都府.

事情 prefecture は英米にはない. 日本の「県」にほぼ相当するものは英国では county, 米国では state.

*****pre·fer** /prifə́:r プリファー/《アクセント注意》《前に(pre)置く(fer). cf. con*fer*, in*fer*》 派 preference (名)
——動《三単現》〜s/-z/;《過去·過分》pre·ferred /-d/;《現分》‑‑fer·ring /-fə́:riŋ/)
——他《正式》(類 choose, select)
Which do you **prefer**(↘), the town(↗) or the country(↘)? 都会と田舎(いなか)のどちらが好きですか.
I **prefer** his [him] retiring at once. 彼にすぐ辞職してもらいたい.
**2** [prefer A to B] B〈人·物·事〉より A〈人·物·事〉を**好む** ‖
I **prefer** the DVD **to** the VTR. VTR より DVD がいい(=I like the DVD better than the VTR.).
I **prefer** watching games **to** playing them. 試合をするより見る方が好きだ.
対話 "I like classical music better myself." "Not me. I **prefer** jazz."「私自身はクラシック音楽のほうが好きです」「ぼくは違う. ジャズのほうが好きだよ」
**3** [prefer to do (rather than (to) do) / prefer to do (rather than doing)] …することを(…するより)好む, (…するより)むしろ…したい ‖

I **prefer to** stay here **rather than** going alone. ひとりで行くよりここにいたい.

対話 "Won't you sit down?" "No(↘), thank you(↗). I **prefer to** stand."「座りませんか」「いいえ結構です. 立っているほうがいいのです」.

Q&A  **Q**: prefer *doing* と prefer *to do* では, どのように違うのですか.

**A**: doing は一般的な好みを, to do では特定の場面での好みを表します. 次の2例を比較: He *prefers* walking to bicycling. 彼は自転車に乗るより歩くほうが好きだ 対話 "Can I give you a ride?" "No thanks. I'd *prefer to* walk."「乗せてあげようか」「いいえ. 歩いて行きたいんだ」同様のことは like, hate などにもあてはまります.

**4** [prefer that 節] …であることを好む[望む] ‖ I'd **prefer that** she ((主に英)) should) leave [left] now. 彼女は今出発してもらう方がいい.

**5** [prefer (for) A to do]〈人〉に…してもらいたい ‖ I perfer (for) you to call me up in two hours. 2時間後に電話してくれる方がいいのだが.

**6** [prefer A C]〈人〉〈物〉がCの方がよい ‖ She preferred her milk hot. 彼女はミルクはホットが好きだった.

*if you prefér* その方がよければ.

**pref·er·a·ble** /préfərəbl プレファラブル/ 形 好ましい, ましな《◆もともと比較の意味を含むので, ˣmore preferable としない. most preferable は可》 ‖ His idea is much [ˣmore] **preferable to** mine. 彼の考えは私のよりずっと望ましい. It is **preferable** to make a phone call. 電話をするにこしたことはない.

**pref·er·a·bly** /préfərəbli プレファラブリ/ 副 [文全体を修飾; 接続詞的に] 好んで, むしろ, 希望を言えば, もしできれば.

*__preferernce__ /préfərəns プレファレンス/ 《→ prefer》

——名 (複 ··enc·es/-ɪz/) 1 UC [通例 a ~] 好むこと; 好み, (好みによる)選択, ひいき; C 他よりも好まれる物[人], 好きな物 ‖

**by [for] preference** 好んで, 第一に.

**show a marked preference for [to] a clever child** 利口な子を非常にえこひいきする.

He has no special **preference(s)**. 彼には特別な好みはない.

I **have a preference for** vegetables **over** [**rather than**] meat. 肉より野菜の方が好きだ.

Have you got any **preference between** beef and lamb? 牛肉と子ヒツジの肉のうちどちらがお好きですか.

**2** UC 優先させること; 優先権.

**pref·er·en·tial** /prèfərénʃəl プレフェレンシャル/ 形《正式》優先の, 優先権のある.

*__prefix__ /名 priːfɪks プリーフィクス/ 動 —̠, ((英+)) ≃/ 〖前もって(pre)置く(fix)〗

——名 (複 ~·es/-ɪz/) C **1**〔文法〕接頭辞(↔ suffix).

**2** (人名の前につける)敬称《Mr., Dr. など》.

——動 /-̠, ((英+)) ≃/ (三現 ~·es/-ɪz/) 他 **1**〔文法〕…に接頭辞をつける. **2** …を前に付ける.

**preg·nan·cy** /prégnənsi プレグナンスィ/ 名 (複 ··nan·cies/-z/) UC 妊娠, 妊娠期間.

**preg·nant** /prégnənt プレグナント/ 形 **1** 妊娠している ‖ She is **pregnant**. 彼女は妊娠している《◆ She is expecting. のように遠回しにいうのがふつう》. She is six months **pregnant**. 彼女は妊娠6か月だ.

**2** 《正式》含蓄のある, 意味深長な.

**pre·hen·sile** /priːhénsl プリヘンスル | -saɪl -サイル/ 形〈動物の足・尾などが〉物をつかむことができる.

**pre·his·tor·ic** /priːhɪstɔ́(ː)rɪk(l) プリーヒスト(ー)リク/ 《正式》—·i·cal 有史以前の, 先史時代の.

**prè·his·tór·i·cal·ly** 副 有史以前に.

**pre·judge** /priːdʒʌ́dʒ プリージャヂ/ 動 (現分 ··judg·ing) 他《正式》…について早まった判断をする.

*__prej·u·dice__ /prédʒədəs プレヂュディス/ 〖前もって(pre)判断(judice)〗

——名 (複 ··dic·es/-ɪz/) **1** UC 偏見, 先入観; 毛嫌い; 偏愛, えこひいき ‖

**have a prejudice in favor of** foreign goods 舶来品をひいきする.

**2** U《正式》〔法律〕(予断・偏見による)不利益, 損害, 権利の侵害.

**without préjudice**《正式》偏見なしに.

——動 (三単現 ··dic·es /-ɪz/; 過去・過分 ~d /-t/; 現分 ··dic·ing)

——他 **1** [prejudice A against [in favor of] B] B〈人・物・事〉に対して A〈人〉に(理由なく)偏見を持たせる ‖

Her smile **prejudiced** him **in** her **favor**. 《正式》彼にはにこやかな顔の彼女を好意的に見るようになった.

対話 "Why don't you like him?" "I'm **prejudiced against** anyone who talks about himself or herself all the time."「どうして彼のことが好きじゃないんだ」「いつも自分のことしか話さない人は嫌いなんです」.

**2** …に損害を与える;〈権利など〉を害する, 損なう.

**prej·u·di·cial** /prèdʒədíʃəl プレヂュディシャル/ 形《正式》**1** 不利になる. **2** 偏見を抱かせる.

**prej·u·dic·ing** /prédʒədəsɪŋ プレヂャディスィング/ 動 ▶ prejudice.

**pre·lim·i·nar·y** /prɪlímənèri プリリミネリ | prɪlímənəri プリリミナリ/ 形《正式》予備の, 準備の; 前置きの; (試合で)予選の ‖

a **preliminary** survey 下見.

a **preliminary** examination 予備試験.

——名 (複 ··nar·ies/-z/) C **1** [通例 preliminaries] 予備行為, 準備. **2** 予備試験; (競技の)予選, (ボクシングなどの)前座試合.

**pre·lude** /préljuːd プレリュード/ 名 C《正式》**1** [通例 a ~] 前置き, 前ぶれ, 前兆; (詩などの)導入部.

**pre·ma·ture** /prìːmətjúə(r) プリーマトゥア (プリーマテュア), -tʃúə, -̇| prémətʃə プレマチャ, príː, -mətjúə, -tʃúə/ 形 1 時期尚早の(early). 2 早産の. **prè·ma·túre·ly** 副 早すぎて, 早まって.

**pre·med·i·tate** /priːmédɪteɪt プリーメディテイト/ 動 (現分) --tat·ing) 他 自 (…を)前もって計画[熟慮]する.

**pre·med·i·tat·ed** /prìːmédɪteɪtɪd プリーメディテイティド/ 動 → premeditate. ──形 前もって計画した.

**pre·mi·er** /prímiər プリミア, príːmiər | prémiə プレミア/ 名 [しばしば P~] ⓒ 首相, 総理大臣(prime minister)《◆(1) フランス・イタリア・中国などの首相に対して用いる. ただし prime minister も使われる. (2) その他の国では正式には prime minister だが, 新聞や放送では premier も用いる》.
──形 (正式) 首位の; 主要な.

**pre·mière, --miere** /prímiər プリミア | prémièə プレミエア/『フランス』名 ⓒ (演劇・オペラ・映画などの)初日, プレミエ; 封切り(興行), ロードショー.

**prem·ise** /prémɪs プレミス/ (正式) 名 1 ⓒ 前提, 仮定; (論理) 前提. 2 [~s] 家屋敷, (土地・付属物付きの)建物, 構内, 店舗.

**pre·mi·um** /príːmiəm プリーミアム/ 名 (複 ~s, -mi·a/-miə/) ⓒ 1 賞金, 賞(品); 報奨金, ボーナス; (購買意欲をそそるための)景品. 2 割増(し)金, プレミアム; (米) (貸付金額に対して利子以外に支払う)手数料. 3 (職業訓練などに対する)謝礼, 授業料.

**pre·mo·ni·tion** /prìːmoʊníʃən プリーモウニション/ 名 ⓒ (正式) 予感, 虫の知らせ; 前兆.

**pre·mon·i·to·ry** /priːmɑ́nətɔ̀ːri プリーマニトーリ | -mɔ́nət-, -tɔri/ 形 (正式) 警告の, 前兆の.

**pre·na·tal** /prìːnéɪtl プリーネイトル/ 形 (米式) (英 antenatal) 1 胎児期の, 出生前の. 2 出産前の.

**pre·oc·cu·pa·tion** /prìːɑkjəpéɪʃən プリーオキュペイション/ -ɔk-, -əkjupéɪʃən/ 名 1 ⓤ 没頭, 夢中. 2 ⓒ 夢中にさせるもの, 心配事, 優先事.

**pre·oc·cu·pied** /prìːɑ́kjəpàɪd プリーオキュパイド/ -ɔk-, -オキュパイド/ 形 → preoccupy. ──形 (何かに)夢中になった, 心を奪われている, うわの空の.

**pre·oc·cu·py** /prìːɑ́kjəpàɪ プリーオキュパイ/ -ɔk-, -オキュパイ/ 動 (三単現) --cu·pies/-z/; (過去・過分) --cu·pied/-d/) 他 (正式) 1 …を夢中にさせる ‖
He [His mind] was preoccupied with [by] the thought of going abroad. =He preoccupied himself with the thought of going abroad. 彼は外国へ行くことで頭がいっぱいだった.
2 …を先に占領する, 先に取る ‖
The seat had been preoccupied. その席はすでにふさがっていた.

**pre·or·dain** /prìːɔːrdéɪn プリーオーディン/ 動 他 〈神·運命が〉…をあらかじめ定める, 予定する.

**prep** /prép プレプ/ 『preparation, preparatory, prepare などの短縮語』(略式) 名 1 ⓤ (英) 宿題; 予習(時間). 2 ⓒ (米) =preparatory (school).

**prép schòol** (略式) =preparatory school.

**pre·paid** /prìːpéɪd プリーペイド/ 動 → prepay.
──形 (料金などの)前払いの, 前納の.

**prep·a·ra·tion** /prèpəréɪʃən プレパレイション/ 名 1 ⓤⓒ 準備すること, 準備されていること; 用意; [通例 ~s] (具体的な)支度, 手はず ‖
be in preparation 準備中である.
the preparation of lunch for three persons 3人分の昼食の支度.
make preparations for the journey 旅行の下準備をする.
2 ⓤ 心構え, 覚悟. 3 ⓤ (英式) (寄宿学校の)予習(時間); 宿題. 4 ⓒ (正式) 調整(食)品, 調合剤 [薬], (調理した)料理.

**pre·par·a·to·ry** /prɪpǽrətɔ̀ːri プリパラトーリ/ -tɔri/ 形 1 (正式) 準備の, 予備の; 前置きの. 2 (大学)進学予備の. ──名 (複 --to·ries/-z/) ⓒ =preparatory school.

**prepáratory schòol** (英) (パブリックスクール進学準備の)私立小学校, (米) (大学進学準備の特に寮制の)私立高等学校(preparatory, (略式) prep).

**pre·pare** /prɪpéər プリペア/ 『前もって(pre)用意する(pare). cf. repair』
派 preparation (名), preparatory (形)
──動 (三単現) ~s/-z/; (過去・過分) ~d/-d/; (現分) ~par·ing/-péərɪŋ/)
──他 1 [prepare A for B / prepare B A] a B〈人·物·事〉のために A〈物〉を用意する, 立案する ‖
prepare the ground for planting 植えるために土地の下ごしらえをする.
prepare a news report for the press 新聞の記事を用意する.
b B〈人〉のために A〈食物・薬・製品など〉を作る, 調理 [調合, 製造]する ‖
He is preparing me a meal. 彼は私に食事を作ってくれます.
対話 "Let's go. The movie starts in 20 minutes." "I'm not prepared yet. Wait just a few more minutes." 「さあ行こう. 映画があと20分で始まるよ」「まだ用意ができてないの. もう2,3分待って」.
2 [prepare A for B] A〈人〉に B〈物・事〉の覚悟をさせる, 装備をさせる ‖
prepare him fully for an examination 彼に受験準備を十分にさせる.
prepare oneself for defeat (正式) 敗北の覚悟をする.
She is prepared for whatever might happen. 彼女は何が起こっても心構えはできている.
3 [be prepared to do] …する覚悟ができている, 快く…する ‖
I am prepared to apologize to her. 彼女に謝ってもよいと思っている.
──自 1 準備する, 備える ‖
prepare against a drought 日照りに備える.
prepare for tomorrow's lessons あすの授業の予習をする.

**preparing**

対話 "Why are you studying so much?" "I'm **preparing** for the TOEFL test. It's next week." 「どうしてそんなに勉強しているの」「TOEFL の試験の準備をしているんだ．来週なんだ」．
2 覚悟をする ∥
**prepare for** the worst 最悪の場合への心構えをする．

**pre·par·ing** /pripéəriŋ プリペアリング/ 動 → prepare.

**pre·pay** /prìːpéi プリーペイ/ 動 (過去・過分 pre-paid) 他 …を前払いする．

**pre·pon·der·ance** /pripάndərəns プリパンダランス｜-pɔ́n- -ポンダランス/ 名 ⓤ《正式》(重さ・力などで)まさること, 優勢；[通例 a ~ / the ~ of ...] 圧倒的多数の…, 大半の….

**pre·pon·der·ant** /pripάndərənt プリパンダラント｜-pɔ́n- -ポンダラント/ 形 《正式》重い, まさっている；優勢な；大半の．

**prep·o·si·tion** /prèpəzíʃən プレポズィション/ 名 ⓒ《文法》前置詞(略 prep.).

**prep·o·si·tion·al** /prèpəzíʃənl プレポズィショヌル/ 形《文法》前置詞の ∥
a **prepositional** phrase 前置詞句．

**pre·pos·ter·ous** /pripάstərəs プリパスタラス｜-pɔ́s- -ポスタラス/ 形《正式》不合理な, ばかげた；奇妙な．

**pre·req·ui·site** /prìːrékwəzit プリーレクウィズィト/ 形《正式》不可欠の, 必須の． ── 名 ⓒ 必須条件．

**pre·rog·a·tive** /prirάgətiv プリラガティヴ｜-rɔ́g- -ロガティヴ/ 名 ⓒ《正式》[通例 a ~ / the ~] 特権, 優先権；大権．

**pres·age** 名 présidʒ プレスィッヂ；動＋priséidʒ/《正式》名 ⓒ ⓤ 1 予感, 胸騒ぎ．2 兆候, 前触れ．── 動 (現分 --ag·ing) 他 …を予想[予測]する．

**Pres·by·te·ri·an** /prèzbitíəriən プレズビティアリアン/ 形 [しばしば p~] 長老派の, 長老派教会の ∥
the **Presbyterian** Church 長老派教会．
── 名 ⓒ 長老派教会会員．

**pre·school** 形 /prìːskúːl プリースクール；名 ≠/ 形 就学前の, 学齢前の． ── 名 ⓒ 幼稚園, 保育園．

**pre·scribe** /priskráib プリスクライブ/ 動 (現分 --scrib·ing) 他 1a《正式》[prescribe A to B / prescribe B A]《人》に A《規則など》を指示する, 命令する ∥
the **prescribed** form 所定の用紙
b [prescribe A for B]《事》に対し A《基準・罰など》を規定する ∥
the law which **prescribes** the punishment for this crime この犯罪に対して刑罰を規定する法．
2〔医学〕《医者が》《薬・治療など》を処方する．
── 自 1 規定する, 命令する．2〔医学〕《医者が》処方を書く．

**pre·scrip·tion** /priskrípʃən プリスクリプション/ 名 ⓤ ⓒ 1 規定；命令, 指示 ∥
**prescriptions** for correct usage 正しい語法規則．
2〔医学〕処方(箋(せん))；処方薬 ∥

make up **prescriptions** 処方薬を調合する．
make out a **prescription** 処方箋を書く．

**pre·scrip·tive** /priskríptiv プリスクリプティヴ/ 形《正式》規定する, 命令する；規範的な．

***pres·ence** /prézns プレズンス/ 〖→ present¹〗
── 名 1 ⓤ 存在(すること), いること；ⓤ ⓒ 出席, 列席；同席(↔ absence) ∥
make one's **presence** felt in the political field 政治の分野で自分の存在を知らしめる．
Your **presence** is required at Monday's meeting. 《正式》月曜日の会にご出席ください．
2 [the ~ / one's ~] (人の)面前；(物・事の)そば, 近接；《英》(高貴な人の)御前(ごぜん) ∥
in the **presence** of danger 危険に直面して．
retire from the royal **presence** 御前から退く．
3 ⓤ ⓒ《正式》[形容詞を伴って] (堂々とした)態度, 風采(ふうさい) ∥
a man of noble **presence** 押し出しのりっぱな男の人．
the **presence** of star performers スターの貫禄．
***hàve the présence of mínd to*** do 沈着にも…する．
***the*** [*one's*] ***présence of mínd*** (危急に際しての)平静, 平常心, 落ち着き．

**\*\*pres·ent¹** /préznt プレズント/ 〖「目の前にある」が原義〗派 presently (副), presence (名)

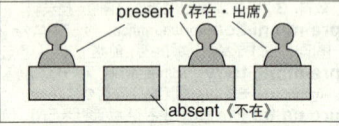

present《存在・出席》
absent《不在》

→ 形 1 出席している　2 現在の　名 1 現在
── 形 1 [通例補語として] 出席している；存在する (↔ absent) ∥
the metal (which is) **present** in ores 鉱石中に含まれる金属．
the members **present** 今出席している人たち《◆ the *present* members は「現会員の人たち」． → 2》．
We were all **present** at the wedding. 私たちは全員結婚式に出席していました．
**Present**(, Sir [Ma'am]). (点呼の返事) はい《◆他に "Yes.", "Here (sir)." など》．
He is still **present** in my recollection [to my mind]. 彼のことがまだ忘れられずにいる．
2 [名詞の前で] [the ~ / one's ~] 現在の, 今の；考慮中の ∥
the **present** subject 今議論されている話題．
Is this your **present** address? これがあなたの現住所ですか．
in the **present** case この場合は．
at the **present** moment 現時点で．
3〔文法〕[通例名詞の前で] 現在(時制)の, 現在形の (↔ past) ∥
the **present** participle 現在分詞．

the present perfect (tense) 現在完了(時制).
──名 **1** [the ~] 現在, 今 ∥
for the present 今のところは, さしあたり.
at present 現在, 目下, 今は.
live in the present 現状に甘んじて暮らす.
(There is) no time like the present. 《ことわざ》今こそ好機に.
**2** UC〔文法〕[the ~] 現在時制(present tense), 現在形.

## ＊pres·ent² /préznt プレズント/ 〖→ present³〗
──名 (複) ~s/-nts/ C 贈り物, プレゼント ∥
buy a pen for a birthday present 誕生日の贈り物にペンを買う《◆儀礼的な贈り物は gift》.
make her a present of a new book = make a present of a new book to her 彼女に新刊書を贈る.
対話 "I've got a present for you." "Why, it's beautiful. Thank you." 「きみにあげたい物があるんだ」「まあ, きれい. ありがとう」.

Q&A Q:「おみやげ」は何と言いますか. また相手にあげるときの言い方など, 上の言い方のほかにありましたら教えてください.
A: (1) 旅先からの「おみやげ」もふつう present といいます. souvenir は旅の思い出として保存しておく記念の品ですから使い方に注意が必要です. ちょっと外出した場合なら I have something for you. (おみやげがあるよ)ぐらいがふつうでしょう.
(2) 贈り手は This is for you. / Here is [I have] a little *present* for you. (これはささやかな物ですが)などと言い, I hope you'll like it [be able to use this]. (気に入って[使って]いただけるとうれしいのですが)などを加えることもあります. もらった側は May I open it? (開けてもいいですか)と言ってその場で包みを開くのが英米でのマナーです.

## ＊pre·sent³ /prizént プリゼント/ 《アクセント注意》《◆ˣプレゼント》〖「物を目の前に差し出す」が原義〗
派 presentation (名)
→ 動他 **1** 贈呈する **2** 提出する **3** 紹介する
**5** 出頭する **6** 示す
──動 (三単現) ~s/-zénts/; 過去・過分 ~·ed /-id/; 現分 ~·ing
──他 **1** [present A (with) B / present B to A] A〈人・団体〉に B〈物〉を贈呈する, 進呈する ∥
He presented a bicycle to me. 彼は私に自転車をプレゼントしてくれた.
She presented the college (with) an endowment. 彼女は大学に寄付をした.
**2** [present B to A / present A (with) B] B〈理論・報告書などを〉(改まって) A〈人〉に提出する, 提案する; B〈論文など〉を口頭発表する ∥
the presented problem 提出された問題.
present a new product to the public 世間に新製品を発表する.
**3** (正式) [present A to B] A〈人〉を B〈目上の人〉に紹介する; …に拝謁(はいえつ)させる; 〈女の子〉を社交界に披露する《♦ introduce がふつう》∥
Ms. Katoh, may I present Dr. Jones? 加藤様, ジョーンズ博士をご紹介します.
**4** 〈会社・製作者などが〉〈劇・番組などを〉上演[放送]する; 〈俳優などに〉出演させる.
**5** (正式) [present oneself] 出頭する; [present itself] 現れる, 起こる(appear) ∥
present oneself at [in] court for trial 公判のため法廷に出頭する.
**6** …を示す, 見せる(show) ∥
This situation presents no difficulties for him. この状況なら彼は困ることなどない.
Falling rocks present a danger to climbers. 落石は登山者にとって危険である.

**pre·sent·a·ble** /prizéntəbl プリゼンタブル/ 形 人前に出せる, 見苦しくない ∥
make oneself presentable 身なりを整える.

## ＊pre·sen·ta·tion /prì:zentéiʃən プリーゼンテイション | prèzəntéiʃən プレゼンテイション/ 〖→ present³〗
──名 (複) ~s/-z/) UC **1** 贈呈, 授与; C (公式の)贈り物, 贈呈品 ∥
(a) presentation of awards to the retiring president 引退する会長への賞の授与.
a presentation gold watch 贈呈金時計.
**2** (承認を認めての)提出, 提示; (計画などの)提案; (論文などの)口頭発表; (番組などの)発表.
**3** (劇・映画などの)上演, 公開.
**4** (公式の)紹介, 披露; (宮廷での)拝謁(はいえつ), 謁見(えっけん); (社交界への)デビュー.

**pres·ent-day** /prézntdéi プレズントデイ/ 形 現代の, 今日(こんにち)の.

**pre·sen·ter** /prizéntər プリゼンタ/ 名 C **1** (英) (テレビ・ラジオの)司会者(anchor). **2** 贈呈者.

**pres·ent·ly** /prézntli プレズントリ/ 副 〖→ present¹〗 **1** (通例文頭・文尾で) 間もなく, やがて ∥
He will be back presently. 彼はもうすぐ戻るでしょう.
**2** (通例文中で) (主に米・スコット) 現在, 目下.

**pres·er·va·tion** /prèzərvéiʃən プレザヴェイション/ 名 U 維持[保存]すること, 貯蔵 ∥
the preservation of one's health 健康保持.
be in excellent preservation 保存がよくできている.

**preservátion òrder** 環境保全命令[条例]; (英) 文化財保護命令[条例].

**pre·serv·a·tive** /prizə́:rvətiv プリザーヴァティヴ/ 形 保存力のある; 防腐用の.
──名 UC (正式) 防腐剤.

## ＊pre·serve /prizə́:rv プリザーヴ/ 〖前に(pre)保つ(serve). cf. con*serve*, re*serve*〗
──動 (三単現) ~s /-z/; 過去・過分 ~d/-d/;

現分 ‑‑serv・ing
— 他 **1** …を保つ, 失わないようにする, 保存する ‖
**preserve** one's calmness 冷静さを失わない.
**preserve** a(n) historic site for our children 子孫のために史跡を保存する.
a well **preserved** old man 若々しい老人.
対話 "I hope they don't destroy that old building." "Yes, it's better if they **preserve** it." 「あの古い建物は取り壊してほしくないなあ」「うん, 保存してくれるといいんだけど」.
**2** (文) …を守る, 保護する(protect) ‖
May Heaven **preserve** us **from** danger! 神様が危険から身を守ってくださいますように.
**3** 〈食物〉を**保存する**, 保存加工する ‖
**preserve** fruit **with** sugar 果物を砂糖漬けにする.
**preserve** eggs in a refrigerator 卵を冷蔵庫に保存する.
**4** …を禁猟区にする; …の漁(猟)[狩猟]を禁じる.
— 名 **1** ⓒⓤ(やや古)(通例 ~s)(野菜・果物の)砂糖煮, ジャム. **2** [the ~] 禁猟[禁漁]区, 養魚池.

**pre・serv・ing** /prizə́ːrviŋ プリザーヴィング/ 動 → preserve.

**pre・side** /prizáid プリザイド/ 動 現分 ‑‑sid・ing
⊜ (正式) **1** 議長を務める, 座長を務める ‖
**preside at** [**over**] a meeting 会の議長をする.
**preside at** [**over**] a public dinner 公式晩餐(ばんさん)会の主人役を務める.
**2** 統轄する, 主宰する ‖
**preside over** a funeral service 葬儀委員長を務める.
**preside over** a literary salon 文芸サロンをとりしきる.

**pres・i・den・cy** /prézədənsi プレズィデンスィ/ 名 (複) ‑‑den・cies/-z/) ⓤⓒ **1** (正式) [通例 the ~] 大統領[社長, 学長]の職[任期]. **2** [しばしば the P~] 米大統領の地位[任期].

**\*\*pres・i・dent** /prézədənt プレズィデント/
『「つかさどる人」が原義』
— 名 (複 ~s/-dənts/) ⓒ **1** [しばしば the P~] **大統領** ‖
**President** Lincoln リンカン大統領.
Mr. George Bush was elected **president** of the United States. ジョージ=ブッシュ氏が米国大統領に選ばれた《◆補語で職務・地位などを表す場合は一般に無冠詞》.

事情 米国の大統領は行政府の主席・条約の締結者・軍の最高司令官・国家元首を兼ねる. the Chief Executive ともいう. 呼びかけは Mr. *President* (大統領閣下).

Q&A  *Q* : 米国の大統領選挙の手順を教えてください.
*A* : 以下の4つです. (i) 各党の予備選挙で代議員を選ぶ. (ii) その代議員が全国党大会で大統領候補者を指名. (iii) 一般有権者の投票(popular vote)で, その州の選挙人(州の上下院議員を合わせた数)を決める.   一般投票で勝った党候補者がその州の選挙人の数(electoral vote)を独占する《◆これを winner-take-all political system という》. (iv) こうして決められた50州の選挙人の過半数(270以上)を獲得した候補者が大統領に選出される.

**2** [しばしば P~] (米) (大学の)**学長**, 総長; (英) 学寮長《◆ university 内の college の長. 大学全体の学長は chancellor》‖
He is (the) **president** of this university. 彼はこの大学の学長だ《◆ the がつくと「学長その人」の意》.
**3** [時に P~] **a** (米) (会社・銀行の)**社長**, 頭取, 代表取締役(chairman). **b** (各種協会・組合の)**会長**, 議長; (官庁の)長官, 総裁; (米) (会の)司会者, 座長(英) chairman).
**4** (クラスなどの)総代, 級長; (クラブなどの)部長.

**pres・i・den・tial** /prèzədénʃl プレズィデンシュル/ 形 [時に P~] 大統領(職)の; 総裁[社長, 会長, 学長](の地位)の ‖
a **presidential** year (主に米) 大統領選挙の年.
the **presidential** election 大統領選挙.

**\*press** /prés プレス/『「のしかかる, 重荷を負わす」が原義. cf. com*press*, ex*press*』
派 pressing (形), pressure (名)
→ 動 他 **1** 押す **2** アイロンを当てる **4** 苦しんでいる
⊜ **1** 押す **3** 押し進む
名 **1** 押すこと **4** 切迫 **7** 新聞

— 動 (三単現 ~・es /-iz/; 過去・過分 ~ed /-t/; 現分 ~・ing)
— 他 **1** …をしっかりと**押す**, 押しつける, 圧する ‖
**press down** the lid ふたを押して閉める.
**press** the parts of the machine **out** to check the brakes ブレーキを点検するため機械部品を外に押し出す.
**press** many clothes **in** [**into**] a chest of drawers 多くの衣服をたんすに押し込む.
**press** one's body **up** from the floor からだを床から押し上げる.
**press** one's hands **against** [**on**] the door 戸に手を押し当てる.
**2** …にアイロンを当てる; …をプレスする ‖
**press** the collar **back** アイロンをかけてえりを折り返す.
**press** the wrinkles **out** アイロンでしわを伸ばす.
**press** the pleats **down** アイロンでひだを押さえる.
**3** [**press** A **on** [(正式) **upon**] B] A〈物・考えなど〉を B〈人〉に**押しつける**, 強要する ‖
**press** the gift **on** him 贈り物を無理に彼に渡す.
**4** [be ~ed] **苦しんでいる**, 悩んでいる ‖
be **pressed for** funds 資金がなくて困る.
**5** 〈果物など〉を絞る; 〈汁〉などを絞り出す ‖
**press** (**out**) (the) juice **from** apples リンゴの汁を絞る.
**press** apples **for** cider リンゴを絞ってリンゴ酒を

作る.

**6** 〈押し型に当てて〉…を圧縮する; 〈干し草・綿など〉を押し固める; 〈レコードを〉(原盤から) 複製する.

**7** 〈人を〉抱き寄せる; 〈手などを〉握りしめる ‖
press oneself against him 彼に抱きつく.

**8** (正式) …にしきりに勧める; …にしつこくせがむ; …を急がせる; [press one's way] 押し分けて進む ‖
press the Government for support 政府に支援を強く求める.
press him to go with me 私と一緒に無理に彼を行かせる.
press one's way in through the crowd 群衆の中をぐいと押しのけて進む.

**9** (正式) …を主張する, 強調する.

**10** 〈敵などを〉圧迫する; …を強行する.

── 自 **1** 押す, 押しつける ‖
The crowd pressed together tightly. 群衆はぎゅうぎゅうに押し合った.

**2** アイロンをかける; 〈衣服が〉アイロンがかかる.

**3** 押し進む, 急ぐ; 押し分けて進む ‖
press on with one's journey in spite of the storm あらしにもめげず旅行を強行する.

**4** 押し寄せる, 群がる ‖
A lot of people pressed about the actress. 多くの人々がその女優のまわりにひしめき合った.

**5** 重くのしかかる ‖
Rising prices pressed heavily on the poor. 貧しい人々は物価高の重荷にあえいだ.

**6** 〈時間が〉切迫する; (略式) 〈物・事が〉急を要する.

**7** しつこくせがむ ‖
press (hard) for reforms to be made 改革がなされるように強く求める.

── 名 (複 ~·es/-iz/) **1** C (通例 a ~ / the ~) 押すこと, 押しつけること, 圧迫; 握ること ‖
a press of the hand 握手.
give sb a slight press それを軽く押す.

**2** U C (略式) [しばしば a ~] アイロンをかけること; アイロンのかかった状態 ‖
This dress holds [keeps] a press nicely. この服は折り目がきちんとついている.

**3** U (正式) 押し進むこと, 雑踏; C 群衆, 人込み.

**4** U 切迫, 緊急; 忙しさ; 重圧 ‖
the press of modern life 現代生活のあわただしさ.

**5** C [しばしば複合語で] 圧搾(さく)機 ‖
a trouser press ズボンプレッサー.

**6** C 印刷機; U [しばしば the ~] 印刷, 出版業; [通例 P~] 印刷[発行]所, 出版部 ‖
be in [at] (the) press 印刷中である.
correct the press 校正する.
go to (the) press 印刷に回される.

**7** U (通例 the ~; 集合名詞; 単数・複数扱い) 出版物, (特に) 新聞, 雑誌, 定期刊行物 ‖
release the news to the press そのニュースを新聞に発表する.

**8** U (通例 the ~) 報道機関, 報道[出版]界; [the ~; 集合名詞] 記者.

**préss àgency** (英) 通信社.

**préss bòx** (米) (競技場などの) 新聞記者席.

**préss cònference** 記者会見.

**press·ing** /présiŋ/ プレッシング 動 → press.
── 形 **1** さし迫った, 急を要する ‖
pressing matters 緊急問題.
**2** 〈要求などが〉たっての, 熱心な.

*__pres·sure__ /préʃər/ プレシャ/ [→ press]
── 名 (複 ~s/-z/) **1** U C **a** 押すこと, 押されること; 圧力; 圧縮, 圧搾(さく); 反作用 ‖
a feeling of pressure in one's chest 胸の圧迫感.
population pressure 人口過剰.
**b** (物理) 圧力; (気象) 気圧; (医学) 血圧 ‖
blood pressure 血圧; (略式) 高血圧.

**2** U (精神的な) 圧迫, 重圧; 強制(力) (◆ stress の原因になる外的事情を表す) ‖
pressure from the others 他人からの重圧.
be under pressure to vote for the party その党に賛成投票するように迫られている.
put great pressure on her to tell the truth 事実を述べるように彼女に大きな圧力をかける.

**3** U C 困難, 苦悩; 苦しみ ‖
pressure for money 金詰まり.
be under financial pressure 財政難にある.

**4** C U 切迫, 緊急; (仕事・業務の) 多忙 ‖
the pressures of business 仕事の忙しさ[緊急性].
work well under pressure 時間に追われながらよく働く.

── 動 (現分) ··sur·ing) 他 (主に米) …に圧力をかける.

**préssure còoker** 圧力がま.
**préssure gròup** 圧力団体.

**pres·sur·ize** /préʃəràiz/ プレシャライズ/ 動 (現分) ··iz·ing) 他 **1** [通例 be ~d] (航空機などで) 〈気密室などが〉一定の気圧に保たれている. **2** 〈気体・液体が〉を高圧に置く, 加圧する. **3** (主に英正式) 〈人〉に (…するように) 圧力をかける ((主に米) pressure).

**pres·tige** /prestíːʒ/ プレスティージュ, (英+) prestídʒ/
名 **1** U 名声; 威信, 威厳(げん) ‖
affect one's prestige 威信にかかわる.
lose one's prestige 面子(メンツ)が立たない.
**2** [形容詞的に] 名のある, 一流の ‖
a prestige college 名門大学.

**pre·sum·a·bly** /prizjúːməbli/ プリズーマブリ (プリズューマブリ)/ 副 [文全体を修飾] どうも…らしい, どうも…だと思う, たぶん; もっともらしく ‖
Presumably, the lock is broken. どうも錠は壊れているようだ.

**pre·sume** /prizjúːm/ プリズーム (プリズューム)/ 動 (現分) ··sum·ing) 他 **1a** …を推定する, 仮定する; (略式) …と考える (◆ suppose の方が一般的. 命令文では用いない) ‖
I don't presume (that) he will attend the meeting. 彼がその会に出席するだろうとは思わない.
**b** [I presume で独立して文頭・文中・文尾で] …と思います ‖
She has, I presume, accepted the offer.

彼女はその申し出を承諾したのではないのですか.

**c** (略式) [presume A (to be) C] A〈人・事〉をCと思う, みなす ‖
This picture is **presumed to be** a Picasso. この絵はピカソの作品と推定される.
They **presume** him **to be** dangerous. 彼らは彼を物騒な人間だとみなしている.

**2** 〔正式〕[presume to do] あえて…する, おこがましく…する ‖
I won't **presume to** criticize her performance. 彼女のできばえをずうずうしく非難するつもりはありません.

**pre·sump·tion** /prizʌ́mpʃən プリザンプション/ 名
① 推定, 推測 ‖
I went to the party **on the presumption that** she would be there. 彼女がそこにいるものと予想してパーティーに出かけた.

**2** 確信の理由; 見込み, 可能性 ‖
There is a strong **presumption that** he will be dissatisfied. 彼が満足しないという恐れは十分にある.

**3** ① 〔正式〕ずうずうしさ, 出しゃばり; 厚かましさ ‖
have the **presumption** to say so 生意気にもそう言う.

**pre·sump·tu·ous** /prizʌ́mptʃuəs プリザンプチュアス/ 形 〔正式〕生意気な, おこがましい.

**pre·sup·pose** /priːsəpóuz プリーサポウズ/ 動 (現分) --pos·ing) 他 〔正式〕**1** …を仮定する. **2** …を前提にする.

**pre·tence** /prítens プリーテンス | pritɛ́ns プリテンス/ 名 〈英〉=pretense.

***pre·tend** /priténd プリテンド/ 〖前に(pre)伸ばす(tend). cf. in**tend**, at**tend**〗
── 動 (三単現) ~s /-téndz/; 過去・過分 ~ed /-id/; 現分 ~·ing)
── 他 **1a** …のふりをする ‖
She **pretended** illness. 彼女は仮病を使った.

**b** [pretend to do] …するふりをする; [pretend (that) 節] …ということを装う ‖
She **pretended to be** a student. =She **pretended (that)** she was a student. 彼女は学生のふりをした〈◆〈米略式〉では that の代わりに like も用いられるが, 標準語法ではない〉.
He **pretended not to know** the answer. =He **pretended (that)** he did not know the answer. 彼はその答えがわからないふりをした.

**2** [pretend to be C] Cごっこをする, [pretend (that) 節] …であるというまねをして遊ぶ ‖
Let's **pretend to be** pirates. =Let's **pretend (that)** we are pirates. 海賊ごっこをしよう.

**3** 〔略式〕〔通例否定文で〕[pretend to do] あえて…しようとする ‖
I don't **pretend** to be a financial expert. あつかましくも自分が金融専門家だとは言わない.
── 自 見せかける, ふりをする; まねごとをする ‖
Tom was only **pretending**. トムはとぼけているだけだった.

She **pretends** as though she were rich. 彼女は金持ちのように装う.

〔対話〕 "Jimmy's crying. I think he's sick again." "No, he's not. He's **pretending** so he doesn't have to go to school."「ジミーが泣いてる. またどこか具合が悪いんだろう」「そうじゃないわ. 仮病をつかって学校へ行かなくてすむようにしているのよ」.

〔対話〕 "I do love you. There's no one else for me." "Don't **pretend** so much. I know it's not true."「きみのことが本当に好きだよ. ほかにはだれもいないよ」「そんなみせかけはやめて. 本心でないことはわかっているわ」.

**pre·tend·er** /priténdər プリテンダ/ 名 © 見せかける人, 偽善者.

**pre·tense,** 〈英〉--**tence** /príténs プリテンス/ 名 **1**
① 〔しばしば a ~〕見せかけ, ふり; 口実, 言い訳; 〔通例否定文で〕自任, 自称 ‖
**under (the) pretense of** patriotism 愛国者の仮面をかぶって.
He **made (a) pretense to** know the fact. =He **made (a) pretense that** he knew the fact. 彼はその事実を知っているふりをした.

**2** ① 見え, 見せびらかし; うぬぼれ.

**under [by, on] fálse preténses** 〔法律〕偽りの口実で ‖ I **get** the money **under [by, on] false pretenses** 偽りの口実を設けて金を得る.

**pre·ten·sion** /pritɛ́nʃən プリテンション/ 名 ⓊⒸ 〔正式〕**1** 〔しばしば ~s〕主張(する権利), 要求〈◆正当な場合も不当な場合もある〉; 自負, 自任; 決意, 申し立て ‖
**make no pretension(s) to being [to be]** expert in chess チェスがうまいとうぬばれたりはしていない.

**2** 見せかけ; 気取り ‖
have **pretensions to be [to being]** considered a musician 音楽家気取りのところがある.

**pre·ten·tious** /pritɛ́nʃəs プリテンシャス/ 形 **1** うぬぼれた, 増長した. **2** もったいぶった; 野心的な.

**pre·text** /príːtekst プリーテクスト/ 名 © 言い訳, 弁解, 口実〈◆reason, excuse より堅い語〉‖
**on sóme prétext or óther** 何やかやと言いつくろって.
**find a pretext for** refusing the invitation 招待を断るうまい口実を見つける.

**pret·ti·er** /prítiər プリティア/ 形 → pretty.
**pret·ti·est** /prítiist プリティイスト/ 形 → pretty.
**pret·ti·ly** /prítili プリティリ/ 副 **1** きれいに. **2** 行儀よく, 上品に.
**pret·ti·ness** /prítinəs プリティネス/ 名 Ⓤ きれいさ.

***pret·ty** /príti プリティ/ 〖「悪がしこい(cunning)」が原義〗
── 形 (比較 pret·ti·er, 最上 pret·ti·est) **1** きれいな; かわいらしい〈◆beautiful にくらべ「愛らしさ」に重点がある〉‖
**be (as) prètty as a pícture** とても美しい.

She is a **prétty**, intélligent girl. 彼女はかわいくて頭のよい子だ.
**2** 快い；おもしろい, 楽しい；すてきな, みごとな ‖
a **pretty** story おもしろい話.
a **pretty** voice 快い声.
**3** (略式) [名詞の前で] かなりの, 相当な ‖
a **pretty** sum 相当な金額.
── 副 (略式) [形容詞の前で] かなり, 相当 《◆ very, quite などにより意味は弱い》; たいへん, 非常に ‖
It is **pretty** cold today. きょうはかなり寒い.
対話 "How are you doing?" "**Pretty** well, thank you."「お元気ですか」「とても元気です. どうもありがとう」.
***prétty múch*** [**néarly**] (略式) [動詞・形容詞・副詞の前で] だいたい, ほとんど ‖ I've **pretty much** finished my homework. 宿題をほとんどすませた.

**pre·vail** /privéil プリヴェイル/ 動 (自) (正式) **1** 打ち勝つ, まさる, 優先する(win)《◆ふつう受身にしない》‖
**prevail** against the foe 敵をけちらす.
Truth will **prevail** over falsehood in the end. 結局虚偽より真実の方がものをいうようになる.
**2** 普及する, 流布(る)する, (広く)行なわれている ‖
The custom of exchanging gifts at Christmas still **prevails**. クリスマスに贈り物を交換する習慣は今も残っている.
**3** 説得する《◆受身にできる》‖
**prevail** on him to change his mind 彼を説き伏せて考えを変えさせる.

**pre·vail·ing** /privéiliŋ プリヴェイリング/ 動 → prevail.
── 形 (正式) **1** 広く行き渡る, 一般的な；流行した ‖
a **prevailing** opinion 世間一般の考え.
**2** 支配的な, 優勢な ‖
Green is the **prevailing** color in her room. 緑が彼女の部屋の基調になっている.

**prev·a·lence** /prévələns プレヴァレンス/ 名 U 普及；流行.

**prev·a·lent** /prévələnt プレヴァレント/ 形 (正式) 流布[普及]している, 広く認められる；流行している ‖
a custom **prevalent** among many parts of the country その国の各地でよく見られる風習.

***pre·vent** /privént プリヴェント/ [前に(pre)来る(vent). cf. in*vent*] 派 prevention (名)
── (三単現) ~s/-vénts/; (過去・過分) ~ed/-id/; (現分) ~ing
── 他 **1a** [prevent A from doing] A〈人・事〉が…するのを妨げる ‖
I'll come if nothing **prevents** me. 何事もなければまいります.
Illness **prevented** me from coming to school. 病気のため登校できなかった《◆(1) from を省略して Illness *prevented* me coming to school. というのは (主に英略式). (2) prevent A doing と prevent A from doing との違いについては → stop 他 **3 b**》.
**b** 〈人〉を引き止める；〈事〉を中止させる ‖
The rain **prevented** the baseball game. 雨で野球の試合は中止になった.
**2** …を防ぐ ‖
His quick action **prevented** a fire. 彼の機敏な行動のために火事にならずにすんだ.

**pre·vent·able** /privéntəbl プリヴェンタブル/ 形 予防できる；妨げられる.

**pre·ven·tion** /privénʃən プリヴェンション/ 名 U 予防, 防止；予防するもの；防止策；予防薬 ‖
by way of **prevention** 予防のために.
a **prevention** against colds かぜの予防薬.
The **prevention** of illness is better than its cure. (ことわざ) 病気の予防は治療にまさる.

**pre·ven·tive** /privéntiv プリヴェンティヴ/ 形 (正式) 予防の, 防止する；妨げる.

**pre·view** /príːvjuː プリーヴュー/ 名 C **1** 下見, 下調べ. **2** (映画の)試写(会)；(劇の)試演. **3** (米) (映画・テレビの)予告編. ── 動 他 〈劇・映画など〉の試演[試写]を見る[見せる].

***pre·vi·ous** /príːviəs プリーヴィアス/ [前の(pre)道で(vious). cf. de*vious*] 派 previously (副)
── 形 [名詞の前で] (時間・順序が) 前の, 先の, 以前の(↔ following) 《◆ earlier より堅い語》‖
the **previous** owner of the house その家の前の持ち主.
I have a **previous** engagement. 私には先約がある.
He asked me if I had called him up **the previous** night. 前の晩に電話をくれたかいと彼は私に尋ねた(=He said to me, "Did you call me up last night?").
***prévious to*** A (正式) …より前に[の] ‖ The accident happened **previous to** my arrival. その事故は私が来る前に起こった.

**pre·vi·ous·ly** /príːviəsli プリーヴィアスリ/ 副 以前に；前もって ‖
She said she knew me but I hadn't seen her **previously**. 彼女は私を知っていると言ったが, 私はそれ以前に彼女を見たことはなかった.

**pre·war** /príːwɔ́ːr プリーウォー/ 形 戦前の(↔ postwar).

**prey** /préi プレイ/ (同音 pray; 類音 p/ay/plèi/) 名 **1** U [しばしば a ~] えじき, 獲物 ‖
The field mouse **fell (a) prey to** the hawk. =The hawk **made (a) prey of** the field mouse. 野ネズミはタカのえじきとなった.
**2** C [通例 a ~；比喩的に] えじき, 犠牲(者) ‖
be (a) **prey** to fear 恐怖にとらわれている.
**3** U 肉食性, 捕食性 ‖
a beast of **prey** 猛獣.
── 動 (自) (正式) [prey on A] **1** …を捕食する ‖
Weasels **prey on** mice and fowls. イタチはネズミや鳥類を捕食する.
**2** [比喩的に] …を食い物にする；襲い奪う《◆受身にできる》‖
He **preyed on** older people. 彼は老人たちを食い物にした.

**3** …をむしばむ, 苦しめる ‖
A lot of troubles **preyed on** his mind. 彼は多くのもめごとに悩まされた.

## **price** /práis プライス/ 〖「価値, 報酬」が原義. *prize* と同語源〗㊗ priceless (形)

——图 (倻 príc·es/-iz/) **1** © 価格, 値段; 相場, 市価《◆サービス料金は charge, 乗物の料金は fare, かかった費用は cost, 知的専門職への謝礼は fee》; [~s] 物価 ‖

The **price of** the camera is low [×cheap]. =The camera is **low in price**. そのカメラの値段は安い《◆「高い」は high》.

What is the **price of** this cap? この帽子はいくらですか(=How much is this cap?).

**Prices** are going up. 物価が上っている.

I sold the car at a good **price**. 車がうんと高値で売れた.

I got the car at [for] a reasonable **price**. 車を適正価格で買った.

> [関連] [いろいろな price] fixed price 定価 / bargain price 割引価格 / cost price 原価 / retail price 小売値 / wholesale price 卸値 / market price 市価 / net price 正価 / cash price 現金価格 / consumer price 消費者物価.

**2** (正式) [a ~ / the ~] 代価, 代償, 犠牲 ‖
**at the price of** one's self-respect 自尊心を犠牲にして.
It's the **price** you have to pay for your laziness. それは君の怠慢に対する償いだ.
*above price* 金では買えないほど貴重な.
*at ány price* (正式) (1) どんな犠牲を払っても, ぜひとも. (2) [否定構文で] どんなことがあっても(…ない).
*at a price* (1) かなりの高値で. (2) かなりの手間ひまをかけて.
*beyond [without] price* 値がつけられないほど貴重な.

——動 (現分) pric·ing) 他 (通例 be ~d)〈商品が〉値段をつけられている; (略式)〈商品の〉値段を調べる[聞く] ‖
The cap **was priced** very high. その帽子はたいへん高い値段がついていた.

**príce wàr** 値下げ[値上げ]競争, 価格競争.

**price·less** /práisləs プライスレス/ 形 金では買えない, 値踏みのできない, たいへん貴重な.

**pric·y** /práisi プライスィ/ 形 =pricy.

**prick** /prík プリク/ 動 他 **1** …をちくりと刺す[突く]; …に刺し傷をつける ‖
She **pricked** her thumb **with** [on] a pin. 彼女は(誤って)ピンで親指を刺した.

**2** …にちくちく[ひりひり]する痛みを与える;〈人〉を(ちくりと)苦しめる ‖
His conscience **pricked** him. 彼は良心の苛責(か しゃく)を感じた.

——图 © **1** (針などで)刺すこと; 刺し傷, 突き傷, 小さな穴 ‖
give a blister a **prick** with a pin ピンで水ぶくれをちくりと刺す.

**2** ちくちくする痛み, うずき; とがめ ‖
the **prick** of conscience 良心の苛責.

**prick·le** /príkl プリクル/ 图 © 〔植〕とげ, いが.
——動 (現分 prick·ling) 他 …をちくりと刺す; …をちくちく痛ませる. 自 ちくちくする.

**prick·ly** /príkli プリクリ/ 形 (比較 --li·er, 最上 --li·est) **1** とげだらけの. **2** ちくちく痛む. **3** (略式) 怒りっぽい.

**pric·y** /práisi プライスィ/, **price·y** 形 (比較 pric·i·er, 最上 pric·i·est) (略式)〈商品・店などが〉高価な ‖
a **pricy** restaurant 高級レストラン.

## **pride** /práid プライド/ 〖「自分をりっぱに思うこと」が本義〗㊗ 形容詞は proud》

——图 **1** Ⓤ 誇り; 自尊心; 満足感, 得意(な気持ち) ‖
proper **pride** 自尊心.
**pride** to climb a mountain 山に登った満足感.
hurt one's **pride** 自尊心を傷つける.
His **pride** couldn't let him tell a lie. 自尊心のために彼はうそをつけなかった.
I tàke [hàve] **príde in** my job. 私は私の職業を誇りにしている(=I feel **proud** about my job.).

**2** Ⓤ うぬぼれ, 思いあがり, 高慢 ‖
false **pride** うぬぼれ.
**pride** of place 高位, 高慢.
act in high **pride** 横柄(おう)にふるまう.
**Pride goes [comes] before destruction [a fall].** (ことわざ) (→ go before (go 成句)).

**3** Ⓤ (文) [通例 the ~ / one's ~] 自慢の種; [the ~] 全盛期, 盛り; 元気 ‖
in the **pride** of one's life 全盛時に.
He is the **pride** (and joy) of his family. 彼は家族の自慢の種だ.

——動 (三現) ~s/práidz/; 過去・過分 prid·ed /-id/; 現分 prid·ing)
——他 [pride oneself] 誇る, 自慢する《◆ be proud of より堅い言い方》‖
He **prides** himself **on** [×of] his swimming. 彼は水泳が自慢だ.

**prid·ing** /práidiŋ プライディング/ 動 → pride.

## **priest** /príst プリースト/ 〖「長老」が原義〗

——图 (倻 ~s/prí:sts/) © 聖職者, 司祭, 牧師, 僧侶《◆女性形は priestess》.

**priest·ess** /príːstis プリースティス/ 图 (倻 ~·es /-iz/) © 女聖職者, 女司祭[牧師]; 尼(あま), 巫女(みこ) 《◆ priest の女性形》.

**priest·hood** /príːsthùd プリーストフド/ 图 Ⓤ (正式) [the ~] 聖職, 僧職; [集合名詞; 単数・複数扱い] 聖職者.

**prim** /prím プリム/ 形 (比較 prim·mer; 最上 prim·mest) **1** しかめつらしい, 堅苦しい; 上品ぶった, とりすました. **2** 型にはまった, きちんとした.

**pri·ma·cy** /práiməsi プライマスィ/ 名 U **1**〔正式〕首位. **2** 大主教の地位.

**pri·mal** /práiml プライムル/ 形〔正式〕**1** 初期の, 原始の. **2** 最も重要な.

**pri·mar·i·ly** /praimérəli プライメリリ, 〔英＋〕práimərəli/ 副〔正式〕**1** 第一にして, 何よりもまず. **2** 主として.

**pri·ma·ry** /práimèri プライメリ, -məri │ práiməri プライマリ/ 形 **1**〔正式〕第一位の; 主要な; 最も重要な《◆secondary（第2の）, tertiary（第3の）, quaternary（第4の）と続く》‖
be of **prímary** impórtance 最も重要である.
**2** 最初の, 初期の; 原始的な, 原始時代の ‖
the **primary** forest 原始林.
the **primary** stage of civilization 文明の初期の段階.
**3** 本来の, 元来の; 根本の, 根本的な ‖
the **primary** meaning of a word 単語の原義.
**4**〈学校などか〉初級［初歩, 初等］の.
——名（複）**-ries** /-z/）C =primary election.
**prímary cáre**〔医学〕初期手当（↔ aftercare）.
**prímary cólor** 原色《◆光の三原色は赤・緑・青, 絵具の三原色では赤・黄・青》.
**prímary educátion** 初等教育.
**prímary eléction**（米）予備選挙.
**prímary schòol**（英）（前期）小学校《◆小学校の前期課程（→ school 囲み［米国・英国の学校制度］）》.

**pri·mate**¹ /práimət プライマト, -meit/ 名〔しばしばP～〕 C〔アングリカン〕大主教;〔カトリック〕首座大司教.

**pri·mate**² /práimeit プライメイト/ 名（複）**-ma·tes** /-mèitiːz/ C〔動〕霊長類の動物;〔~s〕霊長目.

**prime** /práim プライム/ 形 **1** 最も重要な, 主要な, 最高位の ‖
my **prime** concern 私の最大の関心事.
**2** すばらしい, 最良の;〈食料品が〉極上の, 第1級の;（米）〈肉が〉極上の(→ standard 形）‖
a **prime** cut of meat 極上の肉ひと切れ.
the **prime** time for planting 木を植えるのに最もよい季節.
**3** 最初の; 根本的な ‖
the **prime** cause of famine 飢饉(ｷﾝ)の根本の原因.
——名 U **1**〔正式〕〔通例 the ~ / one's ~〕最高の［脂がのり切った］状態; 全盛期; 青春 ‖
in the **prime** of youth 青春期に.
past one's **prime** 盛りを過ぎて.
in one's **prime** 働き盛りで.
**2** U〔文〕〔通例 the ~〕最初の段階, 初期; 春 ‖
in the **prime** of the year 春に.
**príme mínister** 総理大臣（→ premier 名）.
**príme númber**〔数学〕素数.
**príme ràte**（米）〔経済〕プライムレート, 最優遇貸出し金利.
**príme tíme**（ラジオ・テレビの）最も視聴率の高い時間帯, ゴールデンアワー《ふつう午後7時から10時まで. ×golden hour とはいわない》.

**prim·er** /prímər プリマ │ práim- プライマ/ 名 C 初歩読本; 入門書, 手引き.

**pri·me·val** /praimíːvl プライミーヴル/ 形〔文〕原始（時代）の; 太古の.

*__**prim·i·tive**__ /prímətiv プリミティヴ/〔『最初の』が原義. cf. *primary*, *prime*〕
——形 **1**〔通例名詞の前で〕原始（時代）の; 太古の; 初期の ‖
a **primitive** man 原始人.
**2** 原始的な, 未開の; 単純な; 旧式で不便な ‖
**primitive** tools 素朴な道具.
**3** 根本の, 根源の, 基本となる.

**prim·i·tive·ly** /prímətivli プリミティヴリ/ 副 **1** 原始的に, 素朴に. **2** 元来.

**prim·rose** /prímrouz プリムロウズ/ 名 C〔植〕サクラソウ（の花）.

*__**prince**__ /príns プリンス/〔『最初の(pri)地位をとる人』が原義. cf. *principal*, *primary*〕
——名（複）**princ·es** /-iz/;〔女性形〕**prin·cess**）C
**1**〔しばしばP～〕王子, 親王 ‖
the **Prince** of Wales 英国皇太子.
(as) happy as a **prince** きわめて幸福な.
live like a **prince** ぜいたくな生活をする.
**2**〔しばしばP～〕（公国・小国の）公, 君主.
**3**〔文〕[a ~ / the ~]（男性の）第一人者, 大家 ‖
He is a **prince** of novelists. 彼は文壇の第一人者だ.

**prince·ly** /prínsli プリンスリ/ 形〔正式〕**1** 王子の, 王侯にふさわしい. **2** 威厳のある;〈金額などが〉相当な.

*__**prin·cess**__ /prínsəs プリンセス │ prinsés プリンセス/〔→ prince〕
——名（複）**~·es** /-iz/）C **1**〔しばしばP～〕王女, 内親王; 親王妃, 妃殿下 ‖
the **Princess** of Wales 英国皇太子妃.
**2**〔しばしばP～〕（英国以外の）公爵夫人.
**3**（女性の）第一人者; たいへん魅力的な女性.
**príncess dréss [gówn, róbe]** プリンセス＝ドレス《細長い布を継ぎ合わせて作ったからだにぴったり合う服》.

*__**prin·ci·pal**__ /prínsəpl プリンスィプル/（[同音] principle）〔『最初の』『第一の』が原義. cf. *prince*〕
——形〔名詞の前で〕主な, 主要な; 最も重要な; 第1位の《◆chief より堅い語》‖
the **principal** cities 主要都市.
What is the **principal** reason for going to school? 学校へ行く第一の理由は何ですか.
——名（複）**~s** /-z/）C **1** 頭(ｶｼﾗ), 支配者; 社長, 会長;〔しばしばP～〕校長;（英）学長.
**2**〔法律〕（代理人に対して）本人; 正犯, 主犯.
**3** U C〔正式〕〔通例 a ~ / the ~〕元金, 元本.

**prin·ci·pal·i·ty** /prìnsəpǽləti プリンスィパリティ/ 名（複）**-i·ties** /-z/）C 公国《prince が支配する国》.

**prin·ci·pal·ly** /prínsəpəli プリンスィパリ/ 副 主に, 主として.

*__**prin·ci·ple**__ /prínsəpl プリンスィプル/（[同音] prin-

cipal)〖「最初の(prin)こと」「初め(beginning)」が原義.cf. *prince*〗
——名 (複 ~s/-z/) **1** Ⓒ 原理, 原則; 公理, 法則‖

the **principle** of relativity 相対性原理.
the **principle** of the thing ものの道理.
first **principles** (すべての基礎となる)第1原理.

**2** ⒸⓊ 主義, 信念; 行動の基準, 根本方針‖
as a matter of **principle** 主義として.
live up to one's **principles** 信念を貫く.
act against one's **principles** 主義に反した行動をとる.

**3** ⒸⓊ 正道, 道義; 高潔, 節操‖
a man of high **principle** 高潔な人.
*in príncipe* 原則として; だいたいにおいて.
*on príncipe* 主義として, 主義に従って, 道義上, 道徳的見地から.
*on the príncipe of* A …という信念[主義]で.
*on the príncipe that* … …だという信念[主義]で.

**print** /prínt プリント/ 動 他 **1** …を印刷する, 活字にする, 出版する, 刊行する‖
Her book of poems has been **printed**. 彼女の詩集が出版された.

**2** …を活字[印刷]体で書く《◆ふつう大文字》‖
Please **print** your name and address. 名前と住所を活字体で書いてください.

**3** …をつける, しるす, 残す; 〈封印・判など〉を押す; …に模様をつける‖
**print** cheese with a trademark チーズに商標をつける.

**4** 〈写真〉を焼き付ける;〈光景など〉を刻みつける‖
**print** off photographs from the negative ネガから写真を焼き付ける.
——自 **1** 印刷する; 出版する.
**2** 印刷を業とする.
**3** 〈紙などが〉印刷される;〈写真が〉焼き付けられる‖
This photo didn't **print** well. この写真は焼き付けがよくなかった.
**4** 活字[印刷]体で書く.

Q&A *Q*: 書類などによく Please print. とありますが, どういうことですか.
*A*:「活字体[印刷体]で書いてください」ということです. 草書体ではわかりにくいことがあるからです. そして大文字で書くのがふつうです.

*print óut* [他]〖コンピュータ〗…を打ち出す, プリントアウトする(cf. printout).
——名 (複 ~s/prínts/) **1** Ⓤ 印刷; 活字(体);(書物の)刷‖
*put* … *into print* …を印刷[出版]する.
The **print** in this book is clear. この本は印刷が鮮明だ.

**2** Ⓒ 《主に米》出版物《新聞・雑誌など》.

語法 「印刷物・プリント」の意では printed material [sheet] がふつう. 授業・講演などで配る「プリント」は handout, copy.

**3** Ⓒ 版画; 複製画; 〔写真〕印画.
**4** Ⓤ 〔紡織〕プリント模様; ⒸⓊ プリント地(で作った服).
**5** Ⓒ 跡, 跡形; 《略式》[通例 ~s] 指紋; 《正式》[通例 a ~ / the ~] 印象, 名残り‖
the **print** of a foot in the dirt 土の上に残っている足跡.
*in print* (1)〈本が〉絶版でない, 入手可能で. (2) 印刷になって, 出版されて‖ *in cold* **print** 活字印刷されて; 変更できない状態で.
*óut of print* 〈本が〉絶版になって.
**printed màtter** 《英》**pápers** 印刷物《◆印刷物のみを郵送する場合料金が安くなるので, 表(ぺ)にこのように書く》.

**print·er** /príntər プリンタ/ 名 **1** 印刷工; 印刷業者. **2** 印刷機; 〔写真〕焼き付け機; 〔コンピュータ〕プリンタ.

**print·ing** /príntiŋ プリンティング/ 動 → print.
——名 **1** Ⓤ 印刷(術); 印刷業.
**2** Ⓒ 印刷物; 刷, 版‖
the second **printing** of the book その本の第2刷.
**3** Ⓤ 〔写真〕焼き付け.
**prínting machìne** [**prèss**] 印刷機.
**prínting òffice** [**hòuse, shòp**] 印刷所.

**print·out** /príntàut プリントアウト/ 名 ⒸⓊ 〖コンピュータ〗印字されたもの, プリントアウト; 出力テープ(cf. print out (print 動 成句)).

**pri·or**[1] /práiər プライア/ 形 《正式》**1**〈時間・順序が〉前の, 先の《◆ previous より優先性を強調》‖
a **prior** engagement 先約.
**2** 優先する, 重要な‖
I have (a) **prior** claim to [on] the prize. 賞を受ける優先権がある.
*príor to* 《正式》…より前に[先に](before).

**pri·or**[2] /práiər プライア/ 名 《(女性形) ~·**ess** /práiəris, pràiəréis/》〔しばしば P~〕Ⓒ 大修道院次長; 小修道院長.

**pri·or·i·tize** /praiɔ́(:)rətàiz プライオ(ー)リタイズ/ 動 (現分) **·tiz·ing**)他 …を優先させる, …に優先順位をつける.

**pri·or·i·ty** /praiɔ́(:)rəti プライオ(ー)リティ/ 名 (複 **·i·ties**/-z/) **1** Ⓤ 先であること, 重要[上位]であること‖
according to **priority** 順番に.
**2** Ⓤ 《正式》優先, 優先権; [形容詞的に] 優先的な‖
give **priority** to reforming the social system 社会制度を改革することに優先権を与える.
Fire engines have **priority** over other vehicles. 消防車が(通行上)他の乗物に優先する.
**3** Ⓒ 優先事項‖
a first [《略式》top] **priority** 最優先事項.
**priórity sèat** (老人・身体の不自由な人などの)優先席.

**pri·o·ry** /práiəri プライアリ/ 名 (複 **·o·ries**/-z/) Ⓒ 小修道院; 修道分院.

**prism** /prízm プリズム/ 名 C【光学】プリズム；分光スペクトル；[~s] スペクトルの色.

**✱pris・on** /prízn プリズン/【「捕えられていること」が原義】派 prisoner (名)
— 名 (複 ~s/-z/) **1** C 刑務所, 監獄(のような所)；拘置所(ﾁｭｳ)《◆(米)では jail がふつう》‖
a state **prison** (米) 州刑務所；政治犯用刑務所.
go to the **prison** to visit her husband 夫の面会に刑務所へ行く.
The school is a **prison** to her. 学校は彼女には刑務所のような所だ.
**2** U 刑務所に入れること[入れられること]；投獄；拘置 ‖
break **prison** 脱獄する.
be in **prison** 服役中である.
cast him in **prison** 彼を投獄する.
go [be sent] to **prison** 入獄する.
come [be let] out of **prison** 出所する.
keep [lay] him in **prison** 彼を拘禁する.
**prison bird** 囚人；常習犯, 前科者.
**prison breaking [break]** 脱獄.

**✱pris・on・er** /príznər プリズナ/ 【→ prison】
— 名 (複 ~s/-z/) **1** C 囚人, 服役囚；前科者.
**2** C U 捕虜(ﾎﾘｮ)；とりこ, とらわれの身 ‖
a **prisoner** of war 捕虜(略) POW.
take [hold, make] him **prisoner** = make a **prisoner** of him 彼を捕虜にする.

**pri・va・cy** /práivəsi プライヴァスィ | prí- プリ-, prái-/ 名 U **1** プライバシー, (他人から干渉されない)自由な私生活；隠遁(ｲﾝﾄﾝ), 独居 ‖
an invasion of **privacy** プライバシーの侵害.
disturb her **privacy** 彼女の私生活を侵害する.
**2** 秘密, 内密 ‖
in **privacy** ひそかに.

**✱pri・vate** /práivət プライヴァト/ **(発音注意)**《◆*プライヴェイト》【「一人の」「他から隔絶された」が原義. cf. *privy*, *deprive*】派 privacy (名)
— 形 (比較 more ~, 時に ··vat・er；最上 most ~, 時に ··vat・est) **1** [通例名詞の前で] 個人に属する, 私的の, 私用の；個人的な, 私的な；非公式の (↔ public) ‖
**Private** (掲示) 一般の方立入禁止.
a **private** letter 私信.
one's **private** property 私有財産.
one's **private** life 私生活.
**2** [名詞の前で] 公職についていない, 平民の；私営の, 私立の ‖
a **private** citizen 一市民.
a **private** educational institution 私立の教育機関.
**3** 秘密の, 内緒(ﾅｲｼｮ)の；非公開の, 内輪の；〈手紙が〉親展の《◆封書の表(ｵﾓﾃ)に Private と書く》‖
Please keep the information **private**. その情報は秘密にしておいてください.
I had a **private** talk with him. 彼と内緒話をした.
**4** ひとりの, 人と交わらない；人目につかない, 静かな ‖
I wish to be **private**. ひとりだけになりたい.

—名 [しばしば P~] C【軍事】兵.
*in **private*** 非公式に, 関係者だけで；人目がないときは；内密に.
**private detéctive [invéstigator, (米略式) éye]** 私立探偵；私服警官.
**private énterprise** 民間企業, 私企業.
**private schóol** (米) 私立学校.
**pri・vate・ly** /práivətli プライヴァトリ/ 副 内密に；非公式に；ひそかに；個人として.
**pri・va・tion** /praivéiʃən プライヴェイション/ 名《正式》
**1** C [通例 a ~ / the ~] 喪(ｿｳ)失；欠如.
**2** U (生活必需品などの)不足, 窮(ｷｭｳ)乏；C 不自由, 困難 ‖
suffer many **privations** いろいろと難儀する.
**priv・a・tize** /práivətàiz プライヴァタイズ/ 動 (現分) ··tiz・ing) 他 …を民営化する(↔ nationalize).
**priv・a・ti・zá・tion** 名 U 民営化.
**priv・i・lege** /prívəlidʒ プリヴィリヂ/ 名 **1** C U (官職・地位の)特権, 特典；[the ~] 国王特権, 大権.
**2** U C [通例 a ~ / the ~] (個人的な)特権, 特典, 恩典；U 特別扱い ‖
grant [give] a **privilege** to him 彼に特典を与える.
have the **privilege** of buying discount seats at special rates 特典として割引の入場券を特別料金で買える.
It is a woman's [lady's] **privilege** (to change her mind).《ことわざ》心変わりは女の常.
**3** C《正式》恩恵, 名誉；利益 ‖
It is a **privilege** to meet you. あなたにお会いできて光栄です《♦ I'm glad to meet you. の改まった言い方》.
**4** U C [通例 the ~] 法的な権利, 基本的人権；特許権 ‖
the **privilege** of citizenship 公民権.
**priv・i・leged** /prívəlidʒd プリヴィリヂド/ 形 特権のある；特別扱いの ‖
the **privileged** clásses 特権階級.
the **privileged** [集合名詞的に] 特権階級の人々.
**priv・y** /prívi プリヴィ/ 形 (比較 ··i・er；最上 ··i・est)《正式》内々関知している；〔法律〕関係する.
— 名 (複 priv・ies/-z/) C【法律】当事者, 利害関係人.
**Prívy Cóuncil** [the ~] 国王諮問機関.

**✱prize**¹ /práiz プライズ/【→ price】
— 名 (複 priz・es/-iz/) **1** U C 賞, ほうび, 賞品, 賞金；景品, (くじなどの)当たり ‖
draw a **prize** in the lottery 当たりくじを引く.
the Nobel **Prize** for physics ノーベル物理学賞.
対話 "She's won first **prize** in an essay contest." "You're kidding!"「彼女がエッセイコンテストで1位になったんだ」「まさか, 冗談でしょう」《◆冠詞をつけない方がふつう》.
**2** C (獲得するために)努力するに価するもの, 目的物；ずばぬけてすばらしいもの ‖
a **prize** of a wife 理想的な妻.

As a secretary she is a prize. 彼女は秘書として申し分がない.

——形 [名詞の前で] **1** 賞品として与えられる ‖
príze mòney 賞金.
a prize cup 優勝カップ.
**2** 受賞した ‖
This is my prize rose. これが私の賞をとったバラです.

——動 (現分) priz·ing) 他 (正式) …を高く評価する.

**prize**[2] /práiz プライズ/ 動 (現分) priz·ing) 他 …をてこで上げる, こじあける.

**prize·fight** /práizfàit プライズファイト/ 名 C プロボクシングの試合.

**pro** /próu プロウ/ 名 (複 ~s) C (略式) [*professional* の短縮語] プロの選手; 専門家, プロ; [形容詞的に] プロの ‖
a golf pro =a pro golfer プロゴルファー.

**prob·a·bil·i·ty** /pràbəbíləti プラバビリティ | prɔ̀bəbíləti プロバビリティ/ 名 (複 -i·ties/-z/) **1** C 見込み, 蓋(がい)然性, 公算, 確率《◆話し手の確信度は certainty, probability, possibility の順に低くなる》 (→ **perhaps**) ‖
Is there any probability that she will succeed? 彼女は首尾よくやれそうですか.
**2** C ありそうなこと, 起こりそうなことがら ‖
The probability is that it will snow tomorrow. あすは雪でしょう.
**3** U (数学) 確率.
*in áll probability* 十中八九, たぶん.

**prob·a·ble** /prábəbl プラバブル | prɔ́bəbl プロバブル/ 形 **1** ありそうな, 起こりそうな, 十分に可能な, ほとんど確実な (↔ improbable) ‖
Its success is possible but hardly probable. その成功は不可能ではないが見込みはほとんどない.
**2** [it is (highly) probable that 節] たぶん…だろう ‖
It is probable that he will fail. 彼はおそらく失敗するだろう.

\***prob·a·bly** /prábəbli プラバブリ | prɔ́bəbli プロバブリ/ 〖→ **probable**〗
——副 [文全体を修飾] たぶん, 十中八九, おそらく (→ **maybe**) ‖
Probably(↘) ǀ she will come. =She will probably come. =She will come probably. 彼女は十中八九来るだろう.
Probably ǀ he can't succeed. =He probably can't succeed. おそらく彼は成功できないだろう《◆文全体を修飾しているので否定語の直後にはおかない》.
対話 "Do you think it will rain in the afternoon?" "Probably." 「午後には雨になると思いますか」「たぶんね」《◆「たぶん降らないでしょう」は "*Probably* not."》.

**pro·ba·tion** /proubéiʃən プロウベイション | prə- プロベイション/ 名 U **1** 試験, 審査.
**2** 試験期間, 見習期間 ‖

two years on probation 仮採用期間2年.
**3** (法律) 保護観察, 執行猶予.

**pro·ba·tion·ar·y** /proubéiʃənèri プロウベイショネリ | prəbéiʃənəri プロベイショナリ/ 形 (正式) 仮採用の, 試用中の; 予備の; 保護観察中の.

**probe** /próub プロウブ/ 名 C **1** 調べるための用具; (医学) 探り針 ‖
use a stick as a probe 棒切れを使って調べる.
**2** 無人観測宇宙船 ‖
a space probe 天体観測衛星.
**3** (正式) [通例 a ~] 調査, 精査.
——動 (現分) prob·ing) 他 **1** (医学) (探り針で) 〈傷など〉を調べる.
**2** …を徹底的に調査する ‖
probe the mud to look for the ring 指輪を捜そうと泥の中を探る.
——自 **1** (医学) (探り針で) 探る. **2** 精密に調べる, 探りを入れる.

\***prob·lem** /prábləm プラブレム | prɔ́bləm プロブレム/ 〖前に(pro)置かれたもの(blem). cf. **emblem**〗
——名 (複 ~s/-z/) C **1** 問題, 疑問, 難問 ‖
solve [×answer] a problem 問題を解く, 問題に答える (cf. answer [×solve] a question 質問に答える).
drop one's problems on him ゴタゴタを彼に押しつける.
the problems of women = women's problems 女性がかかえている問題.
The problem is whether the experiment will come off or not. 問題は実験がうまくいくかどうかということだ.
**2** (略式) [通例 a ~] 扱いにくい [やっかいな, 困った] こと[人].
**3** (数学などの)(テスト)問題, 課題, (数学の)作図題《◆一般のテスト問題は question, 簡単なのは(主に米) quiz》‖
do problems in addition 足し算の問題をやる.

> Q&A **Q**: 数学のテスト問題は problem ということですが, 他の場合はどうですか.
> **A**: 一般のテスト問題は question です. ですから, 「試験問題」はふつう an exam question です.

*Nó próblem (at àll)!* (略式) お安いご用です! かまいませんよ! ‖ 対話 "Can you get me two tickets for the concert?" "No problem." 「コンサートの切符2枚手に入るかな」「大丈夫だ」.
——形 [名詞の前で] 問題のある ‖
a problem drinker 酒ぐせの悪い人.
a problem child 問題児.
a problem bank 問題のある銀行.

**prob·lem·at·ic, -·i·cal** /pràbləmǽtik(l) プラブレマティク(ル) | prɔ̀b- プロブ-/ 形 (正式) 問題のある, 疑問の余地がある; 不確実な; 解決[決定]しがたい; 扱いにくい.

**pro·bos·cis** /proubásis プロウバスィス | -bɔ́s- プロウボスィス/ 名 (複 --ces/-siː/, --ci·des/-sədiːz, -si-/)

**1** (ゾウ・バクなどの)鼻; (昆虫などの)吻(紅). **2** (人間の)長い[大きい]鼻.

**pro·ce·dure** /prəsíːdʒər プロスィーチャ | prəu- プロウ-/ 图 ⓊⒸ 《正式》 **1** 手順, 順序; 処置, 処分; 行動, 行為 ∥

What is your **procedure** in making bread? どういう手順でパンを作りますか.

**2** (法律・議会などの)正式な手続 ∥

legal **procedure** 訴訟手続.

\***pro·ceed** /prəsíːd プロスィード, prou-/ [前へ(pro)進む(ceed). cf. pre*cede*, ex*ceed*] 派 procedure (名), proceeding (名), process (名), procession (名)

—— 動 （三単現） ~s /-síːdz/; （過去・過分） ~ed /-id/; （現分） ~·ing

—— 自 《正式》 **1** 進む, 向かう, おもむく《♦副詞(句)を伴う》∥

Please **proceed** to Gate 3. 《空港アナウンス》3番ゲートへお進みください.

**2 a** [proceed with [to] A] …を(中断後)続ける, …に取りかかる ∥

Let us **proceed** to the election of the committee. 次に委員の選出に移りましょう.

**b** [proceed to do] 次に…し始める ∥

We then **proceeded** to discuss the problem. 我々はそれからその問題を検討し始めた.

**3** 《法律》 手続きする, 処理する; 訴訟を起こす ∥

The actress **proceeded** against the magazine for libel. その女優は雑誌を名誉毀損(茨)で訴えた.

**4** [proceed from A] …から発生する, 起こる, …に起因する ∥

Heat **proceeds** from fire. 火から熱が生じる.

—— 名 [the ~s; 複数扱い] 売上げ高, 収入; 利益, 純益.

**pro·ceed·ing** /prəsíːdiŋ プロスィーディング/ 動 → proceed.

—— 名 《正式》 **1** ⓊⒸ 進行, 続行; 行為, やり方; 処置.

**2** [~s] 議事録; (学会などの)会報 ∥

the **proceedings** from the last meeting 前の会議の議事録.

**3** [~s] 訴訟手続.

\***proc·ess** /práses プラセス | práuses プロウセス/ [→ proceed]

—— 名 （穫 ~·es/-iz/） **1** ⓒ 過程, 工程; 方法, 手順 ∥

What **process** is used in making jam? ジャムはどういう手順で作るのですか.

**2** Ⓤ (時の)経過, 推移; 進行, 進展 ∥

in **process** of time 時がたつにつれて.

Our house is in (the) **process** of being built. 今家を建築中です.

**3** ⓒ (一連の)作用, 変化 ∥

the various **processes** of digestion いろいろな消化作用.

**4** ⓒ 《法律》 訴状, 出頭令状; 訴訟手続き.

—— 動 （三単現） ~·es/-iz/ 他 **1** 〈食品〉を加工(貯蔵)する; …を加工処理する. **2** …を現像する, 焼きつける. **3** 《コンピュータ》 …をコンピュータで処理する.

**prócess(ed) chéese** プロセスチーズ《natural cheeseを加熱殺菌したもの》.

**prócess prínting** 原色製版法.

**prócess shòt** 特殊撮影による画面.

**pro·ces·sion** /prəséʃən プロセション/ 名 ⓒ 行列, 列; Ⓤ (行列の)行進, 前進, (時間の)進行 ∥

a **procession** of ants アリの行列.

a funeral **procession** 葬儀の列.

go in **procession** to one's destination 目的地まで行列して行く.

**pro·ces·sion·al** /prəséʃənl プロセショヌル/ 形 行列の; 行列の際に用いられる.

**pro·ces·sor** /prásesər プラセサ | práu- プロウセサ/ 名 ⓒ 《コンピュータ》 処理装置, プロセッサー ∥

a wórd pròcessor ワープロ.

**pro·claim** /prouklɛ́im プロウクレイム | prəklɛ́im プロクレイム/ 動 他 **1 a** 《正式》 …を宣言する; …を布告する(announce) ∥

**proclaim** war against France フランスに宣戦布告する.

**b** [proclaim A (to be) C / proclaim (that) 節] A〈人・物・事〉が…であると宣言する ∥

**proclaim** him king 公式に彼を王と認める.

**proclaim** him (to be) a traitor =**proclaim** (that) he is a traitor 彼が売国奴だと宣言する.

**2** 《文》 [proclaim A C] A〈人・物〉を C だと(はっきりと)示す, 表す; [proclaim (that) 節] …だと(はっきり)表す ∥

Her pronunciation **proclaimed** her a Scot. = Her pronunciation **proclaimed** (that) she was a Scot. 発音を聞いて彼女がスコットランドの人だとわかった.

**proc·la·ma·tion** /prɑ̀kləmɛ́iʃən プラクラメイション | prɔ̀k- プロクラ-/ 名 **1** Ⓤ 宣言; 公布.

**2** ⓒ 公式発表, 声明書 ∥

issue [make] a **proclamation** 声明を出す.

**pro·cras·ti·nate** /proukrǽstinèit プロクラスティネイト, prou- | prəu- プロウ-/ 動 （現分） ~·nat·ing 《正式》 自 他 (…を)引き延ばす, (…に)手間どる.

**pro·cras·ti·na·tion** /prəkræ̀stinɛ́iʃən プロクラスティネイション, prou- | prəu- プロウ-/ 名 Ⓤ ぐずぐずすること; 遅延 ∥

**Procrastination** is the thief of time. 《ことわざ》 遅延は時間盗人; 「思い立ったが吉日」.

**pro·cre·a·tion** /pròukriéiʃən プロウクリエイション/ 名 Ⓤ 産み出すこと, 出産.

**pro·cure** /prəkjúər プロキュア/ 動 （現分） **··cur·ing**/-kjúəriŋ/) 他 《正式》 **1** …を手に入れる, 調達する ∥

**procure** votes 票を獲得する.

**2** [procure A B / procure B for A] A〈人〉に B〈物〉を手に入れてやる ∥

Please **procure** me the first edition of the old book. その古書の初版を手に入れてほしい.

**prod** /prád プラド | prɔ́d プロド/ 動 ⓒ 突く[押す, 刺す]こと; 突き, 刺し.

——動 [過去・過分] prod·ded/-id/; [現分] prod·ding] 他 **1** …を突き刺す, 突く; (突いて)…に穴をあける ‖
prod her arm with his finger 指で彼女の腕をつつく.
**2** …を駆り立てる, せかす ‖
The hunger prodded us to finish quickly. 腹が減ってきたので早く仕上げなければと気がせいた.
—自 突く; せかす.

**prod·i·gal** /prάdigl プラディグル | pr5d- プロディ-/ 形 **1** 乱費する ‖
the prodigal son [child] (悔い改めた)放蕩(終)息子.
**2** 《正式》気前よく与える; 多い, 豊富な.

**pro·di·gious** /prədídʒəs プロディヂャス/ 形 《正式》すばらしい, 感嘆すべき; ひどい《◆ 反語的に用いて》.

**prod·i·gy** /prάdədʒi プラディヂ | pr5d- プロディヂ/ 名 (·i·gies/-z/) C 《正式》**1** 不思議なもの; 驚異. **2** 神童, 天才児.

*__pro·duce__ /動 prədjúːs プロデュース (プデュース); 名 próudjuːs プロデュース | pr5djuːs プロデュース/《前に(pro)導く(duce)出す. cf. in*duce*, re*duce*》
㊙ producer (名), product (名), production (名), productive (形)
——動 [三単現] ··duc·es /-iz/; [過去・過分] ~d /-t/; [現分] ··duc·ing] 他 **1** …を製造する; …を生産する ‖
The factory produces hundreds of motor-cars every week. その工場では毎週数百台の自動車を製造している.
**2** 〈傑出した人物〉を生み出す ‖
He is the greatest physicist that Japan has ever produced. 彼は日本が生んだ最高の物理学者です.
**3** …を産む; 〈乳〉を出す; 〈実〉を実らせる.
**4** 〈文学[芸術]作品〉を創作する; 〈本〉を出版する; 《米》〈映画·劇など〉を製作[上演]する; 《英》〈劇〉を演出する.
**5** 〈証拠など〉を示す, 提出する; 〈物〉を取り出す ‖
She produced a ticket from her pocket. 彼女はポケットから切符を取り出した.
**6** …を引き起こす, もたらす ‖
produce a romantic atmosphere ロマンチックなムードをかもしだす.
Her joke produced a hearty laugh from the audience. 彼女の冗談に聴衆は腹の底から笑った.
——名 /próudu:s | pr5dju:s/ 《分節は prod·uce》Ⓤ [集合名詞]《農》産物; (特に)野菜と果物《◆ 工業生産物はふつう product》‖
agricultural [farm] produce 農産物《crops, milk, eggs など》.

*__pro·duc·er__ /prədjúːsər プロデューサ/ [→ produce]
——名 (複 ~s/-z/) C **1** 《正式》生産者(↔ consumer); 産出地[国]; 製造業者.
**2** 《米》(映画·演劇などの)制作者, 興行主, プロデューサー(cf. director);《英》演出家.

**pro·duc·ing** /prədjúːsiŋ プロデューシング (プデューシング)/ 動 → produce.

*__prod·uct__ /prάdəkt プラダクト, -ʌkt | pr5dʌkt プロダクト/《アクセント注意》《◆ ×プダクト》[→ produce]
——名 (複 ~s/-əkts/) C **1** 製品; 生産物; 産出物 ‖
factory products 工場製品.
natural products 天然の産出物.
**2** (努力などの)成果, 結果, 所産; 創作品 ‖
a product of one's imagination 想像の産物.
**3**《化学》生成物.
**4**《数学》積 ‖
The product of 4 multiplied by 3 is 12. = The product of 4 and 3 is 12. 4かける3は12(4×3 = 12).

*__pro·duc·tion__ /prədʌ́kʃən プロダクション/ [→ produce]
——名 (複 ~s/-z/) **1** Ⓤ 製造, 生産, 産出(↔ consumption); 生産量[高]; Ⓒ 製品, 産物 ‖
the production of video-cassette recorders ビデオの製造.
go into production 生産が始まる.
**2** Ⓤ 創作, 著作; Ⓒ (研究などの)成果, 結果; 創作品. **3** Ⓤ (映画などの)制作, 上演;(劇の)演出 = 制作映画, 上演劇.
prodúction line (大量生産のための)流れ作業.

*__pro·duc·tive__ /prədʌ́ktiv プロダクティヴ/ [→ produce] ㊙ productivity (名)
——形 《正式》**1** 生産的な, 生産力を有する ‖
productive labor 生産的労働.
**2** 〈作家が〉多作の;〈土地などが〉多産の, 豊富に産出する ‖
a highly productive meeting とても実りのある会議.
**3** [補語として] 引き起こす, もたらす ‖
Tobacco-smoke is productive of cancer. タバコの煙が癌(ﾞ)を引き起こす.
**4** 利益をもたらす, 営利的な.

**pro·duc·tiv·i·ty** /pròudʌktívəti プロウダクティヴィティ | pr5dʌktívəti プロダクティヴィティ/ 名 Ⓤ **1** 多産; 多作. **2** 多産性; 生産性, 生産力.

**prof., Prof.** 《略》professor《◆姓名の前で用いる》‖
Prof. John Smith ジョン=スミス教授.

**pro·fane** /prəféin プロフェイン, 《米+》prou-/ 形 《正式》**1** 不敬な, 神を汚(ｹ)す; 下品な ‖
use profane language 口汚い言葉を使う.
**2** 世俗的な; 教養のない.
——動 [現分] ··fan·ing] 他 〈神聖なもの〉を汚す.

**pro·fan·i·ty** /prəfǽnəti プロファニティ/ 名 (複 ··i·ties/-z/) Ⓤ 冒瀆(ｹ), 不敬; Ⓒ [通例 profanities] 罰当たりな言葉[行ない].

*__pro·fess__ /prəfés プロフェス/ 動 [三単現] ~·es /-iz/] 《正式》 他 **1** …を公言する, 明言する; [profess (that) 節] …だと公言する; [profess oneself (to be) C] 自分自身は C だと言い切る ‖
He professed his satisfaction. = He professed (that) he was satisfied. 彼は満足だ

とはっきり言った.
She **professed** herself a patriot. 彼女は自分は愛国者だと公言した.

**2** 〈無知などを〉装う; [profess to do] …するふりをする; [profess to be C / profess (that) 節] …であると称する ‖

**profess** regret 残念そうなふりをする.
I don't **profess** to be a scholar. 自分は学者だなどと生意気なことは申しません.

**3** …を信仰する(と公言する) ‖

**profess** Christianity キリスト教を信仰する.

**pro·fessed** /prəfést プロフェスト/ 動 → profess.
——形 **1** 公言した, 公然の. **2** 宣誓して宗門に入った.

\***pro·fes·sion** /prəféʃən プロフェション/ 〖→ profess〗 派 professional (形)
——名 (複 ~s/-z/) ⓒⓊ **1** (主に知的な)**職業**, 専門職《聖職者・法律家・医師・教師・技術者・著作家など》; (一般に)職業 ‖

teaching **profession** 教職.
His father is a lawyer by **profession**. 彼の父親の職業は弁護士だ.

**2** (正式) 公言, 告白, 宣誓 ‖
make **professions** of loyalty 忠誠を誓う.

\***pro·fes·sion·al** /prəféʃənl プロフェショヌル/ 〖→ profession〗
——形 **1** [通例名詞の前で] 知的職業に従事している, 専門職の; 職業的な, 職業上の(↔ unprofessional) ‖

**professional** education 職業教育.
I'll give you my **professional** advice. 専門家としての助言をします.

**2** くろうとの, プロの ‖
**professional** baseball プロ野球.
a **professional** painter 本職の画家.
turn **professional** プロに転向する.

——名 ⓒ **1** (知的)職業人; (略式) 専門家(はだしの人). **2** 職業選手, プロ, くろうと((略式) pro) (↔ amateur).

**proféssional dóg** 職業犬《警察犬・介護犬・盲導犬など特別の訓練を受けた犬》.

**pro·fes·sion·al·ism** /prəféʃənəlìzm プロフェショナリズム/ 名 Ⓤ 専門家気質(かたぎ), プロ根性; 専門的技術.

**pro·fes·sion·al·ly** /prəféʃənəli プロフェショナリ/ 副 職業[専門]的に.

\***pro·fes·sor** /prəfésər プロフェサ/
——名 (複 ~s/-z/) ⓒ **1** [肩書きとしては P~ …] 教授《◆呼びかけにも用いる》((略) prof., Prof.) ‖
a visiting **professor** 客員教授.
He is a **professor** of English literature at Yale University. 彼はエール大学の英文学教授だ.
**Professor** (Michael) Jones (マイケル=)ジョーンズ教授.

事情 [米英の大学教員制度] 米国の大学では (full) professor (教授)の下は assóciate [ádjunct] proféssor (準教授), assístant proféssor (助教授), instructor (専任講師). 英国の大学は講座制で, その長が professor, その下に reader (助教授), sénior lécturer, lecturer, assístant lécturer (専任講師)がいる.

**2** (米略式) (一般に) 大学の先生; 教師.

**pro·fes·sor·ship** /prəfésərʃìp プロフェサシプ/ 名 ⓒⓊ 教授の職[地位] ‖
be appointed to a **professorship** 教授に任命される.

**prof·fer** /práfər プラファ | prɔ́f- プロファ/ (文) 動 他 …を申し出る.

**pro·fi·cien·cy** /prəfíʃənsi プロフィシェンスィ/ 名 Ⓤ 熟達; 技量 ‖
**proficiency** in English 英語の熟達.

**pro·fi·cient** /prəfíʃənt プロフィシェント/ 形 (正式) 熟達した, 堪能(かんのう)な ‖
a **proficient** programmer 熟練したプログラマー.
She is **proficient** in music. 彼女は音楽に堪能だ.

**pro·file** /próufail プロウファイル/ (アクセント注意) 《◆ ×プロフィール》名 **1** ⓒ 横顔, プロフィール; 側面 ‖
in **profile** 側面からの.

**2** Ⓤⓒ (背景に浮かびあがった)輪郭.

**3** ⓒ (新聞・テレビなどの)人物素描[紹介].

**pro·fil·ing** /próufailiŋ プロウファイリング/ 名 ⓒ プロファイリング《分析に基づき殺人犯などの人物像を作成すること》.

**prof·it** /práfət プラフィト | prɔ́fət プロフィト/ (同音 prophet) 名 **1** Ⓤⓒ 利益, 収益 (↔ loss) ‖
make a **profit** of 20,000 yen on the sale 売却して2万円もうける.
sell one's land at a **profit** 土地を売って利益を得る.

**2** Ⓤ (正式) [比喩的に] 利益, 益, 得 ‖
be to his great **profit** たいへん彼のためになる.
What **profit** is there in doing it? =What is the **profit** of doing it? そんなことをして何の得になりますか.

——動 @ **1** 利益を得る ‖
**profit** from one's investments 投資してもうける.

**2** 得をする, 利する ‖
I have **profited** by your advice. 助言してくださって助かりました.

**3** 〈事が〉役に立つ, ためになる.

**prof·it·a·ble** /práfətəbl プラフィタブル | prɔ́fətəbl プロフィタブル/ 形 **1** 利益をもたらす, もうけになる.

**2** 有益な, ためになる ‖
spend a **profitable** day 有益な1日を過ごす.

**prof·it·a·bly** /práfətəbli プラフィタブリ | prɔ́f- プロフィタブリ/ 副 有利に; 有益に.

**prof·i·teer** /pràfətíər プラフィティア | prɔ́f- プロフィ-/ 名 ⓒ (品不足の時に高く売って)暴利をむさぼる者; 不当利得者.

**pro·found** /prəfáund プロファウンド/ 形 (時に 比較 ~·er, 最上 ~·est) **1** (正式) 深い; [比喩的に] 深

い ‖
a profound sigh 深いため息.
profound despair 深い絶望.
in the **profound** depth of the ocean 大洋の深い海底で.
**2 a** 〈学識・考えなどが〉深い, 深みのある; 感銘深い ‖
a profound remark 深みのある批評.
**b** 難解な, 意味深い ‖
a profound book 難解な本.

**pro·found·ly** /prəfáundli プロ**ファ**ウンドリ/ 副 **1** 深く, 深遠に. **2** 心から.

**pro·fun·di·ty** /prəfʌ́ndəti プロ**ファ**ンディティ/（つづり注意）《◆ ×profoundity》名 Ⓤ（知的・感覚的に）深いこと.

**pro·fuse** /prəfjúːs プロ**フュ**ース/ 形《正式》**1** 豊富な, おびただしい, あふれるような ‖
profuse tears とめどなく出る涙.
**2** 物惜しみしない, 気前よく与える.

**pro·fuse·ly** /prəfjúːsli プロ**フュ**ースリ/ 副 豊富に, 過度に.

**pro·fu·sion** /prəfjúːʒən プロ**フュ**ージョン/ 名《正式》Ⓤ 豊富 ‖
in profusion 豊富に.

**pro·gen·i·tor** /proudʒénətər プロウ**チェ**ニタ| prəu- プロウ-/ 名 Ⓒ《古》**1** 祖先, 親. **2** 創始者, 先駆者.

**prog·e·ny** /prɑ́dʒəni プ**ラ**チェニ| prɔ́dʒ- プ**ロ**チェニ/ 名《文》［集合名詞; 単数・複数扱い］子供たち; 子孫.

**prog·no·sis** /prɑgnóusəs プラグ**ノ**ウスィス| prɔg- プ**ロ**グ-/ 名（複 **-no·ses**/-siːz/）Ⓒ **1**《医学》(病気の)予後《治療後の経過予想》(cf. diagnosis). **2**《正式》予知, 予測.

**\*\*pro·gram**, 《英》**--gramme** /próugræm プ**ロ**ウグラム, 《米+》-grəm/《前もって(pro)書いたもの(gram). cf. tele*gram*》
—— 名（複 **~s**/-z/）Ⓒ **1**（コンサート・競技会・行事などの）**プログラム**;（ラジオ・テレビの）**番組** ‖
My favorite TV **program** is "News Today". 私の一番好きな番組は「ニューストゥデイ」です.
**2** 計画, 予定(表) ‖
make a **program** of [for] the future 将来の計画を立てる.
What is on the **program** today? = What is the **program** for today? きょうの予定はどうなっていますか?
**3**《コンピュータ》プログラム《◆この分野では《英》でも program のつづりがふつう》.
—— 動《英米では時に》 過去・過分 **pro·grammed** /-d/; 現分 **·gram·ming**）他 …のプログラムを作る; …をプログラムに入れる.

**pro·gram·er** /próugræmər プ**ロ**ウグラマ/ 名《米》= programmer.

**\*\*pro·gramme** /próugræm プ**ロ**ウグラム/ 名《英》= program **1, 2**.

**pro·gram·mer**,《米ではしばしば》**--gram·er** /próugræmər プ**ロ**ウグラマ/ 名 Ⓒ **1**（ラジオ・テレビの）番組作成者. **2**《コンピュータ》プログラム作製者.

**pro·gram·ming** /próugræmiŋ プ**ロ**ウグラミング/ 動 → program.
—— 名 **1**（ラジオ・テレビの）番組作成.
**2**《コンピュータ》プログラム作製 ‖
programming language プログラミング言語.

**\*prog·ress** /名 prɑ́gres プ**ラ**グレス| próugres プ**ロ**ウグレス; 動 prəgrés プログ**レ**ス| prəugrés プロウグ**レ**ス/《前方へ(pro)歩く(gress). cf. con*gress*, re*gress*》形 progressive (形)
—— 名（複 **~·es**/-iz/）**1** Ⓤ **進行, 前進**(↔ regress); 進展 ‖
in progress 進行［継続］中で.
the **progress** of earth around the sun 太陽を回る地球の運行.
A snail makes slow **progress**. カタツムリはゆっくり進む.
Little **progress** has been made with the work. その仕事はほとんどはかどっていない.
**2** Ⓤ［しばしば be making progress］**進歩, 発達, 発展, 向上** ‖
the **progress** of science 科学の進歩.
He is màking gréat prógress [ˣa great progress] in English. 彼はめきめき英語の力をつけている.
**3** Ⓤ（時間・事件などの）経過, 推移, 成り行き.
—— 動 /prəgrés/《アクセント注意》《◆分節は pro·gress》三単現 **~·es**/-iz/）自《正式》**1** 前進する; はかどる; 快方に向かう; 経過する ‖
The patient is **progressing** favorably. 患者は快方に向かっている.
**2** 進歩する ‖
She is **progressing** in Chinese. = Her Chinese is **progressing**. 彼女は中国語が上達している.

**pro·gres·sion** /prəgréʃən プログ**レ**ション| prəu- プロウ-/ 名 Ⓤ **1**《正式》［しばしば a ~］進行, 前進.
**2**《正式》進歩, 発達, 発展.
**3** 連続, 継続 ‖
in progression 連続して.

**pro·gres·sive** /prəgrésiv プログ**レ**スィヴ| prəu- プロウ-/ 形 **1** 進歩的な, 前進的な(↔ conservative); 発展する; [P~]《米》進歩党の ‖
an industrious, **progressive** people 勤勉で進歩的な国民.
**2**〈改善などが〉漸進(ぜん)的な.
**3**〈病気が〉進行性の.
**4**《文法》進行形の.
**progréssive fórm**《文法》[the ~] 進行形.
**Progréssive Párty**《米史》[the ~] 進歩党.
**progréssive ténse**《文法》[the ~] 進行形時制(continuous tense).

**pro·gres·sive·ly** /prəgrésivli プログ**レ**スィヴリ| prəu- プロウ-/ 副《正式》漸次(ぜん)に, 次第に.

**pro·hib·it** /prouhíbət プロウ**ヒ**ビト| prəuhíbət プロウ**ヒ**ビト/ 動 他《正式》**1 a**〈法・団体などが〉…を禁止する《◆個人が禁止する場合は forbid》‖

Smoking is **prohibited** in this room. この部屋では禁煙です.
**b** [prohibit A from doing / prohibit A's doing] A〈人〉が…するのを禁止する ‖
Our school **prohibits** us from going [our going] to the movies alone. 我々の学校では1人で映画を見に行くことは禁止されている.
**2**〈人〉が…するのを妨げる ‖
I was **prohibited** from coming by my mother's illness. 母の病気のために来ることができなかった.

**pro・hi・bi・tion** /pròuəbíʃən, pròuhi-/ [名] **1**〔正式〕Ⓤ 禁止; Ⓒ 禁止令. **2** Ⓤ (米) 酒類製造販売禁止; [the P~] (米史) 禁酒法; 禁酒法時代《1920-1933》.
**prohibítion làw** (米) 禁酒法.

**pro・hib・i・tive** /prouhíbətiv | prəu-, brou-/ [形] **1** 禁止するための; 購入を抑制するための. **2** 買えないくらい高い.

**\*proj・ect** [名] prɑ́dʒekt プラ**ヂェ**クト | prɔ́dʒekt プロ**ヂェ**クト; [動] prədʒékt プロ**ヂェ**クト; 〈前方へ(pro)投げ(ject)出す cf. obj*ect*, re*ject*〉
──[名] (複) ~s/-ekts/ Ⓒ **1** 計画; 企画 ‖
form a **project** 計画をたてる.
**2**〈大規模な〉事業〈計画〉, プロジェクト.
**3**〔教育〕研究計画, 学習課題.

──[動] prədʒékt/ 〈◆分節は pro・ject〉 [三単現] ~s/-dʒékts/; [過去・過分] ~ed/-id/; [現分] ~・ing〕

| ⦿他⦿と⦿自⦿の関係 |
|---|
| ⦿他⦿ **5** project A A〈物〉を突き出す |
| ⦿自⦿ A project A〈物〉が突き出る |

──[他]〔正式〕**1 a** …を計画する, 考案する ‖
**project** a visit to Brazil ブラジル訪問を計画する.
**project** a new dam 新しいダムを計画する.
**b**〈水・ガス・ミサイルなど〉を放出[発射]する.
**2** …を表明する.
**3**〈地図〉を投影法で作る.
**4** …を映写[投影]する ‖
The film was **projected** on the wall. 映画が壁に映された.
**5**〈物〉を突き出す, 張り出す.
──[自]〔正式〕〈物〉が**突き出る**, 出っ張る ‖
a sharp rock that **projects into** the lake 湖に突き出ているとがった岩.

**pro・jec・tile** /prədʒéktil/ -tail/ [名] Ⓒ 投射物, 発射体《弾丸・石》; 自動推進体《ロケットなど》.

**pro・jec・tion** /prədʒékʃən/ プロ**ヂェ**クション/ [名] **1** Ⓤ 投射, 発射. **2** Ⓤ Ⓒ〔数学〕投影, 射影; 投与像. **3** Ⓒ 推定; 計画. **4** Ⓒ 突出物.
**projéction bòoth** [(英) ròom] 映写室.
**projéction télevision** 投影型テレビ.

**pro・jec・tor** /prədʒéktər/ プロ**ヂェ**クタ/ [名] Ⓒ 映写機, 投射器.

**pro・le・tar・i・an** /pròuləté(ə)riən/ プロウレ**テ**アリアン/ [名] Ⓒ [形] プロレタリア(の), 無産階級者(の).

**pro・le・tar・i・at, --ate** /pròulətéəriət/ プロウレ**テ**アリアト/ [名] (複 pro・le・tar・i・at) [the ~; 集合的名詞] プロレタリア[無産]階級.

**pro・lif・ic** /prəlífik/ プロ**リ**フィク | prəu-, brou-/ [形] 〔正式〕多産の; 多作の; 豊かな.

**pro・lif・er・ate** /prəlífərèit/ プロ**リ**ファレイト | prəu-, brou-/ 〔現分〕 -at・ing〕〔正式〕[動] **1**〈動植物・細胞など〉が激増する. **2**〔生物〕繁殖する. ──[他] **1**〈動植物・細胞など〉を激増させる. **2**〔生物〕…を繁殖させる.

**pro・logue, (米では時に) --log** /próulɔ(ː)g | prɔ́-, brou-/ [名] Ⓒ **1** [時に P~] 序幕; 序詩, 序詞, プロローグ. **2** 発端.

**pro・long** /prəlɔ́(ː)ŋ/ プロ(ー)ング/ prəu-/ [動] [他] …を延ばす, 長くする ‖
a means of **prolonging** life 寿命を長くする方法.
I will **prolong** my visit till tomorrow. あすまで滞在を延ばします.

**pro・longed** /prəlɔ́(ː)ŋd/ プロ(ー)ングド | prəu-/ [動] → prolong. ──[形] 長引く, 長期の.

**prom** /prɑ́m/ プラム | prɔ́m/ プロム/ [名] 〘promenade の短縮語〙 **1**〔略式〕[しばしば P~] (英) = promenade concert. **2**(英) 遊歩道. **3**(米)《大学・高校などの》卒業記念大ダンスパーティー.

**prom・e・nade** /prɑ̀məné:d/ プラメ**ネ**イド, -ná:d | prɔ̀mná:d/ プロム**ナ**ード/ [名] Ⓒ **1**〔正式〕遊歩, ドライブ; 散歩道, (英)(避暑地などの)海岸遊歩道[場]. **2**(米)(大学・高校の正式の)舞踏会.
**promenáde cóncert** [しばしば P~ C-] (英) プロムナードコンサート.

**Pro・me・the・us** /prəmí:θjuːs/ プロミー**スー**ス, -θiəs | prəu-, brou-/ [名]〔ギリシャ神話〕プロメテウス《天から火を盗んで人間に与えたためゼウスの怒りにふれ, 岩山に縛られてハゲワシに肝臓を食われた》.

**prom・i・nence** /prɑ́mənəns/ プラ**ミ**ネンス | prɔ́m-/ プロミ-/ [名] **1** Ⓤ 目立つこと, 顕著(な); 卓越; 重要 ‖
come into **prominence** 目立つようになる.
bring something into **prominence** 物を目立たせる.
**2** Ⓒ 突出物; 目立つ物[場所].

**prom・i・nent** /prɑ́mənənt/ プラ**ミ**ネント | prɔ́mənənt/ プロミネント/ [形] **1** 突き出た, 突起した ‖
This insect has **prominent** eyes. この昆虫は目が突き出ている.
**2** 目立った, 人目につきやすい ‖
She is **prominent** as a likely candidate for president. 彼女は次の大統領になるだろうとの声が高い.
**3** 卓越した, 有名な; 重要な ‖
occupy a **prominent** position in the government 政府で重要な立場を占める.
**próm・i・nent・ly** [副] 目立って, 顕著に.

**prom・is・cu・i・ty** /prɑ̀miskjúːəti/ プラミス**キュー**イティ | prɔ̀m-/ プロミス-/ [名] Ⓤ 混乱(状態), ごたまぜ; 乱交.

**pro・mis・cu・ous** /prəmískjuəs/ プロ**ミ**スキュアス/ [形] **1**〔正式〕乱交の. **2** ごたまぜの. **3**〔正式〕乱雑な.

## **prom·ise** /práməs プラミス | prɔ́məs プロミス/ 〖前方へ(pro)送る(mise). cf. *mission*〗

派 promising (形)

——名 (複 ~·es /-iz/) **1** C 約束, 契約(→ appointment **2**) ‖

make a promise 約束する.

keep a [one's] promise 約束を守る.

break a [one's] promise 約束を破る.

Mr. Kida gave me his promise to be here at 7 o'clock. = Mr. Kida gave me his promise that he would be here at 7 o'clock. 木田氏は7時にここに来ると私に約束した《◆ ×... made me his promise ... としない》.

Promises promises! 《略式》また君の「約束」が始まった《◆ 皮肉な言葉》.

**2** C 約束したこと[物].

**3** U 有望, 見込み, 期待;(春などの)徴候, きざし ‖

He is a pitcher of great promise. = He shows great promise as a pitcher. = He shows great promise of becoming a pitcher. 彼はたいへん有望な投手だ.

——動 (三単現 --is·es /-iz/; 過去・過分 ~d/-t/; 現分 --is·ing)

——他 **1a** [promise (A) B / promise B (to A)] (A〈人〉に) B〈物・事〉を**約束する** ‖

She promised me her help. = She promised her help to me. 彼女は手を貸すと私に約束した《◆ 受身は I was *promised* her help. =Her help was *promised* me.

**b** [promise (A) to do] (A〈人〉に)…すると約束する; [promise (A) (that) 節] (A〈人〉に)…であると約束する ‖

I promise (you) (that) I won't be late for dinner. =I promise (you) not to be late for dinner. 夕食に遅れないようにきっと帰ってきますよ.

**2** 《正式》…する見込みがある;…の前兆になる ‖

He promises to be a great poet. 彼は大詩人になれそうだ.

The clouds promise rain. この雲行きでは雨になりそうだ.

——自 **1** 約束する ‖

対話 "Will you buy me a new bike?" "I promise." 「新しい自転車を買ってくれますか」「約束するよ」.

**2** 見込みがある, 望みがある, 有望である ‖

It promises well [fair]. それはうまくいきそうだ.

She promises well as an actress. 彼女は女優として前途洋々だ.

**I (can) prómise you.** (↘) 《略式》[文頭・文尾で] 確かに, 本当に, きっと;と言っておきますが, お断りしておきますが ‖ I won't do it again, I promise you. 本当にそんなことは二度といたしません《◆ *Promise.* / I *promise.* ともいう》.

**prom·is·ing** /prámǝsiŋ プラミスィング | prɔ́mǝsiŋ プロミスィング/ 動 → promise.

——形 前途有望な, 見込みのある, 期待できる;うまく行きそうな;〈天気が〉よくなりそうな(↔ unpromising) ‖

a promising new player 有望な新人選手.

Tomorrow's weather is promising. あすの天気はよくなりそうだ.

**prom·on·to·ry** /prámǝntɔ̀ːri プラモントーリ | prɔ́mǝntǝri プロモンタリ/ 名 (複 --to·ries/-z/) C 岬.

## *pro·mote /prǝmóut プロモウト/ 〖前に(pro)動く(mote) cf. *motion*, re*mote*〗

派 promotion (名)

——動 (三単現 ~s/-ǒuts/; 過去・過分 --mot·ed /-id/; 現分 --mot·ing)

——他 **1** …を促進する, 増進する, 奨励する;…を宣伝販売する ‖

promote peace 平和を促進する.

promote the new sort of toothbrush on television 新しい種類の歯ブラシをテレビで宣伝売り込む.

Moderate exercise promotes health. 適度な運動は健康を増進する.

**2** …を**昇進**させる, 進級させる;《主に英》[promote A (to be) C] C〈人〉を C に昇進させる(↔ demote) ‖

He was promoted to captain [《主に英》(to be) captain]. 彼は大尉に昇進した.

**3** 〈コンサートなど〉を主催する, …の発起人になる.

**pro·mot·er** /prǝmóutǝr プロモウタ/ 名 C (会社設立の)発起人, (スポーツの)興行者, プロモーター.

**pro·mot·ing** /prǝmóutiŋ プロモウティング/ 動 → promote.

**pro·mo·tion** /prǝmóuʃǝn プロモウション/ 名 **1** U C 昇進, 進級(↔ demotion) ‖

She got a promotion and an increase in salary. 彼女は昇進して給料が増えた.

**2** U 助長, (普及)促進. **3** U C 発起, 設立. **4** U C 販売促進(の製品).

**pro·mo·tion·al** /prǝmóuʃǝnǝl プロモウショナル/ 形 販売促進用の, (会社・イベント)宣伝用の ‖

a promotional video プロモーションビデオ.

## **prompt** /prámpt プランプト | prɔ́mpt プロンプト/ 形 **1** 機敏な, 敏速な, すばやい, てきぱきした;時間を守る《◆ quick が行動のすばやさをいうのに対し, prompt は応答や反応のすばやさをいう》 ‖

Be prompt to do what is asked. 頼まれたことはすぐにやりなさい.

He was prompt in his response. =He made a prompt response. 彼はすばやく返答した.

**2** 〔商業〕即時(払い)の.

——名 C 刺激するもの;思い出させるもの;(俳優の)せりふ付け(役) (prompter);〔コンピュータ〕プロンプト《データの入力待ちの状態にあることをユーザーに知らせる記号》.

——副 《略式》[時刻を示す語の前・後で] ちょうど, きっかり ‖

prompt at 3 o'clock =at 3 o'clock prompt ちょうど3時に.

—動 他 1 …を刺激する；…をかり立てる ‖
What prompted you to come? あなたはどうして来る気になったのですか.
2 …を引き起こす, 誘発する.
3〈俳優〉にせりふを教える [思い出させる].

**prómpt bòx** プロンプター席《舞台の横 [前] の客席から見えない所にある》.

**prompt・er** /prámptər プランプタ | prɔ́mptə プロンプタ/ 名 C〔演劇〕せりふ付け (役), プロンプター (prompt).

**prompt・ly** /prámptli プランプトリ | prɔ́mptli プロンプトリ/ 副 1 敏速に；即座に.
2 きっかり, ちょうど ‖
We arrived promptly at 6 o'clock. =We arrived at 6 o'clock promptly. 我々はちょうど6時に着いた.

**prom・ul・gate** /prámjəlgèit プラマルゲイト | prɔ́mプロマル-/ 動〈現separated〉-gat・ing 他〈正式〉1〈法律・規則・教義〉を公布する. 2〈信仰・思想など〉を広める, 普及させる.

**prone** /próun プロウン/ 形〔比較〕more ～, 〔最上〕most ～）1 傾向がある；…しがちである ‖
He is prone to colds. 彼はかぜをひきやすい.
We are more prone to make mistakes when we are tired. 疲れている時の方が間違いをしがちだ.
2〈正式〉うつぶせの, 平伏した (↔ supine) ‖
fall prone on the bed ベッドにうつぶせになる.

**-prone** /-proun -プロウン/〔連結形〕[名詞に付けて]「…の傾向がある」「…しがちである」の意の形容詞を作る. 例: injury-prone.

**prong** /prɔ́(:)ŋ プロ(ー)ング/ 名 C（フォーク・シカの角 (ぇ) などの）先のとがった部分 [枝].

***pro・noun** /próunaun プロウナウン/〔『名詞 (noun) の代わりをするもの』が原義〕
—名（複 ～s/-z/）C〔文法〕代名詞.

[関連] interrogative pronoun 疑問代名詞 / personal pronoun 人称代名詞 / possessive pronoun 所有代名詞 / reflexive pronoun 再帰代名詞 / relative pronoun 関係代名詞.

***pro・nounce** /prənáuns プロナウンス/〔『前方に (pro) 言う (nounce)』. cf. announce, denounce〕 派 pronunciation (名)
—動〈三単現〉-nounc・es /-iz/；〈過去・過分〉 ～d/-t/；〈現分〉 -nounc・ing)
—他 1 …を発音する, 言う ‖
How do you pronounce the English "rouge"? 英語の rouge はどう発音するのですか.
He didn't pronounce my name correctly. 彼は私の名前を正しく言えなかった.
The 'b' in 'comb' is not pronounced. comb の b は発音しない.
2〈正式〉…を申し渡す, 宣告する；[pronounce A (to be) C / pronounce (that) 節] A〈人・物など〉が C であると断言する ‖
The judge pronounced a death sentence on her. 裁判官は彼女に死刑を宣告した.
I now pronounce you man and wife. あなたがたが夫婦であることを宣言します《牧師の言葉》.
He pronounced England (to be) in danger. =He pronounced (that) England was in danger. イングランドは危険に直面していると彼は断言した.
—自 1 発音する. 2〈正式〉意見を述べる, 判決を下す.

**pronóuncing dictionary** 発音辞典.

**pro・nounced** /prənáunst プロナウンスト/ 動 pronounce. —形 はっきりした, 目立つ, 顕著 (絽) な.

**pro・nounce・ment** /prənáunsmənt プロナウンスメント/ 名 C〈正式〉意見；宣言；決定, 判決.

**pro・nounc・ing** /prənáunsiŋ プロナウンシング/ 動 → pronounce.

***pro・nun・ci・a・tion** /prənʌnsiéiʃən プロナンシエイション/（つづり・発音注意）《◆ ×pronounciation, ×プロナウンスィエイション〉〔→ pronounce〕
—名（複 ～s/-z/）U C 発音；発音のしかた；[しばしば a ～]（個人の）発音 ‖
Your French pronunciation is good. あなたのフランス語の発音はすばらしい.
'Either' has two pronunciations. either には2つの発音がある.

***proof** /prú:f プルーフ/〔『ためすこと』が原義. cf. re-proof〕〔◆動詞は prove〕
—名（複 ～s/-s/）1 U〔集合名詞〕証拠《◆ evidence を積み重ねた最終的な証拠をいう》, 証明, 立証；C 証拠品 ‖
(a) proof of guilt 有罪の証拠.
as (a) proof of love 愛の印として.
defend a proof of her innocence 彼女の無実を立証しようと弁護する.
demand proof of friendship from [×to] him 彼に友情のあかしを求める.
have some proof against her 彼女に不利な証拠が少しある.
He is living proof. 彼がいい見本だ.
There is no proof that she has made a mistake. =There is no proof of her having made a mistake. 彼女が過ちを犯したという証拠はない.
2 U C 試験, 吟味；品質検査；〔数学〕検算；証明 ‖
put [bring] his plan to the proof =make proof of his plan 彼の計画をためす《◆ test の方がふつう》.
stand a severe proof 厳しいテストに耐える.
The proof of the pudding is in the eating.（ことわざ）プディングの味を確かめるには食べてみることだ；「論より証拠」.
3 U 耐久度；(酒類の) 標準強度 ‖
whiskey above proof 標準強度以上のウイスキー.
4 a U C〔印刷〕[しばしば ～s] 校正刷り (proof sheet(s)) ‖

in [on] proof 校正刷りで.
read [correct, revise] proof(s) 校正をする.

[関連] galley proof (棒組みの)ゲラ刷り / page proof ページごとにまとめた校正刷り / foundry [final] proof 最終校正刷り.

**b** (版画などの)ためし刷り. **c** [写真] ためし焼き.
—[形] **1** [補語として] **耐えられる**, 防ぐ; 抵抗できる, 負けない ‖
She is **proof** against bribery. 彼女にはそでの下は通じない.
This coat is water **proof**. このコートは防水加工してある《◆ *This coat is proof against water. とはいわない》.
**2** 検査ずみの, 保証付きの.

**próof shèet(s)** =proof [名] **4 a**.

**proof·read·er** /prúːfrìːdər プルーフリーダ/ [名] ⓒ 校正係.

**prop** /práp プラプ | próp プロプ/ [名] ⓒ **1** 支柱, つっぱり. **2** 支持者. **3** [ラグビー] プロップ《スクラム最前列両端のフォワード(の一方)》. [図] → rugby.
—[動] (過去・過分) propped/-t/, (現分) prop·ping) ⑯ …を支える, 支持する; …をもたせかける ‖
**prop** the door open with a chair いすでドアをあけたままにしておく.

**prop·a·gan·da** /prɑ̀pəɡǽndə プラパギャンダ | prɔ̀pə- プロパ-/ [名] Ⓤ (主義・思想の)宣伝, 組織的な宣伝活動, プロパガンダ; ⓒ 宣伝機関 ‖
make **propaganda** for a political party 政党の宣伝をする.

**prop·a·gate** /prɑ́pəɡèit プラパゲイト | prɔ́p- プロパ-/ [動] (現分) --gat·ing) [正式] **1** …を繁殖させる, …を増殖させる; [~ oneself] 繁殖する ‖
Flies **propagate** themselves by means of eggs. ハエは卵で繁殖する.
**2** 〈思想など〉を普及させる, 〈病気〉を蔓延(まんえん)させる ‖
Newspapers **propagate** news and ideas. 新聞はニュースや考え方を広める.
—⑥ 繁殖する.

**prop·a·ga·tion** /prɑ̀pəɡéiʃən プラパゲイション | prɔ̀p- プロパ-/ [名] Ⓤ **1** 繁殖, 増殖. **2** (思想の)宣伝, (病気の)蔓延(まんえん).

**pro·pel** /prəpél プロペル/ [動] (過去・過分) pro·pelled/-d/; (現分) pro·pel·ling) ⑯ [正式] …を(機械の力などで)前進させる, 推進する.

**propélling péncil** 《英》シャープペンシル(《米》mechanical pencil).

**pro·pel·ler** /prəpélər プロペラ/ [名] ⓒ 推進器; (飛行機の)プロペラ, (船の)スクリュー.

**pro·pen·si·ty** /prəpénsəti プロペンスィティ | prəʊ-prɒʊ-/ [名] (複 --si·ties/-z/) ⓒ [正式] 生まれつきの傾向, 性癖.

\*prop·er /práp ər プラパ | próp ər プロパ/ 『「自分自身の」「固有の」が原義. cf. ap*propriate*』
(派) properly (副), property (名)
→ [形] **1 適切な　2 正式の　3 固有である**

—[形] (比較) more ~, (最上) most ~) **1** [名詞の前で] **適切な**; [名詞の後で; 補語として] **適した**, ふさわしい; 好ましい, 正しい《◆ fit よりも意味が強い》(↔ improper) ‖
**proper** exercise 適度の運動.
a deed (which is) **proper** to the occasion その場にふさわしい行為.
a **proper** way to live [of living] 正しい生き方.
We need the man (who is) **proper** for the job. その仕事に適した人が必要だ.
This apartment is **proper** to live in. このアパートは住むのに適している.
**2** **正式の**; 礼儀正しい; いやに堅苦しい; [it is proper that A (should) do / it is proper for A to do] 《A〈人〉が…するのは当然である, 礼儀にかなっている》‖
a **proper** man 礼儀正しい人.
**proper** clothes for the ceremony 式典の正装.
It is **proper** that he (should) do so. =It is **proper** for him to do so. 彼がそうするのは当然だ.
**3** (正式) [補語として] **固有である**, 独特である ‖
a building **proper** to Japan 日本に固有の建物.
**4** (略式) [名詞の前で] 本当の, 実際の; (正式) [名詞の後で] 厳密な意味での, 本来の ‖
literature **proper** 純文学.
**5** [文法] 固有の ‖
a **proper** noun 固有名詞.

**prop·er·ly** /prɑ́pərli プラパリ | prɔ́pəli プロパリ/ [副] **1** きちんと, 適切に, 適当に; 上品に, 礼儀正しく ‖
be **properly** welcomed 丁重に歓迎される.
sweep a room **properly** 部屋をきちんと掃除する.
**2** 厳密に, 正確に ‖
**properly** speaking =to speak **properly** 厳密に言えば.
**3** [文全体を修飾] 当然のことながら, 正当に ‖
She is **properly** kind to me. 彼女が私にやさしいのは当然だ.

**prop·er·ty** /prɑ́pərti プラパティ | prɔ́pəti プロパティ/ [名] (複 --er·ties/-z/) **1** Ⓤ [集合名詞] 財産, 資産, 所有物; ⓒ 地所, 不動産 ‖
a man [woman] of **property** (正式) 財産家.
personal **property** 動産.
private **property** 私有財産.
have a small **property** in the suburbs 郊外にわずかな地所がある.
common **property** 共有品; 皆が知っていること.
**2** Ⓤ [しばしば a ~] 所有(権) ‖
**property** in land 土地の所有権.
**3** ⓒ (正式) 特性, 特質 ‖
the **properties** of iron 鉄の特性.
**4** Ⓤⓒ [コンピュータ] プロパティ, 属性.

**proph·e·cy** /práfəsi プラフェスィ | prɔ́f- プロフェス ィ/ [名] (複 --e·cies/-z/) Ⓤⓒ 予言する力; (神意の

伝える)預言；予言《◆(米)では prophesy ともする》‖
a gift of **prophecy** 予言能力.

**proph·e·sy**[1] /práfəsi プラフェスィ | prɔ́f- プロフェスィ/ 名 (複 -e·sies/-z/)《米》=prophecy.

**proph·e·sy**[2] /práfəsài プラフェサイ/ 発音注意《◆*プラフェスィ》動 (三単現 -e·sies/-z/; 過去・過分 -e·sied/-d/) 他 …を予言する；…であると予言する.

**proph·et** /práfət プラフェト | prɔ́fət プロフェト/ 同園 profit) 名《《女性形》は proph·et·ess》 ⓒ **1** 予言者；[the Prophets] (旧約聖書の)預言者[書]；[the P~] イスラム教の教祖, ムハンマド. **2** 代弁者, 提唱者, 先駆者. **3** 物事を予想[予報]する人.

**pro·phet·ic, -·i·cal** /prəfétik(l) プロフェティク(ル) | prəu- プロウ-/ 形 予言[預言]者の；予言的な；予言する.

**pro·pi·tious** /prəpíʃəs プロピシャス/ 形《正式》幸運な, 都合のよい.

*****pro·por·tion** /prəpɔ́ːrʃən プロポーション/ 【部分 (portion)の比較(pro). cf. *portion*】
— 名 (複 ~s/-z/) **1** ⓤⓒ (大きさ・数量の)割合 (↔ disproportion)；[the proportion of A to B] A〈人・物〉と B〈人・物〉との比率‖
The **proportion of** boys **to** girls in this school is three to two. この学校の男女の比率は3対2だ.
**2** ⓤⓒ [通例 ~s] 釣り合い；均衡(ホホ), 調和‖
a girl with fine **proportions** プロポーションのいい女の子.
the door **in proportion to** the room 部屋と調和したドア.
**3** [~s] 大きさ, 広さ, 面積, 規模；大きいからだ‖
a bridge of large **proportions** 巨大な橋.
an economic problem of great **proportions** 大きな経済問題.
**4** ⓒ 部分；割り前, 分け前‖
a **proportion** of the profits 利益の分け前.
I've already done a large **proportion** of my homework. 私はすでに宿題の大部分をすませた.
***in propórtion*** (1) → **2**. (2) 分別をわきまえて.
◇***in propórtion to*** [***with***] **A** …に比例して；…のわりには‖ Men come to know better **in proportion to** their age [as they grow old]. 人は年をとるにつれて分別がついてくる.
***out of propórtion*** (1) 調和していない. (2) 分別をわきまえず.

**pro·por·tion·al** /prəpɔ́ːrʃənl プロポーショヌル/ 形 比例した, 釣り合った《♦ proportionate がふつう》.

**propórtional rèpresentátion** (選挙制度の)比例代表制.

**pro·por·tion·ate** /prəpɔ́ːrʃənət プロポーショナト/ 形《正式》釣り合った, 比例した.

**pro·pos·al** /prəpóuzl プロポウズル/ 名 **1** ⓤⓒ 申し込み；[しばしば ~s] 計画, 案；提案, 提議‖
make [offer] **proposals for** peace 和平の提案をする.
We accepted **a proposal to** repair a road. = We accepted **a proposal that** we (should) repair a road. 道路の修理案を受け入れた.
**2** ⓒ 結婚の申し込み, 求婚‖
He made a **proposal** [*propose*] to her. 彼は彼女にプロポーズした.

*****pro·pose** /prəpóuz プロポウズ/ 【前に(pro)置く (pose). cf. com*pose*, ex*pose*】
派 proposal (名), proposition (名)
— 動 (三単現 -pos·es /-iz/; 過去・過分 ~d /-d/; 現分 -pos·ing)
— 他 **1**《正式》…を提案する；[propose to do / propose doing] …しようと提案する；[propose (to A) that 節] (A に)…しようと提案する《◆(1) that 節の中は《米・英正式》では動詞の原形,《主に英》should,《英略式》直説法. (2) suggest は控え目な提案を示すくだけた語》‖
**propose** a toast to his health 彼の健康を祝して乾杯を提案する.
She **proposed** raising money for unfortunate children. = She **proposed to** raise money for unfortunate children. = She **proposed (that)** we (should) raise money for unfortunate children. 彼女は恵まれない子供たちのために募金しようと提案した.
We are **proposing to** have a meeting tomorrow. 我々は会議をあす開くことを提案している.
She **proposed (to us) that** we (should) start. 彼女は(私たちに)出発しようと提案した(= She said to us, "Let's start.").
**2**《正式》…を企てる；…するつもりである(intend)‖
I **propose** studying abroad some day. = I **propose to** study abroad some day. いつか留学するつもりだ.
**3**《正式》…を指名する‖
**propose** him **as** chairman =《米》**propose for** him to be chairman 彼を議長に指名する.
**4**〈結婚〉を申し込む.
— 自 **1** 結婚を申し込む‖
He **proposed to** her on their second date. 2度目のデートで彼は彼女にプロポーズした.
**2** 申し込む, 提案する；企てる.

**pro·pos·ing** /prəpóuziŋ プロポウズィング/ 動 → propose.

**prop·o·si·tion** /pràpəzíʃən プラポズィション；prɔ̀pəzíʃən プロポズィション/ 名 ⓒ **1** 提案, 発案；計画；(商取引の)申し込み, 条件の提示《♦ proposal よりもはっきりとした条件を示す》‖
a **proposition** to carry it out = a **proposition that** it (should) be carried out それを実行しようという提案.
make him a **proposition** 彼に提案する.
**2** (議論・証明の)陳述, 主張；説；[論理・数学]命題, 定理‖
the **proposition that** God is immortal 神は

**pro·pri·e·tary** /prəpráiətèri プロブライエテリ | -təri -タリ/ 形 **1** 所有者の. **2** 私有財産として所有される. **3** 専売の.

**pro·pri·e·tor** /prəpráiətər プロブライエタ/ 名 C (正式)(企業・ホテル・特許などの)所有者.

**pro·pri·e·ty** /prəpráiəti プロブライエティ/ 名 (複 --e·ties/-z/) **1** Ü (男女・階級間の)作法, 礼儀正しさ. **2** Ü 適当(さ), 妥当性. **3** C [the pro-prieties] 礼儀作法.

**pro·pul·sion** /prəpʌ́lʃən プロパルション/ 名 Ü (正式)推進(力).

**pro·sa·ic** /prouzéiik プロウゼイイク | prəu- プロウ-/ 形 (正式)退屈な, つまらない, 平凡な.

**prose** /próuz プロウズ/ 名 Ü 散文(体) (↔ verse, poetry) ‖

works written in prose 散文体の作品.

**pros·e·cute** /prάsəkjù:t プラセキュート | prɔ́s- プロセ-/ 動 (現分) --cut·ing) 他 **1** (正式)…を遂行する, 行なう ‖

prosecute one's studies 研究を行なう.

**2** …を起訴する ‖

She was prosecuted for stealing. 彼女は盗みのかどで起訴された.

**pros·e·cu·tion** /prὰsəkjúːʃən プラセキューション | prɔ̀s- プロセ-/ 名 **1** Ü [法律] 起訴(手続き), 刑事訴追. **2** [(the) ~; 集合名詞] 検察当局. **3** Ü (正式) 遂行, 実行, 続行.

**pros·e·cu·tor** /prάsəkjù:tər プラセキュータ | prɔ́s- プロセ-/ 名 C **1** [法律] 検察官, 検事. **2** 遂行する人; 経営者.

**pros·pect** /名 prάspekt プラスペクト | prɔ́spekt プロスペクト; 動 prάspekt プラスペクト | prəspékt プロスペクト, prɔ́spekt/ 名 **1** Ü C [通例 ~s] 見込み, 可能性, 見通し; 予想 ‖

There is a good prospect of his getting well [that he will get well]. 彼が全快する見込みは十分ある.

**2** C (正式) [通例 a ~ / the ~] (広い, 遠い)ながめ, 見晴らし, 景色; (家などの)向き ‖

We can have a fine prospect of the sea from the hill. その丘から海がよく見える.

**3** C 顧客になりそうな人, (買ってくれそうな)客; 有望な人[候補者]; (略式)こちらの得になりそうな人.

—— 動 /prάspekt | prəspékt, prɔ́spekt/ 《◆アクセントがあとにくる場合の分節は pro·spect》 自 探し求める, 試掘する.

**pro·spec·tive** /prəspéktiv プロスペクティヴ/ 形 予想される, 将来の; 見込みのある, 期待される ‖

his prospective wife 彼の妻になる人.

**pro·spec·tus** /prəspéktəs プロスペクタス/ 名 (複 ~·es/-iz/) C (学校・ホテルなどの)案内書; (企業の)概要説明書; (新刊書の)内容見本.

**pros·per** /prάspər プラスパ | prɔ́spə プロスパ/ 動 自 (正式) 栄える, 成功する; 利益を得る ‖

Our business is prospering. = We are prospering in business. 我々の事業はうまくいっている.

**pros·per·i·ty** /prαspérəti プラスペリティ | prɔspérəti プロスペリティ/ 名 Ü (正式) 繁栄, (特に金銭上の)成功, 幸運, 幸福 ‖

live in prosperity 豊かに暮らす.

I wish you happiness and prosperity. ご多幸とご成功を祈る.

**pros·per·ous** /prάspərəs プラスパラス | prɔ́spərəs プロスパラス/ 形 (正式) 繁栄している; (経済的に)成功した ‖

a prosperous business 繁盛している商売.

prosperous years 繁栄の時代.

**prós·per·ous·ly** 副 繁栄して; 好都合に.

**pros·ti·tute** /prάstətjù:t プラスティトゥート | prɔ́stitjù:t プロスティテュート/ 名 C 売春婦, 男娼(¹⁄²). —— 動 (現分 --tut·ing) 他 (正式) **1** 〈名誉・才能などを〉(金のために)売る. **2** [~ oneself] 売春する.

**pros·trate** /形 prάstreit プラストレイト | prɔ́s- プロス-; 動 -⊥ -⊥/ (正式) 形 **1** ひれ伏した, 屈服した, 敗北した. **2** 意気消沈した, 疲れ果てた.
—— 動 (現分 --trat·ing) 他 **1** …を倒す; [~ oneself] 身を伏せる, 屈服する. **2** [通例 be ~d] 衰弱する.

**pros·tra·tion** /prαstréiʃən プラストレイション | prɔs- プロス-/ 名 **1** Ü 疲労, 意気消沈. **2** Ü C 身を伏せること. **3** Ü 屈服.

**pro·tag·o·nist** /proutǽgənist プロウタゴニスト | prəu- プロウ-/ 名 C (正式) **1** 主唱者. **2** 指導者. **3** [the ~] (劇・小説の)主人公.

*__pro·tect__ /prətékt プロテクト/ 〖前を(pro)覆う(tect). cf. detect〗 派 protection (名)
—— 動 (三単現) ~s /-tékts/; (過去・過分) ~·ed /-id/; (現分) ~·ing)
—— 他 …を保護する, かばう, 守る; 〖コンピュータ〗〈データ〉を(不正なアクセスなどから)保護する(cf. defend, guard) ‖

protect one's family 家族を守る.

protect him from disease 彼を病気から守る.

protect him against committing a crime 彼に犯罪を犯させないようにする.

I wore sunglasses to protect my eyes from the sun. 太陽から目を守るためにサングラスをかけていた.

**pro·tec·tion** /prətékʃən プロテクション/ 名 **1** Ü 保護, 援護 ‖

protection against cold 防寒.

ask for his protection 彼の保護を求める.

She managed to run away under the protection of darkness. 彼女はやみにまぎれて逃げおおせた.

**2** [a ~] 保護する物[人] ‖

a protection against rain 雨よけ.

**3** Ü 〖経済〗保護貿易制度.

**pro·tec·tive** /prətéktiv プロテクティヴ/ 形 保護する; 守る; 保護貿易の ‖

be in the protective custody 警察に保護され

ている.
**be protective toward** her 彼女をかばう.
**protéctive clóthing** 保護服.
**protéctive cóloring [colorátion]** (動物の)保護色.
**pro·tec·tor** /prətéktər プロテクタ/ 图 C 保護者; 後援者; 保護する装置;【スポーツ】プロテクター ‖
a chest **protector** 胸当て.
**pro·tec·tor·ate** /prətéktərət プロテクタラト/ 图 C 保護国, 保護領.
**pro·tein** /próutiːn プロウティーン/ 图 U C タンパク質.

\***pro·test** /图 próutest プロウテスト; 動 prətést プロテスト/ 『人の前で(pro)証言する(test). cf. attest, contest』
——图 (複 ~s/-tests/) U C 抗議, 異議 ‖
**in protest** (against injustice) (不正に)抗議して.
**enter [make] a protest against** discrimination in hiring 雇用差別に抗議する.
**únder prótest** いやいやながら.
——動 /prətést/ (三単現 ~s/-tésts/; 過去・過分 ~ed; 現分 ~ing)
——他 1《正式》…を主張する, 表明する;[protest (that)節]…だと主張する ‖
The young man **protested** his innocence. = The young man **protested** (that) he was innocent. その若者は自分の無実を主張した.
2《米》…に抗議する, 異議を申したてる ‖
**protest** the war 戦争に反対する.
——自 異議を唱(とな)える, 抗議する ‖
**protest about** the bad food ひどい食事に不満を表す.
**protest against** the use of nuclear weapons 核兵器使用に抗議する.
**Prot·es·tant** /prátistənt プラティスタント | prɔ́t-プロティス-/ 图 C プロテスタント, 新教徒. ——形 新教(徒)の.
**prot·es·ta·tion** /prὰtəstéiʃən プラテステイション | pròutəs- プロウテス-/ 图《正式》1 C 明言, 断言. 2 U 抗議, 異議申し立て.
**Pro·te·us** /próutiəs プロウティアス | -tjuːs -テユース/ 图 1《ギリシャ神話》プロテウス《さまざまに変わる能力を備えた海神》. 2 (複 ~·es/-iz/)[しばしば p~] C 変幻自在の人.
**pro·to-** /próutou- プロウトウ-/ 連結形 最初の, 主要な, 原始の《◆母音の前では prot-》.
**pro·to·col** /próutəkɔːl プロウトカル | próutəkɔl プロウトウコル/ 图 1 U《正式》外交儀礼; 儀礼上のしきたり. 2 C 条約原案, 条約議定書. 3 U 【コンピュータ】プロトコル《コンピュータ間のデータ送受信のための規約》.
**pro·ton** /próutan プロウタン | -tɔn -トン/ 图 C【物理】陽子, プロトン.
**pro·to·plasm** /próutəplæzm プロウトプラズム | próutə- プロウトウ-/ 图 U【生物】原形質.
**pro·to·type** /próutətaip プロウトタイプ | próutə-プロウトウ-/ 图 C 原型; 模範.
**pro·tract** /proʊtrǽkt プロウトラクト, prou- プロウ-/ 動 他《正式》…を長引かせる, 引き延ばす.
**pro·trude** /proʊtrúːd プロウトルード, prou- プロウ-/ 動 (現分 ~·trud·ing) 自《正式》突き出る ‖
**protruding** eyes 出目.
**pro·tru·sion** /proʊtrúːʒən プロトルージョン | prou- プロウ-/ 图 1 U《正式》突出, 隆起. 2 C 突出部, 隆起部.
**pro·tu·ber·ance** /proʊt(j)úːbərəns プロトゥーバランス (プロテューバランス), prou-プロウ-/ 图 1 C 突起物, こぶ, はれ物. 2 U 突起, 隆起.

\***proud** /práud プラウド/ 『→ pride』
派 **proudly** (副)
——形 (比較 ~·er; 最上 ~·est) 1 誇りをもっている, 誇り高い, 自尊心のある, 得意な;[述語として]誇りとしている; 自慢する, 光栄に思う ‖
I'm **proud of** you. よくやったね, でかして;(君は)偉いね, たいしたもんだ.
I am **proud of** his honesty. = I am **proud (that)** he is honest. 彼が正直なので私は鼻が高い.
We are **proud to** have you come to see us. お越しいただいて光栄です.
He is **proud of** having married her. 彼は彼女と結婚したのを誇りにしている.
2 いばる, うぬぼれた, 思い上がった, 高慢な(↔ humble) ‖
I have never seen a **proud** man like that. あのような高くとまった人を見たことがない.
3《正式》[名詞の前で] 誇れる, 満足させる; 見事な, 堂々とした ‖
a **proud** ship 堂々とした船.
**proud·ly** /práudli プラウドリ/ 副 1 誇らしげに, 得意げに ‖
I walked **proudly** down the aisle. 得意げに通路を歩いた.
2 高慢に, いばって, うぬぼれて. 3 堂々と.

\***prove** /prúːv プルーヴ/ 『『テストする』が原義. cf. appróve, repróve』 派 **proof** (名)
——動 (三単現 ~s/-z/; 過去 ~d/-d/; 過分 ~d または《米・英文・スコット》prov·en/prúːvn/; 現分 prov·ing)
——他 1 [prove A (to B)] 《人に》 A《事》を証明する; [prove (that) 節 / prove wh 節] …ということを立証する; [prove A (to be) C] A《人・物》が C であるとはっきり示す ‖
**prove** one's innocence 無罪を立証する.
**prove** oneself (**to be**) right 自分が正しいことを示す.
She **proved** it (**to be**) false. = She **proved** (**that**) it was false. 彼女はそれがうそであることを証明した.
Can you **prove** (**to** the police) **when** you met him? 彼にいつ会ったかを(警察に)証明できますか.
2 …をためす, (化学的に)分析する ‖

prove gold 金の品質を検査する.
prove a new gun 新しい銃を試射する.
3 〔法律〕 …の真偽を示す.
　——自 [prove (to be) C] C であるとわかる, 判明する, となる ‖
He **proved** (**to be**) honest. 彼が正直だとわかった.

**Pro·vence** /prəváːns プロヴァーンス | prɔvɑ́ːns プロヴァーンス/ 图 プロバンス 《フランス南東部地方. 中世の騎士道と詩で有名》.

**prov·erb** /právərb プラヴァブ | prɔ́vəb プロヴァブ/ 图C ことわざ, 格言; [the Proverbs; 単数扱い]（旧約聖書の）箴(しん)言 ‖
as the proverb goes [runs, says] ことわざにあるとおり.

**pro·ver·bi·al** /prəvə́ːrbiəl プロヴァービアル/ 形 1 ことわざの; (略式) ことわざで述べられた ‖
a proverbial phrase [saying] ことわざ.
2 (略式) 評判の, よく知られた.
**pro·vér·bi·al·ly** 副 ことわざどおりに, みんなが知っているとおり; 一般に.

*__pro·vide__ /prəváid プロヴァイド/ [前もって(pro) 同意する(vide)]
派 provision (名), provided (接)
　——動 (三単現) ~s/-váidz/; (過去・過分) --vid·ed /-id/; (現分) --vid·ing.
　——他 1 …を与える, 用意する; [provide A with B / provide B for A] A〈人・場所〉にB〈必要な物〉を供給する, 備えつける ‖
a car provided with an air conditioner エアコン付きの車.
Cows provide us with milk [milk for us]. 雌牛はミルクを供給する.
2 …と規定する, 定める ‖
The rule **provides** that a driver (should) be fined for speeding. 車の運転者はスピード違反で罰金を科せられると規則に規定されている.
　——自 1 備える ‖
provide for the future 将来に備える.
provide against an accident 事故に備える.
He provided for his old age. 彼は老後の備えをした.
2 必要な物を与える; 養う ‖
provide for oneself 自活する.
provide for a family 家族を養う.
He is well provided for. 彼の生活は何の不自由もない.

**pro·vid·ed** /prəváidid プロヴァイディド/ 動 → provide.
　——接 [時に provided that …] もし…ならば, …という条件で ‖ (◆providing の方が口語的) ‖
I will go, provided (that) the weather is clear. 天気さえよければ行きます.

**prov·i·dence** /právədəns プラヴィデンス | prɔ́v- プロヴィ-/ 图 1 [しばしば P~] U 〔宗教〕 [しばしば a ~]（神の）摂理, 神意. 2 [P~] 神(God).

**prov·i·den·tial** /pràvədénʃl プラヴィデンシャル | prɔ̀v- プロヴィ-/ 形 (正式) 1 神の, 神意による. 2 幸運な; 好時期の.

**pro·vid·er** /prəváidər プロヴァイダ/ 图C 1 供給[準備]する人. 2 〔コンピュータ〕（インターネットの）プロバイダー, 接続業者.

**pro·vid·ing** /prəváidiŋ プロヴァイディング/ 動 → provide.
　——接 [時に providing that …] もし…ならば, …という条件で ‖
You may leave **providing** (**that**) you have finished your work. 仕事を終えたのなら帰ってよい.

**prov·ince** /právins プラヴィンス | prɔ́vins プロヴィンス/ 《アクセント注意》 《◆プラヴィンス》 图 1 C （行政区画としての）州 《◆特にカナダ・南アフリカの州. 米国の州は state, 英国の州は county》; （中国の）省;（昔の日本の）国 《◆日本・フランスなどの県は prefecture》‖
the **Province** of Quebec (カナダの) ケベック州.
2 [the ~s] （首都・大都市に対して）地方, 田舎(いなか); (英) (London を除く) 全国 ‖
The pop group is now touring the **provinces**. そのポップ=グループは目下地方巡業中だ.
3 U (正式) [通例 the ~ / one's ~] （学問・活動などの）領域, 分野(field); 職分 ‖
That question is outside my **province**. その問題は私の専門外だ.

**pro·vin·cial** /prəvínʃl プロヴィンシャル/ 形 1 州の, 省の ‖
a provincial government 州政府.
2 地方の, 田舎(いなか)の, 地方特有の ‖
provincial customs 地方特有の風習.
3 田舎くさい; 粗野な ‖
a provincial point of view 視野の狭い見解.

**prov·ing** /prúːviŋ プルーヴィング/ 動 → prove.

**pro·vi·sion** /prəvíʒən プロヴィジョン/ 图 1 UC 用意, 対策 《◆ preparation より堅い語》; 供給; 支給量, 用意された物; 貯蔵品 ‖
make provision for the future 将来に備える.
2 [~s] 食糧, 食料 《◆food より堅い語》‖
run out of provisions 食糧がなくなる.
3 C 〔法律〕 規定, 条項.

**pro·vi·sion·al** /prəvíʒənl プロヴィジョヌル/ 形 (正式) 一時の, 暫定(ざんてい)的な; 条件つきの.

**pro·vi·so** /prəváizou プロヴァイゾウ/ 图 (複 ~s, (米) ~es) C （正式）但(ただ)し書き, 条件 ‖
with the proviso that … …という条件で.

**prov·o·ca·tion** /pràvəkéiʃən プラヴォケイション | prɔ̀v- プロヴォ-/ 图 1 U 怒らせること; 挑発 ‖
under provocation 憤慨(ふんがい)して, 挑発されて.
2 C 怒らせるもの.

**pro·voc·a·tive** /prəvákətiv プロヴァカティヴ | -vɔ́k- -ヴォカティヴ/ 形 怒らせる, 刺激する.

**pro·voke** /prəvóuk プロヴォウク/ 動 (現分) --vok·ing) 他 1 …を怒らせる, じらす ‖
provoke a dog 犬を怒らせる.
Her rude answer provoked him. 彼女の失礼な返答に彼は怒った.

**2** 〈感情など〉を起こさせる; …を引き起こす ∥
provoke laughter 笑いを引き起こす.
provoke a riot 暴動を起こさせる.
**3** …を駆り立てる ∥
His rude reply provoked her to slap him on the face. 彼の無礼な返事に彼女はかっとなって彼の顔をぴしゃりとたたいた.

**pro·vok·ing** /prəvóukiŋ プロヴォウキング/ 動 → provoke. ── 形 (正式) 腹の立つ, しゃくにさわる, じれったい.

**pro·vost** /próuvoust プロウヴォウスト | prɔ́vəst プロヴォスト/ 名 [通例 P~] ⓒ 《♦呼びかけにも用いる》 **1** (米) (一部の大学の) (副)学長, (英) (Oxford, Cambridge, London 大学などの college の)学(寮)長. **2** (スコット) 市長.

**prow** /práu プラウ/ 名 ⓒ (文) 船首, へさき.

**prow·ess** /práuəs プラウエス |-es-エス/ 名 (複 ~·es/-iz/) **1** Ⓤ (文) (特に戦場での)勇気, 武勇, 剛勇; ⓒ 勇敢[大胆]な行為. **2** Ⓤ (正式) すぐれた能力 [技術].

**prowl** /prául プラウル/ 動 ⾃ **1** 〈動物が〉(獲物・餌(ẹ)を求めて)こそこそうろつく, 〈人が〉(盗みをしようと)うろつく.
**2** (略式) ぶらぶらと見て回る, うろつく ∥
prowl round the shops 店を見て回る.
── 他 …をうろつく.
── 名 (略式) [a ~ / the ~] うろつくこと, 獲物捜し ∥
be on the prowl (獲物をねらって)うろつき回っている.
take a prowl うろつく.

**prowl·er** /práulər プラウラ/ 名 ⓒ うろつく人, 空き巣狙い.

**prox·im·i·ty** /prɑksíməti プラクスィミティ | prɔks-プロクスィミティ/ 名 Ⓤ (正式) 近いこと, 近接 ∥
proximity of blood 近親.
in close proximity to … …のすぐ近くに.

**prox·y** /prɑ́ksi プラクスィ | prɔ́ksi プロクスィ/ 名 (複 prox·ies/-z/) Ⓤ 代理(権); ⓒ 委任状; 代理人 ∥
by proxy 代理で.
be [stand] proxy for him 彼の代理を務める.

**prude** /prúːd プルード/ 名 ⓒ (性的に度を超えて)お堅い人, 淑女気取りの女; すまし屋, 気取り屋.

**pru·dence** /prúːdəns プルーデンス/ 名 Ⓤ (正式) 用心深さ, 慎重さ, 分別 (↔ imprudence) ∥
prudence in driving a car 車を運転するときの慎重さ.

**pru·dent** /prúːdənt プルーデント/ 形 (正式) 用心深い, 分別のある; [it is prudent to do] …するとは慎重だ(↔ imprudent) ∥
a prudent decision 慎重な決断.
It is prudent to seek legal advice. 法律専門家の助言を求めることは賢明なことだ.

**prud·ish** /prúːdiʃ プルーディシュ/ 形 (性的に度を超えて)お堅い, 淑女気取りの.

**prune¹** /prúːn プルーン/ 動 (現分 prun·ing) 他 **1** 〈余分の枝・根など〉を切り取る, 切りおろす; 〈木〉を刈り込む ∥
prune away the ragged edges of the bush 低木の不ぞろいな先端を切り取る.
**2** 〈余分なもの〉を取り除く; 〈費用など〉を切り詰める; 〈文章など〉を簡潔にする ∥
prune an essay of superfluous matter 論文から余分な内容を取り除く.

**prune²** /prúːn プルーン/ 名 ⓒ プルーン, 干しスモモ.

**Prus·sian** /prʌ́ʃən プラシャン/ 形 **1** プロイセンの, プロシアの. **2** プロイセン人[方言]の. ── 名 **1** ⓒ プロイセン人, プロシア人. **2** プロイセン方言.

**pry¹** /prái プライ/ 動 (三単現 pries/-z/; 過去・過分 pried/-d/) ⾃ のぞき込む; せんさくする.

**pry²** /prái プライ/ 動 (三単現 pries/-z/; 過去・過分 pried/-d/) 他 …をてこで動かす; …を押しあける, こじあける.

**PS, p.s.** 略 postscript.

**psalm** /sɑ́ːm サーム, (米) sɑ́ːlm/ 〈発音注意〉《♦ p とは発音しない》名 **1** ⓒ 賛美歌, 聖歌; [P~] (詩篇(ẹ̈)の)聖歌. **2** [the Psalms] (聖書) [単数扱い] 詩篇.

**pseu·do** /súːdou スードウ (スユードウ)/ 形 (略式) 偽りの, にせの, 見せかけの. ── 名 ⓒ いかさま師.

**pseu·do·nym** /súːdənim スードニム (スユードニム)/ 名 ⓒ 偽名, 仮名; (特に著者の)雅号, 筆名, ペンネーム (cf. alias).

**psych** /sáik サイク/ 動 他 (米略式) **1** …の心理を読む. **2** 〈人を〉おじけさせる (+out, up). **3** …に心構えをさせる.

**Psy·che** /sáiki(ː) サイキ(ー)/ 名 (ギリシャ神話・ローマ神話) プシュケ《Cupid [Eros] が愛したチョウの羽をもつ美少女. 霊魂の化身》.

**psy·che·del·ic** /sàikidélik サイキデリク/ 形 **1** 〈麻薬などが〉幻覚を起こさせる, サイケデリックな. **2** (略式) 〈色・音楽などが〉幻覚的な. ── 名 Ⓤⓒ 幻覚剤(常用者).

**psy·chi·a·trist** /saikáiətrist サイカイアトリスト, si-/ 名 ⓒ 精神科医.

**psy·chi·a·try** /saikáiətri サイカイアトリ, si-/ 名 Ⓤ 精神医学[病学].

**psy·chic** /sáikik サイキク/ 形 **1** 精神の, 精神的な ∥
illness with a psychic origin 精神的原因による病気.
**2** 心霊(現象)の, 心霊的な; 超自然的な.

**psy·cho-** /sáikou- サイコウ-/ (連結形) 霊魂, 精神《♦ 母音の前では psych-》. 例: **psycho**analysis.

**psy·cho·a·nal·y·sis** /sàikouənǽləsis サイコウアナリスィス/ 名 Ⓤ **1** 精神分析(学). **2** 精神分析療法.

**psy·cho·an·a·lyst** /sàikouǽnələst サイコウアナリスト/ 名 ⓒ 精神分析学者.

**psy·cho·an·a·lyze** /sàikouǽnəlaiz サイコウアナライズ/ 動 他 〈人に〉精神分析を行なう.

**psy·cho·log·i·cal** /sàikəlɑ́dʒikəl サイコラヂクル |-lɔ́dʒ- サイコロヂ-/ 形 **1** 心理学(上)の, 心理学的な ∥
psychological effect 心理的効果.
**2** 心理的な, 精神的な.

**psychológical wárfare** 心理戦, 神経戦.

**psy·cho·log·i·cal·ly** /sàikəláʤikəli |-lɜdʒ-/ サイコラヂカリ|-レヂ- サイコロヂ-/ 副 心理的に, 心理学上で; [文全体を修飾] 心理的に言えば.

**psy·chol·o·gist** /saikáləʤist サイカロヂスト|-kɔl- -コロヂスト/ 名 C 心理学者; 精神分析医.

*__psy·chol·o·gy__ /saikáləʤi サイカロヂ|saik5lədʒi サイコロヂ/ 《発音注意》《◆ p は発音しない》【心 (psycho) の学問 (logy)】
派 psychological (形)
— 名 (複 -o·gies/-z/) 1 Ⓤ 心理学 ∥
child psychology 児童心理学.
study educational psychology 教育心理学を研究する.
2 ⒸⓊ (略式) 心理(状態); 人の心理を理解する力 ∥
mob psychology 群集心理.

**psy·cho·path** /sáɪkoupæθ サイコウパθ/ 名 C 精神病質者(略式) psycho.

**psy·cho·path·ic** /sàɪkoupǽθɪk サイコウパスィック/ 形 精神病(質)の, 変質的な.

**psy·cho·sis** /saikóusɪs サイコウスィス/ 名 (複 ··cho·ses/-siːz/) ⒸⓊ [医学] 精神病 ∥
manic-depressive psychosis 躁鬱(そう)病.

**psy·cho·so·mat·ic** /sàɪkousoumǽtɪk サイコウソウマティク/ 形 1〈病気が〉精神状態に影響される, 心理相関の.
2 心身[精神身体]医学の ∥
psychosomatic disease 心身症.
3 (略式)〈病気などが〉想像上の.

**psy·cho·ther·a·py** /sàɪkouθérəpi サイコウセラピ/ 名 Ⓤ (催眠術による)精神療法.

**Pt** (記号)〔化学〕platinum.

**PTA** (略) Parent-Teacher Association.

**PTO, pto, p.t.o.** (略) Please turn over (a page). 裏面に続く《◆単に TO ともいう.《米》ではふつう Over》.

**Ptol·e·ma·ic** /tàləméɪɪk タレメイイク|tɔl- トレ-/ 形 Ptolemy の, 天動説の.
  **Ptolemáic sýstem** [the 〜] 天動説(cf. Copernican system).

**Ptol·e·my** /táləmi タレミ|tɔl- トレミ/ 名 プトレマイオス, 紀元2世紀の Alexandria の天文・地理・数学者. 天動説を唱えた.

**PTSD** (略) post-traumatic stress disorder 〔精神医学〕心的外傷後ストレス障害《大きなショックを受けた後の恐怖感・悪夢・性格変化などの一連の障害》.

**pub** /pʌb パブ/ [public house の短縮語] 名 Ⓒ (主に英略式) パブ, 酒場, 居酒屋.

**pub.** (略) public; publication; published; publisher; publishing.

**pu·ber·ty** /pjúːbərti ピューバティ/ 名 Ⓤ (正式) 思春期, 年ごろ; 〔法律〕成熟期《◆慣習法では男子14歳, 女子12歳》.

*__pub·lic__ /pʌ́blɪk パブリク/ 【「人々」が原義. 動詞形は publish】 派 publicity (名)
— 形 (比較 more 〜, 最上 most 〜) 1 [名詞の前で] 公(おおやけ)の, 公共の, 公衆の(↔ private); 社会(全体) の ∥
public spirit 公共心.
públic mórals 公衆道徳.
públic wélfare 公共福祉.
a public holiday (公的な)祝日.
for the public good 公益のために.
2 公開の(↔ secret), 公衆のための; 公立の ∥
a public telephone 公衆電話.
a public hall 公会堂.
This is a public library. これは公立図書館です.
a public performance 公演.
public housing 公営住宅.
in a public place 公開の場所で.
3 [名詞の前で] 公的な, 公務の; 公共団体の(↔ private) ∥
public life 公的生活.
a public official [servant] 公務員, (米) 公法人.
public offices 官公庁.
4 公然の, 広く知れ渡った, 著名な ∥
a public figure 有名人.
a matter of public knowledge みんな知っている事柄.
a public scandal 周知の醜聞(しゅうぶん).
make a public protest 公然と異議を申し立てる.
— 名 [the 〜; 集合名詞; 通例単数扱い]《◆単数扱いが原則だが, 個々の成員に重点を置くときは(英)では一般に複数扱い》1 一般の人々, 大衆 ∥
The public is the best judge. 世論は最良の審判者だ.
The library is open to the public. 図書館は一般に公開されている.
2 [単数形で; the 〜 / a 〜] …階層, …界, …仲間 ∥
the reading public 読者仲間.
The concert will charm the musical public. その音楽会は音楽愛好家たちをひきつけるだろう.
○*in públic* 公然と, 人前で ∥ She is used to speaking in public. 彼女は人前で話すことに慣れている.

**públic héalth** 公衆衛生.
**públic hóuse** 《英正式》酒場, パブ《《英略式》pub》.
**públic núisance** 公的不法行為《公道の通行妨害など》, 公害《◆汚染などによる公害は特に environmental pollution という》;(略式) 世間の厄介もの.
**públic opínion** (**póll**) 世論(調査).
**públic reláitions** [単数扱い] 宣伝[広報]活動(略) PR).
**públic schóol** (英) パブリック=スクール《上流子弟(してい)の全寮制の私立中等学校(日本での中学・高校を合わせたもの)で, 大部分 preparatory school から入る. イートン校(Eton), ラグビー校(Rugby), ハロー校(Harrow)など》, 《米・スコット》公立学校《小学校から高校まで》.
**públic tránsport** 公共輸送機関《バス・列車など》.

**pub·li·ca·tion** /pʌblikéiʃən パブリケイション/ 图 **1** Ⓤ 発表, 公表 ‖
the publication of his death 彼の死亡の発表.
**2** Ⓤ 出版, 発行, 刊行；Ⓒ 出版物 ‖
an annual publication 年刊物.
the publication of a dictionary 辞書の出版.
Near publication《広告の見出し》近刊.

**pub·lic·i·ty** /pʌblísəti パブリスィティ/ 图Ⓤ **1** 知れ渡ること, 周知, 知名度, 評判 (↔ privacy) ‖
avoid publicity 人目を避ける.
seek publicity 有名になりたがる.
bad publicity 悪評, うわさのタネ.
**2** 広告, 宣伝；宣伝方法, 広告業；《正式》公表, 公開 ‖
publicity for a movie 映画の宣伝.
give publicity to the result 結果を公表する.
**publicity àgent** 広告代理業者；(俳優・演劇などの)宣伝係.

**pub·li·cize** /pʌbləsàiz パブリサイズ/ 動 (現分 -ciz·ing) 他 …を公表する, 広告する, 宣伝する.

**pub·lic·ly** /pʌblikli パブリクリ/ 副 **1** 公然と, おおっぴらに, 公衆の面前で. **2** 公的に；世論で.

*__**pub·lish**__ /pʌbliʃ パブリシュ/ 『public の動詞形』
㊟ publication (名), publisher (名)
—— 動 (三単現 ~·es /-iz/；過去・過分 ~ed/-t/；現分 ~·ing)
—— 他 **1** …を**出版**する, 発行する ‖
publish a book with Taishukan 大修館から本を出版する.
a published book 出版された本.
**2**《正式》…を**発表**する, …ということを公表する ‖
publish a law 法令を発布する.
publish a will 遺言状を公表する.
She published that the government was at fault. 彼女は政府は誤っていると公表した.

**pub·lish·er** /pʌbliʃər パブリシャ/ 图Ⓒ [しばしば ~s] 出版社, 発行所 ‖
a magazine publisher 雑誌社.

**pub·lish·ing** /pʌbliʃiŋ パブリシング/ 動 → publish. —— 图Ⓤ 形 出版業(の).

**puck** /pʌk パク/ 图Ⓒ《アイスホッケー》パック《硬質ゴム製の円盤》.

**puck·er** /pʌkər パカ/ (類音 packer/pǽk-/) 他 …にひだをつける；〈唇など〉をすぼめる, 〈顔・まゆなど〉をしかめる. —— 自 ひだになる, 縮れる.

*__**pud·ding**__ /púdiŋ プディング/ 『「ふくれあがったもの」が原義』
—— 图 (複 ~s/-z/) ⓒⓊ **プディング**《◆小麦粉などに牛乳・砂糖・卵などを混ぜて焼いた[蒸した]やわらかい菓子.《米》では特に custard に似たものをさし, 日本のプリンはこれに相当.《英》では肉料理後の dessert にも用いる》‖
rice [plum] pudding ライス[干しブドウ入り]プディング.

**pud·dle** /pʌdl パドル/ (類音 paddle/pǽdl/) 图 **1**ⓒ 水たまり《◆ふつう汚れた水たまりをいう》. **2**ⓒ (一般に)小さな液体のたまり.

**pudg·y** /pʌdʒi パヂィ/ 形 (比較 -i·er, 最上 -i·est)
《略式》ずんぐりした, 太った.

**Puer·to Ri·co** /pwéərtə ríːkou プウェアトゥリーコウ | pwɜː́təʊ- プワートウ-/『「富める港」の意のスペイン語から』图 プエルトリコ《西インド諸島中の島. 米国の自治領.《略》PR》. **Puèrto Rí·can** /-ríːkən -リーカン/ 形 プエルトリコの[人(の)].

**puff** /pʌf パフ/ 图ⓒ

puff《ぶっと吹くこと》

**1**《やや文》ぷっと吹くこと[音, 量]；《主に英略式》息 ‖
a puff of smoke 一吹きの煙.
a puff of wind 一陣の風.
be out of puff (疲れて)息を切らす.
give a few puffs to put out the candle ろうそくの火を消そうと2, 3回吹く.
**2**《丸く》ふくれること[物, 部分]《こぶ・はれなど》；《米》羽根布団 ‖
a puff of hair ふわっとした髪.
puff sleeves (風船のような)ちょうちんそで.
gather a dress into puffs ドレスにふくらみをつける.
**3** [複合語で]《化粧用の》パフ；ふわっとしたケーキ, シュークリーム ‖
a powder puff パフ.
a cream puff シュークリーム.
—— 動 自 **1** ぱっと吹く (+up, out)；プカプカ吹かす ‖
puff (away) at one's pipe パイプをふかす.
Steam puffed out of the kettle. やかんから湯気(ゆ)がポッポッと出た.
**2**《略式》息を切らす, あえぐように進む ‖
puff and blow [pant] あえぐ, 息を切らす.
—— 他 **1**〈煙など〉をぶっと吹く；〈タバコなど〉をプカプカふかす ‖
puff smoke into his face 彼の顔に煙をぶっと吹きかける.
**2** …をぱっと吹き消す；…をあえぎながら言う ‖
puff out a flame 炎をぶっと吹き消す.
puff out a few words to him あえぎながら彼に二言三言言う.

表現 次のような擬音に相当：プカプカ, パッパッ, ハアハア, プップッ, パッパッ, ポッポッ, スパスパ, フーフー.

**3**《略式》[通例 be ~ed] 慢心する, いい気になる ‖
He is puffed up with pride. 彼はうぬぼれていい気になっている.

**puf·fin** /pʌfin パフィン/ 图ⓒ《鳥》ツノメドリ《図→次ページ》.

**puff·y** /pʌfi パフィ/ 形 (比較 -i·er, 最上 -i·est)
**1** ぱっと吹く. **2** 腫(は)れた；やわらかくて軽い. **3**《略式》息切れのした[じゃすい].

**pug·na·cious** /pʌgnéiʃəs パグネイシャス/ 形《正式》けんか早い, けんか好きな.

**puke** /pjúːk ピューク/ (略式) 動 (現分) puk·ing 他 自 (…を)吐く, もどす(vomit). ― 名 U C 吐き気(をもよおさせる人[物]).

**Pu·lit·zer** /púlitsər プリツァ, (米+) pjúː-/ 名 ピューリツァー《Joseph ~ 1847-1911; ハンガリー生まれの米国のジャーナリスト・新聞経営者》.

**Púlitzer Príze** ピューリツァー賞《毎年ジャーナリズム・文学・音楽などで功績のある米国人に与えられる賞》.

puffin

\***pull** /púl プル/ (類音 pool/púːl/) 『「物をぐっと引く」が原義. → draw』
→ 動 他 自 1 引っ張る 名 1 引くこと
― 動 (三単現) ~s/-z/; (過去・過分) ~ed/-d/; (現分) ~·ing
― 他 **1a** …を引く, 引っ張る(↔ push) ‖
pull back one's foot 足を引く.
pull his collar = pull him by the collar 彼のえりを引っ張る.
She pulled her hat over her eyes. 彼女は帽子を目深(ま)にかぶった.
I pulled the wallet from my pocket. 私はポケットから財布を取り出した.
**b** [pull A C] A〈物〉を引っ張って C にする ‖
pull the door ópen 戸を引いてあける.
**2** …を引き抜く, …をむしり取る, 引きちぎる ‖
pull a bird 鳥の毛をむしる.
pull weeds 雑草を抜く.
pull a letter to pieces 手紙をずたずたに破る.
I had a bad tooth pulled out at the dentist's. 歯医者で虫歯を1本抜いてもらった.
**3** (略式)〈顧客・聴衆など〉を引きつける;〈支持・優位など〉をかちとる ‖
pull many votes 多くの票を集める.
**4**〈ボート〉をこぐ;〈ボートが〈…本のオール〉を持つ ‖
pull a good oar ボートをうまくこぐ.
The boat pulls two oars. そのボートは2本のオールでこぐ.
**5**〈顔の表情〉をする ‖
pull faces [a face] at him 彼にしかめっ面をする.
pull a long face 不機嫌な顔をする.
― 自 **1** 引っ張る(↔ push) ‖
pull at [on] a rope 綱をつかんでぐいと引く.
**2** [pull C] 引っ張られて C になる ‖
pull apart 引っ張られてばらばらになる.
The door pulls shut. その戸は引いて閉まる.
**3** 引かれて動く,〈自動車などが〉進む;〈人が〉骨折って進む; ボートをこぐ ‖
pull up a mountain 山を登っていく.
pull for the shore 岸へボートをこぐ.
pull onto the freeway 高速道路に車を乗り入れる.

**4** ぐいと飲む, すっと吸う ‖
pull at a glass グラスでぐっと飲む.
**púll abóut** [他] …を引っ張り回す;…を手荒く扱う.
**púll apárt** (1) [自] → 自 **2**. (2) [他] …を引っ張ってばらばらにする;…を分ける.
**púll awáy** (1) [自] 離れる. (2) [他] …を力ずくで離す.
◇**púll dówn** [他] (1) …を引き降ろす ‖ pull down a blind 日よけを引き降ろす. (2) …を取り壊す ‖ The old building was pulled down. その古いビルは取り壊された.
**púll ín** [自] 〈列車・船などが〉着く, 入る;〈人・車などが〉片側に寄る, 止まる.
**púll óff** (1) [自] 去る, 離れる, 逃げる, とれる. (2) [他] …を(引っ張って)脱ぐ, はずす ‖ pull off one's shoes 靴を引っ張ってぬぐ. (3) (略式) [他]〈困難・悪事など〉をうまくやりとげる;〈賞など〉を取る;〈車〉を道路わきに寄せる.
**púll ón** (1) [自] こぎ続ける. (2) [他]〈着物・靴・手袋など〉を引っ張って身につける(↔ pull off).
**púll óut** (1) [自]〈列車・車・船などが〉出る. (2) [他] → 他 **2**; …を取り出す ‖ pull an idea out of a hat 魔術のように考えを引き出す.
**púll óver** (1) [自]〈車・人が〉道の片側に寄る[止まる];車[船]を片側に寄せる. (2) [他]〈着物〉を頭からかぶって着る, (略式)〈車・船〉を片側に寄せる[止める].
**púll róund** (1) [自] 健康[意識]を回復する. (2) [他] …を回復させる;…の意識を回復させる.
**púll thróugh** (略式) (1) [自] 危機・病気などを切り抜ける. (2) [他] …に病気[困難]を切り抜けさせる.
**púll togéther** (1) [自] (仕事で)協力する. (2) [他] …をまとめる, 協調する; [~ oneself together] 立ち直る, 自制する.
**púll A to píeces** (~ to pieces A) (1) → 他 **2**. (2) …をこきおろす, …のあらを探す.
**púll úp** (1) [自]〈車が〉止まる; 車を止める. (2) [他]〈車・人〉を止める;〈人・言動〉を制止する.
― 名 (複 ~s/-z/) **1** C [通例 a ~] 引くこと; U [しばしば the ~] 引く力, 牽引(%%)力 ‖
give a pull at [on] the rope = give the rope a pull 綱をぐいと引く.
He gave my sleeve a pull. 彼は私のそでを引っ張った《◆注意を引く動作》.
**2** C [通例 a ~] (山に登る時の)努力, がんばり ‖
It was a hard pull going up the hill. その丘に登るのに骨が折れた.
**3** U (略式) [時に a ~] つて, 手づる ‖
have pull with the company その会社にコネがある, 顔がきく.

**pull-down** /púldaun プルダウン/ 形 [コンピュータ]〈メニューが〉プルダウン方式の.
**púll-down mènu** [コンピュータ] プルダウンメニュー《画面の下に向かって表示されるメニュー》.
**pul·ley** /púli プリ/ 名 C 滑車;滑車装置.
**Pull·man** /púlmən プルマン/ 名 (複 ~s/-z/) C 1

=Pullman car [coach]. **2** =Pullman case.
**Púllman càr [còach]** [鉄道]プルマン式車両(Pullman)《米国の George M. Pullman 考案の寝台車・特別客車》(《米》parlor car).
**Pullman càse** 大型スーツケース(Pullman).
**pull-out** /púlaut/ プラウト/ 名C **1** (軍隊・事業の)撤退. **2** (雑誌の)折り込みページ.
**pull·o·ver** /púlouvər/ プロウヴァー/ 名C 形 プルオーバー(の)《頭からかぶるセーター・シャツなど》.
**pul·mo·nar·y** /pʌ́lmənèri パルモネリ|-nəri -ナリ/ 形 肺の; 肺を冒す.
**pulp** /pʌ́lp/ パルプ/ 名 **1** U (やわらかい)果肉; (野菜・果物を絞った時の)やわらかい部分; (茎の)やわらかい髄. **2** UC (製紙用)パルプ. **3** C (《米》=pulp magazine; U =pulp literature.
── 動 他 …をパルプ状にする.
**púlp literature** 俗悪な読み物(pulp).
**púlp magazìne** (安物のざら紙の)低俗雑誌(pulp).
**pul·pit** /púlpit/ プルピト/ 名 **1** C (教会の)説教壇. **2** C (説教壇に似た)高い台《捕鯨(゙)船のもり撃ち台など》.
**pul·sate** /pʌ́lseit/ パルセイト/--/ 動 (現分 -sat·ing) 自 (《正式》) **1** 〈心臓が〉鼓動する. **2** 振動する, 〈胸が〉どきどきする.
**pulse** /pʌ́ls/ パルス/ 名C **1** [通例 a ~ / the ~] 脈搏(゙), 心拍, 鼓動 ‖
an irregular pulse 不整脈.
The doctor felt [took] my pulse. 医者が私の脈をみた.
**2** 躍動, 興奮, 生気 ‖
stir his pulses 彼を興奮させる.
── 動 (現分 puls·ing) 自 《文》〈心臓などが〉脈打つ, 鼓動する ‖
My heart pulsed with joy. うれしくて私の胸は高鳴った.
**pul·ver·ize**, (《英ではしばしば》) **-ise** /pʌ́lvəraiz/ パルヴァライズ/ 動 (現分 -iz·ing) 他 《正式》…をひいて粉にする, 粉々にする.
**pu·ma** /pjúːmə/ ピューマ/ 名 (複 pu·ma, ~s) **1** C [動] ピューマ (cougar). **2** U ピューマの毛皮.
**pum·ice** /pʌ́mis/ パミス/ 名 U =pumice stone.
── 動 他 …を軽石で磨く[こする].
**púmice stòne** 軽石(pumice).
*__pump__¹ /pʌ́mp/ パンプ/ (同音 pomp/pámp|pɔ́mp/) 擬音語
── 名 **1** (複 ~s/-s/) C ポンプ, 揚()水器《◆日本語の「ポンプ」はオランダ語から》‖
a bicycle pump 自転車の空気入れ.
a water pump 水揚()げポンプ.
a garden pump 庭の水まきポンプ.
── 動 (三単現 ~s/-s/; 過去・過分 ~ed/-t/; 現分 ~·ing)
── 他 **1** …をポンプでくむ, ポンプで吸い上げる[押し出す]‖
pump water out ポンプで水を吸い出す.
**2** …にポンプで空気を入れる; …から(ポンプで)水をくみ出す, …をポンプでくみ出す ‖

pump out a flooded cellar 水浸しになった地下室から水をくみ出す.
pump the well dry 井戸をくみ干す.
**pump**² /pʌ́mp/ パンプ/ 名C (通例 ~s) 《米》パンプス《ひもで留め金がなく甲のあいている女性用の靴》; 《英》(軽い)舞踏用の靴.
*__pump·kin__ /pʌ́mpkin/ パンプキン/, 《米+》pʌ́ŋkin/ 『「大きなメロン」が原義』
── 名 **1** C ~s/-z/) C U [植] **1** カボチャ《◆大型の実はパイの材料. 家畜の飼料にもする. 果肉をさす場合は U. 日本語の「カボチャ」はカンボジアから》. **2** 《英》クリカボチャの実.

文化 (1) Halloween の「お化けちょうちん」はカボチャで作る. また Halloween, Thanksgiving Day には cranberry sauce と共に pumpkin pie がつきもの.
(2) シンデレラが乗った馬車は pumpkin で作られた.
(3) 米国では pumpkin seed tea を利尿剤・駆虫剤として用いる.

**pun** /pʌ́n/ パン/ 名C (同音異義による)だじゃれ, 地口(), ごろ合わせ 例: Seven days without water make one *weak*. 水を飲まずに 7 日たつと人は衰弱する(*week* とのしゃれ).
**punch**¹ /pʌ́ntʃ/ パンチ/ 動 (三単現 ~·es/-iz/) 他 …をげんこつでなぐる, ぶんなぐる《◆平手で打つ場合は slap, 特に打つ手段を問題にしない場合は strike》‖
punch him on [in] the jaw =punch his jaw 彼のあごにパンチをくらわせる.
── 名 **1** [a ~] げんこつのひと打ち. **2** U (略式) 力; 活気; (話などの)効果, 迫力.
**punch**² /pʌ́ntʃ/ パンチ/ 名 (複 ~·es/-iz/) C **1** 穴あけ器; (切符などを切る)パンチ; [コンピュータ] 穿孔()機. **2** 型押し器, 刻印器.
── 動 (三単現 ~·es/-iz/) 他 **1** 〈金属・皮・切符などに〉穴をあける; 〈穴を〉あける; [コンピュータ] 〈カードを〉パンチする. **2** …に刻印する; 〈模様などを〉押印()する.
**púnch ín** 《米》自 (タイムレコーダーで)出勤時刻を記録する《◆「退社時刻を記録する」は púnch óut》.
**púnch prèss** 押抜き[打抜き]機.
**punch**³ /pʌ́ntʃ/ パンチ/ 名 (複 ~·es/-iz/) U C パンチ, ポンチ; ポンス《ワインに水または湯・砂糖・レモン・香料などを入れた飲み物》.
**púnch bòwl** パンチボウル《パンチを入れる大きめのボウル》; (すり鉢状の)小盆地.
**Punch** /pʌ́ntʃ/ パンチ/ 名 **1** パンチ《Punch-and-Judy show のかぎ鼻で猫背の人形》. **2** パンチ《英国の風刺週刊誌. 1841年創刊》.
**Púnch-and-Júdy (shòw)** /pʌ́ntʃəndʒúːdi-/ パンチャンヂューディ-/ 名 パンチとジュディ《英国の操り人形劇. Punch が妻 Judy と激しく口論する》.
*__punc·tu·al__ /pʌ́ŋktʃuəl/ パンクチュアル/ 『「点」が原義. cf. *punctuate*』
── 形 **1** [補語として] 時間を守る(↔ late); 固く

守る;すばやい,即座の ‖
He's always **punctual for** an appointment. 彼は常に約束の時間を固く守る.
She's never **punctual in** answering letters. 彼女は決してすぐには手紙の返事を書かない.
**2** [名詞の前で] きちょうめんな;厳密な ‖
a very **punctual** person とてもきちょうめんな人.
**púnc・tu・al・ly** 副 時間を厳守して,時間どおりに;きちょうめんに.

**punc・tu・ate** /pʌ́ŋktʃuèit/ パンクチュエイト 動 (現分) ‐at・ing 他 **1** …に句読(くとう)点を付ける.
**2** (正式)〈言葉など〉を何度も中断する,区切りをつける ‖
The speech was **punctuated** with cheers. 演説は歓声で時々中断した.

**punc・tu・a・tion** /pʌ̀ŋktʃuéiʃən/ パンクチュエイション 名 Ⅱ **1** 句読(くとう)法. **2** =punctuation mark.
**punctuátion màrk** [通例 -s] 句読点 (punctuation) 《◆ . , ; : のほか,? ! " " ( ) ー なども含まれる》.

**punc・ture** /pʌ́ŋktʃər/ パンクチャ 動 (現分) ‐tur・ing 他 …を刺す,…に穴をあける;〈穴〉をあける;〈タイヤなど〉をパンクさせる.
── 名 **1** ⓊⒸ (とがった物で)刺すこと,穴をあけること;パンク《◆(get) a flat tire がふつう. 破裂によるパンクは blowout. ×punk, ×punk は誤り》. **2** Ⓒ (正式)(刺してできた)穴,傷.

**pun・dit** /pʌ́ndit/ パンディト 名 Ⓒ (テレビなどで意見を求められる)専門家,消息通.
**pun・gent** /pʌ́ndʒənt/ パンヂェント 形 (正式) **1** 〈味覚・嗅(きゅう)覚〉を強く刺激する,ひりっと[つんと]する.
**2** 〈批評など〉が辛辣(しんらつ)な,痛烈な.

*__pun・ish__ /pʌ́niʃ/ パニシュ 動 『(罰を受けて)償(つぐな)いをする』が原義》 punishment (名)
── 動 (三単現) ~・es /-iz/; (過去・過分) ~ed/-t/; (現分) ~・ing
── 他 **1** …を(こらしめに)罰する;[punish A for B] A〈人〉を B〈悪事など〉で罰する ‖
**punish** him **by** [**with**] a fine 彼を罰金刑に処する.
The offense should be **punished** severely. そういう違反は厳罰に処すべきだ.
She was **punished for** shoplifting. 万引をして彼女は罰せられた.
**2** (略式)…をひどいめにあわせる;…を手荒に扱う;(ボクシング)〈相手〉を乱打する.

**pun・ish・a・ble** /pʌ́niʃəbl/ パニシャブル 形 罰することのできる,罰すべき.
**pun・ish・ment** /pʌ́niʃmənt/ パニシュメント 名 ⓊⒸ **1** 罰すること,罰せられること;罰,処罰,刑罰 ‖
She received [got] (a) **punishment for** the murder. 彼女は殺人罪で罰せられた.
**2** (略式) ひどい扱い;(ボクシング) 乱打.

**pu・ni・tive** /pjúːnətiv/ ピューニティヴ 形 (正式)罰の.
**punk** /pʌŋk/ パンク 名 Ⓒ **1** (主に米略式)くだらない人間,ちんぴらやくざ. **2** パンクロック(punk rock)の愛好者《◆特異な服装・ヘアスタイルをしていた》; = punk rock.

**púnk róck** パンク=ロック 《1970年代後半に英国などで流行した過激な反体制的ロックミュージック》.
**punt**¹ /pʌnt/ パント 名 Ⓒ 平底小舟 《舟ざおで川底を突いて進む》. ── 動 圓 平底小舟でいく.
**punt**² /pʌnt/ パント 名 Ⓒ 〔アメフト・ラグビー〕パント 《手から落としたボールが地面に着かぬうちにけること》. ── 動 他 〈ボール〉をパントする.
**pu・ny** /pjúːni/ ピューニ 形 (比較) ‐ni・er, (最上) ‐ni・est **1** ごく小さく弱い, **2** 取るに足りない.
**pup** /pʌp/ パプ 名 = puppy. ── 動 (過去・過分) pupped/-t/; (現分) pup・ping 他 自 〈犬などが〉〈子〉を産む.
**pu・pa** /pjúːpə/ ピューパ 名 (複) ‐pae/-piː/, ~s) Ⓒ 〔昆虫〕さなぎ.

*__pu・pil__¹ /pjúːpl/ ピューブル 『「小さな子供」が原義. cf. *puppet*》
── 名 (複) ~s/-z/) Ⓒ **1** 生徒,児童《◆(米)ではふつう小学生をさし,(英)では小・中学・高校生をいう》.
**2** (個人指導の)弟子,教え子.

> Q&A **Q**: **pupil**¹ と **pupil**² のようにつづり字と発音が同じで,意味の異なる語を何と言いますか.
> **A**: homonym (同音異義語)といいます. tale (話)と tail (尾), our と hour のようにつづり字が異なっていて発音が同じ語 (homophone) もこう呼ぶことがあります.

**pu・pil**² /pjúːpl/ ピューブル 名 Ⓒ 〔解剖〕ひとみ,瞳孔(どうこう) 《図》.
**pup・pet** /pʌ́pit/ パピト 名 Ⓒ **1** 操(あやつ)り人形. **2** 指人形;小さな人形. **3** 手先,ロボット,傀儡(かいらい).
**púppet shòw** 人形劇.
**pup・pet・eer** /pʌ̀pitíər/ パピティア 名 Ⓒ 操り人形師.
**pup・pies** /pʌ́piz/ パピズ 名 → puppy.

*__pup・py__ /pʌ́pi/ パピ 『「人形」が原義》
── 名 (複) pup・pies/-z/) Ⓒ (特に1歳以下の)子犬《◆鳴き声は yelp》 ‖
be **in** [**with**] **puppy** 子犬をはらんでいる.

**pur・chase** /pɜ́ːrtʃəs/ パーチャス 〈発音注意〉《◆ ×パーチェイス》 動 (現分) ‐chas・ing 他 **1** (正式)…を買う,購入する(buy) ‖
"**Purchase** a cocktail." (機内販売など)「カクテルはいかがですか」.
**2** (正式)〈自由・名声など〉を苦労して得る(gain) ‖
**purchase** freedom with much blood and many tears 多くの血と涙を流して自由を勝ち取る.
a dearly **purchased** victory 高い犠牲を払って得た勝利.
── 名 **1** Ⓤ Ⓒ (正式) 購入,買い入れ ‖
the **purchase** of a car 車の購入.
buy it on the hire **purchase** 月賦でそれを買う.
**2** Ⓒ 〔しばしば ~s〕購入品,買物,買った物 ‖
fill the car with one's **purchases** 買った物を車につめ込む.

**pur・chas・er** /pɜ́ːrtʃəsər/ パーチャサ 名 Ⓒ 買い手,

購買者.

\***pure** /pjúər ピュア/ 〖「まざりものがない」が本義. cf. purge〗 ㊔ purely (副), purity (名)
—形 (比較) pur・er /pjúərər/, (最上) pur・est /pjúərist/ **1** [通例名詞の前で] **純粋な**, まじり気けのない; 純血の; 〈言葉が〉純正の ‖
pure English 純正英語.
(as) púre as (the) dríven snów 純粋な《◆しばしば反語的に》.
His watch is made of pure gold. 彼の時計は純金製だ.

**2** 清い, きれいな, 汚れていない; 澄んだ ‖
pure air きれいな空気.
She is pure in body and mind. 彼女は心身ともに清らかだ.

**3** (正式) (道徳的に) **純潔な**, 潔白な; 汚(けが)れのない ‖
pure conduct 清らかな行為.

**4** (略式) [名詞の前で] **全くの**; 単なる; [副詞的に] 全く ‖
He is a pure fool. 彼は大ばか者だ.
She began to smoke from pure curiosity. 彼女はほんの好奇心から喫煙し始めた.
I'm pure dead with exhaustion. 疲れて全くへばった.

*púre and símple* (略式) [名詞のあとで強調して] 全くの, 純然たる; 単なる ‖ a gentleman(,) pure and simple 真の紳士.

**pu・rée, --ree** /pjuréi ピュレイ | pjúərei ピュアレイ/ 〖フランス〗 名 ⓤ © ピューレ《野菜などを煮てやわらかくし裏ごししたもの》; ピューレから作ったスープ.

**pure・ly** /pjúərli ピュアリ/ 副 **1** [修飾する語(句)の前で] 全く, 完全に; 単に ‖
purely by chance 全く偶然に.
for purely economic reasons 単に経済的な理由で.

**2** 純粋に, まじりけなく ‖
speak French purely 純粋なフランス語を話す.

**3** (正式) 清らかに, 純潔に ‖
live purely 清く生きる.

**pur・ga・tive** /pə́ːrɡətiv パーガティヴ/ 名 © 下剤.

**purge** /pə́ːrdʒ パーヂ/ 〖→ pure〗 動 (現分) purg・ing) ㊤ (正式) **1a** 〈心・からだなど〉を清める ‖
purge one's heart of sin 心の罪を清める.
**b** [purge A of B / purge B from A] B〈汚れ〉を取り除いて A〈人・物〉を清める, A〈人〉から B〈疑いなど〉を除く ‖
purge her of sin =purge sin from her 彼女の罪を清める.
She was purged of suspicion. 彼女の疑惑が晴れた.

**2** [purge A of B / purge B from A] A〈政党など〉から B〈人〉を追放する ‖
purge the party of extremists =purge extremists from the party 党から過激分子を追放する.
—名 © 浄化; (不正分子の)追放, パージ; 下剤.

**pu・ri・fi・ca・tion** /pjùərifikéiʃən ピュアリフィケイション/ 名 ⓤ © **1** 浄化, 清めること. **2** 〖冶金〗精製, 精錬.

**pu・ri・fy** /pjúərifài ピュアリファイ/ 〖→ pure〗 動 (三単現 --ri・fies /-z/; 過去・過分 --ri・fied /-d/) ㊤ **1** …を浄化する ‖
purify water 水を浄化する.
**2** …を精錬[精製]する.
**3** 〈人の罪など〉を清める; …の罪を除く.
**4** (正式) …から取り除く ‖
purify one's heart of sin 心から罪の意識をぬぐい去る.

**Pu・ri・tan** /pjúərətən ピュアリタン/ 名 © **1** 〖歴史〗清教徒, ピューリタン《16-17世紀英国に起こった宗教・道徳面で厳格な新教徒の一派》. **2** [p~] (道徳・主義上の)潔癖主義者. —形 **1** 清教徒の. **2** [p~] (道徳・宗教的に)厳格な.
**Púritan Státe** 清教徒州《Massachusetts の愛称》.

**pu・ri・tan・i・cal, --ic** /pjùəritǽnik(l) ピュアリタニク(ル)/ 形 **1** 清教徒的な; (道徳・宗教的に)非常に厳格な. **2** [時に P~] 清教徒(主義)の.

**Pu・ri・tan・ism** /pjúərətənìzm ピュアリタニズム/ 名 ⓤ 清教徒の信条; 清教主義.

**pu・ri・ty** /pjúərəti ピュアリティ/ 名 ⓤ **1** 清らかさ, 清浄; 清潔; 潔白. **2** 純粋; 純潔.

**purl** /pə́ːrl パール/ 動 ㊁ ㊤ (…を)裏編みにする, (…)にループで縁(ふち)どりをする. —名 © =purl stitch; (英)ループの縁取り.
**púrl stitch** 裏編み(purl) (↔ plain).

**pur・ple** /pə́ːrpl パープル/ 形 (比較) pur・pler, (最上) pur・plest) 紫色の《◆red & blue の中間色で, violet より濃い紫色. 高貴・豪華・軽蔑(けいべつ)・俗悪を暗示する》‖
purple jeans 紫色のジーンズ.
turn [go] purple with rage 怒って真っ赤になる.

[比較] 日本語の「紫色」よりも赤に近い色のことが多い: a *purple* sunset 空を赤紫色に染めた日没.

—名 ⓤ **1** 紫色. 関連 lavender, lilac, magenta, mauve, plum, violet.
**2** 紫色の服; (文) [the ~] (皇帝・枢機卿(すうききょう)などの)紫色の衣服, 法衣; [the ~] (皇帝・枢機卿などの)地位[職]; (一般に)高い地位 ‖
be born in [to] the purple 王家に生まれる.
raise him to the purple 彼を枢機卿にする.
marry into the purple 玉の輿(こし)に乗る.

**pur・port** 〈名 pə́ːrpɔːrt パーポート (英+) -pət; 動 pərpɔ́ːrt パポート, -/〉(正式) 名 ⓤ [通例 the ~] 趣旨, 意味. —動 ㊤ …であると称する.

\***pur・pose** /pə́ːrpəs パーポス/ 〖前に(pur)置く

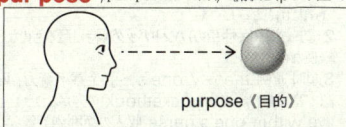

(pose). cf. pro*pose*》
──名 (複) ~·pos·es/-iz/) **1** ⒸⓊ 目的, 意図；目標《◆ aim は具体性を強調》‖
answer [fulfil, (正式) serve, suit] one's purpose 目的にかなう.
attain [accomplish, achieve, effect] one's purpose 目的を達する.
She went to Germany for [with] the purpose of studying music. (正式) 彼女は音楽を研究しにドイツへ行った.
What was the **purpose** of your journey? 君が旅行した目的は何か.
What's your **purpose** in doing that? いったいどういうつもりでそんなことをするのですか.
**2** Ⓤ (強い)決心, 決意 ‖
He is a man of **purpose**. =He is firm of **purpose**. 彼は意志が堅い人だ.
**3** Ⓤ 結果, 成果; [the ~] 論争点 ‖
to good [great] purpose 十分[非常に]効果的に.
to some purpose いくらか効果的に.
He tried again but to no **purpose**. 彼は再びやってみたが全く効果がなかった.
◦**on púrpose** [通例文尾で] 故意に, わざと(↔ by chance) ‖ I broke the vase **on purpose**. わざとその花瓶を割った.
**to (the) púrpose** (正式) [形] [副] 適切な[に] ‖
His explanation was **to the purpose**. 彼の説明は的を射ていた.
**pur·pose·ful** /pə́ːrpəsfl パーポスフル/ 形 目的のある; 故意の.
**pur·pose·ly** /pə́ːrpəsli パーポスリ/ 副 故意に, わざと; わざわざ.
**purr** /pə́ːr パー/ (同音) △per) 【擬音語】名 Ⓒ **1** (猫が喜んでのどを鳴らす)ゴロゴロいう音. **2** (通例 a ~] (快調な)エンジンのブーンという音. ──動 ⓘ **1** 〈猫が〉(喜んで)ゴロゴロのどを鳴らす. **2** 〈自動車などが〉ブーンと快調な音を立てる.

*****purse** /pə́ːrs パース/ 【『袋』が原義】
──名 (複) purs·es/-iz/) **1** Ⓒ (ふつう女性がハンドバッグに入れて携帯する)**財布**((米) wallet), 金[小銭]入れ, がま口(類) wallet は男物の「札入れ」. billfold も「札入れ」だが男女とも用いる. 同じ意で (米) pocketbook もあるが, これは (英) ではふつう手帳. coin purse は「小銭入れ」で男性も使用) ‖
open one's **purse** 金を出す[使う].
You cannot make a silk **purse** out of a sow's [cow's] ear. (ことわざ) 雌ブタ[雌牛]の耳で絹の財布は作れない；「ウリのつるにナスビはならぬ」, 人の本性は変えられない.
Little and often fills the **purse**. (ことわざ) 少しずつでも度重なれば財布はいっぱいになる；「ちりも積もれば山となる」.
**2** Ⓒ (米) (女性用の)**ハンドバッグ**(特に肩ひものない軽便なもの).
**3** Ⓤ [通例 the ~ / one's ~] 金銭; 資力, 財源; 富《◆(米) では pocketbook の方がふつう》‖
live within one's **purse** 収入の範囲内で暮らす.

──動 (現分) purs·ing) 他 〈唇〉をすぼめる, 〈まゆ〉をひそめる.
**púrse strings** [通例 the ~; 複数扱い] 財布のひも ‖ hold the **púrse strings** 財布のひもを握る, 財政をあずかる / loosen the **púrse strings** 財布のひもを緩める, 金を払う.
**purs·er** /pə́ːrsər パーサ/ 名 Ⓒ (旅客機・客船などの)パーサー, 事務長; 給仕長.
**pur·sue** /pərsjúː パースュー/ 動 (現分) ~·su·ing) 他 (正式) **1** …を追う, 追跡する ‖
**pursue** a fox キツネを追う.
**2** …を追い求める ‖
**pursue** pleasure 快楽を追い求める.
**3** …に従事する, …を続ける; …を実行[遂行]する ‖
She **pursued** a career as a musician. 彼女は音楽家としての仕事を続けた.
**pur·su·er** /pərsjúːər パースーア (パスューア)/ 名 Ⓒ 追跡者, 追求者, 遂行者, 研究者, 従事する人.
**pur·suit** /pərsjúːt パースート (パスュート)/ 名 **1 a** ⓊⒸ 追跡, 追撃 ‖
the policeman's **pursuit** of the thief 警官がどろぼうを追跡する[した]こと.
**in hot pursuit after** him 彼を全速力で追跡して.
**b** Ⓤ 追求; 遂行, 続行 ‖
live **in pursuit of** happiness 幸福を求めて生きる.
**2** ⓊⒸ (正式) 仕事, 従事すること, 研究, 職業; 娯楽, 気晴らし《◆ 規則的・習慣的なものに用いる》‖
commercial **pursuit** 商業.
**pur·vey** /pərvéi パーヴェイ/ 動 他 (正式) …を調達する, 提供する.
**pur·vey·or** /pərvéiər パーヴェイア/ 名 Ⓒ (正式) [しばしば ~s] (食料品などの)調達人.
**pus** /pʌ́s パス/ 名 Ⓤ うみ, 膿汁(のうじゅう).

*****push** /pʊ́ʃ プシュ/ 【『打つ(beat)』が原義】
──動 (三単現) ~·es /-iz/; (過去・過分) ~ed/-t/; (現分) ~·ing)
──他 **1** …を押す, 突く(↔ pull); …を押しつける《◆ push は意識的に動かす, thrust は無意識的に強く押す, shove は乱暴に押す》‖
**push** a cart 荷車を押す.
**push** him **away** 彼を押しのける.
**push back** a chair いすを後ろへ押す.
**push** a dish **off** the table 皿をテーブルから押して落とす.
She **pushed** some money **into** the pocket. 彼女はお金をポケットに押し込んだ.
対話 "Can you tell me how to turn on this machine?" "Yes. **Push** this green button." 「この機械のスイッチの入れ方を教えてくれますか」「ええ. このグリーンのボタンを押すのです」.
**2** [push A C] A〈物〉を押して C にする ‖
**push** the door **open** 戸を押してあける.
**3** (略式) …を強いる; [push A to do] A〈人〉を強いて…させる; [push A for [to, into] B] A〈人〉に B〈物事〉を強要する ‖

push her for payment =push her to pay 彼女に支払いを強要する.
I pushed him into marriage. 私は彼に結婚を強要した.

**4** …を強引に押し進める, 広げる, 伸ばす ‖
push one's claim 要求を押し通す.
push one's trade 貿易を広げる.

**5** …を出す, 突き出す ‖
push out fresh leaves 新しい葉を出す.
Don't push your head out of the window. 窓から首を出すな.

**6** …を押しつける ‖
push goods on him 彼に品物を押し売りする.

**7** [~ one's way] 困難を押しのけて進む ‖
push one's way out the door 戸を押しのけて出る.

—⊜ **1** 押す, 突く ‖
push up 押し上げる.
push at the door ドアを押す.
push against him 彼を押す.
Stop pushing and shoving, you people at the back. 後ろの人, ぎゅうぎゅう押さないでくれよ.

**2** 押し進む, 伸びる, 広まる; **突き出る** 《◆方向・場所を表す副詞(句)を伴う》‖
push against the wind 風にさからって進む.
push ahead through the snow 雪の中を突き進む.
push past him 彼を押しのけて行く.
The pier pushes out into the sea. 波止場は海に突き出ている.

**3** (根気強く)努力する.

*be púshed for A* (略式) …に困る ‖ be pushed for time 時間に追われている.

*púsh abóut* [他] …をいじめる, こき使う, あごで使う.

*púsh (a)round* [他] =PUSH about.

*púsh fórward* (1) [自] 努力して突き進む; 困難にめげずに推し進める. (2) [他] …に注目させる; → ⊕ **1**.

*púsh óff* (略式) [自] 《客が》おいとまする, [通例命令文で] (急いで, 不意に)立ち去れ.

*púsh óver* [他] …を押し倒す[落とす].

*púsh through* (1) [自] 通り抜ける. (2) [他] 《仕事など》をやりとげる.

—⊛ (複 ~·es/-iz/) **1** [a ~ / the ~] 押し, 突き (↔ pull); 押す力 ‖
at [with] one push ひと押しに, 一気に.
She gàve him a hard púsh. 彼女は彼を強く押した《◆×give a hard push to him とはいわない》.

**2** ⓤ [しばしば a ~] 努力, 奮発 ‖
She made a push to finish the job. 彼女は仕事を終えるためにがんばった.

**3** ⓤ (略式) 根性, 積極性, 冒険心 ‖
He is old, but he has plenty of push. 彼は年をとっているが, やる気十分だ.

**4** (略式) [a ~ / the ~] 緊急, 危機(の場合); ⓤ 推薦, 後援 ‖

at a push (主に英) 危急の際に, いざとなれば, 運がよければ.
When it came to the push, she betrayed me. いざという時になって彼女は私を裏切った.

**5** ⓒ (困難を排する)前進.
**6** (英略式) [the ~] 解雇 ‖
give her the push 彼女をくびにする.

**púsh bùtton** (機械などの)押しボタン.

**push-chair** /púʃtʃeər プシュチェア/ ⓝ ⓒ (英)(折りたたみ式の)乳母車 ((米) stroller).

**push·er** /púʃər プシャ/ ⓝ ⓒ **1** 押す人[物]; プロペラ飛行機; (英)プッシャー《幼児がスプーンに食べ物を乗せるためのくまで状の道具》. **2** (略式) 押しの強い人; やり手; 押し売りをする人.

**push·over** /púʃòuvər プシォウヴァ/ ⓝ (略式) [a ~] **1** 簡単にできること[仕事] ‖
It's a pushover to me. そんなの朝飯前だ.
**2** (試合で)すぐ負ける人[チーム].
**3** だまされやすい人, かも (sucker).

**push-up** /púʃʌp プシャプ/ ⓝ ⓒ (米) 腕立て伏せ ((英) pressup) ‖
do push-ups 腕立て伏せをする.

**pu·sil·lan·i·mous** /pjùːsəlǽnəməs ピュースィラニマス/ 形 (文) 気の弱い, 臆病な (怯ふ)な (timid).

**puss** /pús プス/ ⓝ (複 ~·es/-iz/) ⓒ (略式) (呼びかけ) ネコ(ちゃん) ‖
Here puss, puss! (↗) ネコちゃん, こっちおいで!

**puss·y** /púsi プスィ/ ⓝ (複 puss·ies/-z/) ⓒ (略式) (呼びかけ) (子)ネコちゃん; (子供の物語の中の)ネコちゃん; (小児語) ニャンニャン.

**pússy willow** (植) ネコヤナギの一種.

**puss·y·foot** /púsifùt プスィフト/ 動 ⓘ (略式) **1** (猫のように)こっそりと歩く. **2** 煮えきらない態度をとる.

**˚put** /pút プト/ 〖「(物を)ある状態に位置させる」が本義, それより比喩的に「ある状態にさせる」の意を表す〗

→ 動 ⊕ **1** 置く **2** 課す **3** 記入する; 表現する **4** 見積もる **7** 受けさせる **8** 状態にする
ⓘ **1** 進む

—動 [三単現] ~s/púts/; [過去・過分] put; [現分] put·ting

—⊕ **l** [位置させる]

**1** …を置く, のせる, 入れる, 出す 《◆場所を表す副詞(句)を伴う; place は堅い語, lay は横たわるように, set は立てるように置く》‖
put a wallet out (of the pocket) さいふを(ポケットから)出す.
put down one's hand 手を下ろす.
put a table forward テーブルを前に出す.
put one's arm round her shoulders 彼女の肩に腕を回す.
put the thread through (the eye of the needle) (針の目に)糸を通す.
I forgot to put a stamp on the envelope. 封筒に切手をはるのを忘れた.
対話 "Will you show me how to get a coke

from the vending machine?" "Well, first **put** a coin **in** the slot and then press the coke button." 「この自動販売機でコーラを買うのはどうすればいいのですか」「まず硬貨を投入口に入れてそのあとコーラのボタンを押すのです」.

**2** [put A on B] A〈税などを〉B〈人・物〉に課す; [put A on [to] B] A〈責任・罪などを〉を B〈人・物〉のせいにする ‖

**put** a tax **on** the imports 輸入品に課税する.
She **put** her failure **on** me. 彼女は失敗を私のせいにした.

**3**《略式》〈字などを〉**記入する**, 書きつける; [put A in [into] B] A〈考えなどを〉を B〈言葉などに〉**表現する**《◆ express よりくだけた語》; [put A into B] A〈言葉などを〉を B〈他言語に〉**翻訳する**《◆ translate よりくだけた語》‖

**put** her message **on** a piece of paper 彼女の伝言を紙片に書きつける.
**put** one's signature **to** a document 文書に署名する.
It's difficult to **put** this English poem **into** Japanese. この英語の詩を日本語に翻訳するのは難しい.
as Ichiro **put** it イチローも言ったように; イチローの言葉を借りれば.
To **put** it briefly, he is wrong. 手短に言えば彼が悪い.
How do you **put** it **in** English? それは英語で何というの.
I cannot possibly **put** my thanks **in** words. 感謝の気持ちはとても言葉では言い表せません.

**4** [put A at [as] B] A〈物を〉B〈数量〉と**見積もる, 評価する**; [put A on B] A〈物に〉A〈価格〉をつける, B〈馬などに〉C〈金〉を賭(か)ける(bet)‖

**put** the population **at** ten millions 人口を1千万と見積もる.
**put** a high value **on** her book 彼女の本を高く評価する.
**put** a price **on** the machine その機械に値をつける.

**5**〈問題などを〉**持ち出す**, 提案する ‖

**put** a question **to** him 彼に質問する.
I **put** it **to** you that it is her handwriting. 君に言っておくがこれは彼女の筆跡だ.

**6** …を**投げる, 発射する**《◆ 方向・場所を表す副詞(句)を伴う》‖

**put** an arrow **in** the target 矢を的に射る.
**put** a bullet **through** her heart 弾丸で彼女の心臓を打ち抜く.

Ⅱ[状態にさせる]

**7** [put A to B] A〈人〉に B〈苦痛などを〉受けさせる; A〈人・物・注意などを〉を B〈物・事〉に当てる ‖

**put** her **to** work 彼女を働かせる.
**put** him **to** (taking) trouble 彼に苦労をさせる.
**put** oneself **to** one's work 仕事に専念する.
He **put** time **to** good use. 彼は時間を十分活用した.

**8 a** [put A C] A〈物・事・人〉を C の**状態にする**, さ

せる《◆ C はふつう前置詞＋名詞》‖

**put** him **at** ease 彼を気楽にさせる.
**put** a plan **into** practice 《正式》計画を実行する.
**put** a room **in** order 部屋を整頓(とん)する.
**put** her **into** your hands 彼女を君に預ける.
**put** oneself **into** music 音楽に没頭する.
**put** him **in** high school 彼を高校に入れる.
**put** a baby **to** bed 赤ん坊を寝かせる.
Put the incident out of your mind! そのできごとは忘れろ.
The news **put** me **to** silence. そのニュースを聞いた私は口がきけなかった.

**b** [put A C] A〈人・物・事〉を C にする ‖

**put** a clock right 時計の時刻を直す.
**pùt** him **ríght** [**stráight**] on that point その点で彼の思い違いを正す.

—**自** **1**〈船が〉**進む**; 立ち寄る《◆ 方向・場所を表す副詞(句)を伴う》‖

**put** back to port 帰港する.
**put** in at [**put** into] Kobe 神戸に寄港する.
**put** out to sea 出航する.

**2**《米略式》急いで立ち去る ‖

**put** for home 急に帰宅する.

**pùt abóut**《略式》[他]〈うわさ・ニュースなどを〉広める ‖ They **put** (it) **about** that she was married. 彼女は結婚したといううわさが《◆ 受け身形は It is put about that …》.

◇**pùt A acróss** (**B**)《略式》A〈考えなどを〉を (B〈人〉に)(まんまと)**納得させる**, 信じ込ませる, 伝える.

◇**pùt asíde** [他] (1) …を(一時的に)**わきへ置く**;〈金・食物などを〉**たくわえる**;〈商品を〉客にとっておく ‖ **put aside** some money 金を少したくわえる. (2) …を**片付ける**,〈仕事などを〉(ほかのことをするために)やめる; …を無視する;〈感情を〉抑制する ‖ **put aside** one's work 仕事をやめる.

◇**pùt awáy** [他] (1) …を**片付ける**, (元の所へ)しまう ‖ **Put** your car **away** in the garage. あなたの車を車庫にしまいなさい. (2)〈金・食物などを〉とっておく, たくわえる;〈商品を〉客にとっておく. (3)《略式》…を刑務所[精神病院]に入れる.

**pùt báck** (1) [自] → 圍**1**. (2) [他] …を元に戻す, 返す;《米》〈生徒を〉落第させる ‖ **put** a spoon **back** on the table スプーンをテーブルに返す. (3) [他]〈時計・進歩を〉遅らせる;〈仕事・時などを〉延ばす.

**pùt bý** [他]〈金・食物などを〉たくわえる, とっておく.
◇**pùt dówn** → put down (見出し語).

◇**pùt fórth** [他] (1)《文》〈芽・葉などを〉**出す**;〈実〉を結ぶ;《正式》〈力を〉発揮する ‖ **put forth** every effort 全力を尽くす. (2)《米正式》〈意見・案などを〉出す, 発表する.

◇**pùt fórward** [他] (1)〈意見・案などを〉**出す**. (2)〈人を〉**推薦する**, 昇進させる ‖ **put** him **forward as** a chairman 彼を議長に推薦する. (3)〈人を〉目立たせる ‖ **put** oneself **forward as** a scholar 学者として目立つ. (4)〈時計を〉進ませる;〈食事・行事・日時などを〉早める. (5) → 個**1**.

***pùt ín*** (1) [自] → 自**1**; （略式）ちょっと立ち寄る. (2) [他] …を差し入れる；…を突っ込む ‖ put in a (good) word for her with her parents 彼女のために両親にひと言口添えをする. (3) （略式）[他] 〈時・金など〉を費やす ‖ put in an hour's cooking 料理に1時間を費やす. (4) [他] 〈要求・書類など〉を提出する；〈任務〉を果たす；〈労力など〉をつぎ込む.

***pùt ín for*** A …を申し込む ‖ put in for employing 職を申し込む.

***pút ínto*** B **1** → 他**3**. (2) A〈物〉をB〈物〉の中へ入れる. (3) A〈時間・労力〉をB〈事〉に費す.

◇***pùt óff*** → put off (見出し語).

◇***pùt ón*** → put on (見出し語).

◇***pùt óut*** → put out (見出し語).

***pùt through*** [他] (1) …をうまくやりとげる；…を実行する ‖ put a plan through carefully 計画を慎重に実行する. (2) …の電話をつなぐ；…を通す. (3) [~ A through B] A〈人・動物〉に〈訓練・訓練など〉を受けさせる；（略式）[~ A through it] …を徹底的に調べる, しごく. (4) → 他**1**, **6**.

◇***pùt togéther*** [他] (1) …を組み立てる；（略式）…を作る ‖ put a machine together 機械を組み立てる / put together a book 本を作る. (2) …を集める；〈考えなど〉をまとめる, まとめて結論を出す ‖ put a team together チームを作る / put together one's thoughts 考えをまとめる / putting [to put] all this together すべてを考え合わせると.

◇***pùt úp*** → put up (見出し語).

◇***pùt úp with*** A (1) …を我慢する《◆bear, endure, tolerate よりくだけた.「じっとこらえる」というより「仕方がないとあきらめる」軽い気持ちをいう》 ‖ We have to put up with the bad weather. ひどい天気だけどしょうがないね / I can't put up with her (arrogance). 彼女の傲慢（ごうまん）にはついていけない. (2) …の家に泊まる（→ put up **1**).

—名 C [通例 a ~ / the ~] （砲丸などの）ひと投げ, 突き, 押し ‖ ひと投げの距離.

*put down /pùt dáun プトダウン/

—動（変化形 → put）**1** [自] 着陸する.

**2** [他] [put down A / put A down] …を下に置く；…を降ろす；…を下げる ‖ put a box down 箱を下に置く. The train put down many passengers. 列車から多くの乗客が降りた.

**3** [他] [put down A / put A down] A〈金・食物など〉をためる, たくわえる；A〈考え・名前など〉を書き留める, …を書き留めて要求する ‖ put her down for the race レースに彼女を登録する.

**4** （略式）[他] [put down A / put A down] …をけにする ‖ put it down to his account [to him] それを彼のつけにする.

**5** [正式] [他] [put down A / put A down] 〈人・暴動など〉を鎮める ‖ put a riot down 暴動を鎮める.

**6** [他] [put down A / put A down] 〈飛行機〉を着陸させる.

**7** （略式）[他] [put down A / put A down] A〈動物〉を（苦痛を与えずに）殺す《◆kill の遠回し語》, 除く.

**8** [他] [put down A / put A down] A〈人〉を…とみなす ‖ put him down as a beggar 彼を乞食（こじき）とみなす.

**9** [他] [put down A / put A down] …を（…の）せいにする ‖ put down her unhappiness to her poverty 彼女の不幸を貧乏のせいにする.

**Pu·tin** /pú:tin プーチン/ プーチン《Vladimir /vlǽdəmir/ ~ 1952- ；ロシアの政治家, 大統領 (2000- )》.

*put off /pùt ɔ́:f プトオー(フ)/

—動（変化形 → put）**1** [自] 〈船が〉出航する.

**2** [他] [put off A / put A off] …を延期する ‖ put off the athletic meeting till the first fine day 運動会を次の晴れの日まで順延する. put off dismissing him 彼の解雇を延期する. Never put off till tomorrow what you can do today. （ことわざ）きょうできることはあすまで延ばすな.

**3** [他] [put off A / put A off] …を退ける, 妨げる；A〈人・要求など〉をそらす ‖ put off his request with the excuse 言い訳をして彼の要求をそらす.

**4** (文) [他] [put off A / put A off] A〈習慣・悩みなど〉を除く, 捨てる ‖ put off one's bad habit 悪癖を捨てる.

*put on /pùt ɔ́n プトオン/|-ɔ́n -オン/

—動（変化形 → put）[他] **1** 〈服などを〉身につける《↔ take off》《◆ふつう「身につける」という動作を示す. wear, have on, be dressed in は「身につけている」という状態. → wear 他**1**》 ‖ put on one's glasses 眼鏡をかける《◆glasses の代わりに以下のような名詞と共に用いて「身体につける」動作全般に用いる：hat (帽子をかぶる), coat (コートを着る), shoes (靴をはく), ring (指輪をはめる), eye shadow (アイシャドウをつける)》. She put on a pretty dress for the party. 彼女はパーティーのために美しいドレスを着ました.

**2** （略式）〈態度〉を装う, …のふりをする ‖ put on airs 気取る. put on an air of indifference 無関心を装う. put on a sad look 悲しげな顔をする.

**3** → put **3**.

**4** 〈速度・体重など〉を増す ‖ put on speed スピードを増す. She has put on weight recently. 彼女は近ごろ太ってきた.

**5** 〈物〉をのせる, かける ‖ put a pan on なべをかける.

**6** 〈機械〉を動かす；〈臨時列車など〉を運行する；〈電灯・テレビなど〉を（スイッチ・プラグを作動させて）つける；

〈時計〉を進ませる.

**\*put out** /pùt áut プト アウト/
——動 (変化形 → put) [他] **1** 〈電灯・火・タバコなど〉を消す ‖
put out a light 明かりを消す.
put out a candle ろうそくの火を消す.
**2** …を外に出す ‖
put out one's tongue at him 彼に向かって舌を出す.
**3** (略式) …を困らせる, …に迷惑をかける ‖
I was put out by her manner. 私は彼女の態度に気分を害した.
**4** …を作成[生産]する. **5** 〈関節など〉をはずす.

**pu・trid** /pjúːtrid ピュートリド/ 形 **1** 〈動物が〉腐敗した, 腐敗して悪臭を放つ. **2** ひどい, へどが出そうな.

**putt** /pʌt パト/ 〔ゴルフ〕 名 C パット. ——動 他 自 〈球を〉パットする.

**put・ter**[1] /pʌ́tər パタ/ 動 自 《米略式》ぶらつく.

**putt・er**[2] /pʌ́tər パタ/ 名 C 〔ゴルフ〕 **1** パットする人. **2** パター《パット用クラブ》.

**put・ty** /pʌ́ti パティ/ 名 U パテ《窓ガラスを枠に固定する接合剤》.
pútty knife パテ用ナイフ.

**\*put up** /pùt ʌ́p プト アプ/
——動 (変化形 → put) **1** (英) 自 泊まる ‖
put up with her 彼女の家に泊まる.
**2** 自 立候補する.
**3** [他] [put up A / put A up] A〈旗など〉を上げる, A〈掲示など〉を掲げる, 立てる; A〈家など〉を建てる ‖
put up one's hand 手を上げる.
**4** (略式) [他] [put up A / put A up] A〈金〉をあてがう, 寄付する; A〈金〉を賭(か)ける.
**5** (略式) [他] [put up A / put A up] A〈人〉を泊める《◆ふつう食事も伴う》‖
put him up for the night at my house 彼を私の家に1泊させる.
**6** [他] [put up A / put A up] A〈値段・家賃など〉を上げる.

**puz・zle** /pʌ́zl パズル/ 〖〖混み入っているため理解や解答にさんざん苦労する」が本義〗
——動 (三単現) ~s/-z/; (過去・過分) ~d/-d/; (現分) puz・zling/
——他 **1a** ~を手こずらせる, 困らせる《♦ puzzle は答え・真意が見抜けない困難さに, perplex は不安に, bewilder はうろたえに重点がある》‖
It puzzled me what to say. 何と言ったらよいか私は迷った.
It puzzles me that she is running for President. 彼女が大統領に立候補しているなんて, 私は理解に苦しむ.
**b** [be ~d] 困っている, 当惑する ‖
She was very puzzled about the letter. 彼女はその手紙にとても困惑していた.
I was puzzled (about) which to choose. どちらを選ぼうかと私は迷った.
They were puzzled (to find) (that) he had left. 彼がもう去っていたので, 彼らは途方にくれた.

**2** 〈頭・自分自身〉を悩ます, わずらわす ‖
He puzzled his mind about the problem. 彼はその問題で頭を悩ませた.
I puzzled myself over her words. 彼女の言葉に私は悩んだ.

**púzzle óut** [他] A〈答など〉を考え出す《♦ A には wh 節も用いられる》.
——名 C **1** [通例 a ~ / the ~] 難問, 解決できない事柄 ‖
Her disappearance was a puzzle to us all. 彼女の失踪(そう)は我々にとってなぞであった.
**2** [a ~] 困惑, 考えの混乱 ‖
I am in a puzzle about his attitude. 彼の態度に頭を悩ましている.
**3** [しばしば複合語で] (知的遊戯として難しく作られた)なぞ, パズル ‖
do a crossword puzzle クロスワードパズルを解く.

**púz・zle・ment** 名 U 困惑; C 困惑させるもの.

**puz・zled** /pʌ́zld パズルド/ 動 → puzzle.
——形 困惑した, 混乱した.

**puz・zler** /pʌ́zlər パズラ/ 名 C (略式) 難問.

**puz・zling** /pʌ́zliŋ パズリング/ 動 → puzzle.
——形 困惑させる, まごつかせる ‖
Your question is somewhat puzzling. 君の質問にはいささか驚いたよ.

**pyg・my, pig・~** /pígmi ピグミ/ 名 (複 pyg・mies /-z/) C **1** [P~] ピグミー族の一員《中央アフリカの背の低い黒人》. **2** [P~] 〔ギリシア神話〕小人族の一員. **3** 小人; 知能の低い人.

**py・ja・ma** /pədʒáːmə パチャーマ, (米+) -dʒǽ-/ 名 (英) [~s; 複数扱い] =pajama.

**py・lon** /páilɑn パイラン/ |-lən -ロン/ 名 C **1** 〔航空〕(飛行場の)目標塔. **2** (高圧線用の)鉄塔.

**Pyong・yang** /pjʌ́ŋjɑ̀ːŋ ピャングヤーング| pjɔ́ŋ- ピョング-/ ピョンヤン(平壌)《朝鮮民主主義人民共和国(北朝鮮)の首都》.

**\*pyr・a・mid** /pírəmid ピラミド/
——名 (複 ~s/-midz/) C **1** [しばしば P~] ピラミッド, 金字塔.
**2** 〔数学〕角錐(すい). **3** ピラミッド型の物〔建物〕.

**pyre** /páiər パイア/ 名 C **1** (火葬用の)積みまき. **2** (一般に)まきの山.

**Pyr・e・nees** /pírəniːz ピレニーズ/ 名 [the ~; 複数扱い] ピレネー山脈《フランスとスペインの国境にそびえる》.

**Py・thag・o・ras** /piθǽgərəs ピサグラス|paiθǽgərəs パイサガラス, -ræs/ 名 ピタゴラス, ピュータゴラス《582?-500? B.C., ギリシアの哲学者・数学者》.

**Py・thag・o・re・an** /piθǽgəríːən ピサガリーアン| pai- パイサガ-/ 形 ピタゴラス(学派, 学説)の.
——名 C ピタゴラス学派の人.

**Pythagoréan théorem** 〔幾何〕 [the ~] ピタゴラスの定理.

**Pyth・i・as** /píθiəs ピスィアス, -æs/ 名 ピュティオス (→ Damon).

**py・thon** /páiθɑn パイサン, -θn|-θn -スン/ 名 C 〔動〕ニシキヘビ.

# Q

**\*q, Q** /kjúː キュー/ 名 (複 q's, qs.; Q's, Qs /-z/)
1 ⓒⓊ 英語アルファベットの第17字《◆ふつうの語のつづりでは q の直後に必ず u がくる》. 2 → a, A 2. 3 ⓒⓊ 第17番目(のもの).
*Q and A* 〖questions and answers の略〗質疑応答.

> **Q&A** *Q*: q で始まる語はみな qu のつづりですね。
> *A*: そうです。ほとんどの単語は qu で始まります。このことを覚えておくとつづりが理解しやすいですね。

**quack¹** /kwǽk クワック/ 〖擬音語〗動 ⓘ 1〈アヒルなどが〉ガーガー鳴く. 2〈人が〉大声でがやがや[ぺちゃくちゃ]しゃべる. ── 名 ⓒ ガーガー; ぺちゃくちゃ, がやがや.

**quack²** /kwǽk クワック/ 名 ⓒ (略式) にせ医者.
──形 にせ医者の(用いる).
2 いかさまの ‖
*quack remedies* いんちき療法.

**quad** /kwɑ́d クワド | kwɔ́d クウォド/ 名 ⓒ (略式) 1 (主に英) =quadrangle 2. 2 =quadruped.
*quád bike* (レース用の)四輪バイク.

**quad·ran·gle** /kwɑ́drǽŋɡl クワドラングル | kwɔ́d-クウォドラングル, -́-́/ 名 ⓒ 1 (幾何) 四角形, 四辺形. 2 (主に英式) (特に大学などの建物に囲まれた)中庭, 中庭を囲む建物.

**quad·rant** /kwɑ́drənt クワドラント | kwɔ́d- クウォドラント/ 名 ⓒ 1 (幾何) 四分円 (弧), 象限 (ぽ̄). 2 四分円形のもの. 3 四分儀.

**quad·ri-** /kwɑ́drə- クワドリ- | kwɔ́drə- クウォドリ-/ 連結形 4, 4つの部分をもつ, 4つのうち1つの 《◆母音の前では quadr-》.

**quad·ri·lat·er·al** /kwɑ̀drəlǽtərəl クワドリラタラル | kwɔ̀d- クウォド-/ 名 ⓒ 形 四角[四辺]形(の).

**quad·ru·ped** /kwɑ́drəpèd クワドラペド | kwɔ́d- クウォドラペド/ 名 ⓒ 形 四足獣く(特に哺(は)乳類).

**quad·ru·ple** /kwɑdrúːpl クワドループル | kwɔ́drupl クウォドルプル/ 形 (文) 1 4部分からなる; 四重の. 2 4倍の. ──名 ⓒ 4倍の数[量].
──動 (現分 -·ru·pling) 他 …を4倍にする.
── ⓘ 4倍になる.

**quad·ru·plet** /kwɑdrúːplət クワドループレト | kwɔ́d- クウォド-/ 名 ⓒ 4つ子の1人; [通例 ~s] 4つ子.

**quaff** /kwɑ́ːf クワーフ, kwǽf | kwɔ́f クウォフ/ 動 (詩) 他 ⓘ (酒などを)がぶ飲みする, 一息に飲み干す (+*off*).

**quag·mire** /kwǽɡmàiər クワグマイア, kwɑ́ɡ- | kwɔ́ɡ- クウォグ-, kwǽɡ-/ 名 ⓒ 1 沼地, 湿地. 2 苦境, 泥沼, 窮(きゅう)地.

**quail** /kwéil クウェイル/ 名 (複 ~s, 集合名詞 *quail*) ⓒ (鳥) ウズラ; Ⓤ その肉.

**quaint** /kwéint クウェイント/ 形 1 (風変わり[古風]で)おもしろい, 古風で趣(おもむき)のある ‖
*quaint village customs* 古風で趣のある村の習慣.
2 奇異な, 異様な.
**quáint·ly** 副 風変わりでおもしろく, 一風変わって.

**quake** /kwéik クウェイク/ 動 (現分 *quak·ing*) ⓘ
1 震える, おののく (→ tremble); 身震いする ‖
*quake with fear* 恐怖で震える.
2 (文)〈地面などが〉揺れる, 振動する.

**Quak·er** /kwéikər クウェイカ/ 名 ⓒ クエーカー教徒 《17世紀中ごろ George Fox が創始したキリスト教の一派フレンド会 (the Society of Friends) の信徒の俗称》《◆教徒自身はこの語を公式には用いず, the Friends を用いる》.

**qual·i·fi·ca·tion** /kwɑ̀ləfikéiʃən クワリフィケイション | kwɔ̀ləfikéiʃən クウォリフィケイション/ 名 1a Ⓤ 資格[免許]を得ること; 有資格.
b [~s] 資格, 技能, 適性 ‖
the qualifications for voting [to vote] 選挙する資格.
2 ⓒ 資格証明書, 免許証 ‖
a dental qualification 歯科医免許証.
3 ⓒⓊ (前言などの)修正, 緩(かん)和, 制限 ‖
*with certain qualifications* ある条件を付ければ.
*without (any) qualification* 無条件で.

**qual·i·fied** /kwɑ́ləfàid クワリファイド | kwɔ́l- クウォリ-/ 動 → qualify.
──形 1 資格[免許]を有する, 有能な, 適任の ‖
a qualified lawyer 認定された弁護士.
a woman qualified for the post その地位にぴったりの女性.
2 (正式) 限定された, 条件付きの ‖
qualified approval 条件付きの承認.

**qual·i·fi·er** /kwɑ́ləfàiər クワリファイア | kwɔ́l- クウォリ-/ 名 ⓒ 1 資格を与える人[物]. 2 〖文法〗(後位)修飾語(句).

**qual·i·fies** /kwɑ́ləfàiz クワリファイズ | kwɔ́l- クウォリ-/ 動 → qualify.

**\*qual·i·fy** /kwɑ́ləfài クワリファイ | kwɔ́ləfài クウォリファイ/ 〖何らかの種類 (quali) にする (fy). cf. *quali*ty〗派 qualification (名)
──動 〖三単現〗 -·i·fies /-z/; 〖過去・過分〗 -·i·fied /-d/; 〖現分〗 ~·ing
── 他と ⓘ の関係 ──
| 他 1a | qualify A | A〈人〉に資格を与える |
| ⓘ 1 | A qualify | A〈人が〉資格を得る |

── 他 1a 〈人〉に**資格**を与える, 適任とする ‖

Her age **qualifies** her for the job. 年齢的に彼女はその仕事に適している.
Does my training **qualify** me to teach [for teaching]? 私の受けた訓練で教師として教えるに十分だろうか.
She **qualified** herself as an accountant. 彼女は会計士の資格を得た.
**b** [be qualified] **資格がある, 適任である** ‖
He is **qualified** for teaching German. =He is **qualified** to teach German. =He is **qualified** as a teacher of German. =He is **qualified** to be a teacher of German. 彼はドイツ語教師の資格がある.
The patient is **qualified** to go out. その患者は外出してよい《◆法的資格以外にも用いられる》.
**2**《正式》…を…とみなす ‖
**qualify** his attitude as impolite 彼の態度を失礼だとみなす.
**3** …を修正する, 弱める, やわらげる, 制限する.
**4**〖文法〗…を(後位)修飾する.
──⃝ **1 資格を得る, 適任である** ‖
**qualify** as [to be] a voter =**qualify** for voting =**qualify** to vote 投票権を得る.
**2**《スポーツ》予選を通過する.

**qual·i·ta·tive** /kwάlətèitiv クワリテイティヴ, -tə-|kw5lə-クウォリ-/ 形 質に関する, 性質(上)の.

**qual·i·ties** /kwάlətiz クワリティズ|kw5lə- クウォリ-/ 名 → quality.

*__qual·i·ty__ /kwάləti クワリティ|kw5ləti クウォリティ/〖何らかの種類(quali)であること(ity). cf. *qualify*〗
──名 (複 --i·ties/-z/) **1**Ⓤ **質, 性質** ‖
a cigar of good **quality** 品質のよい葉巻き.
water-**quality** standards 水質基準.
value **quality** above quantity 量より質を重んじる.
**2**Ⓤ **良質, 上質** ‖
wool of (good) **quality** 高級ウール.
対話 "This is the best restaurant in town." "I agree. The food and the service are both of high **quality**." 「ここが町で一番のレストランです」「私も同感だ. 料理もサービスもどちらも一級品です」.
**3**[形容詞的に] **良質の, 高級な** ‖
**quality** merchandise 優良商品.
a **quality** magazine [paper] 高級雑誌[新聞]《大衆向け(popular)に対して教養人向けの定期刊行物をいう》. *The New Yorker* (米国の週刊誌), *The New York Times* (米国の新聞), *The Times* (英国の新聞)など》.
**4**Ⓒ **特性, 本質, 属性** ‖
One **quality** of plastic is that it cannot break easily. プラスチックの特性の1つは壊れにくいことだ.
*the* **quálity** *of* **lífe** 生活の質, 満足度《精神的な豊かさに重点を置いた生活水準.〖略〗QOL》.

**qualm** /kwάːm クワーム/《発音注意》《◆lは発音しない》名Ⓒ《正式》[しばしば~s] **1** 不安, 心配, 疑惑.
**2** 良心の呵責(か_しやく_), 気のとがめ. **3** むかつき, 吐(_は_)き気.

**quan·da·ry** /kwάndəri クワンダリ|kw5n- クウォン-/ 名 (複 --da·ries/-z/)Ⓒ《◆通例次の句で》‖
be in a **quandary** about … …のことで困惑する, 板ばさみになる.

**quan·ta** /kwάntə クワンタ|kw5n- クウォン-/ 名 → quantum.

**quan·ti·ta·tive** /kwάntətèitiv クワンティテイティヴ, -tətiv|kw5n- クウォン-/ 形 量に関する, 量的な(cf. qualitative).

**quan·ti·fy** /kwάntəfài クワンティファイ|kw5n- クウォン-/ 動 (三単現) --ti·fies/-z/ ;(過去·過分) --ti·fied/-d/) ⃝《正式》①…の量を定める[計る]; …を量で表す.

**quan·ti·ties** /kwάntətiz クワンティティズ|kw5n- クウォン-/ 名 → quantity.

*__quan·ti·ty__ /kwάntəti クワンティティ|kw5ntəti クウォンティティ/〖何らかの量(quanti)であること(ity)〗

──名 (複 --ti·ties/-z/) **1**Ⓤ **量** ‖
**Quality** is more important than **quantity**. 量より質が大切である.
**2**Ⓒ **分量, 数量**《◆Ⓒ 名詞の複数形を伴う時は a large number of の方がふつう》‖
a small **quantity** of beer 少量のビール.
a large **quantity** of books 多数の本.
What **quantity** of sugar do you need? 砂糖はどれくらいの分量が必要ですか.
A large **quantity** of gold was found. 多量の金が見つかった.
**3** [~, quantities] **多量, 多数**《◆ⒸⓊ 両方の名詞に用いる》‖
**quantities** of books 多数の本.
sell flour in **quantity** [in (large) quantities] 小麦粉をたくさん売る.
**4**〖数学〗**量, 数** ‖
a known **quantity** 既知量[数].
an unknown **quantity** 未知量[数]((記号) X);未知数の物[人].

**quan·tum** /kwάntəm クワンタム|kw5n- クウォン-/ 名 (複 quan·ta/kwάntə/)ⓊⒸ《正式》量;〖物理〗量子.

**quar·an·tine** /kwɔ́(ː)rəntìːn クウォ(ー)ランティーン/ 動 (現分) --tin·ing) ⃝ **1** …を隔離[検疫]する. **2** …を孤立させる. ──名Ⓤ **1** (伝染病予防のための)隔離(状態). **2** 隔離期間.

*__quar·rel__ /kwɔ́(ː)rəl クウォ(ー)レル/〖「不平を言う」が原義〗

──名 (複 ~s/-z/)Ⓒ **1** 口論, 口げんか; 反目(_はん_), 不和, 仲たがい ‖
pick a **quarrel** with him 彼にけんかを売る.
a **quarrel** between neighbors about a borrowed lawn mower 借りた芝刈り機をめぐ

**quarrelsome** / **quarter**

quarrel 《口論する》

quarter 《4分の1》
〈15分〉
〈25セント〉

る隣人同士の仲たがい.
Betsy and Sally had [×did] a quarrel over Tom. ベツキーとサリーはトムのことでけんかした.
**2** Ⓤ けんか[口論]の原因, 苦情 ‖
I have no quarrel with [against] her. 彼女に何の文句もない.

―動〔三単現〕~s/-z/;〔過去・過分〕~ed または〔英〕quar·relled /-d/;〔現分〕~·ing または〔英〕--rel·ling〕
―自 **1** 口論する, けんかする, 言い争う;不和になる《◆双方が angry な状態になっている場合をいう. argue は必ずしもそういう状態になっていなくても使える》‖
George is always quarreling with his wife. ジョージはしょっちゅう妻とけんかしている《◆この場合, けんかが一方的で妻が相手にしないこともある》‖
対話 "Did you go out drinking again?" "Let's not quarrel about this. I don't want to have a fight."「また飲みに行ったのですか」「そのことで口論するのはやめようよ. けんかをしたくはないんだ」.

Q&A **Q**: quarrel, conflict, fight はみな「けんかをする」という意味のようですが, どう違います か.
**A**: こうして覚えればいいでしょう.「意見が衝突して」(conflict)「口論し」(quarrel)「なぐり合う」(fight).

**2**《正式》[しばしば will [would] not を伴って]苦情[小言, 不平, 文句]を言う;非難する, とがめる ‖
I wouldn't quarrel with your analysis of the situation. 君の情況分析には文句を言うつもりはない.

**quar·rel·some** /kwɔ́(:)rəlsəm クウォ(ー)レルサム/ 形 けんか好きな;怒りっぽい;議論好きな.

**quar·ry** /kwɔ́(:)ri クウォ(ー)リ/ 名 (通例露天の)石切り場, 採石場.
―動〔三単現〕quar·ries /-z/;〔過去・過分〕quar·ried /-d/〕他〈石〉を切り出す.

**quart** /kwɔ́:rt クウォート/〖gallon の1/4の意〗名 Ⓒ 1クォート《略 qt.》《**a** =liquid quart 液量クォート:2 pints《米》約 0.94 ℓ,《英》約 1.13 ℓ). **b** =dry quart 乾量クォート:1/8 peck 《米》約 1.10 ℓ,《英》約 1.13 ℓ)). **2** 1クォート容器;《略式》(1クォートの)ビール.

**\*\*quar·ter** /kwɔ́:rtər クウォータ/〖「第4番目(fourth)」が原義. cf. quart〗
→ 名 **1** 4分の1 **2** 15分 **3** 25セント硬貨
―名 (複) ~s /-z/) **1** Ⓒ **4分の1**, 4等分したものの1つ, 四半分 ‖
a quárter of a cáke ケーキの4分の1.
in three quarters of an hour 45分したら.
I can get it at a quarter of the price. 定価の4分の1で入手可能だ《◆「定価よりずっと安く」の意. 正確に1/4でなくてもよい.
Divide the line into quarters. 直線を4等分せよ.
**2** Ⓒ (毎正時前[後])15分《◆ ×a quarter minute とはいわない》‖
at (a) quarter after [《英》past] six 6時15分に《◆《米》では a はしばしば省略》.
This clock strikes the quarters. この時計は15分ごとに打つ.
対話 "What's the time?" "It's (a) quarter of [before,《英》to] six."「何時ですか」「6時15分前です」.
**3** Ⓒ《米国・カナダ》25セント硬貨(→ coin 事情);25セント《4分の1ドル》‖
I gave the boy a quarter. 息子に25セント与えた.
**4** Ⓒ 四半期, (支払いなどで1年を4等分した)1期, 3か月 ‖
pay one's rent by the quarter 3か月ぎめで賃料を払う.
**5** Ⓒ《米》(1年4学期制の学校・大学の)学期《通例12週》.
**6** Ⓒ《米》《スポーツ》クォーター《フットボールなどで1試合の時間を4等分した1単位》.
**7** Ⓒ 4分の1ポンド;4オンス.
**8** Ⓒ《天文》弦《月の公転の4分の1. 約7日》‖
the moon in its first quarter =the moon at the first quarter 上弦の月《◆「下弦の」は last》.
**9** Ⓒ [しばしば複合語で] (動物の)足1本を含む四半分 ‖
a fore quarter 前四半分.
a quarter of lamb 子ヒツジ1頭の4分の1の肉.
**10** Ⓒ《正式》(都市内で特定の人々の住む)地域, 街;その住民 ‖
the immigrant quarter 移民者地区.
the Latin quarter of Paris パリのラテン区[カルチェ=ラタン].
**11** Ⓒ [しばしば ~s] (東西南北の)方角, 場所 ‖
in évery quárter =in áll quárters 至る所で;四方八方へ.
come from a distant quarter 遠隔の地から来る.
**12** [~s] 宿所, 住居(lodgings);《軍事》宿舎, 兵舎 ‖
take up one's quarters 寝泊りする.
**13** Ⓒ 靴の腰皮((図)→ shoe).
―動 他 **1** …を4等分する. **2** 〈主に兵隊・軍隊〉を宿泊させる.

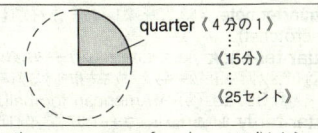

**quárter nòte** (米)〔音楽〕4 分音符((英) crotchet).

**quar·ter·back** /kwɔ́ːrtərbæk クウォータバク/ 名 C〔アメフト〕クォーターバック《攻撃を指揮するプレーヤー．略 QB, qb. 動 〔米〕= American football》．

**quar·ter·ly** /kwɔ́ːrtərli クウォータリ/ 形 年4回の，3か月に一度の(関連 → periodical) ‖
a quarterly journal 季刊誌.
—— 副 年4回，3か月ごとに ‖
a journal issued quarterly 季刊誌.
—— 名 (複 -ter·lies/-z/) C 季刊誌.

**quar·tet(te)** /kwɔːrtét クウォーテト/ 名 C〔音楽〕四重奏[唱]団，カルテット；四重奏[唱](曲)(関連 → solo).

**quartz** /kwɔ́ːrts クウォーツ/(同音 quarts) 名 U〔鉱物〕石英《◆ 純粋なものは無色透明で水晶(crystal)と呼ぶ》．

**quártz clòck** 水晶[クォーツ]時計.
**quártz wàtch** クォーツ(腕)時計.

**qua·sar** /kwéizɑːr クウェイザー, -sɑːr/ 名 C〔天文〕準星，クェーサー．

**quash** /kwɑ́ʃ クワシュ | kwɔ́ʃ クウォシュ/ 動 (三単現 ~·es/-z/) 他 (正式) 1〈反乱などを鎮(ﾂ)圧する．2〔法律〕〈判決などを破棄する．

**qua·si-** /kwéizai- クウェイザイ-, -sai-, kwáːzi-, -si-/〔『ラテン』連結形〕外見上の，見たところ(では)；半…，準…；類似的な[に].

**qua·ver** /kwéivər クウェイヴァ/ (正式) 動 自〈声・音楽が〉震える，震え声で歌う[話す]．—— 他 …を震え声で歌う[言う]．—— 名 C 震える声，震音．

**qua·ver·y** /kwéivəri クウェイヴァリ/ 形 震え声の.

**quay** /kíː キー/《発音注意》《◆×クウェイ》(同音 key) 名 C 波止場，埠頭(ﾌﾄ).

**quea·sy** /kwíːzi クウィーズィ/ 形 (比較 -si·er, 最上 -si·est) (略式)〈人・胃が〉むかつく，〈飲食物が〉吐き気を催させる．

**Que·bec** /kwibék クウィベク/ 名 ケベック《カナダ東部の州．その州都．主要言語はフランス語．略 Q., Que.》．

**＊queen** /kwíːn クウィーン/〔『女(woman)』が原義〕
—— 名 (複 ~s/-z/) C 1 [しばしば Q~] 女王 ‖
Queen Elizabeth II of England 英国の女王エリザベス2世《◆ II は the Second/ðə sékənd/ と読む》．
2 [しばしば Q~] 王妃，皇后 ‖
Queen Marie Antoinette, the wife of Louis XVI ルイ16世の妻マリー=アントワネット王妃．
3 [比喩的に；しばしば複合語で] 女王，花形《美人コンテスト優勝者，最もすぐれた都市・船など》‖
a béauty quèen 美人コンテスト優勝者，美の女王．
a society queen = a queen of society 社交界の花形．
the queen of the cherry blossom festival 桜祭りの女王．
4〔トランプ〕クイーン(の札)；〔チェス〕クイーン．

**quéen ánt**〔昆虫〕女王アリ．
**quéen bèe**〔昆虫〕女王バチ．
**Quéen Móther** [the ~] 王母，皇太后《先王の妃で現女王[国王]の母である人》．
**Quéen's Énglish** [the ~] = King's English 《◆ 女王治世中の言い方》．

**queen-size(d)** /kwíːnsaiz(d) クウィーンサイズ(ド)/ 形 (特大に対して)大の，クイーンサイズの．

**Queens·land** /kwíːnzlænd クウィーンズランド/, -lənd -ランド/ 名 クイーンズランド《オーストラリア北東部の州》．

**queer** /kwíər クウィア/ 形 1 (米軽式)〈侮蔑〉〈男性が〉同性愛の，ホモの．2 (やや古) 奇妙な(strange)，〈英やや古〉気分が変な．
**quéer·ness** 名 U 奇妙なこと，風変わり．

**quell** /kwél クウェル/ 動 (正式) 1〈反乱などを鎮圧する．2〈恐怖・感情などを抑える．

**quench** /kwéntʃ クウェンチ/ 動 (三単現 ~·es/-iz/) 他 (正式) 1〈火・明かりなどを消す ‖
We quenched the fire with water. 水で火を消した．
2〈渇(ｶﾜ)きをいやす．3〈欲望・感情などを抑える．

**que·ry** /kwíəri クウィアリ/ (類音 queer/y /kwíərli/ 名 (複 que·ries/-z/) C 1 質問，疑問《◆ question より堅い語》‖
make a query 質問する．
answer a query 質問に答える．
raise a few queries 2,3の疑問を呈する．
2〔印刷〕疑問符《?》；(原稿などの疑問の箇所につける)?のマーク．
—— 動 (三単現 que·ries/-z/; 過去・過分 que·ried/-d/) 他 1 (文) …を尋ねる，質問する ‖
query the reason for his absence 彼の欠席の理由を尋ねる．
2 …を疑う《◆ question より堅い語》‖
query whether [if] it is true それが真実かどうかを疑う．

**quest** /kwést クウェスト/ 名 1 (文) 探求，探索，追求 ‖
the quest for truth 真理の探求．
2 (中世騎士の) 冒険の旅．
*in quést of* A (文) …を求めて；…を追求して ‖ a student in quest of knowledge 知識を追求する学生．

**＊ques·tion** /kwéstʃən クウェスチョン/《発音注意》《◆×クウェスション》〔『求める(quest)こと(ion). cf. re*quest*》
—— 名 (複 ~s/-z/) 1 C 質問，問い(↔ answer) ‖
Any questions? 質問はありますか．
question and answer 質疑応答，問答《◆ 対句のため無冠詞》．
Please answer my question. 私の質問に答えてください(→ problem 名1).
I put a question to him. = I asked him a question. 彼に質問をした．
〔対話〕"Do you mind if I ask you a few ques-

**questionable** 1129 **quick**

tions?" "No, that's all right. Go ahead."「2, 3質問してもいいでしょうか」「ええ、いいですよ。どうぞ」.

**2** [U] 疑問, 疑い, 疑義 ‖
be open to question 疑いをかける余地がある
There's no question about her honesty. 彼女が正直であることには疑いの余地がない.

**3** [C] 問題, 論点；事柄 ‖
exam questions 試験問題.
the energy question = the question of energy エネルギー問題.
It's only a question of time. それは時間だけの問題だ.
A question arose as to who was the legal heir. だれが法定相続人かという問題が持ち上がった.
The question (of) whether to retire or not troubled him. 引退すべきかどうかという問題に彼は苦しんだ.
The question is, can he come to the meeting. 問題は彼が会議に来られるかどうかだ.
There's the question (of) how to [how we will] raise the money. お金をどのように調達するかという問題がある.

**4** [C] [文法] 疑問文 ‖
an indirect question 間接疑問文.

> [Q&A] **Q**: 発音は「クウェスション」とならないのですか.
> **A**: tion はふつう /ʃən ション/ と発音するのですが, question や suggestion のように tion の前に s があるときは /tʃən チョン/ と発音します.

◇**beyònd (àll) quéstion** 疑いなく, 確かに ‖ Beyond question, he is the best man for the job. 確かに彼はその仕事に最適の人だ.
**còme into quéstion** 〈事が〉問題になる, 論議される.
**in quéstion** (正式) (1) 問題の, 当の；〔論争〔審議〕中の ‖ the person in question 当人. (2) 疑わしい.
◇**òut of the quéstion** [形] 問題にならない, 全く不可能で ‖ Without a passport, leaving a country is out of the question. パスポートがなければ出国は全く不可能だ.
**withòut quéstion** (1) = beyond (all) QUESTION. (2) 疑義〔異議〕なく, 問題なく.

——動 (三単現) ~s/-z/；(過去・過分) ~ed/-d/；(現分) ~·ing
——他 **1** 〈人に〉**質問する**, 問う；〈証人などを〉尋問する ‖
question the suspect 容疑者を尋問する.
I questioned him about what he was doing yesterday. きのう何をしていたかを彼に尋ねた.
**2** …を疑う, …に疑義をさしはさむ, …に異議を唱える；[question that 節] …であることを疑う ‖
question the authenticity of the news その報道の信憑(しんぴょう)性を疑う.

I question whether she will come. 彼女が来るかどうか疑わしい.
**quéstion màrk** (1) 疑問符〔?〕. (2) 未知のこと, 疑わしいこと, 不確かなこと.
**quéstion tàg** [文法] = tag question.

**ques·tion·a·ble** /kwéstʃənəbl クウェスチョナブル/ 形 **1** 疑わしい, 疑問の余地のある, 不確かな. **2** いかがわしい, 不審な, 信用のおけない.

**ques·tion·naire** /kwèstʃənéər クウェスチョネア, (英+) -tiən-/ 名 [C] アンケート用紙, 質問票；〔統計〕調査票.

**queue** /kjúː キュー/ (発音注意) (同音) cue) 名 [C] **1** (主に英) (順番を待つ人・車などの) 列 (line) ‖
fórm a quéue for a bus バスを待つ列を作る.
stand in a queue 一列に並ぶ.
**2** [英史] 弁髪 (cf. ponytail).
**júmp the quéue** (英) 列に割り込む；(順番を無視して) 先に入手しようとする.
——動 (現分) queu(e)·ing) 自 (主に英) 列をつくる, 列に並ぶ (line) ‖
queue (up) at the box office to buy tickets for the film 映画の切符を買うため売場に並ぶ.

**quib·ble** /kwíbl クウィブル/ 名 [C] あいまいな言葉(づかい), 言いのがれ, 屁(へ)理屈. ——動 自 あいまいな言葉を使う, 言いのがれをする, 屁理屈を言う.

**quiche** /kíːʃ キーシュ/ 名 [C] キッシュ 《チーズ・ベーコンなどで味つけしたパイの一種》.

**\*\*quick** /kwík クウィク/ 〔「生きている」が原義. cf. vivid〕 派 quicken (動), quickly (副)
——形 (通例 比較) ~·er, more ~；最上 ~·est, most ~) **1** 〈動作・行動などが〉**速い**, すばやい, 迅速な, 機敏な(↔ slow)《◆継続的な動作が「速い」は fast, rapid. → prompt》‖
walk at a quíck páce 速いペースで歩く.
Be quick about the work. その仕事を早くしなさい.
They were quick to help us. 彼らは私たちをすばやく助けてくれた.
I had a quick meal. 大急ぎで食事をした.
She is a quick worker. 彼女は仕事をするのが速い.
He is quick in speech. 彼は話し方が速い.
[対話] "Be quick! We'll be late." "Wait for me. It won't be a minute." 「急いで! 遅れてしまうよ」「待ってよ. すぐだから」.
**2** 理解が早い, 賢い；敏感な ‖
a quick child 利口な子供.
She is quick to learn. = She is quick at [in] learning. 彼女は物覚えが早い.
He is very quick at [with] figures. 彼は計算がとても早い.
She has a quick wit. 彼女は気転がきく.
**3** 短気な, 怒りっぽい ‖
He has a quick temper. 彼は短気だ.
——副 (通例 比較) ~·er, more ~；最上 ~·est, most ~) (略式) 速く, すばやく, 迅速に《◆主に命令

文に用いる. 常に動詞の後に置く》‖
Come quick! 早く来なさい.
(as) quíck as líghtning [thóught] 電光石火のごとく.

**quick·en** /kwíkən クウィクン/ 動 他 〈歩調などを〉速める, 急がせる ‖
They quickened their pace. 彼らはペースを速めた.
── 自 〈歩調・脈などが〉速くなる ‖
His pulse quickened. 彼の脈が速くなった.

**quick·ly** /kwíkli クウィクリ/ 〖→ quick〗
── 副 (比較 more ~, 最上 most ~) 速く; (短時間で)急いで; (時間をおかずに)すぐに, 敏速に(↔ slowly) ‖
She works quickly. 彼女は仕事をするのが速い.
He quickly prepared his breakfast. 彼は急いで朝食を準備した.
The problem was quickly resolved. 問題はすぐに解決された.

**quick·ness** /kwíknəs クウィクネス/ 名 U 1 すばやさ, 機敏. 2 (運動などの)速さ, 迅速. 3 性急さ, 短気.

**quick·sand** /kwíksænd クウィクサンド/ 名 U C [しばしば ~s] (海岸などの)流砂《人や動物が乗ると吸い込まれる》.

**quid** /kwíd クウィド/ 名 (複 quid) C (英略式)1ポンド.

**qui·et** /kwáiət クワイエト/ 〖「騒音・動揺がない」が本義〗
── 形 (通例 比較 ~·er, (時に) more ~ ; 最上 ~·est, (時に) most ~) 1 静かな, 音を立てない; 閑静な, ひっそりした(↔ noisy) ‖
Be quiet! 静かに(してください)《♦ 単に Quiet ということもある》.
a quíet stréet 静かな通り.
a quiet audience 静かな聴衆.
The new model has a quiet engine. 新型車はエンジンが静かです.
[対話] "Will you be quiet! I'm trying to study." "Sorry. I didn't realize the noise." 「少し静かにしてくれませんか. 勉強しようとしているんだけど」「ごめん, うるさくしていることに気がつかなかった」.
2 おだやかな, 動かない, じっとしている ‖
Keep quiet after meals. 食事のあとはじっとしていなさい.
The sea was quiet with hardly any waves. 海はほとんど波がなくておだやかだった.
3 平穏(へいおん)な; 安らかな, 心配のない; くつろいだ, ゆったりとした ‖
a quiet life 平穏無事な生活.
a quiet conscience やましいところのない良心.
I spent a quiet evening at home. 家でくつろいだ夜を過ごした.
4 控え目な, もの静かな, おとなしい ‖
a quiet child おとなしい子供.

She has a quiet disposition. 彼女は温和な性格だ.
[対話] "She never says anything." "She's just very quiet in front of strangers." 「彼女は何も言わない人だね」「知らない人の前ではおとなしくしているだけですよ」.
5 〈色などが〉落ち着いた, 地味な(↔ loud) ‖
a quiet color 地味な色.
6 内密の, ひそかな, 遠回しの ‖
a quiet reproach ひそかな非難.
harbor quiet resentment ひそかに恨みを抱く.
── 名 U 1 静けさ, 静寂(せいじゃく), 閑静(かんせい) ‖
the quiet of the night 夜の静寂.
2 (心の)平静, 安らかさ; (一般に)平和, 太平 ‖
live in peace and quiet 平穏無事に暮らす.
3 休養, 安静.
*on the quíet* (略式)ひそかに, こっそりと, 内密に.
── 動 (主に米) 他 1 …を静かにさせる; …を静める.
2 〈子供など〉をなだめる ‖
quiet a fretful child むずかる子供をなだめる.
── 自 静まる, おさまる.

**qui·et·en** /kwáiətn クワイエトン/ 動 (主に英) = quiet.

**qui·et·ly** /kwáiətli クワイエトリ/ 副 1 静かに, そっと, 音もなく ‖
She moved quietly and quickly. 彼女は静かにしかもすばやく動いた.
2 平穏に; 落ち着いて ‖
speak quietly 落ち着いて話す.
3 地味に, 控え目に.

**qui·et·ness** /kwáiətnəs クワイエトネス/ 名 U 静けさ, 静寂; 平穏, 平静.

**quill** /kwíl クウィル/ 名 C 1 羽軸《翼・尾の丈夫な》羽.
2 a 羽ペン, 鵞(が)ペン(quill pen) ‖
drive the quill ペンを走らせる, 書く.
b (楽器の)ばち; つま楊枝(ようじ); (釣り糸の)うき.
3 [~s] (ヤマアラシなどの)針.

**quíll pén** = quill 2 a.

**quilt** /kwílt クウィルト/ 名 C 1 キルト《2枚の布地の間に綿・羊毛・羽などを入れて刺し子に縫った掛け布団》. 2 キルト風に仕上げたもの; (一般に厚手の)ベッドカバー.
── 動 他 …を刺し子縫いする, キルティングする.

**quilt·ed** /kwíltid クウィルティド/ 動 → quilt.
── 形 キルト風の; キルト状のもので詰め物をした ‖
a quilted bathrobe キルティングのバスローブ.

**quilt·ing** /kwíltiŋ クウィルティング/ 動 → quilt.
── 名 1 U キルティング, 刺し子に縫うこと; その材料. 2 C (米) =quilting bee [party].

**quílting bèe [pàrty]** おしゃべりをしながらキルトを作る女性の集まり(quilting).

**quince** /kwíns クウィンス/ 名 C 〔植〕マルメロ; その実《jamの材料. 種子は薬用》.

**qui·nine** /kwáinain クワイナイン | kwiní:n クウィニーン/ 名 U キニン, キニーネ, キニーネ剤《マラリアの特効薬》.

**quínine wàter** キニーネ水《ジン・ウォッカを割る炭酸

水》.

**Quin·qua·ges·i·ma** /kwìŋkwədʒésimə クウィンクワヂェスィマ/ 名 =Quinquagesima Sunday.
　**Quínquagesima Súnday** 四旬節直前の日曜日(Quinquagesima).

**quin·tes·sence** /kwintésns クウィンテセンス/ 名 U [the ~] エッセンス, 真髄, 典型 ‖
the quintessence of virtue 徳の真髄.

**quin·tes·sen·tial** /kwìntəsénʃəl クウィンテセンシャル/ 形 (正式) 真髄の, 典型的な; 第5元素の.
　**quin·tes·sén·tial·ly** 副 典型的に.

**quin·tet(te)** /kwintét クウィンテト/ 名 C〔音楽〕五重奏[唱]団, 五重奏[唱]曲(関連)→ solo).

**quin·tu·plet** /kwintʌ́plət クウィンタプレト | kwíntjuː- クウィンテュ-/ 名 C 5つ子の1人; [通例 ~s]5つ子((略式) quins)《◆「5つのうち2人」は two of the quintuplets》.

**quip** /kwíp クウィプ/ 名 C 1 警句, 名言. 2 辛辣(しんらつ)な言葉, 皮肉. ── 動 (過去・過分 /-t/; 現分 quip·ping) (正式) 自他 (…に)皮肉を言う.

**quire** /kwáiər クワイア/ 名 C (紙の)1帖(じょう)《通例24枚. 本来8枚, 16ページの意》‖
in quires (本が)未製本の.

**quirk** /kwə́ːrk クワーク/ 名 C 1 逃げ口上, 言いのがれ. 2 気まぐれ, 癖.

**quirk·y** /kwə́ːrki クワーキ/ 形 一風変わった, くせのある.

**quit** /kwít クウィト/ 動 (三単現 ~s/kwíts/; 過去・過分 quit または quit·ted/-id/; 現分 quit·ting) 他

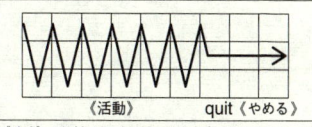

[図: ギザギザの波形が矢印で右へ伸び、下に《活動》quit《やめる》]

1 (略式) 〈学校・職・(学校の)クラブなど〉をやめる; 〈活動〉を中止する; [quit doing] …することをやめる ‖
She has quit her job. 彼女は仕事を辞めた.
2 (略式古) …を去る, 立ちのく ‖
quit a room 部屋を去る.
── 自 (略式) 辞職する; (英) 借家を立ちのく ‖
give him a notice to quit 彼に辞職勧告[立ちのき要求]の通知をする.
── 形 (略式やまれ) 免れて, 自由になって ‖
give her money to be quit of her 彼女に手切れ金をやる.

**＊＊quite** /kwáit クワイト/ 〚「支払って免れた(quit)」が原義.「完全に, 100%」が本義であるが, 修飾される語の性格や強勢の有無によりかなり意味に幅がある〛
── 副 1 まったく, 完全に, すっかり ‖
You're quite right. まったく君の言うとおりだ.
The bottle is quite empty. びんはすっかり空だ.
I quite understand. 完全にわかります.
not quite → 成句.

対話 "I'm sorry. I'm late again." "Oh, that's quite all right." 「どうもすみません. また遅れてしまいました」「いや, 大丈夫ですよ」.

Q&A　Q: 英国で人の話を聞いてほめるつもりで Your story is quite interesting. と言いましたが, あまり喜んだふうには見えませんでした. なぜですか.
A: 下の2aの語義のところをよく見てください. あなたは「…はまったくおもしろい」のつもりで言ったものと思いますが, 英国人の方はそうはとらず,「まあまあ」とか「多少」の意で受け取ったのでしょう. very などを使う方が無難です.

**2 a** かなり, なかなか; (主に英) まあまあ, ほどほどに, 多少 ‖
It is quite cold, isn't it? かなり寒いですね.
"Did you like it?" "Yes, quíte." (英)「気に入りましたか」「はい, まあまあでした」.
**b** [quite の次にくる語を強く発音して] 非常に, とても ‖
He is a quite unúsual [quite an unúsual] man. 彼はとても変わった男だ.
They gave us quite a góod dinner. ずいぶん結構なごちそうをしてくれた.
not quite → 成句.
対話 "Has she come yet?" "No, but she'll come quite soon."「彼女はもう来ましたか」「いいえ, でももうすぐ来るでしょう」.
**3** [quite (so) で相づちに用いて] (英) まったくそのとおり ‖
対話 "He is a nice fellow." "Quíte (sò)."「彼はいい男だ」「まったくそのとおり」.

○**nót quíte** [副 1, 2b の部分否定として] 必ずしも…というわけではない, 完全には…ではない ‖ You are not quite right. 必ずしも君の言うとおりではない / She is not quite well enough. 彼女はまだ本当によくなっているとはいえない / I don't quite understand what he says. 彼の言うことがよくわからない.

○**quíte a** … 実際に (よい)…, 本当に (すばらしい)…, 並外れた… ‖ That was quite a party. それは本当にすばらしいパーティだった / She is doing quite a job. 彼女は実際にいい仕事をしている / It takes quite a time. そりゃかなり時間がかかるよ.
　**quite a féw** → few 代.
　**quíte sóme** … =QUITE a ….
　**quíte sò** → 3.

**quits** /kwíts クウィッ/ 形 〈人が〉五分五分[あいこ]になる.
　**cáll it quíts** (略式) (1) 貸し借りなしとする. (2) (仕事などを)切り上げる, これまでとする.

**quit·ter** /kwítər クウィタ/ 名 C (略式) (困難にあうと)簡単にあきらめる人; 横着者; 臆(おく)病者.

**quiv·er** /kwívər クウィヴァ/ (正式) 動 自 ぶるぶる震える, 揺れる(→ tremble) ‖
The child quivered with excitement. 子供は興奮してふるえた.
── 他 …を震わせる.

—名 C [通例 a ~]（小刻みな）震え, 震動；震え声.

**Qui·xo·te** /kwíksət クウィクソト, kihóuti/ 名 → Don Quixote.

**quix·ot·ic** /kwiksátik クウィクサティク | -ɔ́tik クウィクソティク/ 形 **1** [時に Q~] ドン=キホーテ式の. **2** [正式] 空想的な, 騎士気取りの, 幻想的な.

**quix·ot·i·cal·ly** /kwiksátikli クウィクサティクリ | -ɔ́tikli クウィクソティクリ/ 副 ドン=キホーテ式に；空想的に.

**quiz** /kwíz クウィズ/ 名（複 quiz·zes/-iz/）C **1**（主に米）簡単な口頭のテスト ‖
a class(room) quiz クラスで行なうテスト.
**2**（ラジオ・テレビの）クイズ.
—動（三単現 quiz·zes/-iz/ ；過去・過分 quizzed/-d/ ；現分 quiz·zing）他 **1**（主に米略式）…に簡単なテストを行なう ‖
quiz a class in geometry クラスに幾何の小テストをする.
**2** …に質問[尋問]する《◆ 新聞用語》.

**quíz shòw [prògram]**（ラジオ・テレビの）クイズ番組.

**quiz·mas·ter** /kwízmæstər クウィズマスタ | -mɑːs- -マース タ/ 名 C（主に米）クイズ番組の司会者.

**quiz·zi·cal** /kwízikl クウィズィクル/ 形〈笑い・表情が〉尋ねるような, いぶかしげな；まごついた；からかうような.

**quoit** /kwɔ́it クウォイト | kɔ́it コイト/ 名 **1** C（輪投げ用の鉄・ロープの）輪. **2** [~s; 単数扱い] 輪投げ.

**quo·rum** /kwɔ́ːrəm クウォーラム/ 名 C〔法律〕定（足）数.

**quo·ta** /kwóutə クウォウタ/ 名（複 ~s）C〔正式〕
**1** 割り当て（量） ‖
my quota of one mystery a day 1日にミステリー1冊という私のいつもの分量.
**2**（入学・移民などの）割り当て（人）数.

**quo·ta·tion** /kwoutéiʃən クウォウテイション | kwəu- クウォウ-/ 名 **1** U 引用；C 引用文[語, 句]. **2** C〔商業〕相場（表）；見積もり額.

**quotátion màrk** [通例 -s] 引用符《◆ (1) " " を double *quotation* marks, ' ' を single *quotation* marks という. (2) 引用が二重になるときは, 通例 (米) では " ' ' ", (英) では ' " " ' となる》.

**＊quote** /kwóut クウォウト/〚「章に分ける」が原義〛
—動（三単現 ~s/kwóuts/；過去・過分 quot·ed /-id/；現分 quot·ing）
—他 **1** …を引用する, 引き合いに出す；〈人〉の言葉を引用する ‖
quote Shakespeare シェイクスピアの言葉を引用する.
quote a well-known saying 有名なことわざを引用する.
He is quoted as having said that … 彼は…と言ったと報じられている.
**2** [quote (A) B]（A〈人〉に）B〈実例・典拠などを〉示す, 持ち出す ‖
Can you quote me some more examples of that? そのことについてもう少し例をあげてくれませんか.
**3** [quote A B] A〈人〉に B〈値段〉を言う.

**quo·tient** /kwóuʃənt クウォウシェント/ 名 C〔数学〕商；比率.

**quot·ing** /kwóutiŋ クウォウティング/ 動 → quote.

# R

**r, R** /ɑːr アー/ 名 (複 r's rs; R's, Rs /-z/) **1** ⓒ ⓤ 英語アルファベットの第18字. **2** → a, A **2**. **3** ⓒ
**the thrée Ŕ's** [Ŕs] (初等教育の基礎としての)読み・書き・算数[そろばん]《reading, writing and arithmetic》.
**R** (記号)《restricted より》(米) (映画が)父母同伴で入場可(→ film rating).
Ⓡ (記号) 登録商標(registered trademark)《◆ふつう, 商標の右肩や脚部に付ける》.

**rab・bi** /rǽbai ラバイ/ 名 (複 ~s) ⓒ **1** [ユダヤ教] 律法博士; [敬称として呼びかけで] 先生, ラビ. **2** ユダヤ教牧師.

\*__rab・bit__ /rǽbət ラビト/
— 名 (複 ~s/-its/) **1** ⓒ (飼い)ウサギ《◆(1) hare (ノウサギ)より小形で穴居(ホッ)性がある. (米)では hare と同義に用いることもある. (2) 多産・臆(ホッ)病さを連想させる. (3) *rabbit*'s foot (ウサギの左後ろ足)は幸運のまじないとして持ち歩く》
(as) scared as a rabbit ウサギのようにびくびくして.
breed like rabbits ウサギのようにたくさん子を産む.
run like a rabbit 一目散に逃げる, 脱兎(ホッ)の勢いで逃げる.
**2** ⓤ ウサギの毛皮; その肉.
**rábbit bùrrow** [hòle] ウサギの穴.
**rábbit hùtch** ウサギ小屋.
**rábbit wàrren** ウサギの多く住む所, ウサギ飼育場.

**rab・ble** /rǽbl ラブル/ 名 [a ~ / the ~] やじ馬, 暴徒.

**rab・id** /rǽbid ラビド/ 形 **1** 狂犬病の, 恐水病にかかった. **2** 過激な, 猛烈な.

**ra・bies** /réibiːz ゥレイビーズ/ 名 ⓤ (正式)〔医学〕恐水病, 狂犬病.

**rac・coon, ra・-** /rækúːn ゥラクーン/ 名 ⓒ 〔動〕アライグマ《北米産で樹上に住み夜間活動する》《◆日本のタヌキはふつうは raccoon dog とされる》; ⓤ (米) アライグマの毛皮.

\*__race__¹ /réis ゥレイス/ (類音)/ace/léis/) 〖「走ること(running)」が原義〗
— 名 (複 rac・es/-iz/) ⓒ **1a** 競走, レース《◆陸上の短距離競走は (米) dash : a 100-meter dash 100 m 競走》; [通例複合語で] …レース, …競走《◆競馬, 競輪, カーレースなど》
a boat race (主に英) ボートレース, 競艇.
a bicycle race 競輪.
come in first in a five-mile race 5マイルレースで1着になる.
have [run] a race with him 彼と競走する.
win a race 競走に勝つ.
**b** [the ~s] 競馬; 競馬[競輪, 競艇など]の開催
win money at the races 競馬で金をもうける.
**2** 競争, 争い
an árms ràce 軍備競争.
a race for power 権力闘争.
a race for mayor 市長選挙戦.
the Presidential race =the race for the Presidency (米) 大統領選挙戦.
a race against time 時間との競争.
**3** 急流, 早瀬; 水路, 用水
a race of water in the stream 小川の流れの速いところ.

— 動 (三単現) rac・es/-iz/; (過去・過分) ~d/-t/; (現分) rac・ing/
— 自 **1** 競走する, 競争する
My horse is racing against five others. 私の馬は他の5頭と競走している.
**2** 大急ぎで走り回る, 突進する
race for the train 列車に乗ろうとして急ぐ.
race along the road on a bicycle 自転車に乗って道を走る.
[対話] "Where are you going so fast?" "I'm meeting my friend in 5 minutes and I have to race home." 「そんなに急いでどこへ行くの」「友だちと5分後に会うことになっているので, 家へ走って帰らないといけないんです」.
**3** 〈エンジンが〉から回りする.
— 他 **1** (略式) …と競走する
I'll race you to that tree. あの木まで競走しよう.
**2** …を競走させる, 出走させる
He raced his horse yesterday. 彼はきのう自分の馬を出走させた.

\*__race__² /réis ゥレイス/ 〖「氏族」が原義〗
(派) racial (形)
— 名 (複 rac・es/-iz/) **1** ⓒⓤ 人種; 民族; [形容詞的に] 人種の
the white race(s) 白色人種.
principal races 主要諸民族.
the German race ドイツ民族.
the problem of race =the race problem 人種問題.
The British are a seagoing race. イギリス人は海洋民族だ.
**2** ⓒ [通例複合語で] (生物の)種族, 類; [the ~] 人類
the (human) race 人類.
an improved race of cattle 牛の改良種.
**ráce rìot** 人種暴動.

**race·course** /réiskɔ̀ːrs ゥレイスコース/ 名 C 《英》競馬場, 競走場(《米》racetrack).

**race·horse** /réishɔ̀ːrs ゥレイスホース/ 名 C (競馬の)競走馬(racer).

**rac·er** /réisər ゥレイサ/ 名 C **1** 競走者, レーサー. **2** (略式)競走用自転車[自動車, ヨットなど]; 競走馬.

**race·track** /réistræk ゥレイストラク/ 名 C 《主に米》競馬場, 競走場[路](《英》racecourse).

**Ra·chel** /réitʃəl ゥレイチェル/ 名 レイチェル《女の名》.

***ra·cial** /réiʃl ゥレイシャル/ 〖→ race²〗
——形 [通例名詞の前で] 人種の, 民族の, 種族の (→ ethnic) ‖
He had a strong **racial** prejudice against Asian people. 彼はアジア人に対して強い人種的偏見を持っていた.

**rácial discriminàtion** 人種差別.
**rácial integràtion** 人種差別の廃止.

**ra·cial·ly** /réiʃəli ゥレイシャリ/ 副 人種的に, 人種上; [文全体を修飾] 人種的には, 人種的に言えば.

**rac·ing** /réisiŋ ゥレイシング/ 動 → race.
——名 **1** U レース, 競走(◆競馬, ボートレース, カーレースなど). **2** [形容詞的に] 競走(用)の, 競走に興味をもった.

**rac·ism** /réisizm ゥレイスィズム/ 名 U **1** 民族主義; 民族的優越感. **2** 人種差別, 人種的偏見.

**rac·ist** /réisist ゥレイスィスト/ 名 C 形 人種差別主義者(の).

**rack** /rǽk ゥラク/ (類音/ack/lǽk/) 名 C [しばしば複合語で] …掛け, ラック ‖
a hat **rack** 帽子掛け.
**2** C (乗物の)(網)棚; [複合語で] …棚, …台 ‖
a baggage [《英》luggage] **rack** 荷物棚.
**3** [the ~] (昔の)拷(ご)問台 ‖
put him **on the rack** 彼を拷問にかける[ひどく苦しめる].
**4** C (歯車の)歯ざお[板].
——動 他 …を拷問にかける; [通例 be ~ed] 苦しむ ‖
She was **racked with** headache. 彼女は頭痛で苦しんでいた.

***rack·et¹** /rǽkət ゥラケト/ 〖『手のひら』が原義〗
——名 (複 ~s/-its/) C **1** [しばしば複合語で] (テニス・バドミントン・卓球などの)ラケット(図 ↗)(◆卓球では paddle ともいう》‖
a badminton **racket** バドミントンのラケット.
a tennis **racket** テニス=ラケット.
**2** [~s; 単数扱い] ラケットボール《四方を壁で囲まれたコート内でラケットを持った2人または4人が球を壁にはね返らせて行なう球技》.

**rack·et²** /rǽkət ゥラケト/ 名 (略式) **1** U [a ~] 大騒ぎ, 騒音 ‖
kick up a **racket** 騒ぐ.
**2** U 大混乱, 喧騒(ϗん).
**3** C 不正なかねもうけ, ゆすり ‖
be **in on a racket** 悪事に加わっている.

**rack·et·eer** /rækətíər ゥラケ**ティア**/ 名 C (略式) ゆすり, 暴力団員, 的(ͻ)屋 ‖
a corporate **racketeer** 総会屋.

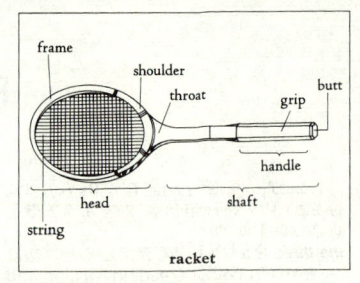

**rac·y** /réisi ゥレイスィ/ 形 (比較 --i·er, 最上 --i·est) **1** 〈話・文章が〉きびきびした. **2** 〈酒・果物が〉独特の風味がある. **3** 〈米〉きわどい, みだらな.

**ra·dar** /réidɑːr ゥレイダー, 《米+》-də/ 名 U レーダー, 電波探知法; C レーダー装置, 電波探知機.

**ra·di·al** /réidiəl ゥレイディアル/ 形 《正式》 **1** 光線の, 放射状の. **2** 半径の. ——名 C =radial tire.

**rádial tíre** [《英》týre] ラジアルタイヤ(radial).

**ra·di·ance, --an·cy** /réidiəns(i) ゥレイディアンス(ィ)/ 名 U 光輝, 輝き.

**ra·di·ant** /réidiənt ゥレイディアント/ 形 **1** 光を放つ, 熱を放つ, きらきらと輝く ‖
the **radiant** sun さんさんと輝く太陽.
**2** 晴れやかな, うれしそうな ‖
her **radiant** face 彼女の喜びにあふれた顔.

**rádiant énergy** 〔物理〕放射エネルギー; 可視光線.

**rádiant héat** 〔物理〕放射熱.

**ra·di·ant·ly** /réidiəntli ゥレイディアントリ/ 副 光り輝いて, きらきらと; 晴れやかに.

**ra·di·ate** /réidièit ゥレイディエイト/ 動 (現分 --at·ing) 自 《正式》 **1** 〈光・熱などが〉放射される ‖
Heat **radiates from** a fire. 火からは熱が放出される.
**2** 放射状にのびる ‖
The main streets **radiate from** the central square. メインストリートは中央広場から四方に延びている.
——他 **1** 〈光・熱などを〉放射する, 発する.
**2** 〈喜びなどを〉まき散らす ‖
Her face **radiated** happiness. 彼女の顔からは幸せがあふれ出ていた.

**ra·di·a·tion** /rèidiéiʃən ゥレイディ**エイ**ション/ 名 **1** U (光・熱などの)放射, 発散; 放射能 ‖
a massive dose of **radiation** 大量の放射能.
**2** C 放射エネルギー; 放射線.

**radiátion sìckness** 〔医学〕放射線病.

**ra·di·a·tor** /réidièitər ゥレイディエイタ/ 名 C **1** ラジエーター《暖房機》. **2** ラジエーター《(自動車などの)冷却装置》.

**rad·i·cal** /rǽdikl ゥラディクル/ 形 **1** 根本的な, 基本的な; 徹底的な ‖
We must make a **radical** change in our

eating habits. 私たちは食習慣を根本的に変えねばならない.
**2** 過激な, 急進的な; [しばしば R~] 急進派の ‖
a radical politician 急進的な政治家.
radical opinions 過激な意見.
——名 [しばしば R~] Ⓒ 急進論者, 過激派.
**rád·i·cal·ly** 副 根本的に; 徹底的に.
**ra·di·i** /réidiài ｩレイディアイ/ 名 → radius.

\*__ra·di·o__ /réidiou ｩレイディオウ/ [[radiotelegraphy の短縮形]]
——名 (複 ~s/-z/) **1** Ⓤ [(the) ~] ラジオ(放送); [形容詞的に] ラジオの ‖
a radio program ラジオ番組.
listen to the radio ラジオを聴く.
I listen to the news **on** [**over**] **the radio** every morning. 私は毎朝ラジオでニュースを聴く《◆ しばしば the は省略また》.
**2** Ⓤ 無線(による通信), 無線電信, 無線電話; [形容詞的に] 無線による ‖
He got the message **by radio**. 彼は無電で通信を受け取った.
a radio message 無電通信.
**3** Ⓒ **a** ラジオ(受信機)(radio set) ‖
a pocket radio ポケットラジオ.
**b** 無線電信機.
**4** Ⓤ ラジオ放送事業 ‖
She got a job in radio. 彼女はラジオ放送関係の仕事についた.
——動 他 **1** …を無電で送る; …に無電を打つ ‖
radio a message 無電で通信を送る.
**2** 〈番組など〉をラジオで放送する.
——自 **1** 無電を打つ. **2** ラジオを放送する.
**rádio astrónomy** 電波天文学.
**rádio càb** 無線タクシー.
**rádio càr** ラジオカー, 無線車.
**rádio sèt** =radio 名 3 a.
**rádio télescope** 〔天文〕電波望遠鏡.
**ra·di·o-** /réidiou- ｩレイディオウ-/ [連結形] 放射; 無線; ラジウム; 放射性; 半径.
**ra·di·o·ac·tive** /rèidiouǽktiv ｩレイディオウ**ア**クティヴ/ 形 放射性の, 放射能のある.
**radioáctive wáste** 放射性廃棄物.
**ra·di·o·ac·tiv·i·ty** /rèidiouæktívəti ｩレイディオウアクティ**ヴィ**ティ/ 名 Ⓤ 放射能.
**ra·di·og·ra·pher** /rèidiágrəfər ｩレイディ**ア**グラファ/ |-ɔ́g- -**オ**グラファ/ 名 Ⓒ X線技師.
**rad·ish** /rǽdiʃ ｩラディシュ/ 名 (複 ~·es/-iz/) Ⓒ ハツカダイコン, ラディッシュ《◆ 赤い根はサラダ用》.
**ra·di·um** /réidiəm ｩレイディアム/ 名 Ⓤ ラジウム《放射性元素. 記号 Ra》.
**ra·di·us** /réidiəs ｩレイディアス/ 名 (複 ··di·i /-diài/, ~·es) Ⓒ **1** 半径 (cf. diameter).
**2** [通例 a ~] 範囲, 圏 (circular area) ‖
the radius of action 行動範囲.
within a radius of 3 miles from the city その都市から3マイルの範囲に.
**ra·don** /réidɑn ｩレイダン |-dɔn ｩレイドン/ 名 Ⓤ 〔化学〕ラドン《放射性の希ガス. 記号 Rn》.

**raf·fle** /rǽfl ｩラフル/ 名 Ⓒ 富くじ(販売)《しばしば慈善のため》.

**raft** /rǽft ｩラフト | rɑ́ːft ｩラーフト/ 名 Ⓒ いかだ(船); 救命いかだ ‖
a rubber raft ゴムボート.
**on** a raft いかだで.

**raft·er** /rǽftər ｩラフタ | rɑ́ːft- ｩラーフタ/ 名 Ⓒ 〔建築〕たるき.

**rag** /rǽg ｩラグ/ 〔類音〕 rug/rʌɡ/, /ag/læɡ/〕 名 **1** Ⓒ Ⓤ 《略式》ぼろ切れ, ぼろ; 布きれ; [~s] ぼろ服, 古着 ‖
worn to rags ぼろぼろになって.
**2** [~s] (製紙・詰め物用の)ぼろ.
**3** Ⓒ 衣服.
**4** Ⓒ 安物の新聞 ‖
the local rag 三流の地方紙.
***from rágs to ríches*** 無一文の状態から大金持ちに.
***in rágs*** (1) ぼろを着た. (2) ぼろぼろで.

**rag·a·muf·fin** /rǽgəmʌ̀fin ｩラガマフィン/ 名 Ⓒ 《正式》ぼろを着た人, 浮浪児.

**rage** /réidʒ ｩレイヂ/ 〔類音〕 raze/réiz/〕 名 **1** Ⓒ Ⓤ 激怒, 憤怒(ݮ͂), 猛威《◆ anger よりも堅い語. fury, rage, anger の順に怒りの程度が弱まる》‖
shake with rage 怒りに震える.
the rage of the storm あらしの猛威.
**2** [a ~] 熱望, 熱狂 ‖
He **has a rage for** collecting stamps. 彼は切手収集に夢中である.
***(all) the ráge*** 《略式》大流行の, ブームの.
***be in a ráge*** かっとなっている, 激怒している.
***fly into a ráge*** かっとなる, 激怒する.
——動 (現分 rag·ing) 自 **1** 激怒する, 暴れる, しかりとばす ‖
The boss **raged at** [**against**] her for breaking her promise. 主任は彼女が約束を破ったことで彼女をどなりつけた.
**2** 荒れ狂う, 猛威をふるう ‖
The battle raged. 戦いが激しく続いた.

\***rag·ged** /rǽgid ｩラギド/《発音注意》《◆ ˣラグド》〔→ rag〕
——形 (比較 more ~, 時に ~·er; 最上 most ~, 時に ~·est) **1** ぼろぼろの, ほつれた; 着古した ‖
a ragged coat ぼろぼろのコート.
**2** ぼろを着た; 見すぼらしい ‖
a ragged girl ぼろを着た女の子.
**3** ぼさぼさの, もつれ毛の; 手入れをしていない ‖
ragged hair もじゃもじゃの髪の毛.
**4** ごつごつの, ぎざぎざの ‖
a ragged rock ごつごつした岩.
**5** 《略式》欠点のある, 不完全な, ふぞろいの.
***rún* A *rágged*** 《略式》A〈人〉をくたくたに疲れさせる ‖ I'm run ragged. もう体も心もくたくたです.

**rag·time** /rǽgtàim ｩラグタイム/ 名 Ⓤ 〔音楽〕ラグタイム(の音楽)《ジャズの先駆け》.

**raid** /réid ｩレイド/ 〔類音〕 /aid/léid/〕 名 Ⓒ **1** 襲撃, 急襲,

make [launch] a raid upon an enemy's camp 敵の野営地を襲撃する.
**2** 空襲.
**3** 侵入, 侵略 ‖
watermelon raids スイカ泥棒.
**4**（警察などの）手入れ, 踏み込み ‖
a police raid 警察の手入れ.
—— 動 …を急襲[襲撃]する;〈警察が〉…を手入れする.

**rail** /réil ゥレイル/ 名 © **1** [しばしば複合語で] 横木, 手すり, 棒 ‖
a stair rail 階段の手すり.
**2**［通例 ～s］レール, 軌条; Ⓤ 鉄道.
**3**〔レール[横木]状のものの〕 ‖
a towel rail タオル掛け.
**4**（建具などの）かまち, 横桟(ｻﾝ)（図 → house）.
**báck on the ráils** 再び軌道に乗って.
**by ráil** 鉄道（便）で.
**gó off the ráils** (1)〈列車などが〉脱線する. (2)《英略式》〈人が〉はめを外す, 秩序を乱す, 狂う.

**rail·ing** /réiliŋ ゥレイリング/ 名 © [しばしば ～s] さく, 手すり, 垣.

**\*\*rail·road** /réilròud ゥレイルロウド/
—— 名（複 ～s/-ròudz/）© **1**《米》(長距離)鉄道; 鉄道路線, 軌道（《英》railway）;［形容詞的に］《米》でも短距離のものは railway という》; 鉄道の ‖
a railroad bridge 鉄道専用橋, ガード.
a railroad policeman 鉄道保安員.
A new railroad is being built between the two cities. その2つの市を結ぶ新しい鉄道が建設中です.

事情 米国の鉄道は私鉄が多く, Northern Pacific, Great Northern, Southern Pacific などの会社が有名.

**2**［the ～］鉄道会社（railroad company）‖
work on [for] the railroad as a driver 運転士として鉄道で働く.
**ráilroad còmpany** ＝railroad 2.

**\*rail·way** /réilwèi ゥレイルウェイ/
—— 名（複 ～s/-z/）© **1**《英》**a** 鉄道（《米》railroad）‖
a mountain railway 登山鉄道.
**b**［形容詞的に］鉄道の ‖
a railway strike 鉄道のストライキ.
a railway siding 待避線.
**2**《米》短距離鉄道, 軽便鉄道《市電・地下鉄・高架鉄道など》‖
a commuter railway 通勤列車.

**rai·ment** /réimənt ゥレイメント/ 名 © 《文》衣服, 衣装.

**\*rain** /réin ゥレイン/（同音 rein, reign; 類音 /ain/léin/） 派 rainy 形）
—— 名（複 ～s/-z/）**1** Ⓤ 雨, 降雨《◆豊饒(ﾎﾞｳ)・神の恩寵(ｼﾞｮｳ)などの象徴》; 雨天 ‖

go out in the rain 雨の中を出て行く.
take shelter from the rain 雨宿りをする.
It looks like rain. 雨が降りそうだ.
The rain was very heavy. どしゃ降りだった.
We have had little rain for weeks. 何週間も雨らしい雨が降っていない.
**2** Ⓤ［形容詞を伴って; 時に a ～］(…な)雨 ‖
a fine rain こぬか雨.
a spring rain 春雨.
There was [We had] a heavy rain last night. 昨晩は大雨だった.

関連 [いろいろな雨] driving rain どしゃ降り / drizzle, mizzle 霧雨 / soft rain 静かな雨 / shower にわか雨 / sprinkle 小雨.

**3**《正式》[a ～ of ＋複数名詞]《◆ of は同格の of》雨のような…, …の雨 ‖
a rain of bullets 弾丸の雨.
a rain of congratulations 盛んに浴びせられるお祝いの言葉.
**4**［the ～s］(熱帯地方の)雨季.
**come ráin or shíne** ＝**ráin or shíne**《略式》晴雨にかかわらず; どんなことがあっても ‖ We will go there, rain or shine. 雨が降ろうが降るまいがそこへ行きます.
—— 動（三単現 ～s/-z/; 過去・過分 ～ed/-d/; 現分 ～·ing）
—— 自 **1**［it を主語にして］雨が降る ‖
It rained all day yesterday. きのうは終日雨が降った.
It has been raining since last month. 先月から雨が降り続いている《◆否定文では It has not rained since last month. 先月から雨が降っていない》.
Don't go out. It's raining cats and dogs outdoors.《略式》外出してはいけません. 外はどしゃ降りですから《◆特に進行形で使う. 今では陳腐な表現とされる》.

Q&A **Q**: cats and dogs はなぜ土砂降りと関係があるのですか.
**A**: 北欧神話ではネコは雨の象徴, イヌはあらしの神オーディンの従者と考えられたことからできた成句のようです. しかしギリシア語の「とてつもなく」の意の類音に由来するとか, 「滝」を意味するフランス語の cata-doupe の転化とする説もあります.

**2**《正式》雨のように降る[落ちる] ‖
Bullets came raining down. 銃弾が雨のように降ってきた.
—— 他《打撃・賞賛などを盛んに浴びせる》‖
rain (down) abuse on her 彼女に罵(ﾊﾞ)声を浴びせかける.
**be ráined óut**［《英略式》**óff**］〈試合などが〉(雨で)中止になる, 順延になる.
**ráin chèck**《米略式》(1) (雨で試合中止のとき渡す)雨天順延券. (2) (招待など)次回に受ける約

束 ‖ Can I take a rain check on that？ それはまたの機会に願えますか．

**ráin fòrest**〔熱帯〕雨林．

***rain·bow** /réinbòu ゥレインボウ/〖雨の(rain)弓(bow)〗

—名（複 ～s/-z/）© にじ ‖
A beautiful **rainbow** has appeared. 美しいにじが出ている．

> 関連 英語ではにじの色は red, orange, yellow, green, blue, violet の6色とするのがふつうだが，indigo を加えて7色とすることもある．記憶のために，色の頭文字をとって vibgyor/víbgjɔ̀ːr/ という言葉が使われる．

**ráinbow nátion** 多民族国家．
**ráinbow tròut**〔魚〕ニジマス．

**rain·coat** /réinkòut ゥレインコウト/ 名© レインコート．

**rain·drop** /réindràp ゥレインドラァプ |-drɔ̀p -ドロァプ/ 名© 雨のしずく，雨だれ．

**rain·fall** /réinfɔ̀ːl ゥレインフォール/ 名© 降雨，雨降り，(降)雨量；降水量 ‖
an annual **rainfall** of 50 inches 年間50インチの降水量．

**rain·i·er** /réiniər ゥレイニア/ 形 → rainy．
**rain·i·est** /réiniist ゥレイニイスト/ 形 → rainy．
**rain·proof** /réinprùːf ゥレインプルーフ/ 形 防水の，雨の通らない，雨よけの．

**rain·storm** /réinstɔ̀ːrm ゥレインストーム/ 名© 暴風雨，豪雨．

**rain·wa·ter** /réinwɔ̀ːtər ゥレインウォータ，《米+》-wɑ̀-/ 名Ⓤ 雨水，天水．

**\*\*rain·y** /réini ゥレイニ/〖→ rain〗
—形（比較 -i·er, 最上 -i·est）**1** 雨の，雨降りの，雨の多い ‖
**rainy** weather 雨天．
the **rainy** season 雨季，(日本の)梅雨．
It is **rainy** in Tokyo. =Tokyo is **rainy**. 東京は雨です《◆特に「今雨が降っている」ことを強調したい場合は It is raining in Tokyo.》

**2** 雨模様の；雨をもたらす ‖
**rainy** skies 雨空．
**rainy** winds 雨を含んだ風．

**3** 雨にぬれた ‖
**rainy** streets 雨にぬれた街路．

**for a ráiny dáy**〔困窮時，災難時〕に備えて ‖ save **for a rainy day** まさかの時に備えて貯金する．

***raise** /réiz ゥレイズ/《同音》raze〗〖「物・人をにあげる」が本義．対応する 自は rise〗

raise〈上げる〉　　rise〈上がる〉

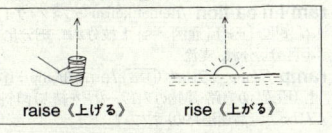

—動（三単現 **rais·es**/-iz/；過去・過分 ~d/-d/；現分 **rais·ing**）
—他 **1** …を上げる，持ち上げる；〈旗〉を揚げる《◆ **lift** より堅い語》(↔ **lower**) ‖
**raise** a flag 旗を揚げる．
**raise** one's eyebrows → eyebrow 用例．
**raise** one's glass to him 彼のために乾杯する．
He **raised** his hat to me. 彼は帽子を上げて私に会釈(ぇ̣く)した《◆ I raised my hat to you!（略式）は「君には脱帽せよ」の意》．
対話 "I **raised** my hand but you didn't see it." "Sorry. What was your question?"「手を上げましたが見えなかったようですね」「失礼．質問は何ですか」．

**2 a** …を立てる，起こす；《正式》…を建てる；…を高くする ‖
**raise** oneself up on one's arm 片腕をついて起き上がる．
**raise** a castle 築城する．
**raise** a fallen child to its feet 転んだ子供を起こす．
**raise** a statue to Robert Burns ロバート=バーンズの銅像を建てる．
**raise** that wall a few feet その塀を2, 3フィート高くする．
**b** …を巻き上げる，巻き起こす ‖
The wind **raised** the fallen leaves from the ground. 風が地面から落ち葉を巻き上げた．

**3 a** …を昇進させる ‖
She was **raised from** typist **to** secretary. 彼女はタイピストから秘書に昇進した．
**b**〈名声など〉を高める ‖
**raise** one's reputation 評判を高める．

**4** …を起こす；…を起こさせる ‖
**raise** a revolt 反乱を起こす．
**raise** doubts about it そのことについて疑念を起こす．
His joke **raised** a laugh. 彼の冗談に笑い声が起こった．

**5** …を奮(ふる)い立たせる，元気づける ‖
**raise** one's courage 勇気を奮い起こす．
The danger **raised** her spirits. その危険に直面して彼女の心は奮い立った．

**6**〈賃金・料金など〉を上げる；〈水量など〉を高くする ‖
**raise** taxes 増税する．
Taxi fares will be **raised**. タクシー料金が値上げになる．
Heavy rains **raised** the level of the river. このところの大雨で川の水かさが増した．
対話 "How do you like your new job?" "It's okay but I hope they **raise** my salary soon."「新しい仕事は気に入っていますか」「満足してますが，早く給料を上げてほしいと思ってます」．

**7**〈声など〉を出す，張り上げる ‖
**raise** a cry 叫び声を上げる．
Don't **raise** your voice. 大きな声を出してはいけません．

**8**〈質問・要求など〉を出す, 提起する; …を話題にのせる ‖

raise a question 質問を出す.

She **raised** an objection to the proposal. 彼女はその提案に異議を唱(〳〵)えた.

**9**(主に米)…を栽培する; …を飼育する;〈子供・家族〉を育てる, 養う(bring up, rear) ‖

raise wheat 小麦を栽培する.

raise a family 家族を養う.

He **was born and raised** in Yokohama. 彼は横浜で生まれ育った.

We **raise** beets and tomatoes. 私たちはビートとトマトを栽培している.

**10**〈金〉を集める, 調達する;〈軍隊〉を召集する ‖

raise an army 軍隊を召集する.

raise (the) money for flood victims 水害被災者のために寄付を募(つの)る.

対話 "The school roof is always leaking!" "I know. We need to **raise** funds to get it repaired."「学校の屋根が雨漏りしているね」「そうなんです. 募金をお願いして, 修理をしなくては」.

── 名 C (主に米)(賃金の)値上げ, アップ; 昇給額((英)rise).

a **raise** in pay 昇給, ベースアップ《◆「ベースアップ」を ×base up とするのは誤り. a raise in wage base または an increase in base pay とする》.

**ráising àgent** ふくらまし剤《イースト・ふくらし粉など》.

**rais·er** /réizər ウレイザ/ 名 C〔通例複合語で〕飼育者; 栽培者.

**rai·sin** /réizən ウレイズン/ 名 C 干しブドウ, レーズン.

**rais·ing** /réiziŋ ウレイズィング/ 動 → raise.

**ra·ja(h)** /rάːdʒə ウラーチャ/ 名 C (インドの昔の)国王, 支配者.

**rake** /réik ウレイク/ 名 C 熊手(ﾞ), 馬鍬(ﾞ), レーキ, 草かき; 熊手形農機具; (賭博(ﾞ)場の)チップを集める道具 ‖

(as) lean as a **rake** やせて骨と皮ばかりの.

── 動 (現分) rak·ing) 他 **1**〈土〉を(熊手で)集める; …をかき払う, とる; 〔比喩的に〕…をかき集める ‖

**rake up** the dead leaves 枯れ葉をかき[寄せ]集める.

**rake out** a fire 燃えがらを除く, 火をかき立てる.

**rake up** enough money for the team チームのために十分な金を集める.

**2**(熊手で)…を(かき)ならす ‖

rake the ground (smooth) 土地をならす.

**3**…を見渡す, 見晴らす, 見通す;〈場所・物など〉をくまなく捜す ‖

rake the whole valley with his binoculars 望遠鏡で谷間をくまなく眺める.

── 自 **1**熊手を使う.

**2**くまなく捜す, 捜し回る ‖

rake among old records 古い記録をあさる.

**ráke ín**(略式)[他]〈金〉を(熊手でかき寄せるように)もうける.

**ráke úp**[他](1)(略式)…を蒸し返す; …をあばき立てる.(2) → 他 **1**.

**ral·ly** /rǽli ウラリ/ 動 (三単現 ral·lies/-z/; 過去・過分 ral·lied/-d/) 他 **1**…を(再び)集める, 再編成する, 呼び集める, 寄せ集める ‖

rally one's troops after the defeat 敗北の後軍勢を立て直す.

**2**〈気力など〉を取り戻す, 盛り返す, 回復する ‖

rally one's spirits 気力を取り直す, 奮起する.

── 自 **1**再び集まる, 再結集する; 援助に集まる, はせ参じる.

**2**回復する, よくなる ‖

rally from one's illness 病気から回復する.

**3**〔テニス・バドミントンなど〕ラリーをする, 連続したストロークの交換をする.

── 名 (複 ral·lies/-z/) C **1**[a ~ / the ~] 再び集まること, 盛り返し, 立て直し ‖

The **rally** is at eight. (再)集合の時間は8時です.

**2**集会, 大会 ‖

a peace **rally** 平和集会.

**3**(病気の)回復, 持ち直し.

**4**〔テニス〕ラリー;〔自動車〕ラリー;〔ボクシング〕パンチの応酬;〔野球〕集中攻撃, 反撃.

**Ralph** /rǽlf ウラルフ/, réif ウレイフ, rǽlf/ 名 ラルフ, レイフ《男の名》.

**ram** /rǽm ウラム/ 名(類音 rum/rʌm/) C **1**(去勢していない)雄ヒツジ《関連 → sheep》. **2**〔建築〕杭(ﾞ)打ち機, (杭打ち用の)落とし錘(ﾞ).

── 動(過去・過分 rammed/-d/; 現分 ram·ming) 他 **1**…に衝突する; …を突き当てる. **2**〈杭(ﾞ)など〉を打ち込む, 〈土〉を打ち固める.

**RAM** /rǽm ウラム/ 名(複 ~s) 〔コンピュータ〕ラム, ランダムアクセス=メモリー《書き換え可能なメモリー. cf. ROM》.

**Ram·a·dan** /rǽmədǽn ウラマダーン/ 名 U **1**ラマダーン《イスラム暦の第9月. 日の出から日の入りまで断食が行われる》. **2**断食, 斎.

**ram·ble** /rǽmbl ウランブル/ 名(類音 rumble/rʌmbl/) C (田舎(ﾞ)道・森などの)散歩, 漫歩, そぞろ歩き《◆比較的長い距離の散歩》‖

go for [on] a **ramble** through the woods 森の中をそぞろ歩く.

── 動(現分 ram·bling) 自 **1**ぶらつく, 漫歩する, 散策する.

**2**とりとめなく〔漫然と〕話す《◆命令文にしない》‖

**ramble on about** the days of one's youth 若いころのことをとりとめなく話す.

**ram·bler** /rǽmblər ウランブラ/ 名 C 漫遊[閑歩]する人;〔植〕=rambler rose.

**rámbler ròse** ツルバラ(rambler).

**ram·bling** /rǽmbliŋ ウランブリング/ 動 → ramble.

── 形 **1**ぶらぶら歩く. **2**〈話・文が〉とりとめのない. **3**〈植物が〉巻きつく, はびこる. **4**だだっぴろい; 曲がりくねった. **5**漫歩の; むだ話.

**ram·i·fi·ca·tion** /rǽməfikéiʃən ウラミフィケイション/ 名 C (正式) 〔通例 ~s〕**1**枝分かれ, 細分化. **2**小区分; 分派, 支流.

**ramp** /rǽmp ウランプ/ 名(類音 /amp/lǽmp/) C **1**(段違いの道路・建物のフロアーなどを結ぶ)傾斜路, スロープ;(高速道路の)ランプ.

an off ramp 下りランプ.
an on ramp 上りランプ.
**2** (飛行機用の)タラップ; (空港の)エプロン(apron)《ターミナル・格納庫に隣接した地域》.

**ram·page** /ræmpeɪdʒ ゥランペイヂ|-´-/ 名 動 -/[the ~] 暴れ回ること, 狂暴な行為 ‖
go on the [a] rampage 暴れ回る, 激怒する.
── 動 (現分) ··pag·ing 自 暴れ回る.

**ram·pant** /ræmpənt ゥランパント/ 形 **1** (紋章)[名詞のあとで]〈獅子(し)が〉左後脚で立ち上がって. **2** 荒々しい. **3** 〈植物が〉はびこっている, 生い茂る;〈正式〉〈病気・悪業が〉猛威をふるう.

**ram·shack·le** /ræmʃækl ゥラムシャクル/ 形 今にも崩れそうな, がたがたの.

\***ran** /ræn ゥラン/ 動 → run.

**ranch** /ræntʃ ゥランチ|rɑːntʃ ゥラーンチ/ 名 (複 ~·es/-ɪz/) C **1** (米西部・カナダの)牧場, 放牧場.
**2** (米)[通例複合語で]···園; 農場, 農園 ‖
a fruit ranch 果樹園.
**ránch hòuse** (米)ランチハウス《牧場主のふつう平屋建ての家》.

**ranch·er** /ræntʃər ゥランチャ|rɑːntʃ- ゥラーンチャ/ 名 C 牧場経営者, 牧場労働者.

**ran·cid** /rænsɪd ゥランスィド/ 形 〈正式〉油くさい, 鼻につく ‖
rancid butter いやなにおいのするバター.

**ran·cor**, (英) **-·cour** /ræŋkər ゥランカ/ 名 U 〈正式〉怨恨(えんこん), 憎しみ.

**ran·cor·ous** /ræŋkərəs ゥランカラス/ 形 恨みのある, 憎い.

**R & B** 略 rhythm and blues.

\***ran·dom** /rændəm ゥランダム/ 〖「馬で走る」が原義〗
── 形 (比較 more ~, 最上 most ~) [通例名詞の前で] **1** (無差別・無目的で)**でたらめの**, 無原則な, 手当たり次第の ‖
random bombing 無差別爆撃.
a random guess あてずっぽう.
**2** (統計)無作為の, 任意の.
── 名 [◆ 次の成句で].
**at rándom** でたらめに, でまかせに, 無作為に ‖
make a choice at random 任意に選ぶ.
**rándom áccess** (コンピュータ)ランダムアクセス.
**rándom áccess mémory** =RAM.

\***rang** /ræŋ ゥラング/ 動 → ring.

\***range** /reɪndʒ ゥレインヂ/ 〖「(一定範囲内に)並ぶ, 広がる」が本義. cf. arrange, rank〗
── 動 (三単現) rang·es/-ɪz/; 過去・過分 ~d/-d/; 現分 rang·ing
── 他 **1** ···を列に並べる, 整列させる ‖
range the troops 軍隊を整列させる.
**2** (正式)[通例 be ~d / ~ oneself] 立場をとる, 参加する, 一員になる ‖
range oneself with the majority party 与党につく.
**3** (文) ···をくまなく歩き回る, ぶらつく 《◆ 受身にしない》. **4** 〈望遠鏡・大砲などの〉照準を合わせる;〈銃などが〉···の射程距離がある.
── 自 **1** 〈程度・範囲などが〉及んでいる, わたがる 《◆ 進行形にしない》 ‖
The children's ages range from 5 to 15 [range between 5 and 15]. その子供たちの年齢層は5歳から15歳までにわたっている.
**2** 分布する, 生息する ‖
a butterfly ranging from Alaska to Oregon アラスカからオレゴンにわたって分布するチョウ.
**3** 〈山などが〉連なる, 広がっている ‖
range north and south 南北に並ぶ.
**4** (文) 歩き回る, ぶらつく;さまよう.
**5** 照準を決める.
── 名 (複 rang·es/-ɪz/) **1** C (人・物の)列, 続き, 並び, (同種の物の)集まり ‖
a range of foods 食料品の取りそろえ.
**2** C 山脈, 連山, 山並み ‖
a high mountain range 高い山並み.
**3** C [例 a ~ / the ~] (ふつう囲いのない)放牧場.
**4** C [しばしば複合語で] 射撃場;ミサイル発射場.
**5** [動·植] [a ~ / the ~] 生息[生育]地域.
**6** U [しばしば a ~] (変動可能な)幅, 範囲, (力·作用の)領域 ‖
a country with **a** wide **range of** temperature 温度差の激しい国.
have a wide range of interests いろいろなことに関心がある.
**7** U [しばしば a ~] 射程距離, 着弾距離 ‖
have a range of 2,000km 2000kmの射程距離がある.
**8** [a ~ / the ~] (1回の燃料での)航続距離, 可航距離.
**9** C (旧式な)料理用ストーブ;(米)(電子, ガス)レンジ《◆「電子レンジ」は a microwave oven がよく使われる》 ‖
a kitchen range 台所用レンジ.
***in ránge with A*** ···と一直線に並んで.

**rang·er** /réɪndʒər ゥレインチャ/ 名 C **1** [R~] (米) コマンド部隊員, 特別奇襲隊員, レンジャー部隊員.
**2** 森林警備隊. **3** (米)騎馬警察隊員. **4** (英) (王室の森・公園の)管理者, 王室森林[公園]保護官.

**rang·ing** /réɪndʒɪŋ ゥレインヂング/ 動 → range.

**Ran·goon** /ræŋgúːn ゥラングーン/ 名 ラングーン《Yangon の旧名》.

**rang·y** /réɪndʒi ゥレインヂ/ 形 (比較 ··i·er, 最上 ··i·est) **1** 背が高くほっそりした, 手足のひょろ長い. **2** (米)かなりの距離を歩くことのできる.

\***rank** /ræŋk ゥランク/ 〖「輪(ring)」が原義〗
── 名 (複 ~s/-s/) **1** C U 列, 並び ‖
keep rank(s) 列を保つ.
break rank(s) 列を乱す, 列を乱して敗走する.
fall into rank 整列する.
**2** C (兵隊の)横列(↔ file); [the ~s] 下士官兵;(人の)集団 ‖
rise from **the ranks** 一兵卒から身を起こす.
join **the ranks of** the unemployed 失業者の仲間入りをする.
**3** C U 階級;地位, 身分

people of all ranks あらゆる階層の人々.
a man of (high) rank 高官.
an actor of the first rank 一流の俳優.
the rank and fashion 上流社会.
**the ránk and fíle** [集合名詞的に] 一般大衆, 平社員, 一般組合員.
──動 (三単現) ~s/-s/ ; 過去・過分 ~ed/-t/ ; 現分 ~・ing)
──他 **1**〈兵隊〉を並べる, 整列させる.
**2** …を分類する, 並べる.
**3** …を位置づける《♦副詞(句)を伴う. 進行形にしない》‖
Where [How] do you rank her as an essayist? 随筆家として彼女をどの程度に評価していますか.
**4** (米) …より階級が上である, …の上官である.
──自 位置する ; 位置を占める.

**-ranked** /-ræŋkt ゥランクト/ 連結形 …番目に位置する, …の位置の. 例: a first-ranked tennis player 一流のテニス選手.

**ran・kle** /rǽŋkl ゥランクル/ 動 (現分 ran・kling) 自 [通例 ~ in one's mind] 長く心にうずく, 心を苦しめる.

**ran・sack** /rǽnsæk ゥランサク/ 動 他 **1**〈場所〉をくまなく捜す. **2** (正式) [通例 be ~ed] 略奪される, 荒らされる.

**ran・som** /rǽnsəm ゥランサム/ 名 **1** C 身代(しろ)金, 賠償金. **2** U 身請け, 受け戻し, 買い戻し.
**cóst** [**be wórth**] **a kíng's ránsom** 《やや古》ものすごく価値のある《♦「王の身代金, 大金」から》.
**hóld A to** [**at, for**] **ránsom** (米) =《英》**hóld A ránsom** A〈人など〉を監禁して身代金を要求する.

**rant** /rǽnt ゥラント/ 動 自 大声を張り上げる, わめき散らす‖
rant and rave (怒って)わめき散らす.

**rap** /rǽp ゥラプ/ (同音 wrap ; 類音 /ap/læp/) 名 C **1** 軽くたたくこと[音]‖
hear a rap on the door ドアをトントンとノックする音が聞こえる.

比較 日本語の次の擬音語に相当 : コンコン, トントン, コトコト, コツン.

**2** (略式) 非難.
**táke the ráp** (略式)(自分の責任でないのに)罰を受ける, 責任を取らされる.
──動 (過去・過分 rapped/-t/ ; 現分 rap・ping) 他 …をコツンとたたく‖
rap him on [over] the head 彼の頭をコツンとたたく.
rap his pen on the desk =rap the desk with his pen 彼のペンで机をトントンたたく.
──自 コツン[トントン]とたたく‖
rap at the door ドアをトントンたたく.

**rape** /réip ゥレイプ/ 動 他〈女性〉を犯す, 強姦(ごうかん)する. ──名 U C 強姦, レイプ.

**Raph・a・el** /rǽfeəl ゥラフェエル, rǽfiəl/ 名 **1** ラファエル《男の名》. **2** ラファエロ《1483-1520 ; イタリアネサンスの画家・彫刻家》.

*__rap・id__ /rǽpid ゥラピド/ [「かっさらう」→「すばやく」] 派 rapidly (副)
──形 比較 more ~, ~・er ; 最上 most ~, ~・est) **1** 速い, 急な《♦fast, quick よりも堅い語》‖
a rapid river 急流.
a rapid journey 急ぎの旅.
She màde rápid prógress in skiing. 彼女はスキーが急にうまくなった.
**2** すばやい, 敏速な《♦quick よりも堅い語》‖
rapid movement すばやい動作.
a rapid worker 敏速に仕事をする人.
──名 [通例 ~s] 急流, 早瀬‖
shoot the rapids 急流を乗り切る.
**rápid tránsit** (都市などの)高速輸送(システム).

**ra・pid・i・ty** /rəpídəti ゥラピディティ/ 名 U (正式) 急速, 敏捷(びんしょう) ; 速度.

*__rap・id・ly__ /rǽpidli ゥラピドリ/ [→ rapid]
──副 速く, 急速に, 迅速に, 急いで《♦quickly, fast より堅い語》‖
He walked rapidly. 彼は急いで歩いた.

**rap・ine** /rǽpin ゥラピン/-ain ゥラパイン/ 名 U (文) 強奪, ぶんどり.

**rap・ist** /réipist ゥレイピスト/ 名 C 強姦(ごうかん)犯人.

**rap・port** /ræpɔ́ːr ゥラポー/-~] 名 U [時にa ~] (正式) 関係, 一致, 調和 ; (人の) 和 ; 思いやり.

**rap・proche・ment** /rǽprouʃmɑ́:ŋ ゥラプロウシュマーング ; ræprɔ́ʃmɔːŋ ゥラプロシュモーング, -prouʃ-/《フランス》名 C (国家間の) 親交 [友好] 関係.

**rapt** /rǽpt ゥラプト/ (同音 wrapped) 形 (正式) **1** 夢心地の, うっとりした. **2** 夢中になっている, 没頭している.

**rap・ture** /rǽptʃər ゥラプチャ/ 名 U (正式) [しばしば ~s] 有頂天(の状態), 歓喜, 恍惚(こうこつ)《♦信仰による恍惚は ecstasy, 性的頂絶感は orgasm, cli-max》‖
gaze with [in] rapture(s) うっとり眺める.
**gó** [**fáll**] **into ráptures óver** [**abóut**] A …に有頂天になる, …でほくほくする.
**in ráptures óver** [**abóut**] A …に有頂天になって, …でほくほくして.

**rap・tur・ous** /rǽptʃərəs ゥラプチャラス/ 形 有頂天を示す, 熱狂的な.

*__rare__[1] /réər ゥレア/ (類音 rear /ríər/) [「まばらな」が原義] 派 rarely (副)
──形 (比較 rar・er /réərər/ , 最上 rar・est /réərist/) **1** まれな, 珍しい ; めったにない《♦貴重なことを含む場合がある》‖
a rare bird 珍しい鳥 ; めったに会わない人[物].
対話 "I wonder where John is. It's extremely rare for him to be so late." "Something may have happened to him." 「ジョンはどこにいるんだろう. 彼が遅刻することはとても珍しい」「ひょっとして彼に何かあったのかも」.
**2** (略式) [しばしば ~ old で] すばらしい, すぐれた (very good)‖
We had a rare (old) time at the party. パー

ティーはとても楽しかった.
**ráre·ness** 图U まれな[珍しい]こと, 珍奇.
**rare²** /réər ウレア/ 形 (主にステーキの焼き方が)レアの, 生焼けの《◆血がにじみ出る程度の調理. → beefsteak》.

\*__rare·ly__ /réərli ウレアリ/〖→ rare¹〗
— 副〖準否定語; 頻度副詞〗めったに…ない《◆ seldom より口語的. 頻度は seldom, hardly [scarcely] ever とほぼ同じ》‖
He **rarely** goes to the movies. 彼はめったに映画に行かない.
We have **rarely** seen such a sight! そのような光景にはめったにお目にかかれない《◆文頭に置くと _Rarely_ have we seen such a sight! の疑問文の語順となる》.
《成句語 → seldom》

**rar·ing** /réəriŋ ウレアリング/ 形 《主に米話式》(…)したがる; (…)を熱望する(eagar, keen).

**rar·i·ty** /réərəti ウレアラティ/ 图 (複 ~·i·ties/-z/) ©まれな物[事,人],珍品; U まれなこと, 珍奇 ‖
Rain is a **rarity** in this area. この地域では雨はめったに降らない.

**ras·cal** /ráskl ゥラースクル | rá:skl ゥラースクル/ 图 ©
**1** 悪漢, やくざ者, ならず者.
**2** がき, いたずらっ子 ‖
You little **rascal**! このいたずら小僧め!

**rash¹** /ráʃ ゥラッシュ | ráʃ ゥラッシュ/ 形
**1** 早まった, 軽率な, 軽はずみな ‖
in a **rash** moment 軽率に.
do a **rash** act 早まったことをする.
**2** 無鉄砲な, 向こう見ずな; [it is rash **of** A **to** do / A is rash **to** do] …するとは A〈人〉は思慮がない ‖
It was **rash of** you **to** fire him. = You were **rash to** fire him. 彼をくびにするなんてむちゃだよ.

**rash²** /ráʃ ゥラッシュ/ 图 © 発疹(ホッ), 吹出物.
**rash·ly** /ráʃli ゥラッシュリ/ 副 軽率に, 無鉄砲に.

**rasp·ber·ry** /ræzbèri ゥラズベリ, -bəri | rɑ́zbəri ゥラーズバリ, rɑ́s-/《発音注意》《◆ p は発音しない》图
(複 -ber·ries/-z/) **1** © 〘植〙 キイチゴ(の実), ラズベリー(の茂み).
**2** U 暗赤紫色.
**3** © クロミキイチゴ.
**4** [形容詞的に] ラズベリーの; 暗赤紫色の.

\*__rat__ /rǽt ゥラット/ (類音) rut/rʌ́t/)
— 图 (複 ~s/réts/) © **1** ゥラミ, ドブネズミ《◆ mouse より大きい. rat は犬が取り mouse は猫が取るものとされる. 「鳴き声」は squeak. (2) 卑劣・不潔さを連想させる》‖
The **rats** have eaten holes in these bags. ネズミがこれらの袋をかんで穴をあけてしまった.
**like ráts desérting a sínking shíp** 沈みかけた船を見捨てるネズミのように.

**rat-a-tat** /ratətǽt ゥラタタット/ 〖擬音語〗图 [a ~](ノッカーの)トントン[コツンコツン]とたたく音《◆ rat-a-tat-tat, rat-tat-tat ともいう》.

\*__rate__ /réit ゥレイト/ (類音 /éit/ate)〖「数えられた部分」が原義〗 派 rating (名)
→ 图 **1** 割合 **2** 料金 **3** 速度 **4** 等級
動 他 **1** 評価する

— 图 (複 ~s/réits/) © **1** 割合, (比)率, 歩合; レート, 相場 ‖
**at** a **rate of** two minutes a day 日に2分の割合で.
a drop in the birth **rate** 出生率の低下.
the **rate** of exchange 交換レート, 為替(カゥ)相場.
**2** (主にサービスの)料金, 値段 ‖
night telephone **rates** 電話の夜間料金.
at cut **rates** 特別割引で.
**3** 速度, ペース, 進度 ‖
at a great **rate** 非常な速さで.
**at** the [a] **rate of** 100 km an hour 時速100kmで.
**4** [通例複合語で] …等級, クラス ‖
a first-ráte perfórmer 一流の役者.
a sècond-ráte téam 二流チーム.

°**at ány ràte** 《略式》とにかく, いずれにしても, どんなことが起こっても; 少なくとも《◆ **at ány ràte** では文字どおりの意味で「どんな割合[速度など]でも」となる》‖ **At any rate** I'll start right away. ともかくすぐ出発する.

°**at this [thát] ràte** 《略式》この[あの]調子では, もしこう[そう]なら ‖ **At this rate** we will never finish. この調子ではいつまでたっても終わらないだろう《◆ that は過去について用いることが多い》.

— 動 (三単現 ~s/réits/; 過去・過分 rat·ed/-id/; 現分 rat·ing)
— 他 **1** …を評価する, 見積もる《◆進行形にしない》‖
They **rated** the land **as** worth $20,000 [**at** $20,000]. 彼らはその土地を2万ドルと[に]評価した.
His paintings **were rated** very highly by the experts. 彼の絵は専門家に高く評価された.
**2** …を考える, 思う《◆進行形にしない》‖
He **rates** me **among** his patrons. = He **rates** me **as** one of his patrons. 彼は私を後援者の1人と考えている.
— 圓 ランク付けされる, 格付けされる《◆進行形にしない》‖
He **rates as** a fine workman. 彼はりっぱな職人と考えられている.

\*__rath·er__ /rǽðər ゥラザ | rɑ́:ðə ゥラーザ; 4 では rɑ́:ðər ゥラーザー/〖(古) rathe の比較級.「ある程度」が本義〗

— 副 **1** [程度を示す形容詞・副詞などを修飾して] いくぶん, 少し; やや; かなり(→ somewhat)‖
It is **ráther** hót today. きょうは思ったより暑い.
I'm **rather** tired. 私はかなり疲れた.
You have done **rather** well. なかなかよくやったね.
I **rather** expect she doesn't come. 彼女はきっと来ないと思う.
**2** [通例 rather A than B / A rather than B] BよりもむしろA《◆ A, B は文法上同等のもので動詞・名詞・形容詞など》‖
I'll watch TV **rather than** study [studying].

私は勉強するよりもテレビを見る.
It rained **rather than** snowed. 雪でなくて雨だった.
She is a singer **rather** [**rather** a singer] **than** an actress. 彼女は女優というよりはむしろ歌手だ.

> Q&A　*Q*:「彼はかなりの年輩の人です」というとき, rather はどこに置けばいいのですか.
> *A*: quite と同じように He is a *rather* old man. / He is rather an old man. といいます.

**3**《正式》それどころか ∥
He isn't a good boy. He is, **rather**, a terrible fellow. 彼はよい子ではありません. それどころか, ひどいやつです.
**4** → (or) rather (or) rather 成句.

◦**(or) ráther** (1)《略式》[前言をより正しく言い直して] もっと正確に言えば ∥ I returned late last night, **or rather** early this morning. 私は昨夜遅く, というよりはさ早く帰ってきた. (2) [誤った前の語句を訂正して] いやそうでなくて, いや正しくは.

◦**would ráther** *do* むしろ…したい, …する方がよい ∥ I'd **rather** not go. どうも行きたくない / I **would rather** have gone. 行きたかった / I **would rather** go **than** stay. 残っているより行きたい /[対話]"**Would** you **rather** buy this one?" "Yes, I would." 「こちらの方がよろしいですか」「ええ」.

**would ráther** (*that*) … であればよいと思う ∥ We **would rather** you went. 君に行ってもらいたいものだ / I **would rather** you hadn't told him the truth. 君が彼に真実を話すようなことはしてもらいたくなかったのだが.

**rat·i·fy** /rǽtəfài ラティファイ/ [動]《三単現》-·fies /-z/《過去・過分》-·fied/-d/) 他《正式》…を正式に承認する.

**rat·ing** /réitiŋ レイティング/ [動] → rate.
――[名] **1** ⓒ 格付け, 重要度, ランキング. **2** ⓒ[通例 ~s] 人気度, 視聴率. **3** Ⓤⓒ《英》不動産評価税; 賦課(額).

**ra·tio** /réiʃou レイショウ | réiʃiəu レイシオウ/ [名] (穲~s/-z/) Ⓤⓒ比, 比率 ∥
**in the ratio of** three **to** two 3対2の比で.

**ra·tion** /rǽʃən ラション,《米》réi-/ [名] ⓒ[通例 ~s] 割当て量; 配給; (兵士・水夫の)1回分の食糧 ∥
**on ration** 配給を受けて.
**have a ration of** bread パンの配給を受ける.
――[動] 他 …を制限する; …を配給する; …に供給する.

**ra·tion·al** /rǽʃənl ラショヌル/ [形] **1** 理性の(ある), 理性的な, 分別のある, 道理をわきまえた《◆reasonable より堅い語》(↔ irrational) ∥
Is man a **rational** animal? 人間は理性的動物なのか.
**2**〈言動・考えなどが〉合理的な, 道理にかなった ∥
a **rational** argument 筋の通った議論.

**ra·tio·nale** /rǽʃənǽl ラショナル | -náːl -ナール/ [名] Ⓤⓒ《正式》理論的根拠; 原理的説明.

**ra·tion·al·ism** /rǽʃənlìzm ラショナリズム/ [名] Ⓤ理性主義; 合理主義.

**ra·tion·al·i·ty** /rǽʃənǽləti ラショナリティ/ [名] Ⓤ合理性, 道理をわきまえていること; 良識.

**ra·tion·al·i·za·tion** /rǽʃənələzéiʃən ラショナリゼイション/ [名] Ⓤⓒ合理化.

**ra·tion·al·ize** /rǽʃənəlàiz ラショナライズ/ [動]《現分》-iz·ing) 他 **1** …を論理的に説明する. **2** …を正当化する. **3**《英》〈機構などを〉合理化する.

**rat·tle** /rǽtl ラトル/ [動]《現分》rat·tling) 倉 **1** ガタガタいう, ガラガラいう ∥
He **rattled** at the door. 彼はドアをガタピシいわせた.

> [比較] 日本語の次の擬音語に相当: バラバラ, ガチャガチャ, ガタガタ, カタカタ, コトコト, ゴロゴロ, カチカチ.

**2** しゃべりまくる, ぺらぺらしゃべる. **3**《略式》ガタガタ音を立ててすばやく走る[落ちる].
――他 **1** …をガタガタ[カチャカチャ]いわせる.
**2** …を早口で読む[言う]; …をぺらぺらしゃべる ∥
**rattle off** the poem《略式》詩を早口で読む.
**3**《略式》…をどぎまぎさせる, 混乱させる.
――[名] **1** ⓒ ガラガラ鳴る器具[おもちゃ], ガラガラ. **2** Ⓤ [しばしば a ~] ガチャガチャ[ガラガラ]いう音.

**rat·tle·snake** /rǽtlsnèik ラトルスネイク/ [名]ⓒ〔動〕ガラガラヘビ.

**rau·cous** /rɔ́ːkəs ローカス/ [形]《正式》ハスキーな, 耳ざわりな; 騒々しい.

**rav·age** /rǽvidʒ ラヴィヂ/ [名]《正式》**1** Ⓤ荒廃, 破壊. **2** ⓒ[通例 ~s] 損害, 惨事.
――[動]《現分》-ag·ing) 他《正式》…を荒らす, 略奪する. ――倉 荒れる.

**rave** /réiv レイヴ/ [動]《現分》rav·ing) 倉 **1** うわごとを言う, とりとめのないことを言う. **2** どなりちらす, わめく. **3**〈海が〉荒れる,〈風が〉うなる. ――他 **1** Ⓤⓒ うなり声, 怒号. **2** Ⓤⓒ《略式》激賞, べたぼめ.

**ra·ven** /réivən レイヴン/ [名]ⓒ〔動〕ワタリガラス, オオガラス《◆crow より大きい. 不吉の鳥とされる》.

**rav·en·ous** /rǽvənəs ラヴェナス/ [形] 腹ぺこの; [比喩的に] 非常に飢えている.

**ra·vine** /rəvíːn ラヴィーン/ [名]ⓒ 峡谷(*きょうこく*), 谷間, 山峡.

**rav·ish** /rǽviʃ ラヴィシュ/ [動] 他《文》[通例 be ~ed] うっとりする.

***raw** /rɔ́ː ロー/《同音》roar《英》;《類音》row/róu/, /aw/lɔ́ː/)『「生の肉(raw flesh)」が原義』
――[形] **1** 生の, 料理されていない(↔ cooked); 生煮えの, 生焼けの ∥
**raw** meat 生肉.
**eat** onions **raw** 玉ネギを生で食べる.
[対話]"What's the matter with your food?" "I can't eat this steak. It's almost **raw**."「その料理どうかしたの」「このステーキは食べられない.

生焼けだ」.
**2** 加工していない, 原料のままの; 未整理の ‖
raw silk 生糸.
raw milk 無殺菌[絞ったままの]牛乳.
raw data 生のデータ.
**3** 未熟な, 訓練されていない; 粗野な, ぞんざいな ‖
raw maids 仕事に不慣れなメイドたち.
**4** (略式) 皮のすりむけた, ひりひり痛む ‖
heels (which are) raw with cold 寒さで赤ぎれしているかかと.
red and raw 赤くはれてひりひり痛む.
**5** (略式) 湿って冷たい, 底冷えのする ‖
a raw morning 冷え冷えする朝.
**6** (主に米略式) みだらな, 下品な.

── 名 ⓒ (通例 the ~) (馬・人の)皮のすりむけた所, すり傷, 赤肌; (主に英) [比喩的に] 痛い所 ‖
touch her on the raw 彼女の痛い所[弱点]を突く.
*in the ráw* (1) 自然のままの[で], むき出しの[で] ‖
life in the raw ありのままの人生. (2) (略式) 裸の[で].
**ráw déal** (略式) 不当な扱い.
**ráw matérials** 原料, 素材, 人材.

**raw·hide** /rɔ́ːhàid ゥローハイド/ 名 Ⓤ (牛などの)生皮(·ひ); ⓒ (主に米) 生皮製のむち[綱].

*__ray__¹ /réi ゥレイ/ 『「(車輪の)スポーク」が原義. cf. _radium, radius_』

── 名 (複 ~s/-z/) ⓒ **1** (通例 ~s) **a** (細い)光線(→ _beam_) ‖
cosmic rays 宇宙線.
rays of the sun 太陽光線.
**b** (略式) = X-ray.
**2** [a ~ of Ⓤ 名詞] (望みなどの)光, 輝き, ひらめき, わずかな… ‖
a ray of hope わずかな希望.
**3** 一目(%), 視線.

**ray**² /réi ゥレイ/ 名 ⓒ 〔魚〕エイ ‖
an electric ray シビレエイ.

**Ray** /réi ゥレイ/ 名 レイ《男の名》.

**Ray·mond** /réimənd ゥレイモンド/ 名 レイモンド《男の名》.

**ray·on** /réiən ゥレイアン | réiɔn ゥレイオン/ 名 Ⓤ レーヨン; 人造絹糸; その織物.

**raze** /réiz ゥレイズ/ (同音 _raise_) 動 (現分 _raz·ing_) 他 (正式) …を倒壊させる.

**ra·zor** /réizər ゥレイザァ/ (同音 _raiser_) (類音 _aser_ /léizər/) 名 ⓒ (安全)かみそり ‖
(as) sharp as a razor [通例比喩的に] かみそりのように切れる, 目から鼻へ抜けるような.
**rázor bláde** かみそりの刃.

**Rd** (略) _road_.

**re**¹ /réi ゥレイ, ríː/ 名 Ⓤⓒ 〔音楽〕レ《ドレミファ音階の第2音. → _do_²》.

**re**² /ríː ゥリー, rei/ 〔ラテン〕前 **1** (法律・商業) …について, …に関して(_about_) ‖
re your enquiry of the 19th October 10月19日付の貴殿のお問い合わせについては.
**2** [通例 Re または RE] (Eメール) リ《◆返信メールの件名の冒頭につく》.

**\*\*reach** /ríːtʃ ゥリーチ/ 『「(手などを)差し出して届く」が本義』

→ 動 他 **1** 着く **2** 達する **3** 差し出す
自 **1** 達する **2** 手を伸ばす
名 **1** 伸ばすこと **2** 届く範囲

reach 《2 達する, 1 着く》

── 動 (三単現) ~·es/-iz/; (過去・過分) ~ed/-t/; (現分) ~·ing)
── 他 **1** …に着く, 到着する《◆ _get to, arrive at_ より堅い語》 ‖
reach the top of Mt. Everest エベレスト山頂に到達する.
We reached the hotel at midnight. 真夜中にホテルに着いた.
The hill can be easily reached by car. その丘には車で簡単に行ける.
**2 a** …に達する, 届く, 及ぶ ‖
reach old age 老齢に達する.
This road reaches the river. この道は川まで延びている.
The news reached me this morning. その知らせはけさ私に届いた.
The dress reaches her ankles. そのドレスは彼女の足首まである.
The donations have already reached one million dollars. 寄付はすでに100万ドルに達している.
**b** 〈結論など〉に達する; 〈目的など〉を達成する ‖
reach an agreement 合意に達する.
Our goal has been reached. 我々の目標は達成された.
**3** 〈手・腕〉を差し出す, 差し伸べる; 〈木などが〉〈枝など〉を伸ばす(+_out_) ‖
He reached his hand out for the book. 彼はその本を取ろうと手を伸ばした.
A tree reaches out its branches. 木は枝を伸ばす.
**4** (略式) 手を伸ばして…を取る, …に触れる; [reach A B / reach B for A] A〈人〉に B〈物〉を取ってやる[渡す]《◆進行形にしない》 ‖
reach down the book from the top shelf いちばん上の棚から本を取る.
Please reach me that box. その箱を取ってください.
── 自 **1** 達する, 及ぶ, 広がる《◆進行形にしない》 ‖
The forest reaches down to the lake. 森は(下って)湖まで伸びている.
Roman power reached throughout Europe. ローマの勢力はヨーロッパ全土に及んだ.
There was nothing but sand as far as the

eye could reach. 見渡す限り一面砂ばかりであった《◆ as far as I could see の方が口語的》.
**2** [比喩的にも用いて] 手を伸ばす(+*out*)《◆ out 以外に伸ばす方向によって down, up, back, forward などの副詞をとる》
reach (out) for the rope ロープをつかもうと手を伸ばす, 手を伸ばしてロープを取る.
reach out to the refugees 難民に援助の手を差し伸べる.
She **reached** into her bag **for** her hand glass. 彼女は手鏡を取ろうとハンドバッグに手を入れた.
**3** 追究する, 追い求める ‖
**reach** after the truth 真理を追究する.
**réach úp** [自] 背伸びする.

―**图** (優 ~·es/-iz/) **1** [a ~] (手などを) **伸ばす** こと; 腕の長さ ‖
He has **a long reach**. 彼は長い腕をしている(= He has long arms.).
She got it by **a long reach**. 彼女は腕をぐっと伸ばしてそれを取った.
**2** Ⓤ [しばしば one's ~] 届く**範囲**, 届く距離; (能力などの) 範囲 ‖
**out of** one's **reach** 手の届かない所に, 能力の及ばない範囲に.
The box was **within** my **reach**. その箱は私の手の届く所にあった.
The lesson is **beyond** my **reach**. その授業は難しくて私にはわからない.
He lives **within easy reach** of the post office. 彼は郵便局の目と鼻の先に住んでいる.
**3** Ⓒ (一面の) 広がり, 区域 ‖
a vast **reach** of desert 広大な砂漠.
**4** Ⓒ (通例 ~es) (川の曲がり角と曲がり角の間や運河の曲がり角と水門の間の) 見渡せる区域.

*****re·act** /riːǽkt ゥリ(ー)アクト/ 【再び(re)ふるまう(act). cf. counter*act*】 優 reaction (名)

―**働** ((三単現) ~s/-ækts/; [過去・過分] ~ed/-id/; [現分] ~ing)

―**圓 1** 影響し合う, 作用する ‖
Wages and prices **react on** each other. 賃金と物価は互いに連動する.
**2** 《正式》反応する, 対応する ‖
The ear **reacts to** sound. 耳は音に反応を示す.
She **reacted to** the news by fainting. 彼女はその知らせを聞いて気を失った.
**3** 反発する, 反抗する ‖
**react against** his way of thinking 彼の考え方に反対する.
**4** 〔化学〕反応する; 〔物理〕反作用する.

**re·ac·tion** /riǽkʃən ゥリ(ー)アクション/ 图ⓊⒸ **1** 《正式》反応, 反響, はね返り ‖
his **reaction to** your proposal 君の提案に対する彼の態度.
I'd like to hear your **reactions to** New York. ニューヨークの印象を伺ってください.
**2** (薬の) 副作用, (食べ物の) アレルギー反応 ‖
suffer a **reaction to** soya milk 豆乳にアレルギー反応を起こす.
**3** [~s] (危急のときの) 素早い反応.
**4** 《正式》反発, 反動 ‖
Their behavior is just a **reaction against** society. 彼らの行動は社会に対する反抗にすぎない.
**5** 《正式》(政治上の) 反動 ‖
the forces of **reaction** 反動勢力.
**6** 〔物理〕反作用, 核反応; 〔化学〕反応.
**re·ac·tion·ar·y** /riǽkʃənèri ゥリ(ー)アクショネリ|-əri -ショナリ/ 形 反動的な, 保守的な ‖
a **reactionary** politician 反動政治家.
―**图** (優 --ar·ies/-z/) Ⓒ 反動主義者.
**re·ac·tor** /riǽktər ゥリ(ー)アクタ/ 图Ⓒ〔物理〕原子炉.

*****read** /riːd ゥリード/ 【同音 reed】 【「相談する」が原義】 優 reader (名), reading (名)
―**働** ((三単現) ~s/riːdz/; [過去・過分] read/réd/; [現分] ~ing)

―**他 1** …を**読む**, 読んで理解する; [read (that) 節 / read wh 節] …ということを読んで知る ‖
**read** a magazine 雑誌を読む《◆「本を読む」は単に read でよい(→ 圓**1**). read a book, read books は不自然》.
**read** the clock 時計の時間を読む.
He can **read** French well. 彼はフランス語がよく読める.
Can you **read** music? 楽譜が読めますか.
I **read in** the paper **that** she died of a heart attack. 彼女が心臓発作で亡くなったことを新聞で知った.
**2** [授与動詞] **a** …を(声に出して) 読む, 音読[朗読]する; [read A B / read B to A] A〈人〉に B〈本など〉を読んで聞かせる ‖
**read** a poem 詩を朗読する《◆**1**の意味にもなる》.
She **read** the children a story. =She **read** a story **to** the children. 彼女は子供たちに話を読んでやった.
**b** [read A C] A〈人〉に (本などを) 読んで C させる 《◆ C は形容詞・前置詞 + 名詞》
She **read** herself **to sleep**. 彼女は本を読みながら眠ってしまった.
**3 a** …を読み取る; …を見抜く ‖
**read** his mind [thoughts] 彼の心を読む.
**read** a riddle なぞを解く.
**read** the future 未来を予言する.
**read** his hand [palm] 彼の手相を見る.
I **read** disbelief on her face. 彼女の顔に不信の念を感じ取った.
**b** 《正式》…を解釈する ‖
I **read** her silence **as** a refusal. 彼女が黙っているのは拒絶ということだと思った.
The rule can be **read** several ways. その規則は数とおりに解釈できる.
**4** 〈計器などが〉…をさす, 表示する ‖
The thermometer **reads** 30 degrees. 温度計は30度を示している.
**5** 《英正式》…を専攻する《《米》major in》 ‖

He is **reading** law at Cambridge. 彼はケンブリッジ大学で法律を勉強している.
**6** 〔コンピュータ〕〈記憶装置〉の情報を読み出す, 〈データ〉を読み出す.
—⊜ **1 読む, 読書する; 読める ‖**
**read on** 読み続ける.
**read silently = read to oneself** 黙読する.
**read much [a lot]** 読書量が多い.
I have no time to **read**. 読書する時間がない.
He **reads** well for a 5-year-old. 彼は5歳にしては(文字が)よく読める.
**2** 読んで聞かせる, 朗読してやる ‖
Shall I **read to** you? 読んで聞かせてあげようか.
**3** 読んで知る ‖
I **read about** the event in the paper. 新聞でその事件を知った.
**4**〈正式〉…と**読める**, 書いてある; …と解釈される《◆進行形にしない》‖
This report **reads** well. この報告書はよくできている.
The sign **reads**, "Keep out." 標識には「立入禁止」とある.
The rule **reads** two ways. その規則は2とおりに解釈できる.
**5**〈英〉研究する, 勉強する.
**réad from** A …の一部を読む; A〈メモなど〉を見て読む.
**réad** A **into** [**in**] B B〈本・行動など〉の中に A〈ある意図・考えなど〉を読み取る ‖ **read evil intentions into** his words 彼の言葉の中に悪意を感じ取る.
**réad óut** [他] …を読み上げる, 音読[朗読]する.
**réad óver** [他] (1) = READ through. (2)〈手紙など〉を読み直す.
◇**réad thróugh** [他] …を**読み終える**, 通読をする ‖ I **read through** the manuscript carefully. 私はその原稿を注意深く終わりまで読んだ.
**-read** /-red ｩレド/ 〔連結形〕 (読んで)…に精通している; …に読まれている. 例: a well-**read** person 博学の人.

**read·a·ble** /ríːdəbl ｩリーダブル/ 形 **1** 読んでおもしろい. **2** 読むことができる.

*__read·er__ /ríːdər ｩリーダ/ 〔類音〕/eader/líːdər/〕〔→ read〕
—名 (檟 ~s/-z/) C **1 読者**; 読む人, 読書家 ‖
a great **reader** 大の読書家.
He is a fast **reader**. 彼は読むのが速い.
We have received a great deal of mail from our **readers**. 読者から多くの手紙が寄せられた.
**2** (初級の)**読本**, リーダー; 選集 ‖
a Latin **reader** ラテン語読本.
**3**〔コンピュータ〕読み取り機.

**reader·ship** /ríːdərʃip ｩリーダシプ/ 名 [a ~] 読者層[数].
**read·i·er** /rédiər ｩレディア/ 形 → ready.
**read·i·est** /rédiist ｩレディイスト/ 形 → ready.
**read·i·ly** /rédili ｩレディリ/ 副〈正式〉**1** 快く; すぐに, あっさりと ‖
I would **readily** help you. 喜んでお手伝いします.
**2** 容易に, 難なく ‖
The book is **readily** available. その本は容易に入手できる.

**read·i·ness** /rédinəs ｩレディネス/ 名 U〈正式〉**1** 準備[用意]のできていること ‖
We have everything **in readiness** for the trip. 旅行の準備は万端整っている.
**2** [しばしば a ~] 進んですること, 快諾(ｶﾞｸ) ‖
**with readiness** 快く.
show (a) great **readiness to** learn 学ぼうとする非常な心意気を示す.
**3** 早いこと, 迅(ｼﾞﾝ)速; 容易 ‖
**readiness** of wit 適切なすばやい機転.

*__read·ing__ /ríːdiŋ ｩリーディング/〔→ read〕
—動 → read.
—名 (檟 ~s/-z/) **1** U **読書**, 読むこと; 読書力 ‖
learn **reading** and writing at school 学校で読み書きを習う.
**Reading** comes slowly. 読書力はゆっくりとつく.
**2** C 朗読; (公開)朗読会 ‖
give a **reading** of poetry 詩の朗読をする.
**3** U (読書で得た)知識, 学識 ‖
a man of wide **reading** 広く読書をする人, 博学の人.
**4** C〈正式〉解釈; 演出[演奏]法; 読み(方) ‖
her **reading** of Hamlet ハムレットについての彼女の見解.
**5** C (温度計などの)(表示)度数, 示度; 記録 ‖
The thermometer **reading** is zero. 温度計は0度をさしている.
—形 読書用の.
**réading dèsk** (上が斜めになった)読書台; 聖書台.
**réading làmp** 読書ランプ, 電気スタンド.
**réading màtter** (新聞・雑誌の)読み物, 記事.
**réading ròom** 図書閲覧室, 読書室.

**re·ad·just** /ríːədʒʌst ｩリーアヂャスト/ 動〈正式〉他 ⊜ (…を)再調整する.
**re·ad·just·ment** /ríːədʒʌstmənt ｩリーアヂャストメント/ 名 UC 再調整, 再整理; 再建; 不況《◆ depression の遠回し語》.

**read–only memory** /ríːdóunli- ｩリードウンリ-/〔コンピュータ〕 リードオンリー=メモリー, 読み出し専用メモリー(略 ROM).

*__read·y__ /rédi ｩレディ/〔『馬[攻撃]の準備ができた』が原義〕〔⌒ readily (副)〕
—形 (比較 ···i·er, 最上 ···i·est) **1** [補語として] **用意ができた, 準備ができた** ‖
Dinner's **ready**. 食事の用意ができました.
Are you **ready** to go? 行く用意はできましたか.
I am **ready** for school. 学校へ行く準備はできている.
対話 "Can I have my new library card

please?" "Sure. I'll get it **ready** for you right away." 「新しい図書館利用証はもらえますか」「はい, すぐご用意いたします」.
**2** 喜んで…する, 進んで…する ; 覚悟ができている ‖
He's always **ready to** help us. 彼はいつも喜んで我々の援助をしてくれる.
He is too **ready to** criticize others. 彼は他人を批判しすぎだ.
I am **ready for** death. 死ぬ覚悟はできている.

> [Q&A] ***Q*** : I was *ready to* go. と I was *willing to* go. で ready と willing はどう違いますか.
> ***A*** : どちらも「喜んで…」と訳されることもありますが, ready の方は自分から積極的に喜んで行なったことまで含むのに対して, willing は単に同調的な態度を示すだけで必ずしも行なったとは限りません. 場合によって,「行くことに乗り気であった」とか「行くことをいとわなかった」とか訳を工夫する必要があるでしょう.

R

**3** [補語として] …しがちである ; …しそうである ‖
She **is ready to** cry. 彼女はいまにも泣きそうだ.
**4** (正式) [名詞の前で] 即座の, 手早い ; [補語として] すばやい, 巧みな ‖
a **ready** worker てきぱき仕事をする人.
give a **ready** answer 即答する.
He has a **ready** wit. 彼は気転[とんち]がきく.
She **is ready with** [**at**] excuses. 彼女は弁解が上手だ.
**5** すぐに使える ; 手元にある ‖
keep a gun **ready** 銃を身につけている.
***gèt*** [***màke***] ***réady*** 準備をする ‖ get **ready for** work 仕事の準備をする.
***gèt*** [***màke***] **A** ***réady*** …を準備する ‖ get the room **ready for** the meeting 会合のために部屋をきちんとする.
――[間] 位置について ‖
**Ready, steady, go!** 位置について, 用意, ドン《◆"On your mark(s)! Get set! Go!" ともいう》.
――[動] ([三単現] **read·ies** /-z/ ; [過去・過分] **read·ied** /-d/) [他] (主に米) …を用意[準備]する ‖
**ready** a room **for** guests 客のために部屋をきちんとする.
**réady móney** (略式) いつでも使える金, 即金.

**read·y-made** /rédiméid ゥレディメイド/ [形] 出来合いの, 既製の, レディーメードの(↔ custom-made, made-to-order) ‖
ready-made clothes 既製服.

**re·af·firm** /rìːəfə́ːrm ゥリーアファーム/ [動] [他] …と再び断言[主張]する.

**Rea·gan** /réigən ゥレイガン/ [名] レーガン《Ronald (Wilson) ～ 1911-2004 ; 米国の第40代大統領(1981-89)》.

****re·al** /ríːəl ゥリーアル | ríːl ゥリール, ríəl/ 〘実物(re)の(al)〙
[派] reality (名), realize (動), really (副)
――[形] ([比較] **more** ～ ; [最上] **most** ～) **1a** 本当の, 真の ; 本物の, 真正の ; 心からの, 誠実な ‖
a **real** friend 真の友人.
Are those pearls **real**? あの真珠は本物ですか.
I felt **real** sympathy. 心から同情した.
What's the **real** reason for your absence? 欠席した本当の理由は何ですか.
**Get real!** (米略式) まじめにやれ, 冗談はやめろ.
**b** [名詞の前で] [意味を強めて] 全くの ‖
a **real** surprise 全くの驚き.
He is the **real** thing. 彼は本物だ.
**2** 現実の, 実際の ; 実在する ‖
the **real** world 実社会.
one's **real** name 実名.
Who is the **real** manager of the store? その店の実際の支配人はだれですか.
**3** 〈描写などが〉真に迫った ‖
The characters in the play are quite **real**. その劇中の人物は実に真に迫っている.
――[副] (米略式) 本当に, 全く ‖
I'm **real** sorry! 本当にすみません.
a **real** nice house 実にりっぱな家.
**réal estàte** [**próperty**] (正式) 不動産.
**réal estàte àgent** (米) 不動産業者 ; 不動産管理人((英) estate agent).

***re·al·ise** /ríːəlàiz ゥリーアライズ | ríəl- ゥリアライズ/ [動] ([現分] **-is·ing**) (英) =realize.

**re·al·is·ing** /ríːəlàiziŋ ゥリーアライズィング | ríəl- ゥリアライズィング/ [動] (英) =realizing.

**re·al·ism** /ríːəlìzm ゥリーアリズム | ríəl- ゥリアリズム/ [名] [U] **1** 現実主義(↔ idealism). **2** [しばしば R～] 〔文学・美術〕 写実主義, リアリズム.

**re·al·ist** /ríːəlist ゥリーアリスト | ríəl- ゥリアリスト/ [名] [C] **1** 現実主義者. **2** 〔文学・美術〕 写実主義者, リアリスト.

***re·al·is·tic** /rìːəlístik ゥリーアリスティク | rìəl- ゥリアリス-/ 〘→ real〙
――[形] **1 現実主義の** ; 現実的な, 実際的な ‖
Her idea is more **realistic** than yours. 彼女の考えはあなたの考えよりも現実的です.
**2** 〔文学・美術〕 写実主義の, 写実的な, リアルな.

**re·al·is·ti·cal·ly** /rìːəlístikəli ゥリーアリスティカリ | rìəl- ゥリアリス-/ [副] 現実(主義)的に ; 写実的に.

**re·al·i·ties** /riːǽlətiz ゥリーアリティズ/ [名] → reality.

***re·al·i·ty** /ri(ː)ǽləti ゥリ(ー)アリティ/ 〘→ real〙
――[名] ([複] **-i·ties**/-z/) (正式) **1** [U] [C] [しばしば realities] **現実(のもの)**, 事実, 実在, 実体 ; 実物 ‖
the terrible **realities** of war 戦争の恐ろしい実体.
a description based on **reality** 事実に基づいた記述.
accept **reality** 現実を受け入れる.
I believe in the **reality** of God. 神の実在を信じる.
Her dream of becoming a doctor **became a reality**. 医者になるという彼女の夢は実現した.
**2** [U] 事実[真実]であること ; 本質, 実質 ‖

I am amazed by the **reality** of his love. 彼の愛が本物であることに驚いている.
**3** Ⓤ (描写の)迫真性 ‖
with **reality** 本物そっくりに, 如実に.
**in reáIity** 〖正式〗実は, 実際は ‖ He looks young, but in reality he is past thirty. 彼は若く見えるが, 実際は30歳を越えている.

**re·al·i·za·tion** /rìːələzéiʃən ゥリーアリゼイション | rìəlai- ゥリゥリアライ-/ 图 **1** ⓊⒸ 悟ること, 感得; 認識, 理解 ‖
They had (a) full **realization** of the dangers that they would face. 彼らはその危険がどうしても避けられないものとはっきり悟った.
**2** [the ~] (希望・計画などの)実現, 達成 ‖
the **realization** of my hopes 私の希望の実現.

*****re·al·ize** 〖英ではしばしば〗--**ise**/ríːəlàiz ゥリーアライズ | ríəlaiz ゥリアライズ/ 〖→ real〗
—働 〖三単現〗 -**iz·es** /-iz/; 〖過去・過去分〗 ~**d**/-d/; 〖現分〗 --**iz·ing**
—他 **1 a** …を悟る, (実感として)…がよくわかる《◆進行形・命令文・受身にしない》 ‖
He didn't **realize** his error. 彼は自分の過ちに気づいていなかった.
**b** [realize (that) 節 / realize wh 節] …だとはっきり理解する ‖
I **realize** (that) you are right. 君が間違っていないことはよく承知しています.
I didn't **realize** how late it was. こんなに遅いとは知らなかった《◆ 驚き・いらだちを表す》.
〖対話〗 "Ouch! Be more careful." "Sorry. I didn't **realize** you were here." 「痛い! もっと注意してください」「すみません. ここにおられるとは気づきませんでした」.
〖対話〗 "Sorry if I caused any trouble." "It's okay so long as you **realize** what you did." 「ご面倒をおかけしたのでしたらお許しください」「ご自分のなさったことがわかっておられるんだったらもういいです」.
**2** …を実現する, 達成する ‖
**realize** one's hopes 希望を実現する.
Her plan was **realized** at last. 彼女の計画はついに達せられた (= Her plan came true at last.)
His dreams of youth were **realized**. 彼の若き日の夢が実現した.

**re·al·iz·ing** /ríːəlàiziŋ ゥリーアライズィング | ríəl- ゥリアライズィング/ 働 → realize.

******re·al·ly** /ríːli ゥリーリ | ríəli ゥリアリ/ 〖→ real〗
—副 **1** 実際は, 本当は, 実は, 実をいうと ‖
He looks a fool but he is **really** very clever. 彼はばかに見えるが, 本当はたいへん利口だ.
〖対話〗 "**Really**, you shouldn't have done it." "Do you **really** think so?" 「実のところ君はそんなことをすべきではなかったです」「本当にそう思いますか」《◆ 2つ目の really は **2** の意》.
**2** 真に, 本当に ‖

see things as they **really** are 物事をあるがままに見る.
Do you **really** mean that? 本当にそういうつもりですか.
〖対話〗 "Are you tired?" "Not(↘) **really**.(↗)" 「疲れたのですか」「そんなことありません」.
〖対話〗 "This is my seventh visit to England in the last two years." "You **really** like to come here on vacation, don't you?" 「この2年間でイングランドへ来たのは7回目です」「休暇でここへ来られるのが本当にお好きなのですね」.
**3** [意味を強めて] 全く, 実に ‖
a **really** steep hill 実に険しい丘.
It's **really** cold, isn't it? 実に寒いですね.
**4** [間投詞的に] ‖
**Really**?(↗) (驚き・興味などを表して) えっ, ほんと.
**Really**!(↘) (相づちを打って) そうですか, へえ.
Not **really**!(↗) まさか.
Well, **really**!(↘) おやおや.

**realm** /rélm ゥレルム/ 〖発音・つづり注意〗 图 Ⓒ **1** [しばしば R~] 〖文〗 王国 (kingdom), 国土 ‖
peers of the **Realm** 英国貴族.
The family were masters of the **realm** for 300 years. その一家が300年間王国を統治した.
**2** 〖正式〗 [しばしば ~s] 領域, 範囲; (学問などの)分野, 部門 ‖
the **realms** of imagination 想像の世界.
in the **realm** of science 科学の分野で.

**Re·al·tor** /ríːəltər ゥリーアルタ, -tɔːr | ríəltər ゥリアルタ/ 图 [しばしば r~] Ⓒ (米) 不動産業者《主に the National Association of Real Estate Boards (全国不動産協会)所属の業者. (英) estate agent》.

**ream** /ríːm ゥリーム/ 图 Ⓒ **1** 連 (㍑)《紙の数量単位. 1 ream is 20 quire で, (米) 500枚, (英) 480枚. 〘略〙 rm.》. **2** 〘略〙 [通例 ~s of **A**; 単数扱い] (紙・書き物などの)多量, たくさん.

**reap** /ríːp ゥリープ/ eap/líːp/ 働 **1** …を収穫する; …の作物を収穫する ‖
**reap** wheat 小麦を刈り取る.
**reap** a field 畑の作物を収穫する.
**2** 〖正式〗 …を受ける, 手に入れる ‖
**reap** the profits of hard work よく働いた成果として利益を得る.
**réaping machine** 自動刈り取り機.

**reap·er** /ríːpər ゥリーパ/ 图 **1** Ⓒ 刈り取り機 ‖
a **reaper** and binder 刈り取り結束機.
**2** Ⓒ 〖詩・やや古〗 刈る人, 収穫者.

**re·ap·pear** /rìːəpíər ゥリーアピア/ 働 ⓥ 再現する, 再発する.

**rear**[1] /ríər ゥリア/ 〖類音〗 rare/réər/》 图 [通例 the ~] **1** Ⓤ 後部; 後ろ, 背後 (↔ front)《◆ back より堅い語》; [形容詞的に] 後部の, 背後の ‖
a garden at [to, (米) in] the **rear** of the house 家の裏にある庭.
follow in the **rear** あとからついて行く.
a **rear** pocket (ズボンの)後ろポケット.
**2** Ⓒ 〖軍事〗 後方(部隊) ‖

attack the enemy in **the rear** 敵の背後を襲う.
**bríng úp the réar** (1)〔正式〕(行列などの)最後尾を行く, しんがりを務める. (2)〔略式〕(競技などの)最下位になる.
**réar guàrd**〔軍事〕後衛.
**réar lámp** [**líght**] (自動車の)尾灯.

**rear**² /ríər ゥリア/ 動 他 (主に英) …を育てる, 養育する; …を飼育する; …を栽培する((米) raise) ‖
rear a family 家族を養う.
rear a child on milk 子供をミルクで育てる.
rear cattle 牛を飼育する.

> 語法 〔英〕〔米〕とも人には bring up を用いるのがふつう.

——自 〈馬などが〉後ろ足で立つ; 〈人が〉席をけって立つ.

**re·ar·range** /rìːəréindʒ ゥリーアレインヂ/ 動 (現分) **-rang·ing**) 他 …を配列し直す.

**réar·view mírror** /ríərvjùː- ゥリーアヴュー-/ (自動車などの)バックミラー(図→ car)((英) driving mirror)(◆ *back mirror* とはいわない).

**rear·ward** /ríərwərd ゥリアワード/ 形 副 後方[部]の[に, へ]. ——名 ⓤ 後方, 後部.

**＊réa·son** /ríːzn ゥリーズン/〖「数えること」が原義〗派 reasonable (形)
——名 (~s/-z/) **1** ⓒⓤ **理由, わけ, 根拠** ‖
**for óne réason or anóther** = **for sóme réason (or óther)** (よくわからないが) 何かの理由で, どういう風の吹き回しか.
**For what reason?** どういう理由で, なぜ.
What are your **reasons for** acting like this? こんな行動をとった理由は何ですか(=Why did you act like this?).
He insulted her. **That is the reason why** [**that**] she got angry. 彼が彼女を侮辱した. そういうわけで彼女は怒ったのです.
**The reason (why)** we were late is that [(略式) **because**] our bus broke down on the way. 遅刻したのはバスが途中で故障したためです.
We **have good reason to** believe [**for believing**] that he was murdered. 《正式》彼が殺害されたと信じる十分な根拠がある.
There is no **reason why** we should not do it. = There is no **reason for** us not to do it. それをしてはいけないという理由はない.
He **had every reason to** be surprised. 彼が驚くのも無理はなかった.
**2** ⓤ 《正式》**理性, 思考力, 判断力; 分別, 正気** ‖
**lose** one's **reason** 理性を失う; 気が狂う.
He was **restored to reason**. 彼は正気に返った.
**3** ⓤ **道理, 理屈** ‖
**listen to reason** 道理がわかる, 聞き分ける.
**see reason** 道理をわきまえる.
There is a great deal of **reason** in her advice. 彼女の忠告には十分な道理がある.

**bring A to réason** …に道理を悟らせる, …を納得させる.
**◦by réason of A** 《正式》…の理由で, ために ‖ He was dismissed **by reason of** his old age. 彼は老齢を理由に解雇された.
**in réason** 道理にかなった, 無理でない; 道理上, 当然 ‖ I will do anything **in reason**. 道理にかなったことなら何でもする.
**it stánds to réason that** … …は当然である, 理にかなう ‖ **It stands to reason that** workers are [(should) be] paid. 労働者が給料をもらうのは当然だ.
**óut of** (*áll*) **réason** 道理に合わない, 途方もない.
**◦with réason** [文全体を修飾] もっともな理由で, 当然 ‖ She complained **with reason** that she had been punished unfairly. 不当な処罰を受けたと彼女が異議を申し立てたのは当然のことだ.

——動 (三単現) ~s/-z/; [過去・過分] ~ed/-d/; 現分] ~·ing) 〔正式〕
——自 **1** (論理的に)**思考する, 推論[推理]する, 判断する** ‖
**reason from** his opinion 彼の意見から判断する.
Man alone has the ability to **reason**. 人間だけに思考する能力がある.
**2** 理を説く, 説得する ‖
I tried to **reason with** the boy but he refused to listen. その少年を説得しようとしたが聞こうとしなかった.
——他 **1** …を論じる, **推論[推理]する**; [reason (that) 節] …だと論じる ‖
I **reasoned (that)** her alibi was false. 彼女のアリバイは工作されたものと私は推理した.
Ours (is) not to **reason** why. 《正式》私たちは理由を言い立てる立場ではない; 言われたことをするべきだ.
**2** …を説得してさせる; …を説得してやめさせる ‖
**reason** him **out of** such stupid behavior 彼を説得してそんなばかなふるまいをやめさせる.
I **reasoned** them **into** agreeing with the plan. 彼らを説きふせてその計画に同意させた.
**réason óut** [他] いろいろ考えて〈解決など〉を見つける, …を推論して解決する ‖ **reason** the matter **out** その問題を解決する.

**＊réa·son·a·ble** /ríːznəbl ゥリーズナブル/〖→ reason〗派 reasonably (副)
——形 **1** 道理をわきまえた, 分別のある; 〔古〕理性的な(↔ unreasonable) ‖
a **reasonable** person 聞き分けのよい人; 理性的な人.
It's **reasonable** to listen to what others say. 他人の言葉に耳を傾けることは賢明だ.
**2** 道理にかなった, 筋の通った, もっともな; [名詞の前で] 穏当な, ほどよい ‖
**reasonable** demands 妥当な要求.
a **reasonable** price 手ごろな値段.
That's a **reasonable** suggestion. それは当を得た提案だ.

The party was a **reasonable** success. パーティーはまず成功だった.

**rea·son·a·ble·ness** /ríːznəbləs ゥリーズナブルネス/ 名 U 道理をわきまえたこと; 妥当[適正]なこと.

**rea·son·a·bly** /ríːznəbli ゥリーズナブリ/ 副 (↔ unreasonably) **1** 分別よく, 賢明に ‖
behave **reasonably** 分別あるふるまいをする.
**2** 適当に, ほどよく; かなり ‖
The camera is **reasonably** priced. そのカメラは手ごろな値段だ.
**3** [文全体を修飾] 当然, …するのはもっともだ ‖
He **reasonably** refused your offer. 彼が君の申し出を断ったのも無理はない.

**rea·son·ing** /ríːzniŋ ゥリーゾニング/ 動 → reason. ——名 U **1** 推理, 推論. **2** 論法, 議論の筋道.

**re·as·sur·ance** /riːəʃúərəns ゥリーアシュアランス | -ɔːʃ- -アショー-/ 名 UC 安心, 元気づけ(の言葉など); 新たな自信.

**re·as·sure** /riːəʃúər ゥリーアシュア | -ɔːʃ- -アショー/ 動 (現分) --sur·ing) 他 …を安心させる, 自信を回復させる ‖
I **reassured** myself about his health. 彼が健康だとわかって安心した.
The police **reassured** her that her son was safe. 息子は無事だと警察は彼女を安心させた.

**re·bate** /ríːbeit ゥリーベイト, ribéit/ 名 C 割引き; (支払金の一部の)払戻し 《◆日本語「リベート」の持つ悪い意味はない》.

**Re·bec·ca** /ribékə ゥリベカ/ 名 レベッカ《女の名. (愛称) Becky》.

**reb·el** /形 rébl ゥレブル; 動 ribél ゥリベル/ 《類音 revel/révl/, level/lévl/》 名 C **1** 反逆者, 反抗者; 謀反(むほん)人; 反乱軍兵士.
**2** [しばしば R~] 〖米史〗 南軍兵士.
——形 反逆の, 反抗の; 反乱軍の ‖
**rebel** troops 反乱軍.
his **rebel** spirit 彼の反逆精神.
——動 /ribél/ 《◆分綴(ぶんてつ)は re·bel》 (過去・過分)
re·belled/-d/; (現分) --bel·ling) 自 **1** 謀反を起こす, そむく; 反抗する ‖
**rebel** against the government 政府に対して反乱を起こす.
**2** 強い嫌悪を表す[感じる] ‖
She **rebels** at running errands for him. 彼女は彼の使い走りをするのをひどくいやがる.

**re·bel·lion** /ribéljən ゥリベリョン/ 名 UC 反乱, 謀反(むほん), 暴動; 反抗 ‖
rise in **rebellion** 反乱を起こす.
put down the **rebellion** 反乱を鎮圧する.
a **rebellion** against old-fashioned customs 古いしきたりに対する反抗.

**re·bel·lious** /ribéljəs ゥリベリャス/ 形《正式》**1** 反乱の, 謀反(むほん)の; 反乱を起こした. **2** 反抗的な, 言うことを聞かない; 《病気が》治りにくい.

**re·birth** /riːbə́ːrθ ゥリーバース/ 名《正式》[a ~ / the ~] 改心, 復活, 復興.

**re·bound** /動 ribáund ゥリバウンド; 名 ríːbaund リーバウンド, riːbáund/ 動 自 **1** 《正式》はね返る; 反響する.
**2** (報いとして)自分にはね返る ‖
Your lies **rebounded on** you. 君のうそが君にはね返ってきた.
**3** 立ち直る.
——名 C **1** はね返り. **2** 立ち直り.
**on the rébound** (1)《物が》はね返ってくるところを.
(2) (失恋などの)反動から.

**re·buff** /ribʌ́f ゥリバフ/《正式》名 (複 ~s) C すげない拒絶; (計画などの)挫折(ざせつ).
——動 他 …を拒絶する.

**re·build** /riːbíld ゥリービルド/ 動 (過去・過分 --built /-bílt/) 他 …を改築する, 再建する; …を改造する.

**re·built** /riːbílt ゥリービルト/ 動 → rebuild.

**re·buke** /ribjúːk ゥリビューク/《正式》動 (現分 --buk·ing) 他 …を強く非難する, しかる 《◆しばしば公的な叱責(しっせき)》‖
The teacher **rebuked** the pupil for cheating. 先生は生徒のカンニングを厳しくしかった.
——名 C 非難, 叱責.

**re·but** /ribʌ́t ゥリバト/ 動 (過去・過分 --but·ted /-id/; 現分 --but·ting) 《正式》 他 自 (…の)反証を上げる.

**re·cal·ci·trant** /rikǽlsitrənt ゥリキャルスィトラント/ 形《正式》反抗的な.

**re·call** /動 rikɔ́ːl ゥリコール; 名 ríːkɔːl リーコール/ 動 他 **1a** …を思い出す 《◆ remember より堅い語(→ recollect). ふつう進行形・受身にしない》‖
**recall** his name (to mind) 彼の名前を思い出す.
**b** [**recall** doing / **recall** having done] …したことを思い出す; [**recall** (**that**) 節] …だと思い出す ‖
I **recalled having** read [reading] the book. =I **recalled** (**that**) I had read the book. その本を読んだことがあるのを思い出した 《◆ having read より reading がふつう用いられる》.
**2** …を思い出させる ‖
The story **recalls** my childhood. その話を聞くと子供のころを思い出す.
The event **recalled** to her a sense of duty. =The event **recalled** a sense of duty **to** her. その事件は彼女に義務感を取り戻させた.
**3** …を呼び戻す, 召還(しょうかん)する; 《米》…を解任する ‖
**recall** an ambassador **to** London 大使をロンドンに召還する.
**4** …を回収する, もとへ戻す.
——名 **1** UC 呼び戻し, 召還 ‖
the **recall** of an ambassador 大使の召還.
**2** UC 《米》リコール《住民投票による議員などの解職(権)》. **3** U 回想, 思い出す能力[こと]. **4** U (欠陥商品の)回収, リコール.

**re·cant** /rikǽnt ゥリキャント/ 動 他 自《正式》(…を)(公式に)取り消す, 撤回する.

**re·cap** /ríːkæp ゥリーキャプ/ 動《略式》= recapitulate.

**re·ca·pit·u·late** /rìːkəpítʃəleit ゥリーカピチュレイト ǀ-pítju- -ピテュレイト/ 動 (現分) --lat·ing /正式/ 他 …を要約する, …の要点をくり返す. ― 自 要約する.

**re·cap·ture** /riːkǽpʃər ゥリーキャプチャ/ 動 (現分) --tur·ing 他 **1** …を取り戻す. **2** …を思い出す.

**re·cede** /risíːd ゥリスィード/ 動 (現分) --ced·ing 自 /正式/ 後退する; 〈車・記憶などが〉遠ざかる(↔ proceed) ǁ
The flood waters began to recede from the field. 洪水が畑から引き始めた.

\*re·ceipt /risíːt ゥリスィート/ 《発音注意》《◆ p は発音しない》『→ receive』
― 名 (複) ~s /-síːts/ **1** C 領収書[証], 受領書, レシート ǁ
make out a receipt for articles 品物の領収書を書く《◆「請求書」は bill》.
**2** U /正式/ 受領 ǁ
We acknowledge [are in] receipt of the goods. 《商用文》商品拝受しました《◆今は We have received the goods. がふつう》.
**on receipt of** your letter 《通例商用文》お手紙受領次第.
**3** C 《商業》[~s] (取引による)収入金, 受領高.

**re·ceive** /risíːv ゥリスィーヴ/ 『「贈[送]られた物を手に取る」が原義. cf. conceive, deceive. → accept』派 receipt (名), receiver (名), reception (名)
― 動 (三単現) ~s/-z/; (過去・過分) ~d/-d/; (現分) --ceiv·ing
― 他 **1** …を受け取る, 受領する(↔ send) 《◆ get よりも堅い語》ǁ
**receive** a letter **from** him 彼から手紙を受け取る.
**receive** a prize 受賞する.
**receive** a pass (球技で)パスを受ける.
We surely did receive your offer, but did not accept it. 確かに申し出は承りましたが承諾したわけではありません.
対話 "Did I receive anything in the mail today?" "Yes, you got a couple of letters from your friends in Japan." 「きょうは私あてに何か郵便がありましたか」「ええ. 日本のお友だちから 2, 3通手紙が来ていますよ」.

Q&A **Q**: receive と accept はどのように使い分けたらよいのでしょうか.
**A**: receive an invitation は単に行為として「招待状を受け取る」ことで accept an invitation は喜んで招待を受け入れて「招待に応じる」ことです. 従って「receive して承諾して accept する」と考えればよいでしょう(→ 第4例).

**2** …を受ける, こうむる ǁ
**receive** damage 損害をこうむる.
**3** /正式/ …を迎え入れる; …を仲間入りさせる; [様子・態度を表す副詞と共に] …を受け入れる ǁ
Her speech was received with cheers. 彼女の演説は喝采(かっさい)を受けた.
He was received warmly. 彼は温かく迎えられた.
Let's receive her into our club. 彼女をわがクラブに迎えようではないか.
His statement was received as an official commitment. 彼の声明は公約と受けとられた.
That is very well received. それはとても受けがよい.
対話 "There are some more guests at the door." "I'll go and receive them." 「玄関にまた何人かお客さまがお見えです」「私が行ってお迎えします」.

**re·ceiv·er** /risíːvər ゥリスィーヴァ/ 名 C **1** 受け取る人, 受け取った人(↔ sender); (金銭の)領収者, 会計係; (盗品の)引取人; (球技の)レシーバー.
**2** (ラジオ・テレビの)受信機; (電話の)受話器.

**re·ceiv·ing** /risíːviŋ ゥリスィーヴィング/ 動 → receive.

\*re·cent /ríːsnt ゥリースント/ 《発音注意》《◆ *ゥリセント》『「近い過去のある時」が本義. cf. late(ly)』派 recently (副)
― 形 (比較) more ~, 時に ~·er; (最上) most ~, 時に ~·est) [通例名詞の前で] 最近の, 近ごろの; (同じ日で)今しがた起こったばかりの, さっきの; ごく新しい ǁ
**recent** events 最近のできごと.
a very **recent** puppy 生まれたばかりの子犬.
It has become possible to see **recent** movies on TV lately. 近年では新しい映画でもテレビで見られるようになった.
対話 "Is it an old movie?" "No. I think it's very **recent**. Maybe one or two years old." 「それは古い映画ですか」「いいえ. かなり最近のものだと思います. たぶんできて1, 2年でしょう」.

\*re·cent·ly /ríːsntli ゥリースントリ/ 《発音注意》《◆ *ゥリセントリ》『→ recent』
― 副 (近い過去のある時をさして)ついこの間, 先ごろ; 最近, このごろ; ついさっき(→ lately) ǁ
They got married only **recently**. 彼らはつい最近結婚した.
He's **recently** been working at night. 彼はこの間からずっと夜勤をしている.
She was in Kyoto until **recently**. 彼女は最近まで京都にいた.

Q&A **Q**: 用いられる時制は過去形ですか.
**A**: 過去形または完了形を用いるのがふつうです. 現在時制の文にはふつう用いません. Nowadays [These days, Lately, ×Recently] I go to church. 近ごろ教会に通っています.

**re·cep·ta·cle** /riséptəkl ゥリセプタクル/ 名 C /正式/ **1** 容器; 避難所. **2** 〔植〕 花床, 花托(かたく) (図 → flower).

**re·cep·tion** /risépʃən ゥリセプション/ 名 **1** U [しば

しば a ~] 受け入れること, 受け入れられること; [a ~ / the ~] もてなし, 接待, 歓迎;(世間の)評価 ‖
give a friendly reception 親切にもてなす.
get a cold reception 冷遇される.
His reception into the club was declined. 彼の入会は断られた.
**2** C 宴会, レセプション ‖
a wedding reception 結婚披露宴.
a farewell reception 送別会.
They held a reception for us. 彼らは我々のために歓迎会を催してくれた.
**3** U 《主に英》=reception desk.
**4** U (人の)感受能力;(ラジオ・テレビなどの)受信能力[状態] ‖
have a great faculty of reception 理解力が大きい.

**recéption clèrk** 《米》(ホテルの)受付係, フロント係.
**recéption dèsk** (ホテルの)フロント(→ front desk);(会社などの)受付.
**recéption ròom** 応接室,(病院などの)待合室.
**re·cep·tion·ist** /risép∫ənist ゥリセプショニスト/ 名 C (会社・ホテル・病院などの)受付係.
**re·cep·tive** /riséptiv ゥリセプティヴ/ 形 《正式》受容力がある, 理解が早い.
**re·cess** /ríses | rísés ゥリセス/ 名 **1** C U
**a** 休憩;《米》(授業間の)休憩時間(《英》break) 《◆「昼休み」は lunch time, lunch hour, noon recess; 劇場での「休憩時間」は 《米》intermission,《英》interval》 ‖
at recess 休み時間に.
during recess 休み時間中に.
have a short recess before the meeting resume 会議が再開する前に短い休憩をとる.
**b** 休暇, 休日(《米》vacation);《米》学校の休日 ‖
the winter recess 《米》冬休み《2月の中旬前後の10日間ぐらい》.
**c** (議会などの)休会(期間);《米》休廷 ‖
Congress is in recess. (米国)議会は休会中です.
**2** C 《文》[~es] 奥まった所,(心の)奥 ‖
in the recesses of the mind 心の奥では[に].
**3** C 引っ込んだ部分;(壁januaryなどの)凹所(お̃).
**re·ces·sion** /risé∫ən ゥリセション/ 名 《正式》**1** C 一時的不景気, 景気後退《◆ depression の遠回し語》. **2** U 後退, 退去.
**re·ces·sive** /risésiv ゥリセスィヴ/ 形 **1** 退行の, 逆行の. **2** 《生物》〈遺伝形質が〉劣性[潜性]の(↔ dominant).
——名 C 《生物》劣性[潜性]形質(遺伝子).
**re·charge** /ri:t∫ά:rdʒ ゥリチャーチ/ 動 他 [しばしば比喩的に] …を再充電する ‖
You need to recharge your batteries. 君は休養が必要だ.
——名 U C 再充電; 再補給(物).
**re·charge·a·ble** /ri:t∫ά:rdʒəbl ゥリチャーチャブル/ 形 再充電可能な. ——名 C 再充電式電池.
**rec·i·pe** /résəpi ゥレスィピ/ 名 C **1** 調理法 ‖
a recipe for chicken soup チキンスープの作り方.
a recipe book 料理の本.
a recipe for happiness 幸福の秘訣.
**2** 秘訣(ゖっ), 方法 ‖
a recipe for happiness 幸福の秘訣.
**re·cip·i·ent** /risípiənt ゥリスィピエント/ 名 C 《正式》受け取り人.
**re·cip·ro·cal** /risíprəkl ゥリスィプロクル/ 形 《正式》相互の; 互恵的な; 相補的な ‖
reciprocal visits 相互訪問.
reciprocal help 相互扶助.
**re·cíp·ro·cal·ly** 副 相互に; 互恵的に.
**re·cip·ro·cate** /risíprəkèit ゥリスィプロケイト/ 動 (現分) ··cat·ing)《正式》他 **1** …に返礼する, 報いる ‖
He reciprocate his uncle's dislike. 彼はおじと犬猿の仲だ.
**2** …を交換する, 互いにやりとりする.
**3** 〔機械〕…を往復運動させる.
——自 **1** 返礼する. **2** 交換する. **3** 〔機械〕往復運動する.
**re·cit·al** /risáitl ゥリサイトル/ 名 C **1** 独奏会, 独唱会, リサイタル ‖
give a piano recital ピアノのリサイタルをする.
**2** 《正式》詳細な説明; 話, 物語.
**rec·i·ta·tion** /rèsitéi∫ən ゥレスィテイション/ 名 **1** U C (人前で詩などを)暗唱(すること),《米》朗読(すること). **2** C 暗唱文.
**re·cite** /risáit ゥリサイト/ 動 (現分) ··cit·ing) 他 **1** 聴衆の前で…を暗唱する,《米》朗読[朗唱]する ‖
recite a whole page of a book 本の1ページ全部を暗唱する.
**2** 《略式》…を詳細に話す ‖
recite one's adventure 長々と冒険談をする.
**3** 《略式》…を列挙する ‖
recite one's grievances 不平を並べる.
——自 暗唱する,《米》朗読する.
**reck·less** /rékləs ゥレクレス/ 形 **1** 向こう見ずな(↔ careful) ‖
reckless driving 無謀運転.
**2** 《正式》気にかけない; [it is reckless of A to do / A is reckless to do] …するとは A〈人は〉無茶だ ‖
He was reckless of my advice. 彼は私の忠告を何とも思わなかった.
It is reckless of him to swim across the river. =He is reckless to swim across the river. その川を泳いで渡るなんて彼は無謀だ.
**réck·less·ness** 名 U 無茶, 無謀.
**reck·less·ly** /rékləsli ゥレクレスリ/ 副 無鉄砲に.
**reck·on** /rékn ゥレクン/ 動 他

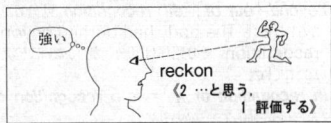

**1**《略式》[reckon A (to be [as]) C]〈人・物・事〉

を **C** だと考える, (高く)評価する ; [reckon **A** among **B**] **A**〈物・人〉を **B**〈物・人〉の1つ[1人]と考える《◆ ふつう進行形にしない》‖
She **is reckoned to be** the best violinist in Japan. 彼女は日本のバイオリン奏者の第一人者と目(ᵐ)されている.
His proposal was **reckoned** (as) impractical. 彼の案は実際的でないと判断された.
**2** (略式) …と思う, 憶測する((米略式) guess) ‖
He'll wín, I **rèckon**. 彼が勝つよ, 勘だけどね.
[対話] "What time do you think the train will arrive?" "I **reckon** it'll be another ten or twenty minutes at least." 「列車は何時に着くと思いますか」「少なくともあと10分か20分しないと来ないと思う」.

R

***réckon on*** [(正式) ***upòn***] **A** …を当て込む ‖ I didn't **reckon on** getting sick and going to the hospital. 病気になって入院するなんて思いもしなかった.
***réckon with*** **A** (1) …を考慮に入れる《◆ 受身にできる》. (2) …を処理する.

**reck·on·ing** /rékniŋ ゥレクニング/ [動] → reckon.
—[名] **1** [U] [しばしば a ～] 計算. **2** [C] 請求書.

**re·claim** /rikléim ゥリクレイム/ [動] [他] **1** …の返還を要求する. **2** (正式) …を更生させる. **3** 〈荒れ地〉を開墾する.

**rec·la·ma·tion** /rèkləméiʃən ゥレクラメイション/ [名] [U] **1** 更生. **2** 開墾.

**re·cline** /rikláin ゥリクライン/ [動] ([現分] --clin·ing) [自] (正式) もたれる, 横たわる.
**reclíning chàir** リクライニングチェア.

**re·cluse** /réklu:s ゥレクルース, riklú:s | riklú:s ゥリクルース/ [名] [C] (正式) 修道者 ; 世捨人, 隠遁(ᵗ)者.

***rec·og·nise** /rékəgnàiz ゥレコグナイズ/ [動] ([現分] --nis·ing) (英) =recognize.

**rec·og·nis·ing** /rékəgnàiziŋ ゥレコグナイズィング/ [動] (英) =recognizing.

***rec·og·ni·tion** /rèkəgníʃən ゥレコグニション/ 〖→ recognize〗
—[名] [U] [しばしば a ～] **1** 承認, 認可 ; 認識, 評価 ‖
give (an official) **recognition to** the new regime 新政権を(公式に)認める.
receive wide **recognition** 広く認められる.
**2** (功労に対する)表彰, お礼 ‖
make honorable **recognition** of his services 彼の功労を表彰する.
**3** 見覚え, 聞き覚え ; 会釈 ‖
escape **recognition** 気づかれずにすむ.
bow in **recognition** (顔見知りと思って)おじぎをする.
***beyònd*** [***òut of***] (***áll***) ***recognítion*** 見分けがつかないほど ‖ The body had burned **beyond recognition**. その死体は見分けがつかないほど焼けただれていた.
***in recognítion of*** **A** =***as a recognítion of*** **A** …を評価して, …のお礼に.

**rec·og·niz·a·ble,** (英ではしばしば) **--nis·--** /rékəgnàizəbl ゥレコグナイザブル/ [形] 認識[承認]できる.

***rec·og·nize,** (英ではしばしば) **--nise** /rékəgnàiz ゥレコグナイズ/ 〖(前に知っていたものを)再び(re)(同一のものであると)知る(cognize)〗
[派] recognition (名)
—[動] ([三単現] --niz·es/-iz/ ; [過去・過分] ～d /-d/ ; [現分] --niz·ing) 《◆ 進行形にしない》
—[他] **1** …に覚えがある, …を(それと)識別する ; 〈人〉がだれであるかわかる ‖
I **recognized** Jim **by** his step. 足音でジムだとわかった.
[対話] "Don't you **recognize** me?" "I'm not sure. Have we met before?" 「私に見覚えはありませんか」「さあどうですか. お会いしたことがありましたか」.
**2** (略式) …を認める, 承認する ; [recognize (that) 節] …だと認める ‖
Everyone **recognizes** his business ability. だれもが彼の商才を認めている.
Most Arab countries do not **recognize** Israel. 大部分のアラブ諸国はイスラエルを承認していない.
He **recognized (that)** he was wrong. 彼は自分が悪かったと認めた.
[対話] "Who is that player near home plate?" "Why, that's Barry Bonds. He's **recognized as** [**to be**] one of the best." 「ホームプレートの近くにいるあの選手はだれなの」「ああ, あれはバリー=ボンズだ. 最高の選手の1人とされているよ」.

**rec·og·niz·ing** /rékəgnàiziŋ ゥレコグナイズィング/ [動] → recognize.

**re·coil** /rikɔ́il ゥリコイル/ [動] [自]

recoil 《ひるむ》

**1** あとずさりする, ひるむ ‖
**recoil at** seeing [**at** the sight of] a rattlesnake ガラガラヘビを見てひるむ.
**2** 〈銃などが〉反動ではね返る.
**3** (正式) 〈悪行などが〉(報いとして)はね返る ‖
His evil deeds will **recoil on** him. 彼は悪行の報いを受けるだろう.

**rec·ol·lect** /rèkəlékt ゥレコレクト/ [動] [他] **1** …を思い出す《◆ 進行形にしない》‖
try to **recollect** his name 彼の名前を思い出そうとする.
**2** [recollect doing / recollect having done] …したことを思い出す ; [recollect (that) 節 / recollect wh 節・句] …ということを思い出す ‖
I **recollected** writing [**recollected** having written, **recollected** (that) I had written] to him a few years ago. 2, 3年前彼に手紙を書いたのを思い出した.

I cannot **recollect** whether she was there. 彼女がそこにいたかどうか思い出せない.
— ⾃ 思い出す.

***as fár as I (can) recolléct*** 私の記憶するかぎりでは.

[Q&A] **Q**: recollect と remember はどう違いますか.
**A**: どちらも「思い出す」と訳されますが, remember は「覚えている」から自然に思い出すといった意味合いが強いのに対し, recollect は意識的に努力して思い出すという違いがあります. 似た意味の recall はさらに recollect より強い含みがあります.

**rec·ol·lec·tion** /rèkəlékʃən ゥレコレクション/ 名
Ⓤ 思い出すこと; 記憶(力)《◆ memory より堅い語》∥

be not within [in] one's **recollection** 記憶にない.
be beyond [past] **recollection** 思い出せない.
I have no **recollection** of visiting the place. その場所へ行った記憶がない.

**2** Ⓒ [通例 ~s] 思い出; 記憶 ∥
from my earliest **recollections** 物心ついて以来.
write an essay on **recollections** of one's childhood 子供のころの思い出について随筆を書く.

***to (the bést of) my recolléction*** 私の記憶するかぎりでは.

\***rec·om·mend** /rèkəménd ゥレコメンド/ 〖大いに(re)勧める(commend). cf. *command*, *demand*〗派 recommendation (名)
— 動 (三単現) ~s/-éndz/; 過去・過分 ~ed /-id/; 現分 ~·ing
— 他 **1 a** …を推奨する ∥

I **recommend** the subway. (間に合うには)地下鉄がいいよ.
**recommend** her for the job 彼女をその仕事に適任だと推薦する.
He **recommended** the girl as a good secretary. 彼はその女性を優秀な秘書だと推薦した.
[対話] "I think I'll take the subway." "I don't **recommend** that. It's a little dangerous." 「地下鉄に乗って行くつもりです」「それは勧められないな. ちょっと危険だよ」.

**b** [recommend A to B] B⟨人⟩に A⟨人・物・事⟩を**推薦する** ∥
They **recommended** the bookstore to me. 私はその本屋を薦(す)められた《◆受身形は The bookstore was recommended to me.》.
The movie has little to **recommend**. その映画にはとりえがほとんどない.

**2** …を奨励する; [recommend doing / recommend that (should) 節] …することを勧める; 「…」と言って勧める; (英) [recommend A to do] A⟨人⟩に…するように勧める ∥
I'd **recommend** studying English. 英語を勉強しておくのがいいよ.
She **recommended** his quitting smoking. =She **recommended** that he (should) quit smoking. =(英) She **recommended** him to quit smoking. 彼女は彼にタバコをやめるよう勧めた.
[対話] "I can't decide on these two books." "In that case I **recommend** you to buy them both." 「この2冊のうちどちらにするか決められない」「それなら両方買うことを勧めるよ」.

**3** …を好評にする ∥
Hard working will **recommend** you to him. 一生懸命やれば彼も認めてくれるだろう.

\***rec·om·men·da·tion** /rèkəmendéiʃən ゥレコメンデイション/ [⇒ recommend]
— 名 (複 ~s/-z/) **1** Ⓤ 推薦(すること), 推挙; 勧める行為 ∥
by [through] **recommendation** of his teacher 彼の先生の推薦により.
in **recommendation** of the applicant その候補者を推薦して.
on [at] Prof. Konishi's **recommendation** =on the **recommendation** of Prof. Konishi 小西教授の勧めで.

**2** Ⓒ 推薦状, 勧告 ∥
write a **recommendation** 推薦状を書く.

**3** Ⓒ 長所, 取り柄.

**rec·om·pense** /rékəmpèns ゥレコンペンス/ 動 (現分) ··pens·ing 他 (正式) **1** [recompense A for B / recompense B to A] A⟨人⟩に B⟨損害などの⟩償いをする, 弁償[賠償]をする ∥
He **recompensed** me for my injuries. =He **recompensed** my injuries to me. 彼は私のけがの補償をした.

**2** …に報いる; ⟨人⟩に報いをする, 返礼をする ∥
**recompense** good with evil 善を悪で報いる.
— 名 Ⓒ Ⓤ (正式) 償い, 弁償; 報酬, 返礼.

**rec·on·cile** /rékənsàil ゥレコンサイル/ 《アクセント注意》《*ッレコンサイル》 動 (現分) ··cil·ing 他 **1** (正式) …を和解させる, 仲直りさせる ∥
I made efforts to **reconcile** him with his wife. 彼と彼の妻を仲直りさせようと私は努力した.
They became **reconciled**. 彼らはよりを戻した.

**b** ⟨争いなど⟩を仲裁[調停]する.

**2** …を調和させる, 一致させる ∥
**reconcile** an ideal with reality 理想を現実と一致させる.
I can't **reconcile** your story with the facts. あなたの話と事実が一致しない.

**3** [通例 ~ oneself / be ~d] 甘んじる, 満足する, あきらめる ∥
She was **reconciled** [**reconciled** herself] to poverty. 彼女は貧乏に甘んじた.

**rec·on·cil·i·a·tion** /rèkənsìliéiʃən ゥレコンスィリエイション/ 名 Ⓤ 和解する[させる]こと; [a ~] 和解, 調停, 調和, 一致; Ⓤ 服従, あきらめ.

**re·con·di·tion** /rìːkəndíʃən ゥリーコンディション/ 動 他 …を修理する.

**re·con·nais·sance** /rikánisəns ゥリカニサンス | -kɔ́n- -コニサンス/ 名 《正式》 **1**〘軍事〙偵察；C 偵察隊. **2** CU 予備調査，下検分.

**re·con·sid·er** /rìːkənsídər ゥリーコンスィダ/ 動 《正式》他 〈法案などを〉再審議する． ── 自 再考する．

**re·con·sid·er·a·tion** /rìːkənsìdəréiʃən ゥリーコンスィダレイション/ 名 U 再考，再審議．

**re·con·sti·tute** /rìːkánstətuːt ゥリカンスティトゥート | -kɔ́nstətjuːt- ゥリコンスティテュート/ 動 《現在》 -tut·ing/ 他 《正式》 **1** …を再構成する． **2** 〈乾燥食品などを〉水を加えて戻す．

**re·con·struct** /rìːkənstrʌ́kt ゥリーコンストラクト/ 動 他 **1** …を再建する，改築する． **2** …の全体を推測する，…を再現する．

**re·con·struc·tion** /rìːkənstrʌ́kʃən ゥリーコンストラクション/ 名 **1** U 再建，改築，再現，推測 ‖
be under reconstruction 改築中.
**2** C 再建されたもの． **3** [R～]《米史》(南北戦争後の南部諸州の合衆国への再統合にあたっての)北部による南部改造，再建期《1865-1877年》.

**\*rec·ord** 名 rékərd ゥレカド | rékɔːd ゥレコード； 動 rikɔ́ːrd ゥリコード （アクセント注意）《再び(re)心(に帰る)(cord)》 cf. ac*cord*, con*cord*》

→ 名 **1** 記録 **2** 経歴 **4** レコード

── 名 (複 ~s/-ərdz/-ɔːdz/) **1** U 記録，登録；C 記録文書，議事録；証明書類，資料 ‖
records of the past 過去の記録.
It deserved record. それは記録に値した.
an official record 公式記録.
keep a record of the accident その事故を記録に残す．
Records show that the necessary steps were all taken. 必要な手続がすべて済んだのは記録からも明らかだ．
**2** C 《個人に関する》記録，**経歴**；前科；成績，業績 ‖
one's (personal) record 履(り)歴.
make a good academic [school] record 優秀な学業成績をあげる．
He has a good (track) record as a businessman. 彼は実業家としてよい実績をあげている．
**3** C **最高記録**，最低記録 ‖
He set a new world record in the 100-meter dash. 彼は100メートル競走で世界新記録を作った．
break [beat, crack] the world record in the high jump 高跳びの世界記録を破る．
better one's own record 自己記録を更新する．
hold the record in [for] the 1,000 meters race 千メートル競走の記録を持っている．
**4** C 〈録音・録画の〉**レコード(盤)** ‖
a phonograph record レコード(円盤)《略式》disk, 《英》disc).
play a record レコードをかける．
**5** C 〘コンピュータ〙ひとまとまりのデータ．
**6** [形容詞的に] 記録的な，記録破りの，空前の ‖
a record snow 未曾有(みぞう)の大雪.

◇**off the récord** 《略式》非公式に，オフレコで《◆新聞・放送などで公表しないこと》 ‖ Please tell me what happened off the record, of course. 何があったのか教えてください，もちろんここだけの話で．

**on** (**the**) **récord** 記録されて，公になった．

── 動 /rikɔ́ːrd/ 《分綴 re·cord》 〘三単現〙 ~s /-kɔ́ːrdz/; 〘過去・過分〙 ~ed /-id/; 〘現分〙 ~·ing)

── 他 **1** …を記録する；…を登録する；[record wh 節] …かを記録する ‖
record the event = record what happened できごとを記録に残す．
**2** …を録音する，録画する ‖
I recorded the show on tape. そのショーをテープに録音[録画]した．
The program was not live/láiv/ but recorded. その番組は生放送ではなく録音[録画]だった．
This watch can record your voice. この腕時計は君の声を録音できるんだよ．
**3** 〈計器などが〉…を表示する ‖
The speedometer is recording 200 mph now. 速度計は毎時200マイルを指している．

**récord pláyer** レコードプレーヤー《《米》phonograph, 《英古》gramophone》．

**record-breaking** /rékərdbrèikiŋ ゥレカドブレイキング | rékɔːd- ゥレコード-/ 形 《スポーツなどで》記録破りの.

**re·cord·er** /rikɔ́ːrdər ゥリコーダ/ 名 C **1** 録音[録画]機器；記録計.

> 関連 [種類] a tápe recòrder テープレコーダー / a vídeocassette [vídeotape] recòrder ビデオカセット[ビデオテープ]レコーダー / a tíme recòrder タイムレコーダー．

**2** 記録係． **3** 〘音楽〙リコーダー，縦笛．

**re·cord·ing** /rikɔ́ːrdiŋ ゥリコーディング/ 動 → record. ── 名 U C 録音，録画，記録；C 録音[録画]済テープ(円盤).

**re·count** /rikáunt ゥリカウント/ 動 他 《正式》…を詳しく話す．

**re·coup** /rikúːp ゥリクープ/ 動 他 《正式》…を弁償する，…に償(つぐな)いをする．

**re·course** /ríːkɔːrs ゥリーコース, -⸺ | rikɔ́ːs ゥリコース/ 名 《正式》 **1** U 頼ること ‖
have recourse to violence 暴力に訴える．
**2** C 頼みとするもの．

**\*re·cov·er** /rikʌ́vər ゥリカヴァ/ 《再び(re)欠けた所を覆う(cover)》派 recovery (名)

── 動 〘三単現〙~s /-z/; 〘過去・過分〙~ed/-d/; 〘現分〙~·ing/-əriŋ/)
── 他 **1** 《正式》…を**取り戻す**，奪回する，回復する ‖
recover consciousness 意識を取り戻す．
recover one's health 健康を取り戻す．
recover oneself からだ[精神]の平衡(こう)を取り戻す，落ち着く．

**2** 〈損失〉を回復する ‖
You must **recover** the cost **from** him. 君は彼に費用を弁償してもらわなきゃ.
She **recovered** damages. 彼女は損害賠償を勝ち取った.
──⑬ 元どおりになる, 回復する《◆ get better より堅い語》‖
**recover from** one's serious illness 重病が治る《◆ かぜぐらいの軽い病気にはふつう get rid of を用いる》.
He **recovered** quickly. 彼はすぐに元気になった.

\*re·cov·er·y /rikʌ́vəri ゥリカヴァリ/〖→ recover〗
──名 Ⓤ **1** 取り戻すこと, 取り戻した状態, 回復, 回収 ‖
Our army made a quick **recovery** of the fort. わが軍はすぐさま砦(とりで)を奪回した.
**Recovery** of the lost goods would be quite impossible. 紛失品の回収はまず無理だろう.
**2** [しばしば a ~] 回復, 復旧 ‖
business **recovery** 商業の復興.
She made a remarkable **recovery** (from the disease) with the medicine. 彼女はその薬で目にみえて回復した.
対話 "How's your father doing after that bad accident?" "He's made a remarkable **recovery**. He's back at work now."「あのひどい事故のあとお父さんはいかがですか」「驚くほど回復しました. もう仕事に復帰しています」.

**re·cre·ate** /rìːkriéit ゥリークリエイト/ 現分 -at·ing ⑮ …を改造する, …を再現する.

\*rec·re·a·tion /rèkriéiʃən ゥレクリエイション/〖再び(re)創造すること(creation)〗
──名 (~s/-z/) Ⓤ (仕事のあとの)元気回復, 休養, 気晴らし, レクリエーション; Ⓒ 気晴らしのための行為 ‖
What do you do **for recreation**? 気晴らしに何をするの.
Swimming is a **recreation** for me. 水泳がぼくには楽しみの1つです《◆「暇を楽しく過ごす」ために行なう娯楽は pastime,「暇つぶし」の点を強調する語は diversion》.

**recreátion gròund** (英) 遊園地, 運動場.
**recreátion ròom** (米) 娯楽室.
**rec·re·a·tion·al** /rèkriéiʃənl ゥレクリエイショヌル/ 形 気晴らしの.

**re·crim·i·na·tion** /rikrìmənéiʃən ゥリクリミネイション/ 名 Ⓒ (通例 ~s) 非難, けんか.

**re·cruit** /rikrúːt ゥリクルート/ 名 Ⓒ **1** 新兵; (米) 最下級兵.
**2** 新会員, 新入生, 新入社員, 新党員, 新人; 新米, 初心者 ‖
a raw **recruit** 新参者.
──動 ⑮ **1** 〈人〉を新しく入れる, 勧誘する ‖
**recruit** new salesmen 新しい販売員を入れる.
The college **recruits** students **from** abroad. その大学は外国からの学生を受け入れている.
**2** 〈軍隊・団体〉を形成[強化]する, …に新兵[新会員]を補充する.

**re·cruit·ment** 名 Ⓤ Ⓒ 新兵[新会員](募集).

**rec·tan·gle** /réktæŋgl ゥレクタングル/ 名 Ⓒ 長方形.

**rec·tan·gu·lar** /rektǽŋgjələr ゥレクタンギュラ/ 形 **1** 長方形の. **2** 直角の; 直角をなす.

**rec·ti·fy** /réktəfài ゥレクティファイ/ 動 (三単現) -ti·fies/-z/; 過去・過分 -ti·fied/-d/) ⑮ (正式) …を改正する.

**rec·tor** /réktər ゥレクタ/ 名 Ⓒ **1**〔アングリカン〕教区司祭;〔米国聖公会の〕教区牧師;〔カトリック〕修道院長; 主任司祭. **2** 校長, 学長.

**rec·tum** /réktəm ゥレクタム/ 名 (複 ~s, -ta/-tə/) Ⓒ〖解剖〗直腸.

**re·cu·per·ate** /rikjúːpərèit ゥリクーパレイト(ゥリキューパレイト)/ 動 (現分) -at·ing) ⓐ (正式) 回復する.

**re·cu·per·a·tion** /rikjùːpəréiʃən (ゥリキューパレイション)/ 名 Ⓤ 回復, 立ち直り.

**re·cur** /rikə́ːr ゥリカー/ 動 (過去・過分) re·curred/-d/; 現分 -cur·ring) ⓐ (正式) **1** 再発する, くり返される. **2** 〈考えなどが〉再び浮かぶ, 思い出される.

**re·cur·rence** /rikə́ːrəns ゥリカーレンス | -kʌ́r- カレンス/ 名 Ⓤ Ⓒ (正式) **1** 再発, くり返し. **2** 回想.

**re·cur·rent** /rikə́ːrənt ゥリカーレント | -kʌ́r- カレント/ 形 (正式) 頻発する, 再発的に起こる.

**re·cy·cla·ble** /rìːsáikləbl ゥリーサイクラブル/ 形 再生利用できる ‖
This bag is **recyclable**. 《表示》この袋は再生利用できます.

**re·cy·cle** /rìːsáikl ゥリーサイクル/ 動 (現分) -cy·cling) ⑮ …を再利用する; …を再循環させる.

表現「リサイクルショップ」は a secondhand [thrift] shop.

**recýcled páper** 再生紙.
**re·cy·cling** /rìːsáikliŋ ゥリーサイクリング/ 動 → recycle. ──名 Ⓤ (廃棄物等の)再生利用.

\*\*red /réd ゥレド/ (類音 /ed /léd/, read² /léd/)
──形 (比較) red·der, 最上 red·dest) **1** 赤い, 赤色の《◆ 炎・血の色から日本語と同じくしばしば情熱・革命・危険・幸運・怒りなどを暗示する》‖
**red** shoes 赤い靴.
At the crossroads the lights were **red**. 交差点では信号は赤だった.

表現「赤の他人」は a total [complete, perfect] stranger /「紅一点」は the only girl [woman] in the group /「真っ赤なうそ」は a downright lie / 太陽の色は日の出・日没は red とするが, 日中はふつう yellow, golden.

**2** 〈髪が〉明るい茶色がかった, 赤(あか)銅色の;〈人の皮膚・唇・舌が〉ピンク色の ‖
a boy with **red** hair 赤毛の少年.

**3** 〈泣いて〉赤くはれた, 充血した ‖
His eyes were red with crying. 彼の目は泣いて赤くなっていた.
**4** 真っ赤になった, 赤面した ‖
have a red face 赤面している.
Her face was red with rage. =She was red with rage in the face. 彼女の顔は怒りで真っ赤だった.
**5** 〈戦いが〉激しい, 血に染まった; 血走った.
**6** [R~]〖略式〗共産主義の, アカの; 極左の; 共産国の.

──〖名〗(複 ~s/rédz/) **1** ⓒⓤ 赤, 赤色 ‖
a room painted in a variety of reds and blues 濃淡さまざまな赤と青で塗られた部屋.
The lights changed to red. 信号が赤に変わった.
**2** ⓤ 赤い衣服, 赤い布 ‖
She is dressed in red. =She wears red. 彼女は赤い服を着ている.
**3** [the ~] 赤字(↔ black) ‖
He [His firm] is in the red. 〖略式〗彼[彼の会社]は赤字である.
get into the red 赤字になる.
get out of the red 赤字を脱する.
**4** ⓤ 赤色の絵具[染料, 塗料]; ⓒ 赤いもの.
*sée réd* 激怒する, かっとなって前後の見境がつかなくなる《◆進行形にしない》.

**réd blóod cèll [còrpuscle]** 赤血球《◆単に réd céll [córpuscle] ともいう》.
**réd càrd** 〔サッカー〕レッドカード《特に悪質な反則をした選手に審判が示す. 選手は退場になる》.
**réd cárpet** 〈高位・高官の人のために敷く〉赤じゅうたん; [the ~] 丁重な歓待 ‖ roll out the red carpet for the President 大統領を丁重に迎え盛大にもてなす.
**réd cédar** 〖植〗エンピツビャクシン《木材は鉛筆用》.
**réd cróss** (1)〈英〉聖ジョージ十字章《イングランドの国章》. (2) [R~ C-] 赤十字章. (3) [the R~ C-] 赤十字社《◆正式名は the International Red Cross Society》.
**réd dèer** 〖動〗アカシカ.
**réd flág** (1) 赤旗《革命旗》;〈鉄道・射撃演習の〉危険信号の赤旗. (2) [the R~ F-]「赤旗」《英国労働党歌》.
**réd hérring** (1) 燻製ニシン. (2) 人の注意を他にそらすもの《◆猟犬の訓練にニシンを使うことから》.
**réd líght** [しばしば比喩的に] 赤信号.
**réd mèat** 赤肉《牛肉・羊肉など》.
**réd pépper** 〖植〗トウガラシ; その実《香辛料》.
**Réd Séa** [the ~] 紅海.
**réd tápe** 〈公文書をとじる〉赤いひも; 官僚的形式主義, 官僚的で面倒な手続き ‖ cut the red tape 形式的な手続きを省く.
**réd tíde** 赤潮.
**réd wíne** 赤ワイン.
**red·breast** /rédbrèst ゥレドブレスト/ 〖名〗ⓒ〈文〉〖鳥〗ロビン(robin);〈米〉オバシギ;〖魚〗レッドブレスト《北米産の淡水魚》.

**red·den** /rédn ゥレドン/ 〖動〗他 …を赤くする.
──自 赤くなる, 顔を赤らめる.
**red·dish** /rédiʃ ゥレディシュ/ 〖形〗赤味がかった, 赤味を帯びた.
**re·deem** /ridíːm ゥリディーム/ 〖動〗他 〖正式〗**1 a** …を買い戻す, 質受けする. **b**〈債務などを〉清算する. **2**〈名誉などを〉回復する. **3** …を身の代金を払って救い出す, 身請けする. **4** …を補う, 埋め合わせる. **5**〈約束などを〉果たす, 履行する.
**re·deem·a·ble** /ridíːməbl ゥリディーマブル/ 〖形〗買い戻し[質受け]できる; 償還できる; 救済できる.
**re·demp·tion** /ridémpʃən ゥリデンプション/ 〖名〗ⓤ〖正式〗**1** 買い戻し, 質受け; 償還. **2** 身請け, 救出;〖神学〗〈キリストによる〉罪のあがない, 贖罪, 救い. **3**〈約束などの〉履行.
**re·de·vel·op** /rìːdivéləp ゥリディヴェロプ/ 〖動〗他 **1** …を再建する, …を再開発する. **2**〖写真〗…を再現像する. ──自 再発達する.
**red·head·ed** /rédhédid ゥレドヘディド/ 〖形〗赤毛の.
**red-hot** /rédhɑ́t ゥレドハト| -hɔ́t -ホト/ 〖形〗〖略式〗猛烈[熱烈]な, 激烈な.
**re·dis·count** /〖動〗 rìːdiskáunt ゥリーディスカウント, …; 〖名〗 ─/ 〖動〗他 …を再割引する. ──〖名〗ⓤⓒ 再割引.
**réd-líght district** /rédláit- ゥレドライト-/ 売春の多く行なわれている地域, 歓楽街.
**red·ness** /rédnəs ゥレドネス/ 〖名〗ⓤ 赤いこと, 赤色, 赤み.
**re·do** /rìːdúː ゥリードゥー/ 〖動〗(三単現) -does /-dʌ́z/; 過去 -did/-díd/; 過分 -done /dʌ́n/) 他 **1** …を再びする, やり直す. **2**〖略式〗…を改装する, 模様変えする.
**red·o·lent** /rédələnt ゥレドレント/ 〖形〗〖正式〗においが強い; 思わせる, しのばせる.
**re·dou·ble** /rìːdʌ́bl ゥリーダブル/ 〖動〗(現分) -doubling) 他 …を倍加する, 強める, 増す. ──自 (さらに)倍加する, 強まる, 増す.
**re·dress** /〖動〗 ridrés ゥリドレス; 〖名〗〈米+〉ríːdres/ 〖正式〗〖動〗(三単現 ~·es /-iz/) 他 **1**〈誤り・不正などを〉正す, 矯正する; 調整する ‖
redress wrongs 不正を正す.
**2** …を償う, 補償する.
──〖名〗ⓤ **1** 矯正; 矯正手段. **2** 償い, 補償.
***re·duce** /ridjúːs ゥリデュース/ 〖後へ(re)導く(duce). cf. in*duce*, pro*duce*〗
派 reduction〖名〗
──〖動〗(三単現 -duc·es /-iz/; 過去・過分 ~d /-t/; 現分 -duc·ing)
──他 **1** …を減少させる, 縮小する, 低減する, 弱める, 薄める《◆ make less より堅い語》‖
reduce the number 数を減らす.
reduce the quotas by 20% 割り当て量を2割削減する.
対話 "This is really too much. I can't afford it." "How about if I reduce the price a little?"「これはちょっと高すぎる. とても手が出ないなあ」「少し値引きいたしますが, それだったらいかがですか」.

**reducing**

対話 "You are driving way too fast." "Okay, I'll **reduce** the speed a little." 「スピードの出しすぎだよ」「わかった. 少しスピードを落とすよ」.

**2** 《正式》[通例 be ~d] **変えられる**, 移される, 変形される ‖

**reduce** the major **to** the rank of captain 少佐を大尉に降格させる.

Her argument can be **reduced to** three points. 彼女の論旨は3点にまとめられる.

**3** [通例 be reduced to doing] …する羽目になる ‖

He **was reduced to** giving in to them. 彼は彼らの言いなりになる羽目になった.

**re·duc·ing** /rídj(j)ùːsiŋ ゥリ**ドゥース**ィング《ゥリ**デュース**ィング》/ 動 → reduce.

**re·duc·tion** /rídʌ́kʃən ゥリ**ダク**ション/ 名 **1** Ｕ 縮減; Ｃ 削減(量), 割引(高), 値下げ ‖

armament **reduction** 軍縮.

tax **reduction** 減税.

at a **reduction** of 10% 10％の割引で.

give a **reduction** of 7% in the list prices 正札から7％割引をする.

**2** Ｃ 縮小したもの(↔ enlargement), 縮図.

**re·dun·dan·cy** /rídʌ́ndənsi ゥリ**ダン**ダンスィ/ 名 (複 ~dan·cies/-z/) Ｕ 余分なこと, 冗長; Ｃ 余分なもの, 冗語. **2** Ｃ《主に英》余剰労働者.

**re·dun·dant** /rídʌ́ndənt ゥリ**ダン**ダント/ 形 **1** 余分な, 冗長な(↔ concise).

**2**《主に英》過剰な, 不要になった ‖

**redundant** workers 余剰労働者.

**red·wood** /rédwùd ゥレド**ウド**/ 名 Ｃ 〔植〕 セコイア (sequoia); Ｕ セコイア材《赤褐色の家具材》.

**reed** /ríːd ゥリード/ (同音 read) 名 **1** Ｃ 〔植〕 アシ(葦), ヨシ; Ｕ [集合名詞] アシの茎 ‖

Man is a thinking **reed**. 人間は考えるアシである《◆フランスの哲学者 Pascal の言葉》.

**2** Ｃ アシのような人[もの], 弱々しい人.

**3** Ｃ 〔音楽〕 (楽器の)リード, 舌; [~s] =reed instruments; [the ~s] (楽団での)リード楽器部.

***a bróken réed*** 《略式》当てにならない人[もの]《◆『聖』「折れたアシ」から》.

**réed instruments** リード楽器《reed (clarinet, oboe, saxophone など)》.

**reef** /ríːf ゥリーフ/ 名 (複 ~s) Ｃ 岩礁, 暗礁, 砂州(ˢ).

**reek** /ríːk ゥリーク/ 名 [a ~ the ~] **1** (不快な)におい, 悪臭. **2** 蒸気, 蒸気, もや.
—動 **1** 煙を出す, 湯気を立てる. **2** 悪臭を放つ.

**reel**¹ /ríːl ゥリール/ (同音 △real) 名 Ｃ **1**《糸・テープなどの》巻きわく, リール;《英》糸巻き, 糸車《(米) spool》《筒形の糸巻きは bobbin》 ‖

wind the wire on a **reel** ワイヤをリールに巻く.

**2** リールひと巻き分の量(の上映時間)《《映画フィルムではふつう 1000 feet と 2000 feet》》 ‖

3 **reels** of sewing cotton カタン糸3巻き.
—動 他 **1**〈糸・テープなど〉を巻く《◆副詞(句)を伴う》 ‖

**reel in** the line 釣り糸を巻き込む.

**reel off [out]** the tape テープをくり出す.

**2**〈魚など〉をリールで引き上げる, たぐり寄せる(+*in*).

***réel óff*** [他] (1) …を立て板に水のように言う; 苦もなく…をする. (2) → **1**

**reel**² /ríːl ゥリール/ 動 自 **1** よろめく ‖

He **reeled** (back) from a blow. 彼は1発くらってぐらっときた.

**2** よろよろ歩く, 千鳥(ˢ)足で歩く. **3**〈周囲が〉ぐるぐる回るような気がする.

**re·e·lect** /ríːilékt ゥリーイ**レク**ト/ 動 他 …を再選する.

**re·e·lec·tion** /ríːilékʃən ゥリーイ**レク**ション/ 名 Ｕ Ｃ 再選.

**re(-)en·try** /ríːéntri ゥリー**エン**トリ/ 名 (複 -entries/-z/) Ｃ Ｕ **1** 再び入ること, 再び入れること. **2** (宇宙船などの大気圏への)再突入.

**re·es·tab·lish** /ríːistǽbliʃ ゥリーイス**タブ**リシュ/ 動 他 …を再建する; …を復職させる; …を回復させる.

**ref** /réf ゥレフ/ 名《略式》〔スポーツ〕 =referee.

**re·fec·to·ry** /riféktəri ゥリ**フェク**タリ/ 名 (複 -to·ries/-z/) Ｃ (修道院・大学などの)食堂.

**re·fer** /rifə́ːr ゥリ**ファー**/ (アクセント注意) 動 (過去・過分 re-ferred/-d/; 現分 --fer·ring) (→ occur Q&A) 自 **1a** [refer to A] …に言及する, 触れる, …を引用する《◆(1) mention より堅い語. (2) 受身にできる》 ‖

I am not **referring** to you. あなたのことを言っているのではない.

I often hear her **refer** to her childhood. 彼女がよく子供のころのことを言うのを耳にする.

**b** [refer to A as C] A〈人・物・事〉をCと言う, Cと呼ぶ ‖

He **referred** to the artist **as** a genius. 彼はその芸術家を天才と呼んだ.

**2**《正式》[refer to A] …を参照する, 調べる; …に問い合わせる, 照会する《◆受身にできる》 ‖

**Refer to** the chart on the next page. 次のページの図表を参照しなさい.

I **referred** to the company **for** his work record. 彼の経歴を会社に問い合わせた.

対話 "Do you know how to spell 'encyclopedia'?" "No idea. **Refer to** the dictionary." 「'encyclopedia' のつづりを知っていますか」「わかりません. 辞書を調べなさい」.

**3** 関係する, 当てはまる, 適用される ‖

The rule **refers** only **to** pedestrians. その規則は歩行者のみに適用される.

—他 **1**《正式》[refer A to B] A〈人〉をB〈場所・人など〉へ差し向ける, 照会させる ‖

I was **referred to** a larger hospital for surgery. もっと大きな病院へ行って手術を受けるように言われた.

**2** [refer A to B] A〈仕事・人など〉をB〈場所・人など〉へ委託する, 任せる, ゆだねる ‖

The proposal was **referred to** the United Nations. その提案は国連に委託された.

**ref·er·ee** /rèfəríː ゥレファ**リー**/ 名 Ｃ **1a** 審判員, レ

フェリー《♦ basketball, billiards, boxing, football, hockey, rugby, wrestling などの審判》. **b** 〔論文などの〕審査員. **2** 調停者, 仲裁人.

**ref·er·ence** /réfərəns ゥレファレンス/ 名 **1** U 《正式》言及, 論及; C 言及した事柄 ‖
There is no reference [No reference is made] to the accident in today's paper. きょうの新聞にはその事故のことは何も書いてない.

**2** U 参照, 参考; C 出典, 参考書, 典拠; 参考事項(cf. reference book) ‖
This dictionary is only for reference. 本辞典は閲覧専用[帯出禁止]です.

**3** CU 〔人物・才能などの〕照会, 問い合わせ; C 照会先, 身元保証人; 人物証明書《♦本人に見せない》‖
a letter of reference 推薦状.

***in réference to A*** 《正式》=with REFERENCE to.

***màke réference to A*** …に言及する; …を参照する.

***withòut réference to A*** …に関係なく.

***with réference to A*** 《正式》…に関して(about).

**réference bòok** 参考図書《辞書・百科事典・年鑑など》.

**réference library [ròom]** 〔図書館の〕参考館《貸出しはしない》, 資料館[室].

**réference màrk** 参照符号《* † ‡ § ∥ ¶など》.

**ref·er·en·dum** /rèfəréndəm ゥレファレンダム/ 名 (複 ~s, 《正式》-da/-də/) C 国民[住民]投票 ‖
hold a referendum 国民[住民]投票を行なう.
by referendum 国民[住民]投票で.

**re·fill** 動 rì:fíl ゥリーフィル; 名 ´-/ 動 他 …を再び満たす, 詰め替える.
── 名 C 詰め替え品, 補充品, スペア; 《略式》〔飲み物の〕おかわり ‖
a refill for a pen 万年筆のインクのカートリッジ.
How about a refill? もう1杯いかが.

**re·fine** /rifáin ゥリファイン/ 動 (現分 ~·fin·ing) 他
**1** …を精製する, 純化する ‖
refine oil 精油する.

**2** 《正式》〔作法・言葉などを〕上品[優美]にする; 〔技術などを〕磨く, 能率化する ‖
refine one's speech 言葉づかいを上品にする.

**re·fined** /rifáind ゥリファインド/ 動 (現分) → refine.
── 形 **1** 精製された, 精錬された ‖
refined sugar 精糖.

**2** 上品な, 洗練された, 優雅な; お上品な(↔ unrefined) ‖
refined manners 洗練された物腰.

**3** 〔区別などが〕微細な, 精妙な; 〔寸法などが〕厳密な, 正確な ‖
refined distinctions 細かな区別.

**re·fine·ment** /rifáinmənt ゥリファインメント/ 名 **1** U 精製, 精錬; 純化 ‖
the refinement of crude oil 原油の精製.

**2** U 上品, 優雅, 洗練 ‖
a lady of great refinement とても上品な婦人.

**3** C 凝った工夫, 改良点 ‖

make many refinements on a car 車に多くの改良を加える.

**4** U C 微妙, 精緻(ホミ); 微妙な点.

**re·fin·er·y** /rifáinəri ゥリファイナリ/ 名 (複 -er·ies/-z/) C 精製所; 精製装置.

***re·flect** /riflékt ゥリフレクト/ 〖〈もとへ(re)曲げる(flect). cf. deflect, flexible〗
派 reflection (名)
── 動 (三単現) ~s/-flékts/; (過去・過分) ~ed /-id/; (現分) ~·ing)

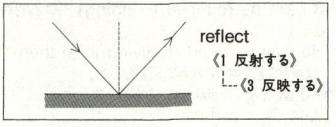

reflect
〈1 反射する〉
〈3 反映する〉

── 他 **1** 〈光・熱〉を反射させる, 〈音〉を反響[反射]する ‖
A mirror reflects light. 鏡は光を反射する.
The walls of a room reflect sound. 部屋の壁は音を反射する.

**2** 〈鏡などが〉…を映す ‖
His tired face was reflected in the window of the shop. 彼の疲れた顔が店のウィンドーに映っていた.

**3** 《正式》〔比喩的に〕…を映す, 反映する, 示す, 表す《♦ふつう進行形にしない》‖
Popular newspapers reflect public opinion. 大衆紙は世論を反映する.
The style of her dress reflects her good taste. 彼女の服のスタイルは趣味の良さを表している.
対話 "It says that most people are happy with the economy." "Yes, but that paper only reflects rich people's opinions." 「ほとんどの人が経済状態に満足してるんだって」「そうだね. でもその白書は金持ちの意見だけを反映しているんだ」.

**4** 《正式》〈名誉・不信などを〉もたらす, 招く ‖
The victory reflected honor on his family. 勝利が彼の一家に栄誉をもたらした.

**5** …を熟考する; …を思い出す, 反省する ‖
Reflect what to say before you speak. 口を開く前にどう言うべきかよく考えなさい.

── 自 **1** 反射する; 光[熱]を反射する.

**2** 《正式》熟考する; 回想する ‖
reflect on the matter その事柄をよく考える.

**3** 非難をもたらす, 不名誉になる ‖
対話 "I can't believe we lost that game." "Don't worry. It doesn't reflect badly on you. 「ぼくたちがあの試合に負けたなんて信じられない」「心配するな. そんなこと君らの恥じゃないさ」.

***re·flec·tion,** 《英(にも)》**re·flex·ion** /riflékʃən ゥリフレクション/ [→ reflect]
── 名 (複 ~s/-z/) **1** U 反射, 反響, 反映; 影響; 反射光[音, 熱] ‖
the reflection of light 光の反射.
The moon shines only by reflection. 月は反射によってのみ輝く.

**2** ⓒ 映像, 映った影; よく似たもの[人] ‖
We saw the **reflection** of white clouds in the lake. 湖に映った白い雲の影を見た.
his **reflection** in a mirror 鏡に映った彼の姿.
**3** ⓒⓊ 熟考(すること), 熟慮, 沈思 ‖
On [After] **reflection** I decided to go. よく考えた末行くことに決めた.
**4** ⓒ [しばしば ~s] 考え, 意見 ‖
her **reflections** on foreign affairs 外交問題についての彼女の意見.
**5** ⓒ 非難, 小言; 不名誉の種 ‖
His bad behavior is a **reflection on** his common sense. 行儀の悪さは彼の良識を疑わせるものだ.

**re·flec·tive** /rifléktiv ゥリフレクティヴ/ 形 **1**《正式》思慮深い, 思索にふける. **2** 反射する, 反射される. **3** 反射的な.

**re·flec·tor** /rifléktər ゥリフレクタ/ 名ⓒ **1** 反射物, 反射鏡. **2** 反射望遠鏡.

**re·flex** /ríːfleks ゥリーフレクス/ 名(複 ~·es /-iz/) ⓒ **1** =reflex action; [~es] 反射能力 ‖
have good **reflexes** 運動神経が発達している.
**2** 反射された物, 映像, 影; 反射光.
**3** =reflex camera.
**réflex àction** 反射(作用) (reflex).
**réflex ángle** 優角《180°より大きく360°より小さい角》.
**réflex cámera** レフレックスカメラ (reflex).

**re·flex·ion** /rifléks̆ən ゥリフレクション/ 名《英》= reflection.

**re·flex·ive** /rifléksiv ゥリフレクスィヴ/ 形 **1**【文法】再帰(用法)の. **2** 反射(作用)の. ──名ⓒ【文法】=reflexive pronoun; =reflexive verb.
**refléxive prónoun** 再帰代名詞 (reflexive)《myself, ourselves のように -self, -selves のつく人称代名詞》.
**refléxive vérb** 再帰動詞 (reflexive)《再帰代名詞を目的語とする動詞》.

**re·form** /rifɔ́ːrm ゥリフォーム/ 動 他 **1** …を改善する, 改革する, 刷新する ‖
**reform** working conditions 労働条件を改善する.
**2** …を改心させる, 矯正する ‖
**refórm** onesèlf 改心する.
**reform** a criminal 犯人を改心させる.
──自 改心する.

> 語法 「衣類をリフォームする」という意味では alter, remake: have one's coat altered [remade] コートをリフォームする.「部屋などをリフォームする」は remodel, rebuild.

──名ⓒⓊ (政治・社会・宗教などの) 改善, 改良, 改革; 改革運動 ‖
discuss a **reform** in school rules 校則の改善について討議する.

**re-form** /rìːfɔ́ːrm ゥリーフォーム/ 動 自他 (…を) 作り直す, 再編成する.

**ref·or·ma·tion** /rèfərméiʃən ゥレフォメイション/ 名 **1**Ⓤ (人の行為・性格の) 矯(きょう)正, 改心. **2**ⓒⓊ 改良, 改善, 改革. **3** [the R~]【歴史】宗教改革《16世紀ヨーロッパに起こり, プロテスタント教会の設立を導いた宗教運動》.

**re·form·er** /rifɔ́ːrmər ゥリフォーマ/ 名 **1** 改良 [改革]者; 改革支持者. **2** [R~] (16世紀の) 宗教改革指導者.

**re·fract** /rifrǽkt ゥリフラクト/ 動 他〈光など〉を屈折させる.

**re·frain**[1] /rifréin ゥリフレイン/ 動 自《正式》差し控える, 慎(つつし)む, こらえる, やめる ‖
**refrain from** tears 涙をこらえる.
Please **refrain from** smoking in the car. 車内での喫煙はご遠慮ください.

**re·frain**[2] /rifréin ゥリフレイン/ 名ⓒ 折り返し(句), リフレイン.

*__re·fresh__ /rifréʃ ゥリフレシュ/ 〖〖新鮮な(fresh)状態に戻す(re)〗〗派 refreshment (名)
──動 (三単現 ~·es /-iz/; 過去・過分 ~ed/-t/; 現分 ~·ing)
──他 **1a** …の気分をさわやかにする, …を元気づける ‖
A cold drink will **refresh** you. 冷たい物を飲むとさっぱりするだろう.
**b** [~ oneself] 飲食して休憩する; さわやかな気分になる, 元気を回復する ‖
He **refreshed** himself with a cup of tea. お茶を1杯飲んで彼は元気が出た.
**c** [feel [be] ~ed] 〈人が〉さわやかな気分になる, 元気を回復する ‖
You will **feel refreshed by** [after] a warm bath. 熱いふろに入るとさっぱりするだろう.
**2**〈記憶〉を新たにする ‖
She **refreshed** her memory **with** the photo. 彼女はその写真を見ると記憶がよみがえってきた.

**re·fresh·er** /rifréʃər ゥリフレシャ/ 名ⓒ 元気を回復させる人[物];《略式》アルコール[清涼]飲料.

**re·fresh·ing** /rifréʃiŋ ゥリフレシング/ 動 → refresh.
──形 **1** 元気づける, 心身をさわやかにする, すがすがしい ‖
You will find a cold shower **refreshing**. 冷たいシャワーを浴びるとさっぱりしますよ.
**2** 清新な, 清新で感じのよい ‖
It was **refreshing** to see Mary in (a) kimono. メリーの和服姿は見ていて清新だった.

**re·fresh·ment** /rifréʃmənt ゥリフレシュメント/ 名 **1** Ⓤ 元気回復, 休養, 気分一新 ‖
I felt **refreshment** of mind and body. 心身ともにさっぱりした.
**2** ⓒ 元気を回復させるもの, 清涼剤 ‖
A drink of water is often the best **refreshment** to us. 1杯の水はしばしば最良の回復剤である.
**3** ⓒ [~s] 軽い飲食物, お茶菓子 ‖
serve **refreshments** at the party パーティーで軽い食事を出す.

**re·frig·er·ate** /rifrídʒərèit ゥリフリチャレイト/ (現形) ‑at·ing) 他 (正式) **1** …を冷やす, 冷凍する. **2** …を冷やして[冷凍保存して]おく.

**re·frig·er·a·tion** /rifrìdʒəréiʃən ゥリフリチャレイション/ 名 U 冷凍(保存), 冷却 ‖
under refrigeration 冷蔵して.

\***re·frig·er·a·tor** /rifrídʒərèitər ゥリフリチャレイタ/
——名 (複 ~s/‑z/) C **冷蔵庫**, 冷却室((略式) fridge, (米古) icebox) ‖
Keep the milk in the refrigerator. そのミルクを冷蔵庫の中に入れておきなさい.

**re·fuel** /rìːfjúːəl ゥリーフュ(ー)エル/ 動 (過去・過分) ~ed または (英) re‑fuelled /‑d/; (現分) ~ing または (英) ‑fuel·ling) 他 …に燃料を補給する. ——自 燃料の補給を受ける.

**ref·uge** /réfjuːdʒ ゥレフューヂ/ 《アクセント注意》《◆*ゥリフューヂ》名 **1** U (正式) 避難; 保護 ‖
a place of refuge 避難所.
a house of refuge 浮浪者などの保護施設.
give refuge to a criminal 犯人をかくまう.
We took [sought] refuge from the storm in a nearby barn. =A nearby barn gave us refuge from the storm. あらしを避けて近くの納屋に逃げこんだ.
**2** U C (正式) 避難所, 隠れ家(が); 慰め(となる事・物) ‖
find (a) refuge from the rain 雨宿りの場所を見つける.
**tàke réfuge in** A (1) → **1**. (2) …に逃避する, …して難を避ける ‖ take refuge in books 本に安らぎを求める / She took refuge in silence. 彼女は黙りこんでその場をのがれた.

**ref·u·gee** /rèfjudʒíː ゥレフュヂー, (米) ⸺ ‑′/ 名 C 避難民, 難民; 亡命者.

**re·fund** 動 rifʌ́nd ゥリファンド; 名 ríːfʌnd ゥリーファンド/ 動 他 (正式) [refund (A) B / refund B (to A)] (A〈人〉に) B〈料金など〉を払い戻す, 返済する ‖
have one's money refunded 金を払い戻してもらう.
——名 **1** C U 払い戻し, 返済 ‖
make a refund 払い戻す.
**2** U 払い戻し金, 返済金.

**re·fus·al** /rifjúːzl ゥリフューズル/ 名 **1** C U 拒絶, 拒否, 辞退 ‖
She gave him a flat refusal. 彼女は彼にきっぱりと断った.
a refusal to pay taxes 納税の拒否.
**2** U [通例 the ~] (諾否を決める)優先権, 取捨選択権, 先買権.

\***re·fuse**¹ /rifjúːz ゥリフューズ/ 《もとへ(re)注ぐ(fuse). cf. con*fuse*》派 refusal (名)
——動 (三単現) ‑fus·es/‑iz/; (過去・過分) ~d /‑d/; (現分) ‑fus·ing)
——他 **1** …を(きっぱり)断る, 辞退する(↔ accept) 《◆ decline の方が断り方が丁重. reject は refuse より語調が強い》‖

She flatly refused my offer of help. 手伝いましょうという私の申し出を彼女はそっけなく断った.
I had to refuse his invitation. 彼の招待を断らねばならなかった《◆「提案」に対しては refuse は用いない》.
対話 "If you help me I'll pay you $20." "That's an offer I can't refuse. What do I have to do?"「手伝ってくれたら20ドル支払うよ」「そういう申し出は断れないね. 何をすればいいの」.
**2** (正式) **a** 〈助力・許可などを〉**与えることを断る**, 拒絶する;〈人〉を拒む; …の求婚を断る ‖
refuse admittance 入場を断る.
He refused permission to use the room. その部屋を使用する許可を彼は与えなかった《◆この意味では decline も reject も用いない》.
**b** [refuse A B / refuse B to A] A〈人〉に B〈助力・許可など〉を**与えない** ‖
I can't refuse her anything. 彼女に頼まれたら何も断れない.
He was refused permission to the club. 彼は入部を断られた.
**3** [refuse to do] …することを**拒む**; どうしても…しようとしない ‖
She refused to marry him. 彼女は彼と結婚するのはいやだと言った.
The door refused to open. 戸はどうしてもあかなかった.
対話 "So did you get the date?" "No. She refused to go out with me. She said she was busy that night."「それでデートはしてもらえたのか」「いいや, ぼくと出かけるのを断ってきた. あの晩は忙しいということだった」.
——自 断る, 拒絶する.

**ref·use²** /réfjuːs ゥレフュース, (米) ‑juːz/ 《発音・アクセント注意》名 U (主に英正式) くず, ごみ, がらくた, 廃物.

**re·fus·ing** /rifjúːziŋ ゥリフューズィング/ 動 → refuse¹.

**re·fute** /rifjúːt ゥリフュート/ 動 (現分 ‑fut·ing) 他 (正式) …の間違いを証明する, …を論破する.

\***re·gain** /rigéin ゥリゲイン/ 〖再び(re)得る(gain)〗
——動 (三単現) ~s/‑z/; (過去・過分) ~ed/‑d/; (現分) ~ing)
——他 **1** …を**取り戻す**, 取り返す, 回復する《◆ re‑cover より意味が強い》‖
regain one's health 健康を回復する.
**2** (正式) くもとの場所に)戻る《◆ 受身にしない》.

**re·gal** /ríːgl ゥリーグル/ 《類国 /egal/lí:gl/》形 **1** 威厳ある; 壮麗な. **2** (正式:まれ) (王[女王])の; 王[女王]にふさわしい.

**re·ga·li·a** /rigéiliə ゥリゲイリア/ 名 U (正式) [複数・単数扱い] **1** 王位の象徴 (王冠, 王笏(ﾎ゙)など). **2** (公的要職を示す)礼服, 式服. **3** (官位・協会などの)勲章, 記章.

\***re·gard** /rigáːrd ゥリガード/ 〖後ろを(re)見守る(gard). cf. *guard*〗派 regarding (前), regardless (形)
——動 (三単現) ~s/‑gáːrdz/; (過去・過分) ~ed

## regarding

/-id/; 〈現分〉 ～・ing

——他 《◆進行形にしない》 **1** [regard A as C] A 〈人・物・事〉を C とみなす, 考える, 思う, 感じる ‖
regard him **as** a genius 彼を天才だと考える.
I regard the discovery **as** of little value. 私はその発見をほとんど無価値だとみなしている.
How do you regard her plan? 彼女の計画をどう感じますか.

> **Q&A** *Q*: 最初の用例で, as を省略して regard him a genius といえますか.
> *A*: 同じような意味の consider では consider him (to be) a genius といえますが, regard で as を省略したり, to be をつけたりしません.

**2** 〈正式〉…を見る, 注視する《◆副詞(句)を伴う》‖
They regarded her suspiciously [with curiosity]. 彼らは彼女をうさんくさそうに[珍しそうに]見た.
**3** 〈正式〉…を評価する;…を尊敬する ‖
regard his parents 彼の両親を尊敬する.
regard her scholarship very highly 彼女の学識を高く評価する.
regard him **with** admiration 彼に感心する.
How is she regarded **as** a teacher? 教師としての彼女の評価はどうですか.
**4** 〈正式〉[通例否定文・疑問文で]…に**注意**を払う, …を考慮に入れる, 尊重する ‖
He did **not** regard our wishes. 彼は我々の希望を無視した.

◦ **as regards A** 〈正式〉…に関しては, …について(言うと) 《◆ふつう新しい主題を導く》‖ As regards the result, you need not worry so much. 結果についてはあまり心配いりません.

——名 ～**/-gάːrdz/**) **1** ⓤ 〈正式〉**尊敬**, 敬意; 尊重; 好感, 好意 ‖
win the regard **of** all one's friends 友だちみんなに尊敬される.
show regard **for** one's parents = hold one's parents **in** (high) regard 両親を尊敬する.
**2** ⓤ 配慮, 心づかい, 思いやり; 注意, 考慮 ‖
show [have] no regard **for** others 人に対する思いやりが全くない.
**out of** regard **for** her social standing 彼女の社会的立場を配慮して.
She seldom **pays** regard **to** my advice. 彼女は私の忠告にめったに耳を貸さない.
**3** [～s] (伝言・手紙などでの)よろしくというあいさつ ‖
Give my (best [kindest]) regards to Mr. Jones. ジョーンズ氏によろしくお伝えください (=〈略式〉Say hello to Mr. Jones (for me).).
Father sends his regards. 父からよろしくとのことです.
With kind(est) [best] regards. 敬具《◆手紙の末尾で》.
**in this [that] regard** この[その]点に関しては.

◦ **with [in] regard to A** 〈正式〉…に関して(は), …について ‖ I have nothing to say **with** regard **to** that problem. その問題について私は何も言うことはない.

## re・gard・ing

/rigάːrdiŋ ゥリガーディング/ 〈動〉 → regard.

——前 【主に商業】…に関して, …について ‖
regarding your recent inquiry この前の照会に関しまして.

## re・gard・less

/rigάːrdləs ゥリガードレス/ 〈形〉 無頓着(ムトンチャク)な, 注意しない《次の成句で》.

◦ **regardless of A** 〈正式〉…に**かかわらず**, 関係なく《◆ A は名詞・wh 節・whether 節》‖ She will carry out her plan, regardless of expense. =…, regardless of **how** much it may cost. 彼女は出費にかかわらず自分の計画を実行するだろう.

——副 〈略式〉それにもかかわらず, それでも, 何が何でも ‖
We objected, but he went regardless. 我々は反対したが, 無視して彼は出かけた.

## re・gat・ta

/rigǽtə ゥリギャタ, 〈米+〉-gάːtə/ 〈名〉ⓒ ボート[ヨット]レース, レガッタ((主に英) boat race).

## re・gen・er・ate

/ridʒénəreit ゥリヂェナレイト/ 〈動〉 〈現分〉**-at・ing**) ——他 〈正式〉**1** …を改心させる. **2** 〈希望など〉をよみがえらせる; …を一新する. **3** 【生物】〈失った組織・器官など〉を再生する.

## re・gen・er・a・tion

/ridʒènəréiʃən ゥリヂェナレイション/ 〈名〉ⓤ **1** 改心, 更生. **2** 再生, 復活. **3** 刷新; 再建.

## re・gent

/ríːdʒənt ゥリーヂェント/ 〈名〉ⓒ **1** [しばしば R～] 摂政. **2** 〈米〉(州立大学などの)理事, 評議員.

## reg・gae

/régei ゥレゲイ, réig-/ 〈名〉 [しばしば R～] ⓤ レゲエ《ジャマイカ起源のポピュラー音楽の一種》.

## re・gime, ré・―

/reiʒíːm ゥレイジーム, re-/ 〈フランス〉 〈名〉ⓒ 政治制度, 政体; 政権.

## reg・i・men

/rédʒəmən ゥレヂメン, -mèn/ 〈名〉ⓒ 【医学】(食事などの)養生[摂生]規則, 養生[摂生]計画.

## reg・i・ment

/rédʒəmənt ゥレヂメント/ 〈名〉ⓒ **1** 【軍事】[集合名詞; 単数・複数扱い] 連隊 ‖
an infantry regiment 歩兵連隊.
**2** [しばしば ～s] 大群, 大勢, 多数 ‖
whole regiments of termites シロアリの大群.

## reg・i・men・tal

/rèdʒəmént| ゥレヂメントル/ 〈形〉連隊の. ——〈名〉[～s] 連隊服; (一般に)軍服.

## reg・i・men・ta・tion

/rèdʒəmentéiʃən ゥレヂメンテイション/ 〈名〉ⓤ 連隊編成; 統制, 組織化, 画一化.

## *re・gion

/ríːdʒən ゥリーヂョン/ 〖「支配する」が原義〗 〈派〉 regional 〈形〉

——〈名〉(穐 ～s/-z/) ⓒ **1 地域**, (広大な)**地方**; 地帯 ‖
Elephants live in hot regions. ゾウは暑い地方に生息している.
**2** 〈正式〉(興味・活動の)領域, 分野 ‖
the region of music 音楽の領域.
**3** 〈正式〉(からだの)部位, 部分 ‖
the chest region 胸部.
**4** [通例 ～s] (世界・宇宙の)領域, 界域.

**re·gion·al** /ríːdʒənl ゥリージョヌル/ 形 **1** 地域の, 地方の; 局地的な; 地域全体の ‖
American English has many **regional** dialects. アメリカ英語にはたくさんの地域方言がある.
**2** (からだの) 局部的な.

**reg·is·ter** /rédʒistər ゥレヂスタ/ 名 **1** ⓒ 記録(表), (名前・出来事などの) 登録, 記録簿, 登録簿 ‖
keep a **register** of class attendance 授業の出席をつける.
sign a hotel **register** 宿泊者名簿に名前を書く.
**2** ⓒ レジ(スター), 自動登録機 ‖
a cash **register** 金銭登録機.
**3** ⓒ (楽器の) 音域; 声域 ‖
His voice has a wide **register**. 彼の声域は広い.
**4** ⓒ (米) (暖房機などの) 通風装置.
── 動 他 **1** …を登録する, 記録する, 登記する ‖
**register** a child's birth 子供の出生を届ける.
**register** oneself 名簿に登録する.
**2** 〈機器が〉…を自動的に記録する, 示す ‖
The thermometer **registers** (a temperature of) minus six (degrees). 温度計は零下6度を示している.
**3** (正式) 〈感情〉を表す, 示す ‖
Her face **registered** sorrow. 彼女の顔は悲しみを表していた.
**4** …を表明する ‖
**register** a protest against the nuclear testing 核実験反対の抗議をする.
**5** …を書留にする ‖
I want to have this letter **registered**. この手紙を書留にしてください.
── 自 登録する, 記名する ‖
**register** at a hotel 宿帳に記帳する.
**register** with the police 警察に登録する.
**register** for a course in politics 政治学の課程履修の登録をする.

**reg·is·trar** /rédʒəstrɑːr ゥレヂストラー|-ˈ-ˈ-/ 名 ⓒ **1** 登録官, 記録係. **2** (英) (大学の) 学籍係.

*__reg·is·tra·tion__ /rèdʒəstréiʃən ゥレヂストレイション/ 名 (複 ~s/-z/) ⓒⓊ 登録, 登記, 記録; 書留 ‖
the **registration** of students for a course in ethics 学生の倫理学の課程履修登録.

**reg·is·try** /rédʒəstri ゥレヂストリ/ 名 (複 ~·is·tries /-z/) **1** ⓒ 登録所. **2** Ⓤ 登録.

**re·gress** /rigrés ゥリグレス/ 動 退行する.

*__re·gret__ /rigrét ゥリグレト/ (再び(re)泣く(gret). cf. greet)
── 動 (三単現 ~s/-gréts/; 過去・過分 -·gret·ted/-id/, -·gret·ting).
── 他 **1** …を後悔する, 悔いる; [regret doing / regret having done / regret that 節] 〈人が〉…したことを残念に思う《◆ that はふつう省略しない》‖
I **regret** telling [having told] you. = I **regret** that I told you. あなたに話をしたことを後悔している.

対話 "Do you miss your father?" "Yes, and I **regret** that we didn't talk more just before he died." 「お父さんが亡くなられて寂しいですか」「ええ, 亡くなる前にもっと話をしておかなかったのが残念です」.

対話 "Are you really sorry about what you said?" "Yes, I **regret** it almost every day now." 「自分の言ったことを本当に悪かったと思っていますか」「はい, ほとんど毎日のように後悔しています」.

Q&A **Q**: 過去のことでも単に regret doing でいいのですか.
**A**: はいそうです. 「後悔している」というのは以前に起こった事柄についての気持ちですから, 時の前後関係が自ずから明らかなので単なる動名詞でもよいのです. (ただし, 過去であることを強調したいときは having done を使います.) この regret と同様なものとして apologize, blame, forget, remember などがあります.

**2** (正式) [regret to do] 残念ながら…する, [regret doing / regret that 節] …であることを残念に思う ‖
I **regret to say** (that) she is seriously injured. (正式) 遺憾ながら彼女は重傷を負っておられると申し上げねばなりません.
Japan Air Lines **regrets to** announce a delay in the departure of their flight number JL 142 to Rome. 日本航空よりおわび申し上げます. ローマ行き JL 142 便の出発は遅延いたします.
We **regret that** you have to [should] leave. あなたが行かねばならないのは残念です.
*it is to be regretted that* … …とは遺憾[残念]である, 気の毒である.
── 名 (複 ~s/-gréts/) ⓒⓊ **1** 遺憾, 残念; 後悔, 悔い ‖
I have no **regrets** over [about] my failure in business. 事業に失敗したことを後悔しない.
She felt **regret** for having been rude to him. 彼女は彼に失礼な態度をとったことを後悔した.
We heard **with regret** that your application for the job had been unsuccessful. あなたの就職の応募がうまくいかなかったと聞いて残念に思いました.
I expressed my heartfelt **regret that** I had not been frank with him. 彼に率直に話さなかったことについて衷心(ちゅうしん)より遺憾の意を表した.
Much [Greatly] **to** my **regret**, I missed the concert. =**To** my **great regret**(\\), I missed the concert. とても残念なことにコンサートに行きそこなった.(→ to 前 **9**).
**2** ⓒⓊ 悲しみ, 失望; 哀悼(あいとう)の気持ち ‖ express deep **regret for** his death 彼の死に深い悲しみを表す.

**re·gret·ful** /rigrétfl ゥリグレトフル/ 形 後悔している,

残念がっている；遺憾の意を表す ‖
We are regretful that you have to resign from the university. あなたが大学をおやめになるのは残念なことです.

**re·grét·ful·ly** 副 後悔して, 残念そうに；悲しんで.

**re·gret·ta·ble** /rigrétəbl/ 形 《正式》[遠回しに]〈事が〉残念な, 遺憾な；悲しむべき ‖
It is regrettable [*regretful] that they failed in the attempt. 彼らがその試みに失敗したのは遺憾である.

**reg·ret·ta·bly** /rigrétəbli/ 副 **1** [文全体を修飾；通例文頭で] 遺憾ながら, 残念なことには ‖
Regrettably, they failed in the attempt. 残念なことにその試みは失敗した.
**2** 残念そうに, 残念なほど.

***reg·u·lar** /régjələr ゥレギュラ/ 『「尺度」が原義. → irregular』regularly (副), regulate (動)
──形 **1** [名詞の前で] いつもの, 通常の ‖
This is her regular seat. ここは彼女がいつも座る席です.
I get up at the regular hour. 私はいつも同じ時刻に起床する.
[対話] "He comes in here quite often, doesn't he?" "Yes. He's one of the regular customers." 「彼はここへとてもよく来るのですね」「ええ. 常連のひとりです」
**2** 規則正しい, 規則的な(生活を送っている)；〈便通・月経などが〉きちんとある, 正常な(↔ irregular) ‖
She has a regular pulse. =Her pulse is regular. 彼女の脈拍は規則正しい.
He keeps regular hours. =He is regular. 彼は規則正しい生活をしている.
Are your bowel movements regular? 便通はきちんとありますか.
**3** [通例名詞の前で] 一定の, 決まった, 不変の ‖
The bus ran at a regular speed. バスは一定の速度で走った.
I'm looking for a regular job. 私は定職を捜している.
**4** [名詞の前で] 定期的な, 定例の ‖
a regular meeting 定例集会.
a regular concert 定期演奏会.
**5** 均整[調和]のとれた ‖
have regular teeth 歯並びがよい.
regular features 整った目鼻だち.
**6** 《正式》正規の, 正式の；本職の ‖
a regular lawyer 資格のある弁護士.
the regular army 正規軍.
**7** 《主に米》ふつうの, 標準の ‖
regular coffee (豆を細かくひいていれる)ふつうのコーヒー, レギュラーコーヒー.
(by) regular mail 《米》普通便で(↔ (by) airmail).
──名 **1** ⓒ 正規兵. **2** ⓒ 《略式》常連. **3** ⓒ レギュラーの選手. **4** 《米》(服などの)標準サイズ. **5** Ⓤ 《米俗》レギュラーガソリン.

**reg·u·lar·i·ty** /règjəlǽrəti ゥレギュラリティ/ 名 Ⓤ
規則正しさ；均整, 調和；正規 ‖
with great regularity とても規則正しく.

***reg·u·lar·ly** /régjələrli ゥレギュラリ/ 『→ regular』
──副 **1** 規則正しく；整然と, 釣り合いよく；本式に ‖
increase regularly 規則的に増加する.
regularly arranged books きちんと並べた本.
**2** 時間どおりに, 定期的に；(決まったように)必ず, いつも.

**reg·u·late** /régjəlèit ゥレギュレイト/ 動 《現分》-lating 他 **1** 《正式》…を規制する, 規定する, 統制する ‖
regulate working conditions 労働条件を規制する.
regulate the price of rice 米価を統制する.
**2** 〈機器・組織・率など〉を調整する, 調節する ‖
regulate a watch 時計を調整する.

**reg·u·la·tion** /règjəléiʃən ゥレギュレイション/ 名 **1** Ⓤ 規制, 統制 ‖
the regulation of share prices 株価の統制.
**2** Ⓤ 《正式》調整, 調節.
**3** ⓒ 規則, 規定, 法規 ‖
rules and regulations 規約.
a city regulation against air pollution 市の大気汚染規制条例.

**re·gur·gi·tate** /rigə́ːrdʒitèit ゥリガーチテイト/ 《現分》-tating 他 《正式》〈飲み込んだ食べ物〉を吐く；〈人が言った事〉をおうむ返しに言う.

**re·ha·bil·i·tate** /rìːhəbilitèit ゥリーハビリテイト/ 動 《現分》-tating 他 **1** …を修復する.
**2** 〈傷病者など〉の機能回復訓練をする, …を社会復帰させる.
**3** 〈人〉を復職させる；…の名誉を回復させる ‖
rehabilitate oneself 名誉を回復する.

**re·ha·bil·i·ta·tion** /rìːhəbilitéiʃən ゥリーハビリテイション/ 名 Ⓤ **1** リハビリテーション《傷病者の機能回復訓練・職業訓練および社会的支援活動》. **2** 復権；名誉回復.
**rehabilitátion cénter** リハビリセンター.

**re·hears·al** /rihə́ːrsl ゥリハースル/ 名 Ⓒ Ⓤ リハーサル, 下稽古(ᵍᵉⁱᵏᵒ), 試演(会), 予行演習 ‖
have [give] a wedding rehearsal 結婚式のリハーサルをする.
put a play into rehearsal 劇を試演する.
in rehearsal リハーサル中で[の, に].

**re·hearse** /rihə́ːrs ゥリハース/ 動 《現分》-hearsing 他 …を下稽古(ᵍᵉⁱᵏᵒ)する, 試演する, 予行演習する ‖
rehearse a play 劇のリハーサルをする.
──自 (劇・役割などの) リハーサルをする.

**re·house** /rìːháuz ゥリーハウズ/ 動 《現分》-housing 他 《正式》…に新しい[よりよい]住居を与える, …を新しい[よりよい]住居に住まわせる.

**Reich** /ráik ゥライク, ráiç/ 『ドイツ』 名 [the ~] ドイツ(帝国).

**reign** /réin ゥレイン/ (発音注意)《◆ g は発音しない》 [同音] rain, rein；[類音] /ain/, /ane/léin/) 名 Ⓒ **1**

治世, (君主の)統治[在位]期間 ‖
during [in] the reign of Queen Victoria ビクトリア女王の治世に.

**2** Ⓤ 君臨, 統治. **3** Ⓤ 支配, 影響(力).

***reign of térror*** (1) (権力者による)恐怖政治(の時期). (2) [the R~ of T-] 恐怖時代《フランス革命の1793年6月から94年7月の過激な時期》.

—動 ⾃ **1** 君臨する, 統治する ‖
reign over the people 国民を統治する.
The sovereign reigns but does not rule. 君主は君臨すれど統治せず.

**2** (正式) 行き渡る.

**re·im·burse** /rìːimbə́ːrs ゥリーインバース/ 動 (現分) --burs·ing (正式) ⋯を返済する.

**rein** /réin ゥレイン/ (同音 rain, reign) (類音 /ain, /ane/léin/) 名 Ⓒ [しばしば ~s]

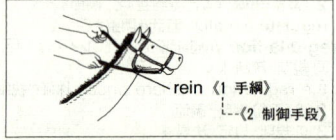

rein 《1 手綱》
《2 制御手段》

**1a** (馬などの)手綱(ウラ) ‖
tighten the reins 手綱を締(シ)める《◆比喩(ピ)的にも用いる》.

**b** [~s] 引き手綱(leading reins)《歩き始めた幼児の両肩につける安全用のバンド[ひも]》.

**2** (正式) [比喩的に] 手綱, 制御手段 ‖
hold the reins 統率[支配, 管理]している; 手綱をつかんでおく.
take the reins 統率[支配, 管理]する; 手綱を取る, 馬車の御者を務める.

***give (frée) réin to*** A (1) 〈想像・欲望など〉の赴くままにする. (2) 〈人〉にしたいようにさせる.

***kéep a tíght réin on*** A ⋯を厳しく管理する.

**re·in·car·na·tion** /rìːinkɑːrnéiʃən ゥリーインカーネイション/ 名 ⒸⓊ (正式) 霊魂の生まれ変わり, 転生; 霊魂転生説[信仰]; 化身.

**rein·deer** /réindiər ゥレインディア/ 名 (複 rein·deer, ~s) Ⓒ [動] トナカイ《◆サンタクロースのそりをひくとされる》.

**re·in·force** /rìːinfɔ́ːrs ゥリーインフォース/ 動 (現分) --forc·ing 他 (正式) ⋯を補強する, 強化する.

**re·in·force·ment** /rìːinfɔ́ːrsmənt ゥリーインフォースメント/ 名 **1** Ⓤ 補強. **2** Ⓒ [通例 ~s] 援軍, 増援物資.

**re·in·state** /rìːinstéit ゥリーインステイト/ 動 (現分) --stat·ing **1** (正式) ⋯を復職[復権]させる. **2** ⋯を元どおりにする.

**re·is·sue** /riːíʃuː ゥリーイシュー, (英+) -íʃjuː/ 動 (主に英) (現分) --su·ing 他 ⋯を再発行する. —名 Ⓒ 再発行; 再発行物.

**re·it·er·ate** /riːítərèit ゥリーイタレイト/ 動 (現分) --at·ing 他 (正式) 〈命令・嘆願など〉を何度もくり返して[言う]する.

***re·ject*** /動 ridʒékt ゥリ—ヂェクト/; 名 ríːdʒekt ゥリーヂェクト/ 『もとへ(re)投げる(ject). cf. project,

subject]』 ⓟ rejection (名)
—動 (三単現) ~s/-dʒékts/; (過去・過分) ~·ed /-id/; (現分) ~·ing
—他 **1** 〈提案・援助・申し出など〉を(きっぱり, すげなく)拒絶する, 断る; 〈議案〉を否決する; 〈人〉をはねつける(↔ accept)《◆refuse, turn down より強調的で堅い語》 ‖
reject an offer of assistance 援助の申し出を拒絶する.
She rejected my plan. 彼女は私の計画をはねつけた.
対話 "Did you get the job?" "No. They rejected me because of my age." 「その仕事は手に入りましたか」「いいえ. 年齢を理由にはねられました」.

**2** ⋯を捨てる ‖
Reject all the bad oranges. 悪くなったオレンジは皆捨てなさい.
—名 /ríːdʒekt/ Ⓒ 不合格品, 不良品.

**re·jec·tion** /ridʒékʃən ゥリヂェクション/ 名 ⒸⓊ 拒絶, 却下; 廃棄(物).

***re·joice*** /ridʒɔ́is ゥリヂョイス/ 動 (現分) --joic·ing ⾃ (正式) 喜ぶ, うれしく思う《◆be glad [delighted, pleased] の方がくだけた言い方》 ‖
rejoice at [over] good news 吉報を喜ぶ.
He rejoiced in their happiness. 彼は彼らの幸福を喜んだ.
She rejoiced to hear of his success. = She rejoiced (to hear) that he (had) succeeded. 彼が成功したことを聞いて彼女はうれしく思った《◆that は省略しない》.

***rejóice in*** A (1) 〈健康・富など〉に恵まれている. (2) → ⾃.

**re·joic·ing** /ridʒɔ́isiŋ ゥリヂョイスィング/ 動 → rejoice. —名 (正式) **1** Ⓤ 喜び, 歓喜. **2** [~s] 祝賀の催し.

**re·join** /riːdʒɔ́in ゥリーヂョイン/ 動 他 〈人〉と再び一緒になる; (主に英) 〈仲間・所属団体など〉に復帰する.

**re·join·der** /ridʒɔ́indər ゥリヂョインダ/ 名 (正式) (ぶっきらぼうだったり気のきいた)返答, 答弁, 言い返し.

**re·ju·ve·nate** /ridʒúːvənèit ゥリヂューヴェネイト/ 動 (現分) --nat·ing 他 (正式) ⋯を若返らせる; ⋯に元気を回復させる.

**re·ju·ve·na·tion** /ridʒùːvənéiʃən ゥリヂューヴェネイション/ 名 Ⓤ 若返り, 元気回復.

**re·kin·dle** /riːkíndl ゥリキンドル/ 動 (現分) --kin·dling 他 〈火〉を再びつける.

**re·lapse** /rilǽps ゥリラプス/ (正式) 動 (現分) --laps·ing ⾃ 再び陥る; ぶり返す. —名 Ⓒ (病気の)再発, ぶり返し.

***re·late*** /riléit ゥリレイト/ 『もとへ(re)運ぶ(late)』 ⓟ relation (名), relative (形~名)
—動 (三単現) ~s/-léits/; (過去・過分) --lat·ed /-id/; (現分) --lat·ing
—他 (正式) **1** [relate A (to [(英) with] B)] 《B 〈人・物・事〉と A 〈人・物・事〉を関係づける》 ‖
I can't relate these two events. この2つの事件を関連づけては考えられない.

I relate my good grades to [with] hard work. 私は自分の成績がよくなったのは猛勉強をしたためだと思う.

対話 "Think again. There must be a connection." "I know but I can't seem to relate the two of them." 「もう一度考えてください. 関連性があるはずです」「わかります. でもその2つを関連づけることはできそうにありません」.

**2** …を話す, 述べる, 物語る; [relate that 節] …ということを話す; […]と話す ‖
She related (to us) the story of her first trip to India. 彼女は(私たちに)初めてのインド旅行の話をしてくれた《◆×She related us the story of …とはいわない》.

—自 **1** 関係がある, かかわる.

**2** [しばしば否定文で] なじむ, 順応する; うまが合う ‖
He doesn't relate very well to his father. 彼は父親とあまりしっくりいっていない.

**re·lat·ed** /riléitid ゥリレイティド/ 動 → relate.
—形 親戚(%)の; 関係のある(↔ unrelated) ‖
other related subjects 他の関連科目.
The two ideas are closely related. その2つの考え方は密接に関連している.
He is related to me by marriage. 彼は結婚して私と親戚になった.

**re·lat·ing** /riléitiŋ ゥリレイティング/ 動 → relate.

*__re·la·tion__ /riléiʃən ゥリレイション/ [→ relate] 派 relationship (名)
—名 (複 ~s/-z/) **1** ⓒⓊ 関係, 関連《◆(米)では relationship の方がふつう》‖
There's no relation between crime and poverty. 犯罪と貧困とは無関係である.
The pulse has a close relation to health. 脈拍は健康と密接な関係がある.

**2** [~s] 関係, 交渉, 取引関係《◆ relationship より形式ばった関係》‖
sever [break off] relations with the countries of Europe ヨーロッパの国々と国交を断絶する.

**3** (正式) Ⓤ 語ること; ⓒ 話 ‖
the relation of his adventures 彼の冒険談.

**bear no [little, some] relation to** A …と関係がない[ほとんどない, 少しある].
**in [with] relation to** A (正式) …に関して, …について; …と比較して.

*__re·la·tion·ship__ /riléiʃənʃip ゥリレイションシプ/ [→ relation]
—名 (複 ~s/-s/) **1** ⓒⓊ 関係, 関連, 結びつき《◆ relation と異なり人と人との親しい関係にも用いる》‖
the relationship between literature and music 文学と音楽との関係.
form a lasting relationship with a musician 音楽家といつまでも親交を結ぶ.

**2** Ⓤ 親戚(%)[血縁]関係.

*__rel·a·tive__ /rélətiv ゥレラティヴ/ 《発音注意》《◆×ゥリレイティヴ》 [→ relate] 派 relatively (副)
—形 **1** (正式) 比較上の, 相対的な(↔ absolute) ‖
live in relative luxury 比較的ぜいたくな生活をする.

**2** (正式) [補語として] 関係のある, 関連した; 適切な ‖
his opinion relative to my work 私の作品に関する彼の意見.
The status you enjoy is relative to the group you are in. 得られる地位は属するグループと関係している.

*relative to* A (1) …に関して. (2) (正式) …に比例して; …と比較して, …の割に ‖ The cost of living relative to income is high. 収入の割に生活費が高い. (3) → **2**.

—名 (複 ~s/-z/) ⓒ **1** (正式) 親族, 身内 ‖
She is one of my dependent relatives. 彼女は私の扶養家族です.

**2** [文法] 関係詞; =relative pronoun.

**rélative ádverb** [文法] 関係副詞《when, where, why, how》.

**rélative cláuse** [文法] 関係(詞)節《関係詞の導く節》.

**rélative prónoun** [文法] 関係代名詞 (relative)《which, that, who など》.

**rel·a·tive·ly** /rélətivli ゥレラティヴリ/ 副 **1** 比較的, 割合に(↔ absolutely); [文全体を修飾] 比較して言えば ‖
Prices are relatively high in this city. この町は物価が割合高い.

**2** 相対的に.

**rel·a·tiv·i·ty** /rèlətívəti ゥレラティヴィティ/ 名 Ⓤ **1** 関連性, 相対性. **2** [しばしば R~] 【物理】相対性理論.

*__re·lax__ /riléks ゥリラクス/ 《元どおりに(re)ゆるめる (lax). cf. *lax*》
—動 (三単現 ~·es/-iz/; 過去・過分 ~ed/-t/; 現分 ~·ing)

| ―他 と 自 の関係 | | |
|---|---|---|
| 他 **2** | relax A | A をやわらげる |
| 自 **2** | A relax | A がやわらぐ |

—他 **1** …をくつろがせる, …の緊張をほぐす; [feel ~ed] くつろぐ, リラックスする ‖
in a relaxed posture くつろいだ格好で.

対話 "Do you like music?" "Yeah, it relaxes me after a hard day's work." 「音楽は好きですか?」「ええ, 一日のつらい仕事の疲れをいやしてくれますからね」.

**2** (正式) …をゆるめる, やわらげる ‖
relax one's muscles 筋肉の緊張をゆるめる, 筋肉の凝りをほぐす.
She relaxed her grip on my arm. 彼女は私の腕をつかんでいた力をゆるめた.
He relaxed his hold on his pupils. 彼は生徒に対する締めつけをゆるめた.

**3**《規律・規則などを》ゆるめる.

—自 **1** くつろぐ, リラックスする ‖
Now, please relax. さあ気持ちを楽にしてください.

On holidays I enjoyed **relaxing** with detective stories. 休日には探偵小説を読んでのんびりするのが好きだった.

対話 "This work is killing me." "**Relax**. Take some time off and forget about work for a while."「こんな仕事をすると死んでしまう」「まあ落ち着いて,休暇をとって仕事のことをしばらく忘れなさい」.

**2** やわらぐ, ほぐれる, ゆるむ ‖

His tired muscles **relaxed** in a hot bath. 熱いふろに入って彼は筋肉の疲れがほぐれた.

Her worried face **relaxed** in [into] a smile. 彼女の心配そうな顔が笑顔に変わった.

**re·lax·a·tion** /ri:lækséiʃən ゥリーラクセイション/《発音注意》《◆ゥりーラクゼイション》 图 **1** ⓤ くつろぎ, 息抜き, 休養 ‖ ⓒ 気晴らしにすること, 娯楽, レクリエーション ‖

be in **relaxation** くつろいでいる.

play golf for a bit of **relaxation** ほんの気晴らしにゴルフをする.

**2** ⓤⓒ (緊張などの)ゆるみ; (規律などの)緩和.

**re·lay** 图 rí:lei ゥリーレイ/;動 rí:lei ゥリーレイ, riléi/ 图 ⓒ **1** (仕事などでの)交替; 交替要員; 新供給資材 ‖

work in [by] **relay**(**s**) 交替で働く.

**2**〔放送・通信〕中継装置; 中継(放送, 番組, 通信)‖

by **relay** 中継で.

**3**《略式》《スポーツ》=**relay race**.
── 動 他 …を中継する; …を伝える ‖

I will **relay** your message to her. 伝言は彼女に伝えましょう.

**rélay ràce** リレー競走 (relay).

**rélay stàtion** (放送の)中継局.

**re·lease** /rilí:s ゥリリース/ 動 《現分》 -leas·ing) 他 **1** …を解き放ち, 自由にする (set free) ‖

**release** a prisoner 囚人を釈放する ‖

**release** a bird **from** a cage 鳥を鳥かごから逃がしてやる.

**2** …を放す, 外す;〈矢などを〉放つ;〈爆弾などを〉投下する《◆ let go より堅い語》‖

**release** the handbrake of a car 車のハンドブレーキを解く.

**release** an arrow **from** a bow 弓から矢を放つ.

**3**〈人などから〉〈人〉を(任務・負債などから)解く, 免除する ‖

**release** her **from** her promise 彼女の約束を取り消してやる.

**release** her **from** (a) debt 彼女の借金を免除してやる.

be **released from** the army 除隊になる.

**4** …の公開[公表, 販売]を正式に許可する; …を公開する, 封切りする; …を発売する ‖

recently **released** films 最近封切られた映画.

**5**〔法律〕〈権利・財産など〉を放棄する.
── 图 -leas·es /-iz/ **1** ⓤ [しばしば a ~] 解放, 釈放, 放免, 救出; ⓒ (仕事・緊張などの)解放するもの ‖

secure her **release from** prison 彼女の刑務所からの釈放を保証する.

his **release from** the hospital 彼の退院.

**2** ⓤ (固定しているものを)放す[離す, 外す]こと, 放出; (爆弾などの)投下; (制動などの)解除; ⓒ 解除[始動]装置.

**3** ⓤⓒ (義務などの)免除, 解除 ‖

obtain a **release from** one's promise 約束を取り消してもらう.

**4** ⓤⓒ (映画などの)一般公開, 封切り;(情報などの)公表(許可);(レコード・本などの)発売; ⓒ 封切り映画, (レコードの)新譜(⁽ ⁾), 新発売の本 ‖

a government press **release** 政府による報道機関への公式発表.

the **release** of a new movie 新作映画の封切り.

**on général reléase**《英》《映画が》一斉封切り[一般公開]されて.

**rel·e·gate** /rélageit ゥレリゲイト/ 動 《現分》 -gat·ing) 他 《正式》 **1** …を格下げする. **2** …を任せる.

**re·lent** /rilént ゥリレント/ 動 自 やさしくなる, 態度を軟化する;〈厳しい天気などが〉やわらぐ.

**re·lent·less** /riléntləs ゥリレントレス/ 形 《正式》 情け容赦(⁽ ⁾)のない, 厳しい.

**re·lént·less·ly** 副 情け容赦なく, 厳しく.

**rel·e·van·ce, ‑·van·cy** /rélavəns(i) ゥレレヴァンス(ィ)/ 图 ⓤ 関連 ‖

have **relevance** to the case その事実と関係がある.

**rel·e·vant** /rélavənt ゥレレヴァント/ 形 関連がある; 適切な, 妥当な ‖

a **relevant** remark 的を射た意見.

Your question is not **relevant** to the subject. 君の質問は当面の話題とは関係がない.

**rél·e·vant·ly** 副 関連して, 適切に.

**re·li·a·bil·i·ty** /rilaiəbíləti ゥリライアビリティ/ 图 当てになること, 信頼性[度], 確実性, 信頼できること.

**re·li·a·ble** /riláiəbl ゥリライアブル/ 形 信頼できる, 頼りになる, 当てにできる, 確実な (↔ unreliable) ‖

a **reliable** secretary 信頼できる秘書.

**re·lí·a·ble·ness** 图 ⓤ 信頼性[度], 確実性.

**re·li·ance** /riláiəns ゥリライアンス/ 图 **1** ⓤ 依存; 信頼, 信用 ‖

have [feel] complete **reliance on** one's friends =**place** complete **reliance in** [**on**] one's friends 友人を全く信頼する.

**2** ⓒ 頼りになる物[人].

**rel·ic** /rélik ゥレリク/ 图 ⓒ 《正式》 **1** 遺物, 遺品; [~s] 遺跡, 廃墟(⁽ ⁾) ‖

**relics** of an ancient civilization 古代文明の遺跡.

**2** (過去の風習などの)名残り, 遺風 ‖

a **relic** of a bygone age 過去の時代の名残り.

**3** 思い出の品, 記念品, 形見, 遺品 ‖

**relics** of Grandfather's childhood 祖父の幼年時代の記念品.

**re·lied** /riláid ゥリライド/ 動 → **rely**.

**re·lief**¹ /rilíːf リリーフ/ 名 **1** ⓤ [しばしば a ～] (苦痛・心配・恐怖などの)除去, 軽減 ‖
get relief from pain 痛みが消える.
**2** ⓤ [しばしば a ～] 安堵(ど)(感), 安心 ‖
feel relief at the news その知らせにほっとする.
give a sigh of relief ほっと安堵のため息をつく.
Much to my relief [To my great relief] (↘) ¦ he was saved. 彼が救出されて私は本当にほっとした(→ to 前 9).
**3** ⓤ (略式) [しばしば a ～] ほっとさせるもの, 慰めとなるもの, 気晴らし ‖
What a relief! (↘) ああ, ほっとした.
**4** ⓤ (正式) 救済, 救援; 救援物資[金]; (米) (貧窮者などへの)福祉金; [形容詞的に] 救援の ‖
relief of the poor 貧しい人の救済.
send relief to the earthquake victims 震災被害者へ救援物資を送る.
**5** ⓤ (任務の)交替; ⓒ 交替者, 代行者; [the ～; 集合名詞] 交代班; [形容詞的に] 交替の ‖
**on relíef** (米) (失業・貧困のため)生活保護を受けて.
**relíef pítcher** [野球] 救援投手.
**relíef wòrks** 失業対策事業; (それによって建設された)公共施設《道路・橋・建物など》.

**re·lief**² /rilíːf リリーフ/ 名 **1** [建築・美術] ⓤ 浮彫; レリーフ; ⓒ 浮彫細工[作品], 浮彫模様 ‖
a profile of Haydn in high relief ハイドンの横顔の高浮彫像.
**2** ⓤ [美術] (陰影などによる)浮彫的効果.
**3** ⓤ きわだち, 鮮明さ, 対照効果 ‖
The white church stands out **in bold [sharp] relief against** the blue sky. 白い教会は青空を背景にくっきりとそびえている《◆against は対照を強調する》.
**relíef màp** 起伏地図, 模型地図.

**re·lies** /riláiz リライズ/ 動 → rely.

**re·lieve** /rilíːv リリーヴ/ 動 (現分 **··liev·ing**) 他
**1** ⟨苦痛・心配など⟩を取り除く, やわらげる, 軽減する ‖
Her humorous remark **relieved** the tension I felt. 彼女のユーモアのある言葉が私の緊張をほぐしてくれた.
対話 "This headache is terrible." "Take this. It'll **relieve** your pain." 「この頭痛はとてもひどいんです」「これを飲みなさい、痛みがやわらぐよ」.
**2** …を安心させる, 楽にさせる; [be ～d] 安心する ‖
The medicine soon **relieved** the patient (**from** pain). その薬を飲んでやがて患者は(苦痛から)楽になった.
I was **relieved** (**to hear**) **that** there had not been a fight. 争いがなかったと聞いて私はほっとした.
**3** (正式) …を救済する, 救援する ‖
**relieve** the victims of the flood 洪水の被害者を救援する.
**4** …と交替する, …を交替させる; [野球] ⟨投手⟩を救援する; (正式) 解雇する ‖
He **was relieved of** his duties. 彼は職務を解かれた.
**5** (正式) ⟨人⟩から取り除く ‖
May I **relieve** you **of** that heavy baggage? その重い荷物をお持ちしましょう.

**re·lieved** /rilíːvd リリーヴド/ 動 → relieve.
——形 ほっとした, 安心の(→ relieve 他 **2**).

*\***re·li·gion** /rilídʒən リリヂャン/ 【『再び(re)神と結ぶこと(ligion)』】 派 religious (形)
——名 (複 ～s/-z/) **1** ⓤ 宗教 ‖
She believes in one of the new **religions**. 彼女は新興宗教の1つを信じています.
**2** ⓒ 宗派, 宗旨, [複合語で] …教 ‖
profess the Buddhist **religion** 仏教を信奉する.
**3** ⓤ 信仰, 信仰心; 信仰生活 ‖
enter (into) religion 修道生活に入る.
**4** [a ～ / one's ～] 信条, 主義, 生きがい ‖
Soccer is his **religion**. = Soccer is **a religion with** him. サッカーは彼の生きがいだ.

**re·li·gious** /rilídʒəs リリヂャス/ 形 **1** 宗教の, 宗教に関する ‖
**religious** music 宗教音楽.
**religious** liberty 信仰の自由.
**2** 信心深い, 敬虔(けん)な(↔ irreligious) ‖
a **religious** person 信心深い人.
**3** (正式) 厳正な; 良心的な, 細心の ‖
pay **religious** attention to traffic rules 交通規則に細心の注意を払う.
with **religious** care 細心の注意を払って.

**re·li·gious·ly** /rilídʒəsli リリヂャスリ/ 副 **1** (正式) 誠実に, 規則正しく, きちんと; 細心に ‖
She **religiously** waters the flowers every morning. 彼女は毎朝きまって花に水をやる.
**2** 宗教的に, 宗教上; 信心深く.

**re·lin·quish** /rilíŋkwiʃ リリンクウィシュ/ 動 (三単現 ～**es**/-iz/) (正式) ⟨希望・習慣など⟩を捨てる, 止める; ⟨地位・職など⟩を辞す, 譲る ‖
**relinquish** all hope あらゆる希望を捨てる.
**2** …をいやいや手放す, 放棄する, 引き渡す ‖
**relinquish** one's claim to the estate 財産に対する権利を放棄する.

**rel·ish** /rélíʃ ゥレリシュ/ 名 (複 ～**es**/-iz/) **1** ⓤ **a** (食欲をそそるような)味, 香り, 風味 ‖
Mustard adds **relish** to sandwiches. からしはサンドイッチに風味を添える.
**b** [しばしば a ～] (物事の)おもしろ味, 味わい, 興趣(きょう) ‖
The possibility of danger added (a) **relish** to the adventure. その冒険には危険が伴う可能性もあったのでかえっておもしろくなった.
**2** ⓤ **a** [しばしば a ～] 楽しい味わい, 喜び ‖
eat **with relish** おいしそうに食べる.
**b** [通例否定文で; 肯定文では a ～] 好み, 興味, 欲求 ‖
I have no **relish** for fishing. 魚釣りは好きではない.
**3** ⓒⓤ 薬味, 香辛料, 調味料; 付け合わせ《ピクルスなど》; 前菜.
——動 (三単現 ～·**es**/-iz/) 他 **1** …を好む, 楽し

む‖
I don't much **relish** (the idea of) having to tell him the bad news. 彼にその悪い知らせを伝えなくてはならないのはあまりうれしいことではない.
**2** …をおいしく食べる[飲む].

**re·live** /ri:lív ゥリーリッ/ 動 現分 --liv·ing〈過去の時代・体験などを〉再び経験する, (想像によって)追体験する.

**re·load** /ri:lóud ゥリーロウド/ 動 他 自〈銃に〉弾丸をこめ直す; 〈荷車などに〉荷を積み直す.

**re·luc·tance, –·tan·cy** /rilʌ́ktəns(i) ゥリラクタンス(ィ)/ 名 U [しばしば a ~] 気が進まないこと, 気乗り薄, 嫌気‖
consent with reluctance しぶしぶ同意する.
show (a) reluctance to go skiing スキーに行くのに乗り気でない.

\***re·luc·tant** /rilʌ́ktənt ゥリラクタント/ 〖「…に逆らう」が原義〗
── 形 **1** [be reluctant to do] …したいと思わない; することに気が進まない(→ unwilling)‖
She **was reluctant to** talk with anyone [ˣsomeone]. 彼女はだれとも話したくなかった《◆ reluctant は否定的な意味を含むのに肯定的意味を持つ語(ここでは someone)とはふつう一緒に用いない》.
**2** しぶしぶの, いやいやながらの, 不承不承の‖
give a **reluctant** answer しぶしぶ返事をする.

**re·luc·tant·ly** /rilʌ́ktəntli ゥリラクタントリ/ 副 いやいやながら, しぶしぶ‖
He joined the strike **reluctantly**. 彼は不承不承ストに参加した.

\***re·ly** /rilái ゥリライ/ 〖「強く縛る」が原義〗
派 reliable (形)
── 動 (三単現 re·lies /-z/; 過去・過分 re·lied /-d/; 現分 ~·ing)
── 自 [rely on [《正式》upon] **A**] …に頼る; …を当てにする, 信頼する《◆ depend, count の方が一般的な語》‖
You can't **rely on** her help. =You can't **rely on** her for help. 彼女の援助は当てにできないよ.
He can be **relied on**. 彼は信頼できる.
We can **rely on** his [《略式》him] coming on time. =We can **rely on** it that he will come on time. 彼はきっと時間どおりに来ますよ.
You can never **rely on** her **to** be punctual. 彼女が時間を守ることは絶対当てにできない.
対話 "Don't worry. I'll lend you some money." "Thanks. I knew I could **rely on** you." 「心配しないで. お金をお貸ししますよ」「ありがとう. あなたは当てにできると思っていました」.

\***re·main** /riméin ゥリメイン/ 〖「あとに(re)とどまる(main). cf. manor」〗
── 動 (三単現 ~s /-z/; 過去・過分 ~ed /-d/; 現分 ~·ing)
── 自 **1** とどまる, 居残る《◆ stay より堅い語》(↔ leave)‖
I **remained** (at) home yesterday. きのうは(外出しないで)家に残った.
She **remained** in the room. 彼女は部屋に残っていた.
**Remain** just where you are. そこを動くな(= Don't move.).
This trip will always **remain** in my memory. この旅はいつまでも私の記憶に残ることでしょう.
対話 "Aren't you coming?" "I have to **remain** here until 7:30. I'll be there soon." 「来ないのですか」「7時半までここにいなければなりません. すぐにそちらへ行きます」.
**2** [remain C] 依然として **C** の(状態の)ままである, 相変わらず **C** である《◆ **C** は名詞・形容詞・分詞など》‖
Many stores **remain** open until 8:00 p.m. 午後8時まであいている店は多い.
The light **remained** on. 明かりがついたままだった.
Did the bird **remain** in sight? 鳥を十分観察できましたか.
They **remained** good friends. 彼らはずっと親友であった.
I **remain** yours truly. 敬具《◆手紙の末尾で》.
**3 a** 残っている, 残されている《◆ふつう進行形にしない》‖
Nothing **remained** of the house after the fire. 火事のあと家は跡形もなくなった.
The chapel **remains**; everything else is destroyed. 礼拝堂だけが残り, 他はすべて破壊された.
対話 "Have you moved everything out of your office?" "Almost. Just two or three small things **remain**." 「事務所から全部運び出しましたか」「ほぼ全部. あと2, 3 小物が残っているだけです」.
**b** [remain to be done] これから…されねばならない, まだ…されないでいる‖
Nothing **remains** to be told. これ以上言うことは何もない.
── 名 [=s; 複数扱い] **1** 残り, 残りもの‖
the **remains** of lunch 弁当の残り.
**2** 遺物, 遺跡‖
the **remains** of an ancient city 古代都市の遺跡.
**3** 《正式》遺体, なきがら, 遺骨《◆ dead body, corpse の遠回し表現》.

**re·main·der** /riméindər ゥリメインダ/ 名 《正式》 [the ~; 集合名詞; 単数・複数扱い] 残り, 残りものの[人]‖
The **remainder** of the day was wasted. その日の残りはむだに費やされた.

**re·mand** /rimǽnd ゥリマンド/ |-máːnd -マーンド/ 動 他《法律》[通例 be ~ed]〈被告人・囚人が〉再拘留[再留置]される.

\***re·mark** /rimάːrk ゥリマーク/ 〖「再び(re)注意する(mark)」〗
派 remarkable (形)
── 動 (三単現 ~s /-s/; 過去・過分 ~ed /-t/; 現分 ~·ing)
── 他 **1** …と言う, 述べる《◆ say よりも堅い語》;

[remark (that) 節] …だと言う；「…」と言う ‖
He remarked (that) he liked my new dress. =He remarked, "I like your new dress." 彼は私の新しいドレスが気に入ったと言った．
She remarked how lovely the Christmas tree looked. クリスマスツリーがなんてきれいに見えるのでしょうと彼女は言った．
**2** (正式) …に気づく，注意する．
━━自 所見[感想，意見]を述べる ‖
I remarked on his hairstyle. 彼の髪型について一言した．
━━名 (複 ~s/-s/) **1** Ⓒ 所見，意見，感想，見解 ‖
make an unkind remark about her 彼女の悪口を言う．
**2** Ⓤ (正式) 注目，注意；観察 ‖
escape remark 気づかれずにすむ．
be worthy of remark 注目に値する．

\*re・mark・a・ble /rimá:rkəbl ゥリマーカブル/ 〖→ remark〗
━━形 **1** 注目すべき，注目に値する(↔ unremarkable) ‖
a person of remarkable ability すばらしい才能の人．
Nothing remarkable happened. これといったできごとは何も起こらなかった．
**2** 異常な，例外的な，珍しい，目だった ‖
He is remarkable for his fierce temper. 彼は異常なほど激しい気性である．
It is remarkable that she should not understand. =It is remarkable for her not to understand. 彼女がわからないとは珍しいことだ．

re・mark・a・bly /rimá:rkəbli ゥリマーカブリ/ 副 [形容詞・副詞を修飾して] 目立って，著しく，異常に ‖
It is remarkably hot for this time of year. この時期にしては異常なほど暑い．

re・mar・riage /ri:mǽridʒ ゥリーマーリヂ/ 名 Ⓤ Ⓒ 再婚．

re・mar・ry /ri:mǽri ゥリーマーリ/ 動 (三単現) -・mar・ries/-z/；過去・過分 -・mar・ried/-d/ 自 **1** 再婚する．**2** 〈離婚した男女が〉(同じ相手と)再結婚する．
━━他 **1** 〈前配偶者と〉再結婚する．**2** …と再婚する．

Rem・brandt /rémbrænt ゥレンブラント/ 名 レンブラント《~ van Rijn/vɑːn ráin/ 1606-69；オランダの画家》．

re・me・di・al /rimí:diəl ゥリミーディアル/ 形 (正式) **1** 治療の(ための)．**2** 矯正の．**3** (読み書きの能力の低い学生のために行なう) 補習の．

rem・e・dy /rémədi ゥレメディ/ 名 (複 -e・dies/-z/) Ⓒ Ⓤ **1** 治療(法)，医薬品《◆ cure より堅い語》‖
What is your favorite remedy for headache(s)? 頭痛に効くあなたの特効薬は何ですか．
**2** 矯(ゥ)正法，救済策，改善法 ‖
find a remedy for air pollution 大気汚染の改善策を見つける．

be beyond [past] remedy 矯正できない．
have no remedy but to move out of the city 町を出るしか手がない．
━━動 (三単現) -・e・dies/-z/；過去・過分 -・e・died/-d/ 他 (正式) **1** …を治す，治療する．**2** …を矯正する，改善する．

\*\*re・mem・ber /rimémbər ゥリメンバ/ 〖再び(re) 心にかける(member). cf. *memóry*〗
派 remembrance (名)
→ 他 **1** 思い出す **2** 覚えている **3** よろしくと伝える
━━動 (三単現) ~s/-z/；過去・過分 ~ed/-d/；現分 ~・ing/-bəriŋ/
━━他 **1** 〈人・物・事〉を思い出す，思い起こす；[remember (that) 節 / remember wh 節・句] …ということを思い出す(↔ forget) (→ recollect Q&A) ‖
I can't remember his name. 彼の名が思い出せない．
She suddenly remembered (that) she had some homework to do. 彼女は宿題のあったことを突然思い出した．
**2 a** …を覚えている，記憶している；[remember (that) 節 / remember wh 節] …ということを覚えている；[remember A as [to be] C] 〈正式〉A〈人・物〉をC と覚えている《◆(1) C は名詞・形容詞・分詞．(2) 進行形にしない》‖
I remember (that) I posted your letter. あなたの手紙を出したことを覚えている．
I (can) remember my father to have been kind. 〈正式〉父がやさしかった記憶がある．
I (can) remember you as having a sister. あなたには妹さんがあったと記憶しています《◆can をつけると「覚えている状態」を強調する．進行形の代用表現》．
**b** [remember to do] 忘れないで…する ‖
Did you remember to lock the door? 忘れずに戸に錠をおろしたか．
対話 "Please remember to mail that letter for me." "I will. I have it here in my hand." 「その手紙を忘れずにポストに入れてね」「大丈夫さ．こうして手に持っているから」．
She remembered not to go out alone. 彼女はひとりで外出してはいけないことを覚えていた．
**c** [remember doing / remember having done] …したことを覚えている ‖
I remember posting [having posted] your letter. あなたの手紙を出したことを覚えている．
**d** [remember A [A's] doing] A〈人〉が…したことを覚えている ‖
I remember you [your] saying that. あなたがそう言ったのを覚えています．

---

Q&A **Q**: remember to do と remember doing は意味が違うのですか．
**A**: そうです．「忘れずに…する」のようにこれから先に起こる事柄を言うときは to do を，「…したことを覚

えている」のように以前に起こった事柄を言うときはdoingを使います. 同様のことはforgetにもあてはまります.

**3** 《米文・英略式》[remember A to B] A〈人〉のことをB〈人〉によろしくと伝える《◆ふつう命令文か受身. 進行形にしない》
Remember me (kindly) to your wife. 奥さんによろしく(=Give my (best) regards [《略式》Say hello] to your wife.).
[対話] "Remember me to Fred." "I'll do that."「フレッドによろしく」「伝えておくよ」.
Mother asked to be remembered to you. あなたによろしくと母が申しておりました.

**4**《正式》[しばしば遠回しに] …に贈り物をする, チップをやる ‖
I always remember my mother on Mother's Day. 母の日にはいつも母に贈り物をします.
Please remember the taxi driver. タクシーの運転手にチップをあげてくれ.
——⾃ 覚えている; 記憶力がある; 思い出す ‖
I don't remember well. 物覚えがよくない.
ever since I can remember 思い出せる限りずっと.
Now I remember. 今思い出した《◆現在形に注意》.
if I remember correctly もし私の記憶に間違いがなければ.

**re·mem·brance** /rimémbrəns リメンブランス/ 名《正式》**1**ⓤ 記憶, 記憶力(memory) ‖
have no remembrance of … …を全く覚えていない.
call his name to remembrance 彼の名を思い出す.
the heaviest snowfall in my remembrance 私の記憶に残るいちばんの豪雪.
**2**ⓤ⒞ 思い出, 回想, 追憶 ‖
I have many sad remembrances of my boyhood. 私には少年時代の悲しい思い出が数々ある《◆memoriesの方がふつう》.
**3**⒞ 思い出となるもの[事], 記念(品), 形見 ‖
She gave me her watch as a remembrance of her. 彼女は形見として腕時計をくれた.
**in remémbrance of** A …を記念して; …の思い出に.
**to the bést of** A's **remémbrance** …の覚えている限りでは.
**remémbrance Dày** [《カナダ》**Sùnday**]《英》英霊記念日《◆第一次・第二次世界大戦の戦没者を記念する日. 11月11日に最も近い日曜日. cf. Memorial Day》.

\***re·mind** /rimáind リマインド/《再び(re)気づく(mind)》
——動 《三単現》~s/-máindz/; 《過去・過分》~ed/-id/; 《現分》~·ing)
——他 **1a** [remind A (of B)] A〈人〉に〈B〈人・物・事〉を〉気づかせる, 思い起こさせる ‖
I reminded him of our dinner this evening. 今晩の夕食のことを忘れないようにと彼に言ってやった.
**b** [remind A to do] A〈人〉に…することを気づかせる ‖
Please remind me to buy some beef. 牛肉を買うのを忘れていたら注意してね.
**c** [remind A (that) 節 / remind A wh 節] A〈人〉に…ということを気づかせる ‖
We must remind him (that) he's on duty tonight. 今夜は当直だということを忘れるなと彼に念を押してやらねばならない.
I reminded her (about) where we met. 私たちがどこで会ったか彼女に思い出させた.
**2** [remind A of B] A〈人〉に〈B〈人・物・事〉を〉思い出させる, 連想させる ‖
This picture reminds me of our holiday. =Whenever I see this picture I'm reminded of our holiday. この写真を見るといつもあの休日のことを思い出す.
She reminds me very much of her sister. 彼女はとてもお姉さんに似ている.
[対話] "The movie was great. Judy loved it too." "That reminds me. Her birthday is next week."「映画はよかったよ. ジュディーもとても気に入った」「それで思い出したわ. ジュディーの誕生日が来週なの」.

**re·mind·er** /rimáindər リマインダ/ 名ⓤ 思い出させるもの[人]; (思い出させるための)合図, 注意; 催促状 ‖
She tied a string on her finger as a reminder. 彼女は忘れないようにと指にひもを結んだ.

**rem·i·nisce** /rèmənís レミニス/ 動《現分》-·nisc·ing) ⾃ 思い出話をして楽しむ.

**rem·i·nis·cence** /rèmənísns レミニスンス/ 名 **1**ⓤ 回想, 追憶.
**2**⒞ 思い出, 思い出される事; [通例 ~s] 思い出話, 回想[回顧]録.
**3**⒞ 思い出させる物[事] ‖
There is a reminiscence of his father in his way of speaking. 彼の話し方には父親を彷彿(ほう)とさせるところがある.

**rem·i·nis·cent** /rèmənísnt レミニスント/ 形 **1** 思い出させる, しのばせる ‖
His way of speaking is reminiscent of his father. 彼の話し方には父親を彷彿(ほう)とさせるものがある.
**2** 思い出にふけりがちな, 追憶にふけっている ‖
reminiscent old people 追憶にふけりがちな老人.
**3** 思い出に関する; 追憶的な ‖
a reminiscent talk 懐旧談.
be in a reminiscent mood 懐古的な気分になっている.

**re·miss** /rimís リミス/ 形《正式》怠慢な, 不注意な, いいかげんな ‖
be remiss in one's duties 職務怠慢である.

**re·mis·sion** /rimíʃən リミション/ 名 **1**ⓤ《正式》(特にキリスト教での)赦(ゆる)し. **2**ⓤ《正式》(負債・罰

(金)・税金などの)免除, 減免. **3** [C][U] (病気・苦痛などの)小康状態.

**re·mit** /rimít ゥリミト/ [動] ([過去・過分] --mit·ted /-id/ ; [現分] --mit·ting) (正式) [他] **1** …を郵便で送る ‖

I remitted her the money yesterday. =I remitted the money **to** her yesterday. きのう彼女にその金を送りました.

**2** 〈神が〉〈罪〉を許す ; 〈負債・刑罰など〉を免除する.

**3** 〈苦痛・怒り・注意・努力など〉をやわらげる, 軽減する.

**4** …を任せる.

—[自] 送金する.

**re·mit·tance** /rimítəns ゥリミタンス/ [名] (正式) [U] [しばしば a ～] 送金, [C] 送金された金.

**rem·nant** /rémnənt ゥレムナント/ [名] [C] **1** [しばしば ～s] 残り, 残部 ; 残り切れ, 端切れ. **2** 名残り.

**re·mod·el** /rimádl ゥリマドル|-mɔ́dl -モドル/ [動] ([過去・過分] ～ed または (英) --mod·elled ; [現分] ～ing または (英) --el·ling) [他] **1** …を仕立て直す ; 〈人体の部分など〉の形を変える ‖

have one's suit **remodeled** スーツを仕立て直してもらう.

**2** …を改造する.

**re·mon·strate** /rimánstreit ゥリマンストレイト|rémən- ゥレモン-/ [動] ([現分] --strat·ing) (正式) [自] 抗議する ; 忠告する, さとす ‖

**remonstrate with** the government against high prices 物価高に対して政府に抗議する.

**re·morse** /rimɔ́:rs ゥリモース/ [名] [U] (正式) 深い悔恨 ; 良心の呵責(かしゃく), 自責の念 ‖

**in remorse for** the crime 犯した罪を後悔して.

***withòut remórse*** [副] [形] 情け容赦なく[ない], 冷酷に[な].

**re·morse·ful** /rimɔ́:rsfl ゥリモースフル/ [形] (正式) 悔恨の, 後悔して.

**re·morse·less** /rimɔ́:rsləs ゥリモースレス/ [形] 情け容赦ない, 無慈悲な, 冷酷な ; 〈風雨などが〉容赦なく続く.

*__re·mote__ /rimóut ゥリモウト/ 〖「遠い」が本義〗

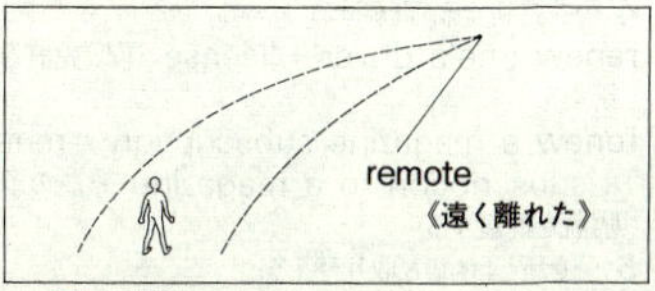


—[形] ([比較] more ～, --mot·er; [最上] most ～, --mot·est) **1 遠い**, 遠方の, 遠隔の ; 遠く離れた《◆ far away より堅い語》 ‖

a **remote** island in the Pacific 太平洋上はるかかなたの孤島.

She lives **remote from** the town. 彼女は町から遠く離れたところに住んでいる.

**2** へんぴな, 人里離れた ‖

She lives in a **remote** village. 彼女はへんぴな村に住んでいる.

[対話] "Where did you say you lived in Turkey?" "In a very **remote** part of the country called Sinop." 「トルコではどこに住んでおられたのですか」「シノップというとてもへんぴなところです」.

**3** (時間的に) **遠く隔たった**, 遠い ‖

**in the remote past** はるか昔に.

**4** 関係が薄い, かけ離れた ‖

His question was **remote from** the matter under consideration. 彼の質問は審議中の事柄とはかけ離れていた.

**5** 遠縁の ‖

a **remote** relative 遠い親戚.

**6** よそよそしい, そっけない, 無関心な ‖

Her manner was **remote** and cold. 彼女の態度はよそよそしく冷淡だった.

**7** [しばしば remotest で] 〈考え・可能性・関係などが〉かすかな, わずかな (→ idea **5**) ‖

I haven't the **remotest** idea (of) when he will come back. 彼がいつ帰って来るか全く見当がつきません.

**8** 遠隔操作の ‖

**remote** computer operation コンピュータの遠隔操作.

**remóte contról** 遠隔操作[制御], リモコン ‖ by **remote control** リモコンで.

**re·móte·ness** [名] [U] 遠隔 ; 疎(そ)遠.

**re·mote·ly** /rimóutli ゥリモウトリ/ [副] **1** 遠く離れて ; 人里離れて.

**2** 〈関係が〉薄く, 遠く ‖

be **remotely** related to her 彼女と遠縁[疎縁]である.

**3** よそよそしく, 冷淡に.

**4** [しばしば否定文で] ほんのわずか(も) ‖

be **not remotely** worried about it そのことをちっとも心配していない.

**5** 間接的に ; 遠くで[から].

**re·mount** /rì:máunt ゥリーマウント/ [動] [他] 〈馬・自転車など〉に再び乗る. —[自] (馬・自転車などに) 再び乗る ; 再び登る.

**re·mov·a·ble** /rimú:vəbl ゥリムーヴァブル/ [形] **1** 除去できる. **2** 移動できる.

**re·mov·al** /rimú:vl ゥリムーヴル/ [名] [U][C] **1** 除去.

**2** (主に英正式) 移動, 転居, 転勤 ‖

his **removal from** Tokyo 東京からの彼の引っ越し.

**3** 解雇, 解任, 免職.

**remóval vàn** (英) 引っ越しトラック.

*__re·move__ /rimú:v ゥリムーヴ/ 〖再び(re)動く(move). cf. *move*ment〗 [派] removal (名)

—[動] ([三単現] ～s/-z/ ; [過去・過分] ～d/-d/ ; [現分] --mov·ing)

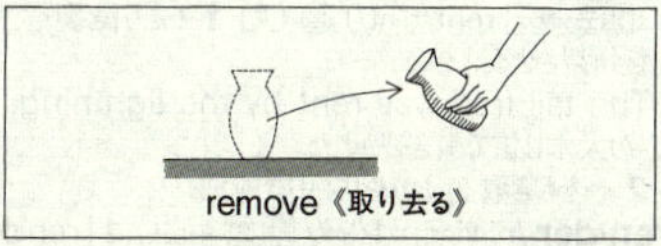


—[他] **1** [remove **A** (from **B**)] (**B**〈場所・物〉から) **A**〈物〉を**取り去る**, 持ち去る, 移動させる《◆ take

away より堅い語》‖
remove the picture to another wall 絵を別の壁に掛け替える.

[対話] "Let's start on the puzzle now." "I'll have to **remove** the dishes **from** the table first."「それじゃパズルを始めよう」「その前にテーブルのお皿を片付けないといけないわ」.

**2** 《正式》…を脱ぐ‖
Remove your hat. 帽子を取りなさい.

[対話] "Did I do something wrong, Taro?" "You have to **remove** your shoes before entering, Ted."「太郎, ぼく何か間違ったことをしたかい」「入る前に靴を脱がないとだめなんだ, テッド」.

**3** [remove A (from B)] (B《物·場所》から) A《汚れ·疑い·恐れなど》を取り除く, 取り払う‖
Remove the dirt from your shoes. 靴のほこりを取りなさい.

This medicine will remove your pain. この薬を飲めば痛みがとれます.

**4** 《正式》…を解任する, 解雇する‖
remove a man from office for taking bribes 収賄(しゅうわい)のかどで人を解雇する.
— 自 引っ越す(move).

**re·moved** /rimúːvd ゥリムーヴド/ 動 → remove.
— 形 《いとこが》…世代離れた‖
a cousin once removed いとこの子.

**re·mov·er** /rimúːvər ゥリムーヴァ/ 名 **1** ⓒ 《英》引っ越し運送業者《米》mover).
**2** ⓒ Ⓤ [複合語で] 剝離(はくり)剤, 除去剤‖
a paint-remover ペンキ除去剤.
a hair-remover 脱毛クリーム.

**re·mov·ing** /rimúːviŋ ゥリムーヴィング/ 動 → remove.

**re·mu·ner·a·tion** /rimjùːnəréiʃən ゥリミューナレイション/ 名 Ⓤ 《正式》 [しばしば a ～] 報酬.

**Re·mus** /ríːməs ゥリーマス/ 名《ローマ神話》レムス (→ Romulus).

**Re·nais·sance** /rènəsɑ́ːns ゥレネサーンス, -nəzɑ́ːns | rənéisəns ゥレネイサンス, rénəs-/ 名 **1** [the ～] ルネサンス, 文芸復興; 文芸復興期《ほぼ14-17世紀》.
**2** [形容詞的に] ルネサンスの[的な], ルネサンス様式[時代]の‖
Renaissance art ルネサンス美術.
**3** [時に r~] ⓒ (特に学問·芸術上の)復興, 復活; [r~] 新生, 再生.

**re·nal** /ríːnl ゥリーヌル/ 形 《医学》腎(じん)臓(部)の (cf. kidney).

**re·name** /rinéim ゥリネイム/ 動 (現分) ·nam·ing) 他 …に新しい名を付ける; …を改名する.

**rend** /rénd ゥレンド/ 〔類音〕/end/lénd/〕動 ([過去·過分] rent/rént/) 他 《文》**1**…を引き裂く; …を分裂させる‖
The tall tree was rent by the lightning. その大木は雷で引き裂かれた.
**2** …をもぎ取る, むりやりに引き離す.

**ren·der** /réndər ゥレンダ/ 動 他《正式》**1** [render A C] A〈人·物〉を C にする, させる, 変える《◆C は形容詞·時に名詞》‖
The typhoon **rendered** the rice crop worthless. 台風のため米作はだめになった.
**2** 〈援助など〉を与える, 〈注意など〉を示す, 払う‖
render help to her 彼女を援助する.
render a service to him = render him a service 彼に尽くす.
render thanks to God 神に感謝する.
**3** …を返す; …で報いる, 返礼する‖
render thanks for her kindness 彼女の親切にお礼を述べる.
render blow for blow なぐり返す.
**4** …を《言葉·絵などで》表現する, 表す; 〈劇·役など〉を演じる; 〈曲〉を演奏する, 歌う.

**ren·dez·vous** /rɑ́ːndəvùː ゥラーンデヴー, -dei- | rɔ́ndi- ゥロンディ-/ 〔発音注意〕《フランス》名 (複 ren·dez·vous/-z/) **1** 《正式》会う約束; 待ち合わせ, ランデブー‖
make a rendezvous with him 彼と会う約束をする.
**2** 待ち合わせの場所, 会合場所.
**3** (仲間などの)たまり(場), 会合に好んで利用される場所‖
a rendezvous for artists and poets 画家や詩人のたまり場.
**4** (宇宙船などの)ランデブー.

**ren·di·tion** /rendíʃən ゥレンディション/ 名 Ⓤ Ⓒ 《正式》(音楽·劇の)解釈, 演奏, 上演.

**ren·e·gade** /rénəgèid ゥレネゲイド/ 名 ⓒ 《正式》**1** 裏切者; [形容詞的に] 裏切りの. **2** (主にキリスト教からイスラム教への)改宗者.

**re·new** /rinj(j)úː ゥリニュー (ゥリニュー)/ 動 他 **1** …を再び新しくする, 新品のようにする, もとどおりに戻す‖
renew the walls by painting them ペンキを塗って壁を新しく見せる.
**2** …を再び始める, くり返す; …を再び言う[する]‖
renew an attack 攻撃を再開する.
**3** 《正式》〈元気·力·健康など〉を取り戻す, 回復する‖
renew one's health 健康を回復する.
renew one's spirits 気分を取り戻す.
**4** …を更新する, 継続する‖
renew one's driver's license 運転免許を更新する.
renew a magazine subscription = renew a subscription to a magazine 雑誌の予約購読を継続する.
**5** …を新しいものと取り替える.

**re·new·a·ble** /rinj(j)úːəbl ゥリニューアブル (ゥリニューアブル)/ 形 更新できる[すべき], 回復できる[すべき], 再開できる[すべき]‖
renewable sources of energy 再生可能なエネルギー源《太陽熱·風など》.

**re·new·al** /rinj(j)úːəl ゥリニューアル (ゥリニューアル)/ 名 **1** Ⓤ 新しくすること; 更新; 回復, 再開; 取り替え. **2** ⓒ 新しくされたもの.

**Re·noir** /rənwɑ́ːr ゥルノワー / rénwɑː ゥレノワー/ ルノワール《Pierre Auguste/piéər ɔːgúst/ ～ 1841-1919; フランス印象派の画家》.

**re·nom·i·nate** /rinάmineit ゥリナミネイト | -nɔ́m- -ノミネイト/ [動] ([現分] --nat·ing) [他] …を再指名する, 再任命する.

**re·nounce** /rináuns ゥリナウンス/ [動] ([現分] --nounc·ing) [他] (正式) **1** 〈権利·活動·所有物など〉を(正式に)断念[放棄]する ‖
renounce one's claim to the throne 王位継承権を放棄する.
**2** …と絶交する; …を破棄する.

**ren·o·vate** /rénəvèit ゥレノヴェイト/ [動] ([現分] --vat·ing) [他] (正式) **1** 〈古い建物·絵画など〉を修理[復元]する. **2** 〈元気·健康など〉を回復する.

**re·nown** /rináun ゥリナウン/ [名] [U] (正式) 名声, 有名 ‖
a person of great **renown** 著名人.
win **renown** 名声を博す.

**re·nowned** /rináund ゥリナウンド/ [形] (正式) 有名な, 高名な.

***rent**[1] /rént ゥレント/ ([類音] /ent/lént/) 〚「返されるもの」が原義. cf. render〛
——[名] [U] [C] **使用料, 賃貸(ちんたい)料** 《◆(英) では家賃·地代·部屋代などの長期の使用料をいうが, (米) では自動車·ボート·貸衣裳などの短期の使用料についてもいう》 ‖
How much **rent** do you pay **for** the apartment? アパートの家賃はいくら払っていますか.
pay a high **rent for** the room 高い部屋代を支払う.
***for rént*** (米) [名詞のあとで] (使用料をとって)貸すための((英) to let) ‖ a room **for rent** 貸し間 / For Rent. (米)(掲示) 貸家[貸間]あり ((英) For Let).
——[動] ([三単現] ~s /rénts/; [過去·過分] ~·ed /-id/; [現分] ~·ing)
——[他] **1** …を**賃借りする** ‖
I **rent** this apartment **from** Mr. Jones. 私はこのアパートをジョーンズさんから借りています.
[対話] "Do you own the apartment?" "I wish! No. We're **renting** it." 「アパートはご自分のものですか」「それだったらいいんだけど. いいえ, 借りているんです」.
**2** [授与動詞] [rent **A B** / rent **B to A**] **A**〈人〉に **B**〈家·土地など〉を**賃貸しする** ‖
We **rented** Mr. Brown our summer cottage. =We **rented** our summer cottage **to** Mr. Brown. 私たちはブラウン氏に避暑地の別荘を貸した.
We **rent** a flat to her **at** [**for**] £250 a month. 私たちは月額250ポンドで彼女にアパートを貸している.
[対話] "We have an extra room in the back of the house." "Why don't you **rent** it **out to** someone?" 「うちの奥に空いた部屋が1つあります」「だれか人に賃貸しすればいいのに」.
**3** (米) (一時的に) 〈自動車·ボート·スキー·衣装など〉を賃借りする((英) hire) (+*out*).

> [語法] 短期間の賃借りは hire だが, (米) では長期·短期にかかわらず rent を用いることが多い: *rent* a car 車を借りる. (米) では hire は主に「〈人〉を雇う」意に用いる. *hire* a car は「運転手付きで車を借りる」意. 船·飛行機·バスなどをグループ団体で借り切る場合は (米)(英) とも charter.

——[自] **賃借りできる, 賃貸しされる** ‖
This room **rents at** [**for**] $600 a month. この部屋代は月に600ドルである.

**rent**[2] /rént ゥレント/ [動] → rend.

**rent-a-** /réntə- ゥレンタ-/ [連結形] 貸しの; 派遣の; 雇われの.

**rent-a-car** /réntəkὰːr ゥレンタカー/ [名] [C] (米) レンタカー, 貸自動車. [事情] レンタカー会社は Avis, Hertz, Budget などが有名.

**rent·al** /réntl ゥレントル/ [名] [C] **1** (正式) 賃貸[賃借]料; 賃貸料総収入 ‖
at a **rental of** $5 a day 1日5ドルの使用料で.
**2** (米) 賃貸物件, 貸家, (貸)アパート.

**re·nun·ci·a·tion** /rinʌ̀nsiéiʃən ゥリナンスィエイション/ [名] **1** [C] [U] (快楽·権利などの)断念, 放棄. **2** [U] 自制.

**re·or·ga·ni·za·tion** /riːɔ̀ːrɡənəzéiʃən ゥリーオーガニゼイション/ [名] [U] 再編成; 再建.

**re·or·ga·nize,** (英ではしばしば) **--nise** /riɔ́ːrɡənaiz ゥリオーガナイズ/ [動] ([現分] --niz·ing) [他] [自] (…を)再編成する.

***re·pair** /ripéər ゥリペア/ 〚再び(re)用意する(pair). cf. pre*pare*〛 [派] reparation (名)
——[動] ([三単現] ~s/-z/; [過去·過分] ~ed/-d/; [現分] ~·ing/-péəriŋ/)
——[他] **1** …を**修理する, 修繕する** ([語法] → mend [Q&A]) ‖
repair a broken lock 壊れた錠前を修理する.
repair the road 道路を補修する.
I'd like to **have** [**get**] these shoes **repaired**. この靴を直してほしいのですが.
[対話] "Where's your watch?" "It's being **repaired**. I broke it last week." 「腕時計はどこにあるの」「修理に出してある. 先週壊してしまったんだ」.
**2** (正式) …を**償う, 補償する** ‖
repair an injury 損害を償う.
He tried to **repair** the harm he had done. 彼は自分が与えた損害を償おうと努めた.
**3** (正式) 〈健康·体力など〉を取り戻す, 回復する; 〈誤り·不正など〉を正す, 直す ‖
**repair** one's health 健康を取り戻す.
——[名] ([複] ~s/-z/) **1** [U] **修理, 修繕, 手入れ; 修復, 回復** ‖
My car is in need of **repair**. 私の車は修理が必要だ.
Their relationship was broken **beyond repair**. 彼らの関係は決裂してもとに戻らなかった.
**under repair** 修理中で.
**2** [C] [しばしば ~s] 修理作業, 修理の結果; (正式) 修理箇所 ‖
**make repairs on** one's own car マイカーの修

理を自分でする.
do the **repairs** and decorations 修理と飾りつけをする.
The **repairs** to our house are going to cost a lot of money. わが家の修理は高くつきそうだ.
**3** Ⓤ 手入れの状態;良好な状態 ‖
be in good **repair** =be in a good state of **repair** 手入れがよく行き届いている.

**re·pair·er** /ripéərər ゥリペアラ/ 图Ⓒ 修理する人.

**rep·a·ra·tion** /rèpəréiʃən ゥレパレイション/ 图《正式》**1** Ⓤ 賠償,補償,埋合わせ ‖
make reparation for the injury 損害の賠償をする.
**2** Ⓤ 賠償金,慰謝料.
**3** [~s] (敗戦国が払う)賠償金.

**re·pa·tri·ate** /動 ri:péitrièit ゥリーペイトリエイト| -pǽt- -パトリエイト/;图 ri:péitriət ゥリーペイトリアト| -pǽt- -パトリアト/ 動《現形》--at·ing》《正式》〈戦争犯罪人・亡命者など〉を本国へ送り帰す.
——图Ⓒ 送還者.

**re·pay** /ripéi ゥリペイ/ 動《過去・過分》--paid /-peid/》**1** [repay **A B** / repay **B** to **A**] **A**〈人〉に **B**〈金など〉を払い戻す,返金する《◆pay back より堅い語》‖
When did you **repay** her the money you borrowed? 君は借りた金をいつ彼女に返済したのか.
**2** …に報いる;…に恩返しをする;…に報復する.

**re·páy·ment** 图ⒸⓊ 返済(金),報酬;報復.

**re·peal** /ripí:l ゥリピール/ 《正式》他〈法律など〉を廃止[撤回]する. ——图Ⓤ (法律などの)廃止,破棄.

\***re·peat** /ripí:t ゥリピート/ 〖『再び(re)求める(peat). cf. com*pete*』㊙ repetition (名)
——動《三単現》~s/-pi:ts/;《過去・過分》~ed /-id/;《現分》~·ing》

**repeat** 《くり返す》

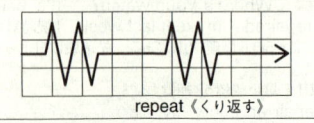

——他 **1** …をくり返して言う,くり返し述べる;[repeat (that) 節] …であるとくり返し言う;「…」とくり返し言う ‖
Could you **repeat** what you said, please? もう一度おっしゃってくださいますか《◆I bég your párdon. (↗)がふつう》.
I **repeat** (that) he is dependable. もう一度言いますが,彼は頼りになりますよ.
**2** …をくり返し,くり返し行なう ‖
**repeat** a mistake 間違いをくり返す.
**repeat** an experiment 再度実験する.
**repeat** (the) tenth grade 《米》高校1年をもう一度やり直す.
**3** …を暗唱する;〈他人の言ったこと〉を復唱する,おうむ返しに言う ‖

**repeat** a poem 詩を暗唱する.
——自 **1** くり返して言う[する] ‖
**Repeat** after me. 私のあとについて言いなさい.
**2** 〈数などが〉循環する.

**repéat itsélf** 〈歴史・できごとなどが〉同じようにくり返す ‖ History **repeats** itself. (ことわざ) 歴史はくり返す.

**repéat onesélf** 同じ事をくり返して言う[行なう].
——图Ⓒ **1** くり返す[される]こと;[形容詞的に] くり返される ‖
**repeat** offences くり返される違反.
**2** くり返されるもの;再演,再放送(番組).

**re·peat·ed** /ripí:tid ゥリピーティド/ 動 → repeat.
——形 くり返して言われる[行なわれる] ‖
make **repeated** requests 度重なる要求をする.

**re·peat·ed·ly** /ripí:tidli ゥリピーティドリ/ 副 [強調して] しばしば;くり返して,再三再四.

**re·pel** /ripél ゥリペル/ 動《過去・過分》re·pelled /-d/;《現分》--pel·ling》㊙ 《正式》**1**〈敵・誘惑など〉を追い払う,寄せつけない;…に抵抗する. **2**〈提案・懇願・申し出など〉を拒絶する,受け入れない. **3** …を不快な気持ちにする《◆進行形にしない》.

**re·pel·lent, --lant** /ripélənt ゥリペレント/ 形《正式》**1** 反発する. **2** 嫌悪感を起こさせる. **3** [しばしば複合語で] 寄せつけない. ——图ⒸⓊ 防虫剤.

**re·pent** /ripént ゥリペント/ 動《正式》自 **1** 後悔する,悔やむ ‖
She **repented of** her rude words. 彼女は失礼な言葉を使ったのを後悔した.
**2** 悔い改める ‖
I **repent of** my boasting. 自慢するのは悪いと思いやめます.
——他 …を後悔する,残念に思う;[repent do-ing / repent (that) 節] …したことを後悔する ‖
He **repented** having [that he had] made the same mistake again. 彼は同じ間違いをくり返したことを悔やんだ.

**re·pen·tance** /ripéntəns ゥリペンタンス/ 图Ⓤ《正式》後悔,悔恨;悔い改め ‖
show great **repentance for** one's sins 罪に対し深い悔いを示す.

**re·pen·tant** /ripéntənt ゥリペンタント/ 形《正式》後悔している,悔いている;後悔の気持ちを表している.

**re·per·cus·sion** /rì:pərkʌ́ʃən ゥリーパカション/ 图《正式》**1** [通例 ~s] 影響. **2** ⒸⓊ (音の)反響;(銃などの)反動.

**rep·er·toire** /répərtwɑ̀:r ゥレパトワー/ 〖《フランス》〗 图Ⓒ《正式》レパートリー《常に上演・演奏可能な劇・曲目の一覧[全体]》.

**rep·e·ti·tion** /rèpitíʃən ゥレペティション/ 图ⓊⒸ《正式》くり返す[される]こと,反復;再上演;暗唱 ‖
The only way to learn words is **by rep-etition**. 単語を覚える唯一の方法は復唱することだ.

**rep·e·ti·tious** /rèpitíʃəs ゥレペティシャス/ 形《正式》くり返しの多い,くどい.

\***re·place** /ripléis ゥリプレイス/ 〖『再び(re)置く(place). cf. dis*place*』㊙ replacement (名)
——動《三単現》--plac·es/-iz/;《過去・過分》~d

## replaceable

/-t/ ; 〖現分〗 ‥plac·ing)
—⦿他 **1** …に取って代わる, …の後継者となる ‖
Sugar **replaced** honey **as** a sweetener. 甘味料として砂糖がはちみつに取って代わった.
〖対話〗 "John just called in sick." "How are we going to **replace** him today?" 「たった今ジョンが病気で休むと電話してきた」「きょう, 彼の替わりをどうしよう」.

**2** [replace A with [by] B] A〈人・物〉を B〈人・物〉と**取りかえる**; …の代わりを見つける ‖
**replace** the broken window 壊れた窓を取りかえる.
We **replaced** our oil heating **with** gas. 灯油による暖房をガス暖房に切りかえた(＝We substituted gas heating for our oil heating. → substitute).
〖対話〗 "You broke the new glasses! Mom will kill you." "Don't worry. I'll **replace** them before she finds out." 「新しいめがねを壊したな. お母さんに怒られるぞ」「大丈夫. 見つかる前に取りかえておくよ」.

**3** 〘正式〙 …を戻す, 返す ‖
**Replace** the magazine on the shelf. 雑誌を棚に戻しなさい.

**re·place·a·ble** /rɪpléɪsəbl リプレイサブル/ 〖形〗 もとへ戻される; 取りかえられる; 代わりのある, 代わりがきく.

**re·place·ment** /rɪpléɪsmənt リプレイスメント/ 〖名〗 **1** Ⓤ もとへ戻す[戻される]こと; 取り替え, 交替; 返却, 返還. **2** Ⓒ **a** 交替者, 代理人. **b** 取り替え品; 代用品.

**re·plac·ing** /rɪpléɪsɪŋ リプレイシング/ 〖動〗 → replace.

**re·plen·ish** /rɪplénɪʃ リプレニシュ/ 〖動〗 〖三単現〗 ~·es/-ɪz/) ⦿他 〘正式〙 …を再び満たす.

**re·plete** /rɪpliːt リプリート/ 〖形〗 〘正式〙 満腹した.

**rep·li·ca** /réplɪkə レプリカ/ 〖名〗 Ⓒ (原作者による絵画などの)(精密な)複写, 複製品, レプリカ; (一般に)写し; 生き写し.

**rep·li·cate** 〖動〗 réplɪkèɪt レプリケイト/; 〖形〗〖名〗 réplɪkət レプリカト/ 〖動〗 〖現分〗 ‥cat·ing) ⦿他 **1** …を折り返す. **2** 〘正式〙 …を再生する, 再現する. **3** 〘正式〙 …を複製する; …を模写する. —⦿自 **1** 折り重なる. **2** 再生する.
—〖形〗 **1** 折り重なった. **2** 複製された.
—〖名〗 Ⓒ 複製(品).

**rep·li·ca·tion** /rèplɪkéɪʃən レプリケイション/ 〖名〗 **1** Ⓤ 折り返し. **2** Ⓤ 再生. **3** Ⓒ 複製.

**re·plied** /rɪpláɪd リプライド/ 〖動〗 → reply.

**re·plies** /rɪpláɪz リプライズ/ 〖動〗 → reply.
—〖名〗 → reply.

## *re·ply

/rɪpláɪ リプライ/ 〖もとに(re)包んで(ply)返す. cf. apply, imply〗
—〖動〗 〖三単現〗 re·plies/-z/ ; 〖過去・過分〗 re·plied /-d/ ; 〖現分〗 ~·ing) 〖◆ answer より堅い語〗
—⦿自 **1** (よく考えて)**返事をする**, 答える, 回答する〘◆子供にはあまり使わない〙 ‖
I spoke to Nancy, but she didn't **reply**. 私が声をかけてもナンシーは返事をしなかった.
You should have **replied to** him. あなたは彼に返信を出すべきだったのに.
None of the letters were **replied to**. どの手紙にもいっこうに返事がなかった.
〖対話〗 "Did you send that letter to the company yet?" "Yes, but they haven't **replied** yet." 「あの手紙はもう会社へ送りましたか」「ええ. でもまだ返事がありません」.

**2** 〘正式〙 応じる, 応(こた)える, 応酬(おうしゅう)する ‖
**reply by** shrugging 返事の代わりに肩をすくめる.
**reply to** his attack **with** punches 彼の攻撃にパンチで応戦する.

—⦿他 **1** 〘通例否定文で〙 …と答える ‖
To my surprise she **replied** nothing. 驚いたことに彼女は何も答えなかった.
I did **not** know what to **reply**. 私は何と答えてよいかわからなかった〘◆ ˟reply him [his letter, his question] などとはいわない〙.

**2** [reply (**to** A) (**that**) 節] (A〈人〉に) …だと答える; 「…」と答える ‖
He **replied** (**that**) he had been there all day. 1日じゅうここにいましたと彼は答えた.
"Of course," **replied** Mrs. Brown, "I'll come." 「もちろん, 参ります」とブラウン夫人は答えた.
It was **replied that** they were quite pleased. 彼らは全く満足しているというのが返答だった.

—〖名〗 (複 re·plies/-z/) Ⓒ **1** 返事, 答え ‖
write a **reply to** the letter 手紙の返事を書く.
make no **reply** 返答をしない(→ answer).
"I have nothing to do with her failure," was his **reply**. 「私は彼女の失敗とは無関係だ」というのが彼の返答だった.

**2** 〘身分・行為による〙 応答, 応酬.
◇**in reply** 答えて(の), 返事として(の) ‖ What will he say **in reply** (**to** our offer)? (私たちの申し出に)答えて彼は何と言うだろうか.

## *re·port

/rɪpɔːrt リポート/ 〖発音注意〗〖◆ ˟レポート〗 〖後へ(re)運ぶ(port). cf. import, transport〗 ㊘ reporter 〖名〗
—〖名〗 (複 ~·s/-pɔːrts/) **1** Ⓒ **a** 報告(書), レポート〘◆学生の「(学期末)レポート」は (term) paper〙 ‖
write a **report on** the danger of smoking 喫煙の害に関する(調査)報告書を書く.
He gave [made] a **report of** his visit to the museum. 彼は博物館へ行ったことを報告した.

**b** (英) 成績報告書, 通信簿 ‖
She got an A in maths on her **report**. 彼女は通知表で数学は A をもらった.

**2** Ⓒ 報道, 記事 ‖
The newspaper had a long **report on** the earthquake. 新聞はその地震の長い記事を載せていた.

**3** 〘正式〙 Ⓤ Ⓒ うわさ(rumor); Ⓤ 評判 ‖

According to report, he is going to resign. うわさだと彼は辞職するそうだ。
Report has it [The report goes] that the baseball season will start earlier this year. 今年は野球のシーズンが例年より早く始まるということだ。
a man of bad [ill, evil] report 評判の悪い男。
**4** ⓒ (正式) 銃声, 砲声; 爆発音 ‖
go off with a sharp report 鋭い音を立てて発射される。

—**動** (三単現) ~s/-pɔ́ːrts/ ;  過去・過分 ~ed/-id/ ; 現分 ~ing)

—**他 1a** …を**報告する**, 知らせる; [report doing / repot having done / report(that) 節] …したことを報告する ‖
He **reported** this incident to us. 彼は私たちにこの事件を報告した。
They **reported** seeing [having seen] the incident. =They **reported** (that) they had seen the incident. 彼らはその事件を目撃したことを報告した。
She **reported** the ship's having disappeared. 彼女はその船が見えなくなったこと[事実]を報告した。
対話 "What can I do if I have anything to **report** to you?" "Call me any time on my cellphone." 「何か知らせることがあるときはどうしましょうか」「いつでも携帯に電話してくれ」。
**b** [report A to do] A〈人・物〉が…したと知らせる ‖
She **reported** the ship to have disappeared. その船は見えなくなったと彼女は報告した。
**c** [report A (to be) C] A〈人・物〉が C であると報告する; [report A as doing] A〈人・物〉が…すると報告する ‖
She **reported** him (to be) missing. 彼は行方不明だと彼女は報告した。
He **reported** her as being in good health. 彼女は健康であると彼女は報告した。
**2**〈新聞などが〉…を**報道する**, 伝える; [report that 節] …だと報道する; [report A (to be) C] A〈人・物〉が C であると報じる《◆ C は形容詞・名詞・分詞》‖
The newspaper **reports** the death of the minister. =It is **reported** in the newspaper that the minister died. 新聞は大臣の死亡を報じている。
Troops **are reported** to be moving to the border. 軍隊が国境へ移動中だと伝えられている。
**3** …を**告げ口する**, 言いつける, 訴える ‖
Children **reported** the bad boy to the headmaster. 子供たちはわるさをした子を校長に告げ口した。
**4** …の**記事を書く**, …を取材する ‖
**report** the president's assassination 大統領の暗殺を取材する。
She **reported** the mayor's speech for the local newspaper. 彼女は地方紙に市長の演説の記事を書いた。
**5** [~ oneself] 出頭する; (到着などの)報告をする ‖
**Report yourself to** the headmaster. 到着したことを校長に報告しなさい。

—**自 1 報告する**, 報告書を作る[提出する] ‖
Today's paper **reports on** the death of the author. きょうの新聞はその作家の死について報じている。
**2** 記事の取材をする; 記者を務める ‖
**report for** *Time* タイム誌の記者である。
**3** 出頭する; 所在を報告する ‖
**report for** duty [work] 出勤する。
**Report to** the office at 9 o'clock. 9時に事務所に来なさい[行きなさい, 出頭せよ]。

**repórt càrd** (米) 成績通知簿((英) school report))

**repórted spéech** 〔文法〕間接話法; 被伝達部.

**re·port·ed·ly** /ripɔ́ːrtidli ゥリポーティドリ/ 副 (正式) [文全体を修飾] 伝えられるところ[うわさ]によると《◆主に新聞用語》‖
He is **reportedly** not dead. 報じられているところでは彼はまだ生きている(=It is **reported** that he is not dead.).

\***re·port·er** /ripɔ́ːrtər ゥリポータ/ [→ report]
—**名** (複 ~s/-z/) ⓒ **1 報告者**, 申告者.
**2** 報道記者, 通信員 ‖
a **reporter** in [for, with] a local newspaper 地方紙の記者。

**re·pos·i·to·ry** /ripázətɔ̀ːri ゥリパズィトーリ | -pɔ́zətəri -ポズィタリ/ 名 (複 -to·ries/-z/) ⓒ **1** (正式) 容器. **2** 保管場所, たんす, 押入れ, 倉庫.

**re·pos·sess** /rìːpəzés ゥリーポゼス/ 動 (三単現) ~·es/-iz/) 他〈分割払い購入品〉を取り戻す.

**rep·re·hen·si·ble** /rèprihénsəbl ゥレプリヘンスィブル/ 形 (正式) 非難すべき, 不埒な. 罰に値する.

\***rep·re·sent** /rèprizént ゥレプリゼント/ (発音注意)《×ゥリプリゼント》[『前に置く』が原義]〖派〗 representation (名), representative (名・形)
—**動** (三単現) ~s/-zénts/ ; 過去・過分 ~ed/-id/ ; 現分 ~ing)

—**他 1** …**を表す**, 象徴する, …の記号[しるし]である《◆ stand for より堅い語. 進行形にしない》‖
On the map dots **represent** towns. その地図では小さい点は町を表す。
対話 "What do these dots mean?" "They **represent** towns and villages." 「この点々は何の印ですか」「それは町と村を表しています」。
**2** …を**描く**, …を描いてある ‖
The statue **represents** the first president of this university. 彫像はこの大学の初代学長である。
This painting **represents** her reading a book. この絵は彼女が読書しているところを描いている。
**3 a** …を**代表する**, …の代理をする ‖
She **represented** our class at the athletic meeting. 彼女は私たちのクラスを代表して体育大会に出場した。

His lawyer **represented** him in court. 法廷で彼の弁護士が彼の代理を務めた.
b …の選出の国会議員である.
**4**（正式）[represent A as C / represent A to be C / represent (that)] A⟨人・物⟩が…であると言う[述べる, 説明する]《◆ C は名詞・形容詞・分詞》‖
She **represented** herself as being prettier than her sister. 彼女は自分の方が姉よりきれいだと言った.
He **represented** (that) it was true. ＝He **represented** it to be true. 彼はそれは本当だと言った.
**5** …を説明する, はっきり述べる, 指摘する ‖
She **represented** her idea to the rest of the committee. 彼女は委員会の他のメンバーに自分の考えを説明した.
I **represented** to the police that I was innocent. 何もしていないと私は警察に断言した.

**rep·re·sen·ta·tion** /rèprizentéiʃən ゥレプリゼンテイション/ 图 **1** Ⓤ 表現, 描写.
**2** Ⓤ 代表, 代理, 代行 ‖
No taxation without **representation**. 代議権なければ納税の義務なし.
**3** [集合名詞] 代表者, 議員団.
**4** Ⓒ 表現した[された]もの, 肖像(画), 絵画, 彫像.
**5**（正式）[～s] 陳情抗議.

**rep·re·sent·a·tive** /rèprizéntətiv ゥレプリゼンタティヴ/ 图 Ⓒ **1** 代表者, 代理人; 後継者, 相続人 ‖
Our class chose Tom for our **representative**. 私たちのクラスは代表者としてトムを選んだ.
**2** 代議士, 国会議員; [R～]（米国国会の）下院議員《「上院議員」は Senator》‖
the House of **Representatives** 下院,（日本の）衆議院.
**3** 典型, 見本 ‖
a **representative** of the cat family ネコ科を代表する動物.
——形（正式）**1** 表現する, 描写する, 象徴する ‖
This line **is representative of** longitude. この線は経度を表している.
**2** 代表する, 代表の, 代理の ‖
**representative** government 代議政体.
**3** 典型を示す, 典型的な ‖
This picture **is representative of** his work. この絵は彼の作品の典型である.
a **representative** Japanese 典型的な日本人.

**re·press** /riprés ゥリプレス/ 動（三単現）～・es /-iz/）他（正式）〈感情などを〉抑える, こらえる ‖
**repress** a sneeze くしゃみをこらえる.

**re·pressed** 形 抑圧された, 抑圧に悩む.

**re·pres·sion** /ripréʃən ゥリプレション/ 图（正式）**1** Ⓤ 制止, 抑制, 鎮圧. **2** Ⓒ Ⓤ（心理）（感情・欲望の）抑圧;［抑圧された］感情［欲望］.

**re·pres·sive** /riprésiv ゥリプレスィヴ/ 形（正式）弾圧的な; 抑圧的な, 鎮圧の.

**re·prieve** /ripríːv ゥリプリーヴ/ 動（現分 --priev·ing）他 …の死刑執行を延期[猶予]する;〈危険・困難から〉…を一時的に救う. ——名 Ⓒ 死刑執行猶予（命令書）;（危険・苦痛などからの）一時的救済.

**rep·ri·mand** /réprəmænd ゥレプリマンド | -màːnd -マーンド/; 動 ニ, ニ/（正式）图 Ⓒ Ⓤ（職務に関する）叱責, 懲戒（ちょうかい）.
——動 他 …を叱責する, 懲戒する.

**re·print** /riprínt ゥリプリント/ 图 ニ/ 動 他〈本などを〉増刷[再刊]する. ——自〈本などが〉増刷[再刊]される.
——名 Ⓒ 増刷, 複刻, リプリント; 抜き刷.

**re·pris·al** /ripráizl ゥリプライズル/ 图 Ⓤ（政治・軍事上の）報復; Ⓒ [しばしば ～s; 単数扱い]（報復的な物品の）強奪;（一般に）報復行為.

**re·proach** /ripróutʃ ゥリプロウチ/ 動（三単現 ～·es /-iz/）他 …を非難する, とがめる, 叱責（しっせき）する《◆怒りより悲しみの気持ちが強い》‖
She **reproached** me **for** my laziness [**for** being lazy]. 彼女は私の怠惰をしかった.
——名（複 ～·es /-iz/）**1** Ⓤ 非難, 叱責 ‖
a look of **reproach** 非難の視線.
a term of **reproach** 非難の言葉.
above [beyond] **reproach** 非の打ちどころのない, 申し分ない.
**2** Ⓒ 非難[叱責]の語, 小言.

**re·proach·ful** /ripróutʃfl ゥリプロウチフル/ 形 非難する, とがめるような.

**rep·ro·bate** /réprəbèit ゥレプロベイト | réprə- ゥレプロ-/ 動（現分 --bat·ing）他 …を拒絶する;〔神学〕〈神が〉…を見捨てる. ——形 **1** 節操のない, 品行の悪い. **2** 神に見放された.

**re·pro·duce** /rìːprəd(j)úːs ゥリープロドゥース（ゥリープロデュース）/ 動（現分 --duc·ing）他 **1** …を再生する. **2**〔生物〕〈子を〉繁殖させる. **3** …を（機械で）複写する. ——自 **1**〔生物〕子を産む, 繁殖する. **2** 再生される.

**re·pro·duc·tion** /rìːprədʌkʃən ゥリープロダクション/ 图 **1** Ⓤ〔生物〕生殖. **2** Ⓤ（音などの）再生. **3** Ⓒ 再生されたもの;（芸術作品の）複製. **4** Ⓤ（劇などの）再演.

**re·pro·duc·tive** /rìːprədʌktiv ゥリープロダクティヴ/ 形 生殖の; 複写の, 多産の.

**re·proof** /riprúːf ゥリプルーフ/ 图（正式）Ⓤ（過失・誤りに対する）叱責（しっせき）, 非難; Ⓒ 非難[不満]の言葉.

**re·prove** /riprúːv ゥリプルーヴ/ 動（現分 --prov·ing）他（正式）…をしかる, たしなめる, とがめる《◆ rebuke より穏やか》‖
**reprove** a boy **for** staying out late 帰宅が遅い息子をしかる.

**rep·tile** /réptl ゥレプトル | -tail -タイル/ 图 Ⓒ（動）爬（は）虫類の動物《snake, lizard, crocodile など》.

**re·pub·lic** /ripʌ́blik ゥリパブリク/ 图 **1** Ⓒ 共和国, 共和政体. **2** Ⓒ（旧ソ連などの）連邦共和国. **3** [the R～]（近代フランスの5期間それぞれの）共和制《第1共和制は1789-1804, 第2は1848-1852, 第3は1871-1940, 第4は1947-1958, 第5は1958-》.

**re·pub·li·can** /ripʌ́blikn ゥリパブリクン/ 形 **1** 共

和国の; 共和政体の; 共和主義の. **2** [R~]《米》共和党の. ――图 C **1** 共和主義者, 共和制支持者. **2** [R~]《米》共和党員[支持者].

**Repúblican Párty** [the ~]《米国の》共和党《◆奴隷制反対の目的で1854年設立. the Democratic Party (民主党) と共に米国の2大政党》.

**re·pu·di·ate** /ripjúːdièit ゥリピューディエイト/ 動 (現分) ~·at·ing) 他《正式》
**1** …を拒絶する ‖
repudiate offers of friendship 友好の申し出を拒否する.
**2** …を(不当だとして)否認する.

*Republican Party のシンボル*

**re·pug·nance, -nan·cy** /ripʌ́gnəns(i) ゥリパグナンス(ィ)/ 名 U《正式》[しばしば a ~]嫌悪(ﾟ), 反感.

**re·pug·nant** /ripʌ́gnənt ゥリパグナント/ 形《正式》とてもいやな, 嫌悪感を引き起こす.

**re·pulse** /ripʌ́ls ゥリパルス/ 動 (現分) ~·puls·ing) 他《正式》**1** 撃退する, 追い返す. **2** …をしりぞく断る.

**re·pul·sion** /ripʌ́lʃən ゥリパルション/ 名 U **1**《正式》[a ~] 大嫌い, 嫌悪. **2**〔物理〕反発.

**re·pul·sive** /ripʌ́lsiv ゥリパルスィヴ/ 形《正式》**1** たいへんいやな, 嫌悪感を起こさせる. **2**〔物理〕反発する.

**rep·u·ta·ble** /répjətəbl ゥレピュタブル/ 形《正式》尊敬すべき, りっぱな; 評判のよい.

**rep·u·ta·tion** /rèpjətéiʃən ゥレピュテイション/ 名 **1** U [しばしば a ~] 評判, 世評; うわさ ‖
have a good **reputation** as a doctor 医者として評判がいい.
have the **reputation** of being a miser けちん坊だという評判である.
a judge who has a **reputation** for justice 公正だという評判の判事.
live up to one's **reputation** 評判どおりの生活[行ない]をする《◆良い意味でも悪い意味でも用いられる》.
**2** U《正式》名声, 好評; 信望 ‖
ruin one's **reputation** 名声を傷つける.
The new novel built up his **reputation** as a writer. その新しい小説は彼の作家としての名声を築いた.

**re·pute** /ripjúːt ゥリピュート/ 名 U《正式》**1** 評判, 世評 ‖
a man of bad **repute** 評判の悪い人.
be in good **repute** with him 彼に受けがよい.
by **repute** 世評では.
**2** 名声, 好評; 信望.
――動 (現分) ~·put·ing) 他《正式》[通例 be ~d] 評される, みなされる, 考えられる ‖
She is reputed (to be) very wealthy. 彼女は大金持ちだという評判だ.
He is reputed (as [to be]) the best lawyer in this city. 彼はこの都市で最もすぐれた弁護士だと考えられている.

**re·put·ed** /ripjúːtid ゥリピューティド/ 動 → repute.
――形《正式》**1** …と一般に言われる ‖
the **reputed** father of the child その子供の父親だと言われる人.
**2** 評判の, うわさの.

**re·pút·ed·ly** 副 [文全体を修飾]評判によれば.

*__re·quest__ /rikwést ゥリクウェスト/〖再び(re)求める(quest). cf. conquest〗
――動 (三単現) ~s/-kwésts/; (過去・過分) ~·ed /-id/; (現分) ~·ing)
――他《正式》**1** …を頼む ‖
**request** a loan from [ˣto] a bank 銀行にローンを頼む.
**2** [**request** A to do] A〈人〉に…するように懇願する ‖
She **requested** me to write a letter of recommendation. 推薦状を書いてくれるように彼女は私に頼んだ.
**3** [**request** (that) 節] …であることを要請する ‖
She **requested** (of me) (that) I write a letter of recommendation. 推薦状を書いてくれるように彼女は私に頼んだ.

---

**Q&A**  *Q* : ask とはどう違いますか.
*A* : request は ask よりかたい堅い語です. **2**, **3** ではどちらも同じように用いられますが, **1**では構文が異なります. **1**の例は ask では, ask a bank *for* a loan となります. また, request の方は *It is requested that* all gentlemen wear coats and ties. 《《レストランの入口の掲示》紳士方は上着とネクタイ着用のこと》のように It ... that 型が可能ですが, ask にはこの用法はありません.

---

――名 (複 ~s/-kwésts/) **1** U C《やや正式》頼むこと, 要請, 依頼 ‖
We made a **request** to [of] them for the advice. 彼らに助言を要請した.
**2** C 依頼した物, 頼み事; 依頼状 ‖
grant a **request** 願い事に応じる.
**3** U《正式》需要 ‖
a singer who is in great **request** [who is much in **request**] to give concerts コンサートにひっぱりだこの歌手.
**at** A**'s requést** = **at the requést of** A …の依頼[要請]により.
**by requést** 依頼によって, 要求に応じて.
**on requést** 請求[申込み](あり)次第.

**Req·ui·em** /rékwiəm ゥレクウィエム/ 名 C **1**〔カトリック〕= Requiem Mass. **2**[しばしば r~]死者のためのミサ曲, レクイエム, 鎮魂曲.

**Réquiem Máss** [しばしば r- m-] 死者のためのミサ(Requiem)《死者の魂の平安を祈る儀式》.

*__re·quire__ /rikwáiər ゥリクワイア/〖再び(re)求める(quire). cf. inquire〗派 requirement (名)
――動 (三単現) ~s/-z/; (過去・過分) ~d/-d/; (現分) ~·quir·ing/-kwáiəriŋ/)
――他《◆ need よりも堅い語. 進行形にしない》**1a**

…を必要とする ‖
The sick man **required** constant attention. その病人は片時も目を離せなかった.

対話 "I'd like to cash this check, please." "Okay, but we **require** some identification first." 「この小切手を現金にしてほしいのですが」「わかりました. まず, 何か身分証明になるものを拝見できますか」.

**b** [require doing] …することを必要とする《◆この構文では need がふつう》‖
The floor **requires** washing. 床は洗う必要がある.

**c** [require (that) 節] …ということを必要とする ‖
Her health **requires** (that) she (**should**) go to bed early. 健康状態からみて彼女は早く床につく必要がある《◆ should を用いるのは (主に英)》.

Q&A **Q**: **b** の用例で「床は洗う必要がある」とは「床は洗わなければならない」ということですから washing は being washed のように受身にならないのですか.
**A**: 意味の上からは確かにそうですね (実際, 不定詞を用いると The floor *requires* to be washed. のように受身になります). 動名詞はもともと能動と受身のどちらの意にも用いられたのですが, この形は受身の意で用いられたものの名残りです. したがって単に washing とするだけでよいわけです. 同じことは need, want にもあてはまります.

**2 a** (正式) …を要求する ‖
Courage is **required** of everyone. 勇気がみんなに求められている.

対話 "I've never heard of that story." "Really? In my country it's **required** reading." 「そんな話は聞いたことがない」「ほんとう? ぼくの国では必読本なんです」.

**b** [require **A** to do] **A**〈人〉に…するように命ずる; [require (**that**) 節] …であることを命ずる ‖
All passengers are **required** to show their tickets. 《掲示》乗客の皆様の切符を拝見します.
The rules **require** us all **to** be present. = The rules **require** (**that**) we all (**should**) be present. 規則では我々は全員出席しなければならない.

**re·quire·ment** /rikwáiərmənt ゥリクワイアメント/ 名 C (正式) **1** (通例 ~s) 必要なもの, 必要品 ‖
This shop can supply all your **requirements**. この店で君が必要な品はすべてそろえられる.
**2** 要求されるもの, 要求物; 必要条件, 資格 ‖
fulfill [meet] the **requirements for** getting a licence 免許証取得のための必要条件を満たす.

**re·quir·ing** /rikwáiəriŋ ゥリクワイアリング/ 動 → require.

**req·ui·site** /rékwəzit ゥレクウィズィト/ 形 (正式) 必要な ‖
the **requisite** qualifications 必須(ひっす)の資格.
the qualities **requisite** for being a leader 指導者になくてはならない資質.

**req·ui·si·tion** /rèkwəzíʃən ゥレクウィズィション/ 名 **1** U (軍事) 徴発, 調達; C 調達命令書. **2** U (正式) 必要, 入用. ── 動 他 (軍事)…を徴発する; …を要求する.

**re·scind** /risínd ゥリスィンド/ 動 他 (法律)〈法律・決定・契約など〉を無効にする, 撤回する.

**res·cue** /réskju: ゥレスキュー/ 動 (現分 ~·cu·ing) 他 [rescue **A** from **B**] **A**〈人などを〉を **B**〈差し迫った危害・危険など〉から (迅速に) 救う, 救助する, 解放する《◆ rescue は救出活動に, save は救出の結果の安全に重点がある》‖
We **rescued** the child **from** drowning. 私たちは子供がおぼれているのを助けた.

rescue《救助する》

── 名 (複 ~s/-z/) UC 救助, 救出; C 救出事件 ‖
three **rescues** from drowning 3 件の水難救助.
a **rescue** party 救助隊.
**còme to the** [**A's**] **réscue** (…を) 救助に来る.

**res·cu·er** /réskju:ər ゥレスキューア/ 名 C 救助する人.

*re·search /rí:sə:rtʃ ゥリーサーチ, risə́:rtʃ|─, ─/ 動; 名 (複 ~·es/-iz/) U 研究; [通例 one's ~es; 単数扱い] (科学的な) 研究, 学術研究, 探究 ‖
dò [×make] (×a) **reséarch** 研究する.
be engaged in cancer **research** がん研究に従事している.
carry out **research into** [**on**] the causes of brain damage 脳障害の原因についての研究を行なう.
── 動 (三単現 ~·es/-iz/) 自 研究する, 調査する ‖
**research on** [**into**] the effects of cigarette smoking 喫煙の影響を研究する.
── 他 …を研究する, 調査する.

**re·search·er** /rí:sə:rtʃər ゥリーサーチャ/ 名 C 研究者, 調査する人.

**re·sem·blance** /rizémbləns ゥリゼンブランス/ 名 **1** U 似ていること; C 類似点, 似ている点 ‖
She bears [has, shows] a **resemblance** to her mother. 彼女は母親に似ている《◆ She **resembles** her mother. のほうがふつう》.
**2** C (正式) 類似物; 似顔, 肖像, 像.

*re·sem·ble /rizémbl ゥリゼンブル/ [再び(re)同じように見える(semble)]
── 動 (三単現 ~s/-z/; 過去・過分 ~d/-d/; 現分 ~·bling) 他 …に似ている《◆受身・進行形にしない》‖
She **resembles** her sister **in** appearance

but not in character. 彼女は外見が姉と似ているが性格は異なる.

対話 "They look alike, don't they?" "Yes. They **resemble** each other in every way." 「あの2人はよく似ているね」「うん. どこから見てもそっくりです.」

Q&A **Q**: You resemble your father. と You are like your father. とはどう違いますか.
**A**: どちらも意味はほとんど変わりありません. 顔に限らず性格の似ている場合にも用いられます. 顔だけ似ているときはふつう You look like your father. といいます.

**re·sem·bling** /rizémbliŋ ゥリゼンブリング/ 動 → resemble.

**re·sent** /rizént ゥリゼント/ 動 他 **1** …に憤慨する, 腹を立てる ‖
resent an insulting remark 侮辱的な言葉に憤慨する.
**2** [resent A('s) doing] A〈人〉が…するのをひどく嫌う ‖
He **resents** everyone's being very quiet. だれも何も言わないことに彼は腹を立てている.

**re·sent·ful** /rizéntfl ゥリゼントフル/ 形 (正式)憤慨している; 腹を立てている, 怒りっぽい.

**re·sent·ment** /rizéntmənt ゥリゼントメント/ 名 U (正式)憤り, 憤慨.

**res·er·va·tion** /rèzərvéiʃən ゥレザヴェイション/ 名
**1** U (権利などの)保留; UC 限定, 制限, 条件; 差し控え, 留保 ‖
accept a proposal with reservation(s) 条件つきで提案に同意する.
**2** UC [しばしば ~s] (列車・ホテル・劇場の座席などの)予約, 指定((英) booking) ; C 予約席[室] ‖
I'd like to reconfirm my **reservation**. 予約の再確認をしたいのですが.
I have a **reservation**. (フロントで)予約しているはずですが.
I'd like to **make a reservation for** Flight 50 on Saturday. 土曜日の50便を予約したいのですが.
**3** C (米) (公共, 特殊利用のための)特別保留地 ‖
a Native American **reservation** 先住民特別保留地.
**4** CU 疑い; 不安 ‖
I have some **reservations about** the truth of his story. 彼の話は本当かどうか少々疑わしい.

**re·serve** /rizə́ːrv ゥリザーヴ/ 動 (現分 ·-serv·ing) 他 **1** …を取っておく, 使わずに残して[備えて]おく ‖
reserve a tablecloth **for** special occasions 特別な場合のためにテーブルクロスを取っておく.
reserve Saturday evenings **for** reading 土曜日の晩を読書にあてる.
**2** 〈席などを〉予約する((英) book) ; …を取っておく ‖
I have **reserved** a front seat **for** you. 君のために最前列の座席を取っておいた.

Q&A **Q**: 「ホテルを予約する」は reserve a hotel といえますか. 航空券やレストランの予約の場合はどういいますか.
**A**: ×reserve a hotel とはいえません. ふつう reserve a room at the hotel (ホテルに部屋を予約する)といいます. 「飛行機を予約する」も reserve a seat on the plane というのがふつうです. 「(レストランに)テーブルを予約する」は日本語と同じように reserve a table といいます.

**3** …を留保する; …を保有する ‖
reserve the right to refuse 拒否権を留保する.
—— 名 **1** C (正式) [しばしば ~s] たくわえ, 備え, 蓄積; 埋蔵量; 保存物, 予備品 ‖
keep a **reserve** [keep some **reserves**] of food 予備の食料をたくわえる.
**2** U (正式) 遠慮, 慎み, 控え目; 自制; 無口 ‖
It is difficult to break through Mary's **reserve**. メリーの控え目な態度を打ち解けさせるのは難しい.
**3** C (経済) (銀行などの)準備金, 予備金 ‖
the bank's **reserves** 銀行準備金.
**4** C (軍事) [~s] 予備軍.
**5** C (英) 保留地, 指定地((米) reservation) ‖
a forest **reserve** 保安林.
a game **reserve** 禁猟地.
**6** UC 制限(条件) ; 除外.
**7** C (競技)補欠選手, 二軍選手.
**in resérve** (将来のために)取ってある, たくわえてある; 予備の[に].
**withòut resérve** (正式) 腹蔵なく, 遠慮なく; 無条件で.

**re·served** /rizə́ːrvd ゥリザーヴド/ 動 → reserve.
—— 形 **1** 予備の.
**2** 〈座席などが〉予約してある, 貸し切りの ‖
**reserved** seats 予約[指定]席.
**3** 控え目な, 遠慮がちな; 打ち解けない; 無口な, 内気な.

**res·er·voir** /rézərvwɑ̀ːr ゥレザヴワー, -vwɔ́ːr/ [フランス] 名 C **1** 貯水池, ため池, 給水所; 貯水槽.
**2** (正式) 貯蔵, 蓄積, 宝庫 ‖
This book is a **reservoir of** information about the history of India. この本はインドの歴史に関する情報の宝庫である.

**re·set** /riːsét ゥリーセト/ 動 他 (過去・過分 re·set ; 現分 ··set·ting) **1** …の刃を研ぎ直す. **2** 〈髪〉をセットし直す. **3** 〈折れた骨〉を継ぎ直す, 整形する. **4** 〔印刷〕〈活字〉を組み直す. **5** 〈ダイヤル〉を0に戻す.

**re·shuf·fle** /riːʃʌ́fl ゥリシャフル/ 名 riːʃʌ́fl ゥリーシャフル | riːʃʌ́fl ゥリシャフル/ 動 (現分 ··shuf·fling) 他 **1** [トランプ]〈札〉を切り直す. **2** (略式)〈内閣など〉を改造する. —— 名 C **1** [トランプ] (札の)切り直し, シャッフル. **2** (略式) (内閣などの)改造.

**re·side** /rizáid ゥリザイド/ [re(うしろ)に座る(sit)] 動 (現分 ··sid·ing) 自 (正式) **1** 住む, 居住する ; 駐在する. **2** ある, 存在する.

**res·i·dence** /rézidəns ゥレズィデンス/ 名 ⓒ (ふつう独立した)住宅, 家, 邸宅; 官舎, 官邸《◆ house, home より重々しい形式ばった語》∥
The White House is the official residence of the President. ホワイトハウスは大統領の官邸である.
**2** Ⓤ 居住, 在住, 居留; 駐在∥
Proof of residence is required for voting. 投票するには居住証明が必要である.
take up residence in Tahiti タヒチ島に居を定める.
***in résidence*** (正式)〈公務員などが〉駐在していて, 官邸に住んで;〈大学生などが〉学内に居住して.

**res·i·den·cy** /rézidənsi ゥレズィデンスィ/ 名 (極 --den·cies) **1** =residence 1. **2** Ⓤ (米)専門医学研修期間; 研修医の身分.

**res·i·dent** /rézidənt ゥレズィデント/ 名 ⓒ **1** 居住者, 在住者(↔ visitor)∥
foreign residents 在留外国人.
She is a resident of Nara. 彼女は奈良に住んでいる.
**2** 外国駐在外交官. **3** (米)研修医, レジデント.
── 形 **1** (正式)居住している, 在住している∥
He is now resident abroad. 彼は今外国に住んでいる.
**2** 住み込みの; 駐在している∥
a resident doctor (病院内)住み込み医師.

**res·i·den·tial** /rèzidénʃəl ゥレズィデンシュル/ 形 **1** 住宅の; 住宅向きの∥
a residential area 住宅地区.
**2** (正式)居住の. **3** 宿泊設備のある.

**re·sid·u·al** /rizídʒuəl ゥリズィヂュアル | -zídjuəl -ズィデュアル/ 形 (正式)残りの, 残余の.

**res·i·due** /rézidjù: ゥレズィドゥー /-zídju:/ 名 ⓒ (正式)[通例 a ~ / the ~] 残された物.

**re·sign** /rizáin ゥリザイン/ (発音注意)《⃟ ゥリサイン》動 他 **1** …を(途中で)辞職する, やめる《◆ leave より堅い語》(→ retire 2 [Q&A])∥
resign one's position as secretary of the club クラブの秘書を辞任する.
**2** …を断念する; …を放棄する《◆ give up より堅い語》∥
resign all hopes あらゆる希望を捨てる.
**3** (正式)[通例 ~ oneself / be ~ed] 身を任せる, 甘んじて従う∥
be resigned to one's fate 運命に身を任せる.
She resigned herself to spending a boring evening. 彼女は退屈な夜を過ごさざるをえなかった.
── 自 辞職する, 退職する, 退く∥
resign from the army 軍隊から退く.
resign as secretary 秘書を辞任する.

**res·ig·na·tion** /rèzignéiʃən ゥレズィグネイション/ 名 **1** Ⓤ 辞職, 辞任.
**2** ⓒ [通例 one's ~] 辞表, 辞職願∥
give [offer, send in, hand in, submit, turn in] one's resignation 辞表を出す.
**3** Ⓤ あきらめ, 甘んじて受けること; 忍従;(権利などの)放棄, 断念∥
accept [meet] one's fate with resignation 運命を甘んじて受け入れる.

**re·signed** /rizáind ゥリザインド/ 動 → resign.
── 形 **1** 〈顔つきなどが〉あきらめた. **2** 辞任した, 退職した.

**re·sil·i·ent** /rizíliənt ゥリズィリエント/ 形 (正式) **1** 弾力のある, はね返る. **2** 立ち直りの早い, 回復力のある.

**res·in** /rézin ゥレズィン/ 名 Ⓤⓒ 樹脂; 松やに《ニス・ラッカー・塗料用》∥
synthetic resin 合成樹脂.

**re·sist** /rizíst ゥリズィスト/ 動 他

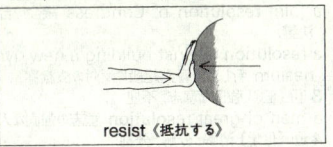

resist〈抵抗する〉

**1** …に抵抗する, 反する; …を阻止する, 食い止める;〈誘惑などに負けない〉[resist doing] …することに抵抗する∥
resist being carried off 連れ去られまいと抵抗する.
**2**〈熱・病気・化学作用・自然力などに〉耐える, 侵されない, 影響されない∥
This material resists crushing. この素材は衝撃に強い.
**3** [通例 can't ~] …を我慢する, こらえる∥
I just can't resist strawberries. 私はイチゴには目がない.
I could not resist laughing. 笑わずにはいられなかった.
── 自 抵抗する, 反抗する; [通例 can't ~] 我慢する, 耐える∥
The boy could resist no longer. その男の子はもはや耐えられなかった.

**re·sist·ance** /rizístəns ゥリズィスタンス/ 名 **1** Ⓤ [しばしば a ~] 抵抗, 妨害, 反抗∥
put up (a) strong resistance 強く抵抗する.
**2** Ⓤ 抵抗力∥
have little resistance to disease 病気に対する抵抗力がほとんどない.
**3** Ⓤ (空気などの)抵抗;障害∥
overcome air resistance 空気の抵抗を克服する.
**4** [しばしば (the) R~] Ⓤ レジスタンス,(地下)抵抗運動(resistance movement).
**5**〔電気〕Ⓤ 抵抗; ⓒ 抵抗器.

**resístance fórce** 抵抗勢力, 守旧派.
**resístance móvement** =resistance 4.

**re·sist·ant** /rizístənt ゥリズィスタント/ 形 抵抗する, 抵抗力を示す;〈熱などを〉通さぬ, 耐…の.

**re·sist·er** /rizístər ゥリズィスタァ/ 名 ⓒ 抵抗する人.

**res·o·lute** /rézəlù:t ゥレゾルート/ (アクセント注意)《⃟ ゥレゾルート》形 (時に 比較 --lut·er, 最上 --lut·est) **1** (正式)決心の堅い, 意志の堅い, 断固たる(↔

irresolute) ‖
**be resolute for** peace 和平を結ぶ決意を固めている.
**2** 絶えず目的を追求する; 大胆な.

**res・o・lute・ly** /rézəlùːtli ゥレゾルートリ/ 副 (正式) 堅く決心して, 断固として.

**res・o・lu・tion** /rèzəlúːʃən ゥレゾルーション/ 名 **1** U
C 決意, 決心, 決断; 決断力 《◆decision より堅い語》 ‖
a new year('s) **resolution** 新年の決意.
**make a resolution to** stop smoking 禁煙しようと決心する.
**2** C (正式) 決議; 決議案 ‖
a joint **resolution of** Congress 議会の合同決議.
a **resolution against** building a new gymnasium 新しい体育館建設に反対の決議案.
**3** U (正式) 強固な意志, 不屈 ‖
a man of great **resolution** 意志の強固な人.
**4** U 〔化学〕溶解, 分解, 分割.
**5** U C (正式) 解決, 解答; 解明, 解消.

**re・solve** /rizάlv ゥリザルヴ | rizɔ́lv ゥリゾルヴ/ 動
(現分) ~・solv・ing) 他 (正式) **1 a** [resolve **to** do] …しようと決心する, 決意する; [resolve (**that**) 節] …ということを決心する ‖
He **resolved** (**that**) he would do his best. =He **resolved to** do his best. 彼は最善を尽くそうと決心した.
**b** [be resolved **to** do] …しようと決心している; [be resolved (**that**) 節] …ということを決心している ‖
I **am resolved to** go and nothing will stop me. 行く決心をしているのでどんなことがあっても私はやめないだろう.

Q&A *Q*: 「(もうすでに)…しようと決心している」意味では be resolved to do と be determined to do はどう違いますか.
*A*: resolved の方が determined よりも意味が強く, 決意の度合いが強く表明されます.

**2** …を解決する; …を解明する, 晴らす ‖
**resolve** a dispute 紛争を解決する.
The problem will **resolve** itself eventually. 結局その問題はおのずと解決するだろう.
**3** [resolve **A into B**] A を B に分解する, 分析する, 分離する ‖
Water is **resolved into** oxygen and hydrogen. 水は分解して酸素と水素になる.
**4** [resolve **to** do] …することを決議する, 票決する; [resolve (**that**) 節] …であることを決議する ‖
The group **resolved to** oppose the new highway. その団体は新しい幹線道路に反対することを決議した.
It was **resolved that** our school (should) have an outing. 学校で遠足を行なうことが決議された.
**5** [しばしば ~ oneself] …を変える, 変化させる ‖

The panel **resolved** itself **into** a review board. その委員会は再審委員会に変わった.
── 自 **1** 決定する, (固く)決心する ‖
She **resolved on** becoming a teacher. 彼女は教師になることを固く心に決めた.
**2** 〔化学〕(成分・部分に)分解する, 変わる ‖
Water **resolves into** oxygen and hydrogen. 水は酸素と水素に分解する.
── 名 (正式) **1** U C (固い)決心, 決意 ‖
keep one's **resolve** 決意を変えない.
**make a resolve to** stop smoking タバコをやめようと決心する.
**2** U 決断力, 不屈 ‖
a person of **resolve** 不屈の人.

**re・solved** /rizάlvd ゥリザルヴド | -zɔ́lvd -ゾルヴド/ 動 → resolve. ── 形 (正式) 不屈の, 決意の堅い.

**res・o・nance** /rézənəns ゥレゾナンス/ 名 **1** U (正式) 反響, 響き. **2** C U 〔物理・化学・音楽〕共鳴, 共振.

**res・o・nant** /rézənənt ゥレゾナント/ 形 (正式) **1** 反響する, 鳴り響く, 朗々とした. **2** 〈場所が〉共鳴する, 響き渡る.

**res・o・nate** /rézəneit ゥレゾネイト/ 動 (現分) ~・nat・ing) 自 (正式) 鳴り響く, 反響する; 共鳴する, 共振する.

**re・sort** /rizɔ́ːrt ゥリゾート/ 名 **1** C [通例複合語で] 行楽地, 保養地 ‖
at the mountain **resorts** 山の保養地で.
a summer **resort** 避暑地; 夏の行楽地.
a winter **resort** 冬の行楽地; 避寒地.
**2** C よく行く所, よく集まる所 ‖
a **resort of** students 学生がよく行く所.
**3** U 頼ること, 訴えること ‖
have **resort to** force 暴力[武力]に訴える.
without **resort to** compulsion 強制せずに.
**4** C 頼りにする人[物]; 手段, 方策 ‖
That was her only **resort**. それが彼女の唯一の頼みの綱だった.

**as a lást resórt** =**in the lást resórt** [通例文頭・文中で] 最後の手段として, 結局.
── 動 自 (正式) **1** しばしば行く, いつも行く ‖
His family **resort**(**s**) **to** the restaurant. 彼の家ではよくそのレストランに行く.
**2** [resort **to A**] …に訴える, 頼る ‖
**resort to** arms 武力に訴える.
When she feels lonely, she **resorts to** drink. 寂しくなると彼女は酒を飲む.

**re・sound** /rizáund ゥリザウンド/ (発音注意) 《◆ ×ゥリサウンド》動 (正式) **1** 鳴り響く, こだまする ‖
The hall **resounded with** the clapping of the audience. ホールには聴衆の拍手が鳴り響いた.
**2** 〈名声・事件などが〉知れ渡る, 鳴り響く.

**re・sound・ing** /rizáundiŋ ゥリザウンディング/ 動 → resound. ── 形 **1** 〈拍手などが〉鳴り響く. **2** 〈名声などが〉知れ渡った. **3** 完全な, 決定的な.

**re・source** /ríːsɔːrs ゥリーソース, -zɔːrs | ríːsɔːs ゥリーソース, -sɔːs/ 名 **1** C [通例 ~s] 資源, 富; 財源, 資

力 ‖
Alaska is rich in **natural resources**. アラスカは天然資源に恵まれている.
nurture human **resources** 人材を育成する.
**2** ©（正式）(まさかの時の)最後の手段, 頼み(の綱) ‖
as a last **resource** 最後の手段として.
be at [come to] the end of one's **resources** 万策尽きる.
**3** Ⓤ 臨機応変の才, 機転 ‖
a person of **resource** 機転のきく人.
***léave*** A ***to*** A's ***ówn résources*** (困難な状況で, 助言などを与えず) A〈人〉の思うようにさせる.

**re·source·ful** /rɪsɔ́ːrsfl, -zɔ́ːrs-/ 形（正式）**1**（難局に当たって）見識のすぐれた, 臨機の才のある, やりくり上手の. **2** 資源に富んだ, 資力のある.

**\*re·spect** /rɪspékt ゥリスペクト/ 〖「ふり返って(re)見る(spect)」「人としての価値を認めること」が本義. cf. in*spect*, su*spect*〗
㊟ respectable (形), respective (形)
→ 動 他 **1** 尊敬する **2** 尊重する
名 **1** 尊敬 **2** 尊重 **3** 伝言 **4** 点
── 動 〖三単現〗 ～s/-spékts/; 〖過去・過分〗 ～ed /-ɪd/; 〖現分〗 ～ing
── 他 **1** …を尊敬する, 敬う(look up to) (↔ despise)《◆ふつう進行形にしない》‖
We **respect** your honesty. 我々はあなたの誠実さを尊敬しています.
I **respect** you **for** what you said. 君の述べたことには敬服する.
**respect** oneself 自尊心をもつ.
対話 "You don't mind that we disagree?" "Not at all. I **respect** someone who speaks honestly." 「同意できませんがお気にさわりませんか」「全然. 率直に言ってくれる人には敬意を表します」.
**2** …を尊重する, 重んずる; …に注意する ‖
**Respect** the feelings of others. 他人の気持ちを尊重せよ.
I wish people would **respect** my privacy. プライバシーを尊重してほしい.
対話 "I hate people who smoke without asking." "Me too. If they ask, I can **respect** that." 「人に断らずタバコを吸う人は嫌いだ」「私も. ひとこと聞いてくれたらかまわないんだけど」.
── 名 (複 ～s/-spékts/) **1** Ⓤ 尊敬, 敬意(↔ disrespect) ‖
The principal is held in the greatest **respect** by teachers and parents. その校長は教師と父母たちから最も深く尊敬されている.
**2** Ⓤ 尊重, 重視; 顧慮(ﾞ); 配慮; 注意, 関心 ‖
We must **have respect for** her opinion on the subject. その問題で彼女の意見を尊重しなければならない.
**have no respect for** the speed limit 速度制限を全く顧慮しない.
**3**（正式）[one's ～s]（よろしくいって）伝言, ていねいなあいさつ ‖
go to pay one's **respects** to him 彼のところ

へごきげん伺いに行く.
Pay my **respects** to the widow and surviving children. (ご主人を亡くされた)奥様と残されたお子さんたちによろしくお伝えください.
**4** © 点, 箇所; 事項, 細目 ‖
**in this respect** この点に関して.
These two poems are similar **in some respects**. これら2つの詩はいくつかの点で似ている.
**5** Ⓤ（正式）関係, 関連 ‖
These remarks **have respect to** her proposal. これらの発言は彼女の提案に関係がある.
***in respéct of*** A（正式）…に関して, …については.
***with respéct to*** A（正式）＝in RESPECT of A. (2) …に敬意を表して.

**re·spect·a·bil·i·ty** /rɪspèktəbɪ́ləti ゥリスペクタビリティ/ 名 Ⓤ（社会的に）ちゃんとしたこと, りっぱな態度; 体面, 世間体(ﾃ).

**re·spect·a·ble** /rɪspéktəbl ゥリスペクタブル/ 形 **1** りっぱな, ちゃんとした; 上品ぶった, 世間体(ﾃ)を気にする《◆消極的な意味で尊敬の条件を満たしていることをいう》‖
a **respectable** woman（堅実な）りっぱな女性.
**2** 品のよい, 下品でない; 世間の慣習にかなった ‖
It's not **respectable** to talk loudly in the street. 街路で大声を出してしゃべるのはみっともない.
**3**（略式）（数量・大きさの点で）かなりの, 相当な;（質的に）まあまあの, 悪くない ‖
a **respectable** income かなりの収入.
**respectable** talents それ相応の才能.
**4** 見苦しくない, 体裁のよい ‖
put on a clean shirt and look **respectable** 清潔なワイシャツを着てきちんとした格好をする.

**re·spect·ful** /rɪspéktfl ゥリスペクトフル/ 形 礼儀正しい; 敬意を表する(↔ disrespectful) ‖
We are all **respectful toward** him when we speak to him. 彼と口をきくとき我々は皆彼に敬意を表する.

**re·spect·ful·ly** /rɪspéktfli ゥリスペクトフリ/ 副 うやうやしく, 慎んで, 丁重に ‖
Yours **respectfully**. ＝**Respectfully** yours. 敬白, 敬具《◆目上の人などに対するかしこまった手紙の結び文》.

**re·spec·tive** /rɪspéktɪv ゥリスペクティヴ/ 形（正式）[通例複数名詞を伴って] それぞれの, 各自の, めいめいの ‖
The five boys were given presents according to their **respective** ages. 5人の男の子はそれぞれの年齢に応じて贈り物が与えられた.

**re·spec·tive·ly** /rɪspéktɪvli ゥリスペクティヴリ/ 副（正式）[通例文尾で]（述べられた順に）それぞれ, めいめいに(each) ‖
Jack, Peter, and Robert play football, basketball, and baseball **respectively**. それぞれジャックはフットボールを, ピーターはバスケットボールを, そしてロバートは野球をする.

**res·pi·ra·tion** /rèspəréɪʃən ゥレスピレイション/ 名（正式）Ⓤ 呼吸(作用); © 一呼吸, 一息 ‖
artificial **respiration** 人工呼吸.

**res·pi·ra·tor** /réspərèitər ゥレスピレイタ/ 名 © **1** 人工呼吸用装置[用具]; (人工呼吸用などの)ガーゼマスク. **2** (英) 防毒マスク.

**re·spi·ra·to·ry** /réspərətɔ̀ːri ゥレスピラトーリ | rispáiərətəri ゥリスパイアラタリ/ 形 《正式》呼吸(用)の.

**re·spire** /rispáiər ゥリスパイア/ 動 (現分) **-spir·ing** 自 《正式》呼吸する, 息をする.

**re·spite** /réspət ゥレスピト | -spait -スパイト, -spit/ 名 © 《正式》[しばしば a ~] **1** 一時的中断, 小休止, 小康 ‖
*without* (a) *respite* 休みなく.
*take a respite from* hard work 激しい仕事を少し休む.
**2** (債務・責務の)猶予(ﾕｳﾖ), 延期;〔法律〕(死刑の)執行猶予.

**re·splen·dent** /rispléndənt ゥリスプレンデント/ 形 《正式》きらきら輝く, まばゆい, 華麗な.

\***re·spond** /rispánd ゥリスパンド | rispónd ゥリスポンド/ 《約束し(spond)返す(re). cf. *corre-spond*》派 response (名)
—動 (三単現) **~s**/-spǽndz | -spóndz/;(過去・過分) **~ed**;(現分) **~·ing**
—自 **1** 答える, 返答する《◆ answer よりも堅い語》‖
She didn't **respond to** my question. 私の質問に彼女は答えなかった.
*respond to* a letter 手紙に返事を書く.
**2** 反応する, 応ずる ‖
He **responded to** her offer **with** a laugh [**by** laughing]. 彼は彼女の申し出に笑って答えた.
You **respond to** someone who is friendly **by** being friendly yourself. 人は親切にしてくれる人には自分も親切な態度で応ずる.
対話 "You haven't heard anything yet?" "No. She hasn't **responded** at all." 「まだ何も聞いてないの?」「うん. 彼女からは全然反応がないんだ」.
対話 "My computer is broken. When I move the mouse, the pointer doesn't **respond**." "I guess someone has unplugged the mouse cable." 「ぼくのコンピュータがおかしい. マウスを動かしても, ポインタが反応しないんだ」「きっとだれかがマウスのケーブルを引きぬいたのさ」.
**3** 〈病気が〉好反応を示す, 効果を現す ‖
*respond to* medical treatment 医療の効果が現れる.
—他 [respond that 節] …であると答える;「…」と答える.

\***re·sponse** /rispáns ゥリスパンス | rispóns ゥリスポンス/ (→ respond)
—名 (複 **~s** /-iz/) **1** © 返答, 応答 《◆ answer よりも堅い語》‖
She made [gave] no **response** to my question. 私の質問に彼女は返答しなかった.
There was no **response** when I rapped on the door. 戸をたたいたが何も応答はなかった.
**2** ©Ⓤ 反応, 反響, 感応 ‖
the **response to** the show ショーに対する反響.
*in response to* my question 私の質問に答えて.
He was disappointed by the lack of **response** from his spectators. 観客の反応が少ないので彼はがっかりした.
**3** Ⓤ© 〔心理・生理〕(刺激に対する)反応.

**re·spon·si·bil·i·ty** /rispànsəbíləti ゥリスパンスィビリティ | rispɔ̀nsəbíləti ゥリスポンスィビリティ/ 名 (複 **-i·ties**/-z/) **1** Ⓤ 責任, 責務, 義務 (↔ irresponsibility) ‖
I take full **responsibility** for this action. この行為に対しては私が全責任を負う.
**2** © 責任, 負担, 重荷 ‖
the heavy **responsibilities** of the Presidency 大統領の重い責任.
*on one's ówn responsibility* 自分の責任で.

\***re·spon·si·ble** /rispánsəbl ゥリスパンスィブル | rispɔ́nsəbl ゥリスポンスィブル/ 《約束(spons)し返すことができる(ible). cf. *possible*》
派 responsibility (名)
—形 **1** [補語として] **責任がある**, 責任を負うべき (↔ irresponsible) ‖
A bus driver **is responsible for** the safety of the passengers. バスの運転手は乗客の安全に責任がある.
The man most **responsible for** this is Dr. Jim Watson. このことに最も責任がある人はジム=ワトソン博士だ.
Who **is responsible to** the parents **for** the education of children? 子供の教育についてだれが親に責任を負うのか.
対話 "I do wish you'd clean your room once in a while." "Sorry mom, I'll try to be more **responsible**." 「ときどきは自分の部屋を掃除してほしいものだわ」「お母さんごめん, これからはもっと責任を持つようにするよ」.
対話 "Don't blame me. I didn't make the mistake." "No, but you're also **responsible**, I feel." 「ぼくを責めるなよ. あれはぼくの失敗じゃないよ」「そうね. でも君にも責任があると私は思う」.
**2** 信頼できる, 頼りになる;義務履行能力のある ‖
He needed a **responsible** person for the business. 彼はその事業に対して信頼できる人が必要だった.
**3** 責任の重い, 責任のある ‖
a **responsible** job 責任の重い仕事.
**4** 原因である ‖
The freezing weather **is responsible for** the bursting of a water pipe. 水道管が破裂するのは凍るような天候のせいだ.

**re·spon·si·bly** /rispánsibli ゥリスパンスィブリ | -spɔ́n- ゥリスポン-/ 副 責任を持って, 確かに.

**re·spon·sive** /rispánsiv ゥリスパンスィヴ | -spɔ́n- ゥリスポン-/ 形 **1** 敏感な, 感じやすい ‖
She **was responsive to** her friend's misery. 彼女は友人の不幸に敏感に反応した.
**2** 答える, よく反応する

This disease **is responsive to** environmental stimuli. この病気は環境の刺激によく反応する。

## \*rest¹

/rést ゥレスト/ (同音) wrest; (類音) /ést /lést/) 【「(仕事・苦痛などの)一時的な休止」が本義】

→ 名 1 休息
動 自 1 休む 2 静止する 3 頼る
他 1 休ませる 2 置く

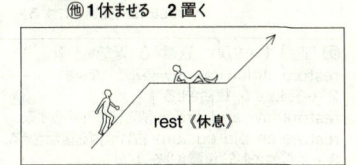

rest 〈休息〉

—— 名 (複 ~s/résts/) 1 ⓒ ⓤ 休息; 休憩; 休養, 静養; 睡眠 ‖
Shall we **have [take] a rest**? ひと休みしませんか。
get a good night's rest 一晩ぐっすり眠る。
go to rest 寝る (♦ go to bed の方がふつう).
**2** ⓤ [時に a ~] 安楽, 平穏, 安心.
**3** ⓤ 《正式》 [時に a ~] 停止, 静止, 動かないこと ‖
The driver **brought** the car **to a rest**. 運転手は車を止めた。
**4** ⓒ [しばしば複合語で] (物を載せる)台; 支え ‖
an arm rest ひじ掛け.
**5** ⓤ 死, 永眠.

**at rést** 《正式》 (1) 眠って; 静止して; 安心して, 平静で. (2) 永眠して (♦ dead の遠回し表現).

**còme to rést** 停止する;〈自然に〉止まる.

**láy A to rést** (1) 《正式》 A〈死者など〉を埋葬する. (2) A〈うわさなど〉を鎮める.

—— 動 (三単現) ~s /résts/; (過去・過分) ~ed /-id/; (現分) ~ing
—— 自 **1** 休む, 休憩[休息]する; 眠る ‖
rest up 十分に休む.
rest and relax ゆっくり休む.
lie down and rest 横になって休む.
It is better to rest for an hour after a meal. 食後1時間は休息するのがよい。

Q&A  **Q**: 「彼は学校を休んだ」というとき rest は使えますか。
**A**: 使えません。その場合は He *was absent from* school. のように be absent を用います。

**2** 静止する, 休止する, 動かなくなる ‖
After skidding ten feet, the car finally rested in a ditch. 10フィート横滑りしたあと、車はやっと溝で止まった。
**3** 《正式》 頼る, 当てにする ‖
I rested on her promise. 彼女の約束を当てにした。
He rests on his parents' advice. 彼は両親の忠告を当てにしている。
**4** 《正式》 [rest with A] A〈人〉次第である, …にかか

っている ‖
It rests with you to decide. ＝The decision rests with you. 決定は君にかかっている。
**5** (休息・安楽のために)横になる, もたれる, 座る.
**6** 置かれている, 支えられている, もたれている ‖
The roof **rests upon** eight columns. 屋根は8本の柱に支えられている。
The broom **rests against** the closet door. ほうきが押入れの戸に立てかけてある。
**7** 《正式》〈目・視線などが〉注がれる, 向けられる ‖
His eyes **rested on** the girl. 彼の目はその女の子に向けられていた。
**8** [否定文で] 安心している, 落ち着いている ‖
I will **never rest** until my son returns safe. 息子が無事に帰って来るまでは全く安心できない。
**9** 《正式》 基づく, 基礎を置く ‖
His theory **rested on** few facts. 彼の理論はほとんど事実に基づいていなかった。

—— 他 **1** …を休ませる, 休養[休息]させる; [~ oneself] 休む, 休養[休息]する ‖
rest a horse 馬を休ませる.
Stop reading for a minute and rest your eyes. しばらく読書をやめて目を休ませなさい。
She sat down to rest herself. 彼女は腰をおろして休んだ。
**2** …を置く, のせておく, よりかからせる ‖
He rested his arm on the table. 彼は腕をテーブルについていた。
Rest the ladder against the fence. はしごを垣根に立てかけなさい。
**3** …を止める, 休止[静止]させる.
**4** …を基づかせる, 頼らせる;〈希望など〉をかける ‖
They rest their hope on her. 彼らは彼女に望みをかけている。
**5** 《正式》〈視線などを〉向ける ‖
She rested her gaze on the jewels. 彼女は視線を宝石に向けていた。

**rést hòuse** (旅行者用の) 簡易宿泊所.
**rést ròom** =restroom.

## \*rest²

/rést ゥレスト/ 【「後ろに立つ」が原義】

—— 名 (複 ~s/résts/) **1** [the ~ of + the, my, this など + ⓤ 名詞; 単数扱い] …の残り, 残余, 今後の… ‖
the rest of the meal 食事の残り.
for the rest of one's life 余生, その後死ぬまで。
Please keep the rest for yourself. 残り(のおつり)はどうぞ取っておいてください。
**2** [the ~ of + the, my, this など + 複数名詞; 複数扱い] その他の人々[物] ‖
John is American and the rest of us are Canadian. 私たちのうちジョンはアメリカ人でその他はカナダ人です。

**and the rést** ＝**and áll the rést of it** その他何もかも, 何やらかにやら, …などなど.

**(as) for the rést** [文頭・文中で] その他については, あとのことは.

## \*res·tau·rant

/réstərənt ゥレストラント, -rà:nt |

## restaurateur

réstərònt ゥレストロント/ 〖「疲労を回復(restore)させる場所」が原義〗
—名 (複) ~s/-rants, -rɑ̀ːnts, -rɔ̀ːnz/) Ⓒ レストラン, 料理店, 飲食店, (ホテル・劇場などの)食堂《◆「軽食堂」は lunchroom, coffee shop など》‖
at [in] a **restaurant** レストランで.
I know a very good **restaurant** near here.
この辺にすごく味のいいレストランがありますよ.

**réstaurant càr** (英) =dining car.

**res·tau·ra·teur** /rèstərətə́ːr ゥレストラター| rèstə- ゥレスト-/, **--ran·teur** /-rɑːntə́ːr -ラーンター/ 〖フランス〗名 Ⓒ (正式) レストラン支配人[経営者], 料理店主, 飲食店主.

**rest·ful** /réstfl ゥレストフル/ 形 1 (正式) 休息[安らぎ]を与える‖
colors that are **restful** to the eyes 目に安らぎを与える色彩.
**2** 落ち着いた, 静かな, 平和な.

**res·ti·tu·tion** /rèstətjúːʃən ゥレスティトゥーション (ゥレスティチューション)/ 名 Ⓤ (正式) **1** 正当な返還, 弁償. **2** 回復, 復権.

**res·tive** /réstiv ゥレスティヴ/ 形 **1** 落ち着きのない, いらいらした. **2** 〈馬などが〉御しがたい, じっとしていない.

*  **rest·less** /réstləs ゥレストレス/ 〖→ rest¹〗
—形 (比較 more ~, 最上 most ~) **1** 落ち着かない, 不安な‖
The dog became **restless** at the scent of the fox. 犬はキツネのにおいにそわそわした.
a **restless** child 落ち着かない子供.
[対話] "I didn't get much sleep last night."
"So, that's why you're so **restless** today."
「きのうの晩はあまり眠れなかった」「それできょうは落ち着きがないんだね」.
**2** [名詞の前で] 眠れない, 休めない‖
I was overtired and spent a **restless** night.
私は疲れ過ぎてよく眠れなかった.
**3** 絶えず動いている, 休むことのない‖
the **restless** waves 常に動いている波.
**rést·less·ness** 名 Ⓤ 落ち着きのないこと, 不安.

**rest·less·ly** /réstləsli ゥレストレスリ/ 副 落ち着きがなく, そわそわと; 休まずに.

**res·to·ra·tion** /rèstəréiʃən ゥレスタレイション/ 名 **1** Ⓤ 返還, 返却‖
the **restoration** of a borrowed book 借りた本の返却.
**2** Ⓤ 復活, 回復, 復興‖
the **restoration** of peace 平和の回復.
the **restoration** of friendship 仲直り.
**3** Ⓤ 復帰, 復職, 回復, 復活‖
one's **restoration** to health 健康の回復.
**4** ⒞Ⓤ (美術品・建築物・文献などの)修復, 復元; Ⓒ 復元図(模型)‖
the **restoration** of a painting 絵の修復.
**5** [the R~] 〖英史〗(Charles II の)王政復古《1660》; 王政復古時代《Charles II の在位期間 (1660-85). 時に James II の治世(1685-88)も含む》; 〖日本史〗明治維新(the Meiji Restoration).

**re·sto·ra·tive** /ristɔ́ːrətiv ゥリストーラティヴ/ 形 (正式) **1** 復活の, 復元の. **2** 〈健康・体力を〉回復させる. —名 ⒞Ⓤ 健康食, 強壮剤; 気付け薬.

**re·store** /ristɔ́ːr ゥリストー-/ 動 (現分) --stor·ing)

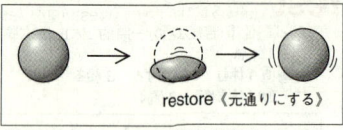

restore 《元通りにする》

他 (正式) **1** …を戻す, 返還する, 返却する‖
**restore** stolen money 盗んだ金を返す.
**2** …を回復する, 復活させる‖
**restore** law and order 法と秩序を回復する.
**restore** an old custom 古い習慣を復活させる.
**3** …を復帰させる, 復職させる‖
**restore** an employee to his old position 従業員をもとの職場に復帰させる.
**4** …を修復する, 復元する‖
The ruined castle is now being **restored**.
その荒城(きゅう)は現在修復中です.
**5** [通例 be ~d] 健康を回復する‖
I feel completely **restored**. すっかり気分がよくなりました.

**re·strain** /ristréin ゥリストレイン/ 動 他 (正式)

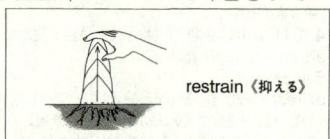

restrain 《抑える》

**1** 〈感情・行動などを〉抑える, 抑制する‖
She **restrained** her anger with difficulty.
彼女はやっとのことで怒りを抑えた.
**2** …にやめさせる, 断念させる‖
**restrain** oneself from eating candy キャンディーを食べるのを控える.
**3** …を規制する‖
**restrain** trade 貿易[取引]を制限する.

**re·straint** /ristréint ゥリストレイント/ 名 **1** Ⓤ 抑制, 制止, 禁止; 拘束(袋), 束縛‖
be beyond **restraint** 抑制できない.
frée from **restráint** 束縛のない, 自由な.
lay **restraint** on his activity 彼の行動を抑制する.
**2** Ⓒ (正式) 抑制力, 拘束力, 束縛するもの‖
the **restraints** of illness 病気による妨げ.
**3** Ⓤ 監禁, 拘束, 拘禁‖
be kept under **restraint** (特に精神障害者が精神病院に)収容される.
**4** Ⓤ 自制, 遠慮, 慎み; 節度, 控え目‖
lack of **restraint** 慎みがないこと.
without **restráint** 自由に, 遠慮なく, 十分に.

* **re·strict** /ristríkt ゥリストリクト/ 〖「もとへ(re)縛る(strict). cf. constrict」〗 restriction (名)
—動 (三単現) ~s/-stríkts/; (過去・過分) ~ed /-id/; (現分) ~·ing)

—他 …を制限する, 限定する ‖
We are **restricted to** a speed of 30 kilometers an hour in this area. この地域では時速30キロに制限されている.
**restrict** oneself to (smoking) four cigarettes a day タバコを1日4本に制限する.
be **restricted within** narrow limits 狭い範囲に限られる.
対話 "That school is awful to students." "I'll say. They **restrict** everything they do." 「あの学校は生徒に対してひどいことをするよ」「全くだ. 生徒のすることは何でも制限するんだ」.

**re·strict·ed** /rɪstríktɪd ゥリストリクティド/ 動 → restrict. ——形 (正式) 1 制限された, 限られた (↔ unrestricted). 2 (特定の人種・集団に) 限られた, 白人専用の. 3 (英)〈文書・情報などが〉部外秘の, 機密の((主米) classified).

**re·stric·tion** /rɪstríkʃən ゥリストリクション/ 名 1 ⓒ 制限, 限定, 制約 ‖
**restriction** of expenditure 経費制限.
without **restriction** 無制限に, 自由に.
2 ⓒ 制限するもの; 制限条件, 制限規定 ‖
place **restrictions on** foreign trade 外国貿易に制限を加える.
currency **restrictions** 通貨持ち出し制限.

**re·stric·tive** /rɪstríktɪv ゥリストリクティヴ/ 形 (正式) 制限的な.
**restrictive práctices** (英) (1)〔経済〕(企業間の) 競争制限協定, 生産協定. (2)《正式》労働組合慣行.

**rest·room, rest room** /réstrùːm ゥレストルーム/ 名 ⓒ (主米) (ホテル・劇場などの) トイレ, 洗面所.

**re·struc·tur·ing** /rɪstrʌ́ktʃərɪŋ ゥリーストラクチャリング/ 名 ⓒ ⓤ 〔通例単数形で〕再編成, リストラ.

***re·sult** /rɪzʌ́lt ゥリザルト/ 〖はね (sult) 返る (re). cf. in*sult*〗
——名 (複 ～s/-zʌ́lts/) 1 ⓒ ⓤ 結果 (↔ cause), 結末, 成り行き; 成果, 効果 ‖
She won the election **as a result of** the hard-fought campaign.《正式》接戦の末彼女が当選した.
He worked too hard, **with the result that** he was taken ill.《正式》彼は勉強しすぎた結果病気になった.
2 ⓒ (試合などの) 最終得点; (主に英) 〔通例 ～s〕(試験などの) 成績, 結果 (grade) ‖
対話 "What was the **result**?" "Two-nil to Manchester." 「試合の結果はどうだった」「2-0 でマンチェスターの勝ちでした」.
He had very good exam **results**. 非常によい試験の成績を彼はおさめた.
3 ⓒ〔数学〕(計算の) 結果, 数値, 答え.
*without* **result** むだに, 成果なく.
——動 (三単現 ～s /-zʌ́lts/; 過去・過分 ～ed /-ɪd/; 現分 ～ing)
——自 (正式) 1 [**result from A**] …から結果として生ずる, …に起因する, 由来する ‖
Tooth decay often **results from** eating sweets. 甘いものを食べるとしばしば虫歯になる.
2 [**result in B**] …に終わる, …という結果になる, 帰着する ‖
Your efforts should **result in** success. 君の努力は成功に終わるはずだ.

**re·sult·ant** /rɪzʌ́ltənt ゥリザルタント/ 形 (正式) 結果として生じる, 結果の ‖
war and its **resultant** agony 戦争とその結果として生じる苦悩.

**re·sume**¹ /rɪz(j)úːm ゥリズーム (ゥリズーム)/ 動

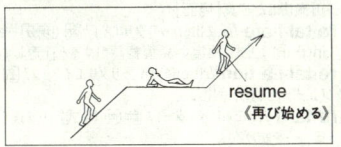

〈再び始める〉

(現分) ··*sum·ing*) (正式) 他 1 …を再び始める, 再び続ける; [**resume doing**] …することを再開する ‖
We **resumed** the meeting after a short rest. しばらく休憩したあとで会議を再開した.
She **resumed** studying English after supper. 彼女は夕食後また英語の勉強を始めた.
2 …を再び占める ‖
**resume** one's seat もう一度席につく.
3 …を取り戻す, 回復する ‖
**resume** one's health 健康を取り戻す.
——自〈話・会議・仕事などが〉再び始まる, 再開する.

**ré·su·mé, resume², resumé** /rézjəméɪ ゥレズメイ (ゥレズメイ) | rézjuːmeɪ ゥレズメイ/ 〖フランス〗名 ⓒ 1 (正式) レジュメ, 要約. 2 (米) 履歴書, 身上書; 経歴.

**re·sump·tion** /rɪzʌ́mpʃən ゥリザンプション/ 名 ⓤ ⓒ 1 再開, 続行 ‖
the **resumption** of the Diet session 国会の再開.
2 取り返し, 回収, 回復.

**re·sur·gence** /rɪsə́ːrdʒəns ゥリサージェンス/ 名 ⓤ (正式) 〔しばしば a ～〕復活; 再起.

**res·ur·rect** /rèzərékt ゥレザレクト/ 動 他 (略式) 〈習慣など〉を復活させる; 〈記憶など〉をよみがえらせる.

**res·ur·rec·tion** /rèzərékʃən ゥレザレクション/ 名 1 [the R～] キリストの復活; (最後の審判の日の) 万人の復活 (cf. Easter). 2 ⓤ よみがえり, 復活.

**re·sus·ci·tate** /rɪsʌ́sɪtèɪt ゥリサスィテイト/ 動 (現分) ··*tat·ing*) 他 (正式) …を生き返らせる.

**re·tail** /ríːteɪl ゥリーテイル, (英+) -/ 名 ⓤ 小売り; [形容詞的に] 小売りの ‖
buy a camera at [(英) by] **retail** カメラを小売り値で買う.
**rétail bánking** (銀行の) 小口取引, 個人対象銀行業務.

**re·tail·er** /¹ríːteɪlər ゥリーテイラ /⁻ˌ; ² rɪtéɪlər ゥリテイラ/ 名 ⓒ 1 小売業者. 2 (うわさなどを) 受け売りする人, 言いふらす人.

**re·tain** /rɪtéɪn ゥリテイン/ 動 他 1 …を保つ, 持ち続ける; …を維持する 《◆ keep より堅い語》 ‖
**retain** one's tears 涙をこらえる.

retain the confidence and support of superiors 上役の信任と支持をずっと得ている.
**2** …を記憶しておく ‖
retain a clear memory of one's school days 学生時代をはっきり覚えている.

**re·tain·er** /ritéinər ゥリテイナ/ 名C 保持者.

**re·take** 動 rìːtéik ゥリーテイク; 名 ≏/ 動 (過去)--took; (過分)--tak·en; (現分)--tak·ing 他 **1** …を取り戻す, 奪い返す. **2** 〈写真·録音など〉を撮り直す, 再収録する. ── 名 C (略式)(写真などの)撮り直し, 再撮影した写真[場面].

**re·tal·i·ate** /ritǽlièit ゥリタリエイト/ 動 (現分)--at·ing 自(正式)報復する, 復讐(ふく)する; 仕返しする.

**re·tal·i·a·tion** /ritæ̀liéiʃən ゥリタリエイション/ 名 U (正式)仕返し, 報復.

**re·tard** /ritάːrd ゥリタード/ 動 他 (正式)…を遅らせる; …を妨げる ‖
retard the growth of the early rice 早稲(わせ)の生育を阻害する.
The process retards milk from turning sour. その(殺菌)方法で牛乳が腐るのを阻止できる.

**re·tell** /rìːtél ゥリテル/ 動 (過去·過分)--told,-tóuld/ 他 …を再び語る, 形を変えて語る.

**re·ten·tion** /riténʃən ゥリテンション/ 名 U C (正式) 維持, 保持力; 保有, 保存.

**ret·i·cence** /rétisəns ゥレティセンス/ 名 (正式) U C 無口なこと, 沈黙; U 控え目, 遠慮.

**ret·i·cent** /rétisənt ゥレティセント/ 形 (正式) **1** 無口な, (全部を)話したがらない. **2** 〈表現など〉が控え目な.

**ret·i·na** /rétənə ゥレティナ/ 名 (複 ~s, --i·nae /-niː/) C (解剖) 網膜 (図 ⇒ eye).

**ret·i·nue** /rétənjùː ゥレティニュー (ゥレティニュー)/ 名 C (正式)(集合名詞; 単数·複数扱い)(王侯·高官などの)従者.

**re·tire** /ritáiər ゥリタイア/ 動 (現分)--tir·ing)
**1** (正式)引き下がる, 退く; (レース·ゲームなどを)棄権する, リタイアする ‖
retire to the lounge (談笑などのため)居間にさがる.

**2** (定年などで)退職する, 引退する ‖
retire from the railway company 鉄道会社を退職する.
retire from the editorship 編集長を辞める.
retire on a pension at 65 年金のもらえる65歳で退職する.

> Q&A **Q**: retire も resign も「辞める」意味ですがどう違いますか.
> **A**: resign は勤続年限を完了する前に途中で辞めるときに, retire は年限を勤めあげて定年で辞めるときに用います. 短期間働いて, または学校のクラブを「辞める」場合には quit を使います.

**3** 身を引く, 隠居する ‖
retire to [into] the country 田舎(いなか)に引きこもる.
retire from the world 隠居生活を送る.

**4** (文) 床につく, 寝る (go to bed).
**5** (正式)後退する, 遠のく; 消える, 隠れる ‖
Gradually the shore retired from view. 海岸線が次第に視界から遠ざかった.
── 他 **1** 〈人〉を(定年などで)解職[解雇]する; (be ~d) 辞める, 退職する, 退役する ‖
retire a military officer 士官を辞めさせる.
**2** (野球) (通例 be ~d) アウトになる, チェンジになる.

**re·tired** /ritáiərd ゥリタイアド/ 動 → retire.
── 形 **1** (ふつう定年で)退職した; (軍事)退役した ‖
a 72-year-old retired doctor 72歳の引退医.
**2** 隠遁(いんとん)[隠居]した.

**re·tir·ee** /ritàiəríː ゥリタイアリー/ 名 C (米) 退職者; 年金[恩給]生活者.

**re·tire·ment** /ritáiərmənt ゥリタイアメント/ 名 **1**
C 退職, 引退, 退役; U (退職後の)余生 ‖
take early retirement 定年前に退職する.
forced retirement 定年退職.
**2** U 隠遁(いんとん), 隠居; C 隠居所 ‖
retirement from the world 世捨て.
go into retirement 隠居する.
**3** U (形容詞的に) 退職の ‖
a retirement pension(er) (ふつう週給の)老齢[退職]年金(受給者, 生活者).
a retirement community (米)(金持ちの)退職者居住地域 《Florida 州など》.
retirement age 定年, 停年.

**re·tir·ing** /ritáiəriŋ ゥリタイアリング/ 動 → retire.
── 形 (正式) **1** 内気な, 引っ込み思案な.
**2** 隠居する; 退職の ‖
(the) retiring age 定年.
a retiring allowance 退職手当[金].

**re·tort**[1] /ritɔ́ːrt ゥリトート/ 動 他 [retort (that) 節] …と言い返す, 逆襲する ‖
"That's none of your business," he retorted. 「それは君の知ったことではない」と彼は言い返した.
── 名 U C 応酬; 口答え ‖
in retort しっぺ返しに.

**re·tort**[2] /ritɔ́ːrt ゥリトート/ 名 C (化学·冶金) レトルト 《乾留·蒸留などに用いる容器》.
── 動 他 〈水銀〉をレトルトで熱して分離する.

**retórt pòuch** レトルト食品[包装].

**re·touch** /rìːtʌ́tʃ ゥリタチ/ 動 (三単現 ~·es/-iz/) 他 〈絵·写真·メーキャップなど〉に手を加える.

**re·trace** /ritréis ゥリトレイス/ 動 (現分)--trac·ing) 他 (正式) **1** 〈道〉を引き返す, あと戻りする ‖
retrace one's steps 来た道をあと戻りする.
**2** …を回想する, 振り返る.
**3** …の起源をたどる ‖
retrace one's family line 家系を調べる.

**re·tract** /ritrǽkt ゥリトラクト/ 動 (正式) 他 **1** 〈身体の一部など〉を引っ込める, 収縮させる ‖
A snail can retract its horns. カタツムリは角を引っ込められる.
**2** …を撤回する, 取り消す ‖

retract one's opinion 自分の意見を取り下げる.
— ⃝自 **1** 引っ込む. **2** 取り消す, 撤回する.

**re·trac·tion** /rɪtrǽkʃən ゥリトラクション/ 名⃝U⃝C **1** (つめなどを)引っ込めること. **2** 取り消し, 撤回.

**re·treat** /rɪtríːt ゥリトリート/ 名 **1** ⃝U⃝C 退却, 後退, 撤退 ‖
Napoleon's **retreat** from Moscow ナポレオンのモスクワからの退却.
**2** ⃝U (正式) 隠遁(いん), 避難, 隔絶 ‖
make **retreat** into the country 田舎(いなか)に引きこもる.
**3** ⃝C (正式) 休養の場所, 保養所；療養所 ‖
a mountain **retreat** 山荘.
a summer **retreat** 避暑地.
**beát a** (**hásty**) **retréat** 逃げ出す, 退却する；企てを放棄する, 手を引く.
— ⃝動 **1** 退却する, 撤退する ‖
**retreat** from the front 前線から撤退する.
**2** 退く, 引退する, 隠遁(いん)する, 逃げる ‖
**retreat** to one's home town 故郷の町に引きこもる.

**re·tri·al** /riːtráɪəl ゥリトライアル/ 名⃝U⃝C やり直し；〔法律〕再審.

**ret·ri·bu·tion** /rètrəbjúːʃən ゥレトリビューション/ 名⃝U (正式) 〔しばしば a ~〕 (当然の)報い；報復.

**re·triev·al** /rɪtríːvl ゥリトリーヴル/ 名⃝U **1** 回収, 復旧, 挽(ばん)回；埋め合わせ. **2** 〔コンピュータ〕 (情報)検索.
**beyónd** [**pást**] **retríeval** 取り返しがつかない.
**retríeval sỳstem** 〔コンピュータ〕 情報検索方式.

**re·trieve** /rɪtríːv ゥリトリーヴ/ 動 (現分) --trieving) ⃝他 (正式) **1** …を取り戻す, 回収する ‖
**retrieve** freedom 自由を取り戻す.
**2** …を回復[挽(ばん)回]する；…を救う, 更生させる ‖
**retrieve** one's honor 名誉を回復する.
**retrieve** oneself 更生する, 改心する.
**retrieve** her from [out of] ruin 彼女を破滅から救う.
**3** …を埋め合わせる, 償う；…を訂正する.
**4** 〔コンピュータ〕 〈情報〉を検索する.
**5** 〈猟犬が〉〈獲物〉を捜して持ってくる.
— ⃝自 〈猟犬が〉獲物を捜して取ってくる.

**re·triev·er** /rɪtríːvər ゥリトリーヴァ/ 名⃝C レトリーバー (訓練された猟犬の一種).

**ret·ro·grade** /rétrəgrèɪd ゥレトログレイド | rétrəʊ- ゥレトロウ-/ 形 **1** (正式) 後退する；逆の. **2** 退化する, 退歩の.

**ret·ro·spect** /rétrəspèkt ゥレトロスペクト | rétrəʊ- ゥレトロウ-/ 名⃝U (正式) 追想, 追憶, 回想, 思い出 ‖
**in retrospect** 回想して, 振り返ってみて.

**ret·ro·spec·tive** /rètrəspéktɪv ゥレトロスペクティヴ | rètrəʊ- レトロウ-/ 形 (正式) **1** 回想の, 追憶にふける, 回顧的な ‖
a **retrospective** exhibition 回顧展.
**2** (法律などの効力が)遡(そ)及(きゅう)の, 遡(そ)及的な.

*‡**re·turn** /rɪtə́ːrn ゥリターン/ 〖もとの場所に (re)戻る(turn). cf. *turn*〗

— ⃝動 (三単現 ~s/-z/；過去・過分 ~ed/-d/；現分 ~ing)
— ⃝自 **1** (もとの場所・位置に)戻る, 帰る, 再訪する《◆ go [come] back より堅い語. 「すぐに戻る」は be back soon がふつう. return には back の意が含まれているので ˟return back とはいわない》‖
**return** safe to Akita **from** one's honeymoon 新婚旅行を終えて無事秋田に帰る.
**return** home **from** a trip to London ロンドン旅行を終えて帰国する.
対話 "I'm sorry, but Mr. Tanaka is out of the office right now." "Could you tell him to call back when he **returns**?" 「申しわけありません. 田中はいま出かけております」「お帰りになったらこちらへ電話をかけるようお伝え願えませんか」.
**2** (もとの状態などに)戻る, 帰る《◆ come back より堅い語》‖
Now, let's **return to** the subject. さて本題に戻ろう.
**return to** dust 土になる, 死ぬ.
**return to** power 権力の座に返り咲く.
**return to** one's old job 復職する.
**3** (正式) 戻って来る, 巡って来る ‖
Spring has **returned**. 春が再びやって来た.
Women's love once gone never **returns**.
一度冷めた女の愛は二度と戻らない.
**4** (正式) 応答する, 言い返す.
— ⃝他 **1** …を戻す；[return A to B] A〈物・人〉を B〈人・もとの場所〉に**返す** ‖
He **returned** the book **to** the library on time. 本を期限どおりに図書館に返却した.
**2** …を回復する；…を向ける ‖
**return** it **to** a sound footing 正常な関係に戻す.
**return** his attention **to** something across the valley 谷の向こう側にあるものに彼の注意を向ける.
**3** [return A for B / return B with A] B〈人・物〉に A〈物・事〉で応じる, 返す ‖
**return** thanks **for** the repast (正式) (食事の際) 感謝の祈りをささげる.
She **returned** her parents' love **with** contempt. =She **returned** contempt **for** her parents' love. 彼女は不名誉なことをして両親の愛を踏みにじった.
**4** (受けたものを)…で返す ‖
**return** one's stare 見返す, にらみ返す.
**return** a favor 恩返しをする.
**return** an answer 返答する.
**5** (正式) …を言い渡す；…を申告する, 公式に発表する；[return A (to be) C] A〈人・事〉を C と判断[評決, 答申]する ‖
**return** a verdict of guilty 有罪判決を言い渡す.
**return** him (**to be**) unfit for the work その仕事は彼に向かないと判断する.
**6** (正式) 〔通例 be ~ed〕選出される.
— ⃝名 (複 ~s/-z/) **1** ⃝C⃝U **戻ること, 帰ること**；帰

宅, 帰国, 帰還 ‖
on their **return** from a long trip 彼らが長旅から帰って来た時.

**2** ⓤ 返すこと, 戻すこと；返却, 返送, 返品；ⓒ [通例 ~s] 戻り荷[品], 返(送)品 ‖
demand the **return** of the book 本の返却を求める.

**3** ⓒⓤ 帰ること；復帰, 回復 ‖
a **return**-to-work order 職場復帰命令.

**4** ⓒ (病気の)再発；(健康の)回復；(季節などが)再び巡って来ること, **再訪** ‖
a **return** of fever 熱の再発.
the **return** of winter 冬の再来.
We wish you **many happy returns**. = **Many happy returns (of the day)**! 《正式》きょうのよき日がいくたびも巡って来ますように《誕生日などのあいさつ》.

**5** ⓒ お返し, 返礼；返事, 返答 ‖
a good **return** for service done もてなしに対してきちんと報いること.

**6** ⓒ [しばしば ~s] 利益, 収益；総売上高.

**7** ⓒ 公式回答；答申(書)；納税申告(書).

**8** ⓒ 《英》= return game [match].

**9** ⓒ 《英略式》= return ticket.

**10** ⓒ 《コンピュータ》リターンキー, 行送りキー.

*by retúrn* 《(米) máil, (英) *of póst*》折り返し(発信者あてに), 至急(に).

○*in retúrn* (*for* **A**) (…の)お返しに, 返礼として, かわりに.

―― 形 **1** 返送用の；帰路(料金)の；帰りの；《英》往復(料金)の ‖
a **return** card 返信はがき.
a **return** trip 帰り旅；《英》往復旅行(a round trip).
a **return** road 帰り道, 帰路.
a **return** home 帰国, 帰宅.

**2** 返送された, 返された ‖
a **return** cargo 帰り荷.

**3** お返しの, 返礼の, 返礼としての；再度の, 二度目の ‖
a **return** visit 答礼訪問.

**retúrn fáre** 帰りの運賃；《英》往復運賃.
**retúrn gáme [mátch]** 雪辱(まっじょく)戦, リターンマッチ(return).
**retúrn hálf** 帰路切符, 帰りの片道切符.
**retúrn tícket** 帰りの切符；《主に英》往復切符(return, 《米》round-trip ticket).

**re·turn·a·ble** /rɪtə́ːrnəbl ゥリターナブル/ 形 《正式》(再利用のため)返却[回収]できる；帰還できる.

**re·u·nion** /riːjúːnjən ゥリーユーニョン/ 名 **1** ⓤ 再結合すること；再会.

**2** ⓒ 再会の集(ぁっ)い, 親睦(ぼく)会 ‖
hold a class **reunion** クラス会を開く.

**re·u·nite** /riːjuːnáit ゥリーユナイト/ 動 (現分) ··nit·ing) 他 …を再結合させる, 再会させる. ―― 自 再結合する, 再会する.

**Reu·ters** /rɔ́itərz ゥロイタズ/ 名 ロイター通信社《英国の London にある通信社. cf. AP, UPI》.

**rev** /rév ゥレヴ/ [*revolution* の短縮語]《略式》名 ⓒ [通例 ~s] (エンジン・レコードなどの)回転.
―― 動 (過去·過分) revved/-d/; (現分) rev·ving) 他 〈エンジンなどの回転数を〉(急に)上げる；〈仕事・討論などを〉活発化する. ―― 自 〈エンジンなどの〉回転数が上がる.

**Rev.** (略) Reverend.

**re·val·ue** /riːvǽljuː ゥリヴァリュー/ 動 (現分) ··u·ing) 他 …を評価し直す.

**re·vamp** /riːvǽmp ゥリヴァンプ/ 動 他 《略式》…を改良する.

**re·veal** /rɪvíːl ゥリヴィール/ 動 他 **1** …を明らかにする, 示す；…を漏らす；[reveal (that) 節] …ということを明らかにする《◆ make known より堅い語で disclose よりくだけた語》(↔ conceal) ‖
**reveal** my real intention 私の真意を明かす.
**reveal** one's gift for mathematics 数学の才能を示す.
**reveal** a secret **to** him 彼に秘密を漏らす《◆ × reveal him a secret とはいわない》.
She **revealed** (that) the criminal was herself. 彼女は自分が犯人だと漏らした.

**2** 《正式》[reveal **A** to be [as] **C**] **A**〈人・物・事〉が **C** であることを示す, 明らかにする；[reveal (that) 節] …ということを示す ‖
This letter **reveals** him **to be** [**as**] a dishonest man. = This letter **reveals** (that) he is a dishonest man. この手紙で彼は正直でないことがわかる.

**3** 《正式》…を見せる, 現す ‖
His smile **revealed** his white teeth. 彼は白い歯を見せて笑った.

**rev·el** /révl ゥレヴル/ 〔類音〕 /evel/lévl/〕 動 《(英) 過去·過分 ~ed または 《英》rev·elled; 現分 ~·ing または 《英》··el·ling》 自 《やや古》**1** 大いに楽しむ；ふける, 夢中になる ‖
**revel in** one's success 自分の成功を大いに喜ぶ.
**revel in** reading 読書を楽しむ.

**2** どんちゃん騒ぎをする.

**rev·e·la·tion** /rèvəléiʃən ゥレヴェレイション/ 名 《正式》**1** ⓤ 暴露, すっぱぬき, 発覚.

**2** ⓒ 意外な新事実, 新発見, 初体験 ‖
It was quite a **revelation** to me. それは私には全く意外な事だった.

**rev·el·ry** /révlri ゥレヴェルリ/ 名 (複 ··el·ries /-z/) ⓤⓒ 《正式》[しばしば revelries] どんちゃん騒ぎ.

**re·venge** /rɪvéndʒ ゥリヴェンヂ/ 動 (現分) ··veng·ing) 他 **1** [通例 ~ oneself / be ~d] 復讐(ふくしゅう)する ‖
**revenge** oneself **on** one's enemy 自分の敵に復讐する.

**2** …のあだを討つ, 恨みをはらす ‖
He **revenged** his father's death **on** his uncle. 父を殺したおじに彼は復讐した.

Q&A **Q**: revenge と avenge はどう違いますか.

**A**: 本来は, revenge は被害者自身が恨みを晴らすこと(**1**の意味), avenge は被害者のために他の人があだを討ってやることです. ところが, avenge との混同から**2**の意味にも用いられるようになり両者の区別があいまいになりました.

**3** …の仕返しをする ‖
revenge an insult 侮辱されたことにお返しをする.
revenge defeat 敗北の仕返しをする.
——名 **1** ⓊⒸ [しばしば a ~] 復讐, 仕返し, 遺恨 ‖
a terrible revenge ひどい仕打ち.
in [out of] revenge for his attack on me 彼が私をやりこめた仕返しに.
take revenge on him for the insult 彼の侮辱にしっぺ返しをする.
be full of revenge 復讐の鬼である.
**2** Ⓤ 雪辱戦(の機会) ‖
give Meg her revenge メグに雪辱の機会を与える.

**rev·e·nue** /révənjùː/ ゥレヴェヌー(ゥレヴェニュー) 图 (正式) **1** Ⓤ (国・地方自治体の)歳入(↔ expenditure), (個人などの)収入.
**2** Ⓒ [しばしば ~s; 複数扱い] 総利益, 総収益(金); 歳入の内訳.

**re·ver·ber·ate** /rivə́ːrbərèit/ ゥリヴァーバレイト/ 動 (現分) --at·ing) 圓 (正式) **1** 反響する, 鳴り渡る. **2** 反射する, 屈折する.

**re·vere** /rivíər/ ゥリヴィア/ 動 (現分) --ver·ing) 他 (正式) …を崇敬する.

**rev·er·ence** /révərəns/ ゥレヴェレンス/ 图 (正式) [しばしば a ~] 尊敬, 崇敬; 敬愛(↔ irreverence) ‖
show reverence for the old 老人に敬意を払う.
feel reverence for one's teacher 先生を尊敬する.
hold one's parents in great reverence 両親を深く敬愛している.
regard elephants with reverence ゾウを神聖視する.

**rev·er·end** /révərənd/ ゥレヴァレンド/ 形 (正式) **1** 尊敬に値する.
**2** [the R~; 聖職者などへの呼びかけ・尊称で] 敬愛する…, …(尊)師 ‖
the Reverend John Smith ジョン=スミス師.

**rev·er·ent** /révərənt/ ゥレヴァレント/ 形 (正式) 敬虔な, うやうやしい ‖
a reverent silence 厳粛な静けさ.

**rev·er·ie, --y** /révəri/ ゥレヴァリ/ 图 ⓊⒸ (正式) 空想, 夢想 ‖
be lost in (a) reverie 空想にふける.

**re·ver·sal** /rivə́ːrsl/ ゥリヴァースル/ 图 ⓊⒸ (正式)
**1** 反転, 逆転, どんでん返し. **2** [法律] (ふつう下級審判決の)取り消し, 撤回, 破棄, 差し戻し.

**re·verse** /rivə́ːrs/ ゥリヴァース/ 動 (現分) --vers·ing) 他 **1** …(の上下・左右・裏表・順序など)を入れかえる; …を逆にする, …をひっくり返す, 裏返す(◆ turn over [upside down, around] より堅い語) ‖
This coat can be reversed. このコートは裏返しでも着られる.
**2** …を反対方向に向ける ‖
reverse one's steps 踵(きびす)を返す, 引き返す.
**3** …を反対にする, 変える ‖
reverse the situation 立場を変える.
**4** (米) [通例 ~ oneself] 態度が変わる, 自説を翻(ひるがえ)す. **5** [法律] 〈判決などを〉取り消す, 破棄する, 覆(くつがえ)す. **6** [機械] …を逆進させる; …を後退させる.
——圓 **1** 〈エンジンが〉逆回転する, 〈車が〉後退する. **2** 〈ダンス・ワルツで〉逆回りする, 反対回転になる.
——图 **1** Ⓤ [通例 the ~] 逆, 反対; 裏返し, 逆転 ‖
do the reverse of what one is expected to do 期待を裏切る.
**2** Ⓒ [the ~] 裏, 裏面, 裏側; 裏ページ《ふつう偶数ページ》‖
the reverse of the cloth 布の裏地.
**3** ⓊⒸ [機械] 逆転, 後退; 逆推進.
**4** Ⓒ (正式) [通例 ~s] 不運; 被害, つまずき, 敗北 ‖
the reverses of fortune 不運.
*in revérse* 反対に, さかさまに, 逆に; [軍事] 後方[背面]に; [機械] バックで.
——形 **1** 逆の; あべこべの(◆ opposite の遠回し語) ‖
a reverse dictionary 逆引辞典.
in a reverse way 逆のやり方で.
in reverse order 逆の順に.
**2** 裏の, 裏面の; (上下・左右が)反対の, さかさまの ‖
the reverse side of a coin コインの裏面.
**3** [機械] 逆転する, 後退する ‖
a reverse gear 後退装置, バックギア(◆ *back gear* とはいわない).

**revérse discriminátion** (米) 逆差別《黒人や女性を保護した結果, 逆に白人や男性が差別されること》.

**re·vérse–chárge càll** /rivə́ːrstʃɑ́ːrdʒ-/ ゥリヴァースチャーヂ-/ (英) 料金受信人払い通話((米) collect call).

**re·vers·i·ble** /rivə́ːrsəbl/ ゥリヴァースィブル/ 形 **1** 逆にできる, 反対にできる. **2** 〈衣服などが〉裏返しても使える, 両面仕立ての.

**re·ver·sion** /rivə́ːrʒən/ ゥリヴァージョン, -ʃən/ -ション/ 图 **1** Ⓤ 戻ること; 逆戻り, 復帰. **2** ⓊⒸ (主に米) 反΍, 逆転.

**re·vert** /rivə́ːrt/ ゥリヴァート/ 動 圓 (正式) **1** 戻る; 〈病気などが〉再発する ‖
revert to normal 平常に戻る.
**2** [法律] 〈財産などが〉復帰する.

**rev·er·y** /révəri/ ゥレヴァリ/ 图 (複 --er·ies/-z/) ⓊⒸ =reverie.

*\**re·view /rivjúː/ ゥリヴュー/ 〖再び(re)見る(view)〗
——图 (複 ~s/-z/) **1** ⓊⒸ 再調査, 再検討.

**2 a** ©⓾ (米)**復習**, 練習 ‖
do a review of the last lesson 前の課の復習
をする.
**b** © =review exercise.
**3 a** ⓾ 回顧, 反省.
**b** © 概観, 展望.
**4** ©⓾ (新刊書・劇などの)**批評**, 論評；© 評論(雑)
誌 ‖
a review of a book =a book review 書評.
a favorable review 好評.
**5** ⓾© 検査, 検閲；閲兵, 観兵式.
**6** © 〔演劇〕=revue.
*ùnder revíew* 再検討中の, 吟味中の.
── 動 [三単現] ~s/-z/； [過去・過分] ~ed/-d/；
[現分] ~-ing
── 他 **1** …を再調査する, 再検討する.
**2** (米)…を**復習する**((英) revise) ‖
I reviewed today's lesson after supper. 私
は夕食後にきょうの授業の復習をしました.
**3** …を回顧する, 回想する.
**4** 〈書物など〉を**批評する**, 論評する ‖
review a novel 小説の批評をする.
**5** …を検閲する, 閲兵する.
**revíew èxercise** 練習[復習]問題(review).
**re·view·er** /rivjúːər ゥリヴューア/ 图 © 評者, 批
評する人；検閲者.
**re·vise** /riváiz ゥリヴァイズ/ 動 [現分] --vis·ing) 他
**1** …を改訂する, 校訂[校正, 訂正]する ‖
a revised edition 改訂版.
**2** 〖正式〗〈意見など〉を変える；〈法律など〉を改正する.
**Revísed Vérsion** [the ~] 改訳聖書《Autho-
rized Version の改訂版(1881-85). (略) RV》.
**re·vi·sion** /rivíʒən ゥリヴィジョン/ 图 **1** ©⓾ 校訂,
訂正, 修正；校訂, 改訂；(法などの)改正. **2** © (本
の)改訂版；改訳(書). **3** ⓾ (英) 復習((米) re-
view).
**re·viv·al** /riváivl ゥリヴァイヴル/ 图 **1** ©⓾ 生き返
らせること, 生き返り, 蘇生；(健康・元気の)回復 ‖
have an amazing revival 驚くほど回復する.
**2** ©⓾ よみがえらせること, 復活, 復興, 再生 ‖
the revival of an old custom 古い習慣の復
活.
the Revival of Learning [Letters, Litera-
ture] 文芸復興.
**3** © 再上演[映], リバイバル ‖
a revival of a play by Maugham モーム作
の劇の再上演.
*****re·vive** /riváiv ゥリヴァイヴ/ 〖再び(re)生きる
(vive). cf. sur*vive*, *vivi*d〗派 revival (名)

revive
《1 生き返る》
《2 復活する》

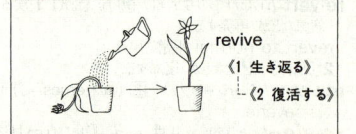

── 動 [三単現] ~s/-z/；[過去・過分] ~d/-d/；[現分]
--viv·ing)

── 自 と 他 の関係
自 **1** A revive　A が生き返る
他 **1** revive A　A を生き返らせる

── 自 **1 生き返る**, 意識を回復する《◆come to
(life) より堅い語》；生き生きとする, よみがえる ‖
Hope revived in her. 彼女の心に希望がよみがえ
った.
The drooping flowers revived in water. し
おれかけていた花が水を得て生き生きとしてきた.
**2 復活する**, 復興する；活気になる ‖
The old custom revived after the war. 戦
後その古い習慣は復活した.
**3** 再上演する, 再放送する.
── 他 **1** …を**生き返らせる**, 意識を回復させる《◆
bring to life より堅い語》；…をよみがえらせる, 蘇生
させる ‖
revive an almost drowned swimmer おぼれ
て半死半生の人を生き返らせる.
revive memories of the war 戦争の記憶をよ
みがえらせる.
**2** …を**復活させる**, 復興させる, 再びはやらせる ‖
The government revived an old law. 政府
は昔の法律を復活させた.
**3** …を再上演する, 再放送する.
**re·voke** /rivóuk ゥリヴォウク/ 動 [現分] --vok·
ing) (正式) …を無効にする, 撤回する.
**re·volt** /rivóult ゥリヴォウルト/ 動 自 そむく, 反乱を
起こす, 反旗をひるがえす ‖
revolt against parental discipline 親のしつけ
にそむく.
revolt against foreign rule 外国による支配に
反抗する.
── 他〈人〉を不快にさせる ‖
The scene of the murder revolted her. 殺
人現場を見て彼女は顔をそむけた.
I was revolted by his bad behavior. 彼のひ
どい態度にむかむかした.
── 图 ⓾© **1** 反乱, 反逆(心) ‖
revolts against oppression 抑圧への反発.
put down a revolt 反乱を鎮圧する.
**2** 反感；むかつき, 不快感.
*in revólt* 反乱を起こして；反対して.
**re·volt·ing** /rivóultiŋ ゥリヴォウルティング/ 動 →
revolt.
── 形 むかつかせる, 不快な ‖
a revolting scene 実に嫌な光景.
*****rev·o·lu·tion** /rèvəljúːʃən ゥレヴォりューション/ (ゥ
レヴォリューション) 〖→revolve〗
派 revolutionary (形)
── 图 (覆)~s/-z/) **1** ©⓾ **革命**, 大変革；革命的
なできごと ‖
the American Revolution アメリカ独立革命.
the French Revolution フランス革命.
the Industrial Revolution 産業革命.
the revolution in sex 性革命.
**2** ⓾© 〔天文〕公転；(略式) 自転.
**3** © 回転, 旋回(運動)；⓾© 周期；一巡；

78 revolutions a minute 毎分78回転.
the revolution of the four seasons 四季の一巡.

**rev·o·lu·tion·ar·y** /rèvəlú:ʃənèri ゥレヴォルーショネリ | rèvəljú:ʃənəri ゥレヴォリューショナリ/ 形 **1** 革命の ‖
revolutionary ideas 革命思想.
the Revolutionary War アメリカ独立戦争.
**2** 変革的な, 画期的な.
―― 名 C 革命家; 革命支持者.

**rev·o·lu·tion·ize**, (英ではしばしば) **--ise** /rèvəlú:ʃənàiz ゥレヴォルーショナイズ (ゥレヴォリューショナイズ)/ 動 (現分) --iz·ing/ 他《正式》**1** …に革命思想をふきこむ.
**2** …を大改革する ‖
revolutionize science 科学に大変革をもたらす.

**re·volve** /rivάlv ゥリヴァルヴ | rivɔ́lv ゥリヴォルヴ/ 動 (現分) --volv·ing) 自 **1** 回転する;《略式》自転する; 循環する, 一巡する ‖
The earth revolves (a)round [about] the sun. 地球は太陽の周りを回る.
The earth revolves on its axis. 地球は自転している.
**2** [比喩的に] 回る, 営まれる, 展開する《◆ 進行形にしない》‖
His whole life revolves (a)round [about] his work. 彼の全生涯は仕事中心に動いている.
**3** 熟考する.

**re·volv·er** /rivάlvər ゥリヴァルヴァ | -vɔ́lv- -ヴォルヴァ/ 名 C リボルバー, 回転式連発拳(％)銃.

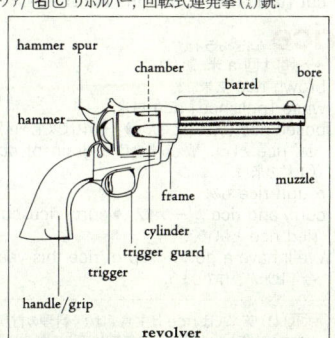

hammer spur
chamber
bore
barrel
hammer
muzzle
frame
cylinder
trigger guard
trigger
handle/grip
revolver

**re·volv·ing** /rivάlviŋ ゥリヴァルヴィング | -vɔ́lv- -ヴォルヴィング/ 動 → revolve.
―― 形 回転する ‖
a revolving door 回転ドア.

**re·vue** /rivjú: ゥリヴュー/ 名 CU **1** 時事風刺劇. **2** レビュー《歌・踊りからなる軽喜劇》.

**re·vul·sion** /rivʌ́lʃən ゥリヴァルション/ 名 CU《正式》[しばしば a 〜] **1** (感情・考えなどの)激変, 急変, 急激な反動. **2** 反感, 嫌悪, 憎悪.

***re·ward** /riwɔ́:rd ゥリウォード/《発音注意》《◆×ゥリワード》『あとを(re)見守る(ward). cf. regard』
―― 名 (〜s/-w5:rdz/) **1** UC 報酬, 報奨, 報

い, ほうび; [〜s] 得るもの, 価値 ‖
give him **a reward for** his good behavior 彼の善行にほうびを与える.
cheat him out of his just reward 彼の正当な報酬をだましとる.
**2** C 謝礼金, 報奨金, 懸賞金 ‖
I gave the boy a reward of £1 for bringing back the lost dog. 迷い犬を連れてきた子に1ポンドの礼金を与えた.
**in rewárd (for** A**)** (…の)返礼に, 報いて.
―― 動 (三単現) 〜s/-w5:rdz/; 過去・過分) 〜·ed/-id/; (現分) 〜·ing)
―― 他 …に報いる ‖
reward her past services **with** a gold watch これまでの彼女の功労に対し金時計を与える.
Success rewarded him **for** his efforts. = He was rewarded **for** his efforts **with** success. 努力のかいがあって彼は成功した.

**re·ward·ing** /riwɔ́:rdiŋ ゥリウォーディング/ 動 → reward.
―― 形 価値のある; 有益な, ためになる; 謝礼としての ‖
a rewarding job やりがいのある仕事.

**re·wind** /動 riwáind ゥリワインド/ 名 ≒/ 動 (過去・過分) re·wound/-wáund/, 《まれ》〜·ed/-id/; (現分) 〜·ing) 他 …を巻き戻す.
―― 名 C 巻き戻し.

***re·write** /動 rìːráit ゥリーライト; 名 ríːràit ゥリーライト/ 『再び(re)書く(write)』
―― 動 (三単現) 〜s /-ráits/; (過去) --wrote /-róut/, (過分) --writ·ten/-rítn/; (現分) --writing)
―― 他 …を書き直す ‖
She rewrote the poem in easy Japanese. 彼女はその詩をやさしい日本語で書き直した.
―― 名 ≒/ C **1**《略式》書き直し, 書きかえ(ること), 書きかえられたもの. **2**《米》(新聞記事の)書き直し記事[ニュース]; 改訂(教科書).

**re·writ·ing** /rìːráitiŋ ゥリーライティング/ 動 → rewrite.

**Rex** /réks ゥレクス/ 名 **1** レックス《男の名. 雄犬の名にも用いる》. **2**(複 Re·ges /ríːdʒiːz/) 『ラテン』 C 国王《◆ 現国王の名のあとにつける公式の称号で, 宣言や署名や訴訟に用いる》‖
George Rex 国王ジョージ.

**rhap·so·dy** /rǽpsədi ゥラプソディ/ 名 (複 --so·dies/-z/) C **1** (古代ギリシアの)叙事詩. **2** 熱狂的文章[発言, 詩歌]. **3**《音楽》狂詩曲, ラプソディー.

**rhet·o·ric** /rétərik ゥレタリク/《アクセント注意》《◆×ゥレトリク》名 **1** U **a** 修辞学, 修辞法;(昔の)雄弁術. **b** 特別な効果をねらった言語表現, レトリック. **2** CU 美辞麗句, おおげさな言葉; 誇張.

**rhe·tor·i·cal** /rit5:rikl ゥリトー)リクル/ 形 **1** 修辞学の; 修辞法を用いた. **2** 美辞麗句をもてあそぶ; 誇張した言葉の.

**rhetórical quéstion** 〔文法〕修辞疑問《例: Who knows? だれが知ろうか(=Nobody knows.)》.

**rhe·tor·i·cal·ly** /rítɪk(ə)rikəli リトリカリ/ 副 修辞(学)的に; 誇張して, 大げさに.

**rheu·ma·tism** /rúːmətɪzm ルーマティズム/ 名 U 【医学】 1 リューマチ. 2 リューマチ性関節炎.

**Rhine** /ráɪn ライン/ 名 [the ~] ライン川《スイスに発しドイツ・オランダを流れ北海に注ぐ. ドイツ語名 Rhein》.
  **Rhine wine** ラインワイン《特に辛口のものをいう》; (広義) 白ブドウ酒.

**rhi·no** /ráɪnoʊ ライノウ/ 名 (複 rhi·no, ~s) C (略式) =rhinoceros.

**rhi·noc·er·os** /raɪnɑ́s(ə)rəs ライナーサロス | -nɔ́s- ノサロス/ 名 (複 ~·es, rhi·noc·er·os) C 【動】 サイ.

**Rhode Island** /róʊdáɪlənd ロウダイランド/ 名 ロードアイランド《米国北東部 New England の州. 州都 Providence. (愛称) Little Rhody. (略)〔郵便〕RI》.

**Rhodes** /róʊdz ロウツ/ 名 ロードス, ロドス《エーゲ海にあるギリシア領の島. その島の港町》.

**Rho·de·si·a** /roʊdíːʒə ロウディージャ | -ʃə -シャ/ 名 ローデシア《アフリカ南東部の旧英国植民地. 現在は Zambia, Zimbabwe の2国に分かれて独立》.

**rho·do·den·dron** /roʊdədéndrən ロウドウデンドロン/ 名 C 【植】 シャクナゲ, ツツジ.

**rhu·barb** /rúːbɑːrb ルーバーブ/ 名 U 1 【植】 ルバーブ, マルバダイオウ; 食用ダイオウ《◆ 煮てパイの中身に使うことから (米) では pie plant ともいう》. 2 ダイオウの根《下剤》.

**rhyme** /ráɪm ライム/ 名 1 U a 韻(を踏むこと), 押韻(おういん), (特に) 脚韻《詩の各行の終わりに同音をくり返すこと. sale/seil/ と mail/meil/ など》‖
imperfect rhyme 不完全韻《love と move など》.
in rhyme 韻文で.
2 C 同韻語.
3 C U 押韻詩; [~s; 集合名詞] 詩歌, 韻文.
——動 (現分 rhym·ing) 自 1 (文) 詩を作る. 2 韻を踏む, 韻が合う.
**rhýmed** /-d/ 形 韻を踏んだ.

\***rhythm** /ríðm リズム/ 〖「調子よく流れるもの」が原義. cf. *rhyme*〗
——名 (複 ~s/-z/) U C 1 リズム, 調子;〔詩学〕韻律‖
tango rhythm タンゴのリズム.
Play in a little faster **rhythm**. もう少し速いリズムで演奏しなさい.
2 律動的な動き; 周期的な変動; 周期性‖
the **rhythm** of a heart beating 心臓の鼓動.
a [the] **rhythm** of the tides 潮の干満.
**rhýthm and blúes** リズム=アンド=ブルース《米国の黒人音楽の一形式. (略) R & B》.

**rhyth·mic, --mi·cal** /ríðmɪk(l) リズミク(ル)/ 形 律動的な, きちんと韻を踏んだ; リズミカルな, 調子のいい‖
in a steady **rhythmic(al)** motion 規則的に動いて.

**rib** /ríb リブ/ 名 C 1 【解剖・動】肋骨(ろっこつ); あばら骨 ‖
**póke** [**díg, núdge**] him in the ríbs (ふざけて, 注意を引くため)そっとひじで彼のわき腹をつつく.
**tickle his ribs** (略式) 彼をおもしろがらせる.
2 (肋骨つきの)あばら肉 ‖
a **rib** of beef 牛のあばら肉.
3 肋骨状の物, (船の)肋材(ろくざい), (かさの)骨.
4 【植】 (葉の) 肋(ろく).
——動 (過去・過分) ribbed/-d/; (現分) rib·bing)
他 1 〈船などに〉肋骨[肋材]を付ける.
2 …にうね[模様]を付ける ‖
a **ribbed** sweater うね縞(じま)のセーター.
**ríb càge** 〔解剖〕 胸郭.

**rib·ald** /ríbəld リバルド/ 形 (正式) 下品な, みだらな; 口汚い.

**rib·bon** /ríbn リブン/ 名 1 C U リボン, リボン布地 ‖
have a **ribbon** in one's hair 頭にリボンを付けている.
2 C (勲章の)綬(じゅ), 飾りひも ‖
the blue **ribbon** (競技会・展覧会での)ブルーリボン賞, 最高賞.
3 C リボン状の細長いもの, テープ ‖
a black printer **ribbon** プリンターの黒いリボン.
a **ribbon** of mist 一条のもや.
4 [~s] ぼろ, 切れ端 ‖
be in **ribbons** ぼろぼろになっている.
cut [tear] a letter to **ribbons** 手紙をずたずたにする.
cut [tear] him to **ribbons** 彼をこきおろす.

\*\***rice** /ráɪs ライス/
——名 1 U **a** 米, 飯(めし)‖
brown **rice** 玄米.
white [polished] **rice** 白米.
boiled **rice** (炊いた)ごはん《◆ 一般には以上を区別せず rice という. 数える場合は a grain of *rice* (1粒の米)》.
rough **rice** もみ.
curry and **rice** カレーライス《◆ curry rice, curried rice ともいう》.
We'll have a good crop of **rice** this year. 今年は米が豊作でしょう.

文化 (1) 英米では rice は主食ではなく料理の材料としての野菜の1つであり, 肉料理に添える場合はバターでいためることが多い. またケーキやプディングなどの材料important.
(2) 幸福・多産の象徴. 欧米では結婚式後の新郎新婦に米粒を投げて子宝に恵まれるようにと祈る習慣がある.

**b** =rice plant.
2 [形容詞的に] 米の, 稲の ‖
**rice** fields 田んぼ《◆ paddy field, paddies というのがふつう》.

Q&A *Q*: rice は米国では野菜の1つということで

すが，日本人の食べる米と同じようなものですか．
**A**：米国には short grain rice, medium grain rice と long grain rice の3種類の米があります．米国人が主として用いるのは long で，日本の米より長くて大きくパサパサしています．short は日本人の食べる米とだいたい同じですが，少し粘り気が少ないようです．

**ríce plànt** 稲 (rice).

**ric·er** /ráisər ゥライサ/ 图 C (主に米) ライサー 《ゆでた野菜などをつぶす器具》.

## **\*\*rich** /rítʃ ゥリチ/ 『「高貴な」「勢力のある」が原義』

→ 形 **1** 裕福な **2** 金持ちの人々 **3** 豊かな **5** 高価な

—— 形 (比較) ～·er, (最上) ～·est **1** 裕福な，金持ちの (↔ poor) (→ wealthy) ‖
She was born into a **rich** family. 彼女は金持ちの家族に生まれた．

**2** [the ～; 集合名詞的に; 複数扱い] **金持ちの人々**[階級] (↔ the poor) ‖
(The) **rich** and (the) poor are afraid of death. 金持ちも貧乏人も死を恐れる．

**3** 豊作の，豊かな；〈土地が〉肥えた ‖
a **rich** harvest 豊作．
**rich** soil 肥沃(ひよく)な土壌．
**rich** meadows 青々とした牧草地．

**4** (正式) [補語として] **富んでいる，満ちている** ‖
a country **rich** in natural resources 天然資源に恵まれた国．
The country **is rich with** cultural interest. その国は文化面で興味が尽きない．

**5** (正式) [名詞の前で] **高価な，貴重な；豪華な，ぜいたくな，高級な** ‖
**rich** jewels 高価な宝石．
a **rich** collection of antiques 貴重な骨董(こっとう)品収集．
**rich** garments 華美な服．
**rich** carving 手のこんだ彫刻．
a **rich** diet 豪勢な食事．

**6** 栄養価[カロリー]の高い，味のこってりした ‖
a **rich** fruit cake クリーム[バターや卵]たっぷりのフルーツケーキ．

**7** (正式) 〈色が〉濃い；〈音・声が〉朗々とした，豊かで太い；〈においが〉きつい ‖
a **rich** red 深紅色．
a **rich** voice 豊かな声．
**rich** odors 強い香り．

**Rich·ard** /rítʃərd ゥリチャド/ 图 **1** リチャード 《男の名．(愛称) Dick》．**2** [Richard I] リチャード I 世 《1157-99；イングランド王 (1189-99)．the Lion-Hearted (獅子心王)(ししんのう)と呼ばれた》．

**rich·es** /rítʃiz ゥリチズ/ 图 (文) [通例複数扱い] 富，財産 ‖
rise from rags to **riches** 無一文から大金持ちになる．
amass [heap up] great **riches** 巨万の富を築く．

**Riches have wings.** 《ことわざ》富には翼がある；富はすぐなくなる．

**rich·ly** /rítʃli ゥリチリ/ 副 (正式) **1** ぜいたくに，豪華に．**2** 十分に，完全に．

**Rich·mond** /rítʃmənd ゥリチモンド/ 图 **1** リッチモンド 《男の名》．**2** リッチモンド 《米国 Virginia 州の州都》．**3** リッチモンド 《米国 New York 市の一区》．**4** リッチモンド 《米国 California 州の港湾都市》．**5** リッチモンド 《英国 Surrey 州の都市．Kew Gardens で有名》．

**rich·ness** /rítʃnəs ゥリチネス/ 图 U 豊富であること；肥沃(ひよく)，高価；重要性．

**rick·shaw, --sha** /ríkʃɔ: ゥリクショー/ 『日本』 图 C 人力車．

**ric·o·chet** /ríkəʃéi ゥリコシェイ/ 图 C 《軍事》跳飛，跳弾(の音)．
—— 動 (過去・過分) ～ed/-d/ または (英) --chet·ted /-ʃetid/；(現分) ～·ing または (英) --chet·ting /-ʃetiŋ/) 自 〈弾丸・石などが〉跳飛する (+off).

**\*rid** /ríd ゥリド/ 『「(土地を切り開くため木などを)取り除く」が原義』
—— 動 (三単現) ～s/rídz/；(過去・過分) rid または rid·ded/-id/；(現分) rid·ding) 《◆過去・過去分詞形は (米) では rid がふつう．(英) では能動形では rid·ded，受身形では rid がふつう》
—— 他 (正式) [rid A of B] A〈人・物〉から B〈人・物〉を取り除く，除去する (remove) ‖
**rid** a house of mice 家からネズミを退治する．

**be rid of** A …を免れる，…から解放される ‖ I am glad to **be rid of** you for a while. しばらく君から解放されると思うとうれしいよ．

°**gèt ríd of** A 《◆受身にできる》(1) A〈好ましくないことから〉抜け出す，…を免れる ‖ I can't **get rid of** this head cold. この鼻かぜがなかなか治らない《◆重い病気などには receover from を用いる》．(2) …を片付ける，取り除く ‖ I finally got **rid of** my debt. 私はとうとう借金を返済しました．

**rid·dance** /rídəns ゥリダンス/ 图 U **1** [しばしば a ～] 取り除くこと，片付けること，除去．**2** 解放．

**\*rid·den** /rídn ゥリドン/ 動 ← ride.

**rid·dle** /rídl ゥリドル/ 图 C **1** なぞ，判じ物 ‖
ask her a **riddle** 彼女になぞかけをする．
know the answer to a **riddle** なぞなぞの答えを知っている．
read a **riddle** なぞ解きをする．
answer in **riddles** なぞめいた言葉で答える．

> Q&A **Q**：英語の riddle にはどんなものがありますか．
> **A**：What begins with T, ends with T and has T in it? とか What has two hands and a face, but no arms and legs? などがあります．答えはそれぞれ A teapot. と A watch or a clock. です．

**2** なぞの人，不可解な物 ‖
Her character is a **riddle** to me. 彼女の性格は私にはさっぱりわからない．

## ride

**ride** /ráid ゥライド/ 〖「(物の上に)乗る・乗っている」が本義〗
— 動 (三単現) ~s/ráidz/; (過去) rode/róud/ または (古) rid/ríd/, (過分) rid·den/rídn/; (現分) rid·ing
— 自 **1** 馬に乗る, 馬を乗りこなす; 乗馬をする ∥
ride off [away] 馬に乗って走り去る.
**2** 乗る, 乗って行く《◆自動車などを運転する場合は drive》∥
ride to school **on** a bicycle 自転車通学をする《◆馬・自転車・オートバイなどのまたがって乗るものには on を使う》.
ríde **on** a bús バスに乗って行く《◆バス・ボート・電車・トラックなどには on を使う》.
ride **in** a car 車に乗る《◆タクシー・エレベーターなどには in を使う》.

> Q&A **Q**：「バスに乗る」は ride on a bus と get on a bus の2つがあると思いますがどう違いますか.
> **A**: get on は get off に対し単に「バスに乗る」という乗降の動作だけですが, ride on は「バスに乗って行く」ことまで含みます. ですから「私は新宿でバスに乗った」というのは I *got on* the bus at Shinjuku. で ride on the bus は使えません：She *rode on* the bus *to* Shinjuku. 彼女はバスで新宿まで行った.

**3** [well のような副詞と共に] 乗り心地が …である; [ride C]〈走路・地面が走り具合が **C** である〗∥
This car **rides** well. この車の乗り心地はいい.
The race course **rode** hard after the frost. 霜で競馬トラックが固くなりすぎていた.
**4** 馬乗りになる ∥
ride **on** his shoulders 彼に肩車してもらう.
**5** 〈月が〉空に浮ぶ; (文)〈船が〉浮ぶ, 停泊する; 乗って進む ∥
The moon **rode** in the sky. 月が空に出ていた.
a ship **riding** at anchor 停泊中の船.
The eagle **rode on** the wind. ワシは風に乗って飛んだ.
— 他 **1a** 〈馬・自転車・乗物などに〉**乗る**, 乗って行く《◆車などを自分で運転する場合は drive》∥
ride a horse 馬に乗る.
ride the bus バスに乗って行く《◆乗車する動作をいう場合は get on》.
**b** (主に米略式) …を〈車に乗せて〉送る ∥
I'll **ride** you to the bus stop. バス停まで乗せていってあげましょう.
**2** 〈風・波など〉に乗っていく, …に浮かぶ ∥
The glider **rode** the winds. グライダーは風に乗って飛んだ.
The small boat **rode** the waves. 小船が波に乗って進んだ.
**3** 〈馬・乗物で〉…を乗り越える, 通る, 行く ∥
ride the prairies 草原を走破する.
ride (the) fence (調教で)垣根を飛び越える.

**ríde úp** [自]〈服が〉まくれ上がる, ずり上がる.
— 名 (他) ©) **1** (馬・自転車・乗物などに)乗る[乗せる]こと, 旅行; 乗車 ∥
gó for a ríde (馬・自転車・車などに乗って)出かける《◆車などを自分で運転する場合は go for a drive》.
have [take] a ride on one's bike 自転車に乗る.
a train ride 列車の旅.
Would you like a ride? 車に乗りませんか《◆途中で乗せること》.
Give me a ride on your shoulders, Daddy. パパ, 肩車して.
**2** (遊園地などの)乗り物.
**3** (森の中の)乗馬道.
**táke A for a ríde** (1) …をドライブに連れて行く. (2) (略式) …をだます, かつぐ.

**rid·er** /ráidə ゥライダ/ 名 © **1** 乗り手; 騎手; (馬の)調教師 ∥
a good **rider** 乗馬がうまい人.
a bad **rider** 乗馬がへたな人.
**2** (正式) 追加条項; 添え書き ∥
by way of **rider** 追加として, 添付して《◆無冠詞》.

**ridge** /rídʒ ゥリッジ/ 名 © **1** (狭い)山の背, (やせた)尾根; 分水嶺(ホキャン) ∥
a **ridge** walk 尾根伝いの道.
**2** (屋根の)棟(ݕݧ).
**3 a** (一般に細長い)隆起部; (靴底の)刻み目 ∥
the **ridge** of the nose 鼻すじ.
**b** (動物の)背, 背筋; (織物の)畝(うね); (田・畑の)畝, 畦(ॳ).
**rídge líne** (尾根の)稜(ッڟ)線.

**rid·i·cule** /rídikjùːl ゥリディキュール/ 〖「笑い (laugh)」が原義〗名 Ⓤ (正式) 嘲(チテッ)笑, あざけり, あざ笑い, 冷やかし.
**láy** oneself **ópen to rídicule** 人の物笑いになるようなことをする.
— 動 〈人〉をあざける, あざ笑う.

**ri·dic·u·lous** /rídíkjələs ゥリディキュラス/ (アクセント注意) 形 **1** ばかげた, ばかばかしい; こっけいな, おかしな; 途方もない, とんでもない ∥
Don't be **ridiculous**. ばかを言うな.
(対話) "We have to be there by 7 a.m." "That's **ridiculous**! That means I have to get up at 5." 「朝7時までにそこへ行かなければならないんです」「それは無茶だ. それだとぼくは5時起きをしないとならないよ」.
**2** [it is ridiculous (for [of] A) to do / it is ridiculous (that) 節 / A is ridiculous to do] (A〈人が〉)…するなんてばかげている ∥
You **are ridiculous to** pay the bill. = It is **ridiculous of** you to pay the bill. 君が勘定を払うなんてばかげてる.

**rid·ing** /ráidiŋ ゥライディング/ 動 → ride.
— 名 **1** Ⓤ 乗ること, 乗り物, 乗車. **2** © 乗馬道路.
**ríding brèeches** 乗馬ズボン.
**ríding hàbit** (主に女性用の)乗馬服.

**rife** /ráif ゥライフ/ 形 《正式》広まって, 流行して.

**rif･fle** /rífl ゥリフル/ 名 C 《米》浅瀬, 早瀬; さざ波.
── 動 (現分 **rif･fling**) 他 自 **1** 《米》(…に)さざ波を立てる; さざ波が立つ. **2** (ページを)ぱらぱらめくる. **3** (トランプを)切る.

**ri･fle** /ráifl ゥライフル/ 名 C ライフル銃, 施条(じょう)銃《銃身の内部に旋条(せん)(らせん状のみぞ)を施した銃》; 小銃.
**rífle rànge** 小銃射撃場; 小銃射程.

**ri･fle･man** /ráiflmən ゥライフルマン/ 名 (複 ~men) [しばしば R~; 称号で] C ライフル銃兵, 小銃兵; ライフルの名人 ((PC) sharpshooter).

**rift** /ríft ゥリフト/ 名 /ríft/ 動 C 《正式》**1a** [地質] 平断層; 亀裂. **b** 切れ目, すき間. **2** [比喩的に] 亀裂, (友情・愛情などの)ひび, 不和, 対立.

**rig** /ríg ゥリグ/ 動 (過去・過分 **rigged**/-d/; 現分 **rig･ging**) 他 **1** 〈船〉に装備する ‖
**rig** a ship **with** new sails 船に新しい帆をつける.
**2** 《広義》…を装備する, 整える, 《略式》…に着ける(+ *out*).
**3** …を間に合わせに作る, 急ごしらえする ‖
**rig up** a tent for the night 一晩休むためのテントを間に合わせに張る.
── 名 C **1** 帆装, 艤装(ぎそう). **2** 装置, 用具.

**rig･ging** /rígiŋ ゥリギング/ 名 U 《海事》[通例 the ~] **1** 索具装置《マスト・帆を支える支索・ハリヤードなど》. **2** 艤装(ぎそう); 操帆装置.

**\*\*right** /ráit ゥライト/ 同音 write, rite; 類音 /ight/lait/ 『《右》が原義. 『知恵者の心は右にあり (聖書)』から『右手』は『正しい』という連想が生まれた』
派 **rightly** (副)

→ 形 **1** 正しい  **4** 適切な  **6** 健康な  **8** 右の
  副 **1** 正しく  **2** 適切に  **3** a ずっと  **b** 全く
  **4** まっすぐに  **5** a すぐに  **b** ちょうど  **6** 右に
  名 **1** 正しいこと  **2** 権利

── 形 (比較 **more** ~; 最上 **most** ~)

**I [正しい]** (↔ wrong)

**1** (道徳・法律・社会通念上)正しい, 正当な, 当然の; [it is right (**for** A) to do / it is right **that** A should do] 〈A〈人〉が〉…するのは正しい ‖
It is quite right **for** her **to** scold him. = It is quite right **that** she should scold him. 彼女が彼をしかるのは全く当然だ.
It's not right **to** tell a lie. うそをつくのは正しくない.

**2 a** [補語として] (判断・意見などにおいて)正しい, 当を得た, **間違いのない**; [A is right **to** do / A is right **in** doing / it is right **of** A **to** do] A〈人が〉…するのは正しい ‖
You're right, I suppose. あなたの言うことは正しいと思う(→ 成句).
You máy be rìght (but I think you're mistaken). あなたの言うとおりかもしれません(が私はあなたの誤解だと思います).
You **are** right **to** complain. = You **are** right **in** complaining. = **It** is right **of** you

to complain. 君が不平を言うのももっともだ.
**b** 《略式》[間投詞的に] (要求・命令に同意して) よろしい, 承知した; (発言に同意して)ごもっとも, そのとおり ‖

対話 "He should never have tried to do that." "(Dead) right. (↷)" 「彼は決してそんなことをしようとすべきではなかった」「(全く)そのとおり」.

**3** 〈答え・説明・事などが〉(事実・道理に合って)**正しい**, **正確な**, (基準に合って)正確な, 合っている《◆ correct と交換可能なことが多い》‖
the right answer 正解.
This watch gives the right time. この時計は合っている[正確だ].

対話 "Only six hours to drive there?" "Yes, that's about right, I reckon." (地図を見ながら)「そこまで車でたった6時間?」「ああ, そんなものだと思うよ」.

**4** [名詞の前で] [通例 the ~] **a** 適切な, 当な, ふさわしい ‖
the right man in the right place [job] 適材適所.
She is just **the right** person **for** the position. 彼女はその地位にちょうどぴったりだ.
You've come just at **the right** time. 本当にいいところへ来てくれた.
**b** 〈道・列車などが〉(目的に合った)適切な方向に行く, 正しい ‖
Is this **the right** train to Kanazawa? 《電車の外で》これは金沢行きの電車ですか.

**5** 都合がよい, 好ましい, うまくいって ‖
All's right **with** the world. 世はすべて事もなし; 天下泰平だ《◆ R. Browning の詩の一節》.

**6 a** 健康な, からだの調子がよい ‖
Are you (all) right now? もうからだの具合はいいの.
**b** [通例否定文・疑問文で] 正常な, 正気の ‖
She is **not** (quite) right **in** the [her] mind. 彼女は(少し)頭がおかしい.

**7** 直角の ‖
a right triangle 直角三角形.

**II [右の]** (↔ left)

**8** [名詞の前で] **右の**, 右側の; 右方への, 右向きの ‖
raise one's **right** hand 右手を上げる.

**9** [しばしば R~] (政治上)右派の, 右翼の; 保守の, 国粋主義の(→ 名 **5**).

◇**àll ríght** (1) 《略式》[形] [補語として] → 形 **6** a.
(2) [形] [補語として] **申し分ない**, 満足な; 差しつかえない, 心配のいらない ‖ Is your dog all right with children? 君の犬は子供にかみついたりしないだろうね / I propose catching the 3:15 train. Will that be all right with [by] you? 3時15分の列車に乗ろうよ. それでいいか / a film that is all right for children 子供が見ても差しつかえない映画 / This TV set appears all right to me. 私にはこのテレビは故障してないように見える. (3) 《略式》[副] [通例文・節の最後で] [àll ríght] 申し上げる, りっぱに, うまく; [文全体を修飾] 本当に ‖ She is a good student, all

# right

right. 彼女は本当にいい学生だ. (4)《略式》《副》[通例文・節の最後で; しばしば but と共に] [áll rìght] 確かに, 間違いなく ‖ It's time to leave, all right, but the bus hasn't come yet. 確かに発車の時間だけど, バスはまだ来ていない. (5) [Áll rìght]《◆Alright ともつづる》《略式》《間》(同意・賛成して)はい, よろしい, 結構です; 承知した《◆いやいや同意するときにも用いる》 対話 "Shall we have a glass of lemonade?" "All right." 「レモネードを一杯飲みましょうか」「ええ飲みましょう」. (6)《略式》《間》よろし, (勝手に)やってみろ ‖ All right, you shall regret your words. よろし, 今言った言葉をあとで悔やむなよ. (7)《米略式》《間》すてきだ, それはすばらしい《◆予期せぬ楽しみなどが与えられたときに用いる》.

**gèt A ríght** …をちゃんとやる; …をきちんとする[理解する, 言う](→ get A WRONG).

**gò the right wáy** うまくいく, よい結果となる.

**It's all right.** =That's all RIGHT.

**pùt A ríght** (1) …を正常(な状態)に戻す; …を修理する; A〈時計〉の時間を合わせる; …の思い違いを訂正する. (2) …の健康を回復させる.

**sérve A ríght**《略式》[it を主語にして] A〈人〉には当然の報いだ, ざまあ見ろ, いい気味だ《◆進行形にしない》 ‖ It serves him right that he was not invited to the party. パーティーに招待されなかったとは, やつめいい気味だ.

**sèt A ríght** =put A RIGHT.

◇**That's àll ríght.** どういたしまして《◆感謝・謝罪に答える》.

◇**That's ríght.** そのとおりです《◆相手への同意を表す》.

**You're right.** (相手の意見などを肯定して)君の言うとおりです, ごもっともです; (人にぶつかったときなどに謝る相手に)あなたが悪いんじゃありませんよ.

── 副 1 (道徳・法律・社会通念上)正しく, 公正に, 正当に; (事実・道理に合って)正しく, 正確に, 間違いなく《◆rightly より口語的. 動詞の後のみ》 ‖
guess right 正しく言い当てる.
act right 正しい行動をする.
do one's homework fast and right 宿題をてきぱきと正確にする.
if I remember right 私の記憶に間違いがなければ, 確か.

**2**《略式》適切に, ふさわしく, ぴったりと; 都合よく, 順調に ‖
My father would know how to do it right. 私の父ならそれをうまくやる方法を知っているだろう.
This phone doesn't work right. この電話機は調子が悪い.

**3** [前置詞・副詞の前で] **a** ずっと, はるばると ‖
read a book right through 本を読破する.
right through the week 1週間ぶっ通しで.
**b** 全く, すっかり, 完全に(completely) ‖
turn right around からだをぐるりと回す.

**4** [前置詞・副詞の前で] まっすぐに, 一直線に; まともに, 直接に ‖
go right home まっすぐ家に帰る.
look her right in the eye 彼女の目を直視する.
A little mountain railway goes right up to the Jungfrau. 小さな登山鉄道がユングフラウまで直通で出ています.

**5**《主に米》[前置詞・副詞の前で] **a** [時を示して] すぐに, ただちに(《英》just) ‖
I'll be right back. すぐ戻って来ます.
It began to rain right after she left. 彼女が出かけるとすぐ雨が降り出した.
**b** [位置を示して] ちょうど, すぐ… ‖
right in the middle 真ん中に[で].
right at the start いちばん初めに.
right across the street 通りの真向かいに.
He brought his chair right next to mine. 彼は自分のいすを私のすぐ隣へ持って来た.

**6** 右に, 右へ, 右側に[へ], 右の方に[へ](↔ left) ‖
turn right 右へ曲がる.
look right 右を見る.
**kéep ríght** 右側通行である《◆進行形にしない》; (掲示)右側通行(→ keep to the right (图 成句)).

◇**right awáy** [**óff**]《略式》すぐに, ただちに; ためらわず《◆(1)ふつう文・節の最後で用いる. (2) at once より口語的》 ‖ She said she would be back right away. すぐ帰って来ると彼女は言っていました.

**right hére**《主に米式》ちょうどここに[で]; 今この場で, 今すぐ(here and now).

◇**right nów** (1) ちょうど今, ただ今(《英》at this very moment) ‖ She is not here right now. 彼女は今はここにいません. (2) すぐに, ただちに ‖ Let's go right now. すぐに出かけよう.

**right óff** =RIGHT away.

**right or wróng** よかれあしかれ, 是非とも《◆ˣwrong or right とはいわない》.

── 名 (覆 ~s /ráits/) **1** ⓤ (道徳・法律上)正しいこと, 正当, 公正; 正義, 真道; 正しい[正当な]行ない, 公平な扱い ‖
do right 正しいことをする.
fight for the right 正義のために戦う.
He doesn't know the difference between right and wrong. 彼は善悪の区別がつかない.

**2** ⓤ [通例 a ~ / the ~] 権利(↔ duty) ‖
a basic human right 基本的人権.
rights and duties 権利と義務.
the right of [to] free speech 言論の自由.
five years' deprivation of civil rights 5年間の公民権剝(ﾊｸ)奪.
Freedom of speech is a right of all Japanese. 言論の自由はすべての日本人の権利である.
give up one's right 権利を放棄する.
By what right do you say that? 君はどんな権利があってそんなことを言うのかね.
People have a [the] right to pursue happiness. 人々には幸福を追求する権利がある.

**3** [~s] (事の)真相, 実情, ありのままの状態 ‖
the rights of the case 事件の真相(→ 成句 the RIGHTs and wrongs).

**4** Ⓤ [通例 the ~ / A's ~] 右, 右側; 右方, 右手(↔ left) ‖
turn to the right 右に曲がる《♦ turn right がふつう》.
on his right = on the right of him 彼の右側に.
to [from] right and left 左右へ[から].
**5** [通例 the R~] Ⓤ [政治] [集合名詞] 右翼, 右派, 保守党, 右翼団体; 右翼の立場《♦ヨーロッパでは伝統的に議長席から向かって右側に席を占めることから》(↔ left).
*by rights* 当然(の権利で); 本来は, 正しくは.
*in one's ówn right* [通例名詞・形容詞のあとで] 自己固有の権利で, 本来の資質[価値]で; 自分だけで, 他に頼らずに ‖ a queen in her own right (結婚によらず)生得権で王位を継承した女王 / This is a charming song in its own right. (他にも魅力的な歌があるが)この歌はこれとして魅力的だ.
*in the right* (言い分が)正しい, 道理がある; もっとも.
*Kéep to the right.* (掲示)右側通行《♦ right を副詞にして Keep right. の方が一般的》.
*sèt [pùt] A to ríghts* (略式)…を正常にする;…を整頓(ミミミ)する;…を修理する.
*the ríghts and wróngs* [複数扱い] (事の)真相, 実情.
―― 動 **1** …をまっすぐにする, 立て直す, 起こす.
**2** …を本来の[正常な]状態にする.
**3** (正式)誤り・不正などを正す.
**ríght ángle** [数学] 直角.
**ríght fíeld** [野球] 右翼, ライト.
**ríght fíelder** [野球] 右翼手, ライト.
**right-an·gled** /ráitæŋgld ゥライタングルド/ 形 直角の.
**right·eous** /ráitʃəs ゥライチャス, (英+) ráitjəs/ 形 (文) **1** (道徳的に)正しい, 正義の; 正しいことをする, 高潔な. **2** もっともな, 当然の, 無理もない.
**right·ful** /ráitfl ゥライトフル/ 形 (正式)正当な権利を持っている, 合法的な, 正統の, 当然の.
**right·ful·ly** /ráitfəli ゥライトフリ/ 副 **1** 正しく; 正当に, 合法的に. **2** [文全体を修飾] 当然なことに.
**right-hand** /ráithǽnd ゥライトハンド/ 形 **1** 右の, 右側の; 右方への. **2** 右手の; 右手用の; 右手でする.
**ríght-hand mán** [one's ~] 最も頼りになる人, 片腕, 右腕 ((PC) right hand).
**right-hand·ed** /ráithǽndid ゥライトハンディド/ 形 **1** 右ききの; 右手による; 右手用の. **2** 右回りの, 時計回りの.
**right·ly** /ráitli ゥライトリ/ 副 (↔ wrongly) **1** (道徳的に)正しく, 公正に; 公平に《♦動詞修飾のみ. 3, 4 も同様》 ‖
act rightly 正しく行動する.
**2 a** [文全体を修飾] 当然(のことだが), 正しく, 正当に ‖
They are **rightly** served. 彼らは当然の報いを受けたのだ.
Rightly (ハ), he was scolded. = He was scolded, and rightly so. 彼はしかられたがそれも当然だ.
**b** 適切に, ふさわしく, きちんと.
**3** 間違いなく, 正確に, 正しく ‖
if I remember rightly 私の記憶が正しければ.
be rightly informed 正しい情報を得ている.
rightly or wrongly 正しいにせよ間違っているにせよ.
**4** (略式)[否定文で] はっきりと(は), 確信を持って(は) ‖
I don't rightly know. はっきりとは知りません.
**right-of-way** /ráitəvwéi ゥライトヴウェイ/, **ríght of wáy** 名 (複 rights-, ~s) **1** [the ~ / one's ~] 通行優先権.
**2** ⓊⒸ (他人の所有地内の)通行権 ‖
Give right-of-way. (掲示)止まれ.
**rig·id** /rídʒid ゥリヂド/ 形 (正式) **1** 堅い, 堅くて曲がらない; 〈人・顔・からだなど〉こわばった, 硬直した ‖
rigid icicles 堅く凍ったつらら.
her rigid face with fear 恐怖でひきつった彼女の顔.
**2** 固定した, 動かない.
**3** 柔軟性のない, 固定した; 融通がきかない ‖
You are too rigid in your ideas. 君は考え方が堅すぎる.
**4** 厳格な, 厳しい ‖
rigid economy 厳しい節約.
**ri·gid·i·ty** /ridʒídəti ゥリヂディティ/ 名 Ⓤ **1** 堅いこと; 硬直; [物理] 剛性. **2** 厳格, 厳密, 厳正.
**rig·id·ly** /rídʒidli ゥリヂドリ/ 副 **1** 堅く; こわばって. **2** 厳格に.
**rig·or** /rígər ゥリガ/ 名 (正式) **1** 厳格, 厳しさ, 過酷さ.
**2** [しばしば the ~s] (気候などの)厳しさ《♦暑さには用いない》; (生活などの)苦しさ, 困苦.
**rígor mór·tis** /-mɔ́ːrtis -モーティス/ [医学] 死後硬直, 死体硬直.
**rig·or·ous** /rígərəs ゥリガラス/ 形 (正式) **1 a** 厳格な, 厳しい ‖
rigorous discipline 厳しい規律[しつけ].
**b** 〈気候・風土・生活など〉非常に厳しい.
**2** 厳密な, 正確な.
**ríg·or·ous·ly** /rígərəsli ゥリガラスリ/ 副 厳しく, 厳密に.
**rile** /ráil ゥライル/ 動 (現分 ril·ing) 他 (略式)…を怒らせる, いらだたせる.
**rim** /rím ゥリム/ 名 Ⓒ **1** [通例 the ~] (円い物の)縁, へり, わく ‖
the rim of a cup 茶碗(チャ)の縁.
spectacle rims めがねの縁.
**2** (車輪の)リム, 外輪(図 → bicycle, motorcycle).
―― 動 (過去・過分 rimmed/-d/; 現分 rim·ming) 他 …に縁[へり]をつける, …を縁どる; …のへりになる.
**rind** /ráind ゥラインド/ 名 Ⓤ (樹木・果物・野菜などの)皮, 外皮《♦柑橘(カン)類では peel とも呼ばれる.
関連 → skin》, (種子の)から, さや; (チーズ・ベーコンなどの)皮; Ⓒ 皮の1片.

# ring

## ring¹ /ríŋ リング/ [同音 wring] 『「金属の輪」が本義』

──名 (複 ~s/-z/) C **1** 輪, 環; 輪形(のもの); 円, 車座 ‖
form a ring 輪をなす, 指で輪をつくる.
sit in a ring 輪になって座る.
with a ring of trees around 樹木に囲まれて.
**2** 指輪; 輪状の飾り《耳輪・首輪・腕輪など》《◆永遠・信頼などの象徴》‖
a wedding ring 結婚指輪.
an engagement ring 婚約指輪《◆×engage ring は誤り》.
**3** (用具の)輪 ‖
a key ring 輪のキーホルダー.
**4** [the ~] (円形の)競技場[競馬場, 動物展覧会場など]; (ボクシングなどの)リング《◆もとは円形》.

Q&A Q: スケート場などにも ring を使うのですか.
A: いいえ, スケート場は rink, ゴルフ場は golf links といいます.

**5** [the ~; しばしば R~; 集合名詞] (競馬などの)賭屋.
**6** 徒党, 一味, 一団 ‖
a spy ring =a ring of spies スパイ団.
**rùn [màke] rìngs (a)róund A** (略式) …にはるかにまさる; …に圧倒的に勝つ.

──動 他 (正式) …を取り囲む; …を丸く囲む.
──自 輪になる; 丸く囲む.
**ríng finger** 左手の薬指《◆ふつう結婚指輪をはめる》.
**ríng ròad** (英) (都市を囲む)環状道路((米) belt highway, beltway).

## ring² /ríŋ リング/ [擬音語. cf. scream, shriek]

──動 (三単現 ~s/-z/; 過去 rang/ráŋ/ または (略式・方言) rung /ráŋ/; 過分 rung; 現分 ~-ing)

── 自 と 他 の関係 ──
| | 自 | 他 |
|---|---|---|
| 自 **1** | A ring | |
| 他 **1** | | ring A |
| | A〈鐘などが〉鳴る | A〈鐘などを〉鳴らす |

──自 **1 a** 〈鐘・ベル・金属[ガラス]製品・電話などが〉鳴る, 響く; 鳴り響く(+out) ‖
At ten o'clock my phone rang. 10時に私の電話が鳴った.
The bell is ringing. (玄関・電話の)ベル[鐘]が鳴り続いている《◆「ほら, 玄関[電話]のベルが鳴っている!」は There's the bell! という》.
**b** 〈音・声などが〉響き渡る, 鳴り響く ‖
A volley of shots rang out. 一斉射撃の銃声が鳴り響いた.
**c** 〈耳・頭が〉鳴る, じーんとする ‖
The shrill voice made my ears ring. かん高い声に耳鳴りがした.
**d** 〈言葉・賞賛などが〉響く, 残る; 〈行為が〉鳴り響く, 評判になる ‖

Their insults rang in my ears. 彼らの侮辱(ぶじょく)的な言葉が私の耳に残った.
Tales of her courageous deeds rang through the country. 彼女の勇敢な行為は国中かけめぐった.
**2 a** (呼び出し・合図の)鐘[ベル]を鳴らす; 鐘[ベル]を鳴らして呼ぶ[求める] ‖
ring at the door 玄関のベルを鳴らす.
ring for breakfast ベルを鳴らして朝食を持って来させる.
ring for a maid ベルを鳴らして女中を呼ぶ.
ring for the dirty dishes to be taken away ベルを鳴らして汚れた食器を下げさせる.
**b** 〈鐘・ベルが〉鳴る ‖
ring for [to] dinner 食事の合図の鐘を鳴らす.
**3** [ring C] C のような音がする; C のように聞こえる《◆主に true, false, hollow などが C となる. 進行形にはしない》‖
The coin rang true. そのコインは本物のような音がした.
His excuse rings hollow. 彼の弁解はしらじらしく聞こえる.
**4** (正式) **a** 〈場所が〉鳴り響く, 響き渡る ‖
The hall rang with [to] the sound of laughter. ホールは笑い声でどよめいた.
**b** 〈場所が〉沸き返る, 持ち切りである ‖
The whole land is ringing with the scandal. 国じゅうその汚職事件のことで持ち切りだ.
**5** (主に英略式) 電話をかける((米) call) ‖
He rang up to say he'd be late. 彼は遅れると電話してきた.
──他 **1** 〈鐘・ベル・ブザーなどを〉鳴らす ‖
ring the doorbell 玄関のベルを鳴らす.
ring the bell for a secretary ベルを鳴らして秘書を呼ぶ.
**2** …をベル[鐘]を鳴らして知らせる, 告げる ‖
ring a fire alarm ジリジリと火災警報を告げる.
**3** …をベル[鐘]を鳴らして呼ぶ《◆副詞(句)を伴う》‖
ring a servant up [in] ベルを鳴らして召使を上へ[中へ]呼ぶ.
**4** (主に英略式) …に電話をかける; …を電話口に呼び出す((米) call) ‖
ring her up on the phone 彼女を電話口に呼び出す.
Ring up my wife and say I'll be late. 家内に電話して遅くなると伝えてください.
**ríng báck** (主に英略式) (1) [自] 電話をかけ直す. (2) [他] …に電話をかけ直す.
**ríng óff** (英) [自] 電話を切る.
**ríng úp** (1) [自] → 自 **5**. (2) [他] → 他 **3**, **4**; 〈売上げ(金額)〉を金銭登録器[レジ]に記録する.

──名 (複 ~s/-z/) **1 a** [a ~ / the ~] (鐘・ベル・電話などの)鳴る音, 響き《リンリン, チリンチリン, ジリジリ》‖
She answered on the fourth ring. 彼女は4回目のベルで電話に出た.

類 [いろいろな擬音語] clang (ガンガン; ジャンジ

ャン), ding (ゴーン), jangle (ジャランジャラン), clash (ジャンジャン) 鐘などの音 / ting, tinkle, jingle (チリンチリン) 鈴などの音 / clang (ガンガン; カチャカチャ), clash (ガチャン) 金属などの音 / clank (ガチャン) 鎖・刀の刃などの音 / clatter (カチャカチャ) 食器などの音 / clink (チャリン; チリン) コップ・硬貨などの音. 以上は動詞としても用いる. また鐘や鈴の音にそれぞれ ting-a-ling (チリンチリン), ding-dong (ゴーンゴーン, ガンガン) なども用いる.

**b** ⓒ (鐘・ベルなどを) 鳴らすこと, (鐘・ベルなどが) 鳴ること ‖
He gave three short **rings** at the door. 彼は玄関のベルを短く3回押した.

**c** (主に英) [a ~] 電話 (をかけること) ‖
I'll give her a **ring** [ˣa ring to her] tomorrow. あす彼女に電話します 前後関係で「彼女に指輪をあげる」の意にもなる. cf. ring¹ 名.

**2** [a ~ / the ~] (金属・ガラス・らっぱなどの) 鳴る音, 響き; (硬貨の真偽を示す) 響き ‖
try the **ring** of a coin 硬貨を鳴らして本物かどうか試す.

**3** [a ~ / the ~] **a** ⓒ (笑い声・拍手などの) 響く音 ‖
the **ring** of laughter 響き渡る笑い声.

**b** (言葉・文章・声などの) 響き, 調子, 感じ ‖
Her name has a nice **ring** to it. 彼女の名前は語呂(ろ)がいい.
His story has a **ring** of falsehood. =There is a **ring** of falsehood in his story. 彼の話はうそのように聞こえる.

**ringed** /ríŋd ゥリングド/ 動 → ring¹.
— 形 **1** 指輪をはめた; 正式に結婚[婚約]した. **2** 環[輪]のある; 環状の.

**ring·lead·er** /ríŋlìːdər ゥリングリーダ/ 名 ⓒ (暴動・不法行為などの) リーダー, 首謀者, 張本人.

**ring·let** /ríŋlət ゥリングレト/ 名 ⓒ (長い毛髪の) 巻き毛.

**ring·side** /ríŋsàid ゥリングサイド/ 名 ⓒ ボクシング・サーカスなどのリングサイド, 最前列の席, かぶりつき.

**ring·worm** /ríŋwə̀ːrm ゥリングワーム/ 名 Ⓤ 〔医学〕 白癬(はくせん), タムシ.

**rink** /ríŋk ゥリンク/ 名 ⓒ アイススケート場; ローラースケート場.

**rinse** /ríns ゥリンス/ 動 (現分 rins·ing) 他 **1** …をゆすぐ, すすぐ.
**2** …をすすぎ落とす ‖
**rinse** the shampoo **out of** one's hair 髪をすすいでシャンプーを洗い落とす.
— 名 ⓒ **1** ゆすぐこと; すすぎ (洗い). **2** ゆすぎ用の水, (ヘア) リンス (液); 頭髪染料.

**Ri·o de Ja·nei·ro** /ríːoʊ dei ʒənéərou ゥリーオウ デイ ジャネアロウ | -də ʒəníərəu -デ ジャニアロウ/ 『スペイン語で「1月の川」の意』 名 リオデジャネイロ 《ブラジル南東部の都市. 旧首都》.

**Ri·o Gran·de** /ríːoʊ grǽndi ゥリーオウ グランディ/ 『スペイン語で「大きい川」の意』 名 [the ~] リオグランデ (川) 《米国とメキシコとの国境をなす川》.

**ri·ot** /ráiət ゥライオト/ 名 **1** ⓒ 暴動, (集団による公的な場所での) 騒動, 一揆(いっき); 大混乱 ‖
raise a **riot** 暴動を起こす.
suppress a **riot** 暴動を鎮圧する.
**2** (正式) [a ~ of A] **A** 〈色・音など〉の豊かさ, 多彩さ; **A** 〈感情・想像などの〉ほとばしり, 奔放 ‖
The garden was a **riot** of color. 庭にはさまざまな花が咲き乱れていた.

**rùn ríot** 自由奔放にふるまう; 騒ぎ回る; 〈想像などが〉とどまることがない; 〈言葉が〉言いたい放題である; 〈植物・花などが〉はびこる, 咲き乱れる; 〈伝染病などが〉猛威をふるう.

— 動 ⾃ 暴動を起こす, 暴動に加わる ‖
The students **rioted against** the bill. 学生たちはその法案に反対して暴動を起こした.

**ri·ot·er** /ráiətər ゥライオタ/ 名 ⓒ 暴徒, 暴民.
**ri·ot·ous** /ráiətəs ゥライオタス/ 形 **1** (正式) 暴動を起こす; 暴動的な. **2** 飲み騒ぐ. **3** 騒々しい.

**rip** /ríp ゥリプ/ (類音 /ip /líp/) 動 (過去・過分 ripped /-t/; 現分 rip·ping) 他 **1** …を(びりっと) (引き) 裂く (→ tear) ; …を引っかけて裂く; [rip **A** ⓒ] **A** 〈物〉を裂いて[破って] ⓒ にする ‖
**rip** a parcel open 小包を破ってあける.
**2** …をもぎ取る, 切り取る, はぎ取る.

Q&A  **Q**: rip も tear も同じ「引き裂く」の意味ですがどう違いますか.
**A**: rip は服などを裂けやすい線に沿って裂く, tear は無理に引っ張ってぎざぎざに引き裂くかまたは引きちぎる, ことをいいます.

— ⾃ 裂ける, 破れる, ほころびる; [rip ⓒ] 裂けて[破れて] ⓒ になる ‖
The sack caught on a nail and **ripped** open. 袋はくぎに引っかかって口があいた.

**lèt things ríp** (略式) 物事を成り行きに任せる.
— 名 ⓒ 裂け目, ほころび; 引き裂くこと.

**ríp còrd** (パラシュートの) 開き綱, 〔航空〕 曳索(えいさく); (気球の) 引き裂き綱.

**RIP** (略) 安らかに眠れ (=May he [she, they] rest in peace.) 《◆ 墓碑銘》 (→ peace).

**ripe** /ráip ゥライプ/ 形 **1** 熟(う)れた, 熟した, 実った, 収穫できる (↔ unripe) (類 mellow, mature) ‖
a **ripe** apple 熟したリンゴ.
**ripe** grain 取り入れ間近の穀物.
Soon **ripe**, soon rotten. (ことわざ) 早熟れの早腐り; 「大器晩成」.
**2** 〈ワイン・チーズなどが〉飲み[食べ] ごろの ‖
**ripe** wine 熟成したワイン.
**3** (正式) 円熟した, 熟達した; [遠回しに] 老齢の, 高齢の ‖
**ripe** judgement おとなの分別.
a person of **ripe**(r) years おとな, 若いとは言えない人.
a man **ripe** with experience =a man of **ripe** age 人生経験豊かな人.
die at a [the] **ripe** (old) age of 95 95歳の

高齢で死ぬ.
**4**《正式》機が熟した, 準備の整った ‖
The time is **ripe** for an election [to hold an election]. 今こそ選挙をする時だ.
an opportunity **ripe** to go abroad 外国へ行く絶好のチャンス.

**rip·en** /ráipn ゥライプン/ 動 自 **1** 熟する, 実る ‖
The corn **ripened** in the sun. トウモロコシが日光をあびて熟した.
**2** 成熟する, 円熟する ‖
His sympathy **ripened** into affection. 彼の同情は愛情に発展した.
── 他 **1** …を熟させる, 実らせる ‖
The sun **ripened** the grapes. 日光でブドウが成熟した.
**2** …を成熟させる.

**rip-off** /rípɔ(ː)f ゥリポ(ー)フ/ 名 (複 ~s) C 《略式》**1** [通例単数形で] 盗み; 詐取; 暴利; 泥棒; まやかし, でたらめ. **2** 盗作映画[小説, 作品]; 盗品. **3** ばか高い品物. ── 形《略式》ばか高い, 盗みの, いんちきの.

**rip·ple** /rípl ゥリプル/ 名 C **1** さざ波, 小波 ‖
There isn't a **ripple** on the lake this morning. けさは湖にさざ波一つない.
**2** [a ~ / the ~; 修飾語句を伴って] さざ波(のような)音, さらさら; (声・笑いなどの)さざめき ‖
a **ripple** of laughter さざめく笑い声.
── 動 (現分 rip·pling)《正式》他 …にさざ波をたてる; …に波形[ウェーブ, 小じわ]をつける.
── 自 さざ波が立つ.

**Rip Van Winkle** /rip væn wíŋkl ゥリプ ヴァン ウィンクル/ 名 リップ=バン=ウィンクル《Irving 作 *The Sketch Book* 中の物語(の主人公). 浦島太郎の米国版》; 時代遅れの人.

\***rise** /ráiz ゥライズ/ [「下から上へ動く」→「発生する」. cf. *raise, arise*. → **raise**]
→ 動 自 **1** 出る **2** 上がる **4a** そびえ立っている
**5** 出世する **7** 増す **10** 立ち上がる
**11** 起きる **15** 源を発する
名 **1** 上昇 **3b** 昇給(額) **4** 上り坂

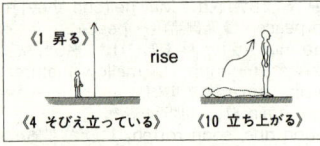

《1 昇る》
rise
《4 そびえ立っている》 《10 立ち上がる》

── 動 (三単現 ris·es/-iz/, 過去 rose/róuz/, 過分 ris·en/rízn/; 現分 ris·ing)
── 自《◆対応する 他 は raise》.

**I** [空間を下から上へ移動する]
**1**〈太陽・月・星などが〉出る, 昇る; 〈朝・夜明けが〉来る; [rise **C**] **C** の状態で昇る[明ける](↔ set, sink) ‖
The sun **rises** in [*from] the east. 太陽は東から昇る.
The sun **rose** hot. やけつくような太陽が昇った.
**2** 上がる; 立ちのぼる; 〈霧などが〉現れる ‖

Smoke could be seen **rising from** the factory chimneys. 工場の煙突から煙が上がっているのが見えた.
The curtain **rises**. 幕が上がる; 新しい局面が展開される.
**3** 浮かび上がる ‖
**rise to** the surface 水面に浮かび上がってくる; 〈隠れていた事実などが〉明らかになる.
**4 a** そびえ立っている《◆進行形にしない. 副詞(句)を伴う》‖
The steeple **rises** (to a height of) 90 feet [**rises** to 90 feet]. 塔は90フィートの高さにそびえている.
A big rock **rose** out of the sea. 大きな岩が一つ海面から突き出ていた.
**b**〈道・土地などが〉上り(坂)になる, 高くなる.
**5 a**〈地位などが〉上がる.
**b** 出世する, 昇進する《類 advance, promote》‖
**rise in** one's profession [**in** the world] 出世する.
**rise from** typist **to** vice president タイピストから副社長に出世する.
She **rose in** her status. =Her status **rose**. 彼女は地位が上がった.
**6** 増水する; 〈水かさが〉増す; 〈潮が〉満ちる ‖
The river **rose** fifteen feet with the heavy rains. 豪雨のため川が15フィート増水した.
**7**〈数・量・程度・力などが〉増す; 〈価格・温度(計)などが〉上がる, 高くなる; 〈商品などが〉値上がりする(↔ fall) ‖
The dollar **rose** against the pound yesterday. きのうはポンドに対してドル高だった.
The price of milk **rose to** a dollar. =Milk **rose to** a dollar (in price). 牛乳が1ドルに値上がりした.
The barometer **is rising**. 気圧計の目盛りが上がっている.
**8**〈感情などが〉高まる, 激しくなる ‖
His anger **rose at** her insult. 彼女の侮辱で彼の怒りがつのった.
**9 a**〈声・音が〉高くなる, 大きくなる ‖
Her voice **rose in** excitement. 彼女は興奮して大声を出した.
**b**〈風が〉強くなる ‖
The wind **rose to** gale force. 風は強くなって大風の勢いになった.
**c**〈色が〉濃くなる ‖
Color **rose in** her cheeks. 彼女のほおに赤みが増した.

**II** [立ち上がる]
**10**《正式》立ち上がる, 起き上がる, 起立する; [rise **C**] **C** の状態で立ち上がる ‖
**rise from** one's knees ひざまずいていた姿勢から起き上がる.
**rise to** one's feet 立ち上がる.
**rise on** one's toes つま先で立つ.
**rise from** the table (食事をすませて)食卓を離れる.

He rose from his chair to welcome them. 彼はいすから立ち上がって彼らを歓迎した.
He rose victorious. 彼は勝ち誇って立ち上がった.
**11** (正式)**起きる**, 起床する《◆ふつうは get up》∥
She rises early. 彼女は早起きだ(=She is an early riser).
**12** (正式)〈議会・法廷などが〉**閉会する**.
**13** (正式)**反乱を起こす**.
**14** (正式)〈死者などが〉**生き返る**, 甦(がえ)る∥
Jesus rose (again) from the dead. イエスは甦った.

**III** [発生する]
**15 a** 〈川・天地などが〉**源を発する**, 始まる《◆進行形にしない. 場所を表す副詞(句)を伴う》∥
The river rises from a spring. その川は泉に源を発している.
**b** 〈風・あらしなどが〉**起こる**, 発生する; 〈うわさなどが〉立つ, 広まる.
**c** 〈声などが〉**上がる**, 聞こえる(+*up*).
**16 現れる**, 見えてくる; 〈音が〉聞こえてくる; 〈涙が〉浮かぶ∥
Tears were rising to her eyes. 彼女の目に涙が浮かんできた.

──[名] (複 **ris·es**/-iz/) **1** ⓒⓊ **上昇**, 上がること; (文)(太陽・月・星などが)出ること; (魚がえさを求めて)浮かび上がること∥
the rise of a balloon 風船の浮上.
**2** ⓒ **出世**, 昇進; 向上, 進歩, 繁栄, 隆盛∥
make [have] a rise in life 出世する.
**3** ⓒ **a 増加**, 増大; 増加量∥
a rise in prices 物価の騰貴.
the rise of the stream 流れの増水.
**b** (英) **昇給(額)**, 賃上げ(主に米 raise)∥
He asked his boss for a rise (in pay). 彼は上司に昇給を求めた.
**4** ⓒ **上り坂**, 勾(こう)配; 高台, 丘; (大陸)棚∥
a steep rise in the road 急な坂道.
**5** ⓒ **a** (川などの)**源**; 起源, 起こり∥
the rise of a stream in a mountain 山中の川の源.
Where does this problem have [take] its rise? この問題の発端はどこにあるのか.
**b** (文明・産業などの)出現, 発生.
◦*give rise to* A (正式) …を**引き起こす**, …のもとになる∥ give rise to misunderstandings 誤解を生じさせる.

\*ris·en /rízn ゥリズン/ (発音注意)《×ゥライズン》[動]
→ rise.

ris·er /ráizər ゥライザ/ [名] ⓒ **1** [通例形容詞を伴って] 起きるのが…の人[動物]∥
an early riser 早起きの人.
a late riser 朝寝坊の人.
**2** 蹴(け)上げ板《階段の踏み板の間の縦板. 図 → stairs》.

ris·ing /ráiziŋ ゥライズィング/ [動] → rise.
──[形] **1** 昇る, 上がる; 〈太陽・月・星などが〉出る; 増大する. **2** 新進の, 成長株の. **3** 上り坂の; 高くなった.
──[前] (英)〈特定の時刻〉に近くの[て].

He is rising sixteen (years old). 彼はもうすぐ16歳だ.
──[名] **1** Ⓤ **上昇**, 上がること; (太陽・月・星などの)出; 昇進; 起立; 起床, 閉会, 散会; 復活; 出現.
**2** ⓒ **反乱**, 暴動.
**3** ⓒ **突起**, 突出物; 上り坂; 高台.
**rísing gèneration** [the ~; 集合名詞的に; おおげさに] (次代を担う)青年(層).

\***risk** /rísk ゥリスク/《『絶壁の間を船で行く』が原義》
──[名] (複 ~s/-s/) **1** ⓒⓊ **危険**, 恐れ《◆danger と違って「危害・損害などにあう高い可能性」または「みずから覚悟して冒す危険」をいう》∥
There is no risk of your being late for school. 君が学校に遅れる恐れは全くない.
[対話] "I'm afraid I'll lose some money." "Don't worry. There's no risk at all."「いくらか損をするのじゃないだろうか」「心配いらないよ. リスクはないから」.
**2** ⓒ **危険(な事柄)**, 冒険.
*at ány risk* どんな危険を冒しても, ぜひとも.
*at one's* (*ówn*) *risk* 自分の責任において∥ Park at your own risk. 自分の責任において駐車しなさい(当方は責任を負いません)《◆警告の掲示》.
*at risk* (英正式) 危険にひんしている.
◦*at the risk of* A (正式) A〈命など〉を賭(と)けて, …の危険を冒して∥ He saved her at the risk of his life. 彼は自分の命を賭けて彼女を救った.
◦*rùn the rísk of doing* …するほどの**危険を冒す**∥ run the risk of losing one's honor 名誉を失うような危険を冒す.
*tàke a rísk* [*rísks*] 危険を冒す, 一か八かやる.
*tàke the rísk of doing* 危険を覚悟で…する∥ She couldn't take the risk of leaving her child alone. 彼女は危なくて子供を1人にしておくことなどもできなかった.

──[動] (三単現 ~s/-s/; 過去・過分 ~ed/-t/; 現分 ~·ing)
──[他] **1** …を**危険にさらす**, 賭ける∥
risk one's neck 首(いの)ち.
Don't risk your health by working too much. 働きすぎて健康を危険にさらすな.
[対話] "Come on. Climb over the fence." "My leg's still hurting. I'm not going to risk it."「さあ, 塀を乗り越えて」「まだ脚(あし)が痛んでいるから, そんな無理をするのはやめておくよ」.
**2** …を思い切ってやってみる.

**risk·y** /ríski ゥリスキ/ [形] (通例 比較 ~·i·er, 最上 ~·iest) **危険な**, 冒険的な∥
It is risky for you to go there alone. 君が1人でそこに行くのは危険だ《◆\*It is risky that you go there alone. とはいわない》.

**rite** /ráit ゥライト/ (同音 right, write) [名] ⓒ (正式) [通例 ~s] (宗教上のあるいは厳粛な)**儀式**∥
the rite of baptism 洗礼式.

\***rit·u·al** /rítʃuəl ゥリチュアル/《『厳粛な儀式』が本義》
──[名] (複 ~s/-z/) **1** ⓒⓊ (宗教の)**儀式**《◆rite より堅苦しい儀式》.

2 C 儀式書.
3 C [しばしば ~s] (儀式上の)形式, 式次第.
4 C [比喩的に] 儀式, 日常の習慣的行為.
**ri·val** /ráɪvl ゥライヴル/ 名 C **1** 競争相手, 対抗者, 敵手 ||
a strong rival 強敵.
a rival in love 恋敵(がたき).
rivals for the same girl 同じ女性をめぐる恋敵.
**2** 匹敵する人[物], 好敵手 ||
Shakespeare has no rival as a dramatist. 劇作家としてシェイクスピアに匹敵する者はない.
――形 競争している, 張り合っている.
――動 (過去・過分) ~ed または (英) ri·valled/-d/; (現分) ~·ing または (英) ~·val·ling) 他 **1** …と競争する, 対抗する, 張り合う ||
The two teams rivaled each other for the championship. 2つのチームが優勝を競(きそ)い合った.
**2** (正式) …に匹敵する, 比肩(ひけん)する, 劣らない ||
Nothing rivals wrestling for [in] excitement. 興奮させる点ではレスリングに及ぶものはない.
**ri·val·ry** /ráɪvlri ゥライヴルリ/ 名 (複) ··val·ries /-z/) C U 競争, 対立意識 ||
be in rivalry 張り合っている.

**\*riv·er** /rívər ゥリヴァ/ 〖「水によって引き裂か(rive)れたもの」→「川岸」が原義. cf. arrive, rival〗
――名 (複) ~s/-z/) C **1** 川 《◆ 豊饒(ほうじょう)・力の象徴》(類) brook, stream, creek, rivulet, rill) ||
the Mississippi River ミシシッピ川.
up river 川上で[は] 《◆「川下で[は]」は down river》.
go swimming in the river 川に泳ぎに行く.
houses on the river 川沿いの家.
They sailed down the river Nile. 彼らはナイル川を船で下った.
There was a bridge across [over] the river. その川には橋が1つかかっていた.

関連 branch, tributary 支流 / trunk 本流 / rapids 急流 / meander 蛇行(だこう).

Q&A **Q**: 第1例の the Mississippi *River* に対して the *River* Thames という言い方があるようですが.
**A**: 前の言い方は米国式で, あとの方は英国式です. 英国が支配していた国々では英国式がかなり用いられています(例: the River Nile ナイル川). もちろん, 紛らわしくないときは River を略して, the Mississippi, the Thames ともいます. また地図などでは the を略し, Mississippi River, Thames River のようにするのがふつうです.

**2** (正式) 流れ; [~s] 大量の流れ ||
a river of lava 溶岩の流れ.
rivers of blood (戦争などの)おびただしい流血.
rivers of tears とめどなく流れる涙.
**ríver bàsin** 河川流域.
**riv·er·side** /rívərsàɪd ゥリヴァサイド/ 名 [the ~; 時に形容詞的に] 河岸, 河畔, 川辺(り) ||
She lives on the riverside. 彼女は河畔に住んでいる.
**riv·et** /rívət ゥリヴェト/ 名 C リベット, 鋲(びょう).
――動 **1** …をリベットで留める. **2** 《くぎなどの)先をつぶして固定させる. **3** [比喩的に] …をくぎづけにする; 〈目・注意など〉を集中させる.
**Riv·i·er·a** /rìviéərə ゥリヴィエアラ/ 名 [the ~] リビエラ地方《地中海沿岸の避寒地》; [時に r~] 海岸の避寒地.
**RNA** (略) 〖生化学〗ribonucleic acid リボ核酸.
**roach** /róʊtʃ ゥロウチ/ 名 (複 roach, ~·es) C 〖魚〗ローチ《ユーラシア産のコイ科の淡水魚》; コイ科魚類.

**\*road** /róʊd ゥロウド/ ([同音] rode; [類音] /oad /lóʊd/) 〖「馬で行く道」が原義. cf. ride〗

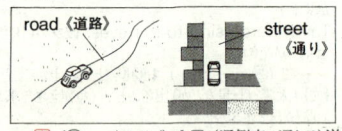

――名 (複) ~s/róʊdz/) **1** C (通例車の通れる)道路, 道; (町の)通り《◆ (1) ふつう町から町へ続く車の通る道. 両側に建物が立ち並ぶ市内の道路は street がふつう. (2) 人生・冒険の象徴》||
a village road 田舎(いなか)道.
a public road 公道.
a main road 本街道.
the rule(s) of the road 通行[航行]規則.
holes in [(米) on] the road 道のくぼみ.
**2 a** [the ... R~] …街道 ||
the Oxford Road オックスフォード街道《◆ 小文字の the Oxford road では「オックスフォードへの道」》.
**b** [通例無冠詞; ... R~] …街(略 Rd.) ||
Victoria Road (住所の)ビクトリア街.
His address is 30 York Rd., London. 彼の住所はロンドン市ヨーク街30番だ.
**3** [形容詞的に] 道路(上)の ||
a road accident 交通事故.
a road sign 道路標識.
Road Works Ahead. (掲示) 前方道路工事中 ((米) Construction Ahead) 《◆ 単に Working Ahead ともいう》.
**4** C (略式) [通例 the ~] 道, 道筋; (正式) 道, 方法 ||
Is this the road to Weston? この道を行くとウェストンに行けますか.
You're on the wrong road. 道を間違えていますよ.
the road to ruin 破滅への道.
There is no royal road to learning. (ことわざ)学問に王道なし.

***by róad*** 陸路で, 車[バス]で.
***on the róad*** (1) 旅行して; 放浪して; 〈野球チーム・劇団などが〉地方回りで, ロードに出て. (2) 途上の ‖ be **on the road to** happiness 幸福になりつつある. (3) 道路沿いに, 道路に面して.
**róad sàfety** 交通安全.

**road·block** /róudblàk ゥロウドブラク|-blɔ̀k -ブロク/ 名C **1** (検問などの)路上バリケード. **2** 《主に米》路上障害物; [比喩的に] 障害物.

**road·show** /róudʃòu ゥロウドショウ/ 名C **1** 地方巡業. **2** (まれ) (映画の)ロードショー.

**road·side** /róudsàid ゥロウドサイド/ 名C 形 道端(の), 路傍(の) ‖ by [on, at] the **roadside** 道端に.

**road·ster** /róudstər ゥロウドスタ/ 名C **1** (やや旧) ロードスター(2人乗りのオープンカー). **2** (道路上で用いる)乗用馬.

**road·way** /róudwèi ゥロウドウェイ/ 名CU 道路; (特に)車道.

**road·work** /róudwə̀ːrk ゥロウドワーク/ 名 **1** U ロードワーク《ボクサーなどの長距離ランニング》. **2** (英)[~s] 道路工事(→ road 名3).

**road·worth·y** /róudwə̀ːrði ゥロウドワーズィ/ 形 〈乗物が〉路上使用に適した; 〈人が〉旅行できるほど元気な.

**roam** /róum ゥロウム/ (同音 Rome) (正式) 動 自 歩き回る, ぶらつく, 放浪する ‖
**roam** through [about] the fields 野原を歩き回る.
**roam** from town to town 町から町へ流れ歩く.
— 他 …を歩き回る, 放浪する ‖
dogs **roaming** the streets 通りをうろついている犬.
**roam** the world 世界を漫遊する.
— 名C 歩き回ること, 放浪, 散策.

\***roar** /rɔ́ːr ゥロー/ (同音 (英) raw)『「雄鹿が鳴く」が原義』
— 動 (三単現) ~s/-z/; (過去・過分) ~ed/-d/; (現分) ~·ing/rɔ́ːriŋ/)
— 自 **1** 〈野獣·牛などが〉**ほえる**, うなる ‖
**2 a** わめく, どなる, 大声をあげる; 《略式》〈子供が〉泣き出す ‖
**roar** for mercy 助けてくれとわめく.
**roar** in pain 痛くてうめく.
The captain **roared** at the crew. 船長は乗組員に大声でどなった.
**b** 《略式》大笑いする.
**3** ごうごうとなる, とどろく, 鳴り響く ‖
The wind **roared** in the trees. 風は木立でごうごうと鳴っていた.
**4** 〈車・飛行機が〉轟音(ぎゅく)を立てて走る ‖
The motorbikes **roared** down the hill. バイクが轟音を立てて丘を下って行った.
— 他 **1** …を大声で言う ‖
**roar** one's approval 大声で賛成を叫ぶ.
**2** 〈人〉をどなる ‖
**róar** oneself **hóarse** 声をからしてどなる.
**roar** him down 彼をやじり倒す.

— 名C **1** (野獣の)ほえ声《◆ lion, bull, tiger などに用いる》, 〈人の〉叫び声, 怒号; 大きな笑い声 ‖
a **roar** of pain 苦痛のうめき.
**2** 轟音, どよめき.

**roar·ing** /rɔ́ːriŋ ゥローリング/ 動 → roar.
— 形 **1** ほえる, とどろく; 騒々しい; 荒天の.
**2** 活気のある ‖
do a **roaring** trade 《略式》商売が大繁盛する.
**róaring fórties** [the ~] 荒れ狂う40度台《太平洋·大西洋の北緯·南緯40-50度の暴風海域》.

**roast** /róust ゥロウスト/ (類語 /lost/lɔ́(ː)st/) 動 他 **1 a** …を焼く, あぶる; …を炒(い)る(関連 → bake) ‖
**roast** the turkey in the oven 七面鳥を天火で焼く.
**roast** meat on a spit くしに刺して肉を焼く.
**b** [roast A C] 〈A〈肉·豆などを〉焼いて[炒って] Cにする ‖
**roast** coffee beans brown コーヒー豆をこんがり炒る.
**2** 〈からだ·手などを〉暖める.
— 自 **1** 焼かれる; 炒られる. **2** ひどく熱くなる.
— 名 **1** CU 焼き肉(の大きな切り身), ロースト.
**2** CU 焼き肉用の肉(のかたまり).
**3** C 焼く[あぶる, 炒る]こと ‖
give the meat a good **roast** 肉をよく焼く.
**4** C (米) 戸外の焼き肉パーティー.
**5** [形容詞的に] 焼けた, あぶった, 炒った ‖
**roast** beef ローストビーフ《イングランドの代表的な料理》.

\***rob** /rɑ́b ゥラブ|rɔ́b ゥロブ/ (類語 rúb/rʌ́b/)『「衣類を剥(は)ぐ」が原義. cf. *robe*』
派 **robber** (名), **robbery** (名)
— 動 (三単現) ~s/-z/; (過去・過分) **robbed**/-d/; (現分) **rob·bing**)
— 他 **1** [rob A of B] A〈人〉から B〈金·物〉を奪う (→ Q&A) ‖
They **robbed** the man **of** his watch. 彼らはその男から腕時計を奪った.
She **was robbed of** her rings last night. 彼女は昨夜指輪を奪われた.
He **was robbed** at gunpoint. 彼はピストルをつきつけて襲われた.
**2 a** [rob A of B] A〈場所〉から B〈金·物〉を強奪する ‖
They **robbed** the bank **of** its money. 彼らは銀行から金を奪った.
**b** 〈場所〉から金品を盗む, …を襲う ‖
The bank was **robbed** yesterday. その銀行はきのう(強盗に)襲われた.
対話 "What happened to you?" "Someone **robbed** my apartment last night. I lost all my jewelry." 「いったい何があったんだ」「きのうの晩, 私の部屋に泥棒が入って宝石類が全部なくなったんです」.

Q&A **Q**: rob と steal はどのように違いますか.
**A**: 意味の点で rob は「力ずくで取る」, steal は「こっそり盗む」の違いがありますが, 構文上の違いに

注意が必要です. rob A〈人・場所〉of B〈盗まれる物〉, steal B from A が基本形です. 次の2例を比較してください: [B〈盗まれる物〉が主語] Her rings were stolen [×robbed]. 彼女の指輪が盗まれた / [A〈人・場所〉が主語] The jewelry store was robbed [×stolen] yesterday. その宝石店はきのう強盗に襲われた. なお rob には「こっそり入って荒し回る」の意もあり, あとの例は…賊に入られた」と解釈できる場合もあります(→ **2 b**).

**3**〈正式〉[rob A of B] A〈人・物・事〉から B〈物・事〉を奪う, 失わせる ‖
Fear robbed her of speech. 恐怖のあまり彼女は口がきけなかった.

**Rob** /rάb ゥラブ|r5b ゥロブ/ 名 ロブ《Robertの愛称》.

**rob·ber** /rάbər ゥラバ|r5bə ゥロバ/ 名 © 強盗(行為), 泥棒, 盗賊(の1人)(→ *thief*) ‖
a bank robber 銀行強盗.

**rob·ber·y** /rάbəri ゥラバリ|r5b- ゥロバリ/ 名 (複 **-ber·ies**/-z/) ⓊⒸ 強盗, 盗難; Ⓒ 強盗事件; 〖法律〗強盗罪 ‖
commit robbery on [upon] a bank = commit a bank robbery 銀行強盗を働く.

**robe** /róub ゥロウブ/ (類音 /obe/lóub/, rob/rάb| r5b/) 名 © **1** ローブ《長くゆったりとした外衣. (特に)バスローブ(bathrobe), 〈米〉部屋着, ベビー服》.
**2** ローブ《長いワンピースの優雅な婦人服. ふつう正装用》.
**3** [しばしば ~s] 礼服, 式服; 官服, 職服《裁判官・司教・大学教授などが位階などを象徴するため平服の上にまとう》‖
royal robes 王衣.
a judge's robes 裁判官の法服.
**4** [~s] (一般に)着物, 衣服 ‖
a woman in her costly robes 高価なドレスを着た女性.
**5** 〈主に米〉(毛・布などの)ひざ掛け ‖
a lap robe ひざ掛け.

**Rob·ert** /rάbərt ゥラバト|r5b- ゥロバト/ 名 ロバート《男の名.《愛称》Bob, Bobby, Rob, Robin など》.

**rob·in** /rάbin ゥラビン|r5bin ゥロビン/ 名 © 〖鳥〗 **1** 〈英〉ロビン, ヨーロッパコマドリ《鳥の中で最も典型的なものとされる. 胸毛がだいだい色なので〈文〉 róbin rédbreast ともいう》. **2** 〈米〉コマツグミ.

**Rob·in** /rάbin ゥラビン|r5b- ゥロビン/ 名 **1** ロビン《男の名. Robert の愛称》. **2** ⓒ〈女の名〉.

**Róbin Hòod** ロビン=フッド《12世紀ごろの英国の伝説的英雄・義賊. 緑色の服を着て Sherwood の森に住んだ》.

**Rob·in·son Cru·soe** /rάbinsn krúːsou ゥラビンスン クルーソウ|r5b- ゥロビンスン-/ 名 ロビンソン=クルーソー《D. Defoe 作の小説(1719);その主人公》.

**ro·bot** /róubɑt ゥロウバト, -bət|róubɔt ゥロウボト, -bɑt/ 《発音注意》《×ゥロボト》〖チェコの作家チャペクの劇に登場する人型の機械の名から〗
— 名 (複 ~**s**/-bɑts|-bɔts/) Ⓒ [しばしば比喩的に] ロボット, 機械人間.

**ro·bust** /roubʌ́st|rəu- ロウ-/ 形 (時に 比較 ~**·er**, 最上 ~**·est**) **1** 強健な; 強固な; たくましい. **2** 〈仕事などが〉力を要する, きつい; 〈経済などが〉活発な.

**\*rock¹** /rάk ゥラク|r5k ゥロク/ (類音 /ock /lάk|l5k/)〖「土の固い部分」が原義〗
派 rocky (形)
— 名 (複 ~**s**/-s/) **1** ⓊⒸ 岩, 岩盤, 岩壁 ‖
drill into the rock 岩盤に穴をあける.
**2** Ⓒ 岩石《♦ stone よりごつごつしている. stone より大きいとは限らない. 耐久性・堅固などの象徴》‖
A large rock fell on the hut. 大きな岩がその小屋に落ちた.
**3** Ⓒ 〈主に米〉(種々の大きさの)石, 小石 ‖
throw rocks at him 彼に石を投げる.
**4** Ⓒ [しばしば ~s] 暗礁, 岩礁 ‖
see rocks ahead 船の前方に暗礁が見える, 危険が迫っているのがわかる.
The ship may strike a rock. 船は暗礁に乗り上げるかもしれない.
**5** Ⓤ 〈主に米〉 =rock candy (2).
**on [upón] the rócks** (1) 座礁して. (2) 〈略式〉金に困って; 破産して; 〈結婚生活などが〉破綻(はん)寸前で.

**rock càke [bùn]** 〈英〉ロックケーキ《表面がごつごつした小さなケーキ》.

**róck cándy** 〈米〉(1) 氷砂糖. (2) (堅い)棒あめ(〈主に英〉rock).

**róck gàrden** 岩石庭園《高山植物の植えられた岩石の多い庭》;(日本などの)石庭.

**róck plànt** 岩生植物.

**róck sálmon** 〈英〉岩サケ《♦ 魚屋で売るときのサメ(dogfish) の名》.

**róck sàlt** 岩塩.

**\*rock²** /rάk ゥラク|r5k ゥロク/ (類音 /ock/lάk| l5k/)
— 動 (三単現 ~**s**/-s/; 過去・過分 ~**ed**/-t/; 現分 ~·**ing**)

| — 他 と 自 の関係 | | |
| --- | --- | --- |
| 他 1 | rock A | A を揺り動かす |
| 自 1 | A rock | A が揺れ動く |

— 他 **1** …を揺り動かす《♦ swing より揺れは小さい》‖
I rocked the baby in my arms. 赤ん坊を腕に抱いて揺り動かした.
The waves were rocking the boat about. 波で船が揺れていた.
rock a baby to sleep 赤ん坊を揺すって眠らせる.
**2** …を激しく揺さぶる, 振動させる ‖
The earthquake rocked the town. 地震で町は揺れた.
**3** …を動揺させる ‖
The news of his death rocked the village. 彼の死の知らせで村は動揺した.

— 自 **1** 揺れ動く (+*about, around*)《♦「縦に

れる」のは pitch,「横に揺れる」のは roll)‖
This chair **rocks**. このいすは揺れ動く[揺れいすだ].
**2** 激しく揺れる.
**3** 動揺する, 動転する.
　——名 **1** ⓒⓊ 揺れ; 動揺.
**2** Ⓤ =rock music; =rock'n'roll.
**róck and róll** =rock'n'roll.
**rócking cháir** 揺りいす, ロッキングチェア((主に米) rocker).
**rócking hórse** 揺り木馬((主に米) rocker).
**róck mùsic** ロック音楽.
**rock-climb·ing** /rákklàimiŋ ゥラククライミング | rɔ́k- ゥロク-/ 名 Ⓤ ロッククライミング, 岩登り.
**Rock·e·fel·ler** /rákəfèlər ゥラキフェラ | rɔ́k- ゥロキ-/ 名 ロックフェラー《John Davison /déivisn/ ～ 1839-1937; 米国の石油王》.
**Róckefeller Cénter** ロックフェラー=センター《New York 市 Manhattan 区の高層ビルの商業・娯楽地区》.
**rock·er** /rákər ゥラカ | rɔ́k- ゥロカ/ 類音 /ocker /lák- | lɔ́k-/ 名 ⓒ **1 a** 揺り子《揺りかご・揺りいすなどの弓状の底材》. **b** (主に米) =rocking chair. **c** =rocking horse.
**2** 《米略式》ロック歌手, ロック音楽(家).

*__rock·et__ /rákət ゥラケト | rɔ́kət ゥロケト/ 〘「小さな(et)糸巻き棒(rock)」〙
　——名 (複 ～s/-its/) ⓒ **1 a** ロケット《宇宙船・ミサイルなどを打ち上げる》‖
launch a **rocket** ロケットを打ち上げる.
**b** =rocket engine.
**2** ロケット弾, 打ち上げ花火; のろし; 救命索発射装置. **4** (英略式) 厳しい叱責(しっせき).
　——自 **1** ロケットで飛ぶ; 突進する.
**2** (略式)《物価・地位などが》急上昇する.
**rócket bàse** ロケットミサイル基地.
**rócket èngine** ロケットエンジン(rocket).
**Rock·ies** /rákiz ゥラキズ | rɔ́k- ゥロキズ/ 名 → Rocky.
**rock'n'roll** /rákənròul ゥラカンロウル | rɔ́k- ゥロカン-/ 名 Ⓤ ロックンロール.
**rock·y** /ráki ゥラキ | rɔ́ki ゥロキ/ 形 (比較 -·i·er, 最上 -·i·est) **1** 岩の多い; 岩でできた‖
a **rocky** path 岩のごつごつ出た小道.
**2** 岩のように固い; ごつごつした.
**3** 意志堅固な; 頑固な.
**Rock·y** /ráki ゥラキ | rɔ́ki ゥロキ/ 名 [the Rockies] =Rocky Mountains.
**Rócky Móuntains** [the ～] ロッキー山脈《北米西部の大山脈》.
**rod** /rád ゥラド | rɔ́d ゥロド/ 名 ⓒ **1** 《木・金属・プラスチックなどの細くてまっすぐな》棒, さお; [しばしば複合語で] …棒‖
a divíning ròd 占い棒.
piston **rods** ピストン棒.
**2** 釣りざお‖
a **rod** and line 釣り糸とさお(一式).
fish with **rod** and line 釣りをする.
**3 a** 《まっすぐに伸びた》若い小枝.

**b** むち; [the ～] むち打ち; おしおき‖
Spáre the ród and spóil the chíld. (やや古)(ことわざ) むちを惜しむと子供をだめにする;「かわいい子には旅をさせよ」.

*__rode__ /róud ゥロウド/ 動 → ride.
**ro·dent** /róudənt ゥロウデント/ 名 ⓒ 齧歯(げっし)類の動物《rat, rabbit, squirrel など》.
**ro·de·o** /róudiòu ゥロウディオウ, roudéiou/ 名 ⓒ (米) **1** 牧牛のかり集め; (牛の)囲い. **2** ロデオ《カウボーイが荒馬乗りや投げ縄などの腕を競う》.
**Ro·din** /roudǽn ゥロウダン/ 名 ロダン《Auguste /ɔːgǘst, -gíst/ ～ 1840-1917; フランスの彫刻家》.
**roe** /róu ゥロウ/ 名 Ⓤⓒ 魚の卵(のかたまり), はらご; 魚精, しらこ; (エビ・両生類の)卵, 卵塊‖
cod **roe** タラコ.
**Roent·gen, Rönt·–** /réntgən ゥレントゲン | rɔ́ntgən ゥロントゲン/ 名 **1** レントゲン《Wilhelm Konrad/kánræd | kɔ́n-/ ～ 1845-1923; ドイツの物理学者》. **2** [r～] ⓒ レントゲン《放射線量の単位》; [形容詞的に] X線の.
**Róentgen ràys** [しばしば r～] X線.
**Rog·er** /rádʒər ゥラチャ | rɔ́dʒ- ゥロチャ/ 名 ロジャー《男の名. 愛称 Hodge》.
**rogue** /róug ゥロウグ/ 名 ⓒ **1** 悪漢, ごろつき. **2** いたずらっ子, 腕白者. **3** 群れを離れた凶暴な野獣.

*__role, rôle__ /róul ゥロウル/ 同音 roll) 〘「役者のせりふを書いた巻物」が原義〙
　——名 (複 ～s/-z/) ⓒ **1** (劇などの)役‖
play the **role** of Othello オセロ役を演じる.
**2** (正式) 役割, 任務, 機能‖
fill the **role** of peacemaker in the dispute その論争で調停者の役を務める.
Repetition plays a vital **role** in language study. 言語の学習ではくり返しが重要な働きをする.
**róle mòdel** 模範となる人, 理想的な人物像.
**róle plày** 役割演技, ロールプレイング《語学教育・心理療法で用いる》.

*__roll__ /róul ゥロウル/ 同音 role) 〘「回転運動をする[させる]」が本義〙 派 roller (名)
→ 動 自 **1** 転がる **2** 進む **3** 過ぎ去る **5** 横揺れする **6** ゴロゴロ鳴る
他 **1** 転がす **2 a** 巻く **3** ローラーでならす
名 **1** 巻いた物 **2** 名簿 **3** とどろき **4** 横揺れ

roll《転がる》

　——動 (三単現 ～s/-z/; 過去・過分 ～ed/-d/; 現分 ～·ing)
　—— 自 と 他 の関係 ——
**自 1 a** 　　　　　A が転がる
**他 1 a** roll A　 A を転がす

　——自 **1** 転がる, 転がって行く《◆ turn と違って「転がって移動する」意》;《涙などが》流れ落ちる‖
The ball **rolled** under the car. ボールは車の下

に転がり込んだ.
Tears **rolled** down my cheeks. 涙がほおを伝った.
**2**〈人・動物が〉転がる, 転げ回る ‖
The cat **rolled** on the ground. 猫が土の上で転がった.
**3**〈車が〉進む, 走る ‖
The bus **rolled** along the street. バスは通りを進んだ.
**4 a**〈年月が〉**過ぎ去る**, 経過する ‖
The years **rolled** on quickly. 年月があっという間に過ぎた.
**b**《略式》〈季節などが〉巡る ‖
Summer has **rolled** around again. また夏が巡って来た.
**5 a** 横揺れする, 揺れる(↔ pitch) ‖
The ship **rolled** heavily in the storm. 船はあらしの中で激しく揺れた.
**b** からだを揺って歩く, 千鳥足で歩く.
**6** ゴロゴロ鳴る, とどろく ‖
The thunder **rolled** last night. 雷が昨夜鳴り響いた.
**7**〈波などが〉うねる;〈海などが〉波立つ《◆ふつう進行形にしない》‖
The waves **rolled** (in) to the sands. 波が砂浜に打ち寄せていた.
── 他 **1 a** …を**転がす** ‖
**roll** a ball down the road 道にボールを転がす.
He is **rolling** the bicycle along the street. 彼は通りを自転車で走っている.
**b** …を足車[ころ]で運ぶ ‖
**roll** a piano to the stage ピアノを足車に転がして舞台に運ぶ.
**2 a** …を(円筒形・球形に)巻く ‖
**roll** a carpet じゅうたんを丸める.
Mother **rolled** the yarn (up) into a ball. 母は糸を巻いて玉にした.
**b** …をくるむ, 包む ‖
**roll** a child in a blanket 子供を毛布にくるむ.
**3** …を**ローラーでならす**;…を伸ばす ‖
**roll** a lawn 芝生をならす.
**roll** the dough for biscuits 練り粉を伸ばしてビスケットを作る.
**roll** a court flat コートをならして平らにする.
**4**〈目〉を白黒させる ‖
She **rolled** her eyes at [on] him. 《略式》彼女は彼に色目をつかった.
**5**〈波などが〉をうねらせる;〈煙など〉を押し出す.
**6**〈船〉を横揺れさせる, 揺する.
*róll báck* [他] (1)〈広げた物〉を巻き戻す, 巻いて片付ける. (2)〈敵など〉を後退させる.
*róll ín* [自] (1) 殺到する, たくさん来る;→ 自**7**. (2)《~ *in* **A**》《略式》《be ~ing》〈金など〉をうなるほど持っている;〈ぜいたくに〉暮らす.
*róll ón* (1)[自] → 自 **4 a**;《英式》《命令文で》R~ on ...! …よく来い ‖ **Roll** on Sunday! 日曜日よく来い《◆主語は on の後におく》. (2)[他]〈靴下など〉を伸ばしながらはく.

*róll úp* (1)[自] 丸くなる;《略式》来る ‖ Roll up, roll up! 《見世物の呼び込み》いらっしゃい! (2)[他] …を巻き上げる, 巻く(cf. 他 **2 a**) ‖ **roll** up a map 地図を巻く. (3) …をくるむ, 包む.
── 名 (複 ~s/-z/) C **1**(円筒形・輪状に)巻いた物, 1本《◆しばしば数を表す単位》‖
a **roll** of film 1本のフィルム.
a **roll** of wallpaper 1巻きの壁紙.
**2**[しばしば R~] 名簿;出席簿;目録 ‖
call the **roll** 出席をとる.
an electoral **roll** 選挙人名簿.
His name is on the **roll** of honor. 彼の名前は戦死者[合格者]名簿に載っている.
**3** [a ~ / the ~ of ...]《雷などの》**とどろき**;《太鼓の》連打音 ‖
a **roll** of thunder 雷のとどろき.
**4 a** Ⓤ (船の)**横揺れ**(↔ pitch) ‖
The ship's **roll** made us all (feel) sick. 船が揺れて我々は皆船酔いした.
**b**(からだの)揺さぶり.
**c**(飛行機の)横転.
**5** 巻いて作った物;ロールパン(→ bread 関連)《◆ *roll bread* とはいわない》, ロールケーキ, 巻き肉.
**6** [通例 a ~ / the ~](球などの)転がり, 回転.
**róll cáll** 出席調べ, 点呼 ‖ have a **roll** call 出席をとる.
**roll·er** /róulər ゥロウラ/ 名 C **1** 転がす人, 転がる人. **2** ローラー《地ならし・ペンキ塗りなどに用いる円筒状の物》;《運搬用》ころ;足車, キャスター. **3**(地図などの)軸, 巻き軸. **4** ヘアカーラー. **5** 大波, 大うねり.
**róller còaster**(遊園地などの)ジェットコースター(《英》switchback)《◆ *jet coaster* とはいわない》.
**róller skàting** ローラースケート(遊び).
**róller tòwel** ローラータオル《両端を縫い合わせローラーに巻いた環状タオル》.
**roll·er-skate** /róulərskèit ゥロウラスケイト/ 動 (現分) ‑skat·ing 自 ローラースケートをする.
**roll·ing** /róuliŋ ゥロウリング/ 動 → roll.
── 名 Ⓤ **1**(球などの)転がり, 回転. **2** ゆるやかな起伏. **3**(波などの)うねり. **4**(船の)横揺れ(↔ pitching);(からだの)揺さぶり. **5**(雷などの)とどろき.
── 形 **1** 転がる, 回転する.
**2** ゆるやかに起伏する ‖
**rolling** hills 起伏する丘陵.
**3**〈波などが〉うねっている. **4**〈船が〉横揺れする;〈人が〉からだを揺する, よろめく. **5**〈雷などが〉とどろく.
**rólling pin** めん棒, のし棒.
**rólling stóne** 転々と職[住所]を変える人 ‖ A **rolling** stone gathers no moss. 《ことわざ》→ gather 他 **1** 用例.
**Rolls-Royce** /róulzrɔ́is ゥロウルズロイス/ 名 C《商標》ロールズ=ロイス《英国製高級自動車》.
**ro·ly-po·ly** /róulipóuli ゥロウリポウリ/ 名 (複 ‑po·lies/-z/) C = roly-poly pudding.
**ròly-póly púdding**《主英》《ジャム入りの》渦巻きプディング(roly-poly).
**ROM** /rám ゥラム | róm ゥロム/《read-only mem-

ory》图C[コンピュータ]ロム,読み出し専用メモリー.

**\*Ro·man** /róumən ʊロウマン/ 〖→ Rome〗
— 形 **1a** 古代ローマ(人)の ‖
She is studying **Roman** history. 彼女は古代ローマ史を研究しています.
**b** (現代)ローマ(市民)の.
**2** 〈性格などが〉古代ローマ人ふうの ‖
**Roman** honesty 古代ローマ人的な正直さ.
**3** 〈建築物が〉古代ローマ様式の. **4** カトリック教(会)の. **5** [通例 r~] [印刷]ローマン体の(cf. italic, Gothic).
— 名 (複 ~s/-z/) **1** C **a** (古代)ローマ人 ‖
The **Romans** put three letters in the Greek alphabet. ローマ人はギリシア語のアルファベットに3文字加えた.
**b** (現代)ローマ市民.
**2** C =Roman Catholic (2).
**3** [通例 r~] U ローマン体(活字).

**Róman Cátholic** (1) (ローマ)カトリック教会の. (2) (ローマ)カトリック教徒 《◆単に Catholic ともいう》.

**Róman Cátholic Chúrch** [the ~] (ローマ)カトリック教会.

**Róman Émpire** [the ~] ローマ帝国 《紀元前27年 Augustus により成立. 395年に東西に分裂》.

**Róman hóliday** 他人を苦しめ得る娯楽《◆古代ローマで奴隷を戦わせて楽しんだことに由来》.

**Róman létter** [**týpe**] [通例 r~] ローマン体(活字).

**Róman nóse** 段鼻, わし鼻.

**Róman númerals** ローマ数字《1から10はI, II, III, IV, V, VI, VII, VIII, IX, X. 50 =L, 100 =C, 500 =D, 1000 =M. 例: 1789 =MDCCLXXXIX. cf. Arabic numerals》.

**ro·mance** /roumǽns ʊロウマンス, (米+) ニーrəumǽns ロウマンス/ 图 **1** C (略式)(特に情熱的だが長続きしない)恋愛, ロマンス; 情事; 小説的な事実[できごと] ‖
My **romance** with Bill didn't last. ビルとの恋愛は続かなかった.
**2** [しばしば R~] C (文)(中世)騎士物語《◆ふつう韻文による》‖
the **romance** of King Arthur アーサー王物語.
**3 a** C (現実離れした)空想小説, 冒険小説; 恋愛小説(→ novel) ‖
He likes **romances**. 彼は空想小説が好きだ.
**b** U (文学の一部門としての)ロマンス.
**4 a** U ロマンチックな雰囲気[気分] ‖
The room had an air of **romance**. その部屋はロマンチックな雰囲気につつまれていた.
**b** U 冒険心.
**5** C 作り事, 誇張した話.
**6** [R~] U C =Romance languages.

**Románce lánguages** [the ~] ロマンス語, ロマンス系諸言語(Romance) 《ラテン語から分化したフランス語・イタリア語・スペイン語など》.

**Ro·man·esque** /ròumənésk ロウマネスク/ 图 U [建築・美術]ロマネスク様式.

**Ro·ma·ni·a** /ru(ː)méiniə ルー(-)メイニア/, **Ru·-** 名 ルーマニア《ヨーロッパ南東部の共和国. 首都 Bucharest》.

**Ro·ma·ni·an** /ru(ː)méiniən ルー(-)メイニアン/ 形 ルーマニア(人, 語)の. —名 C ルーマニア人; U ルーマニア語.

**\*ro·man·tic** /roumǽntik ロウマンティク | rəumǽntik ロウマンティク/ 〖→ romance〗
— 形 **1** [通例名詞の前で] 空想小説的な, ロマンチックな(↔ unromantic) ‖
a **romantic** tale ロマンチックな話.
[対話] "How about if we order a pizza and stay home?" "That's not very **romantic**, is it?" 「ピザを注文して家にいることにしてはどう」「それではあまりロマンチックじゃないんじゃない」.
**2 a** [俗用的に] 非現実的な, 実行しがたい ‖
**romantic** notions 非現実的な考え.
**b** 空想にふける ‖
a **romantic** girl 夢見る少女.
**3** 恋愛に関する ‖
a **romantic** relationship 恋愛関係; 情事.
**4** [しばしば R~] [芸術]ロマン派の, 浪漫主義の.
— 名 C 空想家; ロマンチスト.
[対話] "I cried through the whole movie." "You're a real **romantic**." 「映画の間ずっと, 泣いていたわ」「君は本当にロマンチストなんだね」.

**Romántic Móvement** [the ~] ロマン主義運動.

**ro·man·ti·cal·ly** /roumǽntikəli ロウマンティカリ | rəu- ロウ-/ 副 空想的に, ロマンチックに; ロマン派ふうに.

**ro·man·ti·cism** /roumǽntəsìzm ロウマンティスィズム | rəu- ロウ-/ 名 U [しばしば R~] ロマン主義, ロマンチシズム《18世紀末-19世紀初に西欧で起こった, 感情の解放を主張する芸術・思想上の主義. cf. classicism, realism》.

**ro·man·ti·cize** /roumǽntəsàiz ロウマンティサイズ | rəu- ロウ-/ 動 (現分) -ciz·ing) (正式) 他 自 (…を)ロマンチックに話す[考える, する].

**\*Rome** /róum ロウム/ 〖同音〗roam)
㋫ Roman (形·名)
— 名 **1** ローマ《イタリアの首都. 古代ローマ帝国の首都》‖
All roads lead to **Rome**. (ことわざ)「すべての道はローマに通ず」.
**Rome** was not built in a day. (ことわざ)「ローマは1日にして成らず」《◆しばしば仕事の遅れたことの言いわけに用いられる》.
When in **Rome**, do as the Romans do. (ことわざ) ローマではローマ人のするようにせよ;「郷に入っては郷に従え」.
**2** 古代ローマ帝国.

**Ro·me·o** /róumiòu ロウミオウ/ 名 ロミオ《Shakespeare 作 *Romeo and Juliet* の主人公》.

**romp** /rámp ランプ | rámp ロンプ/ 〖類音〗rump /rámp/) 動 自 **1** 遊び騒ぐ, 走り回る. **2** (略式) 楽々と[すばやく, 元気よく]進む.
— 名 C 騒々しい[元気な]遊び.

**Rom·u·lus** /rάmjələs ㇿミュラス | rɔ́m- ㇿミュ-/ 图 〖ローマ伝説〗ロムルス《ローマの建設者. 双子の兄弟 Remus と共にオオカミに育てられたとされる》.

**Ron** /rάn ㇻン | rɔ́n ㇿン/ 图 ロン《Ronald の愛称》.

**Ron·ald** /rάnəld ㇻナルド | rɔ́n- ㇿナルド/ 图 ロナルド《男の名. 愛称 Ron》.

**ron·do** /rάndou ㇻンドウ | rɔ́n- ㇿン-/ 图 ⓒ〖音楽〗ロンド(形式).

***roof** /rúːf ㇽーフ/ 〖「船小屋の覆い」が原義〗
——图 (複 ~s/-s/) **1** ⓐ 屋根 ; (ビルの)屋上 ; [比喩的に] 屋根, 家, 家庭 ‖
a slate **roof** スレート屋根.
a thatched **roof** わらぶき屋根.
live under the same **roof** (as him) (彼と)同じ家[屋根の下]に住む.
I can see a cat on the **roof**. 屋根の上に猫がいるのが見える.
**ⓑ** (ほら穴などの)天井 ‖
the **roof** of a cave 洞窟の天井.
**2** ⓒ (形・機能が)屋根のようなもの ‖
the **roof** of a car 車の屋根.
the **roof** of the mouth 口蓋, 上あご.
**3** [the ~] 最高部, 頂, てっぺん ‖
the **roof** of the world 世界の屋根《ヒマラヤ山脈など》.
the **roof** of heaven 青天井, 天空.
*hít [gó through] the róof* (略式) (1) 頭にくる, ひどく腹を立てる. (2) 〈物価などが〉最高限度まで上がる[を越える].
*ráise [líft] the róof* (略式) (1) (屋根が飛ぶほど)大騒ぎする, どっとわき立つ. (2) 激怒する ; 大声で不平を言う.
——動 他 …の屋根をふく ; …に屋根をつける ‖
a house **roofed** over with slates スレートぶきの家.

**roof·ing** /rúːfiŋ ㇽーフィング/ 動 → roof.
——图 Ⓤ 屋根ふき材料 ; 屋根ふき(工事).

**roof·top** /rúːftɑ̀p ㇽーフタプ | -tɔ̀p -トプ/ 图 ⓒ 屋根 ; 屋上.

**rook·ie** /rúki ㇽキ/ 图 ⓒ (略式) **1** 新入り, 新米 ; (米) 新兵. **2** (米) 〖野球〗新人選手, ルーキー《◆ rookey, rooky ともつづる》.

‡**room** /rúːm ㇽーム/ 〖類音〗/oom/lúːm/〗 〖「空間」が原義〗 派 roomy (形)
→ 图 **1** 部屋 **4** 空間 **5** 余地

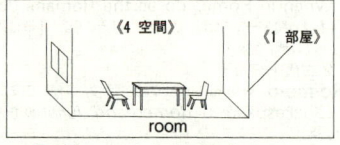

《4 空間》　　　《1 部屋》

——图 (複 ~s/-z/) **1** ⓒ 部屋, 室 ‖
The house has four **rooms**. その家は4つの部屋がある.
[対話] "I'd like to reserve a **room** for this Friday." "I'm sorry—we're fully booked." 「この金曜日に部屋を1つ予約したいのですが」「申し訳ありません. 満室です」.
**2** [~s; 複数扱い] (ひとそろいの)貸室, (教室からなる)下宿《◆ (米) apartment, (英) flat と違って炊事設備がないこともある》‖
(米) **Rooms** for Rént. =(英) **Rooms** to Lét. (広告・掲示)貸室あり.
**3** [the ~; 集合名詞] 部屋にいる人々, 集合した人々 ‖
The whole **room** enjoyed her speech. 部屋中の人が彼女の話を楽しく聞いた.
**4** Ⓤ 空間, 場所 ‖
This desk takes (up) a lot of **room**[ˣmany **rooms**]. この机はたいへん場所をとる.
There is **room** for some more people in the boat. 船にあと数人乗れる.
[ⓒ と Ⓤ]
部屋 ⓒ
空間, 余地 Ⓤ
**5** Ⓤ 余地 ; 機会, 可能性 ‖
There is **room** for correction in her report. 彼女の報告書は訂正の余地がある.
His guilt leaves no **room** for doubt. = There is no **room** for doubt about his guilt. 彼の有罪は疑いの余地がない.
°*máke róom for A* …のための場所をあける ‖
We should make **room** for each other in the bus. バスでは互いに席を詰め合うべきです.

**róom clèrk** 客室係《ホテルで客の受付・部屋割りなどをする》.

**róoming hòuse** (米) (食事なしの)下宿屋.

**róom sèrvice** (1) (ホテルの)ルームサービス. (2) [the ~; 集合名詞的に] ルームサービス係.

**-roomed** /-rúːmd -ㇽームド/ 連形 …の部屋がある. 例: a five-roomed house 5室ある家.

**room·ful** /rúːmful ㇽームフル/ 图 ⓒ 部屋いっぱい.

**room·mate** /rúːmmèit ㇽームメイト/ 图 ⓒ (寮などの)同室者, ルームメイト ; [遠回しに] (結婚しないで)同棲する人.

**room·y** /rúːmi ㇽーミ/ 形 (比較) -i·er, (最上) -i·est) (略式) 広々とした ; ゆったりした.

**Roo·se·velt** /róuzəvèlt ㇿウゼヴェルト, (英+) rúːzvelt/ 图 **1** ローズベルト 《Franklin Delano /délənou/ ~ 1882-1945 ; 米国第32代大統領 (1933-45). ニューディール政策(the New Deal)を遂行》. **2** ローズベルト 《Theodore ~ 1858-1919 ; 米国第26代大統領(1901-09). 日露戦争を調停》.

**roost** /rúːst ㇽースト/ 〖類音〗roast/róust/》图 ⓒ
**1** (鳥の)とまり木.
**2** (人の)休息所, 寝所 ; 宿 ‖
go to **roost** ねぐらに帰る ; (略式) 〈人が〉寝る《慣用的に無冠詞》.
*at róost* ねぐらについて ; 眠って, 休息して.
*còme hóme to róost* (いやなことが)自分にはね返ってくる ‖ Curses come home to roost. (ことわざ)呪いは(呪う人の)ねぐらに帰る ; 「人を呪わば穴二つ」.
——動 自 **1** 〈鳥が〉とまり木にとまる, ねぐらにつく.

2 〈人が〉泊る.
**roost・er** /rúːstər ルースタ/ 名C (米) 雄鶏(おんどり) 《◆ cock はペニスの意を連想させるのでこの語で代用することが多い》.

**\*root**[1] /rúːt ルート/ [「(植物の)根」→「根本」] (同音) route)
——名 (複 ~s/rúːts/) C **1** (しばしば ~s) 根, 地下茎 (比較) 日本語の「根」だけでなく「球根」まで含むことに注意) ‖
put down roots 根付く; (人がある場所に)腰を落ち着ける.
**2** 根付き植物《移植用》; [~s] =roots crops [vegetables].
**3** (髪・舌・歯・指などの)付け根, 根元; [~s] (山の)ふもと ‖
the root of the hair 髪の付け根.
the roots of the mountain 山のふもと.
**4** (正式) [通例 the ~] **根本**, 根底, 根源 ‖
get at [to] the root of the matter その事の根本原因を究明する, 真相をつかむ.
The love of money is the root of all evil. 〖聖〗金銭欲が諸悪の根源である.
**5 a** [~s] (自分や先祖が生まれ育った土地との)結びつき, 所属感, 心のふるさと. **b** 始祖, 祖先, ルーツ.
**6** 〖数学〗根(こん), ルート(記号√)‖
3 is the square root of 9. 3は9の平方根である.
3 is the cube [third] root of 27. 3は27の立方根である.

**by the róot(s)** 根こそぎ.
**tàke róot** 根付く; 定着する, 根をおろす.
——動 (三単現 ~s /rúːts/; 過去・過分 ~ed /-id/; 現分 ~ing)
——他 **1** 〈植物を〉**根付かせる**, 植え付ける ‖
root the plant cuttings in damp sand 湿った土にさし木する.
**2** (根がはえたように)…を動けなくする, くぎ付けにする ‖
Terror rooted her to the spot. =She was rooted to the spot by terror. 恐怖で彼女はその場に金縛りになった.
**3** (正式)〈信念などを〉**しっかりと定着させる**, 根付かせる ‖
root a principle in the mind 心に信念を持たせる.
**4** …を**根絶する**, 根こそぎにする, 一掃する ‖
root out members of the opposition 反対を唱えるメンバーを1人残らず排除する.
——自 **1** 根付く ‖
Some cuttings root easily. ある種のさし木はすぐ付く.
**2** 定着する.

**róots cróps** [**vègetables**] 根菜類(root)《carrot, turnip など》.

**root**[2] /rúːt ルート/ ――動自 **1** 〈ブタなどが〉鼻で地面を掘る, 掘って捜す. **2** (略) ひっかき回す.
――他 **1** …を掘り返してえさを捜す ‖
root up the ground 地面を掘り返す.
**2** (略) …を捜し出す.

**\*rope** /róup ロウプ/
——名 (複 ~s/-s/) **1** C **ロープ**, 綱, なわ; C (1本の)ロープ《◆ thread, string, cord, rope, cable の順に太くなる》‖
a wire rope ワイヤロープ.
a piece of rope 1本のロープ.
jump rope (米) なわ跳びをする.
**2** C (米) (カウボーイの)投げなわ.
**3** [the ~] 絞首索, 首つりなわ; 絞首刑.
**4** [the ~] (ボクシングのリングなどの)ロープ.
**5** C 1つなぎ, 1さげ ‖
a rope of pearls 1つなぎの真珠.

**on the rópes** (1) [ボクシング] ロープに追いつめられて. (2) (略) 窮地に陥って.
——動 (現分 rop・ing) 他 **1a** …をロープで縛る, なわでくくる; …を縛りつける ‖
rope a load 荷物になわをかける.
rope him to a tree 彼を木にくくりつける.
**b** 〈登山者を〉ザイルでつなぎ合わせる.
**2** …をロープで囲う, なわで仕切る ‖
rope off the field to keep children out 子供が入らないように畑にロープを張る.

**rópe làdder** なわばしご.

**rope・way** /róupwèi ロウプウェイ/ 名C (主に貨物を運ぶ)空中索道, ロープウェイ.

**Roque・fort** /róukfərt ロウクファート | rɔ́kfɔː ロクフォー/ 名U (商標) ロクフォールチーズ《羊の乳から作るフランス産チーズ》.

**Rór・schach tèst** /rɔ́ːrʃɑːk- ローシャーク-/ 〖スイスの心理学者の名から〗〖心理〗ロールシャッハテスト《インクのしみなど抽象的な図形の解釈による性格診断》.

**Ro・sa** /róuzə ロウザ/ 名 **1** ローザ《女の名》. **2** Monte /mánti | mɔ́n-/ ~ モンテローザ《イタリア・スイス国境の高山》.

**ro・sar・y** /róuzəri ロウザリ/ 名 (複 -sar・ies/-z/) C **1** ロザリオ《カトリック教徒が祈りの際用いるじゅず》(他宗教のじゅず). **2** [the ~; しばしば R~] ロザリオの祈り; ロザリオの祈りを収めた祈禱(きとう)書.

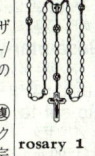

rosary 1

**\*rose**[1] /róuz ロウズ/ 派 rosy (形)
——名 (複 ros・es/-iz/) **1** C **バラ(の花)**, ローズ; = rose tree ‖
(as) fresh as a rose (略) 元気ではつらつとした.
sweet as a rose バラのようにかぐわしい.
No rose without a thorn. =Every rose has its thorn. (ことわざ) バラには必ずとげがある; どんな幸福にも不幸が伴う.
A rose by any other name would smell as sweet. 〖Shak.〗バラはどんな名で呼んでもかぐわしい; どんな名称で言い繕(つくろ)っても実体は変わらない.

文化 (1) 最も美しい花とされ, 人生の幸福・安楽などにたとえられる. 日本の桜と同様, 英米ではバラが代表的な花と考えてよい.

(2) 文学では「乙女・愛・秘密」の象徴とされる.「白いバラ」は純粋・処女性など,「赤いバラ」は熱情・殉死・母性など,「青いバラ」は不可能の象徴.
(3) 恋占いでは red *rose* は恋がかない, white *rose* は失恋に終わるという.
(4) イングランドの国花. また, 1986 年米国の国花に制定された. New York, Iowa, North Dakota 州の州花(→ cherry Q&A).

**2** [the ～ of **A**] …のバラ《◆ 次の句で》
the rose of Jericho アンザンジュ.
the rose of May 白スイセン.
**3** Ⓤ バラの色香; バラの香水; ばら色, 淡紅色; [形容詞的に] バラの花の.
**4** [～s] (乙女の) ピンクの顔色 ‖
roses in her cheeks 彼女のほおのばら色.
**5** [the ～ of **A**] (…の) 花形(の女性), 名花 ‖
the rose of the party 一座の花.
*a béd of róses* 安楽な生活, 安楽な身分.
*the Wárs of the Róses* 〖英史〗ばら戦争《1455-85; Lancaster 家(赤バラ)と York 家(白バラ)との王位継承争い》.
*únder the róse* 〖正式〗こっそり, 内密に.
**Róse Bòwl** 〖アメフト〗ローズボウル《毎年元日に行なわれる招待大学チームによるアメリカンフットボールの試合. 最古の歴史を持つ》.
**róse tree** バラの木(rose)《香水・料理・医薬用》.
**róse window** ばら窓《教会の正面の丸窓》.

**\*rose**[2] /róuz ゥロウズ/ 〖動〗→ rise.

**ro·sé** /rouzéi ゥロウゼイ/ 〖フランス〗Ⓝ ⓊⒸ ロゼ《薄いピンク色のワイン》.

**Rose·mar·y** /róuzmèri ゥロウズメリ/ /róuzməri ゥロウズマリ/ Ⓝ ローズマリー《女の名》.

**Ro·sét·ta stòne** /rouzétə- ゥロウゼタ-/ [the ～] ロゼッタ石《1799 年ナイル河口のロゼッタで発見された石碑. 古代エジプト象形文字の解読のかぎとなった》.

**ro·sette** /rouzét ゥロウゼット | rəu- ゥロウ-/ Ⓝ Ⓒ **1** (リボンなどの) ばら飾り[結び]; バラに似た物. **2** 〖建築〗ばら形装飾, 円花飾り; ばら窓.

**ros·trum** /rástrəm ゥラストラム | rɔ́s- ゥロス-/ Ⓝ (～s, --tra/-trə/) Ⓒ 演壇, 説教壇; (オーケストラの) 指揮台.

**ros·y** /róuzi ゥロウズィ/ (比較 --i·er, 最上 --i·est) 形 **1** バラのような, ばら色の; 〈顔色などか〉赤い, ピンク色の ‖
rosy lips and cheeks 赤い唇とほお.
**2** [比喩的に] ばら色の, 楽観的な ‖
a rosy future 明るい将来.
take a rosy view 楽観的に考える.

**rot** /rát ゥラット | rɔ́t ゥロット/ 動 (過去・過分 rot·ted /-id/; 現分 rot·ting) 自 **1** 〈植物などが〉腐る; 腐敗する《◆ decay の方が固い語》, 朽ちる; 腐って落ちる[離れる]. **2 a** (道徳的に) 腐敗する, 衰退する; (機能的に) 低下する, 衰える. **b** 衰弱する.
—他 …を腐らせる, 衰えさせる.
—名 Ⓤ **1** 腐敗(状態, 作用); 腐敗物; 腐敗, 堕落, 衰退 ‖
(The) rot has started in the floor. 床が腐り始めた.
**2** 〖植〗腐敗病.
—間 くだらない!, 愚にもつかない!

**ro·ta·ry** /róutəri ゥロウタリ/ 形 〖正式〗**1** 回転する, 旋回する ‖
a **rotary** movement =**rotary** motion 回転運動.
a **rotary** blade 回転刃.
**2** 回転式の.
—名 (複 ·ta·ries/-z/) Ⓒ **1** 〖米〗ロータリー, 環状交差点 (〖英〗roundabout). **2** ロータリーエンジン (rotary engine).
**Rótary Club** [the ～] ロータリークラブ《1905 年 Chicago の Paul Harris が創設した社会奉仕と国際親善を目的とする団体》.
**rótary èngine** =rotary motion (rotary 形 **1** 用例).
**rótary mòtion** =rotary movement (rotary 形 **1** 用例).

**ro·tate** /róuteit ゥロウテイト/ -/-/ 動 (現分 --tat·ing) 自 **1** 回転する; 回る. **2** 巡る, 循環する; 巡回する, 交替[順番]する. —他 **1** …を回転させる. **2** …を輪作する. **3** 〈人〉を交替させる.

**ro·ta·tion** /routéi∫ən ゥロウテイション/ Ⓝ **1** Ⓤ 回転(運動); 旋回; 〖天文〗自転.
**2** Ⓒ (1 回の) 回転.
**3** ⓊⒸ (季節などの) 循環; (3 者以上の) 交替; 輪番, 順番 ‖
the rotation of the four seasons 四季の循環.
**4** ⓊⒸ 〖農業〗輪作.
*in rotátion* 交替で, 輪番で ‖ The chair is to be taken in rotation. 議長は交替でつとめることになっている.

**rote** /róut ゥロウト/ Ⓝ Ⓤ 機械的手順 ‖
learn by **rote** まる暗記する.
**róte lèarning** 丸暗記.

**ro·tor** /róutər ゥロウタァ/ Ⓝ Ⓒ **1** 〖機械〗ローター, 回転子《モーター・発電機などの回転部》. **2** 〖航空〗(ヘリコプターなどの) 水平回転翼, ローター.

**rot·ten** /rátn ゥラトン | rɔ́tn ゥロトン/ 形 (比較 ～·er, 最上 ～·est) **1 a** 腐った, 腐敗した ‖
**rotten** meat 腐った肉.
Eggs go **rotten** quickly in summer. 夏は卵がすぐに腐る.
**b** 腐って悪臭を放つ, 臭い.
**2** 朽ちた, 腐敗した.
**3** もろい, 壊れやすい.
**4** (道徳的に) 腐敗した, 堕落した ‖
**rotten** to the core 腐敗しきった.
**5** 〖略式〗態度の悪い, 失礼な.
**6** 〖略式〗不快な ‖

rotten weather 悪い天気.
feel rotten 気分が悪い, (気持ちが) くさくさする.

**ro·tund** /routʌ́nd ゥロウタンド | rəu- ゥロウ-/ 形《正式》 **1** 丸い, 円形の; [遠回しに] 丸々と太った. **2** 〈声が〉朗々とした. **3** 〈演説・文体などが〉華麗な, 美辞をろうした.

**ro·tun·da** /routʌ́ndə ゥロウタンダ | rəu- ゥロウ-/ 名 ⓒ 【建築】 **1** ロタンダ 《ドームのある円形の建物》. **2** 円形大広間《ホテルのロビーなど》.

**rouge** /rúːʒ ゥルージュ/ 名 Ⓤ **1** ルージュ, ほお紅; 口紅 ‖
use lip rouge 口紅をぬる.
**2** ベンガラ《宝石・金属・ガラスなどの研磨剤》.
── 動 (現分) rouging) 他 …に紅をぬる.

rotunda 1

*__rough__ /rʌ́f ゥラフ/ (同音) ruff) [「滑らかさ・きめこまかさ・穏当などを欠いた」が本義]
㊗ roughly (副)
→ 形 **1a** ざらざらした **2** 乱暴な **3a** 粗野な **4** 大ざっぱな
──形 (比較 ~-er, 最上 ~-est) **1a** ざらざらした, きめのあらい (↔ smooth) ‖
rough skin きめのあらい皮膚.
That board is rough to the touch. ＝That board feels rough. その板は手ざわりがあらい.
対話 "Is it smooth enough yet?" "Not yet. It still feels a little rough." 「もう十分すべすべになりましたか」「じゃないみたい. まだ少しざらざらしている」.
**b** でこぼこの, 起伏の多い.
**c** 毛むくじゃらの, 毛がもじゃもじゃの.
**2a** 乱暴な, 粗暴な, がさつな; 無骨な ‖
a rough child 乱暴な子供.
Football players are expected to be rough. フットボールの選手は荒っぽくないといけない《◆ この例のように良い意味で用いることもある》.
**b** 〈スポーツなどが〉荒々しい, 激しい.
**c** 手荒い; 扱いが乱暴な ‖
rough handling 乱暴な取り扱い.
**d** 〈仕事などが〉つらい.
**3a** 粗野な, 不作法な, 下品な 《◆ rude と違って悪意はないが作法に無知なための場合もある》 ‖
rough manners 不作法.
have a rough tongue 乱暴な言葉づかいをする.
**b** 素朴な ‖
rough kindness 飾らぬ親切.
**4** [通例名詞の前で] 大ざっぱな, おおよその, 概略の ‖
a rough drawing 略画.
a rough estimate 概算.
a rough draft 草稿, 下書き.
**5** 荒れる; 荒天の ‖
rough seas 荒れ狂う海.
rough weather 荒天.

**6** 《略式》つらい, 苦しい; 不快な ‖
have a rough time ひどい目にあう.
**7** 〈音などが〉耳ざわりな.
**be róugh on** **A** 《主に英略式》 **A**〈人〉にとってつらい [不運である] ‖ You're being too rough on them. きみは彼らに厳しすぎる.
──副 乱暴に《◆ roughly よりも口語的》 ‖
talk rough 乱暴な口をきく.
──名 **1** 《略式》 **a** Ⓤ でこぼこのある土地; 荒地. **b** [ゴルフ] [しばしば the ~] ラフ《フェアウェーよりも芝や雑草を長くのばしてあるところ》. **2** ⓒ 《略式》乱暴者, ごろつき. **3** ⓒ 下書き; 大ざっぱな絵.
**in róugh** ざっと, 概略的に.
**in the róugh** (1) 未完成のままの[で], 未加工のままの[で]. (2) ＝in ROUGH.
──動 他 **1a** …をざらざら[でこぼこ]にする. **b** 〈髪など〉をかき乱す. **2** [スポーツ] …に反則の妨害をする.
**rógh ín** [他] …を大まかに描く.
**rógh óut** [他] …のだいたいの計画をたてる.
**rógh úp** 《略式》 [他] …に暴力をふるう, …を(おどすために)こづく.
**róugh lúck** 《英略式》不運.

**rough·age** /rʌ́fɪdʒ ゥラフィヂ/ 名 Ⓤ 《正式》 (ふすまなどの) 粗い食料[飼料]; (果物の皮などの) 繊維食料[飼料] 《腸の蠕動(ぜん)を促進する》.

**rough·en** /rʌ́fn ゥラフン/ 動 他 …をざらざらにする.
── 自 ざらざらになる.

*__rough·ly__ /rʌ́fli ゥラフリ/ [→ rough]
──副 (比較 more ~, 最上 most ~) **1** 乱暴に, 手荒に ‖
Don't treat the baby so roughly. 赤ん坊を手荒に扱わないで.
**2** 粗雑に, 粗削りに ‖
a roughly made bookcase 粗雑なつくりの本箱.
**3** 《略式》おおよそ, 概略で ‖
roughly speaking 大ざっぱに言えば.
roughly 5 dollars 約5ドル.

**rough·neck** /rʌ́fnèk ゥラフネク/ 名 ⓒ 《米略式》乱暴者.

**rough·ness** /rʌ́fnəs ゥラフネス/ 名 **1** Ⓤ 粗いこと, でこぼこ; ⓒ ざらざら[でこぼこ]しているところ. **2** Ⓤ 乱暴; 不作法. **3** Ⓤ 《天候・海などの》荒れ.

**rou·lette** /ruːlét ゥルーレト/ 名 **1** Ⓤ ルーレット 《賭博(とばく) ゲーム》. **2** ⓒ 【機械】ルーレット《ミシン目をつける歯車のついた器具》.

**__round__ /ráund ゥラウンド/
→ 形 **1** 丸い
名 **1** 円 **2** 回転 **3** 巡回
副 **1** ひとまわりして **2** 周りに **3** あちこちに
前 **1** …をひとまわりして **2** …の周りに
**4** …のあちこちに **5** …の中をぐるりと
動 他 **1** 丸くする
──形 (比較 ~-er, 最上 ~-est) **1** 丸い, 円形の 《◆球状の, 円筒状の, 半円形の, なども含む》 ‖
a round plate 丸い皿.

a round tower 円筒状の塔.
a round arch 半円アーチ.
Wheels are round. 車輪は丸い.
**2** 角(なり)のない, 丸くなった; 〈背などが〉湾曲(なきょく)した; 〈人・顔などが〉丸々と太った ‖
round cheeks ふっくらとしたほお.
round shoulders 猫背.
a round face 丸顔.
**3** 1周の, 順に回る (cf. round trip) ‖
a round dance 円舞.
**4** [名詞の前で]〈数量がちょうどの, 全部の; 端数のない.
a round ton ちょうど1トン.
**5** だいたいの, おおよその ‖
a round estimate 概算の見積もり.
*in round figures* [*numbers*] 概算で, 概数で.
—**名** (複 ~s/ráundz/) ⓒ **1** 丸いもの; 円, 輪, 球[筒]状のもの; 一団(の人々) ‖
draw a round 円を描く.
dance *in a round* 輪になって踊る.
**2** (円形物の) 周囲; 全範囲, 限界; 回転; (同じことの) くり返し, 連続 ‖
a round of talks 一連の会談.
the daily round 日々の決まった仕事 [勤め, できごと].
the earth's yearly round 地球の公転.
the round of the seasons 四季の循環.
**3** [しばしば ~s] 巡回, 巡視; (英) 巡回[配達]区域 ((米) route); 巡路; 1回り, 1周 ‖
a doctor's round 医者の回診.
a round of visits 訪問して回ること, 歴訪.
go for a long round 遠い道を1回りして来る.
make [do, go] one's round(s) 定期巡回する.
on the rounds 巡回中で.
**4** 1試合, 1勝負, (ボクシング・ゴルフなどの) 1ラウンド; (トランプの) 1回り ‖
a match of 15 rounds (ボクシングの) 15回戦.
play a round of golf ゴルフで1ラウンドプレーする.
The challenger was knocked out in the 2nd round. 挑戦者は第2ラウンドでノックアウトされた.
**5** 〈歓声などの〉ひとしきり; 一斉射撃; 〈弾丸の〉1発 ‖
a round of applause 一斉に湧き起こる拍手かっさい.
fire round after round 1発ずつ撃つ.
**6** (酒などの) 全員へのひとわたり(分) ‖
serve a round of drinks 全員に酒をつぐ.
How about another round? お代わりはいかがですか.
**7** (パンの) 丸い1切れ; サンドイッチ.
**8** (牛の) もも肉 (圖 → beef).
**9** = round dance. **10** 〖音楽〗 輪唱.
*gò* [*màke, dò*] *the róund(s)* (1) 〈うわさなどが〉広がる, 伝わる. (2) 次々に回る, 巡回する ‖ *make the rounds of* travel agents 旅行社を次々回る.
*in the róund* (1) 〖正式〗 円形の ‖ a theater in the round 円形劇場. (2) 丸彫りで[の]. (3) 〖正式〗 四方八方から, 全体的に, 詳細に.
—**副** (◆ 副詞・前置詞とも一般に 〖英〗 では round, 〖米〗 では around が好まれるが, 今では 〖英〗 でも around がしばしば用いられる. **1, 2, 3, 4, 5** の用例は → around 副 **1, 2, 3, 4**).
**1** (回りを) ひとまわりして, 巡って; 回転して; 周囲が…で.
**2** 周りに, 周囲に, 四方に, 取り巻いて.
**3** (周囲の一部を) 回って; 回り道をして.
**4** あちこちに[を], ほうぼうに[を]; 近くに.
**5** ぐるりと回って, 反対側に; もとの方向[状態]に.
**6** (期間の) 初めから終わりまで; (みんなに・次々に) 回して, 回り道をして; 行き渡って ‖
all (the) year round 1年じゅう.
pass the letter round 手紙を回し読みする.
We don't have enough plates to go round. みんなに行き渡るだけのお皿がない.
*róund abóut* (1) [形] 近くの, 周囲の. (2) [前] …の近く[周囲]に. (3) 〖略式〗 [副] 約, …ごろ ‖ round about £5 約5ポンド. (4) [副] ぐるりと回って, 反対側に; 輪になって; 回り道をして; 近くに.
—**前** (◆**1, 2, 3, 4, 5, 6** は 副 **1, 2, 3, 4, 5, 6** に, それぞれ対応する. **1, 2, 3, 4** の用例は → around 前 **1, 2, 3, 4**).
**1** …をひとまわりして, 巡って; 〈軸などを〉もと[もと]にして.
**2** …の周り[周囲]に, …を取り巻いて.
**3 a** …を回って; 〈角などを〉曲がった所に.
**b** 〈困難・法律などを〉避けて.
**4** …のあちこちに[を]; …のほうぼうに[を]; …の近くに.
**5** …の中をぐるりと ‖
look round a room 部屋を見回す.
**6** …の間じゅう; (まんべんなく) …に回して ‖
round the year 1年じゅう.
pass the picture round the class クラスの全員にその写真を回す.
**7** 約, およそ, …ぐらい, …ごろ ‖
round (about) noon 正午ごろ.
(at) round nine o'clock 9時ごろに.
somewhere round £1,500 約1500ポンド.
—**動** (三単現 ~s/ráundz/; 過去・過分 ~·ed /-ɪd/; 現分 ~·ing)
—**他 1** …を丸くする, 円形[球形, 円筒形]にする ‖
round the clay into a sphere 粘土を丸めて球にする.
**2** …を丸くふくらませる, 丸々と太らせる ‖
round the lips 唇を丸めて発音する.
**3** 〈角などを〉回る, 曲がる ‖
round the corner 角を曲がる.
—**自 1** 丸くなる, 丸味がつく. **2** 回る, 曲がる; 回転する. **3** 巡回する.
*róund óff* [他] …をうまく終える, 仕上げる, しめくくる ‖ round off one's career by becoming president 大統領になって生涯を飾る.
*róund on* A (不意に向きを変えて) …を攻撃する; 〖正式〗 (突然) …をとがめる; …に食ってかかる.
*róund úp* [他] (1) …をかり集める; …を(寄せ)集める ‖ round up the cattle 牛をかり集める. (2)

〈数〉を切り上げる.

**round dance** 円舞, 輪舞(round).

**round table** (1) 円卓会議; [集合名詞的に]円卓を囲んだ人たち. (2) [the R~ T~] (アーサー王が部下を並ばせた大理石の)円卓; [集合名詞的に]アーサー王とその円卓の騎士たち.

**round trip** 《主に米》往復旅行((主に英) return trip); 《英》一周旅行, 周遊旅行(cf. round-trip).

**róund·ness** 名C 丸いこと, 円形; 完全; 率直.

**round·a·bout** /ráundəbàut ラウンダバウト/ 形 **1** 回り道の, 遠回りの ‖
take a roundabout course 回り道をする.
**2** 婉曲(えんきょく)な; 間接の ‖
in a roundabout way 遠回しに, 間接に.
―― 名 C **1** 回転木馬《米》carousel). **2** 環状交差路, ロータリー《米》rotary)《◆ここに公衆便所・電話ボックスなどがあることもある》.

**round·ly** /ráundli ラウンドリ/ 副 **1** 厳しく, 激しく. **2** 完全に, 徹底的に.

**round-trip** /ráundtríp ラウンドトリプ/ 形 《主に米》往復旅行の; 《英》一周旅行の(cf. round-trip).

**round·up** /ráundʌp ラウンダプ/ 名 C **1** (家畜・物などを)かり集めること, 寄せ集めること. **2** (犯人などの)一斉検挙; …狩り.

**rouse** /ráuz ラウズ/《発音注意》《◆ × ラウス》動 (現分 rous·ing) 他 **1** 《正式》…を目覚めさせる, 起こす ‖
Her shouts roused him from his sleep. 彼女の叫び声で彼は目が覚めた.
**2 a** …を奮起させる, 活動的にする ‖
rouse him to action 彼を奮起させ行動にかり立てる.
**b** …を刺激する ‖
I was roused to anger by her cutting remark. 彼女の辛辣(しんらつ)な言葉に私はかっとなった.
―― 自 奮起する.

**Rous·seau** /ruːsóu ルーソウ/ 名 ルソー《Jean Jacques/ʒɑ́ːk/ ~ 1712–78; スイス生まれのフランスの思想家・作家》.

**rout**¹ /ráut ラウト/ 名 U C 壊滅的敗走; 大敗北, 総崩れ; 退散. ―― 他 《正式》…を徹底的に打ち破る; …を追い散らす.

**rout**² /ráut ラウト/ 他 …を引きずり出す, たたき起こす.

**route** /rúːt ルート, 《米》 ráut/ 《同音 root》名 C **1** 道, 道筋, ルート《◆ふつう出発点から到着点まで》‖
a trade route 通商(航)路.
an overland route 陸路.
an air route 航空路.
en route to ... (→ en route).
take a new route to the top of the mountain 山頂に登る新ルートを行く.

**事情** 米国では国道の route number は奇数が南北, 偶数が東西に走る道を示し, 東と北から順番についている. 例えば, Route 66 (国道66号線)はロサンゼルスとシカゴを結ぶ幹線道路.

**2** [比喩的に] 道, 方法 ‖
the route to victory 勝利への道.
**3** 《米》配達[販売]区域《英》round)‖
a milk route 牛乳配達区域.
a postal route 郵便配達区域.
―― 動 (現分 rout·ing) 他 **1** …の経路を定める, 道筋を整える ‖
Our travel agent routed us through Europe. 旅行代理人にヨーロッパ旅行の経路を決めてもらった.
**2** …を発送する; …を一定のルートで行かせる.

**rout·er** /rúːtər ルーター/ 名 C ルーター《ネットワークで経路の選択・信号のやりとりの制御を行なう機器》.

**rou·tine** /ruːtíːn ルーティーン/《アクセント注意》《◆ × ルーティン》 名 **1** U C **a** 決まってること, 日課 ‖
He has a daily routine of studying English. 彼は英語の勉強を日課にしている.
**b** いつもの手順, 所定の順序 ‖
check a car according to routine いつもの手順で車を検査する.
**2** C (ダンスの)所定のステップ, (演芸で)決まった出し物. **3** C [コンピュータ] ルーチン《プログラムによる一連の作業》.
―― 形 **1 a** いつもの, 日常の ‖
routine work 決まりきった日常の仕事.
**b** 規定どおりの, 型どおりの.
**2** 《米》ありふれた, 普通の.

**rove** /róuv ロウヴ/《類音 robe/roub/》動 (現分 rov·ing) 《文》 **1** うろつく, 歩き回る, 流浪する ‖
rove through the fields 野原を歩き回る.
**2** 〈視線・思考が〉(定まらないで)あちこち動く, さまよう.
―― 他 …をうろつく, 歩きまわる.
―― 名 U [しばしば the ~] うろつくこと, 流浪 ‖
be on the rove うろついている.

**Rov·er** /róuvər ロウヴァ/ 名 ローバー《犬の名》.

**rov·ing** /róuviŋ ロウヴィング/ 動 → rove.
―― 形 《文》 **1** 流浪する(wandering).
**2** 移動する.
**3** 移り気の ‖
have a roving eye 《略式》(異性に)目移りする, 浮気っぽい.

***row**¹ /róu ロウ/ 《同音 roe》《類音 /ow/lóu/》
『「ひも, 細長い切れ」が原義』
―― 名 (複 ~s/-z/) C **1 a** (人や物の, ふつうまっすぐな)列, 並び《◆ふつう縦に並んだ列は line》‖
a row of houses 家並み.
a row of poplar trees ポプラ並木.
**b** (劇場などの)座席の列 ‖
sit in the front row 最前列に座る.
Look at the man six rows in front of us.
私たちの6つ前の列の男を見てごらん.
**c** (表の記載事項などの)横の列(↔ column).
**2** (両側[片側]に家の並んだ)通り, 街路; [R~] 《英》(街路名として)…通り.

◇**in a rów** (1) 1列に ‖ They were standing in a row. 彼らは1列に並んで立っていた. (2) [数詞＋複数名詞の後で] (略式) 連続して ‖ three nights in a row 3夜続けて.
**in róws** いく列にもなして.

\***row**² /róu ゥロウ/ (同音) roe; (類音) /ow/lóu/) 『「オール(oar)」が原義』
── 動 (三単現) ~s/-z/; (過去・過分) ~ed/-d/; (現分) ~・ing
── 自 ボートをこぐ ‖
row across the river 川をこいで渡る.
row to the island こいで島へ行く.
── 他 **1a** 〈ボート〉をこぐ ‖
Can you row a boat? ボートをこげますか(→ oar 名1).
**b** 〈あるピッチ〉で船をこぐ ‖
row a fast stroke 急ピッチでこぐ.
**c** 〈…番の位置〉でこぐ ‖
row No. 5 in the Oxford crew オックスフォード大学クルーで5番をこぐ.
**2** …をこいで運ぶ.
**3** こいで〈レース〉をする ‖
row a race against Cambridge ケンブリッジ大学とボートレースをする.
**4** 〈ボートが〉〈オール〉を備えている ‖
a boat rowing 8 oars 8丁オールのボート.
── 名 (複) ~s/-z/; [C] **1** オールでこぐこと; 舟遊び ‖
go for a row on [*to] the river 川へボートこぎに行く.
**2** (ボートの)こぎ時間, 距離 ‖
It's only a short row to the island. ちょっとこげばもう島だ.

**row**³ /ráu ゥラウ/ (発音注意)(◆×ゥロウ) 名(主に英略式)(◆×ゥロウ) 名(騒々しいけんか; 騒々しい議論(◆quarrel よりも口語的) ‖
have a dreadful row over [about] one's share 分け前をめぐってひどいけんかをする.
**2** [U] [しばしば a ~] 騒動, 騒音(◆noise よりも口語的) ‖
Don't make such a row. そんなに騒ぐな.
**3** [C] 叱責(しっせき)されること ‖
get into [in] a row お目玉をくう.
── 動 (自) (略式) けんかする, 口論する.

**row・boat** /róubòut ゥロウボウト/ 名 [C] こぎ舟((英) rowing boat) ‖
Rowboats for Hire (看板) 貸しボートあります.

**row・di・ness** /ráudinəs ゥラウディネス/ 名 [U] 騒々しさ; 乱暴なふるまい.

**row・dy** /ráudi ゥラウディ/ 形 (比較) ・・di・er, (最上) ・・di・est) (略式) 騒々しい; がさつな, 乱暴な; けんか好きの.

**row・er** /róuər ゥロウア/ 名 [C] こぎ手; ボート選手.

**row・lock** /rálək ゥラロク, rɔ́-│rɔ́lək ゥロロク, róulɔk/ 名 [C] (英) オール受け((米) oarlock).

**Roy** /rɔ́i ゥロイ/ ロイ(男の名).

\***roy・al** /rɔ́iəl ゥロイアル, (米＋) rɔ́:jəl/ (類音) /oyal /lɔ́iəl/) 『「王(king)の」が本義』

── 形 [通例名詞の前で] **1a** 国王の, 国王に関する; 王室の(類 regal) ‖
a royal wedding 王族の結婚式.
**b** 王家の血をひく ‖
the royal family 王家.
**c** 王(室)の所有する; 王に属する ‖
a royal palace 王宮.
**2** [通例 R~] 国王に奉仕する, 英国の; 王立の; 勅許(ちょっきょ)を受けた.
**3** (略式) すばらしい, 超一流の ‖
a royal welcome 王さながらの大歓迎.

**Róyal Acádemy (of Árts)** (英) [the ~] 王立美術院.

**róyal flúsh** (トランプ) ロイヤルフラッシュ(ポーカーで同じ組の ace, king, queen, jack, 10 の5枚続き).

**Róyal Híghness** (敬称) 殿下(◆Your *Royal Highness* で呼びかけにも用いる)(→ Highness) ‖ His [Her] Royal Highness 殿下[妃殿下]((略) HRH).

**róyal jélly** ロイヤルゼリー.

**Róyal Marínes** [the ~] 英国海兵隊.

**róyal róad** 王道, 楽な方法(→ road 4).

**roy・al・ly** /rɔ́iəli ゥロイアリ, (米＋) rɔ́:jəli/ 副 **1** 王として. **2** 堂々と, 王らしく. **3** (略式) すばらしく.

**roy・al・ty** /rɔ́iəlti ゥロイアルティ, (米＋) rɔ́:jəl-/ 名 (複) ・・ties/-z/) **1** [C] **a** (本などの)印税; 著作権使用料 ‖
a royalty of 5 percent on her book 彼女の著書の5%の印税.
**b** 特許権使用料; 鉱山使用料.
**2** [集合名詞] 王家の人, 王族. **3** [U] (正式) 王位; 王権. **4** [C] [通例 royalties] 王の特権.

**rpm, RPM** (略) revolutions per minute 毎分回転数.

**r.s.v.p., RSVP** (略) 『フランス』 *Répondez s'il vous plaît* 折り返し返事されたし(=Please reply.)(→ invite (表現)).

\***rub** /rʌ́b ゥラブ/ (類音) rob/ráb│rɔ́b/, /*ove*/lʌ́v/) 『「こする(scrape)」が本義. → *rubber*』
── 動 (三単現) ~s/-z/; (過去・過分) rubbed/-d/; (現分) rub・bing
── 他 **1** …をこする, 磨く; …でふく ‖
rub one's eyes 目をこする.
rub a spoon スプーンを磨く.
He rubbed the door with a cloth. =He rubbed a cloth against the door. 彼はドアを布でふいた.
**2 a** …をこすりつける ‖
rub one's back against a pillar 背中を柱にこすりつける.
**b** …をこすり合わせる ‖
She rubbed her hands (together). 彼女は手をすり合わせた(◆暖めるため, または満足のしぐさで, 日本語の「もみ手をする」とは異なる).
**3** [rub A C] A〈物・からだ(の一部)〉をこすって[ふいて] C にする ‖
rub one's hair dry 髪をふいて乾かす.

4 〈皮膚〉をすりむく, …をこすってひりひりさせる.
— 自 1 する, こすれる; からだをこすりつける.
The car rubbed against the wall. 車が壁をこすった.
2 こする, 摩擦する.
3 こすれて取れる[落ちる] ‖
The paint will not rub off easily. そのペンキは簡単には取れないだろう.
4 〈皮膚〉がすりむける; 〈布地などが〉すり切れる, すり減る.

*rúb ín* [他] …をすり込む; …を頭にたたき込む.
*rúb A ìnto B* (1) A〈軟膏(ﾅﾝ)・油など〉を B〈皮膚・物の表面〉にすり込む ‖ She rubbed ointment into her arms. 彼女は腕に軟膏をすり込んだ. (2) (略式) A〈教訓など〉を B〈人の〉肝に銘じさせる.
*rúb it ín* (略式) (いやな事を)くり返し言う ‖ They rub it in that I am a big liar. 彼らは私が大うそつきだとしつこく言う.
*rúb óff* (1) [自] → 3; (略式) 〈栄光などが〉薄れる. (2) [他] …をこすり落とす, こすって消す, すり取る ‖ He rubbed the dirt off. 彼は汚れをすり取った.
*rúb óff on* A (略式) …に乗り移る, 感染する, 受け継がれる.
*rúb óut* (1) [自] こすれて取れる[落ちる]; (主に英) 消しゴムで消える (◆ ふつう進行形にならない). (2) [他] (米略式) 〈人〉を殺す, 殺害する (kill). (3) [他] …をこすって取る; (主に英) …を消しゴムで消す.
*rúb úp* (主に英) [他] …を磨き上げる.
— 名 [a ~] こすること, 摩擦, 磨くこと ‖
give panes a good rub 窓ガラスをよく磨く.

**rub·ber** /rʌ́bər ゥラバァ/ [類音] /óver/lʌ́vər/ 名 1 ⓤ (天然・合成の)ゴム; [形容詞的に] ゴム(製)の; ゴムを産する ‖
rubber gloves ゴム手袋.
a rubber factory ゴム工場.
2 ⓒ a (主に英) 消しゴム. b 黒板ふき.
3 ⓒ a (一般に)ゴム製品. b [~s] (米) (ゴム製の)オーバーシューズ; (英) (岩登り用の)スニーカー. c (遠回しに) コンドーム. d =rubber band.

**rúbber bánd** (米) 輪ゴム, ゴムバンド (rubber, (英) elastic band).
**rúbber plànt** [植] インドゴムノキ; (総称的に)ゴムを採る木.
**rub·ber·y** /rʌ́bəri ゥラバリ/ 形 ゴムのような; 弾性のある.
**rub·bish** /rʌ́biʃ ゥラビシュ/ 名 ⓤ 1 (主に可燃性の)廃棄物, がらくた, くず.
2 [比喩的に] くず, くだらない物[こと], ナンセンス ‖
talk rubbish くだらないことを言う.
**rúbbish bin** (英) ごみ箱 ((米) garbage can).
**rub·ble** /rʌ́bl ゥラブル/ 名 ⓤ (石・れんがの)破片, 瓦礫(ｶﾞﾚｷ), 残骸(ｻﾞﾝｶﾞｲ); [比喩的に] がらくたの山.
**rub·down** /rʌ́bdaun ゥラブダウン/ 名 [a ~] 1 (運動・入浴のあと)汗をふくこと. 2 (運動のあとの)マッサージ.
**ru·bel·la** /ruːbélə ゥルーベラ/ 名 ⓤ [医学] 風疹(ﾌｳｼﾝ), 三日ばしか.

**Ru·bi·con** /rúːbikən ゥルービカン|-kn -クン, -kɔn/ 名 [the ~] ルビコン川 (Caesar が「骰子(ｻｲ)は投げられた」と言って渡った川. cf. die²).
*cróss [páss] the Rúbicon* (やや古) 決定的な一歩を踏み出す, 重大な決意をする.
**ru·by** /rúːbi ゥルービ/ (♦ゥルビー) [[「赤」が原義]] 名 (働 ru·bies/-z/) 1 ⓤⓒ ルビー, 紅玉 (7月の誕生石); ⓒ ルビーで造ったもの (時計用の石など). 2 ⓤ =ruby red.
— 形 ルビー色の, 真紅の; ルビーの ‖
ruby lips 真紅の唇.
**rúby gláss** 紅色のガラス.
**rúby réd** ルビー色, 真紅色 (ruby).
**rúby wédding** ルビー婚式 (結婚45周年記念式[日]).
**ruck·sack** /rʌ́ksæk ゥラクサク, rúk-/ 名 ⓒ リュックサック ((米) backpack).
**rud·der** /rʌ́dər ゥラダ/ 名 ⓒ (船の)かじ; (飛行機尾翼の)方向舵(ﾀﾞ) ((図) → airplane).
**rud·dy** /rʌ́di ゥラディ/ 形 (比較 --di·er, 最上 --di·est) 1 血色のよい. 2 (文) 赤い, 赤みを帯びた.

***rude** /rúːd ゥルード/ [[「自(ﾏﾏ)のままの」が原義]]
— 形 (比較 rud·er, 最上 rud·est) 1 失礼な, 無礼な; [it is rude (of A) to do / A is rude to do] …をするとはA〈人〉は不作法だ (↔ polite) ‖
a rude reply ぶっきらぼうな返答.
Don't be rude to her. 彼女に失礼なことをしてはいけない.
It is rude (of [×for] you) to ignore the guests. =You are rude to ignore the guests. お客様をお構いしないなんて(君は)失礼だよ.
[対話] "Did you see that? He took my seat." "I can't believe how rude some people are." 「あの態度見た? あの人私の席をとったわ」「失礼なことをするのがいて信じられないね」.
[対話] "And then he said I should lose some weight." "That was really rude of him." 「その上彼はもっとやせた方がいいと私に言うのよ」「それはとても失礼じゃないか」.
2 野蛮な, 未開の ‖
a rude land 未開の国.
a rude tribe 未開の部族.
3 未加工の, 自然のままの.
4 (古) a あら作りの, 粗雑な ‖
rude tools 粗製の道具.
a rude hut 粗末な小屋.
b 大ざっぱな, 概略の ‖
a rude sketch ざっとかいたスケッチ.
a rude estimate だいたいの見積もり.
5 突然の, 激しい (sudden) ‖
a rude shock 突然の衝撃.
a rude awakening 突然の自覚, 幻滅.
6 荒っぽい; 荒れ狂う.
7 みだらな.
**rúde·ness** 名 ⓤ 失礼, 無礼; 粗野.
**rude·ly** /rúːdli ゥルードリ/ 副 1 無礼に, 不作法に. 2 (古) 粗雑に; 大ざっぱに. 3 突然に. 4 荒々しく.

**ru・di・ment** /rúːdəmənt ゥルーディメント/ 名 [the ~s] **1** 基本(原理), 初歩. **2** 初期の段階, 芽ばえ, きざし.

**ru・di・men・ta・ry** /rùːdəméntəri ゥルーディメンタリ/ 形 **1** 〔正式〕初歩的な, 基本的な;初期(段階)の, 原始的な. **2** 〔生物〕未発達の;発育不全の;退化した.

**rue** /rúː ゥルー/ 動 (現分 ru・ing) 他 〔英やや古〕…を悔やむ.

**rue・ful** /rúːfl ゥルーフル/ 形 〔正式〕**1** 悲しそうな;悔悟の念でいっぱいの. **2** 哀れを誘う, 痛ましい.

**rue・ful・ly** /rúːfəli ゥルーフリ/ 副 悲しそうに;後悔して, 沈んで.

**ruf・fle** /rʌ́fl ゥラフル/ 動 (現分 ruf・fling) 他 **1** …を波立たせる;〈髪など〉をかきみだす ‖
A breeze **ruffled** the smooth surface of the pond. そよ風が吹いて静かな池の面が波立った.
**2** 〈人・心〉を動揺させる, いら立たせる.
**3** 〈羽毛など〉を逆立てる.
—— 名 C **1** (服などの)ひだ飾り. **2** 鳥の首毛. **3** さざ波. **4** 心の動揺, いら立ち.

\***rug** /rʌ́g ゥラグ/ 形 〖「もじゃもじゃの毛」が原義〗
派 rugged (形)
—— 名 (複 ~s/-z/) C **1** (小さい)敷き物, じゅうたん;毛皮の敷き物 ‖
a hearth **rug** 暖炉の前の敷き物.
**2** (主に英)ひざかけ毛布 ((米) lap robe).

\***rug・by** /rʌ́gbi ゥラグビ/
—— 名 (時に R~] **1** U (英)ラグビー 《◆正式には rugby football. (略式) rugger》.

【関連】競技場は field / ボールは rugby (foot-)ball または rugger ball / 審判員は referee / 得点は point.

**2** [R~] =Rugby School.
**Rúgby fóotball** [しばしば r~] (英正式)ラグビー.
**Rúgby Lèague** [しばしば r~ l-] プロ=ラグビー《各チーム13名》.
**Rúgby Schòol** ラグビー校《Eton, Harrow などと共に英国を代表する名門 public school. ラグビー発祥の学校》.
**Rúgby Ùnion** [しばしば r~ u-] アマチュア=ラグビー《各チーム15名》.

**rug・ged** /rʌ́gid ゥラギド/ 形 (比較 more ~, ~・er; 最上 most ~, ~・est) **1** でこぼこのある, 起伏の多い, 険しい, 岩だらけの(↔ smooth) ‖
a **rugged** dirt road でこぼこ道.
**2** いかつい, ごつごつした《◆強さ・寛大さを暗示》‖
very **rugged** features とてもいかつい顔つき.
**3** 頑丈な;忍耐強い ‖
**rugged** pioneers 頑健な開拓者たち.
**4** 粗野な, 無骨な, 洗練されていない ‖
**rugged** manners 粗野な作法.
**5** 厳しい, 困難な, 骨の折れる.

**rug・ger** /rʌ́gər ゥラガ/ 名 U (英略式)ラグビー (rugby football).

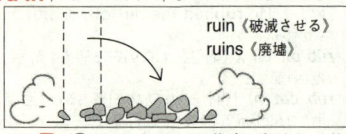

\***ru・in** /rúːin ゥル(ー)イン/ 〖「くずれ落ちる」が原義〗

ruin《破滅させる》
ruins《廃墟》

—— 名 (複 ~s/-z/) **1a** U 荒廃, 崩壊(した状態) ‖
go [come] to **ruin** 荒廃する.
The abbey has **fallen into ruin**. その修道院は荒れ果てた.
**b** C 荒廃した建物[町]; [しばしば ~s] **廃墟**(きょ), 遺跡 ‖
the **ruins** of Rome ローマの遺跡.
**2** U (身の)**破滅**, 没落;(健康・地位・名誉などの)喪失;破産 ‖
the **ruin** of one's hopes 希望の消滅.
**3** 〔正式〕[one's ~ / the ~] **破滅の原因**, 禍

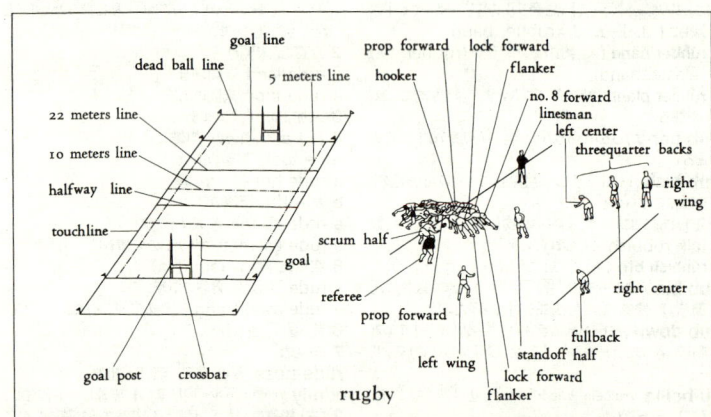

根(え) ‖
Gambling will be his ruin. 賭(か)事のために彼は身の破滅を招くだろう.
**bríng** A **to rúin** …を破滅[没落]させる.
**in rúins** (1) 廃墟となって, 荒廃した. (2) 《計画などが》だめになった.
── 動 (三単現) ~s/-z/; (過去・過分) ~ed/-d/; (現分) ~·ing
── 他 **1** …を破壊させる, 崩壊させる, 荒廃させる.
**2** …を壊滅させる; …をつぶす, 台なしにする ‖
Alcohol **ruined** his life. 酒が彼の人生を台なしにした.
The scandal **ruined** her chances of promotion. スキャンダルで彼女は昇進の機会を失った.
[対話]「I hope it doesn't rain.」「Me too. It'll **ruin** our plans at the park.」「雨が降らないでほしいなあ」「私も. 雨になったら公園に行く計画が台なしになってしまう」.
**ru·in·ous** /rúːinəs ゥルイナス/ 形 **1** 《正式》破壊的な; 破滅を招く. **2** 荒廃した.

## \*rule

/rúːl ゥルール/ 『「まっすぐな棒切れ, ものさし」が原義』派 ruler (名)
→ 名 **1** 規則 **3** 習慣 **4** 支配 **5** 定規
   動他 **1** 支配する **2a** 思いのままにする
            **b** かられる
   自 **1** 支配する

── 名 (複 ~s/-z/) **1** C 規則, 規程, 規約; (競技の)ルール ‖
the **rules** of tennis テニスのルール.
obey the **rules** 規則を守る.
break the **rules** 規則を破る.
It was **against the rules** to kick the ball in volleyball before. バレーボールではボールをけるのは以前は反則だった.
Our school **has a rule that** we 《主に英》**should**) wear a uniform. 制服を着るという校則がわが校にはある.
**Rules** are **rules**. 規則は規則だから(守ってもらわないと困る).
**2** C (通例 ~s) (文法などの)規則; (数学などの)公式, 解法 ‖
the **rules** of English grammar 英文法の規則.
**3** C 習慣, 常のこと, 通例 ‖
His **rule** [It is his **rule**] to go for a walk every morning. 毎朝散歩するのが彼の習慣です(→ 成句 make it a RULE to do).
**4** U 支配, 統治 ‖
the **rule** of law 法の支配.
That country is now **under** foreign **rule**. 今その国は外国の支配下にある.
**5** (正式) 定規, ものさし ‖
a foot **rule** 1フィート定規.
a slide **rule** 計算尺.
**as a rúle** 概して, 原則として, ふつうは ‖ She comes home at about six **as a rule**. 彼女はたいてい6時ごろ家に帰ってくる.
**by** [**accórding to**] **rúle** 規則どおりに; 機械的に; 杓子(ひ)定規に.
**màke it a rúle to** *do* =**màke a rúle of** *do·ing* (正式) …することにしている; …するのが常である ‖ I **make it a rule to** go to bed at nine. 私は9時に寝ることにしている《◆I always go to bed at nine. の方がふつう》.
── 動 (三単現) ~s/-z/; (過去・過分) ~d/-d/; (現分) rul·ing
── 他 **1** …を支配する, 統治する(→ govern) ‖
The king **ruled** his country for 20 years. その王は国を20年間統治した.
**2 a** …を思いのままにする, 指図する ‖
She **rules** her husband. 彼女は夫を尻(り)にしいている.
**b** [be ~d] (感情などに)かられる, 左右される ‖
He is never **ruled by** his passions. 彼は決して感情にかられることがない.
**3** 〈感情など〉を抑制する ‖
**rule** one's temper 怒りを抑える.
**4** …を裁決する; [rule A C] A 〈人・事〉を C であると決定する《◆ C は形容詞(句)》‖
The judge **ruled that** he was guilty. =The judge **ruled** him guilty. 裁判官は彼に有罪判決を下した.
**5** 《正式》〈線〉を定規でひく; 〈紙〉に罫(い)をひく.
── 自 **1** 〈君主・独裁者など〉が支配する, 統治する ‖
**rule** with justice 公正に統治する.
The country was **ruled over** by a queen. その国は女王に統治されていた.
**2** 裁決する.
**rule óut** [他] …を除外する; …を認めない; …を不可能にする ‖ We cannot **rule out** the possibility. その可能性は排除できない.

**rule·book** /rúːlbùk ゥルールブク/ 名 **1** C 規則書; 就業規則書. **2** [the ~] (競技などの)規則集.

\***rul·er** /rúːlər ゥルーラ/ [派 ← rule]
── 名 (複 ~s/-z/) C **1** 支配者 ‖
obey a **ruler** 統治者に服従する.
**2** (直) 定規《◆「三角定規」は triangle,「T(型)定規」は T square》.

**rul·ing** /rúːliŋ ゥルーリング/ 動 → rule.

**rum** /rám ゥラム/ (類音 ram/ræm/) 名 U **1** ラム酒《糖蜜(う)または砂糖キビから作る強い酒》. **2** 《米》(一般に)酒.

**Ru·ma·ni·a** /ruː(ː)méiniə ゥルーメイニア/ 名 =Romania.

**rum·ble** /rámbl ゥランブル/ 動 (現分 rum·bling)
自 **1** ゴロゴロ[ガラガラ, ゴトゴト]鳴る[音をたてる], とどろく. **2** ガラガラ[ガタガタ]音をたてて進む. ── 他 …を低いとどろくような声でいう.
── 名 U [しばしば a ~] ゴロゴロ[ガラガラ, ゴトゴト]いう音, 騒音.

**ru·mi·nant** /rúːmənənt ゥルーミナント/ 名 C 反芻(ぢ)動物. ── 形 **1** 反芻する, 反芻動物の. **2** 考え込む, 思い巡らす.

**ru·mi·nate** /rúːmənèit ゥルーミネイト/ 動 (現分 --nat·ing) 自 **1** 食べ物を反芻(ぢ)する. **2** (正式) 思い巡らす, 沈思する.

**rum·mage** /rΛmidʒ ラミチ/ [動] (現分) ~mag·ing) ⊕ かき回して捜す.
——[名] Ⓤ **1** [しばしば a ~] 捜索, くまなく捜すこと; 検査. **2** (米) (rummage sale に出す) がらくた, 雑品.

**rúmmage sàle** (米) 慈善バザー; がらくた市, 見切り売り((英) jumble sale).

**rum·my** /rΛmi ラミ/ [名] Ⓤ ラミー《トランプゲームの一種》.

*__ru·mor,__ (英) **ru·mour** /rúːmə ルーマ/ 〖「雑音」が原義. cf. *rumble*〗
——[名] (複 ~s/-z/) Ⓒ Ⓤ うわさ, 風評, でま ‖
There is a rumor that our teacher is leaving. =Rumor has it that our teacher is leaving. =Rumor says that our teacher is leaving. =The rumor is that our teacher is leaving. 先生がやめるといううわさがある.
Rumor is a lying jade. (ことわざ) うわさはうそつき女である.
——[動] ⊕ (正式) [通例 be ~ed] うわさされる, うわさが広まる ‖
It is rumored (abroad) that he has gone bankrupt. =He is rumored to have gone bankrupt. 彼は破産したといううわさだ.

*__ru·mour__ /rúːmə ルーマ/ (英) [名] [動] =rumor.

**rump** /rΛmp ランプ/ (類音) /ump/lΛmp/) [名] Ⓒ **1** [しばしば the ~] (動物の) 尻, 臀部(%); (鳥の) 背尾部(図)→ bird); (人間の) 尻, けつ《◆おどけた言い方》‖
whip the horse on the rump 馬の尻にむちをあてる.
**2** (牛の) 尻肉(図→ beef) ‖
a rump steak ランプステーキ.
**3** (正式) (政党・団体などの) 残党.

**rum·ple** /rΛmpl ランプル/ [動] (現分) rum·pling) ⊕ …をしわくちゃにする, くしゃくしゃにする.

**__run__** /rΛn ラン/ 〖「人・動物が走る」から「(連続して) 進む・動く, 続く」, 「競走する」から「立候補する」などの意が派生した〗
→ [動] ⊜ **1** 走る **2a** 急いで行く **3** 逃げる
**4a** 競走に出る **6** 自由に動き回る
**9** 流れる **11** 動く **12** 延びている
**13** なる
⊕ **1** 走る **2** する **3** 走らせる **4** 出場させる
**8** 流す **9** 動かす **10** 経営する **11** 冒す
[名] **1** 走ること **6** 得点 **7a** 連続公演
——[動] (三単現 ~s/-z/, 過去 ran/ræn/, 過分 run; 現分 run·ning)
——⊜ I [走る]

**1** 〈人が〉**走る**, 駆ける ‖
She ran for 20 miles. 彼女は20マイル走った.
He ran to the station. 彼は駅まで走って行った.
Run (and) close the window. 走って行って窓を閉めなさい《◆ and を省略するのは《米式》》.

**2a** 急いで行く, 駆けつける《◆ 副詞(句)を伴う》‖
He ran to her help. 彼は彼女の救援に駆けつけた.
She ran for the bus. 彼女はバスに乗ろうと走った.
I ran for the doctor. 私は医者を呼びに走った.
**b** 短い [急ぎの] 旅行をする, ちょっと訪問する ‖
**run over [across] to** her house 彼女の家をちょっと訪ねる.
I ran up to Paris for a day. 日帰りでパリへ行った.

**3** 逃げる, 逃走する ‖
The boy ran her on the head and ran. 少年は彼女の頭をなぐって逃げた.

**4a** 競走に出る; 出場する ‖
She will run in the marathon next week. 彼女は来週のマラソンに出る.
**b** [run C] C 着になる《◆ C は序数. last も用いられる》‖
He ran third in the race. 彼は競走で3着になった.

**5a** 〈乗物が〉走る ‖
The car ran slowly. 車はゆっくり走った.
**b** 〈乗物が〉運行されている, 〈定期的に〉通っている《◆ ふつう進行形にしない》‖
The trains run every ten minutes. 列車は10分ごとに出る.
The trains aren't running today. 列車はきょうは運休している.
The bus **runs between** Boston and Chicago. =The bus **runs from** Boston **to** Chicago. バスはボストンとシカゴの間を結んでいる.

**6** 自由に動き回る, うろつく《◆副詞(句)を伴う》‖
The dog ran loose in the garden. 犬は庭を自由に動き回っていた.

**7** 〈痛みなどが〉さっと走る ‖
A shiver ran down her spine. 彼女は背すじがぞっとした.

**8** 〈目などが〉さっと走る [向く].

II [流れる]

**9a** 〈川などが〉**流れる**; 〈水・涙・血などが〉流れる, したたる《◆副詞(句)を伴う》‖
The river runs into the Pacific Ocean. その川は太平洋に注いでいる《◆「川が流れている」の意ではふつう進行形にしない》.
Tears of joy ran down my face. 喜びの涙が私の顔を伝った.
**b** 〈容器・からだの器官などが〉液体を流す [出す]; [run with A] …を流す ‖
Your nose is running. 洟(%)が出ているよ.
Her eyes ran (with tears). 彼女の目から涙が流れた.
The walks are running with rain. 歩道に雨水があふれている.

**10** 〈色などが〉(洗濯で) 落ちる; 〈インクなどが〉にじむ.

III [その他]

**11** 〈機械などが〉動く, 作動する; [コンピュータ] 〈プログラムが〉動作する ‖
This old clock doesn't run [×move]. この古時計は動かない.
Keep the motor running. モーターを動かしてお

きなさい．
The toy car **runs on** batteries. そのおもちゃの車は電池で動く．

**12 a** 延びている，続いている，広がる《◆場所・方向を表す副詞(句)を伴う》‖
The road **runs** [*is running*] along the coast. 道路は海岸に沿って延びている．
**b** 〈蔓(ツル)などが〉のびる．

**13** [run C] C になる《◆C はふつう悪い状態を表す形容詞》‖
The pond has **run** dry. 池の水は干上った．
Mary's blood **ran** cold. メリーはぞっとした．
He **ran short of** money. ＝His money **ran short**. 彼の金は残り少なくなった．

**14** 続く，継続する；〈劇・映画などが〉続演[続映]される‖
The show **ran** for two months. そのショーは2か月間上演された．

**15** 《主に米》立候補する(《英》stand for)‖
**run for** President [the Presidency] 大統領に立候補する．
**run in** an election 選挙に出る．
**run against** Bush ブッシュの対立候補として出馬する．

**16** ふと浮ぶ，よみがえる‖
The thought kept **running** through my mind [head]. その考えが私の心に絶えず現れた．

**17** 〈法律などが〉効力をもつ‖
The lease **runs for** ten years. その賃貸契約は10年間有効です．

**18** 書いてある，述べられている‖
The story **runs** as follows. その話は次のようになっている．

**19** 〈性格などが〉伝わる，遺伝する‖
Bravery **runs in** the family. その一家には勇者の血が流れている．

**20** 〈うわさなどが〉広まる，伝わる；〈火・病気などが〉ぱっと広がる．

**21** 《もと米》〈靴下が〉伝線する，ほつれる(《主に英》ladder)．

—⑯ **1 a** …を走る，走って行く‖
She **ran** the marathon course in two hours and 40 minutes. 彼女はマラソンコースを2時間40分で完走した．
**b** 〈用事などを〉走ってする‖
**run** an errand for him 彼の使い走りをする．

**2** 〈競走〉をする；…と競走する‖
I **ran** a race with her in the schoolyard. ＝I **ran** her in the schoolyard. 私は校庭で彼女と競走をした．

**3 a** 〈動物・人〉を走らせる，駆けさせる‖
He **ran** the horse around the field. 彼は馬に原っぱを1周させた．
**b** 〈人・動物〉を走らせて…にする‖
**run** oneself out of breath 走って息を切らす．

**4** …を出場させる‖
She will **run** her horse in the Derby. 彼女は自分の馬をダービーに出す．

**5** 〈獲物など〉を追う．

**6 a** 〈乗物〉を走らせる‖
He **ran** his car **into** the parking lot. 彼は車を駐車場へ入れた．
**b** 〈乗物〉を運行させる，(定期的に)通わせる‖
They **ran** a special train from Tokyo to Osaka. 東京から大阪へ特別列車を走らせた．
**c** 《英》〈車〉を持っている‖
**run** a Porsche ポルシェを持っている．

**7**《略式》…を〈乗物で〉運ぶ；《主に英》〈人〉を車に乗せて行く‖
She **ran** him **across** to his office. 彼女は彼を職場まで車で送った．

**8** 〈液体〉を流す，放出する‖
**run** water into a bathtub 浴槽に水を入れる．
You must **run** the water **off** after taking a bath. 入浴後は湯を流して捨てなければならない．
Tom's eyes **ran** tears. トムの目から涙が流れた．

**9** 〈機械など〉を動かす；〈コンピュータ〉〈プログラム〉を(コンピュータで)動かす‖
They **run** the motor by water. ＝Water **runs** the motor. 水力でそのモーターを作動させている．

**10** …を経営する；…を管理する，運営する‖
She **runs** a beauty parlor in Tokyo. 彼女は東京で美容院を経営している．
He **runs** the dramatic society well. 彼はその演劇協会をうまく運営している．

**11** 〈危険など〉を冒す，…に身をさらす‖
I don't want you to **run** a risk. 君に危険を冒してもらいたくない．
He **ran** the chance [the danger] of being attacked. 彼は攻撃されるかもしれないという危険に身をさらした．

**12** 〈指など〉をさっと走らせる，(なぞるように)軽く動かす‖
**run** a comb **through** one's hair 《略式》髪にくしを入れる．
She **ran** her eyes **over** the bill. 彼女は請求書にざっと目を通した．

**13** …を突き刺す；〈糸など〉を通す‖
**run** a pin **into** one's finger 指にピンを突き刺す[ピンが刺さる]．

**14** …を突破する，通り抜ける‖
**run** a red light 赤信号を無視する．

**15** …をぶつける，打ちつける《◆ふつう受身にしない》‖
**run** a car **into** a wall 車を壁にぶつける．

**16** 《主に米》…を立候補させる‖
**run** her **for** mayor [in an election] 彼女を市長[選挙]に立候補させる．

**rún abóut** [自] (1) 〈子供などが〉自由に遊ぶ．(2) 忙しく走り回る；うろつく．

○**rún across** (1) [自] → ⑯ **2 b**．(2) [~ *across* A]《略式》…に偶然出会う；…を偶然見つける《◆受身にできる》‖ I **ran across** Tom at the station. 駅でひょっこりトムに出会った．(3) [~ *across* A] A〈道など〉を走って渡る．(4) [他] →

◇rún áfter A《略式》…を追いかける, 追跡する;…を探し求める, 追求する ‖ The cat ran after a mouse. 猫はネズミを追いかけた.

rùn agàinst A (1) …にぶつかる, 衝突する; A〈人〉に偶然出会う; 《主に米》→ 自 15; …に反対する; …に不利になる.

◇rún awáy 〔自〕逃げる, 逃走する; 《米》家出する; 駆け落ちする ‖ She felt like running away. 彼女は逃げ出したい気持ちだった / He ran away from home twice in his high school days. 彼は高校生のとき2回家出した.

rùn awáy with A (1)《略式》…を持ち逃げする, 盗む. (2) …と駆け落ちする. (3)《競技などで》一方的に勝つ, 圧勝する.

rùn báck (1) 〔自〕走って帰る; 逆流する. (2) 〔他〕[~ A báck] A〈フィルムなど〉を巻き戻す.

◇rùn dówn 〖「下がる, 下げる」が本義〗(1) 〔自〕流れ落ちる;走り下りる. (2) 〔自〕〈時計などが〉止まる;〈電池などが〉切れる. (3) 〔他〕〈人など〉をはねる, 轢(ひ)き倒す. (4) 〔他〕…を追いかけてつかまえる; …を捜し出す;《米》…の出所を突きとめる. (5)《略式》〔他〕〈人〉をけなす.

rún for ít 《略式》〔しばしば命令文で〕《危険などを避けるために》急いで逃げる, 逃げ出す (→ it 代 9).

rùn ín (1) 〔自〕駆け込む; 流れ込む; → 自 15. (2) 〔他〕…を流し込む. (3) 〔通例 be ~ning〕〈新車など〉をならし運転する.

◇rún into A (1) …にぶつかる, 衝突する《◆受身にできる》‖ The car ran into the fence. 車は塀にぶつかった. (2)《略式》A〈人〉に偶然出会う《◆ふつう進行形にしない》; A〈困難・悪天候など〉にあう; …に達する, なる; …に陥る ‖ run into trouble 困難に陥る / run into debt 借金する.

rùn óff (1) 〔自〕逃げ去る, 〈急いで〉去る;〈液体が〉流れ出る. (2) 〔他〕[~ óff A]〈車などが〉A〈道など〉から脱輪する; …からはみ出る. (3) 〔他〕→ 自 8; …をすらすら書く[読む]; …を暗唱する. (4) 〔他〕…のコピーを作る; …を刷る. (5) 〔他〕…の決勝戦を行なう.

rùn óff with A =RUN away with.

rùn ón (1) 〔自〕走り続ける; 続く. (2) [~ on A]《英》〈考え・話題などが〉…に向けられる, …に及ぶ; → 自 11. (3) 〔他〕〈文字など〉を切らずに続ける.

◇rùn óut 〖「外に出る[出す]」「出してなくなる」が本義〗(1) 〔自〕尽きる; なくなる ‖ Our money is running out. 私たちの金は底をつきかけている. (2) 〔自〕走り出る; 流れ出る, 漏れる. (3)《主に米略式》〔他〕…を追い出す, 追放する.

◇rùn óut of A (1) …を使い果たす, 切らす ‖ I have run out of coffee. Have a cup of tea instead. コーヒーを切らしてしまった. 代わりに紅茶を飲んでください《◆ Sorry, I can't give you coffee; I've run out. (すみません, コーヒーはお出しできません, 切らしてしまったものですから)》のように of coffee が表現されないこともある》 / We are running out of food. 食糧がなくなりかけている. (2) …から走り出る. (3) [~ A out of B]

《主に米略式》A〈人〉を B〈場所〉から追い出す ‖ run her out of town 彼女を町から追放する.

rùn óut on A《米略式》…を見捨てる.

◇rùn óver (1) 〔自〕〈液体・容器が〉あふれる;〈予定の時間などを〉越える; → 自 2 b. (2) 〔~ òver A〕…をあふれ出る. (3)《英》〔他〕…を轢(ひ)く ‖ The bus ran over a boy. そのバスは少年を轢いた. (4) 〔他〕…を復習する, 読み返す, くり返す; …をざっと調べる;〈テープなど〉を〈終わりまで〉かける; → 自 12.

rùn thróugh (1) 〔自〕走り抜ける; 流れ抜ける. (2) [~ through A] → 自 16. (3) [~ through A] A〈金など〉を使い尽くす, 浪費する; …にざっと目を通す. (4) 〔他〕…を走り抜ける. (5) [~ A through B] → 自 12.

rún to A (1)《英略式》〔通例否定・疑問文で〕〈収入などが〉…をする[買う]のに十分である;〈人が〉…の資力がある《◆進行形にしない》. (2) =RUN into (2). (3) → 自 2 a. (4) …の傾向がある ‖ run to fat 太りがちである.

rùn úp (1) 〔自〕駆け寄る. (2) [~ úp A] …を駆け上がる. (3) 〔他〕〈旗など〉を揚げる;〈値段など〉を上げる, せり上げる;〈借金など〉を(どんどん)増やす. (4) 〔他〕〈服など〉を急いで縫い上げる;〈家など〉を急造する; …をすばやく合計する.

rùn úp agàinst A《◆値段などは《略式》》 A〈困難など〉にあう; A〈人〉に偶然会う; …に逆らう.

rùn úp to A〈値段などが〉…に達する.

—— 名《複》~s/-z/) 1 ⓒ a (人・動物・乗物が)走ること, 一走り ‖
take [make] a run 一走りする.
a trial run of a new car 新車の試乗.
I went for a run in the park this morning. けさ公園を一走りしに行った.
b 競走 ‖
a 5-mile run 5マイル競走.
2 [a ~] (人・乗物の)走行距離, 走程, 行程 ‖
My office is a 5 minutes' run from the station. =A 5 minutes' run takes me [It is a 5 minutes' run] from the station to my office. 私の会社は駅から5分の所にある.
3 ⓒ (乗物の)運行, 航行.
4 ⓒ a 〔通例 the ~〕乗物の通常の走路, 運行路, 航路.
b (動物の)通り道.
5 [a ~] (急ぎの)旅行, 小旅行 ‖
make [take, go for] a run to Paris パリへ小旅行する.
6 ⓒ 〔野球・クリケット〕得点, 1点 ‖
hit a two-run double 2点2塁打を打つ.
The team scored [made] two runs in the fifth inning. そのチームは5回に2点入れた.
7 [a ~] a (劇・映画などの)連続公演 ‖
a long run 長期公演.
The play had a three-month run. その劇は3か月間上演された.
b 連続, 続き ‖
a run of good luck 好運続き.

**8** (略式) [the ~] 出入り[使用]自由(の許可) ‖ give him the run of my library 彼に私の蔵書を自由に読むことを許す.
**9** ⓒ [通例 the ~] (物・人の)等級, 種類;普通のもの ‖ the usual run of students 並みの学生.
**10** ⓒ 成り行き, 形勢 ‖ the run of events 事の成り行き.
**11** ⓒ (主に米) (靴下などの)ほつれ, 伝線((英) ladder) ‖ a run in a stocking 靴下の伝線.
◇*in the lóng rún* 長い目で見れば, 結局は ‖ Your efforts will be rewarded in the long run. 君の努力は結局報いられるだろう.
*in the shórt rùn* 目先のことを考えると, 短期的には.
*kéep the rún of* A (米) …と接触を保つ;…に遅れを取らない.
*on the rún* 逃走中の; 退却中の; 急いで; 多忙で, 動き回って; 走りながら, 走って.
*with a rún* 急に, どっと.
**run·a·way** /rʌ́nəwèɪ ゥラナウェイ/ 图 **1** 逃亡者; 家出人;(御(ぎょ)者が手綱を振り切って)放れ馬. **2** 家出. ── 形 **1** 逃げた;家出した. **2** 駆け落ちの. **3** <馬などが>制御できない, 手に負えない. **4** 急上昇する.
**run–down** /rʌ́ndàʊn ゥランダウン/ 形 疲れ切った.
*rung¹ /rʌ́ŋ ゥラング/ 動 → ring².
**rung²** /rʌ́ŋ ゥラング/ 图 (はしごの)横木, 段 ‖ start on [at] the lowest rung of the ladder どん底からたたきあげる.
**run·ner** /rʌ́nər ゥラナ/ 图 ⓒ **1a** 走る人[動物]. **b** 競走者; 出走馬 ‖ a long-distance runner 長距離走者. **c** 逃亡者. **d** 〔野球〕走者, ランナー. **2** 使い走りする人; 使者. **rúnner bèan** (英) =string bean.
**–run·ner** /-rʌnər -ゥラナ/ (連結形) …密輸者. 例: a gun-runner 銃密輸者.
**run·ner-up** /rʌ́nərʌ́p ゥラナラプ/ 图 (褀 runners-, ~s) (競走・競技などで)2位の者, 2位のチーム.
**run·ning** /rʌ́nɪŋ ゥラニング/ 動 → run.
── 形 **1** 走る; 競走する; 走るための. **2** 走りながらの, 走ってする. **3** 運行[走行]の. **4** 流れる, 流動する ‖ running water 流水, 水道水. **5** 膿(う)の出る. **6** 動いている, 運転中の. **7** 連続する; くり返される.
── 副 [数詞＋複数名詞のあとで] 連続して, 続けざまに(in a row) ‖ for two weeks running 2週間続けて.
── 图 Ⓤ **1** 走ること, ランニング;競走(cf. jogging). **2** (店などの)経営, 管理. **3** (機械などの)運転.
*in the rúnning* (1) 競走に参加して. (2) 勝ち目があって.

*óut of the rúnning* (1) 競争に不参加で. (2) 勝ち目がなくて.
**rúnning cómmentary** [テレビ・ラジオ] 実況放送.
**rúnning còsts** (自動車などの)維持費.
**run·ny** /rʌ́ni ゥラニ/ 形 (時に 比較級 ··ni·er, 最上級 ··ni·est) (略式) **1** 流れやすい, 溶けた. **2** 鼻水の出る, 涙の出る ‖ You've got a runny nose. 鼻水が出てるよ◆Your nose is running. よりやや遠回しな言い方).
**run-of-the-mill** /rʌ́nəvðəmíl ゥラノヴザミル/ 形 並の, ありふれた《◆rún of the míll ともつづる》.
**run·way** /rʌ́nwèɪ ゥランウェイ/ 图 ⓒ **1** 走路;(飛行機の)滑走路. **2** (米) 動物の囲い場. **3** (獣の)通い道.
**ru·pee** /rúːpiː ゥルーピー/ 图 ⓒ ルピー《インド・パキスタン・スリランカなどの通貨単位》; 1ルピー貨.
**rup·ture** /rʌ́ptʃər ゥラプチャ/ 〔正式〕 图 Ⓒ Ⓤ **1** 破裂. **2** (友好関係の)決裂, 不和. **3** 〔医学〕ヘルニア, 脱腸. ── 動 (現分 ··tur·ing) 他 **1** <血管などを>破裂させる. **2** <関係・仲を>絶つ. **3** 〔医学〕 [~ oneself] ヘルニアを起こす.
*\*ru·ral** /rʊ́(ə)rəl ゥルアラル/ 〖country (田舎(ぎゃ))の意の外来形容詞〗
── 形 [通例名詞の前で] **1** 田舎の, 田園の, 農村の, 田舎ふうの(↔ urban) 鬨 rustic, pastoral) ‖ a rural area 田園地帯.
Rural life is quiet. 田舎の生活は静かだ.
**2** 田舎の人の.

Q&A *Q*: rural と country は, どちらも「田舎」という意味のようですが, どう違いますか.
*A*: rural のような外国語から入った語は, 本来の英語と違い多かれ少なかれ英米人にとっては客観的で冷たく感じられるようです. これに反して country は本来の英語ですから rural と違って暖かさが感じられるようです. 日本語でも漢語と本来の和語と比較してみてください.

**ruse** /rúːz ゥルーズ/ 图 ⓒ 計略, 策略, たくらみ.
*\*rush** /rʌ́ʃ ゥラシュ/ 類語 rash/ræʃ/ ‖「迅速にする」が本義
── 動 (三単現 ~·es/-ɪz/; 過去・過分 ~·ed/-t/; 現分 ~·ing)
── 自 **1** 急いで行く, 急ぐ《◆hurry よりも行為・動作のあわただしさに重点がある》‖ The girl rushed out when she saw her mother. 女の子は母親の姿を見ると飛び出して行った.
**2** 勢いよく流れる ‖ The river rushes past. 川が勢いよく流れる.
**3** 性急にする, 急いでする ‖ rush to conclusions 軽率に結論を下す. rush into marriage. あわてて結婚する.
**4** 急に現れる, 突然思い浮かぶ ‖ A good old memory rushed into her mind. 昔のなつかしい思い出がふいに彼女の心に浮か

んだ.
— 他 **1** …を急いで送る《◆副詞(句)を伴う》‖
The injured boy was **rushed** to a nearby hospital. けがをした少年はすぐに近くの病院に運ばれた.
**2** …をせきたてる, 急がせる‖
Don't **rush** me. せかさないで.
I was **rushed** into joining the club. 私はせきたてられてそのクラブに入った.
**3 a** …を急いでやる; …を急いで作る‖
**Rush** this work in two days. この仕事を急いで2日間でしてくれ.
**b** 〈法案など〉を急いで通過させる.
— 名 (複 ~·es/-iz/) **1** ⓒ 勢いよく流れる[吹く]こと‖
a **rush** of water 激しい水の流れ.
**2** ⓤ **a** あわただしさ, 忙しさ‖
the **rush** of modern life 現代生活のあわただしさ.
**b** 急ぐこと, 急ぎ‖
with a **rush** 急いで, すばやく.
I'm in a **rush**. 私は急いでいる.
**c** =rush hour(s).
**3 a** [a ~ / the ~] 需要の激増, 大量注文‖
a **rush** for umbrellas かさの需要の激増.
**b** ⓒ 殺到‖
a **rush** to the town for gold 金を求める人の町への殺到.
**4** ⓒ 突進; 突撃; 急襲‖
make a **rush** 突進する.
**rúsh hòur(s)** [しばしば the ~] (出勤・帰宅時などの)混雑時間, ラッシュアワー(rush)‖ in the morning rush hour 朝のラッシュアワーに[で].
**Rus·sell** /rʌ́sl ラッセル/ 名 **1** ラッセル《Bertrand ~ 1872-1970; 英国の哲学者・数学者・作家》. **2** ラッセル《Lord John ~ 1792-1878; 英国の政治家・首相(1846-52, 1865-66)》.
**Rus·sia** /rʌ́ʃə ラシャ/ (発音注意)《◆ ×ルシア》名 **1 a** 《正式名 Russian Federation (ロシア連邦). 首都 Moscow. 1991年成立》. **b** ロシア《正式名 the Russian Empire (ロシア帝国). 首都 St. Petersburg. ロシア革命(1917)で倒れた》. **c** =Russian Soviet. **2** the Soviet Union の俗称.
**Rus·sian** /rʌ́ʃən ラシャン/ (発音注意)《◆ ×ルシアン》形 **1** ロシアの;(旧)ソ連の‖
Have you eaten **Russian** food? ロシア料理を食べたことがありますか.
**2** ロシア人[語]の.
— 名 **1** ⓒ ロシア人;(広義)(旧)ソ連人(語法 → Japanese).
**2** ⓤ ロシア語‖
She speaks good **Russian**. 彼女はロシア語をうまく話す.
**Rússian Federátion** ロシア連邦《Russia **1 a** の正式名》.
**Rússian (Órthodox) Chúrch** [the ~] ロシア正教会《ロシア帝国の国教であったギリシア正教の一宗派》.
**Rússian Revolútion** [the ~] ロシア革命《1917年3月(旧暦2月)と同年11月(旧暦10月)の革命》.
**Rússian roulétte** ロシアンルーレット《弾丸が1個入った連発拳(%)銃の弾倉を回し自分[他人]の頭に向けて引き金を引く遊び; 生死にかかわる賭(%)》.
**Rússian Sóviet (Féderated Sócialist Repúblic)** [the ~] ロシア=ソビエト連邦(社会主義共和国)《旧ソ連邦中最大の共和国》.
**Rus·so-Jap·a·nese** /rʌ́soudʒǽpəníːz ラソウヂャパニーズ/ 形 ロシアと日本の‖
the **Russo-Japanese** War 日露戦争《1904-05》.
**rust** /rʌ́st ラスト/ (類音) /ust/lʌ́st/ 名 **1** ⓤ さび; さび状のしみ‖
gather **rust** さびがつく.
**2** さび色, 赤褐色. **3** 《植物病理》さび病.
— 動 ⓘ さびる, さびつく. — 他 …をさびさせる.
**rus·tic** /rʌ́stik ラスティク/ 形 **1** 田舎(%)の, 田園の(↔ urban). **2** 《文》質素な, 素朴な. **3** 粗野な, 下品な. **4** 丸太[荒木]作りの.
**rus·tle** /rʌ́sl ラスル/ (発音注意)《◆ t は発音しない》動 (現分) rus·tling) **1** サラサラと音をたてる, サラサラ[カサカサ]いう‖
Leaves were **rustling** in the wind. 風に木の葉がサラサラと鳴っていた.
**2** サラサラと音をたてて動く.
— 他 …をサラサラと音をたてさせる, …をガサガサいわせて動かす.
**rústle úp** (略式) [他] …を寄せ集める, かき集める‖
**rustle up** money 金をかき集める.
— 名 ⓤ [a ~ / the ~] サラサラ[ガサガサ]という音, きぬずれの音.
**rust·y** /rʌ́sti ラスティ/ 形 (通例 比較 -i·er, 最上 -iest) **1** さびた, さびついた; さびから生じた‖
**rusty** nails さびたくぎ.
**2** (能力が)鈍くなった, 衰えた;へたになった‖
My English is **rusty**. =I am **rusty** on English. 私の英語はさびついてきている.
**rut** /rʌ́t ラト/ 名 ⓒ **1 a** わだち, 車の跡. **b** みぞ. **2** きまりきったやり方[考え, 生活], しきたり.
**gét into a rút** 型にはまった単調な生活になる.
**gét óut of a rút** 型にはまった単調な生活から抜け出す.
**rút·ted** /-id/ 形 わだちのある, 車の跡がついた.
**Ruth** /rúːθ ルース/ 名 ルース《女の名》.
**ruth·less** /rúːθləs ルースレス/ 形 無慈悲な, 冷酷な, あわれみのない, 情け容赦のない.
**rúth·less·ness** 名 ⓤ 無慈悲, 冷酷.
**ruth·less·ly** /rúːθləsli ルースレスリ/ 副 無慈悲に, 冷酷に.
**rye** /rái ライ/ 名 **1** ⓤ 《植》ライムギ; その穀粒《黒パン・ライウイスキーの原料. 英米では主に家畜の飼料》. **2** ⓤ ⓒ (米略式) ライウイスキー(rye whiskey). **3** ⓤ (米) ライ麦パン, 黒パン(rye bread).
**rýe bréad** =rye 3.
**rýe whísk(e)y** =rye 2.

# S

‡**s, S** /és エス/ 名 (複 s's, ss; S's Ss/-iz/) **1** ⓒⓊ 英語アルファベットの第19字. **2** → a, A **2**. **3** ⓒⓊ 第19番目(のもの).

**s** (記号) second(s)².

**S.** (略) school; shilling(s); singular.

*‡**'s** /有声音のあと -z -ズ; 無声音のあと -s -ス; s, z, tʃ, dʒ のあと -iz -イズ/ (略式) is, has, us, does の短縮形 ‖ He's here. =He is here. / She's gone. =She has [is] gone. / Let's go. = Let us go.

> 語法 短縮形は文尾には用いない: She is taller than he is [ˣhe's].

**Sab·bath** /sǽbəθ サバス/ 名 ⓒ (通例 the ~) 安息日《キリスト教ではふつう日曜日, ユダヤ教・一部のキリスト教では土曜日, イスラム教では金曜日》 ‖ keep [observe] the Sabbath 安息日を守る. break [violate] the Sabbath 安息日を破る.

**sab·bat·i·cal** /səbǽtikl サバティクル/ 形 (まれ) **1** 安息日の. **2** 休息の.
—名 ⓒ =sabbatical year.

**sabbátical yéar** (1) (通例 S~) [聖書] 安息年 (sabbatical) 《古代ユダヤ人が7年ごとに休耕した年》. (2) 研究休暇 (sabbatical) 《大学教授に対する, 旅行・研究・休息のための7年ごとの半年または1年の有給休暇》.

**sa·ber**, (英) **sa·bre** /séibər セイバ/ 名 **1** ⓒ (騎兵の)サーベル, 軍刀. **2** [フェンシング] ⓒ サーベル; Ⓤ その試合.

**sa·ble** /séibl セイブル/ 名 ⓒ [動] クロテン《◆毛皮が珍重される》; Ⓤ その毛皮.

**sab·o·tage** /sǽbətɑːʒ サボタージュ, (米+) -tidʒ/ 〔フランス〕名 Ⓤ **1a** 生産妨害行為《労働者が故意に機械・設備を損傷して生産を妨害すること. 日本語の「サボタージュ」意業」に当たるのは (米) slowdown, (英) go-slow》. **b** 破壊工作《戦争中の敵スパイによる橋・鉄道・工場の破壊》. **2** (一般的に)妨害行為.
—動 (現分) -·tag·ing) 他 (正式) …を(故意に)妨害する. 表現 「授業をサボる」は cut a class, play truant などという.

**sac** /sǽk サク/ 名 ⓒ (動・植) 嚢(のう); 液嚢, 気嚢.

**sac·cha·rine** /sǽkərin サカリン, -riːn, -rain/ 形 糖分過多の.

**sa·chet** /sæʃéi サシェイ/⁻/ 名 **1a** ⓒ におい袋. **b** Ⓤ (匂い袋の)香粉. **2** ⓒ (シャンプーなどの)少量入りの袋.

**sack** /sǽk サク/ 名 (同音 sac, 類音 suck/sʌk/) ⓒ (穀物・小麦・石炭などを入れる粗布の)大袋(の), その1袋分(の量) ‖

a sack of potatoes ジャガイモ1袋.

> Q&A **Q**: 「袋」は sack と bag の2つがありますが, どう区別しますか.
> **A**: sack は上の語義にあるように粗い布地で作られた bag より大きいものです. そして穀物や石炭などを入れるのに使います. それに対して bag は革や紙・ビニール・布で作られ, 買い物その他小物を入れて運ぶのに使います(→ bag 名 **1**).

—動 **1** …を袋に入れる.
**2** (英式) 〈人〉をくびにする ((米) fire).
—自 (米略式) 寝る.

**sáck còat** 背広上着.

**sáck ràce** 袋競争《袋に両脚・下半身を入れて跳んで進む競争》.

**sack·cloth** /sǽkklɔ(ː)θ サックロース/ 名 Ⓤ 袋地.

**sac·ra·ment** /sǽkrəmənt サクラメント/ 名 **1** ⓒ 〔カトリック〕秘跡(ひせき), サクラメント《洗礼・堅信・聖体・悔俊(けいしゅん)・終油・叙階・婚姻の7つがある》;〔プロテスタント〕聖礼典《洗礼・聖餐(せいさん)の2つがある》. **2** [the ~ / the S~] 聖餐(式); (聖餐用の)パン(とブドウ酒), 聖体. **3** ⓒ 神聖なもの; 神聖な儀式.

**Sac·ra·men·to** /sæ̀krəméntou サクラメントウ/ サクラメント《米国 California 州の州都》.

*‡**sa·cred** /séikrid セイクリド/ 《神聖 (sacr) な (ed). cf. sacrament, sacrifice》
—形 (比較 more ~, 最上 most ~) **1a** 神聖な, 聖なる (↔ secular) (cf. holy) ‖
sacred writings 聖典《聖書・コーランなど》.
a sacred building 神聖な建物《教会・寺院など》.
a sacred number 聖なる数《特に7》.
**b** 神聖視される ‖
the sacred elephant (インドの)聖象.
**2a** 厳粛(げんしゅく)な, 履(ふ)み行われるべき ‖
a sacred promise 厳粛な約束.
**b** 尊ばれる, 尊敬に値する.
**c** 侵されることのない ‖
sacred rights 不可侵の権利.
**3** [補語として] 祭った, ささげられた, 記念する ‖
a temple (which is) sacred to a god ある神を祭った寺.
Sacred to the memory of Peter Robbins 《墓石の言葉》ピーター＝ロビンスの霊にささげて.

**sac·ri·fice** /sǽkrəfàis サクリファイス/ 名 **1** ⓒ いけえ, ささげ物; Ⓤⓒ 神にいけえをささげること ‖
the sacrifice of a pig to a god 神への豚のささげ物.
They offered a lamb as a sacrifice to their gods. 彼らは子羊をいけにえとして神々にささげた.

**2** C 犠牲(になったもの); C U 犠牲的行為 ‖
at the sacrifice of one's health 健康を犠牲にして.
**3** C 〔野球〕=sacrifice hit.
── 動 (現分) ‑‑fic·ing) 他 **1** …をいけにえとしてささげる ‖
They sacrificed an ox to their gods. 彼らは雄牛をいけにえとして神にささげた.
**2** …を犠牲にする, 投げうつ ‖
She sacrificed her life for her husband. 彼女は夫のために一生を犠牲にした.

**sácrifice flý** 〔野球〕犠牲フライ.
**sácrifice hít** 〔野球〕犠打(sacrifice).
**sac·ri·fi·cial** /sækrəfíʃəl/ サクリフィシャル/ 形 《正式》
**1** いけにえの. **2** 犠牲の, 犠牲的な.
**sa·cro·sanct** /sǽkrousæŋkt サクロウサンクト |
sǽkrəu‑ サクロウ‑/ 形 《正式》 きわめて神聖な, 侵すことのできない.

**S**

**\*sad** /sǽd サド/ 〖『十分な』『うんざりした』が原義〗
派 sadly (副), sadness (名)

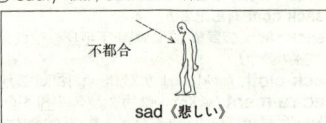

不都合 →

**sad** 〈悲しい〉

── 形 (比較 ~·der, 最上 ~·dest) **1** 悲しい, 悲しむ(↔ glad, happy) ‖
Don't be sad. 悲しむなよ(◆ *Be sad. としない).
I'm sad that my best friend left me. 親友が去って私は悲しい.
She was [felt] sad about her son's death. 彼女は息子の死を悲しんだ.
**2** 悲しみ[哀れ]を誘う; [it is sad to do A / A is sad to do] A〈物·事〉を…するのは悲しい ‖
sad news 悲しい知らせ.
I like sad movies. 私は悲しい映画が好きだ.
It is sad for him to resign. =It is sad that he should resign. 彼が辞職するとは残念だ.
It is sad to hear the news. =The news is sad to hear. その知らせを聞くのは悲しい.
**3** 悲しそうな ‖
in a sad voice 悲しそうな声で.
**4** (略式) [名詞の前で] ひどく悪い, 嘆かわしい((正式) deplorable); みじめな; 始末におえない ‖
a sad coward ひどい卑怯者.
The old castle is in a sad state. その古城は荒れ果てている.

**sád to sáy** [通例文頭で] 残念なことには.
**sad·den** /sǽdn サドン/ 動 他 …を悲しませる.
**sad·dle** /sǽdl サドル/ 〖『座る所』が原義〗 名 C **1** (乗馬用の)鞍; (自転車などの)サドル(図 → bicycle, motorcycle) ‖
be in the saddle 乗馬して; (略式) 権力を握って.
put a saddle on a horse 馬に鞍をつける.
get into [take] the saddle 馬に乗る; 権力を手に入れる.

**2** C (馬具の)鞍部(あんぶ).
**3** C 鞍に似たもの; (2つの峰の)鞍部.
── 動 (現分) sad·dling) 他 **1** …に鞍をつける ‖
saddle a horse 馬に鞍をつける.
**2** (略式) [be saddled with A] A〈不愉快なこと〉を押しつけられている ‖
He is saddled with too many jobs. 彼は多くの仕事をかかえている.

**sad·dle·bag** /sǽdlbæg サドルバグ/ 名 C **1** 鞍(くら)袋. **2** (自転車·オートバイの)サドルバッグ.
**sa·dism** /séidizm セイディズム, séi‑/ 名 U 〔精神医学〕サディズム; 加虐(かぎゃく)趣味.
**sa·dist** 名 C 形 サディスト; 加虐趣味の(人).
**sa·dis·tic** /sədístik サディスティク/ 形 加虐(かぎゃく)的な, サディスト的な.

**\*sad·ly** /sǽdli サドリ/ 〖→ sad〗
── 副 (比較 more ~, 最上 most ~) **1** 悲しそうに, 悲しげに; 悲しんで ‖
She spoke sádly. [動詞を修飾して] 彼女は悲しそうに話した(◆ 動詞の前にくる時は主語の気持ちを表す: *Sàdly*(↘), he roamed the street. / He *sàdly* roamed the street. 悲しくて彼は通りをさまよい歩いた).
**2** [文全体を修飾] 残念なことには, 不幸にも, 不運にも ‖
*Sadly*(↘), she is compelled to resign. 残念なことに彼女は辞職を迫られている.
**3** (略式) ひどく, とても(badly) ‖
be sadly mistaken ひどい思い違いをする.

**\*sad·ness** /sǽdnəs サドネス/ 〖→ sad〗
── 名 U 悲しさ, 悲しみ, 悲哀, 哀愁 (→ sorrow Q&A) ‖
The music charmed the listeners with its sadness. その音楽は哀切な調べで聴く人たちの心をとらえた.

**sa·fa·ri** /səfɑ́:ri サファーリ/ 〔アラビア〕 名 C U (探検)旅行, (特に東アフリカでの)狩猟旅行, サファリ; 狩猟旅行隊 ‖
go out on safari サファリに出かける.
**safári párk** (主に英) サファリ=パーク《放し飼いの動物園》.

**\*safe** /séif セイフ/ 〖『健康な』『無傷の』が原義〗
派 safely (副), safety (名)
── 形 (比較 saf·er, 最上 saf·est) **1** [補語として]〈人·物が〉安全な, 危険[危害, 恐れ]のない(↔ dangerous, unsafe) (cf. secure) ‖
My securities are safe in the bank. 有価証券は銀行に預けてあるので安全です.
We are safe from the rain here. ここにいたら雨にぬれる心配はない.
**2** [補語として] 無事な, 無傷な, 危機を脱した《◆ arrive, be, bring, come, keep などの補語として用いる》 ‖
She came home safe (and sound). 彼女は無事に帰宅した.
The serious case is now safe. 重病患者はもう危険な状態を脱している.

**safeguard**

God keep you **safe**! 《やや古》どうぞご無事で.
対話 "It's really late. I'm worried about Jane." "She'll soon be home **safe**."「ずいぶん遅いなあ. ジェーンのことが心配だよ」「すぐに無事帰ってくるわよ」.
**3** 〈場所・行為などが〉**安全な**, 危険[危害]のない; [it is safe to do A / A is safe to do] A〈物・事・人が〉…しても安全だ ‖
Keep your money in a **safe** place. お金は安全な所に保管しておきなさい.
It is **safe** to swim in this river. =This river is **safe** to swim in. この川で泳いでも安全です《◆ ×It is safe that you swim in the river. とはいえない》.
This street isn't **safe** at night. この通りは夜は物騒だ.
**4** 慎重な, 信頼できる(reliable), 危なげがない ‖
a **safe** driver 慎重な運転者.
**safe** driving 安全運転.
Is the plane the **safest** means of transport? 飛行機は最も安心できる交通機関ですか.
**5** 危険を引き起こさない, 危害を及ぼさない ‖
Is this dog **safe**? この犬はかみつきませんか.
**6** [be safe to do] きっと…する, 確かに…する ‖
He is **safe** to win. 彼はきっと勝ちます.
**7** 〔野球〕セーフの(↔ out) ‖
He was **safe** on second (base). 彼は2塁でセーフだった.
*It is sáfe to sáy* … …と言って間違いない[差しつかえない].
*pláy (it) sáfe* 《略式》大事をとる, 用心をする, 危険を冒さない.
──名 (複 ~s/-s/) C **1** 金庫 ‖
Put your money in the **safe**. お金を金庫にしまいなさい.
**2** (食料品の)貯蔵庫, 冷蔵庫; 網戸棚.
**sáfe・ness** 名 U 安全性, 安全なこと.
**safe・guard** /séifgɑːrd/ 名 C **1** 予防手段, 予防措置(さく), 保護手段; 緊急輸出[入]制限措置 ‖
a **safeguard** against the flu 流感の予防策.
**2** 安全装置.
──動 他 …を保護する, 守る ‖
**safeguard** one's skin against sunburn 肌を日焼けから守る.
***safe・ly** /séifli/ セイフリ/ 〖→ safe〗
──副 (比較 more ~, 最上 most ~) **1** 安全に, 無事に ‖
return home **safely** 無事に帰宅する.
**2** [文全体を修飾] 差しつかえなく, 間違いなく ‖
I can **safely** say so. そう言って差しつかえない.
**safe・ty** /séifti/ セイフティ/ 名 (複 **safe・ties**/-z/) **1** U 安全, 無事(↔ danger); [形容詞的に] 安全の, 安全確保の ‖
a measure of **safety** =a **safety** measure 安全対策.
reach home in **safety** 無事に家に着く.
road **safety** rules 道路安全規則.
For your own **safety**, give the mugger what he wants. 強盗に会ったら要求されるものを渡したほうが身のためだ.
**2** C 〔アメフト〕セーフティ《守備側の最後尾の選手》(図 → American football).
**3** C 〔野球〕安打, ヒット.

*pláy for sáfety* 危険な手を打たない, 大事をとる.
**sáfety bèlt** (1) シートベルト. (2) (高所作業用の)安全ベルト.
**sáfety cùrtain** 《英》(劇場の)防火幕《ステージと客席を遮断して延焼を防ぐ》.
**sáfety glàss** 安全ガラス《割れたとき飛び散らないガラス》.
**sáfety ìsland** 《米》(道路の)安全地帯(refuge).
**sáfety làmp** (坑道内で用いる)安全灯.
**sáfety màtch** (安全)マッチ.
**sáfety nèt** (サーカスの)安全網.
**sáfety pìn** 安全ピン.
**sáfety ràzor** 安全かみそり.
**sáfety vàlve** (1) (ボイラーなどの)安全弁. (2) (過度の感情・精力などの)無難なはけ口.
**sáfety zòne** (道路の真ん中にある歩行者のための)安全地帯(《英》refuge).
**saf・fron** /sǽfrən/ サフロン/ 名 **1** C 〔植〕サフラン《アヤメ科》. **2** U サフラン《1のめしべの黄色い柱頭を乾燥させた香辛料・食品着色剤》. **3** U =saffron yellow.
**sáffron yèllow** 濃い黄色(saffron).
**sag** /sǽg/ サグ/ 動 (過去・過分 sagged/-d/; 現分 sag・ging) 自 **1** 沈下する, 陥没する; かしぐ, たわむ. **2** 気がめいる, がっかりする.
──名 [しばしば a ~] **1** U たるみ; C たるんだ場所. **2** U 下落; 沈下.
**sa・ga** /sɑ́ːgə/ サーガ/ 名 C **1** サガ, サーガ《北欧中世の散文による英雄伝説》; 長編冒険談. **2** =saga novel.
**sága nòvel** (一家一門の数代にわたる)大河小説(saga).
**sa・ga・cious** /səgéiʃəs/ サゲイシャス/ 形 《文》聡明(そうめい)な, しっかりした判断力をもった.
**sage**[1] /séidʒ/ セイチ/ 形 《文》賢い, 賢明な, 思慮深い, 経験に富む.
──名 C [しばしば ~s] **1** きわめて賢い人; 知恵や経験に富む老人.
**2** 賢人, 哲人; 物知り ‖
the Seven **Sages** (古代ギリシアの)七賢人.
**sage**[2] /séidʒ/ セイチ/ 名 **1** U 〔植〕セージ, サルビア《シソ科の薬草. 香辛料にする》. **2** =sagebrush.
**sage・brush** /séidʒbrʌʃ/ セイチブラシ/ 名 U 〔植〕ヤマヨモギ《Nevada 州の州花》.
**Sa・ha・ra** /səhǽrə サハラ | səhɑ́ːrə サハーラ/ 名 [the ~] サハラ砂漠.
***said** /séd セド/ 《発音注意》《◆ ×セイド》動 → say.
──形 《正式》[通例 the ~ …] 上述の…, 前記の… ‖
the **said** person 本人, 当該者.
**Sai・gon** /sàigɑ́n サイガン | -gɔ́n -ゴン/ 名 サイゴン(→ Ho Chi Minh **2**).

## sail

**\*sail** /séil セイル/ (同音 sale) 〖「切り取られた布」が原義〗

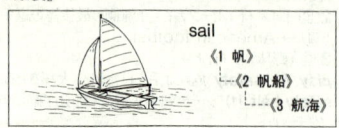

sail
〈1 帆〉
〈2 帆船〉
〈3 航海〉

─名 (複 ~s/-z/, 2 では sail) **1** © 帆; [集合名詞; 通例無冠詞] (一部または全部の)帆 ‖
a ship in full sail 満帆を揚げた船.
carry sail 帆を揚げている.
hoist the sails 帆を揚げる.
shorten sail 帆を絞る.
**2** (複 sail) © 帆船《sailboat, sailing boat, yacht など》; [集合名詞] 帆船団, (…)隻(ﾄﾞ)(の船) ‖
a fleet of thirty sail [×sails] 30隻の帆船団.
**3 a** © [通例 a ~] 帆走; 航海; 船遊び ‖
have a sail along the coast in his yacht 彼のヨットで沿岸を帆走する.
**b** Ⓤ [しばしば a ~] 航程 ‖
How many days' sail is it from Liverpool to Mumbai? リバプールからムンバイまではどれぐらいの航程ですか.
*màke sáil* 帆を張る, 出帆(ﾊﾟﾂ)する.
*sèt sáil* 出帆する.
*ùnder sáil* 帆走中; 帆を張って.

─動 (三単現 ~s/-z/; 過去・過分 ~ed/-d/; 現分 ~·ing)
─自 **1 a** 航行する, 帆走する ‖
sail into harbor 入港する.
sail along the coast 沿岸を航行する.
**b** 出帆する, 出航する; 船旅をする ‖
When does the ship sail for Hawaii? ハワイ行きの船はいつ出帆しますか.
She sailed across the Atlantic. 彼女は大西洋を船で渡った.
**2** [通例 go ~ing] ヨットを走らせる, 船遊びをする.
**3** 〈鳥・飛行機などが〉なめらかに進む〔飛ぶ〕 ‖
The swans sailed along the lake. ハクチョウが湖をすいすいと泳いだ.
─他 **1** 〈海〉を渡る, 航行する ‖
She sailed the Atlantic. 彼女は大西洋を船で渡った.
**2** 〈帆船〉を操る, 帆走させる ‖
sail one's own yacht 自分のヨットを操る.
*sáil ín* [自] 入港する.

**sail·boat** /séilbòut/ セイルボウト/ 名 © (米) 帆船, ヨット((英) sailing boat) 《◆帆のある船をいう一般的な語. 日本のヨットは小型のものが多いので, yacht というより sailboat》.

**sail·ing** /séiliŋ セイリング/ 動 → sail.
─名 **1** Ⓤ 帆走法, 航海術. **2** Ⓤ ヨット競技〔遊び〕. **3** ©Ⓤ 航海; 出航.
**sáiling bòat** (英) =sailboat.
**sáiling ship** [**vèssel**] 大型帆船, 帆前(ﾏｴ)船.

**\*sail·or** /séilər セイラ/ [→ sail]
─名 (複 ~s/-z/) © **1** 船員, 海員, (ヨットの)乗組員; 水夫 (↔ officer) 《◆ふつう上級船員以下の乗組員をさす》.
**2** (将校に対して)水兵, 海兵隊員; 海軍軍人 (cf. soldier).
**3** [通例 good, bad を伴って] 船について…な人〔乗客〕 ‖
a good sailor 船酔いしない人.
a bad sailor 船酔いする人.

> **Q&A** *Q*: 日本の女子生徒の制服の「セーラー服」は sailor suit というのですか.
> *A*: sailor suit というのはふつうは男児のセーラー服のことで, 女子のものは sailor [middy] blouse といいます.

**saint** /séint セイント/ 名 **1 a** 聖人, 聖者, 聖徒《キリスト教会から正式に認められ称号を与えられた人》‖
I am no saint. 私は聖人なんかじゃない(ふつうの人間だ).
**b** [通例 ~s] 死者, 天国に行った人.
**2** [S~; 人名の前で] 聖…《◆発音は, (英) 母音の前では /sənt/, 子音の前では /sən/, (米) いずれの場合も /seint/ で, 次の名詞を強く発音する》‖
Saint Nicholas is generally known as Santa Claus. 聖ニコラスは一般にはサンタクロースとして知られている.
**3** (略式) 聖人のような人 ‖
His mother is a saint. 彼のお母さんはよくできた人だ.
《◆(1) 以下の分離複合語では Saint を St. と表記することも多い. (2) 聖人の名については, Saint を除いた各項参照》.

**Sàint Bernárd** 〔動〕セントバーナード犬《もとアルプスの Great St. Bernard にある修道院で飼われて道に迷った旅人を救助するのに使われた犬》.
**Sàint Pátrick's Dày** 聖パトリックの祝日《3月17日》.
**Sàint Pé·ters·burg** /-píːtərzbə̀ːrg/ ピータズバーグ/サンクトペテルブルク《ロシア北西部の都市. 旧称 Leningrad》.
**Sáint's dày** 聖人の祝日.
**Sàint Válentine's Dày** 聖バレンタインの祝日, バレンタインデー《2月14日. この日に鳥がつがうとされ, 恋人同士, 親子, 先生と生徒, 友だち同士などで贈り物(特に赤いバラの花)をしたり valentine と呼ばれるカードなどを送る風習がある》.

**saint·ly** /séintli セイントリ/ 形 (比較 --li·er, 最上 --li·est) **1** 聖人のような[にふさわしい]. **2** 高徳の, 気高い.

**Sai·pan** /sàipǽn サイパン/ 名 サイパン島《西太平洋 Mariana 諸島中の島. 米国の国連信託統治領》.

**\*sake** /séik セイク/ 〖「訴訟」が原義〗
─名 (複 ~s/-s/) © ため; 目的, 理由《◆次の成句で》.
◇*for A's sàke* = *for the sáke of A* (略式)
*sáke of A* …の(利益の)ために, …を目的として

**Sakhalin**

Do it **for** my **sake**. 私のためにそれをしてくれ / She moved to the country **for the sake of** her health. 彼女は健康のために田舎(%%)に移った / She was generous with her money **for** her name's **sake**. 彼女は自分の名の手前[自分の評判のため]気前よく金を出した.

**for Gód's [Chríst's, góodness('), héaven's,** (やや古) **píty('s), mércy's] sáke** (略式) お願いだから, どうか.

**for óld tímes' sáke** 昔のよしみで.

**Sa·kha·lin** /sǽkəliːn/ サカリーン《名》サハリン《ロシア東部の島. 日本名は樺太(½§)》.

**sa·laam** /səlάːm/ サラーム /『アラビア』《名》C《イスラム教徒の》額手(%*)礼; (イスラム教国の)敬礼, あいさつ; [~s] 敬意.

**sal·a·ble** /séiləbl/ セイラブル《形》売るのに適した, よく売れる.

***sal·ad** /sǽləd/ サラド /『塩(sal)をいれた(ad). cf. sa/ary, sa/t』
— 《名》(複 ~s/-ədz/) U C **1** サラダ ‖
mix [prepare, make, ×cook] (a) **salad** サラダを作る.

関連 [いろいろな **salad**] (a) green **salad** (主にレタスの)グリーン[野菜]サラダ / (a) fruit **salad** (英) フルーツサラダ《◆ふつう冷やしてデザートに出す》/ (a) lobster **salad** エビサラダ / (a) cheese **salad** チーズサラダ.

**2** レタス, サラダ菜, 青野菜.

**sálad bòwl** (1) サラダボール. (2) 各人種が独自性を持ちながら共存している国[地域].

**sálad dàys** (略式)《複数扱い》世間知らずの青年時代.

**sálad drèssing [crèam]** サラダ·ドレッシング.

**sal·a·man·der** /sǽləmæ̀ndər サラマンダ,《英+》-mὰːn-/《名》C《動》サンショウウオ.

**sa·la·mi** /səlάːmi/ サラーミ《名》U サラミ(ソーセージ).

**sal·a·ried** /sǽlərid/ サラリド 『《正式》**1** 〈人が〉(一定期間, 定額の)給料を受けている ‖
**salaried** workers [people] 給料生活者, サラリーマン(→ salary Q&A).

**2** 〈仕事·職·階級が〉給料で支払われる[を受ける](→ salary 名) ‖
a **salaried** position [post] 有給職.
the **salaried** classes 給料生活者階級.

**sa·la·ries** /sǽləriz/ サラリズ《名》→ salary.

***sal·a·ry** /sǽləri/ サラリ 『『塩に関する』より. 古代ローマでは塩を買うために兵士に金が与えられた. cf. sa/ad, sa/t』
— 《名》(複 --a·ries/-z/) C U 給料, サラリー《◆サラリーマンの常傭いに支払われる固定給で, 年俸·3か月給·月給, 時には週給などがある. 時間給は主に wage》‖
My husband gets a **salary**. 夫はサラリーマンです.
That's two weeks' **salary** for me. それは私には2週間分の給料に当たる.

Her **salary** is high. 彼女の給料は高い《◆「安い」は low, small を用いる》.

**sálary incréase** [《米》**ràise**] 昇給《◆ ×base-up とはいわない》.

Q&A **Q** :「サラリーマン」は a salaryman でいいのですか.

**A** : a salaryman はある程度認められた日本製の英語ですが, 一般的とはいえません. a salaried man [worker, people] ということも可能ですが, ふつう an office worker, a bank clerk など具体的職業名を使います.

***sale** /séil/ セイル (同音 sail; 類音 sell, cell/sél/) 『→ sell』派 salesman (名)
— 《名》(複 ~s/-z/) **1** U C 販売, 売却 ‖
a cash **sale** [a **sale** for cash] 現金販売.
The **sale** of his car gained him $1,000. 彼は自分の車を売って1000ドルを得た.
We had [made] only five **sales** today. きょうはたった5件の販売取引しかなかった.

**2** [~s; 複数扱い] 売上高 ‖
Today's **sales** were larger than usual. きょうの売上はいつもより多かった.

**3** U [しばしば a ~] 需要, 売れるチャンス, 市場(%) ‖
Recently there has been almost no **sale** for cotton socks. このところ木綿のソックスの需要はほとんどない.
My old motorbike found **a** quick **sale**. 私の中古のオートバイはすぐに売れた.

**4** C 特売, 大安売り; [形容詞的に] 特売の ‖
a clearance **sale** 在庫一掃セール.
Sale! 大安売り.
**sale** bargains 特売の買物.
a **sale** price 大特価.
The shop is having a **sale** of [on] shoes. その店では靴の大安売りをやっている.
I bought this dress cheap **at a sale**.《英》この服はバーゲンで安く買った.

Q&A **Q** :「バーゲンセール」は bargain sale ではいけないのでしょうか.

**A** : そうは言いません. 英語では第2例にあげた Sale! がこれに当たります. その時に買った品物は sale bargains といいます.

**5** C 競売, せり市 ‖
a cattle **sale** 牛のせり市.

**6** [~s] 販売業務[活動]; [形容詞的に] 販売の.

**°for sále** 売り物の; せりに ‖ Her house is being put up for **sale**. 彼女の家が売りに出ている / Not For Sale (揭示) 非売品.

**°on sále** (1) 販売されて ‖ The evening newspapers go **on sale** at around three. 夕刊は3時頃発売される. (2)《米》特価販売の; 特価で(《英》on offer)(cf. at a **sale** → **4**)‖ I bought my shoes **on sale**. 靴を特売で買っ

た.
**sáles slíp** 《米》レシート.
**sáles tálk** [(略式) **chát**] (1) (商品の)売り込みの口上. (2) 説得の議論.
**sáles tàx** 《米》売上税.
**Sa·lem** /séiləm|-lem -レム/ 名 1 〔詩〕 サレム《今の Jerusalem の古代の名》. 2 セーレム《米国 Massachusetts 州の都市. 17世紀の魔女裁判で有名》.
**sales·clerk** /séilzklə̀ːrk セイルズクラーク|-klə̀ːk -クラーク/ 名 C 《米》(販売)店員 (《英》 shop assistant).
**sales·la·dy** /séilzlèidi セイルズレイディ/ 名 (複 -la·dies/-z/) C = salesman.
**sales·man** /séilzmən セイルズマン/ (発音注意) 名 (複 ×セイルズマン》(→ sportsman Q&A) ♦ -men/-mən/; 《女性形》 -wom·an, 《米》-la·dy ((集合的), shop assistant, salesperson) C 1 男子販売員, 男子店員; (生産者と小売業者間の)仲買人 ‖
My father is a **salesman**. 父は店員をしている.
2 外交販売員, セールスマン.
**sales·per·son** /séilzpə̀ːrsn セイルズパースン/ 名 C (販売)店員《♦ -man, -woman を避ける表現》.
**sales·wom·an** /séilzwùmən セイルズウマン/ 名 → salesman.
**sa·li·ent** /séiliənt セイリエント/ 形 《正式》 1 (最も)顕著な; 重要な. 2 突き出た.
**sa·line** /séili:n セイリーン, -lain|-lain -ライン/ 形 《正式》塩分を含んだ, 塩からい.
**Salis·bur·y** /sɔ́ːlzbèri ソールズベリ|-bəri -バリ/ 名 ソールズベリー《イングランド Wiltshire の都市》.
**sa·li·va** /səláivə サライヴァ/ 名 U 唾液(芝), つば.
**sal·low** /sǽlou サロウ/ 形 《比較》 ~·er, 《最上》 ~·est) 血色の悪い, 黄ばんだ.
**Sal·ly** /sǽli サリ/ 名 サリー《Sarah の愛称》.
**salm·on** /sǽmən サモン/ (発音注意) 《♦ l は発音しない》(→ should Q&A) [類音] sermon/sə́ːrmən/) 名 (複 salm·on) 《♦ 「何種類かのサケ」をいうときは salmons とする》〔魚〕サケ 1 C 〔魚〕サケ ‖
Salmon are hatched in rivers. サケは川で孵化(祭)する.
2 U サケの肉; [形容詞的に] サケ肉の ‖
a piece of **salmon** サケの1切れ.
3 U = salmon pink.
**sálmon làdder** [**lèap, pàss, stàir**] 魚梯(芸)《サケを上流へ上らせるためにダムなどに造る魚道》.
**sálmon pínk** サーモンピンク(salmon) 《オレンジがかったピンク》; [形容詞的に] サーモンピンクの.
**sálmon tróut** 〔魚〕 サーモントラウト《河川生活性の強いサケ・マス類で降海するいくつかのもの》.
**sal·mo·nel·la** /sælmənélə サルモネラ/ 名 (複 -lae/-liː/) C U サルモネラ菌《食中毒の原因》.
**Sa·lo·me** /səlóumi サロウミ/ 名 1 サロメ《女の名》. 2 〔聖書〕 サロメ《ヘロデ王の後妻ヘロデヤの娘. 王に John the Baptist の首を求めた》.
**sa·lon** /səlán サロン|sǽlɔn サロン/ [類音] saloon /səlúːn/) 名 C 1 (服飾・美容の)店 ‖

a beauty **salon** 美容院.
2 〔フランス史〕サロン《主に17, 18世紀の上流階級の社交会. 貴婦人宅に芸術家などが集まった》.
**sa·loon** /səlúːn サルーン/ 名 C 1 《米まれ》酒場, バー. 2 《英》 [複合語で] (…用の)広い場所[部屋] ‖
a billiard **saloon** 玉突き場.
3 (客船・ホテルなどの)談話室, 社交室; (旅客機の)客室. 4 《英》 a = saloon bar. b = saloon car.
**salóon bàr** 《英》パブの上室(saloon) 《♦ public bar, private bar, saloon bar の順に高料金となる》.
**salóon càr** 《英》特別客車(saloon) (《米》 parlor car); セダン型自動車(《米・豪》 sedan).
\***salt** /sɔ́ːlt ソールト, 《英+》 sɔ́lt/
―名 (複 ~s/sɔ́ːlts/) 1 U 塩; 食塩《♦ 浄化・不滅などの象徴. 悪霊を追い払うため左肩越しに塩をまくとされる》‖
table **salt** 食卓塩.
rock **salt** 岩塩.
add a pinch of **salt** to the dish 料理に塩をひとつまみ加える.
meat in **salt** 塩漬けの肉.
Please pass (me) the **salt**. 塩を取ってください《♦食卓で手の届かないとき腰を浮かせたりして取るのは失礼なのでこういう. もっとていねいには Could I have the *salt*, please? など》.
2 U C 〔化学〕 〔通例 ~s〕 塩(え), 塩類.
3 U 刺激[興趣]を添えるもの, 機知, 「わさび」; 痛快さ ‖
**salt** of life 生きがい.
4 C (略式) [しばしば an old ~] 老練な水夫.
**rúb sált in** *A*'s **wóund(s)** …の気持ちをさらに傷つける.
**spíll sált** 塩をこぼす《♦ 不幸の前ぶれとされている》.
**the sált of the éarth** 〔聖〕 地の塩; [集合名詞的に] 社会の指導者, 世人の鑑.
**wórth** one's **sált** (略式) [しばしば否定文で] 給料分の働きをする, 仕事の完全な, 尊敬するに足る.
―形 [名詞の前で] 1 塩の, 塩からい, 塩味の.
2 塩漬けの.
3 海水につかった, 海水性の ‖
**salt** breezes 潮風.
―動 他 1 …に塩をかける, 塩味を加える. 2 …を塩漬けにする.
**Sált Làke Cíty** ソルト=レーク=シティ《米国 Utah 州の州都》.
**sált shàker** 《米》(ふりかけ式の)塩入れ(《英》 salt-cellar).
**sált spòon** (食卓のポット式塩入れ用の)塩さじ.
**sált wáter** (1) 海水(sea water). (2) 塩水.
**SALT, Salt** /sɔ́ːlt ソールト/ 〔Strategic Arms Limitation Talks〕 名 《米ソ間の)戦略(核)兵器制限交渉, ソルト.
**salt·ed** /sɔ́ːltid ソールティド/ 動 → salt.
―形 塩で味付けされた; 塩分のある.
**salt·wa·ter** /sɔ́ːltwɔ̀ːtər ソールトウォータ, 《英+》 sɔ́lt-, 《米+》 -wɑ̀-/ 形 海水[塩水]の, 海水に棲(す)んでいる (↔ freshwater) ‖

**saltwater** fish 海水魚.

**salt・y** /sɔ́ːlti ソ(ー)ルティ/ 形 (比較) ‥i・er, (最上) ‥i・est) 塩の, 塩の味のする.

**sal・u・ta・tion** /sæljətéiʃən サリュテイション/ 名 (正式) **1** ⓒⓊ あいさつ《おじぎやキスやあいさつの言葉など》. **2** ⓒ あいさつの文句《Dear Sir, Dear Miss Jones, Ladies and Gentlemen など》.

**sa・lute** /səlúːt サルート/ 動 (現分) ‥lut・ing) 他 **1** (正式) …にあいさつする, 会釈する《◆"Hello!" など口で言うあいさつは greet》‖
He saluted me by raising his hat. 彼は帽子を軽く上げて私にあいさつした.
**2** 〔主に軍事〕…に敬礼する, 表敬する‖
The Queen was saluted with twenty-one guns. 女王は21発の礼砲で迎えられた.
**3** …を迎える; …に浴びせる‖
She saluted me with a cheerful wave. 彼女はにこやかに手を振って私を迎えてくれた.
— 自 あいさつする, 敬礼する.
— 名 **1** ⓒ 〔主に軍事〕**a** 敬礼《挙手の礼・礼砲・降旗・ささげ銃など》. **b** 〔通例 the ~〕敬礼の姿勢.
**2** ⓒⓊ (正式) あいさつ《◆ greeting がふつう》; お辞儀, 会釈‖
**in salúte** あいさつとして.

**sal・vage** /sǽlvidʒ サルヴィチ/ 名 Ⓤ **1** 海難救助; (沈没船の)引き揚げ, サルベージ. **2** 海難救助料. **3** (火災・水害・難破船からの)財産救出. **4** 救出財貨(価格). — 動 (現分) ‥vag・ing) 他 …を持ち出す, 救い出す.

**sal・va・tion** /sælvéiʃən サルヴェイション/ 名 Ⓤ **1** (主にキリスト教で罪(sin)からの)魂の救済. **2** (損害・破滅・失敗などからの)救済; 保護, 保存. **3** (正式) 救いとなるもの; 救済手段.
**Salvátion Ármy** 〔the ~〕救世軍《1865年に設立された国際的なキリスト教の団体. 広い分野で慈善事業をする》.

**salve** /sǽv サヴ | sǽlv サルヴ, sáːv/ 〔類音〕serve /sə́ːrv/ 名 (正式) **1** ⓒⓊ 〔時に複合語で〕軟膏(ɡ), 膏薬. **2** ⓒ 心の傷を直すもの. — 動 (現分) salv・ing) 他 〔主に文〕…をやわらげる, いやす.

**Salz・burg** /sɔ́ːlzbəːrɡ ソールズバーグ | sǽlts- サルツ-/ 名 ザルツブルク《オーストリアの都市. モーツァルトの生地》.

**Sam** /sǽm サム/ 〔類音〕some, sum/sʌ́m/ 名 サム《Samuel の愛称》.

**Sa・mar・i・a** /səméəriə サメアリア/ 名 サマリア《古代イスラエル北王国の都市およびその周辺の地域》.

**Sa・mar・i・tan** /səmǽrətn サマリトン/ 形 サマリアの; サマリア人[語]の. — 名 ⓒ (聖書) 〔しばしば good [Good] ~〕よきサマリア人(ʥ); 困っている人に親切な人.

**sam・ba** /sǽmbə サンバ/ 名 ⓒ 〔the ~〕サンバ《ブラジル起源の軽快なダンス》; その曲.

\*\***same** /séim セイム/ 〔〖共に〗が原義. cf. similar〕
— 形 **1** 〔名詞の前で〕〔通例 the ~〕同じ, 同様な《↔ different》《◆(1) 種類・外観・量などの点で異なっていないという意味. identical は同一であること. (2) しばしば as … を後におく》‖
His car and mine are **the same**. =His car is **the same** as mine. 彼の車と私の車は同じ車種です.
Three of the girls had **the same** umbrella. 女の子たちのうち3人が同じかさを持っていた.
She'll give you **the same** advice again. 彼女はまた同じ忠告をあなたにしてくれますよ.
Frozen peas taste much **the same as** fresh ones. 冷凍のエンドウは生のものとほとんど同じ味です.
George wrote in **the same** manner **as** his father did. ジョージは父親と同じ書き方をした.
I have read **the same** book that you have. あなたの持っている本と同じ本を読みました(=I have read **another copy** of the book that you have.)《◆同一物でなくても that は使える. 同一の場合は I have read your book. とする》.
**2** 〔名詞の前で〕〔通例 the ~〕同一の, まさにその‖
Jerry and I went to **the same** school. ジェリーと私は同じ学校に通った.
He wears **that same** blue suit to work every day. 彼は毎日あの同じ青い背広を着て勤務する.
That's **the same** student **that** was looking for you yesterday. あれはまさしくきのうあなたを捜していた生徒です.
She put the magazine back in **the same** place **where** she found it. 彼女はその雑誌を見つけたのと同じところへ戻してあった.
She's given the same answer **as** [(that)] she gave last time. 彼女はこの前と同じ解答をした《◆主語や動詞が省略されると as を用い, that は用いない》.
**3** 〔通例 the ~〕(以前と)変わらない, 同じ‖
**the same** old story 昔からよくある話[こと].
She is always **the same** to us. 彼女はいつも私たちに対して変わらぬ態度をとる.
The patient's condition is **the same as** it was yesterday. その患者の容態はきのうと変わらない.
His attitude toward her seems just **the same** as ever. 彼女に対する彼の態度は以前とちっとも変わらないように見える.
**4** 〔通例 the ~〕今言ったばかりの, 前述の, 例の《◆ the の代わりに this, that, these, those などが用いられることもある》‖
**This same** man was later prime minister. この今言った男は後に首相となった.
**at the sáme tíme** (1) 同時に‖ They reached Tokyo **at the same time**. 彼らは同時に東京に着いた. (2) 〔文または節の始めで〕でもやはり, けれども‖ He can be rude; **at the same time** everyone likes him. 彼は失礼なことをすることもあるが, でもみな彼が好きだ.
— 代 〔the ~〕同じこと[もの]; 同じようなこと[もの]‖

She ordered coffee, and I ordered the same. 彼女はコーヒーを注文し,私も同じものを注文した.

She waved and he did the same. 彼女が手を振った.彼も同じように手を振った.

The same goes for me. 同じことが私にも当てはまる.

対話 "I'll have a cheeseburger and a coke, please." "Same for me, please.(↗)" (= Sàme hére, please.)"「チーズバーガーとコーラにしよう」「ぼくにも同じのをください」.

対話 "Merry Christmas, Johnny!" "(And the) sàme to yóu! [I wish you the same.]"「ジョニー,クリスマスおめでとう」「おめでとう」◆侮辱(辱)されて怒って反撃するときなどにも使う: "What an ass!" "Same to you!"「なんてばかかんだ」「お前こそ」.

- ◇**all the sáme** (略式) (1) [文・節の初めまたは終わりで] にもかかわらず, やはり ‖ Her parents opposed it — all the same, she got married to Bob. 彼女の両親は反対した.それでも彼女はボブと結婚した. (2) 似たりよったり, みんな同じ ‖ Boys are all the same. 男の子ってみんな同じじゃ.

- ◇**be áll [júst] the sáme to** A (略式) …にとってどうでもよいことである, …にとってたいしたことではない《◆ふつう it が主語》‖ If it's all the same to you, I'd like to go by bus. あなたがどうでもいいのならば, 私はバスで行きたい.

- ◇**jùst the sáme** (1) =all the SAME (1) ‖ Thank you just the same. (辞退して) 結構です, どうもありがとう《◆ No, thank you. よりていねい》. (2) 同じようにして. (3) =all the SAME (2).

**Sa·mo·a** /səmóuə/ サモウア 名 サモア《南太平洋上の群島》.

**sam·ple** /sǽmpl サンプル | sáːmpl サーンプル/ 名 C
**1** 見本, 標本, サンプル; 実例; [形容詞的に] 見本の, 標本の ‖
Please send me some samples of curtain material. カーテン地の見本を送ってください.
**2** 商品見本, 試供品(free sample) ‖
a sample copy 見本用の本.
—— 動 (現分 sam·pling) 他 …の見本をとる, 見本をとって試す; …を試食する ‖
She sampled her daughter's soup. 彼女は娘の作ったスープの味をみた.

**Sam·son** /sǽmsn/ サムスン 名 **1** [聖書] サムソン《古代ヘブライの怪力の士師(し)(judge). 愛人デリラにだまされて盲目にされた》. **2** サムソン《男の名》.

**Sam·u·el** /sǽmjuəl/ サミュエル 名 サミュエル《男の名. 愛称 Sam, Sammy, Sammie》.

**san·a·to·ri·um** /sæ̀nətɔ́ːriəm サナトーリアム/ 名 (複 ~s, ··ri·a /-riə/) C (英) 保養地; サナトリウム, 療養所 (米) sanitarium).

**San·cho Pan·za** /sǽntʃou pǽnzə サンチョウ パンザ/ 名 サンチョ=パンサ《Don Quixote の従者》; (理想主義的人物の) 現実的友人.

**sanc·ti·fy** /sǽŋktəfài サンクティファイ/ 動 (三単現 ··ti·fies/-z/ ; 過去・過分 ··ti·fied/-d/) 他 (正式) …を神聖にする; …を聖別する.

**sanc·ti·mo·ni·ous** /sæ̀ŋktəmóuniəs サンクティモウニアス/ 形 (正式) 信心深げな; 神聖らしく見せかけた.

**sanc·tion** /sǽŋkʃən サンクション/ (正式) 名 **1** U 認可, 裁可; 承認, 許可. **2** U (伝統・慣習による) 是認, 容認, 支持. **3** C (道徳的・社会的) 拘束(力). **4** C 制裁, 処罰.
—— 動 …を認可[是認]する(permit).

**sanc·ti·ty** /sǽŋktəti サンクティティ/ 名 U (正式) 神聖, 尊厳; 神々(ぎ)しさ.

**sanc·tu·ar·y** /sǽŋktʃuèri サンクチュエリ | -əri -アリ/ 名 (複 ··ar·ies/-z/) **1** (文) C 神聖な場所, 聖域《教会・神殿など》. **2** C 至聖(し)所, 内陣《教会・神殿の中の最も神聖な区画. 祭壇の前など》. **3** C (中世に, 犯罪者などが逃げ込んだ) 聖域, 「駆け込み寺」; (政治的亡命者などの) 逃げ込み場, 避難所 ; U (教会などの) 罪人庇護(ひ)権; (罪人の) 庇護所, 保護. **4** C 禁猟区[期間]; 鳥獣保護区域, サンクチュアリ.

\***sand** /sǽnd サンド/ 派 sandy (形)
—— 名 (複 ~s/sǽndz/) **1** U 砂 ‖
a grain of sand 1粒の砂《◆ *a sand とはいわない》.
Sand feels like rough grit. 砂は粗い粉のような感じです.
countless as the sands of the sea 〖聖〗浜辺の砂のように数多くの.
**2** U [しばしば ~s] 砂地, 砂原, 砂浜, 砂漠 ‖
play on the sand(s) 砂地[砂浜]で遊ぶ.
*build* A *on sánd* (略式) …を不安定な基礎の上に築く.
—— 動 **1** (主に滑らないように)…に砂をまく ‖
sand an icy sidewalk 凍った歩道に砂をまく.
**2** …を砂[紙やすり]で磨く.

**sánd càstle** 砂の城.

**sánd dùne** [hill] 砂丘.

**sánd flỳ** 〖昆虫〗サシチョウバエ《吸血し, 種類によっては病原菌を運ぶ》.

**san·dal** /sǽndl サンドル/ 名 C **1** サンダル《古代ギリシア・ローマ人が用いた革製のはきもの》. **2** サンダル靴(→ slipper).

sandal 2

Q&A Q: 日本の「ぞうり」や「わらじ」,「げた」はどう言いますか.

A: 「ぞうり」は (Japanese) sandals, 「わらじ」は (Japanese) straw sandals と言えばよいでしょう.「げた」は (Japanese) clogs と言います.

**san·dal·wood** /sǽndlwùd サンドルウド/ 名 〖植〗 C ビャクダン《主に太平洋地域産》; コウキシタン《インド産》; U ビャクダン材《堅くて芳香がある》.

**sand·bag** /sǽndbæg サンドバグ/ 名C 砂袋, 土嚢(どのう).

**sand·bank** /sǽndbæŋk サンドバンク/ 名C (河口などの)砂州(さす), 浅瀬.

**San Di·e·go** /sæn diéigou サン ディエイゴウ/ 名 サン=ディエゴ《米国 California 州南部の都市. 海軍の基地》.

**sand·i·ness** /sǽndinəs サンディネス/ 名U 砂質; 砂の多いこと.

**sand·pa·per** /sǽndpèipər サンドペイパ/ 名U 紙やすり, サンドペーパー ‖
two pieces of **sandpaper** 2枚の紙やすり.
——動 他 …を紙やすりで磨く.

**sand·pip·er** /sǽndpàipər サンドパイパ/ 名C 〔鳥〕シギ《特にくちばしの長い種の総称》.

**San·dra** /sǽndrə, sáː-/ 名 サンドラ《Alexandra の愛称》.

**sand·stone** /sǽndstòun サンドストウン/ 名U 砂岩.

**sand·storm** /sǽndstɔ̀ːrm サンドストーム/ 名C (砂漠の)砂あらし.

***sand·wich** /sǽndwitʃ サンドウィチ, -widʒ サンドウィヂ, -witʃ/《英国の Sandwich 伯爵の名から. ゲームに夢中になりパンの間に肉をはさんで食べたという》
——名 (複 ~·es/-iz/) C **1** サンドイッチ, [複合語で] …サンド《◆ 縦長に切り込みを入れたロールパン (roll) を使ったものも **sandwich** という》‖
make cheese **sandwiches** チーズサンドを作る. **2** (英)ジャムケーキ, クリームケーキ《サンドイッチのように間にジャムやクリームをはさんだケーキ》.
——動 (三単現 ~·es/-iz/) 他 …をはさむ.

**sand·y** /sǽndi サンディ/ 形 (通例 比較 -·i·er, 最上 -·i·est) **1** 砂の, 砂を含んだ, 砂だらけの ‖
walk on the **sandy** beach 砂浜を歩く. **2** 〈髪などが〉砂色の, 黄土色の; 砂色の髪の.

**San·dy** /sǽndi サンディ/ 名 サンディー《Alexander, Alexandra の愛称》.

**sane** /séin セイン/ 形 **1** 正気(しょうき)の, まともな判断のできる; 狂っていない. **2** 健全な, 穏健な; 良識ある.

**San Fran** /sæn frǽn サン フラン/ 名 =San Francisco.

**San Fran·cis·co** /sæn frənsískou サン フランスィスコウ/《イタリアの聖人 St. Francis のスペイン名から》名 サンフランシスコ《米国 California 州の都市. (略称) Frisco. 市民は SF, San Fran の方を好む. Cisco とはいわない》.

***sang** /sǽŋ サング/ 動 → sing.

**san·guine** /sǽŋgwin サングウィン/ 形 (正式) **1a** 快活な, 陽気な, 楽天的な(cheerful) ‖
a man of a **sanguine** temper 快活な性質の人.
**b** 信じている, あてにしている ‖
He is **sanguine** of his chances of success. うまくいくだろうと彼は楽観している.
**2** 血色のよい.

**san·i·tar·i·um** /sænətéəriəm サニテアリアム/ 名 (複 ~s, -·i·a/-iə/) C (米)保養地; 療養所.

**san·i·tar·y** /sǽnətèri サニテリ | sǽnətəri サニタリ/ 形 **1** (公衆)衛生の ‖
a **sanitary** inspector 衛生検査官.
**2** (正式)衛生的な, 清潔な ‖
**sanitary** conditions 衛生的な状態.
**sánitary nàpkin** (米)[(英) **tòwel**] 生理用ナプキン《cf. tampon》.

**san·i·ta·tion** /sænətéiʃən サニテイション/ 名U (正式) **1** 公衆衛生. **2** 衛生設備, 下水設備.

**san·i·ty** /sǽnəti サニティ/ 名U 正気(しょうき); (思想・判断などの)健全さ, 良識.

**sank** /sǽŋk サンク/ 動 → sink.

**San·ta** /sǽntə サンタ/ 名 (略式) =Santa Claus.

**San·ta Claus** /sǽntə klɔ̀ːz サンタ クローズ |=, =/ 名 サンタクロース《◆ 本名は Santa. (英)では Father Christmas がふつう》.

**San·ta Fe** /sǽntə féi サンタ フェイ/ 名 サンタ=フェ《米国 New Mexico 州の州都》.

**Santafé De Bogotá** /sæntəféi də- サンタフェイデ-/ 名 サンタフェ=デ=ボゴタ《コロンビアの首都》.

**San·ti·a·go** /sæntiáːgou サンティアーゴウ/ 名 サンティアゴ《チリの首都》.

**São Pau·lo** /sáum páulou サウム パウロウ/ 名 サン=パウロ《ブラジル南東部の州. その州都》.

**sap**[1] /sǽp サプ/ 名U 〔植〕(植物の)樹液, 液汁.

**sap**[2] /sǽp サプ/ 動 (過去・過分 sapped/-t/; 現分 sap·ping) 他 〈活力などを〉徐々に奪う.

**sap·ling** /sǽpliŋ サプリング/ 名C 若木, 苗木.

**sap·phire** /sǽfaiər サファイア/ 名 **1** C サファイア, 青玉《◆ 9月の誕生石 (→ birthstone)》. **2** U (文) サファイア色, るり色.

**Sar·a·cen** /sǽrəsən サラスン/ 名C 形 サラセン人(の)《古代のシリア・アラビア砂漠の遊牧民》; (十字軍と戦った)アラビア人[イスラム教徒](の).

**Sar·ah** /séərə セアラ/ 名 サラ《女の名. (愛称) Sally》.

**sar·casm** /sáːrkæzm サーカズム/ 名 **1** U 皮肉, いやみ, 当てこすり. **2** C 皮肉の言葉, 当てこすり.

**sar·cas·tic** /saːrkǽstik サーキャスティク/ 形 皮肉な, いやみな, 当てこすりの.

**sar·cás·ti·cal·ly** 副 いやみっぽく, 皮肉をこめて.

**sar·coph·a·gus** /saːrkáfəgəs サーカファガス | -kɔ́f- コファガス/ 名 (複 -gi/-gài, -dʒài/, ~·es/-iz/) C (精巧な彫刻・装飾の)石棺.

**sar·dine** /saːrdíːn サーディーン/ 名 (複 sar·dine, 種類を表すときは ~s) C 〔魚〕 **1** サーディン《ヨーロッパ産ニシン科の一種》; マイワシ(類). **2** (イワシに似た)小魚.
**be pácked (ín) like sardínes** (略式) (缶詰めのイワシのように)すし詰めになっている《◆ 主語は複数形》.

**sar·don·ic** /saːrdánik サーダニク | -dɔ́n- -ドニク/ 形 (正式) 冷笑的な, ばかにしてからかうような, あざけりの.

**sa·ri, sa·ree** /sáːri サーリ/ 名C サリー《インドなどで主にヒンドゥー教徒の女性がからだに巻くように着る綿または絹製の衣服》.

**sash**[1] /sǽʃ サシュ/ 名 (複 ~·es/-iz/) C **1** (女性・子供の腰・肩に付ける)飾り帯, サッシュ. **2** 懸章《軍人などが肩から掛ける正装用の肩帯》.

**sash²** /sǽʃ サシュ/ 名 (複 ~·es/-iz/) C (ガラスをはめこむ) 窓枠, サッシ; (上げ下げ窓の) 滑り枠; (温室などの) 明かり窓.

**\*sat** /sǽt サト/ 動 → sit.

**SAT** 略 Scholastic Assessment Test (米) 大学進学適性テスト.

**Sat.** 略 Saturday; Saturn.

**Sa·tan** /séitn セイトン/ (発音注意)《◆×サタン》 名 U (正式)(ユダヤ教・キリスト教でいう) 悪魔, 魔王.

**Sa·tan·ic** /sətǽnik, sei- サタニク/ 形 (正式) 1 魔王の, 悪魔の. 2 (通例 s~) 悪魔のような, 邪悪な.

**satch·el** /sǽtʃl サチル/ 名 C (時に肩から下げる, 教科書などを入れる) 学生かばん; 小型かばん.

**sat·el·lite** /sǽtəlàit サテライト/ 名 C 1 (天文) 衛星 ‖

The moon is a **satellite** of the earth. 月は地球の衛星である.

2 人工衛星 (artificial satellite) ‖
a **communication(s) satellite** 通信衛星.
by an unmanned **satellite** 無人衛星で.

3 =satellite state; (米) 郊外.

4 [形容詞的に] (人工) 衛星の (ような); 二次的な; 同盟した ‖
a **satellite** nation 衛星国.
a **satellite** group 従位グループ.

**sátellite dísh** 巨大なパラボラアンテナ.
**sátellite stàte** (大国に従う) 衛星国 (satellite).
**sátellite tèlevision** [TV] 衛星テレビ.
**sátellite tòwn** [city] 衛星都市; (都市近郊の) 団地.

**sat·in** /sǽtn サトン/ sǽtin サティン/ 名 U 繻子(しゅす)(織), サテン; C その衣服. ── 形 1 繻子の (ような), 滑らかな; 光沢のある. 2 繻子製の; 繻子で覆われた.

**sat·ire** /sǽtaiər サタイア/ (アクセント注意)《◆×サタイア》名 1 U [しばしば a ~] 風刺; 皮肉, 当てこすり ‖
The play was a **satire** on political circles. その劇は政界の風刺だった.

2 C 風刺文, 風刺詩; U 風刺文学.

**sa·tir·ic, --i·cal** /sətírik(l) サティリク(ル)/ 形 1 風刺の, 風刺的な, 風刺を好む. 2 (通例 satirical) 皮肉っぽい, いやみな.

**sa·tír·i·cal·ly** 副 風刺的に; 皮肉っぽく.

**sat·i·rist** /sǽtirist サティリスト/ 名 C 1 風刺作家, 風刺詩人. 2 皮肉屋.

**sat·is·fac·tion** /sæ̀tisfǽkʃən サティスファクション/ 名 1 U 満足, 満足すること (↔ dissatisfaction); 喜び ‖
Her success gave her mother much **satisfaction**. 彼女がうまくいったので母親はたいへん満足した.
Her **satisfaction** at [with] my work was obvious. 彼女が私の仕事に満足していることは明らかであった.
with **satisfaction** 満足して.
customer **satisfaction** 顧客の満足.

2 C [通例 a ~] 満足させるもの [事] ‖
Living here with her grandchildren was one of her greatest **satisfactions**. 孫と一緒にここで暮らすことが彼女にとってこの上ない喜びのひとつであった.

3 U (正式) 実現, 達成; 満足させること ‖
The **satisfaction** of thirst requires water. のどの渇きを満たすには水が必要だ.

4 U (正式) 納得, 得心, 確信 ‖
For your **satisfaction** I will explain it. 納得していただくためにそれを説明します.

◇**to A's satisfáction** = **to the satisfáction of A** (正式) …が満足したことには; …に申し分のない, 満足な, 満足のいくように ‖ She has done the work to my **satisfaction**. 彼女は私の満足のいくように仕事をした.

**sat·is·fac·to·ri·ly** /sæ̀tisfǽktərəli サティスファクタリリ/ 副 [話者の判断を表して] 申し分なく, 満足のいくように ‖
He carried out the order **satisfactorily**. 彼は命令をまったく満足に実行した.

**sat·is·fac·to·ry** /sæ̀tisfǽktəri サティスファクタリ/ 形 1 満足な, 十分な (↔ unsatisfactory) ‖
These shoes are **satisfactory** for hiking. この靴はハイキングには申し分ない.
Your work is not **satisfactory** to me. 君の仕事は私には満足がいかない.

> Q&A Q: 「私は満足している」を I am satisfactory. と言ったら間違いだと言われましたが.
> A: satisfactory は人に満足を与えるという他動詞的な意味で, ふつうは上例のように物や事が主語になります. ここでは I am satisfied. と言うべきです (→ interesting, shameful, tedious Q&A).

2 [S~; 名詞的に] (米) (教育) (成績の) 可 (→ grade 名 3 関連).

**sat·is·fied** /sǽtisfàid サティスファイド/ 動 → satisfy.
── 形 満足した (→ satisfy 他 2) ‖
a **satisfied** smile 満ち足りたほほえみ.

**sat·is·fies** /sǽtisfàiz サティスファイズ/ 動 → satisfy.

**\*sat·is·fy** /sǽtisfài サティスファイ/ 《「十分にする」が原義》 派 satisfaction (名), satisfactory (形), satisfied (形)

── 動 (三単現 ~·is·fies/-z/; 過去・過分 ~·is·fied/-d/; 現分 ~·ing) 《◆ 1, 2 はふつう進行形にしない》
── 他 1 〈欲望・必要・好奇心などを〉満たす, 充足させる ‖
An apple did not **satisfy** his hunger. リンゴ 1 つでは彼の空腹は満たされなかった.
His explanation **satisfied** her curiosity. 彼の説明で彼女の好奇心は満たされた.
対話 "Are you eating again?" "I have to **satisfy** my stomach." 「また食べてるのかい」「胃袋を満たしてやらなきゃね」.

2 a 〈人〉を満足させる (↔ dissatisfy); [be satisfied] 満足する ‖
This painting will **satisfy** everyone. この絵に

**satisfying**

みんなは満足するでしょう.
I **am satisfied with** your work. 私はあなたの仕事に満足しています.
**b** …を満足させる ‖
I **satisfied** my thirst **with** [**by** drinking] a glass of milk. ミルクを1杯飲んでのどの渇きをいやした.

**3 a** 〈文〉…に納得させる, 確信させる；[be satisfied / ~ oneself] 納得する ‖
She **satisfied** me **that** my watch was a little fast. 私の時計が少し進んでいることを彼女は私に納得させた.
I'm quite **satisfied** (**that**) he's alive. 彼が生きていることを私は全く確信している.
She **satisfièd** herself **of** his innocence. = She **was satisfied of** his innocence. = She **satisfied** herself **that** he was innocent. 彼が潔白であることを彼女は納得した.
**b** 〈疑念・心配など〉を晴らす；〈異論・疑問など〉に十分答える.

**sat·is·fy·ing** /sǽtisfàiiŋ サティスファイイング/ **動** → satisfy. ──**形** 満足な, 十分な；納得のいく, やりがいのある.

**sat·u·rate** /sǽtʃərèit サチュレイト/ **動** (**現分**) --rating) 他 (正式) **1** [通例 be ~d] 完全に浸される；ずぶぬれになる；浴びる ‖
Everyone at the beach was **saturated with** sun. 海岸でみんなが日光を浴びて楽しんだ.
**2** …を一杯にする, 満たす ‖
The air was **saturated with** the perfume of flowers. あたりには花の香りが満ちあふれていた.

**sat·u·ra·tion** /sætʃəréiʃən サチュレイション/ **名** ⓤ **1** 充満. **2** 〔化学〕 飽和(状態)；〔経済〕 飽和, 過剰供給.
**saturátion pòint** 〔化学〕 飽和点.

**\*Sat·ur·day** /sǽtərdei サタデイ, -di/ 〔ローマ神話の農耕の神サトゥルヌスの(Saturn's)日(day)〕
──**名** (**複** ~s/-z/) ⓤⓒ 土曜日(略 Sat.)；[形容詞的に；(略式) 副詞的に] 土曜日の[に] (語法 → Sunday).

**Sat·urn** /sǽtərn サターン| -ən サターン/ **名 1** 〔ローマ神話〕 サトゥルヌス《農耕の神. 彼の子供 Jupiter 以前の黄金時代の主神. ギリシア神話の Cronos に相当》. **2** 〔天文〕 土星. **3** ⓒ 〈米〉 サターン(ロケット).

**sauce** /sɔ́ːs ソース/ (同音 source (英)) **名 1** ⓤ ソース《◆食べ物にかける液状のものをいう. 「何種類かのソース」の意味では sauces とする. 日本の従来の「ソース」は Worcester(shire) sauce》‖
(**What is**) **sauce for the goose is sauce for the gander.** (ことわざ) 甲に許されることは乙に許されて当然.
put a white **sauce** on fish 魚にホワイトソースをかける.

[関連] [**いろいろな sauce**] tomato sauce トマトソース / tartar sauce タルタルソース / mint sauce ミントソース / apple sauce アップルソース / chocolate sauce チョコレートソース / soy

**savagery**

sauce しょうゆ.

**2** ⓤⓒ 興趣(きょうしゅ)を添えるもの, 刺激.

**sauce·pan** /sɔ́ːspæn ソースパン| -pən -パン/ **名** ⓒ ソースパン《長い柄(え)のあるふた付きの深いなべ. 煮物・シチュー用》.

**sau·cer** /sɔ́ːsər ソーサ/ **名** ⓒ **1** (茶わんの)受け皿 ‖
a cup and **saucer** /kʌ́pənsɔ́ːsər/ コーヒー[紅茶]茶わんと受け皿(1組).
**2** 空飛ぶ円盤.
**sáucer éyes** (1) 皿のような丸い目. (2) (驚きなどで)大きく見開いた目.

**sauc·y** /sɔ́ːsi ソースィ/ **形** (**比較**) --i·er, **最上**) --i·est) (略式) やや古) **1** 生意気な, こしゃくな ‖
**saucy** language 横柄な言葉.
**2** 《米》 気の利いた；しゃれた；セクシーな.

**Sau·di** /sáudi サウディ, sɔ́ːdi/ **名** ⓒⓤ**形** サウジアラビア人[語](の)；[the ~s] サウジアラビア人(総称).
**Sáudi Arábia** サウジアラビア(Kingdom of Saudi)《アラビア半島の王国. 首都 Riyadh/ríjɑːd/》.

**sau·er·kraut** /sáuərkràut サウアクラウト/ 〔ドイツ〕 **名** ⓤ ザウアークラウト《塩漬けにして発酵させたキャベツ》.

**sau·na** /sɔ́ːnə ソーナ, sáu-/ **名** ⓒ **1** =sauna bath. **2** サウナ浴場.
**sáuna bàth** サウナぶろ(sauna)《フィンランド起源の蒸しぶろ》.

**saun·ter** /sɔ́ːntər ソーンタ/ **動** 自 ぶらつく, のんびり散歩する.
──**名** ⓒ **1** (略式) [通例 a ~] ぶらつくこと.
**2** ゆっくりした足どり ‖
walk with a **saunter** ぶらつく.

**sau·sage** /sɔ́ːsidʒ ソースィヂ/ 〔「塩漬けにされたもの」が原義〕 **名** ⓒⓤ ソーセージ, 腸詰め.
**sáusage dòg** (英略式) =dachshund.
**sáusage mèat** ソーセージ用ひき肉.

**sau·té** /soutéi ソウテイ| -/ 〔フランス〕 **名** ⓒⓤ ソテー《野菜や肉を軽くいためたもの》.
──**形** ソテー風の.
──**動** 他 …をソテー風に料理する.

**sav·age** /sǽvidʒ サヴィチ/ **形 1** 獰猛(どうもう)な, 凶暴な；残酷な ‖
a **savage** dog 獰猛な犬.
**savage** criticism 残酷な批評.
the newspaper's **savage** attack 新聞の猛烈な攻撃.
**2** 〈古〉 未開(地[人])の, 野蛮な(primitive)《◆遠回しに uncivilized というのがふつう》‖
They still live in a **savage** state. 彼らはまだ野蛮な状態で暮らしている.
**3** (英略式) かんかんに怒った.
──**名** ⓒ **1** (正式) 残忍な人, 野蛮人のような人. **2** (古) (主に狩猟で生活する)野蛮人, 未開人.
──**動** (**現分**) --ag·ing) 他 あばれて…にかみつく.

**sav·age·ly** /sǽvidʒəli サヴィチャリ/ **副** 獰猛(どうもう)に；不作法に；ひどく怒って.

**sav·age·ry** /sǽvidʒri サヴィチリ/ **名** (**複**) --age-

**savanna(h)**

ries/-z/《正式》**1** ⓤ 残忍さ,獰猛(どうもう)さ. **2** ⓤ 未開,野蛮. **3** ⓒ《通例 savageries》残忍な行為.

**sa·van·na(h)** /səvǽnə サヴァナ/ 图ⓤⓒ サバンナ《(亜)熱帯地方の樹木のまばらな大草原》.

**save**¹ /séiv セイヴ/ [「人や物を危険・損失などから救う,守る」が本義. cf. **safe**]

派 saving(形·名), savior(名)

→ 動 **1** 救う **2** 蓄える **3** 守る **4** 省く
自 **1** 貯金する

―動《三単現》~s/-z/;《過去·過分》~d/-d/;《現分》sav·ing/

―他 **1** [save A (from B)] A《人·物》を(B《危険·害·困難など》から)救う,救援[救助,救出]する ∥

The doctors **saved** [ˣrescued] his life. 医者たちは彼の命を救った.

They **saved** [rescued] the child from burning to death. 彼らは子供をもう少しで焼け死ぬところから救った《◆このように人をさし迫った危険から救出するときは rescue と交換できる》.

Only surgery could **save** her. 手術をするしか彼女を救う道はなかった.

He **saved** the furniture from the burning house. 彼は燃えている家から家具を運び出した.

**2** [save A (for B)] A《金など》を(B《人·将来など》のために)蓄える,貯蓄する;A《物》を(B《使う機会》のために)とっておく《◆ B が人の場合 save B A も用いられる》∥

My mother **saved** the best wine for Christmas. 母はクリスマス用に最高のワインをとっておいた.

**Save** me some coffee. =**Save** some coffee for me. コーヒーを残しておいてね.

**save** money up for a rainy day 万一に備えて貯金する.

**Save** your voice for tonight's concert. 今夜の演奏会のために声を大事にしなさい.

**Save** your strength for the final effort. 最後のふんばりのため力を残しておきなさい.

**Save** my seat, please. 席を取っておいてください.

対話 "Why don't you drink that wine tonight?" "This? I'm **saving** it till next week." 「例のワインをどうして今晩飲まないの」「これのことかい.このワインは来週までとっておくのさ」.

**3** …を《蓄えてそれを大切に》守る,保護する;《名声·体面など》を保持する ∥

**save** one's reputation 名声を保つ.

**4**《主に英》**a** [save (A) B] A《人などの》B《労力·時間·金など》を省く,節約する(spare)∥

Your help **saved** me a lot of work. あなたが手を貸してくれたのでとても手間が省けました.

She went by plane to **save** time. 彼女は時間を浮かすために飛行機で行った.

He **saved** $5 on the bedroom suite. 彼はその寝具一そろいで5ドル節約した.

A stitch in time **saves** nine.《ことわざ》きょうの

1針あすの10針《早めに1針縫っておけばほころびてから縫う手間が9針分省ける》;「転ばぬ先のつえ」.

**b**《英》[save A (from) doing] A《人》が…することを省く∥

I **saved** myself writing a letter by phoning. =Phoning **saved** me (from) writing a letter. 電話をかけたので手紙を書く手間が省けた.

**5**《神学》《人など》を救う∥

**save** sinners from their sins 罪人を罪から救う.

**6**《コンピュータ》…をセーブする,保存する.

―自 **1** 貯金する(+up)∥

**save** (up) for a holiday 休暇に備えて貯金する.

He is **saving** (up) for a house. 彼は家を買うために貯金している.

**2** 救う,助ける.

**Gód sàve the Quéen [Kíng]!**(♪) 神よ女王[国王]を守りたまえ,女王[国王]陛下万歳《英国国歌の題》.

(**Gód**) **sáve us!** おやまあ,これは驚いた.

**sáve on** A …を節約する.

―图ⓒ **1**《スポーツ》相手の得点を防ぐこと. **2**《野球》セーブ《救援投手に与えられるポイント》.

**save**² /séiv セイヴ/ 前《正式》…を除いて,…のほかは∥

Answer the last question **save** one. 最後から2番目の質問に答えなさい.

**sàve for** A《文·古》…を除いては.

―接《英では文·古》[save that 節]…であることを除いて,…は別として∥

We have no news **save that** they arrived safely. 彼らが無事に到着したという以外何の知らせもない.

**sav·er** /séivər セイヴァ/ 图ⓒ **1** [しばしば複合語]節約するもの[装置]∥

a time-**saver** 時間を節約するもの.

**2** 倹約家,貯蓄家. **3** 救助者,救援者.

**sav·ing** /séiviŋ セイヴィング/ 動 → **save**¹.

―形 **1** 救いの,守りの∥

the **saving** grace of God 神の加護.

**2 a** 節約する,つつましい,倹約の∥

She is **saving** of her money. 彼女はむだ使いをしない.

**b** [複合語で]節約になる∥

a labor-**saving** machine 省力機械.

**3**《欠点·弱点の》埋め合わせの,償(つぐな)いの.

―图ⓒⓤ **1** 節約,倹約;[通例 a ~]節約されたもの∥

It is a great **saving** of time to be able to take this route. この道を行くことができるのは時間の大きな節約だ.

**2** 救助,救済. **3** 留保,除外.

**sav·ings** /séiviŋz セイヴィングズ/ 图[複数扱い]《主に銀行·郵便局に預けた》預[貯]金(額),蓄え∥

Her **savings** are small. 彼女の貯金は少ない.

much **savings** 多くの蓄え《◆「少ない蓄え」は a little **savings** とし,ˣmany [ˣfew] **savings** とはいわない》.

**sávings accòunt** (1)《米》普通預金口座(《英》deposit account). (2)《英》定期[定額]預金口座.

**sávings bànk** 貯蓄銀行.

**sav·ior**,《英》**--iour** /séivjər セイヴャ/ 名 C 1《文》救済者, 救う人. 2 [the S~ / our S~]救世主, キリスト《◆ この意味では《米》でも Saviour とつづるのがふつう》.

**sa·vor**,《英》**--vour** /séivər セイヴァ/ 名 1 U《正式》[しばしば a ~]味, 風味.
2 U [しばしば a ~]おもしろ味, 興味, 持ち味 ‖
a savor of life 人生の興趣(きょうしゅ).
3 [a ~ of + U 名詞 / the ~ of + U 名詞]…の気味;いくぶん…なところ ‖
have a savor of indifference 冷淡な感じ[ところ]がある.
―― 動 自 1 味がする, 香りがする.
2《正式》感じがある ‖
His manners savor of arrogance. 彼の態度にはいくぶん尊大なところがある.

**sa·vor·y**,《英》**--vour--** /séivəri セイヴァリ/ 形 1 味[香り]のよい, 食欲をそそる, 薬味がほどよく効いた.
2 健全な, 快い. 3《英》辛口の. ―― 名（複）**--vor·ies**/-iz/ C《英》セイボリー《オードブルやデザートに出る辛口の料理》.

***saw**[1] /sɔ́: ソー/ 動 → see.

**saw**[2] /sɔ́: ソー/ [同音 soar《英》, sore《英》;類音 so, sow, sew/sóu/] 名 C [しばしば複合語で]のこぎり;のこぎりのような道具《◆(1)木・金属・石など堅いものを切る道具一般についていう. (2)西洋のものは押して切る》‖
cut through the wood with a saw のこぎりで木材を切る.
a circular saw 丸のこ.
a bow [fret] saw 糸のこ(scroll saw).
―― 動（過去）~ed/-d/,（過分）《米》~ed または《英》sawn/sɔ́:n/ 他 1《~を》のこぎりで切る;〈板・穴など〉をのこぎりを使って作る ‖
saw a log in half 丸太を半分に切る.
saw a tree into logs 木をのこぎりで切って丸太にする.
saw a hole in the board のこぎりで板に穴を作る.
saw branches off (the tree) (木から)枝をのこぎりで切り落とす.
**sáw úp** [他]…をのこぎりで小さく切る.

**saw·dust** /sɔ́:dʌst ソーダスト/ 名 U おがくず ‖
a speck of sawdust おがくずのほこり.

**saw·mill** /sɔ́:mìl ソーミル/ 名 C 1 製材工場. 2《米》製材機.

**Sax·on** /sǽksn サクスン/ 名 1 C《歴史》サクソン人;[the ~]サクソン族《5世紀以後北ドイツから英国に移住したゲルマン民族. アングル民族などと共に英国の基礎を築いた. → Anglo-Saxon》. 2 U サクソン語;アングロサクソン語《古英語の旧称》.
―― 形 1 サクソン(人, 語)の.
2 アングロサクソン人[語]の.
3 チュートン語起源の ‖

Saxon words チュートン語系[純粋]英単語.

**sax·o·phone** /sǽksəfòun サクソフォウン/ 名 C《音楽》サクソフォン《ベルギー人 A.Sax の発明した管楽器. (略記) sax》.

***say** /séi セイ/ [「内容を伝えるために言葉を発する」が本義] 名 saying (名)
―― 動（三単現）~s/séz/;（過去・過分）said/séd/（発音注意）;（現分）~·ing
―― 他 1〈言葉・意味のあることなど〉を**言う**, 述べる, 話す, 口に出す「…」と言う ‖
He said, "Yes." 彼は「はい」と言った.
She said good-by and left. 彼女はさようならを言って立ち去った.
If you want some more cake, please say so. もっとケーキが欲しかったら, そう言いなさい.
Mother said to us, "Wash the dishes." 母は「お皿を洗いなさい」と言った(=Mother told us to wash the dishes.).
He said (to me), "Are you hungry?" 「おなかがすいているの」と彼は（私に）聞いた(=He asked (me) if [whether] I was hungry.).
"I have nothing more to say to you," she said. 「あなたにこの上申し上げることは何もありません」と彼女は言った.
The more we talk, the less we say. 口数が多ければそれだけ中身が乏しくなる.
Say your name again. もう一度名前を口に出して言ってください.

> Q&A  **Q**: say と tell はどう違うのですか?
> **A**: say は yes, sorry, thank you など実際に口に出して言う言葉を目的語にすることができます:
> *Say hello* to Mike for me! マイクによろしく言っておいてね / My mother taught me always to *say* "Thank you." 私の母はいつも「ありがとう」のことばを忘れないようにと教えてくれた《◆ この2例では tell は使えない》.
> tell は tell a lie [joke, story] のように「うそ」,「冗談」,「物語」などを目的語にすることができますが, この場合 say は使えません.

2 [say (that) 節 / say wh 節・句] …と述べる, …という趣旨のことを言う; …と主張する ‖
He said (that) he would return there the following day. あすここへ帰ってくると彼は言った (=He said, "I will return here tomorrow.").
It is hard to say which car is nicer. どちらの車がいいかは言いにくい.
In this letter she says when she will meet us. この手紙で彼女はいつ私たちに会うかを言っている.
No one can say how much longer this drought will last. =《正式》There is no saying how much longer this drought will last. =It is impossible to say how much longer this drought will last. この日照りがこ

の先いつまで続くかだれにもわからない.

He **said** to me that the game would soon start. 試合はもうすぐ始まると彼は私に言った《◆ He told me that the game would soon start. の方がふつう》.

**3** [say (**that**) 節] [people, they を主語にして](世間で)…と**言う**, うわさする, 伝える《◆受身形にして It is said that … となることもある》; [be said **to be** …] …であると言われている; [be said **to have done**] …したと言われている ‖

**People** [**They**] **say that** there is oil under the China Sea. =(正式) **It is said that** there is oil under the China Sea. =There is **said** to be oil under the China Sea. シナ海の海底には石油が埋蔵されていると言われている.

People **say** [It is **said**] **that** he got married last year. =He is **said** to have got married last year. 彼は昨年結婚したそうだ.

It is **said** [**They say**] **that** the disease has been spreading. =The disease is **said** to have been spreading. その病気は蔓延(まん)しつつあるそうだ.

**4 a** 〈本などに〉…と書いてある,〈話・ことわざなどに〉とある;〈ラジオ・天気予報などが〉…だと言う;〈顔などが〉…を表す(indicate)《◆進行形にしない》‖

The newspapers **say** it's going to be cloudy today. きょうは曇りだと新聞に出ている(=According to the newspapers, it's going to be cloudy today.).

It **says** in this book [(正式) This book **says**] that she was killed while sleeping. 彼女は眠っているうちに殺されたとこの本には書いてある.

"WANTED," **said** the poster. ビラには「指名手配」と書いてあった.

The look on her face **says that** she failed the exam. 彼女の顔色から試験に落ちたのだとわかる.

**b** 〈時計などが〉〈時刻などを〉示している ‖

My watch **says** (it's) 9:10. 私の時計は9時10分をさしている.

**5** [命令形に] **a** …と仮定する(assume), 仮に…としたら ‖

(Let's) **say** (**that**) he is lying, then what will you do? 彼がうそをついているとするとあなたはどうしますか《◆ that はふつう省略する》.

**Say** you were left ten million yen, what would you do with it? もし1000万円の遺産があったとしたらどのように使いますか.

**b** [挿入句として間投詞的に] たとえば, 言ってみれば, なんし, まあでしょうね(let's imagine); [数詞の前で] おおよそ, 約 ‖

Can you play a wind instrument, **say**, a flute? 管楽器が演奏できますか, そうですね, フルートはどうですか.

The witch turned into, **say**, a dog. 魔法使いは, なんと, 犬に変わっちゃったのよ.

Let's run, **say**, 2 miles. 2マイルぐらい走ろう.

**6** 〈祈りなどを〉唱える;〈習ったことなどを〉暗唱する ‖

**say** one's prayers 祈りを唱える.

**7** (略式) [**say to do**] …せよと言う, 命じる ‖

Mother **says** to come in at once. 母がすぐに入るように言っている(=Mother tells me to come in …).

She **said** for me not to fix his supper for him. 彼の夕食を作らなくていいと彼女は私に言った.

──自 **1** 言う, 話す, しゃべる; 意見を述べる ‖

Do as I **say**. 私の言うようにしなさい.

It's hard to **say**. 言いにくいことだ.

I cannot [couldn't] **say**. (略式) 私には何とも言えない, わからない.

**2** [S~] (米略式) [間投詞的に] まあ; おい, ねえ; そうだ((英略式) I say)《◆驚き・思いつきを表す》‖

**Say**, be careful. おい, 気をつけろ.

**Say**, now I remember! そうだ, 思い出した.

**gó withòut sáying** (文) [通例 it を主語にして] …ということは言うまでもない《◆主張をより印象的にするために用いる》‖ It goes without saying that she is an excellent pianist. 彼女がすばらしいピアニストであることは言うまでもない.

**I múst sáy** (略式) [副詞的に] まったく, 本当に ‖ I must say I like this article. その品物が本当に気に入った.

**I sáy** (英や古風式) ねえ, ところで.

**I should** [**would**] **sáy** まあ…でしょうね《◆文頭・文尾に用いて断言を避ける》.

**It is said that** … → 他 **3**.

○**nòt to sáy** … …(だ)とは言わないまでも ‖ He is impolite, not to say rude. 彼の態度は無礼だとは言えないが不作法だ.

○**sáy to onesélf** (心の中で)考える, 思う《◆「ひとりごとを言う」は talk to oneself》‖ "I didn't tell a lie," she said to herself. 「うそは言わなかったわ」と彼女は思った.

○**thàt is to sáy** すなわち, 換言すれば, つまり ‖ She came last Monday, that is to say May 5. 彼女はこの前の月曜日, つまり5月5日に来た.

**This** [**That**] **is nòt to sáy that** … と言ってもこれは「とは」…というわけではない.

○**to sáy nóthing of** A …は言うまでもなく; [前にある文を受けて] それに加えて, さらに《◆ not to mention と異なり「よくないこと」に用いられることが多い》‖ The garden was a mess, to say nothing of the house. 家は言うまでもなく, 庭もひどいものだった.

○**Whát do you sáy?** あなたのご意見は, どう思いますか.

**Whát do you sáy …?** =(米) **Whát sáy …?** (略式) …はどうですか〈誘う時など〉‖ What do you say we go for a walk? 散歩にでも行こうか.

○**Whát do** [**would**] **you sáy to** A [**dóing**]**?** [提案] (略式) …はどうですか, 〈散歩など〉はいかがですか《◆ would を用いる方がていねい》‖ What do you say to going for a drive? ドライブはいかがですか.

──名 U **1** (略式) [one's ~] 言いたいこと, 言うべ

きこと, 言い分 ‖
She said [had] **her say** and sat down. 彼女は言うべきことを言って座った.
**2** 《略式》[しばしば a ~] 発言権, 発言の機会.
**3** [しばしば the ~] 決定権 ‖
She had **the final say about** whether to go or not. 行くか行かないかについて彼女に最終的な決定権があった.

\*say·ing /séiiŋ セイイング/ 《→ say》
—動 → say.
—名 (複 ~s/-z/) **1** © ことわざ, 格言, 言い習わし ‖
As **the saying goes** [is], there is no smoke without fire. ことわざにあるとおり, 火のないところに煙は立たない.
There is a **saying that** the early bird catches the worm.「早起きは三文の得」という言い習わしがある.
**2** Ⓤ 言うこと, 言ったこと, 発言 ‖
one's saying and doing 言行.

**SC** 《略》《郵便》South Carolina.
**scab** /skǽb スキャブ/ 名 ⓊⒸ (傷の)かさぶた.
**scaf·fold** /skǽfəld スキャフォルド | -fɔ:uld -フォウルド/ 名 Ⓒ **1** (建築場の)足場. **2** 絞首台.
**scaf·fold·ing** /skǽfəldiŋ スキャフォルディング | -fɔ:uld- -フォウルディング/ 名 Ⓤ (建築場の)足場; 足場材料.
**scald** /skɔ́:ld スコールド/ 《類音》 scold/skóuld/) 動 他 **1** …を(熱湯・湯気で)やけどさせる 《◆ 火によるやけどは burn》 ‖
scald oneself with hot oil 熱い油でやけどする.
**2** …を熱湯消毒する, …に熱湯をかける; …を湯通しする.
—名 Ⓒ やけど.

**scale¹** /skéil スケイル/ 名 **1** Ⓒ **a** 目盛り ‖
This ruler has a **scale** marked in centimeters. この定規はセンチの目盛りがついている.
**b** 物差し.
**2** Ⓒ 段階, 等級, 階級; (賃金などの)率, 等級表 ‖
We are all paid on the same salary **scale**. 私たちの給料はみな同じ給料表で支給される.
**3** ⒸⓊ 規模, 程度, スケール ‖
give a party **on a large scale** 大々的にパーティーを催す.
The business was reduced **in scale**. 業務は規模が縮小された.
**4** ⒸⓊ 縮尺, 縮小図; 縮尺目盛 ‖
a map **to** [**on**] **the scale of** one inch to the mile 1マイルを1インチに縮尺した地図.
**5** Ⓒ 《数学》記数法, …進法 ‖
the décimal **scale** 10進法.
**6** Ⓒ 《音楽》音階 ‖
the major **scale** 長音階.
play **scales** (練習のために)音階を奏する.
—動 《現分》scal·ing) 他 **1** …をよじ登る. **2** …を縮尺で製図する; …を一定の規準で決める.
**scále dówn** [**úp**] [他]《賃金・経費・生産などを一定の割合で減じる[増す]; 《提案・攻撃などの》規

模を小さく[大きく]する.
**scále módel** [**dráwing**] 縮尺図.
**scáling làdder** 攻城ばしご; 消防ばしご.

**scale²** /skéil スケイル/ 名 **1** Ⓒ (主に米) [しばしば ~s; 複数扱い] てんびん(balance) 《◆ 正式には a pair of scales》; (一般に)はかり ‖
I weighed myself on the bathroom **scales**. 浴室のはかりで体重を計った.
**2** Ⓒ てんびんの皿.

関連 [種類] beam scale さおばかり / computing scale 計算ばかり《重量とそれに対する価格の表示をする商店用のはかり》/ cylinder [barrel, drum] scale 円筒ばかり / platform scale 台ばかり / spring scale ぜんまいばかり / counter scale 卓上ばかり.

—動 《現分》scal·ing) 他 …をてんびんで計る, はかりで計る.
**scale³** /skéil スケイル/ 名 **1** Ⓒ うろこ ‖
scrape the **scales** off a fish 魚のうろこをこすり落とす.
**2** ⓊⒸ [通例 ~s] うろこ状のもの, 鱗片(ｾﾞﾝﾊﾟｲ); (皮膚の)薄片, かさぶた ‖
The lacquer had come off in **scales**. ニスがあちこち取れていた.
***The scáles fáll from*** A**'s éyes.** 《聖》A〈人〉の目からうろこが落ちる, 迷いから覚める.

**scal·lop** /skǽləp スキャロプ, skɑ́l- | skǽlp スキャルプ, skɔ́l-/ 名 Ⓒ ホタテガイ; Ⓤ その貝柱; [~s] 貝柱料理.
**scalp** /skǽlp スキャルプ/ 名 Ⓒ **1** (頭髪のついた)頭皮《◆ 北米先住民などが戦利品として敵の頭からはぎ取った》. **2** 《略》戦利品.
**scal·pel** /skǽlpl スキャルプル/ 名 Ⓒ 外科用メス, 解剖用メス.
**scal·y** /skéili スケイリ/ 形 《比較》 -i·er, 《最上》 -i·est) **1** うろこに覆われた, うろこ状の. **2** うろこのようにはげ落ちる. **3** 湯あかのついた.
**scam·per** /skǽmpər スキャンパ/ 動 🅐 すばやく走り去る; 駆け回る. —名 Ⓒ 疾走; 《略式》はね回ること.
**scan** /skǽn スキャン/ 動 《過去・過分》 scanned /-d/; 《現分》scan·ning) 他 **1** 《正式》…を細かく調べる; …をじっと見る ‖
I anxiously **scanned** her face. 私は心配して彼女の顔を眺めた.
**2** …をざっと見る ‖
scan the newspaper 新聞にざっと目を通す.
**3** 〈詩の〉韻律を調べる. **4** 《電子工学》〈映像〉を走査する; 〈レーダーが〉…を走査する. **5** 《コンピュータ》…をスキャナーで〈コンピュータに〉読み込む.

**scandal**

――名 [a ～] **1** 綿密な調査, 精査. **2** 探るように見ること.

**\*scan·dal** /skǽndl スキャンドル/ 〖『『わな』が原義〗
――名 (複 ～s/-z/) **1** ⒸⓊ スキャンダル, 醜聞, 醜事; 疑獄, 汚職事件 ‖
cover up bribery scandals 贈収賄事件を隠す.
His love affair caused a great scandal. 彼の情事は大きなスキャンダルを巻き起した.

**2** Ⓒ [通例 a ～] 恥ずべきこと, 不面目; 不名誉な行為をする人 ‖
It is **a** tremendous **scandal** that some policemen accepted bribes. 賄賂(ホロ)を受け取った警官がいたことは全く恥ずべきことだ.
The price of meat is **a scandal**. 肉の値段にはあきれる.

**3** Ⓤ 悪口, 陰口 ‖
spread scandal about him 彼に関する悪評を広める.

**scan·dal·ize**, (英ではしばしば) **--ise** /skǽndəlàɪz スキャンダライズ/ 動 (現分) --iz·ing) 他 《正式》〈人〉を憤慨させる, あきれさせる.

**scan·dal·ous** /skǽndələs スキャンダラス/ 形 **1** 恥ずべき, けしからぬ, ひどい ‖
scandalous behavior 恥ずべきふるまい.
**2** 人を傷つける, 中傷するような, 悪口の ‖
scandalous articles 醜聞記事.

**Scan·di·na·vi·a** /skæ̀ndɪnéɪviə スキャンディネイヴィア/ 名 **1** スカンジナビア《デンマーク・ノルウェー・スウェーデン(時にアイスランド)の総称》. **2** スカンジナビア半島.

**Scan·di·na·vi·an** /skæ̀ndɪnéɪviən スキャンディネイヴィアン/ 形 スカンジナビア(人, 語)の. ――名 Ⓒ スカンジナビア人; Ⓤ スカンジナビア語.

**scan·ner** /skǽnər スキャナ/ 名 **1** scan する人. **2** 〖電子工学・コンピュータ〗(映像)走査機, スキャナー, 走査板; (身体の内部を調べる)走査装置, スキャナー.

**scant** /skǽnt スキャント/ 形 《正式》十分でない, 乏しい; 足りない ‖
a scant attendance 少数の出席者.
be scant of breath 息を切らしている.

**scant·y** /skǽnti スキャンティ/ 形 (比較 --i·er, 最上 --i·est) 不十分な, 乏しい, わずかな ‖
a scanty knowledge of biotechnology 生物工学についての乏しい知識.

**scánt·i·ly** 副 不十分に, 乏しく; 惜しんで.

**-scape** /-skèɪp -スケイプ/ 〖連結形〗 …の風景. 例: landscape.

**scape·goat** /skéɪpɡòʊt スケイプゴウト/ 名 Ⓒ **1** 〖聖書〗 贖罪(ショク)のヤギ《古代ユダヤで贖罪日に民の罪を負わせて荒野に放された》. **2** 他人の罪を負わされる者, 身代わり.

**scar** /skɑ́ːr スカー/ 〖類音〗 scare/skéər/)

scar
…《1 傷跡》
…《2 (心の)傷跡》

名 Ⓒ **1** 傷跡, やけどの跡; (一般に)跡 ‖
He has **a scar** on his arm where the dog bit him. 彼は犬にかまれた傷跡が腕にある.
**2** 心の傷跡 ‖
The divorce left many deep **scars** on both of them. 離婚は2人に多くの深い傷跡を残した.

――動 (過去·過分) scarred/-d/; 現分) scar·ring) 他 …に傷跡をつける ‖
scar the wood with a knife 木にナイフで傷をつける.

**\*scarce** /skéərs スケアス/ 〖『選ばれたわずかな』が原義〗派 scarcely (副), scarcity (名)
――形 (比較 scarc·er, 最上 scarc·est) **1** [通例補語として] 乏しい, 不十分な, 供給の少ない(↔ plentiful) ‖
Fresh vegetables are **scarce** in winter. 冬は生鮮野菜が乏しい.
対話 "How was your ski trip?" "Terrible. Snow is really **scarce** this winter."「スキー旅行はどうだったの」「ひどいものさ. この冬は雪が本当に少なくてね」.

**2** まれな, 見つかりにくい《◆ rare は生活必需品ではなく, あまり今では見られなくてそのため貴重になっているものについて使う》‖
Telephone booths are (as) **scarce** as hen's teeth around here. このあたりには電話ボックスはとても少ない.

**scarce·ly** /skéərsli スケアスリ/ 副 **1** [準否定語; 程度副詞] ほとんど…ない(→ hardly **1**) ‖
scarcely speak a word ほとんど一言もしゃべらない.

**2** とても…ない, まさか…しない ‖
I can **scarcely** believe it. そんなこと信じられないね.

**3** かろうじて, やっと ‖
She is **scarcely** ten. 彼女はまだ10歳になるかならない年だ.

**scárcely àny** =hardly any (→ hardly 成句).
**scárcely éver** =hardly ever (→ hardly 成句).

◦**scárcely ... when [before]** ... =hardly ... when [before] ... (→ hardly 成句).

**scar·ci·ty** /skéərsəti スケアスィティ/ 名 (複 --ci·ties/-z/) Ⓤ 欠乏, (物資)不足; Ⓒ [通例 a ～] 不足 ‖
in times of scarcity 物のない時代に.

**\*scare** /skéər スケア/ (類音) scar/skɑ́ːr/) 〖『臆(オク)病な』が原義〗
――動 (三単現) ～s/-z/; 過去·過分) ~d/-d/; 現分) scar·ing/skéərɪŋ スケアリング/)
――他 **1** …をおびえさせる, 怖がらせる, びっくりさせる; [be ~d] 怖(コワ)れる; びくびくする《◆ frighten より口語的》‖
He **was scared** and ran away. 彼はびっくりして逃げて行った.
I **was scared** by the strange noise. 変な物音にびっくりした.
I'm **scared of** spiders. 私はクモが怖い.

対話 "Why don't you give it a try? Are you scared of something?" "No. But it's not easy for me."「やってごらんよ. 何かを怖がっているのかい」「そうじゃないわ. でも私には簡単じゃないわ」.

**2** [scare A into doing] A〈人〉をおどして…させる; [scare A out of doing] A〈人〉をおどして…させない》

His threat scared her into obeying him. 彼は彼女をおどして従わせた.

**3** …をおどして追い払う《◆場所・方向を表す副詞(句)を伴う》‖

The barking dog scared the thief away. 犬はほえて泥棒を追い払った.

***scáre* A óut of A's lífe [wíts] =scáre A sílly [stíff]**（略）…を怖がらせる, びびらせる.

──名 C（通例 a ~）（突然の）恐怖; （漠然とした）恐れ, 不安, 恐慌; [形容詞的に] 怖がらせる ‖

a war scare 戦争が起こるのではないかという不安. The report of a gun gave me a scare. その銃声で私はドキンとした.

**scare·crow** /skéərkròu スケアクロウ/ 名 C **1** かかし. **2** こどおどし. **3**（略）みすぼらしい人, やせ衰えた人.

**scared** /skéərd スケアド/ 動 → scare.

──形（比較）~-er, （最上）~-est）おびえた, びっくりした（→ scare 動他 1）.

**scarf** /skɑ́ːrf スカーフ/ 名 ~s/-s/, scarves /skɑ́ːrvz/ C **1** スカーフ; えり巻き, マフラー(muffler); 肩掛け; （英）ヘッドスカーフ. **2**（首にゆるく結んで端をふわりと垂らす）結びネクタイ. **3**（米）（たんす・テーブル・ピアノなどの）掛け布.

**scar·ing** /skéəriŋ スケアリング/ 動 → scare.

**scar·let** /skɑ́ːrlət スカーレット/ 形（通例 比較 more ~, 最上 most ~）緋(ひ)色の, 深紅色の《◆明るい赤色. crimson より明るい. 罪悪・高位を暗示する》.

──名 C 緋色, 深紅色《◆判事・枢機卿(けいきょう)などの高い地位・役職の礼服に用いる》. **2** 緋色の服[布].

**scárlet féver** 猩(しょう)紅熱.

**scárlet létter** 緋文字《昔の米国清教徒の間で姦通(かんつう)した女がつけた A の文字》.

**scarves** /skɑ́ːrvz スカーヴズ/ 名 → scarf.

**scar·y** /skéəri スケアリ/ 形（比較）--i·er, （最上）--i·est）**1** 恐ろしい, 怖い. **2** おびえる, 怖がる.

**scat** /skǽt スキャト/ 動（過去・過分 scat·ted/-id/; 現分 scat·ting）自（略）急いで立ち去る; （米俗式）すばやく動く.

**scath·ing** /skéiðiŋ スケイジィング/ 形 痛烈な, 容赦のない, 厳しい.

***scat·ter*** /skǽtər スキャタ/ 《「粉みじんにする」が原義》

──動（三単現 ~-s/-z/; 過去・過分 ~ed/-d/; 現分 ~-ing/-təriŋ/）

──他 **1** …をまき散らす, ばらまく《◆意図的な場合と不注意でばらまく場合がある. strew も同様. sprinkle はふつう狭い範囲に, 水, 砂, 塩などを散布的にばらまくこと》; [be ~ed]〈物が散在している, 点々と置かれる〉‖

scatter corn for the pigeons ハトにトウモロコシをまいてやる.

scatter money about 金をばらまく, 浪費する. The wind scattered the leaves. 風が吹いて木の葉が散らかった.

Small islands are scattered throughout the inland sea. 内海には小島が点在している.

対話 "I just cleaned the front yard." "I know but the wind just scattered everything."「ちょうど今前庭を掃除したよ」「知ってるわ. でも風が吹いて今しがたみんな散らかしてしまったわよ」.

**b** [scatter A with B] A〈場所など〉に B〈物〉をばらまく ‖

The men scattered the icy road with sand. 人々は凍りついた道に砂をまいた《◆道路一面にばらまいたことを暗示. The men *scattered* sand on the icy road. の方は部分的にばらまくこともありうる》.

John scattered his story with Spanish words. ジョンは自分の書いた物語の中でスペイン語をあちこちに用いた.

**2** …を追い散らす, 四散させる ‖

The police scattered the crowd. 警察は群衆を追い散らした.

──自〈群衆などが〉散る, 四散する.

──名 **1** U まき散らすこと, 四散. **2**（分散した）少量[少数]のもの.

**scat·ter·brain** /skǽtərbrèin スキャタブレイン/ 名 C（略）注意散漫な人, 軽薄な人, 浮わついた人.

**scát·ter·bráined** /-brèind/ 形（略）注意散漫な, 軽薄な.

**scat·tered** /skǽtərd スキャタド/ 動 → scatter.

──形 点在している, まばらの; 時折(ときおり)の ‖

scattered villages on the hills 丘に点在する村々.

scattered showers しぐれ.

**scav·enge** /skǽvindʒ スキャヴィンヂ/ 動（現分 --eng·ing）他 **1** …を掃除する. **2** …をごみの中から捜す. ──自（再利用できるものを）あさる; 〈残飯・腐肉などを〉あさって食べる.

**scav·en·ger** /skǽvindʒər スキャヴィンヂャ/ 名 C 腐肉を食べる動物, 清掃動物《◆ vulture, jackal など》.

**sce·nar·i·o** /sənéəriòu スィナリオウ, -néər-, -nɑ́ːr-|-nɑ́ːr- スィナーリオウ/《イタリア》 名（複）~s/-z/ C **1**（劇などの）筋書, 台本. **2**（映画の）脚本, シナリオ. **3** 予定の計画（概要）.

***scene*** /síːn スィーン/（同音 seen; 類音 sheen /ʃíːn/）《『劇場のテント』が原義》

→ 名 **1** 場面 **2** 現場 **3** 舞台 **4** 眺め

──名（複）~s/-z/）C **1a**（劇・小説などの）場面, シーン ‖

The opening scene in *Macbeth* is terrifying.『マクベス』の冒頭の場面は人をぞっとさせる.

**b**（劇の）場《act（幕）の下位区分》《（略）sc》‖

Act I, Scene 2 第1幕第2場《◆/ǽkt wʌ́n, síːn túː/ と読む》.

**2** [the ~]（事件・行為などの）現場, 場所 ‖

She was at [on] the scene of the crime.

彼女は犯行現場に居合わせた.
A helicopter arrived on the **scene** to rescue the survivors of the accident. 事故の生存者を救助するためヘリコプターが現場に到着した.
**3**(劇・映画・小説などの)舞台, 背景 ‖
The **scene** is a living room. 舞台は居間である.
**4**(目の前の)眺め, 光景, 景色;(生活の)ひとこま, 情景《◆ある地方全体の景色は scenery》‖
The children playing in the garden made a pleasant **scene**. 庭で遊んでいる子供たちの光景は見て気持ちのいいものだった.
The rural **scene** before us is unforgettable. 眼前の田園風景は決して忘れないでしょう.
**5**[a ~ / ~s](人前で感情を見せる)大騒ぎ, 騒動;口論 ‖
make a **scene** in Parliament 議会で大騒ぎする.
**6**(略式)[the ~;通例複合語で] 活動分野, …界 ‖
the film **scene** 映画界.
***behind the scénes*** (1) 舞台裏で.(2)〈人が〉黒幕で,〈事が〉内々で, 陰で.
***còme on the scéne*** (略式)姿を現す, 到着する.
***scéne pàinter*** 舞台の背景画家.

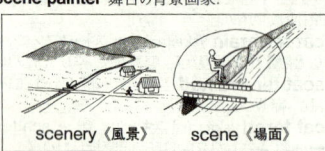

scenery《風景》 scene《場面》

\***scen·er·y** /síːnəri スィーナリ/ [→ scene]
──名 ⓤ **1**(ある地方全体の)風景, 景色, 景観《◆ scene は目の前の光景》[類] landscape, view)‖
a beautiful piece of **scenery** 美しい景色.
The mountain **scenery** of [in] Scotland is just what I like. スコットランドの山の景色はまさしく私の好きなものだ.
**2** 舞台装置, 背景.

**sce·nic** /síːnik スィーニク, sé-/ 形 **1 a** 景色の, 風景の ‖
enjoy the **scenic** beauties of Rome ローマの風景美しさを楽しむ.
**b** 景色のよい, 眺めのよい, 景勝の ‖
a **scenic** highway 景勝に富んだ幹線道路.
**2** 舞台(装置)の, 背景の ‖
**scenic** effects 舞台効果.

**scent** /sént セント/ (同音) cent, sent) 名 **1** ⓤⓒ (快い)におい, かおり(fragrance) ‖
the **scent** of new-mown hay 刈りたての干し草のにおい.
This flower has a delightful **scent**. この花はよいにおいがする.
**2** ⓒ [通例 a ~ / the ~](動物の)臭跡;手がかり ‖
a false **scent** 誤った手がかり.

a hot **scent** 強い臭跡.
**3** ⓤ [時に a ~](猟犬などの)嗅(きゅう)覚;(人の)勘, 直感 ‖
a **scent** of danger 危険を察知すること[力].
Foxes have (a) strong **scent**. キツネは鋭い嗅覚を持っている.
**4** ⓤ (英)香水.
***òff the scént*** (1)(獲物の)臭跡を見失って.(2) 手がかりを失って ‖ throw [put] the police **off the scent** 警察の追求をそらす.
***on the scént*** (1) 臭跡を追って;追跡中で.(2) 手がかりをつかんで.
──動 他 **1** …をかぎつける ‖
**scent** a trick 計略に気づく.
**scent out** the robber's hiding place 強盗の隠れ場所をかぎつける.
**2**(正式)[通例 be ~ed] …をにおわせる;…に香水をつける ‖
a **scented** handkerchief 香水をにおわせたハンカチ.
The flowers **scented** the whole house. 家中に花のかおりが漂っていた.

**scep·ter,**(英)**-tre** /séptər セプタ/ 名 **1** ⓒ (王権の象徴として王の持つ)笏(しゃく).**2** [the ~] 王権, 王位.

**scep·tic** /sképtik スケプティク/ 名 (主に英)=skeptic.

**scep·ti·cal** /sképtikl スケプティクル/ 形(主に英)=skeptical.

**scep·ti·cism** /sképtəsizm スケプティスィズム/ 名(主に英)=skepticism.

**scep·tre** /séptər セプタ/ 名(英)=scepter.

**sched·ule** /skédʒuːl スケデュール | ʃédjuːl シェデュール/ 名 ⓒ **1** 予定(表), 計画(表), スケジュール ‖
He had a heavy [tight, full, ˣhard] **schedule** of engagements. 彼は予定がぎっしり詰まっていた.
**2**(主に米)時間表, 時刻表((英)timetable) ‖
a train **schedule** 列車時刻表.
**3**(正式)表, 一覧表, 目録;(本文に付属の)別表 ‖
a **schedule** of freight charges 貨物料金表.
***(accórding) to (the** [one's]) **schédule*** 予定[計画]通りに;予定[計画]によれば.
***ahéad of schédule*** 予定より早く ‖ 対話 "Can you have that report ready by next Monday?" "Before that. We're ahead of schedule." 「来週の月曜日までにあの報告書を用意しておいてもらえるかな」「月曜日前に用意しますわ. 予定より先に進んでいますから」.
***behind schédule*** 予定より遅れて ‖ 対話 "How's the project coming?" "Not so good. We're a little behind schedule." 「そのプロジェクトの進行状況はどうなの」「あまりよくないんだ. 少し予定より遅れていてね」.
***on schédule*** 予定通りに.

scepter 1

―**動** (現分) -ul·ing) 他《正式》…を予定する；[be scheduled to do] …する予定である；[be scheduled for A] …に予定されている.
**scheduled** services (バスなどの)定期便.
She **is scheduled to** arrive at noon. 彼女は正午に着く予定だ.
The regular meeting **is scheduled for** 10 a.m. 例会は午前10時に予定されている.

**Sche·her·a·za·de** /ʃəhèrəzάːdeɪ シェヘラザーデ｜ʃihlərə- シヒラザーデ/ **名** シャハラザード，シェーラザード《『千一夜物語』の語り手．ペルシア王の妻》.

**sche·mat·ic** /skiːmǽtik スキ(ー)マティク/ **形** 概要の；図式の.

**scheme** /skíːm スキーム/《発音注意》《◆ 〜シーム》**名**
C **1**《主英》計画，案《◆ plan より堅い語》；《英》(政府)公共計画，(会社の)事業計画 ‖
a business **scheme** 事業計画.
a **scheme for** building a bridge 橋をかける計画.
**2** [しばしば 〜s] 陰謀，たくらみ.
**3** 大綱；図式；計画表.
**4** 組織，機構(哲学)体系；配列；配色 ‖
the exquisite color **scheme** of the room その部屋の繊細な配色.
**the schéme of thíngs** 物事の成り立ち[あり方]，事態，状況.
―**動** (現分) schem·ing) 他 …を計画する；…をたくらむ；[scheme to do] …しようと計画をめぐらす ‖
**scheme** to kidnap the banker's son 銀行家の息子を誘拐しようとたくらむ.
―自 たくらむ.

**schem·er** /skíːmər スキーマ/ **名** C 陰謀をめぐらす人.

**schism** /sízm スィズム/ **名** C U《正式》(団体，特に教会の)分裂，分離；U 宗派分立罪.

**schiz·o·phre·ni·a** /skìtsəfríːniə スキツォフリーニア/ **名** U《精神医学》統合失調症，精神分裂症.

**schiz·o·phren·ic** /skìtsəfrénik スキツォフレニク/ **名** C **形**《精神医学》統合失調症[精神分裂症]の(患者)；《略式》(行動が)一貫性のない.

*__schol·ar__ /skάlər スカラ｜skɔ́lə スコラ/《『学者(school)の人(ar)』》㋺ scholarship (名)
―**名** (複 〜s/-z/) C **1** 学者《◆ 特に人文系の学者をさす．『科学者』は scientist》‖
an eminent English **scholar** 著名な英語学者.
**2**(്)[通例否定文で] 学のある人，学識者，物知り.
**3** 奨学生，給費生 ‖
British Council **scholars** ブリティッシュ=カウンシル給費生.

**schol·ar·ly** /skάlərli スカラリ｜skɔ́lə- スコラリ/ **形** 学者らしい；学問的の，学問的な ‖
a **scholarly** book 学術書.

*__schol·ar·ship__ /skάlərʃip スカラシプ｜skɔ́ləʃip スコラシプ/《『→ scholar』》
―**名** (複 〜s/-s/) **1** C 奨学金，育英資金 ‖
win a **scholarship** 奨学金を得る.

a student **on a scholarship** 奨学生.
**2** U (人文科学の)学問，学識.

**scho·las·tic** /skəlǽstik スコラスティク/ **形**《正式》**1** 学校の，学校教育の；学者の；《米》中学[高校]の.
**2** 学者ぶった，知識を鼻にかけた，あまりに細かいことを問題にする. **3** [通例 S〜] スコラ哲学(者)の.

‡**school**¹ /skúːl スクール/《『「ひま，余暇 (schola)」が原義．cf. scholar』》
㋺ scholastic (形)
→**名 1** 学校；授業 **2** 校舎 **3** 全校生徒
 **4** 教習所 **6** 流派
―**名** (複 〜s/-z/) **1** U [無冠詞で] (制度としての)**学校**(教育)《ふつう小学校から高校までをさす》；授業 ‖
**go to school** 学校に行く；学校に通っている.
**send [put] one's child to school** 子供を学校にやる.
**leave school** 下校する；退学する；卒業する《◆ enter **a** school (入学する), go to **a** good school (よい学校に通う)の場合は a が必要》.
**after school** 放課後.
**cut school** 学校をサボる.
**do well in [at] school** いい成績をとる.
**School** begins in September. 学校は9月に始まる《◆ 英・米では学校の年度は9月から6月まで》.
**School is over.** 学校[授業]が終わった《◆ 1時間ごとの授業については Class is over.》
We **have no school** today. きょうは授業がない.
I am a teacher **at** [×**of**] **this school.** 私はこの学校の教師です.
She is still **at** [《米》**in**] **school.** 彼女はまだ在学中です《◆ (1) in the school では《英米》共に「校内に，学校の敷地内に」の意. (2) at school には「授業中で」「学校内に」の意味もある》.

> **Q&A** **Q**：「学校へ行く」の go to school と go to the school はどう違いますか．
> **A**：go to school は**1**の意で「授業を受けに」学校へ行くこと，go to **the** school は**2**の意味で，授業と関係なく建物としての学校に行く意味です．たとえば，家族が忘れ物を届けるとか，保護者が先生に会いに行く場合などはすべて go to **the** school となります．

[C と U] 授業 C
 学校，校舎 U
**2** C (建物・施設としての)**学校**，校舎 ‖
establish [found] a **school** 学校を設立する.
keep [run] a **school** 学校を経営する.
teach at a country **school** 田舎(いなか)の学校で教える.

**関連**[種類] nursery school 保育園《5歳以下の幼児》/ kindergarten 幼稚園《ふつう4-5歳児》/ preschool 未就学児施設《幼稚園・保育園の総称》/ grade [《米》elementary, 《英》primary] school 小学校 / junior high school (米)中学校 / senior high school (米)高等学校 / grammar school (英)中等学校；(米)初等中学校 / secondary school 中等学校 / lower secondary school 中等学校 / upper secondary school 高等学校 / preparatory school 私立中学校；(英)私立小学校 / public school (米)公立学校；(英)パブリックスクール / private school (米)私立学校 / comprehensive school (英)統合中等学校 / school for the blind 盲学校 / school for the deaf 聾(ろう)学校 / evening [night] school 夜間学校 / community college (米)地域大学《地域に密着した短大．junior college ともいう》 / girls' school 女子校 / finishing school (若い女性のための)教養学校．

**3** ⓒ [主に the (whole) 〜；集合名詞的に；単数・複数扱い] **全校生徒**(及び教員) ‖
The whole school is out on a picnic today. きょうは全校生徒は遠足に出かけています．

**4** ⓒ **教習所**, 養成所；各種学校；専門学校 ‖
a drivers' school 自動車教習所．
a vocational school 職業訓練校．
a dancing school ダンス教習所．
a riding school 乗馬学校．

**5** ⓒ [通例 the 〜] (大学の)専門学部, 大学院；ⓒⓊ (米)大学, 単科大学 ‖
the school of law (正式)法学部(大学院)．
Juilliard School (ニューヨークの)ジュリアード音楽院．
a postgraduate [a graduate] school 大学院．

**6** ⓒ (学問・芸術などの)**流派**, 学派, [複合語で] …派；(考え方の)…風 ‖
painters of the Kano school 狩野派の画家．
a politician of the new school 進歩的な考え方の政治家．

**7** ⓒ (略式) [通例単数形で] **鍛練の場** ‖
the hard school of adversity 逆境という厳しい鍛練の場．
the school of hard knocks 実社会．

**schóol bòard** (米)教育委員会．
**schóol bùs** スクールバス《◆米国ではふつう黄色型バス》．
**schóol dày** (1) 授業日．(2) [-s] 学生時代 ‖ in one's school days 学校時代に．
**school edition** (書物の)学生用版．
**schóol hòuse** (英)(public school の)校長官舎(cf. schoolhouse)．
**schóol repòrt** (英) = report card．

**school**² /skúːl スクール/ 名 ⓒ (魚・クジラ・イルカなどの)群れ(→ flock 関連) ‖
a school of sardines イワシの群れ．
in schools 群れをなして．

**school·boy** /skúːlbɔi スクールボーイ/ 名 ⓒ 男子生徒《◆小・中学生をいう》．
**school·child** /skúːltʃaild スクールチャイルド/ 名 (複 --children) ⓒ 学童．
**schóol·friend** /skúːlfrend スクールフレンド/ 名 ⓒ (主に英)学校友だち, 学友．
**school·girl** /skúːlgəːrl スクールガール/ 名 ⓒ 女子生徒《◆ふつう小・中学生をいう》．
**school·house** /skúːlhaus スクールハウス/ 名 ⓒ (主に田舎(いなか)の)小学校の校舎(cf. school house)．
**school·ing** /skúːliŋ スクーリング/ 名 Ⓤ **1** (正式)学校教育(を受けること)；(通信教育の)スクーリング．**2** (馬の)調教．
**school·kid** /skúːlkid スクールキド/ 名 (略式) = schoolchild．
**school·mate** /skúːlmeit スクールメイト/ 名 ⓒ 学校友だち, 学友((英) schoolfriend)．
**school·room** /skúːlruːm スクールルーム/ 名 ⓒ 教室．
**school·teach·er** /skúːltiːtʃər スクールティーチャ/ 名 ⓒ (小学・中学・高校の)先生, 教員《◆一般的に小学校の先生をさす場合は she で受けるのがふつう》．
**school·yard** /skúːljɑːrd スクールヤード/ 名 ⓒ 校庭 ‖
schoolyard violence 校内暴力．

**schoo·ner** /skúːnər スクーナ/ 名 **1** [海事]スクーナー船《ふつう2本マスト(以上)の縦帆式帆船》．**2** (米・豪)(ビール用)大ジョッキ[コップ]；(英)(シェリー用)大型グラス．
**schóoner rìg** 縦帆式帆装．

**Schu·bert** /ʃúːbərt シューバト/ 名 シューベルト《Franz /frɑːnts/ 〜 1797-1828；オーストリアの作曲家》．

**Schu·mann** /ʃúːmɑːn シューマーン|-mən -マン/ シューマン《Robert 〜 1810-56；ドイツの作曲家》．

**Schweit·zer** /ʃwáitsər シュワイツァ, ʃvái-/ 名 シュバイツァー《Albert 〜 1875-1965；ドイツ生まれの医師・キリスト教伝道者・音楽家》．

*__**sci·ence**__ /sáiəns サイエンス/ 『「知ること」が原義．cf. conscience》
派 scientific (形), scientist (名)
—— 名 (複 --enc·es/-iz/) **1** Ⓤ **科学**, 科学的知識 ‖
advance science 科学を促進する．
Modern science is mainly based on observation and experiment. 近代科学は主として観察と実験に基づいている．

**2** Ⓤⓒ (学問の分野としての)**科学**；自然科学, 理科；[複合語で] …学, …科学 ‖
a person of science 科学者．
financial support for the sciences 自然科学への財政援助．
I studied several sciences at school. 学校で数科目の自然科学をとりました．

関連 [学問の種類] social science 社会科学 / natural science 自然科学 / applied science 応用科学 / pure science 純粋科学 / political science 政治学 / physical science 物理学 / domestic science 家政学 / economic science 経済学 / historical science 歴史学 / statistical science 統計学 / earth science 地球科学 / space science 宇宙科学 / linguistic science =the science of language 言語学 / the science of religion 宗教学 / the science of astronomy 天文学.

**3** Ⓤ わざ, 術 ‖
the **science** of self-defense 護身術.
the **science** of cooking 料理法.
**scíence fíction** 空想科学小説, SF 《◆ (略式) sci(-)fi》.

\***sci·en·tif·ic** /sàiəntífik サイエンティフィク/ 〖→ science〗
——形 **1** [名詞の前で] **科学の**, 科学上の, 自然科学の ‖
**scientific** knowledge 科学知識.
**scientific** terms 科学用語.
**scientific** research 科学調査.
**scientific** instruments 理科の器具.
**2** [通例名詞の前で] **科学的な**, 精密で系統的な (systematic) (↔ unscientific) ‖
a **scientific** method [approach] 科学的方法.
It is important to be **scientific** in your research. 研究においては厳密さが大切だ.
**sci·en·tif·i·cal·ly** /sàiəntífikəli サイエンティフィカリ/ 副 科学的に.

\*\***sci·en·tist** /sáiəntəst サイエンティスト/ 〖→ science〗
——名 (複 ~s/-tists/) Ⓒ (主に自然科学の) **科学者** ‖
Dr. Yukawa was a worldfamous **scientist**. 湯川博士は世界的に有名な科学者であった.

**sci(-)fi** /sáifái サイファイ/ 〖science fiction の短縮語〗(略式) 名Ⓤ形 空想科学小説(の), SF(の).

**scis·sors** /sízərz スィザズ/ 名 [複数扱い] **はさみ** 《◆植木ばさみなどは特に shears》 ‖
a pair of **scissors** はさみ1丁.
cut with **scissors** はさみで切る.
These [×This] **scissors** are very sharp. このはさみはよく切れる.
**scíssors kíck** [水泳] あおり足; [サッカー] オーバーヘッドキック(bicycle kick).

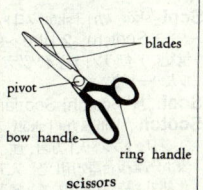

**scoff** /skɔ́f スコフ, (米+) skɔ́:f | skɔ́f スコフ/ 動 自
あざ笑う, 嘲(あざけ)笑する ‖
**scoff** at his clumsiness 彼の不器用をあざ笑う.
——名 **1** Ⓒ [通例 ~s] あざけり, 嘲笑.
**2** [the ~] お笑いぐさ, 物笑いの種 ‖
the **scoff** of the world 世間の物笑い.

\***scold** /skóuld スコウルド/ 〖「下品な言葉を吐く」が原義〗
——動 (三単現 ~s/skóuldz/; 過去・過分 ~·ed /-id/; 現分 ~·ing)
——他 …をしかる, 説教する(tell off) 《◆親などが主に子供をしかる時に用いる》‖
She **scolded** her child **for** being lazy. 子供が怠けているので彼女はしかった.
——自 しかる, がみがみ言う ‖
Don't **scold** so much. そんなにがみがみ言うな.

**scone** /skóun スコウン, skán | skɔ́n スコン, skóun/ 名Ⓒ **1** (英) スコーン 《小型の丸いケーキ》. **2** (米) = biscuit.

**scoop** /skú:p スクープ/ (同音 scope/skóup/)

scoop
〖1 すくいさじ〗
└〖2 すくうこと〗
  └〖3 特ダネ〗

——名Ⓒ **1** [しばしば複合語で] **小シャベル**, すくいさじ, 大さじ; ひしゃく ‖
an ice-cream **scoop** アイスクリームすくい.
**2** すくうこと, ひとすくい; ひとすくいの量 ‖
at one **scoop** ひとすくいに; 一挙に.
**3** (新聞の) **特ダネ**, スクープ.
**4** (俗) 大もうけ, 大当たり.
——動他 **1** …をすくい上げる, すくい取る, くむ; …をすくい上げて入れる ‖
**scoop up** the snow with one's hands 両手で雪をすくい上げる.
**2** 〈穴など〉を掘る, えぐる ‖
**scoop (out)** holes in the earth 地面に穴を掘る.
**scoop out** the inside (スプーンで)中味を取り出す.
**3** 〈他社〉を(特ダネで)出し抜く.
**4** 〈金〉を大もうけする.

**scoop·ful** /skú:pfùl スクープフル/ 名Ⓒ ひとさじ分, ひとすくい分, シャベル1杯.

**scoot** /skú:t スクート/ 動自 (略式) 急いで行く, 駆け出す.

**scoot·er** /skú:tər スクータ/ 名Ⓒ **1** スクーター. **2** (ハンドル付き子供用)スクーター 《片足を乗せ他の足でけって走る》.

**scope** /skóup スコウプ/ (同音 scoop/skú:p/) 名Ⓤ
**1** (能力・理解・調査などの) **範囲** ‖
This problem is beyond [out of] my **scope**. この問題は私の手

に負えない.
**2** 機会(opportunity), 余地, 自由 ‖
give **scope to** one's ability 才能を発揮する(機会を与える).

**scorch** /skɔ́ːrtʃ スコーチ/ [動] ([三単現] ~·es/-iz/)
[他] **1** …を焦がす([関連] → bake). **2** 〈草木〉を枯らす, しおれさせる. —[自] **1** 焦げる. **2** 枯れる, しおれる.
—[名] ([複] ~·es/-iz/) [C] 焼け焦げ(の跡).

**scorch·ing** /skɔ́ːrtʃiŋ スコーチング/ [動] → scorch.
—[形] (略式) 焼き焦がすような, 焼けつくような; [副詞的に] 焼けつくように ‖
a **scorching** hot day 酷暑の日.
**scórch·ing·ly** [副] 焼き焦がすように; 痛烈に.

***score** /skɔ́ːr スコー/ 〖「刻み目(notch)」が原義. 3 は羊飼いが20頭ごとに棒に刻み目をつけたことから〗
—[名] ([複] ~s/-z/) [C] **1** [通例 a ~ / the ~] (競技の)得点, 得点記録, 得点表, スコア ‖
What was the final **score**? 最終得点は何点でしたか.
What's **the score** now? =How does the score stand? 今何点ですか; (略式) 形勢はどうなった.
win a game (**by a score of**) 5-3 5対3で試合に勝つ《◆ 5-3 は 'five to three' と読む》.
**2** (試験・テストの)点数, 成績 ‖
the average **score** 平均点.
get a perfect **score on** the test テストで満点を取る.
**3** ([複] score) (文) 20, 20の1組 ‖
a **score** of people 20人.
four **score** and seven years ago 87年前《◆ Lincoln の Gettysburg Address の冒頭の言葉》.
The Bible says that our life is but three **score** years and ten. 聖書には人の人生はわずか70年であると書かれています《◆ threescore のように1語でつづるのがふつう》.
**4** [~s of A; 俗用的に] 多数の… ‖
**scores of** times 何度も.
receive **scores of** letters 手紙を多数受け取る.
**5** 切り目, 刻み目, ひっかいた傷跡 ‖
a bad **score** on the desk 机の上につけたひどい傷跡.
**6** 〔音楽〕 総譜, スコア; (映画・劇の)付帯音楽 ‖
a piano **score** ピアノスコア.
***kèep (the) scóre*** 得点を記録する, スコアをつける.
***on thís scóre*** この点に関して; この理由で.
—[動] ([三単現] ~s/-z/; [過去・過分] ~d/-d/; [現分] scor·ing/skɔ́ːriŋ/)
—[他] **1 a** (競技・テストなどで) 〈得点・点数〉を**取る**, **得点する** ‖
**score** (**up**) 5 runs in the 1st inning (野球で)1回に5点取る.
**score** a goal [point] (サッカーなどで)1点をあげる.
**score** 100 on the test テストで100点を取る.
**b** 〈点数〉を与える; (米) …を採点する.
**c** 〈勝利・成功〉を得る, 収める ‖
**score** a great success 大成功を収める.
**2** …に刻み目[切り目, 傷]をつける, 印をつける ‖
**score** the meat before cooking it 料理する前に肉に(ナイフで)刻み目をつける.
**3** …を楽譜に書く, 作曲する, 編曲する.
—[自] **1** 得点する; 得点をつける. **2** (良い・悪い)成績をとる《◆ 副詞を伴う》.

**score·board** /skɔ́ːrbɔ̀ːrd スコーボード/ [名] [C] スコアボード, 得点掲示板.

**score·book** /skɔ́ːrbùk スコーブク/ [名] [C] スコアブック, 得点記入帳.

**score·card** /skɔ́ːrkɑ̀ːrd スコーカード/ [名] [C] スコアカード, 得点表.

**score·keep·er** /skɔ́ːrkìːpər スコーキーパ/ [名] [C] (競技の)記録係.

**scorn** /skɔ́ːrn スコーン/ [名] **1** [U] 軽蔑(べつ), 嘲(ちょう)笑, あざけり ‖
regard the offer with **scorn** 申し出を軽蔑の気持ちで見る.
hold irresolution **in scorn** 優柔不断をさげすむ.
feel **scorn for** the rich 金持ちに軽蔑の気持ちをもつ.
**2** (正式) [the ~] 軽蔑の的, 物笑いの種 ‖
the **scorn** of the neighborhood 近所の物笑いの種.
***láugh A to scórn*** =***póur scórn on A*** (文) …をあざける, …をあざ笑う.
—[動] [他] …を軽蔑する, さげすむ, (軽蔑して)はねつける; (正式) [scorn **to** do / scorn doing] …することを(軽蔑して)拒絶する, 潔(いさぎよ)しとしない ‖
They **scorned** our attempts at reconciliation. 彼らは我々の和解の試みを鼻の先で笑ってはねつけた.

**scorn·ful** /skɔ́ːrnfl スコーンフル/ [形] 軽蔑(べつ)した, さげすむ, 横柄な; 軽蔑している ‖
He is always **scornful of** the traditional way of thinking. 彼はいつも伝統的な考え方を軽蔑している.

**scorn·ful·ly** /skɔ́ːrnfəli スコーンフリ/ [副] 軽蔑(べつ)して, ばかにして.

**Scor·pi·o** /skɔ́ːrpiòu スコーピオウ/ [名] **1** 〔天文〕 さそり座(the Scorpion). **2** 〔占星〕 天蝎(てんかつ)宮(→ zodiac); [C] 天蝎宮生まれの人《10月24日-11月21日生》.

**scor·pi·on** /skɔ́ːrpiən スコーピオン/ [名] [C] 〔動〕 サソリ.

**Scot** /skɑ́t スカト | skɔ́t スコト/ [名] [C] **1** スコットランド人(→ Scotch). **2** [the ~s] スコット族(の人)《6世紀にアイルランドからイングランド北西部に渡ったゲール人の一種族》.

**Scot.** [略] Scotch; Scotland; Scottish.

**Scotch** /skɑ́tʃ スカチ | skɔ́tʃ スコチ/ [形] スコットランドの, スコットランド人[方言, 産, 種]の《◆ おもに産物を表す分離複合語で用いる. スコットランドとイングランド北部では特に人に用いると軽蔑(べつ)的とされ, Scottish と Scots が好まれる. 他地域では (略式) で Scotch, (正式) で Scottish を用いる》.
—[名] ([複] ~·es/-iz/) **1** [the ~; 集合名詞; 複

数扱い] スコットランド人《◆スコットランドでは the Scots, the Scottish, (個人 は) Scotsman [Scotswoman] がふつう. 他地域で用いる the Scotch, (個人 は) Scotchman [Scotchwoman] は軽蔑的とされる(→ 形)》.
**2** ⓤ スコットランド語[英語].
**3** ⓤ(略式) =Scotch whisky; ⓒ グラス1杯のスコッチ《◆単独で用いるときは Scotch: Give me some *Scotch*. スコッチをください》.

**Scótch tápe** 《◆/=/もめる》[時に s~] (米)(商標)スコッチテープ《接着用セロハンテープ》((英) sellotape).

**Scótch whísky** スコッチウイスキー((略式) Scotch).

**Scotch·man** /skɔ́tʃmən スカチマン | skɔ́tʃ- スコチ-/ 名 (複 ‥men) ⓒ (男性の)スコットランド人; (一般に)スコットランド人((PC) Scot, Scotch person).

**Scotch·wo·man** /skɔ́tʃwùmən スカチウマン | skɔ́tʃ- スコチ-/ 名 (複 ‥wo·men) ⓒ (女性の)スコットランド人.

**scot-free** /skɑ́tfríː スカトフリー | skɔ́t- スコト-/ 形 (略式) 罪を受けないで; 罪を免れて ∥
get off [escape, go] **scot-free** 無事に逃げる; 無罪放免になる.

**Scot·land** /skɑ́tlənd スカトランド | skɔ́tlənd スコトランド/ 名 スコットランド《Great Britain 島の北部を占め England に接する地域. 首都 Edinburgh. 別称 the Highlands, Caledonia. 形容詞は Scottish, Scotch》.

**Scótland Yárd** ロンドン警視庁, (特にその)刑事捜査部《もとの所在地の名にちなんだ通称. 1967年に Victoria Street に移転したが, 旧名を受け継いで現在は Néw Scótland Yárd という》.

**Scots** /skɑ́ts スカツ | skɔ́ts スコツ/ 名 **1** [the ~; 集合名詞; 複数扱い] スコットランド人(→ Scotch). **2** ⓤ [単数扱い] スコットランド語[英語]. **3** → Scot.
——形 スコットランド(人, 方言)の (→ Scotch) ∥
a **Scots** writer スコットランド作家.
**Scots** law スコットランド法.

**Scots·man** /skɑ́tsmən スカツマン | skɔ́ts- スコツ-/ 名 (複 ‥men) =Scotchman.

**Scots·wo·man** /skɑ́tswùmən スカツウマン | skɔ́ts- スコツ-/ 名 (複 ‥wo·men) =Scotchwoman.

**Scot·tish** /skɑ́tiʃ スカティシュ | skɔ́tiʃ スコティシュ/ 形 スコットランドの, スコットランド人[方言, 産, 種]の (→ Scotch 形) ∥
**Scottish** character スコットランド人気質.
——名 **1** [the ~; 集合名詞; 複数扱い] スコットランド人(→ Scotch). **2** ⓤ スコットランド語[英語].

**Scóttish térrier** スコッチテリア《スコットランド産の小形のテリア犬》.

**scoun·drel** /skáundrəl スカウンドレル/ 名 ⓒ (やや略式) 悪漢, ふらちな奴.

**scour**[1] /skáuər スカウア/ 動 他 **1** …をこすって磨く, 光らせる; …をごしごし洗う ∥
**scour out** a dirty pan 汚れたなべを磨く.
**2** …をこすり取る, 流し去る ∥
**scour** the rust **off** さびを落とす.
**3** 〈水路・パイプなど〉を水を流して掃除する, …の通りをよくする.
——名 [通例 a ~] こすって磨くこと; 洗い流すこと.

**scour**[2] /skáuər スカウア/ 動 他 〈場所〉を駆けめぐる, 捜し回る. ——自 駆けめぐる, 捜し回る.

**scourge** /skə́ːrdʒ スカーチ/ 名 ⓒ (正式) 苦しみを引き起こす人[物]; 天罰, 災難, たたり.

**scout** /skáut スカウト/ 名 **1** ⓒ (軍事) 斥候(せっこう), 偵察兵[機, 艦艇]; (米) 【スポーツ】 競技の相手チームの内情を偵察する人. **2** (スポーツ・芸能) (有望新人を捜す)スカウト. **3** [しばしば S~] ボーイスカウト[ガールスカウト]の一員《◆(英) ではボーイスカウトについていう. cf. girl guide》.
**on the scóut** 偵察中で.
——動 自 偵察に出る, 斥候をつとめる; 新人スカウトとして働く; (略式) 探し回る. ——他 …を偵察する; …を捜し出す.

**scowl** /skául スカウル/ 動 自 顔をしかめる; にらみつける ∥
Why are you **scowling** at me? どうしてぼくをにらみつけるんだい.
——名 ⓒ [通例 a ~] 顔をしかめること, しかめっつら.

**scowl·ing·ly** /skáuliŋli スカウリングリ/ 副 顔をしかめて, こわい顔をして.

**scrab·ble** /skrǽbl スクラブル/ 動 (現分 scrab·bling) 自 (略式) **1** 動き回る, かき回す. **2** なぐり[走り]書きする.

**scrag** /skrǽg スクラグ/ 名 **1** ⓒ やせこけた人[動物], ひからびかけた植物. **2** ⓤⓒ =scrag end.

**scrág énd** 羊[牛]の首肉の部分(scrag)《スープ用》.

**scrag·gy** /skrǽgi スクラギ/ 形 (比較 ‥gi·er, 最上 ‥gi·est) やせこけた; でこぼこした.

**scram** /skrǽm スクラム/ 動 (過去・過分 scrammed/-d/; 現分 scram·ming) 自 (略式) [しばしば命令文で] さっさと立ち去る, 逃げる.

**scram·ble** /skrǽmbl スクランブル/ 動 (現分 scram·bling) 自 **1a** よじ登る, はい登る; はうように進む《◆副詞を伴う》∥
**scramble** up a hillside 山腹をはい登る.
**scramble** over the rocks 岩をよじ登る.
**b** 急いで…する ∥
**scramble** to one's feet 立ち上がる.
**2** 奪い合う; 先を争う ∥
**scramble** for the ball ボールを奪い合う.
——他 **1** …をごちゃ混ぜにする; …をかき集める ∥
**scramble** the papers **together** 書類をかき集める.
**2** 〈卵〉を(バターやミルクを加えて)かきまぜて焼く(→ scrambled eggs 複合語). **3** 〈電話・無線通信〉を(盗聴できないように)波長を変える.
——名 **1** [a ~] よじ登ること.
**2** [a ~] 奪い合い ∥
a **scramble** for seats 席の奪い合い.

**3** ⓒ〖軍事〗緊急発進, スクランブル.
**4** ⓒ〖英〗スクランブルレース《起伏(☆)の多い山野で行なうオートバイレース》.

**scrámbled éggs** [単数扱い] いり卵 ‖ two scramlded eggs いり卵2個分《◆two scrambled egg は「いり卵2人分」》.

**scrap** /skrǽp スクラㇷ゚/ 图 **1** ⓒ [通例 a ~] (しばしば好ましくない物質の)断片, かけら, 破片; [否定文で] ひとかけら ‖
a few scraps of news いくつかの断片的ニュース.
a scrap of paper 紙切れ.
There wasn't a scrap of truth in the statement. その声明には真実のかけらもなかった.
**2** (まれ) [~s] (新聞・雑誌などの)切り抜き, スクラップ《◆(もと米) clipping, (英) cutting がふつう》.
**3** [~s; 複数扱い] 残飯; 脂肪かす, 魚かす.
**4** Ⓤ (鉄などの)くず, スクラップ.
—— 動 (過去・過分) scrapped/-t/; (現分) scrap·ping) …をスクラップにする, 廃棄する;〈制度を〉廃止する.

**scrap·book** /skrǽpbùk スクラㇷ゚ブㇰ/ 图 ⓒ スクラップ=ブック《新聞・雑誌の切り抜き帳》.

**scrape** /skréip スクレイㇷ゚/ (現分) scrap·ing) 他 **1** …をこする, …をこすり取る, こすり落とす, [scrape A C] A〈物をこすって C の状態にする ‖
scrape one's boots on the doormat (玄関の)ドアマットで長靴をぬぐう.
scrape away mud from [off] one's shoes 靴の泥をこすり落とす.
scrape off the paint ペンキをこすって落とす.
scrape the dishes clean 皿をこすって(すっかり)きれいにする.
**2** 〈からだの一部〉をこすりつけてけがをする, すりむく, こすって傷をつける ‖
fall down and scrape one's knee 転んでひざをすりむく.
scrape a chair on the floor 床にいすをこすって傷をつける.
**3** [種々のこする動作を表して] …をなでる;〈楽器〉をこすって音を出す; …をこすってなめらかにする;〈道路〉を地ならし機で平らにする ‖
scrape one's chin あごのひげをそる.
scrape back one's hair 髪の毛をうしろになでつける.
**4** …を搔(ゕ)き出す, 搔き寄せる; (土などを搔き出して)〈穴〉を掘る ‖
scrape out a hole (土を搔いて)穴を掘る.
**5** …を(苦労して)寄せ集める ‖
scrape together [up] enough money to start a new business 新しく商売を始めるのに十分な金を搔き集める.
—— 自 **1** こする, れる; こするようにして進む; やっと切り抜ける ‖
branches scraping against the windowpanes 窓ガラスをこすっている枝.
They just scraped through the examinations. 彼らはなんとか試験に合格した.
**2** こつこつ倹約して貯蓄する ‖

work and scrape こつこつ働いてためる.
*scrápe a líving* (英) → living 图.
—— 图 ⓒ **1** [通例 a ~ / the ~] こする[こすれる]こと, こする[こすれる]音, きしる音 ‖
the scrape of the chalk on the blackboard 黒板でのチョークのきしる音.
**2** かすり傷 ‖
suffer scrapes on one's elbow ひじにかすり傷をつくる.
**3** (略式) (自ら招いた)苦境, 面倒 ‖
get into a scrape for breaking a rule 規則違反をして窮地に陥る.

**scrap·er** /skréipər スクレイパ/ 图 ⓒ (玄関に置く)泥かき; (ゴムのへりがついた)お碗の残りかすをとるへら; ペンキかきごて.

**scrap·py**¹ /skrǽpi スクラピ/ 圏 (比較) -·pi·er, (最上) -·pi·est) (略式) **1** 断片的な, まとまりのつかない. **2** くずの.

**scrap·py**² /skrǽpi スクラピ/ 圏 (比較) -·pi·er, (最上) -·pi·est) (米略式) けんか好きな, けんか腰の; 断固とした.

**scratch** /skrǽtʃ スクラチ/ 動 (三単現 ~·es/-iz/) 他 **1** …をひっかく, …をかく, …に傷をつける; …をこすりつける ‖
scratch one's héad (悩んで)頭を(ごしごし)かく《◆ 日本のような照れかくしの動作ではない》.
Scratch [Yòu scratch] mý back and I'll scratch yóurs. (ことわざ) かゆい所をかいてくれたらかいて返そう;「魚心あれば水心」《◆ しばしば不正な取引を暗示》.
I scratched my knees in the bushes. やぶの中でひざにひっかき傷を作ってしまった.
**2** …をはがし取る, こすり取る ‖
scratch the paint off the siding 羽目板からペンキをはがす.
**3** 〈字など〉をひっかいて書く[刻む]; …を走り書きする ‖
scratch one's initials on the rock with a sharp stone とがった石で岩に自分の名前の頭文字をひっかいて書く.
**4** …をひっかいて掘り出す;〈穴〉をひっかいて掘る; …をむしり取る.
**5** 〈書いたもの〉を線を引いて消す, 抹消する; (略式)〈出場者(の名前)〉を取り消す;〖競馬〗〈馬〉の出場を取り消す;(米)〈候補者の名〉を名簿から消す ‖
Scratch the second paragraph. 2番目のパラグラフを削除しなさい.
*scrátch a líving* → living 图.
—— 自 **1** (つめで)ひっかく, (かゆいので)かく ‖
scratch behind one's ears 耳の後ろをかく.
**2** ひっかいて掘る; (略式) あちこち(かき回して)探し回る. **3** 〈ペン・チョークが〉ひっかかる, ひっかかって音をたてる. **4** (略式) 出場を取りやめる; (米) 候補者の名前を消す.

—— 图 (複 ~·es/-iz/) **1** ⓒ ひっかき傷, かすり傷 ‖
a scratch on the bureau たんすについたひっかき傷.
without a scratch 無傷で.

**2** [a ~] 〈ゆくて〉かくこと.
**3** ⓒ (ペン・チョーク・レコードの)かする音, きしる音.
**4** 〖ゴルフ・スポーツ〗[形容詞的に]〈競技者・試合が〉ハンディなしの ∥
a scratch race 対等のレース.
**5** [形容詞的に]〈チームが〉よせ集めの; 〈食事が〉ありあわせのもので作った.
*from* [*at, on*] *scrátch* (略式) 最初から, ゼロから ∥ Starting from scratch, he became a millionaire. 裸一貫からたたきあげて彼は百万長者になった.
*ùp to scrátch* (略式) 期待どおりで, 一定の水準に達して ∥ bring one's French up to scratch フランス語の力をまあまあの線までつける.
**scrátch pàd** (米) 雑記帳, 計算用紙帳.
**scrátch pàper** (米) メモ用紙((英) scrap paper).

**scratch・y** /skrǽtʃi スクラチ/ [形] (比較) -i・er, (最上) -i・est) **1** 走り書きの. **2** かゆい; ちくちくする. **3** ペンがひっかかる, カリカリ音をさせる.

**scrawl** /skrɔ́ːl スクロール/ [動] 他 …をなぐり書きする, 落書きする. ── 名 なぐり書きする, 落書きする.
──名 **1** ⓒ ぞんざいに書いた文字[手紙]; 落書き. **2** [a ~] *one's* ~] へたな筆跡, 走り書き.

**scrawn・y** /skrɔ́ːni スクローニ/ [形] (比較) -i・er, (最上) -i・est) やせこけた.

*****scream** /skríːm スクリーム/ 〘擬音語〙
──[動] (三単現) ~s/-z/; (過去・過分) ~ed/-d/; (現分) ~・ing
──[自] **1** 金切り声を出す, きゃっと悲鳴をあげる; ぎゃあぎゃあ泣く; 〈喜んで〉きゃっきゃっ声をあげる ∥
scream in pain 苦痛の叫び声をあげる.
scream for help 助けを求めて叫ぶ.
〖対話〗"What's that terrible music?" "That's not music. I think it's someone screaming." 「あのひどい音楽はなんだい」「あれは音楽じゃないわ. 誰かが悲鳴をあげてるんだと思うわ」.
**2** 叫ぶ ∥
scream at the soldiers to charge at the enemy 敵に向かって突撃するよう兵士に叫ぶ.
**3** 〈風が〉ピューピューうなる; 〈汽笛・笛が〉ピーと鳴る; 〈サイレンが〉ウーウーと鳴る; 〈フクロウなどが〉鋭く鳴く; 〈楽器・歌手が〉耳ざわりな高音を出す.
**4** ヒステリックに抗議する, 書き立てる ∥
scream about the wrongful arrest 不当な逮捕に声高に抗議する.
──[他] **1** …を絶叫して訴える; [scream (that) 節] …と金切り声で言う; 金切り声で「…」と言う.
**2** [scream oneself to C] 金切り声をあげて C になる, C になるまで声をはりあげて叫ぶ ∥
scream oneself red in the face 顔を真っ赤にして叫ぶ.
──名 **1** ⓒ [しばしば a ~] 金切り声, 悲鳴; 〈鳥・動物の〉鋭い鳴き声; 〈高い〉笑い声; 〈機械・笛・風などの〉鋭い音 ∥
give a hysterical scream ヒステリックな金切り声をあげる.
**2** (略式) [a ~] ふき出してしまうようなおもしろい人[事, 冗談].

**screech** /skríːtʃ スクリーチ/ [動] (三単現) ~・es/-iz/; [自] **1** 〈恐怖・苦痛などで〉かん高い声を上げる, 金切り声で叫ぶ. **2** 〈サルなどが〉かん高い声で鳴く. **3** (略式) 〈ブレーキなどが〉キーと音を立てる.
──名 (複) ~・es/-iz/) ⓒ **1** かん高い叫び[鳴き]声. **2** 〈ブレーキなどの〉キーという音.

**screen** /skríːn スクリーン/ [名] ⓒ **1** [通例複合語で] 場所を仕切るもの, 風などをさえぎるもの《ついたて・びょうぶ・すだれ・帳(はり)など》; 〈教会の〉内陣仕切り; (米) 網戸; (英) 〈自動車の〉フロントガラス((米) windshield) ∥
a sliding screen (障子・ふすまなどの)横開きの仕切り.
a window screen 窓網戸.
a fire screen (暖房の火よけ用)ついたて.
**2** 遮蔽(しゃへい)物; 〖軍事〗煙幕; [比喩的に] 目隠し, さえぎるもの ∥
behind a screen of trees 木に隠れて.
put on a smile as a screen for one's embarrassment 当惑を隠すためにこりと笑う.
**3** スクリーン, 映写幕; 〈テレビなどの〉映像, スクリーン; Ⓤ [the ~] 映画(界) ∥
appear on the screen 映画に出る.
a star of stage and screen 舞台・映画スター.
──[動] 他 **1** (正式) …を守る, 覆(おお)う; …を隠す, 見えなくする; …をさえぎる ∥
screen one's eyes from the light with one's hand 手をかざしてまぶしさを避ける.
**2** …をかばう; …を守る ∥
screen her from blame 彼女を非難からかばう.
screen him from suffering any losses 彼が損をしないように守る.
**3** 〈場所を〉仕切る ∥
One corner of the room is screened off as a study. その部屋の隅が書斎として仕切られている.
**4** …を選別する; 〈病気がないか〉…を検査する ∥
screen applicants 応募者を選抜する.
The man was screened for diabetes. その男は糖尿病の検査を受けた.
**5** 〈家・窓に〉網戸を取付ける.
**6** [通例 be ~ed] 〈映画などが〉映写される.
**scréen dòor** 網戸.
**scréen sàver** 〖コンピュータ〗スクリーンセイバー《画面の焼き付け防止ソフト》.
**scréen tèst** 試演撮影による映画俳優志願者のオーディション; その撮影映画.

**screen・play** /skríːnplèi スクリーンプレイ/ [名] ⓒ 映画のシナリオ.

**screen・writ・er** /skríːnràitər スクリーンライタ/ [名] ⓒ 〈映画の〉シナリオライター.

**screw** /skrúː スクルー/ 〈発音注意〉《♦ˣスクリュー》[名]
ⓒ **1** ねじくぎ; もくねじ; ねじボルト ∥
tighten a screw ねじを締める.

〖関連〗male [exterior] screw 雄ねじ / female [interior] screw 雌ねじ / screwdriver ねじ回し / head ねじの頭 / thread ねじ山 / root ねじの溝 / pilot hole ねじこむために前もってあけておく穴.

**2** らせん状のもの; =screw propeller; コルク抜き.
**3** [a ~] ねじり, ひとひねり, 1回転 ‖
give it a few **screws** それを2, 3回まわす.
—**動 他 1** …をねじくぎで取り付ける; …をねじで固定する;〈弦〉を締(し)める ‖
**screw** a lock **on** the door かぎをドアにねじくぎで取り付ける.
**screw down** the lid ふたをねじで留める.
**2** …をねじる, まわす; …をねじってある[閉じる] ‖
**screw** a lid **on** a bottle びんのふたをまわして閉じる[あける].
**screw open** a jar びんのふたをねじってとる.
**screw** a bolt **into** the plank 板にボルトをねじ込む.
**screw** his arm 彼の腕をねじ上げる.
**3**〈顔・顔の部分〉をしかめる ‖
**screw up** one's eyes 目を細める《◆まぶしいとき・よく見えないときのしぐさ》.
**4** を絞り出す;《略式》…を無理やり取る ‖
**screw** a smile **out of** her 彼女を無理やりにっこりさせる.
—**自** ねじれる, まわる; ねじ込むことができる; ねじで留めることができる.
*scréw úp* [他] (1) → **他 3**; …を丸める. (2) …を奮い起こす ‖ **screw up** one's courage = **screw** oneself **up** 勇気を奮い起こす.
**scréw propèller** (船の)スクリュー,(飛行機の)プロペラ(screw).

**screw·driv·er** /skrúːdràivər スクルードライヴァ/
(発音注意) **名 1** ⓒ ねじ回し, ドライバー. **2** ⓒ Ⓤ スクリュードライバー《カクテルの一種》.

**scrib·ble** /skríbl スクリブル/ **動 (現分) scrib·bling** 自他 (…を)(急いで)なぐり書きする,(…に)落書きする ‖
**scribble** a message 伝言を走り書きする.
—**名** Ⓤ [しばしば a ~] 走り書き. **2** ⓒ [しばしば ~s] なぐり書きしたもの; 落書き.

**scribe** /skráib スクライブ/ **名 1** ⓒ (印刷術発明以前の)写本筆写者. **2** [通例 S~]〔ユダヤ史〕律法学者.

**scrim·mage** /skrímidʒ スクリミヂ/ **名** ⓒ **1**《略式》こぜり合い; つかみ合い, 乱闘. **2**《米》〔アメフト〕スクリメージ《ボールがスナップされてからデッドになるまでのプレー》. **3**〔ラグビー〕=scrummage.

**scrimp** /skrímp スクリンプ/ **動 自** けちけちする, 節約する.

**script** /skrípt スクリプト/ **名 1** Ⓤ 手書き; 筆跡; 文字 ‖
in Arabic **script** アラビア文字で.
**2** Ⓤ 〔印刷〕スクリプト書体, 筆記体; ⓒ 書体.
**3** ⓒ (劇・映画・放送などの)脚本, 台本.

**scrip·tur·al** /skríptʃərəl スクリプチャラル/ **形** [しばしば S~] 聖書の.

**scrip·ture** /skríptʃər スクリプチャ/ **名 1** [the S~] 聖書;[形容詞的に] 聖書の ‖
a **Scripture** lesson 聖書を読む日課.
**2** [時に S~] ⓒ 聖書の一節.
**3** Ⓤ [しばしば ~s; 複数扱い] (一般に)経典, 聖典 ‖
Buddhist **scriptures** 仏典.

**scroll**¹ /skróul スクロウル/ **名 1** ⓒ (皮・紙の)巻物, 巻本. **2** ⓒ Ⓤ 渦巻き模様, 渦巻き形装飾.

**scroll**² /skróul スクロウル/ **動** 自他〔コンピュータ〕(…を)スクロールする, 画面移動する.
**scróll bàr** 〔コンピュータ〕スクロールバー《表示画面をスクロールするときに動かす》.

**scro·tum** /skróutəm スクロウタム/ **名** (複 ~·ta /-tə/, ~s) ⓒ〔解剖〕陰嚢(のう).

**scrounge** /skráundʒ スクラウンヂ/《略式》**動 (現分) scroung·ing** 自 金をせびる; ねだる. —他 …をもらう.

**scrub** /skrʌ́b スクラブ/ **動 (過去・過分) scrubbed** /-d/; (現分) **scrub·bing** 他 **1** …をごしごし磨く[洗う], 磨きあげる; [scrub A C] 〈場所〉を磨いて **C** にする ‖
**scrub** oneself with a washcloth タオルで自分のからだをこする.
**scrub** the wall clean 壁をきれいにこする.
**2** …をこすって取り除く ‖
**scrub** the dirt **off** the carpet じゅうたんから泥をこすり取る.
**3** …を中止する, …を無効にする.
—**自** ごしごしこする, こすって取る.
—**名** [a ~] ごしごし磨くこと ‖
give the floor a good **scrub** 床をごしごしこする.

**scruff** /skrʌ́f スクラフ/ **名** ⓒ (動物・人の)首のうしろ,(つかむ対象としての)首筋 ‖
take [catch, seize] a cat by the **scruff** of the neck ネコの首筋をつかむ.

**scruff·y** /skrʌ́fi スクラフィ/ **形 (比較) --i·er, (最上) --i·est**《略式》だらしのない, みすぼらしい.

**scrum** /skrʌ́m スクラム/ **名 1** ⓒ =scrummage. **2**《英》[the ~] (乗物・バーゲンなどで)殺到(する人たち).
**scrúm hàlf**〔ラグビー〕スクラムハーフ((図)→ rugby).

**scrum·mage** /skrʌ́midʒ スクラミヂ/ 〔ラグビー〕**名** ⓒ スクラム. —**動 (現分) --mag·ing** 自 スクラムを組む.

**scru·ple** /skrúːpl スクループル/ **名**《正式》ⓒ [通例 ~s; 単数扱い] 良心のとがめ; Ⓤ [通例 no ~ / without ~] 疑念, ためらい ‖
tell lies without **scruple** 平気でうそをつく.
—**動 (現分) scru·pling** 自 [通例否定文で] ためらう, 気がとがめる ‖
She didn't **scruple to** tell lies to the police. 彼女は平気で警察にうそをついた.

**scru·pu·lous** /skrúːpjələs スクルーピュラス/ **形**《正式》**1** 良心的な, 誠実な. **2** 綿密な, きちょうめんな.

**scru·ti·nize** /skrúːtənàiz スクルーティナイズ/ **動 (現分) --niz·ing** 他《正式》…を綿密に調べる, 吟味

**scru·ti·ny** /skrúːtəni スクルーティニ/ 名 (複 -tinies/-z/) 1 ⓊⒸ《正式》綿密な調査, 吟味.
**2** ⒸⓊ じろじろ見ること; 監視 ‖
under scrutiny 監視されて.

**scu·ba** /skúːbə スクーバ/ 〔self-contained underwater breathing apparatus の短縮語〕名 ⓒ 形 スキューバ(の)《自給式潜水用呼吸装置. Aqualung の新商標名》.
**scúba díver** スキューバダイバー.
**scúba díving** スキューバダイビング.

**scud** /skʌd スカド/ 動 (過去・過分) scud·ded/-id/; (現分) scud·ding) 自《正式》すばやく動く.

**scuff** /skʌf スカフ/ 動 自 **1** 足を(だらしなく)引きずって歩く. **2**《靴・床などが》すり切れる, (こすって)傷がつく(+up). ─他 **1**《地面・床などを》足でこする(+up);《地面などの上で》〈足〉をこする. **2**《靴などを》すり減らす(+up).

**scuf·fle** /skʌ́fl スカフル/ 動 (現分 scuf·fling) 自 乱闘する, 取っ組み合う. ─名 ⓒ 乱闘, 格闘.

**scull** /skʌl スカル/ 名 ⓒ **1 a** 櫓(ろ)《ともの切り込みにはさんでこぐオール》. **b** スカル《両手に1本ずつ持ってこぐさじ型オール》. **2** スカル (sculler boat)《競漕用軽ボート》.

**sculp·tor** /skʌ́lptər スカルプタ/ 名 ⓒ 彫刻家.

**sculp·ture** /skʌ́lptʃər スカルプチャ/ 名 **1** Ⓤ 彫刻(すること), 彫刻術. **2**〔集合名詞〕彫刻(作)品; ⓒ 《個々の》彫刻品, 彫像.
─ 動 (複 -tur·ing) 他 …の(を彫刻して)像を作る《♦sculpt ともいう》‖
sculpture a statue out of stone 石を彫刻して像を作る.

scull 1 a

**scum** /skʌm スカム/ 名 Ⓤ〔しばしば a ~〕《沸騰(ふっとう)・発酵などで液体表面に生じる》浮きかす, あわ, 皮膜 ‖
green scum (沼などの)青あか.

**scur·ry** /skə́ːri スカーリ | skʌ́ri スカリ/ 動 (三単現 scur·ries/-z/; 過去・過分 scur·ried/-d/) 自 あわてて[ちょこちょこ]走る, 急いでする ‖
The mouse scurried away into its hole. ねずみは急いで穴に逃げ込んだ.
─名 (複 scur·ries/-z/)〔a ~ / the ~〕小走り, 急ぎ足(の音); 大あわて, 大急ぎ.

**scur·vy** /skə́ːrvi スカーヴィ/ 名 Ⓤ《医学》壊血病.

**scut·tle**¹ /skʌ́tl スカトル/ 名 ⓒ《室内用》石炭入れ,《石炭運搬用》バケツ.

**scut·tle**² /skʌ́tl スカトル/ 動 (現分 scut·tling) 自 急ぐ, あわてて逃げる.

**scythe** /saíð サイズ/ 名 ⓒ《長柄の》草刈りがま, 大がま. ─ 動 (現分 scyth·ing) 他 …を(かまで)刈る. ─自 草刈りがまを使う.

**SD**(略)〔郵便〕South Dakota; special delivery.

**SDI**(略)Strategic Defense Initiative 戦略防衛構想, スターウォーズ計画.

**★sea** /síː スィー/《同音》see)〔→land〕
─ 名 (複 ~s/-z/) **1** ⓒ〔通例 the ~〕海, 海洋 (→ocean) (↔land) ‖
at the bottom of the sea 海底に.
under the sea 海中で.
swim in the sea 海で泳ぐ.
jump into the sea 海へ飛び込む.
a yacht sailing on the sea 海上を航行するヨット.
a country girdled by the sea 海に囲まれた国.
**2** ⓒ〔前に形容詞を置いて〕《ある状態の》海;〔しばしば ~s〕うねり, 波, ‖
a quiet [calm, glassy] sea 静かな海.
rough [heavy, raging, stormy] seas 荒波.
a long sea うねりの海.
mountainous seas 山のような波.
**3**〔the ~〕海辺 ‖
go (down) to the sea 海辺に行く.
be at the sea 海岸にいる.
spend a holiday by the sea 海辺で休日を過ごす.
The town is on the sea. その町は海岸沿いにある.
**4**〔しばしば S~; 固有名詞として〕…海《♦Ocean よりも小さなもの. 大きな湖・月の海(Mare)にも用いられる》.

関連〔いろいろな海の名〕the North Sea 北海 / the Dead Sea 死海 / the Red Sea 紅海 / the Black Sea 黒海 / the Mediterranean Sea 地中海 / the Caribbean Sea カリブ海 / the East China Sea 東シナ海 / the Sea of Okhotsk オホーツク海 / the Sea of Japan 日本海 / the Caspian Sea カスピ海 / the Sea of Galilee ガラリヤ湖 / Sea of Serenity《月の》晴れの海 / the Inland Sea (of Japan) 瀬戸内海.

**5**〔a ~ of A / ~s of A〕たくさんの…, …の海《♦A はⓊ 名詞, ⓒ 名詞の複数形》‖
a sea of troubles 多くのやっかいごと.
a sea of flame 火の海.
seas of blood 血の海.
a sea of faces 顔また顔.
**6**〔形容詞的に〕海の ‖
sea water 海水.
sea animals 海洋動物.

**at séa** (1) 航海中で[に],《陸地の見えない》海上で ‖ Worse things happen at sea.《略式》海上ではもっと悪いことが起こるのだから(これくらいのことが何だ)《♦悪いことが起こって落胆している人を励ます言葉》. (2)〔(all) at ~〕途方にくれて, 全く迷って ‖ I was all [completely, totally] at sea about what to do. どうしたらよいか全くわからなくて困ってしまった.

**by séa** 海路で, 船で.

**gó to séa** (1) 船乗りになる. (2) 船出する.

> Q&A **Q**: go to sea と go to the sea とはどう違いますか.
> **A**: go to the sea は単に「海へ行く」です. 散歩であろうと海水浴に行くことでも何でもよいのです. go to sea は単に「海に行く」意味では使いません.

**pút (óut [óff]) to séa** 出帆する.
**séa air** (保養に適した)海辺の空気.
**séa anèmone** 〔動〕イソギンチャク.
**séa bàthing** 海水浴.
**séa bird** 海鳥.
**séa brèeze** 海風.
**séa còw** 海牛(ぎゅう)《ジュゴンなど》; セイウチ; カバ.
**séa gùll** 〔鳥〕カモメ.
**séa hòrse** 〔魚〕タツノオトシゴ; 〔動〕セイウチ.
**séa lèvel** 平均海面 ‖ below sea level 海面下 / 2,000m above sea level 海抜2000メートル.
**séa lion** 〔動〕アシカ・トドの類.
**séa mèw** 〔鳥〕カモメ.
**séa mile** 海里 (nautical mile).
**sea·bed** /síːbèd スィーベド/ 图 [the ~] 海底.
**sea·coast** /síːkòust スィーコウスト/ 图 C [通例 the ~] 海岸, 沿岸.
**sea·food** /síːfùːd スィーフード/ 图 U 海産食品.
**sea·front** /síːfrʌ̀nt スィーフラント/ 图 U C 海岸に面した街区, 海岸通り.
**seal**[1] /síːl スィール/ 图 C **1**〈所有権や出所の正しさを示すため, ろうなどに押される〉印, 印章, 紋章; 印鑑, 判, 璽(じ) 《◆欧米では溶かしたろうや鉛(→ **3**)の上に印鑑を押して公文書などに添えるが, 日常は署名 (signature) ですませ印鑑はほとんど用いない》.
**2** 封印, 封緘(かん), 封 ‖
break the **seal** on a jar びんの封を切る.
lick the **seal** on an envelope なめて封筒に封をする.
**3** 封ろう, 封鉛; 封印紙.
**4** しっかり封をするもの; [通例 the ~] (空気・水もれを防ぐ)密栓, 密閉.
**5** (証拠となる)徴候, しるし; (正式の)保証 ‖
a kiss as the **seal** of his love 彼の愛のしるしとしてのキス.
the **seal** of appróval 認可のしるし.
**6** (米) 装飾用シール, ステッカー ‖
a Christmas **seal** クリスマス用シール.
―― 動 他 **1** …に印を押す, 調印する ‖
The document was signed and **sealed**. 書類は署名調印された.
**2** …に封をする, 封印する ‖
**seal** (up) an envelope 封筒に封をする.
**3** …をふさぐ, 密閉する, …に目張りする ‖
**seal** the cracks in a wall 壁の割れ目をふさぐ.
**seal** the cracks with putty パテで目塗りする.
**4**〈目・口などを〉堅く閉じる, 封じる.
**5**〔正式〕〈運命などを〉決める; 〈勝利などを〉動かぬのにする ‖
The arrival of the police **sealed** her fate. 警察の到着は彼女の運命を決定した.
**séal ín** [他]〈人・物などを〉閉じ込める.
**séal óff** [他]〈物などを〉密封[密閉]する; …を封鎖する, 立入り禁止にする.
**séaling wàx** 封ろう.
**séal rìng** 認め印[印章]つきの指輪.
**seal**[2] /síːl スィール/ 图 (複 ~s, seal) **1** C 〔動〕アザラシ, アシカ ‖
the true **seal** アザラシ.
the eared **seal** オットセイ科の動物《オットセイ・アシカ》.
a fur **seal** オットセイ.
**2** U アザラシ[オットセイ]の毛皮.
―― 動 自 アザラシ[オットセイ]狩りをする.
**seal·skin** /síːlskìn スィールスキン/ 图 **1** U オットセイ[アザラシ]の毛皮; C その衣服. **2** [通例 ~s] シール(スキン)《スキーに用いる滑り止め》.
**seam** /síːm スィーム/ (同音 seem; 類音 *theme* /θíːm/) 图 C **1** (布・革などの)縫い目, (板などの)継ぎ目, とじ目, (裏編みの)編み目; [通例 ~s] (船板の)合せ目 ‖
The **seam** has split. 縫い目がほどけた.
**2** 傷跡; (額などの深いしわ), (岩などの)割れ目.
**3**〔地質〕シーム《2つの地層間の岩石・石炭などの薄層》 ‖
a **seam** of coal 石炭層.
―― 動 他 **1** …を縫い合わせる.
**2** [通例 be ~ed] 傷跡[しわ, 溝]がついている ‖
His face was **seamed** with age and sorrow. 彼の顔は年月と苦労が刻まれていた.
**be búrsting at the séams**〔略式〕〈場所が〉…であふれている.
**còme [fàll] apárt at the séams**〔略式〕(1)〈制度などが〉内部から崩壊する, 〈計画などが〉こわれる. (2) 自信を失う, (精神的に)まいる.
**sea·man** /síːmən スィーマン/ 图 (複 ··men) C **1** 船員, 海員 ((PC) sailor, mariner).
**2** [通例 good を伴って] 船の操縦の…な人 ((PC) navigator) ‖
a good **seaman** 船の操縦の巧みな人.
**3** 水兵.
**sea·plane** /síːplèin スィープレイン/ 图 C 水上飛行機; 水陸両用飛行機.
***search** /sə́ːrtʃ サーチ/ 〔「ぐるぐると動き回る」が原義. cf. circle〕
―― 動 (三単現 ~·es/-iz/; 過去・過分 ~ed/-t/; 現分 ~·ing)
―― 他 **1**〈場所を〉捜す; 〈人を〉所持品検査する ‖
**search** one's pockets for a key あちこちポケットをさぐってかぎを捜す.
**search** the drawer for the missing ring なくなった指輪を捜して引き出しを見る.
**search** a wound (外科医が)傷口を探る.
The police **searched** him. (凶器を持っていないかと)警官は彼をボディーチェックした.
**2**〈顔〉をうかがう; 〈記憶〉をたどる; 〈心〉に問う ‖

# searchlight / seat

search one's cónscience [héart] 良心に聞いてみる.
I searched my memory for her telephone number. 彼女の電話番号を思い出そうと記憶をたどった.
He searched my face for approval. 彼は同意の表情が浮かんでいるかと私の顔色をうかがった.
 ― 自 捜す,求める; 究明する, 詮索(せんさく)する ‖
The police searched for him. 彼を捜索した.
search patiently for clues 手がかりを根気よく捜す.
search into the affair その件を調査する.
search carefully among the leaves 注意深く木の葉の中を捜す.
[対話] "I think we left our map somewhere." "I'll go search for it tomorrow." 「どこかに地図を忘れてきたと思うな」「あすぼくが行って捜すよ」.
*Séarch me!* (略式)(捜しても)答は出ないよ, 知らないね ‖ [対話] "What happened?" "Search me." 「何があったんだ?」「わからないよ」.
*séarch óut* [他] …を捜し出す, 暴き出す.
 ― 名 (複 ~·es/-iz/) UC 1 捜索, 追求; 調査, 検査 ‖
make a search of the room for the missing papers なくなった書類を求めて部屋を捜す.
2 〔コンピュータ〕 サーチ, (情報)検索.
*in séarch of* A …を捜して ‖ We went in search of the enemy destroyer. 敵の駆逐艦を求めて出撃した.
**séarch èngine** 〔コンピュータ〕 サーチエンジン《インターネットで情報検索を行なうソフトウェア》.
**search·light** /sə́ːrtʃlàit スーチライト/ 名 C サーチライト, 探照灯.
**sea·shell** /síːʃèl スィーシェル/ 名 C 貝, 貝殻.
**sea·shore** /síːʃɔ̀ːr スィーショー, (英+) ⌄́⌄/ 名 UC 海岸, 海辺 ‖
She sells seashells on the seashore. 彼女は海辺で貝を売っている《◆早口言葉》.

> [Q&A] *Q*: seashore と seaside はどう違いますか.
> *A*: seashore は海から陸を見た場合の海岸線です. seaside は観光地としての海岸を言います.

**sea·sick** /síːsìk スィースィク/ 形 船に酔った.
  **séa·sick·ness** 名 U 船酔い.
**sea·side** /síːsàid スィーサイド/ 名 (主に英) [the ~] (保養・避暑に適した)海岸; [形容詞的に] 海岸の (類 → coast) (→ seashore [Q&A]) ‖
a seaside hotel 海辺のホテル.
spend a holiday by [at] the seaside 海岸で休日を過ごす.

\*__sea·son__ /síːzn スィーズン/ [「種をまく時期」が原義. cf. seed, sow]
 ― 名 (複 ~s/-z/) C 1 季節, 四季の 1 つ ‖
the four seasons 四季.
Which season do you like best? どの季節が一番好きですか.
2 時期, 季節, シーズン; 旬(しゅん) ‖
the dry season 乾季.
the hot season 暑い季節.
the Christmas season クリスマスシーズン.
the football season フットボールシーズン.
the fishing season 魚釣りの時節.
the planting season 植物を植える時節.
the mating season 動物の交尾期.
the season of harvest 収穫期.
the tourist season (米) 観光シーズン《◆(英) では holiday season という》.
the open season 狩猟期.
It is the season for (going on) a picnic. ピクニックの季節だ.
3 (英略式) =season ticket (1).
*at áll séasons* 年中.
*in séason* (1) 旬(しゅん)で, 食べ頃で; [副詞的に] シーズン中は ‖ [対話] "These strawberries are terrible." "That's because they're not completely in season." 「このイチゴはまずいよ」「まだ完全に食べごろじゃないからだわ」. (2) 狩猟期で.
*ín séason and óut (of séason)* =*ín and óut of séason* 時期を選ばず, いつも.
*òut of séason* (1) 季節はずれで; [副詞的に] シーズンオフでは. (2) 禁猟期で.
*Séason's Gréetings!* 《クリスマスカードの文句》クリスマスおめでとう.
 ― 動 他 1 …を味付けする; …に添える ‖
soup seasoned with spice and garlic 香料とニンニクで味付けしたスープ.
His speech is always seasoned with wit and humor. 彼の演説はいつもウイットとユーモアがきいている.
2 〈木材〉を(使用前縮まぬよう)乾燥させる.
3 〈人〉を鍛(きた)える; [通例 be ~ed / ~ oneself] 慣れている.
**season ticket** /⌄⌄⌄, ⌄⌄⌄/ (1) (英) 定期券 《(主に米) commutation ticket》 ‖ a three-month season ticket 3か月定期. (2) (音楽などの)通し切符 《割安で買える》.
**sea·son·a·ble** /síːznəbl スィーゾナブル/ 形 (正式) 1 季節にふさわしい, 時節に合った. 2 時機を得た.
**sea·son·al** /síːznl スィーズヌル/ 形 1 季節の.
2 ある季節だけ必要な, 季節的な ‖
seasonal workers 季節労働者.
**sea·soned** /síːznd スィーズンド/ 動 → season.
 ― 形 1 味付けした. 2〈人〉よく慣れた, ベテランの.
**sea·son·ing** /síːzniŋ スィーズニング/ 動 → season.
 ― 名 1 UC 調味(料) 《salt, pepper, garlic, spice, herb をいい, sugar は含まない》; 味付け. 2 C (話などに添えられる)おもしろ味. 3 U 木材の乾燥; (風土への)順応.

\*__seat__ /síːt スィート/ 《同音語》 sheet/ʃíːt/ 《sit と同じ語源; 「座席」から「議席」「中心地」などの意味が派生した》
 ― 名 (複 ~s/síːts/) C 1 座席, 席; 観客席; (劇

場などの)席につく権利, 着席券 ‖
the front **seat** of a car 車の前部席.
a passenger **seat** (自動車の)助手席.
an aisle **seat** (飛行機の)通路側の席.
buy three **seats** for the concert 音楽会の切符を3枚買う.
rise from one's **seat** 席から立ち上がる.
Have [Take] a **seat**(↘), please(↗). どうぞお座りください.
Keep your **seat**, please. どうぞそのまま立たないでください.
I couldn't get a **seat** in the bus. バスで座れなかった.
対話 "Why don't you have a **seat**?" "It's okay. I'd rather stand."「どうぞお掛けください」「結構です. 立っていたいのです」.
対話 "Excuse me. Is this **seat** taken?" "No, it isn't."「すみませんが, この席はあいていますか」「ええ, あいています」.
対話 "Would you mind changing **seats** [×**seat**] with me?" "No, not at all."(乗物などで)「(すみませんが)席を代わっていただけませんか」「いいですよ」.

**2** [通例単数形で] (いす・ブランコなどの)座部; 器械の台(座); (略式)尻(ﾞ); (ズボンなどの)尻の部分 ‖
the **seat** of the pants ズボンの尻の部分.
My **seat** got sore from riding a bicycle. 自転車に乗って尻が痛くなった.

**3** (ある活動・機関の)所在地, 中心地(center) ‖
a **seat** of learning 学問の府.
Nara was the **seat** of government about twelve centuries ago. 奈良は約1200年前に政庁所在地であった.

**4** 議席; 会員権 ‖
lose one's **seat** 落選する.
win a **seat** in an election 選挙で議席を得る.
have a **seat** in the House of Representatives 衆議院議員である.

**táke** one's **séat** (1)(正式)自分の席に座る, 着席する. (2)〈議員が〉議席を占める.

── 動 (三単現) ~s/síːts/; (過去・過分) ~ed/-id/; (現分) ~ing)

── 他 **1** …を座らせる, 着席させる; 〈人〉を案内する; [be ~ed / ~ oneself] 座る《◆場所を表す副詞(句)を伴う》‖
**seat** oneself on [in] a chair いすに座る.
Please be **seated**. (正式)お座りになってください《◆日常生活ではSit down, please. / Have a seat, please. などを用いる》.
The waitress **seated** us in a corner. ウエイトレスが隅の席に私たちを案内した.
Please remain **seated** until the bus comes to a complete stop. バスが完全に止まるまで席を立たないでください.

**2** 〈人員(分)〉の席がある, …を収容する ‖
This theater **seats** 2,000 (people). この劇場は2000人入れます.

**séat bèlt** シートベルト ‖ fasten one's **seat belt** シートベルトを締める.

**-seat·ed** /-síːtid -スィーティド/ (連結形) 座席が…製の; 〈乗物が〉…人乗りの.

**-seat·er** /-síːtər スィータ/ (連結形) …人乗りの乗物.

**seat·ing** /síːtiŋ スィーティング/ (動) → seat.
── 名 ① **1** 席につく[つかせる]こと.
**2** 座席; 座席の配列(◆しばしば形容詞的にも用いる)‖
We have **seating** (room) for 20 people. 20人の座席があります.
change the **seating** 座席の配列を変える.
**3** (いすの)張り布. **4** (機械の)台座.

**Se·at·tle** /siːǽtl スィ(ー)アトル/ 名 シアトル《米国Washington 州の都市》.

**sea·weed** /síːwìːd スィーウィード/ 名 ⓤⓒ 海藻(ﾞ)〈kelp, gulfweed など〉.

**sec** /sék セク/ 名 ⓒ (英略式) =second² **2**.

**sec.** (略) second(s)².

**se·cede** /sisíːd スィスィード/ 動 (現分) ··ced·ing)
(自) (正式)脱退する.

**se·ces·sion** /siséʃən スィセション/ 名 ⓤⓒ (正式)脱退, 分離.

**se·clude** /siklúːd スィクルード/ 動 (現分) ··clud·ing) (他) (正式) **1** …を引き離す, 遮断する, 閉じ込める ‖
**seclude** one's children from companions 子供を友だちから引き離す.
**2** …を引きこもらせる, 隠遁(ﾞ)させる ‖
**seclude** oneself from society 社会から隠遁する.

**se·clud·ed** /siklúːdid スィクルーディド/ 動 → seclude.
── 形 (正式) **1** 人目につかない, 人里離れた; 平静な ‖
a **secluded** country house 人里離れた田舎(ﾞ)の家.
**2** 世間と交わらない, 隠遁(ﾞ)した ‖
a **secluded** life 隠遁生活.

**se·clu·sion** /siklúːʒən スィクルージョン/ 名 ⓤ 隔離, 遮断; 隠遁(ﾞ); 閑居 ‖
live in **seclusion** 隠遁生活をする.

\***sec·ond**¹ /sékənd セコンド/『「次に続く」が原義. cf. *sect*』
派 secondly (副), secondary (形)
── 形 **1** [通例 the ~] (序数の)第2の, 2番目の《◆2nd とも書く》‖
the **second** lesson 第2課.
the **second** man from the left 左から2番目の人.
She is in her [the] **second** grade. 彼女は(小学校)2年生です.
He was the **second** man to come [that came]. 彼は2番目に来た.
What is the **second** (largest) city in Japan? 日本で2番目の大都市はどこですか.

**2** [a ~] もう1つの, 別の, 他の ‖
Read it a **second** time. もう1度読みなさい.

Won't you give her a second chance? もう1度彼女に機会を与えてくださいませんか.
A second trouble followed. 続いてまた困ったことが起きた.
He is a second Edison. 彼は第2のエジソンだ.
**3** [通例名詞の前で] 最高のものに次ぐ, 二流の ‖
the second team (野球などの)二軍.
goods of second quality 二流品.
*at sécond hánd* =secondhand 副 **2**.
*for the sécond tíme* 2度目に, 再び.
*sécond ónly to A* …を除いてだれにもひけをとらない ‖ She is second only to Jane. 彼女はジェーンを除いてだれにもひけをとらない.
○*sècond to nóne* (略式)だれ[なに]にも劣らない ‖ She is second to none in French. 彼女はフランス語ではだれにも負けない.

──副 **1** [通例文頭・文尾で] 第2に, 2番目に; 第2位に, 次に ‖
She came (in) second. 彼女は2番目に来た[2位になった].
He finished second to Tom. 彼はトムに次いで2位に終わった[なった].
**2** [列挙して] 第2に(secondly) (→ first 副 **2**).
**3** (鉄道・船などの)2等で.

──名 (複 ~s/-əndz/) **1** ⓤ [通例 the ~] 第2番目の人[もの], 2位の人[もの] (→ first 名 **2**) ‖
He was the second to raise his hand. 彼は2番目に手をあげた.
**2** ⓤ [通例 the ~] (月の)**第2日** ‖
the second of May =May (the) second 5月2日(→ first 名 **2**).
**3** [the S~; 人名のあとで] 2世 《◆本来は形容詞》 ‖
Elizabeth the Second エリザベス2世 《◆ふつう Elizabeth II と書く》.
**4** ⓒ **a** (競技などの)2位, 2等賞. **b** (英)(大学の優等試験の)第2級の成績(の学生).
**5** ⓤ =second gear.
**6** ⓤ 〔野球〕 **a** =second base. **b** =second baseman.
**7** ⓒ [通例 ~s] 二級品.
**8** ⓒ [ボクシング] セコンド; (決闘などの)介添人.
**9** (略式)[~s] =second helping.

──動 他 **1** (提案・動議などを)支持する, 採択(祭)することに賛成する《◆I move that …(…と提案します)という動議に対し, 賛成するときは, I second (the motion). または Second(ed). と言う》 ‖
He seconded our motion and the vote was taken. 彼は我々の動議を支持し, 採決が行なわれた.
**2** [通例 be ~ed] 援助を受ける.

**Sécond Ádvent** (最後の審判の時の)キリストの再臨.

**sécond báse** 〔野球〕 (1) [通例無冠詞] 2塁, セカンド 《◆単に second ともいう》. (2) =second baseman.

**sécond báseman** 2塁手 《◆ second (base) ともいう》.

**sécond bést** [通例 one's ~ / a ~] 2番目によい[もの], 次善のもの.

**sécond chíldhood** [通例 one's ~ / a ~; 遠回しに] 第二の幼年期, 老人ぼけ, もうろく(期).

**sécond cláss** (1) (乗物の)2等(用例 → first class). (2) 〔郵便〕(米)第2種; (英)(速達(first class)に対する)普通郵便 (cf. second-class).

**sécond flóor** [the ~] (米)2階 (英)3階 (→ floor).

**sécond géar** (自動車のギアの)第2段, セカンド(ギア) 《◆単に second という》.

**sécond hélping** (食事の)お代わり 《◆単に seconds ともいう》 ‖ have a second helping お代わりをする / Please let me give you a second helping. お代わりをどうぞ.

**sécond náme** 姓.

**sécond pérson** 〔文法〕 [the ~] (第)二人称 《you, your など》.

**sécond séx** [the ~; 集合名詞的に] 第二の性, 女性.

**sécond síght** 千里眼, 予知能力.

**sécond thóught** [(英) thóughts] 再考 ‖ on second thought 考え直して(みると).

**Sécond Wórld Wár** (主に英) [the ~] =World War II.

\***sec·ond**² /sékənd セコンド/ 《秒は60進法で「分」につづく2番目の細分化であることから》
──名 (複 ~s/-əndz/) ⓒ **1** (時間・角度の)**秒** ((記号) s; (略) sec.; (符号) ″) ‖
a three-second delay 3秒の遅れ.
charge by the [ˣa] second 秒単位で料金を取る《電話など》.
15°10′5″ 15度10分5秒《◆fifteen degrees, ten minutes, (and) five seconds と読む》.
1h10′5″ 1時間10分5秒《◆one hour, ten minutes, (and) five seconds と読む》.
**2** (主に略式) [通例 a ~] ちょっとの間 ((略) sec) ‖
Wait [Just] a second. ちょっとお待ちください.
He will be back in a second. 彼は今すぐ帰ってきます.

*séconds láter* 数秒もたたないうちに.

**sécond hánd** (時計の)秒針 (cf. secondhand).

**sec·ond·ar·y** /sékəndèri セコンデリ | sékəndəri セコンダリ/ 形 **1** 第二の, 2番目の, 次の; 二次的な, あまり重要でない ‖
the secondary stage 第2段階.
secondary sources 二次の資料.
**2** 副次的な, 派生的な, 補助的な ‖
a secondary product 副産物.
**3** 〈学校・教育が〉中等の ‖
secondary education 中等教育.

**sécondary áccent** [stréss] 第2アクセント, 第2強勢 《◆ふつう 「ˋ」 で示す》.

**sécondary schóol** 中等学校 《小学校と大学の間の学校. 米国の high school, 英国の grammar school, public school などの総称. 日本の中学校・高校に相当》.

**sec·ond-class** /sékəndklǽs セコンドクラス | -klɑ́ːs -クラース/ (cf. second class) 形 **1** 二流の, 劣った ‖
a second-class hotel 二流のホテル.
**2** 〈乗物などが〉2等の.
——副 (鉄道・船などの) 2等で.
**sécond-cláss cítizen** (略式) 日の当たらない人, 社会の片隅で生きている人.

**sec·ond·hand** /sékəndhǽnd セコンドハンド/ (cf. second hand) 形 **1** 中古の; 中古品を扱う ‖
a secondhand car 中古車(=a used car).
**2** また聞きの, 間接の(↔ firsthand) ‖
secondhand news また聞きのニュース.
——副 **1** 中古で ‖
buy books secondhand 古本を買う.
**2** また聞きで, 間接に.

**sec·ond·ly** /sékəndli セコンドリ/ 副 [文頭で] 第二に(→ firstly).

**sec·ond-rate** /sékəndréit セコンドレイト/ 形 (略式) 二流の, 劣った, 低級な.

**se·cre·cy** /síːkrəsi スィークレスィ/ 名 ⓤ 秘密であること, 秘密にしておくこと; 秘密を守ること ‖
in [with] secrecy 秘密に.

***se·cret** /síːkrət スィークレト/ 〖「離れて(se)分ける(cret). cf. con*cern*〗
——形 (比較 more ~, 時に ~·er; 最上 most ~, 時に ~·est) **1** 秘密の, ないしょの; 内密で ‖
a secret order 秘密命令.
We kept the plan secret from him. 我々はその計画を彼にないしょにしておいた.
**2** (人目につかないように) 隠された, 隠れた; 人里離れた ‖
a secret underground passage 秘密の地下通路.
**3** 神秘的な.
——名 (複 ~s/-krits/) ⓒ **1** 秘密, 機密, ないしょ事 ‖
industrial secrets 企業秘密.
keep a secret 秘密を守る.
let out a secret 秘密をもらす.
make a secret of the plan その計画を秘密にする.
keep the plan a secret from her その計画を彼女に秘密にしておく.
let him into a secret 彼に秘密を明かす.
an open secret 公然の秘密.
**2** [しばしば ~s] 神秘, なぞ ‖
the secrets of nature 自然の神秘.
**3** [通例 the ~] 秘訣(ひけつ), 秘伝, こつ, 要領 ‖
the secret of success 成功の秘訣.
*in sécret* 秘密に[の], ひそかに.
**sécret ágent** スパイ, 諜報(ちょうほう)部員.
**sécret bállot** 秘密[無記名]投票.
**Sécret Clássified** (米) 機密扱い《役所の文書などの表示. → classified》.
**sécret ínk** あぶり出しインク.
**sécret políce** 秘密警察.
**sécret sérvice** (1) [the ~] 秘密諜報機関. (2) [S~ S~] (米) 財務省内検察部《大統領など要人の警護及び通貨・証券偽造取り締まりを任とする》.

**sec·re·tar·i·al** /sèkrətéəriəl セクレテアリアル/ 形 秘書(官)の, 書記(官)の; 大臣の ‖
a secretarial course 秘書科.

**sec·re·tar·i·at(e)** /sèkrətéəriət セクレタリアト/ 名 **1** [しばしば S~] ⓒ 事務局, 書記局, 書記課[室]; 官房 ‖
the United Nations Secretariat(e) 国連事務局.
**2** [the ~; 集合名詞] 事務局[秘書課]職員.

**sec·re·tar·ies** /sékrətəriz セクレタリズ | -təriz -タリズ/ 名 → secretary.

***sec·re·tar·y** /sékrətèri セクレタリ, (米+) sékə-|-təri /〖秘密事(secret)を取り扱う人(ary)〗
——名 (複 --tar·ies/-z/) ⓒ **1** 秘書, 秘書官, 書記官 ‖
a (private [(米) confidential]) secretary to the president 社長付秘書.
the First Secretary of the Japanese Consulate 日本領事館一等書記官.
**2** [S~] (米) (各省の)長官《大臣に相当》; (英) 大臣《♦(1) Minister も用いる. (2) 日本の「大臣」には Minister を用いる》.

| 事情 | [主な Secretary] 米国: the Secretary of State 政府長官《外務大臣に当たる首席閣僚》; (州政府の)州務長官《♦(英)では「国務大臣」の意となる》/ the Secretary of Commerce 商務長官 / the Secretary of Education 教育長官.
英国: the Secretary of State for Foreign and Commonwealth Affairs 外務大臣《♦ the Foreign Secretary と略す》.
日本: Chief Cabinet Secretary 内閣官房長官.

**sec·re·tar·y-gen·er·al** /sékrətèridʒénərəl セクレタリチェナラル/ 名 (複 sec·re·tar·ies-) [しばしば S~-G~] ⓒ 事務総長; 書記長.

**se·crete** /sikríːt スィクリート/ 動 (現分 --cret·ing) 他 〖生理〗〈器官が〉…を分泌する.

**se·cre·tion** /sikríːʃən スィクリーション/ 名 **1** ⓤⓒ 〖生理〗分泌(作用); 分泌物《唾(ˢ)液・尿・目やになど》. **2** ⓤ (正式) 隠すこと.

**se·cre·tive** /síːkrətiv スィークレティヴ, sikríːtiv/ 形 隠し立てをする.

**se·cret·ly** /síːkrətli スィークレトリ/ 副 秘密[内密]に, ないしょで.

**sect** /sékt セクト/ 名 ⓒ **1** (宗教上の)分派, 宗派; (特にアングリカンチャーチから分離した)教派. **2** 学派, 党派; 派閥(っ), セクト.

**sec·tar·i·an** /sektéəriən セクテアリアン/ 形 **1** 分派の, 宗派の. **2** 党派[宗派]心の強い; 派閥的な.
——名 ⓒ **1** (分派した)宗徒, 教徒. **2** 宗教心の強い人; 学閥的な人.

***sec·tion** /sékʃən セクション/ 〖「切られること」が原義. cf. *sect*, dis*sect*, inter*section*, *sex*〗

―名 (複 ~s/-z/) C 1 切断された部分《◆ piece, part より堅い語》; (顕微鏡用の)薄片 ‖
cut a pie into three sections パイを3つに分ける.
**2** 切断面, 断面図 ‖
a cross section 横断面.
**3** (竹などの)節面, (ミカンなどの)袋, 室, 房; 組み立て部品 ‖
the sections of a robot ロボットの部品.
a desk in sections 組み立て式の机.
**4** 会社の部門[課, 部](→ division 2); 社会階級[階層]; 党派, 派閥; 〖音楽〗(オーケストラの)セクション; (米)(主に大学の)小クラス ‖
an accounting section 経理課.
the section of personnel =the personnel section 人事課 (cf. personnel 名 2).
**5** (都市の)区域; (米)(公有地測量で)1平方マイル区画《◆ 36 集まって township となる》‖
the business section 商業地域.
**6** (書物の)節, 項《chapter の下位区分》; (新聞・雑誌などの)…欄 ‖
the sports section of the *Asahi* 朝日新聞のスポーツ欄.
*in séction* 切断面で.
**séction màrk** 〖印刷〗節記号《§》.

**sec·tor** /séktər セクタ/ 名 C **1** 部門, 分野 ‖
the industrial sector of a country 国の産業部門.
the private sector 民間部門.
**2** 〖数学〗扇形; 関数尺. **3** 〖軍事〗作戦地区.

**sec·u·lar** /sékjələr セキュラ/ 形 **1** 非宗教的な, 宗教に関係のない; 世俗の; 現世の. **2** 〖カトリック〗修道院外の.

***se·cure** /sikjúər スィキュア/ 《『心配(cure (→ care))がない(se)』の(原) security (原) 》
―形 (比較 more ~, 時に --cur·er/-kjúərər/; 最上 most ~, 時に --cur·est/-kjúərist/) **1** 安全な《◆ safe よりも堅い語》‖
The fortress was secure from [against] every kind of attack. その砦(とりで)はどのような攻撃にもびくともしなかった.
**2 a** 確保された, 確実な, ゆるぎのない ‖
have a secure positon in a business company 商社で安定した地位にいる.
対話 "I hope they like my work." "Don't worry. I'm sure your position is secure."
「私の仕事が気に入られるといいんだけど」「心配いらないよ, 君の地位はゆるぎないと思うよ」.
**b** [補語として] 不安のない, 安心して ‖
feel secure about one's future 自分の将来に不安を感じない.
**3** 〈ドアなどが〉きちんと閉まった《◆ firm, fastened より堅い語》; 〈基礎などが〉しっかりした ‖
Is this bridge secure? この橋は大丈夫ですか.
―動 (三単現 ~s/-z/; 過去·過分 ~d/-d/; 現分 --cur·ing/-ər·iŋ/)
―他 〖正式〗 **1** …を確保する, 手に入れる; [授与動詞] [secure A B / secure B for A] A〈人〉にB〈物〉を確保してやる, 手に入れてやる ‖
secure order 秩序を確保する.
secure a front seat **for** him =secure him a front seat 彼に前列の席をとっておく.
It's important for you to secure (yourself) a stable job. 安定した職につくことは大切です.
**2** …を守る, 安全にする ‖
secure the valuables **from** robbery 貴重品を盗まれないように守る.
**3** 〈窓·ドアなど〉をしっかり閉めておく; …を固定する ‖
secure the ends of the hammock **to** the trees 木にハンモックの両端を固定する.

**se·cure·ly** /sikjúərli スィキュアリ/ 副 安全に; しっかりと.

**se·cur·ing** /sikjúəriŋ スィキュアリング/ 動 → secure.

**se·cu·ri·ties** /sikjúərətiz スィキュアリティズ/ 名 → security.

***se·cu·ri·ty** /sikjúərəti スィキュアリティ/ [→ secure]
―名 (複 --ri·ties/-z/) **1** Ⓤ 安全, 無事; 安心(すること) ‖
national security 国家の安全.
live in security 安泰(あんたい)に暮らす.
Security is the greatest enemy. (ことわざ)「油断大敵」.
**2** ⓊC 防護[防衛](すること), 警備; 防護物; 安全確保(の手段); [インターネット]セキュリティ, 機密保護.
**3** Ⓤ C 担保, Ⓤ 保証; C 担保物件, 保証人 ‖
lend money on security 担保をとって金を貸す.
**4** [securities; 複数扱い] 有価証券 ‖
government securities 国債.

**Secúrity Cóuncil** [the ~] (国連)安全保障理事会(略) SC).

**secúrity fòrces** (1) (要人警護の)保安隊. (2) 防衛軍; [S~ F~] 国連軍.

**secúrity pàct [trèaty]** 安全保障条約.

**secúrity vìdeo** 防犯(ビデオ)カメラ.

**se·dan** /sidǽn スィダン/ 名 C (米·豪) セダン型自動車《運転席と後部座席を仕切らない箱型自動車. 5-6人乗り》((英) saloon car).

**se·date** /sidéit スィデイト/ 形 〖正式〗平静な, 落ち着いた; くそまじめな. ―動 (現分 --dat·ing) 他 〈人〉に鎮静剤を与える.

**se·dáte·ly** 副 平静に, 落ち着いて.

**sed·a·tive** /sédətiv セダティヴ/ 形 **1** 苦痛をやわらげる. **2** 鎮(ちん)静の; 静(しず)静の(作用)の. ―名 C 〖医学〗鎮静剤.

**sed·en·tar·y** /sédntèri セデンタリ/ |-təri -タリ/ 形 〖正式〗 **1** (仕事などが)座ってできる, 座業(ざぎょう)の. **2** 〈鳥などが〉定住性の.

**sed·i·ment** /sédəmənt セディメント/ 名 Ⓤ 〖正式〗 lies in a ~ [ (液体中の)沈殿物, おり.

**sed·i·men·ta·ry** /sèdəméntəri セディメンタリ/ 形 〖正式〗沈殿物の(ような).

**se·di·tion** /sidíʃən スィディション/ 名 Ⓤ 〖正式〗(反政府的な)扇動, 扇動的な言行, 治安妨害.

**se·di·tious** /sidíʃəs スィディシャス/ 形 〖正式〗治安妨害の, 扇動的な.

**se·duce** /sidjúːs スィ**ドゥ**ース (スィ**デュ**ース)/ 動 (現分) -·duc·ing) 他 1 (正式) …をそそのかす, 堕落させる ‖
Money **seduced** him **from** his duty. 彼は金に目がくらんで義務を怠った.
2 〈主に若い・経験の少ない〉女〉を誘惑する, たらし込む

**se·duc·tion** /sidʌ́kʃən スィ**ダ**クション/ 名 1 ⓊⒸ 誘惑, そそのかし. 2 Ⓒ (正式) [通例 ~s] 魅惑(するもの), 魅力.

**se·duc·tive** /sidʌ́ktiv スィ**ダ**クティヴ/ 形 誘惑的な, 魅力のある, 人をうっとりさせる.

\*\***see** /síː ス**ィ**ー/ (同音 sea; 類音 she/ʃíː/)
〚「(目に)見える」から「見て知る」,「頭の中で考える, 理解する」などの意味が生まれた〛 派 sight (名)

→ 動 他 1 見える 2 会う 3 見送る
 4 見物する 7 経験する 8 理解する
 12 …するように気をつける
 自 1 見える 2 調べる 3 わかる 4 考える
 5 気をつける

── 動 (三単現) ~s/-z/, (過去) saw/sɔ́ː/, (過分) seen/síːn/; (現分) ~·ing)

── 他 1 a …が見える, 目に入る《◆(1) 進行形にしない. 進行形の場合は特別な意味になる(→ 2 用例, 3, 5). (2)「見る意志をもって視線を向ける」は look (at).「動くものをじっくりと見る」は watch. (3) しばしば can, could を伴って進行形の代用に用いる. → can 助 2》‖
I looked and looked, but I **couldn't see** it. 穴がいくら見つめたが, それは見えなかった.
I (can) **see** many sheep in the pasture. 牧場にたくさん羊がいるのが見える.
What can you **see** in the hole? 穴の中に何が見えますか.
I **can't see a thing** without my contacts. コンタクトレンズがないと何も見えない.
I have never **seen** a butterfly like that before. あんなチョウは今まで見たことがない.
She was nowhere **to be seen**. 彼女の姿はどこにも見えなかった.

**b** [知覚動詞] [**see A do**] A〈人・物〉が…するのが見える《◆進行形にしない》‖
We **saw** him walk across the street. 彼が通りを横切るのが見えた.
He **was seen to** steal a toy in the supermarket. (正式) 彼はスーパーでおもちゃを万引するのを見つかった(=Someone **saw** him steal a toy in the supermarket.)《◆受身では to 不定詞が必要》.

**c** [知覚動詞] [**see A doing**] A が…しているのが見える《◆進行形にしない》‖
We **saw** him walking across the street. 彼が通りを横切っているのが見えた.

Q&A **Q**: **b** と **c** の2つの用例 (i) I saw him *walk* across the street. と (ii) I saw him *walking* across the street. の違いを教えてください.

**A**: それぞれの訳語で大体推察がつくと思いますが, (i) では「彼が通りを渡り切った」ことを暗示しますが, (ii) では進行形ですから「彼が通りを渡っている進行中の動作を見た」ということだけで, 渡り切ったかどうかはこれだけではわかりません.「進行中」ということは同時に「まだ完了していない」ということだと考えるとわかりやすいでしょう.

**d** [**see B done**] B〈人・物〉が…されるのを見る ‖
Have you ever **seen** a boxer knocked down? ボクサーがノックダウンされるのを見たことがありますか.

[語法] [各文型の関係]
**b** [see A do B]
 → A が B を…するのが見える
**c** [see A doing B]
 → A が B を…しているのが見える
**d** [see B done (by A)]
 → B が(A に)…されるのを見る

**2** …に会う, 〈人〉を訪問する; 〈病人など〉を見舞う《◆しばしば進行形で現在進行中のことか, 近い将来を表す》; 〈恋人〉と付き合う ‖
**see** a doctor 医者に見てもらう.
**see** a lawyer 弁護士に会う.
She's **seeing** the professor about her research. 彼女は研究のことで教授に(今)会っています《◆「これから会うことになっています」という意味にもなる》.
I'm very glad [pleased] to **see** you. お会いできてたいへんうれしいです《◆会った時のあいさつ. → meet 動 2》.
(It's been) nice **seeing** you. お会いできてよかったです《◆別れるときの言葉》.
We haven't **seen** each other for ages. もう長い間お会いしなかったですね, お久しぶりですね.
Come and **see** us on Sunday. 日曜日に遊びにいらっしゃい.
I have been **seeing** him for about ten months. 彼とはもう10か月ほど付き合っています.

**3** …を見送る, 送る(accompany)《◆(1) 場所を表す副詞(句)を伴う. (2) 進行形にしない》‖
**see** her home 彼女を家まで送り届ける.
**see** him to the bus 彼をバス停まで見送る.
**see** him on the bus 彼がバスに乗るのを見送る.

**4** …を見物する;〈映画・行事など〉を見る《◆進行形にしない》‖
**see** a baseball game 野球の試合を見る.
**see** (the sights of) New York ニューヨーク見物をする.

対話 "Have you **seen** *Armageddon*?" "Yes, I **saw** it on video last week." 「アルマゲドンを見たかい」「うん, 先週ビデオで見ました」.

**5** …を調べる, 見てみる;[命令文で]〈本のページ〉を参照する; [**see wh** 節・句] …かを調べる, よく見る《◆進行形にできる》‖

Let me **see** your passport, please. パスポートを拝見します.
He **saw** the house carefully before he bought it. 買う前に彼は入念に家を調べた.
**See** page 28. 28ページを参照せよ.
**See** how they handle the machine. 機械の扱い方を見ておきなさい.
Will you first **see** if the car is worth repairing? まずその車が修理するだけの値打ちがあるか見てくれませんか.

**6** (新聞で)…を知る ‖
I **saw** the accident in today's paper. きょうの新聞で事故のことを知った.
We **saw** (it) in the paper that the candidate was defeated in the local election. その候補が地方選で敗れたことを新聞で読んだ.

**7** …を経験する;〈文〉〈時代・場所が〉〈事〉を目撃する《◆進行形にしない》‖
She has **seen** a lot of life [the world]. 彼女はかなり人生経験を積んでいる.
I have never **seen** such rudeness. そんな無礼は今まで見たことがない.
His generation has **seen** the day when there was no television. 彼の世代の人はテレビのなかった時代を知っている.

**8 a** 〈…が(見て)わかる, …を**理解する**, 悟る;…を認める《◆ふつう疑問文・否定文で用いる》;[see (that)節 / see wh 節・句]…ということが**わかる**,…に気づく,…を理解する《◆進行形・受身にしない》‖
as I **see** it 私の考えでは.
**see** the joke ジョークがわかる.
At first I did not **see** (that) she was so stingy. 最初彼女がそんなにけちだとはわからなかった.
Do you **see** what I mean? 私の言うことがわかりますか; ほら言ったとおりだろ.
I **see** what you mean. あなたの言いたいことはわかります; 本当にあなたの言ったとおりだ.
I don't know what she **sees** in him. 彼女は彼のどこがよいと思っているのか私にはわからない.

**b** [see A to do] 〈文〉A が…であることが(見て)わかる ‖
We **saw** the project to be impracticable. その計画は実行不可能だとわかった.
He was **seen** to be eating his lunch. 彼は昼食をとっているようだった.

対話 "What do you think we should do?" "Well, as I **see** it, we have to be very careful."「どうすべきだと思うかね」「そうだね, 僕の考えでは, 十分慎重にしなければならないと思う」.

**9 a** 〈人・物・事〉を(ある見方で)見る《◆副詞(句)を伴う》;[see A as C] A を C と想像する, 考える ‖
The way I **see** it, your opinion is quite right. 私の見るところ, あなたの意見は全く正しい.
**see** death as one's only way out 死を唯一の解決法だと考える[みなす].

**b** [see doing] …するのを想像する; [see A doing] A〈人・物〉が…すると考える; [see A done] A〈人・物〉が…されると考える ‖
I can't **see** (myself) giving a present to him. 彼に贈りものをするなんてとてもだめだ.

**10** …を予測する, 予知する ‖
I **see** many troubles ahead. この先やっかいなことが多いのは目に見えている.

**11** [通例否定・疑問文で] [see A do(ing)] A〈人〉が…するのを黙って見ている; [see A done] A〈人〉が…されるのを黙って見ている; [see being done] …されるのを黙っている ‖
I can't **see** her spending so much money for such useless things. 彼女がそんな役に立たないことに大金を費やしているのを見てはいられない.
He won't **see** being bossed over. 彼はこき使われて黙ってはいまい.

**12** [see that 節] …するように**気をつける**, 配慮する《♦ see to it that 節より口語的》; [see A done] A〈事〉が…されるよう気を配る《◆進行形にしない》‖
**see** justice done 正義が行なわれるようにする.
**See** that the gas and electricity are switched off when you leave. 出かける時はガス・電気のスイッチが切ってあるか確かめなさい.

—⃞自 **1** [(can) see] **見える**, 見る《◆ふつう進行形にしない》‖
The desert stretches as far as we can **see** [the eye can **see**]. 見渡す限り砂漠が広がっている.
I was drunk and **saw** double. 酔っ払っていて物が二重に見えた.
I **see** so much better with my new glasses. 新しい眼鏡をかけるとずっとよく見えます.
He cannot **see** very well in his right eye. 彼は右目があまりよく見えない.

**2** 調べる, 確かめる ‖
The best way is to go and **see** for yourself. 一番よい方法は自分で行って見ることだ.

**3** 〈人が〉**わかる, 理解する**, 悟る ‖
as far as I can **see** 私にわかる限りでは.
as we have **seen** 周知のごとく.
対話 "(You) **see**?(⤴)" "I **see**.(⤵)"「わかりましたか」「ええ, わかりました」.
対話 "Is he a man of ability?" "We shall **see**."「彼は有能な男だろうか」「そのうちにわかるさ」.

**4** 考える, 考えておく ‖
When the concert is over, we must **see** about how to get home. コンサートが終わったらどうやって帰宅したらよいか考えねばならない.
対話 "Can you come?" "I'll **see** (about that)."「来られますか」「考えておきましょう」.

**5** 気をつける, 注意する, 気を配る;[S～; 間投詞的に用いて] ほら ‖
**See**, the train is coming. ほら列車が来ますよ.

◦(**I'll**) **sée** [(**I'll be**) **séeing**] **you** (**láter, sóon**)**!** 《略式》=SEE you later!

◦**Lèt me sée.** (⤵) =**Let's sée.** 《略式》ええっと, はて《♦答えがすぐに出てこない場合の文句》.

**sée abòut** A (1) …について考えておく (cf. ⃞自 4);…を手配する, 処置する;A〈食事〉の用意をする;A

〈人〉の面倒を見る, 世話をする. (2) …するよう取り計らう ‖ Did you **see about** renting a room for the meeting? その会合の部屋を借りるよう手配していただけましたか.

***sée àfter* A** …の世話をする, 面倒をみる.

***sée* A *agáinst* B** A〈人・物〉を B〈物〉を背景にして見る《♦A を主語にしてふつう受身》‖ Seen against the sky, the mountain looked really beautiful. 空を背景にして山は本当に美しく見えた.

***sée a lót of* A** …によく会う.

***sée bétter dáys*** → day.

***sèe ínto* A** (1) [通例 can ～ into A] A の中まで(視野に入って)見える. (2) …を調査する.

***sée líttle of* A** …にほとんど会わない.

***sée múch of* A** [通例否定文・疑問文で] …によく会う.

[S]

***sée nóthing of* A** …に全然会わない.

◇***sée* A *óff*** …を見送る(cf. [他] **3**) ‖ I have just been to the station to **see** my friend **off** for America. 友人がアメリカへ立つのを駅まで送って帰ってきたところです.

***sée óut*** [他]〈人〉を外まで送る, 送り出す.

***sée òver* A** A〈場所・家〉を検分する, 調べる.

***sée sómething of* A** …にときどき会う.

◇***sée thróugh*** (1) [他]〈映画など〉を最後まで通して見る. (2)《略式》[他] [通例 ～ it *through*]〈仕事〉を最後までやり通す. (3) [他]〈苦難〉を乗り切る. (4) [他] [～ A *through* B] B〈期間〉の間 A〈人〉を切り抜けさせる ; B〈事〉が終わるまで A〈人・物〉の面倒を見る. (5) [～ *through* A] A〈穴など〉をのぞく, …を透かして見る《♦ 受身にできる》; …を見抜く《♦ 受身にできる》.

◇***sée to* A** …の世話をする, …に気をつける ‖ Who is **seeing to** the arrangements for the meeting? だれがその会合の準備をしているのですか.

◇***sée to it that* …** 《正式》…するように取り計らう, …するよう気をつける ‖ Would you **see to it** that they get properly fed? 彼らが十分食べられるよう取り計らっていただけませんか / **See to it** that you don't make a mistake again. 再び間違いをしないように気をつけなさい / [対話] "I'm sorry I made a mistake." "It's okay but **see to it** you don't do it again." 「すみません. 間違いをしでかしました」「いいんだよ. でも二度とやらないように気をつけなさい」.

> [Q&A] ***Q***: see to it that … の上の2例とも that 節内は未来のことなのに現在形となっていますが.
> ***A***: そうです. この言い方では未来のことでも現在形を使うのがふつうです.

◇***Sée you* /jə/ *láter* [*sóon*]!** 《略式》(きょうのところはこれで)さよなら, **それじゃ(また)**《♦ 友人の間で用いる. 次回に会う日がわかっているときは See you on Saturday. (じゃ土曜日にまた)のようにいう》‖ [対話] "See you later, Meg." "(I'll) be seeing you, Bob." 「それじゃ, メグ」「じゃあね, ボブ」.

◇***You sée.*** 知ってのとおり ; [注意を促して] ほら, ねえ ; [説明して] 何しろ ‖ You see (↗), he's coming. ほら彼がやってくるよ / She isn't you see ¦ working yet. 何しろ彼女はまだ働いていないのだから.

**seed** /síːd スィード/ ([同音] cede) [名] ([複] ～s /síːdz/, 集合名詞 seed) **1a** [C][U] 種(たね), 種子 ‖ a handful of **seeds** ひとにぎりの種.
a large bag of grass **seed** 多量の草の種《♦ 多量の種では [U] 名詞扱い》.
sow [plant] **seed(s)** 種をまく.
**b** [C] 種に相当する部分《イチゴの実など》; 新しく成長する部分《球根・鱗茎(りんけい)・芽など》.
**2** [C] [通例 the ～s; 比喩的に] 種, 元, 根源 ‖ sow **the seeds** of strife 争いの種をまく.
**3** [U]〔聖書〕[the ～; 集合名詞] 子孫 ‖ the seed of Abraham アブラハムの子孫《ヘブライ人のこと》.
**4** [C]《略式》〔スポーツ〕(特にテニスの) シード選手.
—[動] [他] **1**〈種〉をまく ; [seed **A with B** / seed **B in A**]〈人が〉A〈土地〉に B〈種など〉をまく ‖ seed rye **in** a field =**seed** a field **with** rye 畑にライ麦の種をまく.
**2** …から種を取り除く ‖ seed raisins 干しブドウの種をとる.
**3**〔スポーツ〕[通例 be ～ed] シードされる《強い者どうしが組み合わないようにする》.
—[自] **1** 種をまく ; 種を落とす. **2** 種ができる.
**séed bèd** 苗床.
**séed plànt** 種子植物.

**seed·less** /síːdləs スィードレス/ [形] 種のない, 種無しの.

**seed·ling** /síːdliŋ スィードリング/ [名] [C] 実生(みしょう)の苗木, 実ばえ ; (3フィート以下の) 若木, 苗木.

**seed·y** /síːdi スィーディ/ [形] (通例 [比較] --i·er, [最上] --i·est)《略式》**1** 種の多い, 種のある. **2** みすぼらしい, 貧弱な.

**see·ing** /síːiŋ スィーイング/ [動] → see.
—[名] [U][C] 見ること ‖ Seeing is believing. 《ことわざ》見るほど確かなことはない ; 「論より証拠」「百聞は一見にしかず」《♦「見るまでは信じるな」の意にもなる》.
—[接] [seeing (that) 節 /《略式》seeing as 節] …に照らしてみると.
**Séeing Éye (dòg)** 盲導犬.

***seek** /síːk スィーク/ ([類音] sick/sík/) 〚「熱心に見つめる」が原義〛
—[動] ([三単現] ～s/-s/ ; [過去・過分] sought /sɔ́ːt/ ; [現分] ～·ing)
—[他] **1**〈物・場所など〉を**捜し求める**, 捜す, 得ようとする ‖ seek (×for) a stolen car 盗難車を捜し求める《♦ 今はふつう look for を用いる》.
**2**《正式》[seek to do] …しようと努める ‖ seek to learn a foreign language 外国語を学ぼうと努める.
**3**《正式》〈忠告など〉を求める, 要求する ‖

You should **seek** advice **from** your lawyer on this matter. この問題に関して君の弁護士に忠告を求めるべきだ.

— 自 《正式》 捜す, 求める; 詳しく調べる ‖

**seek for** glory in football フットボールでの栄光を求める.

He is **seeking after** a better life. 彼はもっと楽な生活を求めている.

**séek óut** [他] …を捜し出す ‖ He **sought out** the lost manuscript. 彼は紛失した原稿を捜し出した.

\*seem /síːm スィーム/ (同音) seam; (類音) *theme* /θíːm/) 「『…のように見える』が本義. 主語ではなく話し手の主観的判断・推定を表す語」

— 動 (三単現) ~s/-z/; (過去・過分) ~ed/-d/; (現分) ~·ing) 《◆進行形にしない》

— 自 **1a** [seem (to be) C] **C のように思われる, C のように見える, C であるらしい** ‖

He **seems (to be)** willing to help us. 彼は喜んで助けてくれそうだ.

She did not **seem (to be)** a satisfactory candidate for the post. 彼女はその職の申し分のない候補者とは言いかねるようだった.

It **seems to be** raining outside. 外では雨が降っているようだ《◆この場合 to be は省略しない》.

She **seemed to** George **to be** on the verge of tears. ジョージには, 彼女が今にも泣き出さんばかりの様子にみえた.

He **seemed (to be)** ill. =It **seemed that** he was ill. 彼は病気のようだった.

対話 "I think we should help that guy. He **seems** lost." "Okay. I'll ask him if he needs any help." 「あの男性を助けてやるべきだと思うな. 道に迷っているみたいだから」「いいわ. 助けが必要かどうか私が聞いてみるわ」.

**b** [seem to have been C] **C であったように思われる, C であったらしい** ‖

He **seems to have been** ill. 彼は病気だったようだ(=It **seems that** he was [has been] ill.).

Q&A Q: seem, look, appear の違いは何ですか?

A: seem は話し手が主観的に判断して「…のように見える」, look は外見上「…のように見える」, appear は(実際はそうでないかもしれないが) 外見上「…のように見える」場合に用いられます.

**2a** [seem to do] **…するように思われる, …するらしい** ‖

She doesn't **seem to** think that way. 彼女はそんなふうには考えていないらしい.

Q&A Q: 「彼は東京へ引っ越すらしい」を He seems to *move* to Tokyo. としたら誤りと言われました.

A: He seems to *be moving* to Tokyo. とすればよろしいでしょう. seems のあとにくる不定詞は上例のように think か know などの状態を表す動詞またはその他の動詞では完了形(**2 b**)や進行形に限られているからです.

**b** [seem to have done] **…したようである, …したらしい** ‖

He **seems to have made** a mistake on that point. 彼はその点で間違いを犯したようだ(=It **seems that** he made a mistake on that point.).

She **seemed to have** already **received** the money. 彼女はすでにお金を受け取っていた様子だった(=It **seemed that** she **had** already received the money.).

I **seem to have met** you somewhere. あなたにはどこかで会った気がします.

**3** [it seems (that) 節] **…である[…する]ように思われる, …であるらしい, …のようだ** ‖

It **seems** to me that he knows everything. 彼は何でも知っているようだ(=He **seems to** know everything.).

**Seems** like she didn't study at all. 《略式》彼女は全然勉強しなかったようですよ《◆くだけた会話では it が省略され seems が文全体を修飾する副詞のように用いられることがある》.

It would **seem** that he is not equal to the task. その仕事は彼の手に負えないようですね.

**4** [there seems to be A] **A がある[いる]ように思える** ‖

There **seems (to me) (to be)** no possibility of the typhoon hitting Tokyo. 台風が東京を襲う可能性はないように思える(=It **seems** to me that there is no possibility of the typhoon hitting Tokyo.).

**5** [it seems C that 節] **…は C らしい, C のように思える**; [it seems C (for A) to do] (A が)するとは C らしい ‖

It **seemed** obvious to me that the plan needed some revisions. その計画には少し手直しをする必要があることが明らかなように私には思えた.

It **seems** (to me) wise not to buy such junk. そんなくだらぬ物は買わないほうが賢明だと思われる.

It **seems** strange for Harry to be late for school. ハリーが学校に遅れるとは不思議に思える.

**can't séem to** do 《略式》…することができないようだ ‖ She **can't seem to** eat any more. もうこれ以上彼女は食べられないようだ(=It **seems that** she can't eat any more.).

**it séems** [文頭・文中・文尾で] そうらしい ‖ The ceremony has not, **it seems**, begun. 式はまだ始まってないようだ.

**it séems as if** [**though**] … まるで…のようだ 《◆節は仮定法・直説法》 ‖ It **seemed as if** I would die. 死ぬかと思ったほどだった.

**it séems like** … 《米略式》…のように思われる ‖ It **seems like** there's no money left. 金が残っていないようだ.

**It séems só.** =**Só it séems.** そうらしい ‖ 対話 "She failed in the exam." "So it seems." 「彼女は試験に落ちたよ」「そうらしいね」《◆否定文に対する応答としては It *seems* not.》.

**what séems (to be [like])** …のようなもの, …と思われるほど ‖ We sat in silence for what seemed a century. 100年にも思われるほど長い間私たちは黙って座っていた.

**seem·ing** /sí:miŋ スィーミング/ 動 → seem.
── 形 《正式》 うわべの, 外見だけの, 漏れる.

**seem·ing·ly** /sí:miŋli スィーミングリ/ 副 うわべは, 見せかけでは; [文全体を修飾] 見たところでは ‖
a seemingly good job 見たところではよさそうな仕事.
Seemingly (↘) | we are to be awarded (the) first prize. どうやら1位になれそうだ.

*****seen** /sí:n スィーン/ (同音 scene) 動 → see.

**seep** /sí:p スィープ/ 動 (自) しみ出る, 漏れる.

**see·saw** /sí:sɔ̀: スィーソー/ (英+) 名 1 U シーソー; C シーソー板. 2 U シーソー遊び. 3 UC 上下[前後]運動, (戦闘・ゲームなどの)一進一退.
── 動 (自) 1 シーソー遊びをする. 2 《正式》上下[前後]に動く; 変動する.

**seethe** /sí:ð スィーズ/ 動 (現分 seeth·ing) 1 《文》泡立つ, 逆巻く. 2 [通例 be seething] 《略式》 腹を立てる; 《正式》 騒然とする, ごった返す.

**seg·ment** /ségmənt セグメント/ | -/ségment セグメント/ 名 C 1 部分, 区分, 切片 ‖
a segment of an orange みかんの一袋.
2 〔数学〕線分, (円の)弧(˘), 弓形.
── 動 他 …を分ける, 区分する, 分裂させる.
── 自 分れる, 分裂する.

**seg·re·gate** /ségrəgèit セグレゲイト/ 動 (現分 -gat·ing) 他 1 《正式》 分離する, 隔離する. 2 差別(待遇)する.

**seg·re·ga·tion** /sègrigéiʃən セグリゲイション/ 名 U 《正式》 1 [しばしば a ~] 分離[隔離](状態). 2 (主に黒人に対する)人種差別(待遇).

**Seine** /séin セイン/ 名 [the ~] セーヌ川《Paris を通ってイギリス海峡に注ぐフランス北部の川》.

**seis·mic** /sáizmik サイズミク/ 形 地震(性)の.

**seis·mol·o·gy** /saizmɑ́lədʒi サイズマロヂ/ |-mɔ́l--モロヂ/ 名 U 地震学.

**seize** /sí:z スィーズ/ (類音 sie*ge* /sí:dʒ/) 動 (現分 seiz·ing) 他

seize 《急にぐいとつかむ》

1 …を急にぐいとつかむ; …をつかみ取る《◆ grab, grasp より堅い語》‖
seize my hand =seize me by the hand 私の手をぐいと握る.
She seized the gun from the burglar. 彼女は盗賊から銃をつかみ取った.
2 …をとらえる, 逮捕する.
3 〔法律〕…を押収する, 差し押える《◆《英》では seise ともつづる》‖
The police searched the house and seized 2 kilograms of heroin. 警察は家宅捜査をし2キロのヘロインを押収した.
4 …を奪い取る ‖
seize a castle 城を奪取(˘)する.
seize power 権力を手に入れる.
5 《文》〈病気・苦痛・恐怖など〉〈人〉を襲う ‖
She was seized with [by] a pang of conscience. 彼女は良心の苛責(˘)にかられた.
6 〈機会・チャンス〉をつかまえる, とらえる ‖
seize every opportunity あらゆる機会をつかまえる.
── 自 [seize on [《正式》upon] A] 1 …をつかむ.
2 A〈機会〉をとらえる, A〈考え・提案など〉に飛びつく ‖
He will seize upon any offer. 彼はどんな申し出にも飛びつくだろう.

**sei·zure** /sí:ʒər スィージャ/ 名 1 U つかむこと, 捕えること; つかまえられること. 2 U 差し押え, 押収. 3 U (敵地の)奪取(˘). 4 C (やや古)(病気の)発作; 卒中.

*****sel·dom** /séldəm セルダム/ 〖「起こる確率が2割ぐらい」が本義〗
── 副 (比較 more ~, 最上 most ~) [準否定後; 頻度副詞] めったに…ない, …の場合はほとんどない《◆(1) rarely よりやや堅い語. 頻度は, rarely, hardly [scarcely] ever とほぼ同じ. (2) 命令文や進行形の構文には用いない》‖
We have seldom seen such a sight! そんな光景はめったにお目にかかれない.
A dog seldom bites unless attacked. 犬は攻撃を受けなければほとんどかまない.
Seldom did I see her. 《文》 彼女に会うことはめったになかった《◆文頭に置くと主語と動詞は疑問文の語順》.
対話 "Do you play golf here every weekend?" "No. I come here very seldom." 「毎週末にはここでゴルフをするのですか」「いいえ, ここへはめったに来ません」.
対話 "Is John often late?" "No, he seldom *is*." 「ジョンはよく遅れますか」「いいえめったに遅れません」《◆ No, very *seldom* がふつう》.

**nót séldom** しばしば(often).

**séldom, if éver** (たとえあるにしても)めったに…(し)ない.

**séldom or néver** めったに…(し)ない.

*****se·lect** /səlékt セレクト/ 〖「多数の中からよく吟味して選ぶ(lect)こと」が本義. cf. e*lect*〗
派 selection (名)
── 動 (三単現 ~s /-lékts/; 過去・過分 ~ed /-id/; 現分 ~ing)
── 他 《やや正式》 …を(多くのものから)選び出す; …を選ぶ ‖
She was especially selected for the post. 彼女はその職に特別に抜擢(˘)された.
We must select one from among these applicants. この応募者の中から1人を選ばなくて

はなりません.
He was **selected as** [**to be**] new class leader. 彼は新しいクラス委員に選ばれた.
対話 "I don't think any of them are good for the job." "Yes, but we have to **select** one of them." 「彼らのだれもその仕事に向いていないよ」「うん,でもそのうちの1人は選ばなければならないよ」.

Q&A **Q**: select と choose, elect の違いは何ですか?
**A**: select は上の本義のように,多くのものの中から最高のものを入念に選び出すことです. choose はただ選ぶことだけです. elect は選挙によって人を選ぶことです.

―― 形 〔正式〕**1** 〔通例名詞の前で〕えり抜きの,上等の;選ばれた ‖
a select hotel 上等のホテル.
**2** 会員を限定した ‖
a select school 入学資格の厳しい学校.

**se·lect·ed** /səléktid セレクティド/ 動 → select.
形 選ばれた,えり抜きの.

\***se·lec·tion** /səlékʃən セレクション/ 〖→ select〗
名 (複 ~s/-z/) **1** UC (慎重に)選ぶこと,選ばれること,選択,選抜;U〔生物〕淘汰(だ) ‖
a selection committee 選抜委員会.
make a selection [selections] from a lot of candidates たくさんの候補者から選択する.
**2** C 〔通例 a ~〕選ばれた物[人];選集;精選品,極上のもの ‖
a selection of American poems 米詩選集.

**se·lec·tive** /səléktiv セレクティヴ/ 形 **1** 選択する力のある;入念に選択する,えり好みする. **2** えり抜きの.

**Se·le·ne** /silíːni セリーニー/ 名 〔ギリシア神話〕セレーネ《月の女神. ローマ神話の Luna に相当》.

\***self** /sélf セルフ/
名 (複 selves/sélvz/) **1** UC 自己,自分自身;それ自体,そのもの ‖
one's own self 自分自身.
analysis of the self 自己分析.
**2** U 〔正式〕私利,私欲,私心,利己心 ‖
A selfish person puts self first. 利己的な人は私利を第一に考える.
**3** 〔通例 one's true ~〕(人・物の)本質,個性;性格の一面,本性.

**self-as·sur·ance** /sélfəʃúərəns セルファシュアランス/ 名 U 自信.

**self-as·sured** /sélfəʃúərd セルファシュアド/ 形 自信のある.

**self-cen·t(e)red** /sélfséntərd セルフセンタド/ 形 自己中心の,自己本位の,利己的な.

**self-con·fi·dence** /sélfkánfidəns セルフカンフィデンス | -kɔ́n- -コンフィデンス/ 名 U 自信.

**self-con·fi·dent** /sélfkánfidənt セルフカンフィデント | -kɔ́n- -コンフィデント/ 形 自信のある.

**self-con·scious** /sélfkánʃəs セルフカンシャス | -kɔ́n- -コンシャス/ 形 自意識の強い,自意識過剰の;(略式)内気な,人前を気にする ‖
feel self-conscious in front of the boss 上役の前である.

**self-con·tained** /sélfkəntéind セルフコンテインド/ 形 **1** 必要物がすべて完備した;自給自足の;〈機械などが〉自給式の. **2** 〈人が〉無口な,打ち解けない;控え目な,自制心のある. **3** 〔英〕〈アパートなどが〉各戸独立した.

**self-con·trol** /sélfkəntróul セルフコントロウル/ 名 U 自制,克己(きっこ).

**self-de·fense,** 〔英〕**-de·fence** /sélfdiféns セルフディフェンス/ 名 U 自己防衛《◆力に訴えない場合も含む》;自衛,護身;〔法律〕正当防衛.

**self-de·ni·al** /sélfdináiəl セルフディナイアル/ 名 U 自制,克己;禁欲.

**self-de·ter·mi·na·tion** /sélfditə̀ːrminéiʃən セルフディターミネイション/ 名 U 自己[自主]決定,自決;民族自決.

**self-dis·ci·pline** /sélfdísəplin セルフディシプリン/ 名 U 自己訓練,自己修養.

**self-em·ployed** /sélfempló́id セルフエンプロイド/ -im- セルフィンプロイド/ 形 自家営業の,自営の;〔the ~;複数扱い〕自営業者.

**self-es·teem** /sélfistíːm セルフィスティーム/ 名 U 〔正式〕自尊心,うぬぼれ.

**self-ev·i·dent** /sélfévidənt セルフエヴィデント/ 形 〔正式〕自明の.

**self-ex·plan·a·to·ry** /sélfiksplǽnətɔ̀ːri セルフィクスプラナトーリ,-eks- -təri -タリ/ 形 自明の,明らかな.

**self-ex·pres·sion** /sélfikspréʃən セルフィクスプレション/ 名 U 自己表現.

**self-gov·ern·ment** /sélfgʌ́vərnmənt セルフガヴァンメント | -gʌ́vnmənt -ガヴンメント/ 名 U 自治,民主政治.

**self-help** /sélfhélp セルフヘルプ/ 名 U 自助,自立.

**self-im·por·tance** /sélfimpɔ́ːrtəns セルフィンポータンス/ 名 U うぬぼれ,尊大,自尊.

**self-im·por·tant** /sélfimpɔ́ːrtənt セルフィンポータント/ 形 もったいぶった,尊大な,うぬぼれの強い.

**self-im·posed** /sélfimpóuzd セルフィンポウズド/ 形 〔正式〕〈義務などが〉自ら課した,自ら進んでいる.

**self-in·dul·gence** /sélfindʌ́ldʒəns セルフィンダルヂェンス/ 名 U わがまま,放縦.

**self-in·dul·gent** /sélfindʌ́ldʒənt セルフィンダルヂェント/ 形 わがままな,放縦な.

**self-in·ter·est** /sélfíntərəst セルフィンタレスト,-est/ 名 U 〔正式〕私利,私欲;利己主義,利己心.

\***self-ish** /sélfiʃ セルフィシュ/ 〖自己(self)的な(ish)〗
―― 形 (比較 more ~, 最上 most ~) 利己的な,わがままな,自分本位の《↔ unselfish》‖
a selfish attitude 身勝手な態度.
the selfish theory of morals 〔倫理〕自己愛道徳説.

**sélf·ish·ness** 名 U わがまま,自己本位.

**self·ish·ly** /sélfiʃli セルフィシュリ/ 副 自分本位に,利己的に.

**self-made** /sélfméid セルフメイド/ 形 **1** 自分で作った, 自己製の. **2** 自力で出世した, 独立独行の.
**sélf-máde màn** たたきあげの男.

**self-pity** /sélfpíti セルフピティ/ 名 U 自分に対するあわれみ, 自己憐憫(恝).

**self-por·trait** /sèlfpɔ́ːrtrət セルフポートレト, -treit/ 名 C 自画像.

**self-pos·sessed** /sélfpəzést セルフポゼスト/ 形 冷静な, 沈着な, 落ち着いた.

**self-pres·er·va·tion** /sélfprezərvéiʃən セルフプレザヴェイション/ 名 U 《正式》自己保存, 自衛(本能).

**self-re·li·ance** /sèlfriláiəns セルフリライアンス/ 名 U 自己依存, 自力本願, 独立独行.

**sélf-re·lí·ant** 形 自己依存の, 自力本願の, 独立独行の.

**self-re·spect** /sélfrispékt セルフリスペクト/ 名 U 自尊(心), 自重.

**self-re·spéct·ing** 形 自尊心のある, 誇り高い.

**self-re·straint** /sélfristréint セルフリストレイント/ 名 U 自制, 克己(㌍).

**self-right·eous** /sélfráitʃəs セルフライチャス, 《英+》-ráitjəs/ 形 ひとりよがりの, 独善的な.

**self-sac·ri·fice** /sélfsǽkrifàis セルフサクリファイス/ 名 UC 自己犠牲, 献身(の行為).

**self-sat·is·fac·tion** /sélfsætisfǽkʃən セルフサティスファクション/ 名 U 自己満足; ひとりよがり.

**self-seek·ing** /sélfsíːkiŋ セルフスィーキング/ 形 利己主義(の), 身勝手(な).

**self-ser·vice** /sélfsə́ːrvəs セルフサーヴィス/ 形 セルフサービスの.

**self-styled** /sélfstáild セルフスタイルド/ 形 自称の, 自任の.

**self-suf·fi·cien·cy** /sélfsəfíʃənsi セルフサフィシェンスィ/ 名 U 自給自足; うぬぼれ; 自信.

**self-suf·fi·cient** /sélfsəfíʃənt セルフサフィシェント/ 形 自給自足の; うぬぼれの強い; 自立心のある.

**self-taught** /sélftɔ́ːt セルフトート/ 形 独習の, 独学の.

**\*sell** /sél セル/ (同音 cell) 《原義の「与える」から「売る」に転化》派 sale (名)
—動 (三単現) ~s/-z/; (過去·過分) sold/sóuld/; (現分) ~·ing)
—他 **1** …を売る, 売却する; [sell A B / sell B to A] A〈人〉に B〈物〉を売る, 売り渡す (↔ buy, purchase) 類 vend, peddle, push ‖
sell casette tapes **at** a 20% reduction [discount] 20%引きでカセットテープを売る.
Sold. 《掲示》売約済, 売切れ.
To sell. 《掲示》売り物.
She **sold** me the watch **for** [at] $60. 彼女は60ドルで私に時計を譲ってくれた=The watch was **sold** (to) me for $60. / I was **sold** the watch for $60.).
**2** …の販売をしている, …の商売をしている, …を商っている ‖
Do you **sell** playing cards here? ここでトランプを売っていますか.

They **sell** video tapes (**in** that shop). = That shop **sells** video tapes. あの店ではビデオテープを扱っています.
対話 "How does he earn his living?" "He **sells** automobiles." 「彼はどうやって生計を立てているのですか」「自動車のセールスをしています」.
**3** 〈商品が〉〈部数·個数〉売れる ‖
The novel has **sold** almost 20,000 copies. その小説はほぼ2万部売れた.
**4** 〈安値·質·宣伝·名声など〉…の売れ行きを上げる, …の販売を促進する ‖
Shocking headlines **sell** newspapers. ショッキングな見出しで新聞がよく売れる.
**5** [sell A B / sell B to A] A〈人〉に B〈考え·人などを売り込む, 宣伝する; 《略式》A〈考え·話〉を納得させようとする; [sell A on B] A〈人〉に B〈案など〉を売り込む ‖
sell an idea **to** a publishing company = sell a publishing company an idea = sell a publishing company **on** an idea 出版社に企画を売り込む.
She **sold** me a story about how she had got the money. お金をどのようにして得たかという話を彼女は私に信じさせようとした.
**6** 〈祖国·良心·名誉·貞節などを売る ‖
sell one's vote 金で票を売る.
sell one's country **for** money 金のために祖国を裏切る.
**7** (略式) [通例 be sold] 一杯食わされる, ひっかかる, だまされる ‖
Sold again. またやられた.
—自 **1** 売る, 商売をする, 商っている ‖
Their policy is to buy cheap and **sell** dear. 彼らの方針は安く買って高く売ることだ.
**2** 売れる, 売りに出されている; 売れ行きが…である《♦ well, quickly, badly などを伴う》‖
This dress should **sell for** $150. この服は150ドルで売れるはずだ.
What are eggs **selling** at? 卵はいくらで(売られていますか.
On a rainy day umbrellas **sell** well [quickly, briskly]. 雨の日にはかさの売れ行きがよい《♦ × … umbrellas are sold well [quickly, briskly] とはいわない》.

**séll óff** [他] …を安く売り払う.
**séll** onesèlf (略式) (1) 自分を売り込む, 自己宣伝をする. (2) 魂を売る.
**séll óut** (1) [自] 売り切ってしまう; 売り切れる, 全て出払う. (2) [他] …を売り尽くす ‖ We are sorry; all the tickets are **sold out**. = We are sorry; all the tickets were **sold out**. 申し訳ありませんが, すべて切符は売り切れました(= We are sorry; we are **sold out of** all the tickets. → we Q&A) / 対話 "I'm looking for this book title. Do you have any left?" "Sorry, but they're all **sold out**."「この題の本を捜しているんだけど, こちらに残っていないかなあ」「申し訳ございませんが, みんな売り切れてしまいました」.

**sell·er** /sélər セラ/ (同音 cellar) 名 ⓒ **1** 売り手, 売る人 (↔ buyer). **2** よく売れる物 ‖
This book is a bad **seller**. この本はあまり売れない.
This product will be **a longtime seller**. この商品はロングセラーになるだろう ⟪◆ ×**long seller** とはいわない⟫.

**sell-off** /sélɔ(ː)f セロ(ー)フ/ 名 ⓒ セルオフ ⟪有価証券などの売却⟫.

**sel·lo·tape** /séloʊteɪp セロテイプ, sélə- セロゥ-/ 名 [しばしば S~] ⓤ ⟪英⟫ ⟪商標⟫ セロテープ (cf. ⟪米⟫ Scotch tape).

**selves** /sélvz セルヴズ/ 名 ⇒ self.

**se·man·tic** /səmǽntɪk セマンティク/ 形 ⟪正式⟫ **1** 意味に関する ⟪◆ 名詞は meaning⟫. **2** 意味論の.

**se·man·tics** /səmǽntɪks セマンティクス/ 名 ⓤ 〔言語〕 [単数扱い] 意味論.

**sem·blance** /sémbləns センブランス/ 名 ⓤ ⟪正式⟫ [通例 a~ / the~] 外見, 外観, うわべ, 見せかけ; …らしきもの, 雰囲気.

**se·men** /síːmən スィーメン, -men/ 名 ⓤ 精液 (sperm).

**se·mes·ter** /səméstər セメスタ/ 名 ⓒ ⟪米·独など⟫の大学で前期·後期の2学期制の)学期 ⟪ふつう各15-18週⟫ ⟪◆ 3学期制の学期は term, ⟪米⟫ trimester⟫.

**sem·i·cir·cle** /sémɪsəːrkl セミサークル/ 名 ⓒ 半円, 半円形(の物).

**sem·i·co·lon** /sémɪkoʊlən セミコウロン|-´--/ 名 ⓒ セミコロン⟪;⟫ ⟪period(.)よりは軽く, comma(,)よりは重い性質をもつ区切点⟫.

**sem·i·con·duc·tor** /sémɪkəndʌ́ktər セミコンダクタ/ 名 ⓒ 〔物理〕 半導体.

**sem·i·fi·nal** /sémɪfáɪnl セミファイヌル/ 形 ⓒ 準決勝(の).

**sem·i·nar** /sémənɑːr セミナー,-`-/ 名 ⓒ **1** ゼミナール, ゼミ, 演習. **2** ゼミナールの課程[研究会]. **3** ゼミナール室, 演習室. **4** (大学の)研究科, 大学院課程.

**sem·i·nar·y** /sémənèri セミネリ | -nəri -ナリ/ 名 ⟪獨-nar·ies /-z/⟫ ⓒ **1** (特に high school 以上の)学校. **2** ⟪米⟫ (各派の)神学校; ⟪英⟫ (カトリックの)神学校.

**sem·i·pre·cious** /sémɪpréʃəs セミプレシャス/ 形 準宝石の ⟪◆ a *semiprecious* stone は amethyst, garnet, turquoise など⟫.

**Sem·ite** /sémaɪt セマイト, síːm- スィーマイト/ 名 ⓒ **1** セム人[族] ⟨Hebrews, Phoenicians, Assyrians, Arabs, Jews など⟩. **2** (Noah の子)セム (Shem)の子孫. **3** ユダヤ人 (Jews).

**Se·mit·ic** /sɪmɪ́tɪk スィミティク/ 形 **1** セム族の; (特に)ユダヤ人の; アラビア人の. **2** セム語(族)の.
── 名 ⓤ セム語.

**sen·ate** /sénət セナト/ 名 ⟪◆ **1**, **3**, **4** は[集合名詞; 単数·複数扱い]⟫ **1** [the S~] ⟪米国·カナダ·オーストラリアなどの二院制議会の⟫上院 (the Upper House)(→ house 関連); (米国州議会の)上院. **2** ⓒ 上院議事堂; 上院議場; (国·州の)議会,

立法府. **3** ⓒ (大学の)評議員会, 理事会. **4** [the S~] ⟪ローマ史⟫ 元老院.

**sen·a·tor** /sénətər セナタ/ 名 ⓒ **1** [しばしば S~] 上院議員 (cf. congressman, representative) ⟪◆ 呼びかけにも用いる⟫. **2** (大学の)評議員, 理事. **3** ⟪古代ローマの⟫ 元老院議員.

**sen·a·to·ri·al** /sénətɔ́ːriəl セナトーリアル/ 形 **1** 上院[元老院](議員)の. **2** (大学の)評議員会の.

✽**send** /sénd センド/ ⟪「行かせる」が原義⟫
── 動 ⟪三単現⟫ ~s/séndz/; ⟪過去·過分⟫ sent /sént/; ⟪現分⟫ ~·ing
── 他 **1** ⟪授与動詞⟫ [send A (to B) / send B A] A⟨物·伝言⟩を(B⟨人⟩に)**発送する**, 発信する(↔ receive) ‖
**send** a book by post 本を郵送する.
**send** an SOS 遭難信号を発する.
He **sent** her a congratulatory telegram. 彼は彼女に祝電を打った.
The check **was sent** to me. その小切手は私あてに出された.
She **was sent** a doll. 彼女は人形を送ってもらった.

**2** ⟨人⟩を**行かせる**, 派遣する; [send A B / send B to A] A⟨人のもと⟩へ B⟨人⟩を行かせる ‖
**send** him **to** college 彼を大学にやる.
**send** her a messenger 彼女のもとに使者を送る.
I'll **send** my son **to** you **for** the money. 息子にお金をいただきにあがらせます.
He **sent** her home by taxi. 彼は彼女をタクシーで帰した.
Mother **sent** me **to** bed at nine. 母は9時に私を寝させた[に寝なさいと言った].
I was **sent to** help her. 彼女の手助けに行かされた.
対話 "Please **send** a taxi right away." "OK. What's your name and address, please?" 「タクシーを1台すぐによこしてくれませんか」「はい, お名前とご住所は」.

**3** …を送り出す, 飛ばす ‖
**send** an arrow 矢を放つ.

**4** …を放出する, 発散する; ⟨芽·葉·枝⟩を出す ‖
This flower **sends out** strong smell. この花は強い香りを発散する.

**5** [send A C] A を C の状態にする; [send A doing] A⟨人·物⟩を…させる ‖
Jealousy often **sends** people mad. 嫉妬(しっと)はよく人を狂わせる.
He was **sent into** exile. 彼は追放の身となった.
── 自 **1** ⟪正式⟫ 伝令を出す, 使者を派遣する; 人を派遣する ‖
He **sent to** inquire after her. 彼女の見舞いに彼は人をやった.
The king **sent to** them **to** open an attack. 王は彼らに攻撃開始の伝令を出した.

**2** 信号(など)を送る.

**sénd awáy** [他] **(1)** …を追い払う; …を解雇す

る, くびにする ‖ 対話 "There's a salesman outside." "Send him away. I don't want to be bothered." 「外にセールスマンが来ているよ」「追い返してちょうだい. やっかいなことは御免こうむりたいから」. (2) …を遠方に送り出す ‖ Helicopters were sent away to go to the rescue of the climbers. 登山者の救援にヘリコプターが出動した.

***sénd awáy for*** A …を遠方から郵便で取り寄せる; …を取りに人を派遣する.

○***sénd for*** A (1) (電話・手紙などで)〈人・助けなど〉を呼ぶ, …に来てくれるように頼む《◆人が直接呼びに行くのは go for A》‖ Send for the doctor. 医者を呼びなさい. (2) …を取り寄せる ‖ send up for a catalogue カタログを取り寄せる.

○***sénd fórward*** [他] …を前もって送る.

○***sénd ín*** [他] …を提出する, 届ける; …を出展する ‖ Have you sent in your application yet? 願書をもう出しましたか.

***sénd óff*** [他] (1) …を見送る《◆ see off の方がふつう》; …を送り出す; …を追放する. (2) …をポストに投函(ﾄｳｶﾝ)する, 郵便局に出す.

***sénd óut*** [他] …を発送する ‖ 対話 "What did you do with the letter I wrote to mom?" "I sent it out this morning." 「私が母に書いた手紙どうしたの?」「けさ出しといたよ」. (2) …を派遣する 〈光・熱など〉を放つ.

***sénd úp*** [他] (1) …を上昇させる, 上げる. (2) (英略式) …をからかう. (3) …を炎上させる, 爆破する.

**send·er** /séndər センダ/ 图 C (正式) 1 発送人, 荷主; 発信人. 2 送信機.

**Sen·e·gal** /sènəgɔ́:l セネゴール/ 图 セネガル《アフリカ西部の共和国. 首都 Dakar》.

**se·nile** /sí:nail スィーナイル/ 形 1 老年の, 老齢による. 2 (正式) 老衰した, もうろくした.

**se·nil·i·ty** /siníləti スィニリティ/ 图 U 老衰; もうろく, ぼけ.

***sen·ior** /sí:njər スィーニャ | síːniə スィーニア/ 『「より老いた」が原義』

——形 1 〈役職・地位などが〉上位[先任]の; 先輩の, (最)古参の ‖ Mr. Sato is younger than I am, but he is senior to me at the office. 佐藤さんは私より年下だが, 会社では地位が上だ.

senior army officers 先任陸軍将校.
a senior judge 首席判事.

2 (英) 〈学年が〉上級の; (米) (高校・大学の) 最上級[最高学年]の, (大学の) 専門課程の, 3・4年生の ‖ a senior prom (米) 最上級生のダンスパーティー.
the senior class 上級クラス.

3 年上の, 年長の (↔ junior) ‖ She is six years senior to [×than] me. (まれ) 彼女は私より6歳年上だ.

——名 (複 ~s/-z/) C 1 [one's ~] 年長者, 年上の人; 長老 ‖
He is six years my senior. = He is my senior by six years. 彼女は私より6歳年上だ.

2 [one's ~] 先輩, 先任者, 古参者; 上役, 上官, 首席.

3 (英) 上級生; (米) 最上級生.

4 (米) =senior citizen.

**sénior cítizen** 老人, 老齢者, お年寄り《◆(1) old person の遠回し表現. 特に65歳以上の退職した年金生活者をいう. (2) (米)では今は older [elderly] person がふつう》.

**sénior high schòol** (米) 高等学校 (cf. junior high school, elementary [(英) primary] school).

**sénior offícial** 政府高官(筋).

**sen·ior·i·ty** /si:njɔ́:rəti スィーニョーリティ | si:nióriti スィーニオリティ/ 图 U 1 年長, 年上. 2 先輩[先任, 古参]であること; 年功(序列).

**sen·sa·tion** /senséiʃən センセイション/ 图 1 U [しばしば a ~] 感覚《◆ feeling より堅い語. 外的な刺激に対する感覚をいう》‖
lose all sensation すべての感覚を失う.
I had a burning sensation on my palms. 手のひらが焼けるような感じがした.

2 C [通例 a ~ / the ~] 感じ ‖
He had the sensation that he was still on the waves. 彼はまだ波の上にいるような気持ちだった.

3 C センセーション, 物議; U 物議をかもす要素 ‖
create a sensation センセーションを巻き起こす.
Her marriage produced a great sensation overnight. 彼女の結婚は一夜にして大評判になった.

**sen·sa·tion·al** /senséiʃənl センセイショヌル/ 形 1 扇情的な, 人気取りの; 人騒がせな. 2 (略式) すばらしい (very attractive). 3 感覚に関する, 知覚上の.

**sen·sa·tion·al·ism** /senséiʃənəlizm センセイショナリズム/ 图 U 扇情的な意図[表現].

***sense** /séns センス/ 『「感じる」が原義. cf. scent』
派 sensible (形), sensitive (形)
→ 图 1 感覚 2 a 認識力 b 自覚, 観念
3 思慮分別 4 感じ

——名 (複 sens·es /-iz/) 1 C 感覚, (五感の各)感覚《◆形容詞は sensitive》‖
a keen [sharp] sense 鋭い感覚.
a sixth sense 第六感.
Man has five senses—sight, hearing, smell, taste and touch. 人間には視覚, 聴覚, 嗅(ｷｭｳ)覚, 味覚, 触覚の五感がある.

2 U [しばしば a ~ / one's ~] a 認識力, 判断力, センス ‖
a refined sense of taste ハイセンス《◆この場合 ×a high sense とはいわない》.
a sense of humor ユーモアを解する能力.
She has no sense of direction. 彼女は方向音痴(ｵﾝﾁ)だ.

b 自覚, 観念 ‖
moral sense 道徳心.
a sense of mortality 無常観.
He lacks the sense of shame. 彼には羞恥(ｼｭｳﾁ)心がない.

3 U 良識, 思慮分別 ‖

a man of sense 良識のある人.
see sense ものの道理がわかる, 分別ある行動をする.
She had the sense to understand what he really meant. 彼の真意を察するだけの分別が彼女にはあった.
You should have more sense than to get into debt. 借金をしないで暮らすぐらいの分別はあってしかるべきだ.

**4** [a ~] 感じ, 感触
a sense of crisis 危機感.
She had a sense of it being her duty to do that. それをするのが自分の義務だとの自覚が彼女にはあった.
I got a sense that I was trapped. はめられたと感じた.

**5** [one's ~s; 複数扱い] 正気, 意識 ‖
lose one's senses 平常心[意識]を失う.
in one's (right) sénses 正気で.
She is out of her sénses. 彼女は血迷っている.

**6** C [通例 a ~] (語・文などの)意味, 意図, 趣旨 (meaning) (→ significance Q&A) ‖
grasp the real sense of her speech 彼女の演説の真意を把握する.
in a broad sense (of the word) (その語の)広義では.
He is a singer in the sense that he sings. 彼は歌を歌うという意味では歌手である.

**7** U 価値, 意義, 効果 ‖
There is no sense in complaining to him. (略式) 彼に不平を言ってもむだだ.
Where is the sense in learning Latin? = What is the sense of learning Latin? ラテン語を学ぶ意義はどこにあるのですか[何ですか].

**8** U (集団・会などの)意向, 見解 ‖
take the sense of the meeting 会(員)の意向を確かめる.
His speech didn't reflect the sense of the party. 彼の演説は党の意向を反映したものではなかった.

*bríng* A *to* A's *sénses* (世迷い事・失神から)…の目を覚まさせる.
*cóme* [*be bróught báck*] *to* one's *sénses* 正気を取り戻す, 意識を取り戻す.
*in a* [*óne, sóme, a cértain*] *sénse* ある意味では.
◇*màke sénse* 道理にかなう, 意味がわかる ‖ Her shoplifting doesn't make sense. なぜ彼女が万引きしたのか合点がゆかない / 対話 "What does he mean by that?" "I don't know. He isn't making any sense." 「彼はどういうつもりであんなことを言ったんだろう」「知らんね. 彼の言っていることはまったく意味をなしていないよ」.
*màke sénse* (*òut*) *of* A [通例疑問文・否定文で] …を理解する, 納得する ‖ I can't make sense (out) of what he means. 彼の言っている意味が私にはわからない.
*tálk sénse* (略式) もっともな[道理の通った]ことを話す.

—動 (現分) sens·ing 他 …を(五感で)感じる; …を感知する, …に気づく; …を理解する, 悟る ‖
I sensed something was wrong as soon as I saw her face. 彼女の顔を見た瞬間何か変だと感じた.
She sensed that she was not welcome. 彼女は自分が歓迎されていないと察した.
**sénse òrgan** 感覚器官, 五官の各器官.

**sense·less** /sénsləs センスレス/ 形 **1** 意識を失った; 無感覚な ‖
fall senseless to the ground 地面に卒倒する.
**2** 無分別な, 愚かな; 無意味な, むだな.
**sénse·less·ly** 副 無意識で, 無感覚で; 無分別に.

**sen·si·bil·i·ty** /sènsəbíləti センスィビリティ/ 名 (複 -i·ties/-z/) (正式) **1** U [しばしば a ~ / sensibilities] 感性, 識別能力 ‖
a fine sensibility for [to] music 音楽に対する鋭い感受性.
**2** U [しばしば a ~] 敏感さ ‖
the sensibility of plants to light 光に対する植物の鋭敏さ.
**3** C [sensibilities; 複数扱い] (傷つきやすい)感情, こまやかな神経 ‖
offend his sensibilities 彼の感情を害する.

**sen·si·ble** /sénsəbl センスィブル/ 形 **1 a** 分別のある, 賢明な; 目的にかなった; 実用本位の ‖
a sensible approach to the problem 問題への賢明な取り組み方.
**b** [it is sensible of A to do / A is sensible to do] …するとは A〈人〉は賢明だ ‖
It'll be sensible of you to wear sneakers for tomorrow's hiking. =You'll be sensible to wear ... あすの遠足には運動靴をはいていくのがよいでしょう.
**2** (正式) [be sensible of [to] A] …を認識している ‖
He was sensible of her position. 彼女の立場を彼は理解していた.
**sén·si·ble·ness** 名 U 分別のあること.
**sén·si·bly** /sénsəbli センスィブリ/ 副 **1** 目立って, はっきりと. **2** わきまえて, 賢明にも.

*\*sen·si·tive** /sénsətiv センスィティヴ/ [→ sense]
—形 **1 a** 〈物が〉敏感な; 〈器械などが〉感度のよい ‖
light-sensitive paper 感光紙.
a sensitive skin 弱い皮膚.
**b** 〈人が〉敏感に反応する, 影響を受けやすい (↔ insensitive); 神経過敏の, 傷つきやすい ‖
You should be more sensitive to her feelings. 彼女の気持ちをもっとくんでやらなきゃ.
He is very sensitive to trifles. 彼はつまらないことで怒りっぽい.
She is very sensitive about her weight. 彼女は自分の体重のことをとても気にしている.
対話 "I think I hurt her feelings." "She's very sensitive about her clothes. Be

more careful." 「彼女の気持ちを傷つけてしまったみたいだな」「彼女は自分の服装をとても気にするたちなのよ. もっと気をつけてちょうだい」.

**2** 取り扱いに慎重を要する; 機密に属する; [S~]《米》機密, 秘《役所の文書などの表示》∥

Oil was the most **sensitive** subject on the agenda. 石油は協議事項のうち最も難しい問題だった.

**sén·si·tive·ly** 副 敏感に.
**sén·si·tive·ness** 名 U 神経過敏, 気にすること.
**sen·si·tiv·i·ty** /sènsətívəti センスィティヴィティ/ 名 (複 -·ties/-z/) U C **1** 感じやすさ, 感受性.
**2**（計器・ラジオなどの）感度.
**3**〔写真〕（フィルムの）感度.

**sen·so·ry** /sénsəri センサリ/ 形《正式》感[知]覚に関する, 知覚による.

**sen·su·al** /sénʃuəl センシュアル/ |-sjuəl -スュアル/ 形 **1** 快楽趣味の, (主に)好色な; 性欲をそそる. **2**《文》〈主に女性が〉官能的な.

**sen·su·ous** /sénʃuəs センシュアス/ |-sju- -スュ-/ 形《正式》感性に訴える, 感覚を喜ばせる《◆ sensual のような性的な意味はない》; 感性の鋭い∥
a **sensuous** poet 感覚派詩人.

*****sent** /sént セント/《同音 cent, scent》動 → send.

*****sen·tence** /séntəns センテンス | séntəns センテン ス/ [[感じ方, 意見]が原義. cf. sense]
—— 名 (複 -·tenc·es/-iz/) C **1**〔文法〕文 (cf. clause, phrase)∥
compose [make up] compact and clear **sentences** 簡潔で明晰（めいせき）な文をつくる.

関連 [文の種類] declarative sentence 平叙文 / interrogative sentence 疑問文 / imperative sentence 命令文 / exclamatory sentence 感嘆文 / simple sentence 単文 / compound sentence 重文 / complex sentence 複文.

**2** [時に U]〔法律〕宣告, 判決《◆民事を含め一般に「判決」は judgment》; 刑, 処罰∥
**pass** a **sentence of death on** him 彼に死刑を宣告する.
serve a **sentence** of a five-year prison 懲役5年の刑に服する.
The **sentence** was a fine of $50. 判決は50ドルの罰金だった.

関連 米英ではふつう jury (陪審) の verdict (有罪・無罪の評決) に基づき judge (判事) が sentence (量刑の判決) を言い渡す.

—— 動 (現分 -·tenc·ing) 他 …に判決を宣告する, …を刑に処する《◆一般に「判決を下す」というときは rule》∥
The judge **sentenced** her **to** death. 判事は彼女に死刑を言い渡した.
He **was sentenced to** 6 years **at** [**of**] hard labor. 彼は6年の重労働刑に処せられた.

**séntence pàttern**〔文法〕文型.

**sen·ti·ment** /séntəmənt センティメント/ 名 **1** U [しばしば a ~] 感傷, 涙もろさ, 情味∥
There is no place for **sentiment** in debate. 討論には感傷の入る余地はない.
**2** U（正式）[しばしば a ~] 心情, 心証《理性ではなく感情に影響された思考・判断》∥
loyal **sentiment** 忠誠心.
public **sentiment on** the bill 法案に対する国民感情.
**3** C（正式）[しばしば ~s; 複数扱い]（感情のまざった）意見, 感想∥
the President's **sentiments on** this issue この問題についての大統領の所感.
**be of** the **same sentiment** 同感である.
**4** C（正式）[しばしば ~s] 簡単なあいさつ文句《"Happy birthday!" など》.

**sen·ti·men·tal** /sèntəméntl センティメントル/ 形 **1** 心情的な, 感情に影響された∥
This toy watch has **sentimental** value for me. 私にとってこのおもちゃの腕時計はなつかしい思い出として価値がある.
**2** 感情に影響されやすい, 涙もろい, センチメンタルな (↔ businesslike)∥
a **sentimental** person 情にもろい人.
**3**〈文学・音楽などが〉感傷をそそる, お涙頂戴（ちょうだい）の, センチメンタルな∥
a **sentimental** movie 感傷的な映画.

**sen·ti·men·tal·i·ty** /sèntəmentǽləti センティメンタリティ/ 名 (複 -·ties/-z/) U 涙もろさ, 感傷; C 感傷的な行為[言葉].

**sen·try** /séntri セントリ/ 名 (複 sen·tries/-z/) C U〔主に軍事〕歩哨（ほしょう）, 哨兵; 見張り（番）.

**Seoul** /sóul ソウル/ 名 ソウル《大韓民国の首都》.

**Sep.**（略）September.

**sep·a·ra·ble** /sépərəbl セパラブル/ 形《正式》分離[区分]できる.

*****sep·a·rate** /動 sépərèit セパレイト; 形 名 sépərət セパラト/《発音注意》[[離れて (se) 置く (parate)]]
派 separation（名）, separately（副）
—— 動 (三単現 ~s/-réits/; 過去・過分 -·rat·ed /-id/; 現分 -·rat·ing)
—— 他 **1** …を引き離す, (区分して)分ける∥
**separate** the white and yolk of an egg 卵の白身と黄身を分ける.
**separate** two fighting boys けんかしている2人の男の子を引き離す.
**2** [**separate A from B**] **a** A〈人・物〉を B〈人・物〉から**引き離す**, 分離する∥
**separate** cream **from** milk 牛乳からクリームを分離させる.
**b** A〈物〉を B〈物〉から**隔てる**, A と B の間を仕切る∥
Britain is **separated from** the Continent by the Channel. 英国はイギリス海峡によって欧州大陸と隔てられている.
**c** A〈物・事〉を B〈物・事〉から**区別する**, 選別する, A と

**B** とを区別する ‖
separate good ones **from** bad ones 良いものと悪いものを区別する.

**3** [separate **A into B**] A〈人・物・事〉を B〈グループなど〉に**分ける**, 区分する, 分類する ‖
separate (the) oranges **into** 3 groups according to the size 大きさに応じてオレンジを3つのグループに分ける.
This word can be separated **into** 3 syllables. この語は3音節に分けられる.
対話 "Where do these things go?" "Just separate them **into** two piles." 「これらはどこへ置けばいいの」「2つに分けて積み上げてちょうだい」.

**4** [通例 be ~d] 別居する, 別れる ‖
They have been separated for 3 years. 彼らは別居して3年になる.

――自 **1** 分離する, 解散する; 別居する, 離婚する ‖
We separated at the station. 駅で別れました.
The road will soon separate into three. まもなく道が3つに分かれる.

**2** 離脱する ‖
Two nations separated **from** the Association. 2ヶ国が連合から脱退した.

――形 /sépərət/ **1** 離れた, 別個の, 独立した ‖
The factory is quite separate **from** the office. 工場は事務所からかなり離れたところにある.
対話 "Do your two children live in the same room?" "No. They have separate rooms. It's better that way." 「2人のお子たちは同じ部屋に住んでおられるのですか」「いいえ. 別々に部屋を持っています. その方がいいんですよ」.

**2** 思い思いの, 個々の(individual) ‖
separate rooms 個別の部屋.
They tackled the problem in their own separate methods. 彼らは思い思いの方法でその問題に取り組んだ.

――名 /sépərət/ ⓒ [通例 ~s] セパレーツ〈組み合わせ自由の上下服〉.

**sep·a·rat·ed** /sépəreitid セパレイティド/ 動 → separate. ――形 別居中の, 〈家族などが〉離ればなれの.

**sep·a·rate·ly** /sépərətli セパラトリ/ 副 離れて, 別々に; 単独に, 別個に ‖
Wrap this item separately **from** the rest. 他のとは別にしてこれを包んでください.

**sep·a·rat·ing** /sépəreitiŋ セパレイティング/ 動 → separate.

**sep·a·ra·tion** /sépəréiʃən セパレイション/ 名 **1** Ⓤ [しばしば a ~] 分離; 離脱, 独立; 分類, 選別 ‖
separation of powers 〔政治〕〈立法・行政・司法の〉三権分立.
separation of church and state 政教分離.
**2** Ⓤ Ⓒ 〈肉親・友人などが〉離れること, 離れていること; 仲たがい; 〔法律〕〈夫婦の〉別居; 離縁 ‖
after a long separation 久しぶりで.

**sep·a·ra·tor** /sépəreitər セパレイタ/ 名 Ⓒ 分離器《特に牛乳からクリームを分離させる》.

**Sept.** 略 September.

***Sep·tem·ber** /septémbər セプテンバ/ 〖7番目(sept)の月. ローマ暦では7月に当たる〗
――名 9月; [形容詞的に] 9月の〈語法 → January〉《略 Sept., Sep.》.

**sep·ul·cher**, (英) **-chre** /sépəlkər セパルカ/ 名 Ⓒ 《やや古》墓(tomb), 埋葬所《岩に掘られた墓や, 石・れんが造りの墓》.

**se·quel** /síːkwəl スィークウェル/ 名 Ⓒ **1** 続き. **2** 結果, 帰結. **3** 続編, 後編.
*in the séquel* 結局, あとで.

**se·quence** /síːkwəns スィークウェンス/ 名 《正式》**1** Ⓤ 続いて起こること, 連続(succession); 連続した順序 ‖
in alphabetical sequence アルファベット順に.
in sequence 次々と; 順番に.
**2** Ⓒ 〈規則的・論理的順序で〉連続するもの; [a ~ of + Ⓒ 名詞複数形] 一連の…《◆通例単数扱い》‖
a sequence of lessons 一連の課題.
**3** Ⓤ 〈主米〉結果.
*the séquence of ténses* 〔文法〕時制の一致.

**se·quen·tial** /sikwénʃəl スィクウェンシャル/ 形 《正式》**1** 〈規則的に〉連続して起こる. **2** 結果として生ずる, 必然の. **se·quén·tial·ly** 副 連続して.

**se·quin** /síːkwin スィークウィン/ 名 Ⓒ スパンコール《装飾のため衣服などに付ける丸い小金属片》.

**se·quoi·a** /sikwɔ́iə スィクウォイア/ 名 Ⓤ Ⓒ 〔植〕セコイア, セコイアメスギ《米国の西部産. スギ科. 世界で最も背の高い木とされる. redwood ともいう》.
**Sequóia Nátional Párk** セコイア国立公園《米国 California 州シエラネバダ山脈にある国立公園》.

**Ser·bi·a** /səːrbiə サービア/ 名 セルビア《もと王国, 現在セルビア=モンテネグロの構成国の1つ》.
**Sérbia and Montenégro** /màntəníːgrou マンテニーグロウ/ /mɔ̀n- モン-/ セルビア=モンテネグロ《ヨーロッパ南部の国; 首都 Belgrade》.

**ser·e·nade** /sèrənéid セレネイド/ 名 Ⓒ 〔音楽〕セレナーデ, 小夜〈曲〉曲《夜, 男が恋人の窓の下で歌う[奏でる]甘美な旋律の曲》. ――動 〈現9〉-nad·ing 他自 〈人に〉セレナーデを歌う[演奏する].

**se·rene** /səríːn サリーン/ 形 《時に 比較 --ren·er, 最上 --ren·est》**1** 《文》 **a** 晴れた; 澄んだ; うららかな ‖
a serene sky 雲ひとつなく晴れた空.
**b** おだやかな, 波立たない ‖
serene lake waters 静かな湖面.
**2** 落ち着いた, 平静な ‖
a serene smile おだやかな微笑.

**se·rene·ly** /səríːnli サリーンリ/ 副 晴朗に; おだやかに; 平静に.

**se·ren·i·ty** /sərénəti サレニティ/ 名 Ⓤ 《正式》**1** 晴朗, うららかさ《略》, 平静.

**ser·geant** /sáːrdʒənt サージャント/ (発音注意) 名 Ⓒ [しばしば S~; 呼びかけにも用いて] **1** 〔軍事〕軍曹.
**2** 巡査部長.
**sérgeant májor** 〔米陸軍・海兵隊〕上級曹長; 〔英陸軍〕特務曹長.

**se·ri·al** /síəriəl スィアリアル/ 〈同音 cereal〉 形 **1**

連続的な, 通しの ‖
in serial order 連続して.
**2** 続き物の, 連載の ‖
a serial story 連載小説.
── 名 C (小説などの)続き物, 連載物; 逐次刊行物;(映画・ラジオ・テレビの)続きもの, 連載番組.

\*se·ries /síəri(ː)z スィアリ(ー)ズ/ 〖『(同種のものが)並んでいること(row)』が原義. cf. sermon〗
── 名 (複 se·ries) **1** C 連続, ひと続き; [a ~ of + 複数名詞] 一連の…《◆a series of … は, 主語のとき単数扱いも複数扱い. There is a series of … では単数扱い. ただし two [three, etc.] series of + 複数名詞では必ず複数扱い》‖
a series of concerts 一連のコンサート.
A series of rainy days spoiled their vacation. 雨の日が続いて彼らの休暇は台無しになった.
**2** C **a** (出版物・放送番組などの)続き物, シリーズもの《◆serial と違って…一作ずつ完結》; 叢書 ‖
the *Star Trek* television series テレビの「スタートレック」シリーズ.
the first series (刊行物の)第1集.
**b** (野球などの)シリーズ, 連続試合 ‖
the World Series ワールドシリーズ.
a three-game series against the Mariners マリナーズとの3連戦.
**3** U 【電気】直列.
*in séries* 連続して; 叢書として; 直列に.

\*se·ri·ous /síəriəs スィアリアス/ 〖『まじめな, おごそかな』が原義〗 派 seriously (副)
── 形 **1** 生(き)まじめな; (陽気さ・快活さがなく)考え込んだ; 厳粛(げんしゅく)な(solemn) ‖
a serious person まじめ人.
a serious father (しかられた子供にとっての)こわいお父さん.
You look serious today. きょうは深刻そうだね.
**2** 本気の, その気になって; まじめな ‖
When talking about his hobby, he always puts on a serious expression. 趣味の話になると彼はいつも真剣な顔つきになる.
You can't be serious! まさか, 本気で言ってるのか.
I'm serious. 本気で言っているのだ.
対話 "I'm getting married next month." "Are you serious? You said you hated marriage."「来月結婚することになってるんだ」「本気なの. 結婚はいやだって言ってたじゃない」.
**3** 重大な, 危険をはらんだ ‖
(\*)a serious damage 深刻な損害.
a serious mistake 重大な誤り.
Don't worry. It's nothing serious. 心配するな, たいしたことじゃないよ.
**4** 芸術本位の, 堅い ‖
serious literature 純文学.

se·ri·ous·ly /síəriəsli スィアリアスリ/ 副 **1** まじめに, 本気で ‖
Don't take her too seriously. 彼女の言うことを真に受けてはいけないよ.
**2** 深刻に, 重く, ひどく(↔ lightly) ‖

be seriously wounded 重傷である.
We must take the situation seriously. 事態を深刻に受けとめねばならない.
**3** (略式)[文全体を修飾; 文頭で] 冗談はさておき ‖
"Seriously (speaking) (\\), do you intend to resign?"

se·ri·ous·ness /síəriəsnəs スィアリアスネス/ 名 U まじめ; 真剣; 深刻 ‖
in all sériousness 真剣に, 大まじめで.

ser·mon /sɚːrmən サーモン/ 〖題音〗 sa/mon /sǽmən/ 名 C **1** (教会の)説教 ‖
preach [give] a sermon 説教する.
**2** (略式)お説教, 小言 ‖
He gave us a sermon on respecting our elders. 彼は我々に敬老のことで説教した.
*the Sérmon on the Mount* 【聖】(キリストの)山上の垂訓.

ser·pent /sɚːrpənt サーペント/ 名 **1** C (文・やや古) ヘビ(蛇) 《◆snake より大形の蛇. 聖書を連想させる語》. **2** C (古) (人を悪に誘い込む)邪悪な人, (蛇のように)陰険な人.

ser·rate /形 sérit セレイト, -rit; 動 səréit サレイト, se-/ 形 【葉などが】鋸(のこ)歯状の, ぎざぎざの.
── 動 (現分 …rat·ing) 他 …にぎざぎざをつける.

ser·rat·ed /səréitid, se- サレイティド/ 形 =serrate.

se·rum /síərəm スィアラム/ 名 (複 ~s, se·ra /-rə/) U C 【医学】血清.

\*ser·vant /sɚːrvənt サーヴァント/ 〖→ serve〗
── 名 (複 ~s/-vənts/) C **1** (ふつう住み込みの)使用人, 召使い(↔ master) ‖
a domestic servant 家事手伝い人, メイド.
keep a staff of ten servants 10人からなる下働きを置いている.

|事情| 米国の上・中流家庭では日を決めて通う housekeeper か help を雇う家が多い. servant を置けるのはよほどの富裕家庭である.

**2** (文) 奉仕者 ‖
a servant of God 神に仕える身.
a public [civil] servant 公務員.

\*\***serve** /sɚːrv サーヴ/ 〖『人に仕える』が原義〗
派 servant (名), service (名)
→ 動 他 **1** 仕える **2 a** 供給する **3** 出す
    **4** 務める **5** かなう
    自 **1** 勤務する **3** 役立つ
── 動 (三単現 ~s/-z/; 過去・過分 ~d/-d/; 現分 serv·ing)
── 他 **1** …に仕える, …のために尽くす; [通例 be ~d] 〈客が〉応対を受ける ‖
serve God 神に仕える.
He served the Jones family for 20 years. 彼は20年間ジョーンズ家の召使だった.
対話 "Are you being served, ma'am?" "No, not yet. Do you have the same skirt in a larger size?" (デパートなどで)「ご用は承

ておりましょうか」「いいえ、まだよ. このスカートでもっとサイズの大きいのはあるかしら」.
**2 a** [serve A with B / serve B to A] A〈人・町など〉に B〈必要物〉を**供給する**;A〈客〉に B〈商品〉を見せる ‖
They haven't yet been **served with** electricity. かの地ではまだ電気がきていない《◆しばしば受身で使われる》.
"Which salesclerk **served** you **with** the suit?"「どの店員がそのスーツをお渡ししましたか」.
**b** 〈病院・学校などが〉〈ある地域〉の必要を満たす;〈医者などが〉〈ある地域〉を受け持つ ‖
Two hospitals **serve** the town. 2つの病院がその町を受け持っている.
**3** [serve A (C)] A〈食べ物〉を(C〈状態〉で)**出す**;…に食事を出す, [serve A B / serve B to A] A〈人〉に B〈食べ物〉を出す ‖
**serve** him beer 彼にビールを出す.
They **serve** good coffee. あの店はうまいコーヒーを飲ませてくれる.
This soup must be **served** hot. このスープは熱くして出しなさい.
**4** 〈職務・任期・刑期〉を**務める** ‖
**serve** the governorship 知事の職を務める.
**serve** 5 terms **as** mayor 市長を5期務める.
**serve** three years **in** the army 軍に3年服役する.
She has **served** ten years **in** the Senate. 彼女は上院議員を10年やっている.
He **served** (a sentence of) 3 years for grand larceny. 彼は重窃盗罪で3年の刑に服した.
**5** 〖正式〗…にかなう, …に役立つ ‖
The stump **serves** campers **as** [**for**] a good table. その切り株はキャンパーにとってちょうどよいテーブルになる.
Jim has **served** my purpose. ジムはもう用ずみだ《◆完了形の場合は「もうこれ以上役立たない」の意にもなる》.
対話 "I hope this box is big enough." "No problem. It **serves** my purpose just fine." 「この大きさの箱でよければいいんだけど」「大丈夫. ちょうど私の目的におあつらえむきよ」.
**6** 〖正式〗〈人〉を遇する, 扱う; [serve A B] A〈人〉に B〈行為〉をする ‖
That **serves** you right. 当然の報いだよ, それは君が招いたことだ.
I was **served** very **badly**. ひどい仕打ちを受けた.
He **served** her a trick. 彼は彼女をぺてんにかけた.
**7** 〖球技〗〈ボール〉をサーブする.
**8** 〖法律〗[serve A on B / serve B with A] B〈人〉に A〈訴状など〉を送達[執行]する ‖
**serve** him with a writ 彼に令状を執行する.
──自 **1 勤務する**, 勤める, 働く, 仕える ‖
**serve as** a clerk **in** a shop 店で店員として働く.
**serve on** the committee 委員を務める.
Haig **served under** Reagan no more than two years. ヘイグはレーガンの下で2年しか仕えなかった.
**2** 食事の世話をする ‖
We **serve** from 6:00 p.m. to 11:00 p.m. (レストランなどで)当店の営業は午後6時から11時までです.
**3** 〖正式〗役立つ;[serve to do] …する役目を果たす ‖
A glass of water will **serve to** dissolve this flour. この粉を溶かすにはコップ1杯の水で十分でしょう.
The pine trees **serve as** a windbreak. その松林は防風林の役をしている.
**4** 〈天候・機会などが〉幸いする ‖
Both the wind and the tide **served** yesterday. きのうは風向きも潮の状態もよかった.
**5** 〖球技〗サーブする.
**sérve A ríght**(略式)⟶⓺ **6**; right 形.
──名 Ⓒ 〖球技〗サーブ;[one's ~]サーブ権 ‖
What an excellent **serve**! 実にいいサーブだ.

**serv·er** /sə́ːrvər サーヴァ/ 名 Ⓒ **1** 給仕[奉仕]する人《◆waiter, waitress などの代用語》. **2** 〖球技〗サーブをする人. **3** (通例 ~s) 大皿, 盆. **4** 〖コンピュータ〗サーバー, データ集配信装置.

\*__ser·vice__ /sə́ːrvəs サーヴィス/ 〖→ serve〗
→ 名 **1** 勤労;業務 **2** 公益事業;設備;便
**3** 官公庁業務;部局, 省庁
**5** 点検, 修理, アフターサービス
──名 (複 --vic·es/-iz/) **1** ⒸⓊ 勤労, 勤務;〖正式〗[通例 ~s]〈医者・弁護士などの専門的〉業務;(一般に)サービス業務 ‖
commend her for her 30 years' **service with** the company 会社勤続30年で彼女を表彰する.
The library has started a xerox **service**. その図書館はコピーサービスを始めた.
**2** Ⓤ (主に英) Ⓒ (通信・交通・電力などの)**公益事業**, 公益業務;**設備**;(バスなどの)**便**;Ⓒ (個々の)公益事業, 施設, 便《ⓥ》(cf. social service) ‖
water **service** 水道事業.
postal **service** 郵便事業.
two **services** a day 1日2往復の便.
a **service** of 200 beds 200台の寝台設備.
There is no bus **service** available in that area. その地方にはバスの便がない.
**3** Ⓤ 官公庁業務;Ⓒ (個々の)事業;(主に英)部局, 省庁 ‖
enter government **service** 公務員になる.
the diplomatic **service** 外交任務;[集合名詞的に]外交官.
**4** Ⓤ [しばしば a ~] 接客, もてなし方 ‖
We got slow **service** in the restaurant. あのレストランは料理がなかなか出てこなかった.
**Service** is our business. = It's all part of the **service**! サービスは我々の本分です;どういたしまして.
Is **service** included in the bill? サービス料込みの料金ですか《◆日本語の「サービス」の持つ「値引

**5** ⓤ (機械などの)**点検**, **修理**, アフターサービス; ⓒ (個々の)点検, 修理 ‖
The TV set needs service. そのテレビは修理が必要だ.
Their service on these machines is very good. この種の機械の修理にかけては彼らの腕はいいよ.
I took my car for (a) service. 車を点検に出した.

Q&A *Q*:「アフターサービス」をafter-serviceとするのは英語ではまちがいだと聞きましたが, どう言えばよいのでしょうか.
*A*: 上の語義にあるように単にserviceでいいのです. あるいはafter-sale(s) serviceと言った方がいいかもしれません. また具体的に買った後の「修理」のことをさすならrepair service, 製品の「保証」ならばwarranty (service), guarantee (service)ということになるでしょう.

**6** ⓤ 〔正式〕[しばしば 〜s] **貢献**, 奉仕, 功労; 有用 ‖
She rendered many services to the cause of education. 彼女は教育のために多大の貢献をした.

**7** ⓒ [(米) 時に 〜s; 単数扱い] **集会礼拝**; (宗教上の)儀式; ⓤ (定期的な)礼拝 ‖
a marriage service 結婚式.
attend morning service 朝の礼拝に出席する.

表現 日本の「法事」は a memorial service などと訳す.

**8** ⓤ 兵役, 軍務; ⓒ [しばしば 〜s] (陸・海・空)軍 ‖
enter the service 入隊する.
He died in service. 彼は戦死した.
**9** 〔球技〕ⓒ サーブ(されたボール); ⓤ サーブ権 ‖
She gave me a strong service. 彼女から強烈なサーブが来た.
It's your service. 君のサーブの番だ.
**10** ⓒ (食器などの)ひとそろい ‖
a coffee service コーヒー道具一式.
**at A's sérvice** 〔正式〕A〈人〉に役立つように, …のご用命のままに ‖ I am at your service. 何なりとお申しつけください.
**in sérvice** (1) 〈機械などが〉使われて(いる), 利用されて(いる), 利用できる. (2) 軍務に服して.
◦**of sérvice** 役立って, 貢献して ‖ Can I be of service to you? 〔正式〕[ていねいに] 私で何かお役に立ちましょうか《◆客に対する店員の言葉ともなる》‖ 対話 "Can I be of any service?" "Yes, I'd like you to mail these letters for me." 「何か御用がおありでしょうか」「ええ, この手紙を投函して欲しいの」.
―― 動 (現分) ‑vic‧ing) ⑯ **1** …のアフターサービス[点検, 修理]をする ‖
have a car serviced 車を点検に出す.
**2** 〈電力・ガス会社などが〉…に電力[ガス]を供給する.

**sérvice àrea** (高速道路沿いの)サービス=エリア《ガソリンスタンド・飲食店などを設置》.
**sérvice chàrge** (1) (ホテルなどの)奉仕料. (2) 手数料.
**sérvice flàt** (英) 食事・掃除付きアパート.
**sérvice industry** サービス産業.
**sérvice line** 〔テニス〕サービスライン《サーブ球が越してはならないネットに平行な線. (図) → tennis》.
**sérvice ròad** (主に英) 引込み車線, 支線道路((米) frontage road)《主要車線から道路沿(ぞ)い線の住宅などへの入用副車線》.
**sérvice stàtion** ガソリンスタンド《点検・修理もする》.

**serv‧ice‧a‧ble** /sə́ːrvisəbl サーヴィサブル/ 形 **1** 丈夫で長持ちする, 実用的な. **2** 便利な, 使いやすい.

**serv‧ice‧man** /sə́ːrvismæn サーヴィスマン/ 名 (複 ‑men; (女性形) ‑wo‧man) ⓒ **1** 軍人, 兵士((PC) service member). **2** (主に米) 修理工((PC) repair worker).

**ser‧vile** /sə́ːrvl サーヴル | ‑vail ‑ヴァイル/ 形 〔正式〕**1** 奴隷的な. **2** 卑屈な, こびへつらう.

**serv‧ing** /sə́ːrviŋ サーヴィング/ 動 → serve.

**ser‧vi‧tude** /sə́ːrvətjùːd サーヴィトゥード(サーヴィテュード)/ 名 ⓤ 〔文〕**1** 奴隷の境遇; 隷属. **2** 〔法律〕強制労働.

**ses‧a‧me** /sésəmi セサミ/ 名 **1** ⓤ 〔植〕ゴマ; [集合名詞] =sesame seeds. **2** ⓤ =sesame oil. **3** ⓤⓒ =open sesame.
**sésame òil** ゴマ油(sesame).
**sésame sèeds** ゴマ(の実).

**ses‧sion** /séʃən セション/ 名 **1 a** ⓒ (会議・議会などの)開会, (裁判所の)開廷; (取引の)立合い ‖
The Diet is in séssion. 〔正式〕国会は開会中です.
**b** ⓒ 会議, 会合 ‖
The committee held a session to study new rules. 委員会は新規則を検討するため会合を開いた.
**2** ⓒ 会期, 開廷期間.
**3** ⓒ (主に英) (大学の)学年; (米・スコット) (大学の)学期, 授業(時間) ‖
the summer session 夏学期.
**4** ⓒ (ある活動の)集まり, 集団活動; その期間.

**\*\*set** /sét セト/ 《もと sit の他動詞. 「ある状態に置く」が本義》
→ 動 ⑯ **1** 配置する **3** 整える **5** 向ける
**6** 与える **8** させる
⑪ **1** 沈む **2 a** 定まる
名 **1** ひとまとまり **2** 仲間 **5** セット
形 **1** 意を決した **2** 所定の
―― 動 (三単現) 〜s/séts/; (過去・過分) set; (現分) set‧ting)
―― 他 [配置・固定する]
**1** …を配置する, 置く《◆put より堅い語. 場所を表す副詞(句)を伴う》‖

set the dishes on the table 皿をテーブルの上に並べる《◆on the table を省いて単に *set the dishes とは言わない. cf. set the table》.

set guards around him 彼のまわりに護衛を配置する.

Six rubies are set in the ring. =The ring is set with six rubies. その指輪には6つのルビーがはめこまれている.

**2** …を定める, 設定する《◆fix より堅い語》∥

set a limit to [on] the amount 量を制限する.

set rules for the association 会の規定を作る.

set the time of the meeting at 6 会合の時刻を6時に定める.

set (up) a standard 基準を設定する.

set a new record 新記録を樹立する.

set the price of the watch at $50 =set $50 on the watch 腕時計の価格を50ドルとする.

The story is set in Paris. その物語はパリを舞台にしている.

**3** …を整える; …を仕掛ける; 〈髪〉をセットする ∥

set a saw のこぎりの目立てをする.

set a broken bone 接骨する.

set sails 帆を張る.

set dough パン生地(き)を(ふくらむように)ねかす.

set a trap for a hare ウサギにわなを仕掛ける.

I had my hair set in waves. 髪にウエーブをかけてもらった.

**4** …をつける, あてがう; …を調整する ∥

set a pipe to one's lips =set one's lips to a pipe パイプに口をつける.

set a poem to music 詩に曲をつける.

set the scale to zero 目盛りをゼロに合わせる.

Set the alarm clock for six. 目覚し時計を6時にセットしておきなさい.

**5** …を向ける ∥

set one's course to the north 進路を北に向ける.

I set my dog on the bear. 私は犬をクマにけしかけた.

**6** [set A B / set B (to A)] A〈人〉にB〈課題・模範など〉を与える, 示す ∥

He sets us practice examinations every Friday. 彼は毎週金曜に模擬試験をする.

She set an example (to [for]) the beginners). (初心者に) 彼女は手本を示した.

‖ [状態に置く]

**7** [set A C / set A (to) doing] A〈人・物・事〉を…の状態にする ∥

set him free 彼を自由にする.

set the relationship right 関係を正常にする.

set one's affairs in order 身辺を整頓(き)する.

set the machine going [in motion] 《やや正式》機械を作動させる.

set the papers on fire 書類を燃やす.

The music set her imagination working. その音楽は彼女の想像をかきたてた.

**8** [set A to do] A〈人・物〉に…させる; [set oneself to do] …しようととりかかる, …するように努める ∥

**Set a thief to catch a thief.** 《ことわざ》 泥棒は泥棒に捕えさせよ; 「蛇(じゃ)の道はへび」.

The bomb was set to explode at noon. 爆弾は正午に爆発するように仕掛けられた.

She sets herself to keep a diary every New Year's (Day). 彼女は毎年元日に今年は日記をつけようと決心する.

**9** 〈液体・やわらかいもの〉を固まらせる; 〈表情・筋肉〉を硬直(と)させる ∥

Her remarks set his face. 彼女の発言で彼の表情がこわばった.

— 自 **1** 〈太陽・月が〉沈む(↔ rise) ∥

The sun sets in [*to] the west. 太陽は西に沈む.

Look. The moon is setting over the sea. ごらん, 月が海へ沈みかけている.

**2 a** (ある特定の状態に)定まる; 〈液体などが〉固まる; 〈髪形が〉きまる; 〈表情などが〉こわばる ∥

It'll take the bone a month or so to set completely. 骨が完全にくっつくには1か月くらいはかかるだろう.

I want ink that sets quickly. 速乾(き)性のインクがほしい.

**b** 〈風などが〉流れる, 動く; 〈心・意見などが〉向かう, 傾く ∥

The tide of factory workers sets homeward after 5. 5時を過ぎると工場から労働者の流れが家路へ向かう.

**3** 〈服などが〉からだに合う《◆well などの様態の副詞(句)を伴う》∥

The suit sets well. そのスーツはぴったり合う.

**4** [園芸] 花[果実]をつける; 〈花が咲く・果実が〉結実する《◆通例 well などの様態の副詞(句)を伴う》∥

The apple trees set very well. そのリンゴの木はよく実がなる.

°**sét abóut** A (1) …にとりかかる ∥ He set about the work. 彼は仕事にとりかかった. (2)《略式》A〈人〉を襲う.

**sét apárt** [他] =SET aside.

°**sét asíde** → set aside (見出し語).

**sét báck** [他] 〈物事の(進行)〉を遅らせる; 妨害する; 〈時計〉を遅らせる ∥ Set your watch back one hour. 時計の針を1時間戻しなさい.

**sèt dówn** (1) [自] 着陸する. (2) [他] …を下に置く; …を書き留める.

**sét fórward** [他] 〈物事〉を推進する, 促進する; 〈時計〉を進める.

°**sét ín** → set in (見出し語).

**sét óff** (1) [自] 出発する. (2) [他] 〈爆薬・花火〉に点火する, …を爆発させる; …を引き起こす, …のきっかけとなる.

**sét on** (1) [~ on A] 《正式》…を襲う. (2) [他] → **5**.

°**sét óut** → set out (見出し語).

**sét óut to** do …しようと意図する, もくろむ.

◇***sèt tó*** (1) 《略式》[自] **本腰を入れる.** (2) [~ *to* A] …**にとりかかる** ‖ The boy **set to** work eagerly. その少年は熱心に勉強を始めた.
◇***sèt úp*** → set up (見出し語).
—[名] ([複] ~s/séts/) **1** [C] (一定の形式・単位の)**ひとまとまり**; 〔数学・論理〕**集合** ‖
a dinner **set** 正餐(せいさん)用食器一式.
two **sets** of furniture 家具2組.
a **set** of rules 一連の規則.
a complete **set** of Hemingway ヘミングウェイ全集.
The cups are sold **in** a **set** of 5. その茶わんは5個1組で販売される.
**2** [a ~ / the ~; 複合語で; 集合名詞] (職業・趣味などの)**仲間**, …**族** ‖
a **set** of pickpockets すりの一味.
a motorcycle **set** オートバイ仲間.
a literary **set** 文人仲間.
the jet **set** ジェット族《ジェット機であちこち遊び回る金持ちの人々》.
**3** [C] (ラジオ・テレビなどの)受信機, 受像機.
**4** [C] (舞台・映画などの)セット, 大道具, 背景.
**5** [C] 〔テニスなど〕**セット**(→ tennis [関連]).
**6** 《正式》[a ~ / the ~] (髪・道具などの)仕上げ, セット ‖
$5 for **a** shampoo and **set** 洗髪とセットで5ドル.
—[形] **1** [補語として] **意を決した**; 断固とした ‖
She **was** very **set on** leaving the town. 彼女はその町を出ようと固く決心していた.
**2** [名詞の前で] **所定の**, **決まった**; 《英》(レストランで)〈料理が〉一定の献立で値段の決まった ‖
at **set** hours 所定の時間で.
a **set** lunch 定食ランチ.
**3** 型にはまった; 硬直した ‖
**set** Christmas season greetings クリスマスの祝詞の決まり文句.
a **set** smile 作り笑い.
**4** 《略式》[(all) ~] 準備ができている ‖
We **are set to** vote for the bill. その法案には賛成投票するつもりだ.
I'm **all sét for** the trip. すっかり旅仕度ができているよ.
***be wéll sèt úp*** (1) 金が十分ある; 十分与えられている. (2) がっしりした体格である.
***gèt sét*** 用意する ‖ "On your mark [Get ready]! Get **set**! Go!" 《米》(競走で)「位置について, 用意, ドン!」(=《英》Ready, steady, go!).
**sét squàre** 《英》三角定規(《米》triangle).

***set aside** /sèt əsáid セト アサイド/
—[動] (変化形 → set) [他] **1** …**を取っておく** ‖
He **set aside** the next day **for** our shopping trip. 私たちのショッピングのために彼は翌日をあけてくれた.
[対話] "Can I talk to you now?" "I'm a little busy, but I'll **set aside** some time for you after lunch." 「いま, お話ししてもいいでしょうか」「ちょっと忙しいんだ. でも昼食後に時間を空けておくよ」.
**2** …を(暫(ざん)時)**棚上げにしておく.**
**3** 《正式》…**を除外する, 無視する**; 〔法律〕〈決定など〉を無効にする, 〈下級審判決〉を破棄する.

**set·back** /sétbæ̀k セトバク/ [名] [C] (進歩の)つまずき, 後退.

***set in** /sèt ín セト イン/
—[動] (変化形 → set) [自] **1** 〈季節・天候が〉**始まる**《◆暗さ・寒さなどを暗示する天候に用いることが多い》‖
The rainy season has **set in**. =It has **set** in to rain. 雨季に入った.
**2** 〈好ましくない事が〉**定着する** ‖
before influenza **sets in** インフルエンザがはやる前に.
**3** 〈風・潮が〉**岸へ吹き始める**, 流れ始める.

***set out** /sèt áut セト アウト/
—[動] (変化形 → set) **1** [自] **出発する**; **手がける** ‖
**set out on** a trip 旅に出かける.
**2** [他] [set out A / set A out] …を発表する; …を展示する[ならべる] ‖
**set out** one's plan in a report 計画を報告書の中で説明する.
**3** [他] [set out A / set A out] …を設計する; 〈苗木など〉を間隔をあけて植える.

**set·tee** /setíː セティー/ [名] [C] (背・ひじかけ付きの)長いす; 《広義》ソファー.

**set·ter** /sétər セタ/ [名] [C] 〔動〕セッター犬《猟犬》.

**set·ting** /sétiŋ セティング/ [動] → set.
—[名] **1** [U] (太陽・月が)没すること. **2** [C] [通例 a ~ / the ~] 背景, 環境; (小説・劇などの)設定. **3** [C] 食器の配列; 1人分の食器. **4** [U] [しばしば a ~] (宝石の)はめ込み(に用いる金属), 象眼(物).

***set·tle** /sétl セトル/ 〖「流動的な」ものが[を]ある一定の場所・状態に落ち着く[落ち着かせる]が本義. cf. seat, set, sit〗 [派] settlement (名)
→ [他] **1 置く** **2 a 落ち着かせる** **b 移り住む**
**3 静める; 澄ませる** **4 清算する**
[自] **1 定住する** **2 本気になる**
**5 沈む, 積もる; 澄む** **6 充満する**
—[動] ([三単現] ~s/-z/; [過去・過分] ~d/-d/; [現分] set·tling)
—[他] **1 a** …**を置く**《◆場所を表す副詞(句)を伴う. put, fix より堅い語》‖
**settle** a camera on a tripod カメラを三脚に据える.
He **settled** his eyes on a girl in red. 赤い服を着た少女に彼は目を止めた.
**b** …**を座らせる**《◆場所を表す副詞(句)を伴う》‖
**settle** oneself in a chair いすに座ってくつろぐ.
**2 a** …**を落ち着かせる**; …の身を固めさせる《◆場所を表す副詞(句)を伴う》‖
**settle** him in a clean business 彼をかたぎの商売につかせる.
She **settled** her aged parents in Hawaii. 彼女は年老いた両親をハワイに住まわせた.

**b** …に移り住む ‖
Louisiana was settled mainly by French people. ルイジアナには主にフランス人が住み着いた.
**c** 〈人〉を静かにさせる(+*down*).
**3 a** 〈物事〉を**静める**‖
These pills will settle your stomach. この錠剤で胃のむかつきが治まるよ.
**b** 〈ほこり・かす〉を**静める**;〈液体〉を**澄ませる**(+*down*) ‖
settle wine ワインの澱(#)を沈ませる.
A shower will settle the dust. ひと雨降れば土ぼこりも静まるよ.
**4** …に決着をつける, …を解決する; …を**清算する** ‖
settle a dispute 紛争にけりをつける.
How would you like to settle your bill? (チェックアウトの際に)お支払いはどうしますか.
We settled the claim with the insurance company. 補償問題を保険会社との間で処理した.
**5** …を決定する; [settle to *do*] …することに決める; [settle (that) 節] …ということに決める; [settle *wh* 節・句] …を決める ‖
settle the day for meeting 会合の日取りを決める.
settle the price 値段を決める.
We settled to decline the offer. = We settled (that) we would decline the offer. その申し出を断ることにした.
We have not settled when to start the business. 事業をいつ始めたらよいかはまだ決定していない.
That settles it! = That settles the matter! (略式)それで決まりさ.
—(自)**1** 定住する, 新居を構える; 移住する; 泊る ‖
They settled in Brazil. 彼らはブラジルに移住した.
**2** 落ち着く, 慣れる; **本気になる**(+*back*, *down*) ‖
settle (back) in a chair いすにゆったりと座る.
settle into a new job 新しい仕事に慣れる.
settle (down) to studying 腰をすえて研究する.
I couldn't settle (down) to anything that day. その日は何事にも身が入らなかった.
It's about time you settled down. そろそろ身を固めてもいいころだろう.
対話 "How do you like your new house?" "I don't know yet. We need to settle down first."「新居の住みごこちはどうだい」「まだわからないよ. まずは落ち着かなきゃね」.
**3** 〈鳥・視線などが〉**とまる** ‖
A crow settled on the branch. カラスが枝にとまった.
Her gaze settled on the dancer. 彼女はその踊り子に目をとめた.
**4** 静まる, おさまる; 安定する ‖
My headache settled down. 頭痛がおさまった.
The blizzard settled down at last. やっと猛吹雪がおさまった.

**5** 〈物が〉**沈む**, 〈ほこりが〉**積もる**; 〈液体〉**澄む** ‖
The cart settled in the mud. 荷車がぬかるみにはまり込んだ.
Wait till the dust settles (down). ほこりがおさまるまで待ちなさい.
**6** (正式)〈沈黙・霧などが〉**充満する**, 包む ‖
Gloom settled over us. 我々は陰うつな雰囲気に包まれていた.
**7** 負債[勘定]を清算する ‖
I must settle with them. 彼らに返済しなければならない.
Have you settled (up)? 勘定を支払ったの.
対話 "I think I still owe you some money." "That's okay. We'll settle later."「君にまだいくらかお金を借りてると思うけど」「いいんだよ. あとで清算するから」.

**séttle for A** …で我慢しておく, (不本意だが・しかたなく)…で手を打つ ‖ I'll settle for the job. その仕事でもいいや.
**séttle ín** (1) [自] 落ち着く, 慣れる; 定着する(◆gèt séttled ín ともいう) ‖ The coming cold wave is likely to settle in for a while. 今度の寒波はしばらくいすわりそうだ. (2) [~ *in* A] → (自)**1**, **2**. (3) [他]〈人〉を慣れさせる.
**séttle on [upòn] A** …に決める, …を選ぶ; → (自)**3**.

**set·tled** /sétld セトルド/ (動) → settle.
—(形) **1** 定着した. **2** 〈天気などが〉落ち着いた. **3** 決着ずみの, 清算ずみの.

**set·tle·ment** /sétlmənt セトルメント/ (名) **1** (U) 移民すること, 入植, 植民; (C) 入植地, 居留地, 植民地; 開拓部落 ‖
There was a foreign settlement here. ここには外国人居留地があった.
**2** (U) 解決(すること); (C) 決着, 合意 ‖
reach [come to] a settlement 合意に達する.
**3** (U) (負債などの)決済; (C) 支払い(金), 清算.

**set·tler** /sétlər セトラ/ (名) 開拓移民.

**set·tling** /sétliŋ セトリング/ (動) → settle.

*****set up** /sèt ʌ́p セト アプ/
—(動) (変化形 → set) **1** [自] 身を立てる; 商売を始める ‖
set up as a lawyer 弁護士を開業する.
**2** [他] [set up A / set A up] …を**建設する**, 設置する; 掲げる ‖
set up a monument 記念碑を立てる.
set up a tent テントを張る.
**3** [他] [set up A / set A up] 〈制度・施設〉を設立する ‖
set up a joint venture with them 彼らと合弁事業を始める.
set up home [house] 所帯をもつ.
set up shop 事業を始める, 開業する.
**4** [他] [set up A / set A up] …を**一本立ちさせる** ‖
He set her up in dressmaking. 彼は彼女に洋裁を始めさせた.
He set himself up as a music critic. 彼は

音楽評論家として身を立てた(→ **6**).
**5** [他] [set up A / set A up] …を引き起こす ∥
The smoking habit may well **set up** cancers. 喫煙の習慣はさまざまの癌(%)の原因となる.
**6** [他] [set oneself up] なりすます ∥
She **set** herself **up** for a scholar. 彼女は学者気取りだった(→ **4**).

\***sev·en** /sévn セヴン/
──名 (複 ~s/-z/)《**名** とも用例は → two》
**1** ⓤ [通例無冠詞] (基数の)7《◆序数は seventh. 幸運・英知・安息などの象徴. 関連接頭辞 hepta-, septi-》.
**2** ⓤ [複数扱い;代名詞的に] 7つ, 7個, 7人.
**3** ⓤ 7時, 7分;7ドル[ポンド, セント, ペンスなど].
**4** ⓤ 7歳.
**5** ⓒ 7の記号[数字, 活字]《7, vii, VII など》.
**6** ⓒ 〖トランプ〗7の札;[~s] 七並べ.
──形 **1** [通例名詞の前で] 7つの, 7個の;7人の.
**2** [補語として] 7歳の.
**séven séas** [the ~] (世界の)七つの海《南・北太平洋, 南・北大西洋, 南・北氷洋, インド洋》.

\***sev·en·teen** /sévntí:n セヴンティーン/
──名 (複 ~s/-z/) **1** ⓤⓒ 17 ∥
sweet **seventeen** 芳紀(*%*)正に17歳, 「鬼も18」, 妙齢.
**2** ⓤ [複数扱い;代名詞的に] 17個, 17人.
**3** ⓤ 17時《午後5時》, 17分;17ドル[ポンド, セント, ペンスなど].
**4** ⓤ 17歳.
**5** ⓤ 17の記号[数字, 活字]《17, xvii, XVII など》.
**6** ⓒ 17個[人]1組のもの.
──形 **1** [通例名詞の前で] 17の, 17個[人]の.
**2** [補語として] 17歳の.

**sev·en·teenth** /sévntí:nθ セヴンティーンス/《◆ 17th とも書く. 用例は 形名 とも → fourth》形 **1** [通例 the ~] 第17の, 17番目の(→ first 形**1**). **2** [a ~] 17分の1の.
──名 **1** ⓤ [通例 the ~] (順位・重要性で)第17番目[17位]の人[もの]. **2** ⓤ [通例 the ~] (月の)第17日(→ first 名**2**). **3** ⓒ 17分の1.

**sev·enth** /sévnθ セヴンス/《◆ 7th とも書く. 用例は 形名 とも → fourth》形 **1** [通例 the ~] 第7の, 7番目の(→ first 形**1**). **2** [a ~] 7分の1の ∥
a **seventh** part 7分の1.
──名 (複 ~s /sévnθs, sévns/) **1** ⓤ [通例 the ~] (順位・重要性で)第7番目[7位]の人[もの]. **2** ⓤ [通例 the ~] (月の)第7日(→ first 名**2**). **3** ⓒ 7分の1. **4** ⓒ 〖音楽〗第7度(音程).

**sev·en·ties** /sévntiz セヴンティズ/ 名 → seventy.
**sev·en·ti·eth** /sévntiiθ セヴンティイス/ 形 **1** [通例 the ~] 第70の, 70番目の(→ first 形**1**). **2** [a ~] 70分の1の.
──名 **1** ⓤ [通例 the ~] 第70番目[70位]の人[もの]. **2** ⓒ 70分の1.

\***sev·en·ty** /sévnti セヴンティ/
──名 (複 --en·ties/-z/) **1** ⓤ 70.
**2** ⓤ [複数扱い;代名詞的に] 70個;70人.
**3** ⓤ 70ドル[ポンド, セント, ペンスなど].
**4** ⓤ 70歳.
**5** ⓒ 70の記号[数字, 活字]《70, LXX など》.
**6** ⓒ 70個[人]1組のもの.
**7** [one's seventies] (年齢の)70代.
**8** [the seventies; 複数扱い] (世紀の)70年代, (特に)1970年代;(温度・点数などの)70台.
──形 **1** [通例名詞の前で] 70個の;70人の.
**2** [補語として] 70歳の.

**sev·en·ty-** /sévnti- セヴンティ-/ 〖連結形〗70. 例: **seventy-five** 75, **seventy-third** 73番目の.
**sev·er** /sévər セヴァ/ 動 他 《正式》 **1** …を切る, …を切断する. **2** 〈関係など〉を断つ.

\*\***sev·er·al** /sévərəl セヴァラル/ 〖「分割された」が原義. cf. sever〗
──形 [通例名詞の前で] **1** いくつかの;いくつもの, かなり多くの ∥
**several** days ago 数日前.
She gave me **several** books. 彼女に数冊の[何冊もの]本をもらった.

Q&A  **Q**: several と some は「いくつかの」と訳されますが, どう違いますか.
**A**: several は3つ以上から5, 6, 時に10ぐらいまでをさしますが, 文脈によってはそれ以上の数を表すこともあります. 特に強く発音されると数が多いことを暗示します. some は一般に several より少ない不定の数を漠然とさし, 日本語としては訳す必要のないことが多いです. → some.

**2** (正式) [名詞の前で] [語例 one's ~+ⓒ 名詞複数形] それぞれの(respective), 各自の;様々な ∥
**Several** men, **several** minds. (ことわざ)「十人十色」.
We went **our several** ways. 我々は思い思いの方へ行った.
──代 [複数扱い;通例 ~ of+ⓒ 名詞複数形] いくつか ∥
**Several** of the questions were difficult. なかには難問もいくつかあった.

**sev·er·ance** /sévərəns セヴァランス/ 名 《正式》 **1** 切断. **2** ⓤ 分離, 隔(%)離. **3** ⓤⓒ (関係などの)断絶.
**séverance pày** (会社都合による中途退職者への)退職手当;手切れ金.

\***se·vere** /sivíər スィヴィア/ 〖「人に規律・忍耐・一定の水準を要求する」が本義〗
派 **severely** (副), **severity** (名)
──形 〖比較〗 --ver·er/-víərər/, (時に) more ~; 〖最上〗 --ver·est/-víərist/, (時に) most ~) **1** 厳格な, 容赦しない, 厳しい, 辛辣(%)な(↔mild);険しい, 近寄り難い 類 stern, strict》 ∥
a **severe** teacher 厳しい先生.
a **severe** reprimand 厳しい叱責(%).
a **severe** look 怖い顔.
He **is severe with** his children. 彼は子供に

厳格だ.
The teacher is rather **severe in** marking. その先生はかなり点が辛い.
The sentence is too **severe on** her. その判決は彼女には過酷だ.
**2**《正式》〈天候・状況・病気・痛みなどが〉厳しい, 耐え難い (↔ mild) ‖
the severest winter in ten years 10年来の厳しい冬.
severe pain 激痛.
a severe shortage of water 深刻な水不足.
**3** 能力[努力]を要求する, 厳しい ‖
a severe competition 激烈な競争.
**se·vere·ly** /sivíərli スィヴィアリ/ 副 厳しく, 激しく; 簡素に ‖
punish severely 厳しく罰する.
a severely-dressed woman 地味な服装の女性.
**se·ver·i·ty** /sivérəti スィヴェリティ/ 名 (複 -·ties)《正式》**1** ⓤ 厳格; 激烈 ‖
with severity 厳しく.
**2** ⓤ 簡素. **3** ⓒ [severities; 複数扱い] 厳しい仕打ち[体験].

*__sew__ /sóu ソウ/《発音注意》《♦ ×スュー》(同音) so, sow; (類音) saw /sɔ́ː/》
――動 (三単現) ~s/-z/; (過去) ~ed/-d/, (過分) sewn/sóun/ または《米》~ed; (現分) ~·ing)
――他 **1** …を縫う, 縫い合わせる; …を縫って繕う ‖
My mother is busy **sewing** my skirt. 母は私のスカートを縫うのに忙しい.
sew two pieces together 2枚の布を縫い合わせる.
**2** …を縫いつける; …を縫いこむ《♦ 副詞(句)を伴う》‖
sew a button **on** (a blouse) (ブラウスに)ボタンを縫いつける.
sew money **in** one's belt お金をベルトに縫いこむ.
――自 縫い物[針仕事]をする, ミシンをかける.
*séw úp* [他] (1) 〈傷口などを〉縫い合わせる. (2)《主に米略式》…を独占する. (3)《略式》…をうまくまとめる.
**sew·age** /súːɪdʒ スーイヂ/ 名 ⓤ 下水(汚物), 汚水.
**séwage dispósal** 下水処理.
**sew·er** /súːər スーア/ 名 ⓒ (地下の)下水道, 下水管, 下水溝.
**séwer hòle** マンホール (manhole).
**sew·ing** /sóuɪŋ ソウイング/ 動 → sew. ――名 ⓤ **1** 裁縫, 針仕事; 縫製業. **2** 縫い物. **3** [~s] 縫い糸.
**séwing machìne** (裁縫用)ミシン.
**sewn** /sóun ソウン/ 動 → sew.

*__sex__ /séks セクス/ 『[性別に]分けられること』が原義. cf. *section*》(派) sexual (形)《♦ 動詞としては使わない》
――名 (複 ~·es/-ɪz/) **1** ⓤⓒ 性, 性別, 男女[雌雄]の別《♦ 文法上の性は gender》‖
without regard to age or **sex** 年齢や性別にかかわらず.
What is the **sex** of the new baby, male or female? 赤ちゃんは男の子, それとも女の子か(=Is it a he or a she?).
**2** [集合名詞; 形容詞(句)を伴って] (一方の)性 ‖
Young people are conscious of the opposite **sex**. 若者は異性を意識する.
**3** ⓤ 性的要素[事柄], 性行動, 性欲, 性衝動.
**4** ⓤ《略式》性交, セックス (sexual intercourse)《♦ この意味で動詞には使わない》‖
have **sex** with her 彼女とセックスをする.
――形 性の, 性による; 男と女の ‖
sex education 性教育.
sex urge 性的欲求.
**séx appèal** 性的魅力,《主に米》魅力.
**séx chèck** (スポーツでの)セックスチェック.
**sex·ism** /séksɪzm セクスィズム/ 名 ⓤ 性差別(主義), セクシズム《職業上の差別といった社会生活における性差別のみならず, 特に女性差別を助長するような固定観念とか表現といったものも含めていう》.
**sex·ist** /séksɪst セクスィスト/ 名 ⓒ/形 性差別主義者(の); 性差別的な, セクシズムの.
**sex·ton** /sékstən セクストン/ 名 ⓒ 寺男《教会の使用人》.

*__sex·u·al__ /sékʃuəl セクシュアル | séksjuəl セクスュアル/ 【→ sex】
――形 **1** 性の, 両性(間)の, 性的な ‖
sexual equality 男女平等.
**2** 性欲の, 性的関心の強い, 性行為の ‖
sexual desire 性欲.
get **sexual** 男と女の関係になる.
**séxual hárassment** 性的いやがらせ, セクハラ.
**séxual íntercourse**《正式》性交, 性行為.
**sex·u·al·i·ty** /sèkʃuǽləti セクシュアリティ,《英+》sèksju-/ 名 ⓤ **1** 性的特質; 性別. **2** 性欲;(強い)性的関心; 性能力.
**sex·u·al·ly** /sékʃuəli セクシュアリ/ 副 性的に, 性行為で ‖
a **sexually** transmitted disease 性感染症 (略 STD).
**sex·y** /séksi セクスィ/ 形 (通例 比較 -·i·er, 最上 -·i·est)《略式》**1** 性的な. **2** 性的魅力のある, セクシーな;(はなやかで)人目を引く, 挑発的な, 俗うける, 今風の.
**sf, SF** (略) Science Fiction.
**Sgt, Sgt.** (略) Sergeant.
**sh** /ʃ シュ/ 間 しっ!, 静かに《♦ shh, ssh ともつづる》.
**shab·by** /ʃǽbi シャビ/ 形 (比較 -·bi·er, 最上 -·bi·est) **1** 使い古した, 着古した, ぼろぼろの, すり切れた, いたんだ; 古ぼけた, むさくるしい ‖
a shabby coat よれよれの上着.
a shabby house 荒れ果てた家.
**2** みすぼらしい, ぼろを着た ‖
a shabby boy 身なりのみすぼらしい男の子.
**3**《正式》卑しい, 卑劣な; けちな, けちくさい ‖
a shabby fellow 卑劣なやつ.
**sháb·bi·ly** 副 みすぼらしく, 卑しく.
**shack** /ʃǽk シャク/ 名 ⓒ **1** 掘っ立て小屋.
**2** 部屋 ‖

a radio shack 無線室.

**shack·le** /ʃǽkl/ シャクル/ 图 © 1 [通例 ~s] 手かせ, 足かせ; 足鎖. 2 (文) [通例 ~s] 束縛, 拘(⫶)束.
— 動 (現分) shack·ling) 他 [通例 be ~d] 1 手[足]かせをかけられる. 2 拘束される, 束縛される.

\*shade /ʃéid シェイド/ 〖「暗がり」が原義. cf. shadow〗 ® shady (形)

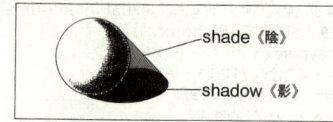

― shade 《陰》
― shadow 《影》

— 图 (複 ~s/ʃéidz/) 1 ⓤ [しばしば the ~] 陰, 物陰, 日陰 ‖
sit in the shade of the patio awning テラスの日よけの陰に座る.
These leafy trees give us a pleasant shade. この葉の茂った木は気持ちのよい陰を作ってくれる《◆形容詞によって修飾される場合不定冠詞がつく》.

Q&A  Q: shade と shadow は同じ「かげ」でもどう違いますか.
A: shade ははっきりした形も境もない光の当たらない部分(「陰」)をいいます. これに対し, 光線がさえぎられて写ってできる輪郭のはっきりした黒い部分(「影」)を shadow といいます.

2 ⓒ [しばしば複合語で] 光[熱]をさえぎる物, 日よけ; (電灯などの)かさ; (米)(窓の)ブラインド; (米略式) [~s; 複数扱い] サングラス.
3 ⓒⓤ [通例 ~s] (絵画・写真などの)陰影, 陰(↔ light); ⓒ [修飾語句を伴って] (色の明暗の)度合い, (濃淡の)色合い ‖
There are several shades of blue in the sky. 空にはいろいろ色調の違った青さがある.
4 ⓒ [修飾語句を伴って] (意味などの)わずかな違い, ニュアンス《(正式) nuance》 ‖
all shades of opinion さまざまな意見.
This word has several shades of meaning. この語にはいくつかニュアンスの違う意味がある.
5 ⓒ [通例 a ~ of + ⓤ 名詞] ほんの少し(の…), ごくわずか(の…)《◆a shade + 形容詞で副詞的にも用いる》 ‖
speak without a shade of hesitation 何のためらいもなく話す.
Her grades were a shade better than her friend's. 彼女の成績は友人のよりほんのわずかよかった.

*in the sháde* (1) → 1. (2) (温度が)直射日光の当たらない所で測って. (3) 気づかれなくて.
— 動 (三単現) ~s/ʃéidz/ ; (過去・過分) shad·ed /-id/ ; (現分) shad·ing)
— 他 1 …を陰にする, …に陰を作る ‖
She shaded her eyes from the sun with a book. 彼女は本をかざして太陽の光が目に当たらないようにした.

2 〔美術〕…に陰影をつける ‖
I shaded the drawing of the apple to make it more natural. もっと自然に見えるようにリンゴの絵に陰をつけた.
3 〈発光体・光など〉をさえぎる, 覆う; …にかさをつける.
4 …を次第に変化させる.
— 自 徐々に変化する ‖
The blue shaded off into [to] green. 青は緑へと次第に変化した.

**-shad·ed** /-ʃéidid/ -シェイディド/ 連結形 …で日光をさえぎった, …で陰のできた. 例: a tree-shaded garden 木陰の庭.

**shad·ing** /ʃéidiŋ シェイディング/ 動 → shade.
— 图 1 ⓤ 陰にすること, 日よけをすること. 2 ⓤ (絵の)陰影法, 明暗. 3 ⓒ (色・性格などの)わずかな変化[相違].

\*shad·ow /ʃǽdou シャドウ/ 〖cf. shade〗
— 图 (複 ~s/-z/) 1 ⓒ 影, 影法師(→ shade Q&A) ‖
He saw the shadow of a woman on the sidewalk. 彼は歩道に女の人の影を見た.
The building cast a long shadow on the field. その建物が野原に長い影を投げかけていた.
2 ⓤ [しばしば ~s; 複数扱い] 陰, 暗がり; [~s] 夕やみ, うす暗い色 ‖
The north side of the house is in shadow(s). 家の北側は陰になっている.
3 ⓒ [通例 a ~; 通例否定文・疑問文で] ごくわずか, 気配 ‖
There is not a shadow of a doubt that she is innocent. =She is innocent without [beyond] a shadow of a doubt. 彼女が潔白であることにはいささかの疑いもない.
4 ⓒ (絵などの)陰; 黒くなった部分, くま.
5 ⓒ 影のようなもの, 表向き; (略式) 実体のないもの, ぬけがら; 幻 ‖
He is a mere shadow of his former self. 今の彼には昔の面影はない.
6 ⓒ a 腰ぎんちゃく, 片腕となる人, 親友, 信奉者.
b 尾行者, 探偵.
— 動 他 1 …を陰にする, 暗くする. 2 (略式)…を尾行する.

**Shádow Càbinet** 影の内閣《英国で, 政権をとった時に備えて野党がつくる内閣》.

**shádow plày [shòw]** 影絵芝居.

**shad·ow·y** /ʃǽdoui シャドウイ/ 形 (比較) -i·er, (最上) -i·est) (正式) 1 影の多い, 陰になっている. 2 影のような; はっきりしない, あいまいな.

**shad·y** /ʃéidi シェイディ/ 形 (比較) -i·er, (最上) -i·est) 1 陰の多い, 陰になっている(↔ sunny) ‖
Walk on the shady side of the street. 道の陰になっている側を歩きなさい.
2 陰を作る ‖
a large shady tree 陰を作る大きな木.
3 (略式) 疑わしい, 怪しい, うさん臭い ‖
a shady deal いかがわしい取引.

**shaft** /ʃǽft シャフト; ʃɑ́ːft シャーフト/ 图 © 1 矢がら, やりの柄(え).

**2** 《文》矢, やり.
**3** (ハンマーなどの)柄; (馬車の)ながえ.
**4** (光の)一筋 ‖
Shafts of moonlight appeared through the trees. 月光が幾筋も木々の間から漏れた.
**5** 〔機械〕軸, シャフト.
**6** 《米》記念柱, 旗ざお.
**7** 〔鉱業〕縦坑, 換気坑; (エレベーターの)シャフト, 通路.

**shag·gy** /ʃǽgi/ シャギ/ [形] [比較] ~·gi·er, [最上] ~·gi·est **1** 毛深い, 毛むくじゃらの; もじゃもじゃの ‖ shaggy sideburns もじゃもじゃのほおひげ.
**2** 〈髪に〉くしを入れていない, くしゃくしゃの.
**3** 毛足の長い ‖
a shaggy mat 毛足の長いマット.

**Shah** /ʃɑ́ː/ シャー/ [名] [しばしば s~] ⓒ シャー《イラン国王》; その称号.

**\*\*shake** /ʃéik/ シェイク/ [『「外部の力で物が上下・前後・左右に動く」が本義]
——[動] (三単現) ~s/-s/, (過去) shook /ʃúk/, (過分) shak·en/ʃéikən/, (現分) shak·ing)
——[他] **1 a** …を振る, …を振り動かす, 揺さぶる ‖
Shake the bottle well before use. 使用前にびんをよく振りなさい.
The earthquake shook the buildings. 地震で建物が揺れ動いた.
I shook him by the shoulder. 私は彼の肩を揺さぶった.
**b** [shake A C] A〈物・人〉を振って C(の状態)にする ‖
The dog shook himself dry. 犬がからだをぶるっと震わせて水をはじいた.
He shook me awake. 彼は私を揺すって起こした.
**2** …を振り落とす, ゆすって落とす, …を振りかける《♦場所を表す副詞(句)を伴う》‖
shake the snow from one's shoulders 肩の雪を払い落とす.
The earthquake shook the clock off the wall. 地震で揺れて壁から時計が落ちた.
Don't shake too much pepper on the steak. ステーキにしょうをかけすぎるな.
**3** …を動揺させる, …の心をかき乱す ‖
The accident shook him badly. その事故で彼はひどく動揺した.
**4** …をぐらつかせる, 乱す, 弱める ‖
Nothing could shake his faith. =Nothing could shake him from his faith. 何事も彼の信念を揺るがすことはできなかった.
**5** 〈棒・指など〉を振り回す.
——[自] **1** 揺れる, 揺れ動く, 震動する(→ tremble) ‖
The leaves of the trees are shaking in [with] the wind. 風で木の葉が揺れている.
**2** 震える [語法] (→ tremble) ‖
shake with fear 恐ろしくて震える.
Her voice was shaking with excitement. 彼女の声は興奮して震えていた.

**sháke dówn** 《英》 [自] (新しい環境などに)慣れる.
◦**sháke (A's) hánds** (…と)握手する《♦あいさつ・仲直り・契約成立などのしぐさ》‖ I shook hands with him and said good-by. 彼と握手して別れた《♦ I shook his hand … と表現することもできる》.
**sháke óff** [他] (1)《米略式》〈いやな人〉と手を切る, …からのがれる; 〈悪い習慣など〉を断ち切る ‖ shake off her temptation 彼女の誘惑を振り払う / They shook off the police. 彼らは警察の手をのがれた. (2) 〈病気など〉から回復する.
**sháke one's héad** → head [名].
**sháke óut** [他] …を振り払う; 〈袋・シートなど〉を振って広げる.
**sháke úp** [他] (1) …をよく振って混ぜる; 〈クッション・まくらなど〉を振って形を直す. (2)《略式》〈人〉を奮い立たせる, 奮起させる.
——[名] (複) ~s/-s/) **1** ⓒ (通例 a ~) 振ること, ひと揺すり, ひと振り; 握手 ‖
deny with a shake of the head 首を横に振って否定する.
She gave her head an emphatic shake. 彼女は首を強く振った.
**2** ⓒ《米略式》ミルクセーキ(milk shake).
**3** [~s] (熱・恐怖などによる)震え ‖
get the shakes ぞっとする.

**shake·down** /ʃéikdàun/ シェイクダウン/ [名] ⓒ **1** 間に合わせの寝床. **2**《米略式》ゆすり, 強盗. **3**《米略式》徹底的捜索. **4** 試運転.
**\*shak·en** /ʃéikən/ シェイクン/ [動] → shake.
**Shake·speare** /ʃéikspiər/ シェイクスピア/ [名] シェイクスピア《William ~ 1564-1616; 英国の劇作家・詩人》.

Q&A *Q*: Shakespeare の四大悲劇とは何ですか.
*A*: *Hamlet*, *King Lear*, *Macbeth* と *Othello* です.

**Shake·spear·i·an, –e·an** /ʃeikspíəriən/ シェイクスピアリアン/ [形] シェイクスピアの, シェイクスピア風の.
——[名] ⓒ シェイクスピア研究家[学者].
**shake-up** /ʃéikʌp/ シェイクアプ/ [名] ⓒ《略式》(組織・政策の)大改革, 再編成;(人事の)大刷新, 大異動.
**shak·ing** /ʃéikiŋ/ シェイキング/ [動] → shake.
**shak·y** /ʃéiki/ シェイキ/ [形] [比較] ~·i·er, [最上] ~·i·est) **1** 震える, よろよろする ‖
a shaky hand 震える手.
**2** 揺れる, ぐらつく, がたつく ‖
a shaky desk ガタガタの机.
**3** 当てにならない; 不確実な; 怪しい ‖
be shaky at math 数学が弱い.

**\*shall** /(強) ʃǽl シャル; (弱) ʃəl シャル, (主に we, be の前で) ʃ/ [『「負う」「義務がある」が原義]
→ [助] **1** …でしょう
**2** …させよう
**4** …することになるでしょうか

5 …するつもりですか
6 …させましょうか

──[助] (過去) should/ʃud/) 《◆(1) 短縮形: 'll. (2) (古)では二人称単数現在形は (thou) shalt, 同過去形は (thou) shouldst》.

**I [平叙文における用法]**

| | 形　態 | 用　法 |
|---|---|---|
| 1 a | I [we] shall (not)… | 《主に英》単純未来 ((米) will) |
| b | I [we] shall (not)… | 《主に英》意志未来《◆軽い予告・予定からおごそかな予告まで》 |
| 2 | you shall (not)… | 《英正式》話し手の意志《◆軽い約束から荘厳な予言まで》 |
| 3 | he [she, it, they, etc.] shall (not)… | 《英正式》話し手の意志《◆軽く「…させる」からおごそかな予言まで》 |

**1** [一人称主語: I [we] shall …] **a** [単純未来] 《主に英》…でしょう, …だろう ((米) will) 《◆《英》《米》とも《略式》では 'll》‖
I **shall** [I'll] be sick if I eat any more. これ以上食べたら気分が悪くなるだろう.
**b** [意志未来] ‖
I **shall** [I'll] be at home at six. 6時には家に帰っております.
I **sháll** return. 私は必ず戻ってくる《◆第二次世界大戦中, D. MacArthur が日本軍に追われてフィリピンを去るときに言った有名な言葉》.

**2** [二人称主語: you shall] [話し手の意志]《英正式》…させよう, …することになろう ‖
You **shall** have a new bicycle for your birthday. 誕生日には新しい自転車をあげよう (= I will give you a new bicycle for your birthday.).
If you are late again, you **shall** be dismissed. もう一度遅刻したらくびだぞ.

語法 神の意志などが反映される場合にはおごそかな予告・禁止となる: Thou *shalt* not kill. (→ shalt).

**3** [三人称主語: he [she, it, they] shall …] [話し手の意志] …させよう, …することになろう ‖
No one **shall** stop me. だれにも私を止めさせないぞ (= I won't let anybody stop me.).
The truth **shall** be told tonight. 真実は今夜お話しします (= I'll tell the truth tonight.).
That man is a traitor and he **shall** die. あの男は裏切り者なので生かしておくまい.

**II [疑問文における用法]**

**4** [正式] [一人称主語: Shall I [we] …?] **a** 私 [私たち]は…することになるでしょうか 《◆単純未来の疑問文》‖
**Shall** I be crossing the Atlantic tomorrow evening? あすの夕方には大西洋を横断していることになりますか?

| | 形　態 | 用　法 |
|---|---|---|
| 4 a | shall I [we]…? | 単純未来(I の疑問文) |
| b | shall I [we]…? | 相手の意志をきく |
| 5 | shall you…? | 相手の意志をきく |
| 6 | shall he [she, it, they, etc.]…? | 相手の意志をきく |

**b** (相手の意志を尋ねて)…しましょうか《◆《米》では Should I [we] …? が好まれる》‖
Let's do that, **shall** we? そうしましょう.
What **sháll** I do? (自問自答して)どうしたらいいのだろう.
対話 "**Shall** we go to the movies tonight?" "Yes, let's [No, let's not]." 「今晩映画へ行かない」「うん, 行こう[いや, やめとこう]」.
対話 "**Shall** I help you?" "Yes, please(↗ [↘])[No, thank you(↗)]." 「お手伝いしましょうか」「ええ, お願いします[いいえ, 結構です]」.

**5** [二人称主語: Shall you …?] あなたは…するつもりですか ‖
**Shall** you go to the meeting on Sunday? 日曜日に会合に行くつもりですか.
**Shall** you sell your house and move into a flat? 家を売ってアパートに引っ越すつもりですか《◆ Are you going to sell your house … の方がふつう》.

**6** [三人称主語: Shall he [she, it, they, etc.]…?] 《やや古》(相手の意志を尋ねて) 彼[彼女など]に…させましょうか ‖
**Shall** he wait for you till you come back? あなたが帰ってくるまで彼を待たせておきましょうか (= **Shall** I ask him to wait for you till you come back?).

**shal·lot** /ʃəlάt シャラト | -lɔ́t シャロト/ [名] [C] 〖植〗エシャロット《ユリ科ネギ属》; その(小)鱗茎(½)《野菜・香辛料》.

**shal·low** /ʃǽlou シャロウ/ [形] (比較 ~·er, 最上 ~·est) **1** 浅い (↔ deep) ‖
a **shallow** stream 浅い小川.
**2** 浅はかな, 浅薄な; 表面的な ‖
a **shallow** thought うすっぺらな考え.
──[名] [~s; 複数扱い] 浅瀬.

**shalt** /(強) ʃǽlt シャルト; (弱) ʃəlt シャルト/ [助] 《古》shall の二人称・単数・直説法・現在形 ‖
Thou **shalt** not kill. 汝(ⁿã)殺すなかれ.

**sham** /ʃǽm シャム/ [名] **1** [C] にせ物; [U] [しばしば a ~] 見せかけ, いんちき. **2** [C] 詐欺師, ペテン師.
──[形] 見せかけの, にせの, 模造の.
──(過去・過分) shammed/-d/ ; (現分) sham·ming) [他] **1** …のふりをする, …とみせかける ‖
**sham** illness 仮病を使う.
**sham** sleep たぬき寝入りをする.
**2** …を偽造する.
──[自] みせかける; (…の)ふりをする ‖
**sham** dead 死んだふりをする.

**sham·bles** /ʃǽmblz シャンブルズ/ [名]《略式》[a ~;

**shame** /ʃéim シェイム/ 名 **1** ⓤ 恥ずかしさ, 恥ずかしい思い, 羞恥(しゅうち)心 ◆とまどいなどによる恥ずかしさは embarrassment. → dishonor》‖
cover one's face in [for] shame 恥ずかしくて顔を隠す.
feel shame at ... …を恥ずかしく思う.
To my shame, my daughter always beats me at tennis. 恥ずかしいことだが, 娘にいつもテニスで負ける.
**2** ⓤ [通例疑問文・否定文で] 恥, 恥辱(ちじょく), 不名誉, 不面目(disgrace) ‖
He has no (sense of) shame. =He is without shame. 彼は恥知らずだ.
**3** ⓒ [通例 a ~] 恥になる事[物, 人] ‖
That politician is a shame to his party. その政治家は党の恥さらしだ.
**4** ⓒ [通例 a ~; it, that などを主語にして] 残念な事, 遺憾な事(pity) ‖
That's a shame. (↘)そりゃ残念だ；何たることだ, けしからん(=That's too bad.).
It's a shame (that) it rained on the day of your picnic. ピクニックの日に雨が降ったなんてひどい事だ.
What a shame about your absence! あなたが欠席とは残念至極だ.
What a shame that she lost the game! 彼女が試合に負けたなんて何とも残念だ.
*pùt A to sháme* A〈人〉を赤面させる; A〈物・事〉をはるかにしのぐ.
*Sháme on yóu!* (♪)(略式)恥を知れ, みっともない.
—動 (現分) sham·ing 他 **1** …を恥じさせる (disgrace), 赤面させる ‖
Her bad behavior shamed her parents. 彼女の行儀の悪さに両親は恥ずかしくなった.
**2** …を辱めて…させる ‖
I shamed him into apologizing. 彼を恥じ入らせて謝罪させた.

**shame·faced** /ʃéimfèist シェイムフェイスト/ 形 **1** 内気な, つつましい. **2** 恥ずかしそうな, 恥じ入った.

**shame·ful** /ʃéimfl シェイムフル/ 形 **1** 恥ずべき, 恥ずかしい ‖
a shameful lie 恥ずべきうそ.
It is shameful to break your word. 約束を破ることは恥ずかしいことだよ.
**2** 下品な, ふとどきな, いかがわしい.

> Q&A *Q* : 「私は(そんなことをして)恥ずかしい」というつもりで I am shameful. と言ったら, それはおかしいと言われましたが.
> *A* : shameful は「人を恥ずかしがらせる(ような)」という意味の語で, **1** の用例のように物や事が主語になるのがふつうです. この場合は I am ashamed (of having done such a thing). と言うべきです(→ interesting, tedious Q&A).

**shame·ful·ly** /ʃéimfəli シェイムフリ/ 副

**shame·less** /ʃéimləs シェイムレス/ 形 **1** 恥知らずの, ずうずうしい. **2** 慎みのない, 不謹慎な.
**sháme·less·ly** 副 恥知らずにも; 不謹慎にも.

**sham·poo** /ʃæmpú: シャンプー/ 名 **1** ⓒ 洗髪. **2** ⓒ ⓤ シャンプー液, 洗髪剤.

**sham·rock** /ʃǽmrɑk シャムラク|-rɔk シャムロック/ 名 **1** ⓤ ⓒ 〔植〕 オランダレンゲ, シロツメクサ《アイルランドの国章》. **2** 三つ葉植物の総称《clover を含む》.

**shan't, sha·n't** /ʃǽnt シャント|ʃɑ́:nt シャーント/ (主に英略式) shall not の短縮形◆(米)では won't, not be going to など.

**shan·ty** /ʃǽnti シャンティ/ 名 (複 shan·ties/-z/) ⓒ (掘っ立て)小屋.

**＊shape** /ʃéip シェイプ/ 〖「形作られたもの」が原義〗
—名 (複 ~s/-s/) **1** ⓒ ⓤ 形, 形状, 外形; 姿, 様子 ‖
a chocolate in the shape of a heart ハート形のチョコレート.
clouds all different shapes and sizes あらゆる形と大きさの雲.
Italy is like a boot in shape. イタリアは形が長靴に似ている.
What shape is her nose? =What is the shape of her nose? 彼女の鼻はどんな形ですか.
**2** ⓤ (略式) [通例形容詞を伴って] 状態, 調子 ‖
be in top shape 絶好調である.
The affairs of that company are in very poor shape. あの会社の経営状態はかなり悪い.
He is in excellent shape for his age. 彼は年の割りに元気である.
**3** ⓤ まとまった形, 具体化, 実現 ‖
get [put, knock] one's thoughts into shape (略式) 考えをまとめる.
The plan will be in shape for the 2005 NASA budget. その計画は2005年度の NASA 予算で具体化されるであろう.

*in ány shàpe or fórm* [名詞のあとで] どんな種類の…でも；[否定文で] 少しも, 全然.

*in shápe* (1) → **1**, **3**. (2) (略式) 体調がよくて ‖ I'm in no shape to get a job. 私は職につける体調ではない / 対話 "I hear you're at the gym four times a week." "Yeah. I'm getting in shape for the race next week."「1 週間に4回はジムに行くのだってね」「ええ. 来週のレースに備えて体調を整えているのよ」. (3) 本来の形で.

*òut of shápe* (1) (略式) 体調が悪くて ‖ 対話 "Are you tired already?" "Yes. I'm afraid I'm badly out of shape." 「もう疲れちゃったのかい」「うん. ひどく調子が悪いんだよ」. (2) 形がくずれて.

◇*tàke shápe* はっきりとした形をとる, 格好がつく, 具体化する ‖ The plan took shape in her mind. その計画は彼女の頭の中で目鼻がついてきた.

—動 (三現) ~s/-s/; (過去・過分) ~d/-t/; (現分) shap·ing
—他 **1** …を形作る ‖
She shaped clay into a vase. =She

shaped a vase from [out of] clay. 彼女は粘土で花瓶(%)を作った.
**2** (正式) …を決定する, 方向づける ‖
This event **shaped** his character. この事件が彼の性格を決定づけた.
**3** (通例 be ~d) 適合する, 合っている ‖
This suit **is shaped to** my figure. このスーツは身体に合わせて作ってある.
――自 (略式) はっきりとした形をとる, 具体化する, 発展する; うまくいく, 望ましい結果になる ‖
Her idea is **shaping** (up) well. 彼女の考えはうまくまとまりかけている.
It's **shaping** up to be a hot summer. 暑い夏になりそうだ.
*shápe úp* [自] (1) (略式) → 自. (2) 行儀をよくする, えりを正す《◆脅したり怒ったりするときに使う表現》.

Q&A Q: 日本では美容や健康のための運動をして体形を整えることを「シェイプアップ」と言いますが, これは英語では shape up ですか.
A: 英語ではそう言いません.「シェイプアップしたい」は, I want to improve my figure [shape]. と表現します.「よい体調を維持する」は keep [stay] in shape, 「スリムに減量する」は slim down と言います.

**shape·less** /ʃéipləs シェイプレス/ 形 **1** 定形のない. **2** 格好の悪い, ぶざまな.
**shape·ly** /ʃéipli シェイプリ/ 形 (比較) --li·er, (最上) --li·est) (正式) 格好のよい, 均整のとれた.
**shap·ing** /ʃéipiŋ シェイピング/ 動 → shape.

*****share** /ʃéər シェア/ 『「分割」および「分割して共有する」が本義』
――名 (複 ~s/-z/) **1** [a ~ / one's ~] 分け前, 取り分 ‖
have one's fair **share** 自分の取り分をもらう.
receive an equal **share** of the property 同じだけの財産の分け前をもらう.
Here is your **share** of the cake. これが君の分のケーキだよ.
**2** [a ~ / one's ~] 割り当て, 分担, 負担 ‖
do more than one's **share** of the work 分担以上の仕事をする.
His **share** of the expenses is greater than hers. 彼の費用の割り当て分は彼女より多い.
**3** U [しばしば a ~] 役割, 参加, 貢献 ‖
have **a share in** the project その計画に貢献する.
She did her **share** to make the party a success. パーティーがうまくいくように彼女は自分のすべき役割を果たした.
**4** C 出資; (英) [~s] 株, 株式(*(米)* stock).
*gò sháres* (英略式) 分ける; 共同でやる; 負担する.
*the líon's sháre* → lion.
――動 (三単現 ~s/-z/; 過去・過分 ~d/-d/; 現分 shar·ing/ʃéəriŋ/)
――他 **1** …を分ける ‖

**share** an apple **with** one's friends リンゴを友人と分ける.
She **shared** (out) the property **between** her three children. 彼女は財産を3人の子供に均等に分けた.
**2** …を(公平に)分かちあう, …を(分け隔てなく)分けあう, 共有する, 一緒に使う ‖
**share** the job of cleaning up 一緒に掃除をする.
I **shared** her taxi as far as my office. 会社まで彼女の乗ったタクシーに便乗させてもらった.
I **share** a bedroom **with** him. 私は彼と同じ寝室で寝ている.
Will you **share** your thought **with** us? あなたの考えを教えてくれませんか.
対話 "This work is just too much for one person." "I don't mind **sharing** it with you." 「この仕事は1人には多すぎるよ」「あなたとその仕事を分けてもいいわよ」.
――自 分担する, 共にする; 参加する ‖
**share in** the joy **with** her 喜びを彼女と分かち合う.
**share·hold·er** /ʃéərhòuldər シェアホウルダ/ 名 C 株主((主に米) stockholder).
**share·ware** /ʃéərwèər シェアウェア/ 名 U 【コンピュータ】シェアウェア《コピーや試用は自由にできるが, 継続使用する場合には料金を支払うソフト》.
**shar·ing** /ʃéəriŋ シェアリング/ 動 → share.
――名 U 分かち合い, 分かち合うこと.
**shark** /ʃɑ́ːrk シャーク/ 名 (複 shark, ~s/-s/) C **1** サメ, フカ. **2** (略式) 高利貸; 詐欺(*)師.

*****sharp** /ʃɑ́ːrp シャープ/ 『「切っ先の鋭くとがった」が本義』 派 sharpen (動), sharply (副)
→ 形 **1** 鋭い **3** 急な **4** はっきりした **5** 激しい
副 **1** かっきり **2** 急に
――形 (比較 ~·er, 最上 ~·est) **1 a** 鋭い, よく切れる, 鋭利な(↔ blunt, dull)《◆ keen, acute より口語的》‖
The knife has a **sharp** edge. そのナイフは鋭利な刃がついている.
The axe is **sharp** enough to shave with. そのおのはひげがそれるくらいよく切れる.
**b** とがった, よく突き刺さる ‖
a **sharp** needle 先のとがった針.
a **sharp** pencil しんのとがった鉛筆《◆「シャープペンシル」は an automatic pencil [(米) a mechanical pencil, (英) a propelling pencil] という》.
The kitten has **sharp** claws. 子猫は鋭いつめをしている.
She threw a **sharp** stone. 彼女は角のとがった石を投げた.
**2** 〈顔・鼻などが〉とがった, かどばった; 鋭角の ‖
She has a **sharp** nose. 彼女は鼻がとがっている.
**3** 〈カーブなどが〉急な, 〈坂などが〉急な, 険しい; 〈落下・旋回などが〉急激な ‖
a **sharp** bend in the road 道の急なカーブ.

The car made a **sharp** U-turn. 車は急にUターンした.

After the shower there was a **sharp** drop in the temperature. 夕立のあと気温が急に下がった.

**4**〈像・輪郭などが〉**はっきりした**, くっきりした, 鮮明な ‖

The photo is very **sharp**. 写真はたいへん鮮明に写っている.

We saw the **sharp** outline of mountains against the sky. 空を背景にくっきりとした山並の輪郭が見えた.

**5**〔通例名詞の前で〕〈痛みが〉**激しい**(↔ dull)；〈味・においなどが〉刺激性の, ぴりっとする；〈音・声などが耳をつんざく, 鋭い；(略式)〈天気・風などが〉身を切るような ‖

a **sharp** cry かん高い叫び.

a **sharp** cheese (米) ぴりっと辛いチーズ.

I felt a **sharp** pain in my chest. 胸に激痛を感じた.

Vinegar has a **sharp** taste. 酢はすっぱい味がする.

**6**〈人・言葉などが〉**厳しい**, 痛烈な, 辛辣(ḻっ)な ‖

She was hurt by his **sharp** words. 彼のとげとげしい言葉で彼女は傷ついた.

He was **sharp** with the student who was late for class. 彼は授業に遅れた生徒に厳しくした.

**7**〈目・耳・感覚などが〉**鋭敏な**, よくきく ‖

Dogs have **sharp** noses. 犬の鼻は鋭い.

**8**〔通例名詞の前で〕〈攻撃・競争などが〉強烈な；〈欲望などが〉熱烈な ‖

a **sharp** appetite 旺盛な食欲.

give her a **sharp** poke in the ribs 彼女の脇腹を強くつつく.

**9**〔通例名詞の前で〕**すばやい**, 活発な ‖

a **sharp** walk きびきびした足どり.

**10 a** 抜け目のない；[it is sharp of **A** to do / **A** is sharp to do] …するとは **A**〈人〉はずる賢い ‖

a **sharp** politician 抜け目のない政治家.

It is **sharp** of her to accept the offer. = She is **sharp** to accept the offer. その申し出を受け入れるとは彼女はずるい.

He is too **sharp** for me. 彼は私より一枚上手だ.

**b** 頭の切れる, 利口な ‖

be (as) **sharp** as a needle [tack] (略式) 非常に聡明である.

be **sharp** at math 数学ができる.

**11**〔音楽〕[音名の直後で]〈音が〉半音高い, 嬰(ぇぃ)音の(↔ flat) ‖

in C **sharp** minor 嬰ハ短調で.

──副(比較 ~-er, 最上 ~-est) **1**(略式)[時刻を示す語のあとで] **かっきり**, ちょうど ‖

School begins at nine (o'clock) **sharp**. 学校は9時ちょうどに始まる《◆ **sharp** at nine (o'clock) ともいう》.

**2**(略式)急に, 突然；急角度に ‖

turn **sharp** right 右に急角度で曲がる.

The car stopped **sharp**. 車は急停車した.

**lòok shárp** (略式)[通例命令文で] 警戒を怠るな；急いでさばやれ.

──名 ⓒ〔音楽〕嬰(ぇぃ)音；嬰音記号, シャープ記号《#》(↔ flat).

**sharp·en** /ʃɑ́ːrpn シャープン/ 動 他 **1** …を鋭くする, とがらせる, 研(と)ぐ(↔ blunt) ‖

Your pencils need **sharpening**. 君の鉛筆は削る必要がある.

**sharpen** a knife on a whetstone 砥石(といし)でナイフを研ぐ.

**2** …を鋭敏にする ‖

**sharpen** one's wits 機知を活発に働かす.

──自 鋭くなる；はっきりする；激しくなる；敏感になる.

**sharp·en·er** /ʃɑ́ːrpnər シャープナ/ 名 ⓒ [通例複合語で] 研(と)ぐ機械, 削る道具 ‖

a pencil-**sharpener** 鉛筆削り.

**sharp·ly** /ʃɑ́ːrpli シャープリ/ 副 **1** 鋭く；ひどく ‖

The pencil is **sharply** pointed. 鉛筆は鋭くとがっている.

**2** 急に, 突然 ‖

The path turned **sharply** to the right. 道は急に右に曲がっ(ていた).

**3** はっきりと, くっきりと ‖

The picture is **sharply** focused. 写真はピントが合っている.

**4** 厳しく, 荒々しく, つっけんどんに, 厳しい目つきで ‖

answer **sharply** とげとげしい口調で答える.

**sharp·ness** /ʃɑ́ːrpnəs シャープネス/ 名 Ⓤ **1** 鋭さ. **2** 鋭敏. **3** 鮮明.

**shat·ter** /ʃǽtər シャタ/〔類音〕shutter/ʃʌ́tər/) 動 他 **1** …を粉々に砕く, 粉砕する(→ smash) ‖

**shatter** the mirror with a rock 石で鏡を粉々に砕く.

**2**(正式)〈夢・希望などを〉打ち砕く；〈神経・健康などを〉損なう, 台なしにする ‖

Illness **shattered** his hopes of running for mayor. 市長選に立候補しようという彼の望みは病気のため打ち砕かれた.

──自 粉々になる.

\***shave** /ʃéiv シェイヴ/ 『「表面をこすりとる」が原義』

──動(三単現 ~s/-z/；過去 ~d/-d/, 過分 ~d または shav·en/ʃéivn/；現分 shav·ing)《◆ shaven は主に形容詞として用いる》

──他 **1** …をそる；…のひげ[顔, 頭]をそる；[~ one-sèlf] ひげをそる ‖

**shave** off one's beard ひげをそる.

My father **shaves** himself every morning. 父は毎朝ひげをそる《◆ himself なしの自動詞用法も可能だが, himself があると「努力して」という含みが加わる》.

**2** …を薄く削る, 削り取る ‖

**shave** off a thin piece of wood 木に薄くかんなをかける.

**3**(略式) …をかすめる, すれすれに通る ‖

The car just **shaved** the corner. その車は角をかすめて通った.

**shaven**

— 自 ひげをそる (cf. 他 第2例).
— 名 1 [通例 a ~] ひげをそること ‖
Give me a shave. ひげをそってください.
2 (略式) かろうじてのがれること ‖
have a close shave 間一髪のところでのがれる.

**shav·en** /ʃéivn シェイヴン/ 動 → shave.
— 形 [しばしば複合語で] (ひげ・髪を)そった; 短く刈り込まれた ‖
a clean-shaven face きれいにひげをそった顔.

**shav·er** /ʃéivər シェイヴァ/ 名 1 そる人, 理髪師.
2 そる道具; 電気かみそり; 削り機.

**shav·ing** /ʃéiviŋ シェイヴィング/ 動 → shave.
— 名 1 Ⓤ (ひげを)そること, ひげ[顔]そり; 削ること.
2 Ⓒ [通例 ~s; 複数扱い] 削りくず, かんなくず.

**Shaw** /ʃɔː ショー/ 名 ショー《George Bernard ~ 1856-1950; アイルランド生まれの英国の劇作家・批評家》.

**shawl** /ʃɔːl ショール/ 類音 shoal/ʃóul/) Ⓒ ショール, 肩掛け.

*__she__ /ʃíː シー/, (弱) ʃi シ/ 類音 sea, see/síː/)
【三人称単数主格の人称代名詞】
— 代 ([単数] 所有格・目的格 her, 所有代名詞 hers, [複数] 主格 they, 所有格 their, 所有代名詞 theirs, 目的格 them) 1 [先行する女性名詞, 文脈からそれとわかる女性をさして] 彼女は, 彼女が (語法 → he) ‖
Shé is to blame. 彼女が悪いのだ.
対話 "Where's your sister?" "She's/ʃiːz/ now in Hawaii."「お姉さんはどこにいますか」「(彼女は)今ハワイにいます」.
2 [擬人法] それは, それが《◆ it の代用. (1) 愛着の表われとして, (特に男性が)自分の乗っている船・列車・自動車や自分の飼っている動物, 自分の使っている機械などをさしていう. また政治的あるいは経済的な単位として国をさす場合に用いることがあるが, it がふつう. (2) moon, sea, nature, fortune, peace なども she で受けることが多い. (3) she でさしても関係代名詞は which を用いる》‖
Look at my sports car. Isn't she a beauty? ぼくのスポーツカーを見ろよ. すてきなやつだろう.
France has made it plain that she will reject the proposal. フランスはその提案を拒否することを明らかにした.
— 名 1 Ⓒ (略式) [通例 a ~] 女性, 雌 ‖
Is that kitten a she? その子ネコは雌ですか.
2 [she-; 形容詞的に] 雌の ‖
a she-goat 雌ヤギ.

**sheaf** /ʃíːf シーフ/ 名 (複 sheaves/ʃíːvz/) Ⓒ 1 (穀物などの)束 ‖
a sheaf of corn とうもろこしの束.
2 (正式) (一般に)束.

**shear** /ʃíər シア/ 同音 sheer) 動 (過去 ~ed または (古) shore /ʃɔːr/, 過分 ~ed または shorn /ʃɔːrn/) Ⓒ 1 〈羊毛などを〉刈る, 摘む; 〈羊などの〉毛を刈る ‖
shear sheep =shear wool from sheep 羊から毛を刈る.

2 (文) [通例 be shorn] 刈られる; 奪われる, はぎ取られる ‖
a closely shorn head 短く刈り込まれた頭.
The king was shorn of his power. 王は権力を奪われた.
— 名 [~s; 複数扱い] 大ばさみ《◆ scissors より大型で, 羊毛・植木の刈り込み用などがある》; 剪(せん)断機 ‖
a pair of shears 大ばさみ1丁.

関連 pinking shears 波状に切るはさみ / pruning shears 剪定(せんてい)ばさみ.

**sheath** /ʃíːθ シース/ 名 (複 ~s/ʃíːðz, ʃíːθs/) Ⓒ (刀などの)さや.

**sheathe** /ʃíːð シーズ/ 動 (現分 sheath·ing) 他 (正式) …をさやに納める.

**shed**¹ /ʃéd シェド/ 名 Ⓒ [しばしば複合語で] 小屋, 物置; 車庫, 倉庫, 格納庫 ‖
a cattle shed 牛小屋.

**shed**² /ʃéd シェド/ 動 (過去・過分 shed; 現分 shed·ding) 他 (正式) 1 〈血・涙などを〉流す, こぼす ‖
She sheds tears easily. 彼女は泣き虫だ.
2 a 〈葉などを〉落とす; 〈皮・羽・殻(から)などを〉脱ぐ, 脱ぎ捨てる ‖
Snakes shed their skin each year. 蛇は毎年脱皮する.
b 〈衣服を〉脱ぎすてる ‖
He shed his clothing and jumped into the pool. 彼は服を脱ぎすててプールに飛び込んだ.
3 〈光・熱・香りなどを〉発散する, 注ぐ ‖
The moon shed a pale light. 月が青白く輝いていた.

*__she'd__ /(強) ʃíːd シード/, (弱) ʃid シド/ (略式) she had, she would の短縮形: She said she'd been to a foreign country before. 彼女は以前外国へ行ったことがあると言った《◆ she had が用いられるのは過去完了形の had の場合と, had better の場合に限る》.

**sheen** /ʃíːn シーン/ 名 Ⓤ [しばしば a ~] 光沢, つや.

*__sheep__ /ʃíːp シープ/
— 名 (複 ~) 1 Ⓒ ヒツジ(羊), メンヨウ《◆ 鳴き声は baa. 「メーと鳴く」は bleat》‖
a stray [lost] sheep 迷える羊; 正道からはずれた人.
A shepherd watches over a flock of sheep. 羊飼いは羊の群れを見張る.

関連 a ram 雄羊 / a ewe 雌羊 / a lamb 子羊 / a mutton 羊の肉.

2 Ⓒ (略式) 善良な人, 気の弱い人, 臆病(おくびょう)者.
**cóunt shéep** (柵(さく)を跳び越える) 羊の数を数える《◆ 眠れないときに》.

**sheep·dog** /ʃíːpdɔːg シープドッグ/ 名 Ⓒ 牧羊犬《collie など》.

**sheep・ish** /ʃíːpiʃ シーピシュ/ 形 **1** 羊のような; 内気な, 気の弱い. **2** おどおどした.
**shéep・ish・ly** 副 内気に, おどおどして.
**sheep・skin** /ʃíːpskin シープスキン/ 名 **1** Ⓤ (毛のついた)羊皮. **2** Ⓒ 羊皮のオーバー[帽子, 敷物, 上着など]. **3** Ⓤ 羊皮紙; Ⓒ その書類.
**sheer** /ʃíər シア/ (同音 shear) 形 **1** 全くの, 真の; 混ぜ物のない ‖
　sheer madness 全くの気違いさ.
　sheer whisky 生(き)一本のウイスキー.
**2** 《正式》切り立った (very steep), 垂直に ‖
　a sheer cliff 絶壁.
**3** 〈織物が〉ごく薄い, 透き通った ‖
　sheer nylon stockings 透明なナイロン靴下.
　――副 **1** 《略式》全く. **2** 《正式》垂直に, まっすぐに.

***sheet** /ʃíːt シート/ (同音 seat/síːt/)
　――名 (複 ~s/ʃíːts/) Ⓒ **1** (通例 ~s) シーツ, 敷布 《英米ではふつう上下2枚を対にして用いる》‖
　sleep between sheets ベッドで眠る.
**2 a** 1枚の紙; (紙の)1枚 ‖
　Write your name at the top of the answer sheet. 答案用紙の上部に名前を書きなさい.
　The teacher gave each student a printed sheet. 先生は生徒に1枚ずつプリントを配った《◆教室で配る「プリント」は handout がふつう》.
　May I have a fresh sheet of paper? きれいな紙を1枚いただけますか.
**b** (金属・ガラスなどの)薄板 ‖
　a sheet of glass ガラス1枚.
**3 a** (氷・雪・色などの)薄い広がり ‖
　The sidewalk is a sheet of ice this morning. けさは歩道に薄く氷が張っている.
**b** [しばしば ~s] (水・炎などの)広がり, (…の)海 ‖
　sheets of flames 一面火の海.
**shéet mùsic** [または /-/] 綴(と)じていない短い楽譜; その音楽.
**sheik(h)** /ʃíːk シーク| ʃéik シェイク/ 名 Ⓒ **1** (アラビア人の)家長; 族長; 首長. **2** (イスラム教の)教主.

***shelf** /ʃélf シェルフ/ 〖「仕切り」が原義〗
　――名 (複 shelves/ʃélvz/) Ⓒ **1** 棚《◆「網棚」は rack》‖
　put up a shelf 棚をつる.
　be on the top shelf 一番上の棚にある.
**2** 棚の上の物 ‖
　a shelf of books 棚一段分の本.
**3** 棚状のもの; 岩棚, 砂州(す), 岩礁(しょう) ‖
　a shelf of coral さんご礁.
　the shelf of rock 岩棚.
**on the shélf** 《略式》(1) 〈人・物が〉棚上げされて, 用いられないで. (2) [しばしば性的に差別して]〈女性が〉婚期を過ぎて, 売れ残りで.

**shell** /ʃél シェル/ (同音 sell/sél/) 名 Ⓒ **1 a** 貝から《◆中身は shellfish》, (カメなどの)甲ら, (カタツムリの)から, (鳥の卵の)から, (昆虫のさなぎなどの)外皮, (豆の)皮, (果物・ピーナッツの)から, (ケーキの)皮 ‖
　cast the shell 脱皮する.
**b** Ⓤ (貝細工の材料としての)貝がら, べっこう ‖
　buttons made of shell 貝ボタン.

**2 a** (中身・内容に対する)外観, 外形, 見せかけ; (建物の)骨組み. **b** (計画の)大要, あらまし.
**3** (人の心の)から, 閉ざした心; 虚脱状態 ‖
　He became a mere shell of a man. 彼は単なる魂の抜けがらのようになってしまった.
**4** 砲弾; 《米》薬莢(きょう).
**gó [retíre] into** one's **shéll** 打ち解けない, 無口になる.
　――動 他 **1** …の皮[から]をとる, 〈豆〉のさやをとる ‖
　shell oysters カキのからをとる.
**2** …を砲撃する, 爆撃する ‖
　shell the enemy mercilessly 敵を容赦なく砲撃する.
**shéll óut** (1) 《略式》[自] 金をしぶしぶ出す. (2) [他] 〈金〉をしぶしぶ出す; 《米》(Halloween の日に)〈菓子など〉を用意して子供に与える.

***she'll** /(強) ʃíːl シール/ (弱) ʃil シル/ 《略式》she will, she shall の短縮形.

**shell・fish** /ʃélfiʃ シェルフィシュ/ 名 (複 ~ → fish) Ⓒ 貝; 甲殻(こうかく)類《カニ・エビなど》; Ⓤ (食用としての)貝.

***shel・ter** /ʃéltər シェルタ/ 〖「群れの保護」が原義〗
　――名 (複 ~s/-z/) Ⓒ **1** [通例複合語で] 避難所, 隠れ場《類 cover, refuge, sanctuary》; 雨宿りの場所; 小屋; Ⓤ (雨露をしのぐ)宿, 住まい ‖
　a bus shelter (屋根のある)バス停.
　an air-raid shelter 防空壕(ごう).
　food, clothing and shelter 衣食住《◆ふつうこの語順》.
　The old barn was their shelter that night. 古い納屋がその夜の彼らの宿となった.
**2** Ⓤ 《正式》保護, 避難 ‖
　take shelter from the rain 雨宿りをする.
　We looked for shelter from the storm. あらしを避ける場所を捜した.
　――動 (三単現 ~s/-z/; 過去・過分 ~ed/-d/; 現分 ~ing/-tariŋ/)
　――他 **1** …を保護する, 守る《◆ protect より堅い語》‖
　The wall sheltered her from the wind. 塀が風から彼女を守ってくれた.
**2** …をかくまう, 宿泊させる ‖
　shelter runaway 逃亡者をかくまう.
　――自 避難する, 隠れる ‖
　shelter from the rain 雨宿りする.

**shelve** /ʃélv シェルヴ/ 動 (現分 shelv・ing) 他 **1** …を棚にのせる[置く, 並べる].
**2** …を棚上げする, 延期する ‖
　shelve the plan 計画をとりやめる.
**shelves** /ʃélvz シェルヴズ/ 名 → shelf.
**shelv・ing** /ʃélviŋ シェルヴィング/ 動 → shelve.
　――名 Ⓤ 棚材; [集合名詞] 棚.

**shep・herd** /ʃépərd シェパド/ (発音注意)《2つ目のhは発音しない》名 Ⓒ 羊飼い, 牧羊者 ‖
　The shepherd takes care of about five hundred sheep. その羊飼いはおよそ500頭の羊の世話をしています.
　――動 他 **1** 〈羊など〉の世話をする, 番をする ‖

shepherd a flock 羊の群れの番をする.
**2** …を導く, 案内する ‖
shepherd the children into the bus 子供たちをバスに乗せる.

**sher・bet** /ʃə́ːrbət シャーベト/ 名CU **1** (米) シャーベット. **2** (主に英) シャーベット水《果汁に砂糖・氷をまぜた清涼飲料》; U(粉末の)シャーベット水のもと.

**sher・iff** /ʃérif シェリフ/ 名C **1** (米) 郡保安官《選挙で選ばれる郡(county)の最高職. 司法権と警察権を持つ》. **2** (英) 州長官.

**Sher・lock Holmes** /ʃɑ́ːrlɑk hóumz シャーラク ホウムズ/-lɔk- シャーロク-/ 名 **1** シャーロック=ホームズ《Conan Doyle の推理小説中の名探偵》. **2** C 名探偵.

**sher・ry** /ʃéri シェリ/ 名 (複 sher・ries/-z/) UC シェリー酒《南スペイン産の強いワイン》.

**Shér・wood Fórest** /ʃɑ́ːrwud- シャーウド-/ シャーウッドの森《イングランド Nottingham 近くの王室林. Robin Hood が住んだとされる》.

**she's** /(強) ʃíːz シーズ; (弱) ʃiz シズ/ (略式) she is, she has の短縮形.

**SHF, shf, s.h.f.** (略) super-high frequency.

**shield** /ʃíːld シールド/ 名C **1** 盾(たて) ‖
both sides of the shield 盾の両面; 物事の裏表.
the other side of the shield 盾の隠れた半面; 物事の隠れた一面.
**2** 防御物, 保護物[者], 後ろ盾 ‖
God is our help and shield. 神はわが助け, わが盾なり.
**3** (機械の)カバー, シールド.
**4** 優勝盾; 盾形記章; (米) 警官のバッジ.
──動 他 **1** …を保護する, 守る《◆protect より堅い語》‖
They shielded me from unjust punishment. 彼らは私を不当な刑罰から守ってくれた.
**2** …を遮蔽(しゃへい)する, 隠す, 覆う ‖
shield one's eyes from the bright sun まぶしい太陽から目を隠す.

**shi・er** /ʃáiər シャイア/ 形 → shy
**shi・est** /ʃáiist シャイイスト/ 形 → shy.

**shift** /ʃíft シフト/ (類音) sift/síft/) 動 他 **1** …を移す, 変える《◆move より口語的》‖

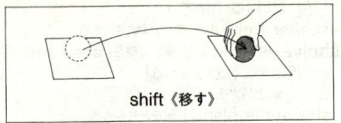

shift《移す》

She shifted her package from one arm to the other. 彼女は包みを別の腕に持ちかえた.
**2** 〈責任など〉を転嫁(てんか)する, なすりつける ‖
Don't try to shift the blame (on) to me. 私に責任をなすりつけるようなことをするな.
**3** …を取り替える; …を変更する ‖
shift seats with him 彼と席を替わる.
shift the scene(s) 場面を変える.
**4** (主に米)〈車のギア〉を変える.
──自 **1** 位置[方向]を変える ‖
The wind shifted to the east during the night. 夜の間に風向きは東に変わった.
**2** (主に米) ギアを入れ替える.

*shift for* onesélf (英) 自分でやりくりする, 自力でやる.
*shift* one's *géars* やり方[作戦]を変える.
──名C **1** 変化, 移動, 変遷; 変更 ‖
There was a shift in political opinion. 政見上に変化があった.
**2** (勤務の)交替; [集合名詞; 単数・複数扱い] 交替のグループ; (交替制の)勤務時間 ‖
work (on) the night shift 夜勤で働く.
work in shifts 交替で働く.
**3** (やや古)[通例 ~s] 急場しのぎの方法, 方便《(正式) expedient》; 策略 ‖
try every shift to earn money 金をかせぐにあらゆる方法をとってみる.
live on shifts 何とかやりくりして暮らす.

**shift・less** /ʃíftləs シフトレス/ 形 (正式) 役に立たない, 無能な; 怠惰(たいだ)な, やる気のない.

**shift・y** /ʃífti シフティ/ 形 (通例 比較 -i・er, 最上 -i・est) 狡猾(こうかつ)な, ずるい; こそこそする.

**shifty éyes** (相手の目を見ないで)きょろきょろ動く目《◆信用できないという印象を与える》.

**shil・ling** /ʃíliŋ シリング/ 名C シリング《♦(1) 1971年以前の英国の貨幣単位《記号》s., /》. 1ポンドの20分の1; 12ペンス. (2) 新制度では1ポンドは100ペンスとなり, シリングは廃止. → pound, penny》‖
five shillings seven pence =5s. 7d =5/7 5シリング7ペンス《♦ five (and) seven とも読む》.
**2** シリング銀貨《1946年以後は白銅貨. 1971年からは新5ペンスと同価値》. **3** シリング《ケニア・ウガンダ・タンザニアなどの貨幣単位. =100 cents》.

**shim・mer** /ʃímər シマ/ (類音) símmer/símər/) 動 自 かすかに光る, ちらちら光る ‖
The sea shimmered in the moonlight. 海が月の光にかすかに光っていた.
──名U [しばしば a ~] きらめき, 微光; 揺らめき.

**shin** /ʃín シン/ (類音) sin/sín/) 名C **1** 向うずね; 脛(すね)骨《図 → body》. **2** U (英) 牛のすね肉.
──動 (過去・過分) shinned/-d/; (現分) shin・ning) 自 (略式) よじ登る; するする降りる.

**shin・bone** /ʃínbòun シンボウン/ 名C [解剖] 脛骨(けいこつ), すね骨.

**★shine** /ʃáin シャイン/ (類音) sign/sáin/) 動 [「(発光体が)光を出す」が本義] (形) shiny (形)
──動 (三単現) ~s/-z/; (過去・過分) shone/ʃóun ʃóːn/ または 他 ~d/-d/; (現分) shin・ing)
──自 **1a** 輝く, 光る 〈太陽・星などが〉出ている ‖
In Alaska the sun sometimes shines during the night. アラスカでは太陽は時に夜輝く.
A lamp was shining brightly from the window. ランプが窓から明るく輝いていた.
**b** (光を反射して)輝く, 光る, きらめく ‖
She polished the furniture until it shone. 彼女は家具をぴかぴかになるまで磨いた.
**2** 生き生きする, 輝く ‖

**2** ⒸⓊ ショック, (精神的)打撃, 動揺, 憤慨; Ⓒ 精神的動揺のもと ‖
His death was a terrible **shock to** us. 彼の死は私たちには非常なショックであった.
It came as an awful **shock** to learn of her disappearance. 彼女の失踪(しっそう)を知ってショックを受けた.
He was speechless **from shock**. 彼は動揺してものも言えなかった.
**3** ⒸⓊ 電撃 ‖
I got a slight **shock** when I touched the switch with wet hands. ぬれた手でスイッチにさわったら少しビリッときた.

──動 (三単現) ~s/-s/; (過去・過分) ~ed/-t/; (現分) ~ing;
──他 **1** …をぎょっとさせる, ぎくりとさせる; [be ~ed] ショックを受ける, びっくりする ‖
Her sudden death **shocked** everyone. 彼女の急死はすべての人にショックを与えた.
I was terribly **shocked at** the news of his accident. 彼の事故の知らせにひどく衝撃を受けた.
**2** …を憤慨させる, あきれさせる; [be ~ed] 憤慨する, 腹を立てる, あきれする ‖
I was **shocked at** her indifference. 彼女の無関心にはあきれた.

**shóck absòrber** 〔機械〕緩衝器, ショックアブソーバ.
**shóck wàve** 衝撃波; 爆風; (暴動などの)大きな余波.
**shock·ing** /ʃɑ́kiŋ シャキング | ʃɔ́k- ショキング/ 動 → shock.
──形 **1** 衝撃的な, ショッキングな, ぎょっとさせる ‖
a **shocking** plane crash ぞっとする飛行機墜落.
**2** (英略式) ひどく悪い ‖
**shocking** weather ひどい天気.
**shóck·ing·ly** 副 **1** (略式) とても. **2** とても悪く.
**shod** /ʃɑ́d シャド | ʃɔ́d ショド/ 動 → shoe.
──形 (正式) 靴をはいている.
**shod·dy** /ʃɑ́di シャディ | ʃɔ́di ショディ/ 名 Ⓤ 形 (比較) -di·er, (最上) -di·est 安物の(の), 見かけ倒し(の).

## \*shoe /ʃúː シュー/
──名 (複) ~s/-z/) Ⓒ **1** [通例 ~s] 靴 ‖
a pair of **shoes** 靴1足.
put on one's **shoes** 靴を履(は)く.
tie one's **shoes** 靴ひもを結ぶ.
She had new **shoes** on. 彼女は新しい靴を履(は)いていた.
**Over shoes, over boots.** (ことわざ) 短靴がつかるまで水に入ったからには, 長靴がつかるまで入っていく;「毒を食らわば皿まで」.

[関連] [shoe と boot] (1) (米) では shoe は boot (長靴) 以外のものをさし, 特に区別する場合は low shoe (ふつうの短靴でくるぶしより下のもの) と high shoe (くるぶしより上にくる靴) に分ける.
(2) (英) では shoe は low shoe のみに用い, boot は high shoe およびそれより長い靴をさす. これをまとめると次のようになる.

| (米) | (英) |
|---|---|
| low *shoe* | *shoe* |
| high *shoe* | boot |
| boot | high boot |

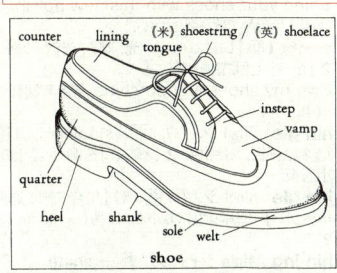

(馬などに図: counter, lining, (米) shoestring / (英) shoelace, tongue, instep, vamp, quarter, heel, shank, sole, welt — **shoe**)

**2** (馬の)蹄鉄(ていてつ). **3** 靴に似た物; (車輪の)輪止め; (そりの滑走部の)すべり金; (自動車の)タイヤの外被; (自動車の制動のための)ブレーキシュー.
**in** A's **shoes** A〈人〉に代わって, A〈人〉の立場に身を置いて.

──動 (過去・過分) shod /ʃɑ́d ʃɔ́d/ または ~d; (現分) ~·ing 他 〈馬などに〉蹄鉄を打つ.

**shoe·horn** /ʃúːhɔ̀rn シューホーン/ 名 Ⓒ 靴べら.
**shoe·lace** /ʃúːlèis シューレイス/ 名 Ⓒ (英) 靴ひも.
**shoe·string** /ʃúːstrìŋ シューストリング/ 名 Ⓒ (米) 靴ひも.

\***shone** /ʃóun ショウン | ʃɔ́n ション/ (同音 (米) shown) 動 → shine.
**shoo** /ʃúː シュー/ 間 シーッ!, シッシッ! 《♦ 鳥や動物・子供を追い払う時に出す声》. ──動 他 〈鳥などを〉シッといって追い払う.

\***shook** /ʃúk シュク/ 動 → shake.

\***shoot** /ʃúːt シュート/ (同音 chute) 〖「人が矢・石・弾丸などを弓や銃などの武器を用いて飛ばす」が本義. cf. shot¹〗

➡ 他 **1** 撃つ **2** 発射する **3** 矢継ぎ早に出す
**4** 急に向ける
自 **1** 撃つ **2** 発射される **3** すばやく動く
**5** 芽[枝]を出す

──動 (三単現) ~s/ʃúːts/; (過去・過分) shot /ʃɑ́t ʃɔ́t/; (現分) ~·ing
──他 **1a** …を撃つ, 射る 《♦ 弾丸などが当たること, その結果負傷させたり殺したりすることを含む》; …を射殺する ‖
He **shot** two rabbits in one day. 彼は1日でウサギを2羽射止めた.
**shoot** oneself **in** the side of the head with a pistol ピストルで側頭部を撃って自殺する.
**b** [shoot A C] A〈動物など〉を撃って C の状態にする ‖
**shoot** a tiger dead トラを撃ち殺す.
**c** [shoot one's way] 発砲しながら進む ‖

Her eyes **shone** with happiness. 彼女の目は幸福で輝いていた.
**3** 〈略式〉すぐれる, 秀(ℏ)でる, 素質を発揮する《◆進行形にしない》‖
shine at golf ゴルフがうまい.
──[他] 〈過去・過分〉 ~d）〈略式〉…を**磨く**, 磨いて光沢をつける《◆「歯を磨く」は clean [brush] one's teeth》‖
**Shine** your shoes with this new polish. この新しい靴墨で靴を磨きなさい.
──[名] **1** [U] [しばしば a ~] 光, 輝き, 光沢, つや.
**2** [a ~]〈主に靴を〉磨くこと‖
Give my shoes a good **shine**. 靴をよく磨いてくれ.

**shin·gle**¹ /ʃíŋɡl シングル/ [類音] single/síŋɡl/) [C] **1** 屋根板, こけら板. **2** 〈米略式〉(医師・弁護士の)小看板.

**shin·gle**² /ʃíŋɡl シングル/ [名]〈英〉[集合名詞; 通例単数扱い] (海岸・河岸の)小石, 砂利(→ stone [名] **2**).

**shin·ing** /ʃáiniŋ シャイニング/ [動] → shine.
──[形] 光る, 輝く; 明るい.

**shin·y** /ʃáini シャイニ/ [形] 〈比較〉 -·i·er, 〈最上〉 -·i·est) 輝く; 磨いた(ような); 明るい‖
a **shiny** table ぴかぴかのテーブル.

\***ship** /ʃíp シプ/ [類音] sheep/ʃíːp/, sip/síp/)【「木の幹をくり抜いた」が原義. cf. skip】
──[名] (複 ~s/-s/) [C] (大型の, 遠洋航路の)**船**《◆オール・櫂(ホᏐ)を用いない船で boat よりも大きく vessel より小さい. 自分の乗っている船では代名詞は時に she [her] で受ける(→ she [代] **2**)》‖
a cargo **ship** 貨物船.
a passenger **ship** 客船.
a whaling **ship** 捕鯨船.
the **ship** of the deserts 砂漠の船《ラクダのこと》.
a **ship**'s boat (船に載った)救命ボート.
a **ship**'s journal 航海日誌(logbook).
by **ship** =on [in] a **ship** 船(便)で《◆「船便で」は〈米〉では by surface (mail) がふつう》.
launch a **ship** 船を進水させる.
take **ship** 乗船する.
──[動] (三単現) ~s/-s/; 〈過去・過分〉 shipped/-t/; 〈現分〉 ship·ping)
──[他] **1** …を(列車・トラックなどで)送る, 輸送する‖
**ship** goods by express train 貨物を急行列車で輸送する.
**2** …を船積みする, 船で運ぶ.

**ship·build·ing** /ʃípbìldiŋ シプビルディング/ [名] [U] 造船(業); 造船術.

**ship·ment** /ʃípmənt シプメント/ [名] [U] 〈海事・貿易〉船積み; [C] 積み荷(の量)《◆〈米〉では航空機その他による荷を含む》.

**ship·ping** /ʃípiŋ シピング/ [動] → ship.
──[名] [U] **1** 船積み. **2** 海運業, 〈米〉運送業. **3** [集合名詞] (一国・一地に属する)船舶.

**ship·wreck** /ʃíprèk シプレク/ [名] [U] 難破, 沈没; [C] 破船, 難破船‖
suffer **shipwreck** 難破する.
──[動] [他] [通例 be ~ed] 難破する; 難破にあう.

**ship·yard** /ʃípjὰːrd シプヤード/ [名] [C] 造船所.

**shirk** /ʃə́ːrk シャーク/ [類音] shark/ʃάːrk/) [動] [他] …を回避する. ──[自] 責任のがれをする, 怠ける.

\***shirt** /ʃə́ːrt シャート/【「短いもの」が原義. cf. short, skirt】
──[名] (複 ~s/ʃə́ːrts/) [C] **ワイシャツ**《◆「ワイシャツ」は white shirt から》; [複合語で] …シャツ‖
work in one's **shirt** (上着なしで)ワイシャツ姿で働く.
**Near is my shirt, but nearer is my skin.** 〈ことわざ〉シャツは(自分に)近いが肌はもっと近い; わが身ほどかわいいものはない.
**give** A **the shirt off** one's **back** 〈略式〉自分のものを何もかも A《人》にやってしまう.

[関連] [種類] polo shirt ポロシャツ / sport shirt スポーツシャツ / utility shirt カラー・カフスのついたシャツ / T-shirt Tシャツ / dress shirt ドレスシャツ《カフスのついた礼装用のワイシャツ》; 〈米〉(スポーツシャツに対する)ワイシャツ / athletic shirt スポーツ用ランニングシャツ.

**shirt-sleeve** /ʃə́ːrtslìːv シャートスリーヴ/ [形] 〈略式〉
**1** ワイシャツ姿の. **2** 非公式の, 略式の.

**shit** /ʃít シト/ [類音] sit/sít/) 〈俗〉《禁句とされる(→ taboo words)》[名] **1** [U] くそ, 大便《◆遠回しに bowel movement, waste material という. 小児語 poop》.
**2** [a ~] 排便行為.
**3** [C] [通例否定文で] くだらないもの, いやなやつ‖
not worth a **shit** 一文の値打もない.
I don't give a **shit**. 少しも気にしない.
**4** 侮辱, ひどい扱い.

**shiv·er** /ʃívər シヴァ/ [動] [自] 震える, ぶるっと身震いする, おののく《[語法] → tremble》‖
She **shivered** in the cool night air. 彼女は冷たい夜の大気に身震いした.
──[名] [C] 〈略式〉震え, 悪感(ॆৠﾝ); [the ~s] 寒け, 身震い.

**shoal**¹ /ʃóul ショウル/ [類音] shawl/ʃɔ́ːl/) [名] [C] 浅瀬, 州(ʃ), 砂州. ──[動] [自] 浅くなる, 浅瀬になる.

**shoal**² /ʃóul ショウル/ [名] [C] (魚の)群れ(school) 《[関連] → flock》; 〈略式〉 [~s of A] 多数[多量]の…‖
a **shoal** of fish 魚の群れ.
**shoals of** children 大勢の子供たち.
**shoals of** butter 多量のバター.
**in shóals** 群がって, 多数, どっさりと.

\***shock**¹ /ʃάk シャク/[ʃɔ́k ショク/【「がたがた揺すぶる」が原義】
──[名] (複 ~s/-s/) **1** [C] **衝撃**, ショック, 激しい震動; 激突‖
The **shocks** of several explosions were felt for miles. 数回の爆発の衝撃は何マイルにもわたって感じられた.

He shot his way out of prison. 彼は発砲しながら脱獄した.
**2** …を発射する, 放つ ‖
shoot an arrow toward the target 標的に矢を射る.
My gun shoots (off) six bullets. 私の銃は6発の弾が出る.
shoot (off) a gun 銃を撃つ.
**3** 〈質問・返答などを〉矢継(ぎ)早に出す, 浴びせかける《◆受身にしない》‖
She shot questions at me. 彼女は私に質問の雨を降らせた.
**4** [shoot A B / shoot B at A] A〈人〉にB〈視線・微笑などを急に向ける, 放つ〉‖
She shot him a warning look. 彼女は彼に忠告するようなまなざしを向けた.
She shot a warm smile at the old lady. 彼女は老婦人に温かい微笑を投げかけた.
**5** …をすばやく通る. **6**〈芽・葉・枝などを〉出す. **7**【スポーツ】…にシュートする, シュートを決める, 〈得点〉をあげる. **8**〈写真・映画などを〉撮影する. **9**(略式) 〈注〉を注する; 〈麻薬などを〉打つ(+up).
──自 **1 a** 撃つ, 射る, 発射する, 射撃する ‖
shoot at a bird 鳥をねらって撃つ《◆必ずしも命中することを意味しない》.
**b** 銃猟をする ‖
He went quail-shooting at dawn. 彼は明け方ウズラ狩りに行った.
**2** 発射される ‖
This gun shoots very well. この銃はとてもよく弾丸が飛ぶ.
**3** すばやく動く, 勢いよく飛び出す《◆副詞(句)を伴う》‖
The cat shot out of the house. 猫が家から急に飛び出した.
**4**〈痛みなどが〉走る, 〈体の部分が〉ずきずき痛む ‖
Pain shot up my left arm. 左腕にずきんと痛みが走った.
**5** 芽[枝]を出す, 〈枝・芽が〉出る ‖
The tulip bulbs are shooting up everywhere. チューリップが(植えた球根から)一面に芽を出している.
**6** 写真を撮る; 映画の撮影をする.
**7**【スポーツ】シュートする, シュートを決める ‖
shoot at goal ゴール目がけてシュートする.
**8** (米略式) [命令文で] さあ, (言いたいことを) 言ってしまえ.
*shóot úp* [自] (1) → 動 **4**. (2) (略式)〈人・植物が〉急に成長する. (3)〈物価・温度・志願者などが〉急上昇する.
──名 © **1** 射撃, 発砲; 注射 ‖
get shoots 注射をされる.
**2 a** 発芽, (植物の)成長.
**b** 新芽; 若葉; 若枝 ‖
bamboo shoots たけのこ.
**3** 狩猟会; 狩猟隊; 狩猟場; 狩猟旅行.
**shoot·er** /ʃúːtər/ シューター 名 © **1** 射手, 撃つ人; 狩猟者.

**2** シュートする人.
**3** (クリケットの)シューター.
**4** [複合語で] …銃[ピストル]; …の射手 ‖
a six-shooter 6連発銃.
**shoot·ing** /ʃúːtiŋ/ シューティング / 動 → shoot.
──名 ⓒ 射撃, 発射; Ⓤ 狩猟.
**shóoting stár** 流星, 流れ星.

\***shop** /ʃɑp/ シャップ | ʃɔp ショプ/ 〖「小屋」が原義〗
──名 (複 ~s/-s/) **1** © a [しばしば複合語で] 店, 小売店, 商店《◆(米)では store の方が好まれる》‖
She bought some bananas at the fruit shop. 彼女は果物屋でバナナを買った.
The dress shop is having a half-price sale. =They are having a half-price sale at the dress shop. その服屋は半額セールをしている.
**b** (米) (百貨店などの)特定品売場, 専門店.
**c** (サービス業の)店 ‖
a barber's (shop) (英) 理髪店((米) barbershop).
**2** © **a** [通例複合語で] (物の製作・修理をする)仕事場, 作業場《◆workshop ともいう》; 工場 ‖
He works in a repair shop. 彼は修理(工)場で働いている.
a machine shop 機械工場.
**b** アトリエ, 工房.
**3** Ⓤ 事業, 商売; 職業.
*kèep a shóp* 店を持つ, 商売する.
*sèt úp shóp* 商売を始める, 店開きをする.
──動 (三単現) ~s/-s/; (過去・過分) shopped /-t/; (現分) shop·ping)
──自 買物をする, 買いに行く《◆ふつう go shopping で用いる》‖
Mother shops on Saturdays. 母は土曜日に買物をします.
go shopping in [on] the Ginza =go to the Ginza to shop 銀座へ買物に行く.
His wife shopped for groceries. 彼の奥さんは食料品を買いに行った.

> Q&A Q:「銀座に買物に行く」は go *shopping to* the Ginza または go to the Ginza *for shopping* とは言えないのですか.
> A: いずれも誤りです. 上の第2例のように覚えてください.(→ go 動 自 **2**, swim 自 **1**用例)

*shóp (a)róund* (略式)〔自〕(よい買物をしようと)見て回る.
**shóp assistant** (英) 店員((米) salesclerk).
**shop·keep·er** /ʃɑ́pkiːpər/ シャプキーパ | ʃɔ́p- ショプ-/ 名 © (英) (小売店の)店主, 店の経営者((米) storekeeper)(→ merchant 名 **2**【関連】).
**shop·lift** /ʃɑ́plift/ シャプリフト | ʃɔ́p- ショプ-/ 動 他 (…を)万引する.
**shop·lift·er** /ʃɑ́pliftər/ シャプリフタ | ʃɔ́p- ショプ-/ 名 © 万引する人, 万引犯人.
**shop·lift·ing** /ʃɑ́pliftiŋ/ シャプリフティング | ʃɔ́p- ショプ-/ 動 → shoplift. ──名 Ⓤ 万引(行為).

**shop・per** /ʃɑpər シャパ | ʃɔp- ショパ/ 名 C 買物客, 顧客.

**＊shop・ping** /ʃɑpiŋ シャピング | ʃɔpiŋ ショピング/
── 動 → shop.
── 名 U 買物(をすること); [集合名詞] 買った品物 ‖
I went to town to **do some shopping**. 買物をしに町へ行った(=I went shopping in town.)《◆ ˣI went to town for shopping. とはいわない》.
**shópping bàg** 買物袋.
**shópping cènter** [(米) **màll**] 商店街, ショッピングセンター《◆ふつう駐車場がある》.

**shop・win・dow** /ʃɑpwindou シャプウィンドウ | ʃɔp-ショプ-/ 名 C ショーウィンドー, 商品陳列窓.

**shop・worn** /ʃɑpwɔːrn シャプウォーン | ʃɔp- ショプ-/ 形 《主に米》〈商品などが〉棚ざらしの.

**＊shore** /ʃɔːr ショー/ (類音 sure /ʃʊər/《英》, soar /sɔːr/)『『切り立った崖(ﾞ)』が原義』
派 ashore (副)
── 名 (複 ～s/-z/) 1 C U [しばしば ～s] (海・湖・河の)岸, 海岸, 湖畔, 河岸 関 → coast) (cf. bank) ‖
swim **to shore** 岸まで泳ぐ.
I stood on the **shore** searching Lake Biwa. 私は湖畔に立って琵琶湖を見渡した.
**2** C [しばしば ～s] 国, 地方 ‖
his native **shores** 彼の祖国.
**óff shóre** 水中[上]に; 岸[陸]を離れて.
**on shóre** 陸上に[へ]; 船から陸して.
**shore・line** /ʃɔːrlàin ショーライン/ 名 C 海岸線, 湖岸線.

**shorn** /ʃɔːrn ショーン/ 動 → shear. ── 形 刈り込まれた.

**＊short** /ʃɔːrt ショート/ 『『基準に足りない』』が本義』
派 shortage (名), shorten (動), shortly (副)
→ 形 1短い 2背の低い 3不足した 4簡潔な
副 1急に
── 形 (比較 ～er, 最上 ～est) 1 (長さ・距離・時間などが)短い (↔ long) ‖
**Short** hair seems cooler for summer. 短い髪は夏には涼しそうだ.
The **shortest** night in the year is on June 22. 1年で一番夜が短いのは6月22日です.
It's only a **short** way to the zoo. 動物園はすぐ近くです.
**2** 背の低い, 丈(ｷ)の短い (↔ tall) 《◆「低い山」は a low [ˣshort] mountain》 ‖
He is **shorter** than his brother. 彼は兄さんより背が低い《◆ He is short. という含意はない》.
You see a house with a **short** chimney over there. あそこに低い煙突のある家が見えるでしょう (↔ tall).
**3** 不足した, 足りない, 乏しい; 標準に達しない ‖
give **short** weight 量目不足をする.

Water is in **short** supply. 水は不足している《◆ Water is scarce. の方がふつう》.
We **are short of** water. 我々には水が不足している.
I need $5 but I am 50 cents **short**. 5ドル必要だが50セント足りない.
対話 "I need some money for lunch." "Sorry, but I'm **short of** money today." 「昼食のお金がいるんだけど」「ごめんなさいね. きょうは金欠なのよ」.
対話 "How much **short** were you?" "Five dollars." 「いくら足りなかったの」「5ドルです」.
**4** 簡潔な, 手短な (cf. brief) ‖
She gave a **short** explanation of the accident. 彼女はその事件を簡単に説明した.
Make your story **short** and to the point. 話は手短に要領よく言いなさい.
**5** [補語として] ぶっきらぼうな, 無愛想な ‖
The salesman was **short** with me. セールスマンは私にそっけない話し方をした.
**6** 〈母音・音節が〉短音の, 短い, 強勢のない.
**7** 〈菓子などが〉(ショートニングが多くて)壊れやすい, さくさくする.
**líttle shórt of A** ほとんど…の《◆ A は名詞・形容詞》‖ His success was **little short of** miraculous [a miracle]. 彼の成功はほとんど奇跡的であった.
**nóthing shórt of A** 全く…の《◆ A は名詞・形容詞》.
**shórt for A** 〈名前・文字などが〉…を省略した, …の略語で ‖ Beth is **short for** Elizabeth. ベスはエリザベスを短くした呼び名である.
**◦shórt of A** (1) → **3**. (2) 〈事〉以外は, …を除いて ‖ I can't think what to do with these papers, **short of** burning them. この書類をどう処理したらよいか, 燃やすことぐらいしか思いつかない. (3) …の手前で ‖ She stopped the car several yards **short of** the gate. 彼女は門の数ヤード手前で車を止めた.
── 副 (比較 ～er, 最上 ～est) **1** 急に, 不意に, 突然 ‖
The taxi stopped **short** at the red light. タクシーは赤信号で急に止まった.
**2** 簡潔に. **3** ぶっきらぼうに, そっけなく.
**cút shórt** [他] (1) …を短く切る; …を中途で終わらせる[切り上げる]. (2) …の話を止めさせる ‖ cut oneself **short** 急に口をつぐむ.
**◦fáll [cóme] shórt** (1) 不足しない ‖ His profits fell **short of** his expectations. 彼の収益は予想に反した / 対話 "How's the new man working out?" "Not so bad, but he's **falling short of** my expectations so far." 「新入りの男はどうだい」「まんざら悪くないよ. でもこれまでのところ私の期待には達していないわね」. (2) 〈金・物などが〉不足する.
**◦rún shórt** [自] (1) 不足する ‖ Water is running **short**. 水が足りなくなっている. (2) 切らす ‖ They have **run short of** money. 彼らは金を

## shortage

足りなくなった / [対話] "Do we need anything at the store?" "We're **running short of** eggs and milk." 「その店でなにか買う必要があるかなあ」「たまごと牛乳がなくなりそうだわ」.

——[名] **1** ⓒ 短いもの; [the ~] 要点, 要旨. **2** ⓒ 不足しているもの; [(主に米) 通例 ~s] 不足分[額], 資金難. **3** ⓒ (略式) =short circuit. **4** ⓒ (略式) 短編映画. **5** ⓒ (野球) ショート, 遊撃手. **6** [~s; 複数扱い] (運動用の)短パンツ; (主に米)(男子用の)パンツ.

**for shórt** 略して, 短く言って ‖ The British Broadcasting Corporation is called the BBC **for short**. 英国放送協会は略してBBCと呼ばれる.

**in shórt** [文全体を修飾; 通例文頭・文中で] 要約すると, 手短に言うと《◆ 箇条書きに述べてきたことを要約する時に用いる. 単に「手っ取り早く言えば」の意ではない》‖ The train was late, the car was broken and it began to rain. **In short** we had a difficult trip. 電車は遅れ, 車は故障し, 雨まで降り始めた. 手短に言えば, 苦労の多い旅だった.

**shórt círcuit** [電気] ショート《◆ 単に short ともいう》(cf. short-circuit).

**shórt síght** (主に英) 近視; 近視眼的な見方.

**shórt stóry** 短編小説.

**short·age** /ʃɔ́ːrtidʒ ショーティヂ/ [名] ⓤ [しばしば a ~] 不足; 不足高 ‖
There was **a shortage of** water in the mountains after the hot summer. 暑い夏のあと山間部では水不足をきたした.

**short·bread** /ʃɔ́ːrtbrèd ショートブレド/ [名] ⓒⓤ ショートブレド《バターをたっぷり使ったさくさくしたビスケット》.

**short·cake** /ʃɔ́ːrtkèik ショートケイク/ [名] ⓤⓒ **1** (米) ショートケーキ《スポンジケーキと果実の組み合わせのケーキ》(cf. short [形] 7). **2** (英) ショートケーキ《厚いショートブレド(shortbread)の一種》.

**short-cir·cuit** /ʃɔ́ːrtsə́ːrkit ショートサーキト/ [動] ⓣ **1** [電気] …をショートさせる(short). **2** …を簡単にする, 簡略化する. **3** …を迂(う)回する(short). ——ⓘ [電気] ショートする(short) (cf. short circuit).

**short·com·ing** /ʃɔ́ːrtkʌ̀miŋ ショートカミング/ [名] ⓒ [通例 ~s] 欠点, 短所.

**short·cut** /ʃɔ́ːrtkʌ̀t ショートカト/ [名] ⓒ [比喩的にも用いて] 近道; [コンピュータ] ショートカット.

**short·en** /ʃɔ́ːrtn ショートン/ [動] ⓣ …を短くする, 縮める, 短く見せる(↔ lengthen) ‖
**shorten** a dress **by** five centimeters 服(の丈)を5センチ短くする.
**shorten** one's stay **to** four days 滞在期間を4日に短縮する.
——ⓘ 短くなる, 縮む ‖
The nights **shorten** in summer. 夏は夜が短くなる.

**short·en·ing** /ʃɔ́ːrtniŋ ショートニング/ [動] → shorten. ——[名] ⓤ (主に米) ショートニング《菓子を軽く舌ざわりにするために用いるバター・ラードなど》.

## shot

**short·hand** /ʃɔ́ːrthænd ショートハンド/ [名] ⓤ 速記(法) ((主に米) stenography); [形容詞的に] 速記の, 速記で書いた ‖
write **shorthand** 速記する.

**short-lived** /ʃɔ́ːrtláivd ショートライヴド | -lívd -リヴド/ [形] 短命の, はかない; 長続きしない.

**short·ly** /ʃɔ́ːrtli ショートリ/ [副] **1a** まもなく, すぐに, やがて《◆ soon より堅い語》‖
She will be here **shortly**. 彼女はまもなくここへ来ます.
Come back **shortly**. すぐ戻って来なさい.
**b** [after, before などの前で] 少し, ちょっと ‖
She arrived **shortly** after sunset. 日没後少しして彼女は現れた.
**2** 手短に, 簡単に ‖
**to put it shortly** 簡単に言えば.
**3** そっけなく, ぶっきらぼうに ‖
answer **shortly** 無愛想に答える.

**short·ness** /ʃɔ́ːrtnəs ショートネス/ [名] ⓤ **1** 短いこと; 低いこと. **2** 不足. **3** 簡単. **4** 無愛想.

**short(-)sight·ed** /ʃɔ́ːrtsáitid ショートサイティド; **2** ⁻´⁻` / [形] **1** (主に英) 近視の. **2** 先見の明のない, 近視眼的な.

**short·stop** /ʃɔ́ːrtstɑ̀p ショートスタプ | -stɔ̀p -ストプ/ [名] ⓒⓤ [野球] 遊撃手[ショート](の守備位置)《◆ short ともいう》.

**short-tem·pered** /ʃɔ́ːrttémpərd ショートテンパド/ [形] 短気な, 怒りっぽい.

**short-term** /ʃɔ́ːrttə́ːrm ショートターム/ [形] **1** 短期間の. **2** 短期満期の《ふつう1年以内》.

**short·wave** /ʃɔ́ːrtwéiv ショートウェイヴ/ [電気] [名] ⓤ [形] 短波(の).

**shot**¹ /ʃɑ́t シャト | ʃɔ́t ショト/ 《[類語] shút/ʃʌ́t/》[名] **1** ⓒ (鉄砲・弓などの)発射, 発砲, 射撃; 銃声, 砲声 ‖
fire a **shot** 発砲する.
hear a **shot** 銃声が聞こえる.

**2** ⓒⓤ 弾丸, 砲弾; ⓤ [集合名詞的] 散弾 ‖
be peppered with **shot** 弾丸を浴びせられる.

**3** ⓒ 射手, 撃ち手 ‖
the best **shot** in the army 軍隊一の射撃の名人.

**4** ⓒ (略式) [球技] (1回の)シュート, ひと突き, ひと投げ, ひとけり.

**5** ⓒ (主に米略式) 皮下注射.

**6** ⓒ [通例 a ~] 試み, 企て ‖
have [take] a **shot at** the puzzle パズルをやってみる.

**7** ⓒ 当て推量, あてずっぽう ‖
make a bad **shot at** the answer あてずっぽうで答えて間違う.

**8** ⓒ **a** (略式) 写真, スナップ ‖
She took some **shots** of us eating pizza. 私たちがピザを食べている写真を彼女は撮った.
**b** (映画・テレビで連続して撮影した)一場面.

*a shót in the dárk* あてずっぽう, 当て推量.

*by a lóng shót* 大違いで, かけ離れて; [否定文で] 全く, 全然; 断然, 並み外れて.

*hàve [tàke] a shót at A* (1) …をねらい撃つ.

(2) → **6**.

***like a shót*** (主に喜んで)鉄砲玉のように, すばやく.

**shót glàss** (少量の酒を量ったりついだりする)小さなグラス.

**shot**² /ʃát シャト | ʃɔ́t ショト/ **動** → shoot.

**shot·gun** /ʃátgʌn シャトガン | ʃɔ́t- ショト-/ **名** ⓒ 散弾銃, 猟銃, ショットガン.

**shótgun wèdding [màrriage]** (女性が妊娠したために)急いでする結婚.

## **＊＊should** /(強) ʃúd シュド; (弱) ʃəd シャド, 無声音の前では ʃt シュト/ <u>発音注意</u> 《◆ l は発音しない》〖義務・可能性を表す should 独自の用法の他, shall の直説法過去・仮定法過去としての用法を持つ〗

→ **助** 1a …すべきである　b …すべきであったのに
　　2 a たぶん…だ　b …したはずだ
　　4 …(した)であろうに　5 仮に…なら
　　6 …であるよう　7 …(しない)ように
　　8 …なのですが　9 a …するとは　b いったい…

<u>Q&A</u> **Q**: should や would のように l を発音しない語はほかにありますか.
**A**: calm, could, palm, salmon, talk などがあります.

---

**——助 I [独立用法]**

**1** [義務] **a** [should do] (こういう状況だから)…すべきである, …した方がよい, …することですね《◆一般に must, ought to より意味が弱い. 否定形 shouldn't は ought to の否定形としてよく用いられる》‖
You **should** apologize for your rudeness. 君は無礼をわびるべきだ.
**Should** I wait for her to come back? 彼女が帰って来るのを待つべきですか.
We **ought to** go now, **should**n't we? もう行くべきですね.
<u>対話</u> "Had we better begin now?" "Yes, you **should**." 「もう始めた方がよいですか」「ええ, そうすべきです」.

**b** [should have done] …すべきであったのに《◆実際はしなかったことを表す》‖
You **shóuld have** knocked before you came in. 入る前にあなたはノックすべきでした.
You **shóuld have seen** the sunset. 君にあの夕陽を見せたかったよ.
**Should** Tom **have gone** to the dentist yesterday? トムはきのう歯医者に行くべきでしたか.

**2** [(現在時における)可能性・推量] **a** [should do] たぶん…だ, …のはずだ《◆(1)話し手の期待にそう可能性についていう. (2)話し手の確信度については → may **2**》‖
She is leaving home now. She **shóuld** get to the office in an hour. 彼女は今出ます. 1時間で会社に着くでしょう.
According to this map, this **should** be our way. この地図によると我々の進路のはずです.
I've mended it, so it **should** be all right now. 繕ったのだからもう大丈夫です.

**b** [should have done] …したはずだ, …してしまったはずだ‖
He left home twenty minutes ago. He **shóuld have** arrived at the office by now. 彼は20分前に家を出たから, もう会社に着いているはずだ.

**II [shall の直説法過去]**

**3** (主に英) 時制の一致による I [we] shall の過去‖
I said (that) I **should** be 20 next birthday. 次の誕生日で20歳になると私は言った《◆I said, "I *shall* be 20 next birthday." を間接話法で表すと主節が過去形なので shall が should となる》.

**III [shall の仮定法過去]**

**4** [if 節の帰結節で] **a** [should do] (主に英) …であろうに‖
If I had a thousand pounds, I **should** take a long holiday. もし1000ポンドあれば, たっぷり休暇をとるのだが(＝As I don't have a thousand pounds, I won't take a long holiday.).

**b** [should have done] …したであろうに, …であったろうに‖
If I had not loved him, I **should have left** him. もし彼のことを愛していなかったら, 彼のもとから去っていたはずです(＝As I loved him, I didn't leave him.).

**5** [正式] [仮定・譲歩を表す節の中で] 仮に…なら; たとえ…でも《◆仮定・譲歩を表す節の内容をありそうもないもの, 起こりそうもないものとして述べる》‖
If I **should** live to be a hundred, I will [would] never understand Picasso. ＝ **Should** I live to be a hundred, I will [would] never understand Picasso. たとえ100歳まで生きても私はピカソを理解できないだろう.

**6** [要求・提案・必要などを表す動詞・形容詞・名詞に続く名詞節中で] …であるよう, …する[なる](こと)《◆(米)ではふつう仮定法現在(動詞の原形)を用いる》‖
They **suggested** (that) she remain [(主に英) **should** remain] here until next week. 彼女は来週までここにとどまるようにと彼らは提案した.
I am **anxious** that the affair be [(主に英) **should be**] settled. その問題にはけりをつけてもらいたいと思っている.
It is **important** that she learn [(主に英) **should learn**] to control her temper. 彼女が自分の感情を抑えられるようになることは重要だ.

<u>関連</u> (1) that 節で「(should＋)動詞の原形」を用いる動詞には, advise, demand, insist, order, propose, request, require, suggest などがある.
(2) it is ～ that 節の that … で「(should＋)動詞の原形」を用いる形容詞には, advisable, anxious, essential, important, necessary, urgent などがある.

**7** (正式) [lest 節で] …(しない)よう(に) ‖
We hid behind the trees lest they should see us. 彼らに見つからぬよう私たちは木の陰に隠れた.

**8** [say, think, like, prefer などの動詞の前に置い て控え目・ためらい・ていねいの気持ちを表す] …**なのですが**(cf. want Q&A) ‖
I should say [think] that about forty people were present there. 約40名がそこに出ていたようですが.
I should prefer to go by car. 車で行きたいのですが.

**IV** [その他]

**9** [感情の should] [驚き・意外・怒りの感情を表す]
**a** [that 節で] …**するとは** ‖
It is **lucky** that the weather **should** be so fine. お天気がこんなにいい[そんなによかった]なんてついているのね.
I am **surprised** that she **should** have done such a thing. 彼女がそんなことをしでかして驚いています.

**b** [wh 節で] **いったい**… ‖
How **should** I know? どうして私が知っているの(知ってるわけがありません).
Who **should** be there but Tom? いったいそこにだれがいる[いた]と思いますか, トムですよ.
Why **should** they have destroyed those buildings? いったいどうして彼らはあの建物を破壊してしまったのか.

## \*shoul·der
/ʃóuldər ショウルダ/ 〖「鋤(すき)に用いられた肩の骨」が原義〗
——**名** (複 ~s/-z/) **1** ⓒ 肩; [~s] 上背部 (図 → body, back) 《◆背部を含み, 日本語の「肩」よりも範囲が広い》 ‖
walk with a child **on** one's **shoulders** 子供を肩車で歩く.
My coat is torn **at** the **shoulder**. 上衣の肩が破れている.

関連 [肩に関するしぐさ] drop [droop] one's shoulders (落胆して)肩を落とす / hold [throw] one's shoulders back (perk up [square] one's shoulders 肩をいからす, 張る《◆得意・決意・尊大を示す動作》/ hunch one's shoulders (寒さ・失望で)肩を丸くすぼめる / pat him on the shoulder 彼の肩をポンとたたく / straighten one's shoulders (丸めていた)肩をしゃんと伸ばす / shrug one's shoulders (→ 成句).

Q&A **Q**: 日本語の「肩がこる」と野球選手で「肩が強い」はどう訳しますか.
**A**: 「肩がこる」は have stiff shoulders や feel stiff in one's shoulders でもいいでしょうが, neck を使って have a stiff neck ということも多いです. 「肩が強い」はふつう have strong arms といいます.

**2** ⓒ (略式) [~s; 複数扱い] (責任・重荷を負う)双肩(そうけん), 肩 ‖
lay the blame **on** the right **shoulders** 責めるべき人を責める.
take [carry] the plan **on** one's (**own**) **shoulders** 計画の責任を負う.
Don't shift the blame **to** other **shoulders**. 他人に責任を転嫁(てんか)するな.

**3** Ⓤⓒ (食用動物の)肩肉《前足・前身部を含む》(図 → pork).

**4** ⓒ 肩状の物; (衣服の)肩; (山・びん・道具などの)肩(図 → bottle); 路肩(ろかた) ‖
Soft **Shoulder**. (米)(道路標識)路肩弱し.

**gèt the cóld shóulder** (略式) 冷たくされる, よそよそしく扱われる.
**gìve A the cóld shóulder** =turn the cold SHOULDER to.
**shóulder to shóulder** (1) 肩を触れ合って, 肩を並べて; 密集して. (2) 互いに協力して.
**shrúg** one's **shóulders** (手のひらを上にして)肩をすくめる (→ shrug).
**tùrn** [**shòw**] **the cóld shóulder to A** = **turn a cóld shóulder on A** (略式) …によそよそしい態度をとる, 口をきかない.

——**動** 他 …を肩で押す[突く]; [shoulder one's way] 肩で押し分けて進む ‖
**shoulder** him **aside** 彼を肩で押しのける.
He **shouldered** his way **through** the crowd. 彼は人ごみを押し分けて通った.

shrug one's shoulders

**shóulder bàg** ショルダーバッグ.
**shóulder bèlt** [**hàrness**] (自動車の)肩かけ式シートベルト.
**shóulder blàde** [**bòne**] [解剖] 肩甲骨 (scapula).

## \*should·n't
/ʃúdnt シュドント/ should not の短縮形.

## \*shout
/ʃáut シャウト/ 〖「大きな声で喜怒哀楽・警告などを表す」が本義〗
——**動** (三単現) ~s/ʃáuts/; (過去・過分) ~·ed/-id/; (現分) ~·ing)
——自 叫ぶ, 大声で言う; どなりつける ‖
**shout for** help 助けてくれと叫ぶ.
**shout with** joy 歓声をあげる.
Don't **shout at** me. どならないでくれ.
She **shouted at** him **to** be careful. 彼女は彼に注意するように叫んだ.
——他 …を叫ぶ, 大声で言う; [shout (that) 節] …だと叫ぶ; 「…」と大声で言う ‖
He was **shouting** rude remarks. 彼は大きな

声で無礼な意見を述べていた.

"Come back!" she **shouted**. 「引き返して」と彼女は叫んだ.

The captain **shouted** (**to** his men) (**that**) the ship was sinking. 船長は(部下に)船が沈むぞと叫んだ.

***shóut oneself hóarse*** 大声で話して声をからす.

──[名] ([複] ~s/ʃáuts/) [C] **叫び(声)**, 大声《◆喜び・賛成・反対・抵抗などを表す個人または大勢の人の叫び》‖

She gave a **shout**. 彼女は叫んだ.

**shove** /ʃʌ́v シャヴ/ (発音注意)《◆×ショウヴ》(略式) [動] ([現分] shov·ing) [他] **1** …を押す, 突く; …を押しのける; …を押しつける ‖

**shove** him aside 彼を押しのける.

**shove** the sofa **to** the other side of the room ソファーを部屋の向こう側に押しやる.

**2** …を置く, つっこむ ‖

Bob **shoved** his hands **in** his pockets. ボブは両手をポケットにつっこんだ.

──[自] **1** 押す, 突く; 押し進む ‖

Stop pushing and **shoving**! 押し合いへし合いするのはやめろ!

**2** 動く.

***shóve aróund*** [他]〈人〉をこき使う.

──[名] [a ~] ひと突き, ひと押し ‖

give the boat **a shove** 船をひと押しする.

**shov·el** /ʃʌ́vl シャヴル/ [名] [C] **1** シャベル; 動力シャベル ‖

a snow **shovel** 雪かき用シャベル.

**2** [C] シャベル1杯(分).

──[動] ([過去・過分] ~ed または (英) shov·elled /-d/; [現分] ~·ing または (英) -·el·ling) [他] **1** …をシャベルですくう ‖

**shovel** snow **off** [**away from**] the path シャベルで道路の雪を取り除く.

**2** 〈道など〉をシャベルで作る ‖

They **shoveled** a path through the snow. 彼らは雪の中にシャベルで道を作った.

# **show

/ʃóu ショウ/ 〖「人に見えるようにする」が本義〗

→ [動] [他] **1 見せる　4 案内する　5 明らかにする**
[自] **1 見える**
[名] **1 見せること　2 展覧会　3 見世物　4 外観**

──[動] ([三単現] ~s/-z/; [過去] ~ed/-d/, [過分] shown/ʃóun/ または (まれ) ~ed; [現分] ~·ing)

[他] と [自] の関係

| | | |
|---|---|---|
| [他] **1** | show **A** | **A** を見せる |
| [自] **1** | **A** show | **A** が見える |

──[他] **1** [授与動詞] **…を見せる**, 示す; [show **A B** / show **B to A**] **A**〈人〉に **B**〈物〉を見せる ‖

You have to **show** your membership card at the door. 入口で会員証を見せなくてはなりません.

Will you **show** me your new car? 新しい車を見せてくれませんか.

The skies are **showing** signs of clearing. 空は天気が回復するきざしを示している.

**2** …を**展示する**, 陳列する, 出品する(exhibit); …を上映[上演]する ‖

The store is **showing** Christmas goods already. その店はもうクリスマスの商品を並べている.

She won (the) first prize for the rose she **showed** at the flower show. 花の品評会に出品したバラで彼女は1等賞をもらった.

His paintings are being **shown** at the gallery. 彼の絵は美術館で展示中です.

**3** 〈感情など〉を**表に出す**, 表す; [show (**that**) 節] …ということを表に出す ‖

She **showed** her anger in her eyes. =Her eyes **showed** her anger. =Her anger **showed itself** in her eyes. 彼女は目で怒りを表した.

He **showed** (**that**) he was not surprised at his father's death. 彼の表情では父親の死を聞いても驚いていない様子であった.

**4** …を**案内する**《◆場所・方向を表す副詞(句)を伴う》; [show **A B**] **A**〈人〉を **B**〈場所〉へ**案内する**, 通す(→ tell [Q&A], teach [語法](2)) ‖

Please **show** the guest **into** the living room. お客さまを居間へお通ししなさい.

I **showed** my aunt the sights of Tokyo. おばを東京の名所へ案内した.

**show** him in 彼を中へ通す.

**5** [show **A B**] (**A**〈人〉に) **B**〈事〉**を明らかにする**, 示す; [show (**A**) **wh** 節・句 / show (**A**) (**that**) 節] (**A**〈人〉に)…ということを明らかにする; [show **A** (**to be**) **C**] **A**〈人・事〉が **C** であることを証明する《◆**C** は名詞・形容詞》‖

Please **show** me **the way to** the station. 駅へ行く道を教えてください《◆実際に連れて行くとか地図を書いて教えることを意味する. 単に言葉で教えるだけの場合は tell (→ tell [Q&A])》.

He **showed** the falsity of the story. =He **showed** (**that**) the story was false. =He **showed** the story **to be** false. 彼はその話が偽りであることを証明した.

The thermometer **shows** her temperature **to be** 105 degrees Fahrenheit. 体温計は彼女の体温が華氏105度であることを示している.

The picture **shows** the baby sleeping. 写真には赤ん坊が眠っているところが写っている.

[対話] "Could you tell me again how to get there?" "Come on. I'll **show the way**." 「そこへの行き方をもう一度教えていただけますか」「一緒に行きましょう. 道案内しますから」.

[対話] "Can you **show** me **how** to start this machine?" "Yes. Push this button." 「この機械はどうしたら始動するのですか. 教えてください」「いいですよ. このボタンを押すのです」.

**6** (正式) [show **A B** / show **B to A**] **A**〈人〉に **B**〈好意・親切など〉を尽くす, 示す ‖

She **showed** him mercy. =She **showed**

mercy to him. 彼女は彼に情をかけた.
— 自 **1** 見える, 現れる; 明らかにわかる;〈英まれ〉[show C] C に見える ‖
Does my slip **show**? スリップが見えてますか.
Her happiness **showed** on her face. 幸せな様子が彼女の顔に表れた.
Your dress **shows** whitish from here.〈英〉あなたの服はここからだと白っぽく見える.
**2**〈略式〉展示会を開く, 興行する; 上演[上映]される ‖
The film is now **showing**. その映画は今上映されています.

**shów A (a)round (B)** [他]〈人〉をを〈B〈場所〉を〉案内して回る, 見学させる ‖ Let me **show** you **around** my new house. 私の新築の家をご案内させてください.

**shów óff** (1) [自] 見せびらかす. (2) [他] …を引き立たせる, よく見せる; …を見せびらかす, 誇示する.

**shów onesélf**〈人が〉姿を現す;〈物・事が〉現れる (cf. 他 **3**).

◇**shów úp** → show up (見出し語).

— 名(複 ～s/-z/) **1** ① [通例 a ～] 見せること, 表すこと, 表示 ‖
They raised their hands in **a show** of support. 彼らは支持を表して挙手した.
He was pleased by her **show** of satisfaction. 彼は彼女の満足げな様子をうれしく思った.
**2** ⓒ [しばしば複合語で] 展覧会, 展示会, 品評会 ‖
a car **show** 自動車の展示会.
We went to his first one-man **show** of his paintings. 彼の絵の最初の個展に行った.
**3** ⓒ〈略式〉ショー, 見せ物; 映画, 芝居; テレビ[ラジオ]番組.
**4** Ⓤ [通例 a ～] 外観, 様子; 見せかけ, ふり ‖
They made a **show** of forgetting she was there. 彼らは彼女がそこにいるのを忘れているように見せかけた.
He put on a **show** of courage. 彼は勇気があるように装った.
**5** Ⓤ [通例 a ～] みえ, 見せびらかし, 誇示 ‖
Everyone likes a **show**. だれにも見えっぱりのところがある.
**6** ⓒ〈略式〉仕事, 事業, 企て.
**for shów** みえで, みせびらかすために.
◇**on shów** 展示されて, 陳列されて.

**shów bùsiness** ショービジネス, 芸能界, 興行事業.

**show·case** /ʃóukèis/ ショウケイス/ 名 ⓒ **1** 陳列用ガラスケース. **2**(才能などを世間に認めてもらうための)場, 売り出す機会.

**show·down** /ʃóudàun/ ショウダウン/ 名 ⓒ **1** [通例 a ～ / the ～] どたん場, 大詰め, 最後の対決. **2** (ポーカーで)ショウダウン《持ち札を見せて勝負をつけること》.

**show·er** /ʃáuər/ シャウア/ 名 ⓒ **1** [通例 a ～ / ～s] にわか雨, 短時間の雨《◆英国の天気予報では rain より shower の方がよく登場する》;〈米〉にわか雪, 短い間降るみぞれ[あられ] ‖
I was caught in [×by] a **shower** on my way home. 私は家に帰る途中でにわか雨にあった.
**2** [a ～ of A] (涙・弾丸などの)雨, 多量の…‖
a **shower** of tears 涙の雨.
a **shower** of presents たくさんの贈り物.
**3**〈主に米〉(結婚・出産のお祝い品贈呈パーティー.
**4** シャワー; シャワー装置(shower bath) ‖
take a **shower** シャワーを浴びる.
be in the **shower** シャワーをしている.
— 動 他 **1** …にわか雨でぬらす, …に水をそそぐ.
**2** …を惜しみなく与える;…にどっさり与える ‖
My aunt **showered** presents **on** me. = My aunt **showered** me **with** presents. おばがどっさりと贈り物をくれた.
— 自 **1** [it を主語にして] にわか雨が降る. **2** 雨のように降りそそぐ. **3** シャワーを浴びる.

**shówer bàth** = shower **4**.

**show·er·y** /ʃáuəri/ シャウアリ/ 形 にわか雨の(ような); にわか雨の多い.

**show·ing** /ʃóuiŋ/ ショウイング/ 動 → show.
— 名 [通例 a ～] 展示, 上演, 上映 ‖
a private **showing** of *Austin Powers*『オースティン=パワーズ』の試写会.

**show·man** /ʃóumæn/ ショウマン/ 名(複 --men) ⓒ〈略式〉**1** 興行師((PC) show manager). **2** 演技的才覚のある人((PC) entertainer).

**show·man·ship** /ʃóumænʃip/ ショウマンシプ/ 名 Ⓤ 興業の才能; 演出術; 観客を引きつける手腕, ショーマンシップ.

*****shown** /ʃóun/ ショウン/ (同音 shone) 動 → show.

**show·off** /ʃóuɔ(ː)f/ ショウオ(ー)フ/ 名〈略式〉**1** ⓒ 見せびらかす人, 自慢屋. **2** Ⓤ 見せびらかし, 誇示.

**show·room** /ʃóurùːm/ ショウルーム/ 名 ⓒ 商品陳列室, ショールーム.

*****show up** /ʃóu ʌ́p/ ショウ アプ/
— 動 (変化形 → show) **1**〈略式〉[自] 現れる, 来る《◆予定より少し遅れて来る場合に用いる》‖
He **showed up** one hour late for the party. 彼はパーティーに1時間遅れて現れた.
[対話] "Where in heaven is Nancy? We can't start without her." "Don't worry. She'll **show up** soon."「いったいナンシーはどこにいるんだ. 彼女がいないと出発できないよ」「心配しないで. 間もなく現れるわ」.
**2** [自] はっきり[よく]見える.
**3** [他] [show up A / show A up] …をはっきりと見えさせる; …をあばく, 暴露する.
**4** [他] [show up A / show A up]〈略式〉…に恥をかかせる.

**show·y** /ʃóui/ ショウイ/ 形 (比較 -i·er, 最上 -i·est)〈正式〉**1** 目立つ, 人目を引く. **2** ぎざましい能力を見せる. **3** 派手な, けばけばしい.

**shrank** /ʃræŋk/ シュランク/ 動 → shrink.

**shrap·nel** /ʃræpnl/ シュラプヌル/【英国の発明者の名から】名(複 shrap·nel) Ⓤ ⓒ 榴散(りゅうさん)弾; (その)破片.

**shred** /ʃréd/ シュレド/ 名 ⓒ **1** [通例 ～s] (細長い)切れ端, 断片, 破片

tear the towel **to shreds** タオルをずたずたに引き裂く.
**in shreds** きれぎれになって.
**2** [a ～; 通例否定文で] わずか, 少量.
──[過去・過分] shred·ded/-id/ または shred; [現分] shred·ding 他 …を細く切る, ずたずたに裂く ‖
**shredded** carrots ニンジンの細切り.

**shred·der** /ʃrédər シュレダ/ 名C **1** 野菜カッター. **2** 書類寸断機, シュレッダー.

**shrew** /ʃrúː シュルー/ 名C《文》口やかましい女, 気性の荒い女.

**shrewd** /ʃrúːd シュルード/ 形 抜け目のない; 利口な ‖
a **shrewd** lawyer 抜け目のない弁護士.

**shrewd·ly** /ʃrúːdli シュルードリ/ 副 抜け目なく; 利口に.

**shriek** /ʃríːk シュリーク/ 動 (自) **1** 悲鳴をあげる, 金切り声を出す《◆**scream** よりかん高く, 恐怖・悲痛の度合が強い》; かん高い声で笑う ‖
**shriek** with laughter キャッキャッと笑う.
**2** 他〈楽器・笛・風などが〉かん高い音を出す.
──他 かん高い声でいう ‖
**shriek out** a warning 金切り声で警告する.
**shriek** curses **at** him 彼をかん高い声でののしる.
──名C 悲鳴, 金切り声; かん高い笑い声.
**shrieks** of laughter かん高い笑い声.
**give a shriek** 悲鳴をあげる; かん高い声を出す.

**shrill** /ʃríl シュリル/ 形 **1** かん高い, 金切り声の, 鋭い ‖
The girl gave a **shrill** cry when she saw a snake. その少女は蛇を見てかん高い声をあげた.
**2**〈言葉などが〉鋭い.

**shril·ly** /ʃríli シュリルリ | ʃríli シュリリ/ 副 かん高く, 鋭く.

**shrimp** /ʃrímp シュリンプ/ 名 (複 ～s, 集合名詞 shrimp) C 動 (食用の)小エビ, エビ ‖
fish for **shrimps** 小エビを取る.
──他 小エビを取る.

**shrine** /ʃráin シュライン/ 名C **1** (聖人の遺骨・遺物を祭った)聖堂, 廟(びょう); 神殿, (日本の)神社 ‖
(the) Meiji **Shrine** 明治神宮.
**2** 聖遺物箱.
**3** (歴史上・連想上神聖視される)聖地, 殿堂.

**shrink** /ʃríŋk シュリンク/ 動 ([過去] shrank/ʃrǽŋk/ または (米) shrunk/ʃrʌ́ŋk/, [過分] shrunk または (米) shrunk·en/ʃrʌ́ŋkn/)
──(自) **1** 縮む, 小さくなる ‖
Woolen clothes **shrink** in hot water. ウールの服は熱湯で洗うと縮む.
**2** [**shrink from** A] …からしりごみする, ひるむ ‖
That shy girl **shrinks from** meeting strangers. その内気な女の子は知らない人に会うのをいやがる.
**3** 減少する, 減る ‖
Gradually the huge stacks began to **shrink**. 徐々に干し草の大きな山は減り始めた.
──他 **1** …を縮ませる ‖
Hot water **shrinks** wool. 熱湯はウールを縮ませる.
**2** …を減らす.

**shrink·age** /ʃríŋkidʒ シュリンキチ/ 名U 縮小, 減少.

**shrink-wrapped** /ʃríŋkræpt シュリンクラプト/ 形 **1** 収縮包装された. **2**《コンピュータ》すぐ使える形でパッケージに入った.

**shriv·el** /ʃrívl シュリヴル/ 動 ([過去・過分] ～ed または (英) shriv·elled/-d/; [現分] ～·ing または (英) -el·ling) (自) 縮んでしわが寄る, しぼむ, しなびる. ──他 …にしわを寄らせる, 縮ませる, しぼませる.

**shroud** /ʃráud シュラウド/ 名C **1** 死者を包む白布, 経(きょう)かたびら.
**2** 覆う物, 幕, とばり ‖
a **shroud** of darkness やみのとばり.
**3** [海事] [通例 ～s] シュラウド, 横檣(おうしょう)索《マストの先から舷側に張る支え索》.
──動 他 **1** …に経かたびらを着せる. **2** [通例 be ～ed] 覆い隠される, 包まれる.

**shrub** /ʃrʌ́b シュラブ/ 名C 低木, 灌木(かんぼく)《庭の生け垣用. lilac shrub, rhododendron, box など》.

**shrub·ber·y** /ʃrʌ́bəri シュラバリ/ 名 (複 -ber·ies) UC [集合名詞] 低木; 低木の植え込み, 生け垣.

**shrug** /ʃrʌ́g シュラグ/ [「頭をひょいと下げる」が原義] 動 ([過去・過分] shrugged/-d/; [現分] shrug·ging) 他〈肩〉をすくめる《◆両腕をあげ, 手のひらを上に向けて両手を広げ, 不快・疑い・絶望・無関心・当惑・不賛成などを示す. → **shoulder** 名 成句》‖
He only **shrugged** his shoulders when we asked for directions. 私たちが道順を尋ねたら彼はただ肩をすくめただけだった.
***shrúg óff*** [他] …を無視する; …を払いのける.
──名C **1** [通例 a ～] 肩をすくめること ‖
with **a shrug** (of the shoulders) 肩をすくめて.
**2** 短い上着.

**shrunk·en** /ʃrʌ́ŋkn シュランクン/ 動 → **shrink**.
──形《文》しなびた, 縮んだ.

**shuck** /ʃʌ́k シャク/ 名C《主に米》(豆・クリなどの)さや, から; (カキ・ハマグリの)から; 外皮.

**shud·der** /ʃʌ́dər シャダ/ 動 (自) **1** 身震いする, 震える([語法] → **tremble**) ‖
**shudder** with [**from**] cold 寒さでがたがた震える.
**shudder at** the thought of it. それを考えただけでぞっとする.
**2**〈建物・船などが〉震える, 揺れる.
──名C [通例 a ～] 身震い, 戦慄(せんりつ), 震え;《略式》[the ～s] 身震いの発作 ‖
with **a shudder** ぞっとして.
give him **a shudder** 彼をぞっとさせる.

**shuf·fle** /ʃʌ́fl シャフル/ 動 ([現分] shuf·fling) 他 **1**〈足〉を引きずって歩く ‖
**shuffle** one's feet 足を引きずって歩く.
**2** …を移し替える.
**3** …をめちゃくちゃに混ぜる.

— 自 **1** 足を引きずって歩く. **2** あちこちと動く. **3**〔トランプ〕シャッフルする, 切る. **4** 言い抜ける, ごまかす. **5** ぞんざいにやる.

**shúffle óff** 〔他〕〈責任など〉を押しつける, 転嫁(⁵)する.

— 名 **1** [a ~] 足を引きずって歩くこと ‖
with a shuffle 足をひきずって.
**2** ⓒ **a** 混ぜ合わせ, (位置の) 入れ替え. **b**〔トランプ〕シャッフル, カードを切ること; カードを切る番.
**3** ⓒ ごまかし, 言い抜け.

**shun** /ʃʌ́n シャン/ 動(過去・過分 shunned/-d/; 現分 shun·ning) 他 (正式)…を避ける, 遠ざける.

**shunt** /ʃʌ́nt シャント/ 動 他 **1** (英)〔鉄道〕〈車両〉を入れ替える((米) switch). **2** (略式)…を放っておく. **3** (略式)〈人〉をのけものにする.

＊**shut** /ʃʌ́t シャッ/ 〘「戸にかんぬきをする」が原義. cf. shoot, shuttle〛

— 動 (三単現 ~s/ʃʌ́ts/; 過去・過分 shut; 現分 shut·ting)

| 他 と 自 の関係 | | |
|---|---|---|
| 他 **1** | shut A | A〈戸・ふたなど〉を閉める |
| 自 **1** | A shut | A が閉まる, 閉じる |

— 他 **1**〈戸・ふたなど〉を**閉める**, 閉じる(→ close²) (↔ open) ‖
shut a box 箱を閉じる, ふたをする.
shut one's mouth 口をつぐむ.
shut the door against [(主に米) on] her = shut the door in her face 彼女の目の前でドアをパタンと閉める.
He shut the door behind him. 彼は入ってから戸を閉めた.

---
**Q&A** **Q**: shut the door と close the door とはどう違いますか.
**A**: shut は単に「ドアを閉める」ですが, 第3例のようにしばしば乱暴な動作を暗示します. これに対して close は shut より上品な語で,「閉まった状態にする」ことを強調します.

---

**2**〈かさなど〉を**閉じる**, たたむ《◆ close の方がふつう》‖
shut (up) a book 本を閉じる.
shut a knife ナイフをたたむ.
**3**〈口・耳・心など〉を閉ざす ‖
She **shuts** her eyes to the fact. 彼女は事実に目を向けない.
**4** …を閉じこめる, はさむ; …を閉め出す;〈店・事業など〉を閉鎖する ‖
shut him into a room 彼を部屋に閉じこめる.
shut him out of a room 彼を部屋から追い出す.
shut oneself in a room 部屋に閉じこもる.
shut one's finger in a door うっかりドアに指をはさむ.
shut a road to all traffic 道路を封鎖する.
She shut (up) her store for a month. 彼女は1か月間店を閉じた.

— 自 **閉まる**, 閉じる ‖
The door won't shut. その戸はなかなか閉まらない.
This drawer **shuts** badly [easily]. この引き出しは閉まりにくい[やすい].

**shút dówn** (1)〔自〕〈店・工場などが〉休業する ‖ 対話 "Why is that store shut down?" "They couldn't afford to pay the rent anymore."「あそこはどうして店をたたんでしまったんだい」「賃貸料を払う余裕がなかったのよ」.
(2)〔他〕〈店・工場など〉を閉める.

**shút ín** 〔他〕 (1) [~ oneself / be shut] 〈人が〉(部屋などに)閉じこもる(→ 他 **4**). (2) …を取り囲む, 遮(ⁿ)る.

**shút óff** 〔他〕〈水・電気・交通など〉を止める;〈音・光など〉を遮る.

**shút óut** 〔他〕 (1) …を締め出す;〈光・眺めなど〉を見えなくする, 遮る ‖ I can't shut her out of my life. 彼女を私の生活から締め出すことはできない. (2) (米)〔野球〕…を完封する.

**shút úp** (1) (略式)〔通例命令文で〕黙れ《◆乱暴な表現》. (2) 〔他〕〈人〉を黙らせる; → 他 **2**, **4**.

**shut·out** /ʃʌ́tàut シャタウト/ 名 ⓒ (米)〔野球〕完封(試合).

**shut·ter** /ʃʌ́tər シャタ/ (類音 shatter/ʃǽtər/) 名 ⓒ **1** (通例 ~s) よろい戸, 雨戸. **2** (カメラの)シャッター.

**shut·tle** /ʃʌ́tl シャトル/ 名 ⓒ **1** (織機の) 杼(⁰) [〈たて糸の間を往復してよこ糸を通すもの〉;(ミシンの) 下糸入れ, シャトル; (レース編み用の) 糸入れ. **2 a** (2点間を結ぶふつう短距離の) 折り返し運転, 定期往復便. **b** (略式) =shuttle train [bus];〔航空〕連続往復便. **3** =shuttlecock.

**shúttle sérvice** 短距離定期往復便, 折り返し運転.

**shúttle tráin [bús]** 近距離往復列車[バス] (shuttle).

**shut·tle·cock** /ʃʌ́tlkàk シャトルカク/|-kɔ̀k -コク/ 名 **1** ⓒ (バドミントン・羽根つきの) 羽根. **2** ⓤ 羽根つき.

＊**shy** /ʃái シャイ/ 〘「おびえる」が原義〛

— 形 (通例 比較 ~·er または shi·er, 最上 ~·est または shi·est) **1** 恥ずかしがりの, 内気な, 人見知りする; 恥ずかしそうな, はにかんだ, 照れる ‖
a shy youth 内気な男の子.
a shy smile はにかんだ笑い.
She is shy and dislikes parties. 彼女は恥ずかしがりでパーティーは嫌いだ.

---
**Q&A** **Q**:「恥ずかしがりの」の意では shy と bashful, timid がありますが, どう違いますか.
**A**: shy は生まれつきの性格から人目につくのが恥ずかしい. bashful は特に人前でぎこちない言動をするような場合に用い, timid はびくびくおずおずした気の弱さを暗示する語です.

**2** 〈動物が〉臆病(おくびょう)な, 物に驚きやすい ‖
A deer is a **shy** animal. シカは臆病な動物だ.
**3** 用心する; ためらう ‖
Don't **be shy of** telling [˚to tell] me. 遠慮なく言いなさい.

**-shy** /-ʃái シャイ/ (連結形) …を恐がる, …嫌いの. 例: work-**shy** 仕事[勉強]をいやがる.

**Shy·lock** /ʃáilɑk シャイラク/ -lɔk -ロク/ 图 シャイロック《Shakespeare の *The Merchant of Venice*『ベニスの商人』中の冷酷な高利貸し》.

**shy·ly** /ʃáili シャイリ/ 副 恥ずかしそうに, 内気に; おずおずと.

**shy·ness** /ʃáinəs シャイネス/ 图 U 内気, はにかみ; 臆病(おくびょう).

**si** /sí: スィー/ 图 UC〖音楽〗シ(ti)《ドレミファ音階の第7音. → do²》.

**Si·am** /saiæm サイアム, -ː-/ 图 シャム《Thailandの旧名》.

**Si·a·mese** /sàiəmíːz サイアミーズ/ 形 シャムの, シャム人[語]の《♦ 今では Thai を用いる》.
── 图 (複 Si·a·mese) 1 C シャム人; U シャム語.
**2** =Siamese cat.
**Siamése cát** シャムネコ(Siamese).
**Siamése twíns** シャム双生児《からだの一部が接合した双子》.

**sib** /síb スィブ/ 图 U (略式) =sibling.

**Si·be·ri·a** /saibíəriə サイビアリア/ 图 シベリア《ロシア名 Sibir》.

**Si·be·ri·an** /saibíəriən サイビアリアン/ 形 シベリアの. ── 图 C シベリア人.

**sib·ling** /síbliŋ スィブリング/ 图 C (正式)《男女の別なく》きょうだい(→ brother Q&A).

**sic** /sík スィク/ 〖ラテン〗 副 原文のまま《♦ 誤りや疑いのある原文をそのまま引用した場合, そのあとに[*sic*]と付記する》.

**Si·cil·i·an** /sisíliən スィスィリアン/ 形 シチリア島[王国, 人]の. ── 图 C シチリア人.

**Sic·i·ly** /sísəli スィスィリ/ 图 シチリア[シシリー]島《イタリア南方の地中海最大の島》.

*sick* /sík スィク/〖「気が沈む」が原義〗
派 sickness (名)
── 形 (通例 比較 ~·er, 最上 ~·est) **1** 病気の (↔ well)《♦ (1)(米)では名詞の前で, また補語としてsickを用い, ill は堅い語. (2)(英)では名詞の前にはsick, 補語としてはillを用いる》‖
a **sick** child 病気の子供.
**sick** people =(文) the **sick** 病人たち.
**be sick** [(英) ill] **with** a cold かぜをひいている.
**become** [(米) **get**,《英やや文》**fall**,《文》**be taken**] **sick** 病気になる.
She has been **sick** in bed for a week. 彼女は1週間も病気で寝ている.
**2**《英略式》[通例補語として] むかつく, 吐く, 吐き気がする ‖
**feel sick** =(米) **be sick at** one's **stomach** 吐き気がする.
The sight of the accident made me **sick**. =I was **sick** at the sight of the accident. 事故の現場を見て吐きそうになった[気分が悪くなった].
**3** [**be sick of A**](略式)うんざりして, いやになって《♦ be tired of より強意的》‖
I'm **sick of** his lectures. 彼の講義にはあきあきしている《強調のため I'm **sick and tired** [*sick* **to death**] *of* his lectures. のようにいうことも多い》.

[対話]"Why aren't you eating your spaghetti?" "I'm **sick of** spaghetti. We've had it four times this week."「どうしてスパゲティーを食べないの」「スパゲティーにはうんざりだよ. 今週は4回も食べてるんだから」.

**4** [補語として] しゃくにさわって; 悲観して ‖
She **is sick about** [**at**] making a mistake. =She **is sick that** she (has) made a mistake.(略式)彼女は失敗したのを残念がっている.
I'm very **sick about** his future.(略式)彼の将来がとても心配だ.

**5** [補語として] 恋しがって, 待ちこがれて ‖
She **is sick for** home. 彼女はホームシックにかかっている.

**6**《略式》[名詞の前で] 悪趣味の; 困りはてた ‖
**sick** humor ぞっとするユーモア, ブラックユーモア.
**sick** jokes 悪趣味な冗談.

**lòok síck** (1) 顔色が悪い. (2)(略式)(他と比べて)見劣りがする, 影が薄く見える.
── 图 U (英略式) 吐くこと, へど(vomit).
**síck bày** (船内の)病室; (学校などの)医務室, 保健室.
**síck lèave** (病気による)欠勤; (年間の有給)病気休暇日数.
**síck pày** 病気欠勤中の給与, 疾病手当.

**sick·en** /síkn スィクン/ 動 ① **1** (文) 病気になる; (英)(通例 be ~ing)症状を示す ‖
**sicken for** influenza 流感の症状を示す.
**2** 吐き気がする, むかつく.
**3** うんざりする, あきあきする ‖
I **sickened of** sweets. 甘い物にはもううんざりだ.
── 他 **1** …を病気にする. **2**(略式)…に吐き気を催させる; …をうんざりさせる.

**sick·en·ing** /síkniŋ スィクニング/ 動 → sicken.
── 形 (略式) 吐き気を催させる, うんざりさせる, 不快な.

**sick·le** /síkl スィクル/ 图 C 小鎌(かま), かま.

**sick·ly** /síkli スィクリ/ 形 (比較 -li·er, 最上 -li·est) **1** 病弱な; 病ざめた ‖
a **sickly** look 青白い顔つき.
**2** 健康に悪い, 病気を起こす.
**3** 吐き気を催させる, うんざりする.

*sick·ness* /síknəs スィクネス/ [→ sick] 图 (複 ~·es/-iz/) **1** U 病気(であること)《♦ 種類を表すときは C; 病名のはっきりしたものは disease》‖
a slight [light, minor] **sickness** 軽い病気.
**in sickness** and in health 健康な時も病気の時も.
suffer from a severe **sickness** 重病にかかる.

feign [sham] **sickness** 仮病を使う.

> 関連 [種類] air sickness 航空病 / morning sickness つわり / falling sickness てんかん / motion sickness 乗物酔い / train sickness 列車酔い / sea sickness 船酔い / mountain sickness 高山病 / sleeping sickness 眠り病 / radiation sickness 放射線病.

**2** Ⓤ 吐き気, むかつき ‖
feel **sickness** at one's stomach 吐き気がする.

## \*\*side
/sáid サイド/〖「長く伸びる」が原義. cf. *aside*, *beside*〗
—— 名 (複 ~s/sáidz/) **1** Ⓒ 側(*ガワ*), 面《◆前後・左右・表裏・内外・上下の面・点・線・方向に用いる》‖
the upper **side** of a leaf 葉の表面《◆「裏側」は the under side》.
the right **side** of paper 紙の表《◆「裏」は the wrong [\*back] side》.
the obverse **side** of a coin コインの表《◆「裏」は the reverse side》.
on either [each] **side** of the street = on both **sides** of the street 通りの両側に.
on this [the other] **side** of the river 川のこちら[向う]側に.
She often puts on her sweater wrong **side** out. 彼女はよくセーターを裏返しに着る.

**2** Ⓒ 〖通例 the ~ / one's ~〗側面, わき, 横, そば; 〖数学〗(三角形などの)辺;(立方体の)面 ‖
the **side** of a box 箱の側面.
a window at the **side** of the house 家の側面の窓.
jump to one **side** 横へ跳びのく.
sit at his **side** 彼の横に座る.
step to the **side** of the road 道の端へ寄る.
A triangle has three **sides**. 三角形には辺が3つある.

**3** 横腹, わき腹;(動物の)わき肉;山腹;(丘などの)斜面;〖海事〗船ばた ‖
I feel a pain in my **side**. = My **side** hurts. わき腹が痛い.
Her house is on the **side** of a hill. 彼女の家は丘の中腹にある.

**4** Ⓒ (味方・敵の)側, …派;〖《英》[集合名詞;単数・複数扱い]〗(試合の)組, チーム, 陣営 ‖
change **sides** 脱党する.
take **sides** with [the **side** of] him = take his **side** 彼に味方する, 彼の肩を持つ.
Which **side** are you on? 君はどちらの味方[側]だい.

**5** Ⓒ (問題などの)面, 局面 ‖
her weak **side** 彼女の弱点.
on [from] all **sides** = on [from] every **side** あらゆる面から.
look on the bright **side** of life 人生の明るい面を見る.
There is another **side** to this question. この問題にはもう1つの面がある.

**6** Ⓒ (血統の)関係, 系, …方(*カタ*) ‖
He is Irish on his mother's [the distaff] **side**. 彼は母方がアイルランド系だ.

**7** 〖形容詞的に〗横の, 側面の; わき腹の; 主要でない, 副次的な ‖
a **side** door 横の入り口.
a **side** job アルバイト, 副業, 内職.
a **side** issue 副次的な問題.

**by the side of A** = by A's **side** …のわきに, 近くに; …と比べると.

◇**from síde to síde** 左右に, 横に ‖ She turned from side to side in bed. 彼女は寝返りをうった.

**Nó síde!** 〖ラグビー〗試合終了, ノーサイド!

**on the ∴ side** 《略式》多少…の[で]《◆…は形容詞》‖ He is on the fat **side**. 彼は少し太りぎみだ.

**pùt A on [to] óne síde** (1) …を横へよける, 片付ける; …を無視する. (2) …の処理を遅らせる.

**síde by síde** 並んで, 近接して, 一緒に, 密接に関係して, 共存共栄して ‖ They were sitting side by side on the bench in the park. 彼らは公園のベンチに並んで座っていた.

—— 動 (現分 síd·ing) 自 [**side with** A] …の側につく.

**síde effèct** (薬の)副作用; 思わぬ結果.
**síde tàble** サイドテーブル, 補助テーブル.
**síde view** 側景, 側面図; 側面観, 横顔.

**side·board** /sáidbɔ̀:rd サイドボード/ 名 **1** Ⓒ 食器棚, サイドボード. **2** Ⓒ 側面板. **3** 《英》[~s] = sideburns.

**side·burns** /sáidbə̀:rnz サイドバーンズ/ 名 〖主に米〗[複数扱い] (短い)ほおひげ, もみあげ(《英》sideboards).

**side·car** /sáidkà:r サイドカー/ 名 Ⓒ (オートバイの)サイドカー, 側車.

**–sid·ed** /-sáidid -サイディド/ 〖連結〗…面[辺, 側]のある. ‖ many-**sided** 多面の.

**side·line** /sáidláin サイドライン/ 名 **1** 側線, 横線;〖スポーツ〗サイドライン;[~s; 複数扱い] サイドラインの外側. **2** 副業, アルバイト, サイドビジネス《◆\*side business は誤り》.

**side·long** /sáidlɔ̀(:)ŋ サイドロ(ー)ング/ 形 副 横の[へ, から], 斜めの[に]; 遠回しの[に].

**side·step** /sáidstèp サイドステプ/ 名 Ⓒ 横へ一歩寄ること. —— 動 (過去・過分 side·stepped/-t/, 現分 ··step·ping) 他 …を横へ一歩寄って避ける;〈問題など〉を避ける.

**side·swipe** /sáidswàip サイドスワイプ/ 名 Ⓒ 《米》(事のついでの)非難.

**side·track** /sáidtræk サイドトラク/ 名 Ⓒ **1** 《米》〖鉄道〗側線, 待避線.

**2** 〖比喩的に〗脱線, はずれ.
—— 動 他 **1** 〈列車など〉を側線に入れる.
**2** …を(話の)横道にそらせる ‖
She is easily **sidetracked**. 彼女の話は脱線しやすい.

## sidewalk

**side·walk** /sáidwɔːk サイドウォーク/ 〖横(side)の歩く道(walk)〗
—图 (複 ~s/-s/) (米) **1** ⓒ (舗装された街路の)**歩道**((英) pavement)‖
walk along the sidewalk 歩道を歩く.
**2** [形容詞的に] 歩道の; 素人の(½³)‖
a **sidewalk** artist (米) 大道絵師《路面にチョークで絵を描いて通行人から金をもらう》.

**side·ways** /sáidwèiz サイドウェイズ/ 形副 横の[に], 斜めの[に]; 遠回しの[に]‖
look **sideways** at her 彼女を横目で見る.

**sid·ing** /sáidiŋ サイディング/ 動 → side.
—图 ⓒ 〔鉄道〕側線, 待避線.

**si·dle** /sáidl サイドル/ 動 (現分 si·dling) (ぁ) (こっそりと)横に歩く; (おそるおそる)にじり寄る; そっと離れる.

**siege** /síːdʒ スィーチ/ (類音 seize/síːz/) 图 ⓒⓊ 包囲攻撃; 包囲期間‖
lay **siege** to a town 町を包囲攻撃する.
raise a **siege** of the fortress 要塞(&s;)の包囲を解く.

**si·es·ta** /siéstə スィエスタ/ 〖スペイン〗 图 ⓒ シエスタ《スペイン・イタリア・ラテンアメリカ諸国の昼寝, 午睡》.

**sieve** /sív スィヴ/ (発音注意)《◆ ✕シーヴ》图 ⓒ ふるい, こし器, うらごし器.
—他 sievっing (他) ふるいにかける.

**sie·vert** /síːvərt スィーヴァ/ 图 ⓒ〔物理〕シーベルト《電離放射線の線量当量の国際基本単位; 記号 Sv》.

**sift** /síft スィフト/ 動 他 **1 a** …をふるいにかける‖
**sift** the dirt to remove the rocks 小石を取り除くために土をふるいにかける.
**b** …をふるい分ける, より分ける‖
**sift** ashes from the cinders 燃えがらと灰をふるい分ける.
**2** …を(ふるいで)ふりかける‖
**sift** sugar on a cake ケーキに砂糖をふりかける.
**3** …を厳密に調べる, 吟味する‖
**sift** the evidence 証拠を詳しく調べる.
—(自) **1** ふるう, ふるいを通す; 吟味する. **2** ふるいを通って落ちる; (ふるいを通るように)落ちてくる.

**sigh** /sái サイ/ 動 (自) **1** ため息をつく, 吐息をつく‖
**sigh** with relief ほっとため息をつく.
**2** 《文》(風などが)そよぐ, ため息のような音を立てる.
**3** 《文》慕う, あこがれる.
—他 …をため息をついて言う, ため息まじりに言う.
—图 ⓒ [通例 a ~] ため息; 嘆息; (風の)そよぐ音‖
a **sigh** of grief 嘆きのため息.
with a **sigh** ため息をついて.
He breathed [let out] a deep **sigh**. 彼は大きくため息をついた.

**\*sight** /sáit サイト/ (同音 cite, site) 〖「見ること」が原義. cf. see〗

sight
├〈1 見ること〉
├〈2 視力〉
└〈3 視界, 4 景色〉

—图 (複 ~s/sáits/) **1** Ⓤ [しばしば a ~] 見ること, 見えること; 一見, 一目(½³), 観察‖
keep **sight** of the flag ＝keep the flag in **sight** (引率者の)旗を見失わないようにする.
The **sight** of a snake makes her tremble. ＝She trembles at the **sight** of a snake. 蛇を見ると彼女は身震いする.
I can't bear the **sight** of him. ＝I hate the very **sight** of him. 彼を見るのもいやだ.
**2** Ⓤ 視力, 視覚‖
the sense of **sight** 視覚.
long [far] **sight** 遠視.
short [near] **sight** 近視.
lose one's **sight** 視力を失う.
I have good **sight**. 目がよい.
**3** Ⓤ 見える範囲, 視界, 視野‖
come into **sight** 見えてくる.
go out of **sight** 見えなくなる.
An island was barely in [within] **sight** far off. 島が遠くかすかに見えた.
**4** ⓒ 景色, 光景, 眺め《◆特定の場所からの眺めは view》; [the ~s; 複数扱い] 名所《museum, temple, church, palace, park など》; 見かけるもの, 目に入るもの, 見るに値するもの‖
a wonderful **sight** すばらしい光景.
see the **sights** of Paris パリの名所を見物する.
**5** 《略式》[a ~] 見もの; 物笑い(の種)‖
make a **sight** of oneself お粗末なふるまいをする.
What a **sight** he is! 彼は何てざまだ.
**6** Ⓤ 《文》考え, 見解, 意見‖
do what is right in one's **sight** 正しいと思うことをする.
in the **sight** of (the) law 法律の上では.
In my **sight**, she is right. 私の見るところでは彼女は正しい.
**7** ⓒ [しばしば ~s] ねらい, 照準; (銃の)照星, 照準器.

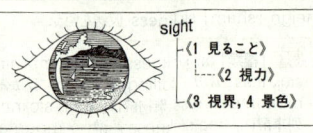

**at** [《主に米》**on**] **first sight** 一目で; 直ちに; 一見したところでは‖ fall in love with him **at first sight** 彼に一目ぼれする / **At first sight**, the book seems easy. 一見したところではその本はやさしそうだ.

**at sight** 見てすぐに‖ play music **at sight** 譜面を見てすぐに演奏する.

○**at** (**the**) **síght of** A …を見て‖ She ran away **at sight of** me. 彼女は私を見て走り去った.

○**be lóst to síght** 見えなくなる‖ The bird **was lost to sight** soon. その鳥はすぐに見えなくなった.

○**càtch síght of** A …を見つける‖ I **caught sight of** land ahead of me. 前方に陸地を見つけた.

○**in síght** (**of** A) (…が)見えるところに[の] (cf. **3**).

○**knów** A **by síght** 《略式》…を見知っている, …に

見覚えがある ‖ I **know** her only **by sight**, but I've never spoken to her. 彼女の顔は知っているが、話をしたことはない。

○**lóse síght of A** …を見失う; …の消息が絶える ‖ They **lost sight of** him in the crowd. =He was **lost sight of** in the crowd. 人ごみの中で彼を見失った。

**on [upòn] síght** =at SIGHT.

○**òut of síght** [副][形] 見えないところに[の] (cf. 3) ‖ The ship was soon **out of sight**. 船はまもなく見えなくなった。**Òut of síght, òut of mínd**. (ことわざ) 目に見えないもの[人, 物, 事]は忘れ去られる;「去る者は日々にうとし」.

**within síght** [副][形] 見えるところに[の].

—**動** ⑯ **1** (正式) …を見つける, 認める; …を観測する ‖

sight a new star 新星を見つける。

**2** …をねらう; 〈銃〉の照準を合わせる。

**sight·ing** /sáitiŋ サイティング/ 图 Ⓤ 見られること, 観測されること; Ⓒ 目撃(例), 見聞, 見どころ; 観測.

**sight·less** /sáitləs サイトレス/ 形 目の見えない.

**sight·see·ing** /sáitsìːiŋ サイトスィーイング/ 图 Ⓤ 観光, 見物, 遊覧; [形容詞的に] 観光(用)の ‖ take a **sightseeing** tour 観光旅行をする。
**go sightseeing in** Nara **=go to** Nara **on a sightseeing trip** 奈良へ観光に行く.

**sight·seer** /sáitsìːər サイトスィ(ー)ア/ 图 Ⓒ 観光客, 見物人.

\***sign** /sáin サイン/《発音注意》《◆ g は発音しない》〖「(情報を伝える有形無形の)しるし」が本義. cf. de**sign**, **sign**ify〗
㊟ signal (名・動), signature (名)
→ 图 **1** 符号 **2** 表れ **3** 身ぶり **4** 標識
動 **1** 署名する **2** 合図する

—**名** (複 ~s/-z/) Ⓒ **1** 符号, 記号 ‖
a call **sign** (無線などの) 呼出し符号, コールサイン.
denote by mathematical **signs** 数学記号で表す.

関連 [種類] a plus sign ＋記号 / a minus sign －記号 / a multiplication sign ×記号 / a division sign ÷記号 / a sharp sign シャープ記号《#》/ a flat sign フラット記号《♭》/ deaf and dumb signs 指話文字.

**2** 表れ, しるし, 徴候, 証拠; 気配; [主に否定文で] 痕跡(こんせき), 形跡; 《米》 [~s] (動物の) 足跡 ‖
bear **signs** クマの通った跡.
**as a sign of** thanks 感謝のしるしとして.
hear **a sign of** spring 春のきざしを聞く.
A sharp increase in crime is a **sign of** the times. 犯罪の急増は時勢の表れだ.
There is **no sign of** habitation around here. このあたりには人の住んでいる形跡もない.

**3** 身ぶり, 手まね; 合図, 信号, 暗号, サイン《◆野球などの「サイン」は signal または sign》‖
give her a **sign** to hold up =make a **sign** to her to hold up 彼女に手を上げろと合図する.
make the **sign** of the cross 十字を切る.
make a **sign** with the eye 目くばせをする.
talk in [by] **signs** 手まねで話す.

**4** [通例複合語で] **標識**, 標示, 看板 ‖
a road **sign** 道路標識.
a shop **sign** 店の看板《◆英国では絵が多い》.

—**動** (三単現 ~s/-z/; 過去・過分 ~ed/-d/; 現分 ~·ing)
—**⑯ 1** …に署名する; 〈名前〉をサインする(→ **signature**) ‖
**sign** a check for $50 50ドルの小切手に署名する.
**sign** a letter =**sign** one's name to [on, in] a letter 手紙にサインする.
The actor **signed** his autograph. その俳優はサインした.

対話 "I'd like to cash this check, please." "Okay. Will you **sign** your name here?"「この小切手を現金に替えたいのですが」「かしこまりました. ここに御署名をお願いします」.

**2** [**sign A to do**] 〈人〉に…するように**合図する**; [sign (that) 節] …であることを(身振りで)知らせる ‖
I **signed** (that) I approved. 賛成だという身振りをした.
I **signed** her **to** stop. =I **signed** (that) she should stop. 彼女に止まれと合図した.
—**㊦ 1** 署名する; 契約する ‖
**sign for** a check 小切手に署名する.
**sign** in full 姓と名を両方とも署名する.
**2** (身振りで) 合図する ‖
I **signed to [for]** him **to** run. 彼に走れと合図した.

**sígn ón** (1) [㊦] 署名して雇われる, 入隊する; 《英》職業安定所に登録する ‖ She **signed on** as a system engineer with the firm. 彼女はシステムエンジニアとしてその会社と契約した. (2) [㊧] 〈人〉を署名して雇う.

**sígn úp**《米》[㊦] [㊧] =SIGN on.

**sígn lànguage** 手まね言語, 手話(法); 看板などの文句 ‖ use some **sign language** with her 彼女に手話で話す.

\***sig·nal** /sígnl スィグヌル/ 〖→ sign〗
—**名** (複 ~s/-z/) Ⓒ **1** 信号, シグナル; 合図; 信号機《◆注意信号の色は英国・カナダでは amber, 米国では yellow という》‖
a traffic **signal** 交通信号.
a dánger sígnal =a **signal** of danger 危険信号.
**by signal** 合図[信号]で.
**on (a) signal** 合図をすると.
**at a given signal** 合図が出ると.
I gave her the **signal to** start. 彼女に出発の

合図をした.
**2** きっかけ, 動機 ‖
the **signal** for resistance 抵抗運動の導火線.
**3** (テレビ・ラジオの)信号《電波・映像・音声など》.

──動 (三単現) ~s/-z/; (過去・過分) ~ed または (英) sig・nalled/-d/; (現分) ~・ing または (英) ~・nal・ling)

──他 …に合図する, 信号を送る; …を信号で伝える; [signal (to) A to do] A《人・乗物など》に…せよと合図する; [signal (A) (that) 節] (A《人・乗物など》に)…だと合図する ‖
**signal** a message 通信を信号で送る.
I **signaled** the car **to** go slow. 車に徐行するようにと合図した.
I **signaled** (him) (that) I was ready. 準備ができていると(彼に)合図した.

──自 合図する, 信号を送る; 合図して求める ‖
**signal for** help 信号で助けを求める.
**signal to** a lighthouse 灯台に合図する.
**signal for** her **to** begin 彼女に始めよと合図する.

**sig・na・to・ry** /sígnətɔ̀ːri スィグナトーリ/ |-təri -タリ/ 名 (複 --to・ries/-z/) C (正式) 署名[調印]者; 加盟[調印]国.

\***sig・na・ture** /sígnətʃər スィグナチャ/ 《→ sign》
──名 (複 ~s/-z/) C **1** 署名, サイン《(1) 芸能人などの「サイン」は autograph. (2) 商業通信文以外はふつう姓名を書く》‖
write [give, put] one's **signature** on a paper 書類に署名する.
**2** =signature tune.
**sígnature tùne** (英) (番組の)テーマ音楽(signature) ((米) theme song).

**sign・board** /sáinbɔ̀ːrd サインボード/ 名 C 看板, 掲示板, プラカード.

**sig・nif・i・cance** /signífikəns スィグニフィカンス/ 名 U [しばしば a ~] **1** 意義, 意味; 意味ありげなこと ‖
with a look of deep **significance** いかにも意味ありげな顔つきで.

Q&A **Q**: significance と meaning, sense はどう違いますか?

**A**: meaning はごくふつうの一般的な語で, 何にでも使えますが, 上の例文で使われているように, 表面に表れない内面の意味です. sense は主として文や語などの意味に用います.

**2** 重要性, 重大さ ‖
of no **significance** 少しも重要ではない.
an event of great **significance** 重大な出来事.

\***sig・nif・i・cant** /signífikənt スィグニフィカント/ 《→ signify》派 significantly (副)
──形 (正式) **1** 重大な, 重要な(↔ insignificant) ‖
a **significant** event 重大な行事.
Your exam today will be very **significant** for your future. きょうの試験は君の将来にとって

とても大切なものになるでしょう.
[対話] "Sir, I found this on the floor." "Don't lose it. It might be **significant**."「これが床に落ちていたのでございますが」「なくさないようにしたまえ. それはとても大切なものかもしれないよ」.
**2** 意味のある; 意味ありげな; 表す ‖
a **significant** day for me 私にとって意義深い日.
a **significant** glance 意味ありげな一瞥(いちべつ).
Her gesture **is significant of** refusal. 彼女の身振りは拒絶を表している.

**sig・nif・i・cant・ly** /signífikəntli スィグニフィカントリ/ 副 (正式) **1** 意味深く; 意味ありげに. **2** はっきりと, いちじるしく. **3** 〔文全体を修飾〕意義深いことに.

\***sig・ni・fy** /sígnifài スィグニファイ/ 動 (三単現 ~・ni・fies/-z/; 過去・過分 ~・ni・fied/-d/) 他 (正式) **1** …を(合図・言動などで)示す; [signify (that) 節] …だと表明する; [signify wh 節・句] …かを表明する ‖
**signify** consent by nodding うなずいて同意を示す.
I **signified** to him (that) I was pleased. 私は喜んでいることを彼に表明した.
**2** …を意味する; [signfy (that) 節] …ということを意味する ‖
Her look **signifies** her contentment. =Her look **signifies that** she is contented. 彼女の顔つきは満足を示している.
What does your silence **signify**? 君が黙っているのはどういう意味なんだい.
**3** …のしるしである, …の前兆である.
──自 **1** (合図・言動で)知らせる.
**2** (略式) [通例否定文・疑問文で] 重要である ‖
Her plan doesn't **signify** much. =Her plan **signifies** little. 彼女の計画は取るに足りない.

**sign・post** /sáinpòust サインポウスト/ 名 C 道標, 案内標識.

**Sikh** /síːk スィーク/ 名 C 形 シーク教徒(の).

\***si・lence** /sáiləns サイレンス/ 《→ silent》
──名 (複 --lenc・es/-iz/) **1** U 静けさ, 音を立てないこと(↔ noisiness) ‖
the **silence** of the night 夜の静けさ.
**2** U 沈黙, 無言; 言及しないこと; C 沈黙の期間; 音信不通 ‖
a man of **silence** 無口な人.
listen to him **in silence** 黙って彼の話を聞く.
break (the) **silence** 沈黙を破る.
keep (the) **silence** 沈黙を守る.
reduce [put] her to **silence** (議論などで)彼女をやりこめて黙らせる.
an awkward **silence** 気まずい沈黙.
There was a short **silence** between us. 私たちはしばらくおし黙っていた.
Please excuse (me) for my long **silence**. 長らくごぶさたしてすみません.
**Sìlence is gólden.** (ことわざ)「沈黙は金」(→ speech 名 **1** 用例).

―**動** (現分) ‥lenc·ing) **他**《正式》…を沈黙させる; …を静める, 抑える ‖
silence a shouting man どなっている男を黙らせる.
silence a revolt 反乱を封じる.
**si·lenc·er** /sáilənsər サイレンサ/ **名** C《英》(銃・エンジンなどの)消音装置[器]((米) muffler).

\***si·lent** /sáilənt サイレント/ 〖「声や音が全くない」が本義〗**派** silence (名), silently (副)
―**形**(比較) more ~, ~·er; (最上) most ~, ~·est) **1** 静かな, 音がしない(↔ noisy) ‖
a silent street 静まりかえった街.
(as) silent as the tomb (不気味に)静まりかえった.
All was silent around us. あたりはしーんとしていた.
**2** 無言の, 沈黙した, 音を立てない, 声を出さない; 音信不通の ‖
a silent prayer 黙禱(とう).
a silent protest 無言の抗議.
silent assent 黙諾(だく).
a silent man 無口な人《◆「物静かな人」は a quiet man》.
fall silent 急に黙り込む.
I'm sorry to have kept silent for such a long time. 長らくごぶさたしてすみません.
**3** [補語として] 言及しない; 口をきかない ‖
I was silent on this point. この点に関しては何も言わなかった.
**4**〔音声〕発音されない, 黙音の;〔映画〕無声の ‖
a silent letter 黙字《comb の b など》.
a silent film 無声映画.
―**名** C《略式》[通例 ~s] 無声映画.
**sílent majórity**《略式》[通例 the ~;《単数・複数扱い》声なき大多数, もの言わぬ一般大衆.

\***si·lent·ly** /sáiləntli サイレントリ/ 〖→ silent〗**副** 静かに, 黙って.
**sil·hou·ette** /sìlu(ː)ét シルウ(ー)エト/ (アクセント注意)《◆ ×シルエト》**名** C **1** シルエット, 影絵《◆ふつう黒く塗った半面影像》. **2**《正式》(人・物の)輪郭(かく)の, 全体の形《◆明るい背景に対する黒い姿をいう》.
*in silhouétte* [副] [形] シルエットで[の], 輪郭だけで[の].
―**動** (現分) ‥ett·ing) **他**《正式》…の輪郭をみせる, シルエットで描く; [be ~d] 輪郭が浮びあがる ‖
The roosting pigeons were silhouetted against the sky. 止り木にとまっているハトの姿が空を背景に浮びあがってえた.
**silhouétte àrt** [集合名詞] 影絵.
**sil·i·con** /sílikn スィリクン/ **名** U〔化学〕ケイ素 (《記号》Si), シリコン.
**Sílicon Válley** シリコン=バレー《米国サンフランシスコ郊外のエレクトロニクス産業の集まった地域の通称》.

\***silk** /sílk スィルク/ 〖「糸」が原義〗
―**名** (複 ~s/-s/) **1** U 絹; 絹糸, 生糸(いと); 絹織物, 絹布 ‖
raw silk 生糸.
artificial silk 人絹《◆ 今は rayon がふつう》.
**2** [~s; 複数扱い] 絹の衣服, 絹物 ‖
be dressed in silks and satins 《文》豪華な服を着ている.
**3** U《米》トウモロコシの毛(《図》→ corn).
**4** [形容詞的に] 絹(製)の; 絹のような, 絹状の ‖
silk stockings 絹の靴下.
**sílk hát** シルクハット.
**Sílk Ròad** [the ~] シルクロード, 絹の道《中国とローマを結んだ古代の東西交通路》.
**silk·en** /sílkn スィルクン/ **形 1**《文》絹の, 絹製の. **2**《文》=silky. **3** 絹を着た; ぜいたくな.
**silk·worm** /sílkwəːrm スィルクワーム/ **名** C〔昆虫〕カイコ.
**silk·y** /sílki スィルキ/ **形** (通例(比較) ‥i·er, (最上) ‥i·est) **1** 絹のような; やわらかな, つやのある.
**2** ものやわらかな ‖
a silky voice 猫なで声.
**sill** /síl スィル/ **名** C 敷居, 窓敷居.
**sil·li·er** /síliər スィリア/ **形** → silly.
**sil·li·est** /síliist スィリイスト/ **形** → silly.
**sil·li·ness** /sílinəs スィリネス/ **名** (複 ~·es /-iz/) U C ばかなこと, ばかな行為.

\***sil·ly** /síli スィリ/ 〖「幸せな」が原義. cf. nice〗
―**形**(比較) ‥li·er, (最上) ‥li·est) **1** ばかな, 愚かな, 思慮のない; ばかばかしい, ばかげた《◆ foolish より口語的》‖
a silly question ばかげた質問.
silly little things 取るに足りぬ事柄.
Don't be silly. ばかなことを言うな[するな].
**2** [A is silly to do / it is silly of A to do] …するとは A《人》は愚かだ ‖
I was silly to come without a coat. = It was silly of me to come without a coat. 上着を着ずに来るとは愚かだった.

[Q&A] *Q*: 原義が「幸せな」なのにどうして「ばかな」という意味になったのですか.
*A*: 無邪気な幸せな気分にひたる人はお人よしで, だまされやすい人である, という考え方から「お人よしの」「愚かな」の意味になったのです.

**si·lo** /sáilou サイロウ/ **名** (複 ~s) C **1** サイロ《飼料用の穀物・牧草を貯蔵するための塔状建築物》; (地下の)室(しつ), 貯蔵庫. **2**〔軍事〕(発射設備のある)地下ミサイル格納庫.
**silt** /sílt スィルト/ **名** U 沈泥(ねい). ―**自** 沈泥でふさがる. ―**他** …を沈泥でふさぐ.

\***sil·ver** /sílvər スィルヴァ/
―**名** (複 ~s/-z/) **1** U 銀 (《記号》Ag) ‖
(as) bright as silver (銀のように)輝いて.
She wears a watch made of [×from, ×with] silver. 彼女は銀時計をはめている.
**2** U 銀貨; 金銭;《米》1ドル硬貨 ‖
pay in silver 銀貨で支払う.
**3** [集合名詞] 銀器; (一般に)食器類 ‖

table silver 銀食器類《フォーク・スプーン・ナイフなど》.
**4** Ⓤ 銀色, 銀白.
**5** Ⓒ (略式) =silver medal.
── 形 **1** 銀の, 銀製の ‖
a silver pen 銀のペン.
**2** [名詞の前で] 銀色の, 銀白の; 銀のような ‖
silver hair 銀髪, 白髪.
the silver moon 銀色の月.
**sílver annivérsary** (結婚などの)25周年記念日.
**sílver gráy** [(英) gréy] 銀白色, 銀灰色.
**sílver júbilee** [the ~] 25周年記念日[祭].
**sílver médal** 銀メダル.
**sílver páper** (略式) 銀紙.
**sílver pláte** [集合名詞的に] 銀器類; 銀めっき.
**sílver scréen** [映画] スクリーン; (略式) [the ~; 集合名詞的に] 映画(界), 映画産業.
**sílver spóon** (1) 銀のスプーン. (2) 富, (相続)財産(→ spoon 成句).
**sílver wédding (annivèrsary)** 銀婚式《結婚25周年》.
**sil·ver·smith** /sílvərsmìθ スィルヴァスミス/ 图 Ⓒ 銀細工師.
**sil·ver·ware** /sílvərwèər スィルヴァウェア/ 图 Ⓤ (米) [集合名詞] 銀器((英) cutlery); (主に) 食卓用銀製品.
**sil·ver·y** /sílvəri スィルヴァリ/ 形 **1** 銀(のような); 銀白色の. **2** (文) (音などが)澄んだ, さえた.

\***sim·i·lar** /símələr スィミラ/ 『『似た(simil)ような』が原義. cf. assimilate』⑰ similarity (名)
── 形 **1** よく似た, 同類の(↔ dissimilar)《◆名詞の前におかれる場合はふつう *the similar car のように定冠詞を伴った形にしない》‖
a car (which is) similar to mine =a similar car to mine 私のと同じ(車種の)車.
A wildcat is similar to but smaller than a lion. ヤマネコはライオンに似ているが, より小さい.
対話 "Do you think Thai cooking and Japanese cooking are similar?" "Not at all. Although they both use a lot of rice, Thai food is much more spicy." 「タイ料理は日本料理に似ていると思う?」「まるで違うね. どちらもたくさん米を使うけど, タイ料理はずっとスパイシーだよ」.
**2** [数学] 相似(の) ‖
similar triangles 相似三角形.
**sim·i·lar·i·ties** /símələræ̀rətiz スィミラリティズ/ 图 → similarity.

\***sim·i·lar·i·ty** /sìmǝlǽrəti スィミラリティ/ 『→ similar』
── 名 (複 ~·ties/-z/) Ⓤ 類似, 相似; Ⓒ 類似点, 相似点《◆ likeness よりも類似性が弱い. resemblance と違い, 同じ種類・特質である意味を含む》‖
There is a similarity between cats and tigers. ネコとトラには共通点がある.
**sim·i·lar·ly** /símələrli スィミラリ/ 副 類似して; 同様に.
**sim·i·le** /símǝli(ː)/ スィミリ(ー)/ 图 Ⓒ Ⓤ (修辞学で) 直喩(ゆ), 明喩《like, as などを用いて, 他のものと比較する修辞法. (as) brave as a lion など》.
**sim·mer** /símər スィマ/ [擬音語] 動 ⾃ **1** とろ火でとろとろ煮える(関連 → boil); 〈やかんなどが〉静かにチンチン鳴る.
**2** 〈人が〉爆発寸前である ‖
simmer with anger いまにも怒り出しそうになる.
── 他 …をとろ火でとろとろ煮る.
**símmer dówn** [自] (1) 〈スープなどが〉煮つまる. (2) (略式) [しばしば命令文で] 〈人・事態などが〉静まる.
**sim·per** /símpər スィンパ/ 動 ⾃ にたにた笑う, 間のぬけた(作り)笑いを浮かべる. ── 名 Ⓒ (間のぬけた) にたにた笑い, つくり笑い.

\*\***sim·ple** /símpl スィンプル/ 『『1つの(sim)折り(ple). cf. single, triple』』
⑰ simplicity (名), simply (副)
→ 形 **1** 単純な **2** 質素な **3** 無邪気な **4** お人よしの **5** 全くの **6** 単一の
── 形 (比較) sim·pler, (時に) more~; (最上) sim·plest (時に) most ~) **1** 単純な, 簡単な; 扱いやすい; 容易な(↔ complex) ‖
It was a simple question to answer. =It was simple to answer the question. それは簡単に答えられる質問だった.
write in simple English 平易な英語で書く.
It's really quite simple. それはいとも簡単だよ.
It's as simple as that. (略式) わかりきったことだ.
**2** 質素な, 簡素な, 飾り気のない(↔ fancy) ‖
a simple dress 地味な服.
a lady of simple beauty 飾り気のない美しい女性.
lìve a símple lífe (略式) 質素な生活をする.
**3** 無邪気な, 気取らない; 純真な ‖
a simple heart 誠実な心.
a simple way of speaking 気さくなしゃべり方.
He is (as) simple as a child. 彼は子供のように無邪気だ.
**4** お人よしの, だまされやすい, おめでたい ‖
I am not so [as] simple as to trust her. 私は彼女を信用するほどお人よしではない.
**5** [名詞の前で] 全くの, 純然たる ‖
the simple truth 全くの真実.
plain and simple (略式) [名詞の後で] 全くの.
**6** 単一の, 単独の ‖
a simple compound 単純化合物.
a simple leaf 単葉.
**símple séntence** [文法] 単文《1組の主語と述語をもつ文. 節は含まない》.
**sim·ple-mind·ed** /símplmáindid スィンプルマインディド/ 形 お人よしの, 単純な; 無邪気な; 愚かな, 精神薄弱の.
**sim·plic·i·ty** /simplísəti スィンプリスィティ/ 图 Ⓤ **1** 簡単, 平易, 単純, 容易さ ‖
The problem is simplicity itself [all simplicity]. (略式) その問題は全く簡単だ.
**2** 質素, 簡素, 飾り気のなさ ‖

have a meal of simplicity 質素な食事をとる.
**3**（正式）純真, 無邪気, 実直 ‖
confess with simplicity 正直に告白する.
**4** 愚かさ.

**sim·pli·fi·ca·tion** /sìmpləfikéiʃən スィンプリフィケイション/ 名 U（正式）簡単化, 平易化；単一化.

**sim·pli·fy** /símpləfài スィンプリファイ/ 動（三単現 --pli·fies/-z/; 過去・過分 --pli·fied/-d/）他 …を簡単[単純]にする, 平易[容易]にする ‖
simplify a book 本を平易に書き直す.
simplify exercises 練習を簡単にする.

**sim·plis·tic** /simplístik スィンプリスティク/ 形 簡単に割り切った, 単純な ‖
You're being simplistic. 割り切りすぎだよ, 単純すぎるよ.

\*__sim·ply__ /símpli スィンプリ/ 〖→ simple〗
――副（比較 more ~, 最上 most ~）**1** 簡単に, 平易に ‖
She explained the rules of chess simply. 彼女はチェスのルールをやさしく説明した.
to put it simply 手短に言えば.
**2** 質素に, 飾り気なく；無邪気に；愚かに ‖
be simply dressed 地味な服を着ている.
speak simply 率直に話す.
**3** [すぐあとの語句・節を修飾して] 単に, ただ ‖
He is simply a beginner. 彼は初心者にすぎない.
He works simply to succeed. 彼はただ出世したさに働く.
She was absent simply because she caught cold. 彼女はかぜをひいただけで欠席した.
Simply send her a letter. 彼女に手紙だけは出しなさい.
**4**（略式）[意味を強めて] 全く, とても；[否定語の前で] どうしても, ぜったいに, 全く ‖
Your house is simply lovely. あなたの家とってもすてきね.
対話 "Does he have any idea how to manage people?" "Not at all. He simply doesn't understand it." 「彼には人の使い方がわかっていますか」「いいえ全然. 彼はそのことが全くわかっていません」.
**5** [文全体を修飾] 率直に言えば ‖
Quite simply, you're not really fit for this job. はっきり言って君はこの仕事にあまり向いてない.
*not simply* A *but*（*also*）B → not 成句.

**sim·u·late** /símjəlèit スィミュレイト/ 動（現分 --lat·ing）他（正式）**1** …のふりをする, …を装う. **2** …をまねる；〔生物〕…に擬態する.

**sim·u·la·tion** /sìmjəléiʃən スィミュレイション/ 名 U C **1** まねること；ふりをすること；みせかけ. **2**〔生物〕擬態. **3**〔コンピュータ〕シミュレーション, 模擬実験.

**si·mul·ta·ne·ous** /sàiməltéiniəs サイムルテイニアス, si-│si- スィマル-/ 形 **1** 同時の, 同時に起こる[存在する] ‖
simultaneous interpretation 同時通訳.
**2**〔数学〕連立の ‖

simultaneous equations 連立方程式.

**si·mul·ta·ne·ous·ly** /sàiməltéiniəsli サイムルテイニアスリ, si-│si- スィマル-/ 副 同時に, いっせいに.

**sin** /sín スィン/（頭音 shin/ʃín/）名 **1** U（宗教・道徳上の）罪, 罪悪《◆(1) 具体的な罪, 罪業（ごう）をいう場合は C. (2) 法律上の罪は crime》‖
the original sin 原罪.
the seven deadly sins 七つの大罪《傲慢（ごうまん）, 貪欲（どんよく）, 邪淫（じゃいん）, 怒り, 食貪, ねたみ, 怠惰》.
commit a sin 罪を犯す.
It's a sin to steal. 盗むのは罪です.
**2** C 過失, 違反 ‖
a sin against good manners 無作法（ぶほう）.
**3** C（略式）ばかげたこと, 常識はずれのこと ‖
It's a sin to be cruel to animals. 動物を虐待するのはひどい事だ.
――動（過去・過分 sinned/-d/; 現分 sin·ning）自（正式）（道徳・宗教上の）罪を犯す；悪事を働く ‖
sin against man and God 人と神に対して罪を犯す.

**Si·na·i** /sáinəài サイニアイ/ 名 **1** シナイ半島《紅海に突き出た半島》. **2** Mount ~ シナイ山《モーセが神から十戒を与えられたという山》.

\*__since__ /síns スィンス/
――接 **1** [開始時点] **a** …して以来, …してから（今まで）《◆過去の一定時から現在までの継続を表す. したがって現在完了時制と共に用いるのが原則》‖
He has worked [has been working] since he left school. 彼は学校を出て以来働いている.
We have known each other (ever) since we were children. 私たちは子供のころからお互いによく知っている《◆ ever is since の意味を強める》.
She has moved (house) six times since she came here. 彼女は当地に来て以来6回引っ越しをした.
Letters have come since he left for London last month. 先月彼がロンドンに出発してから, 手紙がどんどん届いている.
**b** [it is C since …] …してから C《期間》になる ‖
How long is it since you came to Japan? 日本に来られてからどのぐらいになりますか.
It has been [is] two years since I last saw Tom. = Two years have passed since I saw Tom. この前トムに会ってから2年になる.
**2** [理由] …だから, …なので；…である以上《◆(1) ふつう文頭で用いられる. (2)（米）では as の代わりに好んでよく用いられる》（→ as 接 **4**［語法］）‖
Since she is ill, I can't take her with me.（君も知ってのとおり）彼女は病気だから連れて行くことはできない.
Since you don't trust him, you should not employ him. 彼を信頼できない以上, 雇うべきではない.
――前 [開始時点] [原則として現在完了時制で]（→ 接 **1a**）…以来, …から（今まで）‖
the greatest invention since 1950 1950年

以来の最大の発明.
I have been here since five o'clock. 5時からずっとここにいる.
We haven't seen her since then. それ以来彼女に出会っていない.
We've kept in touch with each other since shortly after graduation. 私たちは卒業後少したってからずっと互いに連絡をとりあっている.
I have known him since childhood. 彼を子供のころから知っている.
対話 "He hardly talks to anyone now." "Ever since the accident he's been like that." 「彼, 今は誰とも口をきかないわ」「あの事故以来ずっとああいうふうなんだ」
—— 副 [(現在)完了時制で; 通例 ever since] それ以来(ずっと) ||
He caught cold last week and has been in bed ever since. 彼は先週かぜをひき, それ以来ずっと寝込んでいる.
lóng síncé とっくの昔に || The old watch has long since been out of use. その古い時計はとっくの昔に役に立たなくなっている.

*sin·cere /sinsíər スィンスィア/ 『「きれいな(pure)」が原義』
派 sincerely (副), sincerity (名)
—— 形 (通例 比較 ··cer·er/-sírər/, 最上 ··cer·est/-sírəst/) 1 誠実な, まじめな ||
a sincere friend 誠実な友.
She is sincere in her promise. 彼女は約束を破らない.
2 偽りのない, 心からの; 真剣な ||
sincere thanks 心からの感謝.
He made a sincere effort to succeed. 彼は目的達成を目指してひたむきに努力した.
You have my sincerest sympathy. 心から御同情申しあげます.
対話 "Do you really mean it?" "Of course, I'm being very sincere." 「それ本気なの?」「もちろん, ぼくは大まじめだよ」.

*sin·cere·ly /sinsíərli スィンスィアリ/ 【→ sincere】
—— 副 心から, 誠実に ||
Sincerely (yours) (米) =(英) Yours sincerely 敬具 ◆手紙の結び.
Sincerely, I apologize for being so rude. 失礼なことをして心からお詫(ゎ)びいたします.

sin·cer·i·ty /sinsérəti スィンセリティ/ 名 U (思ったままを表現する)率直さ, 誠実, 真実, 誠意 ||
speak in all sincerity 思ったとおり心のままを話す.
with sincerity 誠実に.

Sind·bad /síndbæd スィンドバド/ 名 シンドバッド《The Arabian Nights' Entertainments 中の人物. Sindbad the Sailor ともいう》.

sine /sáin サイン/ 名 C 〔数学〕サイン, 正弦(略 sin).

sin·ew /sínju: スィニュー/ 名 〔正式〕 1 C U 腱(ゖん).
2 [通例 ~s; 複数扱い] 筋肉; 精力.

sin·ful /sínfl スィンフル/ 形 1 〔文〕罪深い; 邪悪な.
2 〔略式〕恥ずべき, 法外な.

*sing /síŋ スィング/ 〔類語 swing/swíŋ/, thing /θíŋ/〕『「声を出す」が原義』
派 song (名), singer (名)

sing

—— 動 〔三単現〕~s/-z/; 〔過去〕sang/sǽŋ/ または (まれ) sung/sʌ́ŋ/, 〔過分〕sung; 〔現分〕~·ing
—— 自 1 歌う ||
sing away [on] 歌い続ける.
sing in chorus 合唱で歌う.
sing in tune 調子正しく歌う.
sing to the piano for the children ピアノに合わせて子供たちに歌ってやる.
She sings well. 彼女は歌がうまい(=She is a good singer.).
He can't sing. 彼は歌えない; 彼は音痴だ.
2 〈鳥・虫などが〉鳴く ||
The birds sang on [away] merrily in the trees. 鳥が木立の中で楽しげにさえずり続けた.
3 〔文〕〈やかん・小川などが〉音を立てる; 〈風・弾丸などが〉うなる; 〈耳が〉鳴る; 〈胸が〉(喜びで)高鳴る ||
The bullet sang past him. 弾丸がピュッと彼をかすめた.
My ears sang from being beaten. ぶたれて耳鳴りがした.
4 〔文〕歌[詩]を作る; 詩[歌]にする, 賛美する ||
She sang about [of] world peace. 彼女は世界平和を歌いあげた.
—— 他 1 〈歌〉を歌う, さえずる; [授与動詞] [sing A B / sing B for [to] A] A〈人〉に B〈歌〉を歌う ||
I sang my baby a lullaby to sleep. 赤ん坊に子守歌を歌って寝かしつけた.
2 …を歌って過ごす, 歌って忘れる; 〈年〉を歌って送る[迎える] ||
sing one's grief away 歌って悲しみを忘れる.
sing out the old year and the new year in 歌を歌って旧年を送り新年を迎える.
3 〔文〕…を詩[歌]に歌う, 詩[歌]でたたえる.

síng óut (1) 〔略式〕〔自〕大声で歌う[言う].
(2) 〔他〕…を大声で〔言う〕; ➡ 他 2.
—— 名 C 〔米略式〕(即席)合唱会[コーラス].

Sin·ga·pore /síŋgəpɔ̀ːr スィンガポー/ 二/ 名 1 シンガポール《マレー半島南端の島で共和国》. 2 シンガポール《1の首都》.

singe /síndʒ スィンヂ/ 動 〔現分〕sing·ing/ 他 1 …の表面を(軽く)焼く, …を焦がす ||
singe the cloth 布を焦がす.
2 〔理髪で〕〈毛などの〉先端を焼く.
—— 自 焦げる, 表面が焼ける.
—— 名 C 焦げあと, 焼け焦げ.

**sing・er** /síŋər スィンガ/ (発音注意) (cf. younger) [→ sing]
――名 (複 ~s/-z/) C 1 **歌う人, 歌手**, 声楽家；詩人 ||
a male singer 男性歌手
He is a famous popular singer in Japan. 彼は日本では有名な流行歌手です.
**2** [形容詞を伴って] 歌が…な人 ||
She is a good [bad] singer. 彼女は歌がうまい[へただ]；[職業として] 上手[へた]な歌手だ(= She sings well [badly].) (◆bad の代わりに poor も用いる).

**sing・er-song・writ・er** /síŋərsɔ́ŋràitər スィンガソングライタァ/ 名 C シンガーソングライター.

**sing・ing** /síŋiŋ スィンギング/ 動 → sing.
――名 U C **1** 歌うこと, 歌唱, 声楽 ||
study singing 声楽を勉強する.
**2** (鳥・虫の)鳴くこと；鳴ること.

\***sin・gle** /síŋgl スィングル/ 〖「1つの(simple)」が本義〗
――形 **1** [名詞の前で] **たった1つの, たった1人の**；[否定文で] ただの1つ[1人]も ||
a single piece of bread たった1切れのパン.
I didn't say a single word at the news. その知らせに一言も言わなかった.
There is not a single mistake in his essay. 彼の論文にはただ1つの誤りもない.
**2** [名詞の前で] [each, every, 数詞と共に] **1つ1つの, 各々の** ||
Each single string must be tied separately. ひもはそれぞれ別々に結ばないといけない.
She paid three single pennies into his hand. 彼女は1ペニーずつ3枚彼に手渡しで支払った.
**3 独身の**(↔ married) ||
remain single =live a single life 独身でいる.
Her sister is married, but she is still single. 彼女の妹さんは結婚していますが, 彼女はまだ独身です.
**4** [名詞の前で] **1人用の** ||
a single bed シングルベッド.
reserve a single room at the hotel ホテルに1人部屋を予約する.
**5** [名詞の前で] **単一の, 単式の；〈花などが〉一重(ぇ)の**；〈競技などが〉シングルスの ||
a single lens 1眼レンズ.
a single track [line] (鉄道の)単線.
**6** 〖英〗[名詞の前で] **片道の**((米)one-way) ||
a single ticket 片道切符.
――名 C **1** (英) 1個, 1人；(米略式) [通例 ~s] 独身者；(略式) 1人用の部屋[ベッド, 席]. **2** (英略式) 片道切符((米)one-way). **3** 〖野球〗シングルヒット, 単打；〖テニス〗[~s; 単数扱い] シングルス. **4** (略式) (レコードの)シングル盤.
――動 (現分 sin・gling) 他 …を選び出す ||
single him out as captain 彼を主将に選び出す.

**sin・gle-breast・ed** /síŋglbréstid スィングルブレスティド/ 形 〖服飾〗〈上着などが〉前合の, 一列ボタンの, シングルの(cf. double-breasted).

**sin・gle-hand・ed** /síŋglhǽndid スィングルハンディド/ 形 副 片手の[で]；独力の[で].

**sin・gle-mind・ed** /síŋglmáindid スィングルマインディド/ 形 1つの目的をもった；ひたむきな, 誠実な.

**sin・gly** /síŋgli スィングリ/ 副 **1** 1つ[1人]ずつ, 個々に(↔ together)；単独に[で] ||
go out singly 別々に出かける.
try each dish singly 料理を1つ1つ試食する.
**2** (正式) 1人で, 独力で.

**sing・song** /síŋsɔ̀ŋ スィングソ(ー)ング/ 名 **1** U [しばしば a ~ / the ~] 単調な調子[抑揚]；C 単調な抑揚の歌 ||
read in a singsong 単調な抑揚で朗読する.
**2** C (英) 即席合唱会[コーラス]((米略式)sing).

**sin・gu・lar** /síŋgjələr スィンギュラ/ 形 **1** (正式) 並はずれた, 非凡な；珍しい, まれに見る ||
a girl of singular beauty 並はずれて美しい少女.
**2** (正式やや古) 奇妙な, 風変りな ||
The box is singular in design. その箱はデザインが変わっている.
**3** 1つだけの；別々の, 各自の ||
all and singular どれもこれも.
**4** 〖文法〗単数の(↔ plural) ||
a singular form 単数形.
――名 U 〖文法〗[通例 the ~] 単数(形)；C 単数形の語(↔ plural).

**sin・gu・lar・ly** /síŋgjələrli スィンギュラリ/ 副 (正式) きわだって；特に.

**sin・is・ter** /sínəstər スィニスタァ/ 形 **1** 悪意のある, 邪悪な. **2** 不吉な, 縁起の悪い.

\***sink** /síŋk スィンク/ (類似 think/θíŋk/) 〖「人が倒れる」が原義〗
→ 動 自 **1 沈む 2 落ち込む；傾く 4 衰える 6 陥る 7 しみ込む** 他 **沈める**
名 **1 流し**
――動 (三単現 ~s/-s/；過去 sank/sǽŋk/ または (まれ) sunk/sʌ́ŋk/；過分 sunk または (米まれ) sunk・en/sʌ́ŋkn/；現分 ~・ing)
――自 **1 沈む**, 沈没する, 没する(↔ float) ||
sink in the sand 砂にめり込む.
a sunken [sunk] ship 沈んだ船；沈められた船.
The sun sank (down) in [*to] the west. 太陽が西に沈んだ(◆set の方が一般的. go down はくだけた表現).
**2 落ち込む, 沈下する；傾く** ||
sink to the sea 海の方へ傾斜する.
The foundations have sunk two inches. 土台が2インチ沈下した.
**3** 〈人・からだが〉**崩れ落ちる, 倒れる** ||
sink (down) to one's knees がっくりひざをつく.
sink into a chair いすにぐったりと腰をおろす.
**4** (正式) 〈人・体力・気力などが〉**衰える, なえる**；〈目・ほおなどが〉**落ち込む** ||
The patient is sinking. 病人は弱っている.
Her heart sank at the news. 彼女はニュースを聞いてがっくりした.

His eyes sank in after his son's death. 息子の死で彼の目はくぼんだ.
**5** 弱まる, 減る;〈地位・名声・価値などが〉下がる;落ちぶれる ‖
The wind sank down. 風が静まった.
Her voice sank to a whisper. 彼女の声は低くなってささやき声になった.
The price sank to $1. 値段が1ドルに下がった.
**6** 陥る, 落ち込む, 熱中する ‖
sink into poverty 貧乏になる.
sink into sleep 眠りに陥る.
sink down in despair 絶望に沈む.
**7** しみ込む, 入り込む;理解される ‖
The rain sank into the ground. 雨が土地にしみ込んだ.
His kindness sank into my heart. 彼の親切が身にしみた.
My warning hasn't sank in yet. 私の警告はまだわかってもらえない.
──他 **1** …を沈める, 沈没させる ‖
sink a metal rod in before the concrete sets コンクリートが固まらないうちに金属棒を差し込む.
A gale sank the boat. 強風でボートが沈んだ.
**2** 〈音・声・価格・数量・程度などを〉低くする, 落とす;〈…の水位を下げる〉;〈目・首などを〉うつむける ‖
sink the dam ダムの水位を下げる.
sink one's voice to a sigh 声を落としてため息をつく.
sink prices 値段を下げる.
**3** …を押し込める;…を打ち込む, 埋める;〈井戸・穴などを〉掘る ‖
sink a well 井戸を掘る.
sink a post deep into the ground 柱を地中深く打ち込む.
◇**sínk or swím** (1) 一か八(ばち)か, のるかそるか ‖
It was sink or swim with me. 私にとってのるかそるかだった / Sink or swim, I'll risk it. 一か八かやってみよう. (2) [S∼ or swim] おぼれたくなければ泳げ《米国の英語同化政策で唱えられた標語》.
──名 (複 ∼s/-s/) C **1** (台所などの)流し;《米》洗面台《英》washbasin).
**2** 下水溝, 汚水だめ.
**sínk únit** 台所設備一式《流し・排水設備などを含む》.
**sin·ner** /sínər/ サィナ 名 C 《文》(宗教・道徳上の)罪人;罪深い人;不信心者;ならず者.
**si·nus** /sáinəs/ サィナス 名 (∼·es/-iz/) C **1** 〔解剖〕[通例 ∼es]洞(ほら). **2** 〔医学〕瘻(ろう).
**Sioux** /súː/ スー 名 (Sioux/súː, súːz/) **1** C スー族(の人)《北米先住民の一部族, もとは主に Dakota 地方に居住》. **2** U スー語.
──形 スー族[語]の.
**Síoux Státe** [the ∼] スー族の州《North Dakota の愛称》.
**sip** /síp/ スィプ 動 (過去・過分 sipped/-t/;現分 sip·ping) 他 …を少しずつ飲む, ちびちび飲む ‖

We sipped mugs of hot chocolate. 私たちはマグカップで熱いココアを少しずつ飲んだ.
──自 少しずつ飲む ‖
sip at liqueur リキュールをちびちび飲む.
──名 C (酒などの) 一口(の量);少しずつ飲むこと ‖
take a sip of brandy ブランデーを一口飲む.
drink wine in sips ワインを少しずつ飲む.
**si·phon** /sáifn/ サイフン, (米) -fən/ 名 C **1** サイフォン, 吸い上げ管. **2** (炭酸水を入れる)サイフォンびん.
──動 他 …をサイフォンで吸いあげる.

\***sir**
/sə́ːr/ サー/《sire の短縮語》
──名 C **1** [時に S∼]《正式》(男性への呼びかけ・敬称で)(目上の人・店の客・見知らぬ人に)**あなたさま, だんな** ‖
Can I help you, sir? (店員が男性の客に)いらっしゃいませ.
Very good, sir. かしこまりました.

> 語法 (1) sir 自体は日本語に訳さない場合が多い: Good morning, *sir*. おはようございます.
> (2) 文脈によって「お客さん」「もし」《英ではしばしば》「先生」など適当な訳にする: *Sir* (♪ [↘]), may I ask you a question? 《英》先生, 質問してもよろしいですか.
> (3) ふつう女性には ma'am を用いるが, 《米式》では Yes, No を強める時, 女性にもしばしば用いる: Yes, *sir*. はいそうです, そうですとも / No, sir. いいえ違います, とんでもない《♦ sir を強く発音する》.
> (4) 文頭以外はふつう弱く発音する.

**2** C [S∼]《正式》[手紙の書き出しで] 拝啓 ‖
Dear Sir (商用・事務的な手紙で)拝啓《♦ My Dear Sir ともいう》.
Dear Sirs (会社などへの手紙で)各位《♦《米》では Gentlemen を多用》.
**3** [S∼] 卿(きょう), サー《♦ 英国のナイト (knight)・準男爵 (baronet) の姓名または名前の前に置く. この場合 Mr. はつけない. cf. Dame, Lady》 ‖
Sir Winston (Churchill) ウィンストン(=チャーチル)卿.
**sire** /sáiər/ サイア 名 C (家畜, 特にウマの)雄親, 種ウマ.
**si·ren** /sáiərən/ サイアレン 名 **1** C サイレン, 警笛 ‖
an air raid siren 空襲警報のサイレン.
a fire engine siren 消防車のサイレン.
**2** [しばしば S∼]〔ギリシア神話〕セイレン《美しい歌声で船乗りを誘い寄せ, 船を難破させた半人半魚の海の精》. **3** C 魅惑的な美女, 妖婦(ふ). **4** 美声の女性歌手.
**Sir·i·us** /síriəs/ スィリアス 名 〔天文〕シリウス, 天狼(ろう)星.
**sir·loin** /sə́ːrlɔin/ サーロイン 名 CU サーロイン《牛の腰上部の良質の肉. 図 → beef》.
**sírloin stéak** サーロインステーキ.
**sis·sy** /sísi/ スィスィ 名 (複 sis·sies/-z/) C 《略式》めめしい男子[少年];弱虫, いくじなし《♦ 呼びかけにも用いる》.──形 (比較 ∼·si·er, 最上 ∼·si·est)《略

式)めめしい.

**\*sis・ter** /sístər スィスタ/
——名 (複 ~s/-z/) ⓒ **1** 姉妹, 姉, 妹(↔ brother) 《◆呼びかけには用いない》(→ brother Q&A) ‖
my elder [older, big] **sister** 私の姉.
my younger [little, baby, kid] **sister** 私の妹 《◆姉と妹を特に区別せず, 単に one's *sister* のようにいうことが多い》.
the Brontë **sisters** ブロンテ姉妹《◆ Brontë *Sisters* ともする. the *sisters* Brontë は堅い表現》
**2** (姉妹のように)親しい女性, 親友.
**3** (特に社会主義・女権運動の)団体に属する女子 ‖
a sorority **sister** 女子友愛会の仲間.
Fight for your rights, **sisters**! 同志諸姉, 権利獲得のために奮闘しなさい.
**4** 〖称号〗(女の)宗徒; 修道女, シスター ‖
**Sister** Bates 修道女ベイツ《◆呼びかけにも用いる》.
**5** 〖英〗看護師長; 〖略式〗看護師.
**6** 〔しばしば形容詞的に〕姉妹の関係(にある), 同系の ‖
a **sister** language 姉妹言語.
**sister** schools 姉妹校

> Q&A **Q**:「姉妹都市」は sister cities と言えばいいですか?
> **A**: 米国ではそうですが, 英国では twin towns と言います. いずれも /sístər sítiz/, /twín táunz/ と頭韻(とういん)を踏んでいます. *Love me little, love me long.* (愛情は細く長く)のように英米人は頭韻を好んで用います.

**7** 〖略式〗〔呼びかけ〕お嬢さん, ねえちゃん; 奥さん.
**Sísters thrée** [the ~] 運命の三女神(→ fate 4).

**sis・ter・hood** /sístərhùd スィスタフド/ 名 **1** Ⓤ 姉妹の間柄, 姉妹愛. **2** Ⓒ [the ~] 婦人団体; [単数・複数扱い] 修道女会.

**sis・ter-in-law** /sístərinlɔ̀ː スィスタインロー/ 名 (複 sis-ters-in-law, ~s) Ⓒ 義理の姉[妹], 義姉[妹].

**Sis・y・phus** /sísəfəs スィスィファス/ 名〖ギリシア神話〗シシュフォス《コリントの王. 地獄で大石を山頂に押し上げる罰を科されたが, 岩は頂上近くでいつもころがり落ち, その苦業には果てしがなかった》.

**\*\*sit** /sít スィト/ 〖発音注意〗《◆〖類音〗 shit/ʃít/ は禁句》〖「座る, 座っている」が本義. cf. set, seat〗
——動 (三現) ~s /síts/; 過去 sat/sǽt/, 過分 sat; 現分 sit・ting)
——自 **1 a** 座る, 座っている, 着席する 《◆ふつう「座る」動作は sit down でこの場合座る場所は特にいわなくてよい》(↔ stand) ‖
**sit** down 座る.
**sit** at (the) table 食卓に着く 《◆ the を省くのは〖英〗》.

**sit** in an armchair [on a chair] ひじ掛けいす [いす]に座る(→ chair 名 **1**).
**sit** at needlework 座って針仕事をする.
**sit** behind the steering wheel ハンドルの前に座る, 車を運転する.
He **sat** on his hat by mistake. 彼はうっかり帽子の上に座ってしまった.
**b** [sit Ⓒ] Ⓒ の状態で**座っている**; [sit *doing*] …しながら座っている, 座って…している ‖
**sit** surrounded with children 子供たちに囲まれて座っている.
**sit** (on the bed) brushing her hair (ベッドに)座って髪をとかしている 《◆場所を表す語句が間に入ることもある》.
He has been **sitting** cross-legged reading the paper. 彼はあぐらをかいて新聞を読んでいた 《◆ has sat よりもふつう》.
**2** 〈鳥などが〉止まる;〈犬などが〉「お座り」する;〈鳥が〉卵を抱く, 巣につく ‖
**sit** on a branch 枝に止まる.
I found the hen **sitting**. めんどりが巣についているのを見つけた.
**3** 〈議会・法廷などが〉**開かれる**(↔ rise) ‖
The Diet is **sitting** now. 今議会が開会中だ.
**4** 〖文〗位置する, 存在する, じっとしている; 使われずに置いてある ‖
let the matter **sit** 問題をそのままにしておく.
**sit** at home all day 一日中家に(何もしないで)いる.
Her house **sits** at the foot of the hill. 彼女の家は丘のふもとにある.
**5** 一員になる ‖
**sit** in Congress [〖英〗Parliament] 国会議員になる.
**sit** on the committee =**sit** as a member of the committee 委員になる.
**6** 負担[責任]となる;〈食物が〉もたれる ‖
Meat **sits** heavily on the stomach. 肉は胃にもたれる.
The work **sits** lightly on him. 仕事は彼には苦にならない.
**7** 〈衣服・職などが〉合う, 似合う ‖
The suit **sits** well on her. その服は彼女(のからだ)にぴったりだ.
——他 **1** …を座らせる, 着席させる ‖
**Sit** yourself down beside me. 私のそばに座りなさい.
This room **sits** 50 people. =We can **sit** 50 people in this room. この部屋には50人座れる.
**2** 〈馬などに〉乗る ‖
She **sits** a horse well. 彼女は乗馬がうまい.
**sít abóut** [**aróund**] (1) 〖略式〗[自] (何もせずに)ぶらぶらする, ぼけっとしている, 傍観する.
(2) [~ *abóut* [*aróund*] **A**] **A**〈場所〉で何もせずに[している].
**sít báck** [自] (1) ゆったり座る;(仕事のあとで)くつろぐ. (2) (何もせずに)傍観する;(仕事から)手を

**sitcom** / 1310 / **six**

引く.

**sít bý** [自] [通例 ～ by and watch] 静観する, 無関心な態度をとる.

○**sit dówn** [自] (1) (椅子に)座る, 〈鳥が〉止まる. (2) 座り込みをする.

○**sít for** A (1) (英) 〈試験〉を受ける((米) take) ‖ sit for an interview 面接を受ける. (2) …のモデルになる ‖ sit for one's portrait 肖像画のモデルになる.

**sít ín** [自] (デモで)座り込む.

**sít ín for** A …の代理をする.

**sít ín on** A …を参観する.

**sít ón** (1) [自] 座り続ける, 座り込みを続ける. (2) [～ on A] A〈事件などを〉審理する, 調べる; (略式) …をほうっておく, 握りつぶす; 〈人〉をしかる, やりこめる. (3) [自] → 自1, 2, 5, 6, 7.

**sít óut** (1) [自] 戸外に座(っている); (ダンスなどに)加わらない. (2) [他] 〈劇・講演などの終わりまでいる; …より長居する; 〈ダンス・競技など〉に加わらない.

**sít thróugh** [他] ＝SIT out (2).

○**sít úp** [自] (1) 起き直る, きちんと座る ‖ sit up straight 正座する. (2) [自] 寝ずに起きている ‖ sat up (till) late at night studying for the exam. 試験勉強をして夜遅くまで起きていました / sit up for him 彼を寝ずに待つ. (3) [他] 〈人〉を起こして座らせる.

Q&A Q: sit down はわかりますが, sit up はなぜ「椅子から立ち上がる」ではなく上のような意味になるのですか.
A: sit up の up は「上体を起こして」の意味です. だから「からだを起こして座る」ことになるのです.

**sít upón** A ＝SIT on (2).

**sít wíth** A (1) A〈病人など〉を世話する. (2) A〈人〉と会談する.

**sit·com** /sítkɑm スィトカム | -kɔm -コム/ 图 (略式) ＝situation comedy.

**site** /sáit サイト/ (同音 cite, sight) 图 ⓒ **1** [しばしば複合語で] (建物・都市などの)場所, 位置; 敷地, 用地, (建設)予定地 ‖
a building site 建設予定地.
a site for a new factory 新工場用地.
**2** 遺跡; (事件などの)現場 ‖
historic sites 史跡.
**3** 〔インターネット〕サイト(Web site) 《情報が登録されているサーバー》.
——動 (現分 sit·ing) 他 (正式) …の用地を定める; [通例 be ～d] 〈建物などが〉位置する.

**sit·ter** /sítər スィタ/ 图 ⓒ **1** 座る人; (略式) (肖像画・写真などのために)ポーズをとる人, モデル. **2** (略式) ＝baby-sitter. **3** 卵を抱くめんどり.

**sit·ting** /sítiŋ スィティング/ 動 → sit.
——图 **1** ⓤ 座(っていること, 着席; ⓒ (肖像画などで)ポーズをとること.
**2** ⓒ 一座りの時間, ひと仕事 ‖
read a book at one sitting 一気に本を読む.
**3** ⓒ (英) (議会・法廷などの)開会(期間). **4** ⓤⓒ (鳥の)巣ごもり, 抱卵(期); ⓒ (1 回の)抱卵数. **5** ⓒ (教会・劇場などの)座席. **6** ⓒ 食事時間[場所]; (多人数用の)1 回分の食事の用意.
——形 **1** 座っている; 卵を抱いている. **2** (議会などで)現職の.

**sítting ròom** (主に英) 居間.

**sit·u·ate** /sítʃueit スィチュエイト | sítju- スィテュ-/ 動 (現分 ～at·ing) 他 (正式) …を置く; …の場所を定める.

**sit·u·at·ed** /sítʃueitid スィチュエイティド | sítʃueitid スィテュエイティド/ 動 → situate.
——形 **1** (正式) 位置している, ある; [副詞(句)を伴って] 位置が…の ‖
Her town is situated at the foot of Mt. Hakkoda. 彼女の町は八甲田山のふもとにある.
a favorably situated city 地の利を得た都市.
**2** (略式) [badly などの副詞を伴って] 〈人が〉…の境遇[立場, 状態]にある ‖
be comfortably situated 裕福な境遇にある.
He is badly situated financially. 彼は財政的に困っている.

*__sit·u·a·tion__ /sìtʃuéiʃən スィチュエイション | sìtʃuéiʃən スィテュエイション/ [→ site]
——图 (複 ～s /-z/) ⓒ **1** (正式) 位置, 場所; 敷地, 用地; 立地条件(location) ‖
Her house is built in an attractive situation. 彼女の家は快適なところに建っている.
a pleasant situation for a camp キャンプによい場所.
**2** 立場, 境遇, 状態 ‖
an awkward situation まずい立場.
This put him in a difficult situation. このことから彼は困難な立場に追いこまれた.
**3** 情勢, 事態, 形勢 ‖
the political situation 政局.
save the situation 事態を収拾する.
**4** (正式・やや古) 勤め口, 職(job) ‖
Situations vacant. (新聞広告) 求人.
**5** (物語・劇などの)急場, きわどい場面, 大詰め; [遠回しに] 重要問題.

**situátion cómedy** (テレビ・ラジオの)連続ホームコメディー((略式) sitcom)《同じ登場人物で毎回違った場面やエピソードを扱う》.

**situátion ròom** (米) 危機管理対策本部.

**sit-up, sit·up** /sítʌp スィタプ/ 图 ⓒ [通例 ～s] (手を使わない)起き上がり体操.

*__six__ /síks スィクス/ (類音 sex/séks/)
——图 (複 ～·es /-iz/) ◆图形 とも用例は → two) **1** ⓤ [通例無冠詞] (基数の)6 ◆序数は sixth. 神が天地創造に要した日数で完全・調和を表す. 関連接頭辞 hexa-, sexi-〉.
**2** ⓤ [複数扱い; 代名詞的に] 6つ, 6個; 6人.
**3** ⓤ 6時, 6分; 6ドル[ポンド, セント, ペンスなど].
**4** ⓤ 6歳.
**5** ⓒ 6の記号[数字, 活字]《6, vi, VI など》.
**6** ⓒ 〔トランプ〕 6の札;(さいころの)6の目.

**in sixes** 6 人[個]ずつ.

──**形 1** [通例名詞の前で] 6つの, 6個の; 6人の.
**2** [限定として] 6歳の.

\***six·teen** /síkstí:n スィクスティーン/
──**名** (複 ~s/-z/) **1** UC 16.
**2** U [複数扱い; 代名詞的に] 16個; 16人.
**3** U 16時《午後4時》, 16分, 16ドル《ポンド, セント, ペンスなど》.
**4** U 16歳.
**5** C 16の記号[数字, 活字]《16, xvi, XVI など》.
**6** C 16個[人]1組のもの.
──**形 1** [通例名詞の前で] 16の, 16個[人]の.
**2** [限定として] 16歳の.

**six·teenth** /síkstí:nθ スィクスティーンス/《◆ 16th とも書く. 用例は 形 とも → fourth》**形 1** 16番目の(→ first 形 **1**). **2** [a ~] 16分の1の.
──**名 1** U [通例 the ~] (順位・重要性で)第16番目[16位]の人[もの]. **2** U [通例 the ~] (月の)16日. **3** C 16分の1.

**sixth** /síksθ スィクスス/《◆ 6th とも書く. 用例は 形 とも → fourth》**形 1** [通例 the ~] 第6の, 6番目の( → first 形 **1**). **2** [a ~] 6分の1の.
──**名 1** U (順位・重要性で)第6番目[6位]の人[もの]. **2** U [通例 the ~] (月の)第6日(→ first 名 **2**). **3** C 6分の1. **4** C 〖音楽〗第6度(音程). **5** [the ~] (小学校の)第6学年 (sixth grade).

**síxth fórm** [the ~]《英》[集合名詞的に] (中等学校の)最上級学年, 第6学年《義務教育最後の第5学年(the fifth form)《滿16歳》修了後, 一般教育証明書(GCE)を取るための学年(1-2年間). 日本の高校3年に相当し, この間に GCSE (もとの O level), A level の試験を受ける(cf. form 名 **8**)》.

**síxth sénse** [the ~ / a ~] 第六感, 直感.

**six·ties** /síkstiz スィクスティズ/ 名 → sixty.

**six·ti·eth** /síkstiəθ スィクスティイス/ **形 1** [通例 the ~] 第60の, 60番目の(→ first 形 **1**). **2** [a ~] 60分の1の. ──**名 1** U [通例 the ~] 第60番[60位]の人[もの]. **2** C 60分の1.

\***six·ty** /síksti スィクスティ/
──**名** (複 six·ties/-z/) **1** U 60.
**2** U [複数扱い; 代名詞的に] 60個, 60人.
**3** U 60ドル[ポンド, セント, ペンスなど].
**4** U 60歳.
**5** C 60の記号[数字, 活字]《60, LX など》.
**6** C 60個[人]1組のもの.
**7** [one's sixties] (年齢の)60代.
**8** [the sixties; 複数扱い] (世紀の)60年代. 《特に》1960年代; (温度・点数などの)60台.
──**形 1** [通例名詞の前で] 60の; 60人の.
**2** [叙述として] 60歳の.

**six·ty-** /síksti- スィクスティ-/ 連結形 60. 例: sixty-five 65, sixty-third 63番目の.

\***size** /sáiz サイズ/《〖assize (法律・条例)の頭音消失〗》
──**名** (複 siz·es/-iz/) **1** UC 大きさ, 寸法 ‖
the size of a building 建物の大きさ.
a life [full, natural, real] size 実物大.

The two suits are (of) the same size. その2着のスーツはサイズは同じです《◆ of のない方がふつう》.
a city the size of Nagoya 名古屋ぐらいの大きさの都市《◆ city の次に of が省略されている》.
My house is half the size of yours. 私の家は君の家の半分の大きさだ(=My house is half as large as yours.).
**2** C (衣服・商品の)サイズ, 寸法, 型, 番, 判 ‖
all sizes of socks =socks of all sizes あらゆるサイズのソックス.
take the size of one's waist 腰の寸法をとる.
put on the dress for size (合うかどうか)服を着てみる.
What [×How much] is your shoe size? = What shoe size are you? = What size do you take in shoes? 靴のサイズはいくつですか.

関連 a small size 小型 / a medium size 中型 / a large size 大型 / an average [a standard] size 標準型 / a king [super] size 特大型.

**3** U 数量, 規模; C 器量, 力量 ‖
a man of size 手腕家.
an undertaking of great size 大規模な事業.
the average size of Japanese households 日本の平均的家族数.
**4** U (略式) [the ~] (事件などの)実情, 真相 ‖
Thát's (abòut) the síze of it. (相手に相づちをうって)まあ, そんなところだ.

**cút A dówn to síze** (略式) A《(過大評価されている)人》を実力どおりの評価にひき下げる; A《問題・人》の能力の限界を示す.
──**動** (現分 siz·ing) **他** …を大きさに合わせて作る; …を大きさによって分ける, 並べる, 品定めする ‖
size glass for a window 窓に合わせてガラスを切る.

**síze úp** [他] 〈情勢・人・価値などを〉評価[判断]する; …の寸法をとる.

**siz(e)·a·ble** /sáizəbl サイザブル/ 形 かなり大きな.

**-sized** /-sáizd サイズド/ 連結形 …の大きさ[サイズ, 型]の. 例: large-sized 大型の.

**siz·zle** /sízl スィズル/ 〖擬音語〗 動 (現分 siz·zling) 自 **1** シューシュー[ジュージュー]いう《油で揚げる時のような音》. **2** (略式) じりじりと暑い.
──**名** C シューシュー[ジュージュー]いう音.

\*\***skate** /skéit スケイト/ 〖「高足(たかあし)(stilt)」が原義〗
──**名** (複 ~s /skéits/) C [通例 ~s] **1** (アイス)スケート靴《◆ figure skate, hockey skate, racing skate などがある. スポーツとしての「スケート」は skating》‖
a pair of skates スケート靴1足.
put on skates スケート靴を履(は)く.
**2** ローラースケート(靴).
──**動** (三単現 ~s /skéits/; 過去・過分 skat·ed

/-id/; 現分 skat·ing)
─自 **1** (アイス)スケートをする, スケートで滑る ‖
go skating on the pond = go to the pond to skate 池へスケートに行く.
**2** ローラースケートをする.
*skáte òver* [*róund*] A (英)…への言及を避ける; …をうまく切り抜ける.

**skate·board** /skéitbɔːrd スケイトボード/ 名C スケートボード.

**skat·er** /skéitər スケイタ/ 名C スケートをする人《アイススケート・ローラースケートの両方をいうが, 前者がふつう》‖
a good skater スケートが上手な人.

**skat·ing** /skéitiŋ スケイティング/ 動 → skate.
─名U スケート; ローラースケート.

**skáting rìnk** スケートリンク, 屋内スケート場; ローラースケート場.

**skel·e·ton** /skélətn スケリトン/ 名C

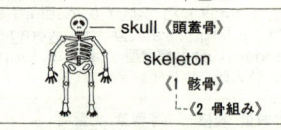

skull《頭蓋骨》
skeleton
〈1 骸骨〉
〈2 骨組み〉

**1** 骨格; 骸骨(がいこつ); やせこけた人[動物] ‖
be reduced to a **skeleton** 骨と皮ばかりになっている.
**2**(正式)骨格状の物;（建物などの）骨組み, 焼け残り;〔植〕(葉の)組織, すじ ‖
the steel **skeleton** of a building 建物の鉄骨.
**3**(作品・計画などの)概略, 骨子.
**4**〔形容詞的に〕骨の; 骨組みだけの; 概略の; 最小限度の ‖
a **skeleton** staff 最小限度の人員.
*a skéleton in the clóset* [(英) *cúpboard*]（略式）他人に知られたくない家庭の事情[秘密]; 隠したい恥ずかしい過去.

**skéleton kèy** 合いかぎ.

**skep·tic, scep·-** /sképtik スケプティク/ 名C (正式) 懐疑論者, 疑い深い人.

**skep·ti·cal** /sképtikl スケプティクル/ 形 (正式) 懐疑的な, 疑い深い.

**skep·ti·cism, scep·-** /sképtəsìzm スケプティシズム/ 名U (正式) 懐疑的な態度;〔哲学〕懐疑論.

**sketch** /skétʃ スケチ/ 名 (複 ~·es /-iz/) C **1** スケッチ; 写生図[画], 下絵, 素描(そびょう); 見取り図, 略図 ‖
*make a sketch of* the park その公園をスケッチする; その公園の略図をかく.
**2** 下書き, 草案.
**3**〔通例 a ~〕概略, 大要, あら筋; 点描 ‖
I gave him *a* short *sketch* of my plan. 私は彼に計画の概略を示した.
**4**（小説・随筆などの）小品, 短編;（演芸などの）寸劇, スキット ‖
a travel *sketch* 旅行記.
─動 (三単現 ~·es /-iz/) 他 **1** …をスケッチする,

写生する; …の略図をかく.
**2** …の概略を述べる, …を略記する ‖
She *sketched out* the plan for a new house. 彼女は新しい家の計画の概要を話した.
─自 スケッチ[写生]する; 略図をかく.

**sketch·book** /skétʃbùk スケチブク/ 名C **1** スケッチブック, 写生帳. **2** 小品集, 随筆集, 短編集.

**sketch·y** /skétʃi スケチ/ 形 (比較 ~·i·er, 最上 ~·i·est) **1** スケッチ風の, 略図の, 素描(そびょう)の; 概略の.
**2** 大ざっぱな, 不完全な; 皮相な.

**skew·er** /skjúər スキュア/ 名C（料理用の木・金属製の）串, 焼き串. ─動 他 …を串に刺す, 串で刺す.

**ski** /skíː スキー/《「木片」が原義》
─名 (複 ~s /-z/, ~) C スキー(の板)《◆(1) ふつう複数形で用いる. (2) スポーツとしての「スキー」は ski·ing》‖
a pair of skis スキーの板1組.
bind on one's **skis** スキーをしっかりつける.
glide on skis スキーで滑る.

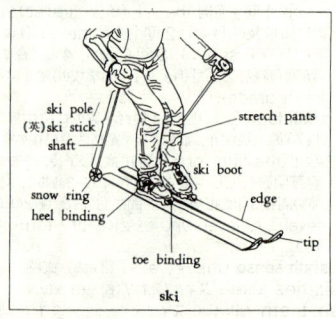

ski pole/
(英)ski stick
shaft
snow ring
heel binding
toe binding
ski
stretch pants
ski boot
edge
tip

─動 (三単現 ~s /-z/; 過去・過分 ~ed /-d/ または ~'d /-d/; 現分 ~·ing)
─自 スキーをする《◆×do [make, ×play] skiing とはいわない》‖
go skiing in [×to] Hokkaido = go to Hokkaido to ski 北海道へスキーに行く.

**skí bòot** スキー靴.
**skí jùmp** スキーのジャンプ; スキーのジャンプ台.
**skí lìft** (スキー場の)スキーリフト.
**skí pòle** [(英) **stìck**] (スキー用の) ストック.
**skí rùn** (スキー用の)スロープ, ゲレンデ.
**skí sùit** スキー服.
**skí tòw** スキートウ《スキーをはいたままロープにつかまって斜面を登って行く設備》.

**skid** /skíd スキド/ 名C **1**〔通例 a ~〕横滑り; 滑り ‖
go into **a skid**（車が）横滑りする.
**2**（車輪の）滑り止め, 輪止め《木製・鉄製》.
**3**〔通例 ~s〕（重い物を滑らせる）滑り材; 材木, ころ.
─動 (過去・過分 skid·ded /-id/; 現分 skid·ding) 自 横[外]滑りする.

**ski·er** /skíːər スキーア/ 图 © スキーヤー, スキーをする人.

**skies** /skáiz スカイズ/ 图 → sky.

**ski·ing** /skíːiŋ スキーイング/ 動 → ski. ── 图 Ⓤ (スポーツ・旅行の手段として)スキーで滑ること, スキー.

**skil·ful** /skílfl スキルフル/ 形 《主に英》=skillful.
**skíl·ful·ly** 副 《主に英》=skillfully.

***skill** /skíl スキル/ [「区別するもの」が原義]
愈 skillful (形)
── 图 (複 ~s /-z/) 1 Ⓤ 熟練, 腕前
a man of skill 熟練者, 名人.
draw with skill うまく描く.
one's skill in skating スケートの技量.
She showed great skill on the piano. 彼女はピアノに非凡な腕を示した.
2 Ⓒ (特殊な)技能, 技術, わざ.

**skilled** /skíld スキルド/ 形 1 熟練した, 上手な ‖
a skilled carpenter 腕の立つ大工.
be skilled in [at] handiwork 手細工が上手だ.
2 熟練[特殊技術]を要する ‖
skilled labor 熟練労働; [集合名詞的に] 熟練工.

**skil·let** /skílət スキレト/ 图 Ⓒ 1 《米》フライパン.
2 《主に英》ふつう脚(足)付きの長柄(え)なべ.

**skill·ful**, 《主に英》**skil·-** /skílfl スキルフル/ 形 熟練した; 上手な ‖
a skillful doctor 腕のいい医者.
be skillful at [in] skiing スキーがうまい.

**skill·ful·ly**, 《主に英》**skil·-** /skílfəli スキルフリ/ 副 上手に, 熟練して.

**skim** /skím スキム/ 動 (過去・過分 skimmed /-d/; 現分 skim·ming)

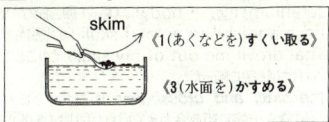

《1 (あくなどを)すくい取る》
skim
《3 (水面を)かすめる》

他 1 …をすくい取る ‖
Please skim (off) the fat from the broth.
=Please skim the fat off the broth. 浮いた脂肪のあくをスープから取り除いてください.
2 〈液体〉から出た浮遊物をすくってきれいにする ‖
Tell me how to skim milk. 牛乳から脂肪をすくいとる方法を教えてください.
3 《正式》…をかすめて飛ぶ, 滑るように[すれすれに]動く ‖
Gulls skimmed the waves. カモメが水面をかすめて飛んだ.
4 〈石など〉をすれすれに飛ばす ‖
He skimmed a stone over the water. 彼は石を水面切って投げた.
5 …を飛ばし読みする, ざっと読む ‖
skim the headlines 見出しに目を通す.
──自 1 《正式》かすめて飛ぶ, なめらかに滑って行く ‖
a breeze skimming along the field 野原を吹き抜けるそよ風.
The skater skimmed across the ice. スケーターが氷上をかすめるように滑って行った.
2 ざっと目を通す, 拾い読みする ‖
Her article cannot be skimmed through.
彼女の記事は飛ばし読みするわけにはいかない.

**skím(med) mílk** スキムミルク, 脱脂乳(skim).

**skimp** /skímp スキンプ/ 動 他 1 …をちびちび与える, けちる. 2 〈仕事など〉をいいかげんにやる. ──自 けちけちする; 節約する.

**skimp·y** /skímpi スキンピ/ 形 (比較) -i·er, 最上 -i·est) 《略式》1 不十分な, 貧弱な; 〈服などが〉窮屈な. 2 けちけちした.

**skin** /skín スキン/
图 1 Ⓤ Ⓒ (人間の)皮膚, 肌, 皮 ‖
have (a) fair skin 肌が白い.
have (a) dark skin 肌が黒い.
the outer skin 表皮.
She's all [only] skin and bone(s). 《略式》(骨と皮ばかりに)彼女はやせ細っている《◆ ×bone(s) and skin とはいわない》.
get wet to the skin in a shower にわか雨に遭(あ)ってずぶぬれになる.

語法 「スキンシップ」は skin contact などのようにいう. ×skinship とはいわない.
関連 pelt 小動物の生皮 / hide 大きな動物の生皮(またはなめし革) / leather 動物のなめし革 / fur やわらかい毛皮 / bark 樹皮 / rind (果物・チーズなどの)堅い皮 / peel (果物などの)皮.

2 Ⓤ Ⓒ (動物の加工された)皮, 皮革; (敷物用の)獣皮; Ⓒ (酒などを入れる)革袋 ‖
the skin of a bear クマの皮.
3 Ⓒ 皮状の物; (一般に物の)外装, 表皮; (果物・穀物・ソーセージなどの)皮; Ⓤ Ⓒ (液体の表面にできる)膜, 上皮 ‖
slip on a banana skin バナナの皮で滑る.

**by the skín of** one's **téeth** 《略式》かろうじて, 危ないところで.

**júmp [flý, léap] óut of** one's **skín** 《略式》(喜び・驚きで)飛び上がる.

**ùnder the skín** ひと皮むけば; うわべこそ違うが.

──動 (過去・過分 skinned /-d/; 現分 skin·ning) 他 …の皮をはぐ, むく 関連 peel 果物などをむく / pare 果物をナイフでむく); 〈衣服など〉を脱ぎすてる; 〈ひざ・手など〉をすりむく ‖
skin a fox キツネの皮をはぐ.
skin one's knee ひざをすりむく.

**skín díver** スキンダイビングをする人.

**skín díving** スキンダイビング《アクアラング・足ひれをつけて潜水服はつけない潜水法》.

**skin-deep** /skíndíːp スキンディープ/ 形 《正式》表面だけの.

**skin·flint** /skínflìnt スキンフリント/ 图 Ⓒ 《略式》非常なけちんぼう.

**skin·head** /skínhèd スキンヘド/ 图 Ⓒ 1 坊主頭(の人). 2 スキンヘッド《1970年代初期から現れた坊主頭の若者. しばしば人種差別的・右翼的・暴力的な集団を形成する》.

**skin·ny** /skíni スキニィ/ 形 (比較) -ni·er, (最上) -ni·est) (略式) やせこけた, 骨と皮ばかりの.

**skin-tight** /skíntáit スキンタイト/ 形〈衣服などが〉ぴったり体に合う.

\***skip** /skíp スキプ/
——動 (三単現) ~s /-s/; (過去・過分) skipped /-t/; (現分) skip·ping
——自 **1** 軽く跳ぶ, スキップする; 跳ね回る ∥
skip over a fence 柵(ホッ)を跳び越える.
**2** (英) なわ跳びをする (cf. jump rope).
**3**〈石などが〉表面をはずみながら跳ぶ ∥
skip over the water 水面をはずみながら跳ぶ.
**4** (略式) 拾い読みをする, 飛ばして読む, 抜かす; 急に話題が移る ∥
read a book without skipping 本を飛ばさずに読む.
skip to the last chapter (途中を読まず)最後の章へ飛ぶ.
skip from tennis to music テニスの話から急に音楽の話へ飛ぶ.
**5** (米) [教育] 飛び進級する.
**6** (略式) 急いで立ち去る.
——他 **1** …を軽く跳び越す; (米)〈なわ〉を跳ぶ ∥
skip (a) rope なわ跳びをする.
skip the fence 柵(ホッ)を跳び越える.
**2**〈石など〉を水面にはずむように飛ばす ∥
skip a stone across [on, over] the river 川の上に石をはずませて飛ばす.
**3** (略式) …を飛ばす, 抜かす, 省く ∥
skip breakfast 朝食を抜く.
skip the second chapter 第 2 章を飛ばす.
**4** (略式)〈授業など〉を休む, サボる ∥
skip a class 授業をサボる.
**5** (略式) …から急いで立ち去る, ずらかる.
——名 ⓒ **1** 軽く跳ぶこと, スキップ ∥
the hop, skip, and jump (陸上競技の) 三段跳び(→ hop 名 成句).
**2** 飛ばす[抜かす]こと, 省略; 飛ばし読み(した部分).
**skíp rope** なわ跳びのなわ (jump rope).

**skip·per** /skípɚ スキパ/ (略式) 名 ⓒ **1** (小型商船・漁船などの)船長; (航空機の)機長. **2** (英) (運動チームの)主将. ——動 他 …の船長[主将]を務める.

**skir·mish** /skə́ːrmiʃ スカーミシュ/ (正式) 名 (複) ~es /-iz/ ⓒ (戦争中の無計画な) 小ぜり合い, 小戦闘.
——動 (三単現) ~es /-iz/ 自 小ぜり合いをする.

\***skirt** /skə́ːrt スカート/ 『「短いもの」が原義. cf. shirt, short』
——名 (複) ~s /skə́ːrts/) ⓒ **1** スカート;〈衣服などの〉すそ《ウエストから下の部分》∥
the skirt of a gown ガウンのすそ.
put on a skirt スカートをはく.

**関連** (1) [スカートの丈と名称] a micro (超ミニ) —a mini (ひざ上 10 – 20 cm) —a midi (ふくらはぎまで. =longuette) —a maxi (くるぶしが隠れる) / a mi-mollet (ミモレ, ひざが隠れる程度) / a long skirt (ひざ下 10 – 20 cm ぐらい).

(2) [種類] a flared skirt フレアスカート / a gathered skirt ギャザースカート / a tight [straight] skirt タイトスカート / a hoop skirt フープスカート《張り輪で広げたスカート》.

**2** [通例 ~s; 複数扱い] 郊外, 周辺, 町はずれ(outskirts); へり, 端, ふち ∥
He lives on the skirts of the city. 彼は町のはずれに住んでいる.
**3** (機械・車などの)スカート, 覆い.
——動 他 **1**〈川・道など〉の…の周辺にある; …の境をなす ∥
The road skirts the town. その道は町の周辺をめぐっている.
**2** …の端[へり]を通る ∥
They skirted the town. 彼らはその町を回って行った.
——自〈川・道などが〉周辺にある; 周辺を通る ∥
We skirted along the park. 我々はその公園に沿って行った.

**skirt·ing** /skə́ːrtiŋ スカーティング/ 動 → skirt.
——名 **1** Ⓤ すそ地, スカート地; [しばしば ~s] (羊毛の)すそ毛. **2** ⓤⓒ (英) [建築] =skirting board.

**skírting bòard** (壁下の)幅木 (skirting).

**skit** /skít スキト/ 名ⓒ 寸劇, スキット;(軽い)風刺文, 戯文.

**skit·tish** /skítiʃ スキティシュ/ 形 **1**〈馬などが〉驚きやすい. **2**〈女が〉はねっ返りの; 移り気な.

**skulk** /skʌ́lk スカルク/ 動自 **1** こそこそ隠れる[逃げる]. **2** (人目をしのんで)こそこそ動く, こそこそする.

**skull** /skʌ́l スカル/ 『→ skelton』 名ⓒ 頭蓋(タミメ)骨 (cranium) (図→ body); (略式) 頭, おツム ∥
have a thick [an empty] skull 頭が悪い.
That drove me **out of my skull**. そのことで私は狂乱状態に陥った.

***the skúll and cróssbones** 頭蓋骨の下に大腿(タミ)骨を十字に組み合わせて描いた図形《♦死の象徴. 昔は海賊の旗印, 今は毒薬びんの警告の印》.

**skunk** /skʌ́ŋk スカンク/ 名ⓒ (動) スカンク; ⓤ その毛皮.

\***sky** /skái スカイ/ 『「雲」が原義』
——名 (複) skies (-z) ⓒ **1** [通例 the ~] 空, 天; 上空《♦形容詞がつくと a … sky ともなる.(詩)などではしばしば (the) skies を用いる》∥
a clear, blue sky 澄んだ青い空.
A bird is flying high up in the sky. 鳥が空高く飛んでいる.
a starry sky =(the) starry skies 星空.
under the open sky 野外で.
**2** [しばしば skies; 複数扱い] (気象上の) 空模様, 天候, 気候, 風土 ∥
from [judging by] the look of the sky 空模様からすると.
threatening skies 雨模様.
the land of sunny skies 陽光あふれる土地.
under a foreign sky 異郷で.

**3** [the ~ / the skies] 天, 天国 ‖
be in the sky [skies] 天国にいる, 死んでいる.

**sky・dive** /skáidàiv スカイダイヴ/ 動 (現分) ··diving) 自 スカイダイビングをする.

**sky-high** /skáihái スカイハイ/ (略式) 副形 天まで高く[高い], 非常に高く[高い]; 粉々に ‖
sky-high prices うなぎのぼりの物価.
be blown sky-high 空高く爆破される; 粉砕[論破]される.

**sky・lark** /skáilɑ̀ːrk スカイラーク/ 名 C 〔鳥〕ヒバリ (→ lark).

**sky・light** /skáilàit スカイライト/ 名 C (天井の)明かり取り, 天窓(図→ house).

**sky・line** /skáilàin スカイライン/ 名 C **1** スカイライン《山や高層建築物などの空を背景としたシルエット》. **2** 地平線.

**sky・rock・et** /skáirὰkət スカイラケト/ -rɔ̀kət -ロケト/ 動 (略式) 自 〈物価などが〉急上昇する. —他 〈物価などを〉急上昇させる.

**sky・scrap・er** /skáiskrèipər スカイスクレイパ/ 名 C 超高層ビル, 摩天楼.

**slab** /slǽb スラブ/ 名 C **1** (石・木・金属の)厚板, 平板. **2** (パン・肉などの)厚切り.

**slack** /slǽk スラク/ 〖↔ tight〗形 (比較) ~・er, (最上) ~・est) **1** ゆるい(↔ tight), 締まっていない ‖
a slack rope ゆるい綱.
**2** 不注意な, 怠慢な; 非活動的な ‖
She is slack in service. 彼女はサービスが行き届かない.
**3** のろい, ぐずぐずした.
**4** (略式) 活気のない, 不景気な (↔ busy).
—名 **1** U (通例 the ~] たるんだ部分. **2** C 沈滞, 不況; (商売などの)不振の時期.

**slack・en** /slǽkən スラクン/ 動 他 **1** …をゆるめる; …を緩和する. **2** …を減ずる, 弱める. **3** …を怠る; …をぞんざいにする. —自 ゆるむ, たるむ; 速度を落とす; 不活発になる; 弱まる.

**slacks** /slǽks スラクス/ 名 〔やや古〕[複数扱い] スラックス 関連 → trouser).

**slag** /slǽg スラグ/ (類音 slug/slʌ́g/) 名 U 〔冶金〕スラグ, かなくそ, 溶滓(ˇ).

**slain** /sléin スレイン/ 動 → slay《◆新聞見出しでは killed より好まれる》.

**sla・lom** /slɑ́ːləm スラーロム/ 名 U (通例 the ~] スラローム, (スキーの)回転競技.

**slam** /slǽm スラム/ (類音 slum/slʌ́m/) 〔擬音語〕動 (過去・過分) slammed /-d/; 現分 slam・ming) 他 **1** …をピシャリ[バタン]と閉める ‖
He slammed the door in my face. 彼は私の目の前でドアをバタンと閉めた; [比喩的に] 彼は私の発言をはねつけた.
**2** (略式) **a** …をドシンと置く, 力いっぱい投げる ‖
She slammed the receiver down. 彼女は受話器をガチャンと置いた.
**b** 〈ブレーキなどを〉急に踏む ‖
slam on the brakes = slam the brakes on 急にブレーキを踏む.
**3** (略式) …を打つ.

—自 **1** [時に ~ shut] バタン[ピシャリ]と閉まる.
**2** (略式) ドシン[ガチャン]とぶつかる[動く].
—名 C **1** [a ~] バタン[ピシャリ] (という音) ‖
close the door with a slam バタンとドアを閉める.
**2** (ブリッジなどでの)スラム, 全勝 ‖
a slam homer 満塁ホームラン.

**slan・der** /slǽndər スランダ/ slɑ́ːn- スラーンダ/ 名 C U 中傷, 悪口, けなすこと. —動 他 (…を)中傷する, (…の)名誉を毀損(ˇ)する.

**slan・der・ous** /slǽndərəs スランダラス/ slɑ́ːn- スラーン-/ 形 中傷的な, 口の悪い, 名誉を毀損(ˇ)する.

**slang** /slǽŋ スラング/ 名 U **1** 俗語, スラング ‖
use slang スラングを用いる《◆ ×use a slang [slangs] は誤り. 個々の俗語をさす時は a *slang word* などを用いる》.
**2** (特定の社会や職業の)通用語, 専門用語.

**slant** /slǽnt スラント/ slɑ́ːnt スラーント/ 動 自 傾斜する, 傾く; 斜めになる ‖
slant to the right 右へ傾く.
—他 **1** …を傾ける, 傾斜させる; …を斜めに切る.
**2** (米略式) [通例 be ~ed] 〈記事・事実などを〉ゆがめて伝える[書く] ‖
a magazine slanted for the young 若者向きに編集した雑誌.
—名 C **1** [a ~ / the ~] 傾斜; 坂; 斜面, 斜線 ‖
on [at] a slant 傾斜して, はすかいに.
**2** (心などの)傾向, 偏向; (主に米略式)見方, 観点, 見地 ‖
a new slant on the problem その問題に対する新しい見方.

**slap** /slǽp スラプ/ 名 C **1** 平手打ち, ぴしゃりと打つこと[打つ音] ‖
She gave me a slap on the cheek. 彼女は私のほおを平手で打った.
**2** 非難, 侮辱 ‖
*a sláp in the fáce* 顔の平手打ち; (痛烈な)非難, 侮辱, 拒絶.
—動 (過去・過分 slapped /-t/; 現分 slap・ping) 他 **1** …をぴしゃりと打つ ‖
He slapped me in [on] the [×my] face. = He slapped my face. 彼は私の顔をぴしゃりと打った.
slap one's knee ひざを打つ《◆同意や決断を示す動作. 「平手でひざを打つ」は slap one's knee with one's palm》.
**2** …をすばやく[むぞうさに]置く ‖
slap a book (down) on the desk 机に本を(ポンと)置く.

**slap-dash** /slǽpdæ̀ʃ スラプダシュ/ 形 副 向こう見ずな[に], ぞんざいな[に]. —名 U 無鉄砲, ぞんざいなやり方.

**slap・stick** /slǽpstìk スラプスティク/ 名 U ドタバタ喜劇.

**slash** /slǽʃ スラシュ/ 動 (三単現 ~・es /-iz/) 他 **1** …をさっと切る; …を切り取る ‖
slash him on the hand with a knife ナイフ

で彼の手を切る.

**2** [通例 be ~ed]〈衣服などが〉切り込み[スリット]を入れられる ‖

a slashed sleeve 切れ目のついたそで.

**3** …をむち打つ. **4**(略式)[通例 be ~ed]大幅に切り下げられる[削減される].

—⃝自 **1** 切りつける. **2**〈雨が〉さっと打ちつける.

—⃝名(複 ~・es /-iz/)C **1** [a ~]一撃,ひと打ち. **2** [a ~]切りつけること;切り傷,深い傷. **3**〈衣服の〉スリット,切り込み. **4** 切り下げ,削減. **5** [印刷] =slash mark.

**slásh màrk** 斜線,スラッシュ(slash)《/》.

**slat** /slǽt スラト/ 名C (木・金属などの)細長の薄板;(ブラインドの)羽根板,よろい板.

**slate** /sléit スレイト/ 名 **1** U スレート,粘板岩《特に屋根ふき用》‖

a slate roof スレートの屋根.

**2** C 石板《昔筆記のために用いた》.

—⃝動(現分 slat・ing)他〈屋根〉をスレートでふく‖

slate a roof 屋根をスレートでふく.

**sláte péncil** 石筆.

**slaugh・ter** /slɔ́ːtər スローター/ 名 **1** U (羊・牛などの)畜殺. **2** UC 虐殺,大量殺人,大量殺戮(ᵟ゛).

—⃝動 他 **1** …を(食肉用に)殺す. **2**〈多数の人〉を虐殺する.

**slaugh・ter・house** /slɔ́ːtərhàus スローターハウス/ 名 C 食肉処理場;修羅場(ᵨ゛).

**Slav** /slάːv スラーヴ, slǽv/ 名 C スラブ人;[the ~s]スラブ民族.

*__slave__ /sléiv スレイヴ/ 〖「中世に奴隷にされたスラブ人(Slav)」が原義〗派 slavery (名)

—⃝名(複 ~s /-z/) C **1** 奴隷 ‖

He works his wife **like a slave**. 彼は妻を奴隷のように働かせる.

**2**(正式)(欲望・習慣などに)捕われている人,とりこ ‖

a **slave to** duty 仕事の奴隷.

She is a **slave of [to]** fashion. 彼女は流行に憂き身をやつしている.

—⃝動(現分 slav・ing)自 あくせく働く ‖

slave for money 金のためにあくせく働く.

*__slav・er・y__ /sléivəri スレイヴァリ/ 〖→ slave〗

—⃝名U **1** 奴隷であること,奴隷の身分[境遇]‖

the release from **slavery** 奴隷の身分からの解放.

**2** 奴隷制度;奴隷所有.

**3**(欲望・悪習などに)とらわれること,とりこ.

**4**(略式)割に合わないつらい仕事,苦役,重労働.

**Slav・ic** /slάːvik スラーヴィク, slǽv-/ 形 スラブ人[民族]の;スラブ語の.—⃝名U スラブ語(略 Slav.).

**slav・ish** /sléiviʃ スレイヴィシュ/ 形(正式) **1** 奴隷の(ような),奴隷にふさわしい.

**2** 独創性のない,模倣的な.

**slay** /sléi スレイ/(同音 sleigh)動(過去 slew /slúː/, 過分 slain /sléin/)(詩)…を殺す,殺害する,虐殺する《◆kill の遠回し語として新聞で用いられることが多い》.

**slea・zy** /slíːzi スリーズィ/ 形(比較 --zi・er, 最上 --zi・est)(略式)安っぽい;みすぼらしい;だらしのない.

**sled** /sléd スレド/ 名(米)(ふつう子供用)小型そり;(雪・氷上を滑る)そり,犬ぞり((英)sledge)‖

on a sled そりで.

**sléd dòg** (南極などでの)そり用犬.

**sledge**[1] /sléʤ スレヂ/ 名(英)=sled.

**sledge**[2] /sléʤ スレヂ/ 名動(現分 sledg・ing)=sledgehammer.

**sledge・ham・mer** /sléʤhæ̀mər スレヂハマ/ 名 C (かじ屋が両手で使用する)大づち,ハンマー.

**sleek** /slíːk スリーク/ 形 **1** なめらかな,つやのある,すべすべした ‖

sleek hair つやのある髪.

**2** しゃれた身なりの,スマートな.

*__sleep__ /slíːp スリープ/ 〖「ずり落ちる(slip, slide)」が原義〗派 sleepy (形)

—⃝動(三単現 ~s /-s/;過去・過分 slept /slépt/;現分 ~・ing)

—⃝自 **1** 眠る,睡眠をとる ‖

She was sleeping **soundly [heavily]**. 彼女はぐっすり眠っていた.

sleep **lightly** 眠りが浅い.

sleep **badly** よく眠れない.

Good night. Sleep **tight**. (略式)おやすみ,よくおやすみ《◆ベッドに入っている人に対して言う》.

I **slept late** this morning. けさは寝坊をした.

対話 "Are you having any problems?" "No, I feel great. I eat and **sleep well**." 「どこか具合の悪いところはありますか」「いいえ,調子がいいです.食欲も睡眠も充分です」.

**2** 泊まる,寝る,夜を過ごす ‖

We **slept in the open air** last night. 昨夜は野宿した.

Five people can sleep in my tent. 私のテントには5人寝られる.

**3**〈機能・才能などが〉活動していない;〈町などが〉静りかえっている;〈人が〉ぼんやりしている;〈動物が〉冬眠する ‖

The town was still sleeping. 町はまだ眠っていた.

**4** 永眠している,葬(ᵘ゛)られている.

—⃝他 **1** [sleep a+形容詞+sleep] …な眠りをする《◆形容詞を強く発音する》(→ smile 他1 [Q&A])‖

I didn't sleep a **sóund [déep] sléep** last night. 昨夜は熟睡はしなかった.

**2**〈人〉を泊める(られる)(設備がある)‖

This hotel sleeps [can sleep] 500 persons. このホテルには500人泊まれる.

**3** [sleep oneself C] 眠って C にする ‖

sleep oneself **sober** 寝て酔いをさます.

**sléep awáy** [他](1)…を眠って過ごす.(2)= sleep off.

**sléep óff** [他]…を眠って治す.

**sléep on** A **A**〈ベッドなどの〉上で寝る;…を一晩寝て考える,…の決断[回答]を翌朝まで延ばす 対話 "I can't decide which job to take. They're both good." "Why don't you sleep on it, and tell me tomorrow."「どちらの仕事をとるべきか決心がつかないなあ．両方ともいい仕事ですからね」「一晩ゆっくり考えなさいよ．で，あした返事を聞かせてちょうだい」．

**sléep óut**《自》外泊する，屋外で眠る．
**sléep óver**《主に米略式》《自》外泊する．
——《名》**1**《U》眠り，睡眠；眠気 ‖

drop off to sleep 寝入る．
read a child to sleep 本を読んで子供を寝かしつける．
talk in one's sleep 寝言を言う．
rub the sleep out of one's eyes （目をこすって）眠気をさる．

**2**《C》《通例 a ～》ひと眠り(の時間) ‖
a dead sleep 熟睡．
a light sleep 浅い眠り．
have a good night's sleep 一晩ぐっすり眠る．
**3**《U》活動休止，静止；麻痺(ひ)．
**4**《U》永眠．
**gét tò sléep**《通例疑問文・否定文で》（やっと）寝つく ‖ She couldn't get to sleep last night because of financial troubles. 昨夜彼女はお金のことが心配でどうしても寝つけなかった．
**gò to sléep** 眠る，寝入る．
**pút**［**sénd**］**A to sléep A**《人》を眠らせる，寝かしつける《◆子供に対して用いたり，子供が使う表現》；《略式》《人・動物》に麻酔をかける．

**sleep·er** /slíːpər スリーパ/《名》《C》**1**《通例形容詞を伴って》眠っている人［動植物］，眠る人［動植物］；寝坊；冬眠動物 ‖
a good sleeper ぐっすり眠る人．
a heavy sleeper 眠りの深い人．
**2**《英》《鉄道の》まくら木（《米》tie）．
**3** 寝台車（《米》の段ベッド）．

**sleep·i·er** /slíːpiər スリーピア/《形》→ sleepy.
**sleep·i·est** /slíːpiist スリーピイスト/《形》→ sleepy.
**sleep·i·ly** /slíːpili スリーピリ/《副》眠そうに，眠たくて．
**sleep·i·ness** /slíːpinəs スリーピネス/《名》《U》眠け，眠さ．

**sleep·ing** /slíːpiŋ スリーピング/《動》→ sleep.
——《名》《U》眠ること，睡眠，休止．
**sléeping bàg** 寝袋．
**Sléeping Béauty**［the ～］眠り姫《魔法によって100年間城中で眠らされた美しい王女》．
**sléeping càr**［《英ではしばしば》**càrriage**］（鉄道の）寝台車．
**sléeping píll**［**tàblet**］（錠剤・丸薬・カプセルの）睡眠薬．
**sléeping síckness** 眠り病《アフリカの伝染病》．
**sleep·less** /slíːpləs スリープレス/《形》眠れない，不眠（症）の ‖
spend a sleepless night 眠れない夜を過ごす．
**sléep·less·ness**《名》《U》眠れないこと，不眠．

*****sleep·y** /slíːpi スリーピ/《形》［→ sleep］
——《形》《比較》**-·i·er**，《最上》**-·i·est**）**1** 眠い，眠そうな ‖
become［get］sleepy 眠くなる．

I feel［am］sleepy. 私は眠い．
He looks sleepy. 彼は眠そうだ．
with sleepy eyes 眠そうな目で．
**2** 活気のない，眠った ‖
a sleepy little town 活気のない小さな町．
**3** 熟しすぎた．

**sleet** /slíːt スリート/《名》《U》**1** みぞれ《雨まじりの雪》．**2**《米》雨氷《雨が凍った氷の膜》．
——《動》《自》（略式）［it を主語にして］みぞれが降る．

*****sleeve** /slíːv スリーヴ/《『滑ること(slip)』が原義》
——《複》～s /-z/）《C》**1**（衣服の）そで，たもと（《図》→ jacket）‖
roll［turn］up one's sleeves そでをまくり上げる；仕事の用意をする．
catch his sleeve = catch him by the sleeve 彼のそでをつかまえる．
Every man has a fool in his sleeve. （ことわざ）だれでも自分のそでの中にばかがいる；「弱点のない人はない」．
**2**《機械》スリーブ，軸さや《車軸などをはめる金具》．
**3**《英》レコードのジャケット（《米》jacket）．
**láugh úp**［**ín**］**one's sléeve** 腹の中で笑う，ほくそえむ．

**sleeve·less** /slíːvləs スリーヴレス/《形》そでのない．

**sleigh** /sléi スレイ/（同音 slay）《名》《C》馬車ぞり《ふつう1頭立ての乗用・荷物運搬用》（cf.《米》sled，《英》sledge）‖
go for a ride in a sleigh そりで行く；そりに乗りに行く．
——《動》《自》そりで行く，そりに乗る．
**sléigh bèlls**［複数扱い］そりの鈴《◆ Santa Claus はトナカイの引く sleigh に乗り sleigh bells を響かせて来るとされる》．

**slen·der** /sléndər スレンダ/《形》《通例《比較》～·**er** /-dərər/，《最上》～·**est** /-dərist/）《正式》**1** 細長い，ほっそりした，すらりとした ‖
slender fingers ほっそりした指．
a slender girl すらりとした少女《◆ a thin girl ははやせていることが強調され，ほめたことにならない》．
**2** わずかな，乏しい ‖
a slender income わずかな収入．
**3**《見込みなどが》薄弱な；《価値・根拠などが》弱い，頼りない ‖
hold out a slender hope かすかな望みを抱く．

**slept** /slépt スレプト/《動》→ sleep.
**slew** /slúː スルー/《動》→ slay.

*****slice** /sláis スライス/《『裂片(splinter)』が原義》
——《複》**slic·es** /-iz/）《C》**1** 薄切り1枚 ‖
a slice［piece］of bread 1枚のパン《◆「一塊のパン」は a loaf of bread》．
sandwiches with slices of ham between ハムの薄切りをはさんだサンドイッチ．
**2**（略式）部分；分け前 ‖
a slice of luck ささやかな幸運．
a thin slice of students ごく一部の学生．
get a slice of the take 利益の分け前を取る．
**3** 薄刃（包丁），食卓用ナイフ，へら．
**4**〔ゴルフ・テニスなど〕スライス（ボール）《利き腕の方向

へ飛び打球》.
*a slíce of lífe* 現実[実人生]の一面.
──動 (現分) slic·ing) 他 1 …を薄く1枚切り取る; [授与動詞] [slice A B / slice B for A] A 〈人〉に B〈物〉を切ってあげる ‖
slice off a piece of ham ハムを1切れ切り取る.
Slice me some beef, will you? 牛肉を少し私に切ってください.
**2** …を薄く切る; [slice A C] A〈物〉を薄く切って C にする ‖
slice up the sausage ソーセージを薄切りにする.
slice the pie thin パイを薄切りにする.
**3** 〔ゴルフ・テニスなど〕〈ボール〉をスライスさせる《利き腕の方向へ飛ばす》.
──自 ボールをスライスさせて打つ.
**slick** /slík スリク/ 形 **1** (略式) なめらかな, すべすべした; つるつる滑る ‖
a slick road surface つるつるした道路の表面.
**2** (略式) 愛想の良い; 口先のうまい; 巧みな, 器用な.
**slid** /slíd スリド/ 動 → slide.
**slid·den** /slídn スリドン/ 動 (過去分) → slide.
**slide** /sláid スライド/ 動 (過去) slid /slíd/, (過去分) slid または (米) slid·den /slídn/; (現分) slid·ing)
──自 **1** なめらかに滑る, 滑るように進む; 滑走する ‖
slide on the ice 氷の上を滑る.
We slid down a snow-covered hill. 雪に覆われた丘を滑りおりた.
**2** 滑り落ちる; スリップする ‖
The plate slid from my hand. 皿が私の手から滑り落ちた.
**3** そっと動く, こっそり移動する ‖
slide into a room そっと部屋に入る.
**4** 〈時が〉知らぬ間に過ぎ去る.
**5** 知らず知らずに陥る[なる] ‖
slide into bad habits いつの間にか悪習に陥る.
**6** 〔野球〕滑り込む.
──他 …を滑らせる, 滑走させる, 滑り込ませる ‖
slide a glass across a table コップをテーブルの向こう側に滑らせる.
slide a note under the door ドアの下にそっとメモを滑り込ませる.
*lét things slíde* (略式) 物事を成り行きにまかせる.
──名 C **1** [通例 a ~] 滑ること, 滑走 ‖
take [have] a slide on the ice 氷の上をひと滑りする.
**2** 滑り台; 滑走路[面].
**3** 〔幻灯・顕微鏡の〕スライド.
**4** 〔地質〕地滑り, 山くずれ; なだれ; 断層.
**5** 〔音楽〕ポルタメント, 滑音; (トロンボーンの) スライド管.
**6** 〔野球〕滑り込み.
**slíde rùle** 計算尺.
**slid·ing** /sláidiŋ スライディング/ 動 → slide.
──形 滑走する; 移動する; 変化する.
──名 U 滑り, 滑走; 〔野球〕滑り込み.
**slíding dóor** 引き戸.
**slíding scále** (1) スライド制《賃金・税金などを物価の変動に応じて上下させる方式》. (2) =slide

rule.
**slight** /sláit スライト/ 形 **1** わずかな, 少しの, 軽い, 弱い ‖
a slight difference わずかな違い.
have a slight pain 少し痛みがある.
make a slight inquiry 少し調べる.
**2** ほっそりした, やせた, もろい, 弱い ‖
a slight person きゃしゃな人.
*I háven't the slíghtest idéa.* (略式) (質問されて) さっぱりわかりません.
*nót … in the slíghtest* 少しも…ない.
──名 C (正式) 軽視, 軽蔑(けいべつ); 侮辱; なおざり ‖
He put a slight on me. 彼は私を軽視した.
*\*slight·ly* /sláitli スライトリ/
──副 (比較 more ~, 最上 most ~) **1** わずかに, いささか ‖
She was slightly better yesterday. 彼女はきのう少し具合がよかった.
**2** ほっそりと, 〈建物などが〉もろく, 弱く ‖
a slightly built boy ほっそりとした少年.
*\*slim* /slím スリム/ 〖「悪い」が原義〗
──形 (比較 slim·mer, 最上 slim·mest) **1** ほっそりした, すらりとした, スリムな 《◆(1) thin は「やせた」でほめ言葉ではない. (2) thin と違い呼びかけ語としても用いられる》 ‖
a tall, slim girl 背の高いすらりとした女の子.
**2** (略式) わずかな, 不十分な ‖
slim expectations わずかな期待.
win by a slim majority かろうじて過半数で勝つ.
──動 (過去・過分 slimmed/-d/; slim·ming) 自 (減食・運動などで) やせる; 細くなる (+*down*).
**slime** /sláim スライム/ 名 U **1** (川底などの) ねば土, 軟泥 《◆ぬるぬるした生き物を連想させる》; ヘドロ. **2** (カタツムリ・魚などの) 粘液.
**slim·y** /sláimi スライミ/ 形 (比較 --i·er, 最上 --i·est) **1** ねば土の(ような). **2** 泥だらけの; どろどろの, ねばねばした; 粘液性の. **3** (略式) 不快な, いやらしい. **4** (主に英略式) へつらう, ぺこぺこする.
**sling** /slíŋ スリング/ 名 C **1** 投石器《昔の武器》; ぱちんこ. **2** (投石器による) 投石; 振り投げ; 一撃. **3** 三角巾(きん), つり包帯.
──動 (過去・過分 slung/slíŋ/) 他 **1** …を投石器で射る; (略式) …を投げる ‖
sling stones at a dog 犬に石を投げる.
**2** (つり革などで) …をつるす; …を掛ける.
**sling·shot** /slíŋʃàt スリングシャト|-ʃɔ̀t -ショト/ 名 C (米) ぱちんこ (sling).
**slink** /slíŋk スリンク/ 動 (過去・過分 slunk/slíŋk/) 自 こそこそ歩く[逃げる], こっそり動く; そっと出て行く.
*\*slip*[1] /slíp スリプ/ 〖「なめらかな (smooth)」が原義〗
派 slippery (形)

slip 《(誤って) 滑る》    slide 《なめらかに滑る》

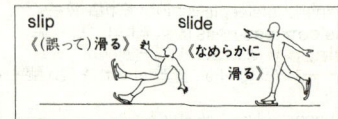

## slip

——動 [三単現] ~s/-s/; [過去・過分] slipped/-t/; [現分] slip・ping

——自 **1**〈誤って〉滑る, 滑って転ぶ《◆意図的に滑る場合は slide》, ずり落ちる, すり抜ける ‖
slip off the horse 馬から滑り落ちる.
slip on the ice 氷の上で滑って転ぶ.
The bird slipped through my fingers and flew away. 小鳥は指の間からするりと抜けて飛んでいった.
The tears slipped down her cheeks. 涙が彼女のほおを流れ落ちた.

**2** こっそりと動く, 滑るように行き過ぎる《◆副詞(句)を伴う》‖
slip into [out of] the room そっと部屋に入る[出る].
The boat slips through the waves. 舟が波を分けて滑るように進む.

[対話] "Did you see Mark at the party?" "Yes, but he slipped away very soon." 「パーティーでマークに会いましたか」「会ったけど, 彼はすぐにこっそり抜け出してしまったよ」.

**3**〈時・機会が〉いつの間にか過ぎ去る ‖
Years slipped by. 年月がいつの間にか過ぎ去った.

**4** 消え去る; 〈秘密などが〉うっかりもれる ‖
The word slipped out of my mind [memory]. その単語がどうしても思い出せなかった.

**5** するりと着る [脱ぐ] ‖
slip into one's clothes 着物をさっと着る.

**6**（略式）つまらない間違いをする ‖
slip up in one's grammar うっかり文法上の誤りを犯す.

——他 **1** …をなめらかに滑らせる, 滑り込ませる, 〈言葉などを〉さしはさむ, 書き込む; 〈金・手紙などを〉そっと出す; [授与動詞] [slip A B / slip B to A] A〈人〉に B〈物〉をそっと渡す ‖
slip a note into one's pocket メモをそっとポケットに入れる.
He slipped me some money.（略式）彼は私に金をそっと渡した.

**2**〈心・記憶〉から消え去る ‖
That slipped my attention. その事には気がつかなかった.
Her name has slipped my mind [memory]. 彼女の名前を忘れてしまった.

**3** …から脱する, 逃げる ‖
My dog has slipped its collar. 犬は首輪をはずしてしまっていた.
slip one's pursuers 追跡者を巻く.

**4**〈留め具・結び目などを〉解く, はずす ‖
slip a knot 結び目をほどく.

lèt slíp A [let A ~] (1) …を逃がしてやる. (2) A〈好機などを〉のがす, 失う. (3) A〈秘密などを〉をうっかり漏らす ‖ She let a word slip out about the matter. 彼女はその事件についてうっかり口を滑らせた.

let slip that ... …だと口を滑らせる.

slíp úp [自] 滑って転ぶ; → 自 6.

——名 (複 ~s/-s/) C **1** 滑ること, 滑り; 滑って転ぶこと, スリップ, 横滑り ‖
a slip on the sidewalk 歩道で滑って転ぶこと.

**2** (ちょっとした) 間違い, (不注意による) 過失 ‖
make a slip of the lip [tongue] うっかり口を滑らす.
a slip of the pen 書き損じ.
There's mány a slíp 'twixt [between] (the) cùp and (the) líp.（ことわざ）コップを口に持っていく間にも多くのしくじりがある; 成功を目前にしながらも失敗することがしばしばある,「油断大敵」.

**3** スリップ《女性用下着》.

gíve A the slíp =give the slíp to A …からのがれる, A〈人〉をまく.

slípped dísc [dísk] 椎間板(ついかんばん)ヘルニア, ぎっくり腰 ‖ get a slipped disk 椎間板ヘルニアになる.

**slip²** /slíp スリプ/ [名] C **1**（紙・木・土地などの）細長い一片, 紙片, 小片, 伝票 ‖
a slip of paper 細長い紙片.
a sales slip 売上げ伝票.
a bank deposit slip 銀行の預金伝票.

**2** さし木, 接ぎ木（の切り枝）.

**3**（略式やや古） [a ~] ほっそりした若者 ‖
a slíp of a girl ひょろっとした女の子.

*slip・per /slípər スリパ/《足をすべり(slip)こませてはく物》

——名 (複 ~s/-z/) C [通例 ~s]（軽い）部屋ばき; （かかとの付いた）スリッパ; （舞踏用などの）上靴 ‖
a pair of slippers スリッパ1足.
in slippers 室内ばきをはいて.

[対話]（外国でホームステイしたときなど）"It feels strange to be in the house with my shoes on." "You can wear house slippers instead."「家の中で靴をはいているのは変な感じがします」「代わりに部屋ばきをはけばいいですよ」.

[Q&A] **Q**: 英語の slipper はかかとの付いたものということですが, 日本の「スリッパ」は slipper とはいわないのでしょうか.
**A**: slipper はかかとの付いたサンダルと靴の中間のものをいいます. 日本のかかとのない「スリッパ」はふつう mule,（米）scuff などといいます.

**slip・per・y** /slípəri スリパリ/ [形]（時に [比較] --i・er, [最上] --i・est）**1** つるつる滑る, 滑りやすい ‖
Watch your step—the floor is wet and slippery. 足元に気をつけて. 床がぬれて滑りやすいので.

**2** つかみにくい; 理解しにくい.

**3**（略式）当てにならない, 信頼できない; ずるい ‖
a slippery customer 頼りにならない人.

**4** 不安定な ‖
be on a [the] slippery slope（英）先行きが危ぶまれる不安定な状態にある.

**slip·shod** /slípʃɑd スリプシャド|-ʃɔd -ショド/ 形 (正式)〈人・服装・仕事などが〉だらしがない, ぞんざいな, ずさんな.

**slit** /slít スリト/ 動 (過去・過分 slit; 現分 slit·ting) 他 **1** …を細長く切る[裂く, 破る] ‖
slit a sheet into strips 一枚の紙を細長く切る. **2** …を切り開く[離す]. **3** (略式)〈人〉を切り裂く.
――名 C **1** 細長い切り口[裂け目, 穴, すき間]; (公衆電話・自動販売機などの)料金差し入れ口. **2** スリット《衣服の切れ目》.

**slít pòcket** 縦に切り口のあるポケット.

**slith·er** /slíðər スリザ/ 動 自 ずるずる滑る; 滑るように進む.

**sliv·er** /slívər スリヴァ, (英+) sláiv-/ 名 C 細長い木切れ, 裂片.

**slob** /slɑ́b スラブ|slɔ́b スロブ/ 名 C (略式)だらしのない人, がさつ者, まぬけ, でぶ. ――動 (過去・過分 slobbed/-d/; 現分 slob·bing) 自 怠けて過ごす, だらだらする(+around, about).

**slob·ber** /slɑ́bər スラバ|slɔ́b- スロバ/ 動 自 (ペチャペチャ) よだれをたらす; こぼしながら食べる.

**slog** /slɑ́g スラグ|slɔ́g スログ/ 動 (過去・過分 slogged/-d/; 現分 slog·ging) 他 …を強打する.
――自 **1** 重い足取りで歩く, 苦労して進む; 精を出す. **2** 強く打つ. ――名 C 強打; U [しばしば a ～] つらい仕事[行進]; 苦闘.

**slo·gan** /slóugən スロウガン/ 〖「戦場のときの声」が原義〗名 C スローガン, 標語, モットー; キャッチフレーズ.

**sloop** /slúːp スループ/ 名 C 〖海事〗スループ型帆船《1本マストの縦帆式》.

**slóop of wár** 〖英史〗スループ型砲艦《小口径の砲を装備した小型快速軍艦》.

**slop** /slɑ́p スラプ|slɔ́p スロプ/ 動 (過去・過分 slopped/-t/; 現分 slop·ping) 他 …を(ぽとぽと)こぼす, (ピチャピチャ)…のはねを上げる《◆ spill, splash より口語的》; …をこぼして汚す; …をぐしゃぐしゃにする. ――自 **1** こぼれる, あふれ出る. **2** ぬかるみの中を歩く.
――名 **1** [しばしば ～s] こぼれ水, はね水; 汚水; (人の)排泄(はいせつ)物. **2** U 泥水, ぬかるみ. **3** [～s] 水っぽい食物; (病人などの)流動食; (家畜用の)残飯.

\***slope** /slóup スロウプ/ 〖類語〗slop/slɑ́p|slɔ́p/〖*aslope*(斜めに)の頭音消失〗
――動 (三単現 ～s/-s/; 過去・過分 ～d/-t/; 現分 slop·ing)
――自 傾斜する, 坂になる, 斜めに動く《◆ 副詞(句)を伴う》‖
The field sloped (sharply) toward the river. 野原は川の方へ(急に)傾斜していた.
――名 (複 ～s/-s/) **1** C 坂, 斜面, スロープ; [通例 ～s] 丘 ‖
a steep slope 急な坂.
go up a slight slope ちょっとした坂を上る.
**2** C U 傾斜(度), 勾配(こうばい); 〔数学〕傾き, 勾配, 微分係数 ‖
at a slope of 1 in 20 20分の1の勾配で.

**slop·ing** /slóupiŋ スロウピング/ 動 → slope.

**slop·py** /slɑ́pi スラピ|slɔ́pi スロピ/ 形 (比較 --pi·er, 最上 --pi·est) (略式) **1** じくじくぬれた, 泥んこの; びしょびしょの. **2** 水っぽい, まずい. **3** 不注意な, ずさんな; だらしのない. **4** 感傷的な.

**slóp·pi·ly** 副 じくじくして; だらしなく, いいかげんに.

**slosh** /slɑ́ʃ スラシュ|slɔ́ʃ スロシュ/ 動 (三単現 ～es/-iz/) 自 バチャバチャはね回る; バチャバチャはねる. ――他 **1** 〈液体〉を盛んにはねかす. **2** (主に英)…を強く打つ.

**slot** /slɑ́t スラト|slɔ́t スロト/ 名 C **1** 細長い穴[溝, くぼみ]; (自動販売機などの)料金差し入れ口. **2** (略式)(テレビなどの)時間帯 ‖
the 7 o'clock time slot on the radio ラジオの7時台の番組.

**slót machine** (米)スロットマシーン, 自動賭博(とばく)機; (英)自動販売機.

**sloth** /slɔ́ːθ スロース, slɑ́θ|slóuθ スロウス, slɔ́θ/ 名 **1** U 怠惰, ものぐさ, 無精. **2** C 動 ナマケモノ.

**sloth·ful** /slɔ́ːθfl スロースフル, slɑ́θ-|slóuθ- スロウス-, slɔ́θ-/ 形 (正式) 怠惰な, 無精な.

**slouch** /sláutʃ スラウチ/ 動 (三単現 ～es/-iz/) 自 前かがみになる[座る, 立つ, 歩く]《無気力でだらしのない様子》‖
slouch along [about, around] うろつく.
――名 (複 ～es/-iz/) C [通例 a ～] 前かがみの姿勢; だらけた態度[歩き方].

**slough**¹ /slú: スルー, **2** (米) slú:/ 名 C (正式) **1** ぬかるみ. **2** 沼地. **3** [比喩的に] 泥沼.

**slough**² /sláf スラフ/ 名 C (ヘビなどの)抜けがら. ――動 他 …を脱皮する.

**Slo·vak** /slóuvæk スロウヴァク/ 名 C スロバキア人; U スロバキア語. ――形 スロバキア(人, 語)の.

**Slo·va·ki·a** /slouvɑ́ːkiə スロウヴァーキア|sləuvǽ- スロウヴァキア/ 名 スロバキア《ヨーロッパ中部の国. 首都 Bratislava》.

**Slo·ve·ni·a** /slouvíːniə スロウヴィーニア|sləu- スロウ-/ 名 スロベニア《ヨーロッパ中部の国. 首都 Ljubljana》.

**slov·en·ly** /slʌ́vnli スラヴェンリ/ 形 だらしない, ずさんな, 不注意な, ぞんざいな. ――副 だらしなく, ぞんざいに.

\***slow** /slóu スロウ/ 〖「怠けた」が原義〗
――形 (比較 ～·er, 最上 ～·est) **1a** 遅い, のろい, ゆるやかな(↔ fast, quick, rapid) ‖
a slow train 普通[鈍行]列車.
slow music テンポのゆるやかな音楽.
a slow poison きき目の遅い毒.
She is a slow runner. 彼女は走るのが遅い(= She runs slowly.).
Slow and [but] steady wins the race. (ことわざ)ゆっくりと着実なのが結局はレースに勝つ;「急がば回れ」.
**b** [be slow in [at] doing / be slow to do] …するのが遅い, …するのに手間どる ‖
The police were slow in [at] taking action against the hot rodders. 警察は暴走族を取り締まるのが遅れた.

Politics is very slow to change. 政治はなかなか変わらない.

**2** [補語として] 鈍い, 緩慢な, 悪い, 遅い(↔ good, quick) ‖
He **is slow** of speech. 彼は口が重い.
My daughter is **slow of** [**in**] understanding. うちの娘はのみこみが悪い.

**3** [通例補語として] 活気のない, 不景気な; おもしろくない, 退屈な.

**4** [通例補語として] 〈時計が〉**遅れている**(↔ fast); (時間のたつのが)遅い ‖
The clock is 5 minutes **slow**. 時計は5分遅れている.
a **slow** day 長い1日.

**5** (表面の関係で) 早い動きができない ‖
a **slow** running track (雨などでぬかって)速く走れない走路.

―― **副** (比較) ~·er, (最上) ~·est 遅く, のろく, ゆっくり ‖
Drive **slow**. 徐行せよ.
Read **slower**. もっとゆっくり読みなさい.
How **slow** he speaks! 彼はゆっくりと話すなあ.

Q&A **Q**: 副詞の slow と slowly はどう違いますか.
**A**: まず slowly の方は slowly Q&A で説明しているように文頭, 文中, 文尾のどこにでも置くことができますが, slow は文尾だけにしか用いられません. 次に slow の方が口語的であり, かつ語調が強いにとです. したがって Go slow. (徐行)や Drive slow. などのように命令文や掲示文などではこの方が多く用いられます.

**gó slów** [自] (1) ゆっくりやる[行く]. (2) あわてずに[気をつけて]やる. (3) 〈英〉〈労働者が〉サボタージュ[怠業]をする; → [名].

―― **動** (三単現) ~s/-z/; (過去・過分) ~ed/-d/; (現分) ~·ing)

―― **自 1** スピードを落とす, 遅くなる, 遅れる ‖
The train **slowed down** [**up**]. 汽車は速度を落とした.
**2** ゆっくりする, のんびりやる.

―― **他** …の速度を**遅くする**[落とす] ‖
He **slowed down** his car at the intersection. 彼は交差点で車の速度を落とした.

***slów dówn*** 〈米〉 [自]〈労働者が〉サボタージュ[怠業]をする; → [名].

**slow–** /slóu-スロウ-/ (連結形) ゆっくりした, のろい.

**slow·down** /slóudàun スロウダウン/ [名] C **1** 減速, スピードダウン; 減産 ‖
a business **slowdown** 景気後退.
**2** 〈米〉サボタージュ, 怠業(〈英〉go-slow).

✱**slow·ly** /slóuli スロウリ/
―― **副** (比較) more ~, (最上) most ~) 遅く, のろのろと, ゆっくり(↔ quickly, rapidly) ‖
speak **slowly** ゆっくり話す.
Walk more **slowly**. もっとゆっくり歩きなさい(→

slow Q&A).

Q&A **Q**: 「ゆっくりとあとずさりした」は次の3とおりに訳されると思いますが, これらはそれぞれどう違いますか. (1) Slowly he backed away. (2) He slowly backed away. (3) He backed away slowly.
**A**: あとになるほど, 副詞 slowly の意味が強く表現されます.

**slow-mo·tion** /slóumóuʃən スロウモウシュン/ [形] のろい; (高速度撮影による)スローモーションの.

**sludge** /slʌ́dʒ スラヂ/ [名] U 泥; ぬかるみ; (タンクなどの中の)沈殿物.

**slug**¹ /slʌ́g スラグ/ [名] C **1** [動] ナメクジ. **2** 金属の小塊;(略式)(空気銃などの)ばら弾, 弾丸. **3** 〈米略式〉(自動販売機で使う)ニセ硬貨.

**slug**² /slʌ́g スラグ/ [動] (過去・過分) slugged/-d/; (現分) slug·ging) [他] 〈米略式〉…をひどく打つ, ひっぱたく.

**slug·gish** /slʌ́giʃ スラギシュ/ [形] **1** 怠惰な, 無精な. **2** 反応が遅い. **3** のろい; 緩慢な. **4** 不振の.

**sluice** /slúːs スルース/ [名] C **1a** =sluice gate. **b** =sluice valve. **2** 人工水路. **3** 堰(せき)水.
―― **動** (現分) sluic·ing) [他] **1** (水門を開いて)〈水〉を流す. **2** …を流水で洗う.
**slúice gàte** 水門(sluice).
**slúice vàlve** 仕切り弁(sluice).

**slum** /slʌ́m スラム/ [名] C [the ~s; 複数扱い] スラム街, 貧民街.
―― **動** (過去・過分) slummed/-d/; (現分) slum·ming) [自] (略式) [通例 go ~ming] スラム街を訪れる; 貧しい生活をする(◆**slum it** ともいう).

**slum·ber** /slʌ́mbər スランバ/ 〈文〉 [動] [自] すやすや眠る, まどろむ, うとうとする.
―― [名] C U [しばしば ~s; 単数扱い] (軽い)眠り, まどろみ ‖
fall into a **slumber** 寝入る.

**slump** /slʌ́mp スランプ/ [動] [自] **1** ドスンと落ちる; バタンと倒れる. **2** 〈気力などが〉衰える; 〈物価などが〉暴落する.
―― [名] C **1** ドスン, ドシン, ドサッ.
**2** (物価の)暴落, 不況(↔ boom).
**3** 〈主に米〉不振, 不調, スランプ ‖
be in a **slump** スランプである.

**slung** /slʌ́ŋ スラング/ [動] → sling.
**slunk** /slʌ́ŋk スランク/ [動] → slink.
**slur** /slə́ːr スラー/ [動] (過去・過分) slurred/-d/; (現分) slur·ring) [他] **1** …をあっさり片付ける, 見逃す ‖
**slur over** the fact その事実を見落とす.
**2** 〈音・語などを〉不明瞭(めい)に発音する; 〈文字〉を1つに続けて書く.
**3** 〔音楽〕〈音符〉を続けて奏する[歌う]; 〈音符〉にスラーを付ける.
―― [自] 不明瞭に発音する[書く, 歌う]; 巧妙に処理する.
―― [名] C **1** [a ~] 不明瞭な発音.
**2** 中傷, 悪口;〈米正式〉汚名, 恥辱 ‖

cast a **slur** on him =cast **slurs** at him 彼に汚名をきせる, 彼をけなす.
**3** 〔音楽〕スラー, 連結線.
**slurp** /slə́ːrp/ スラープ/ (略式) 動 (自)(他) (…を)音を立てながら飲食する ‖
Don't **slurp** noisily from your cup! 音を立ててすするのはやめなさい.
―― 名 ⓒ 1 音を立てての飲食;その音.
**slush** /slʌ́ʃ/ スラッシュ 名 ⓤ 1 雪解け.
**2** (略式) 安っぽい感傷;感傷的な話[文].
**slut** /slʌ́t/ スラト/ 名 ⓒ 1 だらしのない女.
**2** 身持ちの悪い女.
**sly** /slái/ スライ/ 形 (比較) more ~, (最上) most ~)
**1** ずるい, 悪賢い ‖
a **sly** look ずるそうな顔つき.
**2** こそこそした;陰険な ‖
a **sly** trick 陰険なたくらみ.
**on the slý** (略式) [文尾で] ひそかに, こっそりと, ないしょで.
**sly·ly** /slálili スライリ/ 副 ずるく; 陰険に; こっそりと.
**smack**[1] /smǽk/ スマク/ 〔擬音語〕動 (他) **1** [smack one's lips] 舌鼓(したつづみ)を打つ.
**2** …にチュッと音を立ててキスをする.
**3** …をピシャリと打つ;〈むちを〉ピシッと打ち鳴らす.
―― 名 ⓒ **1** 舌鼓, 舌打ち; (略式) [a ~] チュッと音を立ててするキス ‖
He gave her a **smack** on the face. 彼は彼女の顔に音を立ててキスした.
**2** 平手打ち;ピシャリと打つ音;(むちなどの)ピシピシいう音.
―― 副 (略式) ピシャリと;いきなり;まともに.
**smack**[2] /smǽk/ スマク/ 名 ⓒ [a ~ of + ⓤ 名詞]
**1** …の味, 風味, 香り ‖
have a **smack** of vinegar 酢特有の味がする.
**2** 気味, …風(ふう), …じみたところ ‖
a **smack** of pride in him 彼の尊大ぶったところ.
―― 動 (自) [smack of A] **1** …の味がする, 風味がある.
**2** (正式) …の気味がある, 色合いがある ‖
Her attitude **smacks** of prejudice. 彼女の態度には偏見の気味がある.

## *small /smɔ́ːl/ スモール/

―― 形 (比較) ~·er, (最上) ~·est) **1** 小さい, 狭い, 小形の(↔ large);小文字の(↔ capital) ‖
a **small** room 小さな[狭い]部屋.
a **small** country (面積の)狭い国(◆この意味では a narrow country とはいわない).
a **small** family 小家族.
a **small** man 小柄な男(cf. **7**).
The boy is **small** for his age. その子は年の割には小柄だ.

Q&A **Q**: small と little の違いは?
**A**: small は客観的にただ「小さい」というだけですが, little には, 「かわいい, 愛らしい」といった感情的なニュアンスが含まれます.

**2** (年が)若い(young), 幼い ‖
My father lived in China when he was **small**. 父は若いとき中国に住んでいました.
**Small** children like these fairly tales. 幼い子にはこのようなおとぎ話が好きです.
**3** (正式) 少ない, わずかな(↔ large) ‖
a **small** income わずかな収入.
a **small** number of tools わずかな道具.
a **small** sum of money 少額の金.
My expenses were **small** last month. 先月は出費が少なかった.
**4** 取るに足りない, ささいな, 重要でない ‖
a **small** fault つまらない間違い.
**5** [名詞の前で] 小規模の, つつましい, ささやかな ‖
a **small** farmer 小農場主.
a **small** birthday party ささやかな誕生パーティー.
(対話) "Here's a **small** present for you. I hope you like it." "Thank you. May I open it now?" 「これ君へのささやかなプレゼント. 気に入ってもらえるといいけど」「ありがとう. いま開けてもいい?」
**6** (正式) [ⓤ 名詞の前で] たいしてない, ほとんどない(little), ごくわずか ‖
a matter of **small** importance たいして重要でない問題.
**small** hope of success わずかな成功の望み.
She paid **small** attention to what I said. 彼女は私の言うことにほとんど耳を貸さなかった.
**7** けちな, 狭量な, 心の狭い; [it is small of A to do / A is small to do] …するとは A〈人〉は卑劣だ ‖
a **small** nature けちな性質.
a man with a **small** mind =a **small** man 心の狭い人(cf. **1**).
It is **small** of [\*for] you to say bad things about her. =You are **small** to say bad things about her. 彼女の悪口を言うなんてみっともないぞ.
**8** 〈音・声が〉弱い, 小さい ‖
in a **small** voice 小声で.
**fèel smáll** 肩身の狭い思いをする, 気がひける ‖
(対話) "So she had to pay because I didn't have enough money." "I guess you felt real **small** about it, didn't you?" 「それで僕のお金の持ち合わせが足りなくて彼女が払わなければならなかったんだ」「本当に恥ずかしい思いをしたんだろうね」.
**lòok smáll** 肩身の狭い様子をする, しょげている.
**nó smáll** [控え目に] 少なくない, たいした, かなりの ‖ have **no small** interest in music 音楽にかなりの興味を持つ.
―― 副 (比較) ~·er, (最上) ~·est) **1** 小さく, 細かく, つつましく. **2** 〈声などが〉低く, 弱く. **3** こぢんまりと, 小規模に.
**Thínk smáll.** つつましく考えよ;「小さいのがよいのです」《♦Volkswagen 車の広告》.
―― 名 ⓒ **1** [the ~] 小さな物, 細い部分 ‖
the **small** of the back 腰の(くびれた)部分.

**2** 〖英略式〗[~s] (洗濯に出す)小物類, 下着.
**smáll cápital** [**cáp**] スモールキャピタル《A, B, C のように小文字 x の高さにそろえた大文字》.
**smáll chánge** 小銭.
**smáll létter** 小文字(↔ capital letter).
**smáll tálk** 世間話, おしゃべり.
**small·pox** /smɔ́ːlpɑ̀ks スモールパクス|-pɔ̀ks -ポクス/ 图 U 〖医学〗天然痘, 疱瘡(ほうそう), 痘瘡.
**small-scale** /smɔ́ːlskéil スモールスケイル/ 形 小規模の, 〈地図などが〉小縮尺の.
**small-time** /smɔ́ːltáim スモールタイム/ 形 (略式) 取るに足りない.

*****smart** /smάːrt スマート/ 〖「ひりひりする」が原義〗
── 形 (比較 ~·er, 最上 ~·est) **1** (主に米) 利口な, 賢い; 気のきいた, 才気のある; 抜けめのない;〈子供が〉ませた; [it is smart of A to do / A is smart to do] …するとは A〈人〉は賢明だ ‖
a smart boy 利口な少年.
a smart reply 気のきいた返答.
It is smart of [×for] you to quit smoking. =You're smart to quit smoking. タバコをやめたのは賢明ですね.
Don't get smart (with me)! ませた口をきくな.
対話 "I haven't met Beth ― what's she like?" "She is very smart. She can speak four languages." 「ベスにはまだ会ったことがないけどどんな人ですか」「とても頭がいい人で, 4か国語が話せるのです」.
**2** (正式) 活発な, きびきびした; 機敏な ‖
at a smart pace 足早に.
**3** (主に英) きちんとした, 洗練された,〈衣服などが〉スマートな; 流行の, ハイカラな《◆「細身」の意はない. この意では slender, slim を用いる》‖
the smart set (上流社交界の)ハイカラ連中.
She looks smart in her new clothes. 彼女は新しい服を着ててすてきに見える.
── 動 圓 **1** うずく, ずきずき痛む ‖
The wound smarts. 傷が痛む.
**2** ひりひりする, しみる; 痛みを与える.
**3** 感情を害する, 怒る; 悩む, 傷心する ‖
She smarted from the insult. 彼女は侮辱されて慣慨した.
── 图 C U 痛み, うずき; U 苦痛; 苦悩, 傷心, 怒り.
**smárt càrd** 〖コンピュータ〗スマートカード《マイクロチップ[メモリーチップ]を組み込んだプラスチック製クレジット[デビット]カード》.
**smárt·ness** 图 U ハイカラ, スマートさ; 抜け目のないこと, 機敏; うずき; 厳しさ.
**smash** /smǽʃ スマッシュ/ 動 (三単現 ~·es/-iz/) 他
**1** …を粉々にする《◆ shatter の方が粉々になって飛び散る感じが強い. cf. crush》‖
The fireman smashed the door open and rescued the child in the room. 消防士たちはドアをたたき壊してあけて部屋の中にいる子を救出した.
**2** …をバシッと打つ; …を投げつける ‖
smash him on the nose 彼の鼻をなぐる.

**3** …を撃破する;〈記録など〉を破る.
**4** 〖テニスなど〗〈球〉をスマッシュする.
── 圓 **1** 粉々になる, 割れる ‖
The glass fell on the stone floor and smashed into tiny pieces. グラスが石の床に落ちて粉々になった.
**2** (ガチャンと)激突する.
**3** 破産[倒産]する.
── 图 (複 ~·es/-iz/) C **1** 粉砕(音); 衝突; 墜落. **2** 破産, 破滅. **3** (略式) 強打;〖テニスなど〗スマッシュ.
**gó** [**còme**] **to smásh** (略式) めちゃめちゃになる; つぶれる; 破産する, 失敗に終わる.
**smash-up** /smǽʃʌp スマシャプ/ 图 C (略式) 大衝突.
**smat·ter·ing** /smǽtəriŋ スマタリング/ 图 C [通例 a ~] なまかじりの知識; 少数 ‖
a smattering of seats 少しばかりの座席.
**smear** /smíər スミア/ 動 **1** [smear A on [over] B / smear B with A] A〈油など〉を B〈物〉に塗りつける; …を汚す ‖ smear butter on bread =smear bread with butter パンにバターを塗りつける《◆ 後者では一面に塗りつけることを含む》.
**2** …をこする, …をこすって不鮮明にする.
**3** 〈名誉など〉を汚(けが)す; …を中傷する《◆ 主に新聞用語》.
── 圓 汚れる.
── 图 C **1** (汚れ・油などの)しみ, 汚点. **2** 中傷.

*****smell** /smél スメル/ 〖「こげるにおい」が原義〗
── 動 (三単現 ~s/-z/; 過去・過分 (主に米) ~ed/-d/ または (主に英) smelt/smélt/; 現分 ~·ing)
── 他 **1** …のにおいをかぐ, かいでみる ‖
The dog smelled my hands. その犬は私の手のにおいをかいだ.
She's smelling the milk to see if it is sour. 彼女は牛乳がすっぱくなっているかどうかにおいをかいでいる.
**2** [しばしば can, could を伴って] …のにおいがわかる; [smell (A) doing] (A が)…するにおいがする《◆ 進行形にしない》‖
I can smell cooking. 料理をしているにおいがする.
対話 "Can you smell something unusual?" "Yes. It's the toast burning." 「何か妙なにおいがしませんか」「うん, あれはトーストがこげているんだ」.
**3** …に感づく, …をかぎ[探り]出す ‖
They smelled out the plot. 彼らはその陰謀に気づいた.
The dog smelled the thief out. 犬が泥棒をかぎ出した.
── 圓 **1** においをかぐ ‖
The stray dogs were smelling about. 野犬がかぎまわっていた.
She is smelling at roses. 彼女はバラのにおいをかいでいる.
**2 a** [smell C] C なにおいがする《◆ ふつう進行形にしない. C は形容詞》‖

This flower **smells** sweet [*sweetly]. この花はいいにおいがする.

These books **smell** musty. これらの本はかびくさい《◆ C を質問する疑問詞は how: How do they *smell*? どんなにおいがするか》.

**b** [smell of [like] **A**] …のにおいがする ‖

It **smells** like lilacs. それはライラックのにおいがする.

His breath **smells** strongly of brandy. 彼の息はひどくブランデー臭い《◆ **A** を質問する疑問詞は what》.

What does it **smell** like [of]? 何のにおいがするか.

**3** いやなにおいがする, 悪臭を放つ《◆進行形にしない》‖

The fish are beginning to **smell**. 魚が臭くなってきている.

I wonder if my breath **smells**? 私の息はにおうかしら.

**4** [smell of **A**] …の気味がある《◆ふつう悪い意味で用いる》‖

His alibi **smells** of dishonesty. 彼のアリバイは怪しい.

**5** 嗅覚(きゅうかく)がある《◆進行形にしない》‖

The old dog can hardly **smell** any longer. その老犬はもうほとんど鼻がきかない.

**sméll (a)róund** [**abóut**] [自] → ⓐ**1**;〈人が〉せんさくする.

**sméll óut** [他] → ⓗ**3**;〈物が〉〈場所〉に悪臭を放つ.

—名 (複 ~s/-z/) **1** ⓊⒸ におい, 香り《◆修飾語のないときはしばしば「悪臭」の意味》 odor 強いにおい / scent かすかなにおい / fragrance よいにおい / perfume 香水などの強く快いにおい / aroma 芳(こう)しいにおい》‖

What a nice smell! 何とよいにおいなのでしょう.

This flower doesn't have much **smell**. この花はあまり香りがない.

I like the **smell** of gardenias. 私はくちなしの花のにおいが好きです.

**2** Ⓤ 嗅覚 ‖

He has a good sense of **smell**. 彼は鼻がいい[きく].

**3** Ⓒ [通例 a ~] においをかぐこと, ひとかぎ ‖

Take a **smell** at this wine. =Have a **smell** of this wine. このワインのにおいをかいでごらん.

**4** ⓊⒸ …の気味, 感じ, 雰囲気 ‖

There is a **smell** of trickery about it. それにはぺてんのにおいがする(=It smells of trickery.).

**smélling sàlts** [複数扱い] かぎ薬, 気つけ薬.

**smell·y** /smélɪ スメリ/ 形 (比較) ‑i·er, (最上) ‑i·est) (略式)(いやな)においのする, 悪臭を放つ.

\***smelt**¹ /smélt スメルト/ 動 (主に英) → smell.

**smelt**² /smélt スメルト/ 動 他〈鉱石〉を溶解する;〈金属〉を精錬する.

\***smile** /smáɪl スマイル/ 『「声を出さずに笑う」が原義』
—動 (三単現) ~s/-z/; (過去・過分) ~d/-d/; (現分)

smile 〈ほほえむ〉　　laugh 〈笑う〉

smil·ing)

—ⓐ **1** ほほえむ, 微笑する, にっこり笑う; 苦笑する, 冷笑する [関連] → laugh ⓐ ‖

**smile** happily うれしそうに笑う.

The baby **smiled** at [*to] her mother. 赤ん坊は母親を見てにっこり笑った.

Let's all **smile** at [for] the camera. みんなカメラの方を見てにっこりしましょう.

Father **smiled** to see us skipping rope happily. 父は私たちが楽しく縄とびをしているのを見てほほえんだ.

He **smiled** cruelly at me. 彼は私に残忍な笑い方をした.

She **smiled** to think how foolish she had been. 自分はなんて愚かであったかと思い彼女は苦笑した.

**2**〈運などが〉開く, 向く;(文)〈幸運が〉ほほえむ ‖

The weather **smiled on** our athletic meeting. 運動会は天候に恵まれた.

Fortune **smiled on** him at last. ついに彼に運が向いてきた.

—他 **1** [smile a + 形容詞 + smile] …の笑い方をする ‖

**smile** a háppy [héarty, fórced] **smile** うれしそうに[心から, 無理に]笑う《◆形容詞を強く発音する》.

Q&A  *Q*: smile a … smile のような類似の例をあげてください.
*A*: この目的語はいわゆる同族目的語(cognate object)というものです. 例: *sleep* a sóund *sleep* (ぐっすり眠る) / *laugh* a mérry *laugh* ((文) 陽気に笑う) / *dream* a bád *dream* (悪い夢を見る)など. なお, *sing* a sóng (歌を歌う) / *run* a ráce (競走する) / *live* a háppily *life* (幸せな生活を送る)などもふつうこれに含めます.

**2** …をほほえんで示す ‖

**smile** one's approval ほほえんで賛意を表す.

**smile** a welcome ほほえんで歓迎の意を表す.

**3**〈悩みなど〉を笑って忘れる; ほほえんで〈人〉を〈ある状態に〉させる ‖

**smile** one's troubles **away** 笑って悩みを吹き飛ばす.

She **smiled** me **out of** grief. 彼女はほほえんで私の悲しみをやわらげてくれた.

—名 (複 ~s/-z/) **1** Ⓒ ほほえみ, 微笑, 笑顔; あざ笑い, 冷笑 ‖

with a **smile** on one's face 顔に笑みをたたえて.

without cracking a **smile** (略式) にこりともしないで.

**6** 〈飲食物が〉口当たりのよい,やわらかい.
**7** お世辞のうまい;調子のいい《◆ふつう男性に用いる》‖
a smooth talker 口先のうまい人.
——動 (三単現) ~s/-z/; (過去・過分) ~ed/-d/; (現分) ~・ing
——他 **1** …をなめらかにする,平らにする;〈道などを〉ならす;〈しわなどを〉伸ばす;〈髪などを〉なでつける ‖
smooth (down) one's hair 髪をなでつける.
He smoothed out a bed sheet. 彼は敷布を伸ばした.
**2** 〈困難・障害など〉を取り除く,解決する.
**3** 〈感情など〉を静める,なだめる.
対話 "We had another fight this morning." "Don't worry. I'll speak to her and smooth things over." 「けさぼくらはまたけんかしちゃったよ」「心配しないで. 私が彼女に話をしてまるく収めるから」.
——自 なめらかになる;円滑になる;静まる.
——名 [a ~] なめらかにすること;ならし;なでつけ ‖
give one's hair a smooth 髪をなでつける.

**smooth·ly** /smúːðli スムーズリ/ 副 **1** なめらかに. **2** すらすらと,円滑に. **3** 流暢(りゅうちょう)に,口先うまく. **4** おだやかに.

**smooth·ness** /smúːðnəs スムーズネス/ 名 ⓤ **1** なめらかさ,平坦(へいたん);静穏. **2** 流暢(りゅうちょう)さ;口先上手,人当たりのよさ. **3** 〈飲食物の〉口当たりのよさ.

**smor·gas·bord** /smɔ́ːrɡəsbɔːrd スモーガスボード/ 【スウェーデン】 名 ⓤⓒ スモーガスボード,バイキング式料理《◆buffet の方がふつう. Viking とはいわない》.

**smoth·er** /smʌ́ðər スマザ/ 動 **1** …を窒息させる《◆choke より堅い語》.
**2** 〈火〉を覆って消す.
**3** 〈あくび〉をかみ殺す;〈感情など〉を抑える;〈事実など〉をもみ消す,隠す ‖
smother a yawn あくびをかみ殺す.
**4** …を厚く包む ‖
The town was smothered in fog. その町は霧に包まれていた.

**smoul·der** /smóuldər スモウルダ/ (英) 動 名 = smolder.

**smudge** /smʌdʒ スマヂ/ 名 ⓒ **1** 汚れ,しみ. **2** (米) (霜よけ・除虫のための) いぶし火.
——動 (現分) smudg·ing) 他 …を汚す,…にしみをつける. ——自 汚れる,にじむ;煙る.

**smug** /smʌɡ スマグ/ (類音) smog/smɑɡ|smɔɡ/) 形 (比較) smug·ger, (最上) smug·gest) ひとりよがりの,気取った;自己満足した.

**smug·gle** /smʌ́ɡl スマグル/ 動 (現分 smug·gling) 他 **1** …を密輸する;…を密入[出]国させる ‖
smuggle jewels into Japan 日本へ宝石を密輸入する.
**2** (略式) …をこっそり持ち込む[出す];…を隠す.
——自 密輸をする;密航する.

**smúg·gler** 名 ⓒ 密輸業者;密輸船.

**smut** /smʌt スマト/ 名 **1** ⓒⓤ すす(の一片);ⓒ 汚れ,しみ. **2** ⓤ (略式) みだらな言葉,わい談;わいせつ.
**3** ⓤ 〔植〕 〈麦の〉黒穂病;その菌. ——動 (過去・過分) smut·ted/-id/; (現分) smut·ting) 自 (すすなどで)汚れる. ——他 …を(すすなどで)汚す.

**smut·ty** /smʌ́ti スマティ/ 形 (比較) -ti·er, (最上) -ti·est) **1** すすけた,汚れた. **2** みだらな,わいせつな.

**snack** /snæk スナク/ 【〔ひとにぎり〕が原義】名 ⓒ 軽食《主に間食》,急いでする食事 ‖
have [eat] a bedtime snack 夜食をとる.
——動 自 (米) 急いで食べる,軽食をとる.

**snáck bàr** [còunter] (カウンター形式の)軽食堂,スナック《◆日本の「スナック」と違って酒類は出さない》.

**snag** /snæɡ スナグ/ 名 ⓒ **1** 鋭い(ぎざぎざした)突起物〈とげ,折れ残った枝[幹],歯の欠け残りなど〉. **2** (航行を妨げる)沈み木,倒木;隠れ岩. **3** (主に英国式) (思いがけぬ)障害,困難.

**snail** /snéil スネイル/ 名 ⓒ 〔動〕 カタツムリ ‖
(as) slow as a snail 非常にのろい.
at a snail's pace のろのろと.

**snáil màil** (略式) (e-mail に対して従来の)郵便.

***snake*** /snéik スネイク/ 【『はうもの』が原義. cf. snail】
——名 (複 ~s/-s/) ⓒ **1** ヘビ(蛇) (類 serpent) 《◆「とぐろを巻く」は coil up,「シューッという」は hiss》‖
Snakes have forked tongues. 蛇は2つにわれた舌をしている.
**2** 陰険な[冷酷な]人.
——動 (現分 snak·ing) (文) 自 〈蛇のように〉くねって動く,くねる. ——他 〈からだなど〉をくねらす.
*snáke* one's *wáy* くねって行く,蛇行(だこう)する.
**snáke chàrmer** 蛇使い.
**snáke dànce** (アメリカ先住民の)蛇踊り;ジグザグ行進[デモ].

**snap** /snæp スナプ/ 動 (過去・過分) snapped/-t/;

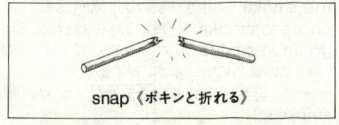

snap 〈ポキンと折れる〉

(現分) snap·ping) 自 **1** ポキンと折れる,プツンと切れる;[比喩的に]〈神経などが〉プツンと切れる,参る ‖
The clothes line snapped from the weight. 物干し綱が重みでプツンと切れた.
Her nerves snapped. 緊張で彼女の神経は参ってしまった.
**2** パチン[ピシッ, カチッ]と音を立てる;パタンと閉まる;音を立てて(ある状態に)なる ‖
The door snapped shut. ドアがパタンと閉まった.
The lock snapped open. カチッと錠があいた.
**3** パクッとかみつく,かみつこうとする ‖
The lion snapped at the meat. ライオンが肉に食いついた.
**4** (スナップ)写真を撮る.
——他 **1** …をポキンと折る,プツンと切る ‖
snap a twig in two 小枝をポキンと2つに折る.

give a bright **smile** 明るく笑う.
He was **all smiles**. 《略式》彼は満面に笑みを浮かべていた.
**2** C [～s] 恩恵, 恵み ‖
the **smiles** of fortune 運命の恵み.
**smil·ing** /smáiliŋ スマイリング/ 動 → smile.
**smil·ing·ly** /smáiliŋli スマイリングリ/ 副 ほほえみながら, 微笑して.
**smirk** /smɚ́ːrk スマーク/ 動 Ⓘ にやにや笑う.
―― 名 Ⓒ にやにや笑い, 作り笑い.
**smith** /smíθ スミス/ 名 Ⓒ [通例複合語で] **1** 金属細工師. **2** かじ屋.
**smock** /smák スマック | smɔ́k スモック/ (類音 smack /smǽk/) 名 Ⓒ スモック《子供・女性などの上っ張り, スモック.
**smock·ing** /smákiŋ スマッキング | smɔ́k- スモッキング/ 名 Ⓤ スモッキング《亀甲(きっこう)型のひだ飾り》.
**smog** /smáɡ スマッグ | smɔ́ɡ スモッグ/ (類音 smug /smʌ́ɡ/)《*smoke* + *fog*》名 Ⓒ Ⓤ スモッグ《◆この語の発祥地はロサンゼルス》, 煙霧 ‖
photochemical **smog** 光化学スモッグ.

## **smoke** /smóuk スモウク/
―― 名 (複 ~s/-s/) **1** Ⓤ 煙 ‖
emit heavy [dense, thick] black **smoke** 濃い黒い煙を吐く.
a trail of **smoke** from [*of*] the chimney 煙突からたなびいている煙.
(There is) nò **smóke** withòut fíre. = Where there's **smoke**, there is fire. 《ことわざ》「火のないところに煙はたたぬ」.
**2** Ⓒ 《略式》[通例 a ~]《タバコの》一服, 喫煙;《紙巻き》タバコ ‖
have [take] a **smoke** 一服する.
**3** Ⓤ Ⓒ 煙に似たもの《霧・湯気・土ぼこりなど》;《煙のように》実のないもの, はかないもの ‖
the **smoke** of the waterfall 滝のしぶき.
come to **smoke**〈計画などが〉立ち消えになる.
**gò úp in smóke** (1) 燃え上がる. (2)《略式》〈計画などが〉駄目になる, 水泡に帰す.
―― 動 (三単現 ~s/-s/; 過去・過分 ~d/-t/; 現分 **smok·ing**)
―― Ⓘ **1** 煙を出す, 噴煙を上げる; 湯気 [水蒸気, ほこり] を出す;〈火・ストーブなどが〉くすぶる, いぶる ‖
Mt. Asama is **smoking**. 浅間山が噴煙を上げている.
a **smoking** volcano 噴煙を上げている火山.
This stove **smokes** badly. このストーブはひどくくすぶる.
**2** タバコを吸う ‖
He **smokes** heavily. 彼はたくさんタバコを吸う (= He's a heavy smoker.).
対話 "Do you **smoke**?" "I used to, but not any more."「タバコは吸いますか」「以前は吸っていましたが, もうやめました」.
**3**〈タバコ・パイプなどが〉喫煙できる ‖
This pipe **smokes** well. このパイプは吸い心地がよい.
―― 他 **1** …を吸う, ふかす ‖

**smoke** a cigar 葉巻きを吸う.
She **smokes** 20 cigarettes a day. 彼女は1日に20本タバコを吸う.
**2** [**smoke** oneself C] 喫煙して C になる ‖
**smoke** oneself ill タバコを吸って病気になる.
**3** …をいぶす, すすけさせる;…を燻(ふす)製にする ‖
The stove **smoked** the ceiling. ストーブの煙が天井を黒くした.
**smoked** ham ハムを燻製にする.
**smoked** salmon 燻製のサケ, スモークサーモン.
*smóke óut* [他] …をいぶし出す.
**smok·er** /smóukɚ スモウカ/ 名 Ⓒ **1** 喫煙家 (↔ non-smoker); 発煙物 ‖
a heavy [hard] **smoker** ヘビースモーカー.
**2** 喫煙できる車両.
**smoke·stack** /smóukstæ̀k スモウクスタク/ 名 Ⓒ 《工場・汽船の》(大)煙突;《米》《蒸気機関車の》煙突.
**smok·ing** /smóukiŋ スモウキング/ 動 → smoke.
―― 名 **1** Ⓤ タバコを吸うこと,《特に常習的な》喫煙 ‖
No **smoking**. 《掲示》禁煙.
**Smoking** is bad for the [*your*] health. タバコは健康に悪い.
**2** [形容詞的に] 喫煙用の, 喫煙できる ‖
a **smoking** section《レストランなどの》喫煙できるテーブルのある場所.
No **smoking** seats.《掲示》禁煙席.
**smóking cár** 喫煙できる車両.
**smóking compártment**《電車の》喫煙できる客室.
**smóking jàcket** スモーキング=ジャケット《男性がくつろぐときに着るしゃれた室内用上着. 昔は喫煙服》.
**smóking ròom** 喫煙室.
**smok·y** /smóuki スモウキ/ 形 (比較 --i·er, 最上 --i·est) **1**〈たくさんの〉煙を出す, くすぶる; 煙が立ちこめる. **2** 煙のような,〈煙で〉くすんだ, こげ臭い.
**smol·der**,《英》 **smoul·–** /smóuldɚ スモウルダ/《米》動 Ⓘ **1** くすぶる, いぶる.
**2**〈怒り・不満などが〉くすぶる, 内向する; 抑えきれない感情を示す ‖
His eyes **smoldered** with anger. 彼の目は怒りに燃えていた.
―― 名 Ⓒ Ⓤ [通例 a ~ / the ~] くすぶり, くすぶる火.

## *****smooth** /smúːð スムーズ/ 《発音注意》《◆ ×スムース》『「平らな」が原義』派 smoothly (副)
―― 形 (比較 ~·er, 最上 ~·est) **1** なめらかな, すべすべした, 平滑な (↔ rough) ‖
a **smooth** stone すべすべした石.
Her skin is (as) **smooth** as satin. 彼女の肌はとてもなめらかだ.
**2**〈水面が〉静かな, 波立たない.
**3**〈動作・運動などが〉なめらかな, 円滑に動く;《文》〈物事が〉順調な, 障害のない ‖
make things **smooth** 事を順調にする.
**4**〈ソースなどが〉よく練れた.
**5**〈文体・音楽などが〉流暢(りゅうちょう)な, なだらかな.

**2** …をパチン[ピシッ, カチッ]と鳴らす, …を鳴らして(ある状態に)する ‖
snap a whip むちをピシッと鳴らす.
snap a lid on =snap down a lid ふたをパチンと閉める.
snap the radio off ラジオをプツンと切る.
**3** …にパクッとかみつく; …をパクッとかみ取る ‖
snap a sandwich サンドイッチをぱくつく.
**4** 〈命令など〉を鋭い口調で言う, かみつくように言う.
**5** (略式)…の(スナップ)写真をとる.
***snáp óut of A*** (略式)[しばしば命令形で] Aくある気分・習慣〉からさっと抜け出す《◆しばしば snap out of it の形で用いる》.
***snáp úp*** [他] …をすばやくつかむ[取る]; …を先を争って買う ‖ snap up bargains 特売品に飛びつく.
──名 **1** C ポキンと折れる音[こと], パチン[ピシッ]という音 ‖
shut the box **with a snap** 箱をパチンと閉める.
**2** (略式) =snapshot.
**3** C [通例 a ~] かみつくこと; すばやくつかむこと ‖
The dog made a snap at him. 犬が彼にパクッとかみついた.
**4** C (主に米) =snap fastener(s).
**5** CU [通例複合語で] 薄くてさくさくしたクッキー.
**6** U (略式) 精力, 活気(vigor) ‖
Put some snap in your work. 仕事に力を入れよ.
**7** (米略式) [a ~] 楽な仕事, 朝飯前のこと.
**8** C 急に来る一時的な寒さ[天候] ‖
a cold snap 急な寒さ.
***in a snáp*** すぐに.
──形 急な, 即座の ‖
a snap decision 即座の[軽々しい]決定.
**snáp fástener(s)** (主に米) 止め金, スナップ(留め) ((英) press-stud).
**snap·py** /snǽpi スナピ/ 形 (比較 -pi·er, 最上 -pi·est) **1** (略式) 元気のよい, 活発な, きびきびした.
**2** (略式) しゃれた, いきな.
***Máke it snáppy!*** =(英) ***Lóok snáppy!*** (略式) 急げ!, てきぱきやれ!
**snap·shot** /snǽpʃɑ̀t スナプシャト|-ʃɔ̀t -ショト/ 名 C スナップ写真.
**snare** /snéər スネア/ 名 C **1** (小動物・鳥などを捕える)(輪なわの)わな ‖
catch a dove **with [in] a snare** わなで野バトを捕える.
**2** (主に~s) (人を陥れる)わな, 誘惑 ‖
fall into the **snares** of evil 悪の誘惑に乗る.
──動 (現分 snar·ing) 他 **1** …をわなにかける. **2** 〈人〉をわなにかける, 誘惑に陥れる.
**snarl** /snɑ́ːrl スナール/ 動 自 **1** 〈犬などが〉歯をむいてうなる ‖
The dog always **snarls at** the postman. その犬はいつも郵便屋さんに向かってうなる.
**2** 〈人が〉かみかみ言う, どなる.
──他 …をどなるように言う, …をつっけんどんに言う ‖
snarl out the answer つっけんどんな返事をする.

──名 C [通例 a ~] うなること, がみがみいうこと.
**snatch** /snǽtʃ スナチ/ 動 (三単現 ~·es/-iz/) 他

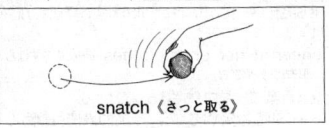

*snatch 〈さっと取る〉*

**1** …をひったくる, さっと取る, 強奪する ‖
He **snatched** the bag **from** her. 彼は彼女からバッグをひったくった《◆grab の方が荒々しい.「つかんで放さない」ことを強調する場合は grasp, clutch》.
She **snatched up** her briefcase and went out. 彼女はさっとかばんを持って出て行った.
**2** (機会をのがさずに)〈食事・眠りなど〉を急いで取る ‖
snatch a meal 急いで食事する.
──自 **1** [snatch at A] A をひったくろうとする, ひったくろうと手を伸ばす《他 **1** では「ひったくった」結果まで表すのに対し, 自 では実際にひったくったかどうかは文脈による》 ‖
He **snatched at** my hat but I did not let him get it. 彼は私の帽子をひったくろうとしたがそうはさせなかった.
**2** 飛びつく ‖
**snatch at** the chance to meet her 彼女に会う機会に飛びつく.
──名 (複 ~·es/-iz/) C **1** [a ~] ひったくろうとすること, 飛びつくこと; (略式)ひったくり, 強奪 ‖
**make a snatch at** her purse 彼女のハンドバッグをひったくろうとする.
**2** [通例 ~es] (活動・眠りなどの)短い期間, ひと時 ‖
catch **snatches of** sleep ちょっと眠る.
**3** [通例 ~es] (歌・話などの)断片, 一片 ‖
overhear **snatches of** conversation 話のところどころを立ち聞きする.
**4** [重量挙げ] スナッチ《バーベルを一気に床から頭上に挙げる》.
**sneak** /sníːk スニーク/ 動 (過去・過分 ~ed/-t/ または (米略式) snuck/snʌ́k/) 自 **1** こそこそ動く, うろうろする; こっそり入る[出る]《◆ふつう副詞(句)を伴う》 ‖
sneak around (the house) (家の)周りをうろつく.
sneak in by the back way 後ろの方からこっそり入る.
**2** こそこそ卑劣なふるまいをする ‖
Why don't you act openly instead of sneaking? こそこそしないで堂々とやったらどうだ.
──他 …をこっそり連れて[持って]行く[来る].
**sneak·er** /sníːkər スニーカ/ 名 (米) [~s] ゴム底の運動用ズック, スニーカー(tennis shoes, (英) plimsolls, trainers) ‖
a pair of sneakers スニーカー1足.
**sneak·ing** /sníːkiŋ スニーキング/ 動 → sneak.
──形 **1** こそこそした, ずるい; 卑劣な. **2** ひそかな, 口

**sneer** /sníər スニア/ 動 **1** あざ笑う, 冷笑する, せせら笑う《◆ scoff, jeer よりも強い軽蔑(⁅)感を表す》‖
sneer at her poor clothes 彼女のみすぼらしい服装をあざ笑う.
**2** (言葉・書き物で)あざける, 軽蔑する.
── 名 C 冷笑(すること), 冷笑的表情[言葉, しゃべり方].

**sneeze** /sníːz スニーズ/ 名 C くしゃみ《(1) 音は atchoo など. (2) くしゃみは神々からの警告の合図とされることからくしゃみをした人に (God) bless you!, Gesundheit /ɡəzúntħait/ などと言う習慣がある. (3) 言われた人は Thank you. と答えるのがふつう. しゃっくりは hiccup》‖
give [make] a sneeze くしゃみをする.
── 動 (現分 sneez·ing) 自 くしゃみをする.
*be nót to be snéezed at* A (略式) …を見すごせない, 軽視できない, ばかにできない.

> Q&A  Q: sneeze という語はいかにも鼻から出る音のような感じがしますが.
> A: sn のつく語には sniff, snore, snort, snout, snivel など, 鼻に関する語が多いです. 鼻の「スースー, クスン, クンクン」などの音から来ているのでしょう.

**snick·er** /sníkər スニカ/ 名 C (主に米) 忍び笑い.
── 動 自 (主に米略式) 忍び笑いする, くすくす笑う.

**sniff** /sníf スニフ/ 動 自 **1** くんくんかぐ ‖
The dog *sniffed* (at the case) when it smelled the drug. 麻薬のにおいがしたとき犬は(カバンを)くんくんかいだ.
**2** 鼻をする.
── 他 **1** …をくんくんかぐ, かいでみる ‖
*sniff* the rose バラのにおいをかぐ.
**2** …を鼻で吸い込む ‖
*sniff* the clean air 澄んだ空気を吸う.
(→ sneeze Q&A)
── 名 C においをかぐこと; かぐ音; (かぎつけられた)におい ‖
Take a sniff. ちょっとにおいをかいでごらん.
*get a sniff of* the meat 肉をひとかぎする.
*give a sniff of* contempt 軽蔑(⁅)してふんと鼻をならす.

**snif·fle** /snífl スニフル/ (略式) 動 (現分 snif·fling) 自 鼻をする, すすり泣く. ── 名 **1** C 鼻をすすること[音]. **2** [the ~s] (軽い)鼻かぜ; 鼻づまり; すすり泣き.

**snig·ger** /snígər スニガ/ (主に英) 名 動 =snicker.

**snip** /sníp スニプ/ 動 (過去・過分 snipped/-t/; 現分 snip·ping) 他 …をはさみでちょきん[ちょきちょき]と切る; …をちょきんと切り取る[落とす] ‖
*snip* (off) dead leaves *from* the plant = *snip* dead leaves *off* the plant はさみで植物から枯れ葉を切り落とす.
── 自 はさみでちょきん[ちょきちょき]と切る.
── 名 **1** C ちょきんと切ること[音]; 切り目, 切り口 ‖
make a snip in the cloth 布をちょきん[ちょきちょき]と切る.
**2** C **a** 切り取られた小片, 切れ端 ‖
the *snips* of thread 糸の切れ端.
**b** 少量, 少し ‖
a *snip* of food わずかな食物.
**3** C (英略式) [通例 a ~] 買い得品, 格安品.

**snipe** /snáip スナイプ/ 名 (複 ~s, 集合名詞 snipe) C 〖鳥〗シギ. ── 動 (現分 snip·ing) 自 狙撃する. ── 他 …を狙撃する, …を射ち殺す.

**sni·per** /snáipər スナイパ/ 名 C 狙撃兵; 狙撃者, スナイパー.

**snip·pet** /snípit スニピト/ 名 **1** 切り取られた小片, 切れ端. **2** (略式) [しばしば ~s of A] (情報・ニュース・会話・書き物などの)断片, 短い抜粋.

**snitch** /snítʃ スニチ/ 動 (三単現 ~·es/-iz/) (略式) 自 告げ口をする. ── 他 …を盗む, ひったくる, 失敬する.

**sniv·el** /snívl スニヴル/ 動 (過去・過分 ~ed または (主に英) sniv·elled/-d/; 現分 ~·ing または (主に英) ~·el·ling) 自 **1** 鼻をすする; 鼻(水)をたらす. **2** (略式) すすり泣く; めそめそ泣きごとを言う.

**snob** /snáb スナブ|snɔ́b スノブ/ 名 C **1** スノッブ, 俗物《社会的地位が下の人々をばかにし, 地位や財産などを重んじる上流気取りの人》.
**2** [形容詞を伴って] 学問や知識を鼻にかける人 ‖
an intellectual snob 学者ぶる人.

**snob·ber·y** /snábəri スナバリ|snɔ́b-/ 名 U 俗物根性, いやらしい上流崇拝[気取り], (学芸・趣味などの)気取り; [snobberies] 俗物的言動.

**snob·bish** /snábiʃ スナビシュ|snɔ́b-/ 形 俗物(根性)の, 地位[知識など]を鼻にかけた; お高くとまった.

**snoop** /snúːp スヌープ/ (略式) 動 自 こそこそせんさくする; ひそかにかぎ回る.
── 名 C かぎ回る人《探偵・スパイなど》; せんさく好きの人, おせっかい屋; U せんさく好き, おせっかい.

**snoop·y** /snúːpi スヌーピ/ 形 (比較 ~·i·er, 最上 ~·i·est) (略式) せんさく好きの, こそこそかぎ回る.
── 名 [S~] スヌーピー《米国の C. M. Schulz 作の漫画 *Peanuts* に登場する犬》.

**snoot·y** /snúːti スヌーティ/ 形 (比較 ~·i·er, 最上 ~·i·est) (略式) 上流ぶった, 排他的な; 傲(⁅)慢無礼な, 横柄な.

**snooze** /snúːz スヌーズ/ (略式) 動 (現分 snooz·ing) 自 居眠りする. ── 名 C [通例 a ~] 居眠り, うたたね.

**snore** /snɔ́ːr スノー/ 〘類音〙 snow /snóu/ 動 (現分 snor·ing) 自 いびきをかく ‖
I just can't stand his snoring. 彼のいびきには全く我慢ならない.
── 名 C いびき(の音)《漫画などでは ZZZ, Z-Z-Z /zːzːzː/ などで表される》‖
give a loud snore 高いいびきをかく.
(→ sneeze Q&A)

**snor·kel** /snɔ́ːrkl スノークル/《発音注意》《◆ ×スノーケル》名 C **1** シュノーケル, スノーケル《潜水艦の排気・

通風装置》. **2** シュノーケル, スノーケル《潜水者が用いる J 字型呼吸管》.

**snort** /snɔ́ːrt スノート/ 動 (自) **1** 鼻息を荒立てる, 鼻を鳴らす.
**2** 鼻を鳴らして不満〔怒り, 軽蔑(ﾞ), 驚き〕を表す ‖
snort at her ふんと軽蔑した態度を彼女に示す.
── (他)《正式》…を荒々しく言う ‖
snort defiance at him 荒々しく鼻を鳴らして彼に反抗する.
── 名 © 荒い鼻息, 息をはずませること.

**snot** /snɑ́t スナト | snɔ́t スノト/ 名 **1** Ⓤ《略式》鼻汁. **2** © 《俗》横柄な人.

**snout** /snáut スナウト/ 名 **1** (ブタなどの)鼻《♦あご・口を含む》. **2** 鼻先状の物;(水管の)筒口,(飛行機の)機首,(銃(ﾞ))の突端.

## **snow** /snóu スノウ/ (類音) snore/snɔ́ːr/)
── (複) ~s/-z/) **1** Ⓤ 雪《♦盲目・死・純粋さなどの象徴》‖
play in the snow 雪の中で遊ぶ.
The ground was covered with [in] snow. 地面は雪で覆われた.
**2** [a ~; 形容詞を伴って] (1回の)**降雪**; [無冠詞で] (ある期間中の)降雪量 ‖
We had a heavy [*big] snow yesterday. きのう大雪が降った.
We had heavy snow last winter. 去年の冬(全体で)雪が多く降った.
**3** © 《文》[通例 ~s] 積もった雪, 積雪, 降雪 ‖
The snow began to melt. 積もった雪は解け始めた.
── 動 (三単現) ~s/-z/; (過去・過分) ~ed/-d/; (現分) ~·ing)
── (自) **1** [it を主語にして] 雪が降る ‖
It is snowing thick and fast. 雪がしんしんと降っている.
It snowed last night. 昨夜雪が降った.
**2** 雪のように降る; 大量に来る ‖
Christmas cards snowed in today. きょうクリスマスカードがどっと舞い込んだ.
*be snówed únder* 〈人が〉(仕事の量に)圧倒される, 多忙である.

**snów góose** 〔鳥〕ハクガン.

**snow·ball** /snóubɔ̀ːl スノウボール/ 名 © **1** (雪合戦で投げる)雪の玉. **2** 雪だるま式に増えるもの.
── 動 (自) **1** 雪だるま式[加速度的]に増える. **2** 雪合戦をする; 雪の玉を投げつける.

**snow·board** /snóubɔ̀ːrd スノウボード/ 名 © スノーボードの板.

**snow·board·ing** /snóubɔ̀ːrdiŋ スノウボーディング/ 名 Ⓤ (スポーツとしての)スノーボード(競技).

**snow·bound** /snóubàund スノウバウンド/ 形 雪に閉じ込められた.

**snow·drift** /snóudrìft スノウドリフト/ 名 © 雪の吹きだまり; 風に吹かれる雪.

**snow·fall** /snóufɔ̀ːl スノウフォール/ 名 © 降雪; Ⓤ [時に a ~] 降雪量.

**snow·flake** /snóuflèik スノウフレイク/ 名 © 雪片, 雪の1片.

**snow·man** /snóumæ̀n スノウマン/ 名 (複) ~·men/-mèn/) © 雪だるま, 雪人形《♦英米のはつうふ日本の雪だるまと違って手が付いていて人間に近い形》.

**snow·plow**,《英》**-plough** /snóuplàu スノウプラウ/ 名 **1** © 除雪機[車]. **2** Ⓤ [スキー] プルーク《スキーをVの字にして滑ること》.

**snow·shoe** /snóuʃùː スノウシュー/ 名 © [通例 ~s] かんじき ‖
a pair of snowshoes かんじき1足.

**snow·storm** /snóustɔ̀ːrm スノウストーム/ 名 © ふぶき《♦「大ふぶき」は blizzard》.

**snow-white** /snóuhwáit スノウワイト/ 形 雪のように白い, 純白の.

**snow·y** /snóui スノウイ/ 形 (比較) -i·er, (最上) -i·est) **1** 雪の多い, 雪の降る ‖
snowy weather 雪の降る天気.
**2** 雪に覆われた, 雪の積もった ‖
a snowy road 雪に覆われた道.
**3** 《文》雪のように白い ‖
snowy hair 雪のように白い髪.
**4** 清らかな, 汚(ﾞ)れのない, 高尚な.

**snub** /snʌ́b スナブ/ 動 (過去・過分) snubbed/-d/; (現分) snub·bing) (他) …を鼻であしらう, わざと無視する;…をすげなくはねつける ‖
feel snubbed 鼻であしらわれたと感じる.
── 名 © つれない言葉, 冷遇, 侮辱; すげない拒絶 ‖
suffer a severe snub ひどい冷遇を受ける.
── 形 〈鼻が〉短く低く上を向いた ‖
a snúb nòse しし鼻.

**snuck** /snʌ́k スナク/ 動《米略式》→ sneak.

**snuff** /snʌ́f スナフ/ 動 (他) **1** …を吸う. **2**〈においを〉かぐ. ── (自) **1** 鼻から吸う. **2** くんくんかぐ. **3** かぎタバコを吸う.
── 名 **1** Ⓤ かぎタバコ ‖
take (a pinch of) snuff (1つまみの)かぎタバコを吸う.
**2** © [通例 a ~] スースー空気を吸うこと[音], くんくんにおいをかぐこと[音].

**snuff·box** /snʌ́fbɑ̀ks スナフバクス | -bɔ̀ks -ボクス/ 名 (複) ~·es/-iz/) © (携帯用)かぎタバコ入れ.

**snug** /snʌ́g スナグ/ 形 (比較) snug·ger, (最上) snug·gest) **1** 暖かく心地よい, 気持ちのいい, 快適な ‖
a snug corner by the hearth 炉端で暖かく気持ちのいい一角.
**2** こぢんまりした, こぎれいな, こぢんまりと整っている ‖
a snug little cabin こぢんまりした船室[小屋].
a snug girl こざっぱりした少女.
**3** 〈衣服などが〉ぴったり合った; きつい, 窮屈な ‖
a snug jacket ぴったりからだに合うジャケット.
**4** 〈収入などが〉ささやかながら不自由しないだけの, そこそこの.

**snug·gle** /snʌ́gl スナグル/ 動 (現分) snug·gling) (自) 心地よく横たわる, 心地よくからだを丸める; 寄り添う, すり寄る. ── (他) …をすり寄せる, 引き寄せる; …を抱きしめる.

**snug·ly** /snʌ́gli スナグリ/ 副 **1** きちんと, ぴったり. **2** 心地よく, 暖かく, 快適に. **3** こぢんまりと.

## *SO /sóu ソウ, 《時に》《弱》sə /, 《同音》sew, sow; 《類音》saw /sɔ́ː/》

→ 副 1 その[この]ように　2 それほど　4 とても
　　 8 …も(また)そうである
　　 9 …は(まさに)そのとおりです
 接 1 …するように　2 それで　3 それでは

――副 I [様態]

**1** [様態] **a** そのように, このように, そう, そんな風に; 次のように《♦具体的な動作・状態を直接さす》∥
Stand just **so**. そのままじっと立っていなさい.
Hold the bat **so**. バットをこんな具合に握りなさい.
You must not behave **so**. そんなふるまいをしてはいけません.

**b** [先行する語(句)を受けて] そのように《♦文頭に置くこともある. 否定文に用いない》∥
対話 "Did they discuss it openly and frankly?" "Yes. Everyone discussed it **so**." 「彼らはその件を率直にざっくばらんに話し合いましたか」「はい, 皆, そのように話し合いました」《♦ so is openly and frankly を受ける》.

II [程度]

**2** [程度] **a** [副詞の前で] それほど, そんなに《♦ so … as … の as 以下が文脈から明らかなため省略されたもの》∥
Don't walk **so** fast. そんなに速く歩くな《♦ Don't walk *so* fast *as this*. の省略表現》.

**b** [動詞のあとで] そんなに, こんなに ∥
Don't upset yourself **so**! そんなにうろたえるな《♦ so much の省略表現》.

語法 [so + 形容詞 + a + 名詞] I didn't realize that he was **so** big a fool. (彼がそんな大ばかだとは知らなかった)のように so を用いるのは堅い表現で, 今では such を用いて I didn't realize that he was *such* a big fool. とする方がふつう.

**3** [限界] [通例 just so / about so] この程度まで, これくらいまで ∥
My legs will go **just so** fast and no faster. 私の脚(き)はこれ以上速くは動かない.
She is **about so** tall. 彼女の身長はだいたいそんなところです.

**4** [強調] (略式) とても, 非常に《♦ very, very much の代用で主に女性や子供に好まれる表現. so を強く発音する》∥
I'm **só** pleased. とてもうれしいわ.
I'm **só** sorry. ほんとうにごめんなさい.
It's **só** kind of you! ご親切にありがとう.
You are **só** obstinate! なんて頑固なの.

III [代用]

**5** [先行する句・節の代用] そのように, そう. **a** [that 節の代用で] [say, think, hope, suppose, guess, expect, believe, imagine などの目的語として] ∥
I told you **só**. だからそう言ったでしょう; だから言わないことではない.
対話 "Will it rain tomorrow?" "I'm afráid **sò**." 「あした雨が降るでしょうか」「そのようですね」《♦ so は it will rain tomorrow の代用》.
対話 "Is he coming?" "I guéss **sò**." 「彼は来ますか」「ええたぶん」.

Q&A **Q**: 上の例で, 「そうは思いません」はどう言えばよいのですか.
**A**: so を使って I don't think [believe, suppose] *so*. とも言えるし, not を使って I think [believe, suppose] *not*. と言ってもよいでしょう《♦ think の場合は I don't think so. の方が一般的. → not 副 **5**》.

**b** [文頭で] そのように, そういうふうに《♦ say, hear, tell, understand, believe などを倒置したときの目的語として》∥
対話 "Susie is getting married." "**Só** I heard." 「スージーが結婚するって」「そうだと聞いている」.

**6 a** [動詞句の代用] ∥
I hoped he would reserve the room before my arrival but he didn't **do so**. 私が着く前に彼が部屋を予約してくれるものと思っていたが, 彼はそうしなかった《♦ do so は reserve 以下 arrival までの代用》.

**b** [慣用的省略構文で] ∥
if **so** もしそうならば(↔ if not).
Why **so**? なぜそうなの.
Perháps **sò**. たぶんそうだろう.
even **so** たとえそうだとしても.
Quite [Just] **so**! (英) 全くそのとおり.

**7** [先行する語の代用] **a** そうで ∥
He is a lazy boy and will be **so**. 彼はぐうたらな少年で将来もそうだろう.
対話 "Are they ready?" "They appear **so**." 「彼らは用意ができていますか」「そのようです」《♦ so は ready の代用》.
対話 "Was she clever?" "I found her **so**." 「彼女は頭がよかったですか」「私はそう思いました」.

**b** [形容詞的に] ほんとうで ∥
Is that **so**? そうですか; ほんとうですか《♦ 驚きを表す》.
It can't be **so**. ほんとうであるはずがない.

**8** [so be動詞 **A** / so do **A** / so 助動詞 **A**] **A** も(また)そうである《♦ 肯定文を受ける. so のあとは疑問文の語順》∥
I **was** tired and **so were** the óthers. (↘) 私は疲れたが他の者もそうだった.
対話 "She **likes** wine." "**So do** Í.(↘)" 「彼女はワインが好きです」「私もそうです」(= I like it, too.).

語法 否定文を受け「…もまたそうではない」は Nor [Neither] do [be動詞, 助動詞] **A**.

[Q&A] **Q**: I speak English *and so does he*. (私は英語を話すが彼もまた話します) は I speak English *and he does too*. とも言えますか.
**A**: 言えます. この方が多く用いられるようです.

**9** [so A be動詞 / so A do / so A 助動詞] A は(まさに)そのとおりです《♦聞き手の強い肯定を表す. 時に驚きを含む》.
[対話] "It is raining outside." "So it ís." 「外は雨が降っています」「そうですね」.
[対話] "You've spilled your coffee." "Oh dear, so I háve." 「コーヒーがこぼれましたよ」「あらまあ, ほんとね」.

∘**and sò** (1) それで, だから(↔ and yet) ‖ It was late, (and) so I went home. 遅かったので家路についた《♦(1) and はしばしば略される. (2) 2文に分けて It was late. *So* I went home. としても同じ. → 腰**2**》. (2) それから(then).

**and só òn** [**fòrth**] → and.

**nót so A as B** (やや古) =not AS A as B.

∘**or sò** (数量を表す語のあとで) …かそのくらい, …ほど ‖ a mile *or so* 1マイルくらい / She must be thirty *or so*. 彼女は30歳ぐらいに違いない.

∘**sò as to** do (1) [目的] …するように, するために ‖ He spoke loudly *so as to* be heard. 彼は聞こえるように大声で話した / I took a bus *so as not to* be late. 遅れないようにバスに乗った. (2) [様子・程度] …であるほどに ‖ The day was dark, *so as to* make a good photograph impossible. その日はよい写真を撮るのが不可能なくらい暗かった.

∘**sò … as to** do [程度・結果] (正式) …するほどに…な ‖ He was *so* foolish *as to* leave his car unlocked. 彼は愚かにも車にロックをしていなかった《♦ He was foolish *enough to leave* his car unlocked. / He was *so* foolish *that* he left his car unlocked. の言い方がふつう》 / Would you be *so* kind *as to* forward my letters? 私の手紙を転送してくださいませんか.

**só-só** (略式) よくも悪くもない, まあまあ(cf. so-so).

∘**sò that …** (1) [目的] …するために, するように《♦(1) so that 節には can [could], will [would], may [might], should などを用いる. (2) (略式)ではしばしば that を省略する(→ 腰**1**)》‖ Talk louder *so that* I may hear you. 聞こえるようにもっと大きな声で話してください / He watered the plant often *so that it would* grow tall. 大きく育つように, 彼はその苗木によく水をやった. (2) [結果] それで, そのため, その結果《♦ so that の前にふつうコンマ(,)を置く》‖ Someone removed his brushes, *so that* he wasn't able to paint. だれかが筆を片づけたので彼は絵をかけなかった / She overslept, *so* (*that*) she missed the train. 彼女は寝過ごしたので列車に乗り遅れた《♦ この場合は今は that なしがふつう》.

∘**só … that …** (1) [程度・結果] 非常に…なので…; [後ろから訳して] …なほど…《♦(略式)ではしばしば that を省略する》‖ The sea was *so* rough *that* the ship couldn't get into the harbor. 海が非常に荒れていたので船は入港できなかった / He said in *so* high a voice [in a voice *so* high] *that* we were able to hear him clearly. 彼はとても高い声でそう言ったので私たちによく聞こえた《♦ so の次に名詞句がくるときは such を用いて He said in such a high voice that we were able to hear him clearly. とするのがふつう. → 副**2** [語法]》/ [対話] "You didn't like the movie?(↗)" "It was *so* bad *that* I almost left after ten minutes." 「その映画が気に入らなかったのかい」「とてもひどい映画なので始まって10分で出てくるところだったわ」. (2) [様子] [(過去分詞形の)動詞の前で] [後ろから訳して] …するように ‖ The article is *so* written *that* it gives a wrong idea of the facts. その記事は事実と違った観念を抱かせるように書かれている.

━━腰**1** [目的] [so の前にコンマを置かないで] …するように, するために《♦ so that の省略表現》‖ Check the list carefully *so* there will be no mistakes. 間違いのないように入念にリストをチェックしなさい.

**2** [結果] [so の前にコンマを置いて] それで, だから《♦ so that, and so の省略表現》‖
I was tired, *so* I went home early. 疲れたので早く家に帰った(=Because I was tired, I went home early. / I was tired. That is why I went home early.).

**3** [結論・要約] [文頭で] それでは, してみると, ということは, じゃあ ‖
*So* you are back again. じゃあまた帰って来たんだね.
*So* you're publishing a book! じゃ本を出版するんだね.
*So* here we are again. さあ, また始まったぞ.

**4** [しばしば just 〜] もし…ならば; …さえすれば.

━━間**1** [驚き・意外・不信などを表して] ほんとうか, まさか, やっぱり, さては. **2** [是認] それでよし, それで結構. **3** [停止命令] そのまま, じっとして, やめて.

**soak** /sóuk ソウク/ 動 他 **1 a** …を浸す, つける ‖ She enjoys *soaking* herself *in* a hot bath. 彼女は熱いふろにつかるのが好きだ.
**b** …を十分に湿らせる[ぬらす], たっぷり浸す ‖
The ground *soaked with* water became slippery. 水びたしの地面が滑りやすくなった.
**c** [be 〜ed] いっぱいである, 満ちている ‖
a place *soaked with* mystery 神秘に満ちた所.

**2** …をびしょぬれにする《♦ drench より結果に重点が置かれる》‖
We were caught in a shower and *soaked to the skin*. 私たちは夕立ちにあってずぶぬれになった.
Our clothes *were soaked through*. 服がび

しょぬれになった.
[対話] "Your clothes are all wet." "We got soaked in the rain."「服がずぶぬれだね」「雨でびしょぬれになりました」.

──⃝ **1** 浸る, つかる ‖
She **soaked in** a hot bath. 彼女は熱いふろにつかった.

**2** しみる, しみ透る, 浸透する; しみ出る ‖
The blood **soaked through** the bandage gradually. 血が次第に包帯ににじんだ.

**sóak onesélf in A** …に没頭する; → ⃝他 **1**.
**sóak óut** (1) [自]〈汚れ・しみなどが〉落ちる, 抜ける, 消える. (2) [他]〈汚れ・しみなど〉を落とす, 取る, 消す ‖ soak out the stain しみを取る.
**sóak úp** [他] (1) …を吸収する, 吸い取る[込む] ‖ Dry ground **soaks up** water quickly. 乾いた地面はすぐ水を吸収する. (2) …を吸い取る ‖ I **soaked** it **up with** my handkerchief. 私はそれをハンカチで吸い取った.

──名 C [通例 a ~] 浸すこと, 浸ること; 浸透 ‖
have a good soak (人が湯などに)十分浸る.
give the clothes a good soak in warm water 服を温水によく浸す.

**soak·ing** /sóukiŋ ソウキング/ ⃝動 → soak.
──形 **1** ずぶぬれの, ずぶぬれにする ‖
soaking rain どしゃ降り.
**2** [副詞的に; 通例 ~ wet] びしょびしょに ‖
be [get] **soaking** wet ずぶぬれである[になる].

**so-and-so** /sóuənsòu ソウアンソウ/ 名 (複 ~s) [しばしば S~] Ⓤ だれそれ, なんとかさん; 何々 ‖ Mr. So-and-so 某氏.

*soap /sóup ソウプ/ ソーブ/ [発音注意]《◆× ソープ》[類音] soup /sú:p/》[「獣脂」が原義]
──名 Ⓤ **1** 石けん ‖
a cake [bar, tablet, cube] of soap 石けん1個.
toilet soap 化粧石けん.
soapless soap 合成洗剤.
wash with soap 石けんで洗う.
**2** Ⓒ (略式) =soap opera.
──動 他 …を石けんで洗う; …に石けんをつける ‖
soap oneself down 石けんでからだのあかを落とす.
soap (up) one's hands and face 手と顔を石けんで洗う.

**sóap bùbble** (1) シャボン玉《◆「シャボン」はポルトガル語から》. (2) 美しいが実質のないもの.
**sóap òpera** (テレビ・ラジオの)連続(メロ)ドラマ (soap)《◆ しばしば石けん会社がスポンサーであったことより》.
**sóap pòwder** 粉石けん.

**soap·y** /sóupi ソウピ/ 形 (比較 ··i·er, 最上 ··i·est) **1** 石けんだらけの; 石けんを含んだ ‖
soapy hands 石けんの泡だらけの手.
**2** 石けんのような; すべすべした.
**3** (略式) へつらった, ご機嫌とりの.

**soar** /sɔ́:r ソー/ ([同音] sore, (英) saw; [類音] so, sew, sow/sóu/, sour/sáuər/) 動 自 (主に文) **1** (空高く)舞い上がる; 空高く飛ぶ[舞う] ‖

soar
《1 舞い上がる》
《2 急に上がる》

The bird **soared** high [**up**] into the sky. 鳥は空高く舞い上がった.
**2** 急に上がる; 急上昇する《◆ 主に新聞用語》‖
The price of vegetables is **soaring**. 野菜の価格が急騰[暴騰]している.
**3** そびえ立つ, 高くそびえる《◆ 進行形にしない》.

**sob** /sáb サブ/sɔ́b ソブ/ 動 (過去·過分 sobbed /-d/; 現分 sob·bing) 自 泣きじゃくる, むせび泣く, しゃくり上げる, 嗚咽(ぉっ)する《◆ cry や weep よりも哀れをさそう》‖
sob with grief 悲しくてむせび泣く.
sob bitterly 激しく泣きじゃくる.
──他 **1** 泣きじゃくりながら…を言う ‖
sob an answer すすり泣きながら答える.
sob out one's troubles 泣きじゃくりながら悩みを語る.
**2** [~ oneself] むせび泣く ‖
sob oneself asleep しゃくり上げながら寝入ってしまう.
**sób one's héart óut** (痛み・悲しみで)胸も張り裂けんばかりにしゃくり上げる.
──名 Ⓤ 泣きじゃくり, むせび泣き; むせび泣く声; (風などの)むせび泣くような音 ‖
give a sob (of grief) (悲しくて)むせび泣く.
tell a sad story **with sobs** 泣きじゃくりながら悲しい話をする.

**so·ber** /sóubər ソウバ/ 形 (通例 比較 ~·er /-bərər/, 最上 ~·est/-bərist/) **1** 酔っていない, しらふの(↔ drunk(en)) ‖
A driver must always stay **sober**. 運転者は常にしらふでなくてはいけない.
**2** 節度ある, 地味な; 節制している ‖
lead a sober life 節度のある生活を送る.
**3** (正式) まじめな, 謹厳(ぎん)な ‖
in sober earnest 大まじめで.
**4** (正式)〈判断・考え・表現などが〉冷静な, 穏健な;〈事実などが〉ありのままの ‖
a sober judgment 冷静な判断.
sober facts ありのままの事実.
**5** (正式) 地味な, 落ち着いた.
──動 自 冷静になる. ──他〈人〉を冷静にさせる.
**sóber dówn** [自] [他] =SOBER up (1) (2).
**sóber úp** (1) [自] 酔いがさめる; まじめになる, おとなしくなる. (2) [他] …の酔いをさます; …をまじめにする, おとなしくさせる.

**só·ber·ness** 名 Ⓤ しらふ; まじめさ; 冷静さ.
**so·ber·ing** /sóubəriŋ ソウバリング/ 動 → sober.
──形 まじめにする, 反省させる.
**so·ber·ly** /sóubərli ソウバリ/ 副 **1** まじめに; 冷静に. **2** 酔わないで.
**so·bri·e·ty** /soubráiəti ソウブライエティ| səu- ソウ-/

〖→ sober〗名 U 《正式》 **1** 酒に酔っていないこと, しらふ; 節制. **2** まじめ. **3** 冷静, 節度, 穏健.

\*so-called /sóukɔ́ːld ソウコールド/
── 形 [通例名詞の前で](その名に値するかどうか疑わしいが)**いわゆる**, 世間でいう《◆軽蔑(%)的なニュアンスを含むことが多い》‖
the so-called generation gap いわゆる世代の断絶.
These experts, so-called, are no help to us. いわゆるこういった専門家は我々の役に立たない.

\*soc·cer /sákər サカ | sɔ́kə ソカ/ 〖association (football) + er〗
── 名 U 《略式》サッカー 《英》 association football).

so·cia·bil·i·ty /sòuʃəbíləti ソウシャビリティ/ 名 U 交際好き, 社交性, 交際上手.

so·cia·ble /sóuʃəbl ソウシャブル/ 形 **1** 交際好きな, 社交的な; 交際上手な, 愛想のよい《◆social との相違は → social Q&A》‖
[対話] "She just left without saying goodbye." "Gee, that wasn't very sociable." 「彼女はさようならも言わないで立ち去ったんだ」「へえー, それは愛想よくないな」.
**2** なごやかな, 打ち解けた ‖
a sociable atmosphere なごやかな雰囲気.
── 名 C 《米》懇親会.

\*so·cial /sóuʃl ソウシャル/ 〖→ society〗
派 socialism (名)
── 形 [比較] more ~, [最上] most ~) **1** [名詞の前で] **社会の**, 社会に関する, 社会的な (↔ unsocial) ‖
social problems 社会問題.
**2 a** [名詞の前で] **社交の**, 親睦(%)の(ための) ‖
a social gathering 懇親会.
social skills 人づきあいの能力.
We spent a social evening. 私たちは懇親の夕べを過ごした.
**b** 《略式》社交的な, 打ち解けた ‖
a social nature 社交的な性格.
I want her to be a bit more social [sociable]. 彼女にもう少し人づきあいをよくしてもらいたい.

[Q&A] **Q**: social と sociable はどう違いますか.
**A**: social は社会的地位を保ったり社会的義務を果たすための交際上手に, sociable は人を楽しませ気分をなごませる意味での交際上手に用います.

**3** 《正式》社会生活を営む; 〔植〕群生する, 〔動〕群居する ‖
Man is a social animal. 人間は社会的動物である.
**4** [名詞の前で] 社会的地位の[による] ‖
one's social equals 社会的地位が同じ人.
**5** 上流社会の, 社交界の.
── 名 C 懇親会, (内輪の人の)パーティー.

**sócial demócracy** [時に S~ D-] 社会民主主義.

**social science** /‒‒ ‒‒/ 社会科学.

**sócial secúrity** (1) 社会保障(制度). (2) 《英》生活保護, 福祉援助(《米略式》welfare).

**sócial secúrity nùmber** (米国の)社会保障番号《◆個人に割りふられている》.

**social service** /‒‒ ‒‒/ (1) 《英》[通例 the ~s; 複数扱い] (政府が行なう)社会事業. (2) 社会奉仕, 慈善活動.

**sócial stúdies** [単数扱い] (学校の教科の)社会科.

**sócial wòrk** 社会(福祉)事業.

**sócial wòrker** ソーシャル=ワーカー, 社会事業相談員, 民生委員.

so·cial·ism /sóuʃəlizm ソウシャリズム/ 名 [時に S~] U 社会主義; 社会主義の政策[運動].

so·cial·ist /sóuʃəlist ソウシャリスト/ 名 C **1** 社会主義者. **2** [通例 S~] 社会党員. **3** [the Socialists] =Socialist Party.
── 形 **1** 社会主義(者)の. **2** [通例 S~] 社会党の.

**Sócialist Párty** [the ~] (一般に)社会党;《英略式》労働党(the Labour Party).

so·cial·ite /sóuʃəlàit ソウシャライト/ 名 C (社交界の)名士.

so·cial·ize /sóuʃəlàiz ソウシャライズ/ 動 (現分)

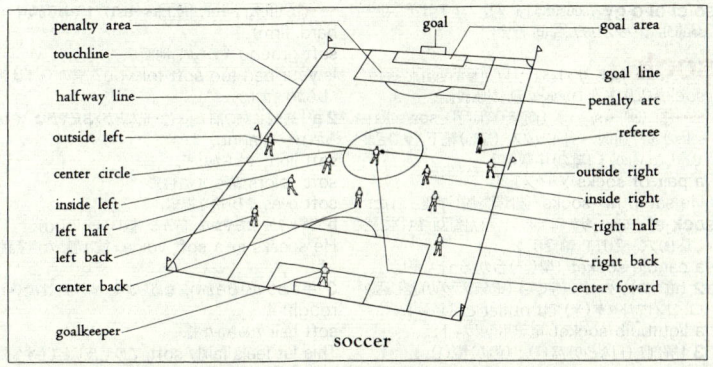

penalty area
touchline
halfway line
outside left
center circle
inside left
left half
left back
center back
goalkeeper
goal
goal area
goal line
penalty arc
referee
outside right
inside right
right half
right back
center foward

soccer

**socially**

‑‑iz·ing) ⑯ **1** …を社会主義化する;〔通例 ~d〕国有[国営]化される. **2** …を社会生活に適応させる, 社交的にする. ── ⑨ 打ち解けて交際する; 社会的活動に参加する.

**so·cial·ly** /sóuʃəli ソウシャリ/ 圖 **1** 社会的に. **2** 打ち解けて, 社交的に.

**so·ci·e·ties** /səsáiətiz ソサイエティズ/ 图 → society.

*__**so·ci·e·ty**__ /səsáiəti ソサイエティ/〖『仲間(companion)』が原義〗

── 图 (複 ‑e·ties/‑z/) **1** Ⓤ〔通例無冠詞で〕(人間を全体としてとらえた)**社会**(↔ individual), 世間(の人々) ‖
the progress of society 社会の発展.
for the good of society 社会のために.
He is harmful to society. 彼は社会に有害だ.
**2** ⒸⓊ (共通の文化・利害を有する)**社会**, 共同体 ‖
western societies 西洋社会.
(a) primitive society 原始社会.
**3** Ⓒ (共通の目的・関心などによって作られた)**協会**, 会, クラブ, 団体 ‖
a photographic society 写真クラブ.
a medical society 医師会.
**4** Ⓤ **a** (社会の一部としての)社会層, …界 ‖
polite society 上流社会.
**b** [時に形容詞的に] **上流社会(の人々)**, 社交界 ‖
a socíety góssip 社交界のうわさ話.
She was accepted by society. 彼女は社交界に受け入れられた.
**5** Ⓤ (正式) **交際**, つきあい, (人との)同席, 人前 ‖
in society 人前で.
I enjoyed his society. 彼と話をして楽しかった.
*the Socíety of Fríends* フレンド会《俗に Quakers と呼ばれるキリスト教の一派》.

**so·ci·o‑** /sóusiou‑, ‑sóuʃiou‑ | ‑sóuʃiəu‑/〔連結形〕社会の; 社会学の.

**so·ci·o·log·i·cal** /sòusiəládʒikl ソウスィオラヂクル, ‑ʃiə‑ | ‑səʃiɔ́lədʒ‑ ソウシオロヂクル/ 形 社会学(上)の.

**so·ci·ol·o·gist** /sòusiáladʒist ソウスィオロヂスト, ‑ʃiál‑ | ‑səʃiɔ́l‑ ソウシオロヂスト/ 图 Ⓒ 社会学者.

**so·ci·ol·o·gy** /sòusiáladʒi ソウスィアロヂ, ‑ʃi‑ | ‑səʃiɔ́l‑ ソウシオロヂ/ 图 Ⓤ 社会学.

*__**sock**__ /sák サク | sɔk ソク/〔類音 sack/sǽk/, suck/sʌk/〕〖『低いかかとの靴』が原義〗

── 图 (複 ~s/‑s/, 〔商業〕では時に **sox**/sáks | sɔks/) Ⓒ〔通例 ~s〕**ソックス**, (短い)靴下《◆ ひざまで達しないもの》; (靴の)中敷き ‖
a pair of socks ソックス1足.
He sat in his socks. 彼は靴を脱いで座っていた.

**sock·et** /sákət サケト | sɔ́k‑ ソケト/ 图 Ⓒ **1** (物を差し込む)穴, 受け口, 軸受け ‖
a candle socket (燭(しょく)台の)ろうそく差し.
**2** (電球の)ソケット;(主に英)(電気プラグの)差し込み口, コンセント《◆ (米)では outlet ともいう》‖
a lightbulb socket 電球用のソケット.
**3**〔解剖〕(目などの)窩(か);(歯の)槽(そう)‖

a tooth socket 歯槽.

**Soc·ra·tes** /sákrətìːz サクラティーズ | sɔ́k‑ ソクラ‑/ 图 ソクラテス《470?‑399 B.C.; ギリシアの哲学者》.

**sod** /sád サド | sɔd サド/〔類音 sad/sǽd/〕图 **1** Ⓤ 芝生[地]; 草地. **2** Ⓒ (四角にはぎ取った移植用の)芝(土).

*__**so·da**__ /sóudə ソウダ/

── 图 **1** Ⓤ **ソーダ**《ナトリウム化合物. 特に炭酸ソーダ・重炭酸ソーダ・苛(か)性ソーダ》‖
baking soda パン焼き[料理]用ソーダ, 重曹.
**2** ⒸⓊ =soda water.
**3** ⒸⓊ (主に米) =soda pop; Ⓒ (アイス)クリーム=ソーダ ‖
a glass of soda 1杯のソーダ水.
Give me a soda, please. (アイス)クリームソーダを1つください.

**sóda fòuntain** (米) (1) ソーダ水売場[売店]《カウンター式で各種清涼飲料・アイスクリーム・軽食などを売る》. (2) (蛇口の付いた)ソーダ水容器.

**sóda pòp** (米略式) (味付き)ソーダ水, ソーダ=ポップ《びん[缶]入りの炭酸清涼飲料》.

**sóda wàter** (1) ソーダ水, 炭酸水《炭酸ガスを圧入した味のない炭酸飲料》. (2) (米) =soda pop.

**sod·den** /sádn サドン | sɔ́dn ソドン/〔類音 sudden/sʌ́dn/〕形 **1** びしょぬれの, 水浸しの. **2**〈パン・ケーキなどが〉生焼けの.

**so·di·um** /sóudiəm ソウディアム, ‑djəm/ 图 Ⓤ 〔化学〕ナトリウム《記号 Na》.

**Sod·om** /sádəm サダム | sɔ́d‑ ソダム/ 图〔聖書〕ソドム《死海南岸の古代都市. 住民の悪徳のため隣町の Gomorrah とともに天の火で焼き滅ぼされたという》.

*__**so·fa**__ /sóufə ソウファ/〔発音注意〕《◆ ×ソファー》〖『長いベンチ』が原義〗

── 图 (複 ~s/‑z/) Ⓒ **ソファー**, (背もたれ・ひじ付きの)長いす(cf. couch)‖
She is sitting on the sofa reading a newspaper. 彼女はソファーに座って新聞を読んでいる.

**sófa bèd** ソファー=ベッド, 寝台兼用のソファー.

*__**soft**__ /sɔ́(ː)ft ソ(ー)フト/〖『快い』が原義〗
㊤ soften (動), softly (副)

── 形 (比較 ~·er, 最上 ~·est) **1 やわらかい**(↔ hard, firm)‖
soft ground やわらかい地面.
Is your bed too soft for you? 君のベッドはやわらかすぎますか.
**2 a**〔通例名詞の前で〕〈色・光などが〉**おだやかな**, やわらかい(↔ glaring)‖
soft light やわらかな光.
soft colors 落ちついた色彩.
soft eyes やわらかな視線.
**b**〈声・音が〉**おだやかな**, 静かな, 低い(↔ loud)‖
He speaks in a soft voice. 彼は静かな声で話す.
**3 手ざわりのやわらかい**, なめらかな, すべすべした(↔ rough)‖
soft hair なめらかな髪.
This fur feels fairly soft. この毛皮はとてもすべす

べしている.
**4** 〈風が〉**おだやかな**, 心地よい ‖
a soft climate おだやかな気候.
a soft breeze 心地よいそよ風
**5 a** やさしい, 情け深い ‖
She has a soft heart. 彼女は心がやさしい.
Soft and fair goes far. 《ことわざ》「柔よく剛を制す」.
**b** 《略式》[通例補語として] 厳しくない, 寛大な ‖
She is too soft with her son. 彼女は息子に甘すぎる.
**c** 〈言葉などが〉甘い, 口のうまい ‖
soft words お世辞, 甘い言葉.
**6** 〈からだ・筋肉などが〉弱い, 軟弱な(↔ strong); めめしい ‖
soft muscles 弱い筋肉.
I became soft through lack of exercise. 運動不足でからだが弱くなった.
**7** 《略式》楽な(↔ difficult, tough) ‖
a soft job 楽でもうかる仕事.
**8 a** 〈主に北イング略式〉ばかな, まぬけな ‖
He is soft in the head. 彼は頭が足りない.
a soft idea ふぬけた考え.
**b** 説得されやすい, だまされやすい.
**9** アルコール分を含まない.
**10** 〈水が〉軟性の(↔ hard) ‖
soft water 軟水.
**11** 〖音声〗軟音の《◆ c と g が ace の /s/, gem の /dʒ/ のように発音される》.
**sóft báll** = softball.
**sóft drìnk** 清涼飲料, ソフトドリンク.
**sóft lánding** 《宇宙船の》軟着陸.

**soft·ball** /sɔ́(ː)ftbɔ̀ːl/ ソ(ー)フトボール/, **sóft bàll** 〖スポーツ〗Ⓤ ソフトボール; Ⓒ その球.

**soft-boiled** /sɔ́(ː)ftbɔ́ild/ ソ(ー)フトボイルド/ 形 **1**〈卵が〉半熟の(↔ hard-boiled). **2** 《略式》心のやさしい, 感傷的の.

**soft·en** /sɔ́(ː)fn/ ソ(ー)フン/ (発音注意)《◆ t は発音しない》動 他 **1** …をやわらかくする(↔ harden) ‖
She softened the wax by heating it. 彼女はろうを温めてやわらかくした.
**2** 〈光・色・音などを〉やわらげる, おだやかにする ‖
The windows soften the outside noises. 窓が外部の騒音をやわらげている.
**3** 〈心・態度を〉やさしくする; 〈苦痛などを〉やわらげる ‖
soften a blow 精神的打撃をやわらげる.
—自 **1** やわらかくなる ‖
The butter began to soften up. バターはやわらかくなり始めた.
**2** 〈光・色・音などが〉やわらぐ, おだやかになる.
**3** 〈心・態度が〉やさしくなる; 〈苦痛などが〉やわらぐ.

**soft-heart·ed** /sɔ́(ː)fthɑ́ːrtid/ ソ(ー)フトハーティド/ 形 心のやさしい, 情け深い.

**soft·ly** /sɔ́(ː)ftli/ ソ(ー)フトリ/ 副 **1** やわらかく; 静かに ‖
speak softly 静かに話す.
**2** やさしく; 寛大に.

**soft·ness** /sɔ́(ː)ftnəs/ ソ(ー)フトネス/ 名 Ⓤ やわらかさ; おだやかさ, やさしさ.

**soft-spo·ken** /sɔ́(ː)ftspóukən/ ソ(ー)フトスポウクン/ 形 〈人が〉おだやかに話す; 〈言葉が〉当たりのやわらかい.

**soft·ware** /sɔ́(ː)ftwèər/ ソ(ー)フトウェア/ 名 Ⓤ **1** 〖コンピュータ〗ソフトウェア《プログラムやその作成技術の総称》. **2** 《機械・設備の》利用法, 利用技術; 視聴覚教育の教材.

**soft·wood** /sɔ́(ː)ftwùd/ ソ(ー)フトウド/ 名 **1** Ⓤ 軟材; 針葉樹材. **2** Ⓒ 針葉樹.

**sog·gy** /sɑ́gi/ サギ | sɔ́gi/ ソギ/ 形 (比較 --gi·er, 最上 --gi·est) **1** 水浸しの. **2** 〈生焼けパンなどが〉べとべとした.

**So·ho** /sóuhou/ ソウホウ, souhóu/ 名 ソーホー《ロンドン中心部の一画. 外国人経営のレストラン・ナイトクラブなどが多い》.

**So·Ho** /sóuhou/ ソウホウ/ 名 ソーホー《米国 New York 市マンハッタンの繁華街》.

\*soil¹ /sɔ́il/ ソイル/ 『「植物が育つ地殻上層の土」が本義』
—— 名 (複 ~s/-z/) **1** ⓊⒸ 土, 土地, 土壌 ‖
dig the soil before planting 植付け前に土を耕す.
put (some) soil [earth, ˣground] in a flowerpot 植木鉢に(少し)土を入れる.
poor soil やせた土地.
**2** Ⓤ 《文》土地, 国(土), 地(land) ‖
die on foreign soil 異郷の土となる.
**3** [the ~] 〈農民が働く〉大地, 農業 ‖
a person of the soil 農民, 百姓.

**soil**² /sɔ́il/ ソイル/ 動 他 《正式》…を汚す. —自 汚れる.

**so·journ** /sóudʒəːrn, -|sɔ́dʒəːn/ ソウジャーン, -|sɔ́dʒən/ ソジャン, -dʒəːn/ 《文》動 自 (一時的に)滞在する, 逗留(とうりゅう)する. —名 Ⓒ (一時的)滞在, 逗留, 居住.

**sol** /sóul/ ソウル | sɔ́l/ ソル/ 名 ⓊⒸ 〖音楽〗ソ《ファ音階の第5音. so, soh ともいう. → do²》.

**sol·ace** /sɑ́ləs/ サラス | sɔ́l-/ ソラス/ 《正式》名 Ⓤ 慰め, 慰安, 安堵(ど); Ⓒ 慰めとなるもの[人] ‖
He found solace in music. 彼は音楽に慰めを見いだした.
—— 動 (現分 --ac·ing) 他 …を慰める, 〈悲しみ・苦痛などを〉やわらげる.

**so·lar** /sóulər/ ソウラ/ 形 太陽の; 太陽光線[熱]を利用した ‖
This watch runs on solar energy. この時計は太陽エネルギーで動く.
a solar furnace 太陽炉.
solar time 太陽時.
**sólar báttery** 太陽電池.
**sólar céll** 太陽電池.
**sólar ecípse** 〖天文〗日食.
**sólar héating** 太陽熱暖房装置.
**sólar hòuse [hóme]** ソーラー=ハウス, 太陽熱冷暖房住宅.
**sólar sỳstem** [the ~] 太陽系.
**sólar yéar** 〖天文〗 [the ~] 太陽年《365日5時間48分46秒》.

**sold** /sóuld ソウルド/ (同音 soled) 動 → sell.

**sol·der** /sάdər サダ, sɔ́ː- | sɔ́ldə ソルダ, sóul-/ 名 U C はんだ. ——動 他 自 (…を)はんだ付けする.

**\*sol·dier** /sóuldʒər ソウルチャ/ (発音注意) 《"ソルディア"》『「給料のために働く人」が原義』
—— 名 (複 ~s/-z/) C 1 (陸軍の)軍人《◆将校・兵士の全部を含む》|
soldiers and sailors 陸海軍人.
play at soldiers 兵隊ごっこをする.
go for a soldier (略式)軍人になる, 軍隊に入る.
Old soldiers never die. They just fade away. 老兵は死なず, ただ消え去るのみ《◆D. MacArthur が引用した歌詞》.
**2** 兵士, 兵卒.
**3** (主義・主張のために闘う)戦士, 闘士 |
a soldier for women's rights 女権運動の闘士.

**sole**¹ /sóul ソウル/ (同音 soul) 形 (正式) **1** [単数名詞に付けて] 唯一の, ただ1人[1つ]の; [複数名詞に付けて] ただ…だけの |
the sole reason 唯一の理由.
**2** (権利などが)1人[1団体]だけに属する, 独占的な |
The shop has the sole rights to sell the dolls. その店だけその人形の独占販売権を握っている.

**sole**² /sóul ソウル/ 名 C **1** 足の裏(図 → body); ひづめの底. **2** 足裏状の物; 靴底(図 → shoe); (そり・スキーの)底面.
—— 動 (現分 sol·ing) 他 〈靴などに〉底を付ける.

**sole**³ /sóul ソウル/ 名 (複 sole, ~s) C 【魚】ササウシノシタ; その肉.

**sole·ly** /sóulli ソウルリ/ 副 (正式) **1** ただ1人で, 単独で; ただ…だけで |
Tom is solely responsible for it. トム1人に責任がある.
**2** ただ, 単に; もっぱら.

**sol·emn** /sάləm サレム | sɔ́ləm ソレム/ (発音注意) 《n は発音しない》形 (通例 比較 ~·er, 最上 ~·est) **1a** 厳粛(げんしゅく)な, 荘厳な; 儀式にのっとった《◆ grave より宗教的厳粛さを強調》|
solemn music 荘重な音楽.
a solemn funeral procession 厳(おごそ)かな葬列.
**b** 重大な, 重要な |
at this solemn moment この重大な時に.
a solemn truth 重大な真理.
**2** まじめな, 謹(つつし)厳な, 重々しい; 〈そじめな, しかつめらしい, もったいぶった《◆ serious より堅い語》|
(as) solemn as an owl とてもまじめな.
a solemn person まじめな人.
in a solemn voice 重々しい声で.
put on a solemn face まじめくさった顔をする.

**so·lem·ni·ty** /səlémnəti ソレムニティ/ 名 (複 ~ni·ties/-z/) (正式) **1** U 厳粛, 荘厳, 荘重; まじめさ, しかつめらしさ |
with solemnity 厳粛に, しかつめらしく.
**2** C [しばしば solemnities] 荘厳な儀式, 式典.

**sol·emn·ly** /sάləmli サレムリ | sɔ́l- ソレムリ/ 副 粛に, おごそかに; まじめに.

**so·lic·it** /səlísət ソリスィト/ 動 他 (正式) …を請い求める, 懇願する |
solicit his advice 彼の忠告を求める.

**so·lic·i·ta·tion** /səlìsətéiʃən ソリスィテイション/ 名 U C 懇願.

**so·lic·i·tor** /səlísətər ソリスィタ/ 名 C **1** (米) 選挙運動員, 寄付依頼者, 注文取り, 勧誘員. **2** (英) 事務弁護士. **3** (米) (町・市・州などの)法務官.

**so·lic·i·tous** /səlísətəs ソリスィタス/ 形 (正式) **1** 心配して, 案じて. **2** 切望して.

**sol·id** /sάləd サリド | sɔ́lɪd ソリド/ 形 (比較 ~·er, 最上 ~·est) **1** 固体の, 固形の(cf. liquid, fluid) |
a solid fuel 固形燃料.
The juice has frozen solid. ジュースは凍って固まった.
**2** 硬質の, 硬い; 〈雲などが〉濃密な, 濃い |
solid rock 硬い岩.
a solid cloud of smoke もうもうたる煙.
**3** 頑丈な, 堅固な, がっしりした |
solid houses 堅固な家.
a man of solid build 頑丈な体格の男.
**4** 堅実な, 信頼できる |
a solid citizen 堅実な市民.
He's a very solid player. 彼はとても頼りになる選手だ.
**5** 中身が詰まっている, 中空でない(↔ hollow) |
a solid tire ソリッドタイヤ.
**6** 中身の充実した; 根拠のある, 確固たる; 〈感情などが〉完全な |
a solid meal 食べごたえのある食事.
solid reasoning 根拠のある推論.
solid satisfaction 本当の満足.
**7** 〈時間が〉連続した, 切れ目なしの, まるまる; 〈列・番組・壁などが〉中断[すき間]のない |
a solid row of houses 切れ目なく続く家並み.
cry for a solid hour まる1時間泣き続ける.
**8** 〈金・銀などが〉中まで同質の, めっきでない; (米) 〈色彩が〉同一の, 一様な, 無地の |
a solid gold bracelet 中まで金のブレスレット《◆「純度100%」は pure》.
The dress is solid white. その服は純白である.
**9** 団結した, 満場一致の; (米略式) 折合いがよい, 友好関係にある |
win the solid support of the townspeople 市民の一致した支持を得る.
**10** (数学・物理) 立体の, 3次元の.
—— 名 C **1** 固体. **2** (幾何) 立体.

**sol·i·dar·i·ty** /sὰlədǽrəti サリダリティ | sɔ̀l- ソリ-/ 名 U (共通の責任・利害だから生じる)団結, 結束(利害・目的などの)一致.

**so·lid·i·fy** /səlídəfài ソリディファイ/ 動 (三単現 ~·i·fies/-z/, 過去·過分 ~·i·fied/-d/) (正式) 他 …を固める. —— 自 固まる.

**so·lid·i·ty** /səlídəti ソリディティ/ 名 U **1** 固いこと, 固体性. **2** 堅実さ, 健全さ. **3** 堅固(けんご)さ, 強固(きょうこ)さ. **4** 中が詰まっていること, 充実.

**sol·id·ly** /sάlidli サリドリ│sɔ́lid- ソリドリ/ 副 **1** 堅固に, 強固に. **2** 満場一致して, こぞって. **3** 連続して, ぶっ通しで.

**so·lil·o·quy** /səlíləkwi ソリロクウィ/ 名 (複 ~·o·quies/-z/) CU (正式) ひとり言; C (演劇) 独白, モノローグ.

**sol·i·taire** /sάlətɛər サリテア│sɔ́l- ソリ-/〖フランス〗 名 **1** U (米)〖トランプ〗1人トランプ((英) patience). **2** C (指輪などの) 1つはめの宝石.

**sol·i·tar·y** /sάlətèri サリテリ│sɔ́lətəri ソリタリ/ 形 **1**(正式) ひとりだけの, お供[連れ]のいない ‖ lead a **solitary** life 孤独な生活を送る.
**2**(正式) 孤独な, 孤独好きの, 寂しい ‖ feel **solitary** 寂しく感じる.
**3** めったに人の訪れない, 寂しい ‖ a **solitary** village 人里離れた村.
**4** [否定文・疑問文で] 唯一の, たった1つ[1人]の(…でさえ) ‖ Not a **solitary** person remained in the room. 部屋には1人も残っていなかった.
**sólitary confínement** 独房監禁.

**sol·i·tude** /sάlətjùːd サリトゥード│sɔ́lətjùːd ソリテュード/ 名 U **1** (正式) 孤独, 独居; (生活・場所などの) 寂しさ; (場所などの) 隔絶; (カナダ) [the ~] (イギリス系とフランス系の) せめぎ合い ‖ He lived in **solitude** all his life. 彼は一生孤独に暮らした.
**2** C 寂しい場所, 僻(ѧ)地.

**so·lo** /sóulou ソウロウ/ 名 (複 ~s, **1**, **2** で時に --li /-liː/) C **1**〖音楽〗ソロ, 独唱, 独奏; 独唱[奏]曲, 独唱[奏]部 ‖ a violin **solo** バイオリンの独奏(曲).
sing two **solos** 2曲を独唱する.

> 関連 二重唱[奏]は duet, 三重唱[奏]は trio, 以下 quartet, quintet, sextet, septet, octet.

**2** (ダンスなどの) 単独演技.
**3** (特にての) 単独飛行.
― 形 **1**〖音楽〗独奏の, 独唱の.
**2** 独演の; 単独の ‖
make a **solo** flight 単独飛行する.
a **solo** homer ソロ・ホームラン.
― 副 単独で, 独りで.

**so·lo·ist** /sóulouist ソウロウイスト/ 名 C ソリスト, 独奏[独唱]者; 独演者《♦「ソリスト」はフランス語 soliste から》.

**Sol·o·mon** /sάləmən サロモン│sɔ́l- ソロモン/ 名 **1**〖聖書〗ソロモン《紀元前10世紀のイスラエルの王》. **2** C (ソロモンのような) 賢人, 賢者.
**Sólomon's séal** ソロモンの封印《2つの三角形を組み合わせた形. 神秘的な力があるとされた》.

**so-long, so·long** /sòulɔ́ːŋ ソウロ(ー)ング/ 間 (略式) じゃ(また), さようなら《♦親しい間柄で用いる》.

**sol·stice** /sάlstəs サルスティス│sɔ́l- ソル-/ 名 C〖天文〗至(ι)《太陽が赤道から北または南に最も遠く離れる時》 ‖ the summer **solstice** 夏至(ゖ).
the winter **solstice** 冬至(ξ).

**sol·u·ble** /sάljəbl サリュブル│sɔ́l- ソリュブル/ 形《正式》**1** 溶ける, 溶けやすい. **2** 解決できる.

**so·lu·tion** /səlúːʃən ソルーション/ 〖→ solve〗名 **1 a** C 解答; 解決策 ‖
arrive at the **solution** to [for] the problem 問題の解答に到る.
**b** U (正式) 解くこと; 解決, 解明 ‖
The **solution** of the puzzle required no time. そのパズルを解くのに時間はかからなかった.
**2 a** U 溶けること, 溶かすこと; 溶解 ‖
Salt is held in **solution** in sea water. 海水には塩が溶けている.
**b** CU 溶液 ‖
a **solution** of sugar in water 砂糖水.

**\*solve** /sάlv サルヴ, sɔ́ːlv│sɔ́lv ソルヴ/〖「ゆるめる, 解く (loosen) 」が原義. cf. dis**solve**, re**solve**〗
⸺ 動 (三単現 ~s/-z/; 過去・過分 ~d/-d/; 現分 solv·ing)
― 他 …を解く, 解明する; …を解決する, 打開する ‖ I can't **solve** this problem [question]. 私はこの問題が解けない《♦ question の場合はふつう answer》.
The police **solved** the crime. 警察はその犯罪を解決した.

**sol·vent** /sάlvənt サルヴェント, sɔ́ːl-│sɔ́l- ソル-/ **1**〖法律〗(負債などの) 支払い能力のある. **2** 溶解力のある. ― 名 CU〖化学〗溶媒, 溶剤.

**solv·ing** /sάlviŋ サルヴィング, sɔ́ːlv-│sɔ́lv- ソルヴィング/ 動 → solve.

**som·ber** (英) **--bre** /sάmbər サンバ│sɔ́m- ソンバ/ 形 (正式) **1** 薄暗い, 暗く陰気な ‖ a **somber** day どんより曇った日.
**2** 陰気な, 憂うつな, 深刻な; 暗たんたる ‖ in a **somber** mood 陰うつな気分で.
**3** 黒ずんだ, 地味な.

**\*\*some** /(弱) səm サム, sm; (強) sʌ́m サム/ (同音 (強) sum)
→ 形 **1** いくらかの **2** 物[人] (もある) **3** ある
代 **1** 若干 **2** …する物[人]も(ある[いる])
― 形 (主語の前で) **1** /sm/ **a** [肯定文で; ~+C 名詞複数形[U 名詞]] いくらかの, 多少の, 一部の《♦不定の数や量を漠然とし, 日本語訳ではこの語に対応する語が現れない場合が多い. → several》 ‖
There are **some** strange animals in the zoo. その動物園には変わった動物がいます.
I need **some** bread and milk. パンとミルクが欲しい.

> 語法 否定文・疑問文では any: Are there *any* strange animals in the zoo? / I do *not* need *any* bread and milk.《♦ただし → **1 b**》.

**b** [疑問文で; ~+C 名詞複数形[U 名詞]] いくらかの, 多少の《♦ yes という答えを期待した表現(→

any 形 1 (Q&A). 日本語に訳さないことも多い ‖
Would you like some tea? お茶はいかがですか.
**2** /sʌm/ [しばしば others を後に伴って] (…する)物[人](もある), なかには…(もある)《◆この意味では否定文・疑問文でも用いる》‖
Sóme students like science very much, and others like music. 理科がとても好きな学生もいれば, 音楽の好きなものもいる.
Sóme students are **not** good at mathematics. 学生の中には数学に弱いものもいる.
**3** /sʌm/ [some + ©名詞単数形] ある, 何かの《◆ a(n) とほとんど同じで人・物・事について詳しいことを知らない場合に用い, しばしば無関心さを暗示する. 知っていてわざと名前などを伏せる場合には a certain を用いる》‖
**in some way (or other)** 何らかの点で, どうにかして《◆ or other は強調のため》.
対話 "How are you going to get the money?" "**In some way or other**, I'll get it. Don't you worry." 「そのお金をどうやって手に入れるつもりなんだい」「なんらかの方法で私が手に入れるよ. 心配ご無用だ」
She is living in **some** village in India. 彼女はインドのどこかの村に住んでいます.
**4** /sm/ [some + 数詞] およそ, 約…《◆ about より漠然とした数を表す》‖
The trip will take **some** five hours. 旅はおよそ5時間くらいかかるでしょう.
**5** /sʌm/ (略式) 相当な, たいした, なかなかの ‖
He's **sóme** lawyer. 彼はたいした(すご腕の)弁護士だ; たいした(悪россии)弁護士だ.
── 代 /sʌm/ **1** [しばしば some of + (the, my, these など+)名詞; 単数・複数扱い] 若干, 多少, いくらか ‖
**Some of** these apples are bad. リンゴの中のいくつかは腐っている.
**Some of the** milk was spilt on the carpet. ミルクの一部がじゅうたんにこぼれていた《◆動詞の単数・複数は of の後の名詞に一致》.
対話 "Does she have any experience of the work?" "Yes, she has **some**." 「彼女には仕事の経験がありますか」「ええ, 多少あります」《◆文脈から明らかなので experience を省略したもの》.
**2** [しばしば others を後に伴って] …する物(もある), …する人(もいる), 中には…(もある[いる]) ‖
**Some** agree with her, **others** disagree. 彼女に賛成する人もいれば反対する人もいる.
**(at) sóme time or anóther** いろいろな時に.
**(at) sóme time or óther** = **sóme or óther time** (略式) [過去・未来を表す語句の前で] ある時, いつか.
**sóme dày (or óther)** [副詞的に] (未来の)いつか, そのうち; ある日《◆「過去のある日」は one day》.
**some one** (1) /sʌmwʌn/ サムワン/(まれ) =someone. (2) /sʌmwʌn/ [~ one of + the, my, these など + 複数名詞] (…の)だれかある人,

ある物 ‖ **sóme óne of** the boxes 箱のうちのどれか1つ.
○**sóme time** (1) [(for) ~] しばらくの間; かなりの間 ‖ It will be **some time** before the plane arrives. 飛行機が着くまではだしばらく[かなり]かかるでしょう. (2) (未来の)いつか, そのうち(→ sometime ともつづる) ‖ Would **some time**[**sometime**] tomorrow be convenient? あしたのいつご都合がよろしいですか.
**some·bod·ies** /sʌmbɑdiz, -bədiz/ -bədiz -ボディズ, -bədiz/ 名 → somebody.

## ✱**some·bod·y** /sʌmbɑdi サムバディ, -bədi | sʌmbɔdi サムボディ, -bədi/

── 代 =someone.

語法 [somebody と someone]
(1) somebody は someone より口語的で, 呼びかけなどの場合に好まれる: What's the time, *somebody*? だれか, 今何時だい.
(2) 話し手と親密な関係にある特定の人を念頭に置いている場合は someone が好まれる: 対話 "Who's the present for?" "*Someone* very special, very dear to me." 「このプレゼントだれにあげるの」「うん, そりゃあの意中の人さ」. somebody は前者でだれでもいい, とにかくだれか, という気持ちを含む(→ (1)).
(3) 関係代名詞が続く場合も someone が好まれる.

── 名 (複 ‑bod·ies/-z/) © [しばしば無冠詞で] 大物, 重要人物(↔ nobody) ‖
I want to be **somebody** when I grow up. 大きくなったら偉い人になりたい《◆疑問文・否定文では anybody): Is he *anybody*? 彼はひとかどの人物か》.
My uncle thinks that he is (a) **somebody** in his village. おじは自分は村では大物だと思って《◆ うぬぼれをとがめる気持ちを含む》.

✱**some·day** /sʌmdèi サムデイ/ 副 (未来の)いつか, そのうち(→ SOME day).

✱**some·how** /sʌmhàu サムハウ/
── 副 **1** [文全体を修飾; 通例文頭・文尾で; 時に ~ or other; 理由をはっきり言わずに] (よくわからないが) **どういうわけか**, なぜか ‖
**Sómehow**, I've never liked him. = I've never liked him, **somehow**. どうしてか, 彼が好きになれない.
**2** [動詞を修飾; 時に ~ or other] なんらかの方法で, **なんとかして** ‖
I'll get there **somehow**. なんとかしてそこへたどりつきます.

✱**some·one** /sʌmwʌn サムワン/
── 代 **1** [肯定文で] **だれか, ある人** ‖
Mary needs **someone** to talk to. メリーはだれか話し相手が必要だ.
I can't tell them the news. **Someone** else

must tell them. 彼らにその知らせを伝える気になれない. 他のだれかが伝えるべきです.
**2** [疑問文・否定文で] だれか, ある人 ‖ Is there **someone** at the bus stop? バス停にだれかいますか《♦たぶん1人か2人いるだろうという気持ちが話し手にある. Is there *anybody* at the bus stop? ではこのような含みはない》.
—[名] ⓒ《略式》重要人物(somebody).

[語法] (1) 単数・複数については → anyone [語法].
(2) somebody との比較は → somebody [語法].

**sómeone or óther** だれか《♦ someone 単独より「どこのだれとは知らないが」の気持ちが強い》.
**some·place** /sʌ́mplèis サンプレイス/ 副《主に米略式》=somewhere.
**som·er·sault** /sʌ́mərsɔ̀ːlt サマソールト/ [名] ⓒ 宙返り, とんぼ返り;(意見・政策などの)180度の転換 ‖ turn [do, throw] three **somersaults** one after the other たて続けに3回宙返りをする.
—[動] 圓 とんぼ返りをする.

**\*\*some·thing** /sʌ́mθiŋ サムスィング/
—[代] **1 a** [肯定文で] 何かある物[事], 何か ‖ She always tries **something** new. 彼女はいつも何か新しいことにアタックしている《♦形容詞は something のあとに置く》.
Play **something** on the guitar. ギターで何か弾きなさい.
**Something** is better than nothing. 何かあるのは何もないよりもましだ;枯れ木も山のにぎわいだ.
I want **something** to eat. 何か食べる物が欲しい.
**Something** about him annoyed me. = There was **something** annoying about him. 彼にはどことなく人をいらいらさせるところがあった.

**b** [疑問文・if 節で] 何かある物[事], 何か ‖ Can you say **something** in Swahili? スワヒリ語で何か言ってくださいますか《♦「たぶん言えるでしょうが」という含みを持つので, 相手の能力を尊重していることになり, ていねい》.
Can I ask you **something**? ちょっと質問していいですか.
If there is **something** I can do, please tell me. もし何かできることがあれば, 言ってください《♦ anything は「もしひょっとしてあれば」の意を含むので, やや不親切》.

[語法] 否定文では anything: She *never* tries *anything* new. 彼女は目新しいことには全く手を出さない.

**2** 《略式》[名詞句のあとで;しばしば ~ or other] なんとか…, …なにがし《♦断言を避ける言い方》‖ at six o'clock **something** かれこれ6時頃に.
[対話] "What is his name?" "Peter **some-**thing or other." 「彼の名前は」「ピーターなにがしです」.

[語法] I was born in 19—. (1900何年かに生まれた)では—は something と読む. 19-something と書くこともある.

—[名] **1** ⓒ 何かあるもの;何か食べる[飲む]もの ‖ a wonderful **something** 何かすばらしいこと《♦ *something* wonderful がふつう》.
I've brought a little **something** for you. あなたにちょっとしたものを持ってきました.
**2** Ⓤ [無冠詞で] 重要人物, 大物;結構な事, よい事 ‖
It is **something** that nobody got hurt. だれもけががなかったのは何よりの事だ.
There is **something** in what she says. 彼女の言う事には一理ある.
He is **something** in the FBI. 彼は FBI の大物だ.
Isn't that **something**?(↘) すごいじゃないの.

**máke sómething of A** (1) …を活用[利用]する. (2) …を重要視する.
○**or sòmething**《略式》[名詞・形容詞・動詞(句)・節のあとで] …か何か《♦断言を避ける表現》‖ She feels sick **or something**. 彼女は胸がむかついているか何かだ《[対話] "What's the matter with him? Is he sick **or something**?" "I think he drank too much." 「彼はどうしたの. 病気か何かなの」「飲み過ぎだろうと思うよ」.
**sée sòmething of A** …にときどき会う.
**sómething élse** (1) 何かほかのもの[事];[one thing と対(?)で](それとこれとは)別問題, 話は別. (2)《米略式》人をはっとさせるもの《♦よい事にも悪い事にも用いる》.
**sómething líke ...** → like 副.
○**sómething of a ...**《略式》[通例肯定文で] ちょっとした…, かなりの…‖ She is **something of** a musician. 彼女の音楽の才はかなりのものです / I found it **something of a** disappointment. それにはかなりがっかりしました.
**sómething or óther** 何か《♦ something 単独より「何かよく知らないが」の気持ちが強い》.
**sómething télls me (that) ...**《略式》…という気がする《♦ that はふつう省略. *Something* tells [told] us (that) ... となることもある》.

**\*some·time** /sʌ́mtàim サムタイム/
—[形]《正式》[名詞の前で] かつての, 前…《♦ former より口語的》‖
her **sometime** friends 彼女のかつての友だち.
—[副][過去・未来を表す語句の前で] いつか, ある時《♦(1)《英》ではしばしば some time と2語につづる(→ some 成句). (2) sometimes は「ときどき」の意》‖
**sometime** next week 来週のいつか.
**sometime** soon そのうちすぐ.
The temple was built **sometime** around 1300. その寺は1300年ごろ建立(りゅう)された.

[語法] (1) 単独で用いる場合は常に「(未来の)ある時」を表し、位置は文頭か文尾: *Sometime* we'll tell you about it. そのうち、その件についてお話しします。(2) 2 語につづる some time (→ some 成句) と混同しないように注意.

## **some·times** /sʌ́mtaimz サムタイムズ/
〖「起こる頻度が半分ぐらいで、特に多くも少なくもない」が本義〗(→ indoors [Q&A])

── 副 **ときどき**(…する), 時には(…のことがある)《◆ occasionally より頻度は高く, often, frequently より低い(→ always)》‖

The door is **sometimes** open. そのドアはあいていることがある.

I have **sometimes** seen him dancing with her. 彼が彼女とダンスしているところをときどき見た.

She **sometimes** walked and **sometimes** [at other times] took a bus. 彼女は時には歩き, 時にはバスに乗った《◆ occasionally にはこの用法がない》.

A dog is **sometimes** a dangerous animal. 犬は時には危険な動物である(=**Some** dogs are dangerous animals.).

[対話] "Do you **sometimes** go there?" "Yes, I do." 「そこへ行くことはおありでしょう」「はい, あります」《◆ "Do you *ever* go there?" では「そこへ行くことがありますか」の意》.

## **some·what** /sʌ́mhwɑt サムワト | sʌ́mwɔt サムウォト/
── 副 《正式》**いくぶん**, **多少**, **やや**《◆ rather が主観的な語であるのに対し, somewhat は客観的な語》‖

She was **somewhat** late. 彼女は少し遅れた.
He was **somewhat** puzzled for an answer. 彼はいささか返事に困った.

**sómewhat of a** … ちょっとした… ‖ She is somewhat of a violinist. 彼女はちょっとしたバイオリン奏者だ.

## **some·where** /sʌ́mhwèər サムウェア/
── 副 [肯定文で] **どこかで**[へ, に] ‖

They live **somewhere** in Paris. 彼らはパリのどこかに住んでいる.

His house must be **somewhere** near here. 彼の家はこの近くにあるにちがいない.

[語法] 否定文・疑問文ではふつう anywhere: They do *not* live *anywhere* in Paris. / Is his house *anywhere* near here? 《◆ Is his house **somewhere** near here? だと, 「この辺にあることはたぶん間違いなかろうが」という話し手の気持ちを表す》.

**gèt sómewhere** (略式)(議論などで)目鼻がつく, なんとかなる (cf. get anywhere).

**sómewhere aròund [néar, abòut]** A (1) [場所・位置] …のどこか近く[あたり]で. (2) [程度・時間など] およそ…, …頃に ‖ somewhere around 10 o'clock 10 時頃に.

**sómewhere or óther** (どこか知らぬが)その辺, そこいら.

## **\*son** /sʌ́n サン/ [同音] sun 〖「生まれた人」が原義〗

── 名 (複 ~s /-z/) ❶ C **息子**, せがれ, 男の子供 (↔ daughter); [(myの) ~, S~] [呼びかけ] (息子に向かって)おまえ, おい;(年少者に対して)君, おい ‖ one's eldest [(米) oldest] **son** 長男《◆ one's first (born) **son** のようにもいう》.

one's **son** and heir 跡取り息子.
You're your father's **son**. 君は君の父親にそっくりだ.
What's the matter with you, (my) **son**? 君どうしたのだ.

❷ [通例 ~s] (男の)子孫 ‖
the **sons** of Adam アダムの子孫; 人類.

❸ (文)落とし子;産物, 結果 ‖
a **son** of freedom 自由人.

❹ [the S~] (神の子としての)キリスト.

**són of Gód** (1) [S~ …] 天使. (2) 神の子, 信者. (3) [the S~ …] キリスト.

**the Són of Mán** 〖聖〗人の子《キリストのこと》.

## **so·na·ta** /sənɑ́:tə ソナータ/ (アクセント注意)《◆ソナタ》 名 C 〖音楽〗 ソナタ, 奏鳴曲.

## **\*song** /sɔ́(:)ŋ ソ(ー)ング/ 〖「歌うこと(sing)」が原義〗

── 名 (複 ~s /-z/) ❶ C **歌**, 歌曲《◆「国歌」は a national anthem》‖

a CD of her latest **song** 彼女の新曲の CD.
a folk **song** 民謡.
a love **song** ラブソング.
He likes to sing popular **songs**. 彼は流行歌を歌うのが好きです.

❷ U 《正式》歌うこと ‖
burst [break] into **song** 歌い出す.
We raised our voices in **song**. 我々は声を張り上げて歌った.

❸ U 詩歌(しいか), 詩文;(短い)詩, バラード ‖
The hill is renowned in **song**. その丘は詩に歌われて有名だ.

❹ U C (鳥・虫などの)鳴き声, さえずり;(小川などの)せせらぎ ‖
the **song** of a canary カナリアのさえずり.

**sóng bòok** 唱歌集, 歌の本.

**song·bird** /sɔ́(:)ŋbə̀:rd ソ(ー)ングバード/ 名 C 美しい声で鳴く鳥.

**son·ic** /sɑ́nik サニク | sɔ́n- ソニク/ 形 音の, 音波の; 音速の.

**son-in-law** /sʌ́ninlɔ̀: サンインロー/ 名 (複 sons-in-law, ~s) C 娘の夫, 娘むこ.

**son·net** /sɑ́nət サネト | sɔ́n- ソネト/ 名 C ソネット, 14 行詩《ふつう各行弱強 5 歩格》.

**so·no·rous** /sənɔ́:rəs ソノーラス, sɑ́nə- | sɔ́nə- ソナラス/ 形 《正式》 ❶ 響き渡る;朗々とした. ❷ 〈演説・文

体などが〉格調の高い; 〈言葉づかいなどが〉仰々(ぎょうぎょう)しい.

**\*soon** /súːn スーン, (米+) sún/ 《◆後者は特に米国北部の発音》[[「直ちに」が原義]]
—— 副 [比較] ~**er**, [最上] ~**est**] **1** (ある時を基準に)すぐに, まもなく, そのうちに, 近いうちに ∥
I'll be back **soon**. すぐに戻ります.
It will **soon** be dinner time. もうすぐ夕食です.
He died **soon** after the accident. 彼はその事故の後すぐに死んだ.

**2** (予定より)早く ∥
How **soon** can I get to Tokyo? どのくらいで[早く]東京に到着できますか.
He came **sooner** than I thought. 彼は思っていたよりも(手間をとらせないで)早く来た《◆ He came earlier than I thought. だと「思っていたより早い時刻に」》.
The **sòoner**(,) the **bétter**. 早ければ早いほどよい.
[対話] "Let's go. We'll be late." "It's too **soon**. We still have some time." 「行きましょうよ. 遅れちゃうわ」「早すぎるよ. まだいくらか時間はあるんだから」.

◦**as sóon as** ... […すると同じくらい早く] [接]
(1) …するとすぐに《◆ 似た意味の前置詞は on, in》∥ As **soon** as she sat down, she picked up the telephone. 彼女は座るとすぐに受話器を取った(=On sitting down, she picked up the telephone.). (2) …と同じくらい早く ∥ She didn't come as [so] **soon** as she had promised. 彼女は約束していたより早くは来なかった; 遅れてきた《◆ 否定語のあとでは so も用いられる》.

◦**as sóon as póssible** =**as sóon as** one **cán** できるだけ早く ∥ Please get this work done **as soon as possible**. できるだけ早くこの仕事をしてください.

**at the sóonest** いくら早くても.

◦**no sóoner** ... **than** (正式) …するとすぐに(…するや)《◆ no sooner の後は過去完了または過去, than の後は過去がふつう. しばしば意外さを含む》 ∥ No **sooner** said **than** done! 《約束・要求などが》おやすいご用だ, すぐに実行に移される[された] / No **sooner** had he gotten home **than** it stopped raining. 《◆ 文頭に no sooner が来ると意味が強まり疑問文の語順となる》=He had **no sooner** gotten home **than** it stopped raining. 彼が家に帰るとすぐに雨がやんだ(=As **soon** as he got home, it stopped raining.).

◦**sóoner or láter** 遅かれ早かれ, いつかは, 早晩必ず ∥ She drives so badly that **sooner or later** the police will catch her. 彼女の運転はひどいのでいつかは警察につかまるだろう. [対話] "I got away with it again." "**Sooner or later** they'll catch you." 「またそれを持ち逃げしたんだ」「遅かれ早かれ彼らはあなたのことを捕まえるわ」.

**would** (**just**) **as sóon** ... (**as** ...) (略式)《…する よりも》むしろ…したい《◆ would の代わりに had も用いる. would, had はふつう 'd に短縮》 ∥ I'd **just as soon** stay at home **as** go to the party. パーティーに行くよりもむしろ家にいたい.

◦**would sóoner** ... (**than** ...) (…するよりも)むしろ…したい ∥ I would **sooner** die **than** give up. 降参するぐらいなら死んだ方がましだ.

**soot** /sút スト, (米+) sút, sʌ́t/《◆ /sʌ́t/ は主に米国南部の発音》 名 C すす ∥
(as) black as **soot** 真っ黒で.
—— 動 [通例 be ~ed] すすだらけになる, すすで汚れる.

**soothe** /súːð スーズ/ 動 (現分 sooth・ing) 他 **1** …をなだめる, 落ち着かせる; 〈感情・神経〉を静める《◆ calm, comfort より堅い語》 ∥
She **soothed** the crying baby **with** a lullaby. 泣く赤ん坊を彼女は子守歌でなだめた.
**2** …をやわらげる, 楽にする, 取り除く ∥
This medicine will **soothe** your headache. この薬で頭痛はやわらぐでしょう.

**sooth・ing** /súːðiŋ スーズィング/ 動 → soothe.
—— 形 気持ちを落ち着かせる, 安心させる; 痛みをやわらげる, 鎮静効果のある.

**sooth・ing・ly** /súːðiŋli スーズィングリ/ 副 なだめるように; やわらげるように.

**sop** /sáp サプ| sɔ́p ソプ/ 名 C **1** [~s] ソップ《牛乳・スープなどに浸して食べるパンの切れ端など》. **2** [a ~] 機嫌をとるための物, わいろ. —— 動 (過去・過分 sopped/-d/; 現分 sop・ping) 他 **1** …を浸す. **2** …をびしょぬれにする.
**sóp úp** [他] …を吸い取る.

**sóp úp** [他] …を吸い取る.

**So・phi・a** /soufíːə ソウフィーア, sə-, -fáiə | səufáiə ソウファイア/ 名 ソフィア《女の名. (愛称) Sophie, Sophy》.

**so・phis・ti・cat・ed** /səfístikèitid ソフィスティケイティド/ 形 **1a** 洗練された, 教養のある ∥
a **sophisticated** lady 知的で洗練された女性.
**b** 世間ずれした, 上品ぶった.
**2** 教養 [知識] 人向きの, 高級な ∥
The play is far too **sophisticated** for high school students. その劇は高校生には高級すぎる.
**3** 非常に複雑な, 精巧な, 高度な, 込み入った.

**so・phís・ti・càt・ed・ly** 副 上品に, 都会ふうに, 凝って; 複雑に, 精巧に.

**so・phis・ti・ca・tion** /səfìstikéiʃən ソフィスティケイション/ 名 U C **1** 世間慣れ; 世間ずれ. **2** 洗練, 洗練されたり方[考え, 趣味]; 教養. **3** 複雑(化).

**soph・o・more** /sáfəmɔ̀ːr サフォモー, sɔ́ːfmɔːr | sɔ́fə- ソフォモー/ 名 C (米) **1** (大学・高校の) 2年生 (cf. freshman). **2** (活動などが) 2年目の人, 2年生議員[選手].

**so・po・rif・ic** /sàpərífik サパリフィク| sɔ̀- ソパ-/ 形 (正式) 眠気を催させる, 眠くなるような. —— 名 C 催眠剤, 睡眠薬.

**sop・ping** /sápiŋ サピング| sɔ́p- ソピング/ 動 → sop.
—— 形 (略式) **1** びしょぬれの, ずぶぬれの.
**2** [副詞的に] びしょびしょに ∥

be **sopping** wet びしょぬれである.
**sopping**-wet hair びしょぬれの髪.

**so·pra·no** /səprǽnou ソプラノウ | -prɑ́ːnəu ソプラーノウ/ 名 (複 ~s, ··pra·ni/-prɑ́ːni/-prǽni/) 〖音楽〗 1 ⓊⒸ ソプラノ《女性・少年の最高声域. soprano, mezzo-soprano, alto の順に低くなる》∥

sing **soprano** ソプラノを[で]歌う.

2 Ⓒ ソプラノ歌手. 3 Ⓒ (合唱の)ソプラノ声部. 4 Ⓒ ソプラノ楽器.

**Sor·bonne** /sɔːrbɑ́n ソーバン, -bʌ́n | -bɔ́n ソーボン/ 名 [the ~] ソルボンヌ《旧パリ大学の文学部・理学部. 学制改革により今はパリ第4大学の通称》.

**sor·cer·er** /sɔ́ːrsərər ソーサラ/ 名 Ⓒ (悪霊の助けをかりた)魔法使い, 魔術師, 妖(ﾖｳ)術師.

**sor·cer·y** /sɔ́ːrsəri ソーサリ/ 名 (複 ··cer·ies/-z/) Ⓤ (ふつう悪霊の助けによる)魔法, 黒魔術, 妖(ﾖｳ)術; [ⓒ sorceries] 妖術師の仕事(ｺﾞﾄ).

**sor·did** /sɔ́ːrdəd ソーディド/ 形 〖正式〗 1 汚い, 不潔な; みすぼらしい. 2 下劣な, 卑しむべき, 浅ましい; 強欲な.

**sore** /sɔːr ソー/ (同音 soar, (英) saw; 類音 *sour*/sáuər/) 形 1a 痛い, 触れる[動かす]と痛い, ひりひりする, ずきずき痛む《◆ 傷・筋肉・のどなどに用いる. painful より口語的》∥

a **sore** wound 痛む傷.
have **sore** shoulders (過度の運動などで)肩が痛い.
have a **sore** throat from a cold かぜでのどが痛い.

b (略式)痛みを感じる ∥

I feel **sore** all over from all that exercise yesterday. きのうあれほど運動したのでからだじゅうが痛い.

2 悲しんだ, 悲嘆に暮れた ∥

She is **sore** at heart over what he said to her. 彼が言ったことで彼女は心を痛めている.

3 《主に米略式》感情を害した, いらだった, 怒った ∥

She felt **sore** about not being asked to the party. パーティーに招待されなかったことで彼女は気を悪くした.

She was **sore** at me for being late. 私が遅刻したので彼女は怒った.

4 (略式)不快な, 腹立たしい, 心の痛む, 悲しい ∥

a **sore** memory つらい思い出.
a **sóre** súbject [póint] 触れてほしくない話題.
**tóuch** A **on a sóre pláce** (1) …の痛い所に触れる. (2) [比喩的に] …の痛い所を突く.

—— 名 Ⓒ 1 触れると痛い所《炎症[打撲]箇所・すりむいたところなど》∥

a horrible **sore** on one's lips 唇のひどいあれ.

2 いやな思い出, 苦痛[悲しみ, 怒り]の種 ∥
old **sores** 古傷.
**sóre thróat** 〖医学〗 咽喉(ｲﾝｺｳ)炎.

**sore·ly** /sɔ́ːrli ソーリ/ 副 〖正式〗 1 痛く, 激しく ∥

be **sorely** distressed 痛々しいほど苦しんでいる.

2 [動詞の前後で] ひどく, 非常に.

**so·ror·i·ty** /sərɔ́ːrəti ソローリティ/ 名 (複 ··i·ties/-z/) Ⓒ 《米》 [集合名詞] (大学の)女子学生社交クラブ.

**sor·ri·er** /sɑ́riər サリア, sɔ́ːriər | sɔ́r- ソリア/ 形 → sorry.

**sor·ri·est** /sɑ́ri(ị)st サリスト (サリイスト), sɔ́ːri(ị)st | sɔ́r- ソリスト (ソリイスト)/ 形 → sorry.

\***sor·row** /sárou サロウ, sɔ́ːr- | sɔ́rou ソロウ/ 〖→ sorry〗 sorrowful (形)
—— 名 (複 ~s/-z/) 〖正式〗 1 Ⓤ Ⓒ 悲しみ, 悲哀, 悲痛; [しばしば ~s] 悲しいこと, 不幸 ∥

a look of **sorrow** 悲しそうな表情.
to my great **sorrow** = much to my **sorrow** 私が非常に悲しんだことには.
She has had many **sorrows** in her life. 彼女は人生でいろいろと不幸な目にあった.
I felt deep **sorrow** at his death. 彼の死を嘆き悲しんだ.
Her death was a great **sorrow** to us. 彼女の死は我々にとって大きな悲しみだった.

2 Ⓤ 後悔, 残念; 惜別の感 ∥
**sorrow** for sin 罪に対する悔恨.

> Q&A  Q: sorrow と sadness, grief との違いは何ですか?
> A: sorrow は sadness より深い悲しみ, grief はさらにそれより大きい悲しみをいいます.

**sor·row·ful** /sárəfl サロフル, sɔ́ːr- | sɔ́rəufl ソロウフル/ 形 1 悲しんでいる, 悲嘆に暮れている《◆ sad より堅い語》∥

She looks **sorrowful** and forlorn. 彼女は悲しくて寂しそうだ.

2 悲しげな ∥
a **sorrowful** face 悲しそうな顔.

3 悲しみをさそう, 哀れな ∥
a **sorrowful** event 痛ましいできごと.

**sor·row·ful·ly** /sárəfəli サロフリ, sɔ́ːr- | sɔ́rəu- ソロウ-/ 副 悲しそうに, 悲しんで.

\*\***sor·ry** /sári サリ, sɔ́ːri | sɔ́ri ソリ/ 〖「痛い」が原義. cf. sore〗
—— 形 (比較 ··ri·er, 最上 ··ri·est) 1a [be sorry for [about] A] …を気の毒に思う, かわいそうだと思う ∥

We are very **sorry** for your child. お子さんのことを非常にお気の毒に思います.
I felt really **sorry** about what had happened to her. 彼女があんなことになって本当に気の毒に思った.

b [be sorry to do] …して気の毒に思う ∥
I'm **sorry** to hear that. それはお気の毒に《◆ 同情を表す表現には他に That's a pity [shame]. / That's (too) bad. などがある》.

対話 "And where is your father now?" "He died three years ago." "Oh, I'm **sorry** (to hear that)." 「で, お父さんはどちらにおられますか」「3年前に亡くなりました」「ああそれはお気の毒でしたね」.

**c** [be sorry (that) 節] …ということを気の毒に思う ‖
I'm sorry (that) you are ill. ご病気お察しいたします.
I was sorry that he was ill just then. 彼がその時病気だったとはお気の毒でした.

**2** [補語として] すまなく思って, 後悔して ‖
I'm sorry. → 成句.
I'm sorry to have kept you waiting. =I'm sorry (that) I have kept you waiting. =I'm sorry for having kept you waiting. お待たせして申し訳ありません.
I'm sorry for my rudeness. 無礼をお許しください.
You'll be sorry about this later. あとでこのことを後悔しますよ《◆文脈・語調によっては「覚えていろ」といった捨てぜりふにもなる》.
対話 "(I'm) sorry I'm late." "That's all right. Be careful next time." 「遅れてすみません」「いいですよ. 次からは気をつけてください」.

**3** [補語として] 残念に思って, 遺憾(ぃん)に思って; 残念に思う ‖
I'm sorry I can't come. 行けなくて残念です.
I'm sorry (to say), but you are wrong. 遺憾ながら[こう言っては悪いけれど]あなたは間違っています.

**4**《正式》[名詞の前で] みじめな, 哀れな, 気の毒な; へたな, くだらない ‖
a sorry performance へたな演技.
a sorry sight 悲惨な光景.
a sorry attempt むだな試み.
in a sorry state みじめな状態で.
◦**I'm sórry.** すみません(→ **2**).

---
語法 (1) 親しい間柄では I'm はよく省略する.
(2) 日本語の「すみません」とはほぼ同様に, 例えば軽く人にぶつかったときなどに使われる. しかし, 責任の所在を問われるような重大な場面では, I am sorry. と言うことは自分の過失や誤りを認めたことになる. 日本語の「すみません」は Thank you. に対応することも多い.
(3) 話し中にせきが出たり人にぶつかったなどの場合, 《米》では Excuse me. の方がふつう.

---

—— 間 **1**《略式》すみません ‖
Sorry!(↘[↗]) I've got the wrong number. すみません, 電話番号を間違えました.
**2**《英》[上昇調で] 何とおっしゃいましたか(→ pardon 成句).
**3**(自分の発言を訂正して)すみません間違えました; (他人の発言を訂正して)失礼ですが ‖
"A belt of high pleasure—sorry, of high pressure …" 「high pleasure おっと失礼 high pressure (高気圧)の帯…」.
Sorry, but I think you've got the fact wrong. 失礼ですが, どうも誤解なさっているようです.

\***sort** /sɔ́ːrt ソート/ (同音《英》sought) [[`運`]]が原義. cf. assort]

—— 名 (複 ~s/sɔ́ːrts/) ⓒ **1** 種類, タイプ(kind); 性質, 品質 ‖
a new sort of car 新しい型の車.
all sorts of people =people of all sorts あらゆる種類の人たち.
this sort of books =books of this sort =《略式》these sort of books この種の本《◆種類を複数とみれば these *sorts* of books》.
cameras of an inferior sort 性能の悪いカメラ.
What sort of flower(s) [《略式》a flower] do you like best? どんな種類の花がいちばん好きですか.
That's just the sort of thing I want. そういったものがちょうど欲しいのです.
I don't believe anything of the sort. そんなことは一切信じない.
She is not my sort. 彼女は私と合うタイプの人ではない.

**2**《略式》[修飾語を伴って; 通例 a ~] 人 ‖
He is a good sort. 彼は感じのよい人だ[信頼できる人だ].
It takes all sorts (to make a world). 世の中にはいろいろな(考え・性格の)人がいるものだ.

◦**a sòrt of A**《◆A は無冠詞の単数名詞だが《略式》では a を付けることがある》(1) …の一種 ‖ a sort of wine ワインの一種. (2) …のようなもの, 一種の… ‖ He is a sort of politician. 彼は政治屋のような人だ.

**… of a sórt** =**… of sórts** (1) たいしたものではない…, おそまつな…, 二流の… ‖ a painting of sorts つまらない絵 / a meal of sorts おそまつな食事 / a politician of a sort へぼ政治家. (2) 一種の…, いわば… ‖ A veterinary is a doctor of a sort. 獣医は一種の医者だ.

**òut of sórts**《略式》(1) [通例 feel のあとで] 気分がすぐれない, 元気がない ‖ feel a bit out of sorts ちょっと気分がよくない. (2) 憂うつで. (3) 機嫌が悪い, 怒って.

**sòrt of …**《略式》[動詞・形容詞・副詞の前で] 多少…, いくらか…《◆ しばしば/sɔ́ːrtə(r)/ と発音される》‖ I sort of expected it. 多少予期していた / I'm feeling sort of tired. ちょっと疲れた.

—— 動 他 …を分類する, より分ける ‖
sort (out) letters 手紙を仕分けする.
sort the buttons into large ones and small ones ボタンを大小に分ける.

—— 自《正式》[well, ill などと共に] 調和する, 似合う.

**sórt óut** [他] (1) → 他. (2)《英》…を処理する, 解決する;《英略式》…を整える, …の立て直しをする. (3)《略式》[~ oneself out] 元の正常な状態に戻る.

**SOS** /ésouéss エソウエス/ 名 (複 ~'s) ⓒ《◆不定冠詞は an》**1** 遭難信号, エスオーエス;《愛称》トンツー《◆覚えやすく打電しやすいモールス符号(… --- …)から. Save Our Souls [Ship] の略とするのは俗説. 1999年2月1日をもって電子通信に移行された》‖
send an SOS 遭難信号を送る.
**2**《略式》(一般に)危険信号.

**so-so** /sóusòu ソウソウ/ 《略式》形 たいしてよくも悪くもない, まずまずの ‖
a só-sò price まあまあの値段.
[対話] "How are you feeling?" "Oh, (only) só-sò."「気分はどうだい」「まあまあだよ」.
—— 副 まずまず(上手に, うまく), まあまあ.

**souf·flé** /suːfléi スーフレイ/ |=/ 《フランス》名 C U スフレ《卵黄・小麦粉・牛乳・チーズなどに泡立てた卵白を加え焼いたもの》.

**sought** /sɔ́ːt ソート/ (同音 sort 《英》) 動 → seek.

*soul /sóul ソウル/ (同音 sole) [『魂』が本義]
—— 名 (複 ~s/-z/) 1 a C U (肉体に対し) 魂, 霊魂, 霊《◆spirit よりも宗教的意味合いが強い. → heart》(↔ body, flesh) ‖
believe in the immortality of the **soul** 霊魂の不滅を信じる.
A man's body dies, but his **soul** exists for ever. 人の肉体は滅びるが霊魂は永遠に存在する.
b C 死者の魂[霊], 亡霊 ‖
lost **souls** 地獄に落ちた魂.
**souls** resting in heaven 天国に安らう魂.
pray for the **souls** of the dead 死者の冥(%)福を祈る.
2 U C 精神(力), 心 ‖
She worked on it with all her **soul**. 彼女はそれに精魂を込めた.
He has no **soul** in his **soul**. 彼は詩情を解さない.
3 a U C (知性・知力に対し)(情と道徳性の総合としての)魂, 心の温かさと高潔さ ‖
a man with a great **soul** 偉大な魂を持った人.
b U (芸術作品などにおける) 熱情, 真情, 生気, 気迫 ‖
This painting lacks **soul**. この絵には熱情が欠けている.
4 C (事物の)本質的部分, 精髄, 生命 ‖
Brevity is the **soul** of wit. 《Shak.》簡潔は機知の精髄.
5 C 《正式》(運動・企画などの)中心人物, 指導者 ‖
the (life and) **soul** of the party パーティーの中心人物, 人気者.
6 [the ~ of + U 名詞] (徳性の)典型, 権化(ご), 化(っ)身 ‖
He is the (very) **soul** of honor. 彼は高潔そのものだ.
7 C a 《略式》[形容詞を伴って; 親しみ・同情などを表して] …な人 ‖
an honest **soul** 正直者.
Poor **soul**, he has suffered terribly. かわいそうに, 彼はひどく苦しんだ.
b 《略式》[否定文で] 1人も(…ない), だれも(…ない) ‖
I won't tell a **soul** about this. この事だれにも言うまい.
8 U =soul music.
9 U 《米略式》(特に soul music を通じて表現される)黒人魂, 黒人の民族意識[誇り].

**sóul mùsic** ソウル=ミュージック(soul)《ブルース・ゴスペルなどの混合した黒人音楽》.

**soul·ful** /sóulfl ソウルフル/ 形 感情[魂]のこもった; 悲しみでいっぱいの.

**soul·less** /sóulləs ソウルレス/ 形 1 高貴な[繊細な]感情を欠いた, 卑しい. 2 魂のない, 無情な.

**\*\*sound**[1] /sáund サウンド/
—— 名 (複 ~s/sáundz/) 1 C U 音, 音響, 響き; 物音《◆耳障りな音は noise, 心地よい音楽的な音は tone》‖
a strange **sound** 奇妙な音.
at the **sound of** the door opening ドアが開く音を聞いて.
Not a **sound** was heard. 物音ひとつ聞こえなかった.
The animal made a squeaking **sound**. その動物はキーキー鳴いた.
2 [a ~ the ~] 調子, 感じ, 聞こえ ‖
a sad **sound** 悲しげな調子[声].
His voice has a worried **sound**. 彼の声には当惑した響きがある.
3 C 【音声】音(お), 音声 ‖
a vowel **sound** 母音.
4 C U 騒音, 騒ぎ, ざわめき.
—— 動 (三単現 ~s/sáundz/; 過去・過分 ~·ed/-id/; 現分 ~·ing)

---自と他の関係---
自 1   A **sound**     A《鐘などが》鳴る
他 1   **sound** A     A《鐘など》を鳴らす

—— 自 1 鳴る, 響く ‖
The bell **sounded**. 鐘が鳴った.
2 [**sound** C] 《◆C は形容詞・前置詞 + 名詞・《英》名詞または like, as if, as though に導かれる句・節》a C のような音がする ‖
That **sounds** like a train. それは列車の走るような音だ.
[対話] "It's stopped raining." "It **sounds** like thunder."「雨がやんだね」「でも雷が鳴っているわ」.
b C と思われる, C のように見える ‖
That **sounds** [˟is sounding] interesting to me. (聞いたところ)それはおもしろそうだ《◆進行形にしない》.
She didn't **sound** in high spirits. 彼女は意気盛んなようには見えなかった.
It **sounds** as if the government doesn't know what to do. 政府もなすすべがないようだ.
[対話] "What about going to a movie tomorrow?" "**Sounds** great."「あした映画に行かないか」「わあ, いいね」.
—— 他 1 …を鳴らす, 吹き鳴らす ‖
**sound** a trumpet トランペットを吹く.
**Sound** your horn. クラクションを鳴らしなさい.
2 《正式》[通例 be ~ed] …を発音する ‖
We don't **sound** the 'b' in 'debt.' 'debt' の 'b' 音は発音しない.
3 …を(鐘・らっぱなどで)知らせる, 合図する;〈賞賛などを〉響き渡らせる ‖

sound an alarm 非常警報を鳴らす.
**4** …をたたいて調べる；〈胸などを〉打診[聴診]する.
**sóund bàrrier** [the ~] 音速障壁《飛行機などの速度に近づく時の空気抵抗》.
**sóund effècts** 音響効果, 擬音.

## *sound² /sáund サウンド/
——形 (比較) ~·er, (最上) ~·est **1** 健全な, 健康な ∥
She is in sound health. 彼女は健康だ.
A sound mind in a sound body. (ことわざ) 健全な身体に(宿った)健全な精神《◆教育の理想を述べた言葉》.
**2** いたんでいない, 傷のない, 腐っていない ∥
sound teeth 虫歯のない歯.
**3** しっかりとした；堅実な, 安全な；確かな, 信用できる；正しい, 理にかなった ∥
a sound company 堅実な会社.
sound judgment 正しい判断.
sound advice もっともな忠告.
He is sound on educational reforms. 彼は教育改革に関してしっかりとした意見を持っている.
**4** [通例名詞の前で]〈睡眠が〉深い, 安らかで途切れない；徹底的な, したたかな, 激しい ∥
have a sound sleep ぐっすり眠る.
I gave him a sound beating. 思う存分彼をなぐった.
——副 (比較) ~·er, (最上) ~·est [通例 ~ asleep] ぐっすりと, 十分に ∥
She fell sound asléep. 彼女はぐっすりと眠り込んだ.

**sound·less** /sáundləs サウンドレス/ 形 音のしない, 静かな. **sóund·less·ly** 副 音もなく, 静かに.
**sound·ly** /sáundli サウンドリ/ 副 **1** 堅実に, しっかりと.
**2** ぐっすりと ∥
sleep soundly 熟睡する.
**3** 激しく；全く.
**sound·ness** /sáundnəs サウンドネス/ 名 Ⓤ **1** 健全；堅実. **2**（睡眠が）十分であること.
**sound·proof** /sáundprùːf サウンドプルーフ/ 形 防音の. ——動 他 …に防音装置を施す.
**sound·track** /sáundtræk サウンドトラク/ 名 Ⓒ（フィルムの縁にある）録音帯, サウンドトラック；（映画などの）サウンドトラック音楽.

## *soup /súːp スープ/ (類音) soap/sóup/ 【「すする汁」が原義】
——名 (複 ~s/-s/) Ⓤ スープ《◆「何種類かのスープ」の意では soups となる. → 第3例》∥
thick [rich] soup 濃いスープ《◆ ×dense soup としない. → dense 表現》.
make vegetable soup 野菜スープを作る.
various soups いろいろなスープ.
eat [have, take] soup (with a spoon)（スプーンで）スープを飲む《◆スプーンは鉛筆を持つようにし皿の手前から向こうへすくう. カップに口をつけて直接飲むときは drink [sip] soup という. どちらも音を立ててすするのは不作法とされる》.

> Q&A Q：「みそ汁」は英語ではなんというのですか.
> A：miso soup, soybean soup といいます.

**in the sóup** (略式) 困って, 身動きできなくて.
——動 他《次の成句で》
**sóup úp** [他]〈エンジンなどの〉馬力をあげる；（略式）〈本などを〉もっとおもしろくする.

## *sour /sáuər サウア/ (発音注意) (類音) soar, sore /sɔ́ːr/ 【「酸味を帯びた」が本義】
——形 (比較) ~·er/sáuərər/ , (最上) ~·est /sáuərist/ **1** すっぱい《◆不快感を伴うことが多い》（↔ sweet） ∥
This apple tastes very sour. このリンゴはとてもすっぱい.
(as) sour as vinegar 酢のようにすっぱい.
**2**〈牛乳など〉（発酵して）すっぱくなった, 酸敗した；すえたにおい[味]がする ∥
sour milk（腐敗しかけて）すっぱい牛乳.
a sour smell すえたにおい.
**3** 不機嫌な, 気難しい, 意地悪な；不愉快な ∥
a sour remark 意地悪な言葉.
**gò [tùrn] sóur** (1)（腐敗して）すっぱくなる. (2)うまく行かなくなる, まずくなる, 悪くなる.
——動 他 **1** …をすっぱくする, 酸敗させる ∥
Hot weather sours milk quickly. ミルクは暑いときには腐りやすい.
**2**（正式）…を気難しくする, ひねくれさせる；〈物・事〉をまずくする ∥
Many years of hardship had soured him. 彼は何年もの苦労で気難しくなっていた.
——自 **1** すっぱくなる. **2** 気難しくなる；まずくなる.
**sóur grápes** すっぱいブドウ；（略式）負け惜しみ《◆ *Aesop's Fables* から. That's just *sour grapes*.（それはただの負け惜しみだ）のようにふつう be 動詞に続く》.

## *source /sɔ́ːrs ソース/ (同音)（英）sauce 【「発生する起点」が本義. cf. surge】

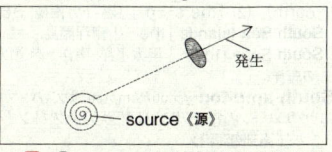

——名 (複 sourc·es/-iz/) Ⓒ **1** 源, 源泉, 根源；（直接の）原因；（植物・鉱物などの）産地 ∥
a major source of coffee コーヒーの主要産地.
the source of the engine trouble エンジン故障の原因.
at (the) source 源に[で].
The source of the infection has not been traced yet. 感染の源はまだ突き止められていない.
**2** 水源(地) ∥
the source of this river この川の水源地.
**3** [しばしば ~s]（情報などの）出所, 拠(ﾖ)り所《◆人も含む》；原典, 典拠 ∥

**sourly** / **sovereign**

The newspapers are a good **source** of information about what is going on in the world. 新聞は世界のできごとに関するすぐれた情報源である。

consult original **sources** 原典を参照する。

**sóurce bòok** (歴史・文学などの)原典, 原本; 史料集.

**sóurce còde** 〖コンピュータ〗ソースコード《機械語に翻訳する前のもとになるプログラム》.

**sour・ly** /sáuərli サウアリ/ 副 不機嫌に, 気難しく.

*__south__ /sáuθ サウス/ 派 southern (形)
── 名 〔しばしば S~〕[the ~] **1** 南, 南方, 南部 (略 S, S., s.) 《◆太陽・火・光などの象徴. 用例・語法その他は → east 名》.
**2 a** 南部地方; [the S~] (米) 南部; 〔米史〕(南北戦争時の)南部諸州〔同盟〕.
**b** [the S~] (英) (イングランドの)南部地方《Severn 川と Wash 湾との線より南》.
── 形 〔しばしば S~〕[名詞の前で] **1** 南の, 南にある, 南部の (→ eastern 語法).
**2** 南に向いた[へ行く]; 〈風が〉南から吹く《◆用例は → east》.
── 副 〔しばしば S~〕南へ[に], 南方へ[に]; (風が)南へ《◆用例は → east》.

**Sóuth África** 南アフリカ《公式名 the Republic of South Africa (南アフリカ共和国). 首都 Pretoria》.

**Sóuth América** 南アメリカ(大陸), 南米.

**Sóuth Carolína** サウスカロライナ《米国南東部の州. 州都 Columbia. (愛称) the Free [Palmetto] State. 略 (郵便) SC》.

**Sóuth Chína Séa** [the ~] 南シナ海.

**Sóuth Dakóta** サウスダコタ《米国中北部の州. 州都 Pierre (愛称) the Coyote [Sunshine] State. 略 S.Dak., SD,（郵便）SD》.

**Sóuth Koréa** 韓国《公式名 the Republic of Korea (大韓民国). 首都 Seoul》.

**Sóuth Póle** (1) [the ~] 南極(点)(図 → earth). (2) [s~ p~] (磁石の)南極, S極.

**Sóuth Sèa Íslands** [the ~] 南洋諸島.

**Sóuth Séas** [the ~] 南太平洋, 南洋; 赤道以南の海洋.

**Sóuth·amp·ton** /sauθhǽmptən サウスハンプトン (サウサンプトン)/ 名 サウサンプトン, サウスハンプトン《イングランド南部の海港》.

**south·bound** /sáuθbàund サウスバウンド/ 形 〈船などが〉南へ向かう.

**south·east** /sàuθíːst サウスィースト/ 名 **1** 〔しばしば S~〕[the ~] 南東(略 SE). **2** [the S~] 南東部(地方) 《◆英国ではロンドンを中心とする地域をさす》. ── 形 〔しばしば S~〕**1** 南東の. **2** 〈風が〉南東から来る. ── 副 〔しばしば S~〕**1** 南東へ[に]. **2** (風が)南東から.

**Southeast Ásia** 東南アジア《◆日本語の語順とは逆になるので注意》.

**south·east·ern** /sàuθíːstərn サウスィースタン | -íːstn サウスィーストン/ 形 (→ eastern 語法) **1** 南東の, 南東への; 南東部の. **2** 〈風が〉南東からの.

**south·east·ward** /sàuθíːstwərd サウスィーストワド/ (米) 副 南東へ[に]; 南東に向かって. ── 形 南東(へ)の; 南東向きの. ── 名 [the ~] 南東(方).

**south·east·wards** /sàuθíːstwərdz サウスィーストワツ/ 副 〔主に英〕＝southeastward.

**south·er·ly** /sʌ́ðərli サザリ/ 形 **1** 南の; 南への, 南方の. **2** 〈風が〉南からの《◆ south に比べだいたいの方向をさす》. ── 副 南へ[に], 南方へ[に]; (風が)南から.

*__south·ern__ /sʌ́ðərn サザン/ 《発音注意》《◆ ˟サウザン》〔→ south〕
── 形 (→ eastern 語法) 〔しばしば S~〕**1** 南の, 南方の, 南にある ‖
Italy is in the **southern** part of Europe. イタリアはヨーロッパの南部にある(→ east 名1 語法).
**2** 南へ行く; 南向きの.
**3** 〈風が〉南からの.
**4** 南部の; [S~] (米) 南部地方の ‖
Southern Europe 南ヨーロッパ.
the **Southern** States (米国)南部諸州.

**Sóuthern Cróss** [the ~] 南十字星.

**Sóuthern Hémisphere** [the ~] 南半球.

**sóuthern líghts** [the ~; 複数扱い] 南極光, オーロラ.

**south·ern·er** /sʌ́ðərnər サザナ/ 名 C **1** 南部地方(生まれ)の人. 南国の人. **2** [S~] (米) 南部(生まれ)の人, 南部人.

**south·paw** /sáuθpɔ̀ː サウスポー/ 名 C **1** (略式) 〔野球〕左腕投手, サウスポー. **2** (米略式) (一般に)左利きの人, (英)左利きのボクサー.

**south·ward** /sáuθwərd サウスワド/ 副 南へ[に], 南方へ[に]; 南方に向かって. ── 形 南(へ)の; 南向きの. ── 名 [the ~] 南(方).

**south·wards** /sáuθwərdz サウスワツ/ 副 〔主に英〕＝southward.

**south·west** /sàuθwést サウスウェスト/ 名 〔しばしば S~〕[the ~] **1** 南西(略 SW). **2** 南西部(地方); [the S~] (米) 南西部地方《メキシコに隣接する New Mexico, Arizona, California 南部の地域》. ── 形 〔しばしば S~〕**1** 南西の. **2** 〈風が〉南西から来る. ── 副 〔しばしば S~〕**1** 南西へ[に]. **2** (風が)南西から.

**south·west·ern** /sàuθwéstərn サウスウェスタン | -wéstn -ウェストン/ 形 (→ eastern 語法) **1** 南西の, 南西への; 南西部の. **2** 〈風が〉南西からの.

**south·west·ward** /sàuθwéstwərd サウスウェストワド/ (米) 副 南西へ[に]; 南西に向かって. ── 形 南西(へ)の; 南西向きの. ── 名 [the ~] 南西(方).

**south·west·wards** /sàuθwéstwərdz サウスウェストワツ/ 副 〔主に英〕＝southwestward.

**sou·ve·nir** /sùːvəníər スーヴェニア, ´-ː/ 名 C 記念品, みやげ; (忘れ)形見 ‖
a **souvenir** from Hong Kong ホンコンのみやげ.

**sov·er·eign** /sávərən サヴァリン | sɔ́vərən ソヴァリン/ 《発音注意》《◆ g は発音しない》名 C (正式) 君主《emperor, king, queen など》; 主権者; 統治

Madrid. 形容詞は Spanish. cf. Spaniard》.

**span** /spǽn/ スパン/ 图 **1**《ある一定の，短い》期間，長さ，範囲 ‖
our brief **span** of life はかない一生.
over a **span** of 5 years 5年間にわたって.
**2** 全長，さしわたし；全期間［範囲］‖
the **span** of a bridge 橋の全長.
a life **span** 寿命，一生.
the whole **span** of Roman History 全ローマ史.

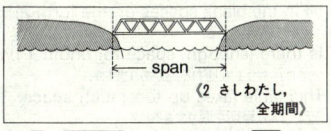

《2 さしわたし，全期間》

── 動 （過去・過分） spanned/-d/; （現分） span‧ning) 他 《正式》**1**〈橋が〉〈川〉にかかっている；〈にじが〉〈空〉にかかる ‖
A bridge **spans** the river. 川に橋がかかっている.
**2** …に及ぶ；…を補う，…の橋渡しをする ‖
**span** the gap in our knowledge 知識不足を補う.

**span‧gle** /spǽŋgl/ スパングル/ 图 **1** スパンコール，スパングル《舞台衣装などに付けるぴかぴか光る金銀・すず箔(はく)》. **2** ぴかぴか光る物《霜・雲母・星など》.
── 動 （現分） span‧gling) 他［通例 be 〜d］**1** スパンコール［ぴかぴか光る物］を付けている.
**2** …が光っている ‖
The leaf was **spangled** with dewdrops. 葉には露のしずくがきらめいていた.
── 自 ぴかぴか光る.

**Span‧iard** /spǽnjərd/ スパニャド/ 图 ⓒ スペイン人《◆国民全体を表す場合は the Spanish》.

**span‧iel** /spǽnjəl/ スパニエル/ 图 ⓒ 動 スパニエル犬《耳が長く脚(あし)の短い小[中]形犬. 愛玩(あいがん)・狩猟用》‖
the Japanese **spaniel** チン.

*****Span‧ish** /spǽniʃ/ スパニッシュ/ 《→ Span》
── 形 **1** スペインの ‖
a **Spanish** dance スペインの踊り.
Let's eat at the **Spanish** restaurant. あのスペイン料理店で食事をしましょう.
**2** スペイン人［語］の.
── 图 **1** Ⓤ スペイン語. **2**［the 〜；集合名詞；複数扱い］スペイン人［国民］.

**Spánish América** スペイン語圏アメリカ《ブラジルなどを除く中南米諸国》.

**Spánish Armáda** [the 〜] =armada **2**.

**Span‧ish-A‧mer‧i‧can** /spǽniʃəmérikən/ スパニシャメリカン/ 形 **1** スペイン語圏アメリカの. **2** スペインとアメリカの. ── 图 ⓒ スペイン語圏アメリカ住民；（特に）スペイン系アメリカ人.

**Spánish-Américan Wár** [the 〜] 米西戦争 (1898年).

**spank** /spǽŋk/ スパンク/［擬音語］動 他〈子供の尻(しり)などを〉（罰として）たたく，打つ. ── 图 Ⓒ 平手［スリッパ］でたたくこと，平手打ち；ピシャリと打つこと［音］.

**span‧ner** /spǽnər/ スパナ/ 图 ⓒ 《英》スパナ，レンチ《《米》wrench, monkey wrench》‖
a box **spanner** 《英》箱スパナ《《米》socket wrench》.

**spar** /spɑ́ːr/ スパー/ 動 （過去・過分） sparred/-d/; （現分） spar‧ring) 自 **1**《ボクシング》スパーリングする. **2** 悪口を言い合う，口論する.

**spárring mátch**《ボクシング》スパーリング.

**spárring pàrtner** (1)《ボクシング》スパーリング＝パートナー. (2)《略式》《仲のよい》議論仲間.

*****spare** /spéər/ スペア/ ［類音］spar/spɑ́ːr/, spear /spíər/『「使うのを控える」が本義. cf. speed』
── 動 （三単現） 〜s/-z/; （過去・過分） 〜d/-d/; （現分） spar‧ing/spéəriŋ/)
── 他 **1** …をなしですます；［授与動詞］［spare A B / spare B for A]〈人〉に B〈物・事〉を取っておく，与える ‖
I can't **spare** her today. きょうは彼女がどうしても必要だ.
Could you **spare** me a few minutes? 少し時間をいただけないでしょうか.
I can't **spare** the time for the dinner party. 晩餐(ばんさん)会に出席する時間がとれない.
［対話］"Do you need any help?" "Yes. Can you **spare** me about ten minutes?" 「助けが必要か」「えぇ. 10分ほど時間をいただけるかしら」.
**2**［通例疑問文・否定文で］…を（惜しんで）**使わない**，節約［倹約］する ‖
I **spare** no effort to understand him. 彼を理解するためには努力を惜しまない.
**3**［spare A B] A〈人〉に B〈苦労など〉をかけないように気を配る ‖
**spare** you the trouble 君に手数[面倒]をかけないようにする《♦ *spare you from trouble とはいわない》.
**spare** Bill's feelings ビルの感情を傷つけないようにする.
**4**《文》…を助ける，助命する，容赦する；…に気を配る ‖
**spare** him his life ＝**spare** him ＝**spare** his life 彼の命を助ける.
if I am **spared**（神の御加護で）まだ生きていれば.
… （**enóugh**) **and to spáre** あり余るほどの… ‖
money enough and to spare あり余る金.
**spáre** onesélf ［通例否定文で］労を惜しむ.
… **to spáre** 余分の… ‖ time to spare 自由に使える時間 / with two minutes to spare 2分残して.
── 形 **1** 余分の；予備の，備えの ‖
a **spare** room《米》客間；《英》予備の客用寝室.
**spare** parts《英》交換部品.
**2**〈時間が〉あいた，手すきの ‖
in one's **spare** time 余暇時間に.
**3**《略式》〈席などが〉あいた，空席の ‖
Are there any seats **spare**? 空席はありますか.
── 图 Ⓒ **1a**（一般に）予備の. **b** スペアタイヤ (spare tire [《英》tyre]). **c**《英》［しばしば 〜s]予

者, 支配者 (↔ subject).
──形《正式》**1** 君主である, 王位の; 主権を有する ∥
a sovereign ruler 君主, 統治者.
**2** 〈権力が〉最高の, 絶対の ∥
sovereign power 主権.
**3** 〈国が〉自治を有する, 独立した, 自主の ∥
a sovereign state 独立国.

**sov·er·eign·ty** /sάvərənti サヴァランティ | sɔ́v- ソヴァリンティ/ 名 ⓤ《正式》君主であること; 主権, 統治権.

**so·vi·et** /sóuviet ソウヴィエト | sóuviət ソウヴィエト/『ロシア』 名 **1** ⓒ (旧ソ連などの) 評議会, 会議 ∥
the Supreme Soviet (ソ連の) 立法最高会議.
**2** 《米》[the Soviets; 複数扱い] ソ連の国民; ソ連政府.
──形 [しばしば S~] ソビエト連邦の; ソ連国民の; 社会[共産]主義的な.

**Sóviet Rússia** (1) ソビエト=ロシア《旧ソ連邦内の一共和国》. (2) (旧) ソ連 (the Soviet Union) の通称.

**Sóviet Únion** [the ~] ソビエト連邦《正式名 the Union of Soviet Socialist Republics ソビエト社会主義共和国連邦. 略 USSR. 1991年消滅》.

**sow** /sóu ソウ/ (同音 sew, so; 類音 saw /sɔ́ː/) 動 (過去) ~ed/-d/, (過分) sown/sóun/ または ~ed) 他 **1** 〈種〉をまく, …の種をまく (↔ reap); 〈土地〉に種をまく ∥
sow seed(s) in spring 春に種をまく.
sow the garden with lettuce = sow lettuce in the garden 庭にレタスの種をまく.
**2**《正式》[比喩的に] …の種をまく; …を誘発する ∥
sow discord 不和の原因をつくる.
──自 [しばしば比喩的に] 種をまく ∥
As a man sows, so shall he reap. (ことわざ) 人は種をまいたからには刈り取らねばならない;「因果応報, 自業(ﾞ)自得」.

**sow·er** /sóuər ソウア/ 名 ⓒ 種をまく[植える]人.
**sown** /sóun ソウン/ (同音 sewn) 動 → sow.
**soy** /sói ソイ/《日本》名 **1** ⓤ しょう油《◆ soy(a) /sɔ́i(ə)/ sauce ともいう》. **2** ⓒ 大豆.

> **Q&A**  **Q**: soy と「しょうゆ」は音が似ていますが何か関係があるのですか.
> **A**:「しょうゆ」という日本語から英語に入った語なのです.

**soy·bean** /sɔ́ibìːn ソイビーン/ 名 ⓒ《植》ダイズ; ダイズの豆《◆ soya bean ともいう》.

**spa** /spάː スパー/『ベルギーの温泉地の名から』名 ⓒ 鉱泉, 温泉 ∥
a health spa (減量・健康維持のための) ヘルスセンター《◆ health centre は《英》「保健所」》.

**\*\*space** /spéis スペイス/『「何もない空間」が本義』
──名 (複 spac·es/-iz/) **1** ⓤ 空間 ∥

time and space 時間と空間.
look up into space 空(ｿ)を見上げる.
**2** ⓤ **宇宙**, 宇宙空間; [形容詞的に] 宇宙の ∥
space travel 宇宙旅行.
The rocket hurtled through space. ロケットが宇宙を突進した.
**3** ⓒⓤ [通例複合語で] 場所; 座席; ⓤ 余地, 余白; 紙面 ∥
open spaces 空地.
a parking space 駐車場.
fill in the blank spaces on the form 用紙の空欄に書き入れる.
Is there (enough) space for another person? もう1人座れる席がありますか.
This table takes up too much space. このテーブルは場所を取りすぎる.
**4** ⓒⓤ 間隔距離, スペース ∥
Leave a space after that word. その語のあとにスペースを置きなさい.
**5** [a ~ / the ~] 時間, 期間; [a ~] しばらくの間; ⓤ [テレビ・ラジオ] コマーシャル時間 ∥
for a [the] space of five years 5年間.
The irises wilted in the space of a day. アイリスは1日でしぼんだ.
**6** ⓒ《印刷》スペース《字間・語間の詰め物》; 字[語, 行] 間; 《音楽》線間 (図) → music).
──動 (現分) spac·ing) 他 …を一定の間隔に置く ∥
space the flowers out evenly 花を等間隔に並べる.

**spáce science** 宇宙科学.
**spáce ship** =spaceship.
**spáce shùttle** [しばしば S~ S-] スペースシャトル, 宇宙連絡船.
**spáce stàtion** 宇宙ステーション.
**spáce trável** 宇宙旅行.
**space·craft** /spéiskræft スペイスクラフト | -krɑ̀ːft -クラーフト/ 名 (複 ~) ⓒ 宇宙船.
**space·ship** /spéisʃìp スペイスシプ/, **spáce ship** 名 ⓒ (有人) 宇宙船 ∥
Spaceship Earth 宇宙船地球号.
**spa·cious** /spéiʃəs スペイシャス/ 形 広々とした, 広い ∥
a spacious room 広々とした部屋.
**spá·cious·ly** 副 広々と.
**spade**¹ /spéid スペイド/ 名 ⓒ 鋤(ｽ), 踏みぐわ, 手ぐわ ∥
dig the garden with a spade 踏みぐわで庭を掘る.
**cáll a spáde a spáde**《略式》ありのまま言う, 歯に衣(ﾞ)を着せずに言う.
**spade**² /spéid スペイド/『「剣」が原義』名 ⓒ《トランプ》スペード; [~s; 単数・複数扱い] スペードの1組 ∥
the ten of spades スペードの10.
**spa·ghet·ti** /spəgéti スパゲティ/『イタリア』名 ⓤ スパゲッティ.
**\*Spain** /spéin スペイン/
──名 スペイン《◆別称《文》Hispania. 首都

**sparerib**

備[交換]部品(spare part). **2** 《米》〔ボウリング〕スペア(の得点).

**spáre tíre** [《英》**týre**] =spare 名 **1 b**.

**spáre párt** =spare 名 **1 c**.

**spare・rib** /spέərɪb スペアリブ/ 名 [〜s; 複数扱い] スペアリブ《豚の肉付きあばら骨. 図 → pork》.

**spar・ing** /spέərɪŋ スペアリング/ 動 → spare.
── 形 **1** 質素な; 節約する(↔ unsparing) ‖
sparing with butter バターを使いすぎない.
sparing of praise ほめすぎない.
be sparing in one's use of salt. 塩を控え目にする.
**2** 乏しい, 少ない ‖
sparing in speech 口数が少ない.

**spar・ing・ly** /spέərɪŋli スペアリングリ/ 副 節約して; 控え目に.

**spark** /spάːrk スパーク/ 名 © **1** 火花, 火の粉 ‖
make the sparks fly [比喩的に] (議論で)火花を散らす.
**2** 〔電気〕(電気)火花, スパーク.
**3** 生気, 活気 ‖
the vital spark 命, 生気.
**4** (才知の)ひらめき; (宝石・目などの)輝き ‖
a spark of genius 天才のひらめき.
**5** [通例 not a 〜] 少し(もない), 微塵(みじん)(もない) ‖
She doesn't show a spark of interest in the game. 彼女はそのゲームには全く関心を示さない.
── 動 @ **1** 火花を散らす, 閃(せん)光を発する. **2** 〔電気〕スパークする.
── 他 …への導火線となる, 引き金となる, …を引き起こす《◆ふつう悪いことをさす》‖
spark (off) a revolt 反乱の口火を切る.

**spárk** [《英》**spárking**] **plúg** 点火プラグ.

**spar・kle** /spάːrkl スパークル/ 名 ©⑪ **1** 火花, 火の粉.
**2** 輝き, きらめき, 閃(せん)光 ‖
the sparkle of a diamond ダイヤの輝き.
the sparkle of her eyes 彼女の燃えるようなまなざし.
**3** 活気, 生気; 才気.
── 動 (現分 spar・kling) @ **1** 火花を発する ‖
The fireworks sparkled. 花火がパチパチと火花を散らした.
**2** 輝く, きらめく ‖
The diamonds sparkled in the sunlight. ダイヤが日の光を浴びてきらきらと輝いた.
**3** 異彩を放つ.

**spark・ler** /spάːrklər スパークラ/ 名 © 異彩を放つ人, 才人; 美人.

**spar・kling** /spάːrklɪŋ スパークリング/ 動 → spar・kle. ── 形 **1** 火花を発する; スパークする. **2** きらめく. **3** 生気のある, 活気のある.

**spar・row** /spǽrou スパロウ, 《米+》-rə/ 名 © スズメ《◆ふつうイエスズメを指す》‖
Sparrows are chirping in the garden. スズメが庭でさえずっている.

**sparse** /spάːrs スパース/ 形 **1** 《正式》まばらな; 少ない; 点在する. **2** 貧弱な, 乏しい.

**sparse・ly** /spάːrsli スパースリ/ 副 まばらに, ちらほらと ‖
a sparsely populated area 過疎地.

**Spar・ta** /spάːrtə スパータ/ 名 スパルタ《アテネと並ぶ古代ギリシアの都市国家. 兵士の厳格な規律・訓練で有名》.

**Spar・tan** /spάːrtn スパートン/ [しばしば s〜] 形 **1** 〔歴史〕(古代)スパルタ住民の. **2** 《正式》スパルタ[式]の; 厳格な, 勇敢な. ── 名 © スパルタ住民; 質実剛健な人.

**spasm** /spǽzm スパズム/ 名 **1** ©⑪ 〔医学〕(筋肉の)けいれん, ひきつけ.
**2** © (通例 a 〜 / 〜s) (感情などの)発作; 激発; 突発的衝動 ‖
a spasm of coughing せき込み.

**spas・mod・ic, --i・cal** /spæzmάdɪk(l) スパズマディク(ル)|-mɔ́d- -モディク(ル)/ 形 **1** 〔医学〕(筋)けいれん性の. **2** 発作的な, 突然の.

**spat**[1] /spǽt スパト/ 名 © 《米略式》(ちょっとした)けんか, 口論. ── 動 (過去・過分 spat・ted/-ɪd/ (現分 spat・ting) @ 《米略式》(ちょっとした)いさかいをする.

**spat**[2] /spǽt スパト/ 動 → spit.

**spate** /spéɪt スペイト/ 名 《主に英》**1** ©⑪ 大雨, 豪雨; 洪水, 大水. **2** [a 〜] 多数, 多量.

**spa・tial** /spéɪʃəl スペイシャル/ 形 《正式》空間の[的な].

**spat・ter** /spǽtər スパタ/ 動 他 **1** [spatter A with B / spatter B on [onto, over] A] A 〈人など〉に B〈泥・水など〉をはねかける ‖
The car spattered us with mud. =The car spattered mud on us. 車が私たちに泥をはねかけた.
**2** …にまく; …に降り注ぐ ‖
spatter the ground with water 地面に水をまく.
**3** …に浴びせる ‖
spatter him with disgrace 彼の名声を傷つける.
── @ **1** はねる, 飛び散る; はねかかる, 降り注ぐ. **2** 口角(こうかく)泡を飛ばす.
── 名 © **1** はね(かけ), 飛び散り; [通例 〜s] はねた物. **2** 雨音, 銃声; パラパラ, バーンバーン(いう音). **3** [通例 a 〜 of A] 少量[少数]の….

**spat・u・la** /spǽtʃələ スパチュラ|spǽtju- スパテュラ/ 名 © へら.

**spawn** /spɔ́ːn スポーン/ 〔類音 spurn/spɚ́ːrn/〕 名 ⑪ [集合名詞] (魚・カエル・カキなどの)卵, はらこ ‖
shoot spawn 卵を産む.
── 動 他 **1** 〈魚・カエルなど〉〈卵〉を産む. **2** 《正式》…を多量に産む.
── @ **1** 〈魚・カエルなど〉卵を産む. **2** 生まれる.

***speak** /spíːk スピーク/ 〔「言葉を発する」が本義で, 短い話から長い話まであらゆる種類の発話に用いられる. → talk〕 派 speaker (名), speech (名)
── 動 (三単現 〜s/-s/ ; 過去 spoke/spóuk/,

## speaker

過分 spo·ken /spóukn/; 現分 ~·ing)
— 自 **1** 話す, しゃべる, 物を言う, 口をきく ‖
speak clearly はっきりと話す.
speak from notes メモを見ながら話す.
Please **speak** more slowly. もう少しゆっくり話してください.
After their fight, they are not speaking to each other. けんかのあと彼らはお互いに口をきいていない.
対話 "Who's speaking, please?" "Brown speaking." 《電話で》「どちらさまですか」「ブラウンです」.
対話 "Hello! May I speak to Mary?" "Speaking." 《電話で》「もしもし. メリーさんはいらっしゃいますか」「はい. 私です」.

Q&A *Q* : speak と talk の違いは?
*A* : speak は一方的に話す, talk はお互いに「話し合う」ということです. 前者には冷たさ, 後者にはなごやかさが感じられることが多いようです. 次がその好例です: He and his wife *spoke* sometimes, but seldom *talked*. 夫婦は一方が一方に話しかけることがあっても, おしゃべりに発展することはめったになかった.

**2** 演説をする, 講演する ‖
speak on [about] modern art 近代美術について講演する《◆ふつう専門的な内容には on, 一般的な内容には about を用いる》.
speak to a women's group on "the generation gap" 女性のグループに「世代の断絶」について講演する.
**3** 《正式》物語る, 表す, 示す ‖
The picture **speaks**. その写真はすべてを物語っている.
His face **speaks** of suffering. 彼の顔は苦しみを物語っている.
— 他 **1** 〈言葉〉を話す;〈事実・意見など〉を言う, 述べる ‖
speak the truth 真実を語る.
speak sense 分別のあることを言う.
speak one's mind 思うことをはっきりと言う.
She **spoke** a few words to us. 彼女は私たちに二言三言言った.
**2** 〈言語〉を話す, 使う《◆進行形にしない》‖
Do you **speak** English? 英語が話せますか.
What languages do they **speak** in India? =What languages are **spoken** in India? インドでは何語を話しますか.

**cléarly spéaking** [通例文頭で] はっきり言えば.
**génerally** [**róughly**] **spéaking** [通例文頭で] 一般的に言って, 概して, 大ざっぱに言えば《◆ speaking を略すことが多い》‖ Generally speaking [Speaking generally], men are stronger than women. 概して男性は女性よりも筋骨たくましい.
**nót to spéak of** A …は言うまでもなく ‖ She has traveled all over Europe, not to speak of her own country. 彼女は自分の国はもちろんのこと, ヨーロッパ中を旅行している.
◦**sò to spéak** いわば《◆耳新しい言い方などに対して気が引けるような場合に挿入的に用いる》‖ He is, so to speak, our King. 彼はいわば王のような存在だ.
◦**spéak abòut** A (1) …について話す ‖ She spoke about her old father. 彼女は年老いた父親のことを話した. (2) → **2**.
**speak for** A (1) …を弁護[支持]する; …に賛成する ‖ speak for the plan その計画に賛成する. (2) …を代表[代弁]する.
**spéak íll of** A 《ややれ》…のことを悪く言う, けなす (criticize) (↔ speak well of) ‖ Why do you speak ill of her? 彼女のことをなぜ悪く言うのだ.
**spéaking of** A …のことだが, …といえば.
◦**spéak of** A …について話す, 言う, …を話題にする《◆ふつう のやや堅い言い方で「軽く言及する」, about は「詳しくいろいろと話す」の含意がある》‖ He never **speaks of** his dead daughter. 彼は死んだ娘のことを絶対に口にしない / That's nothing to speak of. それは取り立てて言うことではないよ. (2) → 自 **3**.
**spéak óut** =SPEAK up (2).
**spéak úp** [自] (1) 大声で話す, はっきり話す ‖ Speak up, we can't hear you. 大きな声で話してください, 聞こえません. (2) 思いきって[率直に]意見を述べる.
◦**spéak to** A (1) …と話をする《◆短い会話にも長い会話にも用いる》‖ I spoke to her about the matter その件について彼女と話をする. (2) …に話しかける(→ 自 **2**) ‖ I've never been spoken to like that. そんなふうに話しかけられたのは初めてだった.
**spéak wéll of** A 《ややれ》…のことをよく言う, ほめる (praise) (↔ speak ill of) ‖ He is well spoken [spoken well] of by his students. 彼は学生の間で評判がよい / 対話 "I can't stand Jim's habit of smoking." "Can't you ever speak well of him?" 「ジムの喫煙ぐせには我慢ならないよ」「彼のことをほめることはできないの」.
**strictly spéaking** 厳密に言えば.
**to spéak of** [否定文で代(代)名詞を修飾して] とりたてて言うほどの ‖ Our country has no natural resources to speak of. わが国にはこれといった天然資源がない.

*****spéak·er** /spíːkəɾ/ スピーカ 《→ speak》
— 名 (複 ~s/-z/) C **1** 話す人, 話し手 ‖
She is a good English **speaker**. 彼女は英語を上手に話す(=She speaks English well.) 《◆ She is a good speaker of English. とはあまり言わない》.
**2** 演説者, 弁士, 講演者; 雄弁家 ‖
a good [poor] speaker 雄弁[訥(ṣo)弁]家.
**3** [通例 the S~] (米·英の下院の)議長 ‖
Mr Speaker! [呼びかけ] 議長.
**4** 拡声機, スピーカー.

**speak·ing** /spíːkiŋ スピーキング/ 動 → speak.
―形 1 話す, 物を言う ‖
a speaking voice 話し声.
a speaking engagement 口約束.
2 [複合語で] …語を話す ‖
English-speaking countries 英語が話されている国々.
*on spéaking tèrms with A* …と(会えば)言葉をかわす間柄で.
―名 U 話すこと; 談話, 演説, 弁論.

**spear** /spíər スピア/ (類音 sp*are*/spέər/) 名 C
1 (戦闘用の)やり, 投げやり ‖
He killed a lion with a spear. 彼はやりでライオンを殺した.
2 (魚を突く)やす; やす使い.
―動 他 …をやり[やす]で突く.

**spear·head** /spíərhèd スピアヘド/ (正式) 名 C (攻撃·事業などの)急先鋒(ほう), 率先者; 最先端.
―動 他 …の先頭[陣頭]に立つ.

**spear·mint** /spíərmìnt スピアミント/ 名 U [植] オランダハッカ, ミドリハッカ.

\***spe·cial** /spéʃl スペシュル/ [[「種類」が原義. especial の頭音消失から. cf. *species*] 派 specialize (動), specially (副), specialist (名)
―形 [比較] more ~, 時に ~er; [最上] most ~, 時に ~est] 1 [通例名詞の前で] **特別**の, 特殊な; 格別の(↔ general) ‖
special training 特別な訓練.
a special camera 特殊カメラ.
Did you come here for any special purpose? 何か特別な目的でここへ来たのですか.
対話 "You really like that necklace." "This is very special to me." 「そのネックレスがほんとうに好きなんだね」「私にとってこれは特別なもの」.
2 (正式) [通例名詞の前で] **特有**の; 独特の; 専用の ‖
his special talent 彼特有の才.
It is my special chair. それは私の専用のいすだ.
3 **特設**の; 臨時の ‖
a special edition 臨時増刊号.
a special bus 臨時バス.
a special envoy 特使.
4 **専門**の, 専攻の ‖
It is her special field. それは彼女の専門分野だ.
What is your special subject? あなたの専門科目は何ですか.
5 異例の, 例外的な, 並みはずれた ‖
a special friend of mine 私の大の親友.
She has a special fondness for sweets. 彼女は甘いものには全く目がない.
6 特定の ‖
on a special day ある決まった日に.
―名 C 1 特別[臨時]の人[物].
2 特使; 特派員.
3 臨時列車[バス]; 特別番組; (新聞の)号外.
4 (レストラン自慢の) 特別料理; 買得品, 特価(品) ‖

Eggs are **on special** today. きょうは卵がお買得品です《♦無冠詞に注意》.
**spécial delívery** (米)速達((英) express delivery) (略 SD).

**spe·cial·ise** /spéʃəlàiz スペシャライズ/ 動 (英) = specialize.

**spe·cial·is·ing** /spéʃəlàiziŋ スペシャライズィング/ 動 (英) = specializing.

\***spe·cial·ist** /spéʃəlist スペシャリスト/
―名 (複 ~s/-ists/) C **専門家**; 専門医; [形容詞的に] 専門的な ‖
a heart specialist 心臓外科医.
a specialist in children's diseases 小児科医.
The professor is a specialist on Milton. 教授はミルトン研究の専門家です.
specialist knowledge 専門知識.

**spe·ci·al·i·ty** /spèʃiǽləti スペシアリティ/ 名 (複 ~·ties/-z/) (英) = specialty.

**spe·cial·i·za·tion** /spèʃəlizéiʃən スペシャリゼイション/ |-aizéi- スペシャライゼイション/ 名 U 特殊[専門]化; (意味の)限定.

**spe·cial·ize, (英ではしばしば) ~·ise** /spéʃəlàiz スペシャライズ/ 動 (現分 ~·iz·ing) 自 [specialize in A] …を専門にする, 専門に研究する, 専攻する(→ Q&A); 〈店などが〉…を専門に扱う ‖
specialize in civil law 民法を専攻する.
That cinema specializes in foreign films. あの映画館は外国映画を専門に上映する.
対話 "My job's to call our customers and ask them about our products." "Well, I specialize in listening to their complaints." 「僕の仕事は得意先に電話してわが社の製品について尋ねることなんだ」「へぇー, 私の専門は得意先の苦情を聞くことなのよ」.

Q&A *Q*: 「専攻する」というとき specialize と major がありますが, 違いがあるのですか.
*A*: 米国では大学院(graduate) 以上の学生には specialize を用い, 学部(undergraduate) の学生には major を用いて区別をしています. 英国ではどちらも specialize を用います.

―他 1 …を特殊[専門]化する. 2 〈意味など〉を限定する.

**spe·cial·ized** /spéʃəlàizd スペシャライズド/ 動 → specialize.
―形 特殊[専門]化した ‖
specialized knowledge 専門知識.

**spe·cial·iz·ing** /spéʃəlàiziŋ スペシャライズィング/ 動 → specialize.

\***spe·cial·ly** /spéʃəli スペシャリ/ [→ special]
―副 1 **特別に**; 特に, わざわざ ‖
I made this specially for you. 特にあなたのためにこれをお作りしました.
2 格別に, 並みはずれて(very much) ‖
It is not specially hot today. きょうは格別に暑いというわけではない.

**spe・cial・ty** /spéʃəlti スペシャルティ/ 《◆《英》ではふつう speciality》图 (複) --cial・ties/-z/) **1** 専門, 専攻; 本職; 得意. **2** (店などの)名物, 得意料理; 特製品, 特産品; 高級専門品.
**spécialty shòp** (高級)専門店.
**spe・cies** /spíːʃiːz スピーシ(ー)ズ/ 图 (複 spe・cies)
**1** ⓒ 〔生物〕(分類上の)種(しゅ)(→ classification) ‖
many **species** of monkeys 多くの種のサル.
*Origin of Species*『種の起源』《C. Darwin の著書》.
**2** ⓒ 種類 ‖
a new **species** of computer 新型のコンピュータ.
**3** 《正式》[the ~ / our ~] 人類.
\*__spe・cif・ic__ /spəsífik スペスィフィク/ 〈アクセント注意〉《◆スペシフィック》[[『物・形が見える』が原義]] 派 specifically ‖
──形 **1** 明確な, はっきりとした, 具体的な ‖
**specific** instructions 具体的な指示.
to be **specific** はっきり言えば.
She has no **specific** aim in life. 彼女は人生のはっきりとした目的を持っていない.
Please be **specific** in your explanation. はっきり説明してください.
[対話] "Do you follow what I am saying?" "Not really. Can you be a little more **specific** about it?" 「私が申し上げていることがわかりますか」「どうもわからないね. もう少し具体的に話してもらえないかなあ」.
**2** 特定の, 一定の(↔ general) ‖
a **specific** sum of money 一定の金額.
**3** 特有の, 独特の ‖
the **specific** characteristics of a region = the characteristics **specific** to a region ある地域に見られる固有の特徴.
──图 **1** ⓒ 《正式》=specific remedy. **2** 《米》[通例 ~s] 詳細, 細目(particulars).
**specific rémedy** 特効薬(specific).
**spe・cif・i・cal・ly** /spəsífikəli スペスィフィカリ/ 副 **1** 明確に, はっきりと.
**2** 特に, とりわけ ‖
This English dictionary is written **specifically** for beginners. この英語の辞書は特に初心者向きに書かれています.
**3** もっと正確に言えば, すなわち.
**spec・i・fi・ca・tion** /spèsəfikéiʃən スペスィフィケイション/ 图 **1** 《正式》Ⓤ 明細に述べること, 詳述; ⓒ 明細事項. **2** ⓒ [しばしば ~s] 仕様書, 設計仕様書.
**spec・i・fy** /spésəfai スペスィファイ/ 動 (三単現) --i・fies/-z/; [過去・過分] --i・fied/-d/) 他 …を明細に述べる, 具体的にあげる ‖
**specify** the time and place for the meeting 会合の時間と場所を指定する.
**spec・i・men** /spésəmən スペスィメン/ 图 ⓒ **1** 見本, 実例; [形容詞的に] 見本の ‖
a **specimen** page 見本刷り.
She is a fine **specimen** of health. 彼女は健康の見本のようだ.
**2** 標本 ‖
**specimens** of rocks and ores 岩石と鉱物の標本.
**spe・cious** /spíːʃəs スピーシャス/ 形 《正式》もっともらしい.
**speck** /spék スペク/ 图 ⓒ **1** 小さなしみ; 汚点; 欠点 ‖
a **speck** of ink インクのしみ.
**2** 《米》[通例 not a ~」 微塵(びじん)(もない), 少し(もない) ‖
She doesn't have a **speck** of self-esteem. 彼女には自尊心などひとかけらもない.
──動 [通例 be ~ed] しみつく.
**spécked** /-t/ 形 しみになった, 汚れた; 斑点の付いた.
**speck・le** /spékl スペクル/ 图 ⓒ (皮膚の)斑(はん)点, ぽつぽつ, しみ; 色のついた小点.
──動 (現分) speck・ling) 他 …にしみ[汚点, 傷]をつける ‖
a **speckled** apple 傷のついたリンゴ.
**spec・ta・cle** /spéktəkl スペクタクル/ 图 ⓒ **1** 見世物, ショー, スペクタクル.
**2** 壮観; 見もの, 光景 《◆ sight より堅い語》‖
What a **spectacle**! なんと美しい光景だろう.
**3** (他人の)惨状, 哀れな光景.
**4** (主に英) [通例 (a pair of) ~s; 複数扱い] めがね 《◆ glasses がふつう》; [形容詞的に] めがね(用)の ‖
a **spectacle** case めがねケース.
*make a spéctacle of onesèlf* 恥をさらす, 物笑いの種になる.
**spec・tac・u・lar** /spektǽkjələr スペクタキュラ/ 形 **1** 見世物の.
**2** 壮観な, 目を見張る, 見ごたえのある ‖
a **spectacular** flight 劇的な飛行.
**spec・tác・u・lar・ly** 副 目覚ましく; 劇的に.
**spec・ta・tor** /spékteitər スペクテイタ, ー | spektéitə スペクテイタ/ 图 ⓒ **1** 見物人, 目撃者 ‖
from the **spectator**'s point of view 第三者の立場から.
**2** ⓒ 観客, 観衆; 目撃者(cf. onlooker); [形容詞的に] 観客を引きつける ‖
There were about fifty thousand **spectators** at the baseball game. 野球の試合に約5万人の観客が集まった.
**spéctator spórt** (大観衆を集める)見るスポーツ.

---

[Q&A] **Q**: spectator と audience にはどんな違いがありますか.

**A**: spect- は「見る」, audi- は「聞く」が語源ですから, spectator は目で見るものについて, audience は主として耳で聞くものについて用います. 用法も両者は大きく異なり, spectator はⒸ名詞で上例のように数詞やそれに準ずる many, a few などと共に用いられますが, audience は集合名詞ですから, 上例なら There was an *audience* of about fifty thousand. と言わなくてはなりませ

ん. また many [a few] spectators に対しては a *large* [*small*] audience といいます.

**spec·ter**, (英) **--tre** /spéktər スペクタ/ 名 C **1** (正式) 幽霊. **2** 恐ろしい物；（将来への）不安材料.

**spec·trum** /spéktrəm スペクトラム/ 名 (複 **--tra** /-trə/, (略) **~s**) **1** C 〖光学〗スペクトル ‖
a sound spectrum 音声スペクトル.
spectrum analysis スペクトル分析.
**2** C (変動する)範囲 ‖
a wide spectrum of interests 幅広い関心事.

**spec·u·late** /spékjəlèit スペキュレイト/ 動 (現分) **--lat·ing**) 自 **1** 投資[投機]する, 思惑買い[売り]する ‖
speculate in oil shares 石油株に手を出す.
**2** (正式) 熟考する, 思いを凝らす；推測する ‖
speculate about what's going to happen 何が起こるかと思いめぐらす.

**spec·u·la·tion** /spèkjəléiʃən スペキュレイション/ 名 U C (正式) **1** 思索, 熟考 ‖
Former speculations about electricity were often mere guesses. 電気に関する以前の考察はしばしば単なる思いつきだった.
**2** 推測, 推量；空理, 空論 ‖
in speculation 理論上.
**3** 投資, 思惑(買い) ‖
his speculations in oil shares 石油株への彼の投資.
on speculation 思惑で, 投機的に.

**spec·u·la·tive** /spékjəlèitiv スペキュレイティヴ, -lə-/ 形 (正式) **1** 思索的な；思わせぶりな ‖
give him a speculative glance 彼をいぶかしげに深く見る.
**2** 推論にすぎない, 思いつき程度の.
**3** 投機的な.
**spécu·là·tive·ly** 副 思索で；投機的に.

**spec·u·la·tor** /spékjəlèitər スペキュレイタ/ 名 C **1** 思索家；理論家, 空理空論家. **2** 投資[投機]家；(米) ダフ屋.

***sped** /spéd スペド/ 動 → speed.

***speech** /spíːtʃ スピーチ/ 〖→ speak〗
—名 (複 **~·es**/-iz/) **1** U 話すこと, 発言, 話 ‖
freedom of speech = free speech 言論の自由.
burst into rapid speech 急に早口でしゃべる.
Speech is silver, silence is golden. (ことわざ) 雄弁は銀, 沈黙は金；「言わぬが花」〖◆単に Silence is golden. ということも多い〗.
**2** U 話す能力, 言語能力 ‖
lose one's speech 口がきけなくなる.
Man alone has the gift of speech. 人間だけに言語能力がある.
**3** U 〖通例 one's ~〗話し方, 言葉つき ‖
Her speech was difficult to hear. 彼女の言葉は聞き取りにくかった.
We knew from his speech that he was British. 話し方から彼がイギリス人だとわかった.
**4** C 演説, スピーチ, あいさつ ‖
give [make, deliver] an after-dinner speech テーブルスピーチをする 〖◆ ×table speech とはいわない. table talk は「食卓での雑談」〗.
The Prime Minister made a speech on national defense. 首相は国防に関する演説をした.

**speech·less** /spíːtʃləs スピーチレス/ 形 **1** 口がきけない ‖
be (left) speechless with surprise びっくりして口がきけない.
fall speechless 急に静かになる.
**2** 言葉では表せないほどの ‖
speechless fear 口もきけないほどの恐怖.
**3** 無言の, 口に出さない.

***speed** /spíːd スピード/ 〖「成功[繁栄](する)」が原義〗
—名 (複 **~·s**/spíːdz/) **1** U (動作の)速いこと, 速さ, スピード ‖
move at [×with] amazing speed 目を見張る速さで動く.
**2** C U (走る)速度, 速力 ‖
(at) full [top, high, ×quick] speed 全速力で.
at an average speed of 24 miles per hour 平均時速24マイルで.
increase [gather, put on] one's reading speed 読むスピードを増す.
**3** C (自動車などの)変速装置, チェンジギア ‖
shift to low speed 低速ギアに変える.
—動 (三単現) **~·s**/spíːdz/；(過去・過分) **sped** /spéd/ または **~·ed**/-id/；(現分) **~·ing**)〖◆自 2, 3, 他 3 は speeded〗
—自 **1**〈車などが〉急ぐ, 疾走する；〈時が〉過ぎ去る 〖◆副詞(句)を伴う〗 ‖
The car sped away. 車がさっと過ぎ去った.
The time sped quickly by. 時があっという間に経ってしまった.
**2** 〖しばしば be ~ing〗速度を増す, 加速する 〖◆副詞(句)を伴う〗 ‖
The rise in prices has been speeding up recently. 最近, 物価の上昇は速度を増してきている.
**3** 〖通例 be ~ing〗違反速度で走る, スピード違反をする ‖
have one's driver's license taken away for speeding スピード違反で運転免許証を取りあげられる.
The car was caught speeding near the school zone. その車は通学路近くでスピード違反をしてつかまった.
—他 **1** …を急がせる, せき立てる, 早める ‖
speed a horse 馬に拍車をかける.
**2** …を早める, 促進する ‖
speed a bill through Congress 法案審議を急いで国会に通す.
**3** …を加速する, 高める (+*up*) ‖
speed up your rate of work 仕事の能率をあ

げる.
**speed up** production 増産する《◆「減速する」は slow down. ˣspeed down は誤り》

**spéed limit** [the ~] 制限(最高)速度.

**-speed** /-spíːd -スピード/ 〘連結形〙(車・自転車のギアが)…速の.

**speed·boat** /spíːdbòut スピードボウト/ 名C 高速艇, スピードボート.

**speed·i·ly** /spíːdili スピーディリ/ 副 急速に; ただちに, すみやかに.

**speed·om·e·ter** /spidɑ́mətər スピダミタ | -ɔ́m- スピドミタ/ 名C (自動車などの)速度計, スピードメーター.

**speed·way** /spíːdwèi スピードウェイ/ 名C 1 モーターレース. 2 モーターレース用トラック.

**speed·y** /spíːdi スピーディ/ 形 (比較 ·-i·er, 最上 ·-i·est) 1 速い, 快速の ‖
a speedy runner スピードランナー.
2 急(ᵏʸᵘ)速な, すみやかな ‖
a speedy recovery from illness すみやかな病気の回復.

\***spell**¹ /spél スペル/ (類音 sp*i*ll/spíl/) 〘「説明する」が原義〙㉘ spelling (名)
── 動 (三単現) ~s/-z/; (過去・過分) ~ed/spélt, spéld/ または spelt/spélt/; (現分) ~·ing)《◆主に(米)では spelled, (英)では spelt とつづる》.
── 他 1 …をつづる ‖
She **spelt** the word wrongly. 彼女はその単語のつづりを間違えた.
対話 "How do you **spell** your last name, Miss Reid?" "R-E-I-D." 「リードさん, お名前のつづりを言ってください」「R-E-I-D です」.
2〈文字が〉〈…という語〉を形づくる《◆受身にしない》‖
B-e-d **spells** bed. b, e, d の3字をつづると bed になる.
3 (格式) …を意味する, …という(不愉快な)ことになる, …という結果を招く ‖
These clouds **spell** rain. この雲ゆきでは雨になりそうだ.
This **spells** danger to us. これはわれわれにとって危険なことになる.
── 自 字を正しくつづる.
**spéll óut** (他) (1) …を1字1字読み取る. (2) …を詳細に説明する. (3) …を1字1字書く[言う], 略さないで書く.

**spell**² /spél スペル/ 名C 1 呪文(ᵘʸᵘᵐᵒⁿ), まじない; まじないの文句.
2 [a ~ / the ~] 魔法, 魔力; 魅力 ‖
under a **spell** 魔法をかけられて, 魅せられて.
cast a **spell** on her 彼女に魔法をかける.

**spell**³ /spél スペル/ 名C 1 (天候などの)ひと続き(の期間) ‖
We have had a long **spell** of hot weather. 暑い天気が長く続いている.
2 (病気・発作などの)一時期, ひとしきり ‖
a **spell** of coughing = a coughing **spell** せきの発作.

3 ひと仕事, 仕事時間; (仕事の)交替 ‖
by **spells** かわるがわる, 交替に.
take a **spell** at the wheel 交替して運転する.
4 (米・豪) しばらくの間 ‖
rest for a **spell** しばらく休憩する.

**spell·bound** /spélbàund スペルバウンド/ 形 魔法にかかった, 魅了された, うっとりした.

**spell·er** /spélər スペラ/ 名C 1 字をつづる人 ‖
a good **speller** つづり字の正確な人.
2 (米) つづり字教本.

\***spell·ing** /spéliŋ スペリング/ 〘→ spell¹〙
── 動 → spell¹.
── 名 (複 ~s/-z/) 1 C (語の)つづり, スペル《◆ spell とはいわない》‖
"Ax" has two **spellings**, "ax" and "axe." ax には ax, axe という2通りのつづりがある.
2 CU 語のつづり方, スペリング; 正字法.
**spélling bèe** つづり字競技(会).
**spélling bòok** つづり字教本.

**spelt** /spélt スペルト/ 動 → spell¹.

\***spend** /spénd スペンド/ 〘「金を支出する」が本義〙
── 動 (三単現) ~s/spéndz/; (過去・過分) spent /spént/; (現分) ~·ing)
── 他 1〈金額〉を使う
**spend** £5,000 on [for] a new car 新車に5000ポンドを支払う《◆「むだに使う」は waste》.
She **spent** five dollars today. 彼女はきょう5ドル使った.
2〈時間〉を過ごす, 使う; [**spend** A (in) doing] …するのに A〈時間〉を使う ‖
**spend** a week in Spain with one's family スペインで1週間家族と過ごす.
She didn't **spend** much time on her work. 彼女は仕事に多くの時間を費やさなかった.
He **spent** two hours (in) repairing the car. 彼は2時間かけて車を修理した.
対話 "You look awful. What happened?" "I **spent** a very restless night." 「ひどい顔しているわね. 何があったの」「きのうの晩は少しも眠れなかったんだ」.
3 (正式)〈精力・力など〉を使い果たす, 出し尽くす ‖
The storm has **spent** its force. あらしはおさまった.
She **spent** her energy on finishing the novel. 彼女は小説の完成に精力を使い果たした.
── 自 お金を使う, お金を費やす ‖
George **spent** freely. ジョージは気前よくお金を使った.

**spend·thrift** /spéndθrìft スペンドスリフト/ 名C 金使いの荒い人, 浪費家, 放蕩(ᵘ)者.

\***spent** /spént スペント/ 動 → spend.

**sperm** /spə́ːrm スパーム/ 名 (複 sperm, ~s) 1 U 精液. 2 C 精子, 精虫.

**spew** /spjúː スピュー/ 動 (略式)他 …を吐く, もどす.
── 自 吐く, もどす.

**sphere** /sfíər スフィア/ 名C 1〔数学〕球; 球形;

球体, 球面 ; (一般に)球, 丸いもの ‖
A ball is a **sphere**. ボールは丸い.
**2** (正式) (活動・勢力などの)範囲, 領域 ; 本分, 本領 ‖
These things aren't really in my **sphere**. これらは私の口出しできる事柄ではない.
the EU's **sphere** of influence EUの勢力圏.

**-sphere** /-sfìər -スフィア/ [連結形] …球体, 天体. 例 : hemi**sphere**.

**spher·i·cal** /sférikl スフェリクル, (米+) sfíər-/ [形] (正式) 球の, 球形の.

**sphinx** /sfíŋks スフィンクス/ [名] ([複] ～·es) [the S～] **1** 〔ギリシア神話〕スフィンクス, スピンクス《女性の頭部とライオンの体をした怪物》. **2** スフィンクス像《エジプト Giza 付近の巨像》.

***spice** /spáis スパイス/ 〖「物の種類」が原義. cf. species〗
——[名] ([複] spic·es/-iz/) **1a** [C] 薬味, スパイス.
**b** [集合名詞] 香辛料 ‖
Don't add too much **spice** to the soup. スープに香辛料を入れすぎないでください.
**2** [U] 趣(おもむき), おもしろ味 ‖
Her jokes **gave spice to** the party. 彼女の冗談でパーティーがはなやいだ.
**3** (正式) [a ～ / the ～] 味, 含(がん)意 ‖
a **spice of** mischief in his character 彼の性格でいたずらっぽいところ.
——[動] ([現分] spic·ing) [他] **1** …に香辛料を加える.
**2** …に味わいを加える.

**spick-and-span** /spìkənspǽn スピカンスパン/ [形] こざっぱりした, こぎれいな ; 〈服が〉新調の ; 真新しい.

**spic·y** /spáisi スパイスィ/ [形] ([比較] --i·er, [最上] --i·est) **1** 香辛料のきいた. **2** 気のきいた, 趣(おもむき)のある. **3** (略式) 〈冗談などが〉きわどい.

***spi·der** /spáidər スパイダ/ 〖「紡ぐもの(spinner)」が原義〗
——[名] ([複] ～s/-z/) [C] クモ ‖
a **spider's** web クモの巣.

**spi·der·y** /spáidəri スパイダリ/ [形] (時に [比較] --i·er, [最上] --i·est) クモの足のような ; 〈筆跡などが〉細長い.

**spied** /spáid スパイド/ [動] → spy.

**spies** /spáiz スパイズ/ [名] → spy. ——[動] → spy.

**spig·ot** /spígət スピゴト/ [名] [C] **1** (木製の)たる栓. **2** (米) 蛇口《◆(英) では蛇口のひねる部分のみをさす》.

**spike** /spáik スパイク/ [名] [C] **1** 大くぎ ; (鉄道レール用)犬くぎ ; 忍び返し ; 先のとがった金属. **2** 靴底のくぎ ; [～s] スパイクシューズ.
——[動] ([現分] spik·ing) [他] **1** …に大くぎを打ちつける.
**2** …にスパイクを打ちつける ‖
spiked shoes スパイクシューズ.

**spik·y** /spáiki スパイキ/ [形] ([比較] --i·er, [最上] --i·est) スパイク状の, 先端のとがった.

***spill** /spíl スピル/ ([類音] spell/spél/) 〖「破壊する」が原義〗
——[動] ([三単現] ～s/-z/ ; (米) [過去・過分] ～ed /spílt, spíld/ または (主に英) spilt /spílt/ ; [現分] ～·ing)

[他] と [自] の関係

| | | |
|---|---|---|
| [他] 1 | spill **A** | **A**〈物〉をこぼす |
| [自] | **A** spill | **A**〈物が〉こぼれる |

——[他] **1** …をこぼす ‖
spill milk **on** [**over**] the floor 床にミルクをこぼす.
**2** …をまき散らす, ばらまく.
**3** (略式) 〈馬などが〉〈人〉を振り落とす, 投げ出す.
**4** …を吐き出す, こぼれ[あふれ]さす ‖
The train **spilt** its occupants onto the platform. 電車から乗客が降りてどっとプラットホームにあふれた.
**5** (略式) 〈秘密など〉を漏らす, 言いふらす ‖
**spill** the beans 秘密をばらす.
——[自] こぼれる, あふれ出る ‖
Milk **spilled from** the glass. ミルクがグラスからあふれ出た.
——[名] **1** [C] こぼれる[あふれる]こと, 流出 ; [U] こぼれた量[跡, 汚れ] ‖
clean up coffee **spills** こぼしたコーヒーをふき取る.
**2** [C] (略式) (馬車・車などから)振り落とされること ; 落馬, 転落.

**spilt** /spílt スピルト/ [動] (主に英) → spill.
——[形] こぼれた ‖
**spilt** milk こぼれたミルク ; 取り返しのつかないこと(→ it is (of) no use doing (use [名] 成句)).

**spin** /spín スピン/ [動] ([過去] spun/spʌ́n/ または (古) span/spǽn/, [過分] spun; [現分] spin·ning) [他] **1** …を紡ぐ ‖
**spin** cotton **into** threads =**spin** threads **from** [**out of**] cotton 綿を紡いで糸にする.
**2** 〈クモ・カイコなどが〉〈糸〉を吐く, かける.
**3** 〈ガラスなど〉を繊維状にする ‖
**spin** fiberglass 繊維ガラスを作る.
**4** …を長々と話す ; 〈作り話〉をする.
**5** 〈こまなど〉を回す, …を回転させる ‖
**spin** a coin (かけなどで)銭をほうり上げる.
**spin** a ball ボールをスピンさせる.
——[自] **1** 紡ぐ.
**2** 〈クモ・カイコが〉糸を吐く, かける ; 巣[繭(まゆ)]を作る.
**3** 〈こまなどが〉ぐるぐる回る, 回転する ‖
The top is **spinning** on the floor. こまが床の上で回っている.
**4** 〈車が〉疾走する.
——[名] **1** [U] [しばしば a ～] 回転 ; (ボールの)ひねり, スピン ‖
put **spin** on a ball =give a ball **spin** ボールをスピンさせる.
the **spin** of a coin (裏・表で決めるための) 銭投げ.
**2** [C] 〔航空〕らせん[きりもみ]降下 ‖
go into a **spin** きりもみ降下する.
**3** (略式) 〔経済〕[a ～] (価格などの)下落(げらく)(傾向), 急下降 ‖
send prices into **a spin** 価格を急下落させる.
**4** (略式) [a ～] (自動車の)一乗り ; (自転車などの)

一走り ‖
go for [take] a spin 軽くドライブする.
**spín contròl** 《米略式》スピンコントロール, (マスコミに対する)情報操作.
**spín dòctor** 《米略式》(スピンコントロール対策に応じた)スポークスマン; 選挙運動のコンサルタント.
**spin·ach** /spínitʃ スピニチ | spínidʒ スピニヂ/ 《発音注意》《◆ ×スピナチ》 名 **1** Ⓤ ホウレンソウ; その葉. **2** Ⓒ 《米》不要なもの.
**spi·nal** /spáinl スパイヌル/ 形 〔解剖〕背骨の(ある); 脊(ホ)柱の, 脊髄の.
**spínal còrd [màrrow]** 脊髄.
**spin·dle** /spíndl スピンドル/ 名 Ⓒ **1** (手紡ぎ用の)つむ; (紡績機の)紡錘(ボジ), スピンドル. **2** 軸, 心棒, シャフト.
**spine** /spáin スパイン/ 名 Ⓒ **1** 〔植〕 (サボテンなどの)とげ, 針; 〔動〕 (ヤマアラシなどの)刺状突起, とげ.
**2** 〔解剖〕背骨(backbone), 脊(ホ)柱 ‖
Cold shivers ran up and down my spine. 背筋がぞくとした.
**3** 本の背(⦿ → book).
**spine·less** /spáinləs スパインレス/ 形 **1** 〔動〕背骨のない, 無脊椎(%)の; 〔植〕とげのない. **2** 《略式》いくじのない, 気力のない.
**spin·ner** /spínər スピナ/ 名 Ⓒ **1** 紡ぎ手, 紡績工. **2** 紡績機.
**spin·ster** /spínstər スピンスタ/ 名 Ⓒ 〔英法律〕未婚女性 (cf. bachelor).
**spin-off** /spínɔ̀(ː)f スピン(ー)フ/ 名 **1** Ⓤ 《主に米》〔経済〕スピン-オフ 《会社分割の一種. 親会社が子会社の株を株主に無償交付して会社を分離すること》. **2** Ⓤ Ⓒ (予期せぬ)副産物, 波及効果(by-product). **3** Ⓤ Ⓒ (連続テレビ番組の)続編.
**spi·ral** /spáiərəl スパイアラル/ 形 らせん(状)の; 渦巻き形[状]の ‖
a spiral staircase らせん階段.
—— 名 Ⓒ 《しばしば文》らせん[渦巻き]形のもの; 巻き貝; 渦巻きばね, ぜんまい ‖
move in a spiral らせん形に[くるくる回りながら]動く.
—— 動 (過去・過分) ~ed または《英》spi·ralled /-d/; 現分 ~·ing または《英》-ral·ling 〘自〙 らせん形になる, らせん状に動く, 急速ならせん回転をする.
**spire** /spáiər スパイア/ 名 Ⓒ 尖(と)頂; (教会などの)尖塔, とがり屋根《◆ ふつう steeple は先端の部分をいう》.
***spir·it** /spírət スピリト/ 《「呼吸」が原義. 生命力の根源は息の中にあると考えられていた》
派 spiritual (形)
→ 名 **1**精神 **2**霊 **3**気分 **4**気力
—— 名 (複 ~s/-its/) **1** Ⓒ Ⓤ 《文》精神, 心(↔ body) ‖
The spirit is willing but the flesh is weak. 〔聖〕そうしたいのはやまやまですが, からだがいうことをききません《◆ 人からの頼みを断るときの言い訳文句》.
I am here in body, but I am with you in spirit. からだはここにあって, 心はあなたの所へ飛んで行っています.

**2** Ⓒ 霊, 霊魂; [the S~] 神霊, 聖霊; 亡霊; 悪魔; (小)妖(㍂)精 ‖
I don't believe in spirits. 私は霊魂の存在を信じない.

**3** [~s; 複数扱い] 気分, 精神状態; 快活, 元気 ‖
be in low [poor] spirits =《文》be out of spirits 意気消沈している.
raise her spirits =《略式》give her spirits a lift 彼女を元気づける.
〔対話〕 "You're in high spirits today. What happened?" "Today's a bonus day, that's all." 「君はきょう上機嫌だけど, 何があったんだい」「きょうはボーナス日, それだけのことよ」.

**4** Ⓤ 気力, 気迫, 勇気, 熱情; [a ~ / the ~] 気質, 気性, 心的態度 ‖
with considerable spirit かなり意気込んで.
She has a gentle spirit. 彼女は気性がやさしい.

**5** Ⓒ [形容詞を伴って] (…の)人 ‖
a kind spirit 親切な人.

**6** Ⓤ [通例 the ~] (時代の)特質, 傾向 ‖
the spirit of the times 時代精神.

**7** [the ~] 真意, 意図, 趣旨 (↔ letter) ‖
the spirit of the law 法の精神.

**8** Ⓤ 忠誠心 ‖
school spirit 愛校心.
team spirit チーム=スピリット.

**9** Ⓒ 《しばしば ~s》蒸留酒, 火酒《ウイスキー・ブランデー・ジン・ラムなど》;《英》(工業用)アルコール.
—— 動 〘他〙 …をひそかに連れ[持ち]去る.

**spir·it·ed** /spírətid スピリティド/ 動 → spirit.
—— 形 **1** 元気のいい; 活発な; 勇気のある; 猛烈な ‖
a spirited horse 元気のいい馬.
give a spirited reply 元気よく答える.
**2** [複合語で] …の精神を持つ, 気分が…の ‖
high-spirited 元気のいい.
low-spirited 意気消沈した.

***spir·i·tu·al** /spírətʃuəl スピリチュアル | spíritjuəl スピリテュアル/ 《→ spirit》
—— 形 [通例名詞の前で] **1** 精神的な, 精神(上)の (↔ physical); 霊的な, 魂の; 知的な ‖
a spiritual life 信仰[知的]生活.
the spiritual world 霊界.
her spiritual beauty 彼女の知性的な美しさ.
the spiritual home 精神的な憩いの場.
〔対話〕 "Are you happy with your life here?" "Well, I'm not happy with my salary, but I'm having a happy spiritual life." 「君にはこの生活には満足していますか?」「給料には不満がありますが, 精神的には充実しています」.
**2** 崇高な, 気高い, 超俗的な (↔ earthly) ‖
a spiritual mind 崇高な精神.
**3** 超自然的な, 神の, 聖霊の; 神聖な; 宗教上の ‖
spiritual songs 聖歌.
—— 名 Ⓒ 霊歌 ‖
Negro spirituals 黒人霊歌.

**spir·i·tu·al·ism** /spírətʃuəlìzm スピリチュアリズム | -tju- -テュアリズム/ 名 Ⓤ 精神主義; 〔哲学〕唯心論

**spir・i・tu・al・i・ty** /spìritʃuǽləti スピリチュア**リ**ティ/ |-tju- -テュア**リ**ティ/ 名U《正式》精神的であること, 精神性；霊的であること, 霊性.

**spir・i・tu・al・ly** /spíritʃuəli スピリチュアリ/ |-tju- -テュアリ/ 副 **1** 精神的に(↔ *physically*)；霊的に. **2** 宗教的に.

**spit** /spít スピト/ 動《過去・過分》 *spat*/spǽt/ または《米+》*spit*; 《現分》*spit・ting*
━自 **1** [血など]を吐く, つばを吐きかける ‖
*spit on* the ground 地面につばを吐く.
**2** 〈猫が〉(怒って)フーッとうなる.
**3** 〈火が〉パチパチいう；〈エンジンが〉パタパタいう.
**4**《英》[通例 it を主語にして進行形で]〈雨が〉パラパラ降る(《米》*sprinkle*) ‖
It's still *spitting*. 雨はまだぱらついている.
━他 **1** …を吐く, 吐き出す, もどす ‖
*spit* blood (*up*) 血を吐く, 吐血する.
*spit out* the nasty pill 苦い丸薬を吐き出す.
**2** …を吐き出すように言う.
━名C つばを吐くこと；つばを吐く音《ペッ》；U《略式》つば, 唾(つ)液.

**spite** /spáit スパイト/ 名U **1** 悪意, 意地悪 ‖
She tore my book *out of spite* for me. 彼女は腹いせにぼくの本を破った.
**2** [a ~] 恨み, 遺恨 ‖
*have a spite against* him 彼に恨みを抱く.
◇***in spite of*** A …にもかかわらず；…を無視して, 物ともせず ‖ She went to school *in spite of* the pain in her leg. 彼女は脚(あし)が痛かったのに学校へ行った(= She went to school, though she had a pain in her leg.).
***in spite of* onesélf** われ知らず, 思わず, 意志に反して.
━動《現分》*spit・ing*》…に意地悪をする, …をわざと困らせる.

**spite・ful** /spáitfl スパイトフル/ 形 意地の悪い, 悪意のある, 執念深い ‖
It is spiteful *for* you *to break* his model plane. 彼の模型飛行機を壊すなんて, ひどい人だね, 君は.

**splash** /splǽʃ スプラシュ/ 動《三現単》~*・es*/-iz/

splash
《(ピシャッと)
はねかける》

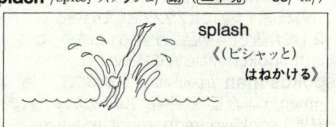

━他 **1** 〈水・泥など〉を飛び散らす；[*splash* A *on* [*onto, over*] B / *splash* B *with* A] 〈水・泥など〉を B〈人・物〉に(ピシャッと)はねかける ‖
A car *splashed* my clothes *with* mud. = A car *splashed* mud *on* my clothes. 自動車が私の服に泥をはねかけた.
**2** 〈水・泥など〉が〈人・物〉に(ピシャッと)はねかかる ‖
The mud *splashed* her dress. 泥が彼女のドレスにはねかかった.
**3** 〈足・かいなど〉をバチャバチャさせて水を飛び散らす；〈道〉に水を(バチャバチャ)飛び散らしながら進む ‖
*splash* one's way across the brook 水を飛び散らしながら小川を渡る.
━自 **1** はねる, 飛び散る；水[泥]を飛び散らす ‖
Lots of mud *splashed* against my trousers. 泥がたくさん私のズボンにはねた.
My children like to *splash* about in the water. 私の子供たちは水の中でぱちゃぱちゃするのが好きだ.
**2** 水を飛び散らしながら進む；ザブン[ドボン, バシャン]と飛び込む[落ちる] ‖
━名(複 ~*・es*/-iz/) **1** C (泥などの)はね；しみ, 斑(はん)点, 模様 ‖
The dog was white with black *splashes*. その犬大いには黒いぶちがあった.
**2** C [しばしば a ~] ザブン[ドボン, バシャン]という音；U はねかけること ‖
*make a splash* ザブンと音を立てる.

**splat・ter** /splǽtər スプラタ/ 動《正式》他 …をはね散らす(+*up*).
━自 パチャ, ピシャとはねる.

**splay** /spléi スプレイ/ 動 他 **1** 〈窓などに〉斜角をつける, 隅(すみ)切りにする ‖
a *splayed* window 隅切り窓.
**2** …をすそ広がりにする.
━自 外に広がる, すそ広がりになる.

**spleen** /splíːn スプリーン/ 名C 【解剖】脾(ひ)臓.

*★**splen・did*** /spléndid スプレンディド/ 《「明るく輝く」が原義》派 *splendo(u)r* (名)
━形《比較》*more* ~, ~*・er*;《最上》*most* ~, ~*・est*) **1** 豪華な, 華麗な ‖
a *splendid* courtyard 壮麗な中庭.
**2** りっぱな, 光輝ある；《略式》すてきな, すばらしい ‖
a *splendid* idea うまい考え.
a *splendid* achievement りっぱな業績.
We had *splendid* weather on our school field day. 学校の運動会の日はすばらしい天気だった.

**splen・did・ly** /spléndidli スプレンディドリ/ 副 りっぱに；《略式》うまく.

**splen・dor,**《英》**--dour** /spléndər スプレンダ/ 名U **1** [しばしば ~*s*; 単数扱い] 豪華, 壮麗 ‖
the *splendor*(*s*) of a palace 宮殿の壮麗さ.
**2** 光輝, 輝き；明るさ ‖
the *splendor* of stained glass windows ステンドグラスの窓の輝き.

**splen・dour** /spléndə スプレンダ/ 名U《英》=*splendor*.

**splice** /spláis スプライス/ 動《現分》*splic・ing*》他 **1** 【海事】〈ロープを〉《より》継ぎする, …の端を結び合わせる. **2**《正式》〈フィルムなど〉の端を重ねて継ぐ.
━名 C (綱の)組みより継ぎ, (木などの)重ね[継ぎ]継ぎ；UC 接合, 接着, 結合.

**splint** /splínt スプリント/ 名C 【医学】副木(そえぎ), 添え木, あて木 ‖
put her broken leg *in a splint* 彼女の折れた脚(あし)に副木をあてる.

**splin・ter** /splíntər スプリンタ/ 名C **1** (木の)そぎ,

裂片, とげ; (石・砲弾の)破片, かけら. **2** (政党などの)分派, 小派. ──**動 他** …をばらばらにする, 裂く, 粉々にする(+ *off*). ──**自** 分派する(+ *off*).
──**形** 分裂した.

\***split** /splít スプリト/
──**動** (三単現) ~s/spiíts/ ; (過去・過分) split; (現分) split·ting)

┌─**他** と **自** の関係─
│ **他 1**　　split A　　A〈物〉を裂く
│ **自 1**　　A split　　A〈物〉が裂ける
└─

──**他 1**〈物〉**を裂く, 割る** ‖
split the slate into two layers スレートを2つの層に裂く.
split a stick from end to end 棒切れを端から端まで割る.

**2** …**を分裂させる** ‖
The differences of opinion split the party into two factions. 意見の違いでその党は2派に分裂した.

**3** …**を分ける, 分割する**;〈利益など〉を分配する ‖
split the reward evenly 報奨金を平等に分配する.
split the difference 差額の中間を採る, 歩み寄る.

**4**〔物理〕〈分子〉を分裂させる;〈原子〉を核分裂させる;〔化学〕〈化合物〉を分解する, 分離する.
──**自 1**〈物〉**が裂ける, 割れる** ‖
My trousers split at the seams. ズボンの縫い目がほころびた.
split open ぱっくりと裂ける.

**2** 分裂する.
──**名**◯ **1** 裂く[割る]こと; 裂ける[割れる]こと.
**2** 裂け目, 割れ目; 裂片, 破片 ‖
She mended the split in my coat. 彼女が上着のほころびを繕ってくれた.

**3** 分裂, 仲間割れ ‖
A split in the party lost them the election. 党が分裂したために彼らは選挙に負けた.

**split mínd** 精神分裂症, 統合失調症.
**split personálity** (1) 二重人格. (2) 精神分裂症, 統合失調症.
**split sécond** ほんの一瞬 ‖ **for a split second** ほんの一瞬の間.

**split·ting** /splítiŋ スプリティング/ **動** → split.
──**形 1** 裂ける, 割れる. **2** (略式)〈頭〉が割れるように痛く;〈頭痛が〉頭が割れるような, 激しい.

**splurge** /splə́ːrdʒ スプラーヂ/ **名**◯ ぜいたく, 乱費.
──**動** (現分 splurg·ing)◯ 収入以上の金を使う. ──**他**〈お金〉をはでに使う.

**splut·ter** /splʌ́tər スプラタ/ **動 他** …を(興奮[当惑]して)早口でしゃべる, つばを飛ばして言う. ──**自** 早口で言う, ぶつぶつ言う. ──**名**(通例 a ~ / the ~) ぶつぶつ言うこと;〈海事〉(物の)パチパチという音.

\***spoil** /spɔ́il スポイル/ 〔『動物からはいだ皮』が原義〕
──**動** (三単現) (過去・過分) ~ed/-d, -t/ または spoilt/spɔ́ilt/; (現分) ~·ing)◆ spoiled より spoilt の方が完全に駄目になった感じがある)

┌─**他** と **自** の関係─
│ **他 1**　　spoil A　　A を台なしにする
│ **自**　　　A spoil　　A が台なしになる
└─

──**他 1** …**を台なしにする, 駄目にする, 損なう** ‖
spoilt ballot papers 無効票.
The bad weather **spoilt** the lettuce. 天候が悪くてレタスが駄目になった.
He has **spoiled** the whole thing. 彼がなにもかも台なしにしてしまった.

[語法] 道具・機械などには用いない: The refrigerator is out of order [×spoiled]. 冷蔵庫がだめになった.

**2** …**を甘やかす, 増長させる**;〈客など〉を大事にする, …にサービスよくする ‖
Children shouldn't be **spoiled**. 子供は甘やかしてはならない.
[対話] "That kid is always crying about something." "His parents **spoil** him too much. That's why."「あの子供はなにかにつけていつも泣いている」「両親が彼を甘やかしすぎるの. だからなのよ」.
──**自** 台なしになる, 駄目になる ‖
Some foods **spoil** quickly if not kept refrigerated. 食物の中には冷しておかないとすぐに腐るものがある.
──**名**◯ [通例 the ~s] 強奪品, 戦利品, 分捕り品.

**spoil·er** /spɔ́ilər スポイラ/ **名**◯ 台なしにする人[物]; 甘やかす人.
**spoil·sport** /spɔ́ilspɔ̀ːrt スポイルスポート/ **名**◯ (略式) 他人の楽しみを台なしにする人.
**spoilt** /spɔ́ilt スポイルト/ **動** → spoil.
──**形** (甘やかされて)増長した.

\***spoke**[1] /spóuk スポウク/ **動** → speak.

**spoke**[2] /spóuk スポウク/ **名**◯ (車輪の)輻($^{\circ}$), スポーク (図 → bicycle); (海事) 舵($^{\circ}$) 輪の取っ手.

\***spo·ken** /spóukn スポウクン/ **動** → speak.
──**形 1** 話し言葉の, 口語の(↔ written) ‖
Her **spoken** English has a French accent. 彼女の話す英語にはフランス語なまりがある.
**2** [複合語で] …の話し方をする; 口先の…な ‖
soft-spoken やわらかい口ぶりの.

**spokes·man** /spóuksmən スポウクスマン/ **名** (復 ~·men/-mən/)◯ 代弁者, スポークスマン, 代表者((PC) spokesperson, representative).

**spokes·per·son** /spóukspə̀ːrsn スポウクスパーソン/ **名** → spokesman.

**sponge** /spʌ́ndʒ スパンヂ/ **名 1**◯ 〔動物〕海綿動物.
**2**◯◯ スポンジ, 海綿; 海綿状のもの(ですばやくふくとり), 清拭($^{\circ}$) ‖
have a **sponge** ぬれ海綿でからだをふく.
He gave the table a quick **sponge** over. 彼はテーブルの上をスポンジですばやくふき取った.
**3**◯◯ = sponge cake.
**4**◯◯ 〔医学〕外科用ガーゼ.

**spongy**

──**動**（現分）spong·ing）他 2 …（の汚れ）を〈海綿〉でふく，洗う，〈汚れなど〉を洗い落とす ‖
sponge the child's face 子供の顔をスポンジで洗う.
**2** …を（海綿で）吸いとる，ぬぐい去る ‖
sponge the mess up off the table 食卓の食べ散らかしをぬぐい取る.
sponge out a memory 記憶をぬぐい消す.
──**自** **1** 液体を吸収する.
**2** 寄食する，たかる ‖
sponge off one's parents 親のすねをかじる.
**spónge càke** スポンジケーキ《ショートニングを用いないカステラふうケーキ》.

**spong·y** /spʌ́ndʒi スパンヂ/ 形（比較）-i·er, 最上 -i·est）**1** 海綿状の，多孔質の. **2** スポンジのような，やわらかい.

**spon·sor** /spɑ́nsɚ スパンサ|spɔ́n- スポンサ/ 名Ⓒ **1** 引き受け人，保証人. **2** 名付け親，命名者. **3** スポンサー，番組提供者；スポンサー付き番組. **4**（選挙の）後援者[会]. ──**動**他 …の保証人となる，…のスポンサーをつとめる.

**spon·sor·ship** /spɑ́nsɚʃip スパンサシプ|spɔ́n- スポンサシプ/ 名Ⓒ 後援；名付け ‖
under the sponsorship of … …の後援で.

**spon·ta·ne·i·ty** /spɑ̀ntəníːəti スパンタニーイティ|spɔ̀ntə- スポンタ-/ 名Ⓤ 自発性.

**spon·ta·ne·ous** /spɑntéiniəs スパンティニアス|spɔn- スポン-/ 形 自発的な，進んでする，自らの ‖
a spontaneous offer to help 援助の自発的申し出.

**spoof** /spúːf スプーフ/ 名Ⓒ（略式）ちゃかし；ペテン.
**spook** /spúːk スプーク/ 名Ⓒ（略式）幽霊.
**spook·y** /spúːki スプーキ/ 形（比較）-i·er, 最上 -i·est）お化けの出そうな，うす気味悪い.
**spool** /spúːl スプール/ 名Ⓒ（米）糸巻き（英）reel).

**✲spoon** /spúːn スプーン/ 『「木の小片」が原義』
派 spoonful (名)
──名（複 ~s/-z/）Ⓒ **1**［しばしば複合語で］スプーン，さじ ‖
eat soup with a spoon スプーンでスープを飲む.
He must have a long spoon that sups with the devil.《ことわざ》悪魔と食事するには長いスプーンが必要である；ずるい人を相手にするときは自分もずるくなくてはいけない.

[関連][種類] teaspoon 小さじ / tablespoon 大さじ / dessertspoon デザート用さじ / soup-spoon スープ用さじ / egg spoon 卵さじ / wooden spoon 木のスプーン.

**2** スプーン1杯(分)（spoonful).
**be bórn with a sílver spóon in** one's **móuth** 金持ちの家に生まれる，よい星の下に生まれる.
──**動**他 …をスプーンですくう.

**✲spoon·ful** /spúːnfùl スプーンフル/
──名（複 ~s, spoons·ful）Ⓒ スプーン1杯(分) ‖

two spoonfuls of peppermint oil ハッカ油スプーン2杯.
**spo·rad·ic** /spərǽdik スパラディク/ 形《正式》点在する；時折の，散発的な.
**spore** /spɔ́ːr スポー/ 名Ⓒ〔生物〕胞子，芽胞.

**✲sport** /spɔ́ːrt スポート/『disport（気晴らしをする)の頭音消失』
──名（複 ~s/spɔ́ːrts/）**1** ⓊⒸ スポーツ，運動競技《◆集合的にも個々の運動競技にも用いられる. fishing, hunting など勝負を争わないものも含む》‖
indoor sports 室内スポーツ.
professional sports プロスポーツ.
at sports スポーツをしている時に.
be fond of sport(s) スポーツが好きである.
take part in [play, do,（英）have] sports スポーツをする.
What sport do you like best? どんなスポーツがいちばん好きですか.
**2**［通例 ~s；形容詞的に］スポーツの，運動(用)の（（米）sport）‖
a sports center スポーツセンター，体育館.
the sports page of the (news)paper 新聞のスポーツ欄.
**3**（英）[~s；複数扱い] 競技会，運動会 ‖
the school sports 学校の運動会（→ athletic).
**4** Ⓤ 娯楽，楽しみ，気晴らし ‖
do things just for the sport of it ほんの楽しみにいろいろなことをする《◆of it は意味のない語句》.
**5** Ⓒ（略式）気さくな人 ‖
He is a (good) sport. 彼はさっぱりしたいいやつだ.
◇**in [for] spórt** 冗談に，ふざけて.
──**動**他（略式）…を見せびらかす.
**spórts càr** スポーツカー.
**spórts dày**（英）=field day.
**spórts gèar** スポーツ用品.
**sport·ing** /spɔ́ːrtiŋ スポーティング/ 動 → sport.
──形 **1** スポーツ(用)の；スポーツ好きな ‖
a sporting man スポーツ愛好家.
a sporting dog 狩猟犬.
**2** 公正な，正々堂々とした.
**3** 当てにならない，賭博(と)的な ‖
a sporting chance（略式）いちかばちかの機会.
**sports·man** /spɔ́ːrtsmən スポーツマン/ 名（複 -men）Ⓒ **1** スポーツマン，スポーツ愛好者《◆戸外スポーツ，特に狩猟・釣り・乗馬などを愛好する人で，日本語の「スポーツマン」とされることもある（（PC）sports lover, athlete）. **2** スポーツマンシップを持っている人，正々堂々とやる人（（PC）fair player).

[Q&A] **Q**: sportsman は sport に s がついていますが，これは複数の意味ですか.
**A**: いいえ，この s は sport's man のようにアポストロフィのあったものが消えたものです. だから「スポーツの人」の意です. このほかに salesman, craftsman, statesman などがあります.

**sports·man·ship** /spɔ́ːrtsmənʃip スポーツマンシプ/ 名 Ⓤ スポーツマンシップ[精神], 競技者の正々堂々とした[公平な]態度((PC) fair play).

**sports·wear** /spɔ́ːrtswèər スポーツウェア/ 名 Ⓤ スポーツウェア.

**sports·wom·an** /spɔ́ːrtswùmən スポーツウマン, (米+) -wòu-, -wɔ̀ː-/ 名 (複) ··wo·men Ⓒ sportsman の女性形((PC) sports person, sports lover, athlete).

**sport·y** /spɔ́ːrti スポーティ/ 形 (比較) ··i·er, (最上) ··i·est/ (略式) 1 (主に英) スポーツ好きな. 2 けばけばしい, 派手な. 3 スポーティな, 見ばえのよい.

*__spot__ /spát スパト | spɔ́t スポト/ (類音) spat/spǽt/) 『「小さな点(speck)」が原義』

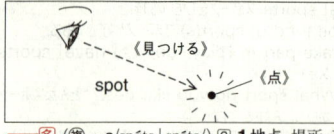

〈見つける〉
spot
〈点〉

——名 (複) ~s/spáts | spɔ́ts/) Ⓒ 1 地点, 場所, 現場; 箇所 ‖
a blind **spot** → blind spot (複合語).
It's a sore **spot** with him. そこが彼の泣きどころだ.
2 斑(はん)点, まだら, ぶち; しみ, 汚れ; 吹き出物, にきび; あざ, ほくろ; (太陽の)黒点 ‖
remove ink **spots** from clothes =get ink **spots** out of clothes 服のインクのしみを取る.
Her dress was blue with white **spots**. 彼女の服は青に白の水玉模様だった.
3 汚点, 欠点, 傷.
4 (英式) 少し, 少量; 1滴; 1杯 ‖
a few **spots** of rain 数滴の雨.
○**on [upon] the spot** (1) 即座に, ただちに, その場で ‖ apply for the job **on the spot** その場で職に応募する. (2) 現場の[に, で].

——動 (三単現) ~s/spáts | spɔ́ts/; (過去・過分) spot·ted/-id/; (現分) spot·ting)
——他 1 ···に斑点をつける, しみをつける, ···を汚す ‖
The mud **spotted** her dress. =She **spotted** her dress **with** the mud. 彼女の服が泥で汚れた.
2 〈人格·名声など〉を汚(けが)す, 傷つける.
3 (略式) ···を見つける, 発見する; ···を見抜く(◆進行形にしない) ‖
They **spotted** him at once **as** a policeman. 彼らはすぐに彼を警官だと見抜いた.
(対話) "The police **spotted** that bank robber?" "No. I hope they will catch him soon." 「警察はあの銀行強盗を発見したのかい」「いや. すぐにつかまえてくれるといいね」.
——自 1 しみになる; しみがつく, 汚れる.
2 (英式) [it を主語にして] ポツリポツリ雨が降る ‖
It's **spotting** with rain. ポツリポツリ雨が降っている.
——形 即座の; 即金の; 現物の ‖
**spot** cash 即金.

a **spot** price 現物価格.
give a **spot** answer 即座に答える.
——副 (英式) 正確に ‖
arrive **spot** on time ちょうど定刻に到着する.

**spot·less** /spátləs スパトレス | spɔ́t- スポト-/ 形 1 しみのない, 清潔な. 2 (正式) 欠点のない, 非の打ちどころのない.

**spot·light** /spátlàit スパトライト | spɔ́t- スポト-/ 名 1 Ⓒ スポットライト, (舞台の)集中照明(具); (自動車の)照射灯.
2 [the ~] 世間の注目(cf. limelight) ‖
be in the **spotlight** 世間に注目されている.
——動 (過去·過分) ··lit, 2 では ~·ed) 他 1 ···にスポットライトを向ける. 2 ···を目立たせる.

**spot·ted** /spátid スパティド | spɔ́t- スポト-/ 動 → spot. ——形 斑(はん)点のある, まだらの, しみのついた.

**spot·ty** /spáti スパティ | spɔ́ti スポティ/ 形 (比較) ··ti·er, (最上) ··ti·est) 1 斑(はん)点のある, まだらの. 2 (米) 〈仕事·作品などが〉むらのある, 不規則な, 一貫性がない.

**spouse** /spáus スパウス, spáuz/ 名 Ⓒ (文) 配偶者.

**spout** /spáut スパウト/ 動 他 1 ···を吹き出す, ···を噴出する ‖
a well **spouting** oil 油井(せい).
2 (略式) ···をぺらぺらしゃべる, まくしたてる.
——自 1 ほとばしり出る; 〈クジラなどが〉潮を吹く. 2 (略式) ぺらぺらしゃべる.
——名 Ⓒ 1 噴出口, 雨どい, 漏れ口 ‖
the **spout** of a teapot きゅうすの口.
2 噴出, 噴水. 3 =spout hole.
**up the spóut** (英式) 質に入って; 困って, どうしようもない.

**spóut hòle** (クジラの)噴気孔; 噴気孔から出た潮.

**sprain** /spréin スプレイン/ 動 他 ···をくじく, 捻挫(ねんざ)する ‖
a **sprained** thumb 突き指をした親指.
——名 Ⓒ くじくこと, 捻挫; その痛み[はれ].

*__sprang__ /sprǽŋ スプラング/ 動 → spring.

**sprawl** /sprɔ́ːl スプロール/ 動 自 1 (ぶざまに)手足を伸ばす, 大の字に寝そべる, 腹ばう ‖
The boy **sprawled** on the bed. 少年はベッドに大の字に寝そべった.
2 〈文字が〉のたくる. 3 〈植物が〉だらしなく伸びる; 〈町などが〉不規則に広がる, スプロール化する.
——他 1 〈手足·からだなど〉を伸ばす, 投げ出す; [通例 be ~ed] 大の字に横になる. 2 ···を散らかす.
——名 Ⓒ [通例 a ~ / the ~] 1 大の字に寝そべること, (手足を)伸ばすこと. 2 まとまりのない町並み, (町の)スプロール現象.

**spray**¹ /spréi スプレイ/ 名 1 Ⓤ しぶき, 水煙; [a ~ of ...] ···の雨 ‖
a **spray** of dust 塵(じん)煙.
a **spray** of bullets 弾丸の雨.
2 Ⓒ スプレー, 噴霧器, 香水吹き; Ⓤ その液, 散布剤 ‖
a quick-drying **spray** paint 速乾性スプレーペンキ.
——動 他 1 ···にしぶきを飛ばす[かける].

2 (スプレーで)…を吹きかける; …に殺虫剤を散布する; …に吹きつける ‖
spray paint on the wall 壁にペンキを吹きつける.
3 …に浴びせる ‖
spray the convoy with bullets 船団に砲弾を浴びせる.
——自 噴水する, 霧を吹く.
spráy gùn (ペンキなどの)吹き付け器; スプレーガン.
spray² /spréi スプレイ/ 名C 1 [集合名詞] (葉・花・実のついた)小枝《◆装飾用のもの. まき餌の小枝はふつう dry twigs》. 2 (宝石などの)小枝飾り[模様].

*spread /spréd スプレド/ 『「広げ伸ばす」が本義』
——動 (三単現) ~s/sprédz/; (過去・過分) spread; (現分) ~·ing)

——他と自の関係——
| | | |
|---|---|---|
| 他 1 | spread A | A を広げる |
| 自 1 | A spread | A が広がる |

——他 1 …を広げる;〈手・枝 など〉を伸ばす; [spread A C] A〈物〉を C の状態に広げる ‖
spread one's arms wide 両腕を大きく広げる.
spread (out) the map on the desk 机の上に地図を広げる.
spread the toys all over the room おもちゃを部屋中に広げる.
2 [spread A on B / spread B with A] A〈物〉をB〈物〉に薄く塗る, 広げる ‖
They were spreading tar on the road. 彼らは道路にコールタールを塗っていた.
対話 "Why's that road closed?" "They're spreading it with tar, I think."「どうしてあの道路は閉鎖されているの」「道路一面にコールタールを塗っているからだと思うよ」.
3 (やや古)〈食卓〉に料理を並べる;〈料理〉を食卓に並べる ‖
The table was spread with dishes. 食卓にごちそうが並べてあった.
4 …を散布する,〈人々〉を散らす;〈ニュースなど〉を流布させる;〈病気〉を蔓延(まんえん)させる.
5 …の期間を引き延ばす ‖
You can spread your payments over five years. 支払い期間を5年間に引き延ばされてもかまいません.
——自 1 広がる, 散開する ‖
The cornfield spread out before us. 我々の眼前にトウモロコシ畑が広がっていた.
2 散らばる, 分布する; 広まる, 流布する;〈病気〉が蔓延する;〈会社など〉が伸びる, 発展する ‖
The news of the accident spread quickly. その事故のニュースはすぐに広まった.
3 (…に)わたる, 延びる.
spréad onesélf (1) 大の字に寝ころぶ. (2) (略式) 見えを張る, 自慢する; 気前のよいところを見せる. (3) 長々としゃべる[書く]. (4) 気ままにふるまう.
——名 1 C [通例 a ~ / the ~] 広がり, 広さ, 幅 ‖
a spread of three feet 3フィートの幅.

the spread of the cornfield トウモロコシ畑の広がり.
2 U [(the) ~] (ニュースなどの)広まり, 流布;(教育などの)普及, 発展;(病気の)蔓延 ‖
the spread of the business 事業の発展.
3 C ベッドカバー; テーブル掛け.
4 UC パンに塗るもの《バター・ジャムなど》; C (略式)(テーブルの上に並べた)ごちそう.
spréad éagle (米)翼を広げたワシの紋章.
spread·er /sprédər スプレダ/ 名C 1 広げる人[物], 2 バターナイフ; 肥料散布機, 干草拡散機, 種まき機.
spread·sheet /sprédʃiːt スプレドシート/ 名C 〔コンピュータ〕スプレッドシート.
spree /spríː スプリー/ 名C (略式) 浮かれ騒ぎ, ばか騒ぎ; 酒盛り.
sprig /spríɡ スプリグ/ 名C 小枝, 若枝.

*spring /spríŋ スプリング/ 『「突然飛び出す」が原義. 名1は「芽が出る」ことから』
→名 1a 春 2 泉 3 a ばね 動 自 1 はねる
——名 (複 ~s/-z/) 1 [時に S~] UC a 春, 春期《◆(1) ふつう米国では3, 4, 5月, 英国では2, 3, 4月. 天文学では春分から夏至(げし)まで. (2) 若さ・清純・成長などの象徴》; [形容詞的に] 春の ‖
spring rain 春雨.
on a spring evening 春の夕暮れに.
this spring [副詞的に] 今年の春《◆*in this spring とはいわない》.
The spring was still early. =It was early spring. 時は早春だった.
It was early in (the) spring. =It was in early spring. それは[事が起こったのは]早春のことだった.

語法 [季節名と定冠詞・前置詞] (英)では in the spring of 2002 のように特定の季節をさすとき以外はふつう the をつけないが, (米)では一般に春をさす場合でもしばしば the をつける: in ((米) the) spring 春には / early [late] in ((米) the) spring 早春[晩春]に.

b 初期, 青春期 ‖
She is just in the spring of life now. 彼女は今青春のまっただなかにある.
2 C [しばしば ~s] 泉, 水源地; 源, 起源, 根源; (行動などの)原動力, 動機 ‖
hot springs 温泉.

事情 米国では地名にこの語を含んだものが多い: Springfield, Palm Springs など.

3 a C ばね; [形容詞的に] ばね仕掛けの; U [しばしば a ~] 弾力, 弾性; 反動; 精力, 活力 ‖
a spring watch ばね仕掛けの時計.
b U [しばしば a ~] (足取りの)軽快さ ‖
There was a spring to his step. 彼の足取りは軽快だった.

**4** ⓒ [通例 a ~] 跳ぶこと, はねること, 跳躍《◆jump より堅い語》‖
make a spring at the man その男に飛びかかる.
— 動 (三単現) ~s/-z/; (過去) sprang/sprǽŋ/ または (米) sprung/sprʌ́ŋ/, (過去分) sprung; (現分) ~·ing
— 自 **1** はねる, 跳ぶ, 跳び上がる; 飛びかかる;〈鳥が〉ぱっと飛び立つ《◆jump より堅い語. 副詞(句)を伴う》‖
spring to one's feet 急に立ち上がる.
spring up from one's seat 座席から跳び上がる.
spring over the wall 塀を跳び越える.
spring at the chance その好機に飛びつく.
**2** はじく, はね返る;[spring **C**] ぱっと開いて **C** の状態になる《◆**C** は形容詞・副詞》‖
The box sprang open. その箱はぱっと開いた.
The door sprang shut [to]. 戸がパタンと閉まった.
**3** 突然現れる;[spring into **A**] 急に…になる, 急に…する‖
A doubt sprang up in my mind. ある疑念が私の心に湧(ʷ)き起こった.
spring into fame 一躍有名になる.
spring into a fury 突然激怒する.
The engine sprang into life. エンジンが急に動き出した.
Where did you spring from? どこからふらりとやって来たのですか.
**4** [spring from **A**] …から出る, 生じる《◆come より堅い語》; …からの出である;…に源を発している‖
The man sprang from peasant stock. その人は百姓の出だった.
**5**〈水が〉湧き出る;急に成長する;芽[葉]を出す.
— 他 …を急に持ち出す[言い出す]‖
He sprang a surprise on me. 彼は私を突然驚かした.

**spring·board** /spríŋbɔ̀ːrd スプリングボード/ 名ⓒ **1**〔水泳〕飛び板, スプリングボード;〔体操〕跳躍板, 踏み切り板. **2** 踏み台.

**Spring·field** /spríŋfiːld スプリングフィールド/ 名 **1** スプリングフィールド《米国 Illinois 州の州都》. **2** スプリングフィールド《米国 Massachusetts 州南部の都市》. **3** スプリングフィールド《米国 Missouri 州南西部の都市》. **4** スプリングフィールド《米国 Ohio 州西部の都市》.

**spring·time** /spríŋtàim スプリングタイム/ 名ⓤ **1** 春, 春期;[形容詞的に] 春の‖
in the springtime 春に.
**2** 初期;青春.

**spring·y** /spríŋi スプリンギ/ 形 (比較) -·i·er, (最上) -·i·est **1** ばねのような, 弾力性のある;軽快な. **2**〈土地が〉泉の多い.

**sprin·kle** /spríŋkl スプリンクル/ 動 (現分) sprin·kling) 他 …にまく, ふりかける;〈場所〉に散水する;…をまく, まき散らす‖
sprinkle water on the grass =sprinkle the grass with water 芝生に水をやる.
— 自 (米)[通例 it を主語にして] 小雨がぱらつく ((英) spit)‖
It sprinkled this morning. けさ小雨が降った.

**sprin·kler** /spríŋklər スプリンクラ/ 名ⓒ **1** 振りかける道具.
**2**(芝生などの)水まき機, スプリンクラー;ノズル‖
a sprinkler system 自動消火装置.

**sprint** /sprínt スプリント/ 動 自他 (短距離を)全速力で走る. — 名ⓒ **1** 短距離競走, スプリント. **2**(長距離競走などでゴール直前での)ラストスパート, 全力疾走.

**sprint·er** /spríntər スプリンタ/ 名ⓒ 短距離(競走)選手, スプリンター.

**sprout** /spráut スプラウト/ 名 **1** ⓒ 芽, 新芽, 若芽;若枝;側根. **2**(略式)[~s] 芽キャベツ.
— 動 他 …を発芽させる, 芽ばえさせる.
— 自 **1** 発芽する, 芽をふく;葉[枝]を出す‖
Buds were already sprouting. 芽がすでに出始めていた.
**2**(急に)成長する, 背が伸びる.

**spruce** /sprúːs スプルース/ 名ⓒ **1**〔植〕トウヒ;(特に)オウシュウ〔ドイツ〕トウヒ《常緑針葉樹. 米国ではよくクリスマスツリーに用いる》. **2** ⓤ トウヒ材.

**sprúce fír** =spruce 1.

*****sprung** /sprʌ́ŋ スプラング/ 動 → spring.

**spry** /sprái スプライ/ 形 (比較) ~·er, spri·er; (最上) ~·est, spri·est)(正式)元気な, 活動的な;かくしゃくとした.

**spud** /spʌ́d スパド/ 名ⓒ(略式)ジャガイモ.

**spun** /spʌ́n スパン/ 動 → spin.

**spunk** /spʌ́ŋk スパンク/ 名ⓤ **1** 火口(ʰッ), つけ木. **2**(略式)勇気, 気力.
— 動《米略式》《◆次の成句で》.

***spúnk úp** (1) [自] 元気を出す. (2) [他] …を元気にづける.

**spur** /spə́ːr スパー/ (類音) sp*ar*/spɑ́ːr/, spa/spɑ́ː/) 名ⓒ **1** 拍車‖
put [set] spurs to a horse 馬に拍車をかける.
**2**(正式)[比喩的に] 拍車, 刺激, 動機‖
by the spur of ambition 野心にかられて.
a spur to success 成功への推進力.
**3**(鳥の)けづめ(図 → chicken);(闘鶏の)鉄がね
**4**(正式)山脚, 尾根《山・山脈の突出部》‖
the southern spurs of the Pyrenees ピレネー山脈の南尾根.

***on the spúr of the móment** 出来心で, 衝動的に;時のはずみで;突然, 即座に.
— 動 (過去・過分) spurred/-d/;(現分) spur·ring) 他 **1**〈馬〉に拍車をかける,〈馬〉を急がせる.
**2** …をせきたてる, …にはっぱをかける, …を駆りたてる‖
spur the team to victory チームにはっぱをかけて勝利に導く.
Ambition spurred him to work hard. 彼は野心に駆りたてられて懸命に働いた.

**spu·ri·ous** /spjúəriəs スピュアリアス/ 形(正式)にせ

の, 不純な, まがいの; いい加減さ.
**spurn** /spə́:rn スパーン/ 動 他《正式》…をはねつける, 拒絶する.
**spurt** /spə́:rt スパート/ 動 自 **1** ほとばしり出る, 噴出する ∥
The water **spurted** from the broken pipe.
穴のあいたパイプから水が吹き出した.
**2** 疾走する;《スポーツ》スパートをかける.
—他 …を噴出させる.
—名 C **1** 噴出, ほとばしり;（怒りなどの）激発 ∥
**spurts** of anger いきりたつこと.
a **spurt** of anger いきりたつこと.
**2** 努力の集中;《スポーツ》スパート ∥
put a **spurt** on = put on a **spurt**《略式》スパートする.
**sput·ter** /spʌ́tər スパタ/〖類音〗spatter[spǽtər]/ 動 自 **1** 早口で言う, せきこんで言う, 口ごもる, どもる.
**2** パチパチ［ブツブツ, ブルブル］という音を立てる.
—他 **1** 早口で口でしゃべる.**2** …をペッと吐き出す; …をパチパチと飛ばす.
—名 Ｕ Ｃ **1** 早口で[せきこんで]しゃべること; ペッと吐き出すこと.**2** ブツブツ［パチパチ］という音.

*****spy** /spái スパイ/〖「（隠れたものを）見つける」が原義〗
—名 (複 **spies** /-z/) Ｃ スパイ, 密偵, 間諜(ちょう);（私立）探偵 ∥
an industrial **spy** 産業スパイ.
—動 (三現 **spies** /-z/;過去・過分 **spied** /-d/;現分 **~·ing**)
—自 ひそかに見張る［探る］; スパイをする; せんさくする《◆副詞（句）を伴う》∥
**spy** on one's neighbor 近所の人のすることを探る.
**spy** into others' affairs 他人の事をせんさくする.
—他《文》…を見張る; …を探り出す, …を目にする《◆ふつう進行形にしない》.
**spý·plàne** /spáiplèin スパイプレイン/ 名 Ｃ スパイ機.
**squab·ble** /skwɑ́bl スクワブル | skwɔ́bl スクウォブル/ 名 Ｃ 小ぜりあい, 口げんか, 口論.
—動 (現分 **squab·bling**) 自 言いあう ∥
He **squabbled** with his sister about who should use the bicycle first. 最初にどちらが自転車に乗るかで彼は妹と口論した.

**squad** /skwɑ́d スクワド | skwɔ́d スクウォド/ 名 Ｃ [集合名詞; 単数・複数扱い] **1**〔軍事〕分隊, 班 ∥
Scotland Yard's flying **squad** ロンドン警視庁緊急機動隊.
**2** チーム, 一団 ∥
a **squad** of workers 一団の労働者.
**3**《米》体操チーム.
**squád càr**《米》パトロールカー.
**squad·ron** /skwɑ́drən スクワドロン | skwɔ́d- スクウォドロン/ 名 Ｃ [集合名詞; 通例単数扱い] **1**〔米空軍〕飛行大隊,（英空軍）飛行中隊; [S~] 英国空軍.**2**〔海軍〕（2隻以上の同じ艦船からなる）小艦隊.
**3**〔陸軍〕中隊; 戦車中隊; 騎兵大隊.
**squal·id** /skwɑ́ləd スクワリド | skwɔ́l- スクウォリド/ 形 (時に 比較 ~·**er**, 最上 ~·**est**) **1** 不潔な; むさ苦しい.**2** 下劣な.

**squall** /skwɔ́:l スクウォール/ 名 Ｃ **1**（時に雨や雪を伴う）突風.**2**（略式）（一時的な）騒ぎ.
**squal·or** /skwɑ́lər スクワラ | skwɔ́l- スクウォラ/ 名 Ｕ 不潔さ, むさ苦しさ; 卑劣.
**squan·der** /skwɑ́ndər スクワンダ | skwɔ́n- スクウォンダ/ 動 他《正式》…を浪費する.

*****square** /skwéər スクウェア/〖「四角にする」が原義〗

→ 名 **1** 正方形, 四角 **2** 四角い広場 **3** 平方
形 **1** 正方形の **2** 四角の **2** 平方の

—名 (複 ~·**s** /-z/) Ｃ **1** 正方形, 四角; 四角い物;（将棋盤などの）目, ます ∥
a head **square** 頭を包むスカーフ.
a **square** of paper 正方形の紙.
**2**（市街地の）四角い広場《◆「円形の広場」は《米》circle,《英》circus》; スクエア《四角い広場周辺の建物が並んだ街区 (略 Sq.);（四方を街路に囲まれた方形の）街区; 街区の一辺の距離（《主に米》block）》∥
Trafálgar Squáre (ロンドンの)トラファルガー広場.
walk two **squares** 2丁歩いて行く.
**3**〔数学〕[the ~] 平方, 2乗 (略 sq, sq.) (cf. cube) ∥
The **square** of 3 is 9. 3の2乗は9である.
**4** 直角定規, T[L]定規, 曲尺(かねじゃく).

**gò báck to squáre óne**〖チェスなどで最初の位置に戻ることから〗《英》出発点[振出し]に戻る.
**on the squáre** [形] [副] (1) 直角に. (2)《略式》正直な[に]; 公平な[に]. (3) 同じ条件で, 平等に.
**òut of squáre** [形] [副] (1) 直角をなさない(で). (2)《略式》不規則に[な], 乱雑に[な].

—形 (比較 **squar·er** /skwéərər/, 最上 **squar·est**/skwéərist/) **1** 正方形の, 四角の ∥
a **square** house 四角い家.
a **square** piece of paper 正方形の紙.
**2** [名詞の前で] 平方の, 2乗の, …四方の《◆数字を伴った名詞のあとでも用いる》∥
ten **square** miles 10平方マイル.
A room 9 feet **square** contains 81 **square** feet. 9フィート四方の部屋は広さ81平方フィートとなる.
**3**《正式》直角の, 直角に交わる; 垂直の.
**4** 角張った, がっしりした; しっかりした, 安定した ∥
a man of **square** frame がっしりした体格の人.
a **square** gait 安定した馬の足並み.
**5**《略式》[補語として] 互角の, 同点の; 貸借のない, 勘定済みの ∥
make accounts **square** 勘定を決済する.
**6** 公平な, 公明正大な; 正直な.
**7** 率直な, きっぱりした ∥
give a **square** refusal きっぱりと断る.
**8** きちんとした, 整然とした.
**9**《略式》十分な, 満足できる ∥
make a **square** meal 十分な食事をとる.
**10**《略式; まれ》融通のきかない.

—動 (現分 **squar·ing**) 他 **1** …を正方形[四角, 立方体]にする; …を四角に仕切る[区切る] ∥
**square** the circle 円を四角にする, 不可能なこと

を試みる.
**2** …の面積を求める; [通例 be ~d]〈数か〉2乗される ‖
square the circle 円の面積を求める.
3 squared equals [is] 9. 3の2乗は9である.
**3** …を直角にする.
**4**〈肩など〉を角張らせる.
**5**〈試合〉を同点にする, タイにする; (略式)〈借金など〉を清算する ‖
square accounts with him 彼に借金を支払う; 彼に仕返しをする.
**6** …を合わせる, 一致させる.
── 自 **1** 直角になる. **2** 借金を支払う.
*squáre úp* (略式) [自] 清算する.
**squáre brácket** [通例 -s] 角かっこ《[ ]》.
**squáre dánce** スクエアダンス《2人ずつ組み, 4組が方形を作って踊る》.

**squáre·ly** /skwéɚrli スクウェアリ/ 副 **1** 四角に(なるように); 直角に.
**2** 公平に; 正直に.
**3** まともに, 直接に ‖
look squarely at him 彼をまともに見る.

**squash**¹ /skwáʃ スクワシュ | skwɔ́ʃ スクウォシュ/ 動 (三単現 ~・es/-iz/) 他 **1** …を押しつぶす, 踏みつぶす; [squash A C] A〈物〉を踏んで C にする《◆crush よりくだけた語》‖
squash a fly on the windowpane 窓ガラスに止まっているハエをたたきつぶす.
**2** …を押し込む, 詰め込む ‖
squash many clothes in [into] the case たくさんの衣服を旅行かばんにぎゅうぎゅう詰める.
**3** (略式)〈暴動など〉を抑える, 鎮める; …を黙らせる, やりこめる ‖
I was squashed with [by] her cutting remarks. 彼女の辛辣(ﾗﾂ)な言葉にぐうの音(ﾈ)も出なかった.
── 自 **1** つぶれる, ぐにゃぐにゃ[ぺちゃんこ]になる.
**2** ぎゅうぎゅう詰める; 割り込んでいく; 押し合いながら進む ‖
May I squash in next to you? お詰め願えませんか.
── 名 (複 ~・es/-iz/) **1** Ⓤ 押しつぶされた物[状態], 踏みつぶされた物[状態] ‖
go to squash ぐにゃぐにゃにつぶれる; 駄目になる.
**2** Ⓒ グシャ[ベシャ, ピチョ](という音) ‖
with a squash グシャリ[ベチャ, ピチャピチャ]と.
**3** (略式) [a ~] 押し合い; 群衆 ‖
a squash of people 大勢の人.
**4** Ⓤ Ⓒ (英) スカッシュ《ふつう無炭酸果汁飲料》‖
lemon squash レモンスカッシュ.
**5** Ⓤ **a** (正式) [単数扱い] スカッシュ=ラケット (squash racket)《ふつう壁に囲まれたコートで柄(ﾂｶ)の短いラケットとゴムボールを使って2人または4人で行なうゲーム》. **b** スカッシュ=テニス (squash tennis)《少し大きいラケットとゴムボールを使ってふつう2人で行なうスカッシュ=ラケットに似たゲーム》.
**squásh rácket** =squash 5 a.
**squásh ténnis** =squash 5 b.

**squash**² /skwáʃ スクワシュ | skwɔ́ʃ スクウォシュ/ 名 (複 ~・es, 集合名詞 squash) Ⓒ Ⓤ (米) (植) ウリの類, カボチャ《marrow セイヨウカボチャ, pumpkin カボチャ, zucchini ズッキーニ などを含む》; その実[木].

squash²

**squat** /skwát スクワト | skwɔ́t スクウォト/ 動 (過去・過分) squat·ted /-id/ (現分) squat·ting 自 **1** しゃがむ; うずくまる ‖
squat (down) around the fire 火を囲んでかがみこむ.
**2** (英略式) 座る ‖
squat down crosslegged 脚(ｱｼ)を組んで座る.
**3** 〈動物が〉身をひそめる, 地に伏す.
── 他 ~ oneself しゃがむ, 座る.
── 形 (比較) squat·ter, (最上) squat·test **1** しゃがんだ; ひそんだ. **2** ずんぐりした, 脚(ｱｼ)の短い.
── 名 Ⓒ しゃがむこと; [通例 a ~] しゃがんだ姿.

**squawk** /skwɔ́ːk スクウォーク/ 【擬音語】動 自 **1** 〈鳥が〉ガーガー鳴く. **2** (略式)〈人が〉ブーブー不平を言う, やかましく抗議する. ── 名 Ⓒ ガーガー《鳴き声》; (略式) ブーブー《不平の声》.

**squeak** /skwíːk スクウィーク/ 【擬音語】動 自 **1** 〈ネズミなどが〉チューチュー鳴く; 〈車輪・楽器・ベッドなどが〉キーキー[キュッキュッ]鳴る, きしむ; 〈赤ん坊が〉ギャーギャー泣く. **2** (略式) 密告する, 告げ口する, 裏切る.
── 名 Ⓒ **1** チューチュー, キーキー ‖
the squeaks of the mice ネズミのチューチュー鳴く音.
**2** (略式) [narrow, close, near などと共に] 間一髪で逃れること, 危ないせとぎわ ‖
a narrow squeak 危機一髪の逃亡.

**squeak·y** /skwíːki スクウィーキ/ 形 (比較) -i·er, (最上) -i·est **1** キーキーいう; ギャーギャー[チューチュー]鳴く; ミシミシいう, きしむ. **2** キーキー声の, 金切り声の.

**squeal** /skwíːl スクウィール/ 【擬音語】動 自 **1** キーキー[ブーブー, ギャーギャー]いう, 金切り声[キャーという悲鳴, 歓声]をあげる《◆squeak よりも大きく長い耳ざわりな音》. **2** 〈ブレーキなど〉がキーときしむ音を出す.
**3** (略式) 不平[不満]を言う. **4** (略式) 密告する.
── 名 Ⓒ **1** 金切り声, かん高い声; 悲鳴 ‖
with squeals of delight ワーッと歓声をあげて.
**2** きしむ音, キーキーいう音.

**squea·mish** /skwíːmiʃ スクウィーミシュ/ 形 **1** 吐き気をもよおさせる. **2** 冷淡な. **3** 気難しい.

**squeeze** /skwíːz スクウィーズ/ 動 (現分) squeez·ing 他 **1** …を締めつける, 圧搾(ｻｸ)する; 〈粘土など〉をこねる ‖
squeeze one's fingers in a doorway 戸口で指をはさむ.
squeeze the clay into a ball 粘土をこねてだんごを作る.
**2** …を絞る, …を絞り出す ‖

**squeeze** a lemon レモンを絞る.
**squeeze** a sponge (dry) スポンジを(からからに)絞る.
**squeeze** the water out 水を絞り出す.
**squeeze** more juice **from** [**out of**] an orange オレンジの汁をもっと絞る.
**3** …を捻(ひね)り出す ‖
**squeeze** 10 pages **out of** a small subject 取るに足りない問題について10ページも書く.
**4** …を(意味ありげに)強く握る; …を抱擁する ‖
**squeeze** his hand 彼の手をぎゅっと握る.
**5** (略式)…を強要する, 絞り取る; …を苦しめる; 〈人〉から搾取(さくしゅ)する ‖
**squeeze** a promise **from** her 彼女に無理に約束させる.
**squeeze** money **out of** her by blackmail =**squeeze** her **for** money by blackmail おどして彼女から金をまきあげる.
**6** …を押しこむ, 押し進める; [~ one's way] 押し進む; …を割り込ませる ‖
**squeeze** six people **into** the car 6人も車に無理に押し込む.
**squeeze** one's **way through** a crowd 群衆の中をなんとかかき分けて進む.
──⦿ **1** 絞れる; ぎゅっと握りしめる.
**2** 押し入る; そばをやっとのことで通る; かろうじて合格する ‖
**squeeze into** a seat 無理に席に割り込む.
**squeeze through** [**in**] なんとか合格する.
Can I **squeeze in**? (満員電車・エレベーターなどで)心詰め願えませんか.
──名 **1** © 絞ること, 圧搾; (少量の)絞り汁 ‖
a **squeeze** of lemon レモン汁.
**2** © ぎゅっと握ること; 抱擁 ‖
give her hand a gentle **squeeze** 彼女の手を軽く握る.
**3** © [通例 a ~] 押し合い, 雑踏; すし詰め ‖
We all got in, but it was **a tight squeeze**. みんな乗るには乗ったが, 身動きもできなかった.
**4** (略式) [a ~] 窮地, 苦境; 間一髪 ‖
be in a **squeeze** 苦境に立つ.
**5** © (略式) 〖経済〗 [通例 a ~ / the ~] 経済的圧迫, 引き締め; 不足.
**6** © 〖野球〗 =squeeze play.
**squéeze plày** 〖野球〗スクイズ(squeeze).

**squelch** /skwéltʃ スクウェルチ/ 〖擬音語〗動 (三単現) **~·es**/-ɪz/) ⦿ **1** ピチャピチャ[クチャクチャ]音がする. **2** ピチャピチャ[バシャバシャ]音をたてて歩く.
──名 Ⓤ [しばしば a ~] ピチャピチャ[ピシャピシャ] (いう音).

**squid** /skwíd スクウィド/ 名 (複 squid, ~s) © 〖動〗イカ《ヤリイカ・スルメイカなど. cf. cuttlefish》.

**squig·gle** /skwígl スクウィグル/ 動 (現分 squig·gling) ⦿ (米) **1** のたくる, もがく. **2** 走り書きをする.
──他 …を走り書きする. ──名 © **1** のたくること, もがき. **2** くねった線; 走り書き, なぐり書き.

**squint** /skwínt スクウィント/ 名 © **1** 〖医学〗斜視; やぶにらみ ‖
have a bad **squint** ひどい斜視である.
**2** (ねたみ・悪意などの)横目, 流し目; 盗み目 ‖
make a **squint at** the beautiful girl 美少女を横目で見る.
**3** (英略式) 一瞥(べつ) ‖
have [take] a **squint at** the photo 写真をちらっと見る.
──動 ⦿ **1** 斜視である; やぶにらみで見る.
**2** 横目で見る, 目を細めて見る ‖
**squint** (**up**) **at** [**into**] the bright sunshine 明るい太陽光線に目を細める.
──他 **1** 〈目〉を斜視にする. **2** 〈目〉を細める.

**squire** /skwáɪər スクワイア/ 〖*esquire* の頭音消失〗名 © **1** (古) 地方の素封(そほう)家, 大地主. **2** 〖歴史〗(騎士・高貴な人の)従者, 付添い人. **3** (米) 治安判事. **4** (英略式) (店員が客に対して)だんな, お客さん《◆ Sir はより丁寧な言葉》.

**squirm** /skwə́:rm スクワーム/ 動 ⦿ **1** 身をよじる. **2** のたくりながら進む. **3** (略式) もじもじする.

**squir·rel** /skwə́:rəl スクワーレル | skwírəl スクウィレル/ 名 (複 ~s, squir·rel) © リス《◆ chipmunk がよく知られている》; Ⓤ その毛皮.

**squirt** /skwə́:rt スクワート/ 動 他 …を噴出させる, 吹きかける; …に水を浴びせる. ──⦿ 噴出する, ほとばしる; かかる. ──名 © **1** 噴出すること, ほとばしり; (少量の)噴出量. **2** (略式) いやなやつ.

**Sr, Sr.** Senior; Sir.

**Sri Lan·ka** /sriː lɑ́ŋkə スリ(ー) ラーンカ | -lǽŋ- -ラーンカ/ 名 スリランカ《旧称セイロン(Ceylon)》.

**St.**¹ /séɪnt セイント | sənt サント, sən/《◆ (英) では母音で始まる人名の前では /sənt/ がふつう》(複 SS., Sts.) 〖略〗=saint《◆ St. … という形の複合語については saint の項参照. 聖人の名については St. を除いた人名の項参照》.

**St.**² 〖略〗Saturday; Strait; Street.

**stab** /stǽb スタブ/ 《類音》stub/stʌ́b/) 動 (過去・過分 stabbed/-d/; 現分 stab·bing) 他 **1** …を刺す ‖
He **stabbed** her **in** the arm. =He **stabbed** her arm. 彼は彼女の腕を刺した.
**stab** him **in** the **báck** (だまし討ち的に)彼の背中を刺す;(略式)(卑劣な方法で)彼を中傷する, けなす.
**2** 〈指など〉を刺す ‖
**stab** one's finger **at** the page ページのへりで指を切る.
──⦿ **1** 突き刺す ‖
**stab at** a worm with a knife ナイフで虫を刺そうとする.
**2** 心に鋭く刺さる ‖
Every word **stabs at** me. どの言葉を聞いても心が痛む.
──名 © **1** 刺し傷; (突き) 刺すこと.
**2** 刺すような痛み, 激痛; 心の痛み.
**3** (略式) 試み, 企て ‖
have [make, take] a **stab at** a hard job 難しい仕事にちょっと手を出してみる.

**stab·bing** /stǽbɪŋ スタビング/ 動 → stab.

## stability

——名 U 刺すこと.
——形 1 刺さる.
2 刺し込むような, ずきずきする ‖
a **stabbing** pain 激痛.
3 〈言葉が〉辛辣(½²)な.

**sta·bil·i·ty** /stəbíləti/ 名 U [しばしば a ~] 1 安定(性), 固定;(船・飛行機の)復元力 ‖
the **stability** of prices 物価の安定性.
2 〈人が〉しっかり[断固と]していること.

**sta·bi·li·za·tion** /stèibələzéiʃən ステイビリゼイション| -lai- ーライゼイション/ 名 U 安定, 固定化.

**sta·bi·lize**, 《英ではしばしば》 **-lise** /stéibəlàiz ステイビライズ/ 動 (現分) **-liz·ing** 他《正式》…を安定させる ‖
**stabilize** prices 価格の安定をはかる.

**sta·ble**[1] /stéibl ステイブル/ 形 (比較) more ~, sta·bler (最上) most ~, sta·blest)

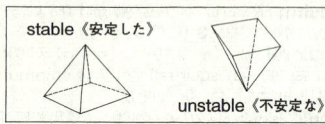

stable 《安定した》
unstable 《不安定な》

1 安定した; びくともしない《◆ steady より堅い語》(↔ unstable) ‖
a **stable** economy 安定した経済.
2 一定の, 不変の ‖
a **stable** relationship 変わらない関係.
a **stable** peace 恒久平和.
3 断固とした, 堅実な ‖
a calm, **stable** person もの静かでしっかりした人.

**sta·ble**[2] /stéibl ステイブル/ 名 C 1 [しばしば~s] 馬(小)屋. 2 [~s] (競馬用)厩(⁺ʲ*)舎;[しばしば~s; 時に集合名詞; 単数扱い] 競走馬, (…の)所有馬.

**stáble màte [compánion]** 同じ厩舎の馬;同じ釜(㌟)の飯を食った仲間, 朋輩(嵭ᵇ);同じクラブの選手, 同じジムの選手.

**stack** /stæk スタック/ (発音) stuck/stʌk/) 名 C 1 干し草[麦わら]の山;しばの山.
2 [a ~] (きちんとした)積み重ね, 堆(ᵗ)積;《略式》[a ~ / ~s] 山, 多数, 多量 ‖
a **stack** of grain 穀物の山.
a **stack** of papers to get through 仕上げを要する山積みの書類.
3 叉(ᵗ)銃《銃3丁を銃口をそろえてピラミッド型に組み立てること》.
4 [the ~s] (図書館の)主要書庫《◆ ふつう入室を許されない》.
——動 他 1 …を積み重ねる, 束にする, …に積む ‖
**stack** hay (up) in the barn =**stack** the barn with hay 納屋に干し草を積む.
2 〈銃〉をくむ[銃をそろえて]ピラミッド型に組み立てかける.

**sta·di·um** /stéidiəm ステイディアム/ (発音注意)《×スタディアム》 名 (複) ~s, **--di·a**/-diə, -djə/) C 競技場, 野球場《◆ (米)では ballpark がふつう》, スタジアム ‖

the National **Stadium** 国立競技場.

**staff** /stæf スタフ| stɑ́ːf スターフ/ (類音) stuff/stʌf/) 名 (複) ~s/-s/ または **staves**/stævz, stéivz| stéivz/;1では~s) C 1 [通例 the ~;集合名詞;単数・複数扱い] 職員, 部員, 局員, 社員, スタッフ;[軍隊] 参謀, 幕僚;[形容詞的に] 職員の ‖
the editorial **staff** 編集部員.
the teaching **staff** 教授陣(→ faculty 3).
the manager in charge of 30 **staff** [×staffs] 《英》30人の職員を管理している部長.
How many people do you have on the **staff**? =How large is your **staff**? あなたの部員はどれくらいいますか.
I am on the **staff** of this company. 私はこの会社の社員です.
2 《古》つえ;さお ‖
a flag **staff** 旗ざお.

Q&A **Q**: staff と stuff のようにまぎらわしい語がほかにありますか.
**A**: 一つにまとめて覚えておきましょう. staff(スタッフ)が勉強を stuff(詰め込む) / track(走路)を truck(トラック)が走る / stamp(切り株)を stump(切り株)にはる / flash(ひらめき)で flush(赤くなる) / sack(袋)を suck(なめる) / straggle(さまよい)ながら struggle(もがく).

**stag** /stǽg スタグ/ 名 (複) ~s/-z/, stag) C 〔動〕 雄ジカ《◆特に5歳以上の成長したアカシカ》《関連》→ deer).

**stág párty**《略式》男だけのパーティー(cf. hen party).

*****stage** /stéidʒ ステイヂ/ 〖「立っている場所」が原義. cf. *station*〗

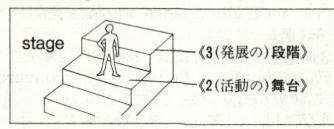

stage 《(3発展の)段階》
《(2活動の)舞台》

——名 (複) stag·es/-iz/) C 1 舞台, ステージ《◆世界の象徴》;演壇;《主に文》[the ~] 演劇;劇文学;俳優業 ‖
stand on a **stage** 演壇に立つ.
be on (the) **stáge** =tread the **stage** 舞台に上がっている;俳優である.
go on the **stáge** 舞台に上がる;俳優になる.
put a play on the **stage** 劇を上演する.
2《文》[a ~ / the ~] (活動の)舞台, 場所 ‖
Europe was the **stage** for the First World War. ヨーロッパは第一次世界大戦の舞台であった.
3 (発達・発展などの)段階, 時期 ‖
a rebellious **stage** 反抗期.
at the early **stage** =in the early **stages** 初めに.
4 (昔の)駅馬車;宿場, 宿駅;(宿場間の)旅程.
5 (ロケットの)段;(建物の)階, 層;(川の)水位 ‖
a 2-**stage** rocket 2段ロケット.

## stagecoach

—動 (三単現) **stag‧es**/-iz/; 過去・過分 ~d/-d/; 現分 **stag‧ing**
—他 **1**〈劇〉を上演する ‖
Our dramatic society will **stage** a play by Shakespeare next year. 演劇部は来年シェイクスピア劇を上演します.

**2** …をりっぱに行なう ‖
**stage** a comeback りっぱにカムバックする.

**stáge diréction** (1) 〔脚本の〕ト書き. (2) 演出.
**stáge diréctor** (1) 演出家. (2) 〔英〕=stage manager.
**stáge dóor** 楽屋出入口.
**stáge efféct** 舞台効果.
**stáge mànager** 舞台主任.
**stáge whísper** (1) 〔観客に聞こえるように言う〕わきぜりふ. (2) 聞こえよがしの私語.

**stage‧coach** /stéidʒkòutʃ/ ステイチコウチ/ 名 (複 ~‧es/-iz/) ⓒ 〔歴史〕駅馬車, 乗合い馬車; 郵便馬車.

**stag‧ger** /stǽgər/ スタガ/ 動 ⓘ **1** よろめく, ふらつく; よろよろ歩く, 千鳥足で歩く ‖
The drunken man **staggered** across the street. その酔っ払いはよろよろしながら通りを横切った.

**2** ためらう, ちゅうちょする, 動揺する; ひるむ ‖
She **staggered** at the news. 彼女はその知らせを聞いて動揺した.
—他 **1** …をよろめかせる, ふらつかせる ‖
His punch **staggered** the boxer. 彼のパンチでそのボクサーはよろめいた.

**2** …をためらわせる, 動揺させる;〈決心など〉をぐらつかせる.
**3** 〔略式〕…をびっくりさせる, 茫(ぼう)然とさせる ‖
She **was staggered by** [**to hear**] the news. 彼女はその知らせを聞いて茫然となった.
**4** …を互い違いにする;〈勤務時間など〉をずらす ‖
**staggered** working hours 時差出勤.
—名 ⓒ **1** 〔通例 a ~〕よろめき, ふらつき; 千鳥足 ‖
with a **stagger** よろよろと.
**2** 〔the ~s; 単数・複数扱い〕めまい.

**stag‧ger‧ing** /stǽgəriŋ/ スタガリング/ 動 → stagger. —形 **1** よろめく, ふらつく;〈強打などが〉人をよろめかす. **2** びっくりさせる, 呆然とさせる;〈数量が〉信じ難いほどの.

**stag‧ing** /stéidʒiŋ/ ステイヂング/ 動 → stage.
—名 **1** ⓒⓤ 〔劇の〕上演, 演出. **2** ⓒⓤ 駅馬車業; 駅馬車旅行. **3** ⓤⓒ 〔建築などの〕足場;〔温室の〕棚, 台.

**stag‧nant** /stǽgnənt/ スタグナント/ 形 **1** 〈水などが〉流れない; (よどんで)悪臭を放つ. **2** 停滞した, 不景気な (↔ brisk). **3** 〔正式〕鈍い, ぼんやりした.

**stag‧nate** /stǽgneit/ スタグネイト/ 一, 一/ 動 現分 --nat‧ing/ ⓘ **1** 〈水などが〉よどむ, 流れない. **2** 沈滞する, 不活発になる.

**stag‧na‧tion** /stægnéiʃən/ スタグネイション/ 名 ⓤ **1** よどみ, 沈滞, 停滞. **2**〔経済〕不況, 不振, 不景気.

**staid** /stéid/ ステイド/ 同音 stayed) 形 まじめすぎる, 落ち着いた, 威風堂々とした ‖
a person of **staid** appearance 見るからに落ち着いた人.

**stain** /stéin/ ステイン/ 類音 stein/stáin/) 名 **1** ⓒⓤ 汚れ, しみ ‖
Will the **stain** come off this shirt? このシャツのしみは取れるでしょうか.
**2** ⓒ 〔文〕汚点, きず ‖
That left a **stain on** his good reputation. それで彼の名声に傷がついた.
**3** ⓤⓒ 染料, 着色剤.
—動 他 **1** …を汚す; …にしみをつける ‖
Her fingers were **stained with** red ink. 彼女の指は赤インクで汚れていた.
**2**〔文〕〈名声など〉を汚す, 傷つける.
**3**〈物〉を着色する, 染色する; [stain A C] A〈物〉を C (色)に着色[染色]する ‖
She **stained** the wall beige. 彼女は壁をベージュ色にした.
—ⓘ 汚れる, しみがつく.

**stáined gláss** ステンドグラス 《教会の窓などに用いる》.

**stain‧less** /stéinləs/ ステインレス/ 形 **1** 汚れ[しみ]のない;〈金属が〉さびない. **2**〔文〕〈評判などが〉汚点[傷]のない. —名 ⓤ ステンレス製の食器類.

**stáinless stéel** ステンレス(鋼), さびない鋼鉄.

*****stair*** /stéər/ ステア/ 同音 stare; 類音 star/stɑ:r/) 〔「のぼる段」が原義〕
—名 (複 ~s/-z/) ⓒ **1** 〔階段の〕1段《◆ 一続きの階段は a flight of *stairs*》‖
six **stairs** 6段.
a pair of **stairs** 〔踊り場のある〕階段.
climb the **stairs** two at a time 一度に2段ずつ上る.
**2** 〔通例 ~s; 複数扱い〕〔階と階[階と踊り場]を結ぶ〕**階段** 《◆ 上昇の象徴》, はしご段 《◆ 〔米〕では時に a *stairs* ともする. 玄関などの短い石段は steps》‖
go up and down the steep **stairs** to the attic 屋根裏部屋への急な階段を上り下りする.

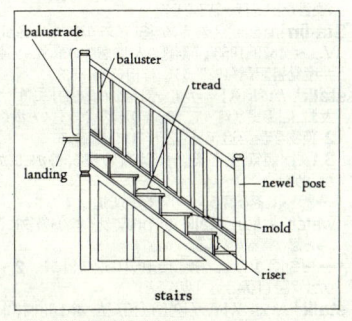

[図: 階段の各部名称 — balustrade, baluster, tread, landing, newel post, mold, riser, stairs]

**3** 〔比喩的に〕階段, 道 ‖
the **stair** to success 成功への道.
**stáir càrpet** 階段用じゅうたん.
**stáir ròd** 階段用じゅうたん押え《ふつう黄銅の金

棒).

**stair·case** /stéərkèis ステアケイス/ 图C (手すり・踊り場などを含む, ひと続きの)階段, はしご段; 階段室 (cf. stair 2) ‖
a circular [winding, spiral] staircase らせん階段.
a moving staircase エスカレーター((米)escalator).

**stair·way** /stéərwèi ステアウェイ/ 图=staircase.

**stake** /stéik ステイク/ (同音 steak) 图C **1** くい, 棒; (トラックなどの荷物を支える)棚(だな)柱 ‖
tie a horse to a stake 馬をくいにつなぐ.
**2** [the ~] 火刑柱; 火刑, 火あぶりの刑 ‖
be put to the stake = be burned at the stake 火あぶりの刑に処せられる.
**3** 賭(か)け; [~s; 複数扱い] 賭け金, 賞金; [通例 Stakes; 主に固有名詞で; 単数・複数扱い] 賭け競馬.

*at stáke* (1) 賭けられて. (2) 危険にさらされて.

—動 (現分 stak·ing) 他 **1** …を賭(か)ける ‖
stake all one's money on the horse その馬に有り金を全部賭ける.
**2** 〈苗木など〉をくいで支える; 〈馬など〉をくいにつなぐ.
**3** 〈土地など〉をくいで囲む.

**stale** /stéil ステイル/ 形 **1** 新鮮でない, 古くなった(⇔fresh) ‖
stale bread 固くなったパン.
This soda is stale. このソーダは気が抜けている.
**2** 陳腐な, おもしろ味のない ‖
stale jokes 言い古された冗談.
**3** (過労・休みすぎで)生気がない; (練習しすぎて)不調の.

**stale·mate** /stéilmèit ステイルメイト/ 图UC **1** 〔チェス〕ステイルメイト, 手詰まり《「千日手」の状態. 引き分けとなる》.
**2** 行き詰まり ‖
in stalemate 膠(こう)着状態におちいって.

—動 (現分 --mat·ing) 他 **1** 〔チェス〕[通例 be ~d] 〈相手が〉手詰まりになる, さし手がなくなる. **2** 〈交渉など〉を行き詰まらせる.

**Sta·lin** /stɑ́:lin スターリン/ 图 スターリン《Joseph V. ~ 1879-1953;「鋼鉄の人」の意味の筆名. ソ連共産党書記長(1922-53), 首相(1941-53)》.

**stalk**[1] /stɔ́:k ストーク/ (同音 stork) 動 **1** 大またに[もったいぶって, ゆっくりと]歩く, 堂々と歩く.
**2** 獲物をそっと追う, そっと近づいて仕留める.
**3** (文)〈病気・災害・紛争などが〉忍び寄る, 静かに広がり始める.

—他 …に忍び寄る, …の跡をそっと追う ‖
watch a lion stalk its prey ライオンが獲物にそっと忍び寄るのを見る.

—图 [通例 a ~] **1** こっそり獲物を追う[に近づく]こと. **2** もったいぶって[偉そうに]歩くこと.

**stalk**[2] /stɔ́:k ストーク/ 图C 〔植〕茎, 幹; 花柄(かへい), 花梗(こう); 葉柄.

**stalk·er** /stɔ́:kər ストーカ/ 图C 獲物をそっと追う人; ストーカー; 大またに歩く人.

**stalk·ing** /stɔ́:kiŋ ストーキング/ 图U ストーカー行

為.

**stall** /stɔ́:l ストール/ (原音 stole/stóul/) 图C **1** (馬小屋・牛舎などの)一仕切りの間[部屋]《ふつう stable の中の1頭分の一区切りの空間をいう》.
**2** (主に英) [しばしば複合語で] 露店; (市場・駅などの)売店 ‖
a coffee stall コーヒーの売店.
a candy stall at a fair 縁日でのキャンデー屋台店.
**3** (英) [通例 the ~s; 複数扱い] (劇場の)最前列の1等席の部分((米) parquet) ‖
a front stall seat 1階正面席.
**4** [~s] (教会内の)聖職者席.
**5** [通例複合語で] 狭い仕切り部屋 ‖
a shower stall シャワー室.
**6** (飛行機の)失速; (車の)エンスト ‖
go into a stall 失速する, 停止する.

—動 他 **1** …を畜舎に入れる ‖
stalled oxen (牛肉用に)牛舎内で囲まれて育った雄牛.
**2** (米) [通例 be ~ed] 〈馬・馬車などが〉(泥・雪・ふぶきの中に)立ち往生する; 〈人〉を動けなくする.
**3** 〈車〉を(エンストなどで)止まらせる; 〈エンジン〉を止める; 〈飛行機〉を失速させる.

—自 立ち往生する, 〈車〉が止まる, 〈飛行機〉が失速する.

**stal·lion** /stǽljən スタリョン/ 图C 〔動〕(成長した)種馬.

**stal·wart** /stɔ́:lwərt ストールワト/ 形 **1** (文) 頑健な, 丈夫な; 勇敢な. **2** (略式) 断固とした; 不屈の; 愛党心の強い.

**sta·men** /stéimən ステイメン/ |-men -メン, -mən/ 图 (複 ~s /-z/, ··mi·na /-mənə, -mi-/) C 〔植〕雄(お)ずい《anther と filament からなる. 図 → flower》; (一般的に)雄しべ.

**stam·i·na** /stǽmənə スタミナ/ 图U (疲労などに耐える)根気, 気力, スタミナ.

**stam·mer** /stǽmər スタマ/ 動自 (恐怖・当惑などで)どもる, どもりながら言う, 言葉を詰まらせながら言う《◆ stutter は習慣的にどもること》‖
She stammers when she feels nervous. 彼女はあがるとどもる.

—他 …をどもって言う, 口ごもって言う ‖
stammer (out) a few words 二言三言どもりながら話す.

—图 [通例 a ~] (恐怖・当惑などで)どもること, 口ごもった話し方 ‖
with a stammer どもって.
have a nervous stammer あがって口ごもる.

## **stamp**

/stǽmp スタンプ/ (原音 stump /stʌ́mp/)『足で踏む』が原義]

—图 (複 ~s /-s/) C **1** 切手((正式) postage stamp); 印紙; 証紙 ‖
five ten-cent stamps 10セントの切手5枚.
put [stick] a stamp on the envelope 封筒に切手をはる.
a stamp (vending) machine 切手自動販売

a sheet of stamps 切手シート.
**2** 刻印機；打ち型, 押し型 ‖
a rubber stamp ゴム印；すぐに同意する人.
**3** 刻印；(郵便の)消印；打ち型による模様[文字].
**4** [通例 a ～ / the ～] 痕(%)跡；特質, 特徴.
**5** 《正式》[通例 a ～ / the ～] 種類, 型, タイプ ‖
Statesmen of this stamp are hard to find.
こういうタイプの政治家はめったにいない.

give [gét] a stámp of appróval お墨付(%)を与える[得る].

──**動** 〖三単現〗 ~s/-s/； 〖過去・過分〗 ~ed/-t/； 〖現分〗 ~·ing〗
──**他** **1** …を踏みつける；〈足〉を踏みおろす；[stamp A C] A〈物〉を踏んで C (の状態)にする ‖
stamp the floor 床を踏み鳴らす.
stamp the ground flat 地面をふみならす.
She stamped the mud off [from] her shoes. 彼女は足踏みして靴の泥を落とした.
**2** [stamp A on [onto] B / stamp B with A] B〈物〉に A〈名前・日付など〉をスタンプで押す；B〈物〉に A〈模様など〉を押し型でつける；《正式》B〈心など〉に A〈印象など〉を刻み込む ‖
his words stamped on [in] my memory 記憶に焼き付いた彼の言葉.
The name of the maker was stamped on the goods. = The goods were stamped with the name of the maker. その商品にはメーカーの名がついていた.
〖対話〗 "Is this visa good?" "Not until I stamp it."「このビザは有効ですか」「私がスタンプを押すまでは駄目です」.
**3** …に切手をはる；…に印紙をはる ‖
Remember to stamp the letter before mailing it. その手紙を出す前に切手をはるのを忘れないでください.
**4** 《正式》[stamp A (as [to be]) C] A〈人〉が C であることを示す；A〈人〉を C だと印象づける.
──**自** 踏みつける；じだんだを踏む；足を踏み鳴らして歩く.

*stámp óut* [他] (1) 〈火など〉を踏み消す. (2) 〈病気など〉を根絶する；〈反乱など〉を鎮圧する.
*stámp àlbum* 切手アルバム, 切手帳.
*stámp colléctıng* 切手収集.
*stámp colléctor* 切手収集家.
*stámp dùty* [tàx] 印紙税.
*stámping gròund* 〈略式〉[しばしば ~s] (人・動物が)よく集まる場所, たまり場.

**stam·pede** /stæmpíːd スタンピード/ 〈もと米〉**名** Ⓒ **1** [通例 a ~] 驚いてどっと[一斉に]集団暴走すること；右往左往して逃げまどうこと.
**2** 殺到 [通例 a ~ of A] 多数の… ‖
a stampede of shoppers どっと押し寄せた買い物客.
──**動** 〖現分〗 ··ped·ing〗 **自** **1** 〈家畜が〉集団で暴走する, 疾走する. **2** 殺到する. ──**他** 〈略式〉 **1** …を急いでさせる. **2** …に殺到させる.

**stance** /stæns スタンス/ **名** Ⓒ 《正式》[通例 a ~ / one's ~] **1** 〖ゴルフ・野球〗スタンス《打者の足の位置[構え]》. **2** 構え, 立場, 態度.

**stanch, staunch** /stɔːntʃ ストーンチ, stɑːntʃ/ **動** 〖三単現〗 ~·es/-iz/ **他** 《正式》〈血〉を止める；〈傷口〉の血を止める.

## *stand /stænd スタンド/

㊟ standing〈名〉

→ **動** **1** 立っている **2** 立ち上がる **4** 位置する **5** …である **他** **1** 立たせる **2** 我慢する
**名 1** 台 **3** 立つこと

──**動** 〖三単現〗 ~s/stǽndz/； 〖過去・過分〗 stood /stúd/； 〖現分〗 ~·ing〗

| 自と他の関係 | | |
|---|---|---|
| 自 1 | A stand | A が立っている |
| 他 1 | stand A | A を立てる |

──**自** **1** 立っている, 立つ (↔ sit) ‖
stand still 〈動かず〉じっと立っている.
stand on tiptoe つま先で立つ.
All the seats were taken, so we had to stand. 席は全部ふさがっていたので立っていなくてはならなかった.
She stood looking at the waves. 彼女は波を見ながら立っていた.
〖対話〗 "Who is that girl standing over there?" "It's Sue."「あそこに立っている少女はだれですか」「スーだよ」.
**2** 立ち上がる, 起立する (+ up) (↔ sit down)《♦ rise より口語的》‖
When the visitor entered the room, we stood (up) to greet him. 客が入室した時, 私たちは立ってあいさつした.
**3**〈物が〉立っている,〈立てて〉置いてある (↔ lie)《♦ 場所を表す副詞(句)を伴う》‖
The clock stands on the sideboard. 時計はサイドボードの上に置いてある.
The bookcase was standing in the middle of the room. 本箱は部屋の真ん中に置いてあった《♦ 動かせる物は進行形でも用いる》.
**4**〈建物・町などが〉位置する, ある《♦ 場所を表す副詞(句)を伴って》‖
The church stands [×is standing] on the hill. その教会は丘の上にある《♦ 簡単に移動できない物はふつう進行形にしない》.
The castle stands over the river. 城は川を見下ろす場所にある.
**5** 《正式》[stand C] C〈の状態・関係・立場〉である《♦ be 動詞に近い. C は名詞・形容詞(句)・分詞など》‖
The door stands open. 戸はあいている.
She stands in great danger. 彼女はとても危険な状態にある.
She stands accused of stealing the car. 彼女は自動車を盗んだことで告訴されている.
He stood godfather to my first son. 彼は私の長男の名付け親であった.
This is how it stands. こういう次第だ.

**b** …の地位を占める ‖
Where do you **stand** in your class? 君はクラスで何番か.

**6** …の身長である; …の高さがある ‖
He was a huge man, **standing** more than six feet (tall). 彼は背丈が6フィート以上もある大男だった.

**7** [**stand at** A]〈温度計などが〉…を示す;〈得点・値段・水準などが〉…である, …に達する ‖
The thermometer **stands** at 30°C. 温度計は30°Cを示している.
The score **stood** at 6 to 1. 得点は6対1であった.

**8** 態度をとる, 主張をする《◆進行形にしない》‖
**stand for** nuclear disarmament 核軍縮に賛成である.

**9 a** 立ち止まる; 停止している;(…の状態で)動いていない ‖
I **stood** and waited for the light to change. 私は立ち止まって信号が変わるのを待った.
The machines **stand** idle during the summer. その機械は夏の間は動かない.

**b**《米》〈車・列車などが〉一時停車する《◆エンジンをかけたままの一時的状態に用いる》‖
No **Standing**.《米》(掲示)停車禁止.
The car is **standing** [*stands] in front of my house. 私の家の前に車が停車している《◆この場合 stop は用いない》.

**10** [**stand** (C)] 変わらないでいる, 元のままである《◆進行形にしない》‖
Her decision still **stands**. 彼女の決心はまだ変わっていない.

―― 他 **1** …を立たせる, 立てる, 置く, すえる《◆場所を表す副詞(句)を伴う》‖
They **stood** the ladder against the barn door. 彼らははしごを納屋の戸に立てかけた.

**2** [通例否定・疑問文, if 節で] …を我慢する, 辛抱する, …に耐えている; [**stand to do / stand doing**] …することを我慢する《◆進行形不可》‖
bear が一般的な語で, stand は bear より口語的. また endure は多少堅い語》‖
I **can't stand** this hot weather. この暑い天気には我慢できない.
I **couldn't stand to** wait [waiting] for three hours. 3時間待つなんてことは耐えられなかった.
Can you **stand** him joking about it? 彼がそのことで冗談を言うのに我慢できますか.
対話 "This pain is killing me. I **can't stand** it anymore." "Why don't you take some medicine then?"「この苦痛はたまらない. これ以上我慢できないよ」「それじゃあ, 薬を飲みなさいよ」.

**3** 〈攻撃などに〉立ち向かう, 抵抗する.
**4** 〈裁判などを〉受ける, …に服する.
**5** 〈見張りなどの〉任務につく, …を務める.
**6**《略式》[**stand** (A) B]〈A〈人〉に〉B〈食事など〉をおごる ‖
I'll **stand** you a dinner. 夕食をごちそうしましょう.

**as it stánds** = **as thíngs stánd** 現状では; 現状のままで, そのままで.
**stànd alóne** [自] → alone 形 **3**.
**stànd aróund** [**abóut**] [自] 何もしないでつっ立っている.
**stànd aside** [自] [しばしば命令文で] わきへ寄る; 何もしないで傍観する.
**stànd báck** [自] 後ろへ下がる; 離れたところにいる[ある].
◇**stànd bý** (1) [自] その場[近く]にいる; 傍観する; 待機する;〈テレビなどの出演者が〉出番に備える, スタンバイする. (2) [~ by A] …を支持する, …の力になる;…を主張する ‖ Please **stand by** me when the need arises. 困ったときには力になってください. (3) [~ by A] …のそばに立つ[立っている]. (4) [~ by A] 〈約束・協定など〉を守る;〈主張・方針など〉を堅持する.
◇**stànd for** A (1) …を表す, 意味する, 象徴する; …の略である ‖ UN **stands for** United Nations. UN は United Nations (国連)の略です 《対話》"What does NATO **stand for**?" "North Atlantic Treaty Organization." 「NATOとは何の略なの?」「North Atlantic Treaty Organization (北大西洋条約機構)だよ」. (2) …を支持する, …のために戦う. (3)《略式》[通例否定文・疑問文で, しばしば will, would と共に] …を我慢する, …に耐える ‖
I **won't stand for** being treated like this. こんな扱いを受けるのはごめんだ. (4)《主に英》…に立候補する(《米》run for).
**stànd ín** [他] 代理[代役]をつとめる.
**stànd óff** [自] 離れている.
**stànd óut** [自] 突き[浮き]出ている; 目立つ, よく見える形[色]をしている; きわ立つ;《正式》抵抗する, 屈しない.
**stànd óver** (1) [自]〈事が〉延期される(《米》be postponed). (2) [~ óver A] A〈人〉を監督する.
**stànd úp** (1) [自] → 自 **2**; まっすぐに立っている; もつ, 耐える. (2) [他] …を立てる. (3)《略式》[他] 〈通例異性〉に(わざと)待ちぼうけをくわせる, …とのデートの約束を破る.
**stànd úp for** A …を守る, 擁護する.
**stànd úp for** oneself 自立する, 人に左右されない.
**stànd úp to** A …に敢然と立ち向かう; …を生き抜く; …に耐える.
**stánd** (**wéll**) **with** A …によく思われる.

―― 名 (複 ~s/stǽndz/) ⓒ **1** [しばしば複合語で] 〈物を載せる[立てる]〉台, …立て, …掛け ‖
a bedside **stand** ナイトスタンド《◆「(机の上に置く)電気スタンド」は desk lamp, 「フロアスタンド」は floor lamp》.

**2** [しばしば the ~s] 観覧席, スタンド ‖
hit a home run into the right **stands** ライトスタンドにホームランを打つ.

**3** 立つこと, 立っていること; 立ち止まること, 停止 ‖

I got tired from the two-hour **stand**. 2時間立っていて疲れた.
**come to a stand** 停止する; 行き詰る.
**4** 防御, 抵抗 ∥
make a **stand** on equal rights for women 女性のために男女平等の権利を擁護する.
**5** (巡回興行団の)巡業地; 興行.
**6** [a ~] (人・物の)立つ位置[場所] ∥
take one's **stand** in the doorway 戸口に立つ.
**7** 立場, 態度, 見解 ∥
She took a firm **stand** against racial discrimination. 彼女は人種差別に反対する強硬な態度をとった.
**8** [しばしば複合語で] 屋台, 売店 ∥
a newspaper **stand** 新聞売場.
**9** (バス・タクシーなどの)駐車場, 乗り場.
**10** (米) (法廷の)証人席.

**stand-alone** /stǽndəlòun スタンダロウン/ 形 **1** 〈会社・組織などが〉(金銭的に)独立した. **2** [コンピュータ] スタンドアローンの《ネットワークに接続しておらず, 独立して使用されている》.

**\*stan·dard** /stǽndərd スタンダド/ 〘「集まる場所を示す旗」が原義〙
—— 名 (複 ~s /-dərdz/) © **1** [しばしば ~s] 基準, 標準, 規範, 規格 ∥
fix [set] a **standard** 基準を設定する.
meet [satisfy, qualify for, be up to] the **standard** 標準に達する; 合格する.
the **standard** of living = the living **standard** 生活水準.
His work is below **standard**. 彼の作品は標準以下である.
train engineers to international **standards** 国際的水準に達する技術者を養成する.
対話 "So you got into the school after all." "I was surprised because the **standards** were so high." 「じゃあ君は結局その学校に入学したんだ」「驚いちゃったわ. レベルがとても高かったんですもの」.

**2** 旗, 王旗, 軍旗, 団体旗 ∥
raise the **standard** of revolt 反旗を翻(ひるがえ)す.
—— 形 (比較 more ~, 最上 most ~) **1** [名詞の前で] 標準の, 基準となる ∥
The meter is the **standard** measure of length in Japan. 日本ではメートルが長さの標準単位である.
**2** 普通の, 通例の, 特別でない.
**3** 権威のある, 一流の ∥
**standard** authors 一流作家.
**4** (米) 〈肉が〉並の 《♦ prime, choice, good, standard, commercial, utility の順に品質が落ちる》.

**stándard deviátion** 〘統計〙標準偏差.
**stándard Énglish** 標準英語.
**stándard làmp** (英) フロアスタンド((米) floor lamp).
**stándard tìme** (一国・一地方の)標準時.

事情 米本土では西経75度, 90度, 105度, 120度を基準とする4つの標準時があり, それらを
Eastern (Standard) Time (東部標準時)
Central (Standard) Time (中部標準時)
Mountain (Standard) Time (山地標準時)
Pacific (Standard) Time (太平洋標準時)
と呼ぶ. ほかに
Alaska (Standard) Time (アラスカ標準時)
Bering (Standard) Time (ベーリング標準時)
がある.

**stan·dard·i·za·tion** /stændərdəzéiʃən スタンダディゼイション | -dadai- -ダダイゼイション, -dədi-/ 名 Ⓤ 標準化, 規格統一.

**stan·dard·ize**, (英にしばしば) **-ise** /stǽndərdàiz スタンダダイズ/ 動 (現分) -iz·ing) 他 (正式) …を標準に合わせる, 規格化する.

**stand·by** /stǽndbài スタンドバイ/ 名 (複 ~s) Ⓒ **1** (危急の場合の)頼りになる人[物]; 味方. **2** 代替物, 交替要員. **3** (飛行機の)キャンセル待ち客. **4** (テレビなどの)予備番組.
**on stándby** 待機して.
—— 形 予備の, 代替の.

**stand-in** /stǽndìn スタンディン/ 名 Ⓒ **1** (映画などの)代役, スタンドイン. **2** 身代わり; 代用品.

**stand·ing** /stǽndiŋ スタンディング/
—— 動 → stand.
—— 名 **1** Ⓤ Ⓒ 地位, 身分; 評判 ∥
He has a high **standing** among his friends. 友人間では彼は高い評判を得ている.
**2** Ⓤ りっぱな身分 ∥
a person of (good) **standing** 身分の高い人.
**3** Ⓤ [しばしば long ~] 存続, 継続; 存続期間 ∥
a friendship of long **standing** 長く続いている友情.

**stánding commíttee** (主に立法府の)常任委員会.

**stand·off** /stǽndɔ̀(ː)f スタンド(ー)フ/ 名 = standoff half.

**stándoff hálf** 〘ラグビー〙スタンドオフ(ハーフ), フライハーフ (standoff) 《スクラムの後方でスクラムハーフからの送球を受ける. 図 → rugby》.

**stand·point** /stǽndpɔ̀int スタンドポイント/ 名 Ⓒ 観点, 見地, 立場 ∥
From a historical **standpoint**, in once carried all the meanings of into. 歴史的見地からみると, in は昔 into のすべての意味をもっていた.

**stand·still** /stǽndstìl スタンドスティル/ 名 [a ~] 停止, 休止; 行き詰まり; [形容詞的に] 停止している; 停止させる; 行き詰まった ∥
Things are at a **standstill** 何もかも止まっています.
come to a **standstill** 止まる; 行き詰まる.

**stank** /stǽŋk スタンク/ 動 → stink.

**stan·za** /stǽnzə スタンザ/ 名C 〔韻律〕節, 連《ふつう4行以上の詩の単位》.

**sta·ple**[1] /stéipl ステイプル/ 名C **1** U 字形の止めくぎ; かすがい. **2** ステープル《ホッチキスの針・製本用の針金など》. ——動 (現分 sta·pling) 他 …をかすがい[ホッチキス]でとめる.

**sta·ple**[2] /stéipl ステイプル/ 名C 《正式》 **1** [通例 ~s] 主要産物, 特産物. **2** [通例 the ~] 主要素; 中心話題. ——形 主要な; 中心的な.

**sta·pler** /stéiplər ステイプラ/ 名C ホッチキス《◆日本語の「ホッチキス」は考案者 Hotchkiss の名による商標. 英語では用いられない》.

**star /stɑ́ːr スター/ (類音 stir/stə́ːr/)

——名 (複 ~s/-z/) C **1** (一般に)星; 〔天文〕恒星; [形容詞的に] 星の ‖
Vega is the fifth brightest **star** in the whole sky. ベガは全天で5番目に明るい恒星です.
out under the **stars** 夜に戸外で.

> 関連 planet 惑星 / asteroid 小惑星 / satellite 衛星 / meteor 流星《◆通俗的には falling [shooting] star》/ comet 彗(すい)星 / nebula 星雲 / the Galaxy 銀河系 / constellation 星座.

**2** (芸能界などの傑出した)**スター**, 花形; (芸術・学問などの分野の)大家, 大立者; [形容詞的に] 花形の, スターの; すぐれた, きわ立った ‖
a **star** pupil (クラスで)よくできる生徒.
a **star** professor 看板教授.
I want to be a film **star**. 映画スターになりたい.
**3** [通例 ~s; 複数扱い] (運勢を左右するとみなされる)星, 星回り; 運勢, 運命 ‖
be born under a lucky **star** 幸運な星の下に生まれる.
The **stars** are against me. 運勢は私には不利だ.
**4 a** 星形(のもの) ‖
a golden **star** on the Christmas tree クリスマスツリーについた金色の星形.
**b** 星章, 星形の勲章.
**c** 星印(asterisk)《*☆★》; (等級を示す)星印《◆ホテルなどではふつう5段階がある》.
***sée stárs*** 《略式》(頭などを強く打ったりして)目から火が出る.
***the Stárs and Strípes*** 《米》[単数扱い; おおげさに] 星条旗.

> Q&A **Q**: 星条旗の筋と星は何を表すのですか.
> **A**: 赤白の13本の筋は独立当時の州の数, 50の白の星は現在の州の数を示しています.

——動 (過去・過分 starred/-d/; 現分 star·ring)

> 他 と 自 の関係
> 他 **3**　star **A**　**A**〈人〉を主演させる
> 自 **1**　**A** star　**A**〈人が〉主演する

——他 **1** …を星(形のもの)で飾る; …を星のようにちりばめる.
**2** …に星印をつける.
**3** 〈人〉を主演させる; [be ~red] 主演する ‖
a movie **starring** Julia Roberts ジュリア=ロバーツ主演の映画.
——自 **1** 〈人が〉主演する ‖
He **starred in** that film. 彼はその映画で主演した.
**2** きわ立つ, 目立った仕事[行為]をする.

**stár dùst** (1) 星くず. (2) 《略式》うっとりするような魅力, 魅惑.

**Stár Trèk** /-trèk -トレク/ 《米》スター=トレック《宇宙漫画・テレビ SF の題》.

**Stár Wàrs** (1) 《略式》スター=ウォーズ《SDI の愛称》. (2) スター=ウォーズ《米国の SF 映画シリーズ》.

**star·board** /stɑ́ːrbərd スターバド/ 名C 〔海事〕右舷(げん)《船首に向かって右側》; (飛行機の)右側.

**starch** /stɑ́ːrtʃ スターチ/ 名 (複 ~·es/-iz/) **1** U デンプン. **2** U (洗濯用)のり. **3** C U [通例 ~es] デンプンを多く含んだ料理[食品]. **4** C (態度などの)堅苦しさ, 形式ばること. **5** U 《米略式》活力. ——動 (三単現 ~·es/-iz/) 他 〈シーツなど〉にのりをつける.

**starch·y** /stɑ́ːrtʃi スターチ/ 形 (比較 --i·er, 最上 --i·est) **1** デンプン粉(質)の. **2** 〈シャツなどが〉のりのきいた. **3** 《略式》堅苦しい, 四角四面の.

**star·dom** /stɑ́ːrdəm スターダム/ 名U **1** スターダム, スターの地位. **2** [集合名詞] スターたち.

***stare** /stéər ステア/ (同音 stair) 〚「1か所をじっと見る」が原義〛

——動 (三単現 ~s/-z/; 過去・過分 ~d/-d/; 現分 star·ing/stéəriŋ/)
——自 **じっと見つめる**, じろじろ見る, にらむ《◆「喜び・興味を持って見つめる」は gaze》‖
**stare** in wonder **at** the doll in the glass box ガラス箱の中の人形を驚きの目で見る.
**stare into** her eyes 彼女の目をじっとのぞきこむ.
make him **stáre** 彼に目を見張らせる, 彼をあっといわす.
**stare** after her 彼女をじっと目で追う.
Don't **stare**. It's rude! じろじろ見るな. 失礼だよ.
対話 "That guy **is staring at** me." "Maybe he's never seen a tall woman before." 「あの男ったら私のことじろじろ見てるのよ」「たぶんこれまでに背の高い女性を見たことがないんだろう」.
——他 **1** …をじろじろ見る, 凝視する ‖
**stare** her with anger 腹が立って彼女をにらみつける.
**2** …を見つめて(…)させる《◆副詞(句)を伴う》‖
**stare** her **into** silence 彼女ににらみをきかせて黙らせる.
***stáre* A *in the fáce*** …の顔をじっと見る.
——名 (複 ~s/-z/) C **じっと見つめること**, じろじろ見ること, 凝視 ‖
give her a rude **stare** 彼女を無礼にもじろじろ見る.
with a vacant **stare** うつろなまなざしで.

**star·fish** /stάːrfiʃ スターフィシュ/ 名 (複 → fish) ⓒ 【動】ヒトデ.

**star·ing** /stέəriŋ ステアリング/ 動 → stare.

**stark** /stάːrk スターク/ 形 **1** 《正式》〈死体などが〉硬直した, こわばった.
**2** 《正式》正真正銘の; 〈描写などが〉ありのままの, むき出しの ‖
the stark facts 赤裸々な事実.
**3** 全くの ‖
stark madness 全くの狂気.
―― 副 《略式》全く ‖
stark naked 素(す)っ裸の.

**star·light** /stάːrlàit スターライト/ 名 Ⓤ 星の光, 星明かり; 〔形容詞的に〕星の出ている, 星明かりの ‖
by starlight 星明かりで.

**star·ling** /stάːrliŋ スターリング/ 名 ⓒ【鳥】ホシムクドリ; ムクドリの類.

**star·ry** /stάːri スターリ/ 形 (比較 --ri·er, 最上 --ri·est) **1** 星の多い, 星明かりの. **2** 星のように輝いた. **3** 星形の. **4** 星(から)の, 星に関する.

**star·ry-eyed** /stάːriàid スターリアイド/ 形 《略式》**1** 幸福感で目の輝いている. **2** 空想的な, 非現実的な.

**Stár–Spàn·gled Bánner** /stάːrspæ̀ŋɡld- スタースパングルド-/ 〔the ~〕**1** 〔おおげさに〕米国国旗. **2** 米国国歌の題名.

**＊start** /stάːrt スタート/ 【「静止の状態から運動の状態へ移る」が原義】卿 starter (名)

[図: 棒人間が歩く挿絵]
start 〈出発する〉…〈とりかかる〉〈突然動く〉

―― 動 (三単現 ~s/stάːrts/; 過去・過分 ~ed/-id/; 現分 ~ing)

―― 自 と 他 の関係 ――
自 **2**  A start        A が始まる
他 **1**  start A       A を始める

―― 自 **1** 出発する, 動き始める ‖
start for [ˣto] school 学校へ出かける.
start for home 家路につく.
The train started from Plymouth for London. 列車はロンドンへ向けプリマスを出発した.
**2** 始まる(begin, 《正式》commence) ‖
School starts in [ˣfrom] April. 学校は4月に始まる.
The poem starts with the line, "The year's at the spring." その詩は「時は春」という文句で始まっている.
The Sanyo Line starts from Kobe. 山陽本線は神戸が起点である.
**3** 着手する, とりかかる; 〈機械などが〉動き始める《♦受身にできる》‖
start on our journey 旅に出かける.
Has he started on breakfast yet? 彼はもう朝食を食べ始めましたか.
She started in laughing. 彼女は笑い出した.
She started in to tell [in on telling] me about her son. 彼女は息子さんのことを私に話し始めた.
The car won't start. 自動車のエンジンがどうしてもかからない.
The engine has started. エンジンが始動した.
**4** 突然動く, ぎくっとする, びくっと動く; 急に出る, 飛び出す《♦ jump より堅い語》‖
start in [with] surprise 驚いて跳び上がる.
start to one's feet さっと立ち上がる.
**5** 〈急に〉現れる, 生じる, 起こる ‖
The fire started in the laboratory. 火事は実験室から起こった.

―― 他 **1** …を始める, 開始する; [start doing / start to do] …し始める ‖
What time do you start work? 仕事は何時に始めますか.
I started working [ˣto work] on time and kept on more than an hour. 私は時間どおりに仕事を始め1時間以上続けた《♦開始された動作がしばらく継続する場合は doing》.
The barometer started to fall [ˣfalling] last night but stopped in the morning. 気圧計は昨夜下がり始めたが朝止まった《♦開始された動作の中断を暗示する場合は to do》.
**2 a** …を始動させる, 動かす ‖
I can't start (up) the (engine of the) car. 自動車を始動させることができない.
**b** …を引き起こす, 生じさせる ‖
start a fire 火を起こす.
Sitting around with those damp clothes on must have started a cold up. 湿った服を着たままでぼやぼやしていたのでかぜをひいたに違いない.
**c** 〈事業などを〉興す, 設立する.
**3 a** [start A doing] A〈人・物〉に…をし始めさせる ‖
His careless remarks started the audience buzzing. 彼の不注意な言葉で聴衆がざわめいた.
**b** [start A on [in] B] A〈人〉に B〈商売・旅など〉を始めさせる ‖
What started you on English conversation? 英会話を始めたきっかけは何ですか.

**gét stárted** 《略式》始める; 始まる ‖ Let's get started. さあ始めよう.

**stárt óff** (1) [自] 出かける, 旅立つ; 〈驚いて〉急いで逃げる. (2) [他] …を始める.

**stárt úp** (1) [自] 〈驚いて〉急に立ち[飛び]上がる. (2) [自] 起こる, 始まる; 〈機械などが〉動き出す; 始める, 仕事を始める. (3) [他] → 他 **2 a, b**; 〈商売など〉を始める.

**to stárt with** 《♦ to begin with ともいう》〔副詞的に〕 (1) 〔文頭で〕まず第一に. (2) 〔文頭・文尾で〕始めは, 最初は.

―― 名 (複 ~s/stάːrts/) **1** ⓒ 出発, スタート; 始ま

**starter**

り, 開始；出発点 ‖
make [get] an early start 早く出発する.
right at [from] the start しょっぱなから.
**2** Ⓒ [the ~] (映画・劇などの)最初の部分, 出だし.
**3** Ⓒ [通例 a ~] (驚いたりして)突然動き出すこと, はっとすること ‖
wake up with a start はっとして目を覚ます.
give a start of fright 驚いてぎくっとする.
**4** ⓒⓊ [通例 a ~ / the ~] 先発(権), 優先(権), 有利な位置, 機先 ‖
I have a start on my classmates. 私は級友より有利だ.
for a stárt (略式) まず第一に.
from start to fínish 終始一貫して, 徹底徹尾.
**stárting pítcher** 〔野球〕先発投手(starter).
**stárting póint** 出発点, 起点.

**start·er** /stάːrtər スタータ/ 名Ⓒ **1** 始める人[物], 出場者人 ‖
a slow starter 出足の遅い人[物].
for stárters (略式) まず最初に；(論点をあげて)まず第一に.
**2**（競走・競馬などの）スタート係；（列車・バス・駅などの）発車合図係. **3** 競走に出る人[馬など], 出走馬.
**4**（自動車などの）始動機；始動機付き自動車. **5**（英戦式）(食事の)最初に出る料理. **6**〔野球〕先発投手 (starting pitcher).

**star·tle** /stάːrtl スタートル/ 動（現分）star·tling）
他 **1**〈人を〉びっくりさせる, 飛び上がらせる (→ surprise) ‖
I was startled by [at, to hear] the news of her sudden death. 彼女の急死の報に接して私はびっくりした.
対話 "You dropped all those packages." "That's because you startled me." 「その包みをみな落としてしまったね」「だってあなたがびっくりさせるからよ」.
**2** …を刺激して(…)させる ‖
startle him into doing some hard work 彼になんとか難しい仕事をさせる.
startle him out of his mind (略式) 彼を目玉が飛び出るほど仰天させる.

**star·tling** /stάːrtliŋ スタートリング/ 動 → startle.
—形 びっくりさせる, 仰天させる, 驚くべき.

**star·va·tion** /staːrvéiʃən スターヴェイション/ 名Ⓤ 餓死；飢餓；窮乏, 欠乏 ‖
die from starvation 餓死する.
starvation wages 生活できない低賃金.

*****starve** /stάːrv スターヴ/ 〖『死ぬ』が原義〗
派 starvation (名)
—動（三単現）~s/-z/；（過去・過分）~d/-d/；（現分）starv·ing)
—自 **1a** 餓死する, 飢える ‖
Many children in Africa are starving to death. アフリカで多くの子供たちが飢え死にしかけている.
**b** 切実に望んでいる, 渇望する ‖
starve for affection 愛情に飢えている.
**2** (略式) [be starving] ひもじい ‖

"What time's lunch? I'm starving!"「昼食はいつ？ おなかがぺこぺこだよ！」.
—他 **1** …を餓死させる；[~ oneself] 餓死する ‖
starve a plant 植物を枯らす.
starve the enemy out 敵を兵糧(ひょうろう)攻めで餓死[降参]させる.
**2** [be ~d] 切望する, 渇望する ‖
The child was starved of [for] affection. その子は愛情に飢えていた.

**starv·ing** /stάːrviŋ スターヴィング/ 動 → starve.

*****state** /stéit ステイト/ 〖『立っていること』が原義. cf. estate, station〗 派 stately (形), statement (名), statesman (名)
—名（複 ~s/stéits/)
**I** [状態]
**1** Ⓒ [通例 a ~ / the ~ / one's ~] 状態, ありさま, 様子, 事情 ‖
a state of emergency 緊急事態.
a solid state 固体(状).
be in a tidy state きちんとしている.
The state of their relationship is getting worse. 彼らの関係はさらに悪化している.
**2** Ⓒ 心理[感情]状態；(略式) [通例 a ~] 極度の緊張[興奮]状態《◆ ふつう in [into] a state で用いる》‖
be disturbed by her depressed state 彼女のふさぎ込んでいる状態が不安である.
get into a state (略式) 興奮する.
**3** Ⓤ 威厳, 威儀, 堂々とした様子 ‖
live in great state たいへんりっぱな生活をする.
keep state 威厳を保つ, 近づきがたい.
**4** Ⓤ《正式》地位, 身分, 階級 ‖
a man of humble state 身分の低い人.
**II** [国, 州]
**5** Ⓒ （主権を有する）国家, 国；[しばしば S~] ⓒⓊ 国政, 政府, (church に対する)国家 (→ country 2) ‖
Japan became a modern industrial state. 日本は近代工業国になった.
discuss affairs of state 国事について議論する.
**6** [しばしば S~] Ⓒ (米国・オーストラリアなどの)州《◆ カナダの州は province. cf. county》‖
Hawaii was the 50th state to join the Union. ハワイは合衆国の50番目の州となった.
**7** (略式) [the States; 複数扱い] 米国, 合衆国《◆ (1) 正式には the United States of America. (2) 主に米国人が国外で自国のことを呼ぶのに用いる》.
**8** [S~] Ⓤ (米国の)国務省(the Department of State).
—形 [名詞の前で] **1**《時に複合語で》国の, 国家の ‖
a state law 国法.
state control 国家統制.
**2**《米》州の, 州立の ‖
a state university 州立大学；国立大学.
**3** 公式の, 儀式(用)の ‖
a state call (略式) 公式訪問.

a state function 公式行事.

—[動] (三単現) ~s/stéits/; [過去・過分] stat·ed /-id/; [現分] stat·ing/-

—[他] …を(正式に)はっきり述べる, 十分に述べる, 言明する, 言う; [state (that) 節 / state wh 節・句] …ということをはっきり述べる;「…」とはっきり述べる《◆say より堅い語》.
State your name, age, and occupation. 氏名・年齢・職業を言いなさい.
Státed quite símply, it is wrong. ごく簡単に言うと, それは間違っている.

státe bírd (米) 州鳥(→ bird [名] [関連] (2)).
Státe Depàrtment (米) [the ~] 国務省《the Department of State ともいう》.
státe flówer (米) 州花.
státe sécretary (日本の)政務次官.

state·ly /stéitli ステイトリ/ [形] [比較] --li·er, [最上] --li·est] (正式) 威厳のある, 堂々とした, 荘重な ‖
live in a stately mansion 豪壮な大邸宅に住む.
—[副] 堂々と, 威厳をもって.

state·ment /stéitmənt ステイトメント/ [名] 1 ⓒ 声明, 声明書, ステートメント ‖
make [issue] a statement to the press 新聞に声明を出す.
a joint statement 共同声明.
2 ⓒ 陳述, 申し立て, 言葉 ‖
make a full statement to the police 警察に何もかも話す.
3 Ⓤ 述べること, 陳述の仕方.

Stát·en Ísland /stétn- スタトン-/ スタテン島《New York 湾内にある. New York 市の区の1つ. 旧称は Richmond》.

states·man /stéitsmən ステイツマン/ (→ sportsman [Q&A]) [名] (榎 --men/-mən/) ⓒ (大物)政治家((PC) stateperson, political leader) (→ politician) ‖
Lincoln was a great statesman. リンカンは大政治家であった.

states·man·like /stéitsmənlàik ステイツマンライク/ [形] 政治家としての資質のある.

states·man·ship /stéitsmənʃìp ステイツマンシップ/ [名] Ⓤ 政治家の資質[手腕].

stat·ic, -i·cal /stǽtik(l) スタティク(ル)/ [形] (正式) 静的な, 固定的な; 元気[活気]のない.

stat·ing /stéitiŋ ステイティング/ [動] → state.

**sta·tion** /stéiʃən ステイション/ [「立っているところ」が原義. cf. *stand*]

—[名] (榎 ~s/-z/) 1 ⓒ 駅, 停車駅((米) depot); (待合室のある)バス発着所, 停留所《◆バス・鉄道の屋根のない小さな駅は(米) stop, (英) halt》‖
a train [(米) railroad, (英) railway] station 鉄道駅.
a bus station バス発着所.
see her off at Ueno Station 上野駅で彼女を見送る《◆駅名はふつう無冠詞》.
2 ⓒ a 署, 局, (サービスをする)所《◆施設をさす. 抽象的な機構としては department》‖
a fire station 消防署.
a filling [gas, (英) petrol] station ガソリンスタンド《◆*gasoline stand* とはいわない》.
a pay station (米)公衆電話ボックス((英) call box).
a polling station (英)投票所.
a power station 発電所.
a television station テレビ局.
**b** 警察本部; 放送局; (米)(郵便局の)支局.
3 ⓒ (正式) 場所, 位置; 持ち場, 部署 ‖
take up one's station 持ち場につく.
be out of station 持ち場を離れている.
4 ⓒ [軍事] 駐屯(ちゅうとん)地; (軍艦の)根拠地, 停泊所 ‖
a naval station 海軍基地.

> [Q&A] **Q**: 先日バスの停留所で米国人らしい人から Does that bus go to the *train station*? と聞かれました. station だけでいいのではないでしょうか.
>
> **A**: 多くの場合単に station だけでいいでしょう. しかし, station には, 上の語義にあるように bus *station* ((待合室のある)バス発着所), police *station* (警察署)などをはじめとしてたくさんの意味があるため, 状況によってはわかりにくいこともあります. それで, 意味をはっきりさせるために train *station* (鉄道の駅)と言ったのでしょう.

—[動] [他] (正式) [通例 ~ oneself / be ~ed] 部署につく, 配置される ‖
The soldiers were stationed in Beirut. その兵士たちはベイルートに配置されていた.

státion wàgon (米)ステーション=ワゴン《後部座席が折りたたみ式で荷物がたくさん積める乗用車》(英) estate car [wagon]).

sta·tion·ar·y /stéiʃənèri ステイショネリ/ |-əri -ショナリ/ ([同音] stationery) [形] 1 (やや正式) 動かない, 静止した, 止まっている(still) ‖
The train is stationary. 列車は止まっている.
2 固定された ‖
a stationary gun 据え付けの大砲.

sta·tion·er /stéiʃənər ステイショナ/ [名] ⓒ 文房具商(人)《◆*stationer's* は「文房具店」》.

sta·tion·er·y /stéiʃənèri ステイショネリ/|-əri -ショナリ/ ([同音] station*e*ry) [名] Ⓤ 1 文房具, 筆記(用)具, 事務用品. 2 書簡紙, 便せん.

sta·tion·mas·ter /stéiʃənmæ̀stər ステイションマスタ|-mɑ̀ːs- -マースタ/ [名] ⓒ (鉄道)駅長((PC) station official [manager]).

sta·tis·ti·cal /stətístikl スタティスティカル/ [形] 統計の, 統計上の; 統計学の ‖
statistical mechanics 統計力学.
sta·tís·ti·cal·ly [副] 統計的に, 統計上.

stat·is·ti·cian /stætistíʃən スタティスティシャン/ [名] ⓒ 統計学者.

sta·tis·tics /stətístiks スタティスティクス/ [名] 1 [複数扱い] 統計, 統計の数字 ‖

the recent divorce statistics 最近の離婚の統計.
Statistics suggest that the population of this town will be doubled in five years. 統計から推測すると, この町の人口は5年で2倍になるだろう.

> 語法 「統計によれば」は according to statistics や Statistics show … などともいい, 一般的に言う場合はいずれも無冠詞.

**2** U [単数扱い] 統計学.

**stat‧ue** /stǽtʃuː/ スタチュー, 《英+》stǽtju:/ 〖「立てられたもの」が原義. cf. *state*, *status*〗
— 名 (複 ~s/-z/) C (人・動物などをかたどった)像《彫像・塑(°)像など》‖
a statue of Nelson ネルソンの像.
(as) dumb as a statue 黙りこくって.
(as) still as a statue (特別な理由・目的のために)動いて[話して]いない.
*the Státue of Líberty* 自由の女神像.

**stat‧u‧ette** /stæ̀tʃuét スタチュエト | stæ̀tju-/ スタテュ-/ 名 C 小像.

**stat‧ure** /stǽtʃər スタチャ/《発音注意》名 U **1** (正式)身長, (人の)背(ǎ) ‖
a person of average stature 平均身長の人.
**2** (知的・道徳的)資質, 能力, (心・身体などの)発達(程度) ‖
a man of (high) stature 能力の高い人.

**sta‧tus** /stéitəs ステイタス,《米+》stǽtəs/ 名 (複 ~es/-iz/) **1** C U (正式)[通例 a ~ / the ~ / one's ~] 地位, 身分 ‖
social status 社会的地位.
What's her status in this university? この大学での彼女の身分は何ですか.
**2** U 高い社会的地位.
**státus quó** /-kwóu -クウォウ/〖ラテン〗(正式)[the ~] 現状;体制.
**státus sỳmbol** 地位の象徴《所有物・言動・身分など》.

**stat‧ute** /stǽtʃuːt スタチュート | stǽtjuːt スタテュート/ 名 C U **1** (正式)(法律)制定法, 成文法 ‖
by statute 法によって.
the statutes of this realm この王国の成文法.
statutes at large 法令全書.
**2** (法人などが定めた)規則, 定款(ǎ).
**státute bòok** [the ~] 法令全書.
**státute làw** 〔法律〕成文法.

**stat‧u‧to‧ry** /stǽtʃətɔ̀ːri スタチュトーリ | stǽtjutəri スタテュタリ/ 形 (正式)法令の, 法定の.

**staunch**¹ /stɔ́ːntʃ ストーンチ,《米+》stɑ́ːntʃ/ 形 **1** (正式)信頼に足る, 忠実な. **2** 頑丈な.

**staunch**² /stɔ́ːntʃ ストーンチ,《米+》stɑ́ːntʃ/ 動 (三単現 ~es/-iz/) =stanch.

**stave** /stéiv ステイヴ/ 名 C **1** (正式)おけ板, たる板.
**2** 〔音楽〕譜表, 五線. — 動 (過去・過分 ~d/-d/ または stove/stóuv/; 現分 stav‧ing) 他 くたる・ボートなどに〉穴をあける, …を傷(ǎ)める. — 自 穴があく, 壊

れる.

**‧stay** /stéi ステイ/〖「立つ」が原義〗

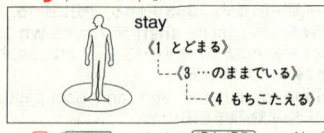

stay
《1 とどまる》
├─《3 …のままでいる》
└─《4 もちこたえる》

— 動 (三単現 ~s/-z/; 過去・過分 ~ed/-d/; 現分 ~‧ing)
— 自 **1** とどまる, とどまっている, いる ‖
I'll stay (《英》at) home tomorrow. あしたは家にいます.
The doctor said that I had to stay in bed. 寝ていなくては駄目だと医者に言われた.
Won't you stay for [to] dinner? 一緒に食事をしていきませんか《◆しばしば遠回しに退去を促す表現》.
His car has stayed in the garage this week. 彼の自動車は今週ガレージに入ったまま.
**2** [stay at [in] A] A〈場所〉に滞在する;[stay with A] A〈人〉の家に泊まる ‖
stay with my uncle = stay at my uncle's (house) おじの家に泊まる.
[対話] "Where did you stay in Hawaii?" "I have a friend there and stayed with his family." 「ハワイではどこに泊まったの?」「友達がいるので, そこにホームステイしました」.
**3** [stay C] C の(状態の)ままでいる[ある]《◆(1) C は形容詞(句)・分詞・名詞など. (2) remain より口語的》‖
Most stores stay open all evening in this town. この町ではたいていの店は夜分ずっと(寝るまで)あいている.
Stay alive! (掲示)死んではいけない《◆Don't drink and drive. (飲んだら乗るな)などと共によく見られる交通事故防止の標語》.
**4**《略》(競走などで)抜かれずにもちこたえる;あきらめずに続ける ‖
stay to the end of a race レースの最後まで頑張る.
— 他 **1** …を止める, 防止する;…を抑制する ‖
stay one's tongue 黙る.
**2**〈判断・決定などを〉延期する, 猶予する ‖
stay judgment 判断[判決]を延ばす.
**3** …をもちこたえる, 耐える ‖
stay the course (レースで)最後まで続けられる;最後まで頑張る.
*stày awáy* 〔自〕離れている.
*stày ín* (1)〔自〕(罰として)学校に残される;家にいる, 外出しない. (2) [~ *in* A] A〈ふつう良い状態〉のままである;→ 動 **1**, **2**.
*stày óut* (1)〔自〕外に出ている;《米》日が暮れてから家に帰らない;ストライキを続行する;かかわりをもたないでいる. (2)…の最後まで居残る.
◦*stày úp* 〔自〕(寝ないで)起きている ‖ Don't stay up for me, I may be home late. 私

が帰るまで起きていなくていいよ, 帰りが遅くなるかもしれないから.

— 名 1 C [通例 a ~ / the ~ / one's ~] 滞在, 滞在期間 ‖
Have a good stay in LA. ロサンゼルスでは楽しく過ごしてください.
How long was your **stay with** your uncle? おじさんの家にはどのくらいいらっしゃったのですか.
2 C U [法律] (執行などの)延期, 停止, 執行猶予(ぷ).

**stead** /stéd ステド/ 名 U (正式) 代理; 助け, 利益 《◆ 次の成句で》.
*in* A's *stéad* (正式) …の代わりに(cf. instead of).
*stánd* A *in góod stéad* (正式) …に大いに役立つ.

**stead·fast** /stédfæst ステドファスト, -fəst | stédfɑ̀ːst ステドファースト/ 形 (正式) 1 忠実な, 忠誠を尽くす ‖
a steadfast friend 忠実な友.
2 しっかりした, 不動の ‖
a steadfast gaze 凝視.

**stead·i·ly** /stédəli ステディリ/ 副 しっかりと, 着々と ‖
improve steadily 着々と進歩する.
He works steadily. 彼はたゆまず働く[勉強する](=He is a steady worker.).

**stead·i·ness** /stédinəs ステディネス/ 名 U 堅実(さ), 着実(さ), 安定.

**stead·y** /stédi ステディ/ 形 (比較 -i·er, 最上 -i·est) 1 しっかり固定された, 安定した ‖
a steady eye 凝視.
be steady on one's legs 足どりがしっかりしている.
2 変わらない, 一様の ‖
steady progress 一定の進歩.
a steady income 定収入.
3 (略式) 落ち着いた, 着実な ‖
marry a steady young man まじめな若者と結婚する.
*gó stéady* (1) (略式・やや古) (決まった 1 人の異性と)つきあう 《◆ 今は go (out) with … の方がふつう》. (2) まじめにやる, 着実にやる.
*Stéady* (*ón*)! (英略式) 落ち着け!, 急ぐな!
— 名 (複 ~s/-z/) 1 (略式・やや古) [one's ~] 決まった恋人[異性の友人], ステディー.
— 動 (三単現 stead·ies/-z/) 過去・過分 stead·ied/-d/) 他 …を安定させる, 落ち着かせる ‖
A dose of medicine will steady your nerves. 薬を1服飲めば神経が落ち着きます.
— 自 落ち着く.

\***steak** /stéik ステイク》 《発音注意》 《◆ ×スティーク》 (同音) stake) 《『串にさした焼き肉』が原義》
— 名 (複 ~s/-s/) 1 C U ステーキ, ビフテキ ‖
対話 "How would you like your steak?" "Rare, please." 「ステーキはどう焼きましょうか」 「レアにしてください」(→ beefsteak).
2 U 焼き肉(料理); 肉や魚を厚く切って焼いたもの ‖

salmon steak サーモンステーキ.
hamburger steak ハンバーグステーキ.
**stéak knife** (主に米) ステーキナイフ 《食卓用. 刃がのこぎりの歯のようになっている》.

\***steal** /stíːl スティール/ (同音) steel; (類音) stíl/stíl/)
— 動 (三単現 ~s/-z/; 過去 stole/stóul/, 過分 sto·len/stóulən/; 現分 ~·ing)
— 他 1 …を(こっそり)盗む(→ rob Q&A); …を盗用する ‖
A thief **stole** some money **from** the safe. 泥棒が金庫から金を盗んだ.
Somebody has **stolen** my watch. =My watch has been **stolen**. =I have had my watch stolen. 私は時計を盗まれた 《◆〈人〉を主語にした受身で ×I have been stolen my watch. とはいわない》.
2 (文) 〈盗み見・キス・うたた寝などを〉(気づかれないように)する ‖
steal a kiss from her 彼女が知らない間にキスをする.
steal a look at her 彼女をちらと盗み見する.
3 [野球] 〈走者が〉〈ベースに〉盗塁する.
— 自 1 盗みをする, 窃盗を働く.
2 (文) こっそり動く; 〈時が〉いつのまにか過ぎる[来る]; いつしか忍び寄る 《◆ 場所を表す副詞(句)を伴う》 ‖
steal into a room 部屋へ忍び込む.
steal away without a word 一言も言わずにそっと立ち去る.
Mist **stole over** the hill. いつしか霧が丘の上にたち込めた.
*stéal one's wáy* こっそりと進む.
— 名 1 (米略式) U 盗み; C 盗品. 2 (米略式) [a ~] 掘り出し物, 格安品. 3 C [野球] 盗塁.

**stealth** /stélθ ステルス/ 名 U (正式) ひそかな[内密の]行為.
*by stéalth* こっそりと, ひそかに.

**stealth·i·ly** /stélθili ステルスィリ/ 副 (正式) こっそりと, ひそかに.

**stealth·y** /stélθi ステルスィ/ 形 (比較 -i·er, 最上 -i·est) (正式) ひそかな, 人目を忍んだ.

**steam** /stíːm スティーム/ 名 U 1 水蒸気, 蒸気, スチーム; [形容詞的に] 蒸気の ‖
This room is heated by **steam**. この部屋はスチーム暖房である.
2 霧, もや; 蒸発気, 湯気.
3 (略式) 力, 精力, 元気, 体力.
*rùn óut of stéam* (略式) (仕事などで)息切れする, 疲れる.
— 動 自 1 (水)蒸気を出す, 湯気を立てる ‖
The pot is steaming. ポットが湯気を立てている.
2 蒸発する, 発散する.
3 蒸気力で動く ‖
The ship steamed out of the harbor. 船は港から出て行った.
4 (略式) 勢いよく進む; 精力的に働く.
— 他 …を蒸気で料理する, 蒸す, ふかす (関連) →

boil).
**stéam úp** (1) [自]〈蒸気で〉くもる. (2) [他]〈窓など〉を〈蒸気で〉くもらせる.
**stéam èngine** 蒸気機関.
**stéam héat** 蒸気熱.
**stéam íron** スチームアイロン.
**stéam locomòtive** 蒸気機関車《◆ ×SL という略語は日本でできたもの》.
**stéam whístle** 汽笛.
**steam·boat** /stí:mbòut スティームボウト/ 名 = steamship.
**steam·er** /stí:mər スティーマ/ 名 C **1** 汽船. **2** 気機関. **3** 蒸し器, せいろ《料理用・洗濯用など》.
**steam·roll·er** /stí:mròulər スティームロウラ/ 名 C (道路を平らにする)蒸気ローラー.
**steam·ship** /stí:mʃìp スティームシプ/ 名 C 汽船, 蒸気船.
**steam·y** /stí:mi スティーミ/ 形 (比較 --i·er, 最上 --i·est) **1** 蒸気の(ような). **2** 湯気のたちこめる. **3** 高温多湿の.

\***steel** /stí:l スティール/ 同音 steal; 類音 stíll /stíl/ 『「堅い状態の物」が本義』
— 名 U **1** 鋼鉄, 鋼; 鋼製品 ‖
tools of the finest **steel** 最高の鋼鉄でできた道具.
Is this knife (made of) **steel**? このナイフは鋼鉄(製)ですか.
**2**〈詩〉武器, 剣, 刀.
— 動 他 **1** …に鋼で刃をつける.
**2**〈心など〉を堅く[無情に]する; [~ oneself] 非情になる ‖
She **steeled** herself [her heart] against their complaints. 彼女は彼らの不満に対し情けをかけなかった.
**stéel industry** 鉄鋼業(界).
**stéel wóol** (研磨用の)鉄綿.

**steel·y** /stí:li スティーリ/ 形 (比較 --i·er, 最上 --i·est) 鋼鉄製の; 鋼鉄のような.

**steep** /stí:p スティープ/ 形 **1**〈山などが〉険しい, 急な ‖
a **steep** rise in prices 値段の急騰.
a **steep** path 険しい道.
**2**〈略式〉不法に高い, 法外な ‖
a **steep** price 法外な値段.
That's a bit **steep**! そいつはむちゃだ[ひどい, 高すぎる].

**stee·ple** /stí:pl スティープル/ 名 C (教会などの)尖塔《◆ 先端部は spire, その中に bell がある》.

**steep·ly** /stí:pli スティープリ/ 副 **1** 急勾配(<sup>こうばい</sup>)で; 急角度に. **2** 急に.

**steer**[1] /stíər スティア/ 動 他 **1**〈車・船・飛行機〉のかじをとる, …を操縦する《◆ 航空機はふつう fly, pilot, operate》‖
**steer** the boat into the port かじをとって船を港に入れる.
**2** …を案内する, 導く; …を向ける ‖
**steer** a child through a crowd 子供を連れて雑踏を通り抜ける.

**steer** the team to victory チームを勝利に導く.
**3**〈通路〉を取る, 進む ‖
**steer** one's way across the continent 大陸を横断する.
— 自 **1** かじを取る, 操縦する, 向かう, 進む ‖
**steer** for the coast 岸に向けてかじをとる.
**steer** along the street 通りを歩く.
**2** かじがとれる, 操縦ができる ‖
This car **steers** well. この車は運転しやすい.
**stéer cléar of A**〈暗礁など〉を避けてかじをとる; A〈困難など〉を避ける; A〈人〉に近寄らない.
— 名 C (主に米略式) 指針, 助言.

**steer**[2] /stíər スティア/ 名 C 動 (食肉用に去勢された)雄の子牛.

**steer·ing** /stíəriŋ スティアリング/ 動 → steer[1].
— 名 U かじをとること, 操舵(<sup>そうだ</sup>), 操縦.
**stéering whèel** (船の)舵輪; (車の)ハンドル(◎ → car) (→ handle Q&A).

**Stein·beck** /stáinbek スタインベク/ 名 スタインベック《John (Ernst) ~ 1902-68; 米国の小説家》.

**stel·lar** /stélər ステラ/ 形〈正式〉〈天文〉星の.

**stem** /stém ステム/ 名 C **1** (草の)茎, (木の)幹. **2** 葉柄, 花梗(<sup>こう</sup>), 花柄, 小花柄, 果柄, へた; 果房. **3** 茎状のもの; (ワイングラスの)脚(<sup>あし</sup>); (さじ・パイプの)柄(<sup>え</sup>). **4**〈言語〉語幹. **5**〈海事〉船首(≠ stern).
— 動 (過去・過分 stemmed/-d/; 現分 stem·ming) 他 **1**〈葉柄・花梗・へたなど〉を取り除く. **2** …に軸をつける.
**stém from A** …に起因する, 由来する; …から起こる; …から分岐する ‖ 対話 "I hear he has nightmares every night." "Yeah. They **stem from** his time in Vietnam."「彼は毎晩悪夢を見るそうだね」「ええ. 悪夢はベトナムにいたころに起因しているの」.

**stench** /sténtʃ ステンチ/ 名 C〈正式〉[通例 a ~ / the ~] 悪臭.

**sten·cil** /sténsl ステンスル/ 名 C **1** 型板, 刷り込み型. **2** (謄(<sup>とう</sup>)写版の)原紙 ‖
cut a **stencil** 原紙を切る.
— 動 (過去・過分 ~ed または〈英〉 sten·cilled /-d/; 現分 ~·ing または〈英〉 --cil·ling) 他 …をステンシル[謄写版]で刷る.

**Sten·dhal** /stendá:l ステンダール, stæn- | stɔ́ndɑ:l ストンダール/ 名 スタンダール《1783-1842; フランスの小説家. 本名 Marie Henri Beyle》.

**ste·nog·ra·pher** /stənɑ́grəfər ステナグラファ | -n5g- ノグラファ/ 名 C〈英では少〉速記者; 速記タイピスト.

\*\***step** /stép ステプ/ 『「歩いて行く」が原義. cf. stamp』
➔ 名 **1** 歩み **4** 足跡 **5** 段 **6** 階段 **7** 処置
動 自 **1** 歩く 他 踏み入れる
— 名 (複 ~s/-s/) **1** C 歩み, 一歩; 一歩の距離; (歩いて行く)短い距離 ‖
He took another **step** back. 彼はもう一歩後ろへ下がった.

My car is parked only a short **step** (away) from here. 《略式》私の車はここからほんの少し行った所に停(²)めてある.
make [take] a false **step** 足を踏みはずす; へまをやる.

**2** 足の運び, 足どり, 歩き[走り, 踊り]方 ‖
walk with a light **step** 軽い足どりで歩く.

**3** Ⓒ 足音 ‖
hear her **step** in the attic 屋根裏で彼女の足音がする.

**4** Ⓒ 足跡 (footprint, footstep) ‖
His **steps** were clearly marked in the snow. 雪の中に彼の足跡がはっきりとついていた.

**5** Ⓒ (はしご・階段などの)段, ステップ; 踏み段 ‖
The top **step** on the ladder is broken. はしごのいちばん上の段が壊れている.

**6** [～s; 複数扱い] (ふつう屋外の)階段, 石段 ‖
go up the **steps** 階段を上がる.

**7** Ⓒ 処置, 手段, 行動; 段階 ‖
take **steps** to reduce expenses 経費削減の措置を講じる.

**8** Ⓤ 歩調, 足並み; Ⓒ (ダンスの)ステップ.

**9** Ⓒ 一歩, 段階; 前進, 進歩 ‖
Athens took large **steps** toward becoming a democracy. アテネは民主国家になるべく大きく飛躍した.

*in stép* 歩調を合わせて; 調和して.
*òut of stép* 歩調を乱して; 調和しないで.
*stép by stép* 一歩一歩, 少しずつ, ゆっくりと ‖
対話 "Don't go too fast or you'll miss everything." "Don't worry. I always do things **step** by **step**." 「あまりはやくやり過ぎないようにしなさい. さもないとすべてが台無しになるわよ」「心配ご無用. 僕はいつも物事を一歩一歩着実にやるから」.

*wátch* [*mind, pick*] *one's stép* 用心して行動する; 注意して歩く, 足元に気をつける.

――動 (三単現) ～s/-s/; (過去・過分) stepped/-t/; (現分) step·ping)
――(自) **1** 歩く, 歩を進める; 歩いて行く 《◆副詞(句)を伴う》 ‖
step lively 軽快な足どりで歩く.
step into the rowboat ボートに足を踏み入れる.
step by [past] (英)そばを通る, すれ違う.
**2** 踏む, 踏みつける ‖
step on the brake ブレーキを踏む.
――(他) **1**〈足〉を**踏み入れる** ‖
step foot into a room 部屋に足を踏み込む.
**2** …を歩測する ‖
step off ten meters 10メートルを歩いて測る.
*stép asíde* [自] わきへ寄る, よける; 脇道にそれる; 身を引く, 辞職する.
*stép dówn* [自] 降りる; 退陣[辞職]する.
*stép ín* [自] (1) 介入する, 干渉する. (2) ちょっと(家に)入る.
*stép úp* [他]〈量・度合いなど〉を高める, 増す, 上げる.

**step·broth·er** /stépbrʌðər ステプブラザ/ 图 まま兄弟《まま父[母]の息子》.

**step-by-step** /stépbàistép ステプバイステプ/ 形 段階的な.

**step·child** /stéptʃàild ステプチャイルド/ 图 (複 -chil·dren) Ⓒ まま子.

**step·daugh·ter** /stépdɔ̀:tər ステプドータ/ 图 まま娘.

**step·fa·ther** /stépfɑ̀:ðər ステプファーザ/ 图 Ⓒ まま父, 継父.

**Ste·phen** /stí:vn スティーヴン/ 《発音注意》《◆×ステファン》图 スティーブン《男の名. (愛称) Steve》.

**Ste·phen·son** /stí:vnsn スティーヴンスン/ 图 スティーブンソン《George ～ 1781-1848; 英国の技師. 蒸気機関車の発明者》.

**step·lad·der** /stéplædər ステプラダ/ 图 Ⓒ きゃたつ, 段ばしご.

**step·moth·er** /stépmʌðər ステプマザ/ 图 まま母, 継母.

**steppe** /stép ステプ/ 图 **1** Ⓒ ステップ《樹木のない大草原》. **2** [the Steppes; 複数扱い] (シベリア・アジアの)大草原地帯.

**step·ping·stone** /stépiŋstòun ステピングストウン/ 图 **1** 飛び石, 踏み石. **2** 足がかり, 手段, 方法.

**step·sis·ter** /stépsìstər ステプシスタ/ 图 Ⓒ まま姉妹《まま父[母]の娘》.

**step·son** /stépsʌn ステプサン/ 图 Ⓒ まま息子.

**ster·e·o** /stériou ステリオウ/ 图《*stereophonic* の短縮語》图 (複 ～s) **1** Ⓤ ステレオ(録音)方式; 立体音響, ステレオ効果 ‖
broadcast in stereo ステレオで放送する.
**2** Ⓒ ステレオ(装置); ステレオ録音の CD [テープ] (stereo set) ‖
We enjoyed the music on the stereo. 我々はステレオでその音楽を楽しんだ.

**stéreo sèt** =stereo 2.

**ste·re·o-** /stériou- ステリオウ-, stíəri-/ (連結形) 固い, 立体の.

**ster·e·o·type** /stérioutàip ステリオウタイプ, stíəri-/ 图 Ⓒ《正式》固定観念, 通念, 決まり文句 ‖
prevalent American **stereotypes** about Japanese wage levels 日本の賃金水準についてアメリカ人一般にみられる既成概念.
――動 (現分) -typ·ing) 他 …を定型化する.

**ster·ile** /stérəl ステリル | stéraɪl ステライル/ 形《比較》more ～, 《最上》most ～) **1** 子ができない, 不妊で; 繁殖力のない ‖
a sterile male 生殖力のない男性.
**2**〈土地が〉不毛の, やせた, (↔ fertile).
**3** 殺菌した, 無菌の ‖
sterile culture 無菌培養.
**4**《正式》不毛の, 効果のない; 独創性のない ‖
a sterile discussion 無益な討論.

**ster·i·lize**,《英ではしばしば》**-lise** /stérəlàiz ステリライズ/ 動 (現分) -liz·ing) 他 …を殺菌する; …を不妊にする.

**ster·ling** /stɔ́:rliŋ スターリング/ 图 Ⓤ **1** 英貨. **2** = sterling silver.
――形 **1** 英貨の, ポンドの, 英貨による.

**2** 〈金・銀が〉法定純度の.
**3** すぐれた, りっぱな, 真正の ‖
sterling character りっぱな性格.
**stérling sílver** (1) スターリングシルバー, 英国法定純銀《純度92.5%》. (2) [集合名詞] (1)の製品.

**stern**[1] /stə́ːrn スターン/ 形 **1** 厳格な, きびしい(↔soft) ‖
be stern with one's son 息子に厳しい.
**2** いかめしい, こわい ‖
a stern face いかめしい顔.
**3** 手厳しい, 過酷な.
**stérn・ness** 名 U 厳格さ, 厳しさ, いかめしさ.

**stern**[2] /stə́ːrn スターン/ 名 C〔海事〕船尾, とも(↔bow, stem) ‖
down by the stern 船尾を下げて.
the stern deck 船尾甲板.

**stern・ly** /stə́ːrnli スターンリ/ 副 厳格に, 厳しく; いかめしく.

**ster・oid** /stíərɔid スティアロイド/〔生化学〕 名 U 形 ステロイド(の).

**steth・o・scope** /stéθəskòup ステソスコウプ/ 名 C〔医学〕聴診器.

**Steve** /stíːv スティーヴ/ 名 スティーブ《Steven, Stephenの愛称》.

**Ste・ven** /stíːvn スティーヴン/ 名 スティーブン《男の名.《愛称》Steve》.

**Ste・ven・son** /stíːvnsn スティーヴンスン/ 名 スティーブンソン《Robert Louis ~ 1850-94; 英国の小説家・詩人・随筆家.《略》R.L.S.》.

**stew** /stjúː ストゥー (ステュー)/ 動 他 …をとろとろ煮込む(関連 → boil) ‖
stewed beef ビーフシチュー (=beef stew).
— 自 とろ火でとろとろ煮える.
**stéw in** one's **(ówn) júice**《略式》自業自得で苦しむ.
— 名 **1** C U シチュー(料理)《肉・野菜などをとろ火で煮込んだ料理》.
**2**《略式》[a ~]心配 ‖
be in a stew over [about] the missing dog いなくなった犬のことで気をもんでいる.

**stew・ard** /stjúːərd ストゥーアド (ステューアド)/『「豚小屋(pigsty)の番人(ward)」が原義』 名 C **1** (客船・旅客列車・旅客機の)客室乗務員((女性形)はstewardess)《◆航空会社によっては男女両方で使える flight attendant を用いる. 遠距離列車にいるのは service attendant という. cf. server》‖
a baggage steward (船の)手荷物係.
**2**(英)(晩餐(さん)会・舞踏会・競馬などでの)世話人, 幹事.

**stew・ard・ess** /stjúːərdəs ストゥーアデス (ステューアデス) | stjùədés ステュアデス/ 名 (複 ~・es/-iz/) C (女性)客室乗務員(→ steward 名**1**).

**★★stick**[1] /stík スティク/『「刺すもの」が原義. cf. stake』
— 名 (複 ~s/-s/) C **1** 棒切れ, 木切れ; (切り取った)小枝, そだ ‖
support the sweet peas with long sticks 長い棒切れでスイートピーに支えをする.
**2** [しばしば複合語で] (ある目的に使用する)棒状の物; (英)ステッキ; (スキーの)ストック, (ゴルフの)クラブ ‖
a hockey stick ホッケーのスティック.
a drum-stick ばち.
**3** 棒状のもの, (菓子などの)棒, (野菜の)茎, 軸 ‖
a stick of chalk チョーク1本《◆a piece of chalk より長い》.
a stick of chewing gum チューインガム1枚.
**4** こん棒; むち; (英略式)[(the) ~] (罰としての)むち打ち ‖
give him (the) stíck 彼をむちで打つ; 彼を罰する.
**5**《主に英略式・古》[しばしば a funny old stick で] くのぼう, つまらないやつ, おもしろくないやつ《◆funny の代わりに decent, dry, dull も可》.
**gét** [**háve**] (**hóld of**) **the wróng énd of the stíck**《英略式》物事を完全に誤解する.

**stick**[2] /stík スティク/ 動 (過去・過分 stuck/stʌ́k/)

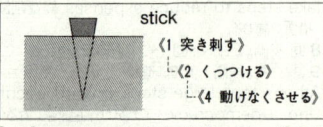

stick
〈1 突き刺す〉
〈2 くっつける〉
〈4 動けなくさせる〉

他 **1** [stick A with B / stick B into A] B〈鋭い物〉をA〈物〉などに突き刺す《◆with は「意図的に」と「うっかりして」のどちらの意味でも用いる》‖
He stuck the butter with a knife. =He stuck a knife into the butter. 彼はバターにナイフを突き刺した.
He stuck the snake in the tail with a spear. 彼はヘビのしっぽをやりで刺した.
対話 "You're bleeding!" "It's nothing. I just stuck my finger on this." 「血が出てるぞ」「なんでもないのよ. ちょっとこれで指を突き刺してしまったの」.
**2** …をはり付ける, くっつける, 固定する ‖
stick a stamp on (to) the envelope 封筒に切手をはる.
**3** …を突っ込む, 突き出す; 《略式》…を置く ‖
stick one's nose into the milk. ミルクの中に鼻を突っ込む.
stick one's arm out of the window. 窓の外に腕を突き出す.
**4** …を動けなくさせる, …を行き詰まらせる ‖
The car was stuck in the snow. 自動車は雪の中で立ち往生した.
**5**《略式》…を困らせる, 当惑させる ‖
I was stuck by her question. 彼女の質問には手こずった.
**6**《略式》…に押しつける ‖
I was stuck with doing the dishes. 皿洗いを押しつけられた.
**7**《英略式》[否定文・疑問文で; can と共に] …を我慢する, 辛抱する ‖
I can't stick going shopping every day. 毎日買物に行くのは我慢ならない.

**sticker** 1381 **still**

—自 1 [stick in [into, through] A] …に突き刺さる ‖
An arrow **stuck in** the tree. 矢が木に突き刺さった.

**2** くっつく, くっついて離れない《◆adhere より口語的》‖
Chewing gum **stuck to** the bottom of my shoe. チューインガムが靴の底にくっついた.

**3** 突き出る, はみ出る ‖
His handkerchief was **sticking out of** his breast pocket. 彼の胸ポケットからハンカチが顔を出していた.

**4** 動かなくなる, はまり込む ‖
The bus **stuck in** the soft sand. バスがやわらかい砂地にはまって動かなくなった.

**be stúck on** A (略式)…が大好きである, …に夢中である.

**stíck aróund** [**about**] (略式) 自 (待つために)そのあたりにいる ‖ Why don't you **stick around** for a while? [去ろうとする相手に] もう少しこの辺にいろよ.

**stíck at** A (1)(英)[通例否定文・疑問文で] A〈悪い行為〉をためらう, 思いとどまる. (2) A〈仕事など〉を〈困難ではあるが〉一生懸命続ける.

**stíck at it** (略式) こつこつやる, 努力を続ける; 最後までがんばる.

**stíck it óut** (略式) 我慢する, じっと耐える.

**stíck ón** [他] …をはる, くっつける.

**stíck óut** [他] (1) → 自 3. (2) (略式) …をやり抜く.

**stíck óut for** A (略式) …をあくまでも要求する.

◦**stíck to** A (1) A〈主義・決定など〉を**堅持する**, 固守する ‖ I'll **stick to** my decision. 自分の決心を守り抜きます. (2) (英) …に忠実である. (3) A〈主題など〉からそれない. (4) (米) …を最後までやり遂げる ‖ He can **stick to** nothing. 彼は何をやっても三日坊主だ.

**stíck togéther** (1) [自] くっつく;(略式) 協力し合う, 団結する. (2) [他] …をくっつけ合わせる.

**stíck úp** (上に) 突き出る, 突っ立つ.

**stíck úp for** A (略式) …を支持する, 弁護する;〈権利など〉を守る.

**stíck with** A (略式) …に忠実である; …を支持する ‖ She **stuck with** me in spite of all my faults. いろいろ欠点があるのに彼女は私を見捨てなかった.

**stícking plàster** (英) ばんそうこう.

**stick·er** /stíkər/ スティカ/ 名 © ステッカー, のり付きラベル[ポスター].

**stick·ler** /stíklər/ 名 © (略式)(ものごとに)うるさい人.

**stick·y** /stíki/ スティキ/ [比較] --i·er, [最上] --i·est) くっつく, 粘着性の; べとべとする ‖
Her fingers are **sticky with** honey. 彼女の指ははちみつでべとべとしている.

**2** (略式)〈天候など〉が蒸し暑い, 暑苦しい.

**3** (略式) 難しい; とても不愉快な ‖
**sticky** business やっかいでいやな仕事.

**4** (略式)[補語として] 気難しい, 文句を言う.

**stíck·i·ly** 副 ねばりつく; 蒸し暑く.

**stíck·i·ness** 名 ⓤ ねばりついていること; 蒸し暑さ.

＊**stiff** /stíf/ スティフ/ 〖「押し固める」が原義. cf. *stifle*〗

—形 ([比較] ~·er, [最上] ~·est) **1** 堅い, 曲がりにくい; 死後硬直した ‖
a book with a **stiff** cover 堅い表紙の本.

**2** 堅苦しい, よそよそしい ‖
a **stiff** smile よそよそしい微笑.
a **stiff** bow 四角ばったおじぎ.

**3** がんこな, 頑強な, 強硬な ‖
a **stiff** opposition 強硬な反対, 頑強な抵抗.
[対話] "It's hard to talk to him." "He is a little **stiff** at times, isn't he?"「彼には話しづらいなあ」「彼は時折がんこだよね」.

**4** 堅めの, 堅練りの ‖
Beat the eggs until **stiff**. 固まるまで卵をかき混ぜなさい.

**5** 〈筋肉など〉こった, (動かすと)痛い(→ shoulder [Q&A]) ‖
have **stiff** aching muscles 筋肉がこって痛い.

**6** (略式) やっかいな, 骨の折れる ‖
a **stiff** job 難しい仕事.
a **stiff** price べらぼうに高い値段.

—副 ([比較] ~·er, [最上] ~·est) (略式) 途方もなく, ひどく.

**stiff·en** /stífn/ スティフン/ 動 他 **1** …を堅くする, こわばらせる. **2** …を堅く決意にする. **3** 〈態度などを〉堅苦しくする. — 自 **1** 〈態度などが〉堅くなる, こわばる. **2** 固くなる, 凝(こ)る; 固まる(+*up*). **3** 〈筋肉など〉こる.

**stiff·ly** /stífli/ スティフリ/ 副 堅く, 堅苦しく.

**stiff·ness** /stífnəs/ スティフネス/ 名 ⓤ 堅いこと, 堅苦しさ, がんこさ.

**sti·fle** /stáifl/ スタイフル/ 動 (現分 sti·fling) 他 …の息を止める, …を窒息させる; …を息苦しくさせる《◆choke より堅い語》‖
The smoke **stifled** the rescuer. 煙で救助隊員は窒息した.

**2** (正式) …を抑える, 抑制する ‖
**stifle** a sob すすり泣きをこらえる.

**sti·fling** /stáifliŋ/ スタイフリング/ 動 → stifle.
—形 息詰まるほど暑い. 息苦しい; 窮屈な, 重苦しい.

**stig·ma** /stígmə/ スティグマ/ 名 (複 ~s, ~·ta/-tə, (米+) stigmáta/) © **1** 汚名, 恥辱(ちじょく), 不名誉. **2** (正式)(欠点・異常などを示す)特質; 徴候. **3** 〖植〗(めしべの)柱頭(図 → flower).

**stig·ma·tize** /stígmətàiz/ スティグマタイズ/ 動 (現分 --tiz·ing) 他 (正式) …に汚名を着せる.

＊**still** /stíl/ スティル/ [類音] *steal, steel*/stí:l/
〖「固定された」が原義〗

→ 形 **1a** 静止した **2** 静かな
  副 **1** まだ **2** なおいっそう **3** それでも

—形 ([比較] ~·er, [最上] ~·est) **1a** 静止した, じっとした, 動かない ‖
Keep **still** while I cut your hair. 散髪する間

じっとしていなさい.
The lake is **still** today. きょうは湖は静かだ.
**b** 風のない ‖
a **still** day 風のない日.
**2** 静かな, 音のしない, しんとした; 黙っている ‖
The stadium was quite **still**. 球場は全く静かだった.
It was a **still** night. 静かな夜だった.
The telephone was **still**. 電話が切れた.
**3** 平静な, おだやかな, 平穏な.
**4** 低い, 小さい, ひそかな ‖
the **still** small voice (of conscience) 低く小さい声; 良心の声.
— 名 **1** Ⓤ (詩) [the ～] 静寂, 静けさ ‖
break the **still** of the night 夜のしじまを破る. **2** Ⓒ (主に映画宣伝用の)スチール写真.
— 動 (詩) 他 **1** …を静かにさせる, …を黙らせる. **2** …をやわらげる. **3** …を鎮める.
— 自 静まる, 静かになる.
— 副 **1** [通例肯定文で] まだ, (今も[その時も])なお, 依然として, 相変わらず (↔ no longer) ‖
I'm **still** busy. 私はまだ忙しい.
She was **still** in bed when I left home. 私が家を出る時, 彼女はまだ床にいた.
He will **still** be here tomorrow. 彼はあしたもまだここにいるだろう.
I **still** love him. = I love him **still**. 私はまだ彼を愛しています.
Her new book **is still to** be written. 彼女の新作はまだ執筆中です.
You **still** haven't answered my question. 君はまだ私の質問に答えていない.
**2** [比較級を強めて] なおいっそう, さらに ‖
**still** better さらによいことには.
Tom is tall, but Joe is **still** taller. トムは背が高いが, ジョーはもっと高い.
She opened her eyes, opened them much wider **still**, then opened her mouth. 彼女は目をあけ, さらにもっと大きくあけ, そして口をあけた.
**3** [しばしば接続詞的に] それでも, それにもかかわらず ‖
She gave a brief but **still** interesting report. 彼女は簡単だがそれでも興味深い報告をした.
Everyone knew I was wrong; **still**, no one said a word. 私が間違っていることをだれもが知っていたが, それでもだれひとり一言も言わなかった.
I've never met George. **Still** I know a lot about him. ジョージには一度も会っていません. それでも彼のことはよく知っています.
**4** まだその上, さらに ‖
give **still** another example その上もうひとつ例を挙げる.
***still and áll*** (米略式) [対比を表して] (それ)でもやはり.
***still less*** → less 副 成句.
***still life*** (複 ～ lifes) (画材としての)静物; 静物画.

**still·born** /stílbɔːrn スティルボーン/ 形 **1** 死産の. **2** 不成功の.
**still·ness** /stílnəs スティルネス/ 名 Ⓤ **1** 静けさ, 静寂. **2** 静止, 不動.
**stilt** /stílt スティルト/ 名 Ⓒ [しばしば (pair of) ～s] 竹馬, 高足(だか) (◆英米のものは足踏台が手前でなく内側についているのがふつう).
**stilt·ed** /stíltid スティルティド/ 形 誇張した, おおげさな; 堅苦しい.
**stim·u·lant** /stímjələnt スティミュラント/ 名 Ⓒ **1** 〔医学〕興奮剤, 刺激剤, 覚醒(かくせい)剤. **2** (正式) [通例 a ～] 刺激するもの; 動機, 誘因 (◆ stimulus がふつう). **3** (略式) アルコール飲料, 酒.
**stim·u·late** /stímjəleit スティミュレイト/ 動 (現分 -lat·ing) 他 (正式) **1** …を刺激する, 興奮させる (◆ excite より堅い語) ‖
Reading good books **stimulate** thought. 良書を読むことは思考を刺激する.
**2** …を元気づける, 激励する; …を励ましさせる ‖
We were **stimulated to** greater efforts. 我々は励まされて一層努力した.
**3** [stimulate A to do] A〈人〉を刺激して…させる ‖
Praise **stimulated** her **to** work hard. 彼女はほめられてよく勉強した.
**stim·u·lat·ing** /stímjəleitiŋ スティミュレイティング/ 動 → stimulate. — 形 **1** 刺激する. **2** 非常に興味のある; 激励する.
**stim·u·la·tion** /stimjəléiʃən スティミュレイション/ 名 Ⓤ 刺激, 興奮; 激励, 鼓舞.
**stim·u·lus** /stímjələs スティミュラス/ 名 (複 -li /-lai/) **1** Ⓒ Ⓤ (正式) 刺激, 激励, 鼓舞; [a ～] 刺激[励み]になるもの ‖
work harder under the **stimulus** of praise ほめられてますますよく勉強する.
**2** Ⓒ 〔医学〕刺激物; 興奮剤.

**sting** /stíŋ スティング/ 動 (過去·過分 stung /stʌŋ/) 他 **1** 〈虫·植物が〉〈人·物〉を針[とげ]で刺す ‖
A wasp **stung** his head. = A wasp **stung** him on the head. スズメバチが彼の頭を刺した.
**2** …をひりひりさせる, …に刺すような痛みを与える ‖
Smoke **stings** my eyes. 煙が目にしみる.
**3** …を傷つける, 苦しませる ‖
be badly **stung** by her reproaches 彼女の非難にひどく傷つく.
Her conscience **stung** her. 良心が彼女を苦しめた.
**4** …を刺激してかりたてる ‖
She was **stung into** making an angry reply by his remark. 彼女は彼の批評にむっとして答えた.
**5** (主に英略式) …に高値をふっかける.
— 自 **1** 〈虫·植物が〉刺す, とげがある ‖

Roses **sting**. バラにはとげがある.
**2** ひりひりする[痛む] ‖
My eyes are **stinging** from [with] the smoke. 煙で目がちくちくしている.
**3** 心を苦しめる, 悩ます; 苦しむ, いらだつ.
— 名 C **1** (ハチなどの)針, (植物の)とげ, (ヘビの)毒牙(ガ)な.
**2** 刺すこと, 刺されること, 刺し傷 ‖
give a poisonous **sting** 毒を刺し込む.
swell with the **sting** 刺し傷ではれがある.
**3** (正式)(からだの)痛み, 激痛; (心の)苦痛 ‖
the **sting** of remorse 後悔の念.
**4** 辛辣(シンラツ)さ, 皮肉, いやみ.

**sting·ing** /stíŋiŋ スティンギング/ 形 刺すような, 辛辣(シンラツ)な.

**stin·gy** /stíndʒi スティンチ/ 形 (比較 --gi·er, 最上 --gi·est) **1** (略式)けちな, しみったれた, みみっちい (mean) (↔ generous); 出し惜しみする ‖
Don't be so **stingy** with your money. 金をそうけちけちするな.
**2** 乏しい, わずかな, 不足の.

**stink** /stíŋk スティンク/ 名 C (略式) **1** 悪臭, いやなにおい. **2** 騒動, 悪評.
— 動 (過去 stank /stǽŋk/ または stunk /stʌ́ŋk/, 過分 stunk)
— 自 (略式) **1** 悪臭を放つ; [比喩的に]においがする ‖
She **stank** of garlic. 彼女はニンニク臭かった.
**2** ひどく評判が悪い, 鼻持ちならない.
**3** 腐るほど[たんまり]持っている ‖
He **stinks** of [with] money. 彼には金が腐るほどある.
— 他 (米略式)(場所などを)臭くする.

**stint** /stínt スティント/ 動 他 (通例否定文で) …を制限する, 出し惜しむ.
— 名 U 出し惜しみ, 制限, 節約 ‖
give without **stint** (正式)惜しみなく与える.

**sti·pend** /stáipend スタイペンド/ 名 C (正式)(牧師などの)俸給, 給料.

**stip·u·late** /stípjəlèit スティピュレイト/ 動 (現分 --lat·ing) 他 (正式)(契約の条件として)…を規定する, 明記する; (条件として)…を要求する ‖
He **stipulated** that he ((主に英)should) be paid at the reasonable rate. 妥当な率でお金が支払われるよう彼は要求した.

**stip·u·la·tion** /stìpjəléiʃən スティピュレイション/ 名 U C 規定(すること) ‖
There is a **stipulation** that … …という規定がある.

**stir** /stə́ːr スター/ (類音 star/stɑ́ːr/) 動 (過去・過分 stirred/-d/; 現分 stir·ring) 他

stir 〈2 かき回す〉
〈3 心をかきたてる〉

**1** …を動かす, 揺り動かす, 揺する ‖

The wind **stirred** the surface of the water. 風で水面が揺れた.
**2** …をかき回す, かき混ぜる; …を入れて混ぜる; 〈火などを〉かき立てる(+up) ‖
**stir** one's tea with a spoon スプーンで紅茶をかき回す.
**stir** cream into one's coffee コーヒーにクリームを入れてかき混ぜる.
**3** (文) …を奮起させる, 〈人の〉心をかき立てる(+up) ‖
**Stir** yourself. 奮起せよ.
**4** (文) …を感動させる ‖
I'm **stirred** that they recognize the merit of my work. 彼らが私の仕事の価値を認めてくれて感激している.
**5** (略式) …を目覚めさせる, 揺り起こす.
— 自 **1** 動く; 身動きする, 動き出す ‖
The sleeping child didn't **stir** all night. 眠っている子供は一晩中身動きしなかった.
**2** 起きている; 活動している ‖
They are not **stirring** yet. 彼らはまだ起きていない.
— 名 C **1** (かすかに)動く[動かす]こと; (風の)そよぎ. **2** (コーヒーなどを)かき混ぜること, かき回すこと. **3** [通例 a ~] 活動; 騒ぎ; 興奮. **4** [通例 a ~] 感動, 刺激.

**stir·ring** /stə́ːriŋ スターリング/ 動 → stir.
— 形 **1** 感動させる, 感激的な ‖
a **stirring** tale 感動的な話.
**2** 活動的な, 活発な.

**stir·rup** /stə́ːrəp スターラプ, stíːr-|stírəp スティラプ/ 名 C (通例 ~s) あぶみ; =stirrup iron.
**stirrup iron** あぶみがね(stirrup) 《乗馬のとき足をかける金具》.

**stitch** /stítʃ スティチ/ 名 (複 ~·es/-iz/) **1** C (縫い物の)ひと針, ひと縫い; (編み物の)ひと編み; (傷口を縫う)ひと針 ‖
take up a **stitch** ひと針縫う.
put four **stitches** in a garment 衣服を4針縫う.
A stìtch in tìme sàves níne. (ことわざ) → save 他 **4** 用例.
**2** C ひと針の糸, 針目, 縫い目; 編み目; 編んだ部分, 縫った部分 ‖
drop a **stitch** (編み物で)ひと目落とす.
remove the **stitches** from the wound 傷口の糸を抜く.
**3** U C [通例複合語で] かがり方, ステッチ, 縫い方; 編み方 ‖
a buttonhole **stitch** ボタン穴かがり.
a cross-**stitch** クロスステッチ.

<u>関連</u> [いろいろな stitch] backstitch 返し縫い / blind stitch まつり縫い / chain stitch 鎖縫い / hemstitch ヘムステッチ / rib stitch ゴム編み / running stitch 並縫い.

**4** C (略式) [通例否定文で; a ~] 小さな布切れ, 布

地, 服 ‖
haven't got a stitch on =be not wearing a stitch 一糸(いっし)もまとっていない.
**5** (略式) [a ~; 否定文で] ほんの少し, わずか ‖
He hasn't done a stitch of homework today. 彼はきょう全然宿題をやっていない.
**6** [a ~] (わき腹などの)激痛, さしこみ ‖
a stitch in the side わき腹の激痛.
*in stítches* おなかがよじれるほど笑って, 笑いこけて.
──動 (三単現) ~・es/-iz/) 他 **1** …を縫う ‖
stitch up a net ネットを縫い繕う.
**2** …を刺繍(ししゅう)する.
──自 縫う; とじ合わせる.

**stock** /sták スタク | st5k ストク/ (類音) *stack* /sték/, *stuck*/sták/) **1** ⓒⓊ [しばしば ~s] 在庫品, ストック, 仕入れ品 ‖
This shop keeps a large stock of kitchen utensils. この店は台所用品の在庫[仕入れ]が多い.
*be in stóck* 在庫している.
**2** ⓒⓊ 貯蔵, 蓄え; (知識などの)蓄積 ‖
He has a large stock of knowledge. 彼は豊富な知識を持っている.
**3** Ⓤⓒ (米) [経済] 株, 株式((英) share); (株式の)資本金; (個人の)株数, 株券; (英) [the ~s] 国債, 公債.
**4** ⓒ (木の)切り株, [植] 幹, 茎; 地下茎.
**5** [集合名詞] (農場の)家畜 ‖
fat stock 食肉用家畜.
**6** Ⓤⓒ 血統, 家系; [動・植] 種族 ‖
be of good stock 名門の出だ.
**7** ⓒ (器具・機械などの)台, (銃の)台じり, (むち・すきなどの)柄(え).
**8** Ⓤ 原料 ‖
Hair cuttings are used as stock for making wigs. 切った髪の毛はかつらの材料として用いられる.
**9** ⓒⓊ (肉・魚などの)煮出し汁, スープのもと, スープストック.
*táke stóck* (1) 在庫調べをする, たな卸しをする. (2) 評価[吟味]する.
*táke stóck of* A A 〈情報など〉を再検討する, 判断する; A〈能力など〉を評価する.
──形 **1** 手持ちの, 在庫の.
**2** ありふれた, ふつうの, 平凡な ‖
a stock phrase 決まり文句.
──動 他 **1** 〈店など〉に仕入れる, 在庫にしておく, 蓄える ‖
stock a shop with goods 店に商品を仕入れる.
**2** 〈商品など〉を貯蔵する, 蓄える; …を店に置く ‖
That hardware store stocks all kind of tools. あの金物店はあらゆる種類の道具をそろえている.
Wine is stocked all the year round. ワインは1年中貯蔵されている.
**stóck càr** (米) 家畜運搬車.
**stóck exchànge** [the ~; 通例 S~ E-] (1) 株式[証券]取引(所); (特に)ロンドン株式取引所. (2) 株式仲買人組合.
**stóck in tráde** =stock-in-trade.
**stóck màrket** (1) 株式市場[取引所]. (2) 株式取引[相場]. (3) 家畜市場.
**stóck òption** [経済] ストックオプション, 自社株購入権.

**stock・ade** /stakéid スタケイド | st5k- ストケイド/ 名 ⓒ **1** (太くて丈夫なくいで作った)防御さく, 砦柵(さいさく). **2** (家畜・捕虜などを収容する)柵(さく)で作った囲い, 牢(ろう).

**stock・bro・ker** /stákbròukər スタクブロウカ | st5k- ストク-/ 名 ⓒ 株式仲買人.

**stock・hold・er** /stákhòuldər スタクホウルダ | st5k- ストク-/ 名 ⓒ (主に米) 株主.

**Stock・holm** /stákhoulm スタクホウルム | st5khəum ストクホウム/ 名 ストックホルム《スウェーデンの首都》.

**＊＊stock・ing** /stákiŋ スタキング | st5kiŋ ストキング/
──動 → stock.
──名 (複 ~s/-z/) ⓒ [通例 ~s] ストッキング; (長い)靴下 ‖
a pair of stockings 1足のストッキング.
pull on one's stockings 長靴下をはく.
*in one's stóckings* =*in one's stócking* [*stóckinged*] *féet* (靴を履かないで)靴下だけで.
**stócking càp** (先端に飾りの房の付いた)毛糸の円錐(えんすい)形の帽子.
**stócking màsk** (強盗などの)ストッキングを利用した覆面.

**stock-in-trade** /stákintréid スタキントレイド | st5k-ストキン-/, **stock in tráde** 名 Ⓤ **1** 在庫品. **2** [通例比喩的に] 商売道具; 必要手段, 常套(じょうとう)手段.

**stock・pile** /stákpàil スタクパイル | st5k- ストク-/ 名 ⓒ (非常時・不足時に備えての)食料備蓄, 原料備蓄; 備蓄品; 核兵器保有量. ──動 (現分) -・pil・ing) 他 自 (…を)貯蔵する, (…を)備蓄する.

**stock-still** /stákstíl スタクスティル | st5k- ストク-/ 形 動かない, じっとしている.

**stock・y** /stáki スタキ | st5ki ストキ/ 形 (比較) -・i・er, (最上) -・i・est) がっしりした, ずんぐりした.

**stodg・y** /stádʒi スタヂ | st5dʒi ストヂ/ 形 (時に 比較) -・i・er, (最上) -・i・est) **1** (略式) 退屈な. **2** (略式) こってりした, 重たくもたれる. **3** =stocky.

**Sto・ic** /stóuik ストウイク/ 形 **1** ストア学派の; ストア哲学の《ゼノン(Zeno)が創始》. **2** [s~] 禁欲的な; 冷静な. ──名 ⓒ ストア哲学者; [s~] (正式) 禁欲主義者.

**Sto・i・cism** /stóuəsìzm ストウイスィズム/ 名 Ⓤ **1** ストア哲学[主義]. **2** [s~] (正式) 禁欲, 克己(こっき); 冷静, 平然.

**stoke** /stóuk ストウク/ 動 (現分) stok・ing) 他 〈火〉をかき立てる; 〈炉・ボイラーなど〉に火をたく. ──自 燃料をくべる.

stocking cap

**stole**¹ /stóul ストウル/ 動 → steal.

**stole**² /stóul ストウル/ 名 ⓒ 1 (正式) ストール《聖職者が肩からひざ下までたらす帯状の布》;法衣. 2 (女性用の)ストール, 肩掛け.

**sto·len** /stóulən ストウルン/ 動 → steal.

**stol·id** /stάləd スタリド│stɔ́l- ストリド/ 形 ぼんやりした, 無神経な, 鈍感な.
**stól·id·ly** 副 ぼんやりと, 無神経に.

**sto·lid·i·ty** /stəlídəti ストリディティ, sta-│stɔ-/ 名 ⓤ 鈍感, 無神経.

*stole² 1, 2*

\***stom·ach** /stʌ́mək スタマク/ (発音注意)《◆*スタマチ》《「物を食べる口・のど」が原義》
— 名 (複 ~s/-s/) **1** ⓒ 胃 ‖
a sour stomach 胸やけ.
a strong stomach 丈夫な胃.
be sick at [to] the stomach むかむかする.
have a pain in the stomach 胃が痛い.
lie (heavy) on one's stomach〈食物が〉胃にもたれる.
on a full stomach 満腹の時に.
**2** ⓒ (略式) 腹, 腹部 ‖
crawl on one's stomach =lie (flat) on one's stomach 腹ばいになる.

> **Q&A** *Q*: stomach は「胃」なのに, どうして「腹部」もさすのですか.
> *A*:「腹部」を表す語に belly があるのですが, この語は下品な語とされ遠回しに stomach が代用されるようになったからです. なお「腹部」の医学用語は abdomen です.

**3** ⓤⓒ 食欲 (appetite) ‖
have a good stomach for the sweets 甘い物を食べたがる.

**stom·ach·ache** /stʌ́məkèik スタマケイク/ 名 ⓒⓤ 腹痛, 胃痛 ‖
have a stomachache (一時的に)胃が痛い.
Off and on he suffers from a stomachache (米) =(英) On and off he suffers from (the) stomachache. 彼は時折り胃痛に悩んでいる《◆冠詞に注意》.

**stomp** /stάmp スタンプ│stɔ́mp ストンプ/ (略式) 動
他 **1** …を踏みつける. **2** (力を込めて)足を踏み鳴らす.
— 自 (力を込めて)足を踏み鳴らす (+*about*).
— 名 ⓒ ストンプ《足を踏み鳴らして踊るダンス; その曲》.

\***stone** /stóun ストウン/《「固いもの」が原義》
派 stony (形)
— 名 (複 ~s/-z/) **1** ⓤ [しばしば複合語で] (岩石を構成する)石, 石材《◆堅さ・土台・律法・殉教・罰などの象徴》; [形容詞的に] 石の, 石造りの ‖
tools made out of stone 石で作った道具.

They were stone weapons. それは石の武器であった.

turn (to) stone〈人・顔などが〉石のように[冷酷に]なる.

**2** ⓒ 小石, 石ころ《◆ boulder, cobble stone, pebble, shingle, gravel の順に小さくなる》‖
(as) hard as (a) stone 石のように堅い, 非情な.
He threw a stone into the pond. 彼は池に石を投げた.

**3** ⓒ [通例複合語で] (特定の目的に用いる)切り石; 墓石 (tombstone, gravestone); 臼(うす)石 (millstone); 砥(と)石 (whetstone, grindstone); マイル標石 (milestone).

**4** ⓒ 石のようなもの; ひょう, あられ. **5** ⓒ 宝石. **6** ⓒ [時に複合語で] (モモなどの)種, 核. **7** ⓒ 〔医学〕[時に複合語で] (腎(じん)臓などの)結石《◆専門用語は calculus》. **8** (複 stones, ~s) ⓒ (英) ストーン《重量の単位で=14ポンド(約6.35 kg). ふつう体重について用いる》.

**cást [thrów] stónes [a stóne] at A** …を中傷する, …の悪口を言う.
**within a stóne's thrów of A** …のすぐ近くに.
— 動 (現分) ston·ing) 他 **1** (正式) (主に儀式的罰として)〈人〉に石を投げる ‖
be stoned to death 石を投げられて死ぬ.
**2**〈果物〉から種を取る.

**Stóne Áge** [the ~] 石器時代《青銅器時代の前で原石器 (Eolithic), 旧石器 (Paleolithic), 中石器 (Mesolithic), 新石器 (Neolithic)の各時代からなる》.

**stóne áx(e)** 石切りおの.

**stoned** /stóund ストウンド/ 動 → stone. — 形〈果物などの〉核を除いた; (俗) (酒・麻薬で)酔った.

**Stone·henge** /stóunhèndʒ ストウンヘンヂ, ˌ-ˈ/ 名 ストーンヘンジ《英国南部の Salisbury 平原にある環状石群遺跡》.

**stone·work** /stóunwə̀ːrk ストウンワーク/ 名 ⓤ **1** 石造物, 石造建築; 石造部分. **2** 石細工.

**ston·y** /stóuni ストウニ/ 形 (比較 -i·er, 最上 -i·est) **1** 石の, 石の多い; 石で覆われた ‖
a stony road 石を敷いた道.
**2** 石のような, 石のように堅い.
**3** 冷酷な, 無情な ‖
a stony heart 無慈悲な心.
**4** 無表情な, じっと動かない ‖
a stony stare 凝視.

**stood** /stúd ストゥド/ 動 → stand.

**stool** /stúːl ストゥール/ 名 ⓒ **1** (ひじ掛け・背のない1人用の)腰掛け, スツール (cf. chair) ‖
sit on [ˣin] a stool at the bar drinking beer バーでスツールに座ってビールを飲む.
a piano-stool ピアノのいす.

*stool 1*

**2** 踏み台, 足のせ台, ひざ突き台.

**3** Ⓤ Ⓒ《正式》[しばしば ~s] 便通；[遠回しに] 大便 ‖

Please bring in a **stool** sample. (医者が)(検便のため)便を持ってきてください.

**fáll betwèen twó stóols**《英》2つのイスに座ろうとして間にしりもちをつく；あぶはち取らずに終わる.

**stóol pìgeon**《主に米略式》(警察の)スパイ, 密告者.

**stoop** /stúːp ストゥープ/ ─ ⓐ **1** かがむ, 身をかがめる《◆ bend より堅い語》, 前かがみになる ‖

**stoop over** the table テーブルにかがむ.
**stoop down** to talk to the child 子供と話すため身をかがめる.

**2** 腰が曲がる, 猫背である ‖

**stoop** with old age 高齢のせいで腰が曲がる.

**3** 前かがみになって歩く[立つ].
**4**〈木・崖(%)などが〉前傾する, 覆いかぶさる.
**5** 身を落とす；品位を落とす ‖

**stoop to** cheating 人をだますまでに身[品位]を落とす.

─ ⓗ〈身体・背など〉をかがめる, 曲げる.
─ 名 **1** [a ~] かがむこと, 屈身.
**2** Ⓒ [通例 a ~] 前かがみ, 猫背, 腰の曲がり ‖

**walk** with a **stoop** 前かがみになって歩く.

**3** Ⓒ (タカなどの)急襲.

**\*\*stop** /stάp スタプ | stɔ́p ストプ/
─ 動 (三単現) ~s/-s/；(過去・過分) stopped/-t/；(現分) stop·ping

| 他と自の関係 | |
|---|---|
| 他 1 stop A | A を止める |
| 自 1 A stop | A が止まる |

─ ⓗ **1** …を止める, 停止させる《◆ cease, halt よりくだけた語》‖

**stop** oneself 立ち止まる.
**stop** a car 車を止める.
How long has your gas been **stopped**? いつからお宅のガスは止められているのですか.
The accident **stopped** the traffic. その事故で交通は止まった.

**2** …をやめる, 中断する；[stop doing] …するのをやめる《◆ cease, halt よりくだけた語》‖

**stop** work 仕事をやめる.
**Stop** what you're doing. していることをやめなさい.
It **stopped** snowing [×to snow] an hour ago. 雪は1時間前に降りやんだ (cf. ⓐ **1** b).
対話 "Do you smoke?" "No, I **stopped** smoking years ago."「タバコはお吸いになりますか」「いいえ, 何年も前にやめました」.

**3 a** …を中止させる《◆ from を省略するのは《主に英略式》》‖

The game was **stopped** by a heavy rain. 試合は大雨で中止された.

**b** [stop A (from) doing] A〈人など〉が…するのをやめさせる ‖

She **stopped** the child (from) playing with matches. 彼女は子供がマッチをもてあそぶのをやめさせた《◆ stop A doing は(すでに)進行中の動作について, stop A from doing はこれからやる動作についてやめる場合に用いる》.
I couldn't **stop** myself **from** longing for her. 私は彼女を思いこがれる気持ちを抑えられなかった.
What **stopped** him [《文》his] going to bed? どうして彼は床につかなかったのか.

**4**〈穴・傷口・割れ目・通路など〉をふさぐ, 閉鎖する；…に栓をする ‖

**stop up** a bottle びんに栓をする.
**stop** a wound 傷口をふさいで止血する.
**stop** a leak with a piece of cloth 布ぎれでも れ口をふさぐ.
**stop** one's ears (指を入れて)耳をふさぐ, 聞こうとしない.

**5** …の支払いを停止する；〈供給など〉を停止する.

─ ⓐ **1 a** 止まる；停止する ‖

**Stop! Thief!** 泥棒, 待て.
This train does not **stop** at small stations. この列車は小さい駅には止まらない.
She **stopped** there waiting. = She **stopped** there and waited. 彼女はそこで立ち止まり待っていた.
The watch has **stopped**. 時計が止まった.
The bus is **stopping**. バスが止まりかけている.

**b** [stop to do] …するために立ち止まる ‖

She **stopped to** smoke. 彼女は立ち止まってタバコを吸った；タバコを吸うために立ち止まった (cf. ⓐ **2**)《◆「タバコを吸うのをやめた」ではない. cf. ⓗ **2**》.

**2** 中断する；〈雨などが〉やむ；手を休める ‖

The music **stopped** suddenly. 音楽が急にやんだ.
He **stopped to** smoke. 彼は手を休めてタバコを吸った；彼はタバコを吸うために手を休めた (cf. ⓐ **1** b).

**3**《略式・英方言》(特に短期間)滞在する, とどまる；泊る《◆ 場所を表す副詞(句)を伴う》‖

**stop at** home 家にいる(=《英》stop in /《米》stay in).
We **stopped** there for a few days. 数日間そこに滞在した.
Won't you **stop to [for]** dinner? 夕食までいらっしゃいませんか《◆ しばしば遠回しに退去を促す表現》.
I'm **stopping with** my aunt. おばの家に泊まっています.

**stóp at nóthing** [通例 will, would と共に] どんなことでもする.

**stóp bý** (1)《主に米》[自] 立ち寄る. (2) [~ by A]《主に米》…に立ち寄る.

**stóp óff**《略式》[自] (途中で)立ち寄る, 途中下車する, 旅の途中で泊まる.

─ 名 (ⓗ) ~s/-s/) Ⓒ **1** 止まること, 止めること, 停止；中止, 中断；終わり ‖

Her car came to a sudden **stop**. 彼女の車は急に止まった.
Please hold on. Sudden **stops** some-

times necessary. 〔掲示〕〔手すりなどに〕しっかりつかまってください。急停車することがあります.
We had to make frequent **stops** on the way. 私たちは途中でたびたび止まらねばならなかった.
**2** 停留所, 停車場, 停泊地 ‖
a bus **stop** バス停.
I'll get off at the next **stop**. 次の停留所で下車します.
**3**〔旅の途中などでの〕滞在, 立ち寄り ‖
make a **stop** at a store 店に立ち寄る.
**4**〔主に英〕句読点；〔特に〕終止符.
*bríng* A *to a stóp* …を止める, 終わらせる.
◇*pút a stóp to* A …を終える, やめさせる ‖ put a **stop** to price rises 物価上昇をくいとめる.

**stop·o·ver** /stápòuvər スタポウヴァ | st5p- ストウヴァ/ 名 C 旅行途中の短い滞在(場所)；途中下車.

**stop·page** /stápidʒ スタピヂ | st5p- ストピヂ/ 名 1 C U 中止, 停止. **2** C (管内の流動の)障害, 閉塞(へ).

**stop·per** /stápər スタパ | st5p- ストパ/ 名 C (米) (びんなどの)栓, つめ ‖
Put the **stopper** in the brandy bottle. ブランデーのびんに栓をしなさい.

**stop·watch** /stápwɑ̀tʃ スタプワチ | st5pwɔ̀tʃ ストプウォチ/ 名 (複 ~·es/-iz/) C ストップウォッチ.

**stor·age** /stɔ́ːridʒ ストーリヂ/ 名 **1** U 貯蔵, 保管, 保管法 ‖
put furniture in **storage** 家具を保管してもらう.
**2** C〔コンピュータ〕記憶装置.

\*__store__ /stɔ́ːr ストー/〔「補充する(renew)」が原義〕派 **storage**〔名〕
—— 名 (複 ~s/-z/) C **1**〔主に米〕店, 商店, 小売店 (〔英〕shop)《◆〔米〕ではいろいろな種類の品物を売る店に用い, 特定の品を売る専門店は shop という. 例: a flower *shop* 花屋》‖
She went to the **store** to buy bread. 彼女はパンを買いに店へ行った.
**2** [時に ~s] 蓄え, 貯蔵, 蓄積 ‖
We made **a store** of wood for the winter. 私たちは冬に備えてたきぎを蓄えた.
**3** [~s] 必需品, 備品, 用品 ‖
ship's **stores** 船舶用品.
**4**〔英〕**a** [(the) ~s; 単数・複数扱い] 百貨店, デパート (〔米〕department store).
**b** [a ~ / the ~s; 単数・複数扱い] よろず屋.
**5** [時に ~s] 貯蔵所, 倉庫.
**6** [a ~] 多数, 多量 ‖
a **store** of information たくさんの情報.
*in stóre* [形] [副] (1) 〔英〕蓄えた[て], 用意した[て] ‖ He had some energy **in store** for the final lap of the race. 彼は競走の最後の1周のために力を温存していた. (2) 振りかかろうとする[して], 待ち構えた[て] ‖ I've got a surprise **in store** for you. 君をあっといわせることがあるよ.
*sét* [*láy, pút*] *... stóre by* [*on*] A A〈物・事〉を重んじる, 重視する《◆ store の前に little, no, great, much などを置いて程度を表す》‖ I

don't **set** much **store by** weather forecasts. 私は天気予報をあまり当てにしない.
—— 動 (三単現) ~s/-z/；(過去・過分) ~d/-d/；(現分) stor·ing/stɔ́ːriŋ/)
—— 他 **1a** …を蓄える, 貯蔵する；…を取っておく ‖
The farmer **stores** (away) hay for his cattle to eat during the winter. 農夫は冬の間牛に食べさせる干し草を蓄える.
**b**〈情報など〉をしまっておく,〈怒りなど〉を胸にしまっておく.
**2**〈場所など〉に供給する, 備える ‖
The room **is stored with** curiosities. その部屋には珍しい品々が置かれている.
**store** the mind with knowledge 頭に知識を詰める.
**3** …を保管する ‖
**store** the winter clothes in a closet 冬服を押入れにしまう.

**store·house** /stɔ́ːrhàus ストーハウス/ 名 C **1** 倉庫, 貯蔵所. **2** [比喩的に] 宝庫.

**store·keep·er** /stɔ́ːrkìːpər ストーキーパ/ 名 C **1**〔米〕商店経営者, (商)店主 (〔主に英〕shopkeeper). **2** 倉庫管理人.

**store·room** /stɔ́ːrrùːm ストールーム/ 名 C 貯蔵室, 物置き.

**sto·rey** /stɔ́ːri ストーリ/ 名〔主に英〕= story².

**-sto·ried** /stɔ́ːrid -ストリド/〔連結〕…階建ての, …層の. 例: a two-**storied** house 2階建ての家.

**sto·ries** /stɔ́ːriz ストーリズ/ 名 → story¹, story².

**stor·ing** /stɔ́ːriŋ ストーリング/ 動 → store.

**stork** /stɔ́ːrk ストーク/ (同音 *stalk*) 名 C〔鳥〕コウノトリ《◆欧米ではこの鳥が赤ん坊をつれてくるという伝説がある》‖
a visit from the **stork** 赤ん坊の誕生.

\***storm** /stɔ́ːrm ストーム/〔「揺り動かす(物)」が原義〕派 **stormy**〔形〕
—— 名 (複 ~s/-z/) C **1a** あらし, 暴風(雨), 激しい雨[あられ, 雪, 雷]《◆ rainstorm, snowstorm, thunderstorm のような複合語を作る》‖
A **storm** hit the town. あらしが町を襲った.
**b**〔気象〕暴風《秒速28.5-32.6m. → wind scale》.
**2** [a ~ of A]〔感情・拍手などの〕あらし, あらしのような…；…の激発 ‖
His speech produced **a storm of** anger. 彼の演説はあらしのような怒号を招いた.
She was greeted with **a storm of** cheers. 彼女は歓呼のあらしで迎えられた.
*a stórm in a téacup*〔英〕「コップの中のあらし」, ささいなことでの大騒ぎ, から騒ぎ (〔米〕a tempest in a teapot).
—— 動 (三単現) ~s/-z/；(過去・過分) ~ed/-d/；(現分) ~·ing)
—— 自 **1** [通例 it を主語として] あらしが吹く；〈風・雨などが〉荒れ狂う ‖
It **stormed** all day. 一日中あらしが吹き荒れた.
**2**〔正式〕がみがみ言う, 怒鳴る；激怒する.
**3**〔正式〕激しい勢いで[怒って]突進する ‖

**stormy** / **straight**

storm into the room 勢いよく部屋に飛び込む.
——他 **1**《正式》…を激しく攻める, 攻略する. **2**〈人などを〉(あらしのように) 攻撃する.

**storm·y** /stɔ́ːrmi ストーミ/ 形 (比較) --i·er, (最上) --i·est) **1** あらしの, 暴風(雨)の(↔ calm); あらしの来そうな ‖
Don't go out in this **stormy** weather. こんなあらしの天気に出かけるな.
**2** 激しい, 荒れた, 乱暴な ‖
stormy argument 激しい論争.
a stormy life 波乱に富んだ一生.

\***sto·ry**¹ /stɔ́ːri ストーリ/ 〚「歴史」が原義. cf. history〛

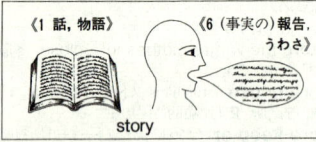

〈1 話, 物語〉  〈6 (事実の)報告, うわさ〉
story

——名 (複 sto·ries/-z/) **1** C 話, 物語 (cf. tale) ‖
He told me the whole **story** of how it happened. 彼はそのできごとの一部始終を話してくれた.
She likes the **story** of Lincoln. 彼女はリンカンの話が好きです.
He wrote a lot of **stories** for children. 彼は子供向けにたくさんの物語を書いた.
**2** C U =story line.
**3** C 小説, 短編小説.
**4** U (文学の一部門としての) 物語.
**5** C (新聞・雑誌などの) 記事(の種) ‖
do a **story** (取材して)記事にする.
Journalists always look for a good **story**. 記者はいつもいいネタを捜している.
**6** C (事実の) 報告, 陳述, 説明; うわさ, 風評 ‖
according to her **story** 彼女の言うところによれば.
**7** C 《略式・小児語》 うそ, 作り話; うそつき ‖
tell **stories** うそを言う.
That's your **story**. そんなことは君の作り話だ.
*be anóther [a dífferent] stòry* 《略式》 (1) 事情は全く変わっている. (2) それは別の話です《◆「今は詳しくは述べない」という含み. ふつう but that's another ... の形で》.
(*It's*) *the óld stóry.* 《略式》 (それは) 例のよくあることで [話](だ), いつもの話(さ).
*The stóry gòes* (*that*) ... …という話[うわさ]だ.
*to cùt [màke] a lóng stóry shórt* 《略式》 かいつまんで言うと, 早い話が ‖ 対話 "This is a very complicated story." "Well, to make a long story short, I never saw her again after that." 「すごくややこしい話ね」「うん, 手短かに言うと, その後彼女にはまったく会っていないんだ」.
**stóry lìne** (小説・劇・叙事詩などの) 筋, プロット.

\***sto·ry**², 《主に英》 **sto·rey** /stɔ́ːri ストーリ/ 〚中世建築で各階の別を示すため装飾として窓にそれぞれ異なった歴史 (story¹) の絵を描いたことから〛
——名 (複 sto·ries/-z/) C (建物の) 階《◆ floor との違いは floor 名 **2** の注および 事情 参照》 ‖
How many **stories** does his house have? =How many **stories** are there in his house? 彼の家は何階建てですか.
She lives in a two-**story** [two-storied] house. 彼女は2階建ての家に住んでいる.
The buliding is ten **stories** high. そのビルは10階建てです.

**sto·ry·tell·er** /stɔ́ːritèlər ストーリテラ/ 名 C **1** 物語を話す人, 物語の語り手. **2** 物語作家. **3** 《略式》 (主に子供の) うそつき 《◆ liar の遠回し語》.

**sto·ry·tell·ing** /stɔ́ːritèliŋ ストーリテリング/ 名形 **1** 物語を話す(こと), 物語の話術. **2** 《略式》 うそをつく(こと).

**stout** /stáut スタウト/ 形 **1**《文》強い, 頑丈な, 丈夫な ‖
stout shoes for mountain climbing 丈夫な登山靴.
**2** 太った; ずんぐりした, かっぷくのよい《◆ fat の遠回し語の1つ》 ‖
a stout old lady でっぷりした老婦人.
**3**《文》勇敢な; 大胆な, 断固とした ‖
a stout heart 勇気.
——名 U (強い) 黒ビール, スタウト (→ beer 事情, ale). 2 グラス1杯のスタウト.

**stout·ly** /stáutli スタウトリ/ 副 頑丈に; でっぷりと; 《文》勇敢に; 頑強に.

\***stove** /stóuv ストウヴ/ 〚「暖められた部屋」が原義〛
——名 (複 ~s/-z/) **1**《料理》レンジ, こんろ.
**2** (まれ) [通例複合語で] ストーブ, 暖炉《◆ 電気・ガス・石油などのストーブは heater を用いるのがふつう. → heater》.

**stow** /stóu ストウ/ 動 他 …をしまい込む, 詰め込む, …に詰め込む ‖
stow one's things away in the attic 屋根裏部屋に身の回り品をしまい込む.
stow clothes into a trunk =stow a trunk with clothes トランクに衣服を詰め込む.
*stów awáy* (1)〔自〕密航する. (2)〔他〕→ 動.

**stow·a·way** /stóuəwèi ストウアウェイ/ 名 C 密航者; 無賃乗車[乗船]の人.

**strad·dle** /strǽdl ストラドル/ 動 (現分 strad·dling) (他)**1** 大またに歩く; またを広げて立つ[座る]; またぐ, またがる. ——(自)**1**〔両脚(など)〕を広げる. **2** …にまたがる, …をまたぐ.

**strag·gle** /strǽgl ストラグル/ 〔類音〕 struggle /strʌ́gl/〕動 (現分 strag·gling) (自)《正式》**1** それる, はぐれる. **2** だらだらと連なる[進む]; だらしなく広がる; 〈草木が〉はびこる.

**strag·gly** /strǽgli ストラグリ/ 形 (比較) --gli·er, (最上) --gli·est) 《略式》〈家などが〉散在した; 〈髪が〉ほつれた; 〈枝などが〉はびこった.

\***straight** /stréit ストレイト/ 〔同音〕strait) 〚「伸ばされた」が原義〛派 straighten (動)
——形 (比較) ~·er, (最上) ~·est) **1a** まっすぐな,

一直線の, 曲がっていない ‖
draw a **straight** line 直線を引く.
His hair is curly, not **straight**. 彼の髪は直毛でなくてカールがかかっている.
**b** 直進する, 直行の ‖
a **straight** throw まっすぐに投げること.
**c** 〈エンジンが〉直列の; 〈スカートが〉フレアのない.
**2** 直立した, 垂直な, (位置が)曲がっていない ‖
sit with a **straight** back 背筋を伸ばして座る.
The picture isn't **straight**. 絵はまっすぐにかかっていない.
**3 a** 正直な, 誠実な, 公正な; 率直な ‖
Give me a **straight** answer to my question. 私の質問に正直に答えなさい.
She **was** quite **straight** with me. (略式) 彼女は全く正直に言ってくれた.
**b** 正しい, 論理的な, 感情に左右されない ‖
**straight** thinking 整然とした思考.
put him **straight** 彼の思い違いを正す.
Now let's get this **straight**! これだけははっきりさせておこう!
**4** [通例補語として] きちんとした, 整理した ‖
Keep [Set, Put] your room **straight**. 部屋をきちんとしておきなさい.
**5** [名詞の前で] 連続した, とぎれない ‖
get **straight** A's (米) (成績で)オールAをもらう.
eat and drink for two **straight** days 2日間ぶっづけに飲み食いする.
win eight **straight** games 8試合に連勝する.
**6** (米) 完全な, 徹底した ‖
a **straight** Democrat 生粋(きっすい)の民主党員.
**7** 〈ウイスキーなどが〉薄めていない, 混ぜていない, 生(き)の, ストレートの((英) neat) ‖
**straight** whiskey ストレートのウイスキー.
I like my brandy **straight**. ブランデーは割らないのが好きだ.
**8** 同性愛でない, ホモセクシャルでない.
**kéep a stráight fáce** =**kéep** one's **fáce stráight** (笑いをこらえて)まじめくさった顔をする.
──副 (比較 ~・er, 最上 ~・est) **1** まっすぐに, 一直線に ‖
go **straight** as far as the village 村までまっすぐに行く.
The motorbike came **straight** at me. オートバイは私をめがけてまっしぐらにやって来た.
**2** 垂直に, 直立して; 水平に ‖
stand **straight** まっすぐに立つ.
**3** 回り道をしないで; ぐずぐずしないで, じかに, まともに ‖
Come **straight** home after school. 学校が終わったら道草せずに帰って来なさい.
drink the beer **straight** from the bottle ビールをらっぱ飲みする.
**4** (略式) 率直に, あからさまに ‖
Tell it to me **straight**. それを率直に言いなさい.
**5** (略式) 正しく, 高潔に ‖
She is not playing **straight**. 彼女のふるまいは正しくない.

**6** 連続して, 続いて ‖
sleep **straight** through till eight 8時まで眠り続ける.
**stráight óut** (略式) 率直に, あからさまに.
──名 ⓒ [通例 the ~] **1** (競走路の) 直線コース; ホームストレッチ(homestretch). **2** 直線, まっすぐ; 水平; 垂直; まっすぐな姿勢.
**on the stráight** まっすぐに, 一直線に; 正直に.
**òut of the stráight** 曲がって, ゆがんで.
**stráight fíght** (英) (選挙で2人[2党]の)一騎打ち.

**straight·en** /stréitn ストレイトン/ 動 他 **1** …をまっすぐにする ‖
**straighten** a bent nail 曲がったくぎを伸ばす.
**straighten** oneself out [up] からだをしゃんと伸ばす; 身づくろいする.
**2** …を整頓(とん)する, 整理する, きちんとする ‖
**straighten** out [up] the living room 居間をきちんと整理する.

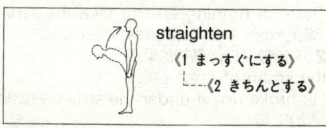

straighten
〈1 まっすぐにする〉
〈2 きちんとする〉

──自 まっすぐになる, 背筋を伸ばして立つ; きちんとなる.

**straight·for·ward** /strèitfɔ́:rwərd ストレイトフォーワド/ 形 **1** 正直な, 率直な. **2** まっすぐに進む. **3** (主に英) 簡単な, わかりやすい.

**straight·way** /stréitwèi ストレイトウェイ/ 副 (英では古) すぐに, ただちに.

*__strain__$^1$* /stréin ストレイン/ [→ strict]
──動 (三単現 ~s/-z/; 過去・過分 ~ed/-d/; 現分 ~・ing)
──他 **1** …を最大限に使う; …を緊張させる; 〈身体の一部〉を精いっぱい働かせる ‖
**strain** one's ears for a sound 物音に聞き耳を立てる.
**strain** every muscle to lift the stone 石を持ち上げるのに力をふりしぼる.
Don't **strain** yourself. (略式) 気楽にやれ, 無理するな.
**2** (正式) 〈意味・事実・法など〉を曲げる, 曲解する, こじつける ‖
The story **strains** the truth. その話は事実を曲げている.
**strain** the meaning of a word 言葉の意味を曲解する.
**3** (無理をして)…を痛める, 弱める; 〈筋など〉を違える (cf. sprain) ‖
**strain** a muscle in one's leg 脚(あし)の筋を違える.
対話 "I always read in the dark." "That's a good way to **strain** your eyes." 「ぼくはいつも暗いところで読書するんだ」「それではすぐに目を痛めてしまうわ」.
**4** 〈液体〉を濾(こ)す; 〈かすなど〉を(濾して)取り除く;

〈水気〉を切る ‖
**strain** the soup スープを漉す.
**strain off** the water **from** the vegetables 野菜から水気を切る.
**5** 〈針金・綱など〉を(ぴんと)張る, 引っぱる, 引き締める.
——自 **1** 強く引っぱる ‖
The terrier **strained** at his leash. テリアは革ひもを強く引っぱった.
**strain** at the oars オールをこぐ手に力を入れる.
**2** 懸命に努力する ‖
**strain for** victory 勝利を目指して懸命に努力する.
She **strained** to hear him. 彼女は彼の言うことに一生懸命耳をすました.
——名 (複 ~s/-z/) **1** ⓒⓊ 緊張, 張り; 引っぱる力 [重さ] ‖
Too much **strain** broke the rope. 強く引っぱりすぎて綱が切れた.
There is nothing else to take the **strain**. 緊張をほぐしてくれるものはほかに何もない.
**2** Ⓤ 過労, 疲れ; 精神的緊張 ‖
the **strain** of grief 心労.
He broke down under the **strain**. 彼は疲労のために倒れた.
**3** Ⓤⓒ (無理をしてからだなどを)痛めること, 筋違い.
**4** ⓒⓊ 負担, 重圧; 圧力.

**strain²** /stréin ストレイン/ 名《正式》**1** ⓒ 血統, 家系, 種族. **2** [a ~] 〈家系に伝わる〉素質, 気質; 傾向, 特徴.

**strained** /stréind ストレインド/ 動 → strain¹.
——形 **1** 緊張した; 緊迫した ‖
**stráined reláTIONS** (国際間などの)緊迫した関係. **2** 疲れた; 神経質な.

**strain·er** /stréinər ストレイナ/ 名 ⓒ 濾過(ろか)器, こし器, 茶こし.

**strait** /stréit ストレイト/ (同音 straight) 名 ⓒ **1** [しばしば Straits; 単数扱い] 海峡, 瀬戸《◆ふつう channel より狭い》‖
the **Straits** of Dover ドーバー海峡.
the Bering **Strait** ベーリング海峡.
**2** 《正式》[通例 ~s] 苦境, 難局, 困窮 ‖
be in dire [desperate] **straits** for money 金にひどく困っている.

**strait·jack·et** /stréitdʒækit ストレイトヂャキト/ 名 ⓒ **1** (狂暴な狂人・囚人などに着せる)拘束服. **2** (成長・発展などを)妨げるもの.

**strand** /strǽnd ストランド/ 動 他 [通例 be ~ed] 〈船が〉座礁する; 〈魚などが〉岸に打ち上がる; 〈人が〉取り残される, 立ち往生する.
——自 座礁する.

***strange** /stréindʒ ストレインヂ/ 『「外の」が原義. cf. extra』派 stranger (名)
——形 (比較 strang·er, 最上 strang·est) **1** 奇妙な, 変な, 不思議な, 一風変わった(↔ ordinary); (変で)驚くべき (類 odd, queer, peculiar) ‖
**strange** customs 奇妙な習慣.

**strange** behavior 異常なふるまい.
a **strange** costume 一風変わった衣装.
It's **strange** (that) you have never met him. 君が彼に会ったことがないなんて不思議だ.
It is **strange** that she should believe such an absurd story. 彼女がそんなばかげた話を信じるなんて変だ.
The **strange** thing is, I was the only applicant. 驚いたのは, 私がたったひとりの応募者だったのです.
**2** 見知らぬ, 見た[聞いた]こともない, 初めての, 未知の (↔ familiar) ‖
a **strange** country 未知の国.
The town is **strange** to her. 彼女にはその町は初めてだ.
**3** [補語として] **不慣れな**, 不案内な, 経験のない ‖
He is still **strange** to the new school. 彼はまだその新しい学校に慣れていない.
**4** からだの調子がおかしい; 落ち着かない; 不愉快な ‖
I feel **strange**. どうもからだの調子がよくない《目まいなど》.

○**stránge to sáy** (米やや古) 奇妙なことに, 不思議な話だが《◆ 今は strangely (enough) の方がふつう》‖ **Strange to say**, she did pass her exam after all. 不思議なことに彼女は最終的には試験に合格した / 対話 "I bet you were really scared." "**Strange to say**, I wasn't scared at all." 「きっと本当に怖かったでしょうね」「妙な話だけど, 全然怖くなかったんだ」.

**strange·ly** /stréindʒli ストレインヂリ/ 副 **1** 奇妙に, 珍しく. **2** [文全体を修飾] 不思議なことに ‖
**Strangely** (enough) (💧) ! I rarely see her. 不思議なことに彼女にめったに出会わない.

**strange·ness** /stréindʒnəs ストレインヂネス/ 名 Ⓤ 未知; 奇妙, 不思議, 珍しさ.

***strang·er** /stréindʒər ストレインヂャ/ 『→ strange』
——名 (複 ~s/-z/) ⓒ **1** 見知らぬ人, よそから来た人, 初対面の人, 新来(しんらい)者, 外国人; 《略式》訪問客(visitor) ‖
a passing **stranger** 通りかかりの人.
Don't talk to **strangers**. 見知らぬ人に話しかけてはいけない.
You're quite a **stranger**. 《略式》= Hello, **stranger**! ずいぶんお久しぶりですね(= I have not seen you for a long time.).
She is a complete [perfect] **stranger** to me. 彼女はあかの他人です(= I don't know her at all.).
**2** 《略式》不案内な人, 不慣れな人 ‖
対話 "Would you please tell me the way to the station?" "I'm sorry I'm a **stranger** (around) here." 「駅へ行く道を教えてくださいませんか」「すみません. 私もこの辺は初めてなんです」.
**3** 《正式》経験したことのない人, 〈物を〉知らない人 ‖
He is no **stranger** to suffering. 彼は多くの苦しみを経験している.

**stran·gle** /strǽŋgl ストラングル/ 動 (現分 stran·

gling) [他] **1** …を絞め殺す, 窒息させる. **2** 〈カラーなどが〉〈首〉を締めつける.

**strap** /strǽp ストラプ/ [名] [C] **1** (バス・電車などの)つり革 ‖
hold (on to) a **strap** つり革につかまる.
**2** 革ひも, 革帯 ; 肩ひも ‖
a watch **strap** 時計の革バンド.
**3** (かみそりをとぐ)革砥(かわと) ‖
sharpen a knife on a **strap** 革砥でナイフを研(と)ぐ.
——[動] ([過去・過分] strapped/-t/ ; [現分] strap·ping) [他] **1** …を(革)ひもで縛る, …に(革)ひもをつける(↔ unstrap) ‖
**strap** on a new watch 新しい時計に革バンドをつける.
be **strapped** in before a car starts 車が発車する前にシートベルトを締める.
**2** 〈子供〉を(革)ひもでせっかんする.

**strap·ping** /strǽpiŋ ストラピング/ [動] → strap.
——[形] 《略式》背が高くてがっしりした.

**strat·a·gem** /strǽtədʒəm ストラタヂェム/ [名] [C] 《正式》 **1** 戦略, 軍略. **2** (一般に)計略, 策略.

**stra·te·gic, -·gi·cal** /strətíːdʒik(l) ストラティーヂク(ル)/ [形] **1** 戦略の, 戦略に基づく ; 戦略上役立つ. **2** 戦略上重要な.

**strat·e·gy** /strǽtədʒi ストラテヂ/ [名] ([複] --e·gies /-z/) **1** [U] 兵法, 用兵学. **2** [U] (大規模な)戦術, 戦略《◆ strategy は全体の用兵戦略, tactics は個々の戦闘の用兵》; 軍事行動計画. **3** [U][C] 計略, 策略.

**Strat·ford-on-A·von** /strǽtfərdɑnéivən ストラトファダネイヴォン | -fədɔnéivn -ファドネイヴン/, **Strat·ford-u·pon-A·von** /-fərdəpɑ̀néivən -ファダパネイヴォン | -fədəpɔ̀néivn -ファダポネイヴン/ [名] ストラットフォード=オン[アポン]=エイボン《英国 Warwickshire 州の Avon 川沿いの町. Shakespeare の生地》

**strat·o·sphere** /strǽtousfìər ストラトウスフィア, (米+) stréitou-, (英+) strɑ́ːtou-/ [名] 〔気象〕[the ~] 成層圏《対流圏の上の大気層で高度約10-60 km》.

**stra·tum** /stréitəm ストレイタム, strǽ- | strɑ́ːtəm ストラータム, stréi-/ [名] ([複] **stra·ta**/-tə/, ~s) [C] **1** 《正式》(水平に重なった)層. **2** 〔地質〕地層, 岩層 ; (考古学上の)遺跡を含む層. **3** 《正式》(社会的な)階級, 階層.

**straw** /strɔ́ː ストロー/ [名] **1** [U] 麦わら, わら ; [C] 麦わら1本 ‖
a roof of **straw** わらぶき屋根.
**2** [C] (飲食用の)ストロー.
**3** [C] わらでできたもの, 麦わら帽子.
***a stráw in the wínd*** 動向[風向き]を示すもの, 何かが起こりそうな徴候.
***nòt wórth a stráw*** 一文の価値もない.
——[形] **1** 麦わら製の ‖
a **straw** hat 麦わら帽子.
**2** 黄色がかった.

**straw·ber·ries** /strɔ́ːbèriz ストローベリズ, -bəriz | strɔ́ːbəriz ストローバリズ/ [名] → strawberry.

***straw·ber·ry** /strɔ́ːbèri ストローベリ, -bəri | strɔ́ːbəri ストローバリ/
——[名] ([複] --ber·ries/-z/) **1** [C] イチゴ.
**2** [U] イチゴ色, 深紅色.

**stray** /stréi ストレイ/ [動] [自] 《正式》 **1** 道に迷う ; はぐれる ; 迷い込む ; さまよう《◆ 副詞(句)を伴う》‖
A homeless dog **strayed into** our neighborhood. のら犬が近所に迷い込んできた.
**2** 〈考え・話題などが〉わき道へそれる, はずれる, 脱線する ‖
You must not **stray from** the point. 要点からはずれてはいけない.
——[形] **1** 道に迷った, さまよっている ; 家のない ‖
**stray** cats and dogs のら猫とのら犬.
hunt for the **stray** sheep はぐれた羊を捜し求める.
**2** 時たまの, まばらな, 離れ離れの ‖
There were a few **stray** cabins along the beach. 海岸沿いに小屋が数軒散在していた.
——[名] [C] 迷った人[動物], 迷い子 ; 放浪者 ‖
waifs and **strays** 浮浪児たち, (がらくたの)寄せ集め.

**streak** /stríːk ストリーク/ [名] [C] **1** 筋, 線, しま ‖
a **streak of** lightning 稲妻.
a **streak of** dirt on one's clothing 衣服のしま状の汚れ.
**2** (肉の脂肪などの)層.
**3** [a ~] わずかな徴候, 気味 ‖
There's a **streak of** vanity in his character. 彼の性格には少しうぬぼれたところがある.
**4** 《米略式》短期間 ; ひと続き ‖
a **streak** of luck 幸運続き.
be **on a winning streak** 連勝中である.
***like a stréak (of líghtning)*** 《略式》電光石火のように ; 全速力で.
——[動] [他] [通例 be ~ed] 筋がつく ‖
The child's face **was streaked with** tears. その子の顔には涙の筋がついていた.
——[自] **1** 筋がつく. **2** 筋になる. **3** 疾走する, 全速力で動く.

***stream** /stríːm ストリーム/
——[名] ([複] ~s/-z/) **1** [C] 小川, 流れ, 細流《◆ ふつう brook より大きく river より小さい川》‖
cross a **stream** 小川を渡る.
A small **stream** ran down among the rocks. 岩の間を細流が走っていた.
**2** [C] [通例 a ~ / the ~] (水・潮・空気などの)流れ ‖
the Gulf **Stream** メキシコ湾流.
a **stream of** light 一条の光.
a **stream** of cold air 寒気流.
swim against **the stream** 川の流れに逆らって泳ぐ.
**3** [C] [通例 a ~ / the ~] 流れ, 動き, 連続 ‖
a **stream of** words よどみのない言葉.
a **stream** of people in and out of the theater 劇場に出入りする人の流れ.
**4** [the ~] (時勢・世論などの)流れ, 動向, 趨(すう)

勢‖
the stream of the times 時流.
go against the stream 時勢に逆らう.
**5** Ⓒ 《主に英》能力[学力]別クラス‖
He is in the top stream. 彼は上位クラスにいる.
——動 [三単現] ~s/-z/; [過去・過分] ~ed/-d/;
[現分] ~・ing

---自と他の関係---
- 自 1 　A stream　　A が(どっと)流れる
- 他 1 　stream A　　A を流す

——自 **1** (どっと)流れる; 〈光が〉さし込む; 流す《◆場所・方向を表す副詞(句)を伴う》‖
Blood streamed from the wound. =The wound streamed with blood. 傷口から血がどっと流れた.

**2** 流れるように動く《◆場所・方向を表す副詞(句)を伴う》‖
The spectators streamed out of the stadium. 観客がスタジアムから続々と出てきた.

**3** 〈髪・旗などが〉なびく, 翻(ひるがえ)る‖
Her hair streamed in the wind. 彼女の髪が風になびいた.

——他 **1** …を流す‖
His eyes were streaming tears. 彼の目から涙が流れていた.

**2** 〈髪・旗など〉をなびかせる, 翻らせる.
**3** 《主に英》…を能力別クラスに編成する.

**stream·er** /stríːmər ストリーマ/ 名 Ⓒ **1** 流れるもの; 吹き流し, 長旗. **2** [~s] (北極光などの)射光.

**stream·line** /stríːmlàin ストリームライン/ 動
--lin·ing **1** …を流線形にする. **2** 〈仕事・組織など〉を合理化する.

## *street* /stríːt ストリート/ [『「舗装された道」が原義. → road』]

——名 (複 ~s /stríːts/) **1** Ⓒ (町の)通り, 街路, 街《◆(1) 町中の, ふつう両側に建物が立ち並ぶ道をいう. 歩道・車道の両方を含む. (2) 町から町へ続く公道は road》‖
a main [《英》high] street 本通り.
a broad street 広小路.
meet a friend on [《英》in] the street 通りで友人に会う.
play on [in] the street 通りで遊ぶ《◆《米》ではふつう on は「歩道」, in は「車道」》.
up the street 通りをこちらへ.
down the street 通りを向こうへ.

**2** [通例 S~] …街, …通り《◆戸番を伴うとふつう St. と略す. the はつけない》‖
Óxford Strèet オックスフォード街《ロンドンの有名な商店街》.
He lives (at) 4 Rose St. 彼の住所はローズ通り4番です(=His address is 4 Rose St.).

事情 (1) New York 市のマンハッタン地区では南北の通りは avenue, 東西の通りは street と呼ぶ. 通りの番号は南から北へ行くほど大きくなる. 英国ではふつう番号でなく Oxford Street などという. (2) 戸番はしばしば通りの片側が奇数, 反対側が偶数. → number.

**3** Ⓒ 車道, 往来‖
a busy street 往来の激しい通り.
**4** [形容詞的に] **a** 街路の‖
a street gang 町のちんぴら一味.
a street peddler 行商人.
**b** 外出用の‖
street clothes 外出着.
**5** [通例 the whole street; 集合名詞; 単数・複数扱い] 町の人々.
**strèet péople** [集合名詞] ホームレス.
**strèet ràilway** 《米》市街鉄道, 電車路線(《英》tramway).
**strèet vèndor** 《米》街頭の物売り.

**street·car** /stríːtkàːr ストリートカー/ 名 Ⓒ 路面電車, 市街電車; 路面電車型車両(《英》tram).

## *strength* /stréŋkθ ストレンクス/ [→ strong]

——名 (複 ~s /-s, stréŋks/) Ⓤ Ⓒ **1** (肉体的・物理的・精神的な)力, 強さ; 体力, 知力, 精神力‖
a person of great strength 力の強い人.
the strength of will 意志力.
the strength of a blow 打撃の強さ.
kick the ball with all one's strength 力いっぱいボールをける.
the strength of a dog's love for its master 飼主に対する犬の愛情の強さ.
He has the strength to lift it. 彼はそれを持ち上げる力がある.

**2** (物の)強度, 抵抗力, 耐久力‖
the strength of a rope ロープの強度.
the strength of a bridge 橋の耐久力.
**3** (色・光・音・味などの)強さ; (お茶などの)濃さ, 濃度; (薬などの)効力.
**4** (人の)強み, 長所, ささえ, よりどころ‖
the strength of one's argument 議論のよりどころ.
**5** [しばしば a ~] 兵力; 兵員; (一般に)人数, 定員; 優越, 多数‖
the normal strength of the regiment 連隊の通常の人数.
Strength of numbers favors our side. 大多数は我々の味方だ.

***in full* [*gréat*] *stréngth*** 大勢で, 大挙して.
***on the stréngth of* A** …に基づいて, …を当てにして, …の援助を得て; A〈事〉という見込みで.

## *strength·en* /stréŋkθn ストレンクスン/ [→ strong]

——動 [三単現] ~s/-z/; [過去・過分] ~ed/-d/;
[現分] ~・ing

——他 …を強くする, 強化する, 増強する(↔ weaken)‖
Exercise strengthens muscles. 運動は筋力を鍛える.

——自 強くなる, 強固になる; 元気づく‖
The wind strengthened. 風が強まった.

**stren·u·ous** /strénjuəs/ ストレニュアス/ 形 **1** 非常に活発な, 精力的な, 熱心な;〈反対などが〉激しい ‖
a strenuous child 非常に活発な子供.
strenuous opposition 猛烈な反対.
**2** 非常な努力を要する, 奮闘的な ‖
make strenuous efforts 奮闘する.
**strén·u·ous·ly** 副 精力的に, 活発に, 激しく.

\***stress** /strés/ ストレス/《distress の di- が消失したもので「重圧」「ひずみ」が本義》
——名 (複 ~·es/-iz/) **1** Ⓤ Ⓒ 圧迫, 圧力, 重圧 ‖
steal food under the stress of hunger 空腹に迫られて食べ物を盗む.
**2** Ⓤ Ⓒ (精神的・感情的な) 緊張, ストレス ‖
a disease related to stress ストレスに関連した病気.
**3** Ⓤ (正式) [しばしば a ~] 強調, 力説, 重点 ‖
a school that lays [puts] (a) stress on foreign languages 外国語に重点をおく学校.
**4** Ⓒ Ⓤ [音声] 強勢, 語勢, ストレス, アクセント ‖
In 'bamboo' the stress falls on the second syllable. 'bamboo' という語では強勢は第2音節にある.
——動 (三単現 ~·es/-iz/; 過去・過分 ~ed/-t/; 現分 ~·ing)
——他 **1 a** …を強調する; [stress (that) 節] …だと力説する;「…」と強調して言う ‖
The speaker stressed the need for better education. 講師は教育改善の必要性を強調した.
She stressed that it was out of the question. それは問題外だと彼女は強調した.
**b** 〈心身に〉重圧を与える, 長くする(=feel stress).
**2** …に強勢をつける, …を強く発音する.
**stréss màrk** [音声] 強勢符号, アクセント符号 《ˊ, ˋ》.

**stress·ful** /strésfl/ ストレスフル/ 形 ストレスの多い, 緊張を要する.

**stress·or** /strésər/ ストレサ/ 名 Ⓒ 有害因子, ストレス《これが日本語に当たることも多い》.

**stretch** /strétʃ/ ストレチ/ 動 (三単現 ~·es/-iz/) 他
**1** …をいっぱいに伸ばす, 広げる; [~ oneself] (背)伸びをする ‖
He stretched himself out on the sofa and was soon asleep. ソファーに大の字になって彼はほどなく眠り込んだ.
**2** 〈手など〉を差し出す, 前に出す ‖
stretch one's hand out to shake hands 握手するために手を差し出す.
**3** 〈ロープなど〉を張る, 渡す ‖
stretch a clothesline from a tree to the pole 木から柱まで物干し綱を渡す.
**4** (無理に)〈靴など〉を広げる, 長くする, 引っ張る ‖
stretch shoes until they fit 足が入るまで無理に靴を引っ張る.
**5 a** 〈筋肉など〉を張りつめる;〈弦など〉をぴんと張る ‖
stretch a string until it snaps 弦を切れるまでぴんと張る.
**b** [be ~ed / ~ oneself]〈人が〉力を出しきっている[出しきる].
**6** …を拡大解釈する; …を曲解する, 曲げる, こじつける ‖
stretch the regulation to suit one's convenience 便宜にかなうように法律を拡大解釈する.
——自 **1** 身体[手足]を伸ばす, 長々と横になる ‖
対話 "What a nice day!" "Yes. I think I'll stretch out on the grass and do some sunbathing." 「なんてすばらしい日なんだろう」「ええ. 私は芝生の上に寝ころがって日光浴でもするわ」.
**2** 〈ゴムなどが〉伸びる, 伸縮する《◆進行形にしない》 ‖
Rubber stretches easily. ゴムはすぐ伸びる.
**3** 〈土地・時間などが〉広がる, 伸びている, 及ぶ ‖
The experiment stretched over a period of two years. その実験は2年間にも及んだ.
**4** 手を伸ばす ‖
stretch out for the book 本を取ろうと手を伸ばす.
——名 (複 ~·es/-iz/) **1** Ⓒ [通例 a ~] 広がり, 伸び; 範囲 ‖
We flew over a stretch of desert. 一面に広がる砂漠の上空を飛行した.
a wide stretch of road 長く伸びた道路.
**2** Ⓒ [通例 a ~] ひと続きの時間, 一気, ひと息 ‖
work for a stretch of six hours 6時間ずっと働く.
**3** Ⓒ 伸ばすこと, 伸びること; 拡張; 背伸び, (略式) (疲れをとるための) 散歩; Ⓤ 伸縮性, 伸張力.
**4** Ⓒ (米) [競馬] [通例 a ~ / the ~] (最後の) 直線コース, ホームストレッチ.
**at a strétch** 一気に, 一息に, 連続して.
**at fúll strétch** 全力で.

**stretch·er** /strétʃər/ ストレチャ/ 名 Ⓒ 担架(タン) ‖
on a stretcher 担架で.

**strew** /strúː/ ストルー/ 動 (過去 ~ed, 過分 strewn/strúːn/ または ~ed) 他 (文) **1** …をばらまく, まき散らす, 敷きつめる; …にまき散らす ‖
She strewed seeds on the field. =She strewed the field with seeds. 彼女は畑に種をまいた.
**2** …の上に散らばっている.

\***strick·en** /stríkn/ ストリクン/ 動 (古・文) → strike.
——形 《主に文》[しばしば複合語で] **1** (病気に)かかった ‖
stricken with fever 熱病にかかった.
cancer-stricken がんにかかった.
**2** (悲しみ・不幸などに)打ちひしがれた, 襲われた ‖
a city stricken by the big fire 大火災で打撃を受けた都市.
grief-stricken 悲しみに打ちひしがれた.

**strict** /stríkt/ ストリクト/ 形 **1** 厳しい, 厳格な ‖
The professor was strict with her students but fair. その教授は学生に厳しいが公平だった.
be strict on discipline 規律に厳しい.
**2** 厳密な, 精密な, 正確な ‖

a **strict** interpretation of the rules 規則の厳密な解釈.
in the **strict** sense of the word その語の厳密な意味では.
the **strict** truth 厳正な事実.
**3** 完全な; 全くの; 絶対の, 絶対的な ‖
in **strict** confidence 極秘で.

**strict・ly** /stríktli ストリクトリ/ 副 **1** 厳しく, 厳格に ‖
Photography is **strictly** forbidden here. ここでは写真撮影は厳禁です.
**2** 厳密に, 精密に, 正確に; 完全に, 全く, 絶対に; [文全体を修飾]＝STRICTLY speaking.
**strictly spéaking** [文全体を修飾] (1) 厳密に言えば ‖ Spiders are not, **strictly speaking**, insects. クモは厳密には昆虫ではない. (2) 規則によれば ‖ **Strictly speaking**, you cannot come in if you are not a member. 規則では, 会員でない人は入場できません.

**stride** /stráid ストライド/ 動 (過去) strode /stróud/, (過分) strid・den /strídn/; (現分) strid・ing) 《◆現在形・過去分詞形の使用はまれ》 自 **1** 大またで歩く ‖
**stride off [away]** 大またで歩き去る.
He **strode** right into my office. 彼は大またで私の事務所に入ってきた.
**2** またぎ越す, またぐ 《◆場所を表す副詞(句)を伴う》 ‖
He **strode** over the creek. 彼は小川をひょいとまたいだ.
――名 C **1** 大また, ひとまたぎ ‖
walk with vigorous **strides** 元気よく大またで歩く.
**in a stride** ひとまたぎで.
**2** 大またで歩くこと, 闊歩(ぽ). **3** [通例 a ～] (馬などの)ひと歩き, ひと駆け; 歩幅.
**máke gréat [rápid] strídes in** A …において長足の進歩をする, 急速に進行する.
**táke** A **in** (*one's*) **stríde** …を難なく処理する; …を難なく切り抜ける.

**stri・dent** /stráidnt ストライデント/ 形 《正式》かん高い, 金切り声の, 〈音などが〉耳ざわりな, キーキーいう.

*****strife** /stráif ストライフ/ 名 U C 《正式》 **1** 争い, 闘争, 紛争 (conflict) ‖
family **strife** 家族紛争.
**2** けんか, 口論, 反目.

*****strike** /stráik ストライク/ [[「(道具などで)打撃を与える」が本義]] 派 striking (形)

→ 動 他 **1** 打つ　**3** 突き当たる　**4** 襲う　**7a** 心に浮かぶ　**b** 感じを与える　**8** 行き当たる
自 **1** 打つ　**2** 襲う　**3** ぶつかる

――動 (三単現) ~s/-s/; (過去) struck/strʌk/; (過分) struck または 《古・文》 strick・en /strɪkn/; (現分) strik・ing)
――他 **1a** …を打つ, たたく, なぐる 《◆この意味では hit, smack, punch などの方が多い》; …を攻撃する ‖

**strike** a ball ボールを打つ.
I **struck** the nail with my hammer. ハンマーでくぎを打った.
She **struck** me on the chin. ＝She **struck** my chin. 彼女は私のあごをなぐった.
Bombers **struck** the city at dawn. 爆撃機が夜明けに町を襲撃した.
**b** [strike A B] (A〈人〉に) B〈打撃〉をくらわす ‖
He **struck** me a hard blow (in the face). 彼は私(の顔)にガンと一撃をくらわせた.

Q&A ***Q***: strike と hit はどう違いますか.
***A***: 「打つ」意味では hit の方がふつうで, 「ねらいを定めて打つ」という意味を持っています. strike は hit より堅い語で, 「不意に一撃を加える」というニュアンスがあります.

**2a** 〈刃物など〉を突き刺す ‖
**strike** a dagger **into** her heart 彼女の心臓に短剣を突き刺す.
The harsh wind **struck** a chill **into** my bones. 寒風が骨身にしみた.
**b** 《正式》〈恐怖・驚き〉を起こさせる 《◆通例次の句で》 ‖
The scream **struck** terror **into** my heart. その悲鳴を聞いて私はぞっとした.
**3a** …に突き当たる, ぶつかる; 〈目・耳など〉に達する ‖
The ship **struck** a reef. 船は暗礁に乗り上げた.
That building was **struck** by lightning. その建物に雷が落ちた.
A curious sound **struck** my ear. 奇妙な音が聞こえた.
**b** 〈からだの一部〉を打ち当てる, ぶつける 《◆副詞(句)を伴う》 ‖
I **struck** my foot **on** a stone. 足を石にぶつけた.
She **struck** her head **against** the shelf. 彼女は頭を棚にぶつけた.
**4a** 〈あらし・病気・恐怖などが〉(突然)…を襲う 《◆この意味で〈米〉では過去分詞として stricken を用いることがある》 ‖
The plague **struck** Europe. ペストが突然ヨーロッパを襲った.
We were **struck** with wonder. 我々は驚きで打ちのめされた.
They were all **struck** (down) by illness. 《正式》彼らはみな病に倒れた.
**b** [strike A C] A〈人〉を襲って C (の状態)にする 《◆ふつう受身で用いる. C は状態を表す形容詞》 ‖
He was **struck** silent. 彼は急に黙り込んだ.
The news **struck** me speechless. そのニュースを聞いて言葉が出なかった.
**5** 〈時〉を打って知らせる; 〈鍵(½)〉を打ち鳴らす, 〈音調〉を鳴り出させる ‖
**strike** a note on the piano ピアノの鍵を打つ.
The clock [It] has **struck** ten. 時計が10時を打った.

**6** 〈マッチ〉をする;〈火〉をつける, 起こす ‖
strike [light] a match マッチをつける《◆「タバコに火をつける」は light [*strike] a cigarette》.
strike sparks from a flint 火打石で火花を出す.
**7 a** …の心に浮かぶ ‖
An idea suddenly **struck** her. ある考えが突然彼女に浮かんだ.
**b** …に印象を与える, …の心を打つ; [strike **A** as **C**] **A**〈人〉に **C**(である)という感じを与える《◆**C** は形容詞・名詞・現在分詞. ふつう好ましい印象について用いる》‖
I was **struck** by [with] her beauty. 彼女の美しさに打たれた.
She **strikes** me as (being) very intelligent. 彼女は私には非常に聡明な女性だという感じがする.
The plan **strikes** me as being possible. その計画は可能なように思える.
**8**（正式）…に行き当たる;〈金鉱など〉を掘り当てる;…を偶然見つける;〈困難など〉に遭遇する ‖
At last we **struck** the main path. ついに大きな通りに出た.
They drilled and **struck** oil. 彼らはボーリングをし石油を掘り当てた.
**9**（正式）〈旗・帆など〉を降ろす;〈テント〉をたたむ, 取りはずす.
**10**（米）…に対してストライキを行なう.
── 自 **1** 打つ, なぐる, 攻撃する ‖
strike at the dog with a stick 棒を持って犬に打ちかかる.
Strike while the iron is hot. (ことわざ) → iron 名 **1** 用例.
**2**（正式）襲う ‖
The storm **struck** at dawn. あらしが夜明けに襲った.
**3** ぶつかる, 突き当たる, 衝突する ‖
The car **struck** against the wall. 車は塀に衝突した.
**4**（正式）突き通る, しみ込む ‖
The light **struck** through the darkness. 光がやみを突き破った.
This **strikes** to the heart of the problem. これは問題の核心を突いている.
**5**（正式）(ある方向へ)向かう, 行く, 進む ‖
strike northward 北の方へ行く.
We **struck** across the fields to the river. 畑を横切って川へ行った.
**6**〈マッチなど〉が点火する, つく.
**7**〈時計・鐘〉が打つ, 鳴る ‖
One o'clock **struck**. 1時が鳴った.
**8** ストライキを行なう ‖
strike for higher pay 賃上げ要求のストライキをする.
strike against bad working conditions 悪い労働条件に反対してストを行なう.
*strike at* **A** → 自①;…を非難する, 攻撃する.
*strike dówn*（正式）[他] (1) …を打ち倒し, なぐり倒す ‖ He was **struck** down by a bus. 彼はバスに接触して地面にたたきつけられた. (2) 倒れる, 死ぬ (→ 他 **4 a**).
*strike hóme*（正式）命中する;所期の効果をあげる, 急所を突く;よくわかる;強い印象[感銘]を与える.
*strike óff* (1) [他] …を切り落とす, 取り除く. (2) [〜 **A** off **B**]〈名前など〉を(**B**〈リストなど〉から)削除する.
°*strike on* [*upon*] **A** (1) …を思いつく;…を偶然見つける《◆ 受身にできる》‖ I **struck** upon a good idea. 名案が浮かんだ (=I hit on a good idea. / A good idea occurred to me.). (2) …に突き当たる.
*strike óut* (1) [自] 激しく打つ. (2) [自] (勢いよく) 行く, 泳ぐ ‖ strike out bravely **for** the shore 岸に向かって勇敢に泳ぐ. (3) [〜 *out on one's own*] 自立する, 自営する. (4) (主に米) [自] 失敗する. (5) [自]〔野球〕三振する. (6)（正式）[他]〈名前・語など〉を削除[抹消]する ‖ strike out her last remark 彼女の最後の言葉を削除する. (7) [他]〔野球〕〈打者〉を三振させる.
*strike úp* (1) [自] 演奏を始める;〈演奏・歌〉が始まる. (2) [他]〈曲・歌〉を演奏し始める;〈楽団など〉に演奏[歌]を始めさせる;〈会話・交際〉を始める.
── 名（複 〜s/-s/）**1** Ⓤ Ⓒ 打つこと, 打撃, 殴打;攻撃 ‖
make a **strike** at the thief 泥棒にとびかかる.
a bombing **strike** 爆撃.
**2** Ⓒ Ⓤ ストライキ ‖
go [come] out on **strike** ストライキをする.
be out on **strike** スト中である.
call a general **strike** ゼネストを指令する.
[対話] "I'm afraid the management isn't compromising." "Looks like we'll have to go on **strike**."「残念ながら経営者は妥協しそうもないわ」「ストライキに入らなければならない様子だな」.
**3** Ⓒ〔野球〕ストライク(→ ball 名 **4 b**);〔ボウリング〕ストライク;その得点.
**4** Ⓒ (油田などの)発見, 掘り当て;（略式）(事業などの)大当たり, 大成功 ‖
an oil **strike** 石油の発見.
**strik·er** /stráikɚ ストライカ/ 名 **1** ストライキをする人. **2**〔サッカー〕ストライカー《チームで最も得点力のある選手》.
**strik·ing** /stráikiŋ ストライキング/ 動 → strike.
形 **1** 著しい, 目立つ, きわ立った ‖
a striking resemblance 著しく似ていること.
**2** 打つ;〈時計が〉時刻を打つ. **3** スト中の.
**strik·ing·ly** /stráikiŋli ストライキングリ/ 副 著しく, きわ立って.
**strike-out** /stráikàut ストライカウト/ 名 Ⓒ〔野球〕三振.

*  **string** /stríŋ ストリング/ 【「固く結ぶ(物)」が原義】
── 名（複 〜s/-z/）**1** Ⓤ Ⓒ ひも, 糸 (→ rope) ‖
a ball of string 糸の玉.
a piece of string 1本の糸.
**2** Ⓒ (物を結ぶ)結びひも ‖
apron strings エプロンのひも.

**3** ⓒ (弦楽器の)弦；[the ~s] 弦楽器；(オーケストラの)弦楽器奏者 ‖

*Aria on G string*「G線上のアリア」．

**4** ⓒ ひもに通したもの、じゅずつなぎにしたもの；一連、ひと続き ‖

a string of beads 一連のビーズ．

**5** ⓒ (人などの)ひと続き、一列、一隊 ‖

a string of trucks トラックの列．

**6** ⓒ (うそ・質問などの)連発、連続 ‖

a string of questions 質問の連発．

**7** ⓒ (弓の)つる．

*púll* (*the*) *stríngs* (略式) ひそかに[陰で]人をあやつる、糸を引く、黒幕となる．

── 動 (過去・過分) strung/stráŋ/)

── 他 **1** …を糸[ひも]に通す、じゅずつなぎにする ‖

string beads for a necklace ネックレスにするためにビーズを糸に通す．

**2** 〈弓・バイオリン・ラケットなど〉に弦を張る；〈ギターなど〉の弦の調子を合わせる ‖

string a racket ラケットの弦を張る．

**3** …を糸[ひも]で結ぶ、糸[ひも]でつるす ‖

He strung up colored lights on the Christmas tree. 彼は色電球をクリスマスツリーにひもでつるした．

**4** 〈電線など〉を張る、張り渡す ‖

string a clothesline across a yard 中庭に物干し綱を張る．

**5** …を一列に並べる、ひと続きに配列する；[be strung] 〈車などが〉連なっている ‖

string words together 語句を配列する．

Trucks were strung for miles on the highway. トラックがじゅずつなぎに何マイルも幹線道路に連なっていた．

**6** (略式) [通例 be strung / ~ oneself] 緊張する、興奮する ‖

She's strung up about her exam. 試験のことで彼女は興奮している．

*stríng alóng* (略式) [他] …をだます、かつぐ．

*stríng óut* [他] …を一列に並べる．

**stríng bèan** (米) サヤインゲン、サヤエンドウ((英) runner bean)．

**stríng órchestra** 弦楽合奏団、ストリング=オーケストラ．

**stríng quartét** 弦楽四重奏団[曲]．

**stríng tie** ひもネクタイ(◆ふつうちょう結びにする)．

**strin·gent** /stríndʒənt/ ストリンヂェント/ 形 **1**〈正式〉〈規則などが〉厳しい、厳格な．**2**〈経済〉〈金融市場などが〉切迫した、金詰まりの．

**string·y** /stríŋi/ ストリンギ/ 形 (比較) -i·er, (最上) -i·est) **1** 糸[ひも]の(ような)．

**2** 繊維質の、すじの多い ‖

stringy meat すじだらけの肉．

**strip¹** /stríp/ ストリプ/ 動 (過去・過分) stripped/-t/; (現分) strip·ping) 他 **1a** …を裸にする ‖

strip oneself 裸になる．

strip the banana バナナの皮をむく．

a stripped tree 丸裸にされた木．

**b** [strip **A** **C**] 〈人・物〉を **C** の状態にする(◆♦ **C** は naked, bare など)‖

The pirates stripped him naked. 海賊たちが彼を丸裸にした．

**2** [strip **A** of **B** / strip **B** from [off] **A**]〈人・物〉から **B**〈物〉をはぎ取る、取り除く ‖

strip the paint from [off] the wall 壁のペンキをはがす．

She stripped the tree of its bark. =She stripped the bark off [from] the tree. 彼女は木の皮をはいだ．

**3**〈正式〉[strip **A** of **B**] **A**〈場所〉から **B**〈物〉を取り去る；**A**〈人〉から **B**〈財産・権利など〉を奪う ‖

The king was stripped of his power. 王は権力を剥奪された．

── 自 衣服を脱ぐ、裸になる ‖

strip to the waist 上半身裸になる．

*strip dówn* [他]〈ペンキ・壁紙など〉をはぎ取る；〈機械など〉の部品を取りはずす、…を分解する．

**strip²** /stríp/ ストリプ/ 名 ⓒ **1** (土地・布・板などの)細長い一片、切れ ‖

a strip of land 細長い土地．

a strip of paper 細長い紙片．

in strips 細かく切れ切れになって．

**2** 滑走路．**3** (英) (新聞などの)数コマの漫画(strip cartoon)．**4**〈英式〉(サッカー選手の)ユニフォーム．

**stríp cartóon** =strip² **3**．

**stripe** /stráip/ ストライプ/ 名 ⓒ **1** 筋、しま、ストライプ ‖

a suit with a narrow black stripe 細い黒じまの背広．

the Stars and Stripes 星条旗．

**2** 〔軍事〕[~s] (階級などを示す)記章、そで章．

── 動 (現分) strip·ing) 他 …にしまをつける、…をしまで飾る．

**striped** /stráipt/ ストライプト/ 動 → stripe．

── 形 筋のある、しま模様の．

**strip·per** /strípər/ ストリパ/ 名 ⓒ **1** はぐ人、むく人．**2** 皮むき器．**3** (略式) ストリッパー．

**strive** /stráiv/ ストライヴ/ 動 (過去) strove/stróuv/, (過分) striv·en/strívn/; (現分) striv·ing)

── 自 **1**〈正式〉努力する、骨折る、励む ‖

strive to improve working conditions 労働条件を改善しようと努力する．

strive for accuracy in one's work 仕事の正確さを目指して励む．

**2** (古) 戦う(fight), 抗争する；(正式) 奮闘する ‖

strive with [against] great difficulties 大きな困難と戦う．

strive against temptation 誘惑と戦う．

**striv·en** /strívn/ ストリヴン/ 動 → strive．

**strode** /stróud/ ストロウド/ 動 → stride．

**stroke¹** /stróuk/ ストロウク/ 名 ⓒ **1** 一撃、ひと打ち、打つこと、打撃 ‖

with one stroke of the axe おのの一撃で．

a stroke of the whip むちのひと打ち．

**2** (くり返される動作の)1回の動作；(水泳・オールなどの)ひとかき；(ゴルフなどの)ひと打ち ‖

row with a powerful stroke of the oars オ

ールの強いひとかきでボートをこぐ.
He cannot swim a **stroke**. 彼はひとかきも泳げない, まったく金づちだ.
**3** [a ~] (運などの) 訪れ, 巡り合わせ; 発生 ∥
a **stroke** of luck 思いがけない幸運.
**4** (心臓などの) 鼓動, 脈拍.
**5** ひと筆, 筆の運び, 筆法;(文学作品の) 筆致 ∥
This picture is painted with vigorous **strokes**. この絵は力強い筆の運びで描いてある.
**6** [a ~] ひと働き[仕事]; 努力, 奮闘 ∥
a **stroke** for freedom 自由を求める努力.
**7** [通例 a ~] 手腕, 手ぎわ; 手柄, 業績; 成功 ∥
a **stroke** of genius 天才的手腕.
**8** (卒中・日射病などの) 発作.
**9** (時計・鐘などを) 打つこと[音]; 打つ時間 ∥
on the **stroke** of three ちょうど3時に.
*at a stróke* 一撃で; 一挙に, たちまち.

**stroke**[2] /stróuk ストロウク/ 動 (現分) strok・ing)
他 **1** …をなでる, さする ∥
The kitten loves being **stroked**. 子猫はなでられるのが好きだ.
**2** …をなだめる(+*down*).
—— 名 ひとなで, なでること.

**stroll** /stróul ストロウル/ 動 自 **1** 〈人が〉ぶらつく, 散歩する ∥
He **strolled** in the park. 彼は公園を散歩した.
**2** 放浪する, さまよう; 巡業する.
—— 他 …をぶらつく, 散歩する ∥
**stroll** the streets 街をぶらつく.
—— 名 C [通例 a ~] ぶらぶら歩き, 散歩 ∥
go for a **stroll** 散歩に出かける.

**stroll・er** /stróulər ストロウラ/ 名 C **1** ぶらぶら歩く人. **2** 放浪者; 旅役者, 巡業者. **3** (米) (折りたたみ式の)ベビーカー((英) push-chair).

**:strong** /strɔ́(ː)ŋ ストロ(ー)ング/ [「厳しい」が原義. cf. stringent] 派 strength (名), strengthen (動), strongly (副)
—— 形 (比較) ~・er/strɔ́(ː)ŋɡər/, (最上) ~・est /strɔ́(ː)ŋɡist/) ◆ 比較変化の発音注意(/ɡ/の音が入る)》**1** 力が強い; 丈夫な, 健康な, 強健な, 強壮な; 筋骨のたくましい(↔ weak) 類 powerful); [遠回しに] 太った ∥
**strong** arms 強い腕[肩](→ shoulder Q&A).
a **strong** body たくましいからだ.
He is not **strong** enough to undergo an operation. 彼は手術が受けられるほど体が強くはない.

Q&A **Q**: 「この車はエンジンが強い」というつもりで a strong engine と言ったら誤りと言われましたが.
**A**: 「エンジンが強い」という場合はその作りが「頑丈」という意味なら a strong engine でよいのですが,「強力な」という意味なら, a powerful engine と言わないといけません.

**2** 丈夫な, 頑丈な, もちがよい; しっかりした; 強力な ∥
**strong** furniture 丈夫な家具.
a **strong** bench 強固なベンチ.
**strong** glue 強力な接着剤.
She took a **strong** hold on the rope. 彼女はロープをしっかりと握った.
**3** 〈意志・信念などが〉強い, 強固な; 熱心な, 熱烈な ∥
**strong** [×powerful] beliefs 強い信念.
a **strong** will 強固な意志.
**strong** determination 固い決意.
a **strong** socialist 熱烈な社会主義者.
He has a **strong** desire to meet you. 彼はあなたに会いたいという強い願望を持っている.
**4** (ある点・分野に)強い, 有能な; 得意である ∥
one's **strong** point (人の)得意な点; 長所.
She is **strong** in French. 彼女はフランス語が得意である.
**5 a** 〈手段などが〉強い, 強硬な; 〈作品などが〉力強い; 〈言葉が〉激しい ∥
**strong** measures 強硬な手段.
**b** 〈事が〉(強くて)受け入れられない(unacceptable).
**6** 〈議論・論拠などが〉説得力のある, 納得させる; 〈劇・場面などが〉感動的な ∥
a **strong** argument 説得力のある議論; 強力な論拠.
**7** 〈風・打撃などが〉強い, 激しい; 〈光・色・香りなどが〉強烈な; 〈においが〉鼻をつくような, 悪臭を放つ; 〈声がしっかりとして高い ∥
a **strong** [×powerful] wind 強い風.
a **strong** smell 強烈なにおい.
a **strong** heartbeat しっかりした心臓の鼓動.
**strong** cheese つんと鼻をつくようなにおいのするチーズ.
the **strong** light of the sun 太陽の強烈な光.
**8** 〈お茶・コーヒーなどが〉濃い; 〈飲料がアルコールを含んだ, (特に)強いアルコール性の(↔ weak); 〈薬が〉強い成分の, よく効く ∥
**strong** [×thick] tea 濃い紅茶.
a **strong** remedy よく効く薬.
**9** 勢力[権力, 資力]のある, 有力な; 多数の, 優勢な; [数詞のあとで] 総勢…人の ∥
a **strong** army 優秀な軍隊.
a **strong** candidate 有力な候補者.
a **strong** ruler 強大な支配者.
a force 5,000 **strong** =a 5,000-**strong** force 総勢5千人の軍隊.
—— 副 強く, 強力に, 強烈に; 激しく, 勢いよく.
*be (still) góing stróng* (略式) (老いてなお) 元気[達者]である; 〈機械などが〉(古くなってなお) 機能している, 動いている.

**stróng bréeze** [気象] 大風 《秒速10.8-13.8 m. → wind scale》.

**stróng gále** [気象] 大強風 《秒速20.8-24.4 m. → wind scale》.

**stróng pòint** 長所, 利点; 得意.

**strong・hold** /strɔ́(ː)ŋhòuld ストロ(ー)ングホウルド/ 名 C **1** (やや古) とりで, 要塞(ようさい)(fort). **2** (活動など

の)本拠地, 拠点.

**strong・ly** /strɔ́(ː)ŋli ストロ(ー)ングリ/ 副 **1** 強く; 強硬に ‖
a strongly-worded reply 強い調子の返事.
I strongly advise you to do so. そうするように強く忠告します.
**2** 強固に, 頑丈に.

**strong-mind・ed** /strɔ́(ː)ŋmáindid ストロ(ー)ングマインディド/ 形 断固とした, 決然とした.

**strove** /stróuv ストロウヴ/ 動 → strive.

\***struck** /strʌ́k ストラク/ 動 → strike.
—— 形 ストで閉鎖中の; ストの影響をこうむった.

**struc・tur・al** /strʌ́ktʃərəl ストラクチャラル/ 形 〖正式〗構造の, 構成の; 構造上の ‖
structural defects 構造上の欠陥.

\***struc・ture** /strʌ́ktʃər ストラクチャ/ 〖組み立てる(struct)こと(ure). cf. con*struct*〗
派 structural (形)

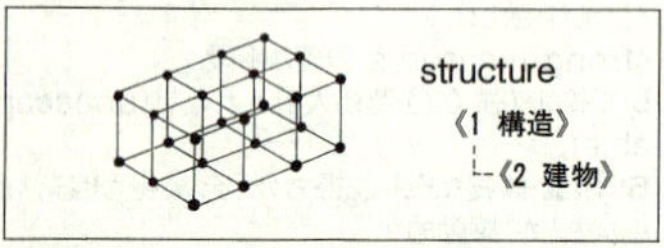

structure
〈1 構造〉
〈2 建物〉

—— 名 (複 ~s/-z/) **1** ⓒⓊ **構造**, 構成; 組織, 機構, 組み立て ‖
cell structure 細胞組織.
family structure 家族構成.
the structure of the atom 原子の構造.
**2** ⓒ 建物, 建造物.
—— 動 (-tur・ing) 他 …を組み立てる.

\***strug・gle** /strʌ́gl ストラグル/ (類音) straggle /strǽgl/) 〖「争う」が原義〗

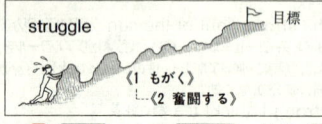

struggle 目標
〈1 もがく〉
〈2 奮闘する〉

—— 動 (三単現 ~s/-z/; 過去・過分 ~d/-d/; 現分 strug・gling)
—— 自 **1** もがく, あがく, じたばたする ‖
A bird struggled to get free from the snare. 小鳥がわなからのがれようともがいた.
**2** 闘う, 取り組む; **奮闘する**, 努力する ‖
struggle with illness 病気と闘う.
struggle for independence 独立のために戦う.
struggle to preserve freedom 自由を守るために闘う.
対話 "Congratulations on getting into the university!" "I had to struggle like crazy to make it." 「大学入学おめでとう」「合格するために狂ったように努力しなきゃならなかったんだよ」.
**3** 苦労して進む.
—— 名 (複 ~s/-z/) ⓒ **1** もがき, あがき.
**2** 〖通例 a ~〗 **苦闘**, 努力 ‖
have a struggle to keep up with the times 時勢に遅れないでついていくのに苦労する.

**3** 戦い; もみ合い; 争い ‖
a struggle for existence [life] 生存競争.

**strug・gling** /strʌ́gliŋ ストラグリング/ 動 → struggle.

**strum** /strʌ́m ストラム/ 動 (過去・過分 strummed /-d/; 現分 strum・ming) 他 〖楽器・曲〗をいい加減に弾く. —— 自 いい加減に弾く.

**strung** /strʌ́ŋ ストラング/ 動 → string.

**strut** /strʌ́t ストラト/ 動 (過去・過分 strut・ted/-id/; 現分 strut・ting) 自 〖クジャクなどが〗尾を立てて誇らしげに歩く; 〖人が〗気取って歩く. —— 名 〖a ~〗気取って歩くこと; その歩き方.

**Stu・art** /st(j)úːərt ストゥーアト (ステューアト)/ 名 **1** スチュアート王家 〖スコットランド(1371-1603)とイングランド・スコットランド(1603-1714)を統治した. James I, Charles I & II, James II, Mary, Anne など〗. **3** ⓒ スチュアート家の一員.

**stub** /stʌ́b スタブ/ (類音 stab/stǽb/) 名 ⓒ **1** (鉛筆・ろうそくなどの)使い残り, (タバコの)吸いがら. **2** (小切手帳・受取帳などの)控え, (切符・入場券などの)半券. **3** (木の)切り株, (倒木・歯などの)根, 切り[折れ]残り.
—— 動 (過去・過分 stubbed/-d/; 現分 stub・bing) 他 **1** 〖つま先など〗をぶつける. **2** 〖タバコ〗を押しつぶして火を消す.

**stub・ble** /stʌ́bl スタブル/ 名 Ⓤ **1** 〖しばしば ~s〗 **a** (麦・トウモロコシなどの)刈り株. **b** 〖集合名詞〗刈り株畑(stubble field). **2** 刈り株に似たもの; 無精ひげ.

**stúbble field** =stubble **1** b.

**stub・born** /stʌ́bərn スタバン/ 形 **1** がんこな, 強情な, 片意地な(obstinate) ‖
a stubborn child がんこな子供.
**2** 〖行動などが〗頑強な, 断固とした; 〖信念などが〗不屈の ‖
a stubborn resistance 頑強な抵抗.
a stubborn refusal 断固たる拒絶.
**3** 扱いにくい; 処理しにくい, 手に負えない; 〖病気などが〗治りにくい ‖
a stubborn cough なかなかとまらないせき.

**stub・born・ly** /stʌ́bərnli スタバンリ/ 副 がんこに; 頑強に, 断固として.

**stub・born・ness** /stʌ́bərnnəs スタバンネス/ 名 Ⓤ がんこさ, 強情, 不屈.

**stuck** /stʌ́k スタク/ 動 → stick².

**stuck-up** /stʌ́kʌ́p スタカプ/ 形 〖略式〗高慢な; うぬぼれた; 傲慢(ﾞ)な, 横柄な.

**stud** /stʌ́d スタド/ 名 ⓒ **1** びょう, 飾りびょう, 飾りくぎ. **2** 飾りボタン, カフス[カラー]ボタン.
—— 動 (過去・過分 stud・ded/-id/; 現分 stud・ding) 他 **1** …に飾りボタンをつける, 飾りびょうを打つ. **2** 〖文〗〖通例 be ~ded〗ちりばめられている ‖
a crown (which is) studded with diamonds ダイヤモンドをちりばめた王冠.
**3** 〖通例 be ~ded〗点在[散在]する ‖
a sea (which is) studded with sails of yachts ヨットの帆が点在する海.

# student

**stu·dent** /stjúːdnt/ ストゥーデント《ステューデント》/〖『努力する(study)人(ent)』cf. *president*〗

— 名 (複 ~s/-dnts/) ⓒ **1** 学生《◆《米》では中学以上の生徒・学生、今は時に小学生・中学生もさすこともある.《英》では大学生をさしたが、今ではそれ以下の生徒にも用いられるようになってきた. cf. *pupil*¹》‖
Next April she will be a university **student**. 来年の4月に彼女は大学生になる.
a medical **student** 医学生.
a **student** at [ˣin, ˣof] Oxford University = an Oxford University **student** オックスフォード大学の学生(→ study ①) **Q&A**.
**2**《正式》研究者, 学者, 研究家 ‖
a **student** of English = an English stùdent 英語学者, 英語の研究者.

**stúdent cóuncil** 学生自治委員会.
**stúdent**《英》**stúdents'**) **únion** (1) 学生自治会. (2) 学生会館.
**stúdent téacher** 教育実習生, 教生.

**stud·ied** /stʌ́did/ スタディド/ 動 → study.
**stud·ies** /stʌ́diz/ スタディズ/ 名 → study.
— 動 → study.

**stu·di·o** /stjúːdiòu/ ストゥーディオウ《ステューディオウ》/ 名 (複 ~s/-z/) ⓒ **1**(画家・写真家などの)仕事場, アトリエ, 工房. **2**(テレビ・ラジオの)スタジオ, 放送室. **3**〔しばしば ~s〕映画撮影所〔室〕, 映画会社.

**stu·di·ous** /stjúːdiəs/ ストゥーディアス/-djəs/ ステューデァス/ 形《正式》**1** 勉強好きな, 学問に励む ‖
a **studious** pupil 勉強好きな生徒.
**2** 熱心な ‖
make a **studious** effort 一生懸命努力する.
**3** 慎重な, 入念な.

**stu·di·ous·ly** /stjúːdiəsli スタディアスリ/ stjúːdjəs- ステューデァスリ/ 副《正式》**1** 熱心に. **2** 慎重に, 注意して.

**stud·y** /stʌ́di/ スタディ/ 〖『努力する』が原義. cf. *student*〗

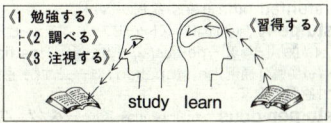

〈1 勉強する〉
〈2 調べる〉
〈3 注視する〉
〈習得する〉
study learn

— 名 (複 stud·ies/-z/) **1** Ⓤ 〔しばしば studies; 複数扱い〕**勉強**, 勉学, 学習 ‖
He spent two hours each day in **study**. 彼は毎日2時間を勉強に費やした.
**2** ⓒ 研究, 学問; 調査, 検討; 〔しばしば studies〕(従事している)研究, 学業 ‖
the **study** of literature 文学の研究.
a **study** of traffic problems 交通問題の調査.
make a **study of** ancient history 古代史を研究する.
*Studies in English Adverbial Usage*『英語副詞用法の研究』《◆書名》.

**3** ⓒ 研究対象[題目]; 研究論文, 論考; 〔通例 studies〕学科 ‖
cultural **studies** 教養学科.
His **study** was mass psychology. 彼の研究対象は群集心理であった.
**4** ⓒ [a ~] 研究に値するもの, 見もの ‖
The picture was a real **study**. その絵は本当に見ものだった.
**5** ⓒ 書斎, 勉強部屋, 研究室.
**6** ⓒ 〔美術〕習作, スケッチ; 〔音楽〕練習曲, エチュード.

— 動 (三単現 stud·ies/-z/; 過去・過分 stud·ied/-d/; 現分 ~·ing)
— 他 **1 a** …を**勉強する**, **研究する**, 習う《◆ learn は「覚える」「習得する」という結果的意味, study は「そのために努力して勉強する」の意》; …を注意深く読む ‖
**study** medicine 医学を勉強する.
She is **studying** to be a physician. 彼女は医者をめざして勉強している.
**b**〈俳優が〉〈せりふを〉覚えようとする, 練習する ‖
**study** a part for a play 劇のせりふを覚える.
**2** …を詳しく調べる, 調査する ‖
**study** the matter その問題をよく吟味する.
**study** the road map 道路地図を詳しく調べる.
**3**《正式》〈人・物〉を注意深く観察する, 注視する, じろじろ見る ‖
He **studied** my face before he answered. 彼は返事をする前に私の顔をじっと見た.
— 自 勉強する, 研究する; 調査する ‖
**study** for a test 試験勉強をする.
He is **studying** to be a doctor. 彼は医者になるために勉強している.
**study** under Dr. Johnson ジョンソン博士の指導のもとで勉強する.

> **Q&A** **Q** :「彼女は大阪大学で勉強しています」を訳すのに, She *studies* (  ) Osaka University. の(  )内の前置詞は at ですか in ですか.
> **A** : at です. in は使いません. a student *at* [ˣin, ˣof] Osaka University (大阪大学の学生)の場合と同じです.

**stúdy hàll**《米》自習室; 自習時間.

**stuff** /stʌf/ スタフ/〖類語〗staff/stæf/stɑːf/〖『物質(material)』が原義〗

— 名 Ⓤ **1** 材料, 原料, 資料《◆ material より口語的》‖
the **stuff** for a book 本を書く資料.
**2** 〔通例複合語で〕(漠然と)物, こと; 《略式》持ち物《◆ thing, matter より口語的的》; 食べ物, 飲み物《◆ food, drink の代用語》‖
kid's **stuff** いとも簡単なこと.
I can't drink such sweet **stuff**. こんな甘いものを飲めやしない.
She baked cakes and **stuff** like that. 彼女はケーキとかそういったものを焼いた.
**3**《略式》(物事の)要素; 《略式》素質, 才能; 専門

## stuffing

(分野) ‖
She has the **stuff** in her to be a great pianist. 彼女は偉大なピアニストになれる素質がある.
**4** (略式) [しばしば poor ~] くだらないもの, がらくた; ばかげたこと[考え, 話] 《◆ poor の代わりに weak, dreadful も可》.
**dó** one's **stúff** (略式) 本領を発揮する, 実力を示す.
——動 (三単現 ~s/-s/; 過去・過分 ~ed/-t/; 現分 ~·ing)
——他 **1** [stuff A with B / stuff B in [into] A] A〈入れ物〉に B〈物〉を詰める, 詰め込む 《◆ しばしば急いで乱雑に詰め込むことを暗示する》‖
**stuff** a pillow まくらに詰め物をする.
**stuff** one's head **with** facts 頭に事実を詰め込む.
She **stuffed** her old letters (down) **into** the box. =She **stuffed** the box **with** old letters. 彼女は古い手紙を箱に詰め込んだ.
**2** …をふさぐ ‖
**stuff** a hole **with** cotton 穴を綿でふさぐ.
My nose is **stuffed** up by a cold. 私はかぜで鼻が詰まっている.
**3** 〈食用の鳥〉に調味料を詰める.
**4** 〈鳥・獣などを剝(は)製にする (ために詰め物をする).
**5** (略式) 〈人〉に腹いっぱい食べさせる;〈食べ物〉を腹いっぱい食べさせる ‖
**stuff** oneself **with** cake ケーキを腹いっぱい食べる.
——自 (略式) たらふく食べる.

**stuff·ing** /stʌ́fiŋ スタフィング/ 動 → stuff.
——名 ⓤ 詰めること; (まくらなどの)詰め物; ⓤⓒ (料理用の鳥などの)詰め物.

**stuff·y** /stʌ́fi スタフィ/ 形 (比較 ~·i·er, 最上 ~·i·est) **1** 風通しの悪い;〈空気などが〉むっとする. **2** 〈鼻が〉詰まった. **3** おもしろくない, つまらない. **4** (略式) 堅苦しい, 古くさい; 思いあがった; 不機嫌な.

**stum·ble** /stʌ́mbl スタンブル/ 動 (現分 stum·bling) 自 **1** つまずく, つまずきながら歩く, よろよろ歩く ‖
**stumble along** (the road) よろよろ(道を)歩く.
対話 "What happened to your leg?" "I **stumbled over** [**on**] a fallen tree and hurt it." 「脚(&#12441;)をどうしたんだい」「倒れた木につまずいてけがしちゃったの」.
**2** とちる, まごつく, 間違える ‖
**stumble at** [**over**] a long word 長い単語でとちる.
**stumble through** a recitation とちりながら暗唱する.
**3** 偶然出くわす, 発見する ‖
**stumble across** [**upon**] a clue 偶然手がかりをつかむ.
**stumble into** him in the store 店でばったり彼に会う.
——名 ⓒ **1** つまずき, よろめき ‖
take a bad **stumble** ひどくつまずく.
**2** 失敗, へま(blunder); とちり ‖

a **stumble** in one's speech 演説中のとちり.
**3** 罪, 過失.
**stúmbling blóck** 妨げ, 障害(物); 難点.

**stump** /stʌ́mp スタンプ/ (直音 stamp/stǽmp/) 名 ⓒ **1** (木の)切り株; (略式) (折れた)歯の根, (切れた)手[足, 尾]の残り; (鉛筆などの)短い使い残り ‖
sit on a tree **stump** to rest 木の切り株に腰をおろして休む.
**2** (主に米) (政治演説をするための)演壇 《◆ 木の切り株を台に使ったことから》; 遊説.
——動 他 **1** (主に米) 〈地域〉を遊説して回る.
**2** (クリケット) 〈打者〉をアウトにする.
**3** (略式) 〈人〉を困らせる, 途方に暮れさせる ‖
be **stumped** for words 言葉に詰まる.
——自 **1** (主に米) 遊説する. **2** 重い足取りで歩く, どしんどしんと音をたてて歩く.
***stúmp úp*** (英略式) (1) [自] 金をしぶしぶ払う.
(2) [他] 〈金〉を(しぶしぶ)払う.

**stun** /stʌ́n スタン/ 動 (過去・過分 stunned/-d/; 現分 stun·ning) 他 **1** …を気絶させる, 失神させる.
**2** …を動転させる, 茫(ぼう)然とさせる ‖
be **stunned by** [**at**] the news of the king's death 王の死を知って気が動転する.
——名 ⓒⓤ 打撃, 衝撃.

**stung** /stʌ́ŋ スタング/ 動 → sting.

**stunk** /stʌ́ŋk スタンク/ 動 → stink.

**stun·ning** /stʌ́niŋ スタニング/ 動 → stun.
——形 (略式) 美しい, とても魅力的な.

**stunt**[1] /stʌ́nt スタント/ 動 他 〈成長など〉を妨げる; …の成育を妨げる.

**stunt**[2] /stʌ́nt スタント/ 名 ⓒ (略式) **1** スタント, 曲芸 (飛行); 離れわざ, 妙技. **2** [通例 a ~] 扇情的な行為; 危険な行為.
——動 自 他 (…で)曲芸(飛行)をする; 離れわざ[妙技]を見せる.
**stúnt flýing** 曲芸飛行.
**stúnt màn** [**pèrson**] [映画] スタントマン 《危険なシーンで代役を務める人. 女性は stunt woman》.

**stunt·ed** /stʌ́ntid スタンティド/ 動 → stunt.
——形 こちんまりして小さい, 成育不全の ‖
**stunted** pine trees 盆栽の松の木.

**stu·pe·fy** /st(j)úːpəfài ストゥーピファイ/ 動 (三単現 -·pe·fies/-z/; 過去・過分 -·pe·fied /-d/) 他 (通例 be stupefied) ぼーっとする, 意識[感覚]がにぶる.

**stu·pen·dous** /st(j)uːpéndəs ストゥ(ー)ペンダス/ 形 (正式) 並みはずれた; とてつもない.

*__stu·pid__ /st(j)úːpəd ストゥーピド/ 〖「驚いてぼんやりした」が原義〗
——形 (比較 ~·er, (時に) more 最上 ~·est, (時に) most ~) **1** ばかな, 愚かな(↔ clever); くだらない; [it is stupid **of** A **to** do / A is stupid **to** do] …するとは A〈人〉はばかげている ‖
make a **stupid** decision ばかげた決定をする.
It is **stupid of** [*for*] her **to** stay indoors typing on such a lovely day. =She is **stupid to** stay indoors typing on such a lovely day. こんな天気のよい日に部屋にこもってタ

イプを打つなんて彼女はどうかしてるよ.

Q&A **Q**: stupid と foolish は同じように「ばかな」ですがどう違うのですか?
**A**: stupid の方が foolish より語調と意味が強い点が違います.

**2** おもしろくない, 退屈な.
**3** (略式)いまいましい, むかつく ‖
This **stupid** door won't open. このくそいましいドアはどうしてもあかない.

**stu·pid·i·ty** /st(j)u:pídəti ストゥ(ー)ピディティ (ステュ(ー)ピディティ)/ 名 (複) **··ties**/-z/) U 愚かさ, 鈍重; C [通例 stupidities] 愚行, 愚かな考え[発言].

**stu·pid·ly** /st(j)ú:pədli ストゥーピドリ (ステューピドリ)/ 副 愚かに(も), ばかげたことに.

**stu·por** /st(j)ú:pər ストゥーパ (ステューパ)/ 名 C U (正式) 意識朦朧(もうろう), 人事不省(ふせい); 茫(ぼう)然自失.

**stur·di·ly** /stə́:rdili スターディリ/ 副 しっかりと; 断固として.

**stur·dy** /stə́:rdi スターディ/ (類音) study/stʌ́di/) 形 (比較) **··di·er**, (最上) **··di·est**) **1** たくましい, 屈強な, 元気な《◆ strong より堅い語》‖
He is small but **sturdy**. 彼は小柄だが頑強だ.
**2** 丈夫な(作りの), 頑丈な ‖
**sturdy** furniture しっかりした家具.
**3** 不屈の, 健全な ‖
**sturdy** courage 不屈の勇気.

**stúr·di·ness** 名 U たくましさ; 強健, 不屈.

**stut·ter** /stʌ́tər スタタ/ 動 自 他 (…を) (ふつう最初の子音で)つまる, どもる; (習慣的に)どもってしゃべる.
——名 C [通例 a ~] どもること, どもり(癖).

**stut·ter·er** /stʌ́tərər スタタラ/ 名 C どもる人.

**stut·ter·ing·ly** /stʌ́təriŋli スタタリングリ/ 副 どもりながら.

\***style** /stáil スタイル/ (同音) stile) 『「とがった書く道具」が原義』
——名 (複 ~s/-z/) **1** C U (行動・生活などの)様式, 仕方, 方法 ‖
**styles** of living 生活様式.
I live in Indian **style** when I am in India. インドにいるときはインド式の生活をします.
cook ((in) the) French **style** フランスふうに料理する.
**2** C U (服・髪などの)型, スタイル《◆ からだつきについては用いない.「よいスタイル(のからだつき)」は a good figure》; 流行型(類 fashion, mode, trend, vogue) ‖
a new **style** of hat 新型の帽子.
set the **style** of dress 新型の服を作り出す.
out of **style** 流行遅れで.
Her dress is in **style**. 彼女の服は流行に合っている.
対話 "How come you've changed your choice of clothes?" "These are more in **style** now(↘), don't you think?(↗)"「服装の好みが変わったのはどうしてなの」「こちらの方がいまもっとはやっているからね. そうは思わないかい」.

**3** C U 文体; 話しぶり; 表現形式; (建築・美術・音楽などの)様式; (個人の)流儀, 趣向; 特徴, 個性 ‖
many different **styles** of architecture いろいろな種類の建築様式.
write in a formal **style** 形式ばった文体で書く.
She has a good **style**. 彼女はよい文体の文章を書く.

**4** C [~ of **A**] 種類《◆ **A** は単数形で無冠詞の名詞》‖
every size and **style** of mirror あらゆる大きさと種類の鏡.
This is not my **style** of poem. これは私の好きなタイプの詩ではない.

**5** U (正式) 上品さ, 気品, 品格, 風格 ‖
She has **style**. 彼女は気品がある.
**6** C (正式) 称号, 呼称.
**7** C (植) 花柱((図) → **flower**).
**in style** → **2**.
——動 (現分) **styl·ing**) 他 **1** (正式) [**style A C**] **A** を **C** と呼ぶ, 称する ‖
They **styled** him a revolutionary. 彼は革命家と呼ばれている.
**2** …を(流行に合わせて)作る.

**-style** /-stail -スタイル/ 連結形 ~風の[に]. 例:
cowboy-**style** カウボーイ風の[に].

**styl·ish** /stáiliʃ スタイリシュ/ 形 流行の; 上品な, スマートな ‖
dress in **stylish** clothes 流行に合った服を着る.

**styl·ist** /stáilist スタイリスト/ 名 C **1** 名文家, 名演説家. **2** (服・室内装飾などの)デザイナー, スタイリスト《「服装などにこる人」の意はない》. **3** 美容師.

**sty·lis·tic**, **··ti·cal** /stailístik(l)/ スタイリスティク(ル)/ 形 (正式) 文体(上)の, 文体論の.

**sty·mie**, **sty·my** /stáimi スタイミ/ 名 (複 sty·mies/-z/) C **1** (ゴルフ) スタイミー《妨害球が置かれている状態》. **2** (略式) 妨害(物), 障害(物), 難局.
——動 (三単現) sty·mies/-z/; 過去・過分) sty·mied/-d/) 他 **1** (ゴルフ) [通例 ~ oneself] スタイミーの状態になる, 困った状態になる. **2** …を妨害する, じゃまする. **3** (略式) [通例 be stymied] 困った目にあう.

**Styx** /stíks スティクス/ 名 【ギリシア神話】 [the ~] ステュクス川, 三途(さんず)の川《◆ その渡し守は Charon (カロン)》‖
(as) black as **Styx** 真っ暗な.
cross the **Styx** 死ぬ《◆ die の遠回し表現》.

**suave** /swá:v スワーヴ/ 形 (比較) more ~, suav·er; (最上) most ~, suav·est) 温厚な, 〈態度などが〉やわらかい.

**sub·con·scious** /sʌ̀bkánʃəs サブカンシャス | -kɔ́n- -コンシャス/ 形 潜在意識の. ——名 [the ~] 潜在意識.

**sùb·cóns·cious·ly** 副 潜在意識的に, 意識下で.

**sub·con·ti·nent** /sʌ̀bkántənənt サブカンティネント | -kɔ́n- -コンティネント/ 名 [しばしば the S~] C 亜大陸《インドなど》.

**sub·con·tract** /名 sʌ́bkɑ̀ntrækt サブ**カ**ントラクト│-kɔ́n- -**コ**ントラクト; 動 sʌ̀bkəntrǽkt -kəntrǽkt -コン**トラ**クト/ Ⓒ 下請負(契約). ── 動 他 …を下請けさせる.

**sub·di·vide** /sʌ̀bdɪváɪd サブディ**ヴァ**イド/ 動（現分）--vìd·ing）他 …を再分（割）する.

**sub·di·vi·sion** /sʌ́bdɪvìʒən サブディ**ヴィ**ジョン/ **1** Ⓤ 再分（割）. **2**（米）Ⓤ Ⓒ 土地分譲, 分譲地.

**sub·due** /səbd(j)úː サブ**ドゥ**ー（サブ**デュ**ー）/ 動（現分）--du·ing）他（正式）**1** …を征服する, 支配する(conquer)；…を鎮圧する ‖
After a long struggle our army subdued the enemy. 長い戦いの末, 我が軍は敵を征服した.
**2**〈感情〉を抑える, 抑制する ‖
He subdued his desire to see her again. 彼はもう一度彼女に会いたい気持ちをぐっと抑えた.
**3**〈照明・声など〉をやわらげる, 弱める.

**sub·dued** /səbd(j)úːd サブ**ドゥ**ード（サブ**デュ**ード）/ 動 → subdue.
── 形 **1** 征服された, 服従させられた(↔ unsubdued). **2**〈人が〉おとなしい, 控え目な. **3**〈声・色・光などが〉和らげられた, 弱められた, 地味な.

**✱sub·ject** /名 形 sʌ́bdʒekt サブ**ヂェ**クト；動 səbdʒékt サブ**ヂェ**クト／『下へ(sub)投げる(ject)』cf. pro*ject*》
→ 名 **1** 題目　**2** 学科　**3** 主語　**4** 臣民
　　形 **1** 従属している　**2** かかりやすい
　　動 **1** 服従させる

── 名（複 ~s/-dʒɪkts/）Ⓒ **1** 題目, 主題；話題, 議題（類 topic, theme）;（音楽）主題, テーマ ‖
change the subject （議論になるのを避けて）話題を変える.
bring up a subject 話題を採り上げる, 話し始める.
**2** 学科, 科目, 教科 ‖
a required subject 必修科目.
対話 "What is your favorite subject in school?" "I like history best of all the subjects." 「学校で好きな科目は何ですか」「私は全科目の中で歴史が一番好きです」.
**3**〔文法〕［しばしば the ~〕主語, 主部 ‖
What is the subject of the following sentence? 次の文の主語はどれですか.
**4** 臣(しん)民,（君主国の）国民(→ citizen)；家来, 臣下 ‖
I am a British subject. 私はイギリスの一国民です.
**5**（正式）原因, 種 ‖
a subject for complaint 不平の原因.
**6**（医学・心理学などの）実験材料になる人[動物], 被験者.
**7**〔論理〕主辞；〔哲学〕主観, 自我；実体.

── 形（正式）**1** [be subject to A] …に従属している, 服従している, …の支配下にある(↔ independent) ‖
a subject state 属国.
We are subject to the laws of our country. 我々は国法に従わなければならない.

**2** [be subject to A] …にかかりやすい, …を受けやすい；…に左右される ‖
Subject to Weather Conditions.（掲示）天候により変更することあり.
The road is subject to flooding. その道路は水につかりやすい(◆ liable と異なり, 実際にそうしたことが起こった意を含む).

**3**［補語として］[be subject to A] …を条件とする, 必要とする ‖
What he has done is subject to his superior's consent. 彼がしたことは上司の承認を必要とする.
対話 "Can I borrow the car tonight?" "Okay, but it's subject to father's approval too." 「今晩車を借りてもいい」「いいわよ. でもお父さんにも聞いてみないとね」.

*súbject to* A（正式）…を条件として ‖ Subject to my father's consent, I will accompany you. 父が許してくれればご一緒いたします.

── 動 /səbdʒékt/（三単現 ~s/-dʒékts/；過去・過分 ~ed/-ɪd/；現分 ~·ing）
── 他（正式）**1** …を服従させる；〈心などを〉支配する ‖
The king subjected all the surrounding countries to his rule. 王は周囲の国をすべて支配下に置いた.
**2** …をさらす；（正式）…に受けさせる ‖
subject a captive to torture 捕虜を拷問にかける.
They were subjected to great hardships. 彼らはたいへん苦労した.

**súbject màtter** (1)（本などの）内容；主題.  (2) 素材, 材料.

**sub·jec·tive** /səbdʒéktɪv サブ**ヂェ**クティヴ/ 形（正式）主観の, 主観的な；想像上の(↔ objective) ‖
subjective judgement 主観的判断.

**sub·ju·gate** /sʌ́bdʒəgèɪt サブヂュゲイト, -dʒu-/ 動（現分）--gat·ing）他（正式）…を支配する.

**sub·junc·tive** /səbdʒʌ́ŋktɪv サブ**ヂャ**ンクティヴ/ 形〔文法〕仮定法の. ── 名 =subjunctive mood.

**subjúnctive móod** [the ~] 仮定法(subjunctive).

**sub·let** /sʌ̀blét サブ**レ**ット/ 動（過去・過分 sub·let；現分 --let·ting）他 …をまた貸しする. ── 自 また借りする.

**sub·lime** /səbláɪm サブ**ラ**イム/ 形（比較 --lim·er；最上 --lim·est）**1**（正式）荘厳な, 崇高な, 雄大な；すばらしい ‖
sublime scenery 雄大な景観.
**2** 卓越した, 抜群の, 高尚(こう)な.
── 名 [the ~] 荘厳, 崇高；極致, きわみ.

**✱sub·ma·rine** /sʌ̀bmərìːn サブマ**リ**ーン, ⸺⸺ /『海の(marine)下に(sub)』》
── 名（複 ~s/-z/）Ⓒ 潜水艦.
── 形（正式）**1** 海底の, 海底に生じる ‖
submarine plants 海底植物.
a submarine earthquake 海底地震.
**2** 海中で使う ‖

She made her point **successfully**. 彼女は首尾よく目的を達した.

**suc·ces·sion** /səkséʃən サクセション/ 图 1 ⓒ Ⓤ 連続(物)《◆ series より堅い語》‖
a **succession** of misfortunes 度重なる不幸.
**in** quick **succession** 矢つぎ早に.
**2**《正式》Ⓤ 相続, 継承; 相続権, 相続順位; ⓒ 相続者, 継承者‖
the **succession to** the throne 王位継承(権).
**by succession** 世襲によって.
**be** first **in succession to** the throne. 王位継承順位が第1番である.

**suc·ces·sive** /səksésiv サクセスィヴ/ 形《正式》連続する, 引き続いての《◆ consecutive と違い中断が入ることもある》‖
It rained three **successive** days. 3日連続で雨が降った.

**suc·ces·sive·ly** /səksésivli サクセスィヴリ/ 副《正式》連続して, 引き続いて.

**suc·ces·sor** /səksésər サクセサ/ 图 ⓒ 後継者, 後任者, 相続者‖
Bush is Clinton's **successor** as President. =Bush is the **successor to** Clinton as President. ブッシュがクリントンの後任の大統領である.

**suc·cinct** /səksíŋkt サクスィンクト/ 形 (時に 比較 ~·er, 最上 ~·est) **1** 簡潔な(brief); すばりの (precise). **2**《文》〈服が〉体にぴったりの.

**suc·cinct·ly** 副 簡潔に.

**suc·cu·lent** /sʌ́kjələnt サキュレント/ 形 **1**《正式》汁の多い. **2**《植》多肉多汁の.

**suc·cumb** /səkʌ́m サカム/ 動 ⾃《正式》負ける, 屈する.

‡**such** /sʌ́tʃ サチ, 時に《弱》sətʃ/
—— 形《◆冠詞の a, an は such のあとに置く. the と共には用いない》
**1** [指示して] そのような, このような, そんな, こんな, あんな‖
**Such** weather is unusual here. そのような天気はここでは異常である.
I've never heard of **such a** method. そんな方法のことは一度も聞かなかった.
We're usually at home at **such** times. 私たちはそんな時はたいてい家にいます.
I said **no such** thing. そのようなことは言わなかった.
fifty **such** boxes そのような箱50個.
**2** [強調して] **a** [程度を表す形容詞 + 名詞の前で] とても…な, 非常に…な‖
They are **such** clever people. 彼らはとても利口な人たちです.
I have had **such** a busy morning. 本当に忙しい朝だった.
There were **such** a lot of ants. ものすごくたくさんのアリがいた(→ so 副 **2** 語法).
**b** [程度を表す名詞の前で意味を強めて] それほどの, こんな[そんな]よい[悪い, ひどい], 大変な‖

Don't be in **such** a hurry. そんなに急がないで.
Did you ever see **such** a mansion? あんな豪華な大邸宅を見たことがありますか.
Why is he **such** a child? どうして彼はあんなに子供じみたことをいうのだろう.

**súch A as** …《正式》…するような A《◆ as は関係代名詞·接続詞》‖ **Such** boys **as** she knew were absent. 彼女の知っている少年はだれも出席していなかった / The invitations went to **such** guests **as** seemed likely to please him. 招待状は彼の気に入りそうな客に送られた.

○**súch A as B =A(,) súch as B** B のような A, A たとえば B‖ They export a lot of fruit, **such as** oranges and lemons. 彼らはオレンジ, レモンなどたくさんの果物を輸出する / I wouldn't give it to a man **such as** he [him]. =I wouldn't give it to **such** a man **as** he [him]. 私だったら彼のような男にはそれをやらない / Many questions **such as** how the guests were to be seated remained unanswered. 多くの問題, たとえば客をどういうぐあいに座らせたらいいかというようなことが未解決のままであった / 対話 "There are more important things for you to know." "**Such as?**(↗)"「あなたが知らなければならないもっと大切なことがありますよ」「たとえば?」

○**súch A as to** do …するほどの A‖ She was in **such** bad health **as to** be obliged to resign. 彼女は辞任しなければならないほど健康を害していた / I am not **such** a fool **as to** believe that. そんなことを信じるほど愚かではありません.

**súch A that** … 非常に A なので…《◆ A に相当する語がない場合もある. → 代 **2**, SUCH that (代 成句)》(→ that³ **3 b**).

—— 代《正式》**1** [単数·複数扱い] そのような人[物, 事]‖
**Such** is life. 人生なんてそんなものだ.
He's a wonderful husband. There aren't many **such**. 彼はすばらしい夫だ. あんな人は多くはいない.
**2** [such as / such that] …のようなもの[人·物]《◆ as, that は関係代》‖
Her actions were **such as** to offend everyone. 彼女の行動はみんなの感情を害するようなものであった.
**Such** (of you) **as** want so much to eat will do. ぜひ食べたいと思っている人は必ずそうするものだ.
Our finances are **such that** we cannot eat beef all through this month. うちの経済は今月はずっと牛肉を食べられないような状態だ.

○**as such** (1) そういうものとして, それなりに‖ John is the captain of the team, and, **as such**, must decide who is to bat first. ジョンはチームの主将だから, 主将としてだれが1番バッターになるかを決めねばならない. (2) それ自体で(は)‖ Money, **as such**, does not always bring happiness. 金はそれ自体では必ずしも幸福をもたらすと

**sub·trac·tion** /səbtrǽkʃən サブトラクション/ 名 U C **1**〖数学〗引き算, 減法(↔ addition). **2** 控除(控除).

**sub·urb** /sʌ́bə:rb サバーブ/ 名 [the ~s; 集合名詞; 複数扱い] (住宅地としての)郊外; [a ~] 郊外の一地区 ‖
live in a fashionable **suburb** near Chicago シカゴの郊外高級住宅地に住む.
He went golfing in the **suburbs** (of Boston). 彼は(ボストンの)郊外へゴルフに行った.

Q&A *Q*: suburbs と outskirts はどう違いますか.
*A*: suburb は都市の中心に近い住宅地としての郊外で, 快適な環境というイメージがあり, outskirts は中心から離れた周辺部, 町はずれといった意味あいがあります.
in the suburbs of ... と on the outskirts of ... の前置詞の違いに注意.

**sub·ur·ban** /səbə́:rbn サバーブン/ 形 **1** 郊外の. **2** 偏狭な; 田舎(いなか)くさい.

**sub·ver·sive** /səbvə́:rsiv サブヴァースィヴ/ 形 《正式》(政府)を転覆させる; 破壊活動をする; かき乱す.

**sub·vert** /səbvə́:rt サブヴァート/ 動 他 《正式》...を転覆させる; ...を破壊する.

# \*sub·way /sʌ́bwèi サブウェイ/ 〖下の(sub)道(way)〗

——名 (複) ~s/-z/ C **1** (主に米)地下鉄(◆(1)ふつう(英)では underground, (英略式) tube. (2) ヨーロッパ大陸のは metro という) ‖
Don't wait for a taxi — go by **subway**. タクシーを待たずに地下鉄で行きなさい.
Take the **subway** at the nearest station. すぐ近くの駅から地下鉄に乗りなさい.
**2** (英) (道路横断用の)**地下道**((米) underpass).
**3** (電気・水道・ガスなどの)地下通路.

# \*suc·ceed /səksí:d サクスィード/ 〖〖事が〗次に(suc)来る(ceed)〗 → 「(よい)結果」「成功」. cf. *exceed*, *proceed*〗 派 *success* (名)(1), *succession* (名), *successor* (名), *successive* (形)(以上 **2**)

——動 (三単現) ~s/-sí:dz/; (過去・過分) ~·ed /-id/; (現分) ~·ing)
——自 **1** 成功する(↔ fail); 立身出世する; うまくいく ‖
**succeed** in life 出世する.
All my plans have **succeeded**. 私の計画はすべてうまくいった.
She **succeeded** in getting [ˣto get] what she wanted. 彼女は欲しい物をうまく手に入れることができた.
He will **succeed** as a doctor. 彼は医者として成功するだろう.
It **succeeds**. (計画などが)うまくいっている.
対話 "How do you expect to **succeed** without studying?" "Studying doesn't always bring success." 「勉強もしないで成功しようなどとよく考えられるな」「勉強すればいつも成功がもたらされるとはかぎらないよ」.
**2** あとを継ぐ, 後任となる; 継承する, 相続する; 遺贈される ‖
**succeed** to the throne 王位を継承する.
**3** 《正式》続く, あとに来る ‖
The war ended and a panic **succeeded**. 戦争が終わり, 次に恐慌がやってきた.
——他 **1** ...のあとを継ぐ ‖
He has no son to **succeed** him. 彼にはあとを継いでくれる息子がいない.
Bush **succeeded** Clinton as President. 大統領としてブッシュがクリントンのあとを継いだ.
**2** 《正式》...に次いで起こる, ...のあとに来る ‖
Sadness and gladness **succeed** one another. 《ことわざ》悲しみと喜びはかわるがわる起こるものである.

**suc·ceed·ing** /səksí:diŋ サクスィーディング/ 動 → succeed. ——形 次の, あとの, 続いて起こる.

# \*suc·cess /səksés サクセス/ 〖→ succeed〗 派 *successful* (形)

——名 (複 ~·es/-iz/) **1** U [しばしば a ~] 成功, 成就(↔ failure); 立身出世 ‖
make a **success** of life 出世する.
I wish you **success**. ご成功をお祈りいたします.
I worked hard without much **success**. 一生懸命やりましたが, あまりうまくいきませんでした.
At last she met with (great) **success**. 彼女はついに(大)成功した.
Nothing **succeeds** like success. 《ことわざ》一事成れば万事成る.
**2** C [通例 a ~] 成功した人[事] ‖
He was a **success** as an actor. 彼は俳優として成功した.
The book was a great **success**. その本は大当たりした.
*make a succéss of* A ...を成功させる, 首尾よくやる(→ 1).

**succéss stòry** 立身出世物語, 成功談, サクセスストーリー.

# \*suc·cess·ful /səksésfl サクセスフル/ 〖→ success〗 派 *successfully* (副)

——形 成功した, 好結果の; 立身出世した; うまくいく(↔ unsuccessful) ‖
He was a **successful** businessman. 彼は実業家として成功した.
be **successful** in life 出世する.
The attempt was highly **successful**. その試みはとてもうまくいった.
She was **successful** in the examination. 彼女は試験に合格した.
The Government has been **successful** in fighting inflation. 政府はインフレ対策で成果を上げてきた.

**suc·cess·ful·ly** /səksésfəli サクセスフリ/ 副 首尾よく, 成功のうちに, うまく ‖

**sub·sid·i·ar·y** /səbsídièri サブスィディエリ | səbsídiəri サブスィディアリ/ 形 (正式) **1** 補助的な；派生的な ‖
a subsidiary subject in the course of study 研究過程に生じる副次的な問題.
**2** [subsidiary to A] …に付随[従属]する.
**3** 支援の ‖
a subsidiary payment to an ally 同盟国への支援金.
— 名 (複) -ar·ies/-z/) © **1** 補助員. **2** 子会社.

**sub·si·dize** (英ではしばしば) **--dise** /sʌ́bsədàiz サブスィダイズ/ 動 (現分 --diz·ing) 他 …に助成金を与える.

**sub·si·dy** /sʌ́bsədi サブスィディ/ 名 (複 -si·dies /-z/) © 補助金；助成[奨励]金 ‖
a subsidy for education 教育交付金.
housing subsidies 住宅手当.

**sub·sist** /səbsíst サブスィスト/ 動 自 (正式) 生存する，生きながらえる.

**sub·sist·ence** /səbsístəns サブスィステンス/ 名 U (正式) **1** 生存. **2** 生存最低生活, 生計；食糧.
subsístence lèvel 最低生活水準.

**sub·stance** /sʌ́bstəns サブスタンス/ 名 (複 --stanc·es/-iz/) **1** © 物質, 物 ; U (織物などの)地 ‖
What is this substance made of? この物質は何からできていますか.
**2** U (正式) 実質, 内容, 中身 ; 〔哲学〕本質, 実体 ‖
Her ideas have substance. 彼女の意見には中身がある.
**3** (正式) [the ~] 要旨, 趣旨, 骨子 ‖
Can you give the substance of the governer's speech in your own words? 知事の演説の要旨を自分自身の言葉で言えますか.
**4** U (文) 富, 資産, 財産 ‖
a person of substance 資産家.
**in sùbstance** (正式) (1) 本質的には, 実質的には. (2) 実際には.
súbstance abùse 薬物乱用.

**sub·stand·ard** /sʌ́bstǽndərd サブスタンダド/ 形 標準以下の; 非標準の.

**sub·stan·tial** /səbstǽnʃl サブスタンシュル/ 形 **1** (正式) 実体のある, 実在する, 現実の(real) ‖
Ghosts are not substantial. 幽霊は実在しない.
**2** 〈家具などが〉しっかりした, じょうぶな, 堅固な.
**3** (正式) 実質的な, 本質的な; 重大な, 重要な; 内容のある ‖
substantial argument 内容のある議論.
make a substantial change 根本的に改める.
**4** (正式) 裕福な, 資産のある; 〈会社が〉健全な運営をしている.
**5** たくさんの, 十分な, 相当な ‖
a substantial sum 相当な金額.
have a substantial breakfast 朝食をたっぷりとる.

**sub·stan·tial·ly** /səbstǽnʃəli サブスタンシャリ/ 副 **1** 実質的に(は), だいたいは；実際に(は). **2** しっかりと. **3** 十分に, 相当に.

**sub·stan·ti·ate** /səbstǽnʃièit サブスタンシエイト/ 動 (現分 --at·ing) 他 (正式) …を実証する；…を具体化する.

**sub·sti·tute** /sʌ́bstət(j)ùːt サブスティトゥート (サブスティテュート)/ 動 (現分 --tut·ing) 他 [substitute A for B] A〈物〉をB〈物〉の代わりに用いる, …にすりかえる；A〈別の人〉にB〈人〉の代理をさせる ‖
I substitute honey for sugar. 私は砂糖の代わりにはちみつを使います.
— 自 [substitute for A] …の代用[代理]になる ‖
The principal substituted for our teacher who was ill. 病気になった私たちの先生の代わりを校長先生がした.
— 名 © 代用品；代理人；代役；補欠 ‖
use a knife as a substitute for a saw のこぎりの代わりにナイフを使う.
— 形 代用の, 代理の ‖
a substitute teacher (米) (免許状を持った)代用教員.

**sub·sti·tu·tion** /sʌ̀bstət(j)úːʃən サブスティトゥーション (サブスティテューション)/ 名 U 代用, 代理 ; © 代用品, 代理人, 〔サッカー〕控え選手.

**sub·ter·fuge** /sʌ́btərfjùːdʒ サブタフュージ/ 名 U© (正式) 言い訳, 口実 ; ごまかし, ぺてん.

**sub·ter·ra·ne·an** /sʌ̀btəréiniən サブタレイニアン/ 形 (正式) **1** 地下の. **2** 隠れた.

**sub·ti·tle** /sʌ́btàitl サブタイトル/ 名 (まれ) **1** © 副題, サブタイトル. **2** [~s] (映画・テレビの)字幕, スーパー (インポーズ).

**sub·tle** /sʌ́tl サトル/ (発音注意) 《◆ b は発音しない》 形 (比較 more ~, (時に) ~r; 最上 most ~, (時に) ~st) **1** (正式) 〈においなどが〉かすかな, ほのかな (faint) ; 〈ガス・空気などが〉薄い, 希薄な ‖
a subtle smile かすかなほほえみ.
**2** 微妙な, とらえがたい；難解な, 理解しにくい；複雑な, 手の込んだ ‖
a subtle difference 微妙な違い.
**3** 器用な, 巧妙な；鋭敏な, 敏感な, 繊細な ‖
a subtle observer 鋭い観察者.

**sub·tle·ty** /sʌ́tlti サトルティ/ 名 (複 --tle·ties/-z/) U **1** 希薄. **2** 微妙, とらえがたいこと; © [しばしば subtleties] 微妙な考え, 微細な区別.

**sub·tly** /sʌ́təli サタリ/ 副 微妙に；巧妙に.

**sub·tract** /səbtrǽkt サブトラクト/ 動 他 〔数学〕 …を引く；減じる(↔ add) ‖
Subtract 7 from 98 and add 2. What is the result? 98から7を引いて2を足すといくつですか.

> 関連 [引き算の読み方] 9－4 ＝5 はふつう Nine minus four is five. と読む. 「引かれる数」は minuend, 「引く数」は subtracter, その答えは remainder.

— 自 引き算をする；減じる.

a submarine cable 海底ケーブル.
**3** 潜水艦による ‖
a submarine attack 魚雷攻撃.

**súbmarine sándwich** 《米》サブマリンサンドイッチ《◆形が潜水艦に似ていることから》.

**sub·merge** /səbmə́ːrdʒ サブマーヂ/ 動 (現分) --merg·ing) 他 《正式》 **1** …を沈める; …を水びたしにする.
**2** …を覆い隠す; …をぼかす ‖
He was submerged in debt. 彼は借金で首が回らなくなっていた.
—自 **1** 潜水する. **2** 埋もれる, 隠れる.

**sub·merged** /səbmə́ːrdʒd サブマーチド/ 動 → submerge.
—形 **1** 水中で育つ.
**2** 《正式》水中に隠れた, 海面下の; 秘密の (hidden).
**3** 極貧の ‖
the submerged tenth 《英》社会の最下層の人々 《↔ the upper ten》.
**4** 浸水した.

**sub·mis·sion** /səbmíʃən サブミション/ 名 **1** UC 服従, 屈服, 降伏.
**2** U 《正式》従順 ‖
with submission へいへいして.
**3** C 《意見の》開陳, 具申, 提案.

**sub·mis·sive** /səbmísiv サブミスィヴ/ 形 《正式》従的な, 従順な ‖
She is not submissive to her husband. 彼女は夫の言いなりになっていない.

**sub·mit** /səbmít サブミト/ 動 (過去・過分 --mit·ted /-id/; 現分 --mit·ting) 《正式》
他 **1** …を服従させる; …を屈服させる; [submit oneself to A]〈侮辱など〉を甘受(ぱん)する ‖
I don't submit myself to my husband. 私は夫の言いなりにはなりません.
**2** …を提出する ‖
I submitted the paper to my teacher yesterday. きのう先生にレポートを提出した.
**3** 〔法律〕 …だと思う, 意見を述べる ‖
I submit that that is a leading question. それは誘導尋問ではないかと思います.
—自 [submit to A] …に服従する, 屈服する; …を甘受する; …を受ける ‖
submit to a blood test 血液検査を受ける.
submit to the decision 決定に従う.

**sub·or·di·nate** /形名 səbɔ́ːrdənət サボーディナト; 動 -dəneit -ディネイト/ 形 **1** 副次的な, 付随する ‖
a subordinate job 補助的な仕事.
**2** 《正式》下位の, 下級の ‖
a subordinate officer 副官, 次官.
**3** 従属する; 追従的な ‖
be subordinate to one's superiors 自分の上役にぺこぺこする.
**4** 〔文法〕従属の, 従位の (↔ coordinate) ‖
a subordinate clause 従(属)節.
a subordinate [subordinating] conjunction 従位接続詞.
—名 C **1** 《正式》従属物; 従業員, 部下, 平(ぞ)), 助手. **2** 従(属)節.
—動 (現分 --nat·ing) 他 《正式》 **1** …を下に置く.
**2** …を従属させる ‖
subordinate the passions to reason 情より理性に重きをおく.

**sub·poe·na, --pe·na** /səpíːnə サピーナ, 《英+》səbpíː-/ 〔法律〕 名 C (罰則付き)召喚状, 呼び出し状. —動 他 [通例 be ~ed] 召喚される, 呼び出される.

**sub·scribe** /səbskráib サブスクライブ/ 動 (現分 --scrib·ing) 他 **1** 《正式》…を寄付する, …の援助を与える ‖
subscribe fifty dollars to a local charity fund 地元の慈善基金に50ドルを寄付する.
**2** …に署名する,〈名前〉を書く ‖
subscribe a petition 嘆願書に署名する.
—自 **1** 予約購読する ‖
対話 "Do you read any magazine regularly?" "Yes. I subscribe to *People*."「何か定期的に読んでいる雑誌はありますか」「ええ, 『ピープル』を定期購読しています」《◆日常語では take, get の方がふつう》.
**2** 予約金[前金]を払う ‖
subscribe to the theater ticket service 前金を払って劇場の切符を予約する.
**3** 《主に英》寄付する ‖
subscribe to several charities いくつかの慈善事業に寄付する.
**4** 《正式》署名する.

**sub·scrib·er** /səbskráibər サブスクライバ/ 名 C **1** 予約購読者; 株式引受人; 《電話》加入者. **2** 寄付する人.

**sub·scrip·tion** /səbskrípʃən サブスクリプション/ 名 **1** UC (予約)購読(料); U 株式の申し込み. **2** UC 寄付(金); 基金, 出資金.

**sub·se·quent** /sʌ́bsəkwənt サブスィクウェント/ 形 《正式》 **1** 後の, 次の; 後に起こる[来る] ‖
subsequent events 後に起こった事件.
in subsequent issues of this magazine この雑誌の後の号で.
**2** [subsequent to A] …の後の, …に続く ‖
on the day subsequent to his arrival 彼が到着した翌日に.

**sub·se·quent·ly** /sʌ́bsəkwəntli サブスィクウェントリ/ 副 後で, 後に.

**sub·ser·vi·ence, --en·cy** /səbsə́ːrviəns(i) サブサーヴィエンス(ィ)/ 名 U 追従, おべっか.

**sub·ser·vi·ent** /səbsə́ːrviənt サブサーヴィエント/ 形 **1** 補助をする, 役立つ. **2** 《正式》盲従する; 卑屈な.

**sub·side** /səbsáid サブサイド/ 動 (現分 --sid·ing) 自 《正式》 **1** 平常に戻る;〈水・洪水など〉ひく;〈風雨・暴動・怒りなど〉おさまる;〈海〉なぐ;〈熱・腫(は)れ物〉ひく. **2**〈建物が〉平常の位置より下がる;〈地面が〉陥没する;〈船が〉沈む;〈くつうている物が〉落ちる.

**sub·si·dence** /səbsáidns サブサイデンス, sʌ́bsi-/ 名 UC 《正式》 **1** 沈下, 陥没; 倒壊. **2** 沈殿, 堆(た)積. **3** 鎮静.

**súch as it ís**(古)こんな[そんな]程度のものだが、つまらぬものだが《◆複数のものを指す場合は it is s they are となる》‖ She gave me her help, such as it was. あまり役にも立たなかったが、彼女は私を援助してくれた / My services, such as they are, are entirely at your disposal. あまりお役に立ちませんが、私を好きなようにお使いください.

**súch that**(正式)[be ~ that]〈驚き・怒りなどが〉非常に…なので‖ My anger was such that I lost control of myself. 私はたいへん腹を立てたので自制心を失ってしまった(=Such was my anger that I lost control of myself.

**such·like** /sʌ́tʃlàik サチライク/《略式》[通例 and ~]形代 その種の, そのような〈人・物〉‖
plays, films, and suchlike (things) 演劇や映画などよ.

**suck** /sʌ́k サク/ ([類音] sack/sǽk/) 動他 1 …を吸う, する；〈果物などの〉汁を吸う；[suck A C] A〈果物など〉を C になるまで吸う‖
suck an orange dry オレンジを汁がなくなるまで吸う.
suck (up) ice coffee through a straw アイスコーヒーをストローで飲む.
2 …をしゃぶる, なめる〈cf. lick〉‖
Don't suck your thumb. 親指をなめてはいけません.
3 …を吸い込む;〈渦巻き・沼地などが〉…をのみ込む；…を吸い上げる;〈毒など〉を吸い出す‖
Plants suck moisture in through their roots. 植物は根から水分を吸い上げる.
—自 吸う, する；しゃぶる‖
suck at one's pipe パイプを吸う.
suck at the breast 母親の乳を飲む.
**súck úp to** A (英略式)…におべっかを使う, ごまする.
—名 1 ⓤ (乳を)吸うこと, 吸わせること；吸い込む力[音]；(うずの)巻き込み.
2 ⓒ (略式) ひと口, ひとすすり, ひとなめ‖
take [have] a suck at an ice lolly アイスキャンディーをひとなめする.
give him a suck of liquor 彼に酒をひと口飲ませる.

**suck·er** /sʌ́kər サカ/ 名 ⓒ 1 吸う人[物]；乳児；(まだ乳離れしていない)ブタ[クジラ]の子. 2 〈壁にくっつけるためのゴム製の)吸着盤；〈動〉吸盤. 3 (米)棒付きキャンディー. 4 (略式)お人好し；だまされやすい人, かも.

**suc·tion** /sʌ́kʃən サクション/ 名 1 ⓤ 吸引, 吸収；吸引力. 2 ⓒ 吸水管；=suction cup.
**súction cúp** 吸盤(suction).

**Su·dan** /suːdǽn スーダン／-dɑ́ːn スーダーン/ 名 1 [しばしば the ~] スーダン《アフリカ東北部の共和国. 首都 Khartoum》. 2 [the ~] スーダン地方《アフリカのサハラ砂漠南方地域》.

\*sud·den /sʌ́dn サドン/ [「そっと来る」が原義]
派 suddenly (副)
—形 突然の, 思いがけない, 急な‖
a sudden shout 突然の叫び声.
make a sudden attack on the enemy 敵を急襲する.
We were caught in a sudden shower. にわか雨にあった.
—名《◆次の成句で》.
**(áll) of a súdden**《略式》全く突然に, 急に, 不意に(→ suddenly).
**súdden déath** 〔医学〕 突然死.

\*sud·den·ly /sʌ́dnli サドンリ/ [→ sudden]
—副 突然, 思いがけなく, 急に(↔ gradually)‖
The train stopped suddenly. 汽車が突然止まった.

**sud·den·ness** /sʌ́dnnəs サドンネス/ 名 ⓤ 突然, 急, 不意‖
with great suddenness 突如.

**suds** /sʌ́dz サヅ/ 名 《略式》[複数扱い] 石けんの泡；石けん水；泡.

**sue** /sjúː スー (スュー)/ 動 (現分 su·ing) 他 …を訴える, …に損害賠償訴訟を起こす‖
sue him for damages 彼に損害賠償訴訟を起こす.
—自 (正式) 求める, 請う；訴訟を起こす‖
sue for divorce 離婚訴訟を起こす.

**suede, suède** /swéid スウェイド/ 名 ⓤ スエード革.

**Su·ez** /súːez スーエズ, -/ súːiz スーイズ/ 名 スエズ《エジプトの都市》.
the Suez Canal スエズ運河.
the Gulf of Suez スエズ湾.

\*suf·fer /sʌ́fər サファ/ [「…の下で(suf)支える[耐える](fer)」が原義]
派 suffering (名)
—動 (三単現 ~s/-z/ ; 過去・過分 ~ed/-d/ ; 現分 ~ing/-fəriŋ/)
—他 1〈苦痛などを〉経験する; (正式)〈損害など〉をこうむる, 受ける‖
suffer terrible pain from one's injury 負傷のひどい痛みに苦しむ.
the army that suffered terrible defeat 惨敗を喫した軍.
2 (文) [通例否定文・疑問文で] …を容赦する；…を我慢する.
—自 1 苦しむ, 悩む, 困った目に会う, 痛手をこうむる‖
If you are lazy, only you yourself will suffer. 怠けていると, 他ならぬ君が困ることになるよ.
2 病気になる, 患う《◆苦しみの状態がある期間続くことを含み, 進行形で用いられることが多い》‖
[対話] "What's the matter? You look terrible." "I'm suffering from a bad head cold." 「どうしたんだい. ひどい顔しているよ」「ひどい

鼻かぜをひいているのよ」.
**3** (正式) 報いを受ける ‖
suffer for one's laziness 怠けた罰が当たる.

**suf·fer·er** /sʌ́fərər サファラ/ 图 © 苦しむ人, 受難者, 被災者, 病人, 患者 ‖
a sufferer from arthritis リューマチ患者.

\***suf·fer·ing** /sʌ́fəriŋ サファリング/ 〖→ suffer〗
——[動] → suffer.
——[名] (複 〜s/-z/) (正式) **1** Ⓤ 苦しむこと, **苦痛**, 不幸.
**2** [〜s; 複数扱い] 難儀, 苦難, 被害.

**suf·fice** /səfáis サファイス/ [動] (現分 --fic·ing) (正式) 《◆進行形にしない》 圁 **十分である** ‖
This meat won't suffice for the six of us. これだけの肉は我々6人に間に合わない.
——[他] …を満足させる(satisfy), …に十分である.
***Suffice it to sáy that ...*** (正式) …と言えば十分だ, 事足りる(=It will be *sufficient* to say that ...).

**suf·fi·cien·cy** /səfíʃənsi サフィシェンスィ/ 图 Ⓤ (正式) **1** 十分, 充足; たっぷりあること; [a 〜 of＋Ⓝ 名詞] 十分の…, たくさんの… ‖
There was **a sufficiency of** money. お金はたっぷりあった.
**2** [しばしば a 〜] 十分な資産[資力, 貯え].

\***suf·fi·cient** /səfíʃənt サフィシェント/ 〖→ suffice〗 郣 sufficiently (副)
——[形] (正式) **十分な**, 足りる(↔ insufficient) ‖
£100 will **be sufficient for** your trip. 100ポンドもあれば君の旅行に十分でしょう.
I have **sufficient** money to buy a new car. 新車を買えるだけの金がある(＝I have enough money to buy a new car.).

**suf·fi·cient·ly** /səfíʃəntli サフィシェントリ/ 副 (正式) 十分に, たっぷりと; 足りるほど ‖
He does not work **sufficiently** hard. 彼はもうひとつ働きが足りない.

**suf·fix** /sʌ́fiks サフィクス/ 图 (複 〜·es /-iz/) © 〔言語〕 接尾辞.

**suf·fo·cate** /sʌ́fəkèit サフォケイト/ [動] (現分 --cat·ing) 他 **1** …を窒息(死)させる.
**2** …の息を詰まらせる, 息苦しくさせる ‖
She was **suffocated** with [by] grief. 彼女は悲しみのあまり声は出なかった.
——圁 **1** 窒息(死)する. **2** 息が詰まる; 息苦しく感じる.

**suf·fo·ca·tion** /sʌ̀fəkéiʃən サフォケイション/ 图 Ⓤ 窒息(死)させる[する]こと.

**suf·frage** /sʌ́fridʒ サフリヂ/ 图 (正式) **1** Ⓤ 選挙権, 参政権, 選挙 ‖
universal **suffrage** 普通選挙権.
manhood **suffrage** 成年男子選挙権.
**2** © 投票, 賛成票.

\***sug·ar** /ʃúgər シュガ/ 〖「砂つぶ」が原義〗
——[名] (複 〜s/-z/) **1** Ⓤ **砂糖**(→ seasoning) ‖
a spoonful of **sugar** スプーン1杯の砂糖.

two **lumps of sugar** 角砂糖2個(＝two sugars (→ 2)).
I don't **take sugar** in my tea. 私は紅茶に砂糖は入れません.
**2** © 砂糖スプーン1杯(a spoonful of sugar); 角砂糖1個(a lump of sugar) ‖
How many **sugars** (do you want) in your coffee? コーヒーに砂糖を何杯[何個]入れましょうか.
——[動] 他 (主に米略式) …に砂糖を入れる, …を甘くする.

**súgar bèet** 〔植〕テンサイ, 砂糖大根.
**súgar càne** [集合名詞的に] サトウキビ.

**sug·ar·y** /ʃúgəri シュガリ/ 形 **1** 砂糖の(ような), 甘い. **2** 〈言葉・態度などが〉甘ったるい, おべっかの.

\***sug·gest** /səgdʒést サグヂェスト | sədʒést サヂェスト/ 〖「…の下へ(sug)持ち出す(gest)」→「提示する」〗 cf. *gesture*.
郣 suggestion (名), suggestive (形)
——[動] (三単現) 〜s/-dʒésts/; 過去・過分 〜ed /-id/; 現分 〜·ing)
——[他] **1** …をそれとなく示す[言う], 暗示する; [suggest (that) 節] …だと暗示する; 「…」とそれとなく言う ‖
Are you **suggesting** (that) I'm not telling the truth? ぼくをうそつきだというのかい.
Her remarks **suggested** her anger. ＝Her remarks **suggested** (that) she was angry. 彼女の口調からすると頭にきているようだった.
**2 a** …を(控え目に)**提案する**, 勧める ‖
**suggest** a remedy 救済策を提案する《◆✶**suggest** the committee a new plan は誤り》.
**suggest** a new plan **to** the committee 新計画を委員会に提案する.
**b** [suggest (that) 節 / suggest wh 節・句]《人に…しようと(控え目に)**提案する**《◆that 節の中は動詞の原型, または《英》では should を用いる》; [suggest doing]〈人が〉…しようと提案する ‖
I('d like to) **suggest** (that) we start now. ＝I('d like to) **suggest** starting now. さあ, 出発しましょう.
They **suggested to** him (that) he (should) go alone. 1人で行ってはどうかと彼らは彼に言った.
Did she **suggest where** we (should) meet? どこで待ち合わせるかについて彼女は何か言っていましたか.
[対話] "What am I going to do?" "First I **suggest** you sit down and have a rest." 「ぼくはどうしたらいいんだろう」「まず腰をおろしてひと休みすることを勧めるね」.

[Q&A] **Q**: 同じ「提案する」意の propose とはどう違いますか.

**A**: propose は suggest より堅い語で, suggest が控え目なのに対して, 積極的に提案することです.

3 …を連想させる, 思い起こさせる ‖
This picture **suggests** many things **to** me.
この絵は私にいろいろなことを連想させる.
An idea **suggested** itself **to** me. ある考えが私の心に浮かんだ.

**\*sug·ges·tion** /səgdʒéstʃən サグ**チェ**スチョン | sədʒéstʃən サ**ヂェ**スチョン/ 〖→ suggest〗
——名 (複) ~s/-z/) 1 ⓤ (正式) 暗示, ほのめかし, 示唆(しさ)(すること), 提案(すること) ‖
**on** [**at**] his **suggestion** 彼の発言で.
2 ⓤⓒ 提案, 提唱 ‖
They **made** the **suggestion that** she ((英) **should**) try it again. もう一度彼女はやってみたらどうかと彼らは提案した.
3 ⓒ [通例 a ~] 気味, 気配 ‖
a faint **suggestion** of garlic かすかなニンニクのにおい.
There is **not** the faintest **suggestion** of intelligence about her. 彼女には知性を感じさせるものは少しもない.

**sug·ges·tive** /səgdʒéstiv サグ**チェ**スティヴ | sədʒés-サ**ヂェ**ス-/ 形 1 示唆(しさ)的な ‖
a **suggestive** idea 示唆に富む考え.
2 (正式) 連想させる, 思い起こさせる ‖
the weather **suggestive of** spring 春を思わせる天気.
3 思わせぶりな, 挑発的な.

**su·i·ci·dal** /sùːəsáidl スーイ**サ**イドル/ 形 自殺の; 自殺用の; 自殺行為の, 自滅的な.

**\*su·i·cide** /súːəsaid **ス**ーイサイド/ 〖自身(sui)の殺人(cide)の意. cf. homi*cide*〗
——名 (複 ~s/-saidz/) 1 ⓤⓒ 自殺 ‖
**commit suicide** 自殺する《◆ kill oneself の方が口語的》.
**three suicides** among students 3件の学生による自殺.
2 ⓒ (正式) 自殺者.
3 ⓤ [比喩的に] 自殺行為 ‖
political **suicide** 政治的自滅.

**\*suit** /súːt **ス**ート, (英+) sjúːt/ 〖同音 soot〗〖「従うもの」が原義. cf. sect〗派 suitable (形)
——名 (複 ~s/súːts/) 1 ⓒ スーツ《◆ ふつう同じ生地の衣服のこと. 男性用は上着(coat)とズボン(trousers)のそろい, またはチョッキ(vest)を加えた3つぞろい. 女性用は上着(coat), スカート(skirt)またはズボン(trousers)の2つぞろい, 時にはブラウス(blouse)が加わる》‖
a twò-piece súit 背広上下; ツーピース.
a sùit of clóthes 背広[スーツ]1着.
in one's birthday **suit** すっ裸で.
2 ⓒ [通例複合語で] (ある目的のための)**衣服**, …着 ‖
a dréss súit (男子用)礼服, 夜会服.
a báthing sùit 水着.
a spáce sùit 宇宙服.
3 ⓒ (馬具・よろいなどの)ひとそろい, 1組.
4 ⓒⓤ 〖法律〗(ふつうエクイティ(equity)の)訴訟 ‖
a civil **suit** 民事訴訟.
a **suit** for the damages against the lawyer 弁護士に損害賠償を求める訴訟事件.
bring a **suit** against him 彼を告訴する.
5 ⓒⓤ (正式) 要請; 請願, 懇願 ‖
**make suit** 嘆願する.
6 ⓒ 〖トランプ〗組札, スーツ《hearts, diamonds, clubs, spades のいずれか1組13枚》.
7 ⓒ (米) =suite **1, 2, 3, 4**.

——動 (三単現) ~s/sjúːts/; (過去・過分) ~·ed /-id/; (現分) ~·ing)
——他 1 …に適する, 合う; …に好都合である; …の気に入る, …を満足させる《◆ 受身・進行形にしない》‖
This climate does not **suit** tropical plants.
この気候は熱帯植物に適していない.
What time will **suit** you best? 何時がいちばんご都合がよろしいでしょうか.
It is not easy to **suit** everybody. みんなを満足させるのは容易なことではない.
That **suits** me (fine). (提案に対して)それでけっこうです《◆ (略式) では That はしばしば省略》.
2 《服装・色などが》…に似合う《◆ 受身・進行形にしない. 大きさ・型には用いない. → fit》‖
Black **suits** you well. 黒がよくお似合いです.
The beard **suits** his personality. あごひげは彼の個性にぴったりだ.
3 (正式) **a** …を合わせる, 一致させる ‖
She **suited** her speech **to** her audience.
彼女は聴衆に合わせて講演した.
**b** [be ~ed] 適している, ふさわしい ‖
His speech was **suited to** the occasion.
彼の講演はその場にふさわしかった.
She **is suited for** teaching. 彼女は教師としての適性を持っている.
4 (略式) [~ oneself] 自分の好きなようにする ‖
**Suit yourself.** 勝手にしろ, お好きなように.
Friday will **suit** well. 金曜日が都合がいい.

**suit·a·bil·i·ty** /sùːtəbíləti スータ**ビ**リティ/ 名 ⓤ 適切なこと, ふさわしいこと, 適合.

**\*suit·a·ble** /súːtəbl **ス**ータブル, (英+) sjúːt-/ 〖→ suit〗
——形 (比較 more ~, 最上 most ~) 適した, ふさわしい, …向きの(↔ unsuitable) ‖
Is the time of the interview **suitable for** you? この対談の時間で都合がよろしいでしょうか.
a **suitable** playground **for** the children = a playground **suitable for** the children 子供たちにうってつけの遊び場.
He is a **suitable** person [a person **suitable**] for her to marry. 彼は彼女が結婚するのにふさわしい人だ.
対話 "Why can't I take a trip there?" "It's not a **suitable** place for you to go."「どうして私がそこへ旅行しちゃだめなの」「君が行くにはふさわしい場所じゃないからだよ」.

**suit·case** /súːtkeis スートケイス, 《英+》sjúːt-/〚(服(suit)のかばん(case)〛
──名 (複 ~·cas·es/-iz/) C スーツケース, 旅行かばん《◆主に服ひとそろいが入るぐらいの大きさのもの. 「トランク」も含む. 単に case ともいう》.

**suite** /swíːt スウィート; 2《米+》súːt/《発音注意》《同音 ×スート》《類音 sweet; 類音 suit/sjúːt/》名 C 1 (ホテルなどの)一続きの部屋, スイートルーム《◆寝室・浴室のほか居間などがある. *suite room とはいわない》.
**2** 一式[一組]の家具 ‖
a lounge suite 居間家具一式.
**3** (一般に)一組, ひとそろい ‖
a computer suite コンピュータ機器一式.
**4**〖音楽〗組曲. **5** 〖単数・複数扱い〗随行員, 側近.
**-suit·ed** /-súːtid -スーティド/ (連結形) …のスーツを着た.

**suit·or** /súːtər スータ/ 名 C **1**〖法律〗原告. **2**《古》求婚者.

**sulf-** /sʌlf- サルフ-/ (連結形) 硫黄(おう)の《◆化学分野ではこの形を用いる. 異形: sulfo-, sulph-, sulpho-》.

**sul·fur** /sʌ́lfər サルファ/ 名 U《米》〖化学〗硫黄((英) sulphur)(記号 S).

**sulk** /sʌ́lk サルク/ 動 (自) すねる, ふくれる.
──名 [a ~ / the ~s] むっつりすること, すねること ‖
have the sulks ＝be in a sulk むっつりする, ふてくされる.

**sul·ki·ly** /sʌ́lkili サルキリ/ 副 不機嫌に, 黙りこくって.

**sulk·y** /sʌ́lki サルキ/ 形 (比較 -i·er, 最上 -i·est)
**1** むっつりした, すねた《◆子供っぽさを暗示する》‖
be sulky with her about a trifle ちょっとした事で彼女にすねている.
**2**〈天候などが〉うっとうしい, 陰うつな.

**sul·len** /sʌ́lən サレン/ 形 (時に 比較 ~·er, 最上 ~·est) **1** むっつりした, すねた, 不機嫌な (↔ genial) (類 sulky) ‖
a sullen face むっつりした顔.
**2**《文》うっとうしい, 重々しい ‖
a sullen, gray sky 雨の降りそうな重苦しい空.

**sul·len·ly** /sʌ́lənli サレンリ/ 副 むっつりと, 不機嫌に.

**sul·phur** /sʌ́lfə サルファ/ 名《英》＝sulfur.

**sul·tan** /sʌ́ltən サルトン/ 名 C サルタン, スルタン《イスラム教国の君主》; 絶対君主.

**sul·try** /sʌ́ltri サルトリ/ 形 (比較 -tri·er, 最上 -tri·est) **1** 蒸し暑い, うだるような; 焼けつくような《◆《米》では muggy, stifling の方がふつう》‖
hot, sultry days of summer 蒸し暑くてむっとする夏の日々.
**2** 情熱的な; 官能的な, なまめかしい.

**sum** /sʌ́m サム/《同音 some (強)》名 **1** [the ~ (total)] 合計, 総計, 総額, 和; すべて ‖
the sum of things 森羅万象.
the sum total of the expenses 費用の総額.
What is the sum of 5 and 10? 5＋10はいくつですか.
**2** [the ~ (total)] 大意, 概要 ‖
in sum 要するに.
**3** C 〖通例修飾語を伴って; 時に ~s; 単数扱い〗(ある)金額 ‖
raise a huge sum (of money) 多額の金を募金する.
**4** C 算数問題, 計算; [~s] 算数 ‖
do a sum in one's head 暗算をする.
──動 (過去・過分 summed/-d/; 現分 sum·ming) (他) **1** …を合計する, 総計する ‖
sum up one's assets 自分の資産を合計する.
**2** …を要約する, かいつまんで言う ‖
sum up one's main points in conclusion 終わりに臨んで要点をまとめる.
**3**〈人などを〉すばやく評価する, 見抜く (+up).
──(自) 要約[概説]する (+up).
**to súm úp** 要約すれば ‖ To sum up, I think we've got to make decisions sooner. 要するに, われわれは早く決定すべきだと思います.

**sum·ma·ries** /sʌ́məriz サマリズ/ 名 → summary.

**sum·ma·rize** /sʌ́məràiz サマライズ/《英ではしばしば》**-rise** 動 (現分 -riz·ing) (他) …を要約する, 手短に述べる.

*__sum·ma·ry__ /sʌ́məri サマリ/ 〖→ sum〗
──名 (複 -ma·ries/-riz/) C 要約, 概要, 大要 (cf. sum) ‖
in summary 要約すると.
──形《正式》〖通例名詞の前で〗手短な, かいつまんだ; 略式の; 〖法律〗即決の.
**súmmary còurt** 簡易裁判所.

*__sum·mer__ /sʌ́mər サマ/〚「半年」が原義〛
──名 (複 ~s/-z/) [時に S~] UC 夏, 夏季 (語法)《◆ふつう米国では6, 7, 8月, 英国では5, 6, 7月とされ最も快適な季節というイメージがある》; [形容詞的に] 夏の ‖
in high summer 真夏に.
(the) summer vacation 夏休み《◆学校では英米ともに6月末ごろから8月下旬まで》.
Summers we used to go to Miami. 夏にはいつもマイアミに行ったものだ《◆summers は副詞的》.
**súmmer càmp** サマーキャンプ《林間学校・臨海学校など》.
**súmmer schòol** 夏期学校, 夏期講習会.
**súmmer séssion** 夏期講習.
**súmmer sólstice** [the ~] 夏至(げ)《6月21日または22日》(↔ winter solstice).
**súmmer tìme**《英》夏時間(の期間)((米) daylight saving time) (cf. summertime).

**sum·mer·time** /sʌ́mərtàim サマタイム/ 名 U 夏季, 暑中; [the ~] 盛り, 全盛期 (cf. summer time) ‖
in the summertime of life 壮年期に.

**sum·ming-up** /sʌ́miŋʌ́p サミングアプ/ 名 (複 summings-up) C 要約, 概要, 大意.

**sum·mit** /sʌ́mit サミト/ 名 **1** [the ~] 頂上, いただ

き; 極致, 頂点《◆top より堅い語》‖
They succeeded in climbing to the summit of Mt. Everest. 彼らはエベレストの登頂に成功した.

**2** [the ~] 首脳(陣). **3** Ⓒ =summit conference [meeting, talks].

**súmmit cónference [méeting, tálks]** 首脳会議(summit).

**sum·mon** /sʌ́mən サモン/ 他《正式》《◆call より堅い語》**1** …を呼び出す, 呼びつける ‖
summon a doctor 医者を呼ぶ《◆「呼びにやる」は send for》.

**2** …を召喚(しょうかん)する ‖
summon a jury 陪審員の出廷を求める.
be summoned before a judge 裁判所に出頭を命ぜられる.
summon him to appear as a witness 証人として彼を出廷させる.

**3**〈会議などを〉招集する ‖
summon a council 会議を開く.
summon shareholders to a general meeting 株主を総会に招集する.

**4**〈勇気・力などを〉奮いたたせる, 起こす ‖
summon (up) all one's strength 全力をあげる.

**sum·mons** /sʌ́mənz サモンズ/ 图(複~·es/-iz/) Ⓒ 呼び出し, 招集. **2**(裁判所への)出頭命令(書), 召喚(状). ━━ 他(三単現 ~·es/-iz/)(略式)[通例 be ~ed] 召喚される.

**sump·tu·ous** /sʌ́mptʃuəs サンプチュアス|sʌ́mptjuəs サンプテュアス/ 形《正式》高価な; 豪華な; ぜいたくな.

***sun** /sʌ́n サン/ (同音 son) 派 sunny (形)
━━ 名(複~s/-z/) **1** [the ~] 太陽, 日《◆(1)代名詞は he, it で呼応する. (2)色については → red 形 **1**表現》‖
The sun rises in the east and sets in the west. 太陽は東から昇って西に沈む《◆ˣrise from the east, ˣsets to the west とは言わない》.
Two suns cannot shine in one sphere. (ことわざ) ひとつの空にふたつの太陽は輝かない; 「両雄並び立たず」.

**2** Ⓤ [通例 the ~] 日光, 陽光; 日なた(↔shade)‖
bathe in the sun 日光浴をする.
The sun beat down fiercely. 日がぎらぎらと照りつけた.
You'll get plenty of sun in that country. その国では十分な日照が得られます.

**3** Ⓒ (惑星に対してその中心となる)恒星.

語法 形容詞を伴う場合はしばしば a を用いる: a burning [scorching] sun 焼けつく太陽.

**únder the sún**(略式)この世で[の].
━━ 動(過去・過分 sunned/-d/; 現分 sun·ning) 他 …を日干しにする, 日にさらす; [~ oneself] 日なたぼっこをする. ━━ 自 日なたぼっこをする.

**Sún Bèlt** (米) [the ~] サンベルト《North Carolina からメキシコ湾岸の諸州を経て California に至る地帯》.

**sun·bathe** /sʌ́nbèið サンベイズ/ 動(現分 ··bath·ing) 自 日光浴をする, 日光浴する ‖
do (some) sunbathing 日光浴をする.

**sun·beam** /sʌ́nbìːm サンビーム/ 名 Ⓒ (文) 太陽光線.

**sun·block** /sʌ́nblàk サンブラク|-blɔ̀k -ブロク/ 名 Ⓤ Ⓒ 日焼け止め《クリーム・オイル・ローション》.

**sun·burn** /sʌ́nbə̀ːrn サンバーン/ 名 Ⓤ Ⓒ (炎症を起こした)日焼け(→ suntan).

**sun·burned** /sʌ́nbə̀ːrnd サンバーンド/, **··burnt** /-bə̀ːrnt -バーント/ 形 (米) 日焼けで炎症を起こした, ひりひりする, 水ぶくれの(→ suntanned);(英)(健康的に)日焼けした, きつね色の.

**sun·dae** /sʌ́ndei サンデイ, -di/ 名 Ⓒ サンデー《果物・ナッツなどのせシロップをかけたアイスクリーム》.

***Sun·day** /sʌ́ndei サンデイ, -di/『太陽の(Sun)日(day). → week Q&A』
━━ 名(複~s/-z/) **1** Ⓤ Ⓒ 日曜日(略 S., Sun.)‖
last Sunday =(主に英) on Sunday last この前の日曜日に.
It was a clear Sunday. 快晴の日曜だった《◆形容詞を伴うときは a や an を付ける》.

語法 [曜日と前置詞] on Sunday 日曜日には(いつも); この前の日曜日に(=last Sunday), 今度の日曜日に(=this [next] Sunday)《◆意味の違いは文脈による》/ on a Sunday ある日曜日に(=one Sunday); 日曜日にはいつも)/ on Sundays 日曜日には(いつも)《◆ on (a) Sunday より習慣化している意味あいが強い》/ of a Sunday《文》日曜日には(いつも).

**2** [形容詞的に] 日曜日の ‖
on Sunday morning 日曜日の朝に.

**3**《英略式・米》[副詞的に] 日曜日に ‖
I sleep late Sunday(s). 私は日曜日には遅くまで寝ています.

**Súnday bést [clóthes]** (やや古風式) [one's ~] 晴れ着, よそ行きの着物 ‖ in one's Sunday best 晴れ着を着て.

**Súnday schóol** 日曜学校.

**sun·dial** /sʌ́ndàiəl サンダイアル/ 名 Ⓒ 日時計.

**sun·down** /sʌ́ndàun サンダウン/ 名 Ⓤ (米) 日没(時刻).

**sun·dry** /sʌ́ndri サンドリ/ 形 (古) 雑多な, 種々様々の.

**áll and súndry** [複数扱い](略式) それぞれ, みんな, 各自.

**sun·flower** /sʌ́nflàuər サンフラウア/ 名 Ⓒ 〔植〕ヒマワリ.

***sung** /sʌ́ŋ サング/ 動 → sing.

**sun·glass** /sʌ́nglæ̀s サングラス|-glɑ̀ːs -グラース/ 名 [~es] サングラス.

**sunk** /sʌ́ŋk サンク/ 動 sink の過去分詞形《◆sunken はふつう形容詞として用いる》.
——形 **1** =sunken.
**2** (略式) 救いようのない, お手上げの ‖
I am **sunk**. もうだめだ.

**sunk·en** /sʌ́ŋkn サンクン/ 動 (まれ) sink の過去分詞形.
——形 (正式) **1** 沈没した, 海底の; 水中の ‖
a **sunken** ship 沈没船.
**sunken** treasures 海底に埋もれた財宝.
**2** 周囲より低い, ひっこんだ ‖
a **sunken** garden (周りをテラスで囲んだ)沈床（ちんしょう）園.
**3** 落ち込んだ, くぼんだ ‖
**sunken** cheeks やせこけたほほ.

\***sun·light** /sʌ́nlàit サンライト/ 名 U 日光, 陽光.
**sun·lit** /sʌ́nlìt サンリト/ 形 日に照らされた.
**sun·ni·er** /sʌ́niər サニア/ 形 → sunny.
**sun·ni·est** /sʌ́niist サニイスト/ 形 → sunny.

\***sun·ny** /sʌ́ni サニ/ (同音 sonny)〖→ sun〗
——形 (比較 --ni·er, 最上 --ni·est) **1** 日当たりのよい, 明るく日が照る(↔ shady) ‖
a **sunny** day 日が照ってぽかぽかする日.
**2** [通例名詞の前で] 快活な, 陽気な ‖
a **sunny** disposition 快活な性質.

**súnny-síde úp** /sʌ́nisàid- サニサイド-/ 形 (米) 目玉焼きの(片面だけ焼いたもの. 関連 → egg).

\***sun·rise** /sʌ́nràiz サンライズ/
——名 (複 ~·ris·es/-iz/) U C 日の出(の時刻), 暁(↔ sunset) ‖
at **sunrise** 日の出時に, 日の出と共に.
**súnrise industry** 成長産業.

**sun·roof** /sʌ́nrùːf サンルーフ/ 名 C サンルーフ《建物の屋上の平らな部分または自動車の屋根の一部を開閉できるようにしたもの》.

\***sun·set** /sʌ́nsèt サンセト/
——名 (複 ~s/-sèts/) **1** U C 日没(時刻), 入り日(↔ sunrise) ‖
at **sunset** 日没時に.
**2** U 夕焼け空, 夕焼け色.

\***sun·shine** /sʌ́nʃàin サンシャイン/
——名 U **1** [しばしば the ~] 日光, 日ざし, 太陽光線; 晴天, 好天気(↔ rain) ‖
enjoy the **sunshine** outside 戸外で日光を浴びて楽しむ.
April weather, rain and **sunshine** both together. (英)(ことわざ) 4月の天気は雨と晴れが同時にやってくる《◆英国の4月は天候が不安定だということ》.
**2** 日なた, 日だまり ‖
play about in the warm **sunshine** 日なたで遊び回る.
**3** 輝き, 快活, 陽気; 晴れ晴れさせるもの.
*a ráy of súnshine* (1) (逆境での)喜び, 光. (2) (略式) 快活な人.

**sun·spot** /sʌ́nspɑ̀t サンスパト/ |-spɔ̀t -スポト/ 名 C **1** 〖天文〗太陽黒点. **2** (英略式)日光に恵まれた観光地.

**sun·stroke** /sʌ́nstròuk サンストロウク/ 名 U 日射病.

**sun·tan** /sʌ́ntæ̀n サンタン/ 名 U C (健康的な)日焼け(tan) (cf. sunburn); U きつね色 ‖
get a **suntan** 日焼けする.
**súntan lòtion** 日焼け止めローション.
**sún·tànned** /-d/ 形 (健康的に)日焼けした, きつね色の.

**sun-up** /sʌ́nʌ̀p サナプ/ 名 U (米略式) =sunrise (↔ sundown).

**su·per** /súːpər スーパ/ 名 C **1** (略式) (アパート・事務所の)管理人, 監督者(supervisor, supeintendent). **2** =supermarket. ——形 (略式) すばらしい; 最高級の; 特大の. ——副 大変, とても. ——間 (主に英) すばらしい!

**su·perb** /supə́ːrb スパーブ, (米+) sə-/ 形 (比較 more ~, ~·er; 最上 most ~, ~·est) **1** すばらしい, 見事な; 極上の (excellent) ‖
a **superb** singer 一流の歌手.
**2** 荘厳な, 華美を極めた ‖
a **superb** mansion 壮麗な大邸宅.
a **superb** view 絶景.
**3** 豪華な ‖
a **superb** meal 豪勢な食事.
**su·pérb·ly** 副 見事に, 豪華に.

**su·per·fi·cial** /sùːpərfíʃl スーパフィシャル/ 形 (正式) **1** 表面の, 上皮の, 浅い ‖
a **superficial** wound 浅い傷, 外傷.
a **superficial** burn 軽いやけど.
**2** 表面的な, うわべだけの; 思慮の浅い ‖
**superficial** knowledge 浅薄な知識.
a **superficial** relationship うわべだけの関係.
a **superficial** research ずさんな調査.
**su·per·fí·cial·ly** 副 表面的に.
**su·per·fi·ci·al·i·ty** /sùːpərfìʃiǽləti スーパフィシアリティ/ 名 U 表面的なこと, 浅薄, 皮相.

**su·per·flu·ous** /supə́ːrfluəs スパーフルアス, (米+) sə-/ (アクセント注意) 形 (正式) 過分の; 無用の, 不必要な ‖
a **superfluous** warning 過度の警戒.

**su·per·high·way** /sùːpərháiwei スーパハイウェイ/ 名 C (米) 高速道路《◆ expressway, freeway, parkway, speedway, turnpike などの総称》.

**su·per·hu·man** /sùːpərhjúːmən スーパヒューマン/ 形 **1** (正式) 超人的な, 神わざの. **2** 超自然的な, 神に近い.

**su·per·im·pose** /sjùːpərimpóuz スーパーインポウズ/ 動 (現分 --pos·ing) **1** (正式) …を重ねる[載せる]; …を添える. **2** 〖写真・映画〗…を二重焼き付けする; (字幕スーパーを)焼き付ける.

**su·per·in·tend·ent** /sùːpərinténdənt スーパインテンデント/ 名 C **1** 監督者, 指揮者, 管理者; (アパート・事務所の)管理人((略式) super) ‖
a **superintendent** of a factory 工場長.
**2** 最高責任者《長官・重役・社長・校長など》.

**su·pe·ri·or** /supíəriər スピアリア/ 形 **1** [be superior to A] …よりすぐれている, まさっている(↔ in-

ferior)‖
This car is much [far, ˣvery] superior to [ˣthan] that one. この車はあの車よりずっと性能がよい(=This car is much [far]better than that one.).
**2** 相手を上回る, 優勢な‖
They attacked us in **superior** numbers. 彼らは我々を上回る人数でもって攻撃してきた.
**3** 上級の, 上官の, 上役の.
**4** 優越感にひたった, 傲慢(蕊)な‖
with a **superior** smile 相手を見下した笑いを浮かべて.
**5**〖正式〗優秀な, 上等の.
──名 ⓒ すぐれた人;〖通例 one's ~〗上役, 上司, 上官; 先輩, 年上の人.

**Su·pe·ri·or** /supíəriər スピアリア/ 名 Lake ~ スペリオル湖《米国・カナダの間にある五大湖の中で最大の湖》.

**su·pe·ri·or·i·ty** /supìəriɔ́(ː)rəti スピアリオ(ー)リティ/ 名 Ⓤ 優越, 優勢, 卓越(↔ inferiority); 高慢, 超越, 超然‖
I admit her **superiority** to others. 彼女が他の人より抜きん出ているのを私は認めている.
**superiórity còmplex**〔精神医学〕優越複合;〖略式〗(一般に)優越感(↔ inferiority complex).

**su·per·la·tive** /supə́ːrlətiv スパーラティヴ, 《米+》sə-/ 形 **1**〖正式〗最高の, 最上の, 無比の‖
a man of **superlative** wit 最高の知恵者.
**2**〔文法〕最上級の‖
a **superlative** adjective 最上級形容詞.
──名〔文法〕〖the ~〗最上級;最上級の語.

**‡su·per·mar·ket** /súːpərmɑ̀ːrkət スーパーマーケット/
──名 (複 ~s/-kits/) ⓒ スーパーマーケット, スーパー(略 super).
Will you go and buy some milk at the **supermarket**? スーパーへ行ってミルクを買ってきてくれませんか.

**su·per·nat·u·ral** /sùːpərnǽtʃərəl スーパナチュラル/ 形 **1** 超自然の, 不可思議な‖
**supernatural** happenings 神秘的な出来事.
**2** 人間離れした, 神わざの.

**su·per·pow·er** /súːpərpàuər スーパウア/ 名 Ⓤ 超大な力, 異常な力. **2** ⓒ 超大国;(超大国を抑制する)国際管理機構.

**su·per·sede** /sùːpərsíːd スーパスィード/ 動 (現分 ~sed·ing)〖正式〗**1** …に取って代わる. **2** …を入れ替える.

**su·per·son·ic** /sùːpərsánik スーパソニック|-sɔ́n--ソニック/ 形 **1**〔物理〕超音速の.
**2**〔航空〕超音速の(→ sonic)‖
a **supersonic** aircraft 超音速航空機.
**supersónic tránsport** 超音速旅客機(略 SST)《英仏の Concorde など》.

**su·per·star** /súːpərstɑ̀ːr スーパスター/ 名 ⓒ (スポーツ・芸能界の)大スター, スーパースター.

**su·per·sti·tion** /sùːpərstíʃən スーパスティション/ 名 Ⓤⓒ **1** 迷信;盲信;迷信的習慣[行為]‖
the **superstition** that 13 is an unlucky number 13は不吉な数という迷信.
**2** (未知・神秘に対する)不合理な恐怖, 偶像崇拝.

**su·per·sti·tious** /sùːpərstíʃəs スーパスティシャス/ 形 迷信的な, 迷信を信じる‖
**sù·per·stí·tious·ly** 副 迷信的に, 迷信深く.

**su·per·vise** /súːpərvàiz スーパヴァイズ, ⸺/ 動 (現分 ~vis·ing) 他 …を監督する, …の指揮をとる‖
**supervise** (the work of) the programers プログラマー(の業務)を管理する.

**su·per·vi·sion** /sùːpərvíʒən スーパヴィジョン/ 名 Ⓤ 監督, 管理, 指揮‖
under the **supervision of** the manager 支配人の指図で.

**su·per·vi·sor** /súːpərvàizər スーパヴァイザ, ⸺/ 名 ⓒ 監督者, 管理者, 指揮者(→ foreman);上司.

**su·per·vi·so·ry** /sùːpərváizəri スーパヴァイザリ/ 形 監督[指揮](者)の‖
**supervisory** duties 監督の職務.

**‡sup·per** /sápər サパ/〖「夕食をとる(sup)こと」が原義〗
──名 (複 ~s/-z/) **1** Ⓤⓒ 夕食, 晩ごはん(= dinner Q&A)‖
a small **supper** 簡単な夕食.
have [eat] **supper** 夕食をとる.
have an early **supper** 早目に夕食をとる.
The phone rang at [during] **supper**. 夕食中に電話が鳴った.
They are at [ˣon] **supper**. 彼らは夕食中である《♦ They are having [eating] *supper*. がふつう》.
**2** Ⓤⓒ (簡単な)夜食《♦ 夕食が dinner になった場合, そのあとでとる軽い食事》.
**3** ⓒ 夕食会.

**sup·plant** /səplǽnt サプラント|-láːnt サプラーント/ 動〖正式〗**1** …に取って代わる. **2** …の後釜(蕊)にすわる.

**sup·ple** /sápl サプル/ 形 **1** 素直な, 柔順な;融通のきく;追従的な, 卑屈な. **2** 曲げやすい, 柔軟な.

**sup·ple·ment** /sápləmənt サプラメント/ 名 ⓒ 補足;補遺(ぶ), 増補;増刊号, 別冊付録(cf. appendix);栄養補助食品, サプリメント‖
a travel **supplement** in [of] the Sunday newspaper 新聞の日曜版の旅行特集.
*The Times Literary Supplement*『タイムズ文芸付録』.
take a vitamin **supplement** ビタミンのサプリメントをとる.
──動 他 …を補う;…に付録[補遺]を付ける‖
**supplement** a diet **with** vitamins 制限食にビタミンを補強する.
**supplement** one's income **by** writing books 副業として本を書いて収入の足しにする.

**sup·ple·men·ta·ry** /sÀpləméntəri サプリメンタリ/ 形 《正式》補遺(ﾎﾞ)[増補, 追加, 付録]の ∥
a volume **supplementary** to the dictionary その辞書の補遺1巻.

**sup·pli·er** /səpláiər サプライア/ 名C 《しばしば ~s》供給者[会社, 国]; 業者, 原料供給国.

**sup·ply** /səplái サプライ/ 動 (三単現 sup·plies /-z/; 過去・過分 sup·plied /-d/)

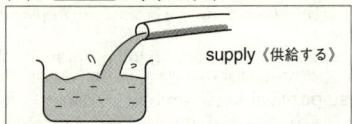

supply 《供給する》

―他 **1** …を供給する, 配達[支給]する; [supply A with B / supply B to [for] A] A〈人〉に B〈物〉を供給する, 支給する, 提供する ∥
**supply** starving villagers **with** food = **supply** food **to** [**for**] starving villagers 飢えた村人に食物を供給する.
**2** 《正式》…を補充する, 埋め合わせる; …の代役[代行]をする.
*be wéll supplíed with* A …に恵まれている, 不自由しない.

―名 (複 sup·plies /-z/) **1** U 供給, 支給 (↔ demand) ∥
**supply**-demand imbalance 需給不均衡.
**2** C 《通例 a ~》供給物[量] ∥
a good **supply** of food 食物の豊富な供給量.
**3** C 《しばしば supplies》必需品, 糧食; 備蓄, ストック; 《軍事》補給品, 在庫量[品].
*in shórt supplý* 〈商品などが〉不足して.
**supplý tèacher** 《英》代用教員(《米》substitute teacher).

*__sup·port__ /səpɔ́ːrt サポート/ 〖「下(sup)から支える (port). cf. re*port*〗
―動 (三単現 ~s /-ɔ́ːrts/; 過去・過分 ~ed /-id/; 現分 ~·ing)
―他 **1** …を(倒れないように)支える ∥
The roof is **supported** by pillars. 屋根は柱で支えられている.
**2** [比喩的に] …を扶養(ﾌｧ)する; …を支持する; …を援助する ∥
**support** one's local baseball team 地元の野球チームを応援する.
対話 "You have two jobs?" "Well, I have a large family to **support**. One job's not enough." 「君は2つも仕事をもってるの」「うん, 扶養家族が多いからよ. 1つじゃ足りないのさ」.

―名 (複 ~s /-ɔ́ːrts/) **1** U 支え; C 支柱, 土台.
**2** U [比喩的に] 支え, 支持, 頼り(になるもの); 援助, 後援, 扶養 ∥
the **support** of a family 一家の大黒柱.
her **support** for the sick 病人に対する彼女の援助.
*in support of* a ban on smoking 禁煙を支持して.
give **support** to a motion 動議を支持する.

**sup·port·er** /səpɔ́ːrtər サポータ/ 名C **1** 支持者, 後ろだて, 味方, とりまき; (サッカーなどの)ファン. **2** 扶養者. **3** 支柱. **4** 《医学・スポーツ》サポーター.

*__sup·pose__ /səpóuz サポウズ/ 〖「下に(sup)置く (pose)」→「…を前提とする」. cf. com*pose*, im*pose*〗
―動 (三単現 ~·pos·es /-iz/; 過去・過分 ~d /-d/; 現分 ~·pos·ing)
―他 **1** [suppose (that) 節] …だと思う, 考える 《♦(1) think より意味の軽い語. (2) that はふつう省略される. (3) 進行形にしない》∥
I don't **suppóse** (that) she'll come. 彼女は来ないと思う.
I **suppose** (that) you like coffee, don't you? コーヒーがお好きなんですね.
対話 "Is she coming to the party?" "I **suppóse sò**." 「彼女はパーティーに来ますか」「来るでしょう」《♦「来ないだろう」なら "I suppose not."》.
**2 a** 《正式》[suppose (that) 節] …であると想像する, 推測[仮定]する 《♦進行形にしない》∥
They **supposed that** he was a dishonest man. 彼らは彼をうさん臭いやつだと考えていた.
対話 "How old is that man?" "About seventy(↘), I **suppose**." 「あの男の人はいくつぐらいかな」「70ぐらいじゃないか」(→ **b**).
**b** [suppose A (to be) C] C〈人・事〉を C だと思う ∥
They **supposed** him (**to be**) a dishonest man. 彼らは彼をうさん臭いやつだと考えていた(→ **a**).
**3** [通例 Suppose (that) 節] **a** もし…としたら ∥
**Suppose** she does not come? もし彼女が来なかったら?
**Suppose** you **were** in my place, what would you do? もし君が私の立場にあるとしたら, どうしますか 《♦過去形を用いる仮定法過去の方がていねいな表現》.
対話 "Give him a call and ask him if he can help us now." "**Suppose** he's not at home or refuses. Then what?" 「彼に電話をして, 今我々を手伝ってくれるかどうか尋ねてごらん」「留守だったり断わられたら, どうしようか」.
**b** [しばしば I ~] …したらどうか ∥
**Suppose** [I **suppose**] we go to the movies tonight. 今夜映画はどうだね 《♦ Let's go to … より控え目な提案》.
*be suppósed to be* … …だと思われている ∥ He is **supposed to be** a good doctor. 彼は名医だと考えられている.
*◇be suppósed to* /səpóustə サポウストトゥ/ *do* …することになっている, するはずである; [二人称平叙文] …しなければならない 《♦否定文では「…してはいけないことになっている」の意になる》∥ You are **supposed to** come at 7 o'clock. 君は7時に来ることになっている[来てください] / She was **supposed to** arrive at three. 彼女は3時に着くことになっていた.
*◇be not suppósed to* do …してはいけないことに

なっている ‖ You are not supposed to wear a ring in the classroom. 教室では指輪をしてはいけないことになっています / Don't be supposed to dump here. (掲示)(略式) ここにごみを捨ててはいけません《♦ No dumping. より遠回しな禁止》.

**I don't suppóse (that)** ... (略式) …というのは無理でしょうね ‖ I don't suppose you could lend me 10 dollars, could you? 10 ドルお借りするのは無理でしょうか.

**sup·posed** /səpóuzd サポウズド/ 動 → suppose.
── 形 (正式) (そう)考えられていた, (…で)あるはず; 仮定の, 想像上の ‖
the **supposed** spy スパイと考えられていた人《♦ 実際にはそうでなかったことを含む》.

**sup·pos·ed·ly** /səpóuzidli サポウズィドリ/ 副 たぶん, 恐らく; [文全体を修飾] 推定するところでは.

**sup·pos·ing** /səpóuziŋ サポウズィング/ 動 → suppose.
── 接 [時に Supposing that 節] もし…なら(どうするか) ; …したらどうか ; …してもかまうものか ‖
**Supposing** (that) he does [˟will] not come, what shall I do? もし彼が来なかったらどうしよう《♦ 節の動詞は未来のことでも現在形. 仮定法過去も用いられる: Supposing he did not come, what should I do?》.

**sup·po·si·tion** /sÀpəzíʃən サポズィション/ 名 U C (正式) 仮定, 推測, 想定(↔ fact); 仮説 ‖
argue from **supposition** 憶測に基づいて議論する.
on the **supposition** that he would be unable to go 彼は行けないだろうという仮定に立って.

**sup·press** /səprés サプレス/ 動 (三単現) ~·es /-iz/) 他 (正式) **1** …を鎮圧する, 抑圧する, 静める ‖
**suppress** a rebellion 暴動を抑える.
**2** …を抑える, 我慢する ‖
**suppress** a yawn あくびをかみ殺す.
**suppress** one's feelings 感情を表に出さない.
**3** …を隠す ‖
**suppress** evidence 証拠を伏せておく.

**sup·pres·sion** /səpréʃən サプレション/ 名 U **1** (正式) 鎮圧, 抑圧すること ‖
in the **suppression** of the revolt 反乱鎮圧の時に.
**2** (感情などを)抑えること ‖
the **suppression** of a smile 笑いをかみ殺すこと.
**3** (事実などを)隠すこと.

**su·prem·a·cy** /suprémǝsi スプレマスィ/ 名 (複 --a·cies/-z/) U C (正式) **1** 至高, 無上 ; 最高位.
**2** 優位, 優越 ‖
Shakespeare's **supremacy** as a playwright 劇作家としてシェイクスピアが断然抜きんでていること.
**3** 主権, 至上権.

**su·preme** /suprí:m スプリーム/ 形 (正式) **1** [しばしば S~]〈地位・権威・権力などが〉最高の, 最高位の, 至上の ‖

**supreme** power 至上権, 最高権力.
the **supreme** ruler 最高統治者.
**2** (程度・質・重要性などが) 最高の, 最大の, 絶大な, この上ない ‖
the **supreme** good 最高の善.
**supreme** joy 無上の喜び.
treat him with **supreme** contempt 軽蔑(ばつ)しきって彼を扱う.
a matter of **supreme** importance 最重要問題.
**3** 最後の, 終局の, 究極の ‖
the **supreme** goal [end] 究極の目的.
**Supréme Béing** (文) [the ~] 至高の存在, 神.
**suprême commánder** 最高司令官.
**Supréme Cóurt** [the ~] (1) (米) (国または州の)最高裁判所. (2) (米国以外の日本やその他の諸国の)最高裁判所.

**su·preme·ly** /suprí:mli スプリームリ/ 副 最高に; この上なく ‖
a **supremely** embarrassing question きわめて答えにくい(やっかいな)質問.

**sur·charge** 名 sə́ːrtʃɑ̀ːrdʒ サーチャーヂ; 動 -/ 名 C **1** 追加料金. **2** (荷物の)積みすぎ.
── 動 (現分) ~·char·ging) 他 **1** …に追加料金を請求する. **2** …に荷を積みすぎる.

\***sure** /ʃúər シュア, ʃɔːr | ʃɔ́ː ショー, ʃúə/ 《「[心配のない]」が原義. cf. sec*ure*》 例 **surely** (副)
── 形 (比較) more ~, sur·er/ʃúərər/ ; (最上) most ~, sur·est/ʃúərist/) **1** [be sure of [about] A] …を確信している ; [be sure (that) 節] …を確信している ‖
Are you **sure** about her phone number? 彼女の電話番号は確かですか.
I'm **sure** of his success. =I'm **sure** (that) he will succeed. 彼はきっとうまくやるでしょう《♦ 文脈によっては I'm **sure** (that) he has succeeded. 「彼はきっとうまくやったと思う」の意味にもなる》.
I'm **sure** we'll see each other again, won't we? またお互いにきっと会えますよね.
Are you **sure** you can jump that far? そんなに遠くまで跳べる自信があるのかい《♦ 上の2例は that 節が省かれていると考えられる》.
Are you quite **sure**? 本当に間違いないのだな.
対話 "Will you go?" "I'm not **sure**." 「君は行くのか」「さあ, わからない」.
対話 "There's no reason to ask again." "I know, but I want to be **sure** of the time." 「もう一度尋ねるのも変だわ」「わかってるよ. でも時間を確認したいんだ」.

> Q&A **Q** : sure と certain の違いを教えてください.
>
> **A** : 2つあります. まず第一に, 確かな証拠や根拠に基づく確信を表す certain に対し, sure は主観的な判断に基づく確信を表すのが原則です. ただし次のように否定文ではその差はあまり意識されません.

I'm not **sure** [*certain*] that's a good idea. それはどうもいい考えとはいえません.
第二に, It is *certain* that he will come. は正しい文ですが, この it を主題にした構文で sure を用いることはできません.

**2** [通例否定文・疑問文で; be sure wh 節・句] …かを**確信している** ‖
I'm **not sure** why he suddenly quit his job. 彼がなぜ急に仕事をやめたのかはっきりしない.
I'm **not sure** where to park [where I should park] the car. どこに車を止めたらいいかわからません.
I'm **not sure** whether he will come back. 彼が帰って来るかどうかよくわからない.

**3** [話し手の確信を表して; be sure to do] きっと…する, …するのは確実である ‖
It's **sure** to rain this afternoon. 午後にはきっと雨が降る《◆ この It は天候の it》.
She **is sure** to succeed. 彼女はきっと成功する (=I am sure she will succeed.)《◆ 成功することを確信している主体は she ではなく, この文の話し手である「私」. She is *sure* of success. では, 成功することを確信している主体は she》.

**4** [be sure (that) 節] …するように**気をつける**, 注意する ‖
In introducing people one must **be sure** (that) each one knows the family name of the other. 人を紹介する際にはお互いが相手の姓を覚えるように気をつけなければいけない.

**5** [名詞の前で] 信頼できる, 頼りになる ‖
a **sure** reporter 信頼できる記者.

**6** 疑いの余地のない, 確かな ‖
**sure** proof 確証.

**7** 〈信念・足どりなどが〉ぐらつかない, しっかりした ‖
**sure** convictions 確固とした信念.
**sure** footing しっかりした足どり.

**8** 必ず起こる, 避けられない, 必然的な ‖
Our victory is **sure**. 我々の勝利は確実だ.

**be** [**feel**] **súre of** oneself 自信がある.

***Be súre to** do =《略式》**Be súre and** do …するように気をつけなさい, 必ず…しなさい ‖ **Be sure** to lock the door before you go to bed. 寝る前に必ず戸締りをしなさい / **Be sure** to take good care of yourself. くれぐれもおからだを大切に.

**for súre** 《略式》(1) 確かに[な], 確実に[な] ‖ I knew **for sure** that he would fail. 彼が失敗することを私は確かに知っていた / That's **for sure**! 確かにそのとおり. (2) [否定文で] 確実には《◆ 部分否定》‖ I don't know **for sure**. はっきりとはわかりません.

***I'm súre** 《略式》(1) [文頭・文中・文尾で] 本当に, 確かに《◆ 断言の強調》‖ I don't know, **I'm sure**. 私, 知らないんです, 本当に. (2) =to be SURE (2).

∘**màke súre** (1) 《略式》確かめる, 念を入れる ‖ make doubly **sure** 念には念を入れる / just to **make sure** 念のために / You should **make sure of** the facts before you write something. 何かを書く前には事実を確かめるべきだ / I consulted the dictionary to **make sure** (that) I had spelled the word correctly. 単語を正しくつづったことを確かめるために辞書を引いた / 対話 "Why are you checking the windows?" "I already locked them." "Just want to **make sure**, that's all." 「どうして窓を確かめているの. 私がもうカギをかけておいたから」「確認したいだけさ. ただそれだけのこと」. (2) 手配する, 注意する ‖ **Make sure** (that) you arrive at the airport before ten. 10時前に空港へ着くようにしなさい《◆ that 節内の時制については → SEE to it that …》.

∘**to be súre** (1) 《略式》確かに ‖ 対話 "Didn't you say so?" "Oh, yes. **To be sure**, I did." 「そう言わなかったかい」「いや言ったとも, 確かに」. (2) 《正式》[but と呼応して] なるほど, 確かに ‖ He is young, **to be sure**, but he has had a lot of experience. なるほど彼は若いが経験は豊富だ. (3) [just のあとで] 念のために.

— 副 《主に米略式》**1** [文全体を修飾] 確かに, 本当に ‖
She's **sure** pretty. 彼女は本当にかわいい.
対話 "It's cold out here." "**It sure is**." 「ここは寒いね」「本当にね」.

**2** [返答として] いいとも, もちろん, そのとおり ‖
対話 "Can I borrow your book?" "**Sure**." 「本を借りてもいいですか」「いいとも」.
対話 "Thank you." "**Sure**." 「どうもすみません」「いやいや(かまいませんよ)」.

∘**sùre enóugh** 《略式》確かに, 案の定(ニょう) ‖ She was afraid she would fail her exam, and **sure enough** she did. 彼女は自分が試験に落ちると思っていたが, 案の定落ちた / It will start to rain **sure enough**. 大丈夫きっと雨が降るよ.

**súre thìng** 《略式》[a ~] 確実なこと, 疑いないこと. — 《略式》[しばしば間投詞的に] もちろん, 確かに, 了解《◆ 承諾・了承の返事》.

**sure・ly** /ʃúərli シュアリ, ʃɔ́ːrli | ʃɔ́ːli ショーリ, ʃúəli/
副 **1** [文全体を修飾; 文頭・文中・文尾で] 確かに, 必ず, きっと《◆ 確信と共に驚き・不信を表す. ふつうの疑問文には用いない. → 》‖
She will **surely** succeed. =**Surely**, she will succeed. =She will succeed, **surely**. 彼女はきっとうまくやりますよ(君もそう思うだろう)(=She is **sure** to succeed. / I am **sure** (that) she will succeed.).

**2** [通例文頭・文尾に置き, 疑問符や付加疑問を付けて] 確かに, きっと, よもや, 必ずや《◆ 驚き・疑い・不信・念を押す気持ちを表す》‖
**Surely**(↘) that's Bob over there?(↗) I thought he was in Paris! まさかあれはボブではないだろうな. 彼はパリにいると思っていたが.
対話 "You owe me $1,000 and I want it now." "**Surely** you're joking!" 「君に千ドル貸しているが, それを今返して欲しいんだ」「まさか, 冗談

だろ」.
**3** 確実に, 着実に ‖
She works **surely** and steadily. 彼女は着実にしっかり働く.
**4** (主に米) [返答として] いいですとも, もちろん, その通り ‖
対話 "Will you give me a helping hand?" "**Surely.**(↘)"「ちょっと手を貸してくれないか」「いいとも」《◆ sure の方が多用される. (英)では certainly や of course が一般的》.

**surf** /sə́ːrf サーフ/ (同音 serf) 图 U (海岸・岩礁などへ)寄せる波, 寄せては砕ける(白い)波.
── 動 国 サーフィンをする, 波乗りをする; インターネットを(漠然と)見て回る.

**sur·face** /sə́ːrfəs サーファス/ 発音注意 《◆ × サーフェイス》 图 **1** C 表面, 表, 外面 ‖
Much of the earth's **surface** is covered with water. 地球の表面の多くは水域である.

関連 裏に対する「表」はコインでは head, 服などは right side, 紙は front side, 葉書・封筒などは front.

**2** C [通例単数形で] 水面 (↔ bottom) ‖
Mt. Fuji is beautiful when it is reflected on the **surface** of the lake. 湖水に映った富士山は美しい.
**3** C (幾何) 面 ‖
a plane **surface** 平面.
**4** [the ~] 外見, 外観, うわべ, 見かけ ‖
look below the **surface** of the matter その問題の本質を見る.
scratch the **surface** 表面的に扱う.
**còme to the súrface** 浮上する; 表面化する, 露見する.
**on the súrface** 外見は, うわべは, 表面上は ‖
This problem seems to be easy **on the surface**, but it's really difficult. この問題は一見簡単そうだが実は難しい / 対話 "Japanese high school life is really different from Canadian high school life, isn't it?" "**On the surface** yes, but deep down they have many similarities." 「日本の高校生活とカナダの高校生活は本当に違っていますよね」「表面的にはその通り. でも深いところで多くの類似点がありますよ」.
── 形 **1** 表面の, 外面の ‖
**surface** gloss 表面のつや.
a **surface** wound 外傷.
**2** (空中・水中・地中に対して)地上の, 陸上(輸送)の; 海上(輸送)の ‖
by **surface** (mail) (米) 船便で, 陸上便で.
**surface** transport 陸上輸送, 水上輸送.
**3** うわべだけの, 外見上の, 皮相な ‖
**surface** kindness うわべの親切.
── 動 (現分 **·fac·ing**) (正式) 他 **1** …の表面を平らに仕上げる, 〈道路など〉を舗装する ‖
**surface** a road with tarmac タールマックで道路を舗装する.
**2** 〈潜水艦など〉を浮上させる.
── 国 **1** 水面に浮上する. **2** 表面化する, 明るみに出る.

**súrface màil** (航空便に対して)船便, 陸上便.

**surf·board** /sə́ːrfbɔ̀ːrd サーフボード/ 图 サーフボード, 波乗り板. ── 動 国 サーフィンをする.

**sur·feit** /sə́ːrfət サーフェト/ 图 (正式) **1** [a ~ of + U C 名詞] 過度の, …の過剰 ‖
a **surfeit** of advice うんざりするほどの忠告.
**2** U 食べすぎ, 飲みすぎ; 食傷, 飽満(感).

**surf·er** /sə́ːrfər サーファ/ 图 C サーファー, 波乗りをする人.

**surf·ing** /sə́ːrfiŋ サーフィング/ 動 → surf.
── 图 U サーフィン, 波乗り; インターネットサーフィン.

**surge** /sə́ːrdʒ サーヂ/ (同音 serge) 動 (現分 **surg·ing**) 国 (正式) **1** 波となって打ち寄せる; 波のように押し寄せる ‖
The soldiers **surged** ahead. 兵隊たちがどっと押し寄せた.
**2** 〈感情が〉沸きあがる; 〈物価などが〉急上昇する ‖
Pity **surged** up within her. 彼女の心に哀れみの気持ちがこみあげてきた.
── 图 C (正式) [通例 a ~] **1** 大波, うねり.
**2** (群衆の)殺到; (感情の)高まり, 動揺 ‖
a **surge** of excitement 興奮の高まり.

**sur·geon** /sə́ːrdʒən サージョン/ 图 C **1** 外科医 (cf. physician). **2** 軍医, 船医.

**sur·ger·y** /sə́ːrdʒəri サーチャリ/ 图 (複 **·ger·ies** /-z/) **1** U 外科, 外科医学.

関連 plástic súrgery 形成外科 / cosmétic súrgery 美容(整形)外科 / clinic surgery 臨床外科 / sparepart surgery (略式) 臓器移植外科.

**2** U C 外科手術, 外科的処置 ‖
undergo **surgery** 手術を受ける.
perform **surgery** on the eye 目の手術を行なう.
**3** C (米) (外科)手術室.
**4** C (英) 医院, 診療所, 歯科医(の診察室).

**sur·gi·cal** /sə́ːrdʒikəl サーヂクル/ 形 外科(医)の; 外科手術の (↔ medical).

**sur·ly** /sə́ːrli サーリ/ 形 不機嫌な, むっつりした; ぶっきらぼうな.

**sur·mise** /sə̀ːrmáiz サーマイズ, ́-́; 動 -́, (英+) -́/ (正式) 图 C 推量, 推測, 憶測.
── 動 (現分 **·mis·ing**) 他 …を推量する, 推測する. ── 国 推量する.

**sur·mount** /sərmáunt サーマウント/ 動 他 (正式) **1** 〈困難・障害〉に打ち勝つ, …を克服する ‖
**surmount** all objections to the plan 計画に対する反対を抑える.
**2** [通例 be ~ed] 載っている, 覆われる ‖
peaks **surmounted** with snow 雪をいただく

峰々.

**sur·name** /sə́ːrnèim サーネイム/ 名C 姓, 名字(→ name 名1 語法)
Smith is his **surname**. スミスというのが彼の名字です.

**sur·pass** /sərpǽs サーパス | səpɑ́ːs サーパース/ 動 (三単現 ~·es/-iz/) 他 《正式》

surpass 《まさる》

1 …にまさる, …をしのぐ ‖
She **surpasses** her sister in arithmetic. 彼女は算数では姉よりもすぐれている.
2 …を越える ‖
The beauty of the sunset **surpassed** description. 日没は言葉で表現できないほど美しかった.

**sur·plus** /sə́ːrplʌs サープラス, -pləs | -pləs -プラス/ 名 (複 ~·es/-iz/) 1 C U 余り, 残り; 過剰.
2 C 《会計》剰余金, 黒字.
—— 形 余った, 過剰の; 余分の ‖
the **surplus** population 過剰人口.

**:sur·prise** /sərpráiz サプライズ/ 《「上から(sur)つかまえる(prise)」→「不意をつく」. cf. enter*prise*》 派 surprising (形)
—— 動 (三単現 ~·pris·es/-iz/; 過去・過分 ~d /-d/; 現分 ~·pris·ing)
—— 他 **1a** 〈人〉を驚かす, びっくりさせる, あきれさせる, 〈人〉に意外に思わせる《◆ startle, astound, amaze [astonish], surprise の順に意味が弱くなる》‖
You **surprise** me! びっくりするじゃないか《◆進行形にしない》.
The magician **surprised** the audience by producing a dove from his pocket. 手品師はポケットからハトを取り出して観客を驚かせた.
対話 "Why didn't you tell us you were coming?" "I wanted to **surprise** you."「来るなら来るとどうして教えてくれなかったんだい」「びっくりさせたかったのよ」.
**b** [be ~d] 驚く, あきれる ‖
I was much [《略式》very] **surprised** at (receiving) a telegram. =I was very **surprised** to receive a telegram. 電報を受け取って私は本当にびっくりした.
I am **surprised** (that) your wife objects. あなたの奥様が反対されるとは意外です.
I am **surprised** at your rudeness. 君の無作法にはあきれるよ.
I wouldn't be **surprised** if it snowed this afternoon. 午後雪が降っても驚かない(たぶん雪になるだろう).
It's nothing to be **surprised** at [about]. それは別に驚くにはあたらない.
I was pleasantly **surprised** at [by] her sudden visit. =I was pleasantly **surprised** that she visited me suddenly. = She pleasantly **surprised** me with a sudden visit. 彼女の突然の訪問に私は面くらったがうれしかった.
You'll be **surprised** how kind he is. 彼が親切なのに驚くだろう.
**2** 《正式》…を不意に襲う; …を不意をつき捕える ‖
The islanders were **surprised** by the attack. 島民は不意の攻撃を受けた.
The burglar was **surprised** in the act of breaking into the bank. 強盗は銀行に押し入ろうとしているところを捕えられた.
—— 名 (複 ~·pris·es/-iz/) **1** U 驚き, 驚かせること, 驚くこと ‖
shout with a look of **surprise** 驚いた表情で叫ぶ.
stand in [×with] **surprise** 驚いて立ち上がる《◆ in は心的状態を, with は直接原因を表す》.
The policeman's sudden visit caused him much [great] **surprise**. 突然警官の訪問を受けて彼は大いに驚いた.
I felt some **surprise** at seeing him there. そこで彼と会って私はいささか驚いた.
**2** C [通例 a ~] 驚くべき事[物], 意外な事[物], びっくりさせる事[物]《不意の祝賀パーティー・贈り物など》‖
His scandal was a great [big, ×large] **surprise** to me. 彼のスキャンダルは私にとって非常に驚きだった.
I have a **surprise** for you. 君にびっくりする知らせ[贈り物]がある.
What a **surprise**! これは驚いた.
**3** U C 不意打ち, 奇襲.
**4** [形容詞的に] 不意の, 突然の ‖
a **surprise** test 抜き打ち試験.
◇ **tàke** A **by surprìse** 《正式》…の不意をつく; …を驚かす ‖ The news took him by surprise. そのニュースに彼はびっくり仰天した.
◇ **to** one's [A's] **surprìse** =**to the surprìse of** A [文全体を修飾] A〈人〉が驚いたことに ‖ To my great **surprise** [Much to my **surprise**], my house was on fire when I came home. とてもびっくりしたことに, 私が帰宅してみると自宅が火事であった.

**sur·prised** /sərpráizd サプライズド/ 動 → surprise.—— 形 驚いた; 驚きを表す.

**sur·pris·ing** /sərpráiziŋ サプライズィング/ 動 → surprise.
—— 形 驚くべき, 驚かせるような, 意外な, 不思議な ‖
a **surprising** actor (観客を)びっくりさせるような役者《◆ a **surprised** actor は「びっくりした役者」》.
It is **surprising** that no one has objected to the plan. だれも計画に反対しなかったことは意外だ(→ interesting Q&A).

***sur·pris·ing·ly** /sərpráiziŋli サプライズィングリ/

——副 驚くほど(に), 意外に; [文全体を修飾; 文頭で] 意外にも, 驚いたことに ‖
in a **surprisingly** short time 驚くほど短期間で.
Not **surprisingly** (↘), he protested strongly about it. 彼はそのことに強く抗議したが, それはもっともなことだ.

**sur·re·al·ism** /səríːəlìzm サリーアリズム | -ríəl- サリアリズム/ 名U [文学・美術] 超現実主義, シュールレアリスム.

**sur·re·al·is·tic** /sèriːəlístik サリーアリスティク | -ríəl- サリアリスティク/ 形 超現実主義的な, シュールレアリスムの.

**sur·ren·der** /səréndər サレンダ/ 動 他

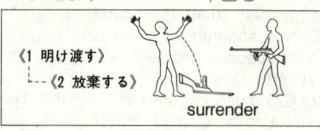

《1 明け渡す》
《2 放棄する》
surrender

**1** …を引き渡す, 明け渡す; …を譲り渡す《◆ give up より堅い語. ふつう恒久的な引き渡しに用いる》; [~ oneself] 自首する, 降伏する, 投降する ‖
**surrender** the castle **to** the enemy 敵に城を明け渡す.
She **surrendered** herself **to** the authorities. 彼女は当局に自首した.
**2** (正式)〈希望など〉を放棄する, 捨てる ‖
**surrender** all hope 一切の望みを捨てる.
——自 **1** 降伏する, 降参する ‖
**surrender to** the enemy 敵に降伏する.
**2** 身を任せる, おぼれる.
——名 C U **1** 引き渡し, 明け渡し ‖
the **surrender** of the fortress 要塞(ようさい)の明け渡し.
**2** 降伏, 降参 ‖
unconditional **surrender** 無条件降伏.

**sur·rep·ti·tious** /sə̀rəptíʃəs サーレプティシャス | sʌ̀r- サレプティシャス/ 形 (正式) 秘密の, 内密の, こそこそした; 不正な. **sùr·rep·ti·tious·ly** 副 秘密に, こっそりと; 不正に.

**sur·ro·gate** /sə́rəgèit サーロゲイト, -git | sʌ́rəgət サロガト/ (正式) 名C 代理人, 代行者; 代用物. ——形 代わりになる, 代理の.

*__**sur·round**__ /səráund サラウンド/ 《上に (sur) 水が流れる (ound)》派 surrounding (名・形)
——動 (三現) ~s/-ráundz/; (過去・過分) ~ed /-id/; (現分) ~ing)
——他 …を囲む, 取り巻く; …を包囲する ‖
He **surrounded** the farm **with** barbed wire fences. 彼は農場を鉄条網で囲った.
Silence **surrounded** them. 沈黙が彼らを包んだ.
Japan **is surrounded by** [**with**] (**the**) sea. = The sea **surrounds** Japan. 日本は四方を海に囲まれている.
The teacher **was surrounded by** her students. 先生は学生たちに囲まれていた.

**sur·round·ing** /səráundiŋ サラウンディング/ 動 → surround.
——名 **1** [~s; 複数扱い] 環境, 周囲(の状況), 境遇 ‖
We all want to live in pleasant **surroundings**. 我々はみな快適な環境で生活したいと思っている.

Q&A　*Q* : surroundings, circumstances, environment の違いは?
*A* : surroundings は主に人・場所を取り巻く地理的な環境, circumstances は行動面・経済面に影響を与える環境, environment は自然環境, 生活環境など精神面に影響を与える環境です.

**2** C (都市の)周辺地域, 近郊, 郊外, 田園地域.
——形 周囲の, 取り囲んでいる, 付近の ‖
the **surrounding** country 近郊, 周辺地域.

**sur·veil·lance** /sərvéiləns サーヴェイランス/ 名C (正式) (囚人・容疑者などの)監視, 見張り(watch), 監督 ‖
keep him **under surveillance** 彼を監視する.

**sur·vey** /動 sərvéi サーヴェイ, (米+) ⌐, ⌐/
動他 **1** (正式) …をざっと見渡す, 見晴らす ‖
**survey** the view 景色を見渡す.
**2** …を概観する, 概説する, 概括的に見る, 大ざっぱに眺める ‖
The professor **surveyed** the history of postwar Japan. 教授は戦後の日本の歴史をひとわたり説明した.
**3** …を調査する, 観察する ‖
The board **surveyed** the opinions of housewives. 委員会は主婦の意見を調査した.
**4** 〈土地など〉を測量する (→ measure).
——名 **1** C 見渡すこと; 概観, 概説, 通覧 ‖
a **survey** of politics 政治学概説.
**2** U C (正式の詳細な)調査, 検査 ‖
the results of a **survey on** the international feelings about the Japanese 国際的な日本人観に関する調査結果.
**make a survey of** the uses of English 英語の用法の調査をする.
**3** C U (土地などの)測量; C 測量図, 測量地 ‖
The building is **under survey**. そのビルは今測量中です.
**4** C U (英) (家屋などの)検分, 査定.

**sur·vey·ing** /sərvéiiŋ サーヴェイイング/ 動 → survey. ——名 U 測量(術); 測量学.

**sur·vey·or** /sərvéiər サーヴェイア/ 名 C **1** (土地・家屋の)測量士, 測量技師. **2** [しばしば S~] (もと米国の)税関吏.

**sur·viv·al** /sərváivl サーヴァイヴル/ 名 **1** U 生き残ること, 生き延びること, 助かること, 残存; [形容詞的に] 生存(するための) ‖
**survival** instincts 生存本能.
a **survival** rate 生存率.
the **survival** of the fittest 適者生存.
**survival** Spanish なんとか用を足せる程度のスペイ

ン語.

**2** Ⓒ 生存者; 残存物;(古い時代の)遺物《習慣・儀式・考え方など》‖

**survivals** of the feudal age 封建時代の遺物.

**survíval kit** 非常用携帯品一式《冒険・旅行・災害などに備えて持っておく薬品・食糧など》.

\*sur·vive /sərváiv サーヴァイヴ/ 〖越えて(sur)生きる(vive). cf. re*vive*〗 ㊩ survival(名)

―― 動 (三単現) ～s/-z/; (過去・過分) ～d/-d/; (現分) --viv·ing/ ◆命令形にしない》

―― 他 **1** (正式) …より長生きする ‖

She **survived** her husband by six years. 彼女は夫に先立たれたあと6年生きた.

The mayor is **survived** by his wife and two children. 市長が死んだあとに妻と2人の子が残った.

The writer **survived** his fame. その作家は長生きしてその名も忘れ去られた.

**2** …を切り抜けて生き残る; …のあとまで残る, 耐える《◆受身にしない》‖

**survive** the energy crisis エネルギー危機を切り抜ける.

My grandfather **survived** two wars. 私の祖父は二つの戦争を生き抜いた.

Such a house would not **survive** a hurricane. そんな家ではハリケーンに耐えられないだろう.

対話 "Was anyone hurt in the accident?" "All of the people on the bus were killed. Only the driver **survived**." 「その事故でだれかけがをしたの」「バスの乗客は, 全員死亡してしまいました. 運転手だけが助かりました」.

―― 自 生き残る, なんとかやっていく; 残存する ‖

Early customs still **survive** in most uncivilized tribes. ほとんどの未開の部族には古くからの習慣がいまだに残っている.

対話 "How's life?" "**Surviving**, thanks."「どうだい」「なんとかやっているよ」.

**sur·viv·ing** /sərváiviŋ サーヴァイヴィング/ 動 → survive.

**sur·vi·vor** /sərváivər サーヴァイヴァ/ 名 Ⓒ 生き残った人, 生存者; 遺族; 残存物; 遺物 ‖

the **survivors** of the airplane crash 飛行機墜落事故の生存者たち.

**Su·san** /sú:zn スーズン/ 名 スーザン《女の名. (愛称) Sue, Susie》.

**sus·cep·ti·ble** /səséptəbl サセプティブル/ 形 (正式)

**1** 影響を受けやすい, 感染しやすい ‖

My mother is **susceptible** to colds. 母はかぜをひきやすい.

**2** 感じやすい, 敏感な.

\***sus·pect** 〖動〗 səspékt サスペクト; 〖名〗〖形〗 sʌ́spekt サスペクト/ 〖下を(sus)見る(spect). cf. in*spect*〗 ㊩ suspicion(名), suspicious(形)

―― 動 (三単現) ～s/-pékts/; (過去・過分) ～ed /-id/; (現分) ～ing》《◆命令形・進行形にしない》

―― 他 **1a** …を怪しいと思う, …に容疑をかける, …がしたのではないかと疑う ‖

a **suspected** person 容疑者.

a **suspected** spy スパイ容疑者.

a **suspected** broken knee 骨折の疑いのあるひざ.

the **suspected** leader of the terrorists テロリストのリーダーではないかと疑われている人物.

I **suspect** her. どうも彼女は怪しいと私は思っている.

**b** [suspect A of B] A〈人〉にB〈悪事・犯罪など〉の嫌疑をかける, AがBをしたのではないかと疑う; [suspect A to be C] A〈人〉をCではないかと疑いをかける ‖

He was **suspected** of drug abuse. =He was **suspected** to be involved in drug abuse. 彼は薬物乱用の疑いをかけられた.

**c** [suspect (that) 節] …だと疑う ‖

They **suspected** (that) he was a spy. =It was **suspected** that he was a spy. 彼はスパイではないかと疑われた.

**2** (略式) [suspect (that) 節] …だと思う; [suspect A to be C] A〈人・事〉をCだと思う ‖

I **suspect** (that) he is lying. =(ややかた) I **suspect** him to be lying. 彼はどうもうそをついているように思う.

対話 "I can't find my wallet. It was here a minute ago." "You don't **suspect** I took it, do you?"「ぼくの財布が見つからないんだ. 1分前にはここにあったんだけど」「あなた私が盗んだと思ってるんじゃないよね」.

**3** …をうすうす感じる ‖

The enemy **suspected** danger. 敵は危険を感じた.

**4** …を怪しいと思う, 疑う, 信用しない(doubt) ‖

He **suspected** the truth of her statement. 彼は彼女の供述の信憑(ぴょう)性を疑った.

―― 自 怪しいと思う, 疑う, 邪推する.

―― 名 /sʌ́spekt/ 《アクセント注意》《複 ～s/-pekts/》 Ⓒ (犯罪の)容疑者, 被疑者;(伝染病の)感染の疑いのある者 ‖

a murder **suspect** 殺人容疑者.

―― 形 /sʌ́spekt/ 《アクセント注意》《比較 more ～, 最上 most ～》(正式) 疑わしい, 怪しい ‖

The documents are very **suspect**. その書類は非常に疑わしい.

**sus·pend** /səspénd サスペンド/ 動 他 **1** (正式) …をつるす, かける, ぶら下げる ‖

A chandelier is **suspended** from the ceiling. シャンデリアが天井からつるされている.

**2** …を一時停止する, 一時中断[中止]する, 一時的に差し控える, 延期する ‖

**suspend** rules 規則(の効力)を一時無効にする.

**suspend** business 営業を一時停止する.

**3** (不正・非行などの罰として)…を停職[休職]させる,〈医者・弁護士などを〉営業停止にする; [通例 be ～ed]〈選手が〉出場停止になる, (主に米)〈学生が〉停学になる ‖

He **was suspended from** school **for** three days **for** cheating. 彼はカンニングで3日間の停学処分を受けた.

**4** 《正式》〈決定・承諾など〉を保留する, 決めずにおく, 延ばす ‖
I'll **suspend** judgement until all the facts are in. 全事実がそろうまで判断を差し控えよう.

**sus·pend·er** /səspéndɚ サスペンダ/ 图 **1** 《米》[~s; 複数扱い] ズボンつり 《《英》braces》. **2** 《英》[~s] ガーター, 靴下どめ. **3** Ⓒ つるす人[物].
**suspénder bèlt** 《英》=garter belt.

**sus·pense** /səspéns サスペンス/《アクセント注意》《◆×サスペンス》图 Ⓤ **1 a**（結果がどうなるかわからない, 情報を早く知りたいなどのための）不安, 気がかり, 懸念(けねん) ‖
wait in great **suspense** for the results of the entrance examination 入試の結果をひどくはらはらして待つ.
**b**（小説・劇・映画などでの）サスペンス《先がどうなるかという緊張感・興奮》.
**2**（精神的な）どっちつかずの状態, あやふやな気持ち.
**3** 未決定, 決心がつかないこと, 未定.
**kéep A in suspénse** (1) …に気をもませる, …をはらはらさせる. (2) A〈判断など〉を保留しておく.

**sus·pen·sion** /səspén∫ən サスペンション/ 图 **1** Ⓤ つること, つるされること, 宙づり, 宙ぶらりん. **2** Ⓤ 未決定, 保留. **3** Ⓤ（権利・法・活動などの）一時的停止. **4** ⓊⒸ 停職；（議員・医師などの）一時的剥(はく)奪；停学；出場停止.
**suspénsion brìdge** つり橋.

**sus·pi·cion** /səspí∫ən サスピション/ 图 **1** ⓊⒸ 疑い, 怪しみ, 容疑；うさん臭く思うこと (cf. doubt) ‖
My brother fell **under suspicion for** fraud. 兄に詐欺(さぎ)の疑いがかかった.
There is a strong **suspicion against** him. 彼に強い嫌疑(けんぎ)がかけられている.
regard the man **with suspicion**. その男を疑いの目で見る.
arrest him **on (the) suspicion of** having accepted a bribe わいろを受けとった容疑で彼を逮捕する.
**2** Ⓒ（…ではないかと）思うこと, 感じ；感づくこと ‖
I **have a suspicion that** he accepted [**of** his having accepted] a bribe. どうも彼がわいろを受け取ったように思う.
**3**《正式》[a ~ of + ⓊⒸ 名詞] ほんの少しの…, かすかな…(small amount) ‖
tell a story with **a suspicion of** humor ちょっぴりユーモアをまじえて話をする.

**sus·pi·cious** /səspí∫əs サスピシャス/ 形 **1** 疑惑を起こさせる, 怪しい ‖
a **suspicious** character 不審な人物.
**under suspicious** circumstances 不審な情況下で.
**2** 疑い深い, 疑念に満ちた ‖
with a **suspicious** look いぶかしげな目つきで.
The police are **suspicious of** his alibi. 警察は彼のアリバイを疑っている.

**sus·pi·cious·ly** /səspí∫əsli サスピシャスリ/ 副 疑い深く, 怪しそうに；うさん臭そうに.

**Sus·sex** /sʌ́siks サスィクス/ 图 **1** サセックス《イングランド南部の旧州. 現在 East Sussex と West Sussex に二分》. **2**《英史》サセックス王国《アングロサクソン期の南部サクソン族の王国》.

**sus·tain** /səstéin サスティン/ 動《正式》**1** …を維持する, 扶養する；〈生計〉を支える；〈食べ物などが〉〈人〉の活力を維持する ‖
**sustain** one's family 家族を養う.
**2** …を持続させる ‖
**sustain** a conversation 会話を続ける.
**3**〈困難・被害・衝撃など〉に耐える, 屈しない ‖
**sustain** hardship 苦難に耐える.
**4** …を支える,〈重さ〉に耐える ‖
Heavy posts are needed to **sustain** this bridge. この橋を支えるには重い柱が必要だ.

**sus·tain·a·ble** /səstéinəbl サスティナブル/ 形 維持できる；持続可能な.
**sustáinable devèlopment** 持続可能な開発.

**sus·te·nance** /sʌ́stənəns サステナンス/ 图 Ⓤ **1**《正式》(生命維持の) 食物, 滋養物, 糧食. **2** 生計(の手段), 生活維持.

**SW** 略 short wave; southwest; southwestern.

**swab** /swɑb スワブ | swɔb スウォブ/ 图 Ⓒ **1**（床・甲板用の）モップ, 棒ぞうきん. **2**《医学》（綿棒の）消毒綿, 綿球, スワブ《綿棒で集めた標本》.
——動《過去・過分》**swabbed** /-d/；《現分》**swab·bing**）**1** …をモップでふく. **2** …を消毒綿でふく.

**swag·ger** /swǽgɚ スワガ/ 動 **自** いばって歩く, ふんぞり返って歩く.
——图 [a ~] いばった歩き方[態度] ‖
walk with **a swagger** いばって歩く.

**Swa·hi·li** /swɑːhíːli スワーヒーリ/ 图《複 ~s, 集合名詞 Swa·hi·li**s**) **1** Ⓒ スワヒリ族《アフリカのザンジバルや隣接海岸に住むバントゥー族》. **2** Ⓤ スワヒリ語.

**swal·low**¹ /swɑ́lou スワロウ | swɔ́lou スウォロウ/ 動 **1** …を飲みこむ, 飲み下す, …をごくりと飲む《◆(1) 無理に飲みこむ時は **down** を伴う. (2)「ごくごく飲む」は **gulp**》‖
**swallow** food 食物を(かまずに)飲みこむ.
**2** …を飲みこむ, 包みこむ ‖
They were **swallowed up** by the crowd. 彼らの姿は群衆の中に消えてしまった.
**3**《略式》…をうのみにする, たやすく信じる, 早合点する ‖
No one will **swallow** that ridiculous story. そんなばかげた話を真に受ける人はいない.
**4**《略式》…を我慢する；…を抑える ‖
You don't have to **swallow** their insults. 彼らに侮辱されて我慢することはない.
——**自** 飲みこむ；（感情を抑えて）のどをごくりとさせる.
——图 Ⓒ ひと飲み；ひと飲みの量 ‖
I took the bitter medicine **at one swallow**. 私は苦い薬をぐいとひと飲みにした.

**swal·low**² /swɑ́lou スワロウ | swɔ́lou スウォロウ/ 图 Ⓒ ツバメ《◆《米》では barn swallow ともいう》‖
One **swallow** does not make a summer.《ことわざ》ツバメが1羽来たからといって夏にはならない；早合点してはいけない.

**swam** /swǽm スワム/ 動 → swim.
**swamp** /swɑ́mp スワンプ | swɔ́mp スウォンプ/ 名 C U 沼地, 湿地 ‖
the mangrove swamps マングローブの生える沼地.
── 動 他 1 …を水浸しにする;〈船〉を水浸しにして沈める.
2〈仕事・物などが〉…に押し寄せる; [通例 be ~ed] 圧倒される ‖
She was swamped with invitations. 彼女は招待攻めにあった.

**swamp·y** /swɑ́mpi スワンピ | swɔ́mpi スウォンピ/ 形 (比較) -i·er, (最上) -i·est) 沼地の(ような); 沼の多い.

**swan** /swɑ́n スワン | swɔ́n スウォン/ 名 C ハクチョウ(白鳥).
── 動 (過去・過分) swanned/-d/; (現分) swan·ning) 自 (英略式) あてもなく歩く.
**Swán Láke**「白鳥の湖」《バレエ曲の名》.
**swán sòng** 白鳥の歌《伝説で白鳥が臨終まぎわに歌うという美しい歌》; (正式) 最後の作品, 絶筆.

**swank** /swǽŋk スワンク/ 名 (略式) 1 U 高慢, 見せびらかし. 2 U (主に米) スマートさ. ── 動 (略式) みせびらかす; 気取って話す. ── 形 (米略式) 気取った.

**swap** /swɑ́p スワプ | swɔ́p スウォプ/ 動 (過去・過分) swapped/-t/; (現分) swap·ping) 他 …を交換する, 取り替える《◆一般には exchange, change を用いる》‖
swap a camera for money カメラをお金に換える.
swap seats with her 彼女と席を替わる.
── 名 C (略式) 1 [通例 a ~ / the ~] 交換. 2 交換品.
**swáp mèet** (米) 古物交換会《家庭の不用な物を売り, 欲しい物を買う》.

**swarm** /swɔ́ːrm スウォーム/ 名 C [集合名詞; 単数・複数扱い] 1 (移動する)昆虫の群れ; 巣別れするハチの群れ(→ flock¹) ‖
a swarm of ants アリの群れ.
2 (略式) [しばしば ~s of + 複数名詞] (人などの)群れ, 群衆, (移動する動物の)群れ ‖
There were swarms of cows on the farm. 農場には多数の牛が群れになっていた.
── 動 自 1 〈ミツバチが〉群がって巣別れする[飛び回る].
2 群れをなして動く; 群がる, うようよする.
3 (略式) いっぱいになる ‖
The hall swarmed with a large audience. 会場は多数の聴衆で埋まった.

**swarth·y** /swɔ́ːrði スウォーージィ, swɔ́ːrθi/ 形 (比較) -i·er, (最上) -i·est) 浅黒い, 黒ずんだ; 日に焼けた.

**swat** /swɑ́t スワト | swɔ́t スウォト/ 動 (過去・過分) swat·ted/-id/; (現分) swat·ting) 他 (略式) 〈ハエなど〉をピシャリと打つ.

**sway** /swéi スウェイ/ 動 自 揺れる, 揺れ動く ‖
She swayed and fell in a faint. 彼女はふらふらと気を失い倒れた.

── 他 1 …を揺さぶる, 揺り動かす ‖
The breeze swayed the leaves. そよ風が葉を揺り動かした.
2 …に影響を与える, …を動かす, 左右する ‖
His speeches swayed public opinion. 彼の演説は世論を変えた.

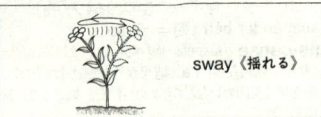

sway《揺れる》

── 名 U 1 揺れ, 動揺 ‖
the sway of the bus バスの振動.
2 (文) 支配, 統治; 影響(力), 勢力 ‖
a country under the sway of a tyrant 独裁者の支配の国.

**swear** /swéər スウェア/ 動 (過去) swore/swɔ́ːr/または (古) sware/swéər/, (過分) sworn/swɔ́ːrn/) 他 1 …を誓う, 誓約する; [swear to do] …することを誓う; [swear (that) 節] …ということを誓う《◆受身にしない》‖
swear a solemn oath 厳粛な誓いを立てる.
She swore not to be late. = She swore (that) she would not be late. 彼女は絶対に遅れないと約束した.
2 (略式) [swear (that) 節] …だと断言する ‖
I swear (to you) I can't remember. = I can't remember, I swear (to you). 絶対思い出せっこないよ.
3 …に誓わせる ‖
They swore me to secrecy. 彼らは私に秘密を守ることを誓わせた.
I'll be sworn. きっとだ, 誓ってだ.
── 自 1 誓う, 宣誓する ‖
swear to God 神かけて誓う.
swear on the Bible 聖書に手をのせて誓う.

> 関連 swearing (誓言)とは本来神や神聖な事物にかけて誓うことであるが, みだりに神の名を用いるのはキリスト教では神への冒瀆(ぼうとく)でありタブー視されている. 最近では, 若い世代を中心にこのタブーも崩れてきているが, 教養のある人は Jesus, God, damn などの代わりにそれぞれ gee, gosh, darn などの遠回し語を好む(→ 3).

2 [swear to A] …を断言する, …が真実と誓う《◆ A は名詞・動名詞》‖
He swore to having done it. それをやったと彼はきっぱり言った.
3 ののしる, 乱暴な口をきく《◆ Jesus Christ!, Lord!, for God's sake, damned などの語句を用いることをいい, 日本語の「ちくしょう」「くそっ」などの口汚い表現に相当する》(→ 自1関連; curse) ‖
The drunken fellow swore at the policeman. 酔っ払いは警官にそれぞれどなった.
**swéar by** A (略式) …を大いに信頼する ‖ She swears by that brand. 彼女はあの銘柄が一番

だと思っている.
***swéar ín*** [他] …を宣誓させて職[任]務につける ‖ He was sworn in as mayor. 彼は市長に宣誓就任した.

**swear·word** /swéɚwɚːd スウェアワード/ 名 C のしり言葉, 口汚い言葉.

*__sweat__ /swét スウェト/ (発音注意) (×スウィート) 〖「汗をかく」が原義〗
—— 名 (複 ~s/swéts/) ① U 汗; [a ~] 1回の発汗(作用), 汗をかくこと; [しばしば ~s] (運動後・病気などの)ひどい汗 (cf. perspiration) ‖
break a sweat 汗をかく.
wipe the (beads of) sweat off one's forehead 額から(玉の)汗をぬぐう.
drip with sweat 汗がしたたる.
The sweat stood on his face. 彼の顔には汗がにじんでいた.
I broke into a cold sweat. 冷や汗をかいた.
**2** [しばしば a ~] (壁・窓・コップなどの表面に生じる)水滴, 湿気.
**3** (略式) [しばしば a ~] 骨の折れる仕事, ひと苦労 ‖
I can't stand an awful sweat like this. こんなきつい仕事はこりごりだ.
***áll of a swéat*** = ***in a swéat*** (略式) 汗びっしょりになって, 汗をかいて; ひどくはらはらして, びくびくして.
***in a cóld swéat*** 冷や汗をかいて, ひやひやして, びくびくして.
—— 動 (三単現 ~s/swéts/; 過去・過分 sweat または ~·ed/-id/; 現分 ~·ing)
—— 自 **1** 汗をかく, 汗ばむ ‖
I'm sweating all over. 全身汗びっしょりです.
You're sweating from playing tennis. テニスをやって汗だくですね.
He sweat with fear. 彼は恐怖のあまり冷や汗をかいた.
**2** 〈壁・ガラスなどが〉湿気を帯びる, 水滴がつく, 汗をかく; 〈分泌物が〉にじみ出る.
**3** (略式) 汗水たらして働く.

**swéat pànts** (米) [複数扱い] スウェットパンツ, トレーニングパンツ (◆training pants は用便のしつけ時にはく小児用パンツ).

**swéat shìrt** (主に米) スウェットシャツ, トレーナー (◆この意味で trainer とはいわない).

**swéat sùit** (主に米) スウェットスーツ, トレーニングスーツ.

*__sweat·er__ /swétɚ スウェタ/ 〖「汗をかかせる(sweat)もの(er)」が原義. 昔, 減量のためにこれを着て激しい運動をして, 汗を出した〗
—— 名 (複 ~s/-z/) C セーター ‖
Try this sweater on, please. I've knitted it for you. このセーターを着てみて. あなたのために編んだのよ.

**sweat·y** /swéti スウェティ/ 形 (比較 -i·er, 最上 -i·est) (略式) **1** 〈人・身体が〉汗びっしょりの, 汗をかいた. **2** 〈衣類などが〉汗まみれの; 汗臭い. **3** 〈天候・仕事などが〉暑くて汗をかかせる; きつい.

**Swede** /swíːd スウィード/ 名 C スウェーデン人 (◆国民全体を表す場合は the Swedes, the Swedish).

**Swe·den** /swíːdn スウィードン/ 名 スウェーデン (◆北欧の王国. 首都 Stockholm. 形容詞は Swedish).

**Swe·dish** /swíːdiʃ スウィーディシュ/ 形 **1** スウェーデン(風)の. **2** スウェーデン人[語]の.
—— 名 **1** [the ~; 集合的名詞; 複数扱い] スウェーデン人 (cf. Swede). **2** U スウェーデン語.

*__sweep__ /swíːp スウィープ/ 〖「(物の表面を)払う」が本義〗
—— 動 (三単現 ~s/-s/; 過去・過分 swept /swépt/; 現分 ~·ing)
—— 他 **1 a** …を掃く, 掃除する ‖
sweep the floor 床を掃く.
sweep out the room 部屋を掃除する.
**b** [sweep A C] A〈床・部屋など〉を掃いて C(の状態)にする ‖
Volunteers have swept the walk clean. ボランティアの人たちが歩道をきれいに掃いた.
**2** …を掃いて払いのける, 掃いて集める ‖
sweep the dust away ほこりを掃いてのける.
sweep up dead leaves 枯れ葉を掃き集める.
sweep the dust into a dust pan ごみを掃き集めてちり取りに入れる.
**3** …をさっと運び去る, さらう, 押し流す ‖
A gust swept his hat off. =He had his hat swept off by a gust. 突風が彼の帽子を吹き飛ばした.
All the houses were swept away by the flood. 家屋は残らず洪水にさらわれた.
She swept her children into the bedroom. 彼女は子供たちをさっと寝室へ連れていった.
**4** …を一掃する, 追い払う ‖
sweep away all the evils すべての害悪を一掃する.
sweep the city of violence 市から暴力を一掃する.
**5** …をさっと通過する, かすめる, …にまたたく間に広まる ‖
The typhoon swept the Kyushu area. 台風が九州地方に吹き荒れた.
The video craze is likely to sweep this country. この国でビデオが大流行しそうだ.
**6 a** …をさっと動かす ‖
sweep a brush across the canvas カンバスに絵筆を走らせる.
sweep the light over the audience 観客の上にライトをさっと走らせる.
**b** (しばしば文) 〈明かり・視線・指先などが〉〈場所〉をさっと動く ‖
The pianist's fingers swept the keyboards. ピアニストの指は鍵(ケン)盤の上を走った.
—— 自 **1** 掃き掃除をする; 〈ほうきが〉掃ける ‖
A new broom sweeps clean. (ことわざ) → broom 用例.
**2** さっと通る; 〈あらし・疫病などが〉襲来する, またたく間に広まる ‖

A car **swept** past in a cloud of dust. 車がもうもうと土ぼこりを上げて疾走して行った.

The epidemic **swept** all over America. その流行病はアメリカ中にあっという間に広まった.

The troops **swept** into the city. 軍隊は市中になだれこんだ.

**3** さっそうと歩く；堂々と進む ‖

The president's wife **swept** up to the platform. 大統領夫人はさっそうと演壇に歩み寄った.

**swéep A óff A's féet** (1)〈波などが〉A〈人〉の足をさらう. (2) …を夢中にさせる, 熱中させる, とりこにする.

—名 © **1** [通例単数形で] 掃き掃除, 掃くこと ‖

I gave the room **a** (good) **sweep**. 部屋を(きれいに)掃除した.

This floor needs **a sweep**. この床は掃く必要がある.

**2** 一掃, 全部やめること.

**3** [a 〜 / the 〜] **a** さっと動かすこと[動作], 弧を描く流れるような動き；〈腕・力などの〉一振り；〈オールの〉一こぎ ‖

with **a sweep** of one's arm 腕をさっと振って.
**b**〈正式〉〈腕・視線などを〉さっと動かして届く範囲 ‖

He came within **the sweep** of my searchlight. 彼は私のサーチライトの光の届く所に来た.

**4**〈物が〉押し寄せること；突進；〈水などの〉流れ；〈文明・科学などの〉進歩, 発展.

**5**〈正式〉[通例 a 〜 / the 〜]〈道路・川・海・土地などが〉延々と続くこと, 広がり.

**máke a cléan swéep of A** …を一掃する, 全廃する.

**sweep·er** /swíːpər スウィーパ/ 名 © **1** 掃く人, 掃除人. **2** 掃除機；掃海艇. **3**〈略式〉[サッカー・ホッケー]スイーパー《ゴール前で守備する選手》.

**sweep·ing** /swíːpɪŋ スウィーピング/ 動 → sweep.
—形 **1**〈大きくカーブを描いて〉さっと動く ‖

a **sweeping** gesture 手をさっと払うしぐさ《断固としてノーと言う時》.

**2** 広範囲にわたる, 全面的な, すさまじい ‖

a **sweeping** attack 大攻勢.

**3** 徹底的な, 完全な, 決定的 ‖

win a **sweeping** victory 大勝利を得る.

## ＊**sweet** /swíːt スウィート/（同音 suite）【諸感覚で「気持ちよい」が原義】派 sweetly (副)

—形（比較 〜·er, 最上 〜·est）**1** 甘い, 甘口の, 砂糖を入れた (cf. sour, salty, bitter) ‖

**sweet** cakes 甘いケーキ.

**sweet** wine 甘口のワイン《♦「辛口」は dry》.

This peach is **sweeter** than that one. このモモはあちらのより甘い.

I don't like **sweet** coffee. 私は砂糖を入れたコーヒーは嫌いだ (=I like coffee without sugar.).

**2** 甘い香りの, かぐわしい ‖

This rose has a **sweet** smell. =This rose smells **sweet**. このバラはよい香りがする.

**3** よい声の, 美声の ‖

He is a **sweet** singer. 彼は美しい声の歌手[で歌う人]だ (=He sings sweetly.).

**4**〈略式〉思いやりのある, 優しい (kind, nice)；[it is sweet of A to do / A is sweet to do] …するとは A〈人〉は親切だ ‖

You're so **sweet**, Richard. リチャード, あなたはやさしいね.

対話 "It's very **sweet** of [ˣfor] you to invite me to the party." "The pleasure is mine. Thank you for coming."「パーティーにお招きいただいてとてもうれしいです」「こちらこそ. よくお越し下さいました」.

**5** 快い, 気持ちのよい；〈空気などが〉新鮮な, おいしい ‖

**sweet** air 新鮮な空気.

a **sweet** carrot 新鮮なニンジン.

She is young and has a **sweet** smile. 彼女は若くて笑顔がすばらしい.

—名 **1** Ⓤ 甘さ, 甘味；〈米〉[〜s] 甘い菓子[ケーキ].

**2** © 〈英〉[しばしば 〜s] キャンディー, あめ, 砂糖菓子 (〈米〉candy) ‖

a packet of **sweets** キャンディー1袋.

**3** ©Ⓤ〈英〉甘いデザート (〈米〉dessert)《プディング・タルト・ゼリー・トライフルなどをいう》. **4**〈略式〉[呼びかけ] [my 〜] かわいい人, ねえあなた, おまえさん.

**swéet pépper**〘植〙アマトウガラシ, ピーマン.

**swéet potáto**〘植〙サツマイモ,〈食用の〉その根茎.

**swéet tóoth** → tooth 名 **2**.

**sweet·en** /swíːtn スウィートン/ 動 他 …を甘くする.
—自 甘くなる, 甘味を増す.

**sweet·en·er** /swíːtnər スウィートナ/ 名 **1** Ⓤ © (人工)甘味料. **2** ©〈略式〉わいろ, 歓心を買うための贈り物.

**sweet·heart** /swíːthɑːrt スウィートハート/ 名 **1** ©〈やや古〉恋人, 愛人. **2** [呼びかけ] ねえ, きみ《♦女性・子供に対して使う》.

**sweet·ie** /swíːti スウィーティ/ 名〈略式〉**1** © 恋人. **2**〈英・スコット・小児語〉[〜s] キャンディー, あめ, 砂糖菓子. **3** [呼びかけ] ねえ, 君《♦女性・子供に対して使う》.

**sweet·ly** /swíːtli スウィートリ/ 副 **1** [動詞のあと] 甘く, 心地よく；調子よく ‖

She sings **sweetly**. 彼女はいい声で歌う.

**2** [動詞の前・後で] やさしく, 親切に；愛らしく ‖

He spoke **sweetly** to his wife. 彼は妻にやさしく話しかけた.

**sweet·ness** /swíːtnəs スウィートネス/ 名 Ⓤ **1** 甘さ, 甘味. **2** (香りの)美しさ, 甘美さ. **3** 愛らしさ；やさしさ. **4** 快さ, 楽しさ.

**swell** /swél スウェル/ 動 (過去 〜ed/-d/, 過分 〜ed または **swol·len**/swóulən/) 自 **1** ふくらむ, ふくれる, はれる ‖

My injured ankle is **swelling**. けがをした私の足首がだんだんはれてきている.

**2**〈数量・程度・強さなどが〉増大する, 増加する；〈文〉〈音・声が〉高くなる, 大きくなる ‖

Her voice **swelled** into a roar. 彼女の声が大きくなって叫び声になった.

**3** 隆起する, もりあがる.
**4** 《文》胸が一杯になる ‖
swell with pride 誇らしさで胸が一杯になる.
—[他] **1** …をふくらませる, 大きくする ‖
A blast of wind **swelled** the sails. 一陣の風を受けて帆がふくらんだ.
**2** 〈数量・強さなど〉を増す ; 〈音・声など〉を高める ‖
The stream is **swollen with** rain. 雨で川が増水した.
**3** 〈人の心〉をいっぱいにする ‖
His heart was **swollen with** pity. 彼の胸は哀れみでいっぱいになった.
—[名] **1** [C][U] 増大, 膨張, ふくれ上がること ‖
a **swell** in population 人口の増加.
**2** [a ～ / the ～] (土地の)隆起 ; 丘 ; ふくれた部分 ; (波の)うねり ‖
the **swell** of the ocean 大海原のうねり.
**3** 《正式》 [a ～ / the ～] (音声の)高まり.

**swell·ing** /swéliŋ スウェリング/ [動] → swell.
—[名] **1** [U] はれ, はれあがり ; [C] はれもの, こぶ. **2** [U] 増大, 膨張. **3** [U] 隆起, 突起.

**swel·ter·ing** /swéltəriŋ スウェルタリング/ [形] (苦しいほど)蒸し暑い.

**swept** /swépt スウェプト/ [動] → sweep.

**swerve** /swə́ːrv スワーヴ/ [動] ([現分] **swer·ving**)
[自] それる ; 車のハンドルを急にきる. —[名][C] それること, 曲がる[カーブする]こと.

***swift** /swíft スウィフト/ 〚「回転する」が原義〛 [派] swiftly (副)

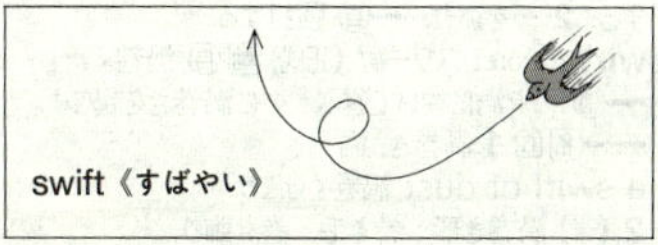


—[形] ([比較] ～·er, [最上] ～·est) **1** 《正式》迅速な, すばやい ; つかの間の 《♦ fast, quick より堅い語》 (↔ slow) ‖
in a **swift** manner 敏速な動作で.
make a **swift** trip into town ちょっと町へ行く.
She is **swift of foot**. 《文》 彼女は足が速い.
**2** 即座の, さっそくの ‖
a **swift** reply 即答.
a man of **swift** decision 即断力に富む人.
**3** [be swift to do / be swift in doing] すばやく…する ‖
be **swift to** respond = be **swift in** responding 反応が速い.
—[副] ([比較] ～·er, [最上] ～·est) [しばしば複合語で] 迅速に ‖
a **swift**-running dog 足の速い犬.
—[名][C] 〔鳥〕アマツバメ.

**Swift** /swíft スウィフト/ [名] スウィフト《Jonathan ～ 1667-1745 ; アイルランド生まれの英国の作家. 主著 *Gulliver's Travels*》.

**swift·ly** /swíftli スウィフトリ/ [副] (時に [比較] --li·er, [最上] --li·est) すばやく, 迅速に.

**swig** /swíg スウィグ/ 《略式》 [名] [a ～] ぐいぐい飲むこと, 痛飲. —[動] ([過去・過分] **swigged**/-d/ ; [現分] **swig·ging**) [他][自] (…を)ぐいぐい飲む.

**swill** /swíl スウィル/ [動] [他] **1** 《略式》…をがぶがぶ飲む. **2** 《英》…を水洗いする. —[名] **1** [U] (ブタなどに与える)残飯. **2** [C] 《略式》がぶ飲み.

****swim** /swím スウィム/
—[動] ([三単現] ～s/-z/ ; [過去] **swam**/swǽm/ , [過分] **swum**/swʌ́m/ ; [現分] **swim·ming**)
—[自] **1** 泳ぐ, 水泳する ‖
swim across a river 川を泳いで渡る.
swim in the sea 海で泳ぐ.
swim on one's back 背泳ぎする.
**go swimming in** the [×to] river = go to the river to **swim** 川へ泳ぎに行く, 川で泳ぐ(→ go [動][自] **2**).
I cannot **swim** at all. = I am very poor in **swimming**. 私は全然泳げない(= I'm a very poor **swimmer**.).
**2** (泳ぐように)すっと行く, すべるように進む ; 〈考えなどが〉すっと浮かぶ ‖
Clouds were **swimming** across the sky. 雲が空を流れていた.
**3** ひたる, つかる, いっぱいである ‖
eyes **swimming in** tears 涙のあふれた目.
meat **swimming in** fat 脂の多い肉.
Her heart **swims with** happiness. 彼女の心は幸せでいっぱいである.
**4** 〈頭が〉ふらふらする, 〈物が〉ぐるぐる回るように見える[感じる] ‖
Her head **swam** after the dance. 彼女はダンスのあとめまいがした.
His punch made me **swim**. 彼のパンチをくらって私はふらふらした.
—[名] ([複] ～s/-z/) [C] [通例 a ～] 泳ぐこと, ひと泳ぎ ‖
have a **swim** ひと泳ぎする.
go for a **swim** (in the lake) (湖へ)泳ぎに出かける.
***be in the swím*** 《略式》 実情に明るい, 時流に乗っている.

**swim·mer** /swímər スウィマ/ [名][C] 泳ぐ人[動物], 泳ぎ手 ‖
a good **swimmer** 泳ぎの上手な人[動物].

**swim·ming** /swímiŋ スウィミング/ [動] → swim.
—[名][U] 水泳, 競泳, 泳ぐこと.
**swímming bàth(s)** 《英》 (ふつう屋内の)水泳プール.
**swímming còstume** 《主に英》 (ワンピース型女性用)水着(《主に米・英古》 bathing suit).
**swímming pòol** 水泳プール.
**swímming trùnks** [複数扱い] 水泳パンツ.

**swim·suit** /swímsùːt スウィムスート/ [名][C] (ワンピース型女性用)水着.

**swin·dle** /swíndl スウィンドル/ [動] ([現分] **swin·dling**) [他] 〈人〉をだまして取る, 〈金〉を詐(さ)取する ‖
swindle him **out of** money 彼から金をだまし

取る.
——名 **1** 詐取, 詐欺(🈺), かたり. **2** (略式)ごまかし, にせ物.

**swine** /swáin スワイン/ 名 (複 swine, 2 では swine, ~s) C **1** (古文)[通例集合名詞]ブタ《◆個々のブタは (米) hog, (英) pig). **2** 卑劣なやつ.

*swing /swíŋ スウィング/ (類音 sing/síŋ/) [「固定された部分を軸に前後左右に揺れ動く」が本義]
——動 (三単現 ~s/-z/ ; 過去・過分 swung /swʌ́ŋ/ ; ~ing)

——他と自の関係——
| 他 1 | swing A | A を揺らす |
| 自 1 | A swing | A が揺れ動く |

——他 **1** …を揺らす, (くり返し)振る ‖
Don't **swing** your stick (around). つえを振り回すな.
She sat on the desk **swinging** her legs. 彼女は机に座って足をぶらぶらさせていた.
**2 a** …を(弧を描くように)動かす, ぐるりと回す ‖
**swing** a knapsack over [on to] one's back リュックサックをひょいと背負う.
He **swung** his car in my direction. 彼はぐるっと私の方に車の向きを変えた.
**b** [swing A C] 〈戸などをさっと C(の状態)にする〉‖
She **swung** the door open. =She **swung open** the door. 彼女はさっとドアをあけた《◆A が代名詞の場合 ×She swung open it. の語順はとらない. → open 形1a).
**3** …をつるす, ぶら下げる ‖
**swing** a lantern from the branch 枝にランタンをつるす.
**4** (主に米略式) …をうまくやってのける.
——自 **1** 揺れ動く, ぶらぶらする ; ぶら下がる ‖
A hammock was **swinging** slowly. ハンモックがゆっくり揺れていた.
**2 a** (弧を描くように)動く, 回る ; ぐるっと曲がる ‖
He **swung** off the bed. 彼はベッドからひょいとおりた.
The car **swung** on to Highway 32. 車はぐるりと回って幹線道路32号線に入った.
**b** [swing C] 〈戸などが〉 C(の状態)になる ‖
The car door **swung** open. 車のドアが勢いよく開いた.
**3** (正式)(からだで調子をとったりして)元気よく進む ‖
troops **swinging** down the street 通りを威勢よく行進する軍隊.
**4** 〈道・川などが〉急に曲がっている ; 〈風などが〉変わる ‖
The river **swings** away from the road. 川は道から急カーブでそれている.
**5** (略式) 〈音楽が〉スイングスタイルで演奏される.
——名 (複 ~s/-z/) **1** C U **a** 揺れること, 揺れ方, 振動, 振幅 ‖
be **on the swing** 揺れている.
**b** 揺らすこと, 打つこと, 打ち方 ‖

walk with a **swing** of one's arms 腕を振って歩く.
improve one's **swing** バッティングを改善する.
**2** C ぶらんこ(乗り) ‖
ride on a **swing** ぶらんこに乗る.
**3** C U 律動的[活発]な動き.
**4** U 自由な行動 ‖
have **free** [**full**] **swing** to manage a firm 会社を思いどおりに経営してみる.
**5** C 変動, 転向.
**6** C U 【音楽】 **a** [しばしば a ~] (詩・音楽の)一定の抑揚, (反復される)律動感. **b** =swing music.
**in fúll swíng** (略式) 〈仕事・パーティーなどが〉真っ最中で, たけなわで, 最高潮で.

**swíng brídge** (船を通すため中央部が水平に回転する)旋開[旋回]橋.

**swíng dòor** [しばしば -s] スイングドア, 自在戸.

**swíng mùsic** スイング (swing) 《1930-40年代に米国で流行した速いテンポのジャズの一形式》.

swing bridge

**swing·ing** /swíŋiŋ スウィンギング/ 動 → swing. ——形 (前後・左右に)揺れる.

**swipe** /swáip スワイプ/ 名 C (略式)強打, すごい一撃. ——動 (現分 swip·ing) 他 **1** …を強打する. **2** …を盗む. ——自 強打する.

**swirl** /swə́ːrl スワール/ 動 自 渦巻く.
——他 …を渦に巻いて運ぶ ; …に渦巻きを起こす.
——名 C **1** 渦巻き, 渦 ‖
a **swirl** of dust 渦巻くほこり.
**2** (米)渦巻き形 ; 巻き毛 ; 巻き飾り.

**swish** /swíʃ スウィシュ/ 動 (三単現 ~·es/-iz/) 自 ヒュッと音を立てる ; ヒューッと風を切って動く(飛ぶ) ; 〈絹・衣服が〉シュッシュッと音を立てる ‖
The lady **swished** in. 婦人はきぬずれの音を立てて入って来た.
——他 **1** 〈むち・つえなど〉をヒュッと振る. **2** 〈草など〉をさっと切り取る[落とす]. **3** …をヒュッとむち打つ.
——名 (複 ~·es/-iz/) C **1** ヒュッ ; シュッ (きぬずれの音). **2** (正式) [a ~ / the ~] (むちなどの)ひと振り, 一撃.

**Swiss** /swís スウィス/ 形 スイスの ; スイス人の ; スイス風[製, 産]の《◆「スイス」という国名は Switzerland》.
——名 (複 Swiss) C スイス人 (語法 → Japanese) ; [the ~ ; 集合名詞 ; 複数扱い] スイス国民 ‖
She is a **Swiss**. 彼女はスイス人です.

**Q&A** *Q* : Swiss は「スイス語」とはならないのですか.
*A* : そうなりそうに思われるかもしれませんが, 「スイス語」というのは存在しないのです. 隣接する国々の言語, とくにドイツ語を中心に, フランス語, イタリア語,

それに一部でロマンシュ語(Romansh)の4つの言語が公用語として用いられています.

**switch** /swítʃ スウィッチ/ 图 (裡 ~·es/-iz/) C 1 (電気器具の)スイッチ, 開閉器 ‖
flick the switch on スイッチを入れる.
with the switch off スイッチを切ったままで.
**2** (米)〔鉄道〕転轍(てつ)機((英)points). **3** 変更, 転換. **4** しなやかな小枝, 小枝のむち. **5** (結髪用の)入れ毛, かもじ.
——動 (三単現 ~·es/-iz/) 他 **1** …のスイッチを切り換える.
**2** 〈話題・注意など〉を変える, 転じる ‖
switch one's liking to coffee 好みがコーヒーに変わる.
**3** …を交換する ‖
switch places 席を交換する(◆ ふつう目的語は名詞の複数形).
**4** (米)〔鉄道〕〈列車〉を転轍機で移す((英)shunt).
——自 **1** スイッチを切り換える.
**2** 変更する, 切り換える ‖
switch to another job 他の仕事に変わる.
He often switches. 彼は(態度・主義などが)よく変わる.
**3** (米)〔鉄道〕転轍する((英)shunt).
○**switch aróund** (1)〔自〕席を取り換える. (2)〔他〕…を取り換える.
○**switch óff** (1)〔自〕スイッチを切る. (2)(略式)〔自〕急に黙り込む, ふさぎ込む. (3)〔他〕…のスイッチを切る ‖ She switched the TV set off. 彼女はテレビのスイッチを切った.
○**switch ón** (1)〔自〕スイッチを入れる. (2)〔他〕…のスイッチを入れる ‖ She switched the vacuum on. 彼女は掃除機のスイッチを入れた ‖ 対話 "It's really hot in here." "Wait a minute and I'll switch on the air conditioner." 「この中は本当に暑いなあ」「ちょっと待って. エアコンを入れるから」.
**switch hitter** 〔野球〕スイッチヒッター《右打ち・左打ちの両方をこなす打者》.
**switch·board** /swítʃbɔ̀ːrd スウィッチボード/ 图 C (電話の)配電[交換]盤.
**Switz.** (略) Switzerland.
**Switz·er·land** /swítsərlənd スウィッツァランド/ 图 スイス《現在の正式名 the Swiss Confederation. 首都 Bern. 形容詞は Swiss》.
**swiv·el** /swívl スウィヴル/ 图 C **1** 〔機械〕回り継手, さるかん, 自在軸受け. **2** (回転いす・旋回砲の)台.
——動 (過去・過分) ~ed または (英) -vel·led/-d/ ; (現分) ~ing または (英) -vel·ling/他 …をさるかんで回転させる. ——自 回転する.
**swível cháir** 回転いす.
**swol·len** /swóuln スウォウルン/ 動 → swell. ——形 **1** ふくれた, はれあがった ; 増大した. **2** 誇張した ; おおげさな.

swivel 1

**swoop** /swúːp スウープ/ (類音 soup/súːp/) 動 自 (時に)〈鳥などが〉(突然)飛びかかる, (舞いおりて)襲いかかる ; 急襲する. ——名 (時文)急襲.
**at a síngle swóop** = **at óne (féll) swóop** 一挙に.
**sword** /sɔ́ːrd ソード/ (発音注意)(◆ ×スウォード) 图 **1** C 剣, 刀 ; 剣の形をしたもの ‖
a ceremonial sword 儀式用の剣.

関連 dagger 短剣 / saber サーベル / bayonet 銃剣.

**2** [the ~] 武力, 権力, 司法権 ‖
All they that take the sword shall perish with the sword.〔聖〕剣をとる者は剣で滅びる.
**swórd dànce** 剣舞.
**sword·fish** /sɔ́ːrdfìʃ ソードフィシュ/ 图 (裡 → fish Q&A (2)) C 〔魚〕メカジキ.
**swore** /swɔ́ːr スウォー/ 動 → swear.
**sworn** /swɔ́ːrn スウォーン/ 動 → swear.
*__swum__ /swʌ́m スワム/ 動 → swim.
**swung** /swʌ́ŋ スワング/ 動 → swing.
**syc·a·more** /síkəmɔ̀ːr スィカモー/ 图 **1** C 〔植〕(米)アメリカスズカケノキ, プラタナス ; (英)サイカモアカエデ. **2** U プラタナス材.
**syc·o·phant** /síkəfənt スィコファント/ 图 C (正式)おべっか使い, ごますり名人.
**Syd·ney** /sídni スィドニ/ 图 **1** シドニー《オーストラリア南東部の都市》. **2** シドニー《男または女の名》.
**syl·la·ble** /síləbl スィラブル/ 图 C 〔音声〕音節, シラブル ; 音節を表すつづり[文字] ‖
a word of three syllables 3音節語.
**syl·la·bus** /síləbəs スィラバス/ 图 (裡 ~·es, -bi /-bàɪ/) C (講義などの)要旨, 摘要, 概要 ; 時間割.
*__sym·bol__ /símbl スィンブル/ (同音 cymbal)〔共に(sym)投げる(bol)〕
——名 (裡 ~s/-z/) C **1** 象徴, 表象, シンボル ‖
The color black is a symbol of death. 黒色は死を象徴する.
**2** 記号, 符号 (◆「シンボルマーク」は ×symbol mark でなく, symbol または mark を用いる) ‖
"X" is the symbol for Christ. X はキリストを表す記号である.
**3** 〔神学〕信条(creed).
**sym·bol·ic** /simbɑ́lik スィンバリク | -bɔ́l- -ボリク/ 形 **1** 象徴的な ; 象徴する ‖
The olive branch is symbolic of peace. オリーブの枝は平和の象徴である.
**2** 記号による, 符号の. **3** 象徴主義[派]の.
**symbólic lógic** 記号論理学.
**sym·bol·ism** /símbəlìzm スィンボリズム/ 图 U **1** 象徴化, 象徴性, 象徴の意味. **2** [しばしば S~] 〔文学・美術〕象徴主義[派].
**sym·bol·ize,** (英ではしばしば) **--ise** /símbəlàɪz スィンボライズ/ 動 (現分) --iz·ing) 他 **1** …を象徴する, …の象徴である. **2** …を記号で表す, 象徴化する.
**sym·met·ri·cal** /simétrikl スィメトリクル/ 形 (正式) **1** (左右)相称的な, 対称の. **2** 均整のとれた.

**sym·me·try** /símətri スィメトリ/ 名U《正式》**1** (左右の)対称, 相称. **2** 調整, 均整；調和[均整]美.

**sym·pa·thet·ic** /sìmpəθétik スィンパセティク/ (アクセント注意) 形 **1** 同情する, 同情に満ちた, 思いやりのある, 慰めとなる(↔ unsympathetic) ‖
You might be more sympathetic to the sufferers. 被災者たちにもっと同情してもよさそうなものだ.

**2** 共感する, 共鳴する, 好意[賛意]を示す ‖
Phil was sympathetic to my proposal. フィルは私の提案に賛意を示してくれた.

**sympathétic ínk** あぶり出しインク(→ ink).

**sym·pa·thet·i·cal·ly** /sìmpəθétikəli スィンパセティカリ/ 副 **1** 同情して. **2** 共感して.

**sym·pa·thies** /símpəθiz スィンパスィズ/ 名 → sympathy.

**sym·pa·thise** /símpəθàiz スィンパサイズ/ 動 (現分) --this·ing 《英》=sympathize.

*__sym·pa·thize__, 《英ではしばしば》 --thise /símpəθàiz スィンパサイズ/ 《[→ sympathy]》
—— 動 (三単現) --thiz·es/-iz/ ; (過去・過分) ~d/-d/ ; (現分) --thiz·ing
—— 自 《◆ふつう進行形にしない》**1** [sympathize with *A*] …に同情する, …を気の毒に思う ‖
I sympathize with you about your son's death. 御子息の御不幸をお悔み申し上げます.
I sympathized with his suffering. 私は彼の苦しみを気の毒に思った.
[対話] "Well, I sympathize with you, but it was your fault." "Is that all you can say?" 「そりゃ, 君には同情するよ. でもあれは君が悪かったんだよ」「おっしゃりたいのはそれだけなの」.

**2** 共鳴する, 賛同する ‖
Why doesn't she sympathize with my plan? なぜ彼女は私の計画に賛成してくれないのか.

**sym·pa·thiz·er** /símpəθàizɚ スィンパサイザ/ 名C **1** 同情者. **2** 共鳴者, 支持者, シンパ.

**sym·pa·thiz·ing** /símpəθàiziŋ スィンパサイズィング/ 動 → sympathize.

*__sym·pa·thy__ /símpəθi スィンパスィ/ 《[感情(pathy)を共に(sym)すること. cf. antipathy, symphony]》
派 sympathetic (形), sympathize (動)
—— 名 (複) --pa·thies/-z/) **1** CU 同情, 思いやり (↔ antipathy) 《◆相手を見下す含みはない》‖
You have my sympathies. =My sympathies are with you. 心中お察し致します.
help them not out of pity but out of sympathy for their plight 哀れみの情からではなく, 彼らの苦境に対する同情から援助する.
[対話] "I really do care for you." "No, you don't. You're doing this just out of sympathy." 「君のことを本当に心配しているんだよ」「そんなことないよ. ただ哀れみからこんなことをしてくれているんだわ」.

**2** CU 共感, 共鳴；同意, 支持 ‖
I have some sympathy for your ideas. あなたの考えにはある程度同意します.
My sympathies are with the students on this matter. この件に関しては私は学生側を支持します.

◊ *in sýmpathy* 共感して, 賛成して ‖ cry in sympathy 共に泣きする.

◊ *òut of sýmpathy* 共感しないで, 不賛成で ‖ be out of sympathy with a plan 計画に同意しない.

**sym·phon·ic** /simfɑ́nik スィムファニク|-fɔ́n- -フォニク/ 形〔音楽〕交響曲の；交響的な.

**sym·pho·nies** /símfəniz スィムフォニズ/ 名 → symphony.

*__sym·pho·ny__ /símfəni スィムフォニ/ 《[音(phony)の調和(sym)]》
—— 名 (複) --pho·nies/-z/) C **1** 〔音楽〕交響曲, シンフォニー.

**2** (主に米) =symphony orchestra；《米略式》交響楽団の演奏会.

**sýmphony órchestra** 交響楽団(symphony).

**sym·po·si·um** /simpóuziəm スィムポウズィアム/ 《[共に(sym)飲むこと(posium)]》 名 (複) ~s, --si·a/-zjə, -ziə/) C **1** 《正式》(公開)討論会, シンポジウム(conference). **2** (ある問題に関する諸家の)論文[評論]集.

**symp·tom** /símptəm スィンプタム/ 名C **1** 徴候, きざし, しるし 《◆ふつう望ましくない, 悪い事態・出来事などに用いる》.

**2** 〔医学〕徴候, 症状 ‖
A sneeze can be a symptom of a cold. くしゃみはかぜの徴候であることがある.

**symp·to·mat·ic** /sìmptəmǽtik スィンプトマティク/ 形 《正式》徴候となる；症状に関する；症状に基づく.

**syn·a·gogue** /sínəgàg スィナガグ|-gɔ̀g -ゴグ/ 名C ユダヤ教の礼拝堂, シナゴーグ；[the ~] ユダヤ教徒の集会(参加者).

**syn·chro·nize** /síŋkrənàiz スィンクロナイズ/ 動 (現分) --niz·ing) (自) 同時に起こる；同時に動く. —— 他 …に同時性を持たせる；〈時計などの〉時間を合わせる.

**sýnchronized swímming** シンクロナイズド=スイミング.

**syn·di·cate** 名 síndikət スィンディカト/ 動 -dikèit -ディケイト/ 名C [集合名詞] **1** シンジケート, 企業連合. **2** 通信社；新聞雑誌記事配給業. **3** 《米》組織暴力団, 犯罪シンジケート. —— 動 --cat·ing
(他) **1** …をシンジケートに組織する. **2** 〈記事・漫画など〉を通信社[新聞雑誌連盟]を通して同時発表する. —— (自) シンジケートを組織する.

**syn·drome** /síndroum スィンドロウム/ 名C **1** 〔医学〕症候群, シンドローム；病的現象. **2** (一般に)徴候, 行動様式.

**syn·o·nym** /sínənim スィノニム/ 名C 同義語, 類義語, シノニム (↔ antonym) ‖
'Sorrow' is a synonym for 'grief.' sorrow は grief の同義語である.

**syn·on·y·mous** /sinɑ́nəməs スィナニマス|-5ni- ス

ィノニマス/ 形(正式)同意語の, 同義の, 類義の.

**syn·op·sis** /sinápsis スィナプスィス/-5p- スィノプスィス/ 名(複) --ses /-siːz/) © (正式)概要, 梗概(ホネ), 大意.

**syn·tax** /síntæks スィンタクス/ 名 U 1〔文法〕統語論, シンタックス;語法. 2 系統的配列.

**syn·the·sis** /sínθəsis スィンセスィス/ 名(複) --ses /-siːz/) ©U 総合, 統合.

**syn·the·size** /sínθəsàiz スィンセサイズ/ 動(現分) --siz·ing)(正式)他 …を総合する; …を総合的に扱う. ― 自総合する.

**syn·the·siz·er** /sínθəsàizər スィンセサイザ/ 名© 〔音楽〕シンセサイザー.

**syn·thet·ic** /sinθétik スィンセティク/ 形(正式) 1 総合の, 統合的な.
2 〔化学〕合成の ‖
synthetic resin 合成樹脂.
3 (略式)本物でない, つくりものの(↔ genuine).

**syph·i·lis** /sífəlis スィフィリス/ 名U〔医学〕梅毒.

**Syr·i·a** /síriə スィリア/ 名 シリア《西アジアの共和国. 首都 Damascus》.

**Syr·i·an** /síriən スィリアン/ 形 シリア(人)の.
― 名© シリア人.

**sy·ringe** /sirínd3 スィリンヂ, ´-/ 名© 注射器, スポイト. ― 動(現分) --rin·ging)他 …に注射する; …を洗浄する.

**syr·up,** (米ではしばしば) **sir·up** /sə́ːrəp サーラプ, sír- | sírəp スィラプ/ 名U シロップ《砂糖や果汁を煮つめた汁》;糖みつ.

***sys·tem** /sístəm スィステム/〖共に(syn)組み立てるもの(stem)〗派 systematic (形)
― 名(複 ~s/-z/) 1 © 制度, 組織; [the ~] 体制, 社会秩序 ‖
a system of education =an education(al) system 教育制度.
The family is the most basic social system. 家族は最も基本的な社会の組織である.
We work on the five-day week system. 私たちは週5日制で働いている.
2 © 体系;系統, 学説, 装置 ‖
a system of philosophy 哲学体系.
the digestive system 消化器系.
the solar system 太陽系.
an air-conditioning system 空気調節装置.
3 © 体系的方法, 方式(method) ‖
the English number system 英語の数(ホ)を表す方法.
work by a system 一定のやり方で仕事をする.
4 U 整然とした手順, 秩序 ‖
without system 正しい手順がなく, 行き当たりばったりで.
*All systems go!* 〖宇宙船打上げの時の合図から〗(略式)準備完了.

**sýstem(s) engineering** システム工学.

***sys·tem·at·ic** /sìstəmǽtik スィステマティク/ 〖→ system〗
― 形 1 組織的な, 体系的な ‖
a systematic way 系統立った方法.
2 秩序立てて遂行できる, 計画に沿って仕事をする ‖
a systematic worker 整然と仕事をする人.
3 意図的な.

**sys·tem·at·i·cal** /sìstəmǽtikl スィステマティクル/ 形 =systematic.

**sys·tem·at·i·cal·ly** /sìstəmǽtikəli スィステマティカリ/ 副 1 組織的に, 体系的に. 2 整然と. 3 意図的に.

# T

**t, T** /tí/ 《同音》tea, tee) 名 (複 t's, ts; T's, Ts /-z/) 1 ⓒⓊ 英語アルファベットの第20字. 2 =と. a, A 2. 3 Ⓤ 《米式》勘定書.

**T́ júnction** =T-junction.
**T́ shirt** =T-shirt.

**tab** /tǽb タブ/ 名 ⓒ 1 (服の)垂れ飾り, つまみ; 《英》ひもの金具. 2 付け札, ラベル; (帳簿などの見出しの)つまみ. 3 勘定書(bill).

*kèep a táb [tábs] on* A 《略式》(1) …の勘定をつけにする. (2) …を見張る.
*pick úp the táb* 《米略式》勘定を払う.

**tab·by** /tǽbi タビ/ 名 (複 tab·bies /-z/) ⓒ 〔動〕ぶちネコ, トラネコ.

**tab·er·nac·le** /tǽbərnæ̀kl タバーナクル/ 名 [the T~] 〔聖書〕幕屋《古代ユダヤ人の移動可能な神殿》; (一般に)礼拝所[堂]; (非アングリカンの)会堂.

**ta·ble** /téibl テイブル/ [「(平たい)板(board)」が原義. cf. *tablet*]
→ 名 1テーブル 2食事 3一覧表
—— 名 (複 ~s /-z/) 1 ⓒ a テーブル, 食卓; 仕事台《◆ふつうは食卓をさすが, 書き物・トランプ・話し合いなどに用いられるものもいう. cf. desk》‖
sit around the breakfast **table** 朝食の食卓を囲む.
a work **table** 仕事台.
the head of the **table** 宴会の主人席, 食卓での父親の席.
[対話] "Help me cléar the táble, Jane." "Yes, Mom."「ジェーン, 食卓のあと片付けを手伝ってちょうだい」「はい, お母さん」.
**b** [形容詞的に] テーブルの, 卓上用の ‖
a **table** radio 卓上ラジオ.
2 《やや古》[the ~ / a ~] 食事, 料理; 食事の席 ‖
provide [keep, set] a good **table** ごちそうを出す.
lay [spread, 《主に米》set] the **table** 食卓の用意をする.
3 ⓒ 一覧表, 目録; 九九の表(multiplication table); 〔コンピュータ〕テーブル, 表, 表計算データ ‖
the **table** of verb patterns 動詞型一覧表.
learn one's (multiplication) **tables** 九九の表[換算表など]を覚える.
See the special uses of 'it' in **Table** 4. 表4の *it* の特別用法を見なさい.
4 [the ~ / a ~] ; 集合名詞; 単数・複数扱い] (食事・会談などで)テーブルを囲む人たち ‖
The whole **table** burst into cheers. 満座がわっと歓声をあげた.
○*at (the) táble* 《英正式》食事をしている(時に) ‖ It is bad manners to smoke (while you are) at **table**. 食事中にタバコを吸うのは不作法です《◆《米》では *the* をつけるのがふつう》.
*ríse from táble* (食事を終えて)食卓を離れる.
*sit dówn to [at] táble* 食卓につく.
*túrn the tábles* 仕返しする; 形勢を逆転させる《◆ the *tables* を主語にして受身にできる》.
*únder the táble* (略式)わいろとして, そでの下をつかって, こっそりと.
*wáit at táble(s)* 《主に英》=wait TABLE.
*wáit táble* =*wáit on táble(s)* 《主に米》[しばしば be waiting] (レストランで)ボーイを務める, 給仕する.

—— 動 (現分 tab·ling) 他 1 《主に米》〈議案などを〉棚上げにする, 審議延期にする. 2 《英》〈議案などを〉上程する.

**táble bòard** 《米》(下宿の)まかない.
**táble knife** 食卓用ナイフ.
**táble mànners** テーブルマナー.
**táble sàlt** 食卓塩.
**táble tàlk** 食卓でのおしゃべり, 茶飲み話.
**táble tènnis** 《正式》卓球, ピンポン((略式) ping-pong).

**ta·ble·cloth** /téiblklɔ̀(ː)θ テイブルクロ(ー)ス/ 名 ⓒ テーブルクロス.

**ta·ble·spoon** /téiblspùːn テイブルスプーン/ 名 ⓒ 1 テーブルスプーン《ボールなどから個人の皿に取り分けるときに用いる》. 2 =tablespoonful.

**ta·ble·spoon·ful** /téiblspùːnfùl テイブルスプーンフル/ 名 (複 ~s, --spoons·ful) ⓒ テーブルスプーン[大さじ]1杯(分)《teaspoon 3杯分》.

**tab·let** /tǽblət タブレト/ 名 ⓒ 1 [しばしば複合語で]錠剤 ‖
Take two aspirin **tablets** for your headache. 頭痛にはアスピリンを2錠服用しなさい.
2 銘板《銘文を刻んだ石・金属の板. 記念碑・床石などにはめ込む》 ‖
a **tablet** to the memory of Dr. White ホワイト博士を記念する銘板.
3 (古代ローマの筆記用)書き板《石・木・象牙(ぞうげ)などの薄い板》; [~s] 書き板をとじたもの.
4 (石けん・チョコレートなどの)1個, 1片.

**tab·loid** /tǽblɔid タブロイド/ 名 ⓒ タブロイド版新聞《写真・漫画中心でふつうの新聞の半ページ大》.

**ta·boo** /təbúː タブー/, 《米》tæ-/《◆文化人類学では tabu ともつづる》名 1 ⓒⓊ タブー, 禁忌(きんき); ⓒ 忌(い)み言葉 ‖
be under (a) **taboo** タブーになっている.
2 ⓒⓊ (一般に)禁制, 法度(はっと).
—— 形 タブーの; 禁制の ‖

The subject is taboo. その話題はタブーだ.
——動 …をタブーにする.
**tabóo wòrds** 禁句《◆遠回しに filthy [dirty, indecent] words ともいう. このうち米最高裁でテレビでの使用を禁止した7語は shit, piss, fuck, cunt, cock-sucker, mother(-)fucker, tits》.
**tab·u·late** /tǽbjəlèit タビュレイト/ 動(現分) ‑‑lat·ing》他《正式》…を図表にする.
**tab·u·la·tion** /tæ̀bjəléiʃən タビュレイション/ 名U《正式》表作成.
**tac·it** /tǽsit タスィト/ 形《正式》**1** 暗黙の ‖
tacit approval 暗黙の承認.
**2** 黙っている, 無言の; しんとした ‖
tacit prayer 黙祷(もくとう).
**tac·i·turn** /tǽsətə̀ːrn タスィターン/ 形《正式》無口な.
**tack** /tǽk タク/ (類音) tuck/tʌk/) 名 **1** C びょう, 留め金.
**2** C (裁縫の)しつけ, 仮縫い.
**3** UC 針路, 方針, 政策 ‖
be on the right **tack** 《略式》方針が誤っていない.
——動 他 **1** …をびょうで留める. **2** 《略式》…を付加する.
**tack·le** /tǽkl タクル/ 名UC《機械》滑車装置, 複滑車, 巻き揚げ装置;《海事》テークル, 船の索具.
**2** U 器具, 用具, 道具; 釣り道具.
**3** C **a** 《アメフト・ラグビー》タックル ‖
make a smashing **tackle** 猛烈なタックルをする.
**b** 《アメフト》タックル《センターの両側, 左右のガードとエンドの間に配置されている2人の選手のうちの1人. 図》→ American football》.
——動 (現分) tack·ling》他 **1** 《アメフト・ラグビー》…にタックルする;《俗》…をつかまえる ‖
**tackle** a thief 泥棒にタックルする.
**2** …に取り組む.
**3** …と論じ合う, 渡り合う ‖
He **tackled** the teacher **about** his son's work. 彼は息子の学業のことで教師と話し合った.
——自《アメフト・ラグビー》タックルする.
**tact** /tǽkt タクト/ 名 **1** U 機転, 如(じょ)才なさ; こつ ‖
have **tact** in teaching pupils 生徒を教えることを心得ている.
**2** UC 手ざわり, 触感.
**tact·ful** /tǽktfl タクトフル/ 形 如才ない, 機転のきく.
**táct·ful·ly** 副 如才なく, 機転をきかせて; 手際よく.
**tac·tic** /tǽktik タクティク/ 名 **1** = tactics. **2** 戦法, 兵法.
**tac·ti·cal** /tǽktikl タクティクル/ 形《正式》戦術(上)の, 戦術的な.
**tac·ti·cian** /tæktíʃən タクティシャン/ 名C《正式》戦術家; 策士, 策略家.
**tac·tics** /tǽktiks タクティクス/ 名U **1**《単数・複数扱い》(個々の)戦術, 用兵(学), 兵法(→ strategy). **2**《複数扱い》策略, かけひき, 作戦.
**tad·pole** /tǽdpòul タドポウル/ 名C 《動》オタマジャクシ.
**tag**[1] /tǽg タグ/ (類音) tug/tʌg/) 名C **1** 《米》付け

札, 荷札, 付箋(ふせん), 自動車のナンバープレート ‖
a name **tag** 名札.
**2** (服などの)垂れ飾り. **3** (ひも先の)金具; (靴の後ろの)つまみ皮; (服の)襟(えり)つり. **4** 《コンピュータ》タグ《HTML などで, テキストの中に埋め込む書式その他の情報を示す記号》.
——動 (過去・過分) tagged/-d/;(現分) tag·ging》他 **1** …に下げ札を付ける; …に金札を付ける ‖
**tag** the watch **at** $50 その腕時計に50ドルの値札をつける.
**2** …を付加する.
**tág quèstion** 〔文法〕付加疑問《平叙文のあとに添える簡単な疑問文. 例: It's sunny, isn't it? きょうは晴天ですね》.
**tag**[2] /tǽg タグ/ 名 **1** U 鬼ごっこ《「鬼」は it または tagger という》. **2** C 《野球》タッチすること《◆この意味で touch とはいわない》.
——動 (過去・過分) tagged/-d/;(現分) tag·ging》他 **1** (鬼ごっこで)<鬼が>…をつかまえる. **2** 《主に米》《野球》<走者>をタッチアウトにする.
**Ta·ga·log** /təgáːlɔg タガーログ/ ‑lɔg ‑ログ/ 名 (複 Ta·ga·log, ~s) C タガログ人《フィリピンの主要民族の1つ》; U タガログ語《フィリピンの公用語. cf. Pilipino》.
**Ta·hi·ti** /təhíːti タヒーティ/ tɑː‑ ターヒーティ/ 名 タヒチ(島)《南太平洋の Society 諸島の主島》.
**Ta·hi·tian** /təhíːʃən タヒーシャン/ tɑː‑ ターヒーシャン/ 名形 タヒチの; C タヒチ島人(の); U タヒチ語(の).

**\*tail** /téil テイル/ (同音) tale) 〔「(毛からなる)動物のしっぽ」から(形が)尾に似たもの, (場所の)後部を表すようになった〕
——名 (複 ~s/-z/) C **1** (馬・犬・魚などの)尾, しっぽ ‖
The dog wags its **tail**. 犬はしっぽを振る.
**2 a** 尾に似たもの, 弁髪; (洋服の)垂れ. **b** (略式) [~s] 燕(えん)尾服. **c** (婦人服の)長いすそ; 彗(すい)星の尾, たこのしっぽ.
**3** [通例 the ~] (物の)後部, 末尾; 終わり ‖
the **tail** of eyes 目じり.
at the **tail** of the procession 行列の最後尾に.
**4** 《略式》尾行者《刑事など》. **5** [通例 ~s; 単数扱い] 貨幣の裏面(↔ head)《◆硬貨を投げて物事を決める場合に言う. → head **6**》.
**túrn táil (and rún [flée])** 〈背を向けて〉逃げる.
——動 他《略式》…を尾行する, つける.
——自 ついて行く, ぞろぞろと列をなす;〈音・人気などが〉次第に小さくなる;〈話などが〉しり切れとんぼになる;〈車などが〉渋滞する ‖
His voice **tailed off** into silence. 彼の声はだんだん小さくなってとうとう聞こえなくなった.
**táil énd** [通例 the ~] 末端, 後尾; 終末部, 最終段階; 尻(しり).
**táil fìn** (魚の)尾びれ《図》→ fish》.
**táil làmp** 《英》=taillight.
**tail·gate** /téilgèit テイルゲイト/ 名C (荷馬車・トラックなどの)後部開閉板. ——動 (現分) ‑‑gat·ing》自 《米略式》前の車にぴったりつけて運転する.

**tail·light** /téillàit テイルライト/ 图 C (自動車などの赤い)尾灯, テールランプ((英) tail lamp).

**tai·lor** /téilər テイラ/ 图 C 仕立屋, 洋裁師, テーラー; 注文服店《◆主に紳士服や婦人用コート類を注文で作る. その他の婦人もの・子供ものを扱うのはdressmaker》‖
a **tailor** shop (米)洋服店(=(英) a **tailor's** (shop)).
The **tailor** makes the man. (ことわざ)仕立屋が人をつくる;「馬子にも衣装」.
Nine **tailors** make a man. (ことわざ)仕立屋は9人で一人前《◆仕立屋は力が弱いという俗説より》.
――動 他 **1** 〈服〉を仕立てる, 注文で作る. **2** (正式)〈方法・計画・脚本など〉を合わせる.

**tai·lor-made** /téilərméid テイラメイド/ 形 **1** 注文仕立ての, あつらえの. **2** (…に)合わせた.

**taint** /téint テイント/ (正式) 動 他 **1** …を堕落させる‖
people **tainted with** prejudice 偏見に染まった人々.
**2** …を汚染する;〈食物〉を腐らす.
**3** 〈評判など〉を汚(ﾖｺﾞ)す, 傷つける.
――图 **1** U 不名誉, 汚点(ﾀﾝ), 汚名; 汚名. **2** (通例 a 〜 of + 名詞) (悪いものの)気味, 痕(ｱﾄ)跡. **3** U 腐敗; 堕(ﾀﾞ)落.

**Tai·pei, --peh** /táipéi タイペイ/ 图 タイペイ(台北)《台湾の首都》.

**Tai·wan** /taiwán タイワーン, (英+) -wǽn/ 图 台湾《旧称 Formosa》.

**Tai·wa·nese** /tàiwəníːz タイワーニーズ/ 形 台湾(人)の. ――图 C 台湾人; U 台湾語(Formosan).

**Taj Ma·hal** /táːdʒ məháːl タージ マハール, táːʒ-, (英+) -hǽl/ 图 [the 〜] タージ=マハル《インドの Agra にある霊廟(ﾚｲﾋﾞｮｳ)》.

## ＊**take** /téik テイク/ [「手を置く」「触れる」が原義]

→ 動 他 **1** 手に取る **2 a** 力ずくで取る
**b** つかまえる **3** 獲得する **4** 選ぶ
**5** 受け取る **6** 連れて行く **7** 乗って行く
**8** 引き受ける **9** 必要とする **10** 占める
**11** 利用する **13** 飲む **14 a** 撮る
**15** 受けとめる **16** 講じる

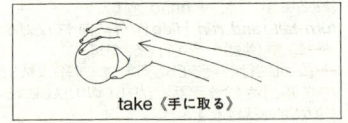

take 《手に取る》

――動 (三単現) 〜s/-s/; (過去) took/túk/, (過分) tak·en /téikn/; (現分) tak·ing)
――他 **I** [取る]
**1** …を手に取る, つかむ, 握る, 抱く‖
He **took** a glass **from** the shelf. 彼は棚からコップを1個取った.
She **took** her son **in** her arms. 彼女は息子を抱きしめた.
She **took** me **by** the hand. = She **took** my hand. 彼女は私の手を取った.
**2 a** …を力ずくで取る, 奪う‖
The army **took** the city. 軍はその町を奪取した.
**b** …をつかまえる, 捕える《◆進行形にしない》‖
The police **took** the thief. 警察は泥棒をつかまえた.
**take** a fox in a trap わなでキツネを捕える.
be **taken** prisoner 捕虜になる.
**c** …に勝つ.
**3** …を獲得する, 手に入れる《◆ふつう進行形にしない》‖
He **took** first prize in the race. 彼は競走で1等賞を取った《◆(1) win first prize もふつう. (2)「(試験)で点をとる」は get a mark》.
**4 a** …を選ぶ, 選んで取る‖
対話 "**Take** any card **from** the pack." "I'll **take** this one." 「1組のトランプからどれでも1枚選んでください」「これにしよう」.
**b** 〈道などを〉取って進む《◆ふつう進行形にしない》‖
We **took** the shortest way home. 最も近い道を通って家に帰った.
**Take** the road on the right. その道を右に曲がる.
**c** 〈授業・試験などを〉(選択して)受ける, 学ぶ, 習う‖
**take** history at college 大学で歴史を取る.
対話 "Can she drive?" "No, but she's **taking** driving lessons now." 「彼女は運転ができますか」「いいえ, でも今教習所に通っています」.
対話 "I'm **taking** an exam." "Good luck." 「試験なんだ」「健闘を祈る」.
**5 a** …を受け取る, もらう‖
He **took** a present **from** her. 彼は彼女から贈り物をもらった.
She **takes** [*is taking] 200 dollars a week in salary. 彼女は週200ドルの給料をもらっている.
Don't **take** rides from strangers. 知らない人の車に乗せてもらってはいけないよ.
**b** 〈忠告などを〉受け入れる, …に従う‖
**take** his advice 彼の忠告に従う.
**c** 〈非難などを〉甘受する, …に耐える‖
**take** criticism 非難を受ける.
**take** a beating 敗北を喫する.
**II** [持って行く]《◆自動詞 go と対応し, take の主語が話し手および聞き手の所から他の場所に「持って行く」「連れて行く」の意(↔ bring)》.
**6 a** …を持って行く, 連れて行く‖
He **took** [*sent] her home in his car. 彼は車で彼女を家に送った.
**Take** your camera **with** you. カメラを持って行きなさい《◆「携帯する」の意では with me [you など] を伴うことが多い》.
She **took** the dog for a walk. 彼女は犬を散歩に連れて行った.
対話 "Can you come to dinner on Friday?" "I'm sorry, I've got to **take** my child **to** the movies." 「金曜日食事に来ませんか」「せっかくだけど, 子供を映画に連れて行かないと」.
**b** [授与動詞] [take A B / take B to A] A〈人〉

のところへ B〈物〉を持って行く ‖
I **took** him a book. 彼に本を1冊持って行った.
**c** 〈乗物が〉〈人〉を連れて行く；〈道が〉〈人〉を導く；〈仕事などが〉〈人〉を行かせる ‖
This bus **takes** you **to** the city. このバスに乗ればその町に行ける.
Does this road **take** me **to** the station? この道を行けば駅に行けますか.
The work **took** her **to** Paris. 仕事の関係で彼女はパリへ行った.
His ability **took** him **to** the top in his field. 彼は有能だったのでその分野の第一人者にのし上がった.
**7** …に乗って行く，…を利用する ‖
**take** a taxi タクシーに乗る.
I **took** the wrong bus. バスを間違えてしまった.
She **took** a train to Boston. 彼女は列車でボストンへ行った.
[対話] "How do you go to school?" "I **take** the train." 「学校へはどうやって行きますか」「電車を利用しています」.

### III [引き受ける]
**8 a** …を引き受ける，〈責任など〉を負う ‖
Who will **take** our class this year? 今年はだれが私たちのクラスの担任ですか.
**take** control of a business 仕事を指揮する.
**take** the trouble to visit him わざわざ彼を訪問する.
**b** 〈地位・職など〉につく ‖
**take** chairmanship of the committee 委員会の議長になる.
**c** …の側につく，…に味方する.

### IV [必要とする]
**9 a** [take (A) B (to do) / it takes (A) B (to do)] 〈物・事は〉(A〈人〉が)(…するのに) B〈時間・労力・勇気など〉を**必要とする**，かかる《◆ふつう進行形にしない. お金がかかる場合はふつう cost》‖
The job **takes** time. その仕事は時間がかかる.
It **takes** two to make a quarrel. 《ことわざ》1人でけんかはできない；けんかは両方が悪い.
All it **takes** is a little kindness to others. 必要なのは他人へのちょっとしたいたわりです.
She's got what it **takes** to be a leader. 《略式》彼女は人の上に立つ器《うつわ》である.
**b** 〈時間など〉をかける，必要とする，かかる ‖
[対話] "How long did you **take to** do the job?" "About three hours." 「その仕事にどれだけ(時間が)かかりましたか」「3時間ほどです」.
[対話] "How long did it **take** you **to** get here?" "It **took** me about 30 minutes." 「ここへ来るのにどれぐらい時間がかかりましたか」「約30分です」.
**c** 《主に英》…を必要とする《《米》wear》‖
He **takes** a size 7 shoe. 彼はサイズ7の靴を履く.
**10** …を占める，〈場所〉をとる《◆進行形にしない》‖
**take** a seat 席につく.
Is this seat **taken**? この席あいていますか.
I **took** a chair. いすに座った《*take* the chair は「議長になる」または「そのいすに座る」》.
The desk **takes** much space. その机は場所をとる.

### V [その他]《◆基本的には「取る」だが目的語に応じて訳語は異なる》
**11** 〈チャンスなど〉を**利用する** ‖
She **takes** every opportunity to improve her English. 彼女はあらゆる機会を利用して英語力を磨いている.
**12** 〈ある行動〉をする《◆目的語はふつう動詞派生名詞》‖
**take** a walk 散歩する.
**take** a bath 《主に米》入浴する.
**take** legal action 訴訟(そしょう)を起こす.
**take** an oath 誓いを立てる, 宣誓する.
**take** a nap 居眠りする.
**take** a vacation 休暇をとる.
[対話] "Let's **take** a break." "Why nót?(↘)" 「一休みしようよ」「いいとも」.
**13** 〈薬・飲み物〉を**飲む**，〈空気など〉を吸う《◆〈薬〉を飲む・服用する」以外では eat, drink, have がふつう》‖
**take** a cup of tea 紅茶を1杯飲む.
**Take** this medicine three times a day. 1日3回この薬を飲みなさい.
**14 a** 〈写真〉を**撮る** ‖
She **took** Bob's picture. 彼女はボブの写真を撮った.
**b** …を書き留める，記録する；…を録音する ‖
**take** his name and address **down** 彼の名前と住所を書き留める.
**take** notes of a lecture 講義のノートをとる.
**c** …をコピーする.
**15** …を**受けとめる**，解する《◆進行形にしない様態を表す副詞を伴う》‖
**take** it easy 気楽にやる.
**take** it seriously 真剣にやる, 深刻に受けとめる.
**Take** the news calmly. そのニュースを冷静に受けとめなさい.
He **took** it ill **that** she went home without his permission. 《正式》彼女が無断で家に帰ったことを彼は不快に思った《◆that 節を伴う時は it (形式目的語)が必要》.
**16** 〈手段など〉を**講じる**，とる；〈道具など〉を用いる ‖
We must **take** measures to prevent traffic accidents. 交通事故の防止対策を講じなければならない.
**take** a mop **to** the floor モップで床をふく.
**17 a** [take A as [to be] C] A〈人・事〉を C だと**みなす** ‖
I **take** him **to** be a Chinese. 彼は中国人だと思う.
**take** her words **as** praise 彼女の言葉を賞賛ととる.
**b** 《主に米略式》〈意味など〉を理解する，…がわかる ‖
**take** his meaning 彼の言わんとするところを理解する.

**18** …を買う; …を借りる; 〈新聞など〉を定期購読する; 〈座席など〉を予約する ∥
take tickets for the play その劇の切符を買う.
take a house in London ロンドンで家を借りる.
take a newspaper 新聞をとる.

**19** [通例 be taken] 〈突然〉襲われる ∥
She **was** taken **with** a sharp pain. 彼女は激痛に襲われた.

**20** 〈体温・寸法など〉を計る, とる; …を調べる ∥
take his temperature 彼の体温を計る.

── 自 **1**〈薬などが〉効く ∥
The inoculation did not take. その予防接種はつかなかった[効かなかった].

**2** 写真に写る《◆様態の副詞を伴う》∥
She takes well. 彼女は写真写りがよい.

**be táken íll**〖英正式〗病気になる《◆ become ill, get ill の方がふつう》.

◇**táke àfter** A〈親など〉に似ている《◆受身・命令文・進行形にしない》∥ He takes after his father in disposition. 彼は性質が父親に似ている.

**tàke apárt** (1) [自] 分解できる, ばらばらになる《◆進行形にしない》. (2) [他] [~ A *apárt*] …を分解する.

**tàke** A **as it ís** [**they áre**] …をありのままに受け取る.

**tàke awáy** → take away (見出し語).

◇**tàke báck** → take back (見出し語).

**tàke dówn** [他] …を降ろす, 下げる; …を取り壊す; …を解体する; → 他 **14 b**.

◇**táke** A **for** B (1)〖略式〗〈A〈人・物〉を B〈人・物〉だと思う; 誤って〈A〈人・物〉を B〈人・物〉だと思い込む《◆(1) 進行形にしない. (2) take の代わりに mistake も用いる》∥ Don't take me for a coward. ぼくを臆〈病〉者だと思わないでくれ / take him for a policeman 彼を警官だと勘違いする. (2) → 他 **6 a**.

◇**tàke ín** → take in (見出し語).

**táke it** (1)〖略式〗(can ~ it / could ~ it] 耐える. (2)〖やや正式〗推測する, 思う ∥ Mr. Brown, I take it? ブラウンさんですね / As I take it, she won't be coming. どうも彼女は来ないようだ.

**táke it that** …〖やや正式〗…だと思う.

◇**táke óff** → take off (見出し語).

**táke ón** (1)〖略式〗[自] 人気を得る. (2) [~ *on* A] A〈様相・色彩など〉を帯びる, 呈する. (3) [他] …を乗せる; …を雇う; …を引き受ける; 〈責任〉を負う.

**tàke** A **on** one*sélf* =TAKE A upon oneself.

◇**tàke óut** → take out (見出し語).

**tàke** A **óut of** B → TAKE out **1**; A〈文など〉を B〈本など〉から引用する.

◇**tàke óver** [他] …を引き継ぐ ∥ I took over the class from her. 私は彼女からそのクラスの担任を引きついだ.

◇**táke to** A (1) [しばしば have taken] …に没頭する, ふける; …が習慣になる ∥ take to drink(ing) 飲酒にふける. (2)〖略式〗…が好きになる《◆進行形にしない》∥ Everybody took to him at once. だれでも彼がすぐに好きになった.

◇**táke úp** 〖「手で持ち上げる」が本義〗 (1)〈主に英〉[自]〈中断したところから〉再び始める, 引き継ぐ. (2) [他]〈時間・場所など〉をとる; …を趣味として始める; 〈中断した話・活動など〉を続ける, 引き継ぐ. (3) [他] …を取り上げる, 持ち[拾い]上げる ∥ He took up his pencil. 彼は鉛筆を手に取った. (4) [他]〈問題など〉を取り上げる; 〈仕事・研究など〉に取りかかる; 〈任務〉につく. (5) [他]〈液体〉を吸収する.

**táke** A **upòn** [**on**] one*sélf* (1)（よい意味で）A〈責任など〉を負う; [~ it upon [on] one(self) to do] …する責任を負う, …することを引き受ける ∥ I took it upon myself to do the work. 必ずその仕事をすると請け負った《◆「仕事をした」という結果までを含む》. (2)（悪い意味で）A〈事〉を独断で決める, 勝手なことをする.

**táke úp with** A〖略式〗A〈好ましくない人〉と親しくなる.

── 名 ⓒ **1** 取ること, 獲得. **2** (1回の)捕獲[漁獲]高. **3**〖略式〗[通例 a ~ / the ~] 売上げ高; 利益. **4** [通例 a ~] 取り分, 分け前.

**take·a·way** /téikəwèi テイクアウェイ/〈英・豪〉形 名 =takeout.

*****take away** /tèik əwéi テイク アウェイ/
── 動 (変化形 → take) **1** [自] 奪う.
**2** [自] 食卓を片付ける.
**3** [take away A / take A away] …を持ち去る, 連れ去る; …を奪う ∥
They took a knife away from the robber. 彼らは強盗からナイフを取り上げた.
**4** [take away A / take A away] A〈苦痛・喜びなど〉を取り除く ∥
The sad news took away his appetite. 悲しい知らせに彼は食欲がなくなった.
**5**〈英〉[take away A / take A away] =take out **5**.

*****take back** /tèik bǽk テイク バック/〖「もとの状態に戻す」が本義〗
── 動 (変化形 → take) [他] **1** …を返す ∥
Did you take the book back to the library? その本を図書館へ返却しましたか.
**2** …を取り戻す.
**3**〈言葉など〉を取り消す, 撤回する.
**4** [take A back] …に思い出させる ∥
Her story took me back to my childhood. 彼女の話を聞いて子供のころを思い出した.

*****take in** /tèik ín テイク イン/〖「中へ入れる」が本義〗
── 動 (変化形 → take) [他] [take in A / take A in] **1** …を取り入れる, とりこむ ∥
Take the washing in before it begins to rain. 雨が降らないうちに洗濯物を取りこみなさい.
**2**〈客など〉を受け入れる, 泊める; 〈下宿人〉を置く ∥
She earns money by taking in students. 彼女は学生を下宿させて収入を得ている.
**3** [通例否定文・疑問文で] …を理解する ∥
I couldn't take in the lecture at all. 私はそ

**taken**

の講義が全くわからなかった.
**4** …にひと目で気づく, …を見てとる ‖
take in the scene その場の事態を見てとる.
**5** …をじっと見る, …に聞き入る.
**6** 〈うそを〉真(ま)に受ける, 信じこむ.
**7** (略式) [しばしば be taken] …をだます ‖
I was taken in by his stories and gave him some money. 彼の話にだまされて金を与えた.
**8** (英) 〈新聞などを〉購読する (cf. 他 18).

**tak·en** /téikn テイクン/ 動 → take.

**take-off** /téikɔ̀ːf テイコーフ/ 名 (複 ~s) C U (飛行機などの)離陸.

***take off** /téik ɔ́ːf テイク オーフ/ 〖「全体から一部を取り去る」が本義〗
—— 動 (変化形 → take) **1** [自] 離陸する; 〈動物が〉飛びはねる; (略式) 〈人・車などが〉出発する ‖
The helicopter is taking off. ヘリコプターは離陸しようとしています.
**2** [他] [take off A / take A off] …を脱ぐ, A〈めがねなどを〉はずす (↔ put on) ‖
Take off your dirty shirt. 汚れたシャツを脱ぎなさい.
**3** [他] [take off A / take A off] …を取り除く, 取りはずす ‖
take off the cover 覆いを取る.
**4** [他] [take off A / take A off] …を連れて行く.
**5** [他] [take A off] A〈ある時間・日〉を休暇として取る ‖
take a day off 1日休む.
**6** [他] [take A off B] A を B から取り去る, 割り引く ‖
take the book off the table テーブルから本を取り去る.
take 20% off the price 定価から2割引く.

**take-out** /téikàut テイカウト/ (米) 形 (略式) 持ち帰り用の ((英・豪) takeaway, (米・スコット) carryout).
—— 名 **1** U C (略式) 持ち帰り用の料理(店). **2** C 取り出されたもの.

***take out** /téit áut テイク アウト/ 〖「外へ出す」が本義〗
—— 動 (変化形 → take) [他] **1** [take out A / take A out] …を取り出す, 持ち出す; 〈預金などを〉引き出す ‖
He took a pen out (of his pocket). 彼は(ポケットから)万年筆を取り出した.
**2** [take out A / take A out] …を連れ出す ‖
He took her out for dinner. 彼は彼女を食事に連れ出した.
Take me out to the ball game. 私を野球に連れて行って(◆米大リーグなどの試合で7回に合唱される歌およびその最初の歌詞).
**3** [take out A / take A out] …を取り除く.
**4** [take out A / take A out] (申請して)〈免許などを取得する.
**5** (米)〈食べ物を〉(店で食べずに)持ち帰る ‖
対話 "To drink here or to take out?"

"Here." 「ここでお飲みになりますか, それともお持ち帰りですか」「ここで飲みます」.

**take·o·ver** /téikòuvər テイコウヴァ/ 名 U C (管理・支配権などの)奪取, 接収; 引継ぎ; (会社の)乗っ取り.

**tak·ing** /téikiŋ テイキング/ 動 → take.
—— 名 **1** [~s; 複数扱い] 売上げ高, 収益. **2** U C 取ること, 獲得; 捕獲. **3** C 取ったもの; 捕獲高.

**tal·cum** /tǽlkəm タルカム/ 名 U **1** 〖鉱物〗タルク, 滑石(かっせき). **2** タルカム・パウダー (talcum powder) 《滑石粉に香料を加えた化粧用パウダー》.

**tálcum pòwder** = talcum 2.

**tale** /téil テイル/ (同音 tail) 名 C **1** (架空・伝説上・実際の)話, 物語 (◆ story より堅い語) ‖
fairy tales おとぎ話.
a tale about ghosts 幽霊物語, 怪談.
an American folk tale アメリカ民話.
**2** 作り話, うそ, 偽り ‖
That was just a tale. それは真っ赤なうそだった.
**3** (通例 ~s) (悪意ある)うわさ; 告げ口, 中傷.

***tal·ent** /tǽlənt タレント/ 〖アクセント注意〗《◆×タレント》〖「はかり」が原義〗
—— 名 (複 ~s/-ənts/) **1** C U (生まれつきの, 主に芸術的な)才能, 適性 (cf. gift) ‖
a pianist of great talent すぐれた才能を持つピアニスト.
develop one's talent as a singer 歌手としての才能を伸ばす.
She has a talent for figures. 彼女は計算の才能がある.
Bob has a talent for getting into trouble. ボブはもめごとを起こす才能がある.
**2** U [集合名詞; 単数・複数扱い] 才能ある人々, 人材; C (米) [形容詞を伴って] 才能ある人《◆音楽家・俳優などのほか, 実業家などについても用いる》‖
encourage the local talent (略式) 地元の人材を育成する.
That singer is a real talent. あの歌手は本当に才能がある.

> **Q&A** Q : 「彼はテレビタレントだ」は He is a TV talent. といえますか.
> A : いえません. He is a TV performer [star, personality]. などといえばよいでしょう.

**tal·ent·ed** /tǽləntid タレンティド/ 形 (生まれつきの)才能のある.

**Ta·li·ban, Ta·li·baan** /tɑːliːbɑ́ːn ターリバーン/ 〖「神学生たち」が原義〗名 [the ~] [集合名詞; 複数扱い] タリバン《アフガニスタンのイスラム教原理主義集団》.

**tal·is·man** /tǽləsmən タリスマン|-iz- タリズ-/ 名 (複 ~s) C (正式) 護符, お守り《指輪・石など》.

***talk** /tɔ́ːk トーク/ (→ should Q&A) 〖「気軽に話す」が原義〗
—— 動 (三単現 ~s/-s/; 過去・過分 ~ed/-t/; 現分 ~ing)

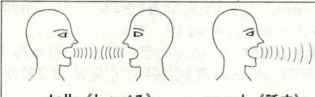

talk《しゃべる》 speak《話す》

—自 **1** 話す, しゃべる; 話し合う, 相談する《◆(1) speak とほぼ同意だが speak ほど話の内容は堅くない. (2) speak は聞き手がいてもいなくてもよいが, talk はふつう聞き手が必要. (3) on は専門的な話の内容をさす》‖

We **talked** about [of] our hobbies. 私たちは趣味について話した.

You'd better **talk** about your health with your doctor. 健康について医者と相談した方がいいよ.

She is waiting to **talk** to you. 彼女が君と話をしようと待っている.

対話 "Tell me about your dream." "I don't want to **talk** about it." 「君の夢について話してくれないか」「そんなこと話したくないよ」.

**2** ものを言う, しゃべる‖

Please be quiet. Don't **talk**. 静かにして, しゃべらないで.

She is **talking** in her sleep. 彼女は寝言を言っている.

Listen to him. He's **talking** seriously. 彼の言うことを聞きなさい. まじめに言っているのだから.

**3 a** おしゃべりをする, ぺらぺらしゃべる‖

My mother likes to **talk**. 母はおしゃべりが好きです.

**b**《略式》うわさ話をする, 陰口をきく‖

People will **talk**. (ことわざ) 世間はうるさいものだ;「人の口に戸は立てられぬ」.

**4**〈物・動物が〉言葉に似た音を立てる‖

We can hear the birds **talking**. 小鳥のさえずりが聞こえる.

**5** 意思を伝える, 話す‖

talk by signs 《あう者のように》手まねで話す.

**6**〈金などが〉ものを言う, 人に影響を及ぼす‖

Money **talks**. → money **1**.

—他 **1** …について話す‖

We **talked** music while we were having dinner. 夕食の時私たちは音楽の話をした.

**2**〈外国語などを〉話す《◆speak の方がふつう》‖

He can **talk** Spanish. 彼はスペイン語が話せる.

**3 a** [talk **A** to **B**] **A**〈人〉に話して **B** の状態にする; [talk **A** out of **B**] (うまく話しかけて) **A**〈人〉から **B** を取る‖

talk a child **to** sleep 話をして子供を寝かしつける.

**b** [talk **A** into doing] **A**〈人〉を説得して…させる‖

I **talked** my father **into** buying me a camera. 父にねだってカメラを買ってもらった.

**c** [talk **A** out of doing] **A**〈人〉を説得して…するのをやめさせる‖

I **talked** her **out** of running away from home. 彼女を説得して家出を思いとどまらせた.

***talk awáy*** (1) [自] 話し続ける. (2) [他] …をおしゃべりをして過ごす.

***talk báck***《略式》[自] 口答えする; 応答する.

***talk bíg*** ほらを吹く, 自慢する.

***talk dówn***《米》[他] …を言い負かす, 黙らせる.

***talk dówn to A***《略式》…に見下して話す; …に話の内容を落として話す《◆受身にできる》.

◇***tálking of A***《英略式》[適例文頭で] …と言えば, …の話のついでだが《《米略式》speaking of》《◆ふつう話題になったことに再び戻る場合に用いる》‖ Talking of cars, I hear you've got a Volkswagen. 車と言えば, 君はフォルクスワーゲンを買ったそうですね.

***talk onesèlf C*** 話をして[しゃべりすぎて]…になる‖ She **talked** herself hoarse. 彼女はしゃべりすぎて声をからした.

***talk one's wáy òut of A*** うまく話をして…からのがれる.

***talk óut*** [他] (1)《英》(時間切れまで討議を延ばして)〈議案などを〉廃案にする. (2) …を話し合いで解決する.

◇***talk óver*** (1) [他] …について話し合う, 相談する‖ 対話 "What does the boss think of your idea?" "I haven't **talked** it over with him yet."「主任は君の案をどう思っているの」「まだそのことは相談していないんだ」. (2) [~ **A** over] …を説得する.

***talk to A*** → 自**1**;《略式》…をしかる, 非難する.

***talk to onesélf*** ひとり言を言う.

***talk úp***《主に米略式》[他] …をほめる, 好意的に論じる.

—名 (複 ~s/-s/) **1 a** ⓒ Ⓤ 話; 話し合い, 相談; 話すこと‖

small **talk** 日常的なつまらない話, 世間話.

tall **talk** おおげさな話.

We had a long **talk** about music. 私たちは音楽について長い間話した.

I had a **talk** with my son yesterday. きのう息子と話し合った.

**b** ⓒ [通例 ~s] (正式の)協議, 会談‖

peace **talks** 和平会談.

**2** ⓒ 講演, 講話 (cf. speech) ‖

Our teacher gave a **talk** to the class on swimming. 先生はクラスの生徒に水泳について話をした.

**3** Ⓤ **a**《略式》うわさ, 世評‖

There is **talk** of a business depression. 不景気が取りざたされている.

**b** [the ~] うわさの種, 話題‖

Her beauty is **the talk of** the town. 彼女の美しさは町のうわさの種だ.

**tálk jòckey**《米》〔ラジオ〕トークジョッキー.

**tálk shòw**《米》〔テレビ〕(有名人との)対談番組 (《英》chat show).

**talk·a·tive** /tɔ́:kətiv/ トーカティヴ/ 形 話好きな, おしゃべりな.

**talk·er** /tɔ́:kər/ トーカ/ 名 ⓒ 話す人, 話し手‖ a good [poor] **talker** 話のうまい[へたな]人.

## tall

**\*tall** /tɔːl トール/ (類音) toll/tóul/) 『細長いものについて高い』が本義

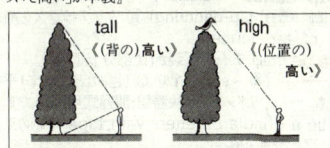

tall 《(背の)高い》
high 《(位置の)高い》

――形 (比較) ~·er, (最上) ~·est) **1** 背の高い, 〈木・建物・煙突など〉(細長く)高い(↔ short) ‖
He is a **tall** man. = He is **tall**. 彼は背が高い.
I am one inch **taller** than she is. = I am one inch **taller** than she (is) by one inch. 私は彼女より1インチ背が高い《◆英米では日本のようにメートル法を使って one inch の代わりに three centimeters などとはあまりいわない. 特に(米)ではinch がふつう》.
a **tall** building 高い建物(→ high).
a **tall** lamp 背の高いランプ《◆a high lamp は「高所についているランプ」》.

**2** (数詞付きの名詞のあとで) 身長が…ある, 高さが…ある《◆乳児にはふつう long を用いる. → long 形 1 b》 ‖
Tom is only four feet [(略式) foot] **tall**. トムは身長がわずか4フィートです《◆(略式) ではよく tall を省略する》(= Tom stands only four feet.).
a tree ten feet **tall** 高さ10フィートの木.
[対話] "How **tall** is she?" "She's five feet four inches **tall**." 「彼女の身長はどれくらいですか」「5フィート4インチです」

**3** (略式) 信じられない, おおげさな ‖
a **tall** story [tale] ほら話, 大ぶろしき.

**táll hàt** シルクハット, 山高帽.

**tal·low** /tǽlou タロウ/ 图 U 獣脂《ろうそく・石けんなどの原料》; 獣脂に似た油脂.

**tal·ly** /tǽli タリ/ 图 (褄 **tal·lies**/-z/) C **1** 割り符.
**2** 数を記録する印《◆ 卌 または 卌. 日本の「正」の字に相当》.
―― 動 (三単現) **tal·lies**/-z/ ; (過去・過分) **tal·lied**/-d/) 他 〈話など〉を一致させる, 合わせる ‖
We must **tally** our stories. 話のつじつまを合わす必要がある.
―― 自 〈話などが〉一致する.

**tal·on** /tǽlən タロン/ 图 C (通例 ~s)(特にワシ・タカなど猛鳥の)(大きな)かぎづめ.

**tam·bou·rine** /tæ̀mbərín タンバリーン/ 图 C〔音楽〕タンバリン.

**tame** /téim テイム/ 形 **1** 飼いならされた, 慣れた(↔ wild) ‖
She has made a monkey as a pet. 彼女は人によくなれたサルをペットとして飼っている.
**2** 柔順な, すなおな; 無気力な ‖
He is a **tame** little man. 彼は意気地のない小者だ.
**3** (略式) 単調な, 退屈な ‖
a **tame** ending つまらない結末.

―― 動 (現分) **tam·ing**) 他 **1** …を飼いならす.
**2** …を従順にする; 〈勇気・熱情〉を抑える, くじく.

**Tam·ma·ny** /tǽməni タマニー/ 图 [the ~] タマニー協会, タマニー派《1789年 New York 市に設立された民主党の政治団体. 市政を私物化したことから政治腐敗の代名詞となった》.

**tam·per** /tǽmpər タンパ/ 動 自 不法に手を加えて変える[壊す], いじくる ‖
The car lock has been **tampered** with. 車の錠にいじられた形跡がある.

**tam·pon** /tǽmpən タンポン/|-pɔn -ポン/ 图 C タンポン《生理用・止血用など》.

**tan** /tǽn タン/ (類音) tón/tʌn/) 動 (過去・過分) **tanned**/-d/ ; (現分) **tan·ning**) 他 **1** 〈獣皮〉をなめす.
**2** 〈皮膚〉を日焼けさせる(suntan)《◆美容・健康のために肌を焼くこと. cf. burn》 ‖
**tan** oneself on the beach 海辺で肌を焼く.
get [become] **tanned** 日焼けする.
―― 自 日焼けする ‖
He **tans** easily [quickly]. 彼は日焼けしやすい.
―― 图 U 黄褐色; C (日焼けした皮膚の)小麦色, 日焼け.
―― 形 (比較) **tan·ner**, (最上) **tan·nest**) 黄褐色の; 日焼けした.

**tan·dem** /tǽndəm タンデム/ 形副 (自転車の2つの座席とペダル・2頭の馬が)縦[前後]に並んだ[に] ‖
ride **tandem** タンデム式自転車に乗る, (自転車などに)二人乗りする.
―― 图 **1** 縦につないだ2頭の馬; 縦並びの2頭立て2輪馬車. **2** タンデム式自転車 (**tandem bicycle**)《2つの座席とペダルが前後に並んだもの》.
**tándem bícycle** = tandem 图 2.

**tan·gent** /tǽndʒənt タンジェント/ 图 C 〔数学〕接線, 接面; タンジェント, 正接(略 **tan**).

**tan·ge·rine** /tæ̀ndʒərí:n タンジャリーン, ニ/〔原産地の Tangier から〕图 **1** CU タンジェリン; C = tangerine orange. **2** U ミカン色.
**tangeríne òrange** タンジェリンオレンジ(tangerine)《北アフリカ原産のミカン》.

**tan·gi·ble** /tǽndʒəbl タンヂブル/ 形 (正式) **1** 触れることができる, 触れてわかる. **2** 明白な; 現実の; 容易に理解できる.

**tan·gle** /tǽŋgl タングル/ 動 (現分) **tan·gling**) 他 **1** …をもつれさせる, からませる. **2** …を巻き込む; …を紛糾させる. ―― 自 **1** もつれる, からまる. **2** (略式) 口論する, 争う. ―― 图 C **1** (髪・糸・枝などの)もつれ, からまり. **2** (通例 a ~) もつれた状態, からみ合った状態.

**tan·go** /tǽŋɡou タンゴウ/ 图 (褄 ~s) C (通例 the ~) タンゴ; CU タンゴの曲, タンゴ音楽. ―― 動 自 タンゴを踊る.

**tang·y** /tǽŋi タンギ/ 形 (時に 比較) **·i·er**, (最上) **·i·est**) 強い味[におい]のある, 風味の強い.

**\*tank** /tǽŋk タンク/ 『せきとめられたもの』が原義
―― 图 (褄 ~s/-s/) C **1 a** (液体・ガスなどを蓄える)タンク, (機関車のボイラー用の)水槽 ‖
a gasoline **tank** ガソリン=タンク.
**b** タンク1杯分の量 ‖

buy a **tank** of gas ガソリンをタンク1杯分買う.
**2** 〔軍事〕戦車, タンク《◆第一次世界大戦中 water tank と呼ばれだことから》.
**tánk tòp** タンク=トップ.

**tank·ard** /tǽŋkɚd タンカード/ 图 ⓒ 《取っ手・ふた付きのビール用大ジョッキ》; タンカード1杯(分).

**tank·er** /tǽŋkɚ タンカ/ 图 ⓒ **1** タンカー, 油槽船.
**2** タンクローリー, タンク車.

**tan·ta·lize** /tǽntəlàiz タンタライズ/ 動 (現分) -liz·ing) 他 《正式》…をじらす, からかう.

**tan·ta·liz·ing** /tǽntəlàiziŋ タンタライジング/ 動 → tantalize. ——形 気をもませる.

**Tan·ta·lus** /tǽntələs タンタラス/ 图《ギリシア神話》タンタロス《Zeus の息子. 地獄の池に落とされ永劫(ごう)の罰を受けた》.

**tan·ta·mount** /tǽntəmàunt タンタマウント/ 形《正式》等しい, 同じである(equivalent).

**tan·trum** /tǽntrəm タントラム/ 图 ⓒ 〔しばしば a ~〕不機嫌 ‖
have [throw, fly into] a **tantrum** むっつりする.

**Tan·za·ni·a** /tæ̀nzəníːə タンザニア/ 图 タンザニア《アフリカ中東部の共和国》.

**tap**[1] /tǽp タプ/ (類音 top/táp ǀ tɔ́p/) 图 ⓒ **1** 《英》(水道などの)蛇口, コック, 栓(《米》faucet) ‖
a water **tap** 水道栓.
drink water out of the **tap** 水道の水を飲む.
**2** (たるの)栓, 飲み口.
——動 (過去・過分 tapped/-t/; 現分 tap·ping) 他 **1** 〈液体〉を栓を抜いて出す; 〈たるなどの〉栓を抜く ‖
**tap** (off) beer from a barrel 栓を抜いてたるからビールを出す.
**2** 〈木・幹〉から樹液を取る; 〈樹液〉を取る ‖
**tap** a rubber tree ゴムの木の樹液を取る.
**táp wàter** 水道水, なま水《水道栓から出たままの水》.

**tap**[2] /tǽp タプ/ 動 (過去・過分 tapped/-t/; 現分 tap·ping) 他 **1** …を軽くたたく; 〔tap A on B〕 A〈人・物〉の B〈一部分〉を軽くたたく ‖
He **tapped** me on the shoulder. =He **tapped** my shoulder. (注意を引くため)彼は私の肩をポンとたたいた.
**2** …で軽く打ちつける ‖
He **tapped** his fingers (on the desk). 彼は指で(机を)トントンたたいた.
**3** …をトントンたたいて作る, 打ち込む ‖
**tap** a hole in a tree 〈キツツキなどが〉コツコツたたいて木に穴を開ける.
——自 **1** 軽くたたく, コツコツたたく(+away) ‖
**tap** on a coffee cup (食後のスピーチが始まるときなどに)参会者の注意を引くためにコーヒー=カップの縁をたたく.
**2** コツコツ音を立てて歩く.
——图 ⓒ 〔しばしば a ~〕コツコツたたく音[こと] ‖
I heard a **tap** on [at] the door. ドアをコツコツ叩く音が聞こえた.

**táp dànce** タップ=ダンス(cf. tap-dance).
**táp dàncing** =tap dance.
**tap-dance** /tǽpdæns タプダンス/ -dàːns -ダーンス/ 動 (現分 tap-danc·ing) 自 タップ=ダンスを踊る (cf. tap dance).

*****tape** /téip テイプ/ 〚「裂かれた部分」が原義〛
图 (複 ~s/-s/) **1** ⓤⓒ (包装などにかける)平ひも, テープ, リボン; ⓒ (決勝線・開通式用)テープ ‖
tie a bundle of letters with **tape** 手紙の束を平たいひもで縛る.
breast the **tape** 1着でゴールする.

Q&A *Q*:「市長は新しいトンネルの開通のテープカットをした」は do the **tape** cut といえますか.
*A*: **tape** cut という言葉は英語にはありませんが The mayor cut the **tape** [ribbon] on the new tunnel. のようにいえます.

**2** ⓒ =tape measure.
**3** ⓤⓒ (録音・録画用)磁気テープ; ⓒ 録音[録画]済みテープ ‖
record a program on **tape** 番組を録音[録画]する.
have the speech on **tape** その講演を録音してある.
play a new song on the **tape** テープで新曲をかける.
**4** ⓤ 接着テープ, ばんそうこう.
——動 (現分 tap·ing) 他 **1** …を(テープに)録音[録画]する ‖
**tape** a TV program テレビ番組を録画する.
対話 "That's very nice music." "I'll **tape** it for you, if you like, so you can keep it." 「それとてもいい音楽だね」「よかったら, 手もとにおいておけるように録音してあげるよ」.
**2** …を平ひもでくくる; …に接着テープでふさぐ.
**3** 《米》〈負傷箇所〉に包帯を巻く(《英》strap).

**tápe dèck** テープデッキ.
**tápe mèasure** 巻き尺(tape).
**tápe recòrder** テープレコーダー.
**tápe recòrding** (1) テープ録音[録画]. (2) 録音[録画]済みテープ. (3) 録音された音声, 録画された映像.

**ta·per** /téipɚ テイパ/ (同音 tapir) 图 **1** ⓤⓒ (厚さ・幅などの)先細になること, 漸(ぜん)次的減少; (力などの)漸減. **2** ⓒ (尖(せん)塔など)先細の物. **3** ⓒ (点火用)ろう引の灯心. **4** ⓒ 細長い小ろうそく.
——動 自 次第に細くなる; 次第に減る, 弱まる ‖
The stick **tapers** (off) to a sharp point. その棒は先が細くなって鋭くとがっている.
——他 …を次第に細くする; …を次第に減らす ‖
**taper** off smoking 喫煙を次第に減らす.

**tap·es·try** /tǽpistri タピストリ/ 图 (複 -es·tries /-z/) ⓒⓤ タペストリー, つづれ織り; ⓤ その技法.

**tape·worm** /téipwɚːrm テイプワーム/ 图 ⓒ 〔動〕サナダムシ, 条虫.

**tar** /táːr ター/ 图 ⓤ **1** タール《黒い粘着性物質. 道路舗装, 木材の防腐剤, 染料・薬品の原料》

coal tar コールタール.
**2** (タバコの)タール, やに.
――動 (過去・過分) tarred/-d/; (現分) tar・ring) 他 …にタールを塗る.

**ta・ran・tu・la** /tərǽntʃələ タランチュラ/-tju- -テュラ/ 名 (複 ~s, ・・lae/-li:/) ⓒ【動】タランチュラ《毒グモ》.

**tar・dy** /tɑ́ːrdi ターディ/ 形 (比較 ・・di・er, 最上 ・・di・est)

tardy〈のろい〉

**1** (正式)のろい, 遅々とした.
**2** (米)遅れた ‖
be tardy for [to] school 学校に遅刻する.
**3** いやいやながらの.

**tar・get** /tɑ́ːrɡət ターゲト/ 名 ⓒ **1** (射撃・弓術などの)的, 標的; 攻撃目標 ‖
hit the target 的に当たる[当てる].
miss the target 的をはずれる[はずす].
**2** 対象 ‖
an easy target だまされ[からかわれ]やすい人.
**3** (生産・貯蓄・募金などの)達成目標(額), (運動・計画の)対象, 目標.

**tar・iff** /tǽrif タリフ/ 名 ⓒ **1** 関税(率); 関税表 ‖
lower the tariff 関税を下げる.
a tariff of 15 percent on all imported goods 全輸入品にかかる15パーセントの関税.
**2** (鉄道・電信などの)運賃[料金]表; (主に英)(ホテル・レストランの)料金表, メニュー.

**tar・mac** /tɑ́ːrmæk ターマク/ 名 **1** [T~] (商標) = tarmacadam. **2** (主に英) [the ~] タールマカダム舗装の滑走路《空港エプロン, 道路》.

**tar・mac・ad・am** /tɑ̀ːrmækǽdəm ターマキャダム/ 名 Ⓤ (正式) タールマカダム《タールと小砕石を混ぜた道路舗装剤》.

**tar・nish** /tɑ́ːrniʃ ターニシュ/ 動 (三単現 ~・es /-iz/) 他 **1**《金属などの》光沢を曇らせる, …を変色させる. **2**《評判・名誉などを》汚す.
――自 光沢を失う ‖
Silver tarnishes easily. 銀器は曇りやすい.
――名Ⓤ [しばしば a ~] **1**《金属などの》変色, 曇り; (銀器面などの曇りを起こす)被覆(ひふく)物, 薄膜. **2**《名誉・評判などの》傷, 汚点.

**tart**[1] /tɑ́ːrt タート/ 形 **1** すっぱい, ぴりっとした. **2** 痛烈な, 辛辣(しんらつ)な. **tárt・ly** 副 痛烈に; すっぱく.

**tart**[2] /tɑ́ːrt タート/ 名 ⓒⓊ タルト《果物・ジャムなど甘いものの入った丸いパイ.《米・カナダ》では主に小さな open pie (中身が見えるもの)をいう.《英》では小さなものは tartlet という. cf. pie》.

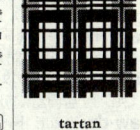

**tar・tan** /tɑ́ːrtn タートン/ 名
**1** Ⓤ **a**《スコットランド高地人が着用した》格子縞(しま)の毛織物[服], タータン《◆ *tartan check* とはいわない》. **b** (一般に)格子縞織. **2** ⓒ 格子縞(模様).

tartan

> Q&A **Q**: タータンはどのような存在なのですか.
> **A**: clan (氏族)を象徴するもので, 氏族によって模様が異なります. 日本の「紋つきの着物」にちょっと似ていますね.

**tar・tar** /tɑ́ːrtər タータ/ 名 Ⓤ **1** 歯石. **2** 酒石《ワイン醸造時の沈殿物. 酒石酸の原料》.

**Tar・tar** /tɑ́ːrtər タータ/ 名 ⓒ **1** タタール人, 韃靼(だったん)人. **2** Ⓤ タタール語.

**tártar sàuce** タルタルソース《マヨネーズにピクルス・パセリなどを加えたソース》.

**tártar stèak** タルタルステーキ《牛肉のあらびきを生で食べる料理》.

**Tar・ta・rus** /tɑ́ːrtərəs タータラス/ 名 (複 ~・es /-iz/) **1**《ギリシア神話》タルタロス《冥(めい)界(Hades)の下の深淵》. **2** ⓒ 地獄(Hades).

\*__task__ /tǽsk タスク | tɑ́ːsk タースク/ (類音 tusk /tʌ́sk/) 『「領主から税金(tax)の代わりに課せられた仕事」が原義』
――名 (複 ~s/-s/) ⓒ (正式) (一定期間にやるべき)**仕事**, **課業**, (つらくて骨の折れる)**任務**, **職務**; (自発的に請け負う)**作業** ‖
perform [carry out, do] a difficult task 困難な任務を成しとげる.

**tásk fòrce** [単数・複数扱い] (1)(ある問題・状況の)特別対策本部, 特別委員会. (2)(軍事) 機動部隊.

**Tas・ma・ni・a** /tæzméiniə タズメイニア/ 名 タスマニア《オーストラリア南東の島》.

**Tas・ma・ni・an** /tæzméiniən タズメイニアン/ 形 タスマニア(人, 語)の.――名 ⓒ タスマニア人; Ⓤ タスマニア語.

**Tass** /tǽs タス | tɑ́ːs タース/ 名 タス《旧ソ連国営通信社》.

**tas・sel** /tǽsl タスル/ 名 ⓒ **1** (帽子などに付ける)(飾り)ふさ. **2** ふさ状のもの; (トウモロコシの)雄花の穂.

\*__taste__ /téist テイスト/ 『「触れる」が原義』
――動 (三単現 ~s/téists/; 過去・過分 tast・ed /-id/; 現分 tast・ing) 他 **1** …の味見をする, …を試食する, 味わう ‖
She tasted the cake to see if it was sweet enough. 彼女は甘さ加減がよいかどうかケーキの味見をした.
I have never tasted such nice oysters. 私はこんなにおいしいカキは味わったことがありません.
対話 "How's your drink?" "It's very good. You want to taste some?" 「君のは飲み心地はどうだい」「とてもおいしいよ. 少し飲んでみますか」.
**2** [しばしば can を伴って] …の味がわかる, 味を感じる《◆味の変化を強調する文脈以外では進行形・命令形にしない》 ‖
Since I have a cold, I can't taste anything. かぜをひいているので何の味もわかりません.

対話 "I think there's some garlic in this stew." "I can't taste any garlic."「このシチューにはニンニクが入っているようだね」「ニンニクの味など全然しないよ」.

**3** [通例否定文で]〈飲食物〉を**食べる**, 飲む《◆進行形にしない》‖
She has **not tasted** food for days. 彼女は何日も食べ物を口にしていない.

**4** [比喩的に] …を味わう;〈喜び・悲しみ・生活など〉を経験する‖
**taste** defeat 敗北をなめる.
**taste** the delights of country life 田園生活の楽しみを味わう.

──自 **1 味見する, 味覚がきく;味がわかる《◆進行形にしない》**‖
He had a bad cold, so he couldn't **taste**. 彼はひどいかぜだったので味がわからなかった.

**2** [taste C] …な**味がする**《◆(1) C は味に関する形容詞.(2) **3** の taste of より口語的.(3) 進行形にしない》‖
This fruit **tastes** bitter [×bitterly]. この果物は苦い味がする.
This soup **tastes** salty. このスープは塩辛い.
How does this stew **taste**? このシチューはどんな味ですか.

**3** [taste of A] …の**味がする**; [taste like A] …のような**味がする**《◆進行形・命令文にしない》‖
This soup **tastes** too much of celery. このスープはセロリの味が強すぎる.
What did the sauce **taste** of [like]? ソースはどんな味でしたか.

──名 (複 ~s/téists/) **1** ⓒⓊ [しばしば the ~ / one's ~] **味覚**‖
Since I have a cold, my **taste** has gone. かぜをひいているので味がわからない.
These dishes are salty to my [the] **taste**. これらの料理は塩辛い.
This cake doesn't agree with my **taste**. このケーキはあまり好きでない.

**2 a** ⓒⓊ **味, 風味**《◆flavor is taste と smell (香り)のまじった風味をいう》‖
This orange has a bitter **taste**. このオレンジは苦い味がする.
Give the soup more **taste** with some spice. 薬味を入れてスープにもっと風味を出しなさい.

**b** ⓒ [通例 a ~ / the ~] 経験.

**3** (略式) [通例 a ~] **試食, 味見**‖
She had [took] a **taste** of the pudding. 彼女はプディングの味をみた.

**4** ⓒⓊ **好み, 嗜(し)好**‖
have a **taste** for [in] modern music 現代音楽を愛好する《◆堅い表現. like modern music がふつう》‖
a matter of **taste** 好みの問題.
There is no accounting for **taste**. (ことわざ)人の好みは説明のしようがない;「たで食う虫も好きずき」.

**5** Ⓤ **審美眼, 鑑賞力, センス, 品**(ひん), **判断力**‖
a person of **taste** 趣味のわかる人, 風流人.
He shows excellent **taste** in clothes. = His clothes are in excellent **taste**. 彼の服装のセンスはすばらしい.

**in góod táste** = **in the bést of táste** 上品な, 儀礼に合った.
**to táste** (料理の塩加減などで)好みに応じて, 好きなだけ.
**to A's táste** = **to the táste of A** (1) [挿入的に] …の判断[鑑賞力]では‖ The feeling of this poem is, **to my taste**, sentimental. この詩の情感は私が読んだところでは傷的だ. (2) [しばしば否定文で] …の気に入って, 好みに合った‖ That hat won't be (to) her **taste**. あの帽子は彼女の趣味に合わないだろう. (3) → 名1.

**táste bùd** [解剖] 味蕾(み らい) 〔舌にある感覚器官〕.

**taste·ful** /téistfl テイストフル/ 形 **趣味のよい; 審美眼のある.**
**táste·ful·ly** 副 趣味深く, 上品に.

**taste·less** /téistləs テイストレス/ 形 **味のない, まずい; おもしろ味のない; 悪趣味な.**

**tast·ing** /téistɪŋ テイスティング/ 動 → taste.

**tast·y** /téisti テイスティ/ 形 (比較 ‐i·er, 最上 ‐i·est) **1** 風味のある, おいしい. **2** (略式) = tasteful.

**tat·ter** /tǽtər タタ/ 名 ⓒ (しばしば文) [通例 ~s] (紙・布などの)**ぼろ, 切れはし**; [~s] ぼろ服; 無用の物.
**tát·tered** /-d/ 形 ぼろぼろに裂けた; ぼろを着た.

**tat·tle** /tǽtl タトル/ (略式) 動 (現分 tat·tling) 自 ぺちゃくちゃしゃべる, むだ口をきく; 告げ口をする‖
**tattle on** him to the teacher 彼のことを先生に告げ口する.
──名 Ⓤ むだ口, うわさ話; 告げ口.

**tat·too¹** /tætú: タトゥー, tə-/ 名 (複 ~s) ⓒ 入れ墨(の模様).
──動 他 …に入れ墨をする.

**tat·too²** /tætú: タトゥー, tə-/ 名 (複 ~s) **1** 〔軍事〕 [the ~] (深夜の)帰営らっぱ[太鼓](の合図).
**2** ⓒ 連続的な太鼓の音; ドンドン[コツコツ]たたく音; (心臓の)ドキドキいう音‖
beat a **tattoo** with one's fingers 指先でコツコツたたく《◆あせり・いらだちなどのしぐさ》.

***taught** /tɔ́:t トート/ (同音 taut) 動 → teach.

**taunt** /tɔ́:nt トーント, (米+) tá:nt/ 動 他 (正式) …をなじる, 責める; …をあざける‖
They **taunted** me about my clothes. 彼らは私の服についてからかった.
──名 ⓒ [しばしば ~s] 侮辱的な言葉; あざけり.

**Tau·rus** /tɔ́:rəs トーラス/ 名 (複 ~·es/-iz/) **1** Ⓤ 〔天文〕 おうし座(the Bull). **2** Ⓤ 〔占星〕 金牛宮, おうし座(cf. zodiac); ⓒ 金牛宮生まれの人《4月20日-5月20日生》.

**taut** /tɔ́:t トート/ (同音 taught) 形 **1 ぴんと張った** 《◆tight より堅い語》. **2 緊張した. 3 規律正しい.**

**tav·ern** /tǽvərn タヴァン/ 名 ⓒ (米) **酒場, バー**; (英古文) **居酒屋**《特にむさ苦しい低級な酒場をさす》.

**taw·dry** /tɔ́:dri トードリ/ 形 (比較 ‐dri·er, 最上 ‐dri·est) (正式) 派手で安っぽい; 下品な.

**taw・ny** /tɔ́ːni トーニー/ 名UC 形 (比較) ~・ni・er, (最上) ~・ni・est 黄褐色(の).

**＊tax** /tǽks タクス/『「手で触れて評価する」が原義. cf. task』派 taxation (名)
— 名 (複 ~・es/-iz/) 1 ⓒⓊ 税金, (租)税; [形容詞的に] 税金の ‖
heavy **tax** 重税.
**tax** exemption 免税.
a **tax** reduction [cut] 減税.
evade (paying) **taxes** 脱税する.
impose [lay, levy, put] a **tax** on his incomes 彼の所得に税金を課する.
A third of my wages go for **tax**. 私は賃金の3分の1を税金にとられる.
Her salary was ¥300,000 a month **after tax**. 彼女の給料は税金を差し引いて月に30万円だった.
a camera **free of tax** =a **tax**-free camera 免税のカメラ.

関連 [種類] direct **tax** 直接税 / indirect **tax** 間接税 / income **tax** 所得税 / value-added **tax** (英) 付加価値税 / sales **tax** (米) 売上税 / consumption **tax** 消費税 / withholding **tax** (米) 源泉徴収税 / business **tax** 営業税 / national **taxes** 国税 / state **taxes** (米) 州税 / local **taxes** (米) 地方税 / inheritance **tax** (米) 相続税.

**2** (正式) [a ~] 重い負担, 無理な要求 ‖
The illness was a **tax** on his health. その病気は彼の健康をひどく損なった.
— 動 (三単現) ~・es/-iz/; (過去・過分) ~ed/-t/; (現分) ~・ing
— 他 **1** …に税金を課する, 課税する ‖
**tax** imports 輸入品に課税する.
We're heavily **taxed**. 我々は重税を課せられている.
**2** (正式) …に重い負担をかける, 無理な要求をする, …を酷使する ‖
You're **taxing** my patience by such stupid questions! そんなばかげた質問には我慢ならない!
**tax** one's brain for a solution 解決のため頭をしぼる.
**tax** A **with** B (正式) A〈人〉をB〈事〉のかどで責める, 非難する(◆ B に doing を用いて, 「…したことで責める」も可); A〈人〉を B〈窮地など〉に直面させる ‖
**tax** him **with** having neglected his duty 義務を怠った理由で彼をしかる.
**táx colléctor** 収税吏(゚), 税務署員.
**táx dedúction** 税控除(額).
**táx evásion** 脱税.
**táx ràte** 税率.
**tax・a・ble** /tǽksəbl タクサブル/ 形 課税できる, 有税の.
**tax・a・tion** /tæksɪ́ʃən タクセイション/ 名Ⓤ 課税, 徴税; (支払うべき)税金(額); 税制; 税収 ‖

be subject to **taxation** 課税対象となる.
be exempt from **taxation** 免税される.
**tax-free** /tǽksfriː タクスフリー/ 形副 免税の[で], 非課税の[で]; 税引きの.

**＊tax・i** /tǽksi タクスィ/『taxicab の短縮形』
— 名 (複 ~s/-z/, (まれ) ~es/-z/) ⓒ タクシー, ((正式) taxicab; (英) cab) ‖
go by **taxi** =go in a **taxi** タクシーで行く.
hail a **taxi** (手を上げて)タクシーを止める.
pick up a **taxi** タクシーをひろう.
対話 "If you like, I'll give you a ride to the nearest station." "Oh, it's all right. I'll take a **taxi**." 「よかったら近くの駅まで乗せてあげるよ」「いいよ, タクシーを使うから」.

事情 [米英の taxi] (1) New York などのタクシーはふつう黄色なので yellow cab ともいう. London ではふつう黒塗りの箱型オースティン車(Austin).
(2) 料金の10-15%程度の tip が必要. 大きな荷物には割増し料金が必要.
(3) 自動ドア・冷房などはない.
(4) 「空車」表示は (米) Vacant, 《主に英》For Hire.

— 動 (過去・過分) ~ed または (まれ) taxi'd; (現分) ~・ing または **tax・y・ing** 自 (飛行機が) (離着陸の時)誘導路を移動する.
**táxi drìver** タクシー運転手.
**táxi fàre** タクシー代[料金].
**táxi stànd [tèrminal,** (英) **rànk]** (駅前などの)タクシー乗り場《(米) cabstand, (英) cab rank》.
**tax・i・cab** /tǽksikæb タクスィキャブ/ 名 ⓒ (正式) タクシー.
**tax・pay・er** /tǽkspèɪər タクスペイア/ 名 ⓒ 納税(義務)者 ‖
**taxpayer's** money 税金, 公金.
**Tb, TB, tb., t.b.** (略) tuberculosis.
**tbs., tbsp.** (略) tablespoon, tablespoonful.
**Tchai・kov・sky** /tʃaɪkɔ́ːfski チャイコーフスキー/ 名 チャイコフスキー《Pyotr Ilyich /pjɔ́tr íliːtʃ/ ~ 1840-93; ロシアの作曲家》.

**＊tea** /tíː ティー/ (同音 t, tee) 『中国語の「茶」(te)から』
— 名 (複 ~s/-z/) 1 Ⓤ 茶《英米では単に tea といえば紅茶のこと. green tea (緑茶)などと区別する場合は特に black tea という. お茶の濃い, 薄いは strong, weak で表す (→ dense **1b**) ‖
make (the) **tea** for him 彼にお茶を入れる.
have [drink, take] a cup of **tea** お茶を1杯飲む《◆ a cup of tea は /ə kʌ́pə tíː/ と発音するのがふつう》.
Do you know the rules of making good **tea**? おいしい紅茶の入れ方を知っていますか.
対話 "Do you take milk and sugar in your **tea**?" "No, I usually take lemon and sugar." 「紅茶にはミルクと砂糖を入れますか」「いいえ, た

いていレモンと砂糖です」.
**2** Ⓒ **お茶1杯** ‖
Two **teas**, please. お茶を2つください.
**3** ⒸⓊ (英)**午後のお茶**の(時間)《ふつう 3-5時. 紅茶・サンドイッチ・ケーキなどが出される》‖
work hard till **tea** 午後のお茶まで熱心に働く.
**4** ⓊⒸ **お茶の会**, ティーパーティー (tea party) ‖
She has no one to invite her to (a) **tea**. 彼女にはお茶の会に招いてくれる人がいない.
**5** Ⓒ 茶の木; Ⓤ 茶の葉.
**6** Ⓤ (茶に似た)飲み物, 薬用茶, せんじ汁.

*one's* **cúp of téa** /kʌ́p ə tíː/ (略) [しばしば否定文で] 好きなもの, 好物, 性(ᇂ)に合うもの ‖
Boxing is **not** their **cup of tea**. ボクシングは彼らの趣味ではない.

**téa bàg** ティーバッグ.
**téa bàll** ティーボール《小さい穴のあいた球形の金属製こし器》.
**téa brèak** (主に英略式)ティーブレーク, お茶の休憩時間(→ coffee break).
**téa cèremony** (日本の)茶の湯, 茶道, 茶会.
**téa pàrty** =tea 4.
**téa sèrvice** [sèt] ティーセット, 紅茶道具一式《ふつう cups, saucers, plates, teapot, cream jug, sugar bowl, tray からなる》.
**téa shòp** 喫茶店; (英)軽食堂.

**‡teach** /tíːtʃ/ ティーチ/ 『「知識・知恵・技能を授ける」が本義. cf. token』
㊜ teacher (名), teaching (名)
── 動 ((三単現)) ~·es/-iz/ ((過去・過分)) taught /tɔ́ːt/ ((~·ing))
── 他 **1 a** …**を教える**(♦ lesson, lecture が目的語の場合は give を用いる); [~ oneself] 独習する ‖

**teach** school (米)学校の教師をする(=**teach** in a school).
**teach** riding [*to ride*] 乗馬を教える.
I **teach** history at this school. 私はこの学校で歴史を教えています(=I am a **teacher** of history at this school.).
Is Chinese **taught** in the Japanese school? 日本の学校では中国語を教えますか.
We were **taught** by Ms Tanaka last year. 昨年は田中先生に教わった.
対話 "Are you busy at school?" "I only **teach** 6 classes a week, but I have many meetings." 「学校では忙しいですか」「教えるのは週に6クラスだけですが, 会議が多いのです」.

**b** [授与動詞] [teach **A B** / teach **B** to **A**] **A**〈人〉に **B**〈学科など〉**を教える**, 教授する; **A**〈動物など〉に **B**〈芸など〉を仕込む ‖
She **teaches** him English. 彼女は彼に英語を教えている.
**teach** him skiing 彼にスキーを教える.

Q&A **Q** : He *taught* me English. と He *taught* English to me. とはどう違いますか.
**A** : このように過去時制では, 前の方は単に「英語を教えてくれた」という(行為の)事実を示すだけで修得したかどうかまではわかりませんが, 後の方は「(そのおかげで)英語ができるようになった」という結果までを含むのがふつうです(cf. **c**).

**c** [teach **A** (how) to do] **A**〈人・動物〉に…(のしかた)**を教える** ‖
She **teaches** me (how) to drive. 彼女は私に車の運転のしかたを教えてくれる(=She **teaches** me how I should drive.)(♦ 過去時制では how to ばしかたを教えた」だけの意味だが, how を除いた場合はふつう「運転できるようになった」という結果までを含む(→ **b** Q&A)).
対話 "I don't know how this works." "That's okay. I'll **teach** you **how** to do it." 「これはどう動くのかなあ」「大丈夫だ. やり方を教えてあげるよ」.

**d** [teach **A** to be **C** / teach (to **A**)(that) 節]〈**A**〈人〉に〉**C** と(いうことを)**教える**, 悟らせる; [teach (to **A**) wh 節] 〈**A**〈人〉に〉…かを教える ‖
The teacher **taught** (us) **that** the world is round. 先生が(私たちに)地球が丸いことを教えてくれた.
The accident **taught** him **to** be more careful. その事故で彼はもっと注意しなければいけないと悟った.
She **taught** her son **how** important it is [was] to be honest. 彼女は正直なことがどれほど大切であるかを息子に教えた.

Q&A **Q** : 第1例では taught (過去形)なのになぜ後ろは is (現在形)なのですか.
**A** : 教えた内容が一般的な真理・歴史上の事実のときは現在形でよいのです.

語法 (1) teach は知識や技能を教える意味の最も一般的な語(㊜ educate, instruct, train). 教える人は必ずしも学校の教員でなくてもよい: *teach* a high-school student twice a week at home 週2回高校生相手の家庭教師をしている.
(2) 名前・道などを教えるのは, 相手にその情報を伝えることなので, tell などを用いる: tell a secret 秘密を教える / Tell [Show] me the way to the airport. 空港へ行く道を教えてください / Let me know when she'll arrive here. 彼女がいつここに着くか教えてください.

**2** (略式) [通例未来形] …に思い知らせる, …をひどい目にあわせる ‖
I'll **teach** you to be rude to the guest. お客に無作法だとひどい目にあわせるぞ.
── 自 **教師をする**; 教える, 教授する ‖
She **teaches at** [**in**] a junior high school. 彼女は中学校の教師をしている(=She is a junior high school **teacher**.)(♦ *teach* junior high school ともいえる. → 他 **1 a**).

## teacher

**teach・er** /tíːtʃər ティーチャ/ 〖→ teach〗
—名 (複 ~s/-z/) © 教師, 先生, 教員; 教える人, 仕込む人 ◆ 英米の初等・中等学校には女性教員が多いので, 代名詞は she で受けることが多い ‖
an Énglish tèacher =a teacher of English 英語の教師 ◆ an Énglish téacher では「英国[イングランド]人の教師」の意).
She's a primary school teacher. =She's a teacher at [in] a primary school. 彼女は小学校の先生をしている(=She teaches at a primary school).

Q&A  Q: 先生と呼ぶ場合 Teacher! と言っていいですか.
A: 小学校の低学年や幼稚園児はそのように呼ぶことがありますが, ふつう姓を添えて Mr. [Mrs., Miss, Ms] Tanaka (田中先生)のようにいいます. Teacher Tanaka とか Tanaka Teacher のようにはいいません.

**téacher's àid** 教師の助手.
**téachers còllege** (米) (ふつう4年制の)教員養成大学((英) teacher-training college, college of education).

**teach・ing** /tíːtʃiŋ ティーチング/ 〖→ teach〗
—動 → teach.
—名 (複 ~s/-z/) **1** Ⓤ 教えること; 教授, 授業, 教職 ‖
go into [take up] teaching 教職につく.
a téaching mèthod 教授法.
**2** Ⓤ 指導, 手引き.
**3** © [しばしば ~s] (特に偉人による)教訓, 教義 ‖
Christ's teaching(s) キリストの教え.
**téaching àid** 補助教材.
**téaching machíne** ティーチング=マシーン《プログラム学習ができる教育機器》.

**tea・cup** /tíːkʌp ティーカプ/ 名 © **1** ティーカップ, 紅茶[湯のみ]茶わん. **2** ティーカップ1杯分(の量).

**teak** /tíːk ティーク/ 名 **1** © チーク(の木). **2** Ⓤ チーク材《造船・家具用の堅い木材》.

**team** /tíːm ティーム/ (同音 teem) 〖原義「引くもの」から **2** が生まれ **1** に発展した〗
—名 (複 ~s/-z/) © [集合名詞; 単数扱い] **1** (競技などの)チーム, 団, 組 ◆ 単数扱いが原則だが, 個々のメンバーをさしているときは複数扱い ‖
a baseball team 野球のチーム.
a team of engineers 技術者の一団.
Our team is one of the best around here. 我々のチームはこのあたりでは一流だ.
The team are driving to the ball park in their own cars. チームのメンバーはそれぞれ自分の車で球場入りしている.
[対話] "Is she on [(英) in] your team?" "She used to. Now she is our coach." 「彼女は君のチームの一員ですか」「前はね. 今はコーチです」.
**2** (荷車・そり・すきなどを引く2頭以上の)一連の馬[牛, 犬など]; 車とそれを引く動物 ‖
a team of four horses ひとつなぎの4頭の馬.
—動 圁 (略式)協力する, 協同する ‖
John teamed (up) with his friends. ジョンは友人と協力した.
**téam spirit** (チームの)団結心.
**team・mate** /tíːmmèit ティームメイト/ 名 © チームメート, 同じチームの仲間.
**team・ster** /tíːmstər ティームスタ/ 名 © (米) トラックの運転手.
**team・work** /tíːmwə̀ːrk ティームワーク/ 名 Ⓤ チームワーク, 協同作業, 協力.
**tea・pot** /tíːpɑt ティーパト | -pɔt -ポト/ 名 © ティーポット, 茶瓶(ちゃびん), きゅうす.

**tear¹** /tíər ティア/ 〈発音注意〉 (cf. tear²)
(同音 tier)

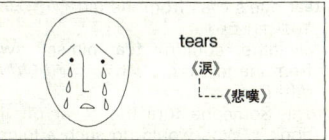

tears
〈涙〉
┆
└--〈悲嘆〉

—名 (複 ~s/-z/) © [通例 ~s] 涙(のひとしずく); 泣くこと; [~s] 悲嘆, 悲哀 ‖
tears of joy うれし涙.
bitter tears つらい涙.
shed tears 涙を流す.
with tears in one's eyes 目に涙を浮かべて.
be dissolved in tears =dissolve in tears 涙にくれる.
dry one's tears 涙をふく.
burst [break] into tears わっと泣き出す.
hide one's tears 涙を隠す.
be easily moved [reduced] to tears 涙もろい.
Her story brought tears to my eyes. 彼女の話を聞いて私は泣けてきた.
**téar gàs** 催涙ガス.

**tear²** /téər テア/ 〈発音注意〉 (cf. tear¹) 〖「破壊する」が原義〗

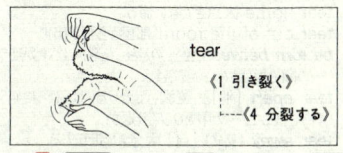

tear
〈1 引き裂く〉
┆
└--〈4 分裂する〉

—動 (三単現 ~s/-z/; 過去 tore/tɔ́ːr/, 過分 torn/tɔ́ːrn/; 現分 ~・ing/téəriŋ/)

他と圁の関係
| 他 | **1** | tear A | A を引き裂く |
| 圁 | **1** | A tear | A が裂ける |

—他 **1** …を引き裂く, 引きちぎる; [tear A C] A〈物を裂いて C にする (→ rip Q&A) ‖
tear the paper in two =tear the paper

across その紙を2つに裂く.
tear it into [to] pieces それをずたずたに引き裂く.
tear the package open =tear open the package その小包を破ってあける.
She tore the letter up after reading it. 彼女はその手紙を読んだあと破いてしまった.

[対話] "Your coat is ripped. What happened?" "I tore it on the car door." 「上着が裂けてしまっているじゃないか. どうしたんだ」「車のドアにひっかけて破ってしまったんだ」.

**2** …を引きはがす, もぎ取る; 〈人〉を引き離す ‖
tear off one's clothes =tear one's clothes off 服を脱ぎ捨てる.
a book whose jacket is torn off カバーがはがれた本.
tear off some pages 数ページ引きちぎる.
tear one's eyes from the girl その女の子から無理に目をそらす.
My father couldn't tear himself away from the television. 父はテレビの前からなかなか離れられなかった.

[対話] "Someone tore the cover off this book." "Who would do such a thing?" 「だれかがこの本の表紙をひきちぎってしまったんだ」「だれがそんなことをするんだろう」.

**3 a** 〈皮膚など〉を裂いて傷つける, 裂傷を負わす.
**b** 裂いて〈穴など〉を作る ‖
tear a hole in the dress 服に穴をあける.
**4** (正式) [通例 be torn] **a** 分裂する ‖
a political party (which is) torn by dissension 意見が合わず分裂した政党.
**b** かき乱れる, 非常に苦しむ ‖
Her heart was torn by grief. 彼女の胸は悲しみではり裂けそうだった.

―[自] **1** 裂ける, 破れる; 強引に引っ張る, 引き裂こうとする ‖
This paper doesn't tear straight. この紙はまっすぐには破れない.
tear at one's heart 胸をかきむしる.
**2** (略式) 猛烈な勢いで動く, 駆ける ‖
tear around [round, about] 暴れ回る.
tear home 大急ぎで家に帰る.
tear out of the room 部屋から飛び出す.
be tórn betwèen A …のどちらを選択すべきか迷う, …の間で板ばさみになる ‖
*téar apárt* [他] …を裂いて分ける, ばらばらにする; (物を捜して)…の中をひっくり返す.
*téar awáy* (略式) [自] 大急ぎで走り去る.
*téar dówn* (1) [~ *down* A] …を駆け下りる. (2) [他] …を引きはがす; …を取り壊す; …を分解する.
*téar ínto* A (1) …をずたずたに裂く, …に穴をあける. (2) …をがつがつ食べる. (3) …を猛烈に襲う; …を激しく非難する. (4) 〈人〉をしかる.
*téar óff* (1) (略式) [自] =TEAR away. (2) [他] → [他] 2; …を一気にやってのける[書き上げる].
*téar úp* (1) [~ *up* A] …を駆け登る. (2) [他] → [他] 1; …を掘り起こす.

―[名] [C] **1** 裂くこと, 裂けること; 裂け目. **2** 突進, 大急ぎ; 狂暴, 激怒.
**tear·ful** /tíərfl ティアフル/ [形] **1** 涙でいっぱいの; 泣いている; 涙もろい. **2** 涙を誘う, 悲しい.
**tea-room** /tíːrùːm ティールーム/ [名] [C] 喫茶室, 喫茶店.
**tease** /tíːz ティーズ/ ([同音] teas; [類音] *cheese* /tʃíːz/) [動] ([現分] teas·ing) [他] **1** …をいじめる, 悩ます; からかう, 冷やかす ◆相手を悩ませる度合は tease, bother, pester, nag, worry, plague, harass の順で強くなる ‖
tease one's father about his bald head 父親のはげ頭をからかう.
I'm only teasing you. からかっているだけだよ.
**2** (主に米) …にしつこくねだる, せがむ ‖
He was always teasing his mother for money. 彼はいつも母親に金の無心をしていた.

―[名] [C] (略式) いじめる人, (男の気をそそる)なまめかしい女; 悩ますもの, 難問.
**tea·spoon** /tíːspùːn ティースプーン/ [名] [C] **1** ティースプーン, 茶さじ. **2** =teaspoonful.
**tea·spoon·ful** /tíːspùːnfùl ティースプーンフル/ [名] ([複] ~s, ‑‑spoons·ful) [C] 茶さじ1杯(分) 〈tablespoon の 1/3〉.
**teat** /tíːt ティート/, (米+) /tít/ [名] [C] (雌の哺(ほ)乳動物の)乳首, 乳頭 〈◆人の乳首は nipple〉.
**tea·time** /tíːtàim ティータイム/ [名] [U] (午後の)お茶の時間.
**tech·ni·cal** /téknikl テクニクル/ [形] **1** 工業技術の, 機械技術の, 応用科学の; (一般に)実業専門の ‖
technical assistance overseas 海外(工業)技術援助.

[Q&A] **Q**: ‑ical で終わる語はみなアクセントが ‑ical の直前の母音にあるのですか.
**A**: そうです. ‑ical だけでなく, ‑tion, ‑ian, ‑sive, ‑ic, ‑ity で終わる語もその直前の母音にアクセントがあります.

**2** 技術上の, 技巧上の ‖
The musician has technical skill but little imagination. その音楽家は技巧に長じているが想像力に乏しい.
**3** 専門の, 専門的な ‖
This book is too technical for me. この本は専門用語が多くて私には難しすぎる.
**téchnical cóllege** (英) テクニカル=カレッジ, (実業)専門学校 〈専門技術・職業の高等教育機関〉 ((略式) tech). 近似は polytechnic ともいう.
**téchnical knóckout** 〈ボクシング〉 テクニカル=ノックアウト (略 TKO).
**téchnical schòol** (英) 中等実業学校 ((略式) tech).
**tech·ni·cal·i·ty** /tèknəkǽləti テクニキャリティ/ [名] **1** [C] [しばしば technicalities] 専門的事項[細目]; 専門用語. **2** [U] (正式) 専門的[学術的]であること; 専門語の使用.
**tech·ni·cal·ly** /téknəkəli テクニカリ/ [副] 技術[専

門]的に；正式には，厳密には．

**tech·ni·cian** /tekníʃn テクニシュン/ 名 C **1** (ある分野の)専門家；(専門)技術者．**2** (絵画・音楽などで特に独創性・想像力に欠ける)技巧家．

**Tech·ni·col·or** /téknəkʌlər テクニカラ/ 名 U (商標) テクニカラー〈カラー映画方式の一種〉．

**tech·nique** /tekníːk テクニーク/〈アクセント注意〉《×テクニーク》名 U C (科学・芸術・職業などの)(専門)技術，技巧，テクニック；(芸術などの)技法，手法，表現手法；技量，手腕，こつ ‖
The pianist has poor **technique**. =The pianist is poor in **technique**. そのピアニストは弾き方が未熟だ．

**tech·no-** /téknou- テクノウ-/ (連結形) 技術，工芸，工業，工学《◆母音の前では techn-》．例：**technology**.

**tech·no·log·i·cal, --ic** /tèknəládʒik(l) テクノラヂカ(ル)｜-lɔ́dʒ- -ロヂカ(ル)/ 形 **1** 科学[工業]技術の，工業の ‖
**technological** innovation 技術革新．
**2** 科学技術の進歩による；(生産)技術革新による ‖
**technological** unemployment 生産技術進歩のため生じる失業．

**tech·nol·o·gies** /teknálədʒiz テクノロヂズ｜-nɔ́l- テクノロヂズ/ 名 → **technology**.

**tech·nol·o·gist** /teknálədʒist テクノロヂスト｜-nɔ́l- テクノロヂスト/ 名 C (英) 科学技術者．

**\*tech·nol·o·gy** /teknálədʒi テクノロヂ｜teknɔ́lədʒi テクノロヂ/〖技術(techno)学(logy). cf. **technical**〗
——名 (複 -o·gies/-z/) **1** U 科学技術, 工業技術, テクノロジー；工(芸)学；応用科学 ‖
hard **technology** ハード技術《特に原子力発電などの技術．風力・太陽熱などの利用技術は soft *technology*》．
an institute of **technology** (米) 工科[工業]大学．
**2** C 科学的方法, 技術的過程；(個々の)技術 ‖
a **technology** for extracting petroleum 石油採掘技術．

**Ted** /téd テド/ 名 **1** テッド《Theodore の愛称》．**2** [t~](英略式) =**Teddy boy**.

**Ted·dy** /tédi テディ/ 名 テディー《Theodore の愛称》．
**Téddy bèar** [しばしば t~] (縫いぐるみの)クマの人形《◆米国第26代大統領 Theodore Roosevelt ((愛称) Teddy) が猟で子グマを助けた漫画から》．
**Téddy bòy** [しばしば t~] テディー・ボーイ《(英略式) Ted》《1950年代に現れた細いズボンに長いだぶだぶのジャケットを着た英国の反抗的青少年》．

**te·di·ous** /tíːdiəs ティーディアス, (米+) -dʒəs/ 形 退屈な，うんざりする，あきあきする ‖
a **tedious** speech 冗長で退屈な話．

Q&A **Q**：「私は退屈している」というのを"I am *tedious*."とはいえないのですか．
**A**：この語は「自分が退屈になる」ではなく，「人を退屈にさせる」という他動詞的な意味なので使えません．

授業などで先生が Am I *tedious*? というと「私の話[授業]は退屈かい」といったような意味で，これはよく使われます．「私は退屈している」は I am *bored*. とか I am *tired*. とか言えばいいでしょう．

**te·di·um** /tíːdiəm ティーディアム/ 名 U 退屈，長たらしさ．

**tee** /tíː ティー/ 名 C **1**〖ゴルフ〗ティー〈各ホールの出発点．また第1打を打つときに球を載せる小さな台〉．**2**〖アメフト〗ティー〈キックオフおよびプレースキックのときに球を載せる台〉．
——動 他〖ゴルフ〗〈球〉をティーに載せる．

**teem** /tíːm ティーム/〈同音 team〉動 自 (主に文) いっぱいである；たくさんいる[ある] ‖
The pond **was teeming** with carp. その池にはコイがたくさんいた．

**teen** /tíːn ティーン/ (略式) 形 =**teenage(d)**.
——名 =**teenager**.

**teen·age(d)** /tíːnèidʒ(d) ティーネイヂ(ド)/ 形 10代(の若者)の《◆10代のうち語尾に -teen の付く13歳から19歳まで》 ‖
**teenage(d)** boys 10代の少年．
**teenage(d)** fashions 10代の若者ファッション．

**teen·ag·er** /tíːnèidʒər ティーネイチャ/ 名 C 10代の少年[少女]，ティーンエージャー《◆13歳から19歳まで》；(略式) 若者《◆21, 22歳ぐらいまで含むこともある》．

**teens** /tíːnz ティーンズ/ 名 [複数扱い] **1** [one's ~] (年齢の)10代《◆ふつう13歳から19歳まで》；少年[少女]時代 ‖
She is **in her** early **teens**. 彼女はローティーンだ《◆「ハイティーンだ」は in one's late *teens*》．
**2** [the ~] 10代の若者たち．

**tee-shirt** /tíːʃəːrt ティーシャート/ 名 C =**T-shirt**.

**tee·ter** /tíːtər ティータ/ 動 自 **1**(米) シーソーをする．**2 a** ぐらつく．**b** ためらう．

**\*teeth** /tíːθ ティース/ 名 → **tooth**.

**teethe** /tíːð ティーズ/ 動 (現分 **teeth·ing**) 自 [通例 be teething]〈幼児が〉歯が生える．

**Te·he·ran, Te·hran** /teərǽn テラーン｜tèərɑ́ːn テラーン/ 名 テヘラン《イランの首都》．

**tel·e·com·mu·ni·ca·tion** /tèləkəmjùːnəkéiʃən テレコミューニケイション｜tèli- テリ-/ 名 U [または ~s；単数扱い] (電報・ラジオ・テレビ・有線・衛星などによる)遠距離通信；電気通信学 ‖
a **telecommunications** satellite 通信衛星．

**\*tel·e·gram** /téləgræm テレグラム｜téli- テリ-/〖遠くへ(tele)送る書いたもの(gram)．cf. *program*〗
——名 (複 ~s/-z/) C 電報，電信《(米略式) wire》《◆(1) **telegraph** で送られる通信，またその用紙をさす(略) tel., teleg.). (2) 電報の英語は普通・略語の多い独特の文体を用いる：ARRIVE CHICAGO TOMORROW SIX EVENING アスユウ6ジシカゴニツク》 ‖
by **telegram** 電報で《◆無冠詞》．
send a **telegram** of congratulations to him 彼に祝電を送る．

We got the telegram saying that they were coming. 彼らがやってくるという電報を受け取った.

## \*tel・e・graph /téləgræf テレグラフ | téligrɑ:f テリグラーフ, -grɑ̀:f/ 『遠くへ(tele)送るために書く器具(graph). cf. phono*graph*』

—名 (複 ~s/-s/) U 信,電報《◆ telegram を送る通信制度・機構をさす》; C 電信機[装置]; [形容詞的に] 電信[電報]の ∥

send a message by telegraph 電報で伝言を送る.

a telegraph office [station] 電信局.

—動 (三単現 ~s/-s/; 過去・過分 ~ed/-t/; 現分 ~・ing)

—他 **1** …に電報を打つ, …を電報で伝える, 〈金など〉を電報為替で送る; [授与動詞] [telegraph A B / telegraph B to A] A〈人〉に B〈用件など〉を電報で伝える ∥

telegraph her the result =telegraph the result to her 彼女にその結果を電報で知らせる.

**2** [telegraph A to do] A〈人〉に…するように電報を打つ; [telegraph (A) (that) 節] (A〈人〉に)…だと電報を打つ ∥

telegraph her to come 電報で彼女を呼ぶ.

He telegraphed me (that) he would arrive on Monday. 彼は月曜日に到着すると私に打電してきた.

—自 電報を打つ.

**te・lep・a・thy** /təlépəθi テレパスィ/ 名 U テレパシー, 精神感応, 以心伝心; (略式)その能力.

## \*\*tel・e・phone /téləfoun テレフォウン | télifoun テリフォウン/ 『遠くの(tele)音(phone). cf. micro*phone*』

—名 (複 ~s/-z/) **1** U (通例 the ~) (制度・組織としての)電話《◆ (略式)ではふつう phone. (略 tel.; いろいろな通信については → call 名 2 関連》∥

by telephone 電話で.

speak to her on [over] the telephone = … by telephone 彼女と電話で話す.

call him on the telephone 彼を電話口に呼び出す.

call him to the telephone 彼に電話をとりつぐ.

He is on the télephone. 彼は電話に出ている; (主に英)彼は家に電話を引いている.

対話 "Mrs. Green, you're wanted on the telephone." "Thank you." 「グリーンさん, お電話です」「ありがとう」.

対話 "If the telephone rings, can you answer it?" "But I'm busy with my homework." 「電話が鳴ったら出てくれる」「でも私は宿題で忙しいの」.

**2** C 電話機(telephone set) ∥

a pay telephone 公衆電話.

a fixed telephone 固定電話.

a cell [mobile] telephone 携帯電話.

have a telephone installed 電話を引く.

pick up the telephone 受話器をとる.

hang up the telephone 受話器をおく, 電話を切る《◆ 昔は電話を使っていないときは受話器を壁・柱などにぶらさげていたことから, 今でも「電話を切る[受話器をおく]」ことを hang up という》.

対話 "May I use your telephone?" "Yes, of course. Help yourself!" 「電話をお借りしてもいいですか」「ええもちろん. どうぞ」.

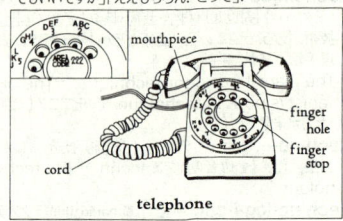

mouthpiece

finger hole

finger stop

cord

telephone

**3** [形容詞的に] 電話の ∥

make a (long-distance) telephone call (長距離)電話をかける.

There was a telephone call for you this afternoon. きょうの午後あなたに電話がありました《◆ a call, a phone call ともいう. a telephone は「電話機」のこと》.

—動 (三単現 ~s/-z/; 過去・過分 ~d/-d/; 現分 ・・phon・ing)

—他 **1** …に電話をかける; …を電話で伝える; [授与動詞] [telephone A B / telephone B to A] A〈人〉に B〈用件など〉を電話で伝える ∥

I'll telephone you. お電話します《◆ (略式)では I'll *phone* you. / (米) I'll *call* you (up). / (英) I'll *ring* you (up.) / I'll give you a call [(英) a ring]. などがふつう》.

Please telephone me your reply. 電話で返事を聞かせてください.

**2** [telephone A to do] A〈人〉に…するように電話する; [telephone (A) (that) 節] (A〈人〉に)…だと電話する ∥

I'll telephone him to come over. 彼に電話して来てもらおう.

She telephoned me (that) she had missed the train. 彼女は列車に乗り遅れたと電話してきた.

**3** [telephone A B / telephone B to A] A〈人〉に B〈電報など〉を電話で送る, 電話局から送ってもらう ∥

—自 電話する ∥

I'll telephone later. あとで電話します.

**télephone bòok [dirèctory]** 電話帳.

**télephone bòoth** (米) [(英) **bòx**] 公衆電話ボックス((英) call box).

**télephone nùmber** 電話番号.

**télephone sèt** = telephone 名 2.

**tel・e・phon・ing** /téləfouniŋ テレフォウニング | teli- テリ-/ 動 → telephone.

**tel・e・scope** /téləskoup テレスコウプ | teli- テリ-/ 名 **1** C 望遠鏡 ∥

a reflecting telescope 反射望遠鏡.

an astronomical **telescope** 天体望遠鏡.
a binocular **telescope** 双眼鏡.
**2** [形容詞的に] (望遠鏡の筒のように)はめ込み式の ‖
a **telescope** bag 入れ子式旅行かばん.

**tel·e·scop·ic** /tèləskápik テレスカピク | telisk5p-テリスコピク/ 形 **1** 望遠鏡の; 望遠鏡で(のみ)見える.
**2** 遠くが見える. **3** はめ込み式の, 伸縮自在の.

**tel·e·vise** /téləvaiz テレヴァイズ | teli- テリ-/ 動 (現分) ~·vis·ing) 他 …をテレビ放送[受像]する.

## *tel·e·vi·sion /téləvìʒən テレヴィジョン, (英+) ニニ/ [「遠い(tele)像を見る(vision)」]

— 名 (複 ~s/-z/) **1** Ｕ テレビ(放送); テレビ産業《◆ふつう無冠詞だが the radio の類推で the をつけることもある(→ radio). 略 TV. (米俗) tube. **2** でも同様》‖
go [appear] **on television** テレビに出る.
watch (a lot of) **television** (うんと)テレビを見る.
watch a boxing match **on (the) télevison** テレビでボクシングの試合を観戦する.
work **in television** テレビ界で働く.
[対話] "What's **on** the **television** tonight?" "There's a documentary about the life of Bach." 「今夜テレビでどんな番組がありますか」「バッハの生涯についてのドキュメンタリーがあります」.

[関連] cáble tèlevision (米) 有線テレビ / cassétte tèlevision ビデオ付きテレビ / educátional tèlevision 教育テレビ / instrúctional tèlevision 教室用有線テレビ番組 / públic tèlevision 公共テレビ《受信料を取って運営する非営利テレビ》.

**2** Ｃ テレビ(受像機)(television set) ‖
a color **television** カラーテレビ.
turn on the **television** テレビをつける.
**3** [形容詞的に] テレビの ‖
a **television** camera テレビカメラ.
a **television** program テレビ番組.
**télevision sèt** =television 2.

## *tell /tél テル/ [「情報を言葉で相手に伝える」が本義. cf. tale] 派 teller (名)

→ 他 **1a** 話す, 伝える **2** …しなさいと言う **3** 知る
自 **2** 言いつける **4** ききめがある
— 動 (三単現) ~s/-z/; (過去・過分) told/tóuld/; (現分) ~·ing)
— 他 **1a** [授与動詞] [tell A B / tell B to A] A 〈人〉に B〈事〉を話す, 語る, 言う; …を伝える, 告げる, 知らせる; 〈人〉に [tell A (that) 節] A〈人〉に…だと話す, 言う; 「…」だと話す, 言う (類 inform, narrate, report, relate) ‖
**tell** the truth 本当のことを言う.
**tell** her good-by (米) 彼女にさよならを言う.
Don't **tell** anybody. だれにも言うな.
He **told** me **about** [**of**] the accident. 彼は私に事故のことを話してくれた《◆ˣHe told me the accident. とはいわない》.
They **told** us jokes. =They **told** jokes **to** us. 彼らは私たちに冗談を言った《◆受身は We were *told* jokes. / Jokes were *told* (*to*) us.》.
I have something to **tell** you. ちょっと話があります.
I **tóld** you so. =Didn't I **tell** you? それごらん, だから言わんこっちゃない.
Are you **telling** me? まあなんてこと言うの.
You can't **tell** him anything. 彼には何も言うな《彼は秘密を守れないから》; 彼には言わなくてよい《もう知っているから》.
Please **tell** him 'Congratulations' from me. 彼におめでとうと伝えてください.
**Tell** [ˣTeach] me which dress to wear. どの服を着たらよいか教えてください.
She **told** me that she had been busy. 彼女は私に忙しかったと言った(=She said to me, "I was [have been] busy.").
They **tell** me [I am **told**] (that) Jane passed the exam. ジェーンが試験に合格したと聞いています.
I can't **tell** you how pleased I am. どんなに喜んでいるか言葉では表せません.
[対話] "Do you know that Jeff and Lucy are going together?" "No, I can't wait to **tell** everyone about it." 「ジェフとルーシーがつきあっていること知ってる?」「いいや, 皆に知らせてやらなくちゃ」.
[対話] "Will you **tell** [ˣteach] me **the way** to the station?" "Sure. Go straight on and turn left at the second corner. You can't miss it." 「駅へ行く道を教えてくれませんか」「いいですよ, このまままっすぐ行って2つ目の四つ角を左へ曲がるんです. すぐ見つかりますよ」.

[Q&A] **Q**: 道順を教えてもらう場合に, Will you *teach* me the way to …? と言ってはいけないのですか.
**A**: それは日本語の「教える」につられてよくある誤りです. なお, 具体的に地図で示したり, 直接案内を求めるような場合は Will you *show* me the way to …? と言います. → teach [語法] (2).

**b** …を教える, 表す; [tell (that) 節] …であることを物語る; [tell wh 節] …を示す ‖
Her frown **told** that she was angry. しかめつらで彼女が怒っているのがわかった.
Clocks **tell** the time. 時計は時刻を告げる.
**2** [tell A to do / tell A that 節] A〈人〉に…しなさいと言う, 命じる ‖
I **told** him not to go. 彼に行くなと言った《◆直接話法では I said to him, "Don't go."》.
Do as you are **told** (**to do**). 言われたとおりにやりなさい.
He **told** me that I should see the doctor.

彼は私に医者に診てもらいなさいと言った.
**3**[通例 can, be able to を伴って]**a** …を知る; [tell that 節] …であることを知る, [tell wh 節・句] …かがわかる ‖
You **can** tell a policeman **by** his uniform. 制服で警官だとわかる.
I **can't** tell **why**. なぜなのかわからない.
You **can't** tell with him **whether** he is innocent. 彼に関しては潔白かどうかわかりはしない.
**b** …を見分ける, [tell **A from B**] A〈人・物・事〉とB〈人・物・事〉との区別[識別]ができる ‖
tell them **apart** =tell one **from** the other それらを区別する(→ apart 成句).
Can you tell the **difference between** cotton and silk? 綿と絹の区別がつきますか.
—**自 1** 話す, 語る; 人に告げる, 知らせる;(主に文)物語る, 表す ‖
tell **of** one's adventures 冒険談をする.
Don't tell **of** it. それを口外するな.
His worn look tells **of** his suffering. 彼のやつれた表情は苦労を物語っている.
**2**(略式)言いつける, 告げ口する ‖
I'll tell **on** you when the teacher gets back! 先生が戻ってきたら言いつけてやるから!
**3**[通例 can, be able to を伴って]わかる, 見分ける ‖
(I) can't tell. わからない.
Who can tell? =Nobody can tell. だれにだってわからない.
I can tell at a glance. 一目でわかる.
**4** ききめがある, 非常に大切である, ものをいう, こたえる, 影響する ‖
Efforts begin to tell. 努力がものをいい始める.
The strain told **on** her. 苦労が彼女にはこたえた.
**áll tóld** 全部で, 合計で; 全体として, 結局.
**Dòn't téll me**(…)**!** まさか(…ではないでしょうね)!
**I am télling yòu.** 本当なんだよ; それはこっちのせりふだ, 言いたいのはこっちだ.
**téll(the)tíme**〈子供などが〉時計を見て時刻がわかる.
**There is no telling** … =THERE is no doing ….
**To tell(you)the truth** … = → truth.
**You can néver téll.** =**You néver càn téll.**(先のことは)わからないものだ, どうなることやら《外観・予測はあてにならない》.
**Tell** /tél/ テル ／名／ テル《William ~. スイスの伝説的英雄》.
**tell·er** /télər/ テラ ／名／C **1** 話す人; 語り手. **2**(主に米)(銀行の)金銭出納(蕊)係, 窓口. **3** 計算係;(議会などの)投票集計係.
**tell·ing** /télɪŋ/ テリング ／動／ → tell. —／形／(正式)ききめがある, 効果的な; 強烈な.
**tell·tale** /téltèɪl/ テルテイル ／名／C (略式)人の秘密を言いふらす人, 告げ口する人.
**Tel·star** /télstɑːr/ テルスター ／名／C (商標)テルスター《米国の通信衛星》‖
**by** Telstar 通信衛星による[で].

**tem·per** /témpər/ テンパ ／名／ **1** C [a ~ / the ~; 通例修飾語のあとで](習性的な)気質, 気性(きょう); (一時的な)気分, 機嫌 ‖
have an **even** temper おだやかな気性である.
be in a **good** temper 機嫌がよい.
**2** U (略式)[通例 a ~]かんしゃくを起こした状態, 腹立ち; 怒りっぽい気質 ‖
**fly [get] into** a temper かっとなる.
**in a fit of** temper かっとなって.
**be in** a temper かんしゃくを起こしている.
**have** a terrible temper ひどいかんしゃく持ちである.
**3** U 平静な気分, 落ち着き; 自制《♦**2** と逆の意味になるので注意, 通例次の句で》‖
**keep** one's témper 平静を保つ, 我慢する.
**lose** one's témper with him 彼に腹を立てる.
**Temper, temper!**(略式)落ち着け, 落ち着け.
—／動／他 (正式)…を調節[加減, 抑制]する, …(の強さ)をやわらげる ‖
temper boldness **with** caution 大胆さに慎重さを加味する.
**tem·per·a·ment** /témpərəmənt/ テンパラメント ／名／ **1** UC (正式)(思考・行動に表れる)気質, 気性 ‖
She is of a nervous **temperament**. 彼女は神経質なたちだ.
**2** U 興奮しやすい気質, 感情の起伏の激しい気性 ‖
an actress with **temperament** 激しい気性の女優.
**tem·per·a·men·tal** /tèmpərəméntl/ テンパラメントル ／形／ **1** 気質(上)の; 性分による. **2** 興奮しやすい.
**tem·per·ate** /témpərət/ テンパラト ／形／ **1**(正式)節度のある, 自制した, おだやかな, 度を過ごさない; 節酒[禁酒]の ‖
You must be more **temperate** in your behavior. もう少し行動を慎みなさい.
**2**〈気候・地域などが〉温和な ‖
a temperate **climate** 温暖な気候.
**Témperate Zóne**[しばしば t~ z-][the ~]温帯.
**\*tem·pera·ture** /témpərtʃər/ テンパチャ ／◆(米)ではしばしば /témptʃər/ /[→ temper]》
—／名／(複 ~s /-z/)UC 温度; 気温; 体温《関連 centigrade 摂氏 / Fahrenheit 華氏 / thermometer 温度計》; (感情などの)強さ ‖
**high** temperature 高温.
**take** his **temperature** 彼の体温を計る.
**What is** the temperature **of** this room? この部屋の温度は何度ですか.
There was a sudden **drop in** temperature. =The temperature **dropped** suddenly. 気温が急に下がった.
Water begins to boil at (a [×the) **temperature of**) 212°F. 水は華氏212度で沸騰し始める.
対話 "I'm afraid I've got a bad cold." "Are you running **a temperature**?" 「ひどい風邪をひいたみたいだ」「熱があるの?」.
対話 "What's the **high** temperature in

Boston today?" "70." 「ボストンのきょうの最高気温は何度ですか」「70度(華氏)です」.

**-tem·pered** /-témpərd/ -テンパド/ 《連結形》…の気質の. 例: a good-**tempered** girl 気立てのよい女の子.

**tem·pest** /témpəst/ テンペスト/ 图 ⓒ 〘文〙 大あらし, 暴風雨[雪]; 〘比喩的に〙あらし, 大騒ぎ, 騒動 ‖
a **tempest** of applause かっさいのあらし.
*a **témpest** in a téapot* 〘米〙「コップの中のあらし」, ささいなことでの大騒ぎ, から騒ぎ(〘英〙 a storm in a teacup).

**tem·pes·tu·ous** /tempéstʃuəs テンペスチュアス | -tjuəs -テュアス/ 圈 〘文〙 **1** 大あらしの(ような). **2** 激情に駆(か)られた; 騒々しい.

**tem·plate** /témplət テンプレト | -pleit -プレイト/ 图 ⓒ 型取り工具, 型板, テンプレート; 〘コンピュータ〙テンプレート《ワープロ文書などの用途に応じたひな型・定型書式》.

**\*tem·ple**[1] /témpl テンプル/ 〘「切り離された場所」が原義〙
──图 (複 ~s/-z/) ⓒ **1** (キリスト教以外の宗教の)聖堂; (古代ギリシア・ローマ・エジプトの) 神殿; (仏教・ヒンドゥー教の)寺, 寺院《◆日本の寺は temple, 神社は shrine. 固有名詞として用いるときはふつう the をつけない》‖
Horyuji **Temple** 法隆寺.
**2** 〘通例 the T~〙(古代エルサレムの)エホバの神殿. **3** (キリスト教の)礼拝堂, 教会堂《◆今はふつう church, chapel》.

**tem·ple**[2] /témpl テンプル/ 图 ⓒ 〘正式〙〘通例 ~s〙こめかみ(图 → body).

**tem·po** /témpou テンポウ/ 〘イタリア語〙《複 **1** -pi /-pi:/, ~s **2**》ⓒ **1** 〘音楽〙テンポ, 速度. **2** (仕事・活動などの)速さ.

**tem·por·al** /témpərəl テンパラル/ 圈 〘正式〙**1** 時の, 時間の.
**2** 現世の, この世の ‖
**temporal** pleasures 浮世の快楽.

**tem·po·rar·i·ly** /tèmpərérəli テンポレアリリ, --/ témpərərəli テンポラリリ/《◆〘米〙の前者は特に強調した発音に多い. 〘英〙では嫌われることもある》副 一時, ほんのしばらく; 一時的に, 仮に.

**tem·po·rar·y** /témpərèri テンパレリ | témpərəri テンパラリ/ 圈 一時の, つかの間の, はかない; 一時的な, 仮の, 間に合わせの(↔ eternal) ‖
**temporary** pleasures つかの間の快楽.
a **temporary** residence 仮の住まい.
a **temporary** job 臨時の仕事.
**témporary emplóyment àgency** 人材派遣会社.

**temp staff·er** /témp stǽfər テンプ スタファ | -stàːfər -スターファ/ 派遣社員.

**tempt** /témpt テンプト/ 動 働 **1** …を誘惑する(類 lure, seduce); [tempt A to do] A〈人〉をそそのかして…する気にさせる ‖
**tempt** him with a bribe わいろで彼を誘惑する.
The boy's friends **tempted** him to steal [into stealing] the money. 仲間は少年に金を盗ませようとした.
**2** 〈人〉を誘う, 引きつける; 〈食欲など〉をそそる; [tempt A to do] A〈人〉をふと…する気にさせる ‖
The sunshine **tempted** them (to go) out. 晴天に誘われて彼らは戸外へ出かけた.

**temp·ta·tion** /temptéiʃən テンプテイション/ 图 **1** Ⓤ 誘惑; 衝動 ‖
fall into **temptation** 誘惑に陥(おちい)る.
lead him into **temptation** 彼を誘惑に陥(おちい)れる.
**2** ⓒ 誘惑するもの, 心を引くもの ‖
The world is full of **temptations**. 世の中は誘惑に満ちている.

**tempt·ing** /témptiŋ テンプティング/ 動 → tempt.
──形 誘惑する; 心をそそる, 魅力的な ‖
a **tempting** offer 心が動く申し出.

**\*ten** /tén テン/
──图 (複 ~s/-z/) 《图 形 とも用例は → two》
**1** Ⓤ 〘通例無冠詞〙(基数の)10《♦序数は tenth》.
**2** Ⓤ 〘代名詞的に; 複数扱い〙10個; 10人.
**3** Ⓤ 10時, 10分; 10ドル[ポンド, セント, ペンスなど].
**4** Ⓤ 10歳.
**5** ⓒ 10の記号[数字, 活字]《10, x, X など》.
**6** ⓒ 〘トランプ〙10の札.
**7** ⓒ 10個[人]1組のもの.
**8** ⓒ 〘略式〙**a** 〘米〙10ドル紙幣. **b** 〘英〙10ポンド紙幣. **9** ⓒ 〘通例 ~s〙=ten's place.
*táke tén* 〘略式〙(仕事などを)10分間休む, ひと休みする.
*téns of thóusands of* A 何万という… (→ hundred 图 **9**).
◇*tén to óne* 〘略式〙副 [形] 十中八九, 九分九厘《◆(1) a hundred to one, a thousand to one の順に広い意味合いを持つ. (2) 肯定文では「…する確率大」, 否定文および否定的文脈では「…する確率小」「することはまずありえない」の意を表す: It's *a hundred to one* that he *won't* be late. 彼が遅れるなんて考えられないよ; 絶対に時間どおりに来るよ》‖
**Ten to one** she will pass the exam. =It is a good **ten to one** that she will pass the exam. 彼女が試験に合格することはまず間違いない.
──形 **1** 〘通例名詞の前で〙10個の; 10人の.
**2** 〘補語として〙10歳の.
◇*tén times* 10倍(も); 〘略式〙はるかに ‖ That's **ten times** as easy as this. それはこれより10倍もたやすい.
**Tén Commándments** 〘ユダヤ教・キリスト教〙[the ~] 十戒《シナイ山で神がモーセに与えた10項目の戒律》.
**tén's pláce** 〘数学〙10の位(の数)(tens).

**te·na·cious** /tənéiʃəs テネイシャス/ 圈 **1** 〘正式〙しっかりつかんでいる; 固守する. **2** 〘正式〙頑強な, 不屈の; 断固とした.

**te·nac·i·ty** /tənǽsəti テナスィティ/ 图 Ⓤ 固持, 固執; 頑強.

**ten·an·cy** /ténənsi テナンスィ/ 图 (複 --an·cies

**ten·ant** /ténənt テナント/ 名 C (土地・家屋・部屋などの)賃借人; 借地人, 借家(°)人, 間借り人(↔ landlord) ‖
Mr. Baker is a **tenant** of this room. ベイカーさんがこの部屋を借りています.
**ténant fármer** 小作農(民).

\***tend**[1] /ténd テンド/ 『「伸ばす, …へ向かう」が原義. cf. at**tend**, ex**tend**』 tendency (名)

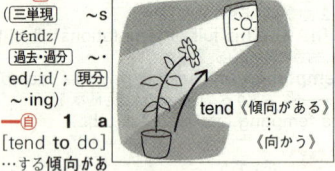

━━動
(三単現) ~s /téndz/;
(過去・過分) ~·ed/-id/; (現分) ~·ing

tend 《傾向がある》《向かう》

━━自 1 a [tend to do] …する傾向がある, …しがちである, よく…する ‖
He **tends** to boast. 彼はよく自慢する.
対話 "Your sister forgot to give me the book again." "Sorry, but she **tends** to forget things like that."「妹さんがまたあの本を返してくれるのを忘れたよ」「ごめん. 妹はそういうことをよく忘れるんだ」.
**b** [tend to [toward] A] …への傾向がある ‖
Her novels **tend** to dullness. 彼女の小説は退屈になりがちだ.
**2** (正式)《道・進路などが》向かう, 進む;《物・事が》向かう, 至る ‖
a river **tending** (to the) east 東へ流れる川.
Idleness **tends** to poverty. 怠けていると金に困ることになる.
Oil shares are **tending** upward. 石油株は上昇傾向にある.

**tend**[2] /ténd テンド/ 動 他 …の番をする; …を手入れする;(正式)…を世話する;(米)《店》で客の応対をする ‖
Did the shepherd **tend** his sheep yesterday? 羊飼いはきのう羊番をしていたか.
━━自 (主に米略式)注意する ‖
**tend** to a baby 赤ん坊に気をつける.

**tend·en·cy** /téndənsi テンデンスィ/ 名 (複 -en·cies/-z/) C **1** (正式)傾向; 性向; 風潮; 性癖(類) trend, inclination) ‖
the upward **tendency** of prices 物価上昇の傾向.
She **has** a **tendency** to be fat. 彼女は太りたちだ.
**2** 天分, 素質 ‖
a girl with artistic **tendencies** 芸術的素質のある少女.

**ten·der**[1] /téndər テンダ/ 形 (比較 ~·er/-dərər/, 最上 ~·est/-dərist/) **1** やわらかい(soft); やわらかくかみやすい(↔ tough) ‖
対話 "Is the steak **tender** enough?" "No. It's very tough. I can hardly cut it."「そのステーキはやわらかいですか」「いいや. 硬いね. 切れ

ないよ」.

Q&A Q:「ステーキのやわらかいのを」と言うとき I like *soft* steak. とは言わないのですか.
A: 上の対話にあるようにステーキの場合は soft は使いません. *tender* steak と覚えておきましょう.

**2** 壊れやすい, 傷つきやすい, もろい; か弱い, 虚弱な, きゃしゃな ‖
**tender** porcelain もろい磁器.
her **tender** fingers 彼女のか細い指.
a **tender** plant 育ちにくい植物; 手のかかる人.
**3**(年齢などが)幼い, 若い ‖
a [the] **tender** age (正式)幼い年齢.
**4**〈音・色・光などが〉やわらかい ‖
**tender** green 新緑.
**5** やさしい, 愛情のこもった, 親切な ‖
She is **tender** toward children. 彼女は子供にやさしい.
**6 a** さわると痛む, 敏感な;〈話題などが〉触れると人の心を傷つける, 慎重な扱いを要する ‖
a **tender** spot 痛い所, 弱点.
a **tender** subject 微妙な問題.
**b** 敏感な, 感じやすい ‖
a woman of **tender** sensibilities 感受性の鋭い女性.
**c** 同情的な ‖
have a **tender** heart 情にもろい.

**ten·der**[2] /téndər テンダ/ 『「(手を)伸ばす」が原義. cf. tend[1]』 動 他 (正式)…を差し出す, 提出する; …を申し出る; [tender A B / tender B to A]〈人〉に B〈物・事〉を提出する, 提供する ‖
**tender** him a banquet 彼のために宴会を催す.
━━自 入札をする.
━━名 C **1** (正式な)提出, 提供, 申し込み. **2** 入札.

**tend·er**[3] /téndər テンダ/ 名 C 世話をする人, 看護人; 番人, 見張り人.

**ten·der-heart·ed** /téndərhɑ́ːrtəd テンダハーテド/ 形 心のやさしい, 情にもろい, 同情心のある.

**ten·der·loin** /téndərlɔ̀in テンダロイン/ 名 U C テンダロイン《牛・豚の腰部のやわらかい肉. (英)では豚の腰肉の真中あたり. (米)では sirloin の上肉. 図》→ pork.

**ten·der·ly** /téndərli テンダリ/ 副 やさしく, 愛情をこめて; やわらかく, そっと; 慎重に.

**ten·der·ness** /téndərnəs テンダネス/ 名 U **1** やわらかさ; か弱さ. **2** 敏感; 扱いにくさ. **3** [時に a ~] やさしさ, 愛情.

**ten·don** /téndən テンドン/ 名 C 〔解剖〕 腱(けん).

**ten·dril** /téndrəl テンドリル/ 名 C 〔植〕 巻きひげ.

**ten·e·ment** /ténəmənt テネメント/ 名 C **1** =tenement house. **2** 家屋, 住宅; (特に)借家.
**ténement hòuse**(大都市のスラム街にある)安アパート, 共同住宅(tenement).

**ten·et** /ténət テネト/ ténət ティーネト, tén-/ 名 C (正式)(個人・学派・教団などの)主義; 教義.

**Ten·nes·see** /tènəsíː テネスィー, (米+) ≟/ 『「大

きく曲がる川」が原義. 名 1 テネシー《米国南東部の州. 州都 Nashville. (愛称) the Volunteer State. (略) Tenn.,〔郵便〕TN》. 2 [the ~] = Tennessee River.

**Ténnessee Ríver** テネシー川(Tennessee).
**Ténnessee Válley Authòrity** [the ~] テネシー川流域開発公社(略 TVA).

**ten·nis** /ténəs テニス/ 〖フランス語 Tenez!((球を)取れ!)(サーブする人の呼びかけ)から〗
――名 U 1 テニス, 庭球《2と区別して lawn tennis ともいう. 屋内の場合は indoor (court) tennis》‖
play (a game of) tennis テニスをする.
2 =court tennis.

[関連][テニスの得点と競技] 得点は love (0点), fifteen (1点), thirty (2点), forty (3点)と数え, The score is 30-0 [thirty No.]のようにいう. (得点は2対0)のようにいう. 4点取れば1ゲーム(game)勝ち, 先に6ゲーム取れば1セット(set)勝ち, ふつう女子は2セット, 男子は3セット取れば1試合(match)に勝ったことになる.

Q&A **Q**: なぜ0点を love というのですか.
**A**: フランスで昔, 0をその形から「卵」(l'œuf)と呼び, これが英語の発音で love となったのです.

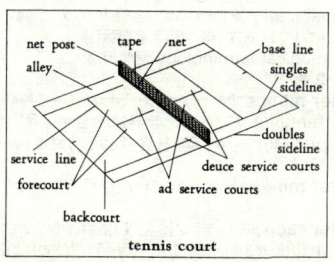

**ténnis bàll** テニス=ボール.
**ténnis còurt** テニス=コート.
**ténnis élbow** テニス(の原因で痛む)ひじ.
**ténnis ràcket** テニス=ラケット.
**ténnis shòe** テニス=シューズ.

**Ten·ny·son** /ténəsn テニスン/ 名 テニスン《Alfred ~ 1809-92; 英国の桂冠(けいかん)詩人》.

**ten·or** /ténər テナ/ 名〖音楽〗U テナー, テノール (cf. bass); C テナー声部; テナーの声の人, テナー歌手; テナー楽器; [形容詞的に] テナーの ‖
a tenor voice テナーの声.
a tenor saxophone テナーサックス.

**tense**[1] /téns テンス/ 形 **1** (正式)〈筋肉・繊維などが〉ぴんと張った(↔ lax)‖
a tense rope ぴんと張った綱.
tense muscles 張った筋肉.
**2** 緊張した, 張りつめた; 神経質な; 堅苦しい ‖

tense nerves 張りつめた神経.
a tense atmosphere ぴんと張りつめた雰囲気.
an expression tense with pain 苦痛で引きつった表情.
――動 (現分) tens·ing) 他 …を緊張させる.
――自 緊張する.

**tense**[2] /téns テンス/ 名 UC 〖文法〗(動詞の)時制, テンス.

**ten·sion** /ténʃən テンション/ 名 **1** U (正式)ぴんと張ること, 伸ばすこと, 伸張; 張った状態; 張りの度合;〖物理〗張力; 蒸気の圧力 ‖
Too much tension will break the string. あまり強く糸を引っ張ると切れる.
**2** UC (精神的な)緊張, 不安; [通例 ~s] 緊迫状態 ‖
feel tension 緊張する.
be under extreme tension 極度に緊張している.
lessen [reduce] international tension(s) 国際間の緊張を緩和する.

*****tent** /tént テント/ (類音) t/nt/tínt/) 〖「張られるもの」が原義. cf. tend[1]〗
――名 (複 ~s/ténts/) C テント, 天幕;[形容詞的に] テントの(ような) ‖
pitch a tent テントを張る.
pull down [strike, lower] a tent テントをたたむ.

**tént shòw** 小屋がけショー, テントショー《テントを劇場 (tent theater) に仕立てての興行・サーカス》.

**ten·ta·cle** /téntəkl テンタクル/ 名 C 〖動〗触手, 触角;〖植〗腺毛.

**ten·ta·tive** /téntətiv テンタティヴ/ 形 (正式) **1** 試験的な, 実験的な, 確定的でない, 仮の ‖
a tentative plan 試案.
**2** 不確かな, ためらいがちな.

**tén·ta·tive·ly** 副 試験的に, 一応, 仮に.

**tenth** /ténθ テンス/ 〖→ ten〗(◆ 10th とも書く. 用例は 形名 とも → fourth) 形 **1** [通例 the ~] 第10の, 10番目の(→ first**1**). **2** [a ~] 10分の1の.
――名 (複 ~s) **1** U [通例 the ~] (順位・重要性で)第10番目[10位]の人[もの].
**2** U [通例 the ~] (月の)第10日(→ first 名 2).
**3** C 10分の1 ‖
A tenth of the population is [are] poor in that country. その国では人口の10分の1が貧しい.

**ten·u·ous** /ténjuəs テニュアス/ 形 **1** 非常に薄い, 細い;〈空気などが〉希薄な **2**〈意見などが〉内容のない;〈根拠などが〉薄弱な;〈差異が〉微妙な.

**ten·ure** /ténjər テニャ/ 名 (正式) **1** UC (財産・地位・官職などの)保有[在職](権). **2** UC 保有条件, 保有[在職]期間.

**te·pee** /tíːpiː ティーピー/ 名 C ティピー, テント小屋《北米先住民の獣皮製住居》.

**tep·id** /tépid テピド/ 形 なまぬるい;〈感情・反応などが〉冷たい.

**ter·a-** /térə テラ-/ (連結形) 1兆 (one trillion) (記号) T).

## term

**term** /tə́ːrm ターム/ 〖原義「限界」から, 時間的・条件的・表現上の限界の意が派生. cf. *term*inus, *term*inal〗

→ 图 **1 a 期間 b 学期　2 条件　3 a 専門用語**

─图 (複 ~s/-z/) ⓒ **1 a 期間** ‖
serve one's **term** in prison 刑期を務める.
Her **term** of office expired. 彼女の任期は終了した.
in the long **term** 長期的には.
**b** (学校の)**学期**(→ quarter 5, semester)《♦ in, of, during のあとでは無冠詞》‖
during **term** 学期中に.
this **term** 今学期(は).
the spring **term** 春の学期.
When does the first **term** begin in your country? 君の国では一学期はいつ始まりますか.
**c** (支払いなどの)期日, 満期; (妊婦の)出産予定日.
**d** 〔法律〕(裁判所の)開廷期間.

**2** [~s] **支払い・値段などの条件**, (契約・条件などの)条項; 料金, 価格 ‖
on our own **terms** 我々の条件[言い値]どおりで.

**3 a** (ある種の)言葉, 専門用語, 術語 ‖
a slang **term** 俗語.
legal **terms** 法律用語.
**b** [~s] 言葉づかい, 言い方 ‖
in no uncertain **terms** きっぱりと.
in flattering **terms** お世辞を言って.

**4** 〔数学〕項.

◇**be on ... térms** …な間柄[仲]である ‖ be on good **terms** with him 彼と仲がよい / be not on speaking **terms** with her 彼女とは口もきかない仲である / We're on first name **terms**. (名で呼びあうほど)親しい仲だ.

***bring A to térms*** …を無理やり降服[承服]させる.
**còme to térms** = **màke térms** 合意に達する.
**còme to térms with A** …をあきらめて受け入れる; A〈困難など〉を受け入れる ‖ come to terms with the past 過去を清算する.
**in térms of A** (1) …(に特有)の言葉で(→ 图 **3 b**). (2) …によって; …の点から; …に換算して ‖ think about the matter in **terms** of economics 経済学の観点からの問題を考える / be measured in **terms** of calories カロリーで計算される.

─動 他 (正式) [term A C] A〈人・物・事〉を C と称する, 呼ぶ ‖
The play may be **term**ed a tragedy. その劇は悲劇と呼べるだろう.

**térm examinátion** 期末試験.
**térm pàper** 学期末レポート.

**ter·mi·nal** /tə́ːrmənl ターミヌル/ 形

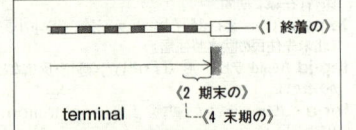

〈1 終着の〉
〈2 期末の〉
terminal 〈4 末期の〉

**1** (鉄道の)終点の, 終着(駅)の ‖
a **terminal** station 終着駅, ターミナル.
**2** 期末の ‖
a **terminal** examination (ややれ)期末考査.
**3** 〈支払いが〉最終の, 最後の ‖
a **terminal** payment on a loan ローンの最終支払い.
**4** 〔医学〕末期の ‖
a **terminal** patient 末期の患者.
**terminal** cancer 末期がん.
a **terminal** disease 不治の病, 死病.

─图 ⓒ **1** (鉄道・長距離バス・飛行機の)終点; 終着[始発]駅《♦ 建物を含む》; (空港の)ターミナル, 発着ロビー《♦ 空港(airport)のビルをさす》‖
a bus **terminal** バスターミナル.
**2** 〔電気〕電極; (電池の)端子. **3** 〔コンピュータ〕端末.

**tér·mi·nal·ly** 副 末端に; 期末に; 末期症状で ‖
the **terminally** ill (主にがんの)末期患者.

**ter·mi·nate** /tə́ːrməneit ターミネイト/ 動 (現分) **-nat·ing**) 他 (正式) …を終わらせる; …の終わりにくる ‖
**terminate** the meeting by ten p.m. 午後10時までに会議を終える.

**ter·mi·na·tor** /tə́ːrməneitər ターミネイタ/ 图 終結させる人[物].

**ter·mi·na·tion** /tə̀ːrmənéiʃən ターミネイション/ 图 UⓒC (正式) 終了, 終結; 満了; 終点, 末尾.

**ter·mi·nol·o·gy** /tə̀ːrmənɑ́lədʒi ターミナロヂ | -nɔ́l-/ 图 (複 **-o·gies**/-z/) U **1** (正式) 専門用語, 術語《♦ term **3 a** のまとまりをいう. そのまとまりの1つ1つを言う場合は ⓒ 扱い》‖
medical **terminology** 医学用語.
**2** 術語学.

**ter·mi·nus** /tə́ːrmənəs ターミナス/ 〖ローマ神話の Terminus (テルミヌス; 境界神)の名から〗 图 (複 **-ni**/-nài/, **~es**) ⓒ (鉄道・バスなどの)終点; 終着駅, ターミナル.

**ter·mite** /tə́ːrmait ターマイト/ 图 ⓒ 〔昆虫〕シロアリ.

**ter·race** /térəs テラス/ 图 ⓒ **1** (傾斜面の)台地, 段地; (庭などの)土壇(どだん); (海・河川などの)段丘; [the ~] 海岸通り(英) front). **2 a** (米) テラス《庭に張り出したふつう屋根なしの舗装された空間》. **b** バルコニー. **3** = terraced roof. **4** 台町, 坂町《高台や坂の家並み》; (英) 連続住宅《ふつう 3, 4 階建ての道路沿いの長屋式住宅. 個々の住宅は terraced house》.

─動 (現分) **-rac·ing**) 他 …を台地[段]にする, …にテラスを付ける ‖
**terrace**d fields 段々畑.

**térraced hòuse** (英) テラスハウス, 連続住宅(terrace-house, (米) rowhouse)《隣同士壁で仕切られた連続住宅の1戸分》.
**térraced ròof** (東洋・スペイン風家屋の)平屋根.

**ter·race-house** /térəshàus テラスハウス/ 图 ⓒ = terraced house.

**ter·ra cot·ta** /térə kɑ́tə テラ カタ | -kɔ́tə -コタ/ 〖ラテン〗テラコッタ(の)《赤土の素焼き》; テラコッタ人

形[花瓶]; 赤褐色(の).
**ter·rain** /tæréin タレイン, ter-/ 图 ⓊⒸ (正式) (自然地理・軍事上から見た)地域; 地形, 地勢.
**ter·res·tri·al** /təréstriəl タレストリアル/ 形 (正式) **1** 地球(上)の. **2** (水・空中に対して)陸(上)の; (動・植)陸生の. **3** 現世の.

**\*ter·ri·ble** /térəbl テリブル/ 『**3**が原義. 強意語として(悪さの)程度の強さを示す』 派 terribly (副)
— 形 **1** 猛烈な, ひどい ‖
terrible heat 猛烈な暑さ.
be in a terrible hurry ひどく急いでいる.
He's a terrible bore. 彼はとても退屈な男だ.
対話 "Are you feeling any better today?" "No. In fact I feel more terrible than yesterday." 「きょうは少しは気分がいいですか」「いいえ. 実はきのうよりもっとひどい気分です」.
**2** (略式) ひどく悪い, とてもへたな; 不愉快な ‖
terrible food まずい食べ物.
be terrible at driving = be a terrible driver 運転がへただ.
have a terrible temper ひどいかんしゃくもちだ.
対話 "There's no cola in the refrigerator." "This is terrible. I really wanted one."「冷蔵庫にコーラは1本もないよ」「それはひどいなあ. どうしても1本飲みたかったんだけど」.
**3** 恐ろしい ‖
a terrible sight 恐ろしい光景.
— 副 (略式) =terribly.

**\*ter·ri·bly** /térəbli テリブリ/ 〖→ terrible〗
— 副 **1** (略式) とても, 大いに《◆よい意味・悪い意味の両方に用いる》(very) ‖
dance terribly well とても踊りがうまい.
I'm terribly tired. ひどく疲れている.
**2** 恐ろしいほど(に), ものすごく ‖
The house shook terribly. 家はすごく揺れた.

> Q&A **Q**:「恐ろしく, ぞっとするほど」の意味の語がなぜ「とても」になるのですか.
> **A**: それは日本語にも当てはまります.「死ぬほど会いたい」→「とても会いたい」,「恐ろしいほど混んでいる」→「とても混んでいる」となります. そのように awfully, terribly, badly, horribly などのもとの意味が転じて very の意味になったのです.

**ter·ri·er** /tériər テリア/ 图 Ⓒ (動) テリア《小形で主として愛玩(然)用の犬》.
**ter·rif·ic** /tərífik タリフィク/ 形 **1** (略式) すごくいい ‖
a terrific book とてもおもしろい本.
be terrific with little girls 小さな女の子の扱いがうまい.
You're terrific! すごい, 偉いぞ《◆相手をおだてて何かをやってもらうときなどに用いる表現》.
**2** (程度が)ものすごい ‖
terrific pain 激痛.
at a terrific speed 猛スピードで.
**ter·rif·i·cal·ly** /tərífikəli タリフィカリ/ 副 (略式) すごく, ひどく.

**ter·ri·fied** /térəfàid テリファイド/ 動 → terrify.
— 形 **1** ぞっとする, おびえた; 怖がる. **2** 心配で, 不安で.
**ter·ri·fy** /térəfài テリファイ/ 動 (三単現) --ri·fies /-z/; 過去・過分 --ri·fied/-d/) 他 …を恐怖でいっぱいにする, ひどく怖がらせる《◆ frighten より意味が強い》; [be terrified] ぞっとする; 恐れる ‖
The small children were terrified at [by] the thunder. 幼い子供らは雷に肝(²)をつぶした.
You terrify me! 驚かさないでよ!
**ter·ri·fy·ing** /térəfàiiŋ テリファイイング/ 動 → terrify. — 形 恐ろしい; すごい.
**ter·ri·to·ri·al** /tèrətɔ́:riəl テリトーリアル/ 形 領土の; 土地の; 地域的な ‖
territorial possessions 領土.
**territórial áir (spáce)** 領空.
**territórial wáters [séas]** 《通例 the ~; 複数扱い》領海.
**ter·ri·to·ry** /térətɔ̀:ri テリトーリ | tératəri テリタリ/ 图 (複 --to·ries/-z/) **1a** ⒸⓊ (領海を含む)領土, 領地; Ⓒ 外国にある領土《植民地など》‖
The island over there is British territory. あそこの島は英国領だ.
**b** ⒸⓊ (広い)地域, 地方 ‖
unexplored territory 未開地.
**2** [T~] Ⓒ (米国・カナダ・オーストラリアの)準州《◆米国では第二次大戦後 Alaska と Hawaii が準州から州 (state) に昇格した》.
**3** ⓊⒸ (略式) (興味・活動などの)領域, 範囲 ‖
Archaeology is outside my territory. 考古学は私の専門外だ.
**4** ⒸⓊ (外交員・警察署などの)受持ち[管轄]区域; (動) なわ張り.
**ter·ror** /térər テラ/ 图 **1a** Ⓤ [時に a ~] 恐怖, 恐ろしさ ‖
scream with [in] terror 恐ろしさのあまり叫ぶ.
The child has a terror of thunder. その子供は雷をひどく怖がる.
**b** Ⓒ [a ~ / the ~] 恐ろしいもの[事, 人].
**2** Ⓒ (略式) やっかいな人[物], 手に負えない子供.
**3** Ⓒ テロ(行為); テロ集団[計画].
**ter·ror·ism** /térərìzm テラリズム/ 图 Ⓤ テロリズム, テロの行使.
**ter·ror·ist** /térərist テラリスト/ 图 Ⓒ テロリスト.
**ter·ror·ize** /térəràiz テララライズ/ 動 (現分) --iz·ing) 他 (正式) …を恐れさせる; …をテロ手段で脅迫する.
**terse** /tɔ́:rs タース/ 形 (正式) 〈文体・話し手が〉簡潔で要を得た. **térse·ly** 副 簡潔に.
**ter·ti·ar·y** /tɔ́:rʃièri タ—シエリ | -ʃəri タ—シャリ/ 形 (正式) 第3(位)の.
**Tértiary pèriod** [地質] [the ~] 第3紀.

**\*\*test** /tést テスト/ 〖「試金用の容器」が原義〗
— 图 (複 ~s/tésts/) **1** ⒸⓊ 検査, 診察; 試験, 実験; (学力・技能などの)試験, 小テスト《(主に米) quiz》‖
a blood test 血液検査.

have a **test** 試験[診察]を受ける.

perform a **test** for radioactivity 放射能(の有無を調べる)検査を行なう.

take an achíevement **tèst** 習熟度判別テストを受ける.

get an óral **tèst** 口頭試験を受ける.

give a history **test** = give a **test** in [×of] history 歴史の試験をする.

carry out a nuclear **test** 核実験を行なう.

put his courage to the **test** 彼の勇気を試す.

対話 "How did you do on the **test**?" "Not as wéll as I expected." 「テストはどうだった?」「思っていたほどはできなかったよ」.

**2** Ⓒ 試す手段, 試金石, 試練; (判断などの)基準 ‖
Poverty is a **test** of character. 貧乏によって人格が試される.

bear [stand, withstand] the **test** of time 時の試練に耐える, 長く歴史に残る.

——動 (三単現) ~s/tésts/; 過去・過分 ~·ed/-id/; 現分 ~·ing)

——他 …を**試験する**, 検査する, 試す ‖

**test** a class **on** spelling クラスにスペルの試験をする.

I'll have my eyes **tested** today. きょう, 眼を検査してもらうつもりです.

He **was tested for** cancer. 彼はガンの検査を受けた.

——自 **1** 試験を行なう ‖

Testing, testing ABC. ただいまマイクのテスト中,「本日は晴天なり」.

**test for** oil 油田を探査する.

**2** (主に米) 試験[検査]の結果が…である ‖

**test** high in mathematics 数学で高得点をあげる.

**test** negative **for** HIV HIVの検査が陰性と出る.

**tést drive** (車の)試乗.

**tést pàper** [**shèet**] 試験問題用紙, 答案用紙.

**tést pilot** 〔航空〕テスト・パイロット.

**tést tùbe** 試験管.

**tes·ta·ment** /téstəmənt テスタメント/ 图 **1** Ⓒ 〔法律〕(特に財産処分に関する)遺言(書) (will).

**2** [the T~] 聖書(略 T., Test.); (略式)新約聖書; [T~] (1冊の)新約聖書 ‖

the Old [New] **Testament** 旧約[新約]聖書.

**tes·ti·fy** /téstəfài テスティファイ/ 動 (三単現) ··ti·fies/-z/; 過去・過分 ··ti·fied/-d/) 自 **1** 証言する ‖

The witness **testified against** the accused. 証人は被告に不利な証言をした.

**2** (正式) **a** 保証する ‖

I can **testify to** that. それは(本当だと)保証できる.

**b** 証拠となる, 示す ‖

His words **testify to** his anger. 彼の言葉の端々から彼の怒りがうかがわれる.

——他 〈人・物・事が〉…を証言する, 証明する; [testify (that) 節] …であることを証言する; [testify wh 節] …かを証明する ‖

She **testified** (**that**) she saw the robbery. 彼女は強盗の現場を目撃したと証言した.

**tes·ti·mo·ni·al** /tèstəmóuniəl テスティモウニアル/ 图 Ⓒ (正式) **1** 証明書. **2** = testimonial letter. **3** 功労賞, 記念品, 賞金.

**testimónial lètter** 推薦状 (testimonial).

**tes·ti·mo·ny** /téstəmòuni テスティモウニ, téstəməni テスティモニ/ 图 (複 ··mo·nies/-z/) **1** Ⓒ 証拠, 証明(◆ proof より堅い語) ‖

in **testimony of** one's respect and affection 敬愛のしるしに.

**2** Ⓤ 〔法律〕(宣誓)証言; Ⓒ 供述[陳述]書.

**tes·ty** /tésti テスティ/ 形 (比較) ··ti·er, (最上) ··ti·est) (正式) 短気な, 怒りっぽい; とげのある.

**tet·a·nus** /tétənəs テタナス/ 图 Ⓤ 〔医学〕破傷風.

**teth·er** /téðər テザ/ 图 Ⓒ (牛馬をつなぐ)ロープ[鎖], 足かせ. ——動 他〈牛・馬〉をつなぎ綱でつなぐ.

**Teu·ton** /tjú:tn トゥートン (テュートン)/ 图 Ⓒ **1** チュートン人; [the ~s] チュートン族《ゲルマン民族の一派》. **2** ゲルマン人, ドイツ人 (German).

**Teu·ton·ic** /tu:tánik トゥータニク; tju:tɔ́n- テュートニク/ 形 **1** チュートン人[民族]の; ゲルマン人[民族, 語, ふう]の (Germanic) 《◆「徹底主義」「好he色率」などのイメージがある》. **2** ドイツ語の, ゲルマン語の. ——图 Ⓤ チュートン語, ゲルマン語; ドイツ語.

**Tex·an** /téksn テクスン/ 形 图 Ⓒ テキサス州(の人).

**Tex·as** /téksəs テクサス/ 〔〔「連合」が原義〕〕 图 テキサス《米国南西部の州. 州都 Austin. 《愛称》the Lone Star State. (略) Tex., (郵便) TX》.

**Téxas léaguer** (**hit**) 〔野球〕テキサスヒット《内野手と外野手の中間に落ちるフライ性のヒット》.

*****text*** /tékst テクスト/ 〔〔「織られたもの」が原義. cf. con***text***》》 関連 textile (名)

——图 (複 ~s/téksts/) **1** Ⓤ Ⓒ (注釈・序文・図表などに対して)**本文** ‖

This book contains 280 pages of **text**. この本は280ページの本文を含む.

**2** Ⓤ Ⓒ (翻訳・論説などに対して)原文, 原典 ‖

examine the **text** of one's speech 演説のもとの字句を吟味する.

**3** Ⓒ (通例複合語で)版本; 校訂本 ‖

the original **text** 原版.

**4** Ⓒ (説教の題目に引用される)聖書の一節, 聖句; (演説などの)引用句[文].

**5** Ⓒ (情報などの)典拠; (討論などの)主題 ‖

stick to one's **text** (話などで)脱線しない.

**6** Ⓒ (米) = textbook.

**téxt edition** 教科書版.

**∗∗text·book** /tékst bùk テクストブク/ 〔〔「本文 (text)」が集まったもの」〕〕

——图 (複 ~s/-s/) **1** Ⓒ **教科書**, テキスト; 教本 ‖

a **textbook** on grammar for senior high school 高等学校用文法教科書.

**2** [形容詞的に] 教科書の; 標準的な; 的確な ‖

a **textbook** publishing company 教科書出版.

**tex·tile** /tékstàil テクスタイル, (米+) -til/ 图 Ⓒ Ⓤ **1** 織物, 布地. **2** 織物の原料《ナイロン・毛など》.

**tex・ture** /tékstʃər/ テクスチャ/ 名 C U 1 (正式)(織物の)織り方; 織地, 生地 ‖
cloth of a loose **texture** 目の粗い布地.
**2** (岩石・木材・皮膚などの)肌理(きめ); 手ざわり.

**Thai** /tái/ タイ/ 名 **1** C タイ人; [the ~(s)] タイ国民. **2** U タイ語. ── 形 タイの, タイ語[人]の.

**Thai・land** /táilænd タイランド, -lənd/ 名 タイ(王国)《公式名 the Kingdom of Thailand. 旧称 Siam. 首都 Bangkok》.

**Thames** /témz テムズ/ (発音注意) [「黒い川」が原義] [the ~] テムズ川《London を貫流して北海に注ぐ川. (英)では単に the River ともいう》.

## **than**

/(弱) ðən ザン, (強) ðǽn ザン/《(強) は1語中で発音するときなどのみ》[もとは then と同一語]

── 接 **1** [形容詞・副詞の比較級に続いて] …よりも, …に比べて《◆than節内では前後から内容を推測できる部分は省略される場合が多い》‖
She regards me more highly **than** he (does). 彼に比べて彼女が私を尊敬している.
She regards me more highly **than** (she regards) him. 彼に比べて私の方を彼女は尊敬している.
She is **cleverer than** I am (略式) me]. 彼女は私より頭がいい.
It is **easier** persuading people **than** forcing them. =It is **easier** to persuade people **than** (to) force them. 強制するより説得する方が容易だ《◆… than の前後は不定詞か動名詞で統一するのがふつう》.
Nowadays everything is **more** expensive (**than** it was). このごろは何でも(以前より)高くなっている.
There is nothing he wants **more than** that his daughter should be happy. 娘の幸せを彼は何よりも望んでいる.
He spoke **less** eloquently **than** usual. 彼はいつもほど能弁を振るわなかった.
She looks **lovelier than** ever. 彼女は今まで以上にかわいらしく見える.
They were **more than** upset by the accident. 彼らはその事故でとてもあわてた.

語法 (1) [A is -er than any other A']. は同種のものとの比較]: He is taller *than any other* boy in his class. 彼はクラスで他のどの男子よりも背が高い(→ 表現).
(2) [A is -er than any B は異種のものとの比較]: This horse is cleverer *than any* dog. この馬はどの犬よりも利口だ.

表現 [A is -er than any other A'. は意味は「A がいちばん…」]: He is taller *than any other* boy in his class. 彼はクラスで他のどの男子よりも背が高い=He is the tallest boy in his class. [最上級] 彼はクラスでいちばん背が高い男子です=No other boy in his class is

as [so] tall as he. [原級] クラスの他のどの男子は彼と同じほど背が高くない《◆比較級や原級の文で other を省略することもある》.

**2** [関係代名詞的に] …よりも, …以上に ‖
We have **more** apples **than** we could eat in a day. 1日では食べきれないほどのリンゴがある.
**3** [rather, sooner; prefer, preferable, preferably のあとで] …するよりはむしろ, …するくらいなら(いっそ) ‖
**Rather than** wait for the bus any more, she decided to go home by taxi. 彼女はそれ以上バスを待つよりはタクシーで帰宅しようと決めた.
**4** [other, otherwise, else, another, (米) different(ly) などのあとで] …よりほかの[に], …以外に ‖
She doesn't respect any person **other than** her mother. 彼女は母親以外のどんな人にも敬意を払わない.
It was **no other than** my old friend Irving. だれかと思えば旧友のアービング自身だった.
The fact is not known **elsewhere than** in America. その事実はアメリカ以外の所では知られていない.

── 前 (略式) [比較級のあとで] …よりも, …に比べて ‖
drive at **more than** sixty miles per hour 時速60マイル以上で運転する.
He is **older than** me by three years. =He is three years **older than** me. 彼は私より3歳年上だ(=He is three years senior to me. / He is three years my senior.)
He accomplished **more than** what was expected of him. (略式) 彼は期待以上のことを成しとげた.

## **thank**

/θǽŋk/ サンク/ [「思慮深い」が原義. cf. think] 派 thankful (形)

── 動 (三単現) ~s/-s/; (過去・過分) ~ed/-t/; (現分) ~ing

── 他 **1** …に感謝する, 礼を言う(→ 成句 Thank you.) ‖
**Thank** you **for** inviting [having invited] me to the party. パーティーに招待していただいてありがとう.
**Thank** you **for** your support. どうぞよろしくご支援をお願いします.
He **thanked** you. 彼は君に感謝していた; ありがとうと言ってくれと言っていた.
**Thanking** you in anticipation. (略式) (照会状などで)まずはお願いまで.
I **cannot thank** you **enough**. =I don't know how to **thank** you. お礼の申しようもありません.
**Thank** you **for** nothing. 大きなお世話だ.
**2** [通例 I will thank you to do で; ていねいな形式ばった依頼または皮肉・非難・強制的依頼を表して] 〈君〉に…するようにお願いする ‖

I'll thank you for that dictionary. その辞書をとってくれないか.
I'll thank you to be a little more quiet. もう少し静かにしてもらいたいのだが.
Thank you for not eating in the store. (掲示などで)店内で物を食べないでください.

**Thánk Gód** [**góodness, Héaven(s), the Lórd, Chríst**]! =**Gód be thánked!** (略式)[喜び・安堵(ぁん)を表して]ありがたい,ああ助かった,しめた.

○**Thánk you.** (↘) (1) ありがとう,どうも(→ 他1)《◆(1)感謝を表す幅の広い言葉で,多くの場面で気軽に用いる.「すみません」と訳せることも多い.軽い意味のときは(↗)となる.(2)↘の方が本気の感謝.(2) I thank you.は(正式)》‖ 対話 "Would you like a little wine?" "Yés, thánk you." (↗) ["Nó, thánk you." (↘)]「ワインを少しいかがですか」「ええ,いただきます」[「いいえ,結構です」]《◆ Yés, thánk you. (↘)ではより熱意のあることを示し,Nó, thánk you. (↘)では失礼になる》/ "Thank you very much. It was a wonderful party." "I'm glad you enjoyed it. Come again." 「どうもありがとう.すばらしいパーティーでした」「楽しんでいただけてうれしいです.また来てください」.(2) 以上です《◆アナウンスの最後に用いる》.(3) よし,そこまで; もう結構だ《◆ていねいな拒絶》/ Thank you anyway [just the same]. ともかく,ありがとう《◆こちらの思いどおりにならなくても相手の協力に感謝を示す表現》/ 対話 "I'm sorry, we don't have a pink blouse in your size. Can I help you with anything else?" "No. Thank you anyway." 「あいにくお客さまのサイズに合うピンクのブラウスはございません.何かほかのものではいかがでしょうか」「いいえ,それだったらいいわ.どうもありがとう」.

Q&A **Q**: Thank you. と言われたとき,「どういたしまして」はどう言ったらよいのですか.
**A**: (正式)には Not at all., (主に米) You're welcome., It's a pleasure., (略式) That's all right., No problem., (英やや古) Don't mention it. などと言えばよいし,(米) では Sure., (英) では Kyuh. と簡単にすますこともあります.

—名 (複 ~s/-s/) [~s] **1** 感謝(の言葉)‖
smile one's thanks ほほえんで礼を言う.
I expressed my sincere thanks to him for telling me. 教えてくれたことに対して私は彼に心から礼を述べた.

**2** (略式) [間投詞的に] ありがとう‖
Many thanks. =Thanks a lot. どうもありがとう;[やや押し殺すような調子でゆっくりと; 皮肉的に] よくもまあそんなことをした[言った]ね,大きなお世話だ.
Nó thànks. (↘) いや,結構だよ.
Nó, thánks! (↘) ありがたや迷惑だよ.
対話 "How are you?" "I'm fine, thanks." 「お元気?」「元気だよ,ありがとう」.

○**thánks to A** [前] …のおかげで; …のために‖
Thanks to you, I spent all my money and had to walk home. 君のせいで,お金を全部使ってしまい歩いて帰宅せねばならなかった / Thanks to your help, I was able to finish the work. あなたの援助のおかげで,その仕事をすますことができた.

**thank·ful** /θǽŋkfl サンクフル/ 形 **1** 感謝している; ありがたく思う《◆神への感謝に用い,人に用いると grateful より意味が強い》‖
I am thankful to him for giving me a chance. 機会を与えてくれた彼に感謝している《◆この例では grateful がふつう》.

**2** ⟨言葉・行為などが⟩感謝の念を表す‖
give a thankful sigh 感謝に満ちたため息をつく.

**thánk·ful·ly** 副 感謝して; [文全体を修飾] ありがたいことに.

**thank·less** /θǽŋkləs サンクレス/ 形 ⟨仕事などが⟩感謝されない,割に合わない‖
a thankless act 報われない行為.

**thanks·giv·ing** /θæŋksgíviŋ サンクス**ギ**ヴィング | ⟲/ 名 **1** Ⓤ (特に神への)感謝, 謝恩‖
a public service of thanksgiving 感謝の公共奉仕.

**2** ⓊⒸ 感謝の祈り[言葉]‖
General Thanksgiving (祈祷(ぎ)書中の)一般感謝の祈り.

**3** [T~] (米) =Thanksgiving Day.

**4** [T~; 形容詞的に] 感謝祭の‖
a Thanksgiving dinner 感謝祭のごちそう.

**Thanksgíving Dày** 感謝祭(の日) (Thanksgiving) 《法定休日で米国では11月第4木曜日,カナダでは10月第2月曜日》.

**\*that**[1] /ðæt ザト/ [指示代名詞の1つ. 形容詞用法 (*that* book)と独立用法 (*That* is a book.) がある]

→ 代 Ⅰ [形容詞用法] **1** あの, その
Ⅲ [独立用法] **6** あれ, それ
副 それほど

—代 (複 those/ðóuz/)

**Ⅰ[形容詞用法]**

**1** あの, その《◆空間的・心理的に話し手から遠いものをさす. cf. this》‖
Do you know that boy in the yard? 庭のあの少年を知っていますか.
I like that dress better than this (one). これよりもあっちの服の方が好きだ.

**2** あの, 例の《◆聞き手・読み手がわかっているものをさす》‖
I was very sleepy (on) that morning. その朝はとても眠かった《◆時を表す名詞の前に用いる. this の場合は前置詞を用いることはない》.
When do you intend to repay that five dollars? あの5ドルはいつ返すつもりなんだ《◆ five dollars を1つの集合体と考え that で修飾する》.

**3** [that + 名詞 + of A で] あの, 例の‖
I hate that laugh of hers. 彼女のあの笑い声が気にくわない.
Here is that awful Brown and those

daughters of his. あのいやなブラウンとその娘たちがここにいるんだ.

**that** kind wife **of yours** [˟your that kind wife] 君のあのやさしい奥さん《◆この種の this, that は限定指示の働きをするというより感情の色彩を添える》(→ my [語法]; mine¹ **2**).

**4** [this と対照して] (不定の)あの ‖
He walked **this** way and **that** way. 彼はあちらこちらを歩いた.

**II** [形容詞用法]

**5** [that A which ...] (…する(ところの))あの A, (…する)そんな A ‖
You know **that** fairy tale **which** Susan used to read? スーザンが昔読んでいたあの童話を知っているでしょう.

**III** [独立用法]

**6** あれ, それ, その[あの]事[物, 人]《◆(1) 空間的・心理的に話し手から遠いものをさす. (2) 人をさすのは主語に用いた場合のみ》‖
What is **that**? あれは何ですか.
Who is **that**? あれはだれですか; (英)(電話で)そちらはどなたですか《(米) では this》.
Which coat do you prefer, this one or **that**? こちらとあちらのとではどちらの上着がお気に入りですか.

**7** その時, その《◆時間的に話し手から遠いものをさす》‖
After **that** we went out. そのあと私たちは出かけた.

**IV** [独立用法]

**8** それが ‖
Father died of cancer. **That's why** I decided to become a doctor. 父はがんで死にました. それが医者になろうと決心した理由です.
[対話] "English is used by at least 750 million people." "Wow! **That's** a lot." 「英語は少なくとも7億5千万人が使っています」「わあ, それはすごい数ですね」.

> [Q&A] **Q**: 会話でよく使われる That's why … という言い方がよくわからないのですが.
> **A**: たとえば He was a very able player. *That's why* I asked him to join us. (彼はとても有能な選手だった. だからうちのチームに来てもらったのだ)という表現を考えてみます.
> この中で That は前の文を受けています. そして That's (the reason) why … (それが…の理由だ)と続きます. つまり, 有能な選手であったこと(=That)が, 彼を迎え入れた理由(=the reason why)というわけです.
> ふつう the reason は省略され That's why … または, 次の例のように That's why. と単独で現れることもあります:[対話] "Why did you invite him to our team?" "Because he was outstandingly able. *That's why*."「どうして彼をうちのチームに招いたのですか」「目立って有能だったからだ. それが理由だ」.

**9** [名詞の反復の代わりとして] (…の)それ《◆ the + C U 名詞の代わりに用い, ふつうあとに修飾語句を伴うが, 前置詞 + 名詞, ことに of + 名詞で修飾されることが多い》‖
The temperature here is higher than **that** in Tokyo. ここの気温は東京(の気温)より高い《◆ *that* = the temperature》.
The English spoken in rural Georgia is quite different from **that** of rural Indiana. ジョージア州の田舎(ᵢⁿᵃᵏᵃ)で話される英語はインディアナ州の田舎で話されている英語とは全く違う《◆ *that* = the English》.

**10** [this と対照して] (後者に対して)前者《◆ the latter と対照して用いられる the former より堅い表現で, それほど相関性もない.《古》になりつつある》‖
Work and play are both necessary to health; **this** gives us rest, and **that** gives us energy. 仕事と遊びはどちらも健康に必要である. 後者は休養を, 前者は活力を与えてくれる《◆ this =play / that =work》.

**11** (正式) [that which ...] (…する)事[物] ‖
**That** which has cost a sacrifice is always endeared. 犠牲を払ったものは必ず大事にされる.

◇**and thát** ... (英)しかも…《◆前の語句によって表されたことをくり返す代わりに意味を強めて表す》‖
Get out of here, **and that** quick! ここから出て行け, とっととだ.

◇**thát is to sáy** =**thát is** → say 動 成句.

**Thát's ít.** (略式) (1) それが問題だ. (2) ああそれだ, そのとおりだ《◆必要なことがわかったり, 手に入ったときなどに用いる》. (3) そこまで ‖ Right, that's it. じゃ, そこまで.

**Thát's ríght.** (1) よろしい. (2) (略式) 賛成, そのとおりだ(→ right 形 **3** [語法]).

**Thát's thát.** (1) それで話は決まった, これで閉会にします《◆議論などで結着をみたときの言葉》. (2) さあすんだぞ《◆仕事などが終わったときに言う》, それで一巻の終わりだ, おしまいだ《◆あきらめの気持ち》. (3) それ以上話してもむだだ, 強く拒絶》.

── 副 (略式)それほど, そんなに《◆前述の具体的な数量・程度をさし, 形容詞・副詞を修飾する》‖
I hope he'll be **that** lucky. 彼にそのくらい運が向いてくれるといいね.
Has she been away from home **that** long? 彼女はそんなに長く家をあけているのですか.

\***that**² /(弱) ðət ザト, (強) ðǽt ザト/《◆《強》はまれ》

── 接 **1** [名詞節を導いて] (…する)ということ. **a** [動詞の目的語になる節を導く] ‖
I know (**that**) you are my friend. あなたが私の友人だということはわかっている.
I don't think (**that**) there'll be time to visit the museum. 博物館へ行く時間はないと思う.
He knew, I guess, **that** she was married. 彼女が既婚だということを彼は知っていたと思う《◆動詞と that 節が離れているときはふつう省略しない》.
She told us (**that**) the road was closed. そ

の道路は通行禁止になっていると彼女は私たちに教えてくれた(=She said to us, "The road is closed.").

She suggested **that** John (should) leave at once. ジョンがただちに出発することを彼女は提案した.

Do you think it odd **that** I should live alone? 私がひとり暮らしをするなんて妙だとお思いですか《◆形式目的語 it を先行させて真の目的語である that 節をあとに置いたもの》.

**b** [文の主語になる節を導く] ‖

**That** you study French now is a good idea. =It is a good idea **that** you study French now. あなたが今フランス語を学ぶというのはいい考えだ.

It is odd (**that**) he hasn't let us know. 彼が私たちに知らせてこないのは変だ.

**c** [補語になる節を導く]《◆《略式》では that はしばしば省略される. 書くときはコンマになることもある》‖

My opinion is (**that**) he really doesn't understand you. 私の意見は,彼は本当にあなたのおっしゃることがわからないのだということです《◆この文型が可能な主な名詞: chance, fact, problem, reason, rumor, trouble, truth》.

It seems (**that**) the baby is asleep. 赤ん坊は眠っているようだ.

**d** [名詞＋that 節] (…する,…である)という…《◆that は先行名詞の同格節》‖

The belief **that** the world was round was not peculiar to Columbus. 世界[地球]は丸いという信念はコロンブスだけのものではなかった.

The chances are very good **that** she'll be promoted. 彼女が昇進する見込みは大いにある《◆先行名詞は The chances》.

**e** [in that 節] (…する,…である)という点において,(…する,…である)から; [except that 節] (…する,…である)という点を除いて ‖

He takes after his father **in that** he is fond of music. 彼は音楽が好きだという点で父親に似ている.

I forgot everything **except that** I wanted to go home. 私は家に帰りたい一心だった.

**2** [(so) that A may do, (正式) in order that A may do として目的を表す副詞節を導いて] A が…できるように,…するように(→ so that … (1) (so 成句) ; in order that … (order 名 成句)).

**3** [結果・程度を表す副詞節を導いて] **a** [so … that 節として] 非常に…なので, (…)ほど…(→ so … that (so 成句)).

**b** [such (A) that 節] 非常に A なので…,…ほど A 《◆(略式)ではしばしば that を省略する》‖

It was **such** a wonderful movie **that** I saw it five times. あれはとてもすばらしい映画だったので私は5回見た《◆複数形の場合: such wonderful movies》.

The news gave him **such** a shock **that** his face turned pale. その知らせに彼はたいへんなショックを受け顔が真っ青になった.

Her excitement was **such** [**Such** was her excitement] **that** she lost control of herself. 彼女はあまりにも興奮したものだから自分を見失ってしまった《◆このように A がないこともある》.

**4** [so that 節として結果を表す副詞節を導いて] それで,だから(→ so that (2) (so 成句)).

**5** [感情を表す形容詞・分詞＋that 節で; その原因・理由を表す] (…である)ことを,…なので ‖

She is very glad (**that**) you are able to come. あなたが来られることを彼女はとても喜んでいます.

She was angry (**that**) he had not won the race. 彼が競走に勝たなかったことを彼女は怒った.

I was disappointed (**that**) he was going to be away all day. 彼が一日じゅう留守をするということで私ががっかりした.

**6** [it is A that …] (…する)のは A である《◆A を強める強調構文で, A は代名詞・名詞(句)・副詞(句,節). → it 代 8, that³ 3》‖

It was becáuse he was íll that [˟why] she didn't come to the party. 彼女がパーティーに来なかったのは病気のせいだ.

It is tomórrow that he'll leave. 彼が発(た)つのは明日だ.

Whén **was it that** this meeting took place? この会合が催されたのはいつだったか.

**7** [判断の根拠を表す副詞節を導いて] (…する,…である)とは, なんて《◆(1) 驚き・意外・怒りなどを表す. (2) that 節中にはしばしば should が用いられる》‖

Is he mad **that** he **should** say such a foolish thing? そんなばかなことを言うとは彼は気でも違ったのか.

Am I a cow **that** he **should** offer me grass? 私に草をくれるなんて, 私は牛かい.

**8** [it is that …] 実情は…ということで,…だから; [(it is) not that … ; 前文を受けて] だからと言って…というわけではない ‖

**It is that** I have my own business to attend to. 実は私には自分の用事があるのです.

I agreed. **Not that** I am satisfied. 私は同意した. だからといって私が満足しているわけではない.

## **that**³ /(弱) ðət ザト, (強) ðǽt ザト/《◆(強)は故意にあるいは1語で言う場合を除ききわめてまれ》

──代《(主格・目的格) that; (所有格) なし》

**1** [関係代名詞] **a** [主格・目的格]

**語法 [関係代名詞 that の用法]**
(1) 先行詞を説明する節を導く語.
(2) 先行詞は人・動物・物.
(3) ふつう直接先行詞を限定する制限用法として用いる.
(4) 先行詞が人以外であれば which と交換できる. ただし, 先行詞が all, every, any, no, the only, the same, 形容詞の最上級, 序数詞がついているときは which よりも that を用いる方がよいとされる. 人の場合は who, whom と交換できる.
(5) 目的格の場合, 《略式》ではふつう省略.

(6) 先行詞が such を伴う場合は as を用いる.
(7) 先行詞が比較級を伴う場合は than を用いる.

He's the man that lives next door to us.
彼は私たちの隣りに住んでいる人です.
My cousin owns the dog that rescued the children. 私のいとこはその子供たちを救った犬を飼っている.
The street that leads to our school is very wide. 私たちの学校へ通じている通りはとても広い.
The man (that) you spoke to in the street is my music teacher. あなたが道で話しかけた人は私の音楽の先生です.
He is the pupil (that) I gave the book to. 彼は私がその本をあげた生徒です.
The fish (that) I ate yesterday was not good. きのう食べた魚はおいしくなかった.
These are the only good books (that) there are on the subject. その問題を論じた本で現存するよい本はこれだけです《♦主格でも, 関係代名詞節が there is で始まる場合はふつう that は省略される》.
There's a shop across the street (that) sells shoes. 道の向かい側には靴を売っている店がある《♦There is で始まる文では主格でも that は省略可能》.
**b** [補語として]《♦人が先行詞でも who で代用されない》‖
He isn't the hero (that) he thought he was. 彼は今では以前そうだと思っていたような英雄ではない.
**2** [関係副詞的に]《♦(1) at [in, on] which, when, why, where に相当する. (2)《略式》では省略されることが多い》‖
That was the day (that) she left. それは彼女が出発した日だった《♦when または on which に相当》.
I didn't like the way (that) he spoke to us. 私たちに対する彼の口のきき方は気に入らなかった《♦in which に相当》.
The reason (that) Miami has so many amusement places is obvious. マイアミに娯楽場がそんなにたくさんある理由は明白である《♦why に相当》.
We see her everywhere (that) we go. 私たちの行く先ざきで彼女に会う《♦先行詞が -where の語および place 以外では使えない》.
**3** [it is A that ...] (…する)のは A である《♦(1) A を強める強調構文. A は(代)名詞で, 強く発音される. (2) that が that 節の主語の場合, その動詞は A の単数・複数に合わせる. (3) that の代わりに who, which も用いられる. → it 代8, that² 6》‖
It was Táylor that met Roy. ロイに会ったのはテイラーでした《♦that =who》(=Táylor met Roy. テイラーが[×は]ロイに会ったのです).
It is [ that am sick. 病気なのは私です(=I am sick.).
It was the dóg that I gave the water to.

私が水をやったのはその犬にだったのです《♦that = which》(=I gave the water to the dóg.).

Q&A **Q**: 強調構文の it is A that … と it が仮主語になる it is ~ that … の構文はどのようにして見分けたらよいのですか.

**A**: It was yesterday that we went to the Chinese restaurant. (きのうのことだよ, 中華料理店へ行ったのは)のような強調構文では it is, that の枠をはずすと元の文が現れます (少し語順を変えなければならない場合もあります).
一方, It is a shame that you have to leave so soon. (もうお帰りにならなくてはいけないとは残念です)では It's a shame. (それは残念だ)とまず言っておいて, that 以下で it の中味を述べています. it は仮主語, that 以下が真主語です. a shame は補語で, これは it is ~ that … の構文ということになります. この場合 it, is, that をとりはずすと 1 つの文にはなりません.

**thatch** /θætʃ サチ/ 图 (複 ~·es/-iz/) ①ⓒ 草ぶき(屋根); ⓤ 屋根ふき材料《わら・茅(ᆦ)・アシ・シュロなどの葉》.
――動 (三単現 ~·es/-iz/) ⊕《屋根などを》わら[茅]ぶきにする ‖
a thatched roof わらぶきの屋根.

**Thatch·er** /θætʃər サチャ/ 图 サッチャー《Margaret ~ 1925-2013; 英国の政治家. 首相(1979-90)》.

\***that'll** /(強) ðætl ザトル; (弱) ðətl ザトル/《略式》that will の短縮形.

\***that's** /(強) ðæts ザッ; (弱) ðəts ザッ/《略式》that is [時に that has]の短縮形.

**thaw** /θɔː ソー/ 動 ⊜ **1**〈氷・雪・霜などが〉解ける, 液体になる;〈凍結した物・冷凍食品が〉(解けて)戻る ‖
How long will the frozen meat take to thaw (out)? 冷凍肉を解凍するのにどのくらいかかりますか.
**2** [通例 it を主語にして]〈天候が〉(氷や雪が解けるほど)おだやかになる, 雪解けの陽気になる ‖
It's thawing fast. 急速に暖かくなってきている.
**3**〈からだなどが〉暖かくなってほぐれる;《正式》〈態度・緊張などが〉なごむ, やわらぐ,〈人がうちとける ‖
His hesitation thawed under her kindness. 彼女に親切にされて彼はうちとけてきた.
――⊕ **1**〈氷・雪などを〉解かす; …を解凍する, 戻す ‖
thaw (out) frozen food before cooking 冷凍食品を調理前にもとに戻す.
**2**〈からだなどを〉暖めてほぐす;〈態度・人〉をなごませる.
――图ⓒ (通例 a ~ / the ~) **1**(雪・氷などが)解けること, 雪解け, 霜解け, 解氷.
**2**(雪解けの)暖かさ, 陽気, 時期, 季節 ‖
A [The] thaw has set in. 雪解けの季節になった.

\*\***the** /(弱) ðə ザ(子音の前), ði ズィ(母音の前); (強) ðí: ズィー/《**1** の意が原義; 圏 は格変化によって生じたもの. **定冠詞** (definite article) と呼ばれる》

——形《◆this, these, that, those より指示性は弱く,したがって日本語には訳さないことが多い》

**1** [前述の ©Ⓤ 名詞をさして] その, この, あの, 例の ‖
Here's a glass, some water and three coins. I pour **the** water into **the** glass, then drop **the** coins one by one into **the** water. ここにグラスが1個と水と硬貨が3枚あります. 水をグラスに入れます,それからその水の中へ1枚ずつ硬貨を落としていきます(→ a **1**).

**2** [前後関係で何をさすかわかる名詞の前で] その ‖
His car struck a telegraph pole; you can still see **the** mark on the pole. 彼の車は電柱にぶつかったが,その跡が電柱にまだ見える《◆あとの the は **1** の用法》.
She hit me on **the** head with a hammer. 彼女はハンマーで私の頭をなぐった.

**3** [その場の状況で何をさすかわかる名詞の前で] ‖
Please pass **the** salt. 塩を取ってください《◆食卓の塩をさす》.
Close **the** door. 戸を閉めよ《◆今いる部屋とか今出た部屋の戸などをさす》.
I came across my old friend at **the** post office. 郵便局で旧友にばったり会った《◆いつも利用する店などに用いる》.

**4** [後述の内容を受けて] **a** [説明の語句が付いて限定される名詞の前で] ‖
**The** principal of our school is Mr. Wada. 私たちの学校の校長は和田先生です.
**The** book you handed me isn't mine. あなたが渡してくれた本は私のではない.
He is said to be **the** Edison of Japan. 彼は日本のエジソンといわれている《◆He is *an* Edison. は「彼はエジソンのような発明家だ」(→ a 形 **9**)》.

**b** [最上級・序数詞の前で] (→ most 副 **2**) ‖
Mont Blanc is **the** highest mountain in the Alps. モンブランはアルプス山脈で最も高い山だ.
Take **the** second turning to the left. 2つ目の曲がり角を左へ曲がれ《◆あとの the は **5** の用法》.

**5** [ただ1つしかない(と考えられる)ものを表す名詞の前で] ‖
the sun 太陽.
the moon 月.
the sky 空.
the east 東.
the right 右.

**6** [固有名詞と共に] **a** [複数形の固有名詞;山脈・群島・連邦国家・家族など] ‖
the Alps アルプス山脈.
the Rocky Mountains = the Rockies ロッキー山脈.
the Philippine Islands = the Philippines フィリピン諸島.
the United States (of America) (アメリカ)合衆国.
the Kennedys ケネディ一家,ケネディ夫妻《◆a Kennedy は「ケネディ家の1人,ケネディという(姓の)人」》.

**b** [海・海峡・川・運河など] ‖
the Pacific (Ocean) 太平洋.
the Sea of Japan 日本海.
the (English) Channel イギリス海峡.
the Nile (River) ナイル川《◆(英)では the (River) Nile という》.
the Panama Canal パナマ運河.

**c** [半島・砂漠] ‖
the Malay Peninsula マレー半島.
the Sahara (Desert) サハラ砂漠.

**d** [船・建造物・道路・鉄道など] ‖
the Cleveland クリーブランド号.
the White House ホワイトハウス.
the Grand (Hotel) グランドホテル.
the Louvre ルーブル博物館.
the Tokaido Line 東海道線《◆駅名は無冠詞: Atami Station 熱海駅》.
the Pacific Freeway パシフィック高速道路.

**e** [新聞] ‖
*the New York Times* ニューヨークタイムズ紙.

**f** [人名に伴う同格名詞[形容詞]の前で] ‖
William **the** Conqueror ウィリアム征服王.
**the** naturalist Huxley 博物学者ハクスリー.

> 語法 (1) 固有名詞に the が付くか付かないかは一概にいえず,上記の名詞からも省略されることがあるし,付いたり付かなかったりするものもある: (*the*) Golden Gate Bridge 金門橋.
> (2) 駅・公園・大学などに所在地名を伴えば常に無冠詞: New York's Central Park ニューヨークのセントラルパーク / Kyoto's Ryoanji 京都の竜安寺.

> Q&A *Q* : the Pacific Ocean (太平洋)と the Atlantic Ocean (大西洋)を and でつなぐ場合 the Pacific Ocean and the Atlantic Ocean では間違いでしょうか.
> *A* : 誤りというわけではありませんが,ふつうは *the* Pacific and Atlantic *Oceans* とするか,あるいは *the* Pacific and *the* Atlantic *Ocean* とします.「18世紀と19世紀」という場合でも同じように *the* 18th and 19th *centuries* / *the* 18th (century) and the 19th *century* となります.

**7** [形容詞・分詞の前で] **a** …な人たち ‖
We are collecting money for **the** blind. 私たちは目の不自由な人たちのために金を集めている(= We are collecting money for blind people.)《◆複数扱い》.

> 語法 (1) 同じように用いられる形容詞・分詞は able-bodied, brave, dead, deaf, disabled, dumb, elderly, guilty, homeless, injured, innocent, living, old, poor, rich, sick, unemployed, wealthy, wise, wounded, young など.

(2) *the* accused (被告), *the* deceased (故人), *the* pursued (追跡されている人)はふつう単数の人を表す.
(3) *the* British (英国人), *the* Dutch (オランダ人)など「the + 国籍を表す形容詞」についても同じように国民全体を表し,複数形として用いられる (→ Japanese 語法).

**b** …なこと《◆抽象名詞の代用.単数扱い》∥
She has an eye for **the** beautiful. 彼女は審美眼がそなわっている《◆*the* beautiful は「美しい人々[物]」の意味(**7 a**)にもなる》.
**The** unexpected is bound to happen. 予期しないことは必ず起こるものだ.

**8** [総称用法]《© 名詞の単数形の前で》…というもの《◆(1) 同種属・同種類のものの全体を代表させる.特に別の種属と区別する場合に用いる.(2) 名詞は人間のタイプ・動物・植物・宝石・発明品・楽器・文学芸術の部門・店のタイプなど.(3)《略式》では動植物に関しては *the* を用いないで複数形で表すのが一般的.(4) man, woman は単独で「人・男」「女」を意味する》∥
**The** housewife is very busy on weekday mornings. 主婦は平日の朝とても忙しい.
**The** olive grows only in warm climates. オリーブは温暖な気候にのみ成育する.
He plays **the** violin. 彼はバイオリンを弾く.
**The** Japanese crested ibis is in danger of becoming extinct. トキは絶滅の危機にある.

**9** [単数形の普通名詞の前で] …の性質,…の機能 ∥
**The** pen is mightier than **the** sword. (ことわざ) → pen¹ 名 **2** 用例.
When one is poor, **the** beggar will come out. 貧乏すればこじき根性が出る.

**10** [計量単位を表す名詞の前で] …という単位(で) ∥
We buy eggs by the [ˣa] dozen. 卵はダース単位で買う.
My car does fifteen kilometers to **the** liter. 私の車は(ガソリン1)リッターあたり15キロメートル走る.
Potatoes are sold at 50 dollars **the** sack. ジャガイモは1袋50ドルで売られている《◆前置詞が省略されることもある》.

**11** [© 名詞の複数形・集合名詞の前で] すべての ∥
These are **the** pictures she painted. これは彼女が描いた絵の全部である.
He knew most of **the** gentry. 彼は上流階級のたいていの人を知っていた《◆ all *the* pictures / all *the* gentry としても同じ》.

**12** /ðíː/ [強調する名詞の前で] 真の, 一流の, あの有名な, 典型的な, 最も必要な《◆印刷する場合はイタリック体》∥
This is not **the** method but a method. これは唯一の方法でなく1つの方法である.
This is **the** place for young people. ここは若い人にうってつけの場所である.
対話 "My name is Tiger Woods." "You're not **the** Tiger Woods, are you? The famous golfer?" 「タイガー=ウッズです」「まさかあの有名なゴルファーのタイガー=ウッズさんじゃないでしょうね」.

**13** [twenties, thirties, forties などの複数形の前で] …年代 ∥
from **the** thirties to **the** sixties of the nineteenth century 19世紀の30年代から60年代まで.

**14** [時を表す語の前に用いて] 現在の《◆著名な人・行事などを示す句・名称に用いる》∥
books of **the** month 今月の本.
the match of **the** day 本日の試合.

**15**《英略式》私の,私たちの ∥
The wife likes this flower. うちのかみさんはこの花が好きなんです.

—— 副 **1** [the + 比較級…,the + 比較級…として] …すればするほどますます… ∥
**The** longer you work, **the** more you will earn. 長く働けば働くほどそれだけ余計稼ぐことになる(=As you work longer, you will earn more.).
**The** later you have lunch, **the** shorter the working hours in the afternoon are. 昼食を食べるのが遅いほど午後に働ける時間は短くなる.
**The** higher the price, **the** smaller the market. 価格が高ければ高いほど,需要はますます減る.
**The** more(,) **the** better. 多ければ多いほどよい.
**The** older he grew, **the** more interested he was in poetry. 彼は年をとるにつれて,詩に興味を持つようになった.

**2** [比較級の前で] ますます,かえって《◆**1** の構文のあとの the.「それだけ」が呼応する理由を表す語句は for, since, because などで導かれる》∥
I like him (all) **the** better for his frankness. =I like him (all) **the** better **because** he is frank. 彼は正直だから一層好きだ.
If we start now, we will be back **the** sooner. 今出発すれば,それだけ早く帰れるだろう.

**3** [副詞の最上級の前で]《◆特に《米略式》で多く用いられる》∥
She practices **the** hardest of all. 全員の中で彼女がいちばんよく練習する.

\*the·a·ter 《主に英》-tre /θíːətə スィーアタ/ θíətə スィアタ/ [「見るための場所」が原義]
派 theatrical (形)

—— 名 (® ~s/-z/) **1** © 劇場; 映画館《英》cinema); (古代ギリシア・ローマの)野外円形劇場 ∥
a performing **theater** 劇場.
a film [movie, picture] **theater** 映画館.
a little **theater** 小劇場.
go to the **theater** 芝居[映画]を見に行く.
© と Ⓤ 劇場 ©
演劇, 芝居 Ⓤ

**2** ⓤ [通例 the ~] 演劇; 演劇界[関係者], 劇団; [集合名詞] (作家・国・時代の) 劇作品 [文学] ‖
the modern Russian theater 近代ロシア戯曲.
the theater of cruelty 残酷演劇.
a good piece of theater すばらしい一編のドラマ.

**3** ⓤ 劇上演[製作, 執筆]; (劇の) できばえ, 上演効果 ‖
make [be] good theater 〈劇・物語が〉上演ばえがする, 上演向きである, 劇的効果がある.

**4** ⓒ 階段教室[講堂]; 《英略式》手術室.

**\*the·a·tre** /θíːətər スィーアタ | θíətə スィアタ/ 图 《主に英》 =theater.

**the·at·ri·cal** /θiǽtrikl スィアトリクル/ 形 **1** 劇場 (用) の; 演劇の; 芝居に向いた ‖
theatrical costumes 舞台衣装.
a theatrical film 劇場用映画.
a theatrical company 劇団.
a theatrical performance 演劇, 上演.
theatrical skills 演技力.
**2** 芝居がかった, わざとらしい; 不自然な.

**thee** /ðíː ズィー, (弱) ðí ズィ/ 代 《古・詩》 なんじを[に]. 【thou の目的格代名詞】

**theft** /θéft セフト/ 图 **1** ⓤⓒ 盗み, 窃盗(罪); 盗むこと. **2** ⓒ 《野球》 盗塁.

**\*their** /ðéər ゼア, 《米+》 (弱) ðər ザ/ 《母音の前では (弱) ðr/ も用いられる》 (同音 there, they're) 【they の所有格代名詞】
——代 [名詞の前で; 形容詞的に] **1** [特定・総称・不特定・権威の they の所有格] **a** [名詞の前で] 彼らの, 彼女らの, それらの, その人たちの ‖
Tom helps his brothers with their homework. トムは弟たちの宿題を手伝ってやる.
In that village they wash their rice and vegetables in the river. あの村では川で米や野菜を洗う.
**b** [動名詞の前で] 彼らが 《◆動名詞の意味上の主語》 ‖
I object to their [《略式》 them] going there. 彼らがそこへ行くのに私は反対だ.
**2** [everyone, anyone などの不定代名詞を受けて] 自分の (→ they 4) ‖
I told everyone to bring their notebooks. みんなにノートを持ってくるように言った.

**\*theirs** /ðéərz ゼアズ/ (同音 there's) 【they の所有代名詞】
——代 **1** [単数・複数扱い] 彼らのもの, 彼女らのもの, それらのもの, その人たちのもの 《◆ their + 先行名詞の代用》 ‖
That house is bigger than theirs. あの家は彼らの(家)より大きい.
Our children go to bed early, but theirs stay up late watching TV. うちの子らは早寝だが, 彼らの子供たちは遅くまで起きてテレビを見ている.
**2** [everyone, anyone などの不定代名詞を受けて] 自分のもの 《◆ his + 先行する名詞の代用》 ‖
I do my best and I hope everyone else does theirs. 私はベストを尽くすから皆もそうであってほしい.
**3** [a [this, that など] + 名詞 + of ~] 彼らの 《◆ a, this, no などといっしょには並べられないので, of theirs として名詞のあとに置く. → my 代 1, mine¹ 代 2》 ‖
I like that dog of theirs. 彼らの飼っているあの犬が好きです 《◆ ˣtheir that dog, ˣthat their dog は誤り》.

**\*them** /ðém ゼム, əm; (強) ðém ゼム/ 【they の目的格代名詞】
——代 **1** [動詞の目的語として] 彼ら(を, に), 彼女ら(を, に), それら(を, に), その人たち(を, に) 《◆特定・総称・不特定・権威の they の目的格》 ‖
Please take them to the zoo. 彼らを動物園へ連れて行ってください.
She read them an interesting book. = She read an interesting book to them. 彼女は彼らにおもしろい本を読んでやった.
**2** [前置詞の目的語として] 彼ら, 彼女ら, それら 《◆訳に用いる助詞は前置詞によりいろいろである》 ‖
Let's play with them. 彼らと遊ぼうよ.
He ran toward them. 彼は彼らの方へ走って行った.
**3** [everyone, anyone などの不定代名詞を受けて] 《主に英略式》 自分を(→ they 4).
**4** 《略式》 **a** 彼らが 《◆動名詞の意味上の主語 their の代用》.
**b** 彼ら 《◆ be 動詞のあとで they の代用》 ‖
It's them. それは彼らです.
It was them that laughed at you. あなたのことを笑ったのは彼らだった.

**theme** /θíːm スィーム/ 图 ⓒ **1** 《正式》 主題, テーマ ‖
the theme for tonight talk 今夜の話の題目.
**2** 《米》 (学校の) 作文; (作文の) 題, 題材 ‖
a theme paper 作文, レポート.
**3** 《音楽》 主題, テーマ, 主楽想, 主旋律.

**théme pàrk** 《米》 テーマ遊園地, テーマパーク 《特定のテーマで全体を統一した大型レジャーランド. Disneyland など》.

**théme sòng [tùne]** 主題歌, テーマソング; 《米》 (テレビ・ラジオの) テーマ音楽.

**\*them·selves** /ðəmsélvz ゼムセルヴズ/ 【they の再帰代名詞】
——代 **1** [強調して] [強く発音して] 彼ら自身, 彼女ら[それら]自身 《◆三人称複数主語・目的語と同格に用いる》 ‖
They went to Paris themsélves. 彼ら自らパリへ行った.
**2** 彼ら自身(を, に), それら自体(を, に), 彼女ら自身(を, に) 《◆主語の they, 三人称複数名詞を受けて, 他動詞または時に前置詞の目的語として生じる》 ‖
The children are enjóying themsélves. 子

供たちは楽しんでいる.
They bought a new car for **themselves**.
彼らは自分たちが使うのに新車を買った.
**3**〖略式〗本来[いつも]の彼ら[彼女ら]《◆(1) ふつう主格補語または come to themselves として用いる. (2) 精神的状態にも肉体的状態にも用いる》‖
They haven't been **themselves** lately. 彼らは近ごろ調子がよくない.
**4**[everyone, anyone などの不定代名詞を受けて]自分自身を《◆ himself の代用. → they**4**》‖
Everyone has to take care of **themselves**.
だれしもからだを大切にしなければならない.

\***then** /ðén ゼン/〖→ than〗
→ 副**1**その時 **2**それから **3**それなら
名 その時
──副 **1**その時, そのころ, あの時(は)《◆過去・未来の両方に用いる》‖
the **then** existing laws = the laws **then** existing 当時行なわれていた法律.
He was still at school **then**. あのころ彼はまだ在学中だった.
**2**[順序を示して]**それから**(すぐ), そのすぐあとで;次には, 今度は《時に first のあとでに用いる》‖
I'll have lobster salad first, and **then** roast beef. まずエビサラダを食べ, それからローストビーフにしよう.
The car swerved, (and) **then** crashed into a wall. 車は道をはずれ, それから壁に激突した.
**3**[推論を示して]**それなら**, そうすると, そういうわけなら, その節は‖
**Then** why don't you ask him? それではどうして彼に尋ねないのか.
But if we refuse to accept your proposal, what **then** (of it)? しかしもし我々が君の申し出を断れば, その場合どうするか.
**4**[and then]その上, そのほかに‖
She likes to walk, and **then** it's cheaper.
彼女は歩くのが好きだし, それにより安上がりだ.
**5**[結論を示して]**それでは**, したがって, してみると‖
His mind is made up, **then**? それで彼の心は決まったんだね.
**6**別の時には;そのうち《◆しばしば sometimes, now のあとで用いる》‖
Now it's warm, **then** cool. 時には暖かく, また時には涼しい.
Sometimes the car runs smoothly, **then** stalls at every corner. 車は時にはすいすい走るかと思うと曲がり角ごとにエンストしたりする.

○**thén and thére** =《主に英》**thére and thén**〖略式〗すぐその場で, ただちに‖He answered **then** and **there**. 彼は即座に答えた.
──名 Ⓤ [通例前置詞の後で]**その時**, 当時‖
since **then** その時以来.
before **then** その時以前.
by **then** その時までに.
until [till] **then**〖過去〗その時まで;〖未来〗それから後は.

from **then** on [onward] その時以来.

**thence** /ðéns ゼンス/ 副〖正式〗**1**そこから《◆ from thence ともいう》. **2**それゆえに. **3**その後.

**The·o·dore** /θíːədɔːr スィ(ー)オドー/ 名 シオドア《男の名. 愛称》Ted》.

**the·o·lo·gian** /θìːəlóudʒiən スィ(ー)オロウチアン/ 名 Ⓒ 神学者.

**the·o·log·i·cal** /θìːəládʒikl スィ(ー)オラヂクル|-lɔ́dʒ- -ロヂクル/ 神学(上)の, 神学に関する;形 神学的な‖
a **theological** school 神学校.
**theological** virtues キリスト教基本徳目《信・望・愛》.

**the·ol·o·gy** /θiːálədʒi スィ(ー)アロヂ|-ɔ́l- スィ(ー)オロヂ/ 名 (複 **-o·gies**/-z/) **1**Ⓤ (キリスト教の)神学.
**2**ⒸⓊ 神学体系[教義], 神学説.

**the·o·rem** /θíːərəm スィーアレム|θíə- スィア-/ 名 Ⓒ **1**〖数学・論理〗定理. **2**原理, 論理的命題.

**the·o·ret·i·cal** /θìːərétikl スィーアレティクル|θìə- スィア-/ 形 **1**理論的な, 理論(上)の‖
**theoretical** mechanics 理論力学.
**2**理論好きな, 思索的な;架空の, 仮説的な.

**thè·o·rét·i·cal·ly** /-li/ 副

**the·o·rist** /θíːərist スィーアリスト|θíə- スィア-/ 名 Ⓒ 理論家.

**the·o·rize** /θíːəràiz スィーアライズ|θíə- スィア-/ (現分) **-riz·ing**/-/ 自〖正式〗理論を立てる.

**the·o·ry** /θíːəri スィーアリ|θíəri スィアリ/ 名 (複 **-o·ries**/-z/) **1**Ⓒ[通例 a ~ / the ~]学説, …論;仮説《◆ hypothesis よりも妥当性がある》‖
many **theories** about the origin of life 生命起源に関する多くの説.
**2**Ⓤ(実践に対する)理論;(学問的)原理;[しばしば a ~]理屈, 空論 (↔ practice)‖
the **theory** of music = music [musical] **theory** 音楽理論.
be excellent [good] in **theory** 理論的には申し分ない.
**3**Ⓒ 推測, 憶測;(個人的)意見, 持論‖
one's pet **theory** 持論.
have a **theory** about the outcome 結末の予想がつく.

**ther·a·peu·tic, --ti·cal** /θèrəpjúːtik(l) セラピューティクル/ 形〖正式〗治療法の;治癒できる;治癒(\ゆ)力のある.

**ther·a·py** /θérəpi セラピ/ 名 (複 **-a·pies**/-z/) ⓊⒸ[時に複合語で](ふつう薬や外科手術を用いない)治療;(物理)療法‖
speech **therapy** 言語障害治療.

\***there** /ðéər ゼア/ 副 **2** では《弱》ðər/《◆母音の前では《弱》ðər/《同音》their, they're;《類音》d'are/déər/)〖『話し手の縄張りの外に』が本義で指示代名詞 that に対応する副詞. cf. here〗
→ 副 **1**そこに, そこで;そこへ **2**…がある **4**その点で
名 そこ

## there

— 副 **1** [場所を指示して] そこに, そこで; そこへ, そちらへ ‖

Your car is (right) **there**. 君の車は(ちょうど)そこにある.
Isn't the nurse **there**? 看護師はそこにいないのか.
My uncle lives in Hokkaido. I'm going **there** next summer. おじが北海道にいます. 今度の夏そこへ行くつもりです.
Let's go **there** now. 今そこへ行こう.
The bóys **thére** want to see you. そこにいる少年たちがあなたに会いたがっています.
Take that bóok **thére**. (略式)その本を取りなさい.
対話 "Hello, is Mr. Smith **there**, please?" "Hold on, please. I'll see if he's in."《電話で》「もしもしスミスさんはおられますか」「少々お待ちください. いるかどうか見てきます」.

Q&A **Q**: I saw the man there. というとき, (1)「そこでその男を見た」と, (2)「そこの男を見た」の2つの意味があるようですが, 説明してください.

**A**: (1) の意味の場合はふつうの副詞で … the mán thére と両方を1語1語はっきりと強く発音します. それに対し (2) の場合は, there は直前の名詞を修飾する形容詞的用法で … the mán thère のように発音し, there があたかも前の語に付いて1語になったかのように発音されます. 耳で聞くとこの両者の区別ははっきりします.

語法 [here に対応する用法] (→ here 語法)
(1) 大まかに位置を示し, そのあとで正確な位置を示すことがある: The bag is **thére**(,) on the table. そのバッグはそこのテーブルの上にある.
(2) しばしば場所を示す副詞を前に置いて用いる (→ 名): It's cold úp **thère**. そこ(高い所・緯度の高い地方など)は寒い / The school is óver **thère**. 学校は(向こうの)あそこにある. 対話 "Excuse me. Are you Ms. Kelly?" "No. She's over **there**." 「あのう, ケリーさんでしょうか」「いいえ, ケリーさんは向こうにいます」.
(3) 眼前のことについて相手の注意を引くために文頭に置く. ふつう現在単純現在時制で用い主語の位置が倒置される. here に比べ離れている場合に用いる: **Thére** is my car. (ほら,)私の車がそこにある (cf. **2 a** 語法 (2)) / **Thére** goes the train. ほら, 列車が行くぞ / **Thére** goes the bell. ほら, ベルが鳴っている (=The bell is ringing **there**.). ただし, 代名詞では倒置はできない: **Thére** he comes. / ˟There comes he. ほら, 彼がやって来たぞ.

**2** /ðər/ **a** [there is [are] A] **A** がある, A〈人が〉いる《♦ A の名詞には the, my, this などをつけない (→ 語法 (2))》‖

**There** is a dog at the door. 玄関のところに犬がいる.
**There** will [(略式) **There'll**] be a dance at the town hall tomorrow. あす公会堂でダンスパーティーがあります.
**Are there** many useful recipes in this book? 役に立つ調理法がこの本にはたくさんありますか (=Does this book have many useful recipes?).
**There has** [(略式) **There's**] been no news from her lately. 最近彼女から便りがない.
**There** must not **be** any mistakes in your paper. レポートには誤りがあってはならない.
**There were** some dictionaries on the shelf. その棚には辞典が何冊か置いてあった.
**There are** five (of us) in our family. 私の家族は5人です.
Where **is there** a hotel? ホテルはどこにありますか.
**There are** some chairs **thére**. そこにいすがいくつかあります《♦ あとの there は **1**》.
対話 "**Is there** a train to Trenton?" "No, but **there's** a bus every day." 「トレントンへ行く列車はありますか」「いいえ, でもバスが毎日出ています」.

語法 (1) **2 a b** の there は「そこで」という場所を言っているのではなく, 単にものの存在を表すだけで, 文法上の主語の役割を果たしている. したがって, 疑問文 (→ **a** 第3例) では, 次のように付加疑問や不定詞・分詞・動名詞の意味上の主語にも用いられる: *There was* one more pupil, *wasn't there*? もうひとり生徒がいたね / I expect *there* to be room for improvement. 改良の余地はあると思う / *There being* no rain, the ground was hard. 雨が降っていないので地面は堅かった (=As *there* was no rain, the ground was hard.) / No one would have dreamed of *there being* such a place. そんな所があろうとはだれも思わなかっただろう (=No one would have dreamed that *there* was such a place.).

(2) **2 a** の構文は不定のものに用い, 特定のものには用いない: ˟There is *the* cat in the kitchen. 《♦ *The* cat is in the kitchen. とする》ただし, the が付いても, of 句や that 節によって限定されたり, 物事を列挙したりする場合には可能: *There is the* problem of race in America. アメリカには人種という問題がある《♦ *the* は of 句によって限定されることから生じたもの》/ 対話 "What's worth visiting there?" "Well, *there's the* park, *the* castle and *the* museum." 「その土地で訪れてみる価値のあるところはどんなところですか」「そうですね, 公園, 城, 博物館といったところです」/ "Who might be able to help?" "*There's* Bill." 「だれか助けてくれる人いるかしら」「ビルがいるじゃない」《♦ 上記2例は列挙の there 構文》.

**b** [there + 存在・出現・出来事などを表す動詞 + A] **A**〈不定の人・物・事〉が…する ‖

There seems (to be) no room for doubt. 疑いの余地がないようだ(=It seems that there is no room for doubt.).
There once lived in Greece a very wise man. 昔, ギリシアに非常に賢い人が住んでいた.
There stands a church on the hill. 丘に教会が建っている.
There occurred a long and bloody battle. 長く血なまぐさい戦闘が起こった.
There took place a splendid banquet. 豪華な宴会が催された(cf. **1**語法 (3)).
**3** [there is [are] A doing] Aが…している; [there is [are] A done] Aが…される ‖
There are three people working there. そこでは3人が働いている.
There's been a car stolen. 1台の車が盗まれた.
There were many students present. 多くの学生が出席していた.
**4** [文頭・文尾で] その点で, そこで; その時 ‖
There she paused. そこで彼女は話をやめた.
I don't agree with you there. その点では君に同意しない.
**5** [間投詞的に] **a** さあ, ほら, おい; よしよし; それごらん《◆慰め・励まし・満足・挑戦などを表す》‖
So there! さあどうだ, わかったか《◆子供がよく使う》.
There, there [There now], you'll soon feel better. よしよしすぐ気分がよくなるよ.
**b** [呼びかけ] おい君 ‖
Hello, there! やあ君.
Stop fooling, there! 君, ばかなまねはよせ.
*Are you thére?*《電話で》もしもし(聞こえますか)‖
Are you there, Thomas? もしもしトーマスかい.
*thére and thén*《主に英英式》= THEN and there.
◇*There is nó doing …*《略式》…することができない; …するのは大変難しい ‖ There is no knowing what she will do. 彼女は何をしでかすかわからない(=It is very difficult to know what she will do.).
*Thère it ís.*《略式》= THERE you are.
◇*There's A and A.* 《略式》同じA《人・物》といってもいろいろある, よいAもあれば悪いAもある《◆Aはふつう複数名詞, 時に物質名詞》‖ There's Americans and Americans. アメリカ人もぴんからきりまでいる.
◇*Thére you àre.*《略式》(1)[人に物を渡すとき] ほら, そこにあります, さあどうぞ(→ HERE you are). (2)[通例 but, still などのあとで] ほれごらんなさい, 言ったとおりだろう; 実情はそうである《仕方がない》.

Q&A **Q**: There you are. は文法的に変な形だと思いますが.
**A**: もともと物を渡すときは There it is (for you). と言います. 物に重点を置いた場合はこのままでいいのですが, 人に重点を置いたときには, you か it に取って代わり, 主語の位置に来たのです(→ Here you are. (here 成句)).

——名 [U] [前置詞の目的語として] そこ(→ 副 **1** 語法 (2)).
*from there* そこから.
a river east of there そこの東にある川.
He lives near there. 彼はその近くに住んでいる.

**there・a・bout,**《主に英》**--a・bouts** /ðɛ̀ərəbáʊt(s) ゼアラバウト(ゼアラバウツ)/ 副 [通例 ~]**1** (どこか)その辺で[に]. **2** そのころ, その前後に. **3** およそ…, …ぐらい.

**there・af・ter** /ðɛərǽftər ゼアラフタ|ðɛərɑ́ːftə ゼアラーフタ/ 副《正式》その後は, それから先《◆名詞の後に置いて形容詞的にも用いられる. hereafter の用例参照》.

**there・by** /ðɛ̀ərbái ゼアバイ/ 副《正式》**1** それによって. **2** それに関して. **3** その辺に.

*__there'd__* /ðɛərd ゼアド/;《弱》ðərd ザド/《略式》there would, there had の短縮形.

*__there・fore__* /ðɛ́ərfɔːr ゼアフォー/
——副 [文頭・文中で] それゆえに, したがって, その結果《◆so より堅い語》‖
She missed the train and therefore was late. 彼女は列車に乗り遅れたので遅刻した.
I think. Therefore I am [=exist]. 我思う. 故に我あり《◆ Descartes の言葉》.
War is a crime against humanity. The sentences can, therefore, be expected to be severe. 戦争は人類に対する犯罪行為だ. それゆえ, 判決は厳しいものと予測される《◆文中では前後にコンマを置くことが多い》.
対話 "And I didn't have any money to take a taxi." "Therefore, you got to the party late. Is that right?" 「それにタクシーに乗る金がなかったんだ」「だからパーティーに遅れた. そうなんだね」

**there・in** /ðɛərín ゼアリン/ 副《古》その中に, そこに; それに関して.

**there'll** /ðɛərl ゼアル;《弱》ðərl ザル|ðəl ザル/《略式》there will の短縮形.

*__there's__* /ðɛərz ゼアズ;《弱》ðərz ザズ/《同音 theirs》《略式》there is [時に there has] の短縮形.

**there・up・on** /ðɛ̀ərəpɑ́n ゼアラパン|-ɔ́n ゼアラポン/ 副《正式》**1** その問題に関し, その結果として. **2** そのすぐあとで, そこで(さっそく).

**ther・mal** /θə́ːrml サームル/ 形《正式》**1** 熱の, 温度の; **2** 温かい, 暖かい; 温泉の. **3** 保温用の.
——名 [C] 上昇温暖気流.

**ther・mo-** /θə́ːmə- サーモ-|θə́ːrməʊ- サーモウ-/《連結形》熱の《◆母音の前では therm-》.

*__ther・mom・e・ter__* /θərmɑ́mətər サマメタ|θəmɔ́mətə サモミタ/『熱(thermo)を計るもの(meter)』
——名(複 ~s/-z/) [C] 温度計, 寒暖計 ‖
a clinical thermometer 体温計.

**ther・mos** /θə́ːrmɑs サーモス|-mɔs サーモス/ 名(複 ~・es/-iz/) [しばしば T~] [C]《商標》サーモス《◆魔法びん(vacuum flask)の商標名》.

**ther·mo·stat** /θə́ːrməstæt/ サーモスタト/ 名 C サーモスタット, 温度自動調整器.

**the·sau·rus** /θisɔ́ːrəs/ スィソーラス/ 名 (複 ~·es, --ri/-rai/) C シソーラス, 分類語彙(ﾂ)辞典, 類義語辞典.

## **these** /ðíːz/ ズィーズ/ 〖指示代名詞の1つ; this の複数形〗

——代

**I** [形容詞用法] [名詞の前で]

**1** これらの(↔ those)《♦ 空間的・時間的・心理的に話し手に近いものをさす. 訳すときは「この」とした方が自然な場合が多い》‖

These keys are mine. このかぎは私のです.

She doesn't e-mail me **these** days. このごろ彼女は私にEメールを寄こさない《♦ these days はふつう現在(進行)時制と用いる》.

He will go to America one of **these** days. 彼は近いうちにアメリカへ行くだろう.

**These** ten years have brought many changes. この10年はいろいろな変化があった.

**II** [形容詞用法] [名詞の前で]

**2** (すでに述べたことを受けて)この, 例の ‖

He produced several diamonds out of his pocket. I put **these** diamonds in the safe. 彼はポケットからいくつかのダイヤを取り出した. 私はこれを金庫にしまった.

**III** [独立用法]

**3** これら(のもの, の人) ‖

**These** are my books. これ(ら)は私の本です.

I'll take **these**. これ(ら)をいただきます.

**These** are his daughters. こちらは彼の娘さんたちです.

対話 "Are **these** your glasses?" "No, I have mine here." 「これらのためのめがねですか」「いいえ, 私のめがねはここに持っています」.

**IV** [独立用法]

**4** (すでに述べたことを受けて)これらのもの ‖

There are five books on the table. I bought three of **these** yesterday. テーブルの上に本が5冊ある. このうち3冊はきのう買った.

**the·sis** /θíːsis/ スィースィス/ 名 (複 --ses/-siːz/) C

**1** [正式] [通例 one's ~] 主題, 論題; 題目; 主張, 見解 ‖

argue one's **thesis** well 論題をよく論ずる.

**2** C (学位請求の)論文; 修士論文, 博士論文 ‖

a doctoral **thesis** (英)学位論文((米) a doctoral dissertation).

a master's **thesis** (米)修士論文((英) a master's dissertation).

write a **thesis** on the works of Hemingway ヘミングウェイの作品について論文を書く.

**the·ta** /θéitə セイタ/ θíːtə スィータ/ 名 UC シータ《ギリシアアルファベットの第8字(θ, Θ). 英語では th と表記. → Greek alphabet》.

## **they** /ðéi ゼイ; (弱) ðe ゼ, ði/ 《♦ 特に母音の前で (弱) /ðe/ はしばしば現れる. they are の are が (弱) /ər/ のとき, they は (強) /ðé/ となり they are は there と同音となる》〖三人称複数主格の人称代名詞〗

——代 (所有格 their, 所有代名詞 theirs, 目的格 them) **1** [特定の they] 彼らは[が], 彼女らは[が], それらは[が], その人たちは[が]《♦ he, she, it の複数形で, すでに話題になっている人・事を受ける. 語法 → he》‖

In those days ships were not fitted with cold storage as **they** are today. 当時, 船には今日(ﾂ)とはちがって冷蔵装置は備えられていなかった.

対話 "Where are Tom and Mary?" "**They** are in their room." 「トムとメリーはどこにいるの」「(彼らは)自分たちの部屋にいるよ」.

対話 "How much are the peas?" "(**They're**) two dollars a can." 「エンドウマメはいくらですか」「1缶2ドルです」.

語法 (1) 先行名詞が総称的・不特定的に用いられている場合, 単数形であっても they で受けることがある: A tiger is dangerous. *They* have big, sharp teeth. トラは危険な動物だ. 大きくて鋭い歯がある.

(2) 先行名詞が集合名詞の場合, it (全体), または they (個々)で受ける: The class held its election. クラスは選挙をした / The class turned in *their* papers. クラスの者はレポートを出した.

**2** [総称の they] (一般に)人々は, みんなは; [不特定の they] (ある地域・場所の)人たちで《♦(1) 話し手と聞き手は含まない. (2) ふつう日本語には訳さない. (3) often などを伴うと特定の they (**1**)になる》‖

**They** say we won't have any classes on Tuesday. 火曜日は授業がないそうだ(=It is said that we won't have any classes …).

In Australia **they** celebrate Christmas in summer. オーストラリアでは夏にクリスマスを祝う.

Q&A ***Q***: 上の文をオーストラリア人が言うときにはどうなりますか.

***A***: In Australia we celebrate … のように we を用います. また聞き手がオーストラリア人であれば, In Australia you celebrate … となります.

**3** [権威の they] 権威者, 当局 ‖

**They** have put a tax on cheese. 政府はチーズに税をかけた.

**4** [everyone, anyone などの不定代名詞を受けて] 自分は, 自分が《♦ he, he or she などの代用》‖

Everyone thinks **they** have the answer. だれも答えはわかっていると思っている.

No one was hurt, were **they**? だれもけがをしなかったね.

**they'd** /ðéid ゼイド/ they had, they would の短縮形.

**they'll** /ðéil ゼイル/ they will, they shall の短縮形.

**they're** /ðéər ゼア/ (同音 their, there) they are の短縮形.

**they've** /ðéiv ゼイヴ/ they have の短縮形.

**thick** /θík スィク/ (類音 sick/sík/) 『「太った, ふくれた」が原義』派 thickness (名)

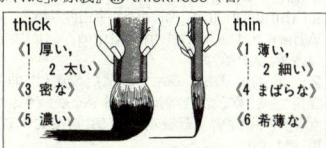

| thick | | thin | |
|---|---|---|---|
| 〈1 厚い, | | | 〈1 薄い, |
| | 2 太い〉 | | 2 細い〉 |
| 〈3 密な〉 | | | 〈4 まばらな〉 |
| 〈5 濃い〉 | | | 〈6 希薄な〉 |

—形 (比較 ~・er, 最上 ~・est) **1 a** 厚い, 厚みのある(↔ thin) ‖

several thick even slices 数枚の厚くてなめらかな切れ.

the thick spectacles 分厚いめがね.

How thick is it? 厚さはどのくらいですか.

対話 "Can you punch a hole in it?" "No. The wall's too thick."「そこに穴をあけることができるかい」「いいや. この壁は厚すぎます」.

**b** [数量を表す名詞のあとで] 厚さ…の ‖

a wall five inches thick =a five-inch-thick wall 厚さ5インチの壁.

**2** 太い; 肉太の; ずんぐりした(↔ thin) ‖

a thick line 太い線◆「太い柱」は a big [*thick] column〉.

He is pretty thick through the midriff. 彼は腹のあたりででっぷりしている.

**3** 密な, 込み合った; 茂った, こんもりした;〈髪などが〉濃い(↔ thin) ‖

a thick forest 密林.

a thick crowd outside the theater 劇場の外の大群衆.

The flowers grow thickest near the lake. 花は湖の近くで最も密生している.

**4** [補語として] いっぱいの, 覆われた ‖

a piano (which is) thick with dust ほこりをかぶったピアノ.

a sky thick with stars 星で満ちた空.

**5**〈液体が〉濃い, どろっとした;〈川などが〉濁った ‖

a thick soup 濃厚なスープ◆「濃いコーヒー」はふつう strong coffee〉.

**6**〈気体・霧などが〉濃い;〈空気が〉汚れた; 湿って重苦しい ‖

a thick [dense, *deep] fog 深い霧.

**7**〈天候が〉どんよりした, 曇った; 霧深い.

**8**〈やみなどが〉濃い, 深い; 見通せない ‖

thick silence 深い静寂.

a thick, gloomy blackness 濃い重苦しい暗やみ.

**9** (略式)〈声・話などが〉不明瞭(ﾒｲ)な(↔ clear), しわがれた; 低くて太い ‖

a voice thick with emotion 感激でかすれた声.

**10**〈なまりなどが〉非常に目立つ, 強い ‖

speak with a thick French accent ひどいフランス語なまりで話す.

**11**〈頭が〉(痛くて)ぼんやりした;(略式) 頭の悪い ‖

a thick head 頭の鈍い人.

My head's rather thick this morning. けさは(頭痛・二日酔いなどで)頭が少しぼうっとしている.

**12** (略式) [通例補語として] 親しい, 仲のよい ‖

Jane and Tom are very thick with each other. =Jane and Tom are (as) thick as thieves. ジェーンとトムはとても親密だ.

**13** (主に英略式) [補語として; 通例 a bit (too), rather (too), a little (too), too のあとで] ひどすぎる, 度が過ぎる ‖

His suggestion was a bit (too) thick. 彼の提案はちょっとけしからぬかった.

—名 Ⓤ [通例 the ~] **1** いちばん太い[厚い]部分 ‖

the thick of the thumb 親指の最も太い部分.

**2** 最中, たけなわ, 最も激しい所; 最も密集した部分; 最も濃い部分 ‖

in the thick of a job 仕事のまっただ中に.

—副 (比較 ~・er, 最上 ~・est) **1** 厚く; 太く; 濃く ‖

The dust lay thick in everywhere. ほこりがいたる所に厚く積もっていた.

**2** しきりに, ひんぱんに; 密に ‖

The grain was sown thick. 穀物はぎっしりとまかれた.

The insults flew thick and fast. 無礼な言葉がひっきりなしに飛びかった.

**thick・en** /θíkn スィクン/ 動 他 **1** …を厚くする; …を太くする(↔ thin). **2** …を濃くする. **3** …を密にする; …のすき間をつめる. —自 **1** 厚く[太く]なる. **2** 濃くなる. **3** 密集する;〈生地(ﾐ)の〉目がつまる; 茂る.

**thick・et** /θíkit スィキト/ 名 Ⓒ 低木の茂み, やぶ.

**thick・ly** /θíkli スィクリ/ 副 **1** 厚く, 太く; 濃く; 密集して, 茂って, おびただしく; しきりに; 激しく. **3** 不明瞭(ﾒｲ)に; だみ声で.

**thick・ness** /θíknəs スィクネス/ 名 (複 ~・es/-iz/) **1** ⓊⒸ 厚いこと, 太いこと; 厚さ, 太さ(→ length, width) ‖

two inches in thickness =a thickness of two inches 2インチの厚さ.

**2** Ⓤ 濃いこと; 濃さ; 密集, 密生,〈生地(ﾐ)の〉緻密(ﾁﾐ)さ, 頻繁. **3** ⓊⒸ [通例 the ~] 厚い[太い]部分. **4** Ⓒ (厚いものの)一層, 1枚, 一重 ‖

Three thicknesses of newspaper will do. 新聞紙3枚重ねれば足りるだろう.

**thick・set** /θíksèt スィクセト/ 形 **1** 繁茂した, 密生した. **2**〈生地(ﾐ)などが〉目のつんだ. **3** ずんぐりした, 太くがっしりした.

**thick-skinned** /θíkskínd スィクスキンド/ 形 皮[皮膚]の厚い;(非難・侮辱などに)鈍感な, 無神経な.

**thief** /θí:f スィーフ/ 『「うずくまる」が原義』派 thieve (動)

—名 (複 thieves/θí:vz/) Ⓒ (こっそり持ち去る)

泥棒, こそどろ, かっぱらい (類) robber は暴力・おどしによる強盗, burglar は押し込みの夜盗 ‖
Stop, thief! 止まれ, 泥棒.
Set a thief to catch a thief. (ことわざ) 泥棒は泥棒につかまえさせよ;「蛇(じゃ)の道はへび」.

**thieves** /θíːvz スィーヴズ/ 名 → thief.

**thigh** /θái サイ/ 名 C **1** もも(図) → body, horse). **2** 大腿(だい)骨.

**thim·ble** /θímbl スィンブル/ 名 C (裁縫用の)指ぬき.

**\*thin** /θín スィン/ (類音) sin/sín/) 『「十分に伸ばす[広げる]こと」が原義. → dense, thick』
——形 (比較) thin·ner, (最上) thin·nest) **1** 薄い;薄手の;薄くなった(↔ thick) ‖
a thin layer of paint 薄く塗ったペンキ.
a paper-thin board 紙のように薄い板.
a thin slice of bread 1切れの薄っぺらなパン.
**2** 細い, 細長い; 肉細の(↔ thick) ‖
a thin piece of string 1本の細いひも.
The line between good and evil is (as) thin as a knife's edge. 善悪の差は紙一重だ.
**3** やせた, ほっそりした ‖
be rather thin in the face 顔が少しやつれている.
**4** まばらな;〈会合・劇場などが〉入りの少ない,〈髪などが〉薄い(↔ thick) ‖
a thin audience 少ない聴衆.
His hair is getting thin on top. 彼の髪はてっぺんが薄くなりかけている.
**5** 〈供給・手当などが〉乏しい;〈年などが〉不作の; 不景気な ‖
a thin menu 粗末な献立.
a thin market 不景気な市況.
**6** 〈気体が〉希薄な,〈液体が〉薄い, 水っぽい;〈酒が〉弱い;〈土地が〉地味(じみ)の薄い ‖
thin air 希薄な空気.
thin beer 薄いビール.
a thin gravy こくのない肉汁.
**7** 〈色・光などが〉淡い, 弱い, 薄い;〈声・調べなどが〉か細い ‖
thin applause まばらな拍手.
a thin shade of green 緑色の淡い色合い.
**8** 〈言い訳・話の筋などが〉浅薄(せん)な, 実質のない ‖
a thin argument 内容の乏しい議論.
a thin disguise 見えすいた変装.
——副 (比較) thin·ner, (最上) thin·nest) **1** 薄く;細く ‖
cut (the) bread thin パンを薄く切る.
**2** まばらに.
——動 (過去・過分) thinned/-d/;(現分) thin·ning) 他 **1** …を薄くする, 細くする(↔ thicken) ‖
The illness thinned her down. 病気のために彼女はやせてしまった.
**2** …をまばらにする;〈苗木など〉を間引く.
**3** 〈液体・気体など〉を薄める; …を弱める.
——自 **1** 薄く[細く]なる;体重が減る. **2** 〈群衆・交通などが〉まばらになる. **3** 〈液体・気体などが〉薄くなる.

**thin·ness** 名 U 薄いこと; 希薄; 細さ; 貧弱.

**\*\*thing** /θíŋ スィング/ (類音) sing/síŋ/) 『「公の集会(で討議されるもの)」が原義』
→ **1** 物 **5** 事 **8** 物事 **9** 事情
——名 (複 ~s/-z/) **1** C (一般に) 物, 物体;無生物;(略式)〈言葉で述べられない〉何かある物 ‖
a costly thing 高価な物.
all things in the universe 宇宙の万物.
Where did you get that thing? 君はどこでそれを手に入れたのか.
**2** C 生き物, 動物; 草木;(略式)〔軽蔑(べつ)・非難・愛情などをこめて; 形容詞のあとで〕人, やつ《◆ふつう女性や子供をさす. 最後の例のように物・事についても用いる》‖
a sweet little thing かわいい子.
this thing of black cat この黒猫のやつ.
Oh, poor thing! まあかわいそう!
You stupid thing! このおばかさんたら.
There is not a living thing anywhere in sight. どこを見ても生き物一ついない.
"Oh, the vision thing." 「なんだ, ビジョンというやつか」《◆長期計画に得意でなかった G. Bush 元大統領の言葉》.
**3 a** C (略式)〔通例 one's ~s〕衣服;(女性用)外出着 ‖
change one's things 衣服を着替える.
I haven't got a thing to wear. 着るものが何もない.
**b** (略式)〔one's ~s;複数扱い〕持ち物, 携帯品 ‖
pack (up) one's things 身の回り品を荷造りする.
**c** 〔~s; 複数扱い〕道具, 用具 ‖
tea things 茶道具.
one's tennis things テニス用品.
**4** C (芸術・音楽などの)作品 ‖
a few things that she painted 彼女が描いた数枚の絵画.
**5** C 事, 仕事, 行為;出来事 ‖
the next thing to do 次にすること《◆ the *thing* to do は時に「流行, はやり」を意味する》.
It's a good thing to say so. そう言うのはいいことだ.
Theory is one thing and practice (is) another. (略式)理論と実際は別である(=Theory is different from practice.).
Such things often happen. そのような事はよく起こる《◆(米)では複数形が好まれる. *such a thing* は今起こっているとか存在している1つの具体例に言及する》.
**6** C **a** 言いたい事, 言葉, 話;考え;主題, 問題 ‖
There's another thing I'd like to ask you about. もう1つ君に尋ねたいことがある.
対話 "Why didn't you ask my advice?" "Well, the thing is, I thought you were very busy." 「どうして私のアドバイスを求めなかったのだ」「その, 実はお忙しいだろうと思ったのです」.
**b** 情報, ニュース ‖

Tell him the important **thing** about the party. パーティーに関して大事なことを彼に話してください.

**7** Ⓒ 事項, 項目, 点, 件; 詳細 ‖
an understood **thing** 了解事項.
check every little **thing** あらゆる細かい点まで調べる.
I don't owe you a **thing**. あなたには何一つ借りがない.

**8** [~s] **物事**, 事物; [形容詞の前で] 風物, 文物 ‖
the **things** of the mind 精神的な事柄.
in [by] the nature of **things** (物事の)本質上, 本来.
**things** Japanese (英やや古) 日本(特有)の文物[風俗的事物] 《◆この意味も含め広い意味では Japanese *things* が一般的》.
**things** political 政治に関する事柄.
feel rather out of **things** (略式) 少しさびしく感じる《◆I'm out of *things*. は「事情に暗い」》.
take **things** seriously 物事を深刻に受け取る.
She's into too many **things**. 彼女はいろいろなことに手を出している.
Worse [Stranger] **things** happen (at sea).(略式)(ことわざ)もっとひどいことはいくらでもある.

**9** [~s] **事情**, 事態, 形勢《健康・職業・生活など一切のものを含む》‖
as **things** are [go, stand] 現状では.
**Things** will get better. 情勢はよくなるだろう.
How's [How are] **things** (with you)? (略式) ご機嫌いかが.

**10** Ⓒ (言葉・記号などに対する)実体; 事実, 実在 ‖
the **thing** in itself 物自体.

... **and things** (略式) …など.
for óne thing ..., for anóther (**thing**) ...) 1つには…(もう1つには…) 《◆理由を述べる》‖
He can't go — **for one thing**, he has too much work, and **for another**, he has no money. 彼は行けない — 第一に仕事が多すぎるし, 次にお金が全然ないからだ.
**of áll things** [驚き・怒りを表して] こともあろうに, よりによって.

**\*think** /θíŋk スィンク/ (顔audio sink/síŋk/) 【「思慮深さ」が原義. cf. thank】 ⓓ thinking (形・名), thinker (名), thought (名)

→ 動 他 **1a 考える 2 思う 5 思いめぐらす 6 わかる**
　　 自 **2 熟考する**

――動 (三単現) ~s/-s/ ; (過去・過分) thought /θɔ́ːt/ ; (現分) ~ing

――他 **1a** …を考える, 心に抱く《◆時に同族目的語 thought を伴う》‖
**think** happy **thoughts** 楽しいことを考える.
She **thought** no harm. 彼女は危険だ[悪い]とは思いもしなかった.

**b** [疑問詞のあとで; wh 語＋do＋主語＋~...?] (…かと)思い描く, 想像する ‖

Which do you **think** is taller, Jane or Mary? =Which is taller, Jane or Mary, do you **think**? ジェーンとメリーのどちらが背が高いと思いますか.
Who [(正式) Whom] do you **think** this letter **is** for? この手紙はだれにあてたものだと思いますか.

[対話] "Where do you **think** she lives?" "I don't know." "She lives right under my apartment." 「彼女がどこに住んでいると思う?」「わからないよ」「ぼくのすぐ下の部屋なんだよ」.

**c** [関係詞のあとで; 関係詞＋主語＋~...] …と思う ‖
I met a man who I **thought** was a Russian. ロシア人と思われる人に会った.

**2** [**think** (that) 節] **…と思う**, 信じる ‖
I don't **think** it is expensive. それは高くないと思う《◆思う内容が否定文のときは, that 節中の動詞を否定するより動詞 **think** を否定するのがふつう (→ not Q&A)》.
You **think** he is honest. 君は彼が正直だと思っているんだね《◆二人称主語の場合は相手の考えを確認する意味で用いる》.
I **thought** you might like some cakes. ケーキがお好きではないかと思いまして《◆過去形 thought を用いると, よりていねいになる》.
I had **thought** that we would be invited to dinner. 私たちはディナーに招かれるだろうと私は思っていたのに(残念だった).
I should [would] **think** you're incorrect. あなたはお間違いではないでしょうか.
Everyone **thought** that he had left the job. =It was **thought** that he had left the job. みんなが彼がその仕事をやめたと考えていた(= He was **thought** to have left the job. → **3 a**).

[対話] "Do you **think** she will come?" "Yes, I **think** so." 「彼女が来ると思いますか」「はい, そう思います」《◆「いいえ, そうは思いません」は "No, *I don't think so.*" = (正式) "No, *I think not.*"》.

[対話] "Why didn't you come over?" "I **thought** you wouldn't need any help." 「どうして来てくれなかったの」「手伝いがいるようなことはないと思ったからさ」.

---

[語法] that 節の that の有無は, 言語環境やリズム・イントネーション・文体・個人のくせなどによる. また that のつかない *think* は文中・文尾にも自由に置けるので, 表現をやわらげる手段としてよく用いられる: The orchestra is very good, I *think*. そのオーケストラはとてもいいと思うよ.

---

**3 a** (文) [**think** A (to be) Ⓒ] 〈人・物・事〉を Ⓒ と思う, みなす ‖
She **thínks** herself prétty [a pretty girl]. 彼女は自分のことをかわいいと思っている(=(略式) She **thinks** that she is pretty.).

He was thought (to be) lost. 彼は道に迷ったと考えられた.
**b** [think it C to do / think it C (that) 節] …するのは C だと思う ‖
We thought it wrong for you to punish [(that) you should punish] him. 君が彼を罰するのは筋違いだと我々は判断した.
**4** [think that 節 /《主に英正式》think to do] …しようと思っている, 意図する《◆ that 節内に will, would を用いる. 進行形にしない》‖
She thinks to escape punishment. 彼女は罰をのがれるつもりでいる.
I think (that) I'll go to the movies this evening. 今夜映画に行こうかと思っている.
**5** …を思いめぐらす; …であるかを熟慮[思案]する ‖
He is thinking (to himself) how complex the apparatus is. その装置がどんなに複雑であるかと彼は思いめぐらしている.
**6**《略式》[think wh 節・句] [通例 cannot, could not のあとで] …であるかがわかる, 見当がつく ‖
She could not think where to go. 彼女はどこへ行ってよいのかわからなかった.
You can't think why he should have done it. なぜ彼がそんなことをしたのか想像がつかないでしょう.

—⦿ **1** 考える, 思う, 思考する, 頭を働かす ‖
think deeply 徹底的に考える.
Think different. 考え方を変えよ.
think only of [about] efficiency 能率のことしか頭にない.
**2** 熟考する, 検討する, 思いめぐらす; [通例 be ~ing] 考えている ‖
think about oneself 反省する.
think about the future 将来のことをじっくり考える.
I'm thinking of [about] emigrating to America. アメリカに移住しようかと思案している.
**3**《正式》予期する, 予想する ‖
when you least think 思ってもみない時に.
It may happen sooner than you think. 事は君が予期するより早く起こるかもしれない.

**I dòn't thínk.**《略式》[皮肉・いやみなどのあとで]《いやはや》全くねえ ‖ You're a very handsome boy, I don't think. 君はとても美男子だねえ, 全くのところが.
**I thóught as múch.** そんな事だと思ったよ.
◇**thínk abóut** A (1) → ⦿ **1, 2**《◆ of より積極的に考える意》. (2) …のことを思いやる. (3) …のことを思い起こす ‖ think about one's childhood days 子供時代のことを思い出す.
**thínk a grèat déal [a lót] of** A =THINK much [highly] of.
**thínk (áll) the bétter of** A …を一層尊敬する.
**thínk alóud** [自] [通例 be ~ing] 考えごとを口に出す, 思わずひとり言を言う.
**thínk báck to [on]** A …を思い出す.
**thínk bádly of** A =THINK ill of.

◇**thínk bétter of** A …を見直す, 一層高く評価する; …を考え直してやめる ‖ She was going to ask for more advice, but she thought better of (doing) it. 彼女はさらに忠告を求めようとしかけたが, 思い直した.
**thínk íll of** A …を悪く思う.
**thínk líghtly [méanly] of** A …を軽蔑(ﾂ)する, 軽視する.
◇**thínk líttle of** A …を軽んじる; …を苦にしない ‖ All the people thought little of him. すべての人が彼にあまりいい評価をしなかった.
◇**thínk múch [híghly] of** A …を重んじる, 高く評価する ‖ His play was highly thought of by the critics. 彼の劇は批評家にもてはやされた《◆ much はふつう否定文で用いる》.

Q&A Q:「…はどう思いますか, どう評価しますか」はどのように言いますか.
A: What do you think of this plan?（この計画をどう思いますか）のように言います. how を使いたくなりますが what です. この成句欄の最後にある What do you THINK OF [about] A? を見てください.

**thínk nóthing of** A =THINK little of.
◇**thínk of** A → ⦿ **1, 2**. (2) …のことを想像する ‖ Just think of the cost of that furniture! あの家具の値段をちょっと想像してもごらんなさいよ / He thought of Jane frequently. 彼はジェーンのことをしばしば思い出した. (3) [通例 can't, won't, couldn't, wouldn't, shouldn't と共に] …を夢想[予想]する ‖ I couldn't think of her running away from home. 彼女が家出をするなんて思ってもみなかった. (4) [通例 can't, couldn't, try [want] to のあとで] …を思い出す, 考えつく ‖ I can't think of my youth. 私は自分の若いころが思い出せない / I wonder why no one thought of the idea. だれもなぜその考えを思いつかなかったのかしら. (5) …のことを思いやる, 面倒をみる ‖ think of her feelings 彼女の気持ちを考える.
◇**thínk of A as C** A を C とみなす ‖ He thinks of himself as a novelist. 彼は自分のことを小説家だと思っている.
**thínk óut** (1) [自] よく考える. (2) [他]《計画・案など》を考え出す; …を(最後まで)考え抜く, 慎重に検討する; …をよく考えて解決する ‖ All possible ways have been thought out. あらゆる可能な方法が案出されてきた.
**thínk óver** [他] …を熟考する; …を再吟味する ‖ think over what she said 彼女が言ったことをよく考える.
**thínk póorly of** A =THINK little of.
**thínk úp**《略式・+も米》[他] …を考え出す, 発明する, 考案する ‖ think up some outrageous scheme for escape 途方もない逃亡計画を考え出す.
**thínk wéll of** A …をよく思う ‖ She is well

thought of [thought well of] in literary circles. 彼女は文学界では評判が高い.

***To thínk (that) … !*** [驚き・悲しみなどを表して] …だとは, …を考えると《◆that の代わりにコンマを置くこともある》‖ **To think**(,) I should live to hear such words coming from the mouth of my son. 生きて息子の口からそんな言葉を聞こうとは(驚いた).

***Whát do you thínk of [abóut] …?*** …はどう思いますか‖ 対話 "What do you think of Chinese food?" "I think it's very good." 「中国料理をどう思いますか」「とてもおいしいと思います」《◆THINK much of, THINK little of などの much, little を疑問詞にすると what》.

—名 [略式] [a ~ / another ~] 考えること, 思考; 考え, 見解 ‖

have a fresh think about a problem ある問題について新たに考える.

**thínk tànk [fàctory]** 頭脳集団, シンクタンク.

**think·er** /θíŋkər スィンカ/ 名 C **1** 思想家, 思索家.

**2** [形容詞と共に] 考え方が…の人 ‖
an original thinker 独創的にものを考える人.
a careful thinker 注意深くものを考える人.

**think·ing** /θíŋkiŋ スィンキング/ (願音 sinking /síŋk-/) 動 → think.
—形 考える, 思考力のある, 分別のある, 思慮深い ‖
thinking citizens 心ある[道理のわかる]市民.
the thinking public 良識のある大衆.
—名 U **1** 考えること, 思考, 思索; [~s] 考えたこと, 瞑(ぶ)想 ‖
do some hard thinking もう少しよく考える.

**2** 意見, 判断; 思想, 思潮 ‖
to my (way of) thinking 私の考えでは.
wishful thinking 希望的観測, そら頼み.
bring him around [round] to my way of thinking 彼に意見を変えさせて私の考え方に同調させる.

**thin·ly** /θínli スィンリ/ 副 薄く; 細く; まばらに; 弱く.

**thin·ner** /θínər スィナ/ 名 U C (ペンキなどの)薄め液, シンナー.

**\*third** /θə́:rd サード/ 〖three の r とそれに続く母音が音転位したもの〗
—形 **1** [通例 the ~] (序数の)第3の, 3番目の《◆3rd, 3d とも書く. → first 形1》‖
the third lesson 第3課.
in the third place 3番目に.
every third day 3日目ごとに, 2日おきに(=every three days).
for the third time 3度目に, みたび.
He is **the third** fastest runner in the class. 彼は走るのがクラスで3番目に速い.
Third time lucky. 《ことわざ》三度目に運が開ける;「三度目の正直」.

**2** [a ~] 3分の1の ‖
a third share 3分の1の分け前.

a third part of the country 国の3分の1.

—副 **1** 第3に, 3番目に, 第3位に ‖
She came (in) third. 彼女は3番目に来た[3位になった].
His horse finished third. 彼の馬は3着だった.

**2** [列挙して] 第3に(→ first 副2).

—名 (複 ~s/θə́:rdz/) **1** U [通例 the ~] (順序・重要性で)第3番目の人[もの], 3位の人[もの](→ first 名1) ‖
She was the third to raise her hand. 彼女は3番目に手をあげた.

**2** [a ~] [通例 one …, another … と続いたあとで](3番目の任意の)もうひとりの人, もうひとつの物 ‖
One of them was red, another was yellow and **a third** was black. そのうちの1つは赤, もう1つは黄色, もう1つは黒であった.

**3** U [通例 the ~] (月の)第3日(→ first 名2) ‖
the third of May =May (the) third 5月3日.

**4** [the T~; 人名のあとで] 3世 ‖
Edward the Third エドワード3世《◆Edward III とも書く》.

**5** C 3分の1 ‖
two thirds 3分の2.
A [One] third of the houses there were burnt down. そこの住宅の3分の1が焼失した.

**6** C **a** (競技などの)3位, 3等賞. **b** (英) (大学の優等試験の)最下位の成績(の学生).  **7** U (自動車のギアの)第3段, サードギア(third gear).  **8** [野球] **a** U =third base. **b** C =third baseman.

**thírd báse** [野球] (1) [通例無冠詞] 3塁, サード(→ first base). (2) =third baseman.

**thírd báseman** 3塁手.

**thírd degrée** [the ~] 拷問(ごうもん).

**thírd diménsion** [the ~] 第3次元《長さ・幅に対し, 厚み・深さ》.

**thírd pérson** [文法] [the ~] (第)三人称.

**Thírd Wórld** [しばしば t~ w~] [the ~] 第三世界《アジア・アフリカ・中南米などの発展途上国》.

**third·ly** /θə́:rdli サードリ/ 副 [文頭で] 第3に《third 副 より堅い言い方だが first, second と呼応しても用いられる. → firstly》.

**thírd-ráte** /θə́:rdréit サードレイト/ 形 三流の; 下等な.

**thirst** /θə́:rst サースト/ 名 U [しばしば a ~] **1** (のどの)渇き, 渇(かわ)き; (からだの)脱水状態;《略式》酒を飲みたい願望 ‖
have a terrible thirst 一杯飲みたくてたまらない.
die of thirst 脱水症で死ぬ.
satisfy one's thirst のどの渇きをいやす.

**2** 《正式》渇望, 切望 ‖
the thirst to be famous 有名になりたいという熱望.
have a burning thirst for knowledge 知識欲を燃やす.

**thirst·i·er** /θə́:rstiər サースティア/ 形 → thirsty.

**thirst·i·est** /θə́:rstiist サースティイスト/ 形 → thirsty.

## thirsty

**thirst・y** /θə́ːrsti サースティ/
― 形 (比較 -・i・er, 最上 -・i・est) **1** のどの渇(かわ)いた; (略式)酒の好きな ‖
a thirsty soul 大の人.
a man thirsty with walking 歩き疲れてのどの渇いた人.
feel [get, become] thirsty のどが渇く.
対話 "I have to drink something." "Me too. I'm really thirsty." 「何か飲まなくちゃ」「私もよ. のどがとっても渇いたわ」《◆「のどが渇いた」は ˣMy throat is thirsty. とはいわない. → throat 表現》
**2** (正式)[通例補語として] 渇(かつ)望する, 切望する ‖
be thirsty for [(文) after] news ニュースを知りたがる.
**3** (略式)[通例名詞の前で]〈仕事・食べ物などが〉のどの渇く.
**thírst・i・ly** 副 のどが渇いて; 切望して.

**thir・teen** /θə̀ːrtíːn サーティーン/《◆名詞の前で使うときは /⌣́/, 補語としては /⌣́/ からつう》
― 名 (複 ~s/-z/)《◆名形 とも用例は → two》
**1** [U] [通例無冠詞](基数の)13《◆序数は thirteenth》‖
the thirteen superstition 13を不吉とする迷信.

> 事情 元来は聖なる数字だが, キリストの最後の晩餐(ばんさん)のときの人数が13人だったことから縁起の悪い数とされ, 死・破壊・不幸を意味する.
>
> Q&A **Q**: 英米では上のような事情からビルやホテルの13階, 病室の13号室, 番地の13番などが省かれることが多いのですね.
>
> **A**: はい. 日本でも4が不吉な数とされていますね.

**2** [U] [複数扱い; 代名詞的に] 13個[人].
**3** [U] 13時(午後1時), 13分; 13ドル[ポンド, セント, ペンスなど].
**4** [U] 13歳.
**5** [C] 13の記号[数字, 活字]《13, xiii, XIIIなど》.
**6** [C] 13個[人]1組のもの.
― 形 **1** [通例名詞の前で] 13の, 13個[人]の.
**2** [補語として] 13歳の.

**thir・teenth** /θə̀ːrtíːnθ サーティーンス/《◆ 13th とも書く. 用例は形名 とも → fourth》形 **1** [通例 the ~] 第13の, 13番目の(→ first 形**1**). **2** [a ~] 13分の1. ― 名 **1** [U] [通例 the ~] (順位・重要性で)第13番目[13位]の人[もの]. **2** [U] [通例 the ~] (月の)第13日(→ first 名**2**). **3** [C] 13分の1.

**thir・ties** /θə́ːrtiz サーティズ/ 名 → thirty.

**thir・ti・eth** /θə́ːrtiəθ サーティイス/《◆30th とも書く. 用例は形名 とも → fourth》形 **1** [通例 the ~] 第30の, 30番目の(→ first 形**1**). **2** [a ~] 30分の1. ― 名 **1** [U] [通例 the ~] 第30番目[30位]の人[もの]. **2** [C] 30分の1.

*****thir・ty** /θə́ːrti サーティ/『→ third』
― 名 (複 thir・ties/-z/) **1** [U] 30《◆神聖な数とされ, 太陽・男性的に関連》.
**2** [U] [複数扱い; 代名詞的に] 30個; 30人.
**3** [U] 30ドル[ポンド, セント, ペンスなど].
**4** [U] 30歳.
**5** [C] 30の記号[数字, 活字]《30, XXXなど》.
**6** [C] 30個[人]1組のもの.
**7** [one's thirties](年齢の)30代.
**8** [the thirties; 複数扱い](世紀の)30年代, (特に)1930年代; (温度・点数などの)30台.
**9** [U] 《テニス》サーティ, (ゲームの)2点目(→ tennis 関連).
― 形 **1** [通例名詞の前で] 30の, 30個[人]の.
**2** [補語として] 30歳の.

**thir・ty-** /θə́ːrti- サーティ-/ 連結形 30. 例: thirty-three 33, thirty-third 33番目の.

*****this** /ðís ズィス/《◆ this morning [afternoon, evening] では(弱)/ðəs/ となることもある》 『指示代名詞の1つ. 形容詞用法(this book)と独立用法(This is a book.)がある』
― 代 (複 these/ðíːz/)

**I [形容詞用法]**

**1** この, ここの, こちらの《◆空間的・心理的に話し手に近いものをさす》
this book of mine 私のこの本《ˣthis my [ˣmy this] book とはいわない》.
How much is this pen? このペンはいくらですか.
This book is more interesting than that one. こっちの本はあの本よりおもしろい.
Let's sing this song. さあこの歌を歌いましょう.
This reading comic books in the class has to stop. 授業中にこのように漫画を読むのはやめるべきだ.

**2** きょうの, 現在の《◆時間的に話し手に近いものをさす. しばしば時を表す名詞を伴って副詞句となる. 前置詞を用いない》
this mórning けさ.
this afternóon きょうの午後.
this évening 今晩.
thís wéek 今週.
thís mónth 今月.
thís yéar 今年.
thís dày wéek 先週のきょう, 来週のきょう.
I'll have finished the work by this time next week. 来週の今ごろまでにはその仕事は終わっているでしょう.

**3** (略式)[物語などで]ある1人の[1つの] …《◆a の強調形として用いられる》‖
Then this man came up to me and asked me the way to the station. するとある男が私のところへやって来て駅へ行く道を教えてくれたと言った.

**II [形容詞用法]**

**4** (すでに述べたことを受けて)この, 例の ‖
Mary looked directly at Mike. There was something odd about this man. メリーはマイクを直視した. この男にはどこか奇妙なところがあった《◆ Mike =this man》.

**III [独立用法]**

**5** これ, この人[物, 事]《◆空間的・心理的に話し手に

近いものをさす》‖
What's **this**? これは何ですか.
**This** is Mrs. Jones. 《紹介で》こちらはジョーンズ夫人です.
Take **this** to Tom. これをトムのところに持って行きなさい.
**This** was her marriage they were discussing. 彼らが今問題にしているのは彼女の結婚のことであった.
[対話]《写真を見て》"Who's **this**?" "She is Mary, my husband's sister."「この人はだれなの」「夫の姉のメリーよ」.

**6** 今, きょう; ここ《◆時間的に話し手に近いものをさす. しばしば前置詞の目的語として用いられる》‖
**This** is my birthday. きょうは私の誕生日です.
**This** is where I live. ここが私の住んでいるところです.
I was in the wrong before **this**. これまでは私の言っていることは間違っていた.
Get out of **this**. ここから出て行け.

**7** [電話で] こちら, 話している人; 《米》そちら, 話し相手‖
**This** is Tim (**speaking**). こちらはティムです.
Who is **this** [《英》that], please? どちらさまですか.
[対話]"Is **this** [《英》that] Bill?" "**This** is he."《電話で》「ビル君ですか」「そうです」《◆くだけて"**This** is [It's] me."ともいう》.

**IV** [独立用法]
**8** 次に述べること, このこと‖
I'll say **this**: she's strictly honest. このことは言っておこう. 彼女は全く正直だ.
**This** is how it is. これから申しあげることがその理由なんですよ.

**9 a** すでに述べたこと, このこと‖
When work is done inefficiently, people like to excuse **this** by blaming the climate. 仕事の能率が上がらないと, 人は気候のせいにしてこの言い訳をしたがる.
There was something phony about the old man. **This**, she felt instinctively. その老人にはどこかうさん臭いところがあった. このことを彼女は本能的にかぎとっていた.

**b** [that と対照して] 後者《◆ the former と対照して用いられる the latter より堅い表現》《用例 → that¹ 代 **10**》.
*at this* これを見て[聞いて]; [現在形と共に] そこで(すぐに).
*at this point* この時に, 今.
*this and that* = *this, that, and the other (thing)* あれやこれや, あれこれ, いろいろなこと, あらゆる種類のもの‖We talked about this, that, and the other. 私たちはあれこれと話し合った.
*this time* 今度(こそ)は.
―― 副《略式》こんなに, これだけ《◆形容詞または副詞, 時に代名詞を修飾》‖
The fish I caught was about **this** big. 私のとった魚はこれくらいの大きさだった.
What did you bring **this** lot for? どうしてこんなにたくさん持って来たんだ.

**this・tle** /θísl/ スィスル [名] ⓒ [植] アザミ(の花)《スコットランドの国花》. [文化] 内側の苞(ほう)が悪天候などの前に自然と閉じるところからヨーロッパでは天候予知のため門口に植える.

> [Q&A] **Q**: なぜ thistle はスコットランドの国花になったのですか.
> **A**: 昔デーン人がスコットランドを攻めた時, はだしの斥候(せっこう)がとげのあるアザミを踏んで悲鳴をあげたために, 計画が失敗しました. そこで国を救ってくれた花として国花にしたのだそうです.

**Thom・as** /tɑ́məs/ タマス | tɔ́m- トマス [名] トマス《男の名. 愛称 Tom, Tommy》.

**thong** /θɔ́(ː)ŋ/ ソ(ー)ング [名] ⓒ 革ひも《端(はし)綱・手(た)綱・むちなど》.

**Tho・reau** /θərǽou ソロウ | θɔ́ːrəu ソーロウ/ [名] ソロー《Henry David ~ 1817-62; 米国の博物学者・作家》.

**thorn** /θɔ́ːrn/ ソーン [名] **1** ⓒ (草木の)とげ, はり; ⓒⓊ とげのある植物, いばら《háwthòrn, bláckthòrn など》‖
Every rose has its thorn. (ことわざ) どんなバラにもとげがある;「苦あれば楽あり」.
**2** ⓒ (動物の)とげ, 針.
**3** ⓒ (人を苦しめるものとしての)針, いばら‖
the crown of thorns いばらの冠; つらい境遇.
a thorn in the flesh 心配の種, 苦労の種.
be [sit, stand, walk] on thorns 絶えずびくびくする.

**thorn・y** /θɔ́ːrni/ ソーニ /[→ thorn] [形] ([比較] ~・i・er, [最上] ~・i・est) **1** とげのある, とげだらけの; とげのような.
**2** やっかいな, 困難な‖
a thorny path 苦難の道.

**thor・ough** /θɔ́ːrou サーロウ, -rə | θʌ́rə サラ/ [発音注意] [形] (時に [比較] ~・er, [最上] ~・est) **1** 徹底的な, 完全な‖
a thorough man 完全主義者.
give a room a thorough cleaning 部屋を徹底的に掃除する.
be very thorough about one's work 仕事が徹底している.
**2** 全くの‖
a thorough waste of time 完全な時間の浪費.
**3** きちょうめんな; 熟達した‖
a thorough scholar 綿密な学者.

**thorough・bred** /θɔ́ːroubrèd サーロウブレド | θʌ́frə サラブレド/ [形] **1**〈主に馬が〉純血種の. **2** [通例 T~]〈馬が〉サラブレッド種の.
―― [名] ⓒ サラブレッド, 純血種の馬.

**thor・ough・fare** /θɔ́ːroufèər サーロウフェア | θʌ́frə サラフェア/ [名] ⓒ **1** (通り抜けられる)道路. **2** 往来,

本通り.

**thor・ough・ly** /θə́ːrouli サーロウリ, θə́ːrə-|θʌ́rəli サラリ/ 副 徹底的に で; 全く, 完全に, 余すところなく ‖ feel **thoroughly** tired 疲れきる.

## **those** /ðóuz ゾウズ/ 〖指示代名詞の1つ; that の複数形〗

—代

**I** [形容詞用法]

**1** 《空間的・心理的・時間的に話し手から遠いものをさして》**a** [名詞の前で] それらの, その; あれらの, あの (cf. these) 《◆ 複数のものをさしていう語. 訳すときは「あの」「その」とした方が自然な場合が多い》‖

**Those** keys are mine. そのかぎは私のです.

Look at **those** girls in the garden. 庭にいるあの女の子たちを見てごらん.

There were no televisions in Japan in **those** days. そのころ日本にはテレビはなかった.

**b** あの, 例の 《感情的な含みを持つ》‖

**Those** neighbors! あの隣りの人たちときたら.

Have you properly provided for **those** children of yours and that little wife? あなたはお子さんとあのかわいらしい奥さんをきちんと養ってきましたか.

**II** [形容詞用法]

**2 a** [those A who [which]] (…する)その A … 《(1) A は複数の人・物. (2) those の指示性は強くない》‖

**Those** students **who** came late to school were scolded by the teacher. 学校に遅刻した生徒たちは先生にしかられた.

**those** toys **which** return to an upright position no matter how often they are pushed over 何度倒してもまっすぐに起き直るあのおもちゃ.

**b** [すでに述べたことを受けて] それらの, その ‖

We can see ten students over there. I know three of **those** students. 向こうに10人の学生が見えます. そのうちの3人を知っています.

**III** [独立用法]

**3** それら, あれら, それらの物 [人] 《◆ 複数でも訳はふつう「それ」「あれ」となる》‖

**Those** are my sisters. あれが私の妹たちです.

I'll take **those**. あれをいただきましょう.

**IV** [独立用法]

**4** [反復の代名詞として] (…の)それ(ら) 《◆「the + 前出の複数名詞」の代わりに用い, ふつうあとに修飾語句を伴うが, of + 名詞で修飾されることが多い》‖

The mountains of Greece are less thickly wooded than **those** of Britain. ギリシアの山は英国の山より生えている木が少ない 《◆ those = the mountains》.

We picked the coolest apartment among **those** available. 私たちは入居できるアパートの中からいちばん涼しいところを選んだ.

Your food and wine are better than **those** in that restaurant. お宅の料理とワインはあのレストランのよりおいしい 《◆ those = the food and wine》.

**V** [総称用法]

**5** [those who …] (…する)人たち ‖

**Those who** are lazy will never pass. 怠け者は決して合格しない.

The happiest people are **those** whose work interests them. 最も幸せな人というのは自分の仕事に興味を持つ人である.

**thou** /ðáu ザウ, (弱) ðau ザウ/ 〖二人称単数主格の人称代名詞〗 代 ([単数] 所有格 thy, thine, 目的格 thee; [複数] 主格・目的格 you, ye, 所有格 your, yours) 《古・詩・方方言》なんじは, そなたは, うちは. 語法 現在は祈りなどでの神への呼びかけの時や Quaker 教徒間で用いられる.

## **though** /ðóu ゾウ/

—接 **1** (…である)けれども, にもかかわらず 《◆(1) although と同じ意味だがより口語的. (2) 形容詞・副詞・句などをつなぐことがある》‖

a shabby **though** comfortable sofa 座り心地はよいがみすぼらしいソファー.

I went out yesterday **though** I still had a little fever. まだ少し熱があったのきのうは外出した.

**Though** (it is) cold, it is a fine day for soccer. 寒いけれど, サッカーには上々の天気だ 《◆ though 節の主語 + be は, 主節の主語と同じ場合しばしば省略される》.

Late **though** it is, we'll stay a little longer. 遅くなったが, もう少しいます (→ as 接 **6**).

**2** 《正式》 [しばしば even ~ で] たとえ…(する)にしても 《◆ ×even although は不可》‖

Even though he is the Premier, he shall hear us. たとえ彼が首相でも, 私たちの言い分を彼に聞いてもらう.

> Q&A **Q**: even though と even if はどのように違いますか.
>
> **A**: 上の *Even though* he is the Premier, he shall hear us. は「彼が首相である」という事実を前提にしていますが, *Even if* he is the Premier, he shall hear us. では「仮に彼が首相だとしても」という仮定のことになります.

**3** [等位接続詞的に] もっとも…だが, とは言っても…だけれど ‖

I have no doubt our team will win, **though** no one thinks so. 我々のチームが間違いなく勝ちますよ, とは言うもののだれもそう思っていないが.

**as though** =as if (→ as 前).

—副 [通例文尾で] でも, けれど ‖

She didn't want to tell us the story; she did, **though**. 彼女は我々に話したくなかった. でも結局は話してくれた.

*thought¹ /θɔ́ːt ソート/ 動 → think.
*thought² /θɔ́ːt ソート/ [→ think]

派 thoughtful (形)

→ 名 **1** 考えること, 思考 **3** 考え; 意見

5 思いやり　6 思想

──名 (複) ~s/θ5:ts/) 1 ⓤ 考えること, 思考; 思案; ⓤⓒ 熟考, 考慮 ‖
after serious thought 本気で考えたすえ.
take thought 熟考する.
give a thought to A …のことを一考する.
act without thought 無分別に行動する.
be lost in thought 思索にふけっている.
I have never given the matter any thought. そのことには思いも及ばなかった.
I felt uneasy at the mere thought of the test. テストのことを思うだけで不安になった.

2 ⓤ 思考力, 推理力, 想像力 ‖
lack thought 思考力を欠く.
Thought helped me solve the puzzle. 推理のおかげでその難問が解けた.

3 ⓤⓒ 考え, 思いつき; [しばしば ~s] 意見, 所信 ‖
a happy thought 妙案.
a train of thought 一連の考え.
read his thoughts 彼の心を読む.
Let me have your thoughts on [about] the proposition. その提案について君の考えを聞かせてください.
Her face brightened up at the thought that she would meet him in a minute. 今すぐに彼に会えるのだと思って彼女の顔はぱっと輝いた.

4 ⓤⓒ [通例疑問文・否定文で] 意図, 意向; 期待, 予期 ‖
I had no thought of meeting you here. ここで君に会おうとは思ってもみなかった.

5 ⓤⓒ 思いやり, 配慮, 心配 ‖
with no thought for one's own safety 自分の身の安全をもかまわずに.
take [have] no thought of one's appearance 自分の身なりを全然かまわない.
She spares a thought for old people. 彼女は老人たちのことを考えている.

6 ⓤ (ある時代・階級・国民などの) 思想, 思潮 ‖
modern scientific thought 近代科学思想.
working-class thought 労働者階級の考え.

on sécond thóught [(英) thóughts] 考え直して, 再考して.

thóught contròl 思想統制.

thought·ful /θ5:tfl ソートフル/ 形 (↔ thoughtless) 1 考えこんだ, 物思いにふけった ‖
He looked thoughtful for a minute. 彼はしばらく思案ありげのようだった.

2 思慮深い ‖
a thoughtful paper 思慮に富む論文.
a thoughtful plan 周到な計画.

3 注意深い, 気をつける ‖
Be thoughtful of your personal safety 君自身の身の安全に注意しなさい.

4 思いやりのある; [it is thoughtful of A to do / A is thoughtful to do] …するとは A〈人〉は親切だ; 〈贈り物などが〉心尽くしの ‖
be thoughtful of patients 病人に親切である.
It is thoughtful of you to bring me sup-

per in bed. 夕食を寝室に持って来てくださってありがとう.

thóught·ful·ness 名 ⓤ 思慮深いこと; 思いやりのあること; 親切.

thought·ful·ly /θ5:tfli ソートフリ/ 副 考え込んで; 思慮[用心]深く; 親切に.

thought·less /θ5:tlǝs ソートレス/ 形 (↔ thoughtful) 1 不注意な, 軽率な; 向こうみずな, 考えのない; 気をつけない ‖
He is often thoughtless for [of] the future. 彼はしばしば将来のことを甘く考える.

2 思いやりのない, 心ない ‖
It is thoughtless of him to forget my birthday. 私の誕生日を忘れるなんて彼も薄情だ.

thóught·less·ly 副 軽率に.

thóught·less·ness 名 ⓤ 思慮のないこと, 軽率; 不親切.

\*thou·sand /θáuznd サウズンド | θáuzǝnd サウズンド/

──名 (複) ~s/-zndz/) 《(1) 数詞または数を示す形容詞のあとにくるときの複数形は thousand. (2) 名 形 とも同じ → two; hundred》1 ⓒ (基数の)1000, 千《◆序数は thousandth. 関連接頭辞 kilo-. しばしば不特定多数を表す》‖
a [one] thousand 1000, 千《◆正確さを求めるときや百位がある場合は one がつづう》.
three hundred thousand 30万.
a chance in a thousand (略式) 千に1つの機会, 千載一遇の機会 (語法) → hundred).

2 ⓤ [複数扱い; 代名詞的に] 1000個; 1000人.

3 ⓤ 1000ドル[ポンドなど].

4 ⓒ 千の記号[数字, 活字]《1,000, M》.

5 ⓒ 1000個[人] 1組のもの.

6 [~s: 数詞と共に] 千年代; [~s of + ⓒ 名詞複数形] 何千という…, 非常に多数の… (→ hundred 名 9) ‖
in the early two thousands 2000年代の初めに.
thousands of locusts 何千ものバッタ.

a thóusand to óne (略式) [副] [形] まず間違いのない, 絶対に確実な[に] (説明は → TEN to one).

húndreds of thóusands of A 何十万という(多数の)… (→ hundred 名 9).

óne in a thóusand (略式) 千にひとりの人[ひとつのもの], めったに現れない人[もの] (→ ONE 1. cf. one in a million (→ million 名 成句)).

téns of thóusands of A 何万という(多数の)… (→ hundred 名 9).

thóusands and [upon] thóusands of A 何万という(多数の)… (→ hundred 名 9).

──形 1 [通例名詞の前で] 1000の, 千の; 1000個 [人]の ‖
five thousand people 5000人.

2 [a ~] 無数の, 多数の ‖
A thousand thanks. 本当にどうもありがとう.

***a thóusand and óne*** **A** 非常にたくさんの, 山ほどの…《◆文字どおりの1001ではない. cf. a hundred and one (→ hundred 图 成句)》.

***the Thóusand and Óne Níghts*** =Arabian Nights.

**thou·sand·fold** /θáuzndfòuld サウズンドフォウルド/ 形副 [通例 a または数詞を伴って] 1000倍の[に].

**thou·sandth** /θáuznθ サウズンθス, -zntθ θáuzntθ サウズントθ/ 形 1 [通例 the ~] 第1000の, 1000番目の(→ first 形1). 2 [a ~] 1000分の1の. ── 图 1 ⓤ [通例 the ~] 第1000番目[1000位]の人[もの]. 2 ⓒ 1000分の1.

**thrash** /θræʃ スラシュ/ (類音 thrush/θrʌʃ/) 動 (三単現 ~·es/-iz/) 他 1 (やや古)〈穀物を〉(殻(から)ざお(むぎうち)で)打つ, 脱穀する. 2 (体罰としてむちで)〈子供を〉(強く)たたく; …をぶちのめす, ぶつ. 3 (略式)…を打ち負かす, 完敗させる. ── 自 1〈船の外輪・枝が〉殻ざおのように動く. 2 連打する, 打ち続ける.

**thrash·ing** /θréʃiŋ スラシング/ 動 → thrash. ── 图 ⓒ むち打ち; ⓤ (略式) 大敗.

**thread** /θréd スレド/ (類音 sled/sléd/) 图 1 ⓒ ⓤ 糸, (特に)縫い糸(→ rope); (英) 麻糸, (米) 木綿糸 ‖

a needle and thread 糸を通した針《◆単数扱い》(→ needle 图1).

a coat (which is) worn to a thread すり切れたよれよれの上衣.

sew with thread 糸で縫う.

2 ⓒ (金属・グラスなどの) 細線, 繊条.

3 ⓒ 糸のように細いもの, 筋; 毛, クモの糸, 細流, (光・色などの)線 ‖

a thread of smoke 一筋の煙.

4 ⓒ (議論・話などの) 筋道, 脈絡 ‖

He lost the thread of the conversation. 彼はその話の筋がわからなくなった.

── 動 他 1 …に糸を通す; …に突き通す, …を突き通す;〈ビーズなどを〉糸でつなぐ ‖

thread a pipe with wire =thread wire through a pipe パイプに針金を通す.

2 …を縫うように進む. 3 …にねじ山をつける.

── 自 1 縫うように通る. 2 曲がりくねって続く.

***thréad one's wáy through*** **A** …を縫うようにして進む.

**thread·bare** /θrédbèər スレドベア/ 形 (時に 比較 -·bar·er, 最上 -·bar·est) 1 すり切れた, 着古した. 2 ぼろを着た.

**threat** /θrét スレト/ 图

threat《脅迫》

1 ⓤ ⓒ 脅迫, おどし; ⓒ [通例 a ~ / the ~] 脅(おど)かすもの[人, 考え](cf. menace) ‖

a serious threat to Japan's trade 日本の貿易にとって怖い存在.

be under (the) threat of expulsion 除名するとおどされている.

utter a threat against him 彼に脅迫の言葉を発する.

2 ⓒ [通例 a ~ / the ~] きざし, 前兆 ‖

a threat of frost 霜の恐れ.

**threat·en** /θrétn スレトン/ 動 他 1 [threaten A with B] A〈人〉を B〈物・事・行為など〉でおどす《◆ menace より口語的》‖

threaten an employee with dismissal 従業員を解雇するぞとおどす.

threaten him with a gun 銃で彼をおどす.

2〈物・事が〉…をおどす;〈危険などが〉…に迫っている, 脅威となっている ‖

Air pollution threatens our life. 大気汚染は我々の生活を危険にさらす.

3〈物・事などが〉(悪いきざしについて)…の恐れがある; [threaten to do] …する兆候を示す; [threaten that 節] …だという兆候を示す ‖

The dark clouds threaten a heavy rain. あの暗雲ではひどい雨になりそうだ.

── 自 1 おどす, 脅迫する; おどされる. 2〈悪いことが〉迫っている.

**threat·en·ing** /θrétniŋ スレトニング/ 形 1 脅迫的な. 2〈天候が〉今にもくずれそうな,〈空・雲が〉雨の降りそうな. **thréat·en·ing·ly** 副 脅迫的に, おどして; 荒れ模様で.

**‡three** /θríː スリー/ (類音 tree/tríː/) 《cf. third》

── 图 (複 ~s/-z/)《◆ 图形 とも用例は → two》

1 ⓤ [通例無冠詞] (基数の)3《◆序数は third》.

2 ⓤ [複数扱い; 代名詞的に] 3つ, 3個; 3人.

3 ⓤ 3時, 3分; 3ドル[ポンド, セント, ペンスなど].

4 ⓤ 3歳.

5 ⓒ 3の記号[数字, 活字]《3, iii, III など》.

6 ⓒ 〖トランプ〗3の札; (さいころの)3の目.

7 ⓒ 3つ[3人]1組のもの.

── 形 1 [通例名詞の前で] 3つの, 3個の; 3人の.

2 [補語として] 3歳の.

**thrée chéers** 万歳三唱《Hip! Hip! Hooray! と叫ぶこと》‖ Three cheers for him. 彼のために万歳三唱.

**thrée R's** [**Rs**] [the ~] → r, R.

**thresh** /θréʃ スレシュ/ 動 (三単現 ~·es/-iz/) 他〈穀物を〉脱穀する; (脱穀のため殻(から)ざおで)…をたたく. ── 自 脱穀する.

**thresh·er** /θréʃər スラシャ, θréʃə| θréʃ- スレシャ/ 图 ⓒ 脱穀する人, 脱穀機.

**thresh·old** /θréʃhould スレシュホウルド/ 图 ⓒ 1 (正式) (玄関・戸口の) 敷居; 鴨居(かもい); 戸口, 玄関口(図 → house).

cross the threshold (家に)入る.

Carry me over the threshold. 私を抱いて家に運んで入れて《「私と結婚してちょうだい」の意. 新婚の夫は新婦を抱いて新居に入る習慣から》.

2 [通例 the ~] 出発点, とっかかり ‖

on [at] the threshold of an era of peace 平和な時代の始まりに.

\***threw** /θrú: スルー/ (同音 through) 動 → throw.

**thrift** /θríft スリフト/ 名 U (正式) 質素, 節約.

**thrift・y** /θrífti スリフティ/ 形 (時に 比較 -i・er, 最上 -i・est) (正式) 質素な; 倹約する, つましい
(比較) この語はプラスイメージ, stingy はマイナスイメージ, economical は中立的).

**thrill** /θríl スリル/ 動 他 …をぞくぞく[わくわく]させる ‖
He **was** thrilled **at** [**by**] the invitation. 彼は招待されてうきうきしていた.
──自 わくわくする, ぞっとする; 感動する;〈感激・恐怖などが〉通り抜ける, しみ渡る ‖
thrill **with** horror 恐怖でぞくぞくする.
His heart thrilled **to** [**at**] the good news. その吉報で彼の心はときめいた.
──名 C ぞくぞく[わくわく]すること[感じ], 身震い; スリル, ぞくぞくさせるもの ‖
a great thrill **of** expectation 大きな期待感.

**thrill・er** /θrílɚ スリラ/ 名 C ぞくぞく[わくわく]させるもの[人]; 手に汗握る試合;(略式)(小説・劇・映画などの)スリラー物;[形容詞的に]スリラー物の.

**thrill・ing** /θríliŋ スリリング/ 動 → thrill.
──形 1 ぞくぞく[わくわく]させる, 身の毛のよだつ, スリル満点の. 2 〈声などが〉震える.

**thrive** /θráiv スライヴ/ 動 (過去 ~d/-d/ または throve/θróuv/, 過分 ~d または (古) thriv・en /θrívən/; 現分 thriv・ing) 自 1 成長する, よく育つ ‖
The children throve **on** a pure meat diet for some time. 子供はしばらくは肉食だけでよく育った.
2 栄える ‖
対話 "This month we opened another branch office." "Your business is really thriving!" 「今月もうひとつ支店を開きました」「ご商売がとてもうまくいっていますね」.
3 うまくやっている, 成功している; 生きがいにする ‖
She thrives **on** work. 彼女は仕事に生きがいを持っている.

**throat** /θróut スロウト/ 名 C (器官としての)のど《口の奥, 首の内側. 咽喉(いんこう)を含む》;(略式) [a (sore) ~] 咽喉炎[痛] ‖
clear one's throat せき払い[うがい]をする.
have a sore throat のどが痛い.

表現 「のどが渇(かわ)いた」は I'm thirsty. / My throat is dry. / I have a dry throat. などという.

2 U (広義)のどくび《首の前部》 ‖
take him **by** the throat 彼ののどを締める.
clutch one's throat =bring [put] one's hand(s) to one's throat のどを押える《女性の不安・ショック・緊張などを表すしぐさ》.
3 C のど状の物;(器物などの)首, 口; 狭い通路 ‖

the throat of a vase 花びんの口.

**thróat mícrophone** のど当てマイク《のどばっての振動を音声に変える》.

**throb** /θrɑ́b スラブ | θrɔ́b スロブ/ 動 (過去・過分 throbbed/-d/; 現分 throb・bing) 1 (文)〈心臓が〉(痛いほど)鼓動する, 激しく動悸(どうき)打つ ‖
My heart was throbbing **with** joy. うれしさのあまり私の胸は高鳴っていた.
2 ずきずき痛む ‖
My head is throbbing. 頭ががんがんする.
──名 C 1 鼓動, 脈打つこと ‖
the throb of the heart 心臓の鼓動.
2 ずきずき痛むこと ‖
a throb of pain ずきずきとする痛み.

表現 日本語の次の擬音に相当: どきどき, ずきずき, ぴくぴく, ガンガン, ドンドン.

**throb・bing** /θrɑ́biŋ スラビング | θrɔ́b- スロビング/ 動 → throb. ──形 ずきずきする; ドンドンいう.

**throne** /θróun スロウン/ (同音 thrown) 名 1 C 王座, 王位; 教皇聖座, 司教座 ‖
mount the throne 王位につく.
2 [the ~; 時に the T~] 王権, 君主の地位; 王, 君主 ‖
Louis XIII came to the throne in 1610. ルイ13世は1610年に即位した (◆ XIII は the thirteenth と読む).

**throng** /θrɔ́ːŋ スロ(ーン)グ/ 名 C (正式) [集合名詞; 単数・複数扱い] 群衆; 人だかり, 大勢; 多数 ‖
a throng of ants アリの群れ.
──動 (正式) 自 群がる, 押し寄せる ‖
People thronged to see the play. その芝居を見ようと人々が押しかけた.
──他 …に群がる; …に押しかける ‖
commuters thronging the subway 地下鉄に押し寄せる通勤者.

**throt・tle** /θrɑ́tl スラトル | θrɔ́tl スロトル/ 名 C 1 〔機械〕絞り弁, スロットル(throttle valve). 2 絞りレバー, スロットルレバー(throttle lever). 3 絞り.
──(現分 throt・tling) 他 1 …ののどを締める.
2 …を圧迫する. 3 〔機械〕(絞り弁で)〈ガソリンなど〉の流れを調整する;〈エンジン・車などを〉減速する.

**thróttle léver** =throttle 名 2.

**thróttle válve** =throttle 名 1.

\*\***through**, (主に略式・詩) thro, thro', (米略式) thru /θru: スルー/ 代 (同音 threw) 『『ある物を通過するという』が原義; across や on に対応するのに対し, through は in に対応』
派 throughout (前・副)
→ 前 1 a …を通り抜けて   2 …の至る所を
    3 …の初めから終わりまで   4 …を通じて
    5 …のために   6 …の間じゅう
  副 1 通り抜けて   2 初めから終わりまで
    3 全く   4 …以上
── 前 1 [通路・貫通] a …を通り抜けて, …を貫いて; …を通して ‖

walk **through** a wood 歩いて森を通り抜ける.
go **through** a red light 赤信号を無視して行く.
go **through** the room to the kitchen 部屋を通って台所へ行く.
push one's way **through** the crowd 群衆を押し分けて進む.
She got into the house **through** the window. 彼女は窓から家の中に入った.
**b** 〔騒音など〕にかき消されずに ‖
I could hear his voice **through** the noise. 騒音にかき消されずに彼の声が聞こえた.
**2** [場所] …の至る所を, …のあちこちを, …じゅうを ‖
travel **through** Turkey トルコ各地を旅行する.
stroll **through** the streets of a city 町の街路をあちこち歩く.
**3** [過程・終了] …の初めから終わりまで ; …を終えて, …を切り抜けて ; …を経て ‖
pass **through** adversity 逆境を切り抜ける.
go **through** an operation 手術を受ける.
The lawyer went **through** the evidence. 弁護士は証拠を全部調べた.
Is she **through** college yet? 彼女はもう大学を卒業したのですか.
**4** [手段] …を通じて, …によって ; …のおかげで ‖
look **through** a telescope 望遠鏡で見る ‖
do it **through** an agent 代理店を通じてそれを行なう.
succeed **through** his help 彼の援助のおかげで成功する.
I've got the information **through** my friend. 友人からその情報を得た.
**5** [原因・理由] …のために ‖
fail **through** ignorance 無知のために失敗する.
I got lost **through** not knowing the way. 道を知らなかったために迷った.
**6** [時] **a** …の間じゅう《◆強調形は all [right] *through*》
all **through** one's life 一生涯.
We camped there **through** the summer. 私たちは夏の間ずっとそこでキャンプした.
**b**《主に米》[通例 (from) **A through B**]**A**〈日時〉から **B**〈日時〉の終わりまで ‖
(from) Monday through Friday 月曜日から金曜日まで《◆金曜日を含む》.
a special price **through** Dec. 31 12月31日まで特価.
──副 **1** 通り抜けて, 貫いて ‖
They opened the gate and the procession passed **through**. 彼らが門をあけると行列が通っていった.
**2** 初めから終わりまで ; ずっと ; 〈切符などが〉通しで ‖
the whole night **through** 一晩じゅうずっと.
read a book **through** 本を通読する.
This train goes **through** to London. この列車はロンドンまで〔乗り換えなしに〕直行する.
**3** 全く, すっかり ; 首尾よく ‖
be wet [soaked] **through** ずぶぬれになる.
carry **through** a plan 計画を遂行する.
get **through** 首尾よく受かる.
**4**〔略式〕終えて, 終わって ; 役に立たなくなって ‖
She's **through** financially. 彼女は破産した.
I'll be **through** talking to him in a minute.〔略式〕彼との話はすぐ終わります.
[対話]"**Are** you **through with** the work?" "Not yet. I should be finished in half an hour." 「もう仕事はすませましたか」「まだです. あと30分ほどで終わります」.
**5**《米》電話が終わって ;《英》電話が通じて ‖
I'm **through**.《米》〔電話交換手の Are you through? という質問に答えて〕通話は終わりました ; 切ります.
[対話]"Could you put me **through** to the manager?" "You are **through** now." 「支配人につないでいただけますか」「はい, つながりました」.
◇**be thróugh with A**〔略式〕(1) → 副**4**. (2) …との関係を断つ, …と手を切る ; …にうんざりする ‖
be **through** with alcohol 酒を断つ / I'm **through** with her. 彼女と絶交した.
*thróugh and thróugh* 全く, すっかり, 徹頭徹尾 (cf. 副 **3**) ‖ He is a gentleman **through and through**. 彼は全くの紳士だ.
──形 [名詞の前で] **1**〈列車などが〉直通の ;〈切符などが〉通しの ‖
a **through** ticket 通し切符.
a **through** train to Paris パリ直行列車.
**2**〈道路などが〉通り抜けられる.

\***through·out** /θru(ː)áut スルー()アウト/ 〖→ through〗
──前 **1** [場所] …の至る所に, …のすみからすみまで, …じゅうくまなく ‖
search **throughout** the house 家の中をくまなく捜す.
**2** [時] …の間じゅう, …を通じて ‖
It rained **throughout** the morning. 午前中ずっと雨が降っていた.
──副 [通例文尾で] **1** 初めから終わりまで, 最後まで(ずっと) ‖
remain loyal **throughout** 最後まで忠義を尽くす.
**2** 全く, すっかり, 全部 ; 徹頭徹尾 ‖
The room was carpeted **throughout**. その部屋にはじゅうたんが敷き詰めてあった.

**throve** /θróuv スロウヴ/ 動 → thrive.

\***throw** /θróu スロウ/ 〖「ねじれる」が原義. cf. thread〗
→ 動他①投げる ⑤ さっと着る ⑥投げ込む
名 **1** 投げること **2** 投げて届く距離
──動 (三単現) ~s/-z/ ; (過去) threw/θrúː/, (過分) thrown/θróun/ ; (現分) ~ing)
──他 **1a** [授与動詞] …を投げる, [throw **A B** / throw **B** to **A**]〈人・動物・物〉に **B**〈物〉を投げる, 投げて渡す ‖
**throw** the ball (up) to the boy =**throw** the boy (up) the ball 少年の方へボールを投げ(上げ)る.

throw him a low ball 彼に低いボールをパスする.
throw one's clothes onto the bed ベッドに衣服をほうり投げる.
throw stones at her dog 彼女の犬をねらって石を投げる.
throw various things off a table テーブルからいろいろな物をほうり出す.
**b** [~ oneself] 身を投げかける ‖
throw oneself down 身を低くする; 横になる.
throw oneself at one's opponent 相手に飛びかかる.
throw oneself to the ground 地面に身を伏せる.
**c**〈人〉を投げる, 倒す;〈馬が〉〈人〉を振り落とす ‖
throw him with a swift blow すばやい強打で彼を倒す.
**d**〈釣糸・網など〉を投げ込む.
**e** [be thrown]〈船などが〉打ち上げられる.
**2 a**〈弾丸など〉を発射する;〈水・炎など〉を噴出する ‖
throw water on a fire 火に水を噴射する.
**b**〈打撃など〉を加える ‖
throw a punch at [to] him 彼にパンチを浴びせる.
**3**〈視線・影・光など〉を向ける ‖
throw a fierce look at me ものすごい顔つきで私をにらむ.
The lamp throws a poor light on the street. 灯火が街路にかすかな光を落としている.
**4** [頭・足など] を急に [激しく] 動かす ‖
throw one's head back 頭を急にのけぞらせる.
throw one's chest out 胸をぐいと張る《◆自信・自慢などのしぐさ》.
**5 a**〈衣服など〉をさっと着る [脱ぐ];〈コートなど〉を引っかける《◆急ぎ・無雑作の動作》‖
throw a sweater over a chair いすにセーターを無雑作にかける.
throw some clothes on the boy その子に何枚かの衣服を急いで着せる.
**b**〈ヘビが〉〈皮〉を脱ぐ;〈馬が〉〈蹄(ひづめ)・鉄〉を落とす;〈鳥が〉〈毛〉を落とす.
**6** [比喩的に]…を投げ込む, 投げ入れる, 陥(おちい)れる《◆副詞(句)を伴う》‖
throw the foreign policy into high gear 外交政策展開のテンポを早める.
**7**《略式》〈パーティーなど〉を催す《◆hold [give, have] a party がふつう》.
── 圓 **1** 投げる, ほうる; 発射する ‖
throw ninety yards 90 ヤード投げる.
**2** さいころを振る.

***thrów abóut*** [他]…をまき散らす;〈金など〉を浪費する.
***thrów aróund*** [他] =THROW about.
***thrów aside*** [他]…を放棄する.
◇***thrów awáy*** → throw away (見出し語).
***thrów báck*** (1) [自]〈動植物などが〉先祖返りをする. (2) [他]…を投げ返す; → 圓 **4**;〈夜具・コートなど〉をさっと引きはがす;〈カーテンなど〉をさっとあける.

***thrów A dówn*** [他]…を投げ下ろす, 投げ捨てる.
***thrów ín*** [他] (1)〈物〉を投げ込む;…を注入する. (2)《略式》…をおまけとして添える. (3)〈研究・仕事など〉をやめる.
◇***thrów óff*** [他] (1)〈服など〉をさっと脱ぐ. (2)〈束縛・習慣など〉を振り捨てる;〈仮面・変装など〉を捨てる ‖ throw off her inhibitions 彼女の制止を振りきる. (3)〈病気など〉を治す, …から抜け出す. (4)〈追跡者など〉をまく.
***thrów onesèlf ìnto*** A (1) A〈いす・腕など〉の中に身を投げ入れる. (2)…に没頭 [専念] する; A〈けんかなど〉を始める.
***thrów onesèlf on*** [upón] A《文》A〈人・慈悲などにすがる.
***thrów ópen*** [他] (1)〈戸・窓など〉をぱっと [押し] あける. (2) [通例 be thrown]〈庭園・家などが〉開放 [公開] される.
***thrów óut*** [他] (1) =throw away **1**. (2)〈偏見など〉を捨てる. (3) [~ A out of B]《略式》A〈人・政府など〉を B〈場所・役職〉から(無価値として)追い出す. (4)〈提案・ヒントなど〉をさりげなく言う, ほのめかす. (5)〈熱・光など〉を発する;〈信号・旗など〉を掲げる;〈枝・葉など〉を出す.
***thrów óver*** [他] (1)…を投げてよこす. (2)〈友人・恋人・政党など〉を見捨てる;〈条約・原理・計画など〉を破棄する.
***thrów úp*** (1)《俗》[自] (食べたものを)吐く, もどす. (2) [他] → 圓 **1a**;〈手・窓など〉をすばやく上げる,〈頭・目など〉を上に向ける. (3)《略式》[他]〈食物〉を吐く. (4)《略式》[他]〈職〉を辞す;〈ゲーム・仕事など〉をやめる;〈機会など〉をむだにする.

── 图 (覆 ~s/-z/) © **1** 投げること; 投球; (弾丸の) 発射 ‖
a well-aimed throw よくねらった投球.

[表現] [野球などの投法] an overhand throw 上手投げ / an underhand throw 下手投げ / a sidearm throw 横手投げ.

**2** 投げて届く距離;(光線・ミサイルなどの) 照射 [射程] 距離 ‖
at [within] a stone's throw of Kyoto Station 京都駅から石を投げれば届く距離に, 京都駅のすぐ近くに.

**throw・a・way** /θróuəwèi/ スロウアウェイ/ 图 © **1**《主に米略式》広告びら, ちらし. **2** 投棄物.
── 形〈物が〉使い捨ての ‖
throwaway bottle pollution あきびん投げ捨て公害.

***throw away** /θróu əwéi/ スロウ アウェイ/
── 動 (変化形 → throw) [他] **1**…を捨てる ‖
[対話]"Could you please throw away the old books and newspapers?" "Sure, I'll throw them away." 「古本と新聞を処分してくれないか」「わかった. 処分しておくよ」.
**2**〈機会など〉をふいにする, 見のがす;〈金・親切など〉をむだに費やす ‖
My advice was thrown away on her. 私の

忠告も彼女には通じなかった.
Buy cheap goods and you throw money away. (ことわざ)「安物買いの銭失い」.
**3** [~ oneself away] 夢中になる.
**throw・back** /θróubæk スロウバク/ 名 C **1** 投げ返し. **2** あと戻り[逆行, 後退](したもの), 復活; 阻止, 妨げ.
**throw-in** /θróuin スロウイン/ 名 C《サッカー・バスケットボール》(サイドからの)スローイン.
**\*thrown** /θróun スロウン/ (同音 throne) 動 → throw.
―― 形 《絹糸などが》よりをかけた.
**thru** /θru: スルー/ (米略式) 前 副 形 =through.
**thrush** /θrʌʃ スラシュ/ (類音 thrásh/θræʃ/) 名 (複 ~・es/-iz/) C ツグミ《の類》《♦ 益鳥. 別称 song bird, 鳴き声は whistle》.
**thrust** /θrʌst スラスト/ 動 (過去・過分 thrust) 他 **1**《正式》…をぐいと押す, 押しつける; …を突っ込む ‖
thrust one's way 道を押し分けて進む ‖
thrust the money (down) into [in] one's bag 金をかばんに突っ込む.
thrust him in 彼を中へ押し込む.
thrust oneself (forward) through the crowd 群衆を押しのけて進む.
**2**《ナイフ・フォークなどを》突き刺す; 《人・背中などを》刺し通す《♦ pierce, stab の方がふつう》‖
The woman thrust his back (through) with a dagger. =(米) The woman thrust a dagger (home) into [in] his back. その女は彼の背中に短剣を(ぐさりと)刺し通した.
**3** …を突然突き出す ‖
thrust (out) a letter at him 彼に手紙を差し出す.
**4**《決定・責任などを》無理に押しつける; [~ oneself] 割り込む, 押し入る; 出しゃばる ‖
thrust oneself in his affair 彼の問題に干渉する.
He thrust himself on me. 彼は私に対し押しつけがましくふるまった.
―― 自 **1**《正式》突然ぐいと押す, 突く; 刺す ‖
thrust at him with the umbrella 雨がさで彼に突きかかる.
thrust against the door 戸に強くのしかかる.
**2** 突き分けて, 押し分けて進む《♦ 方向・場所を表す副詞(句)を伴う》‖
thrust into [toward] the forest 森へと突進する.
―― 名 **1** C《正式》ぐいと押すこと, 突き刺すこと; 押し, 突き ‖
a home thrust 急所の一突き, 効果的な攻撃.
**2** C《正式》猛攻, 襲撃; 鋭い批評, 皮肉 ‖
plan a thrust into enemy land 敵地への突撃を計画する.
make a thrust against the government 政府を酷評する.
**3** U《科学などの》推進, 前進; (人の)迫力.
**4** UC《機械》推力, (ジェット機などの)推進力.
**thud** /θʌd サド/ 名 C U《ドシン》と落ちる[落とす]こ

と《重い物が固いところに落ちたときなどの音》‖
with a thud ドスン[ドン, ゴツン]と.
―― 動 (過去・過分 thud・ded/-id/; 現分 thud・ding) 自 ドスンと落ちる; ズシン[ズドン]とあたる.
表現 日本語の次の擬音に相当: ドタン, ドスン, ドシン, バサッ, ドサッ, ドン, ゴツン, ブスリ, ズドン, バタン, ズシン.
**thug** /θʌg サグ/ 名 C 悪党, 暴漢, 暴力団.
**thumb** /θʌm サム/ (発音注意)《♦ b は発音しない》名 C 《手の》親指; 《手袋などの》親指 ‖
hold up [raise] one's thumb(s) 親指を立てる《♦ 勝利・同意の身振り》.
jerk one's thumb 親指を立てたまま手首を動かす《♦ 方向を示したり, 相手に出て行けというしぐさ》.
twiddle [twirl] one's thumbs 《両手の指を組んで》親指どうしをくるくる回す《♦ 退屈・手持ちぶさたのしぐさ》.
**áll thúmbs** 不器用な(→ finger 名 用例).
***Thúmbs dówn!***《略式》だめだ, なってないぞ《♦ 不賛成・拒否を示す》.
***Thúmbs úp!***《略式》いいぞ, 承知した《♦ 賛成・受容を示す》.
―― 動 他 **1**《ページを》親指でいためる[汚す]; 《ページを》親指で早くめくる, 飛ばし読みする. **2**《略式》《車に》乗せてくれと《親指を立てて》合図する(図)→ hitchhiker》. ―― 自《略式》《親指を立てて》車に乗せてくれと合図する, ヒッチハイクする.
**thúmb index**《辞書などの》端の切り込み, つめかけ.
**thumb・nail** /θʌmnèil サムネイル/ 名 C **1** 親指のつめ. **2**《コンピュータ》サムネイル《プレビュー用の縮小画像》.
**thumb・tack** /θʌmtæk サムタク/ 名 C《米》画びょう《(英) drawing pin》.
**thump** /θʌmp サンプ/《擬音語》動《略式》自 **1**《こぶし・鈍器で》強くなぐる[打つ] ‖
thump at [on] the door ドアをドンとたたく.
**2** 激しく当たる ‖
The car thumped against the wall. 車がドーンと壁にぶつかった.
**3** ドシンドシンと歩く; ドキンドキンと鼓動する ‖
Her heart thumped with joy. うれしくて彼女の胸は高鳴った.
―― 他 **1** …をゴツンとたたく[打つ] ‖
thump the table angrily 怒ってテーブルをたたく.
thump him on the back 彼の背中をドンとたたく.
**2**《ピアノなどを》打ちならす;《曲を》やかましく弾く ‖
John was thumping out a tune on the piano. ジョンはピアノをガンガン弾いていた.
―― 名 C《略式》《鈍器で》強くなぐること, 激しく打つこと(heavy blow); ゴツン, ドスン ‖
give her a thump on the back 彼女の背中をバシンとたたく.
表現 日本語の次の擬音に相当: ドシン, ゴツン, ドスン, ドキン, ガンガン, ドン, ガタガタ, ポンポン.
**\*thun・der** /θʌndər サンダー/《『稲妻に伴う音』が原義》
―― 名 (複 ~s/-z/) **1** U 雷(かみなり), 雷鳴《♦ thunder は雷鳴だけを指し, 稲妻は lightning.「雷に打

たれる」is be struck by lightning》;《詩》落雷』
a crash [roll] of **thunder** 雷鳴.
We have much **thunder** this summer. こ
の夏は雷が多い.

> 文化 ギリシア神話で雷は Zeus 神の顕現と考えら
> れている. 英国では oak を家の近くに雷よけとして植
> える風習がある.

**2**〔C〕〔U〕［しばしば ~s］雷鳴のような音[声]』
**thunders** of applause 万雷のかっさい.
the **thunder** of cannons 大砲のとどろき.
**lóok [háve a fáce] like thúnder**《英略式》ひど
く怒っている様子[顔つき]である《♦ like の代わりに
as black as ともする》.
**stéal** A's **thúnder** A〈人〉の工夫[アイディア]を横
取りする; …を出し抜く.
**thúnder and líghtning** 雷鳴と電光, 雷電; 非難
(攻撃), 悪口.
──動（三単現）~s/-z/; ［過去・過分］~ed/-d/;
[現分] ~・ing/-dəriŋ/)
──自 **1** [it を主語にして] 雷が鳴る』
It **thundered** just now. つい先ほど雷が鳴った.
**2**（雷のような）大きな音[声]を立てる, とどろく; ごう
音を立てて走る』
**thunder** at [on] the door 戸をドンドンたたく.
The train **thundered** past. 列車が大音響を立
てて通り過ぎた.
**3** どなる;《正式》激しく非難する』
The preacher **thundered** against sin. 説教
者は罪を糾弾(*きゅうだん*)した.
──他 …を大声で言う(+*out*);「…」と大声で命令す
る;〈ドラムなど〉をドンドンたたく;〈礼砲など〉をとどろか
す.
**thun·der·bolt** /θʌ́ndərbòult サンダボウルト/ 名〔C〕
**1** 雷電《thunder（雷鳴）と lightning（稲妻）を
合わせたもの》; 落雷』
A **thunderbolt** struck the tree. 雷が木に落ち
た.
**2**《正式》思いがけないこと, 不意打ち』
The news came as a **thunderbolt** to him.
そのニュースは彼には寝耳に水だった.
**thun·der·clap** /θʌ́ndərklæ̀p サンダクラプ/ 名〔C〕
雷鳴; 突然の出来事, 急の悪い知らせ』
like a **thunderclap** 思いがけなく.
**thun·der·ous** /θʌ́ndərəs サンダラス/ 形 **1** 雷を生ず
る; 雷の来そうな. **2**《正式》雷鳴のような, とどろき渡
る.
**thun·der·storm** /θʌ́ndərstɔ̀:rm サンダストーム/
名〔C〕激しい雷雨.
**thun·der·struck** /θʌ́ndərstrʌ̀k サンダストラク/ 形
肝(*きも*)をつぶした.
**Thur, Thurs.**（略）Thursday.
\***Thurs·day** /θə́:rzdei サーズデイ, -di/〘北欧神話
トールの(Thor's)日(day)〙
──名 (複) ~s/-z/)〔U〕〔C〕木曜日《略 Thur(s).,
Th.》;［形容詞的に］《米略式》副詞的に］木曜日の
[に]（語法 → Sunday.）

\***thus** /ðʌ́s ザス/〘「こんなふうに, この程度まで」が原
義〙
──副《正式》**1** このように, そのように, 上の[次の]よ
うに』
Do it **thus**. それをこうしてしなさい.
**2** したがって, だから』
I didn't study **and thus** failed the exami-
nation. 勉強しなかったのでその結果試験に落ちた.
**3**［主に形容詞・副詞の前で］**この程度まで, これだ
け**』
**thus far** これまでのところ, 今までは.
**thwart** /θwɔ́:rt スウォート/ 動 他《正式》…を挫折
(*ざ*)させる, くじく.
**thyme** /táim タイム/（同音 time）名〔植〕**1**〔C〕〔U〕
タイム, タチジャコウソウ《シソ科の草状の低木》. **2**〔U〕
タイム《葉を香辛料とにしたもの》.
**thýme tèa** タイム茶《頭痛などに効く》.
**thy·roid** /θáiroid サイロイド/ 名〔C〕〔動・解剖〕=
thyroid gland.
**thýroid glànd** 甲状腺(*せん*) (thyroid).
**ti** /tí: ティー/ 名〔U〕〔C〕〔音楽〕シ(si)《ドレミファ音階
の第7音. → do²》.
**ti·ar·a** /tiǽrə ティアラ | tiɑ́:rə ティアーラ/ 名〔C〕**1** テ
ィアラ《宝石をちりばめた女性用頭飾り》. **2**（ローマ教
皇の）三重冠, 教皇冠;
[the ~] 教皇位, 教皇の
職権.
**Ti·bet** /tibét ティベト/ 名
チベット《中国南西部の
地方. 現在は自治区》.
**Ti·bet·an** /tibétən ティ
ベタン/ 名〔C〕〔U〕形 チベッ
ト人[語](の); チベット
（文化）の.

tiara 2

**tic** /tík ティク/ 名〔C〕〔医学〕（特に顔面の）けいれん, チ
ック.
**tick¹** /tík ティク/〘擬音語〙名〔C〕

tick
《1 チクタクと
いう音》
《2 瞬間》

**1**（時計などの）チクタク[カチカチ]という音.
**2**《英略式》瞬間』
**to [on] the tick** 時間どおりに.
**in a tick** =in two **ticks** すぐに.
**Wait [Half] a tick.** ちょっと待って.
**3**《英》照合印, (点検済みのしるし)《米》check)
《ふつう√. 日本と違って否定的イメージはなく, テスト
の正答にもふつう√をつける》』
put a **tick** チェックする.
──動自 **1** チクタク[カチカチ]となる; 刻々とすぎ
る』
The clock **ticked** loudly. 時計がカチカチと時を
刻んでいた.
**2**《略式》動く, 行動する』

## tick

I'd like to find out [discover] what makes her **tick**. 彼女がなぜそうするのかをつきとめたい.
**3** (英) しるし(✓)をつける, 照合する((米) check).
—⦿ **1** 〈カチカチという音で〉…を計る, 数える; …を打ち出す ‖
The meter **ticked off** his taxi fare. タクシーの料金メーターがカチカチと上がっていった.
**2** (英) …にしるしをつける ‖
**tick off** the items one by one 項目をひとつずつ照合する.
***tick awáy*** (1) [自] カチカチと音をたてる. (2) [他] 〈時〉を刻む[進める] ‖ The clock **ticked away** the minutes. 時計はカチカチと時を刻んでいった.

**tick²** /tík ティク/ 名 C 〖動〗 ダニ ‖
a dog **tick** イヌダニ.

## :tick・et /tíkət ティケト/ 〖「はり札」が原義〗
—名 (複 ~s/-its/) C **1a** [しばしば複合語で] 切符, 券, 入場券, 乗車券, チケット ‖
a lottery **ticket** 宝くじ券.
a railroad **ticket** (鉄道)乗車券.
a **ticket** for [to, ✶of] tonight's show 今夜のショーの切符.
Admission by **ticket** only. 《掲示》「切符のない方入場お断り」.

関連 [種類] a meal **ticket** 食券 / a movie **ticket** 映画鑑賞券 / a theater **ticket** 観劇券 / a one-way **ticket** (主に米) 片道切符 (主に英) a single **ticket** / a round-trip **ticket** (主に米) 往復切符 (主に英) a return **ticket** / a through **ticket** 通し切符 / a circular tour **ticket** 周遊切符 / a platform **ticket** 駅の入場券 / an airline [a plane] **ticket** 航空券 / a party **ticket** 団体割引券 / a commuter's [commutation] **ticket**, a commuter pass (米) 定期券 ((英) a season **ticket**) / a book token 図書券 / a gift certificate (主に米) 商品券 ((主に英) a gift token [voucher]).

**b** [比喩的に] 切符, 近道 ‖
the **ticket** to happiness 幸福をつかむ手段.
**2** 交通違反カード[チケット]《呼び出し状・罰金支払い命令書など》 ‖
get a **ticket** for speeding スピード違反カードを渡される.
**3** 正札(しょうふだ), 定価札; 札, 荷札.
**4** (米) (政党の)公認候補者(名簿).

**tícket àgency** (乗物・芝居・映画などの)切符販売所, プレイガイド.
**tícket collèctor** (ふつう駅の)集札係, 改札係, 改札口.
**tícket òffice** (球場・鉄道・催し物の)切符売場; (駅の)出札(しゅっさつ)口 (ticket window, (英) booking office) 《◆劇場・音楽会などの切符売場は box office》.

**tick・le** /tíkl ティクル/ 動 (現分 tick・ling) 他 **1** …をくすぐる ‖
**tickle** her with a feather 羽根で彼女をくすぐる.
**tickle** his ribs =**tickle** him **in the ribs** 彼の脇腹をくすぐる; 彼を大いに喜ばす.
**2** (略式) 〈事〉〈人・感覚〉を喜ばす, 楽しませる; [be ~d] 満足する ‖
We're highly **tickled** (**that**) you got the prize. あなたが入賞したことに大いに満足している.
—⦿ くすぐったい, こそばゆい, むずむずする ‖
The rough blanket **tickles** a little. 毛の荒い毛布は少しちくちくする.

Q&A **Q** : 子供が人をくすぐるようなときに「コチョコチョコチョ」などと言いますが, 英語ではどうですか.
**A** : 'Tickle-tickle-tick.' と言うようです.

**tick・lish** /tíkliʃ ティクリシュ/ 形 **1** 〈人が〉くすぐったがりの, 〈体の一部が〉こそばゆい. **2** 注意を払っている. **3** (略式) 〈問題・人などが〉扱いにくい, 重大な.

**tick-tack** /tíktæk ティクタク/ 〖擬音語〗名 C **1** (米) (時計などの)カチカチ[チクタク]という音. **2** (心臓の)ドキンドキンという音.

**tid・al** /táidl タイドル/ 形 潮の, 潮による, 干満の ‖
a **tidal** current 潮流.
a **tidal** river 干満のある河.

**tídal wàve** 津波, 高波, 高潮; (津波のように)押し寄せること, どっと広がること.

**tid・bit** /tídbìt ティドビト/ 名 C (米略式) [通例 a ~] 一口のうまい食べ物; (ニュースなどの)断片, さわり ‖
a **tidbit** of gossip ちょっとしたうわさ話.

**tide** /táid タイド/ (同音 tied)

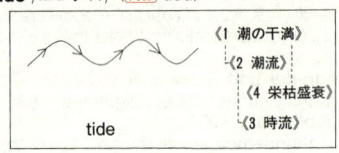

```
            〈1 潮の干満〉
    ↗↘↗↘   〈2 潮流〉
            〈4 栄枯盛衰〉
   tide     〈3 時流〉
```

名 **1** U C 潮の干満; 潮汐(ちょうせき) ‖
The **tide** comes in. 潮がさす.
The **tide** is in [high]. =It is high **tide**. 満潮である.
The **tide** is out [low]. =It is low **tide**. 干潮である.
The **tide** is ebbing [on the ebb]. 潮が引いている.
**2** C 潮流; (詩) (川・血などの)流れ, [通例 ~s] 海(の水) ‖ strong **tides** 激流.
**3** [the ~] (世論・運などの)傾向, 形勢; 時流 ‖
go [swim] **with the tide** (略式) 時流に乗る.
go [swim] **against the tide** (略式) 時流に逆らう.
turn the **tide** 形勢を変える.
The **tide** is against him. 形勢は彼に不利だ.
The **tide** turns in her favor. 形勢は彼女に有利になる.
**4** C (事業などの)栄枯盛衰(えいこせいすい), 消長; 絶頂期; どん底.

―**動** (現分) tid·ing) 倒 潮のまにまに漂う；なんとかやっていく；生き残る．
―他 …を潮に乗せて運ぶ ‖
tide one's way 潮に乗って進む．
**tíde òver** (1) [略式] [他] …に困難[危機]を乗り切らせる, 切り抜けさせる ‖ This food will tide us **over** till spring. これだけの食糧があれば春までもちこたえられるだろう． (2) [〜 A over B] A〈人〉にB〈困難・危機〉を乗り切らせる．

**ti·dy** /táidi タイディ/ ‖比較 ··di·er, 最上 ··di·est) **1** きちんとした, 整然とした；さっぱりした, こぎれいな；きれい好きな (↔ untidy) ‖
wear one's **tidy** hair 髪にくしを入れている．
**2** [略式] 満足な, なかなかよい；〈収入などが〉かなりの, 相当の ‖
a **tidy** fortune 相当な財産．
―**動** (三単現) ti·dies/-z/；過去・過分 ti·died/-d/) 他 …をきちんとする, 整頓(ٮ)する, 片付ける ‖
**tidy** (up) oneself 身づくろいをする．
**tídy úp** [他] …をきちんとする, 片付ける．
―**名** (複 ti·dies/-z/) ⓒ 小間物入れ；(流しの)水切りかご．

\***tie** /tái タイ/ [「曳(ʰ)く」が原義. cf. tug]
→ **動 1** 結ぶ **2** くくる；つなぐ **3** 縛りつける **4** 同点になる 倒 **1** 結べる
**名 1** 結ぶもの, ひも；ネクタイ **4** 重荷 **5** 同点, 引き分け
―**動** (三単現) 〜s/-z/；過去・過分 〜d/-d/；現分 ty·ing)

┌―他と自の関係―┐
│ 他 1    tie A       A〈ひもなど〉を結ぶ │
│ 自 1    A tie       A〈ひもなど〉が結べる │
└―――――――――┘

―他 **1** 〈ひもなど〉を**結ぶ**；…のひもを結ぶ (↔ un-tie) ‖
**tie** one's shoes 靴のひもを結ぶ．
**2** …を**くくる, 縛る**；…を**つなぐ, 結びつける** ‖
**tie** his hands together 彼の両手を縛り合わせる．
**tie** a horse **to** a pole 馬を柱につなぐ．
She **tied up** her gift **with** a yellow ribbon. 彼女は贈り物を黄色いリボンでくくった．
**3** [比喩的に] …を**縛りつける**, 束縛する, 拘束する ‖
Illness **tied** him **to** his bed. 彼は病気で寝ていなければならなかった．
**4** 〈相手〉と**同点になる**；[通例 be 〜d]〈試合・得点が〉同点になる ‖
I **tied** her for second place. 私は彼女と2位を分けあった．
―倒 **1** 〈ひもなどが〉**結べる**；〈服が〉結ばれる ‖
This rope doesn't **tie** well. このロープはよく結べない．
**2** 同点になる ‖
Two horses **tied for** first place. 2頭の馬が1位を分けあった．

◦**tie úp** (1) [自] 関連がある, 一致する；**合併する**. (2) [他] …を包装する；…に包帯をする；→ **名 2**. (3) [他] [通例 be 〜d] 忙しい ‖ I was **tied up** at the office until ten o'clock. 私は忙しくて10時まで会社にいた．
―**名** (複 〜s/-z/) ⓒ **1** 結ぶもの, ひも, なわ；ネクタイ ((米ではしばしば) necktie)；(略式) [〜s] ひも付き短靴 ‖
a bow **tie** 蝶ネクタイ．
**2** 結び目, 飾り結び．
**3** [正式] [〜s] つながり, きずな, 縁(ぇ) ‖
Tom is bound to John **by ties of** friendship. トムはジョンと友情のきずなで結ばれている．
She rose to the top through use of her **ties** with the Government. 彼女は政府のコネでトップまでのしあがった．
**4** [略式] [通例 a 〜 / the 〜] **重荷, 足手まとい**；[しばしば 〜s] 束縛, 拘(ぅ)束(するもの) ‖
My business **ties** prevent me from taking a holiday. 仕事に縛られて休暇もとれない．
**5** 同点, 引き分け, タイ；引き分け試合；優勝決定戦；勝ち抜き試合 ‖
play [shoot] off a **tie** 優勝決定戦をする．
The baseball game ended in a **tie**, 5 to 5. 野球の試合は5対5の引き分けに終わった．

**tie·pin** /táipìn タイピン/ 名 ⓒ ネクタイピン．
**tier** /tíər ティア/ (同音 tear¹) 名 ⓒ [正式] (棚・ケーキなどの重なったり並んだりした)層, 列, 段；(劇場の階段状の)座席．
**tie-up** /táiʌ̀p タイアプ/ 名 ⓒ [略式] 提携, 協力, タイアップ；関係, つながり．

\***ti·ger** /táigər タイガ/ [「すばやい動物」が原義]
**名** (複 〜s/-z/；集合名詞 **ti·ger**；〈女性形〉**ti·gress** /-gris/) ⓒ **1 トラ**；トラに似た動物《cougar, jaguar など》《♦ 子供は cub, whelp．ほえ声は roar, growl》‖
an American **tiger** ジャガー (jaguar).
the red **tiger** クーガー (cougar).
**2** 獰猛(ʓうもう)な男, 乱暴者．

\***tight** /táit タイト/ [「張る (stretch)」が原義]
飛 tighten (動)

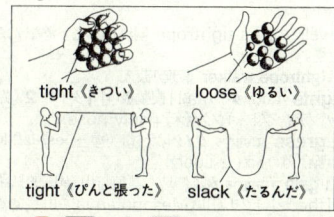

tight 《きつい》   loose 《ゆるい》
tight 《ぴんと張った》 slack 《たるんだ》

―**形** (比較 〜·er, 最上 〜·est) **1 きつい**, 堅い, しっかりした (↔ loose) ‖
a **tight** drawer 堅い引き出し．
take a **tight** grip on the rope ロープをしっかりと握る．
**2 ぴんと張った** (↔ slack) ‖
a **tight** canvas ぴんと張った画布．
Keep the clothesline **tight**. 物干し綱をぴんと張っておきなさい．
**3** 〈布などが〉**目のつんだ, すき間のない**；水[空気]の漏

らない ‖
This roof is completely **tight**. この屋根は全然雨漏りがしません.
**4** きつい, ぴったり合った; 締めつけられる(ような) ‖
My shoes are too **tight**. 私の靴はきつすぎる.
**5** 〈予定などが〉ぎっしり詰まった, 〈容器がいっぱいに〉なった; 〈部屋などが〉身動きできない, 狭い.
**6** きびしい, 厳格な.
**7** やっかいな, 困難な ‖
be in a **tíght** córner [pláce, spót] 進退きわまっている.
**8** 不足している; 金詰まりの ‖
Jobs were **tight** when I graduated from college. 私が大学を出た時は就職難でした.
**9** (略式)けちな, 締まり屋の(↔ generous) ‖
be tight with (one's) money 金に細かい.
**10** (略式)〈試合などが〉互角の, 接戦の ‖
a tight election 伯仲した選挙戦.
**11** (略式)酔っ払った.
──**動** (比較) ~・er, (最上) ~・est **1** 堅く, しっかりと, きつく, ぐっと; ぴったりと ‖
Keep your mouth shut **tight**. 口を堅く結んでおきなさい.
**2** (略式)十分に ‖
sleep tight ぐっすり眠る.
**tíght・ness** 名 U **1** 堅い[きつい]こと. **2** 窮屈. **3** 金融逼迫(ひっぱく), 金詰まり.
**-tight** /-tàit -タイト/ (連結形) …の漏らない, 防…. 例: watertight 防水の, airtight 気密(性)の.
**tight・en** /táitn タイトン/ **動** …をぴんと張る; …をしっかり締める(↔ loosen) ‖
tighten one's belt ベルトを締める; 食事なしで済ます; (略式)倹約する.
──**自** ぴんと張る, しっかり締まる; 堅くなる.
***tíghten úp*** (1) [自] きびしくなる. (2) [他] 〈規制など〉をきびしくする.
**tight・ly** /táitli タイトリ/ **副** 堅く, しっかりと, きつく.
**tight・rope** /táitdròup タイトロウプ/ 名 C 綱渡りの綱 ‖
walk (on) a **tightrope** 綱渡りをする; 危ないことをする.
**tíghtrope wálker** 綱渡り芸人.
**tights** /táits タイツ/ 名 [複数扱い] **1** タイツ. **2** (英)パンティーストッキング((米) panty hose).
**ti・gress** /táigrəs タイグレス/ 名 (複 ~・es/-iz/) C 〔動〕雌のトラ(→ tiger).
**Ti・gris** /táigris タイグリス/ 〔「速い川」が原義〕 名 [the ~] チグリス川《Mesopotamia の川. この流域で古代バビロニア文化が栄えた》.
**til・da** /tíldə ティルダ/ 名 C 〔コンピュータ〕 チルダ《~》.
**tile** /táil タイル/ 名 C U (屋根・壁・床・舗装用の)かわら, タイル; (プラスチックなどの)化粧タイル ‖
a roof of **tile** かわら屋根.
──**動** (現分 til・ing) 他 〈屋根〉をかわらでふく; 〈床〉にタイルを張る.
***till** /tíl ティル/ 《時に təl ティル》
──**前** 《◆ until と意味は同じ. 用法については → until》**1** [主に肯定文で] …まで(ずっと)(=until 前

1).
**2** [否定文で] …まで(…しない)(=until 前 2).
**3** (米略式)(…時)前に(to).
──**接** =until 接 1, 2.

Q&A  **Q** till と until は意味も用法もだいたい同じようですが, 使われ方に違いはありますか.
**A** 米国では until の方が圧倒的に多く使われます. 英国でも一般に今は until が好まれます. また, 英米ともに, till をよく使う人でも文頭では until の方を選ぶようです.

**tilt** /tílt ティルト/ **動** 他 〈テーブルなど〉を傾ける, 〈首〉をかしげる; …を倒す ‖
tilt a boat up ボートを傾ける.
──**自** 傾く, かしぐ; 〈船が〉上下に揺れる.
──**名** C U 傾けること; 傾き, 傾斜, かしぎ ‖
wear a hat at a slight **tilt** 帽子をかしげてかぶる.
have a tilt to the left 左に傾いている.
**tim・ber** /tímbər ティンバ/ 名 **1** U (英)(建築用の製材した)材木, 木材; 板材((主に米・カナダ) lumber. → lumber [Q&A]).
**2** U [集合名詞] (製材用の)樹木, 立ち木; 森林.
**3** C (建物の)梁(はり), (船の)フレーム, 肋(ろく)材.
**tim・bered** /tímbərd ティンバド/ **形 1** 木造の; [複合語で] 造りが…(材)の. **2** 木の茂った.

**\*\*time** /táim タイム/ 《同音 thyme》 〔→ tide〕
→ 名 **1** 時, 時間 **2** 期間, 間 **3** 暇 **4** a 時刻
**b** …時 **6** 適した時 **8** …回 **9** …倍
**11** a 一生 **12** a 時代; 時勢
**動 1** 計る **2** 合わせる; 調節する
──**名** (複 ~s/-z/) **1** U [無冠詞で] 時, (空間に対して)時間; 時の経過, 歳月 《◆ 循環・流転を象徴. → Father Time》 ‖
time and space 時間と空間.
as time passes 時がたつにつれて.
Time is the best medicine. 時は最良の薬だ; 時が解決してくれる.
Time is money. 《ことわざ》「時は金(かね)なり」.
Time and tide wait for no man [none]. 《ことわざ》「歳月人を待たず」《◆機会や時間を生かして, すぐにするように勧める言葉》.
Time flies. 《ことわざ》光陰矢のごとし.
[C と U] 時間 U
回数 C
**2** U [しばしば a ~] **期間, 間** ‖
for a lóng tíme 長い間.
You have been **a time**. ずいぶん手間取ったじゃないか 《◆ be 動詞と共に用いて, 副詞的に用いる》.
She has lived here **a considerable time**. 彼女はここにかなり長く住んでいる.
I had to wait quite some **time**. 相当長く待たされた.
**3** U 暇, 余裕; 所要時間, タイム ‖
I will come if I have the **time**. 時間があれば参ります.

**time** 1485 **time**

You have no time to lose. ぐずぐずしている暇はない.
Give me time to try again. もう一度やってみる時間をください.
That will take a lot of time to do. それをするにはずいぶん時間がかかるでしょう.
I'll be back in twenty minutes' time. 20分もしたら戻ってきます《♦in twenty minutes ほど明確な言い方でない》.
There's still time for us to see the film. まだ映画を見る時間があります.

**4** Ⓤ **a 時刻** ‖
opening time 開店時刻.
closing time 閉店時刻.
What time is it in the kitchen? 台所の時計は何時ですか(=What does the clock say in the kitchen?).
Look at the time. 時間を見よ；さあ時間だよ《♦出発の時間だ, など》.
It's time for lunch. 昼食時間ですよ.
He cannot tell the time yet. 彼はまだ時計の見方を知らない.
[対話] "What time is your appointment?" "It's two thirty." 「ご予約は何時ですか」「2時半です」.
[対話] (尋問されて) "What time did you get home?" "About 10:15, give or take a few minutes." 「帰宅は何時でしたか」「10時15分頃でした. 2, 3分前後の幅はありますが」.

> [関連] [**時刻をきく表現**] What time is it? /(英) What is the time? / Do you have the time? /(米) What time do you have? /(主に英話式) Have you got the time on you? 何時ですか.

**b** [複合語で] **…時；標準時** ‖
súmmer tìme (英) =(米) daylight saving (time) 夏時間.
stándard tìme (→ standard).
Gréenwich tìme グリニッジ標準時.
I am still on New York time. ぼくのからだはまだニューヨーク時間《♦時差ぼけの表現》.

**5** Ⓤ **(特定の)時, おり；時節；時節** ‖
at that [the] time その当時.
at the time of the explosion 爆発時に.
Winter is the coldest time of the year. 冬は1年中でいちばん寒い季節だ.
The time will come when you will repent having said so. そう言ったことを後悔する時が来るだろう《♦When 節は time を修飾. → when 圓 **2 a**》.

**6** Ⓤ [しばしば a ~] **適した時；時機, 機会, 出番** ‖
It's time. それでは《♦別れるときなどに用いる》.
It's my time. 私の出番だ.
It's (high) time (that) I was going. もうおいとまをしなければなりません《♦that 節の中は過去形を用いる. 次例も同じ》.

It's about time I had a vacation. そろそろ休暇を取ってもよいころだ.
It is not time to go to bed. 寝るにはまだ早い.
There is a time for everything. 物事にはすべて潮時がある.

**7** [a ~] **(経験する)時間, ひと時** ‖
Did you have a good time at the party? (略式) パーティーは楽しかった？.
I had a lovely time. 楽しいひと時でした《♦客から主人への帰りぎわの言葉》.
I had a difficult time finding her house. 彼女の家を見つけるのに苦労した.

**8** Ⓒ **…回, 度** ‖
this time 今回は.
Say it three times. それを3度言いなさい(→ twice 圓 **1**).
That's the fifth time you've told me. あなたからそれを聞くのは5度目です.

**9** Ⓤ **…倍** ‖
Four times five is [equals] twenty. 5かける4は20.
He has three times as many records as I have. 彼は私の3倍のレコードを持っている《♦「2倍」は twice がふつう(cf. twice 圓 **2**). 3倍以上は three [four] times のように用いる》.

> [Q&A] **Q**: 3×4＝12の読み方は Three times four is [equals] twelve. でいいのですか.
> **A**: 読み方としてはそれで結構ですが, この英文は「4を3倍すると12になる」という意味なのです. 日本人なら上の式を見て「3を4倍すると12になる」と考えますから, この意味を言おうとすると Four times three is [equals] twelve. となります(→ multiply [関連]).

**10** [接続詞的に] **…する時に** ‖
The first time I saw him, he was a bachelor. 初めて会った時は彼は独身だった.
Every time I went to see her, she was not at home. 会いに行くたびに彼女は留守だった.

**11** [one's ~] **a 一生** ‖
The fame will outlast his time. その名は彼の死後も残るであろう.

**b 若いころ** ‖
She was beautiful in her time. 彼女は若いころは美人だった.

**12 a** Ⓒ [通例複合語で；しばしば ~s] **時代；時勢, 景気；[the ~(s)] 現代** ‖
Victorian times ビクトリア朝時代.
hard times 不景気.
the leading scientists of our time(s) 我々の時代の一流の科学者たち.
in the time(s) of Shákespeare =in Shákespeare's time(s) シェイクスピアの時代に.
[対話] "I haven't learned how to use this new computer software yet." "You should learn it. Times are changing very fast." 「この新しいコンピュータソフトの使い方をまだ

覚えていないんです」「習った方がいいよ. 時代はどんどん変わっているんだから」.
**b** [Times] → Times ; [T~] → Time.
**13** Ⓤ 勤務時間；時間給，日給 ‖
work full time 常勤として働く《◆「非常勤」なら part time》.
get time and a half for working on Saturday 土曜日に勤務して1.5倍の超過勤務手当をもらう.
**14** [one's ~] 死期；出産の日 ‖
Her time was drawing near. 彼女の死期[出産]が近づいていた.

**abréast of the tímes** 時勢に遅れないで；現在のことに通じて.
**ahéad** [**in advánce**] **of** one's **tíme** 時代に先んじた考えを持って.
**ahéad of tíme** 定刻より早く.
◇**áll the tíme** (1) その間ずっと，初めからずっと ‖ He wasn't listening all the time. (↗)[↘] 彼はその間ずっと聞いていなかった；[部分否定] [↘] …ずっと聞いていたわけではない. (2) いつでも，常に. (3) [接続詞的に] …している間じゅう ‖ He looked into the mirror all the time he was talking. 彼は話している間ずっと鏡を見ていた.
**ány time** =anytime.
**at áll tímes** いつも，常に.
**at ány tíme** いつでも，どんな時でも；いつなんどき.
**at a tíme** 一度に；続けざまに ‖ She went up the stairs two at a time. 彼女は階段を一度に2段ずつ上った.
**at óne tíme** (1) 昔は，かつては. (2) 同時に，いっせいに.
**at óther tímes** ほかの時に.
**at the sáme time** → same 形.
**at thís time of** (**the**) **dáy** 今ごろになって，こんな段階[時期]にきて.
**at tímes** ときどき，たまに.
**befóre** one's **tíme** (1) =ahead [in advance] of one's TIME. (2) まだその時とならないうちに；…が生まれる前に. (3) 寿命が尽きる前に ‖ die at a young age before one's time 天寿を全うせずに早死にする.
**behínd the tímes** 《やや正式・古》時勢に遅れて.
**behínd tíme** 《やや正式》定刻より遅れて ‖ This bus is fifteen minutes behind time. このバスは定刻より15分遅れています.
◇**by the tíme** (1) その時までに. (2) [接続詞的に] …する時までには《◆ till / until は「…まで(ずっと)」の意》‖ By the time you come home, supper will be ready. あなたが家に帰るまでには，夕食の用意はできているでしょう.
**for a lóng tíme** → long 形.
**for a tíme** 一時は.
**for the fírst tíme** → first 形.
**for the time béing** → being 形.
**from time to time** ときどき，時折.
**hálf the tíme** (1) 半分の時間，思ったよりも短い時間. (2) 《略式》しばしば；ほとんどいつも.

**in góod tíme** 《略式》(1) 時間どおりに. (2) 予定より早く；十分間に合う時刻に. (3) やがて，ついには.
**in nó time** (**at áll**) =**in léss than nó tíme** = **in néxt to nó tíme** 《略式》すぐに，間もなく；あっという間に ‖ She will be here in no time. 彼女はまもなく来るでしょう.
**in** one's **ówn góod tíme** 《略式》(1) 都合のよい時に. (2) 急がないで，自分なりのペースで.
◇**in tíme** (1) そのうちに，早晩. (2) 間に合って，遅れずに ‖ I didn't send my application in time. 願書を出すのが間に合わなかった. (3) 正しい拍子[リズム, 歩調]で；調子を合わせて.
**kéep tíme** (1) 〈時計が〉時を刻む；速度を測る；時間を記録する ‖ keep good time 〈時計が〉時間が正確である. (2) 正確な拍子で演奏する[歩調で行進する]；調子を合わせて演奏[行進, ダンス]をする.
◇**kíll tíme** 《略式》時間をつぶす ‖ How did you kill time while you were waiting? 待っている間どのようにして時間をつぶしましたか.
**lóse tíme** 時間を浪費する ‖ He lost no time (in) phoning the doctor. 彼はただちに医者に電話した.
**máke tíme** 急ぐ；〈乗物が〉(遅れを取り戻すために)スピードを出す ‖ We made good time between Nara and here. 奈良からここまでは道がはかどった.
**mány a tíme** 《正式》いく度も，しばしば.
**mány tímes** 《米略式》何度も.
**ónce móre tíme** 《米》=once again (→ once 副).
**ónce upón a tíme** → once 副.
**óne at a tíme** (一度に)ひとつ[1人]ずつ.
◇**on tíme** [文尾で] 時間どおりに，定刻に ‖ The train arrived on time. 列車は定刻に到着した.
**óut of tíme** (1) 調子はずれの；歩調が合わない. (2) 季節はずれの.
**óver tíme** 時がたてば；(過去のことについて)やがて.
**táke tíme** 時間がかかる.
**táke** one's **tíme** ゆっくりやる，自分なりのペースでやる ‖ Take your time. ゆっくりやってください，急がないで.
**táke** (**the**) **tíme óff** [**óut**] 時間をさく ‖ Thank you very much for taking time out to see me. お忙しいところをわざわざお会いくださいましてありがとうございます.
**téll** (**the**) **tíme** 〈子供などが〉時計を見て時刻がわかる(→ **4 a**).
**There was a tíme when …** =**Tíme was when …** 以前は…だった.
**the tíme of dáy** 時刻.
**thís time aróund** 今回は，今度は.
**tíme áfter tíme** =**tíme and** (**tíme**) **agáin** しばしば，いく度も，くり返し.
**wáste tíme** =lose TIME.

——動 《三単現》~s/-z/；《過去・過分》~d/-d/；《現分》tím・ing.
——他 **1** 〈速度〉を計る；〈レース・走者など〉の**タイム**を計る，タイムを記録する ‖

Will you **time** me in the race? レースでぼくのタイムを計ってくれませんか.

**2** 〈時計〉を**合わせる**; 〈エンジンなど〉を**調節する**; 〈行為など〉にふさわしい**時を選ぶ**; [通例 be ~d]〈列車などが〉時間が決められている ‖
The train is **timed** to arrive at 9:10. 列車は9時10分に到着することになっています.

**3** 〈ステップなど〉を**合わせる** ‖
**Time** your steps **to** the beat. 足を拍子に合わせなさい.

**4** 〈ボールなど〉をタイミングよく打つ.

**tíme bòmb** (1) 時限爆弾. (2) 危険な状態.

**tíme càpsule** タイムカプセル《将来取り出してみるために現在の文書・品物などを地中に埋めておく容器》.

**tíme càrd** 勤務時間記録票, タイムカード.

**tíme clòck** (出退社時刻を記録する)タイムレコーダー.

**tíme lìmit** 時限, 日限, タイムリミット.

**tíme machìne** タイムマシン《SF などで過去・未来へ行ける装置》.

**tíme óut** =time-out.

**tíme shèet** =time card.

**tíme sìgnal** (ラジオなどの)時報 ‖ put a watch right by the **time signal** 腕時計を時報に合わせる.

**Time** /táim タイム/ 名 タイム《米国の代表的週刊誌》

**time-con·sum·ing** /táimkənsjùːmiŋ タイムコンスーミング(**タイムコンスューミング**)/ 形 時間のかかる, 時間のかかりすぎる.

**time·less** /táimləs タイムレス/ 形 《正式》**1** 永遠の, 永久の. **2** 時間を超越した, 特定の時と関係ない.

**time·ly** /táimli タイムリ/ 形 (比較 -li·er, 最上 -li·est) 時を得た, タイムリーな ‖
a **timely** hit 〖野球〗適時打, タイムリーヒット.

**time-out, time·out,** time out /táimáut タイマウト/ 名 C 《米》**1**〖スポーツ〗タイム, 試合の一時中止. **2** (仕事の)小休止.

**tim·er** /táimər タイマ/ 名 C **1** 計時係; 作業時間係. **2** タイムスイッチ, タイマー; 時計.

**Times** /táimz タイムズ/ 名 **1** [The ~]『タイムズ』紙《英国の代表的新聞. The London Times ともいう》. **2** [新聞名として]…タイムズ ‖
The New York **Times** 『ニューヨークタイムズ』紙.

**Tímes Squáre** タイムズ広場《New York 市の中心部にある. 付近には劇場が多い. もと The New York Times 社があった》.

**time·ta·ble** /táimtèibl タイムテイブル/ 名 C (交通機関の)時刻表; (学校の)時間割; (行事の)予定表.

**tim·id** /tímid ティミド/ 形 (通例 比較 ~·er, 最上 ~·est)

**1** おどおどした, 臆病(おくびょう)な; 内気な; 気の弱い; 恐れる ‖
He is **timid** of snakes. 彼はヘビがこわい.

**2** 自信のない, 決断に欠ける; 大胆さのない, 及び腰の.

**ti·mid·i·ty** /timídəti ティミディティ/ 名 U 臆病(おくびょう)さ; 内気.

**tim·id·ly** /tímidli ティミドリ/ 副 こわごわ, おどおどして.

**tim·ing** /táimiŋ タイミング/ 動 → time.
——名 U タイミング, 好機の選択; 時間調整; (演技・打撃・スタートの)間のとり方; (ストップウォッチによる)計時.

*__tin__ /tín ティン/
——名 (複 ~s/-z/) **1** U 〖化学〗スズ《記号 Sn》; ブリキ.
**2** C 《英》スズ[ブリキ]製の容器; **かん詰めのかん** (can)《◆《英》でも今は can を用いるほうが多い》‖
a **tin** of beans 豆のかん詰め.
——形 **1** スズ[ブリキ]製の. **2** 安っぽい, つまらない.
——動 (三単現 ~s/-z/; 過去・過分 tinned/-d/; 現分 tin·ning)
——他 …にスズをかぶせる, メッキする; 《英》…をかんに入れる, **かん詰めにする**(can).

**tín sóldier** (ブリキ製の)おもちゃの兵隊.

**tin·der** /tíndər ティンダ/ 名 U 《正式》(火打ち石から出る火花を捕える)火口(ほぐち); 火のつきやすいもの.

**tin·foil** /tínfɔ́il ティンフォイル/ 名 U (食べ物を包む)スズ箔(はく); アルミホイル.

**tinge** /tíndʒ ティンヂ/ 《文》動 (現分 ting·ing) 他 [通例 be ~d] **1** 薄く着色される. **2** 気味を帯びる, 添える.
——名 **1** [a ~] 色, 色合い ‖
a gray **tinge** =a **tinge** of gray 灰色がかった色.
**2** [a ~ of + U 名詞] (色・感情などの)…の気味, …じみた所 ‖
There is **a tinge of** sadness in the music. その音楽はどことなくもの悲しい.

**tin·gle** /tíŋgl ティングル/ 動 (現分 tin·gling) 自 **1** ひりひり[きりきり, ちくちく]痛む ‖
My face is **tingling** with cold. 寒さで顔がひりひり痛む.
**2** ぞくぞく[うずうず]する ‖
She was **tingling** with anger. 彼女は怒りではらわたが煮えくり返っていた.
——名 [a ~] ひりひり[きりきり, ちくちく]する痛み, うずき; ぞくぞくする興奮.

**tin·ker** /tíŋkər ティンカ/ 名 C **1** (旅回りの)鋳掛(いか)け屋, へまな職人; 《米》なんでも屋, よろず屋.
**2** [a ~] (へたな)修理; いじくり回し ‖
have a **tinker** at the TV set テレビをいじる.
——動 自 **1** 鋳掛(いか)け屋(の仕事)をする.
**2** へたな修理をする; (修理・改造などで)いじくり回す ‖
**tinker** about with the TV set テレビをいじる.

**tin·kle** /tíŋkl ティンクル/ 《擬音語》動 (現分 tin·kling) 自 《文》チリンチリン[リンリン]と鳴る; 〈雨などが〉音をたてる ‖
The rain **tinkled** on the tin roof. 雨がぱらぱら

timid《臆病な》

らトタン屋根に降った.
── 名 (文) [a ~ / the ~] (鈴などの)チリンチリン[リンリン]という音 ‖
give him a tinkle 《英略式》彼に電話をする.

**tin·ny** /tíni ティニ/ 形 (比較) -ni·er, (最上) -ni·est) **1** スズの(ような). **2** (略式)かん高い.

**tin·sel** /tínsl ティンスル/ 名 U **1** ぴかぴか光る金属片[糸]《衣装・クリスマスツリーなどの装飾用》; 金銀糸. **2** 安びか物. ── 形 金ぴかの; 見かけ倒しの.

**tint** /tínt ティント/ 名 **1** (文) 色, 色合い, 色調; [複合語で] …がかった色 ‖
(a) green of [with] a yellow(ish) tint 黄色がかった緑.
**2** C ほのかな色; (白のまざった)淡色; (色の)濃淡, 映り. **3** UC 毛染め; [a ~] 毛を染めること.
── 動 他 …を染める ‖
tint her hair (with) red 彼女の髪を赤く染める.

**ti·ny** /táini タイニ/ 形 (比較) -ni·er, (最上) -ni·est) ごく小さい, ちっちゃな(↔huge); ごくわずかの, ちょっとの ‖
a tiny little girl ちっちゃなかわいい女の子.

**tip**¹ /típ ティプ/
── 名 (複 ~s/-s/) C **1** [しばしば the ~] (とがった)先, 先端; (山などの)頂上, 頂点 ‖
the tips of one's fingers 指先.
the tip of the iceberg 氷山の一角.
walk on the tips of one's toes つま先で歩く.
**2** 先端に付ける物 ‖
a cigarette with a filter tip 先にフィルターの付いた巻きタバコ.
**from tip to tip** (鳥の)翼の先から先まで.
── 動 (過去・過分) tipped/-t/; (現分) tip·ping) 他 …の先に付ける; …の先を覆う ‖
tip a cigarette with a filter 巻きタバコの先にフィルターを付ける.
The mountain was tipped with snow. 山の頂上は雪に覆われていた.

*__tip__² /típ ティプ/
── 名 (複 ~s/-s/) C **1** チップ, 心づけ, 祝儀 ‖
She gave the taxi driver a large tip. 彼女はタクシーの運転手にチップをはずんだ.
Here's your tip. (渡すときに)チップです.
**2** 内報, 秘密情報《◆information より口語的》; 予想; 助言, 警告; 秘訣(ひけつ) ‖
a tip for the race レースについての予想.
a tip for listening 聴き取りのヒント.
a tip on how to save money 金をためる秘訣.
miss one's tip 予想がはずれる.
Take my tip. =Take a tip from me. 私の忠告どおりにしなさい.
They got a tip that the bank would be robbed the next day. 翌日その銀行が襲われるというたれこみがあった.
── 動 (過去・過分) tipped/-t/; (現分) tip·ping) 他 …にチップをやる; [tip A B] A〈人〉に B〈金額〉のチップをやる ‖
She tipped the waitress fifty cents. 彼女はウェイトレスに50セントのチップをやった.

── 自 チップをやる.
**tip óff** [他] …に内報[警告]する.

**tip**³ /típ ティプ/ 名 C **1** 傾ける[傾く]こと, 傾斜. **2** (英)ごみ捨て場; (英略式)汚い場所.
── 動 (過去・過分) tipped/-t/; (現分) tip·ping) 他 **1** …を傾ける, …をひっくり返す. **2** (英) …を捨てる, ほうり出す, 移し入れる. **3** (帽子)にちょっとさわってあいさつする. ── 自 傾く; ひっくり返る.

**tip**⁴ /típ ティプ/ 名 C [通例 a ~] 軽打; 〔野球・クリケット〕チップ. ── 動 (過去・過分) tipped/-t/; (現分) tip·ping) 他 …を軽く打つ; 〔野球・クリケット〕〈ボール〉をチップする.

**tip-off** /típɔ̀(ː)f ティポーフ/ 名 **1** C (略式)内報; 警告. **2** 〔バスケットボール〕チップオフ《ジャンプボールを投げ上げて試合を開始すること》.

**tip·sy** /típsi ティプスィ/ 形 (比較) -si·er, (最上) -si·est) (略式) ほろ酔いの; 〈足が〉ふらついた.

**tip·toe** /típtòu ティプトウ/ 名 C 形副 つま先(の, で); 忍び足(の, で).
**on tiptoe** (1) つま先で ‖ walk on tiptoe つま先で歩く. (2) 静かに; こっそりと.
── 動 (過去・過分) ~to·ing) 自 つま先で立つ; つま先で歩く, 忍び足で歩く.

**ti·rade** /táireid タイレイド/ 名 C (正式) 激しい非難の長演説.

*__tire__¹ /táiər タイア/ [「肉体的・精神的に弱る」が本義] 派生 tiresome (形)
── 動 (三単現) ~s/-z/; (過去・過分) ~d/-d/; (現分) tir·ing/táiəriŋ/)

| ── 他 と 自 の関係 ─── | |
| 他 **1** tire A | **A** を疲れさせる |
| 自 **1** **A** tire | **A** が疲れる |

── 他 **1** …を疲れさせる ‖
The long walk tired me out. 長く歩いたのでたくなった.
**2** …をあきあきさせる, うんざりさせる ‖
His long talk tired me. =He tired me with his long talk. 彼の長い講話にはうんざりした.
── 自 **1** 疲れる ‖
対話 "Do you have to stop again? We'll never get there." "Sorry, but I'm afraid I tire very easily in summer." 「また立ち止まるのかい. これじゃいつまでたっても着けないよ」「ごめん. でも夏になるととても疲れやすいんだ」.
**2** あきる, うんざりする.

*__tire__², (英) tyre /táiər タイア/
── 名 (複 ~s/-z/) C (乗物の)タイヤ(図)→ car); (車輪の)輪金 ‖
a flat tire 空気の抜けた[パンクした]タイヤ.
place a tire on the vehicle 車にタイヤをつける.
pump air into a tire =pump up a tire タイヤに空気を入れる.

**tired** /táiərd タイアド/ [→ tire¹]
── 動 tire¹.
── 形 (比較) more ~, ~·er; (最上) most ~, ~·est) **1** [肉体的疲労] [通例補語として] 疲れた ‖

I'm still a little **tired** from the plane trip. 飛行機の旅でまだ少し疲れています.
You must be (very) **tired after** walking so far. そんな長い距離を歩いたあとではさぞ疲れたでしょう.
Her arms got **tired** holding the rod in position all the time. 彼女はつりざおをちゃんと支えていたので腕が疲れた.

対話 "Are you feeling **tired**? Let's take a break." "OK. Good idea." 「疲れた? 少し休憩しよう」「うん、それがいいね」.

**2** [精神的疲労] [be tired of A] …に飽きている, うんざりしている (→ weary Q&A) ‖
I am **tired of** her complaints. 彼女の小言にうんざりしている.
If you get **tired (of)** hanging around, paint the fence. ぶらぶらしていることに退屈したら、塀のペンキ塗りをしてくれ.

**déad tíred** = **tíred óut** = **tíred to déath** 《略式》へとへとになって, 疲れ果てて.

◇**síck and tíred** すっかりいやになって.

**tíred·ness** 名 U 疲労, 倦怠(けんたい).

**tire·less** /táiərlɪs タイアレス/ 形 《正式》 **1** 疲れない, 疲れを知らない. **2** たゆみない, 不断の.
**tíre·less·ly** 副 疲れずに.

**tire·some** /táiərsəm タイアサム/ 形 **1** あきあきする, 退屈な

対話 "How was the lecture?" "It was very tiresome." 「講義はどうだった?」「とても退屈だったよ」◆主語が It で I ではないことに注意. → tedious Q&A.

Q&A Q: 「退屈な」の意を表す語には他にどんなものがありますか.
A: 最も一般的な語は boring. tedious は堅い語です. dull は「面白味がなくて退屈な」, monotonous は「単調で退屈な」. tiresome は「長ったらしくて退屈な」を意味します.

**2** 疲れさせる, 骨の折れる;いやな, いらいらさせる; [it is tiresome of A to do / A is tiresome to do] …するとは A はやっかいな人だ ‖
It was **tiresome** of him [He is tiresome] to come so late. 遅刻するなんて彼はいやなやつだった.
**tíre·some·ly** 副 あきあきするほど.

**tir·ing** /táiərɪŋ タイアリング/ 動 → tire.
—— 形 疲れさせる, 骨の折れる;退屈な.

**Ti·rol, Ty-** /tiróul ティロウル/ 名 [the ~] チロル《オーストリア西部とイタリア北部のアルプス山岳地方》.

**'tis** /tɪz ティズ/ 《古・詩》 it is の短縮形.

**tis·sue** /tíʃuː ティシュー, (英+) tísju:/ 名 **1** 《生物》(動植物の細胞からなる)組織《◆1つ1つの組織は C》‖
nervous **tissue** 神経組織.
**2** U《文》(薄くて軽い)織物《絹[金, 銀]糸の織物, ガーゼなど》.
**3** 《正式》[a ~ of + C 名詞複数形] (…の)織り交

ぜ, 連続 ‖
a **tissue of** absurdities でたらめだらけ.
**4** U =tissue paper; C U ティッシュペーパー ‖
toilet **tissue** トイレットペーパー.
**tíssue pàper** 薄葉(うすよう)紙(tissue)《包装, さし絵の覆いに用いられる》.

**tit** /tít ティト/ 名 《◆次の成句で》.
**tít for tát** /tǽt タト/ 《略式》[名] しっぺ返し;売り言葉に買い言葉.

**Ti·tan** /táɪtn タイトン/ 名 C **1** 【ギリシャ神話】ティタン, タイタン《Uranus (天) と Gaea (地) の間に生まれた大力の巨人族の1人》‖
the weary **Titan** 疲れたタイタン《天を双肩で支える Atlas 神のこと》.
**2** [t~] 巨人, 怪力の主; (学識・才能の)傑出した人, 大家, 巨匠.

**Ti·tan·ic** /taɪtǽnɪk タイタニク/ 形 **1** タイタン(Titan)の. **2** [t~] 巨大な, 怪力の. —— 名 [the ~] タイタニック号《1912年 Newfoundland 南方で沈没した英国の豪華客船》.

*****ti·tle** /táɪtl タイトル/ 『「刻まれた銘」が原義』
—— 名 (複 ~s/-z/) **1** C (本・絵などの)題, 表題, 題名, 書名;(本の章・節などの)見出し; [~s] (映画の)字幕(subtitle)‖
give a **title** to a book 本に題名をつける.
Have you chosen a **title** for your story? 物語の題はもう選びましたか.
**2** C U 称号, 敬称, 肩書《◆ Mr, Senator, Doctor, General など》;肩書のある人, 貴族 ‖
a man of **title** (貴族の)肩書のある人.
**3** C (競技の)選手権, タイトル ‖
fight for the world **title** 世界選手権をかけて争う.
**4** 《正式》U [しばしば a ~ / the ~] 権利, 資格;所有権; C =title deed ‖
He has the **title to** this house. この家の所有権は彼にある.
**5** C =title page.
—— 形 **1** 題名と同じである ‖
the **title** song (映画の)題名と同名の歌.
**2** 選手権の ‖
a **title** match 選手権試合.

**títle dèed** 権利証書(title).
**títle pàge** (書物の)表題紙;本, 出版物(title).
**títle ròle** 名画役 ‖ play the **title** role in *Macbeth* 『マクベス』でマクベスの役を演じる.

**ti·tled** /táɪtld タイトルド/ 形 《人が》肩書[爵(しゃく)位]のある.

**ti·tle·hold·er** /táɪtlhòuldər タイトルホウルダ/ 名 C 選手権保持者[チーム].

**Ti·to** /tíːtou ティトウ/ 名 チトー《1892-1980;ユーゴスラビアの大統領》.

**tit·ter** /títər ティタ/ 動 (自) くすくす笑う, 忍び笑いをする. —— 名 C くすくす笑い, 忍び笑い.

**T-junc·tion, T junction** /tíːdʒʌŋkʃən ティーチャンクション/ 名 C T字形三叉(さんさ)路《パイプなどの》T字形接続部.

**TN** (略) 【郵便】 Tennessee.

## **to**

/(前) 子音の前 tə トゥ, t ト, 母音の前 tu トゥ; 文または節の終わり tuː トゥー, (強) túː トゥー; (副) túː トゥー/ (同音) <sup>△</sup>too, <sup>△</sup>two)

→ (前) **I** [方向・到達]
**1** …の方へ[に] **2** …へ **4b** …にとって
**II** [限界・範囲]
**5** …まで
**III** [目的・結果]
**7** …のために **8** …になるまで
**VI** [不定詞を導いて]
**17** …すること **18a** …すべき
**19a** …するために **b** …することを

── (前)
### I [方向・到達]

**1** [方向] **a** …の方へ[に], …に向かって ‖
turn **to** the left 左側へ曲がる.
point **to** the door ドアの方をさす.
The town lies **to** the north of Paris. その町はパリの北方に位置している.
**b** [比喩的に] …の方へ[に] ‖
He tends **to** laziness. 彼は怠惰に走りがちだ.

**2** [到達] …へ, …に, …まで ‖
sail from Europe **to** Canada ヨーロッパからカナダまで船で行く.
go **to** and from the office by bus バスで会社へ通勤する.
The tree fell **to** the ground. その木は地面に倒れた.

**3** [状態の変化] …に, …へ, …まで ‖
rise **to** greatness 偉くなる.
bring it **to** a stop それをやめさせる.
The total came **to** $50. 総計は50ドルになった.
The traffic light changed **to** green. 信号は青に変わった.

**4 a** [動作の対象] …に, …へ ‖
appeal **to** public opinion 世論に訴える.
give approval **to** the proposal その提案を承認する.
She spoke **to** me and (**to**) my parents. 彼女は私と私の両親に話しかけた.
I gave it **to** him. それを彼にやった.
**b** 〈人〉にとって, …に ‖
You are everything **to** me. 君はぼくにはなくてはならない存在だ.
**To** me this seems silly. これは私にはばかげているように思われる.
The fact is known **to** everyone. その事実はみんなが知っている.
It doesn't matter **to** me what you say. 君が何を言おうと私には問題ではない.

### II [限界・範囲]

**5** [限界] [しばしば up **to**] **a** …まで ‖
count (up) **to** 50 50まで数える.
be rotten **to** the core しんまで腐っている.
be wet **to** the skin ずぶぬれになる.
drink **to** the last drop 最後の一滴まで飲み干す.
**b** [時間の限界] …まで; (…分)前 ‖
work from Monday **to** Friday 月曜から金曜まで働く.
The game lasted **to** 10:30. 試合は10時30分まで続いた.
It's an hour **to** dinner. 夕食まで1時間ある.
It's five (minutes) **to** six. 6時5分前です(=(略式) It's five fifty-five.).

語法 次の例では **to** は用いない: I waited for him till [until, ×to] eight o'clock. 私は8時まで彼を待った.

**6** [程度・範囲] …に至るまで ‖
**to** some extent ある程度まで.
**to** the minute 1分とたがわず.
She was kind **to** the end. 彼女は最後まで親切だった.
**To** the bést of my knówledge, he is honest and reliable. 私の知る限り彼は誠実で信頼できる.

### III [目的・結果]

**7** [目的] …のために ‖
go **to** work 働きに出かける.
sit down **to** dinner 食事のために席に着く.
Here's **to** your health! 君の健康を祝して乾杯.
The police went **to** their help. 警察は彼らの救助に向かった.

**8** [結果] …になるまで, その結果… ‖
be struck **to** death なぐり殺される.
be moved **to** tears 感激して涙にむせぶ.
sing a baby **to** sleep 歌を歌って赤ん坊を寝かせる.
The glass was smashed **to** bits. ガラスは壊れて粉々になった.

**9** [**to** A's + 感情を表す名詞] A〈人が〉…したことには ‖
He failed, **to** his dismay. 彼は失敗してひどくろうばいした.
**To** my surprise, he objected **to** the plan. 驚いたことに彼はその計画に反対した.

Q&A **Q**: 「**to** + one's + 感情を示す名詞」の慣用的な言い方にはほかに何がありますか.
**A**: **to** one's regret 残念なことには / **to** one's joy うれしいことには / **to** one's joy うれしいことには / **to** one's sorrow 悲しいことには / **to** one's disappointment がっかりしたことには / **to** one's excitement 興奮したことには / **to** one's relief ほっとしたことにはなどがあります.

### IV [結合・随伴]

**10** [接触・結合] …に, …へ, …に付けて ‖
put one's ear **to** the door ドアに耳をあてる.
apply paint **to** the wall 壁にペンキを塗る.
stick **to** one's opinion 自分の意見に固執(こ)する.
dance cheek **to** cheek ほおとほおを寄せて踊る.

**11** [付加・付属] …に属する, …の; …に加えて ‖
the key to the door ドアのかぎ.
a róom to onesélf 自分一人だけの部屋.
add salt to the soup スープに塩を加える.
the US ambassador to Japan 駐日米国大使.
**12** [随伴・一致] …に合わせて, …に合って, …に応じて ‖
dance to the music 音楽に合わせて踊る.
clothes made to measure 寸法に合わせて作った服.
Your dress isn't to my liking. 君のドレスは私の好みに合わない.
**13** [構成] …に含まれて, …を構成して ‖
There are 100 pence to the pound. 100ペンスで1ポンドになる.
25 to the [a] box 1箱に25個.

**V** [比較・対立・関連]

**14** [比較・対照] …と比べて, …に対比して; …よりも; …につき ‖
two people to a room 1部屋に2人.
I prefer tennis to golf. ゴルフよりもテニスの方が好きだ.
This is superior to that. これはあれよりもまさっている.
This car does 25 miles to the gallon. この車は1ガロンで25マイル走る.
Our team won by a score of six to five. 我々のチームは6対5で勝った.
This book is nothing to the one I read yesterday. この本はきのう読んだのと比べると全くつまらない.
**15** [対立] …に対して ‖
sit face to face 面と向かって座る.
be averse to working 働くのをいやがる.
at right angles to the wall 壁に直角に.
**16** [対応・関連] …について, …に対して ‖
reply to my question 私の質問に答える.
her attitude to me 私に対する彼女の態度.
What do you say to that? それについてはどうだい.
That's all there is to it. (略式)ただそれだけの話だ.

**VI** [不定詞を導いて]

[語法] (1) 否定形は否定語(not, never など)を to の直前に置く: Try *not to* be late. 遅れないようにしなさい.
(2) 不定詞のくり返しを避けるため to のみを用いることがある: I went there because I wanted *to*. 行きたいからそこへ行った《♦ to go の代わり. ただし be 動詞のときは be を省略しないのがふつう: The examination was easier than I imagined it *to be*. 試験は思っていたよりやさしかった》.
(3) 意味上の主語は for **A** を to の直前に置く: He stepped aside *for* her *to* pass. 彼は彼女が中ほどへ進めるようにわきへ寄った.
(4) 知覚動詞(feel, hear, notice, see, watch など)や使役動詞(let, make, have など)の目的格補語となる場合は to をつけない. ただし受身の場合は to が必要: I saw him *come* in. → He was seen *to* come in. 彼が入るのを見た.

**17** [名詞的用法] …すること《♦ 主語・目的語・補語として用いる》‖
To walk is healthy exercise. 歩くことは健康によい運動だ《主語》.
I like to read. 読書が好きだ《目的語》.
The best way is to make efforts. 最善の方法は努力することだ《補語》.
**18** [形容詞的用法] **a** [前の名詞を修飾して] …すべき, …する(ための)《♦ 関係代名詞で言い換えられる》‖
a house to let 貸家.
Give me something to eat. 何か食べ物をください(=Give me something (which) I can eat.).
She was the first to come. 彼女が最初に来た(=She was the first who came.).
What To See (広告などで)見物(品).
**b** [前の名詞と同格的に] …するという ‖
a plan to go hiking ハイキングに行く計画.
There is no need to be in a hurry. 急ぐ必要はありません《(1) この to を用いる名詞: attempt, decision, desire, intention, promise, refusal, tendency, wish など. (2) これらの名詞は動詞形でも to 不定詞を用いるのが特徴》.
**19** [副詞的用法] **a** …するために, …して, …するなんて《♦ 目的・原因・理由・結果・仮定などを表す》‖
I got up early to catch the train. 列車に間に合うように早く起きた《目的》《「…しないために」は not to do よりも so as not to do がふつう: I got up early *so as not to* be late for the train. 電車に乗り遅れないように早く起きた》(cf. in ORDER to do).
He grew up to be a great man. 彼は成長して偉大な大人になった《結果》.
She went out by this door **never** to return. 彼女はこのドアから出て行き, 二度と帰って来なかった《結果》.
He hurried to the house **only** to find it empty. 彼はその家へ急いで行ったが, 空家なのでがっかりした《結果》.
She **must** be a fool to say so. そんなことを言うとは彼女はばかにちがいない《理由・判断の根拠》.
**To** hear you sing, people might take you for a girl. 君が歌うのを聞けば人は君を少女と間違うかもしれない《仮定》.
You are not old enough **to** go to school. 君はまだ学校へ行く年ではない《限定》.
To tell the truth, I don't like him. 実を言えば彼が好きではない《独立不定詞》.
**b** [形容詞・分詞のあとで] …することを, …して, …するとは《♦ 形容詞・分詞の意味内容を具体的に述べたり, 原因・理由を表す》‖

He's anxious **to** buy the painting. 彼はその絵を買いたがっている。
I'm glad **to** see you. あなたにお会いできてうれしい《原因》.
He is able **to** speak Italian. 彼はイタリア語が話せる《cf. his ability to speak Italian》《◆この to を用いる形容詞: afraid, angry, excited, happy, satisfied など》.
── 副 **1** もとの状態[位置]に; 閉まって, 止まって; 正気づいて《通例次の句動詞で》‖
He came tó. 彼は正気づいた.
The door slammed [went, banged] **to**. ドアはバタンと閉まった《◆この to は⒜ では徐々に使われなくなってきた》.
slam [bang, push] the door **to** ドアをバタンと閉める.
**2** 活動[仕事など]を始めて ‖
We sat down for lunch and fell **to**. 《英》我々は昼食の席に着き食事を始めた.
*tó and fró* 《正式》あちこち, 行ったり来たり ‖ She was walking to and fro in the room. 彼女は部屋をあちこち動き回っていた.
**TO**《略》turnover; turn over (→ PTO).

**toad** /tóud トウド/ 图 C 〖動〗ヒキガエル, ガマ《◆悪魔・魔女を連想させる》.

**toad·stool** /tóudstù:l トウドストゥール/ 图 C 〖菌類〗(食用でない)キノコ《キコリダケなど》; 毒タケ.

**toast**[1] /tóust トウスト/ 图 U トースト ‖
How many slices of **toast** do you have for breakfast? 朝食にトーストを何枚食べますか.
── 動 他 〈パン・ベーコンなど〉をこんがり焼く, トーストにする《関連》→ bake》.
**2** 〈足・からだなど〉を十分に暖める ‖
**toast** one's hands by the fire 火で手を暖める.
── 自 こんがり焼ける.

**toast**[2] /tóust トウスト/ 图 C 乾杯, 祝杯; 乾杯の発声 ‖
Here's a **toast** to a very happy future life together. 2人の幸せな未来のために乾杯!
respond [reply] to the **toast** 乾杯に対して謝辞を述べる.
Let's drink a **toast** to his victory. 彼の勝利を祝って乾杯しよう.

> Q&A **Q**:「乾杯!」は何と言いますか.
> **A**: Toast! / Cheers! /《略式》Bottoms up! のほかに, Here's to you!（君の健康を祝って）/ To our happiness!（我らの幸福のため）などと言います.

── 動 他 〈人〉に乾杯する; …を祝して乾杯する.

**toast·er** /tóustər トウスタ/ 图 C **1** トースター. **2** パンなどを焼く人.

**toast·mas·ter** /tóustmæstər トウストマスタ | -mà:s- マースタ/ 图 (《女性形》 **-mis·tress**) C 乾杯の発声者; 宴会の司会者((PC) head speaker)).

**to·bac·co** /təbǽkou トバコウ/ 图 (《複》 ~**s**, ~**es**-/-z/) U **1** 〖植〗タバコ《熱帯では多年草, 温帯では一年草》.
**2** 刻みタバコ《◆種類をいうときは C》‖
mild **tobaccos** 軽いタバコ.
buy some pipe **tobacco** パイプ用のタバコを買う.
**3** 喫煙(の習慣)‖
give up **tobacco** 禁煙する.

**to·bac·co·nist** /təbǽkənist トバコニスト/ 图 C《主に英》タバコ屋; タバコ商人 ‖
at a **tobacconist's** タバコ店で.

**-to-be** /-təbí: -トゥビー/《連結形》(近い)将来…になる(人). 例: bride-**to-be**（もうすぐ）花嫁になる人, the president-**to-be** 大統領予定者.

**to·bog·gan** /təbágən トバガン | -bɔ́g- トボガン/ 图 C《米》トボガン《平底で先端が曲がったそりで遊戯・競技用》.

**To·by** /tóubi トウビ/ 图 《愛称》トビー《◆犬にもよくある呼び名》.

## to·day, 《古》to-day /tədéi トゥデイ, 《英+》tu-/ 〖この日 (day)に(to)〗
── 图 U **1** きょう ‖
Bring me **today's** newspaper. きょうの新聞を持ってきてくれ.
the lesson for **today** きょうの授業.
**Today** will be fine. i) きょうは天気がよいでしょう (=The weather [It] will be fine **today**.). ii)《会合などで》きょうは都合がいい.
対話 "What day is it **today**?" "It's Saturday." 「きょうは何曜日かな」「土曜日です」(→ tomorrow Q&A).
**2** 現代, 今日《論》‖
He is one of the best writers of **today**. 彼は最もすぐれた現代作家の1人です.
the young of **today** = **today's** young [youth] 今日の若者.
── 副 **1** きょう(は), きょうじゅうに ‖
**today** week 《英》来週のきょう.
It's nice todày. きょうは天気がいい.
Finish your homework **today**. 宿題はきょうじゅうにすませなさい《◆×within today とはいわない》.
I went to the dentist **today**. きょうは歯医者に行った.
**2** 今日では, 現今では, このごろは ‖
Many women work in the business world **today**. 今日では多くの女性が実業界で働いている.

**tod·dle** /tádl タドル | tɔ́dl トドル/ 動 (《現分》 **tod·dling**) 自 **1** よちよち[ちょこちょこ]歩く. **2**《略式》散歩する, ぶらぶら歩く.

**tod·dler** /tádlər タドラ | tɔ́d- トドラ/ 图 C よちよち歩きの幼児, 歩き始めの子.

**toe** /tóu トウ/ (《同音》tow[1,2]) 图 C **1** 足の指; つま先(↔ heel)(図→ body);《略式》足 ‖
a big [large] **toe** (足の)親指《◆その他の指は親指の次から a second *toe*, a third *toe*, a fourth *toe*. そして「足の小指」は a little [small] *toe* という》.

**2**（靴・靴下などの）つま先 ‖
a hole in the toe of his sock 彼の靴下のつま先にあいた穴.

**on** one's **toes**（活動の）準備を整えた；（精神・肉体的に）緊張して.

**tread [step] on A's toes** (1) …のつま先を踏む. (2)《略式》…の感情を害する, …を（意に反することを言って[して]）怒らせる.

——動（現分 **to·ing**）他 …につま先で触れる；…をつま先でける[つぶす].

**TOEFL** /tóufl トウフル/ [*T*esting *o*f *E*nglish as a *F*oreign *L*anguage] 名 C U《商標》トーフル《英語国留学のための英語学力検定テスト》.

**TOEIC** /tóuik トウイク/ [*T*est *o*f *E*nglish for *I*nternational *C*ommunication] 名 C U《商標》トーイック《国際コミュニケーション英語能力テスト》.

**toe·nail** /tóunèil トウネイル/ 名 C 足指のつめ.

**tof·fee** /tɔ́(ː)fi トー(フ)ィ/ 名 U C《英》タフィー《砂糖・バターを煮つめた菓子》（《米》taffy）.

**to·fu** /tóufuː トウフー/《日本》名 U 豆腐《◆米国では健康食品として人気がある》.

**to·ga** /tóugə トウガ/ 名（複 ~s, ·gae/-dʒiː/）C トーガ《古代ローマ市民の着たゆるやかな外衣》.

**‡to·geth·er** /təgéðər トゥゲザ/《「共に(to)集まる(gether =gather)」が原義》

——副 **1** 共に, 一緒に, 協力して(↔ singly) ‖
live together 同居[同棲(ｾｲ)]する.
go out together 一緒に外出する；デートする.
They arrived together. 彼らは一緒にやってきた.
The children were playing well together. 子供たちはみんなでなかよく遊んだ.

対話 "Are you going to the station, too?" "Yes. Why don't we go together?"「あなたも駅へ行くのですか」「そうよ. 一緒に行きましょうよ」.

対話 "This work is really difficult." "Not if we work together on it."「この仕事はとても難しいなぁ」「力を合わせて働けばそうでもないよ」.

**2** 一緒にして, 合わせて；相互に, お互いに ‖
Let's put our heads together. 知恵を出し合おう.
Gather your belongings and leave. 自分の物を全部まとめて出て行ってくれ.

**3**《やや古》続けて, 連続して, 間断なく ‖
It rained for days together. 何日も続けて雨が降った.

**4** 同時に, いっせいに ‖
The pupils answered together. 生徒たちはいっせいに答えた.

**5** 緊密に, きちんと, 首尾一貫して ‖
His actions do not hang together. 彼の行動は首尾一貫していない.

**àll togéther** (1) みんな一緒に. (2) 全部合わせて.

**togéther with A** …と共に；…に加えて ‖ The teacher, together with her pupils, has lunch in the classroom. 先生は生徒と一緒に教室で昼食を取ります.

**to·geth·er·ness** /təgéðərnəs トゥゲザネス/ 名 U **1** 連帯感, 一体感, 親しみ. **2** 統一, 共同, 緊密関係.

**tog·gle** /tɑ́gl タグル/ /tɔ́gl トグル/ 名 C **1**（結び目などに通す）留め木, 留めくぎ. **2** トグル《上着のボタン代わりに使う留め木》.

**toil** /tɔ́il トイル/《文》自 **1** 精を出して働く；せっせと働く ‖
toil and moil あくせく働く.
toil at one's work こつこつと仕事をする.
toil on [away] for one's keep 生活費をかせぐためにあくせく働く.
**2** 苦労して進む ‖
toil up the hill 苦労して山を登る.
——名 U 苦役(ｴｷ), 骨折り仕事.

**‡toi·let** /tɔ́ilət トイレト/《「調髪時の肩に掛ける布」が原義》
——名（複 ~s/-lits/）**1** C《通例 the ~》**a** 便所, トイレ, 洗面所, 化粧室；《米》浴室 ‖
go to the toilet トイレに行く.

対話 "Where's the toilet?" "It's upstairs, opposite the bedroom."「トイレはどこにありますか」「2階の寝室の向かいです」《◆toilet は直接的に響くので Where is the bathroom? / Where can I wash my hands? / Where can I find the men's [ladies'] room? / Where can I powder my nose? などと遠回しの表現を用いる. → nature》.
**b** =toilet bowl.

関連「トイレ」は, 個人の家では bathroom, washroom が, 公共の建物・ホテルなどでは rest room, lavatory, lounge, water closet,《英》cloakroom,《米俗》can,《男性》men's room,《女性》powder [ladies'] room が, 街角や公園などでは comfort station,《英》(public) conveniences などが用いられる.

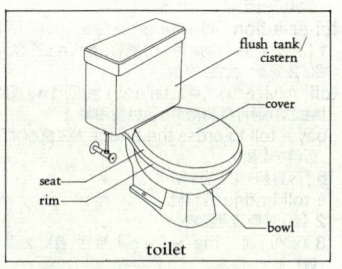

flush tank/cistern
cover
seat
rim
bowl
toilet

**2** U《正式・やや古》[one's ~] 化粧, 身じたく ‖
make one's toilet 身じたくをする.
**3** C 化粧道具.
**tóilet bàg** 洗面用具入れ.
**tóilet bòwl** 便器(toilet).
**tóilet pàper [tissue]** トイレットペーパー.
**tóilet ròll**（1巻きの）トイレットペーパー.

**tóilet sèat** 便座.
**tóilet sèt** 化粧道具.
**tóilet sòap** 化粧石けん.

**toi·let·ry** /tɔ́ilətri トイレトリ/ 名 [toiletries] 化粧水.

**to·ken** /tóukn トウクン/ 名 C **1** しるし, 象徴(となるもの) ‖
A white flag is a **token** of surrender. 白旗は降伏のしるしである.
**2** 記念品, 形見; 土産 ‖
She gave Mary a ring as a **token**. 彼女はメアリーに形見として指輪を与えた.
**3** 権利を示すもの, 証拠品.
**4** (英) 商品(引換)券((米) gift certificate) ‖
a bóok tòken 図書券.
**5** (地下鉄・バスなどに用いられる)代用貨幣, トークン.
**in [as a] tóken of A** (正式) …のしるし[証拠]に.
——形 名ばかりの, ほんのわずかな.

*****told** /tóuld トウルド/ 動 → tell.

**tol·er·a·ble** /tɑ́lərəbl タララブル/ 形
**1** (正式) 耐えられる, 我慢できる(↔ intolerable).
**2** かなりよい, 悪くない; まあまあの ‖
be in **tolerable** health かなり健康である.

**tol·er·ance** /tɑ́lərəns タラランス/ 名 **1** U C [しばしば a ~] 忍耐(力), 我慢(↔ intolerance) ‖
a **tolerance** of [to] cold 寒さに耐える力.
**2** U 寛容, 寛大さ; 許容, 容認.

**tol·er·ant** /tɑ́lərənt タララント/ 形 寛大な, 寛容な; 容認する, 許容する(↔ intolerant) ‖
be **tolerant** of her failure 彼女の失敗を大目に見る.

**tol·er·ate** /tɑ́lərèit タラレイト/ 動 (現分) **-er·at·ing** 他 …を許容する, 寛大に取り扱う, 大目に見る; …に耐える, …を我慢する, 耐え忍ぶ 《◆ put up with より堅い語》 ‖
I won't **tolerate** his telling a lie. 彼がうそをつくのは許せない.

**tol·er·a·tion** /tɑ̀ləréiʃən タラレイション, tɔ̀l-/ 名 U
**1** (宗教・見解・言動に対する)寛容, 寛大さ; 許容, 容認. **2** 忍耐, 我慢, 辛抱.

**toll**[1] /tóul トウル/ ([類音] tall/tɔ́l/) 名 C **1a** (道路・橋などの)通行料, (港湾などの)使用料 ‖
pay a **toll** to cross the bridge 橋を渡るのに通行料を支払う.
**b** [形容詞的に] 有料の ‖
a **toll** bridge 有料橋.
**2** (米) 長距離通話料.
**3** (正式) [通例 the ~ / a ~] 犠牲(者), 死傷者(数) ‖
the déath tòll [集合名詞的に](事故・災害による)死者.
The earthquake took a heavy **toll** of lives. 地震で多くの人命が奪われた.
**tóll bàr** (有料道路・橋などの)遮(しゃ)断棒.

**toll**[2] /tóul トウル/ 動 他 **1** 〈鐘〉を(晩鐘・弔鐘として)(ゆっくり)撞(つ)く ‖
**toll** a bell at his death 彼の死を弔って鐘を鳴らす.
**2** 〈鐘・時計が〉〈時刻〉を打つ; …を鐘を鳴らして知らせる ‖
**toll** her death 鐘を鳴らして彼女の死を告げる.
——自 〈鐘が〉間を置いて鳴る.
——名 [the ~] (間を置いて鳴る)鐘の音.

**toll·gate** /tóulgèit トウルゲイト/ 名 C 通行料徴収所[ゲート], 料金所.

**Tol·stoi, --stoy** /tálstɔi タルストイ | tɔ́l- トルストイ/ 名 トルストイ [Lev/lév/ [Leo/lí:ou/] ~ 1828-1910; ロシアの小説家].

**Tom** /tám タム | tɔ́m トム/ 名 トム 《Thomas の愛称. ばか者・のぞくこと(→ Peeping Tom)・笛吹きと関連》.

**tom·a·hawk** /tɑ́məhɔ̀:k タマホーク | tɔ́m- トマ-/ 名 C **1** トマホーク 《北米先住民の戦闘・狩りに用いるおの》. **2** [T~] トマホーク 《米国の巡航ミサイル》.

*****to·ma·to** /təméitou トメイトウ, -tə | təmɑ́:tou トマートウ/ 《メキシコの先住民の言葉から》
——名 (~es /-z/) **1** C U トマト(の実); トマトの木 ‖
**tomato** juice トマトジュース.
egg and **tomato** reception (いやな人に)卵やトマトをぶつけること.

tomahawk 1

Q&A **Q**: -o で終わる語は, 複数形をつくるのに単に -s をつけるものと, この tomato のように -es をつけるものがありますが, 何か法則があるのですか.
**A**: -es をつけるものには echo, hero, potato などがあり, -s と -es の両方の形が見られるものには cargo, mosquito, volcano などがあります. 上のような例外を除いて一般には -s をつけます. 必ず -s の形をとるものには (1) -o の前が母音の語: bamboo, radio, studio など. (2) -o で終わる省略語: kilo, memo, photo, video などがあります.

**2** U トマト色.

**tomb** /tú:m トゥーム/ 《発音注意》《◆ b は発音しない》名 C **1** (墓石のついた)墓; 霊廟(れいびょう), 納骨堂 ‖
bury him in the family **tomb** 彼を一家の墓に埋葬する.
**2** 墓石, 墓標.

**tom·boy** /támbɔ̀i タンボイ | tɔ́m- トンボイ/ 名 C (略式) おてんば娘, おきゃん((PC) active child).

**tomb·stone** /tú:mstòun トゥームストウン/ 名 C (碑銘のある)墓石, 墓碑.

**tom·cat** /támkæ̀t タムキャット | tɔ́m- トム-/ 名 C (動) 雄ネコ.

**tome** /tóum トウム/ 名 C (文) (重い・学術的な)本, 大冊.

**tom·fool·er·y** /tàmfú:ləri タムフーラリ | tɔ̀m- ト ム-/ 名 (複) --**er·ies**/-z/) U C (略式) ばかなまね; [通例 tomfooleries] くだらない冗談; つまらぬ飾り.

**Tom·my** /tɑ́mi タミ | tɔ́mi トミ/ 图 トミー《Thomas の愛称》.

## **to·mor·row** /təmɔ́:rou トモーロウ | təmɔ́rou トモロウ, tu-/ 〖朝(morrow)に(to)〗

——图 **1** あした, あす, 翌日
tomorrow morning あすの朝.
tomorrow's newspaper あすの新聞.
Tomorrow is Sunday. あすは日曜日です.
The party is **tomorrow**. パーティーはあしただ.
She's leaving Japan **(the) day after tomorrow**. 彼女は明後日日本を発(ʰ)ちます《◆《略式》では the が省略されることがある》.
**Tomorrow is another day**. 《ことわざ》あしたはあしたの風が吹く, あしたもあるさ.

Q&A Q: (1) Tomorrow is Sunday. と (2) It's Sunday tomorrow. とはどちらがふつうですか. また未来形は使わないのですか.
A: 場合にもよりますが (1) の方がふつうです. なお tomorrow は未来のことをさしているのですが, 確定的な事なのでふつう Tomorrow *will* be Sunday. とは言わないようです. ただし Yesterday is Yesterday *was* Sunday. で Yesterday is Sunday. とは言いません.

**2**《文》[しばしば a ~] 未来, 将来
the world **of tomorrow** 未来の世界.
——副 **1** あす(は)
tomorrow week 《英》来週〔先週〕のあす.
this time tomorrow あすの今ごろ(は).
She is always here today and gone **tomorrow**. 彼女はいつ来てもすぐ帰る.
He said, "I'll see you **tomorrow**."「あすお目にかかりましょう」と彼は言った(=He said that he'd see me the next day.).
**2** 将来には, いずれ.

*ton /tʌ́n タン/〖類語〗tongue/tʌ́ŋ/)〖tun (大酒だる)から〗
——图 (優 ~s/-z/, しばしば ton) © **1** トン《重量単位》(**a**《米・カナダ》=short ton 小トン: 2000 pounds (約907 kg). **b**《英》=long ton 大トン: 2240 pounds (約1016 kg). **c**=metric ton メートルトン: 1000 kg)
ten **ton**(s) of iron scrap 鉄くず10トン.
**2**《海事》トン(**a**=register ton 登簿トン; 船の容積単位; 100立方フィート(約2.8 m³). **b**=measurement ton, freight ton 容積トン; 船舶などの貨物容積単位; 40立方フィート(約1.13 m³). **c**=displacement ton 排水トン; 軍艦の大きさの単位; 海水35立方フィート分の重さ).
**3**《略式》[~s]大量, 多数; [a ~] かなりの重量; [副詞的に] はるかに, ずっと
He bought **tons of** bananas. 彼は大量のバナナを買いこんだ.
Mine is **tons** better. 私の(ものの方)がずっといい.
This stone weighs **a ton**. この石はひどく重い.

**ton·al** /tóunl トウヌル/ 形《音楽》音調性の, 音色の.

**tone** /tóun トウン/ 图 **1** © 音色, 音調; 音, 声; ⓤ 音質
**tones** of a piano ピアノの音色.
in a high **tone** 高い音で.
the dial **tone** 《電話》(発信音の)ツーという音.
the pay **tone** 《電話》「料金入れよ」の合図のピッピッという音.
**2** © [しばしば ~s] 語調, 口調; (談話・文章の)調子, 論調
speak in an angry **tone** 怒った口調で話す.
take a high **tone** 横柄なものの言い方をする.
**3** © [通例 a ~ / the ~] 気風, 風格; 風潮, 傾向
the **tone** of the school 校風.
set **a new tone** in government 政治に新風を吹き込む.
**4** © 色合い, 濃淡, 明暗; ⓤ《絵画・写真》色調
green with a bluish **tone** 青色がかった緑色.
many **tones** of red 濃淡がいろいろ異なった色合いの赤.
**5** ⓤ 正常な身体[精神]の調子, 健康な状態
keep one's body in **tone** からだを健康な状態に保つ.
**6** ©《言語》音の高低(強勢); 抑揚; 音調, 声調
a rising **tone** 上昇調.
**7** ©《主に米》《音楽》楽音; 全音(程)
the **tone** of C ハ音.
——動 《現在》ton·ing) 他 国 (…の)調子[色調]を変える[帯びる].
***tóne dówn*** (1) 国 やわらぐ, 弱まる. (2) 他 …をやわらげる; 〈ラジオなど〉の音量を下げる.
***tóne ín*** [国] (色の)調和する.
***tóne úp*** (1) 国 調子が強くなる. (2) 他 …の調子を高める; 〈人(のからだ)〉を強くする, 健康にする.

**-toned** /-tound -トウンド/ 《連結形》…な調子の.

**tone-deaf** /tóundéf トウンデフ/ 形 音痴の; まったく無知の
be **tone-deaf** about money 経済観念ゼロである.

**tongs** /tɑ́ŋz タングズ | tɔ́ŋz トングズ/ 图《通例複数扱い》物をはさむ[つかむ]道具, やっとこ; [複合語で] …ばさみ
a pair of fire **tongs** 火ばさみ1丁.

**tongue** /tʌ́ŋ タング/《発音注意》《◆ ×タンギュ》《類音》ton/tʌ́n/) 图 **1** © 舌
bite one's **tongue** 舌をかむ.
click one's **tongue** 舌打ちする《◆ 不満・いらだちなどの表現》.
put [stick] out one's **tongue** at him 彼に舌を出す, あかんべえをする《◆ 軽蔑(ぶ)を表す》.
**2** ©[a ~ / the ~](話す能力を象徴する)舌, 言葉づかい; 話しぶり; 発言
have a long **tongue** おしゃべりである.
a slip of the **tongue** 言い間違い, 失言.
have a bitter **tongue** 口が悪い.
have a ready **tongue** 雄弁である.
**3** ©《正式》(特定の)言語
one's [the] móther tóngue 母語.

**4** ⓒ《正式》舌状の物, (靴の)舌皮((図) → shoe), (鐘・鈴の)舌, (炎の)舌, (管楽器の)リード.

**5** ⓤⓒ (牛・羊などの)舌肉, タン ‖
stewed tongue タンシチュー.

***at the típ of*** A's [***the***] ***tóngue*** = on the tip of A's TONGUE.

***hóld*** one's ***tóngue*** [しばしば命令文で] 黙る, しゃべらない.

***lóse*** one's ***tóngue*** (恥ずかしさ・驚きなどで)口がきけなくなる.

***on the tip of*** A's [***the***] ***tóngue*** 〈物・事が〉口先まで出かかって(思い出せなくて).

**tóngue twister** 早口ことば《◆例: She sells seashells by the seashore. 彼女は海岸で貝を売っている》.

**tongue-tied** /tʌ́ŋtàid タングタイド/ 形 (恥ずかしくて)口ごもる; 舌足らずの, 舌がもつれる.

**ton・ic** /tánik タニク | tɔ́n- トニク/ 名 **1** ⓒ (肉体的・精神的に)元気づけるもの; 強壮剤[薬]; 養毛剤, ヘアトニック ‖
The clean country air was a good tonic to us. 田舎(ᵢᵢᵢᵢᵢᵢ)のきれいな空気が我々を元気づけてくれた.

**2** ⓒ 〔音楽〕主音; 〔音声〕揚音アクセント(のある音節).

**3** ⓤ キニーネ入りの炭酸水(tonic water) ‖
a gin and tonic ジントニック.

**tónic wàter** = tonic 3.

‡**to・night** /tənáit トゥナイト, (英+) tu-/ 〘夜 (night)に(to)〙
── 名 ⓤ 今夜, 今晩《◆ ˣthis night とはいわない. cf. this evening》‖
tonight's television programs 今夜のテレビ番組.
Tonight is sultry. 今夜は蒸し暑い.

── 副 今夜(は) ‖
Do you think it will rain tonight? 今夜雨が降ると思いますか.

**ton・nage** /tʌ́nidʒ タニヂ/ 名 ⓤⓒ **1** (船舶の荷物)積載(ᵢᵢᵢᵢ)トン数; (商船・軍艦の)排水トン数. **2** [a ~] (一海軍・港・国の)船舶総トン数. **3** (積荷1トン当たりの)輸送費; トン税. **4** (生産量の)トン数.

**ton・sil** /tánsl タンスル | tɔ́n- トン-/ 名 ⓒ 〔解剖〕(通例 ~s) 扁桃腺(ᵢᵢᵢᵢᵢ).

**ton・sil・li・tis** /tànsəláitəs タンスィライティス | tɔ̀n- トン-/ 名 ⓤ 〔医学〕扁桃腺(ᵢᵢᵢᵢᵢ)炎.

**To・ny** /tóuni トウニ/ 名 トニー《Anthony, Antony の愛称》.

‡**too** /túː トゥー/ (同音 ^to, two) 〘to の強意形〙
── 副 **1** [肯定文で] …もまた, 同様に, その上; しかも《◆ also より口語的, as well より堅い語》‖
John is ready. I am tóo. ジョンは用意ができています. 私もです《(1) ˣI'm too. とはしない. I'm ready too. は正しい. (2) くだけた会話では Me too. がふつう》.

We have a cat, and a púppy, tóo. 私たちは猫とそれに子犬も飼っている.
Bob, too, frequently interrupted rehearsals to give advice. ボブも助言を与えるためたびたびリハーサルを中断させた《◆文中の too の前後のコンマは意味のあいまいさがなければなくてもよいが, この場合はコンマがないと「あまりにもたびたび」の意になる. → **2**》.
There was frost on the grass this morning; in May too! けさ草に霜が降りていた. しかも, 5月に!

対話 "I like opera." "I do tóo." [《略式》"Mè tóo."] 「私はオペラが好きよ」「私もよ」(="So do I.")《◆否定文のあとでは → either 副 **2**》.

Q&A **Q**: 上の "Me too." の代わりに "I too." とは言えないのですか.
**A**: "I too." とは言いません. どうしても I を使いたければ "I am too." か "I do too." のように am か do を入れなくてはなりません.

**2** [副詞・形容詞の前で] **a** あまりにも…, …すぎる, 必要以上に…; [too ... for A] 〈人・事〉にとって…すぎる ‖
You're driving tóo fást. スピードの出しすぎだよ.
There was tóo mùch nóise. 騒音がひどすぎた.
There are far [ˣmuch] too many people here. ここは人が多すぎる.
This question is too difficult for me. この問題は私には難しすぎる.
It is tóo hót a dáy for work. きょうは仕事をするには暑すぎる《◆ふつうこのように「too + 形容詞 + a + ⓒ 名詞」の語順》.

**b** [A is too ... to do] A は…するには…すぎる; [前から訳して] …すぎて…できない ‖
It's much [far] too cold to swim. 泳ぐにはずいぶん寒すぎる.
This is too good to be true. これは話がうますぎる.
The grass was too wet (for us) to sit on. 草があまりにぬれていたので座れなかった(=The grass was so wet (that) we couldn't sit on it.).
She is not too foolish to do it. 彼女はそれができないほどのばかではない.

**3**《略式》非常に, とても, たいへん; [否定文で] あまり(…でない)《◆好ましくないことの控え目な表現として用いることが多い》‖
It's too kind of you. 本当にご親切さま.
He was ònly tóo glád to come with you. 彼はあなたとご一緒できてとても喜んでいた《◆ very glad より堅い言い方》.
I don't like it too much. あまりそれは気に入らない《◆ I hate it. の控え目な表現》.
He is not too tall. 彼はあまり背が高くない《◆ He is short. の控え目な表現》.

**4**《主に米略式》[否定の言葉に対する強い肯定として]本当に, ところがどうして ‖

[対話]"I won't come." "You will tóo!"「私は行けません」「いやでひ来るんだ」.
[対話]"I know Greek." "You're kidding." "I do tóo (know it)."「ぼくはギリシア語を知っているよ」「ご冗談でしょ」「本当に知っているんだ」.
○**cannòt** *dó* **tòo** ... いくら…しても…しすぎではない ‖ You **cannot** be **too** careful in crossing a street. 道路の横断にはいくら注意してもしすぎることはない; 渡るときは気をつけるのがいいですよ.
**nóne tòo** ... =*nót àny tòo* ... (正式) [形容詞・副詞の前で] あまり…でない.
**ònly tóo** ... (略式) (1) → **3**. (2) 残念に [遺憾(いかん)] ながら… ‖ The news of the accident was **only too** true. 事故のニュースは残念なことに本当であった.
**tóo bád** (略式) 残念な, 遺憾な ‖ It's **too bad** you can't come. あなたが来られなくて残念だ / [対話]"I have a cold." "That's **too bad**."「かぜをひいているのです」「それはいけませんね」.
**tòo múch** (1) (略式) ひどすぎること, 耐えられないこと (◆ *of a good thing* をあとに続けることもある). (2) (主に米俗) [しばしば間投詞的に] すばらしい! (3) → **2**, **3**.

\*to‧ok /túk トゥク/ 動 → take.

\*tool /túːl トゥール/ 『「役立つように準備する(物)」が原義』
——名 (複 ~s/-z/) Ⓒ **1** (職人の使う)道具, 工具, 用具 ‖
the **tools** of writing 筆記用具.
A bad workman (always) blames [quarrels with] his **tools**. (ことわざ) へたな職人は(いつも)道具のせいにする.
**2** (正式) 仕事に必要な物, 商売道具; 手段 ‖
Books are a scholar's **tools**. 本は学者の道具である.
**3** (正式) (人の)手先, 道具に使われる人 ‖
Don't make a **tool** of me. = Don't use me as a **tool**. おれを手先に使うな.
**4** 〘コンピュータ〙ツール《小道具的なユーティリティ=プログラム》.

**tool‧bar** /túːlbɑːr トゥールバー/ 名 Ⓒ 〘コンピュータ〙ツールバー《よく使う機能を素早く起動するため, ボタンをまとめて帯状に並べたアイコン》.

**toot** /túːt トゥート/ (略式) 動 ⓐ **1** 警笛を鳴らす; らっぱを吹く. **2** 〈警笛・らっぱが〉鳴る. ——他〈警笛・らっぱを〉鳴らす, 吹く. ——名 Ⓒ 警笛[らっぱ]を鳴らすこと[音].

\*tooth /túːθ トゥース/ 『「かむ・食べる道具」が原義』
——名 (複 teeth/tíːθ/) Ⓒ **1** 歯《◆舌を保護するものとされ, 力・知恵などの象徴》 ‖
clean [brush, do] one's **teeth** 歯をみがく.
have bad **teeth** 歯が悪い; 虫歯がある.
have a **tooth** out [(米) pulled out] (歯科医で)歯を抜く.
A **tooth** came [fell] out. 歯が抜けた.

[関連] [種類] a back **tooth** 奥歯 / a milk [temporary, (主に米) baby] **tooth** 乳歯 / a permanent [an adult] **tooth** 永久歯 / a false [an artificial] **tooth** 入れ歯. cf. a bad [decayed] **tooth** 虫歯.

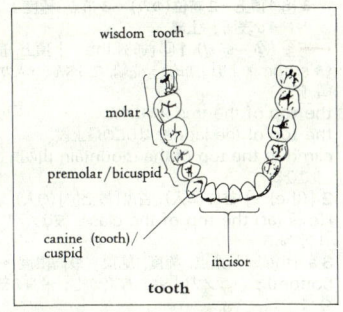

wisdom tooth
molar
premolar / bicuspid
canine (tooth) / cuspid
incisor
tooth

**2** [通例 a ~] 好み, 趣味 ‖
have a sweet **tooth** (略式) 甘い物に目がない.
He has a great **tooth for** oranges. 彼はオレンジが大好物だ.
**3** [通例 teeth] (略式) (かみつくような)力, 反抗, 猛威 ‖
the **teeth** of snow 雪の猛威.
**4** 歯状の物; (歯車・くし・くま手などの)歯; (のこぎり・やすりなどの)目; (動植物の)歯状突起.

(a) **tóoth for** (a) **tóoth** 〘聖〙歯には歯を《同じ程度の報復. → an EYE for an eye》.
**clénch** [**clámp**] one's **téeth** (困難・怒りに対して)歯をくいしばる, 固く決意する.
**gét** one's **téeth into A** …にかぶりつく; …に熱心に取り組む, 夢中になる.
**grínd** one's **téeth** (**togéther**) 歯ぎしりする.
**grít** one's **téeth** =clench [clamp] one's **teeth** (→ **tooth** 成句).
**in the** [one's] **téeth** 面と向かって, 反抗して, 公然と.
**in the téeth of A** (正式) …にもかかわらず; …にさからって ‖ **in the teeth of** the criticism 非難にもめげず.
**lóng in the tóoth** 《馬は年と共に歯茎がゆるみ歯が長くなることから》(略式・やや古) 年をとっている.
**tóoth and náil** 必死に, 全力を尽くして.
**to the** [one's] **téeth** 十分に, 完全に ‖ a warrior armed **to the teeth** 完全武装の戦士.
**tóoth pòwder** 歯みがき粉.

**tooth‧ache** /túːθèik トゥーセイク/ 名 Ⓤ [時に a ~] 歯痛 ‖
Do you have ((米) a) **toothache**? 歯が痛いのですか.
suffer from **toothache** 歯痛で苦しんでいる.

**tooth‧brush** /túːθbrʌ̀ʃ トゥースブラシ/ 名 (複 ~·es/-iz/) Ⓒ 歯ブラシ.

**tooth·paste** /túːθpèist トゥースペイスト/ 名 U 練り歯みがき ‖
a tube of **toothpaste** 練り歯みがき1本.

**tooth·pick** /túːθpìk トゥースピク/ 名 C (木・プラスチックの)つまようじ.

**＊top**[1] /táp タプ | tɔ́p トプ/ (類音 tap/tǽp/)
→ 名 **1** 頂上 **2** 首位(の人) **3** 頂点, 極度
**4** a 表面; 上部

—— 名 (複 ~s/-z/) **1** C 〔通例 the ~〕頂上, 頂《◆ summit より口語的》; 先端, てっぺん, (人の)頭 ‖
the **top** of the tree 木のこずえ.
the **top** of the ladder はしごの最上段.
climb to the **top** of the mountain 山の頂上まで登る.
**2** 〔(the) ~〕**首位(の人)**, 首席[最上位](の人) ‖
He is (at) the **top** of the class. 彼はクラスで1番である.
**3 a** 〔the ~〕**頂点, 極度**, 絶頂; 最高限度(↔ bottom); 〔トランプ〕〔~s〕最高の札; 最良の部分 ‖
at the **top** of one's voice 声を限りに.
**b** U 〔英〕(自動車の)最高速[トップ](ギア).
**4** 〔the ~〕**a** (テーブルなどの)**表面**; (ページなどの)上部 ‖
Write your name at the **top** of the paper. 書類のいちばん上に名前を書きなさい.
There are scratches on the **top** of my desk. 私の机の表面にはひっかいた傷がある.
**b** (食卓などの)上座 ‖
I was seated at the **top** of the table. 私はテーブルの上座に座った.
**5** C 〔通例 the ~〕(自動車などの)屋根, ほろ; ふた, 栓 ‖
the big **top** (サーカスの)大テント.
put the **top** on a box 箱にふたをする.
Where is the **top** of [to] this bottle? このびんのふたはどこにありますか.
**6** C 〔略式〕〔時に ~s〕(ツーピースの)上半分 ‖
a pajama **top** パジャマの上着.

*cóme to the tóp* 成功する, 名声を博する.
*from tóp to bóttom* いちばん上からいちばん下まで, 完全に, 徹底的に.
*from tóp to tóe* ＝from head to foot (→ head 名).
*in [into] tóp* 〈自動車が〉トップギアで[に] (→ **3 b**).
*on tóp* (1) 上に, 上方に. (2) 頭のてっぺんに. (3) さらに, その上に. (4) 成功して, 勝って ‖ come out on top 勝利[成功]者となる.
◇*on (the) tóp of* A (1) …の上に ‖ put the skis on (the) **top** of the car 車の上にスキーを乗せる. (2) …に加えて(in addition to) ‖ If you go by the train, you have to pay a special fee, on **top** of the ordinary fare. その列車に乗るには普通の料金のほかに特別料金を払わなければなりません.

—— 形 **1** いちばん上の ‖
the **top** floor 最上階.
on the **top** shelf いちばん上の棚に.
**2** 〔英〕首位に[首席, 最上位]の ‖
She is **top** in English. 英語では彼女がトップである.
**3** 最高の, 最大の, 最良の ‖
at **top** speed 最高速度で.
get **top** marks 最高点をとる.

—— 動 (現分 top·ping)
他 **1** …の頂上を覆う; …の先端に付ける; …にふたを付ける ‖
She **topped** the cake with cream. 彼女はケーキをクリームで覆った.
**2** …の頂上にある; で首席である; …のトップに載っている ‖
Our team has **topped** the league this season. 今シーズンは我々のチームがリーグで優勝した.
**3** 〈他の人〉〈物〉よりまさる, すぐれる; 〈ある数などを〉越える, 上回る; 〈チーム〉を負かす.

*tóp úp* 他 〔主に英〕〈容器〉をいっぱいにする; 〈飲み物〉をなみなみと注ぐ.

*tóp hàt* シルクハット.

*tóp mánagement* 最高幹部.

*tóp sécret* 極秘(事項).

**top**[2] /táp タプ | tɔ́p トプ/ 名 C こま ‖
spin a **top** こまを回す.
*sléep like a tóp* ぐっすり眠る, 熟睡する.

**top-heav·y** /táphèvi タプヘヴィ | tɔ́p- トプ-/ 形 頭でっかちの, 不安定な.

**＊top·ic** /tápik タピク | tɔ́pik トピク/ 〔「平凡なこと」が原義〕

—— 名 (複 ~s/-s/) C **1 話題, トピック**; 論題, 題目 ‖
cúrrent tópics ＝topics of the day 時事問題.
change the **topic** of conversation 話題を変える.
We're on a different **topic** now. 話がそれている.
**2** (論文・講演などの)見出し, 項目.

**top·i·cal** /tápikl タピクル | tɔ́p- トピクル/ 形 話題の; 時事問題の.

**top·less** /tápləs タプレス | tɔ́p- トプ-/ 形 〈女性の服が〉トップレスの, 胸部を露出した.

**top-lev·el** /táplévl タプレヴル | tɔ́p- トプ-/ 形 首脳の; 最も重要な.

**top·most** /tápmòust タプモウスト | tɔ́p- トプ-/ 形 〔主に文〕〈峰などが〉最も高い, いちばん上の.

**top·notch** /tápnàtʃ タプナチ | tɔ́pnɔ̀tʃ トプノチ/ 名 (複 ~·es/-iz/) 〔the ~〕一流, 最高.

**top-notch** /tápnàtʃ タプナチ | tɔ́pnɔ̀tʃ トプノチ/ 形 〔略式〕一流の, 最高の.

**top·o-** /tápə- タポ- | tɔ́pə- トポ-/ 〔連結形〕場所. 例: topography.

**top·o·graph·i·cal** /tàpəgrǽfikl タポグラフィクル | tɔ̀p- トプ-/ 形 地形上の.

**to·pog·ra·phy** /təpágrəfi トパグラフィ | -pɔ́g- トポ-

グラフィ/名 (複) --ra·phies/-z/) 1 ⓤ 地形学, 地形, 地勢. 2 ⓒ 地形図; 地誌.

**-topped** /-tápt -**タ**プト/-t5p- -**ト**プト/ (連結形) …で覆われた.

**top·ping** /tápiŋ **タ**ピング|t5p- **ト**ピング/ 動 → top. ——名 (料理の上に)かけるソース類; (ケーキ・アイスクリームなどの)上飾り, トッピング.

**top·ple** /tápl **タ**プル|t5pl **ト**プル/ 動 (現分) top·pling) 倒 1 ぐらつく, よろけて倒れる. 2 (倒れそうに)前に傾く[のめる]. ——他 1 …を(ぐらつかせて)倒す. 2 …を没落させる.

**top-se·cret** /tápsi:krət **タ**プスィークレット|t5p- **ト**プ-/ 形 極秘(事項)の.

**top·soil** /tápsɔ̀il **タ**プソイル|t5p- **ト**プ-/ 名 ⓤ 表土.

**top-sy-tur·vy** /tápsitə:rvi **タ**プスィ**タ**ーヴィ|t5p- **ト**プ-/ (略式) 形 副 逆さまの[に]; めちゃくちゃの[に], 混乱した[して].

**torch** /tɔ:rtʃ **ト**ーチ/ 名 (複 ~·es/-iz/) ⓒ 1 たいまつ, トーチ, 聖火; (学問・知識・文化の)光(となるもの), 光明(こうみょう) ‖

the **torch** of knowledge 知識の光.
go up like a **torch** 猛烈に燃え上がる.
hand on the **torch** (文化などの)伝統の灯を後世に伝える.

2 《英》懐中電灯(《米》flashlight).

**torch·light** /tɔ:rtʃlàit **ト**ーチライト/ 名 ⓤ 形 たいまつの光(の).

**tore** /tɔ:r **ト**ー/ 動 → tear².

**tor·ment** /名 t5:rment **ト**ーメント; 動 -/ 名 (正式) 1 ⓤ [しばしば ~s] 苦痛, 苦悩; 激痛 ‖

be in **torment** from the wound その傷で苦しんでいる.
suffer **torments** ひどい苦しみを受ける.

2 ⓒ [しばしば a ~] 苦痛を与えるもの; やっかいもの ‖
That child is a **torment** to us. あの子は私たちの悩みの種だ.

——動 他 …をひどく苦しめる, 痛めつける; …を悩ます, 困らす; …をいじめる ‖

**torment** him **with** questions うるさく彼に質問をする.
be **tormented with** toothache 歯痛で苦しんでいる.

**tor·men·tor** /tɔ:rméntər **ト**ー**メ**ンタ/ 名 ⓒ 苦しめるもの, 悩ますもの.

**torn** /tɔ:rn **ト**ーン/ 動 → tear².

**tor·na·do** /tɔ:rnéidou **ト**ー**ネ**イドウ/ 名 (複 ~es, ~s) ⓒ トルネード《アフリカ西部などの雷雨を伴う竜巻. 米国中西部の竜巻》; 《広義》大旋風, 大暴風雨.

**To·ron·to** /tərántou **タラ**ントウ|-r5n- **タ**ロントウ/ 名 トロント《カナダ南東部の都市. Ontario 州の州都》.

**tor·pe·do** /tɔ:rpí:dou **ト**ー**ピ**ードウ/ [[シビレエイ]] が原義] 名 (複 ~es) ⓒ 魚雷, 水雷; 空雷; 敷設(ふせつ)機雷. ——動 (三単現 ~es/-z/) 他 《艦船》を魚雷で攻撃する; (略式)《政策・制度》を攻撃して麻痺(まひ)させる.

**tor·rent** /t5:rənt **ト**(ー)レント/ 名 ⓒ 1 (水などの)急流, 激流, 奔流 ‖

torrent 〈急流〉
〈ほとばしり〉

a **torrent** of lava 溶岩流.

2 [通例 ~s] どしゃ降り ‖
The rain came down in **torrents**. 雨はどしゃ降りだった.

3 (涙・悪口・悲嘆の)連発; (感情の)激発, ほとばしり ‖
a **torrent** of questions 質問の連発.

**tor·ren·tial** /tɔ:rénʃəl **ト**ー**レ**ンシャル/ 形 急流[激流]のような; (奔流のように)激しい.

**tor·rid** /tɔ́:rəd **ト**(ー)リド/ 形 (通例 比較 ~·er, 最上 ~·est) 《正式》焼けつくように暑い, 炎熱の.

**Tórrid Zòne** [しばしば t~ z-] [the ~] 熱帯.

**tor·so** /tɔ́:rsou **ト**ー**ソ**ウ/ 名 (複 ~s, (まれ) --si /-si/) ⓒ 1 トルソー《胴だけの彫像》. 2 (人体の)胴, トルソー《トラック競技では他の部分よりトルソーが先かどうかで着順を決める》.

**tor·til·la** /tɔ:rtí:ə **ト**ー**ティ**ーア/ 《スペイン》名 ⓤⓒ トルティーヤ《トウモロコシの粉で作るメキシコのパンケーキ》.

**tor·toise** /tɔ́:rtəs **ト**ータス/ (発音注意)《◆ i は発音しない》名 ⓒ (動) (陸上・淡水の)カメ《◆「ウミガメ」は turtle》.

**tor·tu·ous** /tɔ́:rtʃuəs **ト**ー**チュ**アス/ 形 《正式》1 ねじれた, 曲がりくねった. 2 遠回しの, 回りくどい.

**tor·ture** /tɔ́:rtʃər **ト**ーチャ/ 名 1 ⓤ (肉体的な)苦痛を与えること; (罰としての)拷(ごう)問; ⓒ 拷問の方法 ‖

by fire **torture** 火責めで.
be put to **torture** 拷問にかけられる.

2 ⓤⓒ [しばしば ~s] (肉体的・精神的な)苦痛, 苦悩; 激痛; 苦痛[苦悩]の種 ‖
undergo terrible **tortures** ひどい苦しみをなめる.

——動 (現分 --tur·ing /-tʃəriŋ/) 1 …を拷問にかける; (真相などを)拷問にかけて引き出す ‖

**torture** him to extract a confession = **torture** a confession out of him 彼を拷問にかけて白状させる.

2 …をひどく苦しめる[悩ます]《◆ **trouble** より堅い語》 ‖
be **tortured by** [**with**] jealousy しっとに苦しめられる.

**To·ry** /tɔ́:ri **ト**ーリ/ 名 (複 **To·ries**/-z/) 《英史》[the **Tories**] トーリー党《1688年 James II を擁護し革命に反対した王党派. 今の保守党(The Conservative Party)の源流. cf. Whig》; ⓒ トーリー党員.

**toss** /tɔ́:s **ト**(ー)ス/ 動 (三単現 ~·es/-iz/) 他 1 [**toss A B** / **toss B to A**] **A**〈人・物〉に **B**〈ボールなど〉を投げる, ほうる; …を軽く[無造作に]投げる; …を(投げ)捨てる ‖

**toss** a book **onto** the desk 《略式》本を机の上に投げ出す.

2 …を投げ上げる; 〈馬が〉〈騎手〉を振り落とす; 〈牛

**toss** a pancake (フライパンの中で)パンケーキをぽんとほうり上げてひっくり返す.

**3** …を急にもち上げる[動かす]；〈グラスなど〉をぐいと傾ける ‖

**toss** oars オールをぐいと立てる《◆敬礼のしぐさ》.

**toss one's head (back)** 頭をつんと後ろにそらす《◆軽蔑(ベッ)・いらだちのしぐさ》.

**4**〈硬貨〉を投げて決める；〈硬貨を投げて〉〈人〉と決着をつける ‖

**toss (up)** a coin to decide on the first speaker だれが最初にしゃべるかコインを投げて決める.

──⦿ **1** 上下に動く[揺れる]；寝返りをうつ；ぱっと行動する ‖

**toss** about のたうち回る.

**toss** out of the room 部屋から飛び出して行く.

対話 "You look terrible. Didn't you sleep well?" "No. I **was tossing** and turning all night." 「ひどい顔だなあ. よく眠れなかったのかい」「うん, 一晩中寝返りをうっていたんだ」.

**2** 投げ銭で決める ‖

Let's **toss** up. (略式)コインを投げ上げて決めよう.

**tóss óff** [他] (1)〈着物など〉をさっと脱ぐ, …を振り払う. (2) (略式)〈仕事など〉をさっさと[やすやすと]片付ける.

**tóss úp** (1) (略式) [自] → ⦿ **2**. (2) [他]〈料理などを〉急いで用意する；→ ⦿ **4**；〈機会など〉をむだにする.

──图 (複 ~·es/-iz/) **1** Ⓒ [通例 a ~] (1回の)投げ上げ, トス；投げて届く距離.

**2** Ⓒ からだ(の一部)を急に動かすこと ‖

with an insolent **toss** of the head 横柄に頭をぐっとそらして.

**3** [the ~] (上下の)揺れ；(心の)動揺, 興奮.

**4** [the ~] (決着をつける)銭投げ；五分五分(の見込み) ‖

win the **toss** 銭投げに勝つ.

**tot** /tát タト | tɔ́t トト/ 图 Ⓒ (略式) **1** 幼児. **2** (強い酒の)少量.

\***to·tal** /tóutl トウトル/ 〖「全部」が原義〗

──形 [通例名詞の前で] **1** 総計の, 全部の, 全体の ‖

the **total** cost 全費用.

a **total** number 総数.

the **total** eclipse of the sun 皆既日食.

**2** 完全な, 全くの ‖

**total** darkness 真っ暗やみ.

That is a **total** failure. あれは完全な失敗だ.

She is in **total** ignorance of the law. 彼女は法律のことは全く知らない.

**3** 総力をあげての ‖

**total** war 総力戦.

──图 (複 ~s/-z/) Ⓒ 総計, 総額 ‖

A **total** of 1,200 people were present. 総数1200名が出席した.

The **total** of our expenses came to fifty dollars. 費用の総額は50ドルになった.

**in tótal** 全体で, 総計で.

──動 (三単現 ~s/-z/；過去・過分 ~ed または (英) to·talled/-d/；現分 ~·ing または (英) -·tal·ling)

──他 総計してくある数)になる, …を合計する ‖

**total** up the bills 請求金額を合計する.

Our expenses **totaled** twenty dollars apiece. 我々の費用は1人につき合計20ドルとなった.

──⦿ 合計が(…に)達する；合計する.

**to·tal·i·tar·i·an** /toutælətéəriən トウタリテアリアン/ 形 (正式) 全体主義の. ──图 Ⓒ 全体主義者.

**to·tal·i·ty** /toutǽləti トウタリティ/ 图 (複 -i·ties/-z/) **1** Ⓒ (正式) 総計, 総数. **2** Ⓤ (正式) 全体(性), 完全(性). **3** Ⓤ Ⓒ 皆既食(の時間).

**in totálity** 全体的に, 全く.

**to·tal·ly** /tóutəli トウタリ/ 副 全く, すっかり, 完全に ‖

He is **totally** a stranger. 彼はあかの他人だ.

**totally** unacceptable 全く容認できない.

**to·tem** /tóutəm トウテム/ 〖「種族の目印」が原義〗图 Ⓒ **1** トーテム《北米先住民が種族の象徴として神聖視する動植物または自然物》. **2** トーテムの像.

**tótem pòle** トーテム=ポール《トーテム像を描いたり彫ったりした柱》.

**tot·ter** /tátər タタ | tɔ́t- トタ/ 動 ⦿ **1** よろめく, よちよち歩く ‖

**totter** to one's feet よろよろと立ちあがる.

**2** ゆらぐ；ぐらつく.

──图 Ⓒ よろめき.

\***touch** /tʌ́tʃ タチ/ 〖「軽く打つ」が原義. 擬音語から〗

→ 動 **1** 触れる, さわる **2** 軽く打つ
**3** 接触する **4** 感動させる **5** 言及する
**6** 関係する；手をつける

图 **1** 触れること；接触；感触 **2** 手法；筆致；演奏ぶり **3** 少量の…；…気味

──動 (三単現 ~·es/-iz/；過去・過分 ~ed/-t/；現分 ~·ing)

──他 **1** …に触れる, さわる；[**touch** A **to** B] A〈物〉をB〈物〉に当てる, 接触させる ‖

Don't **touch** these paintings. これらの絵にさわらないでください.

He **touched** the hive with his stick. 彼は棒切れでハチの巣にさわった.

He **touched** his hand to his hat. 彼は帽子に手をやった.

Somebody **touched** my shoulder. = Somebody **touched** me on the shoulder. だれかがぼくの肩にさわった.

対話 "How does it feel?" "Great. **Touch** it yourself." 「その肌ざわりはどうだい」「とてもいいよ. 自分でさわってごらん」.

**2** …を軽く打つ[たたく, 押す] ‖

**touch** a bell ベルを押す.

She **touched** the keys of the piano. 彼女はピアノのキーを軽くたたいた.

**touchdown** 1501 **tough**

**3** …に**接触する**, 接する; …に隣接する ‖
Your sleeve is **touching** the soup. そでがスープに触れていますよ.
Their country **touches** the sea on the south. 彼らの国は南側が海と接している.
**4** …を**感動させる**;〈人の心〉を動かす ‖
**touch** his heart =**touch** him to the heart 彼を感動させる.
I was greatly **touched** by [with] her kindness. 彼女の親切にひどく心を打たれた.
We're **touched** that you have expected more of us. 私たちにより期待をかけてくださったことに感激しています.
**5** …に**言及する**, …を扱う, 論じる ‖
The summit **touched** many points. 首脳会談でいろいろな点が論じられた.
**6**《略式》[通例否定文で] …に**関係する**, 手を出す; …に手をつける; …にかかわり合う ‖
She has **never touched** liquor. 彼女は酒を飲んだことがない.
I don't want to **touch** the business. その商売には手を出したくない.
**7** …に**影響を与える**, …にとって重大[重要]である ‖
Their decision **touches** our country. 彼らの決定はわが国に影響を及ぼす.
**8**《略式》[通例否定文で] …に**匹敵する**, 比肩する ‖
No one in the school can **touch** her in English. 校内で英語では彼女にかなう者はいない.
**9** …に**達する**, 届く ‖
The mercury **touched** 100 degrees. 水銀柱は100度まで上がった.
**10** …を傷つける; …の気を狂わす; …を痛める, 害する ‖
He is **touched** in the head.《略式》彼は気が狂っている.
The vegetables were **touched** by the frost. 野菜が霜でやられた.
—自 さわる, 触れる; 接触する, 隣接する ‖
Our hands touched. 我々の手が触れ合った.

**tóuch on** [《正式》**upòn**] **A** …に**関係**[関連]する; …に近づく, 接近する;〈問題など〉に簡単に言及する[触れる].

**tóuch úp** [他]（1）〈絵など〉に仕上げのため加筆する, …を修正する.（2）《米》〈馬など〉に軽くむちを当てる;〈人〉を軽くたたいて起こす.（3）〈記憶など〉を呼び起こす.

—名（複 ~·es/-iz/）**1** ⓤⓒ 触れること, 軽く打つこと; 接触; [通例 a ~]《略式》感触, 手ざわり ‖
the sense of **touch** 触覚.
**at a tóuch** ちょっと触れただけで.
He felt **a touch** on his shoulder. 彼はだれかが自分の肩にさわるのを感じた.
**2** ⓒⓤ（芸術的）**手法**, 特質;（画家の）筆致さ;（音楽家の）演奏ぶり;（タイプの）打ち方;（仕上げのための）加筆, 一筆 ‖
I have to add the finishing **touches** to this painting. この絵を仕上げるために少し筆を入れなければならない. この絵の最後の仕上げをしなくてはならない.

**3**《略式》[**a ~ of A**] 少量の…; …気味;[**a ~**;副詞的に] 少し, ちょっと ‖
She put **a touch of** salt on the egg. 彼女は卵に塩を少しふりかけた.
I have **a touch of** (a) cold this morning. けさはかぜ気味である.
This skirt is **a touch** long. このスカートは少し長い.
**4** ⓤ 連絡, 交渉.
**5** [**a ~ / one's ~**]（ピアノ・コンピュータのキーなどの）調子, タッチ ‖
a keyboards with **a stiff touch** タッチの堅いキーボード.
**6** ⓤ〔ラグビー〕タッチ《タッチラインとその外側》;〔サッカー〕タッチ《タッチラインの外側》;〔フェンシング〕トゥッシュ.

◇**in tóuch**（**with A**）（1）（…と）連絡して, 接触して ‖ He put me **in touch with** the kidnappers. 彼は私が誘拐犯人と接触できるようにしてくれた / Sorry, I haven't been **in touch**. ごぶさたしています.（2）…についての理解がある.

◇**kèep** [**gèt**] **in tóuch** 文通[連絡, 交際]を続ける[する] ‖ I **keep in touch with** my parents by mail. 両親とは手紙のやりとりを続けています / **Keep in touch**.[手紙の終わりで] また連絡をください.

**lóse tóuch with A** …と連絡がなくなる.
**òut of tóuch with A**（1）…と連絡がとだえて.（2）…についての理解がない ‖ Your plan is **out of touch with** reality. 君の計画は現実離れしている.
**to the tóuch** 手[肌]ざわりでは ‖ This cloth is soft **to the touch**. この服地は手ざわりがやわらかい.

**touch·down** /tʌ́tʃdàun タチダウン/ 名 ⓒ **1**〔アメフト〕タッチダウン《ボールキャリアがゴールラインを越えるか, パスされたボールをレシーバーがエンドゾーン内でキャッチすること. 得点は6点》. **2**〔ラグビー〕タッチダウン《けられたボールを防御側が自陣のインゴールで押えること》. **3**〔航空〕着陸, 着地.

**touched** /tʌ́tʃt タチト/ 動 → touch. —形 **1** 感動した, 心を動かされた. **2**《略式》気がふれた（→ touch **10**）.

**touch·ing** /tʌ́tʃiŋ タチング/ 動 → touch.
—形 感動的な, 人の心を動かす, 胸を打つ.
—前《正式》…に関して, …について.

**touch·line** /tʌ́tʃlàin タチライン/ 名 ⓒ〔ラグビー・サッカーなど〕タッチライン, 側線（図 → rugby, soccer）.

**touch·y** /tʌ́tʃi タチ/ 形（比較 -·i·er, 最上 -·i·est）**1**《略式》神経質な; 敏感な. **2** 扱いにくい. **3** 点火しやすい.

*****tough** /tʌ́f タフ/《発音注意》[[「強くて弾力性のある」が原義]]

—形（比較 ~·er, 最上 ~·est）**1** 堅い, 折れ[破れ, 切れ, 砕け]にくい（↔ tender）‖
This steak is too **tough**. このステーキは堅すぎる.
**2** 丈夫な, たくましい, タフな; 粘り強い;《略式》がんこ

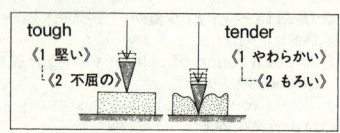

な(soft), 強情な, 不屈の ‖
(as) tough as steel とても丈夫な.
He got tough with the examining police officer. 彼は調べに当たった警官に食い下がった.
[対話] "I wonder if he can finish the race." "He's a tough person. He'll finish."「彼は最後まで走れるだろうか」「タフだから, 完走するよ」.
**3** 骨の折れる《◆ difficult より口語的の》‖
These were tough tickets to get. =These tickets were tough to get. =It is tough to get these tickets. この切符は入手困難だった.
[対話] "I hear today's test isn't so easy." "Well, I hope it's not too tough."「今日のテストは簡単じゃないそうだね」「まあ, あまり難しすぎないといいんだけど」.
**4** (略式) 不愉快な, 耐えがたい ‖
Tough (luck)! それは運が悪いね.
**5** (略式) 乱暴な, 無法な; 無法者が出入りする, 物騒な.
**tóugh·ness** 名 U 堅さ; たくましさ, 頑強さ; 難しさ.

**tough·en** /tʌ́fn タフン/ 動 他 **1** …を堅くする. **2** …を丈夫にする. **3** …を困難にする. ── 自 **1** 堅くなる. **2** 丈夫に[たくましく]なる. **3** 困難になる.

**tour** /túər トゥア/ 名 C **1** (観光・視察などの)旅行, 周遊旅行 (類 → trip); 見学 ‖
a bus tour to Miami マイアミまでのバス旅行.
make [take] a tour of Kyushu 九州一周旅行をする.
go on a tour 周遊旅行に出かける.
**2** (劇団などの)巡業; (スポーツチームの)遠征.
**3** (工場などの)勤務交替; (正式) (特に軍隊の)外国勤務期間 ‖
finish one's tour of duty 外国勤務を終える.
**on tóur** 旅行中で[の]; 巡業中で[の].
── 動 他 **1** …を旅行する; …を見学する ‖
I am planning to tour India. インドを見て回るつもりです.
**2** …を巡業する; …を巡業上演する.

\***tour·ist** /túərist トゥアリスト, (英) tɔ́ːr-/
── 名 (複 ~s/-ists/) **1** C 観光客, 旅行者 ‖
Kyoto is visited by many foreign tourists. 京都には多くの外国人観光客が訪れる.
**2** C (巡業中の)スポーツ選手.
**3** U =tourist class.
**tóurist cláss** ツーリストクラス(tourist)《一般の旅行者が利用する船・飛行機の安い料金の席》.

**tour·na·ment** /túərnəmənt トゥアナメント, tɔ́ːr-/ 名 C トーナメント, 勝ち抜き試合, 選手権争奪戦 ‖
a tennis tournament テニス=トーナメント.

**tour·ni·quet** /túərnəkət トゥアニケット | tɔ́ːnikei ト

ーニケイ/《フランス》名 C 止血帯.

**tou·sle** /táuzl タウズル/ 動 (現分 tou·sling) 他《髪など》を乱す; …を手荒く扱う. ── 名 U 乱れ髪; 乱雑.

**tou·sled** /táuzld タウズルド/ 動 → tousle.
── 形《髪・服・身なりが》乱れた, 見苦しい.

**tout** /táut タウト/ 動(略式) 自 **1** うるさく勧誘する. **2**(英) 予想屋をやる; (馬の)情報を探る. ── 他 **1** …をうるさく勧誘する; (英)《切符など》をプレミアム付きで売る. **2**(英) …の予想をする; (米)《競走馬》に賭(か)けるようにすすめる. ── 名 C [複合語で] **1** 客引き, 勧誘者. **2**(米)(競馬の)予想屋; ダフ屋.

**tow** /tóu トウ/ (同音 toe) 動 他 **1**《船・車など》を綱[鎖]で引っ張る(→ trail) ‖
tow a ship into port 船を港に引いて航行する.
**2** …を引っ張っていく.
── 名 U C **1** (綱などで)引かれる[引く]こと; ひと引き ‖
The lorry was on tow. トラックが引かれていた.
**2** 引かれていく船[車]; 引く船[車].
**3** 引き綱, 曳航(えいこう)索. **4** =ski tow.
***in tów***(1)(綱・鎖で)引かれて. (2)(略式) 引き連れて, 従えて; 世話になって ‖ with my family in tow 家族連れで / take him in tow 彼を連れていく.

\***to·ward** 前 tɔ́ːrd トード | təwɔ́ːrd トゥウォード; 形 tɔ́ːrd トード | tɔ́uəd トウアド /《…の(to)方へ(ward)》
── 前 ((主に英)) --wards/-dz/) **1** [運動の方向] **a** …の方へ, …に向かって ‖
look toward the sea 海の方を見る.
I walked toward the door. 私はドアの方へ歩いて行った.
**b** [比喩的に] …の方へ, …に向かって ‖
steps toward peace 平和への歩み.
a tendency toward communism 共産主義への傾き.

| Q&A | Q : to とはどのように違いますか.
A : toward は方向だけですが, to は到達点を含む点が異なります. He ran to [toward] the door. (彼はドアのところへ走って行った)で, to はドアに到達したことを暗示しますが, toward では単にドアの方向へ走ったという意になります.「我々は互いに歩み寄った」では We walked toward [×to] each other. となり, to は誤りです. |

**2** [位置の方向] **a** …に向いて, …に面して ‖
sit with one's back toward me 私に背を向けて座る.
The house faces toward the sea. その家は海に面している.
**b** …の近くに ‖
Toward the top of the hill the road is wider. 丘の頂上近くで道路は広くなっている.
**3** [時間的・数量的接近] …近く, …ごろ; …くらい ‖

toward the middle of the 19th century 19世紀の中ごろ.
It stopped raining **toward** noon. 昼ごろ雨がやんだ.
**4** [対象・関連] …に対して, …に関して ‖
his attitude **toward** life 彼の人生に対する態度 [人生観].
How do you feel **toward** her? =What are your feelings **toward** her? 彼女をどう思いますか.

\*\***to‧wards** /tɔːrdz トーツ | təwɔːrdz トゥォーツ/ 前 《主に英》=toward.

\*\***tow‧el** /táuəl タウエル/〖「(洗う(布)」が原義〗
—名 (微 ~s/-z/) C [通例複合語で] **タオル**, 手ぬぐい ‖
She dried herself with a bath **towel**. 彼女はバスタオルでからだをふいた.
wipe one's face on a **towel** 顔をタオルでぬぐう.

> 関連 [種類] a róller tòwel 巻きタオル / a dísh [téa] tòwel (主に米) ふきん / a sánitary tòwel (英)生理用ナプキン(sanitary napkin) / a Túrkish [térry] tòwel トルコタオル《けばが輪になったふつうのタオル》/ a washcloth (米)浴用タオル / a páper tòwel 紙タオル.

*thrów* [*chúck*, *tóss*] *ín the tówel*〖ボクシング〗負けを認める;降参する.

\*\***tow‧er** /táuər タウア/〖「建物の角に張り出した塔」が原義〗
—名 (徴 ~s/-z/) C **1** [しばしば複合語で] **塔**, タワー;やぐら;とりで ‖
the **Tower** (of London) ロンドン塔《もと宮殿, その後牢獄, 今は美術館》.
the Éiffel Tówer エッフェル塔.
a television **tower** テレビ塔.
a clóck tòwer 時計台.
I went up (the) Tokyo **Tower**. 東京タワーに登りました.
**2** 〖コンピュータ〗タワー《縦置き型のコンピュータ》.
—動 (三単現 ~s/-z/ ; 過去・過分 ~ed/-d/ ; 現分 ~ing/-əriŋ/)
—自 **1** 《正式》**高くそびえる**;はるかに高い ‖
**tower** into the sky 空にそびえる.
He **towers** above the rest of the class. 彼はクラスのだれよりもずば抜けて背が高い.
**2** 《正式》**抜きんでている** ‖
Jane **towers** over us in Korean. 朝鮮語ではジェーンが我々よりはるかにうまい.
**tówer blòck** 住宅[オフィス]用高層ビル.
**Tówer Brídge** [(the) ~] タワーブリッジ《ロンドンのテムズ川にかかり, 船の通過の際に上方に開く》.

**tow‧er‧ing** /táuəriŋ タウアリング/ 動 → tower.
—形 **1** 《正式》そびえ立つ;非常に高い ‖

a **towering** baseball player とても背の高い野球の選手.
**2** 偉大な, すばらしい ‖
**towering** ambition 大きな野心.
**3** 激しい ‖
be in a **towering** rage 激怒している.

\*\***town** /táun タウン/〖「(柵(ざ))で囲まれた場所」が原義. cf. Bos*ton*〗
—名 (徴 ~s/-z/) **1** C **町**《♦ village (村)より大きく city (市)より小さい. (英)では行政上は city であっても実際には **town** ということが多い》;《略式》市 ‖
There are four factories in the **town** where she was born. 彼女が生まれた町には工場が4つある.
**2** C [the ~] (田舎に対して) **都会**, 町なか ‖
Do you prefer the country to **the town**? あなたは町よりも田舎が好きですか.
**3** U [通例無冠詞で] (地域の中心となっている)**都市**; (英)ロンドン; (自分の住んでいる, または話題になっている近くの)町;商業地区, 繁華街 ‖
go up to **town** 上京する.
be in **town** 町にいる.
I'll be out of **town** tomorrow. あすは出かけて町にはおりません.
go to **town** to do some shopping 買物をするため繁華街へ行く.
**4** [the ~; 集合名詞; 単数・複数扱い] 町民, 市民; U 大学町の住民; [the ~] 都会生活 ‖
the talk of **the town** 町の人の話題になっていること[人].
The whole **town** is [are] talking about him. 町じゅうの者が彼のうわさをしている.
**tówn cènter** 町の中心部, 繁華街.
**tówn háll** 町役場, 市役所;公会堂.
**tówn hóuse** 壁を隣家と共有する小さな家.
**tówn mèeting** 町民集会, (日本の)タウンミーティング;町民会.
**towns‧folk** /táunzfòuk タウンズフォウク/ 名 [集合名詞;複数扱い] 都会人; [the ~] (特定の町の)町民, 市民.
**towns‧peo‧ple** /táunzpìːpl タウンズピープル/ 名 [集合名詞;複数扱い] =townsfolk.
**tox‧ic** /táksik タクスィク | tɔ́ks- トクスィク/ 形 《正式》
**1** 毒物に起因する, 中毒(性)の. **2** 有毒な.
**tox‧i‧col‧o‧gy** /tàksikálədʒi タクスィカロヂ | tɔ̀ksikɔ́l- トクスィコロヂ/ 名 U 毒物学.
**tox‧in** /táksn タクスン | tɔ́ksin トクスィン/ 名 C 毒素.

\*\***toy** /tɔ́i トイ/〖「戯れ(る物)」が原義〗
—名 (徴 ~s/-z/) C **1** **おもちゃ**, 玩(ぐ)具 ‖
play with **toys** おもちゃで遊ぶ.
**2** つまらない物, 子供だまし;慰み物, 娯楽物 ‖
make a **toy** of the key 鍵(ぎ)のかぎをもてあそぶ.
**3** (ペットとして飼われる)小型の犬;小さい人[物].
—形 [名詞の前で] **1** おもちゃの(ような) ‖

a **toy** car おもちゃの自動車.
**2** 〈犬が〉小型の.
——動 ⾃ いじくる, ふまじめに扱う; 漠然と持つ ‖
**toy with** a pencil 鉛筆をいじくる.
Don't **toy with** her affections. 彼女の愛情を もてあそぶな.

**trace** /tréis トレイス/ 名 **1** © U [通例 ~s] (人・車 などが通った) (足) 跡 ‖
**traces** of deer on the trail けもの道の上についた シカの足跡.
We've **lost traces of** him. 彼の足跡を見失った《◆この場合 (米) では track が好まれる》.
**2** © (事件・事物などの) 痕跡(ﾎﾝｾｷ), 形跡 ‖
**traces** of an ancient civilization 古代文明の跡.
**3** [a ~ of + U 名詞] ほんのわずかの…, 微量の … ‖
There was **a trace of** color in her cheeks. 彼女のほおがほんのり赤くなっていた.
——動 (現分) trac·ing) 他 **1 a** …をたどる; 捜し出 す ‖
**trace** a missing person 行方不明の人を捜す.
**trace** a wallet to its owner 札入れをその持ち 主までたどる.
**b** …を調べる, 明らかにする ‖
**trace** the history of a word 語の歴史を明らか にする.
**trace** a phone call 電話を逆探知する.
**2 a** …を敷き写す, トレースする ‖
make a copy of the map by **tracing** it 地 図をトレースして複写する.
**b** …を引く, 描く; …を立案する ‖
**trace out** the site of an old castle on a map 古い城のあった場所を地図に描く.
**trace** a plan of a house 家の設計図を描く.
**trace out** a new business policy 新しい営業 方針を計画する.
**c** …をていねいに書く.
**3** …を追跡[調査]する ‖
The rumor was **traced back to** a journal-ist. そのうわさの出所は(突き止めてみると)あるジャー ナリストだった.
——⾃ さかのぼる, 突き止める ‖
Our feud **traces back to** our childhood. 私たちの不和は子供時代までさかのぼる.

*****track*** /trék トラック/ (類音 truck/trʌk/) 〖→ trace〗
——名 (複 ~s/-s/) © [時に複合語で ~s] **1** [しばしば ~s] (人・車などの) 通った跡, 足跡, わだち ‖
follow the fox's **tracks** into the woods キ ツネの足跡を追って森に入る.
**2** (踏みならされてきた) 小道, 道 ‖
a bicycle **track** 自転車道.
a mountain **track** 山道.
**3** (米) 鉄道線路, 軌道; 進路 ‖
a single **track** 単線.
the economy getting back on the **track** 再び軌道に乗った経済.
the **track** of the storm 暴風雨の進路.
leave [(英) run off] the **track** 脱線する.
Your train leaves on Track No.10. あなたの 乗る列車は10番線から出ます.
**4 a** (競技場の)トラック; (米) (競馬場の) 走路; [the ~; 集合名詞] トラック競技; 陸上競技 ‖
a rúnning tràck 競走路.
**b** [形容詞的に] トラックの ‖
tráck evènts トラック競技[種目].
**5** (レコードの)溝; (CD・磁気テープの) トラック, (録) 音帯.

**in the tráck of A** …の例にならって; …の途中で.
**kèep to the béaten tràck** ふつうの方法をとる.
**kèep tráck of A** 《略式》 (1) A〈事態の成り行きな ど〉との接触を保つ, …を見失わない. (2) …の跡をつ ける, …の行方を見失わない.
**lòse tráck of A** 《略式》 (1) A〈事態の成り行きな ど〉との接触を失う, …を見失う. (2) …の跡を見失 う, …の行方を見失う.
**óff the béaten tràck** 人里離れた; 常道をはずれ た.
**on the ríght tráck** 正しく.
**on the wróng tráck** 間違って.
**on the tráck of A** =**on A's tráck** …を追跡し て, …の手がかりを得て.
——動 他 …の(足)跡を追う; 〈道・進路などを〉たど る; …を突きとめる ‖
**track** the tiger トラの足跡を追う.
**tráck dówn** [他] …を追いつめる; …を追いつめて 捕える; …を徹底的に調べる.
**tráck mèet** 陸上競技会.
**tráck rècord** (米) 陸上競技の成績; (略式) (一般 に)業績, 実績.
**tráck shòe** スパイク=シューズ.
**tráck sùit** トラックスーツ (運動選手の保温着).

**tract** /trékt トラクト/ 名 © **1** (正式) (陸・海などの) 広がり, 広い面積, 地域, 土地 ‖
**tracts** of desert in Australia オーストラリアの砂 漠地帯.
**2** (解剖) 器官系 ‖
the digestive **tract** 消化管.

**trac·tion** /trékʃən トラクション/ 名 U (時に複合語 で] 牽引(ｹﾝｲﾝ) (力).

**trac·tor** /tréktər トラクタ/ 名 © (農耕用) トラクタ ー; 牽引(ｹﾝｲﾝ)車 ‖
tráctor tràiler (大型) 貨物トラック.

*****trade*** /tréid トレイド/ 〖『道』が原義. cf. tread, trace〗 動 trader (名)
——名 (複 ~s/tréidz/) **1** U 貿易, 通商 ‖
free **trade** 自由貿易.
Japan is doing a lot of **trade with** France. 日本はフランスと多くの取引をしている.
**2** U [しばしば a ~] 商売, 商い; 小売り業[商]; [the ~; 修飾語と共に] …業 ‖
be **in trade** (英) 小売商である.
the tourist **trade** 観光業(界).
They **do a** good **trade in** books. あの店では 本がよく売れている.

**3** ⓒⓊ（主に手を使う）**職業**, 仕事 ∥
He is a carpenter **by trade**. 彼の職業は大工だ《◆ 主に知的な職業には profession を用いる: He is a doctor by profession. 彼の職業は医者です》.
They are of a **trade**. 彼らは皆同じ職業だ.
**4** [the Trades] =trade wind.
**5** ⓒ（米）【スポーツ】トレード, 選手交換.

── 動 三単現 ~s/treɪdz/; 過去・過分 trad・ed /-ɪd/; 現分 trad・ing/

── 自 **1** 貿易する, 取引する; 売買する, 商う; 下取りしてもらう ∥
Japan **trades with** many foreign countries. 日本は多くの外国と貿易している.
We **trade in** young used cars. 我々はあまり年数の経っていない中古車を扱っています.
**2** 交換する ∥
If you prefer my gift, I'll **trade with** you. もしぼくがもらった贈り物の方が気に入っているのなら, ぼくのと交換しよう.
対話 "I don't like this book." "If you want, we can **trade**. You can have mine." 「この本は嫌いだ」「君が望むのなら交換してもいいよ. ぼくのを持っていけばいい」.
**3**（米）いつも買物をする ∥
Which store do you **trade at**? あなたはいつもどこの店で買物をしますか.

── 他 …を交換する ∥
**trade** seats 席を交換する.
I **traded** my ball **for** a knife. 私はボールをナイフと交換した.
I **traded** books **with** Jane. 私はジェーンと本を交換した.

**tráde in** (1) [~ *in A*] → 自 **1**. (2) [他] …を下取りに出す ∥ 対話 "What did you do with your old car?" "I **traded** it **in for** a new one." 「車はどうしたのですか」「下取りに出して新車を買ったんです」.

**tráde price** 卸し値.
**tráde(s) únion**（主に英）労働組合（（米）labor union）.
**tráde wind** 貿易風（the Trades）.

**trade-in** /tréɪdɪn/ 名 ⓒ 下取り; 下取り品[価格].
**trade・mark** /tréɪdmɑːrk/ 名 ⓒ **1**（登録）商標, トレードマーク. **2**（人・言動の）目立った特徴.
**trad・er** /tréɪdər/ 名 ⓒ **1** 貿易業者; 商人 ∥
My father is a **trader** in antiques. 父は骨董（ξ）品を扱う貿易業者です.
**2** 貿易船, 商船.
**trades・man** /tréɪdzmən/ 名（複 --men) ⓒ **1**（小売り）商人（（PC）tradesperson, shopkeeper, retailer）. **2** 職人, 熟練工（（PC）skilled worker）;（英）技術兵.
**trad・ing** /tréɪdɪŋ/ トレイディング/ 動 → trade.
**tra・di・tion** /trədɪ́ʃən/ トラディション/ 【「引き渡されたもの」が原義. cf. treason』派 traditional（形）

── 名（複 ~s/-z/）ⓊⒸ **1** 伝統, 慣習, しきたり;（芸術上の）流儀 ∥
build up **tradition** 伝統を築き上げる.
follow **tradition** 伝統に従う.
break (with) **tradition** 伝統を破る.
wear one's hair in the Mongolian **tradition** モンゴルふうの髪型をしている.
**2** 言い伝え, 伝説, 伝承 ∥
according to **tradition** 伝説によると.
**Tradition** says that the castle is haunted. その城には幽霊が出るという言い伝えがある.

\***tra・di・tion・al** /trədɪ́ʃənl/ トラディショヌル/ 【→ tradition】

── 形 **1** 伝統的な, 慣習的な, 因襲的な; 従来の ∥
**traditional** festivities 伝統的な祝いの催し.
It's **traditional** in Japan to eat with chopsticks. 箸（ξ）を使って食事をすることは日本では伝統的なことです.
対話 "He still thinks women should walk behind men." "That's **traditional** thinking in Japan." 「彼はいまでも女の人は男の人の後ろを歩くべきだと考えています」「日本では昔からそういう考え方でした」.
**2** 伝説の.

**tra・di・tion・al・ly** /trədɪ́ʃənəli/ トラディショナリ/ 副 伝統的に, 伝統に従って; 伝承によって.

**Tra・fal・gar** /trəfǽlgər/ トラファルガ/ 名 トラファルガー《スペイン南西岸の岬. その沖合で1805年英国の Nelson がスペイン・フランス連合艦隊を破った》.
**Trafálgar Squáre** トラファルガー広場《London の中心部にあり, 中央に Nelson の立像がある》.

\***traf・fic** /trǽfɪk/ トラフィク/ 【横切って(tra)押す(fic)】

── 名 Ⓤ **1a**（人・車の）**往来**, 通行, 交通（量）《◆ 海上・航空にも用いる》∥
one-way **traffic** 一方通行.
control **traffic** 交通を整理する.
**Traffic** is heavy [busy] on the street. その通りは交通量が多い《◆「少ない」は light》.
There's a lot of **traffic** on this road. この道路は交通が激しい《◆ ×many traffics は不可》.
**b** [形容詞的に] 交通の ∥
a **traffic** accident 交通事故.
**traffic** control 交通整理.
**traffic** regulations 交通規則.
**2 a**（貨物の）運送（量）;（商品の）取引（高）∥
railroad **traffic** 鉄道運送.
**b**（人・貨物の）運送業 ∥
passenger **traffic** 旅客運送業.

── 動（過去・過分）traf・ficked /-fɪkt/; 現分 --fick・ing）(つづり字注意) 自 **1** 売買する ∥
**traffic with** natives **for** fur 先住民から毛皮を買う.

Q&A **Q**: 過去形・過去分詞形はなぜ trafficked のように k が入るのですか.
**A**: そのまま ed をつけて trafficed とすると /trǽ-

fist/ と発音される危険があるからです. traffic, picnic, mimic などのように c で終わる語(これは/k/と読む)は k を入れて ed をつけることになったのです.

**2** 密売買をする, 不正取引をする ∥
traffic in narcotics 麻薬の密売買をする.
**tráffic congèstion [jám]** 交通渋滞.
**tráffic ísland** (英) (車道にある)安全地帯.
**tráffic líght(s) [sígnal(s)]** 交通信号灯.

> **Q&A** **Q**: 米国でも交通信号は日本と同じですか.
> **A**: 色は red, green, yellow は同じですが, たいてい縦に並んでいます. また, 黄色の文字で WALK, DONT WALK (DON'Tのアポストロフィを省略)と指示するものもあります.

**tráffic tìcket** (米) 交通違反切符.
**tráffic violàtion** 交通違反.

**trag·e·dy** /trǽdʒədi トラヂェディ/ 名 (複 **-e·dies** /-z/) **1** ⓒⓊ 悲劇《♦1つの作品をいう場合はⓒ, 劇の一部門をいう場合はⓊ》(↔ comedy) ∥
Shakespeare's *Macbeth* is a **tragedy**. シェイクスピアの『マクベス』は悲劇である.
**2** ⓒⓊ 悲しい事件, 惨事; Ⓤ 悲劇的要素 ∥
Her life was full of **tragedy**. 彼女の生涯は悲しいことばかりだった.

**trag·ic** /trǽdʒik トラヂク/ 形 **1** 悲劇の, 悲劇的な(↔ comic); 悲劇を演じる[書く] ∥
a **tragic** ending 悲劇的な結末.
a **tragic** actor 悲劇俳優.
the **tragic** factor 悲劇的要素.
**2** 悲惨な, 痛ましい ∥
The **tragic** accident took ten lives. その痛ましい事故で10名が亡くなった.

**trág·i·cal·ly** 副 悲劇的に; 悲惨に.

**trail** /tréil トレイル/ 名 ⓒ **1** 跡, 通った跡, (獣の)臭跡 ∥
the **trail** of the bear クマの通った跡.
**2** (人・動物が通ってできた)道 ∥
a mountain **trail** 山道.
**3** (ほこり・煙などの)たなびき; (人・車の)列 ∥
a **trail** of smoke 煙のたなびき.
The van left a **trail** of dust. バンは一すじのほこりを残していった.

**hót on the tráil** あとにぴったりついて.
**óff the tráil** 手掛かりを失って.
**òn the tráil** 手掛かりを得て.
**on** A's **tráil** …を追跡して.

―― 動 他 **1** …の跡をつける ∥
**trail** a fox キツネの跡を追う.
**2** …を(無意識に)引きずる, 引きずって行く ∥
**trail** a toy train on a string おもちゃの列車をひもで引っぱって歩く.
**3** (米) …のあとを走る; (長い列になって)…のあとからついて行く.

―― 自 **1** 〈着物などが〉引きずる, 〈髪などが〉垂れる ∥
Her long dress **trailed (along)** on the ground. 彼女の長いドレスは地面を引きずっていた.

**2** たなびく.
**3** (略式) だらだらついて行く, のろのろ歩く; 遅れをとる, 劣っている ∥
the children (who are) **trailing** home 道草をしながら帰っている子供たち.
**4** (正式) 〈植物などが〉はう, 伸びる; からみつく ∥
Vines **trailed** by the path. ツタが道ばたをはっていた.
**5** 〈話題などが〉本筋からそれる; 〈音などが〉次第に消える; 次第に薄れて(…に)なる ∥
His voice **trailed** off. 彼の声はだんだん小さくなった.

**trail·er** /tréilər トレイラ/ 名 ⓒ **1** 引きずる人[物]; 追跡者. **2** 〔映画〕予告編. **3** (他の車に引かれる)トレーラー. **4** (米) (自動車で引く)トレーラーハウス, 移動住宅, キャンピングカー((英) caravan). **5** つる草.
**tráiler càmp [pàrk, còurt]** (米) トレーラーハウスの駐車場.
**tráiler trùck** (米) トレーラートラック.

**\*\*train** /tréin トレイン/ 『「引きずって行くもの」→「列車」; 「引きずって行く」→「従わせる」「仕込む」』 (派) training (名)

―― 名 (複 **~s**/-z/) ⓒ **1** 列車《♦個々の車両は, 「客車」は coach, (米) car, (英) carriage, 「貨車」は wagon》 ∥
catch the 5 o'clock **train** for London 5時発のロンドン行き列車に間に合う.

**get on a train = get into a train** 列車に乗る.
**take the 7:20 train to Chicago** 7時20分発の列車に乗ってシカゴに行く.

**by train = in** (a) **train** 列車で.
You have to **change trains** at Himeji for Okayama. 姫路で岡山行きに乗り換えなければなりません.

> **Q&A** **Q**: この例で train が複数形の trains となるのはなぜですか.
> **A**: 自分が乗ってきた列車と, 岡山行きの列車で, 合計2つの列車があるからです. 似た例に shake hands with …, make friends with … などがあります.

**See (to it) that** you take the right **train**. 列車を間違えないようにしなさい.

対話 "Does this **train** stop at Mishima?" "No. You're on the wrong **train**." 「この電車は三島に止まりますか」「いいえ. 乗る電車を間違えていますよ」.

関連 [種類] (1) 速さ: a local [(米) an accommodation, a way] train (各駅停車の)普通列車 / an express train 急行列車 / a limited express (米) 特急列車 / a super express train 超特急列車《♦日本の新幹線は (a bullet train) など》.
(2) 用途など: a boat train 連絡船列車 / a commuter train 通勤列車 / a daytime

train 昼間列車 / a night train 夜行列車 / a deadhead train 回送列車(an off-duty train) / an excursion train 遊覧列車 / a regular train 定期列車 / a special train 臨時列車 / a seasonal train 季節列車 / a long-distance train 長距離列車 / a through train 直通列車 / a shuttle train 折り返し列車 / a mail train 郵便列車 / a passenger train 旅客列車 / a freight [(主に英) goods] train 貨物列車.

**2** (人・車などの)列, 隊 ‖
a train of camels =a camel train ラクダの列.
**3** (思考・事件などの)連続, つながり; (事件などの)結果 ‖
a long train of misfortunes 長びく一連の不幸.
in the train of the war 戦争の結果として.
**4a** (衣服の引きずる)すそ ‖
wear a wedding dress with a train 長くすそを引いたウェディングドレスを着る.
**b** (彗(%)星などの)尾; (クジャクなどの)尾; (雲・煙などの)たなびき.

── 動 [三単現] ~s/-z/; [過去・過分] ~ed/-d/; [現分] ~ing

── 他 と 自 の関係 ──
| 他 | **1** | train **A** | **A** を訓練する |
| 自 | | **A** train | **A** が訓練される |

── 他 **1** …を**教育する**, 訓練する, 鍛える; …に仕込む ‖
train a child to respect his parents 両親を敬うような子供に育てる.
train the players for an important game 大切な試合に備えて選手を鍛える.
対話 "That boy has no manners." "I'll bet his parents never trained him at all."「あの男の子は行儀がなっていないね」「きっと両親もしつけなかったんだね」.
**2** (米略式)〈子供・犬などに〉トイレのしつけをする.
**3** 〈枝などを〉好みの形に仕立てる ‖
train roses against a wall バラを壁にはわせる.
**4** 〈鉄砲・カメラなどを〉向ける ‖
train the gun on the soldiers 鉄砲で兵士をねらう.

── 自 訓練される; 鍛える; 体調を整える ‖
train as a secretary 秘書としての教育を受ける.
対話 "You run 20 miles every day?" "Yes. I'm training for the Honolulu Marathon in December."「毎日20マイル走っているのですか」「そうです. 12月のホノルルマラソンに備えて練習しているのです」.

**train·ee** /treiní:, tréini:/ 名 ⓒ 訓練を受ける人[動物]; 職業[軍事]訓練を受ける人.
**train·er** /tréinər トレイナ/ 名 ⓒ **1a** (運動選手・動物の)訓練をする人, トレーナー, (馬の)調教師《◆衣類の「トレーナー」は sweat shirt》. **b** (英)職業訓練士. **2** (英)[~s](ゴム底の)運動用ズック((米)

sneaker).
**\*train·ing** /tréiniŋ トレイニング/ 〖→ train〗
── 動 train.
── 名 Ⓤ [しばしば a ~] 訓練(を受けること) ‖
She had technical **training** as an announcer. 彼女はアナウンサーとしての専門的な訓練を受けました.
**be in tráining** コンディションがよい.
**be óut of tráining** コンディションが悪い.
**by tráining** 教育を受けた ‖ He is an anthropologist by training. 彼は人類学者としての教育を受けている.
**gò into tráining** 練習を始める.

**trait** /tréit トレイト | tréi トレイ, tréit/ 名 ⓒ **1** (正式) 特色, 特性, 特徴 ‖
Patience is one of her good **traits**. 忍耐強いことは彼女の美点の1つです.
**2** [a ~ of A] …の気味.

**trai·tor** /tréitər トレイタ/ 名 ⓒ 反逆者, 裏切り者 (cf. Judas) ‖
turn traitor to the king 王に謀反(ﾑﾎﾝ)を起こす.

**tra·jec·to·ry** /trədʒéktəri トラヂェクタリ | trædʒik-トラヂク-/ 名 (覆) **-to·ries**/-z/) ⓒ 弾道, 軌道.

**tram** /trǽm トラム/ 名 ⓒ **1** (英) 路面電車, 市電車, 市電((米) streetcar, trolley car) ‖
take a tram 市電に乗る.
by tram 市街電車で.
**2** [~s] 市電路線.

**tramp** /trǽmp トランプ/ (類音 tr*u*mp/trʌmp/) 動
自 **1** ドシンドシンと歩く[進む], 重い足どりで歩く ‖
He **tramped** up and down the platform. 彼はプラットホームを重い足どりで行ったり来たりした.
**2** 踏みつける ‖
Someone **tramped** on my toes in the dark room. 暗い部屋の中でだれかが私の足先を踏みつけた.
**3** (長距離を)てくてく[とぼとぼ]歩く.
── 他 **1** …をドシンドシンと歩く; …をてくてく歩く; …を放浪する ‖
tramp it (略式) 徒歩で行く.
**2** …を踏みつける.
── 名 **1** Ⓤ [the ~] 重い足音.
**2** ⓒ (長距離の)徒歩旅行 ‖
go for a tramp in the country 田舎(ｲﾅｶ)へハイキングに出かける.
*on (the) trámp* 放浪して; (職を求めて)渡り歩いて.

**tram·ple** /trǽmpl トランプル/ 動 [現分] tram·pling) 他 **1** …を踏みつける, 踏みつぶす ‖
trample (down) the flowers =trample the flowers under foot 花を踏みつける.
trample the fire out 火を踏んで消す.
**2** 〈感情などを〉踏みにじる.
── 自 **1** 踏みつける. **2** 踏みつける, 踏みにじる.

**tram·po·lin(e)** /trǽmpəlìn トランポリン, -ニ/ 名 ⓒ トランポリン; トランポリンの網[用具].

**trance** /trǽns トランス | tráːns トラーンス/ 名 ⓒ [通例 a ~] **1** 夢うつつ, 恍惚(ｺｳｺﾂ), 夢中 ‖
in a trance 我を忘れて.

## tranquil

**2** 人事不省(ふせい), 失神 ‖
fall [go] into a trance 失神する.
send [put] him into a trance 彼に催眠術をかける.

**tran·quil** /trǽŋkwil トランクウィル/ 形 (時に 比較 ~·er [(英) --quil·ler]; 最上 ~·est [(英) --quil·lest]) (正式) **1** 静かな, おだやかな ‖
a tranquil life in the country 田園の平穏な生活.
a tranquil lake 静まりかえった湖.
**2** 平癒な, 落ち着いた ‖
a tranquil smile おだやかな微笑.

**tran·quil·ize,** (主に英) **--quil·lise, --quil·lize** /trǽŋkwəlàiz トランクウィライズ/ 動 (現分 --iz·ing) 他〈心などを鎮める. ―自 静まる.

**tran·quil·iz·er** /trǽŋkwəlàizər トランクウィライザ/ 名CU 精神安定剤, トランキライザー.

**tran·quil·li·ty** /træŋkwíləti トランクウィリティ/ 名U〔しばしば a ~〕静寂, 平穏, 冷静.

**trans·act** /trænsǽkt トランサクト | trænz- トランザクト/ 動 (正式) 他自〈業務・取引などを〉行なう ‖
transact business with stores いろいろな店と取引をする.

**trans·ac·tion** /trænsǽkʃən トランサクション | trænz- トランザクション/ 名 **1**U 〔the ~〕(業務の)処理, 処置. **2**C 取引. **3** (正式)〔~s; 複数扱い〕(学会・会議などの)紀要, 会報, 議事録.

**trans·at·lan·tic** /trǽnsətlǽntik トランサトランティク | trænz- トランザト-/ 形 **1** 大西洋横断の ‖
a transatlantic flight 大西洋航路飛行便.
a transatlantic cable 大西洋横断ケーブル.
**2** 大西洋の対岸の《ヨーロッパから見た「アメリカの」, アメリカから見た「ヨーロッパの」》‖
transatlantic cultural influences 大西洋の対岸の文化的影響.
transatlántic shíp [líner] 大西洋航路(定期)船.

**tran·scend** /trænsénd トランセンド/ 動 (正式) 他自 **1** (…を)越える. **2** (…に)まさる, (…を)しのぐ.

**tran·scen·den·tal** /trǽnsendéntl トランセンデンタル/ 形 **1** (正式)〈知識・経験などが〉卓越した, すぐれた. **2** 超自然的な. **3** 観念論的な;(略式)あいまいな.

**trans·con·ti·nen·tal** /trǽnskɑntənéntl トランスカンティネントル | trǽnzkɔn- トランズコン-/ 形 大陸横断の ‖
a transcontinental railway 大陸横断鉄道.

**tran·scribe** /trænskráib トランスクライブ/ 動 (現分 --scrib·ing) (正式) 他 **1** …を書き写す, 複写する. **2** 〈音声などを〉発音記号[文字]で書き表す. **3** …を書き換える.

**tran·script** /trǽnskript トランスクリプト/ 名C **1** (手書きなどによる)写し, コピー;(音声・録音などの)書写, 転写;(公式の)謄本, 転写. **2** (米) 学業成績証明書.

**tran·scrip·tion** /trænskrípʃən トランスクリプション/ 名 **1**U 写すこと, 複写;(音声・録音などの)書写, 転写. **2**C 写本, コピー謄本.

## transgression

**trans·fer** /trænsfə́ːr トランスファー; 名 二/ 動 (過去・過分 trans·ferred/-d/; 現分 --fer·ring) (正式) 他 **1** …を移動させる; …を転任させる, 転校させる, 移籍させる ‖
He was transferred from the head office to the branch in Fukuoka. 彼は本社から福岡支社へ転勤になった.
**2** 〔法律〕〈財産・権利など〉を移転する, 譲渡する ‖
She transferred her property to her daughter. 彼女は財産を娘に譲った.
**3** 〈愛情などを移す;〈責任などを〉転嫁する ‖
He transferred his love to another girl. 彼は別の女の子が好きになった.
**4** 〈絵などを〉転写する, 模写する ‖
She transferred the picture in the book to her notebook. 彼女は本の絵をノートに書き写した.
**5** 〔コンピュータ〕〈データ〉を転送する.
―自 **1** 転任する, 転校[移籍]する;移転[移動]する ‖
She transferred to another school. 彼女は転校した.
**2** 乗り換える ‖
I transferred to another train at Nagoya. 名古屋で別の列車に乗り換えた.
**3** 〔コンピュータ〕データを転送する.
―名 (正式) **1**UC 移転, 移動;転任, 移籍;C 転勤者, 転校生;(米) 転校証明書 ‖
He got a transfer to the Hiroshima Office. 彼は広島支店へ転勤になった.
**2**UC (財産・権利などの)譲渡;譲渡証書.
**3**UC 乗り換え;C (主に米) 乗り換え切符[地点].
**4**C (英) 写し絵, 模写画((米) decal).
**5**UC 〔コンピュータ〕(データの)転送.

**trans·fer·a·ble** /trænsfə́ːrəbl トランスファーラブル/ 形 (正式) 移動[譲渡, 転写]することができる.

**trans·fix** /trænsfíks トランスフィクス/ 動 (三単現 ~·es/-iz/) 他 (正式) **1** …を突き通す, 突き刺す. **2** 〔通例 be ~ed〕〈人が〉くぎづけになる.

**trans·form** /trænsfɔ́ːrm トランスフォーム/ 動 …を変形させる; …を変質させる ‖
He was transformed into another man. 彼は別人のようになった.

**trans·for·ma·tion** /trǽnsfərméiʃən トランスファメイション/ 名UC **1** 変化, 変形, 変質.
**2** 〔生物〕変態 ‖
the transformation of a tadpole into a frog オタマジャクシのカエルへの変態.

**trans·form·er** /trænsfɔ́ːrmər トランスフォーマ/ 名C **1** 変化させる人[物]. **2** 変圧器, トランス.

**trans·fu·sion** /trænsfjúːʒən トランスフュージョン/ 名CU (正式) 輸血.

**trans·gress** /trænsgrés トランスグレス | trænz- トランズ-/ 動 (三単現 ~·es/-iz/) (正式) 他 **1** 〈限界などを越える. **2** 〈法・協定・命令など〉を破る, …に違反する.
―自 法律を犯す, 規則違反する, 道徳的罪を犯す.

**trans·gres·sion** /trænsgréʃən トランスグレション |

træn/ トランズ- /图CU《正式》違反, 犯罪(offense), (宗教・道徳上の)罪(sin).

**tran·sient** /trǽnʃənt トランシェント | -ziənt -ズィエント/ 形《正式》**1** 一時的な, つかの間の ‖
transient happiness つかの間の幸福.
**2** 短期滞在の, 通過するだけの.
——名C =transient resident.
**tránsient résident** (米) (ホテルなどの)短期滞在客 (transient).

**tran·sis·tor** /trænzístər トランズィスタ, -sís-/ 图C 〖電子工学〗**1** トランジスタ. **2** =transistor radio.
**transístor rádio** トランジスターラジオ (transistor).

**trans·it** /trǽnsət トランスィト, -zət/ 图**1** U 通過, 通行. **2** U (米) (人・荷物の)運送, 輸送.

**tran·si·tion** /trænzíʃən トランズィション | -síʒən -スィジョン/ 图CU **1** 移り変わり, 推移, 変遷.
**2** 過渡期, 変わり目 (transition period) ‖
be in transition 過渡期にある.

**tran·si·tion·al** /trænzíʃənl トランズィショナヌル | -síʒənl -スィジョナヌル/ 形《正式》移り変わる, 過渡期の.

**tran·si·tive** /trǽnzətiv トランズィティヴ, -sə-/ 〖文法〗图C形 他動詞(の).

**tran·si·to·ry** /trǽnzətɔ̀ri トランズィトーリ, -zi- | -təri -タリ/ 形《正式》一時的な, つかの間の, はかない.

*__**trans·late**__ /trænsléit トランスレイト, trænz- | -́-/ 〖越えて(trans)運ぶ(late). cf. re*late*〗
派 translation (名)
——動 〖三単現〗 ~s/-léits/; 〖過去・過分〗 --lat·ed /-id/; 〖現分〗 --lat·ing
——他 **1** …を翻訳する, 訳す; …を通訳する ‖
translate a sentence literally 文を直訳する.
He translated the novel from English into Japanese. 彼はその小説を英語から日本語に翻訳した.
〖対話〗 "I'd like to read that book if it's in English." "I think it's been translated already." 「英語で書かれているのだったらその本を読みたいんだけど」「もう(英語に)翻訳されていると思いますよ」.
**2** 《正式》〈行為など〉を解釈する ‖
We should translate her silence as disapproval. 我々は彼女の沈黙を不賛成と解釈すべきだ.
——自 翻訳する; 通訳する; 〈作品などが〉翻訳できる ‖
This novel translates easily. この小説はたやすく翻訳できる.

**trans·lat·ing** /trænsléitiŋ トランスレイティング, trænz-|-́-/ 動 → translate.

*__**trans·la·tion**__ /trænsléiʃən トランスレイション, trænz-/ 〖→ translate〗
——名 (複 ~s/-z/) **1** U 翻訳; 通訳; C 翻訳書, 訳文.
literal translation 直訳.
free translation 意訳.
make [do] a translation of this story into English この物語を英語に翻訳する.
I have read the novel in translation. その小説は翻訳で読んだことがある.
**2** U《正式》解釈, 言い換え.

**trans·la·tor** /trænsléitər トランスレイタ, trænz-/ 图C 翻訳家, 訳者; 通訳; 翻訳機械.

**trans·lu·cence, --cen·cy** /trænslú:sns(i) トランスルースンス(ィ), trænz-/ 图U 半透明.

**trans·lu·cent** /trænslú:snt トランスルースント, trænz-/ 形《正式》半透明の《◆transparent と opaque の間》.

**trans·mis·sion** /trænsmíʃən トランスミッション | trænzmíʃən トランズミッション/ 图《正式》**1** U 伝達(すること); 伝送されたもの; (病気の)伝染. **2** C 〖テレビ・ラジオ〗放送(番組). **3** C (自動車の)トランスミッション, 変速機, 伝動装置.

**trans·mit** /trænsmít トランスミト | trænz- トランズ-/ 動〖過去・過分〗--mit·ted/-id/; 〖現分〗--mit·ting 他《正式》**1** …を送る, 送り届ける.
**2** 〈病気など〉を伝染させる ‖
transmit a disease 病気をうつす.
**3** 〈信号・知識・ニュースなど〉を伝える, 知らせる.
**4** 〖物理〗〈熱・振動・音波などを伝える, 〈光〉を透過させる ‖
Does water **transmit** sound better than air? 水は空気よりも音をよく通しますか.
**5** 〈性質など〉を伝える, 遺伝させる.

**trans·mit·ter** /trænsmítər トランスミタ | trænz- トランズ-/ 图C **1** 伝える人[物], 伝達者, 伝達装置.
**2** (ラジオ・テレビの)送信機, (電話の)送話器.

**trans·par·en·cy** /trænspǽrənsi トランスパレンスィ, -péər-/ 图 (複 --en·cies/-z/) **1** U 透明(度). **2** C 透明なもの; 透(*)かし絵[模様]; スライド.

**trans·par·ent** /trænspǽrənt トランスパレント, -péər-/ 形 **1** 透明な, 透き通った; 〈織物が〉透かして見える, 薄い ‖
transparent window glass 透明な窓ガラス.
**2** 《正式》明白な, 見えすいた ‖
a transparent lie 見えすいたうそ.
**3** 《正式》〈文体などが〉平明な, わかりやすい.

**trans·pár·ent·ly** 副 透き通って, 透明に.

**tran·spire** /trænspáiər トランスパイア/ 動 〖現分〗 --spir·ing 自《正式》[it transpires that 節] …ということが漏れる, 知れわたる ‖
It transpired that the fire was caused by a careless smoker. 火事は不注意な喫煙者のタバコの火が原因だと流布された.

**trans·plant** /動 trænsplǽnt トランスプラント | -plá:nt -プラーント/; 图 ́-/ 動 **1** 〈花・木など〉を移植する ‖
transplant the flowers to the garden 花を庭に植え替える.
**2** 〖医学〗〈器官など〉を移植する ‖
transplant a heart 心臓を移植する.
**3** 〈人〉を移住させる, 移動させる ‖
Many Japanese were transplanted to Brazil. 多くの日本人がブラジルに移住した.
——图C 〖医学〗移植(手術) ‖
give him a heart transplant 彼に心臓移植をする.

**trans·port** /trænspɔ́ːrt トランスポート; 名 -́-/ 動 他

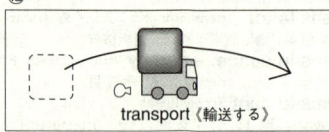

1 …を輸送する, 運送する, 運ぶ ‖
transport oil by tanker 石油をタンカーで輸送する.
2 (文)〔通例 be ～ed〕夢中になる; いっぱいになる ‖
She was transported with joy. 彼女は喜びでいっぱいだった.

——名 1 a U (英) 輸送, 運送((正式) transportation) ‖
air transport 空輸.
goods lost in transport 輸送中になくなった荷物.
be used for transport of freight 貨物輸送に使われる.
b U (英略式) 輸送手段[機関]((主に米) transportation), 「足」‖
by public transport 公共の交通機関で.
Have you got any transport? (車か何か)足がありますか(→ transportation **1a**).
c [形容詞的に] 輸送(用)の ‖
transport charges 輸送料.
a transport system 輸送システム.
2 C a (軍用) 輸送船《軍人・軍需品輸送》.
b 輸送機(transport plane).
3 (文) [a ～/～s] 夢中, 忘我 ‖
be in transports [a transport] of joy 有頂天になっている.

**transpórt pláne** =transport 名 **2 b**.

**trans·por·ta·tion** /trænspərtéiʃən トランスパテイション | trænspɔːtéiʃən トランスポーテイション/ 名 U 1 (正式) **a** (主に米) 輸送機関[手段], 乗物《航空機・船・列車・車など》((英) transport); [形容詞的に] 輸送の ‖
the transportation of mail by air 郵便物の空輸.
public transportation (主に米) 公共交通機関.
Do you have any transportation? (主に米) 乗物がありますか《◆観劇の帰りなどで車を持っていない人に声をかけるときの言葉. → transport 名 **1b**》.
**b** = transportation business.
2 (主に米) 輸送[運送]料; 運賃; 切符 ‖
transportation to and from work 往復通勤費.

**transportátion búsiness** 運送業(transportation).

**trans·pose** /trænspóuz トランスポウズ/ 動 (現分) --pos·ing) 他 1 (正式) …を入れ換える, 置き換える.
2 (音楽) …を移調する, 〈曲〉を移調して演奏する.

**trans·ves·tite** /trænsvéstait トランスヴェスタイト; trænz- トランズ-/ 名 C 形 服装倒錯者(の).

**trap** /træp トラプ/ 名 C 1 (ばねじかけの)わな ‖
catch rabbits in a trap わなでウサギを捕える.
2 わな; 計略, 策略 ‖
fall into a trap わなに陥る.
lead him into a trap 彼を計略にかける.
set traps to make a thief confess 泥棒に自白させるためにわなをかける.
3 (自動車のスピード違反取り締まりのための)速度測定場所.

——動 (過去・過分) trapped/-t/; (現分) trap·ping) 他 1 …をわなで捕える; 〈場所〉にわなを仕掛ける. 2 …をだます, 計略にかける.

*tráp ínto* **A** …を盗聴する.

**trap·door** /trǽpdɔ̀ːr トラプドー/ 名 C (屋根・床などの)落とし戸, 上げぶた.

**tra·peze** /træpíːz | trə- トラピーズ | トラ-/ 名 C (曲芸用・体操用の)ぶらんこ.

**trap·per** /trǽpər トラパ/ 名 C (毛皮を取る)わな猟師.

**trap·pings** /trǽpiŋz トラピングズ/ 名 [複数扱い] 1 馬飾り. 2 (正式) (官位を示す)装飾, 衣装; 虚飾.

**trash** /trǽʃ トラシュ/ 名 U 1 (略式) (米) くず, がらくた. 2 (米) [集合名詞; 単数・複数扱い] くだらない人. 3 くだらない考え, むだ話; (文学的)駄作.

**trásh càn** [**contàiner**] (米) (乾いたくず用の)くず入れ((英) container).

**trash·y** /trǽʃi トラシ/ 形 (比較 --i·er, 最上 --i·est) (略式) くずの, くだらない, 価値のない.

**trau·ma** /trɔ́ːmə トラウマ, trɔ́ː-, trɑ́ː- | trɔ́ːmə トロ-マ/ 名 (複 ～·ta/-tə/, ～s) U C 1 (医学) 外傷. 2 (精神医学) 心的外傷, トラウマ; (略式) (一般に)ショック.

**trau·mat·ic** /trəmǽtik トロマティク, trɔː-, trɑː-, trau- | trɔː- トロー-/ 形 (心理) 心的外傷を与える; とても不快な ‖
It was traumatic. それは一生心に残る傷ですね 《◆大失敗をした時の悔恨の言葉. 専門用語が一般化したもの》.

**tra·vail** /trəvéil トラヴェイル/ 名 U (正式) 骨折り, 労苦; 苦悩, 苦痛. ——動 自 苦労する.

## *trav·el

/trǽvl トラヴル/ 「『骨折り』が原義. cf. travail」 派 travel(l)er (名)

——動 (三単現) ~s/-z/; (過去・過分) ~ed または (英) trav·elled/-d/; (現分) ~·ing または (英) --el·ling)

——自 1 旅行する ‖
travel light 身軽な旅をする.
go traveling 旅行に出かける.
travel abroad 海外旅行をする.
travel (a)round [over] the world 世界一周の旅行をする.
We traveled (for) 500 miles. 我々は500マイル旅行した.
[対話] "Do you know anything about Germany?" "No. I've traveled to many places but never there." 「ドイツのことは何か知っていますか」「いいえ. あちこち旅行しましたが, ドイ

ツはまだ行ったことがありません」.

**2** 行く, 通う《◆副詞(句)を伴う》∥
I **traveled** to Sendai by train. 私は列車で仙台へ行った.
How far [long] do you **travel** to your office? あなたの事務所までどのくらいの距離ですか.

**3**〈光·音などが〉伝わる;〈電車·宇宙船などが〉進む, 走る《◆副詞(句)を伴う》∥
Sound **travels** through water. 音は水中を伝わる.
**travel** at 120 kilometers per hour 時速120キロで進む.
How fast is our train **traveling**? この汽車はどれくらいの速さで走っていますか.

**4**〈目が〉次々に見る;〈気が〉次々に思い出す∥
Her eyes **traveled** over all the things in the shop. 彼女は店にあるすべての物を次々に見た.
**5** セールスをして歩く.
**6**《略式》さっさと歩く;〈車などが〉速く進む.
──⊕ **1** …を旅行する;〈道〉を通る∥
**travel** the whole world 世界じゅうを旅行する.
**2**〈区域〉をセールスして回る.
──⊛ (⑱ ~s/-z/) ⓒ [通例 ~s; 複数扱い] 旅行《◆長期にわたる(外国)旅行は複数形》(→ trip [Q&A])∥
**Travel** gives us a knowledge of foreign peoples. 旅行に出るといろいろな国の人のことがわかる.
Did you enjoy your **travels** in China? 中国旅行は楽しかったですか.
during [on, in] my **travels** 旅行中に.
*Gulliver's Travels*『ガリバー旅行記』.
**trável àgency** [**àgent's, bùreau**] [the ~; 集合名詞的に]旅行案内所.
**trável àgent** 旅行(案内)業者.

**trav·eled,**(英) **–elled** /trǽvld トラヴルド/ 形 [通例 well-~; much-~] 広く旅をした, 見聞の広い; 旅行者の多い.

\***trav·el·er,**(英) **-el·ler** /trǽvələr トラヴェラ/《→travel》
──⊛ (⑱ ~s/-z/) ⓒ **1**《正式》旅行者, 旅人∥
The old palace attracts many **travelers**. その古い宮殿は多くの旅行者を引きつけます.
**2**《英》(商社の)外交員, セールスマン.
**tráveler's chèck** [《英》**chèque**] トラベラーズチェック, 旅行者用小切手.

**trav·el·ing,**(英) **–el·ling** /trǽvlɪŋ トラヴリング/ 動 → travel.
──形 旅行する; 巡業する; 旅行用の.
──⊛ Ⓤ 旅行; 巡業; 移動∥
I did a lot of **traveling** when I was young. 若いころずいぶん旅行した.
**tráveling bàg** 旅行かばん.

\***trav·el·ler** /trǽvələ トラヴェラ/ 名《英》=traveler.

**tra·verse** /動 trəvə́ːrs トラヴァース; 名 trǽvəːrs トラヴァース/ 動 (現分) **-vers·ing**) ⊕《正式》**1** …を横切る, 渡る, 越える;〈橋が〉〈川など〉にかかる∥

**traverse** the plains in covered wagons ほろ馬車で平原を横断する.
**2** …をあちこち動く, 交差する.
**3** …をジグザグに登る;…にジグザグにスキーで滑降する.
──⊛ **1** 横切ること, 横断(旅行). **2** 横切るもの; 横木. **3**〔登山〕ジグザグに登ること; ジグザグ道, トラバース《山腹を横切って進むこと》.

**trav·es·ty** /trǽvəsti トラヴェスティ/ 名 (⑱ **--es·ties**/-z/) ⓒ《正式》**1**(まじめな文学作品·主題の)戯画化. **2** (一般に)にせ物, こじつけ, 曲解.

**trawl** /trɔːl トロール/ 名 ⓒ **1** =trawl net. **2**《米》=trawl line. ──動 ⊜ **1** トロール漁業をする. **2** 引きなわ釣りをする. ──⊕〈魚〉をトロール網で取る;〈トロール網〉を底引きする.
**tráwl lìne** はえなわ(trawl).
**tráwl nèt** トロール網, 底引き網(trawl).

**trawl·er** /trɔ́ːlər トローラ/ 名 ⓒ トロール船.

**tray** /tréi トレイ/ (同音 trey) 名 ⓒ **1**(しばしば複合語で)盆, トレー, (ふちの浅い)盛りざら, さら∥
a pén-tràyペンざら.
a téa-trày茶盆.
**2** 料理を載せた盆; [通例 a ~ of **A**] 盆ひと盛りの…∥
a breakfast **tray** 朝食を載せた盆.
a **tray** of food 盆ひと盛りの食物.
**3**(トランク·たんすなどの)仕切り箱;(書類·標本などの)整理箱.

**treach·er·ous** /trétʃərəs トレチャラス/ 形《正式》**1** 裏切りの; 不実な, 背く, 裏切る(↔loyal)∥
a **treacherous** act 裏切り行為.
**2** 当てにならない; 危険な, 油断できない∥
**treacherous** weather 当てにならない天気.
a **treacherous** path 危険な山道.

**treach·er·y** /trétʃəri トレチャリ/ 名 (⑱ **--er·ies**/-z/) **1** Ⓤ 裏切り, 背信, 反逆. **2** ⓒ [通例 **treacheries**] 裏切り行為.

\***tread** /tréd トレド/『『足で踏む』が原義. cf. trace』
──動 (三単現 ~s/trédz/; 過去 trod/trɑd | trɔd/ または **~·ed**/-id/ または (古) trode/tróud/, 過分 trod または trod·den/trɑ́dn | trɔ́dn/; 現分 ~·ing)
──⊜ **1**(文)歩く, 歩いていく∥
**tread** lightly そっと歩く; 慎重にする.
**tread** through the grass 芝を歩いていく.
**2** 踏む; 踏みつける∥
**tread** on his foot (誤って)彼の足を踏む.
──⊕ **1**《正式》…を歩く, 歩いていく∥
**tread** the streets 通りを歩く.
**tread** the path of virtue 有徳の道を歩く, 善に生きる.
**2** …を踏む, 踏みつける;…を踏んで作る∥
**tread** the grapes to make wine ワインを作るためにブドウを踏みつける.
**tread** a fire out 火を踏んで消す.
**tread** (out) the juice from grapes ブドウを踏んでジュースを絞る.
**tread down** her feelings《文》彼女の感情を踏

## treadmill

みにじる.
3 《正式》〈道など〉を踏み固めて作る.
——名 1 (文) [a ~ / the ~; 通例修飾語を伴って] 歩くこと; 足取り, 足音 ‖
walk with a heavy tread ドシンドシンと歩く.
hear a loud tread on the stairs 階段にやかましい足音が聞こえる.
2 ⓊⒸ (タイヤの)接地面, トレッド; (タイヤのトレッドの)溝形模様.

**tread·mill** /trédmìl/ トレドミル/ 名Ⓤ (踏み車のように)単調[退屈]な仕事.

**trea·son** /tríːzn トリーズン/ 名Ⓤ (国家・統治者に対する)反逆(罪) ‖
high treason 大逆罪.

**trea·sure** /tréʒər トレジャ/ 名 1 ⓊⒸ 財宝, 宝物; Ⓤ 富, 財産 ‖
go to the island looking for treasure その島へ宝捜しに出かける.
2 Ⓒ [通例 ~s] 貴重品, 重要品 ‖
Art treasures are on exhibition in the gallery. 貴重な美術品が美術館に展示してある.
3 Ⓒ 《略式》大事な人; 最愛の人, かわいい人 ‖
She is a treasure to us at the office. 彼女は事務所になくてはならない人だ.
——動 (現分) ~·sur·ing/-ʒərɪŋ/) 他 《正式》 1 …を(宝として)蓄える, 大切に保存する; …を(将来のために)取っておく; …を心にしまっておく ‖
I'll treasure your kind words. あなたの親切な言葉は大事に心に刻み付けておきます.
2 …を大事にする, 重んじる, 尊ぶ ‖
He treasures the model plane more than all his other toys. 彼は他のどのおもちゃよりも模型飛行機を大事にしている.
**tréasure hòuse** 宝庫, 宝物(ほうもつ)庫.

**trea·sur·er** /tréʒərər トレジャラ/ 名Ⓒ (会社・クラブなどの)会計[出納]係; (州・市などの)収入役, 出納官.

**trea·sur·y** /tréʒəri トレジャリ/ 名 (複 ~·sur·ies /-z/) 1 Ⓒ 宝庫, 宝物庫 ‖
a treasury of wisdom 知識の宝庫.
2 Ⓒ 基金, 資金; 国庫, 公庫 ‖
use funds from the group's treasury グループの資金から支払う.
3 [the T~] (米) 財務省《◆ 正式には the Department of the Treasury》; (英) 大蔵省, 大蔵委員会.

\***treat** /tríːt トリート/ 『「引く」が原義. cf. tract』
派 treatment (名), treaty (名)
→ 動 他 1 扱う 2 みなす 3 治療する
4 処理する 5 論ずる 6 おごる
自 1 論ずる 2 交渉する 3 おごる
名 1 楽しみ 2 おごり
——動 (三単現) ~s/tríːts/; 過去・過分 ~·ed /-ɪd/; 現分 ~·ing)
——他 1 …を扱う, 待遇する《◆ 副詞(句)を伴う》‖
treat a new car with care 新車を大事に扱う.
treat animals kindly 動物をやさしく扱う.
treat him with respect 敬意をもって彼を遇する.

## treatment

Don't treat me like a child. ぼくを子供扱いするなよ.
She was treated as a state guest. 彼女は国賓扱いだった.
対話 "That dog is crying again." "Yes. I wish they would treat him better." 「あの犬がまたないているわ」「うん. もっとまともに扱ってやればいいのに」.
2 [treat A as C] A〈言葉・事など〉を C とみなす ‖
He treated it as important. それは重大なことだと彼は思った.
3 …を治療する, 手当てする ‖
treat her with a new drug 彼女を新薬で治療する.
Which doctor is treating you for (your) rheumatism? どの医者があなたのリューマチの治療にあたっていますか.
4 …を処理する ‖
treat a metal plate with acid 金属板を酸で処理する.
5 《正式》…を論ずる, …について述べる ‖
The subject will be treated in the second chapter. その問題は第2章で論じられます.
6 …におごる, …をもてなす ‖
He treated me to a drink. 彼はぼくに1杯おごってくれた《◆ He bought me a drink. がふつう》.
I'll treat you to a trip. 君に旅行をさせてやろう.
She tréated hersèlf to a new dress. 彼女は奮発して服を新調した.
——自 1 《正式》論ずる, 扱う ‖
This book treats of politics. この本は政治学を論じたものです.
2 《正式》交渉する, 取引する ‖
They want to treat with us for peace. 彼らは我々との和平交渉を望んでいる.
3 (人に)おごる ‖
対話 "How much is my share?" "Don't worry about it. I'll treat today." 「ぼくの分はいくらになりますか」「それは気にしないでいいよ. きょうはぼくのおごりだ」.
——名 (複 ~s/tríːts/) 1 Ⓒ [通例 a ~] 楽しみ, 喜び; 楽しみを与えてくれるもの[催し] ‖
Living in the country is a treat to me. 田舎(いなか)の生活は私には楽しい.
It was a great treat for the children to go for a swim in the sea. 海水浴に行くのが子供たちにはたいへん楽しみだった.
2 [one's ~] おごり; おごる番 ‖
This is my treat. これはぼくのおごりだ《◆ This is on me. とも言う》.

**trea·tise** /tríːtəs トリーティス|-tɪz -ティス, -tɪs/ (同音 (英) treaties) 名Ⓒ 《正式》(学術)論文, 専門書.

\***treat·ment** /tríːtmənt トリートメント/ 『→ treat』
——名 (複 ~s/-mənts/) 1 Ⓤ 取り扱い, 待遇 ‖
She has never received cruel treatment

till now. 彼女は今まで一度も虐待されたことはない.
**2** [U] **治療**；[C] **治療法** ‖
a new **treatment for** rheumatism リューマチの新しい治療法.
be under the doctor's **treatment** [care] その医者にかかっている.

***trea·ty** /tríːti トリーティ/
―[名] (複 treaties/-z/) **1** [時に T～] [C] (国家間の)**条約**, 協定, 盟約；条約文書 ‖
**conclude** [**make**] **a** peace **treaty with** a neighboring country 隣国と平和条約を結ぶ.
**2** [U] 《正式》(個人間の)交渉；約束 ‖
be **in treaty with** him 彼と交渉中である.

**tre·ble** /trébl トレブル/ [形] **1** 3倍の, 三重の, 三様の ‖
She earns **treble** my wages. 彼女は私の給料の3倍もかせぐ.
**2** 〔音楽〕〈声・楽器などが〉(最)高音部の, ソプラノの.
**3** 〈声などが〉調子の高い, かん高い.
―[名] **1** [C] 3倍[三重]のもの. **2** 〔音楽〕 [U] 最高音部, ソプラノ；[C] 最高音部の声[歌手, 楽器]. **3** [C] かん高い声[音].
―[動] ([現分] tre•bling) [他] …を3倍[三重]にする.
―[自] 3倍[三重]になる.

***tree** /tríː トリー/
―[名] (複 ～s/-z/) [C] **1** **木**, 樹木, 立ち木, 高木 《◆木のように高く成長する草にも用いられる. 「低木」は bush, shrub. 「材木」は《主に米・カナダ》lumber, 《英》timber. 「丸太」は log》‖
cut down **trees** for timber 材木用に木を切り倒す.
**A tree is known by its fruit.** 《ことわざ》→ know [動] [他] **7 a.**

> [関連] a trunk 幹 / a bough 大枝 / a branch 小枝 / a twig 細枝 / a bark 樹皮.

**2** [通例複合語で] 木製の柄；(いろいろな用途の)木, 木製のもの ‖
a boot **tree** (形を保つための)靴型.
**3** 樹形状のもの；樹形図 ‖
a genealogical [《略式》family] **tree** 系図.

**tree·top** /tríːtɑ̀p トリータプ | -tɔ̀p -トプ/ [名] [C] 《主に正式》こずえ.

**trek** /trék トレク/ [動] ([過去・過分] trekked/-t/；[現分] trek•king) [自] **1** ゆっくり[難儀して]旅行する. **2** 《略式》歩いて行く.
―[名] [C] **1** (長くてつらい)旅；旅の 1行程. **2** 《略式》(徒歩による)小旅行, 山麓歩き, トレッキング.

**trel·lis** /trélis トレリス/ [名] (複 ～•es/-iz/) **1** [C] 格子. **2** [C][U] (ブドウ・ツタなどをはわせる)格子垣, つるだな. ―[動] ([三単現] ～•es/-iz/) [他] **1** …に格子をつける. **2** …を格子(垣)で囲む；〈つる植物〉を格子だなで支える.

***trem·ble** /trémbl トレンブル/ 〖「ぶるぶる動く」が本義〗 [派] tremendous (形)
―[動] ([三単現] ～s/-z/；[過去・過分] ～d/-d/；[現分] trem•bling)
―[自] **1** **震える**, 身震いする, おののく ‖
**tremble with** fear 恐怖でおののく.
**tremble at** his angry voice 彼のどなる声を聞いて震える.
**2** 気をもむ, 心配する；心配になる ‖
She **trembled for** the safety of her child. 彼女は子供の安否を気づかった.
**3** 〈地面・建物などが〉**震動する**, 〈木の葉などが〉揺れる, そよぐ；〈声などが〉震える ‖
The leaves **trembled** in the breeze. 木の葉が風にそよいだ.
―[名] (複 ～s/-z/) [a ～ / the ～] **震え**, おののき, 身震い；振動, 揺れ ‖
He was all of **a tremble**. 《略式》彼は(心配・興奮などで) 全身がぶるぶる震えていた.
There was **a tremble** in her small voice. 彼女の小さな声は震えていた.

**trem·bling** /trémbliŋ トレンブリング/ [動] → tremble.

**tre·men·dous** /triméndəs トリメンダス/ [形] **1** すさまじい, ものすごい, 恐ろしい ‖
**tremendous** crimes (which were) committed in a war 戦争で犯した恐ろしい犯罪.
a **tremendous** explosion すさまじい爆発.
**2** 《略式》とても大きい, 巨大な, 莫(ばく)大な ‖
a **tremendous** appetite ものすごい食欲.
a **tremendous** talker たいへんなおしゃべり.
**3** 《略式》すてきな, すばらしい；並はずれた ‖
a **tremendous** time at a party パーティーでのすばらしいひととき.

**tre·men·dous·ly** /triméndəsli トリメンダスリ/ [副]
**1** すさまじく, ものすごく, 恐ろしく.
**2** 《略式》とても, 非常に, 猛烈に ‖
It's **tremendously** interesting. それはとてもおもしろい.

**trem·or** /trémər トレマ/ [名] [C] 《正式》 **1** (地面などの)震動, 揺れ；(光などの)ゆらめき；微動. **2** (恐怖・病気・興奮などによる)震え, 身震い, 声の震え.

**trench** /tréntʃ トレンチ/ [名] (複 ～•es/-iz/) [C] **1** 〔軍事〕[しばしば ～es] 塹壕(ざんごう).
**2** (深い)溝, 堀, (細長い)くぼみ ‖
dig **trenches** for irrigation 灌漑(かんがい)用の溝を掘る.

**trénch còat** トレンチコート《ベルト付きダブルのレインコート. もと塹壕で着用した》.

**trench·ant** /tréntʃənt トレンチャント/ [形] 《正式》痛烈な, 辛辣(しんらつ)な, 鋭い.

**trend** /trénd トレンド/ [名] [C] **1** 《正式》(川・道路などの)向き, 方向(direction), 傾き ‖
The hills have a western **trend**. 丘は西に向いている.
**2** 傾向, 趨勢(すうせい), 動向, 風潮 ‖
a **trend toward** smaller cars より小さい車を求める傾向.
follow the **trend** of the times 世の趨勢に従う.
**3** 《正式》流行, はやり ‖

**trend·y** /tréndi トレンディ/ 形 (比較 --i·er, 最上 --i·est) (略式) 最新流行の, トレンディな. ——名 (複 trend·ies/-z/) C (英略式) 最新流行を追う人.

**trep·i·da·tion** /trèpidéiʃən トレピデイション/ 名 U (正式) おののき, 恐怖; 不安, 動揺, 狼狽(ﾛｳﾊｲ).

**tres·pass** /tréspəs トレスパス, (米+) -pæs/ 〖横切って(tres)通る(pass)〗 動 (三単現 ~·es/-iz/) 自
1 (法律) 不法侵入する ∥
"No Trespassing." (掲示)「立入禁止」.
2 (正式) 侵害[じゃま]する, つけ込む ∥
I won't **trespass** on your time any longer. これ以上おじゃまではくありません.
——名 (複 ~·es/-iz/) U C (法律) (財産・権利への)不法侵害; (身体に対する)暴力行使, (土地・家屋への)不法侵入; 侵害訴訟.

**tres·pass·er** /tréspəsər トレスパサ/ 名 C 侵入者; 侵害する人.

**tres·tle** /trésl トレスル/ 名 C 1 架台, うま〈2つ並べて板を渡しテーブルなどにする〉. 2 (鉄道・道路を支える橋として用いる)構脚.
**tréstle táble** 架台式テーブル.

**tri·al** /tráiəl トライアル/ 名 1 U C 試み, 試験 ∥
gíve a new car a tríal =pùt a new car to tríal 新車を試運転してみる.
màke a tríal やってみる.
2 U C 裁判, 審理 ∥
a public **trial** 公判.
bríng him to tríal =bríng him úp for tríal =pùt him on tríal 彼を裁判にかける.
cóme to tríal 〈訴訟事件が〉公判となる.
be ùnder tríal 公判中である.
3 U C 試練, 苦労, 苦難 ∥
a bitter **trial** 苦しい試練.
**trials** and tribulations 苦難, 辛苦.
in time of **trial** 試練の時の.
be under a **trial** 試練を受けている.
**Trials** on people are still underway. 人々の試練はまだ続いている.
4 [a ~] やっかいな人[物], うるさい人[物] ∥
She is a **trial** to her parents. 両親は彼女に手をやいている.
**(by) tríal and érror** 試行錯誤(で).
◦**on tríal** (1) 裁判にかけられて. (2) 試しに, 試験的に; 試してみると, 試験の結果では ∥ He took the car **on trial**. 彼は試しにその車に乗ってみた / She was found **on trial** to be competent. 使ってみた結果, 彼女は有能であることがわかった.
**stánd** (one's) **tríal** 裁判を受ける.
**tríal rùn** (乗物の)試運転, 試乗; (一般に)試験, 実験 ∥ màke a tríal rún 試運転をする.

**tri·an·gle** /tráiæŋgl トライアングル/ 名 C 1 三角形.
関連 base 底辺 / altitude 高さ / side 辺 / vertex 頂点
a right-angled [90 degree] **triangle** 直角三角形.
2 三角形をしたもの. 3 〖音楽〗トライアングル. 4 3つ組, 3人組; (男女の)三角関係. 5 (米)三角定規 ((英) set square).

**tri·an·gu·lar** /traiæŋgjələr トライアンギュラ/ 形 1 三角の; 三角形[柱, 錐(ｽｲ)]の ∥
**triangular** numbers 〖数学〗三角数.

**tri·ath·lon** /traiǽθlɑn トライアスラン|-lən -ロン/ 名 U トライアスロン 《1人で遠泳, 自転車走行, マラソンを連続して行なう3種競技》.

**trib·al** /tráibl トライブル/ 形 種族の, 部族の.

**tribe** /tráib トライブ/ 名 C (通例 the ~; 集合名詞; 単数・複数扱い) 1 種族, 部族 ∥
American Indian **tribes** アメリカ先住民諸部族.
2 〖動・生物〗族, 類.
3 (共通の特徴・職業・思想などをもつ)仲間, 集団, 連中 ∥
the **tribe** of teachers 教師集団.

**trib·u·la·tion** /trìbjəléiʃən トリビュレイション/ 名 U C (正式) 苦難, 辛苦, 苦しい試練; 深い悲しみ; 苦労の種.

**tri·bu·nal** /traibjúːnl トライビューヌル, tri-/ 名 C (正式) 裁判所, 法廷.

**trib·u·tar·y** /tríbjətèri トリビュテリ|-təri -タリ/ 名 (複 --tar·ies/-z/) C (川の)支流 (↔ mainstream).
——形 支流の ∥
**tributary** streams 支流.

**trib·ute** /tríbjuːt トリビュート/ 名 C U 1 貢物(ﾐﾂｷﾓﾉ), 貢; 年貢 ∥
pay **tribute** to the ruler 支配者に貢物を差し出す.
2 (正式) 賛辞, 感謝[賞賛, 尊敬]の印, 贈り物; [a ~] 証拠, あかし ∥
She got numerous floral **tributes**. 彼女は数多くの花の贈り物を受け取った.

**tri·ceps** /tráiseps トライセプス/ 〖解剖〗 名 (複 tri·ceps, ~·es/-iz/) C 形 (上腕の)三頭筋(の).

*__trick__ /trík トリク/ 〖「欺く」が原義〗
——名 (複 ~s/-s/) C 1 計略, 策略, たくらみ, ごまかし ∥
use every **trick** あの手この手を使う.
He got the money from her **by a trick**. 彼はその金を彼女からだましとった.
The telegram was a **trick** to get her to come home. その電報は彼女を帰郷させるための手であった.
2 [しばしば play a ~] (悪意のない)いたずら, わるさ, 悪ふざけ ∥
Let's **play a trick on** her, shall we? 彼女にひとついたずらをしてやろうじゃないか.
3 芸当, 妙技; 手品, 奇術; トリック ∥
do magic **tricks** 手品をする.
like a magic **trick** 手品のように; いとも簡単に.
Can your dog **do tricks**? あなたの犬は芸当ができますか.
**You can't teach an old dog new tricks.** (ことわざ) 老犬に新しい芸当を教えることはできない; 老人は新説に従いがたい.

**4** (略) [通例 a ~ / the ~] こつ, 秘訣(ひっ), 要領 ‖
a **trick of** the trade 商売のこつ.
She hasn't got **the trick of** cooking yet. 彼女はまだ料理のこつを身につけていない.
**5** 癖, 習慣, 特徴 ‖
He has a **trick of** sucking his pencil. 彼は鉛筆をなめる癖がある.

***trick or tréat*** (米) お菓子ちょうだい, くれないといたずらするよ(→ Halloween).

―― **動** (三単現) ~s/-s/ ; (過去・過分) ~ed/-t/ ; (現分) ~·ing
―― 他 …をだます, かつぐ ‖
She was **tricked** out of her money. 彼女は金をだまし取られた.
He **tricked** her **into** buying a used camera. 彼は彼女をだまして中古のカメラを買わせた.
[対話] "How are we going to get into the dorm after 9?" "We'll have to **trick** the guard somehow." 「9時を過ぎたらどうやって寮に入るつもりなの」「なんとか守衛の目をごまかさないといけないね」.
―― 自 だます; いたずらをする.

**trick·er·y** /tríkəri トリカリ/ **名** (複 -er·ies/-z/) UC (正式) ぺてん, ごまかし, 詐欺(さぎ); 計略, 策略.

**trick·le** /tríkl トリクル/ **動** (現分 trick·ling) 自 **1** 少しずつ流れる; したたり落ちる, ポタポタ落ちる. **2** (略) 〈人が〉少しずつ来る[行く, 進む, 動く]; 〈情報などが〉徐々に伝わる.
―― 名 C [通例 a ~] **1** したたり, しずく; 細流.
**2** [a trickle of **A**] **A** (人・物などの)少しずつの動き[流れ].
‖ There is a mere **trickle** of visitors here. ここは訪れる人がほんのちらほらしかいない.

**trick·ster** /tríkstər トリクスタ/ **名** C (古) 手品師; ぺてん師, 詐欺師.

**trick·y** /tríki トリキ/ **形** (比較 -i·er, 最上 -i·est) **1** 狡猾(こうかつ)な, 油断のならない. **2** (略) こつのいる, 扱いにくい, 落とし穴のある.

**tri·cy·cle** /tráisikl トライスィクル/ **名** C **1** (子供用)三輪車 ‖
ride (on) a **tricycle** 三輪車に乗る.
**2** オート三輪.

**tried** /tráid トライド/ **動** → try.
**tries** /tráiz トライズ/ **動** → try. ―― **名** → try.

**tri·fle** /tráifl トライフル/ **名** **1** C (正式) くだらない物, つまらない物, ささいな事 ‖
stick at **trifles** つまらない事にこだわる.
quarrel over **trifles** ささいな事でけんかする.
**2** [a ~] 少量; わずかな金; (正式) [副詞的に] 少し, ちょっと ‖
a **trifle of** sugar 少量の砂糖.
be **a trifle** tired ちょっと疲れている.
―― **動** (現分 tri·fling) 自 (正式) いいかげんに扱う; もてあそぶ; いじくる ‖
**trifle with** serious matters 重要な問題をいいかげんに扱う.

**tri·fling** /tráiflin トライフリング/ **動** → trifle.

―― **形** (正式) **1** くだらない, つまらない ‖
a **trifling** matter ささいな事.
**2** ふざけた, 軽薄な.
**3** わずかな, 少しの ‖
a **trifling** sum わずかな金額.
**trí·fling·ly** **副** ふざけて; 軽率に; ばかにして.

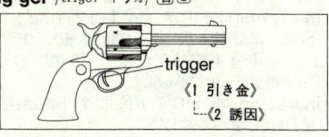

**trig·ger** /trígər トリガ/ **名** C

〈1 引き金〉
〈2 誘因〉

**1** (鉄砲の)引き金(図 → revolver) ‖
pull the **trigger** at [on] the target 的(まと)に向けて引き金を引く.
**2** (正式) [比喩的に] 引き金, 誘因, きっかけ.

***be quick on the trígger*** (1) 早撃ちができる. (2) (略) 動作[反応]が早い; 抜け目ない.

―― **動** 他 **1** 〈引き金〉を引く, (引き金を引いて)〈銃〉を発射する. **2** 〈爆発・事件などの〉きっかけとなる, …を誘発する.

**trig·ger-hap·py** /trígərhæpi トリガハピ/ **形** (略式) **1** (ささいな事で)すぐに発砲したがる. **2** ひどく攻撃[好戦]的な.

**trig·o·nom·e·try** /trìgənámətri トリゴナメトリ | -nóm- トリゴノメトリ/ **名** U (数学) 三角法 (略 trig., trigon.).

**trill** /tríl トリル/ **動** 他 …を震え声で歌う[話す]; (文) 〈鳴き声〉を震わせて鳴く. ―― 自 震え声で歌う[話す].
―― **名** C 震え声; (文) 震えた鳴き声, さえずり.

**tril·lion** /tríljən トリリョン/ **名** C **1** 1兆 (10¹²). **2** (略式) 何兆億, 無数.

**tril·o·gy** /trílədʒi トリロヂ/ **名** (複 -o·gies/-z/) C (劇・オペラ・小説などの)三部作.

**trim** /trím トリム/ **動** (過去・過分 trim·med/-d/ ; 現分 trim·ming) 他 **1** …を刈り込む, 手入れする; 〈材木など〉を削って仕上げる ‖
**trim** the hedge clean 生け垣をきれいに刈り込む.
She had her hair **trimmed**. 彼女は整髪してもらった.
**2** …を刈り取る, 切り取る, ; 〈写真など〉をトリムする; 〈経費など〉を切り詰める ‖
**trim** branches **off** (a tree) (木から) 枝を切り取る.
**trim** the fat **off** 肉の脂身を切り落とす.
**trim** some itineraries to three days いくつかの旅程を3日に切り詰める.
**3** …を飾る, …に飾りを付ける ‖
a coat **trimmed with** fur 毛皮付きのコート.
**trim** a dress **with** lace ドレスをレースで飾る.
―― **形** (比較 trim·mer, 最上 trim·mest) **1** こぎれいな, きちんとした ‖
a **trim** appearance こぎれいな様子.
**2** よく整備された, 状態のよい.
―― **名** **1** U (略式) 準備, 整頓(せいとん); (からだの) 調子, 気分 ‖
get **into** (good) **trim** for a race レースに備え

て体調を整える.
**2** Ⓤ (ドレスなどの)装飾, 飾り. **3** ⒸⓊ 身なり, 姿容; 服装, 晴れ着. **4** [通例 a ~] 刈り込み; 調髪; 刈り[切り]取られた物.

**trím·ly** 副 こぎれいに, きちんとして, 整頓して.

**trim·ming** /trímɪŋ トリミング/ 動 → trim. ―名 ⓊⒸ **1** [通例 ~s] 飾り(付け). **2** [写真] トリミング.

**trin·i·ty** /trínəti トリニティ/ 名 **1** (正式) [the ~; 集合名詞; 単数・複数扱い] 三つ組, 3人組, 三つぞろい. **2** [the T~] (神学) 三位(ᵢ)一体 (唯一の神に父・子・精霊の三位体があること).

**trin·ket** /trínkɪt トリンケット/ 名 Ⓒ **1** 小さな装身具 (宝石など). **2** つまらない物.

**tri·o** /tríːou トリーオウ/ 名 (複 ~s) Ⓒ **1** [音楽] 三重奏[唱]曲; 三重奏[唱]団 (関連 → solo). **2** [音楽] (三部形式の曲の)中間部, トリオ. **3** [a ~ / the ~; 集合名詞; 単数・複数扱い] 3人組, 三つ組, 三つぞろい, 三幅対.

**\*\*trip** /tríp トリプ/ (「軽く踏む」が原義)
―名 (複 ~s/-s/) Ⓒ **1** 旅行 ‖
a round trip 往復旅行; (英) 周遊旅行.
a sightseeing trip 観光旅行.
take [go on] a trip to India インドへ旅行する ◆ take a trip は観光旅行に, make a trip は仕事の旅行に主に用いられる).
What countries have you visited during your trip? 旅行中にどのような国を訪れましたか.

> Q&A Q: trip, travel, tour, journey, voyage はどう違いますか.
> A: trip (米) では長・短いずれの旅行にも用いますが, (英) では短い旅行に用います.
> travel はふつう周遊[観光]旅行. (英) では長距離[外国]旅行もいいます.
> tour は組織化された計画的な視察[観光]旅行.
> journey はふつう陸路の長い旅行に用い, より形式ばったロマンチック[文学的]な色合いを持っています.
> voyage は船[飛行機, 宇宙船]による長い旅行です.

**2** (仕事による)外出, 出勤; 短い距離の移動 ‖
She made two trips to the supermarket. 彼女はスーパーへ2回行ってきた.
Please mail this letter on your next trip to the post office. 今度郵便局へ行くとき, この手紙をポストに入れてください.
**3** つまずき, 足の踏みはずし; (レスリング) 足とり.
**4** (略式) 過失, 失言 ‖
make a trip へまをやる.
―動 (過去・過分 tripped/-t/; 現分 trip·ping)
⊜ **1** (文) 軽快に歩く[走る, 踊る]; (リズムなどが)軽快である.
**2** つまずく, つまずいて倒れる ‖
trip on one of the stairs 階段でつまずく.
**3** (略式) 間違いをする ‖
trip up over a foreign word 外国語の発音を間違える.

―他 **1** (ダンスなどを)軽快に踊る. **2** …をつまずかせ, よろめかせる; (サッカー) トリッピングする. **3** (略式) (人)に間違いをやらせる.

**tripe** /tráɪp トライプ/ 名 Ⓤ **1** ウシの胃 (食用となる部分). **2** (略式) くだらないもの, たわごと.

**trip·ping** /trípɪŋ トリピング/ 名 ⒸⓊ (サッカー) 足をすくうこと, トリッピング (反則).

**tri·ple** /trípl トリプル/ (3(tri)倍の(ple). cf. single, double) 形 **1** 3倍の ‖
triple income 3倍の収入.
**2** 三重の ‖
a triple joy 三重の喜び.
**3** 3つの部分からなる ‖
a triple mirror 三面鏡.
**4** [音楽] 3拍子の.
―動 (現分 tri·pling) ⊜ 3倍[三重]になる.
―他 …を3倍[三重]にする.

**tríple jùmp** [the ~] 三段跳び (hop, step, and jump).

**tríple pláy** [野球] 三重殺, トリプルプレー.

**trip·li·cate** /tríplɪkèɪt トリプリケイト/ 名 Ⓒ 三組のひとつ, 3通書類の1通.

**tri·pod** /tráɪpɒd トライパド/ |-pɒd -ポド/ 名 Ⓒ **1** (カメラなどの)三脚. **2** 三脚台[テーブル, いす].

**trite** /tráɪt トライト/ 形 (正式) 使い古された, 陳腐な, ありふれた.

**Tri·ton** /tráɪtn トライトン/ 名 (ギリシア神話) トリトン (Poseidonの息子で半人半魚の海神. 手にほら貝を持つ).

**tri·umph** /tráɪəmf トライアムフ, -ʌmf/ 名 **1** Ⓒ 勝利, 征服; 大成功, 功績 (◆ victory より堅い語で意味が強く, 「決定的な勝利」をいう) ‖
achieve a great triumph 大勝利を収める.
end in a triumph 大成功に終わる.
**2** Ⓤ 勝ち誇ること, 勝利感, 勝利[成功]の喜び ‖
with shouts of triumph 勝利の歓声をあげて.
go home in triumph 勝ち誇って帰る.
**3** Ⓒ 凱旋(ᵢ)式[祝い].
―動 ⊜ **1** 勝利を得る; 成功する; 打ち負かす, 克服する ‖
triumph over adversity 逆境を乗り越える.
**2** 勝ち誇る; 勝利[成功]を喜ぶ. **3** 凱旋式を行なう.

**tri·um·phal** /traɪʌmfl トライアムフル/ 形 (正式) 勝利の, 凱旋(ᵢ)の; 祝勝の, 凱旋式の.
**triúmphal árch** 凱旋門.

**tri·um·phant** /traɪʌmfənt トライアムファント/ 形 **1** 勝利を得た; 成功した ‖
a triumphant army 勝利を収めた軍隊.
**2** 勝ち誇った, 意気揚々とした ‖
speak in triumphant tones 得意の口調で話す.

**tri·um·phant·ly** /traɪʌmfəntli トライアムファントリ/ 副 勝ち誇って, 意気揚々と, 大得意で.

**triv·i·a** /tríviə トリヴィア/ 名 (複) (正式) [単数・複数扱い] ささいなこと, つまらないこと.

**triv·i·al** /tríviəl トリヴィアル/ 形 ささいな, つまらない; ありふれた, 平凡な; 浅薄な, ふまじめな ‖
a trivial offense against the law ささいな法

**triv·i·al·i·ty** /trìviǽləti トリヴィアリティ/ 名 (複) -i·ties/-z/ ① (正式) 平凡, つまらないこと；② つまらない物[事柄].

**trod** /trɑ́d トラド | trɔ́d トロド/ 動 → tread.

**trod·den** /trɑ́dn トラドン | trɔ́dn トロドン/ 動 → tread.

**Tro·jan** /tróudʒən トロウチャン/ 形 トロイ(Troy)の, トロイ(人)に関する.
—— 名 ② 1 トロイ人[住民] ‖
work like a Trojan トロイ人のように[一生懸命に]働く.
2 勇士；奮闘家；勤勉な人（→ **1** 用例）.

**Trójan hórse** 〔ギリシア神話〕[the ~] トロイの木馬《トロイ戦争で, ギリシア連合軍がトロイ軍をだますために置いた中が空洞の大きな木馬》.

**Trójan Wár** 〔ギリシア神話〕[the ~] トロイ戦争.

**trol·ley** /trɑ́li トラリ | trɔ́li トロリ/ 名 ② **1 a** (米) 路面[市街]電車(trolley car, (英) tram). **b** (英) トロリーバス(trolley bus).
2 (英) (軌道の上を走る貨物用の)高架移動式滑車.
3 (英) (2[4]輪の)手押し車；トロッコ.
4 (英) (食事を運ぶ)ワゴン車 ‖
on a trolley ワゴン車で.

**trólley bùs** =trolley **1 b**.

**trólley càr** =trolley **1 a**.

**trom·bone** /trɑmbóun トランボウン | trɔm- トロンボウン/ 名 ② 〔音楽〕トロンボーン《金管楽器》.

**troop** /trúːp トループ/ (同音 troupe) 名 ② **1** (略式) **a** [集合名詞；単数・複数扱い] 群れ, 一隊, 一団（← flock 表）‖
We saw a troop of monkeys moving from tree to tree. サルの群れが木から木へ移って行くのが見えた.
**b** 大勢, 多数, 大群 ‖
in troops 三々五々, 群れをなして.
2 [~s；複数扱い] 軍隊, 軍勢；[集合名詞；単数・複数扱い] 兵士(たち)；(特に)騎兵隊 ‖
foreign troops 外国の軍隊.
regular troops 常備軍.
sixty troops 60人の兵士たち.
3 (ボーイスカウトの)隊《2-4 班からなる》, (ガールスカウトの)団《8-32 人からなる》.
—— 動 圁 **1** 群がる, ぞろぞろ集まる；ぞろぞろ立ち去る. **2** (略式) 群れをなして歩く.

**troop·er** /trúːpər トルーパ/ 名 ② **1** (古) 騎兵(cavalry). **2** (米・豪) 騎兵警官；(米) 州警察官.

**tro·phies** /tróufiz トロウフィズ/ 名 trophy の複数形.

**tro·phy** /tróufi トロウフィ/ 名 (複) tro·phies/-z/ ② **1** (狩猟・戦勝などの)記念品, 戦利品；戦勝記念物 ‖
hunting trophies 狩猟記念品《動物の頭・角・毛皮など》.
2 (競技などの)優勝記念品, 賞品, トロフィー.

**trop·ic** /trɑ́pik トラピク | trɔ́p- トロピク/ 名 **1** [the ~s；複数扱い] 熱帯地方.
2 [しばしば T~] ② 〔天文・地理〕回帰線《(図) → earth》‖

the Tropic of Cancer 北回帰線, 夏至線.
the Tropic of Capricorn 南回帰線, 冬至線.
—— 形 熱帯地方の, 熱帯性の, 熱帯特有の.

**trop·i·cal** /trɑ́pikl トラピクル | trɔ́pikl トロピクル/ 形 **1** 熱帯(地方)の, 熱帯特有の；熱帯産の；〈気候が〉酷熱の, 灼(ʃ)熱の ‖
tropical fish 熱帯魚.
a tropical depression 熱帯低気圧.
**2** 回帰線の.

**trópical yéar** 〔天文〕太陽年, 回帰年《365日5時間48分46秒》.

**trot** /trɑ́t トラト | trɔ́t トロト/ 動 (過去・過分) trot·ted /-id/；(現分) trot·ting) **1** 圁 〈馬などが〉速足で駆ける, トロットで駆ける, だくを踏む《◆ 馬の駆け方については → gait 名》.
**2** (略式) 〈人が〉急ぎ足で行く, (ちょこちょこ)小走りする ‖
The boy trotted to his father's side. その男の子は父親のそばへちょこちょこ走って行った.
—— 他 **1** 〈馬などを〉速足で駆けさせる, だくを踏ませる.
**2** 〈人を〉急ぎ足で行かせる, 小走りさせる ‖
trot him around (the city) 彼を(市の)あちこちへ連れてまわる.

**trót óut** [他] (1) 〈馬〉を引き出して足並みを見せる. (2) (略式) …を見せびらかす；〈すでによく知られたことを〉を口にする[書く].
—— 名 **1** [a ~] (馬などの)速足, だく足；(人の)急ぎ足, 早足 ‖
come at a trot 早足で来る.
**2** (豪) [the ~s；複数扱い] 下痢.

**on the trót** (略式) 連続して, 次から次へ, ぶっ続けに；絶えず活動して, 忙しくしている.

**trot·ter** /trɑ́tər トラタ | trɔ́t- トロタ/ 名 ② ② [通例 ~s] (食用としての)ブタ[ヒツジ]の足.

\*\***trou·ble** /trʌ́bl トラブル/ 『「混乱した」が原義. cf. turbulent』 派 troublesome (形)
→ 名 **1** 心配, 苦労 **2** 迷惑, 面倒；困難 **3** 骨折り **4** もめごと
動 他 **1** 悩ます **2** 面倒をかける
—— 名 (複) ~s/-z/) **1** ② 心配, 苦労(すること), 悩み；② [通例 a ~] 心配事, 苦労の種；やっかい者；欠点, 短所 ‖
My heart is full of trouble. 私は悩んでばかりいる.
He is a great trouble to me. 彼は私にとって大きな悩みの種だ.
The trouble with yóu is(↘) | that you are forgetful. 君の欠点は忘れっぽいことだ.
What's the trouble with you? どうしたの.
**2** ② 迷惑, 面倒, 手数, 不便；困難, 災難, 不運；骨折り, 努力 ‖
They're always having trouble with their word processor. 彼らはいつもワープロに(故障が多くて)手を焼いている.
These patients have trouble (in) walking. この患者たちは歩行が困難だ.
I'm sorry to put you to a lot of trouble.

=I'm sorry to give you a lot of trouble. たいへんご面倒をおかけしてすみません《単に儀礼的な謝罪には使わない. 実際に何か重大な迷惑をかけたときにのみ用いる》.

She is in great trouble. 彼女はとても困っている.
It is no trouble to me to do this. こんなことは私にはなんでもないことだ.
What can I do to save trouble? 手数を省くためにはどうしたらいいですか.
The tróuble is(\\). that he is tired out. =(略式) Trouble is, he is tired out. 困ったことに彼はすっかり疲れてしまっている.

**3** ⓊⒸ もめごと, 騒ぎ; [迂回しに] 紛争, 反乱 ∥
campus troubles 学園紛争.
There has been a lot of trouble(s) in the Philippines this year. 今年フィリピンはごたごたが多かった.

**4** ⓊⒸ [主に複合語で] 病気 《◆disease の遠回し語》 ∥
heart trouble 心臓病.
His stomach troubles come from overeating. 彼の胃病は食べすぎによるものだ.

**5** Ⓤ (機械などの)故障, 不調 ∥
engine trouble エンスト.

**ásk for tróuble** (略式) 自ら災難を招くような余計なことをする, 軽率なことをする ∥ Anyone who criticizes him is asking for trouble. あいつにけちをつけるとあとが怖い.

**be in tróuble** (1) → 图**2**. (2) ごたごたを起こしている.

**gèt into tróuble** ごたごたを起こす.

**gét A into tróuble** …をごたごたに巻き込む ∥ Don't say anything that might get you into trouble. ごたごたに巻き込まれるようなことは言うな.

**gíve** onesélf **(the) tróuble** =**gò to the tróuble** 骨折る, 尽力する ∥ He went to the trouble of driving me home. 彼はわざわざ私を家まで車で送ってくれた.

**lóok for tróuble** =ask for TROUBLE.

◇**tàke (the) tróuble** 骨折る, 尽力する ∥ He didn't take much trouble over the work. 彼はその仕事にあまり骨を折らなかった / 対話 "We must thank you for taking the trouble to find us a home." "(It was) no trouble (at all)." 「私どものためにわざわざ家を見つけてくださりありがとうございました」「どういたしまして」.

——(動) (三単現) ~s/-z/; (過去・過分) ~d/-d/; (現分) trou·bling /-blɪŋ/.

| 他と自の関係 |
|---|
| 他 **1** trouble A　　A を悩ます |
| 自 **1** A trouble　　A が悩む |

——他 (正式) **1** …を悩ます, 苦しめる, 心配させる (worry); [~ oneself] 悩む ∥
Her daughter's illness troubles her. 彼女は娘の病気で困っている.
He is troubled about [over] his son's behavior. 彼は息子の行儀のことで頭を悩ませている.
He has been troubled with [by] rheumatism. 彼はリューマチを患っている.
We are troubled that we might fail. 我々は失敗するのではないかと悩んでいる.

**2** …に面倒をかける, 迷惑をかける, …をわずらわせる; [~ oneself] わざわざ(…)する ∥
Can I trouble you to open the window? すみませんが窓をあけてくださいませんか(=Would you open the window?).
Let me trouble you with a few more questions. ぶしつけですが, もう2, 3質問させてください.
対話 "I'm sorry to trouble you, but can you tell me the way to the station?" "I'm sorry. I'm a stranger here myself." 「すみませんが駅へ行く道を教えていただけませんか」「すみません. 私もこのあたりは初めてなのです」.
対話 "May I trouble you for the pepper?" "Here you are." 「すみませんがこしょうを取ってくださいませんか」「はい, どうぞ」.

**3** 〈水・空気などを〉波立たせる, 騒がす ∥
The storm troubled the sea. あらしで海は荒れていた.

——自 [通例否定文・疑問文で] **1** 心配する, 苦しむ, 悩む ∥
Don't trouble about small matters. ささいなことでくよくよするな.
I shall not trouble if she doesn't get here in time. (英) 彼女がここに間に合うように着かなくても気にはなりません.

**2** 努力する, 骨を折る ∥
Don't trouble, thanks. いや, 結構です, せっかくですがおかまいなく.
Don't trouble to come. わざわざお越しいただくには及びません.

**trou·ble·mak·er** /trʌ́blmèɪkər トラブルメイカ/ 图Ⓒ もめ事を起こす人; いたずらばかりする人.

**trou·ble·shoot** /trʌ́blʃùːt トラブルシュート/ 動 (過去・過分) --shot/-ʃɑ̀t|-ʃɔ̀t/ (米) 他 〈機械〉を修理する; 〈紛争など〉を調停する. ——自 修理[調停]人を務める.

**trou·ble·shoot·er** /trʌ́blʃùːtər トラブルシュータ/ 图Ⓒ (機械の)修理係; (紛争の)調停人.

\***trou·ble·some** /trʌ́blsəm トラブルサム/ 〖→trouble〗
——形 (正式) **1** やっかいな, 面倒な, うるさい ∥
a troublesome child うるさい子供.
**2** 骨の折れる, 難しい ∥
a troublesome job 骨の折れる仕事.

**trou·bling** /trʌ́blɪŋ トラブリング/ 動 ⇒ trouble.

**trough** /trɔ(ː)f トロ(ー)フ/ 图Ⓒ **1** (細長い箱形の)かいば[水]おけ. **2** (パン屋の)こねばち. **3** 雨どい. **4** (波と波の間の)くぼみ, 谷.

**troupe** /trúːp トループ/ 图 (同音 troop) 图Ⓒ (俳優・歌手・アクロバットなどの)一行, 一団.

**trou·ser** /tráʊzər トラウザ/ 图 **1** [~s; 複数扱い] ズボン《◆(1) (米) では pants がふつう. (2) trouser

はズボンの片方. 数えるときは a pair of *trousers*, two pairs of *trousers* のようにいう》
a boy in [*on] dark-blue **trousers** ダークブルーのズボンをはいた少年.
**2** [形容詞的に] ズボンの.
a **trouser** press ズボンプレッサー.
a **trouser** pocket ズボンのポケット《◆ one's *trousers* pocket(s) ともいうが, 両方のポケットをさす場合でも one's *trouser* pockets がふつう》.

[関連] (1) slacks (やや古) はくだけたスポーティーな感覚のズボンで, 男女共に用い, 上衣とは別にそれだけで売られる.
(2) pants は《米》では trousers に対するくだけた語. 女性は slacks を pants ということが多く, 今ではよく pantsuits を着用する.《英》では下着のパンツの意味.
(3) shorts は《米》では男子用下着パンツ(undershorts),《英》では半ズボンを主にさす.
(4) trunks は shorts よりさらに短い男性スポーツ着としての半ズボン.

**trout** /tráut トラウト/ 图 (複 trout, 種類を表すときは ~s) C [魚] トラウト《サケ科の一種》;(河川生活性の強い)サケ科魚類《ニジマスなど》; U その肉《◆《英》では fishing といえば trout-fishing をさすことが多い》
You must lose a fly to catch a **trout**. 《ことわざ》小を捨てて大につけ.

**Troy** /trɔ́i トロイ/ 图 トロイ, トロイア《小アジア北西部の古代都市. 形容詞は Trojan》.

**tru·an·cy** /trúːənsi トルーアンスィ/ 图 U ずる休み; 無断欠勤; 不登校.

**tru·ant** /trúːənt トルーアント/ 图 C **1** ずる休みする生徒. **2** 仕事を怠ける人.
*pláy trúant* 学校[仕事]をサボる.
— 動 自 ずる休みする, 無断欠席する, サボる.

**truce** /trúːs トルース/ (類音 truth/trúːθ/) 图 U C (一時的な)休戦, 停戦; 休戦[停戦]協定 ‖
a Christmas **truce** クリスマス休戦.

***truck**[1] /trʌ́k トラック/ (類音 track/trǽk/) [「車輪 (wheel)」が原義]
— 图 (複 ~s/-s/) C **1** (主に米) トラック, 貨物自動車 (《英》 lorry)《◆英国でも truck が次第に用いられつつある》; [形容詞的に] トラックの ‖
My father drives a **truck**. 私の父はトラックを運転しています《◆必ずしも職業を表すとは限らない》.
My father is a **truck** driver. 父の職業はトラック運転手です.

[Q&A] *Q*: truck にはどんな種類がありますか.
*A*: container truck コンテナ車, cement (mixer) truck コンクリートミキサー車, garbage truck ごみ収集車, crane truck クレーン車, tanker truck 《米》タンクローリーなどです. また「ダンプカー」は 《米》 dump truck,《英》 dumper (truck) です.

**2** 運搬車; トロッコ. **3** (2輪または4輪の)手押し車;《米》台所用ワゴン. **4**《英》無蓋(ぶたい)貨車.

**truck**[2] /trʌ́k トラック/ 图 U **1**《米》市場向け野菜[果物]. **2** つまらない小物; 残り物, はんぱ物.

**trudge** /trʌ́dʒ トラヂ/ 動 (三現 trudg·es /-iz/; 過去・過分 trudg·ed; 現分 trudg·ing) 自 **1** 歩いて行く, 歩く. **2** (疲れ・足の痛みなどで)とぼとぼ[のろのろ]歩く, 重い足どりで歩く. — 图 C [通例 a ~ / the ~] とぼとぼ[のろのろ]歩くこと, 重い足どり.

***true** /trúː トルー/ [「忠実な」が原義]
派 truth (名), truly (副)
— 形 (通例 比較 tru·er, 最上 tru·est) **1** 事実の, 本当の (↔ untrue); 当てはまる ‖
a **true** story 実話.
His story rings [sounds] **true**. 彼の話は本当のように思える.
It is **true** (that) she bought a new car. 彼女が新車を買ったというのは本当です《◆(略式)では *True*(,) she … ということもある》.
That may be **true** for yóu. あなたの経験ではそう言えるかもしれない.

[対話]"Women are fickle creatures." "That is certainly **true** of Mary."「女性は気が変わりやすいものだ」「それはメリーについては確かに当てはまる」.

[対話]"Stephen is friendly and amusing." "Oh, no. That's not **true**."「スティーブンはきさくでおもしろいね」「いや, そんなことないよ」.

**2** [通例名詞の前で] 本物の, 純粋な; 純種の ‖
a **true** adventure 真の冒険.
**true** gold 純金.
He is a **true** lawyer, a credit to his profession. 彼こそ真の弁護士であり, 弁護士の誉れである《◆「弁護士の中でも特にすぐれた」という意味》.

**3** 誠実な, 偽りのない; 忠実な ‖
He is a **true** friend. 彼は誠実な友だ.
She is **true** to her word. 彼女は約束に忠実に守る.

**4** 正確な, 間違いのない; 一致した, 寸分違わない; 精密な ‖
a **true** sign 確かな徴候.
in the **truest** sense 最も厳密な意味で.
**true** to life 本物そっくりの.
a **true** copy of the will 遺書の正確な写し.
The translation is quite **true** to the original. その翻訳は原文にきわめて忠実である.

**5**〈器具などが〉ぴたりと合う, 正しい位置にある.

◦*cóme trúe*〈夢などが〉**実現する**, 本当になる ‖
His word came **true**. 彼の約束は果たされた / At last her dream has **come true**. ついに彼女の夢は実現した.

*hóld trúe* 当てはまる, 有効である.

◦*It is trúe …, but …* なるほど…だがしかし… ‖ It is **true** he is well over sixty, **but** he looks young for his age. なるほど彼は60歳をゆうに過ぎているが, 年の割には若く見える《◆It is を省略して True, but … となることもある》.

***true to týpe* (1) 典型的な, 型どおりの. (2) 〈動植

物が》純種の.
─**副** (通例 [比較] tru·er, [最上] tru·est) **1** 真実に, 正直に ‖
speak true 正直に話す.
**2** 正確に, 狂わずに ‖
aim true 正確にねらう.
**3** 純粋に ‖
breed true 純種を生む.
**4** 《略式》[文全体を修飾] なるほど, 確かに (it is true)(→ [形] **1**).
─**名** 《文》 **1** [the ~] 真, 真実であること ‖
the true and the beautiful 真と美.
**2** Ⓤ 正確であること ‖
be in (the) true 正確である.
be out of (the) true 狂っている.

**truf·fle** /trʌ́fl トラフル/ 《米+》 trú·fl/ [名] ⓊⒸ **1**《菌類》トリュフ《高級料理の食材として珍重される》. **2**《主に英》ココアをまぶしたチョコレート入りキャンデー.

**tru·ism** /trúːɪzm トルーイズム/ [名] Ⓒ《正式》自明の理, わかりきったこと;陳腐な決まり文句.

***tru·ly** /trúːli トルーリ/《つづり注意》《◆ ×truely》《→ true》
─**副** ([比較] more ~, [最上] most ~) **1** 本当に, 真に, 実に, 全く, とても ‖
a truly noble action 真に気高い行為.
She looks truly pretty. 彼女は本当にかわいらしい.
**2** 正確に, 寸分たがわず;偽りなく, 事実のとおりに ‖
Tell me truly what you think about it. それについてどう思っているか本当のことを言ってください.
It is truly said that time is anger's medicine. 時間は怒りの薬なりとはよく言ったものである.
**3**《正式》忠実に, 誠実に;心から ‖
Yours truly. = Very truly yours.《主に米》敬具《◆ 商業通信文などの結び. cf. sincerely》.
I love her truly. 私は心から彼女を愛している.
**4** [文全体を修飾] 実を言えば, 正直なところ;[疑問文で] まじめに尋ねますが ‖
Truly, he is a good man. 本当に彼はよい人だ (=It is true that he is a good man.)《◆ He is a truly good man. は「とてもよい人だ」》.

**trump** /trʌmp トランプ/ 《類語》tramp/trǽmp/ [名] Ⓒ **1** 〔トランプ〕切り札《◆「トランプ」は (playing) cards》. **2** 奥の手, 最後の手段.
─**動** 他 **1** 〈札〉を切り札で切る[取る]. **2** …よりもまさる;〈人〉を負かす. ─ 自 切り札を出す.
**trúmp úp**《略式》他〈うその話・口実など〉をでっち上げる.

**trum·pet** /trʌ́mpət トランペト/ [名] Ⓒ **1**《音楽》トランペット, らっぱ;(オルガンの)トランペット音栓(セン);トランペット奏者, らっぱ手 ‖
play (the) trumpet トランペットを吹く(→ play 他 **2**).
play a tune on one's [the] trumpet トランペットで曲を奏する.
**2** らっぱ形の物;らっぱ型補聴器[拡声器] ‖
put a trumpet to one's ear 耳にらっぱ型補聴器をはめる.
**3** トランペット(のような)音;[a ~ / the ~] (特に象の)かん高い鳴き声.
**blów** one's **ówn trúmpet**《主に英略式》自慢する, 自画自賛する.
─**動** 自 **1** トランペット[らっぱ]を吹く. **2**〈ゾウなどが〉かん高い鳴き声を出す. ─ 他 **1** …をトランペット[らっぱ]で知らせる. **2** …を大声で宣告する;…を吹聴(フィチョウ)する.

**trun·cate** /trʌ́ŋkeɪt トランケイト|-́-/ [動] (現分) -cat·ing) 他 **1** 〈幹・胴・円錐(スイ)などの〉先端[頭]を切る. **2** 〈引用文などを〉切り詰める.

**trun·dle** /trʌ́ndl トランドル/ [動] (現分) trun·dling) 他 …を転がしていく ‖
trundle the barrow along the platform 手押し車を押してプラットフォームを行く.

**trunk** /trʌŋk トランク/ [名] Ⓒ

〈1 幹〉 〈2 胴〉 〈3 本線〉
trunk

**1** [通例 the ~] (木の)幹 [関連] → tree ‖
The trunk of the oak is 3 meters thick. そのオークの幹は3メートルの太さがある.
**2** (身体の)胴〈body から head, arms, legs を除いた部分. 図〉→ body);(昆虫の)胸部.
**3 a** (物の)本体, 主要部.
**b** (鉄道・道路などの)幹線, 本線(trunk line) ‖
the trunk of the Amazon アマゾン川の本流.
**4** (旅行用者の)大かばん, トランク.

[関連] [かばんの種類] a portmanteau 《英》左右開きの革製かばん / a suitcase 衣装用の平らな小型かばん / an attaché case, a dispatch case アタッシェケース / a briefcase 小型書類入れ.

**5** 幹状の物;(象の)鼻.
**6**《米》[~s] (競技・水泳用の男子の)パンツ, トランクス [関連] → trouser). **7**《米略式》(自動車後部の)荷物入れ, トランク(《英》boot)(図 → car).
**trúnk line** = trunk **3 b**.
**trúnk ròad**《英》幹線道路

***trust** /trʌst トラスト/ 《「堅固」が原義》
〈派〉trustee (名)
─**名** (復 ~s/trʌ́sts/) **1** Ⓤ 信用, 信頼;Ⓒ 信頼できる人[物] ‖
God is our trust. 神は我らの信仰の対象である.
You can put [have] your trust in him. 彼なら信用できる.
**2** Ⓤ 委託, 保管;世話, 監督;Ⓒ 委託物;預けられる人 ‖
She left her baby in her mother's trust.
彼女は赤ん坊を母親に預けた.
He has the house in trust for his sister.
彼は妹の家を預かっている.
She gave her property in trust with her

uncle. 彼女は財産をおじに預けた.
**3** ⓤ (正式) 責任(responsibility), 義務 ‖
fulfil one's **trust** 責任を果たす.
He occupies a position of great **trust**. 彼はたいへん責任のある地位についている.
**4** ⓤ (正式) [しばしば a ~] 強い期待, 確信 ‖
My **trust** is [I have a **trust**] that she will pass the examination. 彼女は試験に合格すると確信しています.
**5** ⓤ 〔商業〕信用貸し, 掛売り ‖
buy a thing on **trust** 物を掛けで買う.
**6** 〔法律〕ⓤ 信託; 受託者の権利; ⓒ 信託財産; 受託財団. **7** ⓒ 〔経済〕企業合同, トラスト.
**táke A on trúst** …を確かめもせずに信用する, うのみにする.

――動 (三単現) ~s/ts/ts/; (過去・過分) ~・ed /-id/; (現分) ~・ing)
――他 **1** …を信用する, 信頼する; 〈記憶・直感などを〉当てにする ‖
He is a man whom one can **trust**. 彼は信頼できる人だ.
I'll **trust** her for what she says. ぼくは彼女の言っていることを信用する.
[対話] "Can you lend me some money until Friday?" "After last time, I don't think I can **trust** you."「金曜日までお金を貸してくれないか」「この前のことがあって，君のことは信用できない」.
**2** (正式) [**trust**(that)節] …と確信する; [**trust** A to do] A〈人〉が…すると確信する ‖
I **trust** (that) he will pass the examination. 彼は試験にきっと合格する.
You can **trust** her to keep her word. 彼女は必ず約束は守ってくれるよ.
I **trust** to be favored with your company. きっとご同行いただけるものと思っています.
**3** (正式) [**trust** A to do] A〈人〉に安心して…させる; 〈人〉を安心して…に置く ‖
Can you **trust** your daughter to go out alone at night? 娘を夜1人で外出させられますか.
I can't **trust** my child out of my sight. 子供を目の届かないところに置いておけません.
**4** [**trust** A to B / **trust** B with A] B〈人〉に A〈大事なものを〉を委託する, 預ける, 任す ‖
**trust** him with secrets 彼に秘密を打ち明ける.
She **trusted** her children to a baby-sitter. 彼女は子供を子守りに預けた.
**5** …に信用貸しする, 掛売りする ‖
The butcher **trusted** me for the meat. 肉屋は肉を掛売りしてくれた.
――自 信じる, 信用[信頼]する; 当てにする, 頼りにする ‖
In God we **trust**. 我らは神を信じる《♦米国の紙幣の裏に書かれている》.
**trust** to luck 運に頼る.
**trust·ee** /trʌstíː トラスティー/ 名 ⓒ **1** (他人の財産の)受託者, 被信託者, 保管[財]人. **2** (大学などの)理事, 評議員.

**trust·ful** /trʌ́stfl トラストフル/ 形 信用[信頼]する, 信じやすい.
**trust·ing** /trʌ́stiŋ トラスティング/ 動 → **trust**.
――形 すぐ信用[信頼]する ‖
She is of **trusting** nature. 彼女はすぐ人を信用するたちだ.
**trúst·ing·ly** 副 すぐ信用[信頼]して.
**trust·wor·thy** /trʌ́stwɜ̀ːrði トラストワーズィ/ 形 信用[信頼]できる, 当てになる.
**trust·y** /trʌ́sti トラスティ/ 形 (比較) -i·er, (最上) -i·est) (古) 信用[信頼]できる, 当てになる.

*****truth** /trúːθ トルース/ (発音) truce/trúːs/) [→true]
――名 (複 ~s/-ðz, -θs/) **1** ⓤ [しばしば the ~] 真実, 事実, 真相 ‖
tell [speak] the **truth** 本当のことを言う.
The **truth** has come out. その真相がわかった.
**2** ⓒⓤ (正式) [しばしば the ~] 真理, 立証された事実 ‖
the **truths** of science 科学上の真理.
Einstein discovered an important **truth**. アインシュタインは重大な原理を発見した.
**3** ⓤ [しばしば the ~] 真実性, 真実味 ‖
I doubt the **truth** of his statement. 彼の言うことは本当かどうか疑わしい.
There may be some **truth** in your story. 君の話にも多少当たっているところがある, 君の話もわからないでもない.
**in (all) trúth** (正式) 実は; 本当に, 実際に.
**Nóthing could be fúrther than the trúth.** (それは)とんでもないうそっぱちだ.
**The trúth ís**(\\ʌ\) **│ that** … 実は…である《◆(略式) では The truth is, … となることもある》.
ᴏ**To téll (you) the trúth** … (略式) [告白して] 実を言えば《◆この句は言い訳や人の言葉を否定する場合にも用いられるので, 多用するとよくそをいっている人かととられる》‖ To tell the **truth** (\\ʌ\), the hat you picked out doesn't go with my blue suit. 本当のことを言うとね, 君が選んでくれた帽子は私のブルーのスーツには合わないんだ.

> [語法] 相手との好みの違いをいう場合, 口調をやわらかくするために用いられる: Well, to tell you the truth, I don't particularly like sake. うーん, 実を言うと, 酒はあまり好きじゃないんです《◆well, particularly も口調をやわらげる働きをしている》.

**truth·ful** /trúːθfl トルースフル/ 形 誠実な, 正直な, 真実を語る; (正式) 正しい, 真実に即した ‖
a **truthful** child 正直な子供.
a **truthful** report of the accident その事故に関する正しい報告書.
**truth·ful·ly** /trúːθfli トルースフリ/ 副 誠実に, 正直に; [文全体を修飾] 正しく; [文頭で] 正直に言えば, 本当のところ ‖
He always speaks **truthfully**. 彼はいつも正直に話す.

Truthfully(👁), she is wrong. 正直に言えば、彼女の考えは誤っている.

**try** /trái トライ/ 《「ふるいにかけて分ける」が原義》
派 trial (名)
── 動 ([三単現] tries/-z/; [過去・過分] tried/-d/; [現分] ~・ing)
── 他 **1** …を試みる, やってみる; [try to do] …しようと試みる, …しようと努力する《◆attempt より口語的》‖
She tríed her bést. 彼女は全力を尽くした.
Since he could not work out the problem that way, he tried another way. 彼はその問題をあの方法で解けなかったので別の方法を試みた.
He tried to write to her, but he could not. 彼は彼女に手紙を書こうとしたができなかった《◆could not の次に省略されているのは write = であって, try to … ではない (→ **2** 用例).
Try not to break the vase. その花びんを割らないようにしてくれ.
Try to jump over the fence. その柵(鬘)を跳び越えてごらん (=Try and jump over …).
対話 "I don't think I can do this." "Can't you at least try it?" 「これは私にはできそうにないよ」「少なくともやるだけはやってみたらどうなの」.

**2** …を試す; …を試用する; …を試食[試飲]する; …の品質・機能などを試す; [try doing] 試しに…してみる; [try wh 節] …かどうかを試してみる‖
try one's strength 自分の力を試してみる.
I tried the door, and it was locked. ドアを試しにあけてみたが, かぎが掛かっていた.
Try how fast you can run. どれくらい速く走れるか試してごらん.
He tried writing to her, but she did not reply. 彼は彼女に手紙を書いてみたが返事はもらえなかった.

Q&A **Q**: 上の例の tried *writing* と tried *to write* の違いは?
**A**: tried *writing* は実際に書いたという結果を含みます. 一方, tried *to write* は書こうと努力したということで実際に書いたかどうかはわかりません.

**3** [法律] …を審理する; 〈人〉を裁判する‖
Who is going to try this case? だれがこの事件を裁くのでしょうか.
He was tried for murder. 彼は殺人容疑で裁判を受けた.

**4** (正式) …を苦しめる; 悩ます; …を疲れさせる‖
Her husband's death has tried her severely. 夫に死なれて彼女はひどく苦しんだ.
Reading tries my eyes too much. 読書はとても目が疲れる.
Don't try her patience too much. 彼女をあまりいらいらさせてはいけません.

── 自 試みる, やってみる; 努力する‖
I tried but failed. やってはみたが, 失敗した.
Try and come early, won't you? 早く来てくださいませんか《◆*Try* to come … ともいう》.
対話 "Can you get the bottle open?" "Sorry. I tried, but no luck." 「そのびんの栓をあけてくれますか」「すみません. やってみたのですがだめでした」.

**trý for A** (英) …を得ようとする.
**trý ón** [他] (1) …を着て[はいて, かぶって]みる‖
Try this hat **on** and see if it fits you. 合うかどうかこの帽子をかぶってみてください / 対話 "How do you like this skirt? Would you like to try it on?" "Yes, please." 「このスカートはいかがですか. 試着されますか」「ええ, お願いします」. (2) (英) …でだまそうとする‖ try on the old trick with him 古い手口で彼をだまそうとする.
**trý óut** [他] …を試験的に使ってみる; …を十分に試してみる‖ I'll try her out as a secretary. 彼女を秘書として使ってみよう.

── 名 (複 tries/-z/) Ⓒ **1** [しばしば a ~] 試み, 試し, 努力《◆attempt より口語的》‖
The plan is worth **a** try. その計画はやってみる価値がある.
She gave the new soap **a** try. 彼女は新しい石けんを使ってみた.
Each of them had three tries at the running high jump. 彼らは走高跳びをそれぞれ3回試みた.
He passed the examination on the first try. 彼は1回目でその試験に合格した.

**2** [ラグビー] トライ《相手のインゴールにボールを持ち込むこと. 5点となる》; [アメフト] トライ《タッチダウンで得点したチームにさらに与えられる追加得点のチャンス. try for point ともいう》‖
score two tries トライを2回する.

**try・ing** /tráiiŋ トライイング/ 動 → try.
── 形 **1** 苦しい, つらい; こたえる, 疲れさせる‖
have a trying time つらいめにあう.
**2** しゃくにさわる, やっかいな.

**try・out** /tráiaut トライアウト/ 名 Ⓒ (略式) [a ~] **1** (選手・俳優などの) 適性試験, テスト, オーディション.
**2** (劇などの) 試験興行.

**tsar** /zɑ́ːr ザー, tsɑ́ːr/ 名 [または T~] Ⓒ =czar.

**tset・se** /tsétsi ツェツィ, (英) tétsi/ 名 Ⓒ =tset-se fly.

**tsétse flỳ** [昆虫] ツェツェバエ (tsetse)《睡眠病を媒介》.

**T-shirt**, **T shirt** /tíːʃəːrt ティーシャート/ 名 Ⓒ Tシャツ.

**tsp, tsp.** (略) teaspoon(s); teaspoonful.

**tub** /tʌ́b タブ/ 名 Ⓒ **1** [しばしば複合語で] おけ, たらい‖
a rainwater tub 天水おけ.
a washtub 洗濯だらい.
**2** (略式) ふろおけ, 浴槽.
**3** おけ[たらい]1杯.
**4** (略式) [通例 a ~ / the ~] 入浴, ふろ‖
What you need is a good hot tub. 君に必要なのはたっぷり熱いふろに入ることだ.
**5** (バター・ラードなどの) 容器, 入れ物.

**tu・ba** /tjúːbə トゥーバ (テューバ)/ 名 Ⓒ [音楽] チュ

ーバ《最低音部用の金管楽器》; チューバ属の楽器.
**tube** /tjúːb/ トゥーブ (テューブ) /名C **1**(金属・ガラス・ゴムなどの)管, 〈タイヤなどの〉チューブ ‖
a glass **tube** ガラス管.
the inner **tube** of a bicycle tire 自転車のタイヤチューブ.
a test **tube** 試験管.
**2**(絵の具・歯磨きなどの)チューブ ‖
a **tube** of toothpaste チューブ入り歯磨き.
**3**[しばしば the T~]《英略式》(ロンドンの)地下鉄 (the Underground, 《主に米》subway) ‖
by **tube** = on the **tube** 地下鉄で.
take a [the] **tube** to Oxford Circus オックスフォード-サーカスまで地下鉄に乗る.

> Q&A **Q**: なぜロンドンの地下鉄を tube と呼ぶのですか.
> **A**: 地下深く管(tube)を埋めたように思われるからです. 第二次世界大戦のドイツ軍の空襲にも耐え, 市民の shelter の役目も果たしました. 地下鉄の入口の標示は underground となっています.

**4**(管楽器などの)管; (動植物の)管, 管状器官 ‖
the bronchial **tubes** 気管支.
**5** ブラウン管; 真空管.
**tu·ber** /tjúːbər/ トゥーバ (テューバ) /名C【植】塊茎《ジャガイモなど》.
**tu·ber·cu·lo·sis** /tjubə̀ːrkjəlóusəs/ トゥ(ー)バーキュロウスィス (テュ(ー)バーキュロウスィス) /名U【医学】結核(略 TB).
**tu·bu·lar** /tjúːbjələr/ トゥービュラ (テュービュラ) /形《正式》**1** 管状の; 円くてふくらんだ. **2** 管の; 多くの管からなる[で作った].
**tuck** /tʌ́k/ タク/(類音) tack/tǽk/) /動他 **1** …を押し込む, しまい込む, 隠す ‖
He **tucked** the money **into** his pocket. 彼はポケットにお金をしまい込んだ.
**2**〈衣服・シーツなどの端〉を押し込む, はさみ込む ‖
**tuck** in one's shirt ワイシャツのすそを(ズボンの)中へ入れる.
**3** …を(毛布などで)包み込む, くるむ ‖
**tuck** the baby **in** bed 赤ん坊をベッドに入れて毛布でくるむ.
**4**〈そで・すそなど〉をまくり上げる ‖
**tuck up** one's trousers ズボンをまくり上げる.
**5** …に縫いひだを付ける, タックを取る.
―自 縫い込まれる; 縫い上がる, タックを取る; 縮む.
*túck ín* (1)《英略式》[自]たらふく食う[飲む]. (2)[他]《略式》…をたらふく食う[飲む]. (3) → 他 **2**, **3**.
*túck into* A《英略式》…をたらふく食う.
―名 **1**C 縫いひだ, 上げ, タック. **2**C 折り込まれた部分.
**Tu·dor** /tjúːdər/ トゥーダ (テューダ) /名C【英史】チューダー王家の人 ‖
the **Tudors** = the House of **Tudor** チューダー王家《Henry VII から Elizabeth I までのイギリスの王朝(1485-1603)》.

**Tues., Tue.** (略) Tuesday.
***Tues·day** /tjúːzdei/ トゥーズデイ (テューズデイ), -di/〖チュートン族の軍神ティウの(Tiu's)日(day)〗
―名 (複 ~s/-z/) UC 火曜日(略 Tue., Tues.), C《主に米》[副詞的に]火曜日の[に] (語法 → Sunday).
**tuft** /tʌ́ft/ タフト /名C(髪・羽毛・糸・草などの)ふさ ‖
a **tuft** of feathers ふさふさした羽の束(ホ).
**túft·ed** /-id/ 形 房をつけた; 房になって生えている.
**tug** /tʌ́g/ タグ/ (類音) tag/tǽg/) /動 (過去・過分 tugged/-d/; 現分 tug·ging) 他 **1** …を強く引く, 引っ張る《◆この意味では tug at がふつう》; …を引きずり出す, 引き離す ‖
**tug** the trunk **out of** the locker トランクをロッカーから引っ張り出す.
**2**〈船〉を引き船で引く.
―自 **1** 強く引く, 引っ張る ‖
The child **tugged at** his mother's hand. 子供は母の手を強く引いた.
**2** 骨折る, 奮闘努力する; 熱心に働く.
―名C **1**[通例 a ~]急に強く引くこと ‖
give the rope a **tug** ロープを強く引っ張る.
**2** = tugboat.
**tug·boat** /tʌ́gbòut/ タグボウト /名C 引き船, タグボート.
**tu·i·tion** /tjuíʃən/ トゥ(ー)イション (テュ(ー)イション) /名U **1**《正式》指導, 授業 ‖
give music **tuition** = give **tuition** in music 音楽の授業をする.
**2**《主に米》(大学・私立校などの)授業料.
***tu·lip** /tjúːləp/ トゥーリプ (テューリプ) /〖「ターバン(turban)」が原義〗
―名 (複 ~s/-s/) C チューリップ(の花[球根]).
**túlip trèe**【植】ユリノキ《北米産高木で tulip に似た花をつける. 米国 Indiana, Kentucky, Tennessee 州の州花》.
**tum·ble** /tʌ́mbl/ タンブル /動 (現分 tum·bling) 自 **1** 倒れる; 転ぶ; 転倒する; 転がり落ちる ‖
**tumble over** the root of a tree 木の根につまずいて転ぶ.
**tumble off** a horse 馬から落ちる.
**tumble down** the stairs 階段を転がり落ちる.
**2** 転げ回る, のたうち回る ‖
**tumble** restlessly **in** bed ベッドで絶えず寝返りをうつ.
**3** あわてて[ぶざまに]動く ‖
The passengers **tumbled** out of the crashed airplane. 不時着した飛行機の中から乗客が転がるようにして出てきた.
**4**〈建物など〉が崩壊する, 壊れる.
―他 **1** …を倒す, ひっくり返す ‖
The typhoon wind **tumbled** a tree on my yard. 台風で中庭の木が倒れた.
**2** …を投げ散らかす, 乱雑にする.
―名 **1**C《略式》転倒, 転落 ‖
take a **tumble** on the stairs 階段で転ぶ.
**2**[a ~] 混乱状態, 無秩序, 乱雑.

**tum·bler** /tʌ́mblər/ タンブラ /名 C タンブラー《取っ手のない大きめのガラスコップ. 足付きは goblet》.

**tum·my** /tʌ́mi/ タミ /名 (複 tum·mies/-z/) 《略式・小児語》ぽんぽん, おなか ‖
a tummy button へそ(navel).

**tu·mor**, 《英》 **--mour** /t(j)úːmər/ トゥーマ (テューマ) /名 C **1** (はれた部分. **2** 〔医学〕腫瘍(しゅよう) 《♦ cancer の遠回し語》.

**tu·mult** /t(j)úːmʌlt/ トゥーマルト (テューマルト), 《英》-mʌlt/ 名 C U 《文》 **1** 騒動, 大騒ぎ.
**2** [しばしば a ~] 混乱, 心の乱れ, 精神的動揺, 興奮 ‖
be in (a) tumult 興奮[混乱]している.

**tu·mul·tu·ous** /t(j)uːmʌ́ltʃuəs/ トゥ(ー)マルチュアス(テュ(ー)マルチュアス) /形 《正式》 **1** 騒がしい, 騒々しい. **2** 動揺[興奮]した. **tu·múl·tu·ous·ly** 副 騒がしく.

**tu·na** /t(j)úːnə/ トゥーナ (テューナ) /名 (複 tu·na, ~s) **1** C 〔魚〕マグロ(tunny). **2** U =tuna fish.
**túna fish** マグロの肉, ツナ(tuna).

**tun·dra** /tʌ́ndrə/ タンドラ, 《米》tún-/ 〔ロシア〕名 C U 〔通例 the ~〕ツンドラ, 凍土帯.

**T** *tune** /t(j)úːn/ トゥーン (テューン) [tone の変形]
/名 (複 ~s/-z/) **1** C 曲, 歌;節, メロディー ‖
sing a popular tune 流行歌を歌う.
She played a tune on the piano. 彼女はピアノで1曲弾いた.
**2** U (音楽の)正しい調子 ‖
sing in túne 正しい旋律で歌う.
This piano is òut of túne. このピアノは調子が狂っている.
**3** U 調和, 一致;協調 ‖
play the American tune アメリカに調子を合わせる, アメリカの言うとおりにする.
out of tune with … …と調和していない.
be in tune with one's surroundings 自分の環境と合っている.
*chánge* one's *túne* 意見[態度]をがらりと変える, (言動の)調子を変える, 謙遜(けんそん)する.
*to the túne of A* (1) …の曲に合わせて. (2) 《略式》額が…も ‖ I had to pay the bill to the tune of ten dollars. 10ドルも払わなければならなかった.
──動 (三単現 ~s/-z/; 過去・過分 ~d/-d/; 現分 tun·ing)
──他 **1** [tune A to B] A〈ラジオ・テレビなど〉を B〈放送局・チャンネルなど〉に**合わせる**, 同調させる ‖ She tuned her television set to Channel 6. 彼女はテレビを6チャンネルに合わせた.
**2** 〈楽器〉を調律する;〈声などの調子を合わせる;〈エンジンなど〉を最良の状態に調整する.
**3** …を調和[一致]させる ‖
tune oneself to life in the tropics 熱帯地方の生活に順応する.
──自 **1** 楽器を調律する. **2** 調子が合う;調和する.
*túne ín* (1) [自] ダイヤル[チャンネル]を合わせ, 順応する, 耳を傾ける. (2) [他] 〈ラジオ・テレビなど〉のダイヤル[チャンネル]を合わせる;…を受信する.
*túne óut* (1) [自] 雑音が入らないようにする;ダイヤル[チャンネル]を他へ回す, スイッチを切る. (2) [他] 〈雑音・放送〉が聞こえないようにダイヤル[チャンネル]を他へ回す, 〈ラジオ・テレビ〉を切る;《主に米略式》…に耳を貸さない, …を無視する.
*túne úp* (1) [自] 楽器を調律する;《略式》演奏を始める. (2) [他] 〈楽器〉を調律する;〈車・エンジンなど〉を調整する.

**tune·ful** /t(j)úːnfl/ トゥーンフル (テューンフル) /形 調べの美しい, 音楽的な.

**tun·er** /t(j)úːnər/ トゥーナ (テューナ) /名 C **1** (ピアノなどの)調律師. **2** 〔ラジオ・テレビ〕チューナー, 同調器.

**tune-up** /t(j)úːnʌp/ トゥーナプ (テューナプ) /名 C (エンジンなどの)調整;(運動選手の)準備練習.

**tung·sten** /tʌ́ŋstən/ タングステン /名 U 〔化学〕タングステン《記号 W》.

**tu·nic** /t(j)úːnik/ トゥーニック (テューニック) /名 C **1** チュニック《古代ギリシア・ローマ人が着たひざ上まで届く上衣》. **2** チュニック《(1) に似た》女性用オーバーブラウスまたは短いコート》.

**tun·ing** /t(j)úːniŋ/ トゥーニング (テューニング) /動 → tune. ──名 U 調律;同調.
**túning fòrk** 音叉(おんさ).

**Tu·nis** /t(j)úːnəs/ トゥーニス (テューニス) /名 チュニス《チュニジア(Tunisia)の首都》.

**Tu·ni·si·a** /tuː(j)íːʒə トゥ(ー)ニージア | tju(ː)níziə テュ(ー)ニズィア/ 名 チュニジア《北アフリカの共和国》.

**tun·nel** /tʌ́nl/ タヌル /《発音注意》名 C **1** トンネル;地下道 ‖
a railroad tunnel 鉄道用トンネル.
an underwater tunnel 海底トンネル.
through a tunnel トンネルを通って.
**2** 〔鉱山〕坑道;横孔. **3** (モグラなどの)穴.
──動 (過去・過分) ~ed または 《英》 tun·nelled /-d/; (現分) ~·ing または 《英》 --nel·ling) 他 **1** …にトンネルを掘る ‖
tunnel a hill 小山にトンネルを掘る.
**2** …を掘る;〈道〉を掘るように進む ‖
tunnel a hole in the wall 壁をぶち抜く.
tunnel one's way through a crowd 人込みを通り抜ける.
──自 トンネルを掘る ‖
tunnel under the sea 海底トンネルを掘る.

**tur·ban** /tə́ːrbən/ ターバン /名 C **1** ターバン. **2** ターバンふうかぶり物;(女性・子供用)ターバン型帽子.

**tur·bine** /tə́ːrbain/ タービン, -bin/ 名 C 〔機械〕タービン《蒸気・水力・ガスなどで回転する原動機》.

**tur·bu·lence** /tə́ːrbjələns/ タービュレンス(イ) /名 U 《正式》 **1** 大荒れ, 荒れ狂い;(社会的)動乱, 騒乱. **2** 〔気象〕(大気の)乱れ, 乱気流.

**tur·bu·lent** /tə́ːrbjələnt/ タービュレント /形 《正式》 **1** 〈天候・風・波などの〉荒れ狂う. **2** 〈感情などが〉かき乱された. **3** 騒々しい, 乱暴な, 不穏な.

**tu·reen** /tərín/ タリーン | tju- テューリーン/ 名 C 食卓用のふた付きばち《これからスープ・野菜などを各自の皿によそう》.

**turf** /tə́ːrf/ ターフ /名 (複 ~s/-s/, 《英正式》turves /tə́ːrvz/) **1** U 芝土《芝の生えている草地. cf. lawn》 ‖

make a lawn by laying pieces of turf (芝草の種をまいてではなく)芝土を敷いて芝生を作る.
**2** C (移植用に四角に切り取った)芝土(の一片).
**3** U (略式)なわ張り, シマ; 得意の分野.
**4** (略式) [the ~] 競馬場; 競馬.
**―** (正式) …を芝で覆う; …に芝を張る.

**Turk** /tớːrk ターク/ 名 C トルコ人; [the ~s; 集合名詞] トルコ国民.

**tur·key** /tớːrki ターキ/ 名 C シチメンチョウ(七面鳥); U その肉 (◆頭部から首にかけて裸出した皮膚の色が青と赤にたえず変化する. クリスマスに(米国ではさらに感謝祭のときに)食べる. この鳥の(オスの)鳴き声は gobble で表す. オスは turkey cock, male turkey, (略式) gobbler, メスは turkey hen, ひなは turkey poult》‖
turn (as) red as a **turkey** cock (怒りなどで)顔が真っ赤になる.
(as) proud as a **turkey** 大得意で.

**Tur·key** /tớːrki ターキ/ 名 トルコ《アジアとヨーロッパにまたがる. 現在は共和国. 首都 Ankara》.

**Turk·ish** /tớːrkiʃ ターキシュ/ 形 トルコ(ふう)の; トルコ人[語]の. **―** 名 U トルコ語.

**Túrkish báth** (1) トルコぶろ《スティームバスの一種》. (2) トルコぶろの浴場《施設》.

**tur·moil** /tớːrmɔil ターモイル/ 名 U (正式) [しばしば a ~] 騒ぎ, 騒動, 混乱 ‖
throw A into **turmoil** …を混乱に陥し入れる.

**\*turn** /tớːrn ターン/ 『「円を描く(器具)」が原義. cf. tour』

**→** 動 他 1 回す, 回転させる 2 ひっくり返す
3 曲がる 4 向きを変える 5 向ける
6 a 変える
自 1 回る, 回転する 2 曲がる 3 変わる
4 なる 5 振り返る
名 1 回転 2 方向転換 3 曲がり角
4 変化 5 順番

**―** 動 (三単現 ~s/-z/; 過去・過分 ~ed/-d/; 現分 ~ing)

| | 他と自の関係 | | |
|---|---|---|---|
| 他 1 | turn A | A を回す |
| 自 1 | A turn | A が回る |
| 他 6 a | turn A | A〈物〉を変える |
| 自 3 | A turn | A が変わる |
| 他 6 b | turn A C | A〈物〉を C にする |
| 自 4 | A turn C | A が C になる |

**―** 他 **1** …を回す, 回転させる; 〈栓など〉をひねる ‖
**turn** the wheel to the left ハンドルを左に切る.
**turn** the key in the lock かぎを錠に差し込んで回す.
**2** …をひっくり返す, 裏返す, 折り返す; 〈土・畑などを〉掘り[すき]返す; 〈ページ〉をめくる ‖
**turn** the soil in plowing 土をすき返す.
**turn** a pancake ホットケーキを裏返す.
I had my old coat **turned**. 古い上着を裏返しに仕立て直してもらった.
**3** 〈角など〉を曲がる; …を迂回(ぅ)する ‖

We **turned** a corner and drove north. 我々は角を曲がり北へと車を走らせた.
**4** …の向きを変える; 〈暴徒など〉を退却させる; 〈攻撃など〉をそらす, かわす ‖
**turn** (**off**) a blow 一撃をかわす.
**Turn** your chair so that the light is behind you. 光が後ろから当たるようにいすの向きを変えなさい.
**5** …を向ける, 傾ける; 〈努力など〉を注ぐ; 〈人〉を専念させる ‖
He **turned** his face this way. 彼は顔をこちらに向けた.
She was angry and **turned** her back **on** me. 彼女は怒って私に背を向けた.
She **turned** herself **to** music. 彼女は音楽に没頭した.
**Turn** your efforts **to** this job. この仕事に励みなさい.
She **turned** her thoughts **toward** their reunion. 彼女は再会に思いをはせた.
**6 a** [turn A into B] A〈物〉を B〈別の物〉に変える; A〈言語〉を B〈別の言語〉に訳す, 翻訳する ‖
The witch **turned** the girl **into** a toad. 魔女は少女をヒキガエルに変えた.
**Turn** this sentence **into** English. この文を英語に訳しなさい《◆ *Put* this sentence into English. の方がふつう》.
He **turned** his stock **into** cash. 彼は株を現金化した.
**b** [turn A C] A〈物〉を C にする[ならせる] ‖
The frost **turned** the leaves **yellow**. 霜で木の葉が黄色になった.
I **turned** the ill-treated dog **loose**. いじめられていた犬を放してやった.
**7** 〈牛乳など〉を変質させる, 腐敗させる; 〈考え方など〉を変えさせる ‖
What **turned** the milk? なぜミルクは腐ったか.
Fall **turned** the leaves. 秋になって木の葉が紅葉した.
Nothing will **turn** him from his opinion. どんなことがあっても彼の意見は変わらないだろう.
**8** 〈胃〉をむかつかせる; 〈頭など〉を混乱[動転]させる; 〈手・足など〉をくじく, 捻挫(ねん)する ‖
She **turned** her ankle while ice-skating. アイススケートをしている時に彼女は足首をくじいた.
**9** (略式)〈ある年齢・時刻・金額など〉に達する, …を越える ‖
It's just **turned** nine o'clock. 9時になったばかりです.
Mother has **turned** seventy. 母は70歳を越えた.
**10** …を熟考する, 思いめぐらす (+*over*) ‖
I **turned** the problem **over** in my mind. 私はその問題をじっくりと考えてみた.

**―** 自 **1** 回る, 回転する ‖
A door **turns** on hinges. ドアはちょうつがいを軸にして回転する.
The earth **turns** (a)**round** the sun. 地球は太

陽の周りを回っている.
The key will not turn. かぎがどうしても回らない.
**2 曲がる, 向く, 向かう ‖**
turn (to the) right 右へ曲がる.
turn north 北へ向かう.
She **turned** toward me. 彼女は私の方を向いた.
対話 "Can you tell me how to get to the Wax Museum?" "Yes. Go up Green Street and **turn** left at Brown Street. It's the fifth street on the right."「ろう人形館へはどう行けばいいのでしょうか」「ええ, グリーン通りを行ってブラウン通りを左に曲がってください. 5つ目の通りの右側にあります」.

**3 (…に)変わる, なる ‖**
turn to reality 現実になる.
Caterpillars **turn** into butterflies. 毛虫はチョウに変わる.
Ice **turns to** water when it gets warm. 暖かくなると氷は水になる.

**4 [turn C] C になる《◆ C は形容詞など》‖**
The milk tùrned sóur. ミルクがすっぱくなった.
The léaves tùrned yéllow. 木の葉が黄色になった.
John started out a music student before he **turned** linguist. ジョンは最初は音楽専攻の学生だったが言語学を専攻した《◆補語が名詞の場合は無冠詞》.

**5 振り返る, ぐるりと回る; 寝返りを打つ; ひっくり返る, 転覆する; 引き返す ‖**
Turn on your back. 仰向けになりなさい.
Let's **turn** and go back now. もう引き返しましょう.

**6 方向を変える;〈形勢などが〉一変する ‖**
The wind **turned** to the north. 風向きが北に変わった.

**7 変質する, 腐敗する; 変色する;〈人が〉変節する, 改宗する, 生き方を変える ‖**
The leaves **turn** in autumn. 秋には木の葉が紅葉する.

**8〈胃が〉むかつく;〈頭が〉混乱する, ぐらぐらする ‖**
The scene made my stomach **turn**. その光景を見て胃がむかむかした.

**9〈ページが〉めくれる; 裏返しになる.**

**Abóut [Léft, Ríght] túrn!**《英》=About [Left, Right] face! (→ face 動).

**tùrn abóut** (1) [自] 向きをぐるりと変える, 回れ右をする《◆命令では About turn! となる》. (2) [他] 〜 A *abóut*] A〈軍隊など〉に回れ右をさせる.

**tùrn agàinst A** …に敵意をいだく, 反抗[敵対]する.

**tùrn A agàinst B** A〈人〉を B〈別の人〉に反抗[敵対]させる ‖ What turned her **against** you? なぜ彼女はあなたに反抗したのですか.

**tùrn (a)róund** (1) [自] → 自 **1**; ぐるりと向きを変える. (2) [他]〈自動車など〉の向きをぐるりと変える;〈人〉の意見[態度]を変えさせる.

**tùrn asíde** (1) [自] 身をわきよける[それる], 同情を示す. (2) [他] …をわきよけよる[それ]させる.

**tùrn awáy** (1) [自] 向きを変えて立ち去る; 顔をそむける, そっぽを向く, 同情を示さない ‖ She turned **away** in horror at the sight of blood. 彼女は血を見て怖くなり顔をそむけた. (2) [他]〈顔など〉をそむける; …を追い払う, 退ける ‖ They had to be turned **away** from the theater. 彼らを劇場から追い払わねばならなかった.

**tùrn báck** (1) [自] 来た道を引き返す; もとの状態まで戻る;〈えりなどが〉折り返しになる. (2) [他] …を追い返す, 引き返させる;〈衣服・紙など〉を折り返す.

◇**tùrn dówn** → turn down (見出し語).

**tùrn ín** (1) [自]〈足の指などが〉内側に曲がる;《略式》寝る, 床につく;〈車で〉わき道[私道]へ入る. (2) [他]〈足の指など〉を内側に曲げる. (3) …を交換する;《略式》…を返却する;《米》…を提出する, 差し出す;《略式》〈犯人など〉を引き渡す, 密告する ‖ The fugitive tùrned himsèlf **ín** to the police. 逃亡犯人は警察に自首した.

**tùrn ín on [upón]** *onesèlf* 隠遁(いんとん)生活に入る;〈国・地域などが〉孤立する.

**tùrn inside óut** (1) [自] 裏返しになる;〈服が〉リバーシブルになる. (2) [他]〈ポケットなど〉を裏返しにする; …を徹底的に捜す.

◇**tùrn óff** → turn off (見出し語).
◇**tùrn ón** → turn on (見出し語).
◇**tùrn óut** → turn out (見出し語).

**tùrn óver** (1) [自] 転覆する. (2) [他] → 他 **10**; …をひっくり返す, 転覆する;〈書類・衣類などを〉ひっくり返して調べる;〈人〉を寝返らせる. (3) [他] 〈商品〉を売買する;〈資金〉を運用する;〈ある額〉の商売をする ‖ He turned **over** $10,000 a month. 彼は1か月に1万ドルの商売をした. (4) [他]〈会社など〉を譲る, まかせる;〈犯人など〉を引き渡す ‖ They turned the hostages **over** to the United States. 彼らは人質を米国へ引き渡した.

**tùrn tó** (1) [自] 元気に仕事に取りかかる. (2) [〜 *to* A] → 自 **2**, **3**, **6**;〈仕事〉に取りかかる. (3) [〜 *to* A] …に頼る;〈本など〉を参照する, 調べる.

◇**tùrn úp** (1) [自] 上を向く;《略式》〈客・バスなどが〉現れる, 到着する;《略式》〈紛失物が〉(偶然)見つかる;〈機会などが〉訪れる; 姿を見せる(→ show up) ‖ She turned **up** later than usual. 彼女はいつもよりも遅く姿を現した / Something will turn **up**. きっといいことがある. (2) [他] …を上向かせる;〈ズボン・すそなど〉を折り返す;〈えり〉を立てる; …を掘り起こす.〈ラジオ・テレビなどの音〉を大きくする;〈明かり・ガスなど〉を強める.

**tùrn A upside dówn** (1) …をひっくり返す; …を乱雑にする. (2)〈場所〉を徹底的に捜索する.

── 名 (複 〜s/-z/) **1** Ⓒ **回転, 旋回, 回ること ‖**
The wheel made two **turns**. 車輪は2回転した.
Give the handle dial two **turns** to the right. ハンドルを右へ2回転する.

**2** Ⓒ **方向転換, 折り返し, 曲がること, ターン ‖**
take [make] a **turn** to the right 右へ曲がる.

No U-turns allowed. (標示) U ターン禁止.
**3** C **曲がり角**, 曲がり目 (turning) ‖
come to a **turn** in the road 道の曲がり角に来る.
Take the second **turn** to the right. 2番目の角を右に曲がりなさい.
**4** [a ~ / the ~] **変化**, 転換；転換期, 変わり目；傾向, 方向 ‖
at the **turn** of the century 世紀の変わり目に.
Matters took **a turn** for the worse. 事態はさらに悪化した.
The union argument took a new **turn**. 労働争議は新たな局面を迎えた.
**5** C [通例 one's ~] **順番**, 番, 機会 ‖
They are waiting their **turn**. 彼らは自分の順番を待っている.
It's my **turn** to drive. 今度は私が運転する番だ.
Whose **turn** is it next? 次はだれの番ですか.
**6** (略式・古) [a ~] ちょっとした散歩 [ドライブ, 乗馬], ひと巡り；ひと仕事；ひと勝負 ‖
have a **turn** at fencing フェンシングをひと勝負やる.
tàke a túrn in the garden 庭をちょっと散歩する.
**7** [a ~] 性質, 性向, 傾向；素質, 才能 ‖
She has **a turn** for music. 彼女には音楽の才能がある.
He is of a serious **turn** of mind. 彼はまじめな性質です.
**8** C [通例 a good [a bad] ~] 行ない, 行為 ‖
do him **a good** turn 彼に親切にする.
Òne good tùrn deserves anóther. (ことわざ) 恩に報いるに恩をもってせよ.
**9** (略式) [a ~] 驚き, ショック；(病気・めまい・失神などの)発作 ‖
She got **a turn** at the news. =The news gave her **a turn**. その知らせを聞いて彼女はショックを受けた.

*by* **túrns** 代わるがわる, 順番に, 次々に ‖ There were five of us in the car and we drove **by turns**. 私たちは自動車に5人乗っていて, 代わるがわる運転した / She was **by turns** happy and sad. 彼女は喜んだり悲しんだりした.
*in one's* **túrn** 自分の番になって, 順番に；今度は自分で ‖ I will see you, each **in your turn**. 皆さんに1人ずつお会いしましょう.
*in* **túrn** [通例文尾で] (1) (2人が)交替で；(3人以上が)順番に ‖ The teacher interviewed all the students **in turn**. 先生はすべての学生に順番に面談した. (2) 今度は, 同様に ‖ You dislike others and you are disliked by them **in turn**. 人を嫌うと, 今度は自分が嫌われます.
*on the* **túrn** (英) (1) 変わり目で ‖ The condition of the patient is **on the turn**. 病人の容態は変わりかけている. (2) 〈牛乳などが〉腐りかけて.
*òut of* **túrn** (1) 順番を間違えて, 順番でないのに ‖ He has played his card **out of turn**. 彼は順番を間違えてカードを出してしまった. (2) (略式) 不適な時に, 軽率に ‖ The spokesman has spoken **out of turn**. スポークスマンは早まってしゃべってしまった.
*tàke* **túrns** 交替でする ‖ We took turns (as) driving [to drive]. 私たちは交替で運転した 《♦ as の代わりに in も可》.
*túrn (and túrn) abóut* [副] 代わるがわる, 交互に ‖ We took it **turn and turn about** to steer the boat. 我々は代わるがわる船を操縦した.
**túrn signal (light)** (米) 方向指示灯 (indicator).

**turn·a·round** /tɚnəràʊnd/ ターナラウンド / 名 C **1** 方向転換. **2** (思想などの)転向, 変節. **3** (自動車の) Uターン場所. **4** (船・飛行機の)到着して出発するまでの時間.

***turn down*** /tɚ́rn dáʊn/ ターン ダウン /
——動 (変化形 → turn) **1** [自] 〈えりなどが〉(下に)折り返しになる；下に曲がる.
**2** [他] [turn down A / turn A down] A〈ページ・えりなど〉を折り返す [曲げる]；A〈トランプ〉を伏せて置く.
**3** [他] [turn down A / turn A down] A〈ガス・明かりなど〉を弱くする；…を細くする；A〈ラジオなど〉の音を小さくする；A〈音量〉を下げる ‖
(対話) "Is the radio too loud?" "Will you **turn** it **down**? I'm going to sleep."「ラジオの音が大きすぎるかい」「ボリュームを下げてくれる？ もう寝るから」.
**4** [他] [turn down A / turn A down] A〈応募者・申し出など〉を**断る**, はねつける ‖
I proposed to her and she **turned** me **down**. 彼女に結婚を申し込んだが断られた.

**Tur·ner** /tɚrnər/ ターナ / 名 ターナー (Joseph Mallord / mǽlərd/ William ~ 1775-1851；英国の画家).

**turn·ing** /tɚːnɪŋ/ ターニング / 動 → turn.
——名 C 曲がり目, 曲がり角 ‖
take the second **turning** to the right 2番目の曲がり角を右に曲がる.
**túrning pòint** 転換, 変わり目, 節目, 転機；危機；(病気の)峠 ‖ the **turning point** in his career 彼の人生の転換期.

**tur·nip** /tɚːrnəp/ ターニプ / 名 C [植] カブ 《二年生植物》；U カブの根 《食用・飼料》.

**turn·off** /tɚːrnɔ̀ːf/ ターノ(ー)フ / 名 C **1** わき道 (へ入ること)；(高速道路の)出口ランプ. **2** (略式) [通例 a ~] 興味をそぐ人 [物].

***turn off*** /tɚːrn ɔ́ːf/ ターン オーフ /
——動 (変化形 → turn) **1** [自] 〈道が〉分かれる；〈人・車が〉わき道へ入る.
**2** [tùrn off A] A〈道路〉からわき道へ入る ‖
**turn off** the highway on the side road 幹線道路を出てわき道に入る.
**3** [他] [turn off A / turn A off] A〈水・ガスなど〉を**止める**；A〈栓など〉を締める；A〈ラジオ・テレビ・明かりなど〉を消す (↔ turn on) ‖
The water supply was **turned off**. 水道が止められた.

対話 "Why didn't you **turn off** the light last night?" "But I did."「どうしてきのうの晩は電気を消さなかったの」「えっ,消したよ」《◆ この But については → but 接 3》.

**4** (略式) [他] [turn off A / turn A off] …をうんざりさせる, …に興味を失わせる ∥
You **turn** me **off**. 私はあなたのような人は嫌いだ.
It's enough to **turn** you **off** to women. それじゃ君が女嫌いになるのも無理はない.

**5** [他] [turn off A / turn A off] → turn 他 4.

**6** [turn off A **B**] A〈人〉を B〈人・事〉から遠ざける.

\***turn on** /tə́ːrn ɑ́n ターン アン | -ɔ́n -オン/
——動 (変化形 → turn) **1** (略式) [自] 興奮する.
**2** [tùrn on [upòn] **A**] …次第である, …によって定まる ∥
This project **turns on** you. この計画は君にかかっている.

**3** [tùrn on [upòn] **A**] A〈人〉を攻撃する, …に敵意を示す.

**4** [他] [turn on A / turn A on] A〈水・ガスなど〉を出す; A〈栓〉をゆるめる; A〈ラジオ・テレビ・明かりなど〉をつける (↔ turn off) ∥
**Turn on** the light, please. どうか明かりをつけてください.
They **turned on** the water (supply). 彼らは水道の水を出し始めた.

**5** (略式) [他] [turn on A / turn A on] …に興味を起こさせる; …を興奮させる, 刺激する ∥
Rock **turns** me **on**. ロックにはしびれる.

**turn-out** /tə́ːrnàut ターナウト/ 名 C [通例 a ~, the ~; 通例修飾語を伴って] 出席者, 人出 ∥
There was a good **turnout** at the welcome party. 歓迎会にはかなりの出席者があった.

\***turn out** /tə́ːrn áut ターン アウト/
——動 (変化形 → turn) **1** [自] 起きる, 起床する; 出かける, 集まる.

**2** [自]〈足の指などが〉外側に曲がる.

**3** [自] [副詞を伴って] …になる, 進行する ∥
Everything **turned out** all right. なにもかもうまくいった.

**4** [turn out (to be) **C** / turn out that 節] …であることが**わかる**, …だと判明する ∥
The day **turned out** (to be) a fine one. その日は結局お天気になった.
What they said **turned out** (to be) true. 彼らが言っていることはうそではないことが判明した.
It **turned out** (that) I couldn't do so. 私にはそうすることができないことがわかった.
As it **turned out**, she was never there. 結局のところ彼女はそこにはいなかった.

**5** [他] [turn out A / turn A out] A〈明かりなど〉を消す ∥
**Turn out** the light before you go to bed. 寝る前に明かりは消しなさい.

**6** [他] [turn out A / turn A out] A〈ポケット・札入れなど〉を裏返しにする, からにする; A〈中身〉を外に出す.

**7** [他] [turn out A / turn A out] A〈物〉を生産する, 作り出す ∥
This university has **turned out** competent scientists. この大学は有能な科学者を世に送り出してきた.

**8** [他] [turn out A / turn A out] [通例 be ~ed] 装う ∥
He was smartly **turned out** in a new suit. 彼は新しい服を着てさっそうとしていた.

**turn·o·ver** /tə́ːrnòuvər ターノウヴァ/ 名 **1** C 転覆, 転倒. **2** C (ポケット・封筒などの) 折り返しの部分. **3** C U (パイ皮に詰め物をして) 折り重ねたパイ. **4** C 次のページへ続く新聞記事.

**turn·pike** /tə́ːrnpàik ターンパイク/ 名 C 有料道路; =turnpike road.
 **túrnpike róad** (米) 有料高速自動車道, ターンパイク (turnpike) 《◆ pike ともいう. 米国では今はほとんど残っていない》.

**turn·stile** /tə́ːrnstàil ターンスタイル/ 名 C (1人ずつ通すための) 回転式出札口.

**turn·ta·ble** /tə́ːrntèibl ターンテイブル/ 名 C (鉄道の) 転車台; (レコードプレーヤーの) 回転盤; (テーブルの上に置く) 回転盆.

**tur·pen·tine** /tə́ːrpəntàin ターペンタイン/ 名 U テレビン (油), 松やに《塗料・ニス・医薬用》.

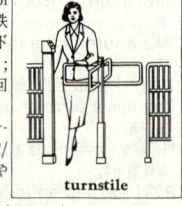

**tur·quoise** /tə́ːrkɔiz ターコイズ | -kwɔiz -クウォイズ/ 名 形 **1** U C トルコ石(の), トルコ玉(の) 《◆ 12月の誕生石》. **2** U 青緑色(の).

**tur·ret** /tə́ːrət ターレト, tʌ́r- | tʌ́rit タリト/ 名 C (建物の角の上に装飾用の) 小塔, タレット.

**tur·tle** /tə́ːrtl タートル/ 名 **1** C [動] ウミガメ, (広義) カメ. **2** U (スープに使う) カメの肉.
 **túrtle shèll** 亀の甲, べっ甲.

**tur·tle·dove** /tə́ːrtldʌ̀b タートルダブ/ 名 C [鳥] キジバト 《◆ 雌雄の仲むつまじいことで知られる》.

**tur·tle·neck** /tə́ːrtlnèk タートルネック/ 名 C タートルネック, とっくりえり(のセーター) ((主に英) polo neck).

**turves** /tə́ːrvz ターヴズ/ 名 → turf.

**tusk** /tʌ́sk タスク/ 《類音 task/tǽsk/》 名 C (ゾウ・イノシシなどの) きば.

**tus·sle** /tʌ́sl タスル/ (略式) 名 C 組み打ち, 格闘, 乱闘. ——動 (現分 tus·sling) 自 激しく格闘する, 取っ組み合いをする.

**tut** 間 t t; 名 tʌ́t タト/ 《擬音語》 間 ちぇっ 《◆ 歯茎のところで舌打ちする音で, いらだち・不服・困惑などを表す. しばしば tut, tut! と2つ重ねる》.

**tu·tor** /t(j)úːtər トゥータ (テュータ)/ 名 ((女性形) ~·ess) C **1** 家庭教師, 個人教師 ∥
She studied French under a **tutor**. 彼女は家庭教師についてフランス語を勉強した.

**2** (米) (大学の) 準講師.

**3** (英) (大学の) 個別指導教員, チューター.

――動 他 (正式)(家庭教師として)…に教える, 個人教授をする.

**tu・to・ri・al** /tjuːtɔ́ːriəl トゥトーリアル〔テュートーリアル〕/ 形 (正式) 家庭教師[個人指導]の. ――名 © 1 (主に英国の大学での)個別[グループ]指導時間[クラス]. 2 [コンピュータ] チュートリアル《コンピュータシステムやソフトウェアパッケージの使い方を教えるプログラム》.

**tux・e・do** /tʌksídou タクスィードゥ/ 名 (複 ~s) [時に T~] © (米) タキシード ((主に英) dinner jacket).

***TV** /tíːvíː ティーヴィー/ 〖television の略〗 名 (複 ~s, ~'s/-z/) 1 ⓤ (略式) テレビ (放送) ‖
The children of today watch a lot of TV.
最近の子供たちはテレビをたくさん見る.

2 © テレビ(受像機) (TV set) ‖
look at a TV あるテレビ(の商品)をじっと見る《◆ watch TV は「テレビ(の画面)を見る」(1)》

3 [形容詞的に] テレビの ‖
a TV program テレビ番組.
**TV dínner** テレビ食《加熱するだけで, テレビを見ながらそのまま食べられる冷凍食品》.
**TV sét** =TV 2.

**Twain** /twéin トウェイン/ 名 → Mark Twain.

**twang** /twǽŋ トワング/ 名 © 1 (弦楽器などの)ブーン[ビーン]と鳴る音. 2 (略式) 鼻声. ――動 他 1 (弦楽器などを)ブーン[ビーン]と鳴らす. 2 …を鼻声で話す. ――自 1 ブーン[ビーン]と鳴る. 2 鼻声で言う.

**tweak** /twíːk トウィーク/ 動 他 …をつねる; …をぐいと引っぱる. ――名 © つねる[引っぱる]こと.

**tweed** /twíːd トウィード/ 名 ⓤ ツイード《粗い目の毛織物》; [~s] ツイード製の服.

**tweez・er** /twíːzər トウィーザ/ 動 他 …をピンセット[毛抜き]で抜く. ――名 [~s; 複数扱い] 毛抜き, ピンセット《◆ a pair of tweezers, two pairs of tweezers … と数える》.

**twelfth** /twélfθ トウェルフス/ 〖→ twelve〗《12th とも書く. 用例は 形 名 とも → fourth》形 1 [通例 the ~] 第12の, 12番目の (→ first 形 1). ――名 1 ⓤ [通例 the ~] (順位・重要性で)第12番目[12位]の人[もの]. 2 ⓤ [通例 the ~] (月の)第12日 (→ first 名 2). 3 © 12分の1.
**Twélfth Dày** [**dày**] 12日節, 公現日《クリスマスから12日目の1月6日》.
**Twélfth Níght** [**níght**] 12日節 (Twelfth Day) の前夜祭《1月5日の夜》.

***twelve** /twélv トウェルヴ/ 〖10に残り(lve) 2つ(twe). cf. eleven》《◆ 名 形 とも用例は → two》――名 (複 ~s/-z/) 1 ⓤ© (基数の)12《◆ 序数は twelfth》.
2 ⓤ [複数扱い; 代名詞的に] 12個; 12人.
3 ⓤ 12時, 12分; 12ドル[ポンド, セント, ペンスなど].
4 ⓤ 12歳.
5 © 12の記号[数字, 活字]《12, xii, XII など》.
6 © 12個[人]1組のもの.

7 [the T~; 複数扱い] キリストの12使徒.
――形 1 [通例名詞の前で] 12個の; 12人の.
2 [補語として] 12歳の.

**twen・ties** /twéntiz トウェンティズ/ 名 → twenty.

**twen・ti・eth** /twéntiəθ トウェンティイス/ 《つづり字注意》《→ twenty》《20th とも書く. 用例は 形 とも → fourth》形 1 [通例 the ~] 第20の, 20番目の (→ first 形 1). 2 [a ~] 20分の1. ――名 1 ⓤ [通例 the ~] 第20番目[20位]の人[もの]. 2 © 20分の1.

〖語法〗第21以上は twenty-first (第21), twenty-second (第22), twenty-third (第23), twenty-fourth (第24)などのごとくいい, それぞれ 21st, 22nd, 23rd, 24th とも書く.

***twen・ty** /twénti トウェンティ/ 〖2(twen)の10倍(ty). cf. twin》《◆ 名 形 とも用例は → two》――名 (複 twen・ties/-z/) 1 ⓤ© [通例無冠詞] (基数の)20《◆ しばしば不特定多数を表す. 序数は twentieth》. → 形.
2 ⓤ [複数扱い; 代名詞的に] 20個; 20人.
3 ⓤ 20ドル[ポンド, セント, ペンスなど].
4 ⓤ 20歳.
5 © 20の記号[数字, 活字]《20, xx, XX など》.
6 © 20個[人]1組のもの.
7 [one's twenties] (年齢の) 20代 ‖
He is still in his late twenties. 彼はまだ20代後半だ.
8 [the twenties; 複数扱い] (世紀の) 20年代, (特に)1920年代; (温度・点数などの) 20台 ‖
The novel was written during the twenties. その小説は(19)20年代に書かれた.
9 © (米略式) 20ドル紙幣; (英略式) 20ポンド紙幣.

〖語法〗21から99までは twenty-four のようにハイフンでつなぐ. four and twenty のような言い方は古風であるが感情がこめられ, 特に50歳以下の年齢について用いられる.

――形 1 [通例名詞の前で] 20個の; 20人の.
2 [補語として] 20歳の.
3 (不特定)多数の, たくさんの ‖
twenty times 20回[倍]; 何度も.
I have twenty things to tell. 話したいことが山ほどある.

**twen・ty-** /twénti- トウェンティ-/ 連結形 20. 例: twenty-four 24, twenty-third 23番目の.

***twice** /twáis トワイス/ 〖2(twi) + 副詞語尾(ce). cf. once》――副 1 2度, 2回《◆ twice が一般的だが, 特に他の回数や倍数と対照される場合には two times もよく用いられる. → time 名 9》‖
Listen now, I won't say it twice. よく聞きなさい, 2度は言いませんから.
I only saw her twice. 私は彼女に2回会っただけだ.

We meet **twice** a week. 我々は週2回会う.
He has **twice** flown the Pacific. 彼は太平洋を2度飛行機で横断した.
**2** 2倍《◆「2.5倍」は two and a half times, 「2.4倍」は 2.4 times と書き two point four times と読む》‖
You have **twice** my strength. =You are **twice** as strong as I. 君は私の2倍の力がある.
This book is **twice** the size of the one. = This book is **twice** as large as that one. この本はあの本の2倍の大きさだ.
He's been **twice** the man he was. 彼は以前よりずっとたくましくなった.
**Twice** three is [are, equals, makes] six. 3の2倍は6.
*ónce or twíce* → once 副.

**twid·dle** /twídl トウィドル/ 動 (現分 twid·dling) 他 (略式)(指で)…をくるくる回す, いじる.
— 自 **1** いじる. **2** くるくる回る.

**twig** /twíg トウィグ/ 名 C **1** 小枝, 細枝(→branch 類). **2** (血管・神経などの)細脈.

**twi·light** /twáilait トワイライト/ 名 **1** U (日の出前・日没後の)薄明かり; 夕方, たそがれどき; 微光(→dusk)‖
My father goes for a walk **at twilight** [**in the twilight**] every day. 父は毎日たそがれどきに散歩に行く.
**2** (正式)[the ~] 黎明(れいめい)期; 衰退期‖
the **twilight** of one's life 人生のたそがれ.

**twin** /twín トウィン/ 名 C **1** 双子の一方; [~s] 双生児, 双子‖
My brother and I are **twins**. 私と弟は双子です.

関連 **triplets** 三つ子 / **quadruplets** 四つ子 / **quintuplets** 五つ子 / **sextuplets** 六つ子

**2** (非常に)よく似た1対の人[物]の一方, 対の片方; [~s] 対.
— 形 **1** 双子の, 双生児の‖
a **twin** brother 双子の兄弟の一方.
**twin** sisters 双子姉妹.
**2** 対をなす, 2個の; うり二つの; ツインの‖
a **twin** room ツインベッドのある部屋.
**twín béds** ツインベッド《同型のシングルベッドが対になったもの》.
**twín tówns** (英)(ふつう異なる国にある)姉妹都市((米) sister cities).

**twine** /twáin トワイン/ 名 U **1** より糸; (包装用などの)麻糸, 麻ひも. **2** より合わせ; もつれ.
— 動 (現分 twin·ing) 他 (正式) **1** 〈糸などを〉よる, より合わせる; …をより合わせて作る‖
**twine** flowers **into** a wreath 花を編んで花輪を作る.
**2** …にからみつく. **3** …をからみつかせる, 巻きつける.
— 自 (正式)〈植物などが〉巻きつく, からまる.

**twinge** /twíndʒ トウィンヂ/ 名 C (正式) **1** (歯痛などの)激痛, 刺すような痛み. **2** (心の)苦痛, 心痛.

— 動 (現分) twing·ing 自 うずく, ずきずき痛む.

**twin·kle** /twíŋkl トウィンクル/ 動 (現分) twin·kling 自 **1** 〈星・遠方の光などが〉きらきら光る; きらめく《◆太陽が「輝く」は shine. → sparkle》‖
No stars were **twinkling** in the sky. 星ひとつ空に輝いていなかった.
**2** 〈目が〉輝く‖
Her eyes were **twinkling with** fun. おもしろくて彼女の目は輝いていた.
— 名 [a ~ / the ~] **1** [通例 the ~] (光などの)きらめき, ひらめき‖
the **twinkle** of the stars 星の輝き.
**2** C (目の)輝き, きらめき; (生き生きした)目の色‖
There was a happy **twinkle** in her eyes. 彼女は幸福そうに目を輝かせていた.
**3** [a ~] またたく間, 瞬間‖
in a **twinkle** 一瞬のうちに.

**twin·kling** /twíŋkliŋ トウィンクリング/ 動 → twinkle. — 形 きらきら[ぴかぴか]光る. — 名 [a ~ / the ~] **1** (星などの)きらめき. **2** 瞬間.

**twinned** /twínd トウィンド/ 形 双子に生まれた; 対になった.

**twirl** /twɔ́:rl トワール/ 動 他 **1** …をくるくる回す, 振り回す‖
**twirl** a baton バトンをくるくる回す.
**2** …をいじり回す, ひねる, ひねり上げる(+*up*)‖
**twirl** one's thumbs (退屈して)両親指をくるくる回す.
— 自 **1** くるくる回る. **2** 急に向きを変える.
— 名 **1** くるくる回る[回す]こと, 回転. **2** 曲がったもの, 渦巻き.

**twirl·er** /twɔ́:rlər トワーラ/ 名 C くるくる回す人[物], くるくる回る人[物]; =baton twirler.

**twist** /twíst トウィスト/ 動 他 **1** …をよる, より合わせる; …をより合わせて作る, 編む‖
**twist** wires **together** 針金をより合わせる.
**twist** flowers **into** a garland =**twist** a garland **from** flowers 花を編んで花輪を作る.
**2** …を巻く, 巻きつける; [~ oneself] 巻きつく, …をからませる‖
**twist** a cord **around** a stick 棒にひもを巻きつける.
**3** …を(無理に)ねじる, ひねる; …をねじってはずす; …をねじって抜く, ねじ込む‖
**twist** a wire 針金をねじ曲げる.
He **twisted** the cap **off** the bottle. 彼はそのびんのふたをねじって取った.
**4** 〈顔〉をゆがめる, しかめる; 〈足首・関節など〉を捻挫(ねんざ)する; 〈からだの一部〉をねじる‖
**twist** one's head 急に顔の向きを変える.
対話 "What happened to your ankle?" "I **twisted** it while playing tennis." 「その足首どうしたの」「テニスをしていてひねってしまったのです」.
**5** 〈言葉・意味など〉を曲解する, こじつける; (英略式)…をだます.
**6** [通例 be ~ed] 〈人・気持ちなど〉がゆがむ, ねじける.
**7** [**twist** one's way] 縫うようにして通る‖

He twisted his way through the crowd. 彼は人込みの中を縫うようにして通った.
──⾃ 1 〈糸が〉よれる, ねじれる; らせん状になる[進む]; からみつく.
2 身をよじる, からだをくねらす ‖
She twisted in her seat to see what was happening. 何が起こっているのか見ようと彼女はいすに座ったままからだをねじった.
3 縫うようにして進む; 曲がりくねる ‖
The path twisted through the valley. その細道は谷間を曲がりくねって続いていた.
4 〖ダンス〗ツイストを踊る.
*twíst and túrn* (1) 曲がりくねっている. (2) 身をよじる.
──名 1 © よること, より; ©⒰ より糸[ひも], 絹糸 ‖
give the rope a twist ロープをひとよりする.
2 © ねじれ, よじれ, ゆがみ; もつれ; ひねり ‖
put a twist on one's words 言葉をひとひねりする.
the twists in a belt ベルトのよじれ.
3 ©⒰ 捻挫(ざ).
4 © (道・流れなどの)曲がり, 湾曲 ‖
a twist in a road 道路のカーブ.
5 © (情勢などの)急変, 意外な進展 ‖
a new twist in the old plot 古い筋書きの新しい展開.
6 © (性質・態度などの)ひねくれ, ゆがみ ‖
She has a twist in her nature. 彼女は性質がひねくれている.
7 〖ダンス〗[the ~] ツイスト ‖
do the twist ツイストを踊る.
**twist·er** /twístər トゥィスタ/ 名 © 1 難問, 難事; =tongue twister. 2 (主に英略式) (心の)曲がった人, ごまかし屋.
**twit** /twít トゥィト/ 名 © (略式やや古) とんま, まぬけ.
**twitch** /twítʃ トゥィチ/ 動 (三単現 ~·es/-iz/) 他 1 …をぐいと引く. 2 〈からだの一部〉をぴくぴく動かす, ひきつらせる. ──⾃ 1 ぐいと引く. 2 ぴくぴく動く, ひきつる; けいれんするような痛みを伴う, ひりひりする.
──名 (複 ~·es/-iz/) © 1 ぴくぴく動くこと, けいれん. 2 ぐいと引くこと.
**twit·ter** /twítər トゥィタ/ 〖擬音語〗動 ⾃ 〈小鳥などが〉(チ, チ, チと)さえずる; しゃべりまくる.
──名 ⒰ [通例 the ~] さえずり.

**✻two** /túː トゥー/ (同音 too, ^to) 〖cf. twín, twíce〗
──名 (複 ~s/-z/) 1 ⒰© [通例無冠詞] (基数の)2 《◆序数は second》‖
Chapter Two [2] 第2章(the second chapter).
Act Two [2] 第2幕(the second act).
in Room Two [2] 2号室で.
two and twenty 22 《◆twenty-two の古風な言い方. → twenty〖語法〗》.
2 [複数扱い; 代名詞的に] 2つ, 2個; 2人 ‖
the two who remained 残った2つ[人].

Two of my friends were present. 私の友人のうち2人が出席した.
She had several books for children and lent me two. 彼女は子供向きの本を何冊か持っていて私に2冊貸してくれた.
Two and two make(s) four. (ことわざ) 2たす2は4; 自明の理.
3 ⒰ 2時, 2分; 2ドル[ポンド, セント, ペンスなど] ‖
two and two 2ドル2セント, 2フィート2インチ; (英) 2ポンド2ペンス.
He started at two past two. 彼は2時2分に出発した.
4 ⒰ 2歳 ‖
a child of just two たった2歳の子.
5 © 2の記号[数字, 活字]《ii, II など》《♦ローマ数字は項目分け・時計などに限られる》‖
three twos 2の数字3つ.
6 © 〖トランプ〗2の札; (さいころの)2の目 ‖
the two of hearts ハートの2.
7 © 2つ[2人]1組のもの ‖
arrange them in twos それらを2個ずつそろえる.
8 © 2番[号]サイズの物; [~s] 同サイズの靴[手袋など].
*in twó* 2つに.
*pùt twó and twó togéther (and màke [gèt] fóur)* (当事者らが知らされていないことを)あれこれと考えあわせる, 総合して正しく判断する.
*twó by [and] twó* =*in twós* 2つずつ, 2人ずつ.
──形 1 [通例名詞の前で] 2つの, 2個の; 2人の ‖
two children 2人の子供.
two sevenths 7分の2.
two hundred 200; (略式) 2時(→ hundred〖語法〗(3)).
His son is two years old. 彼の息子は2歳だ.
Wait one or two days. 1, 2日待ってください(→ one 形 成句).
Two heads are better than one. (ことわざ) 2つの頭は1つにまさる; 「3人寄れば文殊(じゅ)の知恵」.
2 [補語として] 2歳の ‖
My father died when I was two. 私が2歳の時に父は亡くなった.

**two-faced** /túːféist トゥーフェイスト/ 形 1 両面[二面]のある. 2 (略式) 表裏[二心]のある, 偽善的な.
**two·pence** /tʌ́pəns タペンス/ (米+) túːpens/ (発音注意) 名 (英) 1 ⒰ [単数・複数扱い] 2ペンス(の金額). (《俗》tuppence). 2 © 2ペンス青銅貨.
**two·pen·ny** /tʌ́pəni タペニ/ (米+) túːpeni/ (発音注意) (英) 名 (複 ··pen·nies/-z/) © =twopenny piece. ──形 1 2ペンスの. 2 安っぽい, くだらない.
*twópenny píece* 2ペンス青銅貨(twopenny).
**two-piece** /túːpíːs トゥーピース/ 形 © ツーピースの(服).
**two·some** /túːsəm トゥーサム/ 名 © (略式) [通例 a ~ / the ~] 1対のもの, 2人組(couple).
**two-way** /túːwéi トゥーウェイ/ 形 1 〖電気〗2路の, 2方向の. 2 〖ラジオ〗送受信兼用の. 3 〈道路などが〉両面[対面]交通の.
**TX** (略) 〖郵便〗Texas.

**ty·coon** /taikúːn タイクーン/ 〖日本〗 名C **1** (略式) (実業界・政界の)大物, 実力者, ボス《◆ **2** の意味の転用》. **2** [しばしば T~] 大君, 将軍《徳川将軍に対する外国人の呼称》.

**ty·ing** /táiiŋ タイイング/ 動 → tie.

*__type__ /táip タイプ/ 〖「打ってできた跡」が原義〗
派 typical (形), typist (名)
——名 (複 ~s/-s/) **1** C (共通の特徴をもつ)型, 類(たぐい), タイプ ‖
this **type** of car =a car of this **type** この型の車《◆ **type of** に続く名詞はふつう無冠詞単数形》.
This watch is (of) a new **type**. この腕時計は新型です.
grapes of a seedless **type** 種なし品種のブドウ.
**2** C 典型, 見本, 模範, 典型的なもの; [形容詞を伴って] …タイプの人; (略式) [通例否定文で] 好みのタイプの人 ‖
a fine **type** of English gentleman 典型的な英国紳士《◆ a fine *type* of the English gentleman とあれば「英国紳士の好例」》.
He's not really my **type**. 彼はとても私のタイプじゃないよ.
He is above the ordinary **type** of student. 彼は並みの学生ではない.
He is a big, tall, wide, athletic **type**. 彼は大柄で, 背が高く, 肩幅も広いというスポーツマンタイプの男だ.
I don't think we're each other's **type**. 私たちは互いに好みのタイプでないと思う.
**3** U C 〔印刷〕〔集合名詞〕活字, 字体, (印刷された)文字; C (1個の)活字 ‖
a word in italic **type** イタリック体で印刷された語.
**true to type** → 項.
——動 (三単現) ~s/-s/; (過去・過分) ~d/-t/; (現分) typ·ing
——他 **1** …を(パソコンなどの)キーボードで打つ, タイプする; 〈ワープロ・コンピュータ〉に打ち込む, 入力する ‖
**Type** this letter for me. =**Type** me this letter. この手紙を打ってください.
**2** …を型に分類する.
——自 キーボードを打つ, タイプする ‖
She **types** well. 彼女はタイプがうまい(=She is a good typist.).

**-type** /-táip -タイプ/ 連結形 型, 形式, 版.

**type·writ·er** /táipràitər タイプライタ/ 名 (複 ~s /-z/) C タイプライター ‖
do a letter on [with] a **typewriter** タイプで手紙を書く.

**type·writ·ten** /táiprìtn タイプリトン/ 形 タイプライターで打った.

**ty·phoid** /táifɔid タイフォイド/ 名 U 〔医学〕 =typhoid fever.

**týphoid féver** 腸チフス(typhoid).

*__ty·phoon__ /taifúːn タイフーン/ 〖中国〗
——名 (複 ~s/-z/) C (正式) 台風《太平洋西部で発生する暴風. cf. cyclone, hurricane》 ‖
Shikoku was hit [struck] by **Typhoon** No. 10. 四国は台風 10 号に襲われた.

**ty·phus** /táifəs タイファス/ 名 U 〔医学〕=typhus fever.

**týphus féver** 発疹(ほっしん)チフス(typhus).

*__typ·i·cal__ /típikl ティピクル/ 《発音注意》《◆ ˣタイピクル》〖→ type〗
——形 **1** 典型的な; 代表している(↔ untypical) ‖
What is a **typical** British dinner? 典型的な英国の食事は何ですか.
His actions are **typical** of those of his friends. 彼の行動は友だちの行動を代表している.
**2** 特有の, 特徴を示している ‖
She gave me one of her **typical** answers. 彼女はいかにも彼女らしい返事をした.
This excuse is **typical** of him. こういう言い訳は彼独特だね.
It is just **typical** of her to say so. そう言うとはいかにも彼女らしい.
対話 "They were late for class again." "That's **typical** of them." 「あの人たちまた授業に遅れて来たよ」「あの人たちにはいつものことですよ」.

**typ·i·cal·ly** /típikəli ティピカリ/ 副 **1** 典型[特徴]的に; 典型として; 例によって. **2** [文全体を修飾] 概して, 主として, 一般的に, だいたいは.

**typ·i·fy** /típəfai ティピファイ/ 動 (三単現) ··i·fies /-z/; (過去・過分) ··i·fied/-d/) 他 (正式) …の典型となる, …を代表する, …の特徴を表している ‖
He **typified** the times in which he lived. 彼はその時代の代表的人物だった.

**typ·ing** /táipiŋ タイピング/ 動 → type.

**typ·ist** /táipist タイピスト/ 名 C タイピスト, タイプ[ワープロ]を打つ人 ‖
She is a poor **typist**. 彼女はタイプがへただ(=She types poorly.).

**ty·ran·ni·cal** /tirǽnikl ティラニクル, tai-/ 形 (正式) 暴君の, 専制君主の; 暴君のような, 専制的な; 暴虐(ぎゃく)な. **ty·rán·ni·cal·ly** 副 暴君のように; 圧制的に.

**tyr·an·nies** /tírəniz ティラニズ/ 名 → tyranny.

**tyr·an·nize** /tírənàiz ティラナイズ/ 動 (現分) ··niz·ing) (正式) 自 暴政を行なう. ——他 …に対して暴威をふるう.

**tyr·an·ny** /tírəni ティラニ/ 《発音注意》(cf. tyrant) 名 (複 ··an·nies/-z/) **1** C U 暴政, 虐政; 専制政治, 独裁政治 ‖
People in the country were living under a **tyranny**. その国の人々は暴政下で暮らしていた.
**2** U 圧制, 暴虐(ぎゃく); C [しばしば tyrannies] 暴虐[非道]な行為.

**ty·rant** /táirənt タイアラント/ 名 C **1** 暴君; 専制君主, 独裁者 ‖
Nero was a bloody **tyrant**. ネロは残忍(ざんにん)な暴君でした.
**2** [比喩的に] 暴君, ワンマン.

**tyre** /táiər タイア/ (英) 名 =tire².

**Ty·rol** /tiróul ティロウル/ 名 =Tirol.

**tzar** /zɑːr ザー, tsɑːr/ 名 [または T~] C =czar.

# U

**‡u, U** /júː ユー/ 名 (複 u's, us; U's, Us /-z/) **1** ⓒⓊ 英語アルファベットの第21字. **2** → a, A **2**.

**U** 記号 Universal (英) (映画の) 一般向きの(の) (→ film rating); unsatisfactory (米) (教育) 成績不良.

**u·biq·ui·tous** /juːbíkwətəs ユ(ー)ビクィタス/ 形 (正式) (同時に)至る所にある[いる], 遍在する.

**UCLA** 略 University of California at Los Angeles カリフォルニア大学ロサンゼルス校.

**ud·der** /ʌ́dər アダー/ 名 ⓒ (ウシ・ヤギなどの)乳房.

**UFO** /júːèfóu ユーエフオウ, (略式) júːfou/ [unidentified flying object] 名 (複 ~'s, ~s) ⓒ 未確認飛行物体 《空飛ぶ円盤など》.

**U·gan·da** /juːɡǽndə ウーギャンダ (ユーギャンダ)/ 名 ウガンダ《アフリカ東部の共和国》.

**ugh** /óíǀù ウ(ー)ǀ, ʌx, ʌ̃, ə:, ú; (つづり字発音) ʌ́ɡ アグ/ 【擬音語】 間 うっ, わっ 《嫌悪・恐怖の声》; ごほん 《咳(ぎ)の音》; ぶう 《不平の声》 ‖
Ugh, how boring! あーあ, つまらない!

**ug·li·er** /ʌ́ɡliər アグリア/ 形 → ugly.

**ug·li·est** /ʌ́ɡliist アグリスト/ 形 → ugly.

**ug·li·ness** /ʌ́ɡlinəs アグリネス/ 名 Ⓤ 醜いこと, 醜(ボ゙)悪.

***ug·ly** /ʌ́ɡli アグリ/ [「嫌悪を感じさせるほど醜い」が本義]
—— 形 (比較 -li·er, 最上 -li·est) **1** 醜い, 見苦しい, 不格好な (↔ beautiful, handsome) ◆ 人の容姿についてこの語を用いると不快感を与えるので, しばしば遠回し語が用いられる. → plain 形 **5**) ‖
an ugly face 醜い顔.
(as) ugly as a toad ヒキガエルのように醜い.
対話 "How about this car? Do you like it?" "The price is right, but it's ugly." 「この車はいかがですか. 気に入っていただけますか」「値段はいいんだが, 不格好だな」.
**2** 不快な, いやな (↔ pleasant) ‖
an ugly smell 悪臭.
ugly language 不愉快な言葉づかい.
**3** (道徳的に)けしからぬ, 卑劣な (↔ fair) ‖
an ugly method 卑劣な手段.
**4** 《事態・天候などが》険悪な, 不穏な; やっかいな ‖
an ugly situation 不穏な事態.
an ugly sky 今にも降り出しそうな空模様.
**5** (略式) 不機嫌な, 怒りっぽい; 意地の悪い ‖
be in an ugly mood 機嫌が悪い.
**úgly Américan** 醜いアメリカ人 《海外に住んでいて米国のイメージを傷つけるような米国人》.
**úgly dúckling** 醜いアヒルの子 《醜い[またはばか]と思われていてもおとなになって美しく[または偉く]なる子供》; そのような計画.

**uh** /ə ア, ʌ (鼻にかかった音)/ 間 **1** あー, えー 《適当な言葉が見つからないときに出る声》. **2** =huh.

**uhf, UHF** 略 ultrahigh frequency.

**uh-huh** /ʌ́hʌ́ アハ (鼻にかかった音)/ 間 (略式) **1** うん, うんうん(yes) ◆ 肯定・同意を表す》 ‖
対話 "Everything OK?" "Uh-huh." 「何も問題ないかい?」「うん」.
**2** (米) いいよ ◆ Thank you. に対する答えとして Sure. の代わりに軽く用いられる》.

**uh-uh** /ʌ́ʌ́ アア (鼻にかかった音)/ 間 [↗] (略式) ううん, だめだめ(no) ◆ 否定を表す》.

**UK** 略 United Kingdom.

**U·kraine** /juːkréin ユ(ー)クレイン/ 名 [(the) ~] ウクライナ 《ヨーロッパ東部の国》.

**ul·cer** /ʌ́lsər アルサ/ 名 ⓒ 【医学】潰瘍(ｶﾞﾞ) ‖
a stomach ulcer 胃潰瘍.

**ul·te·ri·or** /ʌltíəriər アルティアリア/ 形 (正式) 言外の, 裏の, 隠された.
**ultérior mòtive** 隠れた動機.

**ul·ti·mate** /ʌ́ltəmət アルティマト/ 形 **1** 究極の, 最終の ‖
the ultimate goal 究極の目標.
The ultimate responsibility for this research belongs to the professor. この研究の最終的責任は教授にある.
**2** 根本の, 本源的な ‖
the ultimate principles 根本原理.
the ultimate source of life 生命の本源.
**3** 最高の, 最大の ‖
the ultimate silliness 愚の骨頂.
**4** (時間的・空間的に)最も遠い.

**ul·ti·mate·ly** /ʌ́ltəmətli アルティマトリ/ 副 (正式) 最終的に, 結局, 最後に; [文全体を修飾] 実のところ, 結局は ‖
He will ultimately pass the exam. 結局彼は試験に合格するだろう.

**ul·ti·ma·tum** /ʌ̀ltəméitəm アルティメイタム/ 名 (複 ~s, -ta/-tə/) ⓒ (正式) 最終提案; 最後通牒(ぢ゙).

**ul·tra** /ʌ́ltrə アルトラ/ 形名 ⓒ 極端な(人), 過激な(人).

**ùl·tra·hígh fréquency** /ʌ̀ltrəhái- アルトラハイ-/ 【電気】極超短波(略 UHF).

**ul·tra·son·ic** /ʌ̀ltrəsánik アルトラサニック | -sɔ́nik -ソニク/ 形 【物理】超音波の.

**ul·tra·sound** /ʌ́ltrəsàund アルトラサウンド/ 名 Ⓤ 【物理】超音波, 超音.

**ul·tra·vi·o·let** /ʌ̀ltrəváiələt アルトラヴァイオレト/ 形 【物理】(スペクトルの)紫外の; 紫外線の(略 UV).
**ultraviolet ráys** 紫外線.

**U·lys·ses** /juːlísiːz ユ(ー)リスィーズ/ 名 ユリシーズ

《Odysseus のラテン語名》.

**um** /ʌm アム, əm, m:/ 間 ウーン, いや《◆疑い・ためらいなどを表す》.

**um·bil·i·cal** /ʌmbílikl アンビリクル/ 形 **1** へそ(の緒)の; へそ状の; へその近くの.
**2** 中央の.
—— 名 C =umbilical cord.

**umbílical còrd** (1) へその緒, 臍帯(さいたい). (2) 《発射前のロケットへの燃料・電気の供給管[線]; 《船外の宇宙飛行士の》命綱《空気補給管, 通信用ケーブル》.

**um·brage** /ʌ́mbridʒ アンブリヂ/ 名 U 立腹, 不愉快.

## **um·brel·la** /ʌmbrélə アンブレラ/ 〖「小さな影」が原義〗

umbrella
〈1 かさ〉
〈2 保護〉

—— 名 (複 ~s/-z/) C **1** かさ, 雨がさ, こうもりがさ《◆「日がさ」は sunshade, parasol》‖
hold the **umbrella** かさをさしている.
open [raise, spread, unfold, unfurl, put up] the **umbrella** かさをさす.
close [fold, furl] the **umbrella** かさを閉じる.
carry a collapsible **umbrella** 折りたたみがさを持ち歩く[さして歩く].
Would you like to get [come, walk] under my **umbrella**? 私のかさに入りませんか.
May I share your **umbrella**? あなたのかさに入れていただけませんか.
対話 "It's starting to rain hard." "Take my **umbrella**. I don't want you to get wet." 「雨がひどく降り出しましたね」「私のかさを持って行ってください. ぬれるといけませんから」.
**2** [比喩的に] かさ, 保護, 保護する力[物] ‖
the American nuclear **umbrella** アメリカの核のかさ.
under the **umbrella** of UNESCO ユネスコの保護のもとで.

**um·pire** /ʌ́mpaiər アンパイア/《アクセント注意》名 C 審判員, アンパイア《◆ badminton, baseball, cricket, table tennis, tennis, volleyball などに用いる》《→ referee》.
—— 動 (現分) ··pir·ing) 他 自 (…の)審判をする.

**ump·teenth** /ʌ́mpti:nθ アンプティーンス/《略式》形 名 C 何度目か(わからないほど)の(人, 物) ‖
for the **umpteenth** time 何度言ったら; 今まで何度も(↔ 否定文で) もう二度と.

**UN** 略 United Nations.

\***un·a·ble** /ʌnéibl アネイブル/〖→ able〗
—— 形 [be **unable** to do]《正式》…することできない(↔ able) ‖
He is **unable** to speak English well. 彼は英語を上手に話せない(=《略式》He can't speak English well. / He is not able to speak English well.).

> Q&A **Q**: 否定・反対の意を表す接頭辞 un-, in-, non- はどう違いますか
> **A**: 同じ語に un- と in- の付く派生語がある場合は, in- の方が否定の意味が強く, un- は「無関係」を表します. たとえば, *in*human が「非人間的な, 冷酷な」の意味であるのに対して, *un*human は単に「人間的でない」の意味です. un- と non- では un- の方が否定の意味が強く, *un*scientific は「非科学的な」, *non*scientific は「科学と無関係の」の意味です. この辞典の付録の「接頭辞・接尾辞」を見てください.

**un·ac·cept·a·ble** /ʌnəkséptəbl アナクセプタブル, ʌnæk-, ʌnik-/ 形 容認できない, 満足のいかない ‖
That is **unacceptable**. それは受け入れられない.
**un·ac·cépt·a·bly** 副 容認できずに, 満足いかなくて.

**un·ac·count·a·ble** /ʌnəkáuntəbl アナカウンタブル/ 形《正式》説明のできない; 不可解な, 奇妙な.
**ùn·ac·cóunt·a·bly** 副《正式》説明できないほど; 奇妙なことに.

**un·af·fect·ed** /ʌnəféktid アナフェクティド/ 形《正式》**1** 影響を受けない, 変わらない, 心を動かされない ‖
She was **unaffected** by her son's death. 彼女は息子の死に直面しても動揺しなかった.
**2** 気取らない, ありのままの; 心からの ‖
**unaffected** sentiments ありのままの意見.

**un·aid·ed** /ʌnéidid アネイディド/ 形 援助なしの, 自力の.

**u·na·nim·i·ty** /jù:nəníməti ユーナニミティ/ 名 U《正式》全員の合意; 満場一致 ‖
reach **unanimity** 全員が合意に達する.

**u·nan·i·mous** /ju(:)nǽnəməs ユ(ー)ナニマス/ 形

unanimous
〈同意見の〉
〈満場一致で〉

全員一致した, 満場一致の, 同意見の ‖
They are **unanimous** in praising the book. 彼らは異口同音にその本を賞賛している.
The committee **was unanimous** for reform. 委員会は満場一致で改革に賛成した.
by a **unanimous** vote 満場一致の票決で.
make a **unanimous** decision 満場一致で決定する.
**u·nan·i·mous·ly** /ju(:)nǽnəməsli ユ(ー)ナニマスリ/ 副 満場一致で, 一致して.

**un·armed** /ʌnɑ́:rmd アナームド/《◆名詞の前ではふつう /=/》形 非武装の, 無防備の; 武器を使用しない, 素手の(↔ armed).

**un·au·thor·ized** /ʌnɔ́:θəraizd アノーサライズド/ 形 公認[認可]されていない, 未検定の; 権限のない ‖
an **unauthorized** version of the book その

──名 U 1 理解(すること); 見解, 解釈(interpretation)《◆形容詞を伴うときにはふつう a を付ける》‖
She has a clear **understanding** of the theory. 彼女はその理論を完全に理解している.
Tell me your **understanding** of the drama. その劇についてあなたの解釈を聞かせてください.
対話 "This doesn't make sense to me." "My **understanding** of it isn't clear either."「このことは私には理解できないね」「私もはっきりとは理解できていません」.
**2** U [時に an ～] **理解力**, 知性(intelligence); 思いやり ‖
a man of great [keen] **understanding** 理解力のすぐれた人.
She showed (a) deep **understanding** toward me. 彼女は私に深い思いやりを示した.
**3** C [通例 an ～] **a 合意**, 相互理解 ‖
They **came to** [**reached**] **an understanding about** how to spend their vacation. 彼らは休暇をどう過ごすかで合意に達した.
**b** 取り決め; (暗黙の)了解事項 ‖
I **have an understanding with** him that I can use his car once a week. 私は週に1度彼の車を使わせてもらうという取り決めを彼としている.
***on the ùnderstánding that*** … …という条件で.
──形 理解力のある, 分別のある; 思いやりのある ‖
an **understanding** reply 思いやりのある返事.
対話 "Do you really want me to tell you?" "Go ahead. I'm a very **understanding** person."「ほんとうにぼくの口から君に言ってもいいんですか」「どうぞ. ぼくという人間は物わかりがいいんだよ」.

**un·der·state** /ʌ̀ndərstéit アンダステイト/ 動 (現分 --stat·ing) (正式) 他自 (…を)控え目に言う; (数などを)少なく言う.

**un·der·state·ment** /ʌ̀ndərstéitmənt アンダステイトメント/ 名 U 控え目に言うこと; C 控え目な言葉[表現].

Q&A ***Q***: understatement はイギリス人の言語表現の1つの特徴と言われますが, たとえばどういうことですか.
***A***: ズバリと very good (とてもよい)という代わりに nòt (so) bád (悪くはない)などと言うことです.

***un·der·stood** /ʌ̀ndərstúd アンダストゥド/ 動 → understand.

**un·der·study** /ʌ́ndərstʌ̀di アンダスタディ/ 名 (複 --stu·dies/-z/) C (けいこ中の)代役俳優; (一般に)代役.
──動 (三単現 --stu·dies/-z/; 過去・過分 --stu·died/-d/) 他自 **1** (役を)代役としてけいこする. **2** (俳優の)代役を務める.

**un·der·take** /ʌ̀ndərtéik アンダテイク/ 動 (過去 --took/-túk/, 過分 --tak·en/-téikn/; 現分 --tak·ing) 他 (正式) **1** …を引き受ける; [undertake to do] …することを引き受ける[約束する] ‖

**undertake** a task 仕事を引き受ける《◆「仕事に着手する」という意味(**3**)にもなる》.
**undertake** the leadership of the group その集団のリーダーを引き受ける.
He **undertook to** do the washing. 彼は洗濯を引き受けた.
**2** …を始める, …に着手する; …を企てる ‖
**undertake** a journey 旅行に出かける.
An air clean-up campaign was **undertaken**. 大気清浄化運動が始められた.

**un·der·tak·en** /ʌ̀ndərtéikn アンダテイクン/ 動 → undertake.

**un·der·tak·er** /**1** ʌ́ndərtèikər アンダテイカ; **2** ⌐⌐/ 名 C **1** 葬儀屋《人》《◆遠回しに funeral director という》. **2** 引受人, 請負者.

**un·der·tak·ing** /ʌ̀ndərtéikiŋ アンダテイキング; 名 **3** ⌐⌐/ 動 → undertake.
──名 (正式) **1a** C [通例 an ～] 事業, 企て, 仕事; 引き受けた事 ‖
a large **undertaking** 大事業.
**b** U 引き受けること, 着手.
**2** C 約束, 保証. **3** U 葬儀屋業.

**un·der·tone** /ʌ́ndərtòun アンダトウン/ 名 C (正式) **1** 小声; 低音, 小さい音 ‖
**in an undertone** 小声で.
**2** 潜在的性質[要素], 底流 ‖
There is an **undertone** of hostility in his words. 彼の言葉にはどことなく敵意が感じられる.

**un·der·took** /ʌ̀ndərtúk アンダトゥク/ 動 → undertake.

**un·der·val·ue** /ʌ̀ndərvǽlju: アンダヴァリュー/ 動 (現分 --lu·ing) 他 (正式) …を過小評価する; …を軽視する.

**un·der·wa·ter** /ʌ̀ndərwɔ́:tər アンダウォータ/ 形 副 水面下の[で], 水中(用)の[で].

**un·der·wear** /ʌ́ndərwɛ̀ər アンダウェア/ 名 U [集合名詞] 肌着類, 下着類.

**un·der·weight** /ʌ̀ndərwéit アンダウェイト/ 形 重量不足の(↔ overweight), 標準[必要]重量[体重]に達しない.
──名 U 重量不足.

**un·der·went** /ʌ̀ndərwént アンダウェント/ 動 → undergo.

**un·der·world** /ʌ́ndərwə̀:rld アンダワールド/ 名 [the ～] **1** [通例 U～]〔ギリシア神話・ローマ神話〕(地下の)黄泉(よみ)の国, あの世. **2** 暗黒街, 悪[やくざ]の世界.

**un·der·write** /ʌ̀ndərráit アンダライト, ⌐⌐/ 動 (過去 --wrote, 過分 --writ·ten; 現分 --writ·ing) 他 〈保険業者が〉(署名して)…の保険を引き受ける.

**un·der·writ·er** /ʌ́ndərràitər アンダライタ/ 名 C

**un·der·rate** /ʌ̀ndərréit アンダレイト/ 動 (現及) **‑‑rat·ing** 他 (正式) …を過小評価する; …を安く[少なく]見積もりすぎる.

**un·der·side** /ʌ́ndərsàid アンダサイド/ 名 C 下側, 底面.

**un·der·sized** /ʌ̀ndərsáizd アンダサイズド/, **‑‑size** /-sáiz -サイズ/ 形 ふつうより小さい, 小型の, 小柄な.

## **un·der·stand** /ʌ̀ndərstǽnd アンダスタンド/ 〖「下に(under)立つ(stand)」が原義で, 「ものについて深くはっきりした知識をもつ」が本義〗

派 understanding (名)

―動 (三単現) ~s/-stǽndz/; (過去・過分) ‑‑stood /-stúd/; (現及) ~·ing 《◆ ふつう命令文・進行形にしない》

―他 **1 a** …を**理解する**, 理解している, …の(意味・気持ち・性質・扱い方など)がわかる(類 make out, take in, perceive) ‖

understand the word その単語の意味がわかる.
understand machinery 機械に詳しい.
understand German ドイツ語がわかる.
I (can) understand your position perfectly. あなたの立場は十分に理解しています.
She needed someone who would understand her. 彼女には自分の気持ちをわかって(同調して)くれる人が必要だった.
To understand all is to forgive all. 《ことわざ》全貌(ぼう)を理解すれば人を許すことができる.
[対話] "Do you understand me?" "No, I'm afraid I don't."「私の言っていることがわかりましたか」「いいえ. どうもわかりません」.
[対話] "Is something wrong? Can I help you?" "Yes. I don't understand this. What does it mean?"「どうかしましたか. 私でお役に立ちますか」「ええ. これがどういうことかわからないのですが. どういう意味ですか」.

**b** [understand wh 節・句] …を理解している; [understand A('s) doing] A〈人〉が…するのがわかる ‖

understand when to go いつ行ったらよいか知っている.
I understand how you feel. 君の気持ちわかるよ.
I cannot understand his [《略式》him] leaving so suddenly. =I cannot understand why he left so suddenly. 彼がどうしてそんなに急に出て行ったのかわからない.

---

**Q&A** **Q**: understand が進行形で使われることがあるのですか.
**A**: あります.「あっ, わかってきた」と言うようなときは進行形になります: Now we're understanding it a little better. それでさっきより少しよくわかってきました.

---

**2** [understand (that) 節] …と聞いている ‖

I understand your brother is in America. あなたのお兄さんは在米中と聞いていますが《◆ I hear よりていねいな言い方》.
[対話] "I understand you're looking for a new car." "Yes, but I can't afford to pay so much."「新車を捜しておられるそうですね」「そうなんだが, そんなにたくさん払う余裕はないんだ」.

**3** [understand A to do] A〈人・事〉が…だと了解する, 了解している, 解釈する(《正式》interpret); [understand (that) 節] …だと思う ‖

I understand him to be my best friend. = I understand (that) he is my best friend. 私は彼を無二の親友だと思っている.
Am I to understand that you will call me back? あなたから電話をかけ直してもらえると思っていいのですね.
That explanation is understood to be the wrong one. その説明は間違っていると思われている.
I understood their silence as approval. 私は彼らの沈黙を承認と受け取った.
What do you understand by freedom? 自由をどのように理解していますか.
It is understood that they will come to the party. 彼らはパーティーに来るものと思われている.

―自 **わかる**; 理解力がある; よく知っている ‖

Do you understand? わかりましたか, (もう)いいですね《◆ 親しい間柄や目下の者には (You) understand?(↗) ともいう》.
You'll understand sooner or later. いずれ君もわかるよ.
She understands quickly. 彼女はのみこみ[理解]が早い.
The boy understands about trains. その少年は列車のことに詳しい.
[対話] "I'm sorry I can't come." "That's all right. I understand."「すみませんが行けません」「いいですよ, 承知してますから」.

**give A to understánd that** → give 動 他 13 c.

◦**máke** *onesèlf* **understóod** 自分の考え[言葉]を人にわからせる, わかってもらう ‖ Can you make yourself understood in German? ドイツ語で用が足せますか.

**(Nòw,) understánd me.** (さあ)よく聞きなさい《◆ しばしば警告・おどしの前置きに使われる》.

**un·der·stand·a·ble** /ʌ̀ndərstǽndəbl アンダスタンダブル/ 形 理解できる, わかる ‖

It is understandable that she didn't want it. 彼女がそれを欲しがらなかったのはわかる.

**ùn·der·stánd·a·bly** 副 理解[同情]できるほど; [文全体を修飾; 通例文頭で] もっともなことだが; [後続の文を受けて] …であることは理解できる.

*un·der·stand·ing /ʌ̀ndərstǽndiŋ アンダスタンディング/ 〖→ understand〗

―動 → understand.

undergo an operation 手術を受ける.

**un·der·gone** /ˌʌndərɡɔ́ːn アンダゴーン, -ɡán|-ɡɔ́n -ゴン/ 〖動〗→ undergo.

**un·der·grad·u·ate** /ˌʌndərɡrǽdʒuət アンダグラデュアト|ˌʌndərɡrǽdʒuət アンダグラデュアト/ 〖名〗Ⓒ (大学院生に対して)学部学生《◆ undergrad ともいう》‖

undergraduate courses 学部学生用の科目[講座].

**un·der·ground** 〖形〗〖名〗/ˌʌndərɡráund アンダグラウンド/; 〖副〗ニニ/ 〖形〗 1 地下の ‖
an underground passage 地下通路.
an underground nuclear test 地下核実験.
an underground shopping arcade 地下街.
**2** 秘密の, 隠れた; 地下組織の, 非合法的な ‖
underground activities 地下活動.
**3** 〈芸術などが〉前衛的な, アングラの ‖
únderground músic 前衛的音楽.
——〖副〗 1 地下に[で] ‖
**2** 隠れて, 内密に; (地下に)潜んで ‖
go underground 地下にもぐる, 潜伏する.
——〖名〗 1 Ⓒ《通例 the ~》**a**《英》地下鉄(underground railway, 《主に米》subway) ‖
go by (the) underground = go on the underground 地下鉄で行く.
**b** 《the U~》(ロンドンの)地下鉄《◆ ロンドンの地下鉄は《英略式》で the Tube ともいう》
by Underground = on the Underground ロンドンの地下鉄で.
**c** ⓤⓒ《米》地下(道)(《英》subway).
**2** 《the ~; 集合名詞; 単数・複数扱い》地下[秘密]組織 ‖
the French underground (第二次世界大戦中の)フランス地下組織.

**únderground ráilroad**《米》地下鉄(→ 〖名〗**1**).
**únderground ráilway** = underground 〖名〗**1 a**.

**un·der·growth** /ˈʌndərɡroʊθ アンダグロウス/ 〖名〗ⓤ
**1** (森の中の)下生え, やぶ. **2** (毛皮の)下毛.

**un·der·hand** /ˈʌndərhænd アンダハンド/ 〖形〗〖副〗 **1** 《スポーツ》下手投げ[打ち]の[で], アンダースローの. **2** 《正式》秘密[不正]の[で].

**un·der·lain** /ˌʌndərléin アンダレイン/ 〖動〗→ underlie.

**un·der·lay¹** /ˌʌndərléi アンダレイ/ 〖名〗ⓤⓒ 下に敷く物; じゅうたん[マットレス]の下敷き.

**un·der·lay²** /ˌʌndərléi アンダレイ/ 〖動〗→ underlie.

**un·der·lie** /ˌʌndərlái アンダライ/ 〖動〗《過去》-lay /-léi/, 《過分》-lain /-léin/; 《現分》-ly·ing〗他 **1** 《正式》…の下にある, …の下に横たわる.

**2** …の基礎となる, 背後にある《◆受身にしない》‖
The idea underlies his theory. その考えが彼の理論の基礎となっている.

**\*un·der·line** /ˌʌndərláin アンダライン; 〖名〗ニニ/ 〖下に(under)線をひく(line)〗
——〖動〗《三単現》~s/-z/; 《過去・過分》~d/-d/; 《現分》-lin·ing
——⦿ **1** …に下線を引く《強調・注意の喚起・イタリック体の指示など》‖
Please underline the important words. 重要語に下線を引いてください.
**2** 《正式》…を強調する, 明白にする ‖
In his speech, he underlined the need for increased security. 演説の中で, 彼は保安対策の強化の必要性を強調した.
——〖名〗/ニニ/ Ⓒ アンダーライン, 下線.

**un·der·ling** /ˈʌndərlɪŋ アンダリング/ 〖名〗Ⓒ 下っ端(ぱ), 下人(にん), 下役.

**un·der·lin·ing** /ˌʌndərláinɪŋ アンダライニング/ 〖動〗→ underline.

**un·der·ly·ing** /ˌʌndərláiɪŋ アンダライイング/ 〖動〗→ underlie. ——〖形〗**1** 下にある. **2** 基礎をなす, 基本的な. **3** 隠された.

**un·der·mine** /ˌʌndərmáin アンダマイン/ 〖動〗《現分》-min·ing 他

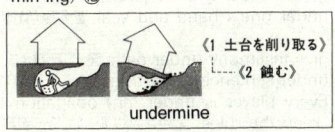

〈1 土台を削り取る〉
〈2 蝕む〉

undermine

**1** 《正式》…の土台を削り取る.
**2** 《正式》…を徐々に衰えさせる, 蝕(むしば)む ‖
Her remark undermined his confidence. 彼女の言葉で彼は徐々に自信をなくした.

**un·der·neath** /ˌʌndərníːθ アンダニース/ 〖前〗《正式》
**1** 〖位置〗…の(真)下に[の, を]; …の下側[下面]に ‖
There was a rat underneath the floor. 床の下にネズミが潜んでいた.
**2** 〈支配など〉を受けて; 〈外観・口実などの〉裏に ‖
underneath one's kindness 親切さの裏には.
——〖副〗下に[を]; 下側[下部, 下面]に[を, の]; 根底は, (表面はともあれ)実は.

**un·der·nour·ished** /ˌʌndərnɔ́ːriʃt アンダナーリシュト, -nʌ́r-/ 〖形〗《正式》栄養不良の.

**un·der·paid** /ˌʌndərpéid アンダペイド/ 〖動〗→ underpay. ——〖形〗十分な給料をもらっていない, 薄給の.

**un·der·pants** /ˈʌndərpænts アンダパンツ/ 〖名〗《複数扱い》アンダーパンツ, (下着の)パンツ《◆《英》では男性用, 《米》では女性用をさすことが多い》.

**un·der·pass** /ˈʌndərpæs アンダパス|-pɑːs -パース/ 〖名〗Ⓒ ガード下, (鉄道・道路の下の)地下道(《英・豪》subway).

**un·der·pay** /ˌʌndərpéi アンダペイ/ 〖動〗《過去・過分》-paid/ 《正式》他 自 (…に)十分に(給料を)支払わない.

**un·der·priv·i·leged** /ˌʌndərprívəlidʒd アンダプリヴィリチド/ 〖形〗《正式》(社会的・経済的に)恵まれない《◆ poor の遠回し語》‖

fifty acres **under** wheat 小麦が植えてある50エーカーの土地.
hide one's face **under** the blanket 毛布の下に顔を隠す.
wear a vest **under** a coat 上着の下にチョッキを着る.
She stood **under** an umbrella. 彼女はかさに入って立っていた.
**3** [下位] (数・量が)…未満で[の] (↔ over); (地位・価値などが)…より下で[の], より劣る ‖
incomes **under** £200 200ポンド未満の収入.
in **under** two weeks 2週間足らずのうちに.
children **under** 16 (years of age) 16歳未満の子供.
A captain is **under** a colonel. 陸軍大尉は大佐より位が下である (→ below 前 **2**).
**4** [圧迫・拘束] **a** …を背負って ‖
march **under** a heavy load 重い荷物を背負って進む.
**b** 〈重荷・負担・圧迫など〉を負って, …のために; 〈刑罰・試練などを〉受けて; 〈義務・拘束などの〉もとに ‖
groan **under** tyranny 圧政に苦しむ.
**under** one's hand and seal 署名押印(ぉぃん)して.
give testimony **under** oath 誓って証言する.
**under** sentence of death 死刑の宣告を受けて.
Every player is **under** (an) obligation to keep the rules. 選手はすべてルールを守る義務がある.
**5** [従属] **a** 〈支配・監督・保護・指導など〉のもとに; 〈影響〉を受けて ‖
**under** control 抑制して[されて].
Spain **under** Franco フランコ将軍統治下のスペイン.
study **under** Prof. Schultz シュルツ教授の指導のもとで勉強する.
対話 "So he's your boss." "No, actually he works **under** me."「じゃああの人があなたの上司ですか」「いや実は彼は私の下で働いているんだ」.
**b** 〈動作・行為の過程を示して〉…中で[の], …の最中で[の] ‖
**under** discussion 討論中.
The road is **under** repair. その道路は修理中だ.
**6** [包含] **a** 〈条件・事情のもとで〉 ‖
**under** present conditions 現況では.
**under** these circumstances こういった状況のもとでは.
**b** 〈偽装・口実のもとに, …に隠れて; …という名で, …の形をとって〉 ‖
**under** a false name 偽名を使って.
**under** pretense of ignorance 無知を装って.
escape **under** cover of darkness やみにまぎれて逃げる.
**c** [行為・判断の基準を示して] …に基づいて, …に従って ‖
**under** the law 法に従って.
**d** [分類・区分] …の(項目の)中に ‖
See **under** L. L 項で見よ.

Whales come **under** (the heading of) mammals. クジラは哺(ほ)乳動物に属す.
—— 副 **1** (位置が)下に, 下へ; (数・量が)…未満に[で]; (地位・身分が)下位に[へ] ‖
boys of [aged] ten and **under** 10歳およびそれ以下の少年.
The ship went **under**. 船が沈没した.
**2** (従属・服従の)状態に[へ] ‖
keep one's feelings **under** 自分の感情を抑える.
—— 形 **1** [名詞の前で] 下の; より少ない, 不足の; 下位の, 劣った ‖
the **under** lip 下唇.
**2** [補語として] 支配されて; (薬などの)作用を受けて.
**un·der·brush** /ʌ́ndərbrʌ̀ʃ/ アンダブラシュ 名 Ⓤ (主に米) (林の中の)下生え.
**un·der·clothes** /ʌ́ndərklòuz, -klòuðz/ 名 [複数扱い] 下着, 肌着.
**un·der·cloth·ing** /ʌ́ndərklòuðiŋ/ アンダクロウズィング 名 Ⓤ (正式) 下着, 肌着.
**un·der·cov·er** /ʌ̀ndərkʌ́vər/ アンダカヴァ 形 **1** 秘密で行なわれた[行なう]; 諜(ちょう)報活動に従事する ‖
an undercover man おとり捜査員, (産業)スパイ.
**2** 〈座席などが〉覆いのついている.
—— 副 こっそりと, 秘密裏に.
**un·der·cur·rent** /ʌ́ndərkə̀ːrənt | -kʌ̀r-/ -カレント 名 Ⓒ **1** (水・空気などの)底流, 下層流.
**2** (正式) (思想・感情などの)底流 ‖
an undercurrent of resentment 底流にある怒りの感情.
**un·der·cut** /ʌ̀ndərkʌ́t/ アンダカト 動 (過去・過分) **un·der·cut**; (現分) **--cut·ting**) 他 **1** 〈人〉より安く売る; 〈相手〉より低賃金で働く. **2** 〈企てなどを〉妨害する, じゃまする.
**un·der·dog** /ʌ́ndərdɔ̀(ː)g | -dɔ̀g/ アンダド(ー)グ, (米) -dàg/ 名 Ⓒ **1** [通例 the ~] (生存競争の)敗北者 (↔ topdog); (社会的の不当な)犠牲者; 弱者. **2** (競技などで)勝ち目の薄い人. **3** 負け犬.
**un·der·done** /ʌ̀ndərdʌ́n/ アンダダン 形 (主に英) 生煮えの, 生焼けの, さっと焼いた.
**un·der·es·ti·mate** /ʌ̀ndəréstəmèit/ アンダエスティメイト 名 -mət -エスティマト 動 (現分) **--mat·ing**) 他 自 〈…を〉過小評価する, みくびる; 〈…を〉安く[少なく]見積もりすぎる.
—— 名 Ⓒ 過小評価; 安すぎる見積もり.
**un·der·foot** /ʌ̀ndərfút/ アンダフト 副 足の下に[で], 踏みつけて.
**un·der·go** /ʌ̀ndərgóu/ アンダゴウ 動 (三単現) ~es /-z/; 過去 --went/-wént/, 過分 --gone/-gɔ́(ː)n, -gán | -gɔ́n/; 現分 ~·ing) 他 〈苦労などを〉経験する, …に耐える; 〈変化・検査・治療などを〉受ける, 経る (go through) ‖
undergo great disappointment 大きな失望を体験する.
undergo hardships 苦難に耐える.

**un·com·fort·a·bly** /ʌnkʌ́mftəbli アンカンフタブリ/ 副 心地悪く；落ち着かないで．

**un·com·mon** /ʌnkʌ́mən アンカモン｜ʌnkɔ́mən アンコモン/ 形

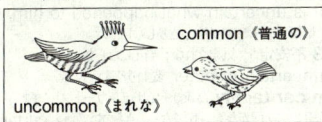

common 《普通の》
uncommon 《まれな》

**1** めったにない，まれな(unusual, rare) ‖
Birds of this sort are becoming very **uncommon**. この種の鳥はどんどん見られなくなっている.
**2** 異常な，著しい；すばらしい ‖
dance with **uncommon** grace すばらしく優雅に踊る.

**un·com·mon·ly** /ʌnkʌ́mənli アンカモンリ｜-kɔ́mən- -コモンリ/ 副 《正式》**1** まれに．**2** 非常に．

**un·com·pro·mis·ing** /ʌnkʌ́mprəmàizɪŋ アンカンプロマイズィング｜-kɔ́m- コンプロマイズィング/ 形 《正式》妥協しない；不屈の；断固たる，確固たる ‖
an **uncompromising** attitude 断固たる態度．

**un·con·cerned** /ʌ̀nkənsə́ːrnd アンコンサーンド/ 形 **1** 無関心な；かかわり合いがない，無関係な．**2** 心配していない，平気な．

**un·con·di·tion·al** /ʌ̀nkəndíʃənl アンコンディショナル/ 形 無条件の，完全な ‖
**unconditional** surrender 無条件降伏．

**un·con·di·tion·al·ly** 副 無条件に，完全に．

\*__un·con·scious__ /ʌnkɑ́nʃəs アンカンシャス｜ʌnkɔ́nʃəs アンコンシャス/ 《→ conscious》
— 形 **1** 意識を失った，気絶した ‖
She was **unconscious** for a whole day after the accident. 彼女は事故のあと丸一日意識不明だった．
**2** [be unconscious of A] …に気づかない，…を意識していない；[be unconscious that 節] …ということに気づかない；[be unconscious (of) wh 節] …かに気づかない(unaware) ‖
He is **unconscious** of his bad manners. 彼は自分の不作法に気づいていない．
She is **unconscious** of having punished her son too severely. 彼女は息子をきびしく罰しすぎたことに気づいていない．
**3** [名詞の前で] 無意識の，自覚していない；意図していない ‖
an **unconscious** habit 無意識の癖．
an **unconscious** insult 知らずにしてしまった侮辱(ぶじょく)．
— 名 〖心理〗 [the ~] 無意識，潜在意識．

**un·cón·scious·ness** 名 ⓤ 無意識．

**un·con·scious·ly** /ʌnkɑ́nʃəsli アンカンシャスリ｜-kɔ́n- -コンシャスリ/ 副 知らず(知らず)に，無意識に．

**un·con·trol·la·ble** /ʌ̀nkəntróuləbl アンコントロウラブル/ 形 制御できない，手に負えない．

**un·con·trolled** /ʌ̀nkəntróuld アンコントロウルド/ 形 **1** 〈感情などが〉制御されていない．**2** 〈法律などに よって〉規制されていない．

**un·count·a·ble** /ʌnkáuntəbl アンカウンタブル/ 形 **1** 数えきれないほどの，無数の．**2** 〖文法〗不可算の．
— 名 ⓒ 〖文法〗不可算名詞(略 ⓤ)《♦本辞典では ⓤ で表示してある》．

**un·couth** /ʌnkúːθ アンクース/ 形 《正式》礼儀を知らない，粗野な；ぎこちない，洗練されていない．

**un·cov·er** /ʌnkʌ́vər アンカヴァ/ 他 **1** …の覆いを取る，ふたを取る ‖
**uncover** the dish 皿の覆いを取る．
**uncover** the statue 像の除幕をする．
**2** …を暴露する，打ち明ける ‖
His deceit was **uncovered**. 彼の欺瞞(ぎまん)が暴(ばく)かれた．

**un·daunt·ed** /ʌndɔ́ːntɪd アンドーンティド/ 形 《正式》〈人が〉恐れない；大胆な．

**un·de·cid·ed** /ʌ̀ndɪsáɪdɪd アンディサイディド/ 形 未決定の，決めかねている；〈試合などが〉決着のついていない ‖
It's an interesting idea, but I'm **undecided**. 面白い考えですが，私はまだ決めかねています．

**un·de·ni·a·ble** /ʌ̀ndɪnáɪəbl アンディナイアブル/ 形 **1** 明白な，否定[反論]できない；認めざるをえない．**2** 卓越した，すぐれた．

**un·de·ní·a·bly** 副 明白に，否定の余地なく．

\*__un·der__ /ʌ́ndər アンダ/ 前 副 形 〜/ 『本義の「広がりを持つ物のすぐ下に位置する」から「覆われて[隠れて]下方に」という意味が生まれた．また「上から押さえつけられている」ことから圧迫・拘束を表し，さらに従属・包含の関係を表す』

→ 前 **1** …の(真)下に　**2** …の中に　**3** …未満で
副 **1** 下に，下へ

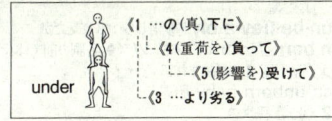

《1 …の(真)下に》
under 《4 (重荷を)負って》
《5 (影響を)受けて》
《3 …より劣る》

— 前 **1** ［下方の位置］…の(真)下に[の，を，へ] (↔ over) ‖
**under** the bridge 橋の下で．
The key is **under** the doormat. カギはドアマットの下にあります．
Look at the cat lying **under** the table. テーブルの下で寝そべっている猫を見てごらん．
dive **under** the water 水中にもぐる．
the fields **under** water (大水で)水浸しになった畑．
He got out from **under** the car. 彼は車の下から出て来た．
[対話] "Are you sure the milk is on the top shelf?" "Maybe not. Look **under** there." 「ミルクは確かに棚のいちばん上にあるの?」「そうじゃないかもしれないわ．その下も見てごらん」．
**2** ［内側の内面］…の中に，内側に，表面下に；…に覆われて；〈土地が〉…を植えられて ‖
inject **under** the skin 皮下に注射する．

本の海賊版.

**un·a·vail·a·ble** /ʌnəvéiləbl アナヴェイラブル/ 形 **1** 使用できない, 入手できない. **2** 〈人が〉自由に何かをすることができない; 手がふさがっている. **3** 〈人が〉会うことができない, 話をする時間がない《◆ not available ともいう》.

**un·a·void·a·ble** /ʌnəvɔ́idəbl アナヴォイダブル/ 形 避けられない, やむを得ない(↔ avoidable).

**un·aware** /ʌnəwéər アナウェア/ 形 気がつかない, 知らない(→ aware) ‖
be unaware of the danger 危険に気づかない.
I was unaware that she was dead. 私は彼女が死んだことを知らなかった.

**un·a·wares** /ʌnəwéərz アナウェアズ/ 副 《正式》 **1** 気づかずに, うっかり. **2** 不意に, 思いがけなく.
*tàke* A *unawáres* …を驚かす.

**un·bal·ance** /ʌnbǽləns アンバランス/ 動 (現分 --anc·ing) 他 **1** …の平衡を失わせる. **2** 〈心〉を乱す; 〈人〉を錯乱させる.

**un·bear·a·ble** /ʌnbéərəbl アンベアラブル/ 形 耐えられない, 我慢できない(↔ bearable) ‖
unbearable toothache 我慢できない歯痛.
**un·béar·a·bly** 副 耐えられないほどに.

**un·beat·a·ble** /ʌnbíːtəbl アンビータブル/ 形 **1** 〈人・チーム〉が負かすことのできない. **2** 非常によい, 傑出した.

**un·beat·en** /ʌnbíːtn アンビートン/ 形 **1** 負けたことのない, 無敵の. **2** 踏まれていない, 人の通らない.

**un·be·known** /ʌnbinóun アンビノウン/ 形 《俗》 知られていない(で), 気づかれない(で).

**un·be·liev·a·ble** /ʌnbilíːvəbl アンビリーヴァブル/ 形 信じがたい, 驚くべき(↔ believable) ‖
unbelievable weather 信じられないほどよい[悪い]天気.
**ùn·be·líev·a·bly** 副 信じられないことだが.

**un·born** /ʌnbɔ́ːrn アンボーン/ 《◆ 名詞の前ではふつう /⁻⁻/》 形 **1** まだ生まれていない ‖
an unborn baby 胎児.
**2** 《正式》将来の.

**un·bro·ken** /ʌnbróukən アンブロウクン/ 形 **1** 壊れていない; 完全な. **2** とぎれない, 連続した. **3** 〈馬などが〉慣らされていない. **4** 〈記録などが〉破られていない. **5** 〈規則などが〉守られている.

**un·called-for** /ʌnkɔ́ːldfɔːr アンコールドフォ/ 形 《略式》 **1** 不必要な, 無用の, 差し出がましい ‖
an uncalled-for offer 差し出がましい申し出.
**2** (正当な)理由のない, いわれのない ‖
That's totally uncalled-for. それはまったくいわれのないことだ.

**un·can·ny** /ʌnkǽni アンキャニ/ 形 (比較 --ni·er, 最上 --ni·est) **1** 異様な; 神秘的な. **2** 〈感覚などが〉人並みはずれて鋭い.

**un·cer·tain** /ʌnsə́ːrtn アンサートン/ 形 **1** 確信がない, はっきりとは知らない ‖
I was uncertain of my ability to do it. 私はそれができるかどうか自信がなかった.
I am uncertain when he will come next. 彼が今度いつ来るかはっきりしない.

**2** はっきりしない; 疑わしい; ぼんやりした ‖
an uncertain outcome 予測できない結果.
in no uncertain terms はっきりと, 歯に衣(きぬ)を着せないで.
It is uncertain what happened to him. 彼に何があったのかがはっきりしない.
**3** 不安定な, 気まぐれな; 当てにならない ‖
uncertain weather 変わりやすい天気.

**un·cer·tain·ly** /ʌnsə́ːrtnli アンサートンリ/ 副 不確実に; 自信がなく, 頼りなく, ぐらついて(↔ certainly).

**un·cer·tain·ty** /ʌnsə́ːrtnti アンサートンティ/ 名 (複 --tain·ties/-z/) **1** U 不確かな(状態); 半信半疑; 変わりやすさ(↔ certainty) ‖
the uncertainty of the future 未来の不確実性.
**2** C [しばしば the uncertainties] はっきりしない事[物]; 当てにならない事[物] ‖
the uncertainties of life 人生の無常.

**un·changed** /ʌntʃéindʒd アンチェインヂド/ 形 変化していない, もとのままの.

**un·checked** /ʌntʃékt アンチェクト/ 形 **1** 抑制のない; 野放しの ‖
go unchecked 野放し状態である.
**2** 検査を受けていない.

**un·civ·i·lized** /ʌnsívilaizd アンスィヴィライズド/ 形 **1** 文明化されていない, 未開の; 洗練されていない. **2** (略式) 早朝の.

**★★un·cle** /ʌ́ŋkl アンクル/ 《「母の兄弟」が原義》
— 名 (複 ~s/-z/) [しばしば U~] C おじ《父母の兄弟, おばの夫》; 甥(おい)[姪(めい)]のいる男性(↔ aunt)(→ family 図) ‖
become an uncle おじになる, 甥[姪]ができる.
Mike is my uncle on my mother's side. マイクは私の母方のおじです.
Take me to the park(↘), Uncle (John)(↗). (ジョン)おじさん, 公園へ連れてってよ《◆ 自分のおじは my *uncle* だが, 身内の間や呼びかけのときは固有名詞的に *Uncle* とすることが多い》.

**Úncle Sám** 〖the United States の略〗US をもじったもの》《米略式》サムおじさん《米国(政府)を擬人化した呼び名》; (典型的な)米国民(cf. John Bull).

**Úncle Tóm** 〖H. B. Stowe 夫人作の小説 *Uncle Tom's Cabin* から〗《米》白人に卑屈な態度をとる黒人.

**un·clean** /ʌnklíːn アンクリーン/ 《◆ 名詞の前ではふつう /⁻⁻/》 形 **1** 汚い, 不潔な. **2** (道徳的に)不純な; 不貞な; 〖聖書〗(律法に照らして)清くない.

**un·clear** /ʌnklíər アンクリア/ 形 **1** はっきりしない, 明らかでない; あいまいな. **2** 十分理解しない.

**un·com·fort·a·ble** /ʌnkʌ́mfrtəbl アンカムフタブル/ 形 **1** 心地よくない, 不安にさせる ‖
an uncomfortable situation 困った事態.
**2** 心地よく感じない; 落ち着かない, 気詰まりな ‖
I am uncomfortable in these new shoes. この新しい靴ははき心地が悪い.

保険業者；〈証券の〉引受人；保証人.
**un·de·sir·a·ble** /ʌ̀ndizáiərəbl/ アンディザイアラブル/ 形(正式) 望ましくない，不快な，いやな. ──名 C (略式)(社会にとって)好ましくない人.
**un·de·vel·oped** /ʌ̀ndivéləpt/ アンディヴェロプト/ 形 未開発の；未発達の，未熟な.
**un·dis·put·ed** /ʌ̀ndispjúːtid/ アンディスピュ−ティド/ 形 異議のない，明白な.
**un·dis·turbed** /ʌ̀ndistə́ːrbd/ アンディスターブド/ 形 乱されない，じゃまされない；平静な.
**un·di·vid·ed** /ʌ̀ndiváidid/ アンディヴァイディド/ 形 **1** 分けられていない，分裂[分割]されていない.
**2** 1つのことに集中した ∥
undivided attention 全神経の集中.
**3**〈感情が〉強い，純粋な.
**un·do** /ʌndúː/ アンドゥー/ 動 (三単現) **-does**；(過去) **-did**，(過分) **-done**) 他

undo 〈1 ほどく〉
〈2 元どおりにする〉

**1**〈ひもなど〉をほどく，ゆるめる；〈包みなど〉を開く；〈ボタンなど〉をはずす；〈衣服〉を脱ぐ ∥
undo a shoelace 靴ひもをほどく.
undo a parcel 包みを開く.
undo a shirt ワイシャツを脱ぐ.
**2** …を元どおりにする；…を取り消す，無効にする ∥
undo a verdict 評決をくつがえす.
What's done cannot be undone.(ことわざ)[Shak.]してしまったことはもとに戻せない；「後悔先に立たず」(= What is done is done).
**un·do·ing** /ʌndúːiŋ/ アンドゥーイング/ 動 → undo.
──名 U (正式) 破滅；[one's ~]破滅[失敗]の原因.
**un·done** /ʌndʌ́n/ アンダン/ 動 → undo.
──形 なされていない，未完成の ∥
leave the job undone 仕事を放っておく.
**un·doubt·ed** /ʌndáutid/ アンダウティド/ 形 (正式) 疑問の余地のない，確かな；本物の.
**un·doubt·ed·ly** /ʌndáutidli/ アンダウティドリ/ 副 疑問の余地なく，確かに；[文全体を修飾] 明らかに ∥
Undoubtedly, public interest in sumo has declined. 確かに一般の人々の相撲熱はさめてしまった.
**un·dress** /ʌndrés/ アンドレス/ 動 (三単現) **-es** /-iz/) 他 …の衣服を脱がせる；[~ oneself] 着物を脱ぐ. ──自 衣服を脱ぐ. ──名 U **1** 平服，ふだん着；部屋着. **2** (正式) 裸(でいること).
**un·due** /ʌndjúː/ アンドゥー (アンデュー)/ 形 **1** 過度の. **2** 不当な，不法な；不適当な.
**un·du·ly** /ʌndjúːli/ アンドゥ−リ (アンデューリ)/ 副 (正式) **1** 過度に. **2** 不当に，不正に，不法に.
**un·dy·ing** /ʌndáiiŋ/ アンダイイング/ 形 (正式) 不滅の，永遠の.
**un·earth** /ʌnə́ːrθ/ アナース/ 動 他 (正式) **1** …を掘り

出す. **2** …を明るみに出す，あばく；…を発見する.
**un·earth·ly** /ʌnə́ːrθli/ アナースリ/ 形 **1** この世のものとは思われない；超自然的な；気味の悪い，恐ろしい ∥
unearthly music 神秘的な音楽.
**2** (略式) とんでもない，非常識な ∥
telephone at an **unearthly** hour of the morning とてつもなく朝早くに電話する.
**un·eas·i·er** /ʌníːziər/ アニーズィア/ 形 → uneasy.
**un·eas·i·est** /ʌníːziist/ アニーズィイスト/ 形 → uneasy.
**un·eas·i·ly** /ʌníːzəli/ アニーズィリ/ 副 **1** 不安そうに，心配して. **2** 窮屈そうに. **3** 当惑して.
**un·eas·i·ness** /ʌníːzinəs/ アニーズィネス/ 名 U [時に an ~] **1** 不安(な気持ち)，心配. **2** 窮屈. **3** 当惑.
\*  **un·eas·y** /ʌníːzi/ アニーズィ/ [気楽で(easy)ない(un)]
──形 (比較) **-i·er**，(最上) **-i·est**) **1** 不安な，心配な，落ち着かない(anxious) (↔ easy) ∥
become **uneasy** 不安になる，そわそわする.
I am **uneasy** about the future. 私は将来のことが心配だ.
He felt **uneasy** at her sudden appearance. 彼女が突然現れたので彼は不安を覚えた.
[対話]"How was the person you interviewed?" "He's okay, but at first he was very **uneasy**." 「面接した人はどうだった?」「よかったよ．でも初めはだいぶ落ち着かない様子だった」.
**2** 人を不安にする；不安定な，安心できない ∥
spend an **uneasy** day 不安な1日を過ごす.
an **uneasy** atmosphere 不穏な雰囲気.
an **uneasy** truce 不安定な休戦.
**3** (からだが) 楽でない，窮屈な ∥
give an **uneasy** movement 窮屈そうにもぞもぞ動く.
**4** ぎこちない，不自然な，当惑したような ∥
give an **uneasy** laugh ぎこちなく笑う.
**un·em·ployed** /ʌ̀nimplɔ́id/ アニンプロイド/ 形 **1a** 失業した，仕事のない. **b** [the ~；集合名詞的に；複数扱い] 失業者. **2** 利用されていない.
\*  **un·em·ploy·ment** /ʌ̀nimplɔ́imənt/ アニンプロイメント/ [⇒ employ]
──名 U **1** 失業(状態) (◆遠回しに negative employment growth ともいう) (↔ employment) ∥
be thrown into **unemployment** 失業する.
**2** 失業者数，失業率 ∥
**Unemployment** has risen. 失業率が上昇した.
**3** (米) 失業手当.
**un·end·ing** /ʌnéndiŋ/ アネンディング/ 形 (正式) 終わりのない，果てしない；(略式) たびたびくり返される.
\*  **un·e·qual** /ʌníːkwəl/ アニークワル/ 形 (正式) **1** 等しくない，同等でない ∥
two strings of **unequal** length 長さの異なる2本のひも.
They **are unequal in** skill. 彼らの技能は同等ではない.
**2** (能力などの点で) 不十分な，適さない ∥

She felt **unequal to** the task. その仕事には耐えられないと彼女は思った.
**3** 不釣り合いな；不公平な；〈試合などが〉段違いの.
**ùn・é・qual・ly** 副 等しくなく；適していなくて.

**un・err・ing** /ʌnə́ːriŋ, (米) -ér-/ /-éəriŋ/ 形 《正式》間違わない；的をはずれない；正確な.

**UNESCO, U・nes・co** /juːnéskou/ ユーネスコウ/ 〖United Nations Educational, Scientific and Cultural Organization〗 名 国連教育科学文化機関, ユネスコ.

**un・eth・i・cal** /ʌnéθikl/ アネスィクル/ 形 非倫理的な.

**un・e・ven** /ʌníːvn/ アニーヴン/ 形 **1a** 平らでない, でこぼこした(↔ even).
**b** まっすぐでない
an **uneven** hem 不ぞろいな裾(すそ).
**2** 一様でない, むらのある；不規則な ‖
an **uneven** performance むらのある演技.
**3** 奇数の.
**un・é・ven・ly** 副 でこぼこに, 一様でなく.

*****un・ex・pect・ed** /ʌnikspéktid/ アニクスペクティド/ 〖→ expect〗 派 **unexpectedly** (副)
――形 思いがけない, 予期しない, 不意の(↔ expected)
**unexpected** guests 不意の客.
Her death was quite **unexpected**. 彼女の死は全く突然だった.
〖対話〗"They really surprised you with their visit, didn't they?" "Yes. It was completely **unexpected**." 「彼らが訪ねて来てほんとうにびっくりなさったでしょう」「はい, 全く予期してなかったことでした」.

**un・ex・pect・ed・ly** /ʌnikspéktidli/ アニクスペクティドリ/ 副 **1** 思いがけなく, 突然に ‖
appear **unexpectedly** 不意に現れる.
**2** [文全体を修飾] 意外なことに ‖
**Unexpectedly**, she was there. 意外なことに彼女がそこにいた.

**un・fail・ing** /ʌnféiliŋ/ アンフェイリング/ 形 《正式》**1** 尽きない, 常に変わらない；無尽蔵の ‖
with **unfailing** interest 尽きない興味を持って.
**2** 確かな, 間違いのない；信頼できる.

**un・fair** /ʌnféər/ アンフェア/ 形 **1** 不公平な, 片寄った；不当な ‖
receive **unfair** treatment 不公平な扱いを受ける.
That's **unfair**, isn't it? それはないよ, 納得いきません
**2** 不正な ‖
**unfair** (business) practices 不正商取引.
**un・fáir・ly** 副 不公平に；不当に.

**un・faith・ful** /ʌnféiθfl/ アンフェイスフル/ 形 **1** (まれ)忠実でない, 不誠実な, 信義に反する. **2** 不貞な.

**un・fa・mil・iar** /ʌnfəmíljər/ アンフェミリャ/-iə -ミリア/ 形 **1** 〈物・事が〉未知の, なじみの薄い ‖
The place was **unfamiliar** to me. その場所のことはよく知らなかった.
**2** 〈人が〉精通していない, 慣れていない, 親しくない ‖
She is **unfamiliar** with the subject. 彼女はその問題に精通していない.

**un・fas・ten** /ʌnfǽsn/ アンファスン/ |-fɑ́ːsn/ -ファースン/ 動 他 …をはずす, ほどく；…をゆるめる；…を開く ‖
**unfasten** (the buttons of) a jacket 上着のボタンをはずす.

**un・fa・vor・a・ble,** (英) **--vour-** /ʌnféivərəbl/ アンフェイヴァラブル/ 形 **1** 好ましくない, 不都合な, 不利な ‖
The weather was **unfavorable** for taking off. 離陸には不向きな天気だった.
**2** 好意的でない, 反対の；否定的な ‖
an **unfavorable** review of a book 好意的でない書評.

**un・feel・ing** /ʌnfíːliŋ/ アンフィーリング/ 形 《正式》思いやりのない, 冷酷な.

**un・fin・ished** /ʌnfíniʃt/ アンフィニシュト/ 形 未完成の ‖
leave homework **unfinished** 宿題を途中でほうっておく.

**un・fit** /ʌnfít/ アンフィト/ 形 〖比較〗--fit・ter, 〖最上〗--fit・test) **1** 適さない, 不向きな, 資格[能力]に欠ける ‖
a playground (which is) **unfit for** baseball 野球に向かない運動場.
be **unfit to** be a lawyer. 弁護士には向かない.
**2** 健康でない.

**un・fold** /ʌnfóuld/ アンフォウルド/ 動 他 **1** …を広げる, 開く(↔ fold) ‖
**unfold** a letter 便せんを開く.
**2** 《正式》…を明らかにする, 打ち明ける；[**unfold itself**]〈物語などが〉展開する, 明らかになる.
――自 **1** 〈物語・風景などが〉展開する, はっきりしてくる ‖
A splendid view **unfolded** before my eyes. すばらしい眺めが目の前に広がった.
**2** 〈つぼみが〉開く.

**un・fore・seen** /ʌnfɔːrsíːn/ アンフォースィーン/ 形 予期しない, 思いがけない.

**un・for・get・ta・ble** /ʌnfərgétəbl/ アンファゲタブル/ 形 忘れられない ‖
my most **unforgettable** figure 私のいちばん思い出に残る人物.

**un・for・tu・nate** /ʌnfɔ́ːrtʃənət/ アンフォーチュナト/ 形 **1** 不運な, 不幸な；不幸をもたらす(↔ fortunate) ‖
an **unfortunate** man 不運な男.
**unfortunate** children 恵まれない子供たち.
an **unfortunate** decision 不幸な(結果となる)決定.
He was **unfortunate** in missing the last train. =He was **unfortunate** to miss the last train. =It was **unfortunate** that he missed the last train. 運悪く彼は最終列車に乗り遅れた.
**2** 不適当な, 適切でない；遺憾(いかん)な ‖
an **unfortunate** speech 不適当な[嘆かわしい]演説.

\*un·for·tu·nate·ly /ʌnfɔ́ːrtʃ(ə)nətli アンフォーチュナトリ/
——副 1 [文全体を修飾] 不運にも, 残念ながら, あいにく(↔ fortunately) ‖
Unfortunately(\), she refused to come. あいにく彼女は来ることを拒否した.
対話 "Are you coming to the meeting next Tuesday?" "I'd like to, but unfortunately I'll be busy." 「今度の火曜日会合に来てくれますか」「出たいのですが, あいにく忙しいのです」.
2 不幸なほどに ‖
live unfortunately みじめな生活をする.

un·found·ed /ʌnfáundid/ 形 1 〈考え・罪状などが〉根拠のない, 事実無根の. 2 まだ確立していない.

un·friend·ly /ʌnfréndli/ 形 友好的でない, 友情のない, 敵意のある.

un·furl /ʌnfɔ́ːrl/ 動 (文) 他〈帆を広げる, 張る, 〈旗〉を揚げる. ——自〈帆〉が広がる, 〈旗〉が揚る.

un·gain·ly /ʌngéinli/ 形 (時に 比較 --li·er, 最上 --li·est) (正式) 見苦しい, ぎこちない.

un·grate·ful /ʌngréitfl/ 形 感謝しない, 恩知らずの ‖
It was ungrateful of me to say that to her. =I was ungrateful to say that to her. 彼女にそんなことを言うなんてぼくは恥知らずだった.

un·guard·ed /ʌngɑ́ːrdid/ 形 (正式) 1 無防備の, 警備員のいない. 2 油断した, 不注意な.

un·hap·pi·er /ʌnhǽpiər/ 形 → unhappy.

un·hap·pi·est /ʌnhǽpiist/ 形 → unhappy.

un·hap·pi·ly /ʌnhǽpili/ 副 1 不幸に, みじめに, 悲しく ‖
live unhappily みじめな生活をする.
2 (正式) [文全体を修飾] 不幸にも, 不運にも, あいにく ‖
Unhappily(\), he was seriously injured. 不幸にも彼は大けがをした.
3 不適切に, まずく.

un·hap·pi·ness /ʌnhǽpinəs/ アンハピネス/ 名 U 不幸, 不運, 悲哀.

\*un·hap·py /ʌnhǽpi/ アンハピ/ [→ happy]
——形 (比較 --pi·er, 最上 --pi·est) 1 不幸な; 悲しい, 不満な ‖
have an unhappy boyhood 不幸な少年時代を送る.
have an unhappy look 悲しそうな顔をする.
People were unhappy with the king. 人々は国王に不満だった.
She felt unhappy to hear that. 彼女はそれを聞いてみじめな気持ちになった.
2 不運な, あいにくの ‖
in an unhappy moment 折悪く.

un·harmed /ʌnhɑ́ːrmd/ アンハームド/ 形 損なわれていない, 無傷の, 無事な.

un·health·y /ʌnhélθi/ アンヘルスィ/ 形 (比較 --i·er, 最上 --i·est) 1 健康でない, 病弱な ‖
an unhealthy child 虚弱な子供.
2 病的な, 不健康を表す. 3 健康によくない, からだに悪い. 4 不健全な, 有害な.

un·heard /ʌnhɔ́ːrd/ アンハード/ 《◆ 名詞の前ではふつう /-/》形 1 聞こえない, 聞き取れない. 2 聞いてもらえない; 弁明を許されない.
gò unhéard 〈声などが〉聞こえない; (正式) 傾聴されない, 無視される.

un·heard-of /ʌnhɔ́ːrdəv アンハーダヴ/ -ɔ̀v -ハードヴ/ 形 1 今まで聞いたことがない, 無名の. 2 前代未聞の.

un·hinge /ʌnhíndʒ/ アンヒンヂ/ 動 (現分 --hinging) 1 〈心〉を乱す; [通例 be ~d]〈人が〉錯乱している.

un·ho·ly /ʌnhóuli/ アンホウリ/ 形 1 邪悪な, 罪深い; 不敬な. 2 (略式) ひどい, ひどく不快な; とんでもない.
unhóly alliance (悪事を行うための)不自然な同盟, 野合.

un·hook /ʌnhúk/ アンフク/ 動 他 1 …をかぎからはずす. 2 …のかぎをはずす; 〈衣服などの〉ホックをはずす.
——自 かぎ[ホック]がはずれる.

UNICEF /júːnisèf ユーニセフ/ 《United Nations International Children's Emergency Fund》名 国連児童基金, ユニセフ《◆現在は United Nations Children's Fund だが略称は同じ》.

u·ni·corn /júːnikɔ̀ːrn ユーニコーン/ 名 1 C 一角獣《額の中央にねじれた角を持つ馬に似た想像上の動物》. 2 U 《紋章》一角獣《◆英国王室の紋章では, ライオンと一角獣が両方から王室の楯(⊊)を支えている》.

u·ni·den·ti·fied /ʌ̀naidéntəfàid アナイデンティファイド/ 形 (正式) 〈人・物・事が〉未確認の, 身元[正体]不明の.

unicorn 1

unidéntified flýing óbject =UFO.

u·ni·fi·ca·tion /jùːnəfikéiʃən ユーニフィケイション/ 名 U (正式) 統合; 統一, 単一化.

\*u·ni·form /júːnəfɔ̀ːrm ユーニフォーム/ 《1つの (uni)形(form). cf. reform, conform》
——形 (正式) 1 同形の, そろいの; 一様な, 均一の, むらのない ‖
boxes (which are) uniform in size =boxes of uniform size 同一サイズの箱.
These products are uniform in quality. これらの生産品は品質が同じだ.
2 一定の, 不変の, 規則正しい(constant) ‖
at a uniform pace 一定のペースで.
turn round at a uniform rate 一定の速度で回転する.
3 変わることのない, 同じの ‖
a man of uniform kindness いつも変わらず親切な人.
——名 (複 ~s/-z/) C U 制服, ユニフォーム, 軍

服 ‖
**in uniform** 制服で, 制服の.
**out of uniform** 私服で, 私服の.
The girl is in her school **uniform**. その少女は学校の制服を着ています.

**u·ni·formed** /júːnəfɔːrmd ユーニフォームド/ 形 制服を着た.

**u·ni·form·i·ty** /jùːnəfɔ́ːrməti ユーニフォーミティ/ 名 U (正式) **1** 一様であること, 均一性, 画一性. **2** 単調さ.

**u·ni·fy** /júːnəfài ユーニファイ/ 動 (三単現) ~·ni·fies /-z/; (過去·過分) ~·ni·fied/-d/) 他 (正式) **1** …を1つにする, 統合する. **2** …を一様にする, 画一化する.

**u·ni·lat·er·al** /jùːnəlǽtərəl ユーニラタラル/ 形 (正式) 一方[片側]だけの; 単独の ‖
**unilateral** disarmament 単独軍縮.

**un·im·por·tant** /ʌ̀nimpɔ́ːrtənt アニンポータント/ 形 重要でない, つまらない, 取るに足りない.

**un·in·hab·it·ed** /ʌ̀ninhǽbətid アニンハビティド/ 形 人の住んでいない, 無人の.

**un·in·stall** /ʌ̀ninstɔ́ːl アニンストール/ 動 〘コンピュータ〙 自他 〈ソフトを〉アンインストールする〘組み込んだソフトを削除する〙.

**un·in·tel·li·gi·ble** /ʌ̀nintélidʒəbl アニンテリヂブル/ 形 (正式) 理解できない, わけのわからない; 判読できない.

**un·in·ter·est·ed** /ʌ̀níntərəstid アニンタレスティド/ 形 無関心な, 無頓着(とんじゃく)な, 関心を示さない; 利害関係のない (cf. *disinterested*).

**un·in·ter·rupt·ed** /ʌ̀nintərʌ́ptid アニンタラプティド/ 形 とぎれない, 連続した, 絶え間ない;〈風景などが〉さえぎられない.

\***u·nion** /júːnjən ユーニョン/ 〘1つ(uni)であること(ion). cf. *unity*, *unite*〙

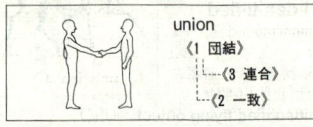

union
《1 団結》
《3 連合》
《2 一致》

── 名 (複 ~s/-z/) **1** U (正式) 結合, 合体, 団結 ‖
the **union** of the two cities into one 2都市の合併.
the **union** of strength and beauty 強さと美しさの組み合わせ.

**2** U 一致, 調和, 和合 ‖
live together in perfect **union** この上なく仲むつまじく暮らす.

**3** C **a** 同盟, 組合, 連合 ‖
the Univérsal Póstal **Ùnion** 万国郵便連合.
**b** C 〘集合名詞; 単数・複数扱い〙 労働組合 ‖

**4 a** 〘しばしば U~〙C 連邦, 連合国家 ‖
the **Union** of Soviet Socialist Republics ソビエト社会主義共和国連邦.
**b** 〘the U~〙〘米史〙(南北戦争時の)米国; 北部諸州; アメリカ合衆国(the United States of America); イギリス連合王国(the United Kingdom); ソビエト連邦(the Soviet Union).

**5** C U (文) 結婚, 結びつき.

**únion càtalog** 〘(英) **càtalogue**〙 (2つ以上の図書館の)総合目録.

**Únion flàg** 〘**Flàg**〙 = Union Jack.

**Únion Jáck** 〘the ~〙 英国国旗, ユニオン=ジャック.

Q&A **Q**: どのようにして英国国旗ができたのですか.
**A**: イングランドの St. George (図の1), スコットランドの St. Andrew (図の2), アイルランドの St. Patrick (図の3)の3つの十字(cross)の旗を組み合わせて Union Jack (図の4)となったのです.

**únion shòp** ユニオン=ショップ《従業員は一定期間内に労働組合に加入する規定になっている事業所》.

**u·nion·ize** /júːnjənàiz ユーニョナイズ/ 動 (現分) ~·niz·ing) 他 自 **1** (工場などに)労働組合をつくる; 〈労働者を〉労働組合に組織する. **2** 〈労働者を[が]〉労働組合に加入させる[する].

\***u·nique** /juːníːk ユーニーク/ 〘一つ(uni)の(que). cf. *uni/on*, *unit*〙
── 形 (比較 more ~, 時に u·niqu·er; 最上 most ~, 時に u·niqu·est) **1** 唯一の(sole), 独特の; 特有の ‖
a plant **unique** to that country その国特有の植物.
He has a **unique** personality. 彼には(他人にない)独特の個性がある.

**2** 類のない, 無比の; すばらしい ‖
a **unique** opportunity 絶好の機会.

**3** (略式・非標準) たいへん珍しい, ふつうでない, ユニークな (unusual) ‖
a **unique** personality ユニークな個性.

対話 "So you're the first woman manager in the company?" "Yes. It's still very **unique** in this country." 「それじゃあなたは会社で初めての女性部長ですか」「ええ. この国では今でもきわめてまれなんですよ」.

**u·ni·sex** /júːnəsèks ユーニセクス/ 形 名 U 〈服・髪型などが〉男女の区別がない(こと), 男女両用(の).

**u·ni·son** /júːnəsn ユーニスン, -zn/ 名 U **1** 〘音楽〙ユニゾン, 同音; 斉(せい)唱, 斉奏. **2** (正式) 一致, 調和.

**in únison** 〘文中・文尾で〙同音で; 斉唱で, 斉奏で; 一致して, 調和して; 異口同音に, 一斉に.

\***u·nit** /júːnit ユーニト/ 〘unity からの逆成〙
── 名 (複 ~s/-nits/) C **1** (正式) 1つの物, 1個; 1人 ‖

Five more **units** of it are necessary. それと同じ物がもう5個必要だ.

**2** [集合名詞; 単数・複数扱い] **(構成)単位**, 1団; [軍事] 隊; 部隊 ‖

The family is a social **unit**. 家族は社会の単位である.

This building is divided into ten living **units**. この建物は10世帯が生活できるよう区分けされている.

**3** (計量の)**単位** ‖

a **unit** of length 長さの単位.

**4** 〔数学〕(数の)1; 1の位.

**5** [しばしば ~s; 通例複合語で] 部分, 部署; 装置, 設備; (家具などの)ユニット ‖

the reservation **unit** of International Airlines 国際線航空会社の予約係.

storage **units** in a computer コンピュータの記憶装置.

kitchen **units** キッチンユニット.

**6** (学科目の)単位; (学習の)単元.

**U·ni·tar·i·an** /jùːnitέəriən ユーニテアリアン/ 名 C 〔キリスト教〕ユニテリアン, キリスト教ユニテリアン派の信者《三位一体説に反対しキリストの神性を否定》.
―― 形 ユニテリアン派の.

**u·nite** /juːnáit ユナイト/ 動 (現分 ~·nit·ing) 他 **1** …を結合する, 合体させる, 接合する(↔ disunite)《◆ join together より堅い語》‖

**unite** the factions of the party 党の各派を合同させる.

**2** …を結びつける, 団結させる ‖

The threat of a foreign attack **united** the whole country. 外国から攻撃されそうな気配に国じゅうが結束した.

―― 自 **1** 結合する, 一体になる, 接着する ‖

Oil will not **unite with** water. 油は水とは混ざらない.

**2** 団結する, 一致する; 協力してする《◆ act together より堅い語》‖

The opposition parties **united** in criticizing the policy. 野党は結束してその政策を批判した.

**u·nit·ed** /juːnáitid ユナイティド/ 動 → unite.
―― 形 **1** 結合した; 連合した.

**2** 団結した, 結束した(↔ divided).

**3** (精神的に)結ばれた, 和合した ‖

a **united** family 仲の良い家族.

**United Kingdom** [the ~] 連合王国, イギリス, 英国(略) UK(→ England).

**United Nations** [the ~] (1) [単数扱い] 国際連合(略) UN)《1945年設立. 本部 New York 市》. (2) 反枢軸(ᐞ) 連合国《1942年ワシントン宣言に署名した26か国》.

United Nations の旗

[Q&A] **Q** : 国連の公用語は?

**A** : 英語・フランス語・ロシア語・中国語・スペイン語・アラビア語の6つです.

**United Státes (of América)**《◆ しばしば Únited Státes》
―― 名 [the ~; 単数扱い] **アメリカ合衆国**, 米国(略 US, USA)《(1) 文字どおりに「合州国」と表記することもある. (2) 単に the States ともいう》(→ America **1**).

**u·ni·ties** /júːnətiz ユーニティズ/ 名 → unity.

**u·ni·ty** /júːnəti ユーニティ/ 〚 ← unite〛
―― 名 (複 ~·nit·ies/-z/)(正式) **1** U **単一(性), 統一(性), 結束性**; C **統一体**, 個体 ‖

**Unity** is strength. 団結は力なり.

**2** U C (芸術作品における諸要素の)効果の配列, まとまり; その効果 ‖

His essay lacks **unity**. 彼の随筆にはまとまりがない.

**3** U (目的・行動などの)一貫性.

**4** U 調和, 和合, 一致 ‖

live in **unity** 仲良く暮らす.

**univ.** (略) universal; university.

**Univ.** (略) university.

**u·ni·ver·sal** /jùːnəvə́ːrsl ユーニヴァースル/ 〚→ universe〛
―― 形 [通例名詞の前で] **1 全世界の, 万人に通じる, すべてに及ぶ, 普遍的な**(general); 至る所に存在する ‖

a **universal** language 世界共通語.

a subject of **universal** interest 万人が関心をもっている話題.

a **universal** shortage of nurses 全国的な看護師不足.

Happiness is a **universal** aspiration. 幸福は万人が切望するものである.

[対話] "Japanese people are uniquely kind to strangers." "I don't think so. Kindness to others is **universal**." 「日本人が知らない人に親切にするのは独特のものがあるね」「そうかなあ. 人に親切にするのはだれにも共通したことだよ」.

**2 全員の, 全員に関する, 一般的な** ‖

by **universal** request 全員の要請(ᐞ)で.

a **universal** practice among primitive peoples 原始民族の間での一般的慣習.

[対話] "Everyone is interested in the environment these days." "Yes, it has become a **universal** concern." 「このごろはだれもが環境のことに興味をもっているね」「そう, 環境のことが皆の関心事になりました」.

**3** 〈人が〉**万能の, 博識の,** (学問などが)**多方面にわたる** ‖

a **universal** genius 万能の天才.

**4** 〈機械・道具などが〉あらゆる目的[用途]にかなう, 自在の, 万能の. **5** 宇宙の.

**u·ni·ver·sal·ly** /jùːnəvə́ːrsəli ユーニヴァーサリ/ 副 普遍的に, 例外なく; 至る所に.

**u·ni·verse** /júːnəvəːrs ユーニヴァース/ 〚1つに (uni)回る (verse). cf. converse〛

㉟ universal（形）
── 名（複 --vers・es/-iz/）**1** [the ~ / the U~]（存在するすべてのものとしての）**宇宙**, 森羅(しん)万象《秩序ある体系としての宇宙は cosmos》‖
The **universe** is limitless. 宇宙は無限です.
**2** Ⓒ 銀河系, (天文学的)宇宙.
**3** [the ~] 全世界, 全人類.

**u・ni・ver・si・ties** /jùːmənvə́ːrsətiz ユーニヴァースィティズ/ 名 → university.

*u・ni・ver・si・ty /jùːmənvə́ːrsəti ユーニヴァースィティ/《《(学者と学生が)1つに(uni)回る(verse)ところ(ity)》》
── 名（複 --si・ties/-z/）**1** Ⓒ **大学**《college に対し（上級の）学位授与の権限を持つ総合大学》‖
be **at** (the) **university** 大学に在学中である《♦ the の省略な（英）》.
**go to** (the) **university** ＝go to a university 大学へ通っている《♦ the は (英) では省略されるのがふつう. (米) では go to college がよく用いられる》.

Q&A **Q**：大学名の英語は, 例えば「京都大学」の場合, The University of Kyoto と Kyoto University という2つの形があるようですが, どう違いますか.
**A**：前者の方は (正式) で堅い表現です. 日常的には後者の方が一般的です. しかし, 大学は主として地名を取って大学名にした場合で, 人名などの場合は ˣthe University of Yale, ˣthe University of Meiji とはふつういわず, Yale University, Meiji University しか用いられないようです.

**2** [the ~; 集合名詞; 単数・複数扱い] 大学の構成員《学生と大学当局》.
**3** [形容詞的に] 大学の‖
a **university** student 大学生.
**Univérsity Cóllege** ユニヴァーシティーカレッジ《オックスフォード大学・ロンドン大学のカレッジの1つ. それぞれ1249年, 1827年創設》.

**un・just** /ʌ̀ndʒʌ́st アンヂャスト/ 形 不当な, 不公平な, 不正な‖
an **unjust** trial 不公平な裁判.
**ùn・júst・ness** 名 Ⓤ 不当, 不正.
**un・just・ly** /ʌ̀ndʒʌ́stli アンヂャストリ/ 副 [時に文全体を修飾] 不当に(も), 不公平に(も).
**un・kempt** /ʌ̀nkémpt アンケンプト/ 形 **1**〈髪など〉とかしていない. **2** (正式)〈人が〉だらしない身なりの;〈服装などが〉乱れた,〈庭などが〉手入れをしていない.

*un・kind /ʌ̀nkáind アンカインド/《[→ kind]》
── 形（比較 more ~, ~・er; 最上 most ~, ~・est）不親切な, 思いやりのない, 冷酷な(↔ kind) ‖
an **unkind** comment 思いやりのない意見.
**un・kínd・ness** 名（複 ~・es/-iz/）Ⓤ 不親切; Ⓒ 不親切な行為.
**un・kind・ly** /ʌ̀nkáindli アンカインドリ/ 副 **1** 不親切に, 冷酷に (↔ kindly)‖
**2** 思いやりのないように‖
take the remark **unkindly** その発言を悪くとる.

*un・known /ʌ̀nnóun アンノウン/《♦ 名詞の前で使うときはふつう /⌒-/ 》[→ know]
── 形 **1** 知られていない, 未知の, 無名の‖
an **unknown** artist 無名の画家.
The town **was unknown to** me. その町を私は知らなかった(=I didn't know the town.).
**2** 未確認の, 不明の; 計り知れない‖
an **unknown** amount of water 大量の水.
The cause of the accident is **unknown**. 事故の原因は不明だ.
対話 "Do you have any idea when they first came here to live?" "It's completely **unknown**."「彼らがいつここに住みつくようになったか知っていますか」「それは全くわかりません」.
── 名 Ⓒ **1** 知られていない人[物], 無名の人;[通例 the ~] 未知のもの, 未知の世界. **2** [数学] 未知数; 未知数の記号.

**un・lace** /ʌ̀nléis アンレイス/ 動（現分 --lac・ing）他〈靴など〉のひもを解く[ゆるめる].
**un・law・ful** /ʌ̀nlɔ́ːfl アンローフル/ 形 不法な, 違法な.
**un・lead・ed** /ʌ̀nlédid アンレディド/ 形〈ガソリンなどが〉無鉛の.
**un・leash** /ʌ̀nlíːʃ アンリーシュ/ 動（三単現 ~・es /-iz/）他 **1** …の革ひも[綱]を解く;〈犬の鎖を解いて〉けしかける. **2**（正式）〈感情など〉を爆発させる.

*un・less /ʌnlés アンレス, (英+) ʌn-/ [on [at] less (than) の変形]
── 接 もし(…し)なければ, しない限り, する場合のほか (if not)‖
He works late at night **unless** (he's) too tired. 彼はあまり疲れていなければ夜遅くまで働きます.
**Unless** it rains, I will go. 雨が降らなければ行きます.

Q&A **Q**：unless と if not はどう違いますか.
**A**：だいたい同じ意味ですが unless は if not より堅い語で,「…でない場合に限り」とか「…という条件の場合を除いて」という排除的な意味が強い, と考えればいいでしょう.

*un・like /ʌ̀nláik アンライク/《♦ 名詞の前で使うときはふつう /⌒-/ 》[→ like²]
── 形（比較 more ~, 最上 most ~）似ていない, 違った;〈強さ・大きさが〉同じでない‖
The twins are completely **unlike**. その双子は全く似ていない.
**unlike** signs 異符号, ＋と−の(記号).
very **unlike** situations きわめて異なった状況.
── 前 **1** …に似ていないで, …と違って‖
The portrait is **unlike** her. その肖像画は彼女に似ていない.
**Unlike** his father, he enjoys singing. 父親と違って彼は歌うのが好きだ.
**2** …らしくない‖
対話 "And when I asked him about it he got angry." "He never gets angry. That was very **unlike** him."「それにそのことを聞くと

**unlikely**

彼が怒ったんだ」「彼は怒ったりしない人だよ．それは全然彼らしくないことだな」．

——接 [unlike in A] (米略式) (…におけるのと)違って (↔ as in).

**un·like·ly** /ʌnláikli アンライクリ/ 形 (時に 比較 -li·er, 最上 -li·est) **1** ありそうもない；思いがけない，予想もしない；[be unlikely to do] …しそうもない (↔ likely) ‖
That's **unlikely**! まさか．
It is **unlikely** that she misunderstood you. 彼女が君のことを誤解したとは考えられない．
He is most **unlikely** to arrive in time. 彼はとても間に合いそうもない．
**2** 見込みのない，成功しそうにない ‖
bet on an **unlikely** horse 勝ちそうにない馬に賭（*）ける．

**un·lim·it·ed** /ʌnlímitid アンリミティド/ 形 **1** 限際のない，果てしない (↔ limited) ‖
**unlimited** possibilities 無限の可能性．
**2** 無制約の，無条件の ‖
a government of **unlimited** power 絶大な権力を持つ政府．

**un·load** /ʌnlóud アンロウド/ 動 他 **1** …を降ろす；…の荷を降ろす ‖
**unload** cargo 積荷を降ろす．
**unload** the ship 船の荷を降ろす．
**2** (略式) …を取り除く；…を打ち明ける；…を押しつける ‖
**unload** one's troubles to a friend 友人に悩み事を打ち明ける．
**3** 〈フィルム〉をカメラから抜く；〈弾丸〉を鉄砲から抜く．
—自 **1** 〈船が〉船荷を降ろされる．**2** 弾丸を抜き取る，フィルムを抜き取る．

**un·lock** /ʌnlák アンラク/ -lɔ́k 動 他 …の錠をあける；〈鍵〉をあける．—自 錠があく．

**un·looked-for** /ʌnlúktfɔːr アンルクトフォー/ 形 (正式) 思いがけない，意外な．

**un·luck·i·er** /ʌnlʌ́kiər アンラキア/ 形 → unlucky.

**un·luck·i·est** /ʌnlʌ́kiist アンラキイスト/ 形 → unlucky.

**un·luck·i·ly** /ʌnlʌ́kili アンラキリ/ 副 [しばしば文全体を修飾] 不運にも，あいにく．

\***un·luck·y** /ʌnlʌ́ki アンラキ/ 〖→ lucky〗
—形 (比較 -i·er, 最上 -i·est) **1** 運が悪い，ついていない；うまくいかない (↔ lucky) ‖
an **unlucky** person 運の悪い人．
an **unlucky** year for the team チームにとって不運な年．
I was **unlucky**. I missed the train just by one minute. ついていなかった．1分違いで列車に乗り遅れた．
It was **unlucky** that he lost the election. 運悪く彼は選挙に負けた．
**2** 不吉な，縁起の悪い ‖
an **unlucky** number 縁起の悪い数字《キリスト教文化圏での13など》．

**un·mar·ried** /ʌnmǽrid アンマリド/ 〈名詞の前で使うときはふつう /-—/〉 形 独身の，未婚の．

**un·men·tion·a·ble** /ʌnménʃənəbl アンメンショナブル/ 形 (下品で) 話題にすべきでない．

**un·mis·tak·a·ble** /ʌnmistéikəbl アンミステイカブル/ 形 間違えようのない，明白な．

**un·moved** /ʌnmúːvd アンムーヴド/ 形 **1** 心を動かされない；あわれみの情のない．**2** 決心を変えない，断固たる．

**un·nat·u·ral** /ʌnnǽtʃərəl アンナチュラル/ 形 **1** 不自然な，自然の理に反する；異常な (↔ natural) ‖
a bird of **unnatural** size 異常な大きさの鳥．
**2** 社会通念に反する，人倫にはずれた．
**3** 《文》人情に反する，非人間的な ‖
an **unnatural** mother 情愛に欠ける母親．
**4** わざとらしい，人為的な ‖
an **unnatural** smile 作り笑い．

**un·nat·u·ral·ly** /ʌnnǽtʃərəli アンナチュラリ/ 副 **1** 不自然に；異常なほど．**2** 社会通念に反して，人情に反して．**3** わざとらしく．
**nót unnáturally** [文全体を修飾] 無理もないことだが．

**un·nec·es·sar·i·ly** /ʌ̀nnèsəsérəli アンネセセリリ | ʌnnésəsəri アンネセサリリ/ 副 不必要に，むだに．

\***un·nec·es·sar·y** /ʌnnésəsèri アンネセセリ | ʌnnésəsəri アンネセサリ/ 〖→ necessary〗

unnecessary 《不必要な》

—形 [通例補語として] **不必要な**，余計な，無用な；[通例名詞の前で] 必要以上の，過度の ‖
with **unnecessary** care 必要以上に注意して．
make an **unnecessary** trip むだ足を運ぶ．
It is **unnecessary** for you to apologize. あなたは謝る必要はない (♦ \*You are unnecessary to apologize. とはいわない)．
対話 "I'm sorry I was late." "Apologies are **unnecessary**. Just be more careful next time." 「遅れてすみませんでした」「弁解は無用だ．次からはもっと注意してくれ」．

**un·nerve** /ʌnnə́ːrv アンナーヴ/ 動 (現分 -nerving) 他 (正式) …の気力を失わせる；…をびっくりさせる．

**un·no·ticed** /ʌnnóutəst アンノウティスト/ 形 気づかれない；顧みられない；人目につかない ‖
The happening passed **unnoticed**. そのできごとは気づかれないままになった．

**un·ob·served** /ʌ̀nəbzə́ːrvd アノブザーヴド/ 形 気づかれない；〈規則などが〉守られていない；無視された．

**un·ob·tru·sive** /ʌ̀nəbtrúːsiv アノブトルースィヴ/ 形 (正式) 人目につかない，慎み深い，遠慮がちな．

**un·oc·cu·pied** /ʌnákjəpaid アナキュパイド | -ɔ́k- アノキュ-/ 形 **1** 占有されていない，あいている．**2** 〈人・心などが〉働いていない；暇な (↔ busy)．

**un·of·fi·cial** /ʌ̀nəfíʃl アノフィシャル/ 形 **1** 〈婚約など

# unorthodox

が正式でない. **2** 〈報告などが〉非公式な; 公認されていない.

**ùn·of·fí·cial·ly** 副 非公式に.

**un·or·tho·dox** /ʌnɔ́:rθədɑks アノーソダクス | -dɔ́ks -ドクス/ 形 **1** 〈宗教·信念·行動·習慣が〉正統的でない, 伝統的[慣習的]でない. **2** 不法な, 非倫理的である. 反対語. orthodox.

**un·pack** /ʌnpǽk アンパク/ 動 他 …を開いて中の物を取り出す. ― 自 荷を解く, (トランクなどから)中の物を取り出す.

**un·paid** /ʌnpéid アンペイド/ 形 **1** 未払いの. **2** 無給の, 名誉職の.

**un·par·al·leled** /ʌnpǽrəlèld アンパラレルド/ 形 (正式) 並ぶもののない, 無比の, 無類の.

***un·pleas·ant** /ʌnpléznt アンプレズント/ 形 〖→pleasant〗
 ― 形 不愉快にさせる, 不快な, いやな ∥
 an unpleasant person いやなやつ.
 an unpleasant job おもしろくない仕事.
 対話 "Did you have a good time on the trip?" "No, the weather was unpleasant."
 「旅行は楽しかったですか」「いいえ, 天気がおもわしくなかったのでね」.

Q&A　*Q*: 「私は不愉快だ」というのを I'm unpleasant. と言ったら誤りと言われました.
*A*: これは人に対して「不快な気持ちを起こさせる」という他動詞的な語だからです. I am not pleased. としたらいいでしょう.

**un·pléas·ant·ly** 副 不愉快に.
**un·pleas·ant·ness** /ʌnpléznənəs アンプレズントネス/ 名 (複 ~·es/-iz/) **1** Ⓤ 不愉快, 不快感. **2** Ⓤ Ⓒ **a** 不愉快なこと. **b** 言い争い; 不和.
**un·pop·u·lar** /ʌnpɑ́pjələr アンパピュラ | -pɔ́p- -ポピュラ/ 形 人気がない, 不評の, はやらない ∥
 The teacher is unpopular with his pupils.
 その先生は生徒に人気がない.
**un·prec·e·dent·ed** /ʌnprésidəntid アンプレスィデンティド/ 形 (正式) 先例のない, 空前の; 無比の; 新奇な.
**un·pre·dict·a·ble** /ʌnpridíktəbl アンプリディクタブル/ 形 予測できない; 変わりやすい; 意外性のある.
**un·pre·pared** /ʌnpripéərd アンプリペアド/ 形 **1** 準備なしの, 即席の. **2** 準備ができていない. **3** 覚悟ができていない, 態勢が整っていない.
**un·pro·voked** /ʌnprəvóukt アンプロヴォウクト/ 形 〈攻撃·敵意などが〉挑発によるものでない.
**un·qual·i·fied** /ʌnkwɑ́ləfaid アンクワリファイド | -kwɔ́l- -クウォリファイド/ 形 **1** 資格のない, 無資格の; 不適任な. **2** 〈批判などが〉率直な. **3** 制限のない, 手加減しない; 全くの, 徹底的な.
**un·ques·tion·a·ble** /ʌnkwéstʃənəbl アンクウェスチョナブル/ 形 (正式) 疑問の余地のない, 確かな. **2** 申し分のない, 文句なしの.
**un·ques·tion·a·bly** /ʌnkwéstʃənəbli アンクウェスチョナブリ/ 副 (正式) 疑いなく, 明らかに.
**un·quote** /ʌnkwóut アンクウォウト/ 自 (現分 --quot·ing) 自 引用を終わる 《◆指示·電文などで

# unsettle

quote と相関的に用いて引用文の終わりを示す》.
**un·rav·el** /ʌnrǽvl アンラヴル/ 動 (過去·過分 ~ed または (英) -rav·elled/-d/; 現分 -el·ing または (英) -el·ling) 他 **1** …をほどく, ほぐす. **2** …を解明する, 解く. **3** 〈計画など〉をだめにする. ― 自 ほどける, ほぐれる.
**un·re·al** /ʌnríəl アンリーアル | -rí:l -リール/ 形 《◆名詞の前で使うときはふつう /ʌ́n-/》 実在しない, 想像上の; 非現実的な.
**un·re·al·is·tic** /ʌnri:əlístik アンリーアリスティク | -riəl- -リアリスティク/ 形 非現実的な, 非現実主義の; 非実際的な.
**un·rea·son·a·ble** /ʌnrí:znəbl アンリーズナブル/ 形 **1** 理性的でない, 道理をわきまえない; 不合理な, 不当な ∥
 an unreasonable child 聞きわけのない子供.
 **2** 〈値段·要求などが〉法外な, 過度の.
**un·réa·son·a·bly** 副 **1** 無分別に; 〖文全体を修飾〗不合理なことだが. **2** 法外に.
**un·re·li·a·ble** /ʌnriláiəbl アンリライアブル/ 形 あてにならない, 信頼できない.
**un·rest** /ʌnrést アンレスト/ 名 Ⓤ (正式) **1** 不安, 心配.
**2** (社会的な)不安, 不満, 不穏(な状態) ∥
 social unrest 社会不安.
**un·ri·valed,** (英) **-valled** /ʌnráivld アンライヴルド/ 形 (正式) 比類ない, 比肩できない; 無敵の, このうえない.
**un·roll** /ʌnróul アンロウル/ 動 他 〈巻いたもの〉を解く.
― 自 〈巻いたものが〉解ける; (文) 〈思い出などが〉よみがえる.
**un·re·strained** /ʌnristréind アンリストレインド/ 形 《◆名詞の前ではふつう /ʌ́n-/》抑制されない; 気ままな.
**un·ru·ly** /ʌnrú:li アンルーリ/ 形 (時に 比較 -li·er, 最上 -li·est) 言うことをきかない; 手に負えない.
**un·safe** /ʌnséif アンセイフ/ 形 安全でない, 危険な.
**un·said** /ʌnséd アンセド/ 形 口に出されていない; 思っても口に出さない ∥
 leave it unsaid 言わないでおく.
**un·sat·is·fac·to·ry** /ʌnsætisfǽktəri アンサティスファクタリ/ 形 満足のゆかない, 不十分な.
**un·scathed** /ʌnskéiθd アンスケイズド/ 形 無傷の, 痛手を受けていない.
**un·screw** /ʌnskrú: アンスクルー/ 動 他 …のねじを抜く; …のねじをゆるめてはずす; 〈ふたなど〉を回してはずす.
― 自 ねじを抜く; ねじをゆるめてはずす.
**un·scru·pu·lous** /ʌnskrú:pjələs アンスクルーピュラス/ 形 (正式) 破廉恥(は*h*い)な, 無節操な, 無法な.
**un·seat** /ʌnsí:t アンスィート/ 動 他 **1** 〈人〉を落馬させる. **2** (正式) 〈議員など〉の議席を奪う; …を(公職から)追放する.
**un·seem·ly** /ʌnsí:mli アンスィームリ/ 形 (正式) 趣味の悪い; 似合わない; ふさわしくない.
**un·seen** /ʌnsí:n アンスィーン/ 形 **1** 気づかれない ∥
 an unseen error 見落とされた間違い.
 **2** 目に見えない.
**un·set·tle** /ʌnsétl アンセトル/ 動 (現分 --set·tling) 他 …を不安にさせる.

**un·set·tled** /ʌnsétld/ アンセトルド/《◆名詞の前で使うときはふつう /-/》動 → unsettle. ―形 1 不安定な, 乱れた. 2 〈天気などが〉変わりやすい.

**un·set·tling** /ʌnsétliŋ/ アンセトリング/ 動 → unsettle. ―形 動揺させるような, 混乱させるような.

**un·sight·ly** /ʌnsáitli/ アンサイトリ/ 形 (時に 比較 -li·er; 最上 --li·est) 《正式》見苦しい, 醜い(ugly); ひどい.

**un·skilled** /ʌnskíld/ アンスキルド/《◆名詞の前ではふつう /-/》形 1 熟練していない, 未熟な; /\へた, 粗雑な.

**un·sound** /ʌnsáund/ アンサウンド/《◆名詞の前ではふつう /-/》形 《正式》 1 健康でない, 不健全な. 2 〈建物などが〉堅固でない, くずれ[壊れ]そうな. 3 〈考えなどが〉根拠のない, あやふやな; 頼りにならない.

**un·speak·a·ble** /ʌnspíːkəbl/ アンスピーカブル/ 形 1 言葉に表せない. 2 ひどく悪い, たいへん不快.

**un·spo·ken** /ʌnspóukn アンスポウクン/ 形 1 暗黙の(うちに了解された). 2 言葉にして発せられない.

**un·sta·ble** /ʌnstéibl/ アンステイブル/ 〖→ stable〗 形 1 不安定な, ぐらつく ‖
an unstable relationship 変わりやすい関係.
2 気まぐれる, 無責任な, 情緒不安定な.

**un·stead·i·ly** /ʌnstédəli/ アンステディリ/ 副 不安定に; 変動して.

**un·stead·y** /ʌnstédi/ アンステディ/ 形 (比較 --i·er, 最上 --i·est) 1 不安定な, ぐらつく; ふらふらする ‖
You look rather **unsteady** on your feet. 足もとが危なっかしいじゃないか.
2 変わりやすい, 変動する; 頼りにならない ‖
**unsteady** winds 変わりやすい風.
3 不規則な, 一様でない ‖
an **unsteady** voice 不安定な声.

**un·suc·cess·ful** /ʌnsəksésfl/ アンサクセスフル/ 形 失敗した, うまく行かない, 不出来の.

**un·suit·a·ble** /ʌnsúːtəbl/ アンスータブル/ 形 適していない, 似合わない.

**un·sus·pect·ing** /ʌnsəspéktiŋ/ アンサスペクティング/ 形 《正式》疑っていない, 怪しまない, 信用している.

**un·tan·gle** /ʌntǽŋgl/ アンタングル/ 動 (現分 --tan·gling) 他 〈もつれた物〉をほどく.

**un·think·a·ble** /ʌnθíŋkəbl/ アンスィンカブル/ 形 《正式》 1 考えられない, 想像もできない. 2 ありえない; 問題外の.

**un·ti·dy** /ʌntáidi/ アンタイディ/ 形 (比較 --di·er, 最上 --di·est) 1 だらしない, きちんとしていない(↔ tidy). 2 乱雑な, 散らかった.

**un·tie** /ʌntái/ アンタイ/ 動 (過去·過分 ~d; 現分 --ty·ing) 他 …をほどく; …のひもをほどく.

*****un·til** /ʌntíl/ アンティル, ʌn-, 《時に》ǎntil, 《弱》-tl/ 〖『終わりまで』が原義〗(→ till Q&A)
──前 1 [主に肯定文で; 継続を表す動詞と共にその継続の終了時を示して] …まで(ずっと) ‖
**until** after midnight 真夜中すぎまで《◆ until はしばしば前置詞や「前置詞＋名詞」などを目的語にする》.
**until** recently 最近まで.
I waited **until** noon. 私は正午まで待った.
We've been having perfect weather **until** today. きょうまで天気は申し分なかった.
**Until** when are you staying? いつまでいるのですか(＝How long are you staying?).
対話 "When's a good time to call you?" "Anytime before 5:30. I'll be at the office **until** then." 「いつ電話すればいいの」「5時30分までだったらいつでもいいよ. それまで会社にいるから」.

2 [否定文で; 通例瞬間を表す動詞と共に] …まで(…しない) ‖
He won't come **until** five. 彼は5時まで来ないだろう.
I didn't sleep **until** midnight. 真夜中まで眠れなかった; 真夜中になってようやく眠りについた《◆強調構文は It was not **until** midnight *that* I slept.》.

Q&A *Q*: I won't be back until Monday. と言われたのですが, 月曜日には帰っているのでしょうか.
*A*: この例では「日曜日まで帰らない」→「月曜日(の朝)になったら帰る」と考えたらいいでしょう.

──接 1 [主に肯定文で; 継続を表す動詞と共にその継続の終了時を示して] [until の前にコンマを置かないで後ろから訳して] …するまで(ずっと); [until の前にコンマを置いて; 前から訳して] (…して)ついに ‖
Wait here **until** I come back. 帰って来るまでここで待っていてください.
He ate **until** he was full. 彼は腹いっぱいになるまで食べた.
Go straight on **until** you reach the station. 駅までずっとまっすぐ行きなさい.
She ran and ran, **until** (at last) she came to a small village. 彼女はどんどん走り, ついに小さな村にたどりついた.

2 [否定文で; 通例瞬間を表す動詞と共に] …するまで(…しない); [後ろから訳して] …して初めて(…する) (→ 前2) ‖
Tom didn't start to read **until** he was five. トムは5歳になるまで読書をしなかった; 5歳で初めて読書を始めた《◆書き言葉ではしばしば not until … 部分を文頭に出し疑問文と同じ語順にする: *Not until* he was five *did* Tom start to read.》.
She didn't come **until** the meeting was half over. 会議が半分終わったところでやっと彼女はやって来た.
対話 "We have to leave here by 6." "Okay, but don't leave **until** you say good-by." 「6時までにはここを出ないといけないのです」「わかりました. でも帰ると言ってから出てくださいよ」.

**un·time·ly** /ʌntáimli/ アンタイムリ/ 形 《正式》 1 時機を失した, 折の悪い; 時期はずれの, 季節はずれの ‖
an **untimely** remark 時機をわきまえない言葉.
2 早すぎる, 時期尚早(しょうそう)の ‖
an **untimely** death 早死.

**un·tir·ing** /ʌntáiəriŋ/ アンタイアリング/ 形 1 疲れを知らない. 2 不屈の, たゆまない.

**un·told** /ʌntóuld アントウルド/ 《◆名詞の前で使うときはふつう /=́/》形 **1** 語られていない；明らかにされていない ∥
an untold story 秘話.
**2** (文) 数えられない，無数の，ものすごい．

**un·touched** /ʌntʌ́tʃt アンタチト/ 形 **1** 触れられていない，手をつけていない；もとのままの；傷がついていない．**2** 言及されていない．**3** 心を動かされない；影響を受けない ∥
I was untouched by her story. 私は彼女の話に感動しなかった．

**un·tried** /ʌntráid アントライド/ 形 試みられていない，確かめられていない；未経験の．

**un·true** /ʌntrúː アントルー/ 形 **1** 事実に反する，うその．**2** 標準[規格]に合わない，不正確な．

**UNU** (略) United Nations University 国連大学．

**un·used¹** /ʌnjúːzd アニューズド/ 《◆名詞の前ではふつう /=́/》形 **1** 使われていない，利用されていない．**2** 未使用の，新しい．

**un·used²** /ʌnjúːst アニュースト/ 《◆to を伴うと /-juːstə/ となる》形 慣れていない ∥
She is unused to traveling alone. 彼女は一人旅に慣れていない．

***un·u·su·al** /ʌnjúːʒuəl アニニュージュアル/ [→ usual]
——形 **1** ふつうでない，異常な，まれな (abnormal) ∥
eyes of unusual size 異常に大きい目．
He is unusual. 彼は変わっている．
It is unusual for her to be late. 彼女が遅刻するなんて珍しい．
対話 "I knocked but nobody answered." "That's unusual. They're usually home at this time." 「ノックをしたのですが何の応答もないのです」「それは変だな．いつもはこの時間には家にいますよ」．
**2** 独特の．

**un·u·su·al·ly** /ʌnjúːʒuəli アニュージュアリ/ 副 異常に，珍しく；非常に ∥
He is unusually cross today. 彼はきょうはいつになく機嫌が悪い．

**un·veil** /ʌnvéil アンヴェイル/ 動 (正式) **1** …のベールを取る，覆いを取る；…の除幕式を行なう．**2** …を明らかにする，公(おおやけ)にする；[~ oneself] 正体を現す ∥
The new project was unveiled at the conference. その会議で新計画が公にされた．

**un·want·ed** /ʌnwɑ́ntid アンワンティド/ -wɔ́ntid -ウォンティド/ 形 求められていない，望まれない，不必要な．

**un·war·rant·ed** /ʌnwɔ́ːrəntid アンウォーランティド/ -wɔ́r- -ウォランティド/ 形 (正式) 正当性を欠く，不当な，公認[認可] されていない．

**un·wea·ried** /ʌnwíərid アンウィアリド/ 形 **1** 疲れていない，元気のある．**2** 疲れを知らぬ，不屈の．

**un·wel·come(d)** /ʌnwélkəm(d) アンウェルカム(ド)/ 形 歓迎されない；ありがたくない，いやな ∥
unwelcome(d) news いやな知らせ．

**un·wield·y** /ʌnwíːldi アンウィールディ/ 形 (正式) **1** (大きすぎたり重すぎたりして) 扱いにくい．**2** 〈人などが〉不格好な．

**un·will·ing** /ʌnwíliŋ アンウィリング/ 形 **1** [be unwilling to do] …する気がしない；[be unwilling for A to do] A〈人・物・事〉が…するのを好まない (↔ willing) ∥
She was unwilling (for John) to go out alone. 彼女は (ジョンが) ひとりで外に出るのをいやがった．
**2** 〈行為が〉気の進まない，いやいやながらの，不本意な ∥
He gave me unwilling permission to use his comb. 彼はいやいやながらくしを使わせてくれた．

**un·will·ing·ly** /ʌnwíliŋli アンウィリングリ/ 副 いやいやながら，しぶしぶ．

**un·will·ing·ness** /ʌnwíliŋnəs アンウィリングネス/ 名 Ⓤ 不本意，気が進まないこと．

**un·wind** /ʌnwáind アンワインド/ 動 (過去・過分 --wound) 他 **1** 〈巻いたものを〉ほどく，〈ばねなどを〉ゆるめる．**2** (略式) 〈人の〉緊張をほぐす，…をくつろがせる．——自 **1** 〈巻いたものが〉ほどける．**2** 〈話などが〉はっきりする．**3** (略式) (緊張がとけて) くつろぐ．

**un·wise** /ʌnwáiz アンワイズ/ 形 (比較) --wis·er, (最上) --wis·est) (正式) 愚かな，無分別な (stupid) (↔ wise) ∥
It was unwise of you [ˣfor] to lend her money. 彼女に金を貸すなんて君もうかつだった．

**un·wor·thy** /ʌnwə́ːrði アンワーズィ/ 形 (通例 比較) --thi·er, (最上) --thi·est) **1** [be unworthy of A] …に値しない，ふさわしくない，…の価値がない (↔ worthy) ∥
Such a story is unworthy of notice. そんな話は注目に値しない．
That remark was unworthy of a mayor. その言葉は市長にあるまじきものであった．
**2** (正式) 卑劣な，恥ずかしい．

**un·wound** /ʌnwáund アンワウンド/ 動 → unwind．

**un·writ·ten** /ʌnrítn アンリトン/ 形 **1** 書かれていない，口頭の．**2** 〈ページなどが〉空白の．
**unwritten láw** [**rúle**] 不文法，慣習法，不文律．

**un·zip** /ʌnzíp アンズィプ/ 動 (過去・過分 un·zipped /-t/；現分 --zip·ping) 他 〈チャック (のついた物) が〉開く；(コンピュータ) 〈圧縮したファイルを〉解凍する，元に戻す．——他 〈チャック (のついた物) を〉開ける；(コンピュータ) 〈圧縮した〉ファイルを解凍する．

***up** /ʌp アプ；副 əp アプ/ 《◆上方への方向を示す副詞辞．動作動詞と結びついて上への運動を，状態動詞と用いて上方での静止した位置を表す．またさまざまな動詞と結合して動詞＋副詞結合を作り，多くの比喩(ʰ)的意味を表す》
→副 **1 a** 上へ **b** 起きて **2** 出現して
**3 a** 上がって **b** 高まって **4** 上に
**6 a** 上手へ[に] **7** 近づいて
**11** 合計した状態に **12** 無活動の状態に
**13** しっかり固定した状態に

**upbringing**

sail **up** the Hudson ハドソン川を船で上る.
travel **up** country 奥地へ旅する.
**b** 〈流れ・風などに〉逆らって ‖
go **up** wind 風上に向かって進む.
**3** 〈道路など〉を通って, …に沿って ‖
a dress with a slit **up** the back 背中にスリットの入っているドレス.
walk **up** the drive to the gate 車道を通って門まで歩く.
My house is **up** the road. 私の家は道路をずっと行った所にある.
――形 [名詞の前で] **1** 上へ向かう, 上方への, 上向きの ‖
an **up** elevator 上りのエレベーター.
with an **up** glance 上目使いに.
**2** (米)〈列車などが〉北方へ向かう, 町の郊外へ向かう; (英) 上りの「「ロンドン[大都市]へ向かう」の意味] ‖
an **up** train (米) 北行き列車; (英) 上り列車.
an **up** platform (米) 北行き線ホーム; (英) 上り線ホーム.
――名 ⓒ **1** 上り, 上昇; 上り坂. **2** 上りの列車[バス, エレベーター など].
○**úps and dówns** (1) (道などの)上り下り, 起伏. (2) (略式) [比喩的に] 上下, 浮き沈み, 栄枯盛衰 ‖ His life was full of **ups and downs**. 彼の人生は起伏に富んでいた.
――動 (過去・過分 upped/-t/; 現分 up・ping) 自 (略式) **1** 立ち上がる.
**2** [up and + 動詞で] 急に…する ‖
She **upped** and **married** him. 彼女は彼と電撃結婚をした《♦ しばしば無変化のまま, 単に次の動詞を強める働きをする場合がある: He *up and left*. 彼は不意に立ち去った》.

**up・bring・ing** /ʌ́pbrìŋiŋ/ アプブリンギング 名 U [または は an ~] 子供(時代)のしつけ(方), 教育(法).
**up・date** /ʌpdéit/ アプデイト/ 動 (現分 -dat・ing) [コンピュータ]〈ソフト〉をアップデートする, 更新する.
**up・grade** /ʌpgréid/ アプグレイド/ 動 (現分 -grad・ing) 他 **1** (正式)〈人〉を昇進させる; 〈事柄など〉を格上げする. **2** [コンピュータ] …をアップグレードする.
**up・heav・al** /ʌphíːvl/ アプヒーヴル/ 名 ⓒ U (社会上・経済上などの)大変動, 激動, 激変.
**up・hill** /ʌ́phíl/ アプヒル/ 形 **1** 上りの ‖
an **uphill** road 上り道.
**2** 困難な, 骨の折れる.
――副 **1** 坂を登って, 上の方へ. **2** 逆境に立ち向かって, 苦労して.
**up・hold** /ʌphóuld/ アプホウルド/ (過去・過分 --held) 他 (♦ support より堅い語) **1** …を支持する, 是認する. **2** 〈判決・決定など〉を確認する.
**up・hol・ster** /ʌphóulstər/ アプホウルスタ/ 動 他 〈いす・ソファーなど〉に覆い[スプリング, 詰め物, クッション]を取り付ける.
**up・hol・ster・y** /ʌphóulstəri/ アプホウルスタリ/ 名 U [集合名詞] 室内装飾品《じゅうたん・カーテン・クッションなど》, いす張り用品《詰め物・スプリングなど》.
**UPI** 略 United Press International UPI通信

社《AP と並ぶ米国2大通信社の1つ》.
**up・keep** /ʌ́pkìːp/ アプキープ/ 名 U **1** 管理, 維持, 保全, 営繕. **2** 維持費.
**up・land** /ʌ́plənd/ アプランド/ 名 U (古) [しばしば ~s] 高地, 台地.
**up・lift** /ʌplíft/ アプリフト; 名 ~/(正式) 動 他 **1** …を(持ち)上げる, 高く上げる. **2** 〈人〉を(社会的・知的・道徳的に)高める; 〈考え, 精神などを〉高揚する.
――名 **1** U 持ち上げること, 持ち上げられること; [形容詞的に] 高く上がった.
**2** ⓒ U 精神的高揚; 道徳的[知的]向上(運動) ‖ Good books give us an **uplift**. よい書物は私たちを知的に向上させてくれる.
**up・lift・ing** /ʌplíftiŋ/ アプリフティング/ 形 楽しくさせる, 幸せにする.
**up・load** /ʌ́plóud/ アプロウド/ 動 他 [コンピュータ]〈プログラム・データ〉をアップロードする.
***up・on** /əpán/ アパン, əpɔ́(ː)n/ əpɔ́n/ アポン, アポーン; (弱) əpən アポン/ [もと on の強意用法]
――前 = on.

[語法] (1) upon の方が on よりも文語的だが, リズムによって決定されることも多い.
(2) 次のような句では常に upon が用いられる:
once upon a time 昔むかし.

***up・per** /ʌ́pər/ アパ/ [もと up の比較級]
派 uppermost (形)
――形 [名詞の前で] **1** (場所・位置の点で2つのものうちで) 上の(方の), 高い方の, 上部の(↔ lower) ‖
He wears a mustache on his **upper** lip. 彼は鼻の下にひげを生やしている.
He took her by the **upper** parts of her arms. 彼は彼女の両方の上腕部をつかんだ.
[対話] "Is this where it hurts?" "No, the pain is in my **upper** back, not the lower part." 「ここが痛むのですか」「いいや痛いのは背中の上の方で, 下じゃないんです」.
**2** (地位・階級などが) 上位の, 上級の, 上流の(↔ lower) ‖
She was promoted to the **upper** rank. 彼女は上の階級に昇進した.
**3** 上流の, 奥地の; 高地の; (米) 北部の ‖
the **upper** Amazon アマゾン川上流.
――名 ⓒ [通例 ~s] (靴の)甲皮(記).
**úpper cáse** 大文字(で書くこと)(略 u.c., uc) (cf. uppercase, lower case).
**úpper cláss** [the ~(es); 集合名詞的に; 単数・複数扱い] 上流階級[社会] (cf. upper-class).
**up・per・case** /ʌ́pərkéis/ アパケイス/ [印刷] 形 大文字の(cf. upper case, lowercase). ――動 (現分 --cas・ing) …を大文字で印刷する.
**up・per・class** /ʌ́pərklǽs/ アパクラス/ |-kláːs -クラース/ 形 **1** 上流階級の(cf. upper class). **2** (米) (高校・大学の)上級[3, 4年]の.
**up・per・most** /ʌ́pərmòust/ アパモウスト/ 形 (正式) **1** 最高の, 最上の(↔ lowest) ‖
the **uppermost** floor 最上階.

**uppermost**

**2** 最も重要な.
——副 **1** 最も高い所に[で]. **2** まっ先に.

**up·right** /ʌ́pràɪt アプライト, -́-́/ 形 **1** 直立した; (いつも)背筋の伸びた ‖
stand in an **upright** position まっすぐな姿勢で立つ.
**2** (正式) 正直な, 正しい; 正当な ‖
He is always **upright** in his business affairs. 彼は商売ではいつも正直だ.
——副 (上方に)まっすぐに, 直立して ‖
walk **upright** まっすぐな姿勢で歩く.
——名 **1** Ⓤ 垂直(な状態). **2** Ⓒ まっすぐなもの《支柱など》. **3** Ⓒ (略式) =upright piano.
**úpright piáno** 竪(た)型ピアノ(upright).

**up·ris·ing** /ʌ́praɪzɪŋ アプライジング/ 名 Ⓒ (正式) 反乱, 暴動.

**up·roar** /ʌ́prɔːr アプロー/ 名 Ⓤ [しばしば an ~] 大騒ぎ, 騒動; わめき叫ぶ声 ‖
The meeting was thrown into (an) **uproar**. 会議は大騒ぎになった.

**up·roar·i·ous** /ʌprɔ́ːriəs アプローリアス/ 形 (正式) **1** (主に笑い声で)騒がしい (〈笑い声などがやかましい, とても大きい. **2** とてもおかしい, 爆笑をさそう.
**up·róar·i·ous·ly** 副 騒がしく.

**up·root** /ʌprúːt アプルート/ 動 他 **1** …を根こそぎ引き抜く ‖
The typhoon **uprooted** some of the trees along the street. 台風でその通りの街路樹が何本か根こそぎやられた.
**2** …を追い立てる, 強制的に退去させる ‖
The city **uprooted** many families **from** their houses near the station. 市は駅近辺の家から多くの世帯を立ちのかせた.

**up·set** 動 形 /ʌpsét アプセト/, 名 /-́-/ 動 (過去・過分 up·set; 現分 --set·ting) 他 (略式) **1** …をひっくり返す; …を転覆させる 《◆overturn より堅い語》‖
**upset** a vase 花びんをひっくり返す.
**2 a** …をだめにする, 狂わす, めちゃくちゃにする ‖
The rain **upset** all our holiday plans. 雨で休日の計画はすべてだめになった.
**b** 〈組織・均衡など〉をくつがえす ‖
**upset** a government 政府を倒す.
**3 a** 〈人〉の心を乱す, …をろうばいさせる; 〈心・神経な〉をかき乱す ‖
The bad news **upset** her greatly. その悪い知らせを聞いて彼女はひどくおろおろした.
**b** [be upset] 取り乱す, うろたえる ‖
She's very **upset about** not finding a job. 彼女は仕事が見つからなくて気に病(や)んでいる.
George **was upset that** we did not invite him. ジョージは私たちが招待しなかったことで心中おだやかでない.
She's **upset because** her boyfriend didn't call. 彼女はボーイフレンドから電話がなかったのでいらいらしている.
**4** 〈胃・消化〉の調子を狂わせる, 〈人〉の体調を狂わせる ‖
Milk always **upsets** my stomach. 牛乳を飲むといつも私は胃の調子がおかしくなる.
——名 **1** Ⓒ Ⓤ 転覆(ぷく), 転倒.
**2** Ⓒ Ⓤ 混乱, 乱れ.
**3** Ⓒ (略式) (からだの)不調 ‖
have a stomach **upset** 胃の調子が悪い.
——形 **1 a** 転覆した, ひっくり返った ‖
an **upset** boat 転覆したボート.
**b** 混乱した, めちゃめちゃになった.
**2** 〈胃などが〉異常な, 不調の.

**up·shot** /ʌ́pʃɑt アプシャト | -ʃɔt -ショト/ 名 [the ~] **1** (略式) 結果, 結末, 結論. **2** (議論などの)要点.

**up·side** /ʌ́psaɪd アプサイド/ 名 Ⓒ 上側, 上部.
**úpside dówn** (1) さかさまに ‖ hold a glass **upside down** コップをさかさまに持つ / He turned the table **upside down**. 彼はテーブルをひっくり返した. (2) (略式) 混乱して, ごたごたと ‖
She turned her room **upside down** looking for the key. 彼女はかぎを捜して部屋をひっかき回した.

**up·side-down** /ʌ́psaɪddáʊn アプサイドダウン/ 形 **1** さかさまの, ひっくり返った ‖
**upside-down** pages さかさまに印刷されたページ.
**2** 混乱した, めちゃくちゃった ‖
an **upside-down** world 混沌(こん)とした世の中.

**up·si·lon** /júːpsəlɑn ユープスィラン, -lən | juːpsáɪlən ユープサイロン/ 名 Ⓤ Ⓒ イプシロン《ギリシアアルファベットの第20字《*u*, *Υ*》; 英語のu, U または y, Y に相当. → Greek alphabet》.

**up·stage** /ʌ́psteɪdʒ アプステイヂ/ 動 (現分 --stag·ing) 他 (略式) 〈人・物〉から人の注目を奪う, 人気をさらう.

**up·stairs** /ʌ́pstéərz アプステアズ/ [[上の(up) + 階段(stairs). → indoors Q&A]] (↔ downstairs)

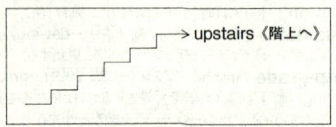

→ upstairs《階上へ》

——副 階上へ[で], 上の階へ[で] ‖
go **upstairs** to the bedroom 階上[2階]の寝室へ行く《◆英米では寝室はふつう2階にあるので, go **upstairs** だけでも時に go to bed と同じ意になる》.
Don't run **upstairs**. 2階で走るな; 2階へ走って上がるな.
対話 "Can I talk to John?" "Hold on a minute. He's **upstairs**." 「ジョン君はいますか」「ちょっと待って. 2階にいますので」.
**kíck** A **úpstairs** (略式) A〈人〉を(名目だけの地位に)祭り上げる, ていよく追い払う.
——形 [名詞の前で] 階上の, 2階の ‖
an **upstairs** kitchen 階上の台所.
——名 (略式) [the ~ / an ~; 単数・複数扱い] 階上(の部屋), 上り階段 《◆1つの階をさすときは単数扱い, ある階より上の階全部をいうときは複数扱い》.

**up·start** /ˈʌpstɑːrt/ アプスタート/ 《略式》名C形 成り上がり者(の), 成金(の).

**up·stream** /ˌʌpˈstriːm/ アプストリーム/ 副 川上へ[で], 上流へ[で], 流れをさかのぼって ‖
row a boat **upstream** 流れに逆らってボートをこぐ.

**up·surge** /ˈʌpsɜːrdʒ/ アプサーチ/ 名C (感情などの)急激な高まり, 盛り上がり; 急増.

**up·take** /ˈʌpteɪk/ アプテイク/ 名 1 C (煙・ガスなどの)吸い上げパイプ, 通風管. 2 U (体への)吸収, 摂取. 3 《略式》[the ~] (主に新しいことの)理解, のみ込み.

**up·tight** /ˌʌpˈtaɪt/ アプタイト/ 形 《略式》緊張した; 怒った.

*__up-to-date__ /ˌʌptəˈdeɪt/ アプトゥデイト/ 〖本日(date)まで(up to)〗
——形 (比較 more ~, 最上 most ~) 1 最新(式)の, 時代に遅れない(↔ out-of-date); 最新の情報[事実など]に基づいた ‖
an **up-to-date** catalogue 最新のカタログ.
This method is very **up-to-date**. この方法は最新式だ.
2 現代的な, 当世ふうの.

**up·town** /ˌʌpˈtaʊn/ アプタウン; 形 ~/ 《米》副(都市の)山の手へ[で], (都心から遠くへ離れた)住宅地区へ[で]. ——形 山の手の. ——名C 山の手, 住宅地区.

**up·turn** /ˈʌptɜːrn/ アプターン/ 名C 上がること; 上昇, 向上, 好転.

**up·turned** /ˌʌpˈtɜːrnd/ アプターンド/ 形 1 先が上を向いた. 2 ひっくり返った.

**up·ward** /ˈʌpwərd/ アプワド/ 副 《主に米》《ふつう《英》では upwards》1 上の方へ, 上向きに(↔ downward) ‖
He is lying on the grass, face **upward**. 彼は芝生の上にあお向けに寝ている.
2 (地位・階級・身分などが)上の方へ, 上位へ ‖
struggle one's way **upward** from poverty 苦労して貧困からはい上がる.
3 過去へさかのぼって.
**from** A **úpward** (1) A〈年齢・時代〉以降 ‖
from childhood **upward** 子供のころからあと.
(2) A〈数〉以上.
**úpward of** A 《略式》A〈数・量〉以上 (more than).
——形 上向きの, 上の方へ動かう[向かう](↔ downward); 高い位置にある ‖
Let's take the **upward** slope. 上り坂を行こう.
She cast him an **upward** glance. 彼女は上目使いで彼に視線を向けた.

**up·wards** /ˈʌpwərdz/ アプワツ/ 副 《主に英》=upward.

**U·ral** /ˈjʊərəl/ ユアラル/ 名 1 [the ~] ウラル川《カスピ海に注ぐ》. 2 [the ~s] =Ural Mountains.
——形 ウラル川[山脈]の.

**Úral Móuntains** [the ~] ウラル山脈 (Ural) 《ロシアの中央を南北に走りアジアとヨーロッパの境をなす》.

**u·ra·ni·um** /jʊˈreɪniəm/ ユアレイニアム/ 名U (化学) ウラン(《記号》U).

**U·ra·nus** /ˈjʊərənəs/ ユアラナス/ 名 1 《ギリシア神話》 **a** ウラノス《擬人化された空, 天空》. **b** ウラノス《初期を支配した神》. 2 《天文》天王星.

**ur·ban** /ˈɜːrbən/ アーバン/ 形 《正式》都市の, 都会の, 町の, 都会に住む; 都市特有の(↔ rural) ‖
I do not like **urban** life. 私は都会生活は好きではない.
**úrban renéwal** 都市再開発.
**úrban spráwl** スプロール現象《都市化が徐々に無秩序に広がっていくこと》.

**ur·bane** /ɜːrˈbeɪn/ アーベイン/ 形 (時に 比較 --ban·er, 最上 --ban·est) (都会的に)センスがある; 洗練された, あか抜けした.

**ur·chin** /ˈɜːrtʃɪn/ アーチン/ 名 1 C 《古》はなたれ小僧, いたずらっ子, わんぱく坊主. 2 C U 《動》ウニ.

**urge** /ɜːrdʒ/ アーチ/ 動 (現分 urg·ing) 他 1 **a** …をせきたてる, 駆りたてる《◆副詞(句)を伴う》‖
**urge** the children **toward** the exit 子供たちを出口の方へ急がせる.
**b** …を強力に推し進める, 推進する ‖
**urge** an enterprise **onward** 事業を推進する.
2 **a** [urge A to do / urge A's doing] A〈人〉などに…するよう説得する, 催促する; [urge (that)節] …だと強く迫る; 「…」と言って説得する ‖
He **urged** us **to** work hard. =He **urged** our working hard. =He **urged** (that) we (should) work hard. 彼は私たちによく働くように強く命じた.
**b** …に促す ‖
She **urged** her horse **to** a gallop. 彼女は馬をギャロップで急がせた.
3 《正式》[urge A (on [upon] B)] A〈重要性・必要・行動など〉を(B〈人〉に)力説する, 強く主張する, 強く勧める ‖
She **urged** (on them) the importance of studying. 彼女は(彼らに)勉強することの重要性を力説した.
**urge** the adoption of the new law 新しい法律を採用することを主張する.
——名C [通例 an ~ / the ~] 衝動, 駆りたてられる欲望 ‖
have an **urge to** grab a gun 銃を握りたい気持ちにかられる.
have an **urge for** a bottle of coke コーラを無性に飲みたくなる.
She felt **a** sudden **urge to** go to the toilet. 彼女は急にトイレに行きたくてたまらなくなった.

**ur·gen·cy** /ˈɜːrdʒənsi/ アーチェンスィ/ 名U 1 緊急(性), 切迫 ‖
a matter of great **urgency** 非常に緊急な事.
2 強要.

**ur·gent** /ˈɜːrdʒənt/ アーチェント/ 形 1 急を要する, 緊急の, 切迫した ‖
It is most **urgent** that they should be given food. 彼らに食物を与えることが最も急を要することだ.
2 [be urgent (with A) for [in] B] 《正式》A

（人）に）B〈物・事〉をしつこく求める；催促する；〈要求などが〉執拗(しつよう)な(persistent) ‖
He is urgent (with us) for money. 彼は(私に)金をくれとうるさくせがむ.

**ur·gent·ly** /ˈɜːrdʒəntli アーヂェントリ/ 副 **1** 差し迫って，緊急に ‖
She was urgently needed at the scene of the accident. 彼女は事故現場に緊急に呼ばれた.
**2** しつこく，執拗(しつよう)に.

**u·ri·nate** /ˈjʊərəneɪt ユアリネイト/ 動 (現分) ‑nat‑ing) 自 (正式) 放尿[排尿]する，小便をする.

**u·rine** /ˈjʊərɪn ユアリン/ 名 U 尿，小便.

**URL** (略) (インターネット) uniform resource locator ユーアールエル《ウェブサイトのアドレス》.

**urn** /ɜːrn アーン/ (同音) earn) 名 C **1** (装飾的な脚・台座付きの)つぼ，かめ. **2** (古代ギリシャ・ローマの)骨つぼ；(詩) 墓. **3** (蛇口のついた金属製の)コーヒー[紅茶]沸かし.

**U·ru·guay** /ˈjʊərugwaɪ ユアルグワイ/ 名 ウルグァイ《南米南東部の国. 正式名 Oriental Republic of Uruguay (ウルグァイ東方共和国)》.

\***us** /(弱) əs アス, s；(強) ʌs アス/《we の目的格》
— 代 **1** [包括的 we の目的格] 私たち(を)，私たち(に)，我々(を，に) ‖
He read us an interesting book. 彼は私たちにおもしろい本を読んでくれた.
With us today for this program is Thomas Brown, professor at Yale University. きょうの番組に出ていただいたのはエール大学教授トマス・ブラウン氏です.
**2** [we の目的格] 私たち(を，に) ‖
Won't you play baseball with us? 私たちと野球をしないか.
**3** [総称の we の目的格] 人(に)，我々(に，を) ‖
There is no knowing what will happen to us. 我々の身に何が降りかかるかわからない.
**4** [会社・乗物の we の目的格] 我々の会社[車，など] ‖
The car overtook us. その車は我々(の車)に追いついた.
**5** [君主の we の目的格] 朕(ちん)を(に) 《◆ me の代用》.
**6** [編集者の we の目的格] 我々(を，に).
**7** [親心の we の目的格] あなた(を，に) 《◆ you の代用》.

**US** (略) [the ~]=United States.
**USA** (略) [(the) ~] United States of America《◆ 正式には the をつける》.

**us·a·ble** /ˈjuːzəbl ユーザブル/ 形 使用できる；使用に適した.

**us·age** /ˈjuːsɪdʒ ユースィヂ, ˈjuːz‑/ 名 **1** U (正式) 使い方，使用，取扱い(方)，処理 ‖
This machine has had rough usage. この機械は荒っぽく使われてきた.
**2** C U (正式) 慣習，慣例，しきたり；(法律) 慣行 ‖
a usage that has not changed in 50 years 50年も変わっていないしきたり.

**3** C U (言語の)慣用法，語法 ‖
modern American usage 現代米語語法.

**USB** (略) (コンピュータ) universal serial bus ユーエスビー《コンピュータと周辺機器をつなぐバス規格およびその装置》.

\***use** /動 juːz ユーズ/；名 juːs ユース/《「ある目的のために物を役立てる」が本義》
派 used (形), useful (形), useless (形)
→ 動 他 **1** 使う，用いる **2** 働かせる **3** 費やす
**4** a 扱う 自 **1** 使用する
名 **1** 使用 **2** 使いみち **3** 役に立つこと
— 動 (三単現) us·es /‑ɪz/；(過去・過分) ~d /‑d/；(現分) us·ing)
— 他 **1** …を使う，用いる，使用する，利用する；〈トイレ・電話などを〉(一時的に)借りる ‖
use a pen for writing 書くのにペンを使う.
Use this opportunity. この機会を利用しなさい.
Please use the side entrance. (掲示) わきの入口からお入りください.
He used her suitcase as a table. 彼は彼女のスーツケースをテーブルとして用いた.
(対話) "Is this pen yours?" "Yes, would you like to use it?" 「このペンは君のですか」「そうです. お使いになりますか」.
(対話) "Can I use your telephone, please?" "Yes, of course." 「電話を借りてもいいですか」「ええ，いいですよ」.
**2** 〈能力・身体などを〉働かせる，行使する，使う ‖
I use my left hand more than my right. 私は右手より左手の方をよく使う.
**3** …を費やす，消費する；…を使い尽くす ‖
This car uses a lot of gas. この自動車はガソリンをよく食う.
How much electricity do you use in a month? お宅は1か月にどのくらい電気を使いますか.
We used up all the butter at breakfast. 朝食時にバターを全部使ってしまった.
**4 a** (正式) …を扱う，あしらう《◆ 様態を表す副詞句を伴う》 ‖
I was badly [ill] used. 私は冷遇された.
He used the workers cruelly. 彼は労働者を酷使した.
**b** (略式) 〈人〉を悪用する，利用する.
**c** 〈人〉を使う，起用する ‖
It may be a good idea to use her on the show. そのショーに彼女を使うのはいい考えかもしれない.
— 自 **1** 使用する ‖
Shake well before using. (薬の服用法の指示) 使用前によく振ること.
**2** → used to.

**could úse** A (略式) A〈物〉が欲しい，いただけるとうれしいんだが；A〈行為〉をするとよくなるんだが，…しても悪くない ‖ I could use something cold to drink. 何か冷たい飲み物が欲しい.

**úse úp** [他] → 他 **3**；(略式) [通例 be ~d] 疲

# used

—**名** /júːs/ (発音注意)《◆ ×ユーズ》 [類音] youth /júːθ/ (複) us·es /júːsiz/ **1** ⓤ 使うこと, 使用, 使用[利用](されている)状態 ‖

This room is for the **use** of girls. この部屋は女の子が使うためにあるのです.

This fan heater wore out through constant **use**. このファンヒーターは絶えず使われてだめになった.

**2** ⓤⓒ 使いみち, 用途, 使用目的 ‖

This tool has many **uses**. この道具はいろいろな用途がある.

Can you find a **use for** this bottle? このびんの使いみちを見つけられますか.

**3** ⓤ [しばしば疑問文・否定文で] 役に立つこと, 効用, 有用 ‖

What is the **use of** my going there? 私がそこへ行って何の役に立つのですか.

I thought it no **use** pretending that I had not seen him. 私が彼に会わなかったふりをしてもむだだろうと思った.

**4** ⓤ 使用する能力, 機能 ‖

She has lost the **use** of her right hand. 彼女は右手が使えなくなった.

**5** ⓤ 使用する権利 ‖

My father gave me the **use** of his car. 父は私に自動車を与えてくれた.

**6** ⓤ [しばしば a ~] 使い方, 使用法 ‖

the correct **use** of the tool その道具の正しい使い方.

a poor **use** of one's time 時間のまずい使い方.

**7** ⓤ 使用する必要[機会] ‖

I may have **use for** this book later. あとでこの本を使わねばならないかもしれない.

**8** ⓤⓒ 習慣, 習わし, しきたり ‖

It is his **use** to shave each morning before breakfast. 毎朝朝食前にひげをそるのが彼の習慣です.

○**be in úse** 使用されている ‖ That car is still in **use**. あの自動車は今なお使われている.

**be óut of úse** 使用されていない.

○**còme into úse** 使われ始める ‖ When did the video recorder **come into** common **use**? ビデオテープレコーダーはいつ一般に使われ始めましたか.

○**gò [fàll] óut of úse** 使用されなくなる, すたれる ‖ Swords have **gone out of use** in the army. 軍隊では刀は使われなくなっている.

○**hàve nó úse for A** (1) …の必要がない, …には不要 ‖ I **have no use for** this textbook. この教科書はもういらない. (2) (略式) …は大嫌いだ, …に我慢できない, …を軽蔑(ぶっ)する ‖ I **have no use for** you. 君とは絶交だ; もうつきあわない.

○**it is (òf) nó úse dòing** (略式) …してもむだである ‖ It is no **use** crying over spilled [(主英) spilt] milk. (ことわざ) こぼれた牛乳を嘆いてもどうにもならない; 「覆(ふ)水盆に返らず」/ It is no **use** getting mad at me. =There is no **use** (in) getting mad at me. 私に腹を立てても何に

もならない.

**màke úse of A** …を使う, 利用する ‖ Do you want to **make use of** this camera? このカメラを使いたいのですか / Make good **use of** your dictionary. 辞書を十分に利用しなさい.

○**of úse** 役に立つ, (◆ふつう use に形容詞がつく) ‖ You will soon find it **of** some **use**. やがてそれが少しは役に立つことがわかるでしょう / Your idea was **of** great **use**. あなたの考えはとても役に立った / This knife is **of** no **use**. このナイフは全く役に立たない.

**pùt [túrn] A to góod úse** A〈物・人〉を有効に使う.

○**pùt A to úse** =**pùt to úse A** …を使う, 利用する ‖ Can you put this old motorbike to **use**? この古いオートバイは動きますか.

**thère is nó úse (in) dòing** =it is (of) no use doing [to do].

*****used**[1] /**1** júːst ユースト, to の前で júːst ユース(ト); **2** júːzd ユーズド/ [→ use]

—**形** (比較) more ~, (最上) most ~ **1** [be **used to** A] …に慣れている ‖

You'll soon **get used to** living in the country. 田舎(いなか)の生活にもすぐ慣れるでしょう.

[対話] "Are you more comfortable in your new home now?" "Yes, we're completely **used to** it." 「新しいお家の住み心地はよくなりましたか」「ええ, すっかり慣れました」.

**2** /júːzd/ [通例名詞の前で] **a** 中古(品)の ‖

a **used** car 中古車.

**b** 使用された, 利用された.

**used**[2] /júːzd ユーズド/ **動** → use.

**used·n't** /júːsnt ユースント, to の前で júːsnt ユースン(ト)/ (発音注意)《◆ ×ユーズドント》(主に英正式) used not の短縮形.

*****used to** /子音の前で júːstə ユース(ト)トゥ, 母音の前で júːstu ユーストゥ/ (発音注意)《◆ ×ユーズドトゥ》 [use 動 の過去形から]

—**助** (以前は)よく…したものだ《◆過去の習慣を表す》; (かつては)…だった《◆過去の状態を表す》(cf. would) ‖

I **used to** go fishing every Sunday. 日曜日にはいつも釣りに行ったものだ《◆過去の習慣》.

[対話] "I like vegetables." "Really? You never **used to**." 「野菜が好きなんです」「ほんとう? 以前はそうじゃなかったのに」《◆過去の状態》.

[対話] "There **used to** be a movie theater across the street from the bank. Is it still there?" "Not anymore. It's a sports store now." 「以前銀行の向かい側には映画館がありましたが, 今もありますか」「もうありません. 今はスポーツ用品店になっています」.

[Q&A] **Q**: 過去の習慣を表す語に used to と would がありますがどう違いますか.

**A**: used to は上にあるように, 習慣と状態に使えますが, would は状態には使えません. また, 現在との対比では would は用いません. 次の文での2点

を確かめてください: He lives in Nara now, but he used to [*would] live in Fukuoka. 「彼は今奈良に住んでいますが、昔は福岡に住んでいました」. また上の第1例で used to の代わりに would を用いると, when I was young (若かったころは)のような時を限定する修飾句が必要です.

**use·ful** /júːsfl ユースフル/ 〖→ use〗
—形 (比較 more ~, 最上 most ~) 有用な, 役に立つ(↔ useless) ‖
A microwave oven is useful for cooking. 電子レンジは料理をするのに便利だ.
These tools are very useful to us. この道具は私たちにはとても役に立つ.
It is useful for us to acquire full information about it. それについて十分な情報を得ることが役に立つ.
He was old enough to make himself useful (in) running errands. 彼は使い走りをして手伝えるほどの年になっていた.
対話 "Did you talk to your teacher about the condition you're in?" "Yes. She gave me a useful suggestion." 「今のあなたのおかれている状況について先生に話してみましたか」「ええ, 先生は役に立つヒントをくださいました」.
対話 "Why don't you get rid of that old typewriter?" "No way. I find it very useful sometimes." 「あの古いタイプライターはもう処分したらどう?」「とんでもない. ときどきとても役に立っているんだもの」.
 **cóme in úseful** (思いがけなく)役立つようになる.
**use·ful·ly** /júːsfəli ユースフリ/ 副 有効に, 役に立つように, 有益に.
**use·ful·ness** /júːsflnəs ユースフルネス/ 名 Ⓤ 役に立つこと, 有用, 有効性.

**use·less** /júːsləs ユースレス/
—形 **1** …役に立たない, 無用な(↔ useful) ‖
throw away useless things 役に立たないものを捨てる.
This English dictionary is useless to beginners. この英語の辞書は初心者には役に立たない.
This knife is useless for cutting meat. このナイフは肉を切るには役に立たない.
Both limbs on his left side became useless. 彼は左の手足の自由が利かなくなった.
**2** 無益な, むだな ‖
It is useless talking [to talk] to her. 彼女に話してもむだだ.
I made a useless attempt to reach her by phone. 彼女に電話で連絡をとろうとしたがむだであった.
対話 "Won't she change her mind?" "I'm afraid not. Talking is useless." 「彼女は気が変わらないだろうか」「だめだと思うよ. 話してもむだだよ」.
**3** (略式)〈人が〉何もできない, 劣っている, 愚鈍な.

**úse·less·ness** 名 Ⓤ 無用, 無益.
**use·less·ly** /júːsləsli ユースレスリ/ 副 むだに, 無益に.
**us·er** /júːzər ユーザ/ 名 Ⓒ 使用者, 利用者, ユーザー; 使用するもの ‖
a road user 道路使用者.
**úser nàme** =username.
**úser suppòrt** 〖コンピュータ〗 ユーザーサポート《製品に対するサポートやサービス》.
**us·er-friend·ly** /júːzərfréndli ユーザフレンドリ/ 形 使いやすい, 利用者にとって都合のよい.
**us·er·name** /júːzərnèim ユーザネイム/, **user name** 名 Ⓒ 〖コンピュータ〗 ユーザーネーム.
**ush·er** /ʌ́ʃər アシャ/ 名 Ⓒ (教会・劇場・競技場などの)(座席への)案内人《◆ 女性形は usherette》.
—動 他 …を案内する ‖
He ushered us to our seats. 彼は私たちの席へ案内してくれた.
 **úsher ín** [他] …を中へ案内する;〈新時代など〉を招き入れる, …のさきがけとなる.
**us·ing** /júːziŋ ユーズィング/ 動 → use.
**USSR** (略) [(the) ~] Union of Soviet Socialist Republics《◆ 正式には the をつける》(→ Soviet Union) (cf. Russian).

**u·su·al** /júːʒuəl ユージュアル/ 〖「習慣化した」が本義. cf. use 名 **8**〗派 usually (副)
—形 (比較 more ~, 最上 most ~) いつもの, 平素の, 通例の(↔ unusual) ‖
My usual bedtime is nine o'clock. 私の就寝時刻はふつう9時です.
Such conduct is quite usual with old people. そのような行ないは老人には全くよくあることです.
It is not usual for him to drink coffee with sugar in it. 彼がコーヒーに砂糖を入れて飲むのはいつもはしないことだ.
対話 "Isn't this a little late to be eating dinner?" "Not really. This is my usual dinner time." 「ディナーを食べるには少し遅くはないですか」「いいえ. 私にはこれがいつもの時刻なんですよ」.
○**as is úsual with A** …にはよくあることだが ‖ As is usual with a day like this, the waves were beating gently upon the cape. こんな日にはよくあることだが, 岬(ɛɛ)へ寄せる波はおだやかであった.
○**as úsual** いつものように, 例のとおりに ‖ As usual, we had nice weather on Culture Day. 例によって文化の日は晴れだった / She arrived late as usual. いつものように彼女は遅れて着いた.
 **than úsual** [比較級のあとで] いつもより ‖ There are more people present than usual. いつもよりたくさんの人が出席している.

**u·su·al·ly** /júːʒuəli ユージュアリ/ 〖→ usual〗
—副 ふつうは, 通例, いつもは, たいていの場合 ‖
We usually go for a walk on Sunday. 私

たちはふつう日曜日に散歩に行く.
I am usually in my office until five. ふつう5時まで会社におります.

対話 "When do you have lunch?" "Usually at twelve thirty. But sometimes I don't eat lunch at all."「昼食はいつ食べますか」「たいてい12時半です. でもときどき全然昼食をとらないこともあります」.

**u·sur·er** /júːʒərər ユージャラ/ 名 C (正式)高利貸し.

**u·surp** /juːlsə́ːrp ユ(ー)サープ/ -zə́ːp ユ(ー)ザープ/ 動 他 (正式)…を不法に入手する.

**u·su·ry** /júːʒəri ユージャリ/ -ʒuəri ユージュアリ/ 名 U
**1** 高利貸し(業). **2** (違法な)高利.

**UT** 略 (郵便)Ut, **Ut.** 略 (郵便)UT.

**U·tah** /júːtɔː ユートー/ -taː -ター/ 〖「山の住人」の意のアメリカインディアン語から〗名 ユタ《米国西部の州. 州都 Salt Lake City. (愛称)the Beehive State. U.,略 (郵便)UT》.

**u·ten·sil** /juːténsl ユ(ー)テンスル/ 名 C (正式) **1** (家庭, 特に台所の)用具, 器具 ‖
kitchen utensils 台所用品.
household utensils 家庭用品.
**2** (一般の)道具 ‖
writing utensils 文房具.

**u·ti·lise** /júːtəlaɪz ユーティライズ/ 動 (現分) -lising) (英)=utilize.

**u·til·i·ty** /juːtíləti ユーティリティ/ 名 (複 -i·ties /-z/) (正式) **1** U 有用, 有益, 実用性; [形容詞的に]実用的な, 多目的に使える ‖
have no utility 役に立たない.
**2** C [しばしば utilities] 役に立つもの, 実用品.
**3** C [しばしば utilities] 公共施設《ガス・水道・電気など》; 公益事業(体); 公共料金.
**4** C 〖コンピュータ〗ユーティリティー《圧縮・解凍ソフト, スクリーンセーバーなどコンピュータの機能拡張のためのソフト》.

**utility pláyer** (1)《スポーツ》どのポジションでもこなせる選手. (2) (一般に)何でも屋.

**u·ti·li·za·tion**, (英ではしばしば) **--sa·tion** /juːtələzéɪʃən ユーティリゼイション/ -lai- -ライゼイション/ 名 U (正式)利用すること, 利用されること.

**u·ti·lize,** (英ではしばしば) **--lise** /júːtəlaɪz ユーティライズ/ 動 (現分) --liz·ing) 他 (正式)〖おおげさに〗…を利用する, 役立たせる ‖
utilize bones for making soup スープを作るために骨を利用する.

**ut·most** /ʌ́tmoʊst アトモウスト, -məst/ 形 (正式) **1** (程度・数量などの点で)最大の, 最高の ‖
Drive with the utmost care. 最大の注意を払って運転しなさい.
**2** 最も遠い, いちばん端の ‖
the utmost point of the earth 地球の果て.
── 名 [the ~ / one's ~] 最大限, 極限; 最高, 最大 ‖
try one's utmost 最善の努力をする.
put one's utmost into one's work 仕事[勉強]に全力を傾ける.
**dó** one's **útmost** 最善を尽くす.
**to the útmost** 極度に, できる[可能な]限り.

**U·to·pi·a** /juːtóʊpiə ユートウピア/ 名 [しばしば U~] **1** ユートピア《Sir Thomas More 作 *Utopia* に描かれた理想郷としての空想の島》. **2** C 理想郷.

**U·to·pi·an** /juːtóʊpiən ユートウピアン/ [しばしば U~] 形 **1** 理想郷の. **2** 空想的な, 非現実的, 夢物語の. ── 名 C 空想的社会改革者.

**ut·ter**¹ /ʌ́tər アタ/ 形 [~ an ~] 完全な, 全くの, 徹底的な; 断固とした ‖
That man is **an** utter fool. あの人は全くのばかだ.

**ut·ter**² /ʌ́tər アタ/ 動 他 (正式) **1** …を発する, 口に出す ‖
utter a sigh ため息をつく.
utter a cry of dismay 失望の叫び声をあげる.
**2** …を言葉で述べる ‖
utter one's opinions on religion 宗教に関して自分の意見を述べる.

**ut·ter·ance** /ʌ́tərəns アタランス/ 名 (正式) **1** U (言葉を)発すること, 口に出すこと.
**2** U [しばしば an ~] 話し方, 言い方 ‖
a rapid utterance 早口.
**3** C 言葉, 発言.
**gíve útterance to** A …を口[言葉]に出す.

*****ut·ter·ly** /ʌ́tərli アタリ/ 〖→ utter¹〗
── 副 全く, すっかり, 完全に ‖
She is utterly dissatisfied. 彼女は全く不満に思っている.
We are utterly bored with his idea. 彼の考えには私たちは全くうんざりしている.

**U-turn** /júːtəːrn ユーターン/ 名 C **1** (自動車などの)Uターン. **2** (略式)(政策などの)180度の転換. ── 動 自 《人・車が》Uターンする.

**UV** 略 ultraviolet.

**Uz·bek·i·stan** /ʊzbékəstæn ウズベキスタン | ʊzbekistɑ́ːn ウズベキスターン/ 名 ウズベキスタン《中央アジアの国. 首都 Tashkent》.

**v, V** /víː ヴィー/ 图 (複 v's, vs; V's, Vs /-z/) **1** ⓒⓊ 英語アルファベットの第22字. **2** → a, A **2** (cf. V-sign). **3** ⓒⓊ 第22番目(のもの). **4** Ⓤ (ローマ数字の)5(→ Roman numerals). **5** ⓒ《米略式》5ドル紙幣.

**v.** (略) verb.

**VA** (略)《郵便》Virginia.

**va·can·cy** /véikənsi ヴェイカンスィ/ 图 (複 --cies/-z/) **1** ⓒ 空室; あき地 ‖
No vacancy. 《掲示》満室.
**2** ⓒ (職・地位などの)空位, 空席, 欠員 ‖
We have a **vacancy for** a secretary. 秘書に1人欠員がある.
**3** Ⓤ 心のうつろ(な状態), 放心.

**va·cant** /véikənt ヴェイカント/ 圏

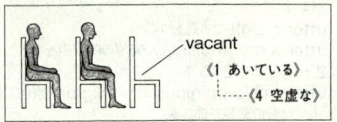

[図: vacant 〈1 あいている〉 〈4 空虚な〉]

**1** あいている, 使用されていない (↔ occupied) 《◆ empty と違って, ある空間を占めるべき物・人が一時的に存在しないこと》; [V~]《米》(タクシーの表示) 空車 ‖
a **vacant** house あき家.
These two seats are **vacant**. この2つの席はあいている.
**2** 〈職・地位などが〉空位の, 空席の, 欠員になっている ‖
There are no **vacant** positions in this company. この会社には欠員になっている職はない.
**3** 〈時間などが〉あいている, 暇な, 用事のない ‖
one's **vacant** hours 暇な時間.
**4** からの, 空虚な ‖
**vacant** space 空間.
**5** うつろな, ぼんやりした; 《略式》間の抜けた ‖
a **vacant** look ぼかんとした顔つき.
a **vacant** smile うつろな笑い.

**va·cant·ly** /véikəntli ヴェイカントリ/ 圖 ぼんやりと, ぽかんと.

**va·cate** /véikeit ヴェイケイト | vəkéit ヴァケイト, vei-/ 動 (現分 --cat·ing) 他《正式》**1**〈家・部屋・座席などを〉あける, 立ちのく, 明け渡す. **2** …を退く, 辞任する, 辞める.

**⋆va·ca·tion** /veikéiʃən ヴェイケイション, və- | vəkéiʃən ヴァケイション/ 〖からにする(vacate)こと(tion). cf. *vacant*〗
— 图 (複 ~s/-z/) ⓒⓊ 休暇, 休日, 休み《◆《米》では「(仕事を離れる私的な)休暇」の意味にも用い, holiday はふつう祝祭日の休暇に用いる.《英》ではふつう大学の休暇や法廷期など公的な制度と結びついた場合にのみ用い, それ以外の休暇には holiday を用いる》‖
the Christmas **vacation** クリスマス休暇.
I'm going to **take a vacation** in June. 6月に休暇をとるつもりです.
School is out for summer **vacation** now. 今学校は夏休みです.
She went to America during the **vacation**. 彼女は休暇中に米国へ行った.

◇**on (a) vacátion**《主に米》(1) 休暇に[で]; 休暇を取って ‖ I'm **on vacation** from school now. 私は今学校が休みです. (2)《仕事でなく》遊びで (↔ on business).

[Q&A] *Q* :「病気で1日休暇を取った」というのを I took *a vacation* because of sickness. と訳したら誤りと言われましたが.
*A* : vacation は健康な人がレクリエーションなどでかなり長い休みを取る場合に使うので, 上のような場合には適当でないのです. I took a day off because of sickness. とすればよいでしょう.

— 動 ⾃《主に米》休暇を過ごす ‖
He **vacationed** in Guam. 彼はグアム島で休暇を過ごした.

**vac·ci·nate** /væksəneit ヴァクスィネイト/ 動 (現分 --nat·ing) 他 〈人・動物〉にワクチン[予防]接種をする; 〈人〉に種痘をする.

**vac·ci·na·tion** /væksənéiʃən ヴァクスィネイション/ 图 ⓤⓒ ワクチン[予防]接種, (特に)種痘 ‖
have a **vaccination against** measles はしかの予防接種を受ける.

**vac·cine** /væksíːn ヴァクスィーン | væksiː(ː)n ヴァクスィ(ー)ン/ 图 ⓤⓒ《医学》**1** 痘苗(とうびょう)《種痘で用いるワクチン》. **2**《一般に》ワクチン.

**vac·il·late** /væsəleit ヴァスィレイト/ 動 (現分 --lat·ing) ⾃ 《正式》心を決めかねる, ためらう, (精神的に)揺れ動く ‖
**vacillate between** (making) two possible courses of action 考えられる2つの行動方針のうちどちらにするか決めかねる.

**vac·u·um** /vækjuəm ヴァキュアム/ 图 (複 ~s/-z/, vac·u·a/-ə/) **1** ⓒ 真空(空間); 真空状態, 真空度 ‖
a perfect **vacuum** 完全真空.
**2** [a ~] 空虚, 空白, 空所; 《正式》(外界から隔離された)孤立状態 ‖

Her death left a vacuum in his heart. 彼女が死んで彼の心にぽっかり穴があいた.
**3** ⓒ 《略式》=vacuum cleaner.
**vácuum bòttle** [《英》**flàsk**] 魔法びん.
**vácuum bràke** 真空ブレーキ.
**vácuum cleàner** 電気[真空]掃除機.

**vac·u·um-packed** /vǽkjuəmpækt ヴァキュアムパクト/ 形《食品が》真空包装された.

**va·gi·na** /vədʒáinə ヴァチャイナ/ 名 (⑧ ~·gi·nae /-niː/, ~s) ⓒ 《解剖》腟(ち̌つ); さや状器官;《植》葉鞘(ょう̌), はかま.

**va·grant** /véigrənt ヴェイグラント/ 名ⓒ《正式》浮浪者, ルンペン.

**vague** /véig ヴェイグ/ 形 **1**《姿・形・輪郭などが》ぼんやりした, はっきりしない(↔ clear);《におい・音・味などが》ほのかな, かすかな;うつろな ∥
I saw a **vague** figure in the darkness. 暗やみの中にぼんやりと人影が見えた.
**2** あいまいな, 漠然とした;明言しない ∥
He seemed **vague** about his future plans. 彼は自分の将来の計画に関して考えがはっきりしていないようだった.
**3** 《通例 vaguest》かすかな, わずかな ∥
I haven't the **vaguest** idea where I've left my umbrella. かさをどこに忘れたかさっぱりわからない.

**vágue·ness** 名Ⓤ あいまいさ, 漠然;ⓒ はっきりしないもの[部分].

**vague·ly** /véigli ヴェイグリ/ 副 ぼんやりと, 漠然と;なんとなく, 少し.

**vain** /véin ヴェイン/ (同音 vane, vein) 形 **1** むだな, 無益な, 骨折り損の(◆ useless より堅い語) ∥
**vain** efforts むだ骨, 徒労.
She made a **vain** attempt to swim across the river. 彼女はその川を泳いで渡ろうとしたがだめだった.
**2** 虚栄心の強い, うぬぼれの強い;自慢する ∥
He is **vain** of his beautiful wife. 彼は美しい妻が自慢の種だ.
◦**in váin** 《正式》(1) [文全体を修飾] むだに, むなしく ∥ The boy tried **in vain** to lift up the heavy bag. =The boy tried to lift up the heavy bag(, but) **in vain**. 少年はその重いかばんを持ち上げようとしたがだめだった. (2) みだりに, 軽々しく ∥ Don't take God's name **in vain**. みだりに神の名を唱えてはいけない. (3) むだな, むなしい ∥ All his labor was **in vain**. 彼の骨折りはすべてむだだった.

**vain·ly** /véinli ヴェインリ/ 副 **1** [文全体を修飾;結果を表して] むだに, 無益に ∥
She **vainly** tried to repair the car. 彼女はその車を修理しようとしたができなかった.
**2** うぬぼれて, 得意になって.

**vale** /véil ヴェイル/ (同音 veil) 名ⓒ **1** 谷, 谷間(◆ 地名の一部として用いる以外は《詩》).

**val·en·tine** /vǽləntàin ヴァレンタイン/ 名ⓒ **1** バレンタインデーのカード[贈り物, 赤いバラ](◆ ふつう匿名(めい)で送る). **2** [しばしば V~] バレンタインデーに贈

り物をした相手;《一般に》恋人.

**Val·en·tine** /vǽləntàin ヴァレンタイン/ 名 St. ~ 聖バレンタイン, バレンチヌス《3世紀ごろのキリスト教殉教者. cf. Saint Valentine's Day》.
**Válentine('s) Dày** =Saint Valentine's Day.

**val·iant** /vǽljənt ヴァリャント/ 形《文》勇敢な, 雄々しい, 英雄的な.

**val·iant·ly** /vǽljəntli ヴァリャントリ/ 副《正式》勇敢に, 雄々しく, 英雄的に.

**val·id** /vǽlid ヴァリド/ 形《比較》more ~, ~·er;《最上》most ~, ~·est) **1**《正式》妥当な, 正当な, 根拠のある(↔ invalid) ∥
Your argument is **valid** in every respect. 君の議論はどの点からみてももっともだ.
**2**《法律》法的に有効な, 合法的な, 拘束力のある ∥
a **valid** marriage 正式な結婚.
**3** 効力がある, 有効な ∥
a season ticket (which is) **valid** for three months 3か月間有効な定期券.

**val·i·date** /vǽlidèit ヴァリデイト/ 動《現分》·dating) 他《正式》**1** …を法的に有効にする, …を承認[認可]する, …を批准する. **2** …が正しいことを証明する, …を確認する, 認証する;《コンピュータ》…を確認する, 認証する《インターネットのサイトなどでアクセスしてきた人が登録した本人であることをパスワードなどで確認すること》.

**va·lid·i·ty** /vəlídəti ヴァリディティ/ 名Ⓤ **1**《正式》妥当(性) ∥
the **validity** of an argument 議論の妥当性.
**2**《法律》法的有効(性);効力.

**val·ley** /vǽli ヴァリ/ 名ⓒ **1**《山と山の間の, しばしば川が流れている》低地, 凹地(ぉう̌), 盆地, 谷間, 谷(◆(1) 日本語の「谷」よりも比較的なだらかで広い所をいうことが多い. (2)「切り立つ狭い谷」は ravine, gorge, その大きなものは canyon, 小さいのは gully》 ∥
Salt Lake City lies in a **valley** surrounded by high mountains. ソルトレーク=シティーは周囲を高い山に囲まれた凹地にある.
**2** [the ~;修飾語を伴って]《大河の》流域, 《流域の》平野, 盆地 ∥
the Mississippi **Valley** ミシシッピ川の流域.
**3**《建築》屋根の谷(図) → house).

**val·or**, 《英》**-our** /vǽlər ヴァラ/ 名Ⓤ《正式》勇敢さ, 武勇, 剛勇.

**val·our** /vǽlə ヴァラ/ 名《英》=valor.

*****val·u·a·ble** /vǽljəbl ヴァリャブル, -ljuə-/ [→ value])
── 形《比較》more ~, 《最上》most ~) **1** 価値の高い, 高価な(↔ valueless) ∥
a **valuable** painting 高価な絵.
**2** 貴重な, 価値ある;役に立つ ∥
**valuable** assistance 貴重な援助.
This tool is **valuable** for digging. この道具は穴掘りに役立つ.
── 名 (⑧ ~s/-z/) ⓒ [通例 ~s;複数扱い] 貴重品《宝石など》 ∥
Don't carry your **valuables** about with

**val·u·a·tion** /vǽljuéiʃən ヴァりュエイション/ 名《正式》**1** UC 金銭的評価(をすること), 査定, 見積もり. **2** C 評価額, 査定額. **3** C (人の能力・性格などに対する)評価 ‖ set a high valuation on her ability 彼女の能力を高く評価する.

\***val·ue** /vǽlju: ヴァりュー/ 『「強い, 価値がある」が原義. cf. va/id, va/iant』派 valuable (形・名)
— 名 複 ~s/-z/) **1** U [しばしば a ~] 価値, 値打ち; 重要性, 有用性 ‖ the value of an education 教育の真価[重要性].

Q&A  Q: value と worth の違いは?
A: (金銭的)価値の意味では同じですが, 特に value は「(実用性から見た)価値」, worth はそれ自体の「(精神的・道徳的)価値」を表します.

**2** UC **a** 価格, 値段, 金銭的価値 ‖ márket válue 市場価格, 市価. What is the value of this ring? この指輪の値段はいくらですか. **b** (貨幣の)購買力, 交換価値.
**3** U 正当な報い; [~ for (one's) money] 金に相当するもの ‖ This camera will give you good value for your money. これは君の払う金に十分見合うカメラです.
**4** UC 評価 ‖ sèt [pùt] a hígh válue on health 健康を重んじる.
**5** [~s; 複数扱い] (道義・慣習などの)価値観, 価値基準 ‖ After the World War II women's values have changed. 戦後女性の価値観は変わった.
○**of válue** 価値のある, 貴重な ‖ things of value 価値のある物 / Mother's milk is of great value to babies. 母乳は赤ちゃんにとってとても大事である.
— 動 (三単現) ~s/-z/; (過去・過分) ~d/-d/; (現分) ~·u·ing)
— 他 《◆進行形にしない》**1a** …を(金銭的に)評価する, 値ぶみする; [value A at B] A〈物〉をB〈価格〉と見積もる ‖ The used car dealer valued the car at 2,500 dollars. 中古車商はその車を2500ドルと見積もった.
対話 "So what do you think this is worth?" "I value it at over $1,000." 「これではどの程度の値打ちだと思いますか」「私の見るところ1000ドルを下らないな」.
**b** …を評価する ‖ He values honor above wealth. 彼は名誉を富よりずっと上のものと見ている.
**2** — 他 尊重する, 重んじる((正式) esteem) ‖ value freedom 自由を重んじる.

**val·ue·less** /vǽlju:ləs ヴァりューレス/ 形 《正式》無価値な, つまらない.

**val·u·ing** /vǽlju:iŋ ヴァりューイング/ 動 → value.

**valve** /vǽlv ヴァるヴ/ (類音 bulb/bʌlb/) 名 C **1** (液体・気体などの流れを調節する)弁, バルブ ‖ the valve of a bicycle tire 自転車のタイヤのバルブ.
**2** 〔解剖〕(心臓・血管の)弁, 弁膜. **3** 〔生物〕(二枚貝の)貝殻の片方; 珪藻類の殻. **4** (英) 〔電子工学〕電子管, 真空管((米) vacuum tube). **5** 〔音楽〕(金管楽器の)ピストン, バルブ.

**vamp** /vǽmp ヴァンプ/ 名 C (靴の)つま皮((図) → shoe).

**vam·pire** /vǽmpaiər ヴァンパイア/ 名 C **1** 吸血鬼《死体に宿り, 夜に墓から出て睡眠中の人の血を吸うといわれる悪霊》. **2** 動 =vampire bat.
**vámpire bát** 吸血コウモリ(vampire).

**van** /vǽn ヴァン/ (類音 ban/bæn/) 名 C [しばしば複合語で] **1a** (ふつう有蓋の)トラック, バン ‖ a báker's ván バン屋運搬車.
a mótor ván (英) 有蓋貨物自動車.
a políce ván (英) (囚人)護送車((米) patrol wagon).
**b** (商品運搬用)小型トラック, ライトバン《◆ *light van とはいわない》.
**2** (英) 有蓋貨車, 手荷物車 ‖ a gúard's ván (英) 車掌車, 乗務員室((米) caboose).

**Van·cou·ver** /vænkú:vər ヴァンクーヴァ/ 名 バンクーバー《カナダの British Columbia 州の都市》.

**van·dal** /vǽndl ヴァンドル/ 名 C (芸術品・公共物・自然景観などの)心なき破壊者.

**van·dal·ism** /vǽndəlizm ヴァンダリズム/ 名 U 芸術品・公共物などの(意図的)破壊[汚損], 非文化的蛮行.

**van·dal·ize** /vǽndəlàiz ヴァンダライズ/ 動 (現分 -iz·ing) 他 《正式》〈芸術作品・公共物など〉を(故意に)破壊する.

**van Gogh** /væn góu ヴァン ゴウ, -gɔ́:k |-gɔ́x ーゴッホ, -gɔ́k/ 名 バン=ゴッホ, ファン=ホッホ《Vincent /vínsnt/ ~ 1853–90; オランダの画家》.

**van·guard** /vǽngɑ:rd ヴァンガード/ 名 **1** C 〔軍事〕[集合名詞; 単数・複数扱い] 先兵, 先遣隊.
**2** [the ~] (軍隊・行進などの)先頭, 前衛, 先陣.
**3** [the ~] (各種運動などの)指導的地位, 先頭; [集合名詞] 指導者たち ‖ in the vanguard of women's liberation 女性解放運動の先頭に立って.

**va·nil·la** /vənílə ヴァニら/ 名 **1** C 〔植〕バニラ《熱帯アメリカ原産のつる性植物》; =vanilla bean. **2** U バニラ(エッセンス)《菓子・アイスクリーム用の香料》.
**vanílla bèan** バニラの実(vanilla).

\***van·ish** /vǽniʃ ヴァニシュ/ (類音 banish /bǽni-/) 『「からになる」が原義. cf. va/in』
— 動 (三単現) ~·es/-iz/; (過去・過分) ~ed/-t/; (現分) ~·ing)
— 自 **1** 消える, 見えなくなる《◆ disappear より堅い語》‖ The train vanished from sight. 列車は見えな

vanish 《消える》

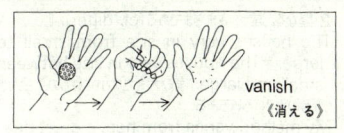

くなった.
The fairy **vanished** away. 妖精( )の姿は消えてしまった.
[対話] "Where did they go? They were here a minute ago." "They just **vanished**."「あの人たちみんなどこへ行ったの. さっきまでここにいたのに」「さっといなくなってしまったよ」.
**2** なくなる, 消滅する; 〈希望・恐怖・痛みなどが〉消える ‖
That kind of bird has **vanished** from this region. その種類の鳥はこの地域から姿を消した.
**vánishing pòint** [通例 the ~] (1) (透視画法の)消点, 消尽()点. (2) (我慢・体力などが)尽きる点.
**van·i·ty** /vǽnəti ヴァニティ/ 图 (圈 -·i·ties/-z/) **1 a** Ⓤ うぬぼれ, 慢心; 虚栄心《◆ pride よりも人にほめてもらいたい気持ちが強い. pride, vanity, conceit の順に意味が強くなる》‖
injured **vanity** 傷つけられた虚栄心.
tickle his **vanity** 彼の虚栄心をくすぐる.
**b** Ⓒ [vanities] うぬぼれの種[対象], 自慢しているもの.
**2** 〔正式〕**a** Ⓤ むなしさ, 空虚; 無価値 ‖
He always says fame is **vanity**. 名声はむなしいものだと彼はいつも言っている.
**b** Ⓒ [vanities] むなしいもの[行為]; 価値のないもの.
**3** Ⓤ 虚飾, 誇示.
**4** Ⓒ 〔米〕= vanity case [bag].
**vánity càse** [**bàg**] (女性の)携帯用化粧道具入れ(vanity).
**van·quish** /vǽŋkwɪʃ ヴァンクウィシュ/ 動 (三単現 ~·es/-ɪz/) 他 〔主に文〕**1** …を征服する, 打ち負かす.
**2** 〈感情・誘惑など〉に打ち勝つ ‖
**vanquish** one's fears 不安に打ち勝つ.
**van·tage** /vǽntɪdʒ ヴァンティチ | vάːn- ヴァーン-/ 图 **1** Ⓤ 有利(な点), 強み, 優勢. **2** Ⓒ 〔正式〕= vantage point [ground]. **3** Ⓤ 〔英〕〔テニス〕= advantage **3**.
**vántage pòint** [**gròund**] (1) (戦略・行動・眺望などの面で)有利[好都合]な位置(vantage). (2) (有利な)見地, 観点, 立場(vantage).
**va·por**, 〔英〕**-·pour** /véɪpər ヴェイパ/ 图 1 Ⓤ Ⓒ 〔正式〕蒸気.
**2** Ⓤ 〔物理〕蒸気 ‖
water **vapor** 水蒸気.
**vápor bàth** 蒸しぶろ; 蒸気浴.
**va·por·ize** /véɪpəràɪz ヴェイパライズ/ 動 (現分) -·iz·ing) 〔正式〕他 …を蒸発させる. ― 自 蒸発する.
**va·pour** /véɪpə ヴェイパ/ 图 〔英〕= vapor.
**var·i·a·bil·i·ty** /vèəriəbíləti ヴェアリアビリティ/ 图 Ⓤ 変わりやすさ, 流動性.
**var·i·a·ble** /véəriəbl ヴェアリアブル/ 圂 **1a** 変わりやすい, 定まらない, 不定の(↔ invariable) ‖
**variable** weather 変わりやすい天気.
**b** 〔遠回しに〕むらがある(uneven), 変わりやすい; 気まぐれな ‖
Her temper is **variable**. 彼女は気分屋だ.
**2** 変えられる, 可変の ‖
The height of this chair is **variable**. このいすの高さは調整できる.
― 图 Ⓒ 変わるもの, 変わりやすいもの.
**vár·i·a·bly** 剾 変わりやすく, 不定に.
**var·i·ance** /véəriəns ヴェアリアンス/ 图 〔正式〕**1** Ⓤ Ⓒ 相違, 不一致. **2** Ⓤ Ⓒ 不和, 仲たがい. **3** Ⓤ 変化, 変動.
**be at váriance** 〔正式〕(1) 矛盾している, 食い違っている. (2) 仲が悪い, 不和である.
**var·i·ant** /véəriənt ヴェアリアント/ 圂 **1** 〔正式〕異なる, 違った ‖
"Axe" is a **variant** spelling of "ax." axe は ax の別つづりである.
**2** さまざまの, いろいろ変わる. **3** 変わりやすい.
― 图 Ⓒ **1** (同一語の)異なるつづり[発音], 異形. **2** 異なる物, 変形.
**var·i·a·tion** /vèəriéɪʃən ヴェアリエイション/ 图 **1** Ⓤ 変化すること, 変動すること; Ⓒ (個々の)変化, 変動 ‖
**variations** in [of] temperature 温度の変化.
**2** Ⓤ 変化の程度, 変化量.
**3** Ⓒ 違い, 差異 ‖
Why are there **variations** of price for the same books? 同じ本なのにどうして値段に違いがあるのか.
**4** Ⓒ 変種, 変わり種. **5** Ⓤ Ⓒ 〔生物〕変異(個体).
**6** Ⓒ 〔音楽〕変奏(曲).
**var·i·cose veins** /vǽrəkòʊs véɪnz ヴァリコウスヴェインズ/ [複数扱い] 〔医学〕(特に脚部の)静脈瘤().
**var·ied** /véərid ヴェアリド/ 動 → vary.
― 圂 **1** さまざまな, いろいろな. **2** 変化に富んだ.
**var·i·e·gat·ed** /véəriəgèɪtid ヴェアリゲイティド/ 圂 **1** 〔正式〕〈花・葉などが〉多色彩の, まだらの. **2** 多様な, 変化に富んだ.
**var·ies** /véəriz ヴェアリズ/ 動 → vary.
**va·ri·e·ties** /vəráɪətiz ヴァライエティズ/ 图 → variety.
\***va·ri·e·ty** /vəráɪəti ヴァライエティ/ 〔発音注意〕《◆ ×ヴァラエティ》〖→ vary〗
― 图 (圈 -·ties/-z/) **1** Ⓤ **a** 変化(に富むこと), 多様(性) 〔麵〕 diversity (↔ monotony) ‖
the **variety** of his interests 彼の関心事の多様性.
Her life was really full of **variety**. 彼女の人生は本当に変化に富んでいた.
**Variety** is the spice of life. 〔ことわざ〕いろいろあってこそ人生は楽しい.
**b** (同類の物の中での)相違, 不一致.
**2** [a ~ of + Ⓒ 名詞複数形] いろいろの… ‖
a large [wide] **variety** of flowers 種々さまざまの花.

She has **a variety of** dolls. 彼女はいろいろな人形を持っている.
**3** C (同類の物の中の)**種類** ‖
a variety of apple リンゴの一種.
butterflies of every variety あらゆる種類のチョウ.
several varieties of cake 数種類のケーキ.
**4** C 〔生物〕**変種, 亜種**(→ classification) ‖
a new variety of strawberry イチゴの新種.
**5** U (英) =variety show [entertainment].
**for variety's sàke =for the sàke of variety** 変化を与えるために, 目先を変えるために.
**variéty shòw** [**entertáinment**] バラエティ(ショー), (正式) vaudeville.
**variéty stòre** (米) 雑貨店《◆ふつう安価な品を扱い, general store と違って食料品は売らない》.
**variéty thèater** 寄席(が), 演芸館.

\***var·i·ous** /véəriəs ヴェアリアス/ 〚→ vary〛
— 形 **1** さまざまな, いろいろな, 種々の, それぞれ異なる ‖
people of various occupations さまざまな職業の人たち.
**2** [名詞の前で] いくつかの, 多くの ‖
対話 "Does everyone agree that it's a good idea?" "I spoke to various people and they all think so." 「みんながそれがよい考えだと思っていますか」「何人もの人にあたってみたけど, だれもがそう考えていますよ」.
**3** 別々の, 個々の.

**var·i·ous·ly** /véəriəsli ヴェアリアスリ/ 副 (正式) **1** さまざまに, いろいろに. **2** いろいろな名前で.

**var·nish** /vɑ́ːrniʃ ヴァーニシュ/ (類音 burnish /bə́ːr-/, vanish /vǽ-/) 名 (複 ~·es/-iz/) **1** UC ニス, ワニス; (ニスに似た)上塗り, 上薬(ﾈ?)《◆(1)「何種類かのニス」の意味では varnishes となる. (2) 「ワニス」は varnish のなまり》‖
put varnish on a table テーブルにニスを塗る.
**2** [the ~] ニス塗り(の表面), ニス塗りの(ような)光沢(面) ‖
scratch the varnish on the frame 額縁のニス面を傷つける.
**3** U (英) マニキュア液.
— 動 (三現 ~·es/-iz/) 他 …にニスを塗る; …に光沢(ﾂ?)をつける; (英)〈つめ〉にマニキュアを塗る.

**var·si·ty** /vɑ́ːrsəti ヴァースィティ/ 名 (複 -si·ties /-z/) C **1** (米) 代表チーム ‖
My son is **on the varsity** in debating. 息子は弁論の代表チームの一員です.
**2** 《英略式・やや古》[the ~] 大学.

\***var·y** /véəri ヴェアリ/ (同音 ^very; 類音 berry, bury/béri/) 〚「**変わる**」が本義〛(派) variable (形), various (形), variation (名), variety (名)
— 動 (三現 var·ies/-z/; 過去・過分 var·ied/-d/; 現分 ~·ing)
— 自 **1** 変わる, 変化する, 変動する《◆ change と異なり部分的にしだいに変わることをいう》‖
The weather varies (**from** hour **to** hour). 天気は(刻々と)変わる.
**2** 異なる, 違う, さまざまである(cf. differ) ‖
The houses **vary in** size **from** small **to** large. =The houses **vary in** size **between** small **and** large. 家の大きさは小さいものから大きなものまでいろいろある.
My method varies from hers a great deal. 私のやり方は彼女のとは非常に違う.
対話 "What's the best way to learn a language?" "It **varies from** person **to** person." 「言葉を習うのにいちばんいい方法は何ですか」「それは人によってさまざまですよ」.
**3** はずれる, それる ‖
vary from the norm 標準からはずれる.
— 他 **1** …を変える, 変更する; …を修正する, 手直しする ‖
A good actor varies his manner of speaking according to circumstances. 名優は状況に応じて話し方を変える.
**2** …に変化を与える, 多様にする ‖
You ought to **vary** your diet. 食事に変化をつけた方がいいですよ.

**vas·cu·lar** /vǽskjulər ヴァスキュラ/ 形 〔生物・解剖〕導管の, 脈管の, 血管の.

\*\***vase** /véis ヴェイス, véiz, vɑ́ːz ヴァーズ/ 〚→ vessel〛
— 名 (複 vas·es/-iz/) C 花びん; (装飾用の)つぼ, びん, かめ ‖
a vase of flowers =a flower vase 花びん.

\***vast** /vǽst ヴァスト, vɑ́ːst ヴァースト/ 〚「非常に大きい」が本義〛

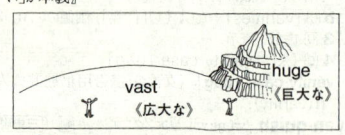

— 形 (比較 ~·er, 最上 ~·est) [通例名詞の前で] **1** 広大な, 広漠とした, 非常に広い; (平面的に)巨大な《◆形・かさが大きいのは huge》‖
the vast expanse of the Pacific Ocean 果てしなく広い太平洋.
the vast mountains of the Andes アンデスの巨大な山々.
**2** 〈数・量・程度などが〉莫(ﾊ?)大な, 膨大な, ものすごい; たいへんな ‖
a vast amount of money 巨額の金.
a vast number of people おびただしい数の人.

**vast·ly** /vǽstli ヴァストリ, vɑ́ːst- ヴァーストリ/ 副 **1** 広大に, 限りなく.
**2** (程度が)大いに, 非常に, たいそう ‖
be **vastly** improved 大幅に改善されている.
**3** はるかに, ずっと ‖
These **are vastly** superior to ours. これらは私たちのよりはるかに優れている.

**vat** /vǽt ヴァト/ 名 C (醸造などの液体用)大おけ.

**VAT** (略) value-added tax 付加価値税.

**Vat·i·can** /vǽtikn ヴァティカン/ 名 [the ~] =

Vatican Palace.
**Vátican Cíty** [the ~] バチカン市国《ローマ市内にある世界最小の独立国。ローマ教皇(the Pope)の支配下にある》.
**Vátican Pálace** バチカン宮殿(Vatican)《ローマのバチカン市国にあるローマ教皇の宮殿》.
**vau‧de‧ville** /vɔ́:dəvil ヴォーデヴィル, vóud-/ 名U(米正式)ボードビル, 寄席(ｾ)演芸((英) variety show)《歌・踊り・曲芸など》.
**vault¹** /vɔ́:lt ヴォールト/ 〔類音〕volt/vóult/, bolt /bóult/ 名 **1**〔建築〕アーチ形屋根, 丸天井(ﾃﾝ).
**2** Ⓒ **a** (しばしばアーチ構造の)地下貯蔵室 ∥ a wine **vault** ワイン貯蔵室.
**b** (教会・墓地の)地下遺体安置室.
**3** Ⓒ (特に銀行の)(地下)金庫室.
**4** (詩)[the ~]大空, 空 ∥ the (blue) **vault** of heaven 青空, 青天井, 大空.
**vault²** /vɔ́:lt ヴォールト/ 動 ⾃ (手・棒などを支えにして)跳ぶ, 跳躍する. — ⾃ …を跳び越える.
—— 名Ⓒ(手・棒などを支えにして)跳ぶこと, 跳躍;〔体操〕跳馬(ﾁｮｳ) ∥ the pole **vault** 棒高跳び.
**VCR** (略) videocassette recorder.
**VD** (略) venereal disease 性病.
**VDU** (略) visual display unit.
*'**ve** /-əv -ｱｳ, 母音の後で -v/ (略) have の短縮語 ∥ I've no idea where he is. 彼がどこにいるかわからない.
**veal** /víːl ヴィール/ 名U 食用子牛(の肉).
**vec‧tor** /véktər ヴェクタ/ 名Ⓒ **1**〔数学〕ベクトル;ベクトル空間の要素. **2**〔医学〕病原菌媒介生物《カ・ハエなど》;〔生物〕花粉媒介者. **3**〔航空〕方向, 針路.
**veer** /víər ヴィア/ 〔類音〕via/váiə, víːə/, beer/bíər/ 動 ⾃ **1** 向きを変える, 曲がる, それる ∥ **veer** away [**off**] to the left 左に向きを変える.
**2**〈話題・意見・政策・人などが〉変わる, 転換する;それる ∥ Suddenly the talk **veered** round to space travel. 突然話は宇宙旅行のことに変わった.
**veg** /védʒ ヴェチ/ (〜 veg) ⓊⒸ (英略式)[通例複数形で](ふつう火を通して料理した)野菜((米) veggies) ∥ **veg** soup 野菜スープ.
—— 動 ⾃ (略式)仕事をせずにのんびり暮らす(+ out).
**Ve‧ga** /víːgə ヴィーガ/ 名〔天文〕ベガ, 織女星《こと座(Lyra)の主星》.

\***veg‧e‧ta‧ble** /védʒətəbl ヴェチタブル/ [[「活力のある」が原義. cf. vigor]]
—— 名 (〜s/-z/) **1** Ⓒ [通例 ~s] **a** 野菜《◆vegetable と言えば, 欧米人は「豆類とニンジン」を思い浮かべることが多い》;青物 ∥ pickled **vegetables** ピクルスにした野菜. garden **vegetables** 菜園の野菜. live on **vegetables** 菜食する. I prefer **vegetables** to meat. 私は肉より野菜が好きです.
**b** (熱で調理した, 副菜としての)野菜, 温野菜《◆salad に対していう》∥ Which would you like, **vegetables** or salad?(食堂で)(つけあわせの野菜は)温野菜になさいますかそれともサラダになさいますか.
**2** ⓒⓤ (動物・鉱物に対して)植物, 草木.
**3** Ⓒ (略式)(大脳の麻痺(ﾏﾋ)した)植物人間 ∥ become a mere **vegetable** 植物人間になる.
**4** [形容詞的に] **野菜の**;植物(性)の ∥ a **vegetable** diet 菜食. **vegetable** oil 植物油. **vegetable** soup 野菜スープ.
**veg‧e‧tar‧i‧an** /vèdʒətéəriən ヴェチテアリアン/ 名Ⓒ 菜食(主義)者.
—— 形 菜食主義(者)の;菜食者のための;野菜ばかりの ∥ be on a **vegetarian** diet 菜食している.
**veg‧e‧ta‧tion** /vèdʒətéiʃən ヴェチテイション/ 名U (正式)[集合名詞](ある地域に生育するすべての)植物;植生 ∥ tropical **vegetation** 熱帯植生.
**veg‧gie** /védʒi ヴェチ/ 形 (主に英) =vegetarian. —— 名(通例 ~s 主に米) veg).
**ve‧he‧ment** /víːəmənt ヴィーイメント, víːhə-/ (発音注意)《◆ h は発音しないことが多い》形 (正式) 激しい, 強烈な, 熱烈な ∥ a **vehement** desire 激しい欲望. a **vehement** argument 激論.
**ve‧he‧ment‧ly** /víːəməntli ヴィーイメントリ, víːhə-/ 副 (正式)激しく;熱烈に, 熱情をこめて.
**ve‧hi‧cle** /víːikl ヴィーイクル, (米) víːhikl/ (発音注意)《◆ h は発音しないことが多い》名Ⓒ **1** (ふつう)陸上の)乗物, 輸送機関 ∥ mótor **vèhicles** 自動車(類)《乗用車・バス・トラックなど》. an offícial **vèhicle** 公用の乗物. a spáce **vèhicle** 宇宙船. ráilway **vèhicles** 鉄道車両.
**2** (正式)伝達手段;媒体 ∥ Sculpture is the **vehicle** of her ideas. 彫刻は彼女の思想の伝達手段である.
**ve‧hic‧u‧lar** /víːhíkjələr ヴィーヒキュラ/ vi- ヴィ-/ 形 (正式)乗物の, 車の.
**veil** /véil ヴェイル/ 〔同音〕vale;〔類音〕bail, bale /béil/ 名Ⓒ **1** ベール, かぶり布 ∥ a bridal **veil** 花嫁のベール.
**2** (修道女の)ベール;[the ~]修道女の生活[誓い].
**3** (正式)[a ~ / the ~] 覆い隠す物;たれ幕, とばり ∥ a **veil** of clouds 雲のベール.
**4** (正式)見せかけ, 口実, 隠れ ∥ under the **veil** of religion 宗教の名に隠れて. **dráw** [**thrów, cást**] *a* **véil óver A** 《やや正式》

…を隠す；…を秘密にしておく，言わないでおく.
——[動][他] **1** …をベールで覆う，…にベールをかける ‖
veil one's face ベールで顔を覆う.
**2** 《正式》…を覆う，隠す ‖
be **veiled in** mystery 神秘に包まれている.

**veiled** /véild ヴェイルド/ [動] → veil.
——[形] **1** ベールをかぶった，ベールをつけた.
**2** 隠された；不明瞭(りょう)な，直接的でない ‖
a **veiled** threat 無言の脅し.

**vein** /véin ヴェイン/ ([同音] vain, vane) [名][C] **1** 静脈；(一般に)血管 ‖
the main **vein** 大静脈.
**2** 《文》[a ～ / the ～] (一時的な)気分，気持ち ‖
be **in the vein for** tears [for crying] 泣きたい気分である.
**3** 《文》傾向，特質，気質，肌；[a ～ of＋[U] 名詞] …の気味 ‖
a man of scientific **vein** 科学者肌の人.
There is **a vein of** humor in the essay. その随筆にはユーモアの味がある.
**4** 静脈状の物；〔植〕葉脈；〔動〕(昆虫の)翅脈(しみゃく)；木目，(大理石などの)石理(いしめ)，筋，裂け目；鉱脈，岩脈；地下水(脈) ‖
strike a rich **vein** of gold 豊かな金鉱脈を掘り当てる.

**Vel·cro** /vélkrou ヴェルクロウ/ [名][C] 《商標》ベルクロ《衣服を留めるためにボタンの代わりに用いるマジックテープ》.



**ve·loc·i·ty** /vəlɑ́səti ヴェラスィティ｜vəlɔ́səti ヴェロスィティ/ [名] ([複] ··i·ties/-z/) **1** [U][C] 〔物理〕速度 ([略] v) ‖
the **velocity** of a bullet 弾丸の速度.
**2** [U] [しばしば a ～；俗用的に] 速さ，速力；《正式》速さ，急速さ ‖
at a **velocity** of 332 meters per second 毎秒332メートルの速さで.
move with great **velocity** 非常な速さで動く.

**ve·lour(s)** /vəlúər(z) ヴェルア(ズ)/ [名][U] ベロア《ビロード状の布》.

**vel·vet** /vélvit ヴェルヴィト/ [名] **1** [C][U] ベルベット，ビロード《◆日本語の「ビロード」はポルトガル語から》 ‖
cotton **velvet** 綿ビロード，べっちん.
(as) smooth as **velvet** ベルベットのようにやわらかな[すべすべした].
**2** [C] ベルベット状のもの；モモの皮，うぶ毛の生えたほお.
——[形] **1** ベルベットの，ビロード(製)の ‖
a **velvet** frock ベルベットのフロックコート.
**2** ビロードのような.

**vel·vet·y** /vélvəti ヴェルヴェティ/ [形] ビロードのような，滑らかでやわらかい，すべすべした.

**vend** /vénd ヴェンド/ [動][他] 《主に正式》…を売り歩く，…の行商をする. ——[自] 売り歩く，行商する.
**vénding machine** 自動販売機.

**ven·det·ta** /vendétə ヴェンデタ/ [名][C] **1** (2族間の)復讐(しゅう)，かたき討ち《特に昔 Corsica 島で行なわれたようなもの》. **2** 長期の激しい争い，怨念(おん).

**ven·dor, vend·er** /véndər ヴェンダ，-dɔːr/ [名][C] [通例複合語で] (街頭の)物売り；(球場などの)売り子；行商人 ‖
a péanut vèndor ピーナッツ売り.

**ve·neer** /vəníər ヴェニア/ [名][U][C] **1** (家具などの表面に張る)化粧板.
**2** (合板用の)薄板《◆「ベニヤ(板)」はこれを張り合わせた plywood のこと》.
**3** 《正式》[通例 a ～] 見せかけ，うわべの飾り ‖
a **veneer of** honesty うわべだけの誠実.
——[動][他] 《正式》…を化粧張りする.

**ven·er·a·ble** /vénərəbl ヴェナラブル/ [形] **1** 《正式》尊敬すべき，尊い，りっぱな. **2** 《略式》尊重すべき，由緒ある.

**ven·er·ate** /vénərèit ヴェナレイト/ [動] ([現分] ··at·ing) [他] 《正式》…に深い敬意を払う，…を敬(うやま)う.

**Ve·ne·tian** /vəníːʃən ヴェニーシャン/ [形] ベネチア[ベニス]の；ベネチア人の；ベネチア派の；ベネチアふう[様式]の. ——[名][C] **1** ベネチア人. **2** 《略式》＝Venetian blind.
**Venétian blínd** [しばしば v～] ベネチアン=ブラインド，板すだれ(Venetian)《金属・プラスチック・木などの薄いよろい板をつづった日よけ》.

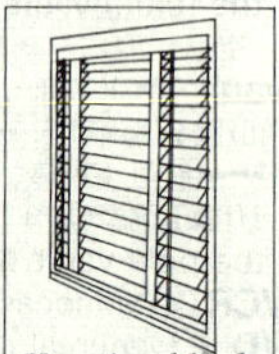
Venetian blind

**Ven·e·zue·la** /vènəzwéilə ヴェネズウェイラ，-zwíː-/ [名] ベネズエラ《南米北部の共和国. 首都 Caracas》.

**venge·ance** /véndʒəns ヴェンヂャンス/ [名][U] 《正式》復讐(しゅう)；[a ～] 仇(あだ)討ち，かたき討ち(cf. revenge) ‖
wreak [inflict] **vengeance** 仇討ちをする.
swear **vengeance on** [against] one's father's murderer 父親の殺害者に対し復讐を誓う.
***with a véngeance*** 《略式》猛烈に，激しく；全く，まさしく；極端に，徹底的に.

**venge·ful** /véndʒfl ヴェンヂフル/ [形] 《主に文》復讐(しゅう)心に燃えた，執念深い；報復的な.

**Ven·ice** /vénis ヴェニス/ [名] ベネチア，ベニス《イタリア北東部の都市. 運河と gondola で有名. イタリア名 Venezia. 形容詞は Venetian》.

**ven·i·son** /vénəsn ヴェニスン，-zn/ [名][U] (食用の)シカの肉.

**ven·om** /vénəm ヴェナム/ [名][U] **1** (ヘビ・サソリ・ハチなどの)毒液，毒. **2** 《正式》悪意，恨み，憎悪；毒舌.

**ven·om·ous** /vénəməs ヴェナマス/ [形] **1** 毒液を分泌する，有毒な. **2** 《正式》悪意[恨み]に満ちた，有害な.

**ve·nous** /víːnəs ヴィーナス/ ([同音] Venus) [形] **1** 〔生理〕静脈の. **2** 〔植・動〕葉脈[翅脈(しみゃく)]の多い.

**vent** /vént ヴェント/ ([類音] bent/bént/) [名] **1** [C] (気体・液体などの)穴，(抜け)口；(空気・煙・蒸気などの)通気[通風，排気]孔；(笛などの)指穴；(火山の)噴気孔；(大砲の)火門(かもん) ‖
an air **vent** 通気孔.
**2** [U] [しばしば a ～] はけ口，出口 ‖
He found (a) **vent for** his energies in foot-

ball. 彼はフットボールに精力のはけ口を見いだした.
***give vént to* A** A〈怒り・悲しみなど〉を表に出す, 爆発させる; A〈精力など〉を発散させる ‖ She **gave** vent **to** her anger **by** swearing. 彼女は口汚い言葉を吐いて怒りをぶちまけた.
**—**[動] [他] **1** 〈怒りなど〉を爆発させる, 発散させる, ぶちまける ‖
He **vented** his anger **on** his wife **by** shouting at her. 彼はどなりつけて女房に怒りをぶつけた.
**2** …に穴をあける, 通気孔をつける; 〈煙・蒸気・液体など〉を出す, 放出する.

**ven·ti·late** /véntəlèit ヴェンティレイト/ [動] ([現分] --lat·ing) [他] …の換気を行なう, …に風を通す, 空気を入れる ‖
ventilate a room 部屋の換気をする.
be well **ventilated** 換気がいい.

**ven·ti·la·tion** /vèntəléiʃən ヴェンティレイション/ [名] [U] **1** 換気, 風通し.
**2** 換気[通風]状態 ‖
a room with good **ventilation** 換気のいい部屋.
**3** 換気装置.

**ven·ti·la·tor** /véntəlèitər ヴェンティレイタ/ [名] [C] 換気装置, 換気扇, 空気調節装置, 換気窓, 通風孔[管].

**ven·tril·o·quism** /ventríləkwìzm ヴェントリロクウィズム/ [名] [U] 腹話術.

**ven·ture** /véntʃər ヴェンチャ/ [名] [C] **1** 冒険, 危険な試み; 冒険的事業 ‖
astronauts on the first **venture** to the moon 最初の月旅行の冒険に挑む宇宙飛行士.
**2** 投機, 思惑, やま; (賭(か)け金・商品など)投機のかかっている物.
***at a vénture*** (正式) 運任せに, でたらめに(at random); 全く偶然に(by chance).
**—**[動] ([現分] --tur·ing/-tʃəriŋ/) [他] **1** (正式) **a** …を危険にさらす, 賭ける ‖
**venture** one's life **in** war 戦争で命を危険にさらす.
**b** (正式)〈金・財産など〉を賭ける ‖
I decided to **venture** all my money **on** the new business. 有り金全部を新事業に賭けることに決めた.
Nothing vénture, nothing gáin [wín, háve]. =Nothing ventured, nothing gained. (ことわざ) 危険を冒さないと何も得られない; 「虎穴(こけつ)に入らずんば虎児を得ず」.
[対話] "You quit your part-time job?" "Yes. I've decided to **venture** all my time **on** my schoolwork." 「アルバイトのほうはやめてしまったのかい」「そうです. 時間をすべて学業に賭けることに決めたのです」.
**2** (正式) …に危険を冒して立ち向かう, 敢然と挑む ‖
He **ventured** the stormy sea in a small fishing boat. 彼は小さな漁船であらしの海に敢然と立ち向かった.
**3** (正式) 〈考えなど〉をあえて述べる; [venture to do] あえて…する, 思い切って…する; [venture (that) 節] …と思い切って言う ‖
**venture to** jump out of the window 窓から思い切って飛び降りる.
**venture** an objection あえて反対意見を述べる.
I **venture** (**to** say) (**that**) you are wrong. 口はばったいようですが, あなたの考えは間違っていますよ.
May I **venture** (**to** make) a suggestion? あえて1つ提案をしてもよろしいでしょうか.
**—**[自] **1** 危険を冒して行く[進む]《◆副詞(句)を伴う》‖
**venture out** in the storm あらしの中を思い切って外に出る.
**2** (正式) [venture **on** A] …に思い切って乗り出す, …を危険を冒して試みる ‖
She **ventured on** a new enterprise. 彼女は思い切って新しい事業に乗り出した.
**vénture bùsiness** ベンチャー=ビジネス《新技術導入・新規開発事業を行なう新設の中小企業. 成長性が高いがリスクも大きい》.

**ven·ue** /vénju: ヴェニュー/ [名] [C] **1** 〔法律〕(事件などの)裁判籍, 訴訟原因発生地; (米) (陪審裁判が行なわれる)裁判地 ‖
change the **venue** (暴動を避けたり, 公正を期すため)裁判地を変更する.
**2** 開催地; 発生地, 現場. **3** (米) 立場, 意見.

**Ve·nus** /ví:nəs ヴィーナス/ ([同音] venous) [名] ([複] ~·es/-iz/) **1 a** 〔ローマ神話〕ウェヌス, ビーナス《愛と美の女神. ギリシア神話の Aphrodite に相当》. **b** [C] 絶世の美女. **2** 〔天文〕金星《◆しばしば the evening star, Hesperus (宵の明星) / the morning star, Lucifer (明けの明星)として現れる》.
***the Vénus of Mílo*** /máilou マイロウ, mí:-/ ミロのビーナス(像).

**ve·ran·da, --dah** /vərǽndə ヴァランダ/ 〖ヒンディー〗 [名] [C] (主に英) ベランダ, 縁側((米) porch)《建物の1階側面から張り出した屋根付きの縁(えん)》.

*__verb__ /və́:rb ヴァーブ/ ([類音] barb/bɑ́:rb/) 〖「言葉」が原義. cf. word〗 [派] verbal (形)
**—**[名] ([複] ~s/-z/) [C] 〔文法〕 **動詞** ([略] v., vb.) ‖
an intransitive **verb** 自動詞.
"Make" is an irregular **verb**, not a regular one. make は不規則動詞であり, 規則動詞ではありません.

*__ver·bal__ /və́:rbl ヴァーブル/ 〖→ verb〗
**—**[形] **1 言葉の**, 言葉に関する; (他の表現手段に対して) 言葉による; 言語使用[理解]に関する ‖
**verbal** mistakes 言葉づかいの誤り.
**verbal** communication 言葉による意思疎通.
That writer has great **verbal** skill. その作家には言葉を操る非凡な手腕がある.
**2** 言葉の上の; 言葉だけによる ‖
a **verbal** protest 言葉だけの抗議.
**3** (正式) 口頭の, 口で言い表された(↔ written) ‖
a **verbal** agreement 口頭での協定.
a **verbal** promise 口約束.

V

**verbally**

4 〈翻訳が〉逐語(%)的な, 文字どおりの.
5 〔文法〕動詞の, 動詞的な; 動詞から派生した.
──名 C 〔文法〕準動詞《不定詞・分詞・動名詞の総称》.

**vérbal nóun** 〔文法〕動詞的名詞《動詞から派生した名詞, 特に(名詞的性質の強い)動名詞など》.

**ver·bal·ly** /vɔ́ːrbəli ヴァーバリ/ 副 口頭で; 言葉で; 一語一語忠実に; 言葉の上でだけ; 〔文法〕動詞として.

**ver·ba·tim** /vəːrbéitəm ヴァーベイティム/ 形 副 逐語(%)的な[に], 言葉どおりの[に], 一語一句そのままの[に].

**ver·bose** /vɔːrbóus ヴァーボウス/ 形 《正式》〈人・文体などが〉言葉数が多い, くどい, 饒(%)舌な; 冗漫な.

**ver·dict** /vɔ́ːrdikt ヴァーディクト/ 名 C 1 〔法律〕(陪審員が下す)評決, 答申《◆ verdict に基づいて裁判官が下す判決は judgment, decision, 刑の宣告は sentence. 関連→ sentence》.
2 (略式)意見, 決定, 判定, 判断 ‖
the general **verdict** on the postal strike 郵便ストに関する世論.

**verge** /vɔːrdʒ ヴァーヂ/ (類音 barge/báːrdʒ/) 名 C 1 a 縁(%), 端, へり, はずれ; 境界, 境; 限界, 範囲 ‖
the **verge** of a stream 小川の縁.
b (英) (芝で縁どりした)花壇べり; (草[芝]の生えた)道路[歩道]べり ‖
Don't park on the grass **verge**. 道路べりの草地に駐車するな.
2 [the ~ of + U 名詞](破産・絶望などの)まぎわ, せとぎわ, 寸前 ‖
His failures brought him to the **verge** of ruin. たび重なる失敗で彼は破産寸前まで追い込まれた.
**on the vérge of** A [*doing*] …のまぎわに, …の寸前で; 今にも…しようとして.
──動 (現分 verg·ing) 自 [**verge on** [**upon**] A] 1 …に境を接している, 隣接している ‖
Our property **verges on** the road. 我々の地所はその道路に隣接している.
2〈発言・行為などが〉…に近い, ほとんど等しい, …と紙一重である ‖
It **verges on** madness to drive so fast. そんなにスピードを出して車を運転するとは気違いじみているよ.

**ver·i·fi·ca·tion** /vèrəfikéiʃən ヴェリフィケイション/ 名 (正式) 1 U 証明, 立証; 実証, 検証; 確認, 照合. 2 U 証拠, 根拠. 3 UC 申し立てが真実であることの宣誓(書).

**ver·i·fy** /vérəfài ヴェリファイ/ 動 (三単現 --i·fies /-z/; 過去過分 --i·fied/-d/) 他 (正式) 1 〈…が事実であることを証明する, …が正しいことを立証する(↔ falsify)《◆進行形にしない》‖
**verify** her statement 彼女の話に間違いないことを証明する.
2 …が正しいかどうか確かめる; …を確かめる ‖
The police **verified** (the fact) that the suspect couldn't have stayed home that

1568

**version**

night. 容疑者がその晩その家にいたはずがないことを警察は確認した.

**ver·i·ta·ble** /vérɪtəbl ヴェリタブル/ 形 (正式) 真の, 本当の, 紛れもない ‖
a **veritable** triumph 真の勝利.

**ver·mil·ion, --lion** /vərmíljən ヴァーミリョン/ 名 U 朱色, 朱. ──形 朱色の, 朱の.

**ver·min** /vɔ́ːrmən ヴァーミン/ 名 U 〔集合名詞; 複数扱い〕 1 (穀物・家畜などに害を与える)害獣《キツネ・イタチ・モグラなど》, 害鳥 (cf. pest); 害虫《シラミ・ノミなど》. 2 [通例 ~s] 社会の害虫, 有害な人; 人間のくず.

**Ver·mont** /vəːrmánt ヴァーマント|-mɔ́nt -モント/ 〖「緑の山」が原義〗 名 バーモント《米国北東部の州. 州都 Montpelier. (愛称) the Green Mountain State. (略) 〔郵便〕 VT》.

**ver·nac·u·lar** /vərnǽkjələr ヴァナキュラ/ 形 1 〈言語が〉その土地固有の, 自国の ‖
the **vernacular** languages of India インドの諸地方語.
2 その地方[国](の話し)言葉を用いた ‖
a **vernacular** newspaper 現地語新聞.
──名 [the ~] (特に標準語・外国語に対し)その地方[国]固有の言語, 自国語; 土地[お国]言葉, 方言.

**Ver·sailles** /veərsái ヴェアサイ, (米+) vərséilz/ 名 1 ベルサイユ《Paris 南西部の都市》. 2 ベルサイユ宮殿《同地にあるルイ14世の建てた宮殿》.

**ver·sa·tile** /vɔ́ːrsətl ヴァーサトル|-tàil -タイル/ 形 1 多面的な才能がある, 多芸の ‖
a **versatile** performer who can act, sing, and dance 芝居も歌も踊りもこなす多才な役者.
2 用途の広い, 何にでも使える, 多目的な.

**verse** /vɔːrs ヴァース/ 名 1 U a 韻文 (↔ prose); [形容詞的に]韻文の ‖
His works are (written) in **verse**. 彼の作品は韻文で書かれている.
b [集合名詞](ある作家・時代・国などの)詩, 詩歌, 詩作品 ‖
English lyrical **verse** 英国叙情詩.
epic **verse** 叙事詩.
2 C 〔詩学〕詩の1行 ‖
quote a few **verses** from Keats キーツの詩から数行引用する.
3 C (詩・歌詞の)連, 節, スタンザ.
4 U 詩形, 詩格 ‖
blánk vérse 無韻詩形.
5 C (聖書の)節《chapter (章)を細分化したもの. (略) v., vs》.

**versed** /vɔːrst ヴァースト/ (類音 burst/bɔ́ːrst/) 形 (正式) [しばしば well ~]精通した, 熟達[熟練]した ‖
She is well **versed** in auto mechanics. 彼女は自動車の構造に詳しい.

**ver·sion** /vɔ́ːrʒən ヴァージョン|vɔ́ːrʃən ヴァーション/ 名 C 1 (個人的・一方的な)説明, 報告, 意見, 解釈 ‖
Each of the boys gave his own **version** of

the accident. 少年たちは事故について各々違った説明をした.

**2** 翻訳(されたもの), 訳書, 訳文; [通例 V~] (聖書の)…訳, …版 ‖
the Authorized [Revised] **Version** of the Bible 欽(ﾎ)定訳[改訳]聖書.

**3 a** (文学作品などの)改作, 脚色, …版 ‖
an abridged **version** of a novel 小説の縮約版.
**b** (品物などの特殊化された)型, …版; (原型の異形(物), 変形(物); 〖コンピュータ〗(ソフトウェアなどの)版, バージョン ‖
a deluxe **version** of the dictionary その辞書の豪華版.

**ver·sus** /vˈɚːrsəs ヴァーサス/ 〖ラテン〗 前 (正式) (訴訟・競技などで)…対, …に対して(略)(米) vs, vs.; (英) v, v.) ‖
the England **versus** Scotland football game イングランド対スコットランドのサッカーの試合.
the Mariners **versus** the Yankees マリナーズ対ヤンキース(の試合).

**ver·te·bra** /vˈɚːrtəbrə ヴァーテブラ/ 名 (複 ~brae /-briː/, ~s) C 〖解剖〗脊椎(ﾂｲ)骨, 椎骨; [the verbrae] 脊椎.

**ver·te·brate** /vˈɚːrtəbrət ヴァーテブラト, -brèit/ 形 〖解剖〗脊椎(ﾂｲ)のある, 背骨をもった; 脊椎動物の.
―名 C 脊椎動物.

**ver·ti·cal** /vˈɚːrtɪkl ヴァーティクル/ 形 **1** 垂直の, 水平面に直角な; 直立した; 垂直に上昇[下降]する(↔ horizontal) ‖
a **vertical** line 垂直線.
a **vertical** cliff 垂直な絶壁.
a **vertical** take-off and landing aircraft 垂直離着陸機.
**2** (画面などの)縦の ‖
draw a **vertical** line 縦に線を引く.
―名 C **1** 垂直線[面]. **2** [the ~] 垂直位置.

**ver·ti·cal·ly** /vˈɚːrtɪkəli ヴァーティカリ/ 副 垂直に, 直立して.

**verve** /vˈɚːrv ヴァーヴ/ 名 U (正式) **1** 熱情, 気迫. **2** (一般に)活気, 元気.

**✱ve·ry** /véri ヴェリ/ 〖同義〗△vary; 〖類音〗bury /béri/ 〖『真実の[に]』が原義. 今は意味を強める副詞の中心的な語〗

  →副 **1** 非常に **2** 本当に **3** あまり
  　形 **1** ちょうどその **2** ただ…だけで

―副 **1** 非常に, たいへん, とても ◆(1) 形容詞・副詞及び本辞典で 形 と表されている現在分詞(-ing形)・過去分詞の前に置く. (2) exceedingly, extremely, highlyの方が意味が強い〉 ‖
a **very** tall tree 非常に高い木.
I'm **very** busy now. 私は今たいへん忙しい.
He is **very** fond of baseball. 彼は野球がとても好きだ.
She worked **very** hard. 彼女はとても熱心に働いた.
This book is **very** important. この本はとても重要です.
a **very** interesting book とてもおもしろい本.
a **very** complicated problem 非常に複雑な問題.
I'm **very** tired. とても疲れた.

[Q&A] Q：比較級・最上級の形容詞・副詞には用いないのですか.
A：はい. (very) much, far などを用います: He is much [ˣ**very**] older than I (am). 彼は私よりずっと年上です. ただし, 最上級の形容詞を very で修飾する用法もあります (→ **2 a**).

**2 a** [the ~ / one's ~; 形容詞・副詞の最上級または first, next などの語を強調して] 本当に, 確かに ‖
the **very** best wine まさしく最良のワイン.
You are the **very** first person I've met today. あなたがきょう私が初めて会った人です.
Be home at ten **at the very latest**. どんなに遅くとも10時には帰って来なさい.
**b** [the ~; same, opposite などを強調して] 全く, まさに ‖
He asked me the **very** same question as you had. 彼はあなたと全く同じ質問をした.
**3** [否定文で] あまり, たいして(…ない); ちっとも(…ない) ◆《部分否定》‖
I am **not very** good at swimming. 私は水泳はあまりうまくない.
[対話] "Are you hungry?" "No, **not very**." 「おなかがすきましたか」「いいえ, あまり」.

**Vèry góod.** (英) [敬意をこめた同意を表して] かしこまりました.

○**vèry múch** たいへん, 大いに ‖ I admire Bill **very much**. 私はビルをたいへん賞賛している / I don't drive **very much**. 私はあまりドライブはしない / [対話] "Do you like my new shoes?" "Yes, I like them **very much**." 「この新しい靴どうかしら」「うん, とてもいいね」.

[Q&A] Q：I like it very much. は「とても(それが)好きだ」ですが, 否定文の I don't like it *very* much. はどうして「それほど好きではない」という意味になって「非常に好きでない」とならないのですか.
A：前の not が very much を否定しているからです. これも部分否定の1つです.

**Vèry wéll.** (↗) (正式) [譲歩・あきらめを示して] なるほど, そうですか.

―形 [名詞の前で] **1** [the [this, that, one's] ~] 適合性などを強調して) ちょうどその, まさにその, ぴったりの; (同一性を強調して)全く同じの, ほかならぬ ‖
At that **very** moment the door bell rang. ちょうどその時ドアのベルが鳴った.
This is the **véry bóok** I need now. これこそ今私に必要な本です.
**2 a** [通例 the ~] ただ…だけで, 単に…ですら ‖

The **very** thought of going there frightens me. そこへ行くことを考えるだけでも恐ろしい.
**b** [通例 the ~ / one's ~] …でさえ ‖
The **very** stones cry out. 《聖》(悪事などがひどすぎて)(物言わぬ)石ですら叫ぶ.
**3** [通例 the ~] 全く, 本当の; ぎりぎりの ‖
at the **very** top of the tower 塔の先端に.

**ves·sel** /vésl ヴェスル/ 图 Ⓒ 《正式》

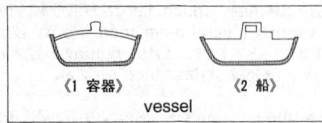

〈1 容器〉 〈2 船〉
vessel

**1** (液体を入れる)容器, うつわ《コップ・水差し・はち・たる・バケツなど》‖
Empty **vessels** make the most sound. 《ことわざ》からの容器が最も大きな音を立てる; 知識が少ない人ほどよくしゃべる.
**2** 船《◆ ship, boat より堅い語で, 船舶関係ではこの語が好まれる》‖
a fishing **vessel** 漁船.

**vest** /vést ヴェスト/ (頭音 best/bést/) 图 Ⓒ **1** (米)(上着の下に着る男子用の)ベスト, チョッキ, (女性用)胴着《英》waistcoat) 《◆《英》では商用語》. **2** (英)(男性用の)肌着, シャツ《(主に米) undershirt》; (女性・子供用のメリヤスシャツ.
── 動 他 《文》 **1** …に衣服を着せる; 〈聖職者など〉に祭服をつけさせる ‖
**vést** onesèlf 衣服を身につける.
**2** …に授ける ‖
**vest** the manager with authority =**vest** authority in the manager 支配人に権限を与える.

**vest·ed** /véstid ヴェスティド/ 動 ▶ vest.
── 形 **1** 《法律》〈権利・財産などが〉所有の確定した, 既得の. **2** 衣服をまとった, 〈特に〉聖職者などが〉祭服をまとった.
**vésted ínterest** [通例 a ~ / the ~] かたよった持続的興味; (社会制度などへの)利害関係, (特に)私欲に基づく関与.

**ves·ti·bule** /véstəbjùːl ヴェスティビュール/ 图 Ⓒ **1** 《正式》(公共の建物・家の)玄関, (玄関)ホール, ロビー;《玄関ドアのすぐ内側》. **2** (教会の)ポーチ. **3** (米)《鉄道》デッキ, (他の車両への)連絡通路部.

**ves·tige** /véstidʒ ヴェスティヂ/ 图 Ⓒ 《正式》**1** (過去の文明・人・物などの)跡, 痕跡({こんせき}); (過去の慣習などの)名残り; 残存物 ‖
the last **vestige** of Inca civilization インカ文明の最後の遺跡.
**2** [通例否定文で; a ~ of + Ⓤ 名詞] ごくわずか(も…ない), ほんの少し(も…ない) ‖
There is not a **vestige** of honesty in him. 彼にはひとかけらの正直さもない.

**vet**¹ /vét ヴェト/ 〖《米》veterinarian, 《英》veterinary surgeon の短縮語〗《略式》 图 Ⓒ 獣医.
── 動 (過去・過分 vet·ted/-id/; 現分 vet·ting) 他 **1** 〈動物〉を診察する. **2** 〈主に英〉…を(綿密に)調べる, 審査する.

**vet**² /vét ヴェト/ 〖veteran の短縮語〗《略式》 图 **1** 古参兵(の); 退役軍人(の). **2** ベテラン(の).

**vet·er·an** /vétərən ヴェタラン/ 图 Ⓒ **1** 古参兵, 老練な兵士.
**2** (米)兵役経験者; 退役軍人《英》exserviceman 《米略式》vet).
**3** (職業・活動などで)経験豊富な人, 老練な人《◆日本語の「ベテラン」は expert に当たることが多い》‖
a **veteran** of the screen 映画界の古つわもの.
── 形 老練な, ベテランの.
**Véterans(')** **Dày** 《米・カナダ》復員軍人の日《第一次・第二次世界大戦の終戦を記念する法定休日(11月11日)》.

**vet·er·i·nar·i·an** /vètərənéəriən ヴェタリネアリアン/ 图 Ⓒ 《米》獣医《英》veterinary surgeon, 《略式》vet).

**vet·er·i·nar·y** /vétərənèri ヴェタリネリ/ |-nəri -ナリ/ 形 獣医(学)の, 家畜・ペットの病気治療の.
**véterinary súrgeon** 《英》獣医《(米》veterinarian).

**ve·to** /víːtou ヴィートウ/ 图 (複 ~es) **1** Ⓤ Ⓒ 拒否権.
**2** Ⓒ 《米》=veto message.
**3** Ⓒ 拒否, 否認; 禁止 ‖
put [set, place] a **veto** on her proposal 彼女の提案を拒否する.
── 動 (三単現 ~es) 他 **1** …に対し拒否権を行使する. **2** 《正式》…を認めない, 禁止する.
**véto mèssage** 拒否通告書(veto).

**vex** /véks ヴェクス/ 動 (三単現 ~·es /-iz/) 他 **1** 《やや古》…をいらだたせる, やきもきさせる, 怒らせる ‖
be very **vexed** with the reckless driver 無謀な運転手に大いに腹を立てる.
be **vexed** at his bad behavior 彼の不作法な態度に機嫌を悪くする.
Mother was **vexed** that I didn't help her. 母は私が手伝わなかったことで腹を立てた.
**2** …を悩ませる, 困らせる, 苦しめる; …を当惑させる, まごつかせる ‖
Ann is always **vexed** by many cares. アンはいつも多くの心配事に悩まされている.

**vex·a·tion** /vekséiʃən ヴェクセイション/ 图 **1** Ⓤ 《正式》いらだち; いらだたせ, 腹立たしさ ‖
cry with **vexation** いらいらして叫ぶ.
To my **vexation**, I missed the last train. しゃくなことに終電に乗り遅れた.
**2** Ⓒ (やや古) [しばしば ~s] いらだち[悩み]の種, 腹の立つこと[人] ‖
daily worries and **vexations** 日々の心配と悩み.

**VHF, vhf** 略 very high frequency.

**vi·a** /váiə ヴァイア, 《米+》víːə/ 前 **1** …経由で, …を通って, …回りで ‖
I am flying to Athens **via** Paris tomorrow. 私はあすパリ経由であてネへ飛びます.
**2** 《略式》…によって, …の媒介で ‖
**via** airmail 航空便で.

**vi·a·ble** /váiəbl ヴァイアブル/ 形 (正式) 1 〈胎児などが〉(胎外生育可能なほど)成長した. 2 〔植・動〕〈種子・芽が〉成長[発芽]できる. 3 〈計画などが〉実行可能な, 成功しそうな. 4 〈国などが〉独立[存続]できる.

**vi·a·duct** /váiədʌkt ヴァイアダクト/ 名C (谷間などにかかる)陸橋, 高架橋 《ふつう鉄道用》.

**vi·brant** /váibrənt ヴァイブラント/ 形 (文) 1 振動する, 震える. 2 よく響く.

**vi·brate** /váibreit ヴァイブレイト|–́– /動 (現分 ·brat·ing) 自 1 振動する, 揺れる; 震える, 震動する ‖
 make the harp strings vibrate ハープの弦を振動させる.
 2〈声が〉震える;〈音・声が〉反響する, 響く ‖
 Her voice vibrated with fear. 彼女の声は恐怖で震えていた.
 — 他 1 …を揺り動かす, 振動させる; …を震動させる. 2〈音など〉を震動によって出す.

**vi·bra·tion** /vaibréiʃən ヴァイブレイション/ 名 1 Ū 振動する[させる]こと; C (1回の)振動, 震動; U C 〔物理〕振動; 音響振動.
 2 C (略式) 〔通例 ~s〕(人・状況などから受ける)感じ, 印象, 雰囲気 ‖
 get good vibrations from her 彼女からよい感じを受ける.

**vic·ar** /víkər ヴィカ/ 名C 1 〔アングリカン〕教会区司祭[牧師]. 2 〔カトリック〕教皇[司教]代理, 代理者.

**vi·car·i·ous** /vaikéəriəs ヴァイケアリアス, vi-/ 形 (正式)〈楽しみなどが〉(想像上)他人の経験を通じて自分のことのように感じられる ‖
 enjoy vicarious satisfactions through one's children 子供が満足しているのをわがことのように感じる.

**vice**[1] /váis ヴァイス/ (同音 vise) 名 1 U 悪, 邪悪, 悪徳, 不道徳(↔ virtue) ‖
 vírtue and více 徳と不徳.
 2 U C a 悪い行ない, 悪行 ‖
 Everybody knows lying is a vice. うそをつくのは悪いとだれもが知っている.
 b (略式) 悪習, 悪癖 ‖
 Gossip is her vice. = She has the vice of gossip. 人のうわさ話をするのが彼女の悪い癖です.
 3 C 欠点; (略式) (制度・組織などの)欠陥.

**vice**[2] /váis ヴァイス/ (英) 名 =vise.

**vice-pres·i·dent** /váisprézədənt ヴァイスプレズィデント/ 名C 1 副大統領; 副総裁, 副会長, 副社長; 副頭取. 2 〔しばしば V~-P~〕 (米国の)副大統領.

**vi·ce ver·sa** /váisi və́:rsə ヴァイスィ ヴァ́ーサ/ 〔ラテン〕副 〔通例 and ~〕逆もまた同様に; 逆に, 反対に ‖
 When he wants to go out, she wants to be home, and vice versa. 彼が出かけたいときには彼女は家にいたがり, 逆に彼が家にいたいときには彼女は出かけたがる.

**vi·cin·i·ty** /visínəti ヴィスィニティ/ 名Ū 1 〔時にvicinities; 単数扱い〕近所, 近辺, 付近, 周辺.
 2 (正式) 近いこと, 近接(していること) ‖
 in close vicinity to the school 学校のすぐ近くに.
 **in the vicinity of** A (正式) (1) …の近くに(→ 1).
 (2) (数量などが)およそ…で[の] ‖ I paid in the vicinity of one million yen for the car. その車に約100万円払った.

**vi·cious** /víʃəs ヴィシャス/ 形 1 悪意のある, 敵意のある, 意地の悪い, 冷酷な ‖
 start a vicious rumor 意地悪なうわさを広める.
 have a vicious tongue (言葉に)とげがある.
 2 (正式・やや古) 邪悪な, 悪い, 非道の, 不道徳な, 堕落した(↔ virtuous) ‖
 a vicious crime 極めて非道の犯罪.
 vicious habits 悪癖.
 a vicious life 堕落した生活.
 **vícious círcle** [(米) **cýcle**] (略式) 悪循環.

**vi·cious·ly** /víʃəsli ヴィシャスリ/ 副 1 悪意をもって, 意地悪く. 2 邪悪に, 不道徳に.

**vic·tim** /víktim ヴィクティム/ 名C 1 犠牲者, 被災者, 罹(り)病者 ‖
 victims of war = war victims 戦争犠牲者.
 victims of lung cancer 肺がん患者.
 2 (悪意・詐欺・不信誘などの)被害者, えじき ‖
 the victim of a swindler 詐欺師のえじき.
 3 〔宗教〕(神への)いけにえ, 犠牲 ‖
 offer a lamb as a victim 子羊をいけにえにささげる.
 **fàll víctim to** A …の犠牲となる; A〈魅力などに〉とりこになる ‖ He fell victim to the strange disease. 彼はその奇病の犠牲になった.

**vic·tim·ize** /víktimàiz ヴィクティマイズ/ 動 (現分 ·iz·ing) 1 …を犠牲(者)にする; …をいけにえとして殺す. 2 …を不当に処罰[迫害]する; …だけに罪を負わせる. 3 …から金などを詐取する, …をだます.

**vic·tor** /víktər ヴィクタ/ 名C (正式) 勝利者, 戦勝者; 勝者, 優勝者 ‖
 a victor in a battle 戦いの勝者.

**Vic·to·ri·a** /viktɔ́:riə ヴィクトーリア/ 名 1 ビクトリア《女の名. 愛称 Vicky, Vickie》. 2 Queen ~ ビクトリア女王《1819–1901; 英国の女王(1837–1901)》. 3 ビクトリア《オーストラリア南東部の州. 州都 Melbourne》.

**Vic·to·ri·an** /viktɔ́:riən ヴィクトーリアン/ 形 1 ビクトリア朝[時代]の, ビクトリア女王の; 〈建築・家具などが〉ビクトリア朝様式の ‖
 the Victorian age ビクトリア時代.
 Victorian literature ビクトリア朝文学.
 2 (ビクトリア時代の中流階級のように)厳格な, 堅苦しい; お上品ぶった, 偽善的な ‖
 His attitude to sex is Victorian. 性に対する彼の考え方はひどく古めかしい.
 — 名C ビクトリア時代の人《作家や代表的人物など》.

**vic·to·ries** /víktəriz ヴィクタリズ/ 名 → victory.

**vic·to·ri·ous** /viktɔ́:riəs ヴィクトーリアス/ 形 (正式) 1 勝利を得た, 勝った; 勝ち誇った ‖
 Which team was victorious? どちらのチームが勝ったのか?

**2** 勝利を示す ‖
a victorious parade 戦勝パレード.
**vic·tó·ri·ous·ly** 副 勝ち誇って.

**\*vic·to·ry** /víktəri ヴィクタリ/ 〖→ victor〗
派 victorious (形)
──名 (複 ‑to·ries/‑z/) ⓊⒸ **1** 勝利, 戦勝, 優勝 (↔ defeat) ‖
the joy of victory 勝利の喜び.
win a victory over one's enemy 敵に勝つ.
He led his team to victory. 彼はチームを勝利に導いた.
**2** (反対・困難などの)征服, 克服 ‖
a victory over difficulties 困難の克服.

**vid·e·o** /vídiòu ヴィディオウ/ 〖「見る」が原義〗形 テレビの, テレビ映像(部分)の, テレビ映像受信(用)の.
──名 (複 ~s) **1** Ⓤ (音声に対し)テレビの映像(部分).
**2** Ⓒ (略式)ビデオ《◆正式には video (tape) [videocassette] recorder》‖
record a TV program on one's video テレビ番組をビデオに録画する.
**vídeo dràma** テレビドラマ.
**vídeo gàme** テレビ[ビデオ]ゲーム.
**vídeo recòrder** (主に英) =videocassette recorder.
**vídeo tàpe** =videotape 名.

**vid·e·o·cas·sette** /vídioukəsèt ヴィディオウカセット, ‑kæs‑/ 名 Ⓒ ビデオカセット; それに録画したもの.
**vídeocassette recòrder** (正式)ビデオカセット=レコーダー(略 VCR)((略式) video).

**vid·e·o·disc, ‑‑disk** /vídioudìsk ヴィディオウディスク/ 名 Ⓒ ビデオディスク《映像・音声の収録された円盤》.

**vid·e·o·phone** /vídioufòun ヴィディオウフォウン/ 名 Ⓒ テレビ電話《◆ viewphone, videotelephone ともいう》.

**vid·e·o·rec·ord** /vídiouríkɔːrd ヴィディオウリコード/ 動 他 (主に英) =videotape.

**vid·e·o·tape** /vídioutèip ヴィディオウテイプ/ 名 **1** ⓊⒸ ビデオテープ (video tape) ‖
record a TV show on videotape テレビのショーをビデオ録画する.
**2** Ⓒ =videotape recording (2).
──動 (現分 ‑tap·ing) 他 …をビデオテープに録画する((主に米) video‑record).
**vídeotape recòrder** (正式)ビデオテープ=レコーダー(略 VTR)((略式) video).
**vídeotape recòrding** (1) ビデオ録画. (2) ビデオテープに録画したもの.

**vie** /vái ヴァイ/ 〖類語 buy/bái/, by/bai/〗動 (過去・過分 ~d; 現分 vy·ing) 自 競う, 張り合う.

**Vi·en·na** /viénə ヴィエナ/ 名 ウィーン《オーストリアの首都. ドイツ語名 Wien》.
**Viénna sáusage** ウインナ=ソーセージ.

**Vi·et·nam, Viet Nam** /viːetnɑ́ːm ヴィーエトナーム | ‑næm ‑ナム/ 名 ベトナム《インドシナ半島の国. 現在の正式名 the Socialist Republic of Vietnam (ベトナム社会主義共和国). 首都 Hanoi》.

**Viet·nám [Viet Nám] Wár** [the ~] ベトナム戦争《南ベトナムと米軍対北ベトナムの戦争(1954‑75). 北ベトナムの勝利で1976年統一》.

**\*view** /vjúː ヴュー/ 〖「見る」が原義. cf. vision〗
派 viewer (名)
→ 名 1 眺め　3 a 視野　4 見方　5 意見
　　　6 意図

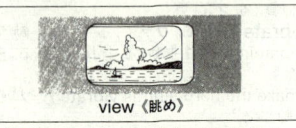

view 〈眺め〉

──名 (複 ~s/‑z/) **1** Ⓒ 眺め, 風景, 景色 ‖
get a good view of the show ショーがよく見える.
The summit has a fine view of the countryside. 頂上から美しい田園風景が見える.
It is a lot of fun to look at the passing views from the train window. 列車の窓から移りゆく景色を見るのはとても楽しいことだ.
**2** Ⓒ **a** (やや古) 風景画[写真] ‖
a view of mountains on the wall 壁にかかっている山の風景画[写真].
**b** (ある位置から見た)面; [複合語で] …図 ‖
a front view 正面図; 正面からの眺め.
**3** Ⓤ **a** 視野, 視界 ‖
within view 見える所に[で].
The ship passed out of view. 船は見えなくなった.
対話 "Can you sit down, Tom? You are blocking my view." "(I'm) sorry." 「座ってくれないか, トム. 君がじゃまになって見えないんだ」「ごめん, ごめん」.
**b** 視力, 視覚 ‖
a field of view 視界.
**4** Ⓒ [通例単数形で; 修飾語を伴って] 見方, 考え方 ‖
one's view of life 人生観.
a new view of the matter その問題に関する新しい見方.
take the long view(s) 長い目で見る.
She took [had] a poor [dim] view of my behavior. (略式)彼女は私の行動を快く思わなかった.
**5** Ⓒ [しばしば ~s] 意見, 見解, 考え (idea) ‖
give one's views on the plan その計画について自分の意見を述べる.
Her views on education are completely different from mine. 教育についての彼女の考えは私の考えと全く異なっている.
**6** Ⓒ (正式)意図, 意向 (intention), 目的, ねらい; 期待, 見込み ‖
with this view この目的で.
It was my view to please my mother. 母を喜ばせるのが私の意図でした.
This may not meet his views. これは彼の期待に添わないかもしれない.

**viewer**

**7** [a ~ / one's ~] 見ること；見て調べること；検分, 実地検証 ‖
take a closer **view** もっと近づいてよく見る.
This is my first **view** of a desert. 砂漠を見るのはこれが初めてです.
**8** ⓒ (通例 a ~) 概観；概説 ‖
a **view** of French literature フランス文学の概説.

◦ **còme into víew** 見えてくる, 視野に入ってくる ‖ He came into view. 彼が(私に)見えてきた.
**còme in víew of** A …の見える場所に来る ‖ He came in view of the house. 彼にその家が見えてきた.
**in fúll view of** A …が見ている前で, …の面前で；…からまる見えの所で.
**in the lóng víew** 長い目で見れば (cf. 图 4).
**in the shórt víew** 目先のことを考えれば.
◦ **in the víew of** A ＝ **in** A's **víew** …の意見によれば, …の見地からすれば ‖ **in the view of** the doctors ＝in the doctor's **view** 医者から見れば / In my **view**, that method of learning English is useless. 私の考えではその英語学習法は役に立たない.
◦ **in víew** (1) 見える所に ‖ Keep your bag **in view**. バッグを目の届く所に置きなさい, バッグから目を離さないように. (2) 心に, 記憶に. (3) 考慮に入れて ‖ We must have **in view** her opposition to the plan. その計画に彼女が反対することを考慮に入れなければならない. (4) (正式)計画中の, 予定して ‖ I have nothing particular **in view** for tomorrow. あしたは特に予定はありません. (5) 目的として. (6) 希望[期待]して.
**in víew of** A (1) …の[から]見える所に. (2) (正式)…を考慮して, …から考えて；…のために ‖ **In view of** your efforts, I'm sure you'll pass the examination. 君の努力から考えて, きっとその試験に通ると思う.
**with a víew to** *doing* (正式) (1) …する目的で, つもりで《◆ with the intention of doing の方がふつう》‖ He plays tennis every day **with a view to** promoting his health. 彼は健康増進の目的で毎日テニスをしている. (2) …を見込んで, 予想して.
**with the víew of** *doing* ＝ with a VIEW to doing (1).

── 動 他 (正式) **1** …を眺める.
**2** …を検分する；…を調査する；…を注意深く見る.
**3 a** …を考察する, 考える.
**b** …を見る ‖
They **viewed** her conduct with contempt. 彼らは彼女の行為を軽蔑(ミミ)の目で見た.
**c** …を(…と)みなす ‖
I **view** his advice as valuable. 彼の忠告は貴重なものだと思っている.

**view·er** /vjúːər ヴューア/ 图 ⓒ **1** 見る人, 見物人, 観察者. **2** テレビの視聴者.

*\***view·point** /vjúːpɔ̀int ヴューポイント/ 〖見る(view)点(point)〗

── 图 (榎 ~s/-pɔ̀ints/) ⓒ **1** [修飾語句を伴って]見地, 観点, 立場 ‖
An increase in salary is good **from the viewpoint of** employees. 従業員の立場から見れば昇給はよいことだ.
**2** (ある物の)見える地点.

**vig·il** /vídʒil ヴィヂル/ 图 **1** (正式) **a** Ⓤⓒ 徹夜, 寝ずの番.
**b** ⓒ 徹夜の期間 ‖
be tired out by several nights' **vigils** いく晩もの徹夜で疲れ切る.
**2** (古) [the ~] (断食(ﾀﾞｸ)・祈りをする)聖日前夜[前日]；[通例 ~s] (聖日前夜の)祈り, 礼拝.
**kèep (a) vígil** (正式) 徹夜で看護をする, 寝ずの番をする；祈りのために徹夜する；通夜(ﾂﾔ)する ‖ They kept (a) **vigil** all-night [(an) all-night vigil] over their sick mother. 彼らは徹夜で病気の母親の看護をした.

**vig·i·lance** /vídʒələns ヴィヂランス/ 图 Ⓤ (正式)警戒, 用心；寝ずの番 ‖
with **vigilance** 油断なく.

**vig·i·lant** /vídʒələnt ヴィヂラント/ 形 (正式)絶えず警戒している, 油断のない.

**vig·i·lan·te** /vìdʒəlǽnti ヴィヂランティ/〖スペイン〗图 ⓒ 自警団員.

**vig·or**, (英) **--our** /vígər ヴィガ/ ((願級)bigger /bígər/, beggar/bégər/) 图 Ⓤ (正式) **1** 活動力(energy), 精力, 活力；心身の旺(ｵｳ)盛な活動期[状態]；元気, 気力, 活力 ‖
a man of great mental **vigor** 非常に精神力のある人.
a young man (who is) **full of vigor** 元気いっぱいの若者.
be in the full **vigor** of manhood 男盛りである.
with **vigor** 元気よく.
**2** (言葉・文体・人格などの)力強さ, 激しさ, 迫力 ‖
at the **vigor** of her literary style 彼女の文体の迫力で.
attack his policy with great **vigor** 彼の政策を猛烈に攻撃する.

**vig·or·ous** /vígərəs ヴィガラス/ 形 (正式) **1** 精力旺(ｵｳ)盛な, 元気はつらつとした, 強健な ‖
Although he was over 50, he seemed as **vigorous** as a youth of 20. 彼は50歳を越えていたが, 20歳の若者と同じくらい元気いっぱいに思えた.
**2** 〈行為・運動などが〉力強い, 激しい；〈文体・演説などが〉迫力ある ‖
carry on a **vigorous** campaign 精力的に選挙運動する.
a **vigorous** writing style 力強い文体.
a **vigorous** protest 強硬な抗議.

**víg·or·ous·ness** 图 Ⓤ 精力旺盛, 元気はつらつ；力強さ, 激しさ.

**vig·or·ous·ly** /vígərəsli ヴィガラスリ/ 副 精力的に, 元気に, 力強く, 活発に.

**vig·our** /vígə ヴィガ/ 图 (英) ＝vigor.

**Vi·king** /vάikiŋ ヴァイキング/ 〖「入江の人」が原義〗 图 1 しばしば v~〗 バイキング《8-10世紀にヨーロッパの北部・西部海岸を荒らしたスカンジナビアの海賊》; (一般に)海賊.

> Q&A  Q: 「バイキング料理」は Viking food でいいのでしょうか?
> A: いいえ, smorgasbord /smɔ́:rɡəsbɔ̀:rd/ といいます.

**vile** /váil ヴァイル/ 形 1 (正式) 下劣な, 卑しむべき, 恥ずべき; いやらしい ‖
a vile thought 下劣な考え.
use vile language 下品な言葉を使う.
2 (略式) ひどく悪い, 実に不快な;〈文字・作品などが〉へたくそな ‖
vile weather ひどい天気.

**vil·i·fy** /vílɪfài ヴィリファイ/ 動 (三単現) --i·fies /-z/, (過去・過分) --i·fied/-d/) 他 (正式) …を悪く言る.

**vil·la** /vílə ヴィラ/ 图 © 1 a 別荘, 別邸 ♦ふつう富豪が保養地などに持つ広い庭つきの大邸宅. b (田舎の) 堂々とした) 邸宅, 屋敷 ♦ (英) では country house ともいう. 2 [しばしば V~; 住所名の一部として] (英) (1戸または2戸建ての)郊外住宅.

**★★ vil·lage** /vílɪdʒ ヴィリヂ/ 〖「田舎(いなか)家(villa)」が原義〗 派 villager (名)
—— 图 (複 --lag·es/-ɪz/) 1 © 村, 村落 ♦ hamlet より大きく town より小さい》‖
He was born in a little village in Scotland. 彼はスコットランドの小さな村に生まれた.

> Q&A  Q: village の age の発音は /eidʒ/ とならないのですか?
> A: age だけでは /éidʒ/ ですが, baggage, language, marriage, voyage などは軽く /ɪdʒ/ と発音されます.

2 [形容詞的に] 村の ‖
the village square 村の広場.
3 [the ~; 集合名詞] 村民, 村の人たち ♦団体とみるときは単数扱い, 個々の人を意識すると複数扱い》‖
The whole village was in the church then. その時村民はすべて教会にいた.

**vil·lag·er** /vílɪdʒər ヴィリヂャ/ 图 © 村民, 村人.

**vil·lain** /vílən ヴィレン/ 图 1 © (正式) (極)悪人, 悪者. 2 [the ~] (劇・小説・映画などの)悪役, かたき役 (↔ hero). 3 © (略式) (子供・動物をさして)いたずら者.

**vil·lain·y** /víləni ヴィレニ/ 图 U (主に文) 極悪, 非道.

**vin·di·cate** /víndɪkèit ヴィンディケイト/ 動 (現分) --cat·ing) 他 (正式)〈人〉に対する非難[疑惑など]の不当性を立証する; …の正当性を立証する ‖
vindicate his honor 彼の名誉を回復する.
vindicate her honesty 彼女の誠実さを立証する.

**vin·di·ca·tion** /vìndɪkéiʃən ヴィンディケイション/ 图 (正式) 1 U 弁護, 正当性の立証; 無実の証明 ‖
speak in vindication of his claim 彼の主張を弁護する.
2 [a ~] 正当性を立証するもの.

**vin·dic·tive** /vɪndíktɪv ヴィンディクティヴ/ 形 (正式) 復讐(ふくしゅう)心に燃えた, 執念深い.
**vin·díc·tive·ly** 副 復讐心に燃えて.

**vine** /váin ヴァイン/ 图 © 1 ブドウの木; [the ~; 集合名詞] ブドウ ‖
products of the vine ブドウ生産高.
2 (主に米) つる性植物(の茎), つた ‖
the fruit grown on vines つるになった果物.

**vin·e·gar** /vínɪɡər ヴィニガ/ 图 U 1 酢, ビネガー. 2 (米略式) 活力.

**vine·yard** /vínjərd ヴィニャド/ (発音注意) 图 © (主にブドウ酒製造用の) ブドウ園[畑].

**vin·tage** /víntɪdʒ ヴィンテヂ/ 图 1 © [通例 a ~ / the ~] 毎年のブドウの収穫(期); ワイン醸造(期).
2 © U 優良ワイン; (製造年の年号を伴って)…年ものの(ワイン) ‖
excellent vintages of 1998 1998年ものの極上ワイン.
the red wine of 1986 vintage 1986年ものの赤ワイン.
3 © ある年のブドウ収穫高, ワイン生産量.
4 U © (略式) (製品などが)…年製, …年型 ‖
a car of the vintage of 1991 1991年型の車.
—— 形 1〈ワインなどが〉極上の, ビンテージものの《他の年度のものと混ぜ合わさずに売られる優良品に用いる》.
2 (有形・無形のものが) 特に傑出した年に生産された.
**víntage wíne** ビンテージワイン《良質ブドウの豊作の年に醸造された極上ワイン》.
**víntage yéar** (1) 良質ブドウの豊作の年. (2) 大当たりの年. (3) 円熟した年齢, 「熟年」.

**vi·nyl** /váinl ヴァイヌル/ 图 U © [化学] 1 ビニル(基). 2 =vinyl chloride; =vinyl plastic [resin].
**vínyl chlóride** 塩化ビニル(vinyl).
**vínyl plástic [résin]** ビニル樹脂(vinyl).

**vi·o·la** /vióulə ヴィオウラ/ 〖イタリア〗 图 © ビオラ《バイオリンよりやや大型の弦楽器》.

**vi·o·late** /váiəlèit ヴァイオレイト/ (類音) violet /-lit/) 動 (現分) --lat·ing) 他 1 …に違反する,〈約束など〉を破る,〈良心など〉にそむく ♦意図的な場合にもそうでない場合にも用いる》‖
violate a promise 約束を破る.
2 (正式) …を汚(けが)す, 冒涜(ぼうとく)する.
3 (正式) …を乱す, 妨害する; …を侵害する.

**vi·o·la·tion** /vàiəléiʃən ヴァイオレイション/ 图 (正式) 1 U © 違反, © 違反行為 ‖
act in violation of the law 法律に違反する.
2 U © 神聖を汚(けが)すこと, 冒涜(ぼうとく). 3 (静寂・睡眠などの)妨害; (権利の)侵害.

**vi·o·lence** /váiələns ヴァイオレンス/ 图 U 1 a 激しさ, 猛烈さ ‖
The robber kicked him with violence. 強

盗は彼を激しくけった.
**b** (感情・言葉などの)激しさ, 激情 ‖
the **violence** of her anger 彼女の怒りの激しさ.
**2 a** 暴力(行為), 乱暴 ‖
acts of **violence** 暴力行為.
domestic **violence** (主に夫の妻に対する)家庭内暴力.
**b** 暴行.
**3** 害, 損害.
**dò víolence to A** (正式) (1) …に暴力を加える. (2) A〈美観・感情など〉を損なう; 害する. (3) A〈主義など〉に反する.

*****vi·o·lent** /váiələnt ヴァイオレント/ 〖『荒々しい力を伴った』が本義. cf. *vio*/ate〗
㊦ violence (名), violently (副)
——形 **1 a** 激しい, 猛烈な, すさまじい ‖
We had a **violent** storm last week. 先週すごいあらしがあった.
He received **violent** blows on the head. 彼は頭を激しくなぐられた.
**b** 〈感情・言葉などが〉激情的な, 興奮した, 激しい ‖
a **violent** discussion 激しい討議.
be in a **violent** temper 激怒している.
**c** 〈苦痛などが〉ひどい, 激しい ‖
(a) **violent** pain 激痛.
**2** 乱暴な, 暴力的な ‖
**violent** deeds 暴行.
対話 "I can't believe he hits you." "He always gets **violent** after drinking too much." 「彼があなたをなぐるなんて信じられないよ」「飲みすぎると, 決まって狂暴になるんです」.
**3** 〈死が〉不自然な, 暴力[事故]による ‖
meet a **violent** death 変死する; 事故死する.
**4** (程度について)著しい, 極端な, 強い ‖
a **violent** contrast 著しい対照.
**violent** colors 極彩色.

*****vi·o·lent·ly** /váiələntli ヴァイオレントリ/ 〖→ violent〗
——副 **1** 激しく, 猛烈に ‖
The wind blew **violently**. 風が激しく吹いた.
She **violently** hates me. 彼女は私をひどく憎んでいる.
**2** 乱暴に, 手荒に ‖
He attacked the man **violently**. 彼はその男を激しく(暴力で)攻撃した.

**vi·o·let** /váiələt ヴァイオレト/ 图 **1** Ⓒ スミレ(の花) 《◆rose, lily と並んで愛好される花》‖
(as) **shý as a víolet** 恥ずかしがり屋の.
**2** Ⓤ スミレ色. **3** Ⓒ スミレ色の服.

**★★vi·o·lin** /vàiəlín ヴァイオリン/ (アクセント注意) 《◆ *ヴァイオリン*》【小さな(in)ビオラ(viol)】
——图 (趣 ~s/-z/) Ⓒ **1** バイオリン(cf. fiddle) ‖
play (the) **violin** バイオリンを弾く(→ play ㊦ **2**).
**2** (格式) [通例 ~s] (特にオーケストラの)バイオリン奏者(violinist) ‖
the first **violin** 第1バイオリン(奏者).
**pláy fírst víolín** 第1バイオリンを弾く; 指導的な役割を演じる.

**vi·o·lin·ist** /vàiəlínist ヴァイオリニスト | ⸗⸗, ⸗⸗/ 图 Ⓒ バイオリン奏者.

**VIP** /ví:àipí: ヴィーアイピー/ 〖very important person〗 图 (趣 ~s, ~'s) Ⓒ (略式) 要人, 大物, 有力者.

**vi·per** /váipər ヴァイパ/ 图 Ⓒ **1** 〖動〗 **a** クサリヘビの類;(特に)ヨーロッパクサリヘビ《英国で見られる唯一の毒ヘビ》. **b** マムシ亜科のヘビ《マムシ・ガラガラヘビ・ハブなど》;(一般に)毒ヘビ. **2** マムシのような人間, 腹黒いやつ.

**vi·ral** /váirəl ヴァイラル/ 形 ウイルスの; ウイルスによって起こる.

**vir·gin** /vá:rdʒin ヴァーヂン/ 图 **1** Ⓒ 処女, おとめ 《〈無垢(く)の象徴〉》; 童貞(の男性).
**2** [the V~] 聖母マリア《◆the Virgin Mary [Mother], the Blessed Virgin, the Blessed (Virgin) Mary などともいう》; [V~] Ⓒ 聖母マリアの絵[像].
——形 **1 a** 処女の.
**b** 処女にふさわしい, おとめらしい; 清純な, 貞節な ‖
**virgin** modesty 処女らしい慎み深さ.
**2** 汚(よご)れのない, 清らかな; 未使用の; 未開墾の; 人跡未踏の ‖
the **virgin** snow 処女雪.
**virgin** timber 未使用の材木.
**virgin** wool (再生物でない)新しい羊毛.
a **virgin** forest 原生林.
a **virgin** peak 処女峰.
**3** 初めての, 最初の ‖
a **virgin** effort 最初の努力.

**Vir·gin·ia** /vərdʒíniə ヴァヂニア/ 〖Virgin Queen (Elizabeth I) の名より〗 图 **1** バージニア《米国東部の州. 州都 Richmond. 《愛称》the Old Dominion, the mother of presidents. (略) Va., (郵便) VA》. **2** バージニア《女の名. 《愛称》Ginger, Ginnie, Virgie》.

**vir·gin·i·ty** /vərdʒínəti ヴァヂニティ/ 图 Ⓤ **1** 処女であること, 処女性; 童貞であること. **2** 清純, 純潔, 汚(よご)れていないこと.

**Vir·go** /vá:rgou ヴァーゴウ/ 图 (趣 ~s) **1** 〖天文〗おとめ座(the Virgin). **2** 〖占星〗処女宮, おとめ座 (cf. zodiac); Ⓒ 処女宮生まれの人《8月23日-9月22日生まれ》.

**vir·ile** /vírl ヴィルル/ -ail ヴァイラル/ 形 **1** 男らしい, 男性的な. **2** 力強い, 雄々しい, 剛健な.

**vi·ril·i·ty** /vəríləti ヴィリリティ/ 图 Ⓤ **1** 男であること; 男らしさ. **2** 力強さ, 活気, 力.

**vir·tu·al** /və́:rtʃuəl ヴァーチュアル, (英+) -tjuəl/ 形 実質上の, 事実上の, 実際上の ‖
the **virtual** head of a university 大学の実質上の学長.
**vírtual reálity** バーチャル=リアリティ, 仮想現実感.

**vir·tu·al·ly** /vá:rtʃuəli ヴァーチュアリ, (英+) -tjuə-/ 副 実質的には, 事実上; ほぼ, ほとんど ‖
**virtually** zero 実質上ゼロ.
**virtually** impossible ほとんど不可能.

**vir·tue** /vá:rtʃu: ヴァーチュー, (英+) -tju:/ 图 **1**

## virtuoso

(正式)美徳, 徳, 善(goodness) (↔ vice) ‖
**Virtue is its own reward.** (ことわざ)徳行はそれ自体が報いである.
**2** C (個々の)道徳的美点, 徳目(→ cardinal virtues) ‖
**Kindness is a fine virtue.** 親切はすばらしい美点である.
**3** C U (物・事の)長所(good point), よい所 ‖
**This jacket has the virtue of being easy to wash.** この上着は洗濯が簡単だという長所がある.
**4** U (やや古)(女性の)貞節, 貞操.
**5** U C (薬などの)ききめ, 効能, 効力.
**by [in] virtue of A** (正式)…の理由で, …のおかげで.

**vir·tu·o·so** /vɚːrtʃuóusou ヴァーチュオウソウ, -zou/【イタリア】名 (覆 ~s, ‥si/-si:, -zi:/) C (正式)(芸術, 特に音楽の)巨匠;名演奏家.

**vir·tu·ous** /vɚːrtʃuəs ヴァーチュアス, (英+) -tjuəs/ 形 **1a** (正式)有徳の, 徳の高い, 高潔な(↔ vicious) ‖
**virtuous conduct** 徳行.
**b** (やや古)(遠回しに)〈女性が〉貞節な.
**2** 高徳者ぶった.

**vir·u·lent** /vírələnt ヴィルレント, vírjə-|víru- ヴィル-/ 形 (正式) **1** 毒性の強い. **2** 〔医学〕〈病気が〉悪性の;〈細菌が〉有害な. **3** 悪意に満ちた, 憎悪を持った, ひどく辛辣(とう)な.

**vi·rus** /váiərəs ヴァイアラス/ 発音注意 ◆ ヴィールス 名 (覆 ~·es/-iz/) C **1** 〔医学〕ウイルス, ビールス;= virus disease. **2** 〔コンピュータ〕(コンピュータ)ウイルス.
**vírus disèase** ウイルス性の病気(virus).

**vi·sa** /víːzə ヴィーザ/ 名 C ビザ, (出入国)査証, (旅券などの)裏書き ‖
**an entrance visa** 入国許可証.
**apply for a tourist visa to India** インドへの観光ビザを申請する.
— 動 (過去・過分) ~ed または ~'d) **1**〈旅券〉を査証する, 裏書きする ‖
**get one's passport visaed** 旅券の査証をうける.
**2** …にビザを与える.

**vis·age** /vízidʒ ヴィスィヂ/ 名 C (文)(人の)顔;顔つき;容貌(髣) ◆ 日常語は face, look(s)).

**vis-à-vis** /vìːzɑvíː ヴィーザヴィー | víːzɑvíː ヴィーザーヴィー/【フランス】前 (正式) …に関して.

**vis·cous** /vískəs ヴィスカス/ 形 〔物理〕粘性の(ある).

**vise**, (主に英) **vice** /váis ヴァイス/ (米)名 C 万力(蜻)‖
**(as) firm as a vise** (万力のように)しっかり固定して.

**vis·i·bil·i·ty** /vìzəbíləti ヴィズィビリティ/ 名 (覆 ‥i·ties/-z/) U C 目に見えること;視界, 見える範囲;〔気象〕視程;(大気などの)透明度, 可視性.

**\*vis·i·ble** /vízəbl ヴィスィブル/【見ることの(vis)できる(ible). cf. visión】

— 形 **1** (やや正式)目に見える, 見える(↔ invisible) ‖
**the visible stars** 目に見える星.
**The ship was still visible to them.** 船はまだ彼らに見えていた.
対話 "Japan seems very Western." "The visible parts may be, but underneath …" 「日本は極めて西洋的ですね」「表面的にはそうかもしれないが, 奥底はね…」.
**2** (やや正式) **a** 明らかな, 見てわかる ‖
**with visible irritation** いらだちを外に表して.
**His disappointment was visible.** 彼の落胆は手にとるようにわかった.
**b** (心に)明らかな, はっきりとした ‖
**There were no visible dangers.** はっきりわかる危険はなかった.

**vis·i·bly** /vízəbli ヴィズィブリ/ 副 〔意味を強めて〕目に見えて, 明らかに.

**\*vi·sion** /víʒən ヴィジョン/【見る(vis)こと(ion). cf. vísible, revíse】派 visionary (形)
— 名 (覆 ~s/-z/) **1** U (正式)視力, 視覚(eyesight) ‖
**the field of vision** 視野, 視界.
**She has poor vision (in her right eye).** 彼女は(右眼の)視力が弱い.

> Q&A **Q**:「私の視力は1.0だ」は英語でどう言いますか.
> **A**: I have twenty-twenty [20/20] vision. と言います. 20フィートの距離から指標20の文字が見えることで, 日本の1.0に相当します. [20/10]は2.0, [20/40]は0.5に相当します.

**2** U (未来を)見通す力, 先見性, 洞察力;想像力 ‖
**The governor is a man of vision.** その知事は先見の明のある人だ.
**She works hard but lacks vision.** 彼女はよく働くが先を読めない.
**3** C 空想, 心に描く像;未来図, 理想像 ‖
**He had visions of becoming a doctor.** 彼は医者になることを心に描いていた.
**4** C 幻, 幻影;幽霊;幻覚 ‖
**She saw visions.** 彼女は幻を見た.

**vi·sion·ar·y** /víʒənèri ヴィジョネリ | -ʒənəri -ジョナリ/ (正式) 形 **1** 空想にふける, 思弁的な. **2** 非現実的な, 実行不可能な, 観念的な. **3** 幻の(ような), 幻想的な.
— 名 (覆 ‥ar·ies/-z/) C **1** 空想家, 夢想家. **2** 幻を見る人, 神秘家.

**\*vis·it** /vízət ヴィズィット/【『見に行く』が原義. cf. víew, visitor (名)】
— 動 (三単現 ~s/-its/;過去・過分 ~·ed/-id/;現分 ~·ing)
— 他 **1a** …を訪問する, 訪ねる(call on, (略式) drop in) ‖
**visit a friend** 友だちを訪ねる.
**I'll visit the doctor this afternoon.** 午後医

者へ行きます.
I am **visiting** my aunt in London tomorrow. あす私はロンドンのおばを訪問します.
対話 "I've never been to that part of Japan." "You'll have to come and **visit** me and my family someday."「日本でもその地方は行ったことがありません」「それでしたらいつか我が家でぜひお越しください」.
**b** …を見舞う ‖
go to the hospital and **visit** her 病院へ行って彼女を見舞う.
**c**〔コンピュータ〕…にアクセスする ‖
For more information, **visit** our Web site at www. ... もっと情報が必要であれば我々のウェブサイト www. ... にアクセスしてください.
**2**〔英〕…へ行く, …を訪れる, 見物に行く(〔米〕visit in) ‖
There was no time to **visit** the zoo. 動物園へ行く時間はなかった.
I **visited** Paris last year. 昨年(観光で)パリに行った.
The British Museum is **visited** by many people. 大英博物館には多くの人が見学に来る.
**3** …の家に(客として)滞在する ‖
He **visited** his uncle for two days. 彼はおじさんの家に2日間泊った.
**4**〔主に米〕…を視察に行く;〈病人など〉を往診する, 見舞う ‖
The inspector **visited** the restaurant. 監督官はそのレストランを視察した.
**5**〔文〕〔通例 be ~ed〕〈場所·人が〉襲われる ‖
The district **was visited by [with]** an epidemic. その地方は伝染病に見舞われた.
——自 **1** 訪問する, 訪ねる;〔米〕訪れる, 見物に行く ‖
**visit at** her house 彼女の家を訪ねる.
対話 "Have you seen any of your family recently?" "Yes, the other day my aunt and uncle **visited**."「最近親類のどなたかと会ったことがありますか」「ええ先日もおじとおばが訪ねてきてくれました」.
**2**〔米〕滞在する, 家に泊る ‖
I am **visiting** in Nagano. 私は今長野に滞在中です.
**3**〔米〕雑談する, おしゃべりする ‖
I **visited with** him for about an hour. 私は彼と1時間ほど雑談した.
——名 (複 ~s/-its/) C **1**〔通例 a ~〕**訪問**;見舞い ‖
a **visit** to a friend 友人訪問.
I had a **visit** from her yesterday. きのう私は彼女の訪問をうけた.
**2** 見物, 観光(旅行), 参観 ‖
This is my first **visit** to this town. この町へ来たのはこれが初めてだ.
The children enjoyed the **visit** to Disneyland. 子供たちはディズニーランドで楽しく過ごした.
**3**(客としての)滞在.
**4**(職務上の)訪問, 視察, 巡視, 出張;(医者の)往診 ‖
**have a visit from** the police 警察の訪問をうける.
**5**〔米略式〕雑談, おしゃべり.
**go on a visit to** A …を訪問する, 訪ねる.
**on a visit to** A …を訪問中の.
**páy** A **a vísit** = **páy a vísit to** A …を訪問する, 訪ねる, 見物する.

**vis·i·ta·tion** /vìzitéiʃən ヴィズィテイション/ 名 C (正式) **1** 公式訪問, 巡視, 視察. **2** (神の)罰, 天罰.

**vis·it·ing** /vízitiŋ ヴィズィティング/ 動 → visit.
——名 U C 訪問(の), 見舞い(の);視察(の), 巡視(の).
**be on vísiting térms with** A = **háve a vísiting acquáintance with** A …と行き来するほど親しい間柄である.
**vísiting bòok** 訪問帳《来客·訪問先などを書く》.
**vísiting càrd**〔主に英〕名刺 (→ card 3).
**vísiting hòurs**(病院の)面会時間.
**vísiting proféssor** 客員教授, 派遣教授.
**vísiting téacher**〔米〕家庭訪問教員《病気の生徒などに出張授業を行なう》.
**vísiting tèam** ビジター, 来訪チーム.

**\*vis·i·tor** /vízətər ヴィズィタ/〔→ visit〕
——名 (複 ~s/-z/) C **1 訪問者**, 来訪者, 来客;見舞客(→ guest, customer) ‖
a **visitor at** his house 彼の家への訪問客《「**visitor at** A〈人〉」とはふつういわない》.
a parking place for **visitors** 来客用駐車場.
I had **visitors** from Kenya last week. 先週ケニアからの訪問客があった.
対話 "You're late." "I'm sorry. I had a **visitor** this morning."「遅かったね」「ごめん. けさは来客があってね」.

Q&A **Q**: visitor と guest はどう違いますか.
**A**: visitor は訪ねてきた人すべてに用いる一般的な語ですが, guest は招待した客に限ります.

**2 観光客**, 見学者;参詣(けい)人 ‖
**visitors** to the museum 博物館の入館者.
The temples in Kyoto attract **visitors** from all over the world. 京都の寺は世界じゅうから観光客を引きつけている.
**3** 宿泊客, 滞在者《♦ この意味で guest も用いられる》‖
**visitors** at a hotel ホテルの宿泊者.
**4**〔英〕(大学などの)視察員, 巡視官.
**vísitors' bòok**(旅館の)宿泊者名簿;(博物館などの)来訪者名簿.

**vi·sor** /váizər ヴァイザ/ 名 C (複 ~s 次ページ) **1**〔歴史〕(かぶとの)面頬(めんぽお). **2**〔主に米〕(帽子の)まびさし. **3**(自動車の)サンバイザー, 日よけ板.

**vis·ta** /vístə ヴィスタ/ 名 C (正式) **1**(両側に木·建物などの並ぶ通りを通して見る)眺め, 眺望, 遠望《♦「展望車」は an observation car》‖

The street lined with trees provided a **vista** of the sea. 街路樹のある通りの向こうに海が見えた.

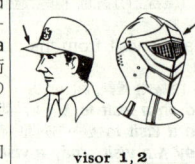

**2** 展望, 見通し; 回想, 追憶

visor 1, 2

open up a new **vista** of the future 未来への新しい展望を切り開く.

\***vi·su·al** /víʒuəl ヴィジュアル/ 〖見ること(vision)に関する(al)〗
——形 **1** (正式) 視覚の, 視覚に関する; 見るための ‖
a **visual** defect 視覚障害.
Eyes are **visual** organs. 目は視覚器官です.
対話 "Did the movie win any awards?" "Only for its **visual** effects." 「その映画は何か賞をとりましたか」「視覚効果の部門だけでした」.
**2** 視覚を通して得た ‖
**visual** impressions 目で見た印象.
**3** (計器などによらず)視覚による, 目に見える ‖
**visual** flight 有視界飛行.
**vísual áid** [しばしば ~s] 視覚教材《スライド·映画など. cf. audio-visual aids》.
**vísual árts** [the ~] 視覚芸術《絵画·彫刻など》.
**vísual displáy únit** 〖コンピュータ〗 データ表示装置 (略 VDU).
**vísual pollútion** 視覚公害《看板などによって景観が損なわれること》.

**vi·su·al·ize,** (英ではしばしば) **-ise** /víʒuəlàiz ヴィジュアライズ/ 動 (現分) **-iz·ing**) 他 (正式) …を心に思い浮べる, 想像する. ——自 心に思い浮べる.

**vi·su·al·ly** /víʒuəli ヴィジュアリ/ 副 外見は, 見た目には; 視覚的に, 目に見えるように; 視覚(教材)によって; 視覚に関して.

**vi·tal** /váitl ヴァイトル/ 形 **1** (正式) **a** 命の, 生命に関する ‖
**vital** functions 生活機能《呼吸·消化など生命に関する機能》.
**vital** energies 生命のエネルギー, 生命力.
**b** 生命を保つのに必要な ‖
the **vital** organs 必須器官《心臓·脳など生命維持に不可欠の器官》.
a **vital** part (生命にかかわる)急所.
**2** (正式) 活気のある, 生き生きとした ‖
He is **vital**. 彼は活気に満ちている.
**3** 極めて重要な, 不可欠の, 肝要な ‖
Her help is **vital to [for]** the success of this project. この企画が成功するには彼女の援助がぜひ必要です.
**4** [比喩的にも用いて] 命にかかわる, 致命的な ‖
a **vital** wound 致命傷.
a **vital** blow to the firm その会社に対する致命的な打撃.
**vítal statístics** [複数扱い] 人口動態統計《出生·死亡·結婚などの統計》.

**vi·tal·i·ty** /vaitǽləti ヴァイタリティ/ 名 U **1a** 生命力, 生き(続ける)力. **b** 活力, 体力. **2** 活気, 生気, 元気, バイタリティー. **3** (制度·言語などの)存続性, 持続力.

**vi·tal·ly** /váitəli ヴァイタリ/ 副 **1** 生命上で; 生命にかかわるほどに. **2** 極めて重大に; 絶対に.

\***vi·ta·min** /váitəmin ヴァイタミン/ |vítəmin ヴィタミン, váitə-/ (発音注意) 〖生命(vita)の化合物[アミン](amine). cf. *vital*〗
——名 (複 **~s**/-z/) **1** C U [しばしば ~s] ビタミン ‖
This food is rich in **vitamins**. この食物はビタミンを多く含んでいる.
lack of **vitamin** A ビタミンAの不足.
**2** [形容詞的に] ビタミンの ‖
(a) **vitamin** deficiency ビタミンの不足.
take two **vitamin** tablets every day 毎日2錠のビタミン剤を飲む.

**vi·va·cious** /vivéiʃəs ヴィヴェイシャス, vai-/ 形 快活な, 元気はつらつな, 陽気な.
**vi·vá·cious·ly** 副 快活に, 陽気に; 活発に.

**vi·vac·i·ty** /vivǽsəti ヴィヴァスィティ, vai-/ 名 U 快活, 元気はつらつな, 陽気, 活発 ‖
with **vivacity** 快活に.

**viv·id** /vívid ヴィヴィド/ 形 (比較) more ~, ~·er; 最上 most ~, ~·est) **1** 鮮やかな, 鮮明な, 強烈な, まばゆい; 鮮明な色をした ‖
a **vivid** flash of lightning 強烈な稲妻の閃光.
a **vivid** red dress 目の覚めるような真っ赤なドレス.
**2** はっきりした, 生き生きとした, 鮮やかな, 鮮烈な, 生々しい ‖
give a **vivid** description of the battle 戦闘の模様を生々しく語る.
**3** 〈想像力·感覚などが〉活発な, 盛んな, 鋭敏な ‖
対話 "I'm not lying. I saw a green elephant at the zoo." "You sure have a **vivid** imagination." 「うそじゃないよ. 動物園で緑色の象を見たんだ」「なるほど君の想像力は旺(ホウ)盛だよ」.
**4** 活気にあふれた ‖
a **vivid** personality はつらつたる人柄.

**viv·id·ly** /vívidli ヴィヴィドリ/ 副 **1** 鮮やかに, 鮮明に.
**2** はっきりと, 鮮烈に; ありありと; 生き生きと, 迫真的に ‖
describe the accident **vividly** 事故の様子をありありと述べる.

**viv·i·sec·tion** /vìvəsékʃən ヴィヴィセクション/ 名 C (正式) 生体解剖(術).

**VOA** (略) the Voice of America.

**vo·cab·u·lar·y** /voukǽbjəlèri ヴォウキャビュレリ|-ləri -ラリ/ 名 (複 **-lar·ies**/-z/) **1** C U [通例 a ~ / the ~ / one's ~] 語彙(ホィ)《◆ある職業·専門分野·個人などの用いる語の全体. 単語1つ(a word)やばらばらの単語の集団(words)ではない》, 用語範囲, 用語数; (ある言語の) (総)語彙, 全単語 (cf. lexicon). ‖
The writer has a large **vocabulary** [×many

vocabularies]. その作家は語彙が豊富だ.
**2** ⓒ 単語集, 語彙集(glossary).

**vo·cal** /vóukl ヴォウクル/ 形 **1**《正式》声の, 音声の; 発声に必要な ‖
The tongue is one of the **vocal** organs. 舌は発声器官の1つです.
**2**《正式》口頭の, 声に出した ‖
a **vocal** communication 口頭伝達.
**3**《略式》遠慮なく意見を述べる; よくしゃべる ‖
He was **vocal** in his support for the plan. 彼はその計画を支持するとはっきり述べた.
―― 名 ⓒ《音楽》[しばしば ~s] ボーカル《バンド演奏を伴った歌》, (ミュージカルなどで)歌われる台詞(ぜりふ).

**vócal còrds** [**chòrds**] [the ~ / one's ~; 複数扱い] 声帯.
**vó·cal·ly** 副 声で, 声に出して, 口頭で.
**vo·cal·ist** /vóukəlist ヴォウカリスト/ 名 ⓒ《音楽》(instrumentalist に対して)歌手, ボーカリスト.
**vo·ca·tion** /voukéiʃən ヴォウケイション | vəu- ヴォウ-/ 名 **1** [a ~ / one's ~]《信仰生活・聖職への》神のお召し, 召命(しょうめい).
**2 a** [通例 a ~ / one's ~]《神から与えられたと感じられ, 使命感をもって行なう》天職, 聖職; 使命 ‖
a **vocation** as well as a profession 専門職であると同時に使命感をもって行なう職業.
**b** Ⓤ 天職意識, 使命感.
**c** ⓒ《一般に》職業, 仕事, 商売 ‖
What is your **vocation**? 職業は何ですか.
**3** Ⓤ《正式》適性, 才能, 素質.
**vo·ca·tion·al** /voukéiʃənl ヴォウケイショヌル | vəu-ヴォウ-/ 形《正式》職業に関する, 職業上の; 職業指導[訓練]の.
**vocátional guídance** 職業指導.
**vocátional schóol** 職業(訓練)学校.
**vocátional tráining** 職業訓練.
**vo·cif·er·ous** /vousífərəs ヴォウスィファラス | vəu-ヴォウ-/ 形《正式》大声で叫ぶ, やかましい.
**vo·cif·er·ous·ly** 副 騒々しく, 声高(こわだか)に.
**vod·ka** /vádkə ヴァドカ | vɔ́d- ヴォドカ/《ロシア》名 Ⓤ ⓒ ウォッカ《小麦・ライ麦・トウモロコシ・ジャガイモなどで作るロシア産の強い酒》.
**vogue** /vóug ヴォウグ/ 名 **1** ⓒ [通例 the ~] 流行, はやり, はやっているもの.
**2** Ⓤ [しばしば a ~] 人気, 世間の受け ‖
That novel had **a** great **vogue** at one time. その小説は一時期たいへん人気があった.
*be áll the vógue*《略式》最新の流行(品)である; いたる所で大流行している.
*còme into vógue* 流行してくる; はやり出す.
*gò òut of vógue* はやらなくなる, すたれる, 人気を失う.
*in vógue* 流行して, 人気があって.

**★★voice** /vɔ́is ヴォイス/《→ vox》
㊒ vocal (形)
―― 名 (複 voic·es /-iz/) **1** Ⓤ ⓒ 《人の》声 ‖
I heard **voices**. 人の声が聞こえた.
"Welcome aboard the Super Express," said the **voice**. 「ようこそ特急にご乗車くださいました」と(車内放送の)声がした.
**2** Ⓤ ⓒ [修飾語を伴って](…の質の)声, (…な)声 ‖
He has a deep **voice**. 彼は太い声をしている.
She spoke **in a** low **voice**. 彼女は低い声でしゃべった.
He got excited and his **voice** rose. 彼は興奮して声が大きくなった.
Nobody recognized her **voice**. だれも彼女の声だとはわからなかった.
**3** Ⓤ ⓒ [通例 one's ~] 声を出す力, ものを言う能力 ‖
She has lost **her voice**. (かぜひきなどで)彼女は声が出ない.
**4** ⓒ《通例 the voice of A》(人の声を思わせる自然の)声, 音;(理性・神などの)声, お告げ ‖
**the voice of** the winds 風の声.
listen to **the voice of** reason 理性の声に耳を傾ける.
**5** ⓒ《正式》(表明された)意見, 選択, 希望 ‖
They are all of one **voice**. 彼らは意見が一致している.
My **voice** was ignored in the discussion. その討議で私の意見は無視された.
**The voice of the people is the voice of God.**《ことわざ》「民の声は神の声」.
**6** Ⓤ《正式》[しばしば a ~] 発言権; 投票権; 影響力 ‖
They **have a voice in** the matter. 彼らはそのことに発言権がある.
**7** Ⓤ ⓒ《文法》[通例 the ~] (動詞の)態 ‖
the passive **voice** 受動態.
*at the tóp of one's vóice* 声を限りに, 大声で.
*be in (góod) vóice* 声の調子がよい.
*give vóice to A*《正式》…を表明する, 口に出す.
*ráise one's vóice* (1) (怒りなどで)声を荒げる; 叫ぶ. (2) 不平を言う; 反対する.
*the Vóice of América* ボイス=オブ=アメリカ《米国政府の海外向けラジオ放送.(略) VOA》.
―― 動(現分) voic·ing) 他《正式》…を言う, 表明する, 言葉に表す; 声[音]に出す.

**vóice màil** ボイスメール, 音声メール《電話とコンピュータを使って音声によるメッセージを送信する電子システム》.
**voice·less** /vɔ́islɔs ヴォイスレス/ 形 **1** 声のない, 無言の; 口がきけない. **2** 《音声》無声(音)の.
**void** /vɔ́id ヴォイド/ 形《正式》**1**(全く)からの, 空虚な, 何もない; あいた ‖
a **void** space 空間.
fall **void** 空席ができる.
**2** [**be void of** A] …を欠いている, …がない ‖
a man (who is) **void of** humor ユーモアのない男.
**3**《主に法律》《契約などが》無効の ‖
a **void** contract 無効な契約.

The marriage was declared **null and void**.
その結婚は無効と宣告された.
——名 《正式》 **1** [the ~] 空間, 宇宙空間; 虚空(きょ); 真空(状態) ‖
The rocket was shooting up into **the void** (of outer space). そのロケットは宇宙空間にぐんぐん上昇していった.
**2** Ⓒ [通例 a ~] (一般に)空所; (地表などの)割れ目, すき間; 空漠とした場所 ‖
the huge desert **voids** of Africa アフリカの何もない広大な砂漠地帯.
**3** Ⓒ [通例 a ~] 空虚感, 空白感, むなしさ.

**vol.** (略) volcano; [しばしば V~] volume.

**vol·a·tile** /vάlətl ヴァラトル | vɔ́lətàil ヴォラタイル/ 形 揮発性の; [俗用的に] 爆発しやすい.

**vol·can·ic** /vɑlkǽnik ヴァルキャニク | vɔl- ヴォル-/ 形 **1** 火山の; 火山性の; 火山作用による ‖
a **volcanic** eruption 火山の爆発.
**volcanic** activity 火山活動.
**volcanic** rocks 火山岩.
**2** 火山のある, 火山の多い ‖
a **volcanic** region 火山地帯.
**3** 非常に激しい, 猛烈な ‖
a **volcanic** outburst of anger 怒りの激発.

**vol·ca·no** /vɑlkéinou ヴァルケイノウ | vɔl- ヴォル-/ 名 (複 ~(e)s/-z/) Ⓒ 火山; 噴火口 ‖
an active **volcano** 活火山.
a dormant **volcano** 休火山.

**Vól·ga (River)** /vάlgə ヴァルガ | vɔ́l- ヴォルガ-/ [the ~] ボルガ川《ロシア西部を南流しカスピ海に注ぐヨーロッパ最長の大河》.

**vo·li·tion** /voulíʃən ヴォウリション/ 名 Ⓤ 《正式》意志; 決断, 決断力 ‖
*of one's ówn volítion* 《正式》自らの意志で, 自発的に.

**Volks·wa·gen** /vóukswæ̀gn ヴォウクスワグン | vɔ́lks- ヴォルクス-/ 《ドイツ》 名 (複 Volks·wa·gen, ~s) Ⓒ フォルクスワーゲン (略 VW) 《ドイツの自動車会社; 同社製の車》.

**vol·ley** /vάli ヴァリ | vɔ́li ヴォリ/ 《類音》 valley /vǽli/ 名 Ⓒ **1** 一斉射撃, 一斉に投げつけること; 一斉に投げつけられた物 ‖
in a **volley** 一斉射撃で.
fire a **volley** in salute 一斉に礼砲を放つ.
**2** (悪口・質問などの)連発, 雨 ‖
be subjected to a **volley** of questions 矢つぎ早の質問にさらされる.
**3** [球技] [the ~] ボレー《テニス・サッカーなどで球が地につかないうちに打ち[蹴り]返すこと》 ‖
hit a ball **on the volley** 球をボレーで打ち返す.
——動 他 **1** …を一斉に射撃する, 一斉に投げる. **2** 〈悪口・質問などを〉連発する. **3** 〔球技〕〈球〉をボレーで打ち[蹴り]返す; 〈相手に〉ボレーで打ち[蹴り]返す.
——自 **1** 一斉に発射される, 一斉に飛ぶ. **2** 〔球技〕ボレーをする.

**vol·ley·ball** /vάlibɔ̀ːl ヴァリボール | vɔ́li- ヴォリ-/ 名 **1** Ⓤ [球技] バレーボール. **2** Ⓒ バレーボール用のボール.

**vols.** (略) volumes.

**volt** /vóult ヴォウルト/ 《イタリアの物理学者 A. Volta から》 名 Ⓒ [電気] ボルト《電圧の単位. 記号 V》.

**volt·age** /vóultidʒ ヴォウルティヂ/ 名 ⓊⒸ [電気] 電圧 (略 v.) ‖
a high-**voltage** cable 高圧線.

*__**vol·ume**__ /vάljəm ヴァリュム | vɔ́ljuːm ヴォリューム/ 《(文字を書いた)巻き(volve)物(me). 「本の大きさ」から比喩(*)的に「容積」「量」「音量」の意が生じた. cf. re*volve*》

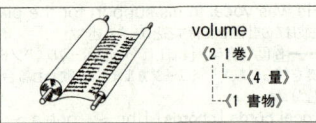

volume
《2 1巻》
《4 量》
《1 書物》

——名 (複 ~s/-z/) **1** Ⓒ **a** 《正式》(内容よりも外形から見た, 特に大きな)本, 書物 ‖
She has a library of 5,000 **volumes**. 彼女には5000冊の蔵書がある.
**b** 〔歴史〕(パピルス・羊皮紙などの)巻き物《古代の本》.
**2** Ⓒ **a** (2冊以上からなる本の)1巻, 1冊 (略 vol., 複数形 vols.) ‖
selected works in 5 **volumes** 全5巻の著作選集.
**volume** six of the encyclopedia 百科事典の第6巻.
**b** (月刊誌など1年分の)巻.
**3** Ⓤ 容積, 容量; 体積 ‖
What is the **volume** of the gas tank? そのガソリンタンクの容積はどのくらいありますか.
**4 a** ⓊⒸ 量, 分量 ‖
the **volume** of water in a container 容器の中の水の量.
**b** [~s [a ~] of + Ⓤ 名詞] 多量の… ‖
**volumes** of smoke もうもうたる煙.
a **volume** of work たくさんの仕事.
**5** Ⓤ 音量, ボリューム ‖
turn down the **volume** of the radio ラジオの音を小さくする.

**vo·lu·mi·nous** /vəljúːmənəs ヴォルーミナス/ 形 《正式》 **1** 多量の. **2** かさばった. **3** 〈服が〉ゆったりした. **4** 〈著者が〉多作の; 〈書物などが〉大部の; 巻数の多い.

**vol·un·tar·i·ly** /vάləntèrəli ヴァランテリリ, ≠ | vɔ́ləntərəli ヴォランタリリ/ 副 自発的に, 自分の意志で; 任意に《◆ふつう命令文・依頼表現には用いない》.

**vol·un·tar·y** /vάləntèri ヴァランテリ | vɔ́ləntəri ヴォランタリ/ 形 **1** 自発的な, 自ら進んで行なう[行なわれた] (↔ compulsory, obligatory) ‖
**voluntary** tasks 《無償で》自発的にする仕事.
a **voluntary** worker ボランティア, 無料奉仕者.
place **voluntary** restraints on car exports 自動車輸出を自主規制する.
**2** 任意の寄付で運営される ‖
a **voluntary** school 《英》寄付で運営される学校.
**3** 自由意志を持った, 自由意志で行動できる ‖
Man is a **voluntary** agent. 人間は自由行為者だ.

**4** 自然に生じる ‖
**voluntary** laughter 思わず起こる笑い.
**5**〖生理〗随意の ‖
**voluntary** muscles 随意筋.

**\*vol·un·teer** /vὰləntíər ヴァランティア | vɔ̀ləntíə ヴォランティア/
──名 (複 ~s/-z/) C **1** 志願者, ボランティア, 篤(とく)志家 ‖
There were no **volunteers** for the job. その仕事をしようと名乗り出る者はいなかった.
**2** 志願兵, 義勇兵.
**3** [形容詞的に] 志願の, 自発的な; 志願兵の ‖
a **volunteer** firefighter 自警消防員.
a **volunteer** army 義勇軍.
──動 自 **1** 進んで引き受ける, 買って出る; [volunteer to do] …しようと進んで申し出る ‖
**volunteer for** cleaning the room 進んで部屋の掃除を引き受ける.
**volunteer to** wash the car 車洗いを買って出る.
対話 "I need someone to clear up the kitchen." "I'll **volunteer** if you are busy." 「だれか台所のあと片付けをしていんだけど」「忙しいのだったらぼくがやりましょう」.
**2** 志願兵になる, 志願する.
──他 《正式》…を自発的に申し出る.

**vòl·un·téer·ism** 名 U ボランティア精神[活動].

**vo·lup·tu·ous** /vəlʌ́ptʃuəs ヴォラプチュアス, (英+)-tju-/ 形《正式》(胸・尻が豊かで) 肉感的な, グラマーな.
**vo·lúp·tu·ous·ly** 副 官能的に; 享楽的に.

**vom·it** /vάmət ヴァミト | vɔ́m- ヴォミト/ 動 自 **1** 吐く, 嘔吐する, もどす. **2** 溶岩・灰などを噴出する; 吹き出る, 流出する.
──他 **1** …を吐く, 嘔吐する. **2** …を吐き出す, 噴出 [流出, 排出] する.
──名 U《正式》嘔吐物, へど.

**voo·doo** /vúːduː ヴードゥー/ 名 [しばしば V~] U ブードゥー教《西インド諸島や米国南部の黒人の間で行なわれる魔術的宗教》.

**vo·ra·cious** /vɔːréiʃəs ヴォーレイシャス | və- ヴォレイ-/ 形《正式》**1** 大食の, がつがつ食べる;〈食欲が〉旺(おう)盛な. **2** 飽くことを知らない, 貪欲(どんよく)な.

**vo·rac·i·ty** /vɔːrǽsəti ヴォーラスィティ | və- ヴォラスィティ/ 名 U《正式》大食, 暴食; 食欲旺盛, 貪欲(どんよく).

**vor·tex** /vɔ́ːrteks ヴォーテクス/ 名 (複 ~·es, -ti·ces/-təsìːz, -ti-/) C **1**〈水・火などの〉渦, 渦巻; 旋風; 竜巻. **2**〖物理〗(流体中の) 渦.

**\*vote** /vóut ヴォウト/ 〖『誓い, country』が原義. cf. *vow, devote*〗
──名 (複 ~s/vóuts/) **1** C 投票, 票 ‖
I gave my **vote** to the candidate. 私はその候補者に投票した.
I cast my **vote for** the proposal.《正式》私はその提案に賛成の票を投じた.
**2** C 投票で選ぶこと, 採決, 票決《◆挙手や起立によるものも含まれる》‖
Let's take a **vote on** the question. =Let's put the question **to the vote**. その問題については投票で決めよう.
We decided the matter **by vote**. 採決でその事柄を決めた.
**3** C 投票権; [通例 the ~, しばしば ~s] 選挙権, 参政権 ‖
Women do not have **the vote** in that country. その国では女性の選挙権がない.
**4** [the ~ / a ~; 集合名詞] 投票(総)数; 得票 ‖
a light **vote** 小数の投票《◆「多数の投票」は a heavy vote》.
──動 (三単現 ~s/vóuts/; 過去・過分 vot·ed /-id/; 現分 vot·ing)
──自 投票する ‖
Congress **voted on** the bill yesterday. 議会は昨日その法案について投票を行なった.
A majority **voted for** the bill. 大多数がその法案に賛成の投票をした.
対話 "What do you think of the new candidate?" "I think he's okay. I'll **vote for** him." 「今度の立候補者をどう思いますか」「いいんじゃないか. 彼に投票するよ」.
──他 **1** …を投票で決める, 可決する; [vote to do] …することを投票で決める; [vote that 節] …ということを投票で決める ‖
We **voted to** go on a hike next Sunday. 次の日曜日にハイキングをすることを投票で決めた.
Congress has **voted that** the present law ((主に英)) should) continue to operate. 議会は現行の法律の継続を投票で決めた.
**2**《略》…に投票する ‖
**vote** Labour 労働党に投票する.
**3**〈金など〉を与えることを議決する; …を議決によって与える ‖
The committee **voted** funds for a new hospital (**to** the city). 委員会は(その市に)新病院のための資金を交付することを議決した.
**4**《略》[vote A C] A が C であると認める ‖
They **voted** the trip a success. =The trip **was voted** a success. 旅行は成功だったとみんなが思った.
**5**《略》[vote (that) 節] …ということを提案する ‖
I **vote (that)** we ((主に英)) should) have a party. パーティーをしようじゃないか.

**vot·er** /vóutər ヴォウタ/ 名 C **1** 投票者. **2** 有権者.

**vot·ing** /vóutiŋ ヴォウティング/ 動 → vote.
──名 U 形 投票(の), 選挙(の).
**vóting bòoth**《米》=polling booth.
**vóting machíne**《主に米》投票機《投票用紙を用いずに投票する機械. 票の集計も自動的にできる》.

**vouch** /váutʃ ヴァウチ/ 動 (三単現 ~·es/-iz/) 自 [vouch for A] …を保証する, …の保証人になる; …の證人となる.

**vouch·er** /váutʃər ヴァウチャ/ 名 C 保証人; 証拠(物件), 証拠書類, (特に)領収証; 引換券, 商品券.

**vow** /váu ヴァウ/ (類音 bow²,³/báu/) 名C 誓い, 誓約, 誓願 (類 pledge) ‖
marriage **vows** 結婚の誓約.
break a **vow** 誓いを破る.
He is under a **vow** of poverty. 彼は清貧を誓っている.
make [take] a **vow** to study hard. 熱心に勉強すると誓う.
— 動他 **1a** [vow to do] …することを(厳粛に)誓う, 誓約する; [vow (that) 節] …ということを誓う ‖
She **vowed** never to smoke. = She **vowed** (that) she would never smoke. 彼女は禁煙を誓った.
**b** 《正式》…を誓う ‖
**vow** revenge on one's enemies 敵への復讐(ふう)を誓う.
**2**《正式》…を献上すると誓う ‖
**vow** one's life to the service of the church 一生を教会にささげることを誓う.

**vow·el** /váuəl ヴァウエル/ (類音 bowel/báuəl/) 名C **1**〔音声〕**a** 母音(vowel sound) ‖
a simple **vowel** 単母音.
/ɔː/ in *bought* is a long **vowel**. bought の /ɔː/ は長母音です.
**b** [形容詞的に] 母音の.
**2** 母音字《英語では a, e, i, o, u と時に y》.
**vówel mutátion** 母音変異.
**vówel sòund** = vowel 1a.

**V** *voy·age** /vɔ́iidʒ ヴォイイヂ/《発音注意》《◆ ×ヴォヤーヂ》〖『道(via)』が原義. cf. convey〗
— 名 (複 ~·ag·es/-iz/) C **1**(通例長い)船旅, 航海;[しばしば the ~s] 旅行記 ‖
a **voyage** around the world 世界一周の船旅.
go on [make, take, go for] a **voyage** to Australia オーストラリアへの船旅に出かける.
The sailors are on a **voyage**. 船乗りたちは航海中だ.
the **voyages** of James Cook ジェイムズ=クックの航海記.
**2**(ふつう長い)空の旅, 宇宙の旅 ‖
an airplane **voyage** 空の旅.
a **voyage** to the moon 月旅行.

**voy·ag·er** /vɔ́iidʒər ヴォイイチャ/ 名C **1**《古》船[時に]空)の旅をする人;(一般に)旅行者. **2** [V~] ボイジャー《米国の宇宙探査機》.

**vs, vs.** 略 verse; 《米》versus ((英) v).

**V-sign** /víːsàin ヴィーサイン/ 名C **1** Vサイン《手のひらを外に向け人差し指と中指で作ったV字形. 勝利の印. 承認・OKの印.《米》平和の印(peace sign)》.

**VT** 略〔郵便〕Vermont.

**VTR** 略 videotape recorder [recording].

**Vul·can** /válkən ヴァルカン/ 名〔ローマ神話〕バルカン《火と鍛冶(かじ)の神ウルカヌスのこと》.

**vul·gar** /válgər ヴァルガ/ 形 (時に比較 ~·er /válgərər/, 最上 ~·est/válgərist/) **1** 下品な, 不作法な, 粗野な, 卑しい, 無教養な(↔ refined, cultured); 品のない, 悪趣味の; 俗悪な, 低俗な ‖
**vulgar** behavior 下品なふるまい.
**vulgar** manners 不作法.
use **vulgar** language 卑猥(ひわい)な言葉を使う.
**2**(主に文) 通俗的な, 次元の低い, 一般的な ‖
**vulgar** errors 誤った俗説.

**vul·gar·i·ty** /vʌlɡǽrəti ヴァルギャリティ/ 名 (複 --i·ties/-z/) **1** Ⓤ 下品, 野卑; 悪趣味; 俗悪, 低俗. **2** Ⓒ [しばしば vulgarities] 下品な行為[言葉].

**vul·ner·a·ble** /válnərəbl ヴァルナラブル/ 形《正式》**1a** 弱点がある(↔ invulnerable) ‖
His knee was his only **vulnerable** spot. ひざが彼の唯一の弱点だった.
**b** 攻撃されやすい.
**2** 傷つきやすい; 負けやすい ‖
a young girl in her **vulnerable** years 傷つきやすい年ごろの女の子.
a person (who is) **vulnerable** to criticism 批判にもろい人.

**vul·ture** /váltʃər ヴァルチャ/《『引き裂く鳥』が原義》名Ⓒ **1**〔鳥〕**a** ハゲワシ. **b** コンドル. **2**(弱い者を食いものにする)強欲な人, 冷血なやつ, 「ハゲタカ」.

**vy·ing** /váiiŋ ヴァイイング/ 動 → vie.

vulture 1a

# W

**w, W** /dʌ́bəljuː/ ダブリュー/〖「2つの u」の意〗名 (複 w's, ws; W's, Ws /-z/) **1** ⓒ Ⓤ 英語アルファベットの第23字. **2** → a, A **2**. **3** ⓒ Ⓤ 第23番目(のもの). 事情 w で始まる語は大半が古英語起源.

**W** (記号) watt(s).

**w.** (略) west(ern).

**WA** (略) 〖郵便〗Washington (州).

**wack·y** /wǽki ワキ/ 形 (比較) ‑i·er, (最上) ‑i·est) (主に米略式) 風変わりな, とっぴな, ばかげた.
── 名 ⓒ 変わった人.

**wáck·i·ness** 名 Ⓤ (略式) 風変わりなこと.

**wad** /wɑ́d ワド | wɔ́d ウォド/ 名 ⓒ **1** (綿・紙などやわらかい物を丸めた)固まり, 小さなかたまり ‖
a wad of chewing gum チューインガムの固まり. **2** (やわらかい物を丸めた) 詰め物, 詰め綿, パッキング ‖
stuff up a hole with a wad of newspaper 新聞紙を丸めて穴に詰める.
**3** 束, 札束 ‖
a wad of ten dollar bills 10ドル札の束.
**4** (米略式) [~s] 多量, 多額(の金).

**wad·dle** /wɑ́dl ワドル | wɔ́dl ウォドル/ 動 (現分) wad·dling) 自 **1** (アヒルのように)よちよち歩く. **2** ゆらゆらしながら進む. ── 名 (通例 a ~] よたよた[よちよち]歩き.

**wade** /wéid ウェイド/ (同音 weighed) 動 (現分) wad·ing) 自 **1** 歩く, 苦労して歩く ‖
wade across the river 川を歩いて渡る.
**2** (略式) 苦労して進む, やり通す ‖
wade through a mystery ミステリーをやっと読み通す.
── 他 〈川などを〉歩いて渡る.

**wáde ín** (略式) [自] 猛烈に攻める; 勢いよく仕事を始める.

**wáde ínto** A (略式) …を猛烈に攻める; …に勢いよく取りかかる.

**wa·fer** /wéifər ウェイファ/ 名 **1** ⓒ Ⓤ ウェハース(薄い軽焼きの菓子). **2** ⓒ 〖カトリック〗 聖餅 (⇒聖体式用のパン).

**waf·fle**[1] /wɑ́fl ワフル | wɔ́fl ウォフル/ 名 ⓒ Ⓤ (主に米) ワッフル(焼き型に生地(キジ)を入れて薄くカリッと焼いたケーキ. 表面に格子模様がある. 日本の柔らかいワッフルとは異なる).

**waf·fle**[2] /wɑ́fl ワフル | wɔ́fl ウォフル/ (略式) 動 (現分) waf·fling) 自 **1** むだ口をたたく(+on). **2** (米) 煮え切らない態度をとる. ── 名 Ⓤ むだ口, 駄文; 内容のない話.

**waft** /wɑ́:ft ワーフト, (米) wæft, (英) wɔ́:ft/ 動 他 (正式) 〈においを・音を・物を〉漂わせる ‖
The breeze wafted the scent of the flowers to us. そよ風にのって花の香りが私たちの所まで漂ってきた.
── 自 漂う, ふわりと飛ぶ.

**wag** /wǽg ワグ/ 動 (過去・過分) wagged/‑d/; 現分) wag·ging) 他 …を振る, 揺り動かす ‖
wag one's head 頭を振る, うなずく 《◆あざけり・おもしろがり・同意などの動作》.
wag one's finger at him 彼の鼻先で指を振る 《◆軽蔑(ゲ)・非難の動作》.
The dog wagged its tail with pleasure. 犬は喜んで尾を振った.
── 自 **1** 揺れ動く, 絶えず動く.
**2** (略式) 盛んに動く, べらべらしゃべる ‖
Her strange behavior has set the neighbors' tongues wagging. 彼女の奇妙なふるまいで近所の人の口がうるさくなった.
── 名 ⓒ [通例 a ~] (頭・尾などの) ひと振り, 揺すること ‖
with a wag of the tail 尾を振って.

**wage** /wéidʒ ウェイヂ/ 名 ⓒ [通例 ~s; 複数扱い] 賃金, 労賃, 給料 《◆主に肉体労働に対する賃金. 時間給, 日給, 週給. → salary》 ‖
draw high wages 高賃金をもらう 《◆ˣexpensive [cheap] wages とか ˣmany [few] wages とはいわない》.
His wages are $300 a week. = He gets a weekly wage of $300. 彼は週給300ドルもらっている.
── 動 (現分) wag·ing) 他 (正式) 〈戦争・闘争などを〉行なう, 遂行する ‖
a citizens' group waging a war against pollution 公害反対運動を行なっている市民グループ.

**wáge èarner** 賃金労働者((米) wageworker).

**wa·ger** /wéidʒər ウェイヂャ/ (正式) 名 ⓒ 賭(ヵ)け, 賭け事; 賭けられた物. ── 動 他 **1** ⟨金⟩を賭ける. **2** [wager (that) 節] …だと請け合う. ── 自 **1** 賭けをする, 賭ける. **2** 請け合う.

**wage·work·er** /wéidʒwə̀:rkər ウェイヂワーカ/ 名 ⓒ (米) =wage earner.

***wag·on**, (英古) **wag·gon** /wǽgən ワゴン/
── 名 (複 ~s/‑z/) ⓒ **1a** (四輪の)荷馬車; (おもちゃの)四輪荷車.
**b** 荷馬車一杯の量 ‖
a wagon of hay 荷馬車一杯の干し草.
**2** (英) 〖鉄道〗無蓋(ガイ)貨車 ‖
a goods wagon 貨車(=(米) a freight car).
**3** (米略式) =station wagon.
**4** 配膳(ゼン)ワゴン.
**5** (米) (ライトバン), (運送用)小型トラック ‖

a milk **wàgon** 牛乳運搬車.
**wágon tràin** 〔史〕(西部開拓時代の)ほろ馬車隊；(軍需品輸送の)大荷馬車隊.

**Wai·ki·ki** /wáikikː ワイキキ, ˌ-ˈ-/ 名 ワイキキ《Hawaii 州 Oahu 島 Honolulu 湾の海水浴場・観光地》.

**wail** /wéil ウェイル/ (同音) whale (英)) (正式) 動
──自 1 嘆き悲しむ, 泣き叫ぶ ‖
wail with pain 痛くて声をあげて泣く.
The child **wailed** for his mother. 子供は母親を求めて泣き叫んだ.
**2** 泣くような音を出す ‖
The wind **wailed** in the trees. 梢(こずえ)を渡る風が悲しげな音を立てていた.
──他 1 …を嘆き悲しむ. **2** [wail that 節] …だと泣き叫ぶように言う.
──名 C 1 嘆き悲しみ；泣き叫び, 泣き叫ぶ声.
**2** (風などの)物悲しい音 ‖
the **wail** of the wind 風のむせぶような音.

\***waist** /wéist ウェイスト/ (発音注意) 《◆ˣウェスト》
(同音) waste) [「からだの成長」が原義]
──名 (複 ~s/wéists/) C 1 腰のくびれ, 腰(部) ((고 → back, body)) ‖
She has no **waist**. 彼女はずんどうだ.
put one's arm around her **waist** (ダンスなどで)彼女の腰に手を回す《◆日本語の「腰」は back の下の **waist** から hips の間の部分に当たる. ダンスで「腰を振る」は swing one's hips》.
**2** ウエスト《胴回りの寸法》.
**3** 腰状の物, (バイオリンなどの)くびれ；(飛行機の)胴体中央部；(船の)上甲板中央部；(昆虫の)胸と腹の間のくびれ.

**waist·band** /wéistbænd ウェイストバンド/ 名 C (スカート・ズボンなどの)ベルト(図 → pants).
**waist·coat** /wéskət ウェスカト ǀ wéiskòut ウェイストコウト/ 名 C (英) ベスト, チョッキ((米) vest).
**waist·high** /wéistháː ウェイストハイ/ 形 副 腰までの高さの[に].
**waist·line** /wéistlàin ウェイストライン/ 名 C 1 (身体の)腰のくびれ, 腰線. **2** (婦人服の)胴回り；ウエストライン.

\***wait** /wéit ウェイト/ (同音) weight) [「見張る」が原義]
──動 (三単現 ~s/wéits/ ; 過去・過分 ~ed /-id/ ; 現分 ~·ing)
──自 1 待つ, 待ち受ける(cf. expect) ‖
Let's **wait** and see. あせらずに成り行きを見よう.
**Wait** for me! もっとゆっくり行って.
**Wait** a minute. I'm not ready. ちょっと待って. まだ用意ができていません.
**Wait** for it! (英略式) 適当な時機[合図する]まで待て.
We **waited** at the bus stop until the bus came. バスが来るまでバス停で待った.
What are you **waiting** for? 何をぐずぐずしているの.
I just can't **wait** to see you again. あなたに

お会いできるのが待ち遠しい.
I'm sorry to have kept you **waiting** for a long time. 長い間待たせてごめんなさい.
You **wait**! 覚えてろよ！
(対話) "Are you looking forward to your trip?" "Yes. I can hardly **wait for** it to begin."「旅行が楽しみですか」「はい. 出発が待ちきれません」.
**2** [しばしば can ~] 延期できる, 延ばせる ‖
This can **wait**. これは急ぎません；あと回しにできます.
This can't **wait**. これは急ぎです；あと回しにできません.
The meeting had to **wait** until everybody arrived. 全員が来るまで会議を遅らせなければならなかった.
**3** (通例 be ~ing) 用意されている, 手元にある ‖
Dinner is **waiting** for you. 食事の用意ができています.
**4** (正式) 給仕する(→ 成句 wait on) ‖
**wait** on [(英) at] table (食卓で)食事の給仕をする.
──他 1 …を待つ, 待ち受ける ‖
**wait** one's chance 機会を待つ.
You must **wait** your turn. 順番を待たなければいけない.
**2** …を遅らせる, 延ばす ‖
Don't **wait** lunch for us. 先に昼食を始めておいてください.

◊**wáit on** [**upòn**] **A** (正式) …に給仕する；…に仕える；**A**(客)に応対する ‖ **wait on** [**upon**] him hand and foot 何から何まで彼の身の回りの世話をする / (対話) "Have you been **waited on**?" "Yes. Thank you."「(店で客に向かって)ご用をお伺いしていますか」「ええ, ありがとう」.

**wáit úp** (略式) [自] 寝ないで待つ ‖ Don't **wait up** for me tonight. 今夜は先に寝ていていいよ.
──名 [a ~] 待つこと, 待機；待ち時間 ‖
He had a long **wait** for the train. 彼は列車を長い間待った.

**wait·er** /wéitər ウェイタ/ 名 C (レストランなどの)ウエイター, (男の)接客係, ボーイ((PC) server, waitperson).
**wait·ing** /wéitiŋ ウェイティング/ 動 → wait.
──名 U 待つこと；待ち時間 ‖
No **waiting**. ((英))(掲示)一時停車禁止(=(米) No standing.).
**in wáiting** (王族に)仕えて, かしずいて.
**wáiting lìst** 補欠人名簿, キャンセル待ち名簿.
**wáiting ròom** (駅・病院などの)待合室.
**wait·ress** /wéitrəs ウェイトレス/ 名 C ウエイトレス, (女の)接客係((PC) server, waitperson).

**waive** /wéiv ウェイヴ/ 動 (現分 waiv·ing) 他 …を放棄する, 撤回する ‖
**waive** one's right 権利を放棄する.

\***wake**[1] /wéik ウェイク/
──動 (三単現 ~s/-s/ ; 過去 woke/wóuk/ ,

**wake**

過分 wok·en/wóukn/; 現分 wak·ing
― 自 と 他 の関係 ―
自1　A wake　　　Aが目を覚ます
他1　wake A　　　Aの目を覚まさせる

――自　1 目を覚ます，目が覚める《◆話し言葉ではふつう up をつける》‖
wake out of sleep 眠りから覚める.
I woke up early this morning. けさ早く目が覚めた.
He woke to find that he was alone. 彼が目を覚ましてみるとひとりぼっちだった.
対話 "How come you're late this morning?" "I woke up on time, but went back to sleep." 「けさはどうして遅刻したの」「時間どおりに目が覚めたのですが，また寝てしまいました」.
2 (略式) (精神的に)目覚める; 気づく.
――他　1 …の目を覚まさせる，…を起こす‖
The noise woke me from my nap. その物音が居眠りから目を覚ました.
My brother wóke me úp at seven. 兄は私を7時に起こした.
2 (正式) …を目覚めさせる，奮起させる‖
The book woke my interest in ancient history. その本が古代史に対する私の興味を目覚めさせた.

Q&A　*Q*: wake, awake, waken, awaken はどう使い分けるのですか.
*A*: wake, awake は自動詞, waken, awaken は他動詞としてがふつうです. また awake, awaken は堅い言い方で比喩的に「目覚め(させ)る」意味に多く用いられます.

*Wáke úp!* (略式) [自] 聞け, 注意せよ.
――名 C 1 (英方言) 通夜.
2 (アングリカン) 守護聖人[教会献堂]記念祝祭; その(徹夜の)前夜祭.
**wake**² /wéik ウェイク/ 名 C 1 (海事) 航跡. 2 (正式) (物が)通った跡 [道] ‖
the wake of the tornado 竜巻の通った跡.
*in the wáke of A* = *in A's wáke* (1) (海事) …のすぐあとに続いて, …にならって. (2) (正式) …の結果として.
**wak·en** /wéikn ウェイクン/ 動 (正式) 他 1 …の目を覚まさせる, …を起こす《◆ wake がふつう》‖
I was wakened by a fire. 火事で目が覚めた.
2 …を奮起させる, 活気づかせる, 気づかせる.
――自　1 目を覚ます, 目覚めて気づく. 2 活気づく; 自覚する.
**wáke-up cáll** /wéikʌp- ウェイカプ-/ (ホテルなどの)モーニングコール《◆ morning call とはいわない》.
**wak·ing** /wéikiŋ ウェイキング/ 動 → wake¹.
――形 目覚めている, 起きている‖
one's waking hours 目覚めている時.
*waking or sleeping* 寝ても覚めても.
**Wales** /wéilz ウェイルズ/ 同音 whales (英), wails) 名 ウェールズ《Great Britain 島の南西部の地方. 首都 Cardiff. (別称) Cambria》.

## **walk**
/wɔ́ːk ウォーク/ (類音 woke/wóuk/, work/wɔ́ːrk/) 『「ころげ回る」が原義』
――動 (三単現) ~s/-s/; (過去・過分) ~ed/-t/ (現分) ~·ing
―― 自 と 他 の関係 ―
自1　A walk　　　Aが歩く
他2　walk A　　　Aを歩かせる

――自　1 歩く, 歩いて行く‖
You'll be able to walk soon. すぐに歩けるようになりますよ.
walk across the road 道路を歩いて横切る.
Don't walk. (米)(信号の表示で) 止まれ(Wait.)《◆ (英) では Don't cross now.》.
walk to school 歩いて学校に行く.
walk forward for a few steps 2, 3歩前へ歩く.
walk away [off] 歩き去る, 立ち去る.
She walked right out of the house. 彼女は歩いて家から出てきた.
How long will it take to walk there? そこまで歩いてどれくらいかかりますか.
I walked up and down the platform. 私はプラットホームを行ったり来たりした.
対話 "Can we give you a ride to the station?" "No, it's okay. I think I'll walk." 「駅まで車でお送りしましょうか」「いいえ. 結構です. 歩いて行こうと思いますから」.

Q&A　*Q*: 歩き方の表現にはどんなものがありますか.
*A*: walk + 副詞の形で, walk fast [slowly, quietly] (早く[ゆっくり, 静かに]歩く)のように言うことが多いですが, 次のような単語でさまざまな歩き方が表現されます. jog とぼとぼ歩く [(米)ゆっくり走る] / stride 大またで歩く / stroll ぶらぶら歩く / stumble よろけながら歩く / tiptoe つま先で歩く / toddle よちよち歩く / waddle よたよた歩く.

2 (主に英) (スポーツ・楽しみとして)歩く‖
go walking in [*to] the mountains 山歩きに出かける.
3 〈幽霊が〉出る, うろつく; (正式) 〈暴力・病気などが〉蔓延(まん)する‖
Ghosts walk at midnight. 幽霊は真夜中に出る.
4 (野球) (四球で)歩く, 出塁する; (バスケットボール) ボールを持ったまま3歩以上歩く(travel) (反則).
――他　1 …を歩く, 歩いて行く‖
walk the floor 床の上を歩きまわる.
walk long distances 遠い道のりを歩いて行く.
walk a tightrope [比喩的に] 綱渡りをする; 危ない橋を渡る.
2 〈…〉を歩かせる, 連れて歩く, 散歩させる; 〈人〉を送って行く, 付き添って歩く‖
I walk the dog every morning. 私は毎朝犬

を散歩させる.

|対話| "I'll walk you to the bus stop." "You don't have to do that. I'll be all right."「バス停までいっしょに行くよ」「そんなことしてくださらなくても, 私はだいじょうぶです」.

3 〈人・病気など〉を歩いて…させる《◆通例次の句で》‖

walk him to exhaustion 彼を歩かせてへとへとにさせる.

4 〔野球〕〈四球で〉〈打者〉を出塁させる.

***wálk awáy with*** A (1)《略式》…を持ち逃げする. (2)《略式》A〈競技〉に楽勝する.

***wálk ínto*** …にうっかりぶつかる;《略式》(うっかりして)〈わななど〉に陥る.

***wálk óff*** (1)〔自〕急に出発する; → 〔他〕1. (2)〔他〕〈頭痛・体重など〉を歩いて除く[減らす].

***wálk óut*** 〔自〕(1)《略式》ストライキをする. (2) 立腹して立ち去る, 抗議のため退場する.

***wálk úp*** 〔自〕歩いて行く〔近寄る〕; 階上へ歩いて上がる;《略式》〈命令形で〉;〈命令形で; 呼びかけ〉いらっしゃい《ショーなどへの呼びこみ》.

──〔名〕(〜s/-s/) ⓒ 1 [a 〜] 散歩; 歩行, 歩くこと‖

have [take] a walk 散歩する.

take the dog for a walk 犬を散歩に連れて行く.

Let's go for a walk in the park. 公園に散歩に行こう《◆公園内の散歩を明確にいうときは in》.

2 歩道, 散歩道; [W〜; 地名で] …通り(略 Wk).‖

a graveled walk 砂利道.

3 [通例 a 〜] 歩行距離, 道のり‖

(a) ten minutes' walk from here =a ten-minute walk from here ここから歩いて10分の距離.

It is a short walk to the school. 学校までは歩いてすぐだ.

4 [通例 a 〜] 歩き方, 歩きぶり;(馬の)並み足(→ gait 〔名〕2)‖

get there at a slow walk ゆっくり歩いてそこへ着く.

5 〔野球〕(四球による)出塁.

**walk·er** /wɔ́ːkər ウォーカ/〔名〕ⓒ 1 歩く人, 散歩する人; 散歩好きな人. 2 (幼児・足の不自由な人の)歩行器.

**walk·ie-talk·ie** /wɔ́ːkitɔ́ːki ウォーキートーキ/〔名〕ⓒ 携帯用無線電話器.

**walk·ing** /wɔ́ːkiŋ ウォーキング/〔動〕→ walk.

──〔名〕Ⓤ 1 歩くこと, 歩行, ウォーキング; 歩き方; ハイキング, 山歩き. 2 道の状態. 3 競歩.

──〔形〕1 歩行用の‖

walking shoes 散歩靴.

2 歩く, 歩ける, 歩いて行く.

**wálking díctionary [encyclopédia]**《略式》生き字引, 物知り.

**wálking stíck** (1) ステッキ, 散歩用つえ. (2)〔昆虫〕ナナフシ.

**wálking tóur [tríp]** 徒歩旅行.

**walk·out** /wɔ́ːkàut ウォーカウト/〔名〕ⓒ 1 ストライキ. 2 (抗議のための)退場.

**walk·way** /wɔ́ːkwèi ウォークウェイ/〔名〕ⓒ 1 (公園・庭などの)歩道, 散歩道. 2《主に米略式》(工場内の機械の上に渡した)通路.

**\*\*wall** /wɔ́ːl ウォール/〔『防御のための』くい, 柵(さく)』が原義〕

──〔名〕(〜s/-z/) ⓒ 1 (部屋などの)壁, 内壁, 仕切り壁; 〔形容詞的に〕壁の, 壁面の‖

a thick wall 厚い壁.

hang a picture on the wall 壁に絵をかける.

paint a wall white 壁を白く塗る.

Walls have ears.《ことわざ》「壁に耳あり」.

wall hangings 壁掛け.

wall plants 壁にはう(つる状の)植物.

2 [しばしば 〜s] (石・れんがや板などの)塀(へい)‖

a stone wall 石塀.

3 [通例 〜s] 城壁, 防壁‖

the Great Wall (of China) 万里の長城.

4 [a 〜 / the 〜] 壁のような物‖

a wall of water 水の壁.

the white wall of fog 霧の白い壁.

***drive [púsh, thrúst]*** A ***to the wáll***《略式》…を窮地に陥れる‖ |対話| "I'll just keep asking until you answer." "Don't drive me to the wall. I'll answer when I want to."「君が答えるまで問いつづけるからね」「私を追いつめないでちょうだい. その気になったときに答えるから」.

***drive [sénd]*** A ***úp the wáll***《略式》…を激怒させる; …を追いつめる.

***gò to the wáll***《略式》事業に失敗する.

***gò úp the wáll***《略式》腹を立てる, 頭にくる.

***úp agàinst the [a] wáll*** 壁につき当たって, 八方ふさがりで.

***with*** *one's* ***báck to [agàinst] the wáll*** → back 成句.

──〔動〕〔他〕1 …を壁で囲う.

2 …を(壁で)ふさぐ‖

wall up the space between the buildings 建物と建物との間の空間をふさぐ.

3 …を閉じこめる.

**Wáll Strèet** ウォール街《New York 市株式取引所の所在地》.

**\*wal·let** /wɑ́lət ワレト/ wɔ́l- ウォレット/〔『巡礼の身の回り品入れの袋』が原義〕

──〔名〕(〜s/-its/) ⓒ 1 (革製の)札入れ, 紙入れ, 財布(→ purse〔名〕1); (革製の)書類入れ‖

I left my wallet at home. 札入れを家に忘れてきた.

2 小道具袋.

**wal·lop** /wɑ́ləp ワロプ/ wɔ́l- ウォロプ/《略式》〔動〕〔他〕1 …をひどく打つ. 2 …に大勝する.

──〔名〕ⓒ 1 強打, 痛打. 2 パンチ力, 効力.

**wal·low** /wɑ́lou ワロウ/ wɔ́l- ウォロウ/〔動〕〔自〕1 転げ回る, のたうつ‖

wallow in the mud 泥の中で転げ回る; ひどい生活をする.

**wallpaper** 　　　　　　　　　　　　　**want**

**2**《略式》(…に)ふける, おぼれる ‖
**wallow in** luxury ぜいたくにふける.
**wallow in** self-pity 自己憐憫(ﾚﾝﾋﾞﾝ)におぼれる.
―名 **1** © 転げ回ること. **2** Ⓤ (快楽・ぜいたくなどに)ふけること. **3** Ⓤ 動物が転げ回れる場所, くぼみ.

**wall·pa·per** /wɔ́ːlpèipər ウォールペイパ/ 名 Ⓤ 壁紙. ―動 他 …に壁紙をはる.

**wall-to-wall** /wɔ́ːltəwɔ́ːl ウォールトゥウォール/ 形 **1** 〈じゅうたんが〉床一面の. **2 a**《主に米》端から端までの, 全面的な. **b** 〈人などが〉(場所に)びっしりの.

**wal·nut** /wɔ́ːlnʌ̀t ウォールナト, -nət/ 名 **1** © クルミ(の実)(→ nut); =walnut tree. **2** Ⓤ クルミ材《堅くて良質の家具材》. **3** Ⓤ クルミ色, 赤褐色.
**wálnut trèe** クルミの木(walnut).

**wal·rus** /wɔ́ːlrəs ウォールラス/ 名《複》~·es, 集合名詞 **wal·rus**》© 〖動〗セイウチ《◆sea horse, sea cow ともいう》.
**wálrus mústache** セイウチひげ《両端がたれ下がった濃い口ひげ》.

**Wal·ter** /wɔ́ːltər ウォールタ/ 名 ウォルター《男の名. 《愛称》Walt, Wat》.

**waltz** /wɔ́ːlts ウォールツ/ 名《複》~·es /-iz/) © ワルツ《2人で踊る3拍子の舞踊》; ワルツ曲, 円舞曲. ―動 《三単現》~·es /-iz/) 他 **1** ワルツを踊る. **2**《略式》踊るような足取りで歩く.
―他 を荒々しく運び出す, 連行する.

**wan** /wǽn ワン | wɔ́n ウォン/ 〖類音〗one, won /wʌ́n/) 形 《主文》**1** 青ざめた, 血の気のない.
**2** 病弱な, 疲れたような ‖
a wan smile 弱々しい微笑.

**wand** /wɑ́nd ワンド | wɔ́nd ウォンド/ 名 © **1** (手品師・魔法使いの)つえ. **2** (儀式で職権を示す)職杖(ｼｮｸｼﾞｮｳ).

*****wan·der** /wɑ́ndər ワンダ | wɔ́ndə ウォンダ/ 〖類音〗wonder/wʌ́ndər/) 『『あてもなく動き回る』』が本義』

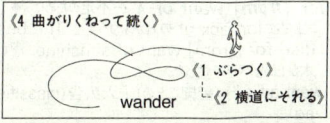

《4 曲がりくねって続く》
《1 ぶらつく》
wander
《2 横道にそれる》

―動 《三単現》~s/-z/; 《過去・過分》~ed/-d/; 《現分》~·ing/-dəriŋ/)
―自 **1** 歩き回る, ぶらつく; さまよう, 放浪する(cf. stroll)《◆命令形にしない》‖
**wander** around the town 町をぶらつく.
The cows **wandered** slowly across the meadow. 雌牛は牧場をゆっくりと進んで行った.
対話 "So what shall we do after lunch?" "Let's just **wander about** and do nothing in particular."「では, 昼食のあと何をしようか」「ぶらつくだけで特に何もしないことにしましょうよ」.
**2 a** 道に迷う, 迷子になる ‖
He **wandered** right **(off)** from the path. 彼はすっかり道からはずれてしまった.
**b** 〈行動が〉道を踏みはずす; 〈考え・話が〉横道にそれる, 脱線する ‖

The speaker **wandered away from** the subject. 講師は本題から脱線してしまった.
**3** 〈心・考えが〉取りとめなくなる, 〈人が〉取りとめもないことを言う ‖
She is **wandering** because of the high fever. 高熱のために彼女はうわごとを言っている.
**4** 〈川・道などが〉曲がりくねって続く ‖
The river **wanders** through the green fields. その川は緑の野原を曲がりくねって流れている.
―他 …を歩き回る, さまよう ‖
**wander** the streets 街じゅうを歩き回る.

**wan·der·er** /wɑ́ndərər ワンダラ | wɔ́n- ウォンダラ/ 名 © 歩き回る人[動物], さまよう人; 放浪者, さすらい人.

**wan·der·ing** /wɑ́ndəriŋ ワンダリング | wɔ́n- ウォンダリング/ 動 wander.
―形 **1** 歩き回る, さまよう, 放浪する ‖
**wandering** tribes 遊牧民族.
**2** 〈川などが〉曲がりくねった.
**3** 〈考えなどが〉取りとめのない.
―名 **1** Ⓤ 放浪; [~s] 放浪の旅.
**2** [~s] うわごと.

**wane** /wéin ウェイン/ 動 《現分》wan·ing) 自 **1** 〈月が〉欠ける.
**2** 《正式》衰える, 弱くなる ‖
His popularity is **waning**. 彼の人気は衰えかけている.
―名 [the ~] **1** (月の)欠け. **2**《正式》衰微.
**on the wáne** (1)〈月が〉欠け始めて. (2)《正式》衰えかけて, 終わりに近づいて.

**wan·gle** /wǽŋgl ワングル/《略式》動 《現分》wan·gling) 他 …を策略で手に入れる, うまくしめる.

**wan·na** /wɑ́nə ワナ/《米略式・英方言》=want to.

*****want** /wɑ́nt ワント, wɔ́nt, wɔ́ːnt | wɔ́nt ウォント/ 〖類音〗won't/wóunt/) 『『欠けている』という原義から『欲する』の意が生まれた』
―動 《三単現》~s /wɑ́nts, wɔ́ːnts | wɔ́nts/; 《過去・過分》~·ed/-id/; 《現分》~·ing)《◆ふつう進行形にしない》
―他 **1** …が欲しい, …を望む, 欲する《類》 would like よりくだけた言い方. desire は堅い語. wish for は手に入りにくいことを望むこと》‖
I badly **want** some coffee. コーヒーがとても飲みたい《◆I'd very much like some coffee. の方がていねい》.
What does he **want from** me? 彼は私に何を求めているのだろうか.
What do you want **(with** me**)**? 何の用ですか《◆ややぶしつけな表現. ていねいな言い方としては What can I do for you? / Is there anything I can do for you? など》.
I'll give you what you **want**. あなたが欲しいものをあげよう.
Who wants another piece of cake? もうひとつケーキを欲しい人はいますか.
対話 "If you **want** anything, just telephone

room service." "Thanks. I will." 「何かご入用でしたらルームサービスまでお電話をください」「ありがとう. そうしますよ」.

**2** [want to do] …したいと思う ‖
I **want to** surprise him. 私は彼をあっと言わせてやりたい《◆I would [《英》should] like to surprise him. は控え目な表現》.
I **want to** see you again. また会いたいです《◆目上の人には I hope to see you again. がふつう》.
Once I **wanted to** be a doctor. 昔, 私は医者になりたかった.
I'll do if I **want to**. やりたかったらします.
Do you **want to** sit here? ここに座っていただけますか《◆ふつう女主人が客に席を勧める言葉. Please sit here. はよりていねい》.

Q&A Q: 「私は行きたい」と言うのを I want to go. と言いましたら, もうちょっとていねいに言ったらどうかと言われましたが.
A: ごく親しい友だち同士ならそれでもいいでしょうが, ふつうは I would [should] like to go. と言う方が無難です. ただし, I wish to go. は堅すぎます.

**3 a** [want A to do / want A doing] A〈人・物〉に…することを望んでいる, A〈人・物〉に…してほしいと願っている, …であってほしいと思っている ‖
He **wants** me to leave. 彼は私がいない方がよいと思っている.
My parents **wanted** me to be a doctor. 両親は私を医者にしたいと思っていた.
I don't **want** her coming. 私は彼女に来てもらいたくない.
Do you **want** me to speak to him? 私が彼にお話しいたしましょうか.
Who **wants** their mums to dress them when they are fifteen? 15にもなってだれが母親に服を着せてもらいたいものか.
**b** [want A done] A〈人・物〉が…されることを望んでいる ‖
Do you **want** your windscreen cleaned, sir? フロントガラスを磨きましょうか.
**c** [want A C] A〈人・物〉をCしてもらいたい《◆Cには形容詞, 前置詞＋名詞, 副詞》‖
**want** the book back その本を返してほしい.
I **want** my car in (the garage). 車を(車庫に)入れておいてもらいたい.

**4** …に用がある; …を(用があって)捜している;〈主に警察が〉(…で)探している ‖
Did you **want** me? 私にご用でしょうか《◆質問や依頼の場合は過去時制がていねいな言い方》.
You are **wanted** on the phone. 電話ですよ.
He is **wanted** for theft. 彼は窃盗容疑で指名手配されている.

**5**〈主に英略式〉…を必要とする, …が要る; [want doing] …される必要がある(need)《◆doing は受身の意味. → require Q&A》‖
This dirty floor **wants** a scrub. この汚れた床はごしごし磨く必要がある.
This chair **wants** repairing. このいすは修理の必要がある.

**6**《正式》…が欠けている, 足りない ‖
She **wants** courage. 彼女には勇気がない.
The sum **wanted** two dollars of the desired amount. その金額は希望額に2ドル足りなかった.

**7**《略式》[you を主語にして] …しなければならない, …すべきである《◆should, ought to がふつう》‖
You **want to** go to a doctor. 医者に行った方がいい.
You **want to** turn left at the next corner. 次の角を左に曲がってください.
You don't **want to** keep them all waiting. みんなを待たせておくんじゃないよ《忠告》.

——自 《正式》欠けている, 足りない《◆ふつう疑問文・否定文で用いる》; 困窮する ‖
You shall **want** for nothing. 君に不自由はさせないよ.

——名 (複 ~s/wɔ́:nts, wɑ́nts | wɔ́nts/) **1** Ｕ [しばしば a ~] (必要なものの)欠乏, 不足《◆lack は単なる欠如の意味でも用いる》‖
The village is suffering from **want** of food. その村は食料不足で苦しんでいる.

**2** Ｕ《正式》貧困, 困窮 ‖
The old couple are [is] now **in want**. 老夫婦は貧しい暮らしをしている.

**3** Ｕ 必要, 入用 ‖
She is **in want of** a job.《正式》彼女は仕事を求めている.

**4** Ｃ [通例 ~s] 必要な物, 欲しいもの; 欲望 ‖
a person of few **wants** 欲の少ない人.
They live simply and have few **wants**. 彼らは質素な暮らしをしていて, あまり欲がない.

◦**for** [**from**] **wánt of** A …不足のために《◆《略式》では for lack of の方がふつう》‖ The bush died for [from] **want** of sunshine. 灌(ﾎﾞｸ)木が日光不足で枯れた.

**wánt àd**《米》(新聞などの)求人広告(classified ad).

**want·ed** /wɔ́ntid ワンティド | wɔ́nt- ウォンティド/ 動
→ want.
——形 **1** (広告で)…を求む, …を雇いたし ‖
**Wanted** a cook. コック求む.
**2** 指名手配の ‖
a **wanted** man おたずね者《◆ *a wanted book とはいわない》.
**3**〈人が〉好かれた, 望まれた; 待望の ‖
a much **wanted** baby 待ちに待った赤ん坊.

**want·ing** /wɔ́ntiŋ ワンティング | wɔ́nt- ウォンティング/ 動 → want.
——形《正式》欠けている, 足りない《◆lacking の方がふつう》‖
A few pages are **wanting**. 2, 3ページ欠けている.
Some people are **wanting in** courtesy. 礼

儀に欠けている人がいる.
— 前 …の足りない, …のない, …がなくては ‖
a year wanting five days 1年に5日足りないだけの期間.
a box wanting a lid ふたのない箱.

**wan·ton** /wάntn ワントン | wɔ́n- ウォントン/ 形 1《正式》理不尽な, むちゃな, 悪意のある. 2《正式》みだらな, 浮気な. 3 抑制できない; 伸び放題の.

‡**war** /wɔ́ːr ウォー/《発音注意》《◆×ワー》《同音》wore)『「争い」が本義』
— 名 (複 ~s/-z/) 1 ⓤ 戦争, 戦争状態(↔peace); 交戦期間; ⓒ(個々の)戦争, 戦役《◆戦争中の個々の戦闘は battle: the Battle of Trafalgar トラファルガーの戦い》‖
the cóld wár 冷戦.
a hot war 本格的な戦争.
declare war on [upon, against] neighboring countries 近隣諸国に宣戦布告する.
Supposing war broke out, what would you do? もし戦争が起こったら君はどうするか.
2 ⓒⓤ 戦い, 争い, 闘争 ‖
a war of nerves 神経戦.
a war of words 舌戦, 論争.
the war between the sexes 男女間の争い.
carry on a war against pollution 公害反対闘争をしている.
3 ⓤ 軍事; 戦術, 戦略 ‖
the art of war 兵法.
an expert in war 戦略専門家.
◇**at wár** 戦争中の, 交戦中で; 不和で(↔ at peace) ‖ Our country was at war with the US in those days. そのころわが国はアメリカと戦争をしていた.
**gò to wár** (1) 戦争を始める, 武力に訴える. (2) 出征する.
**the Wár betwèen the Státes**〔米史〕南北戦争 (the (American) Civil War)《◆南部諸州で用いた呼称》.
**the Wár in the Pacific** 太平洋戦争(the Pacific War).
**the Wár of Américan Indepéndence**《英》米国独立戦争(the American Revolution).
**wár crìme**〔通例 -s〕戦争犯罪《捕虜虐待・大量虐殺など》.

**war·ble** /wɔ́ːrbl ウォーブル/ 動《現分》war·bling) ⓘ 1 声を震わせて続けてさえずる; 声を震わせて美しく歌う. 2 さらさらと音を立てて流れる.
— 他 …をかわす, 防ぐ ‖
— 名 [the ~ / a ~] さえずり, 声を震わせて歌うこと; さえずるような歌声.

**war·bler** /wɔ́ːrblər ウォーブラ/ 名 ⓒ〔鳥〕ムシクイ《ウグイス科の鳥》; アメリカムシクイ.

**ward** /wɔ́ːrd ウォード/《同音》word/wɔ́ːrd/) 名 1 ⓒ (市・町の行政・選挙の)区 ‖
the headman of a ward 区長.
2 ⓒ〔しばしば複合語で〕病棟, 病室; (刑務所の)監房 ‖

a maternity ward 産科病棟.
3 ⓒ〔法律〕(未成年者などの)被後見人, 被保護者.
4 ⓤ〔法律〕後見; 被後見; (一般に)保護, 監督 ‖
be in ward to him 彼の後見を受けている.
— 動 退ける, 防ぐ
**ward off** a blow 一撃をかわす.

**ward·en** /wɔ́ːrdn ウォードン/ 名 ⓒ 1〔しばしば複合語で〕監視人, 番人; (老人ホームなどの)管理人. 2《米》刑務所長.

**ward·er** /wɔ́ːrdər ウォーダ/ 名 ⓒ 1《米》監視人, 門番, 守衛. 2《主に英》(刑務所の)看守.

**ward·robe** /wɔ́ːrdroub ウォードロウブ/ 名 ⓒ 1 洋服だんす, 衣装戸棚; (劇場などの)衣装部屋.
2〔通例 a ~ / one's ~; 集合名詞〕(個人・劇団の)持ち衣装, ワードローブ ‖
a new spring wardrobe 新しい春の衣装.
have a large wardrobe 衣装持ちである.

**ware** /wéər ウェア/《同音》wear, 《where》) 名 1《やや文》[one's ~s; 複数扱い] 商品, 売り物 ‖
The merchant had his wares displayed on the table. 商人は商品をテーブルに広げていた.
2 ⓤ〔通例陶/磁〕器の産地名・製作者名などのあとで〕…焼き ‖
Wedgwood ware ウェッジウッド焼き.

**-ware** /-weər -ウェア/〔連結形〕1 …製の品; …用の器物. 例: glassware, tableware. 2〔コンピュータ〕〔複合語で〕…ウェア. 例: freeware.

**ware·house** /名 wéərhàus ウェアハウス/ 動 -hàuz -ハウズ, -hàus/ 名 (複 --hous·es/-hàuzɪz/) ⓒ 1 倉庫, 商品保管所. 2《主に英》卸売り店, 大商店. — 動《現分》-hous·ing 他 …を倉庫に入れる.

**war·fare** /wɔ́ːrfèər ウォーフェア/ 名 ⓤ 1 戦争; 戦争状態, 交戦; 武力衝突 ‖
chemical warfare 化学戦争.
2 闘争, 争い.

**war·i·ly** /wéərəli ウェアリリ/ 副 用心して, 油断なく.

**war·like** /wɔ́ːrlàik ウォーライク/ 形 1 戦争の(ための), 軍事の ‖
warlike preparations 戦争準備.
2 好戦的な, 戦闘的な (↔ pacific) ‖
a warlike nation 好戦的な国家[国民].

‡**warm** /wɔ́ːrm ウォーム/《発音注意》《◆×ワーム》《類音》worm/wɔ́ːrm/)
派 warmly (副), warmth (名)
— 形《比較》~·er, 《最上》~·est) 1 暖かい, 温暖な; からだがほてって; (やや)暑い (↔ cool)《◆「暖かい冬」は a warm winter より a mild winter がふつう》‖
warm milk 温かいミルク.
warm weather 温暖な天気.
a warm sweater 暖かいセーター.
feel warm and sweaty むしむしして汗ばむ.
It is a nice, warm day today. きょうは天気がよくて暖かい.
We kept swinging our rackets in the air

to keep warm. ラケットの素振りを続けてからだを暖めた.

Q&A **Q**: warm は hot と cool の中間の温度だと思いますが, 上の訳語に「暑い」もあるところをみると, 日本語の「暖かい」よりかなり暑いところまで言うのでしょうか.
**A**: warm は「寒くなくて快適」, cool は「暑くなくて快適」というのが基本的な意味です. ただし, 気温については一般に warm は16-7℃から26-7℃ぐらいまでをさすので, 日本語の「暑い」を表せる場合もあり, 時には不快な暑さを表すこともあります.

**2** [通例名詞の前で]（心の）**温かい**, 思いやりのある, 心からの(↔ cold) ‖
a warm person 心の温かい人.
a warm welcome 心からの歓迎.
We received a warm greeting from our host. 私たちは主人から心のこもったあいさつを受けた.

**3** [通例名詞の前で] **熱心な**, 熱烈な, 興奮した ‖
a warm argument 激論.
a warm supporter 熱烈な支持者.
a warm temper かっとなる性質.

**4** 〈色が〉暖かい感じの, 暖かみのある《赤や黄のまさった色》‖
warm colors 暖色(↔ cold colors).

— 動 (三単現) ~s/-z/ ; (過去・過分) ~ed/-d/ ; (現分) ~ing

— 他と自の関係 —
他1 warm **A** **A**を暖める
自1 **A** warm **A**が暖まる

— 他 **1** …を**暖める**, 暖かくする(↔ cool) ‖
wárm onesèlf からだを暖める.
He warmed his hands at the fire. 彼は火にかざして手を暖めた.

**2** …を暖かい気持ちにさせる, ほのぼのとさせる ‖
It warms my heart to hear her story. 彼女の話を聞くと心が温まる.

— 自 **1 暖まる**; 暖かくなる ‖
The rolls are warming in the oven. オーブンの中でロールパンが温まっている.

**2**（略式）熱心になる, 興奮する ‖
warm to one's work 仕事に熱中する.
She warmed to her topic. 彼女は話に熱が入ってきた.

○**wárm úp** (1) [自] 暖まる ‖ It warmed up in the afternoon. 午後には暖かくなった. (2) [自]（軽い）準備運動［練習］をする, ウォーミングアップする. (3) [他] …を**暖める** ‖ warm up a cold motor 冷えたモーターを暖める ‖ "It's freezing in here." "Take this tea. It'll warm you up."「この中は凍るように寒いわ」「このお茶を飲みなさい. 暖まるわよ」. (4)（英）[他]〈料理などを〉温め直す.

— 名 (主に英略式) **1** [a ~] 暖める［暖まる］こと ‖
have a warm by the fire 火のそばで暖まる.

**2** [the ~] 暖かい所.
wárm blòod 温血動物の定血. (2) 熱血, 多感.
warm front /-|-/ 〔気象〕温暖前線(↔ cold front).

**warm-blood·ed** /wɔ́ːrmblʌ́dəd ウォームブラデド/ 形 **1**〈動物が〉温血の, 定血の. **2**（文）熱烈な, 熱血の, 激しやすい(↔ cold-blooded).

**warm·heart·ed** /wɔ́ːrmhɑ́ːrtəd ウォームハーテド/ 形 心の温かい, 思いやりのある.

**warm·ly** /wɔ́ːrmli ウォームリ/ 副 **1** 暖かく, 暖かに ‖
Dress warmly — it's very cold outside. 暖かい服装をしなさい, 外はとても寒いよ.

**2** [比喩的に] 温かく, 心から, 心をこめて, 親切に ‖
Mr. and Mrs. Rouse received me warmly. ラウス夫妻は私を心から迎えてくれた.

**3** 熱心に, 熱烈に; 興奮して.

**war·mon·ger** /wɔ́ːrmɑ̀ŋɡər ウォーマンガ|-mʌ́ŋ-マンガ/ 名 C 戦争挑戦者, 戦争屋, 主戦論者.

**warmth** /wɔ́ːrmθ ウォームス/ 名 U **1** 暖かさ, 温暖 ‖
The warmth of the sun felt good. 太陽の暖かさが心地よく感じられた.

**2** 思いやり, 温情, やさしさ ‖
a woman of great warmth やさしさあふれる女性.

**3** 熱心, 熱狂; 興奮 ‖
speak about him with warmth 彼のことを熱をこめて話す.

**4** （色の）暖かい感じ.

**warm-up** /wɔ́ːrmʌ̀p ウォーマプ/ 名 C **1** 準備運動, ウォーミングアップ《◆×warming-up とはいわない》‖
a warm-up area (競技の前に)準備運動をする場所.

**2** (エンジンなどを)暖めること, 暖機運転.

＊**warn** /wɔ́ːrn ウォーン/ (同音 worn) 《「危険などを前もって人に告げる」が本義》派 warning (名)
— 動 (三単現) ~s/-z/ ; (過去・過分) ~ed/-d/ ; (現分) ~ing
— 他 **1** …に**警告する**, 注意する; [warn (**A**)(that)節] (**A**〈人〉に)…だと警告[注意]する, 戒める; [warn **A** to do] **A**〈人〉に…するよう警告する ‖
I warn you. I'm warning you. いいか, 気をつけろ《◆後者の方が強い表現》.

warn her of the danger in front of her 前途に横たわる危険を彼女に警告する.
He warned me against crossing the road at that point. =He warned me not to cross the road at that point. 彼はその地点で道路を横断しないように私に注意した.
The anchor man on television warned people (that) the roads were icy. テレビのニュースキャスターは道路が凍結していると警戒を呼びかけた.

対話 "I won't do it again. I promise." "Okay, but I warn you if you do, you're in real trouble."「二度とやりません. 約束いたし

ます」「よかろう. だが, いいかい. またやったらただではすまないからな」.

**2** …に通知する, 予告する ‖
They **warned** us **of** [**about**] the strike. 彼らは私たちにストを通告した.

**wárn awáy** [他] …に警告して立ち去らせる.
**wárn óff** [他] …に近寄らないよう警告する; …を警告して立ち去らせる.

**warn·ing** /wɔ́ːrniŋ ウォーニング/ 動 → warn.
—— 名 UC 警告, 警報, 注意; 戒め; [a ~] 警告となるもの ‖
shout a **warning** 気をつけろと叫ぶ.
give a **warning of** … …になると警告をする.
Let that accident be a **warning to** you. その事故を戒めとしなさい.
**take warning from** [**by**] his example 彼の例を教訓とする.
***at a móment's*** [***mínute's***] ***wárning*** ただちに.
***without wárning*** 警告なしに, 前触れなしに.
—— 形 警告の, 警戒の ‖
a **warning** color [動] 警告色.
a **warning** system 警戒態勢.

**warp** /wɔ́ːrp ウォープ/ 〈◆×ワープ〉
動 他 **1**〈板などを〉そらせる, ひずませる, 曲げる ‖
**2**〈心・判断などを〉ゆがめる, 曲げる ‖
a **warped** mind ゆがんだ心.
—— 自 **1**〈板などが〉そる, ゆがむ. **2**〈心・判断が〉ゆがむ, 偏(かたよ)る.
—— 名 **1** C [通例 the ~; 集合名詞] (織物の)縦糸.
**2** [a ~] (板などの)そり, ゆがみ, ひずみ ‖
a **warp** in a board 板のそり.

**war·path** /wɔ́ːrpæθ ウォーパス| -pɑ̀ːθ ウォーパース/ 名 C [通例 the ~] (北米先住民の)戦いに行く道, 出陣の路.
***on the wárpath*** [be, go の後で] (1) 戦おうとして, 戦いに行こうとして. (2) (略式) けんか腰で, 怒って.

**war·rant** /wɔ́ːrənt ウォーラント| wɔ́r- ウォラント/ 名
**1** U 正当な理由, 根拠; 権限 ‖
**without warrant** 正当な理由なく, いわれなく.
**have no warrant for** … …に対する正当な理由がない.
**2** C〔法律〕令状; 召喚(しょうかん)状 ‖
a search **warrant** 捜索令状.
a **wárrant of arrést** =an arrest **warrant** 逮捕状.
**3** C 保証, 保証となるもの.
**4** C 証明書, 認可証; 委任状.
—— 動 他 **1**(正式) …の正当な理由となる, …を正当とする ‖
Such impoliteness will never be **warranted**. そのような無礼は決して許されないだろう.
Her work in school **warranted** her good grades. 彼女は勉強したから良い成績をとって当然だ.
**2** …を保証する, [warrant doing] …することを保証する; [warrant **A** (to be) **C**] **A**〈人・物〉が **C** だと保証する, 請け合う《◆ guarantee が一般的》‖

This dress is **warranted** (**to be**) pure wool. =It is **warranted that** this dress is pure wool. このドレスは純毛保証付きだ.

**war·ran·ty** /wɔ́ːrənti ウォーランティ| wɔ́r- ウォランティ/ 名 (複 **-ran·ties** /-z/) C **1** 正当な理由, 根拠. **2** 保証; 保証書(guarantee).
***under wárranty*** 保証期間中で.

**war·ren** /wɔ́ːrən ウォー(ル)レン/ 名 C **1** ウサギの繁殖地, ウサギの飼育場. **2** 過密住居, ごみごみした地域 [建物].

**war·ri·or** /wɔ́ːriər ウォーリア| wɔ́r- ウォリア/ 名 C
**1** (文) 武人, 軍人; 勇士. **2** (未開部族の)戦士.

**War·saw** /wɔ́ːrsɔː ウォーソー/ 名 ワルシャワ《ポーランドの首都》.

**war·ship** /wɔ́ːrʃip ウォーシプ/ 名 C 軍艦.

**wart** /wɔ́ːrt ウォート/ 名 C **1** いぼ. **2**〔植〕(木の)こぶ.

**wart·hog** /wɔ́ːrthɔ̀(ː)g ウォートホ(ー)グ/ 名 C 〔動〕イボイノシシ《アフリカ産》.

**war·time** /wɔ́ːrtaim ウォータイム/ 名 U 戦時; [形容詞的に] 戦時の ‖
in wartime 戦時中に.

**war·y** /wéəri ウェアリ/ 形 (比較 **-i·er**, 最上 **-i·est**)(正式) 用心深い, 油断のない, 細心の, 慎重な ‖
be **wary of** giving offense to him 彼を怒らせないよう用心する.

**\*\*was** /(弱) wəz ワズ, wz; (強) wʌ́z ワズ, wɑ́z| wɔ́z ウォズ/
—— 動 **1** 一人称および三人称単数を主語とする be の直説法過去《◆ am, is の過去形》(語法 → be) ‖
I [He] **was** busy. 私[彼]は忙しかった.
**2**(略式) be の仮定法過去《◆ 一人称・三人称主語の場合 were の代わりに was を用いるのが(略式)ではふつう》(語法 → were).

**\*\*wash** /wɑ́ʃ ワシュ, wɔ́ːʃ| wɔ́ʃ ウォシュ/ 「「水で洗う」が本義》
—— 動 （三単現 ~·es /-iz/; 過去・過分 ~ed /-t/; 現分 ~·ing）
—— 他 **1a** …を洗う, 洗濯する ‖
**wash** oneself からだを洗う.
**Wash** your hands before you eat. 食事の前に手を洗いなさい.
**wash** some dirty clothes **with** soap 汚れた衣服を石けんで洗う.
They are **washing** the dishes now. 彼らは今皿を洗っている.
I want to **wash** my hands. 手を洗いたい; トイレはどこ.
[対話]"Why don't you **wash** them together?" "If I do, they will stain." 「どうして一緒に洗濯しないのですか」「そんなことをすると色がついてしまいます」.
**b** [wash **A** **C**] **A**〈物〉を洗って **C** にする ‖
**wash** clothes white 服を洗って真っ白にする.
**2 a**〈汚れ・しみなどを〉洗い落とす, 洗い流す《◆ out,

off, away などを伴う》‖
Can you **wash** that spot **out**? そのしみを洗い落とせますか.
**b** 〈人〉を洗い清める ‖
She was **washed from** sin. 彼女は罪を洗い清められた.
**3** …を**押し流す**, さらって行く《♦ up, down, away などを伴う》‖
The bridge was **washed away** in the storm. 橋があらしで押し流された.
The sea **washed** pieces of wood on the beach. 海が流木を浜辺に打ち上げた.
**4** 〈海・波が〉〈岸辺・崖(がけ)など〉を洗う, …に打ち寄せる ‖
The waves are **washing** the shore. 波が岸を洗っている.
**5** …をえぐり取る, 浸食する ; …を掘る ‖
The water **washed** (**out**) a channel in the sand. 水が砂地に溝を掘った.
——[自] **1 手を洗う, 顔を洗う**, からだを洗う ‖
**wash** before eating 食事前に手を洗う.
He **washed**, shaved, and put on clean clothes. 彼は顔を洗い, ひげをそって洗濯したての服を着た.
**2** 洗濯をする ‖
She **washes** for a living. 彼女は洗濯屋をして生計をたてている.
**3 洗濯がきく**, 洗っても色落ちしない ; 汚れを落とす ; 洗い落とせる ‖
This cloth **washes well**. この生地はよく洗濯がきく.
This material won't **wash** — it must be dry-cleaned. この布地は洗濯がきかない, ドライクリーニングしなければいけない.
**4** 〈波が〉打ち寄せる ‖
The waves **washed against** the shore. 波が岸に打ち寄せた.
***wásh awáy*** [他] → [他] **3** ; …を洗い落とす.
***wásh dówn*** [他] (1) …を(勢いよく)洗い流す ‖ They **washed down** the car. 彼らは車を洗った. (2) …を押し流す ; 〈食物など〉を流しこむ ‖ swallow the pill and **wash** it **down** 薬を口に含んで流しこむ.
***wásh óut*** (1) [自] 洗って落ちる ; (米) 落第する. (2) [他] → [他] **2 a**, **5** ; …を押し流す, 洗い流す. (3) (略式) [他] [be ~ed] 疲れきる(→ washed-out). (4) [他] 〈試合など〉を中止にする ; 〈計画など〉をつぶす ; (米) 〈人〉を落第させる.
***wásh úp*** (1) (略式) [自] (米) 手[顔]を洗う ; (英) 食器を洗う ‖ Who **washes up** after dinner in your house? 君の家ではだれが夕食後食器を洗うのか. (2) [他] 〈漂流物〉を岸に打ちあげる ‖ the wood **washed up** by the sea 波に打ちあげられた木材. (3) [他] 〈食器〉を洗う ‖ **wash up** the supper things 夕食の皿を洗う. (4) [他] [be ~ed] 駄目になる, 失敗する ; 疲れている, 元気がない ‖ He **is** now all **washed up** as a boxer. 彼はボクサーとしてはもう駄目だ.

——[名] ([複] **~·es**/-iz/) **1** [a ~ / the ~] **洗うこと**, 洗濯, 洗浄 ; [the ~] 洗濯屋[場] ‖
**have a good wash** (手や顔を)よく洗う.
be **at the wash** 洗濯(屋)に出ている.
The trousers have shrunk **in the wash**. 洗濯してズボンが縮んだ.
**2** [a ~ / the ~ ; 集合名詞] (1回分の)洗濯物, 洗い物 ‖
Take **the wash** from the dryer. 乾燥機から洗濯物を取り出しなさい.
I've got **a** very **large wash** today. きょうは洗濯物がたくさんある.
**3** [the ~] (水の)流れ, (波の)打ち寄せ(る音) ‖
hear **the wash** of the waves against the shore 岸に打ち寄せる波の音が聞こえる.
**4** [C] [複合語で] 洗剤, 化粧水, 洗薬 ‖
a mouth **wash** うがい薬.
a hair **wash** 洗髪剤.
**5** [C] (米) 洗い場 ‖
a car **wash** (洗車機付きの)洗車場.

**wash·a·ble** /wɑ́ʃəbl ワシャブル, wɔ́:ʃ- | wɔ́ʃ- ウォシャブル/ [形] **1** 洗濯のきく. **2** 〈インクなどが〉水に溶ける.

**wash·ba·sin** /wɑ́ʃbèisn ワシュベイスン, wɔ́:ʃ- | wɔ́ʃ- ウォシュ-/ [名] (英) =washbowl.

**wash·bowl** /wɑ́ʃbòul ワシュボウル, wɔ́:ʃ- | wɔ́ʃ- ウォシュ-/ [名] [C] (米) **1** 洗面器. **2** 洗面台([図] → bathroom).

**washed-out** /wɑ́ʃtáut ワシュタウト, wɔ́:ʃt- | wɔ́ʃt- ウォシュタウト/ [形] **1** 色のあせた ; 洗いざらしの. **2** (略式) 疲れ果てた, 元気のない.

**wash·er** /wɑ́ʃər ワシャ, wɔ́:ʃ- | wɔ́ʃ- ウォシャ/ [名] [C] **1** 洗う人, 洗濯屋. **2** 洗濯機, 洗浄機, 洗鉱機.

**wash·ing** /wɑ́ʃiŋ ワシング, wɔ́:ʃ- | wɔ́ʃiŋ ウォシング/ [動] → wash.
——[名] **1** [U] [C] 洗うこと, 洗濯, 洗浄 ‖
do the **washing** 洗濯をする.
**2** [U] [通例 the ~ ; 集合名詞] (1回分の)洗濯物 ‖
hang out **the washing** on the line to dry 洗濯物をロープにかけて干す.
**wáshing machine** 洗濯機.

****Wash·ing·ton** /wɑ́ʃiŋtən ワシントン | wɔ́ʃ- ウォシン-/
——[名] **1 a** ワシントン《米国の首都. **2** と区別するため Washington, D.C. /dí:sí:/ ともいう(D.C.は District of Columbia)》. **b** 米国政府.
**2** ワシントン(州)《米国北西部太平洋沿岸の州. 州都 Olympia. (愛称) the Evergreen [Chinook] State. [略] Wash., 〔郵便〕 WA》.
**3** ワシントン《George ~ 1732-99 ; 米国独立戦争の総指揮官, 初代大統領(1789-97), 「建国の父」》.
**Wáshington, D.C.** /-dí:sí: -ディースィー/ → **1 a**.

**wash·out** /wɑ́ʃàut ワシャウト, wɔ́:ʃ- | wɔ́ʃ- ウォシャウト/ [名] **1** [U] (道路・堤防などの)流失, 決壊.
**2** [C] 流失[決壊]箇所, 浸食部分.
**3** [C] (略式) 大失敗 ; 失敗者, 落第者.

**wash·room** /wɑ́ʃrù:m ワシュルーム, wɔ́:ʃ- | wɔ́ʃ- ウォシュ-/ [名] [C] (米) (レストランや公共施設の)洗面所 ;

## wasn't

[遠回しに] 手洗所, 便所.

**\*was·n't** /wʌznt ワズント, wɑːz-ǀwɔznt ウォズント/ was not の短縮形.

**wasp** /wɑsp ワスプ, wɔːsp ǀwɔsp ウォスプ/ 名 C 〖昆虫〗ジガバチ, スズメバチ.

**WASP, Wasp** /wɑsp ワスプ, wɔːsp ǀwɔsp ウォスプ/ 〖White Anglo-Saxon Protestant〗名 C (米) アングロサクソン系白人新教徒, ワスプ《◆特に少数民族が米国社会の支配層としての白人中流階級として使う言葉》.

**\*waste** /wéist ウェイスト/ (同音) waist) 〖「空(むな)の」が原義〗
── 動 (三単現) ~s/wéists/; (過去・過分) wast·ed /-id/; (現分) wast·ing
── 他 1 …を浪費する, 消費する, むだに使う; …をむだにする; 〈人・才能〉を十分に使わない ‖
waste time on trifles つまらぬ事に時間をむだに過ごす.
Don't waste your money by buying things you don't need. 必要でない物を買ってむだづかいしてはいけない.
〖対話〗"I'll give him a call first." "Don't waste your time. He's already left home." 「まず彼に電話するよ」「時間をむだに使うのはよしなさい. 彼はもう家を出発してるよ」.
**2** …を荒廃させる《◆ destroy の方がふつう》‖
a country (which is) wasted by a long war 長期の戦争で荒廃した国.
**3** 〈からだ・体力など〉を消耗させる, すり減らす, 衰えさせる; …を浸食する ‖
His strength was wasted by long illness. 長患(ながわずら)いで彼は体力が弱った.
── 自 **1** むだづかいする, 浪費する ‖
Waste not, want not. (ことわざ) むだがなければ不足もない.
**2** 衰弱する, やせ衰える, 弱る ‖
waste away for lack of food 食糧不足でやせ衰える.
**3** 〈物が〉(だんだん)消耗する [減る, すり減る].
── 名 (複 ~s/wéists/) **1** U [しばしば a ~] 浪費, 空費, むだづかい ‖
(a) wáste of tíme 時間の浪費.
What a waste! なんてもったいない(ことをする).
**2** C (文) [しばしば ~s] 荒地, 荒野, 荒涼とした地域 [原野], 砂漠(→ desert) ‖
a waste of rocks 見渡す限りの岩の荒地.
sandy wastes 砂漠.
the wastes of the Sahara サハラの大砂漠《◆「広大さ」を強調するための複数形》.
**3** U (都市などの)破壊, 損傷.
**4** U 消耗, 衰弱; 減少.
**5** C U [しばしば ~s] (生産過程で生じる)廃(棄)物, くず, 残り物; くず綿 [毛, 布]; ごみ ‖
Water is polluted by waste from houses and factories. 水は家庭や工場の廃棄物で汚染されている.
**gó [rún] to wáste** むだになる, 廃物になる.
── 形 **1** [通例名詞の前で] 荒れた; 不毛の; 耕されていない; 無人の ‖
lie waste (土地が)荒れている, 未開墾のままである.
lay waste (to) farmland = lay farmland waste (正式) 農地を荒らす, 荒廃させる.
**2** [通例名詞の前で] 廃物の, 不用の; 余分の, むだになる, 残り物の ‖
waste matter 老廃物.
**wáste pàper** = wastepaper.
**wáste pipe** 排水管.
**wáste pròduct** (工場などの)廃棄物.

**wást·ed** /-id/ 形 不要な, むだな; 衰弱した.

**waste·bas·ket** /wéistbæskət ウェイストバスケトǀ-bɑːskit -バースキト/ 名 C (米) (紙)くずかご, くず入れ ((英) wastepaper basket).

**waste·ful** /wéistfl ウェイストフル/ 形 **1** むだづかいの多い, 浪費的な; 不経済な; 浪費する. **2** 〈戦争などが〉荒廃をもたらす, 破壊的な.
**wáste·ful·ly** 副 むだに, 不経済に.
**wáste·ful·ness** 名 U 浪費, 不経済.

**waste·land** /wéistlænd ウェイストランド/ 名 (文) **1** U C 荒地, 未開墾[不毛]の土地; (戦争・災害などで)荒廃した地域. **2** C [通例 a ~] 荒廃した社会 [時代, 地帯].

**waste·pa·per** /wéistpèipər ウェイストペイパ, wáste pàper/ 名 U 紙くず, ほご.
**wástepaper bàsket** (英) = wastebasket.

**wast·ing** /wéistiŋ ウェイスティング/ 動 → waste.

**\*watch** /wɑtʃ ワチ, wɔːtʃ ǀwɔtʃ ウォチ/ 〖「目を覚ます」が原義〗
→ 動 自 1 じっと見ている 2 期待して待つ
他 1 じっと見ている
名 1 見張り 2 腕時計
── 動 (三単現) ~·es /-iz/; (過去・過分) ~ed/-t/; (現分) ~·ing
── 自 **1** 〈動く・変化するものを〉じっと見ている, 見守る, 注意して見る; 見物する, 観察する《◆動かないものを見るのには用いない》‖
Watch while he is writing. 彼が書いている間よく見ていなさい《◆ Watch him writing. ともいえる》.
The students watched the experiment was performed. 実験の間, 学生たちはじっと見守っていた《◆ The students watched the experiment being performed. ともいえる》.
〖対話〗"Don't you want to play with us?" "No, I think I'll just stay here and watch." 「ぼくらと一緒に遊びたくないのかい」「うん. ここにいて見物するよ」.
**2** [watch for A] …を期待して待つ; [watch for A to do] A〈人・物など〉が…するのを待ち構える; [watch to do] …しようと待機する ‖
watch for the train 今か今かと列車を待つ.
She stood watching for the signal to change to green. 彼女は信号が青に変わるのを待っていた.
I watched to see what she would do. 私

は彼女が何をするのかを見ようと待ち構えていた.
**3** 現れないかと警戒する[用心する]；見張る，監視する；気をつける；(正式)(…の)番をする，世話をする ‖
Watch for cars when you cross the street. 通りを横切るときには車に注意しなさい.
Watch over my suitcase. 私のスーツケースを見ていてください.
—他 **1a** …をじっと見ている，見守る，注視する，観察する《◆目的語は動くもの，または動く可能性のあるもの》; [watch wh 節・句] …かを観察する ‖
watch a baseball game on TV テレビで野球の試合を見る.
Watch what she is going to do. 彼女が何をしようとしているのか見ていなさい.
Watch your head, please! 頭上に注意してください.
**b** 〈知覚動詞〉[watch A do] 〈人・物〉が…するのを**見守る**；[watch A doing] 〈人・物〉が…しているのを見守る ‖
I watched her go [×to go] out of the room. 彼女が部屋を出るのを私はじっと見ていた.

> Q&A  **Q**: Watch the painting. といったら Look at the painting. と訂正されました. どうしてですか.
> **A**: watch は,「動くもの, 変化するものをじっと見る」という意味ですから, book, picture, blackboard などには使えないのです. movie, game, television, procession など動きのあるものに使います.

**2** …を見張る，監視する；[watch (that) 節] …ということに気をつける[用心する] ‖
Watch my things. 私の荷物を見ていてください.
Watch (that) you don't fall. 転ばないように気をつけなさい.
**3** 〈機会などを〉待つ，うかがう ‖
watch one's opportunity [time] 好機を待ち構える.
**4** …の世話[看病，番]をする ‖
watch a patient 病人の看病をする.
**5** …に注意する，用心する ‖
watch oneself 自重する.
Watch your language! 言葉づかいに気をつけなさい.
***Watch it!*** (略式) ほら，気をつけて!
***wátch óut*** (米略式) [自] 用心する，警戒する ‖
Watch out! あぶない!, 気をつけろ!
—名 (複 ~·es/-iz/) **1** ⓒⓊ 見張り，警戒，用心，監視；注視，熟視，観察 ‖
keep a close watch on him 彼を厳重に見張る.
[ⒸとⓊ] 　見張り Ⓤ
　　　　　腕時計 Ⓒ
**2** ⓒ [しばしば複合語で] **腕時計**，懐中時計(→ clock)；クロノメーター ‖
a wrist watch 腕時計.
What time is it by your watch? = What does your watch say? あなたの腕時計では今何時ですか.
This watch does not work [×move]. この時計は動きません.

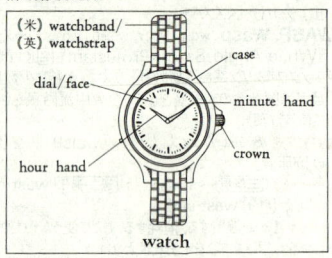

(米) watchband / (英) watchstrap
dial/face
hour hand
case
minute hand
crown
watch

**3** ⓒⓊ 寝ないでいること；眠れないこと；寝ずの番，寝ずの看護 ‖
She kept watch over her sick baby. 彼女は病気の赤ん坊を寝ずに看病した.
**4** ⓒ (正式)[しばしば a ~ / the ~] 番人, 見張り人, 警備員, ガードマン；[the ~；集合名詞；単数・複数扱い] 夜警団.
**5** ⓒⓊ 警備[見張り]時間；〔海事〕(ふつう 4 時間交替の) 当直(時間), ワッチ；[集合名詞；単数・複数扱い] 当直員 ‖
keep watch 当直をする.
on watch 当直中.
off watch 非番中.
***a wátch and cháin*** 鎖の付いた時計《◆単数扱い》.
***be on the wátch for [agàinst] A*** …を油断なく警戒している，待ち構えている.

**watch·dog** /wάtʃdɔ̀ːɡ/ ワチドーグ, wɔ́ːtʃ- | wɔ́tʃ- ウォチ-/ 名 ⓒ 番犬．監視人.

**watch·er** /wάtʃər ワチャ, wɔ́ːtʃ- | wɔ́tʃ- ウォチャ/ 名 ⓒ **1** 番人，監視人．**2** 寝ずに付き添う人；看護人；通夜をする人.

**watch·ful** /wάtʃfl ワチフル, wɔ́ːtʃ- | wɔ́tʃ- ウォチフル/ 形 (正式) 用心深い，油断のない；見張って ‖
Be watchful of her health. 彼女の健康に気をつけなさい.
**wátch·ful·ly** 副 用心深く，油断なく，警戒して.

**watch·man** /wάtʃmən ワチマン, wɔ́ːtʃ- | wɔ́tʃ- ウォチマン/ 名 (複 --men) ⓒ 夜警, 警備員, ガードマン；見張り人 (《PC》 watch, (security) guard).

**watch·tow·er** /wάtʃtàuər ワチタウア, wɔ́ːtʃ- | wɔ́tʃ- ウォチ-/ 名 ⓒ 物見やぐら，監視塔.

**watch·word** /wάtʃwə̀ːrd ワチワード, wɔ́ːtʃ- | wɔ́tʃ- ウォチ-/ 名 ⓒ (文) **1** 合い言葉. **2** 標語, モットー；(政党などの) スローガン.

## *wa·ter /wɔ́ːtər ウォータ, (米+) wάː-/ 〖「波」が原義〗

—名 (複 ~s/-z/) **1** Ⓤ 水 ‖
a glass of water コップ 1 杯の水.
turn on the water (蛇口をひねって)水を出す.
Give me some water, please. 水を少しくださ

い.
The boiler provides all the water we need. 使うだけのお湯がこのボイラーで出ます.
It's like mixing oil and water. それは水と油を混ぜるようなものだ.

> 関連 boiling water 熱湯 / hot water 湯 / cold water 冷水 / warm water 温水 / drinking water 飲料水 / fresh [sweet] water 淡水, 清水 / salt water 塩水 / sea water 海水 / soft water 軟水 / hard water 硬水.

> Q&A *Q*: 上の関連を見ると water は「冷たい」とは限らないのですね.
> *A*: そうです. 日本語の「水」は冷たさを連想しますが, water は温度に関係なく用いることが異なります. したがって日本語の「湯」も含むことがあります.

**2** [the ~] (陸・空に対して)水, 水中, 水のある所 ‖ The child has fallen in the water. 子供が水に落ちた.
**3** ⓤ [しばしば (the) ~s; 複数扱い] (海・湖・川などの)多量の水, 満々たる水, 積水, 流水;《文》海, 湖, 川; 洪水 ‖
in deep waters 深海に.
cross the waters 海を渡る.
Still waters run deep.《ことわざ》静かな流れは深い; 考えの深い人はぺらぺらしゃべらない;「能あるタカはつめを隠す」《◆腹黒い人, ずる賢い人といった悪い意味にも用いる》.
**4** [~s; 複数扱い] 水域, 海域; 領海, 近海 ‖
in American waters 米国の領海[水域]で.
**5** ⓤ 水位, 潮位; 水面, 海面; 喫水(きっすい) ‖
above water 水面上に.
at high water 満潮に.
float on water 水に浮く.
**6 a** [~s; 複数扱い] 鉱泉水 ‖
a glass of table waters (食卓用の)鉱泉水1杯.
drink [take] the waters (健康のために)鉱泉水を飲む; 湯治(とうじ)をする《◆欧米では入浴のためよりはむしろ鉱水を飲む目的で温泉に行くことが多い》.
**b** ⓤ 水道(水) ‖
running water 水道水; 流水.
city water 都市用水.
**7** ⓤ 分泌液, 体液《涙・汗・尿・よだれ・羊水など》‖
hold one's water 小便をこらえる.
**8** ⓤ [複合語で] …水, …の水溶液; 化粧水 ‖
rose water バラ香水.
ammonia water アンモニア水.
*abòve wáter* (1) → 名5. (2)《略式》(経済上の)困難[苦境]を免れて.
*by wáter* 水路で, 海路で ‖ I like traveling by water. 私は船旅が好きです.
*hóld wáter* (1) 水を漏らさない. (2) [通例否定文で]〈理論・計画などが〉すきがない, 完璧(かんぺき)である.

*in* [*into*] *déep* [*róugh*] *wáter(s)* 難儀して, 苦境に陥って.
*in* [*into*] *hót wáter*《略式》困って, 面倒なことになって.
*like wáter*《略式》惜しげなく, どんどん ‖ pour out money like water 湯水のように金をつかう.
*póur cóld wáter óver* [*on*] **A**＝throw cold WATER over [on].
*thrów cóld wáter óver* [*on*] **A**《略式》**A**〈計画など〉に水をさす, けちをつける.
◇*ùnder wáter* 水中で; 浸水して ‖ The entire town was under water. 町全体が水没した.
── 動 (三単現) ~s/-z/; (過去・過分) ~ed/-d/; (現分) ~ing/-təriŋ/)
── 他 **1** …に水をかける, 水をまく, …をぬらす ‖
water the lawn 芝生に水をまく.
**2** …に給水する;〈動物に〉水を飲ませる ‖
water a ship 船に給水する.
**3**〈土地を〉灌漑(かんがい)する.
── 自〈器官が〉分泌液を出す;〈目が〉涙を出す;(しばしば略式)〈口が〉よだれを出す ‖
His mouth watered at the thought of his mom's cookies. ママの作ってくれるクッキーを思い出すと彼の口からよだれが出た.

**wáter bìrd** 水鳥.
**wáter bòttle**《英》水差し; 水筒.
**wáter bùffalo**〔動〕スイギュウ.
**wáter clòset**《英正式》水洗便所, 洗面所《略 WC》.
**wáter contaminátion** 水質汚染.
**wátering càn** [《主に米》**pòt**] じょうろ.
**wátering hòle** (1) 水たまり, 小さな池;《動物たちの水飲み場となった》河原の水たまり. (2) 社交場《バー, ナイトクラブ》. (3)《米略式》海水浴場 (watering place).
**wátering plàce** (1)《主に英》温泉場; 海水浴場. (2)(動物の)水飲み場;(船などの)水補給地.
**wáter lèvel** 水位, 水平面; 水準器.
**wáter lìly**〔植〕スイレン.
**wáter mèter** 水量計.
**wáter mìll** 水車小屋;(水車による)製粉所.
**wáter pistol** 水鉄砲.
**wáter plàne** 水上(飛行)機.
**wáter pòlo**〔競技〕水球, ウォーターポロ.
**wáter supplỳ** (1) 水道(給水)(設備). (2) 給水量.

**wa·ter·bed** /wɔ́ːtərbèd ウォータベド/,《米+》wɑ́-/ 名 ⓒ ウォーター＝ベッド《水が中に入ったビニール製のマットレス. 病人の床ずれ防止などに用いる》.

**wa·ter·borne** /wɔ́ːtərbɔ̀ːrn ウォーターボーン/ 形 **1** 水上に浮かぶ. **2** 水上輸送の. **3** 水中伝染する.

**wa·ter·col·o(u)r** /wɔ́ːtərkʌ̀lər ウォータカラー/,《米+》wɑ́-/ 名 **1** ⓤ [通例 ~s; 複数扱い] 水彩絵の具. **2** ⓒ 水彩画 ‖ ⓤ 水彩画法.

**wa·ter·fall** /wɔ́ːtərfɔ̀ːl ウォーターフォール/ 名 ⓒ 滝, 瀑布(ばくふ)(cf. fall, cascade, cataract); 落水 ‖
This waterfall is 50 meters high. この滝は50

メートルの高さがある.

**wa・ter・fowl** /wɔ́ːtərfàul ウォータファウル, 《米+》wɑ́-/ 名 (複 ~s, 集合名詞 wa・ter・fowl) © 水鳥; [集合名詞; 複数扱い]（猟鳥としての）水鳥《カモ・ガンなど》◆ 個々の水鳥は water bird）.

**wa・ter・front** /wɔ́ːtərfrÀnt ウォータフラント, 《米+》wɑ́-/ 名 © (通例 a ~ / the ~) **1** 海岸の土地, 湖岸の土地; 河岸の. **2** 海岸[湖岸]通り.

**wa・ter・logged** /wɔ́ːtərlɔ̀(ː)gd ウォータロ(ー)グド/ 形 〈船が〉沈水した; 〈道が〉水びたしの; 〈木材が〉十分水につかった.

**Wa・ter・loo** /wɔ̀ːtərlúː ウォータルー/ 《 名詞の前ではふつう ˋ-ˊ-》名 **1** ワーテルロー《ベルギー中部の村落. ナポレオンが1815年に大敗北した古戦場》. **2** [one's ~] 大失敗.

**méet** one's **Wáterlóo [wáterlóo]** 大敗を喫する.

**wa・ter・mark** /wɔ́ːtərmɑ̀ːrk ウォータマーク/ 名 ©
**1a** (湖・川などの)量水標, 水位標; 水位線 ‖
the high **watermark** 高水位線.
**b** (物・事の)水準 ‖
reach one's high **watermark** 高い水準に達する.

**2** (紙の)すかし(模様).
—— 動 他 **1** (洪水などが)(壁などに)に水位の跡を残す. **2** 〈紙などに〉すかし[模様]を入れる.

**wa・ter・mel・on** /wɔ́ːtərmèlən ウォータメロン/ 名 © スイカ; ⓤ スイカの果肉 ‖
a slice of **watermelon** スイカひと切れ.

**wa・ter・proof** /wɔ́ːtərprùːf ウォータプルーフ/ 形 〈服などが〉水を通さない; (完全)防水[耐水]性の.
—— 名 (複 ~s) **1** ⓤ 防水布, 防水材. **2** © (主に英)防水服, レインコート. —— 動 他 …に防水する.

**wa・ter・shed** /wɔ́ːtərʃèd ウォータシェド/ 名 © **1** 分水嶺(れい)[界]. **2** (米) (河川の)流域.

**wa・ter・side** /wɔ́ːtərsàid ウォータサイド/ 名 [the ~; 時に形容詞的に] (海・湖・川の)水辺(の), 水ぎわ(の).

**wa・ter-ski** /wɔ́ːtərskìː ウォータースキー/ 動 自 水上スキーをする.

**wa・ter・tight** /wɔ́ːtərtàit ウォータタイト/ 形 **1** 水を通さない, 防水の. **2** (正式)〈議論などが〉水も漏らさぬ, すきのない.

**wa・ter・way** /wɔ́ːtərwèi ウォータウェイ/ 名 © **1** 運河; 水路, 航路. **2** (甲板の)排水溝. **3** (木造船の)梁圧(りょうあつ)材.

**wa・ter・works** /wɔ́ːtərwə̀ːrks ウォーターワークス/ 名 (複 wa・ter・works) © **1** [単数・複数扱い] 水道[給水]設備. **2** [単数扱い] 給水所. **3** [通例複数扱い] (ショーなどの)大噴水. **4** (英略式) [複数扱い] 遠回しに] 泌尿器.

**wa・ter・y** /wɔ́ːtəri ウォータリ/ 形 (時に 比較 ..i・er, 最上 ..i・est) **1** 湿った, じめじめした; 雨の多い ‖
a **watery** sky 雨模様の空.

**2** 涙ぐんだ; 涙ながらの ‖
**watery** eyes 涙ぐんだ目.
**3** 水っぽい ‖
**watery** soup 薄くて味のないスープ.

**4** (色が)淡い, 薄い.

**watt** /wɑt ワト | wɔt ウォト/ 名 © ワット《電力の単位. (記号) W》.

**Watt** /wɑt ワト | wɔt ウォト/ 名 ワット《James ~ 1736-1819; 英国の技術者・発明家. 蒸気機関を完成した》.

## *wave

/wéiv ウェイヴ/ 『「休止しない」が原義. cf. waver』
—— 名 (複 ~s/-z/) © **1** 波, 波浪(ろう); (詩文) [the ~(s)] (海・湖・川などの)水; 海 ‖
great **waves** 大波.
mountainous **waves** 山なす波.

**2** [比喩的に] 波, うねり ‖
**waves of** applause 拍手の波.
attack **in waves** 波状攻撃をする.

**3 a** (物理) (光・音・電気などの)波, 波動 ‖
a sóund wàve 音波.
on the shórt wàve 短波の[で].
**b** (気象・温度などの)急激な変動, 波 ‖
a cold **wave** 寒波.

**4** (頭髪の)ウェーブ, 縮れ; (絹布(けんぷ)などの)波紋, 波形模様; (地形の)うねり, 起伏 ‖
a permanent **wave** パーマ(ネント).
The baby has a natural **wave** in his hair. その赤ん坊の髪は天然パーマだ.

**5** (手・ハンカチなどを)振ること; 振る合図 ‖
with a farewell **wave** of one's hand さよならのしるしに手を振って.

**6** [a ~ of + ⓤ 名詞] (感情・情勢・景気などの)高まり, 強まり, 高潮, 波 ‖
a **wave of** crime 犯罪増加の傾向.

—— 動 (三単現 ~s/-z/; 過去・過分 ~d/-d/; 現分 wav・ing)

| 圁と他の関係 | | |
|---|---|---|
| 圁 **1** | A **wave** | A が揺れる |
| 他 **1** | **wave** A | A を揺り動かす |

—— 圁 **1** 揺れる, 揺れ動く, 翻(ひるがえ)る; 波立つ ‖
The branches were **waving** in the breeze. 枝がそよ風に揺れていた.

**2** 手[ハンカチなど]を振って合図する, あいさつする; 〈手・ハンカチなどが〉振られる ‖
**wave** (to him) in farewell 別れを惜しんで(彼に)手を振る.
He **waved** to her to pull it. 彼は彼女に手を振ってそれを引けと合図した.
対話 "That guy over there is **waving at** you." "I don't know why. I've never seen him before." 「あそこで男が君に手を振っているよ」「どうしてなのかわからないのよ. 前に会ったこと全然ないのよ」

**3** 波立つ, うねる; 〈頭髪がウェーブしている〉 ‖
Her long hair **waves** naturally over her shoulders. 彼女の長い髪は肩を覆って自然にウェ

―― 他 …を振る, 振り動かす; …を翻(ひるがえ)す;〈武器などを〉振り回す ∥
wave a flag 旗を振る.
He waved his arms about. 彼は腕をぐるぐる振り回した.
She waved the stick at me. 彼女は私に向かってつえを振り回した.
**2 a** …に手[ハンカチなど]を振って合図する;〈別れなど〉を手[ハンカチなど]を振って表す《◆副詞(句)を伴う》∥
wave him on [out, away, nearer] 手を振って彼に進め[出て行け, あっちへ行け, もっと近くへ寄れ]と合図する.
She waved me to a seat. 彼女は私に手を振って席につくように合図した.
**b** [授与動詞][wave A B / wave B to A] A〈人〉に〈手を振って〉B〈あいさつなど〉をする; [wave A to do] A〈人・車など〉に…するように〈手[旗など]を〉振って合図する, 指図する ∥
He waved good-by to his friends. 彼は手を振って友だちに別れを告げた.
She waved me a greeting. 彼女は手を振って私にあいさつした.
He waved a taxi to stop. 彼は手を振ってタクシーを呼び止めた.
**3**〈頭髪〉をウェーブさせる, うねらせる; …を波立たせる, 起伏させる;〈絹布など〉に波紋[波形模様]をつける.
**wáve asíde** 〔他〕…を払いのける;〈提案など〉を退ける, はねつける.
**wáve awáy [óff]** [他] → 動 **2 a**; …を拒む.

**wave·length** /wéivlèŋkθ ウェイヴレンクス/ 名 C〔物理〕(光・音などの)波長 ∥
be not on the same wavelength (略式)波長が合わない; 考え方[好み]が異なる.

**wa·ver** /wéivər ウェイヴァ/ 動 ⓘ

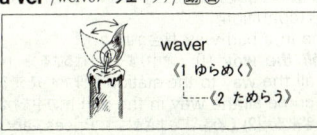

waver
〈1 ゆらめく〉
〈2 ためらう〉

**1** 揺れる; ゆらめく, ちらつく; 震える ∥
a wavering light ちらちらする明かり.
The flame of a candle wavered and went out. ろうそくの炎がゆらめいて消えた.
Her voice wavered with emotion. 彼女の声は感動で震えた.
**2** 迷う; ためらう, 決めかねる《◆副詞(句)を伴う》∥
She wavered in her judgment. 彼女は判断に迷った.
The boy wavered between going and staying. その男の子は行くかとどまるかためらった.
**3**《正式》〈人・勇気など〉がくじける, ぐらつく; よろける; 浮き足立つ ∥
His serene courage wavered. 冷静で勇気ある彼がおじけづいた.
**4** 変動する, 不安定である.

**wav·ing** /wéiviŋ ウェイヴィング/ 動 → **wave**.

**wav·y** /wéivi ウェイヴィ/《→ **wave**》形 (比較) ‑i·er, (最上) ‑i·est) **1** 揺れる, 波動する, うねる.
**2** 波状の, 波形の, 起伏する ∥
a wavy line 波線《~~~》.
wavy hair ウェーブのかかっている髪.

**wax**[1] /wæks ワクス/ 名 Ⓤ **1** ろう(蠟); みつろう; [形容詞的に] ろう(製)の ∥
make various figures out of wax ろうでさまざまな像を作る.
a wax doll ろう人形.
**2** ろう状物質 ∥
paraffin wax パラフィン[石]ろう.
**3**(家具・車などを磨く)ワックス;(靴屋が縫い糸につける)ろう; 封ろう.
―― 動 (三単現 ~·es /‑iz/)(他)…にろうを塗る[引く]; …をワックス[ろう]で磨く.
**wáx(ed) pàper** パラフィン紙, ろう紙.

**wax**[2] /wæks ワクス/ 動 (三単現 ~·es /‑iz/; 過去・過分 ~ed)(自)《文》〈勢力など〉が大きくなる, 増大する;〈月が〉満ちる (↔ wane).
**wáx and wáne** 〈月が〉満ち欠けする.

**wax·work** /wǽkswə̀ːrk ワクスワーク/ 名 **1** Ⓒ ろう細工(品); ろう人形. **2** [~s; 単数扱い] ろう人形[細工]陳列館.

## *way[1]

/wéi ウェイ/ (同音 weigh)《「車で行く・運ぶ」が原義》
→ 名 **1** 道 **2** 進路 **3** 方向 **4** 道のり **5 a** やり方 **c** …するように **6 a** 癖 **b** 風習 **7** 観点
―― 名 (複) ~s/‑z/)
**I** [道]
**1 a** Ⓒ 道, 道路; 通路; Ⓤ [通例 the ~] 道, 道筋 ∥
a way around 回り道.
find a way through the forest 林を抜ける道を見つける.
the only way out of the room 部屋の唯一の出口.
Can you tell [show] me the shortest way to the Port of Yokohama? 横浜港に行く最短の道順を教えてください《◆tell の代わりに teach を用いることはできない》.
Which way is Tokyo Station? 東京駅はどの方角ですか.
I went the wrong way. 道を間違えた(=I took the wrong road.).
**b** [the ~ / one's ~] 通り道, 行く手 ∥
a bus in my way 私の行く手のじゃまになっているバス.
be on the [one's] way to school 学校に行く途中である.
Be careful on the [your] way home. (パーティーなどが終わって, ホストが客に)気をつけてお帰りください.
A fallen tree was in the way of the bus. 倒れた木がバスの進行のじゃまをしていた.
Get out of my way. 道をあけてください.

## way

### II [進路・方向・方面]

**2** U [通例 one's ～] 進路；進行, 前進 ‖
make one's way through the crowd 人ごみの中を進む.

buy one's way into a college 大学に裏口入学する.

> **Q&A**  **Q**: 動詞 + one's way のパターンの言い方はほかにもいろいろあるのでしょうか.
> **A**: élbow one's wáy ひじで押して進む / feel [grope] one's way in the dark 暗がりの中を手探りして進む / fórce [púsh, thrúst] one's way 押し分けて進む / laugh one's way through life 笑って暮らす / pick one's way 用心して進む / shóulder one's wáy 肩で押して進む / strúggle one's wáy もがくように進む / thréad one's way 縫うように進む / whéel one's wáy 車で進む / work one's way 骨折って進む, などたくさんあります.

**3 a** C 方向, 方角《◆ ふつう /wèi/ と発音》‖
I did not know which way to look. 私は目のやり場に困った.

(Come) this way, please. どうぞこちらへ.

Which way is your house from here? ここではあなたの家はどの方角になりますか.

**b** U (略式) [通例 one's ～；地名のあとで] 近所, 付近, 方面 ‖
Drop in if you ever come my way. こちらにおいでの節はお立ち寄りください.

He lives somewhere Oxford way. 彼はオックスフォードのあたりに住んでいる.

### III [距離]

**4** U [しばしば a ～；(米式) a ～s；単数扱い] 道のり, 距離 ‖
The White House is a long way from here. ホワイトハウスはここからずっと遠く離れている.

Your composition is still a long way from perfection. 君の作文はまだ完璧(ﾍﾟﾞ)にはほど遠い.

My aunt lives a little way off. 叔母は(ここから)少し行ったところに住んでいる.

### IV [方法・仕方]

**5 a** C やり方, 仕方, 方法 ‖
a pleasant way of speaking 気さくな話し方.

the best way to learn English 英語を学ぶ最良の方法.

in the same way 同じやり方で, 同じように.

to mý wày of thínking 私の考えでは.

speak in such a way as to offend them 彼らの腹の立つような話し方をする.

solve a mystery (in) óne wày or anóther なんとかしてなぞを解明する.

There is no way of knowing where he's gone. 彼がどこへ行ってしまったか知る由もない.

Do it (in) this way. それはこのようにやってみなさい.

**b** U (略式) [the ～] 仕方, やり方 ‖
I don't like the way she smiles. 彼女の笑い方が気にくわない.

This is the way it happened. それはこのように起こった《◆ 2例とも the *way* のあとに in which または that が省略されている》.

**c** [the ～；接続詞的に] …するように ‖
She sang the way I did. 彼女は私の歌うとおりに歌った.

**6** C [しばしば ～s] **a** (個人の)習慣, 流儀, 癖；[～s] 行ない, 行状 ‖
get into the way of getting up late 朝寝坊の癖がつく.

mend one's ways 行ないを改める.

He has a way of leaving his bills unpaid. 借金を払わないのが彼のやり方だ.

It is always the way with her. 彼女はいつもそうする.

**b** 風習, 様式 ‖
the good old ways 古きよき時代の風習.

the way of the world 世のならわし.

British ways of life [living] イギリス流の生活様式.

### V [その他]

**7** C 観点, 見方 ‖
in a way ある点で；ある程度は.

in every way =all along the way =in all ways どの点から見ても.

The plan is bad (in) one way and another. その計画はいろいろな点でよくない.

**8 a** [a ～ / one's ～s] 意志；心得, 慣れ ‖
go [take] one's (own) way 思いどおりにふるまう.

She has a way with children. 彼女は子供の扱いに慣れている.

**b** [one's ～] 経験[知覚]の範囲 ‖
the best offer that ever came my way 今まで私の受けた中で最高の申し出.

**9** U (略式) [しばしば a ～] (健康・経済の)状態, 具合(condition) ‖
be in a bad way 具合がよくない.

◇**áll the wáy** (1) (途中)ずっと；はるばる ‖ run all the way to the station 駅までずっと走る / come all the way in the rain 雨の中をわざわざ来る. (2) (米式)さまざまに ‖ Prices vary all the way from $50 to $500. 値段は50ドルから500ドルでさまざまである. (3) 完全に ‖ agree all the way with her in improving the school 学校をよくするという点で彼女に全面的に同意する.

◇**by the wáy** (1) (略式) [しばしば文頭で；会話を再開したり, 新しい話題を導入して] (本論から)ちょっとわき道にそれるが, ときに, ところで《◆「実にはこれから本論に入るのだが」といった含みを持つことも多い》‖ By the way(ˋ), do you know my brother is getting married? ときに, 君のうちの兄が結婚するのを知っていますか. (2) (旅の)途中で. (3) 道端に.

◇**by wáy of A** (1) …を通って, …経由で ‖ by way of the Suez Canal スエズ運河を通って. (2) …のつもりで, …の目的で ‖ by way of

**way** ... 1599 ... **we**

greeting 出迎えるつもりで. (3) 《英略式》[通例 by ~ of doing] …にみせかけて, …ということで；いつも…して ‖ That chorus girl is by way of being a fine actress. あのコーラスガールは大女優のつもりでいる.

**fínd** *one's* **wáy** (1) 苦労して進む. (2) 着く.

**gèt** *one's* (**ówn**) **wáy** =have one's (own) WAY.

◇**gíve wáy** (1) 退く. (2) **譲歩する**, 屈する, 折れる；身をゆだねる, 負ける；されるままになる ‖ give way to despair 悲嘆にくれる / give way to him in some respects いくつかの点では彼に譲る. (3) 崩れる, **壊れる**；〈健康が〉駄目になる.

**gò áll the wáy** 《略式》完全に同意する.

**gò a lóng wáy** =go far (→ far 副).

◇**gò òut of the** [*one's*] **wáy** (1) 回り道をする. (2) 取り乱す. (3) **わざわざする**, 無理してする ‖ She went out of her way to see me off. 彼女はわざわざ見送りに来てくれた / 〔対話〕"Don't worry. I can do it for you." "Yes, but please don't go out of your way for me."「心配いらないよ. ぼくがやってあげるから」「ええ. でもわざわざ私のためになさらないでくださいね」.

**hàve éverything** [*it* (*àll*)] *one's* (*ówn*) **wáy** 思いどおりにする (cf. **8 a**).

◇**hàve** *one's* (**ówn**) **wáy** 自分の思いどおりにする, 勝手なまねをする ‖ She never let her child have his own way. 彼女は子供にわがままを許さなかった.

**in a bíg** [《英》**gréat**, **lárge**] **wáy** 《略式》大規模に；熱狂的に, 派手に.

**in a smáll wáy** 《略式》小規模に；つましく.

**in nó wáy** 少しも…ない, 決して…ない.

**in** *one's* (**ówn**) **wáy** (1) それなりに. (2) [通例否定文で] 得意で, 専門で. (3) 手の届く所に.

(**in**) **óne wày and** [**or**] **anóther** (1) あれこれと. (2) → **5 a**.

**in the** [*a*] **fámily wáy** ⇒ family.

**in the wáy of A** (1) …の点で, …としては. (2) …に有利な立場で[に]. (3) …の行く手をふさいで, じゃまになって (→ **1 b**).

**knów** *one's* **wáy aróund** [**abóut**] (**A**) (…の) 地理に明るい, (…に) 精通している 《♦副詞的にも用いる場合は **around** が普通》.

**léad the wáy** (1) 案内する, 先導する. (2) 手本を示す, 一番である.

**lóok the óther wáy** 顔をそむける；見て見ないふりをする.

**lóse the** [*one's*] **wáy** 道に迷う.

◇**màke** *one's* **wáy** (1) 《正式》進む (→ Q&A). (2) 生活の苦労をする. (3) **成功する**, 出世する ‖ make one's way in life [the world] 立身出世する.

**màke wáy** 道をあける[譲る].

**nó wáy** 《主に米略式》(1) [依頼の返答として；間投詞的に] いやになった. (2) どんなことがあっても…ない ‖ No way will I go with you. 君とは絶対行かない 《♦文頭に置くと疑問文の語順になる》.

◇**on the** [*one's*] **wáy** (1) 途中で, 途中にある (→ **1 b**). (2) (…する) 途中で, しつつある ‖ The country is well on the way to industrialization. その国はさらに工業化が進んでいる. (3) 近づいて ‖ Winter is on the way. 冬が近づいている. (4) 《略式》〈赤ん坊が〉お腹にいて.

**on the** [*one's*] **wáy óut** (1) 出る途中で. (2) 《略式》(解雇されて) 職場を去ろうとして. (3) 《略式》消滅しかかって, すたれかかって.

◇**out of the** [*one's*] **wáy** (1) じゃまにならないように[所で] (→ **1 b**). (2) 片付いて. (3) 《略式》殺されて ‖ put him out of the way 彼をこっそり片付ける. (4) 人里離れて. (5) 不適当な ‖ do nothing out of the way 間違ったことはしない. (6) [通例否定文で] 異常な, 目立つ ‖ be not [nothing] out of the way ふつうである.

**páy** *one's* [*its*] (**ówn**) **wáy** 〈人が〉(借金せずに) 自活する.

**quite a wáy** ずいぶん遠い所[に].

**stóp the wáy** 道をふさぐ；妨げる.

**ùnder wáy** 〈事が起こって, **進行中で**〉 ‖ A new project will be under way soon. 新企画が間もなく進行していくだろう.

**wáys and méans** 手段, 方法.

**wáy ín** 《英》入口.

**wáy óut** (1) 《英》出口. (2) 解決法.

**way**² /wéi ウェイ/ 副 《主に米略式》[副詞・前置詞を強めて] ずっと, はるかに, うんと；遠くに ‖ way above ずっと上に.
from way back はるか昔から(の)；遠方の地から.

**-way** /-wéi -ウェイ/ 《連結形》道, 交通路；…に分割した. 例: railway 鉄道, airway 航空路.

**way·lay** /wèiléi ウェイレイ/ 動 《過去・過分》--laid 他 **1** (人に) …を待ち伏せする, 襲う. **2** 《略式》…を途中で呼び止める, 待ち受けて話しかける.

**way·side** /wéisàid ウェイサイド/ 名 《正式》[the ~] 道ばた, 路傍(ぼう) ‖
by the wayside 道ばたに.

**way·ward** /wéiwərd ウェイワド/ 形 《正式》**1** 強情な, わがままな. **2** 気まぐれな, むら気の.

**WC** 《略》《英正式》water closet 《◆主に掲示や広告で用いる》.

＊**we** /wíː ウィー；《弱》wi ウィ/ (同音) wee) [一人称複数主格の人称代名詞]
──代 (所有格 our, 所有代名詞 ours, 目的格 us) **1** [包括的 we] **a** 私たちは[が], 我々は[が] 《♦話し手(I)と聞き手(you) または話し手と聞き手と他の人を含む》 ‖
We are all good friends. 私たちはみんな仲良しです 《♦ **b** の意味にもとれる》.
You and Jim and I can get together if we try. あなたとジムと私は努力すれば意見の一致を見ることができる.
We teachers are human too. 我々教師も人間です 《♦特に we の内容を明確にさせる場合には同格語をつける》.

**b** [除外の we] 私たちは[が]《◆聞き手(you)を含まない. 話し手(I)と第三者》. 語法 **a**, **b** の区別はふつう文脈・状況による ‖
We young people have learned a lot from you older men. 私たち若者はあなた方年配者から多くを学んできた.

**2** [総称の we]《一般に》人は, 我々は《◆「包括的 we」の総称用法. people, one の代用語.《略式》では we も用いる》‖
We see with our eyes. 我々は目で物を見る.
We should obey traffic rules. 交通規則は守らねばならない《◆we は日本語に訳さなくてすむ場合が多い》.

語法 話し手(I)と聞き手(you)を除外する総称用法は they: *They* speak Spanish in Chile. チリではスペイン語を話す《◆話し手がチリ人であれば *We* speak Spanish in Chile. となり, 聞き手(のみ)がチリ人である場合は *You* speak Spanish in Chile. となる》(→ they **2** Q&A).

**3** [会社・乗物の we] 私たちは[が]《◆店の者・会社の者・乗物に乗っている者がそれぞれ店・会社・乗物をさしていう場合で, 訳語は「我々」の他,「当店」「わが社; 弊社」「本船」「この車」などとなる》‖
We sell fruits from South Africa. 当店では南アフリカ産の果物を売っております《◆店の人以外の人が言う場合は They sell ...》.
According to this timetable, we arrive at six fifteen tomorrow morning. この時刻表によると, 私たちは明朝6時15分に到着する.

Q&A **Q**: アメリカの町でよく *We* are closed.(閉店) / *We* are sold out (of bread) today.（本日（パン）売切れ）などの掲示を見かけましたが, この we の意味がわかりません.
**A**: 店ならば Our store というところを「人」を前面に押し出して, このような表現が生まれました. つまり **3** の項の延長線上にあると考えればわかりやすいでしょう (→ you Q&A (1)).

**4**《正式》[君主の we] 朕(ちん)は[が], 余(よ)は[が]《◆(1) 君主が公式的に述べる場合に I の代わりに用いる. (2) 再帰代名詞は ourself を用いる》‖
We will look into the matter ourself more. 余が自らこの事件をさらに取り調べよう.

**5**［編集等の we］我々は[が]《◆新聞の社説・論文・書物で執筆者が I の代わりに用いる》‖
In Chapter One, we outlined the system of English sounds. 第1章で英語の音声組織の概略を述べた《◆Chapter One outlined the system of English sounds. / The system of English sounds was outlined in Chapter One. のようにいうことも多い》.

語法 (1) this writer, the present writer, this correspondent などは最近ではあまり用いられない.

(2) 論文では I を用いることも多くなってきている.

**6**《略式》**a**［親心の we］あなたは[が]《◆親・医者などが子供・病人に対して, 元気づけたり, なぐさめたり, また忠告をたりする場合に用いるが, 時にはふざけた調子で軽く皮肉った気持ちを含むこともある》‖
How are we (feeling) today? きょうは気分はどうかね.
**b**［遠回しに］=you ‖
Why don't we go? どうして行かないの.

\***weak** /wíːk ウィーク/ 同音 week 「「屈する」が原義」派 weaken (動), weakness (名)
—形《比較》~**er**, 最上 ~**est**》**1**弱い, 弱々しい, 虚弱な, 弱っている; 壊れやすい, もろい（↔ strong）; 衰えた; 支配力があまりない, 無力な ‖
a **weak** body 弱いからだ.
a **weak** table 壊れやすいテーブル.
a **weak** old person 弱い老人.
a **weak** law 無力な法律.
a **weak** government 弱体な政府.
have **weak** eyes 視力が弱い.
He is **weak** in the legs. =His legs are **weak**. 彼は脚(あし)が弱い.
**2**〈意志・判断力・性格が〉弱い, 薄弱な, 優柔不断な; 愚かな ‖
a man of **weak** character 性格の弱い人.
She **is weak of** will. 彼女は意志が弱い.
**3** 劣った, 弱い; 弱点のある, 不得意な, へたな（↔ strong）‖
her **weak** point 彼女の弱点.
He **is weak on** names. 彼は人の名前を覚えるのが苦手だ.
My daughter **is weak in** social studies. 私の娘は社会科が不得意だ.
**4** 不十分な, 説得力に欠ける; 迫力のない, 表現力が弱い ‖
a **weak** style 迫力に欠ける文体.
a **weak** argument 説得力の乏しい議論.
**5** わずかの, 弱い ‖
in a **weak** voice か細い声で.
**6** 飲み物が〉薄い, 希薄な; 水っぽい（↔ strong）‖
**weak** tea 薄いお茶.
**weak** beer 弱いビール.
**wéak fòrm**《音声》弱形（and の /ən/, have の /həv, əv/ など）.

**weak·en** /wíːkn ウィークン/ 動 他 **1**〈体力などを〉弱める, 弱くする, 無力にする（↔ strengthen）‖
The illness has considerably **weakened** her. 病気で彼女はかなりからだが弱った.
**2**〈酒・茶などを〉薄める.
—自 弱る, 弱まる; 衰弱する; 優柔不断［弱気］になる, ぐらつく.

**weak·ling** /wíːklɪŋ ウィークリング/ 名 © 虚弱者; 弱虫; 弱い動物. —形 弱い; 虚弱の.

**weak·ly** /wíːkli ウィークリ/ 同音 weekly《比較》--li·**er**, 最上 --li·**est**》形《正式》弱い, 弱々しい; 病弱な. —副 **1** 弱く, 弱々しく. **2** 優柔不断に.

## weak・ness /wíːknəs ウィークネス/ 名 (複) ~・es /-iz/

1 ⓤ (体力的・精神的・知的な)弱さ, 弱々しさ; 虚弱, 病弱; もろさ, 弱気, 柔弱; 愚鈍(ᵉ˄ʰ) ‖
weakness of mind 心の弱さ.
physical weakness 身体の虚弱.

2 ⓤ (証拠・論拠などの)不十分, 薄弱 ‖
logical weakness 論理の薄弱さ.

3 ⓒ 弱点, 欠点, 短所; 弱み ‖
Her weakness is talking too much. 彼女の欠点はしゃべりすぎることだ.

4 ⓒ 非常に好きなもの, 大好物; [通例 a ~] 愛好, 偏愛, 趣味 ‖
Candy is a weakness of hers. 彼女はキャンディーが大好物だ.

## *wealth /wélθ ウェルス/ 《幸せな(weal)こと(th)》
派 wealthy (形)
──名 (複) ~s/-s/) 1 ⓤ 富; ⓒⓤ 財産; ⓤ《経済》富, 財 ‖
a person of wealth 財産家.
She has obtained great wealth by hard labor. 彼女は苦労して莫(ᵇ)大な財産を築いた.

2 ⓤ 富裕, 裕福; [集合名詞] 富裕階級.

3 [a [the] ~ of + ⓒⓤ 名詞] (正式) 豊富な…, たくさんの… ‖
She has a wealth of golden hair. 彼女は豊かな金髪の持ち主だ.
A wealth of words is not eloquence. 多弁は雄弁ではない.

## wealth・i・er /wélθiər ウェルスィア/ 形 → wealthy.
## wealth・i・est /wélθiist ウェルスィイスト/ 形 → wealthy.

## *wealth・y /wélθi ウェルスィ/《wealth》
──形 (比較) -i・er, (最上) -i・est) 1 富裕な, 裕福な, 金持ちの (↔ poor) 《◆ rich より堅い語であるがその遠回し語としてよく用いられる》‖
wealthy people 裕福な人々.

2 (正式) 富んでいる, 豊富な ‖
wealthy in knowledge 知識が豊かな.
a country wealthy in natural resources 天然資源に富んだ国.

## wean /wíːn ウィーン/ 動 他 1 …を離乳させる ‖
wean a baby from the mother 赤ん坊を離乳させる.

2 …を引き離す; …に捨てさせる ‖
He tried to wean his son (away) from his bad habit. 彼は息子に悪習を直させようと努めた.

## weap・on /wépn ウェプン/ 《発音注意》《◆ ×ウィーポン》名 ⓒ 1 武器, 兵器 《◆ arms は戦争用の武器. weapon は戦争用だけでなく攻撃や防備のためのあらゆる武器を含む》; 凶器; (動植物の)攻撃[防御]器官《角・つめ・歯・とげなど》‖
nuclear weapons 核兵器.

2 [比喩的に] 武器, 対抗手段 ‖
the weapon of irony 皮肉という武器.

## *wear /wéər ウェア/ (同音 ware, △where) 《「衣服」が原義》

→ 動 他 1 身につけている 2 はやしている
3 表している 4 すり減らす 5 疲れさせる
自 1 使用に耐える 2 すり減る
名 1 着用

── 動 (三単現 ~s/-z/; 過去 wore/wɔ́ːr/; 過分 worn/wɔ́ːrn/; 現分 ~ing/wéəriŋ/)

── 他 と 自 の関係 ──
他 4　wear A　A をすり減らす
自 2　A wear　A がすり減る

── 他 1a …を身につけている, 着ている; …をつけている, 持っている ‖
He wore [was wearing] a hat when I met him. 私が会ったとき彼は帽子をかぶっていた.
wear a seat belt シートベルトをしている.
She always wears brown shoes. 彼女はいつも茶色の靴を履(ʰ)いている.
She wore a diamond ring on her finger. 彼女はダイヤの指輪を指にはめていた.
What a nice shirt you're wearing! いいシャツを着てますね.

Q&A　Q：wear は「身につけている」という意味なのに, 進行形にもできるのですか.
A：習慣的なことと違って, その時限りの一時的な状態を表すときに進行形を用いることがあります.

b …を身につけて行く[来る] ‖
They wore their new suits to church. 彼らは新しい洋服を着て教会へ行った.

対話 "The party is very formal." "In that case, I think I'll wear something special." 「そのパーティーはとてもかしこまったものなんだよ」「それじゃあ私は何か特別のものを身につけて行くわ」.

Q&A　(1) Q：wear の目的語はどんなものですか.
A：衣類に限らず, 帽子・靴・靴下・装身具・化粧品・香水など身につけるもの一切を含みます. 身につけるものによって, 訳語は「着ている」「履いている」「かぶっている」「はめている」「している」「かけている」などさまざまになります.

wear 〈身につけている〉

(2) Q：wear と put on とはどう違いますか.
A：put on は「着る」動作を示し, wear は「着ている」状態を表します. 命令文で瞬間的な意味を表す副詞(句)と共に用いるのは put on だけです: Put on [×wear] your shoes. 靴をはきなさい / I put on [×wear] my shoes at once. すぐに靴をはいた. 期間を表す副詞(句)を伴うときは wear も命令文で用いることができます: Wear your shoes while you're here. ここにいる間は靴をはいていなさい.

**2** 〈ひげ・髪など〉をはやしている；[wear A C] A〈ひげ・髪〉を C の状態にしている ‖
He **wears** a mustache. 彼は口ひげをはやしている．
She **wore** her hair long. 彼女は髪を長くしていた．

**3**《正式》〈表情・様子・態度など〉を表している，示している ‖
She **wore** a smile. 彼女は微笑を浮かべた．
He **wears** an air of dignity. 彼にはどことなく威厳がある．

**4** …をすり減らす，すり切らす；…を使い古す；[wear A C] A〈物〉を使いすぎて C にする《◆ C は形容詞》‖
His shoes **are** much **worn**. 彼の靴はひどくすり減っている．
He **wore** his jeans into holes. 彼はジーンズをはき古して穴だらけにした（→ 他 **6**）．
His gloves are **worn** thin. 彼の手袋はすり減って薄くなっている．

**5** …を疲れさせる，弱らせる ‖
She is completely **worn out**. 彼女は全く疲れ切っている．

**6** …を浸食する；〈穴・溝〉をうがつ，つくる，掘る ‖
Constant dropping **wears** the stone.（ことわざ）「雨だれ石をもうがつ」．
He **wore** a hole in his socks. 彼の靴下はすり切れて穴があいた（→ 他 **4**）．

──自 **1** 使用に耐える，使える；《略式》〈人が〉いつまでも若々しい《◆ well などを伴う》‖
This cloth **wears** well. この生地は長持ちする《◆ ×This cloth wears long. とはいわない》．
He is old, but he's **wearing** well. 彼は年をとっていてもまだ若々しい．

**2** すり減る，すり切れる《◆副詞(句)を伴う》；[wear C] すり減って C になる《◆ C は主に thin》‖
Her patience **wore** thin. 彼女はだんだん我慢できなくなった．
My trousers have **worn** to shreds. 私のズボンははき古してぼろぼろになってしまった．

**3** 〈時が〉ゆっくり過ぎる，経過する ‖
Time **wore** on. 時が経過した．
The day **wears** to [toward] its close. 日が次第に暮れていく．

**wéar awáy** (1) [自] すり減る，すり切れる；〈時が〉ゆっくり過ぎる．(2) [他] …をすり減らす，弱める ‖
The inscription has been **worn away**. その碑銘は摩滅している．(3) [他]〈時〉を過ごす．

**wéar dówn** (1) [自] すり減る，すり切れる．(2) [他] …を疲れさせる；頑張って…に勝つ，…を克服する；〈反発心など〉を次第に弱めさせる．(3) [他] ＝ WEAR AWAY (2)．

**wéar óff** (1) [自] 次第になくなる，消えていく ‖
The effects of the drug were **wearing off**. 薬の効き目がだんだんなくなってきた．(2) [他] …をすり減らす．

**wéar óut** (1) [自] すり減る，すり切れる；次第になくなる ‖ My patience **wore out**. 私はもう我慢できなくなった．(2) [他] …を疲れさせる / 対話 "You look very tired." "Yes. I had five meetings today, and I'm completely **worn out**." 「とてもお疲れのご様子ですね」「ええ．今日は5つも会議があって，もう疲れ果てました」．(3) [他]〈時〉をだらだらして過ごす ‖ **wear** the afternoon **out** watching TV テレビを見て午後を過ごす．(4) [他]〈忍耐など〉を尽きさせる ‖ His patience was **worn out** at last. 彼はついに我慢できなくなった．(5) [他]〈物〉を使い古す，着つぶす．

──名 ⓤ **1** 着用，使用 ‖
a suit for summer **wear** 夏着1着．
in **wear** 常に着用して．
Will this jacket be good for winter **wear**? この上着は冬着のによいでしょうか．

**2** [集合名詞；単数扱い；しばしば複合語で] 衣服，衣類，…着 ‖
sports **wear** 運動着類．
men's **wear** 紳士服．

**3** すり切れ，摩滅；着古し ‖
His coat showed signs of **wear**. 彼の上着は着古してだいぶすり切れていた．

**4**〈衣服などの〉もち，耐久力 ‖
There is plenty of **wear** in these shoes. この靴はまだまだ履ける．

**wéar and téar** /téər/ すり切れ，いたみ，摩滅，消耗．

**wea·ri·ly** /wíərili ウィアリリ/ 副 疲れて，うんざりして．

**wea·ri·ness** /wíərinəs ウィアリネス/ 名 ⓤ **1** 疲労．**2** 退屈，あきあきしていること．

**wea·ri·some** /wíərisəm ウィアリサム/ 形《正式》**1** 疲れさせる ‖
a **wearisome** task 疲れる仕事．
**2** 退屈な，うんざりさせる．

**wea·ry** /wíəri ウィアリ/《発音注意》《×ウェアリ》形《比較》--ri·er，《最上》--ri·est）**1** 疲れた，疲れている，うっとうしい ‖
a **weary** look 疲れた表情．
be **weary** from too much reading 読書のしすぎで疲れている．

**2** [be weary of] A〈事・物〉にあきあきしている，うんざりしている；[be weary of doing] …することにあきあきしている；[be weary that 節] …であることにあきあきしている ‖
I am **weary** of her grumbling. 私は彼女のぐちに閉口している．

> Q&A **Q**：weary と tired とはどう違いますか．
> **A**：weary の方が意味が強く very tired の意で，堅い語です．

**3** 疲れさせる；退屈な，うんざり[じれったく]させる ‖
a **weary** lecture 退屈な講義．
a **weary** journey ひどく疲れる長旅．
**weary** work つらい仕事．
**weary** weather うっとうしい天候．

──動《三単現》**wea·ries** /-z/；《過去・過分》**wea·**

ried /-d/) 🈩 《正式》 **1** 退屈する, あきる, うんざりする. **2** 疲れる.

**wea·sel** /wíːzl ウィーズル/ 图 ⓒ 〔動〕 イタチ; テン.

\***weath·er** /wéðər ウェザ/ 〔同音〕 △whether〕 〖「風(wind)」が原義〗
——图 Ⓤ [しばしば the ~] **天候**《◆気温の高低にも重点がある》, 天気, 空模様, 気象; [the ~] 天気予報; [形容詞的に] 天候の ‖

in (×a) nice weather 晴天に《◆形容詞がついても不定冠詞はつかない》.
changeable weather 変わりやすい天気.
**The weather** was cold that winter. その年の冬は寒かった《◆主語としてその時・場所の限定を受ける天気には the がつく》.
How was **the weather**? 天気はどうでしたか《◆やや正確な情報を求める場合には What was the weather like? の方がふつう》.
対話 "How's **the weather** in Chicago in summer?" "It's hot. The average temperature is 76°F." 「シカゴの夏の天候はどうですか」「暑いです. 平均気温は華氏76度です」.

Q&A　*Q*: アメリカ人に The weather is *fine*. と言ったら The weather is *nice*. と直されました.
*A*: アメリカ英語では nice がふつうです. fine はイギリス英語だからでしょう.

*in áll wéathers* 運のよい時にも悪い時にも, どんな境遇のときでも; どんな天気でも《◆in all kinds [sorts] of weather がふつう》.
*wéather permítting* (↗)《正式》天気がよければ《書き換え例 → permit 動 🈩》.
——動 ⓣ **1** 〈木材などを〉風雨にさらす, 外気に当てる; …を乾かす ‖
weather wood 木材を外気に当てて干す.
**2** …を切り抜ける, 乗り切る ‖
weather a storm 〔海事〕あらしを乗り切る; 難局を切り抜ける.
He **weathered** the economic crisis. 彼は経済的危機を切り抜けた.

**wéather fòrecast** [(米) repòrt, (米) informátion] 天気予報《◆(略式) では単に the weather ともいう》.
**wéather fòrecaster** (テレビ・ラジオの)天気予報アナウンサー.
**wéather màp** [chàrt] 天気図.
**wéather sàtellite** 気象衛星.
**wéather shíp** 気象観測船.
**wéather stàtion** 測候所.
**wéather vàne** 風見(ぎ), 風向計.

**weath·er-beat·en** /wéðərbìːtn ウェザビートン/ 形 **1** 風雨にさらされた. **2** 〈顔などが〉日に焼けた, 風雨に鍛えられた.

**weath·er·man** /wéðərmæn ウェザマン/ 图 (德 ··men) ⓒ 〔略式〕 (特にテレビ・ラジオの)天気予報員 [官] ((PC) weather forecaster); 気象台員

((PC) meteorologist).

**weave** /wíːv ウィーヴ/ 〔同音〕 △we've〕 動 (過去 wove/wóuv/ ; 過分 wo·ven/wóuvn/ ; 現分 weav·ing) 《◆(1) 専門用語としての過去分詞形には wove を用いる場合がある. (2) 比喩(ひ)的意味では過去・過去分詞形に weaved を用いることがある》 ⓣ **1** …を織る;…を編む, 編み合わせる; …を織って[編んで]作る ‖
weave a rug じゅうたんを織る.
weave a basket かごを編む.
weave threads into cloth 糸を織って布地を作る.
weave a garland of flowers 花で花輪を作る.
**2** …を編み込む, 織り込む ‖
weave flowers into one's hair 花を髪に編み込む.
**3** 《文》〈計画・物語など〉を仕組む, 作り上げる ‖
weave a story 話を作り上げる.
**4** 〈クモなどが〉〈巣〉を張る ‖
Most spiders **weave** a web. たいていのクモは巣を張る.
**5** 《◆この意味では過去・過去分詞形は weaved》
**a** 〈人・物〉をジグザグに進ませる ‖
weave a car 車を縫うように走らせる.
**b** [weave one's way] 縫うように進む ‖
The good driver **weaved his way through** the traffic. その上手な運転手は車の列を縫うように車を走らせた.
——🈩 **1** 織物を織る, 機(はた)を織る; 織り合わされる.
**2** 《◆この意味では過去・過去分詞形は weaved》〈道が〉縫うように続く, 〈人が〉縫うように進む ‖
The path **weaved through** the wood. その小道は森を縫うように続いていた.
——图 ⓒⓊ 織り(方), 編み(方); …織 ‖
a coarse weave 目の荒い織り[編み]方.

\***web** /wéb ウェブ/ 〖「織られた(woven)布地」が原義. cf. weave〗
——图 (德 ~s/-z/) ⓒ **1** クモの巣 (spider's web, cobweb) ‖
a fly in the web クモの巣にかかったハエ.
**2** 《正式》クモの巣状のもの ‖
a web of express-ways 高速道路網.
a web of lies うそ八百.
**3** 〔鳥〕(水鳥の)水かき; 羽板, 鞘(さや). **4** [the W~] 〔インターネット〕 =World Wide Web.
**wéb bròwser** [しばしば W~ b~] 〔コンピュータ〕 ウェブブラウザ《ウェブサイトを見るためのソフト》.
**wéb pàge** 〔コンピュータ〕 ウェブページ, ホームページ.
**Wéb sèrver** 〔コンピュータ〕 ウェブサーバー.
**web shopping** 〔コンピュータ〕 ウェブショッピング, インターネットショッピング.
**webbed** /wébd ウェブド/ 形 水かきのある.
**Web·site** /wébsàit ウェブサイト/ 图 [しばしば w~] ⓒ 〔コンピュータ〕 (インターネット上の)ウェブサイト.

**wed** /wéd ウェド/ 動 (過去・過分 wed または wed·ded; 現分 wed·ding) 《◆(1) (米) では過去・過去分詞とも wed, (英) では wedded の形が好まれる. (2) 形容詞としては (英)(米) とも wedded のみ. (3)

進行形にしない》《文》[他] **1** …と結婚する；…の結婚式をとり行なう，…を結婚させる.
**2** …を結びつける，…を結合[調和]させる.
**3** [be ~ded] 執着している，傾倒している ‖
be **wedded** **to** a theory ある理論に固執している.
—[自] 結婚する.

**Wed.** [略] Wednesday.

*__we'd__ /wíːd ウィード；《弱》wid ウィド/ ([同音] weed) we had, we would, we should の短縮形.

**wed·ded** /wédid ウェディド/ [動] → wed.
—[形] 結婚した；結婚の ‖
a **wedded** pair 夫婦.
**wédded húsband** [**wífe**] 正式に結婚している夫[妻].

*__wed·ding__ /wédiŋ ウェディング/ 〚誓約する(wed)こと(ing)〛
—[動] → wed.
—[名] ([複] ~s/-z/) [C] **1 結婚式**，婚礼(→ marriage [文化])；結婚披露宴 ‖
Our **wedding** will be next spring. 私たちの結婚式は来春に行なわれます.
**2** 結婚記念日，[複合語で] …婚式 ‖
the silver **wedding** 銀婚式(25周年).
the golden **wedding** 金婚式(50周年).
the diamond **wedding** ダイヤモンド婚式(60または75周年)《◆「記念日」をいう場合は silver wedding *anniversary* のように anniversary を付ける》.
**wédding càke** ウエディングケーキ.
**wédding dày** 結婚式の日；結婚記念日.
**wédding màrch** 結婚行進曲.
**wédding recèption** 結婚披露宴《◆単に reception ともいう》.
**wédding rìng** 結婚指輪.

W

**wedge** /wédʒ ウェヂ/ [名] [C] **1** くさび ‖
drive a **wedge** into the log 丸太にくさびを打ち込む.
**2** くさび[V字]形のもの；くさび形文字；〔ゴルフ〕ウェッジ ‖
a **wedge** of cake くさび形に切ったケーキ.
**3** [比喩的に] くさび；分裂[分解]の原因；糸口，手がかり.
—[動] ([現分] wedg·ing) [他] **1** …をくさびで留める；[wedge **A C**] **A**〈物〉にくさびを入れて **C** の状態にしておく ‖
**wedge** a door open 戸をくさびで留めてあけておく.
**2** …をくさびで割る[裂く].
**3** …を押し込む；…を割り込ませる；[wedge one's way] 割り込んで進む ‖
The boy **wedged** himself **into** the crowded bus. 少年は満員のバスの中へ割り込んだ.

*__Wednes·day__ /wénzdei ウェンズデイ, -di/ ([発音注意])《◆ d は発音しない》〚ゲルマン神話の神ウォーデンの(Woden's)日(day)〛
—[名] ([複] ~s/-z/) [U][C] **水曜日** ([略] W., W, Wed., Weds.)；[形容詞的に；《米略式》副詞的に] 水曜日の[に] ([語法] → Sunday).

**wee** /wíː ウィー/ ([同音] we) [形] (時に [比較] we·er, [最上] we·est) **1** 《スコット・小児語》ちっぽけな，ちっちゃな.
**2** 《略式》[a ~] ほんの少しの ‖
a **wee** bit ほんのちょっぴり.
**wée fólk** [the ~] 妖(よう)精たち.
**wée hóurs** 《米》たいへん早い時刻《夜中の1時，2時ごろ》.

**weed** /wíːd ウィード/ ([同音] we'd) [名] [C] **1** 雑草 ‖
Ill **weeds grow apace**. 《ことわざ》雑草は生長が早い；「憎まれっ子世にはばかる」.
**2** 役に立たない人[物]；やせ馬；《英略式》弱々しくひょろ長い人，気の弱い人.
—[動] [他] **1** …の雑草を除く；〈雑草〉を取る ‖
**weed** a garden 庭の草を取る.
**2 a** …を取り除く ‖
She **weeded out** the useless books **from** her library. 彼女は不用な本を蔵書から除いた.
**b** …から無用[有害]な物[人]を排除する.

**weed·y** /wíːdi ウィーディ/ [形] ([比較] --i·er, [最上] --i·est) **1** 雑草の多い. **2** 雑草の(ような)；雑草のように伸びるのが早い. **3** 《略式》ひょろひょろした；貧弱な.

**__week__ /wíːk ウィーク/ ([同音] weak) 〚「連続，一連の日々」が原義〛 [派] weekly (副)
—[名] ([複] ~s/-s/) [C] **1 週**《日曜日から土曜日まで. ただし [Q&A] 参照》；(ある一定の日から，またその日を含んで)7日間，1週間《◆しばしば前置詞を伴わずに副詞的に用いる》‖
We've had a lot of rain **this week**. 今週は雨が多かった.
**last week** 先週.
**next week** 来週.
the next **week** これからの7日間；その翌週，それからの7日間.
**weeks** ago 何週間も前に.
for **weeks** 何週間も.
next Saturday **week** 来週の土曜日《◆ on Saturday next *week* ともいう. → [関連]》.
**the week after next** 来々週.
the **week** before last 先々週.
**all** (the) **week long** 1週間ずっと.

[関連] [**週・日の言い方**] a wéek agò [from] todáy 《米》先週[来週]のきょう(=《英》today week, thís dày wéek) / a week ago [from] tomorrow 《米》先週[来週]のあす(=《英》tomorrow week) / a week ago [from] yesterday 《米》先週[来週]のきのう(=《英》yesterday week) / a week ago [from] Friday 《米》先週[来週]の金曜日(=《英》Friday week) / a week on Tuesday 《英》先週の火曜日 / a week last [next] Monday 《英》先々週[来々週]の月曜日 / What day of the week is it (today)? =

What is the day of the week? =What day is (it) today? きょうは何曜日ですか / the week of August 3 8月の3日から始まる1週間.

> **Q&A** *Q*: 週の最初の日 (the first day of the week) は月曜日ですか日曜日ですか. 学校は月曜日から始まりますが、カレンダーなどは日曜日がいちばん最初にきています.
> *A*: 日曜日は太陽にささげる日 (Sun's Day) とされ、何世紀にもわたって Sunday is the first day of the week. と考えられてきました. しかし今日では workweek (1週の勤務日数) の立場から Monday is the first day of the week. と考える人がふつうになってきました. つまり6日間働いて終わりの日曜日は休み (5日制なら土, 日) ということになったわけです (→ weekend).

**2 a** 1週間の勤務[労働]日数((米) workweek, (英) working week)《日曜日を除く6日間または土・日を除く5日間》, 就業日(数), 平日 ‖
a five-day (working) **week** 週5日制.
**b** (1週間の)実働時間制 ‖
He works a 40-hour **week**. 彼は週40時間勤務である.
**3** [W~] U (特別の催しのある)週間, …週間 ‖
Fire Prevention **Week** 火災予防週間.
*by the wéek* 1週いくらで、週ぎめで、週給で.
*wéek by wéek* (変化が)1週1週と、1週ごとに.
*wèek ín, wèek óut = wèek àfter wéek* (同じ行為・状態が)毎週、来る週も来る週も.

**week·day** /wíːkdèi ウィークデイ/ 名 C 平日, 週日, ウイークデー《祝日・日曜日(または土曜日も日曜日)以外の日》; [形容詞的に] 平日の; [~s; 副詞的に] (米略式)平日に(は) ‖
She is always busy **weekdays**. 彼女は平日はいつも忙しい《◆(正式)では on *weekdays* とする》.

***week·end** /wíːkènd ウィークエンド, (英+) ⨪/ [→ week]
── 名 (複 ~s-èndz, -ĕndz/) C **週末, ウイークエンド**《ふつう土曜日と日曜日, ときに金曜日の夜から月曜日の朝まで》; 週末の休み; [形容詞的に] 週末の ‖
over the **weekend** 週末を通じて.
a long **weekend** (週末にその前後1,2日を含む)長い週末.
Why don't you stay with us *for* [(米) *on*, (英) *at*] *the* **weekend**? 週末は私達の所にいらっしゃいませんか.
Come ((米) *on*, (英) *at*) *the following* **weekend**. 次の週末にいらっしゃい《◆この場合しばしば前置詞は省略される》.

***week·ly** /wíːkli ウィークリ/ ((同音) weakly) [→ week]
── 形 [名詞の前で] **毎週の, 週に1回の; 1週間の**; 週ぎめの; 週刊の (関連 → periodical) ‖
What is your **weekly** wage? あなたの週給はいくらですか.
a **weekly** magazine 週刊誌.
── 副 毎週, 週1回; 週ぎめで ‖
I am paid **weekly**. 私は週給をもらっている.
── 名 C (雑誌・新聞などの)週刊誌, 週報.

***weep** /wíːp ウィープ/ 動 (三単現 ~s/-s/; 過去・過分 wept /wépt/; 現分 ~·ing) (正式)
── 自 **しくしく泣く**《◆ cry より堅い語. 泣き声よりも涙を流すことに力点が置かれる》, 涙を流す; 嘆き悲しむ, 嘆く ‖
**weep** bitterly さめざめと泣く.
**weep** for joy うれし泣きする.
She **wept** over [about] her misfortunes. 彼女は身の不運を嘆き悲しんだ《◆ over の方が about より意味が強くなる》.
── 他 **1**〈涙〉を流す ‖
**weep** bitter tears さめざめと泣く.
**2** …に涙を流す, …を嘆き悲しむ ‖
**weep** the dead child 死んだ子を悲しんで泣く.
**3** …を泣き暮らす ‖
**weep** one's life away 泣いて一生を過ごす.
**weep** one's heart [eyes] out さめざめと泣く, 目を泣きはらす.
The baby **wept** to sleep. その赤ん坊は泣いているうちに寝入った.
── 名 C (略式) [しばしば ~s] 泣くこと, ひと泣き.
**weep·ing** /wíːpiŋ ウィーピング/ 動 → weep.
── 形 **1** 涙を流す, 涙ぐんだ. **2**〈枝が〉垂れ下がる, しだれる.

***weigh** /wéi ウェイ/ (発音注意)《◆ gh は発音しない》((同音) way) [「秤(はかり)にかける」が本義]
派 weight (名)
── 動 (三単現 ~s/-z/; 過去・過分 ~ed/-d/; 現分 ~·ing)
── 他 と 自 の関係
他 1 weigh A    A の重さを量る
自 1 A weigh C    A は重さが C である

── 他 1 **…の重さを量る**, 目方を量る; …の重さをみる; …を量り分ける ‖
She **wéighed hersèlf** on [in] the scales. 彼女ははかりで体重を量った.
**weigh** out a pound of sugar 砂糖を1ポンド分量る.
**2** …をよく考える; …を比較考察する ‖
**Weigh** your words in speaking. 慎重に言葉を選んで発言しなさい.
He **weighed** one plan with [against] another. 彼はある計画を別の計画と比較検討した.
── 自 1 **重さが…である**; 目方が…だけある[かかる] ‖
How much does the parcel **weigh**? その小包はどれくらいの重さですか.
The book **weighs** a pound. その本の目方は1ポンドある.
**2** (正式) 重要である ‖
The argument **weighed with** him. その議論を彼は重要視した.

**3**(正式)重荷となる, 圧迫する ‖
The matter weighs heavily on her mind.
その事が彼女の心をひどく苦しめている.
***weigh úp*** [他] …を理解する; …を比較考量する, よく考える; …を評価する.
**wéighing machine** 計量機, はかり.

***weight*** /wéit ウェイト/ (同音) wait) [→ weigh]
── 名 (複 ~s/wéits/) **1** Ü 重さ, 重量; 体重; 〔物理〕重さ ‖
**gain (in) weight** =**put on weight** 体重が増える, 太る.
She has lost weight. 彼女は体重が減った[やせた]《◆ She has lost her *weight*. はダイエットなどをして「(意図的に)減らした」という意味だが「体重すべてを失った」という意味にもなるので, She has lost much [some] of her *weight*. のようにいえば誤解がない》.
(対話) "What is your weight?" "My weight is 50 kilograms [kilos]. (=I am 50 kilograms in weight.)" 「あなたの体重はどれくらいですか」「私の体重は50キロです」.
**2** Ü 重量の単位; Ü 〔時に複合語で〕衡法 ‖
troy weight 金衡.
**3** Ü (…の)目方に相当する量 ‖
a ten-ton weight of coal 10トンの石炭.
**4** Ü 重い物; 分銅, おもり; 文鎮;〔運動競技用の〕砲丸, 円盤;〔重量挙げ〕ウエイト, バーベル;〔ボクシングなど〕ウエイト ‖
an ounce weight 1オンスの分銅.
lift weight 重量挙げをする.
**5**(正式)[the ~ / a ~](心の)重荷, 重圧; 負担, 責任 ‖
a weight of care 心労.
It was as if a great weight had been lifted from my shoulders. =It was a great weight off my mind. それはまるで大きな肩の荷が降ろされたようであった.
**6** Ü (正式)重要さ, 重み; 有力(なこと), 影響力 ‖
He will give weight to your ideas. 彼はあなたの考えをないがしろにしないでしょう.
It had great weight with her. それは彼女にとって重大であった.
people of heavier weight 実力者, 大物.
**by wéight** 目方で.
**cárry wéight** 重要である; 影響力がある.
**òver wéight** 重量が超過して.
**ùnder the wéight of A** …の重圧を受けて, …のために.
**ùnder wéight** 重量が不足して.
── 動 他 **1** …を重くする, …に重みをかける.
**2**(正式)…に重荷を負わせる;〔通例 be ~ed〕悩む ‖
He is weighted down with various cares. 彼はいろいろな心配事で参っている.
**wéight lifter** 重量挙げ選手.
**wéight lifting** 重量挙げ, ウエイトリフティング.
**weight·less** /wéitləs ウェイトレス/ (形) 重量の(ほとんど)ない; 無重力の.

**weight·y** /wéiti ウェイティ/ (形)(比較) --i·er, (最上) --i·est)(正式) **1** 重い, 重量のある. **2** 重荷となる. **3** 重大な, 重要な. **4** 有力な, 勢力のある.

**weird** /wíərd ウィアド/ (形) **1** 不可思議な, 気味の悪い, 超自然的な.
**2**(略式)風変わりな, 奇妙な, 理解に苦しむ ‖
a weird woman 変な女.
**wéird·ly** 副 不思議に; 気味悪く.

***wel·come*** /wélkəm ウェルカム/ 〖「うれしい訪問客」が原義〗
── 間 〔しばしば副詞(句)を伴って〕ようこそ, いらっしゃい ‖
Welcome home! お帰りなさい《◆長く留守にしていた人に》.
Welcome to Japan! ようこそ日本へ.
── 名 (複 ~s/-z/) Ü 歓迎, 歓待; Ü 歓迎のあいさつ[言葉] ‖
receive a warm welcome 温かい歓迎を受ける.
We gave her a hearty welcome. 私たちは彼女を心から迎えた.
**bíd A wélcome** =**sày wélcome to A** …を歓迎する.
── 動 (三単現) ~s/-z/; (過去・過分) ~d/-d/; (現分) --com·ing)
── 他 **1** …を歓迎する, 喜んで迎える ‖
a welcoming party 歓迎会.
He warmly welcomed his guest at the door. 彼は入口で客を温かく迎えた.
We'll welcome you to our home. 私たちは喜んであなたを家へお迎えします.

> Q&A Q: 歓迎会を「ウェルカム=パーティー」と言ったりしますが, a *welcoming* party といわなければ間違いですか.
> A: welcome は名詞もありますから a welcome party で誤りではありません. a welcoming party に比べ, くだけた言い方ではよく用いられます.

**2**〈意見・機会など〉を喜んで受け入れる.
── 形 **1** 歓迎される ‖
a welcome guest 喜んで迎えられる客.
Visitors are welcome. 訪問客は歓迎します.
**2** うれしい, ありがたい; 喜ばしい ‖
a welcome present うれしいプレゼント.
welcome news 吉報.
**3**〔補語として〕自由に使ってよい; 自由に(…して)よい ‖
Anyone is welcome to try it. どなたでも自由にお試しください.
She is welcome to the use of my library. 彼女は自由に私の蔵書を利用してよいことになっている.
***You are wélcome.*** (1)(主に米)どういたしまして《◆(1)お礼の言葉に答える決まり文句で, よりていねいには You are móre than [móst] wélcome. ともいうが, 単に Wélcome. ともいう.(2)The

「ええ, 君と同じくらい上手だと思いますよ」.
**be wéll óut of** A 《略式》…をうまく免れている.
**còme óff wéll** 〈事が〉うまくいく; 〈人が〉幸福である.
**dò wéll** (1) うまくいく, 成功する. (2) [be doing] (病気から)だんだん回復している.
**dò wéll to** do …するのが賢明である ∥ She did well to marry him. 彼女が彼と結婚したのは賢明だった.
**gèt ón wéll with** A …と仲よくやっていく.
○**máy** [**míght**] (**jùst**) **as wéll** do [「…してもしなくてもよい」が本義]《略式》(1) a) (…するのは)…するのと同じで, …するのと変わりない, (…するくらいなら)…**する方がよい** ∥ It's late, so I may [might] as well go home. 遅いから家に帰る方がよい / He'll never listen; you might ["may] as well talk to the wall. 彼は絶対に耳を貸そうとしない, 壁に向かって話すのと同じだ《◆仮定の意味が強いときは may は用いない》/ 対話 "There aren't any more customers." "In that case we **may as well** close up early." 「もうお客はいません」「それじゃ, 早く閉店にした方がいいだろう」. b) …してもよい, …して差し支えない ∥ It's not very far, so I **may** [**might**] **as well** walk. (「歩いていこう」という誘いなどに対して)あまり遠くないんだから歩いていってもいいね. 《◆動詞を省略して》そうだね; そうしてもいいね《◆あまり熱意のない返答》∥ 対話 "Shall we start?" "Might as well(↘)."「出かけようか」「そうだね」. (2) [主に might (just) as well で]〔控え目な提案〕…してもいいじゃない, …したらどう ∥ What a slow bus it is! We **might as well** go by taxi. 遅いバスだね. タクシーでもいいんじゃない.
○**máy wéll** do (1) …するのももっともだ ∥ You may well be surprised at the news. 君がそのニュースを聞いて驚くのも当然だ(=You have good reason to be surprised at the news. / It is natural that you should be surprised at the news.). (2) たぶん…だろう(→ 副 9).
**might wéll** do (1) …するのももっともだ, …するのも無理ない《◆ may well do より控え目な表現. 意味は現在》. (2) …するのももっともだった, …するのも無理なかった《◆意味は過去》.
**prétty wéll** (1) かなりよく[うまく]. (2) ほとんど.
**wéll óff** → well-off.
── 形 《比較》**bet·ter**, 《最上》**best**》 **1** 健康な, 丈夫な; (病気などが)治って(↔ ill, sick) ∥
get **well** 元気になる.
look **well** 元気そうに見える.
the sick and the **well** 病人と健康な人.
I don't feel **well**. 気分がよくない.
a **well** baby 健康な赤ん坊《◆ 名詞の前では(主に米)で原級のみに用いる》.
対話 "How are you?" "I'm quite **well**, thank you. And you?" 「お元気ですか」「おかげさまでとても元気です, あなたはいかがですか」《◆(米)では I'm fine, thank you.》.

**2** [補語として] 満足な, 申し分ない, 好都合な; 見ばえがいい ∥
all being **well** 万事うまくいけば[思いどおりになれば].
Everything is **well** with us. 私たちは万事うまくいっている.
I am very **well** where I am. 今のままで十分満足です.

**3** 《正式》[補語として] 適当で, 当を得た; 望ましい.
**It** [**That**] **is áll véry wéll** [**wéll enóugh**], **but** … 《略式》結構だが…《◆ 不満の反語用法》 ∥ It's all very well for you to say so, but who will go instead? 君がそういうのはそれはまことに結構だが, だれが代わりに行くのですか.
**It is jùst as wéll that** … 《略式》…とは幸運だ, …なのはむしろ好都合だ.
**it mày be** (**jùst**) **as wéll to** do …した方がよい ∥ It **may be as well** not to invite him. 彼を呼ばない方がよいだろう.
**Óh wéll.** =VERY well.

──間 **1** [驚き・非難など] おや, まあ, えっ!, へぇー ∥
Well, to be sure! =Well now! =Well, well(, well). (↘) まあ, これは驚いた.

**2** [安心] やれやれ, さあ! ∥
Well, that is over. やれやれ, これで終わった.

**3** [譲歩] それで, そりゃ ∥
Well(↘), you may be right. なるほど, 君の言うとおりかもしれない.

**4** [話の続行・言葉の切り出し] さて, ところで; それで ∥
Well, then. それでどうしました.

**5** [同意・承諾] よろしい, そうね《◆ふつうあまり満足でない同意》∥
Well(↘), but what about the money? よろしい, でも金はどうなるんだい.

**6** [予期] それで, それから ∥
Well(↗), what happened to her? それで, 彼女はどうなりました.

**7** [あきらめ] どうなろうとも, ままよ ∥
Well, it can't be helped now. いやもう仕方がないさ.

**8** [ためらい・思案] ええと, そうね ∥
Well(↘), let me see. ええと, そうですね.

\***well**² /wél ウェル/ [「泉」が原義]
──名 《複》 ~s/-z/) ⓒ **1** 井戸; [しばしば複合語で] (石油・天然ガスを採るための)井 ∥
dig a **well** 井戸を掘る.
an oil **well** 油井(ゆせい).

**2** (階段の)吹き抜け; (エレベーターの)縦穴.

──動 ⾃ わき出る, 噴出する ∥
Tears **welled up** in the girl's eyes. その女の子の目から涙がわき出た.

\***we'll** /wíːl ウィール; 《弱》 wil ウィル/ 《同音》《強》 wheel 《英》《略式》we will [shall] の短縮形.

**well-** /wél- ウェル-/ 《連結形》《比較》**more**, **better-**, 《最上》**best-**》 よく, 十分に《◆ well¹ の連結形. しばしば過去分詞と共に複合形容詞を作る》. 例: most **well**-behaved 最も行儀のよい.

pleasure is mine., (英やや古) Don't mention it., (正式) Not at all., (略式) Forget it. などともいう(→ at ALL). (3) (米略式) では Sure., Uh-huh. も用いる) ‖ 対話 "Thank you for a delicious meal." "You're welcome."「おいしい食事をありがとうございました」「どういたしまして」. (2) よくおいでくださいました.

**wel·com·ing** /wélkəmiŋ ウェルカミング/ 動 → welcome.

**weld** /wéld ウェルド/ 動 他 …を溶接する. ― 自 溶接[鍛接(なん)]される.
― 名 1 C 溶接点[部]. 2 C U 溶接, 密着.

**wel·fare** /wélfèər ウェルフェア/ 名 U 1 幸福, 繁栄, 福利《◆健康・快適な生活などを含めた意味での幸福》‖
social **welfare** 社会福祉.
the Ministry of Health, Labour and Welfare (日本の)厚生労働省.
work **for the welfare of** others 他人の幸福のために働く.
2 =welfare work. 3 (米略式) 生活保護, 福祉援助((英) social security, benefit).
**on wélfare** 《主に米略式》生活保護を受けて.

**wélfare stàte** [しばしば W~ S-] [the ~] 福祉国家《各種社会保障制度の発達した国》; 社会保障制度.

**wélfare wòrk** 福祉[厚生]事業(welfare).

**✶✶well¹** /wél ウェル/ 間 では時に(弱) wəl/
→ 副 1 よく  3 うまく  5 十分に
8 道理にかなって  10 親密に
形 1 健康な  2 満足な

― 副 (比較 bet·ter/bétər/, 最上 best/bést/)
**1a** [受身形以外では動詞のあとで] よく, 満足に, 申し分なく(↔ ill, badly)‖
He slept **well** last night. 彼は昨晩よく眠れた.
**Áll's wéll that énds wèll.**《ことわざ》終わりよければすべてよし.
**b** [動詞のあとで] よく, 申し分なく‖
The knife cuts **well**. そのナイフはよく切れる.
**2** [動詞のあとで] 正しく, りっぱに‖
She condúcted hersèlf wéll. 彼女は行儀よくふるまった.
**3** [動詞のあとで] うまく, 上手に, すばらしく《◆(1) ふつう文尾に置く. (2) 対応する形容詞は good》(↔ badly)‖
He speaks English **well**. 彼は上手に英語を話す(=He is a good English speaker.).
She plays the piano very **well**. 彼女はピアノがたいへん上手です(=She is a very good pianist.).
**4** [受身形以外では動詞のあとで] 都合よく, うまく, 適当に(↔ badly)‖
**Wéll dóne!** うまいぞ!, でかした!
That is **well** said! まさにそのとおり!, ご名答!
Everything is going **well**. すべてうまくいっている.
**5** [動詞のあとで] 十分に, 完全に‖

wash one's hands **well** よく手を洗う.
Shake the bottle **well** before using. びんをよく振ってから使用しなさい.
**6** [通例時・場所を表す副詞・前置詞の前で] かなり, 相当, ずいぶん, 優に‖
She is **well** past forty. 彼女は40歳をかなり越えている.
He got there **well** after ten o'clock. 彼は10時をだいぶ過ぎてそこに着いた.
**7** [able, aware などの補語として用いる形容詞の前で] かなり, 十分に‖
I am **well** able to manage on my own. 私は一人で十分やっていける.
He was **well** aware of the danger. 彼はその危険に十分気づいていた.
The work is **well** worth the trouble. その仕事は十分骨折ってするだけの価値がある.
**8** [動詞の前で] 道理にかなって, もっともで, 正当に, 適切に; [cannot, could not のあとで] 容易に(は)(…できない[できなかった])《◆成句の may well do, might (just) as well do などの well もほとんどこの意味》‖
You may **well** need your sweater if it is a little colder. もう少し寒くなればセーターも必要となるでしょう.
**9** [may ~] たぶん; 可能性が十分ある《◆may 単独よりも確信の度合いが高い》‖
It may [might, could] **well** rain before tonight. 晩までに雨になりそうだ(=It is very likely that it will rain.).
I may **well** accept the nomination. 私は指名を受け入れる準備がある[受け入れてもよいと思っている].
**10** 親密に, 親しく; 好意を持って‖
The teacher **is well** spoken [spoken **well**] of. その先生は評判がよい.

**○as wéll** (1)《略式》なおその上, おまけに《◆ふつう否定文には用いない》‖ He gave us clothes, and money **as well**. 彼は私たちに着物もくれた, なおその上にお金もくれた. (2) 同じくらい上手に‖ He speaks English, and his sister does **as well**. 彼は英語を話すが, 彼の妹も同じくらいうまく話す.

**○as wéll as …** (1) …と同様に, …のみならず, …だけでなく, …はもちろん‖ He gave us fóod **as wéll as** clòthes. 彼は私たちに着物はもちろん食べ物もくれた(=He gave us not only clothes but (also) food.).《◆A as well as B では A の方に意味上重点がおかれ, それを主語とする動詞は A の人称・数と一致するのが原則: I as well as he am diligent. 彼と同様に私も勤勉だ》/ As **well** as being in love with him, she respected him. 彼女は彼を愛しているだけでなく尊敬もしていた. (2) …と同じくらい上手に‖ He washes the dishes **as well** as he cooks. 彼は料理と同じくらい食器洗いも上手だ‖ 対話 "Does he play golf?" "Yes. I think he can play it **as well as** you."「彼はゴルフをするの?」

**well-ad·just·ed** /wéləd₃ʌ́stid ウェラヂャスティド/ 形 十分に順応した.

**well-ad·vised** /wéləd∨áizd ウェラドヴァイズド/ 形 思慮のある, 賢明な.

**well-ba·lanced** /wélbǽlənst ウェルバランスト/ 形 (正式) 常識のある; 正気の; バランスのとれた.

**well-be·haved** /wélbihéivd ウェルビヘイヴド/ 形 行儀のよい.

**well-be·ing** /wélbí:iŋ ウェルビーイング/ 名 U (正式) 幸福, 福利, 健康.

**well-done** /wéldʌ́n ウェルダン/ 形 1 りっぱになされた. 2 《肉がよく焼けた(→ beefsteak).

**well-groomed** /wélgrú:md ウェルグルームド/ 形 〈馬などが〉手入れの行き届いた; 〈人が〉身なりのきちんとした, 小ぎれいな.

**well-in·formed** /wélinfɔ́:rmd ウェリンフォームド/ 形 (正式) 1 博識の, 見聞の広い. 2 精通している, 事情に通じている.

**Wel·ling·ton** /wéliŋtən ウェリントン/ 名 1 ウェリントン《the First Duke of ~ =Arthur Wellesley /wélzli/ ~ 1769-1852; Waterloo で Napoleon を破った英国の将軍・政治家》. 2 ウェリントン《New Zealand の首都》. 3 (主に英) 《通例 ~s; または wellingtons》=Wellington boot(s).
**Wéllington bóot(s)** ウェリントン‐ブーツ(Wellington)《前面がひざの上までくる革[ゴム]製の長靴》.

**well-in·ten·tioned** /wélinténʃənd ウェリンテンションド/ 形 善意の, 善意で行なった《◆しばしば不首尾に終わったことを含む》.

**\*well-known** /wélnóun ウェルノウン/ 《◆名詞の前で使うときは /-´/》
——形 《比較》more well-known, bet·ter-known; 《最上》most well-known, best-known》よく知られている, 有名な; 周知の《◆famous より狭い範囲で「よく知られた」で良い意味にも悪い意味にも用いる》
a **well-known** painter 名の通った画家.
She is one of the **best-known** TV personalities in Japan. 彼女は日本で最もよく知られているテレビタレントの1人です.

**well-man·nered** /wélmǽnərd ウェルマナド/ 形 行儀のよい, 上品な, ていねいな.

**well-mean·ing** /wélmí:niŋ ウェルミーニング/ 形 =well-intentioned.

**well-off** /wélɔ́:f ウェロ(ー)フ/, **wéll óff** 形 《比較》bet·ter-, 《最上》best-》 1 (略式) 順境にある. 2 裕福な《◆rich より口語的》(↔ badly-off); 豊富な, たっぷりある. 3 不自由しない.

**well-read** /wélréd ウェルレド/ 形 多読の; (正式) 博識の, 精通している.

**well-round·ed** /wélráundid ウェルラウンディド/ 形 1 多才の; 円満な. 2 包括的な; 3 《文体などが》よくつり合いのとれた. 4 丸々とした, 肉付きのよい.

**Wells** /wélz ウェルズ/ 名 ウェルズ《H(erbert) G(eorge) ~ 1866-1946; 英国の小説家・歴史家》.

**well-spo·ken** /wélspóukn ウェルスポウクン/ 形 1 話がうまい. 2 言葉づかいが上品な; 〈言葉などが〉適切な. 3 (英) 標準英語を使う.

**well-timed** /wéltáimd ウェルタイムド/ 形 時宜を得た, 好機の.

**well-to-do** /wéltədú: ウェルトゥドゥー/ 形 (略式) 1 裕福な《◆補語になる場合には well to do とも書く》. 2 《the ~; 集合名詞》富裕階級.

**well-wish·er** /wélwìʃər ウェルウィシャ/ 名 C 他人[物事]の幸福を祈る人, 人に好意を寄せる人; (主義などの)支持者; 見送り人.

**Welsh** /wélʃ ウェルシュ/ 形 1 ウェールズの ‖ There are some **Welsh** children in this class. このクラスにはウェールズの子供が何人かいます.
2 ウェールズ人[語]の.
——名 1 《the ~; 集合名詞; 複数扱い》ウェールズ人《◆個人は Welshman》. 2 U ウェールズ語.

**Welsh·man** /wélʃmən ウェルシュマン/ 名 《複 --men》C ウェールズ人((PC) Welsh person) (→ Welsh 名 1).

**welt** /wélt ウェルト/ 名 C (靴底と甲皮との)継ぎ目革《図 → shoe》; 〈衣服の〉へりかがり, ふち飾り, 当てぎれ.

**wel·ter** /wéltər ウェルタ/ (正式) 動 (自) ひたる, ふける. ——名 C 《通例 a ~》混乱, 騒動; ごった返し.

**Wen·dy** /wéndi ウェンディ/ 名 1 ウェンディ《女の名》. 2 ウェンディ《*Peter Pan* に登場する3姉妹の長女》.
**Wéndy hòuse** (英) おもちゃの家.

**\*went** /wént ウェント/ 動 → go.

**wept** /wépt ウェプト/ 動 → weep.

**\*were** /(弱) wər ワ; (強) wə́:r ワー/
——動 1 二人称単数および各人称の複数を主語とする be の直説法過去形《◆are の過去形》‖
You [We, They] **were** busy. 君(たち)[私たち, 彼(女)ら]は忙しかった.
2 仮定法単数・複数全人称の過去形(語法 → was).

---

語法 (1) 仮定法過去(→ if 1b Q&A)では if 節の中の be 動詞は were を用いるが, 単数主語の場合(略式)では直説法の was を用いるのがふつう: I wish it *were* [*was*] Saturday today. きょうが土曜日であればなあ / She looks as if she *were* [*was*] drunk. 彼女は酔っているかのように見える.
(2) if を省略して疑問文の語順にした場合や as it were (いわば)のような固定した表現では was は置きかえられない: *Were* [ˣWas] she my daughter, I could suggest a different plan. (文) もし彼女が私の娘であれば私は別の計画を提案できるのに / Mr. Tanaka is, *as it were* [ˣwas], a walking dictionary. 田中氏はいわば生き字引だ.
(3) if I *were* you (もし私が君であれば), if **A** *were* to do (もし **A** が…するようなことがあれば)で, was を使うのは(略式)に限る.

---

**wère it nót for ...** (文) =**if it were not for**

…もし…がなければ.
**wére to** do ~ be 動 **3**.

***we're** /wíər ウィア/ (略式) we are の短縮形.

***weren't** /wə́ːrnt ワーント/ (略式) were not の短縮形.

**were-wolf** /wéərwùlf ウェアウルフ, wə́ːr-/ 名 (複 **-wolves**) Ⓒ 狼(おおかみ)人間《ヨーロッパの伝説で狼に変えられた人, または狼に変身する人》.

***west** /wést ウェスト/ 派 western (形)
── 名 〔しばしば W~〕〔the ~〕 **1** 西, 西方, 西部《略 W, W., w.》(cf. east, north, south)《◆用例・語法その他は → east 名**1**》.
**2** 〔the W~〕(米) 西部(地方)《Mississippi 川以西》, 西部諸州. **3** 〔通例 the W~〕
**a** 西洋, 欧米. **b** (略式) (共産圏に対して)西側(諸国), 自由主義陣営(↔ the East).
── 形 〔しばしば W~〕 **1** 西の, 西にある, 西部の(→ eastern 語法).
**2** 西に向いた[へ行く]; 〈風が〉西から来る《◆用例は → east》.
── 副 〔しばしば W~〕 西へ[に], 西方へ[に]; 〈風が〉西へ(古)から》《◆用例は → east》.
**gò wést** (1) 西[西部]へ行く; 〈太陽が〉西に沈む.
(2) (主に英略式や古) 〈人が〉死ぬ; 壊れる, 動かなくなる; 無用になる; なくなる.

**Wést Berlín** 西ベルリン《ベルリンの西部地域の旧称. 1990年に東ベルリンと統一された. cf. East Berlin》.

**Wést Énd** 〔the ~〕 ウエストエンド《ロンドン西部地区. 官庁・公園・劇場・高級商店・高級住宅がある. この住民は West-Ender という. cf. East End》.

**Wést Gérmany** 西ドイツ《公式名 the Federal Republic of Germany. 首都 Bonn. 1990年10月東ドイツと統一された》.

**Wést Índian** 西インド諸島の(人).

**Wést Índies** 〔the ~〕 西インド諸島《北アメリカ東南部と南アメリカ北部の間にある諸島》.

**Wést Póint** (米) ウエストポイント《ニューヨーク市の北方 Hudson 河畔の軍用地. 陸軍士官学校がある》.

**Wést Síde** 〔the ~〕 ウエストサイド《ニューヨークの Manhattan の西部地区. cf. the East Side》.

**Wést Virgínia** ウエストバージニア《米国東部の州. (愛称) the Panhandle State. (略) W.Va., 〔郵便〕 WV》.

**west-bound** /wéstbàund ウェストバウンド/ 形〈船・乗物・道路などが〉西へ向かう, 西にのびる.

**west-er-ly** /wéstərli ウェスタリ/ 形 **1** 西の; 西への, 西方への.
**2** 〈風が〉西からの《◆west に比べだいたいの方向をさす》‖
a westerly wind 西風.
── 副 西へ[に], 西方へ[に]; 〈風が〉西から来る.

***west·ern** /wéstərn ウェスタン | wéstn ウェストン/ 〔→ west〕
── 形 (→ eastern 語法) 〔しばしば W~〕 **1** 西の, 西方の, 西にある ‖
Kyushu is in the **western** part of Japan.
九州は日本の西部にある(→ east 名**1** 語法).
**2** 西へ行く[向かう], 西向きの.
**3** 〈風が〉西からの.
**4** 西部の; 〔W~〕 (米) 西部(地方)の, 西部諸州の.
**5 a** 西洋の, 欧米の. **b** (略式) (共産圏に対し)西側(諸国)の, 自由主義陣営の.
── 名 〔しばしば W~〕Ⓒ 西部劇, ウエスタン《開拓時代のカウボーイなどが登場する映画・小説》.

**Wéstern Chúrch** 〔the ~〕 西方教会, ローマカトリック教会.

**Wéstern (Róman) Émpire** 〔歴史〕 〔the ~〕 西ローマ帝国《395-476》.

**Wéstern Samóa** 西サモア《南太平洋の国》.

**west-ern-er** /wéstərnər ウェスタナ | wéstnə ウェストナ/ 名 Ⓒ **1** 西部地方(生まれ)の人. **2** 〔W~〕 (米) 西部(生まれ)の人. **3** 〔W~〕 西洋人.

**West·min·ster** /wéstmìnstər ウェストミンスタ/ 名 **1** ウエストミンスター《英国 London 中央部の自治区. 国会議事堂, Westminster Abbey, Buckingham 宮殿などがある》.
**2** (英) 国会議事堂; 議会政治 ‖
at Westminster 議会で.
**3** =Westminster Abbey.

**Wéstminster Ábbey** ウエストミンスター寺院 (Westminster)《ゴシックふうの大教会堂. 単に the Abbey ともいう. → Poets' Corner》.

**Wéstminster Cathédral** ウエストミンスター大聖堂《英国ローマカトリック教の大本堂》.

**west·ward** /wéstwərd ウェストワド/ 副 西へ[に], 西方へ[に]; 西方に向かって ‖
sail westward 西に向かって航海する.
── 形 西(へ)の; 西向きの.
── 名 〔the ~〕 西(方).

**west·wards** /wéstwərdz ウェストワッ/ 副 (主に英) =westward.

***wet** /wét ウェット/ (同音 △whet)
── 形 (比較 **wet·ter**, 最上 **wet·test**) **1** ぬれた, 湿った; 湿気のある(↔ dry) (cf. damp) ‖
get wet ぬれる.
wet dishes ぬれた皿.
The baby's cheeks were still **wet with** tears. 赤ん坊のほおはまだ涙でぬれていた.
My hair was still **wet from** being washed. 私の髪は洗ったばかりでまだぬれていた.
**2** 雨(降り)の, 雨で湿った, 〈気候が〉雨の多い, 雨がちの《◆**rainy** より口語的》‖
a wet day 雨模様の日.
wet weather 雨天.
the wet season 雨期.
It's wet outside. 外は雨だ.
**3** まだ乾いていない, 塗りたての ‖
wet cement 塗りたてのセメント.
**4** 〔米略式〕飲酒を禁止していない, 酒類の製造販売を認めている ‖
a wet state 非禁酒の州.
**5** (略式) 酔っている. **6** (主に英略式) 〈人が〉感傷的な,

湿っぽい；まぬけな．

**wét thróugh** ＝**wét to the skín** ＝**drípping wét** びしょぬれになって．

―名 **1a** Ⓤ(略式) [しばしば the 〜] 湿気, しめり. **b** [the 〜] 雨降り, 雨天; 雨; (雨после の)ぬかるみ ‖ Stay out of the wet. 雨にぬれないようにしなさい. **2** Ⓒ(米略式) 禁酒反対者(↔ dry). **3** Ⓒ [主に英略式] 感傷的な [弱々しい] 人.

―動 (過去・過分) **wet·ted** または (米) **wet**; (現分) **wet·ting** ❶ **1** …をぬらす, 湿らす(↔ dry) ‖
wet a towel タオルをぬらす.
He was *wetted* to the skin by the rain. 彼は雨でずぶぬれになった.
**2** …に小便する《◆ 受身にしない》‖
wet one's [the] bed ＝wet oneself 寝小便する．

**wét páint** 塗りたてのペンキ．
**wét súit** (ダイバーの)ウエットスーツ．

*****we've** /wíːv ウィーヴ; (弱) wiv ウィヴ/ (同音 △weave) (略式) we have の短縮形(→ I've (語法)).

**whack** /hwǽk ワック/ 【擬声語】(略式) 動 他 **1** …を強く打つ, ピシャリと打つ. **2** (米) …を山分け [分配] する. ―自 強く打つ.
―名 **1** ピシャリと打つこと, 強打. **2** [通例 a 〜] 試み. **3** [通例 a 〜 / one's 〜] 分け前, 分配.

**whack·ing** /hwǽkiŋ ワキング/ (略式) 形 → whack. ―形 すごく大きい, でかい. ―副 すごく. ―名 ⒸⓊ 打つこと; ぶつこと.

**whack·y** /hwǽki ワキ/ 形 名 ＝wacky.

*****whale** /hwéil ウェイル/ 【「大きな魚」が原義】
―名 (複 whale, 種類を表すときは 〜s/-z/) Ⓒ クジラ(鯨) 《◆ マッコウクジラ, イルカ(dolphin)など有歯のものと, ザトウクジラ, セミクジラ, ナガスクジラなどひげのあるものとの2種類がある》‖
a bull whale 雄クジラ.
a cow whale 雌クジラ.
Look! The *whale* is blowing. 見てごらん, クジラが潮を吹いていますよ.
*a whále of a* [**an**] …(略式) すばらしい, 抜群の ‖ We are having *a whale of a* (good) time! 気分は最高, 乗ってます.

**whále cálf** 子鯨.
**whále físhery** 捕鯨業; 捕鯨場.
**whále óil** 鯨油.

**whal·er** /hwéilər ウェイラ/ 名 Ⓒ 捕鯨者 [船員]; 捕鯨船.

**whal·ing** /hwéiliŋ ウェイリング/ 名 Ⓤ 捕鯨(業).
**wháling gún** 捕鯨砲, もり発射砲.

**wharf** /hwɔ́ːrf ウォーフ/ 名 (複 〜s, wharves) Ⓒ 波止場, 埠頭(ふとう).

**wharves** /hwɔ́ːrvz ウォーヴズ/ 名 wharf の複数.

**★★what** /hwɑ́t ワト, hwɑ́t | wɔ́t ウォト; (弱) hwət ワト/
→ 代 **1** 何 **2** (…する)もの [こと]
形 **1** 何の **2** なんという **3** 全部の
―代 (主格・目的格 what, 所有格なし)

**Ⅰ** [疑問代名詞]
**1a** [通例文頭で; wh 疑問文] 何, どんなもの [こと], 何もの [ごと]; いくら《◆(1) 主語として用いる場合はふつう単数扱い. (2) 不定的な数・量の中からの選択を求める語. 限定された数のものからの選択は which. (3) 日本語で「どこ」と訳されることがある(→ where 副 **1** (Q&A))》‖
**What** is that? あれは何ですか.
**What** are these? これは何ですか.
**What** is (there) in the garden? 庭には何がありますか.
**What** does this pen cost? このペンはいくらしますか(＝How much (money) does this pen cost?).
**What's** your order? ＝**What** will you have? ＝**What** will it be? (注文は)何になさいますか.
**What** is the price? 値段はどのくらいですか.
**What** are you doing? 何をしているのですか.
**What** are you? あなたは何者ですか《◆職業を尋ねる文だが, ぶしつけなので避ける. → who 代 **1** (Q&A)》.
I don't know **what** to do. どうしてよいかわかりません《◆ to do の意味上の主語は I. 次例では he: He asked me *what* to do.》.
**What** [*How] do you think of Japan? 日本をどう思いますか.
**What happened then?** ＝**And then what happened?** それからどうなりましたか《◆相手の話に関心があることを示し, その話の展開をうながす》.

(語法) 間接疑問では節内は平叙文と同じ語順になる: Tell me *what* your name is. あなたの名前は何というか教えてください《◆ May I have [ask] your name? の方がていねい》.

**What** is wrong with this camera? このカメラのどこが調子悪いのだろう.

(対話) "**What** do you do on Sundays?" "I play golf." 「日曜はどうしますか」「ゴルフをします」.
(対話) "I saw it then." "**What?**(↗)" "A book." 「その時それを見た」「何を」「本を」《◆ b との音調の違いに注意》.

(Q&A) **Q**: 「それは何の中に入っていますか」は In *what* is it? でいいですか.
**A**: よくありません. 前置詞を後ろに回して *What* is it *in*? とすればいいでしょう. 「何のお話ですか」も *What* is it *about*? です.

**b** [通例文尾で; 問い返し疑問文] 何《◆ 相手の発話に対する驚き・念押しに用いる》‖
(対話) "Here comes the teacher." "**What?**(↗)" "Here comes the teacher." 「ほら先生が来たぞ」「え, 何だって?」「先生が来たぞ」《◆(1) 答えはふつう前言をくり返す. (2) *What* did you say? / Pardon? (↗) / I beg your pardon? (↗) の順にていねいさが増す》.

対話 "I've been writing a poem." "Writing what?(↗)"「詩を書いていたんだ」「何を書いてるって?」.

対話 "She dyed her hair purple yesterday." "She dyed it **what** color?"「彼女はきのう髪を紫色に染めたんだ」「何色に染めたって?」.

対話 "Open the bottle with this ring." "With **what**?(↗)"「びんをこの指輪であけなさい」「何でだって?」《◆this ring の確認であるから *What* with? ではない. cf. 対話 "Open the bottle." "*What with?*(↘)"「そのびんをあけてくれ」「何であけようか」. これは What shall I open the bottle **with**? の意味》.

**II** [関係代名詞]

**2** [先行詞を含んで][単数・複数扱い] **a** (…する)もの[こと] (the thing(s) which) ‖
That is **what** we want to know. それが私たちの知りたいことです.
Look at **what** [that which] I got. 私のもらったものを見てごらん.
**What** is needed is [are] books. =What are needed are books. 必要なのは本です.
You are **what** you read. 人の中身は読み物で決まる.
He is looking at **what** used to be [what seems to be, what is said to be] my father's desk. 彼は以前父のものだった[父のものだと思われる, 父のものだと言われている]机を見ている.
He is not **what** he was [used to be]. 彼は今では以前の彼ではない《◆ふつう悪い意味に用いる. 日常あまり使われない. 次のような言い方がふつう》: He has changed a lot. 彼はずいぶん変わった.
She has made our school **what** it is today. 彼女が今日(ﾞ°)の本校を築き上げた.
**b** (…する)ものは何でも《◆通例次の句で》 ‖
Do **what** you please. 好きなことは何でもしなさい (=Do anything you like.).
Come **what** may [will], I will not break my word. どんなことがあろうと約束は破りません.
**c** [挿入節を導いて](…である)ことには《◆(1) 副詞節を導く. (2) ふつう比較級の形容詞と共に用いる》‖
Jack is a fine athlete; **what** is more important, he is a good musician. ジャックはりっぱなスポーツマンだが, さらに重要なことにすぐれた音楽家でもある《◆what is を省いて more important としてもよい》.

**III** [その他]

**3** [感嘆的に] なんと, どれほど ‖
**What** she has suffered! 彼女はなんと苦しんだことだろう.

**and whát nòt** =and [or] whàt hàve you その他そのようなもの.

**A is to B what C is to D.** A の B に対する関係は C の D に対する関係と同じである《◆ what **C** is to **D** が to **B** の前にくることもある》‖ The teaching plan is **to** the teacher **what** the blue print is **to** the architect. 教師にとっての教案は建築家にとっての青写真のようなものである.

**I [I'll] téll you whát.** (↘) **=I knów whát.** (↘)《略式》いい考えがある, ねえちょっと(聞いてよ), 実はこうなんだ, ねえちょっと(聞いてよ)《◆ what はいずれも something の意》‖ I'll tell you what. Let's go ice-skating tomorrow. そうだ, あしたスケートに行くっていうのはどうだ / 対話 "So how am I going to get there on time?" "Tell you what, I'll drive you. It's on my way."「それでは私はどうやってそこへ時間どおりに行ったらいいのかしら」「じゃこうしよう. ぼくが車で乗せてってあげるよ. そこなら行く途中だから」.

**or whát** 〔通例否定文・条件文で; 文尾で〕それともほかに何か ‖ I don't know whether I've offended her, or **what**. 彼女の気分を損ねてしまったのか, それともほかに理由があるのか, よくわからない.

**Sò whát?** (↘) 《略式》(1) 〔問いつめられて〕それがどうしたというのだ; 〔相手を問いつめて〕そんなことどういうことないでしょう (=What of it?). (2) 〔相手の言葉が聞きとれなくて〕それでどうしたって?

◇**Whát abòut A?** (↘)《略式》《◆(1) **A** は名詞・動名詞. (2) How about **A** ? の方がいくぶんだけた表現》(1) 〔提案を示して〕(を)してはどうですか ‖ **What about** (going for) a swim? 泳ぎに行くのはどうかな. (2) 〔情報・意見を求めて〕…についてどう思いますか, …はどうしますか ‖ **What about** your homework? 宿題はどうなっているかね. (3) 〔非難を示して〕…はどうなったのか ‖ **What about** your manners! お行儀はどうしたの.

Q&A **Q**: *What about* a little help with these dishes? と言われたのですが, 「手伝ってよ」という意味だったのでしょうか.
**A**: そうです.「こんなにお皿があるんだから少し手伝ってくれない?」という意味です. これは (1) の「提案」に入ると思います.

◇**Whát ... fòr?** (↘)《略式》(1) なぜ, どうして《◆ Whàt fòr? として単独に用いられることもある》‖ **What** did you go to town **for?** なぜ町へ行ったのですか (=Why did you go to town?) (→ why 副**1** Q&A). (2) どんな目的で ‖ **What's** this old lamp **for?** この古いランプは何に使うのですか.

◇**Whát if ...?** (↘) …したらどうなるだろうか; …したらどうか ‖ **What if** you move the desk a little? 机を少し動かしたらどうなるだろうか[動かしてみたら] / 対話 "I am thinking of asking Tom to help." "But **what if** he's busy or says no?"「トムに助けを頼もうと思っているんだ」「でもトムが忙しかったり断ったりしたらどうするの」.

◇**what is càlled C =what we [you, they] càll C** いわゆる C《◆C は名詞・形容詞》‖ He is **what is called** a man of culture. 彼はいわゆる教養人だ.

◇**what is móre** 〔副〕〔文全体を修飾; 文頭・文中で〕その上, おまけに ‖ He is well off, and **what is more** (↘), he is of good birth. 彼

は裕福だし、おまけに名門の出だ / 対話 "What's wrong? You look really upset." "It's Tim. He's late again. **What's more**, he didn't call this time." 「どうしたの. ずいぶん憤慨している様子ね」「ティムのやつだよ. また遅刻してね. おまけに今度は電話もしてこなかったよ」.

**Whát néxt?** (↘) (略式)お次はなんだね、この上何があるのだね《◆驚き・嫌悪などを表す》.

**What of A?** …はどうなったのか《◆What has become of A? の省略表現》‖ **What of** your cat? お宅のネコはどうしたのですか.

**Whát óf it?** (↘) (略式) =So WHAT? (1).

**Whát's úp (with you)?** (略式) (相手のことを心配していったりする)やあ、どうしてるよ《◆しばしばあいさつとして用いる》‖ 対話 "John, can I talk to you a minute, please?" "Sure. What's up?" 「ジョン、ちょっとお話ししていいかしら」「いいとも. どうしたんだい」.

――形 **1** [疑問形容詞]何の、何という、どんな;どれほどの ‖

**What** flower is this? これは何という花ですか.

**What** day (of the week) is it today? =(略式) **What** is today? きょうは何曜日ですか《◆日付を聞く時は What's the date?》.

**What** size shoes do you wear? どのサイズの靴を履(は)きますか.

Tell me **what** time to start. 何時に出発したらよいか教えてください.

**2** [感嘆的に] なんという(→ how 副 5 Q&A)‖

**Whàt** a píty! なんてかわいそう[残念]なことだ.

**Whàt** a mán! なんてやつだ!《◆ほめる時にもけなす時にも使える》.

**What** bees! なんてたくさんのハチだ.

**What** a friend you are! なんて友人だ《◆皮肉的でいらだちを表す》.

**What** wonderful hair you have! なんてすてきな髪だこと.

対話 "**What** a nice day!" "Let's take a drive. It's seldom this nice." 「なんて天気のいい日なんだろう」「ドライブに行こうよ、こんないい日はめったにないよ」.

**3** [関係形容詞] (…する)全部の, (…する)だけの ‖

I will give you **what** help I can. できるだけの援助をします.

I'll lend you **what** few books I have on the subject. その問題に関して私の持っている本は多くはありませんが、どれでもお貸しします.

**whàt líttle** … → little 形 **3 c**.

――副 [疑問副詞] どれほど、いかに、どの点で《◆ふつう皮肉的》‖

**What** does it matter? それがどうしたというのか、どうでもいいじゃないか.

**whát with A and B** (略式) [通例文頭で] A やら B やらで ‖ what with one thing and another あれやこれやで / What with the heat and humidity, I could not sleep well. 暑いやらむしむしするやらで熟睡できなかった.

――間 [疑問文を伴って] 何だって!, なに!, へえ!《◆驚き・怒り・不信などを表す》‖

**What!** No bread? 何だって, パンがないって?

**what‧ev‧er** /hwʌtévər ワテヴァ, hwʌt-|wɔtévər ウォテヴァ/
――代 **I** [関係代名詞;独立用法]

**1** (…する)物[事]はなんでも[皆] ‖

Do **whatever** you please. 何でも好きな事をしなさい(=Do anything you please.).

**Whatever** is left over is his. 残っているものは全部彼のものだ.

**2 a** [譲歩節を導いて] 《正式》どんな事[物]が[を]…(しよう)とも ‖

Stay calm **whatever** happens [may happen]. どんな事が起ころうとも落ち着いていなさい.

**Whatever** your problems are (↘), they are surely less serious than mine. あなたの問題が何であろうと、私のかかえている問題よりきっとましだ.

**b** (話し手の無関心を表して)何であれ、何であろうとも ‖

He says he's a psychiatrist, **whatever** that is. どんな意味かよくわからんが、彼は精神医医だということだ.

**II** [疑問代名詞]

**3** (略式) いったい何が[を]《◆(1) what の強調形で what ever ともつづる. (2) 驚き・当惑などの気持ちを表す》‖

**Whatever** is that loud noise? あの大きな音はいったい何だろう.

**4** 《略式》[or ~ の形で] 何かそのようなもの ‖

Bring me a hammer, chisel, **or whatever**. ハンマーか, たがねか何かを持って来てくれ.

――形 [関係形容詞] **1** (…する)どんな…でも《◆what 形 **3** の意味を強めた形》‖

She gave me **whatever** help I needed. 彼女は私の必要な援助はどんなことでも聞き入れてくれた.

**2** [譲歩節を導いて] どんな…が[を]…しようとも ‖

**Whatever** man told you the story(↘), it cannot be true. どんな人がその話をしたとしても、それは本当であるはずがない.

**3** [通例否定文・疑問文で; any, not を伴った名詞または nothing, none などのあとで] 少しの…も, 少しでも ‖

I have **no** doubt **whatever** that she is innocent. 彼女が潔白であることには何の疑いもない.

Is there **any** chance **whatever** of his survival? 彼が生き残る見込みは少しでもあるのか.

――副 『what ever it is の短縮形』(略式) 何でも, とにかくでも ‖

対話 "Shall I call you tonight or tomorrow?" "Whatever." 「今晩電話しましょうか、それとも明日がいいですか」「どちらでも(いいです)」.

**what's** /hwʌts ワッ, hwʌ́ts|wɔts ウォッ/ (略式) what is [has, does] の短縮形.

**what‧so‧ev‧er** /hwʌ̀tsouévər ワトソウエヴァ, hwʌ̀t-|wɔ̀t- ウォト-/ 《文》代形 =whatever《◆代 **3** の意は除く》.

**wheat** /hwíːt ウィート/ 名 Ⓤ コムギ《イネ科1年生穀草》,(穀物としての)小麦, 小麦の粒《粉はパン・菓子の原料》((英) corn) (cf. grain) ‖
spring wheat 春まき小麦.
grind wheat into flour 小麦をひく.
separate the wheat from the chaff 小麦を脱穀する；価値のあるものとないものに分ける.

関連 [英米での「五穀」] barley, corn, rye, oat, wheat.

**whee・dle** /hwíːdl ウィードル/ 動 (現分) whee・dling 他 **1** …を甘言(炊)で欺く, 口車に乗せる ‖
She wheedled her mother into buying a new sweater. 彼女は母親にうまいことを言って新しいセーターを買ってもらった.
**2** 〈物を〉甘言で巻き上げる；〈人から〉甘言でせしめる ‖
He wheedled some money out of me. 彼は私をうまく口車に乗せて金を巻き上げた.
——自 お世辞を使う.

***wheel** /hwíːl ウィール/ 名 [同音] (英) △we'll]][「輪 (circle)」が原義]

〈1 車輪〉 wheel 〈2 ハンドル〉

——名 (複 ~s /-z/) Ⓒ **1a** (乗物の)**車輪**(図→ car)；(歯車の一つ) ‖
a toothed wheel 歯車.
four-wheel drive (自動車の)四輪駆動.
**b** 車輪に似たもの ‖
a potter's wheel (製陶の)ろくろ.
a spinning wheel 糸車.
a water wheel 水車.
**2** [the ~] (自動車の)ハンドル；[海事] 舵輪(ᵈʳⁿ)《◆この意味では handle とはいわない. 自転車・オートバイのハンドルは handlebar》‖
turn the wheel 舵輪[ハンドル]を切る.
get under [sit behind] the wheel 運転席に座る.
**3** [米略式] 自転車；[略式] [~s] 自動車, オートバイ.
*at* [*behind*] *the whéel* ハンドル[舵輪]を取って, (船・車を)操縦して, 運転して ‖ the man at the wheel 運転手, 舵手.
*gó on* (*oíled*) *whéels* 順調に進む.
——動 他 **1** 〈車輪の付いたもの〉を動かす, 押す ‖
wheel a baby carriage 乳母車を押していく.
**2** …を(手押し車で)運ぶ, 動かす ‖
wheel a load of bricks on a dolly れんが1荷を手押し一輪車で運ぶ.
**3** …を(突然)回転させる ‖
wheel a horse about 馬の向きを変える.
——自 **1** 回転する；回る. **2** 〈鳥などが〉旋回する.

**wheel・bar・row** /hwíːlbærou ウィールバロウ/ 名 Ⓒ (土砂などを運ぶ)手押し車《一輪, 時に二輪》《◆単に barrow ともいう》.

**wheel・chair** /hwíːltʃeər ウィールチェア/ 名 Ⓒ 車いす.

**wheeze** /hwíːz ウィーズ/ 動 (現分) wheez・ing 自 ぜいぜい息をする；ぜいぜいという音を出す.
——名 Ⓒ ぜいぜいいう音.

**wheez・y** /hwíːzi ウィーズィ/ 形 (比較) ・-i・er, (最上) ・-i・est 〔略式〕ぜいぜい言う；ぜいぜい音をたてる.

***when** /hwén ウェン/
→ 副 **1** いつ **2a** (…する[である])時
接 **1** (…する)時に **2** …する時はいつも
　　**3** …なのに **5** …ならば

——副 **I** [疑問副詞]
**1 いつ**, どんな場合に[時]に《◆節内に現在完了形を用いない》‖
Whén will he cóme? 彼はいつ来るのですか.
When did you go there? いつそこへ行ったのですか.
I don't know when she will begin next time. 彼女が今度はいつ始めるのか知らない《◆ˣ…when she begins … とはいわない》.
It is undecided when to start [when we should start]. いつ出発すべきかは決まっていない.
When do you double the final consonant? どんな場合に最後の子音を重ねるのですか.

**II** [関係副詞]
**2a** [制限用法；時を表す語句を先行詞にして] (…する[である])時《(1) when はしばしば省略される. (2) when の代わりに that が用いられることがある》‖
The dáy (**when**) we arríved was a holiday. 私たちが着いた日は休日だった.
It snowed heavily on the morning (**when**) he was born. 彼が生まれた朝は大雪だった.
I will never forget the time (**when**) we first met. 私たちが初めて会った時のことを決して忘れません.
The tíme will cóme **when** you will regrét it. そのことを後悔する時が来るだろう《◆先行詞と離れると when は省略されない》.
**b** [非制限用法] (そして)**その時**, それから, ちょうどその時《◆ふつう when の前にコンマを置く》‖
They came at seven, **when** we all sat at the table. 彼らは7時に来た. それから私たち全員が食卓についた.
I was about to leave(,) **when** there was a knock on the door. ちょうど出かけようとした時にドアをノックする音がした.
**3** [先行詞を含んで；名詞節を導いて] …の時 ‖
That is **when** he lived there. それは[そんなことがあったのは]彼がそこに住んでいたころのことだ.
Night is **when** most people go to bed. 夜はたいていの人が寝る時である.
*Sáy whén!* (↘) [略式] ころあいを言ってくれ, いいかい《人に酒などをつぐときなどの言葉で, Say when you have enough. の省略表現. 返事は "When." (「(そのぐらいで)いいよ」), "That's enough [fine], thanks.", "All right." など》.

—接 **1** [副詞節を導いて] (…する)**時に**；(…する)とすぐに；[when **A** have [has] done] (…して)から《◆節内に will を用いない》‖

**When** he turned up, the party was over. 彼が現れた時, パーティーは終わった.
Cóme **whèn** I cáll you. 呼んだらすぐに来なさい.
Give her this letter **when** she comes. 彼女が来たらこの手紙を渡してください.
**When** (you are) in the army, you must obey all commands. 軍隊にいるときはすべての命令に服さなければならない《◆主節と when 節の主語が同じである場合, when のあとの主語と be 動詞は省略できる》.
He **had not been** employed two months **when** his ability was recognized. 彼は雇われて2か月とたたないうちに能力を認められた(→ HARDLY … when).
**When** I had read the newspaper, I went to bed. 新聞を読んでから床に就いた.
Mrs. Smith goes to work **when** her children have gone to school. スミス夫人は子供たちが学校へ行ってから仕事に出かける.
They **had been** married for three years **when** I met them. 私が会った時, 彼らは結婚して3年たったところだった.

**2** [通例現在時制の文で] …**する時はいつも** ‖
I get annoyed **when** I am kept waiting. 待たされている時はいつもいらいらする.
**When** she listens to the radio, my mother falls asleep. 母はラジオを聞いているといつも眠っていました.

**3** [主文と相反する内容の副詞節を導いて] …なのに ‖
He gave up trying, **when** he might have succeeded. 彼は成功したかもしれないのにあきらめてしまった.
The heat didn't ease **when** the sun went down. 日が沈んだのに, 暑さはやわらがなかった.

**4** …なので ‖
I cannot go **when** I haven't been invited. 招待されていないので私には行けない.

**5** [現在時制と共に] …ならば《◆ if を用いるより確実性が強い》‖
No one can swim **when** they haven't learned how. 泳ぎ方を習っていなければだれも泳げない.

**6** [形容詞節として直前の名詞を修飾して] …する時の, …した時の ‖
I can imagine his astonishment **when** she asked him to marry her. 彼女が彼に結婚してほしいと言った時の彼の驚きを想像できる.

——代 [前置詞 until, till, since の目的語として]
**1** [疑問代名詞] いつ ‖
Until **when** will you stay there? いつまでそこにいるのですか.
Since **when** have you given up smoking? いつからタバコをやめているのですか.

**2** [関係代名詞] その時 ‖
His fame as an athlete began in 2000, since **when** he has established three world records. 運動選手としての彼の名声は2000年に確立し, 以来3つの世界記録を樹立している.

**whence** /hwéns ウェンス/ 副《文・古》[疑問詞] どこから；なぜ, どうして.

\*when·ev·er /hwenévər ウェネヴァ/
——接 **1** …する時はいつでも；…するたびに《◆節内に will を用いない》‖
**Whenever** he comes, he brings us some presents. 彼は来るたびにおみやげを持って来てくれる.
対話 "So what time should I plan to get there?" "Come **whenever** you can after work."「じゃあ, 何時に私はそこに着く予定にしておくべきなのかしら」「仕事がひけたあと何時でも君の都合のいい時において」

**2** [譲歩節を導いて] いつ…しようとも ‖
I'm ready **whenever** you (may) come. いつ来てくださっても準備はできています.

——副 **1** いったいいつ ‖
**Whenever** will she get married? 彼女はいったいいつ結婚するのだろうか.

**2** [or ~ で] いつでも ‖
Whether you come today, tomorrow, **or whenever**, you'll be welcomed. きょうす, あるいはいつ来てくださっても歓迎しますよ.

\*# **where** /hwéər ウェア/ (同音 △ware, △wear)
→副 **1** どこで[に, へ] **3** …するところの **4** そしてそこで[に, へ] **5** …する場所
接 **1** …する所に[へ] **2** …する所はどこ(へ)でも **3** …する場合に(は)
代 どこ

——副 **I** [疑問副詞]
**1** どこで[に, へ]；どこから ‖
**Whére** is my pén? 私のペンはどこですか.
**Where** are we? ここはどこですか.
**Where** were we? 前の授業ではどこまで進みましたか《◆授業の進度を教師が確認するときの表現》
**Where** are you going? どちらへお出かけですか《◆単なるあいさつとしてはしばしば失礼になる. How far are you going? の方が適当》.
Ask him **where to** put the books. =Ask him **where you should** put the books. 本をどこに置いたらよいか彼に尋ねなさい.
I dón't knòw **whère** they áre. 彼らがどこにいるのか私は知らない.
**Where** do you hurt? どこが痛いのですか.
**Where** did you get such an idea? その考えをどこから仕入れたのですか.
**Where** is your sense of responsibility? 責任感はどうなったのだ《◆相手に対し非難したり注意を促すときに用いる》.

Q&A **Q**：「フランスの首都はどこですか」を

*Where* is the capital of France? と訳したら誤りと言われましたが.

**A**: これは日本語の「どこ」につられた訳ですが, これだと, 英文の方は「フランスの首都はどこにありますか」となってしまいます. 正しくは 対話 *"What* is the capital of France?" "Paris is." です.

**2** どんな点で, どんな立場[状態]に ‖

**Where** will we be if an earthquake occurs? 地震が起こったらどんなことになるだろうか.

Will you tell me **where** I am wrong? どこが間違っているか言ってください.

**‖ [関係副詞]**

**3** [制限用法; 場所・場合, 時に局面・分野・範囲などを表す語句を先行詞にして] …するところの《♦ in [at, to] which で置き換えられる》‖

I remémber the hóuse **where** I was bórn. 私は自分の生まれた家を覚えている《♦ in which に相当》.

There are cases **where** no treatment can be of any avail. どんな治療も全くききめのない症例もある《♦ in which に相当》.

**4** [非制限用法] そしてそこで[に, へ]《♦ ふつう where の前にコンマを置く》‖

She lifted the cat into her arms, **where** it purred and snuggled up. 彼女がその猫を抱き上げると, 猫は腕の中でゴロゴロとのどを鳴らしからだをすり寄せた.

He went to Paris, **where** he first met her. 彼はパリに行き, そこで初めて彼女に会った《♦ 場所を表す先行詞を受けて「そこは…である」という場合は where でなく which: He went to Kiev, which [×where] is the capital of Ukraine. 彼はキエフへ行った. そこはウクライナの首都である》

Báltimore (↘), where I bóught a cár (↘), is on the East Coast. ボルティモアは私が自動車を買った所で, 東海岸にある.

**5** [先行詞を含んで] …する場所[場合, 点]《♦ 名詞節を導く》(the place where) ‖

This is **where** I live. ここが私の住んでいる所である.

That's **where** you are wrong. そこが君の間違っている点だよ.

She walked directly to **where** Kling sat still. クリングがじっと座っている所まで彼女はまっすぐに歩いて行った.

**‖ 接 《副詞節を導く》**

**1** …する所に[へ] ‖

Put back the book **where** you found it. その本をもとあった場所に戻しておきなさい.

Apricots won't grow **where** the winters are cold. アンズは冬の寒い所では育たないものです.

**2** …する所はどこ(へ)でも ‖

Go **where** you like. どこでも好きな所へ行きなさい.

**3** …する場合には(は) ‖

**Where** there is a will, there is a way. (ことわざ)決意ある所に道あり;「精神一到何事か成らざらん」.

The meaning of a new word is given **where** (it is) **necessary**. 新出単語の意味は必要な場合は与えてあります.

——代 [疑問代名詞; 前置詞の目的語として] どこ ‖

**Where** are you from? =Where do you come from? どこの出身ですか.

対話 "He's going now." "Where tó? (↘)"「彼は今行くところです」「どこへ?」.

**where·a·bout** /hwéərəbàut ウェアラバウト/《(主に米)副》=whereabouts.

**where·a·bouts** /副 hwéərəbàuts ウェアラバウッ, 名 —́ —́ / 副 [疑問詞] どのあたりに.

——名 [one's ~ / the ~; 単数・複数扱い] 所在, 行方, ありか ‖

The **whereabouts** of the suspect is [are] still unknown. 容疑者の行方はまだわからない.

**where·as** /hweəræz ウェアラズ/ 接 [比較・対照] …であるために; しかるに, だが一方《♦ while より堅い語》‖

He's tall, **whereas** I'm short. 彼は背が高いが, 私は低い.

**where·by** /hweərbái ウェアバイ/ 副 [正式] [関係詞] それによって[従って](…する) (by which).

**where·in** /hweərín ウェアリン/ 副 [古] **1** [疑問詞] どこで, どういう点で(in what place). **2** [関係詞] そこで[その間, その点で](…する) (in which place).

*****where're** /hwéərər ウェアラ/ where are の短縮形.

*****where's** /hwéərz ウェアズ/ where is, where has の短縮形.

**where·up·on** /hwèərəpán ウェアラパン, -pɔ́ːn, -əpɔ́ːn ウェアラポン, —́ —́ / 副 [関係詞; 非制限用法] その時, そこで, それから ‖

She told a joke, **whereupon** he laughed. 彼女が冗談を言うと彼は笑った.

*****wher·ev·er** /hweərévər ウェアレヴァ/

——接 **1** (…する)所ならどこ(へ)でも; (…する)場合はいつでも ‖

Párk **wheréver** you líke. どこでも好きな所に駐車しなさい.

Why do you follow me **wherever** I go [×will go]? 私が行く所はどこへでもついて来るのはなぜだ.

Get in touch with me **wherever** (it is) possible. できる限り連絡してください.

**2** [譲歩節を導いて] どこへ[に] …(しよう)とも ‖

**Wherever** you are [may be] (↘), remember that I will be thinking of you. あなたがどこにいようとも, 私はあなたのことを思っているのだということを忘れないでね.

対話 "You really miss her, don't you?" "I'll miss her **wherever** she is."「彼女のこと本当に忘れられないのね」「彼女がどこにいようと忘れられないよ」.

——副 (略式) **1** [疑問副詞] いったいどこへ[で] ‖

**Wherever** can he be? いったい彼はどこにいるのかな.

2 [or ～ で] どこか(そのようなところ)で[へ].

**whet** /*h*wét ウェト/ ([同音] 《英》 wet) [動] ([過去・過分] whet·ted /-id/; [現分] whet·ting) [他] 1 《正式》〈刃物〉をとぐ. 2 〈食欲・興味など〉を刺激する, そそる.

*__wheth·er__ /*h*wéðər ウェザ/ ([同音] △weather) 〖「2つのうちいずれか」が原義〗

——[接] 1 [名詞節を導いて] (…する)**かどうか** ‖
I don't know **whèther** she is still in Tokyo **or whether** she's gone to Osaka. 彼女はまだ東京にいるか, それとも大阪へ行ってしまったか私にはわからない.
He asked me **whether** I liked the plan (**or** not). その計画が気に入っているかどうかを彼は私に聞いた(=He said to me, "Do you like the plan (or not)?").
**Whether** we can help you is a difficult question. 私たちにあなたのお手伝いができるかどうかは難しい問題です.
It is still uncertain **whether** she's coming or not. 彼女が来るか来ないかはまだはっきりしない.
It depends (on) **whether** we have enough money. それは私たちに十分なお金があるかどうかによって決まるものです.
He's doubtful (about) **whether** he can afford a car. 彼は自分に車を持てる余裕があるかどうかわからない.
I sometimes ask myself **whether** the research is worth the trouble. その調査は手間をかける値打ちがあるかと私は時に自分に問いかけることがある.
I wonder **whether** [if] she is not honest. 彼女は正直かしら(→ wonder [動] [他] 2).

2 [whether **to** do] (…すべき)**かどうか** 《◆ if での代用はできない》 ‖
You must decide **whether to** go or stay. あなたは行くべきかとどまるべきかを決断しなければならない.
We must reach a decision (as to) **whether to** sell this car. 私たちはこの車を売るべきかどうかの結論を出さねばならない.
**Whether to** give this plan my approval is a question I have been worrying about. この計画に同意すべきかどうかは私が気にしてきた問題です.

3 [譲歩の副詞節を導いて; whether **A or B**] **A であろうと B であろうと**; [whether **A or not**] **A であろうとなかろうと** ‖
**Whether** (he is) chairman **or not**, he deserves to be criticized. 議長であろうとあるまいと彼は非難されて当然だ.
**Whether** we win **or** (**whether** we) lose, we'll celebrate. 勝っても負けても私たちはお祝いをします.
He sat next to her **whether** by accident **or** design. 彼は偶然か故意か(知らないが)彼女の隣りに座った.

***whèther or nót*** (1) [接続詞的に] (…する)かどうか ‖ It makes no difference to me **whether or not** she knows Bill. 彼女がビルを知っているかどうかは私にはどうでもよいことである / I wonder **whether or not** to leave a note for her. 彼女に置き手紙をすべきかどうかしらと思う. (2) (…しよう)とそうでなかろうと ‖ **Whether or not** you realize it, I am a grown man now. おわかりいただこうといただくまいと, 私はもうおとなです.

**whet·stone** /*h*wétstòun ウェトストウン/ [名] [C] 砥石(といし).

**__which__ /*h*wítʃ ウィチ/ ([同音] 《英》 witch)

→ [代] **1 どちら 2 どちらの 3 …する(ところの) 4 a そしてそれは[を] 6 そして[しかし]その…**

——[代] (主格・目的格 **which**, 所有格 **whose, of which**)

**I [疑問代名詞]**

**1** [主格・目的格; 独立用法] **a** [文頭で; wh 疑問文] **どちら, どれ**; どちらの[どの]人[もの] 《◆ 限定された数のものからの選択. 不特定のものからの選択は what (→ who [代] **1**)》 ‖
**Whích** is yóur bòok? どちら[どれ]があなたの本ですか.
**Which** [×**Who**] **of** those girls do you like? あの女の子たちのうちでどの子が好きですか.
**Which** is the cheaper of the two? 2つのうちでどちらが安いのですか.
I don't know **which to** choose [**which** I **should** choose]. どちらを選ぶべきかは私にはわからない.
I wonder **which** of them will win. 彼らのうちどちらが勝つのだろう.

**b** [通例文尾で; 問い返し疑問文] どちら 《◆ 相手の発言に対する驚き・念押しに用いる》 ‖
You chose **which**? どちらを選んだって?

**2** [形容詞用法] **どちらの**, どの ‖
**Which** book is mine? どちらの本が私のですか.
Ask **which** way **to** take. どっちの道を行ったらよいか尋ねなさい.
**Which** dress do you think I should wear? どの服を着たらいいかしら.

**II [関係代名詞]**

**3 a** [主格・目的格; 制限用法] **…する(ところの)** (物, 事) 《◆ (1) 主格・目的格とも that と交換可能. (2) 目的格の場合, 《略式》ではふつう省略. (3) 先行詞は物・事》 ‖
The meeting (**which** was) held yesterday was a success. きのう開かれた会合は盛会であった 《◆ 主格であっても節中の動詞が be 動詞のときは which + be 動詞を省略できる》.
The bicycle (**whìch**) I sold was old. 私の売った自転車は古かった.
I don't like the house **in which** he lives. =I don't like the house (**which** [that]) he lives **in**. 彼の住んでいる家は好きではない.
I need something **with which to** write. = I need something **with which** I can write. 何か書くものが必要だ.

W

**whichever** / **Whig**

[語法] (1) 時に強調構文としても用いられる: It is this computer **which** [that] is not working. 壊れているのはこのコンピュータなのです.
(2) 先行詞に all, every, any, no, the only, 形容詞の最上級, 序数詞を伴うときは that を用いる方がふつう. 先行詞に the same を伴うと as を, 先行詞に比較級を伴うと than を用いる.

**b** [of ~; 所有格; 制限用法] …する(ところの)(物, 事)《◆先行詞は物・事》‖
This is the house the windows **of which** are broken. =This is the house **of which** the windows are broken. これは窓が壊れている家です《◆This is the house *with* the broken windows. か This is the house *whose* windows are broken. がふつう》(cf. with 前 7).

**4** [主格・目的格; 非制限用法] **a** そしてそれは[を]‖
Her clothes(\), **which** are all made in Paris(\), are beautiful. 彼女の服はどれもパリで作られたもので美しいものです.
This sherry, for **which** I paid 2 pounds [《略式》**which** I paid 2 pounds for], is awful. このシェリーは2ポンドで買ったが, ひどいものだ.

[語法] (1) ふつう and it [they] または and ... it [them] の意であるが, 前後関係により and のほかに but, because, though などの意になることもある.
(2) 書き言葉に多く用いられ, ふつうその前に(挿入的に用いた場合はその節の前後に) コンマを置く.
(3) 主格・目的格とも that と交換できない.
(4) 目的格の場合でも省略できない.

**b** [句・節・文またはその内容を先行詞として] そしてそのことは《◆ふつう主節の前に置かない. as の方が堅い言い方》‖
Bob answered the phone, **which** made him late for school. ボブは電話に出た, そのために学校に遅刻した.
Rats ran about the attic all night, **which** kept her awake. 屋根裏部屋を一晩中ネズミが走りまわって彼女は眠れなかった.
He said he lived in Kamakura, **which** was a lie. 彼は鎌倉に住んでいると言ったが, それはうそだった《◆he lived in Kamakura が先行詞》.

**c** [人を表す名詞・形容詞を先行詞として]…であるがそれは[を, に]…《◆(1) 節中の be 動詞の補語となる.
(2) 先行詞が名詞の場合は, 人そのものではなく, 地位・性格・人柄・職業などをさす》‖
They thought she was being **serious**, **which** in a way perhaps she was. 彼女は真剣であると彼らは思ったし, いくぶんかは恐らくそうであったろう.
Mr. Jones wore a dark blue suit and looked like **a bank clerk**, **which** he was. ジョーンズ氏は濃い青色の背広を着て銀行員のように見えたが, 事実そうであった《◆ bank clerk は「人」であるが, who は用いない》.

**5** [先行詞を含んで] (…する)どちら[どれ] でも‖
Choose **which** of the books you want. その本のうち欲しいのをどれでも選びなさい.

**6** 《正式》[形容詞用法・非制限用法] そして[しかし]その…‖
In 2001 he came to Tokyo, in **which** city he has lived ever since. 彼は2001年に東京に来て, それ以来都内に住んでいる《◆ in which city の代わりに where を用いる方がふつう》.
I said nothing, **which** fact made her angry. 私が何も言わなかったので, そのことで彼女は腹を立てた.

**thát which**《正式》(…する)こと[もの].
**whích is whích** どれ[どちら]が, どれ[どちら]か; どこがどこやら.

\***which·ev·er** /hwɪtʃévər ウィチェヴァ/
── 代 **I** [関係代名詞; 独立・形容詞的用法]
**1** (…する)どちら[どれ]でも, どちらの[どの]…でも《◆ which の意味を強めた形で which ever ともつづる》‖
Take **whichéver** you want. 欲しいものをどれでも取りなさい《◆ whichever だけだと単複の区別不明だが, one(s) をつけて Take *whichever one* [*ones*] you want. とすればどちらを明らかにできる》.
[対話]"So **which** one do you want?" "**Whichever**. I don't have any preference."「じゃあ, どちらが欲しいの」「どちらでもいいよ. これといった好みはないから」.

**2** [譲歩節を導いて] どちら[どれ]が[を]…(しよう)も, どちらの[どの]…が[を]…(しよう)とも‖
**Whichever** (book) you (may) borrow(\), you must return it by Monday. どれ[どの本]を借りても月曜日までに返さねばなりません.
**Whichever** (side) wins, I'll be happy. どちら(の側)が勝ってもうれしい.

**II** [疑問代名詞]
**3**《略式》いったいどれ[どちら]が[を]‖
**Whichéver** will she choose? 彼女はいったいどちらを選ぶだろうか.

**whiff** /hwɪf ウィフ/ 名 © **1** [通例 a ~] (風・煙などの)ひと吹き; (香水などの)ひとかぎ; (タバコの)一服‖
take [have] **a whiff** タバコを一服吸う.
**2** [通例 a ~] ぷんとくる香り; におい; 気配‖
a **whiff** of garlic ぷんとくるニンニクのにおい.
── 動 ⾃ **1**〈風などが〉軽く吹く;《英略式》いやなにおいがする. **2** タバコをふかす.
── 他 **1** …をぷっと吹く; …を吸いこむ. **2**〈タバコなど〉をふかす.

**Whig** /hwɪɡ ウィグ/ 名 **1**《英史》[the ~s] ホイッグ党《17-18世紀に Tory 党と対立した政党で, 後の自由党(The Liberal Party)の前身. cf. Tory》; © ホイッグ党員. **2**《米史》**a** © (独立戦争当時の)独立党員. **b** [the ~s] ホイッグ党《1834年ごろ成立. 1855年ごろ共和党(The Republican Party)

に引き継がれた》; [C] ホイッグ党員.

**while** /wáil ワイル/ 《「休息(時間)」が原義》([同音] wile)

―[名] [U] [通例 a ～] (ふつう短い)**時間, 間** ‖

He phoned you **a while ago**. しばらく前に彼からあなたに電話がありました.

**after a while** しばらくして.

(quite) **a long while** (かなり)長い間.

It's been **a while**. (やあ)しばらくでした.

**once in a great [long] while** ごくまれに.

I will stay here **for a while**. しばらくここに滞在します.

What have you been doing **all this while**? 今までずっと何をしていたのですか.

[対話] "You won't be gone long, will you?" "No. I'll be back **in a little [short] while**." 「あまり長くならないわよね」「うん. すぐに戻ってくるよ」.

◇***áll the whíle*** [副] **その間じゅう** ‖ She stayed at home **all the while**. 彼女はその間ずっと家にいた.

(***in***) ***betwèen whíles*** [副] ときどき, 合い間に.

―[接] **1** [期間・時点] **…している間に**, …の間じゅう; …と同時に《♦ しばしば節中の動詞は進行形をとる. 対応する前置詞は during》‖

He came **while** I was out. 私が外出中に彼がやって来た.

I stayed inside **while** it was raining. 雨が降っている間, 中にいた.

While (she was) in Japan she bought the camera. 彼女は日本にいた時にそのカメラを買った《♦ while 節の主語と主節の主語が同じ場合, while 節の主語と be 動詞は省略できる》.

**2** [対照・譲歩] 《正式》**…なのに**, …だけれども; だが一方 ‖

While I like the shape of the bag(ﾊﾞｯｸﾞ), I don't like its color. そのバッグの形は気に入っているのだが色が好かない.

I've read fifty pages, **while** he's read only twenty. 私は50ページ読んだ. ところが彼は20ページしか読んでいない.

**whilst** /wáilst ワイルスト/ [接] 《主に英》=while.

**whim** /hwím ウィム/ [名] [C] 気まぐれな思いつき, でき心; [U] むら気, 移り気 ‖

have [take] **a whim to** read ふと本でも読んでみる気になる.

**whim·per** /hwímpər ウィンパ/ 《擬音語》[動] [自] **1** しくしく[めそめそ]泣く; 〈犬が〉くんくん鳴く. **2** ぶつぶつ不平を言う, 泣きごとを言う.

―[他] …を泣き声で言う ‖

whimper an excuse 泣き声で言い訳をする.

―[名] [C] しくしく, めそめそ(泣く声); くんくん(鳴く声).

**whim·si·cal** /hwímzikl ウィムズィクル/ [形] 《正式》**1** 気まぐれな; むら気な, 移り気な. **2** 風変わりな, 奇妙な, 異様な.

**whine** /hwáin ワイン/ ([同音] 《英》 wine) 《擬音語》[動] ([現分] whin·ing) [自] **1** 哀れっぽく[ひいひい]泣く; 〈犬が〉くんくん鳴く, 鼻を鳴らす ‖

The dog **whines** all day. その犬は一日中くんくん鳴いている.

**2** 《略式》ぼそぼそ泣きごとを言う, ぐちをこぼす ‖

Stop **whining about** it! そのことで泣きごとを言うのはよせ.

―[名] [C] [U] **1** しくしく(泣く声), 哀れっぽい声; くんくん(鳴く声). **2** 泣き声.

**whin·ny** /hwíni ウィニ/ [動] ([三単現] whin·nies /-z/; [過去・過分] whin·nied /-d/) [自] 〈馬が〉うれしそうにいななく. ―[名] ([複] whin·nies /-z/) [C] (馬の)いななき.

**whip** /hwíp ウィプ/ [動] ([過去・過分] whipped/-t/; [現分] whip·ping) [他] **1** …をむち打つ; …をせっかんする ‖

whip a naughty boy いたずらっ子をせっかんする.

whip a horse **on** むちをあて馬を走らせる.

**2** …を急に動かす《♦ 通例副詞(句)を伴う》; 《英略式》…をひったくる ‖

**whip off** one's cap 帽子をさっと脱ぐ.

**whip out** one's pistol ピストルをさっと取り出す.

**3** 《正式》〈雨などが〉…を激しく打つ, …に打ち当たる ‖

The wind **whipped** the windows. 風が激しく窓に吹きつけた.

**4** 〈卵・クリームなど〉を強くかき回して泡立たせる, ホイップする.

**5** 《略式》(試合などで)…を決定的に打ち負かす.

―[自] **1** 急に動く, 突進する ‖

The boy **whipped** around the corner. その少年はさっと角を曲がった.

**2** 〈旗などが〉はためく.

**3** 《正式》〈雨・波などが〉激しく打つ.

―[名] **1** [C] むち; [the ～] むち打ち. **2** [C] 猟犬係. **3** [しばしば W～] 〔政治〕(議会の)院内幹事; 《英》(下院で)登院命令. **4** [C] [U] ホイップ《卵・クリームなどを泡立てて作ったデザート》.

**whíp hànd** むちを持つ手; 優位; 有利な立場 ‖

get [have] the **whip hand** 支配する.

**whip·lash** /hwíplæʃ ウィプラシュ/ [名] ([複] ～·es /-iz/) **1** [C] むちひも《むち先のしなやかな部分》. **2** [U] =whiplash injury.

**whíplash ínjury** むち打ち症(whiplash).

**whip·ping** /hwípiŋ ウィピング/ [動] → whip.

―[名] **1** [C] [U] むちで打つこと; むち打ちの刑. **2** [U] (ロープの)端止(はしどめ); 巻きひも.

**whir** /hwə́ːr ワー/ ([同音] 《英》 were 《強》) 《擬音語》[動] ([過去・過分] whirred /-d/; [現分] whir·ring) [自] ビュー[バタバタ]と飛ぶ; ブンブン音を立てて回る ‖

The propeller was **whirring** loudly. プロペラがブンブンと大きな音をたてて回っていた.

―[名] [a ～ / the ～] (機械・昆虫の)ブンブンいう音.

**whirl** /wə́ːrl ワール/ ([同音] whorl) [動] [自] **1** ぐるぐる回る; 回転する, 旋回する; 渦巻く ‖

The leaves were **whirling** about in the wind. 木の葉が風に舞っていた.

**2** 急に向きを変える, 急にわきへそれる.
**3** 疾走する, 急いで行く ‖
Her car whirled out of sight. 彼女の車は疾走して見えなくなった.
**4** めまいがする, 〈頭が〉ぐらぐらする, 混乱する ‖
My head whirls. 私は頭がくらくらする.
**5** 〈考え・感情などが〉次々に浮かぶ, わき出る.
— 他 **1** …をぐるぐる回す, 旋回させる; …を渦巻かせる ‖
The wind was whirling the leaves about. 風に吹かれて木の葉が渦巻いていた.
**2** …をぐいと引っ張る; …をさっと持っていく; …をすばやく運ぶ.
— 名 © [通例 a ~] **1** 回転, 旋回; ぐるぐる回る物, 渦(巻); 旋風 ‖
a whirl of smoke 煙の渦.
**2** 急に向きを変えること, 急にわきへそれること.
**3** (人・車などの)ひとっ走り; (略式)駆け足の旅行.
**4** (出来事などの)めまぐるしい連続 ‖
a whirl of parties パーティーの連続.
**5** 騒動; (精神の)混乱, 乱れ ‖
Her head is in a whirl. 彼女の頭は混乱している.
**6** めまい.
***in a whirl*** 旋回して; 混乱して(→ **5**).

**whirl·pool** /wə́ːrlpùːl ワールプール/ 名 © **1** 渦, 渦巻. **2** [比喩的に] うず, 混乱, 騒ぎ.

**whirl·wind** /wə́ːrlwìnd ワールウィンド/ 名 © つむじ風, 旋風.

**whisk** /hwísk ウィスク/ 動 他 **1** 〈ちり・ハエなど〉をさっと払う, はたく ‖
whisk away [off] the fly ハエを追い払う.
**2** …をさっと連れ去る; …をさっと動かす[振る] ‖
She whisked the envelope into a drawer. 彼女はその封筒をさっと引出しに隠した.
**3** (主に英)〈卵・クリームなど〉を泡立てる.
— 自 さっと動く, 急に見えなくなる.
— 名 © **1** [通例 a ~] すばやい動き; (尾などの)ひと振り. **2** (主に英)泡立て器. **3** (羽毛・草・わらなどの)小ぼうき, 小さく束ねたもの. **4** =whisk broom.
**whísk bróom** 洋服ブラシ(whisk).

**whis·ker** /hwískər ウィスカ/ 名 © **1** [通例 ~s] ほおひげ《◆ほおの両側のひげをさす. cf. mustache, beard》(図 → beard). **2** (猫・ネズミなどの)ひげ; (鳥のくちばしの回りの)羽毛.

**whis·key, -ky** /hwíski ウィスキ/ 名《◆(米・アイル)では whiskey, (英・カナダ・豪)では whisky とつづる》**1** U ウイスキー《◆英国では whisky と言えば Scotch (whisky) のこと.「何種類かのウイスキー」をいうときは whiskeys [whiskies] とする》‖
whiskey and water 水割りウイスキー.
have a shot of whiskey (米略式)ウイスキーを少し[1杯]飲む《◆(英略式)では have a spot of …》.
**2** © ウイスキー1杯 ‖
Would you like a whiskey? ウイスキーを1杯いかがですか.

**whis·ky** /hwíski ウィスキ/ 名《複》whis·kies/-z/

(英・カナダ・豪) =whiskey.

***whis·per** /hwíspər ウィスパ/ [擬音語]
— 動《三単現》~s/-z/; 《過去・過分》~ed/-d/; 《現分》~·ing/-pəriŋ/）
— 自 **1** ささやく, 小声で話す ‖
whisper in his ear =whisper to him 彼に耳打ちする.
Don't whisper in class. 授業中は内緒(ないしょ)話をするな.
**2** (陰口・中傷・陰謀などのため)内緒話をする ‖
whisper about his scandal 彼のスキャンダルをひそかにうわさする.
**3** (文)〈風・木の葉・流れなどが〉さわさわ音をたてる.
— 他 **1** …をささやく ‖
She whispered a surprising plan to her mother. 彼女はあっというような計画を母親にささやいた.
対話 "Don't let them hear you." "Don't worry. I'll whisper it." 「彼らに聞かれるとまずいよ」「心配いらないわ. 小声で話すから」.
**2** 〈人〉にささやく; [whisper (to A) (that) 節] (A〈人〉に)…だとささやく; 「…」とささやく ‖
Jane whispered in his ear (that) she wanted to go to the rest room. ジェーンは彼の耳もとでトイレに行きたいのとささやいた.
He whispered me to follow. 彼は私について来いと耳打ちした.
**3** …をこっそり言いふらす; [it is whispered that 節] …がひそかにうわさされる ‖
It is whispered (about) that the president will resign. 会長が辞任するといううわさだ.
— 名《複》 ~s/-z/) **1** © ささやき声, かすれ声 ‖
speak in a whisper [in whispers] ひそひそ声で話す.
**2** ひそひそ話, 内緒話.
**3** (略式)うわさ, 風説.
**4** [通例 the ~ / a ~] (風などの)ざわざわいう音 ‖
the whisper of leaves in the breeze 風にそよぐ木の葉の音.

**whis·tle** /hwísl ウィスル/ 動《現分》whis·tling) 自
**1** 口笛を吹く, (口)笛で合図する ‖
The young man whistled to attract her attention. 若者は彼女の注意を引くために口笛を吹いた.
**2** 〈風・弾丸などが〉ヒューと音をたてる; 笛[警笛, 汽笛]を鳴らす.
**3** 〈鳥などが〉口笛を吹くようにさえずる.
— 他 **1** …を口笛で吹く ‖
I can whistle any tune. 私はどんな曲でも口笛で吹ける.
**2** …に(口)笛で合図する ‖
He whistled his dog (to come) back. 彼は犬に戻るようにと口笛を吹いた.
***whistle for*** **A** (1) …を口笛で呼ぶ. (2) A〈貸し金など〉の返済を望んでもむだになる.
— 名 © **1** 口笛(を吹くこと). **2** 汽笛, 警笛, ホイッスル(などの音).

**whistle-blow·ing** /hwíslblòuiŋ ウィスルブロウイング/

ク/ 名 U 内部告発.
**whis·tling** /hwíslɪŋ ウィスリング/ 動 → whistle.

## white
/hwáɪt ワイト/
—— 形 (比較) whit·er, (最上) whit·est **1** 白い, 白色の(↔ black); 〈ガラスなどが〉無色の ‖
Her handkerchief is (as) white as snow. 彼女のハンカチは真っ白です.
a white bandage 白い包帯.
white glass 無色のガラス.
a round white moon 丸い白い月.
a white Mercedes 白のベンツ.

比較 日本語と同様, 英語でも白(white)は精神や身体の「潔白さ」を表すが(→ **6**; black 形 **1** 文化). ただし「その容疑者はシロだった」は The suspect was *innocent*. で, white は用いない.

**2** 青ざめた(pale) ‖
turn white 青ざめる.
Ann looked white and ill. アンは青白くて病気みたいだった.
His face was white with agony. 彼の顔は苦痛で青ざめていた.
**3** 〈皮膚が〉白い, 白人の(↔ colored); [名詞の前で] 白色人種の ‖
white rulers 白人の支配者たち.
**4** 白[銀]髪の, しらがの ‖
grow white with age 年をとって白髪になる.
Her white hair was coarse. 彼女の白髪はザラザラしていた.
**5** (英) 〈コーヒー・紅茶が〉ミルク[クリーム]入りの(↔ black) ‖
A white coffee, please. ミルク入りコーヒーをください.
**6** 善意の, 罪のない ‖
a white lie 罪のないうそ.
—— 名 (複 ~s /hwáɪts/) **1** U 白, 白色(↔ black)《◆純潔・完全性・平和などの象徴》‖
The color of the wall is white. その壁の色は白色です.
**2** UC 白色のペンキ[絵具, 染料].
**3** C (一般に)白いもの; (目の)白目; U 白い服, 白い布; (略式) 白ワイン; (英) [~s] 白い運動着; CU [通例 the ~] (卵の)白身 ◆「黄身」は yolk》‖
be dressed in white 白い服を着ている.
**4** [しばしば W~] C 白人, 白色人種.
**white ánt** [昆虫] シロアリ.
**white béar** ホッキョクグマ, シロクマ.
**white bírch** [植] シラカバ.
**white (blóod) céll** [córpuscle] 白血球.
**white bóok** U (米) 白書《政府発行の国内事情報告書》.
**white Chrístmas** 雪の積もったクリスマス.
**white élephant** 白象《インド産》; (維持費がかかる)わずらわしい物, 無用の長物.
**white flág** [the ~] 白旗, 降服[休戦]旗.
**white héat** (1) 白熱《赤熱より高い温度》. (2) 激情.
**White Hòuse** [the ~] (1) ホワイトハウス《米国大統領官邸》. (2) 米国大統領の権威[職]; 米国政府 ‖ White House chief of staff 大統領首席補佐官.
**white màn** [wòman] 白人, (略式) 育ちのよい人, 公平な人.
**white páper** (1) (英·カナダ·豪) 白書《政府の公式報告書》. (2) [W~ P~] (英) 白書《下院発行》.
**white ráce** [the ~] 白色人種.
**white wíne** 白ワイン.
**white-col·lar** /hwáɪtkàlər ワイトカラ|-kɔ̀lə -コラ/ 形 事務労働(者)の, サラリーマンの, ホワイトカラーの ‖
a white-collar worker 事務社員[職員].
**White·hall** /hwáɪthɔ̀ːl ワイトホール/ 名 **1** ホワイトホール《London 中央部の官庁街》. **2** [the ~; 集合的名詞; 単数·複数扱い] (行政能力の点から見た)英国政府, 英国の政策.
**white-hot** /hwáɪthát ワイトハト|-hɔ́t -ホト/ 形 **1** 〈金属が〉白熱した(↔ red-hot). **2** [比喩的に] 白熱した, 熱烈な.
**whit·en** /hwáɪtn ワイトン/ 動 他 …を白くする.
—— 自 白くなる.
**white·ness** /hwáɪtnəs ワイトネス/ 名 U 白さ.
**white·wash** /hwáɪtwɑ̀ʃ ワイトワシュ, -wɔ̀ʃ|-ʃɑ̀ʃ -ウォシュ/ 名 (複 ~es /-ɪz/) **1** U 漆喰(しっくい). **2** C うわべだけのごまかし, 一時しのぎのごまかし. **3** UC (略式) (競技での)零敗.
—— 動 (三単現 ~es /-ɪz/) 他 **1** …に漆喰を塗る. **2** …をとりつくろう.
**Whit·man** /hwítmən ウィトマン/ 名 ホイットマン《Walt(er) ~ 1819–92; 米国の詩人》.
**whit·tle** /hwítl ウィトル/ 動 (現分 whit·tling) (正式) 他 **1** …をナイフで少しずつ削る; [whittle **A** into **B** / whittle **B** from **A**] **A**〈木など〉を削って**B**〈物·形〉を作る ‖
whittle a piece of wood into a doll = whittle a doll from a piece of wood 木を削って人形を作る.
**2** …を減らす, 削減する, そぐ ‖
Lack of sleep whittled away her energy. 寝不足で彼女は元気がなかった.
—— 自 削る.
**whiz(z)** /hwíz ウィズ/ 動 (三単現 whiz·zes /-ɪz/; 過去·過分 whizzed /-d/; 現分 whiz·zing) 自 (略式) **1** (空気を切って)ピューッと飛ぶ[疾走する], (ブーンと音をたてて)すばやく動く ‖
A bullet whizzed past my ear. 弾丸が耳をかすめてビューンと飛んで行った.
**2** …をさっと片付ける.
—— 他 …をシュッといわせる, さっと動かす.
—— 名 (複 whiz·zes /-ɪz/) UC (略式) (弾丸·矢などの)ヒュー[ピュー]という音《をたてて飛ぶこと》.

## who
/húː フー; ‖ ではしばしば (弱) hu フ, uː/
→ 代 **1** だれが **2** だれを[に] **3 a** …する(人)
**b** そして[すると]その人(たち)は

## who

——代 (所有格 whose, 目的格 whom または《略式》who)

### I [疑問代名詞]

**1** [主格] **a** [文頭で; wh 疑問文] **だれが**, どの(ような)人が《◆主語として用いられるときはふつう単数扱い》‖

Whó is at the dóor? 戸口にいるのはだれですか.

Who is older, him or her? 彼と彼女のどちらが年上ですか《◆ *Which* is older, he or she? より口語的な言い方》.

Who was going to help her? だれが彼女を手伝うつもりだったか.

Who told you so? だれがあなたにそう言いましたか.

Who is this [《英》that](, please)? (↗) = Who's calling, please? (電話で)どちらさまですか《◆この場合ふつう Who are you? とはいわない》.

Who do you think they are? (↘) 彼らはだれだと思いますか.

Do you know who they are? 彼らがだれだか知っていますか.

I wonder who finished the work first. その仕事を最初に終えたのはだれだったかしら.

対話 "Whó is it(, please)?(↗)" "It's mé [《正式》I]." 「どなたですか」「私です」《◆ドアのノックに対して尋ねるときに用いる》.

対話 "Who is that man?" "He's Mr. Green." "What's Mr. Green?" "He's Jim's father." 「あの人はだれなの」「グリーンさんよ」「グリーンさんてだれ」「ジムのお父さんよ」‖

**b** [問い返し疑問文] だれ ‖

You said who?(↗) だれと言いましたか.

Who went where? だれがどこへ行ったって.

> **Q&A** *Q*: 「どなたですか」という意味で, 上例でドアをノックする人, 電話をかけてきた人に対しての例があがっていますが, 知らない人にじかに問いかけするときは What are you? ですか, Who are you? ですか.
>
> *A*: What are you?(職業は何ですか)はぶしつけです. Who are you?(名前は何ですか)はそれほどでもありませんがやはり避けた方がいいでしょう. 職業を尋ねるのなら "What do you do?" を, 名前を尋ねるのなら "What's your [the] name, please?(↗)" / "May I have [ask] your name?" /《遠回しに》"I don't remember your name." などと言うのがふつうです.

**2**《略式》[目的格] **a** [文頭で] **だれを[に]**, どの(ような)人に[を]《◆ whom の代用》‖

Who else did you see near here? この近くでほかにだれに会ったのですか.

Who did you show the picture to? その写真をだれに見せたのですか.

対話 "She's playing tennis." "Who with? (↘)" 「彼女はテニスをしています」「だれと(しているの)?」.

**b** [通例文尾で; 問い返し疑問文] だれ《◆相手の発話に対する驚き・念押しに用いる》‖

You met who? (↗) だれに会ったって?

What happened to who? (↗) だれに何が起こったって?

> 語法 who はしばしばチームとか会社など「複数の人」のイメージで捉えられる(who =「だれ」でないことに注意): *Who's* playing *who*? どことどこの試合ですか / *Who's* ahead? どっちのチームが勝っているの / *Who* do you work for? どこで[どの会社で]働いているの.

### II [関係代名詞]

**3** [主格] **a** [制限用法] **…する**(人) ‖

They're the people who live next door. 彼らは隣りに住んでいる人たちです.

The pérson **who** párked thàt cár has no manners at all. あの車を駐車した人は全然マナーを知らない.

The girl (who) is singing on the stage is my sister. ステージで歌っている女性は私の姉です《◆主格であっても節中の動詞が be 動詞のときは who + be を省略できる》.

> 語法 (1)《略式》では There is [was] … や強調構文の It is [was] … のあとでは省略されることがある: There's somebody at the door (who) wants to see you. 戸口にあなたにお目にかかりたいという人がいます(=There's somebody at the door wanting to see you.).
> (2) 強調構文に用いられることもある: It is I who am [《略式》It's me who's] to blame. 悪いのは私です.
> (3)《略式》では目的格として用いられることがある: They talked about the painter who Jenny was going to study with. ジェニーが一緒に研究しようとしていた画家について彼らは話し合った.

**b** [非制限用法] **そして[すると]その人(たち)は**《◆(1) ふつう and he [she, they] の意になるが, 前後関係により and のほかに but, because, though, if などの意になることもある. (2) 書き言葉に多く用いられ, ふつうその前にコンマを置く. (3) 前の節に対して補足説明となる節を導く》‖

He has a sister(↘), who works as a bank clerk in New York. (↘) 彼には姉があり, ニューヨークで銀行員として勤めている.

Few people could follow the speaker, who spoke too quickly. 講師の話すことのわかった人は少なかった, というのもあまりにも速く話したからです.

Her father, who now lives in New York, used to be the mayor of Denver. 彼女の父は今はニューヨークに住んでいるが, もとはデンバーの市長だった(=Her father used to be the mayor of Denver though he now lives in New York.).

**WHO** (略) World Health Organization.
**whoa** /kwóu ウォウ/ (間) どうどう《馬を止めるかけ声》.
***who'd*** /húːd フード/ (略式) who would, who had の短縮形.
***who·ev·er*** /huːévər フーエヴァ/
── 代 (所有格 whos·ev·er, 目的格 whom·ev·er または (略式) who·ev·er)
**I** [関係代名詞]
**1** …する人は(だれでも) ‖
**Whoever** finishes first gets a prize. 最初に終わった人が賞をもらうのです.
Take me to **whoever** is in charge of this establishment. この施設を管理している人はだれか知らないが、その人の所へ私を連れていきなさい《◆ is の主語になっているのでwhomever にしない》.
**2** [通例譲歩節を導いて] だれが[を]…しようとも ‖
**Whoever** comes [may come] now, I won't let him in. 今だれが来ても、中に入れはしない.
**II** [疑問詞]
**3** (略式) いったいだれが[を] ‖
**Whoever** told you that? いったいだれがそんなことを言ったのか.
**4** (略式) [or ~] だれか(そのような人) ‖
Give this to Jim, or Jill, **or whoever**. これはジムかジルかそれともだれかにあげなさい.

***whole*** /hóul ホウル/ (同音) hole; (類音) hall /hɔːl/ 〖「完全な、健全な」が原義. cf. *heal*, *hale*〗

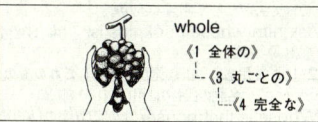

whole
〈1 全体の〉
〈3 丸ごとの〉
〈4 完全な〉

── 形 **1** [名詞の前で] [通例 the ~ / one's ~] (まとまった)**全体の**, すべての, 全… ‖
the **whole** world 全世界.
The **whole** village welcomed the president. 村中こぞって大統領を歓迎した《◆ all the villages は「全部の村」》.
Give me the **whole** story. 洗いざらいぶちまけなさい.
対話 "That guy really works too much!" "He's crazy. He gives his **whole** life to work." 「あの男はほんとうに働きすぎだ」「おかしいよ. 自分の全人生を仕事にささげるなんて」.
**2** [名詞の前で] [しばしば複数名詞を伴って] (時間・距離などが)まる…(→ half), …中, 満… ‖
a **whole** year まる1年.
**for the whole ten days** = **for ten whole days** まる10日間.
**3** [名詞のあとで] 丸ごとの, ひとかたまりの ‖
She ate the watermelon **whole**. 彼女はそのスイカを丸ごと食べた《◆ whole は副詞とも考えられる. She ate the *whole* watermelon. は **1** の用法で「残さず食べた」という意味》.
**4** (正式) 完全な, 欠けたところのない; 無傷の ‖
The cup is left **whole**. カップはきれいなまま残っている.
She found herself **whole** after the accident. 彼女は事故にあったが無事だった.
── 名 (正式) **1** ⓤ [通例 the ~] 全部, 全体 ‖
the **whole** of Japan 日本全体.
throughout the **whole** of history 全歴史を通じて.
**2** ⓒ [通例 a ~] 完全な物, 統一体 ‖
an organic **whole** 有機体.
***as a whóle*** 全体(として)の, 概して ‖ As a **whole**, the poem is well written. 全体としてその詩はよく書けている / view the country **as a whole** その国を全体として見る.
***on the whóle*** 概して, 全体から見て, 何もかも考えあわせると ‖ The party was, **on the whole**, successful. パーティーは全体的には成功であった / 対話 "What do you think of his performance?" "Not great, but **on the whole**, it's better than average." 「彼のできをどう思うかね」「大したことはないわ. でも概していえば、並以上ね」.

**whóle gàle** 〔気象〕全強風《秒速24.5-28.4m. → wind scale》.
**whóle nùmber** 整数; 自然数.
**whole·heart·ed** /hóulhɑ́ːrtəd ホウルハーテド/ 形 真心をこめた; 非常に熱心な.
**whóle·héart·ed·ly** 副 真心をこめて.
**whole·sale** /hóulsèil ホウルセイル/ 形 **1** 卸(売)の ‖
a **wholesale** price 卸値.
**2** 大規模な, 無差別の, 見境のない ‖
a **wholesale** slaughter of seals アザラシの大量虐殺.
── 副 **1** 卸(売)で ‖
buy goods **wholesale** 卸で商品を買う.
**2** 大規模に ‖
kill innocent people **wholesale** 罪のない人々を大量に殺す.
── 名 ⓤ 卸(売)《◆「小売り」は retail》‖
**at** [(英) **by**] **wholesale** 卸(売)で.
**whole·sal·er** /hóulsèilər ホウルセイラ/ 名 ⓒ 卸売業者[商人]《◆「小売り業者」は retailer》.
**whole·some** /hóulsəm ホウルサム/ 形 (比較) more ~, ~·som·er; (最上) most ~, ~·som·est)
**1** 健康によい, 衛生によい(↔ unwholesome) ‖
**wholesome** food 健康によい食べ物.
**2** 健康そうな《◆ healthy より堅い語》‖
a **wholesome** girl 健やかな少女.
**3** ためになる, 健全な《◆ sound より堅い語》‖
Some lectures are not **wholesome** for children. 子供のためにならない説教もある.
***who'll*** /húːl フール/ (略式) who will の短縮形.
**whol·ly** /hóuli ホウリリ/ (同音) △holy) 副 (正式) 全く, 全面的に; もっぱら ‖
I don't **wholly** agree with you. (↘) 私は全面的に君に同意しているわけではない《◆部分否定. イントネーションに注意》.

## whom

**whom** /húːm フーム; ‖ では時に (弱) hum フム/ 〖who の目的格〗
── 代 I [疑問代名詞]

**1** だれを, だれに ◆(1) 動詞または前置詞の目的語の疑問代名詞として用いる. (2) (略式) ではふつう文・節 (時に句) の初めでは, whom の代わりに who を用いる ‖
Whóm [(略式) Whó] are we meeting tonight? 私たちは今夜だれに会うことになっているのですか.
Whom [(略式) Who] did you give the present to? =(正式) To whom did you give the present? あなたはだれに贈り物をしたのですか.
Do you know whom [(略式) who] to ask? だれに尋ねたらよいかご存じですか.

[対話] "Mary is very, very angry." "With whom (↗) [(略式) Who with (↗)]?" 「メリーはとても腹を立てているよ」「だれに?」.

[Q&A] **Q**: 「だれがだれに何をしたかが重要だ」はどう言ったらよいですか.
**A**: Who did what *to whom* is important. です. 疑問詞を3つ重ねた言い方になります (→ who **1b**).

II [関係代名詞] ◆(1) ふつう先行詞は人. (2) 関係詞節中の動詞または前置詞の目的語となる.

**2** [制限用法] …する(ところの)(人)… ◆(正式) 以外では whom の代わりに who を用いることもあるが, ふつうそれも省略される ‖
The gírl (whom [(略式) who]) Jóhn márried is a nurse. ジョンの結婚した相手は看護師です.
Does Mary live next door to the bus driver with whom John worked? メリーはジョンが一緒に働いていたバスの運転手の隣りに住んでいるのですか (=Does Mary live next door to the bus driver ((略式) who) John worked with?).
He has no friend with whom to play. 彼には一緒に遊ぶ友だちがいない.

**3** [非制限用法] そしてその人(たち)を[に] ◆(1) ふつう and … him [her, them] の意になるが, 前後関係により and のほかに but, because, though, if などの意になることもある. (2) 書き言葉に多く用いられ, ふつうその前にコンマを置く. (3) 制限用法(2) と違って whom を省くことはできない ‖
His wife, whom I met at the station, is very attractive. 彼の奥さんには駅で会ったのだが, とても魅力的な人だね.
The man has two sons, one of whom is still at college. その人は2人息子があり, その1人はまだ大学生です.

**whom·ev·er** /huːmévər フーメヴァ/ 代 → whoever ◆(略式) では whoever を用いる.

**whoop** /húp フープ/ ([同音] hoop) [擬音語] 名 ⓒ (喜び・興奮などの) 叫び声, 喚声 《わー, うわっ, や

った, など》 ‖
give a whoop of joy わっと喜びの叫び声をあげる.
with a whoop and holler /hálər ハラ | hɔ́l- ホラ/ 大騒ぎして.
── 自 (喜び・興奮などで) 大声で叫ぶ. ── 他 …を歓声をあげて言う.

**whóoping còugh** 〖医学〗百日ぜき.

**whoops** /hwúːps ウープス/ 間 =oops.

**whoosh** /hwúːʃ ウーシュ/ 名 (複 ~·es/-iz/) ⓒ 〖通例 a ~ / the ~〗 ヒュー, シャーという音. ── 動 (三単現 ~·es/-iz/) 他 …をヒュー [シャー] と (音をたてて) 飛ばす. ── 自 ヒュー [シャー] と (音をたてて) 飛ぶ.

**\*who're** /húːər フーア; (弱) huər フア/ (略式) who are の短縮形.

**whorl** /hwɚːrl ワール/ 名 ⓒ **1** 〖植〗(葉・花の) 輪生 (体), 環生; 〖動〗(巻貝の) 渦巻; 渦のひと巻き.
**2** (一般に) 渦巻, 渦巻型指紋.

**\*who's** /húːz フーズ; (弱) huz フズ/ ([同音] ^whose) (略式) who is, who has の短縮形.

## whose

**whose** /húːz フーズ; ‖ では時に (弱) huz フズ/ ([同音] ^who's) 〖who, which の所有格〗
── 代 I [疑問代名詞]

**1** [形容詞用法] だれの ‖
Whose shoes are these? これはだれの靴ですか.
Whose glass is broken? だれのグラスが割れているのか.
Whose father are you talking about? だれのお父さんのことを話しているのか.
Ask him whose book this is. これはだれの本か彼に尋ねなさい.

**2** [独立用法; 単数・複数扱い] だれのもの ◆ whose + 名詞の代わりに用いられる ‖
Whose is that house? あの家はだれの(もの)ですか.
Tell me whose to use. だれの(もの)を使ったらよいか教えてくれ.

II [関係代名詞] ◆ who の所有格であるが先行詞は物・事でもよい.

**3** [制限用法] その(…の)…する(ところの)(人, 物, 事) ◆ 名詞の前に置いて形容詞的に用い, 先行詞との所有関係を表す (cf. with 前**7**) ‖
I met the man whose son had won the race. 息子が競走に勝った男の人に会った.
This dictionary is intended for students whose mother tongue is Japanese. この辞典は日本語を母語とする生徒向けのものです.
The house whose roof you can just see is Mr. Baker's. 屋根の見えている家はベーカーさんの家です (=(文) The house the roof of which you can just see is Mr. Baker's. =The house of which the roof you can just see is Mr. Baker's. =The house (which) you can just see the roof of is Mr. Baker's.).

**4** [非制限用法] そしてその人[それ]の ◆(1) ふつう and his [her, its, their] … の意になるが, 前後関

係により and のほかに but, because, though, if などにもなる. (2) 書き言葉に多く用いられ, ふつうその前にコンマを置く》‖

Mr. Black, **whose** wife teaches singing, is a piano teacher. ブラック氏は奥さんが声楽を教えていて, 自分はピアノの教師をしている.

Mont Blanc, **whose** sides are very steep, attracts many mountain climbers. モンブランは斜面がたいへん険しいので, 多くの登山家を引きつける.

**who've** /húːv フーヴ; (弱) huv フヴ/ (略式) who have の短縮形.

**why** /(副) hwái ワイ; (間) wái ワイ; (名) hwái ワイ/ 〖理由を問う疑問副詞であるが, 会話の含みとして「なぜ…するのか」(しなくていいのに),「なぜ…しないのか」(…したらよいのに),「なぜ…しないはずがあろうか」(もちろん…しますよ)の用法が生まれた〗

—(副) Ⅰ [疑問副詞]

**1** なぜ, どうして《◆理由または目的を尋ねる》‖
**Why** do you cáll me námes? どうして私の悪口を言うのか.
I wonder **why** she's always late. なぜ彼女はいつも遅いのかしら.
**Why** he can't come is clear. =It is clear **why** he can't come. 彼がどうして来られないかははっきりしている.
**Why** so? どうしてそうなの.
(対話) "**Why** are you standing?" "Because I don't have a seat." 「なぜ立っているの」「席がないからです」《◆Why …? に対してふつう Because … で答える. → because **1 a**》.
(対話) "We can't go." "**Whỳ nót?**(↗)" 「私たちは行けません」「どうして?」《◆否定の平叙文に答えて用いる. cf. **2**》.

---

Q&A **Q**: why と what … for とはどう違いますか.

**A**: たまたま両者は「どうして」と訳されますが, What … for? は本来「目的」を表しその意味がたまたま希薄になっただけのことです. したがって, Why …? ではふつう Because で答えますが, What … for? ではその必要がありません: (対話) "**What** did you go to town **for**?" "To buy some books at Maruzen." 「どうして町へ行ったの」「丸善に本を買いに」.

---

**2** [whỳ dó …?] どうして…をするのか(するにはおよばない)《◆相手の言った事に対する異議申し立てとして用いる. あることが不必要であるとか, 認められないことをほのめかす》‖
**Why** pay for something you don't have to? その必要がないのにどうして代金を払うの.
**3** [whỳ dòn't you do? / whỳ nót do?] 君(たち)[私たち]は…したらどう(ですか); …しなさいよ《◆提案・軽い命令を示す》‖
**Why** don't you [Why not] call a plumber? 配管工に電話したら.

**Why don't you** be a doctor? 医者になったらどう.
**Why not** stop here? ここでストップしたら.
**Why not** the best? 最善を尽くそうではないか《◆米国の Carter 元大統領の標語. 動詞まで省略されている》.
(対話) "**Why don't you** have some wine?" "No, thanks." 「ワインをいかがですか」「いえ, 結構です」《◆some の代わりに any を用いると **1** の用法で「なぜワインを飲まないのか」の意》.
**4** [whỳ nót?] (提案などに同意して)うんそうしよう, いいですとも‖
(対話) "Shall we go?" "**Why not?** (↗)" 「行きましょうか」「うん行こう」.
(対話) "Are you really putting on a tie?" "Yes. **Why not?**" 「ほんとうにネクタイをするのかい」「うん, もちろんだよ」.

Ⅱ [関係副詞]

**5** [制限用法; reason, cause を先行詞として](…だという)理由‖
The reason (**why**) he came so early is not evident. 彼がそんなに早く来た理由は明白でない.
There is no reason (**why**) I should be here all by myself. 私がただひとりでここにいなければいけない理由はない.
**6** [先行詞を含んで] (…する)理由[わけ]《◆the reason why の省略表現と考えられる》‖
**Why** Ann left was **because** she was unhappy. アンが行ってしまったのは楽しくなかったからでした.
Bill is very talkative. **This is why** I don't like him. ビルはとてもおしゃべりだ. これが彼が嫌いなわけなのです; こういうわけで彼が嫌いなのです《◆ This is why は And so に相当》.
(対話) "I don't understand why you're angry with him." "Because he didn't even say sorry. **That's why.**" 「どうしてあなたが彼に腹を立てているのかわからないわ」「彼があやまりもしないからだよ. そういうわけ」.

—(間) /wái/ (ややまれ) **1** [意外な発見・認識を表して] まあ, おや, あら‖
**Why**, that's the book Tim was talking about. まあ, それティムの言った本だわ.
**2** [質問などの簡単なことへの抗議を表して] なに, なんだ‖
**Why** (↘), the problem is quite plain. なあに, その問題は至極簡単なんだ.
**3** [熟慮のため間を置いて] そうね, えーっと‖
**Why**, yes. I think I would. そうですね, してもいいですが.
**4** [反対を示して] なに, なんだって.

—(名) /hwái/ (複 ~s) C **1** [通例 the ~(s) and wherefore(s)] 理由‖
I want to know the **whys and wherefores** of her objection. 彼女が反対している理由を知りたい. **2** [通例 ~s] 「どうして」という質問.

**WI** (略) [郵便] Wisconsin.
**wick** /wík ウィク/ (名) C U (ろうそく・ランプの)芯(しん).

**wick·ed** /wíkid ウィキド/ 《発音注意》《◆ ×ウィクト》
形 (比較) more ~, (まれ) ~·er, (最上) most ~, (まれ) ~·est **1 a** 悪い, 不正な, 不道徳な; 悪意のある, 意地悪な ‖
wicked people =the wicked [集合名詞的に] 悪人ども.
have a wicked tongue / 毒舌家である.
**b** [A is wicked to do / it is wicked of A to do] …するとは A〈人は〉ひどい ‖
It is wicked of the boy to beat the poor dog. かわいそうにあの犬をぶつなんてひどい子だ.
**2** (略式) いたずらな, 腕白な ‖
a wicked smile いたずらっぽい微笑.
**3** (略式) とてもひどい[いやな], とんでもない ‖
a wicked storm ひどいあらし.
a wicked task いやな仕事.
a wicked price 法外な値段.
give him a wicked blow 彼をこっぴどくなぐる.

<u>Q&A</u> **Q**: asked, worked などの ed は /t/ と発音するのに wicked の ed は /id/ と発音するのですね.
**A**: そうです. wicked, naked, learned などが形容詞として用いられるときは /id/ と発音するのです.

**wick·ed·ly** /wíkidli ウィキドリ/ 副 (意地)悪く, 不正に.
**wick·ed·ness** /wíkidnəs ウィキドネス/ 名 U 邪悪, 不正, 悪意.
**wick·er** /wíkər ウィカ/ 名 C (柳の)小枝; U C 枝編み細工(品) ‖
a wicker basket 枝編みのかご.
**wick·et** /wíkit ウィキト/ 名 C **1** =wicket gate [door]. **2** (クリケット) 三柱門 (図 → cricket); 投球場; 打撃差; (米) (クローケー) 柱門.
**wícket gàte** [**dòor**] (大門の中か横の)くぐり戸, 小門(wicket).

# :wide /wáid ワイド/ 〖「端から端までの長さが大きい」が本義〗

派 width (名), widen (動), widely (副)
→ 形 **1** 広い **4** 十分に開いた
**5** ゆったりとした **6** 遠く外れた
副 **1** 広く

—— 形 (比較) wid·er, (最上) wid·est **1** (幅が)広い(↔ narrow); [長さの単位を表す名詞のあとで] 幅が…ある(↔ long) ‖
a wide river (幅の) 広い川.
a wide gap 広い割れ目(→ broad **1** 語法).
This door is two feet wide. このドアは幅2フィートだ.
**2** (範囲などが)広い, 広範囲にわたる; (面積などが)広大な; [しばしば複合語で]多方面にわたる ‖
the wide world 広い世界.
a person of wide experience 経験の豊富な人.
a nation(-)wide survey 全国的な調査.
There is a wide difference between the two opinions. 2つの意見には大きな相違がある.
a wide selection of kitchen untensil 豊富に品揃えした台所用品.
**3** 〈視野などが〉広い, 偏狭でない, 拘束されない ‖
take wide views 幅広い物の見方をする.
a wide guess 大ざっぱな推察.
**4** 十分に開いた ‖
She stared at the sight with wide eyes. 彼女は目を丸くしてその光景を見つめた.
**5** ゆったりとした, だぶだぶの ‖
wide trousers ゆったりしたズボン.
**6** 遠く外れた; 見当違いの ‖
a wide ball (野球などで)遠く外れた球; (クリケットの)暴投.
The writer's remark is wide of the truth. その作家の言葉は真実とはほど遠い.

—— 副 (比較) wid·er, (最上) wid·est **1** 広く, 広範囲に; [しばしば複合語で] 多方面にわたって ‖
He has traveled far and wide. 彼はいたるところを旅行した.
be popular nation(-)wide 全国的に人気がある.
**2** 十分に開いて ‖
Open your mouth wide. 口を大きくあけなさい.
**3** それて, 見当違いに ‖
The arrow fell wide of the target. 矢は的をそれて落ちた.

**wide-a·wake** /wáidəwéik ワイダウェイク/ 形 **1** すっかり目ざめた.
**2** 目を大きく見開いた ‖
Stay wide-awake when you drive. 車を運転するときは目をあけておきなさい.
**3** 油断のない, 抜け目ない ‖
a wide-awake idea つけこまれるすきのない考え.
**wide-eyed** /wáidáid ワイダイド/ 形 (不思議・驚き・疑いなどで)目を丸くした; びっくりぎょうてんした; 素朴な, 純真な.

*__wide·ly__ /wáidli ワイドリ/ [→ wide]
—— 副 (比較) more ~, (最上) most ~) **1** 広く, 広範囲にわたって ‖
travel widely 方々を旅行する《◆ travel wide よりふつう》.
a widely known statesman 著名な政治家.
Today computers are widely used all over the world. 今ではコンピュータは世界じゅうで広く使われている.
**2** 大きく, はなはだしく ‖
Our views are widely different from each other. 我々の見解はお互いに大きく異なる.
**wid·en** /wáidn ワイドン/ 動 他 …を広くする ‖
The city has widened the road. 市は道路を広げた.
—— 自 広くなる, 大きく開く ‖
a widening gap ますます広がるギャップ.
**wide·spread** /wáidspréd ワイドスプレド/ 形 **1** (翼などに)広げた.
**2** 広範囲に及ぶ; 広く行きわたった, 普及した ‖
a widespread belief 広く受け入れられている信念.

**wid·ow** /wídou ウィドウ/ 名C **1** 未亡人《◆男性形は widower》‖
Susie is Bob's **widow**. スージーはボブの未亡人である.
**2** (略式) [スポーツ名などのあとで] …未亡人, ウイドー《夫がスポーツや趣味に熱中するため(家に)置きざりにされる妻》‖
a fishing **widow** 魚釣りウイドー.
── 動 他 [通例 be ~ed] 未亡人になる, 男もめになる.

**wid·ow·er** /wídouər ウィドウア/ 名C 男やもめ.

**width** /wídθ ウィドス, wítθ/ 《発音注意》《◆×ワイドス》名 **1** UC (幅の)広さ, 幅‖
a river of great **width** 幅の広い川.
a box two feet in **width** 幅2フィートの箱(= a box two feet wide).
**2** U (理解などの)広いこと, 広さ‖
the **width** of one's mind 心の広さ.
**3** C 一定の幅(の布地・材木など)‖
join the three **widths** cloth 布地3幅を継ぎ合わす.

**wield** /wíːld ウィールド/ 動 他 **1** (文)…を手で巧みに使う. **2** 〈権力など〉をふるう, 行使する.

**＊＊wife** /wáif ワイフ/ 〖『女(woman)』が原義〗
── 名 (複 **wives**/wáivz ワイヴズ/) C 妻, 女房(↔ husband); 既婚女性(↔ spinster)‖
husband and **wife** 夫婦.
She will make a good **wife**. 彼女は良い妻になるでしょう.

**wig** /wíg ウィグ/ (同音 Whig) 〖per**wig** の短縮語〗名C (髪の全部または一部の)かつら; 髪飾り《ヨーロッパで17-18世紀に流行》‖
wear a **wig** かつらをつけ(ている).

**wigged** /wígd ウィグド/ 形 かつらをつけた.

**wig·gle** /wígl ウィグル/ (略式・方言) 動 (現分 **wig·gling**) 他 …をぴくぴく小刻みに動かす‖
**wiggle** one's eyebrows まゆ毛をぴくぴく動かす.
── 自 ぴくぴく[くねくね]小刻みに動く.
── 名C ぴくぴく[くねくね]する[させる]こと; 小刻みな身動き.

**wig·wam** /wígwɑm ウィグワム/ |-wæm -ワム/ 名C (北米先住民の)テント小屋.

**＊＊wild** /wáild ワイルド/ (同音 wiled) 〖『野生の, 自然のままの』が原義〗
→ 形 **1** 野生の **2** 荒れ果てた **3** 野蛮な **5** 激しい
── 形 (比較 ~·**er**, 最上 ~·**est**) **1** 野生の, 野育ちの, 人慣れていない(↔ domestic)‖
**wild** beasts 野獣.
**wild** flowers 野生の花.
Are these horses tame or **wild**? これらの馬は飼い慣らしてあるのですか, それとも野生のままですか.
**2** 荒れ果てた, 荒涼とした(↔ cultivated), 自然のままの, 耕作していない, 人の住まない‖
**wild** land 荒野.
**3** [通例名詞の前で] **野蛮な**, 未開な‖
a **wild** man 野蛮人.
**wild** tribes 蛮族.
**4** 荒っぽい, 乱暴な, 手に負えない, 放埓(ほうらつ)な‖
**wild** mobs 暴徒.
a **wild** boy 手に負えないわがままっ子.
a **wild** horse 気の荒い馬.
**5** 激しい, 強い, 荒れた, 騒々しい‖
a **wild** sea 荒海.
a **wild** night ひどい[恐ろしい, たいへんな]夜, (特に)あらしの夜.
a man living in **wild** times 乱世に生きた男.
**6** 狂気じみた, 熱狂的な, 興奮した‖
**wild** rage 激怒.
drive him **wild** 彼を興奮[熱狂]させる.
She **is wild** with grief. 彼女は悲しみのあまり気が変になっている.
**7** 乱れた, 乱雑な, だらしない‖
**wild** hair 乱れ髪.
a room in **wild** disorder 乱雑極まる部屋.
**8** 的はずれな, 見当違いの, とっぴな, でたらめの‖
a **wild** guess とんでもない憶測.
a **wild** throw (野球) (野手の)暴投, 悪送球.
**9** (英略式) 激怒した‖
be **wild** with her for being late 遅れたことで彼女に対してかんかんに怒る.
**10** ひどく(…)したがっている‖
He is **wild** to buy a new motorcycle. 彼は新しい単車が買いたくてうずうずしている.
**11** (略式) 夢中になって, 熱心な‖
Many young girls **are wild about** that pop singer. 多くの若い女の子があの流行歌手に夢中だ.
**gò wíld** (略式) ひどく怒る[喜ぶ]; 発狂する; 夢中になる‖ **go wild** with joy 狂喜する.
**rùn wíld** (1) 〈動物か〉野飼(が)いにしてある, 〈植物が〉自然のままに伸びている. (2) (略式) 〈人が〉気ままに[乱暴に]ふるまう‖ Don't let your imagination **run wild**. 想像をたくましくするな.
── 副 (比較 ~·**er**, 最上 ~·**est**) 乱暴に, でたらめに‖
shoot **wild** 乱射する.
── 名 **1** [the ~s; 複数扱い] (ある地方の)荒野, 未開地, 不毛地帯‖
the **wilds** of the North 北部の荒野.
**2** [the ~] 荒野(wilderness), 大自然‖
animals in **the wild** 野生の動物.
a tiger driven by the call of **the wild** 野生の呼び声にかられたトラ.

**wíld bóar** 〔動〕 イノシシ.
**wíld fówl** = wildfowl.
**wíld góose** 〔鳥〕 ガン.
**Wíld Wést** [the ~] (開拓時代の無法な)米国西部地方.

**Wíld Wést shòw** 〔米史〕(カウボーイや先住民の離れ業を呼び物とした)西部のサーカス.

**wild·cat** /wáildkæt ワイルドキャト/ 名 ⓒ **1 a** ヤマネコ. **b** 野良ネコ. **2** (略式) 突然怒り出す人, 怒りっぽい人, 意地悪女.

**Wilde** /wáild ワイルド/ 名 ワイルド《Oscar ~ 1854-1900; アイルランド生まれの英国の劇作家・小説家》.

**wil·der·ness** /wíldərnəs ウィルダネス/ (発音注意)《×ワイルダネス》名 (まれ) 複 ~·es/-iz/) **1** (古) [the ~] (人の住まない)荒野, 荒れ地; [the W~] 米国 Virginia 州北東部の森林地帯《南北戦争の古戦場》.
**2** [a ~ / the ~] (人気(ひとけ)がなくどこまでも変化のない)だだっ広い所 ‖
a watery wilderness =a wilderness of waters 大海原.
**3** [a ~ / the ~] ごたごたした[雑然とした]集まり ‖
a wilderness of buildings 林立するビル群.
**a vóice (crýing) in the wílderness**《聖》(やく文)世にいれられない改革家などの叫び《◆「荒野に呼ばわる者の声」より》.

**wild·fowl** /wáildfàul ワイルドファウル/, **wíld fòwl** 名 ⓒ 《単数・集合名詞 **wild·fowl** (複数扱い)) ⓒⓤ 猟鳥《カモ・キジなど》; 野鳥.

**wild·life** /wáildlàif ワイルドライフ/ 名 ⓤ 《集合名詞》野生生物《狩猟の対象になる鳥・獣・魚》.

**wild·ly** /wáildli ワイルドリ/ 副 **1** 野生的に; 野生状態で ‖
a wildly left field 野生状態の野原.
**2** 激しく, やみくもに; 乱暴に ‖
cry wildly 気が狂ったように(泣き)叫ぶ.
hit the door wildly ドンドン戸をたたく.
**3** ひどく, むやみに, でたらめに ‖
Don't guess wildly. あてずっぽうはやめろ.

**wild·ness** /wáildnəs ワイルドネス/ 名 ⓤ **1** 野生. **2** 荒廃. **3** 乱暴, 無謀, 狂乱.

**wile** /wáil ワイル/ (同音 while) (正式) 名 [~s] 策略, 詭略, たくらみ.
── 動 (現分 wil·ing) 他 …をだます; …をそそのかしてさせる.
**wíle awáy** [他] …をだまして連れ去る;〈時間〉をぶらぶらして過ごす.

**\*\*will**¹ /(弱) l, wəl, əl; (強) wíl ウィル/ 〖「…しようと欲する」が原義〗
→ 助 **1 a** …するつもりである **b** …でしょう
  **4** …だろう **5** …しなさい
  **6** どうしても…したがる
── 助 (過去) would/wud, (w)əd, d/) 《◆ (1) 短縮形 'll. (2) (古) では二人称単数現在形 (thou) wilt, 同過去形 (thou) wouldst》

Ⅰ [意志未来と単純未来]

**1** [一人称主語: I [we] will do] **a** [意志未来] …するつもりである, …します ‖
I'll write to you as soon as I arrive in London. ロンドンに着いたらすぐ手紙を書きます.
I won't borrow money from those people. 私はあの連中からはお金は借りません.

|  | 平叙文 | 疑問文 |
|---|---|---|
| **1** 一人称 | | |
| **a** 意志未来 | I [we] will (not) … | ─ |
| **b** 単純未来 | I [we] will (not) … | will I [we] …? |
| **2** 二人称 | | |
| **a** 意志未来 | you will (not)…(主に従節で) | will you …? |
| **b** 単純未来 | you will (not) … | will you …? |
| **3** 三人称 | | |
| **a** 意志未来 | he [she, it, they] will (not) …(主に従節で) | ─ |
| **b** 単純未来 | he [she, it, they] will (not) … | will he [she, it, they] …? |

I will give you my answer tomorrow. あす返事をします.
**b** [単純未来: I will do / I'll do] [通例未来を示す副詞語句を伴って] …でしょう, だろう《◆ (英) では shall も用いる》 ‖
I'll be 20 (years old) next year. 来年20歳になります.
Will we be in time for the train? 電車に間に合うでしょうか.
I won't be seeing him again. 二度と彼に会うことはないでしょう《◆ I won't see him again. はふつう「会うつもりはない」の意》.

**2** [二人称主語: you will do] **a** [意志未来; 条件の if 節・疑問文で] …するつもりである ‖
If you will wait here a moment, I'll go and get a chair. もしここでちょっとお待ちいただけるのでしたら, いすをお持ちします.
If you will go out without an overcoat, you will catch cold. もしどうしてもオーバーを着ずに外出なさるというのなら(それで結構ですが), かぜをひくことになりますよ.
Will you come to the party? パーティーにはおいでになりますか.
Will you please be at home tomorrow? あす家にいてくださいませんか(→ **2 b**).

[語法] [will you …? / won't you …?]
(1) will you …? / won't you …? は相手の意志を問うだけにとどまらず, ふつう勧誘・依頼の気持ちを含む. 依頼の場合はふつう please を伴う: Will [Won't] you have some coffee with me?(↗)一緒にコーヒーを飲みませんか《◆ Won't you …? は Will you …? よりも親しみのこもった言い方》 / Will you please open the window? =Open the window, will you please? 窓をあけてくれませんか [対話] "Will you fill in this card, please?" "Of

**will**

course." 「このカードに記入してくださいますか」「もちろん」/ *Will* you be quiet! 静かにしてくれないか《◆下降調だと命令口調》.

(2) will you? / won't you? は付加疑問として命令文のあとにつけて上昇調に言うと口調をやわらげる: Give me your telephone number, **will** you?(↗) 電話番号を教えてください / Please come in, *won't* you?(↗) どうぞお入りください.

(3) 肯定・否定の命令文の付加疑問としては will you? のみ付加できる: Don't make a noise, *will* you?(↗) 静かにしてくれないか. 下降調だと「…しなさい」の命令口調: Be quiet, *will* you!(↘) 静かにしないか. will you(↗)だとていねいだが, その分いらだたしさを押し隠した表現になりやすい.

**b** [単純未来] …でしょう, …だろう ‖
You'**ll** be disappointed if you hear her sing. 彼女が歌うのを聞いたらがっかりするでしょう.
**Will** you be at home tomorrow? あす家にいらっしゃいますか《◆文脈によっては「あす家にいてください」の意にもなる. → **2 a**》.

**3** [三人称主語: he [she, it, they など] will do] **a** [意志未来] …するつもりである; [will not [won't] …] (どうしても)…しようとしない《◆条件の if 節中にも用いる》‖
She says (that) she'**ll** help you. 君を手伝うと彼女は言っています(=She says, "I'll help you.").
If he **won't** come, we'll ask someone else. もし彼に来る気がないのであれば, だれか他の人を頼ろう.
I've asked Bill to come, but he **won't**. ビルに来るよう頼んだが, 彼は来ようとしない.

Q&A **Q**: この will は無生物主語にも用いられますか.

**A**: はい. *The door won't open*. (ドアがどうしてもあかない) / *Accidents will happen*. ((ことわざ)) 事故はどうしても起こる) などのように用います.

**b** [単純未来] …でしょう, …だろう ‖
They'**ll** be pleased to see you. 君に会ったら彼らは喜ぶでしょう.
She **won't** pass the exam because she won't study for it. 彼女は受験勉強をしようとしないので, 試験には受からないだろう《◆because 節中の won't は主語の意志を表す》.
That **will** be $5.25 in all. 全部で5ドル25セントになります.

‖ [その他]

**4** [可能性・推量] [will do] …だろう, でしょう《◆話し手の確信度については → **may 2**》‖
You'**ll** be starving now after your long walk. 長い間歩いたのでもう腹ペコでしょう.
That **will** be John, I expect. (戸口にだれか来たので)あれはジョンでしょう.

**5** [依頼・指図: you will do] …しなさい, 当然…してもらいます ‖
You **will** do as I tell you. 私の言いつけどおりするのですよ《◆Do as I tell you. よりふつう語気が強い》.
You **will** wait here till I come back. 私が帰ってくるまでここで待ってなさい.

**6** [習慣・習性・能力] [通例二・三人称主語] どうしても…したがる[する], …するものだ ‖
Mary **will** sit still and look at the sea for hours. メリーは何時間もじっと座って海を眺めていることがある.
Why **will** you arrive late for every class? 君はどうしてこういつも授業に遅れるんだね.
Oil **will** float on water. 油は水に浮くものだ.

*will* be *dóing* [未来進行形] …していることになるだろう, …でしょう(→ **1 b, 4**) ‖ I'll be seeing you tomorrow. あしたお会いしましょう / The procession **will be** passing our house in a few minutes. あと数分で行列は家の前を通るでしょう《◆数分先に身をおいて進行中の行列を眺めている気持ち》.

Q&A **Q**: 単なる未来形の will do とはどう違いますか.

**A**: 第1例に即して説明すると, I'll see you tomorrow. が話し手の意志を表面に押し出す表現であるのに対して, I'll be seeing you tomorrow. は情況からして「会うことになるだろう」という推量に近い言い方で, やわらかな表現になります.

*will* have *dóne* (1) [未来完了形; 通例未来の副詞句を伴って] (…までに)…してしまっていることになるでしょう ‖ She **will have** posted the letter by now. 彼女はもうすでに手紙を投函(紅)してしまっているでしょう / I'**ll have** read the book by next week. 来週までにこの本を読んでしまっているでしょう《◆(略式)では I'll be through with [through reading] the book by next week. のようにいって未来完了を用いないですますことが多い》/ He knew that by the time he was fifty he **would have** already passed his peak. 50歳になるまでには盛りをすぎてしまっているであろうことは, 彼にはわかっていた《◆would は knew との時制の一致による》. (2) [可能性・推量] …したかもしれない《◆発話時からみた回想》‖ You'**ll have heard** the news last night. 昨夜ニュースをお聞きになったことでしょう.

\***will**² /wíl ウィル/
──**名** (複 ~s/-z/) **1** ⓤ [しばしば a ~] 意志(力) ‖
The man **has a strong will**. その人は意志が強い.
a person of iron **will** 鉄の意志を持った人.
Where there's a **will**, there's a way. (→ where 腰 **3**).
**2** [one's ~ / the ~] 願望, 決意, 意地 ‖
the **will to** win 必勝の信念.

**3** 《正式》[one's ~ / the ~] 命令.
**4** ⓒ 《正式》(他人に対する)態度, 気持ち《◆通例次の句で》‖
good will 善意.
ill will 悪意.
**5** ⓒ 《法律》遺言；遺書 ‖
He left all his money to his child in his will. 彼は遺言ですべてのお金を子供に残した.
◇**agàinst A's (ówn) wíll** =**agàinst the wíll of A** …の意志にそむいて, 逆らって；不本意ながら ‖
He was laid off against his will. 心ならずも彼は解雇された.
**at will** [通例文尾で] 思いのままに, 自由に.
**of one's ówn frée will** [通例文中・文尾で]〈人が〉みずからの意志で, 自発的に.
**with a will** 真剣に, 決意をもって.
―― 動 《正式》他 **1** …を望む, 欲する ‖
Bill wills success. =Bill wills to succeed. =Bill wills that he (should) succeed. ビルは成功を望んでいる.
**2** …を遺言して与える；…だと遺言する.
―― 自 決意する, 決定する.
**Will** /wíl/ ウィル 名 ウィル《William の愛称》.
**-willed** /-wíld/ -ウィルド/ 《連結形》…の意志を持つ, 意志が…の.
**will·ful**, 《英》**wil·ful** /wílfl ウィルフル/ 形 《正式》**1** がんこな, 強情な. **2** 故意の, 意図的な.
**wíll·ful·ly** 副 がんこに, わがままに.
**Wil·liam** /wíljəm ウィリャム/ 名 **1** ウィリアム《男の名. 《愛称》Bill, Billy, Will, Willie, Willy》.
**2** [William Ⅰ] ウィリアム1世《1027-87；もとフランスの Normandy 公で, 1066年の Norman Conquest により William the Conqueror (征服王ウィリアム) と称される》.
**3** [William Ⅲ] ウィリアム3世《1650-1702；名誉革命により英国王位についた》.
**Wil·lie** /wíli ウィリ/ 名 **1** ウィリー《愛称》→ William》. **2** ウィリー《女の名》.
**will·ing** /wíliŋ ウィリング/ 形 動 ‖
―― 形 《比較》-er, 《最上》-est 》 **1** [be willing to do] 〈相手の意を汲んで〉快く…する, …するのをいとわない (→ ready Q&A) ‖
I am willing to help you. お手伝い致しましょう(いつでも申し出てください).
**2** [名詞の前で] 〈相手の意を汲んで〉快くやる, 進んでなされた, 自発的な ‖
a willing helper (求められれば)援助したい気持ちを持っている人.
a willing worker (必要とされれば)働きたいと思っている人.
**will·ing·ly** /wíliŋli ウィリングリ/ 副 〈相手の意を汲んで〉快く, いとわず《◆命令文・依頼を表す疑問文にはふつう用いない》.
**will·ing·ness** /wíliŋnəs ウィリングネス/ 名 Ⓤ (相手の意を汲んで)快くすること；乗り気であること.
**wil·low** /wílou ウィロウ/ 名 **1** ⓒ ヤナギ ‖
Willows are weak, yet they bind other wood. 《ことわざ》柳は弱いが他の木を縛ることができ

る；「柔よく剛を制す」.
**2** Ⓤ =willow wood.
**wíllow trèe** ヤナギの木.
**wíllow wòod** ヤナギ材；ヤナギの小枝 (willow).
**will·pow·er** /wílpàuər ウィルパウア/ 名 Ⓤ 意志力, 自制力.
**wil·y** /wáili ワイリ/ 形 《比較》-i·er, 《最上》-i·est) 狡猾(ｺｳｶﾂ)な, ずるい, 悪賢い ‖
(as) wily as a fox キツネのようにずるい.
**wil·ly-nil·ly** /wíliníli ウィリニリ/ 副 いやおうなしに, 好むと好まざるとにかかわらず；無計画に, 手当たり次第に. ――形 なかなか決心のつかない.
**wilt** /wílt ウィルト/ 動 自 〈草花などが〉しおれる；〈人が〉しょげる, 弱る. ――他〈草花など〉をしおれさせる；〈人〉を弱らせる. ――名 《植》 =wilt disease.
**wílt disèase** 立ち枯れ病(wilt).
**Wim·ble·don** /wímbldən ウィンブルドン/ 名 ウィンブルドン《London 郊外の一地区. 毎年6-7月に開催される国際テニス選手権試合で有名》.
**wimp** /wímp ウィンプ/ 名 ⓒ 《略式》いくじなし, 弱虫, 気力のない人 ‖
That wimp can't even run 50 meters! あのいくじなしはたった50ｍでさえ走れないやつなんだ.

**\*\*win** /wín ウィン/ 〖「戦う (fight) 」が原義〗
派 winner (名), winning (名)
―― 動 《三単現》~s/-z/；《過去・過分》won/wán/；《現分》win·ning)
―― 他 **1** 〈競技・戦争など〉に勝つ, 勝利を得る(↔lose)《◆「〈人・相手〉に勝つ」は defeat, beat を用いる》‖
win a battle 戦いに勝つ.
Which side won the match? どちら(のチーム)が試合に勝ちましたか?
**2** 〈勝利・賞品など〉を勝ち取る, …を獲得する ‖
She has won first prize. 彼女が1等賞を獲得した(=She is the first-prize winner.).
win $50 from him at cards トランプで彼から50ドルをせしめる.
**3 a** 〈名声・賞賛・人気など〉を(努力して)得る, 受ける.
win honors [support] 名声[支持]を得る.
win fame for oneself 名声を博する.
**b** [win A B] A〈人〉に B〈名声・賞賛など〉を得させる ‖
His courage won him fame. 勇気があったので彼は有名になった.
**4** …を説きふせる, 従わせる ‖
His eloquence won his audience. 彼の雄弁は聴衆を引きつけた.
**5** 《正式》〈目的地など〉に達する, やっとたどり着く；[win one's way] 苦労して進む[成功する].
―― 自 **1** 勝つ, (努力の末)勝利する；ついに成功する ‖
Which team won? どちらのチームが勝ちましたか.
win by a score of 3 goals to 2  3対2で勝つ.
**2** 努力して…となる ‖
win free [clear, loose] and escape うまく切り抜けて脱出する.

**wín or lóse** 勝っても負けても.
**wín óver** [他] …を説きふせる ‖ **win** her **over** to one's side 彼女を味方につける.
——名 © (略式) 勝利, 勝ち ‖ We've had three **wins** and two losses this season. 今シーズンはこれまで3勝2敗だ.

**wince** /wíns ウィンス/ 動 (現分) **winc·ing** (自) 一瞬びくっとする, ひるむ, たじろぐ. ——名 [a ~] びくっとすること, たじろぎ.

**winch** /wíntʃ ウィンチ/ 名 (複) ~**·es** /-iz/ © (機械) 巻き揚げ機. ——動 (三単現) ~**·es** /-iz/ (他) …をウィンチで巻き上げる.

**Win·ches·ter** /wíntʃèstər ウィンチェスタ | -tʃəs-tʃestə/ 名 1 ウィンチェスター《イングランド南部 Hampshire 州の州都. 大聖堂と英国最古のパブリックスクール Winchester College で有名》. 2 © =Winchester rifle.

**Wínchester rífle** ウィンチェスター銃(Winchester)《連発式ライフル銃》.

**★★wind**¹ /wínd ウィンド, (詩) では時に wáind/ 『「吹く」が原義』 (→ 形)
——名 ~**s**/wíndz/ 1 ©© [しばしば the ~] 風 (類) breeze, gale, gust, blast, storm《◆量を表すときは ©, 種類を表すときは © 》‖
A blast [gust] of **wind** blew away my umbrella. 一陣の風にかさを飛ばされた.
**wind** and weather 風雨, 風雪.
a north [northerly] **wind** 北から吹く風.
a **wind** of 60 m.p.h. =a 60-m.p.h. **wind** 時速60マイルの風.
the **wind** of a speeding car 疾走する車のあおり風.
The **wind** is blowing hard. (正式) 風が強く吹いている.(=It is blowing hard.)《◆ It's windy. がふつう》.
The **wind** is in the north. 風は北風だ.
It is an ill **wind** that blows nobody (any) good.(ことわざ)だれの得にもならない風は吹かない;「甲の損は乙の得」.

[関連] [風の種類] a contrary [an adverse, an unfavorable] **wind** 逆風 / a fair [favorable] **wind** 順風 / a hot **wind** 熱風 / a cold **wind** 寒風(→ 語法) / a seasonal **wind** 季節風 / a strong [heavy, high] **wind** 強風.
[語法] **wind** は一般的な語であるが, breeze に対して「不快な風」の意味合いをもつこともある. そのため「涼しい風」は a cool breeze, 「そよ風」は a gentle [soft] breeze がふつう.

2 ©© 大風, 強風 ‖
A **wind** raged across the island. 暴風が島を吹き荒れた.
3 《略式》[a ~ / the ~ / one's ~] 息, 呼吸(する力); 肺活量 ‖
get back one's **wind** 息をつく, 一息つく.
lose one's **wind** 息切れがする.
have a long **wind** 息が長く続く.
His **wind** is weak. 彼はあまり肺活量がない.
4 [the ~] 管楽器, 吹奏楽器(類);[集合名詞; 単数・複数扱い](オーケストラの)管楽器セクション.
5 ©© (変化などの)風向き, 動向; 影響(力) ‖
today's political **wind** 今日(話)の政治の潮流.
withstand the **wind** of popular opinion 世論の風向きに逆らう.
6 © (主英) 腸内のガス ‖
break **wínd** おならをする.
7 © (略式) 空虚な話, たわ言; うぬぼれ ‖
His talk is mere **wind**. 彼の話はまるでたわごとだ.
**agàinst the wínd** 風に逆らって; 大勢に逆らって, 世論に抗して.
**dówn the wínd** 風下に.
**ín the wínd** (1) 風で; (海事) 風上に. (2) ひそかに計画[準備]されて; 起こりかけて. (3) 未決定で ‖
hang in the **wind** 未決定である.
**on the wínd** 〈音・においなどが〉風に乗って.
**sée hów [whích wáy] the wínd blóws [líes]** 風の向きを知る; (略式) (行動を起こす前に)世論の向きを[事の成り行きを]うかがう.
**tàke the wínd from [óut of] A's sáils** (議論・力量などで) A〈相手〉をギャフンと言わせる, …の出鼻をくじく.
**úp the wínd** 風上に向かって.
**wíth the wínd** 風と共に; 順風で.
——動 (他) …を息切れさせる ‖
I was **winded** by the long climb. 私は長い登りで息切れした.

**wínd instrument** (音楽) 管楽器, 吹奏楽器.
**wínd scàle** (気象) 風力, 風級.
**wínd sùrfing** =windsurfing.

[関連] [ビューフォート風力階級(Beaufort scale)の分類] 0. calm 静穏 / 1. light air 至(リ)軽風 / 2. light breeze 軽風 / 3. gentle breeze 軟風 / 4. moderate breeze 和風 / 5. fresh breeze 疾風 / 6. strong breeze 大風 / 7. moderate gale 強風 / 8. fresh gale 疾強風 / 9. strong gale 大強風 / 10. whole gale 全強風 / 11. storm 暴風 / 12. hurricane 颶(ぐ)風.

**wind**² /wáind ワインド/ (発音注意)《◆ ˣウィンド》 (同音) whined (英) 動 (過去・過分) **wound** /wáund/) (自) 1 〈川・道などが〉曲がる, うねる ‖
The river **winds** through the valley. 川は谷の中を蛇行している.
2 巻きつく, からみつく ‖
The ivy **winds around** the tree. ツタが木に巻きついている.
3 〈板などが〉曲がる, そる.
——(他) 1 …を巻く(+up); …を回す, 取っ手を回して降ろす(+down)‖
**wind** (up) the clock 置時計のねじを巻く.

wind down the car window 取っ手を回して車の窓をあける.

**2** 〈毛糸など〉を巻く ‖

wind (up) wool into a ball 毛糸を巻いて玉にする.

**3** …を巻きつける; …に巻きつける ‖

wind a bandage on one's leg =wind one's leg with a bandage 脚(%)に包帯を巻く.

wind a towel around one's head 頭にタオルを巻く.

**4** …を巻き上げる.

*wínd dówn* 〔自〕(1)〈時計のぜんまいが〉ゆるんで止まる. (2) 〈人が〉緊張から解放されリラックスする. (3)〈熱意などが〉だんだん弱まる.

*wínd one's wáy* (1)〈川・道・人などがうねって進む. (2) うまく手に入れる ‖ He wound his way into her affections. 彼はうまく立ち回って彼女の愛を得た.

*wínd úp* (1)(略式)〔自〕話・活動などをやめる, けりをつける ‖ wind up with a song 1曲歌ってお開きにする / The speaker wound up by thanking everyone for coming. 講師は皆に来場の礼を述べて話を終えた. (2)(略式)〔自〕結局(…する)破目[ということ]になる《名詞・形容詞・前置詞＋名詞・as 句・doing を伴う》‖ You'll wind up in (the) hospital if you don't drive carefully. 慎重に運転しなけりゃ病院行きだぞ / She spent all day gambling and wound up broke. 彼女は1日じゅうギャンブルをしてとうとう一文無しになった / He'll wind up nowhere. 彼は失敗するだろう. (3)〔自〕【野球】〈投手が〉ワインドアップする. (4) [~ *up* A] → 〔自〕**1**. (5)〔他〕→ 〔自〕**1**. (6)(略式)〔他〕〈エンジンなどの〉出力を上げる; …を興奮[緊張]させる ‖ The boxer was wound up before the big fight. そのボクサーは大試合を前に緊張していた. (7)(略式)〔他〕…にけりをつける; …を終える. (8)〔他〕[通例 be wound] 夢中になっている, かかりきりである.

── 名 ⓒ **1** 曲がること, 曲がり; 回転 ‖

Give the handle another wind. 取っ手をもう1回回してみなさい.

**2**（時計・ねじなどの）ひと巻き.

**wind·break** /wíndbrèik ウインドブレイク/ 名 ⓒ 防風林, 風よけ, 防風設備.

**wind·break·er** /wíndbrèikər ウインドブレイカ/ 名 ⓒ (米)(商標)ウインドブレーカー《スポーツ防寒用ジャンパー》.

**wind(-)chill fáctor** /wíndtʃìl- ウインドチル-/ 【気象】体感温度《風の冷却効果と気温の相乗効果で肌に感じる寒さ. 単に wind(-)chill ともいう》.

**wind·ed** /wíndid ウインディド/ 形 → wind¹.
── 形 息を切らした; [複合語で] 息が…の ‖ short-winded 息がつづかない.

**wind·er** /wáindər ワインダ/ 名 ⓒ 巻く人[物]; (腕時計の)竜頭(%).

**wind·fall** /wíndfɔ̀ːl ウインドフォール/ 名 ⓒ **1**（収穫前に風で落ちた）果物. **2** 意外な授かりもの《主に遺産》, たなぼた.

**wind·i·er** /wíndiər ウインディア/ 形 → windy.

**wind·i·est** /wíndiist ウインディイスト/ 形 → windy.

**wind·ing** /wáindiŋ ワインディング/ 動 → wind.
── 形 曲がりくねった ‖
a winding staircase らせん階段.
── 名 **1** Ⓤ ⓒ 巻くこと. **2** ⓒ 巻かれたもの. **3** Ⓤ 折れ曲がること; ⓒ 屈曲, 曲がり目.

**wind·mill** /wíndmìl ウインドミル/ 名 ⓒ **1** 風車(小屋)《水の汲(%)みあげ・製粉に利用する》‖
The windmill is turning slowly. 風車はゆっくり回っています.
**2**（英）(おもちゃの)かざぐるま《(米) pinwheel》.
*fíght [tílt at] wíndmills*（自分が勝手に思いこんだ）空想上の敵[悪]と戦う[議論する]; ひとり相撲をとる《◆ドン=キホーテが風車を敵と思い戦ったことから》.

## \*win·dow /wíndou ウインドウ/ 〖風(wind)＋目(ou) → 風の入る穴〗

── 名 (複 ~s/-z/) ⓒ **1** 窓; 窓枠《◆(1) 壁にある空所にも, それを閉じる戸にも用いる. (2) 英米の家では上下に動かす窓(sash window)か外側に押し開く窓(casement (window))が多い. (3) 窓のすぐ内側の空間も含む(cf. **3**)》‖
He stood in the window. 彼は窓ぎわに立っていた.
the curtain on the window 窓のカーテン.
Please open the (car) window. (車の)窓をあけてください.
A thief came in by [at, through, ˣfrom] the window. 泥棒が窓から入った.
look out of [(米) out] the window. 窓から外を見る.

**関連** [窓の種類] a bay [an oriel] window 出窓 / a bow window 弓形の出窓 / a dormer (window) 屋根窓 / a French window フランス窓 / a rose window 円花窓, ばら窓 / a picture window 見晴らし窓.

**2** 窓ガラス ‖
break the window(s) 窓ガラスを割る.
**3** 飾り窓, ショーウインドー(show window) ‖
display goods in the window ショーウインドーに商品を陳列する.
**4** 窓口 ‖
Is this the right window for cashing traveler's check? トラベラーズチェックを現金に替えてくれるのはこの窓口ですか.
**5**（形・機能が）窓状のもの ‖
the window of an envelope 封筒の窓あき.
**6** 〖コンピュータ〗（プログラムが動く）ウインドウ; [Windows]《商標》ウインドウズ.

**wíndow ènvelope**（中のあて名が見える）窓付き封筒.

**window sash** 窓枠サッシ.
**window shopper** ウィンドーショッピングをする人.
**window washer** 窓ふき屋.

**win·dow·pane** /wíndoupèin ウィンドペイン/ 名 C 窓ガラス.

**win·dow-shop·ping** /wíndouʃàpiŋ ウィンドウシャピング | -ʃɔ̀p- -ショピング/ 名 U ウインドーショッピング.

**wind·pipe** /wíndpàip ウインドパイプ/ 名 C 気管, のど笛.

**wind·screen** /wíndskrì:n ウィンドスクリーン/ 名 (英) =windshield.

**windscreen wiper** (英) =windshield wiper.

**wind·shield** /wíndʃì:ld ウィンドシールド/ 名 C 1 (米) (車の)フロントガラス((英) windscreen)《◆ ×frontglass とはいわない》(図 → car). 2 (オートバイなどの)風よけ, 風防.

**windshield wiper** (米) (自動車の)ワイパー((英) windscreen wiper).

**Wind·sor** /wínzər ウィンザ/ (発音注意)《◆ d は発音しない》 1 ウィンザー《イングランドの Berkshire 州にある町. 宮殿 Windsor Castle と Eton College の所在地》. 2 the House of ~ ウィンザー王家《英国の現在の王室(1917- )》.

**Windsor cháir** ウィンザーチェア.
**Windsor tíe** ウィンザータイ《幅広の絹のちょうネクタイ》.

**wind·surf** /wíndsə̀:rf ウィンドサーフ/ 動 ウインドサーフィンをする.

**wind·surf·er** 名 C ウインドサーフィンをする人, ウインドサーフィン用の艇.

**wind·surf·ing** /wíndsə̀:rfiŋ ウインドサーフィング/, **wínd sùrf·ing** 名 U ウインドサーフィン.

**wind·swept** /wíndswèpt ウィンドスウェプト/ 形 (正式) 1 (の比較) (土地が)風に吹きさらされた ‖ a windswept beach 風に吹きさらしの海岸. 2 (髪などが)風に吹かれたように乱れた.

**wind·up** /wáindʌ̀p ワインダプ/ 名 C 1 (主に米略式) 結末, 終末, けり. 2 〔野球〕ワインドアップ.

***wind·y** /wíndi ウィンディ/ [⇒ wind¹]
—— 形 (比較) -i·er, (最上) -i·est) 1 風の強い, 風のある ‖ on a windy day 強風の日に.
2 風の当たる, 風を受ける, 吹きさらしの.

***wine** /wáin ワイン/ 〔同音〕 whine (英)
—— 名 (複 ~s/-z/) 1a U ワイン, ブドウ酒《◆ 数種のワインをいうときは C》‖
red wine 赤ワイン《赤いブドウを皮と共に醸造したもの》.
white wine 白ワイン《皮をとった緑色[色の薄い]ブドウから醸造したもの》.
sweet wine 甘口ワイン.
dry wine 辛口ワイン.
talk over a glass of wine ワインを飲みながら話す.
Which do you like better, white wine or red (wine)? 白ワインと赤ワインのどちらが好きですか《◆ wine は U 名詞なので red (wine) を ×red one にはできない》.
Grapes are made into wine. =Wine is made from grapes. ブドウからワインが作られる.
Good wine needs no bush. (ことわざ) 良酒に看板[宣伝]は不要.
**b** C (ある基準で大別したときの)ワインの1つ ‖
French wines フランス産のワイン類.
inexpensive wines 高価ではないワイン数種.
**2** U C 果実酒 ‖
apple wine リンゴ酒.
**3** U =wine color.

**néw wíne in óld bóttles** 〔聖〕古い皮袋に入れた新しい酒《◆「旧来の尺度では律しきれない新しい考え」の意と「一見新しそうで変わりばえがしない」の意がある》.

—— 動《通例次の成句で》.

**wíne and díne** (A) (高級レストランなどで) (A 〈人〉をもてなして)酒を飲み食事する.

**wíne cèllar** (1) (地下の)ワイン貯蔵室, ワインセラー. (2) 貯蔵されたワイン(の量).

**wíne còlor** ワインカラー, 赤ブドウ酒色(wine).

**wíne còoler** ワイン冷却容器.

**wine·glass** /wáinglæ̀s ワイングラス | -glà:s -グラース/ 名 (複 ~·es /-iz/) C ワイングラス; その1杯(分).

***wing** /wíŋ ウィング/ 『「飛ぶための左右にある器官」が原義. cf. feather》
—— 名 (複 ~s/-z/) C 1 (鳥・コウモリ・昆虫などの)翼, 羽, 翅(¹)(図 → bird), (トビウオの)大びれ; (四足獣の)前足, (天使の)翼 ‖
The ostrich has wings but it cannot fly. ダチョウは翼があるが飛べない.
**2** (飛行機・風車・ヘリコプターなどの)翼((図 → airplane)), 〔植〕翼(ʸ); (茎や葉柄に長く平行にそって突起など), 翼弁, 矢羽根, (英) (自動車の)フェンダー((米) fender) ‖
the huge wings of a jet ジェット機の巨大な翼.
**3** (中央から)左右に出ている部分; 〔建築〕(建物の)翼(ʸ), そで, (城の)両面, 翼壁; 〔演劇〕[the ~s] 舞台のそで; 〔海事〕艦舷(ゲン); 〔サッカーなど〕ウイング, 翼((図 → rugby); 〔軍事〕(主力に対して, 左右の)翼; (両開きの戸の)戸面 ‖
the south wing of the house その家の南翼.
watch the performance from the wings 舞台のそでから演技を見る.
attack the left wing レフトウイングを攻める.
**4** 〔政治〕〔通例単数形で〕党派, (左翼・右翼などの)翼《◆ フランス革命後に開かれた議会の座席の位置から》‖
the Right wing 右翼, 右派.
the radical wing of the party 党の急進派.

**clíp** A's **wíngs** = **clíp the wíngs of** A (1) A 〈鳥〉の羽を切る. (2) …の行動を制限する, 野心[活動力]をそぐ.

**on [ (正式) upón] the wíng** (1) (主に文) 飛行中で[の] ‖ a bird on the wing 飛んでいる鳥. (2) 旅行中で[の]; 活動して, 動きまわって.

**tàke wíng(s)** 活発になる, 急に進歩[進展]する.

**wíng chàir** そで付き安楽いす《すき間風よけ・頭もたせ用に背部がそで状に突き出たいす. (図 → 次ページ).

**wíng còllar** ウイングカラー《前部が下に折れ曲がった直立カラー. 紳士の正装用》.

**wíng mirror** (英)(自動車の)サイドミラー.

**wing･span** /wíŋspæn ウイングスパン/ 名 C **1** (航空) 翼幅. **2** (鳥)翼開長(span);(昆虫)開長.

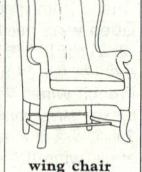

*wing chair*

\***wink** /wíŋk ウインク/〖「ゆすぶる」が原義〗
── 動 (三単現) ~s/-s/ ; (過去・過分) ~ed/-t/ ; (現分) ~･ing
── 自 **1** ウインクする, 目くばせする; ウインクを返す ‖
He winked at the girl to follow. 彼はその少女についておいでとウインクした.

[Q&A] **Q** : 英米人の wink にはどんな意味がありますか.
**A** : 主なものは次の7つに分類できます.
(1) 何かの合図・暗示・注意. (2) お互いの秘密. (3) 親しみ・相互理解. (4) からかい・冗談. (5) 愛・性的意図. (6) 同意・承認. (7) あいさつがわり.

**2** まばたきする. **3** (文)〈星・光などが〉きらめく, またたく. **4** (英)〈車のライトが〉点滅する((米) blink).
── 他 **1**〈両目・片目〉をまばたきさせる.
**2**〈意志など〉をウインクして知らせる ‖
wink one's approval ウインクでよしと知らせる.
**3** (英)〈光など〉を点滅させて合図する.
**4** …をまばたきして取り除く(+*away*, *back*) ‖
She tried to wink back her tears. 彼女はまばたきして涙を払い落とそうとした.
── 名 (複) ~s/-s/ **1** C 目くばせ, ウインク; まばたき ‖
She gave me a suggestive wink. 彼女は私に意味ありげな目くばせをした.
**A nód is as góod as a wínk (to a blind man).** (ことわざ)(目の見えない人には)うなずきも目くばせも同じこと;「馬の耳に念仏」;「合図やヒントだけで十分であり, いちいち説明する必要はない」の意でもよく用いる).
**2** C (星・光などの)きらめき.
**3** [a ~] 1回まばたきする間, 一瞬; [否定文で] 一睡 ‖
I'll be there in a wink. すぐそちらへ行きます.
He didn't sleep a wink. =He didn't get [have] a wink of sleep. 彼は一睡もしなかった.

**wink･er** /wíŋkər ウインカ/ 名 **1** C (馬の)目隠し.
**2** (英略式) [~s; 複数扱い] (車の)ウインカー, 方向指示器((米) blinkers).

\***win･ner** /wínər ウィナ/〖[→ win]〗
── 名 (複) ~s/-z/ C **1** 勝利者, 勝った人; (競馬の)勝ち馬(↔ loser) ‖
The winner of the tennis tournament was presented with one million dollars. そのテニス・トーナメントの勝者には100万ドルが与えられた.
**2** 受賞者, 受賞作品 ‖

the winner of (the) first prize 1等賞受賞者[作品].

**win･ning** /wíniŋ ウイニング/ 動 → win.
── 名 **1** U 勝利.
**2** [~s; 複数扱い] (賭(カケ)などの)勝利金, 賞金.
── 形 勝利をおさめた, 勝った(↔ losing) ‖
a winning pitcher 勝利投手.
[関連] 陸上競技などで行なわれる「ウイニングラン」は, (米) victory lap, (英) lap of honour という.

\*\***win･ter** /wíntər ウインタ/〖「雨の季節(wet season)」が原義〗
── 名 (複) ~s/-z/ **1** [時に W~] U C 冬, 冬季 (語法) → spring) ◆(英国では11, 12, 1月, 米国では12, 1, 2月が winter とされる. 老齢・退行・眠りなどの象徴); [形容詞的に] 冬の, 冬期の ‖
a hard winter 寒さのきびしい冬.
a mild winter おだやかな冬.
**2** [the ~] (文) 末期, 衰退期, 晩年.
**wínter sléep** 冬眠.
**wínter sólstice** [the ~] 冬至《12月21日または22日》.
**wínter spórts** [複数扱い] ウインタースポーツ.

**win･ter･time** /wíntərtàim ウインタタイム/ 名 U 冬, 冬期 ‖
in (the) wintertime 冬に.

**win･try** /wíntri ウイントリ/ (つづり注意)《◆ \*win-tery》形 (比較) -tri･er, (最上) -tri･est) 冬の(ような), 冬らしい; 寒い, 冷たい.

\***wipe** /wáip ワイプ/〖「振り動かす」が原義〗
── 動 (三単現) ~s/-s/ ; (過去・過分) ~d/-t/ ; (現分) wip･ing)
── 他 **1** …をふく, ぬぐう (cf. **clean**) ‖
wipe a dish 皿をふく.
wipe one's mouth with [on] a napkin ナプキンで口をぬぐう.
wipe oneself (ぬれた)からだをふく.
Wipe your feet on the mat when you come in. 入るときは足をマットでふきなさい.
**2** …をふき取る, ぬぐい去る ‖
wipe the dirt from [off] one's hand 手の汚れをふく.
wipe one's tears away 涙をふく.
wipe out [(米) off] the sink 洗面台の中をふく.
Wipe that grin off your face! にたにたするのはよせ!
[対話] "There's something on your face." "Give me a cloth so I can wipe it off, please." 「顔に何かついているわよ」「ふき取るので布をください」.
**3** [wipe **A** **C**] **A**〈物〉をふいて **C** にする ‖
Wipe a dish dry 皿の水気をふく.
Wipe your hands clean. 手をきれいにふきなさい.
**4** [比喩的に] …をぬぐい去る; …を帳消しにする ‖
wipe a disgrace 汚名をそそぐ.
wipe a memory 記憶をぬぐい去る.
**5**〈布・手など〉をこすりつけてふく《◆場所を表す副詞句を伴う》‖

**wipe** a cloth **over** the table =**wipe** the table with a cloth テーブルを布でふく.
She **wiped** her hand **across** her forehead. 彼女は額を手でぬぐった.
— 自 ふく, ぬぐう.
**wípe óff** [他] → 他 **2** ;〈借金など〉を返す, 帳消しにする.
◇**wípe óut** (1)《主に米》[自]〈サーフボードなどから〉落ちる. (2) [他] → 他 **2** ; …を一掃する, 徹底的にやっつける ; …を絶滅させる ;《略式》…を殺す《◆ kill の遠回し表現》‖ The whole village was **wiped out** by the floods. 洪水で全村が壊滅した. (3) [他]〈借金など〉を返す, 帳消しにする.
**wípe úp** [他] …をふき取る ; …を一掃する.
— 名 (複 ~s/-s/) C ふく[ぬぐう]こと ; ひとふき ‖ Give your face a good **wipe**. 顔をよくふきなさい.
**wip·er** /wáipər ワイパ/ 名 C **1** ふく人. **2** ふく物〈タオル・ハンカチ・ふきん・スポンジなど〉. **3**〈自動車の〉ワイパー《(図) → car》.
**wip·ing** /wáipiŋ ワイピング/ 動 → wipe.
*****wire** /wáiər ワイア/ 〖「より合わせたもの」が原義〗
— 名 (複 ~s/-z/) **1** U C 針金, 金属線 ; ワイヤー《◆ U は 1 本の針金は C.《2》 wire には string と thread の中間の太さが多い. → rope》‖
a (piece of) **wire** 針金 1 本.
iron **wire** 鉄線.
cut **wire** 針金を切断する.
a **wire** fence 鉄条網.
**2** C U 針金でできたもの《金網・鉄条網・楽器の弦・人形の操り糸・動物のわななど》.
**3**《主に米略式やや古》U 電信 ; C 電報 ; 海外電信 ; [the ~] 電話 ‖
send him a message by **wire** =send him a **wire** 彼に打電する.
talk over [on] the **wire** 電話で話す.
— 動 (三単現 ~s/-z/ ; 過去・過分 ~d/-d/ ; 現分 **wir·ing**/wáiəriŋ ワイアリング/)
— 他 **1**《主に米略式》…に電報を打つ ; …を電報で知らせる ‖
I **wired** the news of her death. 彼女が死んだ知らせを打電した.
Please **wire** me (about) the result [the result to me] immediately. 結果をすぐ電報で知らせてください.
She **wired** her son **to** come back as soon as possible. 彼女は息子に大至急帰って来いと打電した.
I **wired** (my parents) **that** I had won (the) first prize. 私は 1 等賞を取ったことを(両親に)電報で知らせた.
**2** …を針金で結ぶ〈縛る, 支える〉‖
**wire** two things together 2 つの物を針金で縛る.
**3** …に電線を引く ‖
**wire** a house for electricity 家に配電工事をする.

— 自《略式》電報を打つ ‖
**wire** for him 彼を電報で呼ぶ.
**wíre cùtters** [複数扱い] 針金切り, ペンチ.
**wíre nètting** 金網.
**wíre rópe** ワイヤーロープ.
**wire·less** /wáiərləs ワイアレス/ 形 電線を用いない ; 無線の ; 無線電信[電話]の ‖
a **wireless** phone 無線電話.
— 名 U《主に英やや古》[しばしば the ~] ラジオ ; ラジオ放送 ‖
hear the news **on** [**over**] the **wireless** ラジオでニュースを聞く.
**wir·ing** /wáiəriŋ ワイアリング/ 動 → wire.
**wir·y** /wáiəri ワイアリ/ 形 (比較) **-i·er**, (最上) **-i·est**) **1** やせているが筋肉をもった. **2** 針金(状)の.
**Wis·con·sin** /wiskánsn ウィスカンスン |-k5nsin -コンシン/ 〖「ビーバーの穴」が原義〗 名 ウィスコンシン《米国北中部の州. 州都 Madison. (略) Wis., Wisc., (郵便) WI.《愛称》the Badger State》.
*****wis·dom** /wízdəm ウィズダム/ 〖 ← wise 〗
— 名 U《やや正式》**1** 賢明(さ), 知恵, 分別, 見識, 常識 ‖
gain **wisdom** with age 年をとるにつれて分別を身につける.
My mother always shows **wisdom** in deciding how to act. 私の母はどう行動すべきか決めるときいつも正しい判断をする.
**2**(先人の)知恵, 賢明な教え[行ない] ‖
the **wisdom** of the ancients 古人の知恵[教え].
**3** 学問的知識, 博識, 学問.
**The Wisdom of Sólomon**〔聖書〕ソロモンの知恵《旧約聖書外典の一編》.
**wísdom tòoth** 親知らず《(図) → tooth》‖ cut one's **wisdom** teeth 親知らずがはえ(てく)る ; 分別がつく年ごろになる.

*****wise** /wáiz ワイズ/ 〖「知っている」が原義. cf. wit〗派 wisdom (名)
— 形 (**wis·er**, (最上) **wis·est**) **1**《正式》賢い, 賢明な, 思慮分別に富む, 聡明(そう)な(↔ foolish, stupid)《◆ clever は「頭の回転が早い, 抜け目がない」の意》; [A is wise **to do** / it is wise **of** A **to do**] …するとは A〈人〉が賢明である ; [the ~ ; 集合名詞的に] 賢者(たち)‖
a **wise** man 賢明な人.
a **wise** saying 金言, 格言.
A word is enough to the **wise**. (ことわざ) 賢者には一語で足りる ;「一を聞いて十を知る」.
対話 "They left before the rush." "That was **wise** of them." 「彼らはラッシュアワーの前に出発しました」「それは賢明なことだった」.
対話 "I didn't get wet at all." "You were **wise** to take an umbrella with you. I didn't and I got soaked." 「ぼくはちっともぬれなかったよ」「かさを持って行ったのは賢明だったね. 私は持って行かなかったのでずぶぬれになったのよ」.
**2 a**《正式》博識な, 学識豊かな, よく通じた, 明るい,

詳しい ‖
**wise** in the law 法律によく通じた.
a **wise** old man 物知りの老人.
**b**（略式）[補語として] 知って, 気づいて ‖
be **wise** to the fact 事実を知っている.
***wise* àfter the evént**〈人が〉事後に気づいて ‖ It is easy to be wise after the event.（ことわざ）しくじってからあとでしておけばよかったと悟るのは容易だ;「げすのあと知恵」.

**wise·crack** /wáizkræk ワイズクラク/（略式）图 C 気のきいた［機知に富んだ］言葉; 皮肉, いやみ.

**wise·ly** /wáizli ワイズリ/ 副 **1** 賢明に, 抜け目なく ‖
choose **wisely** 賢い選択をする.
**2** [文全体を修飾] 賢明에도 ‖
She **wisely**（**Wisely,** she）held her tongue. 彼女は賢明にも黙っていた.

**＊wish** /wíʃ ウィシュ/「「欲する」が原義」
——動（三単現）~・es /-iz/;（過去・過分）~ed/-t/;（現分）~・ing
——他 **1** [wish (that) 節〈A＋過去形〉] [仮定法過去; 現在の事実と違うことや現在実現不可能なことへの願望を表して］…すれば［であれば］いいのだがと思う《◆that 節中の（助）動詞は仮定法過去（進行）形. that はふつう省略》 ‖
I **wish** I were [(略式) was] a bird. 私が鳥であればなあ（実際には鳥でなくて残念だ）.
I **wish** I knew her address. 彼女の住所がわかっていればなあ（＝I'm sorry I don't know her address.）.
How I **wish** I could live my life again. 人生をもう一度やり直せたらどんなにかいいだろうに.
He **wished** he had an apartment. 彼はアパートがあればなあと思った.

Q&A **Q** : (1) *I wish you would* help me. と (2) *I hope you will* help me. は同じような意味ですか.
**A** : だいたい同じ意図を述べているのですが, 両者には次のような意味合いの違いがあります. (1) は手伝ってくれればいいと思うが（君の態度を見ているとその可能性がなさそうに思われる）. (2) は手伝ってほしい（そしてそれが君にはできるだろうと思う）.

**2** [wish (that) 節〈A had done〉] [仮定法過去完了; 過去の事実と違うことや過去に実現できなかったことへの願望または悔恨を表して］…していれば［であったら］よかったのにと思う《◆that 節中の（助）動詞は仮定法過去完了（進行）形. that はふつう省略》 ‖
I **wish** I had bought the concert ticket. そのコンサートのチケットを買っておけばよかった（＝I'm sorry I didn't buy the concert ticket.）.
She **wished** she had married another man. 別の男と結婚すればよかったと彼女は思った.
対話 "Now it's too late. There's no time to finish it." "Yes, I **wish** I had started earlier." 「今となっては手遅れだよ. それを終える時間がない」「うん, もっと早く始めればよかったと思うよ」.

**3** [wish (that) 節〈A would do〉] [仮定法過去; 実現への願望を表して］…すれば［であれば］いいのだがと思う ‖
I **wish** it would stop raining. 雨がやめばよいのに.
I **wish** you'd stop smoking. 君が禁煙してくれればいいのだが; 禁煙してもらいたい.
対話 "Exactly, Doctor." "I **wish** you would call me Catherine." 「全くそうですね, 先生」「キャサリンと名前で呼んでいただけるといいですね」.

**4** (正式) [wish to do] （できたら）…したいと思う (cf. want Q&A) ‖
I **wish** to see the manager. 経営者にお会いしたいのですが.
She **wished** to be alone. 彼女はひとりになりたがっていた.

**5** (正式) [wish A to do] A〈人など〉に…してほしいと思う《◆要求またはていねいな命令を表す. 目上の人には用いないのがふつう》 ‖
I **wish** you to come back early. あなたに早めに戻ってもらいたい.

**6** [wish A C] 〈人・物など〉Cであればいいと思う《◆Cは形容詞・過去分詞・副詞・前置詞句など》 ‖
**wish** him away 彼が出て行けばいいのにと思う.
I **wish** all the money back. お金がすべて返って来ればな.
I **wish** this work done quickly.（有無を言わせぬ口調で）この仕事を早急にやってもらいたい.

**7** …を望む《◆wish for, want の方がふつう》 ‖
If you **wish** more assistance, please call upon me. もっと援助をお望みなら私に申しつけください.

**8 a** [wish A B] A〈人〉に B〈幸運・成功など〉を祈る《◆あいさつに多用される》 ‖
I **wish** you good luck. 幸運をお祈りします.
I **wish** you a Merry Christmas. よいクリスマスをお迎えください; クリスマスおめでとう.
I **wish** you a Happy New Year. よい年をお迎えください; 新年おめでとう（→ new year）.
I **wish** a happy journey to all your friends. あなたの友人ご一同が楽しい旅をされんことを.
I don't **wish** her any harm. 彼女に危害のないことを願う.
**b** …によかれ［あしかれ］と祈る《◆ill, well を伴う》 ‖
We **wish** nobody ill. 我々はだれの不幸も願わない.

**9** [wish A B] A〈人〉に B〈あいさつの言葉〉を言ってあいさつする ‖
We **wished** the hostess good night and left the house. 我々は奥さんにおやすみなさいを言って家を去った.

**10**（略式）〈いやな仕事・義務など〉を押しつける ‖
The couple **wished** their baby on me while they were away. その夫婦は不在の間私に（面倒を見てくれと）赤ん坊を押しつけた.
——自 **1** 望む, 切望する, 思いこがれる ‖

if you wish お望みなら.
The little wished for all the stars in the sky. その子は空の星がすべて欲しいと思った.
There is nothing left to be wished for. 申し分がない, 完璧(%)である.
The poor couple has long wished for a new house. その貧乏な夫婦はずっと新しい家が欲しいと思っていた.
**2** 願いをかける ‖
wish on a star 星に願いをかける.
She wished on her rabbit's foot. 彼女はウサギの足に願いをかけた《◆ウサギの足は幸運を呼ぶという迷信がある》.
── 名 (複 ~・es/-iz/) **1** © 願望, 願い, 希望 ‖
make a wish 願をかける.
her last wish 彼女の遺言.
a wish for world peace 世界平和の希求.
He has a great wish to become a pilot = He has a great wish that he will become a pilot. 彼はパイロットになりたいという強い望みを持っている.
I have an earnest wish that my daughter ((主に英)) should) be a pianist. 私は娘をピアニストにしたいという心からの願いを持っている.
**2** © 望みのもの, 願いごと ‖
get one's wish 願いごとがかなう.
satisfy her wish 彼女の願いごとをかなえてやる.
**3** © (通例 ~es) 祝福の言葉, (他人の幸福や健康への)切なる願い ‖
With best wishes. ご多幸[成功]を祈って《◆手紙の結びや贈り物の添え書きの言葉》.
Please send him my best [kindest] wishes. 彼にどうぞよろしくお伝えください.
**4** © ((正式)) [しばしば ~es] 要請; 意向.

**wish・ful** /wíʃfl ウィシュフル/ 形 ((正式)) 切望している ‖
be wishful for marriage 結婚にあこがれている.
He is wishful to go to Paris. 彼はパリへ行きたがっている.

**wishful thínking** 希望的観測, 甘い考え; [心理] 願望的思考《身勝手な願望に基づいた非現実的な考え方》.

**wisp** /wísp ウィスプ/ 名 © ((正式)) **1** 小さい束; 房 ‖
a wisp of straw ひと束のわら.
a wisp of hair ひと房の髪.
**2** [a wisp of A] …の一片, 小片, 切れ端; かすかな… ‖
a wisp of smoke 一筋の煙.
a wisp of cloud うっすらとたなびく雲.
a wisp of smile かすかな微笑.

**wisp・y** /wíspi ウィスピ/ 形 (比較 -i・er, 最上 -i・est) **1** 小さい束[房]の. **2** 小さくか細い. **3** 〈髪など〉ぼんやりの少しの, かすかな.

**wis・te・ri・a** /wistíəriə ウィスティアリア/ 《米国の内科医の名から》 名 © U [植] フジ.

**wist・ful** /wístfl ウィストフル/ 形 **1** 物欲しそうな, 物足りなさそうな ‖
with wistful eyes 物欲しそうな目つきで.
**2** もの思いに沈んだ ‖
He has a wistful look on his face. 彼はもの悲しそうな顔つきをしている.

**wist・ful・ly** /wístfəli ウィストフリ/ 副 物欲しそうに.

**wit** /wít ウィト/ 名 **1** U [しばしば ~s; 複数扱い] 知力, 理解力, 思考力; 頭の回転, 聡明さ ‖
have quick wits 理解が早い, 頭の回転が早い.
**2** U © [しばしば ~s] 機知, ウィット, ユーモア; 機転, とんち, 当意即妙の才 ‖
She showed a great deal of wit in handling the delicate question. 彼女は機転を大いにきかせてきわどい質問をかわした.
**3** [~s] 正気; 心の平静, 平衡感覚 ‖
be frightened out of one's wits (気も狂うほど)びっくり仰天する.
lose one's wits 正気を失う.
collect [gather] one's wits 気を落ち着ける.
**4** U ((正式)) [しばしば ~s] 分別, 理性 ‖
have no wits 分別がない.
**5** © 機知に富む人, 機転のきく人, 当意即妙の受け答えのできる人; 冗談のうまい人; 才人, 才子(%).

◇**at** one's **wits' [wit's] énd** = **at the énd of** one's **wíts** ((略式)) 途方に暮れて, 思案に暮れて; (万策つきて)ほとほと困って ‖ I was at my wits' end with this difficult problem. この難問にはどうしていいかわからなかった.

**hàve [kèep]** one's **wíts abóut** one (緊急事態などに)冷静でいる; 分別を失わない; 抜け目がない.

**witch** /wítʃ ウィチ/ (同音 which) ((英)) 名 (複 ~・es/-iz/) © **1** 魔女, 女魔法使い《◆男性形は wizard. ほうきの柄にまたがって夜間空中を飛ぶという俗説がある. 16-17世紀には多くの女が魔女扱いされ迫害を受けた》 ‖
A witch was believed to use magic. 魔女は魔法を使うと信じられていた.
**2** ((略式)) [しばしば ~es] 醜い(老)女; いやな女.

**wítch bàll** 魔女よけのガラス玉《窓につるした中空のガラス玉. 後には装飾用になった》.

**wítch hùnt** 〔歴史〕魔女狩り.

**witch・craft** /wítʃkræft ウィチクラフト/ |-krɑːft, -クラーフト/ 名 U 《ふつう悪事を引き起こす》魔法, 魔術, 妖(%)術(を使うこと) ‖
practice witchcraft 魔法を使う.

**\*\*with** /wið ウィズ, wið | wið ウィズ/ 《「…に反対して(against)」が原義. cf. withdraw, withstand》

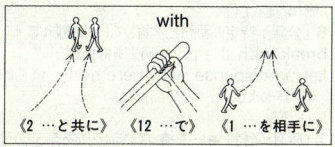

《2 …と共に》　《12 …で》　《1 …を相手に》

➔ 前 **1** …と　**2** …と共に　**3** …を含めて
**5 a** …と同時に　**b** …と同じ方向に
**6** …と離れて　**7 a** …を持っている
**9 a** …の手もとに　**10 a** …した状態で

**13** …で **14** …が原因で
**16 a** …に対して　**b** …を　**17** …に関して

──前── Ⅰ [対立・随伴]

**1** [対立] …と, …を相手に ‖
fight **with** the enemy 敵と戦う.
argue **with** them 彼らと議論する.
He had a quarrel **with** Tom. 彼はトムと口論した.

**2** [随伴・同伴] …と共に, …と一緒に; …の家に ‖
tea **with** lemon レモンティー.
talk **with** her 彼女と話をする.
Come (along) **with** me. 私と一緒に来なさい.
I'll be right **with** you. すぐ戻ります(から).
He is staying **with** his friend. 彼は友だちの家に滞在している.
The ball, (together) **with** two rackets, was lost. ボールがラケット2つと共になくなった.

**3** [包含・所属] …を含めて; …の一員で, …に勤務して ‖
It is £5 **with** tax. それは税込みで5ポンドだ.
She has been **with** a publishing company for many years. 彼女は出版社に長年勤めている《◆**with** は何らかの意味で経営に携わっていることを暗示する. 雇われているときは for, in, at. → work ⑮ **2** [語法]》

**4** (略式) **a** [同意・協調] …と同意見で, …に賛成[味方]して(↔ against) ‖
She voted **with** the Tories. 彼女は保守党に投票した.

対話 "I don't think we should call him until tomorrow." "I'm **with** you there. Let's wait one more day." 「あしたまで彼に電話するべきじゃないと思うわ」「同感だね. もう1日待つことにしよう」.

**b** [通例否定文・疑問文で] …の言うことが理解できて ‖
Are you **with** me so far? ここまで私の言っていることがわかりますか.

**5 a** [同時・同程度] …と同時に, …につれて ‖
rise **with** the sun 日の出と共に起きる.
wages that vary **with** skill 技能によって異なる賃金.
He mellowed **with** age. 彼は年と共に円熟味を増した.

**b** [同一方向] …と同じ方向に(↔ against) ‖
row **with** the current 流れにまかせてこぐ.
go **with** the tide of public opinion 世論の流れに従って行く.

**6** [分離; 特定の動詞と連語して] …と離れて ‖
break **with** the past 過去を捨てる.
Let us dispense **with** ceremony. 儀礼的なことはやめよう.

Ⅱ [所有]

**7** [所有・所持] **a** …を持っている, …がある, …の付いた(↔ without) 《◆whose, of which を用いた関係代名詞節の代用表現として好まれる》‖
a girl **with** blue eyes 青い目をした少女(=a girl whose eyes are blue).

a can **with** a hole in the bottom 底に穴のあいたかん.
I want a house **with** a large garden. 広い庭付きの家が欲しい.

**b** …があれば, …を得たので ‖
**With** her permission, he went out. 彼女の許可を得て彼は出かけた.

**8** [携帯] …の身につけて《◆お金などの小物では on がふつう》‖
I have no money **with** [on] me. お金の持ち合わせがない.
Take an umbrella **with** you. かさを持って行きなさい.
She always carries a camera **with** her. 彼女はいつもカメラを持ち歩いている.

**9** [管理・委託] **a** …の手もとに, …に預けて ‖
leave the key **with** the caretaker 管理人にかぎを渡しておく.

**b** 〈責任・決定などが〉〈人〉にかかって ‖
The responsibility rests **with** us. その責任は我々にある.

**10 a** [付帯状況] …した状態で, …して, …しながら《◆(1)ふつう **with** + 名詞 + 補語(形容詞・分詞・副詞・副詞辞・前置詞+名詞など)の形をとる. (2) **with** はしばしば省略される. その場合冠詞・所有格なども省略されることがある》‖
speak **with** a pipe in one's mouth パイプをくわえて話す(=speak pipe in mouth).
sit **with** one's eyes closed 目を閉じて座る.
Don't speak **with** your mouth fúll. 口一杯に食物をほおばってものを言うな.
They stood there **with** their hats on. 彼らは帽子をかぶったままそこに立っていた.

**b** [状況的理由] [**with** (all) A (+ C)] (…が存在する)ので(それを考えると) ‖
I can't play cards, **with** all these dishes to wash. この皿をみな洗わなくてはならないのでトランプはできない.
**With** night coming on, we closed our shop. 夜が近づいたので閉店した《◆**with** を省略すれば独立分詞構文》.

**11** [様子] …をもって, …で《◆名詞を伴って副詞句を作る》‖
**with** ease 容易に(=easily).
**with** courage 勇敢に(=courageously).
**with** diligence 熱心に(=diligently).
Treat this **with** care. 慎重にこれを扱いなさい(=Treat this carefully.).
I'll come **with** pleasure. 喜んでまいります.
She said **with** a frown. 彼女は顔をしかめて言った.

Ⅲ [手段・材料・原因]

**12** [道具・手段] …で, …を使って ‖
**with** a pencil 鉛筆で(=in pencil).
pay **with** a check 小切手で支払う.
cut meat **with** a knife ナイフで肉を切る.
He was killed **with** an arrow. 彼は矢で殺された《◆Somebody killed him *with* an arrow.

の受身).
I have no money to buy it (with). それを買うお金がない.
**13** [材料・成分] …で ‖
a truck loaded **with** coal 石炭を満載したトラック.
Cows provide us **with** milk. 雌牛は私たちにミルクを供給します.
make a cake **with** eggs 卵でケーキを作る.
I filled a glass **with** water. コップに水をいっぱい入れた.
**14** [原因・理由] …が原因で, …のために ‖
shake **with** cold 寒さで震える.
eyes dim **with** tears 涙でかすんだ目.
She is in bed **with** a fever. 彼女は熱があって寝ている.

**IV** [対象・関連]
**15** [混合・接触・交渉・比較など種々の関係] …と, …を, …に ‖
deal **with** the company その会社と取引をする.
mix the whisky **with** the water ウイスキーを水で割る.
compare the translation **with** the original 翻訳を原文と比べる.
The tie goes **with** your jacket. そのネクタイは君の上着とよく合っている.
**16 a** [対象] …に対して, …に ‖
sympathize **with** her 彼女に同情する.
Be patient **with** [˚to] people. 人に(すぐ腹を立てないで)我慢してやりなさい.
She is popular **with** the boys. 彼女は男の子に人気がある.

語法 [この **with** を用いるその他の形容詞] angry, cross, furious, pleased, upset.

**b** [up, down, in, out, off などの方向の副詞のあとで; 命令的に] …を ‖
Dówn **with** the tyrant. 暴君を倒せ.
Úp **with** the anchor. 錨を上げろ.
Óut **with** him. 彼を追い出せ.
Ín **with** it. それを中へ入れろ.
Awáy **with** it. それを取り除け.
Óff **with** your coat. コートを脱ぎなさい.
**17** [関連] …に関して, …について; …にとっては ‖
What's wrong **with** you? どうしたのですか.
What do you want **with** me? どんなご用ですか.
It's all right **with** me. 私には異存ありません.
The first object **with** him is to rise in the world. 彼の第一の目的は出世することだ.

**with áll** A (1) …(を持っている)にもかかわらず ‖
対話 "How can you keep talking to her?" "**With all** her faults, I still love her. (= Though she has faults, I love her still.)" 「よくもまあ彼女と話しつづけることができるね」「欠点はあるけど, まだ彼女のことを愛しているんだ」. (2) …なので(→ **10 b**).

**with thát** 《正式》そのあとで, その時, そう言って ‖
**With that**, she went out of the room. そう言って彼女は部屋から出て行った.

**with·draw** /wiðdrɔ́ː ウィズドロー, wiθ-/ 動 (過去 --drew/-drúː/, 過分 --drawn/-drɔ́ːn/) 他

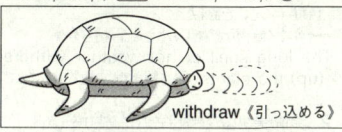

withdraw〈引っ込める〉

**1** …を引っ込める; 〈カーテンなど〉を引く; 〈視線など〉をそらす ‖
**withdraw** one's gaze 視線をそらす.
**withdraw** curtains カーテンを引く.
**2** 〈陳述・約束・申し出など〉を取り消す, 撤回する《◆ take back より堅い語》; 〈訴訟〉を取り下げる ‖
**withdraw** one's previous remarks and apologize 前言を撤回して謝罪する.
**withdraw** the charges against the manager 管理者に対する告訴を取り下げる.
**3** …を退かせる, 撤退させる《◆ take back [away] より堅い語》; …の出場を取り消す ‖
**withdraw** the army 軍隊を撤退させる.
**withdraw** a horse from the race そのレースへの馬の出場を取り消す.
**4** 〈預金〉を引き出す; …を回収する; …を取りあげる ‖
**withdraw** coins from circulation 出まわっている通貨を回収する.
**withdraw** 10,000 yen from a bank account 銀行の預金口座から1万円を引き出す.
—自 **1** 《正式》引き下がる, 引っ込む, 退く, 立ち去る, あとずさりする, わきへよける ‖
**withdraw** to the country 田舎(ﾞ)へ引きこもる.
The troops **withdrew** from the front line. (味方の)軍隊は最前線から撤退した《◆ 味方の軍には withdraw, 敵軍には retreat を用いる》.
**2** 取り消す, 撤回する ‖
I'd like you to **withdraw**. (前言を)撤回していただきたい.
**3** 脱退する, 手を引く; 引退する; 出場を取り消す ‖
**withdraw** from school 学校をやめる.
**withdraw** from discussion 議論から身を引く.
**4** (精神的に)閉じこもる ‖
**withdraw** into oneself 自分だけのからに閉じこもる.

**with·draw·al** /wiðdrɔ́ːl ウィズドロール, wiθ-/ 名 UC **1** 引っ込める[引っ込む]こと; 引退. **2** 取り消し, 撤回. **3** 取り戻すこと. **4** 脱退. **5** 撤退, 撤兵.

**with·drawn** /wiðdrɔ́ːn ウィズドローン/ 動 → withdraw. ——形 《正式》内向的な, 引っ込み思案の, 内気な.

**with·er** /wíðər ウィザ/ 同音 whither (英), 類音 weather/wéðər/) 動 自 **1** しぼむ, しおれる, しなびる, 枯れる ‖
All the plants in the garden **withered** in

the beating sun. 庭の草花は強い日差しに当たってしおれた.

**2** 〈色が〉あせる; 〈音が〉消えていく; 衰える; 〈希望などが〉弱まる, うすれる; しゅんとなる ‖
Her beauty **withered** with age. 彼女の美貌も年のせいで衰えた.

── 他 **1** 〈植物など〉をしおれさせる, 枯らす ‖
The long spell of hot weather **withered** (**up**) the plants. 暑さ続きでその植物はしぼんでしまった.

**2** 〈愛情・美貌など〉を衰えさせる, うすれさせる ‖
The news **withered** his hopes. その知らせは彼の希望をくじいた.

**3** …をひるませる, 縮みあがらせる, 赤面させる ‖
She can **wither** anyone with a look. 彼女はひとにらみでだれをも震えあがらせることができる.

**with·hold** /wiðhóuld ウィズホウルド, wiθ-/ 動 (過去・過分 --held) 他 **1** …を与えずにおく, 保留する; …を許可しない ‖
**withhold** one's permission **from** him 彼に許可を与えない.
**withhold** judgment 判断を差し控える.

**2** 〈感情など〉を抑える, 制する ‖
**withhold** one's anger 怒りをこらえる.

\***with·in** /wiðín ウィズィン, (米+) wiθ-/ 〖共に(with)中に(in)〗
── 前 **1** [場所]《文》…の内部に, …の内側に, …の中に ‖
**within** a city 市内に[で].
Stay **within** the house. 家の中にいなさい.
**within** the precincts of the college 大学の構内に.
disagreement **within** the Government 政府内の意見の不一致.

**2** [期間・距離] …以内で[に] ‖
**within** shouting distance 叫べば聞こえる所に.
She'll be back **within** an hour. 彼女は1時間以内に帰るでしょう.
I live **within** a mile of [ˣfrom] the station. 駅から1マイル以内の所に住んでいる.
Do it **within** the next month. 来月中にそれをやりなさい.

[表現]「今日中にそれをやりなさい」は Do it *today*. という. ˣDo it within today. とはいわない.

[Q&A] *Q* : within と in はどう違いますか.
*A* : *within* a week は「1週間以内に」, *in* a week は「1週間後に」「1週間たったら」です.

**3** [程度] …の範囲内で[に], …を越えずに (↔ beyond) ‖
**within** the law 法の許す範囲内で.
**within** sight of the sea 海の見える所に.
live **within** one's income 自分の収入の範囲内で生活する.
The task is **within** my power(s). その仕事は私にできる.

\***with·out** /wiðáut ウィザウト, (米+) wiθ-/ 〖共に(with)外に(out)〗
── 前 **1a** …を持たないで, …なしに, …のない (↔ with) ‖
go out **without** a coat コートを着[持た]ないで外出する《◆「コートを着て行く」は go out *in* a coat》.
drink coffee **without** sugar 砂糖なしでコーヒーを飲む.
climb the cliff **without** any fear 少しも恐れずに岩壁を登る《◆否定の意味があるので any を使っている》.
He came **without** his wife. 彼は奥さんを連れずにやって来た.
She is **not without** money. 彼女はお金がないというわけではない; 彼女はかなり裕福だ《◆ not を伴ってしばしば控え目な表現として用いる》.
They were **without** food. 彼らには食べる物がなかった.

**b** …がなければ, …がなかったなら《◆仮定法過去・過去完了でも用いる》‖
I can't live **without** him. 彼がいなければ私は生きていけない.
**Without** your help, she would fail. 君の助力がなければ彼女は失敗するだろう (=If you didn't help her, she would fail.).
[対話] "You did a great job. The book is really good." "I couldn't have done it **without** you. Thanks."「すばらしいお仕事をしたわね. あの本はとてもよくできてるわ」「君がいなければできなかったことだろう. どうもありがとう」.

**2** [**without** doing] …しないで, …せずに; …しないように ‖
He passed **without** my seeing him. 彼は私が気づかないうちに通り過ぎた.
She went out **without** saying good-by to me. 彼女は私にさよならも言わずに出て行った.
You can't play outdoors **without** finishing your homework. 宿題をすませなければ外で遊んではいけません.

**3** 《文》…の範囲[限界]を超えて ‖
**without** his reach 彼の手の届かない所に.

**(, but) without A** [結果的に] けれども…がない ‖
I looked for the lost key **without** success. なくしたかぎを捜したがむだだった / He turned the key again and again, **without** response. 彼はかぎを何度も回したが, 何の手ごたえもなかった.

∘**nót** [**néver**] … **without** *doing* …しなければ…しない; [前から訳して] …すれば必ず…する ‖
She cannot argue **without** losing her temper. 彼女は議論をすれば必ずかんしゃくを起こす (=Whenever she argues, she loses her temper.) / I never see him going out **without** taking his dog. 彼が犬を連れないで出かけるのを見かけることはない (cf. Whenever I see him, he is taking his dog for a walk.).

**with·stand** /wiðstǽnd ウィズスタンド, wiθ-/ 動 (過去・過分) --stood/-stúd/) 他 《正式》…によく耐える, 持ちこたえる, 逆らう ∥
withstand an attack 攻撃に抵抗する.
withstand the storm 暴風に耐える.

**wit·ness** /wítnəs ウィトネス/ 名 (複 ~·es/-iz/)

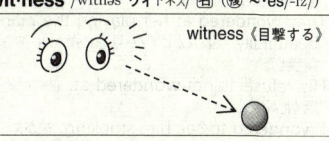

witness《目撃する》

**1** Ⓒ 目撃者(eyewitness); 現場証人 ∥
I was among the witnesses to the car accident. 私はその自動車事故の目撃者の1人だった.
**2** Ⓒ [しばしば無冠詞] (法廷などでの)証人, 参考人 ∥
She was witness for the defense. 彼女は弁護人側の証人を務めた.
**3** Ⓤ 《正式》 [通例単数形で] 証拠, 証明; 証言 ∥
in witness of his guilt 彼の有罪の証拠として.
bear [give] witness on behalf of an accused person 被告のために証言する.
**4** Ⓒ 《正式》 [通例単数形で] 証拠となる物[人], 証拠物件 ∥
The scar on his face was a witness to the torture he had suffered. 顔の傷跡は彼の受けた拷問の証拠となった.
**5** Ⓒ 連署人; 立会人 ∥
a witness to the will 遺言状の連署人.
**béar wítness** 《正式》証言をする(→ 名 3), 証人[証拠]となる.
── 動 (三単現 ~·es/-iz/) 他 **1** 《正式》…を目撃する ∥
witness the accident 事故を目撃する.
This century will witness great progress in science again. 今世紀にもまた科学の大きな進歩が見られるだろう.
[対話] "Did you see what happened?" "Yes, I witnessed it all." 「君は起こったことを見たかい」「ええ. 私は全部目撃したわよ」.
**2** 〔法律〕…に(証人として)署名する; 〈署名〉に連署して保証する. **3** 《まれ》〔法律〕…を証言する, 立証する;…の証明となる.
── 自 証言する, 証明する ∥
witness to her guilt 彼女の有罪を証言する.
witness against the suspect 容疑者に不利な証言をする.

**wit·ty** /wíti ウィティ/ 形 (比較 --ti·er, 最上 --ti·est) 機知のある, 気のきいた ∥
a witty remark 機知に富む警言.

**wít·ti·ness** 名 Ⓤ 才気, とんち, しゃれ.

**wives** /wáivz ワイヴズ/ 名 → wife.

**wiz·ard** /wízərd ウィザド/ 名 Ⓒ **1** (男の)魔法使い 《◆女性形は witch》.
**2** 魔術師; 奇術師, 手品師.
**3** 《略式》天才, 名人, 達人, 鬼才 ∥
a financial wizard 金もうけの天才.

a wizard at math 数学の天才.
**4** 〔コンピュータ〕ウィザード《段階的に設定方法などを教えるユーティリティ》.

**wk.** (略) weak; (複 wks.) week; work.

**wob·ble** /wάbl ワブル | wɔ́bl ウォブル/ 動 (現分 wob·bling) **1** ふらつく, 傾く, ゆらゆらする, ぐらぐら[がたがた]する; 〈声·音が〉震える. **2** 〈気持ち·方針·人などが〉ぐらぐら, 動揺する.
── 名 Ⓒ Ⓤ よろめき, ぐらつき, 揺れ, 震え, 動揺; (方針などの)方向転換.

**wob·bly** /wάbli ワブリ | wɔ́b- ウォブリ/ 形 (比較 --bli·er, 最上 --bli·est) 《略式》ふらつく, ぐらぐらつく, 不安定な; 無定見な.

**Wo·den** /wóudn ウォウドン/ 名 〔神話〕ウォーディン《アングロサクソン神話の主神. 北欧神話の Odin に当たる》.

**woe** /wóu ウォウ/ (類音 war/wɔ́ːr/) **1** Ⓤ 《古·詩》悲哀, 悲痛, 苦悩 ∥
a tale of woe 悲しい身の上話, 泣き言.
**2** Ⓒ [通例 ~s] 苦痛[悩み]の種, 災難, 難儀, 悲痛なできごと.

**woe·ful·ly** /wóufəli ウォウフリ/ 副 悲しげに, いたましく.

**wok** /wάk ワク | wɔ́k ウォク/ 名 Ⓒ (金属製の)中華なべ.

**woke** /wóuk ウォウク/ 動 → wake¹.

**wo·ken** /wóukən ウォウクン/ 動 《まれ》 → wake¹.

\***wolf** /wúlf ウルフ/
── 名 (複 wolves/wúlvz/) Ⓒ **1** オオカミ(狼)《◆イヌの祖先. 鳴き声は howl. 野性・色欲・残忍・強欲・戦争・狡猾(ﾞﾞ)などの象徴》; Ⓤ オオカミの毛皮 ∥
(as) greedy as a wolf オオカミのように貪欲(ﾞ)な.
*To mention the wolf's name is to see the same.* (ことわざ)オオカミの名を口にするとそのオオカミが現れる; 「うわさをすれば影」.
**2** 《略式》(女性にとって)油断ならない男, 「オオカミ」.
**cry wólf** うその知らせを伝える, 不必要な助けを求める《◆ *Aesop's Fables* のオオカミ少年の話から》∥
cry wolf too often うそが多くて信用を失う.
── 動 他 《略式》…をがつがつ食べる.
**wólf cúb** (1) オオカミの子. (2) (英) カブ《ボーイスカウトの年少団員で8-11歳. 今は Cub Scout という》.

**wolves** /wúlvz ウルヴズ/ 名 → wolf.

\*\***wom·an** /wúmən ウマン/ 『女(wif)の人(man). cf. wife. 既婚・未婚にかかわらず用いられる中立的な語』
── 名 (複 wom·en/wímin/) **1a** Ⓒ (成人した)女, 女性, 婦人 (↔ man) 《◆(1) 当人のいる場ではlady をいうのがていねい. (2) 豊饒(ﾞ)の象徴. (3) 赤ん坊・子供・若い未婚の女は girl》∥
a single woman 独身女性.
She has developed into an attractive woman. 彼女は魅力的な女性に成長した.
They say that I'm an old woman. あの人たちは私のことをおばあちゃんだと言う.

**b** [形容詞的に] 女の, 女性の ‖
a **woman** lawyer 女性弁護士.
a married **woman** doctor 既婚の女医.
**2**《正式》[無冠詞で; 集合名詞; man に対して] 女(というもの), 女性 ‖
It is nonsense to ask which is superior, man or **woman**. 男と女のどちらがすぐれているかと問うことはばかげている.
**3** [the ~ / 時に a ~] 女らしさ, 女らしい面[感情] ‖
I was attracted to **the woman** in her. 私は彼女の女らしさにひかれた.
**4** ⓒ《略式》家政婦, お手伝いさん ‖
Thursday is our **woman**'s day off. 木曜日はうちのお手伝いさんの休みの日だ.
**5** ⓒ《略式》[通例 one's ~] 女房; 愛人, つきあっている彼女.

*a wóman of the wórld* 世故にたけた女性.
*the little wóman*《英略式》うちの細君.
**wóman's ríghts, wómen's ríghts** 女性の権利.
**wóman súffrage** 婦人参政権.
**wómen's líb [liberátion]**《しばしば Women's L-》《やや古》ウーマン=リブ, 女性解放運動.
**wómen's líbber [liberátionist]**《やや古》女性解放運動家.
**wómen's móvement** [the ~] 女性解放運動(に参画する女性たち).

**wom·an·hood** /wúmənhùd ウマンフド/ 名 Ⓤ《正式》**1** 成人した女であること. **2** 女性にふさわしい性質, 女らしさ.

**wom·an·kind** /wúmənkàind ウマンカインド/ 名 Ⓤ《正式》[集合名詞; 単数・複数扱い] 婦人, 女性, 女子 (↔ mankind).

**wom·an·ly** /wúmənli ウマンリ/ 形《正式》女らしい, 女性にふさわしい, やさしい.

**womb** /wúːm ウーム/ 名 ⓒ〔解剖〕子宮.

**wom·en** /wímin ウィミン/《発音注意》《×ウメン》
── 名 → woman《◆(1) 英語で o の文字が /i/ と発音されるのはこの語(とその複合語)だけ. (2) women's lib などは → woman》.

**wom·en·folk(s)** /wíminfòuk(s) ウィミンフォウク(ス)/ 名 [複数扱い] **1**《略式》女, 婦人, 女性. **2** (一家庭内の)女たち.

***won** /wʌ́n ワン/《同音》one》動 → win.

****won·der** /wʌ́ndər ワンダ/《類音》wan-der/wʌ́n- | wɔ́n-/)「『未知・未経験の物事に好奇心や疑念を抱く』が本義」⑳ **wonderful**(形)

wonder
《1 不思議に思う》
《2 あれこれ思いめぐらす》
《3 疑う》

── 動《三単現》~s/-z/;《過去・過分》~ed/-d/;《現分》~·ing/-dəriŋ/)

── 自 **1** 不思議に思う; 驚く《♦ be surprised より堅い語. 進行形にしない》‖
The picture set her **wondering**. その絵を見て彼女は驚嘆した.
I **wondered at** his rude joke. 彼の下品な冗談にあきれた.
They **wondered at** her playing the piano beautifully. 彼女がピアノを見事に弾くのに彼らは驚嘆した.
His refusal is not **wondered at**. 彼の拒絶は驚くにあたらない.
I **wondered to** see him smoking. 彼がタバコを吸っているのを見て驚いた.
I **wouldn't [[英》shouldn't] wónder if** she got [gets] married to him.《略式》彼女が彼と結婚しても不思議じゃない.
**2** [通例 be ~ing] あれこれ思いめぐらす, 本当のところを知りたいと自問する ‖
I am **wondering about** painting the fence white. 塀を白く塗ろうかと思っている.
They were **wondering about** why she was reluctant to go out. 彼女がなぜ出かけるのをしぶっているのか彼らはあれこれ考えた.
**3** 疑う;(…)ではないと思う ‖
We **wondered about** the truth of her statement. 彼女の供述は本当だろうかと私たちは疑った.
対話 "I think he will come." "I wonder(↘)." 「彼は来ると思うよ」「さあどうだかね」.

── 他《目的語に名詞・代名詞は使わない》**1** [wonder (that) 節] …ということに驚く; …とは不思議だ《♦ 進行形にしない》‖
I **wonder (that)** you have broken your leg. 君が脚を折ったとは意外だね.
I **don't wonder** she is opposed to your marriage. 彼女があなたの結婚に反対しているのは当然だと思う.
**2** [wonder wh 節・句 / wonder whether 節 / wonder if 節] …かなと思う, …か知りたいと思う ‖
I **wonder what** an airship looks like. 飛行船はどんな格好をしているのかしら.
I am **wondering who** to invite. だれを招待したらよいのだろうか.
I **wònder why** he gave a false name. = **Why** did he give a false name, I **wónder**?(↘) 彼はなぜ偽名を名乗ったのだろう.
She **wondered how** the meeting was going. 会議はどんなふうに進んでいるのかしらと彼女は思った.
I **wonder if [whether]** he isn't over fifty. 彼は50過ぎではないかな《♦ if, whether 節内が否定されると, 肯定的確信を表す. I think he is over fifty. に相当》.
I **wonder if [whether]** I could use the telephone. 電話をお借りしてもよろしいですか(= Could I use the telephone?).
I **was wondering if** you'd care to have

dinner with me one evening. いつか晩に食事をご一緒していただけませんでしょうか《◆過去形でも意味は現在》.

[対話] "You look upset. What's wrong?" "Jane and I had a fight, and I'm wondering how to make up with her." 「取り乱した様子だけど, どうしたんだい」「ジェーンとけんかしたんだ. それでどうやって仲直りしようかとあれこれ考えているんだ」.

[対話] "I wonder where John went." "I suspect he went home early." 「ジョンはどこへ行ったんだろう」「早めに帰宅したんじゃないかな」.

[Q&A] Q: I wonder if ... は上例によると, ていねいな依頼を表すそうですが, そのていねいさの度合いなどについて教えてください.
A: たとえば May I ask you to help me? (手伝っていただけませんでしょうか)なら,
(1) I wonder if I may ask you to help me. [現在形]
(2) I am wondering if I may ask you to help me. [現在進行形]
(3) I wondered if I might ask you to help me. [過去形]
(4) I was wondering if I might ask you to help me. [過去進行形]
で, あとになるほどていねいな表現になります.

――[名] (複 ~s/-z/) **1** ⓤ《正式》驚き, 驚嘆の念, 不思議 ‖
Her story filled me with wonder. 彼女の話を聞いて私は驚嘆の念でいっぱいになった.
I got to my feet in [with] wonder. 私は驚いて立ち上がった.

**2** ⓒ [通例 a ~] 不思議な[驚くべき]物[できごと, 人]; [the ~] すばらしい物, 奇観 ‖
the wonders of nature 自然の偉観.
the Seven Wonders of the World 世界の七不思議.
It is a wonder (that) you don't know about it. =The wonder is that you don't know about it. 君がそれを知らないとは不思議だ.
What a wonder! なんと不思議なことだ(=How surprising!).

**and nó [líttle] wónder** それも当然だ ‖ He has done with her, and no wonder. 彼は彼女と絶交したが, 驚くにはあたらない.

**dó [wórk, perfórm] wónders**〈物・事が〉驚くべき効果を生み出し, よい結果となる;〈人が〉奇跡に近い(こと)を行なう ‖ This new medicine has worked wonders for my headache. この新薬はぼくの頭痛にすごい効き目があった.

○**(it is) nó [smáll, líttle] wónder (that) ...** …は少しも不思議ではない, …なのは当たり前だ, 道理で《◆It is natural that ... より口語的》‖ No wonder he refused your offer. 彼が君の申し出を断ったのは当然だ《◆しばしば it is, that を省略する. no wonder では上の例のように that を省略し, small wonder では that はあってもなくてもよい: Small wonder (that) he refused your offer.》.

**Nó wónder.** なるほど, そのとおり.
**wónder drùg** 特効薬.

**won‧der‧ful** /wʌ́ndərfl ワンダフル/〖→wonder〗⦅派⦆ wonderfully (副)
――[形] ([比較] more ~, 時に ~‑er; [最上] most ~, 時に ~‑est) **1** 不思議な, 驚くべき ‖
a wonderful story 不思議な話.
My father had a wonderful memory for faces. 私の父は人の顔を驚くほどよく覚えていた.
wonderful to say 言うも不思議だが.

**2** すばらしい, すてきな, 見事な《◆very などの修飾語はつかないのがふつう》; [it is wonderful of A to do / A is wonderful to do] …するとは親切だ〈人〉は親切だ.
have a wonderful time すばらしい時を過ごす.
Marriage can be a wonderful thing if two people understand each other. 結婚は2人がお互いを理解し合えばすばらしいものとなりうる.
You are wonderful to ask me to the concert. =It is wonderful of you to ask me to the concert. コンサートへ招待してくださってご親切にありがとう.
My sister is wonderful at knitting. 姉は編物上手だ.

[対話] "I hope you don't mind that I came without calling." "Not at all. It was wonderful of you to think of me." 「電話もしないで来て迷惑でなければいいんだけど」「全然. 私のことを思ってくださっていてとてもうれしいわ」.

**won‧der‧ful‧ly** /wʌ́ndərfəli ワンダフリ/ [副] 不思議なほど, 驚くほど; すばらしく ‖
These flowers smell wonderfully sweet. これらの花はとても香りがよい.

**won‧der‧land** /wʌ́ndərlænd ワンダランド/ [名]《文》**1** ⓤ おとぎの国. **2** ⓒ [通例 a ~ / the ~] (景色などの)すばらしい場所.

**wont** /wɔ́ːnt ウォーント, wʌ́nt, wóunt | wóunt ウォウント/ ([同音] won't; [類音] want/wǽnt | wɔ́nt/) [名] ⓤ《正式》[通例 one's ~] 習慣, 風習 ‖
use and wont 世間の習わし.
**as is one's wont** いつものように.

*****won't** /wóunt ウォウント/ ([同音] wont; [類音] want/wǽnt | wɔ́nt/) will not の短縮形.

**woo** /wúː ウー/ [動] ⓣ《主に古》〈名声・財産などを〉手に入れようとする; …に支持をせがむ.

‡**wood** /wúd ウド/ ([同音] △would) 〖「1本の立木」が原義〗
――[名] (複 ~s/wúdz/) **1** ⓤ《◆種類をいうときは ⓒ》木材, 材木 ‖
Wood is used for building. 木材は建築に用いる《◆ wood はふつういう「用材としての木」. 製材したものは《主に米・カナダ》lumber,《英》timber》.

This floor is (made) of [*from] wood. この床は木でできている。
He used various **woods** to build this garage. 彼はこの車庫を作るのにいろいろな種類の木を使った。
**2** ⓤ まき, たき木(firewood) ‖
collect several pieces of wood たき木を何本か集める。
put **wood** on the fire まきをくべる。
**3** ⓒ [しばしば ~s; 単数・複数扱い] 森, 林《◆forest より小さく grove より大きい》‖
There is a **wood(s)** beyond the cattle shed. = There are **woods** beyond the cattle shed. 牛小屋の向こうに森がある《◆「1つの森」は (米) a woods, (英) a wood または woods (複数扱い)がふつう》.
He made his way through the **wood(s)**. 彼は森を突き進んで行った.
Don't hallo till [Don't crow before] you are out of the **woods** [(英) wood]. (ことわざ) 森を出るまでは安心して叫ぶな; 早まって喜ぶな.
**4** [the ~] 酒だる, おけ ‖
in the **wood** (びんではなく)たるに詰めた.
sherry (drawn) from the **wood** たるから出したシェリー酒.
**5** [the ~] 〔ゴルフ〕 ウッド《ヘッドが木製のクラブ》; 〔テニス〕 ラケットの木枠.
**6** [the ~] (道具などの)木の部分.
**7** [形容詞的に] **a** 木の, 木製の ‖
a **wood** chair 木のいす.
**b** 木材用の ‖
a **wood** chisel 木工用彫刻刀.
**c** 森の ‖
**wood** moss 森にはえるこけ.
***cánnot*** [*be unáble to*] *sée the wóod* [(米) *the fórest*] *for the trées* 木を見て森を見ず; 小さいな事にこだわって全体が見えない.
***knóck*** (*on*) *wóod* (略) [間投詞的に] 手近の木[木製のもの]に触る《自慢したあとで復讐(ボミ)の女神 Nemesis のたたりを避けるため木(の製品)をこぶしの内側でたたきながら言うまじないの言葉; 子供の遊びで鬼につかまらないよう木製品に触れること》.
**wóod púlp** 木材パルプ《紙の原料》.
**wood·chuck** /wúdtʃʌ̀k ウドチャク/ 名ⓒ [動] ウッドチャック《北米産の marmot. 地中に穴を掘って巣を作る》.
**wood·cut·ter** /wúdkʌ̀tər ウドカタ/ 名ⓒ **1** 木こり. **2** 木版(彫刻)家.
**wood·ed** /wúdid ウディド/ 形 **1** 森のある, 樹木に覆われた. **2** [複合語で] 木質が…の.
**wood·en** /wúdn ウドン/ 形 (時に 比較 ~·er, 最上 ~·est) **1** 木でできた, 木製の ‖
a **wooden** box 木の箱(= a **wood** box / a box (which is) made of wood).
**2 a** 不器用な, ぎこちない, へたな ‖
**wooden** performance まずい演技.
**b** 無表情な, 堅い, 生彩のない ‖
with a **wooden** stare ぼんやりした目つきで.

**wóoden hórse** [しばしば W~ H~] 〔歴史〕 [the ~] トロイの木馬(Trojan Horse).
**wóoden wédding** 木婚式《結婚5年目》.
**wood·land** /wúdlənd ウドランド, (米)- lænd/ 名ⓤ [しばしば ~s] 森林地帯, 森林 ‖
birds of the **woodland(s)** = **woodland** birds 森に住む鳥.
**wood·peck·er** /wúdpèkər ウドペカ/ 名ⓒ 〔鳥〕 キツツキ.
**wood·wind** /wúdwìnd ウドウィンド/ 名 〔音楽〕 **1**ⓒ 木管楽器(clarinet, oboe など). **2** [(the) ~s, (英) (the) ~; 集合名詞] (オーケストラの)木管楽器部.
**wood·work** /wúdwə̀ːrk ウドワーク/ 名ⓤ **1** (主に英) (特に家具などの)木工技術. **2** 家屋の木造部《ドア・階段など》; 木工品.
**wood·y** /wúdi ウディ/ 形 (比較 -·i·er, 最上 -·i·est) (略) **1** 森のある, 樹木の茂った, 木の多い. **2** 木質の, 木のような.
**woof**¹ /wúf ウフ | wúːf ウーフ/ 名 **1** [the ~] (織物の)横糸《◆「縦糸」は warp》. **2** ⓒ 織物, 布地.
**woof**² /wúf ウフ/ 動 (略) 〈犬がウーとうなる.
── 名ⓒ (略) 犬の低いうなり声. ── 間 ウー《犬のうなり声》.
***wool** /wúl ウル/ 〈発音注意〉《◆*ウール》《もと「髪」のおどけた語》 派 woollen (形)
── 名ⓤ **1** 羊毛《◆ヤギ・ラマ・アルパカなどの毛にも用いる》‖
Japan imports a lot of **wool** from abroad. 日本は外国からたくさんの羊毛を輸入しています.
**2** 毛糸 ‖
knitting **wool** (編み物用の)毛糸.
I knitted these gloves with two balls of **wool**. 毛糸2玉でこの手袋を編みました.
**3** 毛織物, 毛織物の衣服《特にセーター》‖
Do you wear **wool** in the winter? あなたは冬に毛織の物を着ますか.
**4** [形容詞的に] 羊毛の; 毛織(物)の; ウールの ‖
a **wool** coat ウールの上着.
**wool·en**, (主に英) **-len** /wúlən ウルン/ 形 **1** 羊毛の; 羊毛製の; 毛織りの ‖
**woolen** cloth ラシャ.
**woolen** stockings 毛織りの靴下.
**2** 毛織物を扱う[商う] ‖
**woolen** manufactures 毛織物業者.
**Woolf** /wúlf ウルフ/ 名 ウルフ《Virginia ~ 1882-1941; 英国の女性小説家・随筆家》.
**wool·len** /wúlən ウルン/ 形 (主に英) = woolen.
**wool·ly** /wúli ウリ/ 形 (比較 -·li·er, 最上 -·li·est) **1** (略) 羊毛の, 羊毛からできた ‖
a **woolly** suit 毛織のスーツ.
**2** (略) 羊毛に似た, もじゃもじゃの ‖
**woolly** hair もじゃもじゃの毛.
**3** ぼんやりした, 不鮮明な; (略) 混乱した.
── 名 (複 **wool·lies** /-z/) ⓒ (略) **1** [通例 woollies] 毛織の衣服(類); セーター. **2** 毛織の下着.
**wool·y** /wúli ウリ/ (米) 形名 =woolly.

**Worces·ter** /wústɚ ウスタ/ (発音注意) 图 **1** ウスター《イングランド西部の都市》. **2** ウスター《米国 Massachusetts 州中部の都市》.

**Wórcester pórcelain** ウスター焼きの磁器.
**Wórcester sàuce** ウスターソース《日本でふつうにいうソース, ～ sauce》.

**Worces·ter·shire** /wústɚʃɚ ウスタシャ/ 图 ウスターシャー《イングランド西部の旧州. 現在は Hereford and Worcester 州に編入》.

**Wórcestershire sàuce** =Worcester sauce.

## **word** /wɚːd ワード/ (同音) whirred (英); (類音) ward /wɔːrd/) 『「話す」が原義』

→ 图 1 語  2 a ひと言  3 約束

—图 (複 ~s/wɚːdz/) **1** C 語, 単語, (伝達の手段としての)言葉 ‖

Look up the English **word** in a dictionary. その英単語を辞書で調べなさい.

put an apology into **words** 謝罪を言葉で表す.

Language consists of **words**. 言葉は単語から成り立っている.

**2** C [a ~ / ~s] **a** ひと言, 手短な会話, ちょっとした発言 ‖

big **words** おおげさな言葉.
fair **words** お世辞.
a person of few **words** 口数の少ない人.
give him a **word** of greeting 彼にひと言あいさつする.
exchange a few **words** with one's guests 客とちょっと言葉を交わす.
We never said a (single) **word** to each other. 私たちはお互いにひと言も交わさなかった.
**Words** cut more than swords. 《ことわざ》言葉は剣より切れる;「寸鉄人を刺す」.
**b** (曲に対する)歌詞, 台本.

**3** [one's ~] 約束, 保証, 請合い; 誓言 ‖
a man of his **word** 約束を守る男の《◆女性は a woman of her word》.
be true to one's **word** =keep one's **word** =make one's **word** good 約束を守る.
go bàck on one's **word** =break one's **wórd** 約束を破る.
give [pledge] one's **word** 約束する.
I give you my **wórd** for it. 誓ってそうである.
You have my **wórd** on her sincerity. 彼女の誠実さは私が保証します.
I gave him my **wórd** that I would never be late. もう遅刻しないという約束を彼にした.

**4** [one's ~ / the ~; 通例単数形で] 命令, 指示 ‖
give the **word** to start immediately すぐ出発せよとの命令を出す.
At the teacher's **word**(↝), the pupils stopped writing. 先生の指示で, 生徒たちは書くのをやめた.

**5** [~s] 口論, 議論 ‖
have **words** with him 彼と口論する.

What led to **words**? 言い争いの原因は何なのか.
**6** U [通例無冠詞で] 知らせ, 便り, ことづて, 消息; うわさ ‖

bring **word** of his death =bring **word** that he died 彼の死の知らせを伝える.
She sent us **word** that the football match had been called off. フットボールの試合は中止されたと彼女が知らせてきた.
The **word** has got around that some of them were bribed. 彼らのうちの何人かにわいろが贈られたといううわさが広まった.
**Word** is that he is dead. 彼は死んでいるといううわさだ.

**7** [the ~] 合言葉, スローガン, 最もぴったりする言葉 ‖
give the **word** 合言葉を言う.
[対話] "He is mad." "Mad is the **word**!" 「彼はかんかんだ」「そのとおりだ」.

**8** [the W~] 聖書, 神の言葉, 福音, キリストの言葉《◆ the **Word** of God, God's **Word** ともいう》.

**beyònd wórds** 言葉では言い表せない(ほど).
◇**by wórd of móuth** 口頭で, 口コミで.
**hàve a wórd with A** …とちょっと話をする.
**hàve nó wórds** 言葉でうまく表せない ‖ I have no **words** to express my gratitude. お礼の言葉もございません.
**in a wórd** [通例文頭か文中に挿入して] 早い話が, 一言で言えば, 要するに.
◇**in óther wórds** 言い換えれば《◆しばしば要約するときに用いられる》‖ [対話] "How was the movie? Not so good?" "Not the worst I've seen. In other **words**, I should have stayed home." 「あの映画はどうだった. あまりよくなかった」「ぼくが見た映画の中で最悪というわけではなかったよ. つまり, 家にいるべきだったということだ」.
**on the wórd** 言下に, そう言うとすぐに.
**sáy the wórd** (略式) [通例命令文で] 指示を出せ, よしと[はっきり]言え ‖ If you'd like to get something, say the **word**. 何か入用のものがあるなら遠慮なく言ってください《手に入れますから》.
**tàke A at A's wórd** …の言ったことをそのまま信じる, …の言葉どおりに行動する ‖ [対話] "You can trust me with the money." "I'll take you at your **word**, but please be careful." 「私にそのお金を預けても大丈夫ですよ」「あなたの言葉を信用するわ. でもどうぞ気をつけてくださいね」.
**through wórd of móuth** =by WORD of mouth.
**wórd by wórd** 1語ずつ, 一語一語正確に.
**wórd for wórd** 一語対一語で正確に; 逐(?)語的に.

**wórd prócessing** ワード=プロセシング《コンピュータによる文書の作成・編集・記憶》.
**wórd prócessor** ワード=プロセッサー, ワープロ.

**word·ing** /wɚːdɪŋ ワーディング/ 图 [a ~ / (the) ~] **1** 言葉づかい. **2** 言い回し, 表現.

**Words·worth** /wɚːdzwɚːθ ワーズワース ｜ wɔːdzwəθ ワーヅワス/ 图 ワーズワース《William

1770-1850；英国の自然派桂冠詩人》.

**word・y** /wə́ːrdi ワーディ/ 形 (比較) -・i・er, (最上) -・i・est) **1** 言葉[口]数の多い, 冗漫な. **2** 言葉の, 言葉による.

\***wore** /wɔ́ːr ウォー/ 動 → wear.

\*\***work** /wə́ːrk ワーク/ 『「ある目的のために意識的にまたは努力して何かを人がするか, 機械がその意図に沿って動く」が本義』派 worker（名）, workman（名）, working（名・形）

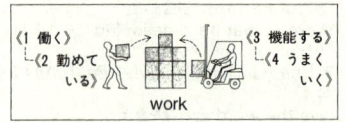

```
 〈1 働く〉
   〈2 勤めて       〈3 機能する〉
    いる〉            〈4 うまく
                       いく〉
              work
```

→ 名 **1a** 労働　**b** 勉強　**2a** 仕事　**b** 勤め口
**3** 作品　**4** 針仕事　**5** 手並み　**6** 工場
動 自 **1** 働く；勉強する　**2** 勤めている
**3** 機能する　**4** うまくいく　**5** 徐々に動く
他 **1** 動かす　**2** 働かせて…にする　**3** もたらす

── 名 (複 ~s/-s/) **1** Ⓤ **a** 仕事, 労働, 作業, 任務 ‖

physical **work** 肉体労働.
intellectual **work** 知的労働.
have a lot of **work** to do しなければならない仕事がたくさんある《◆この意味では ×a lot of [many] works とはいわない》
a good week's **work** たっぷり 1 週間分の仕事《◆a は week につけられたもの》.
take [bring] (one's) **work** home 仕事を家に持ち帰る.
To discharge one's responsibility is hard **work**. 自分の責任を果たすのは骨の折れるものだ.
対話 "So much **work**! Why, Bill?" "I'm used to **work**." 「すごい量の仕事だね. どうしてそんなにするんだ, ビル」「仕事には慣れてますから」.
[ⒸとⓊ]　仕事 Ⓤ
**b** 勉強, 研究, 課題 ‖
What is your life's **work**? あなたの一生の仕事[課題]は何ですか.
All **work** and no play makes Jack a dull boy. (ことわざ) 勉強ばかりで遊ばないと子供はだめになる；「よく学びよく遊べ」《◆しばしば makes 以下は略される》.
**c** [形容詞的に] 仕事(上)の；勉強(上)の ‖
poor **work** habits 勤務[勉学]上の好ましくない習慣.
**2** Ⓤ [無冠詞で] **a** (職業としての)仕事, 職業, 勤め, 職場 ‖
leave for **work** 勤めに行くため家を出る《◆×leave for one's company とはいわない》.
walk to **work** 歩いて通勤する.
get to **work** 職場[仕事場]に着く.
leave (one's) **work** at 5 5 時に退社する.
on one's way from **work** 仕事から帰宅の途中で.

My **work** is in law. 私の仕事は法律関係です.
**b** 勤め口, 働き口, 職《◆job は Ⓒ》‖
seek [look for] (×a) **work** 職を捜す.
**3** Ⓒ (芸術などの)作品, 著作；出版物 ‖
**works** of art 芸術作品.
a **work** in progress 執筆[製作]中の作品.
a revolutionary **work** 革命的な作品.
I looked up Poe's collected **works** at the city library, and later on I bought it secondhand. 私は市立図書館でポー選集を調べ, のちになってそれを古本で買った.
**4** Ⓤ 針仕事, (趣味の)手芸；裁縫道具, 手芸用品；手芸品, 細工品 ‖
This muffler is her own **work**. このマフラーは彼女の手作りです.
**5** Ⓤ 手並み, 仕業 (しわざ), 効果 ‖
do its **work** そのなせる業を行なう, 効果がある.
good **work** りっぱなやり方.
These uprooted flowers are the **work** of your dog. 花が根こそぎになっているのは君の犬の仕業だ.
**6** [しばしば複合語で；~s；単数・複数扱い] **工場**, 製作所《◆原料を加工処理して新たな素材にする工場の意で, この素材をもとに製品を作るのが factory》‖
a bríck wòrks れんが工場.
The gláss wòrks is [are] on sale. そのガラス工場は売りに出されている.
**7** [~s；複数扱い] (時計などの)機械部分, (機械の)動く部分.

**àll in the [a] dáy's wórk** (略式) [補語として] いやなことだがよくあることで, 珍しくもない, 日常茶飯事 (じ) 事で.

°**at wórk** (1) 働いている, 仕事中で, 職場にいる (⇔ off work(ing)) ‖ Men at **work**. (標識) 工事中. (2) 取りかかって (on) ‖ She is at **work** (on) repairing her radio set. 彼女はラジオの修理に取りかかっている. (3) 〈思考・心などが〉活動中で, 働いて ‖ His mind was at **work** on the new proposal. 彼の頭は新しい提案のことでいっぱいだった. (4) (機械・力などが)働いて, 作動中で. (5) 職場で, 会社で ‖ have lunch at **work** 会社で昼食をとる.

**gèt to wórk** (1) → 名 **2a**. (2) 仕事に取りかかる. (3) (略式) 働きかける, 説き伏せる.

°**gò to wórk** (1) 出勤する, 勤めに出る ‖ She goes to **work** every other day. 彼女は 1 日おきに出勤する. (2) 職につく, 仕事を始める ‖ As soon as he graduated, he **went to work** in his father's general store. 学校を出るとすぐ彼は父親の雑貨屋に働きに出た.

**in wórk** 職について.

**òff wórk** 仕事[会社]を休んで, 休暇を取って.

**òut of wórk** 失業中で ‖ fall out of work 仕事にあぶれる.

**put A to work** A 〈人〉を働かせる, 利用する.

**sèt to wórk** (1) [自] = get to WORK (2). (2) [他] [sèt A to ~] …に仕事を始めさせる.

── 動 (三単現 ~s/-s/；過去・過分 ~ed/-t/；

# work

現分 ~・ing)《◆他 3, 9 では《文》の過去・過去分詞形 wrought/rɔ́ːt/ も用いられる》

―自 と 他 の関係
自 3  A work  A〈機械などが〉作動する
他 1  work A  A〈機械など〉を動かす

――自 1 **働く**, 仕事をする; **勉強する**, 努力する ‖
work for a living 生計のために働く.
work hard to catch up with the class 級友たちに追いつくため一生懸命勉強する.
work for reform 改革のために力を尽くす.
work with her 彼女と協力して働く.
He is **working** with clay. 彼は粘土で仕事をしている.

**2 勤めている**, 就職している, (雇用されて)働いている《◆副詞(句)を伴う》‖
work on a ranch 牧場で働く.
He **works for** a newspaper. 彼は新聞社に勤めている.
Do you **work** here? ここに勤めていますか; ここの会社の人ですか.
She **works in [for]** the city. 彼女はその市で働いている[市の職員だ]. (→ 語法)
She **works at [in]** a downtown department store. 彼女は繁華街のデパートに勤めている.
He is **working as** a stockbroker on Wall Street. 彼は今はウォール街(の会社)で株式仲買人として働いている《◆進行形は一時的な意味》.
All three formerly **worked on** the old 'Pravda.' 3人とも以前は旧『プラウダ』紙で働いていた.

語法 (1) at, in は勤務先[場所]に焦点を置き, for は雇用関係を示す.
(2)「どちらへお勤めですか」の疑問文は, at, in には Where do you work? が, for には Who do you work for? が対応する.
(3) ただしあいさつ代わりに Where do you work? が用いられることもある.
(4) → belong Q&A.

**3**〈機械・設備・頭脳などが〉**機能する**, 作動する, 働く, 使用できる ‖
a machine that **works** by electricity 電気で動く機械.
My mind **works** well today. きょうは頭がよくさえている.

**4**〈計画・方法などが〉**うまくいく**; 〈薬などが〉**効く** ‖
This method is sure to **work** (well). この方法はきっとうまくいく.
I tried twice, but neither try **worked**. 私は2度やってみたが, どちらの試みもうまくいかなかった.
These pills will **work on** you. この薬はあなたに効くでしょう.
対話 "Why don't you put pressure on him to do the job?" "It won't **work**." 「その仕事をするように彼になぜ圧力をかけないのですか」「そんなことをしても効力がありません」.

**5 a** 徐々に動く, じわじわ進む《◆副詞(句)を伴う》‖
**work through** the crowd 人混みをかきわけて進む.
The milk **worked into** the rug. 牛乳がじゅうたんにゆっくりしみ込んでいった.
He is **working round to** the new business. 彼は新しい仕事にとりかかっている.
Your blouse has **worked out (of** your skirt). ブラウスが(スカートから)はみ出ていますよ.
**b** [work C] ゆっくり動いて C (の状態)になる《◆C は状態を表す形容詞》‖
Tiles on the roof **work loose** with age. 年月と共に屋根のかわらはだんだんゆるくなる.

――他 **1**〈機械・船など〉を**動かす**; 〈道具〉を使う ‖
a machine that is **worked** by electricity 電動の機械.
how to **work** a typewriter タイプライターの使い方.
She was **working** the brush over nails. 彼女はつめにブラシをかけていた.

**2** [work A C] A〈人・牛馬〉を**働かせて C** (の状態)にする《◆C は形容詞, 様態・程度の副詞(句)》‖
Don't **work** yourself sick. 働きすぎて病気にならないようにしなさい.
Why on earth does he **work** us so hard? いったいなんで彼は我々をこんなにこき使うのだろうか.
She **worked** her horse to death. 彼女は馬を酷使し(て死なせてしまっ)た.

**3**〈変化・奇跡などを〉**もたらす**, 生じさせる ‖
**work** havoc 破壊をもたらす.
**work** wonders 奇跡(的なこと)を行なう.
A little lipstick would **work** miracles with her. ほんの少し口紅をつければ彼女は見違えるようにきれいになるだろう.

**4** …を経営する; …を耕(たがや)す ‖
**work** a gold mine 金鉱を経営[採掘]する.

**5** …を受け持つ, 担当する ‖
**work** a homicide 殺人事件を担当する.
**work** the Kansai area 関西方面を受け持つ.
He is **working** the pool. 彼はプールの監視係をやっている.

**6** [~ one's way] 徐々に進む, 働いて[努力して](…を)出る ‖
He **worked his way** up. 彼は次第に出世した.
**work** one's **way into** the rock 岩盤を骨折って切り開く.
**work** one's **way through** college 働きながら大学を出る.

**7**《略式》〈問題・計画などを〉あれこれ考える, (苦労して)解く ‖
**work** a problem 問題をじっくり考えて答えを出す.

**8** [work A C] A〈物・事〉をこまかな手仕事で **C** にする ‖
**work** the wedge loose くさびを(上下左右に動かして)ゆるめる.
I **worked** the thorn out of her finger. 彼女の指からとげをうまく抜き取った.

**9 a**〈粘土など〉をこねる; …をこねて作る; 〈服などを〉

縫う[編む]; 〈図案など〉を刺繡(ﾘゅう)する ‖
work a cushion クッションを作る.
work clay into a mug 粘土でジョッキを作る.
**b** …に手を加える ‖
The ornaments **are worked in** pure gold.
その装飾品は純金で加工されている.
work a play (up) **into** a novel 戯曲を小説に仕立て上げる.
work one's hair **into** braids 髪を三つ編みにする.

**wórk at A** [*doing*] (1) (英) …に取り組む. (2) (英) …を勉強する. (3) …に従事する. (4) → 自2.

**wórk awáy** [自] せっせとする, 勉強し続ける.

◇**wórk ín** (1) [自] 〈ほこりなどが〉入り込む, しみ込む. (2) [~ *in* A] …を専門に扱う, …の専門家である ‖ work in leather 革職人である. (3) [~ *in* A] …関係の仕事をしている ‖ I want to work in the banking business. 私は銀行関係の仕事をしたい. (4) [~ *in* A] → 自2. (5) [他] 〈説明・冗談など〉を効果をねらって挿入する; 〈かぎ・針などを〉ゆっくり[上手に]差し込む ‖ work a key in かぎをさぐるように差し込む.

**wórk A into B** (1) A〈かぎなど〉を B〈かぎ穴など〉にゆっくり[上手に]差し込む. (2) A〈エピソードなど〉を B〈小説など〉に効果的に挿入する ‖ work a few jokes **into** the speech 演説に冗談を2, 3入れている.

**wórk óff** (1) [自] 〈物の一部が〉とうとう取れてしまう, 外れる. (2) 〈疲労などが〉(運動によって)徐々にとれる. (2) [他] 〈物の一部〉をゆるめて(何とか)取りはずす; 〈仕事など〉を苦労して片付ける; 〈借金〉を働いて埋め合わせる; 〈体重〉を徐々に減らす; 〈疲労・いやなことなど〉をからだを動かして発散させる.

◇**wórk ón** → work on (見出し語).
◇**wórk óut** → work out (見出し語).
**wórk óver** [他] (1) 〈主に米〉…をやり直す. (2) …を徹底的に調査する.
◇**wórk úp** (1) [自] 達する, 近づく. (2) [他] …を徐々に興奮させる; [be ~ed / ~ oneself] …に興奮する ‖ work her up into a fury 彼女をあおって怒らせる / Don't work yourself up about nothing. 何でもないことで興奮するなよ. (3) [他] 〈人〉に徐々に働きかける; 〈感情〉をかきたてる, あおる ‖ work up steam (運動して)元気を出す.

**wórk shèet** =worksheet.

**-work** /-wə̀ːrk -ワーク/ (連結形) **1** …細工, …仕事. 例: needlework. **2** …細工品. 例: woodwork.

**work·a·ble** /wə́ːrkəbl ワーカブル/ [形] **1** 動く, 使える. **2** 実行可能な. **3** 加工できる.

**work·a·hol·ic** /wə̀ːrkəhɔ́(ː)lik ワーカホ(ー)リク/ [名] C 〈米〉仕事中毒の人.

**work·bench** /wə́ːrkbèntʃ ワークベンチ/ [名] (複 ~·es /-iz/) C 仕事台, 工作台.

**work·book** /wə́ːrkbùk ワークブク/ [名] C **1** 学習練習帳, ワークブック. **2** 作業手引書. **3** 取扱い説明書.

**work·day** /wə́ːrkdèi ワークデイ/ [名] C 〈主に米〉◆ working day ともいう》 **1** 平日, 仕事日(↔ holiday).
**2** 1日の勤務時間(数) ‖
an eight-hour workday 1日8時間労働.

*****work·er** /wə́ːrkər ワーカ/ [名] [→ work]
— [名] (複 ~s/-z/) C **1** 仕事をする人, 勉強する人; (略式) よく働く人 ‖
He is a hard worker. 彼はよく働く[勉強する] (=He works hard.).
**2** 労働者, 職工; 労働者階級の人 ‖
a Moscow factory worker モスクワの工場労働者.
The girl is an office worker. その女の人は OL です 《◆ office worker は男女を問わず, 事務職の会社員・公務員に用いられる》.
**3** [通例複合語で] 研究者, 活動家 ‖
a social worker 社会事業(研究)家.

**work·force** /wə́ːrkfɔ̀ːrs ワークフォース/, **wórk fòrce** [名] [the ~] **1** (特定の会社の)被雇用者集団[数]. **2** (一般に)労働力, 雇用可能人口.

*****work·ing** /wə́ːrkiŋ ワーキング/
— [動] → work.
— [名] (複 ~s/-z/) **1** U 働くこと, 労働, 仕事.
**2** C [しばしば ~s] (機械などの)動き方, 動かし方; (精神・機構の)働き, 作用 ‖
the workings of the machine 機械の仕組み[運転法].
**3** [~s] (鉱山などの)採掘場.
— [形] [名詞の前で] **1** 働く, 労働に従事する ‖
a working mother 勤めを持っている母親.
the working population 労働人口.
below the legal working age 法定就業年齢に満たない.
**2** 仕事で使用する, 作業用の ‖
in one's working uniform 仕事用制服を着て.
**3** 〈機械などが〉動く ‖
the working parts of a machine 機械の可動部分.
**4** 実用的な, 実際に役立つ ‖
an up-to-date working slang dictionary 最新の実用的な俗語辞典.

**wórking cláss** [the ~(es); 集合名詞] 労働者階級 (lower class) 《♦ the working class の場合単数・複数扱い》; [形容詞的に] 労働者階級の (cf. working-class).

**wórking hòurs** 勤務[労働]時間.
**wórking órder** (機械などの)正常運転[操業].
**wórking wèek** 〈英〉=workweek.

**work·ing-class** /wə́ːrkiŋklæ̀s ワーキンクラス | -klɑ̀ːs -クラース/ [形] 労働者階級の (cf. working class).

**work·load** /wə́ːrklòud ワークロウド/ [名] C (一定期間内に行なう)仕事量.

**work·man** /wə́ːrkmən ワークマン/ [名] (複 ·men /-mən/) C **1** 労働者, 職人, 熟練工 (《PC》 (skilled) worker) ‖
His father is a good workman. 彼の父は腕のよい職人です.

A bad workman blames his tools. 《ことわざ》へたな職人は道具に文句をつける；「弘法(ほう)筆を選ばず」.

**2** [形容詞を伴って] …な仕事をする人, 仕事をするな人((PC) worker) ‖
He is a slow workman. 彼は仕事をするのがのろい(=He works slowly.).

**work·man·like** /wə́ːrkmənlàik ワークマンライク/ 形 職人にふさわしい, 腕のよい((PC) skillful).

**work·man·ship** /wə́ːrkmənʃìp ワークマンシップ/ 名 U **1** (職人の)手なみ, すぐれた技術((PC) expertise). **2** 出来ばえ((PC) expertness). **3** 細工もの, 作品((PC) craft).

***work on** /wə́ːrk ɑ́n ワーク アン｜-ɔ́n -オン/
—動 (変化形 → work) **1** [自] 働き続ける.

**2** [wórk on A] A〈映画・小説などを〉**製作する** ‖
You should've seen the fourth play I worked on. 私が書いた第4作目の劇をあなたに見せたかったね.

**3** [wórk on A] …に取り組む ‖
I'm working on a crucial case. 私は今ある重大な事件に取り組んでいる.

**4** [wórk on A] A〈人(の心)〉に**影響を与える** ‖
The greenery worked on her like adrenaline. 新緑の木々が彼女には刺激剤のような効果があった.

**5** [wórk on A] → work 自 **4**.

**6** [wórk on A] A〈機械など〉を修理する.

***work out** /wə́ːrk áut ワーク アウト/
—動 (変化形 → work) **1**(略式)[自] うまくいく, よい結果となる ‖
I'm sorry your transfer didn't work out. あなたの異動がよい結果とならずお気の毒に思います.

**2** (略式)[自] …という結果となる ‖
Things will work out all right. ものごとはまるくおさまるだろう(◆なぐさめ・励ましの言葉. Things will work themselves out. ともいう).

**3** [自] (試合に備えて)一連のトレーニングをする.

**4** [他] [work out A / work A out] A〈計画・理論など〉を**練って作る** ‖
We worked out a nice expansion program for him. 私たちは彼のためにうまい拡張計画を苦労して作り上げた.

**5** [他] [work out A / work A out] …を苦労して解く；A〈運命など〉を(苦労して)切り開く；A〈意味など〉をつかむ ‖
I'm going to work out the rest of my problems by myself. 私は残りの問題は自分で解決するつもりです.

対話 "Can I help you? I hear your best friend just moved away." "I feel bad, but I'll work it out. Thanks." 「何かお役に立てるかしら. 親しいお友達が引っ越してしまったそうね」「悲しいよ, でも大丈夫. どうもありがとう」.

**6** [他] [work out A / work A out] A〈疲労など〉を(運動して)とる ‖
work a muscle cramp out by massage マッサージをして筋肉のけいれんをとる.

**work·out** /wə́ːrkàut ワークアウト/ 名 C **1** (略式)トレーニング, 練習. **2** 試運転, 検査.

**work·sheet** /wə́ːrkʃìːt ワークシート/, **work sheet** 名 C **1** 作業(予定[処理])票. **2** (会計士の)精算表. **3** 練習帳.

**work·station** /wə́ːrkstèiʃən ワークステーション/ 名 C 〔コンピュータ〕ワークステーション.

**work·shop** /wə́ːrkʃɑp ワークシャプ｜-ʃɔp -ショプ/ 名 C **1** 作業場, (手工業的仕事を行なう)工場(ぼう). **2** (小規模の)研修[研究]会, 講習会, 勉強会. **3** (工場・学校などの)工作室.

**work·top** /wə́ːrktɑ̀p ワークタプ｜-tɔ̀p -トプ/ 名 C (台所の)調理台(counter).

**work·week** /wə́ːrkwìːk ワークウィーク/ 名 C (米) 1週間の労働(日数[時間]).

## world

**world** /wə́ːrld ワールド/ (同音 whirled (英))〖『人の一生』が原義〗派 worldly (形)
—名 (複 ~s/wə́ːrldz/) **1** [the ~] **a 世界, 地球**(earth, globe) ‖
travel around the world 世界一周旅行をする.
áll òver the wórld =throughout the world =the whole world over 世界じゅう至るところで.
the world's population 世界の人口.
to the world's end 世界の果てまで.
**b** (特定の地域としての)世界 ‖
the civilized world 文明世界.
the Third World 第三世界.

**2** [the ~; 単数扱い] **世界の人々, 人類, 世間の人々** ‖
What will the world say? 世間の人は何と言うだろうか.
All the world [The whole world] fears for his life. 世界じゅうの人が彼の健康状態を気づかっている.

**3** [正式] [the ~] 世の中, 世間, 浮世 ‖
a man of the world 世間のことに明るい人.
the way of the world =the way the world goes 世の習わし.
as is often the case with the world 世間によくあることだが.
get out into [begin] the world 世の中に出る.
this world この世.
the next [other] world 来世, あの世.
live apart from the world 隠遁(いん)している.
know nothing of the world 全く世間を知らない.
rise [get on, make one's way, go up, come up] in the world 出世する.

**4** C [通例 the ~; 修飾語句を伴って] **a** …界 ‖
the sporting world =the world of sport(s) スポーツ界.
the great [fashionable] world 社交界.
the world of show business 芸能界.
the animal [mineral, vegetable] world 動物[鉱物, 植物]界《◆自然界の3区分》.

the insect world 昆虫の世界.
**b** (個別的・個人的経験としての)…の世界, …の国 ‖
a child's world (of fantasy) 子供の(空想の)世界.
the world of dreams 夢の国.
the men's world 男の世界.
live in a little world of one's own 自分だけの小さな世界に住む.
**5** [the ~] 宇宙; ⓒ (地球に似た)天体, 星界 ‖
other worlds than ours 地球以外の星.
the center of our world 銀河系の中心.
**6** [a ~ of A / the ~ of A / ~s of A] 多大な…, 非常にたくさんの… ‖
do a world of good とても効き目がある.
have worlds of time 時間がたくさんある.

*as the wórld góes* 世間に従えば.
*bring* A *into the* [*this*] *wórld* A〈子供〉を産む; A〈子供〉の親になる;〈助産師などが〉A〈子供〉を取り上げる.
*cóme into the* [*this*] *wórld* 〈子供が〉生まれる; 出版される.
◇*for* (*áll*) *the wórld* ＝*for the whóle wórld* [否定文で] 絶対に, いくら考えてみても, 決して ‖ I wouldn't take his job for the world. どうしても彼の仕事はいやだ.
*for áll the wórld like* [*as if*] … まるで…かのように (exactly like [as if] …) ‖ The girl looked for all the world like a young mother. その娘はまるで若い母親のように見えた.
*hàve* (*áll*) *the wórld befòre one* すばらしい未来がある.
◇*in the wórld* (1) [疑問詞のあとで; 疑問詞を強調して] いったいぜんたい ‖ What in the world do you mean? いったいぜんたい何を言いたいんだ / [対話] "What in the world are you doing?" "I've decided to become a dancer, so I'm practicing." 「いったい何をしてるんだい」「ダンサーになることにしたの. それで練習してるのよ」. (2) [形容詞の最上級を強めて] 世界で最も…な. (3) [否定文を強調して] 決して, とても ‖ Nothing in the world will change his mind. どんなことがあっても彼の決心は変わらないだろう.
*on tóp of the wórld* (1) 成功して. (2) 大得意で, 有頂天で.
*sée the wórld* 世界[世間]を(旅行して)知る.
*to the wórld* すっかり, 全く.
*wórlds apárt* 《略式》(考えなどの点で)非常にかけ離れて[違って](→ **6**).

**Wórld Cúp** [the ~] ワールドカップ《各種スポーツ, 特にサッカーの世界選手権試合》.
**Wórld Environméntal Dày** 世界環境デー《毎年6月5日》.
**wórld expositíon** ＝world's fair.
**Wórld Héalth Organizàtion** (国連)世界保健機関(略)WHO).
**wórld lánguage** (1)(人工の)国際語《Esperanto など》. (2) 世界語《多くの国で用いられている言語. 英語など》.
**wórld pówer** 列強, 強国.
**wórld séries** [しばしば W~ S-] [the ~; 単数扱い] ワールドシリーズ《全米プロ野球選手権試合》.
**wórld's fáir** 世界博覧会.
**Wórld Tráde Cènter** [the ~] 世界貿易センター(ビル)《New York 市にある. 2001年9月11日のテロで主要なビルは崩壊》.
**wórld wár** 世界大戦.
**Wórld Wár I** /-wʌ́n/ 第一次世界大戦《1914-18》《◆World War One と読む. the First World War ともいう》.
**Wórld Wár II** /-túː/ 第二次世界大戦《1939-45》《◆World War Two と読む. the Second World War ともいう》.
**Wórld Wíde Wéb** [コンピュータ] ワールドワイドウェブ《ハイパーテキスト方式でリンクされたインターネットの情報ネットワーク. (略) WWW. 単に the Web ともいう》.
**world-class** /wə́ːrldklǽs ワールドクラス | -klɑ́ːs -クラース/ 形 世界で一流の.
**world・li・er** /wə́ːrldliər ワールドリア/ 形 → worldly.
**world・li・est** /wə́ːrldliist ワールドリイスト/ 形 → worldly.
**★world・ly** /wə́ːrldli ワールドリ/ [→ world]
— 形 (比較) more ~, 時に -li・er; (最上) most ~, 時に -li・est) **1**《正式》[名詞の前で] 現世の, 世間の, 世俗的な ‖
worldly affairs この世の俗事.
worldly goods 財産.
worldly pleasure 浮世の楽しみ.
**2** 名利欲の強い, 世才のある ‖
worldly people 俗人.
worldly wisdom 世才(さい), 世渡りの才能.
**world・li・ness** 名 ⓤ 現世[世俗]的なこと.
**world-wide** /wə́ːrldwáid ワールドワイド/ 形 世界じゅうに広まった, 世界的な. —— 副 世界じゅうあまねく.

**★worm** /wə́ːrm ワーム/ 《類音》warm/wɔ́ːrm/) 〖「地面をはうヘビ・虫」が原義〗
— 名 (複 ~s/-z/) ⓒ **1a** (ふつう細長くやわらかい, 脚(あし)のない)虫《ミミズ・ヒル・ウジ虫・カイチュウ・サナダムシ・尺取虫など. cf. insect》, 蠕(ぜん)虫 ‖
a worm in the apple リンゴの中の虫《外観はよいが内心はどうなのかわからぬの意》.
Even a wòrm will túrn. =Tread on a worm and it will turn. (ことわざ) 虫けらでも反撃してくる;「一寸の虫にも五分の魂」.
**b** [~s] (腸内の)寄生虫;[医学] [単数・複数扱い] 寄生虫病.
**2** [通例単数形で; 比喩的に] 虫けら, くず.
— 動 《略式》**1** [worm one's way / ~ oneself] 徐々に進む ‖
worm one's way [oneself] through the bushes 茂みの中を少しずつ進む.
**2** 〈情報など〉を徐々に引き出す ‖
worm the secret from the messenger その使いの者から秘密を徐々に聞き出す.
— 自 はうように進む.

**worn** /wɔ́ːrn ウォーン/ (同音 warn) 動 → wear. ―形 =worn-out.

**worn-out** /wɔ́ːrnáut ウォーナウト/ 形 **1** 使い古した, すり切れた ‖
worn-out dress すり切れた服.
**2** 疲れ切った. **3** 陳腐な, 古くさい.

**wor·ried** /wɔ́ːrid ワーリド|wʌ́r- ワリド/ 動 → worry.
―形 困った, 心配そうな; 当惑した (↔ unworried) ‖
a worried face 心配そうな顔.

**wor·ries** /wɔ́ːriz ワーリズ|wʌ́riz ワリズ/ 動 → worry. ―名 → worry.

**★wor·ry** /wɔ́ːri ワーリ|wʌ́ri ワリ/ 【『窒息させる』の原義から今は「くり返し精神的苦痛を与える」が本義】
―動 (三単現 wor·ries/-z/; 過去・過分 worried/-d/; 現分 ~·ing)

―自と他の関係―
自 A worry       A が心配する
他 1a  worry A   A を心配させる

―自 心配する, 気にする, 悩む ‖
Don't **worry**! (↘) Everything is going to be all right. 心配はいらない, 万事うまくいきそうだ.
Don't **worry about** the results of your test. テストの結果は気にするな.
Don't **worry about** meeting me at the airport. わざわざ空港まで出迎えようなどというご配慮は無用です.
We are **worrying that** he won't turn up. 彼が来ないのじゃないかと私たちは心配している.

―他 **1a** …を心配させる, 悩ませる, 苦しめる (→ tease) ‖
The gossip **worried** him. 彼はゴシップを気にしていた.
These children **worry** me **with** perpetual hows and whys. この子供たちは絶えず「どうやって, なぜ」と聞いて私を困らせる.
Don't **worry yourself about** what she says. 彼女の言うことは気にするな《◆ yourself を省略して 自 に用いることもできる》.
It **worries** us that he should cancel the agreement. 彼が契約を取り消すというので私たちは悩んでいる《◆ it は形式主語. should は「…するとは」という感情を表す》.
**b** [be worried about [over] A] A〈人・物・事〉のことで**心配している**, 悩んでいる; [be worried to do] …して心配している; [be worried that 節 / worry that 節] …というので心配している; [worry whether [if] 節] …かどうか心配する ‖
I am greatly **worried by** your health. あなたの健康のことがとても気がかりです.
She was **worried to** find that her son looked pale. 彼女は息子が青い顔をしているのに気づいて心配だった.
They were **worried that** the game might be put off. 試合が延期になるのではないかと彼らは気をもんでいた.
We **worried** whether the lecturer would arrive in time. 私たちは講師の先生が遅れずに着くかどうかと気をもんだ《◆ worried about whether …の省略した形》.
対話 "Food prices are going up again." "I know. I'm very **worried about** it." 「食料品の値段がまた上がっている」「知ってるわ. そのことでとても心配しているのよ」.
**2** [worry oneself C] 心配のあまり C (の状態)になる ‖
**wórry** onesèlf to déath 心配のあまり死ぬ《◆「死ぬほど心配する」の意の方がふつう》.
She **worried herself** sick over her family. 彼女は家族のことを気に病むあまり病気になった.
**3** 〈人〉にせがむ ‖
You are always **worrying** me **for** a new racket [to buy you a new racket]. おまえは新しいラケットを(買ってくれと)せがんでばかりいる.
**4** [正式]〈動物が〉…をくわえて振り回す; 〈人が〉…をいじくり回す ‖
The puppy was **worrying** my shoe. 子犬が私の靴をくわえて振り回していた.

*I should wórry!* (略式) 少しも困らない《◆反語用法》.
*nót to [nó] wórry* (略式) ご心配なく, 気にするな.
*wórry alóng [thróugh]* [自] 困難にもかかわらず暮らしていく, 何とかやっていく.
*wórry óut* [他]〈問題など〉を考え苦しんで解く; …をしつこく悩む.

―名 (複 wor·ries/-z/) **1** Ⓤ 心配, 気苦労, 悩むこと, 悩ませること ‖
**Worry** turned her hair gray overnight. 心配のため彼女の髪は一晩で白くなった.
**2** Ⓒ [通例 worries] 心配事, 悩みの種; 苦労をかける人 ‖
job **worries** 仕事の上での心配.
He lived a life full of **worries**. 彼は苦労でいっぱいの一生を送った.

**★worse** /wɔ́ːrs ワース/ (同音 worth/wə́ːrθ/)
―形 [bad, ill の比較級] (↔ better) **1** [bad の比較級] より悪い, より劣った, もっとひどい ‖
Drinking is bad for your health, but smoking is **worse**. 酒は健康に悪いがタバコはもっと悪い.
The weather was much [far] **worse** than we (had) expected. 天候は予測したよりもはるかに悪かった.
Things [It] could be **worse**. まあまあってとこだ; このへんで我慢のしどころだ; 上を見ればきりがないよ《◆失敗した人を慰める言葉》.
**2** [ill の比較級] からだの具合がより悪い, もっと気分がすぐれない ‖
I feel a little **worse** today. きょうは少しばかり気分が悪い.
*(and) whàt is [was] wórse* その上悪いことには《◆ふつう2文の中間に位置し, 必ずしも主文の時制

と一致しない. あとに起こったことが重大な場合に用いる. そうでなく単に別のことを列挙する時は (and) to make matters worse, 良いことの列挙には what is more を用いる》‖ 対話 "So you missed the train?" "Yes **and what's worse**, I lost my umbrella."「じゃあ, 電車に乗り遅れたの?」「うん. さらに悪いことには, かさをなくしてしまったんだ」.

***be wórse than* ...** …どころではない; 全く…である ‖ be worse than useless 有害無益である, 百害あって一利なし / be worse than impossible 全く不可能だ.

***go from bád to wórse*** → bad 形.

***nòne the wórse for* A** …ということは少しもない; …にもかかわらず少しも変わらない (cf. 副 成句) ‖ His cold was none the worse for going out. 彼のかぜは外出したために悪くなったということはない(外出したにもかかわらず少しも変わらなかった).

***the wórse for* A** …のためによりひどい, …の分だけ悪くなって ‖ be the worse for drink 酔っ払っている / My headache was so much the worse for walking in the sun. 日なたを歩いたためいっそう頭痛がひどくなった.

***to màke mátters wórse*** =(略式) *wórse* (**still**) =(and) what is WORSE.

—副《badly, ill の比較級》(↔ better) **1** より悪く, よりへたに ‖
She types worse than I. 彼女は私よりタイプがへただ.
The child behaved worse than I (had) expected. その子は私が思ったより行儀が悪かった.
**2** [意味を強めて] より激しく ‖
It is snowing worse than before. 前よりも激しく雪が降っている.

**(be) wórse óff** いっそう暮らし向き[具合]が悪い.

***nòne the wórse for* A** …にもかかわらず(cf. 形 成句) ‖ I like her none the worse for being inquisitive. =She is inquisitive, but I like her none the worse. 彼女はせんさく好きではあるけれども私は彼女が好きだ.

***thìnk nòne the wórse of* A** …をそれでも[やはり]尊敬している.

—名 Ⓤ いっそう悪いこと[物, 状態]; Ⓒ もっとひどい人 ‖
I have worse to tell. =There is worse to tell. もっと悪い知らせがある.

***for the wórse*** 悪い方へ, 悪化して.

***if wórse còmes to wórst*** (米) =if (the) WORST comes to (the) worst.

**wors·en** /wə́:rsn ワースン/ 動 他 …をさらに悪くする. —自 さらに悪くなる.

\***wor·ship** /wə́:rʃəp ワーシプ/ 《類音》warship /wə́:rʃip/》 [《worth (価値のある) + ship (状態)》]
—名 Ⓤ **1** 《神・神聖なものへの宗教的》**崇拝** ‖
the worship of God 神の崇拝.
sun worship 太陽崇拝.
the worship of idols =idol [image] worship 偶像崇拝.
nature worship 自然崇拝.
**2** 《正式》礼拝(式), お祈り(の儀式) ‖
attend worship 礼拝に出る.
a day of rest and worship 休息と礼拝の日.
**3** 賛美, 礼賛, 熱愛 ‖
the worship of wealth and power 富と権力への賛美.
hero worship 英雄礼賛.

—動《過去・過分》wor·shipped/-t/; 《現分》-ship·ping》他 **1** 《神》を崇拝する ‖
worship God 神を崇拝する.
**2** 《略式》《人・物》を賛美する ‖
対話 "Does Jill really like Bob that much?" "Are you kidding? She practically worships him." 「ジルはボブがそんなに好きなのかい」「そんな甘っちょろいもんじゃない. ボブのことをほとんど崇拝しているといってもいいくらいだ」.

—自 《正式》礼拝に出る, 教会に行く.

**wor·ship·er,** (英) **--ship·per** /wə́:rʃəpər ワーシパ/ 名 Ⓒ **1** 崇拝者, 礼拝者, 参拝者. **2** 愛好家, 信奉者.

**worst** /wə́:rst ワースト/ 形《bad, ill の最上級》(↔ best) [通例 the ~] 最も悪い, 最低の ‖
the worst hotel I've ever stayed at 今まで泊まった中で最低のホテル.
In Britain, February is usually thought as one of the worst months. 英国では一般に2月は最もいやな月の1つと考えられている.

—副《badlly, ill の最上級》(↔ best) 最も悪く, いちばんへたに; 最もひどく[激しく]《◆ふつう the を伴わない》‖
She danced worst of anybody. 彼女がいちばんダンスがへただった(=She was the poorest dancer.).

***wórst of áll*** (1) [文全体を修飾] 何よりも悪いことには, いちばん困るのは. (2) 何よりもいちばん.

—名 [the ~] いちばん悪いこと[物, 人], 最悪の(事態) ‖
prepare for [expect] the worst 最悪の場合を覚悟する.

***at one's [its] wórst*** 最悪(の状態)で ‖ Hunger was at its worst. 飢餓が頂点に達していた.

***at (the) wórst*** (1) 最悪の場合も, せいぜい. (2) 最悪の場合は. (3) =at one's [its] WORST.

***gét [háve] the wórst of it*** (争いなどに) 負ける.

***gíve* A *the wórst of it*** A《人》をしたたかに打ち負かす.

***if (the) wórst còmes to (the) wórst*** 《略式》最悪の事態になったら[なっても]《♦ the の省略は《主に米》》.

***màke the wórst of* A** …をいちばん悪くとらえる, …を悲観する.

***the wórst (of it) is that* ...** 最も悪い[困った]ことは…ということだ《♦ the worst of it is, のように that が省略されコンマで代わることもある》.

\***worth** /wə́:rθ ワース/ 《類音》worse/wə́:rs/》 [「あるものと交換しても等しい価値のある」が本義]

派 worthless (形), worthy (形)

— 前 《◆形容詞と考えることもできる. → 3 Q&A》

**1a** [be worth A]〈人・物・事は〉A に値する ‖
The new method is **well worth** consideration. その新しい方法は熟考に値する.
The planetarium is **worth** a visit. そのプラネタリウムは訪れてみる価値がある.

**b** [be worth doing]〈人・物・事は〉…する価値がある ‖
Pyramids are **worth** visiting. ピラミッドは訪れてみる価値がある(=It is **worth** (while) visiting pyramids. =It is **worsh** (while) to visit pyramids.).
His speech is **worth** listening to. 彼の演説は聞く価値がある.
I have some letters (which are) **worth** keeping. 保存しておく値打ちがある手紙を何通か持っている.
What(ever) is worth doing at all is worth doing well. 《ことわざ》少しでもやってみる価値のあることならりっぱにやる価値がある.

**c** [it is worth (while) doing / it is worth (while) to do] …することは(時間と労力をかける)価値がある ‖
It is **worth while** visiting the ruins. =It is **worth while to** visit the ruins. その遺跡は訪れてみる価値がある(=The ruins are **worth** visiting.).
It is **worth your while to** call [calling] at the ancient city. その古代都市は寄ってみる価値がある.
It is not **worth while** starting now. 今出かけてもしょうがない(時間のむだだ).
It is **worth** seeing the film. その映画は見る価値がある《◆ while が省略されることもある》.

Q&A **Q**: **1b** と **1c** の関係がよくわかりません.
**A**: 単純に記号化しましょう
**1b** A is worth doing.
**1c** It is worth (while) doing A.
  It is worth (while) to do A.
すべて「A は…してみる価値がある」の意味になります.

**2** [金額を表す語を伴って] …の値打ちのある ‖
This clock is **worth** fifty dollars. この時計は50ドルの値打ちがある.
a vase (which is) **worth** much たいへん値打ちのあるつぼ.
How much [What, ˟How] **is** the painting **worth**? その絵はいくらぐらいですか.
The house is not **worth** the price you are asking. その家はあなたの言ってる値段ほどの価値はない.

**3** …の財産を所有して, 財産が…で ‖
She is **worth** a small fortune. 彼女はかなりの財産を持っている.
What do you think she is **worth**? 彼女の財産はどれくらいだと思いますか.

Q&A **Q**: worth には形容詞としての用法もあるのですか.
**A**: 本来は形容詞であったことからそのような扱いをしている辞書もありますが, 今では単独では用いず, 目的語をとり機能的には他の前置詞と同じような働きをしているので, この辞典では 前 としています. 形容詞は worthwhile, worthy を参照してください.

**for whàt it is wórth** 役に立つか[本当か, 価値があるか]どうかはわからないけれども.

○**wórth it** それだけの価値がある ‖ The book is very expensive, but it is **worth it**. その本は値が張るが, それだけの価値はある《◆初めの it は the book を受け, 2番目の it は前文の内容を受ける》.

**wórth** (one's) **while** [補語として] 時間や労力をかける価値がある, むだではない ‖ This film is **worth while**. この映画は見る価値がある(→ 前 **1 c**) / To learn [Learning] a foreign language is **worth while**. 外国語を学ぶことはそれだけの価値がある / Will you interpret for me? I'll make it **worth your while**. (略式) 私に通訳してくれませんか, それだけの分はお払いします / 対話 "I hear you're thinking of taking driving lessons." "Do you think it's **worth my while**?"「運転のレッスンを受けようと思ってるそうだね」「それだけの価値があると思うかい」.

— 名 Ⓤ **1** (精神的・道徳的な)**価値**, 重要性, 真の値打ち ‖
**of great worth** 大いに価値のある.
a book **of little worth** 価値のほとんどない本.
The larger the house is, the more **worth** it has. 家は広ければ広いほど価値がある.

**2** 《◆ふつう〈英〉では /wsθ/》(金額・単位・容器などの)…相当量 ‖
a dollar **worth** of coffee 1ドル分のコーヒー.

**wor・thi・er** /wə́ːrðiər ワーズィアｒ/ 形 → worthy.
**wor・thi・est** /wə́ːrðiist ワーズィイスト/ 形 → worthy.
**worth・less** /wə́ːrθləs ワースレス/ 形 **1** 価値のない, 値打ちのない, つまらない ‖
This deal is **worthless** to us. この取引は我々には無価値だ.

**2** 役立たずの, 卑劣な ‖
a **worthless** man 見下げ果てたやつ.
**wórth・less・ness** 名 Ⓤ 無価値.

**worth・while** /wə̀ːrθwáil ワースワイル/ 《◆名詞の前で使うときは /ː/. 名詞の前以外では worth while と書くことがある》形 時間・金・労力をかける価値がある, やりがいのある, むだではない ‖
a **worthwhile** scheme やる価値のある計画.

*wor・thy /wə́ːrði ワーズィ/ (発音注意) 《◆ワースィ》[→ worth]
— 形 (通例 比較 ‑‑thi・er, 最上 ‑‑thi・est) **1** [補語として; しばしば名詞のあとで] 値する, 価値がある ‖
Her behavior **is worthy** of reverence. 彼女の行為は尊敬に値する.

The incident is **worthy of** being remembered. その事件は記憶に値する（=The incident is **worth** remembering.）.
a singer (who is) **worthy of** the name その名にふさわしい歌手.
He is **worthy to** be captain of our team. 彼はわがチームの主将にふさわしい.
**2**［正式・古］［名詞の前で］価値のある，尊敬に値する，りっぱな ‖
a **worthy** opponent 好敵手.
a **worthy** cause りっぱな主義.
a **worthy** gentleman りっぱな紳士《◆しばしばおどけていう．皮肉的に「お偉方」も意味する》.

## \*would

/(弱) wəd ウド, əd, d; (強) wúd ウド／
（同音 △wood）［現在時における可能性・推量を表す独自の用法の他, will の直説法および仮定法過去としての用法を持つ］

→ 助 **1** …かもしれない **3** …だったろう
　　　 **4**（よく）…したものだった
　　　 **5** …しようとしなかった
　　　 **6** …（だった）であろうに

── 助 《◆短縮形 'd》

### I ［独立用法］

**1**［(現在時における)可能性・推量］[would do]
（ひょっとすると）…かもしれない，…でしょう《◆形は過去形であるが現在時の推量を表す．話し手の確信度については → may **2**》‖
She left two hours ago. She **would** be at home now. 彼女は2時間前に出たのだから，もう家に着いているでしょう.

### II ［will の直説法過去］

**2**［従節において単純未来・意志未来の過去を表す］《◆ will の用法に対応する》.

**a**［一人称］
［意志未来］I said that I **would** do my best. ベストを尽くしますと私は言った.
［単純未来］I said that I **would** be twenty next birthday. 次の誕生日で20歳になりますと私は言った.

**b**［二人称］
［意志未来］You said that you **would** do your best. ベストを尽くしますと君は言った.
［単純未来］You said that you **would** be twenty next birthday. 次の誕生日で20歳になりますと君は言った.

**c**［三人称］
［意志未来］He said that he **would** do his best. ベストを尽くしますと彼は言った.
［単純未来］He said that he **would** be twenty next birthday. 次の誕生日で20歳になりますと彼は言った.

**3**［(過去時における)可能性・推量］[would do]
…だったろう，だったかもしれない ‖
She **would** be 80 when she died. 彼女は死んだ時80歳になっていたろう.

**4**［(過去の)習慣・習性］［過去を示す副詞節［句］を伴って; would do］（よく）…したものだった ‖

対話 "Do you like fishing?" "Not now, but when I was your age I **would** go fishing almost every day." 「釣りはお好きですか」「今は好きじゃない．でも君くらいの年のころにはほとんど毎日釣りに行っていたものだよ」.
語法 used to との比較は → used to Q&A

**5**［(過去時における)固執・拒絶］[would not …]
（どうしても）…しようとしなかった ‖
He was angry because I **wouldn't** give him any help. 私がどうしても手助けをしないので彼は怒った.
The door **wóuldn't ópen**. ドアはどうしてもあかなかった《◆肯定文では行為の反復を表す: She **would** tálk for hours. 彼女は話しだすと何時間もやめようとしなかった》.

### III ［will の仮定法過去・過去完了］

**6**［if 節の帰結節として］**a** [would do]（もし…であれば）…するであろうに，…であろうに ‖
If he **were** a little stronger, he **would** be a champion. （実際はそうではないが）もう少し強かったら彼はチャンピオンになれるのに.

語法 仮定は if 節で述べられるとは限らない: It **would** be better **to** tell her the truth. 彼女に本当のことを話す方がよかろう（=It **would** be better **if** you told her the truth.）.

**b** [would have done]（もし…だったとしたら）…だったであろうに ‖
Bill **would have died if** the doctor **had not** operated immediately. もし医者がすぐ手術しなかったら，ビルは死んでいたでしょう（=As the doctor operated immediately, Bill didn't die.）.

**7**［wish, if only, what 節で］…する意志のある ‖
I **wish** you **would** give up smoking. 禁煙してくれるとありがたいのだが（=I am sorry (that) you won't give up smoking.）.
**If only** Ann **would** not talk like that. アンがあんな口をきかなくてくれたらなあ.
**What wouldn't** I give for a really comfortable house! 住み心地のいい家さえあればなあ!

**8 a**［一・二・三人称意志未来の代用］《◆ will より遠回しでていねい》[would you …?; 依頼・勧誘を表して]…してくださいますか; [強い意志・願望を表して]…しようと思う ‖
**Would you** [**Wouldn't you**] help us? ちょっと手伝っていただけませんか《◆(1) **Wouldn't** you help us? の方が親しみのこもった言い方．(2) 肯定の返事は ˟Yes, I would. でなく Certainly(, I will). など．否定の返事は I'm afraid I can't. など》.
If you **would** write me a letter about it, I **would** be most grateful. その件についてお手紙いただければ幸甚(ﾋﾞ)に存じます《◆ if you write → if you will write → if you would write の順にていねい》.

**b** [would do] …したいと思う，…させてもらいたい (cf. want Q&A) ▸であろう《◆ say, think, like などの動詞の前に置いて口調をやわらげる》‖
I **would** like to come to your party. パーティーにはぜひ伺いたく存じます.
We **would** prefer to go to the zoo rather than to the park. 公園へ行くよりむしろ動物園へ行きたい.
It **would** seem that she did not understand what I said. 彼女は私の言ったことを理解できなかったようだ.
対話 "**Would** [Wouldn't] you like to go to the zoo?" "I **would** rather not go today." 「動物園へ行きませんか」「きょうはあまり行きたくありません」.

**IV** [その他]
**9** [驚き・意外]《米》[主に疑問詞のある疑問文で] …するとは((英) should)‖
Why **would** he talk like that? どうして彼はあんな口をきくのだ.
Who **would** take on that job for £20 per week? あの仕事を週20ポンドでだれが引き受けてくれるというのだ.

**would-be** /wúdbì: ウドビー/ 形 …になるつもりの，志望の, 自称…, …気取りの‖
a would-be poet 詩人の卵.
a would-be hijacker 乗っ取り未遂犯人.

*****would·n't** /wúdnt ウドント/ would not の短縮形.

*****wound**¹ /wú:nd ウーンド/ (発音注意)《◆ ×ワウンド》
——名 (複) ~s /wú:ndz/) C **1** 傷, 外傷, けが《◆ 戦争・襲撃・けんかなどで刀剣・銃器類によって傷害の意図のもとに受けた傷. injury は爆弾・大きな棒などによって受けた傷や事故によって受けた傷をいう. wound, injury とも hurt よりも重い傷をいう》‖
get [receive] a slight **wound** in the arm 腕に軽傷を負う.
heal a **wound** 傷を直す.
**2** 《正式》心の傷, 痛手, 感情[誇り, 名声など]を傷つけること‖
lick one's **wounds** 痛手をいやそうとする.
Her rejection was a **wound** to his pride. 彼女の拒絶が彼の自尊心を傷つけた.
**3** (樹皮などの) 傷, 傷口.
——動 他 **1** 〈人・身体〉を傷つける; [be ~ed] 負傷する‖
He **was** badly **wounded** in the arm by a bullet. 彼は弾丸で腕にひどい傷を負った《◆ 事故の場合は hurt, injure》.
**2** 《正式》〈感情・誇りなど〉を傷つける (hurt) ‖
You shouldn't have **wounded** her feelings. 君は彼女の感情を傷つけてはいけなかったのに.

**wound**² /wáund ワウンド/ 動 → wind².

**wove** /wóuv ウォウヴ/ 動 → weave.
 **wóve pàper** 網目漉(*)き紙.

**wo·ven** /wóuvn ウォウヴン/ 動 → weave.

**wow** /wáu ワウ/ 間 《略式》うわあ, やあ《驚嘆・喜びなどの叫び》, ワウ《結婚式で花嫁に掛ける声》

——名 (略式) [a ~] (特に興行的)大成功.

**wran·gle** /ræŋgl ラングル/ 動 (現分 wrangling) 自 やかましく口論する, 声高く言争する.
——名 C 口論, 論争.

*****wrap** /ræp ラプ/ (同音 rap) 【「曲げる」が原義】
——動 (三単現 ~s /-s/; 過去過分 wrapped/-t/ または wrapt/ræpt/; 現分 wrap·ping)
——他 **1** …を包む, くるむ‖
She **wrapped** her baby in a blanket. 彼女は赤ん坊を毛布でくるんだ(→ **2**).
**Wrap** (up) the dishes **with** [**in**] soft paper, please. お皿をやわらかい紙で包んでください.
対話 "What are we going to do with all this leftover food?" "Let's **wrap** it **up** and take it home." 「このたくさんの食べ残しをどうしようか」「包んで家に持って帰りましょう」.
**2** …を巻きつける, …をまとう‖
She **wrapped** a blanket (a)round her baby. 彼女は赤ん坊を毛布でくるんだ(→ **1**).
Her arms were **wrapped** around her knees, her chin rested on her locked hands. 彼女は腕でひざをかかえこみ, 組んだ手の上にあごをのせていた.
——自 **1** くるまる. **2** 巻きつく.
**be wrápped** (**úp**) **in** A (1) [比喩的にも用いて] …にすっかり包まれている‖ The plan is **wrapped** up in secrecy. その計画は全く秘密にされている. (2) (略式) …に夢中になっている, …に専念している‖ be wrapped up in one's thoughts 考えに没頭している. (3) …と深い関連がある.
——名 C 《主に米》包むもの, 包装紙.
**kéep** A **ùnder wráps** A《計画など》を秘密にしておく.

**wrap·per** /ræpər ラパ/ 名 C **1** 包む[巻く]人. **2** 包むもの, 包装紙. **3** (郵便用) 帯封. **4** 本のカバー.

**wrap·ping** /ræpiŋ ラピング/ 動 → wrap.
——名 UC [しばしば ~s] 包装用材料; 包装紙‖
cellophane **wrappings** セロハン包装紙.
**wrápping pàper** 包装紙.

**wrapt** /ræpt ラプト/ 動 → wrap.

**wrath** /ræθ ラス / r5(英) ロ(一)ス/ (同音 (英) △wroth) 名 U 《文》激怒, 憤怒; 復讐(ふく)‖
the **wrath** of God 神罰.
vessels [children] of **wrath** 天罰を受けるべき人々.
A soft answer turns away **wrath**. 『聖』(非難に対する)おだやかな答えは怒りをそらす.

**wreak** /rí:k ウリーク/ 動 他 《文》〈復讐(ふく)など〉をする, 〈怒りなど〉をぶちまける‖
**wreak** vengeance **on** him 彼に復讐する, 恨みを晴らす.
**wreak** anger **on** her 彼女に怒りをぶつけて発散させる.

**wreath** /rí:θ ウリース/ 名 (複 ~s/rí:ðz | rí:θs/) C **1** (クリスマスの飾りや葬儀に用いる)花輪, 花冠(かん)‖
a laurel **wreath** 月桂樹の冠.
a funeral **wreath** 葬儀の花輪.

put a **wreath** of flowers on her grave 彼女の墓に花輪を供える.
hang a holly **wreath** in the window at Christmas クリスマスに花輪を窓の所に飾る《◆セイヨウヒイラギとその実で作る》.
**2** 《正式》輪状のもの ‖
a **wreath** of smoke 渦巻く煙.

**wreathe** /ríːð ゥリーズ/ (現分) **wreath·ing**) 他 《正式》**1**〈花輪〉を作る;〈花など〉を編む ‖
**wreathe** daisies **into** a garland ヒナギクを花輪にする.
**2** …を飾る ‖
**wreathe** the room **with** flowers 部屋を花で飾る.
**3** …を包む,取り巻く;…を巻きつける ‖
the woods **wreathed in** mist 霧に包まれた森.
**wreathe** one's arms **around** his neck 腕を彼の首に巻きつける.

**wreck** /rék ゥレク/ (同音 reck) 名 **1 a** Ⓤ 《文》難破;難船 ‖
save a ship from **wreck** 船を難船から救う.
**b** Ⓒ 難破船;(難破船の)漂着物,残骸(ぶ).
**2** Ⓤ 破壊,破滅,破壊,破損,挫折(さっ) ‖
the **wreck** of many crops 多くの作物の被害.
the **wreck** of a plan 計画の挫折.
go to **wreck** 壊れる.
**3** Ⓒ 《略式》[通例 a ~] (衝突などの)破損車;(地震などでの)倒壊家屋;(壊れたものの)残骸 ‖
Her car was a worthless **wreck**. 彼女の車は廃車同然の無残な姿だった.
**4** Ⓒ 《略式》[通例 a ~] 健康をそこねた人;廃人,敗残者 ‖
a physical **wreck** からだをこわした人.
——動 他 **1**〈船〉を難破させる;〈列車・車〉を破壊する;〈人〉を遭難させる《◆進行形にしない》‖
The ship **was wrecked** on the rocks. 船は岩にぶつかって難破した.
**2** 《略式》…を破壊する,だめにする;〈計画など〉を挫折させる ‖
The scandal nearly **wrecked** her career. 彼女はスキャンダルでもう少しで失職するところだった.

**wreck·age** /rékidʒ ゥレキヂ/ 名 Ⓤ **1** 難破, 大破;[集合名詞](難破船の)漂着物,(壊れたものの)残骸(ぶ).
**2** 破壊,挫折(さっ) ‖
the **wreckage** of her hopes 彼女の失望.

**wreck·er** /rékər ゥレカ/ 名 Ⓒ **1** 《米》(建物の)解体業者.**2** 《米》=wrecker truck.
**wrécker trúck** レッカー車(wrecker) (《英》 breakdown lorry [van]).

**wren** /rén ゥレン/ 名 Ⓒ 〖鳥〗ミソサザイ.

**wrench** /réntʃ ゥレンチ/ 動 (三単現 ~·**es**/-iz/) 他 **1** …をぐいとねじる,もぎ取る,ひったくる;[wrench A C] A〈物〉をねじって C (の状態)にする ‖
**wrench** the money **from** her hand 彼女の手からお金をもぎ取る.
**wrench** the handle **from** the door ドアから取っ手をもぎ取る.
**wrench** the door open 戸をこじあける.
**2** …をねんざする《◆twist, sprain より堅い語》‖
**wrench** one's wrist 手首をくじく.
**wrénch óff** [他] …をもぎ取る ‖ She **wrenched** an apple **off**. 彼女はリンゴをもぎった.
——名 (複 ~·**es**/-iz/) Ⓒ **1** [通例 a ~] ぐいとねじること ‖
give the knob a sudden **wrench** ノブを急激に回す.
**2** ねんざ,筋違い ‖
give one's ankle a **wrench** 足首をくじく.
**3** [a ~ / the ~] (別れの)悲しみ,つらい別れ.**4** 《米》レンチ,スパナ(《英》spanner);《英》自在スパナ.

**wrest** /rést ゥレスト/ 《同音 rest》動 他 《正式》**1** …をもぎ取る,取り上げる ‖
**wrest** the club **from** his hand 彼の手から(えぐ)棒をもぎ取る.
**2**〈権力・秘密など〉を力ずくで手に入れる,苦心して手に入れる ‖
**wrest** a secret **from** her 彼女から秘密を聞き出す.

**wres·tle** /résl ゥレスル/ 動 (現分 **wres·tling**) 自 **1** 組み打ちをする,取っ組み合う;格闘する,レスリングをする.**2** 《正式》(困難・問題などに)取り組む,全力を尽くす.——他 …とレスリングする.
——名 Ⓒ 組み打ち,レスリング;奮闘.

**wres·tler** /réslər ゥレスラ/ 名 Ⓒ レスリングの選手,レスラー.

**wres·tling** /réslɪŋ ゥレスリング/ 動 → wrestle.
——名 Ⓤ レスリング,相撲.

**wretch** /rétʃ ゥレチ/ 名 (複 ~·**es**/-iz/) Ⓒ 《正式》**1** 気の毒な人,とても不幸な人.**2** 見下げ果てたやつ,悪党.

**wretch·ed** /rétʃid ゥレチド/ 《発音注意》形 (通例 比較 ~·**er**, 最上 ~·**est**) **1** 《正式》哀れな,ひどく不幸な,悲惨な,惨めな ‖
He lived a **wretched** life when young. 彼は若いころ惨めな生活を送った.
**2** いやな,不快な,ひどい ‖
What **wretched** weather! なんてひどい天気だ.

**wrig·gle** /rígl ゥリグル/ 動 (現分 **wrig·gling**) 自 〈人・ヘビなどが〉からだをくねらせる,そわそわする,のたくりながら進む ‖
The snake **wriggled** under the hedge. ヘビは生け垣の下をにょろにょろ進んだ.
——他〈からだ・からだの一部〉をくねらす;…をのたくって進む;[~ one's way] うねうね進む ‖
**wriggle** one's hips 腰をくねらせる
**wríggle** (*oneself*) **óut of** A (1) からだをくねらせて…から出る.(2)《略式》A〈困難など〉をどうにか切り抜ける.
——名 Ⓒ のたうつこと.

**Wright** /ráit ゥライト/ 名 ライト《Orville/ɔ́ːrvil/ ~ 1871-1948, Wilbur/wílbər/ ~ 1867-1912;1903年世界初の動力飛行に成功した米国人兄弟》.

**wring** /ríŋ ゥリング/ 《同音 ring》動 (過去・過分 **wrung**/rʌ́ŋ/) 他 **1** …を絞る,[wring A C] A〈洗

濯物などを絞って**C**(の状態)にする ‖
**wring** a wet towel (out) ぬれたタオルを絞る.
**wring** the laundry dry 洗濯物を絞って乾かす.
**2** [wring **A** from [out of] **B**] **B**〈ぬれた物など〉から**A**〈水など〉を絞り出す《◆ squeeze よりも「努力して」を含意する》‖
**wring** the water out 水を絞る《◆ of **B** が略されたもの》.
**wring** the juice **from** a lot of oranges たくさんのオレンジからジュースを絞り取る.
**3** [wring **A** from [out of] **B**] **B**〈人〉から**A**〈秘密・財産などを力ずくで得る, 苦労して得る〉‖
**wring** a promise **from** him 彼から約束を取りつける.
**4**《正式》(身体の一部)を強くねじる, 固く握りしめる‖
She **wrung** my hand. 彼女は私の手を力をこめて握った《◆あいさつの握手の際の喜びの様子》.
**5**《正式》[通例 ~ one's heart] …を苦しめる‖
The misery of the fatherless children **wrung** my heart. 父親のない子供たちの悲惨さに私の心は痛んだ.

**wring・er** /ríŋɚ ゥリンガ/ 图 ⓒ **1** 絞る; 搾(៛)取者. **2** 旧式脱水絞り機.

**wrin・kle** /ríŋkl ゥリンクル/ 图 ⓒ **1** [通例 ~s] しわ《◆ crease より口語的》‖
the **wrinkles** on one's brow 額のしわ.
I ironed out the **wrinkles** in my pants. 私はズボンのしわをアイロンで伸ばした.
**2**《略式》うまい考え, 妙案; 助言; 流行 ‖
a new **wrinkle** 新案.
the latest **wrinkle** in hats 帽子の最新流行型.
── 動 (現分) **wrin・kling**)他 …にしわを寄せる; 〈衣類〉にひだをつける《◆ crease より口語的》, しわする‖
**wrinkle up** one's nose 《米》鼻にしわを寄せる(=《英》 **wrinkle** (**up**) one's face [forehead] 顔[額]にしわを寄せる)《◆当惑のしぐさ》.
──自《衣類などが》しわになる.

\***wrist** /ríst ゥリスト/ 『「ねじりとる」が原義』
── 图 (履 ~s/ríts/) ⓒ 手首(の関節) (図 → body); (衣服・手袋などの)手首の部分 ‖
The policeman caught the thief by the **wrist**. 警官は泥棒の手首を捕(ৈ)えた.
**wrìst wàtch** =wristwatch.

**wrist・watch** /rístwɑ̀tʃ ゥリストワチ, -wɔ̀tʃ | -wɔ̀tʃ -ウォチ/, **wrìst wàtch** 图 (履 ~・es/-iz/) ⓒ 腕時計.

**writ**[1] /rít ゥリト/ 图 ⓒ《法律》令状 ‖
a **writ** of summons 召喚状.

**writ**[2] /rít ゥリト/ 動 → write.

\*\***write** /ráit ゥライト/ [同音] right, rite; [類音] /ight/láit/) 『「固いもので物の表面に傷をつける」が原義』(派) writer (名), writing (名)
── 動 (三単現) ~s/ráits/; (過去) **wrote**/róut/ または (古) **writ**/rít/; (過分) **writ・ten**/rítn/ または (古) **writ**/rít/; (現分) **writ・ing**)
── 他 **1 a**〈字・名前などを〉書く《◆ draw は「ペン・鉛筆などでく図形など〉を書く」, paint は「絵の具でく絵〉を描く」》‖
**write** shorthand in pencil 鉛筆で速記をとる.
**Write** your name at the top of the sheet. 用紙の上部に名前を書きなさい.
**b**〈書類・文書〉を書く, 作成する ‖
**write** a check 小切手を切る.
**write** a prescription 処方箋(ఔ)を書く.
**write** ten pages with a typewriter タイプで10ページ打つ.
**write** a letter 手紙を書く.
**write** a will 遺言状を書く.

**2 a**《主に米》…に手紙を書く[書いて出す]‖
Please **write** me as soon as you get there. そこに着いたらすぐ手紙をください.
**b**[授与動詞] [write **A B** / write **B** to **A**] **A**〈人〉に**B**〈手紙・知らせ・小切手などを〉書き送る ‖
Ethel and Aaron **wrote** each other passionate letters. エセルとアーロンは互いに情熱的な手紙を出し合った.
He **wrote** his lawyer a note. =He **wrote** a note **to** his lawyer. 彼は弁護士に短い手紙を書いて出した.
**c** [write **A** to do]《米》**A**〈人〉に…するようにと**手紙を書く**‖
She **wrote** me to leave at once. 彼女は私にすぐ出発するようにと手紙で言って来た《◆ She **wrote** me that I should leave at once. ともいえる》.
**d** [write ((to) **A**) (that) 節] (**A**〈人〉に)…だと手紙で知らせる; [write (to) **A** wh 節] **A**〈人〉に…かと手紙に書く《◆共に to を略するのは《主に米》. to を入れるのは《主に英》》‖
My brother **wrote** ((to) me) **that** he would try again. もう一度やってみるつもりだと兄は(私に)手紙を書いてきた.
I **wrote** him **how** I had escaped from the fire. どうやって火事の現場からのがれたかを私は彼に手紙で知らせた.
She **wrote**, "Dear Mother : It has been a long time …"「お母さんへ. お久しぶりです…」と彼女は手紙に書い(て寄こし)た.

**3 a**〈小説・記事などを〉**執筆する**; …を作曲する; …の著者である ‖
**write** a book **on** women's rights for a publishing company 出版社に(原稿料をもらって)女性の権利に関する本を書く.
**write** a quartet **for** students 学生向けの四重奏曲を作曲する.
**b** …を書いて伝える, 文字で書き表す ‖
**write** the directions 指示を書いて伝える.
Phonetic symbols are used when we **write** sounds on paper. 発音記号は音を文字で紙に記すとき用いられる.

**4** [write (that) 節] …ということを(本などの中に)書いている ‖
Aristotle **writes** (**that**) imitation is natural to man from childhood. 模倣は子供のころか

ら人間につきものであるとアリストテレスは書いている《◆「歴史的現在」で, 実際に書いたのは過去だが, 記述を生き生きさせるためにこのように現在時制を使う》.
It is written that no man is a hero to his valet. どんな人物でも, 身の回りの世話をする従者にとっては英雄には見えないものだと書かれている.
—自 **1** 字を書く, 記入する ∥
learn to read and write 読み書きを習う.
have nothing to write with 書くもの《ペンなど》がない.
have nothing to write on 書く紙がない.
have nothing to write about 書くことがない.
He writes badly [(in) a bad hand]. 彼は字がへただ《◆「文章がうまい[へただ]」は He writes cleverly [poorly].》.
**2 a** 手紙を書く, 手紙を出す ∥
She wrote home about her new job. 彼女は新しい仕事のことを家へ手紙で知らせた.
対話 "I'll write to you. Will you answer me?" "Of course."「君に手紙を書くよ. 返事をくれるかい」「もちろんよ」.
**b** [write to do / write doing] …すると**手紙を書く** ∥
I wrote to inform [informing] him of my decision. 私は自分の決定を知らせる手紙を彼に出した.
**3** 執筆する, 著述[作曲]する, 書く; 作家である ∥
write for a living 著述で生計を立てる.
She quitted her job to write for magazines. 雑誌の原稿を書くために彼女は仕事をやめた.
**4** …のように書ける, 書き味が…だ《◆ well, poorly などを伴う》∥
This pen writes well. このペンはよく書ける.
◦**be written on [áll óver] A** A《顔など》にはっきり現れている ∥ Despair was written on the mother's face. 母親の顔に絶望の色がありありと見えた.
**write (A) agàinst B** (A《本・記事など》を)B《人・物・事》に対して批判的に書く.
**write báck** [自] 返事を書く[出す].
◦**write dówn** (1) [自] わかりやすく書く. (2) [他] …を書き留める《◆ A に that 節, wh 節も用いられる》∥ Write down my address before you forget it. 忘れないうちに私の住所を書き留めておいてください.
**write (A) for B** (A《本・記事など》を)B《人・物・事》に賛成して[好意的に]書く.
**write ín** [他]〈語句など〉を書き込む.
**write óff** (1) [自] 手紙で注文する. (2) [他] …をすらすらと書き上げる. (3) [他]〈投資・貸金などを〉回収不可能とみなす, (回収不能とした)帳消しにする. (英)〈車などを〉無価値として帳簿より消す.

**write-off** /ráitɔ̀(:)f ゥライト(ー)フ/ 名 Ⓒ **1** 帳簿からの削除(額), 帳消し; 控除. **2** (市場)価格の引き下げ. **3** (英) 壊れて役に立たなくなった物《自動車・飛行機など》, がらくた.

*__writ·er__ /ráitər ゥライタ/ (類音)/ighter/láitər/
《→ write》
— 名 (複 ~s/-z/) Ⓒ **1** 書き手, 執筆者 ∥
He is a good writer. 彼は文章が上手だ(= He writes well.)《◆(1) **2** の意味にもなる. (2) 「字が上手だ」は He writes (in) a good hand. → write 動 自 ❶》.
**2 a** 作家, 著述家, 作曲家, 記者 ∥
a gifted writer of short stories 才能ある短編小説家.
**b** [形容詞的に] 作家の ∥
a writer friend of mine 作家をしている私の友人.

**writhe** /ráið ゥライズ/ 動 (現分) writh·ing《正式》
— 自 **1** 身もだえする, 苦悩する ∥
writhe in discomfort つらくて身をよじる.
**2**〈ヘビなどが〉のたくる.
— 他〈身体など〉をよじる.

*__writ·ing__ /ráitiŋ ゥライティング/ (類音)/ighting/láitiŋ/《→ write》
— 動 → write.
— 名 (複 ~s/-z/) **1** Ⓤ 書くこと, 執筆, 著述(業)∥
She turned to her writing of poetry, as a kind of consolation. 彼女はある種の慰めとして詩作に精を出した.
**2 a** Ⓤ 書かれた物, 文書, 書類 ∥
two pieces of writing 文書2通.
**b** [~s; 複数扱い] 諸作品, 著作集 ∥
the writings of Aristotle アリストテレス著作集.
**3** Ⓤ 書き方, 筆跡, 書体, 書法 ∥
legible writing 読みやすい筆跡.
the art of writing 書記法.
◦**in wríting** 文書で, 書いて ∥ Submit the plan in writing. 計画を文書にして提出しなさい.
**wríting càse** 文房具入れ.
**wríting dèsk** (1)(引き出し付きの)書き物机. (2)携帯用文具箱《書き物ができる平面を備えている》.
**wríting matèrials** 筆記用具, 文房具.
**wríting tàble** (引き出し付きの)書き物用テーブル.

*__writ·ten__ /rítn ゥリトン/《→ write》
— 形 書かれた, 文書の, 筆記の(↔ spoken) ∥
written language 書き言葉, 文語.

*__**wrong**__ /rɔ(:)ŋ ゥロ(ー)ング/ (類音)/ong/lɔ(:)ŋ/
《「ねじれた(crooked)」が原義. cf. wring》
→ 形 **1a** 悪い **b** 間違っている **3** ふさわしくない **4** 故障した **5** 裏の; 劣った方の
名 **1** 不正 **2** 悪事
副 誤って
— 形 (比較) more ~, (最上) most ~) **1 a** (道徳的に)悪い, よこしまな, 不正な(↔ right) ∥
wrong acts 邪悪な行為.
take the wrong way of life 悪の道に入る.
Cheating at cards is wrong. = It is wrong to cheat at cards. トランプでごまかすのはよくないことだ.
**b** [A is wrong to do / it is wrong of A to do] …するなんて A《人》は**間違っている** ∥

You **are wrong** to speak ill of him. =**It is wrong of** [×for] you **to** speak ill of him. 彼を悪く言うなんて君は間違っている.
How **wrong of** you **to** think that!(↘) そんなふうに考えるとは君はなんて心得違いをしてるんだ《◆How 構文では it is は略す》.

**2** 誤っている, 違った, 妥当でない ‖
take the **wrong** [×different] train 電車を間違える.
You have the **wrong** number. (電話で) 番号をお間違えですよ.
I was **wrong about** my wife's character. 私は妻の性格を考え違いしていた.
He is **wrong in** evaluating her. 彼は彼女の評価を誤っている.
It was **wrong for** [×of] you **to** carry out the plan by yourself. =**It was wrong that** you **should** carry out the plan by yourself. 君がその計画を単独で実行したのは間違いだった.

**3** ふさわしくない, 合致(ﾅﾞｯ)しない, 不適切な ‖
the **wrong** applicant 応募者としてふさわしくない人.
the **wrong** speech **for** the wedding 結婚式に不適切なスピーチ.
This is **the wrong** time **to** tell the truth to her. 今は彼女に真実を話すのに適切な時期ではない.

**4 a** [通例補語として] 故障した;〈人が〉具合が悪い, 正常でない;〈物事が〉正常でない, あるべき姿をしていない ‖
Your watch is **wrong**. 君の時計は狂っている.
He is **wrong in** his head. 彼は頭がおかしい.
**b** [something is **wrong with** A / there is something **wrong with** A] A〈人・物〉はどこか具合が悪い ‖
Something is **wrong with** this clock. この時計はどうも調子がよくない.
There's nothing **wrong with** your papers. あなたの書類には何の不備もありません.
What's **wrong?** どうしたのですか, まずいことでもありましたか (=What's the matter (with you?)).
対話 "Is anything **wrong?**" "This is serious. I can't find my purse." 「どうしたの」「たいへんだわ. 財布が見つからないの」.

**5** (布などの) 裏の, 逆の; 劣った方の ‖
stand **wrong** side up 逆立ちをする.
wear a T-shirt **wrong** side out Tシャツを裏返しに着ている.

──名 (複 ~s/-z/) 《正式》 **1** ⓤ 不正, 悪(↔right) ‖
know (between) right and **wrong** 正邪の区別がわかる.
do **wrong** 悪い事をする, 罪を犯す.
**2** ⓒ 悪事, 不当な待遇 [行為] ‖
suffer **wrongs** 不当な扱いを受ける.
Two **wrongs** do not make a right. 《ことわざ》 悪事に対して悪事で仕返ししても事態は正されない, 人の悪事を引合いに出して自分の悪事を正当化することはできない.

**3** ⓒ 〖法律〗 不法行為; 権利侵害 ‖
redress the legal **wrongs** 不法行為を正す.
**dó** A (**a**) **wróng** =**dó** (**a**) **wróng to** A 《正式》 (1) …を不当に処遇する. (2) …を誤解する.
**in the wróng** 誤って, 悪い.
**pùt** A **in the wróng** 《正式》 誤りを…のせいにする.
──副 《略式》 [通例文尾で] 誤って, 間違って; 不当に ‖
pronounce a word **wrong** 単語を間違って発音する.
Her name was spelled **wrong**. 彼女の名前のつづりが間違っていた.
She stared at him, baffled, wondering what she had said **wrong**. 何かよくないことを言ったのかしらと彼女は当惑して彼をじっと見ていた.
**gèt** A **wróng** 《略式》 …を誤解する ‖ 対話 "You don't like my new car?" "Don't **get me wrong**. It's nice, but I just don't feel like going out today." 「ぼくの新しい車気に入ってもらえないのかい」「誤解しないで. 車はすばらしいけど, 今日はただ出かけたくないだけなの」.
**gò wróng** (1) 間違える. (2) うまくいかない, 失敗する. (3) 《略式》 正確に動かない.
──動 他 《正式》 …を不当に取り扱う ‖
**wrong** him by (making) a false charge 彼にぬれぎぬを着せる.
**wróng wày** (一方通行の) 出口 《◆Don't Enter. (進入禁止) の標識がある》.

**wrong・do・ing** /rɔ́(ːːŋdùːɪŋ ゥロ(ー)ングドゥーイング/ 名 ⓤⓒ 悪事 (を働くこと), 犯罪.

**wrong・ly** /rɔ́(ːːŋli ゥロ(ー)ングリ/ 副 **1** 誤って, 間違って ‖
rightly or **wrongly** 良かれ悪しかれ (いずれにしても).
be **wrongly** spelled 誤記されている.
**2** 不当に ‖
**wrongly** arrested 不当に逮捕された.

***wrote** /róʊt ゥロウト/ 動 → write.

**wróught íron** /rɔ́ːt- ゥロート-/ 錬鉄.

**wrung** /rʌ́ŋ ゥラング/ 動 → wring.

**wry** /rái ゥライ/ (同音 rye) 形 (比較 ~・er, wri・er; 最上 ~・est, wri・est) 《正式》 **1** 〈顔などが〉しかめられた ‖
make a **wry** mouth [face] しかめっ面をする.
give a **wry** smile 苦笑いする.
**2** 皮肉たっぷりの, こじつけの.

**WTO** (略) World Trade Organization 世界貿易機関.

**WV** (郵便), **W.Va.** (略) West Virginia.

**WWW** (略) 〖コンピュータ〗 World Wide Web.

**WY** (略) 〖郵便〗 Wyoming.

**Wy・o・ming** /waɪóʊmɪŋ ワイオウミング, (米+) wáɪə-/ 〖「大草原のある所」が原義〗 名 ワイオミング《米国北西部の州. 州都 Cheyenne. (愛称) the Equality [Cowboy] State. (略) Wyo., 〖郵便〗 WY》.

# X

**‡x, X** /éks エクス/ 名 (複 x's, xs; X's, Xs/-iz/) 1 CU 英語アルファベットの第24字. 2 → a, A 2. 3 CU 第24番目(のもの). 4 U (ローマ数字の)10 (→ Roman numerals). 5 C 未知の人[物]. 6 C (手紙やカードの)キスの印; (投票用紙などの)選択の印; (テストなどの)誤りの印; 文盲の人が使う署名代わりの記号. 7 C (米俗式)10ドル紙幣.

**xe·no·pho·bi·a** /zènəfóubiə ゼノフォウビア/ 名 U (正式) 外国の人[物]嫌い.

**Xe·rox** /zíərɑks ズィアラックス|-rɔks -ロクス/ 名 (複 ~·es/-iz/) (しばしば x~) U (商標)ゼロックス; C そのコピー(1部). ── 動 (三単現 ~·es/-iz/) 他 …をゼロックスでコピーする.

**Xmas** /krísməs クリスマス, (まれ) éksməs/ 名 (略式) =Christmas 《◆(1) キリストを表すギリシア語の頭文字がχであることから. (2) 主に広告文で用いる. (3) X'mas はふつう避けられる》.

**X-rat·ed** /éksrèitid エクスレイティド/ 形 《映画の》成人向き指定の ‖

an X-rated movie 成人向け映画 《◆ 単にXともいう.》

**X-ray** /éksrèi エクスレイ/ 名 《または x~》 C 1 〔物理〕〔通例 ~s〕エックス線, レントゲン線 ‖
X-rays are used to locate breaks in bones. エックス線は骨折箇所をつきとめるのに用いられる.
2 レントゲン写真 ‖
an X-ray (photograph) of the chest 胸部のレントゲン写真.
3 レントゲン検査 ‖
have an X-ray レントゲン検査を受ける.
── 形 エックス線の.
── 動 (過去・過分 ~ed; 現分 ~·ing) 他 …をレントゲンで写真をとる[検査する, 治療する] ‖
He was x-rayed. 彼はレントゲンをかけられた.

**xy·lo·phone** /záiləfòun ザイロフォウン, zí-/ 名 C 【音楽】木琴, シロホン.

# Y

**‡y, Y** /wái ワイ/ 名 (複 y's, ys; Y's, Ys/-z/) 1 CU 英語アルファベットの第25字. 2 → a, A 2. 3 CU 第25番目(のもの).

**¥** (記号) yen.

**＊yacht** /jɑ́t ヤト|jɔ́t ヨト/ (発音注意) 《◆ ch は発音しない》『「追跡船」が原義』
── 名 (複 ~s/jɑ́ts|jɔ́ts/) C 1 ヨット, 小型の帆船 《スポーツおよびレース用のもの. 日本語の「ヨット」はこれに相当するが, (米)ではふつう sailboat, (英)では sailing boat といい 2 と区別する》 ‖
a yacht race =yacht racing ヨット競争.
2 大型ヨット, 快速船 《個人所有の遊覧用の豪華な船. ふつうエンジン付きで帆はないものが多い》.
── 動 自 ヨットに乗る, ヨットを走らす ‖
go yachting (英)ヨット乗りに行く 《◆ (米)ではふつう go sailing, go boating などという》.
**yácht clùb** ヨットクラブ.

**yak** /jǽk ヤク/ 名 (複 ~s, 集合名詞 yak) C 【動】ヤク, 犁牛(りぎゅう) 《チベット・中央アジアにいる長毛の野牛》.

**Yale** /jéil イェイル/ 名 エール(大学) 《米国 Connecticut 州 New Haven にある1701年創立の名門私立大学》.

**yam** /jǽm ヤム/ 名 C 【植】ヤムイモ 《ヤマノイモの類》; そのイモ 《食用》; 《南部》サツマイモ; (スコット) ジャガイモ.

**Yang·zi(-Jiang)** /jɑ́ːŋzǐ-dʒiɑ́ːŋ ヤーンヅィ-ヂアーンヅィ/ 名 〔the ~〕 揚子江(ようすこう) 《中国最大の川. 正式には長江(ちょうこう)》.

**yank** /jǽŋk ヤンク/ (略式) 動 他 …をぐいと引っ張る ‖
yank him to his feet 彼をぐいと引っ張って立たせる.
── 自 ぐいと引っ張る.
── 名 ぐいと引くこと ‖
give a yank on the rope ロープをぐいと引く.

**Yan·kee** /jǽŋki ヤンキ/ 〖オランダ人移民が英国人移民に「あいつら」といった意味でつけたあだ名 Jan Kees が語源だとする説がある〗 名 C 1 a (英略式)ヤンキー《米国人》.
b (米)ヤンキー《ニューイングランド人》.
c (米南部)ヤンキー《北部人》.
d (米南部)【米史】ヤンキー 《(主に南北戦争時代の)北軍兵士》.

**2** [形容詞的に] ヤンキー(流)の ‖
Yankee shrewdness ヤンキーの抜け目なさ.
**Yánkee Dóodle** (1) ヤンキー=ドゥードゥル《米国独立戦争当時人気のあった歌》. (2) =Yankee.

**yap** /jǽp/ ヤッ/ [擬音語] 動 (過去・過分) yapped /-t/; (現分) yap·ping) 自 **1**〈子犬や小形の犬が〉キャンキャン[けたたましく]ほえたてる.
**2** [略式] ぺちゃくちゃしゃべる;うるさく文句を言う ‖
yap away for hours 何時間もぺちゃくちゃしゃべる.
――名 **1** Ⓒ ワンワン,キャンキャン ‖
give a yap キャンキャンほえたてる.
**2** Ⓤ [略式] つまらぬおしゃべり.

**⁑yard¹** /jɑ́ːrd/ ヤード/ [「棒」が原義]
――名 (複 ~s/jɑ́ːrdz/) Ⓒ **1** ヤード,ヤール《長さの単位; =3 feet, 36 inches (0.9144 m). 略 yd》‖
two yards and a half of cloth 2ヤール半の布.
**2** [海事] 帆桁(ほた).
**by the yárd** (1) ヤード単位で. (2) 長々と.
**yárd góods** 《米》ヤード単位で売られる布, 反物.
**yárd mèasure** ヤード尺.

**⁑yard²** /jɑ́ːrd/ ヤード/ [「囲まれた地面」が本義]
――名 (複 ~s/jɑ́ːrdz/) Ⓒ **1** [しばしば複合語で] 庭, 囲い地, 構内《家や建物に付属した比較的小さな空間または土地. 英国ではしばしば舗装されていて物置き場となっている》‖
a frónt yárd 前庭.
a chúrch yàrd 教会の庭.
a barn yard 納屋を囲む庭.
There are some children playing in the school yard. 校庭で子供が何人か遊んでいる.
**2** 《米》家の庭, 庭園, 裏庭(backyard)《◆家に隣接し草花・芝生・植込みのある庭全体. この yard 内で花・野菜を栽培する部分が garden》‖
There used to be a garden in our yard.
私の家の庭には昔菜園があった.
**3** [通例複合語で] …場, 作業場, 工場 ‖
a chicken yard 養鶏場.
a (railway) yard 鉄道操車場.
**4** [the Y~] 《英略式》ロンドン警視庁(Scotland Yard).

**yard·stick** /jɑ́ːrdstìk/ ヤードスティク/ 名 Ⓒ 《正式》(判断・比較などの)基準, 尺度.

**yarn** /jɑ́ːrn/ ヤーン/ 名 **1** Ⓤ 織物用糸, 編み物用糸, 紡ぎ糸《ウール・綿など》.
**2** Ⓒ [略式] 旅行のみやげ話; 作り話 ‖
spin a yarn おおげさな冒険談をする.
――動 自 [略式] ほら話をする.

**yawn** /jɔ́ːn/ ヨーン/ [類音] yarn/jɑ́ːrn/ 動 自 **1** あくびをする ‖
yawn over a dull book 退屈な本を読みながらあくびをする.
**2** [穴・割れ目などが] 大きく口をあける ‖
A crater yawned below us. 足元には噴火口がぱっくり口を開いていた.

――名 Ⓒ あくび ‖
stifle [smother] a yawn あくびをかみ殺す.
with a yawn あくびをしながら.
yawn-inspiring speeches あくびをもよおす演説《♦ˣyawning speeches とはいわない》.
She gave a yawn of sheer weariness. 彼女は退屈しきってあくびをした.

Q&A **Q**: 第2例の with a yawn は「あくびをしながら」と訳がついていますが,「何度もあくびをしながら」では with yawns となるのですか.
**A**: 何回にしてもその1回1回を考えれば with a yawn と単数でいいのです.

**yd, yd.** (略) yard(s).
**yds.** (略) yards.

**ye** /jíː イー; (弱) ji イ/ 代 [所有格 your, 所有代名詞 yours, 目的格 you, ye) [古·詩·英方言] [二人称単数 thou の複数形] なんじら, そなたたちは, おまえたちは.

**yea** /jéi イェイ/ 副 [古·文] しかり, さよう(yes) 《♦口頭による採決で使用》.
――名 Ⓒ (議会での)賛成(投票); 賛成投票者 ‖
the yeas and nays 賛否(の数) (cf. aye).

**yeah** /jéə イエア, je; jǽ, jɑ́ː/ 副 [略式] =yes 《◆さらにくだけた語形は ah》.
**Yéah, I héar yóu.** ああ, わかっているよ《♦相手の忠告を聞く気がないことを表す文句》.

**⁑year** /jíər イア; jiə イア, jə́ː/ (類音) ear/íər/) [「行く」が原義] 派 yearly (形)
→ 名 **1** 年  **2** …年  **3** 年度  **4 a** …歳  **b** 老齢  **5** 長い年月
――名 (複 ~s/-z/) Ⓒ **1** 年, 暦年(calendar year), 年間《1月1日から12月31日まで》‖
this year 今年.
the year before last 一昨年.
the year after next 再来年.
every third year 3年ごとに.
She was born last year. 彼女は昨年生まれた.
She will be married (ˣin) next year. 彼女は来年結婚します.
What year is this? 今年は何年ですか.
He went abroad the year his father retired. 彼は父親が退職したその年に海外へ行った《♦the year が接続詞的に用いられて in the year when ...の意を表す. → when 圖 **2 a**》.
対話 "How often do you hold [ˣopen] a class reunion?" "Once every year."「クラス会はどれくらい開きますか」「毎年開きます」.
**2** [任意の数えて] …年, 1年間 ‖
a year (from) today きょうから1年前[後], 昨年[来年]のきょう.
in a year's time 1年ほどしたら.
once in five years 5年に1度.
rent a room by the year 年ぎめで部屋を賃貸する.
a ten-year plan 10か年計画《♦ˣa ten-years

plan とはならない》.
two ten-**year** plans 10か年計画が2つ.
She has been dead for five **years**. 彼女が亡くなって5年になる(=Five years have [*has] passed since she died. =It has been [is] five years since she died. = She died five **years** ago.).
Five **years** is too long to wait. 5年は待つには長すぎる《◆この例では five years をまとまった1単位と考えて単数扱い》.
This is going to be the hottest summer in thirty-six **years**. この夏は36年ぶりの暑さになるようだ.
対話 "When was this book first published?" "Five **years** ago today." 「この本は最初にいつ出版されましたか」「5年前のきょうです」.
**3** (個別的・慣用上の)**年度**; 学年; …期の学年[組] ‖
the schóol yéar 学校の年度.
the 2002-03 financial [《米》fiscal] year 2002年から2003年にわたる会計年度《◆この - (ハイフン)は to と読む》.
He is in his second **year** of high school. 彼は高校2年生です《◆《英》では He is a second year. だけで「彼は2年生だ」の意味になる》.
**4 a** [数詞のあとで] **…歳**; 年齢 ‖
a six-**year**-old girl =a girl of six (**years**) = a girl six **years** old 6歳の女の子(→ old 形 **2**).
a woman of her **years** 彼女と同年配の人.
He is a tall boy for his **years**. 彼は年齢の割には背が高い.
She looks (ten **years**) younger than her (thirty-three) **years**. 彼女は実際の(33)歳より(10歳)若く見える.
She is eighteen (**years** of age [**years** old]). 彼女は18歳だ.
The actress played a wonderful 37-**year**-old. その女優はすばらしい37歳の人を演じた《◆ 37-**year**-old はここでは「…歳の人」の意の名詞》.
**Years** bring wisdom. (ことわざ)年齢が知恵をもたらす; 「カメの甲より年の功」.
**b** 《正式・文》[~s; 複数扱い] **老齢** ‖
feel one's **years** 年を感じる.
a person of [in] **years** 老人.
**5** 《略式》[~s; 複数扱い] **長い年月**, とても長い ‖
I haven't heard from him in [for] **years**. 彼から長い間便りがない《◆ in は《主に米》》.
**6** [~s] **時代** ‖
(in) the **years** of the Romans ローマ時代に.
◦**áll (the) yéar aróund** [**róund**] 一年中 ‖
You can enjoy swimming here **all** (**the**) **year round**. 当地では一年中水泳が楽しめます.
**from yéar to yéar** 毎年毎年.
**of láte yéars** =**of** [**in**] **récent yéars** 近年, ここ数年.
**yéar àfter yéar** 毎年毎年(同じことをくり返して).
**yéar ín and yéar óut** = **yéar ín, yéar óut**

いつもいつも, 年じゅう; 毎年決まって《◆しばしば「退屈」の意を含む》.
**yéar on yéar** 前年に比べて, 年を追って.
**year·book** /jíərbùk イアブック | jíə- イアブック, jɔ́:-/ 名 © **1** 年鑑, 年報. **2** 《米》卒業記念アルバム.
**year·ling** /jíərliŋ イアリング | jíə- イアリング, jɔ́:-/ 名 © (動物・特に家畜の)1年子《満1歳以上2歳未満》.
**year·ly** /jíərli イアリ | jíəli イアリ, jɔ́:-/ 形 **1** 例年の, 年1度の ‖
a **yearly** event 例年の行事.
pay a **yearly** visit to the mayor 市長を毎年1回訪問する.
**2** その年だけの, 1年間続く ‖
a **yearly** plant 1年生草.
a **yearly** income 年収.
── 副 **1** 毎年. **2** 年1度.
── 名 (複 year·lies/-z/) © 年1度の刊行物[行事].
**yearn** /jə́:rn ヤーン/ 《類音》yawn/jɔ́:n/) 動 《正式》**1** [**yearn for A**] …を恋しく思う, …にあこがれる, 慕う, の到達を願う《◆ **long** の方が口語的》‖
The exile **yearned** for his home. 亡命者は故国への思いに胸を焦がした.
Every pupil **yearned** for the rain to stop. 生徒たちはみな雨が上がることを心から望んだ.
**2** 同情する, 思いやる ‖
**yearn over** the victims of the storm あらしの被災者たちを気の毒に思う.
Our heart **yearned** for the orphan. 我々は心からその遺児をかわいそうだと思った.
── 他 [**yearn to do**] …することを切望する ‖
He **yearns** to marry her. 彼はひたすら彼女と結婚したがっている.
**yearn·ing** /jə́:rniŋ ヤーニング/ 動 → yearn.
── 名 ⓤ © **1** あこがれ, 切望. **2** 同情.
── 形 切望している.
**yeast** /jí:st イースト/ 《類音》east/i:st/) 名 ⓤ **1** イースト, パン種, 酵母(菌). **2** 影響力, (刺激となる)要素.
**yéast càke** 《主に米》 (1) 固形生イースト. (2) 甘パン.
**yell** /jél イェル/ 動 圓 大声をあげる, 鋭く叫ぶ《◆ **shout, cry** より口語的》‖
**yell out** for help 大声で助けを求める.
**yell in pain** 痛くて悲鳴をあげる.
**yell in anger** 怒ってどなる.
**yell with delight** 喜んで叫ぶ.
She **yelled at** the children **to** be quiet. 彼女は子供たちに静かにしろと叫んだ.
── 他 …を大声で言う ‖
**yell** a warning **to** him 彼に大声で警告する.
**yéll óut** [他] …を大声で言う.
── 名 © **1** わめき声, 叫び. **2** 《米》(スポーツの応援の)エール.

**yel·low** /jélou イェロウ/
── 形 (比較) ~**·er**, (最上) ~**·est**) **1** 黄色の; 黄ば

んだ ‖
a **yellow** light 黄信号.
**yellow** sunshine 太陽の光(→ red 形1 表現).
**2**〈顔・皮膚が〉黄色(ぎ)の, モンゴル人種の.
**3**〈略式〉臆病(おく)な, 意気地(いく)なしの.
**4**〈新聞が〉扇情的な, センセーショナルな.

文化 (1) yellow は愛・平和・知性・豊饒(ほう)などを象徴する. (2) キリストを裏切ったユダの着衣の色から, 好ましくないイメージを持つ色でもあり, 臆病・卑怯(ひょう)・精神の頽廃(たい)などを連想させるとされている.

表現 「黄色い声」は a shrill [squeaky] voice, 「口ばしの黄色い」は young and unexperienced.

―― 名 (複 ~s/-z/) **1** Ⓤ 黄色.
**2** Ⓤ 黄色の服; Ⓤ Ⓒ 黄色の絵の具[染料] ‖
be dressed in **yellow** 黄色の服を着ている.
**3** Ⓤ Ⓒ 卵の黄味.
**4** Ⓒ 黄色い肌の人.

**yéllow cárd**〔サッカー〕イエローカード《重い反則をした選手に審判が出す警告. 2度出されると退場となる》.
**yéllow féver** 黄熱病.
**yéllow páges**[しばしば Y~ P~]〔複数扱い〕職業別電話帳.
**Yéllow Ríver**[the ~]黄河(がう).
**Yéllow Séa**[the ~]黄海.
**yel·low·ish** /jélouiʃ イェロウイシュ/ 形 黄色っぽい.
**Yel·low·stone** /jéloustòun イェロウストウン/ 名 [the ~] イエローストーン川《米国北西部の川. Missouri 川へ注ぐ》.
**Yéllowstone Nátional Párk** イエローストーン国立公園《米国 Wyoming, Montana, Idaho 州にまたがる米国最古の国立公園. 温泉・景観で有名》.
**yelp** /jélp イェルプ/ 動 ❶〈犬が〉キャンキャン鳴く, ほえたてる. **2**〈人が〉金切り声[叫び声]をあげる.
―― 他 …を叫んで言う.
―― 名 **1**〈犬の〉キャンキャン鳴く声. **2**〈人の〉悲鳴.
**yen** /jén イェン/ 名 (複 yen) Ⓒ 円《日本の通貨単位. 略 Y, 記号 ¥》.

## **yes** /jés イェス/

―― 副 **1a**[疑問詞のない疑問文に対する肯定の返事; 下降調で]はい, そうです((略式) yeah) (↔ no) ‖
対話 "Can she play the guitar?" "**Yes**, she can." 「彼女はギターが弾けますか」「はい, 弾けます」.
対話 "Can [Shall] I open the window?" "**Yes**, pléase." 「窓をあけましょうか」「ええ, お願いします」《◆申し出を承諾するときの最も一般的な言葉. 断るときは No, thank you.》.
対話 "Didn't they notice you?" "**Yes**, they did." 「彼らは君に気づかなかったのか」「いや, 気づいたよ」.

語法 [否定疑問文への答え方] (1) 日本語では否定疑問文「…ではないか」に対して返答は「はい, …ではない」,「いや, …だ」のようになるが, 英語では返答内容が肯定なら yes, 否定なら no を用いる. つまり肯定・否定のいずれで問われても, 返答形式はそれに左右されない. たとえば, Are you hungry? でも Aren't you hungry? でも, 「空腹である」ならば Yes, I am., そうでないなら No, I am not. と答える.
(2) yes は身ぶりでは nod (うなずき) で表される.

**b**[相手の言葉に同意して] そうです, そのとおりです (↔ no) ‖
対話 "And you were in this room at six." "**Yes**.(↷)" 「それであなたは6時にこの部屋にいらした」「そうです」《◆Yes. のあとに definitely, quite (so), indeed, precisely などをつけることも多い》.
対話 "Isn't she attractive?" "**Yes**, isn't she!" 「彼女は魅力的じゃないか」「そのとおりだね」.
対話 "Hasn't he grown!" "**Yes**, hasn't he?" 「彼はおとなになったじゃないか」「そう, そのとおりだね」《◆あとの2例の yes のあとの否定疑問形は, 前者は感嘆文, 後者は付加疑問文の変形》.

**c**[呼びかけ; 命令に答えて] はい ‖
対話 "Bob!" "**Yes**." 「ボブ」「はい」.
対話 "Call him up." "**Yes**, sir." 「彼を電話に呼び出してくれ」「かしこまりました」《◆Yes, sir [madam]. は尊称もしくは店員の客に対する言い方なので, その代わりに OK, all right, (英略式) right-o(h) などを用いるのがふつう》.

**2**[相手の否定的な言葉に反論して] いいえ, いや ‖
対話 "There's no need to apologize to her." "**Yes**, there is." 「彼女にあやまる必要はない」「いや, あるよ」.
対話 "Don't ask him about it." "**Yes**, I will." 「そのことは彼に聞かないで」「いや, 聞くつもりだ」《◆この場合日本語の「いいえ」は Yes, 「はい」は No となる: 対話 "Don't ask him about it." "No, I won't." 「そのことを彼に聞かないで」「うん, 聞かないよ」→ 語法 (1)》.

**3**[通例 Y~?(↗)] **a**[呼びかけられて] はい?, 何でしょうか? ‖
対話 "Mother!" "**Yes**?" 「母さん」「なあに?」.
対話 "I have a favor to ask of you." "**Yes**?" 「ひとつお願いがあります」「何でしょうか」.

**b**[相手の意向がわからず, または内心の興味から] あの何か?, ご用ですか? ‖
A girl behind the receptionist's desk said, "**Yes**?" when I hesitated. 私がためらっていると, 「あの, 何か?」と受付に座っている女性が言った.

**c**[相手の言葉への相づち・軽い疑いを表して] それで?, だから?, ほんとに? ‖
対話 "Then I happened to meet him." "**Yes**?(↗)" 「そのとき彼に偶然出会ったよ」「ほう, それで?」.
対話 "I'm going to Hawaii next week." "**Yes**?" 「私来週ハワイへ行くつもりよ」「ほんと?」.

**d** [相手に自分の言葉を確かめて] いいですね? ‖
"You must not speak until spoken to. Yes?(↗)"「話しかけられるまで口をきいてはいけません. わかりましたね」.

**Yés and nó.** (↘) さあどうかな, どちらとも言えないね《◆単に yes または no で答えられない場合に用いる》.

—名 (複 ~・es, ~・ses) **1** ⓒⓊ「はい」という返事, 同意[肯定]の言葉(↔ no) ‖
say yes はいと言う, 同意[承諾]する.
answer with a **yes** or a **no** イエスかノーで答える.

**2** ⓒ [しばしば ~es, ~ses] 賛成票, 賛成投票者《この意味では, 特に英国議会では aye がふつう》.

## **yes・ter・day** /jéstərdei イェスタデイ, -di/〖『前の(yester)日(day); 発話時を基準にして1日前』が本義〗

—副 **1** きのう(は), 昨日(は)《◆過去時制と共に用いる》 ‖
only **yesterday** ついきのう《◆比喩的にも用いる》.
Where are you going today? Only **yesterday** you came back. きょうはどこへ行くつもりなの. きのう帰って来たばかりなのに.
She said, "I met with an accident **yesterday**."「きのう事故にあった」と彼女は言った《◆直接話法での yesterday は間接話法ではふつう the day before か the previous day となる: She said she had met an accident *the day before* [*the previous day*]. (前の日に事故にあったと彼女は言った). ただし, 彼女が「言った」のと話者が伝えているのとが同じ日であることが明らかな場合は yesterday のまま》.
対話 "When did he come?" "He came **yesterday**."「彼はいつ来たの」「きのう来たよ」.

**2** [比喩的に] きのう; つい最近 ‖
I wasn't born **yesterday**. (略式)きのう生まれたわけじゃない《◆簡単にだまされはしないの意》.

—名 (複 ~s/-z/) **1** Ⓤ きのう, 昨日 ‖
the day before **yesterday** おととい, 一昨日《◆副詞句扱いの場合(米)では the がしばしば省略される》.
in **yesterday**'s paper 昨日の新聞に.
**Yesterday** was rainy. 昨日は雨降りだった(= It was rainy **yesterday**. = It rained **yesterday**.).
a week ago **yesterday** (米) 先週のきのう ((英)→ **2**)
He stayed with us until **yesterday**. 彼は昨日まで私たちの家に滞在していた.

**2** [形容詞的に] きのうの, 昨日の ‖
**yesterday** morning きのうの朝《◆「きのうの夜」は last night といい, ×yesterday night とはいわない. evening の場合は yesterday [last] evening のどちらも用いられる》(→ last¹ **2**).
**yesterday** week (英) 先週のきのう ((米)→ **1**).
対話 "What did you do **yesterday** afternoon?" "I went to the movies."「きのうの午後は何をしましたか」「映画に行きました」.

**3** Ⓤ (文) 昨今; (それほど遠くない) 過去 ‖
The slide rule is a tool of **yesterday**. 計算尺はついきのうの道具である.

## *yet /jét イェト/

→ 副 **1** まだ **2** 今は **3** もう 接 けれども

—副 **1** [主に否定文で] まだ, 今までのところ, その時までのところ ‖
She is **not** home **yet**. 彼女はまだ帰宅していない.
He **hasn't** finished his work **yet**. 彼はまだ仕事を終えていない.
John has **never yet** been late for school. ジョンはまだ一度も学校に遅刻したことがない.
**Aren't** you ready **yet**? まだ用意ができていないのか?《◆否定疑問文の yet はふつう驚き・じれったさを表す》.

**2** [否定文で; しばしば just ~] 今は, 今すぐには, まだ《◆やがてその事態が発生するであろうという意を含む》 ‖
**Don't** start **yet**. まだ出発するな.
My daughter is **not yet** old enough to go to school. 娘はまだ学校に行ける年になっていない.
He will **not** come **just yet**. 彼は今すぐには来ないだろう.

**3** [肯定の疑問文で] もう, 今までに, その時までにもう ‖
Are my socks dry **yet**? 靴下はもう乾いていますか.
対話 "Has [(米式) Did] the mailman come **yet**?" "Not **yet**."「もう郵便屋さんは来ましたか」「まだです」.

**4** (正式) [肯定文で] **a** まだ, 依然として, 今なお, その時なお《◆後者がふつうであるが, yet を用いると感情的な色彩を帯びる》 ‖
The baby is crying **yet**. 赤ちゃんはまだ泣いている.
I can see him **yet**. まだ彼が見える.
She made a great discovery while **yet** a young student. 彼女はまだ若い研究生のうちに大発見をした.

**b** [be **yet** to do] まだ…しない; [have **yet** to do] まだ…していない, これから…しなくてはならない ‖
He **is yet to** know the truth. 彼は事実をまだ知らない.
I **have yet to** find out what she wants. 彼女が何を欲しがっているのかこれから調べなければならない.

**5** [助動詞と共に] いつか, やがて, そのうちに《◆ふつう文尾におく》 ‖
He may come here **yet**. 彼はそのうち来るかもしれない.
I will learn to play the violin **yet**. いつかバイオリンを習おう.

**6 a** (正式) [比較級を強めて] なおいっそう, その上 (still, even) ‖
a **yet more** interesting story さらにおもしろい

話.
Apples are likely to be **yet** scarcer [scarcer yet]. リンゴはなおいっそう品薄になってきそうだ.
**b** [通例 ~ another / ~ more] その上, さらに ‖
**yet** another time ＝**yet** once more さらにもう一度.
another and **yet** another また1つまた1つと, 次々に.
**yet** more people さらに多くの人たち.
**7** [最上級を示す語のあとで] これまでに, 今までに ‖
the greatest book **yet** written これまでに書かれた最も偉大な書物.
the most cordial of the royals I have **yet** encountered 今までに会った王家の人々のうち最も親切な人.
**8** [通例 and ~ / but ~] それにもかかわらず, だが, でも ‖
She worked hard and [but] **yet** she failed. 彼女は一生懸命働いたが失敗した.
*as yét* (正式) [通例否定文で; 文頭・文中・文尾・過去分詞の前で] まだ, 今までのところ, その時までのところ ‖「先はどうかわからないが」という含みを持つ〉‖
an as **yet** unknown object まだ確認されていない物体 / As **yet** we have not heard from him. 今までのところ彼からは便りがない.
―― 接 けれども, しかし, それにもかかわらず ‖
She is beautiful **yet** weak. 彼女は美人だが, ひ弱だ.
He was angry, **yet** he listened to me patiently. 彼は怒っていたが, それでも私の言うことには辛抱して耳を傾けた.
Deserts receive almost no rainfall, **yet** a few plants manage to live in them. 砂漠はほとんど雨は降らないが, それでも少数の植物は何とか生きながらえる.
Although she had not eaten for days, **yet** she looked healthy. 彼女は何日も食べていなかったが, それでも健康そうに見えた.

**yew** /júː/ ユー/ (同音) ewe, ²you, u) 名 **1** C [植] (セイヨウ)イチイ (yew tree) 《常緑針葉樹》. **2** U イチイ材《材質が固く弾力性に富む. 古くは弓材, 現在は家具材》.

**Yid·dish** /jídiʃ イディシュ/ 名 U 形 イディッシュ語(の)《世界各地のユダヤ人の国際語》.

**yield** /jíːld イールド/ 動 他 (正式) **1** …を産出する, もたらす ‖
The field **yields** oil. その土地は石油を産する.
**2** (利益などを)生ずる, 生む (produce) ‖
exports that **yield** large profits 大きな利益を生む輸出品.
**yield** satisfactory results 満足すべき結果をもたらす.
**3** …を与える, 譲る, 認める ‖
**yield** precedence 優先権を譲る.
**yield** one's consent **to** the proposal その提案に同意する.
**4** …を明け渡す, 放棄する ‖
**yield** the field **to** a rival 対抗者に負ける.
―― 自 (正式) **1** 作物を産出する ‖
These apple trees **yield** poorly. これらのリンゴの木は収穫が悪い.
**2** 屈する, 負ける《♦ surrender, submit は全面降伏》; 応じる; (米) 《車が》道を譲る ‖
Yield (米掲示) 譲れ.
Yield ahead. (米掲示) 前方に他車優先道路あり.
**yield to** her demand 彼女の要求に屈する.
**3** へこむ, 曲がる, 動く ‖
The gate **yielded to** the last push. 門は最後のひと押しでようやく開いた.
The pain will **yield to** treatment. 痛みは治療でなくなるだろう.
*yíeld onesèlf* (úp) *to* A (正式) …に負ける, 身をまかせる.
―― 名 C (正式) [通例 a ~ / the ~] 産出(物), 産出高, 収穫(量); 利回り, 収益 ‖
the **yield of** [**from**] the vineyard ブドウ園の収穫量.
a large **yield of** silver 銀の大量産出.
The company shares give a high **yield**. その会社の株は高配当である.

**yield·ing** /jíːldɪŋ イールディング/ 動 → yield.
―― 形 (正式) **1**《物が》曲がりやすい, 曲がりやすい, しなやかな. **2** 服従しやすい, 従順な.

**YMCA** (略) Young Men's Christian Association [the ~] キリスト教青年会.

**yo** /jóu/ 間 (米略式) ヨウ, ヨッ《♦ あいさつ・興奮を表す言葉》.

**yo·del** /jóudl ヨウドル/ 名 C ヨーデル《スイスやチロル地方の地声と裏声を交替させる歌い方》.
―― 動 (過去・過分) ~ed または (英) yo·delled /-d/; (現分) ~·ing または (英) ··del·ling 他 自 (…を)ヨーデル(調)で歌う.

**yo·ga** /jóugə ヨウガ/『サンスクリット』名 U ヨーガ《ヒンドゥー教の宗教哲学》; ヨーガの行.

**yo·ghurt, ··gurt, ··ghourt** /jóugərt ヨウガト | jɔ́gət ヨガト, jóu-/ 『トルコ』 名 U ヨーグルト; C 1カートンのヨーグルト.

**yoke** /jóuk ヨウク/ (同音) yolk; (類音) york/jɔ́ːrk/) 名 (複 ~s, 2では通例 yoke) **1** C くびき ‖
put the **yoke** on the oxen ＝put the oxen to the **yoke** 牛をくびきにつける.
**2** C 《(くびきにつながれた)1対の動物. **3** C 《形・用途から》くびきに似たもの; てんびん棒; かすがい. **4** C 《服飾》ヨーク《からだにぴったり合うよう上着・シャツの肩, スカートの腰部に入れる切り替え布(の部分)》.
―― 動 (現分) yok·ing 他 **1** 《牛などを》くびきにつなぐ ‖

yoke 1

yoke the oxen together 1対の牛を一緒にくびきにつける.
**2** 〈牛など〉をつなぐ.

**yolk** /jóuk ヨウク, 《米+》jóulk/ (同音 yoke; 類音 york/jɔ́ːrk/) 名 C U (卵の)黄身, 卵黄.

**York** /jɔ́ːrk ヨーク/ (類音 yoke, yolk/jóuk/) 〔英史〕ヨーク家 (the House of York)《1461-85. 紋章は白バラ》.

**York·shire** /jɔ́ːrkʃər ヨークシャ/ 名 ヨークシャー《イングランド北東部の旧州. 1974年 North [West, South] Yorkshire に分割. 略 Yorks》.
  **Yorkshire térrier** 〔動〕ヨークシャーテリア《毛の長い小形犬》.

**Yo·sem·i·te** /jousémətì ヨウセミティ | jəu- ヨウ-/ 名《通例 the ~》ヨセミテ《米国 California 州 Sierra Nevada 山脈中の大峡谷》.
  **Yosémite Nátional Párk** ヨセミテ国立公園《米国California州東部に位置し, Yosemite Falls と呼ばれる3段の滝が有名》.

**\*\*you** /júː ユー; (弱) ju ユ, jə/ (同音 △yew, △ewe) 《二人称単数[複数]主格[目的格]の人称代名詞》
  ——代 (複 you)《所有格 your, 所有代名詞 yours, 目的格 you》 **1** [主語として] あなた(たち)は[が], 君(たち)は[が]《◆複数の場合は全員が話し相手であるか, または話し相手を含む複数の人を表す》 ‖
  You and I are good friends. あなたと私は仲良しです.
  I think you and Jim can get together if you try. あなたとジムは努力すれば意見の一致が可能だと思う.
  Are you there? 《電話で》もしもし.

  Q&A (1) **Q**: デパートでアメリカ人らしい人が店員に Are you shoes? と言っているのを聞きましたが, これは正しい英語ですか.
  **A**: you =shoes となって文法的には変な英語のようですが, そのような場面ではよく使われるようです. We are closed. (閉店)に似たような言い方ですね(→ we Q&A). ここでは you は「あなたが受け持っておられるこの売場(the sales department in your charge)」を意味しているらしく, あるいはこの文は「あなたは靴の売場の方ですか (Do you work for the shoes department?)」などの意味を含んで簡略化された言い方であるとも解釈できます. 喫茶店などで注文の折に「あなたは何」と聞かれて「私はコーヒー」などと答えるときの日本語の表現とくらべてみてください.
  (2) **Q**: You're really clever, you are. のような言い方を聞きました. この you are の使い方を教えてください.
  **A**:「君はほんとうに賢いよ, 全く」といったような意味で, you are は先行文を強調するため, 繰り返されたものです. 類例をあげますと, That cat's stray, that cat is. あのネコは迷い子なんだ, あのネコはね.

**2 a** [動詞の目的語として] あなた(たち)(を, に), 君(たち)(を, に) ‖
  My father knows you. 父はあなた(たち)を存じあげています.
  I understand you. 君の言うこと[考え]はわかる (=I understand what you say [think]).
  **b** [前置詞の目的語として] あなた(たち)(に, を, と, など)《◆訳語の助詞は前置詞によりさまざま》 ‖
  I will speak to you tomorrow. あすお話しします.

**3** [呼びかけ] お前(たち)《◆ you を強く発音する》 ‖
  Yóu boys! お前たち, 男の子ら.
  Yóu over there! そこのお前(たち).
  Behave yourself, yóu. 行儀よくしろよ, お前.
  Yóu be careful. お前, 気をつけろ《◆勧告的な調子で, 強いいらだちを示すので, ふつう please と共に用いない》.
  Yóu come here, Jane, and yóu go over there, Jim. ジェーン, 君はここに来い, そしてジム, 君はあそこへ行け《◆2人以上の話し相手がある場合, 特に選び出すのに用いる》.

  語法 命令文は常に聞き手(you)を前提としているので, 付加疑問文では you を用いる: Open the window, will you?

**4** [総称的 you] (略式) (一般に) 人は(だれでも)《◆(1) 話し相手を含めて一般の人を表す. (2) 話しかけるような調子で親しみをかもし出すので, くだけた文体では one, we より好まれる》 ‖
  You have to be careful in crossing the street. 道の横断には気をつけなければなりません.
  対話 "What happens if you heat ice?" "If you heat ice, it melts." 「氷を温めるとどうなりますか」「氷を温めると融けます」《◆ you が問いに用いられても, 返答は I や we でなく you を用いる》.

**5** (ある地域・場所の)人たち《◆(1) 話し相手を含む. (2) ふつう日本語に訳さない》 ‖
  What language do you speak in your country? あなたの国では何語を話しますか.

**\*you'd** /júːd ユード; (弱) jud ユド, jəd/ (略式) you had, you would の短縮形.

**\*you'll** /júːl ユール; (弱) jul ユル, jəl/ (略式) you will, you shall の短縮形.

**‡young** /jʌ́ŋ ヤング/ 〖「出現してからの時間が比較的短くまだ発達の途中にある」が本義〗
  派 youth (名)
  ——形 (比較 ~·er /jʌ́ŋɡər/, 最上 ~·est /jʌ́ŋɡist/)《◆比較変化の発音注意(/ɡ/の音が入る)》 **1** 若い, 幼い, 年少の(↔ old) ‖
  young ones 子供たち, 動物の子たち.
  a young child 幼児.
  a young family (一家族の)子供たち, 幼児たちのいる家族.
  an ambitious young man 野心を抱いた青年.《◆*a young ambitious man とはふつういわな

magazines for **young** adults ハイティーン向け の雑誌.
marry **young** 若くして結婚する.
the **younger** generation 若い世代, 青年層.
when (he was) **young** ＝in his **young** days. 彼が若いころは.
She is as **young** as I. 彼女は私と同じくらい若い《◆I am young. という含みがある》.
[対話]"He is over fifty." "He looks much **younger** than that." 「彼は50歳を過ぎているんだ」「それよりずっと若く見えるよ」.
**2** 若々しい, はつらつとした, 青年らしい, 青春時代の (↔ old) ‖
**young** love 清新な愛.
a girl of **young** ambition 若々しい意欲にあふれている少女.
**3 a** 年下の, 年齢が下の ‖
his **young**(er) brother 彼の弟《◆特に必要がない限り, 単に his brother という》.
Ann is **the younger** of the two. アンは2人のうちで年下の方です《◆of the two [pair] が続く場合は比較級に the をつける》.
the **youngest** of a family of four 4人きょうだいの末っ子.
She is (two years) **younger** than I am. ＝She is **younger** than I am (by two years). 彼女は私より(2歳)年下だ.
John is too old to do the job. It is a job for **younger** men. ジョンはその仕事をするには年をとりすぎている. それは若い人たちのする仕事なのだ.
**b** [固有名詞の前で] [同名の人・親子を区別して] 年下の方の, 若い方の, 息子の方の ‖
(the) **young** Greene 息子の方のグリーン.
**young** Mrs. Palmer パーマーさんの若奥様.
**4** できて間もない, 新興の(↔ old) ‖
a **young** regime 揺籃(ようらん)期にある体制.
a **young** town 新しい町.
**5** [正式]〈季節などが〉始まって間もない, 早い, 浅い ‖
when the evening is still **young** まだ夕方になったばかりのころ.
The century is yet **young**. まだ今世紀も始まって間もない.
**6** 未熟な, 経験の浅い ‖
a man **young in** this kind of work こういった仕事に不慣れな男.
a **young** hand **at** shooting 射撃の未熟な人.
──[名][U]**1** [通例 the ～;集合名詞;複数扱い] 若い人たち
**The** ambitious **young** are not content with a small success. 野心的な若い人たちはさやかな成功には満足しないものだ.
**2** [集合名詞;複数扱い]〈動物・鳥の〉子たち ‖
a bird fighting to defend its **young** ひな鳥を守って戦っている親鳥.
◇***yóung and óld*** (***alike***) [複数扱い] 若い人も年を取った人も, 老いも若きも ‖ **Young and old** in Japan celebrate New Year's Day. 日本では老いも若きも正月を祝います.

**young·er** /jʌ́ŋɡɚ ヤンガ/ ([発音注意])《◆/g/ の音が入る》形 → young.
──[名][C] [通例 the ～; 時に Y～] [同名の人・親子を区別して] 若い方[年下](の…)(↔ the elder) ‖
the **Younger** Smith ＝Smith **the Younger** 息子の方のスミス(cf. young 形 3 b).

**young·ster** /jʌ́ŋstɚ ヤングスタ/ [名][C] **1** 子供《主に活発で元気のよい少年》. **2** [略式]若者《◆ふつう12歳ぐらいから下の子をさす. youth はそれより上, 特に思春期の若者たちをいう》. **3** 若い動物《主に馬》.

*****your** /jˈʊɚ ユア, (弱) jɚ ヤ | jɔː ヨー/ ([同音] △yore, △you're) 〖you の所有格〗
──[代] [名詞の前で; 形容詞的に] **1** あなた(たち)の, 君(たち)の ‖
Can I use **your** pen? 君のペンを使っていいかい.
When you come next time, you should all bring **your** wives. 今度お越しの節は皆さん奥様ご同伴なさいますように.
**2** (一般に)人の《◆日本語では訳さない》‖
When you face the south, the east is at **your** left. 南を向くと, 東は左手に当たる.
**3** [略式]よく言われる[知られている], 例の《◆非難を示したり, 思われているほどよいものでないということをほのめかす》‖
Is this **your** interesting book? これがあなたのいうおもしろい本ですか.
**4** [称号の前で]《◆面と向かっての呼びかけ》‖
**Your** Majesty 陛下《◆言及するときは His [Her] Majesty》.

*****you're** /jˈʊɚ ユア, (弱) jɚ ヤ | jɔː ヨー/ ([同音] △your, △yore)(略式) you are の短縮形《◆文尾では(略式)でも you're とならない: She's younger than you (are).》.

*****yours** /jˈʊɚz ユアズ | jɔːz ヨーズ, jɔ́əz/ 〖you の所有代名詞〗
──[代] **1 a** [単数・複数扱い] あなた(たち)のもの, 君(たち)のもの《◆your ＋ 先行代名詞の代用》‖
Is that house **yours**? あの家はあなたの(家)ですか.
The red boots are **yours**. その赤いブーツがあなたの(の)です.
My son is five years old. How old is **yours**? 私の息子は5歳ですが, お宅の坊ちゃんはおいくつですか.
[対話]"Is this camera **yours**?" "No, it's not mine." 「このカメラはあなたのものですか」「いいえ, 私のじゃありません」.
**b** あなたの手紙[家族, 義務] ‖
**yours** May 3 5月3日付の貴信.
Greetings to you and **yours**. ご家族の皆さまによろしく.
**2** [**of yours**] あなた(たち)の《◆名詞のあとに your

と a, this, no などを並置できないので of yours として名詞のあとに置く．→ my 代1, mine¹ 代2》

Is she **a** friend **of yours**? 彼女はあなたのお友だちですか．

May I borrow **this** book **of yours**? あなたのこの本をお借りしていいですか．

**3** [通例 Y~] 敬具, 草々《♦(1) 単独では友人に対して用いる．ふつう下記のようにいろいろな副詞をつける．(2) あとにコンマをつけ, その下に署名する》．

> 関連 [手紙の結びの言葉] Yours ever, Yours cordially, 《米略式》 Yours, 《英略式》 Ever / With best wishes (以上友人に用いる) / Yours faithfully (商用文または Dear Sir [Madam] で始まるような形式ばった手紙に用いる) / Yours sincerely =《米》 Sincerely yours (親友とまではいかない友人とか知人への手紙, または個人あての商用文に用いる) / Yours truly (ちょっとした知人, または商用文に用いるが, 礼儀の度合いは Yours faithfully と Yours sincerely の中間)．

**yóurs trúly** (1) 敬具(→ truly 3). (2) 《略式》私は[に, を], 私自身 ‖ I can take care of yours truly. 自分のことは自分でできる．

**＊your·self** /juərsélf ユアセルフ, jər-| jɔːrsélf ヨーセルフ, jəə-/ 《you の再帰代名詞》
——代 (複 -·selves/-sélvz/)《♦you は単複同形であるが yourself は単・複の区別がある》**1** [強く発音して強調用法として] **あなた自身(で)**《♦ you と同格に用いる》‖

You asked the question **yourself**. あなた自身がご質問をされましたよ．

**2** [再帰用法として] **あなた自身を[に]**《♦主節の you に合わせて, 他動詞または前置詞の目的語として使われる》‖

When did **you** hurt **yourself**? いつけがをしたのですか．

**You** are enjoying **yourself**. お楽しみなんですね．
対話 "I have a bad cold." "That's too bad. Take care of **yourself**." 「ひどいかぜをひいているのです」「それはいけませんね．お大事に」．

**3**《略式》本来[平素, いつも]のあなた ‖
You don't seem **yourself** these days. このごろあなたらしくないですよ《♦精神的あるいは身体的状態に用いる》．
《♦成句は → oneself》

**＊your·selves** /juərsélvz ユアセルヴズ, jər-| jɔːrsélvz ヨーセルヴズ, jəə-/ 《→ yourself》
——代 yourself の複数形《♦複数の you に対して用いるもので, 用法は yourself とほぼ同じ》．

**＊youth** /júːθ ユース/ (類音 use/júːs/)《→ young》派 youthful (形)
——名 (複 ~s/júːðz, (米+) -θs/) **1** ⓤ《正式》[しばしば one's ~] 青春時代, 青年期;《国などの発展の》初期 ‖

enjoy one's **youth** 青春時代を楽しむ．
He got into the habit of jogging **in his youth**. 彼は若いころにジョギングをする習慣がついた．

**2** ⓤ《正式》若々しさ, 元気よさ；未熟さ ‖
My mother is over sixty, but still keeps her **youth**. 母は60歳を越えていますがまだ若さを保っています．

**3** ⓒ (主に10代の男性の)若い人, 青年 ‖
a **youth** [*young] of seventeen 17歳の青年 (→ old 形 2).
a gang of **youths** 若者の一団．

**4** ⓤ [the ~；集合名詞；単数・複数扱い] 若い人たち ‖
the **youth** of today =today's **youth** 近ごろの若者たち．
The **youth** of this country is [are] indifferent to politics. わが国の青年男女は政治に無関心だ．

**yóuth cènter** 青少年センター《余暇活動のための施設》．

**yóuth clùb** 青少年クラブ《余暇活動のための組織》．
**yóuth hòstel** [しばしば Y- H-] ユースホステル《徒歩・自転車旅行をする青少年のための宿泊施設》．

**youth·ful** /júːθfl ユースフル/ (類音 useful/júːs-/) 形 **1** 若々しい；元気な ‖
my **youthful** grandmother はつらつとした祖母．
**2**《正式》若者らしい ‖
with **youthful** earnestness 青年らしい熱心さで．

**youth·ful·ness** 名 ⓤ 若々しさ．

**＊you've** /júːv ユーヴ, (弱) juv ユヴ, jəv/《略式》you have の短縮形《♦文尾では《略式》でも you've とはならない：She's got as many books as you (have)．》．

**yo-yo** /jóujòu ヨウヨウ/ 名 ⓒ《商標》ヨーヨー．
**yr**《略》year; younger; your.
**yuck** /ják ヤク/ 間《略式》ゲー《♦ひどい不快を表す》

**Yu·go·slav** /júːgousláːv ユーゴウスラーヴ|-gou- ユーゴウ-/ 名 ⓒ ユーゴスラビア人. ——形 ユーゴスラビア(人)の．

**Yu·go·sla·vi·a** /júːgousláːviə ユーゴウスラーヴィア|-gou-/ 名 ユーゴスラビア《バルカン半島にあった国．現在は5か国に分裂》．

**Yu·kon** /júːkɑn ユーカン|-kən ユーコン/ 名 [the ~] ユーコン川《カナダ北西部から Alaska 中部を通り Bering 海に注ぐ》．

**yum·my** /jámi ヤミ/ 《擬音語》形 (比較 --mi·er, 最上 --mi·est)《略式・主に小児語》非常においしい, 気持よい．

**yup·pie, --py** /jápi ヤピ/《young urban professionals + -ie》名 (複 **yup·pies**/-z/) ⓒ《略式》ヤッピー《1940年代後半から50年代前半生まれの, 都会派若手エリート層に属する人》．

**YWCA**《略》Young Women's Christian Association [the ~] キリスト教女子青年会．

# Z

**‡z, Z** /ziː ズィー | zéd ゼド/ 名 (複 z's, zs; Z's, Zs /-z/) **1** © 英語アルファベットの第26字. **2** → a, A **2**. **3** © ⑪ 第26番目(のもの).
*from Á to Ź* → a, A.

**zap** /zǽp ザァプ/ 動 (過去・過分 zapped/-t/ ; 現分 zap·ping) (略式) ⑪ **1** …を強打する, 殺す, やっつける ‖
get **zapped** やられる.
**2** …を素早く動かす. **3** 〈コマーシャル〉を早送りする. **4** 〈コンピュータ〉…を画面から消す, 〈データ〉を削除する. **5** (リモコンを使って) 〈テレビのチャンネル〉を変える, 〈テレビ〉のスイッチを切る. **6** (米略式) 〈食物〉を(電子レンジで)チンする.
――⑪ **1** 素早く動く; 手早くすませる. **2** (コマーシャルを)飛ばしてビデオにとる.

***zeal** /ziːl ズィール/ 〖「競い争うこと」が原義〗
派 zealous (形)
――名 ⑪ (正式) 熱意, 熱心さ, 熱中 ‖
The children prepared for the party **with zeal** [zealously]. 子供たちは熱心にパーティーの準備をした.
He showed great **zeal for** political and social reforms. 彼は政治と社会の改革に非常な熱意を示した.

**zeal·ot** /zélət ゼロト/ 名 © (正式) 熱狂する人, 狂信者(fanatic).

**zeal·ous** /zéləs ゼラス/ (発音注意) 〔◆×ズィーラス〕
(派生 zeal (名)/dʒélas (形)) [be zealous **for** A] A〈物事〉に熱心である; [be zealous in doing / be zealous **to** do] 熱中して…する ‖
**zealous** supporters 熱心な支持者たち.
be **zealous for** victory 勝利を熱望している.
be **zealous in** carrying out the plan その計画を実行しようと懸命である.

**ze·bra** /ziːbrə ズィーブラ | zé- ゼブラ/ 名 (複 ~s, 集合語的 ze·bra) **1** © シマウマ. **2** © =zebra crossing.

**zébra cròssing** (英) (黒と白のしま模様の)歩行者優先横断歩道(zebra).

**ze·nith** /ziːnəθ ズィーニス | zé- ゼニス/ 名 **1** [天文] [the ~] 天頂〖地上の観測者の真上の天球上の点〗.
**2** © (通例 the ~ / one's ~) (名声・力などの)頂点, 最高潮, 絶頂 ‖
be at the **zenith of** one's career 出世の絶頂にある.

**Ze·no** /ziːnou ズィーノウ/ 名 ゼノン 《336?-264? B.C.; ギリシアのストア学派の始祖》.

**Zep·pe·lin** /zépəlin ゼペリン/ 〖「考案者のドイツの将軍の名から」〗 名 © **1** ツェッペリン型飛行船. **2** [z~] (一般に)飛行船.

***ze·ro** /zíərou ズィアロウ/ 〖アラビア語の「からっぽの」(empty)の意から〗
――名 (複 ~s/-z/, ~es) (正式) **1** © (数字の)0, ゼロ, 零 ‖
The figure 1010 has two **zeros** in it. 数字の1010には0が2つある.
**2** ⑪ (計量器の目盛りの)ゼロ, 零度 ‖
absolute **zero** 絶対零度.
fly at **zero** [航空] ゼロ高度(=500フィート以下の高度)で飛行する.
The temperature [It] was (six degrees) below **zero** this morning. 気温はけさ氷点下(6度)だった.
**3** ⑪ 無, 少しもないこと, 最低の状態 ‖
We had to start our business from **zero**. 我々は商売をゼロから始めなければならなかった.
**4** © ⑪ 0点 ‖
get (a) **zero** in Russian ロシア語で0点をとる.
**5** [形容詞的に] ゼロの, 無の ‖
**zero** gravity [物理] 無重力(状態).
(at) **zero** degrees 0度(で)〔◆数値が0でもdegreesと複数形〕.

〖語法〗 (1) [電話番号・建物番号などの0] ふつう oh /ou/ と読む: 034-1023 *oh* three four, one *oh* two three. (米)では oh のほかに *zero* もふつうに用いられるが, (英)では, oh, nought, nil が好まれる.
(2) [スポーツと0の読み方]
[サッカー, ラグビーなど] Japan won 5-0. 日本が5対0で勝った〖または five (to) *nothing* または (主に英) five *nil* と読む〗.
[テニス] The score is 30-0. 得点は30対0〖◆ thirty *love* と読む. → tennis 関連〗.
[米スポーツ放送] It's Florida over Georgia, 8-0. フロリダがジョージアに8対0と優位に立っています〖◆ eight *to nothing* と読む〗.
[野球の打率] .207 two *oh* seven 2割7厘 / .300 three hundred 3割.
(3) [小数点と0] 0.357 *zero* [*nought*] point three five seven / 0.5% *zero* point five percent / 3.04 three point *oh* [*zero*] four.

――動 (三単現 ~s, ~es/-z/ ; 過去・過分 ~ed) ⑪⑪ (計量器の)目盛りをゼロに合わせる.

**zéro ín on** A (1) …に銃[カメラ]のねらいを定める. (2) …に注意を集中する, 専念する.

**zéro hòur** (1) [軍事] 攻撃開始予定時刻. (2)

(宇宙船発射など重大な計画の)開始予定時刻. (3) 決定的局面.
**zéro populátion grówth** 人口ゼロ成長《出生率と死亡率が均衡を保っている状態. (略) ZPG》.
**zest** /zést ゼスト/ (類音) jest/dʒést/) 名《正式》**1** Ū [しばしば a ~] 熱意, 強い関心, 大喜び ‖
with youthful **zest** 若々しい熱情で.
lose one's **zest** for life 生きる意欲を失う.
**2** Ū [しばしば a ~] おもしろ味, 興奮 ‖
Her disappearance gave [added] (a) **zest** to the mystery. 彼女の失踪(は)でなぞが一段とおもしろくなった.
**3** C (香辛料としての)レモン[オレンジ]の皮.
**Zeus** /z(j)ú:s ズース (ズュース)/ (類音) juice, d'euce) 名《ギリシャ神話》ゼウス《Olympusの神々の主神. ローマ神話のJupiterに当たる》.
**zig·zag** /zígzæg ズィグザグ/ 名 **1** C ジグザグ(形のもの), Z字[稲妻]形(のもの)《左右交互に鋭角に折れ曲がった直線など》‖
draw a **zigzag** on the paper 紙にジグザグの線を引く.
move **in a zigzag** ジグザグに動く.
**2** [形容詞的に] ジグザグの ‖
by a **zigzag** path ジグザグに曲がった道を通って.
── 動 (過去・過分) zig·zagged/-d/; (現分) -·zag·ging) 自 ジグザグの動く, ジグザグになっている ‖
**zigzag** through the woods 森をジグザグに通り抜ける.
**zinc** /zíŋk ズィンク/ 名 Ū《化学》亜鉛(記号 Zn).
**Zi·on** /záiən ザイオン/ 名 **1** シオン《Davidが宮殿を建てたエルサレムにある聖なる丘》. **2** イスラエル; Ū [集合名詞] イスラエル人. **3** Ū 天国, 神の国. **4** C キリスト教会;(ユダヤ人の)ユートピア.
**Zi·on·ism** /záiənìzm ザイオニズム/ 名 Ū シオニズム《イスラエル建国の運動》.
**Zi·on·ist** /záiənist ザイオニスト/ 名 C 形 シオニズムの(人), シオニストの.
**zip** /zíp ズィップ/ 〖擬音語〗名 **1** C ビュッ[ビリッ](という音)《弾丸の飛ぶ音, 布の裂ける音など》. **2** Ū《略式》活力, 精気, すばしこいこと. **3** (英) =zipper.
── 動 (過去・過分) zipped/-t/; (現分) zip·ping) 自 **1** ビュッと音を立てる. **2**《略式》勢いよく進む, 元気よくやる. **3** ジッパーで開閉できる. ── 他 …のジッパーを締める; …のジッパーをあける;〖コンピュータ〗〈ファイルを〉(zip形式に)圧縮する.
**zíp còde** 〖zoning [zone] improvement plan〗〖しばしば Z~ code, ZIP code〗《米》郵便番号(制度)《5桁の数字からなり, 左3つは州と都市, 右2つは郵便区を表す. 《英》postcodeに相当》.
**zip·per** /zípər ズィパ/ 名 C《米》ファスナー, チャック, ジッパー. ── 動 他 (…の)ジッパーを締める.
**zo·di·ac** /zóudiæk ゾウディアク/ 名 **1** [the ~] 黄道帯, 獣帯《天球の黄道に沿った想像上の帯. 太陽・月・惑星がこの上を運行するように見える》. **2** C 十二宮図《黄道帯を12等分し1つ1つに星座を配したもの》.

〖黄道十二宮(the signs of the zodiac)〗

| Aries | 白羊宮 [the Ram おひつじ座] |
| Taurus | 金牛宮 [the Bull おうし座] |
| Gemini | 双子宮 [the Twins ふたご座] |
| Cancer | 巨蟹(きょ)宮 [the Crab かに座] |
| Leo | 獅子(し)宮 [the Lion しし座] |
| Virgo | 処女宮 [the Virgin おとめ座] |
| Libra | 天秤(ぴん)宮 [the Balance [Scales] てんびん座] |
| Scorpio | 天蠍(てん)宮 [the Scorpion さそり座] |
| Sagittarius | 人馬宮 [the Archer いて座] |
| Capricorn | 磨羯(まかつ)宮 [the Goat やぎ座] |
| Aquarius | 宝瓶(ほう)宮 [the Water Bearer [Carrier] みずがめ座] |
| Pisces | 双魚宮 [the Fishes うお座] |

\***zone** /zóun ゾウン/ 〖「帯」が原義〗
── 名(複 ~s/-z/) C **1** [しばしば複合語で](特定の目的・用途・特徴により区分される)地帯, 区域 ‖
in a war **zone** 戦争地帯で.
a no-parking **zone** 駐車禁止区域.
a residential **zone** 住宅地区.
**2**〖地理〗帯(ない)《地表を緯度で大きく5つに分けた区域》.
── 動 (現分) zon·ing 他 **1** …を区画する. **2** …を分類する.

\***zoo** /zú: ズー/ 〖zoological garden(s)の短縮語〗
── 名(複 ~s/-z/) C **1** 動物園《◆正式には zoological garden(s)》‖
My family went to the **zoo** to see the pandas last Sunday. 先週の日曜日に私の家族はパンダを見に動物園に行った.
**2** [the Z~]《英》ロンドン動物園.
**zo·o·log·i·cal** /zòuəládʒikl ゾウオラヂクル|-l5dʒ--ロヂクル/ (発音注意) 形 動物学(上)の, 動物に関する.
**zoólogical gárden(s)** 動物園.
**zo·ol·o·gist** /zouálədʒist ゾウアロヂスト|-5l- ゾウオロヂスト/ (発音注意) 名 C 動物学者.
**zo·ol·o·gy** /zouálədʒi ゾウアロヂ|-5l- ゾウオロヂ/ (発音注意) 名 Ū 動物学.
**zoom** /zú:m ズーム/ 〖擬音語〗動 自 **1** 〈飛行機が〉急上昇する. **2**《略式》(ブーンとうなって)急に動く, スピードを上げる. **3**《略式》増加する, 増大する,〈物価が〉(急に)上がる(+up). **4**〖写真〗ズームレンズで拡大[縮小]撮影する.
**zóom lèns** 《写真》ズームレンズ.
**zuc·chi·ni** /zukí:ni ズーキーニ/ 名(複 ~s, zu·chi·ni) C Ū《米》〖植〗ズッキーニ《夏カボチャの一種》.
**Zu·lu** /zú:lu: ズールー/ 名(複 ~s, zu·lu) **1** [the ~(s)] ズールー族; C ズールー族の人. **2** Ū ズールー語. ── 形 ズールー族[語]の.
**Zur·ich** /zúərik ズリク/ 名 チューリッヒ《スイス最大の州, および州都. 工業の中心》.
**zzz, z-z-z, ZZZ** /z: ズー/ 名 Ū グーグー《擬音語. いびきの音》, ブンブン《のこぎり・羽虫の音》.

付　　録

# 目 次

和英索引 ………………………… *1673*
接頭辞・接尾辞一覧 ………………… *1740*
文法のてびき ……………………… *1745*
文法用語解説 ……………………… *1758*
不規則動詞活用表 ………………… *1763*
不規則変化名詞表 ………………… *1768*

# 和英索引

(1) 辞典本文中の重要な語・語句の訳語を見出し語とした。ただし，本文中に，この索引の見出し語そのままの形で訳語がのっていないこともある。
  日本人にとって重要と思われる語は，対応する英語の頻度が低くても見出し語とした。また，句については，必ずしもそのままの英語が本文にのっていなくても，英作文に有用と思われるものは記載した。

(2) 見出し語の配列は五十音（アイウエオ）順。長音（ー）は直前の文字の母音を繰り返すものと見なして，その位置に置いた。

  **サービス** → 「サアビス」の位置
  **ノート** → 「ノオト」の位置

(3) 辞典本文と同様，( ) は「省略可能」，[ ] は直前の部分との「交換可能」を表す。

(4) 〜は原則として見出し語の代用。ただし，見出し語が動詞・形容詞など活用のある語の場合は，語幹（変化しない部分）の代用としたところもある。

  **小さい** …… 〜くする ……
  **散らかす** …… 〜っている ……

  見出し語に ( ) や [ ] がある場合は，〜はこれらを除いた形の代用である。

  **代理(の)** …… 〜店 …… 〜をする ……

(5) 見出し語の意味を明確にするため，〔 〕で補足説明を入れた。また，適宜〈形〉〈英〉などで品詞や使用地域を示した。

# あ

**アーチ** arch.
**アーモンド** almond.
**愛** love, affection. 〜する[している] love, be attached to.
**あいかわらず** (as) ... as ever, as usual.
**愛好(する)** love. 〜者[家] lover, amateur.
**愛国** 〜者 patriot. 〜心 patriotism. 〜的な patriotic.
**アイコン** icon.
**あいさつ** greeting, salute；〔時候の〕compliment；〔公式の〕address. 〜する greet, salute.
**愛称** → あだ名.
**愛情** affection, heart, love. 〜に満ちた[のこもった] loving, affectionate.
**愛人** love, lover.
**合図(する)** signal, sign.
**アイスクリーム** ice cream.
**アイスコーヒー** iced [ice] coffee.
**アイスホッケー** ice hockey.
**愛想の良い** affable, amiable, agreeable, sociable.
**(…の)間**〔期間〕over, for, time, while. (…の)〜に[で] between, among. (…の)〜じゅう through, during.
**相手** opponent；〔事件・契約などの〕party.
**あいにく** unfortunately. 〜の unfortunate, untimely.
**あいまいな** vague, ambiguous, obscure.
**アイルランド** Ireland. 〜人[の] Irish.
**アイロン** iron. 〜を当てる press, iron.
**あう**〔雨などに〕be caught in [by] A.
**合う**〔体質に〕agree；〔大きさ・型が〕fit.
**会う** meet, see.
**あえぐ** gasp.
**あえて…する** dare, pretend, venture, presume.
**青(い)** blue；〔緑〕green.
**青ざめた** white, pale. 〜る lose color.
**青白い** pale.
**あお向けに** on one's back.
**赤(い)** red. (顔が)〜くなる blush, flush.
**赤字** the red.
**(顔を)赤らめる** blush, flush.
**明かり** light.
**上がる** go up, lift, rise；〔おどおどする〕get nervous.
**明るい** light, bright；〔快活な〕cheerful, bright. 〜く brightly. 〜くする light.
**赤ん坊** baby.
**秋** autumn, fall.
**空き地** vacant lot.
**空き家** vacant house.
**明らかな** obvious, clear, evident.
**明らかに** clearly, evidently, obviously. 〜する manifest, reveal, show.
**あきらめる** give up, abandon, resign.
**あきる** tire, be tired [weary] of. 〜た tired, weary.
**あきれる** be surprised at [by].
**悪** evil, vice.
**悪意** harm, malice, spite. 〜のある vicious, malicious.
**握手する** shake hands.
**アクセサリー** accessory.
**アクセス(する)** access.
**アクセル** accelerator.
**アクセント** accent.
**あくび(をする)** yawn.
**悪魔** devil, demon, Satan.
**悪夢** nightmare.
**(夜が)明ける** dawn, break.
**開ける** open.
**(場所を)あける** make room.
**あげる** give.
**上げる** raise, lift, elevate.
**揚げる** fry.
**あご** jaw, chin. 〜ひげ beard.
**あこがれ** longing, yearning；〔崇拝〕adoration. 〜る long, yearn；〔崇拝する〕adore.
**朝** morning.
**浅い**〔深さが〕shallow；〔思慮・知識が〕superficial；〔傷が〕slight；〔眠りが〕light.
**アサガオ** morning glory.
**あざける** mock, ridicule, sneer, laugh at.
**あさって** the day after tomorrow.
**浅はかな** shallow.
**朝日** morning sun.
**鮮やかな** clear, vivid；〔手ぎわの良い〕neat, skillful.
**アザラシ** seal.
**足** foot；〔犬・猫の〕paw. 〜の運び step. 〜の不自由な lame. 〜の指 toe. 〜の裏 sole.
**脚** leg.
**味(がする,がわかる)** taste.
**アジア** Asia.
**足跡** footstep, step, footprint.
**足音** footstep；〔重い〜〕tramp.
**足首** ankle.
**あした(の)** tomorrow.
**味付けする** season.
**味わう** taste；〔鑑賞する〕appreciate.
**預かる**〔保管する〕keep.
**アズキ** small bean.
**預ける** give；〔銀行に〕bank, deposit；〔荷物を〕check；〔子供を〕leave.
**汗** sweat, perspiration. 〜をかく sweat, perspire.
**あせる**〔色が〕fade.
**焦る** be in a hurry, be impatient, in haste.
**遊び** play, game. 〜友だち gang, 〔子供の〕playmate. 〜場 playground.
**遊ぶ** play.
**値** →価値.
**与える** give, provide；〔援助などを〕render；〔賞として〕award.
**あたかも…のように** as if [though].
**暖[温]かい** warm. 〜く心地よい snug.
**暖かさ** warmth.
**暖まる** warm (up).
**暖める** warm；〔熱する〕heat.
**あだ名** nickname.
**頭** head；〔頭脳〕brain. 〜の先からつま先まで from head to foot [heel, toe]. 〜の良い bright. 〜の鈍い dull. 〜にくる get mad at.
**新しい** new, hot, fresh, novel. 〜く newly.
**当たり**〔命中〕hit；〔当たりくじ〕prize.
**あたりに** around, about.
**当たる** hit, strike.
**あちこちに[を]** around, round, here and there.
**厚い** thick.
**暑い** hot, warm.
**熱い** hot.
**扱う** use, handle, deal in [with], treat. 〜いにくい difficult.
**あつかましい** forward, impudent. 〜くも(…)する have the nerve.
**暑さ** heat.
**(…で)あったかもしれない** could have done.
**圧倒** 〜する overwhelm. 〜的な overwhelming.
**アットマーク** at sign, @.
**圧迫** oppression, pressure, stress. 〜する oppress.
**アップ** 〜グレード upgrade. 〜デート update.
**集まる** gather, assemble, collect, concentrate.
**集める** gather, collect；〔人を〕assemble；〔資金を〕raise.
**あつらえの** made to order.

圧力 pressure.
あて先 address.
当てにする 〔頼る〕rely, depend, count on;〔期待する〕expect.
当てにならない unreliable.
当てになる reliable.
あてはまる apply, be applicable to.
当てる hit, strike;〔言い当てる〕guess.
あと ～に〔へ〕behind. (…した)～に〔で〕after. ～で afterward(s), later, subsequently. ～の latter, subsequently. ～を継ぐ succeed.
跡 mark, print, trace, trail.
穴 hole, hollow, opening, pit. ～をあける drill. ～を掘る dig.
アナウンサー announcer.
兄 (older) brother.
姉 (older) sister.
アパート apartment, flat.
あばら骨 rib.
浴びせ(かけ)る pour.
アヒル duck.
アフガニスタン Afghanistan.
アフターサービス service.
危ない dangerous.
油 oil;〔脂肪〕fat, grease. ～っこい greasy. ～絵 oil painting.
アフリカ Africa. ～の〔人(の)〕African.
あぶる roast.
あふれる fill, flood, overflow.
甘い sweet;〔子供などに〕indulgent.
アマチュア amateur.
天の川 Milky Way, Galaxy.
甘やかす indulge, spoil.
余り 〔残り〕surplus, rest;〔割り算の〕remainder.
あまり(にも) too (much).
…余りの odd.
網 net;〔肉などを焼く〕grill. ～状のもの network.
網棚 rack.
編む knit, weave.
雨(が降る) rain;〔にわか雨〕shower. ～(降り)の rainy, wet. ～の降らない dry.
アメリカ(合衆国) America, the United States (of America). ～の〔人(の)〕American.
アメリカンフットボール American football.
あやうく narrowly;→ほとんど.
怪しい 〔疑わしい〕doubtful, questionable;〔信頼できない〕unreliable;〔不審な〕suspicious. ～と思う〔怪しむ〕suspect, doubt.
操る manage;〔帆船を〕sail;〔人・世論を〕manipulate.
誤った false, wrong.

誤り error, fault, mistake. ～を犯す make a mistake, commit a fault, err.
謝る apologize, ask pardon for.
あら →欠点. ～捜しする be critical of.
荒い 〔気が〕wild.
粗い 〔きめが〕rough, coarse .
アライグマ raccoon.
洗う wash, bathe.
あらし storm, typhoon. ～の stormy. ～が吹く storm.
アラスカ Alaska.
あらすじ outline, summary.
争い strife, struggle;〔競争〕competition;〔論争・紛争〕dispute.
争う 〔対抗する〕cope;〔競争する〕compete;〔張り合う〕fight.
新たな →新しい.
改める change, mend;〔改善する〕improve, reform;〔改正する〕amend.
あらゆる every, all.
あられ hail.
表す 〔表に出す〕show, display;〔表現する〕express;〔意味する,象徴する〕represent, stand for.
現れる appear, come (out), show up;〔事実などが〕emerge.
アリ ant.
アラスカ Alaska.
ありがたく思う appreciate.
ありがとう Thank you., Thanks.
ありそうな likely, probable. ～こと probability.
ありそうもない unlikely, improbable.
ありふれた common, everyday.
(…が)ある There …, exist;〔所有する〕have.
ある… a, one, some;certain.
あるいは or;〔ことによると〕perhaps.
歩き回る go about, roam, wander.
歩く walk, tread, step.
アルコール(飲料) alcohol, drink.
アルゼンチン Argentina. ～人〔の〕Argentine.
ある程度 kind of, to some extent.
アルト alto.
アルバイト part-time job.
アルバム album.
アルファベット alphabet. ～順の alphabetical.
荒れた waste, wild;〔天候・肌などが〕rough.
荒地 waste.
荒れる 〔荒廃する〕be ruined;〈形〉rough.
アレルギー allergy.

泡(立つ) foam, bubble.
合わせる 〔部品などを〕fit;〔時計を〕time;〔チャンネルを〕tune.
あわてる 〔まごつく〕be confused;〔急ぐ〕be in a hurry, in haste, in a hurry.
哀れな 〔悲しい〕sad, sorrowful;〔気の毒な〕poor, pitiful;〔悲惨な〕wretched, miserable.
案 〔計画〕plan, scheme, idea;〔提案〕proposal.
暗記する learn A by heart, memorize.
アンケート questionnaire.
暗号 cipher, secret code.
アンコール encore.
暗殺 assassination. ～する assassinate.
暗示 suggestion, hint, implication. ～する suggest, hint, imply.
暗唱 recitation. ～する recite, repeat.
安心 relief, ease. ～させる relieve. ～する feel relief, relieve. ～して…させる trust.
安全 safety, security. ～な safe, secure. ～に safely, securely.
アンダーライン(を引く) →下線.
安定(性) stability. ～した stable, steady. ～させる stabilize.
アンテナ antenna, aerial.
案内 guidance. ～人 guide, conductor. ～書 guide, guidebook. ～所 bureau. ～する show, lead, guide.
アンパイア umpire.
安否を尋ねる inquire after A.
アンモニア ammonia.
安楽な easy.

## い

胃 stomach.
いいえ no, yes.
言いかえ(る) paraphrase. ～れば in other words.
言い返す retort, talk back.
いいかげんな 〔でたらめな〕haphazard, random;〔でっちあげた〕made-up.
言い伝え tradition, legend.
いいとも sure, certainly.
eメール →電子メール.
言い訳(をする) excuse.
委員 commissioner, committeeman;〔全委員〕committee. ～会 board, committee. ～長 chairman.
言う say;〔…しなさいと〕tell;〔所見として〕remark;〔評する〕describe;〔説明する〕represent.

(…と)いうことになる follow.
(…と)いう人 … by name ; a Mr. …
言うまでもない go without saying.
(…は)言うまでもなく let alone …, needless to say, not to speak of A, to say nothing of A.
家 home, house, place.
イエス=キリスト Christ.
イエローカード yellow card.
硫黄 sulfur.
イカ cuttlefish, squid.
…以外 ～の other than [from]. …は except, but.
意外な unexpected. ～にもサプリジングリー、unexpectedly.
医学 medicine, medical science. ～の medical.
(…)以下(で, に, の) →…より下(で, に, の).
怒り anger, fury, rage, wrath.
錨 anchor.
遺憾 regret.
息 breath. ～をする breathe. ～が詰る choke. ～を吐く[吹きつける] blow.
(…)行き bound for.
異議 objection. ～を唱える object, protest.
意義 meaning, significance. ～のある significant, meaningful.
生き生きた bright, lively, vivid ; 〔新鮮な〕fresh. ～して alive.
生き写し image.
勢い force. ～よく forcibly ; 〔流れる・吹く〕rush.
生き返る[らせる] revive.
生きている alive, live, living.
いきなり suddenly, abruptly.
生き残る survive. ～こと survival.
生き物 being, creature, living thing.
イギリス →英国.
生きる live.
行く go, come ; 〔距離・場所を〕cover ; 〔長距離を〕travel ; 〔訪れる〕visit.
育児 child care. ～室 nursery.
意気地のない tame, timid.
いくつ how many ; 〔年齢〕how old. ～かの several, some. ～もの several.
いくぶん rather, somewhat. ～か certain.
いくら 〔値段〕how much. ～かの few, some.
池 pond.
畏敬の念(を起こさせる) awe.
生け垣 hedge.
(…しては)いけない must not, do not.

いけにえ(としてささげる) sacrifice.
生け花 flower arrangement.
意見 opinion, thought, view. ～が合わない differ. ～が一致する agree. ～を求める consult.
威厳 dignity, majesty. ～のある grand, stately.
…以後 after, since.
意向 intention, view.
勇ましい brave, courageous, valiant, gallant.
遺産 heritage, legacy, inheritance.
石 stone, rock. ～の(多い) stony.
意志 will, volition. ～表示 gesture.
維持 maintenance. ～する maintain, sustain.
意識 consciousness. ～している[的な, ある] conscious. ～を失った unconscious. ～を取りもどす come (back) to life.
異質の foreign.
いじめ bullying.
いじめる tease, bully.
医者 doctor ; 〔内科医〕physician ; 〔外科医〕surgeon.
移住 migration ; emigration ; immigration. ～する migrate ; 〔他国へ〕emigrate ; 〔他国から〕immigrate.
衣装 clothes, garment, costume.
…以上(で, に, の) →…より上(で, に, の).
異常な remarkable, abnormal, unusual.
意地悪な spiteful, ill-natured.
威信 prestige.
偉人 hero, great man.
いす chair, stool, bench.
泉 fountain, spring.
イスラエル Israel.
イスラム教 Islam. ～徒 Muslim.
いずれか either.
いずれにせよ anyway.
遺跡 ruin, remain, relic.
以前(に) before, previously. ～は formerly.
依然として still, yet.
急いで hastily, in a hurry, in haste. ～行く run, rush.
忙しい busy, be engaged. ～く busily.
急がせる hasten, hurry, speed.
急ぐ hasten, hurry, speed.
板 board, plank.
痛い painful, sore.
偉大(さ) greatness. ～な great, mighty.
委託 trust. ～する refer, trust.

いたずら mischief, trick. ～な naughty, mischievous.
痛み ache, pain. ～を与える pain. ～を感じる sore.
痛む hurt, ache.
いたむ go bad [rotten], spoil, bruise.
痛める strain.
痛める →揚げる.
イタリア Italy. ～人[の] Italian.
至る go, get to, reach.
至る所で[に, を] all over A, everywhere, throughout.
1 one. ～番目(の) first. ～月 January
市 fair, market.
位置 location, position, situation. ～する lie, be located. ～している situated, stand.
いちいち one by one, each.
一員 member.
イチゴ strawberry.
一時 〔かつて〕once, at one time ; 〔しばらく〕for a while. ～の temporary.
一時停止(する) suspend.
著しい striking, remarkable. ～く strikingly, remarkably.
一族 family.
一団 company, gang, party, troop.
位置について, 用意, ドン Ready, steady, go!
一度 once. ～に at once.
一日 all day (long), all the day.
一年中 all (the) year around [round].
市場 market.
1番(の) first. (…するのが)～よい had [would] best do.
一部 part, portion. ～の partial.
一面(に) all over. ～の広がり field.
一覧 catalogue. ～表 table. ～にする list.
一流 ～の first-class, leading. ～好みの luxurious.
一塁 first base. ～手 first baseman.
一連の a chain of, a series of.
いつ when.
いつか someday, sometime ; 〔かつて〕once.
一家 family, home.
1階 first [ground] floor.
一貫した consistent.
一見(して) at a glance, at sight.
一行 family.
(…の)一種(の) a sort [kind] of.
1周 circuit.
一瞬 moment, instant.

一生 life, lifetime, time. 〜続く lifelong.
一生懸命(に) hard, for dear life.
一緒に together, along with. 〜行く go with.
一斉に 〔同時に〕all at once；〔一緒に〕all together.
いっそう more than ever, more and more, all the more.
一掃する sweep, wipe out.
一足 a pair of (shoes).
いったい(全体) ever, on earth, in the world, in the hell. 〜何が[を] whatever.
(…を)行ったり来たり up and down.
一致 accord, accordance, agreement, union. 〜する accord, agree, correspond；〔言important〕〈形〉consistent.
一直線の direct, straight.
1対 couple, pair.
5つ(の) five.
一定の constant, steady, definite, regular, uniform, fixed.
いつでも at any time；〔常に〕always；〔…する時はいつでも〕whenever.
1等 〔賞〕first prize；〔乗物など〕first class.
いっぱいにする fill.
いっぱいになる fill, overflow, swarm.
いっぱいの full.
1杯の a cup [glass] of.
一般 〜社会 community. 〜大衆 mass. 〜民衆の popular. 〜の[的な] general, common, in general, at large. 〜の人々 public. 〜に generally, in general. 〜的に言って generally [roughly] speaking.
一歩 step, stride. 〜一歩 step by step.
一方(の) one. 〜では on (the) one hand.
いつも always, each time. (…い時は)〜 every time. 〜の regular, usual. 〜のように as usual. 〜…するとは[であるとは]限らない not always. 〜と違って for a change.
いつわり deceit. 〜の deceitful. 〜のない sincere.
いて座 Sagittarius.
遺伝 inheritance, heredity. 〜の[な] inherit, hereditary. 〜子 gene.
糸 string, thread.
意図 intent, intention, view. 〜する intend.
井戸 well.
緯度 latitude.
移動 removal, transfer, movement. 〜させる[する] move, transfer.
いとこ cousin.
いとまごい leave.
挑む challenge.
…以内で[に] within, less than.
いないときに during [in] A's absence.
(…の)いない所で behind A's back, behind the back of A.
田舎 country, countryside, province. 〜の rural.
稲妻 bolt, lightning.
イニシアチブ initiative.
委任 commission. 〜する entrust, commit.
イヌ dog. 〜小屋 kennel.
稲 rice (plant).
いねむり(する) nod, doze.
命 life. 〜にかかわる deadly, mortal, vital. 〜取りになる fatal.
祈り(の言葉) prayer.
祈る pray, wish.
いばる be proud [haughty, pompous].
違反 breach, offense, violation. 〜する violate, break, offend.
いびき(をかく) snore.
衣服 clothes, suit.
違法な illegal.
今 now. 〜から(先) hence. 〜ぞ (just) now. 〜すぐにも (at) any minute. 〜でも even now. 〜にも (at)any moment. 〜の current. 〜まで hitherto. 〜までのところでは so [thus] far.
居間 living [sitting] room.
意味 meaning. 〜ありげな significant. 〜ありげに significantly. 〜する mean, signify. 〜のある meaningful, significant.
移民 emigrant, immigrant.
イモ 〔ジャガイモ〕potato；〔サツマイモ〕sweet potato.
妹 sister.
イモリ newt.
いや 〜だ[に思う] dislike, hate, mind, 〈形〉reluctant.
いやいや unwillingly, reluctantly.
いやがる be reluctant.
卑しい 〔身分などが〕humble, low；〔卑劣な〕mean, base.
いやな unpleasant, offensive, nasty, disgusting.
イヤリング earring.
いよいよ 〔ついに〕at last, finally；〔ますます〕more and more.
(…して)以来 since, downward.
依頼 request. 〜する request, ask.
いらいら 〜させる annoy, irritate, vex. 〜する annoy, be irritated.
イラク Iraq.
イラスト illustration. 〜入りの illustrated. 〜レーター illustrator.
イラン Iran.
入口 entrance, door.
衣料品 clothing, clothes.
イルカ dolphin.
入れ物 container, case.
入れる 〔物を〕put in；〔液体を〕pour；〔案内する〕show；〔入場・入学を許す〕admit.
色 color, hue.
色合い tone.
いろいろな various, different.
色白の fair.
岩 rock. 〜の多い rocky.
祝い(の言葉) congratulation, celebration.
祝う celebrate, congratulate.
イワシ sardine.
いわば as it were, so to speak.
いわゆる so-called, what is called, what we [you, they] call.
印(を押す) seal.
韻 rhyme.
陰影(をつける) shade.
陰気 gloom. 〜な dismal, gloomy.
インク ink.
イングランド England. 〜の English. 〜人 English, Englishman.
インコ parakeet.
印刷 print, printing. 〜する print.
印象 impression. 〜を与える impress. 〜的な impressive.
インスタント食品 convenience food.
インストール installation. 〜する install.
インターチェンジ interchange.
インターネット the Internet, the Net, the Web.
引退 retirement. 〜する retire.
インタビュー interview.
インチ inch.
インテリ intellectual.
インテリア interior. 〜デザイナー interior designer.
インド India. 〜人 Indian.
インドネシア Indonesia.
インフルエンザ influenza, flu.
インフレ inflation.
陰謀 plot, intrigue, conspiracy.
引用 quotation, citation. 〜する quote.
引力 gravitation, attraction.

# う

ウイスキー whisk(e)y.
ウイルス virus.
ウインク(する) wink.
ウーロン茶 oolong.
上 〔上部〕 top. ～の[に] on, above, beyond, over. ～の方の upper. ～の方へ upward.
ウエイター waiter.
ウエイトレス waitress.
ウェールズ Wales. ～の Welsh.
植木 garden tree. ～屋 gardener.
ウエスト waist.
ウエディングケーキ wedding cake.
ウェブ →ワールドワイドウェブ. ～サイト Website.
飢える starve. ～た hungry.
うお座 Pisces.
浮ぶ float;〔心に〕occur. ～べる float.
浮き沈み ups and downs.
浮く float.
ウクライナ Ukraine.
受け入れる accept, take in A. ～られる catch on.
受け皿 saucer.
受け継ぐ take over, inherit, succeed.
受付 reception (desk), information desk;〔ホテル・駅などの〕inquiry office.
受け付ける receive.
受け取り人 receiver.
受け取る get, receive, take, accept.
受ける have;〔検査などを〕undergo.
動かす get, move;〔揺り動かす〕stir;〔機械・プログラムなどを〕run;〔船などを〕work;〔人・意見などを〕sway.
動き move, movement;〔傾向〕trend. ～のない dead.
動き回る get about.
動く act, move, stir;〔機械・プログラムなどが〕run.
ウサギ rabbit;〔野ウサギ〕hare.
牛 ox;〔雌〕cow;〔雄〕bull;〔子牛〕calf;〔総称〕cattle.
失う lose.
うしろ back, rear. (…の)～に behind, at the back of. ～の back, behind, hind. ～へ back, backward. ～から from behind.
渦 whirlpool, vortex.
薄い 〔色が〕light, pale;〔厚さが〕thin;〔飲み物が〕weak.

うすうす感じる suspect.
薄く thinly. ～削る shave. ～塗る spread.
薄暗い dim, gloomy, dusky.
うそ lie. ～つき liar. ～を言う lie, tell a lie.
歌 song.
歌う sing, chant, recite. ～人 singer.
疑い doubt, suspicion. ～なく beyond [without] (all) question. ～深い suspicious.
疑う doubt, suspect, wonder.
疑わしい doubtful, suspicious.
うた寝 nap, doze.
(…の)うち in, inside,〔期間〕in, within.
打ち明ける confide, confess.
打ち合わせ arrangement. ～をする arrange.
打ち勝つ overcome.
内側 inside. (…の)～に within, inside, under. ～にある inward. ～の inner, inside.
内気な shy, bashful.
打ち負かす beat.
宇宙 space, universe, cosmos. ～ステーション space station. ～船 spaceship. ～飛行士 astronaut. ～旅行 space travel.
有頂天 rapture.
打つ strike, hit;〔続けて〕beat;〔むちなどで〕lash.
撃つ shoot.
訴え appeal.
美しい beautiful, lovely, fine, handsome.
美しく beautifully.
写し copy.
(病気などを)うつす infect.
写す 〔写真を〕take a picture [photograph] of, photograph;〔書類などを〕copy.
映す reflect.
移す carry, shift, remove, transfer.
訴える 〔告訴する〕accuse;〔苦情を言う〕complain;〔手段に〕resort.
うつろな hollow.
腕 arm;〔腕前〕ability, skill. ～を組む fold one's arms. ～時計 watch.
うながす 〔せきたてる〕urge, press.
ウナギ eel.
うなずく nod.
うなる 〔犬が〕growl;〔風が〕howl.
うぬぼれ conceit, pride, vanity ～ている be conceited, be proud.
うのみにする swallow.
乳母 nurse ～車 baby carriage, push-chair;〔折りたたみ式の〕

stroller.
奪う deprive, rob.
馬 horse. ～小屋 stable. ～に乗る ride.
うまい 〔上手な〕good, skillful;〔巧妙な〕clever;〔おいしい〕delicious, nice, good.
うまく well, successfully. ～いく get along, get on, work (out). ～…する contrive. ～やっていく manage.
生まれつき by nature, naturally, from birth. ～の natural.
生まれる be born, come into existence.
海 sea, ocean. ～の marine.
産む bear, give birth to;〔動物が〕breed, have;〔卵を〕lay.
埋め合わせ compensation. ～する compensate.
うめく groan, howl.
埋める bury;〔空白を〕fill.
裏 〔裏面〕reverse, wrong side;〔うしろ〕back;〔野球〕bottom, second half.
裏返しに inside out, wrong side out.
裏返す turn, reverse.
裏切り treachery.
裏切る betray.
裏口(の) backdoor.
占い fortune-telling.
占う tell one's fortune.
恨み grudge, malice.
恨む bear [have, nurse, hold] a grudge against.
うらやむ envy, be envious of.
売上(高) sale.
売り切れる be sold out.
売る sell. ～れる sell. ～り出す offer. ～り物の for sale.
うるさい loud, noisy;〔いらいらさせる〕annoying;〔好みが〕particular.
うれしい glad, happy. (…して)～ be pleased to do.
売れる sell.
熟れる ripen. ～た ripe.
うろこ scale.
うろたえる be dismayed, be upset.
上着 coat, jacket.
うわさ rumor, report, gossip. ～に聞いている hear. ～話をする gossip.
運 fortune;〔一時の〕luck. ～が良い fortunate, lucky. ～が悪い unfortunate, unlucky. ～良く fortunately, luckily. ～悪く unfortunately, unluckily.
運河 canal.
うんざり ～させる bore, tire, dis-

**うんせい**

gust. 〜した tired, sick. 〜する tire.

**運勢** fortune.

**運送** transportation, transport. 〜料 freight rates, carriage.

**運賃** fare.

**運転** 〔車の〕driving;〔機械の〕operation. 〜手, 〜する人 driver. 〜する drive, operate, run.

**運動** 〔身体の〕exercise;〔社会的〕campaign, movement;〔動き〕motion. 〜会 athletic meet [meeting]. 〜競技 sport. 〜場 ground, playground. 〜選手 athlete, sportsman.

**運命** destiny, doom, fate, lot. (…する)〜にある be destined [doomed] to.

## え

**柄** handle, grip;〔ハンマーなどの〕shaft.

**絵** painting, picture;〔線画〕drawing. 〜のように美しい picturesque. 〜を描く paint, draw.

**エアメール** airmail.

**エアロビクス** aerobics.

**エイ** ray.

**永遠** →永久.

**映画** film, movie, picture. 〜館 cinema, movie house [theater].

**永久** eternity. 〜に続く everlasting. 〜的な permanent. 〜に forever, forever. 〜の eternal, perpetual.

**影響** influence. 〜し合う react. 〜する[を及ぼす] affect, influence, work on. 〜力 force, influence. 〜を受ける feel. 〜を受けやすい sensitive.

**英語** English.

**栄光** glory. 〜ある glorious.

**英国** United Kingdom, England. 〜人 British, Englishman. 〜の British, English.

**衛星** satellite, moon. 〜放送 satellite broadcasting.

**衛生的な, 衛生の** sanitary, hygienic.

**映像** reflection.

**鋭敏な** keen, sharp, fine.

**英雄** hero. 〜の[的な] heroic. 〜的女性 heroine.

**栄誉** distinction. 〜を授ける honor.

**栄養** nutrition. 〜のある nutritious, nourishing.

**エーカー** acre.

**描く** represent;〔線画で〕draw;〔絵の具で〕paint;〔下図を〕draft.

**駅** (railroad) station, depot;〔鉄道施設〕railroad.

**液体(の)** liquid.

**えさ** feed;〔釣りの〕bait. 〜を与える feed.

**えじき** prey.

**エジプト** Egypt. 〜の[人] Egyptian.

**会釈** salutation. 〜する salute, nod.

**エスカレーター** escalator.

**枝** branch;〔大枝〕bough;〔小枝〕twig. 〜を出す shoot.

**エチケット** etiquette, manner.

**エックス線** X-ray.

**エネルギー** energy.

**絵の具** color, paint. 〜で描く paint.

**絵はがき** postcard, post card.

**エビ** prawn, shrimp;〔大エビ〕lobster.

**エピソード** episode.

**エプロン** apron

**偉い** great.

**選ぶ** choose;〔精選する〕pick out;〔多くの物の中から〕select;〔選挙で〕elect; take.

**えり** collar, neck. 〜巻 scarf, muffler.

**得る** get, acquire, obtain, gain;〔金を〕earn;〔名声を〕win.

**エレベーター** elevator,〈英〉lift.

**円** circle, round;〔日本円〕yen.

**宴会** reception, banquet, feast, dinner party.

**沿岸** coast.

**演技** performance, acting.

**延期する** delay, postpone, put off.

**遠距離** distance.

**園芸** horticulture, gardening.

**演劇** drama, play, theater. 〜の theatrical.

**円熟した** ripe.

**援助** assistance, aid, support, help. 〜する assist, aid, support, help.

**演じる** act, perform, play.

**エンジン** engine.

**遠征(隊)** expedition.

**演説** address, speech. 〜者 speaker. 〜する address, speak.

**演奏** performance. 〜者 player. 〜会 concert. 〜する play (on), perform.

**遠足** (school) excursion, trip.

**円柱(状の物)** column.

**延長** extension, prolongation. 〜する extend, prolong.

**エンドウ** pea.

**煙突** chimney;〔汽車などの〕funnel.

**円盤** disk;〔空飛ぶ円盤〕flying saucer, UFO. 〜投げ discus throw.

**鉛筆** pencil.

**円満な** 〔人が〕bland, gentle.

**遠慮** reserve, restraint;〔気がね〕constraint. 〜する be reserved. 〜なく without reserve.

## お

**尾** tail.

**オアシス** oasis.

**甥** nephew.

**追いかける** run after, pursue, chase.

**追い越す** pass;〔競走で〕outstrip.

**おいしい** delicious, good, nice.

**追い出す** put [drive] out, expel.

**追いつく** catch up (with), overtake.

**(…に)おいて** in, at, on.

**追い求める** pursue.

**追いやる** drive.

**王** king. 〜の royal.

**追う** 〔追いかける〕run after;〔人・動物を〕drive;〔犯人・真相を〕hunt;〔追跡する〕pursue, chase.

**負う** 〔背負う〕carry [have] ... on one's back;〔義務・恩義などを〕owe, be indebted to.

**応援する** 〔声援する〕cheer;〔支援する〕support.

**王冠** crown.

**王権** throne.

**王国** kingdom, realm.

**黄金** gold. 〜の gold, golden.

**雄牛** bull, ox. 〜座 Taurus.

**王子** prince.

**王女** princess.

**応じる** 〔答える〕answer, reply to, respond to;〔招待・申し出に〕accept.

**横断** crossing. 〜する cross, get [go] across. 〜歩道 pedestrian crossing.

**応答** →答え.

**王妃** queen.

**往復** going and returning. 〜する go and return [come back]. 〜切符 roundtrip [〈英〉return] ticket.

**横柄な** arrogant.

**応募** application. 〜する apply for. 〜者 applicant.

**オウム** parrot. 〜返しに繰り返す echo.

**応用** application. 〜する apply.

**終える** finish;〔仕事などを〕get

through, have done;〔会・議論・取引などを〕close;〔連載・講義などを〕conclude.
**多い** a lot of, lots of;〔数が〕many, numerous;〔量が〕much; a good [great] deal of.
**覆い**(隠すもの) cover, mask. 〜のない bare, naked, open.
**大いに** very much, greatly, largely.
**覆う** cover.
**オオカミ** wolf.
**多かれ少なかれ** more or less.
**大きい** big, great, large;〔音が〕loud. 〜方の major.
**大きさ** size, proportion.
**オーク** oak.
**(…より)多く** over, more.
**多くて** at (the) most, not more than.
**多くの** a lot of, lots of;〔数が〕many, a good many, numerous;〔量が〕much, a good [great] deal of.
**(…もの)多くの** as many as **A**.
**大蔵省**〈英〉Exchequer.
**オーケストラ** orchestra.
**大声をあげる** yell.
**大ざっぱな** rough.
**オーストラリア** Australia. 〜人[の] Australian.
**オーストリア** Austria. 〜人[の] Austrian.
**大勢** flock, host, troop. 〜の many, a crowd of.
**大通り** avenue, main street [road].
**オートバイ** motorcycle, motorbike.
**オードブル** hors d'oeuvre.
**オーバー** overcoat.
**オーブン** oven.
**大麦** barley.
**大目に見る** overlook, make allowances [(an) allowance] for.
**大文字** capital (letter).
**大物** somebody, big name, big shot;〔狩・釣りの〕big game.
**公** 〜の public;〔公式の〕official. 〜に publicly, officially. 〜になる〔秘密などが〕be made known, come to light. 〜にする go public, disclose.
**大雪** heavy snow.
**おおよそ** →およそ
**オール** oar. 〜でこぐ row.
**オールスター**(ゲーム) All-Star Game.
**丘** hill, height.
**(…の)おかげで** thanks to;〔…のせいで〕owing to, due to.
**おかしい**〔こっけいな〕funny;〔変な〕strange, odd, queer, peculiar.

**犯す**〔罪・過失などを〕commit;〔法を〕violate, offend against.
**冒す**〔病気が〕attack;〔危険などを〕run.
**小川** stream, brook.
**起き上がる** get up, rise.
(寝ずに)**起きている** stay up, sit up.
**補う** make up for **A**, supplement, supply.
**お気に入り** favorite, pet.
**起きる** get up, rise;〔目覚める〕wake up.
**置き忘れる** leave.
**奥**〔家の〕back;〔心の〕back, recess.
**置く** put, place, lay, set;〔据える〕settle;〔根源を〕ground.
**億** hundred million.
**屋外** 〜の outdoor. 〜で outdoors, in the open.
**屋内** 〜の indoor. 〜で indoors.
**臆病** cowardice, timidity. 〜な nervous, timid, cowardly. 〜者 coward.
**遅らせる** delay.
**贈り物** gift, present.
**送る** send;〔列車・トラックなどで〕ship;〔見送る〕see … off.
**贈る** present.
**遅れ** delay. 〜を取りもどす catch up on.
**(…に)遅れて** behind, late.
**遅れる** be late, come late;〔時計が〕lose;〔列車などに〕miss;〔列車が〕arrive behind time.
**おけ** tub.
**起こす** awake, wake up,〔倒れた人・物を〕raise.
**怠る** fail, neglect, omit.
**行ない** act, action, deed, behavior;〔道徳上の〕conduct.
**行なう** do, act;〔習慣を〕practice;〔仕事・義務などを〕perform;〔業務などを〕conduct;〔会などを開く〕hold, give.
**怒らせる** make angry, provoke.
**起こり**〔起源〕origin, beginning;〔原因〕cause.
**起こる** happen, occur, take place, arise, come about;〔起源が始まる〕originate.
**怒る** get [become, grow] angry, be offended [upset]. 〜っている be angry.
**おごる** treat.
**抑える** press, hold down;〔感情・行動などを〕control, restrain, subdue;〔笑いを〕suppress.
**治まる**〔風・あらし・痛みなどが〕abate, die down.
**治める** administer, govern, rule.

**納める**〔金を〕pay;〔納品する〕supply;〔しまう〕put away.
**押し** push, thrust.
**おじ** uncle.
**おじいさん**〔祖父〕grandfather;〔老人〕old man.
**教える** teach, instruct;〔告げる〕tell.
**おじぎ**(をする) bow.
**押しつける** press, impose.
**押しつぶす** crush.
**惜しむ** regret, be sorry;〔けちる〕grudge, spare.
**おしゃべり**(をする) chat, chatter.
**おしゃれ**〔めかし屋〕dude. 〜をする dress up.
**押す** push, press.
**雄(の)** male.
**お世辞**(を言うこと) flattery, compliment. 〜を言う flatter.
**おせっかいを焼く** meddle.
**汚染** pollution. 〜する pollute. 大気[環境]〜 air [environmental] pollution.
**遅い** slow;〔時間が〕late.
**襲う** attack;〔嵐・病気・不幸が〕catch, strike;〔人・場所を〕hit.
**遅かれ早かれ** sooner or later.
**遅く**〔時間が〕late;〔速度が〕slowly. 〜する slow.
**おそらく** probably, maybe, perhaps, possibly.
**畏れ** awe.
**恐れ** fear, dread. (…の)〜がある threaten. 〜て for fear of **A**=for fear (that) [lest]. 〜を知らない fearless.
**怖れる** scare, fearful, fear, dread, afraid.
**恐ろしい** awful, terrible, dreadful, fearful, horrible, formidable.
**お互い(に)** each other, one another.
**穏やかな** calm, gentle, quiet, soft. 〜に calmly, gently.
**陥る** plunge, sink.
**落ち込む** sink;〔気持が〕be depressed;〔成績が〕go down.
**落ち着いた** calm, composed;〔色などが〕quiet.
**落ち着かない** awkward, restless.
**落ち着く** settle. 〜かせる〔気持ちを〕collect, compose;〔人を〕calm down.
**お茶(1杯)** tea.
**落ちる** drop, fall;〔試験に〕fail.
**夫** husband.
**お手洗い** bathroom, toilet, men's [ladies] room.
**音** noise, sound. 〜がする sound.
**おとうさん** father;〔呼びかけ〕dad,

daddy, papa.
**弟** (younger) brother.
**脅かす** threaten, menace;〔ぞっとさせる〕frighten, scare
**おとぎ話** fairy story [tale].
**男** man, guy, fellow, gentleman. 〜の masculine. 〜の子 boy. 〜らしい manly, masculine.
**陥れる** 〔困難に〕plunge;〔だます〕deceive.
**落とす** drop, shed.
**おどす** threaten, scare. 〜して追い払う frighten.
**訪れる** visit;〔人を〕call on;〔場所を〕call at.
**おととい** the day before yesterday.
**大人** grown-up, adult.
**おとなしい** quiet, gentle;〔従順な〕meek. 〜く quietly, gently.
**おとめ** maiden. 〜座 Virgo.
**踊り** dance.
**劣る** be inferior to. 〜った inferior, mean, weak. 〜らず no less ... than.
**踊る** dance.
**衰え** decline.
**衰える** 〔勢力・美が〕decay;〔体力・健康が〕decline;〔元気が〕droop;〔視力が〕fail;〔体力・気力が〕sink.
**驚かす** astonish, surprise, amaze, startle.
**驚き** amazement, astonishment, surprise;〔驚嘆〕wonder;〔恐怖の〕alarm.
**驚く** be astonished [surprised, amazed], marvel, wonder. 〜べき marvelous, surprising. 〜ほど(に) surprisingly. 〜いて in surprise.
**同じ** same, like, identical;〔等しい〕equal. 〜高さの even, level. 〜ように like, likewise.
**同じくらい** as ... as. 〜じょうずに as well.
**おの** ax(e).
**各々(の)** each.
**おば** aunt.
**おばあさん** 〔祖母〕grandmother;〔老婦人〕old woman.
**お化け** ghost;〔怪物〕monster.
**おはよう** Good morning.
**おびえさせる** scare.
**おびえる** scare, be scared [frightened].
**雄ヒツジ** ram. 〜座 Aries.
**オフィス** office.
**オペラ** opera.
**覚え書** note.
**覚えている** remember, recognize.
**覚える** learn, memorize.

**おぼれる** be nearly drowned;〔おぼれ死ぬ〕be drowned, drown.
**オムレツ** omelet.
**おめでとう** Congratulations! あけまして〜 (A) Happy New Year! クリスマス〜 (A) Merry [Happy] Christmas! 誕生日〜 Happy Birthday(to you)!
**重い** heavy;〔病気が〕serious, bad.
**思いがけない** unexpected, accidental. 〜く unexpectedly.
**思い切って…する** venture.
**思い出させる** carry A back, recall, remind.
**思い出す** recall, recollect, remember, think of.
**思いつき** idea. 〜の casual.
**(…を)思いつく** think of [up], hit on [upon], strike on [upon], conceive, occur to.
**思い出** memory, recollection, remembrance.
**(自分の)思い通りにする** have one's (own) way.
**思い悩む** bother, worry.
**思いやり** thought, warmth;〔同情〕sympathy. 〜のある kindly, sweet, sympathetic.
**思う** think, suppose;〔何となく〕guess;〔推測する〕imagine;〔推定する〕expect;〔気がする〕fancy;〔信じる〕believe;〔…したいと〕care;〔遺憾ながら…ではないかと〕fear that ...
**重さ** weight. 〜が…である[を量る] weigh.
**面白い** interesting;〔こっけいな〕funny, amusing.
**面白がる** be amused at [by, with]. 〜らせる amuse.
**おもちゃ** toy.
**表** 〔表面〕surface, face;〔硬貨の〕head;〔葉の〕upper side;〔紙の〕right side;〈野球〉top. (感情などを)〜に出す show.
**主な** chief, main, leading, principal. 〜に chiefly, mainly.
**重荷** burden, tie.
**趣** spice. 〜のある tasteful.
**(…と)思われる** seem, appear, look.
**親** parent.
**おやすみ(なさい)** Good night.
**親指** thumb;〔足の〕big [large] toe.
**泳ぐ** swim.
**およそ** about, around, some, nearly, approximately.
**オランウータン** orangutan.
**オランダ** Holland, Netherlands. 〜

人(の)〔国民, 語(の)〕Dutch.
**オリーブ(色の)** olive.
**折りたたむ** fold.
**織物** texture.
**降りる** go down, descend;〔高い所・はしご・馬などから〕get down;〔電車・バス・馬などから〕get off. 〜てくる come down.
**オリンピック(の)** Olympic.
**折る** 〔枝などを〕break;〔折りたたむ〕fold.
**織る** weave.
**オルガン** organ.
**オルゴール** music [musical] box.
**折れる** break;〔譲歩する〕give in, yield.
**オレンジ(色の)** orange.
**愚かな** foolish, stupid, silly.
**卸(売)の** wholesale.
**降ろす** lower;〔人・積荷を〕unload, discharge;〔物を〕get down;〔地位・職などから〕relieve.
**負わせる** burden, charge.
**おわび** excuse, apology.
**終わり** end, finish, close. 〜が(になる end. 〜ごろの late. 〜のない endless.
**終わる** end, cease, finish;〔会・討論などが〕close;〔文・話・会などが〕conclude;〔という結果になる〕result. 〜らせる end.
**音楽** music. 〜家 musician. 〜会 concert. 〜好きの[的な] musical.
**恩義** obligation.
**恩恵** benefit;〔好意〕favor.
**温室** greenhouse.
**オンス** ounce.
**音節** syllable.
**温泉** hot spring, spa.
**温暖な** mild.
**温度** temperature. 〜計 thermometer.
**おんどり** cock, rooster.
**女** woman, female. 〜の[らしい] female. 〜主人(役) hostess. 〜の子 girl.
**音符** note.
**温和な** 〔気候が〕mild;〔人柄が〕gentle.

# か

**科** 〔分類上の〕family ;〔科目〕course ;〔学科〕department.
**蚊** mosquito.
**課** 〔教科書の〕lesson ;〔会社などの〕section, division, department.
**ガ** moth.
**かあさん** mother.
**ガーゼ** gauze.
**カーディガン** cardigan.
**カーテン** curtain.
**カード** card.
**ガードマン** guard.
**ガードレール** guardrail.
**カーブ** curve, bend.
**カール(する)** curl.
**会** 〔組織としての〕institute ;〔集まり〕meet, meeting.
**…回** time ;〔野球〕inning.
**貝** shellfish ;〔貝がら〕shell.
**…界** public, world.
**階** floor, story.
**害** mischief, harm, damage. ～のある harmful. ～のない harmless.
**会員** member ;〔一員であること〕membership. ～数 membership.
**階下(へ, で)** downstairs.
**絵画** picture, painting.
**開会** session, opening of a meeting [session]. ～する open [begin] the meeting.
**海外(の)** oversea(s). ～に abroad. ～旅行する travel abroad.
**快活な** cheerful, gay, light, sunny.
**会館** hall.
**海岸** (sea)shore, coast ;〔保養地などの〕seaside, beach.
**外観** 〔物・事の〕aspect ;〔外見〕appearance ;〔建物の〕exterior.
**会期** session.
**会議** meeting, conference ;〔正式の〕congress ;〔公の〕council ;〔幹部の〕board.
**階級** class, degree, rank.
**海峡** channel, strait.
**開業医** practitioner.
**海軍** navy. ～の naval.
**会計** accounts. ～をする pay the bill. ～係[士] accountant.
**解決** settlement, solution, resolution. ～する settle, decide, resolve, solve.
**会見** interview.
**外見** air, appearance.

**戒厳令** martial law.
**カイコ** silkworm.
**解雇** discharge, displacement, dismissal. ～する fire, discharge, dismiss, displace.
**会合** meeting, assembly. ～する meet.
**開校する** found [establish] a school.
**外国** foreign country. ～人 foreigner. ～人の alien. ～に[へ] abroad. ～の foreign, alien.
**骸骨** skeleton.
**開催する** hold, give, open.
**改札口** gate.
**解散** dismissal, breakup. ～させる dismiss. ～する〔議会・組織が〕dissolve ;〔集まりが〕break up.
**開始** commencement, opening, beginning, start. ～する commence, open, begin, start. ～の opening.
**概して** as a rule, generally, as a whole, on the whole.
**会社** company, firm, corporation, office. ～に行く go to the office.
**解釈** interpretation, explanation. ～する interpret.
**外出する** go out. ～している be out.
**階上(へ, で)** upstairs.
**外食する** eat [dine] out.
**海図** chart.
**海水** seawater, saltwater. ～着 swimming [bathing] costume [suit]. ～パンツ swimming [bathing] trunks. ～浴 sea bathing.
**害する** harm.
**改正** amendment, revision. ～する amend, revise.
**解説** explanation, comment. ～する explain. ～書 commentary. ～者 commentator.
**改善** reform, reformation, improvement. ～する reform, improve.
**回想** reminiscence, retrospection. ～する reflect on, review, look back.
**海草** seaweed.
**改造** adaptation. ～する adapt, rebuild, remodel.
**海賊** pirate.
**開拓** exploitation, reclamation. ～者 pioneer, settler. ～する pioneer, open.
**怪談** ghost story.
**階段** stair, step.
**懐中電灯** flashlight,〈英〉electric torch.

**会長** president ;〔会社などの〕chairman.
**改訂** revision. ～する revise. ～版 revised edition.
**海底** bottom of the sea. ～の submarine.
**快適(さ)** comfort. ～な comfortable.
**回転** revolution, round, turn. ～させる[する] revolve, turn.
**ガイド** guide.
**解答** answer, solution. ～する answer, solve. ～者〔クイズ番組の〕panelist.
**街道** highway, main road.
**外套** overcoat, coat.
**飼いならす[された]** tame.
**概念** idea, concept, conception.
**開発** development. ～する develop.
**海抜** sea level.
**会費** dues, membership.
**回避** escape ;〔責任などを〕evade.
**外部** outside. ～の outside, external, exterior.
**回復** recovery. ～する recover, restore, get well.
**怪物** monster. ～のような monstrous.
**解放** discharge, freedom, release, emancipation. ～する release, emancipate.
**解剖** dissection, anatomy. ～する dissect, anatomize.
**開放する** open, throw open. ～的な expansive.
**買物** shopping. ～をする shop.
**外野** outfield. ～手 outfielder.
**外来語** word of foreign origin, loanword.
**快楽** pleasure.
**概略** outline, sketch. ～の general.
**改良(点)** improvement. ～する improve, reform.
**回路** circuit.
**会話** conversation, talk, dialogue.
**下院** Lower House [Chamber], House of Commons, House of Representatives. ～議員 representative.
**買う** buy, purchase.
**飼う** keep, have, feed, raise ;〔飼育する〕breed, rear.
**カウボーイ** cowboy.
**ガウン** gown.
**カウンセラー** counselor.
**カウンター** counter.
**(卵を)かえす** hatch.

返す return, give [bring, take] back ; 〔金を〕pay back, repay.
帰り(道)に on the [one's] way home.
カエル frog.
変える change, alter ;〔形・性質を〕vary ;〔機能上〕convert ;〔向きを〕turn ;〔別の物に〕turn ... into ;〔位置・方向を〕shift.
帰る return, come back, go back.
換[替]える change, replace.
(卵が)かえる hatch out, be hatched.
顔 face. ～色 color, complexion. ～立ち feature, ～つき look, face, countenance, aspect.
かおり perfume, smell, scent.
画家 painter, artist.
抱える hold...in one's arms ;〔脇に〕hold...under one's arm.
化学 chemistry. ～の chemical. ～者 chemist. ～製品 chemical.
科学 science. ～の[的な] scientific. ～的に scientifically. ～技術 technology. ～者 scientist.
かかし scarecrow.
かかと heel.
鏡 mirror, glass.
輝いている[輝かしい] bright, brilliant, shiny.
輝き beam, sparkle, glitter.
輝く〔太陽・月が〕shine ;〔宝石・星・目が〕sparkle ;〔キラキラと〕glitter ;〔白熱して〕glow ;〔星・遠方の光が〕twinkle. ～かせる brighten ;〔喜びで目を〕twinkle.
かかる〔ぶら下がる〕hang ;〔費用が〕cost ;〔高価な〕expensive ;〔時間が〕take ;〔虹・橋が〕span, cross, 〔医者に〕see, consult.
(…に)かかわらず regardless of.
(…にも)かかわらず for [with, after] all, notwithstanding, (in) spite of.
カキ〔貝〕oyster.
鍵 hook, key. ～をかける lock.
書留 ～書簡 registered letter. ～郵便(物) registered mail [〈英〉post]. ～にする register.
書き留める note, write down.
書き取らせる dictate.
書き取り dictation.
書き直す rewrite.
垣根 hedge, fence.
かき回す stir, churn.
下級の inferior.
限られた narrow.
限る →限定する.
かく〔かゆいので〕scratch.
欠く lack, want.

角 angle.
核 nucleus. ～の nuclear. ～家族 nuclear family. ～廃棄物 nuclear waste. ～反応 nuclear reaction. ～兵器 nuclear weapon.
書く write, draw ;〔…のことを〕mention.
描く draw, paint.
家具 furniture. ～付きの furnished.
額 frame.
学位 degree.
架空の unreal, imaginary.
学園 campus. ～の academic. ～祭 school festival.
学業 study, schoolwork.
格言 proverb, saying, maxim.
角砂糖 lump ;〔1個〕sugar, a lump [cube] of sugar.
学士 bachelor. ～院 academy.
学識 scholarship, learning. ～のある learned.
確実な certain, sure ;〔信頼すべき〕reliable. ～に certainly, surely.
各自の each, respective.
学者 scholar.
学習 study, learning. ～する study, learn.
革新 innovation. ～的な innovative.
確信 assurance, conviction, belief. ～する be sure, trust. ～している be certain [confident, convinced, sure]. ～させる assure, persuade.
隠す conceal, disguise, hide.
学生 student. ～時代 school days.
学説 doctrine, theory.
拡大 expansion. ～する magnify, expand. ～鏡 magnifying glass.
楽団 band, orchestra.
拡張 expansion, extension. ～する expand, extend.
学長 president.
格付け rating.
角度 angle.
格闘(する) fight. ～技 martial arts.
獲得 achievement. ～する achieve, take, win.
確認 confirmation. ～する confirm, make sure.
学年 grade ;〈英〉form〕;〔年度〕academic [school] year.
楽譜 music, score.
学部 faculty, department ;〔総合大学の〕college. ～学生 undergraduate.
革命 revolution. ～の revolutionary.

学問 learning, scholarship.
確立 establishment. ～する establish.
学力〔学業成績〕scholastic attainments. ～テスト achievement test.
学歴 academic background.
隠れる hide.
掛け(売り) credit.
賭,賭ける stake, bet, gamble, venture. ～金 stakes, bet. (…を)～て at the risk of, at risk to.
陰 shade, shadow. ～の多い shady.
影 shadow.
崖 cliff.
家計 household economy. ～費 housekeeping money.
歌劇 opera.
過激な extreme, radical.
掛け算 multiplication. ～をする multiply.
掛ける〔ぶら下げる〕hang ;〔数字を〕multiply.
賭ける → 賭.
過去(の) past.
かご(一杯) basket.
囲い fence, enclosure.
囲い fence, enclose.
化合 combination. ～する combine. ～物 compound.
囲む enclose, surround.
かさ umbrella ;〔日傘〕sunshade, parasol.
火災 fire ;〔大火〕conflagration, great fire.
かさばった bulky.
飾り ornament, decoration. ～棚 cabinet. ～窓 window.
飾る decorate, adorn, dress.
火山 volcano. ～の volcanic.
菓子 confectionery, sweet. ～屋 candy store.
華氏〔温度計の〕Fahrenheit.
(船の)かじ steering wheel. ～をとる steer.
火事 fire ;〔大火事〕conflagration.
家事 housekeeping, housework.
餓死 starvation. ～させる[する] starve.
貸し切り charter. ～の chartered, reserved.
賢い wise, bright, smart.
過失 error, slip, fault. ～致死 accidental homicide.
果実 fruit.
貸し付け(金) loan.
貨車 freight car.
貸し家 house for rent ;〈英〉house to let.

歌手 singer.
果樹園 orchard, grove.
箇所 place, spot.
過剰 excess, surplus. 〜の excessive, surplus.
箇条 article, item. 〜書きにする itemize.
頭 〔頭〕head；〔長〕principal. 〜文字 initial.
…かしら I wonder.
かじる gnaw, bite.
貸す lend；〔土地・家を〕rent,〈英〉let；〔物・金を〕loan.
課す impose, put.
数 figure, number.
ガス gas.
かすかな faint, subtle. 〜音 murmur. 〜光 gleam.
風 wind, breeze. 〜の強い windy.
風邪 cold.
火星 Mars.
課税 taxation. 〜する tax.
家政婦 housekeeper.
化石 fossil.
稼ぐ earn, make money.
カセット cassette.
下線(を引く) underline.
数える count, number, reckon. 〜きれない innumerable, countless.
加速(度) acceleration. 〜する accelerate, speed up.
家族 family, household. 〜の family.
ガソリン gasoline, gas；〈英〉petrol.
肩 shoulder.
型 form, style, pattern, type；〔鋳型〕mold. 〜にはまった conventional.
課題 〔題目〕subject, theme；〔練習課題〕exercise；〔研究課題〕assignment.
過大な excessive, exorbitant. 〜評価 overestimate.
肩書き title.
かたく hard, firmly, tight. 〜する[なる] harden. 〜決心している be determined.
堅苦しい formal, stiff.
形(作る) form, shape.
片付ける get rid of, put aside, put [clear] away.
刀 sword.
片方 the other one, mate, odd. 〜の one, other.
かたまり 〔固くて小さな〕lump；〔一定の形の〕cake；〔形・大きさが不定の〕mass；〔木・石などの大きな〕block.
固まる harden, stiffen.
形見 keepsake, memento.
片道 one way. 〜切符 one-way ticket；〈英〉single ticket.
傾く decline, sink, incline.
傾ける incline, lean.
固める harden, solidify；〔信念などを〕confirm.
かたよった biased, prejudiced, partial.
カタログ catalog(ue).
花壇 flower bed.
価値 value, worth. 〜がある deserve, worth, worthy, worthwhile, of value. 〜がない worthless, valueless. 〜の高い valuable, precious.
家畜 domestic animal.
勝ち取る win, carry off.
ガチョウ goose.
勝つ win, win a [the] victory over.
閣下 lordship, excellency.
学科 subject.
学課 lesson.
学会 institute, institution.
がっかりする be disappointed [discouraged].
活気 life. 〜のある vital, animated, lively.
学期 term.
楽器 (musical) instrument.
画期的な epoch-making.
学級 class, form. 〜委員 monitor.
かつぐ shoulder；〔からかう〕pull a person's leg.
かっこ 〔丸かっこ〕parenthesis；〔角かっこ〕bracket；〔中かっこ〕brace.
カッコウ cuckoo.
格好 〔形〕shape；〔外見〕appearance；〔身なり〕guise, dress. 〜が良い shapely, smart, excellent, beautiful.
学校 school.
かっさい cheer, applause. 〜を送る cheer, applaud.
合唱(曲) chorus. 〜団 chorus；〔教会の〕choir；〔男声の〕glee club.
かつて ever, once, before.
勝手な selfish, self-seeking. 〜に〔好きなように〕as one pleases [likes, wishes]；〔許可なしに〕without leave [permission].
カット cut, cutting；〔さし絵〕illustration.
活動(性) activity. 〜中で at work. 〜的な active. 〜力 vigor.
かっとなる flame up, fall into a passion, anger.
活発な brisk, active, lively, animated.
合併 amalgamation. 〜する amalgamate, tie up, merge.
活躍 activity. 〜する flourish, be active in.
活用 application；〔動詞の〕conjugation. 〜する utilize, make the most of.
かつら wig.
活力 energy, vitality.
家庭 home. 〜の[的な] domestic. 〜科 home economics.
課程 course.
過程 process.
家庭教師 tutor.
(…と)仮定して assuming [assume] (that).
仮定する suppose, assume.
…かどうか if, whether.
下等な low, lower, inferior.
過度の excessive.
カトリックの[教徒] Catholic.
かなう 〔目的などに〕serve；〔希望が〕come true, be realized.
かなえてやる grant；〔祈りなどを〕hear.
悲しい sad, sorrowful, mournful. 〜事件 tragedy. 〜そうに sadly.
悲しみ lament, regret, sorrow, sadness, grief. 〜に沈んだ mournful, sorrowful.
悲しむ lament, mourn, grieve.
カナダ Canada. 〜の[人(の)] Canadian.
必ず necessarily, without fail, surely. 〜…する make a point of, never fail to do.
必ずしも necessarily. 〜…する[である]とは限らない not always. 〜…というわけではない not quite.
かなり considerably, fairly, pretty, quite, well. 〜の considerable, fair.
カナリア canary.
カニ crab. 〜座 Cancer.
カヌー canoe.
金 money.
鐘 bell, chime. 〜を鳴らす ring.
金持ち rich (man). 〜の rich, wealthy.
可能(性) possibility. 〜な possible, potential. 〜にさせる enable.
カバ hippopotamus.
カバー cover；〔本・レコードの〕jacket.
かばう protect, defend；〔弁護する〕plead for.
かばん bag, trunk, suitcase.
過半数 majority.

花瓶 vase.
過敏な oversensitive.
カブ turnip.
株(式) stock.
カフェテリア cafeteria.
かぶる put on;〔かぶっている〕wear.
壁 wall.
貨幣 money, currency.
カボチャ pumpkin.
かまう〔邪魔・口出しをする〕interfere;〔心にかける〕care, mind. 〜わないでおく neglect;〔そのままにしておく〕leave... alone.
我慢 tolerance, patience. 〜する endure, put up with, stand. 〜できない〈形〉impatient.
神 god, lord;〔女神〕goddess. 〜の〔のような〕divine.
紙 paper. 〜くず waste-paper.
かみそり razor.
かみつく bite.
雷(が鳴る) thunder.
髪の毛 hair.
かむ bite. 〜んで食べる chew.
ガム (chewing) gum.
カメ tortoise, turtle.
カメラ camera. 〜マン cameraman, photographer.
カメレオン chameleon.
仮面 mask.
科目 学科.
…かもしれない may, might, would, could.
貨物 freight, goods, cargo. 〜運送 freight. 〜船 cargo boat.
カモメ (sea) gull.
火曜日 Tuesday.
…から〔場所〕from, out of, at, off;〔時間〕from, since;〔根源・出所〕of;〔原料・材料〕from, of, out of.
(…して)から since.
殻 shell, hull.
カラー〔えり〕collar.
カラー〔色〕color. 〜フィルム color film.
からい hot;〔採点が〕severe.
からかう make fun of, poke fun at, tease.
ガラガラヘビ rattlesnake.
からし mustard.
カラス crow.
ガラス glass.
からだ body. 〜つき figure.
空 〜の empty, hollow. 〜になる〔する〕empty.
狩り(をする) hunt. 〜をする人 hunter.
刈り込む trim.
仮に…としても granted [granting] (that)

カリフラワー cauliflower.
下流の[に] downstream, below.
借りる borrow;〔賃借りする〕rent, let;〔使わせてもらう〕use. 〜ている owe. 〜切る charter.
軽い light;〔程度が〕mild, slight. 〜食事 refreshment.
軽く lightly. 〜する[なる] lighten.
カルシウム calcium.
ガレージ garage.
カレーライス curry and rice.
枯れる die, wither.
カレンダー calendar.
過労 strain, overwork.
かろうじて barely, narrowly. 〜の narrow.
軽んじる think little of.
川 river;→小川.
皮 skin, hide;〔なめし革〕leather;〔果物の〕peel. 〜をむく peel. 〜製品 fur.
側 part, side.
かわいい pretty, sweet.
かわいそうな poor, pitiable, pitiful. 〜に思う pity.
乾いた dry.
(のどが)渇いた thirsty.
乾かす[く] dry.
変わった odd, strange, unusual;〔独特の〕peculiar.
変わらない 一定の.
代わり 〜の substitute, alternative. 〜に instead of, in place of, for. 〜になる do for, substitute. 〜をする take the place of.
変わる change, turn, vary. 〜りやすい changeable.
かん can. 〈英〉tin.
巻 book, volume.
がん cancer.
感化(する) influence.
考え idea, thought, feeling;〔意見〕opinion. 〜違い error.
考える think, consider;〔深く〕meditate. 〜つく think of.
間隔 interval.
感覚 feeling, sensation, sense. 〜のない dead.
管楽器 wind instrument.
カンガルー kangaroo.
観客 spectator, audience.
環境 surrounding, environment. 〜の environmental.
関係 relation, concern, connection, relationship. 〜がある〈形〉relevant, related, relative. 〜がある connect, have ... to do with ... 〜のある relative. 〜がない〈形〉independent; have nothing to do with. 〜を断つ be through with.

歓迎(する) welcome.
関係する concern, touch. 〜づける connect, relate.
感激する be inspired [moved, impressed].
完結 completion. 次号〜 to be concluded. 〜する conclude, complete.
簡潔な brief, compact, short. 〜に briefly, shortly.
管弦楽団 → オーケストラ.
看護 nursing. 〜する nurse, care, attend. 〜師 nurse.
観光 sightseeing. 〜する see [do] the sights of. 〜客 tourist, visitor.
勧告 advice, recommendation. 〜する advise.
韓国 South Korea.
頑固な obstinate, stubborn.
観察(力) observation. 〜する observe. 〜する人 observer.
冠詞 article.
監視(する) watch, guard. 〜人 guard.
漢字 Chinese character.
感じ feeling, impression, sensation. 〜のよい agreeable.
元日 New Year's (Day).
(…に)関して about, on, with, as to, regarding, concerning.
感謝 thank, thanksgiving, gratitude. 〜する thank, appreciate. 〜している be thankful [grateful].
患者 patient, case.
慣習 custom, institution, convention.
感受性 sensibility. 〜の強い sensitive, susceptible.
願書 application.
感傷 sentiment. 〜的な sentimental.
干渉 interference. 〜する interfere, meddle.
鑑賞 appreciation. 〜する appreciate.
感情 emotion, feeling, passion. 〜的な[の] emotional. 〜を害する hurt, offend.
勘定 account. 〜書 account, bill. 〜に入れる count.
頑丈な hardy, solid, stout.
感触 sense, touch. 〜をもつ feel.
間食をする eat between meals.
感じる feel;〔気づいている〕be aware of.
関心 concern, interest. 〜事 affair, concern. 〜を持っている be interested in.
感心する admire, be impressed with.

完成 perfection, completion. ～させる perfect, finish, complete；〔書類を〕fill in. ～した complete.

関税 custom, tariff.

間接 ～の indirect. ～に indirectly.

関節 joint.

完全 perfection. ～な perfect, absolute, complete, entire. ～に perfectly, completely.

感染する catch, be infected.

幹線道路 highway.

乾燥(する,した) dry.

肝臓 liver.

観測 observation. ～する observe. ～所 observatory.

歓待 reception, welcome, entertainment. ～する welcome, entertain.

艦隊 fleet, squadron.

寛大 courtesy, generosity. ～な liberal, generous.

感嘆 admiration. ～する admire. ～符 exclamation mark.

寒暖計 thermometer.

簡単な simple. ～に simply.

間断なく continually, ceaselessly.

貫通 penetration. ～する penetrate.

かん詰め(のかん) can, tin. ～にする can, tin.

鑑定 judg(e)ment. ～する judge. ～家 judge.

カンテラ lantern.

感電 electric shock.

乾電池 dry battery [cell].

感動 emotion, impression. ～させる move, touch, impress. ～する be moved [touched, affected, impressed].

間投詞 interjection.

監督 manager. ～者 superintendent. ～する direct, supervise, manage.

カンニングをする cheat.

かんぬき(を掛ける) bar, bolt.

観念 concept, idea, notion, sense. ～的な ideal, ideological.

乾杯(する) toast, drink to.

カンバス →キャンバス(地).

頑張る〔固執する〕persist；〔抵抗する〕stand out；〔持ちこたえる〕hold out. 勉強[仕事]で～ work hard.

甲板 deck.

看病する nurse, attend.

完璧な →完全.

願望 desire, wish.

冠 crown.

感銘 impression. ～を与える impress.

勧誘 invitation. ～する invite, induce. ～員 canvasser.

寛容 tolerance, generosity. ～な tolerant, generous.

慣用語句 idiom.

管理 administration, management, supervision. ～職(の人) director. ～する administer, govern, manage.

慣例 practice, custom, convention. ～の conventional, traditional, customary.

関連 →関係.

## き

木 tree；〔木材〕wood. ～でできた wooden.

気 (…する)～がしない〈形〉unwilling. (…という)～がする feel. ～が短い quick, short-tempered. ～が長い patient. ～のきかない clumsy, tactless. ～のきいた witty, smart. ～の荒い wild. ～の抜けた vapid, stale. ～の進まない unwilling.

ギア gear.

気圧 (atmospheric) pressure. 高[低]～ high [low] atmospheric pressure. ～計 barometer.

議案 bill.

キーパー keeper.

キーボード keyboard.

黄色(の) yellow.

議員 a member of parliament.

議院 house, chamber.

消える dissolve, pass, vanish；〔明かり・火が〕go out；die.

記憶 memory, remembrance, mind. ～する memorize. ～している remember. ～力 memory, mind.

気温 temperature.

気化 evaporation. ～する evaporate.

帰化 naturalization. ～する be naturalized.

機会 chance, opportunity.

機械 machine, apparatus. ～の mechanical. ～工 mechanic. ～装置 machine, machinery. ～化する mechanize. ～的な automatic, mechanical.

危害 harm. ～を加える do harm to.

議会 assembly；〔日本の〕Diet；〔米国の〕Congress；〔英国・カナダの〕Parliament. ～の parliamentary. ～政治 parliamentary government.

着替え〔服〕a change of clothes. ～をする change one's dress.

幾何学 geometry. ～的な geometric.

企画 plan, project.

気がつく notice, see, find. (…に)～いている be aware of.

気管 windpipe. ～支 bronchial tubes. ～支炎 bronchitis.

器官 organ.

期間 period, span, term, time.

機関〔政府などの〕organ；〔エンジン〕engine. ～車 engine, locomotive. ～銃 machine gun.

季刊の quarterly.

危期[機] crisis. ～の critical.

効きめ efficacy, effect. ～がある tell；〈形〉effective, telling；〔薬が〕efficacious.

気球 balloon.

企業 enterprise, company, business.

戯曲 drama, play.

基金 fund.

飢饉 famine.

貴金属 precious metal；〔装身具〕jewelry.

効く work, be good for, be effective.

菊 chrysanthemum.

聴く,聞く hear；〔注意して〕listen, attend；〔尋ねる〕ask, inquire；〔聞いて知る〕learn. ～こうとしない be deaf to.

器具 tackle. 一式 apparatus.

喜劇 comedy. ～の[的な] comic.

危険 danger, peril, risk. ～な dangerous, perilous, risky. ～をはらんだ serious. (…の)～がある be in danger of A. ～にさらす risk, venture. ～を冒す run [take] a risk [risks].

棄権〔投票の〕abstention. ～する〔投票で〕abstain from；〔競技で〕withdraw from.

起源 origin, beginning.

期限 deadline, time limit.

機嫌 temper, humor. ～のいい cheerful, good-humored. ～の悪い ill[bad]-tempered.

機構 framework, institution, organization.

気候 climate, weather.

寄稿 contribution. ～する contribute.

記号 mark, symbol, sign.

技巧 technique, art, skill.

ぎこちない awkward, clumsy.

きざな affected.

刻み目 nick.

刻む cut；〔こま切れに〕chop；〔肉・野菜を細かく〕mince.

岸 shore, beach, coast；〔川岸〕bank. 〜に[へ] ashore.
騎士 knight.
キジ pheasant.
生地 texture；〔服の〕material.
記事 article, piece, item. 〜を書く report.
技師 engineer.
議事 〜録 proceedings. 〜日程 agenda. 〜堂〔日本の〕Diet Building；〔米国の〕Capitol；〔英国の〕House, House of Parliament.
儀式 ceremony, ritual. 〜ばった ceremonious.
気質 disposition, temper, temperament, nature.
汽車 train.
記者 journalist, newspaperman. 〜席 press box. 〜会見 press conference.
騎手 horseman, jockey.
寄宿舎 dormitory.
奇術 magic. 〜師 magician.
記述 description.
技術 art, craft, technique. 〜上の technical. 〜革新 technological innovation.
基準 criterion, standard, basis.
気象 weather, meteorology. 〜観測 meteorological observation. 〜衛星 weather [meteorological] satellite.
キス(する) kiss.
傷 hurt, wound；〔切り傷〕cut；〔比喩的な〕blot. 〜跡 scar. 〜をつける bruise, scratch.
奇数の odd.
傷つける hurt, injure.
きずな bond, tie.
規制 regulation. 〜する regulate.
寄生虫〔植物〕parasite.
犠牲 sacrifice, victim；〔代償〕cost. 〜者 victim. (…を)にしてat the cost of A, at the expense of A=at A's expense.
擬声語 onomatopoeia.
既成の established.
既製の ready-made.
奇跡(的出来事) miracle. 〜的な miraculous.
季節 season.
気絶(する) faint.
汽船 steamer, steamship.
偽善 hypocrisy. 〜者 hypocrite. 〜的な hypocritical.
起訴 prosecution, indictment. 〜する prosecute, indict.
基礎 base, basis, foundation. 〜の basic, fundamental. 〜となる underlie. 〜を置く base.

偽造(物) forgery, fabrication. 〜する forge, counterfeit, fabricate.
規則 rule, regulation. 〜正しい[的な] even, regular. 〜正しく regularly.
貴族 lord, peer, noble, aristocrat. 〜階級 nobility, aristocracy.
北 north. 〜の north, northern. 〜へ north, up.
ギター guitar.
気体 gas, vapor.
期待 hope, expectation. 〜する expect, anticipate, look forward to. 〜して待つ watch.
鍛える train, discipline；〔刀剣を〕forge；〔身体を〕harden.
気立てのよい good-natured.
汚い dirty, filthy；〔卑怯な〕foul, unfair.
基地 base.
機知 wit.
議長 chairman. 〜を務める preside. 〜席 chair.
貴重な precious, valuable.
貴重品 valuable.
きちょうめんな methodical, precise, exact, punctual.
きちんと properly, neatly. 〜した neat, tidy, straight. 〜座る sit up.
きつい tight；〔仕事が〕hard；〔性格が〕fierce.
気づく notice, observe, see, find, be aware of；〔思いつく〕think of. 〜いている be conscious, know. 〜かせる remind. 〜かない be unconscious.
喫茶店 coffee house, tea shop, tearoom.
切手 stamp.
きっと〔確かに〕surely, certainly；〔必ず〕without fail. 〜…する be bound to, be sure to.
キツネ fox.
きっぱり 〜と flatly, once and for all. 〜断る refuse.
切符 ticket.
機転 resource, wit. 〜のきく quick-witted, tactful.
軌道〔天体の〕orbit；〔鉄道の〕track, rail.
起動する start；〔コンピュータを〕boot.
危険の critical.
気取る put on airs. 〜った affected. 〜らない simple. 〜った態度 posture.
気に入る be pleased [satisfied], like.
気にかける concern.
気にする care about, worry about,

mind. 〜な never mind.
記入する put,〔書類に〕fill in.
記念 commemoration, memory. …を〜して for；〔故人を〕in memory of. 〜の monument. 〜碑 monument. 〜日 anniversary. 〜品 token, trophy. 〜物 memorial.
機能 faculty, function. 〜する work, function.
キノコ mushroom.
気の毒な poor, pitiful. 〜に思う be sorry.
きば tusk, fang.
希薄な thin.
奇抜な novel, eccentric, fanciful.
気晴らし pastime, recreation.
きびきびした brisk.
きびしい strict, severe, harsh, sharp, hard, exact.
きびしく strictly, severely, sharply.
気品 →品.
機敏 smartness, quickness. 〜な prompt, smart.
寄付(金) contribution；〔公共施設などへの〕donation. 〜する contribute.
ギブス plaster cast.
気分 humor, mood, spirit, temper, feeling. 〜をさわやかにする refresh. 〜を害する offend.
規模 scale.
希望(する) hope, wish.
基本 basis, foundation. 〜的な basic, fundamental.
気前のよい generous, liberal, lavish. 〜よく generously.
気まぐれな fickle, changeable, capricious. 〜思いつき whim.
期末試験 term examination.
きまって always, habitually. 〜…する make a point of.
気ままな selfish；〔気楽な〕comfortable, easy.
決まり〔規則〕rule, regulation；〔慣習〕convention, custom, habit. 〜文句 formula, cliché.
黄味〔卵の〕yolk, yellow.
…気味 a touch of.
機密 secret.
奇妙な curious, funny, queer, strange, odd. 〜ことに strange to say [tell, relate], oddly.
義務 duty, liability, obligation. 〜する〜がある bound. 〜づける oblige. 〜教育 compulsory education.
気難しい hard to please；〔好みがうるさい〕particular；〔口うるさい〕fastidious.
きめの荒い coarse.

きめの細かい fine.
(…することに)決める choose, decide, determine.
気持ち feeling, mood. 〜の良い pleasant, comfortable. 〜よくさせる〈形〉cheerful. 〜の悪い unpleasant, uncomfortable ;〔気味の悪い〕weird.
着物 clothes, dress ;〔和服〕kimono.
疑問 question. (…かどうかを)〜に思う doubt. 〜の余地なく undoubtedly.
客〔招待客〕guest ;〔訪問客〕visitor, caller,〔店の〕customer, client ;〔乗客〕passenger,〔観客〕spectator, audience. 〜室 guest room. 〜間 drawing room. 〜車 carriage. 〜船 passenger boat.
逆(の) contrary, reverse, opposite. 〜にする reverse.
虐殺 massacre, slaughter.
逆説 paradox.
虐待する ill-treat, treat...cruelly.
客観的な objective.
キャッチャー catcher.
キャビア caviar.
キャビネット cabinet.
キャプテン captain.
キャベツ cabbage.
ギャング gangster, gang.
キャンディー candy.
キャンバス(地) canvas.
キャンパス campus.
キャンプ(する) camp.
9(の) nine. 〜番目の ninth.
旧… old, former.
急 emergency. 〜を要する urgent, pressing.
級 class, grade.
球 ball, globe, sphere.
休暇 leave, vacation, holiday.
嗅覚 nose, smell.
救急車 ambulance.
休業 closure. 〜日 holiday. 本日〜〈掲示〉closed today. 〜する be closed, close.
究極の ultimate, last.
窮屈な tight ;〔狭い〕confined ;〔身体が〕uneasy ;〔気詰りな〕uncomfortable.
休憩 recess, repose, rest. 〜室 lounge.
急(の) express.
求婚 proposal.
球根 bulb.
救済 relief. 〜する relieve, help.
休止 pause.
給仕 waiter ;〔女の〕waitress.
休日 holiday.
吸収 absorption ;〔企業の〕takeover, affiliation. 〜する absorb, soak up, take in.
90(の) ninety.
救助 rescue, aid. 〜する rescue, save, aid.
急性の acute.
休戦 armistice, truce ;〔一時的〕cease-fire.
窮地 fix, corner, difficult situation, extremity.
宮廷 court.
宮殿 palace.
急な〔カーブ・坂が〕sharp ;〔突然の〕sudden. 〜に sharply ; suddenly, short.
牛肉 beef.
牛乳 milk.
窮乏 misery, poverty.
給油 fill. 〜所 filling [gas,〈英〉petrol] station.
休養 rest, relaxation.
キュウリ cucumber.
急流 torrent.
給料 pay, salary, wage.
きょう(は) today. 先週[来週]の〜 a week ago [from today],〈英〉today week, this day week.
…卿 lord, sir.
行 line.
脅威 menace, threat.
驚異 marvel, wonder.
教育 education, instruction. 〜の educational. 〜的な instructive. 〜する educate, train.
教化 cultivation. 〜する cultivate, civilize.
教科 →学科.
強化 reinforcement. 〜する reinforce, strengthen.
協会 association, society.
教会 church.
境界(線) border, bound, boundary, line.
共学 coeducation. 〜の mixed, coed.
教科書 textbook, text.
共感 sympathy.
狂気 madness, insanity. 〜の insane.
協議 conference, consultation. 〜する talk, confer, consult, deliberate.
競技 game, athletics. 〜者 player. 〜場 field, stadium, pitch. 〜会 athletic meeting. 〜する play.
行儀 manner. 〜の良い well-mannered[-behaved], polite, good. 〜の悪い ill-mannered[-behaved], impolite. 〜良くする behave oneself [well].
供給 provision, supply. 〜する furnish, provide, supply.
境遇 circumstance ;〔立場〕situation.
教訓 lesson, moral, instruction, teaching.
恐慌 panic ;〔経済不況〕depression.
強固な firm, strong.
峡谷 canyon, gorge.
共産主義 communism. 〜者 communist.
教師 teacher, instructor. 〜をする teach.
行事 occasion, event.
教室 classroom.
教授 professor ;〔教えること〕instruction, teaching.
恐縮する〔感謝している〕be grateful [thankful] ;〔痛み入る〕feel small, be ashamed, be sorry.
強制 〜する force, compel. 〜的な compulsory, forced.
行政 administration. 〜の administrative. 〜官 executive, magistrate. 〜上の executive.
競争 competition, contest, game, race. 〜する compete, rival. 〜相手 match, rival, competitor. 〜させる match.
競走(する) race, run. 〜させる race.
兄弟 brother.
驚嘆 amazement ;〔感嘆〕admiration. 〜する be amazed. 〜すべき amazing ;〔感嘆すべき〕admirable.
教壇 platform.
協調(性) cooperation. 〜する cooperate with.
強調 emphasis, stress. 〜する emphasize, stress.
共通の common, mutual.
協定 agreement, convention.
郷土 one's home town. 〜色 local color.
教頭 assistant principal.
共同 〜の joint, common, mutual. 〜研究する collaborate. 〜体 community.
器用な handy, clever, dexterous, skillful ;〔手先が〕adroit.
脅迫 threat. 〜する threaten.
恐怖 dread, fright, horror, terror. 〜感 fear.
強風 gale.
興味 interest. 〜ある[を引き起す] interesting. 〜を持たせる interest. 〜を持った interested.
共鳴 sympathy. 〜する sympathize.
共有(する) share. 〜の common.

教養 culture. 〜の cultural. 〜のある cultured.

強要 enforcement. 〜する enforce, compel. 〜的な loud, forced.

協力 cooperation. 〜する cooperate. 〜的な cooperative.

強力な hard, mighty, powerful.

行列 parade, procession.

強烈な strong；〔光などが〕intense.

共和国 republic. 〜の republican.

共和党 Republic party.

虚栄心 vanity. 〜の強い vain.

許可 leave, license, permission. 〜する permit；〔入学・入会を〕admit. 〜証 permit, license.

虚偽 falsehood. 〜の false.

漁業 fishery.

曲 tune, music.

局 bureau, office, station.

極 pole. 〜の polar.

曲線 curve.

極端 extremity. 〜な extreme. 〜に extremely.

極度 top. 〜に extremely.

極東 Far East.

局面 phase, aspect；〔情勢〕position.

居住 residence. 〜者 resident.

寄与する contribute, make for.

拒絶 refusal, rejection. 〜する refuse, reject.

巨大な huge, immense, gigantic.

きょっとさせる frighten, shock.

去年 last year. 〜の last.

拒否 →拒絶

清らかな clean, pure.

距離 distance.

嫌う[嫌いだ] dislike, hate, abhor, have no use for.

ぎらぎらする glaring.

気楽 〜さ ease. 〜な easy, at (one's) ease, comfortable. 〜に at home.

切らす 〔貯えをなくす〕run short of.

きらめき flash, twinkle.

錐 drill, gimlet.

霧 fog, mist.

義理 duty；〔恩義〕debt. 〜の弟 brother-in-law.

切り株 stock.

切り刻む chop.

キリギリス grasshopper.

切り傷 一傷.

ギリシア Greece. 〜の[人，語] Greek.

キリスト Christ, Lord. 〜教 Christianity. 〜教徒(の) Christian.

規律 discipline, order.

切り詰める cut down, trim down.

切り抜き clipping；〈英〉cutting.

気流 air current, airflow.

器量の良い good-looking, beautiful.

器量の悪い plain, homely, ugly.

切る cut；〔薄く〕slice；〔細かく〕chop.

着る clothe, put on. 〜ている wear.

キルト quilt.

きれい好きな clean, cleanly.

きれいな pretty, beautiful；〔清潔な〕clean, pure；〔澄んだ〕clear.

きれいに cleanly. 〜にする clean, clear.

切れる cut, be sharp；〔無くなる〕run short of, run out；〔電球が〕burn out.

記録 record, register.

議論 argument, dispute. 〜する argue, dispute.

疑惑 suspicion. 〜を起こさせる suspicious.

際どい narrow, close.

きわめて very, extremely, exceedingly.

気を配る take care of.

気をつける see, sure, take care [notice], look out.

金 gold. 〜色の golden.

銀(色の) silver.

禁煙 〈掲示〉No smoking. 〜する give up smoking. 〜車[席] non-smoker.

金貨 gold coin, gold.

銀河 Milky Way, Galaxy.

近眼の nearsighted, shortsighted.

緊急の urgent, pressing.

金魚 goldfish.

金庫 safe.

近郊 → 郊外.

均衡 balance.

銀行 bank. 〜家 banker.

禁止(令) ban, prohibition. 〜する forbid, ban, prohibit.

近所(の人々) neighborhood. 〜の neighboring. 〜の人 neighbor.

禁じられた forbidden.

金星 Venus.

金銭 money.

金属 metal.

近代 modern times. 〜の modern. 〜化する modernize.

緊張 strain, stress, tension. 〜する tense. 〜した strained, tense. 〜をほぐす relax.

近東 Near East.

筋肉 muscle. 〜の muscular.

金髪の blond, fair.

勤勉 industry, diligence. 〜な diligent, industrious, hardwork-ing.

勤務 service, work. 〜する serve, work. 〜時間 office [working] hours. 〜中[外]で on [off] duty.

金融 〜市場 money market.

金曜日 Friday.

く

句 phrase.

具合が悪い →調子.

杭 stake, post.

食い意地のはった greedy, gluttonous.

クイズ quiz.

空 vacancy；〔空白〕blank.

クウェート Kuwait.

空間 room, space.

空気 air, atmosphere. 〜の aerial.

空軍 air force；〔一国の〕air service. 〜基地 air base.

空港 airport.

偶数 even number

偶然 accident, chance. 〜…する happen to … 〜出会う encounter, run across, come across. 〜の casual. 〜に by chance [accident], accidentally.

空想 fancy, vision. 〜小説 romance, fiction. 〜的な fantastic.

クーデター coup d'état.

空白(の) blank.

空腹 hunger. 〜の hungry.

クーラー air conditioner.

寓話 fable, allegory.

9月 September.

茎 cane, stem, stalk.

くぎ nail, peg. 〜でとめる peg.

苦境 straits, difficulties.

草(地) grass；〔雑草〕weed.

腐った bad, rotten.

草花 flower.

鎖 chain.

腐る go bad [rotten], rot, spoil.

くし comb.

くじ lot, lottery.

くじく 〔気持・希望を〕damp, discourage, dash；〔足などを〕sprain, wrench.

くじ引き lot.

クジャク peacock；〔雌〕peahen.

くしゃみ(する) sneeze.

苦情 quarrel, complaint. 〜を言う complain.

クジラ whale.

くすくす笑う giggle, chuckle.

くすぐる[くすぐったい] tickle.

薬 drug, medicine；〔丸薬〕pill. 〜指 third finger；〔左手の〕ring

くずれる crumble;〔足場・屋根などが〕collapse, fall down;〔形が〕be [get, go] out of shape.
癖 habit, way.
具体的な concrete. 〜に concretely.
砕く break, crush, smash, shatter.
砕ける crack, smash, break.
果物 fruit.
くだらない〔重要でない〕trifling, trivial;〔ばかげた〕ridiculous, stupid;〔面白くない〕uninteresting. 〜物 trifle.
下る descend, go down.
口 lip, mouth. 〜をはさむ cut in. 〜をつぐむ cease to speak. 〜の達者な glib. 〜の悪い cynic.
口答え back talk. 〜する answer back, talk back.
くちばし beak, bill.
唇 lip.
口笛(を吹く) whistle.
靴 shoe;〔長靴〕boot. 〜の底 bottom, sole. 〜のひも shoestring, shoelace. 〜べら shoehorn.
苦痛 pain, distress, agony, suffering, torment, torture.
クッキー cookie.
靴下 sock, stocking.
クッション cushion.
屈する give, yield, submit.
くっつく cling, stick.
くっつける join, attach;〔のりで〕paste, stick.
靴屋 shoemaker;〔小売店〕shoe store [shop].
くろがせる relax, put [set] ...at ease.
くろぐ relax, be [feel] at home, make oneself at home.
句読法 punctuation.
苦難 hardship, suffering.
国 country, land, nation, state.
苦悩 苦しみ.
配る deal, distribute, hand out.
首 neck, head. 〜輪 collar. 〜にする sack, fire, dismiss. 〜飾り necklace.
区別 discrimination, distinction. 〜する distinguish, separate, tell ... apart, tell ...from ... 〜を示す differential.
くぼみ hollow.
クマ bear.
組 class. ひと〜 a pair of, a set of.
組合 association, union. 労働〜 (labor) union.

組み合わせ combination.
組み合わせる cross, combine.
組み立て assembly.
組み立てる assemble, compose, construct, put together.
クモ spider. 〜の巣 (spider's) web, cobweb.
雲(状のもの) cloud.
曇った[曇りの] cloudy.
曇らせる[曇る] cloud.
悔しがる be mortified [chagrined] at.
悔やむ regret, repent, be sorry for [about].
くよくよする[考える] worry about, dwell on [upon].
…ぐらい about, some, ... or so.
位 rank.
暗い dark;〔人が〕gloomy.
グラウンド ground, playground.
クラゲ jellyfish.
暗さ darkness.
暮らし life;〔生計〕livelihood, living.
クラシック 〜音楽 classical music. 〜カー classic car.
クラス class.
暮らす live, get along.
グラス glass.
クラッカー cracker.
ぐらつく totter, shake;〈形〉unsteady.
クラブ(室) club. 〜活動 club activities.
比べる compare, contrast.
(…)比べると beside, (as) compared with [to].
(目を)くらませる dazzle.
グラム gram, gramme.
グランプリ grand prix.
クリ chestnut.
クリーニング cleaning. 〜屋 cleaner, laundry.
クリーム cream.
繰り返し repetition.
繰り返す[して言う] repeat.
クリケット cricket.
クリスチャン Christian.
クリスマス Christmas.
クリック(する) click.
クリップ clip.
来る come, be here.
狂う go [run] mad, become insane;〔計画が〕be upset, miscarry;〔時計・機械が〕go wrong,〔順序が〕be out of order.
グループ group.
苦い painful;〔つらい〕trying, hard. 〜息づかい labored breathing. 〜立場 fix, plight.

苦しみ〔苦痛〕pain;〔苦悩〕agony, torture, torment.
苦しむ suffer from, be pressed.
苦しめる annoy, prick, try, torment, torture.
車 car, automobile;〈英〉motorcar;〔乗物〕vehicle. 〜で行く drive. 〜で送る ride.
クルミ(の木) walnut.
ぐるりと回って about, round.
グレープフルーツ grapefruit.
クレジットカード credit card.
(日が)暮れる get dark.
黒(い) black;〔頭髪・目が〕dark.
苦労 trouble, difficulty, trial. 〜する have difficulty [trouble], take pains.
くろうとの professional.
クローバー clover.
グローブ glove.
クローン clone, cloning.
黒字 the black
グロテスクな grotesque.
加わる〔加算する〕add;〔付加する〕apply, annex, add;〔含める〕include, count in;〔動作・行為を〕give. (…に)〜て in addition to, plus.
詳しい〔説明が〕particular;〔詳細な〕minute, full, detailed. 〜く in detail.
企て〔試み〕attempt;〔計画〕plan, scheme;〔陰謀〕plot.
加わる join, enter, take part in.
郡 county.
軍事行動 operation.
君主 lord, monarch, sovereign. 〜政治 monarchy.
群衆 crowd, throng.
勲章 decoration, order, medal.
軍事力 force.
軍人〔陸軍の〕soldier;〔海軍の〕sailor;〔空軍の〕airman.
軍隊 army, armed forces, troop. 〜の military.
軍備 armament. 〜縮小 reduction of armaments, disarmament.
君臨(する) reign.
訓練 discipline, training. 〜する drill, discipline, train.

## け

毛 hair. 〜むくじゃらの hairy.
経営 management, administration. 〜管理 business administration. 〜者 manager. 〜する run, keep, manage, operate.
経過〔時・事態の〕course, prog-

ress;〔時の〕flight, lapse, process.
警戒 precaution, caution.
軽快な light, nimble.
計画 design, plan, program, project, proposition, scheme.
警官 policeman, police officer, constable;〈略式〉cop.
敬具 Sincerely (yours).
経験(したこと) experience. 〜する experience, meet with, pass through, see, undergo.
軽減する reduce.
傾向 tendency, trend, bent. (…の)〜がある be apt to, tend to, have a tendency to.
携行する → 携帯.
蛍光灯 fluorescent lamp.
警告 caution, warning. 〜する warn, caution.
経済 economy. 〜学 economics. 〜上の economic. 〜的な economical.
警察 police.
計算 calculation, figure. 〜する calculate, figure, reckon, count. 〜器 calculator.
刑事 detective. 〜上の criminal.
掲示 notice. 〜板 bulletin〔〈英〉notice〕board.
形式 form. 〜的な(ばった) formal.
芸術 art. 〜の[的な] artistic. 〜家 artist.
軽食 lunch, snack. 〜堂 cafe, snack bar.
形勢 aspect, tide.
継続 continuance, continuity, continuation. 〜する[させる] continue. 〜的な[切れ目なしの] continuous;〔断続的な〕continual.
携帯 〜用の portable. 〜する carry, have [take, bring] ... with one. 〜電話 cellular phone, cellphone.
警笛 horn, whistle.
毛糸 wool.
競馬 horse racing.
刑罰 penalty, punishment.
経費 expense, expenditure, budget.
敬服する admire.
軽蔑 contempt, scorn. 〜した contemptuous, scornful. 〜する despise, scorn, disdain.
警報 alarm, warning.
刑務所 jail, prison.
契約 contract, bargain, agreement. 〜する contract. 〜書 contract.
…経由で via, by way of.
形容詞 adjective.
計略 trap, trick.
経歴 career, record, history, background.
ケーキ cake.
ケーブル(線) cable.
ゲーム game.
けが injury, hurt;〔刀・銃などによる〕wound. 〜をする be injured [wounded, hurt], injure [hurt] oneself.
外科 surgery. 〜医 surgeon. 〜の surgical.
汚す〔神聖なものを〕violate;〔名を〕bring disgrace on.
汚れのない virgin;〔純潔な〕innocent.
毛皮 fur, skin.
劇 drama, play. 〜的な dramatic.
劇場 theater. 〜(用)の theatrical.
激痛 pang, acute pain.
激怒 rage. 〜する boil, rage.
激励 encouragement. 〜する encourage.
今朝 this morning.
夏至 summer solstice.
景色 landscape, view, scene;〔ある地方全体の〕scenery.
消しゴム eraser, rubber.
下車 〜する get off. 途中〜 stopover. 途中〜する stop off.
下宿 lodging. 〜屋 lodging [rooming] house;〔食事付きの〕boardinghouse. 〜する lodge, board.
化粧 makeup, toilet. 〜品 cosmetic. 〜する make up.
消す〔火を〕put out, extinguish;〔文字・記憶などを〕blot out;〔消しゴムなどで〕erase;〔電灯・テレビなどを〕turn off.
下水 drainage, sewage.
削る〔刃物で〕shave;〔鉛筆を〕sharpen;〔費用を〕cut down.
気высоко noble.
けち(ん坊) miser. 〜な stingy, mean.
ケチャップ ketchup.
血液 blood.
結果 result, consequence, effect, outcome. その〜 consequently, as a result.
欠陥 defect, fault. 〜のある defective.
血管 blood vessel.
月刊の monthly.
月給 monthly salary.
結局(は) after all, eventually.
結合 combination, union. 〜させる[する] combine, unite.
結構です〔同意・賛成〕All right.〔断り〕No, thank you.
結婚 marriage. 〜式 wedding, marriage (ceremony). 〜する marry.
決済 settlement.
傑作 masterpiece.
決して…でない no, never, not nearly, by no (manner of) means, not at all.
決勝(戦) finals.
結晶(体) crystal.
月食 lunar eclipse.
決心 decision, determination, purpose, resolution. 〜する determine. (…しようと)〜している be bent on. 〜する decide, determine, make up one's mind, resolve. 〜の堅い resolute.
結成する form, organize.
欠席 absence. 〜する absent oneself from, be absent from. 〜の absent.
決定 decision, determination. 〜する decide, determine, resolve. 〜的な decisive, final.
欠点 fault, defect, objection.
欠乏 poverty, want, lack. 〜する lack, want, run short.
月曜日 Monday.
結論 conclusion. 〜を下す[出す] conclude.
けなす damn, depreciate.
下品な low, vulgar, coarse.
毛虫 caterpillar.
煙(を出す) smoke.
獣 beast, brute.
下痢 diarrhea, loose bowels.
ゲリラ guerrilla.
ける(こと) kick.
けれども although, as, though.
険しい steep.
県 prefecture. 〜の prefectural.
弦 string. 〜楽器 strings, stringed instrument.
権威(者) authority. 〜のある authoritative.
原因(となる) cause.
嫌悪 disgust, hatred. 〜する abhor, hate, dislike. 〜すべき hateful, disgusting.
けんか(する)〔口げんかを〕quarrel;〔なぐり合い〕fight.
限界 boundary, end, limit, limitation.
幻覚 illusion.
見学する observe, visit.
厳格な stern, severe, rigid, grim.
玄関 entrance, hall, porch.
元気づく[づける] cheer, stimulate.
元気な fine, lively, cheerful, alive.

研究 research, study. 〜する study, investigate, look into. 〜論文 paper.
言及 mention, reference. 〜する mention, refer, touch.
現金(に換える) cash.
権限 authority, commission. 〜を与える authorize, empower.
言語 language, tongue.
健康 health. 〜な healthy, right, well. 〜診断 physical examination [checkup]. 〜管理 aftercare. 〜によい wholesome, good for one's [the] health.
原稿 manuscript.
検査 inspection, test, examination, check. 〜する inspect, test, examine, check.
現在(の) now, present.
検索 retrieval, search. 〜する retrieve, search. 〜エンジン search engine.
原(の) original.
検事 prosecutor ;〔地方検事〕〈米〉prosecuting attorney.
原子 atom. 〜の atomic. 〜爆弾 atom(ic) bomb. 〜炉 nuclear reactor.
現実 fact, reality, actuality. 〜主義の realistic. 〜的な practical. 〜 actual, real. 〜に actually.
堅実な steady, sound.
原始(時代)の[的な] primitive.
厳粛 〜さ gravity. 〜な grave, serious, solemn.
憲章 charter.
現象 phenomenon.
現状 present [existing] conditions.
原子力 atomic [nuclear] energy. 〜発電所 atomic power plant. 〜の atomic, nuclear.
献身 devotion. 〜的な devoted.
建設 construction, foundation. 〜する build, set up, construct.
源泉 source.
健全な healthy, sound, wholesome.
元素 element.
幻想 illusion, fancy. 〜的な dreamy, fanciful, visionary.
現像 development. 〜する develop.
原則 principle.
謙遜 humility. 〜する be modest [humble].
現代 today, present age. 〜の today's, contemporary, modern, present-day. 〜的な modern.
見地 viewpoint, standpoint.
建築 architecture, construction.

〜家 architect. 〜する build, construct.
限定 〜する define, restrict, limit. 〜版 limited edition.
限度 →限界.
検討する〔調べる〕examine, investigate ;〔話し合う〕discuss.
現場 scene, spot, site.
顕微鏡 microscope.
見物 visit, sightseeing. 〜する do, see, visit, see [do] the sights of. 〜人 spectator.
原文 text, original. 〜の original.
憲法 constitution. 〜(上)の constitutional.
厳密 exact, strict. 〜に properly, strictly.
賢明(さ) wisdom. 〜な wise, sensible.
倹約 economy, thrift. 〜家の economical, thrifty. 〜する be frugal, economize.
原油 crude oil [petroleum].
権利 right, claim. 〜を与える entitle.
原理 principle.
原料 (raw) material.
権力 power, authority.
言論 speech.

## こ

子 child, offspring.
故… late.
5 five. 〜番目の fifth. 〜月 May.
語 word.
コアラ koala (bear).
恋(する) love.
濃い thick ;〔液体が〕dense ;〔色が〕dark ;〔茶・コーヒーが〕strong.
鯉 carp.
語彙 vocabulary.
小石 pebble, stone.
小犬 puppy.
故意の deliberate, intentional. 〜に on purpose, intentionally.
恋人 love, lover, sweetheart.
コイル coil.
高圧の high-tension. 〜線 high-voltage cable. 〜的な overbearing.
考案 contrivance, invention. 〜する contrive, invent.
行為 act, deed, conduct, behavior.
好意 favor, goodwill. 〜的な favorable, friendly. …の〜により by courtesy of.
合意 consent, understanding, agreement. 〜する consent, agree.
降雨(量) fall of rain.
幸運 fortune, luck. 〜な fortunate, lucky, happy. 〜にも fortunately, luckily.
光栄 honor. 〜ある glorious, honorable.
公園 garden, park.
後援 sponsorship. 〜者 patron. 〜する back, sponsor, support.
講演 lecture, talk. 〜者 lecturer, speaker. 〜をする lecture.
効果 effect. 〜的な effective.
硬貨 coin.
後悔 regret, repentance. 〜する regret, repent.
航海 voyage, navigation, crossing. 〜する navigate, voyage.
公害 (environmental) pollution ; public nuisance.
郊外 suburb, skirt, outskirts.
光化学スモッグ photochemical smog.
工学 engineering, technology. 〜の technological.
光学 optics. 〜の optical.
合格する pass, succeed in.
高価な expensive, costly, precious, rich, dear.
豪華な splendid, gorgeous, luxurious.
交換(する) exchange, trade. 〜手 operator.
抗議(する) protest.
講義(をする) lecture.
好奇心 curiosity. 〜が強い curious.
高貴な noble. 〜さ nobility.
高級な high-class, high-grade, quality.
工業 industry. 〜(用)の industrial.
工業技術 technology. 〜の technical.
交響曲 symphony.
公共の common, public.
航空会社 airline.
航空機 aircraft.
航空便 airmail. 〜で by air [airmail].
光景 spectacle, scene, vision.
合計 sum, total. 〜する add, sum. …になる add up to, total.
後継者 successor.
攻撃 attack, offense, assault, onslaught. 〜する attack, assault, charge. 〜(用)の offensive.
好結果 success, good results. 〜の successful.
貢献 contribution. 〜する con-

tribute.
**高原** highland, plateau.
**合憲の** constitutional.
**口語** spoken language.
**高校** senior high school.
**航行(する)** sail, navigate.
**皇后** empress. 〜陛下 Her Majesty the Empress.
**広告** advertisement, publicity. 〜する[を出す] advertise, announce.
**交互に** one after the other, in turn, alternately. 〜起こる〈形〉alternate.
**交差** crossing, intersection. 〜点 intersection, crossing, crossroads.
**口座** (bank) account.
**交際** association, society, acquaintance. 〜する associate, keep company.
**鉱山** mine.
**降参する** give in, give up, surrender.
**高山の** alpine. 〜病 mountain sickness.
**子牛** calf ; 〔肉〕veal.
**講師** lecturer.
**工事** construction.
**公式** formula. 〜化する formulate. 〜的な formal. 〜の official.
**校舎** school, schoolhouse.
**後者(の)** latter.
**公爵** duke. 〜夫人 duchess.
**侯爵** marquess, marquis. 〜夫人 marchioness, marquise.
**公衆** public. 〜衛生 sanitation. 〜便所 public conveniences [toilet], comfort station. 〜電話 pay phone.
**絞首刑** hanging. 〜にする hang.
**口述** dictation. 〜する dictate. 〜試験 oral examination.
**交渉** negotiation, treaty. 〜する negotiate, treat.
**工場** factory, mill, plant.
**向上** improvement. 〜する improve.
**強情な** obstinate, stubborn.
**行進** march, parade, procession. 〜曲 march. 〜させる[する] march, parade.
**更新** renewal. 〜する renew.
**香辛料** spice.
**香水** perfume ; 〈英〉scent.
**降水(量)** → 降雨(量).
**洪水** flood, deluge.
**公正** justice. 〜な fair, just, impartial. 〜に fair, fairly, justly, impartially.
**構成** composition, constitution, formation. 〜する constitute, compose, make up.
**合成** 〜の compound, composite, synthetic. 〜する compound, synthesize. 〜写真 montage.
**抗生物質(の)** antibiotic.
**厚生労働省** Ministry of Health, Labour and Welfare.
**功績** merits, exploit. 〜のある meritorious.
**鉱石** ore, mineral.
**降雪** snow, snowfall.
**光線** beam, ray, light.
**公然** 〜の open, public. 〜と openly, in public.
**控訴(する)** appeal.
**構造** construction, structure. 〜(上)の structural.
**高速道路** expressway.
**交替** alternation, replacement, change ; 〔仕事などの〕relay ; 〔勤務の〕shift. 〜する alternate, replace, change, relay.
**抗体** antibody.
**後退** retreat, recession. 〜する retreat, recede, regress.
**皇太子** (crown) prince. 〜妃 (crown) princess.
**光沢** luster, shine, gloss, glaze. 〜のある lustrous, glossy.
**紅茶** (black) tea.
**校長** principal, schoolmaster.
**交通** traffic ; 〔輸送〕transportation. 〜の traffic. 〜安全 road safety. 〜渋滞 → 渋滞. 〜信号 traffic light(s) [signal(s)]. 〜整理 traffic control.
**好都合な** favorable, convenient.
**工程** process.
**肯定** affirmation. 〜的 affirmative. 〜する affirm, say [answer] yes.
**皇帝** emperor. 〜の imperial.
**校庭** (school) yard.
**鋼鉄** steel.
**高度** altitude, height.
**行動** act, action, behavior. 〜する act, do, behave.
**講堂** hall, auditorium.
**強盗** burglar, robber.
**高等学校** →高校.
**口頭** oral, spoken, verbal.
**(予約)購読** subscription. 〜する subscribe.
**高度に** high. 〜に highly.
**構内** 〔大学の〕campus ; 〔駅などの〕precinct.
**購入** purchase. 〜する purchase, buy.
**荒廃** ruin. 〜させる destroy, waste, ruin. 〜する come to ruin.
**後輩** junior.
**公判** public trial.
**後半(の)** latter.
**公表する** announce, publish.
**好評の** of good repute, popular.
**後部** back, rear.
**幸福** happiness, welfare. 〜な happy. 〜に happily.
**降伏(する)** →降参する.
**鉱物** mineral.
**興奮** excitement. 〜させる excite. 〜させる(ような) exciting. 〜した[する] get [be] excited. 〜状態 fever.
**公平な** fair, impartial. 〜に fairly, impartially.
**合法的[的な]** lawful, legal.
**候補者** candidate.
**子馬** 〔雄〕colt ; 〔雌〕filly.
**小馬** pony.
**高慢な** proud, boastful.
**巧妙な** clever, cunning.
**公民** citizen. 〜権 civil rights.
**公務員** official.
**項目** item.
**コウモリ** bat.
**校門** school gate.
**拷問** torture.
**荒野** wilderness, wild (land).
**行楽** picnic, excursion. 〜地 resort.
**小売り** retail. 〜商人 merchant, retail dealer.
**合理化する** rationalize.
**合理的な** rational, reasonable.
**考慮に入れる** consider, take … into account.
**声** voice. 〜の vocal. 〜を出して aloud.
**肥えた** fertile, fat.
**越える** go over ; 〔とび越える〕clear, jump ; 〔限度を〕exceed.
**コーチ** coach.
**凍った** frozen.
**コート** 〔テニスなどの〕court ; 〔外套〕coat.
**コード** cord.
**コーヒー** coffee.
**コーラス** chorus.
**凍らせる[凍る, 凍りつく]** freeze.
**氷** ice. 〜の[で覆われた] icy. 〜が張る freeze.
**ゴール** goal.
**コオロギ** cricket.
**戸外** open air. 〜の outdoor. 〜へ [で] outdoors.
**誤解** misunderstanding, mistake. 〜する misunderstand, mistake.
**語学** language (study).
**焦がす** scorch, singe, burn.
**小切手** check.

ゴキブリ cockroach.
顧客 customer.
呼吸 breath. 〜する breathe.
故郷 home, hometown, birthplace.
漕ぐ row.
国王 →王.
国外へ abroad, outside the country.
国語 〔学科名〕Japanese ; →言語.
刻々と minute by minute.
国際関係 international relations.
国際的な international, worldwide.
国産の domestic.
酷使する drive ... (very hard).
黒人(の) African-American, black.
国籍 nationality.
告訴 accusation, complaint. 〜する accuse, charge.
国内の domestic, civil, internal.
告白 confession. 〜する confess.
告発 prosecution, accusation, indictment. 〜する prosecute, accuse, indict.
黒板 blackboard, board.
告別式 funeral.
国民 nation, people, citizen, folk. 〜の national.
穀物 grain, cereal, corn.
国有林 national forest.
国立の national.
コケ moss.
コケコッコー cock-a-doodle-doo.
語源(学) etymology.
ここ(に, へ, で) here, this place.
午後 afternoon, p.m., P.M.
心地よい[よくない] comfortable [uncomfortable].
個々の individual, each.
ココヤシの実 coconut.
心 heart, mind, soul. 〜の暖かい hearty. 〜に浮ぶ come, strike, remember. 〜に描く fancy, picture. 〜の底で(は) at heart. 〜の中で[に] to oneself.
心から heartily, sincerely, warmly. 〜の cordial, genuine, hearty.
試み attempt, trial. 〜る attempt, try.
心ゆくまで to one's heart's content.
快い comfortable, pleasant. 〜く readily, willing.
小雨 light rain ; 〔霧雨〕drizzle.
腰 hip, waist. 〜が曲る stoop, be bent. 〜の低い very polite.
孤児 orphan.
固執する persist.
小島 isle.

50(の) fifty.
コショウ pepper.
故障 breakdown, trouble. 〜した wrong. 〜する break. 〜している be out of order.
誤植 misprint.
個人(的な) individual. 〜的に personally.
漉す filter, strain.
こする rub, scrape, scrub.
個性 character, personality. 〜的な individual.
午前 morning, a.m., A.M.
固体 solidity, solid. 〜の solid.
古代の ancient. 〜ローマ(人)の Roman.
答え answer, reply ; 〔返答〕response.
答える answer, reply, respond. …に〜て in answer to, in reply.
こたえる 〔身に〕tell on ; 〔言葉などが〕strike home ; 〔つらい〕trying, hard.
こだま echo.
ごちそう cheer, dainties. 〜する treat.
誇張 exaggeration. 〜する exaggerate.
こちらへ[に] this way, here.
こつ knack, trick.
国家 state, nation, country. 〜の national.
国歌 national anthem.
国会 〔日本の〕Diet ; 〔米国の〕Congress ; 〔英国の〕Parliament.
小遣い pocket money ; 〔子供への〕allowance.
骨格 〔人・動物の〕skeleton ; 〔建物の〕framework.
国旗 national flag.
国境 border, frontier.
コック 〔料理人〕cook.
コック 〔蛇口〕tap.
こっけいな humorous, comical, funny, ridiculous.
国交 diplomatic relations.
こつこつ steadily. 〜勉強する grind away for, work steadily.
骨折(する) fracture.
こっそり stealthily, secretly, in secret. 〜…する steal.
小包 parcel ; 〔郵便の〕postal package.
骨董品 curiosity, curio.
固定する fix, fasten. 〜した firm, fast, fixed.
古典 classics. 〜的な[の] classic. 〜文学の classical.
事(柄) thing, matter, affair.
鼓動 beat, pulse.
孤独 solitude, loneliness. 〜な lonely, solitary.
今年 this year.
異なる differ, vary.
ことによると maybe, perhaps, possibly.
言葉 word, language, speech. 〜の verbal. 〜遣い phrase, wording. 〜では言い表せない(ほど) beyond description.
子供 child, kid. 〜時代 childhood. 〜たち family. 〜っぽい childish. 〜らしい childlike. 〜の日 Children's Day.
ことわざ proverb, saying.
断る refuse, decline, turn down.
粉 powder, flour. 〜ミルク dry milk.
小荷物 parcel, package.
コネ connection, pull.
子ネコ kitten.
この間 →先日.
この頃 recently, lately, these days, nowadays.
好ましい 〔性質などが〕pleasant ; 〔望ましい〕desirable.
好み liking, taste, inclination, preference ; 〔生れつきの〕bent ; 〔気まぐれの〕fancy ; 〔食べ物の〕tooth. 〜がうるさい particular.
木の実 nut.
好む like, please, prefer, fancy, care **A** for .
この世の earthly.
拒む refuse, decline.
湖畔 lakeside.
御飯 boiled rice ; 〔食事〕meal.
コピー copy, duplicate.
小びと dwarf.
媚びる flatter, fawn, cringe.
こぶ lump, swelling ; 〔背こぶ〕hump.
こぶし fist.
コブラ cobra.
こぼす drop, spill ; 〔涙を〕shed ; 〔不平を言う〕complain.
こま top.
駒 〔チェス・将棋の〕piece. 〔チェスの〕man, chessman.
ゴマ sesame.
細かい fine, small, minute; 〔金銭に〕stingy; 〔やかましい〕precise.
ごまかす deceive, cheat; 〔笑って〕laugh away; 〔過失などを〕gloss, smooth; 〔勘定を〕juggle.
ごますり (人) ass kisser.
困る[困っている] puzzle, (be) at a loss, bother, be troubled. 〜らせる bother.
ごみ dust, litter; 〔台所の〕garbage.
込み合った crowded.

小道 lane, path, track.
込む be crowded.
ゴム gum, rubber.
小麦 wheat. 〜粉 flour.
米 rice.
ごめんなさい Excuse me [us]., I beg your pardon; →すみません.
小文字 small letter.
子守 nurse, nursemaid;〔ベビーシッター〕baby-sitter. 〜をする nurse, take care of. 〜歌 lullaby.
小屋 cabin, hut, shed, cottage.
固有の proper, peculiar. 〜名詞 proper noun.
小指 little finger.
雇用 employment. 〜する employ, hire.
暦 calendar, almanac.
娯楽 sport, pleasure, amusement, entertainment.
ゴリラ gorilla.
凝る〔筋肉などが〕stiffen;〔熱中する〕be absorbed in, have a passion for;〔好みがうるさい〕be particular about. 〜った〔肩などが〕stiff;〔手のこんだ〕elaborate, fancy, sophisticated.
コルク(栓) cork.
ゴルフ golf.
これから hereafter, from now on.
コレクトコール collect call.
コレステロール cholesterol.
これまでに until now, so far.
コレラ cholera.
…頃 about, around.
転がす roll.
転がる roll;〔倒れる〕tumble.
ゴロゴロ鳴る roll;〔雷が〕thunder.
殺す kill, murder, destroy.
転ぶ tumble, fall.
怖い terrible, fearful;〔…が〕be afraid of;〔表情・態度が〕grim. 〜くて…できない afraid.
怖がらせる frighten, scare, terrify.
怖がる fear, be scared, be terrified.
壊す break, destroy.
壊れた broken.
壊れる break, be destroyed;〔故障する〕get [be] out of order.
懇願する appeal, pleading. 〜する appeal, implore, request.
根気強い enduring, patient.
根拠 ground, foundation, basis. 〜のある well-founded, authentic. 〜のない groundless, baseless.
コンクール competition.
コンクリート(製の) concrete.
今月 this month.
混血の half-blooded. 〜児 half-breed.
混合 mixture, blending. 〜する mix, blend.
今後 from now on, hereafter.
混雑〔交通の〕traffic jam. 〜する be crowded.
今週 this week.
根性 push, guts.
根絶する eradicate, exterminate.
コンセンサス consensus.
コンセント outlet.
コンタクト=レンズ contact lens.
献立(表) menu.
昆虫 insect.
混同 confusion. 〜する confuse, mistake, mix.
今度の new.
今度は this time;〔次回は〕next time.
コンドル condor.
混沌 chaos.
困難 difficulty, trouble. 〜な hard, difficult, troublesome.
今日(では) today.
コンパクトディスク compact disc, CD.
コンパス compass.
今晩 this evening, tonight.
こんばんは Good evening.
コンビーフ corned beef.
コンピュータ computer.
根本的な fundamental, radical.
コンマ comma.
今夜 tonight.
婚約 engagement. 〜している[する] be engaged. 〜者 fiancé(e).
混乱 confusion, disorder. 〜させる confuse, disturb. 〜した confused, puzzled.
困惑する be confused, be embarrassed.

## さ

差 difference, disparity;〔差額、残り〕balance;〔得票差〕majority.
サーカス circus.
サーバー server.
サービス service.
サーブ service. 〜する serve.
サーフィン surfing.
サイ rhinoceros.
…歳 year, age. 〜の aged, old.
罪悪 →罪.
最悪 worst.
災害 disaster, calamity.
財界 financial circles [world].
再会する meet again.
再開する resume, reopen.
再起動する〔コンピュータを〕reboot.
最近 late, lately, recently. 〜の late, latest, recent.
細工〔…細工〕work[-work]. 〜をする work.
採決(する) vote.
債券 bond.
財源 finance, revenue.
再建する reconstruct, rebuild.
最後[期] end, last. 〜の last, final. 〜まで last, finally. 〜には in the end. 〜には…になる end up. 〜まで out, to the last.
在庫(品) stock.
最高 〜の best, chief, supreme, top. 〜記録 (best) record. 〜点 top [highest] marks;〔絶頂〕peak. 〜峰 highest peak. 〜級の classic, best.
最高裁 Supreme Court.
さいころ dice, die.
財産 fortune, property, estate, asset, means.
祭日 holiday.
最終 〜の last, final, ultimate. 〜的に finally, ultimately.
最上 〜の best, finest, supreme. 〜階 top floor. 〜級 highest grade;〔文法〕superlative. 〜級生 senior.
最小の smallest, least.
在職する hold, be in office.
最初 first, primary, initial, original.
最初は at first.
最新(式)の newest, latest, up-to-date.
細心の注意 care, close attention.
サイズ size.
財政 finance. 〜上の financial.
在籍する →所属する. 〜者数 en-

rollment.
最先端 〜の extreme.
最大限 maximum, utmost. 〜に活かす[利用する] make the most of.
最大の greatest, largest, utmost.
在宅している be at home, be in.
最低 lowest, worst.
最適 only, best, most appropriate.
採点する mark, grade, score.
災難 misfortune, calamity, disaster.
歳入 revenue.
才能 ability, faculty, talent, capacity, genius. 〜ある able, talented, capable.
栽培 culture, growth. 〜上の cultural. 〜する grow, culture.
裁判 judgment, justice, trial. 〜官 judge, court, justice. 〜所 court. 〜する judge. 〜にかけられて on trial.
財布 purse, wallet.
再訪(する) return, revisit.
裁縫 sewing, needlework.
細胞 cell.
財務省 Ministry of Finance.
材木 lumber, timber, wood.
採用 adoption. 〜する adopt. →雇用.
材料 material, stuff.
サイレン siren.
幸いにも happily, luckily, fortunately.
サイン autograph, signature.
…さえ even, only.
さえぎる interrupt, intercept, block.
さえずる chirp, sing.
坂 slope, incline, hill ; 〔上り坂〕 ascent ; 〔下り坂〕 descent.
境 border, boundary.
さかさまに upside down, head first [foremost].
捜し出す trace, seek out.
捜す look for, hunt, search ; 〔手さぐりで〕 feel, fumble ; 〔引っかき回して〕 rummage.
魚 fish. 〜釣り fishing.
逆らう 〔口答えする〕 contradict ; 〔親などに〕 disobey.
盛り 〔頂点〕 height, peak ; 〔花が〕 full bloom ; 〔人生の〕 prime, bloom ; 〔動物の〕 heat, rut.
下がる drop, fall, go down, lower ; 〔垂れ下がる〕 hang down ; 〔うしろへ〕 step back, walk backward.
盛んな active, thriving. 〜に〔熱心に〕 eagerly, earnestly. 〜になる prosper, flourish.
(…の)先 tip, point, head, end. (…よりも)〜に before, ahead of. 〜の 〔前の〕 former. 〜へ forth, forward.
詐欺(を働く) swindle. 〜師 swindler.
作業 operation, work.
咲く bloom, flower, blossom, come into flower. 〜いている be in bloom [blossom].
柵 fence, stockade.
策 plan, scheme. 〜を練る draw up a plan.
裂く tear, rip, split.
割く 〔時間を〕 spare.
索引 index.
作詞する write the lyrics [words].
作者 author. 〜不明の anonymous.
削除する delete, omit.
作戦 tactics, strategy, operation, maneuver.
作品 work, piece, composition.
作文 composition.
昨夜 last night.
サクラ 〔木〕 cherry tree ; 〔花〕 cherry blossom [flower].
探る 〔ポケットを〕 fumble, feel ; 〔手探りで〕 grope for ; 〔秘密などを〕 feel, spy on ; 〔調査する〕 investigate.
サケ salmon.
酒 drinks, liquor.
叫び cry, shout.
叫ぶ cry, exclaim, shout.
裂け目 crack, cleft ; 〔服などの〕 rip, tear.
避けられない inevitable, unavoidable, inescapable.
避ける avoid, keep away.
裂ける rip, split, tear.
下げる lower, drop ; 〔ぶら下げる〕 hang ; 〔うしろへ〕 back, move back ; 〔食器を〕 clear the table.
ささいな trivial, trifling, small, minor.
支え support ; 〔支柱〕 prop.
支える bear, carry, support, sustain, hold, prop.
捧げる devote, dedicate ; 〔犠牲にする〕 sacrifice.
ささやく 〔ささやき声〕 whisper.
挿絵 illustration. 〜をいれる illustrate.
差し込む insert, put in.
指図 direction, instruction. 〜す る direct, instruct, order.
差し迫った pressing, urgent.
差し出す 〔手・腕を〕 reach, hold out ; 〔提出する〕 present, submit ; 〔証拠などを〕 produce.
差し控える keep, refrain.
指す point, indicate.
刺す pierce, stab ; 〔鋭い物で〕 stick ; 〔ちくりと〕 prick ; 〔針・とげ・ハチなど〕 sting ; 〔虫などが〕 bite.
授ける give, grant ; 〔賞・称号を〕 confer.
座席 seat.
挫折 frustration. 〜させる frustrate. 〜する fail, miscarry, be frustrated.
させておく have … -ing, let, allow.
させない keep ; 〔禁ずる〕 forbid, ban, inhibit.
…させる have, get, make, set ; 〔させてやる〕 let ; 〔許す〕 permit, allow.
誘う 〔勧誘する〕 invite, ask ; 〔誘惑する〕 tempt, allure.
サソリ scorpion. 〜座 Scorpio.
定める fix, set, decide, determine, appoint.
札 bill ; 〈英〉note. 〜入れ wallet.
作家 writer ; 〔著者〕 author.
サッカー soccer ; 〈英〉(association) football.
錯覚 illusion.
さっき a while ago.
作曲 composition. 〜家 composer. 〜する compose.
雑誌 magazine, journal ; 〔季刊〕 quarterly ; 〔月刊〕 monthly ; 〔週刊〕 weekly. 〜記者 journalist.
殺人 murder, homicide. 〜者 murderer.
雑草(を抜く) weed.
さっそく at once, immediately.
さっぱりした tidy, neat ; 〔性格が〕 frank ; 〔味が〕 plain. 〜する feel refreshed.
サツマイモ →イモ.
さて now.
査定 →評価.
砂糖 sugar.
悟る realize, see. 〜らせる awake.
サドル saddle.
サバ mackerel.
砂漠 desert.
裁く judge.
さび rust. 〜た rusty.
寂しい lonesome, lonely ; 〔場所が〕 solitary. (いなくなって)〜くなる [思う] miss.
サブンという音 [と飛び込む] splash.
差別 discrimination. 〜する discriminate.
サボテン cactus.
さぼる 〔学校を〕 cut a class [lecture] ; 〔学校・仕事を〕 play tru-

ant.
さまざまな various, several.
さます cool.
妨げる disappoint, disturb, hinder, prevent.
さまよう wander, stroll.
寒い[寒さ] cold.
寒17 chill.
サメ shark.
冷める cool.
(目が)覚める wake up, awake.
さもないと else, otherwise.
左右 right and left. 〜する govern, control. 〜に from side to side.
座右の銘 motto.
作用 action, agency, operation. 〜する act on [upon], operate, affect.
さようなら Good-by., So long., See you.
皿 dish, plate；[受け皿] saucer.
ざらざらした harsh, rough.
さらす expose；[恥を] make a spectacle of oneself；[漂白する] bleach.
サラダ salad.
さらに even, still, again, likewise, more. 〜進んだ[で] further. 〜遠い[遠くへ] further.
サラリー salary, pay. 〜マン salaried worker, office worker.
サル monkey, ape.
去る go, leave.
騒がしい noisy, loud.
触ってみる[触る] feel, touch.
さわやかな refreshing, fresh. 〜気分になる be refreshed, freshen.
3(の) three. 〜番目(の) third. 〜月 March.
酸(性の) acid. 〜性 acidity.
三角(形) triangle. 〜の triangular. 〜関係 triangle.
参加者 entry, participant.
参加する take part in, participate, partake, join；[競技などに] compete.
参議院 House of Councilors.
産業 industry. 〜の industrial.
残業する work overtime.
サングラス sunglasses.
参考 reference. 〜にする[手本にする] make a model of；[参照する] refer to, consult. 〜図書 reference book. 〜文献目録 bibliography. ご〜までに for your information.
残酷(の) cruelty. 〜な cruel.
サンゴ礁 coral reef.
サンシキスミレ pansy.
30 thirty.

三重の treble.
産出する produce, yield.
参照 reference. 〜する refer to.
三振 strikeout. 〜する[させる] strike out.
算数 arithmetic.
参政権 franchise；[選挙権] suffrage, vote.
(…に)賛成して[で] for, in favor of.
賛成する approve, favor, agree；[賛成の投票をする] vote for,〈形〉friendly.
賛成の favorable, friendly.
酸素 oxygen.
サンタクロース Santa Claus.
サンダル sandal.
散弾銃 shotgun.
三段跳び triple jump；hop, step, and jump.
山頂 summit, mountaintop.
サンドイッチ sandwich.
残念ながら…のようだ I am afraid (that).
残念に思う regret, be sorry.
3倍の treble.
散髪 haircut. 〜してもらう have one's hair cut.
桟橋 pier.
賛美歌 hymn.
山腹 mountainside
産物 product.
サンフランシスコ San Francisco.
散文 prose. 〜の prosaic.
3分の1(の) a third.
散歩 walk.
山脈 range, mountains.
三輪車 tricycle.
三塁 third base. 〜手 third baseman. 〜塁打 triple.

## し

4 four. 〜月 April.
市 city. 〜の city, municipal.
死 death.
詩 poem, poetry, verse. 〜の poetic.
字 letter, character.
試合 game, match.
仕上げる complete, finish.
幸 happiness. 〜な happy.
飼育する →飼う.
シーズンオフ off-season.
シーツ sheet.
シーディーロム CD-ROM.
シートベルト seat belt.
シーフード seafood.
強いる compel, force, push.
子音 consonant.
寺院 temple；[イスラム教の] mosque.
自衛 self-defense；[自己防衛] self-protection.
ジェット jet. 〜機 jet plane.
ジェットコースター roller coaster.
塩 salt. 〜辛い salty.
潮(の干満) tide, ebb and flow. 〜の流れ current.
しおれる droop, wither；[人が] be downcast, be dejected.
シカ deer；[雄] stag；[雌] hind；[子ジカ] fawn.
しか only, but, no more than.
自我 ego, self. 〜の強い egoistic, selfish.
司会(者) chairman；[宴会の] toastmaster. 〜をする chair, preside.
視界 sight, field of vision, visibility.
歯科医 dentist.
市街 street, town. 〜地区 urban district.
紫外線 ultraviolet rays.
仕返し revenge, retaliation. 〜する revenge, retaliate, give tit for tat.
四角(の) square. 〜形 quadrangle.
視覚 eye, vision. 〜の visual.
資格 capacity, qualification. 〜のある qualified. 〜を与える entitle, qualify.
自覚 sense, consciousness, awareness. 〜している know, be conscious.
シカゴ Chicago.
しかし but, yet.
しかしながら however.
仕方 way, method, how. 〜がない cannot help. 〜なく…する be compelled [forced] to.
…しがちの liable, apt, likely.
しかめつら frown, grimace. 〜をする frown, grimace, make faces [a face] at.
しかも [その上] and that …, moreover.
しかる scold, reprove, rebuke；[おだやかに] chide.
志願 application. 〜者 applicant, volunteer. 〜する apply, volunteer.
時間 hour, period, time, while. 〜どおりに on time. 〜を守る be punctual.
式 ceremony, rite.
指揮 command, direction. 〜する command, direct；〈音〉conduct. 〜者 commander, leader；〈音〉conductor.

**磁器** porcelain, china.
**市議会** city assembly [council].
**色彩に富んだ** colorful.
**時機尚早の** premature.
**しきたり** convention, custom.
**敷地** ground.
**磁気の(を帯びた)** magnetic.
**四球** walk
**死球** hit by a pitch
**支給する** issue, supply.
**至急の** urgent, pressing.
**事業** business, enterprise, undertaking.
**始業式** opening ceremony.
**資金** fund.
**敷く** lay out, spread. 〔布団を〕 make a bed.
**軸** axis.
**仕組む** 〔たくらむ〕 scheme, plot, contrive.
**シクラメン** cyclamen.
**死刑** capital punishment. 〜囚 condemned criminal.
**刺激** stimulus, spur, incentive. 〜する incite, stimulate. 〜的な exciting.
**試験** examination, test, trial. 〜する test, examine. 〜的な tentative, trial.
**資源** resource.
**事件** affair, incident, event. 殺人〜 case of murder.
**自己** self. 〜中心の selfish, egoistic. 〜嫌悪 self-hate. 〜弁護する justify oneself.
**事故** accident, incident.
**思考** thinking, thought.
**時刻** hour, time.
**地獄** hell.
**仕事** work, business, employment, job. 〜場 studio, shop.
**思索** speculation.
**視察** inspection.
**自殺** suicide. 〜する kill oneself, commit suicide.
**資産** →財産.
**獅子** →ライオン. 〜座 Leo.
**支持** support. 〜する support, maintain, stand by. 〜者 friend, supporter.
**指示** indication, prescription. 〜する instruct, prescribe, direct.
**事実** fact, reality, truth. 〜上 practically.
**支社** branch office.
**死者** the dead, the deceased.
**使者** messenger.
**試写** preview.
**子爵** viscount. 〜夫人 viscountess.
**磁石** magnet.

**刺しゅう** embroidery, needlework.
**始終** always, at any time.
**支出** expenditure, outlay, outgoings. 〜する expend.
**自主的な** free, voluntary, independent.
**辞書** dictionary.
**市場** market.
**事情** circumstances, things, situation, conditions.
**辞職** resignation. 〜する resign.
**自叙伝** autobiography.
**詩人** poet.
**…自身** itself, -self.
**自信** confidence, assurance. 〜がある confident, positive.
**地震** earthquake.
**静かな** quiet, silent, still, tranquil. 〜に quietly, silently. 〜にさせる hush, quiet.
**静まる, 鎮(しず)まる** become quiet, quiet down ; 〔暴動が〕 be put down, be suppressed.
**沈む** sink, set, settle. 〜める sink.
**静める** cool, settle, calm ; 〔鎮圧する〕 suppress ; 〔怒りを〕 appease, calm.
**姿勢** attitude, position, posture, pose.
**自制する** control oneself, pull oneself up.
**史跡** historic spot [sites].
**使節** delegate, mission. 〜団 mission, delegation.
**施設** institution, establishment, facilities.
**自然** nature. 〜の natural. 〜に naturally. 〜環境 environment.
**慈善** charity.
**思想** thought, idea.
**子孫** descendant.
**自尊心** pride, self-respect. 〜のある proud.
**下** 〔下部〕 bottom. 〜の lower, under. 〜に〔へ〕 under, below, down. 〜の方へ downward. 〜あご chin.
**舌** tongue.
**死体** body, corpse.
**(…)したい** like, want, would, feel like, be eager to.
**…しだい** 〔すぐに〕 as soon as, directly ; 〔…にかかっている〕 depend on, be up to, be dependent on.
**時代** times, date, day, epoch, era, period. 〜劇 costume piece [play] 〜錯誤 anachronism. 〜遅れで[の] out of date, behind the times, old-fashioned.
**…時代** age.

**(それ)自体では** in oneself.
**次第に** gradually, by little and little.
**従う** follow, obey, submit to. (…に)〜って by, according to.
**したがって** thus, accordingly, therefore.
**…したかもしれない** may.
**…したからない** be reluctant to, be unwilling to.
**下着** underwear.
**仕度する** prepare ; 〔身仕度〕 equip oneself, dress.
**親しい** familiar, close, intimate.
**…した方がよい** may (just) as well do (as not), should.
**…したものだった** would, used to.
**7(の)** seven. 〜番目(の) seventh. 〜月 July.
**自治** self-government, autonomy. 〜の autonomous.
**シチメンチョウ** turkey.
**シチュー** stew.
**市長** mayor.
**視聴率** ratings.
**質** quality ; 〔性質〕 nature, character.
**しっかりした** 〔丈夫な〕 substantial, sound, firm; 〔堅実な〕 sound.
**失業** unemployment. 〜する lose one's job. 〜している be out of [without] employment.
**実業** business. 〜家 man of business, businessman ; 〔女性の〕 businesswoman.
**実況放送** running commentary.
**じっくり考える** contemplate, meditate.
**しつけ** discipline, train.
**湿気** damp, moisture.
**実験** experiment, test. 〜の experimental. 〜室 laboratory. 〜する experiment.
**実現する** come true, realize.
**しつこい** persistent ; 〔病気などが〕 lingering, obstinate ; 〔要求などが〕 urgent. 〜く obstinately.
**実行** deed, practice, execution. 〜する carry out, practice, execute. 〜する上での executive.
**実際** 〜の actual, real. 〜に(は) actually. 〜は in (actual) fact, really, indeed. 〜的に practically.
**実在の** actual, real. 〜しない imaginary. 〜する exist.
**実施** operation, enforcement. 〜する enforce, bring ... into effect.
**実質** substance. 〜上の practical. 〜的な substantial. 〜的に sub-

**実習(する)** practice. 〜生 trainee. 教育〜 practice teaching.
**実情は** as it is, the fact is …
**失神(する)** faint.
**質素な** plain, simple. 〜に plainly, simply.
**実体** substance, reality. 〜のある substantial.
**知っている** know.
**知ってのとおり** You see.
**しっと** envy, jealousy. 〜深い jealous.
**湿度** humidity.
**じっと** fixedly. 〜している keep quiet. 〜見つめる gaze, stare, contemplate.
**実に** indeed, truly ; 〔非常に〕very, very much.
**実は** indeed, really, in fact, (as a) matter of fact ; 〔実を言えば〕To tell (you) the truth.
**失敗** failure, mistake ; 〔大失敗〕blunder. 〜する fail, be unsuccessful.
**実物** the real ; 〔絵に対して〕life. 〜そっくりの living.
**失望** disappointment. 〜させる disappoint. 〜する be disappointed, be discouraged.
**質問** inquiry, question. 〜する ask, question.
**執拗な** obstinate, persistent, tenacious.
**失礼** 〜な rude, impolite. 〜ですが Excuse me [us].,I beg your pardon.
**実話** true story.
**指定** assignment ; 〔予約〕reservation. 〜する appoint, assign. 〜席 reserved seat.
**指摘する** point out, indicate.
**私的な** private, personal.
**…してもよい** can, might.
**…してもらう** get, have.
**支店** branch (office).
**自転** rotation.
**事典** encyclopedia.
**辞典** dictionary.
**自転車** bicycle, bike, cycle.
**指導** direction, lead, leadership. 〜力 leadership. 〜する direct, teach, instruct, coach.
**児童** child, juvenile.
**自動車** automobile, car; 〈英〉motorcar.
**自動(式)の** automatic. 〜販売機 vending machine.
**しとやか** modest.
**…しないで** without.
**…しなければならない** must.

**品物** article, thing ; 〔商品〕goods, wares.
**しなやか** flexible, elastic.
**死ぬ** die, perish, pass away ; 〔事故などで〕be killed. 〜運命にある mortal.
**地主** landlord.
**しのぐ** 〔勝る〕gain [get] an advantage over ; 〔耐える〕endure, bear ; 〔雨を〕shelter from rain.
**支配** control, grip, reign, rule. 〜者 ruler. 〜する control, rule. 〜的な dominant, prevailing.
**芝居(をする)** play.
**自白** confession. 〜する confess.
**しばしば** frequently, often.
**自発的な** voluntary, spontaneous. 〜に voluntarily, spontaneously.
**芝生** lawn, turf, grass.
**支払い** payment.
**支払う** pay.
**しばらく(の間)** some time, for a while. 〜して after a while.
**縛る** bind, tie.
**慈悲** mercy. 〜深い merciful. 〜心 charity.
**しびれる** be numbed, be benumbed.
**しぶき** spray, splash.
**しぶしぶ** →いやいや.
**ジフテリア** diphtheria.
**自分(自身)** oneself, self. 〜で on one's own, for oneself, by oneself. 〜の one's own, own. 〜のために for, oneself. 〜としては personally.
**自分自身(に, を)** oneself.
**紙幣** bill, paper money, 〈英〉note.
**シベリア** Siberia. 〜の Siberian.
**死亡** death. 〜記事 obituary.
**脂肪** fat, grease.
**時報** time signal.
**司法長官** attorney general.
**絞る[絞り出す]** squeeze, wring.
**資本(金)** capital. 〜主義 capitalism. 〜家 capitalist, financier.
**島** island.
**姉妹** sisters.
**しまう** put away, stow away, lay away ; 〔かぎをかけて〕lock away ; 〔元の場所に〕replace.
**シマウマ** zebra.
**…しましょうか** Shall I …?
**…しますか** Do you …?
**始末** 〜する dispose (of), deal with. 〜に負えない incorrigible. 〜をつける〔解決する〕settle.
**閉まる** close, shut.
**締まる** fasten, tighten.

**自慢(の種)** boast, pride. 〜する boast of, be proud of, be boastful of.
**しみ** blot, spot, stain.
**しみこむ** penetrate, sink.
**地味な** quiet, sober, plain.
**しみる** soak ; 〔薬などが〕smart.
**市民** citizen. 〜権 citizenship.
**事務** affair, clerical work. 〜員 clerk. 〜員の clerical. 〜所 office, bureau. 〜的な businesslike ; 〔おざなりの〕perfunctory.
**使命** mission.
**指名** appointment, nomination. 〜する appoint, nominate, name, designate. 〜打者 designated hitter.
**締切り** deadline. 〜日 closing day.
**締め切る** close.
**示す** show ; 〔指し示す〕indicate ; 〔合図で〕signify ; 〔…であることを〕reveal ; 〔典拠などを〕quote ; 〔手本を〕set.
**湿った[湿っぽい]** moist, damp, humid.
**占める** occupy, take.
**閉める** close, shut.
**締める** tighten.
**地面** ground, earth.
**霜** frost.
**指紋** fingerprint.
**視野** view, vision.
**ジャーナリズム** journalism.
**シャープペンシル** mechanical pencil ; 〈英〉propelling pencil.
**社会** society. 〜の social. 〜科 social studies.
**社会主義** socialism. 〜者 socialist.
**ジャガイモ** →イモ.
**蛇口** tap, faucet.
**釈放** release, discharge, liberation. 〜する release, liberate.
**借用証書** IOU.
**射撃** shooting.
**車庫** shed, garage.
**社交** 〜の social. 〜的な sociable. 〜界 society.
**謝罪** apology. 〜する apologize.
**写実** 〜的な realistic. 〜主義 realism.
**写真** photo, photograph, picture.
**写生(する)** sketch.
**社説** editorial ; 〈英〉leader, leading article.
**社長** president, boss.
**シャツ** shirt, undershirt ; 〈英〉vest.
**借金** debt.

しゃっくり hiccup.
シャッター shutter.
しゃべる talk, chat.
シャベル shovel.
邪魔(物) obstacle, nuisance. 〜をする interfere, interrupt.
ジャム jam.
斜面 slope, slant ;〔丘の〕hillside.
車輪 wheel.
しゃれ jest, joke.
謝礼 fee, reward.
ジャングル jungle.
シャンデリア chandelier.
ジャンパー jacket, windbreaker, jumper.
シャンパン champagne.
州 state, province ;〈英〉county. 〜の provincial.
週 week.
自由 freedom, liberty. 〜の free. 〜に freely, at liberty, as you please [like], at will. 〜主義 liberal.
10(の) ten. 〜番目(の) tenth. 〜月 October.
銃 gun.
周囲 circuit, circumference ;〔環境〕environment. (…の)〜に round.
11(の) eleven. 〜番目(の) eleventh. 〜月 November.
10億 billion.
集会 assembly, meeting, congregation, convention, rally.
収穫(期) harvest. 〜する reap. 〜物 crop.
修学旅行 school excursion.
習慣 habit, rule, custom. 〜的な habitual.
周期 cycle, period. 〜的な cyclic.
衆議院 House of Representatives.
住居 house, residence. 〜の residential.
宗教 religion. 〜の religious.
従業員 employee.
終業式 closing ceremony.
19(の) nineteen. 〜番目(の) nineteenth.
15(の) fifteen. 〜番目(の) fifteenth.
集合 congregation, meeting ;〈数〉set. 〜する gather, meet, assemble.
15分 quarter, fifteen minutes.
秀才 bright [brilliant] student.
13(の) thirteen. 〜番目(の) thirteenth.
習字 penmanship ;〔書道〕(Japanese) calligraphy.
14(の) fourteen. 〜番目(の) fourteenth.

従事 〜する engage, follow, occupy, pursue. 〜させる engage. 〜している engage,〈前〉about. …に in, on.
十字架[十字形] cross.
修辞学 rhetoric.
重視する make a point of.
17(の) seventeen. 〜番目(の) seventeenth.
収集(物) collection. 〜する collect.
従順 obedience. 〜な obedient.
重傷である be seriously wounded.
修飾する modify.
就職する〔会社などに〕get job with, take a post in ;〔タイピストなどとして〕get a position as.
囚人 prisoner.
重心 center of gravity.
終身刑 life imprisonment.
ジュース juice.
修正 amendment, modification. 〜する amend, modify, correct.
渋滞 traffic jam, traffic congestion.
重態である be seriously ill.
重大な critical, grave, serious, significant.
住宅 →住居
集団 group, mass. 〜の collective.
じゅうたん carpet ;〔一部に敷く〕rug.
州知事 governor.
集中 concentration. 〜させる[する] center, concentrate.
終点 terminal (station), terminus.
重点 accent, emphasis.
シュート shoot.
修道院 monastery ;〔女子の〕convent, nunnery.
修道女 nun.
習得する learn, get, acquire, master.
柔軟性 flexibility, elasticity. 〜のある flexible, elastic.
12(の) twelve. 〜番目(の) twelfth. 〜月 December.
収入 income, revenue.
就任(式) inauguration. 〜する take [enter] office.
10年間 decade, ten years.
執念深い spiteful, vindictive.
私有の private.
(郵便)集配人 mailman, postman.
18(の) eighteen. 〜番目(の) eighteenth.
秋分 autumnal equinox.

十分 full. 〜である suffice. 〜enough, full, good, sound, sufficient. 〜な量の adequate. 〜に enough, fully, sufficiently, to the full.
週末 weekend.
住民 inhabitant.
重役 executive, director.
収容 〜する house, accommodate, admit, receive. 〜設備 accommodation. 〜できる admit.
重要 〜性 importance, moment, consequence, significance. 〜な important, vital, fundamental, considerable, big. 〜である matter, be important. 〜な地位 importance.
14(の) fourteen. 〜番目(の) fourteenth.
修理 repair, service. 〜する fix, repair.
重力 gravity.
16(の) sixteen. 〜番目(の) sixteenth.
守衛 guard.
主観的な subjective.
主義 principle, doctrine, cause, ism.
授業 class, school, lesson. 〜料 school fees.
祝宴 feast.
熟させる[熟す] ripen, mature.
祝辞 congratulations.
熟した mature, mellow, ripe.
祝日 holiday.
縮小 reduction. 〜する reduce, cut.
宿題 assignment, homework.
宿泊 lodging. 〜客 visitor. 〜する lodge, stay, stop, put up. 〜設備 accommodation.
祝福〔牧師の〕blessing ; celebration. 〜する celebrate. 〜の言葉 wishes.
熟練 skill. 〜した skillful. 〜した人 expert.
手芸 handiwork, handicraft.
(…を)受験する undergo [take, have] an examination of.
受験生 examinee.
主語 subject.
主催する host, promote. 〜者 host.
手術 operation. 〜をする operate.
首相 premier, prime minister.
受賞する be awarded [win] a prize, receive a prize.
主人 landlord, master ;〔夫〕husband.
主人(役) host ;〔女性の〕hostess.
主人公 hero ;〔女の〕heroine.

首席で[の] at the head of.
種族 race, tribe.
主題 theme, subject.
受諾 acceptance. 〜する accept.
手段 means, measure, medium, resource.
主張 claim, maintenance. 〜する argue, claim, insist, maintain, make a point of.
出演 appearance. 〜する appear, act.
出勤する go to work.
出血する bleed.
出欠をとる call the roll.
出現する appear, come into being.
述語 predicate.
出産[出生] birth.
出場 〜する take part in. 〜者 participant, contestant.
出身地 birthplace.
出身である come from.
10進法 decimal system.
出席 attendance, presence. 〜する attend. 〜している be present. 〜簿 roll book.
出世する rise, succeed in life ;〔昇進する〕promote.
十中八九 ten to one.
出発 departure, start. 〜する depart, leave, set out, start.
出版(物) publication. 〜社 publisher. 〜する print, publish.
出帆する sail.
出費 expenses.
首都 capital.
受動的な passive.
主として chiefly, largely, mainly.
主婦 housewife.
趣味 hobby, taste.
寿命 life.
種目 event, item.
呪文 spell.
主役 leading part.
需要 demand, sale.
主要な main, central, chief, major, primary, prime, principal.
狩猟 hunting. 〜する hunt.
種類 kind, sort, variety, form.
手話 finger language.
受話器 receiver.
巡回 patrol, round.
瞬間 instant, minute, moment. 〜的な momentary.
循環 circulation. 〜する cycle.
殉教者 martyr.
純血種の thoroughbred, pure, genuine.
巡査 →警官.
順序 order. 〜よく orderly.
純真 simplicity, naivete. 〜な naive, innocent.
純粋な pure, genuine. 〜に purely, genuinely.
順調な smooth. 〜に favorably. 〜だ〔快調だ〕do well.
順番 turn, order.
準備 preparation, arrangement. 〜する prepare, arrange. 〜ができている ready.
春分 vernal equinox.
…しよう let's.
使用(する) use, employ.
章 chapter.
賞 award, prize.
錠 lock.
情愛 affection.
上位の upper, superior to.
上院 Upper House ;〔米国・カナダの〕Senate ; House of Lords. 〜議員 senator.
上演 performance. 〜する perform, stage, play.
消火 fire fighting. 〜に当たる fight a fire. 〜栓 hydrant, fireplug. 〜器 fire extinguisher.
消化 digestion. 〜する digest. 〜の digestive.
ショウガ ginger.
紹介 introduction. 〜する introduce, present.
商会 firm.
生涯 →一生.
障害 bar, barrier, block, obstacle. 〜物 bar, block, obstacle.
奨学金 scholarship.
小学生 →男子[女子]生徒.
正月 New Year.
小学校 primary school, elementary school.
正気 wit, sense. 〜の sane. 〜でない crazy.
蒸気 steam, vapor.
定規 rule, ruler, square.
上記の above, above-mentioned
乗客 passenger.
上級生 senior.
上級の senior, upper, superior ;〔学問などが〕advanced.
商業 commerce. 〜の commercial, merchant. 〜地区へ[の] downtown.
状況 circumstances, conditions, situation.
消極的な negative, passive.
賞金 prize, reward.
将軍 general ;〔日本の〕shogun.
衝撃 impact, shock. 〜的な shocking.
証言 testimony. 〜する testify.
条件 condition, term. (…という)〜で on condition (that) ...
証拠 evidence, proof, testimony, witness.
正午 noon.
称号 title.
照合(する) check.
条項 clause.
詳細 detail, particulars.
錠剤 tablet.
賞賛 admiration. 〜する admire, praise. 〜に値する admirable, praiseworthy.
上司 boss, superior.
正直 honesty. 〜な honest, upright.
常識〔良識〕common sense, good sense ;〔だれもが知っていること〕common knowledge.
焼失する burn down.
商社 business [trading] company.
乗車する get on, ride, board. 〜券 (railroad) ticket.
招集する call, summon.
常習的な frequent, habitual.
少女 girl. 〜時代 girlhood. 〜らしい girlish.
症状 symptom.
上昇する rise, elevate, go up.
昇進 promotion. 〜する be promoted, be advanced.
少数 minority, few. 〜の few, small number of, minor. 〜民族 minority.
上手な handy, skillful, good at.
使用する use, employ.
小説 fiction,〔長編〕novel. 〜家 novelist.
肖像(画) portrait.
招待(状) invitation. 〜する invite, ask.
正体 〜を現す unveil oneself. 〜を隠す wear a mask. 〜を見破る find out.
状態 condition, shape, state.
承諾 consent, agreement, assent. 〜する consent, agree, assent.
上達する progress.
冗談 joke, jest, game. 〜に in [for] sport, for fun.
承知 〜する〔知っている〕know ;〔同意する〕consent, agree. 〜しました Certainly.
象徴 symbol, emblem. 〜する symbolize. 〜的な symbolic.
商店 store, shop. 〜街 shopping center, downtown (centers).
焦点 focus.
衝動 impulse, urge. 〜的な impulsive.
消毒する disinfect, sterilize.

…しようとしている be about to …, be going to …

衝突 collision, conflict. 〜する crash, collide ;〔意見などが〕conflict.

承認 approval, recognition. 〜する approve, recognize, admit.

証人 witness.

商人 merchant.

情熱 passion. 〜的 passionate.

少年 boy. 〜らしい boyish. 〜時代 boyhood.

商売 business, trade.

蒸発する evaporate.

消費 consumption. 〜者 consumer. 〜税 consumption tax. 〜する consume.

商品 goods, merchandise, ware, commodity.

賞品 prize.

上品 grace, elegance. 〜な decent, elegant, graceful, refined.

勝負 game, bout.

じょうぶな tough, strong, stout.

小便 urine, water. 〜するurinate.

譲歩 concession. 〜する concede, compromise, give way.

消防 fire fighting. 〜士 fireman, fire fighter. 〜自動車 fire engine.

情報 information, intelligence, observation, news.

(…の)上方に[の] above, over.

静脈 vein.

乗務員 crew.

証明 proof, certification. 〜書 certificate. 〜する prove, certify, testify.

照明 illumination. 〜する illuminate.

消滅 extinction. 〜させる destroy, consume, extinguish.

正面 front, face. 〜の[で] in front.

条約 treaty, pact, agreement.

しょう油 soy (sauce).

将来(性) future.

勝利 triumph, victory, winning. 〜者 victor, winner, conqueror.

上陸 landing. 〜させる[する] land ;〔台風が〕hit.

省略 abbreviation. 〜する〔短くする〕abbreviate ;〔省く〕omit.

上流社会(の人々) society. 〜の upper.

少量 grain, trifle. 〜の little, touch.

症例 case.

奨励する recommend, encourage.

女王 queen.

ショート 〔電気〕short circuit ;〔野球〕shortstop.

除外する omit, exclude, except, set aside.

女学生 girl student.

初期 early stage. 〜の early, initial.

書記 secretary, clerk. 〜長 secretary-general.

ジョギング jogging. 〜する jog.

職員 official, staff. 全〜 personnel. 〜室 teacher's room, staff room.

職業 business, occupation, profession, trade, work.

食事 meal, dinner, board, table. 〜をしている be at (the) table.

食卓 dinner table. 〜に並べる spread.

食堂 dining room ;〔学校などの〕lunchroom ;〔軽食堂〕luncheon [snack] bar ;〔セルフサービスの〕cafeteria ;〔劇場・列車の〕buffet.

職人 craftsman.

植物 plant, vegetation. 〜園 botanical gardens.

植民(地) colony. 〜開拓者 colonist. 〜の colonial.

職務 duty, functions. 〜上 officially. 〜上の official.

食物 food, dish.

食欲 appetite.

食糧[料] food, provision. 〜品 foodstuffs. 〜雑貨店 grocery. 〜品店market.

処刑 execution. 〜する execute.

助言 advice. 〜者 adviser. 〜する advise.

書斎 study, library.

叙事詩 epic.

女子生徒 schoolgirl.

助手 assistant, helper.

処女(の) virgin, maiden.

徐々に gradually, little by little.

初心者 beginner, novice.

女性 woman. 〜の female, feminine. 〜らしい womanly, feminine.

所属 〜する attach, belong. (…に)〜して in.

食器(類) dish, tableware. 〜戸棚 cupboard.

ショック(を受ける) shock.

書店 bookstore, bookshop.

初等の elementary.

所得 earnings, income.

処分 disposal ;〔処罰〕punishment. 〜する dispose.

序文 preface, foreword.

署名 signature. 〜する sign.

所有 possession, property, hand. 〜する own, possess. 〜権 ownership. 〜者 owner. 〜物 possession, property.

女優 actress.

処理する do, treat, cope, dispose.

書類 paper, document. 〜かばん briefcase, attache case.

地雷 mine.

白髪 gray hair. 〜の gray.

知らせ news, notice, information.

知らせる acquaint, inform, notify.

調べる see, look over ;〔調査する〕examine ;〔詳しく〕study ;〔より綿密に〕inspect, investigate ;〔原因・出所などを〕trace ;〔辞書・本などで〕consult, look up.

知られていない unknown.

尻 buttocks ;〔ズボンの〕seat.

知り合い acquaintance. 〜になる meet.

市立の municipal, city.

私立の private.

資料 data, material.

視力 sight, vision.

思慮深い thoughtful, judicious.

シリング shilling.

汁 soup ;〔果物の〕juice.

知る know, learn, tell, gather. 〜限りでは to (the best of) one's knowledge.

しるし mark, sign ;〔徴候〕indication, symptom ;〔象徴〕token. 〜をつける mark.

司令官 marshal, commander.

試練 trial, cross.

城 castle.

白(い) white.

素人 amateur. 〜臭い amateurish.

じろじろ見る stare.

しわ line, wrinkle.

しん(芯) 〔リンゴなどの〕core ;〔鉛筆の〕lead.

進化 evolution. 〜する evolve.

神学 theology.

人格 personality. 〜者 (man of) character.

真空 vacuum.

神経 nerve. 〜の nervous. 〜にさわる get on one's nerves.

神経過敏 nerve. 〜の[神経質な] sensitive, nervous.

(…に向かって)進撃する advance on [upon, against].

人権 human rights.

真剣な earnest, serious, sincere.

信仰 belief, faith. 〜する believe in.

進行 〜するgo, march, progress.

信号(を送る) signal.

人口 population.

人工 art. 〜の artificial. 〜衛星 (artificial) satellite.

申告 declaration, return. 〜する declare, notify.
深刻な serious, grave. 〜に seriously, gravely.
新婚 〜の newly married. 〜旅行 honeymoon.
審査 judgment. 〜する judge. 〜員 judge.
診察 examination. 〜してもらう see, consult. 〜する examine. 〜室 consulting room.
紳士 gentleman. 〜階級 gentry.
寝室 bedroom.
真実 truth. 〜の true.
しんしゃくする make allowances [(an) allowance] for.
人種 race. 〜の racial.
心情 sentiment.
身障者 the disabled, the handicapped.
信じられない incredible.
信じる believe, trust. 〜こと belief.
信心 belief, faith. 〜深い pious.
新人 newcomer, recruit, freshman, new face, rookie.
浸水する be flooded, be inundated.
人生 life.
神聖な holy, sacred.
親戚 relative, relation.
親切(心) kindness. 〜な kind, nice, good. 〜な行為 favor, kindness. 〜なもてなし hospitality. 〜に(も) kindly. 〜にする kind, oblige.
親善 goodwill, amity. 〜試合 friendly match [game, contest].
新鮮な fresh.
真相 truth, case.
心臓 heart.
腎臓 kidney.
人造の false, artificial.
身体 body. 〜の bodily, physical. 〜的に physically.
寝台 bed ; 〔船・列車の〕berth. 〜車 sleeping car.
診断 diagnosis. 〜する diagnose.
身長 stature, height. 〜が…ある tall.
慎重な deliberate, careful, prudent.
新陳代謝 metabolism.
親展 Confidential.
神殿 temple.
震動[振動]する tremble, shake, quake, vibrate.
人道的な humanitarian.
新入社員 recruit.
侵入する invade, trespass.
信任 →信頼. 〜状 letter of credence.
信念 faith, belief, conviction, principle.
真の real, genuine. 〜に really.
心配 anxiety, care, concern, dread, trouble, worry. 〜事 worry. 〜させる[する] concern, worry. (…ではないかと)〜する be afraid. 〜している be anxious, worry.
審判(員) judge, umpire.
神秘(性) mystery. 〜的な mysterious.
新品の brand-new.
新婦 bride.
神父 father.
新聞 newspaper, paper, press, journal. 〜記者 journalist, newspaperman, reporter.
進歩(する) advance, progress. 〜的な progressive.
親密な close, intimate. 〜に closely, intimately, well.
尋問 interrogation.
親友 good [bosom, close, great, intimate] friend ;〔大の〕special friend.
信用 belief, credit, trust. 〜する believe in, trust. 〜できる trustworthy, reliable.
信頼 reliance, confidence, faith. 〜する rely, confide. 〜できる reliable, responsible.
辛辣な severe, bitter, pungent.
心理(学) psychology. 〜的な psychological.
診療所 clinic.
森林 forest, woods.
親類 → 親戚.
人類 mankind, man, humanity. 〜学 anthropology.
進路 way, course.
新郎 bridegroom.
神話 myth, mythology.

## す

巣 nest ;〔ハチの〕beehive ;〔クモの〕cobweb, web.
酢 vinegar.
図案 design.
水泳 swimming, bathing. 〜する swim, bathe.
スイカ watermelon.
水銀(柱) mercury.
遂行 performance, execution. 〜する do, perform, carry out, execute.
吸い込む〔息を〕draw, breathe in ;〔空気・ガスを〕inhale ;〔液体を〕absorb, soak up, suck.
水彩画 watercolor.
水車 mill wheel. 〜場 (water) mill.
衰弱する weaken.
水準 level, standard.
水晶(細工) crystal.
水蒸気 steam, vapor.
スイス Switzerland. 〜の[人] Swiss.
水星 Mercury.
彗星 comet.
スイセン narcissus, daffodil.
推薦(状) recommendation. 〜する recommend.
水素 hydrogen. 〜爆弾 hydrogen bomb.
推測 guess, inference, conjecture. 〜する guess, gather, infer, suppose.
水族館 aquarium.
垂直 〜の vertical, perpendicular. 〜に straight, vertically.
スイッチ switch. 〜を入れる[切る] switch on [off].
水道 water supply, waterworks. 〜管 water pipe ;〔本管〕water main.
随筆 essay.
水平(な) level. 〜線 horizon. 〜にする level.
睡眠 sleep.
水曜日 Wednesday.
推理[推論] 〜する reason. 〜小説 detective story.
水路 channel, ditch. 〜で by water.
吸う〔空気を〕breathe, inhale ;〔液を〕suck ;〔タバコなどを〕smoke.
スウェーデン Sweden. 〜人 Swede, Swedish. 〜語[の] Swedish.
数学 mathematics, math. 〜者 mathematician.
数字 figure, numeral.
ずうずうしい impudent, shameless, bold.
スーツ suit.
スーツケース suitcase.
スーパーマーケット supermarket.
崇拝 worship, adoration. 〜する adore, worship.
スープ soup.
スカート skirt.
スカーフ scarf.
図解 diagram, illustration. 〜する illustrate.
スカウト scout.
姿 image, figure, shape. 〜を現す appear.
すき(鋤) spade, plow. 〜で耕す

plow.
**好き** like, love, be fond of. 〜な favorite. 〜になる take to.
**杉** cedar.
**…過ぎ** past, after.
**スキー(をする)** ski.
**(…に)すぎない** no more than …, nothing but.
**すき間** gap. 〜風 draft.
**スキャナー** scanner.
**スキャンダル** scandal.
**…すぎる** too.
**過ぎる** go, pass.
**スクイズ** squeeze (play).
**すくい取る** skim.
**救う** save, rescue, help.
**少ない** few, little, light, low, small. 〜からず not a little. 〜くする lessen.
**少なくとも…** at least, not less than …
**すぐに** soon, directly, right, right away [off]. …するとー as soon as …, no sooner…than, the minute (that)…, hardly [scarcely] … when [before, than] …
**スクリーン** screen. 〜セーバー screen saver.
**スクリュー** screw.
**すぐれた** distinguished, eminent, excellent.
**(…より)すぐれている** excel, surpass.
**図形** figure.
**スケート** skating. 〜をする skate.
**スケジュール** schedule.
**スケッチ** sketch.
**少し** bit, little ; 〔数が〕few.
**少しは** a little ; 〔数が〕a few.
**少しも…でない** anything but …, no, not at all.
**スコットランド** Scotland. 〜の[人] Scotch, Scottish.
**筋** stripe ; 〔話の〕plot. 〜が通った logical.
**筋道** method.
**スズ** tin.
**鈴** bell.
**涼しい** cool.
**進む** advance, go off, make one's way, pass, proceed ; 〔車が〕roll ; 〔時計が〕gain. (…より)〜んで in advance of. 〜んでいる 〔時計が〕fast.
**スズメ** sparrow.
**進める** advance, forward.
**勧める** induce, advise, invite, recommend.
**スズラン** lily of the valley.
**スター** star.

**スタジオ** studio.
**すたれる** go out of use ; 〔流行が〕be out of fashion ; 〔言葉が〕be obsolete.
**スタンプ(で押す)** stamp.
**スチュワーデス** stewardess, air hostess, flight attendant.
**頭痛** headache.
**すっかり** all, clear, quite, perfectly, entirely, completely.
**ずっと** all along, all the way, always, away, ever, right ; 〔はるかに〕far, much.
**すっぱい** acid, sour.
**ステーキ** steak.
**すてきな** splendid, lovely, jolly.
**すでに** already, yet.
**捨てる** abandon, desert, discard, give up, throw away.
**ステレオ** stereo (set).
**ストーブ** stove, heater.
**ストール** stall.
**ストッキング** stockings.
**ストライキ** strike.
**ストライク** strike.
**砂(地)** sand. 〜浜 beach.
**素直な** obedient.
**すなわち** namely, or, that is to say, that is.
**頭脳** head, brain.
**スパイ** spy, secret agent ; 〔密告者〕informer. 〜活動 espionage.
**すばやく** swiftly, quickly.
**すばらしい** wonderful, magnificent, lovely, grand, fantastic.
**スピード** speed. 〜を落とす[上げる] slow down [speed up].
**図表** chart.
**スプーン** spoon.
**スプレー** spray.
**スペイン** Spain. 〜の[語] Spanish. 〜人 Spaniard.
**…すべきであったのに** should have done.
**…すべきである** ought, should.
**すべての** all, whole, every, every bit, the.
**すべる** slide, glide ; 〔誤って〕slip, 〈形〉slippery.
**スポーツ(の)** sport. 〜マン sportsman, athlete.
**ズボン** pants, trousers.
**スポンジ** sponge.
**炭** charcoal.
**すみません** I'm sorry.
**スミレ(色)** violet.
**住む** live, settle, dwell. 〜人のない desert. 〜んでいる inhabit. 〜まわせる settle.
**澄む** settle, clear.
**スモッグ** smog.

**すらすらと** fluently ; 〔順調に〕smoothly, easily.
**スラム街** slum.
**すり** pickpocket.
**すり切れる** wear away. 〜た wornout.
**スリッパ** slipper, mule.
**する[盗む]** pick.
**する** do ; 〔スポーツ・遊戯などを〕play ; 〔ある状態に〕set. (AをBに)〜 make A into B.
**ずるい** sly, cunning, crafty.
**鋭い** acute, keen, sharp, shrill.
**鋭くする** sharpen.
**…するのがよい** had better do.
**…すればするほどますます…** the (＋比較級＋the＋比較級).
**座る** sit, sit down, sit up. 〜っている sit. 〜らせる seat, settle.
**すんでのことで…するところ** almost, nearly.
**寸法** dimension, measure, measurement, size.

## せ

**背** back. 〜が高い[低い] tall [short].
**性** sex. 〜の sexual.
**姓** family name, surname, last name.
**精** 〔精霊〕spirit ; 〔精力〕energy. 〜を出して働く toil.
**…製(の)** made.
**税** tax, duty.
**成果** outcome, result, fruits.
**正解** correct answer.
**正確(さ)** accuracy, precision. 〜な accurate, exact, faithful, precise. 〜に accurately, exactly, precisely.
**性格** character, personality.
**聖歌隊** choir.
**生活** life. 〜状態 circumstance. 〜費 costs of living. 〜をする[送る] live, lead.
**税関** customs.
**世紀** century.
**正義** justice, right.
**請求** 〜する charge, claim, demand. 〜書 bill.
**生計** livelihood, living.
**清潔な** clean, neat.
**制限** restriction, limit. 〜する confine, restrict, limit. 〜時間 time limit. 〜速度 speed limit.
**成功** success. 〜する succeed, make it, get on. 〜した[の] successful, lucky.
**精巧な** delicate, elaborate, so-

制作 production, manufacture. 〜する produce, manufacture, make, work on. 〜者 producer, manufacturer.
政策 policy.
生産 production. 〜者 producer. 〜的な productive. 〜する produce, turn out. 〜性 productivity. 〜高 output.
(運賃)精算所 fare adjustment office.
清算する settle, liquidate, adjust.
制止 restraint.
静止 〜する rest. 〜した still, stationary.
政治 government, politics, administration. 〜の political. 〜家 politician, statesman. 〜学 politics.
正式な[の] correct, formal, proper. 〜手続 procedure.
性質 nature, disposition, character, quality, kind.
誠実 sincerity. 〜な sincere, true, honest.
青春(時代) youth, springtime.
聖書 Bible, scripture, testament.
正常な normal, regular.
精神 soul, spirit. 〜の[的] spiritual, mental, moral. 〜的打撃 blow. 〜病院 mental hospital. 〜分析 psychoanalysis.
聖人 saint.
せいぜい (多くて) not more than …, at the most;〔良くて〕at (the) best;〔長くて〕at the longest.
成績 (academic [school]) record, achievement;〔試験などの〕result. 〜表 report card;〈英〉(school) report.
整然と regularly, systematically. 〜した orderly, systematic.
製造 manufacture, production. 〜業者 maker, manufacturer. 〜する produce, manufacture, make.
生存者 survivor.
生存する live, exist.
ぜいたくな luxurious, extravagant.
成長 growth. 〜する grow (up), thrive. 〜した big, grown-up.
青天の霹靂(へきれき) a bolt from [out of] the blue.
生徒 pupil, student. 〜会 student council.
制度 system, institution.
正当 a right, just;〔合法的〕lawful, legal. 〜化する justify. 〜性 justice. 〜な理由(となる) warrant. 〜防衛 justifiable (self-)defense.
政党 political party.
青銅 bronze.
正統の orthodox.
整頓 arrangement, order. 〜する arrange, order.
(…の)せいにする attribute.
青年 young man [woman], youth.
生年月日 date of one's birth.
正反対の opposite.
製品 manufacture, product.
政府 government, administration.
西部(の) western.
征服 conquest. 〜者 conqueror. 〜する conquer, master, subdue.
制服 uniform.
生物 life, living thing, creature. 〜学 biology.
成分 ingredient.
正方形(の) square.
精密な delicate, elaborate, sophisticated, precise.
生命 life. 〜のない dead. 〜科学 life science. 〜保険 life insurance.
声明 statement.
西洋 the West, the Occident. 〜の Western, Occidental.
精力 energy, vigor. 〜旺盛な vigorous, energetic.
西暦…年 A.D.
セーター sweater.
世界 world. 〜的な worldwide, global, universal. 〜中で all over the world, on earth.
席 place, seat. 〜を取り替える trade [change] seat, switch around.
せき(をする) cough. 〜払いをする clear one's throat.
石炭 coal.
赤道 equator.
責任 responsibility, charge, liability. 〜のある responsible, liable. 〜を負う answer for.
赤面する flush, blush.
石油 oil, petroleum.
世間の人々 people, society.
…せざるを得ない be obliged to …, be compelled to …
…せずにはいられない cannot help doing, cannot help but do.
世代 generation.
節 clause.
説教 lecture, sermon. 〜する preach, lecture.
積極的な active, positive.
接近(する) approach. 〜した[て] close. 〜方法 access.
設計 design. 〜をする lay out, plan, design.
石けん soap.
絶交する break off, part from, be through with.
摂氏 〔温度計の〕Celsius.
接触(する) contact, touch.
接する 〔土地が〕border on, adjoin;〔客に〕attend to.
節制 temperance. 〜する be moderate, be temperate.
接続 〜する connect, link. 〜詞 conjunction.
切断 cutting, section. 〜する cut, sever. 〜面 section.
接着剤(でつける) glue.
セット set.
窃盗 theft.
接頭辞 prefix.
説得 persuasion. 〜して…させる talk A into doing, persuade. 〜する argue, urge.
設備 equipment, facility, service;〔宿泊の〕accommodations.
絶壁 cliff.
絶望 despair. 〜する despair. 〜した[的な] desperate, hopeless.
説明 explanation, version. 〜する explain, illustrate, account for, demonstrate.
節約 economy. 〜する economize, save.
設立 establishment, institution. 〜する build, establish, found.
背 back.
ぜひ by all means, at all costs, at any cost.
背広 suit.
背骨 backbone.
狭い narrow;〔家などが〕small.
迫る 〔強要する〕urge, press;〔近づく〕approach, near, draw near.
セミ cicada.
攻める attack, assault.
責める charge, condemn, blame.
セメント cement.
ゼリー jelly.
ゼロ zero.
セロテープ Scotch tape, Sellotape, tape.
セロリ celery.
世論 public opinion.
世話 care. 〜する attend to, care for, look after, see to, take care of.
栓 〔びんなどの〕stopper, stop;〔水道の〕tap, faucet;〔コルクの〕cork. 〜をする stop. 〜抜き opener, corkscrew.

線 line. ～を引く draw.
1000(の) thousand.
繊維 fiber.
船員 sailor.
全員 all. ～一致した unanimous. ～一致して unanimously.
占拠 occupation. ～する occupy.
選挙 election. ～する elect, vote. ～権 vote, suffrage. ～資金 campaign fund.
先月 last month.
宣言 declaration, proclamation. ～する declare, proclaim.
先見の明のある[ない] foresighted, farseeing [shortsighted].
先行する precede；〔試合で〕be ahead of the game.
専攻する major in, specialize in.
前後関係 context.
前後に back and forth [forward].
戦後の postwar.
洗剤 cleanser, detergent.
潜在的な potential. ～能力がある capable.
繊細な delicate, fine, subtle.
戦死する be killed in action [battle].
船室 cabin；〔個室〕stateroom.
先日 the other day [afternoon, night, week].
戦車 tank.
前者 former.
宣誓 oath. ～する swear, swear [take] an oath.
選手 player. ～権 championship, title.
先週 last week.
先住民 native, aborigine.
戦術 tactics, strategy.
染色する stain.
先進国 advanced nation.
前進する advance, move onward, step forward.
潜水する dive, submerge. ～艦 submarine. ～夫 diver.
先生 teacher.
占星術 astrology.
専制政治 autocracy, despotism.
センセーション sensation.
戦前の prewar.
先祖 ancestor, forefather.
戦争 battle, war, warfare. ～中の at war.
全速力で (at) full speed.
センター center field；〔選手〕center fielder.
全体 whole. ～的な general. ～の all, entire, whole.
洗濯 washing, cleaning. ～する wash. ～がきく wash. ～もの laundry. ～屋 laundry. ～機 washing machine.
先端 point, tip.
前置詞 preposition.
船長 captain.
前兆 omen；〔不吉な〕foreboding.
宣伝 propaganda, advertisement. ～する propagandize, advertise.
セント cent.
前途 future. ～有望な promising, with a future.
先頭 head, lead.
戦闘 battle. ～的な fighting.
扇動する agitate, instigate, incite. ～者 agitator, instigator.
前任者 predecessor.
専任の full-time.
全能の almighty.
専売(権) monopoly. ～特許(品) patent.
先輩 senior, superior.
先発 ～投手 starting pitcher, starter. ～メンバー starting line-up.
全部 all, whole. ～の all, whole, every. ～で in all, together.
扇風機 (electric) fan.
選別 separation. ～する separate.
前方 front. ～に[へ, の] ahead, in advance, onward. ～の forward.
ぜんまい 〔ばね〕spring. ～仕掛け clockwork.
鮮明な 〔色が〕bright；〔写真が〕clear.
全滅 annihilation. ～させる annihilate, wipe out.
洗面器 basin, washbowl.
洗面所 toilet, washroom, lavatory.
専門 specialty. ～の special, technical. ～家 specialist, expert, professional. ～に扱う work in. ～にする specialize. ～用語 (technical) term.
前夜(祭) eve.
旋律 melody.
戦略 → 戦術.
占領 occupation. ～する occupy, capture.
善良な good.
全力を尽くす do one's best, do all one can. ～で with all one's might.
洗礼 baptism, christening.
洗練された sophisticated, refined.
線路 track, rail.

## そ

層 layer, bed, stratum.
僧 priest, monk.
ゾウ elephant.
像 image, statue, figure.
相違 difference, division.
憎悪 horror, hatred, abhorrence. ～する hate, abhor, detest.
騒音 noise.
増加 growth, increase. ～する increase, grow.
壮観 glory, spectacle. ～な spectacular.
双眼鏡 binoculars, field glasses.
象牙(の) ivory.
総計 amount, total. ～して…になる total, amount to. ～の gross, total.
草原 plain, meadow, grassland.
総合する synthesize. ～的な comprehensive, synthetic.
相互の mutual, reciprocal.
荘厳な solemn, sublime.
捜査 search, manhunt. ～する search.
操作 operation. ～する operate, manipulate.
創作 composition, creation. ～する compose, create.
捜索(する) search.
掃除 cleaning. ～する clean, sweep.
葬式 funeral.
操縦 ～する steer, operate, pilot. ～席[室] cockpit.
装飾(品, 物) decoration, ornament, adornment. ～する decorate.
総数 count, total number.
造船 shipbuilding. ～所 dockyard, shipyard.
総選挙 general election.
創造 creation. ～する create. ～力のある creative. ～物 creation.
想像 imagination. ～する imagine, suppose, conceive. ～上の fantastic, imaginary. ～力 imagination.
騒々しい noisy, loud. ～く noisily, loudly.
相続 inheritance, succession. ～する inherit, succeed. ～財産 inheritance. ～人 successor, heir；〔女〕heiress.
増大 swell. ～する gather, swell, increase.
相対的な relative. ～に relatively.

相談 conference, consultation, counsel. ～する consult, talk with.
装置 device, apparatus.
想定 assumption. ～する assume.
贈呈 presentation. ～する present.
装塡 charge.
相当 ～な considerable, fair, handsome. ～する be equal to, correspond to.
挿入する insert.
相場 market.
装備 equipment. ～一式 outfit.
送別会 farewell party.
総理(大臣) prime minister, premier.
創立 foundation, establishment. ～する found, establish. ～者 founder.
送料 postage；〔運送費〕carriage, freight (rates).
ソース sauce.
ソーセージ sausage.
俗語 slang.
即座 ～の immediate. ～に promptly, at once, on the spot, offhand.
即時の instant.
促進 promotion. ～する help, promote, aid.
属する belong to.
即席の impromptu, instant.
ぞくぞくさせる[する] thrill.
速達 special delivery；〔英〕express (delivery).
測定 measurement. ～する measure.
速度 pace, rate, speed, velocity. ～を計る time. ～を増す speed.
束縛 restraint, shackle. ～する restrain, shackle, bind. ～するもの chain. ～のない free.
俗物 snob.
側面 side, flank.
測量 survey, measurement. ～する survey, measure.
底 bottom；〔川・海の〕bed；〔靴の〕sole.
祖国 motherland, mother country.
粗雑な coarse, rude, rough. ～に coarsely, roughly.
組織 constitution, organization, system, tissue. ～する organize, form. ～化[体] organization. ～的な systematic.
阻止する hamper, retard, check.
そして and, then.
訴訟 suit, lawsuit, action.
祖先 ancestor, forefather.

注ぐ pour, empty；〔川が〕flow into.
そそっかしい hasty, careless, rash.
そそのかす allure, tempt, instigate.
育ちがよい 〔生れがよい〕be of gentle [good] birth, be gently born [bred]；〔よく育つ〕grow well, thrive.
育つ grow.
育てる 〔作物を〕grow；〔子供を〕bring up；〔人・作物を〕nourish；〔子供・家族を〕raise；〔成人まで〕nurse.
速記 shorthand, stenography. ～者 stenographer.
卒業 graduation. ～する graduate. ～生 graduate. ～式 graduation (ceremony), commencement.
率直(さ) sincerity. ～な direct, sincere, frank, open. ～に frankly, openly, plainly. ～にいうと frankly, to be plain [frank] with you.
(…に)沿って along.
そっと 〔静かに〕quietly；〔軽く〕lightly.
卒倒(する) → 失神(する).
ぞっとさせる freeze, chill, horrify.
そで sleeve.
外(の, に, で, へ) outside, out, outward；〔戸外〕outdoor(s). ～を見る look out.
外側 outside, exterior. ～に outside. ～の outer, outside, exterior.
備えつける equip, provide.
(…に)備えて against.
備える prepare, provide for.
その上 besides, in addition, moreover, what is more.
そのうち in due course, some day.
その代わりに instead.
その後 afterwards, since. ～は thereafter.
その他 others, rest. ～の other. ～の点では otherwise.
その時 then, at that time.
そのままにしておく let [leave] … alone.
(…の)そばに[の] beside, alongside, by, near. ～置く apply. (…の)～を通って by, past.
祖父 grandfather.
ソファ sofa.
ソフト(ウエア) software.
ソプラノ soprano.
祖母 grandmother.
素朴な artless, naive.
粗末な poor, coarse, humble. ～に〔ぞんざいに〕carelessly. ～にする

〔むだに使う〕waste.
染まる[染める] dye.
背く disobey；〔反逆〕revolt；〔信頼を裏切る〕betray；〔約束を〕break.
粗野な coarse, gross, rough, rude.
そよ風 (gentle) breeze.
空 sky.
そらす 〔質問などを〕evade；〔目を〕avert, turn away；〔注意を〕divert；〔話を〕switch.
そり sleigh, sled.
反る 〔板などが〕warp. (身体を)～す lean back.
剃る shave.
それから and, then.
それじゃ See you later [soon] !
それぞれ each, respectively. ～の respective, several.
それだけ the (+比較級). ～いっそう … all the more (…).
それで and, and so, so, so that …, that.
それでも still, nevertheless.
それどころか on the contrary.
それとも or.
それなら then.
それほど so, that. ～の such.
それる 〔考え・話が〕wander away from；〔道を〕go astray；〔他の道へ〕turn off into；〔弾丸が〕glance off.
そろえる 〔並べる〕arrange, put … in order；〔一様にする〕uniform.
そわそわする become restless, be fidgety.
損 loss. ～する have a loss of.
損害 damage, harm, mischief. ～を与える damage, harm.
尊敬 esteem, regard, respect, reverence. ～する respect, look up to A. ～すべき honorable.
存在 being, existence, presence. ～する be, exist. ～を信じる believe in.
存続 continuation. ～する live, continue.
尊大な arrogant, important, pompous.
尊重 esteem, respect. ～する esteem, respect, value.
そんなに so, so much.
存分に to one's heart's content, freely. ～食べる[泣く] eat [weep] one's fill.

# た

**ダース** dozen.
**タイ** Thailand.
**隊** band, troop, party.
**態** voice.
**台** stand;〔宝石の〕mount.
**代** 20〜にin one's twenties. 1920年〜に during the twenties.
**題** 〔タイトル〕title;〔主題〕subject, theme.
**体育** gymnastics, physical education. 〜館 gym, gymnasium. 〜祭 athletic meet, field day.
**第一** 〜の first, primary. 〜に first, primarily, in the first place.
**退院する** leave (the) hospital.
**ダイエット** diet
**体温** temperature. 〜計 clinical thermometer.
**退化**〔機能の〕atrophy. 〜する degenerate, be degraded, atrophy.
**大会** rally, meeting, congress.
**体格** constitution, frame, physique.
**大学** college, university. 〜院 graduate school.
**退学する** leave.
**対角線** diagonal.
**耐火性の** fireproof.
**大気** atmosphere, air. 〜の atmospheric, air. 〜圏外の宇宙 outer space.
**退却(する)**〔敵が〕retreat;〔味方が〕withdraw.
**大工** carpenter.
**待遇** treatment.
**退屈** 〜な tedious, boring, dull, tiresome. 〜する be bored with, be wearied [tired] of.
**大群** cloud, host, troop.
**体系** system. 〜的な systematic.
**体験** experience. 〜する experience, go through, undergo.
**太鼓** drum.
**対抗** 〜する oppose, rival. 〜者 opponent.
**大根** Japanese radish.
**滞在(する)** stay, sojourn;〔客として〕visit.
**対策** measures.
**大使** ambassador. 〜館 embassy.
**大事** concern. 〜をとる play for safety, play (it) safe. 〜な important, momentous, precious, dear. 〜にする cherish, treasure. おからだを〜に Take care of yourself.
**体質** constitution. 〜の constitutional.
**(…に)対して** against, toward, with.
**大衆** public, masses. 〜的な popular.
**体重** weight. 〜を計る weigh.
**大将** general;〔海軍〕admiral.
**対象** object.
**対称** symmetry. 〜の symmetrical.
**対照** contrast. 〜させる contrast.
**大丈夫だ** That's OK.
**退職** retirement. 〜する retire, resign, leave.
**大臣** minister.
**ダイズ** soybean.
**代数(学)** algebra.
**大聖堂** cathedral.
**大西洋(の)** Atlantic.
**体積** volume.
**堆積** heap, pile. 〜物 deposit.
**大切な** precious, important. 〜にする take care of.
**体操** gym(nastics), exercise.
**代走** pinch runner.
**怠惰** idleness, laziness. 〜な idle, lazy.
**代打** pinch hitter.
**だいたい**〔概して〕generally, on the whole;〔およそ〕about, much, more or less.
**大多数** majority.
**対談** conversation.
**大胆な** bold, daring, adventurous;→向う見ずな. 〜に boldly.
**台地** terrace, plateau.
**たいてい(は)** mostly, in general, almost;〔いつもは〕usually.
**態度** attitude, manner.
**大統領** president.
**台所** kitchen. 〜用品 kitchen utensils.
**台なしにする** blast, destroy, kill, make a mess of, spoil.
**体罰** physical punishment.
**対比(する)** contrast.
**代表** delegate, representation. 〜する represent. 〜の[する] representative. 〜的な typical. 〜者 representative. 〜として派遣する delegate.
**ダイビング** diving.
**台風** typhoon.
**大部分** most of, better [best, most] part of.
**タイプライター** typewriter. 〜で打つ type.
**大ブリテン島** Great Britain.
**太平洋(の)** Pacific.
**たいへん** very much, nice and, by far. 〜だ By Heaven!
**大便** stools.
**逮捕(する)** arrest, capture. 〜されて under arrest.
**大砲** cannon, gun.
**怠慢** neglect, negligence. 〜な negligent.
**代名詞** pronoun.
**タイムリーな** opportune, timely.
**タイヤ** tire.
**ダイヤ**〔列車の〕diagram.
**ダイヤモンド** diamond.
**ダイヤル** dial.
**大洋** ocean.
**太陽** sun. 〜の solar. 〜光線 sunbeam.
**代用** 〜する substitute. 〜になる substitute.
**平らな** even, flat, level. 〜にする level.
**代理(の)** deputy. 〜になる substitute. 〜店 agency, agent. 〜をする fill in. 〜人 agent, deputy.
**大リーグ** Major League.
**大陸** continent. 〜の[的な] continental.
**大理石(の)** marble.
**対立** opposition, antagonism. 〜する oppose, antagonize;〈形〉antagonistic.
**大量** abundance. 〜の abundant. 〜に in (large) quantities. 〜生産 mass production.
**体力** physical strength [stamina], power.
**ダイレクトメール** direct mail.
**台湾** Taiwan.
**対応** correspondence. 〜する correspond. 〜するもの parallel.
**絶えず** constantly, continually, always.
**耐える** bear, endure, resist, sustain. 〜られる equal, proof.
**絶える** cease, die out.
**倒す**〔家・木などを〕bring down;〔建物などを引き倒す〕throw down;〔なぎ倒す〕level, lay;〔なぐり倒す〕floor, knockdown;〔ひっくり返す〕tumble;〔負かす〕beat, defeat.
**タオル** towel.
**倒れる** fall, tumble, drop. 〜た fallen. 〜て over.
**タカ** hawk.
**高い** high, tall;〔値が〕expensive, high, dear.
**互いに** alternately.
**互いに** each other, one another, mutually.
**高く** high. 〜なる rise.

**高さ** altitude, height, level ; 〔音・声の〕pitch. 〜がある tall. 〜が…の high.
**耕す** cultivate, plow.
**宝** treasure.
**…だから** since, and so. …〜いっそう(…) all the more (…)for.
**滝** fall, waterfall.
**抱きしめる** clasp, embrace, hug.
**妥協(する)** compromise.
**炊く** boil, cook.
**抱く** hold, embrace.
**たくさん** a good [great] deal, pile, plenty. 〜の a lot of, lots of ; 〔数〕many, numerous ; 〔量〕much, a good [great] deal of. おしゃべりはもう〜だ That's enough talking.
**タクシー** taxi, cab.
**たくましい** tough, robust, strong ; 〔筋骨たくましい〕muscular.
**巧みな** skillful.
**たくらむ** contrive, scheme, plot, conspire.
**たくわえ** reserve, fund, store ; 〔貯金〕savings. 〜する save, store, treasure, put aside.
**竹** bamboo.
**…だけ** by, nothing but.
**打撃** hit, blow ; 〔精神的〕shock, blow ; 〔バッティング〕batting ; 〔損害〕damage. 〜を与える hit, shock.
**妥結する** 〔合意に達する〕come to terms [settlement].
**たこ** 〔凧〕kite.
**タコ** octopus.
**確かな** certain, sure, definite ; 〔信頼できる〕reliable.
**確かに** certainly, definitely, doubtlessly, sure, sure enough, surely, to be sure.
**確かに…だ** You bet (you) (that) ….
**確かめる** confirm, make certain, make sure, check.
**足し算** addition.
**多少** a little, somewhat, some, some or less.
**足す** add.
**出す** 〔取り出す〕take out ; 〔提出する〕hand in, submit ; 〔手紙を〕post ; 〔食事を〕serve ; 〔宣言・命令を〕issue ; 〔本を〕publish ; 〔葉・芽を〕put forth ; 〔うみなどを〕discharge.
**助け** help, aid ; 〔助力〕assist.
**助ける** aid, assist ; 〔救助する〕rescue.
**訪ねる** visit ; 〔人を〕call on ; 〔場所を〕call at.
**尋ねる** ask, inquire, demand.

**ただ** 〜の free. 〜で for nothing, for free, free of [without] charge.
**戦い** fight, battle, struggle, war.
**戦う** combat, fight, struggle.
**たたく** strike, hit ; 〔手を〕clap ; 〔続けざまに〕beat ; 〔軽く〕pat, tap.
**ただし** only, but.
**正しい** correct, right, just. 〜く correctly, right, rightly.
**ただ…だけ** alone, just, only. 〜で very. 〜の only.
**ただちに** at once, soon, immediately, instantly, right away, on [upon] the spot.
**たたむ** fold.
**漂う** drift, float.
**たたり** curse.
**立ち上がる** get up, rise, stand.
**立ち聞きする** eavesdrop.
**立ち去る** go away [off], leave.
**立ち止まる** halt, stop, pause.
**立場** situation, position, standpoint.
**ダチョウ** ostrich.
**立ち寄る** drop in [by, over], call at, stop by, visit.
**立つ** stand (up), rise.
**発つ** start, leave, depart.
**建つ** be built, be erected.
**断つ** 〔切る〕cut, sever ; 〔やめる〕abstain from, give up.
**経つ** pass, elapse, go by. 〜って in.
**脱臼** dislocation. 〜する dislocate.
**ダックスフント** dachshund.
**タックル** tackle.
**達する** 〔数・量・額に〕amount to ; 〔場所に〕come, get at ; 〔結論などに〕reach ; 〔完成の域に〕attain. 〜しない come [fall] short.
**達成する** achieve, attain, accomplish.
**脱走する** desert.
**たった今** just now.
**…だったかもしれない** could have been.
**…だったろう** could, would, might.
**たっぷり** amply, plenty.
**竜巻** tornado.
**縦** length. 〜の lengthways, vertical. 〜の欄 column. 〜の列 file. 〜揺れ pitch.
**建物** building.
**建てる** build, erect.
**立てる** raise.
**打倒する** throw over, overthrow.
**妥当な** valid, reasonable.
**たとえ…でも** even if, no matter, though.

**たとえば** for example [instance].
**たとえる** compare, liken.
**たどる** trace, follow.
**たな** shelf, rack. 〜上げにする set aside, shelve.
**谷** valley ; 〔峡谷〕gorge.
**他人** others.
**タヌキ** raccoon dog.
**種** seed ; 〔モモなどの〕stone ; 〔リンゴ・ナシ・オレンジなどの〕pip. 〜をまく sow.
**他の** other, another.
**楽しい** pleasant, delightful, good, joyful, lovely, merry. 〜くさせる 〈形〉amusing.
**楽しみ** pleasure, amusement, fun, treat.
**楽しむ** enjoy, amuse oneself with, take pleasure in, have a good time at.
**頼む** ask, beg, request.
**タバコ** tobacco, cigarette. 〜を吸う smoke.
**旅** travel, journey, trip. →旅行.
**たびたび** frequently, often. 〜の frequent.
**(…の)たびに** whenever, every time.
**ダビングする** dub.
**たぶん** likely, probably, perhaps, maybe.
**食べ物** food.
**食べる** eat, have, take, taste.
**他方(では)** on the other hand.
**玉** ball ; 〔木製の〕bowl ; 〔汗などの〕bead.
**弾** bullet, shot.
**魂** soul.
**だます** cheat, deceive, impose, trick.
**たまたま…する** chance to, happen to.
**たまに** (only) occasionally, on rare occasions.
**タマネギ** onion.
**黙る** fall silent, hold one's tongue. 〜っている keep silent. 〜らせる hush, shut up.
**ダム** dam.
**ため息(をつく)** sigh.
**試しに** on trial. 〜…してみる try.
**ためす** try, prove, attempt.
**駄目な** 〔望みがない〕hopeless. 〜にする spoil, ruin ; 〔計画などを〕frustrate, upset.
**(…する)ために** in order to, to.
**(…の)ために** 〔原因〕on account of, owing to, due to, through, to, for ; 〔利益〕sake.
**ためになる** 〈動〉benefit ; 〔有益な〕beneficial, useful.

ためらう hesitate, falter.
ためる accumulate;〔財産などを〕amass.
保つ keep, preserve, retain;〔姿勢を〕carry.
頼りになる reliable, trustworthy.
頼る depend, lean on, rely, rest. 〜っていない〔いない〕〈形〉dependent〔independent〕.
堕落 corruption. 〜させる〔する〕corrupt. 〜した〈形〉corrupt.
だらしない loose, slovenly;〔人・服装などが〕untidy.
ダリア dahlia.
打率 batting average.
足りない be short of, lack.
足りる be sufficient [enough].
たる barrel;〔貯蔵だる〕cask.
だるい languid.
だれか anyone, someone.
だれが who. 〜の(もの) whose. 〜を[に] whom, who.
だれが[を]…とも whoever.
だれでも any.
だれにも劣らない second to none.
だれひとり…ない none.
だれも…ない no one, no-one, nobody.
垂れる droop;〔垂れ下がる〕fall, hang down;〔水が〕drip, drop.
…だろう will.
たわむ bend, give.
たわむれ sport;〔冗談〕joke. 〜にfor fun.
段 step, stair;〔印刷物の〕column;〔剣道・柔道の〕grade.
弾圧 coercion, oppression. 〜する oppress, clamp down(on).
単位 unit,〔学科の〕credit.
単一の simple, single.
段階 phase, scale, stage, step, grade.
単科大学 college.
嘆願 →懇願.
弾丸 bullet, shot;〔砲弾〕shell.
短気 〜な quick(-tempered), hot-tempered, short-tempered. 〜を起こす lose one's temper.
探究 research, inquiry.
短距離競走 sprint, dash.
タンク tank.
団結する combine, unite.
探検 exploration. 〜する explore. 〜家 explorer.
断言 claim. 〜する affirm, allege, assert, pronounce, swear.
単語 word.
短時間の brief.
断食 fast.
男子生徒 schoolboy.
短縮 contraction. 〜する cut,
shorten, contract.
単純な simple;simpleminded. 〜にする simplify.
短所 fault, shortcoming.
誕生 birth. 〜日 birthday.
たんす drawers, bureau.
単数の singular.
男性 man, male. 〜的な manly.
炭素 carbon.
断続的な continual.
団体 body, corps, group, party.
だんだんと gradually, increasingly.
団地 housing developments.
単調な monotonous, dull;〔色などが〕flat.
探偵 detective.
単なる mere, simple. 〜に merely, purely, simply.
断念する →あきらめる.
短波 short wave.
タンパク質 protein.
ダンプカー dump truck, dumper (truck).
断片 scrap, fragment. 〜的なfragmentary.
暖房 heating. 〜する heat. 〜器具 heater.
段ボール cardboard. 〜箱 corrugated box.
タンポポ dandelion.
断面 section, profile.
段落 paragraph.
弾力 elasticity. 〜のある elastic.
暖炉 fireplace, stove.

## ち

血 blood. 〜だらけの bloody. 〜を流す bleed.
治安 peace. 〜判事 magistrate, justice of the peace.
地位 post, status, standing, condition, position, rank.
地域 area, place, region. 〜社会 community. 〜の regional, local.
小さい little, small, tiny;〔年齢〕young. 〜方の minor, smaller. 〜くする lessen.
チーズ cheese.
チータ cheetah.
チーム team.
知恵 wisdom.
地下(の, に) underground. 〜室 basement.
近い near, close.
誓い oath, vow.
違い difference;〔差〕distinction. (…に)ちがいない must.
誓う pledge, swear, vow, give one's oath.
違う be different, differ.
知覚 perception, sensation, feeling. 〜する perceive, feel.
…近く toward, near. (…の)〜で[の] around, nearby. (…の)〜に on, at hand.
近ごろ newly, nowadays, lately.
近づく approach, draw.
近づける[づきやすい] accessible.
違った different.
地下鉄 subway;〈英〉tube, underground.
地下道 subway.
近道 shortcut.
力 force, might, power, strength;〔能力〕ability, faculty. 〜をふりしぼって with [by] all one's might. 〜ずくでとる take, wring.
地球 earth, globe. 〜儀 globe.
蓄積 accumulation. 〜する accumulate.
遅刻する be late for.
知事 governor.
知識 knowledge, acquaintance, learning.
地上 earth, ground. 〜の earthly, terrestrial.
地図 map;〔地図帳〕atlas.
治世 reign.
知性 intellect, intelligence. 〜の intellectual.
地層 stratum.
…地帯 belt, zone.
乳 milk. 〜を絞る milk. 〜をやる nurse.
父(親) father.
縮む shrink, contract, shorten.
縮める shorten, contract;〔言葉などを〕abbreviate, condense.
地中海(の) Mediterranean.
秩序 〔社会の〕order;〔体系〕system. 〜立った systematic.
窒素 nitrogen.
窒息する choke, be choked, suffocate, be suffocated.
チップ tip.
知的な intellectual.
血なまぐさい bloody.
知能 intelligence, intellect. 〜の高い intelligent.
乳房 breast.
地平線 horizon. 〜(上)の horizontal.
地方 country, countryside, district, province. 〜自治の municipal. 〜の provincial.
致命的な fatal, mortal, deadly.
茶 tea.

茶色(の) brown.
着実な steady. ～に steadily.
着席する be seated, take a seat, sit down.
着用(する) wear.
着陸 landing. ～させる[する] land.
チャット(する) chat.
茶わん bowl；〔湯のみ〕cup.
チャンネル channel.
チャンピオン champion.
…中 during, while.
注 note, annotation.
注意 attention, care, heed；〔警告〕warning. ～を払う mind, heed, regard. ～する note, notice, take notice；〔人に〕warn.
注意深い attentive, careful, cautious. ～く attentively, carefully.
チューインガム gum.
中央 center. ～の central, median.
中学 junior high school. ～生 junior high school student [boy, girl].
中間 medium, middle. ～の medium, middle, halfway, intermediate. ～考査[試験] midterm examination.
中継(する) relay.
忠告 advice, counsel. ～する advise, counsel.
中国 China. ～の[語,人] Chinese.
中古の secondhand, used.
仲裁 arbitration, mediation, intervention. ～する arbitrate, mediate, intervene.
中止 suspension, stoppage. ～する quit, suspend, stop, discontinue.
忠実な faithful, loyal.
注射 injection, shot. ～する inject.
駐車 parking. ～させる[する] park. ～場 park.
抽象 abstract, abstraction. ～的な abstract.
昼食 lunch, luncheon.
中心 center, core, focus, heart. ～の central. ～的存在 center. ～部 core.
中性 ～の neutral. ～洗剤 (neutral) detergent.
中世の medieval.
中断 break, interruption, stoppage. ～する break, interrupt, stop.
ちゅうちょ hesitation. ～する hesitate.
中途 ～で[に] halfway, midway. ～半端な halfway. ～半端に by halves.

中東 the Middle East.
中毒 ～の toxic. 食～ food poisoning. ～になる be addicted.
中年 middle age.
チューブ tube.
注目 note, notice, remark. ～する notice. ～すべき notable, remarkable.
注文(する) order.
中立 neutrality. ～の[者] neutral.
チューリップ tulip.
チョウ butterfly.
兆 trillion.
腸 intestines, bowels.
調印 signature. ～する seal, sign.
聴覚 ear, hearing.
朝刊 morning paper.
長官 chief, chancellor, commissioner, secretary.
長距離 ～の long-distance. ～通話 long-distance [toll] call.
徴候 symptom, sign, indication.
超高層ビル skyscraper.
彫刻 sculpture, carving, engraving. ～する sculpture, carve, engrave. ～家 sculptor.
調査 examination, inquiry, inspection, investigation, probe, survey. ～する examine, inspect, investigate, probe, survey. ～する人[～員] inspector.
調子 〔声の〕note；〔音の〕pitch；〔談話・文章の〕tone；〔体の〕trim, condition. ～が良い[悪い] be in good [bad] condition. この～では at this [that] rate.
聴衆 audience.
長所 merit, virtue, strong point.
頂上 summit, top.
朝食 breakfast.
調整 adjustment, regulation. ～する adjust, regulate, set, fix.
調節 adjustment. ～する adjust, regulate；〔エンジンなどを〕time.
朝鮮 Korea. ～の[語,人] Korean.
挑戦(する) challenge.
調停 arrangement, mediation, arbitration. ～する arrange, mediate, arbitrate, intervene.
頂点 summit, peak, climax, apex.
ちょうど directly, just, precisely, right. ～今 just, right now.
長方形 rectangle.
潮流 tide, current.
調和 harmony, correspondence. ～させる match, reconcile. ～する blend, correspond, go with, match. ～のとれた harmonious.
チョーク chalk.

貯金 savings, deposit. ～する save. ～箱 money box, piggy bank.
直接 ～に direct, directly, immediately. ～の direct, immediate.
直線 straight line. ～の linear.
直立した erect, straight, upright.
チョコレート(飲料) chocolate.
著者 author, writer.
貯蔵 stock, storage, preservation. ～する stock, store, preserve.
貯蓄 savings. ～する save.
直角 right angle.
直観 intuition. ～の intuitive.
チョッキ vest；〈英〉waistcoat.
直径 diameter. ～で across.
ちょっと 〔時間〕moment, minute；〔少し〕little.
散らかす scatter, litter. ～っている be in disorder.
ちらし bill.
ちらっと見る glance, glimpse.
地理学 geography.
治療 cure, remedy, treatment. ～する cure, treat. ～法 remedy, treatment.
散る disperse；〔群衆などが〕scatter；〔葉・花が〕fall, drop；〔気が〕be distracted.
鎮圧する suppress
賃貸する rent.
賃借りする hire, rent.
賃金 wage, pay.
陳情 petition, representation.
沈着 nerve. ～な composed, self-possessed, cool.
チンパンジー chimpanzee.
沈没する sink, go down.
陳列 display, exhibition. ～する display, exhibit, show.

## つ

つい only, just. ～この間 recently. ～口を滑らす make a slip of the tongue.
対 pair, couple.
追加(分) addition. ～の additional, supplementary. ～する add.
追求 pursuit. ～する pursue.
追伸 postscript.
追跡 chase, pursuit. ～する chase, pursue, run after.
(…に)ついて about, as to, concerning, of, on.
ついで ～に〔話の〕in passing, talking of. ～ながら by the way, incidentally.

ついて行く follow；〔勉強・流行などに〕keep up；〔一緒に行く〕go along.
ついに at last [length], finally.
費やす use, spend；〔時間・精力などを〕employ.
追放 banishment；〔国外への〕exile；〔不正分子の〕purge. ～する banish, exile, purge.
墜落 fall. ～する crash.
通貨 currency.
通過する pass, go through, sweep.
通行 passage, traffic. ～(許可)証 pass. ～人 passerby. ～料 toll.
通じ(てい)る 〔場所などに〕communicate, lead；〔電話が〕be connected, get through to.
通信 message, correspondence, communication. ～員 correspondent. ～する correspond, communicate.
通知 notice. ～する notify. ～簿 report card.
通風 ventilation. ～孔 ventilator.
通訳 interpreter. ～する interpret.
通例 usually, generally, ordinarily.
通路 passage, way；〔座席間の〕aisle.
杖 stick, cane.
使い errand；〔人〕messenger.
使い果たす exhaust, run out of.
使い古した shabby, worn-out.
使う use, spend, put ... to use, make use of, exert. (…を)～って by, in.
仕える attend, serve, wait on [upon].
つかまえる catch, take；〔逮捕する〕arrest, seize.
つかむ catch, grasp, seize, clutch, grip.
疲れる be tired, be weary. ～れ切る be worn out, be exhausted.
つき 〔幸運〕luck.
月 moon；〔暦の〕month. ～一回の monthly.
(…に)つき a, per.
継ぎ(をあてる) patch, piece.
付き合い contact, acquaintance；〔同行〕company.
付き合う 〔交際する〕associate with, keep company with；〔同行する〕keep ... company, accompany.
突き刺す stick, thrust, pierce, stab. ～さる stick.
突き進む thrust, pierce.
付き添い attendance. ～人 attendant, escort.

付き添う attend, escort.
突き出す push out, thrust out, poke out, stick out；〔犯人を〕hand over.
次々に one after another.
突き出る project, push out, protrude.
突き止める locate, trace；〔正体を〕find out.
(…の)次に after, next.
次の following, next, coming. ～に next；〔…の次に〕after, next to.
継ぎ目 joint.
尽きる run out, give out, come to an end.
付く stick to, attach；〔しみなどに〕be stained with；〔火が〕catch, ignite.
突く push, thrust, poke；〔やり・やすりで〕spear, lance；〔角で〕gore.
着く arrive, come, get, reach；〔席に〕take a seat.
つぐ 〔液体を〕pour.
机 desk.
償う repair, make up for, compensate.
作り変える alter
作りごと, 作り話 fiction, invention, fable.
作る make, create；〔製品などを〕produce, manufacture；〔形作る〕form；〔…を基にして〕model；〔建物・ダムなどを〕build, construct；〔栽培する〕grow, raise；〔食事を〕prepare；〔組織する〕organize.
告げ口する report, tell tales, inform against.
つけこむ impose, take advantage of.
つける 〔はり付ける・結びつける〕attach；〔詩に曲を〕set；〔印・汚点などを〕mark；〔日記・記録を〕keep；〔テレビ・明かりなどを〕turn on；〔勘定に〕charge；〔後に〕follow.
漬ける soak, dip.
告げる inform, tell.
都合のよい[悪い] convenient [inconvenient].
都合よく well, conveniently.
ツタ ivy.
伝える tell；〔書いて〕write；〔報道する〕carry；〔感情などを〕convey；〔知識・情報・真相を〕give；〔伝統を〕hand down；〔熱・電気を〕conduct.
伝わる 〔光・音などが〕travel；〔熱・電気が〕conduct；〔先祖から〕descend.
土 soil, dirt, earth.

つつく peck.
続く continue, last；〔後に〕follow.
続ける continue, go on, keep, proceed.
突っ込む 〔物を〕plunge, thrust；〔手などを〕stick；〔車が〕run into.
慎む refrain from, abstain from.
包み pack, package, parcel, packet；〔手紙・衣類などの〕bundle.
包む fold, lap, settle, wrap.
つづり spelling.
つづる spell.
務め duty.
勤め先 office.
勤め(ている) work, be employed.
努める endeavor, make efforts.
務める 〔職務・任期を〕serve；〔役目を〕act, fill.
綱 line, cord, rope, cable.
つながり tie, connection, link.
つながる join, connect.
つなぐ connect, join, tie；〔電話を〕connect, put through；〔鎖で〕chain, leash.
常に always.
角 horn.
つば(を吐く) spit.
翼 wing.
ツバメ swallow.
粒 grain, particle.
つぶす crush, squash；〔時間を〕kill.
つぶやく mutter, murmur.
つぶれる crush；〔計画・事業などが〕collapse, fold up.
つぼみ bud.
妻 wife.
つま先 tiptoe；〔靴・靴下の〕toe.
つまずく stumble, trip.
つまむ pinch.
つまらぬ 〔ささいな〕trivial, trifling；〔面白くない〕uninteresting. ～物 trifle.
つまり in (actual) fact, that is (to say).
罪 crime, guilt, offense；〔宗教・道徳上の〕sin. ～を犯す offend. ～を犯した criminal, guilty.
積み上げる heap, pile.
摘み取る pick, pinch.
摘む pluck；〔採取する〕gather.
積む pile；〔積み込む〕load.
つめ nail；〔鳥獣の〕claw.
冷たい cool, cold；〔冷淡な〕chilly.
詰める stuff；〔席を〕make room for.
(…する)つもりだ be, intend, be going to ..., propose, will, expect, mean, plan.

積もる settle, accumulate.
通夜 vigil.
つや gloss, polish, luster, glaze. 〜のある glossy, polished, lustrous.
梅雨 rainy season.
露 dew.
強い strong, stout. 〜く strongly, hard. 〜くする strengthen.
強さ strength, intensity.
(…という)強みを持つ have the advantage of.
つらい bitter, hard.
貫く penetrate, pierce.
釣り fishing. 〜をする fish, angle. 〜人 angler, fisherman. 〜糸 (fish) line, fishing line. 〜ざお fishing rod.
釣り合い proportion, equilibrium. 〜のとれた harmonious, proportional.
釣り合う balance, match, be proportionate.
つり銭 change.
つる vine. 〜性植物 vine.
ツル crane.
釣る fish.
つるす hang, suspend.
つるつる滑る〈形〉slippery.
連れ出す take out.
(…するに)つれて as.
連れて行く have, lead, take.
連れて来る bring, fetch.
ツンドラ tundra.

# て

手 hand. 〜を洗う wash. 〜をさする touch. 〜を振る[振って合図する] wave.
…で〔場所〕at, in;〔道具〕with.
出会う meet, come across, encounter.
手足 limb. 〜を伸ばす stretch. 〜を十分に伸ばして at full length.
手当〔報酬〕allowance;〔傷などの〕dressing. 〜する treat.
手洗い → お手洗い.
提案 proposal, proposition, suggestion. 〜する propose, suggest.
定員〔劇場などの〕capacity.
庭園 garden.
定価 a (fixed) price.
定期 〜券 commutation ticket. 〜航空便 flight. 〜船 liner. 〜刊行物 periodical. 〜的に往復する ply. 〜の regular, periodic.
定義 definition. 〜する define.
低気圧 low (atmospheric) pressure.
提供する offer;〔番組を〕sponsor.
提携 partnership.
抵抗 opposition, resistance. 〜する resist.
帝国 empire. 〜の imperial.
体裁 decency;〔書籍などの〕format. 〜のよい respectable.
停止 halt, stop. 〜させる[する] halt, stop.
定住する settle.
提出 presentation. 〜する present, advance, hand in, send in, submit.
ディスプレイ display, monitor.
訂正 correction. 〜する correct.
停戦 truce, ceasefire, armistice.
邸宅 mansion.
定着 〜させる fix.(しっかり)〜している root. 〜のする set in, fix.
停電 power failure.
程度 degree, extent, point, grade. (この)〜まで thus.
ていねい polite, courteous. 〜に politely, courteously.
定年 age limit.
堤防 bank, embankment.
出入り〔入場許可〕entrée. 〜口 doorway.
停留所 stop.
手入れる〔植木・庭・髪を〕trim. 〜の十分な well-kept.
データ data. 〜処理 data processing. 〜ベース database.
デート date.
テープ tape.
テーブル table.
手がかり clue, key.
手書き manuscript, handwriting. 〜の handwritten.
でかした Well done!
手形 bill, note.
手紙 letter;〔形式ばらない短い note. 〜で知らせる[を書く] write. 〜をもらう hear from.
手柄 merit, exploit.
敵 enemy;〔競技・争いなどの〕opponent;〔競争相手〕rival. 〜の hostile.
敵意のある vicious, hostile.
適応 adaptation, accommodation. 〜する adapt [accommodate] oneself to.
できごと event, affair, incident, occasion, occurrence.
溺死する be drowned.
適する suit. 〜している be suited. 〜した adequate, good, proper, suitable. 〜していない unsuitable.
適性 aptitude.
適切な appropriate, proper, relevant. 〜に appropriately, properly, relevantly, right.
適当な correct, likely.
適度の moderate, modest.
できない cannot, be unable to …
適用する apply.
…できる can, be able to.
できるだけ早く as soon as possible [one can, maybe].
出口 outlet, exit.
手首 wrist.
出くわす come across, meet.
でこぼこ rugged, rough, bumpy, uneven.
手頃な〔扱いに〕handy;〔値段が〕moderate, reasonable.
デザート dessert.
デザイナー designer.
デザイン design.
手先〔手下〕tool;〔指〕fingers. 〜が器用な deft, dexterous.
手探りで捜す feel, grope.
手ざわり feel, touch.
弟子 pupil, disciple.
デジタル(の) digital. 〜カメラ digital camera. 〜時計 digital clock.
出しゃばる obtrude, thrust oneself.
手数 trouble. 〜料 charge.
デスクトップ(の) desktop.
テスト test;〔簡単なテスト〕quiz.
でたらめの random, haphazard.
手帳 notebook;〈英〉pocketbook.
鉄(の,製の) iron;〔鋼鉄〕steel.
哲学 philosophy. 〜的な philosophical. 〜者 philosopher.
デッキ deck.
鉄筋コンクリート reinforced concrete.
撤退する retreat, withdraw.
手伝う assist, help.
でっちあげる make up, invent.
手続き procedure, formalities.
徹底的な drastic, thorough, complete. 〜に drastically, thoroughly, completely.
鉄道 railroad, railway, rail. 〜(便)で by rail.
デッドボール → 死球.
出っ張る project.
鉄棒〔体操の〕horizontal bar.
徹夜 vigil. 〜の all-night. 〜する sit up all night.
手に入れる pick up, procure, secure.
手におえない formidable, intractable, incorrigible;beyond one's capacity.
テニス tennis.
手荷物 baggage, luggage.

テノール tenor.
手のこんだ elaborate.
手のひら palm.
手放す part with；〔売る〕sell.
手引き guide, manual.
手袋 glove.
手本 example, model, pattern.
手短な summary, brief.
デモ demonstration.
寺 temple.
テラス terrace.
照らす illuminate, light.
照る shine.
出る get out, come out, go out, issue；〔太陽・星などが〕rise；〔出発する〕leave；〔本が〕be published [issued], come out；〔出没する〕be haunted.
テレビ(受像機) television, TV.
テロ〔行為〕terrorism.
テロリスト terrorist.
天 heaven, sky. 〜の heavenly.
点 dot, spot, point,〔箇所〕respect；〔成績〕mark, score, grade；〔競技の得点〕point, score；〔野球の〕run. 〜を打つ dot. 〜を取る score.
電圧 voltage.
店員 (sales)clerk；〈英〉shop assistant.
点火 ignition, lighting. 〜する ignite, light, fire. 〜装置 ignition.
添加 add. 〜物［剤］additive.
天気 weather. 〜予報 weather forecast.
伝記 biography.
電気 electricity；〔電灯〕light. 〜の electric, electrical. 〜で動く electric.
電球 bulb.
転居 removal.
典型 type. 〜的な typical, representative.
点検 inspection；〔機械などの〕service. 〜する inspect, overhaul.
天国 heaven, paradise.
伝言 message, respect. 〜をもらう hear from.
天才 genius, prodigy.
天災 disaster.
天使 angel.
展示 exhibition, display. 〜する exhibit, display, show.
電子 electron. 〜メール email, e-mail.
電子工学 electronics. 〜の electronic.
電車 car, train；〔市街電車〕streetcar；〈英〉tramcar.
天井 ceiling. 〜桟敷 gallery.

点数 point, score, mark, grade；〔野球の〕run.
伝説 legend, tradition. 〜の legendary.
伝染する infect. 〜させる transmit. 〜性の infectious, contagious, epidemic. 〜病 plague.
転送する〔手紙・電子メールを〕forward；〔データを〕transfer.
天体 heavenly [celestial] bodies. 〜望遠鏡 astronomical telescope.
電卓 calculator.
伝達 circulation, communication. 〜する communicate, transmit, convey.
電池 battery, cell.
電柱 telephone pole.
テント tent.
転倒(する) fall, tumble.
伝統 tradition. 〜的な traditional.
電灯 light, lamp, electric.
テントウムシ ladybug, ladybird.
転任 transference. 〜する[させる] transfer.
天然 〜の natural, crude. 〜ガス natural gas. 〜資源 natural resources.
天皇 emperor.
伝票 check.
てんびん scale, balance. 〜座 Libra.
転覆 turnover. 〜させる〔政府などを〕overthrow, overturn. 〜する〔船などが〕be overturned, overturn, upset.
天分 genius, gift.
テンポ tempo.
電報 telegram, telegraph, wire. 〜を打つ cable, telegraph, wire.
デンマーク Denmark. 〜人 Dane. 〜語[の] Danish.
天文学 astronomy. 〜者 astronomer.
展覧会 exhibition, show.
電流 (electric) current.
電力 electric power.
電話(機) phone, telephone. 〜線 line. 〜をかける call, phone, ring, telephone. 〜を切る hang up. 〜をもらう hear from. 〜by phone.

## と

戸 door.
度 degree, time.
問い合わせ inquiry, reference. 〜をする inquire, refer.
…と言えば talking of.

ドイツ Germany. 〜語[人](の) German.
党 party.
塔 tower；〔尖塔〕steeple；〔記念塔〕monument.
等 class, grade. 1〜になる get [take] (the) first place.
胴 trunk, body.
銅 copper. 〜メダル bronze medal.
同意 consent, agreement, assent. 〜する agree, consent, assent.
(…と)同意見である be with, agree.
統一 unification. 〜する unify. 〜 unity.
同一視する identify.
同一の a, identical, same. 〜ものとみなす identify.
(…について)どう思いますか What about...?
銅貨 copper.
どうか…していただけませんか Would [Do] you mind -ing？
投機 speculation, venture.
陶器 pottery, earthenware.
討議 discussion. 〜する discuss, debate.
動機 motive.
動議 motion. 〜を出す move.
同義語 synonym.
等級 grade, rate. 〜に分ける grade.
同級生 classmate.
当局 authority.
道具 tool, instrument, implement, utensil；〔一式〕kit.
洞窟 cave；〔大きな〕cavern.
峠 pass. (病気などの)〜を越す pass the crisis.
統計 statistics. 〜の statistical.
同行する accompany, go with.
投獄 imprisonment. 〜する imprison.
動作 action, motion, movement.
投資 investment. 〜する invest.
闘志 fight, fighting spirit.
冬至 winter solstice.
当時(の) then.
動詞 verb.
陶磁器(類) china.
凍死する be frozen to death.
同時代の(人) contemporary.
どうして why, how.
どうしても by all means, at all costs.
同時に at once, at the same time, together.
投手 pitcher.
投書 correspondence.
登場 entrance, entry. 〜する en-

ter, come on. ～人物 character.

同情 sympathy, compassion. ～する feel, sympathize, be sympathetic.

どうにもしようのない hopeless.

統制 control, regulation. ～する control, regulate.

当選 election, return. ～する be elected [returned].

当然 rightly. ～の due, just, natural. ～のことと思う take ... for granted. ～のことながら properly.

どうぞ if you please, please. (…を)どうぞ Here's your...

逃走 flight. ～する run away, flee.

闘争 battle, conflict, fight.

灯台 lighthouse.

統治者 lord, ruler, governor.

到着 arrival. ～する get to, arrive, reach, attain.

とうちゃん dad, papa.

(…は)どうですか How [What] about ...?

同点(になる) tie.

堂々と imposingly, grandly, magnificently. ～した stately, imposing, grand.

同等の equivalent, level, equal.

道徳(性) morality, morals, ethics. ～的な[上の] moral.

盗難 robbery.

どうにかして by any (manner of) means.

導入 introduction. ～する introduce.

糖尿病 diabetes.

投票 poll, vote. ～する poll, vote. ～権 vote. ～数 poll.

東部(地方) east. ～の eastern.

同封する enclose.

動物 animal. ～園 zoo.

当分 →さしあたり.

逃亡 escape. ～する escape, run away, flee.

動脈 artery.

同盟 alliance, league, union. ～する ally.

透明な transparent.

トウモロコシ corn ; 〈英〉maize.

東洋 the East, the Orient. ～の oriental.

同様 ～の same, as good as. (…と)～に similarly, as well as...

童謡 nursery rhyme [song].

(心を)動揺させる shake, disturb.

道理 reason. ～にかなった[をわきまえた] reasonable.

同僚 colleague, associate. ～の fellow.

盗塁 steal.

道路 road.

登録 registration. ～する register.

討論 debate, dispute, discussion. ～する debate, dispute, discuss.

童話 nursery tale ; 〔おとぎ話〕fairy tale.

当惑 ～させる perplex. ～する be perplexed, be embarrassed, be puzzled.

遠い distant, far, faraway, remote.

(…から)遠い far from...

遠く(に) far. ～隔たった remote.

通さない 〔水・空気などを〕impervious.

通す 〔糸などを〕pass... through ; 〔電気を〕carry ; 〔目を〕look [run] over ; 〔部屋へ〕show.

トースト toast.

ドーナツ doughnut.

遠ぼえ(する) howl.

(…)通り street, avenue.

通り過ぎる go by, pass.

通り抜ける go [get] through.

通る pass. (…を)～って by, by way of, up, down.

都会 city, town.

トカゲ lizard.

とかす 〔髪を〕comb.

溶かす dissolve.

融かす 〔氷・雪などを〕thaw, melt.

とがらせる point.

時 occasion, time, moment. (…する)～ when, as. その ～ then, when.

ときどき sometimes, occasionally, (every) now and then [again].

解き放す release. ～たれた loose, unbound.

得 profit. ～をする profit, gain, benefit.

解く solve, release, dissolve ; 〔ほどく〕untie.

説く preach.

研ぐ grind, sharpen.

毒 poison.

得意 ～な elated, triumphant ; 〔お得意の〕favorite. ～になる be elated, be inflated. ～になって proudly. (…が)～である be strong in, be good at.

独裁者 dictator.

独自 ～の own, original. ～に on one's own.

読者 reader.

特殊な special, particular.

読書 reading.

特色 characteristic, ～づける distinguish.

独身の single, unmarried.

特性 character, characteristic, property, quality.

独占(権) monopoly. ～する monopolize. ～的な exclusive.

独奏 solo.

独創(性) originality. ～的な original, creative.

戸口 door, doorway.

特徴 distinction, feature. ～的な characteristic, distinctive. ～を示している〈形〉typical.

得点 score, point ; 〔野球の〕run. ～する score.

独特な[の] own, individual, peculiar.

特に 〔特別に〕especially, in particular, particularly.

特売 sale.

特派員 correspondent.

特別 ～の extra, special, particular. ～に specially, particularly.

匿名の anonymous.

毒薬 poison.

特有な[の] characteristic, native, particular, special, typical.

独立 independence. ～した independent.

独力で by [for] oneself, on one's own.

とげ sting, thorn, prickle. ～のある言葉 barb.

時計 clock ; 〔携帯用の〕watch.

溶ける dissolve.

融ける 〔氷・雪などが〕thaw ; melt.

どこ(で, に, へ) where. ～かで[へ, に] anywhere, somewhere. ～でも anywhere. ～にも…ない nowhere. ～へも anywhere.

床屋 〔主人〕barber ; 〔店〕barbershop, 〈英〉barber's shop.

ところで well, by the way.

登山 mountaineering, climb. ～家[者] mountaineer, climber. ～をする climb, mountaineer.

年 〔暦の〕year ; 〔年齢〕age, year. ～をとる age. ～をとった old, aged.

都市 city. ～の urban.

年上の elder, old, senior.

閉じ込める confine, lock.

年下の junior, young.

…として as, for.

図書館 library. ～員 librarian.

とじる 〔書類などを〕bind, file.

閉じる shut, close, bar.

土星 Saturn.

土台 base, foundation.

戸棚 cupboard, closet, cabinet.

土地 ground, land, place, country ; 〔国土〕soil.

途中 ～で on the [one's] way. ～下車する stop over.

どちら which.

どちらかの either.
どちらでも either, whichever.
どちらの…も…でない neither.
どちらも…ない neither.
特急(列車) limited express.
特許(の,権,品) patent.
ドック dock.
特権 privilege. 〜階級 privileged classes.
突進する dash, charge.
突然 suddenly, all at once, (all) of a sudden. 〜の sudden.
(…に)とって to, for.
取っ手 handle, knob, grip.
とっておく keep, put away, save, lay up, reserve, set aside, spare.
取ってくる get, fetch.
突風 blast.
土手 bank.
とても very, extremely, dearly, most, so, terribly, badly.
届く reach, get at；〔砲弾などが〕carry.
届ける 〔配達する〕deliver；〔届け出る〕notify, report.
整える fix, make, set, arrange.
とどまる remain, stay.
とどろき roll, thunder.
とどろく roar, rumble, thunder.
トナカイ reindeer.
隣 〜の next, neighboring. 〜に[の] next door. (…の)〜の[に] next to. →隣人.
とにかく at any rate, anyway, in any case.
どの a, which. 〜…でも whichever.
どのくらい how far.
どのようにして how.
飛ばす fly；〔飛ばし読みする〕skip over.
跳び越える jump, clear.
飛び込む dive, plunge, plunge.
とびつく catch at, leap [jump] at.
トピック topic.
飛ぶ fly.
跳ぶ jump, leap, spring, hop, skip.
徒歩 〜で on foot. 〜旅行 walking tour [trip], hike, tramp.
途方にくれて(いる) (be) at a loss, at one's wits' end, be puzzled.
途方もない incredible, ridiculous.
土木技師 civil engineer.
乏しい low, scarce.
トマト tomato.
止まる stop, halt；〔鳥が〕perch, settle.
泊まる stay, sleep, put up, lodge.
富 wealth, riches.
(…に)富む full, abundant, 〈動〉abound.
ドメイン domain.
止める stop, check, turn off.
泊める lodge, put up.
留める fix, fasten ; 〔留め金で〕clasp.
友だち friend, pal.
伴う attend ; 〔…に〕〈形〉attendant.
(…と)共に with, together.
土曜日 Saturday.
トラ tiger；〔雌〕tigress.
ドライバー 〔ねじ回し〕screwdriver；〔運転者〕driver.
ドライブ drive.
捕える catch, capture.
トラクター tractor.
トラック truck, van, lorry.
ドラッグストア drugstore.
トランプ(札) card.
トランペット trumpet.
鳥 bird, bowl. 〜かご cage.
取りあえず 〔さしあたり〕for the time being.
取り上げる take up ; 〔奪う〕take away.
取り扱い management, treatment. 〜に慎重を要する〈形〉sensitive.
取り扱う treat, deal with, handle, manage.
取り入れる gather, take in ; 〔導入する〕introduce ; 〔収穫する〕harvest.
取り替え replacement. 〜る change, replace.
とりかかる set about, set to.
取り囲む surround, close around.
取り決め arrangement. 〜る arrange, settle.
取り組む work on, tackle, grapple with.
取り消す 〔約束・注文を〕cancel ; 〔撤回する〕withdraw.
取り壊す pull down.
取り出す draw, take out.
とりつかれる haunt.
取り付ける install, equip, fix, furnish.
とりで fort.
取りに行く go for.
取り除く clear, ease, relieve, remove, rid, take away, take off.
取り計らう see to it that…
取引 transaction, dealing. 〜する deal with, trade.
取り戻す recover, regain, renew.
努力 effort, endeavor, push, exertion. 〜する endeavor, exert, strive, try.
とりわけ above all (things).
取る get, take, obtain.
撮る take, photograph.
ドル dollar.
トルコ Turkey. 〜人 Turk. 〜語[の] Turkish.
取るに足りない trivial, trifling, insignificant, small.
どれ which.
奴隷 slave.
ドレス dress.
どれも any, whichever.
どれほど how.
泥 dirt, mud. 〜の muddy.
泥棒 thief, robber.
トン ton.
鈍感な insensitive, obtuse.
ドングリ acorn.
どんな…でも whatever.
どんな…とも however.
トンネル tunnel.
トンボ dragonfly.
貪欲な greedy.
どんよりとした dull.

# な

名 name. ～をつける name ... after [for].
(…で)ない not.
(…の)ない no.
内科(医学) internal medicine. ～の medical.
内閣 cabinet, ministry.
内緒 ～の secret, private. ～で secretly, privately.
ナイター night game.
(…が)ないので in the absence of.
ナイフ knife.
内部 interior, inside. ～の internal, interior, inside. (…の)に within, inside.
内密の confidential. ～に confidentially.
内野 infield. ～手 infielder.
内容 content, matter, substance.
内陸(の) inland.
ナイロン nylon.
なお still, yet.
治す cure, heal, remedy.
直す〔修理する〕mend, fix, repair ;〔訂正する〕correct.
治る heal, get well, recover.
直る be mended, be fixed.
中 inside. ～で within, inside. ～から外へ out of. ～に[へ] in, into, under, inside.
仲 ～が良い[悪い] be on good [bad] terms. ～の良い友人 good friend.
長い long.
長生きする live long, survive.
長いす sofa, couch.
長い目で見れば in the long run.
長くする lengthen.
長靴 boot.
長さ length, span.
流し sink.
流す run, pour, drain ;〔血・涙を〕shed.
仲間 company, companion, mate ;〔共同の利益・目的の〕associate ;〔労苦を共にする〕comrade, partner ;〔職業・趣味の〕set ;〔同僚〕fellow ;〔同志〕friend.
中身 content.
眺め view, scene, prospect, sight.
眺める see, look on, view.
仲よくやっていく get on.
流れ current, drift, flow, stream.
流れる flow, run, stream.

泣き声 cry.
鳴き声〔犬などの〕bark, bowwow ;〔鳥の〕song, call, chirp, chatter ;〔カラスの〕caw, croak ;〔めんどりの〕cackle, cluck ;〔アヒルの〕quack ;〔馬の〕neigh, whinny ;〔牛の〕low, moo, bellow ;〔羊・ヤギの〕bleat, baa ;〔ネコの〕mew ;〔狼の〕howl ;〔サルの〕chatter ;〔ライオンなどの〕roar ;〔虫の〕chirp, chirrup ;〔カエルの〕croak.
泣く〔涙を流して〕weep, cry ;〔むせび泣く〕sob.
鳴く〔犬などが〕bark ;〔鳥が〕sing ;〔カラスが〕caw.
慰め comfort, consolation. ～る comfort, console.
なくす lose ;〔希望・疑いなどを〕dissolve.
(…が)なくなって out of.
なくなる go, vanish, be gone ;〔尽きる〕run out of ;〔死亡する〕die.
なぐる strike, hit, beat.
嘆く lament, grieve.
投げ込む throw.
投げつける dash, fling.
投げる throw, pitch, cast, toss.
(…で)なければ but for, without, but.
情 pity, mercy. ～深い merciful. ～を知らない[無情な]merciless, heartless.
ナシ pear.
なしですます do [go] without.
成し遂げる accomplish, achieve.
ナス eggplant.
(…の)なすがままに(なって) at the mercy of.
なぜ why, What ... for?
なぞ riddle, puzzle, mystery.
なだめる soothe, calm down.
なだれ avalanche.
夏 summer.
名づける name, call.
納得させる convince.
納得する understand, be convinced.
なでる stroke, caress.
…など etc., etc, and so on.
7(つの) seven.
70(の) seventy. ～番目(の) seventieth.
斜め ～の slant, oblique. ～に slantingly.
何 what.
何か any, anything.
何ひとつ…ない none.
何も anything.
何も…ない nothing.
何よりもまず first of all.
…なので as, because, that.

名ばかりの in name only. ～もの name.
ナプキン napkin.
なべ pot ;〔平なべ〕pan ;〔大なべ〕caldron.
生 ～の raw ;〔演奏などが〕live.
怠ける idle, laze, neglect. ～た idle, truant.
ナマズ catfish.
なまり accent, dialect.
鉛 lead.
波 wave ;〔大波〕billow ;〔さざ波〕ripple.
並木〔街路樹〕roadside trees. ～道 avenue, boulevard.
涙 tear. ～を流して泣く cry.
並(の) average, common. ～以下の ordinary.
並はずれた extraordinary, singular.
なめし革 leather.
なめらかな smooth. ～に smoothly. ～にする smooth.
納屋 barn.
悩ます bother, trouble, distress, vex.
悩み distress, trouble. ～の種 bother, vexation, worries.
悩む suffer, worry.
習う learn.
鳴らす〔管楽器・警笛などを〕blow ;〔鐘などを〕chime ;〔合図の鐘・ベルなどを〕ring ;〔ベル・ラッパなどを〕sound.
慣らす〔動物を〕tame, domesticate.
並ぶ line up. 列の後ろに～ follow the line. ～ばせる form ... into a row.
並べる〔兵隊を〕rank ;〔整列させる〕range ;〔一列に〕line up ;〔整頓する〕arrange.
並んで alongside. ～立つ stand in a row.
(…と)なる be, become, come, fall, get, get into, go, grow, run, turn.
(…から)成る consist of, be composed of.
鳴る〔管楽器などが〕blow ;〔鐘・時計が〕chime ;〔鐘・ベル・電話が〕ring ;〔鐘などが〕sound.
なるほど indeed, to be sure.
慣れさせる accustom, habituate.
慣れている be [get, become] accustomed [used] to ;〈形〉used, 〔人に〕domestic.
なわ rope.
難しい difficult, deep, profound.
南極(の) Antarctic, South Pole.
何千という thousands of ...
何でも anything.

(…にとって)何でもない be nothing to.
なんと how, what.
なんとかして somehow, possibly.
難破する be wrecked. 〜船 wreck.
南部(地方) south.
難民 refugee, displaced person. ボート〜 boat people.

## に

2 two. 〜番目(の) second. 〜月 February.
荷 burden, load, cargo.
似合う become, suit.
におい scent, smell; 〔芳香〕fragrance; 〔悪臭〕stink. 〜がする[をかぐ] smell, stink. いやな〜がする smell.
2階 second floor; 〈英〉first floor.
苦い bitter.
逃がす 〔釈放する〕let go, set free; 〔好機を〕let slip.
苦手だ be weak on.
にぎやかな 〔場所が〕busy. 〜にする enliven.
握りこぶし fist.
握りしめる clasp.
握る grasp, clutch, grip.
肉 flesh; 〔食肉〕meat. 〜屋 butcher.
憎い hateful.
憎しみ hatred, hate.
肉体 body. 〜の bodily, physical.
憎む hate, detest.
逃げる escape, flee, get away, run away.
濁る become muddy. 〜った muddy; 〔川が〕thick; 〔川・鏡などが〕cloudy.
2, 3の one or two.
西(へ) west. 〜の west, western.
にじ rainbow.
二次的な secondary.
にじむ 〔インクなどが〕run.
20 twenty. 〜番目(の) twentieth.
二重 〜の double, dual, twofold. 〜に double, twofold.
2乗 square.
ニシン herring.
偽の false, sham, counterfeit. 〜物 sham, counterfeit.
日常の daily, everyday, routine.
日没 sunset.
日曜日 Sunday.
日用品 daily necessaries.
日記 diary, journal.
日給 daily wage.
ニックネーム → あだ名.

荷造りする pack.
ニッケル nickel.
日光 daylight, light, sunlight.
日食 solar eclipse.
日中 day. 〜に in the daytime.
日程(表) program; 〔スケジュール〕schedule.
似ている resemble, parallel, take after; 〈形〉alike.
2度 twice.
2倍 double; 〈副〉twice. 〜の double, twofold. 〜にする double.
鈍い dull, slow. 〜くする dull.
日本 Japan, Nippon. 〜語[人] (の)Japanese, Nipponese.
(…)にもかかわらず despite, for, in spite of, nevertheless.
荷物 burden, baggage, luggage.
入会 entrance, enrollment. 〜する enter, enroll. 〜を認める admit. 〜金 admission fee.
入学 entrance. 〜する enter. 〜を認める admit. 〜許可 admission. 〜式 entrance ceremony.
ニュージーランド New Zealand.
入場 entrance. 〜する enter. 〜料 admission.
ニュース news; 〔情報〕information. 〜速報 (news) flash.
ニューヨーク New York.
入浴 bath. 〜する bathe, take a bath.
入力(する) input.
似る resemble, look like, be alike.
煮る boil.
二塁 second base. 〜手 second baseman. 〜塁打 double.
ニレ elm.
庭 garden, yard.
にわか雨 shower.
鶏 fowl; chicken; 〔おんどり〕rooster, cock; 〔めんどり〕hen.
人気 popularity. 〜のある popular.
人形 doll.
人間 human beings, man, mankind. 〜の human, mortal. 〜らしい human.
認識 recognition. 〜する recognize. 〜している〈形〉sensible. 〜力 sense.
妊娠 pregnancy. 〜する get [become] pregnant. 〜している be expecting, be pregnant.
ニンジン carrot.
忍耐 endurance, patience, perseverance, tolerance. 〜強い patient. 〜力 patience.
ニンニク garlic.

任務 commission, duty, office, task.
任命 appointment. 〜する appoint, assign, nominate.

## ぬ

縫い目 seam.
縫う sew, stitch.
抜きん出る excel.
抜く pull, pluck; 〔追い越す〕pass; 〔競走で〕outstrip.
脱ぐ remove, shed, take off.
ぬぐう wipe.
抜け出す get rid of.
抜け目のない shrewd, sharp.
抜ける 〔歯・羽などが〕fall out; 〔歯・くぎ・ボルトなどが〕come out.
盗み stealing, theft.
盗む steal, rob; 〔人の文章・考えなどを〕plagiarize.
布(切れ), 布地 cloth.
ぬらす wet, moisten.
塗る paint, apply; 〔しっくいを〕plaster; 〔薄く〕spread; 〔バターを〕butter.
ぬるい lukewarm, tepid.
ぬれた wet; 〔涙・霧で〕moist.
ぬれる be wet; 〔雨で〕be soaked [drenched].

## ね

根 root.
値上げ rise in price. 〜する mark up, put up, raise. 〜になる be raised.
音色 tone.
値打ち →価値.
ネガ negative.
願い[願う] wish, hope, desire.
寝返りうつ toss.
ネクタイ tie.
ネコ cat, pussy.
値下げ reduction [cut] in price. 〜する reduce, mark down. 〜競争 price war.
ねじ回し screwdriver.
ねじる screw, twist, wrench; 〔手足などを〕distort, twist.
ねじれ twist, distortion, torsion; 〔糸・綱などの〕kink.
ねじれる twist, wrench.
ネズミ rat, mouse.
ねたむ envy, be envious [jealous] of.
値段 cost, price, value. 〜をつける mark, bid.

熱 heat；〔病気による〕fever, temperature；〔熱中〕passion.
熱意 zeal. 〜のある zealous, enthusiastic. 〜のない cool.
熱狂 enthusiasm. 〜的な enthusiastic, frantic, ardent. 〜的に enthusiastically.
熱心な eager, earnest, hard, keen, warm, zealous, ardent, enthusiastic.
熱心に eagerly, hard, zealously.
熱する heat.
熱帯 Torrid Zone. 〜雨林 rain forest. 〜魚 tropical fish. 〜地方 tropics. 〜(地方)の tropic, tropical.
熱中 enthusiasm, absorption, zeal. 〜する be crazy about, be zealous in doing.
ネット net.
ネットワーク network.
熱病 fever.
熱望する aspire, long. 〜している be eager, be keen.
熱烈な ardent, warm, passionate；〔賞賛が〕loud.
寝坊する oversleep, get up late.
眠い drowsy, sleepy.
眠って(いる) asleep.
眠り sleep.
眠る sleep, go to sleep.
ねらい aim, intention.
ねらう aim, sight.
練り粉 paste.
寝る →眠る〔床につく〕go to bed.
年 year. 〜1回の annual.
年鑑 almanac, yearbook, annual.
年金 pension, annuity.
年少者 junior.
年中 〔いつも〕always；〔1年中〕all the year round. 〜無休〈掲示〉We never close.
年代 era. 〜を定める date.
年長者 senior.
粘土 clay.
年配の elderly.
年報 annual.
燃料 fuel.
年齢 →年(とし).

## の

脳 brain.
農園 farm；〔大きな〕plantation.
農家 farmhouse.
農業 agriculture, farming. 〜の agricultural.
農産物 agricultural products.
濃縮する condense.

農場 farm, farmstead. 〜経営者 farmer.
農村の rural.
農地 farming land.
農民 farmer.
能率 efficiency. 〜的な efficient.
能力 ability, capacity, faculty, power, competence, capability. 〜がある able, capable, competent.
ノート notebook.
のこぎり(で切る) saw.
のがれる escape, get rid of.
残す leave；〔将来のために〕reserve；〔記録に〕record.
残っている[残る] remain, be left.
残り rest, remains, remainder.
乗せる take up, take on, give a lift.
載せる put … on；〔荷を車などに〕load；〔新聞に〕put, insert.
(…を)除いて except, save, but, exclusive of.
のぞく look into [in], peep.
除く remove, eliminate, except；〔除外する〕exclude.
望ましい desirable.
望み(のもの) desire, wish, hope.
望む wish, desire, hope, care for.
のちの after, later. 〜に after, afterward(s).
ノック(する) knock.
乗っ取り 〔会社の〕takeover.
乗っ取る 〔会社を〕take over；〔飛行機を〕hijack.
のど throat. 〜の乾いた thirsty.
伸ばす extend, stretch, lengthen；〔手を〕reach；〔延期する〕put off, postpone.
野原 field.
伸びる extend, stretch；〔つめ・髪などが〕grow.
述べる say；〔…であると〕mention；〔はっきりと〕state；〔意見などを〕pass；〔意見・考えなどを〕observe；〔意見・理由・助言・祝福を〕give；〔あいさつを〕bid.
のぼる ascend, rise；〔よじ登る〕climb；〔丘などを〕go up；〔山などを〕mount；〔木・階段・坂などを〕get up.
飲みこむ swallow.
飲み干す drink down [off].
飲み物 drink.
飲む 〔飲み物を〕drink, have；〔薬・毒・飲み物を〕take.
のり paste；〔洗濯用の〕starch.
乗り換える transfer, change.
乗り切る 〔船があらしを〕ride out, outride；〔困難などを〕tide over, sail through.

乗組員 crew.
乗り越える 〔へいなどを〕get over, climb over, surmount.
乗物 vehicle, transportation.
乗る 〔電車・バス・馬などに〕get on；〔自転車・乗物・馬などに〕ride；〔馬・自転車などに〕mount.(…に)〜って aboard.
ノルウェー Norway. 〜人[の] Norwegian.
のろい(の言葉)[のろう] curse.
のんきな easygoing, happy-go-lucky.

# は

刃 edge, blade.
派 school;〔宗教上の〕sect;〔党派〕section.
歯 tooth. 〜の dental.
葉 leaf;〔平たく細長い〕blade;〔松などの〕needle;〔木全体の〕foliage.
バー bar;〈英〉pub.
(…の)場合には in the event of, in case of, where.
パーセント percent, per cent.
パーティー party.
ハード(ウエア) hardware.
パートナー partner.
はい Yes;〔否定の問いに対して〕No;〔同意・賛成して〕All right, OK;〔点呼の返事〕Yes, Here, Present;〔物を渡すとき〕Here you are.
灰 ash. 〜皿 ashtray.
肺 lung.
…倍 time.
パイ pie.
灰色(の) gray.
バイオリン violin.
媒介 agency.
媒介物 medium.
排ガス exhaust gas.
廃棄物 rubbish.
売却する →売る.
廃墟 ruins.
ばい菌 germ, bacteria.
ハイキング hike, hiking.
拝啓 Dear Sir, Dear Madam, Dear Mr. [Miss, Mrs.]…
背景 background, setting, scenery.
廃止する do away with, abolish;〔習慣を〕disuse;〔法律・慣習などを〕abrogate.
歯医者 dentist.
買収する corrupt.
賠償(金) compensation, reparation. 〜する compensate, recompense.
陪審 jury. 〜員 juror.
歯痛 toothache.
配達 delivery. 〜する deliver.
排他的な exclusive.
配置 disposal, layout, arrangement. 〜する dispose, set.
売店 〔市場・駅などの〕stall, stand.
配当(金) dividend.
パイナップル pineapple.
売買(する) trade. 〜契約 bargain.
パイプ pipe.
パイプオルガン organ.

俳優 actor;〔女優〕actress; player.
配慮 attention, regard.
入る come in, enter, get in, go into;〔加入する〕join;〔会社などに〕go into;〔学校に〕enter;〔収納できる〕hold, contain.
パイロット pilot.
はう crawl, creep.
ハエ fly.
生える grow, sprout.
墓 tomb, grave. 〜石 tomb.
ばか(者) fool. 〜げた ridiculous. 〜な silly, stupid. 〜にする mock.
破壊 break, destruction. 〜する break, destroy. 〜的な destructive.
はがき card, postcard, post card.
はがす peel, strip, tear.
博士 doctor, Dr.
はかない 〔短命の〕short-lived, passing;〔むなしい〕vain.
はかり balance, scale.
(A)ばかりでなく(B)も not only A but (also) B.
はかる 〔速度を〕time;〔寸法・大きさ・量を〕measure;〔重さを〕weigh.
はがれる come off, peel away.
吐き気 sickness. 〜がする feel sick [sickness].
吐く 〔息・タバコの煙・水などを〕blow;〔つばを〕spit;〔嘔吐する〕vomit.
掃く sweep.
博愛 humanity.
迫害 persecution. 〜する persecute.
博学[識]な learned, erudite.
爆撃 bombing. 〜する bomb.
白紙の blank.
拍手 applause. 〜する applaud, clap one's hands.
白状 confession. 〜する confess;〔すっかり〕own.
漠然と vaguely. 〜した vague, misty.
莫大な vast, huge, enormous.
爆弾 bomb.
ハクチョウ swan.
爆破する blast, blow up.
爆発 explosion. 〜させる[する] burst, explode;〜する go off. 〜性の explosive.
白髪の gray, gray-haired.
博物館 museum.
博覧会 fair, exposition, expo.
歯車 gear.
暴露する expose, disclose.
はけ口 outlet.
激しい acute, bitter, fierce, furi-

ous, hot, intense, sharp, violent, wild. 〜怒り fury. 〜苦痛 agony. 〜く bitterly, hard, violently, wildly.
激さ heat, violence.
バケツ bucket, pail.
はげている bald.
励ます encourage, stimulate.
派遣する send, dispatch.
箱 box, case.
運ぶ carry, bear, convey. 〜び込む carry in. 〜び去る carry away, take away. 〜人 carrier.
はさみ scissors;〔木・針金などを切る〕clipper. 〜で摘む clip.
はさむ pinch, nip.
破産 bankruptcy. 〜する go bankrupt.
端 edge, end, border. 〜から〜までの overall.
箸 chopstick
橋 bridge. 〜をかける span.
恥 shame. 〜さらし disgrace.
はしご ladder.
始まる begin, start, open;〔季節・天候が〕set in;〔年代・時期に〕date;〔人・状況・出来事に〕originate.
初め opening, origin. (…の)〜から終りまで through, throughout. 〜の initial. 〜に first, at [in] the beginning. 〜は at first.
始め beginning, start. 〜から終わりまで over.
初めて first, for the first time. 〜の first, maiden.
初めまして How do you do?
始める begin, start;〔企てる〕undertake;〔事業などを〕launch;〔会議・店・商売などを〕open.
馬車 carriage, coach.
場所 place, site, location. (…する)〜 where. 〜をあける make room for.
柱 post, pole.
走る run, shoot.
ハス lotus.
バス 〔乗物〕bus, coach;〔音楽〕bass.
恥ずかしい be ashamed. 〜思いをせる embarrass;〔はにかみの〕shy.
恥ずかしさ shame.
(…した)はずがない cannot have done.
バスケット basket. 〜ボール basketball.
はずす 〔眼鏡を〕take off;〔取りはずす〕remove;〔ボタンを〕undo, unbutton;〔指輪などを〕slip off;〔関節を〕dislocate.
恥ずべき shameful, disgraceful.

パスポート passport.
はずれる 〔ボタンが〕come undone;〔受話器が〕be off the hook;〔ねらいが〕miss;〔基準から〕deviate.
パセリ parsley.
パソコン personal computer.
旗 flag, banner.
肌 skin.
バター butter.
裸 nude. ～にする strip. ～の naked, bare.
果たす 〔義務・約束などを〕perform, fulfill;〔義務・責任を〕discharge;〔義務・職務などを〕carry out, execute;〔役割を〕function.
働く work;〔骨折って〕labor;〔機械・器官が〕operate.
8 eight. ～番目(の) eighth. ～月 August.
はち bowl;〔浅い〕basin;〔植木の〕flowerpot.
ハチ bee;〔ジガバチ〕wasp;〔スズメバチ〕hornet, wasp.
80(の) eighty.
パチパチ(という音) clap.
はちみつ honey.
爬虫類 reptile.
罰 punishment, penalty.
発音 pronunciation. ～する pronounce.
ハッカ peppermint.
ハツカダイコン radish.
ハツカネズミ mouse.
発揮する display, exhibit.
発狂する go [run] mad.
はっきりした clear, distinct, express, sharp, vivid. ～形をとる take shape.
はっきりと clear, clearly, plainly, rightly, sharply, definitely. ～は rightly.
罰金 fine, penalty.
バックアップ(の) backup. …の～をとる back up.
バックル buckle.
発見 discovery. ～する discover, find;〔偶然〕chance.
発言 utterance, speech. ～する speak. ～権 voice.
発行 issue, publication. ～する issue, publish, bring out. ～部数 circulation.
発散する 〔光・熱・煙などを〕send;〔においなどを〕exhale;〔悩み・精力などを〕blow off.
発射 shot. ～する shoot, fire, discharge.
発する 〔声・音などを〕give;〔叫び声・言葉などを〕utter.
罰する punish.

発生 〔病気などの〕incidence;〔事件などの〕occurrence, outbreak;〔起源〕birth, genesis;〔電気・熱・ガスなどの〕generation. ～する occur, break out, generate.
発送 sending, dispatch. ～する send, dispatch.
バッタ grasshopper.
発達 development, advance, progress. ～させる[する] develop. ～した mature.
発展 development, evolution, growth, expansion. ～する develop, evolve, grow, expand.
発電 ～する generate. ～機 (electric) generator. ～所 power station.
バット bat.
発動機 motor.
発表 disclosure, publication, announcement. ～する disclose, publish, announce.
発砲 discharge. ～する fire, discharge.
発明 invention. ～する invent. ～家 inventor. ～品 invention.
派手な 〔色・服装が〕gay;〔けばけばしい〕loud, showy.
ハト dove, pigeon.
パトロール(する) patrol.
花 flower, blossom, bloom. ～束 bouquet. ～屋〔人〕florist;〔店〕florist's.
鼻 nose;〔象の〕trunk. ～の nasal. ～の穴 nostril. ～が高い be proud. ～にかける boast.
話 talk, account;〔物語〕tale, story. (…と)～をする speak to.
話し合う discuss, talk over.
話しかける speak to, address.
放す release;〔手を〕let go.
話す tell, talk, speak, relate. …について～ speak about [of], talk.
バナナ banana.
花火 fireworks.
花婿 bridegroom.
花嫁 bride.
離れた separate, detached.
離れる part;〔去る〕leave. ～ず on.
はにかむ be bashful.
羽 feather, plume, wing.
ばね spring.
はねる 〔水・泥などが〕splash;〔跳び上がる〕spring;〔車が人を〕hit.
母 mother.
幅 width, breadth, range.
省く 〔節約する〕save;〔除外する〕omit, eliminate.
歯ブラシ toothbrush.
破片 fragment, splinter.
浜 beach;〔砂浜〕sands.

葉巻 cigar.
歯磨き toothpaste.
ハム ham.
破滅 ruin, destruction, wreck. ～する be ruined, go under.
はめる 〔手袋・指輪を〕put on, pull on;〔部品などを〕fit into;〔はめ込む〕set, enchase, inlay;〔板・れんがなどを〕tail.
場面 scene.
早い early.
速い fast, quick, rapid.
早く early, soon.
速く fast, quickly, rapidly. ～なる[速める] quicken.
速さ speed.
林 wood, grove.
ハヤシライス hashed (meat and) rice.
はやす 〔髪・ひげなどを〕grow. ～している wear.
はやっている be popular, prevalent.
はやり出す come into fashion [vogue].
腹 stomach, belly;〔動物・虫などの〕abdomen.
バラ(の花) rose.
払う pay;〔手で払いのける〕brush away [off].
晴らす 〔疑いを〕dispel, clear;〔心の憂さを〕vent.
バラッド ballad.
ばらばらに apart. ～なる take apart, break up. ～する disjoint.
針 needle, sting;〔時計の〕hand;〔釣り針〕hook.
パリ Paris.
針金 wire.
ハリケーン hurricane.
パリパリした crisp.
春 spring. ～の spring, vernal.
貼る stick;〔のりで〕paste.
張る 〔キャンプ・テントを〕pitch;〔針金・網などを〕strain;〔ロープなどを〕stretch.
はるか (by) far, much.
はるばる all the way.
バレエ ballet.
バレーボール volleyball.
晴れた fine, clear, serene.
破裂 explosion. ～する explode, burst.
晴れる clear, be fine;〔疑いが〕be dispelled.
腫れる swell. ～あがった swollen.
ハワイ Hawaii. ～の Hawaiian.
版 edition.
晩 evening.
番 〔見張り〕guard. ～をする tend, guard.
パン bread, roll. ～1個 loaf. ～の

皮 crust. ～屋〔人〕baker；〔店〕bakery.
範囲 extent, range, scope, sphere, circle. (…の)～内で[に] within.
反映 reflection. ～する reflect.
繁栄 glory, prosperity. ～する prosper, flourish. ～している prosperous.
ハンカチ handkerchief.
ハンガリー Hungary. ～人〔の〕Hungarian.
反感 antipathy, aversion. ～を抱く revolt.
反逆 treason. ～する rebel, revolt. ～者 rebel, traitor.
反響 echo；〔反応〕response. ～させる[する] echo, resound.
パンク flat tire, puncture, blow-out. ～する get a flat(tire), puncture. ～させる puncture.
番組 program, bill.
半径 radius.
判決 judgment, decision, sentence. ～を下す judge.
反語 irony.
反抗 resistance, disobedience. ～する resist, disobey. ～的な defiant, rebellious, disobedient.
番号(をつける) number.
犯罪 crime. ～の[者] criminal.
万歳 cheer, hurray.
ハンサムな handsome.
晩餐会 dinner (party).
判事 judge.
パンジー pansy.
反射 reflection, reflex. ～する[させる] reflect. ～的に reflectively.
繁盛する flourish, thrive, prosper.
繁殖する breed, reproduce.
反省 self-examination. ～する reflect, introspect.
帆船 sail, sailboat.
伴奏 accompaniment. ～する accompany.
ばんそうこう sticking [adhesive] plaster.
反則 foul, foul play.
パンダ panda.
反対 objection, opposition. ～する oppose, object, care. ～の contrary. ～側の opposite. ～に to the contrary. (…に)～して against.
判断 judgment. ～する judge, decide. ～力 judgment, sense.
ハンディキャップ handicap.
斑点(をつける) spot.
バンド 〔ベルト〕belt；〔楽団〕band.
半島 peninsula.
反動 reaction.

ハンドバッグ purse.
ハンドボール handball.
ハンドル 〔自動車の〕wheel；〔自転車の〕handlebar；〔取っ手〕handle.
犯人 criminal.
反応 reaction, response. ～する react, respond.
万能 universal, all-around [all-round].
ハンバーグ, ハンバーガー hamburger.
販売 sale. ～員 salesman. ～人 dealer.
パンフレット brochure, pamphlet.
半分(の) half.
ハンマー hammer.
反乱 rebellion, revolt. ～を起こす revolt, rebel.
氾濫(させる) flood. ～する overflow, be flooded.

## ひ

火 fire, light. ～の fiery. ～をつける fire, light.
日 date, day；〔太陽〕sun.
比 ratio.
美 beauty.
日当たりのよい sunny.
ピアノ piano.
ひいきする favor.
ピーナッツ peanut.
ビール beer.
冷えた cold.
冷える grow cold.
被害 damage, injury. ～者 victim.
控えめ modesty. ～な modest, quiet.
控える abstain, refrain；〔書き留める〕write down.
比較 comparison. ～する compare. ～上の relative, comparative. ～的 relatively, comparatively. ～できる comparable.
東(へ) east.
東の east, eastern.
光 light, beam, shine, ray. ～を発する glow；〈形〉luminous, radiant.
光る shine；〔ぴかっと〕flash；〔ぴかぴか〕glitter；〔かすかに・鈍く・白く〕gleam；〔ぬれて〕glisten；〔きらめく〕sparkle；〔ちらちら〕glimmer；〔星・遠方の光がきらきら〕twinkle.
引き上げる pull up；〔カーテンなどを〕draw up.
引き揚げる →撤退する. ～者 repatriate.

率いる lead.
引き受ける take, undertake, assume.
引き起こす bring about, cause, draw, give rise to.
引き替えに against, in exchange for.
引き下がる retire, withdraw.
引き裂く rip, tear.
引き算 subtraction.
引き潮 ebb (tide).
引きずる drag, trail.
引き出し drawer.
引き出す derive, draw, pull out, extract；〔預金を〕withdraw.
引き継ぐ take over, succeed.
引きつける attract, draw.
引きとめる detain.
引き抜く pluck, pull out, extract；〔人を〕hire … away.
引き伸ばす draw, enlarge；〔期間を〕extend, prolong.
引き離す part, separate, detach；〔レースで〕outrun.
引き分け tie, draw. ～試合 drawn game.
引き渡し delivery, surrender.
引き渡す deliver, surrender, give over.
ひく 〔粉に〕grind；〔のこぎりで〕saw.
引く pull, draw；〔注意を〕arrest, attract；〔減じる〕subtract；〔線・図を〕trace；〔辞書を〕consult；〔身を〕draw off.
弾く 〔楽器を〕play.
轢(ひ)く run over；〔はねる〕knock down, hit.
低い low；〔背が〕short；〔地位・身分が〕humble.
低くする lower；〔ラジオの音を〕turn down, lower.
ひげ 〔あごひげ〕beard；〔口ひげ〕mustache；〔ほおひげ〕whisker. ～をそる shave.
悲劇 tragedy. ～の tragic.
秘訣 secret；〔成功などの〕key.
否決する vote down.
非現実的な romantic.
非行 misconduct. ～少年[少女] juvenile delinquent.
飛行 flight, aviation.
飛行機 airplane, plane；〈英〉aeroplane. ～で by air.
非公式 ～の informal. ～に off the record, informally.
ひざ 〔ひざがしら〕knee；〔座った時の〕lap. ～をつく[ひざまずく] kneel.
久しぶりですね I haven't seen you for a long time.
悲惨な tragic, miserable, wretch-

ed.
ひじ elbow.
美術 (fine) art. 〜館 gallery ; 〈米〉museum.
秘書 secretary.
非常 〜の場合(の) emergency. 〜ブレーキ emergency brake. 〜階段 fire escape.
微笑 smile.
非情な cold-hearted. 〜にする harden.
非常に very, much, too, awfully, highly. 〜…なので so ... that ... , such ... that ...
避暑地 summer resort.
びしょぬれになる be soaked [drenched](to the skin), be wet through.
ビスケット biscuit ; 〈米〉cracker.
ピストル pistol, gun, revolver.
額 forehead, brow.
浸す soak, bathe, dip.
ビタミン vitamin.
左 (の, へ) left.
浸る soak, be immersed.
ひっかかる be caught in [by], catch.
ひっかき傷 scratch.
ひっかく scratch.
棺 coffin.
ひっくり返す turn, upset, overturn, overthrow.
びっくりさせる surprise, amaze, startle, astonish.
びっくりする be surprised [amazed, startled, astonished].
日付(を書く) date.
引っ越し movement, removal.
引っ越す move.
引っ込める withdraw, retract.
ヒツジ sheep ; 〔子羊〕lamb ; 〔羊肉〕mutton. 〜飼い shepherd.
必死になって desperately.
必然 necessity. 〜の necessary. 〜的に inevitably.
ひったくる snatch.
ぴったりの 〔ある目的・条件などに〕fit ; 〔服などがきつい〕tight.
ピッチ pitch.
ピッチャー pitcher.
匹敵する compare, compete, equal, match, rival. 〜人[もの] rival, parallel.
ヒット(を打つ) hit.
引っ張る draw, pull, haul.
ひづめ hoof.
必要 necessity, want. 〜性[品] necessity, need. 〜な necessary. 〜がない 〈形〉needless. 〜以上の extra. (…する) 〜がある[ない] need to ... [do not need to ... ,

do not have to ...]. 〜とする〔注意・技術・時間などを〕demand ;〔人・物・事を〕require, need ;〔時間・労力・勇気などを〕take.
否定 denial, negation. 〜する contradict, deny. 〜の[的な] negative.
人 man, one, person, human being ;〔人々〕people ;〔他人〕others.
ひどい 〈強意語〉bad, gross, a hell of a … ;〔つらい〕hard ;〔むごい〕cruel ;〔とても悪い〕terrible ;〔天気・行為などが〕awful ;〔みすぼらしい〕mean. 〜く hard, wildly, terribly.
美徳 virtue.
一口 〔ひとかじり〕bite, mouthful.
1組(の男女) pair.
ひと言 word. 〜で言えば in a word.
人混み crowd.
人さし指 forefinger, first [index] finger.
等しい equal. 〜く equally.
1つ one, piece. 〜おきの alternate. 〜ずつ one by one. 〜には for one thing.
ひと握りの handful ;〔わずかの〕few, little.
ひと飲み draft, drink, swallow.
一晩中 overnight.
人々 folk, people.
ひとまとまり set.
(…を)ひとまわりして round, around.
ひとみ pupil.
一目で at a glance, at first sight.
人目をひく →目立つ.
1人 one. 〜の one, single. 〜ぼっちの lonely, solitary. 〜ぽっちで by oneself. 〜ずつ one by one.
ひとりでに by oneself.
非難 blame, charge, reproach. 〜する accuse, blame, reproach, criticize.
避難 refuge. 〜所 refuge, shelter. 〜する shelter, take refuge.
皮肉 satire, irony, sarcasm. 〜な satirical, ironical, sarcastic.
ひねる twist.
日の出 daybreak, sunrise.
火花 spark, sparkle. 〜を発する sparkle.
ヒバリ lark.
ひび(がはいる) crack, flaw.
響く ring, sound ;〔反響する〕resound, echo.
批判 criticism, review. 〜の critical. 〜家 critic. 〜する comment, criticize, review.
皮膚 skin.

暇 time, leisure, spare time. 〜な free.
ヒマワリ sunflower.
秘密 mystery, secret, secrecy. 〜の secret, private.
微妙な subtle, delicate.
悲鳴(をあげる) shriek.
ひも lace, string, tie, cord.
100(の) hundred. 〜番目(の) hundredth.
100万(の) million.
百万長者 millionaire.
日焼け(する) sunburn.
冷やす cool.
百科事典 encyclopedia.
費用 cost, expense.
ヒョウ panther, leopard.
表 list ;〔図表〕diagram ;〔一覧表〕table.
票 vote. 〜を得る poll.
びょう tack ;〔画鋲〕thumbtack, 〈英〉drawing pin.
秒 second.
美容院 hairdresser, beauty parlor.
病院 hospital.
評価 estimate, assessment, rating, valuation. 〜する estimate, assess, rate, reckon, regard, value.
氷河 glacier. 〜期 glacial period [epoch, era], ice age.
病気 disease, illness, sickness. 〜の ill, sick.
表現 expression, representation. 〜する express, put ; 〈形〉representative.
標語 motto.
表紙 cover.
標識 sign.
描写 portrait, description. 〜する describe, portray.
標準 criterion, standard. 〜の normal, standard. 〜的に normally.
表彰 recognition. 〜する recognize, award.
表情 expression, look.
表題 title. 〜をつける entitle.
病棟 ward.
平等 equality. 〜な equal.
評判 reputation, publicity, name ;〔悪評〕notoriety. 〜の famous. 〜の良い[悪い] reputable [notorious].
表面 face, surface ;〔机などの〕top. 〜的な superficial, casual. 〜上の external, outward.
評論 →批評.
肥沃な fertile, rich.
ひよこ chicken.

開く open;〔包みなどを〕undo;〔パーティーなどを〕give, hold, have. ～いている open;〔会議などが〕be sitting.
平手打ち(をする) slap.
ピラミッド pyramid.
ひらめき 〔機知などの〕gleam;〔霊感の〕flash.
ひらめく gleam, flash.
微量 particle, grain.
ピル pill.
昼(間) daytime, day. ～休み lunch time [hour]. ～寝 nap.
比例(させる) proportion. (…に)～して in proportion to [with].
卑劣な mean, dirty, shabby, nasty.
広い broad, wide;〔家などが〕large, ample;〔部屋などが〕spacious.
ヒロイン heroine.
拾う 〔拾い上げる〕pick up;〔拾い集める〕gather.
疲労 fatigue, weariness, exhaustion, tiredness.
ビロード(製の) velvet.
広がる expand, extend, spread, stretch.
広げる expand, extend;〔空間的に〕spread;〔手足・翼などを〕stretch;〔折りたたんだものを〕unfold;〔道などを〕widen.
広さ extent, width.
広場 square, plaza;〔公共広場〕forum.
広々とした broad, open.
広まる 〔うわさなどが〕spread abroad, be in the air, circulate, diffuse.
品 dignity. ～のよい respectable, graceful, noble, elegant.
びん bottle, jar.
便 〔バスなどの〕service;〔飛行機の〕flight;〔郵便の配達〕delivery.
ピン(で留める) pin.
敏感な delicate, sensitive.
貧困 need, want, poverty.
品質 quality.
便せん writing paper, stationery.
ピンチ ～ヒッター → 代打. ～ランナー → 代走.
ヒント hint.
頻度 frequency.
ピント focus.
ひんぱんに often, continually.
品評会 fair.
貧乏 poverty. ～な poor, needy.
便覧 manual.

## ふ

部 〔冊〕copy;〔組織の〕department, division;〔本の〕part.
ファーストフード fast food.
ファイル file.
ファスナー zipper, fastener.
ファックス, ファクシミリ facsimile, fax.
不安 fear, anxiety. ～な restless, uneasy. ～のない secure. ～に思う be anxious. ～にする disturb;〈形〉uneasy.
ファン 〔有名人・娯楽などの〕fan;〔サッカーなどの〕supporter.
不安定な uncertain, unstable, unsteady, precarious.
不案内な 〔無知な〕ignorant.(場所に)～人 stranger.
不意 ～の sudden, unexpected. ～に suddenly, unexpectedly. ～をつく take …by surprise.
フィート foot.
フィラデルフィア Philadelphia.
フィリピン the Philippines.
フィルム film.
フィンランド Finland. ～人 Finn. ～語[の] Finnish.
封(をする) seal.
風変わりな fantastic, strange.
風景 scenery, scene, landscape, view. ～画 landscape.
風刺 satire. ～の satirical. ～する satirize.
風習 custom, manner, way.
風潮 current.
封筒 envelope.
夫婦 husband and wife, married couple.
不運 misfortune. ～な unfortunate, unlucky. ～にも unfortunately, unluckily.
笛 pipe;〔横笛〕flute;〔縦笛〕recorder;〔呼び子〕whistle.
増える increase, multiply, swell, gain.
フォアボール → 四球.
フォーク fork.
不快 displeasure. ～な unpleasant, bad, harsh, nasty, offensive, ugly. ～感を与える offend. ～にする displease.
深い deep, profound. ～く deep, deeply, profoundly.
不可解な mysterious, inscrutable, incomprehensible. ～事[物] mystery, enigma.
不可欠な[の] integral, essential, indispensable.
不可抗力の overwhelming;〔不可避の〕inevitable.
深さ depth. ～が…の deep.
不可能な impossible;〔実行不能な〕impracticable.
不完全な imperfect, incomplete.
武器 arm, weapon.
吹きかける spray;〔タバコの煙を〕blow.
不機嫌な sour, sullen, cross.
吹き込む 〔考えなどを〕inspire;〔風が〕blow into.
不規則な irregular.
不吉な evil, unlucky, ominous, sinister.
吹き出物 spot.
ふき取る wipe.
普及する prevail, diffuse, pervade.
不況 depression.
無器用な awkward, clumsy.
付近 neighborhood, vicinity.
ふく wipe, dry, mop.
吹く blow;〔クジラが潮を〕spout.
服 clothes, dress, suit. ～を着る[着ている, 着せる] dress.
福音 gospel.
複合の[的] complex, multiple.
複雑な complicated, complex, intricate.
福祉 welfare.
復讐 revenge, vengeance. ～する revenge, avenge.
復習(する) review.
服従 obedience, submission. ～させる subject, submit. ～する obey, submit.
複数(の) plural.
服装 costume, dress;〔特別の〕attire.
腹痛 stomachache.
不屈の iron, indomitable.
含む include, contain, comprise, cover.
(…を)含めて including, with.
服用量 dose.
ふくらむ[ふくらませる] swell, expand, inflate.
ふくれる 〔すねる〕pout, sulk.
袋 bag, sack.
フクロウ owl.
不景気 depression. ～の depressed, slack.
不潔 impurity. ～な foul, impure, unclean, dirty.
(夜が)ふける grow old.
不幸 misfortune, unhappiness. ～な miserable, unhappy, unfortunate.
符号 code, sign.
不公平な unfair, partial, unjust.
布告する announce.

房 〔果実の〕bunch, cluster；〔髪・羽毛・糸・草などの〕tuft；〔ふさ飾り〕fringe.
負債 debt.
不在 absence. ～の absent.
ふさぐ 〔道路・交通などを〕block；〔場所・管などを〕choke；〔穴などを〕fill in.
ふざける gambol, fun, jest. ～て just for fun. ～た trifling.
ふさわしい becoming, proper, suitable, worthy.
ふさわしくない improper, unworthy, wrong.
節 〔音楽の〕tune；〔体の〕joint；〔木の〕knot.
不思議な strange, wonderful, mysterious. ～ほど wonderfully. ～に思う wonder.
不自然な unnatural, artificial.
無事な safe. ～に safe, safely, in safety.
不死の immortal.
不自由な 〔不便な〕inconvenient. ～する want for.
不十分な insufficient, scanty, unsatisfactory.
部署 post.
負傷 →けが.
侮辱 insult, indignity, slight, affront. ～する insult, affront.
夫人 wife；〔…夫人〕Mrs.
婦人 lady, woman.
不親切な unkind.
不振の dull, depressed.
不正 wrong, injustice. ～な foul, unfair, wrong. ～行為 injustice.
不誠実な false, insincere, unfaithful.
防ぐ ward；〔事故・病気などを〕prevent, avert.
不節制 excess.
不鮮明な obscure.
不足 defect, deficiency, shortage. ～する fail, run short, lack, want. …のために for [from] want of.
付属校 attached school.
付属品 accessory.
ふた lid；〔びんなどの〕cap.
札 label, tag.
ブタ pig. ～肉 pork.
舞台 stage；〔作品の〕scene.
双子(の一方) twin. ～座 Gemini.
不確か uncertainty. ～な uncertainly.
再び again. ～始める renew, resume.
2つ(の) two.
負担 burden；〔重い〕tax；〔精神的〕load. ～する bear. …の～で at the expense of.

縁 edge, margin；〔コップ・鉢などの〕brim；〔円い物の〕rim；〔崖などの〕brink.
不注意な careless, heedless.
普通の general, common, ordinary, normal. ～でない unusual, abnormal. ～は usually, normally, commonly.
物価 prices (of commodities).
復活 revival, rebirth；〔キリスト・生命・希望の〕resurrection；〔制度・秩序などの〕restoration. ～する revive. ～させる resurrect, restore, revive. ～祭 Easter.
ぶつかる strike, hit, run into, 〈比喩〉clash.
ブックマーク 〔コンピュータの〕bookmark.
ぶつける hit, strike；〔投げて〕throw … at, dash；〔うっかり〕knock；〔車を〕run.
物質 matter, substance. ～の〔的な〕material, physical.
物体 object, body.
沸騰する boil.
フットボール football.
ぶつぶつ言う complain, murmur, mutter.
物理(学) physics. ～の physical. ～的に physically.
プディング pudding.
太い thick.
不当 injustice. ～な unjust, unfair, unreasonable.
ブドウ grape. ～酒 wine. ～の木 vine.
(大)舞踏会 ball.
不動産 real estate.
不得意な poor, weak.
太る gain [put on] weight, fat, get fat. ～った stout, fat.
ブナ beech.
船旅 voyage.
船荷 cargo.
不慣れな inexperienced, unaccustomed.
船 ship, boat；〔大型の〕vessel；〔汽船〕steamship.
腐敗する decay, go bad, rot. ～した bad, rotten.
不必要な unnecessary.
部品 part, piece.
ふぶき snowstorm, blizzard.
部分 part, proportion, division. ～的な partial. ～的に partially, partly.
不平 complaint, grumble, discontent, dissatisfaction. ～を言う complain, grumble.
不便 inconvenience. ～な inconvenient.
普遍的な universal.
不変の constant, invariable.
不満 complaint, discontent, dissatisfaction. ～を言う complain. ～である be dissatisfied [discontented].
踏む tread, stamp. ～み込む[入れる] step.
不名誉 disgrace, dishonor, shame. ～な disgraceful, dishonorable.
不滅の immortal, undying, eternal.
不毛の barren, sterile.
部門 department, division, sector, section, branch.
増やす increase, add to, multiply.
冬 winter.
富裕な wealthy, rich.
不愉快な →不快.
扶養(する) support, maintain.
フライパン frying pan, skillet.
ブラインド blind.
ブラウザー browser.
ブラウス blouse.
ぶら下がる[げる] hang, dangle, swing, suspend.
ブラシ(をかける) brush.
ブラジャー brassiere, bra.
ブラジル Brazil. ～(人)の Brazilian.
フラスコ flask.
プラスチック(製の, 製品) plastic.
プラスの plus.
プラチナ platinum.
プラットホーム platform.
ふらふらする 〔頭が〕swim；〈形〉dizzy；〔歩き方が〕〈形〉unsteady.
ブランコ swing.
フランス France. ～の[語(の), 人(の)] French.
ブランデー brandy.
不利(な立場[状態]) disadvantage. ～な disadvantageous, unfavorable.
振り返る turn, look back.
振りかかる 〔不幸などが〕happen to, befall.
振りかける 〔粉などを〕dust；〔コショウなどを〕shake；〔一面に〕sprinkle.
ブリキ tin.
武力 sword；〔軍事力〕military power.
ふりをする affect, pretend, make believe.
降る fall, come down.
振る shake, wag, wave.
古い old；〔旧式な〕old-fashioned；〔古くさい〕ancient.
フルート flute.

震える shake, shiver, tremble, vibrate. ぷるぷる〜 quiver.
ふるまい behavior, conduct.
ふるまう act, behave, carry, do, conduct oneself.
無礼 offense, rudeness, insolence. 〜な impolite, rude, insolent.
ブレーキ(をかける) brake.
触れる touch, feel, come in contact；〔言及する〕mention.
風呂 bath, bathroom.
ブロードバンド(の) broadband.
付録 appendix；〔別冊の〕supplement.
プログラマー programmer.
プログラミング programming.
プログラム program.
フロッピーディスク floppy disk.
プロバイダー (Internet [service]) provider.
プロポーズ proposal. 〜する propose.
分 minute.
文 sentence.
雰囲気 atmosphere, air.
噴火 eruption. 〜する erupt.
文化 culture. 〜の cultural. 〜な cultural, cultured, civilized. 〜祭 cultural festival.
憤慨 indignation. 〜させる outrage, shock. 〜する resent, shock, be indignant.
分解 resolution, analysis, dissolution. 〜する resolve, analyze, dissolve；〔小機械を〕take apart.
文学 literature, letter. 〜の literary.
分割 division, partition. 〜払いで on the installment. 〜する divide, split, partition.
文語的な literary.
分子 molecule.
紛失 loss. 〜する lose.
噴出 jet, ejection, 〔溶岩の〕eruption. 〜する jet, eject, gush；〔溶岩の〕erupt.
文書 document. 〜で in writing.
噴水 fountain.
分数 fraction.
分析 analysis. 〜する analyze.
扮装 makeup. 〜する make up, impersonate.
紛争 conflict, dispute, strife, trouble.
分担する share, divide.
文通 correspondence. 〜する correspond. 〜する人 correspondent.
奮闘する struggle, strive.
分配 distribution. 〜する deal, distribute.
分布 distribution. 〜する distribute.
分別 wisdom, discretion. 〜のある wise, sensible, thinking, discreet, prudent.
文法 grammar. 〜(上)の grammatical.
文房具 stationery, writing materials.
文明(化) civilization. 〜した civilized.
分野 field, area.
分離 separation. 〜する separate.
分量 quantity.
分類 classification, separation. 〜する classify, divide, group.
分裂 split. 〜させる divide, split.

## ヘ

…ヘ to.
塀 wall, fence.
平穏 peace. 〜な quiet, peaceful.
陛下 majesty.
閉会 closure. 〜の closing. 〜する close.
兵器 weapon, arms.
平気な unconcerned, indifferent. 〜だ don't care.
平均(の) average. 〜して on (an [the]) average. 〜寿命 life expectancy.
平原 plain.
平衡 balance, equilibrium.
平行する[の, 線] parallel.
米国 the United States (of America).
兵士 soldier.
平日 weekday.
平静(な) quiet, cool.
平方 square.
平凡な common, commonplace, ordinary.
平面 plane, level.
平野 plain.
平和 peace. 〜な peaceful, at peace. 〜に peacefully, at peace. 〜維持 peacekeeping. 〜維持軍 the peace keeping force [troops].
ベーコン bacon.
ページ page.
ベール(で覆う) veil.
ペキン Beijing.
へこむ dent, give；〔帽子・ほお・壁などが〕cave in. 〜んだ hollow.
へたな poor, awkward, clumsy；〔作品・技術などが〕unskilled.
別荘 cottage, villa, cabin.
ベッド bed. 〜を整える make a bed.
ペット pet.
別の(人, もの) another, other, different.
別々の separate. 〜に separately, individually.
ベトナム Vietnam, Viet Nam.
ペニー(貨) penny.
ヘビ snake, serpent.
ヘブライ人 Hebrew.
部屋 room, apartment.
減らす diminish, lessen, lower, decrease.
ベランダ porch, veranda.
ペリカン pelican.
ヘリコプター helicopter.
減る decrease, sink, diminish, lessen.
ベル bell；〔玄関の〕doorbell. 〜を鳴らす ring.
ベルギー Belgium. 〜人[の] Belgian.
ベルト belt.
ベルリン Berlin.
便 convenience, facility；〔バスなどの〕service.
ペン pen.
変化 change, shift, turn, variety. 〜する change, vary, pass. 〜に富む varied.
弁解 apology, explanation. 〜する apologize, explain.
便宜 convenience, facility, accommodation.
ペンキ(を塗る) paint. 〜屋 painter.
勉強 study, work. 〜する study, work, do.
ペンギン penguin.
変形 transformation. 〜させる[する] transform, change.
偏見(を持たせる) prejudice. 〜を持つ be biased, be prejudiced.
弁護 defense. 〜士 lawyer. 〜する plead, defend, speak for.
変更する change, modify, shift.
返事(をする) →答え.
編集する edit, compile, make up. 〜者 editor. 〜者の editorial.
便所 toilet, bathroom, men's [ladies] room, lavatory；〔ホテル・劇場などの〕rest room.
ペンス pence.
編成 formation.
変装(させる) disguise.
ベンチ bench.
弁当 lunch；〔行楽の〕picnic.
変な peculiar, strange, queer, funny.

へんぴな remote, out-of-the-way.
弁明 →弁解.
便利 convenience. 〜な convenient, useful, handy.

## ほ

歩 step, pace.
帆 sail.
(郡)保安官 sheriff.
母音 vowel.
法 law.
棒 bar, pole, rod, stick.
法案 bill.
防衛 defense. 〜する defend.
貿易 trade, commerce. 〜する trade. 〜業者 trader.
望遠鏡 telescope.
崩壊(する) collapse.
妨害 disturbance, interruption, interference. 〜する disturb, hinder, obstruct, interrupt, interfere.
法外な unreasonable, outrageous, extravagant, excessive.
方角 direction.
放火する set fire to.
包括的な comprehensive, inclusive.
傍観 〜する look on, stand by. 〜者 onlooker.
ほうき broom.
放棄 resignation, renunciation, abandonment. 〜する surrender, resign, abandon.
防御 defense. 〜する defend. 〜率 earned run average.
暴君 tyrant.
方言 dialect.
冒険 adventure, venture;〔危険〕risk.
封建的な feudal, feudalistic.
方向 direction, course, hand, way. 〜転換 turn.
暴行 violence, outrage, violation.
報告 report, account. 〜する report, inform. 〜者 reporter. 〜書 report.
奉仕 service. 〜する serve. 〜者 servant.
防止 prevention. 〜する prevent.
帽子 cap, hat.
放射(線) radiation. 〜能 radiation, radioactivity. 〜する radiate. 〜能のある radioactive.
報酬 payment, reward, recompense.
方針 policy, course.
法人 corporation.

宝石 gem, jewel, precious stone;〈集合的に〉jewelry.
包装する wrap. 〜紙 wrapping (paper).
放送(する) broadcast. 〜局 broadcasting station. 〜されている[いない] be on [off] the air.
法則 law.
包帯 bandage, dressing.
棒高跳び pole vault.
膨張する expand, swell.
法廷 court.
法定の legal.
法典 code.
暴徒 mob.
報道 news, report, information. 〜する report, cover.
暴動 riot, rebellion.
豊富な abundant, plentiful, liberal.
(…の)方へ toward, to, up.
方法 means, method, way, manner, mode, how.
亡命 exile. 〜する exile oneself.
訪問 visit, call. 〜する call on, visit. 〜者 visitor.
抱擁(する) embrace.
法律 law, act. 〜の legal. 〜で認め[定め]られた lawful.
暴力 force, outrage, violence.
ボウリング bowling.
ボウル bowl.
ホウレンソウ spinach.
放浪 wandering. 〜する wander, roam, tramp. 〜者 tramp.
ほえる〔犬などが〕bark;〔ライオンなどが〕roar;〔犬・狼が遠ぼえする〕howl.
ほお cheek.
ポーズ(をとる) pose.
ポーチ porch.
ボート boat. 〜をこぐ row.
ホームラン home run, homer.
ポーランド Poland. 〜人 Pole. 〜語[の] Polish.
ホール hall;〔ゴルフの〕hole.
ボール ball.
(…の)ほかに besides, else.
ほか(の) another, other. 〜所で[に, へ] anywhere. (…の)〜は except, but. 〜何でも anything but.
補給する supply, replenish.
牧師 clergyman, minister, pastor.
牧場 ranch, pasture.
牧草地 meadow, pasture.
補欠 substitute, spare (man). 〜選挙 by(e)-election.
ポケット pocket.
保険(金) insurance. 〜を掛ける insure.

保健所 health center.
保健体育 health and physical education
保護 protection, shelter. 〜する protect, shelter, shield. 〜者 guardian.
母校 one's old school, alma mater.
歩行者 pedestrian.
母国 mother country, homeland.
誇らしげに proudly.
ほこり dust, dirt. 〜まみれの dusty. 〜をとる dust.
誇り pride. 〜を持っている〔形〕proud.
誇る pride, be proud;〔自慢する〕boast. 〜れる〔形〕proud.
星 star;〔惑星〕planet.
欲しい want, wish. (…して)〜と思う expect, like.
干し草 hay.
捕手 catcher.
保守(的な) conservative. 〜党 Conservative Party.
募集 recruitment. 〜する recruit, collect.
補助 〜の subsidiary, assistant. 〜金 subsidy, support. 〜する subsidize.
保証 assurance, guarantee. 〜する assure, ensure, guarantee, undertake, answer for. 〜書[人] guarantee.
補償 compensation, reparation. 〜する compensate, repair.
ポスト post, mailbox, postbox;〔地位〕post. 〜に入れる post.
ボストン Boston.
細い thin, fine, slender;〔狭い〕narrow.
舗装(道路) pavement. 〜されてある be paved.
補足 supplement. 〜する supplement, complement. 〜的な complementary.
細長い long, slender.
保存 preservation, conservation. 〜する preserve, conserve.
ホタル firefly.
ボタン(を付ける) button.
墓地 graveyard, churchyard, cemetery;
歩調 pace,〈軍隊〉cadence.
北極 North Pole. 〜の Arctic.
ホッケー hockey.
発作 fit, attack.
ほっそりした slight, slim.
没頭する be engaged [absorbed] in, immerse oneself in.
ホットドッグ hot dog.

勃発 outbreak. ～する break out.
ホテル hotel.
歩道 sidewalk, pavement.
ほどく undo, untie, unfasten, loosen；〔包みを〕unpack.
施し(物) alms. ～を請う beg.
(…には)ほど遠い far from …
ほどなく… it is not long before …, soon.
ほとんど almost, nearly, next to, practically. ～…ない hardly, few, little, scarcely.
哺乳動物 mammal.
骨 bone；〔骨格〕skeleton；〔あばら骨・傘の〕rib.
骨折り pain, toil, trouble.
(…するよう)骨折る take (the) trouble, make effort.
骨組み frame, framework, skeleton.
骨の折れる painful, tough, hard.
炎 blaze, flame.
ほのめかす hint, imply, allude to.
保母 nurse.
ほほえみ[ほほえむ] smile.
ほめる praise, commend, admire.
ぼやけた dim, obscure.
保養地 resort.
ほら big words, gas. ～話 tall story[tale]. ～を吹く talk big, swagger.
ほら! Look!, There!, You see.
堀 moat.
掘り出し物 bargain.
保留 reservation. ～する reserve.
捕虜 captive, prisoner.
彫る carve, engrave.
掘る dig, excavate.
ボルト 〔締めくぎ〕bolt.
ボルト 〔電圧〕volt.
ポルトガル Portugal. ～人[の] Portuguese.
滅びる fall, be destroyed；〔絶滅する〕die out.
滅ぼす destroy.
本 book.
盆 tray, server.
本気 earnestness. ～の earnest, serious. ～で seriously. ～になる settle, become earnest.
ホンコン Hong Kong.
本質 essence, substance, nature. ～的な essential, substantial. ～的に essentially.
本棚 bookshelf.
ポンド pound.
ほんとうに actually, indeed, truly, very.
本当の real, true.
ポンとたたく clap.
ポンと鳴る pop.
ほんの but, mere, only. ～少し shade.
本能 instinct. ～的に instinctively.
本箱 bookcase.
本部 headquarters.
ポンプ(でくむ) pump.
本文 text.
本物の genuine, true, real. ～でない false, fake.
本屋 bookstore；〈英〉bookshop.
翻訳(書) translation, version. ～する translate, put.
ぼんやりした faint, dim, obscure, vague；〔人が〕absent-minded, vacant.
本来 primarily, essentially, by nature. ～の original. ～備わっている inherent.

## ま

間 interval. ～のとり方 timing.
まあ! why.
マーカー marker.
マーガリン margarine.
マーケット market.
まあまあの decent.
マーマレード marmalade
毎… every, each.
…枚 sheet.
舞い上がる soar.
マイク(ロフォン) microphone.
迷子 stray [lost] child, stray. ～になる wander, stray.
マイコン microcomputer.
毎週の weekly.
埋葬 burial. ～する bury.
毎月の monthly.
毎年の annual, yearly.
マイナス minus.
毎日の daily, everyday.
マイル mile.
マウス mouse. ～パッド mouse pad.
前 …する ～に before；…より ～に previous to, before；…の ～に ahead of, before；… ～に ago；～の former, previous, prior；この ～の last；～へ along, forth, forward.
前足 forefoot；〔犬・猫の〕paw.
前金 advance, advance(d) payment. ～で in advance.
前払い(する) advance.
前もって in advance. ～送る send forward.
負かす defeat, beat.
任せる leave, entrust.
曲がり角 turn.
曲がる bend, curve；〔角などを〕turn；〔川・道などが〕wind. ～った bent.
マカロニ macaroni.
まき wood.
巻き上げる roll up, wind up；〔風などが物を〕raise；〔だましとる〕cheat.
巻毛 curl.
巻き込む involve, entangle；〔波・戦争などが〕engulf. ～まれる〔事件・興奮などに〕be caught up in.
牧場 pasture.
巻物 scroll.
紛らわしい misleading.
まぎわに on [at] the point of.
まく 〔種を〕seed, sow；〔水などを〕sprinkle.
巻く 〔包む〕lap；〔糸・テープを〕

reel；〔円筒形・球形に〕roll；〔周りに〕twist；〔時計を〕wind.
幕 curtain；〔第…幕〕act.
膜 skin.
マグニチュード magnitude.
マグネシウム magnesium.
まくら pillow.
まぐれ当たり fluke. 〜の lucky.
マグロ tuna.
負ける lose, be defeated, be beaten. 〜た lost.
曲げる bend, crook, curve.
孫 grandchild；〔男〕grandson；〔女〕granddaughter.
まごつく be confused, be baffled, be embarrassed, be perplexed.
まさか Never!, You don't say(so)!, Indeed!, surely, You are kidding. 〜の時に in time〔case〕of need.
摩擦 friction, rubbing. 〜する rub；〔身体を〕chafe.
まさに…しようとしている be on〔at〕the point of, be about to …
(…に)まさる exceed, surpass, gain〔get〕an advantage over. 〜っている be superior. 〜とも劣らないほど not less …than.
混ざる mingle, mix.
(…するくらいなら…する方が)ましだ might [may] (just) as well do as do.
(…の)真下に[の, を, へ] under.
マジックペン magic marker.
ましてや… much [still] more.
まじない charm, spell.
まじめ(さ) gravity. 〜な earnest, sober, solemn, serious. 〜に seriously, earnestly.
魔女 witch.
交わる〔道・川・線などが〕meet；〔交差する〕cross, intersect；〔付き合う〕mix, keep company with.
増す gain, rise, increase.
麻酔 anesthesia. 〜薬 narcotics.
まずい〔味が〕taste bad,〔形〕tasteless；〔へたな〕clumsy, awkward, bad, poor.
マスコミ mass communication.
貧しい poor, needy. 〜く poorly.
まず第一に[最初に] first, (the) first thing, to begin with.
マスト mast.
ますます increasingly, more and more.
まずまずの adequate, decent.
混ぜる mingle, mix, blend.
また again, and, also.
まだ still, yet.
また聞きの secondhand.
またたく blink, wink. 〜間に the blink [wink, twinkling] of an eye.
または or.
町 town.
街 street.
待合室 lounge；〔駅・病院などの〕waiting room.
間違い error, mistake. 〜なく rightly, without fail. 〜のない accurate, right. 〜をする err, mistake.
間違っている wrong, mistaken.
待ち構える watch.
待つ wait, await；〔楽しみに〕look forward to.
マツ(の木) pine.
真っ暗な pitch-black, pitch-dark.
まつ毛 eyelash.
マッサージ massage, rubdown.
真っ青な deep blue. (怖くて)〜になる go pale with fear.
まっさかさまに head over heels, headlong.
真っ白な snow-white.
まっすぐな straight, direct. 〜に directly, right, straight；〔直立して〕upright. 〜にする straighten.
全く quite, absolutely, altogether, entirely, perfectly, purely, simply, through, throughout, utterly, wholly, all. 〜の complete, perfect, positive, pure, sheer, simple.
全く…ない little, not at all.
マッチ match.
マット mat.
マットレス mattress.
松葉づえ crutch.
祭り festival.
(…する)まで until, till；〔場所〕as [so] far as, to；〔時間・空間〕up to.
…までに(は) by.
的 target, mark.
窓 window；〔船室や飛行機の〕porthole. 〜ガラス pane, window.
まとめる〔考えなどを〕collect；〔紛争・交渉などを〕settle.
まどろむ doze.
学ぶ learn, study；〔教訓を〕learn a lesson.
間に合う〔汽車などに〕catch；〔役に立つ〕do. 〜って in time.
マニキュア nail polish. 〜をする manicure.
まね imitation, mimicry. 〜る imitate, mimic, mock.
マネキン人形 dummy.
招く invite, ask.
まばたき(する) blink, wink.
まばらな thin, sparse, scattered.
麻痺 paralysis, numbness. 〜した benumbed, numb, dead. 〜する be paralyzed, be benumbed, be numbed.
真昼 high noon, midday.
まぶしい dazzling, glaring.
まぶた eyelid.
真冬 midwinter.
マフラー muffler.
魔法(の) magic. 〜使い magician；〔男の〕wizard；〔女の〕witch. 〜びん thermos (flask, jug, bottle), vacuum bottle〔〈英〉flask〕.
ママ mamma, mama.
ままごとをする play house.
(…の)ままである[いる] remain, stay.
(…の)ままにしておく leave.
まま母 stepmother.
(手足の)まめ blister.
豆 bean；〔エンドウ〕pea.
まもなく before long, shortly, presently, soon.
守り defense.
守る〔敵・危害などから〕defend, guard；〔人・動物を保護する〕preserve；〔貯えて大切に〕save；〔約束・秘密などを〕keep；〔法律などを〕observe；〔命令を〕follow.
麻薬 drug, narcotic.
まゆ eyebrow, brow. 〜をひそめる frown.
繭 cocoon.
迷う〔ためらう〕waver, hesitate；〔道に〕lose one's way, stray.
真夜中 midnight.
マヨネーズ mayonnaise.
マラソン marathon.
魔力 magic, spell.
丸い round, rotund, circular.
丸くする round. 目を〜して with wide eyes.
丸太 log.
マレーシア Malaysia.
まれな rare, uncommon.
回す turn；〔取っ手などを〕wind；〔車輪などを〕rotate；〔軸を中心に〕spin；〔物を配る〕hand round.
(…の)周りに round, around, about.
回り道 detour.
回る turn, go (a)round, revolve, rotate；〔目が〕feel giddy.
万一の場合に備えて (just) in case.
満員になる be packed, be full.
漫画 comic；〔風刺漫画〕cartoon, caricature.

マングローブ mangrove.
満月 full moon.
満場一致の unanimous.
マンション condominium.
慢性の chronic.
満足 content, satisfaction. ～させる content, indulge, satisfy. ～した satisfied, contented. ～したことには to one's satisfaction. ～する be satisfied ; [不十分ながら] content oneself. ～な satisfac-tory, well.
満潮 high tide.
満点 perfect score ; ⟨英⟩full marks.
マント cloak, mantle ; [肩マント] cape.
真ん中 middle, midst, center.
万年筆 fountain pen.
満腹する eat heartily [to one's heart's content].
マンホール manhole, utility [sewer] hole, maintenance hatch.
マンモス mammoth.
満塁ホームラン bases-loaded home run, grand slam.

## み

実 fruit, nut, berry.
見上げる look up.
ミイラ mummy.
見失う lose, lose sight of.
見え show. ～を張る cut a dash.
見えすいた obvious.
見えない invisible. ～ところに out of sight. ～くなる disappear, go out of sight.
見える see, look, show ; [...のように] appear, seem, look. ～ところに[の] in sight [view].
見送る see, see ... off, send off.
見落とす overlook, miss.
見おろす look down, overlook.
未解決の unsolved, outstanding. ～問題 open question.
未開の primitive.
味覚 taste.
磨く polish, shine, brighten ; [才能などを] cultivate.
見方 view, viewpoint, outlook.
味方 part, ally, one's side, friend. ～して for.
三日月 crescent.
身勝手な selfish.
ミカン mandarin [tangerine] orange.
幹 trunk.
右(の) right.
見苦しい unsightly, ungainly, ugly ; [不名誉な] ignoble, dis-honorable.
見事な fine, admirable, wonderful. ～に finely, excellently, brilliantly.
見込み chance, hope, probability, prospect.
未婚の maiden, unmarried.
ミサ Mass.
ミサイル missile.
岬 cape, headland.
短い short, little ; [簡潔な] brief.
短くする[なる] shorten.
みじめ(さ) misery.
みじめな miserable, wretched, pitiful, pitiable.
未熟な immature, unskilled, inexperienced.
見知らぬ strange, unfamiliar, unknown. ～人 stranger.
ミシン sewing machine.
水 water. ～を通さない watertight, waterproof. ～をかける[まく] water, pour [sprinkle] water. ～に流す pass the sponge over, let bygones be bygones.
未遂の attempted.
湖 lake.
みずがめ座 Aquarius.
水着 swimsuit, swimming costume, bathing suit ; [男性用] swimming trunks.
水先案内人 pilot.
水差し pitcher.
水玉模様 polka dots.
水たまり puddle, pool.
水捨てる forsake, abandon.
水浸しにする flood, submerge, inundate.
水ぼうそう chicken pox.
みすぼらしい mean, poor, shabby.
水虫 athlete's foot.
店 shop, store, parlor.
未成年 nonage, minority, infancy. ～者 minor. ～である be under age.
見せかけ disguise. ～の false.
みせびらかす parade, display, show off.
見せ物 show, spectacle.
見せる show, reveal, exhibit.
溝 trench ; [道路の] gutter ; [排水溝] ditch.
みぞおち pit of the stomach.
みぞれ sleet.
見出し [新聞・雑誌の] headline ; [本の章・節などの] title.
満たす fill ; [なみなみと] brim ; [希望を] satisfy.
乱す disturb, disorder.
見たところは...らしい apparently.
乱れる be disturbed, be disordered. ～た [部屋などが] disorderly.
道 road, route, way. ～に迷う stray. ～に迷った lost, stray.
道しるべ guidepost.
(...に)満ちた all, full.
道筋 route.
未知の unknown.
道のり distance, way.
道ばた wayside.
導く guide, lead, conduct.
満ちる fill ; [潮が] rise, flow ; [月が] wax. ～ている be full.
蜜 honey.
見つける find, catch, catch sight of, detect.
密集した dense.
密接な close, intimate. ～に closely.
3つ(の) three.
密度 density.
ミツバチ bee. ～の巣(箱) hive.
見つめる stare, gaze.
見積もり(をする) estimate.
密輸 contraband trade.
密林 thick forest, jungle.
見通し outlook ; [将来の] prospect.
認める admit, recognize, grant, own ; [正当と] allow ; [事実だと] confess ; [価値を] appreciate ; [入学・入会などを] admit ; [欠点・罪を] own ; [敗北・過失などを] acknowledge.
緑(の) green.
皆 all ; [全員] everybody, everyone.
見直す take a hard look at ; [前より高く評価する] think better of.
(...だと)みなす consider, assume, look on, regard, think of, treat.
港 harbor, port.
南 south. ～の south, south-ern.
源 source. ～を発する rise.
見習う imitate, copy. 彼を～follow his example.
醜い ugly.
身にしみる sink into one's heart.
ミニチュア miniature.
身につける [着る] put on, wear, get into ; [武器などを] bear ; [能力・趣味・知識などを] acquire ; [技術などを] master ; [習慣などを] pick up, ～て in on, with. ～る wear, have on.
見抜く see through, penetrate.
峰 peak.
見のがす overlook ; [うっかり] miss.
身の程 oneself. ～知らずのこと d forget oneself.

実りの多い fruitful.
見晴らし outlook, prospect.
見張り guard, watch.
見張る watch, keep [take] a good lookout for.
身ぶり gesture, sign.
身震いする shudder.
身分 standing, position, status.
未亡人 widow.
見本 example, sample, specimen.
見舞う inquire after, visit.
見守る watch.
(…)未満で[の] under.
耳 ear. ~が遠い One's hearing is bad [poor]. ~が聞こえない〈形〉deaf. ~が聞こえる hear.(…を)~にする hear, hear of. ~を貸す[傾ける] listen.
耳障りな loud, noisy, harsh.
ミミズ earthworm.
脈(打つ) pulse.
みやげ souvenir, present.
名字 family name, surname.
妙な strange, odd, queer.
明日 tomorrow.
未来 future.
ミリメートル millimeter.
魅する charm. 〈形〉fascinating.
魅力 charm, attraction, lure. ~的な attractive, charming.
見る see, look, regard, watch. (…を)~て at, at the sight of. ~目がない blind.
見分ける distinguish, tell, know, discern.
見渡す survey. ~せる overlook.
身を固める settle.
実を結ぶ bear [produce] fruit.
民主 →~主義 democracy. ~主義の democratic. ~政治 democracy. ~的な democratic. ~党 Democratic Party.
民衆 people.
民族 race, people. ~主義者 nationalist, racist. ~舞踊 folk dance.
民俗学 folklore.
みんな all, everybody, everyone, one and all. ~で〔一緒に〕all together ；〔全部で〕altogether, in all.
民謡 folk song.

## む

無 nothingness.
無意識の unconscious.
向いている face ；〔適している〕suit, 〈形〉suitable.

無意味 nonsense. ~な insignificant, meaningless.
ムード atmosphere.
無益な useless, futile.
向かい合う confront. ~って face to face.
向かい側の opposite.
無害の harmless；〔悪気のない〕innocent.
迎える receive, hail, welcome.
無学 ignorance. ~の ignorant.
昔 antiquity, former times [days]. ~の former. ~なじみの old.
昔々 once upon a time, long long ago.
むかつく[むかむかする] be sick ；〔嫌悪する〕be disgusted.
ムカデ centipede.
無関係の indifferent, unconcerned. ~である have nothing to do with, have no concern with.
無関心 indifference. ~な indifferent, unconcerned.
麦 〔大麦〕barley ；〔小麦〕wheat ；〔カラスムギ〕oat ；〔ライムギ〕rye.
無傷の entire, flawless, sound.
むきだしの bare, naked.
無気力な languid.
麦わら straw.
向きを変える turn, veer.
むく 〔皮を〕peel, pare.
向く look, turn.
報い reward, retribution.
報いる pay, reward, recompense, render.
無口な reticent, taciturn, silent.
向ける turn, put ；〔銃などを〕aim ；〔視線・非難などを〕cast ；〔目・言葉・歩みなどを〕direct ；〔自分自身・心を〕apply ；〔進路などを〕set ；〔目標に〕point.
無限の infinite, boundless.
むこ 〔花婿〕bridegroom ；〔娘の夫〕son-in-law.
(…の)向こう側に opposite, over, across.
無効な invalid, void, null. ~にする annul, cancel.
(…の)向こうに[へ, で, の] beyond.
向こう見ずな reckless, desperate.
無言の mute, silent.
無罪 innocence. ~の innocent.
無作為の random.
むさぼり食う[読む] devour.
虫 bug, insect ；〔脚のない虫〕worm.
無視 neglect. ~する ignore, neglect, defy, set aside.
蒸し暑い sultry.

虫歯 bad [decayed] tooth, cavity.
無慈悲な merciless, cruel.
無邪気 innocence. ~な innocent, simple, naive.
矛盾 conflict, contradiction, inconsistency, discrepancy. ~する conflict, contradict.
無条件の absolute, unconditioned.
無職 →失業.
無色の colorless.
むしろ rather. ~…したい prefer.
蒸す steam.
無数の innumerable, countless.
難しい difficult, hard, complicated, tough.
難しさ difficulty.
息子 son, boy.
結びつける join, unite, connect.
結び目 knot.
結ぶ fasten, bind, knot, tie ；〔契約を〕conclude. ~んでいない loose.
娘 daughter, girl ；〔おとめ〕maiden.
無制限の absolute, unlimited.
無責任な irresponsible.
無線(の) wireless.
むだな vain, useless, futile, fruitless. ~である It is (of) no use -ing [to …], go for nothing. ~に in vain. ~に使う waste.
無断で without permission.
むち whip, rod. ~打つ whip, lash.
無知 ignorance. ~の ignorant.
無秩序 disorder, chaos.
夢中にさせる absorb. ~になる be absorbed, lose oneself, be intent on, be crazy about.
6つ(の) six.
むっつりした sullen.
無鉄砲な rash, foolhardy.
無頓着な regardless, careless, nonchalant, indifferent.
むない vain, empty.
胸 bosom, breast, chest.
棟 ridge.
無能 incompetent, incapable, inefficient.
無表情な blank.
謀反 rebellion. ~を起こす rebel.
村 village, hamlet.
群がる crowd, flock, swarm, throng.
紫色(の) purple, violet.
むらのない[ある] even[uneven].
無理な 〔要求などが〕unreasonable ；〔不可能に〕impossible.
無理やり…させる compel, force.
無料の free. ~で for nothing, free of [without] charge.

**群れ** 〔動物の〕herd;〔同種の動物・人などの〕cluster;〔移動する人・サル・アリなどの〕troop;〔ヒツジ・アヒルなどの〕flock;〔飛ぶ鳥の〕flight;〔移動する昆虫・人などの〕swarm;〔囚人・奴隷・労働者などの〕gang.

## め

**目** eye;〔視力〕sight. ～を覚ます[が覚める] awake, wake up. ～がくらむ be dazzled, be blinded. (…に)～がない have a weakness for. (ざっと)～を通す give [take] a glance at, look over. ～から火が出る see stars.
**芽** bud. ～を出す bud, shoot.
**姪** niece.
**明確** definite, positive, specific. ～に definitely, specifically.
**銘柄** brand.
**名言** wise saying.
**明言する** declare.
**名作** masterpiece.
**名士** personality.
**名詞** noun.
**名所** sight.
**命じる** order, bid, command.
**迷信** superstition.
**名人** master, expert.
**名声** fame, reputation, name, prestige, renown, credit.
**明晰な** 〔頭脳・思考が〕clear, lucid.
**瞑想** meditation. ～する meditate.
**命中する** 〔ボール・殴打などが〕catch;〔矢などが標的に〕hit.
**明白な** apparent, evident, plain, obvious.
**名物** specialty.
**名簿** list, roll.
**めいめい(の)** each. ～に respectively.
**名目** ～上は nominally.
**名誉** honor, glory. ～な honorable. ～(上)の honorary.
**明瞭な** clear, distinct. ～に clearly, distinctly.
**命令** command, order.
**迷路** maze, labyrinth.
**迷惑をかける** trouble, disturb.
**雌牛** cow.
**メーカー** maker, manufacturer.
**メーキャップ** makeup.
**メーター** meter.
**メーデー** May Day.
**メートル** meter.
**メーリングリスト** mailing list.
**メール** mail. → 電子メール.

**目方** weight. ～を量る weigh.
**めがね** glasses, spectacles. ～をかける put on glasses. ～屋 optician.
**女神** goddess.
**メキシコ** Mexico. ～人[の] Mexican.
**恵み** 〔天の〕blessing, grace;〔幸い〕mercy. ～深い gracious.
**恵む** give. ～まれる be endowed with. ～まれた favored. ～まれない underprivileged.
**めぐり合せ** luck.
**めくる** turn over.
**めざす** aim.
**目覚し時計** alarm clock.
**目覚めさせる** arouse, awake, rouse, wake.
**目覚める** wake, waken.
**召使** servant.
**メジャーリーグ** → 大リーグ.
**目印** mark.
**雌の** female.
**珍しい** 〔目新しい〕new, novel;〔まれな〕rare. ～く unusually, uncommonly.
**メゾソプラノ** mezzo-soprano.
**目立つ** stand out, be conspicuous, stick out. ～った outstanding, prominent, striking. ～たない inconspicuous.
**目玉** eyeball.
**メダル** medal.
**目つき** eye, look.
**めったにない** 〈形〉uncommon.
**めったに…ない** rarely, seldom.
**目まいがする** feel [be] dizzy [giddy].
**メモ** memorandum, memo, note.
**目盛り** scale.
**メディー** melody.
**目を通す** look through;〔ざっと〕glance.
**面** 〔問題などの〕phase, side;〔平面〕plane;〈数〉surface;〔仮面〕mask.
**免疫** immunity. ～のある immune.
**面会** ～する meet. ～時間 visiting hours.
**免許証[状]** license, certificate.
**面識(のある人)** acquaintance.
**免除(する)** release, exempt.
**免状** diploma.
**面する** face.
**面積** area, dimension.
**面前** presence.
**面倒(をかける)** bother, trouble. ～な troublesome. ～を見る take care of.
**めんどり** hen.
**綿布** cotton.

**綿密な** minute, close. ～に closely, minutely.

## も

**…も** as … as;〔もまた〕also, either, too.
**もう** already, yet.
**猛威** rage.
**もう一度** once again, (all) over again.
**儲かる** 〈形〉profitable.
**設ける** institute, locate.
**儲ける** gain, earn, make a profit.
**申し込み** application, proposal.
**申し込む** apply, propose.
**申し出(る)** offer.
**申し分ない** all right. 全く～ leave nothing to be desired.
**猛獣** beast of prey.
**もう1つ(の)** another.
**毛布** blanket.
**盲目** blindness. ～の[的な] blind.
**猛烈な** terrible, fierce, violent.
**燃える** burn, blaze. ～上がる flame. ～ような色 glow.
**もがく** struggle.
**目撃する[者]** witness.
**木材** wood, lumber, timber.
**目次** contents.
**木星** Jupiter.
**目的** purpose, object, end, aim. ～語 object. ～地 destination. (…する)～で in order that … どんな～で What … for?
**目標** goal, object, objective, aim.
**木曜日** Thursday.
**モグラ** mole.
**潜る** 〔水中に〕dive, dip into;〔穴をあけて〕burrow.
**目録** list, catalogue, table.
**もくろむ** meditate, contemplate.
**模型** model, dummy, pattern.
**もし(…ならば)** if, in case, provided. ～…がなかったら if it had not been for A. ～…がなければ if it were not for A. ～…するとしたら be. ～(…)なければ unless. ～よろしければ if I may.
**文字** letter, character. ～盤 dial. ～通りに literally.
**モスクワ** Moscow.
**模写** copy, facsimile.
**模造(品)** imitation. ～する imitate.
**もたせかける** lean.
**もたらす** bring, cause, do, work.
**持ち上げる** lift, raise, pick up.
**持ち歩く** carry … about [around].

**用いる** use.
**持ち帰る** bring home；〔食べ物を〕take out.
**もちこたえる** bear, endure, last.
**持ち去る** take away.
**持ち出す** take out；〔こっそり〕smuggle；〔話題を〕introduce；〔話題・問題などを〕bring up.
**持ち主** owner, possessor.
**持ち運びできる** portable.
**持ち物** thing, one's belongings.
**もちろん** of course, naturally, certainly.
**もつ** 〔耐える・続く〕hold；〔腐らない〕keep.
**持つ** have, bear, possess.
**もったいない！** What a waste!
**持って行く** take, have.
**持って来る** bring.
**もっと** more.
**モットー** motto.
**最も** most. 〜良い best. 〜悪い worst. 〜重要な prime, capital, first, most important. 〜上手に best.
**もっともな** reasonable, natural. 〜理由で with reason. 〜だ may well.
**もっぱら** exclusively, entirely, solely.
**もつれ** 〔髪・糸などの〕tangle.
**もつれる** tangle. 〜た tangled, intricate；〔舌が〕tongue-tied.
**もてなす** entertain.
**モデム** modem.
**戻す** replace, restore, return.
**基づく** be based [founded] on.
**元どおりになる** recover.
**求める** ask for, appeal, claim, beg；〔声を大にして〕call for；〔名声・仕事などを〕go after；〔仕事・許可・援助などを〕apply for；〔捜す〕search.
**戻る** return, come [go] back.
**物** thing, stuff, object.
**物置** closet.
**物語** story, narrative, narration.
**物語る** 〔事実などを〕speak.
**物事** thing.
**物差し** measure, rule.
**もはや…しない** no more.
**模範** example, model, pattern. 〜的な model, exemplary.
**模倣** imitation. 〜する imitate.
**…もまた** also, either, too. 〜ない neither, nor.
**モミジ** →カエデ.
**もむ** 〔紙などを〕rumple；〔気を〕worry.
**もめごと** trouble.
**木綿** cotton.

**もも** thigh.
**モモ(の木, 実)** peach.
**桃色(の)** pink.
**もや** haze, mist.
**燃やす** burn, kindle.
**模様** pattern, design；〔様子〕look, appearance.
**催す** give, have.
**漏らす** 〔秘密を〕betray, reveal；〔うっかり情報などを〕let fall；〔小便を〕wet.
**森** wood, forest.
**もれる** 〔水などが〕leak；〔光・気体・液体・ため息が〕escape.
**もろい** fragile, brittle.
**門** gate, gateway.
**門外漢** layman.
**文句を言う** complain, grumble, find fault with.
**モンタージュ写真** montage.
**問題** problem, question；〔問題点〕issue；〔…の問題〕a matter of. 〜にならない out of the question.

# や

**矢** arrow.
**やあ** Hello, hi.
**ヤード** yard.
**八百屋** vegetable store.
**やがて** by and by, presently. 〜来る〈形〉forthcoming.
**やかまい** noisy, loud.
**やかん** kettle.
**夜間に** in the night.
**ヤギ** goat；〔子ヤギ〕kid. 〜座 Capricorn.
**焼き印(を押す)** brand.
**焼き付け** printing.
**野球** baseball, ball game. 〜場 ballpark, baseball ground.
**役** role, part.
**約** about, some.
**訳** translation.
**焼く** 〔パン・魚などをじか火に当てずに〕bake；〔焼き網・グリルを使ってじか火で〕broil；〔肉などを網焼きにする〕grill；〔パン・ベーコンなどをこんがり〕toast；〔オーブンまたはじか火で〕roast；〔燃やす〕burn；〔肌を焼く〕suntan.
**役員** 〔団体などの〕officer；〔会社などの〕executive.
**薬剤師** chemist, druggist, pharmacist.
**役者** player；〔男〕actor；〔女〕actress.
**役所** office. お〜風の official.
**躍進する** →発展する.
**訳す** translate, interpret.
**約束** promise, word, faith；〔会合などの〕engagement；〔面会の〕appointment；〔会う約束〕date. 〜する promise.
**役に立つ** avail, help, serve, be of use, be of service. 〜たない fail；〈形〉useless.
**役人** officer, official, public [civil] servant.
**薬味** spice.
**役目** part, office, function.
**役割** role, share.
**やけ** desperation. 〜になって in desperation, desperately.
**やけど** 〔火による〕burn；〔熱湯・湯気による〕scald.
**焼ける** bake. 〜た〈形容詞的に〉roast.
**野菜(の)** vegetable, greens.
**易しい** easy, simple.
**優しい** gentle, mild, gracious, soft, tender. 〜く sweetly, tenderly.

ヤシ coconut.
やじ馬 mob.
養う feed, keep, maintain, nourish.
やじる boo, heckle.
野心 ambition. 〜的な ambitious.
安い cheap, inexpensive.
安売り sale.
休む rest ;〔学校を〕be absent ;〔休暇を取る〕take a holiday.
野生の[的な] wild. 〜的に wildly.
やせた lean, thin.
やせる〔体重が減る〕lose weight.
屋台(の店) booth.
家賃 rent.
やつ chap, fellow, guy.
やっかいな awkward, troublesome, hard.
矢つぎ早に in quick succession. 〜質問する shoot.
薬局 pharmacy, drugstore ;〈英〉chemist's (shop).
8つ(の) eight.
やって来る come over.
やってみる try.
やっと finally ;〔かろうじて〕barely, narrowly.
宿 lodging.
雇い人 help.
雇い主 employer.
野党 opposition party.
雇う employ, engage, hire ;〔船を〕charter.
宿屋 inn.
ヤナギ willow.
家主 landlord.
屋根 roof ;〔丸屋根〕dome. 〜のない open.
屋根裏(部屋) attic.
やはり nevertheless, with all, none the less.
野蛮な wild, brutal, savage.
やぶ bush, thicket.
破る〔紙などを〕tear ;〔負かす〕defeat ;〔約束・規則を〕violate, break.
山 mountain ;〔山積みになったもの〕heap. 〜の mountain. 〜の多い[〜のような] mountainous.
…山 Mt., Mt, mount.
山積みする heap.
山場 climax.
やみ dark, darkness. 〜夜 moonless night. 〜取引 black market.
やむを得ない unavoidable. 〜ず unavoidably, necessarily.
止める cease, stop, quit, leave off ;〔断念する〕give up. 〜させる discourage, restrain.
辞める retire, resign, leave.
ヤモリ gecko.

やや rather, somewhat.
やり spear, lance.
やり方 fashion, way.
やりくりする manage.
柔らい soft, tender.
柔らかくする[なる] soften.
和らぐ relax, 〜げる[痛みなどを] soothe, abate ;〔緊張を〕lessen.

## ゆ

湯 hot water.
唯一の one, only, sole, unique.
遺言 will, testament.
有意義な significant, meaningful.
有価証券 securities.
憂うつ depression, melancholy, oppression. 〜な gloomy, melancholy, melancholic.
有益な profitable, useful, beneficial.
優越感 superiority complex. 〜にひたった superior.
遊園地 pleasure ground, amusement grounds [park].
誘拐する kidnap, abduct.
有害な evil, harmful, noxious, injurious.
夕方 evening, twilight. 〜に night.
優雅な elegant, graceful.
夕刊 evening paper.
勇敢(さ) bravery. 〜な brave, gallant. 〜に bravely.
勇気 courage, heart. 〜がある〈形〉brave, courageous ; have the nerve. 〜づける encourage.
有機体 organism. 〜の organic.
有給 paid.
有権者 voter.
友好 〜的な friendly. 〜条約 Friendship Treaty.
有効な valid, effective ;〔通用する〕available.
有罪 guilt. 〜の guilty.
優秀な excellent, brilliant, superior.
優勝 championship, victory. 〜者 champion. 〜杯 cup. 〜する win the championship.
友情 friendship.
夕食 supper.
友人 friend.
ユースホステル youth hostel.
優勢な superior, dominant.
優先する precede, be prior to. 〜権 precedence, priority.

郵送する mail.
ユーターン U-turn.
雄大な grand, sublime.
夕立ち evening shower.
誘導尋問 leading question.
有毒な poisonous.
有能な able, efficient, competent, capable, good.
夕日〔setting〕sun.
優美 grace. 〜な delicate, graceful.
郵便 mail, post. 〜局 post office. 〜(局)の postal. 〜集配人 mailman, postman. 〜制度 mail. 〜物 mail, post. 〜ポスト post. 〜料 postage.
裕福な rich, wealthy.
雄弁 eloquence. 〜な eloquent.
有望な hopeful, promising.
有名な famous, well-known ;〔悪いことで〕notorious. 〜になる make a name (for oneself).
ユーモア humor. 〜のある humorous.
勇猛な intrepid, lionhearted. 〜人 lion.
猶予 grace, extension, forbearance. 〜する respite.
有用な useful, valuable.
ユーラシア Eurasia.
有利(な点) advantage. 〜な advantageous ;〔もうかる〕profitable.
有料の 〈形容詞的に〉toll, pay.
有力な important, influential ;〔候補者などが〕strong.
幽霊 ghost, apparition.
ユーロ Euro.
誘惑 temptation, seduction. 〜する lure, tempt, seduce, entice.
床 floor.
愉快な pleasant, glorious, delightful, jolly. 〜にする〈形〉delightful.
ゆがみ distortion, warp, twist.
ゆがむ warp ;〔顔などが〕contort ;〔心・判断が〕warp. 〜んだ distorted, contorted, perverted.
雪(が降る) snow ;〔降雪〕snowfall. 〜解け thaw.
行き詰まり deadlock.
…行きの bound for, for.
行く go, come ;〔車で〕drive ;〔歩いて〕walk.
行方不明の missing, lost.
輸血 transfusion.
輸出 export, exportation. 〜向きの exportable. 〜する export.
揺さぶる sway, shake, rock.
ゆすり extortion, blackmail.
ゆする extort, blackmail.

**譲** 〔財産・権限などを〕hand over, make over, transfer；〔会社などを〕turn over；〔譲歩する〕give way, yield. 勝ちを～ concede a match.

**輸送** transport, transportation. ～する carry, transport. ～車 carrier.

**豊か(さ)** 〔音・色などの〕riot；〔豊富〕abundance, plenty, richness. ～な rich, abundant, wealthy. ～にする enrich.

**ユダヤ人** Jew. ～の Jewish.

**油断する** be unguarded, be off one's guard. ～した unguarded. ～して off (one's) guard. ～のない alert, watchful, attentive. ～のならない insidious.

**ゆっくり** slow, slowly. ～した leisurely.

**ゆったりとした** 〔衣類などが〕wide, easy；〔部屋などが〕ample；〔時間をかけた〕leisurely.

**ゆでる** boil.

**ユニホーム** uniform.

**輸入(品)** import. ～する import.

**指** finger；〔親指〕thumb；〔足の〕toe. ～さす point, indicate. ～輪 ring.

**弓** bow.

**夢(を見る)** dream.

**由来** 〔起源〕origin；〔履歴〕history；〔出所〕derivation. ～する derive.

**揺らぐ** swing；〔急激に〕jolt.

**ユリ** lily.

**揺りかご** cradle.

**ゆるい** loose, lax, slack.

**許し** leave, pardon, permission.

**許す** admit, allow, excuse, forgive, overlook, pardon, permit.

**ゆるめる[ゆるむ]** loosen, relax, slacken.

**ゆるやかな** gentle；〔速度が〕slow.

**ゆるんだ** loose, lax.

**揺れ** sway, swing, shake.

**揺れる[揺れ動く]** sway, wave, waver, shake, quiver, rock, swing, wag；〔縦に〕pitch.

## よ

**世** world.

**夜明け** dawn, daybreak, daylight.

**よい** good, nice. (…して)～ may, can. (…のるのが)～ had better. (…しなくても)～ need not, do not have to.

**用** →用事.

**酔う** get drunk. ～った drunken, intoxicated.

**用意** provision, preparation. ～する fix, prepare, lay. ～ができた ready.

**容易(さ)** ease, facility. ～な easy, simple, facile. ～に easily.

**要因** factor.

**溶液** solution.

**容器** container, vessel.

**容疑者[容疑をかける]** suspect.

**陽気な** gay, jolly, light, merry. ～に merrily.

**要求** claim, demand. ～する ask, claim, demand, insist, require.

**用具(一式)** outfit.

**ヨーグルト** yoghurt.

**用語** term, diction.

**擁護する** defend, champion, support.

**ようこそ** welcome.

**用紙** form, blank.

**要旨** gist, substance, amount.

**容姿** figure.

**養子** adopted child. ～にする adopt. ～縁組 adoption.

**ようじ** 〔つまようじ〕toothpick.

**用事** business, errand, engagement.

**幼児(期の)** infant, infancy.

**様式** mode, style, form.

**幼少** infancy.

**養殖** cultivation, culture. ～する cultivate, culture. ～場 farm.

**用心** caution, precaution, guard. ～する guard. ～している 〈形〉cautious. ～して cautiously, on (one's) guard. ～深い prudent, cautious, careful.

**様子** appearance, look, air.

**要する** 〔費用を〕cost；〔必要とする〕require, need.

**要するに** in brief, in short, in a word.

**妖精** fairy.

**要請(する)** request.

**容積** bulk, volume, capacity.

**要素** element, piece, factor.

**(…の)ようだ** appear, seem.

**用地** ground, site.

**幼稚な** childish, infantile. ～園 kindergarten.

**要点** point, gist, essentials. ～を述べる outline, brief.

**用品** article, outfit.

**洋服** 〔衣服〕clothes, suit, dress. ～店 tailor shop；〈英〉tailor's (shop).

**容貌** look, appearance. ～の personal.

**要望(する)** desire, request.

**羊毛** wool. ～の woolen.

**ようやく** just, finally, at length.

**要約** digest, summary, abbreviation. ～する sum, abbreviate；〔文学作品などを〕digest. ～すると in short.

**要領** 〔こつ〕knack, hang. ～を得た pertinent. ～よく(説明する) to the point.

**要を得た** to the point.

**ヨーロッパ** Europe. ～の[人(の)] European.

**余暇** leisure.

**予感** hunch, premonition；〔不吉な〕foreboding.

**予期** expectation. ～する expect, anticipate. ～せぬ出来事[事件] adventure.

**余儀なく** →やむを得ず. ～させる oblige.

**預金** deposit. ～する bank, deposit. ～口座 account.

**よく** often, well. (…のことを)～言う speak well of. ～考える consider, weigh. ～…したものだ used to, would. ～知られた familiar, well-known.

**欲** self. ～深い greedy, avaricious. ～のない unselfish, disinterested.

**翌…** next.

**抑圧** suppression. ～する suppress.

**浴室** bath, bathroom, toilet.

**(戦争)抑止力** deterrent.

**抑制** control. ～する govern, restrain.

**浴槽** bath.

**よくても** at (the) best.

**よくなる** improve.

**欲望** desire, appetite.

**余計な** 〔余分の〕extra；〔不必要な〕unnecessary. ～ことはするな Mind your (own) business!.

**よける** dodge. ～避ける.

**予言** prophecy. ～者 prophet. ～する forecast, predict, prophesy.

**横** side. ～向きの horizontal. ～からの lateral. ～になる lie down, repose. ～にする lay down.

**横顔** profile.

**横木** rail, bar.

**横切る** cross, traverse. ～って across.

**予告** notice；〔解雇・辞職の〕warning. ～する notice, warn.

**よこしまな** wrong.

**汚す** blot, stain, spot, soil.

**横線** horizontal line. ～を引く cross.

**横たえる** lay.

**横たわる[横になる]** lie down, re-

pose.
横町 side street.
横幅 breadth, width.
横腹 side, flank.
横道 byway, sideway. ～にそれる〔考え・話が〕wander.
横向きの[に] sideways.
横目で見る look askance [sideways].
横揺れ(する) roll.
汚れ stain, soil, spot.
汚れる soil, be stained, spot. ～た dirty, filthy.
予算 budget.
よじ登る climb, scramble.
予習 preparation. ～する prepare for tomorrow's lesson.
予想 anticipation, forecast. ～する anticipate, forecast.
余地 room, space. ～がある〈動〉admit.
四つ角 〔十字路〕crossroad.
4つ(の) four.
(…に)よって by, on, by means of.
ヨット yacht.
酔っぱらう get drunk [intoxicated]. ～い運転 drunken [drunk] driving.
予定 schedule, program, plan. ～の intended. (…する)～だ be, be going to. ～表 schedule.
世の中 world.
余白 margin.
呼びかける call to.
呼び声 call.
呼び出す summon ;〔電話に〕call up.
呼びにやる send for.
予備の preliminary, spare, reserved.
呼び戻す call back, recall.
呼び物(にする) feature.
呼びりん doorbell.
呼ぶ call.
夜ふかしをする sit up (till) late at night.
余分 redundancy. ～な redundant.
予報(する) forecast.
予防 prevention. ～する take precaution to. ～策 precaution. ～手段 safeguard.
読む read.
嫁 〔花嫁〕bride ;〔息子の妻〕daughter-in-law.
予約 reservation. ～する〔席などを〕reserve ;〔座席・部屋・切符などを〕book ;〔本・雑誌を〕subscribe to.
余裕 〔時間・金銭などの〕margin. (…する)～がある afford.

より以上の more.
…より上(で, に, の) above, over, more than.
…より多い more than …
寄りかかる lean.
…より下(で, に, の) below, under, less than.
よりよい[悪い] better [worse].
よる twist ;〔糸などを〕twine.
(…に)よる be owing to, depend on.
夜 night. ～に(は) at night.
寄る 〔立ち寄る〕drop ;〈ゴルフ〉approach.
(…に)よれば according to.
喜ばせる gratify, please, rejoice.
喜び joy, pleasure, delight.
喜ぶ be glad, be delighted, be pleased, rejoice.
喜んで with pleasure. ～いる be glad, be happy. ～…する be pleased to…, be glad to…, be ready to…
よろしい OK, Good.
よろしく(と伝える) remember, give one's regards to.
(…に)よろしく Say hello to (…).
よろめく stagger, reel.
世論調査 public opinion poll.
弱い weak, soft, frail, feeble ;〔不得手な〕poor, weak.
弱気になる draw [pull, haul] in one's horns.
弱くする weaken ;〔ガス・明りなどを〕turn down.
弱さ weakness, frailty.
弱った 〔健康・気力が〕low
弱み weakness.
弱々しい faint, feeble.
4 → 4 (し).
40 forty. ～番目(の) fortieth.

## ら

来… next.
雷雨 thundershower, thunderstorm.
ライオン lion.
来客 company, guest, visitor.
ライター 〔作家〕writer ;〔火をつける道具〕lighter.
ライト right field ;〔選手〕right fielder.
ライナー line drive, liner.
ライフル銃 rifle.
ライ麦 rye.
ライラック lilac.
楽園 paradise.
落書き scribble, graffiti.
落後する drop, straggle ;〔競技で〕drop out.
ラクダ camel.
落第させる[する] fail.
落胆する be discouraged.
楽天的な optimistic.
楽な easy ;〔快適な〕comfortable. ～仕事 picnic. ～でない uneasy. ～にする ease.
酪農 dairy.
ラグビー rugby.
ラケット racket.
…らしい appear, seem.
ラジウム radium.
ラジオ(放送, 受信機) radio.
…らしい like.
…らしくない unlike.
羅針儀[盤] compass.
落下(する) fall.
ラッコ sea otter.
ラッシュアワー rush hour.
らっぱ trumpet, bugle.
ラップ 〔音楽〕rap (music).
ラップトップ(の) laptop.
ラテン語 Latin.
ラベル(をはる) label.
蘭 orchid.
欄 column.
ランキング ranking.
ランク rank. ～付けされる rate.
乱雑 confusion, mess. ～な disorderly, disordered.
卵子 ovum.
ランニングホームラン inside-the-park home run.
ランプ lamp.
乱暴 violence, roughness, wildness. ～な rough, violent, wild. ～に roughly, violently, wild.
乱用(する) abuse.

## り

リーグ league.
リーダー leader.
利益 benefit, gain, interest, profit. 〜になる pay. (…の)〜のために for one's sake, for (the) sake of. 〜を得る benefit, gain, profit. 〜をもたらす〈形〉profitable.
理科 science.
理解 understanding, comprehension, grasp. 〜が早い quick. 〜する understand, comprehend, grasp, make out, perceive, see；〔相手の言うことを〕follow. 〜力 understanding, grip, grasp. 〜力のある intelligent.
利害 interest. 〜関係 concern.
力学 dynamics.
力説する emphasize, stress.
陸(地) land.
陸軍 army. 〜の army, military.
陸上 land. 〜に on shore. 〜競技 track (and field).
理屈 reason, argumentation, logic, theory. 〜っぽい argumentative. 〜を言う argue.
利己 〜的な selfish, egotistic. 〜主義者 egoist.
利口な bright, clever, smart.
離婚(する) divorce.
リサイクル recycling. 〜する recycle.
リサイタル recital.
利子 interest.
理事 〔団体の〕director；〔大学の〕trustee.
リス squirrel.
リズム rhythm.
理性 reason. 〜の(ある) rational.
理想(的な) ideal.
離脱 separation. 〜する separate.
率 rate；〔比率〕ratio.
立憲君主国 constitutional monarchy.
立候補 candidacy. 〜する stand for, run for. 〜者 candidate.
立証 proof. 〜する prove, establish.
立体(の) solid. 〜派 cubism. 〜交差 grade separation.
リットル liter.
立派な fine, good, nice, splendid, brilliant.
立腹 offense. 〜する get angry, be furious.
立法 legislation. 〜上の legislative.

立方体 cube. 〜の cubic.
利点 〔有利な点〕advantage.
リニア=モーター車 linear motor train.
リハーサル(する) rehearsal.
理髪師[店] barber.
リハビリテーション rehabilitation.
リビングルーム living room.
リフト lift.
リボン(状の細長いもの) ribbon.
利回り yield.
リムジン limousine.
リモコン remote control.
略式の informal.
略す abbreviate.
略奪(する) plunder.
理由 reason, occasion, why. (…の)〜で because of, by reason of.
竜 dragon.
流域 basin, valley.
留学する study abroad.
流感 influenza, flu.
流行 fashion. 〜する come into fashion. 〜している be in fashion. 〜の fashionable, popular, prevailing.
流星 meteor, shooting [falling] star.
流体(の) fluid.
留置する keep ... in prison, detain. 〜所 jail.
流暢 fluency. 〜な fluent.
流通 〔商品の〕distribution；〔貨幣の〕circulation. 〜する circulate.
流派 school.
リュックサック rucksack.
利用 use, utilization. 〜する use, utilize, make use of；〔チャンスなどを〕take, take advantage of. 〜できる〈形〉available.
猟 hunting. 〜をする hunt. 〜の獲物 game. 〜犬 hound.
量 quantity, volume.
寮 dormitory.
領域 realm.
領海 territorial waters [seas].
了解する understand, accept.
両替する change, exchange.
料金 charge, fee, rate. 〜所 toll-gate.
量産 〔大量生産〕mass production. 〜する mass-produce.
領事 consul. 〜館 consulate.
良識 sense.
領収書[証] receipt.
両親 parents.
良心 conscience. 〜的な conscientious.
領土 territory.

両方(の) both.
療養所 sanatorium.
料理 〔料理すること〕cooking；〔料理品〕food；〔皿に盛った〕dish；〔食卓に出された〕fare. 〜する cook, do the cooking. 〜店 restaurant. 〜法 cooking, cookery. 〜場 cookery. 〜学校 cookery school. 〜人 cook. 〜を並べる spread. 〜をまかなう cater.
旅館 hotel, inn.
旅客 passenger.
旅券 passport.
旅行 travel, trip；〔陸上の比較的長い〕journey；〔観光・視察などの〕tour；〔行楽などの通例団体の小旅行〕excursion；〔船・飛行機による長期の〕passage；〔乗り物による〕ride；〔船旅〕voyage. 〜者 traveler, tourist. 〜案内所 travel agency. 〜案内書 guidebook. 〜する travel, make a trip [tour].
リラックス(する) relax.
リリーフ投手 relief pitcher, reliever, closer.
離陸する take off.
利率 interest rate.
リレー relay.
履歴 career, history. 〜書 curriculum vitae, resume.
理論 theory. 〜上の[的な] theoretical.
輪郭 outline, line, contour. 〜のはっきりした clear-cut. 〜を描く outline.
臨機応変の処置をとる be equal [rise] to the occasion.
リンク 〔つながり〕link；〔スケートの〕rink.
リンゴ apple.
臨時の odd, temporary. 〜政府 provisional government. 〜増刊 extra, special edition. 〜列車[バス] special, special train [bus].
隣人 neighbor.
隣接する adjoin. 〜した adjacent, neighboring.
倫理(学) ethics, moral. 〜上の ethical, moral.

## る

塁 base. 〜に出る get to first.
類 like. 〜は友を呼ぶ Birds of a feather (flock together). 〜のない unparalleled, unique.
類似 comparison, similarity. 〜の like, similar, analogous. 〜点 parallel, similarity.
類人猿 ape.

類推 analogy. ～する analogize.
ルート 〔数学〕root；〔道筋〕route.
ルーレット roulette.
ルール rule.
留守 absence. ～にする absent oneself.
留守番電話 answering machine.
ルネサンス Renaissance.
ルポルタージュ reportage, report.

## れ

例 example, instance, illustration. ～によって as usual.
零 zero, naught, nought.
霊 spirit, soul. ～的な spiritual.
例外 exception. ～的な exceptional.
霊感 inspiration. ～を与える inspire.
礼儀 etiquette, ceremony. ～作法 form. ～正しい civil, courteous, polite. ～正しく with courtesy.
霊柩車 hearse.
冷遇する ill-treat, treat ... coldly.
冷酷(さ) cruelty. ～な cruel, cold-blooded.
霊魂 spirit.
冷静(さ) cool. ～な calm, cool, sober, self-possessed. ～に calmly, coolly, soberly, composedly.
礼装 full dress.
冷蔵庫 refrigerator.
冷淡な cold, cool, icy, indifferent. ～に coldly, icily, cold-heartedly, indifferently.
冷凍 ～する freeze, refrigerate, 〔急速に〕deep-freeze. ～庫 freezer. ～食品 frozen food.
礼拝 church, worship；〔定期的な〕service.
礼服 robe. ～で in full dress.
冷房 air conditioning. ～装置 air conditioner.
レーザー laser. ～光線 laser beam.
レース 〔飾り〕lace；〔競技〕race.
レーダー radar.
レガーズ leg guard.
歴史 history. ～の historical. ～家 historian. ～上重要な historic.
レゲエ reggae.
レコード record, disk.
レジ check-out counter.
レストラン restaurant.
レタス lettuce.
列 line, range, rank, row, queue. ～に並べる range.
列車 train.

列島 archipelago.
劣等感 sense of inferiority, inferiority complex.
レッドカード red card.
レバー 〔機械〕lever；〔肝臓〕liver.
レパートリー repertoire.
レフェリー referee.
レフト left field；〔選手〕left fielder.
レベル class, level.
レモン lemon.
恋愛 love, romance.
れんが brick.
連結する link, join, couple.
連合 association, combination, union. ～する ally, be combined [united]. ～した united, federate. ～軍 Allied Forces.
連鎖 chain.
連山 range.
レンジ range, stove.
練習(する) exercise, practice. ～問題 exercise.
レンズ lens.
連想 association. ～する associate.
連続(物) sequence, series, serial, succession. ～公演 run. ～講座 course. ～する continue；〈形〉successive, consecutive, serial. ～的に continuously, continually.
レンタカー rent-a-car.
連邦 commonwealth, federation. ～の(制の) federal.
連盟 league.
連絡 connection, communication, contact, liaison. ～をつける[する] get, contact, connect. (…と)～している be in touch with, be in communication with.

## ろ

炉 furnace, fireplace, hearth.
ろう wax.
牢 prison, jail.
聾唖者 deaf-mute.
廊下 corridor, hall, hallway；〈英〉passage.
労使関係 labor relations.
老人 old [aged] man [woman]；〔集合的に〕the old.
老衰 senility. ～で死ぬ die of old age.
ろうそく candle.
労働 labor, work, working. ～者 labor, laborer, worker.
老若 young and old.
ろうばい dismay, confusion. ～する be disconcerted [embarrassed, confused].
浪費する waste, squander.
老齢 years. ～の old, old-age.
ローテーション rotation.
ロードショー road show.
ローブ robe.
ロープ rope.
ローマ Rome. ～の[人]Roman.
ローラー roller. ～でならす roll.
ローン loan.
6 six. ～番目(の) sixth. ～月 June.
録音 recording. ～する record.
録画する videotape, video-record.
60 sixty. ～番目(の)sixtieth.
ロケーション(地) location.
ロケット rocket.
露見する be found out；〔ばれる〕come out.
露骨な naked；〔あからさまな〕open.
ロサンゼルス Los Angeles.
路地 lane, alley.
ロシア Russia. ～の[語, 人] Russian.
露出 exposure.
ロッカー locker.
肋骨 rib.
露店 stall.
ロバ ass, donkey.
ロビー lobby, lounge.
ロボット robot.
路面電車 streetcar, tram.
ロム ROM.
論証 demonstration. ～する demonstrate.
論じる 〔論理的に〕reason；〔議論する〕argue.
論説 discourse；〔新聞の〕leading article, editorial.
論争 controversy, dispute. ～する argue, dispute.
論点 (disputed) point.
ロンドン London.
論評(する) comment.
論文 thesis, dissertation；〔小論文〕essay.
論理(学) logic. ～的な logical.

## わ

| | | |
|---|---|---|
| 輪 | circle, link, ring. | |
| ワークステーション | workstation. | |
| ワープロ | word processor. | |
| ワールドカップ | the World Cup. | |
| ワールドシリーズ | the World Series. | |
| ワールドワイドウェブ | WWW, World Wide Web, the Web. | |
| 歪曲 | distortion. | |
| ワイシャツ | shirt. | |
| わいせつな | obscene. | |
| ワイパー | (windshield) wiper. | |
| ワイヤー | wire. | |
| わいろ(を贈る) | bribe. 〜のきくcorrupt. | |
| ワイン | wine. | |
| 和音 | chord, accord. | |
| 若い | young. 〜人 youth. | |
| 和解 | reconciliation. 〜させる reconcile. | |
| 沸かす | boil. | |
| 分かち合う | share. | |
| わがまま | selfish, willful, egoistic. 〜子供 spoilt child. 〜に振舞う have one's own way. | |
| 若者 | lad, youngster. 〜らしい youthful. | |
| わかりやすい | plain, easy to understand. | |
| わかる | 〔理解する〕understand, make out, tell ; 〔判明する〕find, turn out. | |
| 別れ | farewell, leave. 〜のあいさつ good-by, farewell. | |
| 分かれる | part, diverge. | |
| 別れ | part ; 〔絶交する〕finish with. | |
| 若々しい | young, youthful. | |
| 若さ | youth. | |
| わき | side. 〜腹 side ; 〜の下 armpit, underarm. | |
| 湧き出る | spring, flow out. | |
| わきに | aside. 〜置く lay [put] aside. | |
| 脇役 | supporting part ; 〔役者〕supporting actor [actress]. | |
| 枠 | frame, framework. | |
| 沸く | boil. | |
| 惑星 | planet. | |
| ワクチン | vaccine. | |
| わくわくさせる | thrill, excite ; 〈形〉thrilling, exciting. | |
| わけ | reason, meaning. | |
| わけのわからない | unintelligible. | |
| 分け前 | portion, share, allotment. | |
| 分ける | divide, part, separate, share. | |
| 輪ゴム | rubber band. | |
| わざ | art ; 〔特殊な技能〕skill. | |
| わざと | on purpose, purposely, intentionally. 〜らしい intentional. | |
| 災い | plague, disaster, calamity. 〜のもと curse. | |
| わざわざ(…)する | go out of the [one's] way, take (the) trouble. | |
| ワシ | eagle. | |
| 和紙 | Japan(ese) paper. | |
| ワシントン | Washington. | |
| わずか | no more than …, shadow, a few, a little ; 〔ほんの〕mere. | |
| わずかな | slight, trifling. 〜金 trifle. 〜違い shade. 〜に slightly. | |
| わずらわしい | 〜めんどうな. | |
| 忘れっぽい | forgetful. | |
| ワスレナグサ | forget-me-not. | |
| 忘れる | forget, omit ; 〔努力して〕dismiss ; 〔置き忘れる〕leave. 〜ないで…するremember. 〜られない unforgettable. | |
| 綿 | cotton, floss. | |
| 話題 | topic, subject. | |
| 渡し場〔船〕 | ferry. | |
| 渡す | give, pass, hand. | |
| 渡り鳥 | migrant. | |
| 渡る | cross, get across, go over, pass ; 〔船で〕sail. | |
| ワックス(で磨く) | wax. | |
| ワット | watt. | |
| わな | trap, snare. 〜で捕える trap. | |
| ワニ | crocodile, alligator. | |
| わび | apology, excuse. 〜を言う apologize. | |
| わびしい | dreary, desolate, comfortless. | |
| 和平会談 | peace talks. | |
| 話法 | narration, speech. | |
| わめき声 | howl, yell, bawl. | |
| わめく | roar, bawl. | |
| わら | straw. | |
| 笑い | laughter, laugh, laughing, smile. | |
| 笑う | laugh ; 〔歯を見せて〕grin ; 〔くすくす〕chuckle ; 〔せせら笑う〕sneer ; 〔げらげら〕guffaw ; 〔くっくっと〕giggle ; 〔にたにた〕simper. | |
| 笑わせる | 〔面白がらせる〕amuse. 〜な Don't make me laugh. | |
| 割合 | proportion, rate. | |
| 割り当て | share, assignment. 〜る assign. | |
| 割勘にする | split the bill, go Dutch. | |
| 割り切れる[ない] | divisible [indivisible]. | |
| 割り込む | squeeze into. | |
| 割算 | division. | |
| 割りに合う | pay. | |
| (…)の割には | in proportion to, for. | |
| 割引き | discount, reduction. | |
| 割り引く | discount. | |
| 割る | split, break ; 〔割り算で〕divide. | |
| 悪い | bad, evil, wrong, foul, ill, wicked. 〜行ない vice. | |
| 悪賢い | cunning. | |
| (…のことを)悪く言う | speak ill of. | |
| ワルツ | waltz. | |
| 割目 | crack, split, crevice. | |
| 割れる | crash, split. | |
| 湾 | bay, gulf. | |
| わん(1杯の量) | bowl. | |
| 腕章 | armband, brassard. | |
| わんぱく | 〜な naughty. 〜坊主 urchin. | |
| ワンピース | one-piece dress. | |
| ワンマン | autocrat. 〜ショー one-man show. | |
| 腕力 | muscle, force. | |
| ワンワン | bowwow. | |

# 接頭辞・接尾辞一覧

英語の単語は、アルファベットの単なる羅列ではなく、

> 英単語 = 接頭辞 + 語根 + 接尾辞

という構造を持っています。

接頭辞は、添加される「語」(=語根)の意味を変える役割をします。すなわち、語の意味を方向づけたり、拡大したりすることにより、多様な語彙を生み出す働きをするのです。

すべての接頭辞がすべての語根に添加されるとは限りません。結合のしかたは限定されています。たとえば、動詞 form (形作る) の語頭に来るのは

> con-, de-, in-, per-, re-, trans-

です。品詞は動詞のままで、意味は次のように変化します。

| conform | [con- 共に | + form → 同じように形作る] 従う、一致する |
| deform | [de- 離れて | + form → (美しい)形を奪う] 不格好にする |
| inform | [in- 中へ | + form → (話を)形にする] 知らせる |
| perform | [per- 完全に | + form → 完全に形成する] 行なう、果たす |
| reform | [re- 再び | + form → 再び形作る] 改革[改正、改善]する |
| transform | [trans- 向こうへ | + form → 形を移す] 変形する |

接尾辞は、語 (=語根) の末尾について、その語の意味に変化を与えながら、品詞決定の働きをします。

例えば、動詞 create (創造する) の語尾に、接尾辞 -ion, -or, -ure をつけると、品詞は名詞になり、意味はそれぞれ次のようになります。

| creation | [create + -ion 動作 〈→名詞〉] 創造 |
| creator | [create + -or 人 〈→名詞〉] 創造者、[the ～] 神 |
| creature | [create + -ure 結果 〈→名詞〉] 生きもの |

以下は、重要な接頭辞・接尾辞をアルファベット順で解説しています。

[ ] 例語の語構成の解説　　◇ 用法や形の変化の解説
〈→名〉〈→形〉〈→副〉〈→動〉
接尾辞が、それぞれ名詞・形容詞・副詞・動詞を作ることを示す。

## [接頭辞]

**a-** …(の方)へ、(…の中)に (in, into, on, to, toward)
　　ashore　[a- + shore 岸] 岸に、岸へ
**ab-** 離れて、逸脱して (away, from, apart)
　　abnormal　[ab + normal 通常の] 異常な
　　◇〈m, p, vの前〉では a-;〈c, q, tの前〉ではしばしば abs-
**aero-** 空気、空中;航空(術) (air)
　　aeroplane　[aero- + plane 板] 飛行機
**anti-** 反対の、…に対する (against)
　　antisocial　[anti + social 社会的な] 反社会的な
**astro-** 星 (star)
　　astronomy　[astro- + nomy 法則] 天文学
**auto-** 自身の、自己の (self)
　　automobile　[auto- + mobile 動く] 自動車
**bi-** 2, 2回;両、重 (two, twice)
　　biannual　[bi- + annual 一年の] 年2回の
　　◇〈母音の前〉では bin-,〈c または
**bio-** 生命 (life)
　　biology　[bio- + logy 学問] 生物学
**centi-, cent-** 100, 100分の1 (hundred,
　　century　[cent- + ury 単位 → 100
**co-** →com-
　　co-author　[co- + author 著者]
**com-** 共に (together, with)
　　compare　[com- + pare = equal
　　◇〈母音および h, gnの前〉では
　　には con- となる。
**contra-, contro-, counter-** 反対に、…に
　　controversy　[contro- + versy =
　　counterattack　[counter- + attac
**de-** 下に (down, under)
　　depend　[de- + pend = hang ぶ
**de-** 離れて (away, apart);逆にする、取
　　depart　[de- + part 分かれる] 出発
　　deform　[de- + form 型] 醜くする
**di-** 2, 2重、2倍 (two, twice)
　　dilemma　[di- + lemma 命題] ジ
**di-** 離れて (away, apart)
　　divorce　[di- + vorce = turn 向き
**dis-** …がない、欠けている (without, not
　　disease　[dis- + ease 安楽] 病気
**dis-** 逆にする、取り去る (remove, rever
　　disarm　[dis- + arm = weapons
**en-** 中に、中へ (in, within)
　　encourage　[en- + courage 勇気
　　◇〈b, pの前〉では em- となる。
**en-** …にする (make)
　　endanger　[en- + danger 危険]
**enter-** 中に、中へ;間に (in, within; betw
　　enterprise　[enter- + prize つかむ
**equi-** 等しい (equal)
　　equinox　[equi- + nox = night 夜
**ex-** 外に、(…から)外へ (out, without)
　　exit　[ex- + it = go 行く] 出口
　　◇〈母音と c, p, q, tで始まる語の
　　r, vの前〉では e-;〈c または s の
　　る。
**ex-** (ハイフンを付けて)以前の、前の… (fo
　　ex-President　[ex- + President 大
　　◇ex- は大文字で始めない。
**extra-** 上に、越えて、過度の (over, beyo
　　extraordinary　[extra- + ordinary
　　extravagant　[extra- + vagant さ
　　な、過度の
**fore-** 前の、前もって (before, in advanc
　　forefather　[fore- + father → 父よ
**hydro-** 水 (water)
　　hydrogen　[hydro- + gen 生まれた
**im-** →in-
　　impossible　[im- + possible 可能

**in-** …がない、欠
　　inconvenien
　　　　◇〈l の前
**in-** 中に、中へ、
　　induce　[in-
　　　　◇〈l の前
**inter-, intro-** 中
　　international
**medi-, mid-** 中間
　　midnight　[
**mini-** 小さい、短
　　minibus　[m
**mis-** 悪い[く]、誤
　　mistake　[m
**mon-, mono-** 1
　　monarch　[
**multi-** 多くの (m
　　multinationa
**non-** …がない、欠
　　nonsense　[
**ob-** …へ、対して [
　　obstruct　[o
　　　　◇〈c の前
**out-** …よりすぐれ
　　outgrow　[o
**over-** 上の、過度の
　　oversleep　[
**photo-** 光の、写真
　　photograph
**poly-** 多くの (m
　　polygon　[p
**pre-** 前(に)、前も
　　prewar　[pre
**post-** 後の[に]、後
　　postwar　[p
**pro-** 前(に)、前も
　　propose　[p
**pro-** …の代わりに
　　pronoun　[p
**psycho-** 霊魂、精
　　psychology
**re-** 後ろ(に)、もと
　　reflect　[re-
**re-** 再び、新たに
　　reform　[re-
**sub-** 下に[から]、
　　subway　[su
　　　　◇通例〈c
　　る。〈c の前
**super-** 上に、越え
　　supervise　[
**sur-** 上に、越えて
　　surprise　[su
**sym-** → sy

  sympathy　[sym- + pathy 感情] 同情
**syn-**　共に, 同時に (with, together with, at the same time)
  synthesis　[syn- + thesis = put 置く] 総合, 合成
    ◇ 〈l の前〉で syl-, 〈b, m, p の前〉で sym-, 〈s の前〉で sys- となる。
**tele-**　遠い, 遠方から (far, off)
  television　[tele- + vision 見ること] テレビ
**trans-**　…の向こう側に, 越えて (across)
  transport　[trans- + port 運ぶ] 輸送する
**tri-**　3 (three)
  triangle　[tri- + angle 角] 三角形
**ultra-**　超…, 極端な (beyond, too)
  ultraviolet　[ultra- + violet 紫] 紫外(線)の
**un-**　…でない (not)
  unhappy　[un- + happy 幸福な] 不幸な
**un-**　逆にする, 取り去る (reverse, remove)
  unlock　[un- + lock 錠] 錠をあける
**un-, uni-**　1 (one)
  uniform　[uni- + form 姿, 形] 同形の, 一様の, 等しい
**under-**　…の下の[に], 劣った, 不十分な (too little, below)
  undersea　[under- + sea 海] 海底の
**vice-**　(官職の前につけて) 副…, 代理…, 次…
  vice-chairman　[vice- + chairman 議長] 副議長


## [接尾辞]

**-able, -ible**　…できる 〈→形〉
  drinkable　[drink 飲む + -able] 飲める
**-acy**　状態, 性質, 職 〈→名〉
  accuracy　[accurate 正確な + -acy] 正確, 的確
**-al**　行為 〈→名〉
  arrival　[arrive 到着する + -al] 到着
**-al** (-ial, -ual)　…に関する, …に属する, …のような 〈→形〉
  emotional　[emotion 感情 + -al] 感情的な
**-ant**　人 〈→名〉; …性の, …をする 〈→形〉
  servant　[serve 仕える + -ant] 使用人
  distant　[distance 距離 + -ant] 遠い
**-ate**　…(の性質)の, …の(特徴のある) 〈→形〉
  fortunate　[fortune 幸運 + -ate] 幸運な
**-cy**　性質, 状態, 身分, 職 〈→名〉
  fluency　[fluent 流暢な + -cy] 流暢さ
**-ee**　…される人, …する人 〈→名〉
  employee　[employ 雇用する + -ee] 従業員
**-en**　…でできている 〈→形〉
  wooden　[wood 材木 + -en] 木製の
**-en**　…にする, …させる 〈→動〉
  shorten　[short 短い + -en] 短くする
**-er**　人 〈→名〉
  teacher　[teach 教える + -er] 先生
**-ess**　女性 〈→名〉
  goddess　[god 神 + -ess] 女神
**-fold**　…倍の 〈→形〉
  twofold　[two + -fold] 2倍の
**-ful**　…に満ちた, …の多い 〈→形〉
  beautiful　[beauty 美 + -ful] 美しい

- **-hood** 状態, 性質 〈→名〉
    - **childhood** [child 子供 + -hood] 子供時代
- **-ian** 人 〈→名〉
    - **Christian** [Christ キリスト + -ian] キリスト教徒
- **-ic** …の, …的な, …性の 〈→形〉
    - **economic** [economy 経済 + -ic] 経済(上)の, 経済学の
- **-ical** …に関する, …に属する, …上の 〈→形〉
    - **historical** [history 歴史 + -cal] 歴史(上)の
- **-ics** …学 〈→名〉
    - **economics** [economy 経済 + -ics] 経済学
- **-ify** …にする 〈→動〉
    - **simplify** [simple 単純な + -ify] 簡単にする
- **-ish** …に属する; …のような, …らしい 〈→形〉
    - **childish** [child 子供 + -ish] 子供っぽい
- **-ish** …にする 〈→動〉
    - **finish** [fin 終わり + -ish] 終える
- **-ism** 状態, 行動, 主義 〈→名〉
    - **heroism** [hero + -ism] 英雄的行為
    - **socialism** [social + -ism] 社会主義
- **-ist** …する人, …主義者 〈→名〉
    - **pianist** [piano + -ist] ピアニスト
- **-ity, -ty** 性質, 状態 〈→名〉
    - **equality** [equal 等しい + -ity] 平等
    - **safety** [safe 安全な + -ty] 安全性
- **-ize, (英) -ise** …にする, …になる, …化する 〈→動〉
    - **civilize, civilise** [civil 文明社会の + -ize (-ise)] 文明化する
- **-less** …のない 〈→形〉
    - **careless** [care 注意 + -less] 不注意な
- **-like** …のような, …らしい 〈→形〉
    - **businesslike** [business + -like] 事務的な
- **-ly** …ごとの; …らしい 〈→形〉
    - **motherly** [mother 母親 + -ly] 母親のような
- **-ly** 様態, 頻度, 程度, 方向 〈→副〉
    - **suddenly** [sudden 突然の + -ly] 突然に
- **-ment** 動作, 状態, 結果, 手段 〈→名〉
    - **agreement** [agree 同意する + -ment] 同意
- **-ness** 状態, 性質 〈→名〉
    - **kindness** [kind 親切な + -ness] 親切
- **-or** 人 〈→名〉
    - **instructor** [instruct 教える + -or] 指導者
- **-ship** 状態, 性質, 地位, 能力, 関係 〈→名〉
    - **friendship** [friend 友達 + -ship] 友情
    - **leadership** [leader リーダー + -ship] 指導力
- **-some** …を生じる, …の傾向がある 〈→形〉
    - **tiresome** [tire 飽きさせる + -some] 退屈な
- **-wards** …の方へ 〈→副〉
    - **backwards** [back + -wards] 後方へ
- **-wise** …のように, …の方へ 〈→副〉
    - **otherwise** [other 他の + -wise] 他の方法で
- **-y** …性の, …の多い, …に似た 〈→形〉; 状態, 性質 〈→名〉
    - **cloudy** [cloud 雲 + -y] 曇りの
    - **jealousy** [jealous 嫉妬して + -y] 嫉妬

# 文法のてびき

―― 目 次 ――

## 文法のてびき

**[1] 文の種類** ·················· *1746*
  1．平叙文（肯定・否定） *1746*
  2．疑問文（肯定・否定） *1746*
  3．命令文（肯定・否定） *1747*
  4．感嘆文 *1747*

**[2] 品詞** ·················· *1748*

**[3] 主語, (述語)動詞, 目的語, 補語** ·················· *1749*
  1．主語 *1749*
  2．(述語)動詞 *1749*
  3．目的語 *1749*
  4．補語 *1750*
  5．副詞・副詞句が必要な場合 *1750*
  6．目的語が2つある場合 *1750*
  7．目的語と補語がある場合 *1750*

**[4] 節と句** ·················· *1751*
  1．節 *1751*
  (1) 名詞節　　(2) 形容詞節
  (3) 副詞節　　(4) 主節と従節
  (5) 等位節と従節
  2．句 *1752*
  (1) 名詞句　　(2) 形容詞句
  (3) 副詞句

**[5] さまざまな変化形** ·················· *1752*
  1．名詞編（単数形と複数形） *1752*
  (1) -s を付ける　　(2) 子音字+y
  (3) 子音字+o　　(4) -f, -fe
  (5) -x, -s, -sh, -ch
  2．代名詞編 *1753*

  3．動詞編 *1753*
  (1) 5つの変化形
  (2) 三人称単数現在形
  (3) 規則動詞の過去形・過去分詞形
    a) -ed, -d
    b) 子音字+y
    c) 短母音+子音字1つ
    d) -c
  (4) -ing 形
    a) 原形+ing
    b) -e をとって+ing
    c) 短母音+子音字1つ
    d) -c
  4．形容詞・副詞編 *1754*
  5．文中の位置と役割 *1754*

**[6] 他動詞と自動詞** ·················· *1754*

**[7] CとU** ·················· *1755*

**[8] 集合名詞** ·················· *1756*
  (1) 単数・複数両方の扱いをするタイプ
  (2) 語形は単数で単数扱いするタイプ
  (3) 語形は単数だが複数扱いするタイプ
  (4) その他

**[9] [名詞の前で][補語として]** ·················· *1756*
  1．[名詞の前で]のみに用いられる形容詞 *1756*
  2．[補語として]のみに用いられる形容詞 *1756*
  3．[名詞の前で]と[補語として]の用法で意味が異なる形容詞 *1756*
  4．2語以上の語が名詞を修飾する場合 *1756*

**文法用語解説** ·················· *1758*

文法のてびき

「文法」という単語を見たり聞いたりすると、「なにかむずかしそう」と思いませんか？　確かに文法の本を見ると、数多くの規則や例外があって、全部覚えるのは大変です。でも、文法をある程度理解していないと、文の構成や意味がはっきりわからなかったりする場合が出てくるのも事実です。

この「文法のてびき」は、文法のすべてを覚え込むのではなく、この辞書を使うとき、とりあえず必要な文法知識を身につけてもらうことを目標に構成しました。少し長いですが、読み通せるように書かれているので、ぜひ読んでみてください。全体を読み通すのが大変なら、目次を見て、適当なところから読んでみてください。そうすると「英語ってこういう性質を持つことばなんだ」ということが少しずつわかってきます。


**英語はどんなことばなんだろう？**


## [1] 文の種類

### 1．平叙(へいじょ)文（肯定・否定）

目で見た印象で言うと、ふつう主題で始まりピリオド(.)で終わる文のことです。これには2種類あります。肯定(こうてい)文と否定文です。肯定の平叙文は、日本語だと「…だ」「…である」「…です」「…ます」という形で終わる文に当たります。たとえば次の例を見てください。

**001** Mr. Sato is our classroom teacher.（佐藤先生は我がクラスの担任です）
**002** Miki likes cats.（美紀はネコが好きだ）
**003** I have seen a UFO.（私はUFOを見たことがある）

否定の平叙文は、日本語だと「…でない」「…しない」となります。

**004** Mr. Sato is not our classroom teacher.（佐藤先生は我がクラスの担任ではありません）
**005** Sorry, I cannot understand you.（すみません、おっしゃることがわかりません）
**006** Miki does not like cats.（美紀はネコが好きではありません）
**007** I have never seen a UFO.（私はUFOを見たことがありません）
**008** No one knows where Bill lives.（だれもビルがどこに住んでいるか知りません）
**009** I have no money on me now.（今、お金の持ち合わせがありません）

これらの例文のように、何かを打ち消す「…をしない」「…がいない」のような意味を表す文が否定文です。否定文には大きく分けると2種類あります。004から007の例文にあるように、be動詞（004のis）の後または助動詞（005のcan、006のdoes、007のhave）の後にnotやneverが入るタイプと、008と009のように名詞（008のone、009のmoney）の前にnoなどがつくタイプの2つです。

canが助動詞であることは知っていますね。そして疑問文や否定文を作るdo, does, did も動詞を助ける役目で、じつは助動詞なのです。一度、この辞典で引いてみてください。また、007のhaveも助動詞で、この場合は現在完了形を作る手助けをしています。それに対して009のhaveは「持っている」の意味なので動詞です。ぜひhaveも引いてみてください。

例文の和訳にあるように、日本語でも動詞に「…ない」という打ち消しを付ければ否定文になります。ところが名詞を打ち消す009のような文は、そのまま訳すと「ゼロのお金を現在持っている」となってしまい、変な日本語になります。このような英語式の発想に慣れるのが英語上達のコツです。類例をあげましょう。

**010** Nothing is necessary.（何も必要がない）

### 2．疑問文（肯定・否定）

人にたずねる文で、肯定と否定の両方があります。

**011** Are you in love with anyone now?（今、誰かに恋してますか）
**012** Have you ever sent email?（Eメールを送ったことがありますか）
**013** Can you play the piano?（ピアノが弾けますか）
**014** Do you like working for other people?（他の人のために何かをしてあげることが好きですか）

この4つの文はすべて疑問文です。日本語だと、文の終わりが「…か」となっているのを見れば疑問文だとわかりますが、英語では各文の終わりに「?」[注：クエスチョンマーク。俗にはてなマークとも]があることでわかりますね。それから、上の4つの文では、たずねられた人は、短く答えるとき、簡単に、Yes. かNo. で答えることができます。たとえば013を例にとると、ピアノが弾ければYes.、弾けなければNo. です。

次は否定の疑問文です。

**015** Didn't I tell you?（お話しませんでしたか）

答えは肯定の場合と全く同じですが、日本人はYes. かNo. かまごつくことがよくあります。

今度は、声を出して上の文を読んでみましょう。日本語では「…か」のところで声の調子が上がりますね。英語の場合も同じです。文の最後の語（now, email, piano, people）が上げ調子（↗）になって、相手にyesかnoかをたずねます。

次にあげるのは、yes, no で答えられない疑問文です。

**016** How do you come to school?（どうやって通学していますか ＝ 交通手段はなんですか）
**017** What do you mean by "training pants"?（「トレーニングパンツ」とはどういう意味ですか）
**018** Where do you live?（どこに住んでいますか）
**019** When will Jeff come along?（ジェフはいつやって来ますか）

これらの疑問文に yes, no で答えるとチンプンカンプンになってしまいますね。答え方は、016なら I come to school by bicycle.（自転車で通学しています）とか I walk to school.（徒歩で通っています）のようになります。018なら、I live in Kyoto.（京都に住んでいます）のようになります。

否定の場合も同じです。

**020** Why don't you come to school?（どうして学校に来ないの）

さて、これらの疑問文は、声に出して言うと文の最後の調子はどうなるでしょうか。そうです、この場合は下げ調子（↘）と

なりますね。016 なら How do you come to school? (↘) です。このような What, Where や How などの疑問詞で始まる疑問文は、文の最後が下げ調子になるのがふつうです。

しかし、言葉は生きているので、ちょっと複雑な面もあります。たとえば 019 を上げ調子 (↗) で発音する場合もあるのです。どのような時かというと、相手が "When will Jeff come along?" (↘) とたずねたのをあなたが聞き漏らしたり、意外に思って驚いたり、確認するときなどに、相手が使った疑問文をそのまま使って聞き返す場合です。こんな受け答えになります。

相手: When will Jeff come along? (↘)（いつジェフは来るの）

あなた: When will Jeff come along? (↗)（いつジェフが来るのかって?）

つぎに、少し長いですが、実際の対話例を使って、主語や動詞のない不完全な文や単語１つでも疑問文になる場合を見てみましょう。

Miki: I'm going to visit a free market this afternoon.
Jeff: A free market? Do you get something for free?
Miki: No. But sometimes you can get nice things cheap. It's fun to talk with the people selling them.
Jeff: Oh, you mean a "flea market"?
Miki: What? How do you spell that?
Jeff: F-l-e-a. A flea is a small insect. How do you say it in Japanese?

美紀: 今日の午後、フリーマーケットへ行ってみようと思っています。
ジェフ: フリーマーケットだって? そこでは、ただで物が手に入るのかい?
美紀: いいえ。でも、ときには良い物が格安で手に入ることもあるのよ。それに店を出している人と話をするのが結構楽しいの。
ジェフ: ああ、それって「ノミの市(いち)」のことだ。
美紀: なんですって? その単語のスペルを教えて。
ジェフ: F-l-e-a だよ。「フリー」って小さな虫のことだよ。日本語ではなんて言うんだい?

対話例の中で？が付いているのが疑問文です。不完全な文、A free market? は相手の質問の一部を聞き返しているので上げ調子です。１つの単語からできている疑問文 What? も強い驚きの気持ちを表していますから上げ調子で、意外な気持ちが強いので、急激に声の調子が上がります。それに対して How do you say it in Japanese? (↘) は下げ調子です。

こんなふうに、話し言葉では A free market? のような不完全な文でも What? のように１語でもやりとりができるという、とても柔らかいルールが働いています。一方、上のように聞き返したり問い返したりするのではなく、英語も日本語と同じように、ふつうの文でも、１単語でも、声の調子を上げ調子 (↗) に変えることによって簡単に疑問文を作り出す方法があります。

たとえば 002 を Miki likes cats? (↗) と上げ調子で言えば、「美紀はネコが好き?」といった軽い疑問文になり、日常会話ではよく使われます。また単語だけでも同じく Mr. Sato? (↗) では「佐藤さん(ですか)?」と、そのまま疑問文になります。

日本語の場合でもう少し解説します。日本語で、「もう朝ご飯を食べましたか」は、「…か」があるので疑問文であることはすぐわかります。日常の会話では、「か」を使わずに「もう朝ご飯食べた?(↗)」と言うこともあります。この場合は疑問文ですから、英語と同じように、声の調子が文の最後で上がりますね。また、この受け答えの「うん、もう食べた(↘)」は下がり調子になります。日本語と英語は多くの点で異なりますが、声の調子の上げ下げで、疑問や確認、聞き返しや驚きなどを表現できるところはとてもよく似ています。

## 3. 命令文（肯定・否定）

命令文は動詞の原形で始まります。肯定の命令文は「…しろ」という命令調だけでなく、「…してください」のお願い調も表せます。また、否定の命令文は「…するな」と禁止を表します。この使い分けは、言葉の調子や話している人の表情、また please を付けるか付けないかで微調整ができます。相手に何かさせてもらう、もしくはさせないようにする時使う形ですから、ていねいさの調整が必要です。

021 Shut up.（[とても強い命令調で] 黙れ!）

022 Open the window.（[ぞんざいな言い方なら] 窓を開けろ、[窓を開けたがっている人に対して柔らかい口調で言えば] どうぞ窓を開けてください）

命令文は please を付ければていねいになります。また、please は文の先頭にも最後にも付けることができます。

023 Please open the window. = Open the window, please.（窓を開けてください）

024 Please be nice to me.（お願いだから私に優しく接して）

具体的な動作ではなく状態を表すときは be が先頭に出ます。

025 Be a good boy.（[男の子に向かって] いい子にしてるんですよ）

「…するな」「…しないでください」は否定の命令文で Don't+動詞の原形の形になります。

026 Don't sleep during the class.（授業中居眠りをしちゃいかん）

027 Don't forget your nametag.（名札を忘れるなよ）

028 Don't be late for school.（学校に遅れないように [注: be 動詞の原形は be です]）

029 Don't worry. Be happy.（くよくよしなさんな。楽しくやろうぜ）

don't のかわりに never も使えます。never を使うと「決して…するな」「ずっと…しないようにしろ」という意味が出てきます。

030 Never tell a lie.「ウソをついちゃいけないよ」

## 4. 感嘆文

驚き、喜び、悲しみなどを表す文のことを感嘆(かんたん)文と言い

ます。文の最後に，ピリオドやクエスチョンマークの代わりに「！」[注：エクスクラメイションマークと言います。俗にびっくりマークとも]を付けます。これで感嘆文であることがわかります。感嘆文はふつう肯定の場合だけです。大きく分けて① What …!型と，② How …!型の2つのタイプがあります。語順がきっちりしているので，一度しっかり覚えてしまえば，わりと簡単です。

① What …! 型
[語順] What＋a(n)＋(形容詞)＋単数名詞＋主語＋動詞＋!
031 What a pretty flower this is! (これはなんてきれいな花なんでしょう)
032 What a fool he is! (彼はなんてバカなんだろう)
[語順] What＋(形容詞)＋複数名詞＋主語＋動詞＋!
033 What pretty flowers they are! (これらはなんてきれいな花なんでしょう)
　また，対話の中で指すものがはっきりわかる場合は主語＋動詞を省略できます。
031b What a pretty flower! [1本の花を見て] (なんてきれいな花なんだろう)
032b What a fool! (なんてバカなんだろう)
033b What pretty flowers! [2本の花を見て] (なんてきれいな花なんだろう)
② How …! 型
[語順] How＋(形容詞)＋主語＋動詞＋!
034 How exciting this game is! (なんてわくわくする試合なんだろう)
[語順] How＋(副詞)＋主語＋動詞＋!
035 How fast Jeff runs! (ジェフは走るのがなんて速いのだろう)
　What …! 型と同様に，主語＋動詞を省略できます。
034b How exciting! (なんてスリルがあるんだろう)
035b How fast! (なんて速いのだろう)
　How や What を使わないで感嘆文を作ることもできます。一瞬の感動を表現するわけですから，反射的で短く簡単なのがふつうです。したがって，自由に形容詞や副詞を1語でも，または形容詞＋名詞でも1つの独立した文にすることができます。こんなふうに。
036 Wonderful! (すばらしい!)
037 Super! (すごい!)
038 Bad weather! (いやな天気だね!)
039 Lovely day! (いい日ですね!)

[2] 品詞

　品詞とは，名詞，冠詞，関係代名詞のように「…詞」となっているものを指します。これは文中の単語の役割を整理するための分類です。
　「この辞典の使い方」の「IV 品詞」のところで示しているように，この辞典では，名詞，代名詞，動詞（自動詞，他動詞），前置詞，接続詞，形容詞，間投詞，副詞，助動詞の品詞が，順に名，代，動（自，他），前，接，形，間，副，助とい

う記号で表されています。また，場面に応じて，冠(か)詞とか関係代名詞などの用語も説明のために使われています。
　中学校で学習した基本的な単語は，2つ以上の品詞の働きをしていて，意味や使い方の説明が長くなっているのがふつうです。たとえば，go という単語はたった2文字ですが，重要な単語なので，この辞典では5ページにわたって説明されています。
　──動という記号のところには動詞の意味で10以上あります。動詞に続いて──名という記号の後には名詞の意味も載せてあります。
　それに対して，たとえば14文字の単語 sensationalism は名詞だけで，見出しも入れたったの2行で説明が終わっています。この辞典では，長い説明があったり，いろいろな品詞で出ている単語は英語では重要な単語ということです。この辞典では単語の重要度を上からA，B，Cというふうに3つのランクに分けています。赤色の見出し語が特に大きくなっていて✤のマークがある語，たとえば go などは最重要のAランクの語です。見出しが赤色で＊のマークが付いているのは，その次に重要なBランクの語です。それ以外でなにもマークがない語がCランクです。
　では，次にちょっと難しい文に挑戦してみましょう。キング牧師の有名なスピーチ "I Have a Dream"（「私には夢がある」）から長い文を1つ抜き出して，品詞に分解してみます。
040 I have a dream that one day on the red hills of Georgia the sons of former slaves and the sons of former slave owners will be able to sit down together at a table of brotherhood.
　私には夢があります。それは，いつの日にかジョージアの赤い丘陵で，かつての奴隷の息子たちと，その奴隷の主人の息子たちが，兄弟のようにならんで食卓を囲むことができる日を迎えることです。

　品詞に分解してみます（冠とは冠詞のことです）。
I have a dream that one day
代 動 冠 名 接 形 名
on the red hills of Georgia
前 冠 形 名 前 名
the sons of former slaves and
冠 名 前 形 名 接
the sons of former slave owners
冠 名 前 形 形 名
will be able to sit down
助動 形 前動 副
together at a table of brotherhood
副 前冠 名 前 名

さらに詳しく見ていきましょう。
代名詞：I（和訳だと「私には」に当たる部分です。）
動詞：have（基本の意味は「持っている」ですが，和訳では「…がある」になっています），be, sit。
冠詞：a（不定冠詞と言います），the（定冠詞と言います）a dream の dream や the red hills の red hills を人間の頭にたとえると，a や the はその上にチョコンとのっている冠(かんむり)のようなものなので，日本語では冠の詞(ことば)ということで冠詞と呼ばれます。ふつう，a dream は日本語では「1つの夢」といちいち訳しません。また，この冠詞の a は名

dream の前に現れるので役割は形容詞的ですね。ですから，この辞典では形容詞としてその役割を説明しています。a を引いて確認してください。

**接続詞**: that（この単語を境にして前の語句 [a dream] と後に続く語句 [one day ... brotherhood] をつなぐ働きをしています。しいて意味をあてると「…という」となります。）

**名詞**: dream, day, hills, Georgia, sons, slaves, owners, table, brotherhood（モノ，コト，ヒト，場所などの名前のあることがらを表す品詞です。）

**形容詞**: one, red, former, slave, able（slave owner の slave は本来名詞ですが，ここでは「奴隷の」の意で owner の前にきて形容詞として使われています。）

**副詞**: down, together（together は「いっしょに」という意味で動詞のかたまり sit down を修飾しているので英語では副詞です。）

**前置詞**: on, of, to, at（たとえば at the table の場合は「テーブルに向かって」のような意味を表します。前置詞とは the table のような名詞のかたまりの前に置かれる詞(ことば)という意味です。）

**助動詞**: will（動詞の前にきて，動詞を助ける詞(ことば)です。）

単語ごとに意味を見ましたが，実際の英語の文章を読み解く上では，こんなふうに単語を1つずつばらして，それぞれの単語の意味を足し算しただけでは，よく意味が取れない場合が出てきます。red hills はたしかに「赤い丘陵」という具合に意味を足し算すればよいのですが，次に見るように one day は「1日」という意味にはなりません。実は単語がいくつか集まって独特な意味のかたまりを作る場合があるのです。これを「成句」と呼びます。この辞典では，one day のような特別な意味を持つ成句は，各品詞の単語としての意味の後らに太い斜体の文字で見出しを載せています。今度はこのような成句を含めた意味のかたまりをいくつか取り出してみます。

I have a dream that ...　私には…のような夢がある。
one day いつか（「1日」ではありません）
on the red hills of Georgia ジョージアの（夕日を浴びた）赤い丘陵で（ジョージアは米国南部の黒人が多く住んでいる州の名前で，of を付けると「ジョージア州にある」という意味になります）。
will be able to ...　…できるようになる（助動詞＋be 動詞＋形容詞＋前置詞なのですが，全体でかたまりとなって1つの助動詞の働きをしています）。
sit down　動詞＋副詞ですが，2語で「腰を下ろす」という1つの自動詞になっています（全体の和訳では「(夕飯の)食卓を囲む」の部分にあたります。全体で意味が自然に流れるように sit down を意訳しているのです）。

このスピーチに出てこなかった品詞の解説もしておきます。

**間投(かんとう)詞**
**041** Oh, that's great!（わぁ，そりゃすごい!）
この文中の Oh が間投詞です。驚き，悲しみなどのいろいろな感情を表す発声のことばです。

# [ 3 ]　主語，(述語)動詞，目的語，補語

## 1．主語

まず主語から見ていきます。主語は平叙文（→ [ 1 ] 1．）において動詞の前にある語（のかたまり）です。

**042** I love you.（愛しています）
**043** I'm hungry.（おなかがすいている）
**044** Jeff is a high school student.（ジェフは高校生です）
**045** The baby is sleeping.（その赤ちゃんは眠っている）

順に，042 - 045 の例文中では I, I, Jeff, The baby が主語です。日本語では，042 の和訳のように主語をはっきり表さなくても意味が表せてしまう場合がありますが，もちろん，はっきり表す場合は日本語でも「私はあなたを愛しています」と言えますね。今度は，この和訳を英語の語順で並べ替えて普通の日本語の文と比較してみます。こうなります。

英語:　　I　love you.
　　　　私は　愛している　あなたを

日本語:（私は）　（あなたを）　愛している。

語順がこんなふうに日本語と英語では異なるのですね。また，日本語では自分のことに関する場合は，強調したり，明示したい場合を除けば，主語を使わずに言うのがふつうです。さらに，特に強調する場合を除いては 042 の和訳のように「あなた」も必要ありません。ところが，英語ではいつも主語をはっきり示す必要があります。これは英語の特徴の1つです。ですから，英語では Love. で「愛している」という意味にはなりません。

## 2．(述語)動詞

次に述語動詞です。上の4つの文の動詞を確認してください。順に，love, 'm, is, is sleeping ですね。文の中に入っている動詞は，正式には述語動詞といいます。ふつうは，品詞名をそのまま使って単に動詞と呼んでいます。

## 3．目的語

次は目的語の説明です。日本語だと「私は愛している」は意味の通る文です。しかし，英語で I love. は変な文です。love の後に何かが足りない感じがしてしまいます。つまり，英語では I love [　]．という感じにとらえるのです。動詞の後に何らかの名詞か代名詞が必要なのです。自分が愛する対象，「愛する」という動詞の目的語が文に必要なのです。この [　] に入ることば（のかたまり）を目的語と言います。日本語をヒントにすると，「…を」と訳すことが多いのが目的語です。

すでに説明に使った文の中で目的語の入っている文をもう一度登場させます。下線部が目的語です。

**005** Sorry, I cannot understand <u>you</u>.
**006** Miki does not like <u>cats</u>.
**007** I have never seen <u>a UFO</u>.
**009** I have <u>no money</u> on me now.

目的「語」というと1語だけを言うように考えがちですが，a UFO, no money のように2語以上でも目的語です。

目的語を説明しやすくするにはじめの和訳を言い直すと以下のようになります。

005 すみません、私はあなた(の言うこと)を理解できません。[you が目的語]
006 美紀は猫を好まない。[cats が目的語]
007 私はUFOを見たことがない。[a UFO が目的語]
009 私はゼロのお金を持っている。[no money が目的語]

### 4．補語

次の例文の波線部分が補語です。
043 I'm hungry.
044 Jeff is a high school student.

これも補「語」と1語だけのような感じですが、a high school student の例のように2語以上でも補語となります。
補語とは「説明することば」という意味と理解してください。043, 044 では主語である I を hungry（空腹だ）と説明し、Jeff を a high school student（高校生）だと説明しています。もっとわかりやすく単純に表すと、043 は I=hungry（私はというと空腹なんだ）、044 では Jeff=a high school student（ジェフはというと高校生なんだ）というふうにも理解できます。補語を含む文は、日本語でいうと「…という状態だ」「…である」という意味を表します。また補語になるのは、品詞でいうと hungry のような形容詞や a high school student のような名詞のかたまりです。

be 動詞以外で補語が付く動詞は他に、「…になる」という意味の場合の become, grow, turn や、五感を表す動詞、sound（…と聞こえる、…のように思われる）, taste（…の味がする）, smell（…のような匂いがする）, look（…のように見える）, feel（…の感じがする）や seem（…のように思える）などがあります。この辞典では、補語は [become **C**] のように記号 **C** (complement) で表したり、形容詞では [補語として] などのように表示してあります。

### 5．副詞・副詞句が必要な場合

英語の文には、必ず目的語や補語があるわけではありません。次の文には目的語も補語もありません。
045 The baby is sleeping.（その赤ちゃんは眠っている）
また次の例のような場合、on the bed は補語でも目的語でもなく、詳しく言うと場所を表す副詞句です。
045b The baby is sleeping on the bed.（その赤ちゃんはベッドで眠っている）
046 He lives in Tokyo.（彼は東京に住んでいる）
この文の in Tokyo も補語でも目的語でもありませんが、live（住む）の場合は場所を表すこうした語句がないと、英語では文として不完全になってしまいます。そこでこの辞典ではこういう場合《◆場所を表す副詞(句)を伴う》というふうに注を付けました。
類例をもう1つあげておきます。日本語では「美紀はその本を置いた」は普通の文ですが、英語では Miki put the book. では不完全な文です。「置く」という意味の他動詞 put は、ふつう《◆場所を表す副詞(句)を伴って》使われます。次のようにすれば、完全な文になります。
047 Miki put the book on the desk.（美紀はその本を机の上に置いた）

### 6．目的語が2つある場合

今度はもう少し複雑な文を見ていきます。
048 Jeff teaches us English.（ジェフは私たちに英語を教えています）
049 Jeff teaches English to my father.（ジェフは英語を私の父に教えています）
050 Miki gave me the book.（美紀は僕にその本をくれた）
051 Miki gave the book to Jeff.（美紀はその本をジェフにあげた）

「〈人〉に〈物・事〉を与える」という意味が共通にみてとれますね。teach us English は「〈人〉に〈事〉を教える」、give は「〈人〉に〈物〉を与える」の語順になっています。この〈人〉も〈物〉も目的語です。このように1つの文に2つの目的語がある関係を、この辞典では〈人〉を **A**、〈物・事〉を **B** と表し、[teach **A B** / teach **B** to **A**]、[give **A B** / give **B** to **A**] のように記号化して示しています。この辞典に慣れてくると、こういう記号をガイドにして自分が伝えたい意味の英語の文が作れるようになります。

また、英語では、意味の上でふつうは文末の語に重点が置かれているということも覚えていてください。たとえば 048 なら、ジェフが教えているのはフランス語ではなくて英語だ、049 ならジェフが教えている相手は高校生ではなくて僕の父だ、のような、何らかの対照的な意味が含まれている、ということです。辞典はスペースが限られているので、時として Miki gave Jeff the book. =Miki gave the book to Jeff. のように単純に書かれている場合はありますが、形が違うので、実は意味合いが異なります。こういう場合の =（イコール）は数学的に右辺と左辺が同一ということではなくて、むしろ ≒ ということで、意味が似ているという意味にとってください。

### 7．目的語と補語がある場合

今度は1つの文中に目的語と補語が出てくる場合を見てみます。直線部分が目的語で、波線部分が補語です。
052 The parents named the child Alexander.（両親はその子をアレクサンダーと名付けた）
053 They usually call him Alex.（彼らはいつも彼をアレックスと呼んでいる）
054 Miki kept the door open.（美紀はドアを開けたままにしておきました [注: kept は keep の過去形]）
各文の目的語は順に 052 the child, 053 him, 054 the door で、名詞(のかたまり)か代名詞ですね。
また、補語は順に 052 Alexander, 053 Alex, 054 open で、前の2つは人名を表している名詞、open は「開いている」という意味の形容詞です。
補語の 043, 044 で習ったとおり、052-054 の文の補語も「説明をすることば」です。044 Jeff is a high school student. と比べてみます。a high school student は補語で Jeff のことを説明しているのでした。つまり Jeff=a high school student のようになっていました。
実は 052-054 の文にも似たような関係が表れています。つまり下線部=波線部というような関係です。052 the child =Alexander（その子はアレクサンダー）、053 him=Alex

(彼はアレックス)。

今度は、043 の I'm hungry. と 054 を比べてみます。I ＝ hungry (私が空腹だ)、そして 054 は the door ＝ open (ドアは開いている) となります。つまり、046, 047 の場合の補語は主語を説明する役目です。052-054 の補語は目的語を説明する役目です。この辞書では 052-054 のような文を記号を使って [name **A C**], [call **A C**], [keep **A C**] のように表します。**A**が目的語、**C**が補語です。単純に**A**と**C**の関係を表すと**A**＝**C**となります。**A**を**C**が説明しているという関係ですね。name なら「**A** を **C** と名付ける」、call なら「**A** を **C** と呼ぶ」、keep なら「**A** を **C** の状態にしておく」のような意味関係を表します。**A**や**C**に具体的な語を入れて自分の伝えたい内容の文を作ることができます。

次に、似た形の文を 3 つあげます。make **A B** の型 (目的語＋目的語) か、make **A C** の型 (目的語＋補語) です。

**055** Her words made me sad. (彼女の言葉のせいで私は悲しくなった)

**056** Taro made me a model plane. (太郎は僕に飛行機の模型を作ってくれた)

**057** They made me captain. (彼らは私をキャプテンにした)

目的語＋補語なら補語が目的語を説明しているわけですから、目的語≒補語のような関係があるのでしたね。目的語＋目的語なら目的語が目的語を説明していないのですから、記号化すれば目的語≠目的語となります。確認してみましょう。

**055** me ＝ sad (私は悲しい)、**056** me ≠ a model plane (私は模型の飛行機ではない)、**057** me ＝ captain (私はキャプテン) という関係です。つまり make **A B** の型は **056** の文で、make **A C** の型は **055** と **057** の文ということになります。

ここに出てきたような短い文だと、動詞の型を気にしなくてもある程度意味がとれますが、5 行とか 6 行にわたるような長い文に出会った時にはこんな知識が役に立つこともあるのです。

## [4] 節と句

### 1. 節

節(<ruby>せつ</ruby>)は以下の例文の下線部分のことを指します。他に主語・動詞をもつ文の一部であって、主語＋動詞の関係があるものを言います。また、全体として名詞、形容詞、副詞などの品詞の役目も果たします。ですから、その役割から (1) 名詞節、(2) 形容詞節、(3) 副詞節のように分類されます。

(1) 名詞節: 主語、目的語、補語、同格 (「…という」の意味になる)

**058** This is <u>what we want to know</u>. (これが私たちの知りたいことです) [下線部が補語になっています]

**059** The news <u>that he died</u> was a shock to me. (彼が亡くなったというニュースは私にはショックだった) [同格: the news＝that he died という関係になっています]

**060** He asked me <u>if I liked Chinese food</u>. (彼は中華料理が好きかどうかと私にたずねた) [下線部が目的語になっています] [注: 補語や目的語は「語」となっていますが、

句や節も補語や目的語になります]

**061** <u>That we met in Paris</u> was a fortunate accident. (私たちがパリで出会ったのは好運な偶然だった) [下線部が主語になっています]

(2) 形容詞節: 名詞、代名詞を修飾する。常に修飾する語 (062 の The man, 063 の the house) の後に置かれる。関係代名詞や関係副詞で導かれる節が多い。

**062** The man <u>who lives next door to me</u> is a doctor. (私の隣に住んでいる男の人は医者です) [下線部が The man を修飾しています]

**063** This is the house <u>where I was born</u>. (これが私の生まれた家です) [下線部が the house を修飾しています]

(3) 副詞節: 動詞、形容詞、副詞、文全体を修飾する。接続詞 when, while, if などに導かれる。

**064** I won't go <u>if it rains tomorrow</u>. (明日が雨ならば行きません) [下線部が I won't go を修飾しています]

**065** He arrived <u>after the bell rang</u>. (彼はベルが鳴ってから着いた) [下線部が動詞 arrived を修飾している]

**066** He ran faster <u>than his brother did</u>. (彼は兄よりも速く走った) [下線部が副詞 faster を修飾している]

整理してみます。実は、名詞節と形容詞節・副詞節は性質が異なるのです。つまり、名詞節では (059 の同格を例外として) 下線部分がないと文が不完全になってしまいます。たとえば 058 の文から下線部分をとってしまうと、This is. だけになってしまいます。それに対して形容詞節・副詞節は、下線部分を取り去っても正しい文です。たとえば、062 なら This man is a doctor. (この男は医者だ) となりますし、064 なら I won't go. (私は行かない) となります。

おもしろい点としては、接続詞 if が名詞節 (060) では「…かどうか」、副詞節 (064) では「もしも…なら」というふうに意味が異なるということです。似たようなことは、接続詞 when (名詞節だと「いつ…」、副詞節だと「…するとき」) にもあります。この辞書で調べてみてください。

**060** He asked me if I liked Chinese food. if は「…かどうか」

**064** I won't go if it rains tomorrow. if は「もし…なら」

(4) 主節と従節

用語は難しいですが、おおむね主節とは主人の節、従節 (「従属節」とも言います) は家来の節というような意味です。ですから主節は主人のように家来を従えているという感じです。以下の例文では、下線部が従節で、下線部のない方が主節です。

**067** <u>When I opened the door</u>, I found him asleep. (ドアを開けると彼が寝ていた) [注: 下線部はまた時間を表す副詞節でもあります]

**068** I think <u>that you are wrong</u>. (あなたは間違っていると思う) [下線部はまた名詞節で think の目的語でもあります]

(5) 等位節と従節

以下の **069** のように and を中心にして前と後の下線の引かれている節を等位(<ruby>とうい</ruby>)節といいます。前と後の節の関係は対等です。

**069** Winter has gone and spring has come. (冬が去って春が来た)

この文を **067, 068** と比べてください。従節の場合は、下線で示している通り、接続詞である when や that が従節に含まれますが、等位節には接続詞が含まれません。下線の節が等しい位なので等位というわけです。and と等しい位に等位節をつくる接続詞は等位接続詞といい、他に but, or, so などがあります。ちなみに、従節に含まれる when や that は従属接続詞といいます。

## 2．句

句は文の中にあって2語以上からなりますが、主語＋動詞の関係がないものです。句は名詞、形容詞、副詞などいろいろな役目を果たしますので、その役割から (1) 名詞句, (2) 形容詞句, (3) 副詞句のように分類されます。

(1) 名詞句: 名詞の働きをして、文中の主語、補語、目的語、同格となる。

**070** <u>To talk during a concert</u> is rude. (コンサートの最中にしゃべるのは不作法だ) ［主語］

**071** My hobby is <u>collecting stamps</u>. (私の趣味は切手を集めることだ) ［補語］

**072** I don't know <u>what to say</u>. (なんと言ったらよいかわからない) ［動詞 know の目的語］

**073** I am surprised at the news <u>of his death</u>. (彼が亡くなったという知らせを聞いて驚いた) ［同格: the news = of his death という関係にある］

(2) 形容詞句: 名詞、代名詞の後にあり、その名詞、代名詞を修飾する形容詞の働きをする。

**074** The dictionary <u>on the desk</u> is mine. (その机の上の辞書は私のです) ［名詞句 the dictionary を修飾］

**075** Give me something <u>to drink</u>. (何か飲み物をください) ［代名詞 something を修飾］

(3) 副詞句: 副詞の働きをして、動詞、形容詞、副詞または文全体を修飾する。

**076** My house stands <u>on a hill</u>. (私の家は丘の上に建っています) ［動詞 stands を修飾］

**077** This homework is difficult <u>for me</u>. (この宿題は私には難しい) ［形容詞 difficult を修飾］

**078** <u>No doubt</u> he will pass the exam. (おそらく彼はその試験に合格しますよ) ［文全体を修飾］

**074** (on the desk) と **076** (on a hill) の下線部は前置詞＋冠詞＋名詞というように表面上の形は同じですが、文の中で果たしている役割は異なります。言い換えれば、前置詞＋名詞は形容詞句にも副詞句にもなることがわかるでしょう。

## ［5］ さまざまな変化形

英和辞典を引くとき、やっかいなことの1つは、今その文中にある単語がそのままの形では辞書に出ていない場合があるということです。以下の **082-086** の下線部は動詞ですが、原形ではありません。

**079** He is <u>coming</u> soon. (彼はすぐに来ます)

**080** I <u>ate</u> chicken for dinner. (ディナーにチキンを食べた)

**081** Jeff <u>walks</u> to school. (ジェフは徒歩で通学しています)

**082** It <u>rained</u> hard yesterday. (昨日は激しく雨が降った)

**083** Miki <u>played</u> the piano very well. (美紀はとても上手にピアノを弾いた)

この辞典では **079** や **080** の下線部の語は見出し語になっていますから、そのまま引けます。見出し語 coming は「動→come.」と表示されていますから、come を引き直せばよいわけです。**080** の ate は「動→eat.」となっています。eat の意味がわからない場合は eat の項を引けばわかります。つまり原形が -e で終わる重要な動詞に -ing の付いた形 (come＋ing = coming) や eat, ate, eaten のような不規則動詞の場合、原形、過去形、過去分詞形はそれぞれ独立した見出し語になっています。

問題なのは、**081-083** までの walks, rained, played などです。このままの形では辞典の見出し語になっていません。ですから、原形を思い出す必要があります。順に原形は walk, rain, play のようになります。変化形の元の形が復元できると自由に英和辞典が引けるようになります。次にいくつかの品詞のさまざまな変化形の作り方や例外を見ていきましょう。

### 1. 名詞編（単数形と複数形）

複数形になるときに規則変化する名詞と不規則変化する名詞があります。

まず、規則変化のルールと例外を見ていきます。

(1) ふつうは -s を付ける。

例: school→schools, book→books, dog→dogs

(2) つづりが「子音字＋y」で終わるものは、y を i に変えて -es を付ける。

例: city→cities, lady→ladies

ただし、「母音字＋y」で終わるものはそのまま -s を付ける。

例: way→ways, boy→boys ［注: 母音(ぼいん)字とは a, e, i, o, u のことで、子音(しいん)字とは母音字以外の字のことです］

(3) つづりが「子音字＋o」で終わるものは -s または -es を付ける。［注: tomato の項の Q&A を参照してください］

例: hero→heroes, photo→photos

(4) つづりが -f, -fe で終わるものは -ves とるか、単に -s を付ける。［注: leaf の項の Q&A を参照してください］

例: knife→knives, leaf→leaves, roof→roofs (屋根), safe→safes (金庫)

(5) つづりが -x, -s, -sh, -ch ［注: /ʧ チ/ となる場合］

例: box→boxes, lens→lenses, dish→dishes church→churches

〈例外〉 stomach→stomachs (胃) ［注: 語尾が -ch でも /k ク/ となる -ch は -s を付ける〕

この辞典では、不規則変化する場合は原則的に複数形も見出し語になっていますから、どちらからでも引けます。各ペアの矢印の前が単数形で後が複数形です。

例 foot→feet (足), goose→geese (ガチョウ), mouse→mice (ネズミ), datum→data (資料), phenomenon→phenomena（現象）

詳しくは「不規則変化名詞表」を見てください。

## 2．代名詞編

格(ｶｸ)が変化します。格とは，英語では主格（主語の時のかたち），所有格（「私の…」のようなかたち），目的格（動詞の目的語になる時のかたち）を言います。また，1語で「…のもの」を表すかたちもあります。

| 主格 | 所有格 | 目的格 | …のもの |
|---|---|---|---|
| I（私） | my | me | mine |
| you（あなた） | your | you | yours |
| he（彼） | his | him | his |
| she（彼女） | her | her | hers |
| it（それ） | its | it | なし |
| we（私たち） | our | us | ours |
| you（あなた方） | your | you | yours |
| they（彼ら） | their | them | theirs |

042 I love you. の主語（I）と目的語（you）を単純に入れ替えてみます。すると ˟You love I. となりますが，実はこれは英語ではありません。代名詞の場合，主語は主格，目的語は目的格の形に変えなくてはなりません。表から確認していくと，「あなた」の主格と目的格は同形で you です。一方，「私」の場合，主格は I ですが，目的格は me です。ですから，「あなたは私を愛している」は You love me. となります。では「彼女は彼を愛している」はどうなるでしょうか。She loves him. となります［loves の -s は三人称単数現在形といいます。詳しくは［5］さまざまな変化形の 3．動詞編 (2) 三人称単数現在形を見てください］。そして，「彼は彼女を愛している」は He loves her. となります。

ところで，名詞には代名詞のような格による語形変化はありません。My father loves my mother. My mother loves my father. の mother と father は，主語になっても目的語になっても形は変わらないのです。

## 3．動詞編

**(1) 5 つの変化形**

英語の動詞の変化形は全部で 5 つあります。原形，三人称単数現在形，過去形，過去分詞形，現在分詞形（-ing 形）です。

動詞には規則変化をするものと不規則変化をするものがあります。規則変化は，次のようになるのが基本です。

原形，三人称単数現在形（-s をつける），過去形（-ed をつける），過去分詞形（-ed をつける），現在分詞形（-ing をつける）

不規則変化（これはふつう過去形と過去分詞形について起こります）する動詞は，この辞書では変化形も見出しになっていますからそのまま引けます。たとえば take（原形）の過去形 took，過去分詞形 taken です。

また，原形から過去形や過去分詞形を調べたいときは，本文の見出しのところにも載っていますし，巻末の「不規則動詞活用表」で調べることもできます。「不規則動詞活用表」に載っていない語は規則変化をする動詞ということになりますから，-ed または -d（→ (2)）を付けたものが過去形・過去分詞形ということになります。

では，次に規則変化する動詞の規則や例外を見ていきましょう。

**(2) 三人称単数現在形**

-s または -es を付ける。付け方は 1．名詞編の規則変化の複数形の作り方 (1)–(4) と同じです。ただし次のような特別な形をとるものがあるので注意が必要です。be→is, have→has（do→does（発音が特別））

次に，三人称単数現在を少し説明します。

002 Miki likes cats.（美紀はネコが好きだ）の文で Miki は人名です。何人でしょうか？ 1人ですね。ですから，①**単数**です。Miki を英語の代名詞で置き換えたら何になるでしょう？ Miki は単数ですから，we, you（あなた方），they にはなりませんね。可能性は I, you（あなた），he, she, it ですね。また，英語では，話をしている自分自身が一人称，自分が対話している相手が二人称，話題になっている対象が三人称となります。この一から三は人数を表しているわけではなくて，自分（一人称）が自分に一番近く，数字が二，三となるにしたがって自分から遠くなるということを表しています。すると，Miki は私（一人称）でも二人称（二人称）でもありません。あなたでもなく，あなたが話している相手でもなくて，話題になっている人物ということです。つまり②**三人称**ということです。すると，代名詞の可能性が he, she, it まで絞られてきました。Miki は日本語では普通は女性に付けられる名前ですから性別は女性，つまり Miki を代名詞 she で表されます。つまり三人称です。また，002 の文は和訳から明らかなように，③**現在**の意味です。②+①+③ と要素を足すと，002 の動詞 likes の -s は三人称単数現在（形）の s となります。短く三単現(ｻﾝﾀﾝｹﾞﾝ)の s と言われることもあります。

**(3) 規則動詞の過去形・過去分詞形**

a) 原形に -ed を付ける。ただし，原形が -e で終わる動詞には -d を付ける。

　例：open→opened, call→called, like→liked, move→moved

b) 原形が「子音字+y」で終わる動詞は y を i に変えて -ed を付ける。

　例：dry→dried, study→studied

ただし，「母音字+y」で終わるものはそのまま -ed を付ける。

　例：play→played［注：子音字，母音字の解説は「1．名詞編 (2)」を参考にしてください］

c) ① 「短母音+子音字 1 つ」で終わる 1 音節の動詞は語尾の子音字を重ねて -ed を付ける。

② 2 音節以上の動詞で「アクセントのある短母音+子音字 1 つ」で終わる動詞も同様に子音字を重ねて -ed を付ける。

　例：① stop→stopped, beg→begged

　　　② prefer→preferred, permit→permitted

［注：2 音節以上の動詞は，見出しとしては pre･fer, per･mit, のように音節の区切りに点を付けてわかち書きしてあります］

また，例外として travel のように traveled, travelled のように過去形・過去分詞形が 2 種類ずつある語もあります。

d) -c で終わる動詞は，k を加えて -ed を付ける。

　例：picnic→picnicked, traffic→trafficked

この例のように，なぜつづりに k を付け加えるのだろうと疑問に思ったら，ぜひこの辞典で traffic を引いてみてください。[Q&A]欄でその理由が説明されています。[Q&A]は，英語や英米文化等について高校生が持つ疑問を取り上げています。ぜひ拾い読みしてください。

(4) -ing 形
a) 原形に -ing を付ける
　例: teach→teaching, sell→selling
b) -e で終わるものは e を取り除いて -ing を付ける
　例: come→coming, write→writing
　特別な形: lie（横たわる，うそをつく）→ lying, die（死ぬ）→dying, dye（染める）→dyeing, see→seeing
c) 「アクセントのある短母音＋子音字1つ」で終わる動詞は，1音節であっても2音節以上であっても語尾の子音字を重ねて -ing を付ける。[注: (3) 規則動詞の過去形・過去分詞形の説明 c）を参照してください]
　例: ① stop→stopping, swim→swimming
　　　② permit→permitting, refer→referring
　例外として，travel のように traveling, travelling のように2種類の -ing 形がある場合もあります。
d) -c で終わる動詞は，k を加えて -ing を付ける。
　例: picnic→picnicking

### 4．形容詞・副詞編

この辞典で単語を引いてその語が形容詞や副詞だったら，比較変化をちらっと見ておきましょう。そうすることで，その単語が -er, -est 型なのか more, most 型なのかわかります [注: この辞典の more ではこの2つの型の見分け方と分類を示してあります]。また，-er, -est 型の場合で変化形の語形がわかりにくいものは，つづりがその形で出ていますから，わかりやすくなっています。以下で実例を見てみます。

　例: fast, faster, fastest; large, larger, largest;
　　　big, bigger, biggest; thin, thinner, thinnest;
　　　easy, easier, easiest; famous, more famous, most famous; beautiful, more beautiful, most beautiful

なかには以下の例のように -er, est 型と more, most 型の2つの形をとるタイプもあります。

　例: common, more common, most common
　　　（まれ）common, commoner, commonest

### 5．文中の位置と役割

英語では，同じ語形が異なる品詞，たとえば次の例のように動詞と名詞で使われる場合があります。以下の2つの命令文を比較してください。

**084** Please mop the floor.（床にモップをかけてください）

**085** Don't use this dirty mop.（この汚いモップは使わないこと）

下線部は同じ語で同じ語形ですが，084 は「モップをかける」という動詞で，085 は「モップ」というものを表す名詞です。このように，英語は文中の位置によって，同じ語形でも語の役割が変わってきます。

## [ 6 ] 他動詞と自動詞

ほとんどの動詞が他動詞と自動詞の両方の意味を持っています。この辞典で 動 の記号がついている語を見てください。他，自と両方出ている場合がとても多いのです。例外としては，たとえば「横たわる，横になる」という意味の lie は 自 の記号だけですから，自動詞だけですね。

用語の説明をします。自動詞とは「自（みずか）ら動く詞（ことば）」ということです。それに対して他動詞とは「他を動かす詞（ことば）」という意味です。動 を使って例文を作ってみます。

**086** The door opened.（ドアが開いた）

**087** Miki opened the door.（美紀はドアを開けた）

086 の下線部が自動詞です。087 の下線部が他動詞です。詳しく意味を見ると 086 は「ドアが（自ら）開く」，087 は「美紀が他（＝ドア）に働きかけて開ける」ということになります。この辞典では，open の意味は 自 では「開く」，他 では「…を開ける」というふうに違いがわかりやすく書かれています。

また，**087** の the door は 他 opened の目的語になっています。「…を開ける」の「…」のところには目的語が入ります。つまり他動詞には必ず目的語が付くということです。それに対して 086 のような自動詞の場合は目的語が付きません。しかしながら，086 の文のようにいつも動詞の後に単語がこないわけではありません。たとえば，The door opened suddenly.（ドアは突然開いた）のようにもなります。でも，suddenly は目的語ではありません。目的語になれる語は品詞で表すと名詞と代名詞，それから名詞句，名詞節 [注: [4] 節・句を参照] です。suddenly は副詞です。それから **046** He lives in Tokyo. の in Tokyo は場所を表す副詞句でしたね。ですから，in Tokyo も目的語ではありません。

以下に4つの例文をあげます。自動詞（目的語がつかない），他動詞（目的語がつく）の違いを，日本語の意味と比較しながら確認してください。

**088** The sun rises in the east.（太陽は東から昇る）

**089** Raise your hand if you have any question.（質問があれば手を挙げなさい）

**090** He walks in the park every morning.（彼は毎朝公園を散歩する）

**091** He walks his dog every morning.（彼は毎朝犬を散歩させる）

自動詞は **088** の rises「…が上がる，昇る」，**090** の walks「…が散歩する」です。**088** の in the east は方向を表す副詞句で目的語ではありません。また **090** の in the park（公園のなかで[を]）は場所を表す副詞句，every morning も時間を表す副詞句で，どちらも目的語ではありません。

それに対して他動詞は **089** の raise「…を上げる」と **091** の walks「…を散歩させる」です。また，089 の your hand, 091 の his dog は名詞句ですから目的語です。このように目的語が1つの場合，この辞典では，[raise A], [walk A] のようにわかりやすく表示してあります。A のところが目的語ですから，ここに名詞，代名詞などを入れれば，ねらっている文を作ることができるということです。この辞典は英語に対する日

本語の意味を見つけるだけでなく，英語で表したい時，どんなふうにその英単語を並べるかということもわかるように作られています。

また，この辞典では自動詞・他動詞の関係を以下のようにわかりやすく図で示しています。

─ 他と自の関係 ─
他 **1**　open A　Aを開ける
自 **1**　A open　Aが開く

## [ 7 ]　CとU

この記号は名の後についています。Cはcountableという英単語の頭文字を表しています。countは「数える」，ableは「…できる」という意味ですから，countableは「数えられる」という意味になります。文法用語では可算名詞といいます。UはuncountableのUを表しています。単語の先頭に付くun-は，happy（幸せ）に対するunhappy（不幸せな）のように「…ではない」という意味を表します。ですから，uncountableは「数えられない」ということを表します。文法用語では不可算名詞といいます。英語では，ある語を名詞として扱うとき，数えられるか，数えられないかを示し，さらに，数えられる場合は，1つか2つ以上かをはっきり表さなくてはなりません。そのため，この辞典では名詞の語義にはCやUを付けてどう使ったらいいかを示しています。以下に例文を使ってCとUの例を見てみます。

013　Can you play the <u>piano</u>?
014　Do you like working for other <u>people</u>?
006　Miki does not like <u>cats</u>.
007　I have never seen a <u>UFO</u>.
009　I have no <u>money</u> on me now.
031　What a pretty <u>flower</u> this is!
033　What pretty <u>flowers</u> they are!
044　Jeff is a high school <u>student</u>.
071　My <u>hobby</u> is collecting <u>stamps</u>.
077　This <u>homework</u> is difficult for me.
080　I ate <u>chicken</u> for dinner.

直線の下線部の語がCです。波線の下線部の語がUです。日本語では，特に区別する場合以外は名詞が単数か複数かはあまり気にしませんが，英語は常にはっきりさせなくてはなりません。071の文は「私の趣味は切手収集です」という意味で，日本語でならば数（⅓）についてははっきり表す必要がありませんし，この場合だと，はっきり表すとかえって変になってしまいます。ところが英語では，この場合hobbyが1つであること（単数），集める切手stampsは2つ以上であること（複数）をはっきり表さなくてはなりません。また，趣味が2つならMy hobbies are collecting stamps and reading.（私の趣味は切手収集と読書です）のようにしなくてはなりません。それから，複数形は006のcats（ネコ）のように -s や -es を付けるタイプの他に014のpeople（人々）のように -s を付けなくても複数形として扱われるCもあります。

やっかいなのは日本語の常識が英語に通用しない場合がかなりあることです。たとえば日本語では「お金」は数えられるものと考えられますが，英語のmoneyはUで，数えられない名詞とされます。同様に日本語の「家具」は数えられますが，英語のfurnitureはUです。ただし，moneyの関連語coin（硬貨）やnote, bill（紙幣）はCです。同様にfurnitureの関連語chair（イス），table（テーブル），bed（ベッド）はCです。

では「宿題」の意味のhomeworkはC，Uどちらだと思いますか？　実はUです。数えられません。では「先生は宿題を2つ出した」という場合，英語ではどう表すでしょうか？　こんなふうにします。The teacher gave us two pieces of homework.　または「宿題・課題」の意味でC名詞のassignmentを使ってThe teacher gave us two assignments.とすることもできます。この辞典では，名詞のCとUの大事な使い分け情報も見やすい形で，たとえばhomeworkの項では次のように示しています。

CとU　homework U
　　　　　assignment C

「水」の意味のwaterも数えられませんから，Uです。では数えるときはどうするのでしょうか？　こういう液体の場合は，入れ物で数えます。「グラス1杯の水」a glass of water,「ボトル2本の水」two bottles of waterのようになります。では「チョーク」はどうでしょうか？　日本語では「チョーク1本」「2本のチョーク」と言えますが，英語では *a chalk, *two chalks とはふつう言いません。a piece of chalk, two pieces of chalk と言います。チョークはもともと粉状のもので「量」で表されるようなものなのです。はっきりした形でとらえにくい，もしくは原形を失っているものは「量」でとらえるのです。そのため数えるとき，単位化する必要から，はっきり形があるものに置き換えて（たとえばpiece, glass, bottle）「数」で扱えるものとしているのです。

おもしろいことにappleは，果実そのものはCですから以下の092のようになりますが，原形を失って果肉を指す場合はUとなり，093のようになります。

092　I ate an apple for lunch.（昼食にリンゴを（1個）食べた）

093　Put more apple into this salad.（このサラダにもっとリンゴを入れて）［注：この場合はスライス状あるいはサイコロ状などになっているリンゴのかけらを指すので，「量」を表すものになっています］

080のchickenも同様で，ひよこの意味ではC，とり肉の意味ではUです。

また，以下のように1つの語が意味によってC，Uに分かれていたり，派生語・関連語がC，Uに分かれているものも，この辞典ではわかりやすく図示しています。

work　仕事U／作品C
poem（1編の詩）C／poetry（文学としての詩歌）U
複数を表すには以下のようにします。
Cなら名詞をそのまま複数形にできます。

two machines, two poems
Uは複数形にできないのでpiece(pieces)を付け加えます。
a piece of machinery, two pieces of poetry

## [8] 集合名詞

集合名詞とは、いくつかの同じ種類のものが集まってできているものをさす名詞のことで、性質の違いで以下の4つに分類できます。
(1) 単数・複数両方の扱いをするタイプ
(2) 語形は単数で単数扱いするタイプ
(3) 語形は単数だが複数扱いするタイプ
(4) その他

(1)は family (家族) が代表例です。

**094** My family is large. (うちは大家族です) [単数形で単数扱い (動詞が is になっている)]

**095** My family like this new house. (家族は(全員)この新居が入っています) [単数形で複数扱い。動詞 like が likes になっていません]

**096** Six families live in this appartment building. (6世帯がこのアパートに住んでいます。) [注: この場合は Ⓒ 名詞です]

(2)は furniture が代表例です。

**097** There is a lot of furniture in his room. (彼の部屋には家具が多い) [注: ˣThere are a lot of furnitures in his room. とはいわない]

(3)は police (警察), cattle (牛) が代表例です。

**098** The police are looking into the matter. (警察はその事件を捜査中だ) [the police は警察の集合体としての警察を表す。個々の警官には a police officer, a policeman, a policewoman を使う]

**099** The cattle are dying because they had no water. (水がなかったので牛の群は次々に死んでいる) [注: ˣa cattle, ˣten cattles とはいわず, a head of cattle, ten head of cattle という]

(4)その他としては people があります。

**100** Do you think Americans are a hard-working people? (アメリカ人は勤勉な国民だと思いますか) [注: この people は 名詞で単数形の例。「国民, 民族」の意味。次例は複数形の例]

**101** There are many different peoples in the world. (世界には多くの異なる民族がいる)

**102** How many people are there in your family? (ご家族は何人ですか) [注: この people は「人々」の意味で常に複数扱い]

この辞典では、图の中でこのような性質を持っている語は [集合名詞] [集合名詞的に] などと明示してあります。

## [9] [名詞の前で][補語として]

この辞典では形容詞の修飾の用法を大きく2つに分けて表示しています。その記号はア) [名詞の前で], イ) [補語として] です。

以下の例文で, 103 の new は, 名詞 car の前にあるのでア) の用法です。

104 の new, 105 と 106 の happy は補語になっているので, イ) の用法です。つまり, 105 では, the work=new (仕事が新しい), 106 では them=happy (彼らは幸せだ), 106 では You = happy (あなたは幸せだ) のように形容詞が主語や目的語を説明している関係になっています。[注: 補語についての詳しい解説は [3] の 4.補語, 7.目的語と補語がある場合を参照]

**103** My father has bought a new car. (父は新車を買った)

**104** I am new to the work. (その仕事に慣れていない)

**105** The news made them happy. (彼らはその知らせを聞いて驚いた)

**106** You look happy today. (今日は君は楽しそうだね)

多くの形容詞が, [名詞の前で] と [補語として] の2つの用法で使えます。例文中の new も happy も両方の用法で使えます。しかし, 形容詞の中には, 1つの用法だけでしか使えなかったり, 2つの用法で使えても意味が異なる場合もあります。分類してみましょう。

### 1. [名詞の前で] のみに用いられる形容詞
例: elder, former, live/láiv ライヴ, mere, main, only など。

**107** This is our main office. (ここが本社です) [注: ˣThis office is main.]

### 2. [補語として] のみに用いられる形容詞
例: afraid, alive, alone, asleep, glad, unable, well
**108** The tired boy is fast asleep. (疲れた少年はぐっすり眠っている) [注: ˣan asleep boy とはいわず, a sleeping boy, a boy (who is) asleep などという]

### 3. [名詞の前で] と [補語として] の用法で意味が異なる形容詞

次の 109 と 111 は [名詞の前で] の用法, 110 と 112 が [補語として] の用法です。意味の違いを確認してください。
**109** This is my present address. (これが私の現在の住所です)

**110** We were all present at her wedding. (私たちは全員彼女の結婚式に出席していました)

**111** The late Mr. Smith was an engineer. (亡くなったスミス氏はエンジニアでした)

**112** I was late for school this morning. (今朝学校に遅刻しました)
[注: 文法書では, 上の [名詞の前で] の用法を限定用法, [補語として] の用法を叙述用法と呼んでいます]

### 4. 2語以上の語が名詞を修飾する場合

短い単語の連なりの場合は、英語も日本語も同じように前から修飾します。

例: 英語 : two old dogs

日本語: 2匹の 老犬

しかし修飾する部分が長めの場合, 英語と日本語では, 語順が以下の例のように正反対になります。英語では, たとえば074では on the desk が後ろから The dictionary を修飾しています。これに対してふつう日本語では, 長短にかかわらず前から修飾します。

**062** The man who lives next door to me is a doctor.　　［形容詞節］

私の隣に住んでいる 男の人は医者です。

**063** This is the house where I was born.　［形容詞節］

これが私の生まれた 家です。

**074** The dictionary on the desk is mine.　［形容詞句］

机の上の 辞書は私のです。

**113** This is a mountain famous for its scenery.　［形容詞句］

これが景観で有名な 山です。

［注: 113 は This is a mountain which is famous for its scenery. の which is が省略された文だと考えることもできます］

# 文法用語解説

太字の用語はこの「文法用語解説」で見出し語となっている。

## 〈あ〉

**一人称** 話し手本人のこと。I, we で表す。

**一致** (1)動詞の形を,主語の人称と数(する)に合わせること：[三単現]He is a baseball player.(彼は野球選手です。)／[複数]The girls are baton twirlers.(彼女たちはバトンガールです。) (2)時制を合わせること：He said, "I'll be back in five minutes."(「5分したら戻ります」と彼は言った)を言いかえると He said he would be back in five minutes. となる。過去形の said に合わせて will も過去形の would になることを「時制の一致」という。時制が一致しない場合 ☞teach [Q&A]。

**一般動詞** be 動詞以外の動詞すべてを一般動詞と呼ぶ。疑問文・否定文を作るとき do, does, did の助けを借りる。

**移動動詞** 動作動詞のうち ski(スキーをする)のように移動しながらまたは場所を移して行なう意味をもつ動詞。go + -ing の形でよく用いる。☞go [自] **2** [語法]。

**意味上の主語** 「文法上の主語」に対する用語。She likes sitting by the window.(彼女は窓辺に座っているのが好きだ)の she は動詞 likes の文法上の主語であり,さらに sitting の意味の上からも主語である。また This problem is easy for *me* to solve.(その問題は私には解くのが簡単だ)の文では不定詞 to solve の主語は me である。このように動名詞や不定詞の主語に当たるものを意味上の主語と呼ぶ。☞ for [前] **15**, my [代] **1b**, to Ⅵ [語法](3)。

**意味上の目的語** 「文法上の目的語」に対する用語。solve the problem(その問題を解く)では the problem は他動詞 solve の文法上の目的語である。これを The problem is easy to solve.(その問題は解くのが簡単だ。)の文で使うと The problem は文の主語だが,同時に他動詞 solve の目的語にもなっている。このような目的語を意味上の目的語と呼ぶ。

**受身形** 「…される」「…されている」のように行為・動作を受ける人・物を主語にすると動詞はbe動詞+過去分詞になる。☞be [助] **4**。

## 〈か〉

**外来形容詞** もともと英語ではなくラテン語などの外国語から入ってきて現在,形容詞としてふつうに使われている語：solar(太陽の)を sun(太陽)の外来形容詞と呼ぶ。

**格** 名詞と代名詞が文中でどんな役割をしているかを明示するときの呼び名。主語に使われたら主格,目的語に使われたら目的格,補語に使われたら補語格,名詞の前に使われたら所有格という。関係代名詞にも主格,目的格,所有格,補語格がある。☞that³ [代] **1**。

**過去完了** had+過去分詞の形で,過去のある時点より以前のことを表す。☞have [助] **2**。

**過去分詞** 規則動詞の過去分詞は ed を付けて作る。不規則動詞の過去分詞は本辞典 p.1763〜 に載っている。用法は, (1) be動詞+過去分詞で受身形(…される)を作る。(2) have+過去分詞で完了形(…したところだ)を作る。(3) 多くの過去分詞は形容詞と同じように名詞を修飾する：a broken car(こわされた車)。

**可算名詞** 1つ1つと数えられる名詞。本辞典では[C]と表示している。[C]と表示されている名詞は,1つであれば a, an, the, this, my などをつけて a book, that book などとしなければならない。何もつけず *book ということはできない。2つ以上の場合は必ず複数形にして,many books, his books などとなる。

**仮定法** 事実ではないことを「もし…ならば,…だろうに」と仮定する言い方。☞法

**仮定法過去** 現在の事実の逆を仮定したり,未来に起こり得ないことを言う。動詞に過去形を使うので「仮定法過去」と呼ぶ：If he *tried* hard, he *would* succeed. (一生懸命やれば彼は成功するだろうに)。☞ if [接] **1b**, would [助] **6a**。

**仮定法過去完了** 過去の事実の逆を仮定して言う。動詞に過去完了形 (had+過去分詞) を使うので「仮定法過去完了」と呼ぶ：If I *had known* her address, I *would have written* to her.(彼女の住所を知っていたら,手紙を出したのだが)。☞if [接] **1c**, would [助] **6b**。

**仮定法現在** that節の中でいつも動詞の原形を使う言い方。(例) They suggested that she *remain* here until next week. (彼女は来週までここにとどまるようにと彼らは提案した)。動詞の原形を使うので she なのに s を付けず remain とする。これは主に米国用法。英国用法では They suggested that she *should* remain here until next week. のように should を用いる。本辞典ではこのような場合《◆should を用いるのは主に〈英〉》とか《◆that 節内の動詞の原形を用いる》あるいは,They suggested that she ((英)*should*) remain here until next week. などと表示してある。☞be [動][自] **4**。

**関係詞** 関係代名詞と関係副詞のこと。

**関係代名詞** 名詞の後ろに付けてその説明を始める語。前の名詞が人を表す場合は who, whose, whom, 人以外を表す場合は which, 人・物どちらにも使えるのが that, 名詞を含んでいるのが what である。☞that³ [代] **1**, what [代] **2**, who [代] **3**, whose [代] **3**, **4**。

**関係副詞** 名詞の後ろに付けてその説明を始める語。時を表す場合は when, 場所を表す場合は where, 理由を表

す場合は why を用いる。☞when [副] **2a**, **b**, where [副] **3**, **4**, why [副] **5**。

**冠詞**　a, an, the の 3 つがある。a, an を**不定冠詞**と呼び, the を**定冠詞**と呼ぶ。☞a, an, the

**間接疑問文**　疑問詞＋主語＋動詞の語順で, 主語, 補語, 目的語に使われる：I don't know *where* he lives.（彼がどこに住んでいるのか私は知らない)。本辞典では **wh節**と表示している。

**間接目的語**　授与動詞＋**A**＋**B**（**A**に**B**を与える）の**A**のこと。☞buy [動][他] **1**, give [動][他]。

**間接話法**　人の言ったことをそのまま伝えずに自分のことばで言い替えて伝える言い方。

**感嘆文**　☞「文法のてびき」[ 1 ]文の種類 4.感嘆文。

**間投詞**　oh とか well などの驚き・喜びなどを表す語。

**完了形**＝**完了時制**　動詞が have 動詞＋**過去分詞**の形を完了形と言う。**現在完了形**, **過去完了形**, **未来完了形**がある。☞have [助] **1**, **2**, **3**。

**基数詞**　one, two, three など。

**疑問詞**　**疑問代名詞**と**疑問副詞**がある。本辞典では疑問代名詞と疑問副詞をまとめて wh 語と表示している。

**疑問代名詞**　what, which, who, whose, whomがある。

**疑問文**　文末に ?（クエスチョンマーク）が付いている文。疑問詞のある疑問文, 疑問詞のない疑問文, 直接疑問文, 間接疑問文がある。☞「文法のてびき」[ 1 ]文の種類 2.疑問文。

**疑問副詞**　when, where, why, how の 4 つがある。

**強調構文**　It is＋強調される部分＋that .... で「…するのは…だ」を表す文。☞that² [接] **6**, that³ [代] **3**。

**句**　2 語以上のまとまりで, **接続詞**＋**主語**＋**動詞**がないもの。

**形式主語**　*It* is a great pleasure to be here.（ここにいるのはとても楽しい）の文で it の内容は to be here である。このように主語＋動詞がすぐ発見できるように先に it を立てて具体的な内容を後ろに置くことがよくある。この it を形式主語と呼ぶ。☞it **4a**–**g**。

**形式目的語**　I find *it* a great pleasure to be here.（ここにいるのはとても楽しいと思います）の文で it の内容は to be here である。このように先にわかりやすく it を立てて具体的な内容を後ろに置くことがよくある。この it を形式目的語と呼ぶ。☞it **6a**–**d**, that² [接] **1a**の最終例。

**形容詞**　2 つの用法がある。(1) **名詞**の前に置いて名詞を修飾する：a *happy* prince（幸せな王子）本辞典ではこれを［名詞の前で］と表示している。(2) 動詞のあとに置いて補語になる：The prince was *happy*.（王子は幸せであった）本辞典ではこれを［補語として］と表示している。

**形容詞句**　名詞を説明する 2 語以上のまとまり：a book *easy to read*（簡単に読める本）などがある。

**形容詞節**　前の**名詞**を説明する主語と動詞をもつ 2 語以上のまとまり。**関係代名詞**の作る節と同じ。

**原級**　比較を表す方法の 1 つ。rich–richer–richest の rich。

**原形**　→**動詞の原形**。

**現在完了**　have＋**過去分詞**の形。過去のことが現在とどうつながっているかを表す。☞have [助] **1**。

**現在形**　＝**現在時制**　現在の状態や動作を表す。

**現在単純時制**　**現在形**で, **進行形**でもなく**完了形**でもない動詞の形。現在の事実, 習慣, 状態などを表す。☞here [副] **1** [語法] (4)。

**現在分詞**　動詞の -ing 形のこと。(1) **be動詞**＋doing（…しているところだ）で進行形を作る。(2) 名詞を修飾説明する形容詞としても使う：a sleeping baby（眠っている赤ん坊)。

**肯定文**　「…である」「…する」と認める文。

**呼応**　(1) **一致**の(1)と同じ。(2) **名詞**の複数形は代名詞の they, their, them で, 単数形は代名詞 it などで受けること。

**固有名詞**　人の名前, 物の名前。最初の 1 字を大文字で書く。ふつう**冠詞**をつけないし, 複数形にもしない。

〈さ〉

**再帰代名詞**　oneself のこと。主語の人称, 数に対応して yourself, hereself, themselves などの形をとる。目的語に使うのが再帰用法, 意味を強めるのに使うのが強調用法。

**三単現(の s)**　主語が三人称で単数（he, the book, it など）のとき, 動詞の現在形に s を付けること。

**三人称**　2 人が話しているとき話の話題に上る人・物。代名詞は he, she, it, they。

**使役動詞**　have, let, make などがあり, make [have, let] ＋**A**＋動詞原形（**A**に…させる）の形で用いる。☞to **VI** [語法] (4)。

**指示代名詞**　this, that, it, these, those, they のこと。

**時制**　動詞が表す「時」のこと。「形」ともいう。現在時制＝現在形, 過去時制＝過去形, 未来時制＝未来形, 完了時制＝完了形の 4 つがある。

**時制の一致**　☞**一致**。

**自動詞**　目的語をとらない動詞。**be動詞**, go など。ふつう受身形にできない。

**集合名詞**　family のように人・物の集まりを表す名詞。1 つの団体と考えれば単数扱いにし, ひとりひとりを思い浮かべれば複数扱いにする。☞village [名] **3**。

**修飾語(句)**　名詞に付ける形容詞, 形容詞・副詞に付ける副詞のこと。☞world **4**。

**従節**＝**従属節**　☞「文法のてびき」[ 4 ]節と句 1.節。

**主格**　主語のこと。

**主格補語**　**自動詞**のあとに来る補語のことで, 主語＝補語の関係にある。本辞典では C で表示している。補語には主に名詞, 代名詞, 形容詞, 前置詞＋名詞が用いられる：The street is *busy* on Sundays.（その通りは日曜日は車の往来が多い）[the street＝busy] ／ He became *a teacher*.（彼は先生になった）[he＝a teacher]。

**主語**　英語では, **命令文**を除いて必ず主語と**動詞**がある。主語になるのは**名詞**, **名詞節**, **名詞句**, **wh 節・句**, **代名詞**, **動名詞**, **不定詞**などがある。

**主節**　主語＋動詞が 2 組あるとき, その文の主語＋動詞が

ある方のまとまりを主節という。When he arrived at the door, *he opened it quietly.* (ドアのところへ着くと, 彼は静かにドアを開けた)。接続詞のついている方を**従節**と呼ぶ。

**受動態** →受身形。

**授与動詞** 〈give+人+物〉は「人に物を与える」の意味を表す。このような形で用いられる動詞をいう。〈give+物+to+人〉の語順でも表せるのが特徴。人と物を入れ替えると 〈buy+人+物〉=〈buy+物+for+人〉のようにfor を使うものもある。☞ **give 動 他 1.**

**準動詞** 不定詞・動名詞・分詞をまとめて準動詞と呼ぶ。

**準否定語** 純然たる否定語ではないが否定の意味をもつ hardly (ほとんど…ない), scarcely (ほとんど…ない), rarely (めったに…ない), seldom (めったに…ない) など。

**状態動詞** like (好きである), know (知っている) のように始まりと終わりがはっきりしないで今どういう状態にあるかを述べる動詞。進行形にしない。

**序数詞** first, second, third など順序を表す語。ふつう the を付ける。

**助動詞** can, may, must, will, shall, should など。疑問文では文頭に出し, 否定文では not を後ろに置く。三単現の s はつけない。

**所有格** 代名詞では my, our, your, his, her, their, its, whose がある。名詞は my father's car (父の車) のようにアポストロフィー s('s) で表す。☞ **apostrophe** 〈◆ [用法] (2)〉。

**進行形** be動詞+doing の形。動作動詞の進行中の行為を表す。状態動詞は進行形にできない。

**真主語** 形式主語の it のあとに置く。**不定詞, 動名詞, that 節, wh 節**を用いる。☞ **形式主語**

**真目的語** 形式目的語の it のあとに置く。**to 不定詞, 動名詞, that 節, wh 節**を用いる。☞ **形式目的語**

**数 ($\frac{\text{ry}}{\text{y}}$)** 単数と複数がある。(1) ⓒ名詞は単数か複数かのどちらかで用いる。(2) ⓤ名詞はいつも単数扱い。(3) 動詞では**三単現**の s が重要。

**成句** いわゆる熟語, イディオムのこと。本辞典では各単語の品詞別の最後に太字斜字体でまとめてある。

**制限用法** 関係代名詞, 関係副詞の用法の1つ。前の名詞を限定する用法。関係詞の前にコンマを打たない。☞**which 代 3, who 代 3a**。

**節** 2語以上のまとまりで, **接続詞+主語+動詞**があるもの。

**接続詞** 文と文をつなぐ語。and, but, or は語(句)と語(句)もつなぐ。☞**and, because, but, if, when** など。

**先行詞** 関係詞によって修飾される名詞。☞**that³ 代 1** 語法。

**前置詞句** 前置詞+名詞のまとまりのこと。3つの使い方がある。(1) すぐ前の名詞を修飾:a book on the desk (机の上の本)。(2) 動詞を修飾:live in Kyoto (京都に住む)。(3) 補語になる:be in good health (健康である)。

**全(体)否定** 「全部…ない」のようにすべてを否定すること。We don't have any homework today. = We have no homework today. (きょうは宿題がありません) ☞**部分否定, 否定文, not 副 1a, 4a**。

〈た〉

**代名詞** 指示代名詞, 人称代名詞, 疑問代名詞, 不定代名詞, 関係代名詞がある。

**他動詞** 目的語をとる動詞。受身形にできるものが多い。

**単数(形)** ⓒ名詞の単数形には a, an を付ける。主語が三人称で単数のとき動詞の現在形は s を付ける。

**知覚動詞** 〈see+A+動詞の原形〉の語順で「Aが…するのを見る」の型と, 〈see+A+doing〉で「Aが…しているのを見る」の2つの型がある。hear, feel などがある。感覚動詞ともいう。☞**to Ⅵ 語法 (4)**。

**抽象名詞** luck (幸運), truth (真実) のように性質・状態などを表す名詞。ふつう a, an を付けない。

**直説法** →法。

**直接目的語** 授与動詞+A+B の B のこと。

**直接話法** 人の言葉をそのまま伝えること。日本語では「…」と忠告する, 「…」と叱る, など「…」を自由につけられるが, 英語では"……"が使えない動詞もある。本辞典では直接話法で使ってよい A, B ランクの他動詞には『「…」と言って尋ねる』のように書いてある。☞**tell 動 他 2.**

**定冠詞** the のこと。

**等位接続詞** ☞「文法のてびき」[4] 節と文 1. 節。

**同格** 「日本という国」では「日本」と「国」は同格の関係にある。この「という」の意味に当たる関係。☞**of 前 3, that² 接 1d, to 18b**。

**動作動詞** begin (始める) のように瞬間の動作を表すもの, write (書く) のように瞬間では終わらない動作を表すものがある。動作動詞を現在形で使うと I *walk* before breakfast. (私は朝食前に散歩をします), The sun *rises* in the east. (太陽は東から昇る) のように繰り返される習慣, 事実などを表す。

**動詞** 英語の文は主語+動詞の語順が普通 (☞「文法のてびき」[3] 2. (述語) 動詞)。☞**be 動詞, 一般動詞, 自動詞, 他動詞, 動作動詞, 状態動詞**。

**同族目的語** *laugh* a merry laugh (陽気な笑いを笑う) のように動詞とつづりの同じ名詞が目的語になること。live a happy life (幸せな生活を送る) なども含める。☞**smile 動 1 Q&A**

**動詞句** 動詞を中心語とする語句のまとまり。☞**so 副 6a**。

**動詞の原形** 動詞の基本形。たとえば go-goes-went -gone の go。is, am, are, was, were の原形は be。次の4つが主な使い方:(1) 命令文, (2) 助動詞や not のあと, (3) 不定詞:to のあと, (4) 知覚動詞[使役動詞]+A+動詞の原形。本辞典では一般動詞の動詞原形は do で代表させている。

**動名詞** 動詞の ing 形のこと。動詞から作った名詞だから, 名詞と同じ役割をする。意味は「…すること」。to 以外の前置詞のあとでは動詞の原形は使えないので必ず動名詞を使う。本辞典では doing で代表させている。

**倒置** 疑問文ではないのに, Never *have* I been to

Paris. (パリへは1度も行ったことがない) のように疑問文と同じ語順にすること。☞rarely, so 副 **8**。

**遠回し語** 日本語でも「便所」といわず「お手洗い」「トイレ」「(デパートなどの)化粧室」などのようにいう言い方。☞stout 形 **2**。

**独立用法** this, that や what, which などには2つの使い方がある。I like *this*. (これが好きです) と I like *this* racket. (このラケットが好きです)。前者のように単独で使うのが独立用法。後者のように名詞の前に置くのが形容詞用法。☞this III, IV, which 代 **1**。

### 〈な〉

**二人称** あなたが話をしている相手。you で表す。
**人称代名詞** 人を指す代名詞。[一人称] I, my, me, we, our, us, [二人称] you, your, you, [三人称] he, his, him, she, her, her, they, their, them がある。
**能動態** 主語+他動詞+目的語の文で「…を…する」の意味を表す。

### 〈は〉

**反語用法** 文字通りの意味とは逆の意味を表す用法。☞contrive 動 他 **3**。
**非制限用法** 関係代名詞、関係副詞の用法の1つ。関係詞の前にコンマを打つ。前の名詞に説明を加える用法。非限定用法、継続用法ともいう。☞which 代 **3b**, who 代 **3b**。
**否定(文)** 「…ではない、…しない」の意味を表す文。be 動詞では後ろに not を置く。**一般動詞**では do not, does not, did not, don't, doesn't, didn't を前に置く。
**比喩的** 文字通りの意味を表すのではなく、たとえていう言い方。☞taste 動 **4**。
**品詞** 8つの品詞がある。名詞、代名詞、動詞、形容詞、副詞、前置詞、接続詞、間投詞の8つ。
**頻度の副詞** 繰り返して起こる回数を表す副詞。never-sometimes-often-usually-always の順に頻度が高くなる。
**付加疑問** 文の最後に添える疑問文で、念を押したり、確認を求めるのに使う。肯定文には否定の付加疑問を添える:You know my email address, *don't you*? (私のメールアドレス知ってるよね)。否定文には肯定の付加疑問を添える:Naomi can't swim, *can she*? (ナオミは泳げないんだよね) (**命令文**の項参照)。☞tag question。
**不可算名詞** 1つ2つと数えられない**名詞**。本辞典では Ⓤ と表示している。Ⓤ と表示されている名詞は、数えられないので a, an, one を付けることはできない。また複数形にすることもできない。this, my, the などは付けることができる。Ⓤ 名詞には**抽象名詞**, **物質名詞**, **固有名詞**がある。
**副詞** 副詞は (1) 形容詞を修飾する:*very* fresh (とても新鮮な), *completely* new (まったく新しい)。(2) 動詞を修飾する:walk *quickly* (すばやく歩く)。(3) 副詞を修飾する:know him *very* well (彼をとてもよく知ってい

る)。
**副詞句** 主語+動詞を持たない2語以上のまとまりで、全体で動詞を修飾する。多くは前置詞+名詞:The car stopped *in front of the gate*. (車が門の前で止まった)。
**副詞節** 接続詞+主語+動詞を持つ3語以上のまとまりで、全体で動詞を修飾する:*When he arrived at the door*, he opened it quietly. (ドアのところへ着くと、彼は静かにドアを開けた)。従節と同じ。
**複数形** Ⓒ 名詞は2つ以上のときは複数形にする。
**複数名詞** 名詞の複数形と同じ意味で本辞典では使っている。☞group 名。
**付帯状況** 「…した状態で」「…しながら」という意味を表す言い方。☞with 前 **10a**。
**普通名詞** student (学生), bicycle (自転車), lion (ライオン), tree (木) など、目に見える一定の形をもった物・人を表す名詞。可算名詞である。
**物質名詞** iron (鉄), butter (バター), fire (火) など一定の形をもたない物質を表す名詞。**不可算名詞**である。
**不定冠詞** a, an のこと。
**不定詞** to 不定詞と原形不定詞の2つがあるが、本辞典では原形不定詞は**動詞の原形**と呼んでいる。したがって本辞典で不定詞という場合 to+動詞の原形を指し、to do で表示している。不定詞には次の3つの用法がある。
(1) 名詞的用法:**主語**, **補語**, **目的語**になる。☞to 前 **17**。
(2) 形容詞的用法:前にある名詞を修飾する。☞ to 前 **18**。
(3) 副詞的用法:前にある形容詞を修飾する。(ア) 動詞を修飾する。(イ) ☞to 前 **19**。
**不定詞句** 不定詞の作るまとまり。不定詞と同じ。
**不定代名詞** he (彼) のように特定の人や物を言うのではなく、one (ある一人), others (他の人たち), などのように不特定の人・物を指す代名詞。他には another, some, each, every, all, both, either, none, neither などがある。☞theirs 代 **2**。
**部分否定** 否定語 (not, no など) が特定の語句だけを否定すること。文の一部分を否定するのでこう呼ぶ。☞not 副 **1b**, **5**。
**文** 主語+動詞を備えた2語以上のまとまり。**平叙文**, **疑問文**, **命令文**, **感嘆文**の4つがある。4つとも大文字で書き始め、文の終わりに、平叙文と命令文はピリオド(.), 疑問文はクエスチョンマーク(?), 感嘆文はエクスクラメーションマーク(!)を付ける。
**文型** 動詞がとる型を大きく分けると5つになる。これを基本5文型と呼ぶ。
第1文型 [SV] Money talks. (金がものをいう)
第2文型 [SVC] John is a lawyer. (ジョンは弁護士です)
第3文型 [SVO] Bees collect honey. (ミツバチは花のみつを集める)
第4文型 [SVOO] He gave me some chocolate. (彼は私にチョコレートをくれた)
第5文型 [SVOC] We named the island Cook.

(私たちはその島をクックと名づけた)
**分詞** **過去分詞**と**現在分詞**がある。2つとも形容詞のように名詞を修飾できる。そのほかに，過去分詞は be 動詞＋過去分詞で**受身形**となり，現在分詞は be 動詞＋現在分詞で**進行形**となる。
**分詞構文** 分詞が作る句。(1) 現在分詞の分詞構文：*Being sick*, he stayed at home all day. (病気だったので，彼は1日中家にいた)。(2) 過去分詞の分詞構文：*Written in easy English*, this book is easy to read. (この本はやさしい英語で書かれているので，読むのが簡単です)。
**平叙文** 事実や考えをそのまま述べる文。☞**文**
**法** たとえばＣＤが欲しいとき，親に「ＣＤが欲しい」と言えば**直説法**，「ＣＤを買え」と言えば**命令法**，「ＣＤを買ってくれれば，もっと勉強するんだけど」と心にもないことを言えば**仮定法**。3つとも同じことを言っているのだが，気持ちの表し方が違う。この心の表し方を法と呼ぶ。
**補語** 主語＋自動詞のあとや，主語＋他動詞＋目的語のあとに置いて，主語や目的語の意味を補って説明する語。**主格補語**と**目的格補語**がある。補語に使われるのは形容詞・名詞・代名詞・前置詞＋名詞などである。本辞典では **C** と表示している。
**本動詞** ふつうに動詞と呼ぶものと同じ。助動詞と区別するため本動詞と呼ぶこともある。☞dare 助 語法。

〈ま〉

**未来完了** will＋have＋**過去分詞**の形。☞ have 助 3。
**未来時制** ＝未来形 これから起こるであろうことを表す言い方。過去のことは過去形を使うが，未来のことを表す未来形という変化形はない。そのため代わりに，will や be going to などで表す。I *will* send you email tomorrow. (明日メールを送ります) / My sister is going to leave in a week. (姉は1週間したら出発する予定です)。☞will¹ 助 I，be 動 成句 be going to do. の形
**無冠詞** a, an, the を付けないこと。(1) 校長，社長，キャプテンなどのように団体の長を表す語を**補語**に用いると無冠詞：Ms. Bell is principal of our school. (ベル先生は本校の校長です) ☞a 形 4 語法 (2)。(2) by＋交通・通信の手段を表す語は無冠詞：by email (Eメールで)，by bus (バスで) ☞ by 前 10 語法 (1)。(3) その他 ☞ turn 動 自 4。
**無生物主語** 生物ではない物を主語にして，それがまるで意志をもった生き物のように何かをする。たとえば，「そのニュースが私を楽しくさせた」のような言い方がある。これを無生物主語の文と呼ぶ。日本語にするとき工夫してみよう：The news made me happy. (そのニュースが私を楽しくさせた→そのニュースを聞いて私は楽しくなった) / Your foolishness amazes me. (君の愚かさはぼくを驚かせる→君のばかさかげんには驚くよ)。☞will¹ 助 3 Q&A
**名詞** 人・物・事を表す語で，主語，補語，目的語に使われる。普通名詞，集合名詞，抽象名詞，物質名詞，固有名詞の5つがある。
**名詞句** 名詞を中心にする2語以上のまとまり。不定詞の句，動名詞の句も名詞句である。名詞と同じく**主語，補語，目的語**に使われる。
**名詞節** 接続詞＋主語＋動詞からなる3語以上のまとまり。**that 節，wh 節，間接疑問文**などがある。名詞と同じく主語，補語，目的語に使われる。
**命令文** 命令は二人称の you に対して行なわれるが，主語の you はふつう言わないで，**動詞の原形**で文を始める。be 動詞の命令文：*Be* careful. (注意しなさい)。命令文の否定は *Don't*＋動詞の原形で，be 動詞のときも *Don't be* afraid. (恐れるな)。命令文につける付加疑問は will you? または won't you? を使う。☞**法**。
**目的格** 他動詞の目的語と前置詞の目的語の2つがある。
**目的格補語** 他動詞＋目的語のあとに来る補語のこと。本辞典では **C** で表示している：The news made Bill *happy*. (知らせを聞いてビルは喜んだ) [Bill＝happy の関係になっている] / She thinks herself (to be) a *pretty girl*. (彼女は自分のことをかわいい女の子だと思っている) [herself＝a pretty girl の関係になっている]。
**目的語** (1) 他動詞の目的語：他動詞のあとにある**名詞，代名詞，不定詞，動名詞，that 節，wh 節・句**などはすべて目的語である。(2) 前置詞の目的語：前置詞のあとにある名詞，代名詞，動名詞，wh 節・句などはすべて目的語である。

〈や〉

**様態の副詞** 「どのように」行動するか，「どんなふうに」存在しているかを述べる副詞。具体的には live *happily* (幸せに暮す)，swim *slowly* (ゆっくり泳ぐ)，take it *easy* (気楽にやる)。正しい文を作るためにこの様態の副詞がどうしても必要な動詞には本辞典では 《◆様態の副詞を伴う》と注記してある。☞take 動 他 15。

〈わ〉

**話法** 人の言ったことをそのまま伝える**直接話法**と言い直して伝える**間接話法**とがある。

**be 動詞** 動詞 be は，他の動詞と違う特徴を多く持っているので，これを特に区別して be 動詞と呼ぶ。be には，否定文を作るとき後ろに not を置く，疑問文を作るとき主語の前に出す，do, does, did をいっしょに使わないといった特徴がある。詳しくは ☞be。
**that 節** that＋**主語**＋**動詞**のまとまりで，主語，補語，目的語，副詞節などとして用いる。☞that² 接。
**wh 節・句** wh は what, which, who, whose, whom, when, where, why, how, whether, if を代表している。疑問詞や関係代名詞の作るまとまりを表す。wh 節・句は名詞と同じ役割をする。

# 不規則動詞活用表

赤色はA，Bランクの語（動詞に太字語義があるもの）。*印の形については辞書本文参照。

| 原　　　形 | 過　去　形 | 過去分詞形 |
|---|---|---|
| **abide** (とどまる) | abode, abided | abode, abided |
| **alight**[1] (降りる) | alighted, 《まれ・詩》alit | alighted, 《まれ・詩》alit |
| **arise** (起こる，生じる) | arose | arisen |
| **awake** (起こす，目ざめる) | awoke, awaked | awoke, awaked, awoken |
| **backbite** (陰口をきく) | backbit | backbitten |
| **backslide** (逆もどりする) | backslid | backslid, backslidden |
| **be (am, is, are)** (…である，存在する) | was/were | been |
| **bear**[1] (持つ，耐える，産む) | bore, 《古》bare | borne, born |
| **beat** (打つ，打ち負かす) | beat | beaten, 《米》beat |
| **become** (…になる，…に似合う) | became | become |
| **befall** ((不幸が)起こる) | befell | befallen |
| **begin** (始める，始まる) | began | begun |
| **behold** (見守る) | beheld | beheld |
| **bend** (曲げる，曲がる) | bent, 《古》bended | bent, 《古》bended |
| **beseech** (嘆願する) | besought, beseeched | besought, beseeched |
| **beset** (包囲する) | beset | beset |
| **bestrew** (一面におおう) | bestrewed | bestrewn, bestrewed |
| **bestride** (またがる) | bestrode, bestrid | bestridden |
| **bet** (賭ける) | bet, betted | bet, betted |
| **bid** (命ずる) | bade, bid* | bidden, bid* |
| **bide** (待つ，とどまる) | bided, bode | bided |
| **bind** (縛る) | bound | bound |
| **bite** (かむ，かみつく) | bit | bitten, 《まれ》bit |
| **bleed** (出血する) | bled | bled |
| **blend** (混合する，溶け合う) | blended, 《詩・文》blent | blended, 《詩・文》blent |
| **bless** (恩恵を受ける) | blessed, blest | blessed, blest |
| **blow**[1] (吹く) | blew | blown |
| **break** (こわす，中断する) | broke | broken |
| **breed** (産む) | bred | bred |
| **bring** (持ってくる，連れてくる) | brought | brought |
| **broadcast** (放送する) | broadcast, broadcasted | broadcast, broadcasted |
| **browbeat** (威嚇(いかく)する) | browbeat | browbeaten |
| **build** (建てる，築く) | built, 《古》builded | built, 《古》builded |
| **burn** (燃える，燃やす) | burned, burnt | burned, burnt |
| **burst** (爆発する) | burst | burst |
| **bust**[2] (こわす，だめにする) | busted, bust | busted, bust |
| **buy** (買う) | bought | bought |
| **cast** (投げる，向ける) | cast | cast |
| **catch** (つかまえる) | caught | caught |
| **choose** (選ぶ) | chose | chosen |
| **cling** (くっつく，しがみつく) | clung | clung |
| **clothe** (着る) | clothed, 《古・文》clad | clothed, 《古・文》clad |
| **come** (来る，…になる) | came | come |
| **cost** (…を要する，…がかかる) | cost | cost |
| **creep** (はって進む) | crept | crept |
| **cut** (切る，短縮する) | cut | cut |
| **deal**[2] (分配する) | dealt | dealt |
| **deep-freeze** (急速冷凍する) | deep-froze, deep-freezed | deep-frozen, deep-freezed |
| **dig** (掘る) | dug, 《古》digged | dug, 《古》digged |
| **dive** (飛び込む，潜る) | dived, 《米》dove | dived |
| **do**[1] **(does)** (…をする) | did | done |
| **draw** (引き出す，線を引く) | drew | drawn |

| 原　　形 | 過去形 | 過去分詞形 |
| --- | --- | --- |
| **dream** (夢を見る) | dreamed, (やや古) dreamt | dreamed, (やや古) dreamt |
| **drink** (飲む) | drank | drunk, (米略式) drank |
| **drip** (したたる) | dripped, dript | dripped, dript |
| **drive** (運転する, 追いやる) | drove | driven |
| **drop** (落ちる) | dropped, (まれ) dropt | dropped, (まれ) dropt |
| **dwell** (住む) | dwelt, dwelled | dwelt, dwelled |
| **eat** (食べる) | ate | eaten |
| **fall** (落ちる, 倒れる) | fell | fallen |
| **feed** (えさを与える) | fed | fed |
| **feel** (感じる, 知覚する) | felt | felt |
| **fight** (戦う) | fought | fought |
| **find** (見つける) | found | found |
| **flee** (逃げる) | fled | fled |
| **fling** (投げつける, ほうり出す) | flung | flung |
| **fly**¹ (飛ぶ) | flew, fled, flied* | flown, fled, flied* |
| **forbear** (自制する) | forbore | forborne |
| **forbid** (禁ずる) | forbade, forbad | forbidden |
| **forecast** (予言する, 予報する) | forecast, forecasted | forecast, forecasted |
| **foresee** (予感する) | foresaw | foreseen |
| **foretell** (予言する) | foretold | foretold |
| **forget** (忘れる) | forgot | forgotten, (米では時に) forgot |
| **forgive** (許す) | forgave | forgiven |
| **forgo** (…なしですませる) | forwent | forgone |
| **forsake** (縁を絶つ, (習慣などを)やめる) | forsook | forsaken |
| **freeze** (凍る) | froze | frozen |
| **get** (得る, …になる) | got | got, (米) gotten* |
| **gild** (金をかぶせる) | gilded, gilt | gilded, gilt |
| **gird** ((ベルトなどを)締める) | girded, girt | girded, girt |
| **give** (与える) | gave | given |
| **gnaw** (かじる) | gnawed | gnawed, (まれ) gnawn |
| **go** (行く, 動く, 至る) | went | gone |
| **grind** ((穀物を)ひく, 研ぐ) | ground | ground |
| **grip**¹ (しっかりつかむ) | gripped, gript | gripped, gript |
| **grow** (成長する, 育てる) | grew | grown |
| **hang** (つるす, 掛かる) | hung, hanged* | hung, hanged* |
| **have**¹ (**has**) (持っている) | had | had |
| **hear** (聞こえる) | heard | heard |
| **heave** (持ち上げる, (波が)うねる) | heaved, hove* | heaved, hove* |
| **hew** (たたき切る) | hewed | hewn, hewed |
| **hide** (隠す, 隠れる) | hid | hidden, hid |
| **hit** (打つ, 襲う) | hit | hit |
| **hold** (握っている, 持っている) | held | held |
| **hurt** (傷つける) | hurt | hurt |
| **inlay** (はめこむ, ちりばめる) | inlaid | inlaid |
| **input** (入力する) | inputted, input | inputted, input |
| **inset** (差しこむ, はめこむ) | inset, insetted | inset, insetted |
| **interweave** (織り合わせる) | interwove, interweaved | interwoven, interwove, interweaved |
| **keep** (持ち続ける, …のままである) | kept | kept |
| **kneel** (ひざまずく) | knelt, (主に米) kneeled | knelt, (主に米) kneeled |
| **knit** (編む, 編み物をする) | knitted, knit | knitted, knit |
| **know** (知っている) | knew | known |
| **lay**¹ (横たえる, 置く) | laid | laid |
| **lead**¹ (導く, 案内する) | led | led |
| **lean**¹ (寄りかかる) | leaned, (英) leant | leaned, (英) leant |
| **leap** (跳ぶ) | leaped, (主に英) leapt | leaped, (主に英) leapt |
| **learn** (習得する) | learned, learnt | learned, learnt |

| 原　　形 | 過　去　形 | 過去分詞形 |
|---|---|---|
| **leave**[1] (去る, 残す) | left | left |
| **lend** (貸す) | lent | lent |
| **let**[1] (…してもらう, …させる) | let | let |
| **lie**[1] (横たわる, …の状態にある) | lay | lain |
| **light**[1] (火をつける, 明るくする) | lighted, lit | lighted, lit |
| **lip-read** (読唇術で理解する) | lip-read | lip-read |
| **lose** (失う, 負ける) | lost | lost |
| **make** (作る, …させる) | made | made |
| **mean**[1] (意味する, …のつもりでいう) | meant | meant |
| **meet** (会う, 出くわす) | met | met |
| **mislay** (置き違える) | mislaid | mislaid |
| **mislead** ((人を)誤った方向に導く) | misled | misled |
| **misread** (読み違える) | misread | misread |
| **misspell** (つづりを誤る) | misspelt, misspelled | misspelt, misspelled |
| **mistake** (間違える) | mistook | mistaken |
| **misunderstand** (誤解する) | misunderstood | misunderstood |
| **mix** (混ぜる) | mixed, mixt | mixed, mixt |
| **mow**[1] (刈る, 刈り取る) | mowed | mowed, mown* |
| **offset** (相殺する) | offset | offset |
| **outbid** (…より高い値をつける) | outbid, outbade | outbid, outbidden |
| **outdo** (まさる, 出し抜く) | outdid | outdone |
| **outgrow** (大きくなって(服などが)合わなくなる) | outgrew | outgrown |
| **outlay** (…に費やす) | outlaid | outlaid |
| **output** (産出する) | output, outputted | output, outputted |
| **outrun** (…より速く走る) | outran | outrun |
| **outshine** (…より光る) | outshone | outshone |
| **outspread** (広がる, 延ばす) | outspread | outspread |
| **overcome** (打ち勝つ, 克服する) | overcame | overcome |
| **overdo** (やりすぎる, 誇張している) | overdid | overdone |
| **overdraw** (借り越す) | overdrew | ovedrawn |
| **overeat** (食べすぎる) | overate | overeaten |
| **overhang** (…の上にかかる, (危険などが)迫る) | overhung, overhanged | overhung, overhanged |
| **overhear** (ふと耳にする, 漏れ聞く) | overheard | overheard |
| **overpay** (払いすぎる, 十二分に償う) | overpaid | overpaid |
| **override** (踏みつぶす) | overrode | overridden |
| **overrun** (荒廃させる, 越える) | overran | overrun |
| **oversee** (監督する) | oversaw | overseen |
| **overshoot** (射すぎる, 勇み足になる) | overshot | overshot |
| **oversleep** (寝過ごす) | overslept | overslept |
| **overtake** (追いつく, (人の身に)突然ふりかかる) | overtook | overtaken |
| **overthrow** (転覆させる) | overthrew | overthrown |
| **overwork** (こき使う, 働きすぎる) | overworked, overwrought | overworked, overwrought |
| **pay** (支払う, 報いる) | paid | paid |
| **pen**[2] (おりに入れる) | penned, pent | penned, pent |
| **plead** (嘆願する, 弁護する) | pleaded, plead, (主に米・スコット) pled | pleaded, plead, (主に米・スコット) pled |
| **prepay** (前払いする) | prepaid | prepaid |
| **prove** (証明する, …であるとわかる) | proved | proved, (米・英文・スコット) proven |
| **put** (置く, …の状態にする) | put | put |
| **quit** (やめる, 中止する) | quit, quitted | quit, quitted |
| **read** (読む) | read | read |
| **rebuild** (改築する) | rebuilt | rebuilt |
| **rend** (引き裂く, もぎ取る) | rent | rent |
| **repay** (払い戻す, 報いる) | repaid | repaid |
| **reset** (研ぎ直す, つけ直す) | reset | reset |

# 不規則動詞活用表

| 原形 | 過去形 | 過去分詞形 |
|---|---|---|
| **retake** (取り戻す, 撮り直す) | retook | retaken |
| **retell** (再び語る) | retold | retold |
| **rewrite** (書き直す) | rewrote | rewritten |
| **rid** (取り除く) | rid, ridded | rid, ridded |
| **ride** (乗る, 乗って行く) | rode, (古) rid | ridden |
| **ring**[2] (鳴る, 響く) | rang, (略式・方言) rung | rung |
| **rise** (上がる, 出る) | rose | risen |
| **run** (走る, 流れる) | ran | run |
| **saw**[2] (のこぎりで切る) | sawed | (米) sawed, (英) sawn |
| **say** (言う, 述べる) | said | said |
| **see** (見る, 見える) | saw | seen |
| **seek** (捜し求める, 要求する) | sought | sought |
| **sell** (売る, 売れる) | sold | sold |
| **send** (送る, 派遣する) | sent | sent |
| **set** (配置する, 定める, 整える) | set | set |
| **sew** (縫う) | sewed | sewn, sewed |
| **shake** (振る, 揺れる) | shook | shaken |
| **shave** (ひげを剃る, 薄く削る) | shaved | shaved, shaven* |
| **shear** (刈る) | sheared, (古) shore | sheared, shorn |
| **shed**[2] (流す, 落とす) | shed | shed |
| **shine** (輝く) | shone, shined* | shone, shined* |
| **shoe** (靴をはかせる, 蹄鉄を打つ) | shod, shoed | shod, shoed |
| **shoot** (撃つ, 放つ) | shot | shot |
| **show** (見せる, 明らかにする) | showed | shown, (まれ) showed |
| **shred** (細く切る) | shredded, shred | shredded, shred |
| **shrink** (縮む, しり込みする) | shrank, (米) shrunk | shrunk, (米) shrunken |
| **shut** (閉める, 閉じる) | shut | shut |
| **sing** (歌う, (虫が)鳴く) | sang, (まれ) sung | sung |
| **sink** (沈む) | sank, (まれ) sunk | sunk, (米まれ) sunken |
| **sit** (座る, 座っている) | sat, (古) sate | sat |
| **slay** (殺す) | slew | slain |
| **sleep** (眠る, 泊まる) | slept | slept |
| **slide** (なめらかに滑る) | slid | slid, (米) slidden |
| **sling** (投げつける, つるす) | slung | slung |
| **slink** (こそこそ歩く) | slunk | slunk |
| **slit** (細く切る) | slit | slit |
| **smell** (匂いをかぐ, …の匂いがする) | (主に米) smelled, (主に英) smelt | (主に米) smelled, (主に英) smelt |
| **sneak** (こそこそ動く) | sneaked, (略式) snuck | sneaked, (米略式) snuck |
| **sow** (種をまく) | sowed | sown, sowed |
| **speak** (話す, 演説する) | spoke | spoken |
| **speed** (急ぐ, 速度を増す) | sped, speeded | sped, speeded |
| **spell**[1] (つづる) | spelled, spelt | spelled, spelt |
| **spend** (使う, 過ごす) | spent | spent |
| **spill**[1] (こぼす) | (米) spilled, (主に英) spilt | (米) spilled, (主に英) spilt |
| **spin** (紡いで…にする, 回転させる) | spun, (古) span | spun |
| **spit** (つばを吐く, 吐き出す) | spat, (米) spit | spat, (米) spit |
| **split** (裂く, 分裂させる) | split | split |
| **spoil** (台なしにする, 甘やかす) | spoiled, spoilt | spoiled, spoilt |
| **spread** (広げる, 薄く塗る) | spread | spread |
| **spring** (はねる, 跳ぶ) | sprang, sprung | sprung |
| **stand** (立っている, 立ち上がる) | stood | stood |
| **stave** (穴をあける, 傷める) | staved, stove | staved, stove |
| **steal** (盗む) | stole | stolen |
| **stick**[2] (突き刺す, くっつける) | stuck | stuck |
| **sting** (針で刺す) | stung | stung |
| **stink** (悪臭を放つ) | stank, stunk | stunk |
| **strew** (ばらまく) | strewed | strewn, strewed |
| **stride** (大またで歩く, またぎ越す) | strode | stridden |

| 原　　形 | 過　去　形 | 過去分詞形 |
|---|---|---|
| **strike** (打つ, 襲う) | struck | struck, (古・文) stricken |
| **string** (糸にとおす, (弦・電線などを)張る) | strung | strung |
| **strive** (努力する) | strove | striven |
| **sublet** (また貸しする, また借りする) | sublet | sublet |
| **swear** (誓う, 断言する) | swore, (古) sware | sworn |
| **sweat** (汗をかく) | sweat, sweated | sweat, sweated |
| **sweep** (掃く, 一掃する) | swept | swept |
| **swell** (ふくらむ, 増大する) | swelled | swelled, swollen |
| **swim** (泳ぐ) | swam | swum |
| **swing** (揺らす, 揺れ動く) | swung | swung |
| **take** (手に取る, 選ぶ, 持っていく) | took | taken |
| **teach** (教える) | taught | taught |
| **tear**² (引き裂く, 引きはがす) | tore | torn |
| **tell** (話す, 命じる) | told | told |
| **think** (考える, 思う) | thought | thought |
| **thrive** (成長する, 栄える) | thrived, throve | thrived, (古) thriven |
| **throw** (投げる) | threw | thrown |
| **thrust** (ぐいと押す, 突き刺す) | thrust | thrust |
| **tread** (歩く, 踏む) | trod, treaded, (古) trode | trod, trodden |
| **undercut** (…より安く売る) | undercut | undercut |
| **undergo** (経験する) | underwent | undergone |
| **underlie** (…の基礎となる) | underlay | underlain |
| **underpay** (十分に支払わない) | underpaid | underpaid |
| **understand** (理解する) | understood | understood |
| **undertake** (引き受ける, 着手する) | undertook | undertaken |
| **underwrite** (保険を引き受ける) | underwrote | underwritten |
| **undo** (ほどく, 元どおりにする) | undid | undone |
| **unwind** (ほどく) | unwound | unwound |
| **uphold** (支持する) | upheld | upheld |
| **upset** (ひっくり返す, だめにする) | upset | upset |
| **wake**¹ (目を覚ます) | woke | woken |
| **waylay** (待ち伏せする) | waylaid | waylaid |
| **wear** (身につけている, すり減る) | wore | worn |
| **weave** (織る, 編む) | wove, weaved* | woven, wove* |
| **wed** (結婚する, 結びつける) | wed*, wedded* | wed*, wedded* |
| **weep** (泣く, 嘆く) | wept | wept |
| **wet** (ぬらす, 湿らす) | wetted, wet* | wetted, wet* |
| **win** (勝つ, 勝ちとる) | won | won |
| **wind**² (曲がる, 巻く, 回す) | wound | wound |
| **withdraw** (引っ込める, 取り消す) | withdrew | withdrawn |
| **withhold** (保留する, 許可しない) | withheld | withheld |
| **withstand** (よく耐える, 持ちこたえる) | withstood | withstood |
| **work** (働く, 機能する) | worked, (文) wrought | worked, (文) wrought |
| **wrap** (包む, 巻きつける) | wrapped, wrapt | wrapped, wrapt |
| **wring** (絞る, 苦労して得る) | wrung | wrung |
| **write** (書く, 手紙で知らせる) | wrote, (古) writ | written, (古) writ |

# 不規則変化名詞表

規則変化で特に注意を要するものを含む。赤色はA, Bランクの語。

| 単 数 形 | 複 数 形 |
| --- | --- |
| **abacus**（そろばん） | abacuses, abaci |
| **alga**（藻，藻類） | algae |
| **amoeba**（アメーバ） | amoebas, amoebae |
| **analysis**（分析） | analyses |
| **antenna**（触角，アンテナ） | antennae（触角），antennas（アンテナ） |
| **apex**（頂点） | apexes, apices |
| **appendix**（付録，虫垂） | appendixes, appendices |
| **arbor**（木本，樹木） | arbores |
| **aquarium**（水槽，水族館） | aquariums, aquaria |
| **asylum**（保護施設） | asylums, asyla |
| **auditorium**（講堂，公会堂） | auditoriums, auditoria |
| **aurora**（オーロラ） | auroras, aurorae |
| **axis**（軸） | axes |
| **basis**（基礎） | bases |
| **businessman**（実業家） | businessmen |
| **cactus**（サボテン） | cactuses, cacti |
| **calculus**（結石，微積分学） | calculi（結石），calculuses（微積分学） |
| **calf**（子牛，ふくらはぎ） | calves |
| **catalysis**（触媒作用） | catalyses |
| **chairman**（議長，委員長） | chairmen |
| **charisma**（カリスマ） | charismata, charismas |
| **cherub**（ケルビム，愛らしい無邪気な人） | cherubim（ケルビム），cherubs（愛らしい無邪気な人） |
| **child**（子供） | children |
| **chrysalis**（さなぎ） | chrysalises, chrysalides |
| **cicada**（セミ） | cicadas, cicadae |
| **clergyman**（聖職者，牧師） | clergymen |
| **colossus**（巨像） | colossi, colossuses |
| **concerto**（協奏曲） | concertos, concerti |
| **corpus**（集大成，コーパス） | corpora, corpuses |
| **cortex**（樹皮，皮層） | cortices, cortexes |
| **countryman**（土地の出身者） | countrymen |
| **craftsman**（職人） | craftsmen |
| **cranium**（頭蓋（骨）） | crania, craniums |
| **crisis**（危機） | crises |
| **criterion**（標準，基準） | criteria, criterions |
| **crocus**（クロッカス） | crocuses, croci |
| **curriculum**（全教科課程） | curricula, curriculums |
| **datum**（データ，資料） | data |
| **diagnosis**（診察） | diagnoses |
| **die**（さいころ） | dice |
| **discus**（円盤） | discuses, disci |
| **dogma**（教義） | dogma, dogmata |
| **Dutchman**（オランダ人） | Dutchmen |
| **dwarf**（小びと） | dwarfs, dwarves |
| **elf**（小さい妖精） | elves |
| **ellipsis**（省略） | ellipses |
| **emeritus**（名誉教授） | emeriti |
| **emphasis**（強調） | emphases |
| **emporium**（商業中心地） | emporiums, emporia |
| **Englishman**（（男の）イングランド人） | Englishmen |
| **enigma**（なぞ） | enigmas, enigmata |
| **eyetooth**（犬歯） | eyeteeth |
| **fireman**（消防士） | firemen |

| 単　数　形 | 複　数　形 |
|---|---|
| **fisherman**（漁師） | fishermen |
| **focus**（焦点, 中心） | focuses,（正式）foci |
| **foot**（足, フィート） | feet |
| **formula**（決まり文句, 公式） | formulas,（正式）formulae |
| **forum**（公開討論(の場), フォーラム） | forums, fora |
| **Frenchman**（フランス人） | Frenchmen |
| **freshman**（新入生, 1年生） | freshmen |
| **fungus**（菌類） | fungi, funguses |
| **genesis**（創世記, 起源） | geneses |
| **genius**（才能, 天才, 守り神） | geniuses（才能, 天才）, genii（守り神） |
| **gentleman**（紳士） | gentlemen |
| **genus**（分類上の〉属） | genera, genuses |
| **goose**（ガチョウ） | geese, gooses |
| **grandchild**（孫） | grandchildren |
| **gymnasium**（体育館） | gymnasiums, gymnasia |
| **half**（半分） | halves |
| **halfpenny**（半ペニー青銅貨） | halfpennies, halfpence |
| **handkerchief**（ハンカチ） | handkerchiefs, handkerchieves |
| **hippopotamus**（カバ） | hippopotamuses, hippopotami |
| **hoof**（ひづめ） | hoofs, hooves |
| **horseman**（騎手） | horsemen |
| **housewife**（主婦） | housewives |
| **hypothesis**（仮説） | hypotheses |
| **index**（索引） | indexes, indices |
| **iris**（〈眼球の〉虹彩, アイリス） | irises, irides |
| **Irishman**（アイルランド人） | Irishmen |
| **isthmus**（地峡） | isthmuses, isthmi |
| **jackknife**（ジャックナイフ） | jackknives |
| **kerchief**（スカーフ） | kerchiefs |
| **knife**（ナイフ） | knives |
| **larva**（幼虫） | larvae |
| **larynx**（喉頭） | larynxes, larynges |
| **leaf**（葉） | leaves |
| **life**（生命, 生活） | lives |
| **linesman**（線審） | linesmen |
| **loaf**（パン1個） | loaves |
| **louse**（シラミ） | lice |
| **madam**（奥様） | mesdames |
| **magma**（マグマ） | magmas, magmata |
| **mailman**（郵便集配人） | mailmen |
| **man**（男） | men |
| **matrix**（母体, 行列） | matrices, matrixes |
| **maximum**（最大限） | maximums, maxima |
| **medium**（中間, マスコミ） | mediums, media |
| **memorandum**（覚え書き） | memorandums, memoranda |
| **micron**（ミクロン） | microns, micra |
| **midwife**（助産婦） | midwives |
| **milkman**（牛乳配達人） | milkmen |
| **millennium**（1000年間, 千年祭） | millenniums, millennia |
| **minimum**（最小限） | minima, minimums |
| **momentum**（はずみ） | momenta, momentums |
| **moratorium**（一時停止, 支払猶予） | moratoriums, moratoria |
| **mouse**（ハツカネズミ,（コンピュータの）マウス） | mice（ハツカネズミ）, mouses（(コンピュータの)マウス） |
| **narcissus**（スイセン） | narcissuses, narcissi |
| **nebula**（星雲） | nebulae, nebulas |
| **neurosis**（ノイローゼ） | neuroses |
| **nova**（新星） | novas, novae |
| **nucleus**（核心, 細胞核, 原子核） | nuclei, nucleuses |

| 単 数 形 | 複 数 形 |
| --- | --- |
| **oasis** (オアシス) | oases |
| **octopus** (タコ) | octopuses, 《まれ》octopi |
| **ovum** (卵子) | ova |
| **ox** (雄牛) | oxen |
| **paralysis** (麻痺) | paralyses |
| **parenthesis** (挿入語句, 丸かっこ) | parentheses |
| **penny** (ペニー, ペンス) | pence, pennies |
| **phenomenon** (現象, 非凡な人) | phenomena (現象), phenomenons (非凡な人) |
| **planetarium** (プラネタリウム) | planetariums, planetaria |
| **plateau** (高原) | plateaus, plateaux |
| **podium** (指揮台) | podiums, podia |
| **policeman** (警官) | policemen |
| **premium** (賞金, 景品) | premiums, premia |
| **pupa** (さなぎ) | pupae, pupas |
| **quantum** (量子) | quanta |
| **radius** (半径) | radii, radiuses |
| **rectum** (直腸) | rectums, recta |
| **referendum** (国民投票, 住民投票) | referendums, 《正式》referenda |
| **rostrum** (演壇) | rostrums, rostra |
| **salesman** (男子販売員, セールスマン) | salesmen |
| **salmonella** (サルモネラ菌) | salmonellae |
| **sanatorium** (保養地, サナトリウム) | sanatoriums, sanatoria |
| **sanitarium** (保養地) | sanitariums, sanitaria |
| **scarf** (スカーフ) | scarfs, scarves |
| **Scotchman** (スコットランド人) | Scotchmen |
| **self** (自己) | selves |
| **serum** (血清) | serums, sera |
| **sheaf** (束) | sheaves |
| **shelf** (棚) | shelves |
| **spectrum** (スペクトル) | spectra, 《略式》spectrums |
| **sportsman** (スポーツマン) | sportsmen |
| **stadium** (競技場, スタジアム) | stadiums, stadia |
| **staff** (職員, スタッフ) | staffs, staves |
| **stamen** (雄ずい) | stamens, stamina |
| **stigma** (汚名) | stigmas, stigmata |
| **stimulus** (刺激) | stimuli |
| **stratum** (層, 地層) | strata, stratums |
| **symposium** (シンポジウム) | symposiums, symposia |
| **synopsis** (概要) | synopses |
| **synthesis** (統合) | syntheses |
| **tarantula** (タランチュラ) | tarantulas, tarantulae |
| **tempo** (テンポ) | tempi, tempos |
| **terminus** (終点) | termini, terminuses |
| **thesaurus** (シソーラス) | thesauruses, thesauri |
| **thesis** (主題) | theses |
| **thief** (泥棒) | thieves |
| **tooth** (歯) | teeth |
| **ultimatum** (最後通牒(ちょう)) | ultimatums, ultimata |
| **vacuum** (真空) | vacuums, vacua |
| **vertebra** (脊椎骨) | vertebrae, vertebras |
| **vortex** (渦) | vortexes, vortices |
| **Welshman** (ウェールズ人) | Welshmen |
| **wharf** (波止場) | wharfs, wharves |
| **wife** (妻) | wives |
| **wolf** (オオカミ) | wolves |
| **woman** (女) | women |

**編集担当**

| | | | |
|---|---|---|---|
| 玉木輝一 | 飯塚利昭 | 辻村　厚 | 原田由美子 |
| 小笠原豊樹 | 志村英雄 | 藤田伉一郎 | |

**編集協力**

日本アイアール㈱　　幸野良夫

**イラスト・図版**

㈲E・R・C　　鈴木淳夫　　㈲ニューデザイン東京　　水野智世
㈲ジェオ（地図）

**装丁**

井之上聖子

ベーシック ジーニアス英和辞典
© Konishi Tomoshichi
& Harakawa Hiroyoshi, 2002   NDC 833  xx, 1772p  19 cm

初版第1刷——2002年11月25日
第12刷——2015年4月1日

編集主幹——小西友七／原川博善
発行者———鈴木一行
発行所———株式会社大修館書店
〒113-8541 東京都文京区湯島2-1-1
電話 03-3868-2651(販売部)／03-3868-2292(編集部)
振替 00190-7-40504
[出版情報] http://www.taishukan.co.jp

印刷————共同印刷株式会社
製本————株式会社 難波製本
本文用紙——日本製紙パピリア
表紙クロス——ダイニック株式会社

ISBN978-4-469-04161-3   Printed in Japan

[R]本書のコピー、スキャン、デジタル化等の無断複写複製は著作権法上での例外を除き禁じられています。本書を代行業者等の第三者に依頼してスキャンやデジタル化することは、たとえ個人や家庭内での利用であっても著作権法上認められておりません。

## 接頭辞・接尾辞一覧

- **in-** …がない, 欠けている (wothout, not)
    - inconvenient [in- + convenient 便利な] 不便な
        ◇ 〈l の前〉では il-, 〈p, b, m の前〉では im-, 〈r の前〉では ir- となる。
- **in-** 中に, 中へ, …へ (in, inwards, inside, within)
    - induce [in- + duce 導く] 勧誘する
        ◇ 〈l の前〉では il-, 〈p, b, m の前〉では im-, 〈r の前〉では ir- となる。
- **inter-, intro-** 中に, 中へ; 間に, 相互に (in, inwards, inside, within)
    - international [inter- + national 国家の] 国際的な
- **medi-, mid-** 中間, 中央部 (middle)
    - midnight [mid- + night 夜] 真夜中
- **mini-** 小さい, 短い (small, short)
    - minibus [mini- + bus バス] マイクロバス
- **mis-** 悪い[く], 誤って (bad, wrong)
    - mistake [mis- + take 取る → 間違って取る] 誤り; 間違える
- **mon-, mono-** 1, 単 (one, single)
    - monarch [mon- + arch = ruler 支配者] 君主
- **multi-** 多くの (many, much)
    - multinational [multi- + national 国家の] 多国籍の
- **non-** …がない, 欠けている (not, without)
    - nonsense [non- + sense 意味] 無意味
- **ob-** …へ, 対して; 上に; 反対に, 逆らって (to, towards; upon, over; against)
    - obstruct [ob- 逆らって + struct = pile up 積み重ねる] 邪魔する
        ◇ 〈c の前〉では oc-, 〈f の前〉では of-, 〈p の前〉では op-, 〈m の前〉では o- となる。
- **out-** …よりすぐれて (better, greater)
    - outgrow [out- + grow 成長する] …よりも大きくなる
- **over-** 上の, 過度の, 通り過ぎる (above, too much, beyond)
    - oversleep [over- + sleep 眠る] 寝過ごす
- **photo-** 光の, 写真の
    - photograph [photo- + graph 記録] 写真
- **poly-** 多くの (much, many)
    - polygon [poly- + gon …角形] 多角形
- **pre-** 前(に), 前もって (before, earlier than)
    - prewar [pre- + war 戦争] 戦前の
- **post-** 後の[に], 次の[に] (after, later than)
    - postwar [post- + war 戦争] 戦後の
- **pro-** 前(に), 前もって (before, forward, earlier than)
    - propose [pro- + pose = put 置く] 提案する, 申し出る
- **pro-** …の代わりの, 副… (instead of, sub-)
    - pronoun [pro- + noun 名詞] 代名詞
- **psycho-** 霊魂, 精神 (mind)
    - psychology [psycho- + logy 学問] 心理学
- **re-** 後ろ(に), もとへ (back, backwards, behind)
    - reflect [re- + flect = bend 曲げる] 反射する
- **re-** 再び, 新たに (again, anew)
    - reform [re- + form 形づくる] 改革[改正, 改善]する
- **sub-** 下に[から], 亜, 副 (under, below, lower in rank, less than)
    - subway [sub- + way 道] 地下鉄
        ◇通例 〈c, f, g, m, p, s の前〉では, それぞれ, suc-, suf-, sug-, sum-, sup-, sus を用いる。〈c, p, t の前〉では sus- の形もある。
- **super-** 上に, 越えて, 過度の (over, beyond)
    - supervise [super- + vise 見る] 監督する
- **sur-** 上に, 越えて, 過度の (over, beyond)
    - surprise [sur- + prise 取る, つかむ] 驚かす; 驚かす
- **sym-** → syn

◇ 〈母音の前〉では bin-, 〈c または s の前〉では bis- になることがある。

**bio-** 生命 (life)
    biology [bio- + logy 学問] 生物学

**centi-, cent-** 100, 100分の1 (hundred, hundredth)
    century [cent- + ury 単位 → 100の単位] 100年間, 世紀

**co-** →com-
    co-author [co- + author 著者] 共著者

**com-** 共に (together, with)
    compare [com- + pare = equal 等しくする] 比較する
        ◇ 〈母音および h, gn の前〉では co-, 〈l の前〉では col-, 〈r の前〉では cor-, その他の場合には con- となる。

**contra-, contro-, counter-** 反対に, …に対する (against)
    controversy [contro- + versy = turn 向ける] 反対に向けられた → 論争
    counterattack [counter- + attack 攻撃する] 反撃(する)

**de-** 下に (down, under)
    depend [de- + pend = hang ぶら下がる] 頼る, 依存する

**de-** 離れて (away, apart); 逆にする, 取り去る (reverse, remove)
    depart [de- + part 分かれる] 出発する, それる
    deform [de- + form 型] 醜くする

**di-** 2, 2重, 2倍 (two, twice)
    dilemma [di- + lemma 命題] ジレンマ, 板ばさみ

**di-** 離れて (away, apart)
    divorce [di- + vorce = turn 向きを変える] 離婚(する)

**dis-** …がない, 欠けている (without, not)
    disease [dis- + ease 安楽] 病気

**dis-** 逆にする, 取り去る (remove, reverse)
    disarm [dis- + arm = weapons 武器] 武装解除する

**en-** 中に, 中へ (in, within)
    encourage [en- + courage 勇気 → 勇気を入れる] 励ます, 勇気づける
        ◇ 〈b, p の前〉では em- となる。

**en-** にする (make)
    endanger [en- + danger 危険] 危険にさらす

**enter-** 中に, 中へ; 間に (in, within; between)
    enterprize [enter- + prize つかむ] 事業, やる気, 企業

**equi-** 等しい (equal)
    equinox [equi- + nox = night 夜 → 昼夜が等しい時] 昼夜平分点, 春分, 秋分

**ex-** 外に, (…から)外へ (out, without)
    exit [ex- + it = go 行く] 出口
        ◇ 〈母音と c, p, q, t で始まる語の前〉のときは ex-, 〈f の前〉では ef-; 〈b, d, g, h, l, m, n, r, v の前〉では e-; 〈c または s の前〉ではしばしば ec-; フランス語起源の語では es- となる。

**ex-** (ハイフンを付けて)以前の, 前… (former, previous)
    ex-President [ex- + President 大統領] 前大統領
        ◇ ex- は大文字で始めない。

**extra-** 上に, 越えて, 過度の (over, beyond)
    extraordinary [extra- + ordinary 普通の] 異常な, 非凡な
    extravagant [extra- + vagant さまよう → 度を超してさまよい出る] 浪費する, ぜいたくな, 過度の

**fore-** 前の, 前もって (before, in advance)
    forefather [fore- + father → 父より前の人] 祖先, 先祖

**hydro-** 水 (water)
    hydrogen [hydro- + gen 生まれた] 水素

**im-** →in-
    impossible [im- + possible 可能な] 不可能な

# 接頭辞・接尾辞一覧

英語の単語は，アルファベットの単なる羅列ではなく，

> 英単語 = 接頭辞 + 語根 + 接尾辞

という構造を持っています。

接頭辞は，添加される「語」(=語根) の意味を変える役割をします。すなわち，語の意味を方向づけたり，拡大したりすることにより，多様な語彙を生み出す働きをするのです。

すべての接頭辞がすべての語根に添加されるとは限りません。結合のしかたは限定されています。たとえば，動詞 form (形作る) の語頭に来るのは

con-, de-, in-, per-, re-, trans-

です。品詞は動詞のままで，意味は次のように変化します。

| | | |
|---|---|---|
| conform | [con- 共に | + form → 同じように形作る] 従う，一致する |
| deform | [de- 離れて | + form → (美しい)形を奪う] 不格好にする |
| inform | [in- 中へ | + form → (話を)形にする] 知らせる |
| perform | [per- 完全に | + form → 完全に形成する] 行なう，果たす |
| reform | [re- 再び | + form → 再び形作る] 改革[改正, 改善]する |
| transform | [trans- 向こうへ | + form → 形を移す] 変形する |

接尾辞は，語 (=語根) の末尾について，その語の意味に変化を与えながら，品詞決定の働きをします。

例えば，動詞 create (創造する) の語尾に，接尾辞 -ion, -or, -ure をつけると，品詞は名詞になり，意味はそれぞれ次のようになります。

| | |
|---|---|
| creation | [create + -ion 動作 〈→名詞〉] 創造 |
| creator | [create + -or 人 〈→名詞〉] 創造者，[the ～] 神 |
| creature | [create + -ure 結果 〈→名詞〉] 生きもの |

以下は，重要な接尾辞・接頭辞をアルファベット順で解説しています。

[ ] 例語の語構成の解説 　　　◇ 用法や形の変化の解説

〈→名〉〈→形〉〈→副〉〈→動〉
　接尾辞が，それぞれ名詞・形容詞・副詞・動詞を作ることを示す。

## [接頭辞]

**a-** …(の方)へ，…(の中)に (in, into, on, to, toward)
　ashore [a- + shore 岸] 岸に，岸へ
**ab-** 離れて，逸脱して (away, from, apart)
　abnormal [ab + normal 通常の] 異常な
　◇ 〈m, p, vの前〉では a-;〈c, q, tの前〉ではしばしば abs-
**aero-** 空気，空中；航空(術) (air)
　aeroplane [aero- + plane 板] 飛行機
**anti-** 反対の，…に対する (against)
　antisocial [anti + social 社会的な] 反社会的な
**astro-** 星 (star)
　astronomy [astro- + nomy 法則] 天文学
**auto-** 自身の，自己の (self)
　automobile [auto- + mobile 動く] 自動車
**bi-** 2，2回；両，重 (two, twice)
　biannual [bi- + annual 一年の] 年2回の

# わ

輪 circle, link, ring.
ワークステーション workstation.
ワープロ word processor.
ワールドカップ the World Cup.
ワールドシリーズ the World Series.
ワールドワイドウェブ WWW, World Wide Web, the Web.
歪曲 distortion.
ワイシャツ shirt.
わいせつな obscene.
ワイパー (windshield) wiper.
ワイヤー wire.
わいろ(を贈る) bribe. 〜のきく corrupt.
ワイン wine.
和音 chord, accord.
若い young. 〜人 youth.
和解 reconciliation. 〜させる reconcile.
沸かす boil.
分かち合う share.
わがままな selfish, willful, egoistic. 〜子供 spoilt child. 〜に振舞う have one's own way.
若者 lad, youngster. 〜らしい youthful.
わかりやすい plain, easy to understand.
わかる 〔理解する〕 understand, make out, tell ; 〔判明する〕 find, turn out.
別れ farewell, leave. 〜のあいさつ good-by, farewell.
分かれる part, diverge.
別れる part ; 〔絶交する〕 finish with.
若々しい young, youthful.
若々しさ youth.
わき side ; 〜腹 side ; 〜の下 armpit, underarm.
湧き出る spring, flow out.
わきに aside. 〜置く lay [put] aside.
脇役 supporting part ; 〔役者〕 supporting actor [actress].
枠 frame, framework.
沸く boil.
惑星 planet.
ワクチン vaccine.
わくわくさせる thrill, excite ; 〈形〉 thrilling, exciting.
わけ reason, meaning.
わけのわからない unintelligible.
分け前 portion, share, allotment.
分ける divide, part, separate, share.
輪ゴム rubber band.
わざ art ; 〔特殊な技能〕 skill.
わざと on purpose, purposely, intentionally. 〜らしい intentional.
災い plague, disaster, calamity. 〜のもと curse.
わざわざ(…)する go out of the [one's] way, take (the) trouble.
ワシ eagle.
和紙 Japan(ese) paper.
ワシントン Washington.
わずか… no more than …, shadow, a few, a little ; 〔ほんの〕 mere.
わずかな slight, trifling. 〜金 trifle. 〜違い shade. 〜に slightly.
わずらわしい →めんどうな
忘れっぽい forgetful.
ワスレナグサ forget-me-not.
忘れる forget, omit ; 〔努力して〕 dismiss ; 〔置き忘れる〕 leave. 〜ないで…するremember. 〜られない unforgettable.
綿 cotton, floss.
話題 topic, subject.
渡し場[船] ferry.
渡す give, pass, hand.
渡り鳥 migrant.
渡る cross, get across, go over, pass ; 〔船で〕 sail.
ワックス(で磨く) wax.
ワット watt.
わな trap, snare. 〜で捕える trap.
ワニ crocodile, alligator.
わび apology, excuse. 〜を言う apologize.
わびしい dreary, desolate, comfortless.
和平会談 peace talks.
話法 narration, speech.
わめき声 howl, yell, bawl.
わめく roar, bawl.
わら straw.
笑い laughter, laugh, laughing, smile.
笑う laugh ; 〔歯を見せて〕 grin ; 〔くすくす〕 chuckle ; 〔せせら笑う〕 sneer ; 〔げらげら〕 guffaw ; 〔くっくっと〕 giggle ; 〔にたにた〕 simper.
笑わせる 〔面白がらせる〕 amuse. 〜な Don't make me laugh.
割合 proportion, rate.
割り当て share, assignment. 〜る assign.
割勘にする split the bill, go Dutch.
割り切れる[ない] divisible [indivisible].
割り込む squeeze into.
割算 division.
割付け layout.
割に合う pay.
(…の)割には in proportion to, for.
割引き discount, reduction.
割り引く discount.
割る split, break ; 〔割り算で〕 divide.
悪い bad, evil, wrong, foul, ill, wicked. 〜行ない vice.
悪賢い cunning.
(…のことを)悪く言う speak ill of.
ワルツ waltz.
割れ目 crack, split, crevice.
割れる crash, split.
湾 bay, gulf.
わん(1杯の量) bowl.
腕章 armband, brassard.
わんぱく 〜な naughty. 〜坊主 urchin.
ワンピース one-piece dress.
ワンマン autocrat. 〜ショー one-man show.
腕力 muscle, force.
ワンワン bowwow.

# 発音記号表

## [母音]

| | | | | |
|---|---|---|---|---|
| /iː/ | sea /síː: スィー/ | | /əːr \| ʌr/* | courage /kə́ːridʒ カーリヂ/ kʌ́ridʒ カリヂ/ |
| /i/ | hit /hít ヒト/ | | /ei/ | take /téik テイク/ |
| /e/ | set /sét セト/ | | /ai/ | right /ráit ゥライト/ |
| /æ/ | bat /bæt バト/ | | /ɔi/ | choice /tʃɔ́is チョイス/ |
| /æ \| ɑː/ | laugh /læf ラフ \| lɑːf ラーフ/ | | /au/ | out /áut アウト/ |
| /ɑː/ | father /fɑ́ːðər ファーザ/ | | /ou/* | rope /róup ゥロウプ/ |
| /ɑ \| ɔ/ | hot /hát ハト \| hɔ́t ホト/ | | /ɑːr/* | star /stɑ́ːr スター/ |
| /ʌ/ | cup /kʌ́p カプ/ | | /ɔːr/* | door /dɔ́ːr ドー/ |
| /ɔː/ | law /lɔ́ː ロー/ | | /iər/* | deer /díər ディア/ |
| /ɔ(ː)/* | long /lɔ́(ː)ŋ ロ(ー)ング/ | | /eər/* | hair /héər ヘア/ |
| /u/ | book /búk ブク/ | | /uər/* | tour /túər トゥア/ |
| /uː/ | soup /súːp スープ/ | | /-iər-/* | serious /síəriəs スィアリアス/ |
| /(j)uː/* | new /n(j)úː ヌー(ニュー)/ | | /-eər-/* | parent /péərənt ペアレント/ |
| /ə/ | collect /kəlékt コレクト/ | | /-uər-/* | tourist /túərist トゥアリスト/ |
| /ər/* | paper /péipər ペイパ/ | | | |
| /əːr/* | bird /bə́ːrd バード/ | | | |

## [子音]

| | | | | |
|---|---|---|---|---|
| /p/ | pen /pén ペン/ cup /kʌ́p カプ/ | | /dz/ | reads /ríːdz ゥリーツ/ adds /ǽdz アヅ/ |
| /b/ | boy /bɔ́i ボイ/ job /dʒɑ́b ヂャブ \| dʒɔ́b ヂョブ/ | | /tʃ/ | chart /tʃɑ́ːrt チャート/ catch /kǽtʃ キャチ/ |
| /t/ | team /tíːm ティーム/ sit /sít スィト/ | | /dʒ/ | July /dʒuːlái ヂュライ/ bridge /brídʒ ブリヂ/ |
| /d/ | date /déit デイト/ pad /pǽd パド/ | | /h/ | hot /hát ハト \| hɔ́t ホト/ who /húː フー/ |
| /k/ | kick /kík キク/ cut /kʌ́t カト/ | | /m/ | man /mǽn マン/ sum /sʌ́m サム/ |
| /g/ | gate /géit ゲイト/ leg /lég レグ/ | | /n/ | not /nát ナト \| nɔ́t ノト/ run /rʌ́n ゥラン/ |
| /f/ | fight /fáit ファイト/ puff /pʌ́f パフ/ | | /ŋ/ | song /sɔ́(ː)ŋ ソ(ー)ング/ singer /síŋər スィンガ/ |
| /v/ | voice /vɔ́is ヴォイス/ save /séiv セイヴ/ | | /l/ | light /láit ライト/ tell /tél テル/ |
| /θ/ | three /θríː スリー/ tooth /túːθ トゥース/ | | /r/ | red /réd ゥレド/ terrible /térəbl テリブル/ |
| /ð/ | this /ðís ズィス/ bathe /béið ベイズ/ | | /j/ | yes /jés イェス/ opinion /əpínjən オピニョン/ |
| /s/ | sun /sʌ́n サン/ pass /pǽs パス \| pɑ́ːs パース/ | | /w/ | well /wél ウェル/ one /wʌ́n ワン/ |
| /z/ | zoo /zúː ズー/ noise /nɔ́iz ノイズ/ | | /hw/* | where /hwéər ウェア/ |
| /ʃ/ | she /ʃíː シー/ cash /kǽʃ キャシュ/ | | /x/ | loch(外国語のみ) /...\|15x ロホ/ |
| /ʒ/ | vision /víʒən ヴィジョン/ pleasure /pléʒər プレジャ/ | | | |
| /ts/ | cats /kǽts キャツ/ roots /rúːts ゥルーツ/ | | | |

くわしくは「この辞典の使い方」(p. vii) および発音記号表への注 (p. xviii) 参照。